QIAN NAN BU YI ZU MIAO ZU ZI ZHI ZHOU ZHI

黔南布依族苗族自治州志

（1991—2014）

（上）

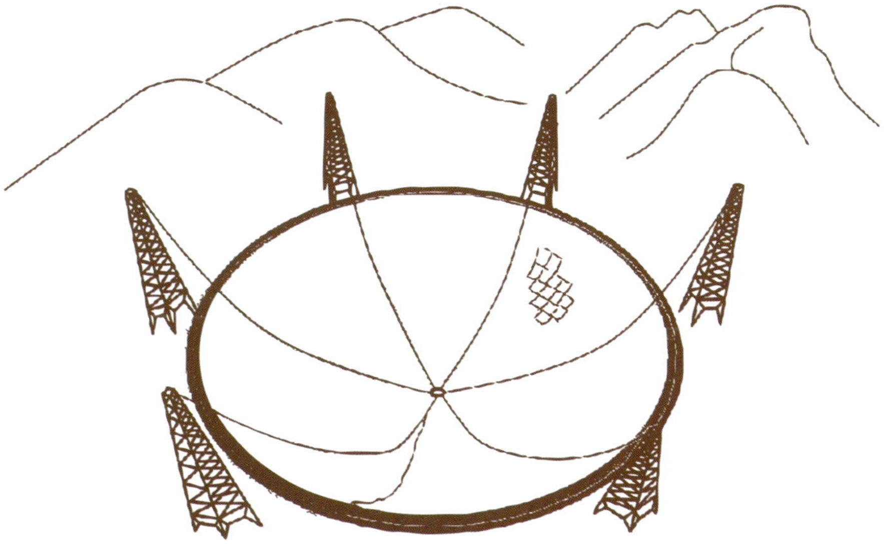

贵州省黔南布依族苗族自治州史志编纂委员会　编

方志出版社
Publishing House of Local Records

图书在版编目（CIP）数据

黔南布依族苗族自治州志：1991-2014 / 贵州省黔南布依族苗族自治州史志编纂委员会编 .—北京：方志出版社，2019.11

ISBN978-7-5144-3907-6

Ⅰ.①黔… Ⅱ.①贵… Ⅲ.①黔南布依族苗族自治州—地方志—1991-2014 Ⅳ.① K297.32

中国版本图书馆 CIP 数据核字（2020）第 053245 号

黔南布依族苗族自治州志（1991—2014）

编　　者：贵州省黔南布依族苗族自治州史志编纂委员会
责任编辑：冯　松

出 版 者：方志出版社
地址　北京市朝阳区潘家园东里 9 号（国家方志馆 4 层）
邮编　100021
网址　http://www.fzph.org
发　　行：方志出版社图书经销中心
电话　（010）67110500
经　　销：各地新华书店
印　　刷：昆明鹰达印刷有限公司

开　　本：889 × 1194　1/16
印　　张：162.5
字　　数：4413 千字
版　　次：2019 年 11 月第 1 版　2019 年 11 月第 1 次印刷
印　　数：0001 ~ 3000 册

ISBN　978-7-5144-3907-6　定价：1200.00 元

黔南布依族苗族自治州史志编纂委员会

2002.7.1—2004.2.12

名 誉 主 任：何永康 蒙启良 黎光武 胡品荣
主 任 委 员：余学强
常务副主任委员：吴坤凤
副 主 任 委 员：王康振 吴秀全 谢锡坤 蒙院芬 李秀振

2004.2.13—2013.1.20

名 誉 主 任：林明达 蒙启良 黎光武 胡品荣
主 任 委 员：余学强
常务副主任委员：吴坤凤
副 主 任 委 员：王康振 吴秀全 柏怀珍 蒙院芬 滕久明

2013.1.21—2015.3.29

名 誉 主 任：吴胜华
主 任 委 员：蒋映生
常务副主任委员：陈有德
副 主 任 委 员：向忠雄 黄 伟 丁 匀 李 强 刘长江

2015.3.30—2017.3.28

名 誉 主 任：吴胜华
主 任 委 员：罗桂荣
常务副主任委员：刘建民
副 主 任 委 员：向忠雄 张仕雄 李 强

2017.3.29—2020.5.8

名　誉　主　任：罗桂荣
主　任　委　员：黄　伟
常务副主任委员：胡晓剑
副 主 任 委 员：瓦标龙　张仕雄　李　强

2020.5.9—

顾　　　　　问：唐德智　吴胜华　罗　毅　魏明禄
主　任　委　员：罗桂荣
常务副主任委员：文永生
副 主 任 委 员：张仕雄　张绍川　李　强

《黔南布依族苗族自治州志（1991—2014）》
编　纂　人　员

顾　　　问：周声浩
主　　　编：胡智勇　韦武昌
副　主　编：张慧玲　喻昌富
执 行 主 编：王素琴
编　　　辑（以姓氏笔画为序）：
马志光　王枝兰　冯双全　白映泉　陆兴和　陆春凡
张永淑　杨胜才　杨丽琴　杨红萍　陈　梅　周崇启
唐　云　郭俊明　龚正栋　梁豫黔　蓝有富　黎少松
校　　　核：舒天洪　黄贵平　杨盛敏　姚忠兴　胡丝竹　陆　娅
陈福先　陈宏斌
图片收集整理：龚正栋　舒天洪
编　　　务：冷　艳　付　蔓　陈　红

黔南州A级旅游景点分布图

黔南布依族苗族自治州首府所在地——都匀市主城区（2015年　摄）

民风民俗

民族团结（2014年　摄）

都匀布依族婚礼（2014年　摄）

平塘布依族八音弹唱（2012年　摄）

龙里羊场布依族情歌节（2016年　摄）

三都布依族竹竿舞（2014年　摄）

平塘布依族请龙仪式（2014年　摄）

布依族织布舞（2012年　摄）

布依族双箫演奏（2012年　摄）

布依族山歌大赛（2015年　摄）

都匀格多苗寨嫁姑娘送亲风俗（2007年　摄）

龙里高寨苗族长桌宴（2014年　摄）

苗族姑娘（2010年　摄）

苗族古瓢舞（2009年　摄）

苗族打糍粑（2012年　摄）

苗族织布（2014年　摄）

贵定苗族坐花场（2014年　摄）

苗族跳月（2014年　摄）

三都都江镇苗族鼓藏节踩堂（2015年　摄）

龙里苗族跳洞（2013年　摄）

水族端节祭祖（2004年　摄）

水族长号（2011年　摄）

水族马尾绣技艺传承（2012年　摄）

水族端节跑马（2006年　摄）

三都水族卯节赶卯坡（2010年　摄）

平塘毛南族婚庆（2009年　摄）

荔波瑶族禾仓（2012年　摄）

荔波瑶族长席宴（2007年　摄）

·民族服饰

布依族服饰

苗族服饰

水族服饰

瑶族服饰

毛南族服饰

长顺马路屯堡人（汉族）服饰

·传统手工艺

龙里苗族刺绣（2014年　摄）

三都苗族蜡染（2010年　摄）

布依族手工刺绣（2013年　摄）

龙里三元布依族妇女纳鞋垫（2014　摄）

水族牛角雕刻（2014年　摄）

党建活动

贵定音寨开展唱支山歌给党听活动 （2011年 摄）

2002年黔南州农村“三个代表”学习教育活动汇报会

2009年黔南州深入学习实践科学发展观活动动员大会

2013年黔南州深入推进解放思想大讨论活动动员大会

2013年黔南州青年人才解放思想大讨论座谈会

2013年黔南州党风廉政建设专题讲座

2014年黔南州党的群众路线教育实践活动动员部署会

长顺“背篼干部”为群众送物资（2012年　摄）

荔波瑶山瑶族乡“伙计干部”组织瑶族群众学习　（2013年　摄）

龙里“快递干部”服务群众（2013年　摄）

全国劳模罗甸大关村党支部书记何元亮

全国优秀共产党员跪教36年的三都水族教师陆永康

全国优秀共产党员邓迎香（女，中）率村民开挖进村公路隧道
（2013年　摄）

“马背警室”民警走村串寨为群众服务
（2007年　摄）

生态黔南

世界自然遗产地——荔波峰峦（2015年 摄）

惠水青岩油杉（2011年　摄）

三都巫不千年红豆杉（2012年　摄）

福泉千年银杏（2010年　摄）

独山滇桐（2015年　摄）

惠水黄连木（2014年　摄）

都匀石龙千年金丝楠木（2014年　摄）

国家一级保护植物——荔波掌叶木（2014年　摄）

长顺杉树王（2014年　摄）

瓮安飞蛾槭（2014年　摄）

罗甸边阳米槁（2015年　摄）

荔波桫椤（2014年　摄）

贵州最大的藤黄檀——龙里藤黄檀（2008年　摄）

都匀螺蛳壳千年茶树
（2014年　摄）

福泉凤山茶花树（2014年　摄）

罗甸木引300年喙核桃（2013年　摄）

野生灵芝（2014年 摄）

白花兜兰（2015年 摄）

春兰硬捧梅（2015年 摄）

国家一级保护植物小叶兜兰（2014年 摄）

国家一级保护植物硬叶兜兰（2014年 摄）

国家一级保护动物白颈长尾雉
（2014年　摄）

国家二级重点保护野生动物白鹇
（2014年　摄）

国家二级保护动物穿山甲（2014年　摄）

果子狸（2014年　摄）

都匀剑江白鹭（2014年　摄）

国家一级保护动物——荔波猕猴（2007年　摄）

国家二级保护野生动物凤头鹰（2014年　摄）

贵定岩下野生大鲵（2015年　摄）

龙里瘰螈（2014年　摄）

城乡面貌

都匀南沙洲绿地公园（2016年　摄）

都匀市城区一角（2016年　摄）

福泉市城区（2014年　摄）

瓮安县城全景（2012年　摄）

贵定县城全景（2014年　摄）

龙里县城全景（2014年　摄）

惠水县城全景（2015年　摄）

长顺县城全景（2011年　摄）

独山县城全景（2015年　摄）

三都县城全景（2016年　摄）

荔波县城全景（2016年　摄）

平塘县城全景 （2014年 摄）

罗甸县城全景（2014年 摄）

都匀茶博园（2014年　摄）

都匀雨花湖湿地公园（2015年　摄）

瓮安草塘镇　（2014年　摄）

荔波古镇（2014年　摄）

龙里双龙小镇　（2014年　摄）

长顺县鼓扬镇移民新村（2015年　摄）

三都县万户水寨（2015年　摄）

惠水县好花红村（2014年　摄）

荔波县瑶山新村（2014年　摄）

工业发展

·工业园区

贵定昌明工业园区（2014年　摄）

福泉马场坪工业园区（2014年　摄）

龙里北部工业园区（2013年　摄）

都匀绿茵湖产业园区全貌（2015年　摄）

独山麻万工业园区全貌（2016年　摄）

位于惠水经济开发区的西南水泥有限公司（2016年　摄）

瓮安工业园区全貌（2016年　摄）

·能　源

罗甸双河口水电站大坝
（2011年　摄）

荔波大七孔电站厂区
（2014年　摄）

龙里风力发电（2014年　摄）

· 建材工业

平塘安泰石材（2014年　摄）

贵定海螺水泥（2010年　摄）

·磷化工业

瓮福磷矿运输车队（2014年　摄）

瓮安金正大肥料厂（2014年　摄）

瓮福磷矿磷肥厂（2013年　摄）

·装备制造业

都匀市甘塘工业园区山地汽车产业（2014年　摄）

贵州洪茂实业有限公司（都匀）汽车生产车间（2014年　摄）

专利产品——贵州（龙里）英吉尔机械制造有限公司生产的供日产车的气缸盖（2014年　摄）

贵州（长顺）高矿重工生产车间（2015年　摄）

·医药工业

罗甸信邦制药厂（2014年　摄）

贵州瑞和制药有限公司产品包装车间（2014年　摄）

贵州龙里神奇制药厂（2008年　摄）

·食品工业

位于贵定昌明经济开发区的贵州苗姑娘食品有限责任公司总部（2016年　摄）

惠水“牛头”牌牛肉干生产企业——贵州永红食品有限公司生产车间　　（2011年　摄）

益肝草凉茶（2013年　摄）

贵阳味莼园食品股份有限公司惠水厂区（2014年　摄）

都匀匀酒厂生产车间（2013年　摄）

中华老字号——三都九阡酒（2011年　摄）

惠水黑糯米酒（2007年　摄）

罗甸火龙果酒（2015年　摄）

农业发展

· 农业园区

独山铁皮石斛种植园（2014年　摄）

福泉马场坪街道黄丝村江边寨农业示范园（2013年　摄）

都匀墨冲现代高效农业产业园（2014年　摄）

·都匀毛尖

采摘春茶（2010年　摄）

茶山开采祭祖（2009年　摄）

2014年在文峰桥举行的都匀毛尖茶祭茶仪式

都匀毛尖茶（2014年　摄）

都匀螺蛳壳茶园（2004年　摄）

·精品水果

惠水金钱桔（2005年　摄）

都匀平浪蓝莓（2012年　摄）

荔波蜜柚（2006年　摄）

罗甸火龙果产业基地（2014年　摄）

长顺紫玉葡萄（2014年　摄）

长顺高钙苹果（2013年　摄）

长顺小米核桃（2013年　摄）

瓮安猕猴桃（2014年　摄）

三都九阡李（2008年　摄）

贵定盘江酥李（2014年　摄）

平塘蜜桃（2014年　摄）

三都水晶葡萄园（2012年　摄）

福泉福梨（2014年　摄）

龙里刺梨（2014年　摄）

·花卉种植

独山郁金香种植基地（2012年　摄）

惠水花卉种植基地（2014年　摄）

福泉玫瑰花种植（2010年　摄）

· 特色养殖

都匀毛尖镇梅花鹿养殖（2013年　摄）

荔波瑶山鸡

独山奶牛养殖（2014年　摄）

三都巫不香猪（2005年　摄）

平塘种羊养殖（2012年　摄）

特产与美食

惠水牛肉干系列产品（2007年　摄）

龙里鸡辣椒

三都辣椒酸

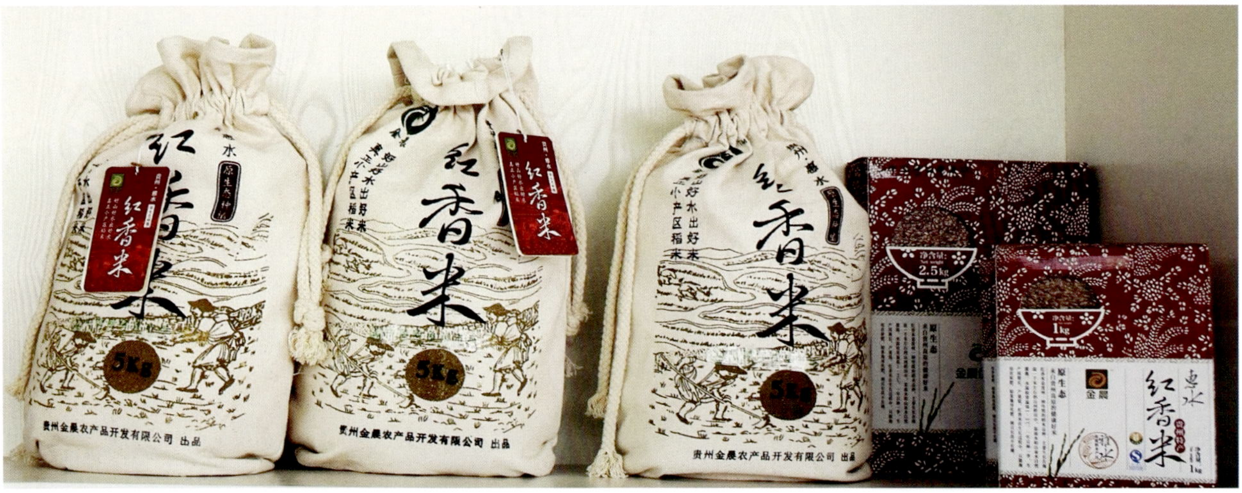

惠水红香米（2014年　摄）

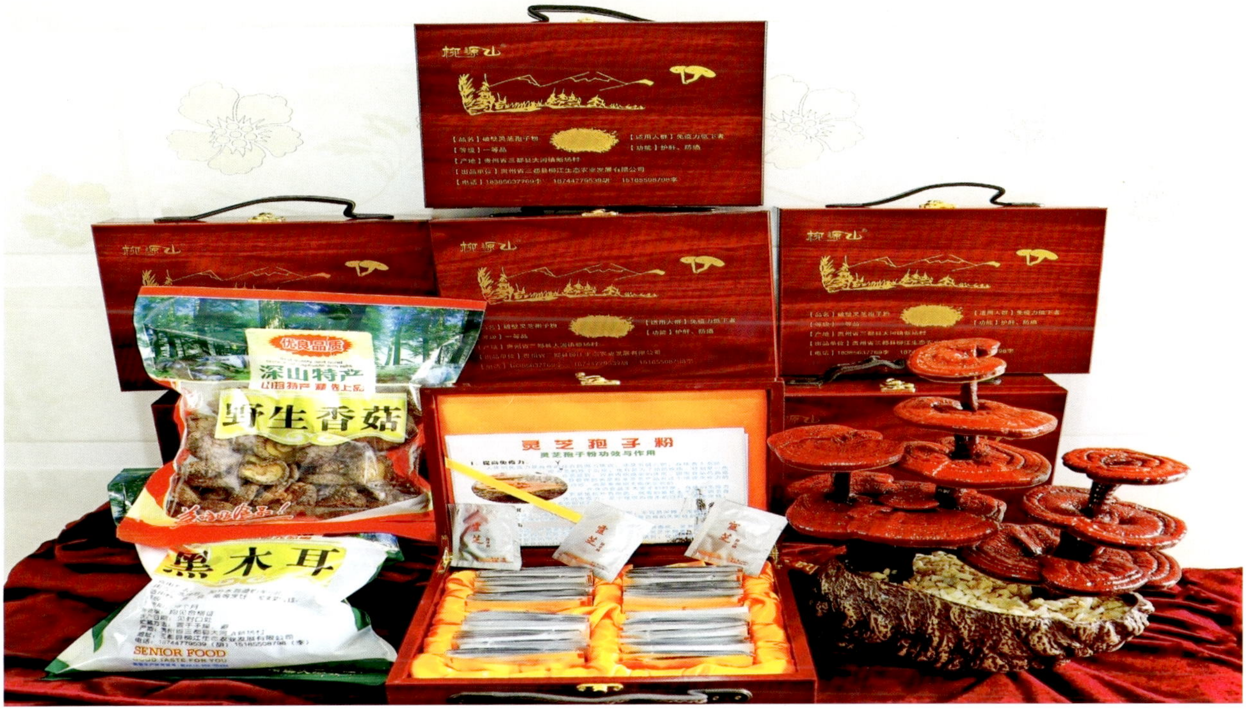

灵芝孢子粉、黑木耳、香菇系列产品

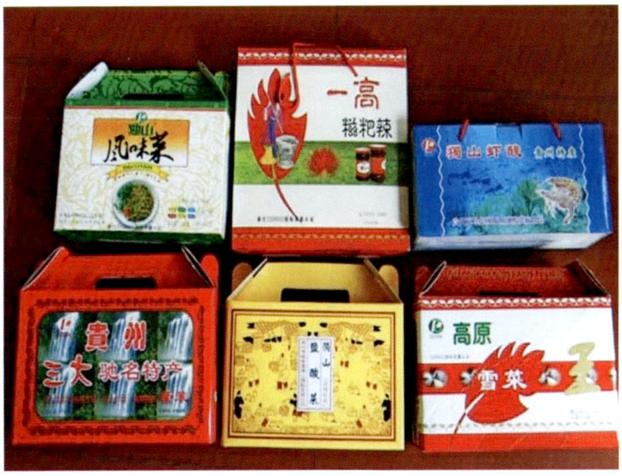

独山盐酸菜系列产品

平塘干制食用菌

惠水羡塘布依粉丝

龙里野生刺梨汁

独山三酸（盐酸、虾酸、臭酸）

贵定盘江狗肉

水族鱼包韭菜（2011年　摄）

坛子鱼

五彩糯米饭

香藤粑

肉饼鸡

黄　粑

荷叶粑

商贸物流

快递物流包裹运输车辆

快递物流包裹分拣

快递小哥（2016年　摄）

龙里快递物流园区全景

都匀商业步行街（2016年　摄）

超市（2014年　摄）

都匀云都建材市场（2014年　摄）

都匀毛尖茶展（2014年　摄）

农村淘宝（2014年　摄）

贵定昌明镇电子商务运营中心

交通水利

龙里至贵阳同城化大道（2014年 摄）

厦蓉高速公路交梨河大桥（2012年　摄）

瓮安清水江大桥（2014年　摄）

平塘通村柏油公路（2014年　摄）

贵马高速公路平堡立交桥（2014年　摄）

贵阳至广州高速铁路都匀东站（2014年　摄）

2007年荔波机场通航

瓮安乌江码头（2016年 摄）

罗甸码头（2014年 摄）

三都芒勇水库（2010年　摄）

贵定云雾湖水库（2010年　摄）

社会事业

·教　育

黔南民族师范学院（2014年　摄）

黔南民族医学高等专科学校一角（2014年　摄）

黔南民族职业技术学院（2014年 摄）

都匀一中校园一角（2014年　摄）

三都鹏城希望学校（2006年　摄）

少数民族学生做化学实验（2008年　摄）

瓮安县中等职业学校新校园（2013年　摄）

·科　技

黔南州科技馆（2014年　摄）

平塘天文科普旅游文化园（2015年　摄）

2013年12月31日，中国天文学家、中国科学院国家天文台研究员、FAST工程首席科学家兼总工程师南仁东（右），在平塘克度大窝凼，指导500米口径球面射电望远镜（FAST）工程施工

位于平塘克度大窝凼的“中国天眼”——500米口径球面射电望远镜（2016年　摄）

惠水百鸟河数字小镇内的“课工厂”（2015年　摄）

中国农业云大数据惠水云展示中心（2014年　摄）

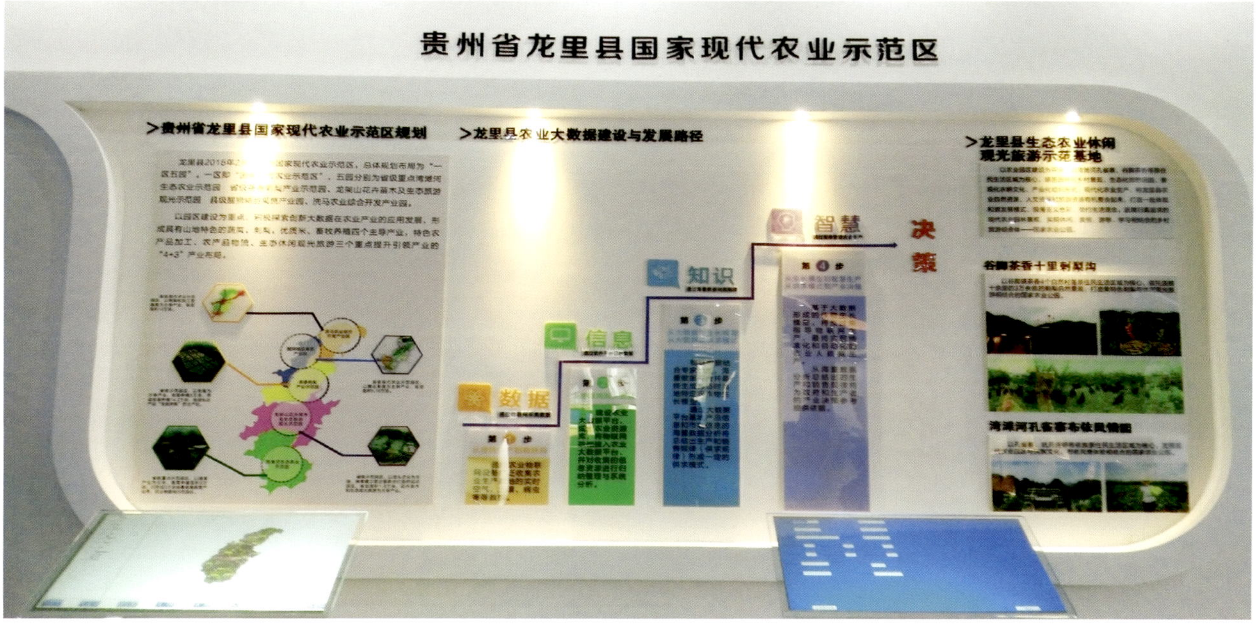

龙里农业园区大数据展示（2015年　摄）

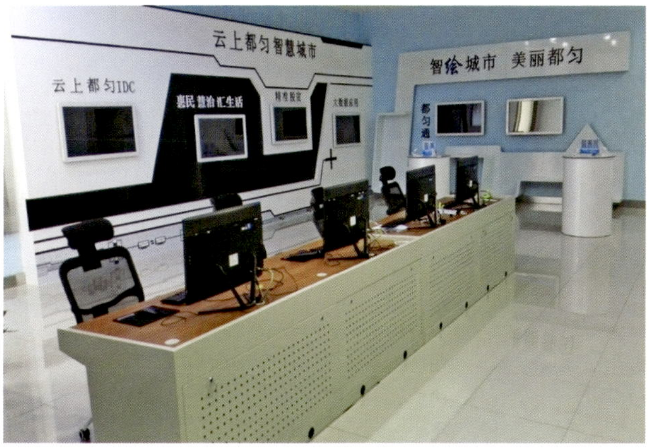

“云上都匀智慧城市”大数据中心平台（2016年　摄）

罗甸火龙果质量网络管理系统（2015年　摄）

·医疗卫生

黔南州人民医院（2010年　摄）

黔南州中医医院（2014年　摄）

贵州医科大学第三附属医院（2014年　摄）

龙里县龙山镇中心卫生院（2014年　摄）

医疗服务到乡村（2014年　摄）

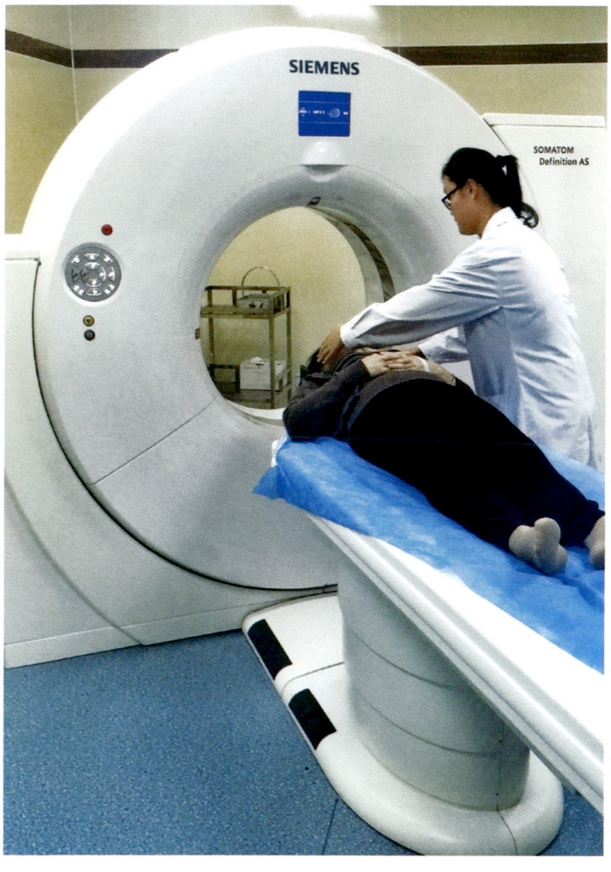

128层螺旋CT（2014年　摄）

·文　化

2009年3月，独山花灯在维也纳金色大厅演出

2009年7月，惠水《刺梨花红》在北京演出

2014年11月，三都苗族舞蹈《跺月亮》在北京演出

龙里巴江平坡苗族农民画创作现场（2006年　摄）

2011年11月，龙里摆省乡开通苗语广播

福泉农家书屋（2012年　摄）

广播电视“村村通”工程设施——卫星电视地面接收天线（2014年　摄）

·国家级非物质文化遗产

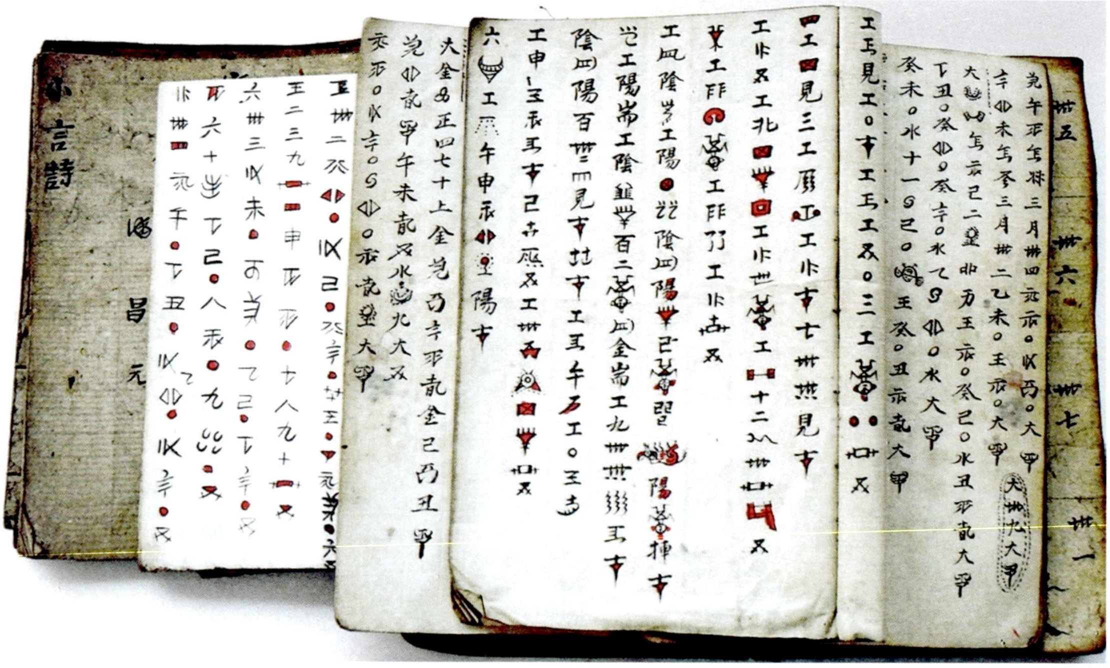

国家级非物质文化遗产——水族水书

国家级非物质文化遗产——水族端节

国家级非物质文化遗产——苗族鼓龙鼓舞·长衫龙

国家级非物质文化遗产——瑶族猴鼓舞

国家级非物质文化遗产——平塘牙舟陶制作技艺

国家级非物质文化遗产——惠水枫香染制作技艺

国家级非物质文化遗产——都匀毛尖茶制作技艺

国家级非物质文化遗产——水族剪纸

国家级非物质文化遗产——水族马尾绣

国家级非物质文化遗产——独山花灯

·体 育

黔南州全民健身活动中心（2015年 摄）

赛龙舟（2014年 摄）

奥运会跳水冠军田亮为三都打鱼岩捞小学学生讲授奥运知识（2006年 摄）

2006年11月，贵定县残疾人运动员韦仁明（中）代表中国参加第九届远南运动会获得400米自游泳金牌

2009年，黔南州第一届运动会开幕式

福泉太极拳表演 （2014年 摄）

荔波民间体育项目——打陀螺（2013年 摄）

瓮安体育馆（2015年 摄）

·抢险救灾

2008年1月雪凝灾害中的龙里输变电线路

2008年1月雪凝灾害中群众抢修输电线路

民兵抢修321国道水毁公路
（2006年　摄）

2014年8月27日晚，公安干警在福泉市山体滑坡现场施救

2000年6月8日，都匀市遭受特大暴雨袭击后的城区

抢修水毁铁路独山段（2005年　摄）

红色文化与古迹

中共一大代表邓恩铭故居（2006年　摄）

红七军在荔波板寨会师旧址（2014年　摄）

猴场会议会址（2011年　摄）

猴场会议期间毛泽东行居（2007年　摄）

龙里观音山红军战斗遗址（2011年　摄）

1935年4月，中央红军长征经过龙里谷龙官庄写下的宣传标语（2010年　摄）

红军在瓮安强渡乌江战斗遗址（2011年　摄）

罗甸中共蛮瓦支部旧址　（2014年　摄）

独山黑石关阻击日军战斗遗址

荔波黎明关遗址

独山深河桥抗日文化园（2006年　摄）

清乾隆五十五年（1790年）建于贵定云雾的贡茶碑（2007年　摄）

长顺古法造纸（2008年　摄）

瓮安古生物化石（2006年　摄）

都匀石板古街　（2014年　摄）

1996年重建的独山影山草堂（2005年　摄）

独山奎文阁（2005年　摄）

道教圣地——福泉山（2012年　摄）

全国重点文物保护单位、建于明代的福泉葛镜桥（2013年　摄）

全国重点文物保护单位、建于明代的福泉古城垣（2008年　摄）

都匀文峰塔（2014年　摄）

三都水达石板墓群一角（2010年　摄）

龙里果里洞葬（2014年　摄）

三都都江通判署遗迹（2009年 摄）

2015年重建的长顺广顺州署

贵定600年古建筑城隍庙（1998年 摄）

龙里冠山文昌祠古建筑（2008年 摄）

都匀百子桥（2005年 摄）

景观景点

世界自然遗产地——荔波风光（2015年 摄）

都匀归兰山瀑布（2014年　摄）

都匀杉木湖（2015年　摄）

都匀螺蛳壳风光（2014年　摄）

都匀四方潭（2006年　摄）

独山甲定翻天印（2006年　摄）

福泉蛤蚌河（2005年　摄）

长顺杜鹃湖风光（2016年　摄）

长顺白云山（2016年　摄）

贵定金海雪山（2007年　摄）

贵定洛北河漂流（2005年　摄）

龙里大草原风光
（2014年 摄）

惠水槟榔湖（2014年　摄）

惠水羡塘燕子洞（2005年　摄）

荔波喀斯特景观（2006年　摄）

罗甸大小井田园风光（2014年　摄）

荔波小七孔拉雅瀑布（2008年　摄）

荔波喀斯特水上森林（2009年　摄）

荔波小七孔风光（2005年　摄）

龙里梯田风光（2012年　摄）

平塘打岱河“天坑”群　（2009年　摄）

平塘甲茶风光（2014年　摄）

平塘掌布藏字石（2002年　摄）

三都姑鲁产蛋崖（2009年　摄）

平塘掌布风光（2012年　摄）

瓮安朱家山情人湖（2012年　摄）

三都都柳江风光（2011年　摄）

三都尧人山国家森林公园（2010年　摄）

都匀城区晚霞（2015年　摄）

2017年10月17日《黔南布依族苗族自治州志（1991—2014）》州级审稿会

2017年11月22日《黔南布依族苗族自治州志（1991—2014）》省级终审会

序

盛世修志，志载盛世。修志是中华民族的优秀文化传统。

黔南这片热土，山川俊美，物产丰富，有得天独厚的自然资源。世界自然遗产地“中国南方喀斯特”——荔波茂兰国家级自然保护区，集山、水、林、湖、瀑布和科研考察、旅游观光为一体，被誉为“地球上喀斯特地区独一无二的绿色宝库”；世界最大的天文望远镜——500 米口径球面射电望远镜坐落在平塘县；已开发利用的矿藏中，磷矿地质储量 8.5 亿吨，已形成以瓮福集团为龙头的磷化工产业集群，福泉享有“亚洲磷都”之称；盛产的都匀毛尖茶，畅销国内，远销日本、新西兰、荷兰等国家，被中国茶叶科学研究所誉为“茶中极品”。

黔南是开放发展之地、投资兴业之域。具有“东经湘赣通沪浙，南下两广接港澳，西过云南连东盟，北上川渝进西北”的独特区位优势，曾是南方出海丝绸之路的重要通道，也是黔中通往川桂湘滇的故道，商贾云集、物流通达。境内航空、铁路、公路、河运纵横交错，龙洞堡国际机场近在咫尺、荔波机场航线增多，都匀、罗甸机场正在规划建设；贵广、沪昆高铁和多条铁路穿境而过，厦蓉、兰海、沪昆等高速公路与多条国道互联互通；内河航运直通长江、珠江，是贵州立体交通条件较好的地区。

黔南历史源远流长，居住着汉族、布依族、苗族、水族、壮族、侗族、毛南族、仡佬族等 43 个民族，民族文化悠久，民族风情浓郁。至今仍在水族群众社会生活中起着重要作用的“水书习俗”、马尾绣被列为国家级非物质文化遗产；布依族歌曲“好花红”世代流传，久唱不衰，并赋予了新时代的元素。全州有国家级非物质文化遗产项目 14 项、省级 58 项、州级 46 项，非物质文化遗产项目居全省第二位。黔南各族人民在历史的长河中开拓奋进，励精图治，特别是改革开放以来，黔南经济社会发生了天翻地覆的变化。今天的黔南，经济快速发展，社会和谐稳定，生态环境良好，人民安居乐业。

续修《黔南布依族苗族自治州志》，为现在和将来的各项事业建设提供借鉴，为爱国爱乡教育提供乡土教材，为各界朋友了解黔南提供信息，为后人留下一部翔实的地方史料，是我们的责任。二轮州志编纂本着尊重历史、实事求是的原则，采取篇、章、节架构，运用述、记、志、传、图、表、录等体裁，以经济社会发展为主线，记述全州在1991年至2014年间深化改革开放、实现科学发展的业绩，充分展示黔南20余年政治、经济、文化、社会事业等方面的发展变化。

《黔南布依族苗族自治州志（1991—2014）》的成书，是黔南社会主义文化建设的一项重要成果，得益于地方志工作者依法修志，为编纂科学、系统、翔实的志书，恪尽职守，辛勤耕耘，默默奉献。就此机会，谨向付出艰辛劳动的全体编写人员致以崇高的敬意，向为志书提供资料的各界人士表示衷心的感谢！

“修志问道，以启未来。”《黔南布依族苗族自治州志（1991—2014）》的付梓问世，旨在告慰前人，激励当代，启迪后世，造福桑梓。希望全州各级党政干部、各族人民群众读志用志，以志为鉴，认识黔南，热爱黔南，宣传黔南，努力建设“生态之州、幸福黔南”。

中共黔南州委书记：

2020年5月11日

凡　例

一、本志以马克思列宁主义、毛泽东思想、邓小平理论、“三个代表”重要思想、科学发展观、习近平新时代中国特色社会主义思想为指导，坚持辩证唯物主义和历史唯物主义的立场、观点和方法，坚持实事求是的原则，全面、系统、翔实、客观地记述黔南布依族苗族自治州的历史与现状，力求做到思想性、资料性、科学性的有机统一。

二、本志为首轮《黔南布依族苗族自治州志》（多卷册）的续志，记述上限 1991 年，下限 2014 年 12 月。为完整反映事物，个别事物的记述适当延长上下限。

三、本志采用篇、章、节、目体，以类系事，以志为主，述、记、传、图、表、录兼备。个别突出的典型事件采用专记形式记述。

四、本志为突出地方特色、时代特点，图片收录下延至 2016 年。

五、入志人物中，人物传坚持“生不立传”的原则，收录在全国、全省和黔南州有重大影响、有重要贡献的已故人物和在黔南州任实职的正地级以上已故党政军领导人物，按生年先后排序；人物表分类排列，收录获省部级以上表彰人员、享受省政府以上特殊津贴人员、荣立一等功人员、革命烈士。人物传设“前志人物传补遗”。

六、数字、标点符号、计量单位等用法，使用国家标准《出版物上数字用法》（GB/T15835—2011）、《标点符号用法》（GB/T15834—2011）和国家法定计量单位。

七、机构名称、专用名词等首次出现时用全称，之后用简称。如，黔南布依族苗族自治州简称黔南州，中国共产党黔南州委员会简称州委，黔南州人民政府简称州政府。

八、全志表格按篇章编号。

九、本志资料不注明出处。数据以统计局统计为准，未列入统计局统计的数据，以各单位提供的为准。文字资料提供统一列单位名称，图片资料提供列单位或个人，均不作对应资料署名。

目 录

第二篇　人口　民族　宗教

第三篇 中共地方组织

第四篇　人民代表大会　人民政府　人民政协

第五篇 民主党派 社会团体

第六篇　法　治

第七篇　武　装

第八篇　经济综合管理与监督

第十篇　农业　农村　农民

第十二篇　林业　水利

第十三篇 商业 贸易

第十四篇　旅游业

第十五篇　财政　税务　金融

第十六篇 城乡建设 环境保护

第十七篇　交通　邮政

第十八篇　教育　科学技术

第十九篇　医疗　卫生

第二十一篇　人力资源管理与社会保险

第二十二篇　社会事务与社会生活

人 物

附 录

Table of Contents

Part II Population, Ethnic Groups and Religion

Part III Local CPC Organizations

Part IV The People' s Congress, the People' s Government and the CPPCC

Part V Chinese Parties and Social Organizations

Part VI Legal Governance

Part VII Armed Forces

Part VIII Integrated Economy Management and Supervision

Chapter X Agriculture, Rural Areas and Farmers

Part XI Poverty Reduction through Development

Part XIII Business and Trade

Part XIV Tourism

Part XV Public Finance, Taxation and Finance

Part XVI Urban – Rural Development and Environmental Protection

Part XVII Transportation and Postal Service

Part XVIII Education, Science and Technology

Part XIX Medical Affairs and Health

Part XX Culture, Radio & Television, Press & Publications and Sports

Part XXII Social Affairs and Social Life

Characters

Appendix

概　述

概　述

黔南山川秀丽、生态良好、民族风情浓郁；黔南区位优越、资源丰富、人民勤劳勇敢，充满活力和希望。1991—2014年，黔南各族人民在中国共产党领导下，不断深化改革开放，不断加强政治、经济、文化、社会、生态建设，特别是国家实施西部大开发战略以来，中共黔南州委（以下简称“州委”）、黔南州人民政府（以下简称“州政府”）紧紧抓住历史机遇，带领全州各族人民，齐心砥砺、奋力拼搏，在经济建设、政治建设、文化建设、社会建设、生态建设方面取得显著成就，黔南布依族苗族自治州（以下简称“黔南州”）的面貌发生了翻天覆地的变化。

一

黔南州位于贵州省中南部，地处北纬25°04′~27°29′、东经106°12′~108°18′。东临贵州省黔东南苗族侗族自治州，西邻黔西南布依族苗族自治州和安顺市，南接广西壮族自治区河池市，北靠贵阳市与遵义市，总面积26197平方公里。黔南是贵州的南大门和西南出海的重要通道。

黔南州历史悠久。据《贵州古代史》考订，早在殷、周时期，黔南境内就已有了许多部族的活动。春秋战国到秦汉时期，黔南先后分属牂牁、夜郎、且兰、毋敛、象郡等古国或郡县。五代后晋天福五年（940年），“都云（今都匀）酋长尹怀昌率其所辖十二部……归附楚王马希范”，这是都匀（云）名称最早见于史料的记载。唐宋时期，黔南境内先后设置有柯州、蛮州、环州等州、府。元代，黔南州境分属都云定云安抚司及八番、新添、播州、南丹等司、府。明朝时，先后设置有都匀卫、平越卫、定番州、都匀府及贵定、荔波等县。清代，黔南地区分属都匀府、贵阳府、独山州和平越直隶州。民国时期，黔南州域分别属于第一、第七和第十一行政督察区。中华人民共和国成立后，人民政府在黔南设置了独山专署，后改为都匀专区。1956年经国务院批复，于是年8月8日建立黔南布依族苗族自治州，州府驻都匀市，州府所在地都匀距省会贵阳78千米。2014年，黔南州行政区划辖都匀、福泉2个市，瓮安、贵定、龙里、惠水、长顺、罗甸、独山、平塘、荔波9个县及三都水族自治县。此外，建立有都匀经济开发区。

州内世居着布依族、苗族、水族、瑶族、毛南族、汉族等民族。随着人口的流动，在境内居住的民族有40多个。2014年底，全州总人口406.08万人。其中，少数民族人口

237.21万人，占总人口的58.41%。黔南州是多民族聚居区，民族风情十分浓郁。以布依族、苗族、水族、瑶族、毛南族等5个世居少数民族为代表的民族文化各具特色。布依族的典型性，苗族的多样性，水族的唯一性，瑶族的神秘性，毛南族的独特性等，共同构成了黔南多姿多彩的民族文化；布依族的花灯、苗族的银饰、瑶族的粮仓各具特色；极具历史文化价值、被称之为中华古文字“活化石”的水族文字“水书”，2006年被列为国家级非物质文化遗产，正在申报《世界记忆遗产名录》。“笔尖上的水书、舌尖上的毛尖茶、指尖上的马尾绣”是黔南民族文化的典型代表。

黔南州地处云贵高原东南部向广西丘陵过渡的斜坡地带，地势西北高东南低。平均海拔997米，最高海拔为都匀斗篷山1961米，最低为罗甸红水河出境处242米。年平均气温15.8C°，年均降雨量1144.4毫米，年平均日照数900.6小时。境内冬无严寒，夏无酷暑，雨热同季，属典型的亚热带温暖湿润季风气候，适宜于各类动植物的繁衍生息。因此境内生态良好，植物茂盛，动物繁多，资源丰富。境内主要树种有300多种，有野生植物1700余种，其中药用植物1000多种。具有开发价值的有天麻、杜仲、三七、艾纳香、龙胆草、五倍子、金银花、刺梨等50多种。境内有野生动物400多种，属国家一、二、三类保护动物的有猕猴、麝、大鲵（俗称娃娃鱼）、穿山甲等30余种。其中，药用脊椎动物112种，是医药工业发展的原料基地。以贵州神奇制药有限公司为首的数十家制药厂（公司）先后在黔南建成或落户，坐落黔南州龙里县谷脚镇的医药城已具一定规模。此外，黔南州内还盛产桐油、生漆、核桃、香菇、木耳等土特产品和都匀毛尖茶、贵定云雾贡茶、惠水牛头牌牛肉干、独山盐酸、三都九阡酒、福泉金谷福梨等名特产品60多种。代表性的都匀毛尖茶在1915年巴拿马国际博览会上获金奖，1973年后，都匀毛尖茶多次参加全国性名茶鉴定、评比、审评活动，多次获奖。1982年，在长沙参加全国名茶评审，被定为中国名茶。1983年又在合肥参加全国名茶评比会，被评为全国十大名茶。1995年获“95中国传统名茶奖”，1999年获“贵州省名牌产品”。此后，都匀毛尖茶获上海第十六届国际茶文化节“金牛奖”、北京中国国际茶业博览会“金奖”“中国世博十大名茶”、2010年上海第十七届茶文化节“中国名茶金奖”等奖项。

境内还有丰富的矿产资源。已探明的有磷、硅、煤、锑、汞、金、锌、玉石、水晶石、猫眼石、大理石、辉绿岩等50余种。其中，锌矿、锑矿、玉石、水晶石、辉绿岩储量居全省之首。更有不仅储量大，而且品位高，是亚洲最大的矿肥基地的瓮福磷矿在黔南州瓮安县、福泉市境内。磷矿资源开发在福泉形成以磷资源为主的磷及磷化工、煤及煤化工、铝及铝加工、能源（电力）冶金等7个高端产业园区。以半水法磷酸、烟气脱硫制酸、湿法磷酸净化为核心的330余项专利技术整合，率先成为全国“煤—电—磷”一体化发展样板。2014年，福泉市规模工业总产值完成195亿元。

黔南州山清水秀、景色迷人，域内江河交错，水系发达。有乌江、红水河、都柳江、濛江、剑江、樟江等大小河流200多条。主要河流分属长江和珠江两大水系，水能资源理论发电蕴藏量达420万千瓦，尤以红水河、都柳江极具水电开发价值。龙潭电站、构皮滩电站蓄水库区都在州境内。被誉为“地球腰带上的绿宝石”的荔波茂兰国家级自然保护区已被联合国教科文组织列为世界自然遗产。此外，还有一批已被列入国家级、省级的景点景区和森林公园、地质公园以及生态示范区。

黔南州又是一块红色的土地。在荔波县有中国共产党创始人之一邓恩铭的故居，在瓮安县有中国共产党的优秀党员冷少农的故居。早在1930年4月，红七军分兵两路自广西北部进入贵州于荔波板寨会师后播下革命火种。红军长征期间曾四过黔南，在瓮安县猴场召开了被周恩来总理誉为“伟大转折的前夜”的“猴场会议”。罗甸县的中共地下组织——蛮瓦支部，是贵州境内第一个中共秘密党支部。此外，还有红军强渡乌江战斗遗址，以及贵州境内重要的抗战旧址——独山深河桥抗日文化园等一批革命历史遗址。红色的历史是当代进行革命传统教育和爱国主义教育的基地，是当代红色旅游的珍贵资源。

二

1991—2014年，黔南州以行政管理体制改革为重点，以经济体制改革、农村改革、财税体制改革等为突破口，各项改革与全国同步推进，改革开放从进一步深化到多项改革取得重要成果，深化改革促进了黔南州扩大开放，改革开放推动了全州大发展。这期间，各项改革平稳推进，社会事业日益进步，经济得到快速发展，基础设施大幅改善，人民生活水平显著提高，是建州以来发展最快的时期，也是黔南有史以来各族人民得到实惠最多的时期。

黔南州贯彻执行中国共产党的民族政策，不断加强民主政治建设。1991年以来，州委以马克思列宁主义、毛泽东思想、邓小平理论、“三个代表”重要思想、科学发展观、习近平新时代中国特色社会主义思想为指导，着力抓好物质文明、政治文明、精神文明、社会文明、生态文明建设，依法治州，不断加强中国共产党的组织和思想建设，开展了反腐倡廉、政法综治、统一战线等一系列工作，推进社会主义民主政治建设，充分发挥各民主党派参政议政的重要作用，发挥工商联、工会、共青团、妇联等社会团体桥梁纽带作用，实施正确的政治领导、思想领导和组织领导。另一方面，在干部选拔任用、招考录用、考核奖惩，以及企事业单位干部聘任制度方面的改革也进一步得到深化。州委把握工作大局，先后作出一系列经济社会发展重大决策，促进全州经济社会又好又快、更好更快发展。

24年间，黔南州召开第九届至第十三届人民代表大会，历届人民代表大会常务委员会集中民意，聚集民智，通过决定重大事项、人民代表视察、选举任免国家机关工作人员、评议干部、联系代表、代表建议、议案办理、调查和执法检查等依法履行职权。在这期间，对《黔南布依族苗族自治州自治条例》进行了修订，制定并通过省人大常委会批准后颁布实施黔南州个体工商户和私营企业权益保护条例、惩治生产销售假冒伪劣商品违法行为条例、科学技术进步条例、城市水污染防治条例、城镇建设管理条例、荔波樟江风景名胜区管理条例、岩溶资源保护条例、畜禽防疫条例、旅游发展条例、促进茶产业发展条例、剑江河流域保护条例，依法治州。

全州各级人民政府行政管理体制改革顺利推进。在此期间，继1983—1984年全国第一轮机构改革后，按照政企分开和精简、统一、效能的原则及转变职能、理顺关系、精兵简政、提高效率等要求，围绕“加快行政管理体制改革，建设服务型政府”的目标任务，州及县（市）两级行政机关与全国同步，先后于1993—1996年、2001—2002年、2004年进行了3次机构改革，进一步精简机构，转变政府职能，提高行政机关工作效率。在推进干部人事制度改革不断深化的同时，全州各级人民政府根据中共中央、国务院和中共贵州省委（以下简称“省委”）、贵州省人民政府（以下简称“省政府”）有关精简机构、转变职能、依法行政、服务社会等方面的要求，抓好发展改革、国土管理、社会事务以及经济建设发展中的综合管理工作，特别是不断强化“三农”（农业、农村、农民）工作，加强财源建设和审计监督，推进扶贫开发，做好人口与计划生育管理和环境保护工作，不断优化全州经济发展的环境。

州政协、各县（市）政协依照政协章程，围绕经济建设中心，开展智力支边、调研视察，抓好提案办理，切实履行政治协商、民主监督、参政议政职能。

三

1991—2014年，黔南州坚持改革开放，大抓招商引资，大力发展工业、乡镇企业和民营企业，实施科技兴州、人才兴州战略，大力发展旅游业。经济管理体制改革也随着国家对社会主义市场经济体制的逐步确定而不断完善。

1994年，全州贯彻落实《中共中央关于建立社会主义市场经济体制若干问题的决定》，围绕转变经济管理职能，着手从根本上改变传统的指令性计划制度，建立适应市场经济要求的、既有利于宏观调控又有利于微观搞活的指导性计划制度，着力改革经济管理方式，实现由直接调控为主向间接调控为主的转变，主要运用经济政策、经济法规和经济杠杆调节经济运行，建立科学的计划体系，改革年度计划，逐步把重点放在中长期计划上，重视产业政策、行业规划和专项规划的制定和实施。此后，全州经济管理体制按照中央和省的要求，分别于1997年、2001年、2004年、2011年、2014年进行了5次重大改革。

农村经济体制改革不断深化。1991年后的农村经济体制改革，主要是完善和配套。1998年完善家庭联产承包责任制，对农户承包土地关系进行顺延承包，延长土地承包期。继后，针对外出务工农民增加，以户为单位的土地经营管理不能更好地适应市场经济的形势，又出台了鼓励农村土地经营权流转的系列相关政策。为提高农业生产的组织化程度，2004年出台了推进以农民自愿为原则的农村专业合作组织发展的政策措施。针对集体林权管理不活的情况，2006年启动了集体林权制度改革，通过确权，促进集体林流转、贷款抵押，利用集体林开展多种经营，提高林地效益。同时，连续开展针对农村、农民的系列综合性改革，减轻农民负担，增加农民补贴，不断放大农村级经济体制改革的效应。2014年与1991年相比，全州农业总产值增加10倍有余，农民人均纯收入增加13倍多。

财税管理体制改革不断创新。1992 年，全州确立乡（镇）财政管理体制，州财政局对乡（镇）预算管理体制进行调整和完善。1994 年，全州进行分税制财政体制改革。实行分税制后，州、县（市）各级财政部门根据分税制原则，对分配制方案进行测算，完成省对州、州对县（市）1993 年地方收入基数的确定。2002 年，在完成税费改革贵定试点工作的基础上，逐步推进其余 11 个县（市）税费改革工作，按照“减轻、规范、稳定”的要求，初步规范农村税费关系，农民负担明显减轻。2005 年，全州减免农业税 7299 万元，每个农民平均获得实惠 21.27 元。自 2005 年后国家不再针对农业单独征税，一个在中国存在了 2600 多年的古老税种宣告终结。

1991 年，全州财政总收入完成 3.55 亿元，比上年增长 34.23%。1999 年首次突破 10 亿元，达到 12.75 亿元，是 1991 年的 3.6 倍；2010 年达到 54.47 亿元；2013 年突破百亿元，达到 125.8 亿元；2014 年，全州财政总收入已突破 150 亿元，达到 151.11 亿元，是 1991 年的 42.6 倍。

改革激发了新的活力，改革也促进对外开放，招商引资成果丰硕。早在 1984 年，黔南州就发布《欢迎国内外提供投资、技术联合开发资源的公告》，决定进一步对外开放，实行优惠政策招商引资。1992 年 2 月，州政府又出台《关于鼓励外商和华侨、港澳台同胞投资的优惠政策》，规定凡在黔南州兴办的生产性外商投资企业，在税收、外汇管理、银行信贷、土地使用费、海关等方面给予优惠和奖励。“七五”“八五”期间的 10 年间，招商引资到位资金 5.4 亿元。2002 年，全州引进州外投资项目 195 个，实际到位资金 9.34 亿元，比上年增长 19.6%。2010 年，全年全州招商引资在建项目 461 个，实际到位资金 129.27 亿元，比上年增长 54.3%。2014 年，全州招商引资在建项目 1454 个，总投资 4110.6 亿元，到位资金 1120 亿元，比上年增长 34.4%，绝对值排列全省第五位。

24 年间，全州经济不断发展，地区生产总值快速增长。1991 年，全州地区生产总值完成 309640 万元，比上年增长 17.7%；2000 年，全州实现地区生产总值 1012800 万元，是 1991 年的 3 倍多；2010 年达到 3566800 万元，是 1991 年的 11.5 倍；2014 年已达 9029100 万元，是 1991 年的 29.15 倍。全州人均地区生产总值 1991 年为 940 元，2000 年上升到 2685 元，是 1991 年的近 3 倍；2010 年达到 10861 元，是 1991 年的 11.6 倍；2014 年人均地区生产总值已达 24791 元，是 1991 年的 26.4 倍。

工业化、城镇化步伐加快。1991 年，黔南州第一、二、三产业结构比例为 47.2:29.1:23.7，农业产值占比将近 50%。1998 年，工业产值首次超过农业，第一、二、三产业结构比例为 37.1:39.7:23.2，三次产业结构占比首次调整成为二一三。2002 年，第三产业产值首次超过第一产业，第一、二、三产业结构比例为 30.44:38.73:30.83，三次产业结构占比首次调整成为二三一。2008 年，第三产业产值首次超过二产，第一、二、三产业结构比例为 24.28:36.88:38.84，三次产业结构占比首次调整成为三二一。2010 年，第一、二、三产业结构比例为 19.66:39.95:40.39。到 2014 年，三次产业结构进一步优化，第一、二、三产业结构比例为 18.86:36.79:44.35。在黔南州快步向工业化迈进的同时，城镇化步伐也在明显加快：1978 年，全州城镇化率仅为 10.73%，2010 年上升到 35%，2014 年全州城镇化率已提高到 45.82%，比

1978年提高35.09个百分点。

工业园区建设快速推进。1992年，省政府批准设立都匀经济开发区。是年，贵州神奇制药厂在龙里县谷脚镇兴建，是州内最早的工业园区，黔南的工业园区建设和发展由此起步。1996年，州委、州政府把抓好12个工业小区的建设作为当年重点抓紧抓好的十件大事之一，着力推进全州工业园区建设。进入21世纪后，全州工业园区建设步伐进一步加快，相继建起惠水长田、贵定昌明、都匀甘塘等8个工业聚集区，工业园区逐步成为全州工业经济加速发展的重要载体和平台，成为全州经济发展的重要增长极，为全州工业建设打开了一条跨越式发展的战略道路。2013年，全州有14个园区纳入贵州省“100个产业园区工程”，其中，省级园区4个，州、县（市）级园区10个。2014年，全州14个产业园区完成工业总产值960亿元（其中规模工业总产值860亿元），完成工业投资564亿元，新增就业18427人。

扶贫攻坚成绩显著。1991年，按国务院确定的贫困线标准，全州农村贫困人口有156.4万人，三都、罗甸、独山、荔波、平塘、长顺6个县分别纳入国家和省扶持的贫困县。通过开展扶贫开发，实施温饱工程，1993年，全州贫困人口比1991年减少23.3万人。此后，随着1994年开始的国家“八七”（全国农村8000万贫困人口，力争用7年左右时间基本解决的计划）扶贫攻坚，以及在此期间贵州省确定的麻山、瑶山“两山”扶贫开发试验和随后于2001年国家新阶段扶贫开发的实施，通过各级政府采取“以工代赈”“小额信贷”“易地搬迁”“生态产业化”“劳务输出”“定点帮扶”“农技培训”，以及“185”农业产业化工程（黔南州为破解山区农业发展难题，自2008年开始实施的一种货币量化的种养模式，按照一年多熟制，种养加配套等立体高效农业生产模式，在一个农业生产年度内，使单位面积亩产值达到一万元、八千元、五千元以上）等多种扶贫措施，在政策及项目、资金安排等方面进行帮扶，扶贫攻坚取得显著成效。1995年，全州有14个乡89个村4.37万户20.8万人越过省定人均400元温饱线。1996年，独山和荔波两县在全州率先越过温饱线。1997年，全州有30个乡（镇）、355个村同步越过贫困线，有22.4万贫困人口解决温饱。随后，三都、罗甸、平塘、长顺4个县也先后实现整体越过温饱线，脱掉贫困县的帽子。到2014年，全州农村贫困人口已减少到65.52万人，比上年减少24.06%，比1991年减少90.88万人。这期间，先后涌现出全国劳动模范——罗甸大关村的何元亮、长顺敦操乡背篼干部和罗甸麻怀村邓迎香等一批获得全国与省级荣誉的先进集体和个人，大关精神、背篼干部精神、新时代愚公精神激励全州干部群众在决战脱贫、决胜小康路上奋力迈进。州委、州政府于2004年作出关于命名表彰小康村的决定，命名全州首批“小康村”，都匀市平浪镇文峰村等8个村获“小康村”称号。2005年，都匀市小围寨西园村在全国小康建设明星乡镇（村）和全国建设小康乡镇（村）模范带头人命名表彰大会上，被命名为“全国小康建设明星村”。

粮食产量逐年增收。1991年，全州粮食总产量为96.22万吨，2005年粮食总产量达到128.6万吨，2014年粮食总产量118.16万吨，比1991年增加22.80%。一批县（市）迈入全省经济强县行列。1999年，在贵州省首轮经济强县建设之初，黔南州有都匀市和贵定县入列；在2013—2016年全省第四轮31个经济强县建设中，全州有都匀市、福泉市、龙里县入列。其中，都匀市排列第18位，福泉市排列第23位，龙里县排列第27位。2011年，都匀市、福泉市入列西部百强县。黔南州在全省及全国30个自治州中排位上升。1995年，黔南州地区生产总值635100万元，在全国30个自治州中排第9位，2015年达到9029100万元，排位上升到第6位。地方财政收入1995年为27500万元，排第10位，2015年达到1004500万元，排位上升到第7位。

四

1991—2014年，黔南州基础设施建设步伐加快。特别是国家西部大开发战略实施以来，黔南州抢抓机遇、乘势而上，交通、通信等各项基础设施建设突飞猛进，基础条件得到不断改善。

固定资产投资规模不断扩大。20世纪90年代以来，全州固定资产投资持续保持较快增长速度，规模不断扩大，结构逐步优化，效益逐年提高。1991年，全州全社会固定资产投资完成4.66亿元，比上年增长54%。1995年，全社会固定资产投资完成12.72亿元，比上年增长30%。2000年，全社会固定资产投资完成21.89亿元，比上年增长1.2%。2010年，全社会固定资产投资完成323.86亿元，比上年净增87.73亿元，增长37.2%。2014年，全社会固定资产投资完成1342.45亿元，比上年增长31%，增加317.45亿元。其中，390个省、州重点项目完成年度投资660亿元，增长96.4%。1991—2014年，全州固定资产投资累计完成4775.25亿元（含中央、省属项目投资），形成初具规模的综合生产能力，产生明显的经济效益。

重点项目建设顺利推进。1997年，州政府成立重点建设项目管理领导小组及办公室，负责重点项目的建设及管理工作。是年，全州列入州以上重点建设项目30个，其中都匀茶园水库、荔波大七孔水电站、贵新高等级公路被列为省级重点项目。2000年，全州安排重点建设项目43个。2010年，全州安排重点建设项目97个，其中省重点建设项目56个。2014年，全州安排重大工程和重点建设项目390个，其中列入省重点项目152个，总投资2938亿元。在这期间开工建设以及建成和开通运行的贵新高等级公路、厦蓉高速公路、黔桂铁路新线、贵广高速铁路、株六铁路复线，以及荔波机场、龙潭水电站、平塘500米口径球面射电望远镜等一批重大工程建设项目，有力助推了地方经济发展。

交通基础设施建设步伐不断加快。1991年，全州公路通车里程为7124.60公里。2000年，州内首条高速公路——贵新高等级公路建成通车，使黔南州实现高速公路零的突破。是年，公路通车里程9037公里，其中高速公路（包括高等级公路，下同）217公里。2005年，公路通车里程9650公里。2010年，公路通车里程15136公里，其中高速公路234公里。2014年，公路通车里程16779公里，其中高速公路619公里。是年，公路建设完成投资261亿元，新增高速里程132公里、建设国道、省道548公里，完成县、乡道路改造204

公里。到“十二五”期末的2015年，州内公路通车里程达17292公里，其中高速公路806公里。全州实现县县通高速公路，乡乡通柏油路（或水泥路），村村（行政村）通公路，这在西部地区也走在了前列。1991年，境内铁路有黔桂铁路254公里、湘黔铁路50公里。2014年底，正式建成开通运营的贵广高速铁路在州境内有152公里，加上2009年建成通车的黔桂铁路新线以及既有的湘黔铁路，州内铁路通车里程已达475公里。州内有都匀、福泉、独山、龙里、贵定、三都、荔波7个县（市）已通铁路。贵广高速铁路建成投运，使黔南在全省率先迈入“高铁时代”。黔南州面向两广，背靠大西南，是西南地区入海的黄金通道，交通四通八达，区位优势明显，国道320线、国道321线、国道210线以及贵新高等级公路、厦蓉高速公路、黔桂铁路、湘黔铁路、贵广高速铁路、株六复线铁路等多条公路、铁路贯穿境内，还有紧靠州境的贵阳龙洞堡国际机场。2008年8月荔波机场建成正式通航，2013年底瓮安港江界河客货运综合码头建成通航，2011年罗甸港第一作业区码头竣工运营，2010年建成罗甸羊里码头等，至此，黔南州域内乌江、红水河等水路通航里程达787公里，有500吨级港口3个。

水利建设稳步迈进。1995年，州内仅有中型水库2座、小型水库4座。到2014年，全州有规模以上水库300座，总库容8.75亿立方米。其中，大（二）型水库2座，中型水库11座，小（一）型水库77座，小（二）型水库210座。有坝塘2917处，总容积2824万立方米。有泵站1517座。耕地有效灌溉面积已达252万亩。

城镇建成区面积不断扩大。2000年，全州城市建成区面积为85.3平方公里，2010年上升到111.41平方公里，2014年提高到141.66平方公里。全州城镇建成区绿化率2000年为19.35%，2010年达到33.19%，2014年上升到35.5%。全州城市人均住宅建筑面积2010年为25.88平方米，2014年上升到29.87平方米。

通信、广播电视实现村村通。1990年，全州有各级邮电所135个，2014年达261个；1992年，全州有本地电话用户0.5万户，2014年达28.1万户；1999年全州有移动电话用户1.91万户、互联网用户1200户，到2014年已分别发展到248.35万户和26.68万户；1991年全州广播人口覆盖率65.09%，2014年达到92.84%；1991年全州电视人口覆盖率59.40%，2014年达到95.61%。

五

黔南州在加快经济建设的同时，贯彻“保住青山绿水也是政绩”的发展理念，加强环境的保护和治理，生态文明建设成绩斐然。州委、州政府抓住黔南州作为国家“长江中上游防护林体系建设工程”（1998年后归并到“国家天然林保护工程”）和“珠江流域防护林体系建设工程”两大工程的覆盖区建设的历史机遇，不断加大投入，加强生态体系建设，生态建设进入历史的快车道。一个山清水秀、林茂粮丰、人与自然和谐相处的绿色黔南日渐显现。与此同时，1999年国家开始实施“退耕还林工程”，2000—2014年，全州累计完成退耕还林 222.7 万亩，森林覆盖率逐年攀升："八五"期末的 1995 年全州森林覆盖率仅为 22.45%，"九五"末期的 2000 年全州森林覆盖率上升到 30.82%，到"十一五"末期的 2010 年森林覆盖率达到 50.63%，2014 年森林覆盖率攀升到 52.94%。2014 年，全州有国家级自然保护区 1 个，有省级自然保护区 1 个、县级自然保护区 22 个，国家级森林公园 5 个、省级森林公园 5 个、县级森林公园 1 个，国家级生态示范区 1 个，国家级地质公园 1 个。

石漠化治理初显成效。2005 年 2 月，罗甸县被国家林业局列为贵州省首批石漠化治理试点县，2008 年 6 月，《黔南州岩溶地区石漠化综合治理规划（2008—2015 年）》获省批复，是年，全州治理石漠化面积 54.6 平方公里。到 2011 年 3 月，全州 12 个县（市）已全部被列入岩溶地区石漠化综合治理重点县范围。2012—2014 年，全州治理石漠化面积共计 672.25 平方公里。

旅游基础设施建设极大改善。良好的自然生态、丰富多彩的民族文化资源，助推了旅游业的快速发展。1994 年，全州有国家级风景名胜区 1 个（荔波樟江风景名胜区）、国家级自然保护区 1 个（荔波茂兰喀斯特森林自然保护区），以及一批省级风景名胜区。2014 年，全州已有国家级风景名胜区 4 个、省级风景名胜区 8 个；旅游 AAAA 级景区 2 个、AAA 级景区 10 个、AA 级景区 4 个；国家级优秀旅游城市 1 个；全国农业旅游示范点 2 个；国家级文物保护单位 4 个、省级文物保护单位 37 个、县级文物保护单位 217 个；世界自然文化遗产 1 处。2001 年，全州仅有星级饭店 1 家，2014 年上升到 73 家。1996 年全州接待境外游客 5200 人次，旅游营业额 8500 万元。到 2014 年，全州接待各类游客已攀升到 3800 万人次，旅游收入达 344.98 亿元。

六

随着改革开放的深入，经济社会的发展，全州各族人民物质文化生活水平显著提高。1991 年，全州农村居民家庭人均纯收入 504 元，农村居民家庭人均生活消费支出 468 元；城镇居民人均可支配收入 1574 元，城镇居民人均消费性支出 1381 元；全州社会消费品零售总额 8.95 亿元。2000 年，农村居民人均纯收入达到 1416 元，农村居民家庭人均生活消费支出 1026 元；城镇居民人均可支配收入达到 4922 元，城镇居民人均消费性支出 3922 元；全州社会消费品零售总额 27.05 亿元。2014 年，农村居民人均纯收入提高到 7265 元，农村居民家庭人均生活消费支出上升到 6887 元；城镇居民人均可支配收入上升到 21698 元，城镇居民人均消费性支出 13899 元；全州社会消费品零售总额达到 175.29 亿元。

24 年来，全州教育、卫生、体育、科技、文化各项社会事业不断进步，实现飞跃式发展。1991 年，全州有大专院校 2 所、中专学校 11 所、中学 127 所、小学 3542 所、幼儿园 102 所；2014 年，全州有大专院校 4 所、中专学校 14 所（含中师、中技）、中学 77 所（含农职中学）、小学 937 所、幼儿园 474 所。1991 年，全州各类大中专院校在校学生 12123

人、普通中小学在校学生 536401 人；2014 年，全州各类大中专院校在校学生 76061 人、普通中小学（含幼儿园与特殊教育）在校学生 699198 人，分别增长 5.27 倍和 30.34%。1991 年，全州各级各类学校共有专任教师 27227 人；2014 年全州各类学校专任教师有 39287 人，增长 44.29%。2014 年，全州教育发展几项主要指标均高于全省平均水平。其中，学前教育幼儿入园率 81.6%，高出全省平均水平 21.6 个百分点，高中阶段教育毛入学率 80.15%，高出全省平均水平 6.15 个百分点。

全州“两基”（基本普及九年义务教育和基本扫除青壮年文盲）工作，于 1994 年按照“分区规划、分类指导、以乡推进、分步实施”的原则，启动实施。至 1999 年，福泉、贵定、都匀、瓮安、龙里 5 个县（市）先后通过省政府“两基”评估验收。2000 年，罗甸县最后通过“普六”评估验收。2001 年，制定《黔南州 2001—2005 年“两基”调整规划》，将“两基”任务提前至 2005 年完成。组织实施全州“两基”攻坚，至 2005 年，荔波、独山、三都、平塘、惠水、罗甸、长顺 7 个县先后通过省政府“两基”评估验收，全州整体实现“两基”攻坚的目标。九年义务教育巩固率 91.73%，高出全省平均水平 6.73 个百分点，普通高考二本以上上线率 35.31%，高出全省平均水平 3.41 个百分点。随着教育体制改革的不断深化，黔南州的社会办学从无到有，民办教育发展迅速。1992 年批准设立社会力量筹资兴办的中等职业技术学校 2 所，1995 年后，民办、私立学校陆续出现。到 1999 年 4 月，全州社会力量所办各类学校 20 余所，2004 年全州招生达到 2653 人。2009 年，全州有各类民办学校和民办教育机构 123 个，在校生 17602 人，专、兼职教职工 879 人。到 2014 年，州内有各级各类民办学校计 11 所。

科学研究成果丰硕。1991 年，全州有自然科学研究开发机构 6 个、科研人员 86 人（其中高、中级职称 28 人），2014 年，全州有自然科学研究开发机构 4 个、科研人员 72 人（其中高、中级职称 33 人）；1991 年，全州有各类专业技术人员 36094 人（其中高级职称 573 人、中级职称 5673 人）；2014 年全州有各类专业技术人员 57569 人（其中高级职称 3650 人、中级职称 23379 人），比 1991 年增长 59.49%。“八五”期间，全州评出州科技进步奖 255 项，其中一等奖 6 项、二等奖 35 项、三等奖 90 项、四等奖 124 项，有取得国际领先水平的“柑橘溃疡病根治技术研究”、国内领先水平的“籼型两用核不育系紫标 S—1、S—2 的选育”等一批科技成果；“九五”期间，全州评出州科技进步奖 216 项；2001—2014 年，全州获省级科技成果奖项 34 项，其中，一等奖 5 项、二等奖 18 项、三等奖 11 项。2006 年 7 月 14 日，国家发改委宣布国内外天文学家经过 13 年的考察勘测后拟建的新一代世界最大射电望远镜项目“500 米口径球面射电望远镜”选址平塘县克度镇金科村大窝凼洼地。工程于 2011 年 3 月 25 日开工建设，2016 年 9 月 25 日落成启用。经过国家验收，平塘“天眼”成为世界一流的射电天文望远镜。

群众文化活动和文学创作活动日趋活跃。1991 年，全州有各类艺术表演团体 9 个、公共图书馆 13 个、群众文化站 128 个、博物馆 1 个，到 2014 年，全州有公共图书馆 13 个、乡（镇、办）文化站 233 个、博物馆 1 个、文物管理所 12 个。这期间，创办有《夜郎文学》等 12 个内部发行刊物，州内一批作者的文学作品在国内公开出版以及在《民族文学》

等国家级刊物上发表。其中，散文集《山中那一个家园》、组诗《献给查干湖》、独幕话剧《木楼古歌》、曲艺《唱清风》、国画《旅》等一批州内各族作者的作品获得全国性不同奖项，在独山拍摄的电影《近距离击杀》获全国“五个一”〔一部好的戏剧作品、一部好的电视剧（或电影）作品、一部好的图书（限文艺类）、一部好的理论文章（限社会科学方面）、一部好电影〕工程奖。

卫生事业发展迅速。1991 年，全州有各级卫生医疗机构 613 个（包括各级医院、卫生院、卫生防疫站、妇幼保健所，下同），床位 5900 张，卫生技术人员 9438 人。2014 年，全州有各级卫生医疗机构 2728 个，床位 15695 张，卫生技术人员 14367 人。这期间，在国家改革开放政策的影响下，民营医院、私人诊所得到快速发展。1991 年 3 月，州卫生局制定印发《黔南州个体开业行医和个体售药人员管理暂行办法》，放开了非公经济进入州内医疗服务领域的政策。2004 年，都匀、瓮安经审批先后设立 5 家一级私立医院，全州民营医院实现“零”的突破。到 2014 年底，全州有各类民营医院 55 家（其中三级甲等医院 3 家），床位 2118 张，占全州病床的 13.5%。

体育事业方兴未艾。1991—2014 年，在全国性各项赛事活动中，黔南州运动员获得集体和个人奖项第一名共 5 项、第三名 1 项、第六名 1 项、第七名 1 项。2013 年第六次全国体育场地普查数据表明，全州有体育场 9 个，田径场 17 个，小运动场 153 个，体育馆 5 个，游泳场馆 9 个，综合房（馆）12 个，篮球、乒乓球、足球等球类室内、室外场馆 1960 个，摔跤柔道拳击空手道房（馆）7 个，其他类体育场地 340 个；全州体育用地面积 663.5 万平方米，体育场地面积 332.22 万平方米。体育场地面积比 2003 年第五次全国体育场地普查的 157.3 万平方米增加 174.92 万平方米。到 2014 年底，全州有各类专、兼职教练员 54 人，在册注册运动员 758 人。教练人员中高级教练 1 人、一级教练员 10 人、二级教练员 15 人、三级教练员 29 人，各级各类裁判员 1300 余人。

随着经济社会的发展，黔南州各族人民团结奋进，社会主义精神文明建设成果累累，社会新风、好人好事、道德模范不断涌现。以贵州山沟里的“保尔·柯察金”陆永康为代表，他先后荣获全国优秀共产党员、全国师德标兵、贵州省“五一劳动奖章”等称号，被推荐为中央电视台“2005 年感动中国”人物。2013 年，组织开展“黔南骄傲”十大年度人物评选活动，长顺县敦操乡干部获得“黔南骄傲”评选活动特别奖单位。“黔南骄傲”人物有：坚守大山 20 年的夫妻教师黎永清、唐乔英，乐于助人不求回报的真汉子贡天玺，爱岗敬业的独脚警察许胜武，育人树木 20 多年的“园丁”赖兆铭，让原生态文化从小山村走向大舞台的杨再清，离家千里情注苗寨的大学生村干部胡一茂，爱心接力温暖万家的张雁泉，与布依族群众亲如一家的乡村医生岑敏，免费撑船护送学生过河的池老春，为群众排忧解难的好警官陈振明。2013 年，黔南州的吴兴池、宋璇池、罗占烨 3 人荣获 2012 年贵州省“美德少年”称号。

七

黔南州走过的 24 年发展历程与取得的成就，主要得益于坚定不移地坚持和贯彻执行民族区域自治制度，得益于坚定不移地实施发展的主基调、主战略，得益于坚定不移地用好改革开放关键一招，得益于坚定不移地把改善民生作为根本出发点和落脚点，得益于坚定不移地守住发展和生态两条底线。

展望明天，州委、州政府带领全州各族人民全面深化改革创新，坚持守底线、走新路、奔小康不动摇，围绕“大扶贫、大数据、大生态”三大战略，以“强创新、占高地、作示范”为主题，以加快打造民族地区创新发展先行示范区为引领，以追赶、领先、跨越的新时代黔南精神为动力，认真践行新发展理念，实施发展的主基调、主战略，加强以交通水利为重点的基础设施建设，加快推动山地特色新型城镇化进程，推进文化大发展大繁荣，全力推动经济持续健康较快发展，建设“生态之州·幸福黔南”，向实现全面脱贫奔小康的目标砥砺前行，开拓奋进，谱写历史新华章。

大事记

大事记

1991 年

1 月 7 日　黔桂九万大山地区扶贫工作会议在都匀召开。会议贯彻中共十三届七中全会精神，遵照国务院“关于九十年代进一步加强扶贫开发工作”和全国少数民族地区扶贫工作会议的要求，把进一步做好扶贫工作作为一项长期的战略任务来对待，作为巩固民族团结、维护社会主义制度的大事来抓。会议要求各地要在总结经验的基础上编制好“八五”扶贫开发计划和十年规划，同时，加强农业基础设施建设和粮食生产，进一步搞好科技扶贫和智力开发工作。

1 月 8 日　新西兰驻华大使鲍迈克到黔南州进行友好访问，州政府主要领导在龙潭宾馆会见鲍迈克，宾主就黔南州的经济发展问题进行交谈。

1 月 30 日　省委副书记、省政府省长王朝文到平塘县视察调研。

1 月　中共中央总书记胡锦涛 1 月 24 日在新华社《国内动态清样》第 283 期《寒冬腊月贵州长顺贫困村农民生活目击》文稿上作“要探索因地制宜，开发扶贫的新路子。”的重要批示。1 月 29 日，州委主要领导带领州民政局等有关部门负责人赴长顺县长寨镇竹子托村走访慰问困难群众，对相关工作进行安排部署。

2 月 19 日　州委、州政府发出《关于开展建镇并乡撤区工作的指示》，要求建镇并乡撤区（以下简称“建并撤”）要积极稳妥地推行，以福泉县为试点，取得经验后全面推开。3 月 12 日，省委、省政府将福泉县作为全省“建并撤”试点县。7 月，州委、州政府批转州机构编制委员会《关于新建乡机构编制配置方案的报告》。至年底，全州“建并撤”工作结束。12 个县（市）由“建并撤”前的 80 个区、446 个乡镇调整为 139 个乡、12 个民族乡、84 个镇、3 个街道办事处。

2 月　省政府向国务院正式申报将荔波喀斯特森林风景名胜区列为国家重点风景名胜区。

3 月 20 日　州委、州政府印发《关于进一步搞好扶贫开发工作的意见》，要求各县（市）在巩固已有扶贫成绩的基础上，实现改善基本生产条件，建设基本农田，提高粮食产量，稳定解决温饱问题，发展多种经营，进行资源开发，建设区域性支柱产业，使贫困户有稳定的经济来源。

4 月 19 日　黔南州贯彻落实国务院《调整粮油统销价格的通知》，调整全州粮油统销价格，逐步搞活粮油流通。

5 月 3 日 州政府对第一个五年普及法律常识工作的 49 个先进集体和 32 名先进个人进行通报表彰。

5 月 20—29 日 政协黔南州第七届委员会第一次会议在都匀召开，出席会议委员 213 名，列席 43 名。会议听取和审议政协黔南州第六届常务委员会工作报告，听取和审议第七届第一次会议提案审查情况的报告，通过关于这两个报告的决议。与会人员列席州人民代表大会第九届第一次会议，并提出加强全州重大经济项目论证、改善投资环境、中低产田土综合改良利用、创办综合性大学、建立养老院、农村医疗卫生工作、交通事业发展、扩大流通、水利建设、企业思想政治工作和职业道德教育等十个方面的意见建议。会议选举产生政协黔南州第七届委员会常务委员 49 名，选举主席 1 名、副主席 8 名、秘书长 1 名（1 名副主席兼）。

5 月 22—29 日 州第九届人民代表大会第一次会议在都匀召开，出席会议代表 376 名，其中，少数民族代表 239 名，妇女代表 84 名。会议听取和审议《关于黔南州国民经济和社会发展十年规划和“八五”计划纲要（草案）的报告》《黔南州 1990 年国民经济和社会发展计划执行情况及 1991 年计划安排（草案）的报告》《黔南州 1990 年财政决算和 1991 年财政预算（草案）的报告》、州人大常委会工作报告、州法院工作报告、州检察院工作报告，并通过上述报告相关决议。会议选举产生州第九届人大常委会主任 1 名、副主任 8 名、委员 21 名、秘书长 1 名；选举产生州政府州长 1 名、副州长 6 名；选举产生州法院院长、州检察院检察长各 1 名。

6 月 5 日 省委副书记、省政府省长王朝文到瓮安县视察调研。

6 月 24 日 州委转发州委宣传部《关于在农村开展社会主义思想教育活动的意见》，在全州农村开展社会主义思想教育活动。教育活动按照“一个中心、两个基本点”的基本路线的要求，以中共十三届七中全会精神为指导，坚持以思想教育为主，用爱国主义、集体主义、社会主义思想教育、引导和组织农民，用“坚定信念、艰苦创业、无私奉献、团结奋进”的长征精神激励农民，坚定不移地走建设有中国特色的社会主义道路，推动农村两个文明建设，促进农村经济、社会全面发展。各县（市）从县机关抽干部组成农村社会主义教育工作队，分别到各行政村进行社会主义教育宣讲。

7 月 12—14 日 由联合国组织，以美国著名地理学家、博士、哈佛大学教授汉斯为团长，英国、美国、法国、德国、意大利、日本、中国等 14 个国家 52 名专家学者组成的科学考察团，到荔波茂兰喀斯特自然保护区进行国际喀斯特地貌对比考察，认为茂兰喀斯特森林是世界上独一无二的自然景区，要加强保护。

8 月 9 日 省政府批复：独山县温泉水族乡并入本寨，建本寨水族乡；荔波县瑶庆水族乡并入茂兰镇，水维、岜鲜两个水族乡并入佳荣，建佳荣水族乡。

8 月 25 日 省委书记刘正威到罗甸县视察调研。

8 月 国家长江防护林指挥部将瓮安县列入全国 200 个“长防”工程重点县（市）、60 个首批应在 1995 年达标的县（市）之一。

9—11 月 共青团贵州省委、省青少年发展基金会与独山县委、县政府确定，台湾杨正雄夫妇捐赠的人民币20万元，投入独山县基长镇狮山民族小学建贵州省第一所“希望小学”。11月11日，在狮山民族小学举行“希望小学”奠基仪式，独山县领导、杨正雄夫妇和台湾著名艺人凌峰为“希望小学”奠基。

10月30日　都匀市一辆从瓮安县开往都匀的大客车，因严重超载旅客，当驶到福泉县三江口金鸡山地段时翻下87米高的悬崖深谷中，造成死亡59人、伤4人的特大交通事故。

12月21日　中共中央总书记江泽民到贵州视察工作时，在遵义县红星村接见黔南州罗甸县云干乡大关村党支部书记何元亮。江泽民听取何元亮关于大关村劈石造田、退耕还林、山水林田路综合治理的情况汇报后，指示：“农民要富裕，农民富不起来，小康实现不了。你们回去好好干，一是搞好坡改梯，发展农业；二是大力发展林业；三是把乡镇企业办好。”（此后，何元亮带领大关村民苦干实干，其事迹于1996年2月17日登上《人民日报》头版头条，并成为贵州省农业战线的一面旗帜，称为“大关精神”，省、州作出向大关村学习的决定。）

是年　州委组织部统计，中共十一届三中全会以后，全州为各类冤、假、错案平反5434件，其中，“文化大革命”案件1601件，“四清”案件413件，“反右倾”案件586件，“反右派”案件745件，涉及中共秘密组织案件9件，游击队案件8件，历史老案2072件。

是年　都匀市获“全国食品卫生示范市”称号。

是年　惠水县酒厂生产的“黑糯米酒”“涟江醇”“涟江大曲”在美国洛杉矶国际酒类展评上获金奖。

1992年

1月5日　荔波县举办邓恩铭诞辰91周年纪念活动，省顾问委员会、省政协有关领导及州主要领导参加纪念大会。中共中央总书记江泽民题词“学习邓恩铭烈士追求真理献身革命的崇高精神”，中共中央顾问委员会主任陈云题词“邓恩铭烈士永垂不朽”。

1月　瓮安县公安局破获一起特大贩毒团伙案，抓获案犯20人。该团伙自1988年6月起先后5次从云南江城县贩运鸦片20多公斤到瓮安等地出售。

3月9日　福泉县龙昌镇小坝个体联办煤厂发生瓦斯爆炸，造成20人死亡、1人重伤、直接经济损失20万元的特大事故。

3月　建设部受国务院委托，委派北京林业大学专家到荔波，就荔波喀斯特森林景区申报国家重点风景名胜区进行实地考察。

6月10日　经省政府批准，将省级风景名胜区“荔波喀斯特森林风景名胜区”更名为“荔波樟江风景名胜区”。

6月13日　省委副书记、省政府省长王朝文到荔波县瑶山视察调研，要求加大扶贫开发和旅游带动致富力度。

7 月 1—4 日 中共黔南州第六次代表大会在都匀召开，出席大会代表 299 名，列席代表 107 名、特邀代表 14 名。会议听取和审议中共黔南州第五届委员会工作报告、中共黔南州纪律检查委员会工作报告，并通过以上两个报告的决议。会议选举产生中共黔南州第六届委员会委员 35 名、候补委员 4 名；选举产生中共黔南州第六届纪律检查委员会委员 25 名。州委第六届第一次全体委员会议上选举产生常务委员、副书记、书记；州纪委第六届第一次全体委员会议选举产生常务委员、副书记、书记。

7 月 瓮安、罗甸等 8 个县遭暴雨袭击，有 72 个乡（镇）、417 个村、3107 个村民组、55504 户、283825 人受灾。灾害造成直接经济损失总计 3380. 09 万元。

8 月 18 日 州委、州政府发出《关于进一步发挥知识分子、科技人员重要作用的意见》，并将每年 3 月 18 日定为黔南州科技活动日，设立“黔南科教兴州奖”“黔南州政府特殊津贴”“黔南州优秀科技人才奖”。

9 月 7—8 日 省委副书记、省政府省长王朝文到瓮安县视察灾情，并到天文镇手巾坝村实地了解“水改旱”（干旱地区水田无水改种旱地作物）情况。

9 月 18 日 州委、州政府发出《关于加快发展乡镇企业的意见》，提出：（一）州、县（市）各部门要为乡镇企业发展排忧解难提供宽松的环境，每个部门至少要领办或协办一个乡镇企业；实行发展乡镇企业目标责任制。（二）抓住机遇，积极上新项目。在产业结构和项目选择上，要面向市场，对技术起点高、出口创汇、经济效益好的重点骨干项目要优先立项。（三）增加对乡镇企业投资。州、县（市）要建立乡镇发展基金。积极发展股份合作制企业，鼓励党政机关、企事业单位职工入股办企业，并在企业的税后利润中按股分利。（四）减轻负担，放水养鱼。按税收管理权限报批，对贫困县可给予免征增值税、产品税或营业税 1 至 3 年，免征所得税 5 年。（五）强化管理职能，完善服务体系。

9 月 10—22 日 应贵州省人民对外友好协会的邀请，日本日中协会贵州交流会理事长清官五郎一行 3 人到黔南州进行友好访问。

10 月 30 日 经省政府批复，州内绕家人认定为瑶族。

11 月 5 日 省第七届人大常委会第二十八次会议批准《三都水族自治县自治条例》，自 1993 年 1 月 1 日起施行。

12 月 黔桂两省（区）8 个县（市）政协联谊协作会第一次年会在荔波县举行。

1993 年

1 月 10 日 州委、州政府发出《关于认真组织学习“两个讲话”的通知》，要求全州各级党委、政府和有关部门认真组织学习中共中央总书记江泽民、国务院总理李鹏关于农业和农村工作的重要讲话以及省委书记刘正威关于农业和农村工作的讲话。

1 月 福泉县被民政部、解放军总政治部授予“全国双拥模范县（城）”称号。

2月15日 州委、州政府印发《关于大力发展牛羊、加速畜牧业发展的意见》，提出：稳定生猪，大抓牛羊，全面发展，形成批量；以市场为导向，以科技为先导，以基地为依托，以效益为中心，提高出栏率和商品率；以户为基础，连片开发，适度规模，综合利用，实现多层次增值，为乡镇企业发展开辟新的途径；广开渠道，增加资金和物资投入，培育市场，搞活流通；建立健全服务体系，抓好科技兴牧，加快基地建设。

3月7日 成立中国民主促进会都匀市委员会。

3月18日 黔南州第一个科技日，州委、州政府表彰全州有突出贡献的优秀知识分子、科技人员166名，其中授予“黔南科教兴州奖”9名、“黔南州政府特殊津贴”53名、“黔南优秀科技人才奖”104名。同时表彰获国家津贴的人才14名。

3月下旬 国务院组织国家级重点风景名胜区调研工作组对荔波樟江风景名胜区进行实地考察。

3月 经省政府批准，福泉县洒金谷风景名胜区为省级风景名胜区。

是月 省委副书记、省政府省长王朝文到长顺县视察调研。

4月15日 省政府、化学工业部在瓮福磷矿基地马场坪举行80万吨重钙项目开工典礼。国务院副总理邹家华、化工部部长顾秀莲等中央领导和省、州党政主要领导及来宾300余人参加典礼。

4月19日 成都军区副司令员马秉臣到惠水县检查民兵预备役工作。

5月15日 州政府印发《黔南州鼓励外商和华侨、港澳台同胞投资的优惠政策的规定》。

5月28日 凌晨1时三都县交梨乡排月村发生火灾，82户74栋204间房屋被烧毁，全村有106户455人受灾，经济损失120万元。

6月21日 州政府颁布施行《黔南州科学技术进步奖励办法》。

7月1日 取消城镇居民粮油定量定价供应制度，放开城镇居民粮油供应，即由定量定价计划供应转向市场随行就市供应。

8月6日 黔南州教育基金会成立，为全省首家教育基金会。

9月19日 州政府印发《黔南州矿产资源补偿费征管暂行办法》。

10月19日 州政府印发《关于加快发展民族教育的决定》。

12月31日 福泉县乡镇企业总产值完成21266万元，比上年增长41.5%。跃上2亿元新台阶，成为全国发展乡镇企业两百强县（市）之一。

是年 全州粮食总产量达96.68万吨，比上年增长14.3%，比历史最高年1991年增产0.8%，创历史最高水平。

是年 都匀毛尖茶获国际抗衰老食品博览会金奖，被中国茶叶科学研究所誉为“茶中极品”。

是年 35°匀酒系列产品在“中国国际名酒节”获国际名酒金奖。

1994 年

1 月 10 日 国务院批准，荔波樟江风景名胜区列为第三批国家重点风景名胜区。这是全州第一个国家级风景名胜区。

1 月 11 日 省政府省长陈士能、省人大常委会代主任刘玉林到贵定县视察调研。

1 月 17 日 成立中国农工民主党都匀市支部。

1 月 19 日 罗甸县一名驾驶员在行车中严重超载人员（超 13 人）及弯道超速左侧行驶，导致翻车，造成死亡 18 人、受伤 13 人的特大交通事故。

1 月 25 日 省军区司令员朱启到贵定县慰问铁路护路联防民兵。

1 月 三都水族自治县（以下简称三都县）首次炼出黄金 648.7 克，纯度达 99.95%。

2 月 5 日 州拥军优属慰问团由州委、州人大常委会、州政府、州政协主要领导带领，分别到都匀军分区、都匀陆军预备役师、武警黔南州支队、黔南州消防支队、州军干所、都匀铁路军调处，慰问驻匀全体解放军、武警官兵和军队离退休干部。

3 月 31 日 新西兰幼儿教育专家贝蒂·阿姆斯特朗、凯莉尔·海曼、多伦·朗达到贵定县讲学。

4 月 1 日 长顺县在杜鹃湖举办首届杜鹃花节。

4 月 16 日 荔波县水尧乡军民煤矿发生瓦斯爆炸，造成矿工 11 人死亡的重大事故。

4—9 月 按照省委、省政府关于在全省开展“解放思想，振奋精神，真抓实干，加快发展”大讨论的通知精神，全州开展解放思想大讨论活动。大讨论活动分深入学习、提高认识，回顾总结查找差距，制定对策、完善措施，抓好改革促发展四个阶段进行。

5 月 4 日 为纪念“五四”运动 75 周年，共青团黔南州委联合有关单位开展主题为“爱国团结跟共产党走，争做一代跨世纪新人”的纪念活动。在都匀地区纪念“五四”运动 75 周年大会上，对全州十佳乡（镇）团委、十佳企事业单位团委（总支）、30 个州级先进团支部、30 名州级优秀团干部及 50 名州级优秀团员进行表彰，1000 余名新团员宣誓入团。

5 月 在荔波县捞村、翁昂与广西边界一带发现并铲除罂粟 4 亩共 12210 株。

6 月 8—10 日 中共中央政治局常委、全国人大常委会委员长乔石到黔南州考察，先后视察都匀、荔波、三都 3 个县（市）。乔石在荔波考察期间，为邓恩铭烈士纪念馆题写馆名，并题词“弘扬烈士精神，开拓前进，振兴荔波”。

7 月 16 日 经省第八届人大常委会第九次会议批准，州人大常委会公布施行修改的《黔南布依族苗族自治州执行〈中华人民共和国婚姻法〉的变通规定》。

8 月 5 日 国家文物局局长、国际博物协会亚太地区主席吕济民到黔南州，对福泉古城垣、古城堡进行考察，称赞福泉古城垣为全国少有，应申请为国家级文物保护单位。

9 月 16 日 民政部部长多吉才让到贵定县视察调研。

9月 全州进行税收管理体制改革，按照中共中央关于实行分税制的规定，税收分为国家税和地方税。

是月 在昆明市举行的全国首届跆拳道比赛上，福泉县跆拳道队获特技表演团体第一名。

10月 全国政协主席李瑞环到龙里，对贵州神奇药业等私营经济发展情况进行视察调研。

11月17—18日 省人大常委会主任王朝文一行到黔南州三都县和独山县视察农村工作。王朝文在考察中强调农村要“两增两控制一安全”，即增加农民的粮和钱；控制人口过快增长，提高人的素质，搞好生态平衡；安全生产，防火、防盗，让人民有安全感，脱贫致富奔小康。同时要求加强基层党组织建设，把党支部建设成战斗堡垒。

11月 国务院授予都匀市坝固镇“全国民族团结进步模范单位”称号。

是年 放开粮食购销价格，随行就市。

是年 人事部授予平塘县“全国计划生育工作先进集体”称号。

1995年

1月中下旬 春节前夕，州委、州人大常委会、州政府、州政协的领导分赴各县（市）慰问贫困地区的特困户、特困企业职工。

1月26日 州委、州政府印发《关于拍卖非耕地使用权若干政策的暂行规定》。

2月1日 省军区政委喻忠桂少将到贵定县慰问铁路护路联防民兵。

3月15日 省政府批准，都匀市剑江风景名胜区、瓮安县江界河风景名胜区、龙里猴子沟风景名胜区为省级风景名胜区。

3月31日 州委印发《关于加强统一战线工作的决定》，要求：一、不断提高全党对新时期统战工作重要性、必要性、长期性的认识；二、进一步坚持和完善中国共产党领导的多党合作和政治协商制度；三、切实做好党外人士的实职和政治安排；四、进一步做好新形势下的经济统战工作；五、进一步加强民族工作和宗教工作；六、认真做好党外知识分子工作；七、继续加强对台工作和侨务工作，积极开展海外统战活动。同时强调要加强中共对统一战线工作的领导。

4月11—12日 州委、州政府在都匀召开全州首届个体私营经济“先进个体户劳动者”“先进私营企业主”表彰会，对32名先进私营企业主和144名先进个体劳动者进行表彰。

4月12日 一辆客运汽车行至都匀市马尾坡时燃烧爆炸，造成35名乘客被严重烧伤、1名婴儿死亡的特大事故。

4月 国务院将瓮安县列为对外国人开放县。

5月21日 交通部部长黄镇东到黔南，对途经黔南5个县（市）的贵阳—新寨高等级公路规划线路进行实地考察。

5月 深圳市从5月起主动帮扶三都县。

6月30日—7月1日 瓮安县23个乡（镇）遭受特大暴雨袭击，死亡4人、伤11人，农作物受损失达5000万元。

7月 全州除都匀市外，11个县152个乡（镇）、1119个村、8076个村民组152586户均不同程度遭受洪水风暴袭击，农作物受灾面积65.56万亩，成灾面积42.35万亩。另外，全州有80万亩稻田遭虫灾。全州受灾直接经济损失2.3亿元。

9月13日 省政府批准，都匀经济开发区为省级经济开发区。

10月9日 国家开发银行扶贫领导小组委托国家投资公司与三都、罗甸两县结成对口帮扶单位。

10月20日 国家计划委员会、林业部将福泉县列为全国第二批“长江中上游防护林体系建设”工程县。

11月10日 国家体委主办、都匀市承办的“国际奥委会主席杯”全国百城市自行车赛（都匀赛区）在都匀举行。

是年 自1987年10月动工修建的瓮安江界河大桥竣工通车。此桥为世界第一跨度桁式组合拱桥，全长461米，主孔跨径330米，宽13.4米，高263米，横跨于悬崖绝壁、水流湍急的乌江震天动峡谷两岸。江界河大桥成为四川经贵州入广西、湖南的公路捷径。

是年 在全州农村开展“四个一”（配强一个领导班子、选好一个支部书记、找到一条致富路子、制定一套管理和服务制度）工作。

是年 5月10—12日，深圳市“特区与山区心连心”活动考察团一行24人到三都县考察10所乡（镇）中小学校后，表示愿意援建一批希望学校和开展“1+1”助学活动。7月28日，州委、州政府在龙潭宾馆举行深圳、三都“心连心”活动希望工程捐赠仪式暨“心连心”教育发展基金成立大会，深圳市捐资1330万元修建三都县21所希望学校。12月31日，深圳市属企业工委援助三都县教育基金300万元，每年从利息中提出20万元作“1+1”助学经费。

是年 省委、省政府命名都匀市剑水村、纸房村、龙江村为小康村。

是年 都匀市先后获“全国扫除文盲先进县（市）”“全国卫生城市”“全国群众体育活动先进市”等称号。

1996年

1月22—24日 省委副书记、省政府省长陈士能率省慰问团到都匀，慰问东方机床厂、都匀汽车运输公司、都匀毛纺厂、都匀制革厂及部分乡镇企业职工。

1月23日 在瓮安县草塘镇破获一起贩卖、使用假钞大案，抓获犯罪嫌疑人3名，缴获假人民币9100元、假德币15300马克、假银元22块、假身份证3个，没收非法所得现金478元。

1月下旬　省委、省政府命名贵定县旧治镇大桥村为“小康村”。

1—3月　全州开展第三次全国工业普查，普查标准时点为1995年12月31日，普查范围为全部工业企业和附营工业单位。

2月2日　州委、州政府、都匀军分区在都匀召开全州各县（市）武装部收归军队建制工作会议。

2月16日　《人民日报》刊登记者胡跃平、孙海涛采写的报道《劈开千年顽石，造出千亩良田——大关村苦干12年挖掉穷根》，并加编者按。

3月18日　州委、州政府发出《关于表彰优秀知识分子、科技人才的决定》。

4月19日　全国政协副主席钱正英到长顺县视察调研。

4月26日　中共中央政治局常委、国务院副总理朱镕基率领国家计划委员会、中央财经领导小组办公室、国家经济委员会、中国人民银行、中国证监会、财政部等中央部门领导到长顺县视察调研。

4月　全州各县（市）人民武装部收归军队建制。

是月　联合国教科文组织正式批准荔波茂兰自然保护区为国际生物圈网络成员单位。

5月16日　州委、州政府印发《关于表彰“八五”期间全州干部教育工作先进集体、先进个人的决定》。

6月13日　州委、州政府印发《关于在全州农村开展计划生育“三结合”工作的决定》，在全州推行计划生育“三结合”，即在新形势下的计划生育工作，必须走以计划生育同发展经济、帮助农民勤劳致富奔小康、建立文明幸福家庭相结合的“三结合”道路，引导广大农民少生快富奔小康。

6月14日　州委召开常委扩大会议，学习贯彻中央领导考察贵州与黔南州的重要讲话精神。

6月18—25日　政协黔南州第八届委员会第一次会议在都匀召开，出席会议委员242名，列席35名。会议听取和审议第七届常委会工作报告和提案工作报告。与会委员列席州人大第十届第一次会议。会议选举产生政协黔南州第八届常委会委员44名，选举主席1名、副主席8名、秘书长1名（1名副主席兼）。

6月19—26日　黔南州第十届人民代表大会第一次会议在都匀召开，出席会议代表376名，其中，少数民族代表229名，妇女代表84名。会议听取和审议黔南州国民经济和社会发展“九五”计划和2010年远景目标纲要的报告、黔南州1995年国民经济和社会发展计划执行情况及1996年计划草案的报告、黔南州1995年财政决算和1996年财政预算（草案）的报告、州人大常委会工作报告、州中级人民法院工作报告、州人民检察院工作报告等6个报告，会议同意批准这6个报告并通过相关决议会议选举产生州第十届人大常委会主任1名、副主任8名、委员25名、秘书长1名；选举产生州政府州长1名、副州长7名；选举产生州法院院长、州检察院检察长各1名。

6月　省政府批复同意认定都匀市东家人为畲族。

7月1—4日　全州12个县（市）不同程度遭受暴雨袭击，降雨量达100～277毫米。因灾死亡13人、伤275人、被困17448人。灾害造成直接经济损失3.9亿元。

7月2日　州委、州政府印发《关于加快扶贫攻坚力度，加快脱贫步伐的决定》。

7月　中共中央明确深圳市对口帮扶黔南州。

8月1日　为庆祝黔南建州40周年，国家民族事务委员会等有关部委组成的国务院祝贺团一行24人到达都匀。州委、州政府召开汇报会，向祝贺团汇报黔南州建州40年来的工作情况。

是日　省委副书记、省政府省长陈士能到都匀市对城市建设进行视察调研。

8月8日　上午，黔南州在都匀人民大会场召开建州40周年庆祝大会。国务院有关部委祝贺团、省祝贺团出席庆祝大会，全国人大常委会、国务院发来贺电，中共中央政治局委员、国务院副总理姜春云题词“民族大团结，经济大发展”，省委、省政府、省人大常委会、省政协、省军区发贺电祝贺。会后，举行检阅和游行活动。下午，国务院有关部委祝贺团、省祝贺团和州领导为建州40周年成就展、民族风情展和商品经济展暨经济贸易洽谈会剪彩并参观成就展和风情展，在剑江河畔观看龙舟赛。晚上，各祝贺团嘉宾与匀城人民观看州民族歌舞团演出的歌舞剧《刺梨花红》。晚上十时，在都匀燃放烟花焰火。

8月28日　深圳市政府考察团到黔南州考察，与州委、州政府共商对口帮扶措施。

9月16日　黔南州荣誉州民联谊会在北京成立，国务院20多个部委的33名黔南州荣誉州民参加会议。

11月19日　州委、州政府印发《关于开展向大关村学习的决定》，号召全州各行各业、各条战线、广大干部和各族人民立即行动起来，学习大关人敢于挑战困难、艰苦奋斗的英雄气概，发扬大关人苦干实干、百折不挠的大无畏精神，全面推进富民兴州的伟大事业。

12月2日　国务院批准撤销福泉县，设立福泉市（县级）。

12月13日　以全国人大内务司法委员会主任委员孟连昆，全国人大民族委员会主任委员、贵州省人大常委会主任王朝文带领全国人大视察组到三都、荔波、平塘、独山、罗甸5个贫困县，对扶贫开发工作进行视察调研。

12月23日　省委、省政府印发《中共贵州省委、省人民政府关于广泛开展学大关活动的决定》。

是年　独山、荔波县率先越过温饱线，受省委、省政府表彰。

是年　省委、省政府命名都匀市西园村、迎接村、墨冲村、河西村为小康村。

1997年

1月2日　三都水族自治县在县城举行自治县建立40周年庆祝活动。

1月25—26日　林业部部长徐有芳到独山县视察调研。

2 月 6 日　州领导分别到都匀市剑江化肥厂、都匀发电厂、都匀市公安局小围寨派出所、都匀供电局、州公安局、都匀火车站、都匀市自来水公司、都匀市公共汽车公司、都匀市环卫处、都匀有线电视台、黔南电视台等单位，慰问在除夕仍坚守岗位的干部职工。

2 月 17 日　国务委员、国务院扶贫开发领导小组组长陈俊生致信贵州省委、省政府主要领导并转罗甸县大关村，对大关村变苦熬为苦干逐步脱贫致富的大关精神给予高度赞扬，向大关村的干部群众表示最诚挚、最热烈的祝贺，也希望贵州全省贫困地区的干部群众能够从大关村得到启迪和激励。

3 月　林业部授予荔波县“全国造林百佳县”称号。

4 月 25 日　省政协主席龙志毅到惠水县视察调研。

5 月 29 日　深圳市投资管理公司等深圳市赴黔企业代表团一行 26 人到三都县参加深圳市援建三都县鹏城希望学校竣工剪彩仪式。

6 月 1—3 日　由中国科学院院士及国际大射电望远镜（500 米口径球面射电望远镜）中国推进委员会部分成员组成的考察团一行 6 人到平塘县考察，为国际大射电望远镜最终落户中国作选址准备。

6 月 9 日　凌晨 1 时至 6 时，三都县连降特大暴雨，雨量 106.7 毫米，全县 21 个乡（镇）均遭受不同程度灾害，死亡 5 人，重伤 10 人，直接经济损失总计 987.1 万元。

6 月 10—13 日　全国人大民族委员会执法检查组到黔南，对黔南州贯彻《中华人民共和国民族区域自治法》中关于文化、教育、卫生等方面规定情况进行执法检查。

7 月 5 日　省委副书记、省政府省长吴亦侠到龙里县龙山镇毛栗寨，对高蛋白玉米种植、养猪、沼气开发建设以及技术培训、高效兽医服务等工作进行视察调研。

7 月 15—18 日　中共黔南州第七次代表大会在都匀召开，出席会议代表 299 名，列席代表、特邀代表共 135 名。大会听取和审议中共黔南州第六届委员会工作报告、中共黔南州纪律检查委员会工作报告，并通过以上两个报告的决议。会议选举产生中共黔南州第七届委员会委员 33 名，候补委员 6 名；选举产生中共黔南州第七届纪律检查委员会委员 25 名。中共黔南州第七届委员会第一次全体委员会议选举产生常务委员、副书记、书记；州纪委第七届第一次全体委员会议选举产生常务委员、副书记、书记。

7 月 19—21 日　深圳市龙岗区考察团一行 39 人到罗甸县考察，商谈对口扶贫工作。龙岗区首次无偿捐助罗甸县人民币 600 万元，援建小水窖 7000 个、希望小学 10 所和其他经济开发项目。

7 月 30 日　州委、州人大常委会、州政府、州政协领导慰问驻匀部队官兵，与部队官兵共同庆祝中国人民解放军建军 70 周年。

8 月 5—8 日　福建省三明市考察团一行 11 人到黔南进行为期 4 天的考察。8 日在都匀举行黔南州与三明市缔结友好州市协议签字仪式。

8 月 14—15 日　深圳市罗湖区考察团一行 18 人到长顺县考察，罗湖区向长顺县捐款 600 万元。

8 月 23 日　在浙江省宁波市召开的全国地方志颁奖大会上，《瓮安县志》获一等奖。

是贵州省唯一获一等奖的县级志书。

8月25—28日 深圳市商贸投资控股公司等企业组成的考察团，到荔波县进行考察。深圳市商贸投资控股公司首期捐赠荔波县750万元。

8月27—29日 深圳市建设投资控股公司对口帮扶考察团一行20人到平塘县考察，并向平塘县捐款568万元。

9月4—5日 深圳市口岸工委、深业（集团）有限公司帮扶工作代表团到独山县考察。代表团向独山县捐款385万元及衣被6万余件。

9月6—7日 林业部赴黔桂九万大山地区林产工业与经济林专家考察组一行10人到瓮安、独山等县考察。

9月22—29日 由黔南州歌舞团组成的“中国贵州苗族民间艺术团”受文化部的派遣，赴日本参加第五届岛根国际民俗戏剧节。

9月24日 以尼泊尔国家发展委员会委员巴·普·施莱施塔为团长的尼泊尔民族民主党考察团到黔南州考察，州委主要领导在龙潭宾馆会见考察团。

10月11—12日 世界银行实施“中国贫困地区林业发展项目”的官员一行4人到荔波县进行林业发展项目预评估。

10月18日 省政府省长吴亦侠到惠水县和平镇、三都镇及卧龙、三都两地粮站及永红食品厂视察调研。

10月19日 全国人大常委会副委员长布赫到黔南州五钠厂视察。

11月13日 省委、省政府在《关于贵州省爱国主义教育基地命名的决定》中，命名瓮安县江界河红军强渡乌江战斗遗址、长顺县萧国宝烈士陵园为首批省级爱国主义教育基地。

11月中旬 独山县被列为“国家贫困地区义务教育工程”项目县。

11月30日 交通部部长李居昌到黔南州境内检查贵新高等级公路建设前期准备工作及县、乡公路建养情况。

12月29—30日 中共中央政治局委员、书记处书记温家宝到黔南州视察农村工作，先后到都匀市、独山县调研。

是年 在7月31国务院扶贫办、国家科学技术委员会考察组到龙里县龙山镇毛栗寨考察生态农业综合开发项目，对生态农业在贵州山区科技扶贫中发挥的重大作用予以肯定之后，12月11日，国务院扶贫办、国家科学技术委员会、中国科学技术协会及大别山、井冈山、延安地区扶贫团，江西、云南、新疆、陕西、宁夏、甘肃、山西、内蒙古等14个省（区）科技部门，到毛栗寨考察学习科技扶贫与优质高蛋白玉米种植经验。

是年 开展全国第一次农业普查工作，全州组织近3万名农业普查工作者入户登记、复查、验收、汇总、抽查、审核上报，完成对全州66万多农户、近500个牧渔场农业生产单位、1400个乡镇企业、2659个村民委员会、235个乡（镇）的普查。普查工作经省农业普查办公室审核，一次性通过验收。

是年 省政府命名龙里医药科技园区为“贵州省谷脚医药城”。

是年 全国绿化委员会授予都匀市小围寨镇“全国造林绿化百佳镇”称号。

是年 都匀市西山公园革命烈士纪念碑、荔波邓恩铭烈士故居、长顺革命烈士陵园、瓮安江界河强渡乌江战斗遗址被命名为贵州省爱国主义教育基地，并列为旅游参观点。

1998 年

1 月 3 日 黔南州少数民族表演艺术团一行 10 人赴韩国演出。

2 月 1 日 独山县列为全国 10 个农村合作医疗试点县之一，在尧梭乡和麻万镇的 7 个村启动农村合作医疗试点工作。

2 月 5—6 日 中国科学院南京地质古生物研究所教授陈均远、台湾清华大学细胞生物学教授李家维 1997 年 8—9 月在瓮安联合考察发现的距今 5.8 亿年前的动物化石群，经专家考察研究认定，“瓮安动物化石群”所代表的时代比展示寒武纪生命大爆发的中国澄江动物化石群早 5000 多万年，比在此之前已知最古老的澳大利亚埃迪卡拉生物化石群早 2000 多万年，填补了前寒武纪多细胞动物化石的空白，瓮安动物化石保存了完好的细胞结构，为科学家从细胞水平研究早期动物的起源和演化提供了科学依据。“瓮安动物化石群”研究成果于 1998 年 2 月 5 日在中央电视台“新闻联播”报道；2 月 6 日在美国《科学》杂志、英国《自然》杂志发表陈均远、李家维的研究成果报告《前寒武纪海绵和海绵构造》。

2 月 20 日 日本援助黔南州地氟病防治医疗改善计划事前调查备忘录签字仪式在都匀龙潭宾馆举行。

2 月 28 日 反映贵州人民艰苦奋斗、自强不息的电视剧《大关人》在罗甸开机。

3 月 中央电视台到都匀市拍摄河阳乡《布依族民俗民风》、石板街《布依族婚礼》民俗民风专题片；到福泉市洒金谷、古城垣等地拍摄电视风光片《黔南风情》。

4 月 8 日 州委、州政府在独山县麻万镇开展为期一个月的延长土地承包试点，试点工作由独山县政府组织实施。

4 月 16 日 上午 11 时 30 分，荔波县发生里氏 4.9 级地震。到 17 日凌晨 3 点止，又相继发生 3.8 级以下余震 7 次。震中在捞村乡与广西南丹县木伦乡交界处，距荔波现成 50 公里。地震造成荔波县内部分房屋开裂、歪斜、移位、倒塌，公路、桥梁、输电线路、矿山煤井、水利设施、通信等受损，直接经济损失 6000 万元。

5 月 国务院批准荔波茂兰喀斯特自然保护区国家级自然保护区。

是月 经国务院批准，长顺县列为对外国人开放县。

6 月 11 日 黔南州实施“国家贫困地区义务教育工程”项目责任书在都匀举行签字仪式。该项目累计投入资金 8058.2 万元。

6 月 15 日 都匀市境内降大暴雨，持续达 15 个小时，全市 16 个乡（镇）150 个村、5.4 万人受灾，造成直接经济损失 356 万元。

6 月 18 日 省委办公厅、省政府办公厅批转省划定革命老区领导小组《关于划定道义等县市为革命老区的请示》，罗甸县、瓮安县划定为革命老区县。

7月24日 经省第九届人大常委会第二次会议批准，州人大常委会颁布施行《黔南布依族苗族自治州个体工商户和私营企业权益保护条例》《黔南布依族苗族自治州惩治生产销售假冒伪劣商品违法行为条例》

8月7日 黔南州建州42周年暨第二次民族团结进步表彰大会在都匀举行，表彰全州民族团结进步先进集体13个先进个人16人。

9月3—7日 卫生部派遣7名专家到独山县检查指导农村合作医疗试点工作。

9月14—16日 上海赴贵州新闻采访团黔南采访组到黔南州采访科技兴农工作情况。

10月15日 国家环境保护总局批复荔波县列为第三批全国生态示范区建设试点地区之一。

11月15日 荔波樟江柚果样参加全国第五次柚类科研评比，获“金杯奖”。

11月27日 独山县本寨乡中安村第一组、第二组发生火灾，53户农户的200间房屋被烧毁，206人受灾。

12月8日 州人大常委会发出《黔南布依族苗族自治州人民代表大会常务委员会关于依法治州的决议》。

是年 都匀市在3月23日市第九届人民代表大会第一次会议上确定“资本置换”的城市建设思路后，通过“资本置换”运作，年内完成城区小吃街、裤裆街、供销社、文明路、市政府等五个片区改造和剑江中路改造，并调动社会资本1.6亿元投入城市建设，旧城改造拆除面积6.7万平方米，设计建筑面积20万平方米。

1999年

1月18日 按照中共中央、省委的安排部署，州委下发《中共黔南州委关于在县级以上领导班子和领导干部中深入开展以“讲学习、讲政治、讲正气”为主要内容的党性党风教育的实施意见》，在全州县级以上党政领导班子和领导干部中深入开展以“讲学习、讲政治、讲正气”为主要内容的党性学习教育活动（以下简称“三讲”教育活动）。“三讲”教育活动自上而下、分批分期进行，至2000年10月结束。

2月6日 省委、省政府印发《关于建设经济强县的实施意见》，贵定县列为全省20个建设经济强县之一。

3月26—28日 省委副书记、省政府省长钱运录带领省直有关部门负责人到黔南州检查春耕生产和抗旱救灾工作。

4月20日 州委、州政府印发《关于广泛深入持久地开展创建文明单位、文明行业和争做文明公民活动的决定》，在全州范围内开展创建文明单位、文明行业和争做文明公民的“三文明”活动。

5月5—6日 澳大利亚专家到长顺县对生态农业示范点、喀斯特地区村民生产生活及生态环境进行考察。

6月29日 按照中共中央、省委的安排部署，州委召开全州州级领导班子、领导干部深入开展“讲学习，讲政治，讲正气”（以下简称“三讲”）教育动员大会，在全州县级以上党政领导班子和领导干部中深入开展以“讲学习、讲政治、讲正气”为主要内容的党性学习教育活动（简称“三讲”教育活动）。“三讲”教育活动至2000年9月结束。

6月 国家旅游局批准，都匀市被列入中国第二批优秀旅游城市创建市，成为贵州省三个创建优秀旅游城市的县（市）。

7月10日 州人大常务委员会发布1号公告，从10月1日起实施《黔南布依族苗族自治州执行〈中华人民共和国婚姻法〉变通规定修正案》。

7月20日 晚9时至21日凌晨，三都县境内遭到暴雨袭击，造成特大洪涝灾害，全县12个乡（镇）、85个村、986个村民组、4200户2万余人受灾，其中烂土受灾最重，灾害造成7人死亡、11人受伤。

8月4日 中国农业科学院、国际玉米小麦改良中心北京办事处、贵州省科委主办的中国优质高蛋白玉米现场观摩会在龙里县龙山镇毛栗寨举行，参加会议的有美国等7个国家的专家和国际玉米小麦改良中心总主任里夫斯教授、世界著名育种专家布劳格博士等17人，中国科学院副院长王韧等国内专家11人。现场观摩会肯定龙里县龙山镇毛栗寨生态农业模式为贫困山区脱贫致富闯出新路子。

8月22日 经省第九届人大常委会第十次会议批准，州人大常委会公布施行《黔南布依族苗族自治州城市水污染防治条例》。

8月23日 经省第九届人大常委会第十次会议批准，州人大常委会公布施行《黔南布依族苗族自治州科学技术进步条例》。

9月21日 州人大常务委员会发布第2号公告，从即日起实施《黔南布依族苗族自治州科学技术进步条例》。

9月22日 州人大常务委员会发布第3号公告，从即日起实施《黔南布依族苗族自治州城市水污染防治条例》。

9月23日 州人大常务委员会发布第4号公告，从即日起实施《黔南布依族苗族自治州城镇建设管理条例》。

9月 国务院授予长顺县“民族团结进步模范单位”称号。

10月26日 罗甸县境发生一起农用车载人翻下56.8米深的山谷造成死亡10人、伤16人的特大交通事故。

10月30日 应中国国际交流协会邀请，佛得角非洲独立党主席、前总理佩德罗·皮雷斯率领的代表团到龙里县参观访问。

11月17日 教育部全国高校设置评议委员会专家考察团到黔南考察评议黔南民族师范高等专科学校、黔南教育学院、都匀民族师范学校合并组建“黔南民族师范学院”工作。

12月13—16日 全省“庆祝澳门回归祖国图片巡回展”在黔南展出。

12月27—28日 省委副书记、省政府省长钱运录到罗甸县视察调研。

是年 瓮安县获“全国科技工作先进县”称号。

2000年

2月1日 州委、州政府印发《关于进一步加大工作力度，确保如期实现扶贫攻坚目标的决定》。

2月20日 都匀百子桥被省政府列入省级文物保护单位。

3月 根据省委、省政府《关于在全省开展“西部大开发、贵州怎么干”大讨论的通知》，全州开展“西部大开发、黔南要大干”大讨论活动。整个活动历时7个月，至9月结束。

是月 省政府公布平塘、惠水涟江—燕子洞、长顺杜鹃湖为贵州省第四批省级风景名胜区。

4月8日 中国著名经济学家于光远到都匀考察调研。

4月 省委副书记、省政府省长钱运录于4月10日到惠水县视察调研；4月19日到龙里县视察调研退耕还林工作，并安排20万元资金帮助水场乡解决人畜饮水困难；4月24日到瓮安县视察调研。

5月2—8日 中央电视台社教中心专题部到三都县“中华民族”栏目组到三都县拍摄《水族芦笙文化》专题片。

5月24日 省委副书记、省政府省长钱运录率省有关部门负责人到福泉市、瓮安县，对迎接西部大开发、发展县域经济等工作进行视察调研。

是日 州政府作出将黔南民族行政管理学校、黔南民族财政学校、黔南民族工业学校、黔南民族农业学校合并组建黔南民族职业技术学院的决定。

6月7—8日 都匀地区遭受特大暴雨袭击，降雨量达310.2毫米，造成交通和通信中断、工厂停产、学校停课、房屋倒塌、房舍被淹、停水停电、人员伤亡失踪的特大洪涝灾害。州、市领导组织抗洪抢险救灾。

6月10日 省委副书记、省政府省长钱运录率省直有关部门负责人到黔南州查看灾情，慰问受灾群众，安排灾后重建工作。

6月17—18日 “西部大开发模式——资本置换”高层研讨会在都匀召开。国务院发展研究中心、州领导参加研讨会。

6月20日上午8时至21日 州境南部的三都、平塘、独山等县遭受不同程度暴雨袭击，三都县降雨量达136毫米，平塘县降雨量为102毫米，独山县降雨量为159毫米。

7月6日 由外交部安排，厄瓜多尔、巴西、古巴等拉丁美洲及加勒比地区21个国家的青年外交官到龙里县龙山镇毛栗寨对“旱坡地农作区农牧业综合开发”项目进行参观考察。

7月18日　州委、州政府印发《关于表彰“6·8”抗洪抢险模范集体、模范个人的决定》。是日，在都匀召开都匀地区抗洪抢险救灾总结表彰大会，表彰模范集体46个、模范个人165名。

7月25日　州委、州政府印发《关于表彰全州抗洪抢险模范集体、模范个人的决定》。

8月　按照中共中央和省委的部署，州委决定在第三季度利用重大典型案件作为反面教材，对党员干部进行一次警示教育。

9月9日　教育部于3月批准，黔南民族师范学院正式挂牌成立。

9月15—16日　中共中央“三讲”教育检查组到贵定县检查指导“三讲”教育工作。

10月20日　由外交部安排，阿尔及利亚等非洲24个国家的青年外交官到龙里县谷脚镇观音村、龙山镇毛栗寨参观考察“旱坡地农作区农牧业综合开发项目”。

10月21日　中央电视台、中国科协在瓮安县草塘镇拍摄的专题片《草塘生态农业模式》在中央电视台播出。

10月23日　州委、州政府印发《关于对全州发展非公有制经济先进企业和人士、先进县（市）和先进服务工作部门进行表彰的决定》。

11月2日　中央电视台、省委宣传部等多家媒体联合摄制的电视片《邓恩铭》在荔波县开拍。

是月　全州开展第五次全国人口普查。在普查登记标准时点内，全州登记的总人口为356.98万人（包括外来人口，不包括外出人口），普查时点总人口与1990年第四次人口普查时点总人口328.76万人相比，十年零四个月共增加人口28.22万人，增长2.73%，年平均增长率为0.80%。

12月6日　独山县公安局麻尾毒品检查站查获一批野生动物和13.5公斤罂粟壳，野生动物中有国家二级保护动物小灵猫、丛林猫、娃娃鱼（大鲵）等。

2001年

1月5日　省委在荔波县举办纪念邓恩铭烈士诞辰100周年纪念活动，省委、省政协有关领导，州委、州人大常委会、州政府、州政协有关领导参加座谈会。

1月　州委、州人大常委会、州政府、州政协领导慰问驻匀部队。

2月11日　省委副书记、省政府省长石秀诗到平塘县对坡改梯工程和经果林建设进行视察调研。

2月12日　按照中央、省委的安排部署，州委下发《关于在全州农村开展“三个代表”重要思想学习教育活动的实施意见》，在全州农村开展“三个代表”（中国共产党始终代表着中国先进生产力的发展要求，代表着中国先进文化的发展方向，代表着中国最广大人民的根本利益）重要思想学习教育活动。学习教育活动分为学习培训、对照检查、整改提高三个阶段，到2002年4月上旬结束。全州参加学习教育活动的单位4163个，学习教育对象64006人，实际参加63777人，参学率99.64%。其中，乡（镇）236个、20535人，县（市）部门996个、23125人，村（居）委会2931个、20117人。

2月26日　州委、州政府印发《关于对小城镇建设先进单位进行表彰的决定》。

3月2日　成都军区司令员廖锡龙上将率工作组到都匀军分区视察调研。

4月19—21日　都匀、独山、贵定、三都、龙里等县（市）遭受风、雹和水灾，共有57个乡（镇）33万人受灾，直接经济损失9200万元。

4月18—21日　省委书记、省人大常委会主任钱运录率领省财政厅、省扶贫办等部门负责人到独山、三都等县视察调研。

4月22—28日　政协黔南州第九届委员会第一次会议在都匀召开。应到会委员299人，实到278人，列席46人。会议听取和审议第八届常委会工作报告和提案工作报告，7名委员和州政协社会联谊委员会作大会发言。与会委员列席州第十一届人民代表大会第一次会议，听取并讨论《黔南州国民经济和社会发展第十个五年计划纲要报告》。大会选举产生州政协第九届常委会委员50名，选举主席1名、副主席8名、秘书长1名。

4月23—29日　黔南州第十一届人民代表大会第一次会议在都匀召开，出席会议代表372名，其中，少数民族代表219名，妇女代表95名。会议听取和审议黔南州国民经济和社会发展第十个五年计划纲要的报告、黔南州2000年国民经济和社会发展计划执行情况及2001年计划草案的报告、黔南州2000年财政预算执行情况及2001年财政预算草案的报告、州人大常委会工作报告、州中级人民法院工作报告、州人民检察院工作报告，并通过以上报告相关决议；审议通过州人大常委会关于提请设立州人大法制委员会的议案；表决通过州十一届人民代表大会各专门委员会组成人员名单；审议通过《黔南布依族苗族自治州荔波漳江风景名胜区管理条例》。会议选举产生州第十一届人大常委会主任1名、副主任7名、委员25名、秘书长1名；选举产生州政府州长1名、副州长6名；选举产生州法院院长、州检察院检察长各1名。

5月16日　深圳市党政代表考察团一行到黔南州进行为期2天的考察，就对口帮扶和经贸洽谈工作进行交流。

5月17日　由外交部安排，埃及等中西亚地区20个国家的青年外交官到龙里县谷脚镇观音村、龙山镇毛栗寨，对节水农业、优质高蛋白玉米养猪、沼气开发、生态农业等项目进行考察。

5月24日　阿拉伯国家青年外交官讲习班学员到龙里县龙山镇毛栗寨参观考察。

6月14日　中央社会治安综合治理委员会检查组一行14人到黔南州检查社会治安综合治理工作。

6月16日　国务院公布福泉市的明代城墙为第五批全国重点文物保护单位。

6月21日　黔南州首届“国土杯”游泳比赛在瓮安县城举办。

6月25日　州委召开纪念建党80周年表彰大会，全州100个先进基层党组织、100名优秀共产党员、50名优秀党务工作者、26个党风廉政建设先进集体、28名党风廉政过硬优秀领导干部受表彰。

6月29日　在中共中央举行的庆祝中国共产党成立80周年大会上，罗甸县云干乡大关村党支部被中央组织部授予“全国先进基层党组织”称号，党支部书记何元亮受到中共中央有关领导接见。

7月1日　罗甸县云干乡大关村党支部获“全国优秀基层党组织”称号。

7月6日　由外交部安排，厄瓜多尔、巴西、古巴等拉丁美洲及加勒比地区21个国家的青年外交官到龙里县龙山镇毛栗寨参观考察“旱坡地农作区农牧业综合开发”项目。

7月10日　福泉市古城垣经中国科学院、中国社会科学院、北京大学、清华大学、中国文物研究所等单位的文物、考古和古建筑等方面专家评审，被国务院批准公布为第五批全国重点文物保护单位。

7月14日　由中国小城市发展委员会主办、都匀市政府承办的第十四届全国中小城市经济发展社会问题研讨会在都匀市召开。全国政协副主席万国权到会并作讲话。

7月23—27日　中共黔南州第八次党代表大会在都匀召开。出席代表300名、列席代表、特邀代表共126名。大会听取和审议第七届委员会工作报告、州纪委工作报告，并通过以上两个报告的决议。会议选举产生中共黔南州第八届委员会委员39名，候补委员7名。选举产生中共黔南州第八届纪律检查委员会委员24名。州委第八届第一次全体委员会议选举产生常务委员、副书记、书记；州纪委第八届第一次全体委员会议选举产生常务委员、副书记、书记。

8月8日　全州第三次民族团结进步表彰大会在都匀举行，表彰全州民族团结进步先进集体30个先进个人44人。

8月15日　国务院总理朱镕基带领国家林业局领导到龙里县哪嗙乡高枧村对退耕还林试点和天然林保护工程进行调研。

8月24日　经省第九届人大常委会第二十三次会议批准，州人大常委会公布施行《黔南布依族苗族自治州荔波樟江风景名胜区管理条例》。

9月13—17日　德国工业大学教授埃德曼、中国科学院南京地质古生物研究所博士李国禅及两国古生物、地球化学、沉积地质、古冰川专家一行13人，到瓮安县北斗山古生物化石群和永和镇龙山村陡山沱海面化石群考察，取样分析永和镇龙山村5.9亿年至6亿年前雪球世界、冰川世界的第一反映点。

9月16日　全国人大执法检查组一行3人，到黔南州检查《中华人民共和国归侨侨眷权益保护法》执行情况。

9月21日　由中共中央对外联络部和省外事办安排，老挝国会副主席、中央委员奥占·坦马冯一行31人到龙里县龙山镇毛栗寨考察科技扶贫项目“旱坡地农作区农牧业综合开发项目”。

10月1日　都匀市举行中国优秀旅游城市授牌仪式暨都匀市民间文化旅游节开幕式。国家旅游局授牌组、省旅游局及州有关领导出席仪式。

10月20日　由外交部和贵州省外事办安排阿尔巴尼亚、俄罗斯、波兰等23个国家外交官搏尼亚茨斯·道克施茨一行到龙里县龙山镇毛栗寨对“旱坡地农作区农牧业综合开发项目”进行参观、考察。

11月8日 上午，在荔波县水尧乡水功村举行荔波机场建设开工庆典活动。国家有关部委领导，省、州党政军领导，省外有关单位负责人出席庆典。中央电视台、人民日报社及山东省、贵州省部分新闻媒体记者参加庆典活动。下午，在荔波樟江园文化广场举行大型文艺演出，著名歌唱家蒋大为、刘秉义等到场演唱。

11月13日 省委书记、省人大常委会主任钱运录到贵定县盘江镇狮扑村调研扶贫工作。

11月17—18日 首届贵州·惠水“好花红艺术节”在惠水县城及毛家苑乡举行。

12月4—6日 交通部西南出海通道千里行动考察采访团到黔南考察。省、州有关领导陪同考察。

是年 三都尧人山被批准为国家级森林公园。

2002年

1月9日 全国农村“三个代表”重要思想学习教育活动检查组到贵定县盘江镇狮扑村对村级学习教育活动进行检查。

1月11日 州委印发《黔南州州管专家选拔管理试行办法》。

1月17日 中共中央政治局委员、国务院副总理吴邦国到都匀市、瓮福矿肥基地视察调研。

1月26日 州委、州政府印发《关于认真做好新阶段扶贫开发工作的决定》，明确2001—2010年全州新阶段扶贫开发工作的奋斗目标和主要任务。

是日 瓮安县公安局在草塘镇破获一起特大假币案，收缴假人民币54万元，抓获犯罪嫌疑人4名。

1月30日 省委书记、省人大常委会主任钱运录到贵定县沿山镇春光村、盘江镇狮扑村慰问贫困户、复原退伍军人。

2月15日 州委、州政府印发《关于命名表彰2000年度小康村的决定》，命名都匀等县（市）的27个村为“小康村”。

3月24日 黔南州在独山县启动日本援助项目“中国结核病控制”。

3月 科技部授予瓮安县“全国科技进步先进县”称号，该县连续两年获此荣誉。

4月8日 农业部授予龙里县谷脚工业园区“全国乡镇企业科技园区”称号。

4月10日 黔南州与广西防城港市缔结友好州市签字仪式在防城港市举行。

4月14日 省委书记、省人大常委会主任钱运录到定点扶贫联系点——惠水县摆榜乡，对推进摆榜乡新阶段扶贫开发工作进行现场办公。

4月16日 深圳市商贸投资控股公司帮扶考察团到荔波县进行考察，并投资480万元修建荔波县医院住院部综合大楼。

5 月 3 日 由中国争取和平与裁军协会和贵州省外事办安排，蒙古国和平友好联合会会长巴特扎尔格勒一行 5 人到龙里县龙山镇毛栗寨，参观考察“旱坡地农作区农牧业综合开发项目”。

5 月 14 日 全国人大常委会副委员长铁木尔·达瓦买提、全国人大民族委员会主任委员王朝文一行到黔南州，对修改后的《中华人民共和国民族区域自治法》贯彻实施情况进行调研。

6 月 11—13 日 全国人大执法检查组到黔南州检查《中华人民共和国残疾人保障法》贯彻落实情况，州委、州政府主要领导参加汇报会。

6 月 24 日 贵定县“三个代表”重要思想学习教育活动取得实质性效果，得到中央“学教”办的肯定，被评为“全国‘三个代表’学习教育先进县”，出席在杭州召开的全国“学教”总结会，并在会上作经验交流发言。

6 月 启动广西龙滩水电站罗甸库区移民安置工作。电站水库淹没罗甸县国土面积 75.91 平方公里，涉及红水河镇、罗苏、罗暮、罗妥、沟亭、班仁、茂井、凤亭、大亭、龙坪、八总等 11 个乡（镇）69 个村 287 个村民组 2766 户 2.1 万人和茂井、红水河、八总 3 个乡（镇）政府驻地及 73 家企事业单位。该电站是国家实施西部大开发和西电东送战略决策重点建设项目，于是年 7 月 1 日开工建设。

7 月 9 日 省委书记、省人大常委会主任钱运录到贵定县视察调研。

7 月 12 日 州委决定贵州龙里谷脚医药工业园区为州、县共建园区。

8 月 12 日 中国科学院专家团 7 人应邀到都匀作科技讲座。

8 月 20—30 日 都匀市举办首届都匀国际摄影博览会。文化部、省委、省人大常委会、省政府、省政协、武警贵州省总队、州委、州政府等有关领导出席开幕式，中国摄影家协会领导、著名经济学家于光远、联合国教科文组织代表费尔南德斯·托蕾朵、意大利著名摄影家焦尔焦·洛蒂、日本写真家协会会长田昭武能等中外嘉宾出席开幕式。美国、意大利等 14 个国家及国内的 50 多名著名摄影家和 2000 多名摄影爱好者、300 多名中外新闻媒体记者参加摄影博览会。

8 月 23—24 日 独山县举办首届“中国·独山花灯艺术节”。

9 月 3 日 全国民族自治州第十二次人大工作研讨会在都匀开幕。全国人大常委会民委主任委员王朝文，省人大常委会、省政协有关领导，27 个自治州人大常委会领导、黔南州州县两级人大常委会领导参加研讨会。

9 月中旬 水利部批准长顺县杜鹃湖风景区列为国家级水利旅游风景区并授牌。

10 月 12 日 在杭州举办的第四届国际茗茶评比会上，贵定县的“贵定雪芽”茶获金奖。

11 月 6—11 日 中国科学院地理科学与资源研究所研究员、住房和城乡建设部风景名胜专家顾问宋林华，国家著名喀斯特专家、南京大学教授俞锦标到荔波考察，正式确认荔波为世界遗产申报地。

12 月 4—6 日 在州第十一届人大第三次会议上，选举产生出席贵州省第十一届人民代表大会代表60名，审议通过《黔南布依族苗族自治州立法办法》。

12月21日 中国国民党革命委员会（以下简称民革）黔南州第一次代表大会在都匀召开，出席大会的代表80人。大会选举产生第一届委员会委员15名。第一届委员会第一次全体委员会议选举主任委员1名、副主任委员3名。

12月22日 九三学社黔南州第一次社员大会在都匀召开，选举产生九三学社黔南州第一届委员会委员15名。第一届第一次全体委员会议上选举副主任委员3名、主任委员1名。

12月24日 中国民主建国会（以下简称民建）黔南州第一次代表大会召开，出席大会的代表84名。大会选举产生民建黔南州第一届委员会委员15名。第一届委员会第一次全体委员会议选举副主任委员3名、主委委员1名。

是日 省委办公厅、省政府办公厅印发《关于划定荔波县为革命老区的通知》，划定荔波县为革命老区县。

12月29日 中国民主促进会（以下简称民进）黔南州第一次会员代表大会在都匀召开，出席会议会员代表87人。会议选举产生民进黔南州第一届委员会委员12名、副主任委员2名、主任委员1名。

12月30日 中国国民党革命委员会黔南州委员会、中国民主建国会黔南州委员会、中国民主促进会黔南州委员会、九三学社黔南州委员会成立暨授牌大会在都匀举行。省委统战部、民革贵州省委、民建贵州省委、民进贵州省委、九三学社贵州省委的领导和黔南州民革、民建、民进、九三学社的代表出席。

12月 长顺县杜鹃湖风景区被批准为国家级水利旅游风景区。

是月 省委副书记、省政府省长石秀诗于2日、13日先后到三都县、龙里县摆省乡视察调研。

是年 省委书记、省人大常委会主任钱运录于10月7日到瓮安县视察调研。12月30—31日，钱运录带领省民政厅、财政厅、交通厅、农业厅、扶贫办等部门负责人到瓮安县慰问受灾群众。

2003年

1月1日 省委书记、省人大常委会主任钱运录带领省委、省政府有关领导到福泉市牛场镇独田村了解群众生产生活情况。

1月13日 中共中央办公厅、国务院办公厅督查组到都匀，对黔南州学习贯彻中共十六大精神和解决困难群众生活情况进行检查。

是日 深圳市政府办、经贸局、广东省扶贫办等单位负责人一行代表广东省委、省政府以及深圳市委、市政府到黔南州贫困地区开展送温暖慰问活动，送慰问金75万元。

2月28日 贵州日报社、贵州电视台、贵阳晚报社、贵州工人报社、贵州政协报社、西部开发报社等新闻媒体记者一行11人到独山县，采访报道独山县“文化三条线”（花灯文化、影山文化、抗战文化）建设，宣传推介独山县。

3月28日　荔波机场建设工程破土动工。州委、州政府主要领导出席开工典礼。

4月12日　中共中央政治局委员、国家副主席曾庆红到瓮福矿肥基地视察。

4月23—24日　省委书记、省人大常委会主任钱运录率省委办公厅、计委、农办、教育厅、交通厅等部门负责人，到荔波县瑶山乡姑类村视察调研。

4月29日　建设部授予都匀市“全国园林绿化先进城市”称号。

4—7月　全州开展“非典型性肺炎”（以下简称“非典”）防控活动。州委成立黔南州非典型性肺炎防治领导小组，州委办、州政府办下发《关于加强对非典型性肺炎防治工作的紧急通知》，对“非典”防治工作进行具体安排部署。“非典”防控期间，在全州农村和城镇进行拉网式排查。5月22日，省委副书记、省政府省长石秀诗一行到黔南州人口检疫站、“非典”防治指定医院、州疾病防控中心进行检查调研。石秀诗要求黔南要坚守贵州南大门，继续打好阻击战。7月3日，国务院“非典”防控工作检查组到黔南州检查“非典”防控工作。经严格防控，全州无“非典”病例发生。7月31日，州委、州政府召开黔南州抗击“非典”阶段性工作表彰大会，对“非典”防控先进集体44个、先进个人79名进行表彰。

5月9日　中共中央委员、成都军区政委杨德清到黔南视察武装工作。

6月20日　州委印发《关于追授罗登奎、陈明银、帅开洋同志“优秀共产党员”称号的决定》。

6月27日　州政府及长顺、惠水、罗甸县政府与贵州中水能源发展有限公司、贵州能辉实业发展有限公司在都匀签订蒙江流域水电资源联合开发协议，标志黔南州蒙江流域水电开发正式启动。

7月22日　以全国政协副主席阿不来提·阿不都热西提为顾问的全国政协经济委员会“农村扶贫”专题调研组一行13人到独山县牧草种籽繁殖场视察调研。

7月　科学技术部授予都匀市“全国科技进步先进市”称号。

8月8日　州委、州政府与荔波县共同举办的打造和推介贵州南部旅游精品线的“荔波绿宝石之旅暨贵州少数民族服饰展示”活动在荔波樟江园广场开幕。此次活动共签约招商引资项目66项，总投资47.3亿元，引进资金45.8亿元。

8月8—10日　省旅游局、贵州电视台、贵州日报社、州政府、荔波县政府在荔波县城共同举办“中国·荔波绿宝石之旅暨贵州少数民族服饰展演”活动。活动期间，签约项目66个，总投资47.3亿元，引进资金45.8亿元。活动吸引3万多人到荔波旅游观光。

8月25—26日　中国科学院科研所考察团一行18人，到黔南州进行考察和项目对接。26日上午，在都匀举行中国科学院科研所与州政府科技项目合作暨签约仪式。

8月28日　山西农业大学、贵州大学等省内外12所高校的160名大学生志愿者分配到罗甸、惠水、贵定、龙里、三都、独山等县基层，开展为期1～2年的教育、农技、卫生、扶贫、青年工作等服务。

9 月 20—22 日　深圳市投资管理公司考察团到三都县考察，向三都县民族中学、“心连心”大桥、鹏城民族医院捐赠人民币共计 300 万元。

10 月 1 日　平塘县举行掌布“藏字石”景区开园仪式，正式对外开放。

10 月 1—5 日　州委、州政府邀请的《人民日报》副主编、著名作家梁衡一行到都匀、荔波、独山、平塘、三都等县（市）进行旅游资源、民族风情、民族文化考察。

10 月 16—18 日　中国华联发展集团考察团一行 14 人到长顺县考察，与长顺县党政领导共商扶贫大计，并捐赠凯佐华联中学建校资金 50 万元、建沼气池资金 13 万元，捐赠衣物价值 173. 5 万元。

10 月 23—24 日　深圳市罗湖区党政考察团到长顺县考察，并捐赠资金 164 万元，对长顺县进行对口帮扶。

10 月 24 日　中共中央政治局常委、全国政协主席贾庆林到瓮福矿肥基地视察调研。

11 月 8—10 日　首届中国苗医药文化博览会暨苗医药学术研讨会在龙里县召开。会议期间，全州签约项目 81 个，引进资金 31. 3 万元。

11 月 20 日　省委书记、省人大常委会主任钱运录到长顺县对畜牧养殖、扶贫开发和教育等工作进行调研。

11 月 27 日　省政府公布三都县都柳江、贵定县洛北河、独山县深河桥为贵州省第五批省级风景名胜区。

12 月 5—8 日　中国名家科学文化考察团到平塘县对掌布地质奇观进行考察。中央电视台、人民日报社、光明日报社、中央人民广播电台、中国国际广播电台、旅游卫视等 20 多家新闻媒体进行追踪采访报道。

12 月 6 日　省委副书记、省政府省长石秀诗率省计划委员会、省财政厅等部门负责人到福泉市视察调研。

是日　中国科学院院士李廷栋、刘宝君等组成的中国名家科学考察团到平塘县掌布乡，对新发现的地质奇观“藏字石”进行考察。

12 月 7 日　省委副书记、省政府省长石秀诗一行到瓮安县视察调研，实地考察秋种、产业结构调整、农田水利建设、村镇建设及工业生产情况等。

12 月　福泉市继 1998 年被民政部命名为“全国村民自治模范市”后，再次被民政部命名为“全国村民自治模范市”。

是年　省委书记、省人大常委会主任钱运录于 3 月 27 日、8 月 30 日、11 月 19 日三次到惠水县摆榜乡开展调研和扶贫联系工作，走访慰问贫困群众，检查扶贫开发措施落实情况，研究加快群众脱贫致富措施。

是年　省委副书记、省政府省长石秀诗于 4 月 24 日、9 月 19 日两次到列入全省 13 个重点扶贫乡之一的龙里县摆省乡，对春耕生产、扶贫开发项目、秋收等情况进行调研。

是年　独山县将境内深河桥抗日战争战斗遗址建为独山抗日文化园。

2004年

1月3日 长顺县威远农业合作社获农业部授予“全国农民专业合作组织先进单位”称号，是贵州省唯一获此称号的农业合作组织。

1月4日 全国人大常委会副委员长、全国妇联主席顾秀莲到龙里县开展全国妇联2004年“关爱农村母亲儿童西部行”活动，并到谷脚镇哨堡村白岩沟慰问贫困群众。是日，全国妇联“送温暖·三下乡”贵州启动仪式在龙里县龙山镇举行，全国妇联及省、州领导出席仪式。

1月13日 国务院批准都匀斗篷山——剑江风景名胜区为第五批国家重点风景名胜区。

1月16日 省委书记、省人大常委会主任钱运录到龙里县巴江乡落锅村农村走访慰问困难群众，要求州、县解决该村半坡寨的人、畜饮水问题。

1月 独山县被列为全省8个首批新型农村合作医疗试点县之一。

年初 省政府将荔波、都匀、平塘、独山、三都5个县（市）确定为全省优先发展重点旅游区。

2月3—4日 省委副书记、省政府省长石秀诗到惠水县、长顺县，对畜牧养殖、农业产业结构调整等工作进行视察调研。

2月5日 瓮安县草塘镇宋家湾猴场会议会址重建落成。

3月26日 州委、州政府印发《关于命名表彰2002年度小康村的决定》，授予都匀市平浪镇文峰村、沙包堡办事处黄丰村等8个村“小康村”称号。

4月5—8日 省委书记、省人大常委会主任钱运录到黔南州，对“三农”工作进行视察调研。8日，钱运录一行视察民族师范学院新校园，对州委、州政府实施科教兴州战略，建黔南师院给予高度评价。

4月10—16日 黔南州在贵阳市人民广场举办贵州南部荔波综合旅游区大型宣传促销活动。活动期间，举办黔南少数民族服饰展示、黔南旅游形象大使展示、黔南少数民族民间技艺表演、黔南风光摄影作品展。

4月19日 深圳市党政代表团到黔南州考察对口帮扶工作，并向三都县捐赠现金和物资共计450万元。

4月24日 省委书记、省人大常委会主任钱运录到惠水县摆榜乡调研。

4月28日 州委、州政府印发《关于表彰2003年度全州非公有制经济诚信守法明星企业的决定》《关于表彰全州工人技术能手和下岗再就业再创业能手的决定》，全州有21户非公有制诚信守法企业、26名工人技术能手、12名下岗再就业再创业人员受表彰。

4月 三都县在《水书》抢救工作中，首次发现一枚制作精巧、工艺精湛的水族马尾古钱包（水语称“绍结”），黑白相间中绣有“龙凤寿、钱久有、路宽长”等水书字样。

是月 省委、省政府确定黔南州南部的平塘、独山、荔波、三都、都匀5个县（市）作为全省3个首批优先发展重点旅游区之一，统称为荔波优先发展重点旅游区。

5月1日 惠水县打引乡建华村巴超组发生民房火灾，烧毁房屋32栋，造成29户184人受灾。

5月4日 中共中央政治局常委、中央纪委书记吴官正到黔南州视察调研。

5月10—11日 惠水县15个乡（镇）67个村402个村民组遭受罕见特大风雹灾害，1.6万户7.31万人受灾，全县直接经济损失1139.41万元。

5月18—19日 著名经济学家、中国社会科学院院士于光远到黔南考察和指导工作。

5月21日 建设规模为日供水10万吨、总投资8507万元的省、州重点建设项目——都匀市九龙湖供水工程竣工并通过验收。

6月9—11日 国际自然保护联盟（IUCN）专家、国际著名喀斯特学家、新西兰奥克兰大学教授威廉姆斯应邀到荔波考察世界自然遗产提名地。

6月10—11日 国务委员、国家西部地区“两基”（基本普及九年义务教育、基本扫除青壮年文盲）攻坚工作领导小组组长陈至立到荔波县考察农村教育工作，要求要全面落实好西部“两基”攻坚各项任务，想方设法支持和帮助贫困地区学校逐步改善相关环境和设施，努力为学生提供良好的学习和生活条件。

6月21日 河池市党政代表团一行到黔南州考察，双方签署经济技术协作协议，加强两地交流合作，谋求更大发展。

7月1日 荔波县板寨红七军会师旧址纪念馆开馆。该馆分别被省政府、荔波县政府确定为贵州省文物保护单位、爱国主义教育示范基地、荔波县青少年学生校外活动中心德育基地。

7月3—4日 民政部、财政部、建设部、国家气象局等单位联合组成备灾工作组，由民政部带领，到长顺县广顺镇石洞村、种获乡种获村，惠水县摆榜乡高寨村、石板村开展工作检查和业务调研。

7月10—18日 全国青年拳击锦标赛开幕式在都匀铁路俱乐部举行。全国48支代表队共246名运动员参加11个级别比赛。

7月30日 州政府印发《黔南布依族苗族自治州旅游发展振兴纲要》。

8月7日 省文化厅、州政府主办，福泉市委、市政府、宏福总公司承办的“贵州福泉古城文化活动周”在福泉市体育场开幕。省政府、省政协、州委、州政府领导，原贵州省政府省长、省人大常委会主任、全国人大常委会民族委员会主任王朝文出席开幕式。

8月20—24日 全国部分城市城管工作研讨会暨《城市管理》理事会2004年年会在都匀市召开。上海等30多个优秀建设城市的城管、建设等部门领导和有关专家参加会议。与会代表通过对匀城现场考察论证后一致认为，都匀城管经验值得在全国推广。

9月7日 州委、州政府印发《黔南布依族苗族自治州“绿色黔南”建设纲要》。

9月17日 国家环保总局环保专项整治联合督查组到龙里县对贵州正大实业有限公司、龙腾铁合金厂等企业的环保治理进行现场督查。

9月17—18日　平塘县举办2004年贵州平塘“玉水腾龙”水龙节。河北、河南、广东、浙江、重庆、广西等省（市、区）160多名工商企业和省内16家旅行社应邀参加水龙节及招商引资旅游推介会，新华社、贵州日报社等媒体进行报道。

10月6日　龙里县与广东省湛江市赤坎区签署缔结友好县（区）协议。

10月11日　中国科学技术协会批准荔波县为“全国科普示范县”。

10月15—18日　上海科学技术开发交流中心管委会等16个科研单位的专家、教授和企业负责人共70余人组成上海科技经济考察团到黔南考察。16日上午，上海·黔南科技经济项目合作洽谈会在都匀举行，上海16个科研单位和企业与黔南州34个项目单位签订50个科技经济项目合作意向协议。

10月18—20日　中国少数民族成药产业发展研讨会暨中国少数民族成药产品展示会、第二届中国贵州龙里苗医药文化博览会在龙里县城举行。

10月20—21日　2004年湘渝鄂桂黔5个省（区）13个地（州、市）政协联席会议在荔波县召开。

10月22日　深圳·黔南旅游推介暨旅游企业交流会在都匀召开，深圳赴黔南州踩线考察团与州涉旅企业进行交流。

11月3日　省民族宗教委员会、州政府主办，三都县委、县政府承办为期两天的中国·贵州三都水族端节在三都县城开幕。省委书记、省人大常委会主任钱运录，省军区司令员陈庆云少将，省人大、省政府、省政协、省军区及州有关领导出席开幕式。上海市、深圳市有关部门，省、州有关部门和企业，美国、日本等国家的客人等参加节庆活动。

11月10—14日　福泉市高坪镇英坪村后寨组小坝磷矿发生塌陷事故，6名矿工被困井下，经省、州、市各级各部门上千人103个小时的紧急救援，6名矿工全部获救。

12月7—10日　由中国文学艺术基金会、中华之魂社会公益宣传活动组委会、州政府、北京东方英才国际文化研究院主办，平塘县委、县政府承办的“中国名家看平塘”大型笔会活动在平塘举行。9日，中国文学艺术界联合会为贵州平塘·中国文艺家科普创作基地授牌，是全国第一个文艺家科普创作基地。

12月8—9日　国家发改委、水利部到黔南州稽查节水灌溉、人畜饮水、农村沼气、农村水电、乡村道路、草场围栏项目“六小”工程，经到都匀、福泉、贵定、龙里等项目区实地察看工程建设情况，稽查组对项目实施工作表示满意。

12月24日　全国爱国卫生运动委员会授予荔波县“国家级卫生县城”称号，成为全省第一个国家级卫生县城。

12月　以12月31日为普查标准时点，全州开展第一次全国经济普查。普查时期资料为2004年度，普查对象为州境内从事第二产业、第三产业的全部法人单位、产业活动单位和个体经营户，普查主要内容包括单位基本属性、就业人员、财务状况、生产经营情况、生产能力、原材料和能源消耗、科技活动情况等。普查结果：2004年末，全州有从事第二、三产业的法人单位7429个；个体经营户62612户；全州第二、三产业就业人员数322429人。

12 月　国家林业局批准瓮安县朱家山、独山县紫林山为国家级森林公园。

是月　惠水县布依族民歌《好花红》在贵州省版权局正式注册。

是年　长顺县威远镇农业合作社被农业部授予“全国农民专业合作组织先进单位”称号。

2005 年

1 月 26 日　州委印发《关于在深化国有企业改革改制中加强企业党的建设的意见》，对加强企业党的建设，促进全州经济社会全面发展提出要求。

1 月　按照中央、省委的安排部署，在全州党员中开展以实践“三个代表”重要思想为主要内容的保持共产党员先进性教育活动。州委下发《关于在全州开展以实践“三个代表”重要思想为主要内容的保持共产党员先进性教育活动的实施意见》以及工作方案，成立黔南州保持共产党员先进性教育活动领导小组。全州保持共产党员先进性教育活动分三批进行。第一批为州、县（市）两级党政机关和部分企事业单位，第二批为城市基层单位和乡（镇）机关，第三批为农村和部分党政机关。教育活动开展到 2006 年 6 月结束，参加活动的单位共计 2219 个。

是月　执行国家免征农业税政策，自 1 月起，对州内从事农业生产、有农业收入的单位和个人免征农业税。

2 月 24 日下午 3 时 30 分　惠水县三都镇三都村紫马冲发生山林火灾。贵州省预备役师侦察营一连三班班长、惠水县民兵应急分队三班班长、三都村护林防火队队员唐正坤带领三班民兵参加扑火时牺牲，年仅 36 岁。唐正坤被省政府批准为“革命烈士”，州委追认为“优秀共产党员”。

3 月 4—6 日　黔南州在北京市黄河大酒店举行旅游推介会，全州 8 个县（市）旅游局，8 家旅行社，贵州山水旅行社、贵州海外旅游总公司等 3 家旅游公司驻北京联络处参加推介活动。省政府、国家旅游局规划与发展司、州政府、北京旅游局有关领导出席推介会。北京的 100 多家旅行社负责人参加推介活动，并与黔南州各家旅行社签订意向性协议 134 份。

3 月 28 日　黔桂铁路（贵州段）扩能改造工程动员大会在都匀市南郊举行，省委书记、省人大常委会主任钱运录、铁道部有关领导等出席大会。黔桂铁路扩能改造工程贵州段北起龙里、南至麻尾，全长 188.32 公里，总投资 42.73 亿元，工期 3 年，建成后列车时速将提升到每小时 140 公里至 160 公里。

3 月 29 日—4 月 1 日　全国政协副主席、中央统战部部长刘延东到都匀、贵定，进行“牢固树立和落实科学发展观，加快民族地区经济社会全面发展”专题调研。

4 月 22—23 日　上海科技、人才考察团到黔南考察。考察团专家与州政府有关部门负责人及各县（市）有关人员就科技经济合作项目进行洽谈，并签约“黔南少数民族药物的品种整理与活性筛选”等14个重点落实项目。

4月22—24日　22日下午至23日凌晨，罗甸、荔波、独山、平塘4个县的部分乡（镇）遭冰雹、暴雨、大风、泥石流等灾害袭击，灾情严重，特别是罗甸县罗苏乡龙井村遭遇罕见的泥石流，农田毁坏严重。

5月13日　中国生物学家袁训来、肖书海和美国古植物学家托马斯·泰勒在美国《自然》杂志发表最新研究成果，即在瓮安生物化石群中发现3块类似地衣的化石，表明地衣结构出现在6亿年前，为探索海洋生命向陆地转移提供重要的实物依据。

5月16日　全国人大常委会副委员长铁木尔·达瓦买提到贵定县盘江镇音寨村视察。

5月19日　卢旺达爱国阵线总书记恩加兰贝、众议院副议长德尼·波利西、国务秘书帕特西亚·哈贾巴齐加访黔代表团一行到惠水县参观考察摆榜乡扶贫开发项目和永红食品有限公司生产情况。

5月下旬　都匀市被国家林业局确定为“全国天保工程建设示范点”，也是贵州省唯一的示范点。

5月25日　国务院授予平塘县卡蒲毛南族乡政府“全国民族团结进步模范集体”称号。

6月3—4日　中共中央保持共产党员先进性教育活动督导组到黔南州检查指导保持共产党员先进性教育工作。

6月15日　州政府发出《关于划定都匀毛尖茶原产地域保护范围的意见》，对都匀毛尖茶原产地域产品实行保护。

6月29日　州委召开“七一”表彰大会，对摆榜乡石板村党支部等50个先进基层党组织和李琼芬等100名优秀共产党员进行表彰。

6月下旬　都匀市小围寨办事处西园村在全国小康建设明星乡（镇）、村和全国建设小康乡（镇）、村模范带头人命名表彰大会上，被命名为“全国小康建设明星村”。

7月20日　黔南州召开新闻发布会，向社会发布黔南州2005年首次面向全省公开选拔副县级领导干部的信息。

7月21日　全国水稻病虫防治现场观摩会在都匀市平浪镇召开。农业部、省农业厅及州政府有关领导、专家出席现场会，四川、广东、湖南、江苏等17个省（区、市）的农业厅（局）种植业处、植保植检站的领导及专家80余人参加现场会。

8月5日　深圳市党政代表团一行到黔南州考察帮扶工作，省政府领导和州委、州政府主要领导与深圳市党政代表团就对口帮扶工作进行座谈。

8月8日　省委副书记、省政府省长石秀诗到平塘县克度镇对将选定的500米口径球面射电望远镜（简称FAST）台址进行考察。

8月中旬　在全国第四批国家级地质公园项目评审会上，贵州省平塘县地质公园通过专家评定，被列为国家级地质公园。

8月26—31日　省委副书记、省政府省长石秀诗到龙里、罗甸、平塘、独山、荔波、三都和都匀等县（市），对农业产业结构调整、扶贫开发等进行视察调研。石秀诗在肯定

7个县（市）近年经济社会发展取得显著成绩的同时，要求各县（市）学习实践“三个代表”重要思想，按照科学发展观的要求，推进农业产业结构调整，千方百计增加农民收入。

8月下旬 受副热带高压的影响，从6月下旬起州境内大部分地区出现近20年不遇的大旱天气，水田干裂，禾苗枯萎，水库蓄水锐减，都匀、独山、福泉、贵定等县（市）尤其严重。到8月14日，全州夏粮受灾面积55.12万亩，有10.44万人、6.16万头牲畜饮水困难。旱情发生后，全州各级党委、政府积极抗旱救灾，共投入抗旱资金277.66万元，参加抗旱人数24.53万人，把损失降到最低程度。

8月下旬 贵定云雾茶“贵雪”牌贵定雪芽在第五届国际名茶评比中，再次获金奖。

9月2日 黔南州中共农村基层组织“四线百乡千村万名党员示范工程”〔即在黔南州惠平、三荔、贵新、马遵等四条公路沿线，创建100个农村基层组织建设示范乡（镇），1000个农村基层组织建设示范村、培养10000名农村党员致富带头人〕启动仪式在贵定县音寨村举行。

9月19日 国土资源部批准平塘为国家级地质公园。

10月18日 中国少数民族成药产品开发研讨会、中国少数民族成药产品展示会、第二届中国贵州龙里苗医药文化博览会在龙里县开幕。国家民族事务委员会、省委、省政府、黔南州有关领导出席会议。

10月21日 荔波县创建国家生态示范县建设通过国家环保总局验收。

10月27—28日 在文化部召开的全国文化先进市授牌表彰大会上，都匀市被授予“全国文化先进市”称号。

10月28—30日 荔波县举办“百位名家、百家媒体走进中国最美的地方——荔波”大型采风活动，文艺界、新闻界、旅游界125人应邀参加采风活动。

11月8—9日 全国政协副主席周铁农一行到黔南州，对法官队伍建设与法院经费保障进行调研。

11月8—11日 省政府“两基”（基本普及九年义务教育、基本扫除青壮年文盲）评估验收团到长顺县检查验收“两基”工作。经检查，正式认定长顺县“两基”工作各项指标和要求基本达到国家和省的评估验收标准，标志黔南州“两基”攻坚任务全面完成。

11月12—13日 美国旅游投资考察团到黔南考察。

11月 贵定县盘江镇被中共中央精神文明建设指导委员会评为“全国文明乡镇”称号。

11月25—28日 商务部、中共中央宣传部、科技部、环保总局等12个国家部委主办的2005年中国“三绿工程”博览会在广州举行，都匀市被评为全国23个“2005年全国‘三绿工程’茶业示范县”之一。

11月 惠水县获“2001—2005年全国婚育新风进万家活动先进县”称号，县委领导作为贵州省获奖代表赴北京领奖。

12月11日 中国红十字总会一行20余人到惠水县开展“博爱送万家”主题慰问和演出活动。

12月22日 国家旅游局将贵定县盘江镇音寨村命名为“全国农业旅游示范点”。

12月23日 国家林业局批准都匀市青云湖森林公园列为国家级森林公园。

12月 惠水县获国家老龄工作委员会授予“全国老龄工作先进县”称号，成为全国首批获此称号的县。

是年 省委书记、省人大常委会主任钱运录于1月29日、3月30日、8月12日三次到惠水县，对开展保持共产党员先进性教育活动进行调研，并到村组和农户家中了解春耕生产、扶贫开发、群众生活等情况，慰问基层党员干部群众。

是年 中共中央宣传部、国家发展和改革委员会（以下简称国家发改委）等13个部委将瓮安县乌江景区列为全国30条红色旅游精品线和100个红色旅游经典景区之一，编入《全国红色旅游发展纲要》。

2006年

1月上旬 文化部公布第一批国家非物质文化遗产名录民俗类推荐名单，黔南州三都水族端节、水族水书、水族马尾绣和贵定苗族芦笙舞入选。

1月12日—2月12日 荔波县在永康水族乡尧古村布依族古寨举办首届“中国·荔波万亩梅花报春节暨原生态文化旅游月”活动。活动期间，举办黔桂两省（区）猛牛争霸赛、民族民间特技表演、国际野生梅花研讨会、山地自行车大赛等活动，获围棋“棋圣”称号的聂卫平到荔波与围棋荔波爱好者对弈。

1月中旬 法国洞穴联盟、中国洞穴研究会重庆奥特多探险队、贵阳地平线登山探险俱乐部、贵州省科学院、贵州省洞穴协会和贵定县联合对位于贵定县德新镇的燕子洞进行初步勘测，认为该洞是国内发现的第三个大型彩色天然溶洞群，是极具开发价值的天然景观之一。

1月 荔波邓恩铭故居列为贵州省全民国防教育基地。

2月17日 中国歌舞剧院“三下乡”大型文艺演出在都匀人民广场举行，艺术家们的精彩表演带来文化部等14个部委对匀城人民的关怀。州和都匀市领导、群众、驻匀部队官兵及企业代表6000余人冒雨观看演出。

2月28日 平塘县举办贵州“春茶第一壶”授牌仪式及“玉水不夜天”演出。

3月27日 州委印发《关于在全州开展向陆永康同志学习的决定》，号召全州干部群众向三都县乡村残疾教师陆永康学习。

4月1日 2006年中国·福泉“金谷春雪”梨花节暨“全国农业旅游示范观光园”开园仪式在福泉市城厢镇双谷村开幕。

4月5日 国务院批准福泉葛镜桥为全国第六批重点文物保护单位。

4月4—6日 省委书记、省人大常委会主任石宗源到贵定、三都等县视察。在三都县视察期间，到羊福乡民族学校看望身残志坚的水族教师陆永康。

4 月 9 日 下午至夜间，福泉、龙里、贵定、都匀、平塘、三都、荔波、独山 8 个县（市）不同程度遭受冰雹袭击。降雹最大直径出现在都匀，为 5 厘米，荔波积雹厚度达 10 厘米。

4 月 25—26 日 农民日报社、中国经济时报社、中国旅游报社、贵州日报社、西南商报社组织的“贵新沿线乡村游”采访团到独山县采访社会主义新农村建设。

4 月 26 日 经省第十届人大常委会第二十次会议批准，州人大常委会颁布实施修改后的《黔南布依族苗族自治州自治条例》。

4 月 28—29 日 平塘县举办“玉水不夜天”——中国·平塘国家地质公园民族风情旅游节。28 日，在掌布景区广场举行平塘国家地质公园揭碑开园仪式。国家有关部委及省、州领导出席旅游节活动。

4 月 28 日—5 月 10 日 由州政府、省国土资源厅、中国文学艺术基金会、《当代贵州》杂志社、世界华夏英才（北京）文化中心共同主办，平塘县委、县政府承办“玉水不夜天”——中国·平塘国家地质公园民族风情旅游节。

4 月 都匀市被全国绿化委员会、人事部、国家林业局评为“全国绿化先进集体”。

5 月 18 日 新华社、人民日报社、光明日报社、经济日报社、农民日报社、中央人民广播电台组成的采访组走进龙里县，对龙山镇厉家庄、吴家庄和三元镇永安村及醒狮镇大坝村的新农村建设进行采访报道。

5 月 25—27 日 黔南州代表团在全省第三届残疾人运动会上，获团体总分第二名，并获道德风尚奖、组织奖，有 3 名运动员进入省队。

6 月 7 日 在北京召开的“十五”期间全国残疾人工作表彰大会上，福泉市获国务院授予“全国残疾人工作先进市”称号。

6 月 8 日 卢旺达共和国参议长文森特·比鲁塔率领参众联合代表团到惠水县参观考察。

6 月 10 日 首个“中国文化遗产日”，省政府公布首批省级非物质文化遗产代表作名录，黔南州三都县的中国水书——水族信仰记忆纲文化、水族端节、水族卯节、水族马尾绣，都匀市的布依族扫寨、水族婚俗，福泉市的清水江杀鱼节、福泉阳戏，独山县的花灯，贵定县的苗族舞蹈鼓龙鼓虎·长衫龙，罗甸县的布依族土布制作、扎染工艺，平塘县的牙舟陶器制作工艺，荔波县的布依族“雯当姆”、瑶族打猎舞等 15 项入列。

6 月上旬 国务院公布第一批国家级非物质文化遗产名录，黔南州有三都县的水书、水族端节、水族马尾绣和贵定县的苗族长衫龙 4 项入列。

6 月中旬 省政府公布第四批省级文物保护名单，黔南州有荔波瑶麓岩洞葬、贵定阳宝山古建筑群、平塘麻翁古屯堡、荔波水浦古建筑群、独山翁奇奎文阁、荔波黎明关和红七军板寨会师旧址、瓮安猴场会议会址、荔波水庆小学旧址入列。

6 月 25—26 日 九三学社上海市委考察团到黔南州考察。考察团向三都县合江镇拥寨小学捐赠建校资金 20 万元。

6 月 26 日 凌晨 1 时至上午 11 时，三都县境内普降特大暴雨，其中县城所在地三合镇降雨量251.1毫米，为年内贵州省日最高降雨记录，也是三都有气象记录以来的最高日降雨记录。这次暴雨使全县19个乡（镇）230个村1620个村民组5.2万户18.7万人遭受洪涝灾害，死亡4人，失踪3人，房屋倒塌917间、损坏7218间，转移安置2.5万人。洪灾造成直接经济损失7359万元。

6月28日　州委在都匀举行庆祝中国共产党成立85周年暨总结保持共产党员先进性教育活动大会。大会对200个先进基层党组织、200名优秀共产党员、100名优秀党务工作者进行表彰。

是日　“国酒茅台”杯2006年多彩贵州旅游形象大使“民族姑娘”在贵阳进行决赛，黔南州代表队选手覃燕（水族）、韦仙玉（瑶族）、石金英（毛南族）、姜艳（壮族）、杨雅雯（满族）等5人分别获各自民族的“民族姑娘”称号，占贵州省17个世居少数民族“民族姑娘”的5个席位，列各代表队首位。

7月2日　省委书记、省人大常委会主任石宗源在贵阳接见三都县全国优秀共产党员陆永康。

7月6日　中央电视台“美丽中国”栏目和英国BBC电视台到惠水县万洞之乡——羡塘乡，对燕子洞进行拍摄。此片在2008年奥运会期间在中央电视台第一套节目播出，并在世界165个国家同步首播。

7月14日　国家发改委宣布，国内外天文学家经过13年考察勘测后拟建的新一代世界最大射电望远镜项目“500米口径球面射电望远镜”选址平塘县克度镇金科村大窝凼洼地。

7月19—22日　全国人大常委会副委员长许嘉璐率领全国人大常委会执法检查组到黔南，对黔南州贯彻实施《民族区域自治法》情况进行执法检查。

7月21—22日　九三学社黔南州第二次社员代表大会在都匀召开，选举产生九三学社黔南州第二届委员会委员15名。第二届第一次全体委员会议选举副主任委员3名、主任委员1名。

7月24日　中共中央政治局原常委、国务院原总理朱镕基到黔南州视察。

7月25—26日　民革黔南州第二次代表大会在都匀召开，出席大会代表80人。会议选举产生第二届委员会委员15名。第二届第一次全体委员会议选举副主任委员3名、主任委员1名。

7月25—27日　“成龙·龙子心”慈善行走进黔南，举办慈善晚宴拍卖会，捐资修建“龙子心”希望小学。

7月29—30日　民建黔南州第二次代表大会在都匀召开，出席大会代表80名。大会选举产生民建黔南州第二届委员会委员15名。第二届第一次全体委员会议选举副主任委员3名、主任委员1名。

8月　初民进黔南州第二次会员代表大会在都匀召开，选举产生民进黔南州第二届委员会委员15名。第二届第一次全体委员会议选举副主任委员3名、主任委员1名。

8月初　在全省第一届青少年运动会上，黔南州选手共夺得金牌25枚、银牌19枚、铜牌23枚。

8月3日 为庆祝黔南建州50周年，经国家邮政局批准，黔南州邮政局特发行建州50周年州庆个性化邮票纪念册《绿色黔南》。这是第一套以黔南山水为主题的集邮文化礼品册，具有收藏和鉴赏价值。

8月8日 上午，在州民族体育场举行黔南州建州50周年庆祝大会。中央有关部委祝贺团，省委书记、省人大常委会主任石宗源和省委副书记、省政府代省长林树森带领的省祝贺团，全国人大常委会民族委员会主任委员王朝文等出席大会。与会嘉宾与匀城人民一起观看大型群众文艺演出“布依万人花灯”“千人水族歌舞”“千人长衫龙苗族芦笙舞”“万人歌唱好花红”“万人古乐风”“飞行表演”等。大会后，举行大型民族踩街活动。下午，下午，州政府在都匀人民广场举行投资环境推介会暨招商引资项目签约仪式；中央、省祝贺团和来宾参观《黔南州建州50周年成就展》《黔南民族风情展》和石板街民俗风情表演。晚上，在文峰园、人民广场、水上活动中心、黔南民族师院广场、西苑广场等地举行文艺表演晚会和群众联欢活动。晚上10时，在匀城燃放烟花焰火。

8月9日 上午，珠海格力电器股份有限公司总裁董明珠到都匀市平浪小学，捐款30万元，为该校修建新教学楼。省委副书记、省政府代省长林树森出席捐赠仪式。

8月10—19日 中央电视台到惠水县拍摄《想涟江》《故乡年年好花红》MTV及《富饶美丽的好花红故乡——惠水》专题片。

8月16日 斯里兰卡人民解放阵线代表团到贵定县盘江镇音寨村参观考察。

8月中旬 中国书画院院长、中央中国画院院长、华南理工大学教授陈奕纯捐赠500万元，设立“陈奕纯奖学金”，为黔南民族师范学院大学生助学奖学。

9月1—3日 来自十多个国家的2006年中国乡村旅游国际论坛的专家、学者150人对黔南州乡村旅游进行考察，实地考察了贵定县音寨村。考察期间，专家们与州领导进行座谈，探讨乡村旅游对社会主义新农村建设的作用和影响。

9月8日 中国民族地区特产之乡推荐及宣传活动组织委员会授予惠水县“中国黑糯米之乡”“中国金钱桔之乡”称号。

9月23日 国家环保总局、国土资源部、国家发改委等7个部委组成的全国环境保护专项行动督查组到黔南州督查环境保护工作。

9月24—25日 以全国政协副主席罗豪才为团长的全国政协在京常委、委员视察团一行35人到黔南州开展农村公路建设视察调研。

9月29日 在国务院召开的全国农田水利基本建设电视电话会议上，都匀市获“全国农田水利基本建设先进市”称号，受国务院表彰。

10月1—2日 “中国·独山第三届花灯艺术节暨中国·独山花灯论坛”在独山县举行。来自湖南、湖北、广西、重庆、四川、云南、安徽、上海8个省（市）的70余名花灯专家、学者、老艺人参加论坛会，对独山花灯进行研究和探讨。

10月23日 以印度共产党（马克思主义）中央政治局委员、印度联邦院议员西特拉姆亚秋里（Sitaraymechury）为团长的印度共产党（马克思主义）代表团一行5人访华期间，到贵定县音寨考察新农村建设、基层党组织建设情况，并走访部分农户。

10 月 30 日　经 2006 年 9 月 22 日贵州省第十届人大常委会第二十三次会议批准，州人大常委会颁布实施《黔南布依族苗族自治州城镇建设管理条例》和修改后的《黔南布依族苗族自治州个体工商户和私营企业权益保护条例》。

11 月 10—12 日　全国农业技术推广服务中心、中国农业技术推广协会、中国农业科学院联合举办的“第五届中国优质稻米博览交易会”在湖南省长沙市会展中心举行，惠水县“雅晶”牌大米代表贵州省参评，获博览会金奖。“雅晶”牌大米 1999 年注册商标，先后获贵州省名牌优质农产品、中国粮食“放心米”、国家“无公害”产品等称号。

11 月 11 日　贵州省第六届少数民族传统体育运动会闭幕。黔南州代表团获得金牌 8 枚、银牌 7 枚、铜牌 3 枚，水族表演项目获金奖，布依族表演项目、苗族健身操获银奖。这是黔南州参加历届全省少数民族传统体育运动会取得奖牌最多的一次。

11 月 28 日—12 月 1 日　惠水县第三届中国贵州·惠水好花红艺术节暨首届金钱橘节在《好花红》发源地好花红乡辉岩村举办。省委、文化部民族民间文艺发展中心发来贺信贺电，省政协及省科技厅、省经贸委、省水利厅等 26 个省直部门领导，州委、州人大常委会、州政府、州政协领导出席开幕式。

11 月 30 日　在贵州省“十大民间工艺大师”“十大民间工艺美术精品”评选活动中，黔南州选手欧德仙、韦帮粉获“贵州省十大民间工艺大师”称号，欧德仙制作的“马尾绣背扇”、杨光成制作的“牛油枫香染”获“贵州十大民间工艺美术精品”奖，韦帮粉制作的“水族祭祀神”、欧德仙制作的“苗女梦回归”、杨光成制作的“牛油枫香染”被贵州省文学艺术界联合会收藏。

12 月 4—5 日　省政协视察团赴黔南州瑶山、麻山地区，视察新阶段扶贫开发工作，并开展“送温暖健康”捐赠活动，省有关企业捐赠现金 5 万元及价值 100 多万元的大米、药品、衣服、棉被等物资。

12 月 5 日　国土资源部印发《关于确定国家基本农田保护示范区的通知》，惠水县被确定为贵州省的 3 个国家基本农田保护示范区之一，面积 110326. 63 亩。

12 月 27 日　国家林业局批准在龙里县龙架山建立“贵州龙架山森林公园”，为 2006 年全国新增的 33 个国家森林公园之一。

12 月　以 12 月 31 日为普查标准时点，全州开展全国第二次农业普查，普查时期资料为 2006 年度，普查对象为州境内的农村住户、城镇农业生产经营户、农业生产经营单位、村民委员会和乡镇人民政府，普查主要内容包括农业生产条件、农业生产经营活动、农业土地利用、农村劳动力及就业、农业基础设施、农村社会服务、农村居民生活以及乡镇、村民委员会和社区环境等方面的情况。

是月　州政府在瓮安县开展黔南州集体林权制度改革试点。试点工作于 2007 年 11 月省检查验收，试点成果被评为优等。2007 年 11 月 28 日，州政府在都匀市召开全州集体林权制度改革工作会议，安排部署全州开展集体林权改革工作。

2007 年

1 月 4 日 贵州省茶文化研究会代表中国国际茶文化研究会在贵定县青少年活动中心举行授牌仪式，授予贵定县“中国苗岭贡茶之乡”称号。

1 月 13—17 日 中共黔南州第九次代表大会在都匀召开。出席代表 340 名，列席代表 161 名，特邀代表 12 名。大会听取和审议第八届委员会工作报告、州纪律检查委员会工作报告，并通过以上两个报告的决议。会议选举产生中共黔南州第九届委员会委员 51 名、候补委员 5 名；选举产生州第九届纪律检查委员会委员 26 名。州委第九届第一次全体委员会议选举产生常务委员、副书记、书记；州纪委第一次全体会议选举产生常务委员、副书记、书记。

1 月 21 日 三都县水族残疾优秀教师、共产党员陆永康自 2006 年 11 月入选中央电视台主办、数十家新闻媒体联合举办的“CCTV2006 年度三农人物”50 强后，在 2007 年 1 月 21 日中央电视台演播大厅举行的颁奖典礼上，获“2006 年度感动中国三农人物”奖。

1 月下旬 共青团贵州省委、贵州日报社等 20 个单位联合主办的“贵州省十大杰出青年”“贵州省十大杰出（优秀）青年企业家”评选活动揭晓，黔南州罗甸县代课教师李兹喜获“贵州省十大杰出青年”称号，黔南州上隆茶果场场长李应祥被评为“贵州省十大杰出青年企业家”。

1 月下旬 中国科学院有关专家在独山县本寨水族乡温泉片区考察时发现一批世界珍稀濒危植物、国家一级保护植物——红豆杉。这是黔南州最大的野生红豆杉群，其中，直径在 20 厘米 ~40 厘米以上的有 241 株，直径在 20 厘米以下的有 300 多株。

2 月 2 日 第二届中国·荔波万亩梅花报春暨 2007 年贵州赏花游首游式在荔波梅园开幕。

2 月 4—10 日 政协黔南州第十届委员会第一次会议在都匀召开。出席会议委员 279 名，列席 45 名。会议听取和审议政协黔南州第九届常务委员会工作报告、提案工作情况报告，并通过关于这两个报告的决议。与会人员列席州第十二届人民代表大会第一次会议。政协会上，民革黔南州委、民建黔南州委、民进黔南州委、九三学社黔南州委、州政协罗甸联络组、都匀市联络组、龙里县联络组以及 4 名委员作大会发言。会议选举产生州政协第十届常委会委员名，选举主席 1 名、副主席 8 名、秘书长 1 名。

2 月 6—11 日 黔南州第十二届人民代表大会第一次会议在都匀召开。出席会议代表 377 名，其中，少数民族代表 221 名，妇女代表 102 名。会议听取和审议政府工作报告，审查黔南州 2006 年国民经济和社会发展计划执行情况及 2007 年计划草案的报告、黔南州 2006 年财政预算执行情况和 2007 年财政预算（草案）的报告等有关报告，听取和审议州人大常委会工作报告、州中级人民法院工作报告、州人民检察院工作报告。会议同意批准以上报告并通过相关决议。会议选举产生州第十二届人大常委会主任 1 名、副主任 7 名、委员28名、秘书长1名；选举产生州政府州长1名、副州长7名；选举产生州法院院长、州检察院检察长各1名。

2月21日—3月11日　瓮安县举办“中国·贵州·瓮安首届龙狮文化艺术节”。

3月12日　首都新闻单位贵州采访团一行14人到贵定县盘江镇音寨村采访新农村建设情况。

3月18日　黔南州与贵州大学、贵州省农业科学院达成科技合作协议，聘请贵州大学、贵州省农业科学院的12名专家作为黔南州首席科技特派员，并在都匀举行州政府与贵州大学及贵州农业科学院科技合作签字仪式暨座谈会。

3月24日　以“推进西部城镇化进程，促进西部协调发展”为主题的中国西部农村城镇化论坛在贵定县举办。国家发改委、国家民委、中国企业联合会、农业部乡镇企业家、国土资源部土地利用司、水利部水保司、国务院西部开发办农业组等有关领导和省、州及贵定县领导出席会议。中央、省、州新闻媒体记者到会采访报道。

3月下旬　都匀毛尖茶通过欧盟设置的“绿色堡垒”共计201项农残检测，进入欧盟市场，标志都匀毛尖茶获得世界通行证。

3月　惠水县布依族民歌《好花红》和布依族枫香染被省政府列为首批省级非物质文化遗产名录。

4月4日　《黔南布依族苗族自治州工伤保险暂行办法》颁布实施。

4月5日　《黔南布依族苗族自治州职工生育保险暂行办法》颁布实施。

4月15日　成都军区政委、中将张海阳到荔波县考察指导工作。

4月27日　中国茶叶流通协会致函贵州省茶叶协会，同意授予都匀“中国毛尖茶都”称号。

4—6月　按照省委的安排部署，在全州县及县以上党政机关开展作风教育整顿活动。4月6日，州委下发《关于开展作风整顿教育活动的实施意见》，成立中共黔南州委机关作风教育整顿活动领导小组，领导小组办公室设在州纪委。4月9日，州委召开全州机关作风整顿活动动员大会。全州1049个单位、24420名干部参加作风教育整顿。各县（市）、各部门在活动中为民办实事，投入资金总计1185万元，走访困难群众12199户，帮扶困难干部2041名，结成帮扶对子3084个，解决生产生活实际困难3836件。作风教育整顿活动至6月底结束。

5月1—7日　由州委、州政府主办，都匀市委、市政府承办的首届“都匀毛尖茶节”在都匀举行。省委、省政协有关领导出席5月1日的开幕式。

5月11日　经省第十届人大常委会第二十六次会议批准，州人大常委会颁布《黔南布依族苗族自治州岩溶资源保护条例》，自2007年6月1日起实施。

是日　以柬埔寨中央宣传教育委员会副主席盖本兴为团长的柬埔寨人民党干部考察团一行10人，到贵定县盘江镇音寨村参观考察农村产业结构调整、新农村建设情况。

5月19日　“中国记者团赴黔南采访活动”和中国少数民族报业研究会“首届贵州·黔南新闻（摄影）笔会”在罗甸县启动，70余家新闻单位100名记者组成记者团到黔南采访。

5月28—30日 省委副书记、省政府省长林树森到贵定、独山、荔波、平塘考察新农村建设、经济结构调整和民族村寨建设等方面情况。

6月1日 中共中央政治局委员、中央书记处书记、中央组织部部长贺国强到贵定县盘江镇音寨村调研农村党建工作。

6月10日 中央农村工作领导小组办公室调研组到贵定县盘江镇音寨村调研新农村建设情况。

6月19日 农业部授予惠水县“全国农业机械化示范县”称号。

6月中旬 贵州省第二批省级非物质文化遗产代表作名录揭晓，黔南州的《苗族古歌》等25个项目进入省级非物质文化遗产代表作名录，布依族民歌《好花红》等10个项目同时被省政府同意申报国家级非物质文化遗产名录。

6月28日上午 荔波县举行“中国南方喀斯特”申报世界自然遗产成功庆祝大会及万人游行和签名活动，并在大七孔景区举行“世界遗产”标志牌揭牌仪式，省、州领导参加万人签名和揭牌仪式。

是日 独山县举办首届西红柿节。省政府及省直有关部门领导、农业专家与来自广东、广西、海南、北京等地的600名客商出席开幕式。西红柿节期间，开展以西红柿为主题的蔬菜瓜果优质品种展示、园区景点观光、各种种植技能和摄影比赛、文艺演出、书画展及西红柿投掷游戏等活动。

6月30日 古巴共产党中央委员会委员、高级党校校长劳尔·巴尔德斯·比沃到贵定县盘江镇音寨村考察农业项目。

7月8日 芬兰、葡萄牙、巴基斯坦、冰岛等14个国家驻华大使到荔波，对荔波自然风光和传统民俗文化进行考察。

7月16日 全国人大常委会委员、全国人大民族委员会主任多吉才让带领全国人大常委会民族区域自治执法检查组到黔南州检查民族自治地方经济社会发展执法情况，并到贵定县盘江镇音寨村进行实地检查。

7月中旬 惠水县被农业部确定为首批100个全国农业机械化示范区之一。

7月19日 中华布依族歌谣生态研究基地挂牌仪式在龙里县羊场镇走马村孔雀寨举行，同时举办布依情歌节，歌手来自全州各县（市）和贵阳市。省布依学会、省民间文艺家协会领导出席授牌仪式。

7月25—26日 州内中部和中南部地区持续降大暴雨和暴雨，平塘、都匀、长顺、惠水、贵定等县（市）的12个乡（镇）降雨量超过100毫米，降水强度为大暴雨，瓮安、福泉、三都等县（市））的14个乡（镇）降暴雨，造成洪涝灾害。

7月 国家发改委批复同意总投资6.27亿元的国家重大科技基础设施项目——500米口径球面射电望远镜建设地址选定平塘县。

8月2日 省政协、省红十字会、省疾病控制中心、贵州全林集团、恒霸药业集团、益佰制药集团等组成慰问团，到黔南视察灾情，慰问受灾群众。省政协、省直机关干部职工及部分企业捐赠现金43万元及价值77万元的棉被、衣物、大米、药品等物品。

8月2—3日　国家防汛抗旱总指挥部副指挥、水利部部长陈雷带领民政部、财政部、卫生部、防总办、水利部有关人员组成的国务院工作组，赴受灾严重的三都县、平塘县慰问受灾群众，了解灾情及灾后重建情况，指导抗灾救灾和灾后重建工作。

8月17日　贵定县盘江镇红旗村女子机耕队队长陈朝英获“全国农机行业十大女杰”称号。

9月4日　中共中央政治局委员、国务院副总理回良玉到贵定县盘江镇音寨村“金海雪山”景区考察农业农村工作。

9月初　都匀毛尖茶参加中国茶叶学会主办的第七届“中茶杯”茶叶评选活动，全国参评茶样476个，都匀毛尖茶获一等奖。此评选活动每两年举行一次，在国内影响较大。

9月21日　州政府、省科技厅主办，龙里县政府、中国科学院天然产物化学重点实验室、贵阳中医院承办的2007年中国贵州龙里苗医药可持续发展论坛在龙里县举行，省内外知名专家120余人参加。

9月21—23日　首届中国·贵州·龙里（国际）滑翔旅游节暨全国滑翔伞优秀选手赛在龙里县举行。国内13个省（市）的40名持证滑翔伞飞行员选手参加比赛。

9月27日　黔南州首届社会主义新农村运动会在福泉市黄丝镇江边寨举行。全州12个县（市）190余名农民运动员参加竞赛。

9月28日　三都水族自治县召开自治县建立50周年庆祝大会。国家民委、省政府、省直有关部门及州委、州政府等领导出席大会。浙江、福建、四川、广西、广东、安徽等省（区）客商参加庆祝活动。

9月29日上午　贵州省茶文化博览会开幕式暨“走进中国毛尖茶都”文艺演出在黔南州体育馆举行。省政府、州委、州政府领导出席博览会，中国国际茶文化研究会、世界华商基金、贵州省茶叶协会、省内外知名茶叶企业家等参加博览会。

10月1—3日　2007年中国·平塘“全民健身与奥运同行”贵州省龙舟精英赛在平塘县举行。

10月上旬　三都县水族研究所编、贵州民族出版社出版的中国第一部《水书常用字典》正式出版发行。

10月11日　都匀市与湖北省武汉市青山区在都匀市举行友好城市签约仪式，双方党政领导现场宣布中国“茶都”与“钢城”缔结友好城市。

10月12日　共青团中央授予独山县深河桥抗日文化园“全国青少年教育基地”称号。

11月6日　上午，黔南州承办的贵州省第二届旅游发展大会暨首届中国南方喀斯特文化旅游节在荔波县开幕。下午，举行招商引资签约仪式，黔南州共签订招商引资项目41个，签约总投资额83亿元。晚上，举办文艺晚会，演出大型山水情景剧《荔波荡漾》，贵州卫视直播晚会实况。

11月7日　州委、州政府在荔波机场举行通航庆典仪式。省委、民航西南管理局相关领导出席庆典仪式。省委书记、省人大常委会主任石宗源，省委副书记、省政府省长林树森发来贺电。

11 月 8—13 日 中国生物圈保护区网络第九次大会和东南亚地区生物圈保护网络第五次会议在荔波县召开。会议旨在组织东亚、南亚及中国的生物圈保护区学习和评估茂兰的经验。中国科教文全国委员会、联合国教科文组织、东南亚 12 个国家的代表，国家民委、国家环保总局、国家林业局、国家海洋局、中国科学院等部门的领导，北京大学、清华大学等高等院校和环保组织的专家、教授近 200 人参加会议。会议围绕“文化多样性促进生物多样性保护和可持续发展”主题进行交流研讨，并签署《荔波共识》。这次大会是联合国教科文组织与中国科教文全国委员会首次联合在中国举办的级别高、人数多、影响力大的一次国际性会议。

11 月 10—18 日 荔波县民族陀螺队参加第八届全国少数民族传统体育运动会，获男子团体第一名、男子单打第三名、女子单打第五名。

11 月 11 日 在北京召开的 2007 年首届中国旅游论坛会上，贵定县被评为“中国最佳休闲旅游县”。

11 月 17 日 国家质量监督检验检疫总局党组书记李传卿带领检查组到贵定县检查产品质量和安全食品专项整治工作。

11 月 26—28 日 2007 年全国山地户外运动锦标赛在荔波举行，全国 22 支代表队参加越野跑、山地车、跑骑交替、漂流、定点穿越、登山、探险技能等项目的比赛。

12 月 28 日 厦蓉高速公路贵州段控制性工程开工仪式在都匀火石坡举行，省长林树森在开工仪式上发表讲话。厦蓉高速公路贵州段全长 211 公里，总投资 171 亿元。

是年 省政府批准，罗甸县大小井景区公布为省级风景名胜区。

2008 年

1 月 4—5 日 在全国双拥模范城（县）暨双拥模范单位和个人表彰大会上，福泉市再次被民政部、解放军总政治部授予“全国双拥模范城”称号。这是该市连续六次获此荣誉。

1 月 13 日—2 月 5 日 全州范围内普降冻雨，出现历史上罕见的大面积、长时间低温雨雪凝冻天气，凝冻天气从在 1 月 13 日开始一直持续到 2 月 5 日共 24 天。凝冻造成交通受阻，大量车辆和旅客滞留州境内，电网主网架杆倒线断致使都匀电网所辖都匀、瓮安、福泉等 10 个县（市）停电，城市供水管道爆裂供水中断，灾区群众生活困难。灾害发生后，州委、州政府于 1 月 16 日成立黔南州抗凝冻灾害应急指挥部，采取“五保五抓”（保大局、保畅通、保民生、保稳定、保运转，抓好电水煤气供给、抓好交通安全畅通、抓好市场供给保障、抓好民生稳定、抓好恢复重建）措施，抗凝冻、保民生。这次低温雨雪凝冻灾害是黔南州有气象记录以来影响范围最广、持续时间最长、灾害程度最重的一次，经济损失达 71 亿元以上。

1 月　黔南州的欧德仙、韦帮粉、陈文兴等 9 名民间艺人获得高级工艺师、高级工匠师、高级戏师等高级专业技术资格证书，成为黔南州首批获得高级技术职称的民间艺人。

是月　都匀市被国家发改委、水利部确定为全国 100 个农村饮水安全工程示范县之一。

2 月 2 日　贵州省赴黔南州慰问团在贵定县城举行现场“抗灾救灾”捐赠仪式，省慈善总会向黔南州捐赠 100 万元救灾款及 100 顶帐篷、500 床棉被等救灾物资，省人大常委会机关干部向贵定县捐赠 5 万元。

是日　遵义市向黔南州捐赠 50 万元救灾物资，遵义市、黔南州有关领导出席捐赠仪式。

2 月 5 日　中共中央政治局常委、国务院总理温家宝到黔南州指导抗灾救灾工作，在龙里县实地视察灾情，慰问困难群众，鼓励灾区人民群众团结抗灾，搞好灾后重建。

2 月 6 日　经过全体抗冰复电抢险突击队的连续奋战，断电 13 天之久的都匀市民在大年除夕傍晚恢复供电供水。

2 月 11—14 日　国务院扶贫开发工作调研组到长顺县、罗甸县慰问受灾困难群众，调研新阶段扶贫开发工作。

2 月 12 日　成都军区援黔部队灾后电网修复誓师大会在都匀举行，官兵即日奔赴抢修复电第一线，在黔南各地的数百条输、配电线路上开展重建电网大会战。

2 月 22 日　成都军区司令员李世铭中将到贵定县慰问抗灾救灾官兵。

2 月 29 日　贵定县盘江镇清定桥境内发生森林火灾，镇党委书记庭裕江带领干部群众和护林员开展扑救工作，在营救被困扑救人员时，庭裕江被严重烧伤。省委、省政府授予庭裕江抗冰冻灾害一等功臣，州委、州政府授予其“抗灾救灾和重建与发展先进个人”。

3 月 1 日　国务院公布第一批国家珍贵古籍名录和第一批全国古籍重点保护单位名单，荔波县档案馆馆藏水书中的《庚甲》《泐金·纪日》《金银》列入国家珍贵古籍名录，荔波县档案馆列为全国古籍重点保护单位。

3 月 6—7 日　6 日晚，黔南州举行欢送成都军区援建部队文艺晚会，黔南人民用歌舞感谢解放军的支援。7 日，黔南州在匀城举行欢送成都军区电网修复援建部队仪式，匀城各族群众上街列队欢送人民子弟兵。

3 月 19 日　州委在都匀召开黔南州公民道德建设工程“满意在黔南”主题活动动员会，并与州直 100 多个部门（单位）签订“满意在黔南”目标管理责任书。

4 月 3 日下午　州委、州政府召开全州抗凝冻救灾总结表彰大会，授予州公安局、武警黔南州支队、州公安消防支队集体三等功，表彰全州 198 个先进集体和 206 名先进个人。

4 月 22 日　深圳市党政代表团一行到长顺县考察对口帮扶、“整村推进”及当地经济社会发展情况。深圳市万科企业股份有限公司向长顺县“希望工程”捐款 200 万元。

4 月 28 日　第二届都匀毛尖茶节开幕。开幕式上，现场拍卖“极品都匀毛尖茶”“领袖茶”两款茶叶，其中，“极品都匀毛尖茶”500 克以 5 万元价格卖出，“领袖茶”500 克以 28 万元价格卖出。

4 月 29 日　荔波县佳荣镇拉易村一组、二组发生特大火灾，烧毁房屋 65 栋 245 间，受灾村民 78 户。

4 月 30 日 全省“抗凝冻保民生”工作总结表彰会在贵阳召开，黔南州有 20 个单位和 47 人在会上受到表彰。其中，福泉市黄丝村 71 岁村民杨德珍获省委、省政府颁发一等功奖章，这是全省“抗凝冻保民生”唯一一名获得记一等功的农民。

5 月 1 日 州委在都匀召开纪念中共中央发布“五一口号”60 周年大会，举办“风雨同舟、共铸辉煌”演讲比赛，回顾多党合作的历程，展望多党合作的未来。

5 月 4 日 第十二届“中国青年五四奖章”评选揭晓并在北京颁奖，黔南州代课教师李兹喜获“中国青年五四奖章标兵”。

5 月 13—15 日 省委副书记、省政府省长林树森率省有关部门负责人到长顺、惠水、罗甸、三都、龙里等县，对黔南州的农村危房改造、水利建设、退耕还林、旅游发展、城市建设等情况进行视察调研。

5 月 15 日 11 时 一辆载有 42 人的农用货车在贵定县窑上乡与铁厂乡交界处破场河大桥坠入河中，造成 29 人死亡、3 人重伤、10 人轻伤的重大交通事故。

5 月 15—17 日 黔南州第二届社会主义新农村运动会在农业部农村建设百村试点贵定县盘江镇音寨村举办，全州 12 个县（市）代表队共 230 人参加运动会。州领导及相关部门负责人出席开幕式。

5 月 30 日 省第十一届人大常委会第二次会议审议通过《三都水族自治县水书文化保护条例》，自 2008 年 10 月 1 日起施行。

5—9 月 **5 月 12 日** 四川省汶川县发生 7.8 级地震后，州委、州政府号召全州各级党政组织、共产党员、各族干部群众要积极响应党中央、国务院的号召，开展向“四川地震灾区人民献爱心”捐赠活动。5 月 14 日，州委办、州政府办下发《关于开展向“四川地震灾区人民献爱心”捐赠活动的通知》。州委、州政府派出一支由 37 名消防官兵和 19 名州属疾病防控部门医疗卫生人员组成的救灾队伍赴灾区参加施救，同时组建两支各 30 人的医疗救护队待命。全州各族人民响应州委、州政府的号召，向灾区捐款捐物，至 9 月 6 日，全州捐款 2654.9 万元，其中物资折款 124.16 万元。9 月 6 日上午，州委、州政府在都匀人民广场举行向四川省阿坝藏族羌族自治州地震灾区捐赠救灾款物启运仪式，救灾物资有大米 300 吨、菜油 30 吨等，并派慰问团带救灾物资到阿坝州慰问。9 日上午，在马尔康与阿坝州举行捐赠款物移交仪式。

6 月 7 日 国务院公布第二批国家级非物质文化遗产名录，荔波瑶族民间舞蹈《猴鼓舞》、独山花灯戏入选。

6 月 28 日 瓮安县城发生一起严重打砸抢烧突发事件，称“6·28”事件。6 月 30 日，省委书记、省人大常委会主任石宗源到瓮安县，现场指挥瓮安县“6·28”事件处置工作。7 月 1 日 19 时 40 分，省政府新闻办公室、省公安厅、州政府在贵阳举行“6·28”事件新闻发布会。

6 月 惠水县布依族民歌《好花红》和布依族枫香染入选第二批国家级非物质文化遗产名录。

是月 在中国茶叶流通协会主办的第四届“中绿杯”全国名优绿茶评比中，314 支茶样 309 个绿茶品牌参评，都匀毛尖茶获金奖 1 个、银奖 3 个。

7 月 2 日 州委、州政府主办的中国十大名茶——“都匀毛尖”品牌推介会在北京人民大会堂举行。人民日报社、新华通讯社、中央电视台等 50 多家新闻媒体和电视网络媒体参加推介会并作报道。

是日 州委在瓮安县召开全州深化打黑除恶专项斗争动员大会。

7 月 8—11 日 黔南州举办首届少儿艺术节暨少儿才艺大赛。参赛节目和作品 721 个，参赛人数 1224 人。

7 月 11 日—8 月 11 日 全州开展“打黑除恶”严打整治专项行动，打掉 11 个涉恶团伙，抓获犯罪嫌疑人 83 人。

7 月 16—27 日 贵定县在音寨村举办 2008 年中国・贵州・贵定“金海雪山”盘江冰脆酥李节，5 万多人次参加活动，旅游综合收入 1049. 1 万元。

7 月 17—18 日 在全省残疾人游泳锦标赛上，黔南州残疾人游泳代表队获金牌 28 枚、银牌 18 枚、铜牌 21 枚。

8 月 7 日 州委、州政府在龙潭宾馆举行州庆招待会，庆祝建州 52 周年。州委、州人大常委会、州政府、州政协领导，州离退休副地级以上老领导以及各族各界代表出席招待会。

9 月 8—9 日 8 日，由台湾中华青年交流协会、中国青年大陆研究文教基金会、台湾中国青年旅行社，以及台湾教育界与公益组织等机构组成的台湾青年代表团一行 102 人到都匀，开展第三届两岸青年联欢节多彩贵州行暨第七届两岸青年中秋联欢活动。9 日，在荔波举行“相约荔波，我心荡漾——两岸青年中秋圆月夜”大型主题晚会。

9 月 10 日 以三都县乡村小学水族教师为原型，真情演绎乡村残疾教师“跪教”36 年的电影《水凤凰》在贵阳举行首映式。

9 月 20 日 由州农业资源区划办公室与贵州师范大学共同研究的州农业资源生态环境卫星遥感调查及信息系统建设项目，经省、州有关专家组成的评审小组评估与测试，认定项目完全达到研建既定目标，顺利通过验收，这是黔南州率先在全省建成的首家市（州、地）级农业资源生态环境卫星遥感调查及信息系统。

9 月 21—22 日 黔南州首届旅游产业发展大会暨中国・平塘世界地质奇观旅游节在平塘县掌布藏字石国家地质公园举行。

9 月 22—23 日 全国政协副主席李金华率全国政协常委视察团到黔南视察调研。

9 月 22 日 农业部授予惠水县“全国农产品加工创业基地”称号。

9 月 27 日 全国少数民族自治州首府城市民族经济区域经济发展研讨会在都匀举行。

9 月 29 日 《黔南州城镇居民基本医疗保险实施办法》正式执行。

10 月 26 日 在“多彩贵州歌唱大赛”总决赛中，黔南州代表队“一江鱼组合”演唱的绕家叙事歌《呢咧》等 3 首歌获原生态唱法“金黔奖”。

10 月 荔波樟江景区通过国家 AAAA 级旅游景区评定。

11 月 27 日　平塘掌布景区通过国家旅游局 AAAA 级旅游景区评定。

12 月 8 日　世界卫生组织驻华代表高岛义裕等一行到福泉市对麻疹、脊髓灰质炎强化免疫情况进行检查。

12 月 19 日　《长顺县融入贵阳城市经济圈战略发展规划》在贵阳市召开的评审会上通过评审。

12 月 26 日　总投资 6.67 亿元的国家 500 米口径球面射电望远镜在平塘县克度镇金科村大窝凼举行奠基典礼，中国科学院、省政府有关领导出席典礼。

12 月 31 日　为普查标准时点，全州开展第二次全国经济普查，时期资料为 2008 年度，普查对象为州境内从事第二产业和第三产业的全部法人单位、产业活动单位和个体经营户。普查主要内容包括单位基本属性、从业人员、财务状况、生产经营情况、生产能力、能源消耗、科技活动情况等。普查结果：2008 年末，全州有从事第二、三产业的法人单位 8437 个，与 2004 年第一次经济普查相比，增加 1008 个，增长 13.6%；产业活动单位 15280 个，增加 2991 个，增长 24.3%；个体经营户 74770 户，增加 12158 户，增长 19.4%；全州第二、三产业从业人员人数为 369255 人，与 2004 年第一次经济普查相比，增加 46826 人，增长 14.5%。

是月　罗甸县云干乡大关村被评为全国第二批文明村镇。

是年　瓮安“6·28”事件发生后，全州纪检监察机关开展集中接访和领导干部轮值坐班接访活动，共受理信访件 1120 件。

是年　罗甸县被列入国家石漠化治理县，并启动治理工程。

是年　中央精神文明建设指导委员会授予荔波县“全国文明城市”称号。

2009 年

1 月 10 日　黔桂铁路新线（贵州段）全面建成通车。北起龙里县，经贵定昌明、都匀、独山，南至麻尾镇，线路全长 188.5 公里，总投资 42.73 亿元，工程为国家一级电气化铁路干线。

1 月 18 日　2009 年中国·贵州生态旅游年首游式暨世界遗产地“荔波梅花报春节”开幕式在荔波梅园开幕。

2 月 16 日　举行都匀市委、市政府与都匀经济开发区工委、管委会托管协议签字仪式，州、市领导和相关部门，涉及的乡（镇、街道）负责人，金融机构代表等出席签字仪式。

2 月 21 日　2009 年全国山地自行车冠军赛第二站比赛在福泉市城厢镇双谷村万亩梨园开幕。

3 月 12—15 日　在“3·18”科技活动日来临之际，州人事局组织 7 名种植、养殖等行业的能手、民间艺人、科技特派员、农村拔尖乡土人才等，到平塘、独山、三都、龙里等县（市）作巡回报告，受农村群众的欢迎。

3 月 4 日　州委下发《关于在全州开展深入学习实践科学发展观活动的实施意见》，按照中共中央、省委的安排部署，组织全州开展学习实践科学发展活动。学习实践活动从 2009 年 3 月开始至 2010 年 2 月结束。全州有 5971 个基层党组织、133421 名党员分两批参加学习实践活动，每批时间半年。

4 月 16 日　黔南州广播电视局正式启动全州广电网络光缆干线建设工程，标志黔南各族人民将看上数量多和质量高的电视节目。广电网络光缆干线建设工程全长 750 公里，贯穿全州 12 个县（市），工程总投资 3000 余万元。

4 月 20 日　全国绿化委和农业部主办的全国“种草绿化宣传周”活动开幕式在龙里县谷脚镇举行，活动的主题是“让绿色覆盖中国”。

5 月 1—3 日　中国西部首届民族斗牛职业联赛在三都县举办。参赛的有云南、湖南、广西、贵州 4 个省（区）的 30 头牛王和 68 头猛牛。

5 月 16 日　民政部授予惠水县“全国农村低保规范化建设典型县”称号。

5 月 17 日　都匀毛尖茶在“2009 年中国上海国际茶叶博览会中国名茶”评选中获金奖。

5 月 19 日　第四次全州民族团结进步表彰大会在都匀召开。大会通报表彰在民族团结进步事业中做出突出贡献的先进集体 46 个、先进个人 64 名。

是日　中共中央政治局委员、中央书记处书记、中央组织部部长李源潮到瓮安县视察调研。

5 月 20 日　瓮安县“猴场会议会址”被中共中央宣传部列入第四批“全国爱国主义教育示范基地”。

5 月 31 日　州委、州政府决定，变更都匀经济开发区管理主体，由州委、州政府派出中共都匀经济开发区工作委员会和都匀经济开发区管理委员会进行管理。

6 月 9—11 日　省委书记、省人大常委会主任石宗源到都匀、瓮安、平塘等县（市）对学习实践科学发展观活动进行视察调研。

6 月 12—13 日　省委副书记、省政府省长林树森到三都、都匀、龙里等县（市），对贵广高速公路工程建设情况进行视察调研。

6 月 22 日　公安部第一督导组到瓮安县督导检查社会治安整治工作。

7 月 4 日　在第四次全国自强模范暨扶残助残先进集体和个人表彰大会上，黔南州陆永康被评为“全国自强模范”，福泉市残联被评为全国“残疾人之家”。

7 月 5 日　“2009 全国陀螺邀请赛”在荔波县举行，北京等 10 个省（市、区）的 13 支代表队 100 余名运动员参加比赛。

7 月 14 日　成都军区政委张海阳、省军区政委石晓到瓮安县猴场会议会址、红色文化新村视察调研。

7 月 28 日　2009 年中国贵州国际绿茶博览会在遵义召开，都匀毛尖茶和贵定云雾贡茶获“贵州十大名茶”称号。

8月8—11日 省委书记、省人大常委会主任石宗源到黔南州，对深入学习实践科学发展观活动、促进经济平稳较快增长和进一步加强党的建设等进行调研。

8月11日 省委副书记、省政府省长林树森和交通运输部有关领导一行，到黔南州公路建设现场考察公路建设情况。

8月17日 中国南方喀斯特世界遗产地在北京大饭店与美国老牌世界遗产地猛犸洞国家公园签订《中国南方喀斯特世界遗产地与美国猛玛洞国家公园建立友好公园关系的协议》。

8月17日 2009年全国大学生藤球锦标赛、青少年藤球锦标赛在惠水县举行。

8月26—30日 黔南州第一届“瓮福杯”运动会在州民族体育中心举行。全州各县（市）、州直各系统、州属各中学的23个代表团近3000名运动员参加运动会。

8月27日 在全省平安建设先进县表彰大会上，龙里县荣获“全省平安建设先进县”称号。

8月28日 国家体育总局水上运动中心、省体育局、省旅游局、州政府主办的中国·平塘“一天锅”杯国际单车障碍赛暨掌布国家AAAA级风景区揭牌仪式在掌布乡举行。

9月12日 上海世博会联合国馆、上海市茶叶学会、“中国世博十大名茶”招管会等单位联合主办的“中国世博十大名茶”签约仪式暨世博茶经济论坛在上海举行。都匀毛尖成为唯一代表贵州入选的地方茶品牌，获得上海世博会联合国展销入场券，在“中国世博十大名茶”中名列第二。

9月20日 “交通杯”全国书法、篆刻展览在都匀举行。展览共收到全国各省（市、区）和美国、加拿大、法国、新加坡等国书法家和书法爱好者的稿件5000余件，入展171件，评出一等奖2件、二等奖3件、三等奖6件、优秀奖10件。

9月22日 全省廉政教育示范基地建设现场会在贵定县音寨举行。会上，省纪委命名13个单位为“全省第一批廉政教育示范基地”，其中，黔南州有福泉市廉政文化教育基地、贵定县勤政廉政文化教育基地获命名。

9月24—26日 “中国著名作家三都行·水族文化大型采风活动”采风团在三都县开展采风活动。

9月27日 科技部审议决定，都匀市列为全国16个国家可持续发展实验区之一。

是日 三都县大型原生态水族歌舞史诗剧《远古走来的贵族》参加在上海举办的“中国非物质文化遗产全国巡回展——上海游园汇”暨上海市奉贤区第二届文化艺术节演出。

10月1日 兰海高速都匀至新寨（黔桂界）公路改扩建工程经过三年建设，正式竣工通车。

10月26日 在第六届北京·中国国际茶业博览会上，都匀市匀山茶叶有限公司出品的“匀山”牌都匀毛尖茶获金奖。

11月6日 黔南州第二届旅游产业发展大会在都匀召开。

11月19日晚 中国广播电视协会第九届“全国百家电视台优秀电视文艺节目展评暨颁奖活动”（简称“百家奖”）在都匀市举行。

11 月 28—29 日 中国县城节庆论坛首届年会在独山县举办。会上确定独山作为“中国县域节庆论坛”永久性会址并授予匾牌。独山花灯艺术节被评为“全国十佳县域节庆”。

12 月 28 日 国务院公布瓮安江界河风景名胜区和平塘风景名胜区为国家重点风景名胜区。

是年 独山翠泉森林公园景区、龙里龙架山森林景区、瓮安猴场会议会址景区通过国家 AAA 级旅游景区评定。

是年 农业部命名长顺县为“全国农产品加工创业基地县”。长顺麻山油核桃在全国第二届核桃大会上被评为优质产品；长顺绿壳鸡蛋获农业部本地产品资源认证；长顺苹果获“贵州名牌产品”称号。

2010 年

1 月 9—12 日 在北京召开的全国科学技术奖励大会上，都匀市获“国家可持续发展实验区”“全国科技工作进步市”称号。

1 月 18—19 日 中共中央办公厅、国务院办公厅联合督察组到长顺县，对民生工作、农村危房改造工作、农村低保资金发放工作及贯彻落实中共中央办公厅、国务院办公厅有关文件精神情况进行督查。

1 月 26 日 在北京召开的第七批国家级风景名胜区新闻发布会上公布，国务院批准江界河风景名胜区为国家级风景名胜区。

2 月 1 日 都匀毛尖茶综合标准体系通过专家审定，由省、州质量技术监督局正式发布实施。

2 月 2 日 福泉市被工业和信息化部批准为第一批“国家新型工业化产业示范基地”。

2 月 商务部明确都匀市列入全国流通领域现代物流示范城市项目，成为商务部公布的 44 个全国流通领域现代物流示范城市，并且是唯一的县级示范市。

3 月 2 日 “神秘水族·魅力三都”中国水族文化旅游节启动仪式暨水族九阡酒获上海世博会国际信息发展网馆唯一指令黄酒新闻发布会在上海市上海大剧院举行。著名华人艺术家、奥斯卡金像奖获得者谭盾担任“中国水族文化保护与传承全球宣传推广大使”，美籍华人歌唱家、联合国绿色歌唱使者尤雁子出任中国水族文化旅游形象大使。

3 月上旬 自 2 月上旬起，全州各地出现较为严重的干旱天气，部分河流和山塘干涸，水利工程蓄水量大幅减少，农作物受灾，一些乡村、城镇居民和牲畜饮水困难，工农业生产和人民群众生活遭受重大影响和损失。

3 月 17 日 省委副书记、省政府省长林树森率省政府办公厅、省农委、省民政厅、省水利厅等有关部门负责人到长顺县、惠水县检查抗旱救灾工作。

3 月 22 日 第四届“都匀毛尖茶节暨中国世博十大名茶走进都匀”在都匀市文峰园举行。

3月23日 黔南州2010年“抗旱魔，献爱心，保民生”抗旱救灾捐赠晚会在都匀市会展中心举行。捐赠晚会上，共有63个机关单位、48个非公有制企业和现场干部群众向灾区捐款384.85万元，瓮福集团捐100万元。

3月 省委、省政府批准瓮安县冷少农烈士故居为“贵州省爱国主义教育基地”。

4月中旬 中共中央统战部向黔南州捐赠抗旱救灾款80万元。

4月16日 国土资源部支援贵州应急抗旱找水打井出水仪式在贵定县报管乡小普村举行。黑龙江地勘局904勘察院打井队在贵定县报管乡小普村大院组打出国土资源部支援贵州抗旱找水第一口深井，井深123米，每日出水量1000立方米。

4月23日 人民日报社、新华社等中央主流媒体组成采访团到瓮安县，对青少年帮教工作以及经济社会发展情况进行采访。

4月26日 在上海举办的“欢聚世博——国际旅游品牌发展论坛”会上，经主办方国际休闲产业协会、人民网及专家团评审通过，授予黔南州“国际著名原生态旅游休闲胜地”称号。

4月28日 黔南州举行妇女小额贷款首发仪式，58名妇女从省妇女联合会领导手中接过近500万元的贷款，成为全州首批享受这一优惠政策的妇女。

5月26—27日 国家民委主任杨晶到黔南州，对民族自治地方经济社会发展和民族工作进行调研。

5月27日 都匀市被农业部确定为全国100个农作物病虫害专业化统防统治示范县（市）之一和全国100个“农作物（水稻）病虫害绿色防控技术示范区”之一。

6月5—8日 国家发改委、财政部、水利部、国土资源部、农业部、国家林业局、中国气象局、国家开发银行等单位组成调研组，到黔南州对水利建设、生态建设、石漠化治理综合规划编制工作进行调研，实地考察全州饮水水源、生态环境、林业建设情况。

6月6—7日 国家发改委、国土资源部、财政部、环保部、水利部、农业部等部委领导到长顺县，对生态建设石漠化综合治理工作进行调研，实地考察了石漠化治理工程点。

6月9日 瓮安县举办冷少农烈士诞辰110周年纪念活动，并为贵州省爱国主义教育基地——冷少农烈士故居揭牌。

是日 惠水县政府与贵州永红食品有限公司举行新闻发布会，“牛头牌”商标获中国驰名商标认定，这是贵州省食品行业第二个中国驰名商标。

6月16日 首届中国农民艺术节在北京举行，龙里县巴江乡平坡村苗族农民画协会的7幅作品入选艺术节中的“全国首届农民画展”。入选作品中，苗族妇女兰廷英的《牛王争霸赛》和兰群的《斗牛节》获得画展优秀奖。

8月13—16日 上海市徐汇区党政代表团一行到黔南州考察，缔结徐汇区、黔南州友好合作关系。

8月14日 全国政协副主席李金华到平塘县视察调研。

8月20日 经省第十一届人大常委会第十六次会议批准，州第十二届人大常委会公布《黔南布依族苗族自治州畜禽防疫条例》，自2010年10月1日起施行。

8月　在杭州举办的“第八届国际名茶评比”中，都匀毛尖茶获金奖。

9月2日　全国人大常委会副委员长、中国红十字会会长华建敏到长顺县，对红十字会工作进行调研，并给予种获乡绿色家园产业示范基地项目发展帮扶资金100万元。

9月20日　黔南州纪念1980年9月25日中共中央《关于控制我国人口增长问题致全体共产党员、共青团员的公开信》发表30周年大会在都匀召开，州领导出席大会。

9月26日　省委书记、省人大常委会主任栗战书到惠水县视察调研，实地考察大龙乡“185”助民增收示范工程——雅羊生姜种植基地。

9月27日　在都匀市举办中国·贵州首届现代物流高峰论坛暨商贸物流博览会。会上，参加商品展的企业200多家，签署投资合作框架协议920亿元，实现销售收入7512万元。

10月18—20日　中央扩大内需促进经济增长政策落实暨治理工程建设领域突出问题第十五检查组到黔南州检查工作。检查组经实地检查都匀市、荔波县项目建设情况和查阅相关资料，对黔南州的工作予以肯定。

10月23日　中国文学艺术界联合会、中国曲艺家协会主办的第六届中国曲艺牡丹奖颁奖仪式在南京举行，都匀市歌舞剧团创排的水族旭早（说唱）《水寨除魔》，获“中国曲艺牡丹奖节目奖”，实现贵州省在此奖项上零的突破。

10月27—28日　黔南州第三届旅游发展大会暨中国水族文化旅游节在三都县举行。27日，举行中国水族原生态村落·世界之谜三都姑鲁产蛋崖国家AAA级旅游景区开园仪式。同时，在招商引资推介会暨项目签约仪式上，签约项目23个，总投资额43.96亿元。

11月4日　省政协主席王正福到黔南州，对工业发展情况进行视察调研。

11月22日　中央社会治安综合治理委员会督导检查组到瓮安县，对青少年帮教工作进行检查指导。检查组通过与帮教对象、家长代表、社区干部、教师代表座谈，对瓮安县违法青少年帮教工作进行全面督导检查。

11月26日　全州农村数字电影放映业务技术培训会暨数字电影设备发放仪式在都匀举行，向各县（市）发放数字电影设备89套，标志黔南州农村电影放映由胶片向数字转型。

11月　全州开展第六次全国人口普查。在普查登记标准时点，全州常住人口为3231161人，与第五次人口普查的3569847人相比，十年共减少338686人，减少9.49%，年平均递减0.99%。

12月2日　州委下发《关于在全州领导干部中开展“四帮四促”活动进一步做好新形势下群众工作的实施方案》，按照省委的安排部署，在全州各级领导干部中开展“四帮四促”（帮助学习领会精神，促进思想统一；帮助理清发展思路，促进科学发展；帮助解决实际问题，促进增比进位；帮助化解矛盾纠纷，促进和谐稳定）活动。2011年5月6日，州委办印发《关于深入推进“四帮四促”活动促进作风大转变的通知》，选派50个州直重点单位科级干部深入基层，深入群众，查实情、办实事、求实效。8月30日，州委办下发《关于深化“四帮四促”活动实行州直部门（单位）挂帮联系乡（镇）办事处的通知》，实行州直部门挂钩帮扶联系乡（镇、街道）开展工作，挂钩帮扶联系一定三年。

是日 黔南州"妇女之家"挂牌启动仪式在福泉市举行。州政协、州妇联和福泉市有关领导为福泉市60个村（居）、16个社区"妇女之家"授牌，拉开全州"妇女之家"创建工作序幕。全州有1644个村、129个社区挂牌成立"妇女之家"。

12月23—25日 省委副书记、省政府省长赵克志到长顺县、惠水县视察调研，提出"工业化致富农民，城镇化带动农村，产业化提升农业"的要求。

12月29日 黔南州第一条地方高速公路瓮安—马场坪高速公路分别在瓮安县平定营镇和福泉市马场坪镇举行开工仪式。

12月 按照省委、省政府统一安排部署，州委、州政府安排部署全州开展作风建设年、环境建设年、项目建设年活动（以下简称"三个建设年"活动）。州委、州政府成立州作风建设年领导小组、州环境建设年领导小组、州项目建设年领导小组，三个领导小组办公室分别设在州委组织部、州纪委（州监察局）、州发展和改革委员会。各领导小组办公室分别下发《黔南州开展作风建设年实施方案》《黔南州开展环境建设年实施方案》《黔南州开展项目建设年实施方案》。组织全州开展活动。"三个建设年"活动至2012年1月结束。

是年 全州遭受历史罕见特大旱灾。旱灾从2009年7月中旬到2010年5月中旬，持续秋、冬、春三季连旱，时间长达10个月。全州河流断流212条，干涸山塘1423个、水窖93149个、水库45座。饮水困难人口达70%的有43个乡（镇）、达80%的有50个乡（镇）、达90%的有21个乡（镇）。重灾区长顺、罗甸、龙里、独山、平塘、瓮安、贵定、福泉等8个县（市）182.59万人和103.55万头牲畜饮水困难，死亡牲畜3.62万只（头）。

是年 独山翠泉森林公园景区、龙里龙架山森林景区、瓮安猴场会议会址景区通过国家AAA级旅游景区评定。

2011年

1月6日 纪念邓恩铭诞辰110周年学术研讨会在荔波县举行。贵州省、山东省、青岛市、黔南州中共党史研究室及贵州省内外中共党史专家、论文作者参加研讨会。

1月7—10日 首届"贵州·黔南'185'农业产业化招商暨优质农产品博览会"在都匀市人民广场举行。全州12个县（市）分别组团参加博览会，共有150多个展位。参加这次博览会的还有省内和上海等地的近百家企业。

1月31日 州政府发布实施《都匀毛尖茶地理标志产品保护管理办法》。

1月 黔南州被卫生部、中国红十字总会、中国人民解放军总后勤部表彰为"全国无偿献血先进城市"，这是黔南州首次获此荣誉。

2月2日 州第十二届人大第六次会议通过，废止《黔南布依族苗族自治州执行〈中华人民共和国婚姻法〉的变通规》。后于3月30日省第十一届人大常委会第二十一次会议批准废止。

2月11日　中共中央政治局常委、国务院副总理李克强到荔波县董蒙村慰问困难群众，并与当地干部群众共谋民族地区经济发展大计。

3月31日　厦蓉高速公路贵州段（途经都匀市）建成通车。

4月4—5日　省委副书记、省政府省长赵克志到瓮安县，对经济社会发展情况进行视察调研。

5月9日　中共中央政治局常委、中央书记处书记、中华人民共和国副主席、中央军事委员会副主席习近平到贵定县甘溪国防战备林视察，对甘溪林场优越的自然资源及贵州省的生态建设作出“要保护好、利用好甘溪林场森林资源，要在更高境界上做到绿水青山就是金山银山。”的重要指示。

5月19日　黔南州旅游发展和改革领导小组发起“探徐霞客寻帝之路，圆旅游达人之梦”旅游宣传活动。来自全国各地的200多名志愿者和新闻记者从世界自然遗产保护地——黔桂交界地荔波小七孔出发，采取徒步、自驾游车队、团队、自由散客等方式，经独山、平塘、都匀、福泉、长顺白云寺等地，探访徐霞客在黔南寻找皇帝的足迹。

5月29—31日　省委副书记、省政府省长赵克志率省政府调研组到罗甸、平塘、独山、三都等县视察调研。

5月　都匀市被中国科学技术协会命名为“全国科普示范市”。

6月28日　州政府办公室发出对黔南州州庆纪念日、布依族和苗族传统节日放假的调整和安排：将每年州庆纪念日放假天数由原来的1天调整为2天；每年的布依族传统节日农历“六月六”放假1天；每年的苗族传统节日农历“四月八”放假1天。

6月30日　省委书记、省人大常委会主任栗战书率领省直有关部门到三都县视察山野水晶葡萄种植发展情况。

6—9月　从6月下旬开始到9月底，全州遭受特大旱灾，瓮安、荔波、福泉、贵定、都匀、独山、三都、龙里8个县（市）受特旱，平塘、惠水、罗甸、长顺4个县受重旱。受灾乡（镇、街道）240个、村（社区）1747个，受灾面100%。全州346万农业人口中受灾260万人，占全州农业人口的75.14%。灾害造成需救助人口61.13万人，占农业人口的17.66%。

7月2日　上午9时30分，经批准在建的平塘县克度镇牛棚煤矿发生透水事故，23名矿工被困井下。至7月16日16时抢险救援工作结束，仅发现2名被困人员遗体。

7月16—19日　香港、广东企业家考察团40余人分别到都匀市、荔波县、独山县进行投资考察，并与三个县（市）分别签订战略合作框架协议。

7月30日　全国青少年毽球锦标赛在惠水县闭幕。惠水代表队获1个项目第一名、3个项目第二名。

8月2—3日　省政协主席王正福带领省政协常委视察团到黔南州，围绕“两高”（高速公路、高速铁路）规划产业发展与沿线的经济发展情况进行视察调研。

8月2—4日　国家扶贫办主任范小建到三都、长顺县视察调研。

8月4日 国家质监总局发布公告，核准黔南州10家都匀毛尖茶企业使用地理标志产品保护专用标志。

8月6—7日 民革黔南州第三次代表大会在都匀召开，出席会议代表60人。会议选举产生第三届委员会委员14名。第三届第一次全体委员会议选举副主任委员3名、主任委员1名。

8月8—10日 全国人大常委会副委员长、民建中央主席陈昌智率全国人大常委会调研组到黔南州，对促进民族地区经济社会发展进行视察调研。

8月12日 九三学社黔南州第三次代表大会在都匀召开，选举九三学社黔南州第三届委员会委员15名。第三届第一次全体委员会议选举副主任委员3名、主任委员1名。

8月13—14日 民建黔南州第三次代表大会在都匀召开，出席大会代表83名。会议选举产生民建黔南州第三届委员13名。第三届第一次全体委员会议选举副主任委员3名、主任委员1名。

8月26日 经省第十一届人大常委会第二十三次会议批准，州人大常委会颁布《黔南布依族苗族自治州旅游发展条例》，自2011年10月1日起施行。

8月 民进黔南州第三次会员代表大会在都匀召开，选举产生民进黔南州第三届委员会委员15名。第三届第一次全体委员会议选举副主任委员3名、主任委员1名。

8月31日—9月1日 省委书记、省人大常委会主任栗战书到罗甸、独山、平塘、都匀、贵定等县（市）对抗旱救灾工作进行调研。栗战书在调研中强调，要一手抓抗旱一手抓发展，确保完成2011年各项目标任务。

9月3日 第九届全国少数民族传统体育运动会火炬在都匀市传递，来自黔南州各行业的30名火炬手通过手手相传方式，途经风雨桥、迎宾路、百子桥、斜桥、文峰大厦，到达文峰园主会场，行程1.6公里。

9月18—19日 国家联合调研组一行到黔南州，对基础设施、文化旅游、特色产业、城市建设、教育卫生等工作进行调研。

9月20日晚 在北京举行的第三届全国道德模范评选表彰“德耀中华”颁奖典礼上，2010年10月在台湾泥石流灾害中见义勇为救出15名遇险游客的贵州省经济学校学生李庆丰（贵定籍）参加颁奖典礼并获提名奖。

9月22—28日 第二届“匀酒杯”黔南州运动会在州体育馆举行。全州12个县（市）、州直各系统、州属各中学共组成22个代表团、2100多名运动员和教练员参加运动会。

10月5日 省委书记、省人大常委会主任栗战书到黔南州，对产业园区建设和经济社会发展情况进行视察调研，实地考察都匀经济开发区，了解产业园区建设和黔南州经济社会发展情况。

10月12日 由州政府主办，州委宣传部、州工信委承办的2011“匀酒杯”多彩贵州旅游商品黔南赛区选拔赛开幕。全州12个县（市）的103名能工巧匠、79件（套）设计作品和14家企业200余种商品参赛，评选出设计作品20件、能工巧匠30名参加全省总决赛。

10 月 14 日　水利部批准罗甸县高原千岛湖水利风景区为第十一批国家级水利风景区。

10 月 28 日　深圳市政府考察团到贵定县都六乡考察深圳对口帮扶项目建设情况，并向黔南州捐赠抗旱救灾资金 100 万元。

11 月 1 日　上午 11 时 30 分左右，福泉市永远发展有限公司从湖南运输两车炸药（共 72 吨）前往贵阳，路经兰海高速福泉市马场坪闸道口修理厂时突然发生爆炸，造成 9 人死亡、217 人受伤（重伤 8 人）的特大事故。

11 月 3—5 日　“中核杯”贵州省第十一届杜鹃曲艺节在都匀市会展中心举行。黔南州代表队的参赛节目布依族说唱《唱清风》和黔西南州代表队的《龙城荷都“卜嘿档”》分别获一等奖。著名相声表演艺术家姜昆、戴志诚出席赛事颁奖晚会，为获奖者颁奖，并表演相声节目。

11 月 12 日　第四届黔南州旅游产业发展大会暨中国·贵定乡村旅游文化节在贵定音寨“金海雪山”景区举行。

11 月 17 日　上海新沪商联合会企业家考察团在贵阳世纪金源大酒店举行捐赠仪式，上海新沪商联合会副会长、上海快鹿投资（集团）有限公司董事局主席施建祥向长顺县快鹿希望小学捐款 500 万元。省政府有关领导出席捐赠仪式。

11 月　经国务院学位委员会批准，黔南民族师范学院成为教育硕士专业学位研究生试点工作单位，是贵州省和西部地区唯一获得“服务国家特殊需求人才培养项目”教育硕士专业学位试点工作的高校。

12 月 1 日　中共中央纪律检查委员会专项督导检查组到黔南州，对《中国共产党党员领导干部廉洁从政若干准则》贯彻执行情况进行督导检查。

12 月 23 日　黔南州首届环境保护人物评选揭晓，他们是：宋东芳、段仕东、莫春祥、张琦慧、董忠远、徐德昌、文勇、冉景承、邓孔安、江竹山。是日晚，在都匀市会展中心举行黔南州首届环境保护人物评选活动颁奖晚会，省环境保护厅有关领导、州领导及相关单位负责人出席晚会并为获奖人员颁奖。

12 月 28—31 日　中共黔南州第十次代表大会在都匀召开。出席会议代表 340 名，列席代表 165 名，特邀代表 12 名。大会听取和审议第九届委员会工作报告、州纪委的工作报告，并通过以上两个报告的决议；选举出席中共贵州省第十一次代表大会代表。会议选举产生中共黔南州第十届委员会委员 51 名，候补委员 9 名；选举产生中共黔南州第十届纪律检查委员会委员 30 名。州委第十届第一次全体委员会议举产生常务委员、副书记、书记；州纪委第十届第一次全体委员会议选举产生常务委员、副书记、书记。

12 月　省委副书记、省政府省长赵克志到长顺县对扶贫工作进行视察调研。

是年　荔波瑶山古寨通过国家 AAA 景区评定。

是年　长顺县被国家林业局评为“森林保护和病虫防治先进单位”。

2012 年

1 月 12 日 贵阳—瓮安高速公路建设列入国务院《关于进一步促进贵州经济社会又好又快发展的若干意见》。

2 月 9—14 日 政协黔南州第十一届委员会第一次会议在都匀召开。出席会议委员 307 名，列席 85 名。会议听取和审议政协黔南州第十届常务委员会工作报告和提案工作情况报告，并通过关于这两个报告的决议。民革黔南州委、民建黔南州委、民进黔南州委、州工商联、都匀市政协及 4 名州政协委员作第十一届第一次大会发言。与会人员列席州第十三届人民代表大会第一次会议。会议选举产生政协黔南州第十一届委员会常务委员 52 名，选举主席 1 名、副主席 10 名、秘书长 1 名。

2 月 11—15 日 黔南州第十三届人民代表大会第一次会议在都匀召开。出席会议代表 377 名，其中，少数民族代表 240 名，妇女代表 97 名。会议听取和审议政府工作报告，审查黔南州 2011 年国民经济和社会发展计划执行情况与 2012 年计划草案的报告、黔南州 2011 年全州和州本级预算执行情况及 2012 年全州和州本级预算草案的报告，听取和审议州第十二届人大常委会工作报告、州中级人民法院工作报告、州人民检察院工作报告。会议同意批准这 6 个报告并作出相关决议。会议选举产生州第十三届人大常委会主任 1 名、副主任 7 名、委员 27 名、秘书长 1 名；选举产生州政府州长 1 名、副州长 7 名；选举产生州法院院长、州检察院检察长各 1 名。

3 月 15—19 日 中央电视台“新闻联播”栏目连续 5 天播出长顺县敦操乡“背篼干部”系列报道。16 日起，中央电视台又在“朝闻天下”走基层栏目连续播出《麻山深处的背篼干部》专题片。

3 月 21 日 国家体育总局社体中心授予惠水县“全国毽球运动示范县”称号，是全国唯一的县级“毽球运动示范县”。

4 月 1 日 中共中央政治局委员、中央书记处书记、中央组织部部长李源潮对长顺县“背篼干部”批示：“背篼干部”当邮差、装民生、背民心，他们的事迹和精神很感人，应大力宣传和提倡。

4 月 12 日 科技部、中国科学院、国家天文台有关领导、专家组成考察组，到平塘县克度镇大窝凼对国家重大科技项目 500 米口径球面射电望远镜（FAST）工程推进情况进行考察。500 米口径球面射电望远镜项目是国家科教领导小组审议确定的国家九大科技基础设施之一，工程建成后将使平塘成为世界级的天文观测中心，将会带动地方经济发展。

4 月 13 日上午 9 时 中央电视台、中共黔南州委宣传部主办的《走遍中国走进黔南》大型系列片开机仪式在都匀市人民广场举行。栏目组首次走进黔南，向海内外观众全面展示黔南州。

4 月 28 日 中共中央统战部部长杜青林到黔南州视察调研，并到贵定、福泉、都匀、独山、荔波等县（市）进行实地考察。

4月30日晚上　国家体育总局批准，省体育总会、州体育局主办的贵州省第十九届体育舞蹈锦标赛暨周边省、市体育舞蹈邀请赛在都匀举行。

4月　州境内先后遭受4次风雹灾害，全州受灾11个县（市）72个乡（镇）219个村1806个组54098户356456人，因灾受伤26人。灾害造成直接经济损失2769.81万元，部分群众生产生活困难。灾情发生后，民政部、财政部拨专款1420万元资助黔南州受灾群众恢复生产，重建家园。

5月8日　美国阿雷西博天文台副台长黄一阿瑞塔（juan · F · Arratia）到平塘考察国家500米口径球面射电望远镜工程建设。

5月10日　“全省中小学生每天一小时校园体育活动”经验交流会暨“首届全省中小学生体育艺术节”启动仪式在都匀举行。

5月18日　全国公安系统英雄模范立功集体表彰大会在北京人民大会堂举行。黔南州公安系统共有2个集体、3名个人受到表彰。

是日　第八届中国（深圳）国际文化产业博览会在深圳开幕，黔南州有三都马尾绣、平塘县牙舟陶等非物质文化遗产以及罗甸玉等文化产品在博览会上展示。瓮安县的26集电视连续剧《春晖》、罗甸县的玉石开发、福泉市的古城文化园等11个文化产业项目成功签约，签约资金总计67.42亿元。

5月30日　省委副书记、省政府省长赵克志率领省政府调研组到三都、长顺等县视察调研。

5月　贵州省首个“文艺百花园基地”在长顺县杜鹃湖挂牌成立。

6月11日　美国、德国、加拿大、意大利、瑞典、波兰、英国、俄罗斯、日本等十多个国家在凯里参加第十七届国际寒武系内部再划分野外工作会议暨凯里生物群发现30周年国际会议的代表和考古专家，到瓮安县古生物群化石保护区实地考察“贵州小春虫”古生物群化石。

6月13日　黔南州第一座六要素无人值守自动气象站在都匀市阳河乡翁谷水库旁建成。

6月19日上午　在巴西里约热内卢召开的联合国可持续发展大会（里约+20）专题会议——全球电动绿色出行论坛暨可持续人居环境会议上，被誉为“人居环境奥斯卡”的“全球绿色城市”评选揭晓，都匀市获“全球绿色城市”称号，成为贵州首个获此称号的城市。

7月16日　经省政府批准，惠水长田工业园区列为省级经济开发区，名称为“贵州惠水经济开发区”，执行省级经济开发区政策。

7月17日　州境内福泉、都匀、惠水、平塘、贵定、三都、龙里、荔波8个县（市）连降暴雨，63个乡（镇）218个村1091个组63555户27.47万人受灾，受淹城区1个、乡镇1个，因灾倒塌房屋219户720间，农作物受灾面积12.37万亩，造成直接经济损失2.2亿元。

7月18—19日 国家粮食局调研组到黔南州粮油储备库、黔南州粮油质量检测中心、龙里县粮食储备库调研粮食生产、粮食储备、粮库建设、粮油质检中心建设、粮食产业化发展、"放心粮油"工程建设等情况。

7月30—31日 国家发改委、环境保护部、水利部、国家林业局领导和专家组成调研组到三都、荔波县，对生态补偿示范建设进行调研。

7—8月 按照省委关于在全省开展"解放思想、推动跨越"解放思想大讨论活动的安排部署，州委组织全州党员干部群众开展"三实三创、推动跨越"解放思想大讨论活动。

8月19日 由黔南州图书馆承担研究开发的黔南州地方民族文献数字化管理系统建成，该系统主要以动漫形式展现地方古籍文献。该项目填补了贵州省地级行政区域内少数民族文献数字化管理系统的空白。

9月11日23：30分 福泉市龙昌镇谷坝煤矿发生透水事故，造成7人死亡、1人失踪，直接经济损失约1555万元。

9月18日 国家民委检查组到平塘县卡蒲毛南族乡、掌布乡考察人口较少民族扶持项目和民族村寨开发建设情况。

9月27日—10月3日 平塘县举办"2012中国·平塘'和谐天地人'旅游文化周"活动。活动期间，举办中国天文地质旅游高峰论坛、中央电视台"乡村大世界"栏目走进平塘、"玉水不夜天"山水实景演出、中秋音乐会以及招商引资签约、商品展销等活动。

11月1日 由省商务厅、州政府主办，都匀市政府、省烹饪协会承办，州商粮局、州烹饪饭店行业协会协办的中国·黔南州2012年民族餐饮烹饪大赛暨民族食品展销会在都匀开幕。

是日 在全国水利风景区管理与建设工作会议上，惠水县涟江水利风景区被批准为国家水利风景区，成为全国第510个国家级水利风景区。

11月13日下午 全州科技创新大会在都匀召开。会议表彰获得2012年度黔南州最高科学技术奖和黔南州企业科技创新奖的单位和个人。会上，州政府与省科技厅、贵州大学签订科技合作协议。

12月1—2日 在北京召开的中国民族古文字研究会第九次学术研讨会暨会员代表大会上，黔南选送的水族和布依族古文字首次进入国家文化工程"中华字库"进行研究、保护和开发利用。

12月10日 罗甸县黎子坳至凤亭、至班仁通乡油路建设项目竣工通车，标志黔南州向省委、省政府和社会各界公开承诺到2012年底实现100%的乡（镇）通油路、100%的建制村通公路的"双百"目标全部完成建设任务。

12月27日 州委印发《关于以县为单位开展同步小康创建活动的意见》，以县（市）为单位，以发展县域经济为突破，开展全州同步小康创建活动，确保2020年全州各县（市）与全省全国同步全面建成小康社会。

12月 按照省委的安排部署，州委组织全州开展"十破十立"（破除信心不足的思想，树立敢于争先的意识；破除墨守成规的思想，树立开拓创新的意识；破除自我满足的思想，树立追求卓越的意识；破除封闭保守的思想，树立包容合作的意识；破除消极等待的思想，树立狠抓机遇的意识；破除怕担责任的思想，树立敢于担当的意识；破除坐而论道的思想，树立干字当头的意识；破除忽视产业的思想，树立工业主导的意识；破除不跑不要的思想，树立主动争取的意识）解放思想大讨论活动。12 月 26 日，州委办公室印发《关于深入开展“十破十立”解放思想大讨论活动的实施方案》。12 月 28 日，州委召开全州“十破十立”解放思想大讨论活动动员大会。大讨论活动分学习动员、对照检查、调查研究、成果转化四个阶段进行。至 2013 年 5 月，活动覆盖全州各乡（镇、街道）。

12 月 长顺县敦操乡“背篼干部”获省委宣传部、省文明办、黔中早报社授予“2012 年度感动中国之感动贵州十大人物”称号。

是年 罗甸县申报的“罗甸艾纳香”国家地理标志产品获国家质量监督检验检疫总局批准，成为国家地理标志保护产品。

是年 在罗甸县发现玉石，矿源分布在红水河、罗暮、罗妥、罗苏、罗悃、沟亭等乡（镇）。

是年 都匀市被国家发改委、水利部确定为“全国农村饮水安全工程示范县”。

2013 年

1 月 11 日 省农业委员会和黔南州主办的黔南州第二届“185 农业产业化”招商暨优质农产品博览会在都匀特产城举办，州委、州人大常委会、州政府主要领导出席开幕式。

1 月 23 日晚 “黔南骄傲”十大年度人物评选活动颁奖典礼在都匀举行。长顺县敦操乡干部获“黔南骄傲”评选活动特别奖，其余“黔南骄傲”人物分别是：坚守大山执教 20 年的夫妻教师黎永清、唐乔英；乐于助人不求回报的贡天玺；爱岗敬业的独脚警察许胜武；教书育人 20 多年的“园丁”赖兆铭；让原生态文化从小山村走向大舞台的杨再清；离家千里情注苗寨的大学生村干部胡一茂；爱心接力温暖万家的张雁泉；与布依族群众亲如一家的乡村医生岑敏；免费撑船护送学生过河的池老春；为群众排忧解难的好警官陈振明。这次活动还授予“黔南骄傲”年度人物提名奖 18 人。

2 月 省文物考古所专家组到惠水县大龙乡小龙坑遗址和摆金清水苑大洞遗址进行为期 9 天的考察试掘。通过对洞穴内地层剖面测定，初步推测两处洞穴均为旧石器时代古人类活动遗址，距今已有万余年历史。试掘中发掘出一批燧石、动物遗骨、砍砸器等物件，明确了遗址年代、古人类活动证据和发掘价值，为惠水史前文化提供重要物证。

3 月中旬 公安部禁毒局“扫毒害、保平安”专项行动督导组到黔南州督导“扫毒害、保平安”专项行动。

3 月 21 日 都匀市与瑞典埃斯基尔斯蒂纳结为友好城市。

3 月 黔南州布依族古籍《做桥》（清朝本）一卷和水书《子午卯酉寅申》（又名《谱牒万年历》，清朝抄本）一卷入选文化部主办、国家图书馆（国家古籍保护中心）承办的第四届“国家珍贵古籍特展”。

4 月 5 日　22 时 10 分，瓮安县岚关乡运达煤矿发生透水事故，造成 6 名矿工遇难。

4 月 14 日　河池市党政代表团一行到黔南州考察。考察期间，两地政府签署《贵州黔南州人民政府、广西河池市人民政府“经济社会发展合作框架协议”》，并制定两地经济社会发展合作联席会议制度和部门合作交流机制。

4 月 21—23 日　全省项目建设现场观摩会走进黔南，省委书记、省人大常委会主任赵克志，省委副书记、省长陈敏尔等领导，各市（州）及省直各部门领导和部分县（市、区）领导先后观摩都匀市、贵定县、龙里县项目建设现场和投产达产企业。

4 月 30—31 日　全省第二十届体育舞蹈锦标赛暨全国部分城市体育舞蹈邀请赛在都匀举办。

4 月下旬　由省委宣传部、省委对外宣传办公室举办的 2013 年“多彩贵州踏春行”大型采访活动走进黔南，人民日报社等 11 家中央和省内外媒体记者到平塘、福泉、瓮安等县（市）采访，宣传黔南州经济社会发展、旅游景点、民族文化和民族风情。

4 月下旬　黔南州水族马尾绣传承人宋水仙、韦桃花和枫香印染技艺传承人杨光成被文化部列为第四批国家级非物质文化遗产项目代表性传承人。

5 月 14 日　州委下发《关于深入推进解放思想加快跨越发展的意见》，推进解放思想大讨论活动，县（市）和州直部门（单位）围绕“畏首畏尾、松懈拖沓、小进即满、本位主义、坐而论道”等重点需要解决的问题，开展解放思想大讨论活动。全州解放思想大讨论活动至 2013 年 7 月底结束。

5 月 20 日　在北京召开的“成绩与挑战：让好计划运行得更好”农村义务教育学生营养改善计划评估结果发布会上，惠水县营养改善计划工作获中国发展研究基金会授予“农村学生营养改善先进县”称号。

5 月 23—24 日　第十五届中国科学技术协会年会“民族医药产业论坛”“500 米口径球面射电望远镜与地方发展论坛”暨人才技术项目签约仪式在黔南州举行。中国工程院院士、中国中医科学院首席研究员李连达，中国工程院院士、解放军 301 医院生命科学院院长付小兵，中国工程院院士、西安电子科技大学教授段宝岩，中国科学院院士、中国科学院紫金山天文台研究员陆埮等成为“黔南州经济社会发展顾问”。23 日，举行“平塘星”命名仪式，编号为 92209 的小行星正式命名为“平塘星”。

5 月　国务院印发《关于核定并公布第七批全国重点文物保护单位的通知》，惠水县摆金镇的仙人桥洞葬列为全国第七批重点文物保护单位。

6 月 7 日　全省 100 个现代高效农业示范园区建设现场观摩会在长顺、惠水等地举办，现场观摩黔南州农业产业园区建设在基地规模、科技引领、特色彰显等方面的做法。省政府有关领导及省直有关部门，各市（州）相关部门，全省 88 个县（市、区）政府主要领导参加观摩会。

6 月 7—9 日　全国人大常委会副委员长向巴平措到三都、荔波两县，对《中华人民共和国民族区域自治法》贯彻实施情况进行视察调研。

6月9日 省委书记、省人大常委会主任赵克志到福泉市视察调研。调研中，赵克志强调，要大力开展信访维稳“百日攻坚战”，统筹解决各种矛盾纠纷，坚定不移支持国家和省重点项目建设，切实做到既维护群众合法权益，又保障重大工程建设秩序。

6月20日 “黔南磷煤化工高新技术产业化基地”项目申报国家级高新技术产业化基地通过科技部专家组论证。

7月2—3日 中央电视台、中共黔南州委宣传部联合拍摄的《远方的家——百山百川黔南行》系列专题片，每晚17时15分在中央电视台中文国际频道（CCTV4）播出。该专题片共两集，即第52集《行走苗岭》、第53集《探秘水族》。

7月7日 深圳市帮扶考察团到黔南考察。考察团与黔南州领导干部在都匀举行座谈和黔南招商推介会，洽谈合作，共谋发展。

7月16日 国家统计局局长、全国第三次经济普查领导小组副组长马建堂一行到龙里县，对第三次经济普查工作情况进行调研。

7月18日 省委宣传部、省委群众路线办公室、省精神文明办公室联合主办的主题为“凝聚正能量共筑中国梦”的贵州省第三届道德模范先进事迹报告会走进都匀，以文艺表演的形式向现场观众讲述道德模范的先进事迹。

8月2—5日 国家体育总局航空无线电模型运动管理中心、中国定向运动协会、省体育局主办，省无线电定向运动协会、州体育局、惠水县政府承办的第20届全国定向锦标赛暨“寻找美丽中华”活动在惠水举行。这是贵州省首次举办的全国性户外定向类锦标赛。大赛历时4天。

8月14日 省委副书记、省政府省长陈敏尔到三都县对民族工作进行视察调研。

9月24日 第五届黔南州旅游产业发展大会暨瓮安县第二届“瓮水长歌”文化旅游节在瓮安县猴场镇草塘千年古邑旅游区开幕。开幕式上，中国辞赋学会为瓮安县获“中国辞赋之乡”授牌，上海大世界基尼斯总部首席营运官为草塘大戏楼成功申报“大世界基尼斯之最”授牌。

10月11日 惠水县长田大冲煤矿发生透水事故，正在井下作业的33名工人中，26人安全升井，7名工人被困井下。至20日，经过连续10天抢险救援，井下7名矿工全部遇难。

10月16日 印度尼西亚民主斗争党的干部培训部部长、国会议员伊娃·库苏玛·逊达莉带领印度尼西亚民主斗争党干部考察团到黔南州考察。中共中央对外联络部、省外事办公室领导参加座谈会。

10月15—17日 2013年全国山地户外运动锦标赛在瓮安举行。来自全国户外运动的18支专业队70余名运动员参加比赛。锦标赛由国家体育总局登山运动管理中心、中国登山协会、贵州省体育局、黔南州政府主办，贵州省对外体育交流中心、黔南州体育局、瓮安县政府、贵州省登山运动协会承办。中央电视台、人民日报社、中国旅游报社、中国体育报社等中央、省、州主流媒体以及120余家网络媒体对赛事进行报道。

11月2日 州政府承办的国务院台湾事务办公室2013年对台交流项目——“黔南·台

湾两地少数民族妇女交流活动”在都匀开幕。全球华人文化经济交流网创办人、福国旅行社股份有限公司总经理黄喜惠等20余名台湾企业界妇女参加交流活动。

11月17日 省委书记、省人大常委会主任赵克志到惠水县好花红乡调研和宣讲中共十八届三中全会精神。

12月30日 广州大学对口帮扶黔南民族师范学院签约仪式在黔南师院举行，双方签订《广州大学—黔南民族师范学院对口帮扶协议书》。

12月 以12月31日为普查标准时点，全州开展第三次全国经济普查，普查时期资料为2013年年度，普查对象为州境内从事第二产业和第三产业的全部法人单位、产业活动单位和个体经营户。普查结果：2013年末，全州有从事第二产业和第三产业活动的法人单位12502个，比2008年末第二次全国经济普查增加4063个，增长48.2%；产业活动单位21622个，增加6299个，增长41.1%；有证照个体经营户73639个，增加19009个，增长34.8%；全州第二产业和第三产业法人单位从业人员345742人，比2008年末增加101916人，增长41.8%；有证照个体经营户从业人员169253人，比2008年末增加72006人，增长74.0%。

是月 经省文化厅组织专家评审通过，惠水县好花红乡好花红村被命名为第一批文化产业示范村，三都水族马尾绣和独山盐酸菜被命名为第一批特色文化产品。

是年 根据国务院《关于开展对口帮扶贵州工作的指导意见》，国家发改委明确广州市对口帮扶黔南州，深圳市不再对口帮扶黔南州。广州市与黔南州签订《广州对口帮扶黔南框架协议》。

是年 荔波樟江旅游区入选“国家生态旅游示范区”，被评为“美丽中国”十佳旅游县（区）。

是年 罗甸县开始开发加工玉石。

是年 经国家质量监督检验检疫总局批准，“罗甸火龙果”获国家农产品地理标志，罗甸县为“国家级火龙果标准化示范区”。

2014年

1月10日 《贵州省黔南州“一圈两翼”区域经济发展规划》评审会在贵阳召开。会议邀请省委政策研究室等部门领导和专家参加评审，专家组一致同意《贵州省黔南州“一圈两翼”区域经济发展规划》通过评审。

1月25日 黔南州“德润黔南·邻里守望”志愿服务行动集中启动。该志愿服务行动以关爱留守儿童、空巢老人、残障人士及返乡农民工等为主要内容，组织志愿者2000余人，到社区、乡村协调解决关爱对象生活中的困难。

1—10月 按照中共中央、省委的安排部署，全州开展党的群众路线教育实践活动。1月25日，州委下发《关于深入开展党的群众路线教育实践活动的实施意见》。1月26日，州委召开全州党的群众路线教育实践活动动员部署会。活动按照“照镜子、正衣冠、洗洗澡、治治病”的总要求，以“三实三同”（忠实务实实干兴省、同心同苦同步小康）为总载体，以“三思三干”（思进思变思跨越、苦干实干提速干）为总抓手，以聚焦“四风”（形式主义、官僚主义、享乐主义、奢靡之风）为主线。全州有154个单位参加教育实践活动，覆盖6859个基层党组织、157425名党员。

2月　长顺县绿壳鸡蛋被农业部列入国家级畜禽遗传资源保护品种名录。

3月2日　由团州委主办的“亮青春‘3·5’学雷锋”万人志愿者服务活动启动仪式在都匀举行。活动号召全州广大共产党员、共青团员、志愿者及社会各界人士弘扬“服务他人、奉献社会”“奉献、友爱、互助、进步”的志愿精神。

3月7日　在全国“两会”（人大会议、政协会议）期间，中共中央总书记习近平参加贵州代表团审议政府工作报告时，作出“关于都匀毛尖茶，希望你们把品牌打出去”的指示。

3月10日　贵州省第九场以“国家战略下的民族自治州发展”为主题的黔南州采访活动在北京齐鲁饭店举行。州政府主要领导向在京各大新闻媒体记者介绍黔南州围绕“国家战略下的民族自治州发展”实施情况。人民日报社、新华社等中央媒体，香港大公报、香港文汇报等香港媒体，以及贵州主要媒体应邀参加新闻发布会。

3月25日　州政府主要领导带领黔南州代表团访问美国阿雷西博市，学习借鉴美国在天文望远镜周边产业布局等方面的先进经验，两地结为友好城市，签订合作备忘录。

3月27日　贵阳市与黔南州合作暨贵州双龙临空经济区规划发展座谈会在都匀市举行。双方签订《贵阳市与黔南州战略合作框架协议》。

是日　省委副书记、省政府省长陈敏尔到惠水县，对惠水—罗甸高速公路建设情况进行调研。

5月7—8日　省委副书记、省政府省长陈敏尔到荔波县、平塘县，对旅游景区建设、农业结构调整和特色小城镇发展、扶贫生态移民搬迁工程等进行视察调研。

5月10—12日　中国生态文明研究与促进会举办的第二届中国水安全会议在惠水县召开，全国各地专家学者100多人参会。全国政协常委、九三学社中央副主席赖明作题为《加强水生态文明建设，促进水安全保障》的主题发言。会议发布《第二届中国水安全会议宣言》，倡议以水生态文明城市建设为载体，落实最严格水资源管理制度，推动以水资源的永续利用，支撑城市经济社会的可持续发展。

5月26日　省委书记、省人大常委会主任赵克志到惠水县，对惠水—罗甸高速公路建设情况进行视察调研。

5月28日　挂牌成立中国民主同盟黔南布依族苗族自治州工作委员、中国农工民主党黔南布依族苗族自治州工作委员会。

6月2日　惠水县涟江公园被评为国家AAA级旅游景区。

6月6日　州人大常委会举行新闻发布会，公布省第十二届人大常委会第九次会议批准的《黔南布依族苗族自治州促进茶产业发展条例》自2014年7月1日起施行。黔南州成为全省第一个、全国第二个为茶产业立法的地区。

6月8—9日 由中国茶叶流通协会、省农委、省供销社、州委、州政府主办的第八届中国贵州“都匀毛尖茶文化节”在都匀举行。

6月30日 在都匀市举办全州“好花正红·党的群众路线教育实践活动民族山歌大赛”总决赛，并举办文艺晚会，庆祝中国共产党诞辰93周年。

7月1—2日 全国政协副主席马飚率全国政协提案委员会调研组到黔南，对“尽快出台左右江革命老区振兴规划”进行重点提案督办视察调研。

7月2日 惠水县大型山水实景剧《好花红》公演。

7月24—26日 省委书记、省人大常委会主任赵克志到罗甸、平塘、独山等县检查党风廉政建设责任制落实情况，并就县域经济发展进行调研。

8月8日 州政府与中国科学院计算所、国家天文台三方本着互信互愿、优势互补、互利共赢的原则，开展长期可持续发展战略合作，三方签署《战略合作框架协议》。

8月24日 全省茶产业“三绿一红”（都匀毛尖、湄潭翠芽、绿宝石、遵义红）品牌推进会在贵阳国际生态会议中心召开，都匀毛尖茶成为黔茶走出去战略“三绿一红”的首推品牌。

8月27日晚 福泉市道坪镇英坪村小坝组发生山体滑坡地质灾害，22人受伤，23人死亡。

9月27日 以“做强现代物流业打造发展新引擎”为主题的中国·贵州首届现代物流高峰论坛暨商贸物流博览会在都匀开幕。开幕式上，州政府及各县（市）政府与合作单位现场签约项目32个，引资总额920.07亿元。

9月 长顺县绿壳鸡蛋获国家质量监督检验检疫总局批准为国家地理标志保护产品。

10月15日 惠水县举办百鸟河数字小镇奠基暨大数据互联网营销项目签约仪式。省委书记、省人大常委会主任赵克志，省政协主席王富玉出席奠基仪式，并与台湾HTC集团董事长王雪红、台湾威盛电子总经理陈文琦等一起为HTC大数据互联网营销中心培土奠基。

10月28日 第二届海峡两岸及香港“十大华语电影”表彰典礼在瓮安举行，这是黔南州首次承办大型电影类颁奖活动。海峡两岸及香港的著名导演谢飞、吴思远、朱延平，以及六小龄童、廖学秋、卢奇、岳红、倪景阳、春雷、阿幼朵等明星应邀出席活动。

11月6日 在中央民族工作会议暨国务院第六次民族团结进步表彰大会上，惠水县社会治安综合治理办公室获“全国民族团结进步模范集体”称号，受国务院表彰。

11月7日 以“幸福黔南美丽行”为主题的全国大城市电视台联盟体到黔南开展考察和交流活动，确定黔南州为“全国大城市电视台纪录片·旅游风光片电视拍摄基地”。

12月24日 州林业局牵头编制的《都匀市清水江国家湿地公园总体规划》《贵定县摆龙河国家湿地公园总体规划》《荔波县黄江河国家湿地公园总体规划》通过国家林业局审查并公示。至此，州内国家级湿地公园增加到4个。

12月26日 贵阳至广州高速铁路正式通车运营，黔南州境内有4个站，即都匀东站、龙里站、昌明站、三都站。

是年 各县（市）进行行政区划调整，共设置80个镇、17个街道、4个乡、4个民族乡。

是年 广州市对口帮扶以6个贫困县为重点，投入帮扶资金3200万元，帮扶项目22个。其中，通组道路项目17个，校园基础设施项目2个，其他项目3个。项目覆盖17个乡（镇）、18个贫困村，2.3万人受益。

是年 瓮安古邑旅游区被评为AAAA级景区。布依经典民歌《好花红》的发源地——好花红村被评为AAA级景区。

是年 都匀市获“全国法治创建工作先进县市”称号。

第一篇

政区 环境 资源

第一章 境 域

黔南州位于贵州省中南部，地理坐标为北纬25°04′～27°29′、东经106°12′～108°18′。南北跨纬度2°25′，直线距离269.4公里；东西跨经度2°06′，直线距离207.9公里。总面积26197平方公里，占贵州省总面积的14.87%。东与黔东南州相连，南面、西南面与广西壮族自治区河池市、百色地区为界，西与安顺市、黔西南州接壤，北部、西北部与遵义市、贵阳市为邻。黔南州成立于1956年，首府所在地都匀市是全州政治、经济、文化中心，是贵州的南大门和西南出海的重要通道。

第一节 建置沿革

黔南州辖地历史悠久。据《后汉书·南蛮传》《华阳国志·南中志》《贵州古代史》记载，早在殷、周时期，境内已有部族活动。春秋、战国时期分属牂牁、夜郎、且兰等诸国。秦、汉时期置郡、县，分别隶属象郡、牂牁郡，今福泉、瓮安、贵定、龙里、都匀北部属于且兰县，长顺、惠水属夜郎县，独山、平塘、三都、都匀南部属毋敛县，罗甸属谈指县。隋代，今黔南州地域属牂牁州（牂牁郡）所领的牂牁县和宾化县。唐代，黔南境地设置的州有柯州、应州、庄州、蛮州、环州。宋代，黔南境内设置有蛮州、邦州、南平州、勋州、乡州、峨州等羁縻州。元代，黔南境地分别隶属于八番顺元等处宣慰司都元帅府、都云定云安抚司、新添葛蛮安抚司、播州宣慰司、庆元南丹安抚司。明初，黔南境内设置的卫主要有贵州卫、龙里卫、平越卫、都匀卫、新添卫，明中后期设置的府、州主要有贵阳军民府（领新贵县、贵定县、定番州、广顺州）、都匀府（领独山州）、平越军民府（后改为平越府，领平越、瓮安等县）。清代，黔南境地主要分别隶属于贵阳府、都匀府和平越直隶州。

民国时期，原设置的府、州、县一律改称为县，设置行政督察区。在此期间，县有分有合。黔南地域先后隶属于第一、第七、第十一行政督察区和第一、第七、第八行政督察区。

中华人民共和国成立后，1949年11月15日，都匀县解放，成立独山专区，专员公署设于都匀县城，辖都匀、独山、平塘、惠水、罗甸、三都、荔波、平越、黎平、榕江、从江、丹寨12个县。1952年，独山专区改为都匀专区。1956年8月8日，成立黔南布依族苗族自治州，辖都匀、独山、平塘、三都、荔波、长顺、惠水、罗甸、紫云、镇宁、望谟、册亨、安龙、贞丰14个县。1956年9月，国务院决定撤销三都县，设置三都水家族自治县，12月21日将三都水家族自治县更名为三都水族自治县。1957年1月2日，三都水族自治县正式成立。

1958年6月，以都匀县城区成立都匀市。是年12月，撤都匀县并入都匀市，惠水县划归贵阳市，安龙、册亨、贞丰、镇宁县划归安顺专区，安顺专区的瓮安、福泉、龙里、贵定县划归黔南州。是年，撤销福泉县并入瓮安县，撤销荔波、平塘县并入独山县。1961年8月，恢复荔波、平塘、龙里、福泉5个县建置。1962年10月，撤销都匀市，并入都匀县。1963年11月，惠水县划回黔南州。1966年3月，恢复都匀市建置，与都匀县分设。1983年12月，撤销都匀县，并入都匀市。

1991年，黔南州辖1个市、10个县、1个自治县，1个市为都匀市，10个县是独山、平塘、惠水、长顺、罗甸、荔波、贵定、龙里、瓮安、福泉县，1个自治县即三都水族自治县。1992年，成立都匀经济开发区（2008年定为州管正县级派出机构）。1996年12月，撤销福泉县，设立福泉市（县级）。2014年12月，黔南州辖2个市9个县、1个自治县，即都匀市、福泉市、独山县、平塘县、惠水县、长顺县、罗甸县、荔波县、贵定县、龙里县、瓮安县、三都水族自治县，另有派出机构都匀经济开发区。

第二节　行政区划

1991年，全州各县（市）开展建镇并乡撤区工作，“建并撤”后，全州设97个镇、124个乡、12个民族乡，下设2094个村（居）委会、74个社区。2013—2014年，各县（市）进行乡镇区划调整，全州建镇80个、乡4个、民族乡4个、街道17个，下辖村民委员会和居民委员会1679个。

一、都匀市

1991年1月，都匀市设有3个街道、6个区、1个区级镇、28个乡、5个乡级镇、4个乡级办事处，89个居民（家属）委员会、262个村民委员会。是年8月，都匀市行政区划调整，建镇并乡撤区，全市设12个镇、5个乡、3个民族乡、3个街道办事处，即小围寨镇、沙包堡镇、杨柳街镇、洛邦镇、坝固镇、大坪镇、王司镇、墨冲镇、平浪镇、江洲镇、凯口镇、甘塘镇、良亩乡、河阳乡、沙寨乡、石龙乡、摆忙乡、奉合水族乡、阳和水族乡、基场水族乡、广惠街道办事处、新华街道办事处、文峰街道办事处，下辖262个村委会、89个居（家）委会。2003年1月，小围寨镇、沙包堡镇两镇撤镇，分别建立办事处，全市设10个镇、5个乡、3个民族乡、5个办事处。2005年，开展小村并大村工作，全市辖109个村、89个居（家）委会。

2013年撤销新华办事处，将其管辖区域划入文峰街道办事处和广惠街道办事处。

2014年，都匀市进行行政区划调整，将原16个乡（镇）、5个街道办事处撤并新建为4个镇1个民族乡、5个街道，匀东镇、毛尖镇、墨冲镇、平浪镇、归兰水族乡、文峰街道、广惠街道、小围寨街道、沙包堡街道、绿茵湖街道。全市辖116个村（居）委会。

二、福泉市

1991年3月，福泉县进行撤区并乡建镇，调整行政区划，由5个区6个镇（其中1个区级镇）31个乡撤并，建为7个镇9个乡，7个镇为马场坪、凤山、陆坪、城厢、龙昌、牛场、道坪镇，9个乡为黄丝、兴隆、藜山、地松、岔河、仙桥、谷汪、高石、高坪乡，辖174个村民委员会、16个居民委员会。2000年，黄丝乡、高坪乡、地松乡先后撤乡建镇。2001年，撤销马场坪镇，建立马场坪街道办事处，将原城厢镇的4个居委会和5个村委会部分村民小组划出组建金山街道办事处；全市村民委员会调整为173个，居民委员会调整为20个。2003年9月—2004年5月，开展行政村撤并，全市村民委员会撤并为60个，居民委员会调整为16个，村（居）民小组也相应调整。全市辖2个街道办事处、9个镇、6个乡，60个村民委员会、16个居民委员会。2014年，全市行政区划再次调整，新建为2个街道、5个镇、1个乡，即金山街道、马场坪街道、牛场镇、龙昌镇、凤山镇、道坪镇、陆坪镇和仙桥乡，辖60个村民委员会、16个居民委员会。

三、瓮安县

1991年，全县撤区并乡建镇，建立8个镇、15个乡（区级），辖247个村委会、15个居委会。1992年4月，撤销金竹乡，所辖原金竹乡6个村委会划隶草塘镇，恢复小河山乡。2000年6月，撤销建中乡，设立建中镇，全县辖9个镇、14个乡。2004年，全县所辖15个居委会组建为2个居委会和6个社区。2009年5月撤并行政村，全县247个村并为89个村、6个社区、2个居委会。2012年，调整乡（镇）建置，设10个镇、9个乡、2个街道，82个村、15个社区、2个居委会，1803个村民组，县政府驻地雍阳街道。2013年，调整行政区划，设10个镇、2个街道、1个乡，即猴场镇、永和镇、建中镇、珠藏镇、江界河镇、银盏镇、玉山镇、中坪镇、天文镇、平定营镇、雍阳街道、瓮水街道、岚关乡。

四、贵定县

1991年7月全县行政区划“建并撤”，新建乡（镇）19个，即城关镇、盘江镇、德新镇、沿山镇、旧治镇、云雾镇、昌明镇和定东乡、定南乡、新巴乡、洛北河乡、新铺乡、巩固乡、都六乡、岩下乡、猴场堡乡、抱管乡、铁厂乡、窑上乡。1994年12月，撤新巴乡建新巴镇。2000年，新建马场河乡，全县辖8个镇、12个乡，207个村委会、24个居委会，1894个村民小组。2014年3月，全县撤乡建镇，将20个乡（镇）组建为6个镇2个街道，即德新镇、新巴镇、盘江镇、沿山镇、昌明镇、云雾镇和金南街道、宝山街道，下辖95个村、17个居委会，1894个村民小组。

五、龙里县

1990年，全县辖1个镇（区级）、4个区，区下辖5个镇、25个乡，9个居委会、159个村委会。1991年全县开展建镇并乡撤区，原6镇（1个区级镇）、25个乡撤并为6个镇、8个乡，辖159个村委会、10个居民委员会。2014年1月，进行全县行政区划调整，撤销14个乡（镇）建制，新建5个镇1个街道，即龙山镇、谷脚镇、洗马镇、醒狮镇、湾滩河镇和冠山街道。

六、惠水县

1991 年 8 月，惠水县建镇并乡撤区，将原 7 个区（镇）、51 个乡（镇）撤并，建立 8 个镇、17 个乡。2014 年，进行乡（镇）行政区划调整，全县 25 个乡（镇）撤并，新建为 8 个镇 2 个街道，即好花红镇、断杉镇、羡塘镇、摆金镇、雅水镇、王佑镇、岗度镇、芦山镇，涟江街道、濛江街道，辖 201 个村民委员会、7 个居民委员会。

七、长顺县

1991 年 9 月，长顺县进行建镇并乡撤区，全县建 5 个镇、12 个乡，辖 147 个村民委员会、4 个居民委员会。2000 年 3 月，撤销鼓扬乡，建立鼓扬镇。2002 年 2 月，撤销改尧乡，建立改尧镇。2007 年 4 月，改尧镇更名为白云山镇。2014 年 4 月，全县行政区划调整，新建为 6 个镇、1 个乡，即长寨镇、广顺镇、白云山镇、摆所镇、代化镇、鼓扬镇和敦操乡，辖 7 个居民委员会、75 个村民委员会。

八、罗甸县

1991 年 8 月，全县进行撤区并乡建镇，由原 6 个区、52 个乡撤并建立 6 个镇、20 个乡，即龙坪镇、边阳镇、沫阳镇、罗悃镇、逢亭镇、茂井镇、八总乡、云干乡、板庚乡、栗木乡、罗沙乡、交砚乡、董王乡、董当乡、董架乡、平岩乡、罗苏乡、沟亭乡、罗暮乡、罗妥乡、罗羊乡、木引乡、纳坪乡、班仁乡、大亭乡、凤亭乡。1998 年，撤销罗羊乡，建立红水河镇。2014 年，进行全县行政区划调整，新建为 8 个镇、1 个乡，即龙坪镇、边阳镇、沫阳镇、逢亭镇、茂井镇、罗悃镇、红水河镇、木引镇和凤亭乡。

九、平塘县

1991 年，平塘县“建并撤”前设 7 个区、1 个区级镇、1 个乡级镇、38 个乡，“建并撤”后设 9 个镇 10 个乡。2014 年 2 月，全县行政区划调整，设置 9 个镇、1 个民族乡，即平舟镇、掌布镇、牙舟镇、克度镇、塘边镇、通州镇、大塘镇、者密镇、甲茶镇和卡蒲毛南族乡，辖 121 个村委会。

十、独山县

1991 年 8 月，进行撤区并乡建镇，全县 7 个区级行政机构撤销，34 个乡（镇）合并为 11 个乡、3 个民族乡、4 个镇，即尧梭、羊凤、水岩、打羊、尧棒、黄后、董岭、兔场、上司、甲里、麻万乡，本寨水族乡、翁台水族乡、甲定水族乡、城关镇、基长镇、下司镇、麻尾镇，辖 250 个村民委员会、9 个街道居委会。1994 年，撤销兔场、上司、甲里、麻万 4 个乡，设立兔场、上司、甲里、麻万 4 个镇。2007 年 9 月，开展小村并大村工作，设 133 个村民委员会、9 个街道居委会。截至 2012 年底，全县有 8 个镇、7 个乡、3 个民族乡。2013 年 7 月，全县行政区划调整，设置百泉镇、麻尾镇、影山镇、基长镇、玉水镇、上司镇、下司镇、麻万镇 8 个镇，辖 57 个村民委员会、7 个居民委员会。

十一、荔波县

1991 年，荔波县开展行政区划建镇并乡撤区工作，全县 4 个区 1 个镇 25 个乡。撤并为

5个镇、6个乡、6个民族乡，即玉屏镇、茂兰镇、立化镇、甲良镇、朝阳镇、播尧乡、洞塘乡、方村乡、驾欧乡、瓮昂乡、捞村乡、佳荣水族乡、水利水族乡、水尧水族乡、永康水族乡、瑶山瑶族乡、瑶麓瑶族乡。2000年，撤销佳荣水族乡，建立佳荣镇。2013年，撤销驾欧乡、播尧乡，设立小七孔镇、播尧镇；撤销玉屏镇，设立玉屏街道。2014年，将原“1街道7镇9乡”调整为“1街道5镇2乡”，即玉屏街道办事处、甲良镇、朝阳镇、佳荣镇、小七孔镇、茂兰镇和黎明关水族乡、瑶山瑶族乡，辖98个村民委员会、居民委员会。

十二、三都水族自治县

1991年，全县行政区划“建并撤”，原8个区（镇）、37个乡（镇）撤并建立7个镇、14个乡。2001年，撤销灶土乡、建立合江镇；撤销丰乐乡、廷牌乡，建立丰乐镇、廷牌镇，全县辖区10个镇、11个乡。2014年8月，全县行政区划调整，将21个乡（镇）撤并为1个街道6个镇，即三合街道、普安镇、大河镇、都江镇、中和镇、周覃镇、九阡镇，辖238个村委会、4个居委会。

都匀经济开发区成立于1992年，2008年下半年，州委、州政府将都匀经济开发区（副县级）升格为州管正县级派出机构，并将行政区迁移至大坪镇，拓展管辖区域，管辖都匀市洛邦镇、大坪镇。2013年9月，都匀市委托都匀经济开发区管理坝固镇、王司镇。2014年8月，王司、坝固、大坪、洛邦四镇合并为匀东镇，辖5个社区26个村居委会。

2014年县（市）行政区划一览表

表1－1－1　　　　单位：个

县（市）	镇、乡、街道总数	镇名称	乡名称	街道名称
都匀市	10	墨冲镇、平浪镇、毛尖镇、匀东镇	归兰水族乡	绿茵湖街道、文峰街道、沙包堡街道、小围寨街道、广惠街道
福泉市	8	凤山镇、牛场镇、龙昌镇、陆坪镇、道坪镇	仙桥乡	金山街道、马场坪街道
荔波县	8	甲良镇、朝阳镇、佳荣镇、小七孔镇、茂兰镇	黎明关水族乡、瑶山瑶族乡	玉屏街道
贵定县	8	云雾镇、昌明镇、盘江镇、沿山镇、德新镇、新巴镇		宝山街道、金南街道
瓮安县	13	天文镇、平定营镇、银盏镇、中坪镇、玉山镇、建中镇、珠藏镇、猴场镇、永和镇、江界河镇	岚关乡	瓮水街道、雍阳街道

续表 1－1－1

县（市）	（镇、乡、街道）总数	镇名称	乡名称	街道名称
独山县	8	百泉镇、基长镇、玉水镇、下司镇、麻尾镇、上司镇、麻万镇、影山镇		
平塘县	11	平舟镇、大塘镇、掌布镇、塘边镇、牙舟镇、者密镇、通州镇、甲茶镇、克度镇	卡蒲毛南族乡	金盆街道
罗甸县	9	龙坪镇、逢亭镇、红水河镇、沫阳镇、边阳镇、木引镇、茂井镇、罗悃镇	凤亭乡	
长顺县	7	长寨镇、鼓扬镇、摆所镇、代化镇、广顺镇、白云山镇	敦操乡	
龙里县	6	龙山镇、醒狮镇、洗马镇、湾滩河镇、谷脚镇		冠山街道
惠水县	10	好花红镇、王佑镇、芦山镇、羡塘镇、断杉镇、雅水镇、岗度镇、摆金镇		涟江街道、濛江街道
三都县	7	普安镇、中和镇、都江镇、九阡镇、大河镇、周覃镇		三合街道
合　计	105	80	8	17

第二章　自然环境

黔南州地处云贵高原东南边缘的斜坡地带，地势西北高、东南低，地貌类型复杂多样，山地、丘陵、盆地（坝子）和河谷相互交错，高山、峡谷和丘陵占全州总面积的97%以上。黔南州属东亚季风区，季风气候明显；气候复杂多样，立体气候明显；热量丰富，无霜期长，境内无霜期平均为292天；阴雨天多，日照少，云量多，平均气温为13.6℃～19.6℃，年均降水量1300毫米左右。全州的土壤有9个土类、23个亚类、300多个土种，组成复杂、类型繁多，地带性土壤与非地带性土壤同时发育并相互交错分布。

1991—2014年，黔南州境地的地质、地貌、土壤结构和气候没有发生明显变化。

第一节　地质　地貌

一、地质构造

（一）地质构造单元

黔南地质构造单元主要有黔南古陷褶断束、册亨—罗甸迭陷断束、三都—荔波古陷褶断束。黔南古陷褶断束位于松桃—独山深大断裂带以西、紫云—垭都断裂以东、马场—贵阳断裂带以南、开远—平塘隐伏断裂以东，包括州内的大部分地区；册亨—罗甸迭陷断束位于开远—平塘隐伏断裂以南、松桃—独山深大断裂带以西，包括独山、平塘、罗甸三县的大部分地区；三都—荔波古陷褶断束位于北北向东的烂土断裂以东，即三都县东部一带及荔波县全境。

（二）地质构造形态

州境地质构造形态以褶皱、断裂为主。褶皱形态：褶皱背斜宽阔呈箱状，向斜狭窄呈槽形，复式背斜和复式向斜相间组合排列，形成典型的“隔槽式”构造。断裂形态：主要有三都、都匀、贵定断裂和松桃—独山深大断裂、开远—平塘隐伏深断裂、紫云—垭都断裂、黔中深断裂。

（三）地质发展历程

前震旦纪（距今约 8 亿年前），黔南处于“原始江南古陆”的西南边缘；震旦纪（距今约 6 亿年），经历前震旦纪温暖气候的海相沉积之后，地壳发生以升降为主的雪峰运动，地壳上升；寒武纪（距今 6 亿至 5 亿年），州境西部成为咸化浅海，东部为正常浅海；奥陶纪（距今 5 亿至 4.5 亿年）到晚奥陶世，州境全部上升为陆地，滇黔古陆、黔中半岛、江南古陆连成一片，合称滇黔古陆；志留纪（距今 4 亿年），晚期地壳上升为陆地，进入海退阶段；泥盆纪（距今 4 亿至 3.5 亿年），发生地壳运动，州境处于广海状态，罗甸一带为半深海至深海环境，其余地区为滨海至浅海及半封闭泻湖；石炭纪（距今 3.5 亿年至 2.7 亿万年），晚石炭纪进入明显的海退阶段，海域缩小，多地上升为陆地；二迭纪（距今 2.05 亿年至 0.7 亿年），州境进入海陆变迁阶段，海水进退频繁；三迭纪（距今 2.05 亿年至 1.8 亿年），结束海浸历史，进入新的地质历史发展阶段；第三纪—第四纪（距今 7000 万年至 200 万年），发生了燕山运动和喜马拉雅运动，使州境地壳显著抬升，进入侵蚀、剥蚀阶段，许多小盆地接受了陆相沉积；冰川过后，地壳仍继续抬升，河流下切，在内外引力作用下，开始形成今现存地貌。

二、地貌

（一）地貌特征

境内岩溶地貌发育，类型复杂多样。碳酸类岩分布广，占总面积的 70% ~80% ，层厚质纯。在温暖多雨的气候条件下，岩溶地貌在全州各地广泛发育，形成类型复杂多样的地表、地下岩溶景观。岩溶地貌类型有峰林、峰丛、槽谷、岩溶洼地、落水洞、溶洞、地下暗河以及石沟等。全州有中、小地下河200余条，形成规模较大地下河系统。独山县地下河长度4公里以上的有22条，州内最长的地下河在罗甸县沫阳附近，长达85公里。

地貌发育深受地质构造和岩性的影响。境内南北向的隔槽式褶皱地质构造，使地貌呈现构造山地、台地及向斜盆地排列分布。河流向斜南流，发育成狭长的构造盆地，如都匀、平塘、惠水盆地。峰林、峰丛常呈北西、北东向展布，向斜两翼，峰丛常呈南北向延伸。碳酸盐岩石的大面积成片分布，发育了典型热岩岩溶地貌和地下河系。

阶级发育，多层溶洞和剥夷面普遍存在。州境河流的中、下游水势平缓，流经构造河谷盆地内，大多数河流两岸形成四级阶地，一、二级阶地一般为堆积或内迭阶地，三、四阶地为基座阶地或侵蚀阶地。境内溶洞类型结构复杂，规模大，数量多，有单层、多层溶洞，也有水平洞、倾斜洞、干洞、水洞，规模大的有独山神仙洞、惠水犀牛洞等。多层溶洞一般有四层，多层溶洞的存在，表明境内地下水的垂直循环和水平运动活跃。由背斜分水岭向深切的向斜谷地，存在三级剥夷面，以独山县更顶山一带和惠水雅水背斜地区最为典型。独山县更顶山一带三级剥夷面的高程分别为1450米~1500米、1250米~1350米、1100米~1150米左右，惠水雅水背斜三级剥夷面的高程分别为1500米、1300米、1200米。

（二）地貌类型

境内地貌分为高中山、中山、低中山、低山、丘陵和盆地六种类型。

高中山分布在贵定县与都匀市交界的斗篷山一带，最高海拔1961米，相对高差500米~600米。

中山分布在瓮安县南部、福泉市和贵定县交界地带，贵定县、都匀市之间，龙里县大部分地区及惠水县东部、平塘县西北部、长顺县西部一带。按岩性差异分为碎屑岩中山、碳酸盐岩中山、碳酸盐岩与碎屑岩中山三个亚类型。

低中山在境内面积宽广，以南部最为集中，分为碎屑岩低中山、碳酸盐岩低中山、碳酸盐岩与碎屑岩低中山三个亚类型。

低山分布于罗甸县境内以及三都县东部、荔波县东南部，分为碎屑岩低山、碳酸盐岩低山、碳酸盐岩与碎屑岩低山。

丘陵在境内所占面积很小，主要集中分布于北部，福泉市、都匀市、荔波县、独山县也有分布，北部丘陵多为草坡、草山，南部多为石质山丘。

盆地在境内分布最为分散，多为河谷盆地，另外还有一些山间盆地（坝子）。

（三）地貌分区

境内地貌分区主要有以下五种类型：

荔波—独山低山、低中山盆谷区，位于东南部，地势西高东低，区内大的地貌骨架为典型的北东向、北北东向平行岭谷，自东南向西北呈有序相间排列。

牙舟—克度低中山峡谷区，包括平塘大部分地区和都匀、贵定、惠水、罗甸等县

（市）部分地区。该区处于贵州高原向广西丘陵倾斜的斜坡上的主体部分，地势北高南低；岩溶地貌类型多样，个体形态繁多；河流多为明暗结合式，以霸王河最为典型。

沫阳—罗悃低山河谷区，位于西南部，为面积最小的一个地貌区，构造上属上扬子台褶带册亨—罗甸迭陷褶断束，地势北高南低。

都匀—长顺中山盆谷区，其东、西界线为州界，包括长顺、惠水、龙里、贵定、都匀、平塘等县（市）。构造上属上扬子台褶带黔南陷褶断束，地貌具有岩溶地貌各类型、部分地区山势高峻的特点。

瓮安—贵定山原盆地区，位于北部，包括瓮安县、福泉市全部及贵定县、龙里县的一部分。地质构造较为复杂，地势南高北低。该区为贵州山原主体的一部分，高原面保存完好。峰丛谷地分布于龙里、福泉黄丝两个背斜轴部近河岸地区。峰林、盆地主要分布于背斜轴部，岩层平缓，峰林、峰丛密度大，但谷地、洼地较为开阔。

第二节　气　候

一、气候特点

（一）季风气候显著

黔南州地处东亚季风区，南部边缘距海直线距离360公里。每年大部分时间受来自海洋的暖湿气流影响。冬季在来自北方的冷干气流影响下，境内各地气温降低，形成阴寒持久，甚至出现凝冻天气。春秋季节，冬夏季风相互转换，全州各地经常云雾笼罩、阴雨绵绵。在季风的影响下，各地雨热同期。季风活动的结果，使州境四季冷暖变化很大，呈现骤冷骤热的高原天气特征。据统计，全州每年平均受到两次强暖流影响，每次平均6天，最长达16天，以2月出现次数最多，常常造成2月“早春”天气。此后，暖气流减弱，气温迅速下降，形成“倒春寒”。

（二）气候复杂多样，立体气候明显

州境西部、北部高（平均海拔1000米～1200米），东部、南部低（平均海拔800米～600米），地势起伏大，地形复杂，因此气候复杂多样。既有寒冬绵长的高山地带，也有冬无严寒、夏无酷暑的丘陵、盆地、低山，在南部还有炎炎长夏，几乎全年无冬的河谷低地。州境南北纬度相差2°15′，但却分属南亚热带、中亚热带、北亚热带三个不同气候，其中，大部分地区属中亚热带。

（三）热量丰富，无霜期较长

州境虽地处高原，但由于纬度较低，距海较近，每年从海洋吹过来的暖湿气流带来充足的热量，因而热量丰富。全州＞10°积温4495℃，罗甸县最高，达到6477℃，瓮安最少，为4046℃，呈现南部高于北部、东部高于西部的分布特点。州境无霜期平均为292天。

（四）阴雨天多，日照少，云量多

春季和秋季正是冬夏季风的过渡转换季节，由于贵州高原特殊的地形地势，冷暖气流常遇于滇黔和黔桂地区，并形成“静止锋”，因此，阴雨天气持续时间长。州境总云量平均有八成（以全天空为十成）。

由于云量多，太阳辐射强度相对减弱。境内大部分地区日照率在30%左右，贵定最小，为23%，罗甸最大，为34%。各地平均湿度在80%左右，相对湿度北部大于南部、东部大于西部。1991—2014年，全州各县（市）年平均日照时数在1033.4小时（出现在瓮安）—1253.3小时（出现在罗甸）之间。龙里县、平塘县、罗甸县年平均日照时数大于1200小时，其余地区在1000～1200小时之间。年日照时数最多出现在2004年罗甸县，为1551.8小时，年日照时数最少的出现在2012年贵定县，为640.4小时。

二、气温与降水

1991—2014年，全州各县（市）年平均气温在14.0℃（出现在瓮安）～19.8℃（出现在罗甸）之间。这24年中，1998年以前各县（市）的年平均气温总体偏低，1998年以后各县（市）的年平均气温总体偏高。年平均气温最低的是1996年和2012年，均比常年同期偏低0.6℃；年平均气温最高的是2003年，比常年同期偏高0.6℃。

冬季气温偏冷的年份是2008年（冬季划分：上年12月至当年2月，下同）、2011年、2012年，2011年和2012年的冬季平均气温比常年同期偏低2.4℃，属特冷冬年份。

夏季（6—8月）气温偏高年份为2003年、2011年、2013年，平均气温比历年同期偏高0.6℃～0.7℃。

1991—2014年，全州各县（市）年降水量在1092.3毫米（出现在龙里）～1403.0毫米（出现在都匀）之间，降水量较多的有三都县、都匀市、长顺县，年平均降雨量在1300毫米以上，降水量较少为龙里县，年平均降雨量少于1100毫米，其余地区平均雨量在1100～1300毫米之间。

24年中，年降雨量的分布呈前期偏多、后期偏少趋势。1991—2000年降水偏多，2001—2014年，除2002年、2008年、2014年降水偏多外，其余年份降水偏少。

三、气候分区

（一）气候带

黔南州境分为南亚热带、中亚热带和北亚热带三个气候带。南亚热带包括罗甸中部、南部地区，中亚热带境内大部分地区属此带，北亚热带包括瓮安县、福泉市的西部，以及贵定县、龙里县的西北部和长顺县的北部地区。

（二）气候分区及特点

温热夏温冬干区包括整个南亚热带范围，年均温19℃～20℃；温暖湿润区位于东南部，年均温16.5℃～19℃；温暖春干区位于南部，气候与温暖湿润区基本相同；温和湿润区位于中部及北部，年均温 14℃～16℃；温凉湿润区位于西北部边沿山地，年均温 14℃～13℃以下。

四、灾害性天气

（一）干旱

黔南州一年四季均有干旱发生，危害严重的是夏旱，其次是春旱。夏旱发生具有普遍性，春旱易发生区域在州内北部、西部及西南部。夏旱出现在 6—8 月，正是水稻生长期，玉米出天花、结籽期，遇见“洗手干”或伏旱，危害极大。春旱发生在 3—5 月，正是小麦灌浆、油菜结荚、水稻播种和移栽的季节。秋旱发生在 9—11 月，影响小麦、油菜等农作物的种植和出苗生长。

（二）暴雨

境内每年都有暴雨天气，特别是在汛期，常因暴雨、大暴雨、特大暴雨造成洪涝灾害。

（三）凝冻

凝冻是强冷空气入侵时空气中的过冷水滴或雾滴附着在近地面温度低于 0℃的物体表面而迅速冻结的现象，俗称“结凝”或“桐油凝”。州内凝冻灾害主要出现在 12 月至次年 2 月，以 1 月份次数最多，凝冻天气可持续几天或十几天不等，且常伴降雪。

（四）风雹

通常冰雹发生时往往随着大风和暴雨，大风是指风速达到或超过 17 米/秒或风力 8 级以上的风。春季大风常与冰雹相伴出现。境内冰雹一般有黄豆、玉米大小，少数有蚕豆大，大如核桃、鸡蛋极少。

（五）倒春寒

倒春寒是 3 月 21 日～4 月 30 日期间，遇强冷空气入侵导致日平均气温降至 10℃以下，并持续三天以上的天气。倒春寒造成春播期间水稻烂种、烂秧，对小麦、油菜生长危害极大。

（六）雷电

雷电是在天空积雨云中所发生的云与云之间或云与地之间激烈的放电现象。雷电强烈对地放电时，常对地面建筑物和人、畜造成危害。

（七）秋风

发生在 8 月 1 日—9 月 10 日期间，日平均气温≤20℃并持续≥2 天的天气称为秋风，分轻级（2～3 天）、中级（4～5 天）、重级（6～8 天）、特重级（≥9 天）。秋风天气对正在抽穗扬花的水稻危害大，表现为水稻抽穗困难，抽穗后无法授粉，严重影响水稻产量。

（八）秋绵雨

秋绵雨是发生在 9 月 1 日—11 月 30 日期间，日降雨量≥0.1 毫米并持续≥5 天的降雨天气，主要影响秋收秋种，导致尚未收割的水稻谷粒发芽霉烂。根据持续的时间一般分轻级（5～10天）、中级（11～15天）、重级（16～20天）、特重级（>20天）。

（九）霜冻

霜冻是空气温度突然下降，地表温度急降到0℃以下，水汽在地面和近地面物体上凝结而成的白色松脆的冰晶。霜结使农作物受到损害。霜冻在秋、冬、春三季都会出现。

第三节　水环境

一、河流

黔南州河流水系以苗岭山脉为分水岭，岭北属长江流域，流域面积7707平方公里；岭南属珠江流域，流域面积18486平方公里。

长江流域分为乌江水系和沅江水系。乌江水系主要流经长顺、龙里、贵定、福泉、瓮安等县（市），主要河流有麻线河、三元河、独木河、清水河、湘江、乌江干流、瓮安河等。沅江水系主要流经福泉、都匀两市，主要河流有马尾河和重安江等。

珠江流域分为红水河水系和柳江水系。红水河水系主要流经惠水、长顺、罗甸、贵定、都匀、平塘等县（市），主要河流有濛江、涟江、坝王河、格凸河、曹渡河、六硐河等。柳江水系主要流经境内东南部的都匀、独山、三都、荔波等县（市），主要河流有都柳江、樟江、打狗河、茂兰河、环江等。

境内共有河流300余条，总长约5000公里，其中流域面积在300平方公里以上的河流有36条，流域面积在200平方公里以上的河流有51条，流域面积在50平方公里以上的河流172条，河网密度约为0.2公里/平方公里。

二、水环境质量

境内河流水质的PH值在7.5～7.7之间，极值在7.3～8.5之间。总硬度均值在56.8毫克/升～129毫克/升之间，极值在44.6毫克/升～149毫克/升之间。境内属于中硬水的河流有马尾河、瓮安河、打草河、后河、独木河、涟江、浪波河等，属于软水的河流有六洞河、都柳江、樟江等。境内河流的矿化度除福泉后河外，均为低矿水，均值小于300毫克/升。主要离子含量基本符合农业、工业和生活用水要求。

全州现状水环境质量总体良好，水质污染主要集中在城市河段和局部工矿区影响区域，主要以都匀市的油行河段和福泉市的三江口河段最为严重。2012年，在全州监测、评价的10个断面、682.41公里河长中，Ⅱ类水质的河长占总评价河长的91.3%，劣Ⅴ类水质的河长占总评价河长的8.7%。2012年全州主要河流出境断面水质状况总体良好，监测的6个断面中，瓮安河瓮安县天文断面和羊昌河福泉市凤山新桥边断面存在超标情况，为劣Ⅴ类，清水江、濛江、樟江、都柳江4断面各监测时段均达标。

经多年对全州12个县（市）的县城集中式供水水源地水质按月进行监测，茶园水库、围阻河、樟江、水爬河、落马塘水库、高岩水库、龙洞、坝王河、转拐龙滩、岔河、程番、都柳江水质总体较好，达到集中式生活供水水源地水质标准。农村饮用水水源地水质总体较好、较稳定；少部分水质存在总大肠菌群、细菌总数超标。

2012 年，全州年输沙总量 152.6 万吨，年平均含沙量 0.09 千克/立方米，输沙模数 58.3 吨/平方公里，其中长江流域年输沙量 6.32 万吨，年平均含沙量 0.02 千克/立方米；珠江流域年输沙量 146.3 万吨，年平均含沙量 0.11 千克/立方米。各流域含沙量呈降低趋势。

第四节 土壤 植被

一、土壤

（一）土壤类型

州境内土壤划分为赤红壤土、红壤土、黄壤土、红色石灰土、石灰土、紫色土、潮土、草甸土、水稻土 9 个土类、23 个亚类和 300 多个土种。

赤红壤（砖红壤性红壤）俗称“红泥土”，是土壤垂直带谱最下段的地带性酸性土壤，面积 38336 亩，占土地总面积的 0.10%，分布于最南端的红水河谷低地海拔 400 米以下地带。此土类分为赤红壤和粗骨赤红壤 2 个亚类。

红壤土类分为红壤、黄红壤和粗骨红壤 3 个亚类，主要分布于南部和东部的低山丘陵地区，以罗甸县面积最大。总面积 32 万亩，占土地总面积的 0.81%。

黄壤土类分为黄壤、粗骨黄壤、草甸黄壤和漂白黄壤 4 个亚类，是境内分布最广、面积最大的地带性酸性土壤，面积 1754 万亩，占土地总面积的 44.64%，分布在海拔 700 米～1600 米的山原和丘陵地带。

红色石灰土类分为红色石灰土和石卡土 2 个类，是低热带地区碳酸盐类岩石上发育的一种中性—微碱性岩土壤，主要分布在罗甸、三都、荔波三个县海拔 700 米以下石灰低山丘陵地区，面积 48 万亩，占土地总面积的 1.22%。

石灰土类分为黄色石灰土和石卡拉土 2 个土类，是在山原和丘陵面上碳酸盐类岩石上发育的一种中性—微碱性岩土壤，面积 1326 万亩，占土地总面积的 40.35%。

紫色土类分为中性紫色土、钙质紫色土和酸性紫色土 3 个亚类，面积 19 万亩，占土地总面积的 0.48%，分布集中的是惠水盆地和罗甸、瓮安县小盆地。

潮土土类是在河流冲积物上发育的一种幼土，大部分已变为稻田，零星分布在河谷阶地、江心洲和河漫滩上，面积约 2.4 万亩，占土地总面积的 0.06%。

草甸土土类分为山地草甸土、山地灌丛草甸土和漂白山地草甸土 3 个亚类，分布于海拔 1500 米以上的土地，面积 4.5 万亩，占土地总面积的 0.11%。

水稻土类分为渗育型、潴育型、潜育型水稻土 3 个亚类，广泛分布于各个土带，海拔

300 米～1400 米的低山、丘陵、盆地和中山都有分布，面积 333 万亩，占土地总面积的 50%。

（二）土壤区域组合

境内土壤区域分布受地方性因素制约，地带性土壤与非地带性土壤彼此交错分布，构成 7 个土壤区域组合，即：南部低山峡谷赤红壤—赤泥土壤组合，分布于境内最南部的红水河谷；东南部低山、丘陵、盆地红壤—黄红壤—红泥田土壤组合，分布于罗甸中南部、荔波樟江下游河谷、三都都柳江上游河谷；中部低中山、丘陵、河谷盆地黄壤—潮泥土壤组合，分布于境内中部河系支流的中、上游，有惠水盆地、都匀盆地、贵定沿山盆地；中南部岩溶低中山峰丛槽谷、洼地石卡拉土—大眼泥田土壤组合，分布于境内中南部和东北部；岩溶低中山丘陵坝地黄壤—黄色石灰土—鸭屎泥田土壤组合，分布于境内 800 米～1200 米的高原面上；低中山缓丘陵黄壤—黄泥田土壤组合，主要分布于中部和北部；中山平台山地草甸土—砂泥土壤组合，分布于中部、西北部，以龙里县的中排、民主和平塘县的大塘为代表，海拔 1400 米～1600 米。

（三）土带土区

黄壤土带是境内分布范围最广的土带，总面积 19327 平方公里，占全州总面积的 73.78%。主要土壤类型为黄壤、石灰土、水稻土。此土带分为北部丘原黄壤、黄色石灰土、水稻土土区，包括福泉市全部、龙里县和贵定县大部分以及惠水和长顺县一部分；中部山原黄壤、石灰土、水稻土土区，包括都匀、独山、平塘等县（市）全部，荔波、贵定、龙里、惠水、长顺、罗甸县的一部分。

红壤土带位于南部和东部，包括三都县全部，荔波县、罗甸县大部分，总面积 6870 平方公里，占全州总面积的 26.22%，分为东部低山丘陵河谷盆地红壤、黄红壤红泥田、潮泥土区和南部低山丘陵河谷红壤、赤红壤、红色石灰土、红泥土土区 2 个区。此带气候温暖湿润，干湿比较明显，无霜期长，侵蚀地貌与溶蚀地貌交错分布。

二、植被

（一）天然植被

植被特征有植被类型及组成种类复杂多样、岩溶植被发育、植被地理分布上具有过渡性、植被破坏严重并具有明显的次生性等。

植被类型主要分针叶林、阔叶林、竹林、灌丛和灌草丛 4 类。针叶林主要有马尾松林、细叶云南松林、江南油杉、华南五针松林等；阔叶林主要有仪花、田林细子沟谷季雨林、西南米储和小红花苞木常绿阔叶林、光皮桦和响叶杨落叶阔叶林、贵州石栋和粤桂石栋常绿阔叶林等 8 种；竹林主要有刺竹林；斑竹慈竹林，灌丛和灌草丛主要有木棉、千张纸、滇黄杞、山合欢、稀树灌丛等 13 种。

（二）植被分区

天然植被分为 6 个区，即北部石炭岩山原中亚热带常绿栲林马尾松林及石炭岩灌丛植被区、东部砂页低中山丘陵中亚热带常绿栲林杉木林及毛竹林植被区、中南部石炭岩峰丛地中亚热带常绿栲林与柏木林及石灰岩灌丛植被区、西部石炭岩低中山中亚热带绿栲林尾松林及石炭岩灌丛植被区、东南部石炭岩低山丘陵具南亚热带成分的常绿樟栲林及石灰岩灌丛植被区、西南部低中山河谷南亚热带季雨林及稀树灌丛与灌草丛植被区。

第五节　自然灾害

州境内一年四季都有自然灾害发生，灾害主要有旱、洪涝、风雹、低温、凝冻、病虫害、泥石流、地震等。

一、干旱

1992 年、2003 年、2005 年、2009 年、2011 年、2013 年，州境内出现重夏旱。1991 年、1995 年、2007 年、2010 年，州境内出现重春旱。1992 年、2005 年、2007 年，州内出现重秋旱。2010 年，全州遭受特大旱灾，持续时间长，历史罕见。旱灾从 2009 年 7 月中旬到次年 5 月中旬，持续秋、冬、春三季连旱，时间长达 10 个月。全州河流断流 212 条，干涸山塘 1423 个、水窖 93149 个、水库 45 座。饮水困难人口达 70% 的有 43 个乡（镇）、80% 的有 50 个乡（镇）、90% 的有 21 个乡（镇）。全州重灾有长顺、罗甸、龙里、独山、平塘、瓮安、贵定、福泉等 8 个县（市），受灾乡（镇）233 个，受灾村 1675 个，受灾人口 293.3 万人。农作物受灾 313.5 万亩，损失粮食 5.77 万吨，农作物损失面积达 52.79%。此段时间由于有效降雨少，高温强度大，总降水量较常年同期偏少 7～9 成，长顺的摆所、都匀的凯口、惠水的芦山、罗甸的平寨、平塘的鼠场等 48 个乡（镇）无降雨达 150 天以上，1—5 月，境内部分高温曾一度达到 30℃以上。182.59 万人和 103.55 万头牲畜饮水困难，死亡牲畜 3.62 万只（头）。2011 年，再次遭受特大旱灾，旱灾从 6 月下旬开始到 9 月底，近 3 个月晴热少雨，全州有瓮安、荔波、福泉、贵定、都匀、独山、三都、龙里 8 个县（市）受特旱，平塘、惠水、罗甸、长顺 4 个县受重旱，受灾乡（镇、街道）240 个，受灾村（社区）1747 个，受灾面达 100%。全州有农业人口 346 万人，受灾 260 万人，占全州农业人口的 75.15%；农作物播种面积 445.2 万亩，受灾 300.3 万亩，占播种面积的 67.45%，成灾 205.35 万亩，占受灾面积的 68.38%，绝收 92.7 万亩，占成灾面积的 45.14%，占播种面积的 20.82%。灾害造成需救助人口 61.13 万人，占农业人口的 17.67%，饮水困难 83.18 万人，占农业人口的 24%，大牲畜饮水困难 28.9 万头。全州干断河流 162 条，干枯水窖 6.43 万个，干枯山塘 0.97 万口，因灾不能正常使用水库 107 座、水井 0.51 万口。

二、暴雨洪涝

1991—2014 年，全州暴雨日数最多的年份是 1999 年，共 67 站（次），其中夏季（6—8 月）出现 57 站（次）。

1991 年，全州洪涝灾害严重，有 233 个乡（镇）、1182 个村、9241 个村民组受灾，受灾 314250 户、1257003 人。农作物受灾面积 195.2 万亩，占农作物播种面积的 42.95%；80% 以上绝收的有 19.17 万亩，占成灾面积的 18.36%。

2000 年 6 月 7—8 日，出现最强暴雨，福泉、惠水、罗甸、独山等县（市）出现暴雨，长顺、平塘、荔波 3 个县连续 2 日暴雨，都匀市 24 小时降水量达 307.4 毫米，都匀此次特大暴雨是全州有气象记录以来的第二极大值。6 月 7 日下午 20 时至 8 日上午 8 时，都匀境内连续 12 小时降特大暴雨，降雨量达 310 毫米，沙包堡镇达 349 毫米，是都匀有降雨量记录以来最大的一次。据文峰塔水文站实测，剑江河洪水最大流量为 1700 立方米/秒，水位 769.75 米。洪水进入市区，近 100 家单位的办公楼房、办公设施和职工住房被水淹，21 所中学 12030 名学生被迫停课，港龙大酒店、中建四局五公司等 85 家企业、厂矿和 1000 余家大小商场、商店、生产车间、生产设备、生产原料、经营场所、办公设备设施、仓库物资被洪水浸泡，交通、通信、供电、供水中断。全市 23 个乡（镇）和街道、351 个村（居）委会、2841 个村（居）民小组的 6.8 万户、29.5 万人受灾，成灾人口 2.1 万人，因灾死亡 20 人、失踪 15 人、伤病 96 人；115 个村庄 19.5 万人被洪水围困，紧急转移安置 2300 人，造成 20 万人和 2.5 万头大牲畜饮水困难。农作物受灾 130.5 万亩，成灾 9.45 万亩，绝收 6 万亩，净损耕地 1.8 万亩；因灾损失粮食 0.15 万吨，减产粮食 0.8 万吨，减产烤烟 30 吨；倒塌房屋 1200 间，农业直接经济损失 1.1 亿元；州直机关单位和直属企业、厂矿等经济损失 1 亿元。全市直接经济损失 3.1 亿元，是都匀地区有史料记载以来的特大洪涝灾害。

2007 年 6 月 25 日凌晨零时 30 分至 4 时 30 分，都匀普降大暴雨，雨量最大 140 毫米，老猫冲河流河水猛涨，造成沿河两岸民房进水 306 户，房屋损坏 902 间、倒塌 74 间；被洪水围困转移灾民 2960 人，受伤 2 人、死亡 6 人；10 所学校 728 名学生停课；农作物受灾 1.32 万亩，绝收 0.22 万亩；山体滑坡 56 处，冲毁水利渠道 15 公里；城市道路、市政设施、通信、电力等公用设施严重被毁。造成直接经济损失 5832 万元。2007 年 7 月 25 日夜间到 26 日白天，都匀、独山、长顺、平塘、惠水 5 个县（市）降大暴雨，福泉、贵定、龙里、罗甸、三都 5 个县（市）降暴雨，另有 17 个乡（镇）出现大暴雨。平塘站日降水量 139.5 毫米，是该站点 1961 以来的最大值。此次暴雨过程造成平塘和三都县城被水淹。三都县有 5 人死亡、1 人失踪，都匀市山体滑坡造成 1 人死亡，长顺县 2 人失踪，独山县 1 人失踪，平塘县城区 2 个大型超市及商店、娱乐场所、公共设施共 516 个不同程度受淹且全县大部分地区电力中断，三都县多座桥梁、12 所中小学、9 家企业等被冲毁。

2007 年 7 月 26 日 16 时 20 分，黔东南州丹寨县马颈坳水电站库区因暴雨超汛险水位，致使挡水山体发生溃决，造成下游三都县打鱼乡、都江镇、坝街乡、拉揽乡共 12 个村 3360 户 14826 人遭受灾害，直接经济损失 2.11 亿元。其中，打鱼乡 4 个村 8 个村民小组 150 户农户房屋被冲走。

2007 年 7 月 26 日，平塘县城区降雨量达 105.7 毫米，县境内六硐河、霸王河受强降雨影响，平舟河等河流水位暴涨。26 日下午 16 时 30 分，六硐河洪峰水位达 709.92 米，超过历史最高水位（1924 年 704.04 米）1.5 米，洪峰流量达 3070 立方米/秒，平舟河水位达 705.93 米，超出洪峰水位 6.23 米，且每分钟涨幅达 1 厘米。县城平舟河沿线房屋、店铺被水淹到二楼。平舟河、槽渡河沿河一线包括县城在内的城镇和村庄山洪暴发，低洼地带洪水暴涨，田间坝子顷刻变成高原平湖，沿河两岸房屋及设施、家畜家禽、生产生活用品被洪水席卷，县乡村道路、供水、供电、通信中断。全县 19 个乡（镇）、97 个村、1320 个村民组的 5.5 万户 23.35 万人受灾；农作物受灾 22.5 万亩，成灾 15.9 万亩，绝收 11.4 万亩，水毁耕地面积 4290 亩，尤其以者密、平湖、塘边 3 个乡（镇）最为严重，洪水冲走大牲畜 861 头、猪 3216 头、家禽 1.93 万余羽，被洪水冲、浸泡粮食 1938 吨、衣物损失 6.1 万件。洪峰时，全县 7 万余人被困，紧急转移安置 5.8 万人，仅县城和者密六硐就安全转移 5 万余人；房屋被淹 1.75 万户，被困村庄 10 个（平舟河流域沿线的平寨、河头场坝、三叉沟、瓦厂、满仙、苗二河、双江、县城的金龙社区和玉池社区）民房倒塌 0.55 万间，损坏民房 1.8 万间。直接经济损失 5.84 亿元，其中农业经济损失 2.14 亿元。

2012 年 7 月 13—19 日，全州有 5 个县降暴雨，3 个县降大暴雨，有 2 个镇降特大暴雨（都匀市凯口镇降水量 242 毫米、三都县大河镇降水量 209 毫米），26 个乡（镇）降大暴雨，42 个乡（镇）降暴雨。降雨强度大，24 小时平均降雨超过 100 毫米；持续时间长，降雨从 13 日 8 时开始到 16 日晚，长时间降大到暴雨；暴雨时，山洪暴发，平地起水，短时间内汇聚入剑江河、墨冲河、苗二河、六洞河等几条支流，洪水漫溢，致使都匀市凯口镇、墨冲镇、沙寨乡，平塘县者密镇六洞坝区一片汪洋。部分地区交通中断，水利设施、公益设施遭到严重损坏。持续强降水过程中引发强雷电、流域性山洪、塌方、滑坡、泥石流和城镇内涝等灾害。州减灾委、州民政局先后发布灾害救助预警响应 2 次。暴雨导致福泉、都匀、惠水、平塘、贵定、三都、龙里、荔波等 8 个县（市）69 个乡镇 238 个村 1142 个组 6.42 厅户 29.94 万人受灾，因灾倒塌房屋 222 户 863 间，严重损坏房屋 436 户 1286 间，紧急转移安置 2.94 万人，饮水困难 0.5 万人，因灾死亡 4 人，灾害造成 2.09 万人需救助、0.24 万人需过渡性救助；农作物受灾 13.95 万亩，成灾面积 5.7 万亩，绝收 1.8 万亩，耕地毁坏 1830 亩。

三、凝冻

2005 年，凝冻天气从 2004 年 12 月 22 日开始持续到 2005 年 1 月 22 日，州内大部分地区分别于 12 月 27 日、1 月 8—11 日白天和 1 月 11 日夜间降了三场大雪，州中部以北地区雪深达到 5～12 厘米，福泉、都匀出现暴雪，这在黔南州历史上少见。

2008 年 1 月 12 日开始到 2 月 5 日共 24 天，黔南州遭受持续特大凝冻灾害。此次灾害持续时间之长、受灾面积之广、损害程度之深、抗灾救灾难度之大，为历史罕见。全州范围内普降冻雨，气温均在摄氏零度以下，瓮安、都匀、福泉、独山等县（市）最低气温达到零下 7℃，1 月 27 日瓮安县最低气温零下 7.1℃。都匀地区雪凇厚度达到 26 毫米，最大时雪凇厚度 28 毫米（含内芯 4 毫米的树枝条）这是黔南州罕见的气象灾害。凝冻灾害期间，雨雪交替出现使凝冻加重，贵新高等级公路、州内国道线和省道线、县乡公路不同程度受阻，大量车辆和旅客滞留在境内，尤以贵新公路堵塞情况最为严重，1 月 28 日前每天在境内滞留的车辆达7000余辆，滞留人员3万人~4万人。凝冻灾害造成都匀电网瘫痪，主网架上多条500千伏、200千伏、110千伏输电线路因覆冰倒杆、断线。1月25日，最后一条维系都匀电网的500千伏福施线断线，致使都匀电网所辖都匀、瓮安、福泉等10个县（市）全部停电。同时，都匀、瓮安、福泉等城市供水管道爆裂，供水中断。因灾造成停电、停水、停产、牲畜家禽冻死、农作物受灾、农户房屋受损、树木折断等，经济损失达71亿元以上。此次凝冻天气成为黔南州有气象记录以来影响范围最广、持续时间最长、灾害程度最重的一次低温雨雪凝冻灾害。

2011年的凝冻天气从1月1日持续到2月1日，共32天，是黔南州1961年有气象记录以来持续时间最长的一次。1月，各县（市）平均气温创1961年以来的最低值。1月3日，独山和都匀最大电线积冰直径为达35毫米（含内芯26.8毫米仿野外观测导线）。此次凝冻持续天数虽比2008年时间长，但雨、雪量少，结冰厚度较小，造成的灾害较2008年1月的凝冻灾害小。

四、冰雹

冰雹出现次数较多的年份有1992年、1998年、2001年、2006年、2008年、2013年。灾害最重的是2006年4月9日，福泉、龙里、贵定、都匀、平塘、三都、独山、荔波等县（市）降冰雹，都匀市区冰雹、大风灾害是15年一遇，市区风速达到7~8级，冰雹直径5厘米，市区多个广告牌被吹倒，汽车和房屋的玻璃被冰雹击破，多数房屋阳台遮雨板被冰雹砸穿，屋顶太阳能热水器被击坏。

五、大风

全州出现大风次数最多是2007年，共28站（次）。福泉市2007年出现9次大风，为全州出现大风次数最多。1991年3月7日16时，荔波县城出现雷雨、冰雹、大风，大风持续6分钟，最大风速21米/秒，造成4条高压线、2条低压线、3条电话线被吹断，1000余间房屋不同程度损坏，樟江两岸部分小麦、油菜倒伏，大量油菜花蕾被吹落。1992年5月6日，独山县麻万乡出现大风，有9间瓦房被风卷走，另有3间瓦房被吹垮。2000年8月6日15时左右，平塘县白龙乡、摆茹镇出现大风，大风持续约8分钟，农作物因大风不同程度受灾。

六、倒春寒

1991—2014年，除2012年外，其余年份均出现倒春寒天气。重级以上（持续≥7天）倒春寒年份有1991年、1992年、1993年、1994年、1995年、1996年、1997年、1998年、1999年、2004年、2009年、2011年，共12年，平均两年有一次重级倒春寒。1991年3月16—30日，龙里县倒春寒导致全县油菜、小麦受灾10%，减产10%，牧草生长受影响，草高仅20~30厘米。1996年3月21日—4月4日，瓮安县出现15天倒春寒天气，是全州在这24年间出现时间最长的倒春寒天气。

七、雷电

1997年，罗甸一年内出现雷电日数最多达77天。2003—2014年雷击伤亡事故，每年都有发生。其间，2003 年伤亡最多，全州死亡 18 人、伤 22 人，牲畜死亡 18 头；2004 年次之，死亡 16 人、伤 13 人；2005 年，死亡 8 人、伤 13 人；2006—2014 年，死亡和受伤人数都在 3 人左右。

八、秋风

全州重级以上的秋风年份有 1993 年、2002 年、2005 年、2007 年、2008 年。2002 年 8 月 9—21 日，全州除三都、荔波、罗甸 3 个县外，其余地区都出现秋风天气，其中有 8 个县达到特重级，1 个县重级。瓮安县在此次秋风中受灾最严重，导致当地农户误认为是买到假种子而引发不满情绪，州政府组织州气象局等相关部门及时向当地农民就秋风的成因和危害进行讲解，消除误会。此次秋风出现之早、持续时间之长、范围之广、强度之强，是黔南州有气象记录以来的第一次。境内历史罕见的低温秋风灾害，造成境内水稻、玉米等大季农作物大面积大幅度减产，水稻减产幅度经州政府核定为 44.5%。灾害造成全州农作物受灾 382.5 万亩，成灾 237 万亩，减产粮食 49.39 万吨。重灾有瓮安、福泉、贵定、龙里、长顺等 5 个县（市），重灾乡（镇）151 个，占乡（镇）总数的 62.91%；水稻绝收乡（镇）49 个，占乡（镇）总数的 20.41%；有 2598 个村和 23849 个组受灾；水稻绝收的村 555 个、组 6242 个；全州受灾人口达 321 万人，成灾 220 万人；水稻绝收 17.37 万户、73.39 万人。州组织 3 个组分赴全州重灾乡（镇）实地查看灾情，瓮安县草塘丰产坝水稻可粒无收，荔波县甲良、方村、水利、驾欧水稻收成 25%，独山县麻万、麻尾、黄后水稻收成只占 30%，福泉市道坪、高坪、龙昌、牛场水稻大面积绝收减产。

九、秋绵雨

1991—2014 年，州内出现重级秋绵雨的年份有 1991 年、1994 年、1997 年、2006 年、2009 年。1994 年 10 月 1—11 日，龙里县出现 10 天绵雨天气，总降雨量达 142.5 毫米，较少见。瓮安、贵定等县在此期间也出现不同程度的秋绵雨天气。此次绵雨天气造成稻田积水，成熟的水稻与玉米不能及时收割，全州水稻出现倒伏、发霉现象（水稻倒伏 10050 亩，发霉 60 吨），玉米发霉 50 吨。2006 年 10 月 4—31 日，龙里县和惠水县出现长达 28 天的秋绵雨天气。

十、霜冻

1991—2014 年，霜冻出现较多的年份有 1992 年、1993 年、1995 年、1998 年、1999 年、2001 年、2004 年。2009 年 3 月 13 日夜间到 14 日凌晨，瓮安、龙里、长顺、惠水等县出现霜冻，惠水县、长顺县最低气温分别降至零下 1.3℃、零下 1.2℃，冻害主要出现在惠水、长顺两县，影响洋芋、早糯玉米和蔬菜等农作物生长。惠水县农作物受灾面积 24975 亩。

十一、地震与地质灾害

1998 年，广西河池地区发生里氏 5.2 级地震，波及荔波县城、翁昂等乡（镇）。2007 年，3 月 17 日 7 时 05 分，罗甸县罗妥乡交算村发生 ML3.8 级地震，震时为 6 秒，震中经纬度为北纬 24°56′、东经 106°43′，震波波及罗妥、凤亭、红水河、大亭、罗悃、罗苏、罗暮、罗甸县城，共 8 个乡（镇）26 个村 80 个组 125 户 620 人受灾。

2014年8月27日，福泉市道坪镇英坪村发生山体滑坡，2个村民组受灾，4个自然寨的176户675人，因灾受伤住院22人。灾害造成70户661间房屋倒塌，紧急转移安置675人，其中集中安置91人。

第三章　自然资源

黔南州境山高水高，为长江水系和珠江水系河流的源头，属于长江流域和珠江流域的上游，河流众多，水资源丰富。境内气候温和，草木繁茂，截至2014年，已建立国家级自然保护区1个、省级自然保护区1个、县级自然保护区22个；全州有国家级森林公园5个、省级森林公园5个、县级森林公园1个、国家级湿地公园4个（试点）。自然生态为野生动物的生长提供了较为优越的环境，生长着400多种脊椎动物，特别是荔波世界自然遗产地被誉为“地球上的绿宝石”。州境内已发现矿种（含亚种）52种以上，其中32种矿产不同程度探明储量，有主要储量产地168处，其中大型矿床14处、中型矿床28处，主要矿种有煤、磷、锑、锌、金、硫铁矿、硅石、重晶石、石灰岩、砷、水晶、饰面用灰岩、辉绿岩等，储量在全省占第一位的有锑、锌、电石用灰岩、化肥用砂岩、铸型用砂岩、水晶、辉绿岩，占第二位的有磷、金。

第一节　土地资源

一、土地总面积

州境处于云贵高原东南部边缘斜坡地带，土地总面积包括都匀、福泉、独山、平塘、荔波、三都、瓮安、贵定、龙里、惠水、长顺、罗甸12个县（市）的面积，占贵州省土地总面积的14.87%。1983年，全州土地总面积26197平方公里，以山地为主，山地占土地总面积的72.53%。1987年土地资源详查，全州总面积为26197.98平方公里。1994年，省下达文件确认黔南州行政区域总面积为26193.1平方公里，详查比下达面积多4.88平方公里。

二、土地类型

境内的土地资源，按不同高程的土地面积量算，海拔800米以下的土地面积占土地总面积的21.76%，800~1000米的占28.46%，1000~1200米的占28.71%，1200~1400米占17.43%，1400米以上的占3.64%。

（一）草场

境内有300亩以上成片草场3050片，其中，300~1000亩1546片，1001~5000亩

1294 片，5000～10000 亩 130 片，10001～20000 亩 68 片，20001～30000 亩 7 片，30000 亩以上 5 片。

（二）坝子

有 100～500 亩的坝子 1382 个，面积 379840 亩；500～1000 亩的坝子 355 个，面积 257150 亩；1000～5000 亩的坝子 257 个，面积 492253 亩；5000～10000 亩的坝子 11 个，面积 70038 亩；10000 亩以上的坝子 8 个，面积 125008 亩。

（三）山地

山地分高中山地、中山山地、低中山地、低山山地。高中山地海拔 1800 米，相对高度大于 700 米，坡度在 45 度以上，面积 3.93 万亩，占全州总面积的 0.01%。中山山地海拔 1200～1800 米，相对高度 500～700 米，坡度 30～45 度之间，面积 750.93 万亩，占全州总面积 18.55%。低中山地海拔 800～1200 米，相对高度 300～500 米，坡度 15～30 度，面积 2231.65 万亩，占全州总面积的 56.79%。低山山地海拔小于 800 米，相对高度 200～500 米，坡度 25～40 度，是全州重要的农业地貌类型，面积 811.45 万亩，占全州总面积的 20.65%，农作物可一年三熟，宜于杉木及其他经济林木生长。

（四）丘陵

境内丘陵面积 137.534 万亩，占全州总面积的 3.5%。

（五）盆（坝）地

境内盆（坝）地面积 19.65 万亩，占全州总面积的 0.5%。

三、土地利用情况

1998 年 8 月，根据国土资源部《关于加强土地变更调查与统计工作的通知》，全州各县（市）开展县级土地变更调查工作，11 月底调查工作结束。全州土地变更调查类别分为耕地、园地、林地、牧草地、居民点及工矿用地、交通用地、水域、未利用土地。耕地：1997 年末为 8012056.2 亩，1998 年末有 8002023.6 亩，年内减少耕地 11649.1 亩，增加耕地 1616.5 亩。耕地减少去向为退耕为园地 1425.6 亩、林地 205.5 亩、牧草地 26.2 亩，居民点及工矿用地 3326.2 亩，交通占用 6106.8 亩，水域占用 542.9 亩，自然灾毁 15.9 亩，贵新高等级公路占用耕地也是耕地减少的原因之一。增加耕地来源于开发牧草地 618.6 亩，复垦废弃地 28.5 亩，复垦灾毁地 74 亩，开发灌木林地 895.4 亩。1998 年，全州坡度大于 25 度陡坡耕地共 1158667.1 亩。园地：1997 年末为 133458.1 亩，1998 年末为 139777.5 亩，年内减少园地 2.5 亩，增加园地 6321.9 亩。减少园地面积去向为交通占用 2.3 亩（茶园），城镇建设占用 0.2 亩（果园）。增加面积来源为开发占用林地 3919.5 亩、牧草地 454.6 亩，复垦废弃地 75.7 亩、废道路 1.8 亩、灾毁地 1.1 亩，开发未利用土地 443.6 亩，退耕还园 1425.6 亩。林地：1997 年末为 18178667.8 亩，1998 年末为 18171491.4 亩，年内减少林地 8404.9 亩，增加林地 1228.5 亩。减少林地面积去向为耕地占用 895.4 亩，园地占用 319.5 亩，牧地占用 298.2 亩，居民点及工矿占用 301.6 亩，交通占用 2588.4 亩，水库占用218.7亩，变为未利用地183.1亩。增加面积来源为退耕还林205.5亩，占用牧草地46.2亩，开发未利用土地976.8亩。牧草地：1997年末为4757514.4亩，1998年末面积为4755631.6亩，年内减少牧草地2209.2亩，增加牧草地326.4亩。减少牧草地面积去向为开发成耕地618.6亩、园地454.6亩，林地占用46.2亩（未成林造林地），居民点及工矿区占用187.5亩，交通占用747.6亩，水工建筑物占用14.6亩，变为裸岩石砾地和田土坎140.1亩，增加牧草地来源为退耕还草26.2亩，改造灌木林地298.2亩，开发未利用土地2.0亩。居民点及工矿用地：1997年末为749630.2亩，1998年末为面积为753239.3亩，年内减少居民点及工矿用地408.6亩，增加4017.7亩。减少居民点及工矿用地面积去向为复垦成耕地28.5亩，园地占用75.7亩，交通用地285.2亩，水库占用7.6亩，变为未利用土地11.6亩。增加居民点及工矿用地面积来源为占用耕地3326.2亩、园地0.2亩、林地301.6亩、牧草地187.3亩、交通用地28.7亩、水域（塘、滩地）14.8亩及未利用土地158.7亩。交通用地：1997年末为149178.7亩，1998年末为面积为159852.5亩，年内减少交通用地30.8亩，增加交通用地10704.6亩。此地类减少去向为复垦成园地1.8亩，居民点占用28.7亩，变为废弃地（裸土地）0.3亩。此地类增加来源为占用耕地6106.8亩、园地2.3亩、林地2588.4亩、牧草地747.6亩、居民点用地285.2亩、坑塘7.6亩，开发未利用土地966.7亩。水域：1997年末有356881.3亩，1998年末为357659.6亩，年内减少104亩，增加882.3亩。水域减少面积去向为开发滩涂为耕地74亩，开发成果园1.1亩，居民点及工矿占用14.8亩，交通占用7.6亩，变为田坎6.5亩。水域增加面积来源为占用耕地542.9亩、林地218.7亩、牧草地14.6亩、居民点7.6亩，开发未利用土地98.5亩。未利用土地：1997年末有6950290.7亩，1998年末为6948001.9亩，年内减少利用土地357.5亩。未利用土地面积减少去向为开发成果园443.6亩、林地976.8亩，用于居民点158.7亩，用于交通用地966.7亩，水域占用98.5亩，开发为牧草地2.0亩。未利用土地增加来源为旱地石漠化15.9亩，林地砍伐石漠化183.1亩，更正天然草地140.1亩，居民点废弃11.6亩，交通废弃地0.3亩，水灾新增滩涂6.5亩。

2005年，全州有耕地7422787亩（田3296113亩、土4126674亩）、园地301383亩、林地18737829亩、牧草地4416833亩，有河流水面256262亩，有未利用土地5560642亩。

2014年，全州有耕地7298398.35亩（水田3117511.95亩、水浇地17462.7亩、旱地4073423.7亩）、园地413133亩、林地22078781.1亩、草地5168632.5亩、河流水面373626.45亩、未利用地6394482.15亩。

第二节　水资源

一、地表水资源

境内属温带湿润多雨地区，水资源较为丰富。水资源主要由大气降水和过境客水组成。截至2012年，全州多年平均地表水资源量（即河川径流量）为162.54亿立方米，其中地下水资源量34.8亿立方米，过境水量约616亿立方米。全州水能资源理论蕴藏量420万千瓦，水能技术可开发量180.5万千瓦。

境内多年平均降水量为1235毫米。降水量时空分配极为不均，枯水期（1—4月、10—12月）降水量占全年降水量的25.8%，汛期（5—9月）降水量占全年降水量的74.2%。2012年，全州年降水量的地区变化在809～1518毫米之间，2012年年内实测点最大降水为荔波县茂兰雨量站1518毫米，最小值为罗甸县的边阳雨量站809毫米。

境内河川径流主要由天然降水补给，因而年径流的年际变化及年内变化规律与降水量地区分布及变化基本一致。至2012年，境内多年平均径流深为620毫米，长江流域和珠江流域径流深分别为551毫米和649毫米，径流深与年降水量分布基本对应。

境内多年平均连续最大月径流一般出现在5月至8月之间，这段时间的径流量占全年径流量的61%～76%；最小月径流时间多在12月至次年2月之间，径流年内分配的不平衡同样与降水量基本对应。境内年径流的变差系数在0.28～0.45之间。

境内平均最小日枯水模数为3～5升/秒·平方公里，其中，长江流域为3～5升/秒·平方公里，珠江流域为2～3升/秒·平方公里。

荔波县是全州水资源最丰富的区域，县内河流均属龙江水系（珠江流域），集雨面积大于20平方公里或河道长大于10公里的河流共30条，较大的河流水系有打狗河水系、三岔河水系和甲料河水系，全县流域面积为2375.1平方公里。平均年降雨量1349毫米，年平均径流量732.8毫米，年均总降水量32.03亿立方米。县境内每平方公里产水73.9万立方米，是全省平均每平方公里产水量58.9万立方米的1.25倍。人均占有水量10182立方米，是全省人均占有水量2283立方米的4.5倍。县内河流密布，河床比降大，平均为13.27%，最高达62%，且比降相对集中，水能资源理论蕴藏量为134.90万千瓦，水能分布每平方公里143千瓦，为全省平均108千瓦的1.3倍。水能藏量相对丰富，为发展农业生产、旅游业和开发电力提供有利条件。

二、地下水资源

境内地下水主要分碳酸盐类岩溶水、松散岩类孔隙水、基岩裂隙水三种类型。地下水受岩性、地质构造、地貌特征的影响，主要分布在中上石炭纪灰岩白云质灰岩强富水岩体分布带、二迭纪栖霞茅口灰岩强富水岩体分布带、上泥盆纪尧梭灰岩富水岩体分布带、寒武纪娄山关灰岩清虚洞灰岩富水岩体分布带等地带。

中上石炭纪灰岩白云质灰岩强富水岩体分布带，出露于背斜地区的中上石炭纪灰岩、白云质灰岩、纯灰岩，具有分布广、厚度大、构造裂隙发育的特点，有利于岩溶发育，为境内地下水的主要含水层。该层泉水露头多，在大型槽谷、洼地、盆地四周边缘和大山体周围均有岩溶泉水或暗河出露。其特点是具有大通道的暗河发育，含水极为丰富，主要分布于独山的下司、麻尾，荔波的甲良、茂兰，平塘的牙舟、六硐、克度，长顺的长寨、代化，惠水县东西两部分和贵定的沿山等地区。

二迭纪栖霞茅口灰岩强富水岩体分布带，主要分布在惠水盆地两侧，独山的麻尾，荔波的甲良、朝阳，平塘的兔场、甘寨、曹渡河两岸，都匀盆地两侧，贵定盆地两侧山地，龙里的洗马，瓮安四周及福泉的东部等地区，均为中厚层状石灰岩，呈细粒块状，局部栖霞灰岩中含有燧石结核或燧石条带，岩性较纯。主要出露于境内宽背斜的两翼或穹窿构造四周。地貌上形成峰丛洼地、峰林谷地和山地沟谷景观，地下水露水以岩溶泉水或暗河形式出露。

上泥盆纪尧梭灰岩富水岩体分布带，尧梭组岩性以白云质灰岩为主，下部为纯质的石灰岩，多以中小型洞穴为主。此带主要分布在独山下司、基长和县城四围，以及平塘的卡罗、长顺的睦化、惠水的长安、龙里的羊场、贵定的云雾等地。

寒武纪娄山关灰岩清虚洞灰岩富水岩体分布带，主要分布在瓮安县和福泉市的东部及西部，三都县的中部和都匀市的邦水等地的背斜核部。境内北部出露面积较大，岩层较厚，分布广泛，断裂构造发育，地下水形成暗河，沿构造破碎带发育，并伴生有大型溶蚀洼地和岩溶沟谷。中小型泉水常沿构造断裂带分布，以构造溶蚀盆地的边缘、河源侵蚀谷地分布最多。地下水点多沿河谷分布。

境内地下水动储量为463.6万立方米/日，其中乌江水系为73.1万立方米/日，沅江水系为90.9万立方米/日，红水河水系为206.4万立方米/日，柳江水系为93.1万立方米/日。境内地下水年动储量为17亿立方米。

第三节　生物资源

一、野生植物

境内种子植物有170科、744属、1384种（包括变种），占全省科数的86.8%、属数的54%、种数的27.9%，以中等科、小科最多。

食用植物有淀粉植物、蛋白质植物、油脂植物、维生素植物、植物性饲料（饲料）、蜜源植物6类。淀粉植物主要有栗类、橡子类、根或根茎类等；蛋白质植物主要有菌类；油脂植物主要有山茶；维生素植物主要有刺藜、猕猴桃；植物性饲料主要有马唐、画眉草等；蜜源植物主要有酸枣、樟树等。

药用植物有材用植物、纤维植物、鞣料植物、芳香油植物、工业用油脂植物、树脂及树胶植物、经济昆虫寄生主植物7类。

境内有国家重点保护的珍稀植物25种，即喙核桃、钟萼木、柄翅果、伞花木、杜仲、福建柏、掌叶木、马褂木、马尾树、观光木、篦子三尖杉、十齿花、短叶黄杉、田林细子龙、翠柏、蝴蝶果、八角莲、领夏木、天麻、黄枝油杉、柔毛油杉、华南五针松、银鹊树、凹叶厚林、红花木莲。

在荔波茂兰自然遗产地，有国家一级保护植物10种，即南方红豆杉、红豆杉、单性木兰、掌叶木、硬叶兜兰、白花兜兰、小叶兜兰、带叶兜兰、麻栗坡兜兰、异形玉叶金花；二级保护植物159种，即翠柏、福建柏、广东松、短叶黄杉等24种以及兰科135种。还发现茂兰特有种41种，主要有荔波大节竹、荔波鹅尔枥、荔波瘤果茶等。茂兰自然遗产地是中国兰花科植物保存最丰富的地区之一。

二、森林资源

1991年，州内已经有较大面积的封山育林。1992年起，参与国家长江上游防护林体系建设，在州内实行严格的采伐限额全额管理。1996年起，参与实施珠江流域防护林体系建设工程。1998年起，参与实施天然林资源保护工程，同时发展依托森林资源的林下多种经营，申请建立了国家级和省级森林公园，列入国家湿地公园试点。截至2014年，全州已建立自然保护区24个（国家级1个、省级1个、县级22个），面积为295.69万亩，占全州总面积的7.52%；全州已设森林公园11个（含省林业厅直管单位龙里龙架山国家森林公园），其中，国家级5个、省级5个、县级1个，总面积56.55万亩，占全州土地总面积的1.44%；设有国家级湿地公园4个（试点），总面积13.12万亩，占全州土地总面积的0.33%。

1995年度的二类调查中，三都县按林业重点县，罗甸县按经济林重点县，其余县（市）按一般县进行调查。经调查，全州有林地面积995万亩，活立木蓄积2396.69万立方米，森林覆盖率36.51%。2005年度的二类调查，将龙里林场、荔波茂兰国家级自然保护区单列为调查总体。经调查，全州有林地面积1507万亩，活立木蓄积4256.10万立方米，森林覆盖率47.57%。

三、野生动物

据历次调查，已知境内有各类脊椎野生动物631种（含曾经有过记录的种）。其中，哺乳动物8目24科159种，占全省哺乳动物总数的54.4%；鸟类17目43科266种，占全省鸟类总数的65.88%；爬行类动物3目12科62种，占全省爬行动物总数的62.62%，其中蛇目43种、蜥蜴目10种、龟鳖目2种；两栖类动物2目8科29种，占全省两栖动物总数的48.33%；鱼类5目15科115种，占全省鱼类总数的60.53%（其中鲤形目的种类72种）；药用脊椎动物占总数的23.14%，其中鱼类7种、两栖类7种、鸟类24种、兽类42种、爬行类32种。林麝为黔南地产名贵药用动物。生存于茂兰保护区的蓝翅八色鸫、栗鸮、咬鹃等鸟类为贵州首次发现。

境内有记录的国家一级保护动物有云豹、豹、虎、中华秋沙鸭、金雕和蟒等6种；国家二级保护动物有猕猴、藏酋猴、穿山甲、黑熊等37种。

在荔波茂兰自然遗产地，动物种类主要有猕猴、黑熊、穿山甲、林麝、白鹇、蛇雕、蟒等，以猕猴和白鹇为优势种群。共有45种动物列入《中国物种红色名录》，其中极危种3种、濒危种4种、易危种38种。荔波茂兰自然遗产地有国家一级保护动物4种、二级保护动物31种。已发现茂兰自然遗产地有国家一级保护动物4种、二级保护动物31种。已发现茂兰动物特有种38种。

黔南州国家重点保护一级、二级野生动物一览表

表1－3－1

序号	动物名称	分布地点	保护级别
1	云豹（乌云豹）	瓮安、贵定、三都、独山	一级

续表 1－3－1

序号	动物名称	分布地点	保护级别
2	豹（金钱豹）	三都、独山	一级
3	虎（华南虎）	荔波	一级
4	中华秋沙鸭（鸡嘴鸭）	平塘、都匀	一级
5	金雕（洁白雕）	贵定	一级
6	蟒（南蛇）	罗甸、平塘	一级
7	猕猴（恒河猴）	全州各地	二级
8	藏酋猴（短尾猴）	瓮安、贵定、福泉、龙里、平塘、荔波、三都	二级
9	穿山甲（鲮鲤）	贵定、三都、荔波、惠水、平塘、罗甸、独山、都匀	二级
10	黑熊（狗熊）	贵定、惠水、三都、长顺、荔波、罗甸、平塘、独山、都匀	二级
11	水獭（獭猫）	三都、独山	二级
12	斑林狸（斑灵狸）	三都、独山、惠水、荔波	二级
13	大灵猫（麝香猫）	贵定、三都、惠水、荔波	二级
14	小灵猫（麝猫）	全州各地	二级
15	林麝（香獐）	全州各地	二级
16	鬣羚（苏门羚）	瓮安、贵定、惠水、三都、独山	二级
17	斑羚（岩羊）	瓮安、惠水、三都、独山	二级
18	鸳鸯（官鸭）	贵定、惠水	二级
19	凤头鹃隼（鹞子）	平塘、罗甸、都匀、三都、贵定	二级
20	鸢（黑鸢）	三都、荔波、惠水、罗甸、都匀、贵定	二级
21	褐耳鹰（棕耳苍鹰）	龙里、贵定	二级
22	赤腹鹰（鸽子鹰）	龙里、平塘、荔波	二级
23	凤头鹰（凤头雀鹰）	罗甸	二级
24	雀鹰（鹞鹰）	惠水、都匀	二级
25	松雀鹰（松子鹰）	贵定	二级
26	普通鵟（鸡姆鹞）	平塘、荔波	二级
27	灰脸鵟鹰（老鹰）	贵定	二级
28	白尾鹞（灰鹰）	荔波	二级
29	燕隼（土鹞）	惠水、平塘	二级
30	红隼（红鹰）	龙里、都匀、罗甸、三都	二级
31	白鹇（白雉）	三都、罗甸、荔波	二级
32	白冠长尾雉（地鸡）	平塘、龙里、贵定	二级
33	红腹锦鸡（金鸡）	贵定、龙里、惠水、平塘	二级

续表 1-3-1

序号	动物名称	分布地点	保护级别
34	褐翅鸦鹃（红毛鸡）	平塘、都匀、罗甸	二级
35	草鸮（猴面鹰）	都匀、罗甸	二级
36	领鸺鹠（小鸺鹠）	都匀、罗甸	二级
37	斑头鸺鹠（春哥儿）	龙里、贵定、惠水、平塘	二级
38	褐林鸮（猫头鹰）	罗甸	二级
39	灰林鸮（猫头鹰）	惠水、贵定	二级
40	蓝翅八色鸫（五彩龙鸫）	荔波	二级
41	大鲵（娃娃鱼）	贵定、龙里、都匀	二级
42	细痣疣螈	荔波	二级
43	虎纹蛙（田鸡）	罗甸、荔波	二级

说明：1991－2014 年，境内已无野生华南虎生存

第四节　矿产资源

州境内矿产分布可划分为北部瓮安、福泉、龙里、贵定的磷、煤矿产区，东部都匀、独山、三都有色金属矿产区，西部惠水、长顺、罗甸、平塘非金属矿产区，南部荔波煤矿产区。经勘查，已发现矿种（含亚种）52 种以上，其中 32 种矿产不同程度探明储量；有主要储量产地 168 处，其中大型矿床 14 处、中型矿床 28 处；主要矿种有煤、磷、锑、锌、金、硫铁矿、硅石、重晶石、石灰岩、砷、水晶、饰面用灰岩、辉绿岩等，其中在全省占第一位的有锑、锌、电石用灰岩、化肥用砂岩、铸型用砂岩、水晶、辉绿岩，占第二位的有磷、金。

一、黑色金属矿产

境内的黑色金属矿产主要是铁矿和锰矿，铁矿具有一定的工业开采价值，是全州地质勘查进行较多的矿产之一，也是境内开发较早的矿产。锰矿仅在惠水、罗甸、三都发现，不具备工业开发价值。

（一）铁矿

铁矿主要分布在瓮安、福泉、都匀、独山等地，分布点多面广，小矿多，大矿少，贫矿多，富矿少。具有埋藏浅、规模小、品位较高等特征，宜于地方工业小规模开采利用。经地质勘探，境内有中型矿床 3 处、小型矿床 26 处，已探明储量 9427 万吨，推算储量 7224 万吨。

（二）锰矿

锰矿仅惠水县内有间孔风化型矿点 1 处。锰矿呈团块状，产于二叠统茅口组第一段白

云质灰岩侵蚀面之上的第四纪残坡积层中，呈北东向带状断续展布，长约600米，宽20～30米，大部分锰矿团块小而零星，含矿率20%～40%。此矿点系下二叠统茅口组第二段含锰燧石灰岩经长期风化淋滤局部富集而成，规模小，不具备工业开采价值，可供地方兴办小型冶金、化工、陶瓷等企业作辅助原料用。

二、有色金属及贵金属矿产

（一）汞矿

汞矿主要分布在三都、独山、罗甸、惠水、福泉、瓮安、都匀等县（市）。共有矿床（点）36处，其中中型矿床1处、小型矿床2处、矿点23处、矿化点10处。探明储量1000余吨，90%以上集中于三都县交梨。三都交梨汞矿田由丹寨汞矿厂开采，独山窑夜矿床由独山新洞汞矿厂作少量开采冶炼，其余矿点和矿化点均未进行采冶。三都交梨汞矿田经数十年开采冶炼，保有储量极少，已停采闭坑。福泉的扁担山、大塘、高坪，平塘的牙舟，罗甸的砂厂、板庚等矿点，矿体小而富，适宜地方小规模开采。

（二）锑矿

州内锑矿探明储量15.7万吨，居全省第一位，已探明锑矿床8处，其中大型锑矿床1处。主要蕴藏于独山、三都，在惠水、罗甸、荔波县有零星分布。独山半坡矿床是全省最大的大型产区，探明储量占全州总储量80%左右，矿石为单一辉锑矿，含锑品位平均1.03%～9.45%，最高达29.86%～36.63%，致密块状矿石含锑量高达50%，属大型锑矿床。

（三）铅锌矿

州内铅锌矿已探明储量的有都匀牛角塘、三都牛场等矿床。全州探明锌矿储量占全省储量的四分之一以上，铅矿也探明储量探明的矿床、矿点、矿化点共42处，其中中型矿床1处，主要分布在都匀、瓮安、荔波、三都等地，独山、贵定、福泉有零星分布。

（四）铜矿

全州已探明铜矿储量，其中罗甸县羊子坪铜矿365吨。三都县柳树坪发现多金属矿床1处。多金属矿产于前震旦系下江群隆里组下部绢云母板岩之节理裂隙或断层裂隙中，主要有3条含矿石英脉，矿体呈透镜状，脉状产出。矿石有闪锌矿、方铅矿、黄铁矿、斑铜矿、辉铜矿孔雀石、自然铅等。矿点规模较小，但品位较高，深部工作较差。

（五）铝土矿

瓮安草塘岩门探明铝土矿储量，在龙里等县也发现铝土矿。

（六）金矿

境内仅发现和探明中型矿床1处、小型矿床1处以及一些矿点、矿化点，分布在三都县苗龙、交梨、坝桥、火烧寨等地。三都金矿是国内一种新的金矿类型，产于汞、锑矿附近。

三、非金属矿产

境内非金属矿产储量丰富，用于化工原料的矿产有磷矿、硫铁矿、砷矿、重晶石、碘矿等，用于冶金辅助原料的有灰岩、白云岩、耐火黏土、砂岩等，用于建筑材料的有灰岩、砂岩、页岩、石膏、高岭土、陶瓷土、大理石、辉绿岩、方解石等，还有特种非金属矿产水晶、冰洲石等。其中，占全省第一位的非金属矿产有碘、电石用灰岩、化肥用砂岩、铸型用砂岩、水晶、砖瓦用页岩，占全省第二位的有磷矿。

（一）磷矿

主要分布在瓮安白岩、福泉高坪一带，三都有少量分布。已探明大型矿床2处、中小型矿床3处，是全省重要的磷矿产区之一。瓮福磷矿具有矿层厚度大、品位高、埋藏浅、易开发的特点，是质优量大的特大型产区，保有储量8.15亿吨，品位平均含量26%，品位大于30%的富矿占有一定比例。

（二）碘矿

境内探明的碘矿，主要伴生于磷矿石中，分布于福泉、瓮安磷矿区，磷矿石中平均含碘0.005%～0.0076%，全省碘矿储量居全国第三位，而黔南的碘矿储量占全省储量的95.70%。州内磷矿中伴生的碘可综合回收。

（三）硫铁矿

硫铁矿主要分布在瓮安、三都、龙里、都匀、独山等县（市），已知有中型矿床2处、小型矿床及矿点8处，境内硫铁矿床（点）分属沉积、热液、沉积—改造3种成因类型。沉积硫铁矿分布在龙里、瓮安、福泉等县（市），含硫品位12%～15%，已知中型矿床1处、矿点2处，层位稳定，规模较大，多属贫矿石；热液型硫铁矿主要分布在都匀、独山、三都等县（市）境内，已知有中型矿床1处、矿点5处，含硫品位15%～30%，规模较小，品位较富，是地方开采的主要类型；沉积—改造型硫铁矿仅有矿点1处，位于惠水县境内，量少，矿石品位较富。

（四）重晶石

境内的重晶石主要分布在都匀、福泉，在贵定、三都、瓮安县有零星分布。全州未探明储量。

（五）砷矿

砷矿主要分布于惠水、都匀、罗甸、长顺、三都等地，已探明矿床（点）6处，其中中型矿床1处、小型矿床1处、矿点3处、矿化点1处。已知矿床（点）有三都苗龙中型砷矿床、惠水宁旺小型砷矿床、长顺大坝砷矿化点、都匀者王砷矿点、都匀苦李冲砷矿点、罗甸花果山砷矿点。

（六）水晶

特种非金属矿产水晶主要分布在罗甸县，贵定、平塘、长顺、独山、惠水等县有少量分布。已知大型矿床1处、中型矿床3处、小型矿床2处、矿点7处。已探明压电水晶

3431公斤、熔炼水晶1016吨、光学水晶175公斤。

（七）石灰岩

境内石灰岩分布广泛，遍布各县（市）。全州探明大、中、小型石灰岩矿床10处、矿点7处。其中，大型水泥用灰岩1处、中型水泥用灰岩4处，共探明储量2.3亿吨；中型电石灰岩矿床2处，探明储量6756万吨；小型熔剂用灰岩矿床1处，储量685万吨。探明储量主要在都匀、贵定、独山等县（市）。石灰岩出露面积占各类岩石出露总面积的60%以上，产出层位多（4个时代、13个层位），可利用的石灰岩总厚度近1000米。

（八）石灰岩

电石用石灰岩，已探明贵定甘溪矿区储量2846万吨、贵定县万子山矿区储量3815万吨，两个矿区矿石质量属国内少有，达中型矿山规模，探明长顺县瓮贵矿区储量94.8万吨，龙里县也发现电石用石灰岩矿点。水泥用灰岩，各县（市）已查明资源分布，探明部分储量。制灰用灰岩（符合烧制石灰用的石灰岩）各县（市）均有分布，资源丰富，各县（市）均已开发利用石灰岩烧制石灰，但长期未引入专门矿产予以勘查与评价。建筑石材用石灰岩分布州内全境。

（九）砂岩

砂岩分布遍及境内。按工业要求探明的化肥用砂岩、冶金铸型用砂岩、玻璃用砂岩、砖瓦用砂岩主要分布在都匀、惠水、长顺、罗甸、独山等地，其余各县（市）虽资源丰富，但未进行勘查。

化肥用砂岩在境内分布广泛，探明的化肥用砂岩矿主要有都匀三道河、桐州矿区。

冶金、铸型用砂岩，在惠水半坡冶金用砂岩矿区探明储量233.8万吨，惠水龙塘大型冶金、铸型用砂岩产地探明储量1344万吨，都匀桐州矿区探明化肥用砂岩中符合冶金用的储量达8800万吨，长顺县石英砂岩秋坡矿点计算储量136.5万吨，探明罗甸拱里二矿段冶金用脉石英储量74.7万吨。

玻璃用砂岩在州内分布较广。

（十）白云岩

境内白云岩在瓮安、贵定、都匀一带分布广泛，其余县（市）也有分布，资源量大，但仅对都匀三道河、惠水宁旺、瓮安草塘的白云岩进行过矿产普查。其中，都匀探明白云岩平均含量为20.96%，化肥用白云岩储量1422万吨、远景储量1.3亿吨、熔剂白云岩远景储量38.9万吨；瓮安草塘、惠水宁旺、都匀三道河白云岩品位达溶剂、耐火材料、化肥等工业指标要求，尤以都匀桐州矿体厚度大，层位稳定，可开采利用。此外，荔波、三都推测储量5800万吨。

（十一）含钾岩石

含钾岩石在瓮安珠藏、福泉高坪均有发现。矿石类型主要为含钾水云母黏土岩和含钾页岩组成，氧化钾含量7%～10%。矿层由3条剖面控制长1130米，厚3.42米～10.28

米，平均厚9.7米。矿层稳定，含量变化少，但品位较低，属贫矿石。

（十二）硅石

境内硅石矿分布广泛，产出层位较多，主要分布在都匀、惠水、长顺、罗甸等县（市），已知有大型矿床2处、小型矿床1处、矿点1处。硅石矿可分沉积型、沉积—改造型、热液型3种。沉积型硅石矿：含矿层广布各县（市），厚度10米~200余米，品位98%~99%，已普查评价的有桐州大型矿床和惠水宁旺矿床。沉积—改造型硅石矿：该类型有惠水龙塘矿床，属滨海—浅海沉积产物，矿石含量平均为98.30%，经人工手选后，可达99%以上。热液硅石矿：此类型矿床仅有罗甸拱里硅石矿床1处，该矿杂质含量低，品位普遍大于99%。

（十三）砖瓦用页岩

砖瓦用页岩在各县（市）均有产出，已探明都匀、三都等地储量。都匀桐木冲、龙昌堡等地探明储量分别为230万立方米和26万立方米，三都大塘砖用页岩探明储量379万立方米。

（十四）石膏

境内仅发现瓮安县江界河小型石膏矿床1处，探明储量55.26万吨。该矿床石膏各矿层平均厚度2.19米，平均品位82.6%。矿物成分以条带状普通石膏为主，占90%以上。

此外，境内还发现一些次生石膏，如平塘的克度、龙场坳、打九湾、楼梯岩、凉风洞、永环、董高、西关，罗甸的岜西、拉赖、拉卡寨、令当、罗化、翁然等地，这些次生石膏零星分布。

（十五）高岭土

高岭土矿主要分布在瓮安、贵定、龙里、福泉等地。贵定县与龙里县交界的新安矿区高岭土计算储量10.3万吨，瓮安县云星高岭土矿点计算储量14.6万吨，瓮安县映山红高岭土矿点计算地质储量优质高岭土7万吨、一般高岭土5.8万吨。此外，还有瓮安上庆高岭土矿出露点、花塘高岭土出露点、木老坪打石场高岭土出露点、冼白亚高岭土出露点、新华高岭土出露点，福泉的上高寨高岭土出露点，龙里的朱家寨、大新高岭土出露点，福泉猫猫营探明高岭土矿储量14万吨。

（十六）陶瓷土矿

陶瓷土矿主要分布于平塘、龙里、贵定等县，矿床规模小，储量产地以小型为主。探明贵定与龙里交界的高坪铺、新安、黄土坎矿区，储量分别为38.5万吨、21.7万吨、31.5万吨，平塘县克度外山瓷土矿区探明储量97.3万吨。州内陶瓷土除个体、集体采掘外，贵定县陶瓷厂、平塘克度陶瓷厂开采利用于生产各种日用陶瓷。

（十七）黏土

境内的黏土矿（包括水泥用黏土、砖瓦用黏土），分布在都匀、贵定、福泉、龙里、平塘、长顺等地，探明储量矿床8处，均为小型矿床，其中水泥用黏土7处、砖瓦用黏土

1 处。已探明的矿床（点）有贵定平伐耐火黏土矿点、贵定辣子冲黏土矿点、福泉马场坪黏土矿点、都匀龙昌堡砖瓦用黏土小型矿床、贵定高坪铺黏土矿点、贵定黄土坝黏土矿点、龙里铜鼓井黏土矿点、都匀全民村水泥用小型黏土矿床、长顺来远小型软质耐火黏土矿床、平塘克度小型软质陶瓷黏土矿床、都匀桐木冲中型硬质砖瓦用黏土矿床、都匀笔架山中型软质水泥用黏土矿床等，都匀桐木冲笔架山矿床在开采利用。已由都匀水泥厂开采利用。

（十八）冰洲石

冰洲石属特种非金属矿产，主要分布在罗甸板庚、张家屯，惠水断杉、甲戎及瓮安、福泉等地。发现小型矿床 1 处，其余均为矿化显示点。已探明罗甸张家屯小型冰洲石矿床，惠水断杉、甲戎矿化显示点和瓮安鱼河冰洲石矿化点及福泉水洞冰洲石矿化点。黔南是贵州冰洲石重要产区。

（十九）方解石

境内分布较广，但长期未单独列为一种矿产进行地质勘查与评价。独山县余家湾水泥矿区方解石探明储量 156 万吨，福泉马场坪方解石计算储量 1.43 万吨。

（二十）大理石及辉绿岩

仅罗甸县有分布。罗甸饰面用大理石探明储量 8 万立方米，罗甸罗悃辉绿岩体白肥寨矿段饰面绿花岗石探明储量 318 万立方米。

（二十一）玉石

分布在罗甸县红水河、罗暮、罗妥、罗苏、罗悃、沟亭等地。据检测，玉矿硬度达到 6.0～6.7，岩石中的透闪石含量在 95% 以上。玉矿远景储量 74.6 万吨。

（二十二）彩石

境内彩石主要分布在平塘县。平塘开花寨彩石是产于黏土岩中由多种色彩组成的团或条带石头，硬度仅有 3 度左右，多具半脂肪光泽，可作各种小型工艺品原料。

四、燃料及放射性矿产

州境内发现的燃料矿产有煤、天然气、石油、油页岩、石煤 5 种。放射性矿产有铀，在境内发现有矿点、矿化点，尚未开发利用。

（一）煤矿

煤矿资源分布全州各县（市）。煤田有惠水煤田、贵定煤田、都匀煤田、荔波煤田。已探明煤的品种为烟煤、无烟煤等，煤层厚度 1.3～3 米，赋存于石炭纪、二叠纪地层内，蕴藏量达 19 亿余吨。探明储量 49608 万吨，保有储量约 38000 万吨。各县（市）煤矿资源情况为：瓮安县具有储量大、分布广、易开采、质量优等特点，以肥煤（含硫量偏高）居多。荔波县品种为烟煤、无烟煤两种。福泉市有高石煤矿、杨家林煤矿、龙昌镇谷坝煤矿等井田。都匀市主要分布于中部迎恩、小围寨、墨冲和西部摆忙、富溪、石龙、凯口一带，为烟煤、无烟煤两种。贵定县主要分布在烂田湾、乐邦等地。龙里县分布于摆省、渔洞、平西等地。惠水县分布于湾河、杨家山、断杉等地。长顺县分布于新寨、安乐等地。独山县分布于漂里、麻林、麻寨等地。平塘县分布于卡蒲、河中、者密等地。三都、罗甸县有零星煤矿点分布。州内煤矿正在开采利用。

（二）石油

黔南石油只发现有油气显示及石油矿点，尚未探明储量。

（三）油页岩

境内油页岩，未探明可供开发利用的储量。福泉等地矿层质量较好，含油率稍高，其余含油率低，不具备工业开采价值。

（四）石煤

境内石煤资源分布广泛，但勘查甚少。

五、热矿水资源

境内共发现热矿水点10处，分布于都匀、福泉、瓮安、贵定、平塘、独山、罗甸等县（市）。资源总量每天10877立方米，资源量最大的点为平塘县打贵河温泉，其资源量为每天4242立方米，最小的点为独山县羊场温泉，资源量为每天131立方米，全州热矿水点平均资源量为每天1088立方米。水温最高的是独山县羊场温泉，其水温为38度，最低的是贵定县龙窝寨等温泉，其水温为21度，全州热矿水平均水温26.05度。这些温泉中，达到矿泉水的有贵定县金竹坝温泉、独山县羊场温泉等。境内热矿水资源的特点主要有：以热水为主，矿水贫乏；水温较低；水质类型属中性低钠低矿化HCO_3—Ca型水。温泉主要有瓮安县玉华温泉、福泉市牛场温泉、贵定县龙窝寨温泉、贵定县金竹坝温泉、都匀市甘塘温泉、平塘县打贵河温泉、独山县羊场温泉、罗甸县蚂蚁寨温泉、贵定县岩下温泉、贵定县定南乡热水塘温泉等。

专记：

中国南方喀斯特荔波世界自然遗产地

“中国南方喀斯特”世界自然遗产项目是中国政府明确的分批次申报的世界自然遗产项目，由贵州荔波领衔，捆绑云南石林、重庆武隆申报。该项目于2007年6月27日第31届世界遗产大会审议通过被列入《世界遗产名录》，成为中国第六个世界自然遗产地。

“中国南方喀斯特”的重要组成部分——荔波世界自然遗产地，主要由贵州茂兰国家自然保护区、荔波樟江国家级风景名胜区大、小七孔景区组成，荔波遗产地总面积730.16平方公里，核心区295.18平方公里，缓冲区434.98平方公里，遗产地海拔385米~1109米，平均海拔747米，以典型锥状喀斯特、地表与地下喀斯特生态系统的完美组合为特征。

在荔波遗产地这片土地上，少数民族人口占90%，主要包括布依族、水族、瑶族和苗族等，民族文化底蕴丰富，喀斯特环境与少数民族传统文化之间的和谐关系在荔波遗产地保护管理上得到普遍的国际认同。

一、自然生态环境

荔波遗产地处于中亚热带南部，喀斯特地貌十分典型，形态多种多样，呈现出罕见的喀斯特峰丛景观。地面枯枝落叶垫积填充，蓄存的地表水与地下暗河、泉水并存，暗河、泉水汇集而成清澈的小池。降水和水源丰富，为森林植被的生长发育提供优越条件，区内无论山峰、盆地，到处都有森林覆盖。遗产地内喀斯特地貌发育，喀斯特形态多种多样，锥峰尖削而密集，洼地深邃而陡峭，锥峰洼地层层叠叠。地貌类型以峰丛漏斗和峰丛洼地为主，仅东部有小面积的峰林盆地分布。地貌形态主要有落水洞、漏斗、洼地、槽谷、盲谷等。

荔波遗产地区处于中亚热带季风温润气候区，具有春秋温暖、冬无严寒、夏无酷暑、雨量充沛的中亚热带山地湿润气候特点。年平均气温为15.3℃，气温年均差18.3℃。全年降水量1752.5毫米，集中分布在4—10月，年平均相对湿度83%，年日照时数1272.8小时，日照百分率29%，太阳辐射年总量为63289.80千瓦/平方米。由于区内特殊的森林地貌环境，其气候具有一定的特殊性。气温：4—9月，峰丛洼地随高度增加而升高，10月至次年3月，一般随高度增加而降低，下半年这种地形逆温是喀斯特森林小地形气温垂直分布独具的特色。相对湿度：峰丛洼地、漏斗之底部终年阴湿，各月相对湿度均在90%以上，而山坡的中、上部分，相对湿度较低，晴天极为干燥。

荔波遗产地区成土母岩为碳酸盐岩，故其风化发育形成的土壤均为石灰土。遗产地区内石灰土的基本特点有：土壤容量因素差，表现为土层薄，土被不连续；土壤质量好，表现为有机质和氮、磷、钾养分丰富；剖面多呈碱性。

茂兰喀斯特地区地表水系不发育，尧兰河、尧所河、板寨河及洞腮河均分属区内与之相应的4条地下河系，是地下河明流的局部段落。区内地下水赋存的二元结构是喀斯特森林水文的独特现象，即枯枝落叶垫积层充填的上层喀斯特裂隙水和下层喀斯特水并存，上层水流量小且动态稳定，下层水流量大，动态变化也相对较大。根据地层岩石的含水性质及含水的丰富程度，区内可分为碳酸盐强含水岩组和碎屑岩、泥灰岩弱含水岩组。喀斯特上层裂隙水又称森林滞留水，是森林植被对喀斯特作用的影响的具体表现形式。主要是由喀斯特森林的持水作用形成。森林滞留水按其滞留的地形部位分为森林滞留泉和森林滞留沼泽湿地两大类型，前者遍及全区，凡喀斯特森林茂密的山麓坡下、漏斗洼地中、山鞍坳口上均有分布，致使区内到处是清泉淙淙、流水潺潺；后者普遍见于地势平缓或低洼的密林中，或积水成塘，或形成连片沼泽湿地，局部地段在喀斯特森林内出现类似于寒温带沼泽森林的景观。樟江河是县境内最大的河流，发源于月亮山麓，在王蒙与方村河交汇，主河道长53.1公里，最大流量3704立方米/秒，最小流量2.92立方米/秒，平均流量35.72立方米/秒，年均总水量11.29亿立方米，其中县内径流量6.82亿立方米。樟江小七孔景区是一处融山、水、林、洞、湖、瀑于一体的天然原始奇景。小七孔流域以峰丛洼地、峰丛漏斗为主要特征，锥峰高度多在100米~200米之间，河谷开阔，起伏有致，碧水清流，景色秀丽。樟江大七孔景区是以下湖为主体，有水神河、沾水塘、万蛇塘、二层湖等。

茂兰喀斯特森林区面积30万亩，森林覆盖率92%，属中亚热带常绿落叶阔叶混交林。

该区地处中亚热带向南亚热带过渡的季风气候区，气候温暖、湿润，雨量充沛，形成荔波喀斯特丰富的生物多样性特征，既有许多国家珍稀濒危物种，又有新发现的众多动植物新种，成为许多模式标本的产地，是一个罕见的、巨大的生物资源基因库。

荔波遗产地区植物资源十分丰富，既有温带性质的科属，又有热带性质的科属，自然植被包括常绿落叶阔叶混交林、针叶阔叶混交林、竹林、灌木林、藤刺灌丛等多种类型。荔波遗产地有高等植物225科、687属，共计1532种。其中，苔藓植物45科、94属、144种；蕨类植物37科、84属、212种；裸子植物6科、12属、17种；被子植物137科、497属、1159种；药用植物有345种。这些植物中，有些是珍稀和国家紧缺药材，其中，极危7种，濒危26种，易危50种，近危32种，无危6种；受到严重威胁的濒危植物共计83种，占总数的68.60%。遗产地区有国家一级保护植物10种：南方红豆杉、红豆杉、单性木兰、掌叶木、硬叶兜兰、白花兜兰、小叶兜兰、带叶兜兰、麻栗坡兜兰、异形玉叶金花；二级保护植物159种：翠柏、福建柏、广东松、短叶黄杉等24种，兰科的135种。遗产地区植物因所处的地理环境和喀斯特地貌特殊性及小生境多样性，生长在特殊的石灰岩和白云岩生境中，形成许多该区特有种。已发现茂兰特有种41种，主要有荔波大节竹、荔波鹅尔枥、荔波瘤果茶等。此外，还有兰花植物135种，是中国兰花科植物保存最丰富的地区之一，其中白花兜兰等兜兰属植物被列为国家一级保护植物。

荔波遗产地区统计有脊椎动物近400种，其中鸟类16目47科205种，兽类8目24科61种，鸟类有15目40科137种，爬行类3目10科47种，两栖类2目8科34种，鱼类5目10科43种。另有昆虫1300余种，蜘蛛类146种，陆生贝类140余种，多足类10余种。主要动物种类有猕猴、黑熊、穿山甲、林麝、白鹇、蛇雕、蟒等，以猕猴和白鹇为优势种群。动物共有45种列入《中国物种红色名录》，其中极危种3种，濒危种4种，易危种38种。有国家一级保护动物4种、二级保护动物31种。茂兰已发现动物特有种38种，其中绝大部分为昆虫种类和蜘蛛种类。

二、自然遗产地价值

荔波自然遗产地喀斯特地貌复杂多样，森林生态空间广阔，生物资源丰富，区系成分过渡性特点明显。各种森林植物、各类动物及部分大型真菌，共有2000余种，其中经过鉴定已经发表和有待发表的植物新种40多种，属于贵州和全国动植物分布新纪录的达200种以上。区内集中连片的原生性喀斯特森林，主要分布在贵州茂兰国家级自然保护区和荔波樟江国家重点风景名胜区，是迄今地球上残存分布集中、原生性强、相对稳定的喀斯特森林生态系统。植物区系处于贵州区系向广西区系过渡交错地带，动物区系属东洋界体中区西南山地亚区黔中山地丘陵地。丰富的自然资源，形成独特的绿色喀斯特自然风光。樟江国家重点风景名胜区以喀斯特原始森林和水文景观为特色，整个景区有景点76处，其中一级景点17处、二级景点24处、三级景点35处，为绿色锥状喀斯特独一无二的特殊景观，是融山、水、洞、林、湖、瀑、石多种景物景观于一体的景区。

贵州茂兰国家级喀斯特森林自然保护区、樟江国家级风景名胜区以保存完好的原生性森林、生态系统、生物物种、水体以及人文景观和民族文化为特征。茂兰喀斯特森林是世界上相同纬度仅存的喀斯特森林类型，在世界植被类型中占有重要地位；茂兰喀斯特森林具有重大的科学研究价值，联合国教科文组织将其世界性意义和科研价值列为世界人与生物圈保护区和世界自然遗产地，是属于全人类共有的自然遗产，值得永久性保护。茂兰喀斯特森林生态系统是亚热带喀斯特地区中生物多样性保持最完整、种类最丰富的地区，茂兰喀斯特森林具有极高的美学价值和感染力，荔波拥有世界上相同纬度保存面积最大的喀斯特森林生态系统，荔波遗产地被中外专家誉为“地球腰带上的绿宝石”，具有特殊的意义和价值。

三、荔波自然遗产地申报

2000 年，荔波县委、县政府正式把申报世界自然遗产（以下简称申遗）工作纳入议事日程。2001 年 2 月，荔波县成立国家级茂兰喀斯特自然保护区和国家级樟江风景名胜区申报世界自然遗产前期工作领导小组及办公室。2001 年 10 月，县政府正式向州政府提出申报世界自然遗产的请示报告。同年 11 月，县政府将申报世界自然遗产的申请呈报贵州省申报世界遗产办公室。2002 年 12 月 30 日，州政府向省政府呈交《关于申报荔波喀斯特森林为世界自然遗产的报告》。

2003 年 1 月，为配合“中国喀斯特”申报世界自然遗产工作，迎接联合国教科文组织专家的考察，贵州省申报世界遗产办公室邀请中国科学院地理科学与资源研究所研究员宋林华以及向昌国、梁福源、王福源、张平究 4 名博士，贵州师范大学教授杨明德、黎道宏，贵州工业大学教授李景阳一行对荔波樟江风景名胜区和茂兰自然保护区等地进行考察。通过考察，专家们一致认为，贵州锥状喀斯特景观及其演化具有很高的遗产价值，而未被人为破坏的主要集中在荔波樟江的地貌景观、水文景观、生物景观以及茂兰喀斯特国家级自然保护区。因此，建议贵州喀斯特申报世界遗产的范围包括荔波樟江国家重点风景名胜区和茂兰国家级自然保护区。是年 3 月 25 日，省建设厅在贵阳召开“荔波喀斯特森林”申报世界自然遗产名录预选文本初审会，会议原则通过荔波申遗文本。5 月 13 日，荔波县参加贵州省建设厅在贵阳召开的贵州锥状喀斯特申报列入“中国喀斯特”世界自然遗产名录预选文本与影像审查会，会议认为，荔波的文本和影像资料内容丰富，资料翔实，条理清楚，图文并茂，符合要求，同意验收。11 月 6—11 日，省邀请中国科学院地理科学与资源研究所、建设部风景名胜专家顾问、研究员宋林华，国家著名喀斯特专家、南京大学教授俞锦标到荔波考察，正式确认荔波为世界遗产申报地。11 月 30 日，省建设厅申遗办在贵阳召开荔波喀斯特森林申遗初审会，经专家组评审，认为申报文本及所附资料基本符合世界遗产申报要求，建议列入贵州省世界遗产申报名单。2004 年，中央电视台 9 频道“旅游指南”栏目摄制组到荔波拍摄旅游专题片；5 月，中央电视台 10 频道“地球上的故事”专题拍摄组到荔波拍摄“中国南方喀斯特”申报世界遗产——《贵州锥状喀斯特》专题片。2005 年 10 月，在中国国家地理杂志社主办并与全国媒体联合评选的“中国最美的地方”活动中，荔波获“中国最美的森林”奖。

2005 年 6 月 9 日，建设部、省建设厅有关领导到荔波县考察申报“中国南方喀斯特”世界自然遗产工作。9 月 10 日，建设部明确贵州荔波、云南石林、重庆武隆作为“中国南方喀斯特”世界自然遗产的第一批申报单位，并由贵州省牵头组织申报工作。10月25日，完成“中国南方喀斯特”世界自然遗产申报文本。11月，国际喀斯特自然遗产管理专家、澳大利亚查尔斯特大学教授史密斯应邀到荔波提名地进行考察。

2006年1月，经国务院批准，中国向联合国教科文组织提交“中国南方喀斯特”世界自然遗产地申报文本及相关资料，确认申报世界自然遗产地依据。3月1日，“中国南方喀斯特”申遗项目通过联合国教科文组织世界遗产中心的筛选，列入预选评估名录，申报项目进入实质性现场考察阶段。3月19—24日，滇、黔、渝三省市专家和申报地政府领导组成联合考察组到荔波进行实地考察，对荔波提名地提出了12条具体的环境整治意见。荔波县根据联合考察组专家和领导提出的环境整治意见，启动环境整治工作，成立荔波县申遗环境综合整治工作领导小组，加大环境综合整治力度。4月3日，荔波县举行申报世界自然遗产誓师大会及万人游行和签名活动，申遗工作家喻户晓。4月29日，成立荔波县遗产管理办公室。同时，荔波县各单位和遗产地所在乡（镇）政府、村、组协调配合，共同搞好遗产资源管理。5月16—17日，省委副书记王富玉、副省长蒙启良代表省委、省政府，率省直20多个部门领导到荔波实地考察申遗工作，现场办公，召开申遗专题会议，落实解决荔波在环境整治工作中面临的资金、项目、技术等困难，并形成省委常委会议纪要，督办落实。6月9—11日，IUCN专家、国际著名喀斯特学家、新西兰奥克兰大学教授威廉姆斯应邀考察荔波提名地。7月2—7日，新华社、人民日报社、光明日报社、经济日报社、中国文化报社、中国日报社、北京周报社、今日中国报社、解放军总参谋部、美国《彼岸》杂志社等10家媒体组成的中央媒体记者团到荔波进行为期6天的采访。7月9—12日，国际著名生物多样性专家、博士马敬能和中国科学院研究员解焱应邀到荔波进行实地考察，对荔波提名地的生物多样性和迎接IUCN专家考察的路线作评价和建议。8月5—7日，贵州、云南、重庆三省（市）专家联合考察组到荔波进行模拟考察。9月2—8日，原国际洞穴协会主席、澳大利亚悉尼大学教授朱丽娅应邀到荔波提名地进行考察。9月2—10日，国际著名喀斯特学家、新西兰奥克兰大学教授威廉姆斯和国际喀斯特自然遗产管理专家、澳大利亚查尔斯特大学教授史密斯应邀到荔波提名地进行考察。9月8—10日，国际自然保护联盟（IUCN）专家吉米·桑塞尔博士对荔波提名地进行实地考察评估，中国科学院院士袁道先、中国工程院院士卢耀如、中国科学院植物研究所研究员王献溥以及建设部、外交部、中国联合国教科文组织全国委员会的专家一同考察。10日，在贵阳召开IUCN专家考察“中国南方喀斯特”总结座谈会。会后，桑塞尔博士向世界遗产中心提交考察报告，并通过世界自然保护联盟（IUCN）10人小组的审查，同意将“中国南方喀斯特”项目提交2007年6月世界遗产大会表决。

2007年6月27日下午14时25分（北京时间），第31届世界遗产大会在新西兰克赖斯特彻奇召开。大会审议通过贵州荔波与云南石林、重庆武隆捆绑申报的“中国南方喀斯特”世界自然遗产项目列入世界自然遗产名录，荔波被正式列为世界自然遗产地。大会对“中国南方喀斯特”的评价为：“‘中国南方喀斯特’在喀斯特特征和地貌景观方面的多样性是无与伦比的，代表了世界上湿润热带到亚热带喀斯特景观最壮观的范例。”“荔波的锥状和塔状喀斯特同样被认为是世界上同类喀斯特的参照地。”6 月 28 日上午，荔波县在民族中学举行申报世界自然遗产地成功庆祝大会及万人游行和签名活动，并在大七孔景区举行“世界遗产”标志牌揭牌仪式。10 月 25 日，荔波县正式开通世界自然遗产地——中国南方喀斯特网站。

四、资源保护

2012 年 3 月，荔波县遗产管理办公室更名为荔波县世界自然遗产管理局，统筹全县世界自然遗产地的保护工作。

（一）保护区设立及保护规划

中国南方喀斯特——荔波世界自然遗产主要由茂兰自然保护区和樟江风景名胜区的大、小七孔景区组成，总面积为 1095240 亩，占全县总面积的 30%，其中核心区为 442770 亩，缓冲区为 652470 亩，核心区共涉及 10 个村 51 个组 1160 余户 4500 余人。

为有效地保护好茂兰喀斯特森林，1986 年 12 月，县政府行文将茂兰喀斯特森林列为自然保护区，并确定保护区范围。1987 年 4 月，省政府将茂兰保护区批准为省级自然保护区。1988 年 5 月，国务院将茂兰保护区批准为国家级自然保护区，并明确该保护区是以保护完整的综合自然生态系统为目的，兼有保护珍稀孑遗动植物资源的科研型自然保护区。1996 年 4 月，茂兰保护区被联合国教科文组织纳入国际生物圈保护区网络（MAB）。是年，该区被中国生态旅游专业委员会列为全国 22 条生态旅游线之一。

2004 年 12 月，茂兰管理局委托省林业调查规划院编制《贵州茂兰国家级自然保护区总体规划（2004—2015 年）》。总体规划根据茂兰保护区的区情，以保护为根本，以发展为目的；以保护工程为基础，以科学研究为重点；以现代化的管理为保障；加大执法、宣传、科研和投资力度，全面发挥保护区的保护、后勤基地（科研、监测、教育、培训）和发展三大功能，逐步将茂兰保护区建设成为一个特色突出、内涵丰富、布局合理、设施完善、功能齐全、管理规范、效益显著、知名度高的国家级自然保护区，实现喀斯特森林生态环境、生物多样性和社区经济的可持续发展。规划期限为 2004—2015 年，按照茂兰保护区自然资源的特点和主要保护对象的分布状况及保护目的，以保护喀斯特森林生态系统及其珍稀濒危野生动植物为主，将保护区划分为核心区、缓冲区和实验区进行保护。

2006 年，根据《贵州茂兰国家级自然保护区总体规划（2004—2015）》《荔波樟江风景名胜区总体规划（2002—2020）》《世界遗产公约行动指南（2/2005，UNESCO）》《国际自然保护联盟喀斯特保护地指南》，县政府制定《荔波世界自然遗产提名地管理规划纲要》并实施。是年，国家林业局确定茂兰自然保护区为第一批国家级示范建设保护区。

（二）功能区划分。

1. 核心区。核心区位于保护区南部与广西木论国家级自然保护区交界一线，即从更查、更独山经万里卡、四北洞、白鹇山、黎明关至罗家洞、干刷、洞洼一带，包括洞杨山、洞多等。核心区面积 83.05 平方公里，占保护区总面积的 39.0%。核心区保存着发育完好、极为典型的原生性喀斯特森林，森林覆盖率达 93.8%。各种地貌类型与森林组合，如漏斗森林、洼地森林、槽谷森林等各种森林群落类型，在核心区均有分布。在干刷和拉笔腊一带，还有一定面积的灌丛植被。茂兰所有的生物物种，特别是国家重点保护动植物种类和茂兰特有种，在核心区内均有分布和栖息。核心区内禁止任何单位和个人进入，实行绝对保护。如确因科研需要进入核心区时，要事先向保护区管理局提出申请，并经国家林业局或其指定部门批准后，方可在核心区内从事相关科学研究工作。

2. 缓冲区。缓冲区是核心区与实验区的过渡地带，对核心区起保护和缓冲作用，扩大和延伸被保护物种的生长和活动区域。缓冲区位于核心区外围，总面积81.3平方公里，其主要特征是自然森林生态系统较完整，生物多样性丰富，分布有部分灌木林、藤刺灌丛、灌草丛等不同演替阶段的次生生态系统。缓冲区尽量减少人为干扰，可有计划地从事科学研究和教学实习等工作，但需事先向保护区管理局提出申请，经主管部门批准后方可进入。

3. 实验区和旅游区。实验区的主要功能是对核心区起到更大的缓冲作用和与周边地区的联系纽带作用，在国家法律、法规允许的范围内和不破坏自然生态环境的前提下，可以开展科学实验、教学实习、参观考察、生态旅游、野生动植物驯养繁殖及其他有益于资源合理利用与生产示范等活动。实验区分为4块：永康乡的尧古、瑶兰；翁昂乡的巴弓、莫干、洞常；洞塘乡的板寨、计才、尧所；洞塘乡的塘边、洞马、蒙寨。总面积29.35平方公里。生态旅游区是实验区进行旅游开发的区域。该区位于保护区的东北部，面积19.15平方公里。其主要功能是用于开展喀斯特森林生态旅游，以良好独特的喀斯特森林景观和生态环境为主体，融合自然景观与人文景观，充分利用森林的多种功能，按照生态旅游的理论和宗旨开展旅游活动，从而使观赏游览与科普教育相结合，提高公众保护生态环境、热爱大自然的意识。同时，通过旅游带动社区经济发展，为保护管理积累资金。旅游区的主要景点有青龙潭、金狮洞、九洞天、旺牌山漏斗森林、黄杨沟、水中林、拉滩瀑布等。

（三）立法

荔波世界自然遗产地申报成功后，荔波县委、县政府加强世界自然遗产地统筹保护与管理，推进荔波世界自然遗产保护条例立法工作，使世界自然遗产保护尽快纳入法制化轨道。参照《保护世界文化与自然遗产公约》，借鉴国内世界自然遗产地的立法经验，起草《黔南布依族苗族自治州荔波世界自然遗产地保护条例》。2012年3月9日，荔波县人大常委会召开荔波县世界自然遗产地立法保护工作部署会，启动荔波县世界自然遗产保护立法工作，并于是年6月29日列入了黔南州人大常委会2012—2016年的立法规划。

根据黔南州人大常委会立法工作要求，荔波县政府成立《黔南布依族苗族自治州荔波世界自然遗产地保护条例》立法工作领导小组和工作组，在县世遗局设办公室，负责条例文本起草和修改，并邀请国内专家进行立法论证，上报州人大常委会审议。为使祖辈世代相传留下的珍贵自然遗产完整地保存和传承给后人，形成人人保护世界遗产的良好社会氛围，全县县、乡、村、组四级和老中少三代代表共同签订《荔波世界遗产地生态保护公约》，提升公众对保护世界自然遗产的责任感和使命感。

第四章　县（市）概况

黔南州所辖的12个县（市），有丰富的自然资源，悠久的历史文化，淳朴的民族风情。1991—2014年，各县（市）在深化改革开放中，经济建设、政治建设、文化建设、社会建设、生态建设等方面不断取得新成果，发生了巨大变化。

第一节　都匀市

都匀原名都云，因城东二里的都云洞（又名九龙洞、仙人洞）而得名。明洪武二十三年（1390年）改都云为都匀。

一、区位　人口

都匀市位于北纬25°51′26″~26°25′39″、东经107°07′9″~107°46′26″之间，东与三都县和黔东南州丹寨县相连，南与独山、平塘县接壤，西与贵定县毗邻，北与黔东南州麻江县交界。全市总面积2285平方公里，辖1个乡、4个镇、5个街道。2014年底，全市总户数156069户，总人口48.26万人。其中，少数民族34.39万人，占全市总人口的71.28%，少数民族人口中，布依族206601人、苗族76080人、水族36394人，分别占全市总人口的42.81%、15.77%、7.54%；非农业人口16.69万人，占总人口的34.59%；女性234243人，占总人口的48.54%。

二、建置　区划

辖区秦汉为母敛县地，唐宋置邦州、悊州。元至元二十六年（1289年）置都云定云安抚司，二十八年（1291年）置都云军民府。明洪武十九年（1386年）设都云安抚司，二十三年（1390年）易为都匀卫，二十九年（1396年）升为军民指挥使司，弘治七年（1494年）置都匀府。清康熙十年（1671年）裁卫置县。民国3年（1914年）改都匀府为都云县。1949年11月15日都匀解放，24日成立县人民政府，属独山专员公署，为公署所在地。1952年，独山专员公署改称都匀专员公署。1956年，黔南布依族苗族自治州建立，都匀为州府所在地。1958年6月，以都匀城区建立都匀市，郊区为都匀县。是年12月，撤销都匀县并入都匀市。1962年12月，撤市复县。1966年3月恢复都匀市，县、市分治。1983年12月都匀县并入都匀市。

1991年3月，全市设3个街道、6个区、1个区级镇、28个乡、5个乡级镇、4个乡级街道办事处，89个居民（家属）委员会，262个村民委员会。1991年4月，全市行政区划

"建并撤"，设12个镇、8个乡、3个水族乡、5个街道办事处。2013年底，撤销新华办事处，将其管辖区域划入文峰办事处和广惠办事处。2014年，进行行政区划调整，撤销原16个乡（镇）、5个办事处撤并整合为4个镇1个乡5个街道，即匀东镇、毛尖镇、墨冲镇、平浪镇、归兰水族乡、文峰街道、广惠街道、小围寨街道、沙包堡街道、绿茵湖街道，辖109个村、17个社区居民委员会。

三、地形 气候

都匀地处黔中高原向黔南倾斜的过渡带，地势西北高、东南低，平均海拔938米，市区海拔785米。北部多山地，中南部有狭长的河谷盆地，属于喀斯特地貌，颇多暗河洞穴。最高点斗篷山巅1961米，最低点为归兰水族乡翁了寨河口540米。地貌有山地、丘陵、盆地（坝子）三大类，山地占82.83%，丘陵占13.51%，盆地占3.66%。都匀属亚热带季风湿润气候，冬无严寒，夏无酷暑，最冷1月日平均气温5.6℃，最热的7月日平均气温24.8℃，年平均气温16.1℃，不低于10℃积温4538.1℃。雨热同季，雨量充沛，年平均降雨量1431.10毫米。年日照时数1159小时，日照率26%。

四、资源与物产

都匀市耕地面积69.45万亩，林地面积180万亩；牧草地面积28.5万亩；水域面积4.5万亩；土地后备资源为37.5万亩，占土地面积的11.22%。全市森林覆盖率达57.58%，原始森林、原始次生林、水源保护林等森林面积180万亩；城市绿化覆盖率37.33%。全市有大小河流275条，总长1320.50公里，分属长江流域沅江水系及珠江水系。长度10公里以上的河流31条，主要有马尾河、凤席河等。地表水年经流总量16.87亿立方米，其中，地表水14.75亿立方米，地下水2.12亿立方米，河流水力资源理论蕴藏量为12.5万千瓦。

全市有矿床、矿点、矿化点80余处。其中，大型矿床1处，中型矿床9处，小型矿床8处，矿点56处，矿化点6处。金属矿有赤铁、褐铁、铅锌，非金属有重晶石、硅石、砷、水晶石，建筑用材有石灰石、白云石、石英砂、大理石等。

都匀境内野生动物种类有记录的脊椎动物有285种，主要有狗熊、野猪、山羊、狐狸、貉、獐子、野猫、猴子、刺猬、野兔、獾、穿山甲、黄鼠狼、夜老鼠、竹鼠、松鼠、田耗子、沟鼠、虎纹蛙（田鸡）、棘复蛙（石蚌）、棘胸蛙（石蚌）、粗皮姬蚌、小弧斑臣蛙、蟾蜍、野鸡、竹鸡、红腹锦鸡（金鸡）、斑鸠、阳鹊、大杜鹃（布谷）等。畜禽品种主要有牛、猪、马、羊、鸡、鸭、鹅、鹌鹑、兔、猫、狗、蜂等。水产品种主要有草鱼、鲢鱼、鲶鱼、鲤鱼、鲫鱼、乌棒（七青）、花鱼、麻鱼、棒花鱼、鳜鱼（桂青）等。

野生植物主要有香果树、十齿花、杜仲、马尾松、鹅掌楸（又称马挂木）、穗花杉、六麻、黄连、银杏、水杉、柔毛油杉及檀木、铁杉、板栗、蕨、拐枣、火棘（红子）、野百合、栎类、青冈、栲树、刺梨、猕猴桃、杨梅、樱桃、黑牛肝菌、乳牛肝菌、心叶缬草、缬草、伞开科、唇形科、菊科、白茅、白健杆草、金茅、细柄草、褶孔菌（黄丝菌）、黑乳菇（奶浆菌）、冻菌、茅草菌、环褶菌、大红菇、油茶、西南山茶等百余种。

特产以都匀毛尖茶为著名。都匀毛尖茶又名“白毛尖”“细毛尖”“鱼钩茶”，以“三绿三黄”的品质特征著称于世。都匀毛尖茶曾于1915年代表中国茶叶参加巴拿马万国博览会获优奖，1956年，国家主席毛泽东命名为“毛尖茶”。1982年在全国首届名茶评比中被评为“中国十大名茶”之一。2014年，全市茶园面积29.16万亩，茶叶总产量2850吨，茶业综合总产值达7.8亿元。品牌价值达13.78亿元，在贵州同类产品中位居第一。

五、交通

都匀市区距贵阳里程96公里，黔桂铁路、贵新高等级公路、厦蓉高等级公路及320和321国道及207省、210省道等纵贯市境。途经都匀的贵广快速铁路于2014年底通车，都匀到广州的列车行车时间5个小时左右。2014年，全市有国、省、县、乡道路及工矿道路共184条，总长921.50公里。全市财政投入9.7亿元、多渠道融资54.46亿元，实施城市畅通工程，建成南出口大道、毛尖大道、会云桥—173、173—115城市主干道、南沙洲绿地公园，推进环西大道、外环东路、纬九路、纬十路、西苑大桥等项目建设。

六、文物名胜

市内文物名胜有文峰塔、百子桥、石板街等。风景区主要有斗篷山景区、杉木湖中央公园、南沙洲民族文化公园、青云湖森林公园、雨花湖湿地公园、西山公园、东山公园、归兰山、尧林溶洞及古石塔——文峰塔石板古街等。2001年10月，都匀市获“中国优秀旅游城市”称号，2012年6月，获“全球绿色城市”称号，是贵州省唯一获得此殊荣的城市。

都匀市区有各种不同建筑风格的桥梁100多座横跨在剑江河上，主要有百子古桥、剑江斜桥、银狮桥、彩虹桥、月亮桥等，都匀被誉为“桥梁博物馆”。

七、民族风情

布依族主要分布在都匀市西片区，民族节日主要有三月三、四月八、六月六等。都匀布依族被列入非物质文化遗产代表作名录的有《扫寨》（省级）、《布依族古歌》（州级）、《砍白马祭祖仪式》（市级）及《花灯三人转》（市级）。

苗族主要分布在都匀市东片区，民族节日主要有苗年、吃新节、芦笙节、爬山节、斗牛节等。都匀苗族被列入非物质文化遗产代表作名录的有《新场苗族祭神》（省级）、《苗族六月六》（市级）、《鸡贾苗族芦笙制作》（市级）及《苗族芦笙斗鸡舞》（市级）等。格多苗寨位于市区东面，距市区40公里，保存着完好的民族历史遗风。民族节日最为隆重的是“六月六”“吃新节”“苗年节”，苗族活动“祭天神”被省政府列为第二批非物质文化遗产保护名录。

水族主要聚居于归兰水族乡，2002年榔木水寨被授予“贵州省艺术摄影创作基地”。

八、经济社会发展

农业围绕茶、畜、菜、果、药、烟六大优势主导产业，初步构建“东果药、西茶鱼、南菜花”的农业产业发展格局，形成“百里毛尖长廊”“十里葡萄长廊”、万亩板栗示范带和蔬菜、花卉、生猪养殖、大鲵，以及野猪、野鸡等野生动物养殖等产业基地。2014年，全市有效灌溉面积 11.32 万亩，农业增加值 122.31 万元。农作物种植 36.80 万亩，其中，水稻 15.20 万亩、玉米 7.53 万亩、小麦 5.05 万亩、洋芋 5.40 万亩、高粱 0.24 万亩，蔬菜 26.03 万亩，果树种植面积达 6.1 万亩，刺梨种植 7000 亩。粮食总产量完成 10.18 万吨，油菜籽产量 8558 吨，肉类总产量完成 47360 吨，水产品产量完成 1864.50 吨。2014 年，都匀市现代高效蔬菜产业园区启动实施，整合相关项目资金重点打造以墨冲镇良亩村良田大坝、小围寨办事处包阳村为核心，沿贵新高等级公路向小围寨、墨冲、平浪等乡镇办事处现代高效蔬菜产业园区建设。是年，都匀市墨冲现代高效蔬菜产业园区被列入省级重点园区。

2014 年，全市城镇新增就业 20538 人，城镇登记失业人数 3926 人，城镇登记失业率 3.46%，在岗职工 53770 人。参加新型农村养老保险 13.64 万人，参加城镇基本养老保险 4.75 万人，参加失业保险 1.92 万人，参加基本医疗保险 39.85 万人，其中新型农村合作医疗保险 26.65 万人，参合率 99.39%。全市城镇居民最低生活保障人数 7600 人，农村居民最低生活保障人数 22871 人。

2014 年末，全市有普通中等专业学校 4 所，在校学生 9512 人，教职工 182 人；有普通中学 29 所，在校学生 29729 人，教职工 2074 人；有小学 76 所，小学教学点 62 个，小学在校学生 28244 人，教职工 1868 人；有幼儿园 62 个，在园儿童数 13367 人。适龄儿童入学率 99.66%。境内有黔南民族师范学院、黔南民族职业技术学院、黔南民族医学高等专科学校及 7 所中等专业学校。全市有卫生机构 246 个，其中，医院 13 个、疾病预防控制中心 2 个、妇幼保健站 2 个。卫生机构床位数 3708 张，卫生技术人员 3964 人。市内有三甲医院 3 所。有邮政局（所）25 处，邮路总长达 1885 公里；全市有固定电话用户 82291 户、移动电话用户 429821 户、互联网用户 73080 户。

2014 年，全市生产总值 153.92 亿元，财政总收入 25.06 亿元，500 万元以上规模工业增加值 31.2 亿元，全社会固定资产投资 210.64 亿元，社会消费品零售总额 55.66 亿元，招商引资到位资金 119.7 亿元。2014 年，农村常住居民人均可支配收入 8410 元，城镇常住居民人均可支配收入 23518 元。居民人均消费支出 11542 元，其中农村常住居民人均消费支出 6922 元，城镇常住居民人均消费支出 16588 元。社会消费品零售总额 55.66 亿元。小康实现程度达 96.1%。

第二节　福泉市

福泉县原名平越县，1953 年 7 月更名为福泉县。福泉一名，源于城西南隅的福泉山上有一口清澈泉水。

一、区位　人口

福泉位于贵州省中部、黔南州北部，地跨北纬 26°32′28″～27°02′23″、东经 107°14′24″～107°45′35″，东与黔东南州黄平县、凯里市交界，南接黔东南州麻江县，西界贵定县、龙里县和贵阳市开阳县，北与瓮安县相连。辖区东西最大距离52.10公里，南北最大距离55.20公里，总面积1688平方公里。2014年底，福泉市总人口32.82万人，人口密度平均每平方公里195.02人。境内为多民族杂居区，有汉、苗、布依、畲、水、侗、仡佬、彝、水等29个民族，少数民族人口9.17万人，占总人口的27.85%；少数民族以苗族人口最多，有5.13万人，布依族次之，为2.76万人。

二、建置　区划

福泉在春秋战国至秦为且（音ju）兰国领地，汉元鼎六年（公元前111年），于且兰国地置且兰县，属牂牁郡。隋文帝开皇元年（581年）置为宾化县。唐沿袭隋制，改牂牁郡为牂牁州，辖牂牁（今瓮安）、宾化二县（今福泉）。宋嘉泰初（1201年），土管宋永高克复麦新等地，亦内附，在今福泉黎峨山设黎峨里寨。元至元二十九年（1292年），黎峨里寨改置平月长官司。明洪武八年（1375年），平月长官司改为平越安抚司，洪武十五年（1382年），平越安抚司改为卫指挥使司，军民共管，并开始修建平越卫城。洪武十七年（1384年）二月，平越卫指挥使司升为军民指挥使司，万历二十九年（1601年）将播州地改设遵义军民府（隶四川）和平越军民府（隶贵州布政司），平越军民府和平越卫同城，府辖黄平州、余庆县、瓮安县、湄潭县。清康熙十一年（1672年），裁平越卫，改设平越县，仍为府治；平越军民府领黄平州和平越、瓮安、余庆、湄潭4个县。康熙二十六年（1687年），平越军民府改为平越府，辖1个州4个县；嘉庆三年（1798年），平越府改为平越直隶州，辖瓮安、余庆、湄潭3个县及3个长官司，隶贵州粮储道。1914年1月，裁州改县，为一等县。1953年7月1日，平越县更名为福泉县。1996年12月2日，撤县设市，福泉县改为福泉市（县级）。

1991年，福泉县行政区划“建并撤”，将5区6镇（其中1个区级镇）31个乡撤并为7镇9乡，辖174个村民委员会、16个居民委员会。2000年，黄丝乡、高坪乡、地松乡先后撤乡设镇。2001年，撤销马场坪镇，设立马场坪街道办事处，将原城厢镇的4个居委会和5个村部分村民小组划出组建金山街道办事处。全市辖2个办事处9个镇6个乡，60个村民委员会、16个居民委员会。2014年，福泉市行政区划调整为2个街道（金山、马场坪）5个镇（牛场、龙昌、凤山、道坪、陆坪）1个乡（仙桥），60个村民委员会、16个居民委员会。

三、地形　气候

福泉市位于云贵高原的东斜坡上，地势西部和北部较高，中部和东南次之，南部较低。全市平均海拔1098米，最高点为与贵定县交界的黄龙山，海拔1716米，最低为鱼梁江与乌湄河交汇处的河床614米。福泉地处副热带东亚大陆，属亚热带湿润季风气候，因海拔高度较高，又具有亚热带高原季风气候的特点。境内年平均气温大部分地方在12.9℃～15.5℃之间，年降水量在1000～1200毫米之间，2002年的1498.3毫米为历史最高、1989年的794.5毫米为历史最少纪录。

市境属长江流域，东南部为沅江水系，西北部为乌江水系。沅江水系主要河流为鱼梁江和乌湄河，乌江水系主要河流有清水江和两岔河。

四、资源 物产

耕地面积占全市总面积的25.37%。主产水稻、玉米、油菜、烟叶、水果等，其中烤烟、水果是主要经济作物。地方风物特产主要有金谷福梨、红皮大蒜、生姜、本地线辣椒、福泉山牌系列风味食品等。“金谷福梨”主要产地为城厢镇双谷万亩果园场，果园规模2.64万亩。福泉市风味食品有限公司研发生产的“福泉山”牌风味油辣椒、糟辣椒、柴火煳辣椒、魔芋粉丝、山野蕨菜以及“万康乐”牌苦荞七福、五行苦荞茶等系列产品，福泉市安运腌制食品有限责任公司生产的“安运牌”腌猪蹄、腊肉、香肠、猪排、血豆腐、风肉等腌制产品，福泉市保利食品有限公司生产的“泉康元”牌剔骨鸡辣椒、冰糖黄粑、五彩风味粽子、水晶松花皮蛋、保利咸蛋等在市场上受到广大消费者的青睐。

境内植物资源有种子植物163科、548属、1053种，动物资源有饲养和野生动物200余种。2014年，全市森林覆盖率48.56%。境内矿产资源丰富，有磷矿、煤矿、铁矿、重晶石等25种矿藏，已探明的磷矿储藏量4.82亿吨（不含瓮福矿肥基地矿山），磷矿石五氧化二磷（P_2O_5）含量15.26%~39.48%，平均品位$P_2O_5 \geqslant 30\%$。瓮福矿肥基地磷矿山位于福泉市与瓮安县交界处，地质储量8.20亿吨。

五、交通 通信

210国道、205省道、306省道和沪昆高速公路、兰海高速公路、瓮马高速公路和湘黔铁路、株六铁路复线横贯境内。2014年末，全市公路通车里程1356公里。其中，高速公路70公里、国道58公里、省道200公里、县道166公里、乡道231公里、村道345公里；二级以上公路125公里。实现村村通油（水泥）路和客运。等级公路通达密度为40.5%（公里/百平方公里）。全市有移动电话用户19.62万户、互联网用户2.84万户、固定电话用户2.14万户。

六、经济发展

2014年，全市生产总值111.04亿元，比上年增长16.5%；城镇、农村居民人均可支配收入分别为22151元和7515元，小康创建“三项”核心指标提前超额达标，全面小康实现程度达95.2%以上。

实现农业增加值12.44亿元，比上年增速6.5%，农业增加值占GDP比重11.1%；全市粮食总产量11.65万吨，粮经比例为37∶63；烟叶收购突破4600吨，收入连续三年超亿元。

工业总产值210亿元，其中2000万元以上规模工业总产值完成184.95亿元，比上年增长14.8%，规模工业增加值48.9亿元，比2013年增长15.9%。磷及磷化工产业实现工业总产值117.16亿元，比2013年增长6%，磷及磷化工占全市工业总产值的60%。

财政总收入20.02亿元，比上年增长29%，首次突破20亿元。年末，全市金融机构各项存款余额76.04亿元，比上年新增8.85亿元，增幅13.17%，总额位列全州第三位；全市金融机构各项贷款余额76.89亿元，比上年增加11.71亿元，增幅17.96%，总额位列全州第二位。

社会消费品零售总额实现18.56亿元，比上年增长13.02%。外贸进出口总额4163万美元，比上年增长51.82%。有各类市场主体12099户，其中，个体工商户9908户，从业人员14774人。

七、社会事业

2014年，全市有中学19所，普通高中招生2401人，高中阶段入学率84.02%，普通初中招生33342人，初中阶段学生入学率95.16%；有普通小学106所，普通小学招生3678人，小学学龄儿童入学率99.2%；有幼儿园71个，在园儿童12220人；全市有专任教师3175人。2014年，财政投入科学研究与试验发展经费3300万元，规模以上工业企业投入科技项目经费4.05亿元，从事科技活动人员841人，参加项目人数534人，开展科技活动项目52个，新产品产值30.95亿元，占规模工业总产值的比重为16.73%，新产品产值对生产总值增长的贡献率为10.56%；全年企业申报专利135项，有效发明专利235项。

2014年，全市有卫生机构48个，拥有床位数1273张，卫生技术人员918人，其中医生（主任、副主任医师）75人。有农村有医疗点150个，村卫生医疗点数占总村数的100%，乡村卫生人员150人。截至2014年，连续第五年承办全国山地自行车冠军赛和全国联赛、全省青少年举重锦标赛；组队代表黔南州参加全省跆拳道锦标赛，取得1金5银6铜的成绩，获团体总分第四名。

八、文物　文化遗产

境内有黔南州仅有的2个全国重点文物保护单位福泉城墙和葛镜桥，有省级重点文物保护单位2个（竹王城遗址和高石头石刻）、市（县）级重点文物保护单位14个，有屯兵遗址、古桥、寺庙、塔碉牌坊、摩崖石刻、历史人物墓等文物点200多处。

境内的省级非物质文化遗产有清水江杀鱼节、福泉阳戏、阔龙水花灯、“六月二十四”民族传统节。

第三节　瓮安县

明万历二十九年四月二十九日（1601年5月30日），改土归流，以瓮水、草塘安抚司和重安长官司一部分合置瓮安县，以瓮水长官司“瓮”、重安长官司“安”取名为瓮安。

一、区位　人口

瓮安位于黔南州北部、乌江中游，东邻黔东南州黄平县，南连福泉市，西接贵阳市开阳县，西北抵遵义市，北交湄潭县，东北靠余庆县。南北最长56公里，东西最宽51公里，国土面积1962.74平方公里。县城距省会贵阳市89公里，距州府驻地都匀92公里，距遵义市156公里。

2014年，全县户籍总人口46.96万人。人口密度平均每平方公里238人。有28个少数民族30968人，占总人口的6.59%。

二、建置　区划

瓮安地域夏属梁州南部，商周时为且兰地，自秦汉便有史记载，秦朝时，设象郡，瓮安隶属象郡北境。汉朝时期，瓮安隶属牂牁郡。至西晋时，牂牁郡治设在瓮安境内，时为万寿县。隋朝时期，瓮安隶属牂牁县。唐朝，瓮安隶属播州。元朝，播州军民安抚司辖1府32长官司，内有瓮水长官司、旧州草堂（塘）等处长官司，为今瓮安县域。明洪武十七年六月一日（1384年6月29日），旧州、草塘等处长官司升为草塘安抚司，是年置瓮水安抚司，均隶四川布政司播州宣慰司。明万历二十九年四月二十九日（1601年5月30日），改土归流，以瓮水、草塘两个安抚司和重安长官司一部分及平越卫右所干平、干溪、梭罗等15堡地合置瓮安县，以瓮水长官司“瓮”、重安长官司“安”合称瓮安，隶属贵州布政司平越军民府。清朝，瓮安属平越军民府、平越直隶州管辖。民国2年（1913年），贵州撤府设道，瓮安县隶属黔中道（治所驻贵阳）。1949年12月11日，瓮安县解放，隶贵阳专区。1952年12月4日，贵阳专区改名贵定专区，瓮安仍为其辖县。1956年5月10日，贵定专区撤销，瓮安县改隶安顺专区。1958年12月3日，瓮安县改隶黔南州。1991—1992年，全县行政区划“建并撤”，全县设8个镇、15个乡、247个村、15个居委会，县政府驻雍阳镇。2013年，调整乡（镇）建置，设10个镇2个街道1个乡，县政府驻雍阳街道。

三、地形　气候

瓮安境域地势东南高，西北低，中部平缓，地貌以山地和丘陵为主。境内属亚热带季风湿润气候，全县年平均气温13.8℃，年平均降水量1100.9毫米。

四、资源

境内种子植物共有155科541属1235种，主要用材树种有51科102属227种。栽培植物主要有禾谷（稻、麦、玉米、高粱、粟等）、豆菽、薯等种类；经济作物主要有烟草、油料、蔬菜类、果树等种类；野生食用植物主要有淀粉、维生素、油脂、饲料类、蜜源、野生蔬菜等种类；药用植物有400多种（中药300多种，草药100多种）。有古树名木493株，分属于36科55属72种。

瓮安流域属长江流域，大部分为乌江水系，小部分为沅水上源。乌江水系流域面积1816平方公里，沅江水系流域面积150平方公里。乌江干流横贯县境北部，县内总长56公里。水能资源理论储量43.85千瓦。

县境已探明矿产20种，发现矿床、矿点52处。主要矿产有磷、煤、铁、钼镍钒矿等。其中磷矿储量超过36亿吨，为贵州省三大磷矿基地之一，多为Ⅰ、Ⅱ级品磷酸盐富矿，矿石五氧化二磷含量为23%~35%。煤矿储量10.6亿吨，多为肥气煤，发热量6000~7500大卡/公斤。铁矿详查明的产地有8处，2000万吨。

五、交通　通信

2014年11月通车的瓮（安）马（场坪）高速与建设中的贵（阳）瓮（安）、道

（真）瓮（安）、（瓮）安江（口）高速呈“十”字形贯穿县境，省道205、305公路交叉贯穿县境。瓮（安）马（场坪）高速建成通车；贵瓮、道瓮、安江高速公路在建设中。全县公路通车里程2167公里，通乡油路普及率100%；212个原行政村通油（水泥）路，243个村通客运车辆，通车率98.38%。通信服务网点、有线网络、3G无线网络覆盖全县，全县推广4G无线网络。

六、经济发展

全县经过1991—2014年24年建设，初步形成以畜牧业、烤烟、茶叶、果蔬为主的农业产业结构，以磷、煤化工为主的工业生产结构，以房地产开发、服务业为主的第三产业发展结构。

2014年，全县生产总值86.85亿元。全县有工业企业308个，其中规模以上工业企业71个，全县完成工业总产值156.74亿元。农业生产总值28.12亿元。财政总收入17.57亿元。各项存款余额63.35亿元，其中城镇居民储蓄存款43.28亿元，各项贷款余额34.44亿元。

社会消费品零售总额13.44亿元。

七、社会事业

2014年，全县有各级各类学校154所。其中，幼儿园43所，小学81所，初中16所，完全中学3所，有九年一贯制学校8所、高级中学2所、职业高中学校1所。共有在校学生78111人，有教职工4502人（其中专任教师4020人）。

1998年，瓮安县被贵州省委命名为革命老区县。2006年草塘镇（今猴场镇）被省文化厅命名为“龙狮文化艺术之乡”。2008年，瓮安县被文化部命名为“龙狮文化艺术之乡”。2009年，猴场会议会址被中宣部授予“全国爱国主义教育示范基地”。2011年，制作反映瓮安历史文化的城市形象宣传剧《瓮水长歌·千年古邑——瓮安》。2013年9月，瓮安被中国辞赋学会命名为“中国辞赋之乡”。2014年，瓮安县被文化部授予“全国文化先进县”称号。2012年，瓮安县被命名全省党史教育基地，境内的冷少农故居为省爱国主义教育基地、省党史教育基地。

2014年，全县医疗卫生机构388个、卫生技术人员1891人、医疗床位1954张。新农合参合人数381726人，参合率为98.89%。截至2014年，建成体育活动场所103个，其中覆盖全县行政村体育活动场所83个。先后承办“中国·瓮安全国山地户外运动锦标赛”全国性体育赛事2次。

八、旅游业

瓮安县有自然景源40处，人文景源36处，形成以草塘千年古邑旅游区、江界河国家级风景区、朱家山国家森林公园文化旅游度假区为主的国内著名旅游景点。

草塘千年古邑旅游区位于猴场镇，旅游区汇集红色文化、商贾文化、龙狮文化、土司文化、后岩文化，以及集川、滇、湘、黔民族风格为一起的民俗文化，文化底蕴深厚。

江界河风景名胜区是2009年国务院发布的第七批国家级风景名胜区，景区由江界河景区、猴场会议会址景区、穿洞河景区3个部分及其他8个独立景点组成。

朱家山国家森林公园于2004年12月经国家林业局批准成立，是地球上同纬度保存最完好的原始次森林风景区。朱家山国家森林公园总面积11.2万亩。

九、人民生活

农村居民新建房屋中，钢筋混凝土结构面积的比重由1991年初的5.28%上升到2010年年末的47.51%，砖木结构面积比重由1991年初的69.23%下降到2010年年末的10.44%；新建住宅大多为2~4层楼房，每100户农村居民拥有黑白电视机从2003年的16台下降到2011年的3台，每100户农村居民拥有彩色电视机从2003年的9台上升到2011年的102台。2014年，农村居民人均可支配收入7519元，城镇居民人均可支配收入21891元。全县城镇居民人均可支配收入从2001年起开始调查统计，城镇居民人均可支配收入从2001年的4635元增加到2014年21891元，是2001年的4.72倍。2014年，城镇职工基本养老保险参保人数38085人，城镇基本医疗保险参保人数56038人，其中城镇职工34520人、城镇居民21518人。基本养老覆盖率达73.41%，基本医疗覆盖率达94.32%，基本社会保险覆盖率达84.93%。

第四节　贵定县

贵定，明代时分属新贵县、定番州，明万历三十六年（1608年）取新贵县之“贵”、定番州之“定”建立贵定县。

一、区位　人口

贵定县位于贵州省中部，东接黔东南州麻江县，东北与福泉市毗邻，东南连都匀市，南与平塘县接壤，西与惠水县、龙里县相邻，北与贵阳市开阳县隔河相望。境内东西最宽37公里、南北最长78.5公里，国土总面积1631平方公里。县政府驻金南街道，距省会贵阳60公里、龙洞堡国际机场50公里、州府都匀70公里。

2014年，全县总人口292277人，少数民族占总人口的54.5%。人口密度179.2人/平方公里。

二、建置　区划

贵定县在殷商时属牂牁，春秋战国时为夜郎、且兰国属地。隋开皇元年（581年）属宾化县地，唐贞观年间（627—649年）置多乐县。宋建隆二年（961年）在麦新筑城，称麦新城，是贵定建城之始。明万历三十六年（1608年）正式建立贵定县，治所在今旧治镇。清康熙二十六年（1687年），治所移至今贵定县城。1949年11月贵定县解放，隶属贵阳专区。1952年11月，贵阳专区改为贵定专区，专员公署设在贵定。1956年5月，撤贵定专区，贵定县划归安顺专区。1958年12月，贵定县划归黔南州。是月，龙里县并入贵定县，仍称贵定县。1961年8月，龙里县分出单设。1991年7月，全县行政区划“建并撤”，设乡（镇）19个。2014年3月，全县区划调整，撤乡建镇，组建为6个镇2个街道，即德新镇、新巴镇、盘江镇、沿山镇、昌明镇、云雾镇、金南街道、宝山街道。全县村、社区、组设置不变。

三、地形　气候

贵定县地处贵州高原丘陵过渡地带。县域内大部地区海拔在900米～1000米之间，最高处为斗篷山顶，海拔1961米，最低处为南部甜茶河出口处，海拔719米。斗篷山、黄龙山、阳宝山、白马山、顶耳山等是县境内主要山峰。县境属中亚热带向北亚热带过度的季风湿润气候，年均温度15.1℃，年降水量1142.9毫米。

四、资源

境内有河流144条，总长728公里，属于乌江水系17条、沅江水系1条、红水河系6条。全县平均河网密度0.45公里/平方公里。水能理论蕴藏量为13.37万千瓦。

已查明的高钙石灰石储量4645万吨、原煤地质储量600万吨、重晶石储量500万吨、硫铁矿储量1000万吨、铅锌矿储量600万吨（最高含量达45%）、粉石英矿储量2000万吨（含二氧化硅99%以上）。

境内植物科类有木本植物、草本植物、蕨类植物及苔藓类等，分布县内各地，形成多种类型的地表植被；针叶林分布广，主要有马尾松、杉木、华山松、黑松等；植物药材有杜仲、天麻、柴胡、花椒等100多种；经济林有茶叶，核桃等，其中盘江酥李最负盛名。粮食作物以水稻、玉米、大麦、小麦为主，尤以云雾大米为优；经济作物有烤烟、油菜等。境内野生禽类动物主要有鸬鹚、池鹭等118种；兽类有黑熊、刺猬、猕猴、青猴等46种。

五、经济发展

2014年，贵定县生产总值（GDP）完成62.52亿元，工业增加值完成20.14亿元，比上年增长16.5%；全社会固定资产投资完成71.03亿元，比上年增长31.5%；财政总收入39.46亿元，比上年增长19.65%；金融机构存、贷款余额分别为47.68亿元、33.54亿元，增长率分别为9.4%和40.23%；社会消费品零售总额11.04亿元，比上年增长13.6%；旅游总收入31.44亿元，比上年增长13.6%。城镇居民人均可支配收入20518元，比上年增长10.4%；农村居民人均可支配收入7210元，比上年增长12.3%。第一产业、第二产业、第三产业比重从1991年的20.44:63.61:15.95发展到2014年的15.14:44.5:43.5。

2014年，全县粮食总产量8.3万吨，比1991年增加1.02万吨，非粮农业增加值占第一产业增加值比重达85.8%；油料作物总产量6949吨，比1991年增加425.57吨；烤烟总产量2095吨，产量比1991年减少2356.26吨；茶叶种植面积13.54万亩，可采摘面积8.16万亩，茶叶产量3791吨；水果产量1.63万吨。

规模以上工业增加值（2000万元以上口径）完成34.44亿元，昌明工业园区总体规划获省批复。2014年末，贵定昌明开发区招商引资项目共引进40个，招商到位资金74.5亿元。

六、特色产业

贵定县的云雾贡茶是中国有碑文记载的进贡给皇家的“贡茶”，1988年获中国食品博览会银奖，1991年获“全国名茶”称号，1993年在中国国际保健品博览会上获“金杯奖”，1995年在中国国际展销会上再获“金杯奖”，2002年在第四届国际名茶评比会上获“金奖”，2010年获“贵州五大名茶”“世界九大名优绿茶”称号。2010年9月，贵定云雾贡茶成为农业部“农产品地理标志认证”的茶叶品牌。

盘江狗肉是贵定美食的一张名片，年销售狗肉650吨。连锁店遍布许多旅游城市，诸如云南瑞丽、广西北海、广东广州及深圳、福建厦门、北京昌平等地。

贵定县已成为全省最大的野生娃娃鱼繁殖、养殖基地。2007年，贵定县被誉为“中国娃娃鱼之乡”。截至2014年，大鲵养殖户达1576户，大鲵存栏数36万尾。

沿山百合粉是采野生百合加工而成，明、清时期即为皇室珍品，至今仍享有盛名。贵定薇菜，鲜嫩香脆，野生、绿色无公害，畅销海内外，年销售量达400吨以上，约占全国销量的二分之一，贵定已成为全国最大的薇菜交易市场。

七、交通　通信　城乡建设

湘黔铁路、株六复线，黔桂铁路一、二线，沪昆高速铁路、贵广高速铁路、贵新高速公路、厦蓉高速公路，国道302、321以及省道309穿越县境。至2014年，全县公路通车里程达1406公里。其中：高速109公里、210国道39.7公里、309省道46.7公里、县道132.947公里、乡道106.44公里、专用公路6.4公里、村道964.72公里。截至2012年移动公司建有移动通信基站2G站163个、3G站44个，全县数据用户（宽带用户）13438户。全县共有委办汽车邮路91公里、城市投递段道长度（单程）95公里、农村投递路线长度（单程）627公里、摩托车投递线路15条，邮路总长度783公里（单程）。

2012年，县城面积7.5平方公里。2014年，全县城镇化率40.2%。盘江镇音寨村被授予首批“中国少数民族特色村寨”。

八、社会事业

2012年，全县有幼儿园45所，在读幼儿5857名，3～6岁幼儿入园率75%。全县有初级中学16所（含2所九年制学校），在校生13957人；2013年，新建贵定一中新校区，2014年建成，并投入使用，更名为贵定中学。1993年8月，经州教育局决定在贵定创办黔南州贵定特殊学校，开始面向全州12个县、市及周边的黔东南州麻江县招生。

2006年6月，贵定县新铺乡谷撒村“鼓龙鼓舞·长衫龙”苗族芦笙舞收录入国家非物质遗产名录。2008年11月，文化部授予贵定县新铺乡“中国民族民间艺术之乡”称号。

2014年，全县共有卫生机构213个、医院床位747张，其中，村级卫生室达165个，村村都有卫生室。

第五节　龙里县

“龙里”之名始于元代，并名“云从”。明代又名“龙驾”。《贵州图经新志》：“龙驾：本山名，卫治其下，因以为名。”龙里因境内龙架山而得名。

一、区位　人口

龙里县地处贵州省中部、黔南州西北部，东与贵定县交界，南与惠水县接壤，西、西北与贵阳市毗邻，北、东北与开阳县、福泉市隔河相望。东西最宽36公里，南北最长73公里，国土总面积1521平方公里。县城距省会贵阳市中心33公里、龙洞堡国际机场28公里、州府都匀市区137公里。

1991年末，全县总人口17.67万人，其中少数民族占总人口的38.26%。2014年，全县总人口22.64万人，其中少数民族占总人口的42.62%。

二、建置　区划

新中国成立初期龙里县隶属贵阳专区，1952年改属贵定专区，1956年改属安顺专区，1958年10月改属黔南州。1958年12月，龙里、贵定两县合并为贵定县。1961年8月恢复龙里县建制，仍属黔南州，县政府驻龙山区城关镇。1991年建镇并乡撤区，全县设6个镇8个乡。2014年1月，撤销全县14个乡（镇）建制，新设置5个镇1个街道，即龙山、谷脚、洗马、醒狮、湾滩河5个镇和冠山街道。

三、地形　气候

县境地处苗岭山脉中段，属黔中隆起南缘，有长江和珠江水系支流分水岭两段。地势西南高，东北低，中部隆起，海拔在1080～1500米之间。海拔最高点1775米，为龙山镇岩脚寨南山峰；最低点770米，在巴江乡两岔。主要河流、水系有三元河、湾滩河和南明河支流水系、红水河支流水系。境内属亚热带季风湿润气候，年平均气温14.8℃，年降水量1100毫米左右。

四、经济发展

1991年以后，龙里县经过二十多年的建设发展，到2013年，进入了全省第四轮经济强县行列，全面建成小康社会实现程度为88.6%。

2014年，全县地区生产总值64.33亿元。销售收入500万元以上工业企业121户总产值165.45亿元；社会消费品零售总额8.35亿元；财政总收入14.04亿元，城镇居民人均可支配收入21860元，农民人均纯收入7513元。在2014年全省31个经济强县增比进位中排列第十三位。全面建成小康社会实现程度达95.8%。

五、特色产业

特色产业主要是民族医药产业。以谷脚镇为主要聚集地的龙里医药工业科技园区，于1997年被省政府命名为“贵州省谷脚医药城”，2001年获农业部命名为“全国乡镇企业科技示范园区”。2003年11月，举办首届中国贵州龙里苗医药文化博览会暨全国苗医药学术研讨会。2005年10月18—20日，承办中国少数民族成药产业发展研讨会、中国少数民族成药产品展示会暨第二届中国贵州龙里苗医药文化博览会。

2000年后，龙里刺梨注册“茶香刺梨”“谷脚刺梨”等商标，先后引进龙港、黔宝、黔康等6家精深加工企业，形成集种植、研发、加工、销售为一体的产业发展格局。产品有鲜果、原汁、浓缩汁等，获得国家专利的产品有“低糖 + 维 C”啤酒、刺梨干，以及用于防治恶性肿瘤的“金刺参九正合剂”等。2012 年，龙里县获“贵州省经济林（刺梨）基地建设示范县”称号，“龙里刺梨”获国家原产地标记使用权，成为国家地理标志保护产品；贵州省刺梨学会第一次会员代表大会暨成立大会和刺梨产业发展论坛在龙里县举行，贵州省刺梨学会落户龙里；9 月，中国经济林协会正式命名龙里县为“中国刺梨之乡”。

羊场镇产优质大米，素有“龙里粮仓”之称。

六、交通　通信

1991 年，全县公路里程 480 公里，货物运输量 29. 51 万吨，货物周转量 1025. 34 万吨/公里；2014 年，全县公路通车里程 1057 公里，公路货运量 487 万吨，货物周转量 202600 万吨/公里，旅客发送量 855 万人，旅客周转量 64717 万人/公里。贵新高等级公路、210 国道、湘黔铁路、黔桂铁路、珠六铁路复线、厦蓉高速公路、贵广快速铁路等从县城穿过。

1991 年，全县有固定电话用户 676 户，业务总量 65 万元。1995 年全县开通程控电话 3000 门。1996 年 10 月开通移动电话。2006 年，全县移动电话网络覆盖率达 100%。2013 年，全县自然村通信全覆盖。2014 年，全县邮电业务总收入 1. 05 亿元，有宽带用户 1. 4 万户。

七、贵龙城市经济带

2009 年 8 月 6 日，贵阳城市经济圈贵龙城市经济带规划的最终标志性成果——《龙里县县城总体规划（2009—2030 年）》通过由省城规委组织的评审，标志龙里县建设贵龙城市经济带、实施城市经济带动战略、融入贵阳城市经济圈进入实质性阶段。2011 年，贵龙城市经济带贵龙城市大道奠基开工，引进中铁贵州国际旅游体育休闲度假中心等重大项目，其中中铁贵州国际旅游体育休闲度假中心项目规划定位为“贵州个性化旅游、休闲、体育、度假的旗舰基地”。2012 年，《双龙城市经济带协调发展规划》通过省初审，龙里县与贵阳市龙洞堡片区联体开发建设规划上升到省级战略层面。贵龙城市大道起于龙里县金龙西路延伸段，终于贵阳南明区小碧，与贵阳城市主干道东站路延伸段连接，全长 16. 6 公里，全线按宽 38 米、双向 6 车道城市快速路标准建设。2014 年，贵龙大道、贵龙纵线一期全线贯通。

八、民俗　非物质文化遗产

民族传统节日主要有四月八、斗牛节、杀鱼节、六月六、七夕情歌节等。苗族在农历四月八日前后几天举行祭祖、射背牌、吹芦笙、跳月、染花米饭、走亲访友、男女青年社交等活动。县内有 20 多个传统斗牛场，斗牛节活动内容有斗牛、吹唢呐、吹芦笙、跳芦笙舞、打粑粑等。杀鱼节在农历二月底到三月初，龙里清水江畔巴江乡与开阳、福泉的苗族群众上千人共同举行杀鱼、对歌、野炊等活动。七夕情歌节源于布依族传统对歌、赛歌习俗，2007 年以后固定在县境羊场镇走马村孔雀寨举办，节日内容有对歌、赛歌、民族商品交易和各种水上活动。苗族跳月在每年正月初六至十二举行，该项民族文化活动载入 2010 年经济日报出版社出版的《中华现代节庆大辞典》，成为“2012 中国欢乐健康游 · 贵州 96 项主题节庆活动”之一。

2006—2014 年，全县非物质文化遗产名录 30 余项，其中县级名录 26 项。2007 年，苗族古歌《果乐》进入省级名录，《龙山原始草纸制作工艺》进入州级名录。2014 年，新增《果里跳洞——数邑》《龙里苗族服饰》为省级和《布依族砍典例》《草原跳月》《巴江农民画》《岱林海邑苗正罡》为州级“非遗”保护项目。平坡村苗族在沿袭传统蜡染、刺绣的基础上进行的农民画创作，以生活劳作、节日庆典、婚丧嫁娶、历史文化等为题材，作品富于装饰性。1995 年，平坡村被州政府命名为“黔南苗族农民画艺术之乡”，2005 年平坡村成立全省首家村级美术协会。2009 年，苗族农民画 60 米长卷《苗岭放歌图》被省民族文化宫收藏；2011 年，90 米长卷《锦绣苗乡》被国家民族文化宫收藏。

九、社会事业

1991 年，全县有普通中学 6 所，在校学生 5415 人；普通小学 126 所，在校学生 23098 人，学龄儿童入学率 91. 84%。2014 年，全县有初级中学 9 所、高级中学 1 所、小学校（点）85 所、幼儿园 24 所、基础教育在校（园）学生 34654 人、专任教师 2032 人，小学入学率 99. 82%，初中毛入学率 96. 51%；有中等职业学校 1 所，在校生 4233 人，专任教师 179 人。

1991 年，全县广播人口覆盖率 88. 36%，电视人口覆盖率 65. 40%。2014 年，全县有图书馆 1 个，图书 2. 41 万册；电影院 1 座；县广播电视台 1 个，电视覆盖人口 20. 39 万人，广播覆盖人口 22. 43 万人。

1991 年，全县有卫生机构 44 个，其中医院 3 家；卫生机构床位 247 张，其中医院 237 张；卫生技术人员 484 人。2014 年，全县有卫生机构 189 个，其中医院 7 个、基层医疗卫生机构 173 个，专业公共卫生机构 9 个；技术人员 857 人，其中执业医师 213 人；床位数884 张。

城乡社会保险中的医疗、工伤、生育、养老等险种业务分别于 2002 年、2004 年、2007 年、2012 年启动实施。2014 年，全县参加基本养老保险 11872 人、基本医疗保险 29269 人、农村合作医疗保险 18. 35 万人，基本社会保险覆盖率 93. 5%。

贵州龙架山国家森林公园公园面积 91185 亩，园内有贵州高原濒危植物繁育中心、贵州中亚热带珍稀植物园，有国家一、二级和省级特有保护树种 160 种，野生动物 22 种。2012 年，龙架山国家森林公园被命名为“国家生态文明教育基地”。

2006 年建立龙里武术龙狮训练基地，2007 年成立龙里武术龙狮协会。2007 年 9 月 21—23 日，举办首届中国贵州龙里（国际）滑翔旅游节暨 2007 全国滑翔伞优秀选手赛。截至 2012 年，全县有非标准篮球场 120 个、小型运动场 3 个、乒乓球场 58 个、羽毛球场 17 个、门球场 1 个。

第六节　惠水县

惠水原名定番，民国 30 年（1941 年）更名惠水。

一、区位　人口　民族

惠水县位于贵州省中南部、黔南州西部、是著名布依族民歌《好花红》的发源地。地理坐标为北纬25°24′~26°17′、东经106°23′~107°05′。东接平塘县，西连长顺县，南邻罗甸县，北与贵阳市、龙里县、贵定县交界。东西最大距离72公里，南北最大距离68公里，国土总面积2470平方公里。惠水县距黔南州首府所在地都匀130公里，距省会贵阳49公里，距贵阳龙洞堡国际机场60公里，贵惠高速公路、惠兴高速公路、惠罗高速公路穿境而过，省道101线和309线在县城交会纵横贯穿县内。

2014年，全县总人口449147人，其中女性214544人。境内居住着汉、布依、苗、毛南、水、侗等30多个民族。少数民族人口280024人，占总人口的62%。

二、建置 区划

唐贞观四年（630年），惠水县境属黔中道庄州清兰县辖地。五代时设南宁州，宋时为“西南夷五姓番、七姓番”地，元置八个安抚司，号“八番”，明成化十年（1474年）设程番府，万历十四年（1586年）改置定番州，清沿袭旧治。民国3年（1914年）称定番县，民国30年（1941年）称惠水县。1949年11月24日，惠水解放。1952年10月4日建立惠水彝族苗族自治区，成为贵州省第一个少数民族自治县。1954年6月27日改称惠水布依族苗族自治区，1955年5月11日改称惠水布依族苗族自治县，1956年12月改称惠水县。1949年11月~1956年10月，惠水县先后划归贵阳专区、安顺专区、黔南州管辖。1958年11月~1963年9月隶属于贵阳市，1963年9月划归黔南州。1991年8月，惠水县建镇并乡撤区，将原来的7个区（镇）、51个乡（镇）撤并建立8个镇、17个乡。2014年，进行行政区划调整，全县25个乡（镇）撤并新建8个镇2个街道，即好花红镇、断杉镇、羡塘镇、摆金镇、雅水镇、王佑镇、岗度镇、芦山镇、涟江街道、濛江街道，下辖201个行政村、7个居民委员会。

三、地形 气候 资源

境内属喀斯特盆地地貌，全县地势西高东低，平均海拔1100米，最高点东北部龙塘坡。海拔1691米，最低点南部打场寨附近的涟江河谷，海拔666米。境内山地、丘陵、山间盆地（俗称坝子）交叠起伏，山地约占全县总面积的64.35%，丘陵约占全县总面积的26.45%，山间盆地约占全县总面积的9.2%。惠水属中亚热带季风性湿润气候区，年平均气温14℃~16℃，年平均无霜期280天。境内降水量充沛，年均降水量1178.2毫米，年平均日照时数1165.6小时，年平均日照百分率30%，全年太阳辐射总量为89千卡/平方厘米。

境内有大小河流259条，总长968公里，年均径流量16.12亿立方米；有地下河32条，主要河流有涟江河、坝王河（摆朗河）及曹渡河支流。全县流域面积大于10公里的河流天然落差共4878米，水能理论蕴藏量23万千瓦以上，水能资源可开发量183855千瓦，占全县理论蕴藏量的77.3%。

全县探明的矿产资源有20余种，矿区（点）90余处，金属矿有铁、锰、锑等，非金属矿有砷、水晶、冰洲石、石灰石、大理石、石英砂、硫铁矿等；燃料矿有煤、油页岩等，煤炭储量3460万吨，石英砂岩储量1344万吨。

境内有国家级风景区——涟江水利风景区，有羡塘燕子洞、野梅岭森林公园两个省级风景区。

四、经济发展

1991—2014 年，全县不断推进经济建设向前发展。其间，农业方面，惠水“雅晶牌”大米于 2006 年代表贵州参加第五届中国优质稻米博览交易会获“中国优质米”金奖；惠水县被命名为“中国黑糯米之乡”“中国金钱桔之乡”；惠水县于 2007 年被列为农业部全国首批 100 个“全国农业机械化示范县”之一，于 2008 年被授予“全国农产品加工示范县”称号。工业方面，2003 年兴建长田工业园，长田工业园于 2007 年被省科技厅、省经贸委审批为“贵州惠水创新企业科技产业示范基地”，于 2008 年被列为全省乡镇企业七大产业聚集区之一；2012 年省政府批准设立惠水省级经济开发区，长田工业园区被列入全省“511”示范园区和外贸转型升级示范区；截至 2014 年，惠水经济开发区（长田工业园区）累计入驻企业 210 家，投产 130 家，其中规模以上企业 73 家。全县形成以食品、药品、机械制造、冶金、磷化工、建材、电力等为支柱产业或主导产业的多门类产业发展格局。

2014 年，全县生产总值达 63. 47 亿元。工农业生产总产值 38. 85 亿元中，农业生产总值 17. 25 亿元，工业生产总值 21. 6 亿元。全社会固定资产投资 120 亿元。全县财政总收入 10 亿元。年末金融机构存款余额 50. 67 亿元、贷款余额 39. 23 亿元。

五、交通　通信　城镇建设

1991 年，全县公路里程 1341 公里。2013 年，贵州省企业首次采用 BOT 模式修建的贵阳—惠水高速公路全线建成并通车运行，2014 年，惠罗高速公路惠水至断杉段建成通车。截至 2014 年，全县通车公路里程达 1475. 819 公里，其中，高速公路 80. 1 公里，省道 101 过境线 74 公里，省道 309 过境线 63 公里，县道 109. 973 公里，乡道 179. 476 公里，村道 962. 955 公里。乡镇全部通柏油公路，建制村全部通公路。

1991 年，全县有固定电话用户 931 户，2014 年发展到全县拥有固定电话用户 16325 户、移动手机用户 251897 户、互联网用户为 19661 户，程控电话和移动通信网络覆盖全县所有镇（街道）。

1999 年，县城面积 2. 78 平方公里，2014 年拓宽到 15 平方公里，全县城镇化率达到 46. 93%，绿地率 31. 6%，绿化覆盖率 39. 78%，人均公共绿地面积 26. 13 平方米/人。2014 年，城镇基础设施建设完成投资 35. 04 亿元、示范小城镇建设完成投资 4. 5 亿元、城市综合体项目完成投资 6. 208 亿元、房地产行业累计完成投资 13. 56 亿元。

六、社会事业

1991 年，全县有完全中学 4 所、初级中学 4 所，初中在校学生 7897 人、高中在校学生 1002 人，教职工 600 人；有小学 167 所，在校学生 47230 人，小学教职工 2267 人，有幼儿园 21 所，入园（班）幼儿 1829 人（学前班幼儿 717 人），教职工 107 人；有中等专业和技工学校 3 所，在校学生 632 人，教职工 110 人。2009 年，台湾王雪红、陈文琦夫妇在惠水投资创办贵州盛华职业学院，为公益性全日制普通高等院校。2012 年，贵州财经大学与四川希望教育产业集团合作，在惠水县和平镇建设西路新建占地506亩的贵州财经大学商务学院新校区。2014年，惠水县有公办幼儿园26所、民办幼儿园11所，在园幼儿10837人；有独立中学和九年制学校24所，其中独立高中1所，完全中学1所，初级中学15所，九年制学校7所，初中在校生22239人，高中在校生8547人；有小学147所（含教学点39个），小学在校生32288人；中等职业学校1所，在校学生2815人；本科院校1所，高等职业学院1所，在校学生共6500余人；特殊教育学校1所，在校学生41人。全县有中小学教师、幼儿教师4321人。

2008年，《好花红调》《枫香印染手工制作技艺》入选国家级非遗保护名录。2011年，布依族“三月三”布依族吹打乐入选第三批省级非遗保护名录，雅水镇枫香染传承人杨光成经文化部评审，成为第四批国家级非物质文化遗产传承人。2014年，惠水“古蔺布”被列为省级新增非遗项目。

1991年，全县广播人口覆盖率84.57%。2014年，全县有线电视用户21599户，完成广播电视“村村通”工程任务7713户；广播人口覆盖率、电视人口覆盖率分别为98.18%和88.72%。

2001年，举办第一届贵州惠水好花红艺术节。2002年，经省政府批准，民歌《好花红》发源地——惠水县毛家苑乡更名为好花红乡；举办第二届贵州惠水好花红艺术节。2004年，贵州省版权局接受办理《好花红》文化知识产权注册登记，确定惠水县政府为《好花红》的权力代理人。2006年，举办第三届贵州惠水好花红艺术节暨首届金钱橘节；贵州省布依学会发布《关于命名惠水县好花红乡辉岩村王姓四合院为“中华布依第一堂屋”的决定》，惠水县好花红乡辉岩村王姓四合院获得“中华布依第一堂屋”称号。2006—2007年，惠水县邀请拍摄《想涟江》《故乡年年好花红》《好花红》三个MTV和《好花红故乡—惠水》专题片；“惠水好花红民族文化艺术团”成立。2007年举办第二届贵州惠水好花红金钱橘节。2009年，数字电影《好花红》开拍。2012年，举办中国·贵州·惠水第四届好花红艺术节暨端午“龙游涟江”旅游文化系列活动。2014年，反映布依族历史文化的大型山水实景演出《好花红》剧在惠水首场公演。

1991年，全县有医疗卫生机构42个，床位424张，卫生技术人员695人。2014年，县内有公立医疗卫生机构30家、非公立医院5家、个体诊所14家、村卫生室216个，病床总计1172张，公立医疗卫生机构在职职工893人，平均每千人口拥有卫技人员数1.8人。全县参合农民359285人，参合率98.4%。

1991—1998年，连续举办八届全县民族篮球赛。2008年，承办全省青少年游泳比赛。2009年，承办全国大学生暨青少年藤球锦标赛。2011年，承办全国青少年（中学生）毽球锦标赛、贵州省第六届老年人运动会象棋和桥牌比赛。2012年，惠水县被中国毽球协会命名为“全国毽球示范县”，和平镇获全国“亿万农民健身活动全民健身先进乡镇”称号。2013年，承办全国定向锦标赛暨“寻找美丽中华”全国城市定向活动。2014年，承办中国民族民间龙舟大赛、贵州省首届苗族摔跤节邀请赛等系列活动，获“中国龙舟之乡”“全省少数民族传统体育训练基地”等称号。

七、特色产业

特产有黑糯米、红米、香米、桂朝米等，其中黑糯米被誉为高原“黑珍珠”。

惠水是省内柑橘主要产区，金钱橘有300多年栽培历史，以早熟、皮薄、色鲜、味甜而闻名。以“牛肉红”金钱橘为特色品种和主导品种，形成特色优势产业区域生产格局。2014年，建设有好花红乡满玉村金钱橘基地、好花红乡辉岩寨金钱橘基地、龙摆尾金钱橘基地和七里冲茶果场金钱橘基地4个柑橘基地。

惠水涟江现代农业产业园被列入全省“100个农业产业园区”和黔南州“20个重点产业园区”，园区依托贵阳，打造都市和城郊型农业，重点建设花卉、蔬菜、水果三大产业区，辐射带动5万亩蔬菜种植基地、5万亩花卉种植基地和5万亩金钱橘种植基地。同时配套发展集休闲、娱乐、观光于一体的高效农业产业示范区。在涟江现代农业产业园区交通便利、区位优越的核心区打造“涟江花海、惠水苗港”花卉基地，实行跨镇联动发展，示范区面积1万亩，辐射区面积2万亩，影响区面积3万亩。2014年，园区基地面积已达2万亩，其中蔬菜标准化生产示范基地建设8500亩，花卉苗木标准化生产示范基地建设11500亩；园区共引进公司21家、合作社19家、国家级农业产业化龙头企业1家，省级农业产业化龙头企业4家；共申报成功无公害蔬菜基地1个、无公害大米生产基地1个。

惠水雅水优质米产业园区属省级农业园区，园区规划面积2万亩，其中优质香米种植区5000亩，优质红米种植区5000亩，优质黑糯米种植区5000亩，配套优质畜禽、果蔬立体循环种植区5000亩。2014年，入园企业已达10户，其中，7户建成投产、被纳入县属规模以上企业1户；园区内有农民合作社10个。

惠水县佰草园中药材种植高效农业示范园区属州级农业园区。2014年，基地种植面积0.8万亩，有经营主体7家（企业4家、合作社3家），实现总产值2.5亿元，销售收入1亿元，完成投资2.5亿元。

惠水县摆金生态茶示范园区属州级农业园区。2014年，基地种植面积1万亩，产量0.03万吨，有经营主体6家（企业1家、合作社5家），实现总产值25550万元，销售收入15150万元，完成投资2.5亿元。

第七节　长顺县

长顺原设长寨、广顺二县，1941年二县合并，各取一字，定名长顺。

一、区位　人口　民族

长顺县位于黔南州西部，地理坐标为北纬25°38′48″～26°17′30″、东经106°13′6″～106°38′48″，东邻惠水县，南抵罗甸县，西接紫云布依族苗族自治县，北界安顺市。南北最长73.5公里，东西最宽38.85公里，国土总面积1543平方公里。

2014年末，全县总户数73926户、总人口25.66万人，其中农业人口23.16万人。人口密度为每平方公里166.27人。境内有少数民族28个，占总人口的58.65%。其中，布依族94875人，占少数民族人口的63.1%；苗族53861人，占少数民族人口的35.8%；彝族230人，仡佬族191人，壮族181人，土家族171人，侗族164人，其他少数民族732人。

二、建置 区划

民国30年（1941年）10月，长寨县与广顺县合并，两县各取一字，得名长顺县。1949年12月21日，长顺县解放，辖4个区、3个镇、11个乡，隶属贵阳专区。1952年，改属贵定专区。1956年5月，改属安顺专区。1956年8月，划属黔南州，辖4个区、3个镇、34个乡，县政府驻长寨镇。1958年9月，撤销区级建置，建立13个人民公社。12月，撤销13个人民公社，以原区所辖范围置人民公社，下设生产管理区。同时，紫云县被撤销，原紫云县座马河、猫营两区划归长顺县。全县辖6个人民公社、56个生产管理区。1961年8月，恢复区级建置，撤销生产管理区，建立人民公社，座马河、猫营划回紫云，全县辖4个区，20个人民公社。1984年4月，取消人民公社，政社分设，增设广顺镇（股级），长寨镇升为区级镇，全县辖4个区、1个科级镇、27个乡、1个股级镇。1991年9月，进行建镇并乡撤区，全县设5个镇、12个乡，147个村民委员会4个居民委员会。2000年3月，鼓扬乡改为鼓扬镇。2002年2月，改尧乡改为改尧镇。2007年4月更名为白云山镇。2014年4月，全县行政区划调整，设6个镇1个乡，即长寨镇、广顺镇、白云山镇、摆所镇、代化镇、鼓扬镇和敦操乡，下辖7个居民委员会、75个村民委员会。

三、地形 气候

长顺受地质构造和岩性的影响，北部地区褶皱宽缓，切割宽浅，高原面保持比较完整，浅丘、盆地较多；中南部褶皱强烈，切割较深，山地多，盆地少。大部分地区在海拔800～1050米之间，最高处为刺竹关大坡，海拔1597.5米，最低处为南部边缘格凸河谷与罗甸县交界处的河面，海拔660米。刺竹关大坡、老豹山、羊城屯、白云山等是境内主要山峰。境内地表河流较少，流长10公里以上的河流有蒙江（格凸河）、摆所河、冗雷河、长安河、马铃河、威远河、坝羊河7条。长顺属中亚热带湿润季风气候，雨热同季、冬无严寒、夏无酷暑，多年平均气温15.1℃。生长期年平均300天，无霜期年平均295天。年平均日照时数1120.7小时。年均降水量1376.0毫米。

四、矿产资源

境内已探明矿产（含亚种、共伴生）资源20种，包括铁、煤、硅石矿（冶金用石英砂岩）、高岭土、水泥用石灰石、电石用灰岩等。其中，铁矿1处、煤矿11处、硅石矿4处、高岭土矿1处、电石灰岩矿5处、方解石矿4处。

五、经济发展

2014年，全县生产总值413681万元，其中，农业总产值104353万元，工业总产值88773万元。财政总收入54353万元，年末全县金融机构人民币各项存款余额309524万元，各项贷款余额229640万元。社会消费品零售总额84697.4万元。2014年，生产粮食9.75

万吨，比1991年增长36.17%，存栏大牲畜8.66万头，比1991年增长53.56%；肉类总产量2.4万吨，比1991年增长627.27%。烤烟种植面积32100亩，产量7.61万担，总产值8739万元，比1991年增加18100亩，产量增长322.77%，总产值增长4061.42%。全年规模以上工业总产值449000万元，较上年增长37.5%，比1991年增长4631.72%。威远工业园区是贵州省“十二五”期间重点发展的“贵州省首批百亿元产值园区”之一，规划面积50平方公里，包括威远、鼠场、广顺、凯佐“一园四区”。

六、特色产业

1992年始，长顺县烤烟生产步入规模化发展轨道，烤烟种植面积15845亩，产量2.05万担。2014年，烤烟种植面积32100亩，产量7.61万担，总产值8739万元，比1991年增加18100亩，产量增长322.77%，总产值增长4061.42%。

2002年，开始发展高原高钙苹果，2005年作为主导产业进行规划发展，截至2014年，全县精品苹果发展种植共投入资金6360万元，发展精品苹果种植面积5.3万亩，涉及8个乡（镇）29个村8048户农户。长顺高原高钙苹果2010年获“贵州省名牌产品”称号。2014年，进入挂果期的果园有2.5万亩，亩产量在1500公斤以上，总产量3.5万吨，总产值3亿元以上。

2008年，推广“紫王”葡萄种植。到2014年，共发展“紫王”葡萄种植3.3万亩，涉及农户711户。2014年，进入挂果期25000亩，产量3.75吨。

2008年，开始大量种植麻山油核桃，是年种植面积40亩，2011年起开始产出，产量100吨。到2014年末，总种植面积5.4万亩，总产量182吨。

2008年，开始种植小米核桃，种植面积345亩，2011年开始产出，产量61吨。到2014年末，总种植面积2.5万亩，总产量130吨。

长顺县绿壳蛋鸡属地方原始品种，所产鸡蛋蛋壳呈青绿色，纯属天然，被国家绿色食品发展中心批准认定为“绿色食品”，被卫生部批准为“保健食品”。2009年8月，长顺县绿壳鸡蛋通过农业部无公害食品认证，绿壳蛋鸡地理标识和原产地产品获国家认可。2014年，末全县绿壳蛋鸡存栏200万羽。

七、交通　通信

2012年10月，惠兴（惠水—兴义）高速公路建成通车，境内全长30.5公里，设有3个匝道。2014年末，公路通车里程1275公里，比上年增长9.36%，比1991年增长844.44%。2014年，实现邮电业务收入11168.29万元，比上年增长11.69%，比1991年增长20582%。年末，互联网用户达0.91万户，比上年增长1.1%；移动电话用户为14.06万户，比上年增长4.09%；固定电话用户0.6万户，比上年增长－36.84%。

八、社会事业

2014年末，各级各类学校专任教师2506人，比1991年增长19%；教职工达2522人，比1991年增长17%。小学学龄入学率99.6%，比1991年增长31.6%。1991年，全县有幼儿园4所，在园儿童383名；小学127所，在校生25807人；初级中学17所，在校生4835

人；普通高中1所，在校学生524人；职业高中1所，在校学生142人。2014年，全县有幼儿园33所，在园儿童共7029名；小学91所，在校生共17028人；初中14所，在校生共11541人；普通高中1所，在校学生4654人；中等职业学校1所，在校学生3340人。2014年末，全县有技术职称人员2924人，比1991年增加396人。

2009—2014年，县内美术作品获国家级奖1项、省级奖项20项；书法作品获国家级奖1项、省级奖1项；文学作品获国家级奖项1项、省级奖项1项；摄影作品获全国2011年“全国红色旅游摄影作品集”收藏奖。地方特色民间艺术有苗族牵羊舞、芦笙舞、布依族山歌、蜡染、扎染等。举办的文化节有：布依族“六月六”“七月半”、苗族跳花场、吃新节、广顺民间中元节等。翁贵土法造纸、马路屯堡地戏、姊妹箫被列入省级非物质文化遗产。2010年，翁贵土法造纸和千年古银杏树在上海世博会上，分别获国际信息发展组织“千年贡献奖”。2014年末有线电视用户达12897户，电视覆盖率95%，比1991年增长62.5%。

2014年末，全县有卫生机构27个，比1991年增长0.17%；全县卫生机构床位数860张，比1991年增长0.56%；卫生技术人员409人，比1991年增长0.56%，有村卫生员68人。全县有小运动场、综合健身房、农民体育健身场地，篮球场等体育场地426个，其中农民体育健身场地43个。61.4%的村、社区安装健身器材。

九、旅游业

县内省级风景名胜区有杜鹃湖—白云山风景名胜区，其中杜鹃湖景区2002年被评为国家水利风景区，2008年被评为国家AAA级旅游景区。此外，还有广顺“金竹夜郎”风景区、中华银杏树风景区、威远潮井风景区；其他景点有黄花寨水库、狸凤塘瀑布、苦里冲溶洞、杉树王、天灯坡等。有省级文物保护单位7处，县级文物保护单位35处。省级重点爱国主义教育基地1个。

十、人民生活

2014年，全县单位从业人员平均劳动报酬55306元，农民人均纯收入6768元，比上年增长11.7%；农民人均生活消费支出4750元，比上年增长84.6%。2014年，家庭拥有彩色电视、洗衣机、热水器、电冰箱、摩托车等耐用消费品的户均拥有量分别比上年增长-1.32%、8.93%、48.15%、63.16%。每71户拥有彩电72台、洗衣机63台、电冰箱40台、热水器17台、摩托车61辆、汽车6辆、移动电话164部，农村居民人均住房面积45平方米，比上年增长28.5%。

2014年，全县城镇企业职工基本养老保险参保12101人，新型农村社会养老保险参保人数达7.47万人；城乡居民最低生活保障人数2.50万人，比上年下降20.89%，发放城乡最低生活保证金4360.7万元，比上年下降9.15%。农民参加农村合作医疗保险216563人，参合率96.25%。

第八节　罗甸县

罗甸原名罗斛，民国19年（1930年）更名罗甸。

一、区位　人口

罗甸县北连惠水、长顺县，西邻安顺市紫云县、黔西南州望谟县，东北与平塘县接壤，南以红水河为界与广西的天峨、乐业两县隔河相望。东西最宽63公里、南北最长72公里，国土总面积3015平方公里。

2014年，全县总人口345962人，少数民族人口占总人口的69.1%，其中布依族188776人、苗族44902人。

二、建置　区划

唐贞观三年（629年）置庄州，在今罗甸辖地始设乐安县。元至元二十九年（1292年）置定远府，乐安县改称乐博县。明代属广西布政司泗城土府西隆州罗博巡检司。清雍正五年（1727年）设罗斛州判，乾隆十四年（1749年）罗斛州判改属定番州，光绪七年（1881年）升为罗斛厅。民国3年（1914年）改称罗斛县，民国19年（1930年）改称罗甸县。1951年3月23日罗甸县解放，隶属贵阳专区，1955年11月隶属贵定专区，1956年8月隶属黔南州。

1991年8月全县撤区并乡建镇，由6个区52个乡撤并新建为6个镇20个乡。1998年，罗羊乡撤乡，建红水河镇。2014年，全县行政区划调整，合并为8个镇1个乡，即龙坪镇、边阳镇、沫阳镇、逢亭镇、茂井镇、罗悃镇、红水河镇、木引镇和凤亭乡。

三、地形　气候

罗甸县境属云贵高原南缘，向桂西北呈山地与丘陵过渡的梯级坡状，东、西、北边缘地带为群山环绕，略似“撮箕口”朝南地形。最高处老山大坪主峰，海拔1400.6米，最低处牛河与红水河汇合处，海拔242米。境内以山地为主，河流纵横交错，其间有若干起伏的丘陵和坝子。

境内属亚热带季风湿润气候，雨量充沛，年平均降雨量1400毫米，年日照总时数1350～1520小时，年平均气温19.6℃，无霜期年平均334天，被誉为“天然温室”。

四、资源

南部红水河由西向东流经县境南沿，长63.6公里，为罗甸与广西的乐业、天峨县县界河；蒙江自北向南流经县境中部，长129.5公里；曹渡河由北向南流经县境东部边沿，长49.5公里，为罗甸与广西的南丹、天峨县界河。龙滩电站375米高程下闸蓄水后形成80平方公里的水面。

矿藏有铁、锑、玉石矿等。

五、经济发展　特色产业

2014 年，全县地区生产总值完成 50.82 亿元，全社会固定资产投资总额 65.23 亿元，工农业总产值 53.74 亿元，财政总收入 5.58 亿元，城镇居民人均可支配收入 20502 元，农村居民人均可支配收入 7610 元。2014 年，全县粮食种植面积 41.62 万亩，产量 10.39 万吨。蔬菜瓜类种植面积完成 24.75 万亩，产量 35.67 万吨；生猪存栏 13.98 万头，山羊存栏 5.03 万只，水产品产量 1.9 万吨；规模工业总产值 32.18 亿元。

罗甸县从 1981 年开始在全县 28 个生产队试点种植早春蔬菜，2014 年全县早春蔬菜种植面积达 31.2 万亩，实现产值 9.65 亿元。其间曾先后获得农业部“‘菜篮子’生产先进县”“蔬菜出口示范区”“国家标准化委员会、全国无公害蔬菜、农业标准化示范基地县”等称号。

2001 年，罗甸开始从海南、广西引进火龙果试种，主要品种为紫火龙和晶火龙。2012 年取得罗甸县火龙果地理标志保护，编制《罗甸火龙果种植技术规程》DB522728/01－2012 地方标准。至 2014 年，种植面积达到 52700 亩，产量达到 3600 吨，产值 9360 万元。

以米黄色大理石加工最为独特，主要集中在董架乡境内，资源储量 3 亿立方米。2011 年 4 月茂玉石材开发有限公司石材开发项目开工建设。

2011 年，境内红水河、罗暮、罗妥、罗捆、沟亭、罗苏等地发现透闪玉石矿种，据检测，玉矿硬度达到 6.0～7.0，透闪石含量在 95% 以上，玉矿远景储量达 74.6 万吨。

六、交通　通信

2014 年，农村公路建成 121.6 公里，建制村全部通公路，通村油（水泥）路 43.6 公里，全县通车里程 2878 公里。依托龙滩库区建设，航运业有突破性进展，建成支流码头 3 个并投入使用。通信业：2014 年，村村通程控电话，全县乡镇实现 3G 网络覆盖，移动通信基站总数 179 个，自然村覆盖率达 78%。全县有移动电话 15.48 万户、固定电话 1.45 万户、互联网用户 1.12 万户。

七、社会事业

2014 年，全县有普通中学 22 所，在校学生人数 20033 人，教职工 1562 人；中等职业学校在校生 3749 人，教职工 181 人；全县有小学 122 所，在校学生 27591 人，教职工 1601 人；有幼儿园 18 所，教职工 212 人。2014 年，全县有“二级甲等”医院 1 个（县人民医院）、“二级乙等”医院 1 个（县中医院）、乡（镇）卫生院 26 个、民营医院 3 家、个体诊所 12 家，床位总计 869 张，公办医院从业人员 1049 人，比 1991 年增加 597 人。2014 年，全县新农合参合率达 98.96%，参合人数 296161 人。

第九节　平塘县

平塘县境原设平舟县、大塘县，民国 30 年（1941 年）两县合并，取平舟之“平”与大塘之“塘”为平塘。

一、区位　人口

平塘县位于贵州省南缘中部，地理坐标为北纬25°29′～28°61′、东经106°41′～107°26′。东邻独山县，南与广西南丹县毗邻，西与惠水县、罗甸县相连，北与贵定县、都匀市接壤。全县国土面积2815.6平方公里。境内最高处是大塘镇南端的埌上坡，海拔1487.7米，最低处是甲茶镇甲茶村六硐河出境处，海拔402米。

2014年，全县总人口32.38万人，少数民族占总人口的58.9%，人口较多的少数民族有布依族、苗族、毛南族。

二、建置　区划

明洪武十六年（1383年）县境设平舟六洞长官司，隶都匀安抚司。清乾隆四年（1739年），置大塘理苗州，后改为大塘分州，隶属定番州。清宣统三年（1911年），撤都匀县，移设平州，改设平舟县。民国1年（1912年），更置平舟弹压，次年，平舟弹压改为平舟县，大塘州改为大塘县。民国30年（1941年），平舟县与大塘县合并为平塘县。1958年，撤销平塘县，辖区分别划入独山县和罗甸县。1961年，恢复平塘县。2014年，全县行政区划调整，设9个镇、1个民族乡、1个街道，即通州镇、大塘镇、克度镇、塘边镇、者密镇、牙舟镇、甲茶镇、掌布镇、平舟镇、卡蒲毛南族乡、金盆街道。

三、气候　资源

县境处于中亚热带季风湿润气候区，日照时数多年平均为1316.9小时，年平均气温17.2℃，年平均霜期仅为50天左右，年总积温达6203.4℃；平均降水量为1259毫米。

境内属珠江流域红水河水系，有平舟河、糟渡河、霸王河及其支流共32条，河道总长466.3公里，总流域面积2815.6平方公里，河网密度每平方公里0.17公里，水能理论蕴藏量达26.8万千瓦，可开发10.5万千瓦。

已探明储量矿产资源主要有煤、硅石、大理石、花石、电石、紫砂陶土、高岭土等，有待进一步探明储量的有汞、铁、锌、铜、钠、石膏、石油等。

四、经济发展

2014年，全县生产总值42.41亿元，比上年增长16.1%；财政总收入4.65亿元，比上年增长21.01%，金融机构存款、贷款年末余额分别为38.54亿元和25.68亿元，比上年分别增长18.31%和30.3%。城镇、农村居民人均可支配收入分别为20325元和6666元。招商引资项目到位资金59.4亿元，比上年增长46.49%。工业总产值21.11亿元，比上年增长15.51%，工业增加值5.05亿元，比上年增长16.3%；建成平塘工业园区、通州产业园、平湖产业园和四寨马鞍山产业园，其中，通州产业园、四寨马鞍山产业园已列入贵州省100个产业园区规划。农业增加值13.78亿元，畜牧业增加值30162万元。

五、交通　通信

2014年，独山至平塘高速公路平塘段8公里通过验收，改造县乡道23.2公里，建成“美丽乡村小康路”348.56公里。全县公路通车总里程为1799.19公里，其中省道101公里，县道197.43公里，乡道137.47公里，村道1251.69公里。农村公路密度为60.31公里每百平方公里；镇（乡）通沥青（水泥）路率达100%，全县通沥青（水泥）路的村105个，通沥青（水泥）路率为73.55%。全县有通信基站184个、传输线路610公里，91%以上的行政村覆盖3G信号。年末，电话用户21.19万户，其中固定电话用户0.686万户、移动电话用户20.5万户；互联网用户1.43万户。

六、社会事业

2014年底，全县有公办幼儿园20所，私立幼儿园5所，学前班89个；有完全小学96所、教学点44个，在校学生24498人；有初级中学18所（含3所九年制学校），在校学生13527人，巩固率为91.7%，升学率94.38%。全县九年义务教育巩固率为96.9%，高中阶段毛入学率80.2%。有普通独立高中1所，在校学生5469人；有中等职业学校1所，有学生2918人。

全县有各种艺术表演团体83个，表演场所4个；广播综合覆盖率96%，电视覆盖率100%；全县有医疗卫生机构28个，其中县级医院1所、疾病防控机构1个、妇幼保健院1所、乡镇卫生院19所、私立医院6所；有村级卫生服务机构121个。医疗卫生机构有床位865张，每千人拥有床位2.63张。全县有青少年活动中心1个、综合体育场1个，各镇（乡）均建有文体活动广场，121个村均建有文体活动场所。

七、旅游业

县内有平舟河谷风景区、甲茶风景区、龙塘风景区、掌布“藏字石”景区及塘边天坑群等，共有景物景观131个，总面积264.1平方公里。平塘已获得国家级风景名胜区、国家地质公园、国家4A级风景区、中国文艺家科普创作基地、美丽中国之旅十佳山水城市等多项殊荣，拥有世界最大单口径射电望远镜（500米）、全国唯一的毛南族乡、掌布“中国共产党”藏字石。县城一面依山、三面环水，享有“玉水金盆”美称。

第十节 独山县

独山因县城西南面10余公里处的独秀峰（独坡）而得名。

一、区位 人口

独山县地处贵州南部，东邻荔波县、三都县，南接广西壮族自治区南丹县，西连平塘县，北临都匀市，国土总面积2445平方公里。

2014年末，全县总人口349083人，其中，非农业人口40719人；少数民族272633人，占总人口的78.1%。人口密度平均每平方公里143人。

二、建置 区划

独山，秦属象郡，汉属牂牁郡毋敛县，隋属牂牁郡，唐代属庄州石牛县，宋初属广南西路南丹州中平县，元置独山州蛮夷军民长官司；明洪武年间（1368—1398年）置丰宁长官司、九名九姓独山州长官司，弘治七年（1494 年）置独山州，为建县（州）之始。民国3 年（1914 年）改置独山县至1949 年。1949 年11 月19 日解放，25 日成立中共独山县委、县政府。1958 年—1961 年初，独山县、荔波县、平塘县合并为独山县，1961 年3 月，荔波县、平塘县（部分）分出，恢复为3 个县。

1978 年—1991 年8 月，独山县辖6 区、1 区级镇、33 个乡（镇）、750 个村民委员会。1991 年8 月，撤区并乡建镇，全县建18 个乡（镇），即：尧梭、羊凤、水岩、打羊、尧棒、黄后、董岭、兔场、上司、甲里、麻万11 个乡，本寨、翁台、甲定3 个水族乡，城关、基长、下司、麻尾4 个镇，下设250 个村委会、9 个街道居委会。1994 年兔场、上司、甲里、麻万4 个乡撤乡设镇。2007 年9 月，开展小村并大村工作，全县设133 个村委会、9 个街道居委会。2013 年6 月28 日，全县行政区划调整设立百泉镇、麻尾镇、影山镇、基长镇、玉水镇、上司镇、下司镇、麻万镇。

三、地形　气候

独山县地处云贵高原向广西丘陵过渡的斜坡地带，境内属贵州高原丘陵山区，地势北高南低，为贵州高原在黔南边沿的台地。北部属中山、低中山山地，中部为低中山宽谷丘陵盆地，南部为低中山岩溶林谷地。由于造山运动和枝状地表水深切，境内沟壑纵横，特别是东北部多高山深谷，主要山脉有杨梅山、月亮坡、大其山、大风坪、“205”高地等。境内最高点为甲定乡的“205”高地，海拔1628 米，最低点是水岩乡江寨河谷，海拔518 米，平均海拔950 米。境内属中亚热带向北亚热带过渡的湿润气候区，年平均气温15. 0℃，年平均降水量1328. 9 毫米。

四、资源　物产

全县森林覆盖率48. 39%，有自然保护区4 个，面积为50. 23 万亩，分别为独山深沟天然林自然保护区、独山琴阳天然林自然保护区、独山高岩天然林水源涵养林自然保护区、贵州都柳江源湿地自然保护区。2004 年12 月，申报成功国家级森林公园——贵州省独山县紫林山国家森林公园。县境内分布的银杏（原生种）属国家一级保护植物，属于国家二级保护植物的有黄杉、华南五针松等26 种。野生动物有638 种，其中属国家重点保护的有林麝、大鲵、斑羚等93 种。县境锑矿储量名列全国第三位，铁、汞、铅、锌等储量丰富。

境内河道属珠江流域，分别归属都柳江、红水河两大水系，一级河3 条、二级河共20 条、三级河14 条、四级河10 条，黑神河是都柳江的源头、县境内最大河流，河长41. 9 公里。

五、经济发展

1997 年建立麻尾工业园区，2010 年建立独山高新技术产业园区和独山经济开发区。重点企业有独山县水泥厂、东峰锑矿、盐酸菜厂等。截至2014 年，县内有中国与新西兰合作建设的贵州牧草种籽繁殖场，开发人工草场2 万亩；独山盐酸菜、贵州牧场种籽繁殖场“贵草牌”巴氏杀菌乳、系列糖果获“贵州省名牌产品称号”；“独山秀峰”牌辣椒、无公害西红柿、“大丰禾”牌优质精米、香米获“贵州省名特优农产品”称号。

2014 年，全县地区生产总值 55.01 亿元，比上年增长 16.5%。500 万元以上规模工业增加值 19.23 亿元，比上年增长 19.8%；财政总收入 6.39 亿元，比上年增长 23.73%；农村居民人均可支配收入 7044 元，比上年增长 13.2%；城镇居民人均可支配收入 21125 元，比上年增长 11.3%。

六、交通 通信

黔桂铁路、210 国道、黔桂公路、兰海高速公路、麻（尾）驾（欧）高速公路、独（山）平（塘）高速公路、缅甸至湛江油气管道和多条西电东送线路纵贯境内南北，册（亨）三（穗）、独（山）平（塘）、独（山）荔（波）3 条公路横穿县内东西，县境南部的麻尾镇有麻（尾）驾（欧）高速公路通往荔波国家级风景区的旅游通道。县内建有 3 个铁路客货运站、5 个高速公路匝道口，形成以铁路、高速公路、国道主干线和地方公路为主的立体交通网络。2010 年，全县 18 个乡（镇）乡乡通油路，250 个行政村实现村村通公路。

1991 年，县城开通 2000 门程控电话。1995 年，开通数字移动通信网站。2014 年，电信、移动、联通的光纤通信网络覆盖全县境。

七、民族文化

独山民族风情浓厚，布依族节日有墨寨“四月八斗牛节”、星朗“二月二香藤粑节”、兔场“正阳公关歌节”、拉旺“五月端午波乃歌节”“六月六探母节”、基长“西红柿节”、尧棒“油菜花节”。水族节日有“端节”“六月六洗澡节”“三月三黄饭花节”；苗族节日有“高坡社节”“吃新节”。相继开发建设深河桥抗日文化园、奎文阁景区、翠泉国家级森林公园、阳地民族花灯文化村等旅游景区景点。基长镇阳地民族文化村和兔场镇奎文阁景区分别被列为“中国传统文化旅游名镇（村）”“中国传统文化旅游示范基地”。

八、特色文化 特产

独山是具有 600 多年历史的贵州南派花灯的发源地。1994 年，基长镇被贵州省文化厅命名为“花灯艺术之乡”。1998 年，独山县被文化部命名为“全国文化先进县”。县内花灯队有 200 多支。2002 年、2004 年、2006 年，先后举办第一届、第二届、第三届“中国·独山花灯艺术节”，花灯艺术得到普及。2008 年 11 月，被中国合唱协会吸收为首批团体会员。2008 年，基长、兔场、本寨 3 个乡（镇）被文化部授予“全国民间艺术之乡”称号，独山县入选全国首批“中国传统文化旅游名城”，成为全国首批最值得向世界推荐的 66 个“中国传统文化旅游名城”之一。2009 年 3 月，独山花灯合唱团参加世界合唱音乐节，受邀到奥地利维也纳金色大厅演出。2012 年，独山花灯受土耳其邀请参加会演。

独山特产主要有盐酸菜。独山盐酸菜有 600 多年的历史，被鲁迅称为“中国最佳素菜”。2003 年，引进涪陵集团食品加工企业，主要生产盐酸菜系列产品。2011 年，引进李记集团名牌食品加工企业，2014 年，李记集团独山公司共收购青菜 3 万吨。

第十一节　荔波县

荔波县城西门外500余米有一井，井旁有一株荔枝树，风吹波起，荔树荡漾，相传荔波因此而得名。

一、区位　人口

荔波县位于贵州省南部，地处北纬25°7′～25°9′、东经170°37′～108°18′之间。东北与黔东南州从江、榕江县接壤，东南同广西环江、南丹县毗邻，西面和独山县交界，北与三都县相连。东西最宽长67.3公里，南北最长58.5公里，总面积2431.8平方公里。

2014年，全县总人口175286人，其中少数民族人口占总人口的92.66%。

二、建置　区划

1949年12月，荔波县解放。1958年12月，撤销荔波县，并入独山县。1961年8月恢复荔波县。1984年，全县设4个区1个镇25个乡（其中6个水族乡、2个瑶族乡），164村民委员会。1991年，全县建镇并乡撤区，建5个镇12个乡。2014年，全县行政区划调整为5个镇、2个民族乡、1个街道，即甲良镇、朝阳镇、佳荣镇、小七孔镇、茂兰镇、黎明关水族乡、瑶山瑶族乡、玉屏街道。

三、地形　气候

荔波地处贵州高原南部斜坡，为贵州高原与桂东丘陵的过渡地带，北高南低。最高处为东北隅月亮山次峰，海拔1468米，最低处为南部打狗河和甲料河出境处，海拔300米，县城海拔425米，全县平均海拔758.8米。荔波县属于中亚热带季风湿润气候区，年均降雨量为1196毫米左右。

四、资源　物产

境内河流均属龙江水系珠江流域，较大的河流水系有打狗河水系（包括樟江干流和方村河支流）、三岔河水系和甲料河水系。全县集雨面积大于20平方公里、河道长大于10公里的河流共30条，县内河道总长1048公里，河道密度0.47公里/平方公里。

境内主要矿产资源有煤炭、铁、铅、锌、碳酸钙、方解石、石灰石、白云石等。煤炭总储量5.3亿吨，其中无烟煤3.1亿吨。特产有荔波血桃、荔波蜜柚，荔波蜜柚获地理标志商标认定。

境内拥有樟江国家级风景名胜区和茂兰国家级自然保护区。2007年，“中国南方喀斯特荔波世界自然遗产地”正式列入世界自然遗产名录，成为中国第六个、贵州第一个世界自然遗产地。

五、经济发展

2014年，全县地区生产总值为41.49亿元。全社会固定资产投资总额66亿元，比上年增长32%；500万元以上规模工业增加值12.2亿元，比上年增长19.1%；社会消费品零售总额8.81亿元，比上年增长13.4%；财政总收入5.23亿元，金融机构年末人民币各项存款余额43.16亿元、各项贷款余额为31.27亿元。全县第一产业、第二产业、第三产业的比重为20.31∶29.28∶50.41。

六、交通

2014年底，全县公路总里程达1233.32公里，其中，省道112.77公里，县道123.38公里，乡道157.89公里，村道839.26公里。沥青（水泥）路面总里程814.97公里，全县174个建制村（撤并前）有161个行政村通水泥路或油路，通畅率为93%。

境内有荔波飞机场，于2008年8月正式通航，为民用支线机场。

七、社会事业

2001年，“两基”工作通过省级验收。2004年，荔波高级中学成为省级示范性普通高中。2005年，全县通过省“两基”复查和“普实”验收。2009年6月，荔波中等职业学校成为国家级重点中等职业学校，县幼儿园晋升为省级一类幼儿园。2010年，被省委、省政府列为全省第一批巩固“两基”成果提高义务教育水平试点县。2011年，被列为全省18个首批突破学前教育和突破高中阶段教育项目县，并通过省政府验收。2012年，通过“义务教育初步均衡发展”省级督导评估验收。2014年，全县有各类学校112所。

荔波县每年举办梅花节、水族卯节、布依族六月六歌节、四月八斗牛节等节日活动，已逐步形成文化品牌。至2012年，县共成功申报国家级非物质文化遗产保护名录3个（《水书习俗》《布依族傩戏》《瑶族猴鼓舞》）、国家级非物质文化遗产保护项目代表性传承人2名、省级非物质文化遗产传承项目4个、省级传承人4名，永济泉等9处被列入省级文物保护单位，有中共一大代表邓恩铭故居和板寨会师旧址2个纪念馆。承办中国·荔波2014全国陀螺邀请赛、全省老年人气排球比赛等大型赛事，邓恩铭故居被评为全国民族团结进步教育基地。2014年，全县有卫生专业技术人员有681人，全县参加农村合作医疗149652人，参合率为97.63%。

八、旅游业

荔波是地球上喀斯特地貌生态保存最完好的地区，是中国第六个、贵州省第一个世界自然遗产地，境内有樟江国家级风景名胜区和茂兰国家级自然保护区。荔波樟江风景名胜区是国务院1994年批准的第三批国家重点风景名胜区，2009年成为国家AAAA级景区，由大七孔景区、小七孔景区、水春河景区和樟江风光带组成，共有景源48处，总面积118.8平方公里。此外，荔波黄江河公园已获批为国家湿地公园。

境内红色旅游景点有邓恩铭烈士故居、板寨红七军会师旧址、黎明关抗日战争遗址，三个景点均为省政府公布的省级重点文物保护单位，邓恩铭烈士故居是贵州省爱国主义教育基地。

民族文化风情旅游景点有大土苗族村寨、江风布依族村寨、水利水族大寨、瑶山民族村、瑶麓青瑶寨。

乡村旅游景点中，玉屏时来村的龙宝山被评为贵州省休闲农业与乡村旅游示范点，枫树湾香草园被评为“2013 年中国美丽田园”。

截至 2014 年，荔波县已成为贵州省首批优先发展重点旅游区、国家级生态示范区、中国最美的地方、国际王牌旅游目的地、世界人与生物圈保护网络。荔波旅游“夏季爆棚，淡季不淡”。

2014 年，荔波县开展景区扩容提质工作，争创国家 AAAAA 级旅游景区，《荔波县旅游发展总体规划》修编已通过初审。全年接待游客 636 万人次，比上年增长 24.2%，樟江景区接待人数首次突破 100 万人次，门票收入 7147 万元，比上年增长 9.66%，旅游综合收入达 56.88 亿元，比上年增长 27.1%。

第十二节　三都水族自治县

三都境内原置三合、都江二县，民国 30 年（1941 年）二县合并，各取一字，定名为三都。

一、区位　人口　民族

三都县位于黔南州东南部，地处都柳江、樟江上游的月亮山、雷公山腹地。东面、东北面与黔东南州的榕江县、雷山县接壤，南面与荔波县为界，西面、西北面与独山县及都匀市为邻，北面与黔东南州丹寨县毗邻。东西最宽 56 公里，南北最长 78 公里。全县国土总面积 2400 平方公里。

三都是全国唯一的水族自治县，以水族为主体民族，其他民族有汉族、布依族、苗族、瑶族、侗族等。

少数民族有 26 个。

2014 年，全县总人口 36.22 万人。其中，农业人口 33.63 万人，占总人口的 92.85%；少数民族人口 34.98 万人，占总人口的 96.58%。人口密度为平均每平方公里 150.9 人。少数民族人口中，水族人口 24.20 万人，占全县总人口的 66.81%；布依族 58061 人，占全县总人口的 16.03%；苗族 50029 人，占全县总人口的 13.81%。

二、建置　区划

民国 30 年（1941 年），都江县、三合县合并，更名为三都县，县治设在三合。1949 年 12 月解放，隶属独山专区后改称都匀专区，1956 年后属黔南州所辖。1957 年 1 月建立三都水族自治县，县政府驻地三合镇。1991 年，全县 8 个区（镇）、37 个乡（镇）建并撤为 7 个镇 14 个乡。2001 年，将烂土乡、丰乐乡、廷牌乡撤乡建镇，烂土乡更名为合江镇。2013 年，三都县行政区划为辖 10 个镇 11 个乡。2014 年 8 月，全县行政区划调整，将 21 个乡（镇）撤并，新建为 1 个街道、6 个镇，即三合街道、普安镇、大河镇、都江镇、中和镇、周覃镇、九阡镇，下辖 238 个村、4 个居委会。县政府驻三合街道。

三、地形　气候

三都处于云贵高原东南缘向广西盆地下降的斜坡地段，即中国地形第二级阶梯向第三级阶梯的过渡地带，地质构造上处“江南古陆”边缘与“黔南凹陷”之间，县境大部海拔在400～900米之间，平均海拔675米。最高点是县境西部更顶山主峰海拔1665.5米，最低点都柳江出境处海拔303米，最大高差1362米。中山、低山丘陵占全县土地总面积的90%以上。河流属于珠江流域柳江水系，共有大小河流41条，总长925.6公里，主要有都柳江干流等。境内年平均降雨量1349.5毫米，总降雨量33.1亿立方米，径流量16.5亿立方米，过境水量为11.98亿立方米，地下水为4.74亿立方米，全县年拥水量共计33.18亿立方米。

三都属于中亚热带湿润季风气候类型，年平均降雨量1384.3毫米。全年无霜期326天，最短275天。

四、资源物产

全县耕地总面积202125亩，其中水田147075亩、旱地55050亩。人均耕地0.6亩。境内大小河流理论水能22万千瓦，可开发量16.6万千瓦，2010年全县水电装机容量16000千瓦。

境内已发现的矿产有铜、铁、煤、汞、金、锑、硫、铅锌等18种，汞、锑、铅锌矿开采历史悠久，硫铁矿床以在省内含硫量最高而闻名。

三都是贵州省十大林业县之一，林业资源为传统的优势资源。国有拉揽林场位于县城以东12公里处，素有“百里林海”之称。渔业资源主要鱼类有30种，以鲤形目鲤科为主。

五、民族文化

水族的水书、端节、马尾绣是水族文化的典型标志，于2005年入选国家首批非物质文化遗产。

水书是水族古文字和文化典籍的统称，是水族古代社会的通书，它记载了水族古代天文、地理、宗教、祭祀等文化信息。水书属于象形文字，与甲骨文和金文有一定渊源关系，被誉为“象形文字的活化石”。县内民族节日主要有端节、卯节、腊月年、吃新节和十三年过一次的鼓藏节等。端节是水族多数地区的年节；卯节是九阡水各大寨一带的水族年节，也是水族的歌节，因青年人在卯坡对歌定情而被誉为“东方情人节”；腊月年是布依族的年节，又称“本地年”“小年”；吃新节是三都苗族每年最隆重的节日，都江一带称为“过苗年”。境内有“水吃端，苗吃新，布依过小年，客家过大年”的俗语。

马尾绣是水族人民创造的一个独特绣种，是用丝线缠绕马尾丝进行刺绣，图案古朴典雅，工艺复杂精美，中和镇是著名的“水族马尾绣艺术之乡”。芦笙舞《跺月亮》在2013年获第九届中国民族民间舞蹈大赛最高奖项“荷花奖”。

六、景区景点

县内景区景点主要有都柳江风景名胜区、尧人山国家森林公园、姑鲁产蛋崖、卯文化风情园、巴茅中国端文化村寨、怎雷水族村寨。都柳江风景名胜区已由省级风景名胜区获批为国家级风景名胜区；尧人山国家森林公园是天然的植物基因库和野生动物乐园，仅木本植物就多达430余种，其中银杏、鹅掌楸、南方红豆杉、香榧、紫檀、桫椤是国家一、二类保护植物；姑鲁产蛋崖被当地群众叫做“天龙下蛋”，为罕见的自然奇观，被称为世界级奥秘，是国家AAA级旅游景区；卯文化风情园又名水各卯文化风景名胜区，其卯坡有“水乡爱情圣地”之誉；巴茅中国端文化村寨是一个始建于清代的水族自然村寨，民族风情浓郁；怎雷水族村寨是一个“入村不见山、进山不见寨”的民族村寨，2010年12月，怎雷村被国家建设部和文物局命名为“中国历史文化名镇名村”。此外，还有龙塘瀑布、拉旦瀑布、板甲晴雨石、塘州仙人桥、简良九层崖、善哄猫石等景点。

全县有文物点45处，其中省级文物保护单位4处。其中，石板寨抗日战争遗址是水族人民抗击侵略者的见证；九阡水族起义遗址东西北三面为陡坡悬崖；引郎石板墓是水族古墓的形式。

七、经济发展

三都县是国家重点扶贫开发县。1991年，全县生产总值13102万元，农业总产值14569万元，工业总产值3465万元（其中规模工业总产值2092万元），全社会固定资产投资3301万元，财政总收入800万元，地方财政收入596万元，社会消费品零售总额4409万元，农民人均纯收入2186元。

2014年，全县国内生产总值43.44亿元，农业总产值完成15.74亿元，规模工业总产值10.91亿元，全社会固定资产投资22.19亿元，财政总收入4.43亿元，地方财政收入2.76亿元，社会消费品零售总额10.14亿元，农民人均纯收入6758元。

八、交通　通信

1991年全县公路总里程404公里。2014年，全县开通客运路线43条，境内公路总里程达1545.1公里。全县乡（镇）通油路率100%，村通路率达100%，2011年6月，厦蓉高速公路都匀市格多至三都段正式开通。2014年12月，贵广高铁开通，在普安镇设三都站。2014年，全县有固定电话用户38800户，乡（镇）程控电话率达100%，实现移动电话村村通，通信覆盖率达100%。

九、社会事业

“两基”教育工作已于2006年通过省级验收。2014年，全县有幼儿园39所，在园（班）幼儿9871人；有小学校（点）164所，在校学生32152人；有初级中学20所，在校生17826人；有高级中学2所、职高1所，普高在校学生12297人，职高在校学生2864人。全县有教职工3449人，对三都的帮扶中深圳捐资在新建鹏城希望学校，设有初中部、小学部。

1991年，全县有医疗机构26个，开设床位232张，卫生技术人员505人。2014年，有国家医疗卫生机构45个，卫生技术人员718人，共有床位818张。全县有村卫生室149个，占行政村总数的62.60%，有村卫生员173人、村接生员270人。新农合医参合率达98.13%。

1991年，全县有300米跑道的田径场2个，水泥球场18个，标准门球场2个。2005年8月，向国家工商行政管理总局商标局申报并注册“中国西部赛马城”。2014年，有体育场地407个（体育系统45个，教育系统243个）。

十、特产

县内特产主要有九阡酒、水晶葡萄、九阡李、三都酸等。九阡酒民间俗称“九仙酒”，是以水族民间传统工艺酿制而成的绿色保健饮品。2008年，成为北京奥运会官方祈福专用酒。2010年，九阡酒获“中华老字号”称号，并成为当年上海世博会国际信息发展网馆指定唯一黄酒、世界妇女联盟高峰会议招待用酒。

水晶葡萄产地交梨是全省著名的“水晶葡萄之乡”，2013年，中国农学会葡萄分会和中国果品协会葡萄分会授予三都“中国水晶葡萄之乡”称号；2014年，水晶葡萄种植面积达10万亩，年产量达万吨。

九阡李是三都著名的优质水果，主产于九阡镇水各村和水昔村，具有皮薄、色艳、汁多、味甜、早熟等优势特点，含多种维生素和氨基酸。

三都酸是贵州名菜酸汤鱼的主要底料，用三都优质辣椒腌制而成的一种食用酸，本地汉语方言叫“坛酸”。酸汤鱼是贵州菜系名菜之一，以三都县为正宗，用三都酸和产自都柳江的角角鱼、鳜鱼、蛇鱼等烹制。

附：

都匀经济开发区

一、区位　人口民族

都匀经济开发区位于都匀市东部，地处北纬26°10′、东经107°35′。东邻黔东南州丹寨县兴仁镇、南抵都匀市归兰水族乡，西接都匀市小围寨街道、沙包堡街道，北接黔东南州麻江县宣威镇。南北最长32公里，东西最宽23公里，全区总面积512平方公里。

2014年，全区总人口101397人，其中，农业人口94883人，非农业人口6514人。人口密度每平方公里198人。全区总人口中以少数民族居多，主要有苗族、布依族、水族、瑶族等少数民族，少数民族人口占总人口的87.2%。

二、建置区划

都匀经济开发区成立于1992年。2008年下半年，州委、州政府将都匀经济开发区（副县级）升格为州管正县级派出机构，并将行政办公区迁移至大坪镇，拓展管辖区域，管辖都匀市洛邦镇、大坪镇。2013年9月，都匀市委托都匀经济开发区管理坝固、王司两个镇。2014年8月，王司、坝固、大坪、洛邦4个镇合并为匀东镇，辖5个社区26个村（居）委会。

三、地形　气候

都匀经济开发区地处贵州高原丘陵过渡地带，北高南低，东南属山地，西南为高山峡谷。海拔在900～1181米之间，最高处旗子坡海拔1181米，最低处中部茶场四中队海拔900米。区内属中亚热带向北亚热带过渡的季风湿润气候，冬无严寒，夏无酷暑，年降雨量1413毫米，年日照期1208小时，年平均气温15℃～16.4℃，极端最高气温36.3℃，极端最低气温-6.9℃，多年平均日照1168小时，多年平均降水量1410毫米，年无霜期260～300天。

四、资源　物产

区境内共有洛邦河、牛场河、菜源河、剑江河、王司河、王司新坪河等、王司新场河等7条河流；有洛邦水库、杉木寨水库、平山水库、旱楼水库、高街水库、长冲水库6个水库，总蓄水量331.45万立方米；建有桃花电站水库、明英电站水库、马寨一级电站水库、营盘电站水库、团鱼浪电站水库、杨柳河电站水库、马寨二级电站水库7座电站，总装机15410千瓦；共有山塘92座及小水池窖1367口，蓄水量8.20万立方米；有集镇供水工程共5座，设计供水规模7522立方米/天；农村饮水安全工程共63处（含5座水厂工程）。区内多数地方岩石外露，土质主要是黑色石灰土、黄色石灰土、黄泥土，水田主要是潮油泥田、大眼黄泥田、大眼泥田。

境内已探明地下矿藏有7种重金属矿产资源，即铅锌矿、煤矿、重晶石、页岩、黏土、石灰石、萤石。

清水江国家湿地公园及其周边生物多样性丰富，有维管束植物135科336属474种，其中国家Ⅱ级重点保护植物有花榈木、香果树、香樟等；野生脊椎动物共有5纲33目89科270种，其中有鸳鸯、松雀鹰、红腹锦鸡等国家Ⅱ级重点保护动物17种。

五、交通

厦蓉高速公路、贵广高速铁路、贵新高速公路、黔南大道穿区而过，大龙大道、黔南大道成为都匀市老城区与开发区连接的主要通道，区内还有都凯大道（都匀—凯里城市快速干道，规划建设中）、都独城市干道（国道210都匀—独山段改线、规划建设中）。区内设有贵广高铁都匀东站，高铁于2014年12月通车。

六、经济发展

全区模工业增加值从2009年的0.56亿元发展到2014年的3.63亿元，五年平均增长83%；固定资产投资从2009年的8.6亿元发展到2014年的65亿元，五年平均增长50%；招商引资到位资金从2009年的2.24亿元发展到2014年的46.3亿元，五年平均增长83%；财政总收入从2009年的3567万元发展到2014年的2亿元，五年平均增长41%。

2014年，全区农业总产值4.2亿元，其中，畜牧业产值25250万元，占农业总产值的60.1%。

1992年，辖区内有大小企业83个，包含乡办、村办和个体企业三类，工业总产值53.71万元。1993年，辖区有企业114个，工业总产值126.9万元。随着开发区建设发展各类企业、产值也在不断增长。2014 年，辖区有企业 516 个，其中工业企业 168 个，工业企业中规模以上企业 12 个。企业从业人员 4524 人，其中工业企业 3118 人，规模以上工业企业 2338 人。全年规模以上工业总产值 25 亿元，比上午增长 19.1%。

七、社会事业

境内幼儿园 7 所，在园幼儿 722 人，专任教师 15 人；有小学 32 所，在校学生 3774 人，专任教师 377 人，小学适龄儿童入学率 99.1%，辍学率控制在 0.07% 以内；有初中 4 所、高中 2 所，在校中学生 2866 人，专任教师 227 人，九年义务教育覆盖率达 100%；中学入学率达到 95.3%，辍学率控制在 1.32% 以内。

有医疗卫生机构 4 个，有床位 70 张、专业卫生人员 65 人。村民参加新型农村合作医疗人员达 97%。

全区有文化站 1 个，安装农村调频广播 60 个、卫星“村村通”直播广播电视 1.2 万套，全区各村建成农家书屋 22 个，藏书 39600 余册。

2014 年，共发放城市低保金 226.1975 万元，受益群众 310 户 603 人；发放农村低保金 518.57 万元，受益农户 2323 户 5936 人；发放农村“五保”供养金 35.32 万元，涉及供养对象 192 人。全年发放城乡医疗救助资金 10.38 万元，涉及群众 1431 人。

民族传统节日主要有“绕家年”（又称“过冬”）、“闹鱼节”（已失传）、“跳月”“新米节”等。2006 年《绕家呃蹦》列为贵州省非物质文化遗产。《绕家呃嘣》以其特有的韵律、浓郁的民族情调曾先后参加两届多彩贵州歌唱大赛，在中央电视台音乐频道演艺室、上海世博会等作过展演。2008 年，《绕家呃蹦》参加多彩贵州大赛，获原生态项目“金黔奖”。

格多寨民族文化节日有“四月八”“六月六”“七月半”“吃新节”“苗年”（也有称九月九），其中“六月六”“苗年”最为隆重。格多寨的民族服饰独具特色，妇女银头饰被史学家喻为“穿戴头顶上的苗族迁徙史”。民族乐器有芦笙、莽筒、苗长号、唢呐、木鼓，寨子里农闲时都爱跳芦笙舞。

第二篇

人口　民族　宗教

第一章 人 口

国家将计划生育作为基本国策，黔南州各级党委、政府将计划生育工作列入重要议事日程，人口增长指标纳入国民经济计划，人口控制取得显著成效，人口增长速度明显减慢。在1990年第四次人口普查时，全州总人口328.76万人，至2000年第五次人口普查时总人口356.97万人，2010年第六次人口普查总人口323.11万人，2014年末总人口406.08万人。

第一节 人口总量与分布

全州人口总量及分布2000年按历年人口统计年报可比口径推算，2000年末全州常住人口总量379.78万人，与1990年末相比，总人口净增48.71万人，平均每年增长4.87万人；年平均增长率为1.38%；与1999年末相比，总人口增长5.06万人，增长率为1.34%。年末总人口的地区分布为：都匀市47.61万人，福泉市30.2万人，荔波县16.35万人，贵定县28.02万人，瓮安县44.82万人，独山县34.05万人，平塘县29.34万人，罗甸县31.79万人，长顺县23.99万人，龙里县19.97万人，惠水县42.03万人，三都县31.52万人。

2014年末，各县（市）总人口分布为：都匀市48.26万人，福泉市32.72万人，荔波县17.53万人，贵定县30.70万人，瓮安县45.56万人，独山县34.90万人，平塘县32.39万人，罗甸县34.59万人，长顺县25.66万人，龙里县22.63万人，惠水县44.91万人，三都县36.22万人。

1991—2014年全州人口统计表

表2-1-1

年度	总户数	总人口数	性别				农业人口	占总人口%	非农业人口	占总人口%
			男	占总人口%	女	占总人口%				
1991	748215	3309690	1700541	51.38	1609149	48.62	2953425	89.24	356265	10.76
1992	765187	3349668	1722696	51.42	1626972	48.58	2977047	88.88	372621	11.22
1993	781654	3379375	1739007	51.19	1640368	48.81	2599626	76.93	779749	23.07
1994	791854	3414902	1759957	51.54	1654955	48.46	3020846	88.46	394056	11.54
1995	815732	3457290	1782066	51.55	1675224	48.45	3047281	88.14	410009	11.86

续表 2－1－1

年度	总户数	总人口数	性别				农业人口	占总人口%	非农业人口	占总人口%
			男	占总人口%	女	占总人口%				
1996	833481	3492870	1803108	51.62	1689762	48.38	3073842	88	419028	22
1997	846193	3524714	1818914	51.6	1705800	48.4	3104021	88.6	420693	11.94
1998	869898	3572078	1844039	51.63	1727985	48.37	3140257	87.91	431821	12.09
1999	878617	3601278	1859927	51.65	1741351	48.35	3157108	87.67	444170	12.33
2000	915000	3797800	1870000	52.39	1699700	47.61	2759200	77.29	810500	22.71
2001	915466	3731580	1927271	51.65	1804309	48.35	3259114	87.34	472466	12.66
2002	930316	3890100	2011800	51.72	1878300	48.28	3388400	87.10	501700	12.90
2003	956016	3934000	2034200	51.71	1899800	48.29	3432573	87.25	501427	12.75
2004	983300	3937500	2039000	51.78	1898500	48.22	3406300	86.51	531200	13.49
2005	1010400	3973600	2054800	51.71	1918700	48.29	3436500	86.48	536900	13.52
2006	1035909	4005000	2071200	51.72	1933800	48.28	3456700	86.31	548300	13.69
2007	1053735	4034800	2066000	51.20	1948800	48.8	3478000	86.20	556800	13.80
2008	1096281	4062400	2156331	53.08	1906069	46.92	3515010	86.53	547382	13.47
2009	1129653	4090200	2173168	53.13	1917032	46.87	3539142	86.53	551058	13.47
2010	1168456	4118100	2173684	52.78	1944416	47.22	3563918	86.54	554182	13.46
2011	1194346	4143400	2195731	52.99	1947669	47.01	3585500	86.54	557900	13.46
2012	1220926	4050592	2106192	52	1944400	48	3488497	86.12	562095	13.88
2013	1236550	4051214	2117740	52.27	1938440	47.73	3486434	86.06	564780	13.94
2014	1247312	4060791	2123655	52.29	1937136	47.71	3492242	86	568549	14

2010年黔南州人口分布一览表

表 2－1－2

地区	人口比重（%）		人口密度（人/平方公里）
	2000年	2010年	
全州合计	100.00	100.00	123
都匀市	12.98	13.74	195
福泉市	8.20	8.79	168
荔波县	4.80	4.48	59
贵定县	7.50	7.15	142
瓮安县	10.93	11.77	194
独山县	8.91	8.20	108
平塘县	7.49	7.07	81
罗甸县	8.24	7.94	85
长顺县	6.34	5.91	124
龙里县	5.39	5.59	119
惠水县	10.89	10.59	139
三都水族自治县	8.33	8.76	119

第二节　人口构成

人口构成主要以2000年第五次人口普查和2010年第六次人口普查数据为准。

一、家庭构成

2000年11月1日零时，全州有家庭户91.50万户，家庭人口350.82万人，占总人口的98.28%，家庭户平均规模3.83人，比1990年第四次人口普查时的4.58人下降0.75人。

2010年，全州常住人口中共有家庭户964723户，家庭户人口为3134642人，平均每个家庭户的人口为3.25人，比2000年第五次人口普查的3.88人减少0.63人。

二、年龄构成

2000年，在普查时点总人口中，0～14岁人口为105.72万人，占29.62%；15～64岁人口为230.15万人，占64.47%；65岁以上人口为21.09万人，占5.91%。与1990年第四次人口普查相比，0～14岁人口占总人口的比重下降2.91个百分点，65岁及以上人口占总人口的比重上升1.24个百分点。

2010年，全州常住人口中，0～14岁人口为757830人，占23.45%；15～64岁人口为2169128人，占67.13%；65岁以上人口为304203人，占9.42%。同2000年第五次人口普查相比，0～14岁人口的比重下降6.07个百分点，15～64岁人口的比重上升2.79个百分点，65岁以上人口的比重上升3.28个百分点。

三、性别构成

2000年，全州普查时点总人口中，男性187.00万人，占52.39%；女性169.97万人，占47.61%。性别比为110.02。受外出人口性别构成的影响，全州普查时点登记的性别比1990年普查时点登记总人口的106.42上升3.6个百分点。

2010年，全州常住人口中，男性人口为1669759万人，占51.68%；女性人口为1561402人，占48.32%。总人口性别比（以女性为100，男性对女性的比例）由2000年第五次人口普查的109.94下降为106.94。

四、民族构成

2000年，全州普查时点总人口中，汉族人口为154.35万人，占总人口的43.24%，少数民族人口为202.62万人，占总人口的56.76%。与1990年第四次人口普查相比，汉族人口增加0.92万人，增长0.60%；各少数民族人口增加27.29万人，增长15.57%。少数民族人口占全州比重上升3.43百分点。

2010年，全州常住人口中，汉族人口为1424205人，占44.08%；各少数民族人口为1806956人，占55.92%。同2000年第五次人口普查相比，汉族人口减少123915人，下降8.00%；各少数民族人口减少214771人，下降10.62%。

五、文化构成

2000 年，全州普查时点总人口中，接受大学（指大专以上）教育的 5.17 万人，占 1.45%；接受高中（含中专）教育的 18.77 万人，占 5.26%；接受初中教育的 72.59 万人，占 20.33%；接受小学教育的 165.05 万人，占 46.24%。与 1990 年第四次人口普查相比，每 10 万人中拥有各种受教育程度的人数为：具有大学受教育程度的由 541 人上升为 1449 人；具有高中受教育程度的由 3643 人上升为 5260 人；具有初中受教育程度的由 14110 人上升为 20334 人；具有小学受教育程度的由 41701 人上升为 46236 人。在全州普查时点登记的人口中，15 岁及 15 以上文盲人口为 43.43 万人，与 1990 年第四次人口普查相比，粗文盲率（15 岁及 15 岁以上文盲占总人口的比重）由 1990 年的 22.36% 下降为 2000 年的 12.17%，下降 10.19 个百分点。

2010 年，全州常住人口中，具有大学（指大专以上）文化程度人口为 139035 人，具有高中（含中专）文化程度人口为 222232 人，具有初中文化程度人口为 996864 人，具有小学文化程度人口为 998113 人（以上各种受教育程度的人包括各类学校毕业生、肄业生和在校生）。同 2000 年第五次人口普查相比，每 10 万人中具有大学文化程度的由 2558 人上升为 4303 人，具有高中文化程度的由 2739 人上升为 6878 人，具有初中文化程度的由 20513 人上升为 30852 人，具有小学文化程度的由 46200 人下降为 39885 人。

全州常住人口中，文盲人口（15 岁以上不识字的人）为 293915 人，同 2000 年第五次人口普查相比，文盲人口减少 139160 人，文盲率由 17.21% 下降为 9.10%，下降 8.11 个百分点。

第三节　人口普查与抽样调查

一、人口普查

1991—2014 年，共开展第四、第五、第六次全国人口普查。

1989 年 10 月 25 日，国务院发布《进行第四次全国人口普查办法》，决定于 1990 年进行第四次人口普查。普查的标准时点为 1990 年 7 月 1 日零时，普查对象为具有中华人民共和国国籍，并在中华人民共和国境内常住的人口，按常住地进行登记。普查登记表有两张，《第四次全国人口普查表》，共 21 个调查项目，其中按人登记的有姓名、与户主关系、年龄、民族、户口状况和性质、1985 年 7 月 1 日常住地状况、迁移本地的原因（有迁移的人填）、文化程度、在业人口的行业、在业人口的职业、不在业人口状况、婚姻状况、妇女生育存活子女数、1989 年 1 月 1 日以来妇女生育状况共 15 个调查项目；按户登记的有本户编号、户别、本户人数、本户出生人数（1989 年 1 月 1 日至 1990 年 6 月 30 日）、本户死亡人数（1989 年 1 月 1 日至 1990 年 6 月 30 日）共 6 个调查项目。《死亡人口登记表》，共 9 个调查项目，即调查小区代码和本户编号、姓名、性别、民族、出生时间、死亡时间、文化程度、死亡时间、婚姻状况、死者生前从事的主要职业。

黔南州第四次人口普查，分为成立组织机构、整顿户口、选调和培训普查工作人员、划分普查区和企业名录地址码编审、普查宣传、普查登记和复查、手工汇总和编码、数据处理、资料整理和编印等步骤和方法进行，从 1989 年 9 月开始，到 1991 年年底结束，历时两年多。第四次人口普查主要数据：全州常住人口为 3287565 人，其中，男 1694776 人，女 1592789 人；汉族 1535367 人，其他少数民族 1752198 人。

第五次人口普查：2000 年，国务院决定开展第五次全国人口普查，普查的标准时点为 2000 年 11 月 1 日零点。按照全国、全省的统一部署，黔南州从 1998 年 12 月开始，通过建立各级人口普查机构、建立各种规章制度，明确责任，全州普查员 3 万多名、普查指导员及各级普查工作者参与普查，完成第五次全国人口普查任务。普查公布主要数据如下：

普查时点登记常住人口：在普查登记标准时点内，全州登记的总人口为 356.98 万人（包括外来人口，不包括外出人口），普查时点总人口与 1990 年第四次人口普查时点总人口 328.76 万人相比，十年零四个月共增加人口 28.22 万人，增长 2.73%。年平均增长率为 0.80%。

统计年报口径人口总量：根据第五次人口普查结果，按历年人口统计年报可比口径推算，2000 年末全州常住人口总量为 379.78 万人，与 1990 年末相比较，总人口净增 48.71 万人，平均每年增长 4.87 万人，年平均增长率为 1.38%。

人口自然变动：1999 年 11 月 1 日至 2000 年 10 月 31 日，全州登记出生人口 74205 人，出生率为 20.88‰；全州死亡人口 26572 人，死亡率为 7.48‰；全州自然增长人口 47633 人，自然增长率为 13.40‰。与 1990 年第四次人口普查相比，出生率降低 4.03 个千分点；死亡率降低 0.26 个千分点；自然增长率降低 3.77 个千分点。

人口的年龄、性别构成情况：在普查时点总人口中：0－14 岁的人口为 105.38 万人，占 29.52%；16－64 岁的人口为 229.70 万人，占 64.35%；65 岁及以土人口为 21.92 万人，占 6.14%。同 1990 年第四次人口普查相比，0－14 岁人口占总人口的比重下降 3.01 个百分点，65 岁及以上人口占总人口的比重上升 1.47 个百分点。在普查时点总人口中，男性为 186.94 万人，占 52.39%，女性为 170.04 万人，占 47.63%。性别比为 109.94。受外出人口性别构成的影响，全州普查时点登记的性别比比 1990 年普查时点的 106.42 上升了 3.52。

育龄妇女生育状况：1999 年 11 月 1 日至 2000 年 10 月 31 日，全州育龄妇女一般生育率为 75.41‰，比 1990 年的 97.75‰下降 22.34 个千分点；总和生育率为 2.03，比 1990 年的 3.09 下降 1.06。在普查时点前一年（1999 年 11 月 1 日零时至 2000 年 10 月 31 日 24 时）有生育的妇女中，生育一孩的妇女为 55.40%，生育二孩的妇女为 31.50%，生育三孩及三孩以上的妇女为 13.10%。与 1990 年第四次人口普查相比，第一孩所占比例上升 15.82 个百分点，第二孩所占比例上升 3.64 个百分点，第三孩及三孩以上所占比例下降 19.46 个百分点。

家庭、婚姻情况：2000 年 11 月 1 日零时，全州共有家庭户 90.39 万户，家庭户人口为

350.91万人，平均家庭户规模为3.88人，比1990年第四次人口普查的4.58人减少了0.7人。从家庭户的类别构成来看，一代户占15.45%；二代户占60.87%；三代户占22.82%；四代户及四代以上户占0.86%。从家庭户的规模构成来看，一人户占7.06%；二人户占12.22%；三人户占22.03%；四人户占25.92；五人户占18.63%；六人户占8.64%；七人户占3.48%；八人户占12.3%；九人户占0.47%；十人及十人以上占0.33%。与1999年第四次人口普查相比，一人户比重上升1.56.个百分点；二人户比重上升4.56个百分点；三人户比重上升6.38个百分点：四人户比重上升5.41个百分点；五人户比重下降3.02个百分点；六人户比重下降5.77个百分点；七人户比重下降4.61个百分点；八人户及八人户以比重下降4.5个百分点。

在15岁及15岁以上人口中，未婚人口占20.43%，有配偶者占72.31%，丧偶的占6.25%，离婚的占上1.01%。与1990年第四次人口普查相比，未婚人口比重下降8.41个百分点，有配偶人口比重上升8.11个百分点，丧偶人口比重下降0.14个百分点，离婚人口比重上升0.44个百分点。

第六次人口普查：2010年，国务院决定开展全国第六次人口普查，目的在于查清2000年以来全国人口在数量、结构、分布和居住环境等方面的变化情况，以便为科学制定国民经济和社会发展规划，统筹安排人民的物质和文化生活，实现可持续发展战略，构建社会主义和谐社会，提供科学准确的统计信息支持。普查的标准时点是2010年11月1日零时。

黔南州第六次全国人口普查工作，成立州人口普查领导小组，严格选聘普查指导员、普查员，加强业务培训、开展综合试点、入户登记、侧重数据质量抽查和验收、数据录入处理等程序，按时完成人口普查主要任务。普查基本情况：

（1）常住人口。全州常住人口为3231161人，同第五次人口普查的3569847人相比，十年共减少338686人，减少9.49%，年平均递减0.99%。（2）人口自然变动。2009年11月1日至2010年10月31日，全州常住人口中出生人口为47518人、出生率为14.65‰，死亡人口为23770人、死亡率为7.33‰、自然增长人口为23748人、自然增长率为7.32‰。与2000年第五次人口普查相比，出生率下降6.23个千分点、死亡率下降0.15个千分点、自然增长率下降6.08个千分点。（3）家庭户人口。全州常住人口中共有家庭户964723户，家庭户人口为3134642人，平均每个家庭户的人口为3.25人，比2000年第五次人口普查的3.88人减少0.63人。（4）性别构成。全州常住人口中，男性人口为1669759人，占51.68%；女性人口为1561402人，占48.32%。总人口性别比（以女性为100，男性对女性的比例）由2000年第五次人口普查的109.94下降为106.94；年龄构成。全州常住人口中，0－14岁人口为757830人，占23.45%；15－64岁人口为2169128人，占67.13%；65岁及以上人口为304203人，占9.42%。同2000年第五次人口普查相比，0－14岁人口的比重下降6.07个百分点，15－64岁人口的比重上升2.79个百分点，65岁及以上人口的比重上升3.28个百分点。（5）民族构成。全州常住人口中，汉族人口为1424205人，占44.08%；各少数民族人口为1806956人，占55.92%。同2000年第五次人口普查相比，汉族人口减少123915人，下降8.00%；各少数民族人口减少214771人，下降10.62%。(6) 受教育程度人口。全州常住人口中，具有大学（指大专及以上）文化程度的人口为139035人；具有高中（含中专）文化程度的人口为222232人；具有初中文化程度的人口为996864人；具有小学文化程度的人口为998113人（以上各种受教育程度的人包括各类学校的毕业生、肄业生和在校生）。

二、人口抽样调查

1995年，国务院决定于是年10月1日零时进行全国1%人口抽样调查。黔南州政府办公室随即印发《1995年人口与计划生育目标考核办法意见》，安排全州人口抽样调查工作。人口抽样调查以瓮安、福泉、龙里、长顺、荔波、三都为抽样调查县（市）。其余6县（市），根据州政府意见，为有利于当年全州计划生育工作年度考核，由州统计局和州计生委联合采取简易可行统一标准抽样办法进行调查。这次1%人口抽样调查在试点、培训基础上进行部署安排，年底完成调查工作进入计算机数据处理，于次年结束。抽样调查数据为，1995年全州人口出生率为21.48‰，死亡率为8.09‰，自然增长率为13.39‰，年末全州人口总数为35.16万人，比1994年末增长4.72万人。

2005年，国家实施2005年全国1%人口抽样调查，按照国家1%人口抽样调查领导小组的统一部署，黔南州在调查试点的基础上，全州抽2000余名调查员通过入户调查、复查审核、质量抽查、资料编码、数据录入和汇总上报等环节的工作，按时完成调查任务。这次抽样调查，按省的要求，基本满足县一级监测全面建设小康社会进程对人口数据的需要。

第二章 计划生育

1991年，黔南州设有州计划生育委员会，管理全州计划生育（以下简称计生）工作，内设机构有人秘科、业务科。1992年，撤销人秘科、业务科，重新设置办公室、规划统计科、财务科。

1997年，州计划生育委员会改为州计划生育局（以下简称州计生局），内设6个职能科（室）。

2001年，在州级党政机构改革中，保留州计生局，内设5个职能科（室）。

2004年，州计生局更名为黔南州人口和计划生育局（以下简称州人口计生局），是主管人口和计划生育工作的州政府组成部门，内设6个职能科（室）。

2010年，州人口计生局更名为黔南州人口和计划生育委员会（以下简称州人口计生委），为州政府组成部门，内设办公室、政策法规科、发展规划与信息科、宣传教育科、科学技术科、财务科、协调督查科。

2014年，州卫生局与州人口计生委整合，组建成立黔南州卫生和计划生育委员会。内设办公室、政工科、财务科、规划与信息科、宣传法制信访科、疾病预防控制科、医政药政医管科、卫生计生基层指导科、妇幼健康服务科、计划生育家庭发展科、流动人口计划生育服务管理科、目标管理监督科、财务科。

1991—2014年，黔南州各级党委、政府坚持一手抓经济建设，一手抓统筹解决人口问题，将人口计划生育工作纳入经济社会发展的总体规划，确保认识到位，投入到位，责任落实到位。州委、州政府把人口计生工作纳入县（市）党政责任目标考核的重要内容。同时，注重人口计生队伍建设，建立计生行政管理、技术服务、群众工作队伍，并加强干部培训。至2014年末，全州有人口计生行政管理干部448名，技术服务人员1602名（副高级职称10名，中级职称211名，初级职称836名）。

第一节　政策法规和宣传教育

一、政策法规

1991年7月，州委、州政府贯彻执行中共中央、国务院《关于加强计划生育工作，严格控制人口增长的决定》的实施方案，严格执行《贵州省计划生育试行条例》《贵州省乡（镇）村人口计划管理暂行办法》，依法开展和管理计划生育工作。

1996年6月，州委、州政府印发《关于在全州农村开展计划生育“三结合”工作的决定》，强调要努力实现计生工作“两个转变”〔由以往仅就计划生育抓计划生育向经济社会发展紧密结合，采取综合措施解决人口问题转变；由过去社会制约为主向逐步建立利益导向与社会制约相结合，宣传教育、综合服务、科学管理相统一的机制转变〕的根本途径，规定要从政策、资金、技术、物资上给予扶持，使帮扶部门的帮扶任务落到实处，要使全州235个乡（镇）都有州、县机关挂乡支农。按这项计生优惠政策，1996—1997年全州帮扶计生户39136户，帮扶资金1200多万元（含项目资金）。通过帮扶，有9690户越过温饱线，占已帮扶户的24.75%，有3832户主动推迟生育，有8601户放弃二胎生育指标，300多户主动办理独生子女证。

2000年，州委、州政府印发《关于加强人口与计划生育工作严格控制人口增长，不断提高计划生育工作整体水平的决定》，要求各级领导在人口和计生工作上必须做到“三个强化三个坚持”（进一步强化领导责任，继续坚持党政一把手亲自抓负总责；进一步强化“个人”责任，继续坚持计划生育“一票否决”；进一步强化部门责任，继续坚持综合治理齐抓共管）、“两个确保两个到位”（计生工作经费要确保，增加投入要到位；计生工作的领导要确保，工作措施要到位），各级党委、政府在研究经济社会发展时，始终把人口计生工作放在重要战略位置来考虑。

2005年12月，州委办公室、州政府办公室印发《关于进一步完善和实施人口计生工作新机制建设的意见》，提出：扎实推进新形势下的人口和计划生育工作，进一步完善和实施“依法管理、村（居）民自治、优质服务、政策推动、综合治理”工作机制建设，实现全州人口和计划生育事业新的历史性跨越。

2007年，州农村合作医疗领导小组、州卫生局、州人口计生局出台《农村计划生育家庭参加农村合作医疗给予特殊优惠的政策》。农村独生子女和“二女”计生户家庭成员每人每年缴纳10元参合费由政府全部承担。

2008年，州委、州政府印发《关于全面加强人口和计划生育工作统筹解决人口问题的实施意见》，建立全州计生户女孩助学奖励基金，对农村已办独生子女证的计生家庭户就读高中或同等中专学校的，每人年补助1200元助学金；实施“春蕾计划”，保证学龄儿童的入学率和巩固率，重点解决农村独生子女子女入学困难问题，当年帮助6000多名计生户女童完成小学学业；建立高考奖励办法，各县（市）均出台相应办法，对考取大专以上院校的农村计生户给予一次性奖励；实施节育奖励政策；实施合作医疗优惠政策。

2009年，出台《黔南州人口和计划生育工作“一票否决”制的规定》，将人口计生工作列为考核各级领导干部政绩的重要内容之一，全面推进人口与经济、社会、环境、资源的协调发展和可持续发展。是年11月14日，出台《黔南州人口和计划生育工作后进“警示”制办法（试行）》，为全面贯彻落实《中共中央、国务院关于全面加强人口和计划生育工作统筹解决人口问题的决定》《中共贵州省委、贵州省人民政府关于全面加强人口和计划生育工作统筹解决人口问题的意见》。

2010年3月，出台《关于对政策外多孩生育乡（镇）和无政策外生育村进行奖励的试行办法》。对无政策外多孩生育乡（镇、办事处）和无政策外生育村（居、社区）进行奖励（以下简称乡镇、村）。8月，州政府印发《黔南州城镇非农业人口计划生育独生子女家庭奖励扶助办法（试行）》。

2011年，黔南州出台《关于进一步加强早婚早育治理工作的意见》《关于全面加强人口和计划生育工作确保实现“双降”目标的实施意见》《黔南州人口计生工作分类管理动态排位和重点管理实施办法（试行）》。

二、宣传教育

1991年1月，黔南州在全省率先推行人口与计划生育目标管理，形成全州层层签订目标管理责任状，促进计划生育工作格局。1992年，全州开展教育、管理、服务为一体的“人基教育”，多形式、多渠道宣传，发挥墙报、广播、电视、报纸的宣传作用。同时，计生宣传教育与农村社教相结合，专业宣传与活跃农村文化生活相结合。

1994年，州委宣传部、州计生委、州文化局、州广播电视局联合印发《关于切实加强计划生育宣传工作的通知》，加强计划生育宣传工作。

2001年，全州利用广播、电视、报纸等新闻媒体，加大《贵州省计划生育条例》《贵州省计划生育管理办法》宣传力度，做到广播有声、电视专像、报纸有载。全州印制60多万份宣传资料发放到育龄群众手中。

2003年，开展“六个一”（一份温暖、一台文艺节目、一组专栏、一本通俗读物、一次基层计生专干知识竞赛、一场技能比武）宣传教育工作。州计生局为各县（市）订购《生产、生活、生育》知识套书8万册、《优生优育、避孕节育、生殖健康》年画15万份，各县（市）制作宣传品60多万份（册）发放到育龄妇女家庭和农村独生子女家庭；在

“关爱女孩行动”文艺会演中，各县（市）推荐48个文艺节目在州会演，评选出8个优秀节目参加全省比赛，荣获二等奖2个、三等奖2个、优秀奖1个和组织奖3个；各县（市）在电视、报纸设有人口栏目，把计生政策、优生优育、避孕节育、生殖健康知识和发生在身边的好典型好事迹宣传到千家万户；各县（市）为农村独生子女户办理养老保障等。全州开展各种“三下乡”活动和宣传咨询活动达258场（次），到场群众达百余万人。

2005年，根据《黔南州关于开展“关爱女孩行动”工作的实施意见》《黔南州关于开展人口出生性别比综合治理实施意见》，各县（市）也相应出台文件和工作方案。全州投入宣传教育经费215万元，主要用于宣传广告、宣传长廊、宣传品和开展大型宣传活动。开展大型文艺演出26场，制作大型广告宣传牌25块，开展民族民歌唱计生活动16场（次），参加群众6.5万人。全州开展婚育新风宣传活动452场（次），宣传面90%以上，人口学校授课率70%以上，受教育80万人。是年，全州农村办理“独生子女父母光荣证”3532户，放弃政策内二孩生育1687户，推迟政策内二孩生育10614户，推迟结婚期4395对。

2008年，全州农村办理“独生子女光荣证”的有11619户，放弃政府内二孩生育的有5454户，推迟政策内二孩生育的有13753户，全州人口和计生工作健康、稳步、快速的发展。

2009—2010年，人口计生局与黔南电视台、《黔南日报》联合开办人口计生专题栏目，电视上每周有一次动态新闻，滚动播出计生知识和宣传标语，每月至少播一个县（市）人口计生专题报道。《黔南日报》每周有一篇以上人口计生宣传报道。2009年，各类报刊报道州人口计生工作信息103篇，电视专栏宣传49期，广播电台宣传信息43条。州、县（市）、乡（镇）共组织145场宣传活动，发放宣传品、资料、生活用品60多万份，投入资金近100万元。2010年，在全省率先与移动通讯部门合作开办“育龄宝”短信宣传业务，成为贵州省计生宣传新品牌。在县、乡、村开办人口学校，授课率70%以上，受教育人数100万人次；新建人口文化长廊、大院200个。

2011年，开展春节期间流动人口计生服务宣传工作。在流动人口较为集中的广场、车站、集贸市场等地悬挂宣传横幅标语，设立流动人口服务点，现场办理证件和提供政策咨询。利用乡（镇）、村两级人口学校，以群众喜闻乐见的形式，宣传《贵州人口与计划生育条例》《流动人口计划生育工作条例》、新型婚育观念、相关法律法规和生殖保健科普知识及流动人口便民维权措施等。平塘县在大塘镇承办2011年贵州省文化科技卫生“三下乡”集中示范活动，省人口计生委纪检组、宣教处在大塘镇参与计划生育政策法规宣传，平塘县通州等乡（镇）也开展较大型的宣传活动。三都县民间花灯队将流动人口计生管理服务知识自编《打工妹》《外出打工都想家》花灯戏节目，到乡（镇）演出25场。全州宣传502场（次），发放宣传资料共计414282份，发放药具52194盒。

2012年，各县（市）对困难计生户和流动人口家庭开展慰问和帮扶活动。三都县人事劳动部门为41名农民工追回拖欠工资30.06万元；交通部门设立农民工救助服务站，为返乡农民工300多人解决留、住、吃和通行等救助服务。全州慰问返乡农民工6824人，发慰问金额60.68万元，慰问计生户、留守儿童和老人4240户，慰问金额58.14万元。全部兑现和落实流动人口计生家庭各项奖励。全年全州发放宣传品85964件，举办展览82次，开展宣传活动1048次，放映电影宣传片60场、录像片67场。

2013年，开展新型生育文化宣传，推动群众生育观念转变，是年新增放弃生育2000户以上，推迟生育5万户以上。

2014年，州级投入宣传教育工作经费645万元，比上年度增加102万元。制作大型宣传广告牌300块；有1460个村和143个社区（居委会）制作10幅以上和3幅以上温馨化、人性化计生宣传标语；104个乡（镇）均设有2个人口文化大院。对《中学生生殖健康知识读本》进行修改审定，投入14万元印制读本，免费赠送全州中学学生阅读。全年举行各种类型的宣传活动140余场（次），人口计生宣传品进村入户率达90%以上，育龄群众避孕节育知识知晓率达95%以上，生育政策知晓率达95%以上，利益导向政策知晓率达95%以上。

第二节　人口控制

1991年，黔南州在全省首家推行人口与计生目标管理责任制，由各县（市）政府向州政府签订责任状，党政主要领导为第一责任人。

1992年，全州已婚育龄妇女中，节育率达78.07%。1993年，全州计生率为78.79‰，比上年提高11.75个千分点，多孩率为10.19%。

1994年，省下达黔南州总人口数必须控制在348.4万人以内，出生率不能突破22‰。全年全州准生证应发59972个，已发48305个，占应发数的80.55%。其中，贵定、都匀、惠水等县（市）发证率均在90%以上，平塘县为100%。1995年，全州计划发证5.99万个，截至11月，已发2.19万个，占应发数的36.66%。平塘、瓮安两县发证率均在65%以上。全州总人口，比省、州下达的人口总量控制计划少14306人，人口增长率下降。全州新出生婴儿中，计划生育率为80%，比1993年的78.79%提高1.21个百分点。计划外多孩出生5424人，多孩率为8.24%，比1993年的10.19%降低1.95个百分点。

1997年，全州计生工作围绕“五个新”（新思路、新动作、新面貌、新作风、新成绩）和“五个重”（重实、重学、重早、重视、重培）开展，实现计划生育率、准生证发放率、综合节育率、妇检率上升，出生率、死亡率、多孩率、出生漏报率下降。经省政府考核，名列全省第四，获二等奖，受省政府表彰。计生率为72.21%，计划外多孩率为7.41%，与上年比计生率上升1.62个百分点，计划外多孩率下降3.90个百分点，人口出生漏报率下降6.3个百分点。人口出生率比省政府下达的计划22.7‰少2.24个千分点。是年，应发准生证47472个，实发29682个，发证率为68.82%，与上年比，准生证发放率上升39.03个百分点。

1998年，计划生育率为80.14%，计划外多孩3032人，多孩率为4.15%，与上年比，计生率上升7.93个百分点，计划外多孩率下降2.99个百分点，完成省下达的人口计划。

1999年，开展创建计生合格村工作，全州创建合格村1094个，基本合格村1319个，合格村、基本合格村创建率分别为35.86%、43.23%。是年，在出生人口中，一孩出生率为10‰，二孩出生率为9.26‰，多孩出生率为0.70‰；计生率为82.02%，比上年上升1.88个百分点，计划外多孩率为3.50%，比上年下降0.65个百分点。

2000年，黔南州出台《关于加强人口与计划生育工作严格控制人口增长不断提高计划生育工作整体水平的决定》。

2001年，州、县（市）加大计生工作投入，州级财政预算投入360万元，比上年增长6.64%。

2002年，计生率85.70%，比上年上升1.50个百分点；计划外多孩率3.73%，比上年下降2.45个百分点；二孩计生率79.69%，比上年上升12.27个百分点；人口出生漏报率5.47%，比上年下降3.92个百分点；计生“村为主”通过省考核验收，全州达标率为83.90%。2003年与2002年相比，人口出生率下降0.14个千分点，计生率提高2.57个百分点，二孩计生率提高6.35个百分点，多孩率下降2.02个百分点。

2004年，符合政策生育率89.96%，政策外多孩率为3.05%，政策外多孩率下降1.63个百分点，符合政策生育率上升3.74个百分点，完成省下达的各项指标。是年，为1452户放弃政策内二孩生育并办理“独生子女父母光荣证”的农村夫妇兑现一次性奖励每户500元，共计72.6万元。年末，在全州农村独生子女户9127户中，属放弃政策内二孩生育并办理“独生子女父母光荣证”3651户（年内新增1125户，占历年办证数的30.81%）。

2005年，各县（市）实施“少生快富”工程，出台各种奖、优、减、免、补等政策，兑现农村年满60岁的独生子女户、二女计生户每人每年600元奖扶金。符合政策生育率94.86%；比上年增加4.9个百分点。全州农村独生子女户为16573户，其中2005年新增农村3532户。

2006年，12个县（市）全部开展创建优质服务县（市）工作，完成省下达的创建和巩固计划生育优质服务先进县2个、合格县3个的目标。都匀市通过国家优质服务县（市）验收，填补全州没有国家级优质先进县（市）的空白；福泉市、贵定县获省级优质服务先进县；平塘、长顺、惠水县获省级优质服务合格县。是年，符合政策生育率为95.05%，比上年上升0.19个百分点；政策外多孩率为1.37%，比上年下降0.08个百分点；避孕措施及时率为81.29%，比上年上升15.59个百分点。全州征收社会抚养费1636.16万元，全额返还用于人口计生工作。中央转移支付10%共计1387.5万元，用于基层计生工作。

2007年，符合政策生育率95.37%，比上年上升0.32个百分点；流动人口符合政策生育率达89.66%。新创建省级优质服务先进县3个（福泉市、瓮安县、龙里县）、基本先进县1个（贵定县）、合格县4个（罗甸县、长顺县、惠水县、平塘县）、基本合格县1个（三都县）。

2008年，常住人口符合政策生育率为95.39%，流动人口符合政策生育率为78.99%，避孕措施落实率为83.37%。依法征收社会抚养费2325万元，全额返还用于人口计生工作。

完善计生家庭特别是农村计生户的优先优惠政策，逐步形成对计生户“政治上给荣誉、经济上给优惠、政策上给倾斜”的机制。是年，有684对农村夫妇办理“独生子女父母光荣证”，全部兑现《贵州省人口与计划生育条例》规定的奖励。全州有12468户推迟二孩生育，9980对男女达到晚婚年龄。州人口计生局、州教育局、州财政局、州监察局联合发出《关于实行农村计生户女孩助学奖励的通知》，1273人获得助学奖励，发放资金106.32万元。农村部分计生家庭奖励扶助2955人。其中，新增奖扶对象385人，退出227人。发放奖励扶助金177.3万元。特别家庭奖励扶助对象共计467人。

2009年，常住人口符合政策生育率92.1%，流动人口符合政策生育率63.79%。共争取到中央、省级经费达2288.5万元，比上年增加209.67万元。州、县两级共投入专项计生事业费4712.96万元，其中州级财政投入1955万元，县级投入2757.96万元。州、县两级财政投入分别达到人均4.8元的目标。乡级共投入专项计生事业费1010.4万元，乡镇投入超任务完成人均1.5元的目标。实施县、乡服务站建设项目67个（县站7个，乡镇站60个）。

2010年，全州推行人口计生全程管理服务。流动人口出生率为11.69‰，常住人口出生率为12.06‰，全州常住人口符合政策生育率为94.98%，流动人口符合政策生育率为83.68%。平塘县、贵定县创建全省流动人口合格县工作获得通过。

2011年，围绕实现人口出生率、自增率“双降”的要求开展计生工作，符合政策生育率为96.27%，比上年上升2.81个百分点；一孩符合政策生育率为85.09%，比上年上升8.38个百分点；流动人口符合政策生育率为90.45%，比上年上升6.77个百分点，政策外多孩生育率为1.64%，比上年下降1.74个百分点。全州兑现独生子女保健费15388户，金额352.55万元，兑现新增独生子女一次性奖励费960户，金额共20.36万元；兑现农村奖励扶助人数3869人，金额共计278.57万元，特别扶助590人，金额共68.21万元；兑现“少生快富”499户，金额共126.6万元；兑现农村计生户子女就读高中享受助学金1928人，金额共220.28万元；兑现城镇非农业人口计生家庭奖励扶助117人，金额共13.08万元；兑现农村半边户奖励扶助48人，金额共3.456万元；“三结合”帮扶独生子女户8173户及其他计生户16636户，金额共1103.36万元。

2012年，全州符合政策生育率95.21%。省对县（市、区）考核的结果，黔南州有9个县升位保位，其中，荔波县上升5位，三都县上升4位。州对全州240个乡（镇）考核排位列出30个重点乡（镇），通过重点管理、重点督查、重点培训、重点帮助，30个重点管理乡（镇）人口计生工作明显变化，有28个乡（镇）升位。州、县（市）坚持对“无政策外多孩生育乡（镇）”“无政策外生育村（居）”进行奖励。长顺县建成国家级优质服务先进县。贵定县、惠水县获省依法行政先进县。都匀市杨柳街镇、瓮安县瓮水办事处、龙里县谷脚镇、长顺县敦操乡获“全国人口计生依法行政示范乡”称号，都匀市、瓮安县、惠水县被省评为流动人口服务管理合格县。

2013年，常住人口出生率为9.45‰，比上年下降1个千分点，常住人口符合政策生育率为97.37%，年内全州推迟生育47949户，比上年增加6237户。

2014 年，全州落实人口计生各项优先优惠政策，治理出生人口性别比偏高问题取得成效，符合政策生育率为 95.74%。全州兑现帮扶资金 17217.51 万元，惠及 213006 户计生家庭，415630 人受益。

1991—2014 年黔南州人口变动情况一览表

表 2-2-1　　单位：‰

年度	出生率	死亡率	自然增长率	年度	出生率	死亡率	自然增长率
1991	15.50	9.96	9.18	2003	18.27	7.05	11.23
1992	19.28	6.15	13.12	2004	15.36		8.80
1993	20.77	6.94	13.83	2005	14.41		8.00
1994	19.08	6.58	12.50	2006	14.21	6.35	7.86
1995	21.48	8.09	13.39	2007	14.11	6.43	7.41
1996	21.27	6.35	13.02	2008	13.95		6.81
1997	20.46	7.19	13.26	2009	13.96		6.82
1998	20.10	6.44	13.66	2010	11.96		5.50
1999	19.96	6.20	13.47	2011	11.24		4.87
2000	19.50	7.48	13.40	2012	12.72		5.73
2001	18.94	6.29	12.65	2013	9.45		3.06
2002	18.41	7.12	11.29	2014	12.46	4.54	5.47

第三节　计划生育服务

一、生殖健康服务

1991 年，全州乡（镇）建有计生服务站，为育龄夫妇服务。

1993 年，全州有 104 个乡（镇）配备 B 超设备，为妇女查环、查孕、查病。1994 年，妇检人数 23 万人，占应检人数的 69.5%。

2001—2005 年，各级党委通过各种渠道，投入乡（镇）计生服务站建设资金近亿元。其中，财政投入 7500 万元，对全州 12 个县（市）站、235 个乡（镇）站、2429 个村计生服务室进行新建和改扩建，县（市）服务站业务用房平均面积由 687.92 平方米增加到 1432.80 平方米，乡（镇）站业务用房面积由 284.09 平方米增加到 388.56 平方米。所有县（市）、乡（镇）计生服务站，全部配齐法定设备及常规检验设备，95% 以上乡（镇）站配备使用数码阴道镜、乳腺诊断仪等生殖健康设备，全面开展育龄妇女妇科病普查普治工作。全州计生服务人员从 2001 年的 948 人增加到 2005 年的 1452 人，具有执业资格 966 人，占 67.98%，比 2001 年增加 30.2 个百分点。2004 年，对已婚育龄夫妇免费享有基本的、规范的计生技术服务落实率达 100%。将查环查孕与妇女常见病查治相结合，建立已婚育龄妇女生殖健康档案，建档率为100%。为已婚育龄妇女提供生殖健康服务，生殖道疾病普查率达80%以上，普治率达60%以上。已婚育龄妇女综合避孕率达85%以上。到2005年，全州已为88.06万名已婚育龄妇女开展妇科病普查，占应查数的86.2%；为35.8万名已婚育龄妇女提供无偿或低偿治疗服务。都匀市为提高基层乡镇站的诊疗水平，建立远程诊疗网。同时，提供不孕不育咨询、诊治和转诊服务。

2006年，建立并运行已婚育龄妇女管理服务信息系统，利用准确的信息进行监测引导服务。全州乡级已全部安装WIS软件，实现流入人口与常住户籍同宣传、同管理、同服务。全年接待门诊咨询159993人次，进行性知识教育42096人次，为重点对象进行妇科检查716668人次，下乡开展技术服务14532人次。开展以妇科疾病、性传播疾病、性功能障碍及不孕不育疾病诊治为核心的优质服务工作，育龄妇女妇科普查普治561835人，普查率为81.88%，为育龄妇女提供低偿或无偿治疗服务243893人，普治率为75.13%。

2008年，全州接待门诊咨询362628人次，进行性知识教育59922人次，为重点对象进行妇科检查741664人次，开展性传播疾病、性功能障碍不孕不育疾病诊治2044人次。已婚育龄妇女妇科病普查376916人次，妇科病普查率为91.3%，普治及诊率为90.5%。

2009年，全州248个技术服务机构中有174个（县级12个、乡级162个）进入新型农村合作医疗定点服务机构。福泉市引入“玛丽斯特普”项目，荔波县县级计生技术服务机构引入GB/T19001—2008/IS09001:2008质量管理体系，满足技术服务对象及妇幼保健方面的需求。

2011年，全州开展优质服务平台创建工作，瓮安县、独山县、龙里县为争创“国优”，投入创优经费2415万元，用于完善基础设施和设备购置、更新。全州举办遗传优生知识培训班3期，培训150人次，并选派县、乡两级9名技术人员到贵阳医学院附院和省人民医院进修3个月以上。

2012—2013年，全州加强优质服务平台打造，至2014年，全州有9个县（市）获“国家级优质服务先进县（市）”称号，3个县获“省级优质服务先进县”称号。年内，新建9个乡镇服务站，标准化建设的县级服务站比例达100%，乡级达89.42%。2014年完成国家级免费孕前优生健康检查43549人，任务完成率为102.5%。长顺、贵定、惠水、龙里和三都县全面引入服务站信息管理系统，提升服务站的工作效率和服务质量。

二、出生缺陷干预

2004年，实施出生缺陷干预，建立县、乡、村三级出生缺陷干预网络，开展出生人口登记和动态监测，提供不孕不育咨询、诊治和转诊服务。优生监测总人数为51237人，发放叶酸片、福施福14085份，技术干预11161人，对计划出生人口干预率达80%。下乡开展技术服务14532人次。

2005年，全面推行出生缺陷干预工程，全年优生监测总人数为93843人，发放叶酸片、福施福18431份。是年，共接待门诊咨询人数302794人。

2006年，建成福泉市、瓮安县、独山县、罗甸县的优生实验室。年度优生监测总人数166116人，发放叶酸片、福施福20322份。2007年，优生监测20200人，发放叶酸片、福施福 21500 份。

2008 年，优生监测总人数 239836 人，共发放叶酸片、福施福 21745 份，技术干预 12888 人份，出生缺陷发生 56 例，发生率为 15.56/万人。

2009 年，全州引入“玛丽斯特普”国际管理服务理念（即环境友好、舒适、非医院化、以人为本、以服务对象为中心，平等与尊重的服务理念）。是年，改变出生缺陷干预工作模式，指导乡级服务站把有可能生育对象列入名单，通过包括村干部、育龄妇女自管小组长及电话访问等筛选出当年有生育意愿的夫妇作为小名单纳入重点对象进行服务，对计划怀孕夫妇的监测模式转变为孕前一围孕保健预防出生缺陷工作模式，全年营养素干预和技术干预覆盖率分别为 80%、30%，实现一级干预为主。

2010 年，优生监测 119 万人次，为孕妇补充叶酸等营养素 12.97 万人次，为孕妇进行优生指导 18.67 万人次。

2012 年，全州新建乡（镇）服务站 3 个，改建扩建乡服务站 17 个，新建的村级计生服务室 60 个，通过国家验收，全州国优比例达到 58.3%，覆盖面达 85%。2013—2014 年，继续实施出生缺陷干预工作，提高覆盖率。

三、避孕药具发放

1992 年，全州使用药具避孕 36589 人，药具使用率 6.62%，比上年上升 0.32 个百分点，药具节育占综合节育率的比例为 6.3%。发放药具折合总金额 21 万元。

1994 年，全州使用避孕药具人数为 43854 人，占全州综合节育措施的 8.9%。上半年全州发放计划内避孕药具折合金额为 10.18 万元，计划外零售点发放药具折合金额 8574 元，分别比上年增加 66% 和 71%。避孕药具应用率城镇达到 95%，农村以乡为单位达到 80%，药具有效率达到 95%，占综合节育率的 8.9%。

1996 年，黔南州使用计划生育药具人数为 48465 人，超省下达任务的 5.36%。全州发放各类避孕药具折合金额 15.44 万元，避孕药具零售 2.44 万元，超省下达任务的 20%。

1997 年，实行药具管理责任制，州与县（市）、县（市）与乡（镇）的药具管理部门层层签订 1997 年药具管理责任书。

1998 年，全州使用计生药具人数 50599 人，完成省下达的任务，发放各类避孕药具折合金额 34.92 万元。全年药具发放供应以计划发放为主，零售发放为辅。州、县、乡、村建立起规范化管理制度，保证药具供应发放的落实。是年，开展全州 238 个乡（镇）站达标验收考核，药具管理指标作为达标重要内容，通过检查考核，达到规范管理要求。

1999 年，全州使用计生药具人数为 50175 人，完成省下达的任务数。全州发放各类避孕药具折合金额达 23.81 万元。

2000 年，全州发放各类避孕药具折合金额 26.56 万元。各县（市）、各乡（镇）药具管理制度健全。2004 年，全州计生技术服务工作面向育龄群众开展以科技知识咨询、药具发放、落实避孕节育措施等服务。

2005 年，贯彻落实《贵州省人口和计划生育委员会关于深化计划生育药具工作改革的实施意见》，根据《实行总体推进重点突破深化计划生育药具工作改革试点实施方案》，出台《黔南州人口和计划生育局关于深化计划生育药具工作改革的实施意见》。此后，黔南州计生药具管理一直按此意见执行。

四、“三结合”帮扶

1996年，全州有计划生育帮扶户18.41万户，累计投入“三结合”（计划生育工作同发展农村经济相结合、同农民勤劳致富奔小康结合、同建设文明幸福家庭相结合）帮扶资金405.2万元。在所帮扶的2万多户中，有4690户已基本越过温饱线，占帮扶总数的23.44%，人均增加收入180多元。通过“三结合”的帮扶活动，全州754对夫妇主动放弃生育二孩的指标，有1688对夫妇主动推迟生育，有10多户一孩户办理“独生子女证”。

1997年，州政府与州直属部门签订计生“三结合”工作责任书，各部门把计生“三结合”工作视为己任。州林业局在三都县羊福乡挂钩扶贫，投入10万元帮助计生户。州科学技术局在“三结合”工作中加大技术培训力度，提高帮扶工作的科技含量。州扶贫开发办结合部门业务，以优先优惠的政策向计生“三结合”项目倾斜，于9月优先论证平塘、独山、荔波、罗甸、长顺5个县近260万元“三结合”投贷项目的立项可行性报告，并通过论证列入1998年扶贫开发投贷计划。州供销社优先为州计生局等单位的“三结合”工作计生户供应平价化肥。州民族事务局投入10万元，与12个县（市）民族事务局签订“三结合”合同，帮助128户计生贫困户脱贫，不脱贫不脱钩，同时，还将民族资金的10%用于计生“三结合”工作费用，每个县（市）民族事务局抓1～4个典型，总结经验，全面推广。8月，州粮食局全体职工捐资、捐物帮扶计生户，对所帮扶的138户提供贴息贷款1.03万元（每户300元）发展生产，无偿提供大米2025公斤、化肥70袋、饲料1350公斤、现金7769元等，帮助计生户发展生产，解决生活困难。全州帮扶19136户，占省下达任务的191.3%，投入帮扶资金3961.9万元，帮助近5000户计生户越过温饱线。

1998年，州、县（市）增加计生工作投入，有1200多户计生贫困户摆脱贫困。

2000年，全州有贫困线以下的计生户65045户，占应帮扶总数的41.4%。省下达全州计生“三结合”帮扶任务11000户，完成18069户，占年任务的164%。其中，帮扶独生子女户2543户。通过帮扶，有1258对夫妇主动办理“独生子女证”，有3544对夫妇主动推迟生育，有894对夫妇放弃二孩生育，有1835对青年主动推迟婚期。州直19个涉农部门中，有10个单位在“三结合”工作中受到州委、州政府的表彰和奖励。全州654405户计生户中，有61.3%的贫困户得到帮扶。其中，有5160户在“三结合”的帮扶下脱贫，脱贫率32.70%。

2002年，全州完成“三结合”帮扶任务24828户，占年任务的212%。其中，独生子女3461户、一般计生户21367户，全州投入帮扶资金578.21万元。投入养老保险经费510.57万元，完成养老保险任务12760户，帮扶面67.8%。

2003年，进一步巩固已形成的扶持、优先、优惠、奖励和社会保障“五位一体”的“三结合”帮扶模式。全州完成“三结合”帮扶1.1万户，占应帮扶任务的100%，全年投入“三结合”帮扶资金790.756万元，帮扶面63.51%。

2004年，全州投入资金860万元，落实项目1095个，帮扶计生户67421户，脱贫

9871户。为952户农村独生子女户和部分计生户发放养老扶助金63.5万元。

2008年，全州扶贫系统选择整村推进村中的12个贫困村作为计生“三结合”重点帮扶村，帮扶152户计生贫困户，共投入帮扶资金16.9万元，其中，财政扶贫资金14.24万元，其他资金2.66万元，户均投入1112元。经帮扶的152户计生贫困户年均收入1206元，人均375元，全部越过温饱线。计生系统“三结合”帮扶38380户，发放经费637.4万元。在“三结合”帮扶的总户数有独子女户9197户、一般计生户18443户，投入帮扶资金（含物资折价）省、地、县、乡共计667.64万元，落实项目342个。

2009年，州内部分乡（镇）实施计生家庭奖励扶助制度，扶助对象3251人，兑现奖励金234.07万元；特别扶助对象473人（其中子女伤残家庭95人、子女死亡家庭378人），发放扶助金共计56.76万元。实施“少生快富”工程，有762户放弃二孩生育，发放奖励金193.4万元。兑现独生子女保健费和奖励费320万元；实施农村计生女孩助学奖1497人，发放助学金179.64万元。全州各级各部门共计帮扶计生户32053户，投入帮扶资金和项目（含物资折价）共1002.04万元。全州累计放弃符合政策生育二孩的家庭共计5078户，有符合生育二孩条件多年未生育的对象6.15万户，农业户口领取“独生子女父母光荣证”12447户。

2011年，全州兑现独生子女保健费15388户，金额353.55万元，兑现新增独生子女一次性奖励费960户，金额20.36万元；兑现农村符合条件奖励扶助人数3869人，资金278.57万元，特别扶助590人，资金68.21万元；兑现“少生快富”499户，资金126.6万元；兑现农村计生子女就读高中享受助学金1928人，资金220.28万元；兑现城镇非农业人口计生家庭奖励扶助117人，资金13.08万元；兑现农村半边户奖励扶助48人，资金3.46万元。“三结合”帮扶独生子女户8173户，其他计生户7145户，共投入资金1103.36万元。2012—2013年，全州计生“三结合”帮扶工作继续兑现各项奖励政策和帮扶资金。

2014年，全面兑现各项奖励优惠政策，开展“生育关怀·幸福家庭”活动，为特殊扶助家庭提供保险保障和温情服务。全州兑现帮扶资金17217.51万元，惠及213006户计生家庭，受益415630人。新型农村合作医疗补助、保障性住房优惠、计生家庭子女就读高中阶段助学金、进入普通高校一次性奖励等利导政策实现计生家庭全覆盖。

第四节　计划生育协会

一、组织机构

黔南州计划生育协会于1985年10月29日成立，当时是在民政部门注册登记的社会团体组织，挂靠在黔南州计划生育委员会。2004年，更名为黔南州人口和计划生育协会，挂靠黔南州人口和计划生育局。2009年5月，协会名称变更为黔南州计划生育协会（以下简称州计生协会），并明确为州委领导下的群众团体。同年12月，列入参公管理的事业单位，机构规格为正科级。

2010年10月，县（市）人口和计划生育协会更名为县（市）计划生育协会，同时明确协会为党委领导下的群众团体，机构规格为正科级。

2011年12月，在州编办《关于明确黔南州计划生育协会职能职责内设机构和人员编制等有关事项的批复》中明确州计生协会编制6名，设会长1名（兼），专职副会长1名（正县级），秘书长1名（副县级）；正副部长（主任）2名（正副科级）。

2012年6月，州编办印发《关于设立乡（镇、街道）计划生育协会的通知》，明确在全州所有乡（镇）设立乡级计划生育协会，为乡（镇）党委领导下的群众团体，设副科级专职副会长1名。

2013年，217个乡级计划生育协会有168个完成换届；乡级计划生育协会共有编制377人，194个乡（镇）已配备专职副会长，有专职人员324名。有7个县（市）乡级计划生育协会编制在2人以上，其中三都、龙里、长顺3个县每个乡（镇）有3名计生协专职人员编制；独山、瓮安、荔波、福泉4个县（市）有2名专职人员编制。

黔南州基层计生协会组织包括217个乡级计生协会和1805个村级协会组织。村协会一般由村支部书记或村主任任会长，妇女主任任秘书。村级协会下设计生协会小组。截至2013年，全州会员人数达401359人，占全州人口总数的10%左右。

二、会员代表大会

1985年10月29日，召开黔南州计划生育协会第一次会员代表大会，大会选举产生黔南州计划生育协会第一届理事会常务理事、会长、副会长、秘书长，并讨论通过协会章程。

2011年12月9日，召开黔南州计划生育协会第二次会员代表大会，大会选举产生黔南州计划生育协会第二届理事会常务理事、会长、副会长、常务理事会、专职副会长。

三、协会活动

州计生协会建立初期，只是配合计生中心工作开展一些宣传活动，活动形式单一，活动载体较少。1996年后，计生协会组织会员参与“支部加协会、建设新农村”“村民自治”“幸福工程”“生育关怀行动”“晚婚晚育从我做起”等宣传服务工作。

“2050”项目　日本2050组织援助农村贫困女童入学项目于1996年开始在黔南州实施，每年援助20名农村贫困女学生。项目三年为一个轮次，对一些特别贫困学生进行连续资助。至2010年，有17个乡（镇）的69名农村贫困女孩先后得到援助，累计得到资助资金20.8万元。受助的贫困女孩中读大学本科毕业就业10人，读大学专科毕业就业3人，读中专毕业就业12人，读高中毕业就业7人，读初中毕业就业3人；在校读书20人，其中大学本科3人、大学专科2人、高中11人。

“幸福工程——救助贫困母亲”项目　“幸福工程——救助贫困母亲的行动”由中国人口福利基金会、中国计划生育协会和中国人口报社于1995年初共同发起，主要针对全国贫困人口中的特殊社会群体——贫困母亲，通过向海内外募集资金，建立“幸福工程”专项基金，开展“治穷”“治愚”“治病”等救助行动。1997年6月，贵州省成立幸福工程组委会后，在三都、罗甸、贵定、荔波、龙里、独山、福泉7个县（市）建立“幸福工程”项目点。到2010年，通过实施“幸福工程”，累计救助107户贫困母亲，受助贫困母亲家庭的人均纯收入从2005年的1000余元到2009年超过3200元，107户贫困母亲通过救助已脱贫告别贫困，脱贫率100%。扶持发展果园1600余亩、养殖场8个，饲养猪1600多头、羊300余只，建沼气池20多口。

三都县日援项目工程　2002年1月28日，援助项目在三都县举行签字仪式。该项目是日本国际协力事业机构（简称JICA）开发福利支援事业的资助项目，项目由生活改善、家庭保健、生态农业三大活动组成。项目运作在国内分别由日本JICA驻中国事务所、中国计生协会、贵州省三都县JICA项目指导委员会（省计生局、省计生协会、省扶贫办外资项目管理中心、省科技厅）、州计生局、州计生协会、三都县日援项目指导委员会分层次负责相应的组织协调工作。三都县扶贫办负责生态农业内容的实施管理，三都县计生局、计生协会分别负责家庭保健、生活改善内容实施管理。项目实施时间为2002年到2005年。项目实施内容：（1）生活改善项目。采取为农户购买种畜、种禽及饲料直接投放农户的方式实施。（2）家庭保健项目。组织寄生虫防治、生殖健康培训班，组织技术力量到项目乡、村开展健康检查和寄生虫检查，集中督促寄生虫患者服药。（3）生态农业项目。建设沼气池并投入使用，实现粮食增产增收；实施稻田养鱼和葡萄种植。

“生育关怀行动”　“生育关怀行动”是一项以紧急救助、经济帮扶、志愿服务、亲情牵手、项目扶贫等形式，关怀困难计生家庭，关怀育龄群众生殖健康，关怀独生子女，关怀女孩健康成长，关怀基层计生工作者的社会公益活动。从2006年省计生协组织开展“生育关怀行动”后，成立黔南州生育关怀行动领导小组，出台《黔南州开展“生育关怀”实施意见》，坚持以“五关怀”（关怀计划生育家庭、关怀育龄群众生殖健康、关怀独生子女、关怀女孩健康成长、关怀基层计划生育工作者）对象为切入点，开展“送温暖”“青春健康教育”等活动。2012年11月29—31日，州计生协会和杭州微笑行动慈善医院合作，开展“幸福微笑——贵州千名唇腭裂儿童救助行动走进黔南”公益活动，为贫困唇腭裂患儿家庭提供免费治疗。全州12个县（市）和都匀经济开发区的73名唇腭裂患者接受手术，并为患者承担所有费用。

“支部加协会，建设新农村”活动　2008年12月，制定《黔南州计生协会“支部加协会建设新农村”试点工作实施方案》，成立以州委副书记为组长，州人口计生局党组书记、局长为副组长的“支部加协会建设新农村”活动领导小组。活动内容为：充分发挥协会优势，以“生育五关怀”“协会服务拓展行动”为活动载体，以抓典型示范引路，促进农民少生快富，促进基层民主建设；以“协会会员之家”为宣传服务阵地，加强计生协会自身宣传和科技带头示范，积极参与社会主义新农村建设。同时，确定平塘县掌布乡开花村和都匀市甘塘镇邦水村为州级试点。“支部加协会建设新农村”试点工作开展以后，各级计生协会以富民为目的，以计生户为基础，以产业为依托，以协会为载体，探索出形式多样、内容丰富、效果明显的工作模式。如，独山县在推进农业产业化经营和计生协会发展中，开展“双向培养”，使一批党员干部和计生户成为致富带头人，一批符合入党条件的致富带头人加入党组织；按照“双方自愿、互惠互利、契约管理”的原则，支持计生协会在提供种子、设备和销售产品等环节收取合理的费用，实现以会养会，不断发展壮大。荔波县主要利用旅游区位优势发展农家乐饭庄和果蔬种植，采取支部带协会、党员带头、能手带动、会员参与、群众致富运作模式，成立合作社和旅游分会，统一收购销售、资金扶持带动。平塘县新寨村党支部和计生协会与黔南龙海公司签订53亩“迷迭香”药材种植合同，优先让计生协会会员种植，帮助会员增收致富。

“双建双汇”活动　2009年，在全州开展“双建双汇”活动，即每年在全州建100个计生协会会员之家、建100支村级计生协文艺宣传队；汇编一本人口计生文化作品集、开展一次人口计生文艺会演活动。全州1804个村中，建立会员之家的村972个。2009—2013年，州级汇编人口文化作品集5本，开展大型会演10次以上；县级开展会演450场；村级开展文艺演出8000场以上。每年不定期、多形式举办人口计生政策法规、生殖健康知识宣传活动。村级计生协会在乡级计生协会的带领下，每年利用“三八”妇女节、母亲节、“5·29”会员活动日、“7·11”世界人口日等，开展形式多样的宣传活动，每年开展宣传活动3次以上。

“晚婚晚育，从我做起”宣传服务活动　2011年，在全州会员中开展“晚婚晚育、从我做起”活动，宣传晚婚晚育对国家、社会、家庭和公民自身的好处，营造晚婚晚育科学、文明、光荣的社会氛围，号召会员、志愿者开展宣传倡导、帮带服务等活动，增强育龄青年自尊、自信、积极的性别平等和基本权利意识，促进健康、安全负责的性与生殖健康知识、态度和行为，实行晚婚晚育，防止早婚早育以及非婚生育。州委办、州政府办印发《关于进一步加强早婚早育治理工作的意见》，明确将“晚婚晚育，从我做起”宣传活动列入工作重要内容。

“百万会员一帮一、带头少生促双降”活动　2012年，按照省计生协会《关于在全省开展“百万会员一帮一、带头少生促双降”活动的通知》，各级计生协会开展“百万会员一帮一、带头少生促双降”活动。活动要求计生协会员履行“带头、宣传、服务、监督、交流”职能，从五个方面开展对群众的帮带工作：查实底数摸清情况，重点摸清育龄家庭人口和生育、节育情况；帮扶结好对子，与育龄群众中的重点服务对象一对一结成帮带对子，签订《结对帮带协议书》；竭尽所能搞好服务，为帮带对象提供生产、生活、生育和生殖健康服务，引导帮助群众少生快富奔小康；面向群众宣传引导，采取多种形式和方法与帮带对象进行面对面宣传，引导转变婚育观念，自觉实行计划生育；加强沟通报送信息，对帮带对象的人口变动和生育、节育情况及时报告。是年4月25日，州计生协会制定《黔南州“百万会员一帮一、带头少生促双降”活动实施方案》。4月27日，召开黔南州计生协二届二次理事扩大会，与各县（市）计生协签订目标责任管理，将“百万会员一帮一、带头少生促双降”活动纳入目标责任管理。全州参加帮带任务的会员133273人，签订《结对帮带协议书》124575份，发放“结对帮带服务卡”106260份。

第三章　民　族

黔南州是以布依族、苗族为自治民族的多民族自治州，州内有汉族、布依族、苗族、水族、毛南族、瑶族、壮族、侗族、彝族、回族、蒙古族、藏族、维吾尔族、满族、朝鲜族、白族、土家族、哈尼族、黎族、傈僳族、畲族、高山族、拉祜族、纳西族、景颇族、土族、仡佬族、羌族、仫佬族、锡伯族、德昂族、京族、独龙族、鄂伦春族、珞巴族、傣族等四十多个民族。其中，世居少数民族主要有布依族、苗族、水族、毛南族、瑶族等。2014 年，全州有少数民族人口 237 万人，占全州总人口的 58%。

第一节　民族构成与民族分布

一、民族构成

在州内有汉族、布依族、苗族、水族、毛南族、瑶族、壮族、侗族、彝族、回族、蒙古族、藏族、维吾尔族、满族、朝鲜族、白族、土家族、哈尼族、黎族、傈僳族、畲族、高山族、拉祜族、纳西族、景颇族、土族、仡佬族、羌族、仫佬族、锡伯族、德昂族、京族、独龙族、鄂伦春族、珞巴族、傣族等民族。2010 年全国第六次人口普查时，全州有 43 个民族。全州总人口 3232714 人，其中少数民族人口 1783179 人，占总人口的 55.16%。少数民族人口中，布依族 1009244 人，苗族 410237 人，水族 269865 人，毛南族 26704 人，瑶族 9576 人。

部分少数民族人口因上学、工作、婚姻等关系迁入黔南，有的只有几人，有的只有 1 人。因人口迁入、迁出等变动因素的影响，州内民族个数常有变化，在州内长期居住的民族有三十多个。

二、民族分布

根据 2010 年人口普查数据，布依族、苗族、水族、毛南族、瑶族、侗族等民族分布情况为：

布依族总人口在 10 万人以上的县（市）有都匀、独山、罗甸、惠水，总人口在 5 万人 ~10 万人的县有平塘、荔波、贵定、长顺，总人口在 1 万人 ~5 万人的县（市）有三都、龙里、福泉。

苗族总人口在 5 万人以上的县（市）有惠水、都匀，总人口 3 万人 ~5 万人的县（市）有长顺、福泉、三都、龙里、贵定、罗甸，总人口 1 万人 ~3 万人的县有平塘、瓮安。

水族主要聚居在三都水族自治县，总人口 184348 人；都匀市水族主要聚居在奉合、阳和、基场 3 个水族乡，全市水族总人口 28728 人；荔波县水族主要聚居在水利、水尧、永康 3 个水族乡，全县总人口 30988 人；独山县水族主要聚居在影山镇、玉水镇，全县水族总人口 22541 人。

毛南族主要聚居在平塘县卡浦毛南族乡、四寨镇、六硐乡、大塘镇，全县毛南族总人口 23047 人；惠水县毛南族主要聚居在和平镇，全县毛南族总人口 1589 人；独山县毛南族主要聚居在影山镇，总人口 1346 人。

瑶族主要聚居在荔波、三都、罗甸县。荔波县瑶族主要聚居在瑶山瑶族乡、茂兰镇，全县瑶族总人口 5359 人，占全州瑶族人口的 81%。都匀经济开发区洛邦镇有瑶族人口 2681 人。

侗族主要聚居在三都、独山两县和都匀市。

其他少数民族分散居住在各县（市），人口少，未形成聚居区。

第二节　布依族

在布依族语里，“布”即人群或民族之意，“依”是“布依”之意，合起来即为“布依人”。据《布依族简史》记载，殷商时期，布依族已大量活动在长江以南的广大地区。历史上，由于居住地域以及文化等方面的差异，形成称谓不同的许多支系，史称“百越”或“百粤”。《隋书·南蛮传》称：“与华人错居，曰蜒、曰俚、曰僚……俱无君长，随山洞而居，古先所谓百越是也。”这些支系林立、种姓繁多的越人体系，在广西中北部和贵州南部的称“骆越”。布依族源于“骆越”的一支。早在春秋战国时期，布依族先民已在牂牁河两岸活动。牂牁国后改为郡，因为越人居住地，统治者称“越王”，史书上常称“越王牂牁”。汉代以后，“俚”“僚”泛指及云贵地区的少数民族，自然包括了布依族先民。唐代，在布依族地区称“蕃”。宋、元两代，“蕃”成为封建领主经济，先后分别称为“五蕃”“七蕃”“八蕃”。元代出现的“仲家”称谓，是布依族被称为“仲家”之始。明代沿用元代称谓。清代至民国年间，布依族除被称为“仲家”外，还被称为“夷家”“夷族”“水家”“水户”“土人”“土边”等。1953 年 8 月 24—28 日，都匀、兴义、贵定、安顺、毕节等 5 个专区 26 个县的代表在贵州省民族事务委员会（以下简称省民委）举行的会议上，提议将名称统一为布依族。中央人民政府民族事务委员会同意这个意见。

一、语言文字

布依语属汉藏语系壮侗语族壮傣语支。州内布依语分为两个土语区，罗甸、荔波、三都、独山全部及平塘、惠水、都匀等县（市）的部分地区为第一土语区，其余为第二土语区。由于和汉族长期交往，布依语中吸收了部分汉语词汇。

1956 年，中国科学院民族语言研究所少数民族语言调查第一工作队对布依族语言进行全面普查后，制订《布依文方案（草案）》，用拉丁字母创立布依文字，报国家民委批准试行。1981 年 11 月，省民委根据第三次全国民族语言科学讨论会精神，由省民族研究所对《布依文方案（草案）》进行修改，提交《布依文方案修正草案》，经国家民委批准，从 1982 年起在布依族地区试行。

二、饮食

州内布依族的食品主要有米、黍、肉、酸、辣、菜、果、烟、酒、茶等。

主食为大米。水源较好的平坝、河谷地区平时食粘米；年节期间，用糯米做成花糯饭、糍粑、粽粑、黄糕粑等自食或待客。水源较缺主产包谷的山区，则以包谷为主食，并参食小麦、高粱、红薯、洋芋等杂粮。

肉食以猪肉为主，兼食牛、狗、鸡、羊、鱼等。冬季用猪肉制作腌肉、香肠、血豆腐等在冬春季节食用。喜食酸、辣食品，自制酸、辣调味，都匀、独山、平塘、三都等地酸品有虾酸、鱼酸、臭酸、酸菜、白笋酸等。农村地区布依族人家在房前屋后有菜园种植蔬菜，在房前屋后、园边地角种植果树，蔬菜品种主要有青菜、白菜、萝卜、黄瓜、南瓜、冬瓜、生姜、大蒜等，果树主要有桃、李、杏、梨、橘、樱桃、花红、柿子等。布依族人家还喜食野菜，如蕨菜、笋、折耳根、菌类等。蔬菜、水果自食有余的人家拿到市场上出售。随着蔬菜、果树种植科技的普及推广，一些自然条件适宜的布依族地区种植大棚蔬菜、果园，蔬菜、水果供应市场。布依族聚居乡村较有名的水果有罗甸的黄果、香蕉，荔波的蜜柚，平塘克度的核桃，贵定的酥李（又名脱骨李），惠水的金钱橘，都匀墨冲的柿子等。

布依成年男人多喜饮酒。所饮之酒，多为自酿。打田插秧、秋收、秋种等农忙时节，多数人家食自酿米酒。春节前夕，布依族人家都要自酿米酒、包谷酒或高粱酒、红薯酒自饮、待客。此外，每有红喜白丧、修房盖屋、添丁祝寿等等，都须有酒。“无酒不成席”已是不成文的传统规矩。多数妇女虽不饮酒，却是酿酒良师，所酿之酒有甜酒、辣酒（习惯将酒精度 30 度左右的酒称为辣酒）、刺梨酒、糯米酒等。

部分布依族成年男人喜吸土烟（俗称叶子烟、老棉烟），自种自吸。土烟一般零星种于新垦土中或包谷地周围。布依族人喜欢饮茶。有客来访，首待烟茶。所饮之茶，除都匀毛尖茶、贵定云雾茶、独山高寨茶、长顺古羊红茶外，还有初喝微苦、回味微甜的苦丁茶和三都甜茶。都匀、独山、长顺一些布依族村寨周围，零星种植茶蓬，也有成片集中的茶园。随着现代生活的需求，苦丁茶已制成降低血压的保健茶供应市场，都匀毛尖茶、贵定云雾茶已成为大众喜欢的名茶。

三、服饰

古代布依族妇女皆着筒裙。《旧唐书·南蛮传》记载，少数民族妇女（包括布依族妇女），穿的是“横布两幅，穿中而贯其首，名为筒裙……贵者亦有王当珠。”明代，服装逐渐复杂和精致，出现“五彩刺绣百褶裙”，据明万历年间刻木重修的《贵州通志》记载，此时的布依族妇女以“青布一方裹头，著细折草裙，多至二十余幅，腹下系五彩挑绣方幅，如绶（音受，即丝带），仍以青衣袭之。”清代，服饰色彩增多。据清乾隆年间《独山州志·苗蛮》记载：独山一带的妇女“春二三月间，各携筐篮沿山采菜，年轻妇女艳装浓妆，山花满髻，项挂银圈，腰系白铜烟盒，彩带丝条，环身炫目。”此时期，荔波方村、三都周覃一带的布依族妇女“衣服皆尚青，发挽高髻，斜插长簪。”到民国时期，黔南地域布依族妇女的服饰为：惠水、长顺、平塘、龙里及都匀江洲、摆忙一带，布依族妇女普遍短衣、斜襟、矮领、窄袖，拴绣花围腰，穿大口裤，姑娘留独辫，不围头帕，媳妇挽发髻于脑后，或裹辫于头帕中，老年妇女一般戴帽、挽髻；罗甸县及其毗邻地区的布依族妇女，穿宽袖半长衣，衣长至膝，衣服镶有花边，发辫盘于头顶；荔波及独山麻尾、下司一带的布依族妇女穿短对襟窄袖衣，大口裤。新中国成立后，特别是中共十一届三中全会后，布依族妇女对外交往的机会越来越多，受外界影响，服装式样逐步向多样化发展。中老年妇女保留包青色头帕等原有的式样和色彩，青年媳妇喜包白色毛巾，未婚姑娘在20世纪中期前梳独辫，20世纪后期梳双辫，外出打工及读书者改着现代时装。

布依族男性服装较妇女服装简单。《旧唐书·西南蛮》记载，布依族男子衣服为左衽，露发，徒跣（赤足）。《大明一统志》记载，布依族男子“衣尚青色”“短发科头”。清康熙年间的《贵州通志》后记中有“以帕束酋”的记述。民国年间，布依族老年男子多着长衫，穿布鞋草鞋，拴腰带，束头帕（包黑底白格布帕，俗称“包头”），着大口裤；青年男子着对襟布扣短衫（惠水一带多为9颗布扣，俗称“9个头”），束拴腰带，裹头帕，穿大口裤子；少年儿童多在前额留一撮发，俗称“毛角”，戴尾巴帽。

布依族服装所需布料，绝大多数系布依族妇女自种自纺自织自缝而成。随着经济的发展，也从市场上购买布料制作服装。

布依族青年妇女喜拴绣花围腰。围腰图案多为花、鸟、鱼、龙、凤。富有的布依中老年男女喜戴玉石手镯、银手镯、铜手镯，20世纪后期，戴手表者日渐增多。20世纪80年代以后，三都丰乐一带出现金线绣花围腰及缎子绣花围腰。

贫困人家男子常年穿草鞋，富有人家男子穿布底布帮布鞋及麻耳草鞋，妇女在鞋上绣花，称绣花鞋。20世纪50年代至80年代间，多数人穿胶鞋。20世纪80年代后，塑底布帮鞋、胶鞋较多，农村部分布依族男女穿上皮鞋，手工布鞋逐步减少。

四、居住

黔南布依族村寨，大多依山傍水，竹树深掩。村寨规模，多为二三十户，也有独家村和百余户的寨子。多为一姓一寨，聚族而居。村寨四周及寨中，多为石阶路。村前寨后小河上，多有石拱桥、独木桥、吊桥、石凳。20世纪80年代后，钢筋混凝土的平桥进入布依山乡。布依寨名多为布依语，依山形地貌取名者居多。如：“拉岜”（“拉”即下，“岜”即白岩，拉岜两字连在一起，即是白岩下面的寨子）、“交打”（“交”即头，“打”即河，交打两字连在一起，意为河流源头的寨子）、“交纳”（“纳”即田，“交纳”即田坝上的寨子）、“冗瓦”（“冗”指小山冲，“瓦”指水潭，“冗瓦”意为小山冲里水潭边的寨子）、“板根”（“板”即寨，“根”即上面，板根意为坐在上面高处的寨子）。

布依族人家自建的房屋，多为就地取材，因地制宜建造，有叉叉房、石木结构房、木质结构房、石砌房、土坯房、泥墙房、砖木结构房等。叉叉房是用藤子、篾条、草绳捆绑几根树木，架成尖顶形的草盖棚子，高三四米，房子窄小，够两三人栖身，因下面一层皆接触地面，故名“千柱落脚”。这种房屋为贫困人家修建居住，随着经济收入的增加和民族政策的落实、扶贫攻坚开展，叉叉房已经消失。石木结构房以石头垒墙，再用木板修建房屋于石墙上，楼上住人，楼下堆放杂物、关牲畜，这种房型多见于荔波与独山结合部的一些石山区村寨。木质结构房的柱、壁、梁、门、窗全为木质结构，多为一楼一底，楼下住人，楼上堆物，畜厩多设于门前两侧，这种房型多见于都匀、独山、贵定、三都、荔波、平塘一带。石砌房以石块砌墙，石板盖房，楼下住人，楼上堆物，这种房型多见于龙里谷脚一带。土坯房以未烧过的黄泥砖建造，多见于惠水、长顺一带。泥墙房为就地挖取黄土，用冲杆夯实墙体，仅门窗楼板使用木料，这种房屋冬暖夏凉，多见于独山下司、麻尾一带。砖木结构房以砖或水泥砌墙，瓦或水泥盖顶，这种“水泥天井封砖房，红绿瓦屋玻璃窗”的新式住宅在20世纪80年代后迅速增多，进入21世纪后，铁路、公路沿线的许多布依族人家的砖墙内外还贴瓷砖装饰。经济发达的地方，部分家庭建钢筋混凝土结构住房。

布依族房屋除叉叉房外，其他房屋多为三间，也有五间七间的，一律忌双取单。正中间为堂屋，设神龛，系祭祀祖宗处所。堂屋忌装楼板，以免跨过祖宗头顶。堂屋两边均为套间，左套里间为卧室、外间为饭厅，设火塘，是全家活动中心；右套里间为卧室，外间为厨房。人口较多的人家，多在正房两侧搭“偏厦”，做客房、厨房或柴房。富裕人家喜在正房前两侧建厢房，正房对面的天井坝边建门楼，四面楼房将院坝围在其中，形成“印子屋”，也称“四合院”。家具主要有木制床、柜、桌、凳等。随着时代发展，现代时尚家具、家用电器已逐步进入农村布依族家庭。

五、婚姻

新中国成立前，布依族婚姻为一夫一妻制，也存在一夫多妻个别现象。同姓可通婚，但同姓且同宗的严禁通婚。也有“姑舅表婚”和兄终弟及的转房制习俗。婚姻的缔结由父母包办，很少有婚姻自由。新中国成立后，执行《中华人民共和国婚姻法》，逐渐发展成自由择偶与凭媒说合的形式。到21世纪，布依族都实行自由恋爱结婚。未婚男女青年喜欢在年庆节俗、赶集和集体聚会时，以三五人到七八人自由组合的方式，通过谈天说笑和唱歌对调，倾诉或表达彼此的感情。当一个男子看上某一个姑娘时，按照传统，必须找第三者做伴，有的则由自己的姐嫂出面介绍。如女方有此意思，即可单独相约会对唱山歌，表达情，直到双方互赠信物，表明两人已盟誓终身。订婚时，由男方父母托媒去女家送酒、肉、粑粑一类的礼品（在礼品中必不可少的是粑粑，如果非传统节日而见到布依族人家“打粑粑”，则说明此家人正筹备喜事准备迎娶女方）。如对方同意，第二次媒人则要将男女双方的“八字”互为“效验”，只要“八字”相符，则可择定结婚日期。布依族送彩礼的数额讲究“六”或“双”数，表示婚后双双有禄必有福之意。结婚时，新郎不迎亲，只委托十人（有押礼先生、接亲娘、拉丫哥、唢呐手和抬礼物的人）到女家住一夜后，女家即委托一对送亲娘陪同新娘撑伞步行往男家。个别地方也有骑马、坐花轿的。新娘在出嫁前的头一天晚上，要在卧室伤心痛哭，即“哭嫁”，诉说父母的养育之恩和与家人的难舍难分之情，哭得越伤心意味着娘家今后越来越好。结婚当天新婚夫妇不同房，次日即返娘家。聚居区的布依族仍保持“不落夫家”或称为“坐家”的习俗，有的要两三年甚至五六年后才长住夫家，杂居区的布依族大部分已改变这一风俗。

六、家庭

布依族家庭多为两代一户结构，即父母、子女。次为三代结构，即公奶、父母、子女。一代一户及四代同堂极少。布依族家庭为父亲家长制，父亲作为家长有掌握家庭经济和支配家庭成员的权力。父母有养育子女的责任，子女有赡养父母的义务，孝悌和睦是家庭成员的守则。传统上，家长年老去世后，由长子继承，素有“长兄为父、长嫂为母”的传统观念；丈夫去世，妻子可继承和使用丈夫生前的财产，妻子改嫁，则失去支配财产的权利；分家时，除留给父母养老田外，要分给一份“长哥田”，分房时大哥要住正房；族中处理问题都要征求长子的意见，故有“风吹吹大坡，有事找大哥”的俗语；对于鳏寡老人的财产，历来实行“无儿归女，无女归宗（族）”原则；义子（抱养的儿子）和随娘子，如自小就与义父母、继父母生活、从姓，并负责义父母、继父母的生养死葬者，亦可继承遗产；男儿才有继承财产权，女儿只能享受一些陪嫁物品和自己积存的私房；妇女一般不陪男客吃饭，部分地区的儿媳不与公婆同桌吃饭，公婆和丈夫在楼下时媳妇不能上楼，妇女衣物不能晾晒在路口等。随着国家法律普及，布依族家庭传统观念逐步改变，法律意识增强。

布依族家庭的劳动分工，主要按性别、年龄、体力等情况决定。男子是家中主要劳动力，一般耕田种地、兴修水利、运肥打谷及起房建屋等重体力劳动，多由男子负担。女子也是重要劳动力，除从事煮饭、饲养牲畜、纺纱织布、缝衣做鞋等家务劳动外，农忙季节也参加拔秧、插秧、锄草、施肥、割稻等农活。老人、小孩则承担放牛、割草及烧火、喂鸡等辅助性劳动。

布依族家庭成员间的称谓，父母对儿女直呼其名，儿女对父母称爹妈。兄姊对弟妹直呼其名，弟妹对兄姊按年龄顺序称大哥、二哥、大姐、二姐。生育后的年轻夫妇，要代儿女称父母为公、奶，称兄姊为伯伯、姑妈；称弟和弟媳为爷和娘；未嫁的妹为“幺姑”。出嫁的女性生育后，要代儿女称自己的父母为“外公”“外婆”。弟兄为舅爷，姊妹为姨妈。对舅父之子女，生育的女性代儿女称表舅、表姨。在都匀、独山、平塘、三都等地的布依乡村，生育后的夫妻之间，多在大儿名前加爹或妈字，如儿名为“老刚”，妻唤老刚之父为“老刚爹”，“老刚爹”则称自己妻子为“老刚妈”。独山、荔波的一些乡村，夫妻互称时用倒装句，称“妈翠”“妈仰”，即翠的妈、仰的妈，红水河边的布依族称父为卜，王姓儿子叫小荣，父亲则叫王卜小荣，儿子之母则叫王妈小荣。

七、传统节日

州内布依族的传统节日主要有春节、跳花场、更建节（亦称小年）、三月三、四月八、端午节、赶祭节、更宿节、六月六、打保符节、七月半、秋坡节、尝新节、中秋节、重阳节等节日，各地过节形式也不尽相同。

春节：州内多数布依族村寨以春节为一年中的最大节日。每年腊月下旬，过年准备活动开始。腊月二十三“送灶神”，都匀、平塘一带，家庭主妇在这一天磨糯米面做成粑粑，配以糍粑糖（又名麦芽糖）、花生、水果等供于灶头，烧香、点烛供奉两小时，当家人对灶念道“糖粘手，粑粘口，灶神菩萨上天说好不说丑。”腊月二十三日到三十日，家家户户打扫房屋、杀年猪、熏腊肉、灌香肠、烤酒、制米花、磨豆腐、做豆豉、打糍粑，缝新衣、贴对联等。三十晚，全家吃团圆饭。饭前，要在神龛上焚香秉烛，神龛前摆鸡、鱼、肉、蛋等供品，当家人轻敲铜磬，呼唤祖宗进餐，称为“叫饭”。饭后，家家户户男女老幼围火而坐，讲故事，叙别情，谈见闻，守岁至深夜。是夜凌晨（农村多以鸡叫三遍为准），各家各户举行“开财门”仪式，一人从侧门出去，在大门外叫门，一人在内等待开门，两人一内一外，互问互答，寄托来年万事如意的希望，接着放鞭炮开大门，迎接新年到来。大年初一，忌讲鬼，忌说梦忌拿针摸线，忌扫地，忌敲敲打打，忌向外泼水倒渣；小孩清晨向老年人拜年祝寿，老年人向小孩发“压岁钱”，祝他们健康平安长大。初二、初三，禁忌解除，中老年人互访互祝来年五谷丰登、六畜兴旺、人寿年丰，青年男女上山唱歌作乐，称为“玩坡”，少年则在院坝玩打陀螺、踢毽子等游戏。初四节毕，勤奋人家从初四起，开始进行积肥、修理农具等备耕活动。多数青少年则忙于“玩正月”，到各地看会、跳月、唱歌，多数人玩过十五即收心务农，少数人玩到“了年”即正月三十日。

罗甸县红水河边的布依族“更相”（过春节）则是另一景象。年初一拂晓前，各家妇女抢先挑“聪明水”，开财门的鞭炮还没点响，姑娘、媳妇们就悄悄起床，拿着香、纸、烛，挑着水桶到井边，点燃香、烛，作揖祷告后，先喝一口水，接着挑水回家。谁在全寨挑得第一挑水，大家就认为她最聪明。因此，每个寨子每年正月初一凌晨，井边不断出现挑水人。

跳花场：跳花场是长顺地区布依族的节日活动，每年农历正月间，长顺县广顺镇烧寨、羊跳崖等地的布依族“跳花场”活动，时间三天。第一天为“踩场”，次日为“正场”，第三天为“扫场”。“踩场”这天，四面八方的青年男女先到活动地点了解情况，打听跳月时有哪些活动，组织者无须一一回答，只是在花场边插上一根竹竿，上拴红布作标志，并不时放几响铁炮，表示跳月时间地点不变。“踩场”的人们便自动离散，离家远的，投宿亲戚处等待。“正场”这天是“跳花场”的高潮期，这天天刚亮，着装艳丽的人们成群结队地向花场汇集，进行对歌、“抢花包”、打篮球等活动，其中的“抢花包”最为热闹，以布依族姑娘制作的“花包”（红、蓝、绿等绸布缝成的五寸见方花包，内装碎布或粗糠）在空中来回抛舞、争抢为活动内容。在抢花包的场地边上，一对对歌手登台对唱，有男对男唱，也有男对女唱，先开腔的以歌点题，对方按题答唱，答得好的，观众以掌声助兴，答不上的则引起哄笑。这天的活动从黎明到黄昏，歌声笑声不断。天黑以后，没有尽兴或双方深深被吸引的青年男女另择地点再唱。“扫场”是跳花场的尾声，唱得合心的青年男女，依然兴趣很浓地欢唱。

更建节（小年）：荔波、独山、三都三县结合部的布依族群众每年分两批过“更建节”。第一批过小年的时间为农历冬月初一至十五，包括荔波县的地莪、觉巩、水利等乡，一万余人；第二批过小年的时间是腊月初一至十五，包括三都的周覃、九阡、恒丰和荔波县的甲良、方村、阳凤、播尧、甲站以及独山的三棒、董岭等乡，约四万余人。

这些乡村的布依族过节时，也和其他地区过春节一样，打糍粑、捏米花、捉塘鱼、磨豆腐，全家人节前都很忙碌，节日晚餐前，在神龛前摆酒肉供奉祖先。节日夜，各家守岁到深夜。鸡叫三遍时，各家亦在大门口燃放鞭炮，姑娘和新媳妇们穿新衣，争先恐后地去井边挑“金银水”，第一个到达井边的人，要在井边烧三柱香，并唱求吉歌。唱罢“求吉歌”，挑水返家，中途不许回头也不许打泼水，姑娘、媳妇们必须挑够三天用的水。初一早上，各家各户都用“金银水”煮糯米汤粑，汤粑煮熟后，先舀一碗敬祖先，以后每餐也必须先敬祖先后吃饭，持续到十五晚餐为止。初二至初五，是“更建节”高潮期，亲友互访，家家摆酒待客，席间歌声笑语不断。过“更建节”的村寨，不再过春节。

猴节：独山、荔波两县接壤的一些布依族村寨，每逢农历二月初二过“猴节”。这一天，家家做香藤粑。早饭后，人们带着香藤粑上山玩耍，有的比赛爬树，有的在草地上打滚、抱腰，玩饿了就吃香藤粑。据传，由于儿童们上树时如猴子般灵活，故名“猴节”。

三月三：据传，农历三月初三是“山王神”的生日，如不敬此神，它会降祸于人间。人们为了防灾避祸，便年年举行扫寨活动。这一天，禁止外寨人入内，违者罚之。此俗盛行于都匀、平塘、三都的一些布依族村寨。罗甸县的布依族则把三月三（或三月十三）作为祭祀祖宗、上坟挂亲的日子，青年们乘机“玩山”，在山上对歌、吹木叶作乐，如遇理想歌手，相邀入寨，热情款待，对唱通宵，分手时，主人家以芭蕉叶包花糯饭和鸡腿相赠，作为节日礼物，相约来年再见。这一天，还有吃枫香叶的习俗，即将枫香叶舂烂滤汁染糯米蒸成黑糯饭，儿童们则喜用枫叶做抛球玩乐，姑娘和年轻媳妇喜把几片枫叶插于发髻发辫上，象征着春天的来临。

四月八：相传农历四月初八这天是“牛王”生日，故称“牛王节”。这一天，很多布依族人上山采摘枫香叶，舂烂滤汁染糯米蒸糯米饭，同时还用红、黄、紫、蓝、绿等颜色染糯米同蒸，做成花糯米饭晚餐。一些村寨这一天让牛休息，有些人家用枫叶水为牛洗澡，有的人家用花糯米饭喂牛，表示对牛王的尊敬。独山墨寨这天举行黄牛斗架活动，长顺栗木寨的布依族这天以狗肉为晚餐。

端午节：都匀、贵定、独山、平塘、三都等铁路、公路沿线附近的布依族，农历五月初五和十五分别过大端午节和小端午节，尤以初五的小端午节为隆重。这一天，家家户户门上挂菖蒲和艾草，包粽粑、黄糕粑。粽粑种类很多，有三角粽、枕头粽、背崽粽、肉粽、灰粽等。节日晚餐以粽粑、肉食为主，并饮雄磺酒。有些人家围屋抛洒雄黄粉，说是“能拒蛇虫于屋外”。夜间，很多人家将白天上山采集的百草煮水洗澡，说是可防“干疙捞”（疥疮）等皮肤病。

赶祭节：每年农历五月初四，独山上司、下司、麻尾一带的布依族男女青年（也有部分老年少年），自动汇集到者安寨对面的扶宁坡上唱歌，到马创井饮水、洗脸，缅怀清咸同年间的布依族农民起义领袖杨元保。这天早饭后，人们互相邀约前往目的地，到小溪边洗脸、洗脚、换袜子，然后分开结伙对歌，直至夕阳西下才散去。20 世纪 80 年代以后，邻县罗甸、平塘、都匀等县市的群众和望谟、荔波及广西南丹、天峨等地的布依族、壮族也自发前往参加节日活动。

更宿节：每年农历五月十三，罗甸县罗悃镇的布依族给牛放假一天，让放牛娃牵牛上山玩耍。游玩时，人、牛食品一视同仁，给牛喂粽粑等食品。此节起源于“好心的仙女襄娃下凡，变牛为人耕田、翻土”的神话故事。20 世纪 80 年代后，此节逐渐淡化。

六月六：这是黔南布依族的传统歌节，由“天马吃庄稼”“天王石”等民间故事逐渐演变成节日。这一天，布依族群众分别到各地歌场汇集，从早到晚，歌声笑声不断。20 世纪 80 年代以后，布依族物质生活改善，文化生活更加丰富多彩，各个歌场更加热闹。每到这一天清晨，通往各个歌场的大小道路上，穿着节日盛装的青年男女，拥塞于途，汽车、马车、摩托车、马匹等，在人群中缓慢前行。歌场上人们尽情对歌，有三五人为一帮对唱，也有单人对唱或双人对唱。20 世纪 80 年代以后，歌场上不仅有布依族，也有苗族、壮族、汉族等民族，不仅有歌场所在地的青年男女，也有远道而来的州外、省外青年男女。六月六这天，独山麻尾、下司和三都县大河一带的布依族妇女有“走娘家”的传统习俗，她们携带酒、肉、鸡、鸭、大米和甜酒回娘家，婆家人将出嫁之女带回之米煮成稀饭，在神龛前杀鸡宰鸭，把禽血洒在纸钱和祭品上，表示对婆家列祖列宗的孝敬。2011 年，经省人大常委会批准，州政府将“六月六”定为全州法定节日，每年“六月六”全州放假一天。

打保符节：独山、平塘、荔波三县交界处的布依族，每年农历六月初六，村村寨寨都“打保符”，祈祷六畜兴旺、五谷丰登。这天清早，每个寨子入口处都摆着一张桌子，桌上撑开一把大伞，桌前摆两个大木盆，盆内放一把杀猪刀，桌后置临时锅灶，桌上摆一升米，米上用红纸写两个牌位，即阿天和阿地灵位。日上中天，各户扛着“秧标”（用白纸剪成）前来聚会。人到齐后，寨老在桌前摆三碗酒，烧香作揖，闭目念道“六月六，打保符，阿天阿地保五谷，青竹仙翁赐宝剑，人人都来打保符。”念后大喊一声“杀”，众人附和，同声叫“杀”！宰牲人立即杀猪、宰牛，并用畜血沾于各户“秧标”上，各户即将“秧标”插在稻田里，意思是用血警告蚂蚱等害虫不得危害庄稼，否则将得到与猪牛一样的下场。插完“秧标”，全寨男女老幼带上碗筷，到寨门口吃“保符酒”。

七月半：黔南多数布依族过七月半节。很多村寨视七月半为仅次于春节的第二个大节日。都匀江洲和贵定昌明一带的布依族，七月半（七月十三）包粽子、捉田鱼、宰鸡鸭、祭祖宗。独山下司、麻尾及荔波甲良一带的布依族，此节过十三、十四两天，节前，准备梨子、石榴、地萝卜等鲜果，以三、五、七、九的单数堆装成盘，并以葵花、南瓜子等食物供奉祖宗。节日食品各地大同小异，必备的有猪、牛肉及鱼、鸭等。大多数布依族在七月半节用白皮纸做成长方形的“包”，装上纸钱，写上三代内亡故祖先的名字，放于神龛前的桌子上供祭，并以鸭血、鱼血浇包。傍晚，各家各户在屋外插“露水香”，一些人家还用竹竿穿南瓜，瓜上插着点燃的香，将香竿立于院坝中，然后到河边烧包，灰随风吹入河中让水漂流，意为送给天国的祖宗们享用。

秋坡节：每年农历“立秋”这一天，在长顺县猛秋、安乐等地过秋坡节，从安顺、望谟、紫云、罗甸、惠水等地的万余名布依族青年汇集这里，尽情唱歌觅侣。当晚，附近寨子家家客满。吃罢晚饭，继续唱歌，往往通宵达旦。第二天早饭后，各条山路上，男女互送，情意绵绵，难舍难分。

尝新节（又名吃新节）：部分布依族村寨的群众，在稻谷成熟时，扯几把谷穗，脱壳蒸新米饭敬祖，意在将秋收信息禀告祖先。有的村寨在收割最后一块糯稻后，用新糯米打糍粑，杀一只刚开叫的公鸡祭祖，以收讯相告，祈祷祖先保佑来年丰收。有些村寨在“吃新”的晚饭时，先用一碗新米饭喂狗，以表慰劳。这是根据“芒爷寻谷种”的神话故事而产生的祭拜形式。

中秋节：境内较多布依村寨和汉族一样过“八月十五”中秋节。有的人家用糯米面烙粑粑吃；有的村寨中青年男女晚饭后互相邀约去偷摘别人家地里的瓜、果、毛豆角，不论谁家的，见者有份，同吃同乐。

八、丧葬

州内布依族的丧葬实行土葬，一般年过50岁的人在世时就备好棺木。丧葬仪式有停丧、入棺、祭奠、出殡、安葬（俗称落土）等流程。停丧即亡者停止呼吸（俗称断气）后，举丧之家要用白纸书写“当大事”三个大字贴于大门上方，派人将死讯告诉内亲及远在他乡的亲人，为亡人剃头、洗身、穿新衣新鞋，用白布盖脸，并将尸体放于堂屋的“柳床”上等待亲友瞻仰，停丧时间一般不超过半天。入棺即将死者放入备好的棺木，有的将亡者生前喜爱之物（如玉镯、别簪、烟等）作随葬品放入棺内，盖棺停放（与屋梁交叉横停）于堂屋中间，棺底下用碗点亮“地龙灯”。祭奠分“家祭”“客祭”，在大门外搭“祭奠堂”，挂满龙须草，绑纸花，亡者的儿、孙辈等内亲进行“家祭”，由司仪者主持对亡者三拜九叩，寨邻自觉前来帮忙、守灵，唢呐手日夜吹奏，乡邻寨里的一般朋友前来悼念，送钱、米等；“客祭”是女婿、姑爹、舅爷等分别带领扛彩旗、敲铜锣、抬猪牵羊、吹唢呐的队伍，鸣鞭炮报讯前来吊丧，举丧之家以铁炮、大号相迎，孝子手执丧棍跪于灵堂迎接，由司仪指挥吊孝，跪听司仪朗读祭文，给吊孝人戴孝帕。深夜，道士敲锣打鼓，领孝子绕棺念经，名为“开路”，所有亲戚请来的唢呐手尽情吹奏，彻夜不停。出殡即黎明时分的寅或卯时，由道士指挥，帮忙的人将棺木抬至岔路口停放，等待道士念词完毕后，抬棺木往墓地安葬。葬前，举丧之家请阴阳先生正罗盘、看风水、号龙脉择墓地，并挖坑，在坑边杀雄鸡、洒酒、烧钱纸，称为“暖井”，放棺入坑后，孝子先象征性地挖一锄土，帮忙的人接着垒土砌坟。葬后，举丧之家子女及嫡堂兄弟姐妹再去垒土整坟，俗称“复山”。待四十二天再到坟上拜、竭一次，名为“烧六七”，一百天再去跪拜一次，名为“烧百”。举丧之家三年内不贴红对联。对青少年死者均不举行任何仪式。

九、信仰与禁忌

20世纪50年代前，绝大多数布依族群众不识字，对奇特的自然现象无法理解，加上诸多神话传说的影响，因而相信“天上有神，世间有鬼”，并相信神为善良使者，鬼是凶恶化身，对前者尊敬，对后者惧憎。

敬神灵主要表现形式为家中设神龛，上写“天地君（或国）亲师位”“大慈大悲观士音菩萨之位”“×氏祖宗之位”等，烧香祈祷。此外，设土地庙供奉菩萨，逢年过节，到土地土地庙烧香祈祷，求其保佑。

在缺医少药的地方和缺乏科学知识人中，遇到天灾人祸或疾病流行，认为是“闯鬼”，便用布包大米请鬼师“抹米看蛋”找原因，鬼师说要杀鸡杀鸭宰牛屠马“打替生”，方能消灾免难等等。病者之家往往抱着一线希望遵照鬼师的吩咐办理，多数被弄得人财两空。有些病者家人信奉“神药两解”。随着科学文化、医药卫生知识在布依族人民群众中普及，医疗条件的不断改善，信神用鬼者已少见。

州内布依族禁忌主要有：忌正月头腊月尾办喜事；长顺、罗甸很多布依族村寨在每年“打新雷”（第一次打雷）后忌耕七天；长顺的一些布依村寨在三月初三或九月初九扫寨时，禁止外人入寨；忌产妇“闹家”（串门）；忌新婚夫妇在别人家同房；忌身带金属探望产中的猪、牛、马等家畜；忌踩门坎，怕堵财路；忌在老人和妇女面前讲污言秽语；忌不吉利字眼；独山上司、下司、麻尾的许多村寨忌“灰”，把“灰”叫作“发财”；忌媳妇跨公婆，即公婆在楼下时媳妇忌上楼；忌凶死者（刀枪伤亡、虎咬、蛇伤、溺水等）入堂屋。若“犯忌”，须“解煞”。如，“红人”（月子中的产妇）误入别家时，要用公鸡“扫家”；说话得罪老辈子，要磕头陪礼。

另外，还有一些习俗在逐步消失。如，婴儿经常夜哭不止时，用红纸写“天黄黄，地黄黄，我家有个吵夜郎，过路君子念一遍，一觉睡到出太阳。”贴于岔路口让路人念读，祈求孩子平安；为经常生病的孩子请鬼师找“保爷”，即孩子家长按鬼师吩咐，在寨子附近的一小桥上焚香秉烛，第一个遇上的人为“保爷”，或者在大门上挂病孩衣帽，第一个进门的客人为“保爷”，找到“保爷”后，病孩父母以事先准备好的糯饭相待，并杀鸡款待，“保爷”则须为病孩取名、赠物，病孩父母与“保爷”从此成为“干亲家”。

第三节　苗　族

苗族的族属渊源与远古时代的“九黎”“三苗”“南蛮”“荆蛮”有着密切的关系，三苗的一部分经过“放驩兜于嵩山”之后，“进入了鄱阳、洞庭两湖以南的江西、湖南崇山峻岭中”，并逐步迁入贵州。苗族进入黔南地区的确切年代无史料记载，据苗族古歌和民间传说，始于元代，并普遍认为原籍在江西。此外，惠水、龙里、贵定有部分苗族自称来自广西。黔南州苗族称谓约有40余种，其中自称约15种，史称和他称20余种（用以区别民族内的不同宗支）。

一、语言文字

苗语属汉藏语系苗瑶语族苗语支。黔南苗语除少数地区（平塘县的甲桐、牙舟、高桑和鸡场坪，罗甸县的木引、平岩、小苗寨，独山县的新民、翁桥、上道等）在川黔滇方言中的名称尚待调查确认外，其余均属黔东方言的两个土语和川黔滇方言的5个次方言9个土语。各区苗语互不相通，相隔数里也语言不通。

1956年10月，制定《苗族文字方案》报经国家民委批准试行，苗族拥有了自己的文字。州内于1957—1958年成立民族语文工作指导委员会和州民族语文学校，设一个黔东方言苗语班，共有学员50余人。“文化大革命”（1966—1976年）中，苗族推广试行工作中止。1983 年，全州各县市苗族聚居乡村采用黔东方言苗文课本开展苗文推广试点工作。至 20 世纪 90 年代初，全州开办苗文学习班 162 个 5596 人参加学习，苗文农村扫盲班 38 个共 1421 人参加学习。

二、饮食

黔南苗族以大米为主食，玉米、小麦、高粱、小米、荞麦、红苕和洋芋等为杂粮。肉类副食以猪肉为主，次为牛、鸡、鸭、鱼、狗肉等。传统食品主要有糯米粑、糯米饭团、酸菜、糟辣、腌肉（又称腊肉）、牛骨酸、醪糟酒等。糯米粑一年要做五次，三月做黄草粑，四月做香藤粑，五月包粽粑，九月做汤圆粑，春节打糍粑；糯米饭团（苗语称“莽吊”）即用稻草编成琵琶状，将花糯米饭装入袋中扎好，形似猪腿，为节庆时赠送亲友及贵宾的礼品；腊肉是苗族待客的佳品；腌牛皮以水牛皮为原料，加入适量盐、香料腌制，装坛密封，半年后取出食用，味道香甜，是姑娘出嫁时回赠男家的礼品；醪糟酒也是甜酒，可即食和用于煮蛋及糯米粑等，其味醇甜可口。

苗族群众普遍喜好饮酒，自酿自饮。有客至，喜用牛角酒具饮酒、敬酒，客人喝得越豪爽，主人越高兴。

三、服饰

黔南苗族服饰，自古以来都有便装和盛装之分。便装简洁朴素，没有或极少花饰，主要在日常生活和劳动中穿戴；盛装为节日和喜期的礼服，式样考究，做工精细，装饰花纹较多，穿戴程序复杂，穿戴一套完整的盛装（包括头饰），往往需要一个小时左右。

（一）男装

据《都匀府志》载：“……都匀花苗……男以木疏裹发，笼以青布为角，短衣，青篮。”清代中期以后，男子大部分已不蓄发，身穿对襟短衫，胸前有布扣 9～11 个，裤脚短而肥大，严冬用蓝布裹小腿（俗称裹脚布）以御寒。有的地区穿大襟右衽短衫。截至 2014 年，州内比较完整地保留古代男式盛装的有三都都江和龙里中排两地的苗族。

龙里中排一带的盛装，相传是为纪念苗王黑人庆（苗语“若的公”）而仿效黑人庆的服饰打扮的盛装式样。这种服饰，头包青布帕，裹为 50 厘米左右的大圆盘，用红丝线缠绕成“人”字形图案，帕上再插两根长雉尾；衣为蓝色土布大襟右衽长衫，腰系 23 厘米宽的自织锦带，锦带由黑白两色大方块相间组成；腰带下，左系挑花飘带裙 9 块，每块宽 10 厘米、长 50 厘米；右系挑花手帕 9 块，每块手帕对折成三角形，层层叠挂于腰，手帕和飘带裙的花纹样式各不相同；背上吊的背牌长 40 厘米、宽 33 厘米，红底白花挑花图案；背牌下方由海贝编成 7 朵花，用药珠（五谷子）串围其边，每个海贝花下各缀长 33 厘米左右的红樱花图案，背牌用红线系于胸膛前后；项戴银项圈 13 根，系长命锁 4 个，项圈后面也用药珠缀成几个小三角形，下系小银铃 21 个，银铃旁系小红缨若干串；衣袖挽至肘，半截胳膊挂满银手镯，每个手指还各戴一枚银戒指，银铃、手镯佩戴多少，视家庭经济状况而定。挑花飘带和花帕，少则 3 块，多则 9 块，全为单数。

三都都江盛装为上身穿刺绣大花衣，下身穿鸡毛裙，在苗族重大节日（如鼓藏节、吃新节等）这种大花衣宽松长大，裁而不连，无领对襟，无扣无袖，腋下两侧均不缝合，仅以布带连结，全身绣花，图案结构严谨，在几何图案中绣有龙、鸟、鱼、马等装饰花纹。现代大花衣一般在胸前绣大鸟、花革和鱼纹，风格粗犷，具有浓厚的装饰意味。鸡毛裙与女式鸡毛裙类似。古老的鸡毛裙绣片窄而多，用12～18条长条绣串联上端成裙，每个裙片下端都用一束羽毛作装饰，故名“百鸟裙”。现代鸡毛裙由宽3寸的8块绣片组成，下端各缀扇状白色鸡毛一束，故称“鸡毛裙”。都江小脑村的大花衣全用彩色织锦做成，织锦图案为严谨的几何图形，色彩斑斓，做工精细。制作一件大花衣，一人需时一年。苗族男士对此衣非常珍惜，一般不洗（脏了即染）不卖。

（二）女装

苗族妇女服装式样多，除不同支系有不同式样外，同支同族服装中还有青年式和老年式之分。青年妇女服饰中，又有婚前婚后、育前育后之分。

贵定新场、龙里巴江、福泉王卡一带的苗族妇女穿花衣花裙，挂花围腰，戴花帽花头帕，称“花苗”。“花苗”的花衣，一般用黑布或蓝布做成，无领直襟，前胸、后背、两肩和手臂的显眼位置上重点装饰彩色几何纹样，以蜡染为锦底，挑花刺绣插入其中，并在图案边沿框订1～2排银片花；下着百褶裙，为白底蓝花蜡染裙，局部缀以彩色绣花方块，称“裙眼”，裙长至膝，腿缠黑布。此种装束，与明代郭子章的《黔记》卷第五十九章中描述的“妇著花衣……裙亦浅蓝色，细褶，仅蔽膝……龙里……女子以蜡画布衣”极为相似。已婚妇女头饰为绣花三角帽，生育后头饰为见方的蜡染头帕，中年妇女挑花图案减半，老年妇女只用蜡染装饰，不绣花。

平塘通州、西关、长顺代化等地苗族妇女外衣为横布两幅，即前后各一块土锦，前短后长，中开一条缝，穿着时，头从此缝贯出，左右两袖为别致的挑花图案，筒状，与前后两块土锦相连，靠近肩部的挑花图案，是12个手牵手的人物；下着百褶裙，由3米蓝色土布制成，裙脚用红丝线织成15厘米宽的红边，红色两头均间以白色栏杆，裙长至膝，裙上系腰带3条，每条长4米，后面吊两块10厘米宽的白布挑花飘带；裹脚为白色土布，脚穿草鞋。姑娘出嫁前，都将长发挽于头顶，发髻前后用若干海贝巴（海类贝壳）串作“头珠”，挂于横插的两支银管簪上，胸佩8～12个银项圈，耳戴圆形银环；婚后均包蓝色头帕。

贵定、龙里、惠水等地部分苗族妇女服装以海贝巴作为主要装饰品。贵定县云雾山周围的云雾、昌明、沿山，惠水县摆金，龙里县中排、民主等地的苗族，仍以海贝巴为主要装饰品，主要镶嵌在背牌上，背牌长70厘米、宽12厘米，尾部用25个海贝巴连成一串，配以小银铃和银鲤鱼等物，前胸和连接后背的宽带子缀银泡花50个。上衣为青色右衽长袖，臂饰17厘米宽挑花图案，边沿镶嵌银泡花。下着蓝黑色百褶裙，裙下沿有16～20厘米宽的白边，左右两边扎上挑花手帕，平时不穿裙，穿松宽长裤。头帕包裹较薄，成年妇女人人皆备红、绿、白、蓝、青等各色头帕，视不同场合而用。平时著青、蓝二色，喜期忌白用红，丧期忌红绿而用白色。

三都都江一带的苗族妇女服饰盛装为无领无扣对襟长袖土布衫。土布衫的布料用蓝靛加猪牛血混合浆染成紫青色，左右臂、肩、下摆、胸前、对襟扣、背脊等部位用彩色丝线绣制花鸟图案或彩色织锦。下着青色百褶裙，外套鸡毛裙。胸前系菱形围腰一块，围腰上端有一块彩色绣片，下端菱形角上由长宽约30厘米的蜡染图案和边上两个方块彩色刺绣组成，有的下部全是刺绣或织锦图案，古朴典雅，色彩艳丽。脚穿蜡染刺绣布套，套上系蓝色布带，布带两端亦有挑花图案。盛装时，佩以银质项圈、耳环、手镯、银角。平时挽发于头顶，包青色土布一块，头布外系织锦花带一条。

都匀王司和三都普安一带的苗族服饰盛装为大花衣。衣裳大襟左衽（或右衽），无扣，以布带拴系即可，主要装饰图案为螺旋圆形，苗语称“窝妥”，这种图案只用于领下肩部一圈和左右上臂。“窝妥”图案除蓝白两色外，还套以橘黄色，图案外的其他部分为蓝靛加猪血浆染成的青色，色泽深沉略反射出紫金光。“窝妥”双肩装饰有两块彩色绣片，大襟边上也镶刺绣图案，图案均以红缎为底、彩色丝线绣成。盛装时下着长裙，裙长至脚背，裙上有彩色刺绣和五色珠子，头戴银簪、银花和银角，项戴银链、银锁和银牌，走路时银光闪闪，叮当作响。

惠水、罗甸、长顺一带苗族妇女服装以青色为主，青衣青裙青头帕青裹脚，仅在局部装饰上有差异。惠水摆金和罗甸边阳苗族服饰均为青色绲边，右襟大衽，布带为结，下摆为椭圆形，有挑花绣花边，袖肘部一圈也有两寸宽的绣花边。青色百褶裙的下部，由蜡染和若干拼花小方块组成，称为“底模”。百褶裙前面以蜡染为主，后面由一百多块布拼组而成，多为几何图案，局部有挑花刺绣（死后穿裙方法相反，前面为拼花图案，后面为蜡染图案）。腰系银链吊银盒，盒有方、圆两种，上有浮雕图案，下吊10多个铜铃。盛装时，头帕边沿和大襟、衣袖等处都镶银泡花。平时，肩上搭一个用青布做成的荷叶坎肩，圆形或椭圆形，边沿为波浪形曲线，状如荷叶。惠水摆金苗族妇女在青头帕内包一圆形布，顶端突起向后略倾，不露头发，右边留出一截13厘米左右布头。罗甸边阳一带的苗族妇女头饰为宽边青头帕，厚3～4厘米。长顺广顺一带以青色为主的苗族妇女头饰是一顶粽子形帽子，内层为青布缝制的长方形布帽，头发包于其中，前后呈现两个粽式尖角，后面插一鹅毛茎，中层用挑花头帕包布帽，外层用11厘米宽的挑花青布系于额部头帕上，最后再以彩色绣球和红缨插在布帽孔上；上衣青色对襟直衽，无扣，衽的两边有挑花绣边，肘以下的绣筒是蓝底白花蜡染，下摆也有花边；下着青色百褶长裙，裙长至脚背，裙下部有白色栏杆。腰上系挑花围裙一块，长55厘米、宽60厘米，挑绣50多个整齐有序的葵花图案。颈部戴9个银项圈，另用银链吊一把银锁，锁上有龙纹浮雕图案，下系21个银铃。便装不穿裙，只穿宽口大脚裤，系青布腰带。

龙里平寨一带苗族妇女头饰为两只长33厘米左右的黑色或蓝色大木角，并用麻线缠于头顶。少女穿白色百褶裙。婚后裙脚加黑色裙边。百褶裙上有蜡染花纹，均为土布自制。内衣无领无襟长袖，袖上有蜡染图案，并有若干红白正方形布块交错镶拼的几何图案。外衣由三大块白布或浅蓝布做成，上半部背牌至两肩连着胸牌，全是菱形挑花图案，红底白花，四周用6厘米左右宽的黑布镶边，与上半部的1.7米白布形成鲜明对比，背牌下半部由两块白布连接，成为长117厘米、宽50厘米的外套后披，直拖裙脚，双肩挑花图案下的

1.7 米白布于胸前交叉，系在后腰上。裹脚布为黑或蓝色毛线，系娘家陪嫁的珍品。

罗甸县罗悃镇及其毗邻地区的苗族妇女服饰为拴宽大沉重的蜡染百褶长裙，裙长至脚背，在蜡染底纹上再用红布条和红丝线挑绣花边栏杆，裙边用红布镶嵌；穿白色无领左襟衣，短至腰，袖口绣花边，戴银手镯、银别簪；头饰为一条银链，中间串联 5 个大小不同的银碗，碗上图案为鸟兽花草等浮雕，两端各有一“银枝”，穿着时，先包头帕，再将银链盘绕于头帕上，银碗倒扣在头部四周，“银枝”从两鬓伸出，秀美端庄。

瓮安珠藏、玉山和福泉一带苗族妇女头帕由小格子花布包成直径 33 厘米左右的大圆盘，盘上再包一层绣花布帕，下沿吊一排珠帘，每串珠子下端均系有绒花或银片、香包、菱角；上衣双袖有挑花绣囊，领下沿肩部有若干块挑花组成的阶梯或重叠花领；下着百褶裙，主体部分为蜡染，裙边镶红布，裙短至踝，裙外系 6～8 条挑花飘带，带长 55 厘米、宽 12 厘米，均拴于腰间，同时还系 3 块正方形挑花手帕。胸前挂青布围腰，上绣花边，小围腰重叠在大围腰上，作为大围腰的主体装饰，小围腰正中为八边形挑花图案，两下角为三角形挑花图案，角花下还有两排挑花灯笼花边。长顺有部分地方的苗族妇女穿白色对襟衣，衣长至膝，襟衽有挑花花边，肩下、肘部至袖口都有挑花若干道，并以红布挑白花做成大小披肩，有大块的几何纹样图案。腰间前后各拴一条青布围裙，前片挑花，后片不挑花，腰间除围裙腰带外，再加一条白腰带。头部用青布包裹直径 33 厘米左右的厚头帕，围一层挑花花边。

贵定、龙里、惠水相连处的苗族妇女上衣为蓝黑色无领短袖，包黑头帕，高 30 多厘米，呈船状，露头掩发。婚前均剃额发，吊大耳环，颈系项圈若干。黑色挑花背牌延伸至胸前，背牌上挂两排银泡花。平时下穿宽松短裤，裤长至膝，下裹蓝或白色绑腿。盛装为蜡染长裙，腰系黄色挑花带，前后各系一块猪血浆染的厚土布，宽 20 厘米左右，前片长，后片短，布片绣几何图案。

瓮安、福泉与黄平接壤地区的苗族妇女盛装为蓝靛浆染的无领大襟右衽上衣，袖宽大，肩至肘部都有挑花图案。下着青色百褶裙，青布绑腿。青头帕外包手巾一张。婚前都戴花帽，婚后改包头巾。盛装衣裙都用枫香叶反复浆染成为青中带紫泛金色，再配以项圈、银项链、银耳环、腰带、花帽、银角等银器饰品，走路时周身叮铃作响，银光四射。20 世纪 80 年代后，装束有变化，除头饰外，大多只着便装，喜以蓝、黑色的士林布、平绒布做成大襟右衽窄袖上衣，无挑花图案，改裙为裤。

都匀坝固、王司一带部分苗族妇女服饰已更裙为裤，衣为大襟右衽，衣短至腰，窄袖，沿肩至右襟有挑花刺绣栏杆为花边，衣下开叉。发挽于头顶，盘成螺状，插银簪。发髻，外包蓝色白格头帕，很多人佩耳环。

龙里中排乡和贵定石板乡一带的苗族妇女着蓝、青色百褶裙，裙长至膝，三分之二的上半部为蜡染，三分之一的下半部为白色。上衣为蓝色土布直衽衫，外套挑花背牌，方形垫肩四周为红底白色挑花，内为青色蜡染加银泡花，后背披 5～7 层蓝黑色大翻领，下吊 5～7 个海贝拼成的花朵，花朵下再吊 30 厘米长的红缨珞 5～7 个，全长至膝；系 20 厘米宽的蓝腰带。百褶裙还系有挑花手帕若干块。裹蓝黑色绑腿，绑腿布两头都有红色挑花图案。

颈戴 9～12 根项圈。发挽于后，上戴绣有花草鸟蝶组成的银花冠，耳戴灯笼形银环。

四、居住

（一）村寨

苗族村寨多建于高山密林深处，也有部分在山顶或河谷沿岸。苗族多聚族而居，多为一姓一寨。寨子少则二三十户，多则二三百户以上。典型的苗寨都建在地势险要的山腰山顶，竹木深掩，独路险峻，不少村寨建有寨墙寨门。苗族聚居的地方，寨中（或寨外）大都设有“花场”“跳月场”“踢毬场”或“斗牛场”等公共活动场所。寨前寨后多有枫香、古柏等高大的“保寨树”，村寨周围一般种植桃、李、橙、栗等果树，风光独具特色。

（二）房屋

苗族喜欢住楼房，也有少数平房，房屋多为瓦木质结构盖瓦，有木瓦平房、木瓦楼房。

木瓦平房为境内操川黔滇方言的苗族普遍的住宅形式。此房为 5 柱 6 瓜、5 柱 4 瓜或 7 柱 6 瓜、7 柱 4 瓜等几种。柱头和瓜用穿枋相连成架，各排屋架用大梁和立柱扣连，成梁柱式结构，加上形挑，钉椽皮盖瓦。意在“吉利”，屋顶铺火瓦，屋顶微凹，檐角微翘，呈曲线。房屋进深一般 6.67 米左右，开间多为 3～5 间，取单忌双。堂屋开间多为 4～4.3 米，厨房开间为 1.1～1.2 丈 3.67～4 米，室内地平多为泥土，夯实夯平即用。

木瓦楼房是操苗语中部方言的苗族普遍的住宅形式。房屋依山势而建，二楼一底，畜厩、厕所在楼底，中层住人，木壁、木地板，有晾物阳台。屋面、屋高、开间及进深皆与平房相似。

苗族房屋一般为三开间，二楼一底，也有四开间或五开间，正中一间为堂屋，设有神龛祭供祖先，神龛背后拖宽屋檐作厨房，两端开间作卧室和客房。多以后门或侧间门进入到堂屋。楼房中层住人，上层储藏粮食，底层关牲畜和堆放杂物。屋前搭晒台，晾晒粮食、棉花、花生等，也可以供妇女纺纱、刺绣或夏日晚上乘凉。三都都江地区把粮仓与住房分开建筑，以防火灾。坐落在半山腰的村寨，房屋多依势而建，形成独特的“吊脚楼”建筑风格。

五、婚姻

苗族的婚姻属一夫一妻制。婚姻的缔结，历史上多是自由自主，近代一般是自由选择和父母包办并存。但自由选择也要禀告父母请媒人去说合，才能完婚。完成一桩婚姻的过程为择偶—提亲—定亲—接亲。

苗族青年男女通过“跳花场”“跳月”“摇马郎”“望月亮”等活动择偶。

“跳花场”“跳月”定时间、地点，规模大，属集体活动。《贵州通志·土民志》载：苗族在每年年节期间，“男女装束一新，觅高埠敞地，植冬青其上，曰：‘花树’。女子持巾一端，互相牵引。两少年吹笙其前，作凤鸾和鸣之声，左右跳舞为节，女则随其缓步作半圆绕之，曰‘跳花’……跳完，鸣炮竹，倒花树，女子各择其爱者……。”“跳月”的内容有跳芦笙、对歌等，芦笙舞进行一段时间后，有意之男女便相约在花场附近对歌。

“摇马郎”（即玩朋友）是苗族青年男女的又一交友方式，主要流行于州内操黔东方言区苗语的地区。

“望月亮”与“摇马郎”相似，农历五月至七月十五日夜里进行“望月亮”活动，男青年互相邀约，携带喜爱的芦笙、箫笛等乐器，前往其他村寨的寨边吹奏，姑娘们闻声即结队而至，先对歌后交谈，双方如情投意合，便互赠信物定情，一般为毛巾、手帕、袜垫、背牌和腰带等。惠水摆金地区女方赠物为高跟草鞋；平塘部分苗族的赠物为“飘带”，此物为红丝线绣织的布带，两端各绣一朵小红花；龙里、贵定一带的定情物为“射背牌”，即一块刺绣布带，饰以五色珠子、银泡花和24枚海贝巴，男女若互相有意又羞于托媒，便在四月八举行以弩、箭射牌仪式，若射中，女方父母即应允亲事，并由女方回射男方长裙一条，若射不中，则等来年再射；龙里、惠水等地有以“射背牌”作为中止恋爱关系的仪式，男方相恋后，因其他原因不能成婚者，就“射背牌”，女方将20余块背牌钉在一块花布上，挂上花布条和银饰，男方准备芦笙队、酒席，男方伴笙乐射背牌，女方将射中的背牌珍藏作为纪念，自此双方另寻意中人。

“跳洞”是青年男女又一种社交方式，活动因在山洞内进行而得名，也叫“玩洞”。

“坐花场”又叫“坐鸡场”，花场设于村寨边，每年腊月，姑娘们上山砍伐竹、藤，编成棚子围住花场。从农历正月初一开始，姑娘们来“坐花场”，坐在柴火边挑花刺绣，等待外寨后生们到来对歌（本寨男性禁入），他们在火边或谈笑，或唱歌，或吹芦笙，尽情欢乐，至正月十五结束。

青年男女相互中意后，男方请媒人选择吉日带上礼物到女方家提亲，提亲礼品各地不尽相同。惠水摆金的说亲礼物为一只公鸡、两根红丝线和三丝麻，摆榜说亲礼物则是两根丝线两根线，若女家同意，就用丝线拴鸡蛋套于女孩脖子上，媒人返回时，女方家回赠同样礼品。福泉苗族的媒人说亲时带一瓶酒，在女家门前说“我来你家找花带”，女家若事先已知消息，还要与媒人对“四言八句”，对得上，媒人才能进屋。都匀、平塘一带的苗族说亲要去多次，第一次为试探，不带礼物，若女方接受提亲请求，其家族兄弟每人则送一根花带系于媒人腰间，媒人带花带返回报喜。

女家同意缔结婚姻后，男家要送女家“财礼酒”（彩礼），女方家人和近亲、媒人和男家代表在女家吃“定亲酒”，正式定亲。男家的礼物除女家父母兄弟姊妹外，近亲也要送，接礼人家则须依次轮流设宴招待男家代表。也有“看八字”订婚的方式。

结婚时间一般在农闲时的冬月、腊月。惠水摆榜苗族的接亲时间，则统一规定于农历腊月二十八至三十日。接亲时，新郎帽插银花，臂拴红绸，穿上亲友赠送的全部衣服，与接亲队伍抬肉、酒、粑粑、衣物等到女家迎娶新娘，迎亲队伍接近女家时要喝“拦门酒”（即每人喝两杯牛角酒）才能进家。在女家宴席上，新郎要向来宾逐桌敬酒，女方家长的代表要以红封装钱赠给新郎。男家的“拉丫哥”身揣红蛋，女家接亲的年轻妇女对其唱歌索蛋。有的地方接亲新郎不参加接亲队伍。

嫁女日，女家须以一束青茅草为“标”，忌生人进家，待迎亲队伍离开后，取“标”解“禁”。迎亲队伍离开女家时要唱歌取放在神龛上的花，女家派人守卫，男方取花人对歌赢了即可取花，若对不上则须以钱赎花。女家送亲队伍有“送亲公”“送亲奶”“伴娘”，须先于迎亲队伍离开女家。都匀一些苗族送亲只到半路，途中摆上酒菜，送亲和迎亲客人吃罢野餐即各自返回。新娘忌踩其他新娘的脚印，故新娘多在黎明前出门，如别人更早或路遇别的新娘，则须绕路或互换毛巾。现代新娘的嫁妆一般有箱子、柜子、床上用品等，经济条件富裕的家庭还陪嫁冰箱、彩电、打米机、摩托车等。平塘一些苗家的嫁妆为镰刀、秧刮、锄头、草鞋、蓑衣等。平塘新塘一带的苗族在接亲队伍返回时，女方寨上的人要去拦路“抢肉”，被“抢”者把肉高举在手并用语言挑逗对方，双方佯作争斗，双方必是异性且辈份相同。三都部分村寨苗族有“抢饭”习俗，送亲公身背一把马刀、一包糯米饭，凡途中遇到的人都可“抢”吃，但须与之作戏剧性摔跤。一些村寨的送亲队伍中，有两人专业挑糯米饭，逢人就给，意在让更多的人分享喜事。

平塘部分苗族有“物来人不来”传统习俗，大多因女方年龄小，父母不忍让其离开娘家，只送一件衣服和一条毛巾到男家，作象征性媳妇。

州内有部分苗族新婚日新娘不“坐家”（结婚日新郎新娘不同住），送亲娘与新娘同住，喜酒之后，新娘即与送亲娘一道“回门”（回娘家）。农忙时节，由男家弟妹或新夫本人将新媳妇接回住十天半月，在这段“走家”期间，新妇可以参加“跳月”“摇马郎”等活动，两三年（有的至怀孕）后才到夫家“坐家”。

六、家庭

苗族的家庭，是父系家长制，父亲是家长，有支配家中经济和成员的权力。但又是小家庭制，儿子结婚生育后即自立门户，家庭成员一般不超过三代。父母对子女有养育的义务，同样也享受子妇嶒养的权利。兄弟分居，一般是均分父母财产，均负赡养义务，均承担偿还债务，均负责招待亲友及还礼送礼。姑娘不参加分财产，也不承担赡养父母义务。兄弟有共同抚养和陪嫁姐妹的责任。中年无男孩者，可在家族中收养子女，若家族中无合适男孩可收养，经家族同意方可收养外族外姓男孩。抱养子女在家庭中的地位同亲生儿子一样，得到平等待遇，有财产继承权。寡妇改嫁，不能带走或变卖其前夫的固定财产，如子女幼小，男方愿意抚养，可随母前往，长大后仍回原家庭继承财产，不能继承继父的遗产。小孩取名字时，一般是父子连名，子名在前，父名在后，但在称呼时只称本名，不连父名。20 世纪中期以后父子连名习惯逐渐消失。

七、传统节日

州内苗族的传统节日有鼓藏节、“牛打场”、吃新节、赶“姨妈坡”、社节、三月三、杀鱼节、四月八、吃鸭节、六月六、米花节、赶秋节、过冬节、苗年、春节、端午、七月半、中秋节、重阳节等。

鼓藏节：主要盛行于州境南部操苗语中部方言的三都、荔波一带，以村寨或宗族为单位，十三年过一次，遇龙或蛇年则提前或推后一年，具体日期由村寨自定。每次过节，少则三天，多则十二天。节日活动的主要内容为藏鼓、找鼓、跳舞、牵牛踩塘、斗牛、杀牛、祭祖、宴席，以“扫寨”宣告节日结束。鼓藏节的节日主持人称为“鼓藏头”，身穿蓝色丝绸长衫，腰拴红绸带，画花脸，在选定的一户人家中“坐寨”指挥一切活动。“找鼓”

即节日前一天将一个老木鼓藏于深山密林中，节日开始后让藏鼓以外的人将鼓找回来。第二天，主客间的五六十支芦笙队跳芦笙，不能中断。第三天，在斗牛场举行斗牛“踩场”仪式，深夜鸡叫三遍时举行杀牛仪式，每个家族都有两名鬼师参加念咒，请祖先保佑儿孙荣华富贵、六畜兴旺、五谷丰登，鼓藏牛除牛头留给主人家自用外，其余全部用于招待客人，家家户户设宴招待客人。接着是“送鼓”活动，即用绳索拴住木鼓，部分人在室内拖，部分人在屋外拉，将鼓送出家门，而后举行赶鬼活动，鬼师念咒驱鬼，祈求保佑全寨平安。同时，全寨家家户户敲门击鼓（无鼓则敲盆桶）呼叫“打鬼”，鼓藏节宣告结束。鼓藏节期间，忌本寨未婚成年男女住家，必须到未参与鼓藏节的亲友家去住，意为“避鬼”；忌挑水，水井都用树枝盖好，防止鬼到井中喝水而把病祸传染于人，鼓藏节结束后，鬼师到井边念咒驱鬼，取走树枝，人们才可重新用水。

三都普安一带的苗族，在“鼓藏节”期间举行“棉桃会”活动，由妇女们用糍粑捏成团粘在竹枝丫上，做成“棉桃树”，她们扛着树随芦笙队在寨中来回跳跃，再转到跳月坪。另一活动叫“戏水会”或“背水会”，芦笙队把人们引到田坝，大家用竹竿击水互相嬉戏，继而戽水相淋，名为“打水仗”或“打稀泥巴仗”，男女老幼互相找对手抱腰摔跤作乐。还有一项叫“劈木会”，主人家在堂屋中间立一木桩，应邀参加跳木鼓舞的人在蹦跳中以刀劈木，砍鬼驱邪，以此结束节日活动。

1949—1977 年禁止过“鼓藏节”，1978 年后，部分村寨恢复节日活动。多数苗族认为“吃牯藏”宰牛影响生产，改宰鸡鸭代宰牛。进入 21 世纪，随着苗族人民生活水平的提高，鼓藏节活动越办越隆重。

牛打场节：流行于龙里、贵定等操苗语川黔滇方言地区，属祭祀性节日。传统规矩为七年一小祭，十三年一中祭，六十年一大祭，参加者逾万人。节日主要内容为斗牛后杀牛祭祖。

吃新节：苗语称“奴架化”，个别地方叫“苗年”，民间有“苗吃新，水吃端，客家过大年”的说法。此节主要流行于苗语中部方言地区。节日时间为每年秋末冬初，视水稻成熟时间而定，各村寨过节时间相互错开。此节也是苗族较隆重的节日之一，节前家家烤米酒，缝新衣，各村寨要修整“跳月场”和“牛打场”，并有活动仪式。相传，都匀坝固、王司一带的“吃新节”是纪念从外家带来水稻并把栽培技术传授给群众的“米姑娘”。三都高硐一带“吃新节”要过三天，各家要祭祖，主人将酒、肉、鱼、糯米饭等分给在场人，众人只能徒手接受，不能碗接。接着由芦笙队吹跳前往有水牛的人家“贺牛”。被贺人家备好酒肴迎接。次日，姑娘们身着盛装随芦笙队前往田坝和跳月场，进行斗牛、对歌、跳芦笙活动，全寨处处喝酒、唱歌，第三日上午仍进行斗牛、跳芦笙等活动。

赶“姨妈坡”：又称赶“鬼坡”“踩鬼坡”“撵虫蚁节”，流行于惠水与平塘交界一带的苗族乡村。每年从农历二月第一个“狗”（戌）日始，惠水摆榜苗族即过此节，内容主要是祭供新亡老人，为新坟烧香化纸和垒坟培土，在坡上跳芦笙舞、对歌、赛马。

社节：流行于罗甸部分苗族地区。此节从立春之日起，逢“戊”停止生产一天。五“戊”为社，此时为“社节”。节日期间，全家休息，杀鸡买肉聚餐。

三月三：农历三月初三，川黔滇苗族方言区的苗族以寨为单位，举行跳舞、唱歌、射背牌、吃花糯饭、抱花腰等活动。

杀鱼节：流行于贵定、福泉的独木河沿岸。时间为春夏季节，具体时间由“鱼头”与群众商定。“鱼头”由每寨群众推选一名年富力强、捕鱼技术高超的男子担任，负责组织和带领群众下河捕鱼。每年栽秧结束后，各寨“鱼头”商定节日时间，并通知寨上群众买药或上山采摘马桑叶。妇女们则等待男人出门后才能进行挑水等家务活动。午后，妇女们将备好的酒肉饭菜抬至自家男人捉鱼的河岸，等待男人们带鱼上岸，以家庭为单位进行煮饭野炊。

四月八：相传是纪念苗族英雄祝迪弄（又译祖德龙）。除平塘部分村寨外，全州苗族皆过此节。龙里、惠水等地苗族从四月初四起开始节日活动，以四月八日为高潮。节日活动有跳芦笙、射花背牌、对歌等。此日都要吃红、黑、黄、绿、紫等花糯饭，故又称此节为花糯饭节。2011 年，经省人大常委会批准，州政府将“四月八”定为全州法定节日，每年“四月八”全州放假一天。

吃鸭节：流行于三都都江一带。农历六月后的“兔”或“狗”日过节。节日当天，由“活路头”带领各家主要男劳力，到河沟中将犁耙洗净，插一根草标，表示插秧结束，要过节了。节日须杀鸭祭祀，以鸭头、鸭脚、鸭尾和鸭杂祭祖，主家以鸭肉煮稀饭和包粽子招待客人，并将粽叶和鸭毛插于田边水口处，祈求水稻丰收。入夜，妇女们身着盛装跳芦笙舞，至鸡叫头遍即收场。从此，芦笙高挂，禁止吹奏（直至秋收）。此期间，可进行没有芦笙伴奏的“跳月”和跳古瓢舞。

六月六：全州普遍流行过“六月六”节日。都匀苗族地区相传此节是为纪念三名精通医术的苗王。节日活动以跳芦笙、对歌、赛马、斗画眉为主。是日，独山一带的苗族以酒肉祭供菩萨，在田边插三角纸旗，祈求庄稼免遭虫害。

米花节：苗语称“乃尧”节。“乃尧”意为米花姑娘。此节流行于都匀、三都一带，于农历七月稻秧扬花期过节。节日晚上，各寨姑娘相聚，推选一名能歌善辩的“乃尧”头，“乃尧”头上插两吊谷穗，脸部盖帕。各村男青年则三五成群走出寨门到外村去看“乃尧”，与其对歌。对歌时，姑娘的母亲和嫂子可到场帮忙，父兄则不能到场，以免干扰。

赶秋节：又叫“赶秋坡”，立秋日过节。活动内容有跳芦笙、对歌等。规模为万人左右，流行于长顺、惠水一带。

过冬年：每年秋收后，强壮劳力上山捕捉鼠雀炕干，立冬过节时，以家禽家畜肉和鼠肉招待宾客，并打“年粑”。节后三日内，上山干活的人都带了“年粑”及鼠雀肉在野外食用，认为这样做是对鼠雀的警告和威慑，使其不敢糟蹋庄稼。此节主要流行于罗甸县。

苗年：《都匀县志稿》载：明清时代，都匀苗族四月过年。《三合县志稿略》载：三都苗族“冬月辰日为过节。”《黔南识略》则说，清代中叶以前，长顺苗族以十一月朔日为年节。20 世纪 40 年代以后，此节已不存在，苗族年节与汉族相同，共过春节。

迎雷节：又名“玩雷公”“祭雷节”“祭虫节”，曾流行于都匀、贵定、龙里、福泉等地。节日时间有的为正月后第一次打雷日，有的节日定在雷后的第一个鼠或马日赶场天，有的则定在雷后的第二或第三日。节日期间，以寨为单位，在附近山腰祭雷神，祈求风调雨顺。青年男女则吹木叶，跳芦笙，唱山歌，尽情欢乐。此节在20世纪40年代后消失。

春节：又称“客家年”“玩年”，全州苗族普遍过春节。节前很多人家和汉族一样，杀年猪、烤酒、打糍粑、缝制新衣、做香肠腊肉。正月间，各村寨轮流跳月、斗牛。大年初一，有的地方清晨抢挑“新水”，表示勤劳、吉利。自初二起，亲友互访吃年饭。正月十五前，青年男女主要进行对歌、跳月、跳芦笙等活动。正月十六后多数人已开始积肥、修理家具等备耕活动。

端午节：州内苗族普遍过端午节，五月初五过小端午，五月十五过大端午。节日期间，除包粽子、挂菖和艾草外，有的人家还上山摘取百草煮水洗澡，福泉、贵定独木河沿岸的苗族还进行划龙船比赛。

七月半：州内苗族群众普遍过“七月半”节，农历七月十二至十四为节日，多数人家在七月十三日过节，部分家庭过七月十二或七月十四，忌过七月十五。个别地方则在七月初一至七月三十日间，任选一日过节。节日期间，受“七月半，鬼乱窜”的观念影响，在岔路口泼水饭对鬼施舍，有的插“露水香”“瓜香”，唱“茅草歌”，放“七姑娘”等。以鱼、鸭为供祖宗的祭品，也是家庭节日主菜。

中秋节：州内苗族普遍过中秋节。农历八月十五日，未曾生育的妇女，都要返回娘家住一天。多年未孕者，村寨的人们以长形南瓜作人形，以西红柿、红辣椒作男人生殖器，为不育家庭“送子”，祝福来年“添丁”。

重阳节：苗族普遍过九月初九重阳节，主要打糯米粑和吃肉。都匀、福泉等地喜在此日堵蛇洞、斗牛、斗画眉作乐。

八、丧葬

州内苗族丧葬实行土葬、火葬。正常死亡者土葬；非正常死亡者（如因刀伤、兽伤、传染病及难产等死亡）均不能直接入土，须将其尸体火化而后葬其骨灰。

土葬棺材有木棺、石棺。贵定新场等地的苗族曾流行“船棺”，即对用作棺材的圆形大杉木锯开成半圆形，挖槽，将亡者放于槽中。惠水和平镇程番关苗族曾实行“石棺葬”，即择取石块沿墓室垒砌为棺，入殓后再以石块覆盖。三都都江一带流行木枋棺，即将杉木枋块安放在墓室中镶为棺状。

丧葬仪式因死因、年龄、性别、贫富等情况不同而有差异，正常死亡者的葬仪比凶死（非正常死亡）者隆重，50岁以上者比不足50岁者隆重，富有人家比贫穷人家隆重。丧葬仪式有送终、报丧、入殓、停丧、出殡、安葬、祭奠等程序，安葬日选卯、未、亥日。送终：老人弥留时须抬至火塘边或堂屋一侧，子女须守候在旁，扶其“落气”，忌老人在床上断气。平塘里中苗族此时给马备好鞍铃，准备“驮魂”；都匀王司苗族此时将老人的一只脚放在一斗稻谷上，由孝子抱住即将亡者的头部，表示“脚登金山”；惠水苗族则由长子对老人的口吸三口气，表示“为老人接气”；福泉一带则由孝子含一口酒灌入老人口中“接气”，同时鸣放“落气炮”（放铁炮或鞭炮或鸣枪），向全寨报丧，其子女即披麻戴孝；

三都普安一带则将死者裤带给其子女捆手。报丧：亡者停止呼吸后，举丧之家立即派人前往亲戚家报丧，同时请寨中三名老人（其中二人穿黄袍）放铁炮、敲锣鼓到井边向龙王讨水来为亡人洗身。入殓：男剃女梳，换上寿衣（传统的民族服饰），穿单不穿双，但个别地区忌穿五件。惠水摆金一带给亡者反穿浸湿的内衣以示阴阳有别，有的地方则反穿裙子。棺底铺一层草木灰，垫衬白毛边纸（按亡人年纪一年垫一张），亡者入殓，灵床设于堂屋，棺柩头向神龛脚朝大门，也有头西脚东的，唯惠水程番关苗族的亡者是头东脚西。棺柩之下点“地龙灯”（菜油灯），彻夜不熄。停丧：大部分地方在老人亡故后要停丧守灵，吹笙奏呐，吊孝“开路”。“开路”是停丧期间的重要程序，由鬼师念咒，仪式长达四五个小时，有时通宵达旦。平塘苗族的“开路”仪式和“跳月”一同举行，称“跳丧月”，伴以木鼓、铜鼓、芦笙、唢呐等乐器。“开路”有“冷路”“热路”之分。福泉王卡、仙桥等地苗族习惯开“冷路”，出殡前，为早先亡故的青年人补办“开路”仪式，过程与一般“开路”相同，但增加白色的“引路鸡。”丧葬期间的又一个重要仪式是砍牛（宰牛），一般砍黄牯牛，忌用母牛和残伤牛。一些地区的苗族认为牛是农民耕田的助手，渐以猪、鸡代牛。出殡：时间多为清晨，出殡队列有顺序规定，有的是母舅家派一人扛大刀走在前，依次是背一盆糯米饭的妇女、手持火把的寨老、孝子，孝子后面是棺柩，吹笙和送葬男女走在最后；一些乡村则由鬼师持刀在前开路，抬孝伞、撕“买路钱”的紧随鬼师；有的地区是由一个“送鬼婆”在前面煽裙子驱鬼，依次是一名手举火把的男子、扛饭包者、持弓弩刀叉者、撒泼水饭者，最后是孝男孝女及灵柩；福泉一带的部分苗族在出殡时，女婿要“路祭”，由孩子争抢祭品；平塘一些苗族在出殡途中，由女婿带酒给送葬者饮用，称“担子酒”；有的地方出殡时，先由家族人将棺柩移至院中，再由母舅和女婿等人抬到中途，最后由亲友抬至墓地，一路上，鬼师率举丧之家跳月，俗称“打绕棺”。安葬：棺柩抬至墓地后，先由鬼师用一只公鸡“跳井”，在坑中烧纸“暖井”，棺入坑，孝子先铲第一铲土覆盖，其余人帮忙垒坟，并以载有青草的“土饼”覆盖表面。都匀、三都等地部分苗族在出殡时举行“分花树”仪式，即在安葬死者之后，孝子孝女（媳）每人各持一把米，撑雨伞遮住头部，扛一根带叶青竹，竹上挂几根稻穗或包着白米的纸团，用一丝麻拴住一根竹丫枝，另将一根枯竹插入墓中，枯枝上亦须挂稻穗或纸团，并系一枯竹枝，将青竹与枯竹相勾，鬼师念咒杀鸡，孝男孝女立即扯断竹勾，撑伞下山，表示阴阳已分开，亡人再不会有碍于后人，完成仪式后将竹子挂在房柱上，希望后代如竹子，年年勃发。祭祀：平塘苗族在葬后三日内用竹筒给亡人“送水吃”，第一日送到坟上，次日送到中途，末日送到家门口；惠水摆金苗族在安葬当晚即祭供亡者，并举行抗魂仪式。很多苗族村寨在安葬亡者七七四十九天后办“小酒”祭奠，至此，举丧之家男女的各种禁忌宣告解除。惠水、平塘的部分苗族在葬后三年内，每年定期为亡者“撵虫蚁”，祭扫坟墓，并由此演变为“姨妈节”。荔波苗族老人亡故不停丧守灵，当日去世，当日砍树做棺，当日安葬。

州内部分地区苗族丧葬历史上有树葬、崖葬（包括崖洞葬、崖棺葬和悬棺葬），这些埋葬方式已消失。

九、信仰与禁忌

州内苗族普遍信神，认为老人死后升天即为“神”，经常供祭可以佑护子孙和家业。因此逢年过节、婚丧嫁娶，祭祖是不可缺少的内容之一，除缅怀祖宗的养育之恩外，也还有求其保佑“万事顺当”的祈祷。一旦家事不顺，或有天灾人祸，则疑对神失敬，要宰鸡、鸭甚至牛、马，请鬼师“还愿”。

苗族也普遍信鬼，有倒路鬼、撒沙鬼、摆子鬼、马郎鬼、井水鬼、桥鬼、灶鬼、房顶鬼、河边鬼、田坎鬼、稻秧鬼、谷米鬼等，名称繁多。还将鬼分等供祭，上等鬼以牛供祭，中等鬼以猪、鸡、鱼、虾、螺供祭，下等鬼以泼水饭供祭。有的人家遇天灾人祸（如人病、畜亡或失火、溺水、跌岩等）便认为是鬼在作怪，往往请鬼师“打鬼捉鬼撵鬼”，这种驱鬼活动，有点花费鸡、鸭、猪头和数公斤大米，有的宰杀牛、马做“道场”，“道场”过后，人财两空。

州内苗族禁忌繁多，忌大年初一扫地泼水摸针线；同宗男女谈情说爱和通婚；忌“新雷”（每年第一次打雷）后三日下地干活；忌妇女经期入粮仓；忌以猛兽咬死的畜肉待客；忌见老鹰捉鸡；忌老蛇相缠；忌公鸡乱报时辰；忌母鸡学公鸡叫和下软壳蛋；忌外来男女在家中同床；忌产妇进入他人屋内；忌迎亲路上踩其他新娘的脚印；忌夫妻在岳父母家同房；忌新娘遇见“四眼人”（孕妇）；忌二婚媳妇从大门入屋；忌身带金属（钥匙、水果刀等）探望产畜（畜圈前插有吊红布条的竹竿为拒视标志）；忌“扫寨”时外人进入寨内；忌用老牛、病牛、残疾牛祭祖；忌青蛙叫后稻谷扬花前吹芦笙；忌凶死者回家停丧。若犯禁忌，谁犯谁负责，轻者买鸡鸭请鬼师“解煞”，重者请全寨人吃饭或赔偿经济损失。

第四节　水　族

水族自称“睢（suǐ）”，主要分布于三都、荔波、独山、都匀等县（市）。历史上，水族曾被统称为“百越”“僚”“苗”“蛮”等。对水族的族称，最早见于明代王守仁的《月潭寺公馆记》：“休之种，连属而居者……，”其后在邝露的《赤雅》中有“休亦僚类”的记载。清代中叶以后，水族被称为“仲苗”“仲家苗”“仲家”。近代也有称之为“仲家”“仲人”“水家”的。1950—1956 年，仍称为“水家族”。1956 年 12 月 21 日，国务院征求水族有关人士的意见，正式确定族称为“水族”。

一、语言文字

水族有自己的语言、文字和历法。水语属汉藏语系壮侗语族侗水语支。水语是水族聚居乡村的日常用语，分三洞、阳安、潘洞三个方言区。三洞方言包括三都的三洞、水龙、中和、坝街、合江、恒丰、水尧、周覃、九阡和荔波的水尧、佳荣、水利、永康、岜鲜、水维、瑶庆及独山的温泉、甲定等地的水语；阳安方言包括三都的阳安、羊洛、林桥及独山的董渺一带水语；潘洞方言包括都匀市的阳和、基场、奉合及独山县的翁台等地的水语。

水族有古老的文字，水语称为“泐虽”，汉译为水文或《水书》，有400多个单字，多系表达五行、生死吉凶、二十八宿和天干地支之类，因此，仅限于民间择日子、看风水之用，未成为语言交际工具。

《水书》系表意体系的文字，没有统一的刻板，故多属图系符号，多系誊写抄录传袭文本，变异较大，传授以简单的文字组成条目作框架。文字结构分干支数目字、象形字、声形字和指示字（含会意字）4种。干支数目字，部分与汉字的甲骨文和金文相似，有倒写反写。象形字在《水书》中最多，与汉字象形字的结构原则相同，即按照事物的形象描绘，分原始图、简化图两种；声形字借字去找相应的实动作图画表示；指示字（含会意字）结构原则与汉字相同，书写时由上而下，从左到右。《水书》按性质大体分为两类，一类“泐多”，意为无忌戒之书，有代旺、旭高、鸠笨、龙完、龙派、金堂、木堂、四雄、天罡等40多个条目，属吉禅类；另一类叫“泐凶”，有梭梗、歹秋、龙犬、大败鸠头、牛哇、堂华、尼全、迭列、野辣等近600多个条目，属凶祸类。《水书》又有“普通水书”（水语称“泐敢”或“泐八”，意为“白书”，意直述，无隐语）和“秘密水书”（水语称为“泐弄”，意为黑书，多用隐语）之分。按内容形式分，有朗读本、阅览遁掌本、时象本、方位本、星宿本。朗读本，水语称泐借善（意为正七的书），为启蒙之书；民歌本，男诵读；阅览本，水语称“泐改”（意为明确划分界限的书），是为读本注释，主要用于编修水历，系《水书》的主体部分；遁掌本，水语称“泐点冬”（意为掐指遁掌官的书），讲授计算星宿十二宫的方法、编历书、预报气象等；时象书，水语称“泐方”，记载十二个地支方位逐年逐月的吉凶兆象。《水书》年月均按水历推算。水历以月的变化周期定月份。一年分为十二个月，以小季种植的时间为岁首（农历九月），以大季收割的月份为年终（农历八月），与以十月为岁首的秦历接近。

二、饮食

水族饮食以大米为主，清代中期以前以糯米为主食，清乾隆《独山州志》记载：“食惟糯米，不尽用匙箸，半以手捏团食之。”此后，黏稻种植逐步推广，黏米逐渐变成主食，苞谷、大麦、小麦、红、荞子、饭豆、红薯等杂食为辅助食物。蔬菜以青菜、韭菜、广菜、萝卜、南瓜及豆类为普遍，山上野菜如蕨菜、椿芽、竹笋也为人们所喜爱。辣椒、番茄、葱、蒜为烹调的主要佐料。肉食以猪、牛肉为主，鸡、鸭、鱼为节日或待客必备的佳肴，尤其鲤鱼为祭典必不可少的供品。此外，多数人也喜爱吃狗肉，但逢婚、丧盛典和节日不准杀狗入席。

水族男子喜烟酒，亲友往来必须烟酒招待，有“酒重于肉，烟重于菜”的习惯。20世纪80年代前，多吸自种的叶子烟，20世纪80年代后吸机制卷烟较为普遍。喝茶以自产的苦丁茶和青茶为主。饮酒多是自家酿酒，从制曲到酿酒的工艺，几乎每个家庭主妇都能掌握。酒类有粘米酒、糯米酒、杂粮酒、甜酒等，其中以九阡地区所产的糯米酒为上品。九阡酒是远近闻名的传统特产，国家主席毛泽东喝九阡酒时说“好香、好甜、好酒!”

水族饮食喜酸、辣、鱼包韭菜等。酸有毛辣酸、辣糟酸、酸菜、酸肉。毛辣酸用鲜番茄制作；辣糟酸用鲜红辣椒制作；酸菜又称腌菜，多以青菜、嫩竹笋、鲜蕨菜为原料，用糯米饭或小米饭及适量米酒拌和后装入坛内密封贮藏而成；酸肉又称腌肉，用煮熟的大块猪肉、猪头、猪脚或牛肉放入坛内注入酸水加盖密闭贮藏而成，腌肉要在“端节”“卯节”或到亲朋好友来访才得以品尝。鱼包韭菜是节日的特色菜，用半斤左右的鲤鱼或草鱼除去内脏，抹酒，拌葱、蒜、姜及糟辣椒等佐料，鱼腹内填入韭菜、广菜并绑扎上甑清蒸至鱼骨酥肉软即成。吃酸汤时，必配干辣椒粉或生辣椒切碎做成的盐蘸，夹菜蘸着吃，酸辣爽口。

水族饮食平日较为简朴，以酸汤菜和粘米饭为主，切菜喜用剪刀。常年以吃火锅菜为主，客人来了，在自家堂屋正中摆上弯桌，围着火塘吃火锅。年节或客人来访，饭菜比较丰富，多用糯米饭、酒、豆腐、猪、牛肉或鸡、鸭招待，“杀小猪”“席间开塘进活鱼”是水族招待客人的最高礼仪。节日临近，家家户户杀猪、烤酒、抓鱼、做豆腐、宰鸡鸭，备办食品，迎接亲友。宴客时，不分寒暑，均围以火锅，菜肴酒杯摆满弯桌。有鱼塘的人家，随即抓来一条大活鱼，洗净切成大块下火锅，称“席间进活鱼”，为酒宴助兴。席间，妇女为客人唱水歌敬酒，直到客人有醉意方告退，主人也才感到满意和尽兴。

三、服饰

三都周覃、中和及独山县一带的水族服饰，男、女、老、少有不同。水族男子的服饰为：平时上穿大襟无领宽袖长衫，下穿筒裤，上下装均系自织自染的青蓝色土布；节日及赶场、走访亲戚时喜穿绿绸长衫，腰系布带，头戴青缎瓜皮帽或马尾编织的瓜皮红结帽。水族老年妇女的服饰为：头上将长发梳成一股，盘绕于头顶，以青色布帕包裹；平时上穿大襟无领宽袖的青蓝色土布长衫（衫长过膝），下穿青蓝色裤，脚穿尖钩元宝鞋或布鞋，腰拴不绣花的围腰。水族年青姑娘的服饰为：头上将长发梳成一股，盘绕于头顶，盘发左上角斜插一把木梳，外包一条 2 米左右的青帕或白帕；上穿浅蓝色的大襟长衫，下着青色长裤，腰拴绣花围腰，围腰上端至颈处挂一条银链；节日盛会佩戴银项圈。少妇的服饰为：拴长方形青色腰带，衣袖、裢角边镶青布大绲边，外配两根绲条，绲条外再镶栏杆花边，作为区别未婚姑娘的标志。

三都九阡及荔波境内，水族中老年妇女穿青色长衫、长裤，用自织自染的布巾扎头。

三都都江一带，水族妇女穿对襟无领的青蓝色长衫、长裤，衣袖和裤脚均较窄小，岔高摆圆，户坎绲边向背部椭圆，花边喜用色调显著的大万字型和月季花。

都匀基长、阳和一带，水族妇女喜欢右衽短上衣，拴绣花围腰，包蓝色或青色头帕，用一条白毛巾横扎。年长妇女穿青蓝布绲边、绲条和栏杆花边长衫，衣身、衣袖肥大。

水族新娘的佩戴，在新娘即将出嫁时，由一名中年妇女为其梳妆打扮，先将新娘的长发挽于头顶盘结，再在发间插上各种银花银钗，上穿传统的对襟、银扣、宽袖衣，下着长裤，颈戴各种造型不同的银项圈，胸佩双龙戏珠、鸾凤和鸣的银压领，手戴三四只银手镯，腰挂串着珍珠玛瑙的蝴蝶针线筒，脚穿尖钩扎金花。

随着时代发展，到 21 世纪，现代服饰逐步进入水族家庭，外出工作的人们穿现代服装。部分妇女内穿毛线衣，外套传统服装。

水族妇女的银饰有银手镯、银项圈、银梳、银篦、银钗、银花以及银制蝴蝶针线筒等。

四、居住

水族村寨，大多坐落在低洼谷地或平坝边缘，多数依山近水，四周树竹环绕，寨中屋外有鱼塘。水族住宅大体有“干栏”式、吊脚楼、平房三种：“干栏”式住宅分上下两层，房屋规模一般为长方形的4间，加偏厦，共5间，也有7间9间的长房。吊脚楼主要在阳安一带，楼上及后半部平房住人，后半部多作炊事、磨坊、碓房之用，前半部正房作客厅，两头为卧室，前面底楼作禽畜厩及储藏农具之用，有些人家还在平房前半部一侧修吊脚厢房。平房一般以3排9柱组成，每排3柱，柱与柱、排与排之间仍以原木分别连接加固，用竹条或藤条捆绑。房顶以数根长木条分别伸开，横扎小木条，用竹条捆扎，上铺茅草、稻草或杉木皮。屋中一端为畜厩，一头为卧室，中间是火塘。屋内光线极差，白天光线只能从打开的房门处及房屋结构上的缝隙射入，看书写字及针线等活，需要点灯。

20世纪80年代后，水族村寨也出现一些砖墙玻璃窗瓦房。进入21世纪后，交通便利地方部分人家修建砖混结构的平房或楼房。

五、婚姻

传统的水族婚姻为一夫一妻制，新中国成立前也有讨小纳妾现象，但仅局限于富裕人家或无嗣的男子。求偶择配规定“同宗不娶”。水族多“聚族而居”，汉文化传播输入之后才出现姓氏，但同一姓氏并不是同一血缘关系，因此个别地区虽出现同姓通婚现象，但依然恪守“同宗不嫁娶”的规定，即使相距千里之外，相隔数十代之久，也依旧不能通婚，违者要受族人谴责和习惯法惩治。

传统婚姻的缔结，基本上是依父母之命、媒妁之言。男、女长到十五六岁就订婚，随后一二年即结婚。水族历史上不与外族通婚，至今多数地区仍保持本民族婚配。配偶选择讲究年龄、人品、才智相当，身体健康。随着20世纪80年代后的逐渐改革开放，受新时代、新观念的影响，水族青年男女与外族青年男女通婚越来越多。

水族有姑舅表婚习俗，在新中国成立前较盛行，民间流传的水族古歌有“老祖宗，广东破例，破了例，儿娶姐女”的唱词。姑母的女儿应嫁给舅父的儿子作“回头亲”，如果舅父无儿子或者年龄不相称才允许对外开亲，但要付给舅父一分外孙出嫁资财“外孙钱”。20世纪50年代后，这种母系近亲婚配现象逐渐消失，“外孙钱”已演变成一般的应酬礼物。

有女无儿的人家，可以招婿入赘。上门女婿不改姓，所生子女亦同父姓，可以继承岳父财产。新中国成立前，上门女婿受歧视，并易受岳父家族兄弟排挤。现在提倡男到女家待遇平等。水族家庭寡妇有改嫁的权利，没有夫家兄弟转房的习俗。

青年男女恋爱多利用赶场天、节庆日或走亲访友为媒介传递爱的信息。经过多次接触了解之后，男女才能单独见面对话，双方即使同意组建家庭，也必须禀告父母，通过媒妁途径婚娶，否则会被认为不合礼规而受到谴责和轻视。

水族青年男女恋爱遵守“同宗不恋”“仇家不恋”的族规。在水族地区，同一村寨的成员多为同一姓氏宗族血脉关系，即以父系血缘亲属关系聚族而居，由于血缘近亲，同宗族之间禁止联姻，同姓可通婚的地区也仅限于不同宗族之间，仍恪守“同宗不娶”的规矩，如有谁在同宗族之间发生恋爱关系，就会受到整个家族的指责和习惯法的严惩。在水族地区非同宗族的村寨之间，由于上一代曾经发生过争斗或近期内为争夺土地、山林而引起的武斗，就会结下仇怨，如仇怨过深会导致两村寨的原有亲戚也很少相互往来，这些村寨之间的男女也不能相互恋爱，如产生恋爱不但受到整个家族的谴责，也由于双方父母的反对而无果。年龄相当，才貌相似的男女恋爱产生的前提是相互爱慕，即异性男女之间一方在相貌、人品、才智等必须有一样或多样被另一方所吸引，同时另一方本人也在某些方面被对方所倾慕，恋爱关系才能产生。

水族的恋爱可以分为识交恋爱、对歌恋爱、介绍恋爱及婚后恋爱等恋爱方式。识交恋爱属于一见钟情或逐渐生情的恋爱，多半发生在年龄相近、品貌相配的求恋男女中；对歌恋爱是水族恋爱中的一种传统恋爱方式，通过男女双方对歌产生恋情，对歌在公开场合进行，不受外人干涉，水族地区认为这种恋爱是文明交往，得到地方习惯法的保护；介绍恋爱在水语中叫做“凡鸠”，是男女双方通过第三者媒介，相互认识而产生的恋情，由介绍人先出面约其中一方到另一方村寨或其亲戚家做客或帮忙干活，让男女双方相互了解，双方觉得合意，再由介绍人作中间媒介约定男女双方在某一场合单独会面，男方主动向女方是送点钱作为定情物，女方接收定情物表示愿意，此后男方即利用赶场天或其他机会邀约女方到僻静的地方约会，并互赠信物（手表、雨伞、袜垫、衣服等），如果失恋，双方退回信物，并向介绍人说明理由，以避免产生误解。

水族的一桩婚姻一般经历问亲、提亲、定亲、迎亲等过程才算完婚。

六、家庭

水族家庭以父系为家长，父亲是当然的家长，有支配经济和决定全家事务的权力，有承担侍奉老人和抚育儿女的义务。家庭分工基本是“男耕女织”，男主外而女主内，也有母亲当家长的，但必须是在丈夫亡故儿子幼小的情况下，待儿子长大成婚，家长位置即转换。母系当家长，权力还从属于族中男性长辈，如变卖产业或处理婚丧等重大问题不能自行决定，必经家庭认可。家庭中辈分较高、办事公道、德高望重的老人，往往被公认为族长，也是村寨中的自然领袖，一些家庭纠葛和民事纠纷都先找他调解和仲裁，个别问题复杂、矛盾激化的才诉诸政府解决。一般家庭多为三代同堂，也有四代同堂的，普遍有“树大分丫，子大分家”的习俗。水族尊重长子，但溺爱幺子，分家后老人多与幺儿居住。房屋不够分配，父母资助长子另盖新房，幺儿住旧屋，承担赡养父母义务，兄长也经常送钱送米给父母，亲戚来往也接父母和兄弟作陪。

尊敬老人，讲究礼节，是水族人民的传统美德，主要表现为：走路让长辈先行；进屋给长辈让座；举行酒宴让长辈先端酒杯；进家不随地吐痰，不打口哨，不跨火炕；要礼貌地从长辈面前经过，不在长辈面前跷脚；年轻夫妇不能在长辈面前窃窃私语；公婆与儿媳之间、弟妹与兄嫂之间，都互相尊称，不直呼其名；男子与亲戚对话都客气自称名字，待人谦恭有礼；如有客人走访，务必挽留住宿，并陪其过夜，不让客人感到寂寞。

七、传统节日

水族节日主要有端节、卯节、娘娘节、洗澡节和额节。

端节：又叫瓜节，水语称“借端”，是水族地区范围最广，参与人数最多且历时最长最隆重的年节。水族历法每年有十二个月，农历八月为水历十二月，农历九月为水历正月，正月为岁首。过端节日，从每年水历十二月的第一个亥日开始过首端，至新年二月亥日为末端，前后相隔至少49天，分七批过节（五大批。两小批）。首批为“端头”，末批为“端尾”。依传统中的大哥、二哥、三哥、四哥、五弟顺序，都匀内外套的水族过头端，三都的中和及周覃的大部分水族村寨过二端，三都的中和部分村寨及水龙、安塘、甲倒、石奇、恒丰、廷牌、水韦及独山的天星屯等寨过第三端，三都的地祥、三洞、中和及周覃的村寨过四端，腊领、水昂、系大过末端，塘州乡的水潘“午”日过端，牛场乡的行尝地区未日过端。过端主要为祭祀祖宗，敲铜鼓、赛马（亦称跑马）。亥日头一天（戌日），家家户户打扫卫生，收拾衣被，杀猪、捉鱼、磨豆腐。该日晚餐吃素忌荤（点灯也只能用菜油和茶油，忌用桐油）。除以鱼类作祭品外，忌动物的油肉。当晚，各家在堂屋中设供席，摆上鱼包韭菜、素豆腐、糯米饭、黏米饭、瓜果等食物祭祖，有的人家还祭服装、鞋袜、柴刀、镰刀、锄头等生产工具，全家吃素年饭。有铜鼓的人家，将铜鼓摆出供祭，洒上米酒，敲击铜鼓，并以皮鼓伴奏，村村寨寨，鼓声不绝。亥日早，各家互相宴请，男女分开互访，每家都须走到。仍忌荤，食以鱼为主，伴以豆腐等素瓜菜。早饭后，男女老幼穿着节日盛装，成群结队去端坡（也称“年坡”）参观跑马。跑马活动由“端坡头”负责指挥。获胜者由“端坡头”给其披红挂彩，以示祝贺。即可开荤迎客，除亲戚外，特喜远客光临，来客则须有请必赴，否则将被视为看不起人而生气。晚上，各户宾客盈门，铜鼓皮鼓声响成一片。

卯节：是水族的又一重大节日。时间为农历六月的第一个卯日。三都、荔波接壤地区的水族也分批过卯节。荔波水利地区的水族过第一卯，荔波水尧地区的水台、尧台过第二卯，荔波水甫地区过第三卯，三都各地区及九阡大部分乡村以及荔波的永康、水维、佳荣、岜鲜等地过第四卯。卯节前一天（寅日），各家摆米酒、佳肴、敲击铜鼓敬天祭祖，祈求来年风调雨顺大丰收，并邀亲朋前来共享节日欢乐。三都水各和荔波水利设有“卯坡”，盛装的青年男女成群结队汇集卯坡唱歌作乐。晚上，每个寨子都有几个歌堂，女歌手和伴音姑娘坐在房间，男歌手与同伴及听众在屋外互相对唱，直至天明，有的连唱几昼夜。

娘娘节：又称“苏宁喜”时间为水历四月（农历腊月）的第二个丑日。《水书》认为，四月逢丑日，地母娘娘要发送许多婴儿投胎问世到人间。此节主要流行于三都县和勇的吴姓。

洗澡节：每年农历六月初六，独山县温泉乡一带的水族三四千人不约而同地去温泉洗澡、对歌，称为“洗澡节”。

八、丧葬

水族的丧葬实行土葬，丧葬仪式有报丧、入殓、择吉、安葬、立碑、除服等六个阶段，程序繁杂、隆重。如在丧葬仪式中的悼丧活动，出殡前一天举行“开控”悼丧，其规模大小依孝家经济条件而定，可分为小控、中控、大控、控腊等，男丧杀猪、马，女丧杀猪、牛，祭奠亡灵和招待宾客。杀牛、马要分别举行仪式，宰杀的牲畜肉称为“难得雨”，意为屋檐下的肉，禁止同宗族内的人食用，只用于待客和回礼。大控规模超过中控若干倍，杀猪、牛多达二三十头、马三五匹不等，亲戚请的芦笙、唢呐队伍多达十余支，还有耍龙、舞狮队和花灯班，旗幡、伞盖若干，帐篷多达五至七个，分设芦笙堂、唢呐堂、歌手堂、客祭堂和花灯台，昼夜吹奏表演；在灵堂内悬挂铜鼓，按死者属相推算确定铜鼓数；从上山连根挖约长 10 米的杉树和楠竹各一根，杉树竖立在靠屋檐的庭院正中，楠竹斜捆在杉树上，竹稍悬挂约长 4 米的青、蓝布幡，下端不能触及瓦面，然后举行放腊仪式，放腊队伍由 5 名出生年月特殊的人开道，手执旗帜，后随一人倒骑纸马，二十多名身穿绸缎长衫、头戴马尾帽的老人随其后，一队手执彩旗的男青年后跟二三十名妇女，最后是旗幡、吊笼、伞盖、耍龙、舞狮和芦笙、唢呐队，以及抬鲜鱼、糯米、豆腐、米酒等祭奠礼品的队伍，数百人甚至上千人，前往控场候腊台前绕台三圈，当时控场之上，龙钎飞舞，锣鼓齐鸣，炮声震耳，乐器歌声融为一体，人山人海。凡是参加开控和看控之人，都在举丧人家吃饭，举丧人家待客不分彼此。开控当天少则千人，多则万人，耗费钱粮巨大。开大控和控腊为少数富有人家所采用，有的富有人家在开控当晚，还依照汉俗礼仪举行家祭、典祖、宾祭等繁琐仪式。据传清咸丰末年，中和地区地寨杨白死亡开控三天，杀水牛 40 头；民国时期，塘州阳乐寨一杨姓妇女死亡，开控三天，杀水牛 50 头。新中国成立后，一般只开小控、中控，但 20 世纪 80 年代后，也有少数经济富裕人家开大控。

安葬分为便葬、急葬、浅葬、深葬四种形式。便葬即不举办“开控”的悼丧仪式就安埋；急葬是因条件所限来不及让棺木粘附泥土，有的在棺底垫两根横木，有的则在棺头贴放一块木板并留个通气孔等，有的浅葬纯属象征性的假葬，棺木停在家，即在棺上放置挖来的土饼，有的则用木板围住棺木于堂中，撮些泥土盖棺，待择到吉日再出丧深葬；深葬则是一次性安葬，以后不再移葬或修整棺木。安葬要择吉日，请水书先生按死者属相生辰和死亡时间对照水书测算吉凶，如逢吉日犯凶能解者，丧葬仍可照常一次进行，如犯凶日不能解的要推迟安葬时间少则半年一年，多则几年甚至十几年，只能当晚悄悄浅葬。举丧人家经济条件好又不犯“凶日”的一次办完丧葬仪式，否则先从俭，待数年后再补办。安葬结束之后准备石碑立碑，石碑种类有单面碑、五面碑、八字门、楼阁碑等，八字门和楼阁碑雕刻龙、凤、狮、人物、花草、铜鼓等图案。死者安葬第三年，孝家举行除服仪式，将供奉在堂屋中的香亭、牌位、祭幛等进行焚烧，并将孝帕在烟火上飘熏一次以示戴孝悼念结束，整个丧事才告结束。

隆重的葬礼仪式是对年老逝者而言，年轻亡者一般从俭，不履行繁杂的丧葬仪式。对于因刀伤、跌摔、车祸、恶疾、怀孕、产妇等非正常死亡者，必以火化之后才能入土安葬。对在外死亡不属寿终正寝者，不论是尸体、骨灰都不能运进村寨，只能在寨外搭棚子摆放，等待择吉日安埋。每个血缘关系组成的村寨都选择有公共墓地，并多植树木及竹子。

水族历史上还盛行干栏或石棺墓葬，用宽大的石板砌成二层或三层四方石棺墓，尸体埋在土中一层。至2014年，保存完好的有中和镇拉佑和引朗的石棺墓群，其次安塘和九阡一些地方也遗留有石棺墓群。

九、崇拜与禁忌

水族主要信奉“母神”“六甲公”及一些自然神。

母神（又名娘娘神）水语称“尼杭”，是水族人民信仰的人类始祖母。婚丧嫁娶时，歌手们都要唱关于母神的古歌。“六甲公”传说是《水书》的创造者。水族办丧事举行“开控”宰牛、马时，念经的《水书》先生首先要举行仪式，请“六甲公”来掌握礼规和时间。在请“六甲公”之前，要将房间打扫干净，在床上铺好新稻草和放上新被子，然后在死者棺木的右边搁一个簸箕，放33厘米白布、几穗谷子、几杯酒、几条鱼、一个银项圈、一双银手镯和六炷香等物，布置完毕后，《水书》先生手持六吊谷子，口中念词，行迎接“六甲公”仪式。

水族把巨石、古树、古井等一些自然物作为善神崇拜，其中敬岩神者最多。

水族忌正月第一次打雷后三天内耕种；忌插秧阶段把糯米饭放在火上烧，认为把饭烧了秧苗会发黄；忌种棉花、谷子时谈论棉花、谷子；忌水稻抽穗期间烧竹筒的爆炸声；忌大群乌鸦聚集村寨附近，认为群鸦现，必有乱；忌杀狗待客和用狗肉祭祖宗；忌远行前打破碗；忌快出门时看见妇女梳头；忌孕妇进入酿酒房；忌端节头晚及当日晨吃荤；忌“分散日”（水历有注释）婚嫁；忌结婚天打雷；忌结婚路上遇办丧事；忌新娘在路上踩踏同日嫁娘的脚印；忌孕妇在娘家生育（一般怀孕6个月后不许去娘家）；老人死后未安葬前吃素；忌丧期内孝子女夫妻同房；忌死者入殓、出殡呼唤名字。

第五节　毛南族

毛南族主要分布于平塘、惠水、独山等县，都匀、荔波、瓮安、贵定亦有少数散居。据《黔中记闻》（张澍著）载：“（佯僙人）皆祀盘瓠，相传郎盘瓠后裔。”《新元史列传》载：“大德三年（1299年）八蕃呈周砦主韦先正等，杀牛祭天，立盟归降，自言有地三千里，系扬黄（佯）五种人氏，二万七千余房。”平塘县境的毛南族自称其祖先系明代万历年间由江西临江府迁至，部分毛南族称来自广西。从各方资料考证，毛南族在黔定居已有千余年历史。

文献上出现“佯僙”称谓始于唐贞观四年（630年），明、清时代称“佯僙”“佯人”；民国时期称“佯黄”“扬黄”“扬荒”。民间一度称“佯仡佬”。

1956年在筹建黔南州时，将“佯僙”报为布依族，后一直沿用。1981—1983年，对其进行民族识别。1990年7月27日，省政府根据“佯僙人”的意愿和国务院的批文，正式认定原称为“佯僙人”的人们共同体为毛南族。

一、语言文字

毛南语属汉藏语系壮侗语族侗水语支的一种语言。州内毛南族虽有自己的语言，但普遍通用汉话。

二、饮食

毛南族主食大米，缺粮时以苞谷、小米、红薯补充。成年男子多数喜饮酒，所饮米酒、苞谷酒等均系自酿，家庭主妇多善酿酒而不饮酒。妇女老幼喜喝稀粥，如猎获山羊，除将羊肉按户平分外，便用羊头熬粥共享。杀猪、狗时，常用血煮稀粥，并喜将狗血、猪血加五香佐料拌糯米面灌入猪肠、狗肠内，称“血灌肠”，是成年男子喜食的食品之一。

三、服饰

新中国成立前，男子留长发，扎独辫盘于头顶，用33厘米宽、3.3米多长的青色花椒布帕包裹，称“大包头”。妇女上穿马安衣，下着上紫下红两截百褶裙，清中叶后，易裙穿裤。青年妇女留长发，扎独辫。女子婚后将头发挽于脑后，用银、铜、玉簪装饰，称“挽梗衣”，搭青色帕子，称“包腰罗帕”，上穿蓝色土布长衣，衣长至膝，袖大尺许，以青布镶绲领口、衣边、衣脚、袖口、裤脚等，再以彩色大栏杆和小花边顺绲镶于内侧，腰束绣花围口和绣花飘带的青布围腰，脚穿夹尖绣花鞋，胸挂银链，颈戴项圈，手戴银或玉镯。新中国成立后，随着时代发展毛南族男女服饰逐步变化。20世纪80年代以后，除中老年妇女外，青年男女改着汉装。

四、居住

毛南族建房，多选择依山傍水的河谷山腰，房向多为坐南朝北，房内开间多为三间六格，如果加一间，须矮于正房至少30厘米以上。房屋多为一楼一底，楼矮底高，大门前均有三五级石梯，房屋右侧前间一般挖成凹坑，作牛马猪圈，后间为厨房，存放水缸、磨子、锅灶等用具，楼上存放粮食和杂物，多子女家庭在楼上设简易床铺。

五、婚姻家庭

毛南族一直实行一夫一妻制，严禁重婚纳妾。缔婚多由父母包办，重“生辰八字”。有指腹亲、背袋亲、姑舅表亲的传统习俗。婚宴上的菜肴必加狗肉。餐后必送一狗腿给岳父。

黔南毛南族家庭为父系家长制，父亲是当然的家长，集生产、生活、财产支配大权于一身。家长去世后，由成年长子继承，如长子年幼，则由母亲行使家长权力，待长子长大成人，权力自然移交。女儿无继承权。三代同堂者多，普遍由年富力强的中间一代男子当家，统一安排家庭成员的生产活动和经济收支。

六、传统节日

毛南族的传统节日主要有火把节、迎春节、桥节。

火把节：毛南语称“雨定”，农历除夕夜，各家自备火把，以吹牛角和敲锣打鼓为号，聚集后赴各家祝福，各户均鸣放鞭炮迎接。之后，毗邻村寨之间各由一人带领众人互相对骂，认为骂得越凶越吉利。对骂中，暗派一些青壮年潜入对方队伍或埋伏在对方村寨边沿，为捕捉对方成员，将其灌醉方休。

迎春节：时间为清明节。这一天，年过花甲的老妇人，穿着传统服饰，拿着各种食品，三五成群，到预定地点聚餐，饭前焚香秉烛化纸祭祀，祈求风调雨顺，五谷丰登。席间摆谈家常，唱歌敬酒，尽兴方散。

桥节：农历三月前后举行，俗称“修桥补路”，意在“有子保子，无子求子”。凡40岁以上者都“做桥”，以后每年都要暖一次桥，家家如此，故称桥节。其形式是用一根小木棒做成桥形，竖立于溪边路旁，用彩线连接近处祖坟，并唱桥歌。

毛南族除过上述本民族的传统节日外，还和其他民族共过清明、四月八、端午、七月半、重阳、春节等节日。端午节时，青年上山采药，对唱作乐。

七、丧葬

毛南族丧葬普遍实行木棺土葬。垂危病人不能在床上落气，须扶躺在垫有稻草的火炉边的地上。丧葬仪式有报丧、入棺、开丧、出殡、安葬、守孝等过程。死者丧服须用火烧一个洞，女性死者须包裹脚布。惠水一带专为死者特制葬靴、葬帽和女性死者的马褂布衣。亡人入棺后，按亲戚辈分盖上数层布单至胸部。女性死者必等外家有人到达检验尸体后才能入棺，如某位近亲未到则不能盖严，棺盖合严后，孝家全部吃素忌荤。棺木顺梁摆于神龛前，亡男放左，亡女放右；不足36岁的亡人，按男左女右往两侧移动0.6米左右。安葬前必须进行“开丧”活动，可开丧、安葬一起进行，因经济条件所限一时无法办理丧事的，可先安葬后“开丧”，“开丧”时由舅家操刀杀牛、猪、马超度亡魂，亡男必杀一头水牛，亡女必杀一头猪，不论男女均可杀马，但不在必办之列。出殡一般在凌晨，除旗幡、锣鼓、唢呐、孝男孝女外，另有一人抬糯米饭，两人挑酒肉和餐具，半路停棺休息时要“进相”（吃晌午）。棺木抬到墓地时，根据阴阳先生的测算，吉时未到不能入土。入土前，用柏枝丫、芝麻秆和旗幡烧于墓穴，称“热井”，阴阳先生扫除余灰后，以雄黄、砂粉在井底划“八卦图”，并用母鸡跳井，泥土盖至棺口时，数人用晒席遮住棺木片刻，揭开棺盖，全体孝男孝女向遗体最后告别。安葬完毕后，巫师用一碗黄花水和一碗煮熟切片的牛肉或肝，每人用黄花水漱口后吃一片肝，宣告荤忌结束。次日早饭后，孝家及近亲上山搬石垒坟，将炖好的牛头、猪脚并杀鸡“暖坟”，孝女提一篮炒好的谷花绕坟边走边散三圈。亡男者，丧家人守孝7日；亡女者，守孝29日。巫师念咒洗孝后方取孝帕。从亡者停止呼吸时起，还有“应土”的习惯，即每七天由外家姑娘和近亲轮流拿一只鸡祭祀，共祭7次。

八、崇拜与禁忌

毛南族以祖先崇拜和自然崇拜为主。祖先崇拜即家神，多在大小节日和婚丧嫁娶时祭供。最崇拜的神之一是土地菩萨，每个寨子门口都立有一两座土地庙，庙内立一石头为菩萨，上盖红布，经常焚香秉烛，求其保佑。毛南族很多人家门上钉有一对并蒂牛角，以红布条缠绕，认为如此可以逢邪化吉。

毛南族在农历大年初一至初三，忌往外泼水，忌洗衣晒衣，忌吹口哨，忌脏话，忌出远门，忌动土（犁田耕地）。年初一还忌烧灶、推磨、舂碓。毛南族还忌雷，以立春之后的第一次打雷为忌日，此时要鸣放土枪土炮。寨老按十二生肖推算日子如当天为“猪”，即通知各户逢“猪”禁止砍树，连忌三日。

第六节　瑶　族

瑶族主要居住在荔波、三都、罗甸等县，荔波县的瑶族人口占全州瑶族人口的81%。

黔南瑶族的族属渊源与历史上的“长沙蛮”“武陵蛮”有密切关系。明代以前，荔波县境已有瑶庆土奉、瑶台土奉等地名，在与广西相邻的独山土奉等地20多个小地名中，有16个带有“瑶”或“尧”字。明永乐年间（1403—1424年），覃真保的奏章中有“八十二洞瑶民”之语，足见在明代以前，瑶族已在荔波各地居住。

州境内的瑶族共有6种自称及4种他称。瑶山及捞村、翁昂等地的瑶族自称“多摩”“多佬”“偻抄”，“多摩”直译为“像我们这样的人”，“多佬”意为“大地方的人”，“偻抄”译为“尚白的人”。当地布依族称他们为“瑶人”，汉称白裤瑶。瑶麓及佳荣等地的瑶族自称“努摩”，他称青瑶。茂兰的瑶族自称“多猛”，他称“长衫瑶”或“长袍瑶”。三都巫不及罗甸罗悃、八茂等地的瑶族，自称“由勉”（有的叫“由业娃”），属于“盘瑶”或“过山瑶”的一支，他称“平顶瑶”。

一、语言文字

州内瑶族语言分别属于汉藏语系苗瑶语族的苗语支和瑶语支，即“布努”语和“勉”语。荔波县瑶山、瑶麓、茂兰等地的“布努”话属苗瑶语族苗语支，同属一个方言的三个土语，虽有部分词汇相同相近、但三地瑶族互不通婚不往来，语音有差异，声调有变化，互相不通话；三都县巫不和罗甸县罗悃、八茂等地的“勉”语属苗瑶语族瑶语支，他们虽然居住相隔较远，但语音内部差异较小，同属一个方言，也有声、韵、调的变化，通话不困难。

瑶族无文字，但语言完整发达。本民族土语区内互相往来用瑶语交际，是第一交际工具。另外，还能掌握附近兄弟民族语言，即第二种语言。如瑶山的瑶族16岁以上的男子使用100%的瑶族语言外，会使用布依话的占90%，通晓80%左右的汉话；16岁以上的女子使用瑶话100%，会使用布依话的占10%，会使用汉话的占5%；16岁以下的少年儿童使用瑶话100%，会使用布依话的占5%，会使用汉话的占30%。三都县巫不的瑶族，由于和水族、汉族通婚，在中老年男子中会讲瑶话的占70%，会使用汉话的100%，会使用水语的占30%；青年人会使用瑶话的占30%；会使用水话的占40%，会使用汉语的100%；妇女中会使用瑶语的较少，会使用水语的占50%～60%，会使用汉话的占100%。无论男女学生和儿童，多数都会部分汉话和布依话，他们熟悉并使用几种语言，与周围居住的民族有关，如周围有布依族，他们就熟悉并使用布依话，周围居住水族，他们就熟悉并使用水话。

二、饮　食

荔波瑶麓和茂兰瑶族居住盆地、小坝子，主要生产水稻和玉米，因而以大米和玉米为主食，以小米、红苕、荞子为辅食。瑶山瑶族居于高山缺水地区，生产玉米，故以玉米为主食，辅以小米、荞子、高粱、红稗、南瓜、野菜、蕨根。瑶山瑶族在新中国成立前不种油菜，油脂奇缺，虽也养牛、猪、鸡等畜禽，杀猪除留“杂碎”（内脏）外，油肉全部出售，鸡也全部出售，牛肉也只在丧葬祭祀时吃到。年节喜庆，才能吃到少量猪肉、鸡肉。肉食多是狩猎捕捉的野猪、山羊、鼠、雀等野味。20 世纪 70 年代后，野生动物减少，肉食相应减少。瑶族日常菜肴多为一锅煮，极少炒菜。肉类（主要是野味）大都采取烘干办法保存。蔬菜多以腌制办法保存，如泡酸菜。也制作腌肉（用生肉拌小米饭装入瓦罐密封保存，食用野生菌、竹笋、蕨菜等）。

瑶族男子普遍喜饮酒。尤以瑶山瑶族为甚。他们集市相逢，数人围聚，大碗盛酒，互相传递，一人一口，依次轮流，不醉不散。婚丧节菜肴可简，酒不能少，均以喝无菜“寡酒”为乐。瑶麓瑶族则喜吸烟，男孩长到十二三岁就要自制烟杆，以吸烟表示自己是成人。

三、服饰

瑶山瑶族的服饰，青少年姑娘剃发戴帽，未婚者戴双角黑色布帽，有两个角在两边，帽上不缠白布；已婚妇女戴的双角黑色布帽，角在前后，前角稍高，后角略低，帽栓两条白布带。衣分冬夏两种，冬上装与男士相同，唯胸前不绣白色花纹；夏装结构简单，用长 4 米左右的两块青布前后相拼而成，两侧不缝，让其自然摆动，前幅青布，后幅（俗称“背牌”）则系浅蓝带灰色，并绣斜方或正方几何花纹，也有“田”或“回”形绣花图案。青年姑娘的背牌花纹更多，几乎布满全幅。老年妇女的衣着花纹用丝线挑绣，多为白底红花，也有其他杂色。上衣制作虽简单，但图案花纹精美。均腰束青带，并挂小布袋，用以装针藏线。下身四季皆着裙，裙长稍过膝，布为蜡染，多为青地浅蓝花纹，中有三条黑色横杠，裙边束绣。冬季绑腿，喜戴手镯、耳环等首饰，项圈不常戴，仅在节庆婚嫁中使用。男子都穿白色紧口裤，裤长至膝，缠绑腿布，便于林中奔跑，是典型猎装。青年男子的裤脚前装饰 5 条垂直红杠，每条长约 1 厘米，中间长，两侧短，拴一条青色土布腰带，两头各有 5 厘米长的线帮。绑腿有黑白两色，以腿箍拴绑腿，腿箍青色，宽 5 厘米、长 30 厘米，绣红色花纹。

瑶麓瑶族的服饰，妇女上装与男士基本无异，唯背后不缝托肩，衣角不显尖角。青年妇女上身加穿背衣，13 ~ 27 厘米见方，蜡染，“田”形图案，以丝线精绣，下端两角吊长 1 米左右的花边带。平时穿一件单衣，喜庆日穿五六件。拴青色土布围腰，着裙，裙长至膝，裙右侧绣“回”或方形图案。平时穿裙一条，喜庆日则内着蜡染内裙一条，外罩新裙。发髻喜直插、横插或竖立用牛排骨或银子做成的别簪（俗称“门沙”），颈戴银项圈，一般为五六只，多者十余只，喜着银手镯。男装上衣为无领无扣的对襟长衫，颈后有 3 厘米见方的托肩，两边的 4 只衣角有“n”形尖角；下着裤，裤长至膝，裤口直径 20 ~ 27 厘米；小腿着脚笼，直径 13 ~ 20 厘米、长 23 ~ 30 厘米，脚笼上端拴一布带，带长 1 米，两端绣花，带饰两对玉仁米做的吊珠；包青色头布，长167厘米、宽20厘米，两头绣有房屋、亭阁等图案，包头时将头巾一折为三，环绕头部，露出花纹。未婚青年颈上戴两只项圈。

茂兰瑶族服饰，男女衣、裤、裙均为青色，包青色头巾，用红、黄、绿三色丝线刺绣1～3厘米正方形或长方形图案，中间图案大，两端图案小，包头时将中间图案对准脑门，两端图案包于脑后。衣衫长过脚背至地面，平时将衣挽扎于腰间，下身着大口青布裤。妇女上着长袖短衣，外套背心，精绣“田”形图案，着裙，内裙短，外裙（称裙罩）长，中为蜡染百褶裙，外裙以两层青色土布缝制夹裙，一端绣以27厘米见方的“田”形图案，穿着时，中裙（百褶裙）由前向后围包，外裙（罩裙）由后往前包，图案显于右侧，系青色围腰，节庆或走亲访友时，内加短裙数条，外罩新裙；头盘发髻，横插银质别簪，戴银制手镯、耳环。三都巫不的瑶族（他称“平顶瑶”）男子，头戴青布平顶帽，身穿绿色大袖衣，白裤，束腰带。

四、居住

州内不同地区的瑶族，其住房各不相同。

荔波县瑶山瑶族的住房多为木板楼房，石木结构，下半为石砌，上半部为木框架，上层住人，下层喂养牲畜，以木柴、木板、竹席或芭茅草围成四壁。20世纪80年代以后，瑶山瑶族住房开始变化，两层楼房中，楼上住人，分间设床，纺车、磨子、石碓皆移于楼下。瑶山瑶族的粮仓非常讲究，其特点有：离寨远，防火；离地高，仓底离地1米左右，防潮；仓板出仓体30厘米，且仓柱中间用一陶坛罩住，防鼠；封闭较严密，防雀。

荔波县瑶麓瑶族住房多为木板瓦房，上层住人，下层圈养牲畜，房柱多为格木（当地特有的一种质地坚硬木材），柱子倒立，上大下小。房屋内分卧室、火塘、灶房。各家都将向阳方面的楼板延伸出去，搭成晒台，作晒晾衣服和晒谷之用。

荔波县茂兰瑶族房屋的特点是楼高、间宽，各家都有专门厨房，粮仓都建在住宅附近。

三都县巫不瑶族住房均为木竹结构，多为平房，一般三间，中间为餐厅，两边为卧室，堂屋中设神龛，门向南开。

罗甸县罗悃、八茂一带瑶族住房多为瓦房，草房少见。

五、婚姻家庭

瑶族实行一夫一妻制，对重婚纳妾处分极严，从全族谴责到断绝关系，受到孤立。自古以来，瑶族男女恋爱自由。恋爱方式有“壁洞谈婚”“抢物探情”“聚集唱歌”等。“壁洞谈婚”（又称“玩门郎”）：瑶麓瑶族凡有女儿的人家，在姑娘进入留发期（青春期）后，便单独住在大门背后的“谈婚房”里等待男子追求，在“谈婚房”靠床的壁板上凿一个手指般大的小孔，名为“谈婚洞”，看中姑娘的小伙子深夜带上独弦胡，通过琴声把姑娘唤醒，或用小棍将姑娘捅醒，小伙子于洞外，姑娘于洞内小床上，小伙先通报姓名，姑娘如对小伙子有兴趣，则一里一外摆谈或轻声对歌，或开门迎接小伙进屋，在火塘边促膝谈心，直至天明，家人概不干涉，但严禁夜间走出户外；姑娘如不喜欢来者，则委婉推脱小伙子也不纠缠。经过一段时间交往，小伙买丝线、袜子等物赠给姑娘，姑娘以自己做的绣花绑带等回赠，经过数月交往后，两人商定婚期，结婚前数日将计划禀告父母，父母准备酒肉饭菜，待结婚日小伙去迎亲。抢物探情：瑶山瑶族（白裤瑶）男女进入留发（青春）期后，在赶场或婚丧节庆场合相遇时，见到中意的异性则可采取“唱歌试探”或“抢物”的方式探情。男方以“细话歌”试探对方，如兴趣不投，唱几首以后则各自东西，如兴趣相投则越唱越有兴以致，夜以继日地唱；“抢物”即抢对方随身携带的一件小物（首饰或腰带合等）进行试探，姑娘如对“抢”者有意，便随他去找合适地点唱歌诉情，如不中意，则任由对方“抢”去，也不追赶，小伙子则主动将东西“物归原主”，也有的姑娘托人将物取回。聚集唱歌：茂兰地区的长衫瑶男女青年到达婚龄后开始恋爱，男方邀约其他青年相聚在女家门口唱歌、嬉耍，父母不干涉。通过唱歌，若有意，双方悄悄离群，至僻静处谈心，加深情感。

瑶山瑶族有姓无字辈，如父亲叫谢金保，儿子可叫谢银保，从名字上无法区分辈分。瑶族普遍称男孩为“业”，称女孩为“亚”。凡名字有“业”的肯定是男孩，有“亚”者必为女孩。婚后第一个孩子名字有所改变，即在“业”“亚”之前加“甫”“米”一类词，“甫”即“父”，“米”即母。同名者多，一名数人较普遍。

州内瑶族盛行父系家长制，父亲是当然的家长，有统管全家生产、生活和财产的权利，家长年迈力衰或亡故后，长子继承家长权力。

瑶族妇女备受尊重，一旦发现本族妇女被玩弄、强奸、抢劫、遗弃、虐待等现象，女方家族全体男性青壮年定要登门问罪，要求“赔榔”（“榔”即一种古老的规矩）。若涉及外民族，则全体瑶族一齐出动，帮助问罪。瑶族小孩自幼参加体力劳动，7 岁以上的男孩要学放牛割草，7 岁以上的女孩则学习绣花、蜡染、织布，并负责照料弟妹，如到 12 岁还未学成，则被人们视为笨人。

瑶族青年男子成家后便与父母分居，父母普遍与幼子居住。分家时，家庭财产多为平分，父母与谁生活，财产跟父母走，与父母生活者负责父母的生养死葬。

六、传统节日

州内瑶族节日主要有年节、七月半、六月卯、赏新节等。

年节（春节）：瑶山瑶族只在年三十晚、初一、初二、初三适当讲究生活，初一初二在寨内玩，初三至十五走亲访友和到寨外玩耍。瑶麓、茂兰一带的瑶族在除夕之夜要敬祖先、敬灶神，点通天灯，深夜放鞭炮，鸣火药枪；正月初一至十五在神龛、灶旁、房门侧，牛厩旁，早晚都插香、烧纸、祈祷，神龛上供 3 碗饭、3 碗肉、3 盅酒，摆 3 双筷子、1 撮红糖、1 块白布、1 挂糯谷穗、1 个鸡蛋，前 4 样供品初五以前须每天更新，初六以后不再更换。

六月卯：即农历六月的第一个卯日，与水族的卯节基本相同。这一天，要端酒菜到田边供奉，祈求庄稼丰收，并邀约亲友一起在田边进餐。

尝新节：秋收开镰时要“吃新”，“吃新”以寨为单位，同寨同晚进行。茂兰的瑶族尝新节较独特，盛3碗米饭摆于屋角敬耗子（老鼠）。当地相传，稻种是耗子从天上偷来放在洞里的，被人发现后，人间才有稻谷，敬耗子是犒赏它传播谷种的功德。

茂兰瑶族和巫不瑶族在清明节上坟，端午节包“瑶人粽”、挂菖蒲，礼仪与当地其他民族相同。

七、丧葬

州内瑶族丧葬有土葬、有洞葬两种形式。普遍实行土葬，但注重全家合墓。老人亡故后，要经洗尸入棺、跳猴鼓舞、椎牛致哀、鸣枪抬棺安葬、长桌设宴等过程。

瑶麓瑶族流行洞葬。老人去世后，要经驱魂闹尸、媳妇理尸、赶制棺木、黑夜出殡、迷魂兜圈、洞中置棺、洞前设宴等程序。之后，三天、七天在洞内各祭一次，葬礼结束。

八、崇拜与禁忌

瑶族普遍崇神惧鬼，认为神善鬼恶。所敬之神主要有所谓的“雷神”“管地神”“寨神”“门神”等，鬼则有所谓的“水鬼”“休息鬼”等。

瑶族：忌雷，每年第一次春雷后七天不出工；忌砍伐“神树”，每个寨子都有一棵“风水”大树，谓之神树，不许砍伐；忌在供神处所大小便；忌农历正月初一在外过夜；忌摸门头悬物（如门神、鸡毛、狗爪等）；忌刀砍门槛；忌帮忙接生；忌外人手摸月中婴儿；忌产妇闹家（串门）；忌女穿男衣；忌已婚男子在别人家睡觉；忌抬出门的牲畜再抬回家。

第四章　民族事务

1991年，州及各县（市）民族工作机构为民族事务委员会，州设有黔南州民族博物馆、黔南州民族研究所。1996年7月机构改革，州民族事务委员会与州政府宗教处合并组建黔南布依族苗族自治州民族事务局、黔南布依族苗族自治州宗教事务局，实行两块牌子，一套人员。2001年12月机构改革，更名为黔南布依族苗自治州民族宗教事务局。2010年11月，更名为黔南布依族苗族自治州民族宗教事务委员会（以下简称州民宗委）。州民宗委内设办公室、经济建设科、社会事业科、宗教科，编制15人，其中行政编制12人、工勤人员3人；下设州宗教事务执法支队、州古籍语文办公室两个科级事业单位，事业编制10人。2014年12月，州民宗委实有工作人员14人，内设办公室、社会事业科、经济建设科、宗教科，下辖黔南州民族博物馆、黔南州民族研究所、宗教事务执法支队。

第一节　民族区域自治与民族识别

一、民族区域自治

经国务院批准，黔南布依族苗族自治州于1956年8月8日正式建立，三都水族自治县于1957年1月1日正式建立。

根据《中华人民共和国民族区域自治法》《国务院关于实施〈中华人民共和国民族区域自治〉若干规定》《贵州省实施〈中华人民共和国民族区域自治法〉若干规定》，在1984年人民公社改为乡（镇）建制时，全州设置民族乡14个，即：都匀市设置奉合水族乡、阳和水族乡、基场水族乡；荔波县设置水利水族乡、水尧水族乡、永康水族乡、水维水族乡、岜鲜水族乡、瑶庆水族乡、瑶山瑶族乡、瑶麓瑶族乡；独山县设置温泉水族乡、甲定水族乡、翁台水族乡。

1991年，县（市）行政区划"建并撤"时，荔波县撤销瑶庆水族乡、茂兰乡，合并建立茂兰镇；撤销水维水族乡、岜鲜水族乡、佳荣乡，合并建立佳荣水族乡。独山县撤销温泉水族乡、本寨乡、拉芒乡，合并建立本寨水族乡。平塘县建立卡蒲毛南族乡。是年，全州有民族乡13个。

2000年，荔波县撤销佳荣水族乡，建立佳荣镇。全州有民族乡12个。

2013年，独山县在行政区划调整中，经省政府的批复，撤销甲定水族乡、翁台水族乡，与兔场镇合并建立影山镇；撤销本寨水族乡，建玉水镇。是年，全州有民族乡9个。

2014年，荔波县按照省政府的批复，撤销瑶山瑶族乡、瑶麓瑶族乡、水利水族乡、水尧水族乡、永康水族乡，设置新的瑶山瑶族乡和黎明关水族乡；都匀市按照省政府的批复，撤销奉合水族乡、阳和水族乡、基场水族乡，设置新的归兰水族乡。至此，全州有民族乡4个，即都匀市归兰水族乡，荔波县黎明关水族乡、瑶山瑶族乡，平塘县卡蒲毛南族乡。

根据《中华人民共和国民族区域自治法》《黔南布依族苗族自治州自治条例》《三都水族自治县自治条例》的规定，黔南州州长由布依族或者苗族公民担任，三都水族自治县县长由水族公民担任。根据《民族乡工作条例》规定，州内民族乡乡长均由建乡民族担任。

二、民族识别

1990年7月27日，根据省政府《关于同意平塘惠水独山三县31904名佯僙人认定为毛南族的批复》，同意平塘、独山、惠水3个县31904名佯僙人认定为毛南族。11月20日，州政府在平塘县召开佯僙人认定为毛南族庆祝大会。1992年10月30日，省政府以黔府通247号文件批复，都匀市洛邦镇（现为都匀经济开发区洛邦镇）绕家人认定为瑶族。1993年2月，根据省政府《关于麻江县黄平县凯里市木佬人认定为仫佬族的批复》，福泉市陆坪镇、藜山乡木佬人认定为仫佬族。1996年6月，根据国家民委〔1996〕民政字第252号文件和省委〔1996〕29号常委办公会议纪要精神，都匀市2977人、福泉县（今福泉市）4583人认定为畲族。

第二节　民族团结进步活动

一、"民族团结月"活动

1982年，州、县两级开展首次"民族团结月"活动。1987年《黔南州自治条例》颁布实施后，州、县（市）每年8月开展民族团结宣传教育活动。2006年修改的《黔南州自治条例》明确每年8月为黔南州的"民族团结月"。2007—2014年，在每年"民族团结月"期间，州委、州政府召开州庆招待会（座谈会），州委办公室、州政府办公室先后印发了《关于开展"民族团结月"活动的通知》《关于在民族团结月中开展以贯彻执行党和国家民族政策宣传教育活动的意见》《关于深入开展民族团结月活动的通知》《黔南州民族团结进步创建活动实施意见》等文件，要求全州宣传学习、贯彻落实民族法律法规和民族政策。

二、民族团结进步活动

（一）民族团结进步表彰

州委、州政府在1988年召开第一次民族团结进步表彰大会以后，坚持以民族团结进步表彰的形式，树立民族团结进步先进典型，营造争创民族团结进步模范的氛围，促进全州民族团结进步事业发展。1998年8月7日，召开第二次民族团结进步表彰大会，表彰全州民族团结进步先进集体13个、先进个人16名。2001年8月8日，召开第三次民族团结进步表彰大会，表彰全州民族团结进步先进集体30个、先进个人44名。2009年5月19日，召开第四次民族团结进步表彰大会，表彰全州民族团结进步先进集体46个、先进个人64名。2014年，黔南州启动创建全国民族团结进步示范州活动，将用五年时间创建全国民族团结进步示范州。

（二）民族团结进步示范创建活动

2011年，在全州开展民族理论、民族政策、民族法律法规和民族知识进机关、进社区、进学校、进乡村、进部队、进企业的民族团结"四项教育""六进"民族团结进步创建系列活动。同时，命名了一批民族团结进步示范单位，推进民族团结创建工作的开展。是年，省民委在都匀市文峰办事处云宫社区命名第一个省级民族团结示范社区。至2014年，荔波县邓恩铭故居被命名为全国民族团结进步教育基地，龙里县羊场镇走马村被命名为全国民族团结进步创建活动示范单位；黔南州获省委宣传部、省委统战部、省民委共同命名的省级民族团结创建活动示范单位共73个；2012—2014年，州委宣传部、州委统战部、州民宗委命名第一批、第二批、第三批州级民族团结示范单位共152个，各县（市）累计命名县级民族团结示范单位437个。

2012 年黔南州民族团结进步创建活动示范单位一览表

表 2－4－1　　　　　　　　　　　　　　　　单位：个

县（市）	级别	乡村	学校	机关	社区	部队	企业	教育基地	省级小计	州级小计
三都	省级	3	2	1	1	1			8	
	州级	4	3	3	2	1	1			14
都匀	省级	2	2		2				6	
	州级	2	2	2	3	1	1			11
福泉	省级	2	1		1	1	1		6	
	州级	2	2	2	4	1	1			12
瓮安	省级	2	1			2			5	
	州级	2	2	1	2	2	1			10
贵定	省级	4	1	1					6	
	州级	3	2	3	3	1	1			13
龙里	省级	3	1		1		1		6	
	州级	3	2	2	3	1	1			12
惠水	省级	1	2	1	1	1	1		7	
	州级	2	2	2	2	1	1			10
长顺	省级	2	2	1					5	
	州级	2	3	3	2	1	2			13
罗甸	省级	3	1				2		6	
	州级	6	2	1	1		3			13
平塘	省级	3	1						4	
	州级	3	1	2	2	2	1			11
荔波	省级	2	2				1	1	6	
	州级	3	2	3	3	1	1			13
独山	省级	3	2		1	1			7	
	州级	2	3	3	2	2	1			13
都匀经济开发区	省级	1							1	
	州级	2	2	1	1		1			7
合计	省级	31	18	4	7	6	6	1	73	
	州级	36	28	28	30	14	16			152

（三）民族团结和睦指数

2012 年，根据省民委《关于加强民族团结和睦指数统计监测工作的意见》《关于报送民族团结和睦指数统计监测工作有关情况的通知》，民族团结和睦指数权重为“4”，标准值为“≥90”。主要监测内容为：是否发生重大民族纠纷事件；开展民族政策“四项教育”“六进”活动；开展民族团结进步创建活动。州直有关部门及各县（市）对民族团结和睦指数进行监测。是年，黔南州民族团结和睦指数为 92.5，超过省定的小康民族团结和睦指数≥90 的标准。2014 年底，12 个县（市）的民族团结和睦指数均达 100%。

第三节　民族经费

一、民族经费来源

黔南州民族经费来源于中央和省下达的少数民族发展资金、专项资金以及州配套资金。1991—2014 年，州民族工作部门共计争取到各级民族资金 39028.1 万元，其中，中央发展资金 23260 万元，省级发展资金和专项经费 7176.1 万元，州级配套经费 8592 万元。

1991—2014 年黔南州民族经费一览表

表 2-4-2　　单位：万元

年　度	中央资金	省级资金	州级资金	总计
1991		133.4	400	533.4
1992		140	333	473
1993		172.5	350.9	523.4
1994		200	444	644
1995		153	520	673
1996		141	383.3	524.3
1997		205	333	538
1998	450	208	333.3	991.3
1999	450	167	233.3	850.3
2000	400	188	211	799
2001	387	154	290	831
2002	487	165	344	996
2003	469	173	290	932
2004	479	156.2	347	982.2
2005	879	168.2	354	1401.2
2006	1170	350	293.2	1813.2
2007	1320	395.2	330	2045.2
2008	1725	330.6	355	2410.6
2009	2270	449	196	1915
2010	2688	482	495	3665
2011	1747	615	398	2760
2012	2252	574	418	3244
2013	2712	705	440	3857
2014	3375	751	500	4626
合计	23260	7176.1	8592	39028.1

二、民族经费使用

民族经费用于涉及民族团结进步事业、发展少数民族和民族地区经济、维护民族地区社会稳定、改善少数民族生活条件等方面。同时，也用于对少数民族文化的保护和发展、少数民族教育、少数民族卫生体育和少数民族人才培训等方面补助。民族经费分为少数民族发展资金和其他专项资金。少数民族发展金是1998年由中央设立，用于支持贫困少数民族地区推进兴边富民行动、扶持人口较少民族发展、改善少数民族群众生产生活条件的专项资金，是中央财政扶贫资金的组成部分。为规范民族经费使用，制定《黔南州少数民族专项资金项目使用管理办法》。

（一）基础设施及经济建设

1991—2014年，全州累计投入中央、省级、州级民族资金19514万元在基础设施及经济建设方面，改善了民族地区群众的基础设施条件和生活水平。其中，新建和维修公路、机耕道累计3792千米、桥梁87座，架设高（低）压线路1155千米，解决边远地区群众行路运输和用电问题；新建人畜饮水池（窖）2529口、沼气池12155口，铺设管道1192.39千米，解决贫困地区人畜饮水和能源问题；帮助农户购买良种、化肥和农药等农用急需物资，发展特色种植26588亩，养殖畜禽343832头（匹、羽、尾），帮助民族地区群众增收致富；举办实用技术培训1000余期，培训25.1万人次，发放资料11万份，使科技兴农在贫困地区得到推广。

1991—2014年基础设施及种养殖效益一览表

表2-4-3

时间	路（千米）	桥（座）	电线（千米）	水管（千米）	水池（口）	种植（亩）	养殖（头、匹、羽、尾）	培训（人次）	资料（份）
1991—1997年	1030	29	1155	4.5					
1998—2004年	1269	26		138.7	1946				
2005—2010年	1150	15		142.84	468	14023	255029	33595	25416
2011—2014年	343	17		906.35	115	12565	88803	217405	84584
合计	3792	87	1155	1192.39	2529	26588	343832	251000	110000

（二）文教卫体

1991—2014年，计投入中央、省级、州级民族资金15611万元在文教卫体方面，促进民族地区文教卫体等各方面事业的发展。其中，新建文化站和民族文化活动广场47996平方米，补助开展各类民族活动，优化民族地区文化传播途径，帮助发展民族地区文化事业；新建和维修教学楼、学生宿舍、教师宿舍26798平方米，购置各种教学设备2535件（套），帮助民族地区发展教育事业；新建、维修贫困乡镇卫生院4658平方米，购置各种医疗设备657件（套），帮助民族地区发展卫生事业；新建和维修篮球场、运动场11600平方米，并购置各类体育器材和补助开展民族运动会，帮助民族地区发展体育事业。

1991—2014 年文教卫体设施建设效益一览表

表 2－4－4

时间	校舍（平方米）	教学设备（件、套）	文化广场（平方米）	卫生院（平方米）	运动场（平方米）
1991—1997 年	8916				
1998—2004 年	15362	2535	6500	1971	5330
2005—2010 年	2520		4805	1995	5027
2011—2014 年			36691	692	1243
合　计	26798	2535	47996	4658	11600

（三）贫困户建房

国家民委每年安排少数民族住房困难户建房专项经费。1991—2014 年，全州获得少数民族贫困户建房经费累计 985 万元，按照“国家补助一点，群众自筹一点，亲友帮助一点”的原则，累计解决 3588 户 17860 人住房困难问题，结束了部分少数民族群众住茅草房及无房住的历史。

（四）人口较少民族扶持

2002 年，国家对人口较少民族实行重点扶持发展政策，设立了扶持人口较少民族发展专项资金。州内惠水、独山、平塘三个县毛南族列为人口较少民族进行扶持。2010 年，福泉市仫佬族纳入人口较少民族扶持范围。截至 2014 年，全州获人口较少民族扶持专项资金累计 11878 万元，对 34 个人口较少民族聚居村的基础设施、文化、教育、卫生、种植、养殖等各项事业进行扶持，改善人口较少民族聚居区群众的生产生活条件。扶持项目主要有：修建村级道路 443.05 千米，水泥硬化道路 95352 平方米，修建人畜饮水工程，安装水池（窖）775 口，铺设输水管道 92.94 千米，修建水利沟渠 36.161 千米，山塘、水库 12 座，安装变压器 14 台，架设高、低压线 8.4 千米，解决人口较少民族聚居村群众行路运输困难、人畜饮水等问题；围绕稳固粮食、加快发展经济支柱产业、提高农民收入的思路，调整产业结构，发展特色种植业 1300 亩，改造中低产田、坡改梯 242 亩，养殖畜禽 106620 头（匹、尾、羽）；对群众进行种植、养殖等农业生产适用技术培训，共培训 80 期 20170 人次，发放资料 16558 份；危房改造和新建民房 281 户共 35600 平方米，修建民族文化活动广场 11201 平方米、文化墙 950 米、观光绿化步道 5548 平方米、凉亭 12 座，安装路灯 109 盏。

（五）民族贸易和民族特需商品企业扶持

从“十五”期间开始，国家民委、财政部、国家税务总局、中国人民银行对民族贸易和民族特需商品（以下简称民贸民品）生产企业实行优惠扶持政策，主要是在金融、财政、税收方面实行“民贸三项照顾政策”，即：对民贸民品企业的正常流动资金贷款利率实行比正常的一年期流动资金贷款基准利率低 2.88 个百分点的优惠利率政策，优惠利率贷款一律不准上浮；对民贸网点建设和民品企业技术改造予以支持，财政部每年对民品企业给予生产资金补助；对民族贸易县内县级和县以下的民贸企业和供销社企业销售货物（除石油、烟草外）免征增值税，对国家定点企业生产的边销茶及经销单位的边销茶免征增值税。全州除都匀市外，其他 11 个县（市）均列入民族贸易县，民族事务、财政、金融部门为民贸民品企业落实各项优惠政策。

2008—2011 年，州民宗委牵头，通过协调财政、税务部门，为 11 个民族贸易县企业免征增值税共 452 万元；为贵州信邦制药有限责任公司、都匀织布厂、独山民族铁锅厂、荔波昌辉食业等民贸民品企业争取到民贸网点建设和民品技改贴息资金共 179 万元。

2012 年 7 月，黔南州率先在全省启动民贸民品企业流动资金贷款贴息工作。截止 2014 年底，全州认定民贸企业 908 家，其中 219 家民贸民品企业办理流动资金优惠利率贷款累计 46.85 亿元。2012—2014 年，全州争取到中央财政贴息 8000 多万元。都匀市瑞祥民族纺织品有限责任公司、贵州盛世龙方制药股份有限公司、贵州信邦制药有限责任公司、贵州特色制药有限责任公司、贵州惠水永红食品有限公司、平塘县禄麒牙舟古陶文化有限公司、贵州良济药业有限公司、福泉市机械厂 8 家企业获国家批复认定为“十二五”期间民品定点生产企业。

（六）其他方面

部分民族经费专项用于救灾、维稳、计生帮扶、慰问和参加各类活动、培训等方面。1991—2014 年，共计投入资金 3903.1 万元，维护社会稳定，促进民族团结，开展社会救灾救济和计生帮扶、慰问等。

1991—2014 年民族经费投入情况统计表

表 2－4－5　　单位：万元

时　间	基础设施	经济建设	文教卫体	其他	合　计
1991—1997 年	1803		1191	915.1	3909.1
1998—2004 年	3191		2553	637.8	6381.8
2005—2010 年	7125	1430	4270	1425.2	14250.2
2011—2014 年	3579	2386	7597	925	14487
合　计	15698	3816	15611	3903.1	39028.1

第五章　宗　教

州内有佛教、道教、伊斯兰教、天主教、基督教。州县（市）设宗教事务工作机构，依法管理宗教活动。

1991 年，州宗教管理工作机构宗教事务处设在州政府办。1994 年，全州县级机构改革，宗教事务与民族事务部门合并，但单位名称不统一。到 1997 年，除平塘县外，县级宗教工作机构基本理顺，各县（市）称民族宗教事务局，或称民族事务局，加挂宗教事务局牌子。1997 年，州级机构改革，州政府宗教事务处与州民族事务委员会合并，组建州民族事务局，对外加挂州宗教事务局牌子。1998 年后，县（市）宗教事务工作机构名称为民族宗教事务局。2010 年，在机构改革中，除瓮安县将民族宗教局合并为民政和民族宗教局外，其余 11 个县（市）民族宗教事务局保留，各县（市）明确民族宗教事务局的内设宗教工作机构和人员编制。2011 年，州编委下文批准设立州宗教执法支队，编制 5 人。同时，独山、平塘、三都、长顺、龙里、瓮安 6 个县批准成立县宗教执法中队，编制 3 ~5 人不等。到 2012 年，全州 12 个县（市）均已获批成立宗教执法中队，编制 2 ~5 人。截至 2014 年，各县（市）宗教事务执法队伍配齐人员，取得行政执法证 39 人。

第一节　宗教组织

州内有佛教、道教、伊斯兰教、天主教、基督教。1993 年、2000 年、2010 年，先后开展三次全州宗教基本情况调查。2010 年调查统计，全州宗教信徒分布情况为：都匀市 1759 人、福泉市 1827 人、瓮安县 3770 人、贵定县 868 人、龙里县 717 人、惠水县 1952 人、长顺县 666 人、独山县 531 人、荔波县 88 人、平塘县 442 人、罗甸县 2986 人、三都县 71 人。全州有合法宗教活动场所 51 个（都匀 5 个、福泉 4 个、瓮安 8 个、贵定 6 个、惠水 5 个、长顺 5 个、独山 4 个、荔波 1 个、平塘 3 个、罗甸 3 个、龙里 7 个）。2014 年，全州有宗教教职人员 57 人。

一、佛教

1993 年，全州有佛教信徒 839 人（瓮安县 674 人、福泉县 19 人、贵定县 14 人、惠水县 119 人、罗甸县 13 人），有活动场所 3 个，有教职人员 5 名。2000 年，全州有佛教信徒 1783 人、活动场所 15 个。

2008 年，推荐佛教代表参加全省佛教代表会议。

2010 年，全州有佛教信徒 4654 人，活动场所 1737 个。

2014 年，都匀市成立佛教协会。是年，推荐佛教代表参加省佛教协会换届大会。

二、道教

1993 年，全州仅福泉县有道教信徒 1 人，无活动场所。2000 年，全州有道教信徒 41 人，活动场所 1 个，教职人员 1 名。

2007 年，推荐 3 名道教代表参加省道教协会在贵阳召开的成立大会，其中一名代表当选协会理事。

2010 年，全州有道教信徒 1 人，活动场所 1 个，教职人员 25 名。

2014 年，福泉市成立道教协会。

三、伊斯兰教

1993 年，全州有伊斯兰教信徒 192 人（都匀市 171 人、福泉县 8 人、贵定县 13 人），活动场所 1 个，有教职人员 1 名。2000 年，全州有伊斯兰教信徒 612 人，活动场所 1 个，有教职人员 6 名。

2008 年，推荐伊斯兰教代表参加全省伊斯兰教代表会议。

2010 年，全州有伊斯兰教信徒 1102 人，活动场所 1 个，教职人员 1 名。

2013 年，推荐伊斯兰教代表参加省伊斯兰教协会换届大会。

四、天主教

1993 年，全州有天主教信徒 4847 人（都匀市 130 人、瓮安县 1083 人、平塘县 385 人、福泉县 1040 人、贵定县 608 人、龙里县 78 人、惠水县 1173 人），活动场所 10 个，有教职人员 2 名。

2000 年 1 月 17—18 日，在都匀召开黔南州天主教爱国会第一次代表会议，听取并审议《黔南州天主教爱国会筹备工作报告》，讨论并通过《黔南州天主教第一次代表会议决议》《黔南州天主教爱国会章程》，选举产生黔南州天主教爱国会第一届委员会委员 18 名、常委 7 名、主任 1 名、副主任 2 名、秘书长 1 名（由 1 名副主任兼任）。黔南州天主教爱国会为财政全额拨款的事业单位，编制 3 人，经费由财政预算单列。随后，都匀、独山、福泉、惠水、瓮安 5 个县（市）举行天主教第一次代表会议，选举产生县（市）天主教爱国会。独山、惠水、瓮安 3 个县天主教爱国会均有人员编制 5 名，福泉市、都匀市未配备编制，福泉市天主教爱国会主任由非国家工作人员兼任。是年，全州有天主教信徒 5932 人，活动场所 12 个，有教职人员 18 名。

2006 年 8 月 22 日，在都匀召开全州天主教爱国会会议，推选黔南州天主教代表参加省天主教爱国会第六届委员会代表会议。推荐黔南州天主教代表参加天主教贵州教区助理主教祝圣，推荐代表参加省天主教召开的庆祝中国天主教爱国会成立 50 周年座谈会。

2008 年 1 月 14 日，在都匀召开黔南州天主教爱国会第二次代表会议，选举产生黔南州天主教爱国会第二届委员会。

2010 年，全州有天主教信徒 6754 人，活动场所 11 个，有教职人员 1 名。

2013 年，推荐天主教代表参加省天主教爱国会换届大会。

五、基督教

1993 年，全州有基督教信徒 958 人（都匀市 44 人、平塘县 47 人、福泉县 241 人、贵定县 243 人、惠水县 53 人），活动场所 5 个，有教职人员 15 名。2000 年，全州有基督教信徒 1154 人，活动场所 7 个。

2008 年，推荐基督教代表参加全省基督教代表会议。

2010 年，全州有基督教信徒 1430 人，活动场所 10 个，有教职人员 3 名。

2013 年，推荐基督教代表参加省基督教协会换届大会。

第二节　宗教事务管理

一、宗教活动场所管理

1993年6月，州宗教事务管理部门召开各县（市）宗教科长会议，贯彻省政府颁布的《贵州省宗教活动场所管理办法》，传达省、州宗教事务部门关于做好宗教活动场所登记发证工作的要求，部署试点有关工作。8月上旬，在惠水召开全州宗教活动场所登记发证工作试点会议，各县（市）有关人员参加。试点工作结束后，各县（市）宗教科（政府办、宗教侨务办）参照惠水县的经验，开展登记发证工作，截止年底，全州宗教活动场所登记发证工作全部完成。州宗教事务管理部门向都匀市清真寺、都匀市天主堂、都匀市基督堂、都匀市九龙寺、独山县天主堂、独山县福音堂、独山县尧棒天主堂、福泉县团坡天主堂、福泉县山药冲基督教堂、瓮安县雍阳观音堂、瓮安县簸箕坪护国寺、瓮安县鸡窝田观音寺、贵定县天主堂、贵定县基督教堂、贵定县平伐天主堂、贵定县平伐基督教堂、惠水县天主堂、惠水县基督教堂、惠水县东岳庙、惠水县摆金天主堂、罗甸县灵园洞等21个宗教活动场所颁发“宗教活动场所登记证”。是年，惠水县宗教事务局工作人员雷霆被国家宗教事务局评为全国基层宗教工作先进个人。同时，州宗教处支持独山天主堂的信徒通过来大陆探亲，引资6000美元，解决该教堂因城市规划建设需要拆迁大门牌坊和住房所需的部分资金。

1996年、1997年，根据国务院颁布的《宗教活动场所管理条例》，对全州已登记发证的21个宗教活动场所换发新证，对新登记的宗教活动场所2个颁发新证。1998年，州宗教事务处、独山县民宗局朱国民分别被国家宗教事务局评为全国宗教活动场所登记工作先进集体、先进个人。

2002年，州民宗局争取资金2万元，补助因旧城改造搬迁重建的惠水基督教堂，并协调争取到补偿资金25万元。

1997—2004年，按照国务院宗教事务局制定的宗教活动场所年检办法，开展宗教活动场所年检工作，对已登记发证的宗教活动场所进行年检。在此期间，2001年批准建立长顺县改尧镇白云寺、威远镇青龙山佛教活动场所，改建贵定县云雾基督教堂。2004年，对全州40个宗教活动场所进行年检，合格38个。

2006年，州民宗局派检查组到瓮安、惠水、龙里、福泉等县（市）检查督促《宗教事务条例》《贵州省宗教事务管理条例》贯彻落实情况，指导、督促和完善宗教活动场所的各项规章制度。是年，批准设立独山县莲花念佛堂、荔波县观音寺、福泉市金山基督教堂、瓮安县雍阳天主教堂、瓮安县草塘天主教堂等宗教固定处所。

2008年，全州遭遇历史上罕见的冰冻灾害。灾害过后，州、县（市）宗教事务工作部门及时组织寺观教堂教产受损情况统计，全州受损41处，面积6804平方米，折合人民币88.98万元，并将受灾情况报省宗教事务局。是年，批准设立贵定县观音寺为固定宗教活动处所。

2009 年，按照省宗教事务局、省建设厅、省安全生产监督局下发的《关于加强宗教活动场所建设工程安全监督工作的通知》，对宗教活动场所在建工程安全情况进行监督检查，重点治理无建设部门、安全部门批准施工的项目和无制定安全责任制度的在建工程。检查情况为：瓮安县平定营元觉寺修建阁楼、龙里县醒狮镇佛光寺修天王殿、龙山镇龙岭寺建大雄宝殿均存在不同程度安全隐患，责令停止施工，限期整改；独山县天主教堂一栋砖木结构旧楼因年久失修，随时有倒塌危险，要求教堂停止出租使用；瓮安县天主教于 2006 年购买一栋民房作教堂，存在消防隐患，要求暂停使用；福泉市金山街道和马场坪街道辖区的基督教活动固定处所存在不安全因素，要求停止开展宗教活动。是年，考察毕节、六盘水两地回民墓地建设情况后，对都匀回民墓地进行规范建设。

2010 年 4 月，召开全州宗教协调小组会议，研究黔南州佛教协会和基督教三自爱国运动委员会的设立问题和落实州天主教爱国会办公用房、工作业务经费、州天主教爱国会神职人员副主任的生活补贴问题。是月，州民宗委与州委统战部、州政协民宗侨委组织州政协宗教界委员对全州宗教活动场所管理情况进行检查，并将检查结果向州政协第十届主席会议报告。是年，开展首届创建和谐寺观教堂活动。在创建活动中，长顺县白云寺、都匀基督教堂的林丽分别被国家宗教事务局评为首届全国创建和谐寺观教堂活动先进集体、先进个人。

2010—2012 年，按省宗教事务局的部署，全州宗教事务部门于开展宗教教职人员认定备案工作，分别于 2011 年、2012 年将已任宗教教职人员认定备案材料、拟任宗教教职人员的申请认定备案审核材料上报省宗教事务局。2011 年，批准设立长顺县营盘乡观音寺、罗甸边阳新庙为佛教活动固定处所。

2012 年，对照国家宗教事务局《宗教活动场所财务监督管理验收参考标准》，全州宗教活动场所均建立财务管理制度，成立财务监督小组，财务监督小组由教管组长、会计人员、出纳人员组成，三者无互相兼任、无亲近关系；规模大的场所建立财务相关资料，开立单位银行账户，做到规范账簿；实行财务公开制度，所设功德箱严格按规定保管、开箱、清点及登记入账，每季度、每年制作反映收支情况、资金来源、资金流向财务报表，向信教群众公开，接受监督，并报县（市）民宗局。是年，批准设立独山县奎文阁道教活动固定处所。

2013 年，开展第二届创建和谐寺观教堂活动。在创建活动中，惠水天主教堂、贵定城关基督教堂的王勇分别被国家宗教事务局评为第二届全国创建和谐寺观教堂活动先进集体、先进个人。是年，批准设立惠水县三都镇平山寺佛教活动固定处所。

2014 年，在都匀市开展宗教活动场所主要教职备案试点工作。年内，批准设立福泉市福泉山道教活动固定处所、都匀市莲花山文武宫道教活动场所、长顺县基督教活动固定处所。

1991—2014 年，全州审批设立宗教活动场所 29 个。宗教事务执法机构对每年的佛教农历 2 月 19 日、6 月 19 日、9 月 19 日和腊八节，伊斯兰教的开斋节，天主教的古尔邦节，基督教的圣诞节以及佛教举行佛像开光仪式等重大宗教节日、大型宗教活动，在严格审批的同时，到宗教活动场所进行安全监督，维护秩序，做好维稳和防疫工作。

2010 年全州宗教活动场所换发证统计表

表 2－5－1

县（市）	教别	场所名称	场所类别
都匀市	佛　教	西山九龙寺	寺院
	佛　教	斗篷山云福寺	寺院
	伊斯兰教	都匀市清真寺	清真寺
	天主教	都匀市天主教堂	教堂
	基督教	都匀市基督教堂	教堂
福泉市	天主教	龙昌镇团坡天主堂	教堂
	基督教	山药冲福音堂	教堂
	基督教	金山基督教堂	固定处所
	基督教	马场坪基督教堂	固定处所
瓮安县	佛　教	雍阳镇观音堂	寺院
	佛　教	中坪镇金钟寺	寺院
	佛　教	珠藏镇金佛寺	寺院
	佛　教	玉山镇玉佛寺	寺院
	佛　教	白虎山观音寺	寺院
	佛　教	平定营高真观觉元寺	寺院
	佛　教	渔河乡龙潭寺	固定处所
	道　教	草塘镇后岩观	宫观
贵定县	佛　教	阳宝山莲花寺	寺院
	佛　教	音寨观音寺	寺院
	天主教	城关天主教堂	教堂
	天主教	云雾天主教堂	教堂
	基督教	城关基督教堂	教堂
	基督教	云雾基督教堂	教堂
惠水县	佛　教	九龙山九龙寺	寺院
	佛　教	和平镇定慧寺	寺院
	天主教	和平镇天主教堂	教堂
	天主教	摆金天主教堂	教堂
	基督教	和平镇基督教堂	教堂

续表 2－5－1

县（市）	教别	场所名称	场所类别
长顺县	佛　教	白云山白云寺	寺院
	佛　教	广顺镇广福寺	寺院
	佛　教	威远镇吉祥寺	固定处所
	天主教	威远镇天主教堂	教堂
	佛　教	云盘观音寺	固定处所
独山县	佛　教	林场莲花念佛堂	固定处所
	天主教	城关天主教堂	教堂
	天主教	尧棒天主教堂	教堂
	基督教	城关福音堂	教堂
荔波县	佛　教	樟江东路净心室	固定处所
平塘县	基督教	通州福音堂	教堂
	天主教	通州天主教堂	教堂
	基督教	平湖基督教堂	固定处所
罗甸县	佛　教	老城灵圆洞	固定处所
	佛　教	老城观音堂	固定处所
	佛　教	达上连经寺	固定处所
龙里县	佛　教	谷脚镇龙云寺	寺院
	佛　教	羊场镇翠微寺	寺院
	佛　教	醒狮镇观音阁寺	寺院
	佛　教	龙山镇龙岭禅寺	寺院
	佛　教	谷脚镇天龙洞寺	寺院
	佛　教	醒狮镇佛光寺	寺院
	天主教	城关天主教堂	教堂

二、宗教事务培训

（一）宗教教职人员和教务管理小组成员培训

1991 年 9 月，州政府宗教事务处协助省基督教协会、省基督教三自爱国运动委员会在独山县举办全州基督教义工培训班 1 期，为贵定、独山、都匀、惠水、平塘 5 个县（市）培训爱国宗教人士 13 人（牧师 2 人、长老 3 人、试用长老 2 人、派立传道 6 人）。

1992 年，举办全州天主教爱国人士培训班，对神父和天主教堂教务管理小组组长进行培训。1994 年，在教务管理上按照定人、定点、定片的“三定”原则，开展宗教界人士培训工作，先后培训神父 2 人、牧师 3 人、长老 7 人、传道 6 人、阿訇 1 人、和尚 4 人、尼姑9人，教管组正副组长及成员33人。1995年9月12—14日在都匀举办培训班，对全州各县（市）的宗教工作干部和宗教活动场所教管组正副组长进行为期3天的培训。1997年，选送一批宗教界人士到省社会主义学院学习。2005年，举办宗教界人士学习《宗教事务条例》培训班。2009年，州民宗局和州委统战部联合举办宗教人士法规政策培训班，对佛教、天主教、基督教、伊斯兰教的34个宗教活动场所负责人和4个宗教团体负责人及宗教教职人员共51人进行培训。2010年1月，省基督教"两会"（基督教三自爱国运动委员会、基督教协会）在都匀基督教堂举办黔南地区基督教教牧人员义工培训班，共58人参加培训。11月23日—24日，州民宗委与州委统战部举办宗教活动场所负责人、宗教团体负责人和部分基层宗教干部培训班，进行创建和谐寺观教堂、宗教政策法规培训，共培训60人；组织州天主教爱国会成员、都匀基督教会成员、伊斯兰教民管会成员到州民宗委集中学习，以会代训；协助推荐州天主教爱国会、都匀基督教会负责人参加全国性学习培训。2012年，选派3名州、县（市）天主教爱国会负责人到国家宗教事务局举办的培训班学习。2014年9月，州民宗委在都匀市举办宗教界人士培训班，请省、州领导及专家对中国的宗教政策进行讲解，并开展宗教慈善经验交流。是年，州天主教爱国会主任参加中国民族大学为期4个月的培训学习。

（二）宗教事务管理干部培训

1991年，选送一批干部到省宗教局举办的宗教工作干部培训班学习。1992年5月，州宗教处召开全州宗教科长（主任）会议，以会代训，培训各县（市）宗教科干部及部分县政府办公室、宗侨办分管的主任。是年，从州宗教处和县宗教管理部门选派5人，分别到北京及贵阳接受培训。同时，州宗教处配合州、县统战部培训乡（镇）统战委员，进行统战委员宗教业务培训。1993年，州宗教处编印《宗教基本知识选编》《黔南州宗教活动场所登记发证惠水试点资料选编》等资料，供基层干部学习参考。1994年12月，召开全州宗教工作会议，各县（市）分管书记（或县长）、统战部长、民族宗教事务局局长，宗教工作任务较重乡（镇）分管的党委书记（或镇长），州直有关部门负责人等共80余人参加，以会代训，对参会人员进行宗教政策和业务培训。2003年，罗甸、长顺、惠水、独山、罗甸、龙里、三都、福泉8个县分别举办宗教学习培训班，对县机关、乡（镇）、村干部和宗教界人士进行宗教知识、政策、法律、法规学习培训，参加学习培训人员共3519人。2005年，全州12个县（市）民宗局都举办《宗教事务条例》培训班，对宗教工作干部和宗教场所所在乡（镇）干部进行《宗教事务条例》培训。2008年，州民宗局选送宗教工作干部参加国家宗教事务局举行的培训班学习；与州委组织部、州委统战部组织州、县（市）民宗局及有关乡（镇）共50名干部到苏州进行为期10天的宗教事务业务培训。2009年，州民宗局与州委党校合作，在州委党校办的民族干部培训班、中青年干部培训班进行宗教政策法规培训4期。2010年，州民宗委推荐州、县（市）民宗系统分管宗教工作领导到国家宗教事务局参加全国性培训。州委组织部在州委党校举办春秋两期民族宗教政策法规培训班，培训乡（镇）干部200多人。2011年，州民宗委选送州内8名宗教事务管理干部参加国家宗教事务局、省宗教事务局组织的业务培训。组织全州宗教工作干部16人到宗教工作先进省福建学习考察。2012 年，州民宗委选派 5 名新任县（市）民宗局长到省宗教事务局举办的培训班学习。2013 年，州、县两级共选送 14 名宗教事务管理干部参加省民宗委举办的宗教事务执法培训，经省法制办考核后获得行政执法证。2014 年，州、县两级宗教事务管理干部 25 名参加省民宗委举办的宗教事务执法培训，经省法制办考核后获得行政执法证。

三、调查研究

1993 年，州宗教处对全州县（市）宗教群众基本情况和全州乱建寺庙进行调研。1997 年，由州委统战部牵头，宗教、公安等部门参与，组成联合调查组，先后两次对全州 12 个县（市）的宗教活动、宗教工作现状进行调研。2001 年，州宗教局根据省委统战部、省民宗委《关于做好宗教工作调研的通知》，到独山、瓮安、福泉、三都等县（市）机关、乡（镇）、宗教活动场所及活动点进行近一个月的实地调查，撰写调查材料上报省民宗委。2004 年，州民宗局对五个教派在册信教群众进行普查，完成相关资料整理工作；对全州道教、伊斯兰教、基督教基本情况，农民和基层中共党员信教情况，打击非法传教与抵制渗透等问题进行调研。2006 年，州民宗局对全州宗教教职人员及宗教界人士受教育程度、县（市）宗教工作组织机构基本情况、县（市）宗教工作专职干部基本情况、宗教活动场所基本情况、落实宗教团体房产情况和建立宗教工作三级管理网络情况进行调查统计，并上报省宗教事务局。2007 年，州民宗局按照省委统战部《关于开展宗教工作情况调研的通知》，完成全州宗教教职人员、信徒、信教群众、宗教工作专职干部情况、宗教工作兼职干部情况、宗教团体情况、宗教界代表人士情况调研工作。

2008 年，根据省宗教局《关于报送将宗教教职人员纳入社会保障体系基本情况的通知》，经调查摸底，全州宗教教职人员共 43 人（佛教 24 人、道教 1 人、伊斯兰教 2 人、天主教 2 人、基督教 14 人），已参加各种保险 16 人，其中，参加医保的宗教教职人员 10 人（瓮安县佛教 3 人、都匀市基督教 1 人、平塘县基督教 1 人、惠水县基督教 1 人、贵定县基督教 3 人、福泉市基督教 1 人）；参加养老保险的宗教教职人员 4 人（都匀市天主教和基督教各 1 人、瓮安县佛教 2 人）；享受低保的宗教教职人员 2 人（瓮安县道教 1 人、平塘县基督教 1 人）。全州 43 名教职人员中，除瓮安县佛教 2 人不愿意参保外，其余 41 人都愿意参加保险。

2010 年，为摸清和掌握全州信教人员情况，对五个教派在册信教群众进行普查，完成相关资料整理。完成全州道教、伊斯兰教、基督教基本情况及农民和基层中共党员信教情况的调查。2012 年，按省宗教事务局的要求采集、汇总全州五种宗教基本信息表和州、县（市）天主教爱国会成立、换届及人员情况等上报省宗教局。

2014 年，对非法乱建寺庙、道观以及管理等问题进行现场查看，对不同类型、不同特点的寺庙道观现场进行了解，为下一步治理工作打基础。

截止 2014 年底，全州宗教教职人员 57 人中，参加企业职工养老保险 1 人、城镇居民养老保险 23 人、新型农村养老保险 4 人，暂时不参加养老保险 21 人；享受低保 4 人；参加城镇职工医疗保险 1 人、城镇居民医疗保险 23 人、新型农村合作医疗保险 15 人。

第三节　宗教政策落实与法规宣传

一、宗教政策落实

1991 年，全国、全省宗教工作会议后，黔南州宗教事务管理部门及时贯彻《中共中央、国务院关于进一步做好宗教工作若干问题的通知》和贵州省〔1991〕32 号文件精神，召开全州宗教工作会议，提出贯彻执行的措施。

是年，贵州省宗教事务局拨付补助款 2 万元，对独山基督教堂进行维修。1992 年，根据省宗教事务局、省财政厅的通知，分配黔南州惠水天主堂 1.5 万元、贵定基督教堂 1 万元，解决黔南州落实宗教房产政策的部分遗留问题。同时，还解决团坡天主教团体园林地的遗留问题。1993 年，州财政补助独山天主教堂拆迁经费 2 万元，保障宗教活动场所的正常运转。

1994 年，查明全州有 11 处寺、观、教堂总面积为 7322.75 平方米的房产，未落实政策，州宗教处呈报《关于请求解决宗教房产政策遗留问题所需经费的请示》。是年，根据省财政厅文件精神，追加寺观教堂维修费共计 21 万元，其中拨出落实 9 个县（市）房产政策补助款 18 万元，其他 3 万元。

1995 年，独山尧棒天主教堂长期被一些单位和个人占用，经协调，已将教堂完整交给尧棒信教群众使用。平塘通州镇政府长期占用基督教房产，经多次多方面协调，明确于 1996 年底把房子全部退还给基督教使用。1996 年 9 月，州财政局补助福泉县团坡天主教堂和山药冲基督教堂维修款各 1 万元，解决因是年连降罕见暴雨导致教堂被水冲垮，信教群众无法过正常宗教生活的困难。1997 年，落实独山天主教堂 100 平方米房产。1999 年 9 月 23 日，平塘县民族宗教事务局将自 1950 年起先后被通州区、镇政府占用的通州基督教房产（建筑面积 280.96 平方米）、园地（面积 28740.36 平方米）和 2 株大银杏树移交给通州基督教临时管理小组，并签订移交协议。2001 年 2 月调查统计，都匀、惠水、福泉、瓮安等县（市）12 个教堂需维修，平塘通州基督教堂、独山尧棒天主教堂、贵定云雾镇基督教堂、龙里县龙山镇天主教堂等危房较严重，反映较强烈，统计上报省民宗委，申请帮助解决维修经费。2002 年，做好长顺县威远镇天龙寺重建的土地协调工作，争取到 2 万元资金完成独山县尧棒天主教堂维修。2003 年，解决都匀市清真饭店拆迁重建问题；使被林业部门占用多年的惠水摆金天主教堂园地 2400 平方米得以归还。对都匀天主教堂、清真寺、福泉市团坡天主教堂、惠水县摆金天主教堂、平塘县通州天主教堂、独山县城关福音堂等，向上争取资金予以解决。2004 年，协调落实龙里天主教堂地基 800 平方米，协调解决惠水县、都匀市基督教堂因旧城改造拆迁异地重建过程存在着信教群众不满意的有关问题。2008 年，经平塘县政府协调，搬迁通州镇卫生所，归还通州天主教堂房产 320 平方米。2014 年，省财政厅、省民宗委联合印发《关于下达 2014 年省级宗教工作专项补助经费的通知》黔南州的 6 个危旧宗教活动场所获维修补助款共 38 万元。

二、宗教政策法规宣传

1997 年，完成宗教团体和个人订阅《中国宗教》杂志工作。2003 年，印制《贵州省宗教事务管理条例》和编发各种学习资料 1.8 万份发送到乡（镇）、村。2005 年，州民宗局编印《宗教政策法规资料汇编》手册发送州、县、乡、村党政领导和部门，全州各县（市）民宗局共印发各种宗教政策、法律、法规资料 60380 份。2006 年，州、县（市）民宗局通过法制宣传一条街、送文化下乡等形式进行宣传，印发《宗教事务条例》《宗教与迷信的区别》等 1 万册（份）。2010 年，面向社会宣传宗教政策和法律法规，各县（市）以各种形式举办宗教政策法规培训班 16 期，培训人员 1500 人次，州、县（市）宗教工作干部到教堂、寺庙召开座谈会，向教友和信教群众宣讲宗教政策法规。

国家宗教事务局决定 2012 年起在“六五”普法期间将每年 6 月定为“宗教政策法律法规学习月”以后，各县（市）成立以民宗局长为组长，各宗教活动场所负责人为副组长的“学习月”活动领导小组，加强组织领导，责任落实到人。同时，发挥宗教界的主体作用，宗教界人士成为宗教政策法规的宣传员。宗教事务工作部门自编印发《民族宗教工作基础知识》宣传资料 2100 份、《民族宗教法律法规知识选编》1260 册、其他宣传资料 1.3 万份，到宗教活动场所召集信教群众开座谈会、讲座，在宗教活动场所设学习专栏、宣传展板、橱窗墙报，悬挂横幅宣传标语，利用普法宣传在县城和信教群众较多的乡（镇）集市设宣传咨询点，现场发放宣传资料。

第四节　创建活动与公益事业

一、创建活动

2009 年，按照国家和省宗教事务局的安排，全州开展“创建和谐寺观教堂”活动，创建“五好宗教活动场所活动”“五好宗教信徒活动”。2010 年，按照省宗教事务局印发的创建和谐寺观教堂活动考核评分标准和“一票否决”事项规定，开展“创建和谐寺观教堂”活动达标评选工作，各县（市）有针对性地抓创建达标寺观教堂 10 个，即长顺县白云寺、龙里县天龙洞寺、瓮安县后岩观、福泉市团坡天主教堂、都匀市基督教堂、独山县天主教堂、罗甸县观音堂、平塘县通州天主教堂、惠水县和平镇天主教堂、贵定县城关基督教堂，评选先进宗教人士 10 人，其中长顺县白云寺先进宗教界人士 1 人报省推荐到中共中央统战部、国家宗教事务局表彰。2011 年，州民宗委制订《黔南州“创建和谐寺观教堂”实施方案》，召开全州创建工作专题会议和全州“创建和谐寺观教堂”活动现场推进会，对 2010 年创建达标、优秀的 10 个宗教活动场所予以表彰鼓励，颁发达标牌匾。是年，布置 25 个场所开展“创建和谐寺观教堂”活动，州民宗委安排 1 万元专项经费，制作喷绘《宗教事务条例》《创建和谐寺观教堂的标准》等宣传牌，发到全州已登记的 51 个宗教活动场所，供宗教界人士和信教群众学习。2012 年初，对 2011 年度创建计划达标的 18 个场所进行考评，考评结果均已达标，颁发达标证书和牌匾，并对 2010 年创建、2011 年考评达标的10个场所补发达标证书。同时，在全州所有宗教活动场所开展以“安全年”为主题的创建和谐寺观教堂活动，通过制定实施方案，对制度建设、安全教育、场所设施、宗教活动、治安保卫、安全档案、卫生防疫、消防设备、矛盾处理等方面提出明确要求确保安全稳定。2013年，黔南州为第二届全国创建和谐寺观教堂评比表彰推荐先进集体和先进个人，惠水天主教堂、贵定城关基督教堂王勇分别获先进集体和先进个人。2014年4月，根据省宗教事务局的部署，以“教风年”为主题，开展“创建和谐寺观教堂”活动，州民宗委组织宗教工作干部对全州2012—2013年度创建达标的11个宗教活动场所进行考评验收，根据达标考核的八项标准，检查和指导宗教活动场所，变“要我创建”为“我要创建”，推动创建活动开展。

二、公益事业

2008年，四川汶川“5·12”地震后，全州宗教界人士和信教群众向灾区捐款总计10万元支援灾区重建，并为地震灾区人民祈祷平安，为遇难同胞超度亡灵。2009年，都匀基督教会向慈善组织争取到4万元慈善款，资助州内贫困中学生43人、大学生30人；争取到价值60万元的轮椅车1100辆，赠送全州各县（市）残疾人。黔南州天主教爱国会向慈善机构争取到30300元资助州内7个县（市）贫困中学生35人；争取到7.6万元资助长顺县威远镇平王村民组修筑饮水设施，共50余户200余人受益。2010年，黔南特大旱灾中，全州宗教界共捐款5.6万元支援受灾群众抗旱救灾。此外，都匀基督教会于是年8月组织教友对都匀绕家河村被火烧房子的受灾群众捐款3000元、大米1000公斤和衣物1300件（套）。黔南州天主教爱国会从河北进德公益基金会引进助学金5.1万元，解决都匀、三都等7个县（市）47名贫困中学生入学难问题，引资3000元对残疾人王锦权进行帮扶。都匀基督教会还引进资金2万元帮助16名困难大学生解决学费问题。2011年，黔南州天主教爱国会从慈善组织引进助学金6.5万元资助4名困难大学生、60余名困难高中生入学；都匀基督教堂从慈善组织引进助学金2万元支助15名困难大学生、18名困难高中生；独山、惠水的天主教会为残疾人、敬老院捐资共3500元。2012年7月16日，都匀市凯口镇凯口村发生罕见的洪涝灾害，黔南州天主教爱国会与河北进德公益基金会取得联系，河北进德公益基金会援助都匀市凯口镇洪涝受灾群众175床棉被和10500公斤大米，解决175户、797人受灾群众的生活急需。是年，黔南州天主教爱国会继续向河北进德公益基金会争取助学经费5万元，分别用于支助8名大学生和31名高中生解决入学困难。是年10月，贵州省天主教、黔南州天主教爱国会在独山县尧棒乡开展大型公益慈善义诊活动，义诊团成员45人，为当地群众作血压、血糖检测和针灸、眼科、妇科、儿科、外科、内科、脑外科、牙科、中医科、心理科、推拿等方面诊治，投入药品6万元，为尧棒乡缺医少药的900余名群众提供帮助。经向省宗教事务局推荐，黔南州天主教爱国会、都匀基督教堂、贵定城关基督教堂、独山莲宗念佛堂、瓮安雍阳观音堂参加全国宗教界从事公益慈善活动经验交流会。2013年，开展宗教“慈善周”活动，慰问残疾人、孤寡老人，向雅安地震灾区捐款12万元。

2014年，州及县（市）共组织开展宗教慈善活动29场（次），捐款捐物11.8万元，对留守儿童和鳏寡孤独老人开展慈善慰问15次，惠及群众1300余人。

第三篇

中共地方组织

第一章　中共黔南布依族苗族自治州委员会

1991年—1992年6月为州委第五届任期的继续。1992年7月、1997年7月、2001年7月、2007年1月、2011年12月，先后召开中共黔南州第六次至第十次代表大会，进行了5次换届选举，截至2014年，州委第十届任期未满。全州县（市）党委、乡（镇）党委及基层组织也按期召开党员代表大会，进行换届。

历届州委坚持以马克思列宁主义、毛泽东思想、邓小平理论、“三个代表”重要思想、科学发展观、习近平新时代中国特色社会主义思想为指导，贯彻落实党的路线、方针、政策，执行中共中央、国务院和省委、省政府的决策、部署，在加强全州思想政治建设、党员干部队伍建设的同时，围绕全州经济、文化、社会建设，深化改革，扩大开放，抓住国家实施西部大开发等发展机遇，结合全州实际，制定各个阶段的发展战略，实施促进全州发展的政策、措施，全面推进政治建设、经济建设、文化建设、社会建设、生态文明建设。

第一节　黔南州党员代表大会

一、党员代表大会

1987年3月6—10日，中共黔南州第五次代表大会在都匀召开，选出中共黔南州委委员35名，候补委员4名。五届一次全委会选出中共黔南州委常委11名和书记1名、副书记3名。1992年3月，省委对州委主要领导调整。

1992年7月1—4日，中共黔南州第六次代表大会在都匀召开，出席大会代表299名，列席代表107名，特邀代表14名。大会讨论并通过州五届委员会《抓住机遇、深化改革，扩大开放，把我州现代化建设推向新阶段》的工作报告和州纪委工作报告两个报告，并作出《关于中共黔南州第五届委员会工作报告的决议》《关于中共黔南州纪律检查委员会工作报告的决议》。大会选举产生中共黔南州第六届委员会委员35名、候补委员4名，选举产生州纪委委员25名。中共黔南州第六届第一次全体委员会议选举产生常务委员会委员10名、副书记4名、书记1名。州纪委第一次全体委员会议选举产生常务委员会委员5名、副书记1名、书记1名。

1997年7月15—18日，中共黔南州第七次代表大会在都匀召开。出席大会代表299名，列席代表、特邀代表共135名。大会听取并审议通过州六届委员会《加强和改善党的领导带领全州各族人民为实现跨世纪目标努力奋斗》的工作报告和州纪委工作报告这两个报告，作出《关于中共黔南州第六届委员会工作报告的决议》《关于中共黔南州纪律检查委员会工作报告的决议》。大会选举产生中共黔南州第七届委员会委员 33 名、候补委员 6 名，选举产生州纪委委员 25 名。中共黔南州第七届第一次全体委员会议选举产生常务委员会委员 10 名、副书记 3 名、书记 1 名。州纪委第一次全体委员会议选举产生常务委员会委员 7 名、副书记 2 名、书记 1 名。

1998 年 7 月，省委对州委领导班子主要领导作调整。

2001 年 7 月 23—27 日，中共黔南州第八次代表大会在都匀召开。出席代表 300 名、列席代表、特邀代表共 126 名。大会听取审议并通过州七届委员会《勇于实践勇于创新为夺取黔南社会主义现代化建设的新胜利努力奋斗》的工作报告和州纪委的工作报告两个报告，并作出《关于中共黔南州第八届委员会工作报告的决议》《关于中共黔南州纪律检查委员会工作报告的决议》。大会选举产生中共黔南第八届委员会委员 39 名、候补委员 7 名，选举产生州纪委委员 24 名。中共黔南州第八届第一次全体委员会议选举产生常务委员会委员 13 名、副书记 4 名、书记 1 名。州纪委第一次全体委员会议选举产生常务委员会委员 8 名、副书记 2 名、书记 1 名。

2003 年 1 月、2006 年 12 月，省委对州委领导班子主要领导作调整。

2007 年 1 月 13—17 日，中共黔南州第九次代表大会在都匀召开。出席大会代表 340 名，列席代表 161 名，特邀代表 12 名。大会听取审议并通过州八届委员会《抢抓新机遇争创新优势谋求新突破为加快发展实现富民兴州而努力奋斗》的工作报告和州纪委的工作报告两个报告，并作出《关于中共黔南州第八届委员会工作报告的决议》《关于中共黔南州纪律检查委员会工作报告的决议》。

大会选举产生中共黔南州第九届委员会委员 51 名、候补委员 5 名，选举产生州纪委委员 26 名。中共黔南州第九届第一次全体委员会议选举产生常务委员会委员 12 名、副书记 2 名、书记 1 名。州纪委第一次全体委员会议选举产生常务委员会委员 8 名、副书记 2 名、书记 1 名。

2007 年 2 月、2008 年 7 月，省委对州委领导班子主要领导进行调整。

2011 年 12 月 28—31 日，中共黔南州第十次代表大会在都匀召开。出席大会代表 340 名，列席代表 165 名，特邀代表 12 名。大会听取并审议通过州九届委员会《加速发展加快转型推动跨越努力建设生态之州幸福黔南》的工作报告和州纪委《坚持改革创新健全惩防体系为黔南经济社会跨越发展提供坚强政治保证》的工作报告两个报告，作出《关于中共黔南州第九届委员会工作报告的决议》《关于中共黔南州纪律检查委员会工作报告的决议》。大会选举产生中共黔南州第十届委员会委员 51 名、候补委员 9 名，选举产生州纪委委员 30 名。中共黔南州第十届第一次全体委员会议选举产生常务委员会委员 13 名、副书记 3 名、书记 1 名。州纪委第一次全体委员会议选举产生常务委员会委员 9 名、副书记 3 名、书记 1 名。

2013 年 3 月，省委对州委领导班子主要领导作调整。

1991—2014 年中共黔南州委历任领导一览表

表 3－1－1

届　次	职　务	姓　名	任职时间	备　注
第五届	书　记	邱耀国	1987. 3—1992. 3	在职大专
		李培书	1992. 3—1992. 7	大学
	副书记	罗平义	1987. 3—1992. 3	布依族，中专
		潘希武	1987. 3—1992. 3	苗族，中专
		黄汉林	1987. 3—1989. 11	大学
		郝鑫中	1990. 2—1992. 7	中专
		肖永安	1990. 2—1992. 7	中央党校研究生
		莫时仁	1992. 3—1992. 7	布依族，大学
第六届	书　记	李培书	1992. 7—1997. 7	大学
	副书记	莫时仁	1992. 7—1993. 11	布依族，大学
		郝鑫中	1992. 7—1994. 3	中专
		肖永安	1992. 7—1996. 3	中央党校研究生
		吴嘉甫	1992. 7—1997. 7	布依族，中央党校研究生
		兰天权	1994. 3—1997. 7	苗族，大学
		张英峰	1996. 11—1997. 7	大学
		胡显仁	1996. 11—1997. 7	大学
第七届	书　记	李培书	1997. 7—1998. 7	大学
		何永康	1998. 7—2001. 7	大学
	副书记	兰天权	1997. 7—1999. 1	苗族，大学
		张英峰	1997. 7—1998. 7	大学
		胡显仁	1997. 7—2001. 3	大学
		黎光武	1998. 3—2001. 7	布依族，中央党校研究生
		余学强	1998. 6—2001. 7	法学博士
		蒙启良	1999. 1—2001. 7	苗族，中央党校研究生
		吴坤凤	2000. 1—2001. 7	女，大学
第八届	书　记	何永康	2001. 7—2003. 1	大学
		林明达	2003. 1—2006. 10	回族，中央党校研究生
		王培安	2006. 11—2007. 1	中央党校研究生
	副书记	蒙启良	2001. 7—2005. 2	苗族，中央党校研究生
		黎光武	2001. 7—2006. 9	布依族，中央党校研究生
		谌贻琴	2001. 12—2003. 1	女，白族，中央党校研究生
		余学强	2001. 7—2006. 11	在职法学博士
		吴坤凤	2001. 7—2005. 9	女，大学
		胡存智	2001. 9—2003. 10	壮族，理学硕士 挂职（国土资源部）
		杨启义	2002. 10—2007. 2	大专
		刘晓凯	2005. 2—2006. 11	苗族，中央党校研究生
		吴廷述	2005. 10—2007. 2	省委党校研究生

续表 3-1-1

届　次	职　务	姓　名	任职时间	备　注
第九届	书　记	王培安	2007.1—2007.2	中央党校研究生
		吴廷述	2007.2—2008.7	省委党校研究生
		黄家培	2008.7—2011.12	彝族，中央党校大学
	副书记	李月成	2006.11—2011.9	苗族，中央党校研究生
		刘朝容	2006.10—2010.2	女，省委党校研究生
		向红琼	2011.9—2011.12	女，苗族，理学博士
		杨　云	2011.4—2011.12	侗族，中央党校研究生
第十届	书　记	黄家培	2011.12—2013.3	彝族，中央党校大学
		龙长春	2013.3—2014.12	苗族，中央党校研究生，2015年在任
	副书记	向红琼	2011.12—2014.12	女，苗族，理学博士，2015年在任
		陈昌旭	2011.12—2012.7	中央党校研究生
		杨　云	2011.12—2012.10	侗族，中央党校研究生
		吴胜华	2012.10—2014.12	布依族，　硕士研究生，2015年在任

二、党员代表选举

1993年9月7—8日，中共黔南州代表会议在都匀召开，选举出席中共贵州省第七次代表大会的代表。出席这次会议的代表259名。会议由中共黔南州委常务委员会（以下简称州委常委）主持。州委主要领导代表州委在会上讲话。会议按照中共贵州省委分配的代表名额和代表条件，采用直接差额选举的办法和无记名投票的方式，从47名候选人中选举黔南州出席中共贵州省第七次代表大会的代表39名。

1998年7月3日，中共黔南州代表会议在都匀召开，应到会代表270人，实到代表241名。会议由州委常委主持。会上选举产生黔南州出席中共贵州省第八次代表大会的代表42名。其中，各级领导干部（含省委推荐的3名）28名，占66.7%；生产和工作一线党员代表14名，占33.3%；女性9名，占21.4%；少数民族26名，占61.9%；50岁以下（含50岁）29名，占69%。

2002年3月22日，中共黔南州代表会议在都匀召开，应到会代表281人，实到代表281名。会议由州委常委主持。会上选举产生黔南州出席中共贵州省第九次代表大会代表50名。其中：各级领导干部34名，占68%；各类专业技术人员代表11名，占22%；生产和工作一线先进模范5名，占10%；女性11名，占22%；少数民族32名，占64%；大专以上学历（含大专）43名，占86%；50岁以下（含50岁）的36名，占72%。

2007年3月19日，中共黔南州党员代表会议在都匀召开。大会选举产生黔南州出席中共贵州省第十次代表大会代表52名。在52名当选代表中，各级领导干部34名，占65.4%；各类专业技术人员12名，占23.1%；先进模范6名，占11.5%；女性12名，占23.1%；少数民族35名，占67.3%；50岁以下（含50岁）40名，占76.9%；大专以上学历（含大专）49名，占94.2%。

2011年12月28—31日，中共黔南州代表大会在都匀召开。大会选举产生黔南州出席中共贵州省第十一次代表大会代表52名（含3名省委提名下选领导干部）。在52名代表中，各级领导干部33名，占63.5%；生产和工作第一线代表19名，占36.5%；专业技术人员11名，占21.2%；先进模范代表8名，占15.3%；女性17名，占32.6%；少数民族36名，占69.2%；50岁以下（含50岁）35名，占67.3%；大专以上学历的（含大专）48名，占92.3%。

黔南州出席中共第十四次至第十八次全国代表大会代表名录

表3-1-2

届　次	姓　名	职　务	备　注
第十四次	李培书	中共黔南州委书记	
	韦邦富	州公安局一级警督	水族，省、州劳模，全国模范军队转业干部
第十五次	李培书	中共黔南州委书记	
	何元亮	罗甸县云干乡大关村党支部书记	1995年全国劳模，2000年省劳模，省第八次党代会代表
第十六次	何永康	中共黔南州委书记	
	韦祖宏	福泉市人民法院院长	水族，1995年全省优秀基层人民法院院长，2000年全国人民满意的好法官，2001年全国十大杰出青年法官
	王阿依	黔南州歌舞团团长	女，苗族，1997年省管专家，2001年全国少数民族文艺调演一等奖
第十七次	吴廷述	中共黔南州委书记	
	石冬梅	平塘县文体广播电视局局长、党组书记	女，毛南族
	王阿依	黔南州歌舞团团长	女，苗族，1997年省管专家，2001年全国少数民族文艺调演一等奖
第十八次	黄家培	中共黔南州委书记	彝族
	韦族琼	三都县大河镇党委书记	女，水族，1999年全国民族团结进步模范，2004年全国各族青年团结进步优秀奖
	莫　勤	都匀市水表有限责任公司工人	女，布依族，2011年全国“五一”巾帼标兵

第二节　全委会与常委会

一、全委（扩大）会议

1991年2月23—27日，州委五届六次全委（扩大）会在都匀召开。会议贯彻落实中共十三届七中全会和省委六届五次全会精神，讨论并通过《中共黔南州委关于国民经济和社会发展十年规划及“八五”计划安排要点》。

1992年4月21日，州委五届七次全委会在都匀召开。会议推选出席中共贵州省代表会议代表13名。是年6月27日，州委五届八次全委（扩大）会议在都匀举行。会议讨论修改中共黔南州第五届委员会工作报告和州纪委工作报告，讨论研究中共黔南州第六次党代表大会的有关事宜。7月4日，州委六届一次全委会议在都匀召开，新当选的六届委员、候补委员出席会议。会议选举产生常务委员会委员10名、副书记4名、书记1名。是年11月25—28日，州委六届二次全委（扩大）会议在都匀召开。会上传达省委六届八次全委（扩大）会议精神，安排部署全州经济工作，安排基层组织建设和县、乡换届工作，安排乡镇企业工作。

1993年8月17日，州委六届三次全委（扩大）会议在都匀召开。会议审议召开中共黔南州代表会议以及会议有关事项，酝酿讨论黔南州出席中共贵州省第七次代表大会代表候选人预备人选名额分配方案。是年12月8日，州委六届四次全委（扩大）会议在都匀召开。会议主要任务是传达贯彻省委七届二次全委（扩大）会议精神。

1994年10月18—19日，州委六届五次全委（扩大）会议在都匀召开。会议的主要任务是传达贯彻中共十四届四中全会精神和贵州省七届三次全委（扩大）会议精神，学习《中共中央关于加强党的建设几个重大问题的决定》。

1995年11月28—30日，州委六届六次全委（扩大）会议在都匀召开。会议贯彻落实中共十四届五中全会和省委七届四次全会精神，审议并通过《中共黔南州委关于制定黔南州国民经济和社会发展“九五”计划和2010年长远规划的建议（草案）》。

1996年12月12—13日，州委六届七次全委（扩大）会议在都匀召开。会议传达贯彻落实中共十四届六中全会和省委七届五次全会精神，审议并通过《中共黔南州委关于进一步加强社会主义精神文明建设的决议（讨论稿）》，递补州委委员。

1997年5月22日，州委六届八次全委（扩大）会议在都匀召开。会议选举黔南州出席中共贵州省第八次代表大会的代表。是年7月8日，州委六届九次全委（扩大）会议在都匀召开。会议决定中共黔南州第七次代表大会召开的时间，讨论修改中共黔南州第七次代表大会工作报告（修改稿）和州纪委工作报告（修改稿），讨论研究中共黔南州第七次代表大会的有关事宜。是年7月18日，州委七届一次全委会议在都匀召开。会议选举产生常务委员会委员10名、书记1名、副书记3名。是年10月24—25日，州委七届二次全委（扩大）会议在都匀召开。会议学习贯彻落实中共十五大和省委七届七次全会精神，研究进一步加快黔南州改革开放和现代化建设的有关问题。

1998年7月2日，州委七届三次全委（扩大）会议在都匀召开。会议研究决定召开中共黔南州代表会议的有关事项。

1999年1月7—9日，州委七届四次全委（扩大）会议在都匀召开。会议传达贯彻中央、省经济工作会议精神，总结1998年全州经济及其他各项工作，安排部署1999年全州经济及其他各项工作。

2000年10月26日，州委七届五次全委会议在都匀召开。会议传达省委八届六次全委会和全省经济工作会议精神，讨论并通过《中共黔南州委关于制定国民经济和社会发展第十个五年计划的建议》。

2001 年 7 月 22 日，州委七届六次全委（扩大）会议在都匀召开。会议审议并通过七届州委向州第八次党代会的工作报告和州纪委工作报告，关于对出席州第八次党代会代表产生情况的报告，关于对州第八次党代会“两委”（州委、州纪委）委员等人选安排情况的说明，审议通过关于召开中共黔南州第八次代表大会的决议。是年 7 月 27 日，州委八届一次全委会议在都匀召开。会议选举产生常务委员会委员 13 名、书记 1 名、副书记 4 名。

2002 年 2 月 22 日，州委八届二次全委会议在都匀召开。会议选举黔南州出席中共贵州省第九次代表大会代表候选人；表决通过《中共黔南州八届二次全委会议关于召开全州党代表会议的决议（草案）》。

2003 年 4 月 3—4 日，州委八届三次全委（扩大）会议在都匀召开。会议深入学习贯彻中共十六大精神，学习总书记胡锦涛在参加十届全国人大一次会议贵州代表团审议政府工作报告时的重要讲话和钱运录在 3 月 24 日省委常委（扩大）会议及 3 月 27 日视察惠水县摆榜乡时的重要讲话精神，会议讨论并通过《关于全面深入学习贯彻党的十六大精神抢抓机遇务实真干加快黔南发展的意见》。是年 7 月 29—31 日，州委八届四次全委（扩大）会议在都匀召开，会议的主要任务是学习贯彻胡锦涛总书记的“七一”重要讲话，学习“三个代表”重要思想，贯彻省委九届三次全委（扩大）会议精神，总结上半年工作，安排部署下半年工作。是年 12 月 5—6 日，州委八届五次全委（扩大）会议在都匀召开。会议学习和贯彻中共十六届三中全会、省委九届四次全会精神，听取州委常委会工作报告，讨论审议通过《中共黔南州委关于进一步深化和完善社会主义市场经济体制改革的意见》。

2004 年 4 月 21 日，州委八届六次全委（扩大）会议在都匀召开。会议学习贯彻中共十六届三中全会和省委九届四次全会精神，传达学习省委书记钱运录在黔南调研时的讲话精神，审议并通过《中共黔南州委关于整体推进新阶段扶贫开发工作的决定》，讨论修改有关制度。是年 8 月 23—24 日，州委八届七次全委（扩大）会议在都匀召开。会议贯彻落实省委九届五次全委（扩大）会议精神，讨论并通过《中共黔南州委、黔南州人民政府关于贯彻〈中共贵州省委贵州省人民政府关于加大力度实施西部大开发战略的若干意见〉的意见》，递补州委八届委员会委员。是年 10 月 29—30 日，州委八届八次全委（扩大）会议在都匀召开，会议贯彻落实省委九届六次全委会议精神，审议《中共黔南州委关于学习贯彻省委九届六次全会的意见》，听取和讨论州委常委会工作报告。

2005 年 8 月 12—13 日，州委八届九次全委（扩大）会议在都匀召开。会议贯彻落实省委九届七次全委会议精神，总结上半年工作，安排部署下半年工作。会议还对提交全委会讨论的《关于做好新形势下人口和计划生育工作的实施意见》《关于进一步做好新形势下国土资源工作的实施意见》《关于贯彻科学发展加快水利建设步伐的实施意见》《关于贯彻科学发展观进一步做好环境保护工作的实施意见》《关于进一步做好新形势下林业工作的意见》《关于深入推进惩治和预防腐败体系建设实施办法》等 6 个征求意见稿进行讨论。是年 11 月 14—15 日，州委八届十次全委（扩大）会议在都匀召开。会议学习中共十六届五中全会精神，贯彻落实省委九届八次全委会议精神，听取州委常委会的工作报告，审议并通过《中共黔南州委关于制定黔南州国民经济和社会发展第十一个五年规划的建议》。

2006 年 10 月 17 日，州委八届十一次全委（扩大）会议在都匀召开。会议讨论通过《关于召开中国共产党黔南州第九次代表大会的决议（草案）》，通报州委常委会 2006 年度民主生活会情况。

2007 年 1 月 7 日，州委八届十二次全委（扩大）会议在都匀召开。会议审议并通过中共黔南州第八届委员会向州第九次党代会作的工作报告、州纪委向州第九次党代会作的工作报告，关于对出席州第九次党代会代表产生情况的报告，关于对州委、州纪委换届有关人事安排情况的说明；审议通过关于召开中共黔南州第九次代表大会的决议；选举黔南州推荐出席中共十七大代表候选人初步人选。是年 1 月 18 日，州委九届一次全委会议在都匀召开。会议选举产生常务委员会委员 12 名、书记 1 名、副书记 2 名。是年 2 月 13 日，州委九届二次全委会在都匀召开。会议审议通过黔南州增加推荐出席中共十七大代表候选人初步人选建议名单，审议《中国共产党黔南布依族苗族州第九届委员会第二次全体会议关于召开黔南州党代表会议的决议（草案）》。是年 7 月 26 日，州委九届三次全委（扩大）会议在都匀召开。会议学习贯彻总书记胡锦涛在中央党校的重要讲话精神，贯彻落实省第十次党代会精神以及州第九次党代会精神，讨论通过《中共黔南州委、黔南州人民政府关于深入贯彻落实科学发展观，加快全州工业化进程的意见》，总结上半年工作，安排部署下半年工作。是年 12 月 8 日，州委九届四次全委（扩大）会议在都匀召开。会议讨论《中共黔南州委关于认真学习贯彻落实党的十七大精神推动经济社会又好又快发展的意见（讨论稿）》，通过《中共黔南州委九届四次全委（扩大）会议的决议》。

2008 年 8 月 6 日，州委九届五次全委（扩大）会议在都匀召开。会议传达省委书记石宗源在省委十届三次全会上的讲话精神，传达省委副书记王富玉在省委十届三次全会上通报瓮安“6・28”事件情况，审议并通过递补九届州委委员的决定。是年 12 月 15—16 日，州委九届六次全委（扩大）会议在都匀召开。会议听取和讨论州委常委会向全委会报告州委九届四次全会以来的工作，审议《中共黔南州委关于贯彻党的十七届三中全会和省委十届四次全会精神加快推进全州农村改革发展的意见》，研究部署推进黔南州农村改革发展工作。

2009 年 8 月 12 日，州委九届七次全委（扩大）会议在都匀召开。会议学习贯彻落实省委十届五次全会精神，研究部署大力推进全州非公有制经济又好又快发展这一重大工作，总结上半年工作，安排部署下半年工作。是月 27 日，州委九届八次全委（扩大）会议在都匀召开。民主推荐地厅级正职后备干部。

2010 年 1 月 8 日，州委九届九次全委（扩大）会议在都匀召开。会议的主要内容是州委常委会向全委会报告 2009 年的工作，审议并通过《中共黔南州委关于学习贯彻落实中共十七届四中全会和省委十届七次全会精神全面加强党建工作的实施意见》。是日，州委九届十次全委会议在都匀召开。民主推荐县级正职后备干部。是年 2 月 27 日，州委九届十一次全委会议在都匀召开。推荐县（市）党政正职后备干部。是年 4 月 19 日，州委九届十二次全委（扩大）会议在都匀召开。推荐全省统筹选配和跨地区交流任职县委书记人选。是年12月21—22日，州委九届十三次全委（扩大）会议在都匀召开。会议听取州委常委会的工作报告，审议并通过《中共黔南州委关于制定黔南州国民经济和社会发展第十二个五年规划的建议》。2011年8月26日，州委九届十四次全委（扩大）会在都匀召开。会议审议并通过《中共黔南州委关于加强和创新社会管理工作的实施意见》，研究部署全州新形势下加强和创新社会管理工作，是年10月18日，州委九届十五次全委会议在都匀召开。会议审议《中国共产党黔南州第九届委员会第十五次全委会议关于召开中国共产党黔南州第十次代表大会的决议（草案）》，作出《关于召开中共黔南州第十次代表大会的决议》。是年12月6日，州委九届十六次全委会议在都匀召开。会议的主要内容是：确定黔南州推荐出席中国共产党第十八次全国代表大会代表候选人初步人选，确定黔南州出席中共贵州省第十一次代表大会代表候选人预备人选。是年12月24日，州委九届十七次全委会议在都匀召开。会议讨论并通过九届州委工作报告提交州第十次党代会审议的决议（草案），讨论并通过州纪委工作报告提交州第十次党代会审议的决议（草案）。会议酝酿并表决通过十届州委委员、候补委员、州纪委委员候选人预备人选名单。

2011年12月31日，州委十届一次全委会议在都匀召开。会议选举产生常务委员会委员13名、书记1名、副书记2名。2012年12月17—18日，州委十届二次全委会议在都匀召开。会议听取州委常委会的工作报告，审议通过《中共黔南州委关于以县为单位开展同步小康创建活动的意见》《中共黔南州委关于进一步实施科教兴州战略大力加强人才队伍建设的实施意见》。2013年8月5日，州委十届三次全委（扩大）会议在都匀召开。会议听取州委常委会《提速转型跨越赶超为实现富民强州目标而努力奋斗》的工作报告。

2014年1月4—5日，州委十届四次全委（扩大）会议在都匀召开。会议听取并讨论州委常委会、州人大常委会党组、州政府党组、州政协党组、都匀军分区党委、州纪委2013年度工作报告，审议通过《中共黔南州委关于全面深化改革推动跨越发展的实施意见》《州委十届四次全会决议》，安排2014年经济工作，州委主要领导作题为《以党的十八届三中全会精神为指导努力开创全面深化改革加速发展的新局面》的讲话。是年11月17—18日，州委十届五次全委（扩大）会议在都匀召开。会议听取州委常委会《坚定不移地沿着中国特色社会主义法治道路全面推进依法治州》的工作报告，会议审议并通过《中共黔南州委关于全面推进依法治州的实施意见》《州委十届五次全委会决议》。

二、常委（扩大）会议

1991年召开常委会44次，其中，常委扩大会1次，专题研究人事议题常委会1次。总共研究议题183个，其中，政治建设议题5个，经济建设议题38个，文化建设议题8个，社会建设议题41个，生态文明建设议题3个，党的建设议题37个，学习传达中央和省的文件及会议精神议题12个，其他议题39个。9月9日，州委五届常委会第243次常委会议讨论黔南州村级组织建设领导小组《关于加强以党支部为核心的村级组织建设的实施意见》。

1992年召开常委会35次，其中，常委扩大会1次，专题研究人事议题常委会2次。总共研究议题147个，其中，政治建设议题5个，经济建设议题32个，文化建设议题2个，社会建设议题38个，党的建设议题31个，学习传达中央和省的文件及会议精神议题10个，其他议题29个。

1993年召开常委会33次，其中常委扩大会1次，专题研究人事议题常委会3次。总共研究议题137个，其中，政治建设议题4个，经济建设议题12个，文化建设议题2个，社会建设议题29个，党的建设议题45个，学习传达中央和省的文件及会议精神议题26个，其他议题19个。

1994年召开常委会30次，其中常委扩大会2次，专题研究人事议题常委会1次。总共研究议题124个，其中，政治建设议题4个，经济建设议题28个，文化建设议题3个，社会建设议题27个，党的建设议题26个，学习传达中央和省的文件及会议精神议题15个，其他议题21个。

1995年召开常委会30次，其中常委扩大会2次，专题研究人事议题常委会5次。总共研究议题133个，其中，政治建设议题3个，经济建设议题18个，文化建设议题4个，社会建设议题30个，党的建设议题40个，学习传达中央和省的文件及会议精神议题23个，其他议题15个。

1996年召开常委会39次，其中专题研究人事议题常委会3次。总共研究议题141个，其中，政治建设议题5个，经济建设议题20个，文化建设议题6个，社会建设议题28个，党的建设议题20个，学习传达中央和省的文件及会议精神议题32个，其他议题30个。2月27日下午，州委六届常委会第109次常委会议讨论研究州政府党组《关于进一步扩大开放，加快经济发展的报告》。

1997年召开常委会38次，专题研究人事议题常委会2次。总共研究议题118个，其中，政治建设议题2个，经济建设议题20个，文化建设议题2个，社会建设议题32个，生态文明建设议题1个，党的建设议题21个，学习传达中央和省的文件及会议精神议题17个，其他议题23个。

1998年召开常委会31次，其中，常委扩大会1次，专题研究人事议题常委会5次。总共研究议题145个，其中，政治建设议题3个，经济建设议题15个，文化建设议题3个，社会建设议题29个，党的建设议题42个，学习传达中央和省的文件及会议精神议题25个，其他议题28个。

1999年召开常委会24次，其中，常委扩大会2次，专题研究人事议题常委会3次。总共研究议题109个，其中，政治建设议题2个，经济建设议题14个，文化建设议题4个，社会建设议题36个，党的建设议题32个，学习传达中央和省的文件及会议精神议题10个，其他议题11个。9月16日下午，州委七届常委会第60次常委会议讨论《中共黔南州委领导班子“三讲”教育整顿方案》。

2000年召开常委会28次，其中，常委扩大会1次，专题研究人事议题常委会4次。总共研究议题112个，其中，政治建设议题4个，经济建设议题21个，文化建设议题5个，社会建设议题22个，党的建设议题27个，学习传达中央和省的文件及会议精神议题

15 个，其他议题 18 个。7 月 5 日上午，州委七届常委会第 81 次常委（扩大）会议专题听取全州抗洪抢险救灾工作情况汇报并就有关问题进行研究。

2001 年召开常委会 20 次，其中，常委扩大会 2 次，专题研究人事议题常委会 5 次。总共研究议题 99 个，其中，政治建设议题 2 个，经济建设议题 18 个，文化建设议题 1 个，社会建设议题 30 个，生态文明建设议题 1 个，党的建设议题 21 个，学习传达中央和省的文件及会议精神议题 9 个，其他议题 17 个。12 月 30 日上午，州委八届常委会第 19 次常委（扩大）会议专题讨论《全州林业工作情况汇报》《依法保护和治理生态环境，促进生态效益、经济效益、社会效益的协调发展》，并就林业和生态建设工作进行研究部署。

2002 年召开常委会 41 次，其中，常委扩大会 10 次，专题研究人事议题常委会 11 次。总共研究议题 142 个，其中，政治建设议题 7 个，经济建设议题 25 个，文化建设议题 2 个，社会建设议题 25 个，党的建设议题 42 个，学习传达中央和省的文件及会议精神议题 17 个，其他议题 24 个。1 月 11 日，州委八届常委会第 22 次常委（扩大）会议专题听取州民族宗教事务局和州旅游局的工作报告，研究全州民族文化旅游产业发展事宜，明确提出“打好民族牌，发挥民族文化优势，弘扬民族传统文化、促进民族团结、经济发展、社会进步”“坚持旅游资源开发与保护并重，打好旅游牌，努力实现旅游产业成为全州经济增长点”的要求。

2003 年召开常委会 43 次，其中，常委扩大会 4 次，专题研究人事议题常委会 18 次。总共研究议题 170 个，其中，政治建设议题 8 个，经济建设议题 37 个，文化建设议题 6 个，社会建设议题 31 个，生态文明建设议题 2 个，党的建设议题 40 个，学习传达中央和省的文件及会议精神议题 27 个，其他议题 19 个。6 月 27 日下午，州委八届常委会第 86 次常委（扩大）会议专题研究蒙江流域水电资源开发及《蒙江流域水电资源开发协议（讨论稿）》等有关事宜。

2004 年召开常委会 37 次，其中，常委扩大会 1 次，专题研究人事议题常委会 7 次。总共研究议题 100 个，其中，政治建设议题 4 个，经济建设议题 19 个，文化建设议题 5 个，社会建设议题 15 个，生态文明建设议题 1 个，党的建设议题 19 个，学习传达中央和省的文件及会议精神议题 8 个，其他议题 29 个。9 月 10 日下午，召开州委八届常委会第 131 次常委办公会议，传达学习全省对台工作会议精神，研究州委办公室、州政府办公室《关于建立黔南州处理信访突出问题及群体性事件联席会议制度的通知》。

2005 年召开常委会 39 次，其中，专题研究人事议题常委会 1 次。总共研究议题 112 个，其中，政治建设议题 5 个，经济建设议题 11 个，文化建设议题 2 个，社会建设议题 12 个，党的建设议题 31 个，学习传达中央和省的文件及会议精神议题 13 个，其他议题 38 个。

2006 年召开常委会 45 次，其中，专题研究人事议题常委会 3 次。总共研究议题 86 个，其中，政治建设议题 1 个，经济建设议题 7 个，文化建设议题 2 个，社会建设议题 4 个，党的建设议题 18 个，学习传达中央和省的文件及会议精神议题 11 个，其他议题 43 个。3 月 27 日上午，州委八届常委会第 193 次常委会议传达学习新华社报道陆永康先进事迹的长篇通讯，讨论《中共黔南州委关于在全州开展向陆永康同志学习活动的决定》，研究《陆永康同志先进事迹报告会建议方案》，研究全州的贯彻落实意见。11 月 1 日下午，州委八届常委会第 319 次常委会议研究州政府党组关于审定《黔南州社会治安见义勇为基金表彰奖励暂行规定（草案）》的报告等。12 月 27 日上午，州委八届常委会第 327 次常委会议研究《州纪委、州委组织部、州编委办、州监察局〈关于对州纪委州监察局派驻纪检监察机构实行统一管理的意见〉的请示》。

2007 年召开常委会 33 次，其中专题研究人事议题常委会 4 次。总共研究议题 142 个，其中，政治建设议题 6 个，经济建设议题 11 个，文化建设议题 4 个，社会建设议题 26 个，党的建设议题 49 个，学习传达中央和省的文件及会议精神议题 23 个，其他议题 23 个。7 月 5 日下午，州委九届常委会第 19 次常委会议讨论《中共黔南州委关于进一步加强和改进人大工作的决定（送审稿）》《中共黔南州委关于加强人民政协工作的实施意见（送审稿）》《中共黔南州委关于巩固和壮大新世纪新阶段统一战线的实施意见（送审稿）》。

2008 年召开常委会 32 次，其中专题研究人事议题常委会 17 次。总共研究议题 152 个，其中，政治建设议题 3 个，经济建设议题 17 个，文化建设议题 4 个，社会建设议题 31 个，生态文明建设议题 1 个，党的建设议题 38 个，学习传达中央和省的文件及会议精神议题 23 个，其他议题 35 个。1 月 28 日下午，州委九届常委会第 38 次常委会议听取州抗凝冻灾害应急指挥部关于全州遭受凝冻灾害和采取措施积极应对的有关情况，并对下一步的抗灾抢险等各项工作进行研究和部署。6 月 28 日晚，州委九届常委会第 46 次常委会议就贯彻落实全国、全省处理信访突出问题及群体性事件电视电话会议精神，开展好“县（市）委书记大接访活动”，切实做好处理信访突出问题及群体性事件等有关工作进行研究部署。7 月 1 日上午，州委九届常委会第 47 次常委会议通报瓮安县“6・28”打砸抢烧突发事件的有关情况，就该事件的处置及相关工作进行研究部署。

2009 年召开常委会 34 次，其中专题研究人事议题常委会 5 次。总共研究议题 128 个，其中，政治建设议题 3 个，经济建设议题 27 个，文化建设议题 6 个，社会建设议题 21 个，生态文明建设议题 1 个，党的建设议题 26 个，学习传达中央和省的文件及会议精神议题 26 个，其他议题 18 个。

2010 年召开常委会 39 次，其中专题研究人事议题常委会 1 次。总共研究议题 141 个，其中，政治建设议题 5 个，经济建设议题 19 个，文化建设议题 8 个，社会建设议题 26 个，生态文明建设议题 1 个，党的建设议题 21 个，学习传达中央和省的文件及会议精神议题 31 个，其他议题 30 个。5 月 31 日下午，州委九届常委会第 117 次常委会议研究州政府党组《关于州成立非公有制经济发展领导小组的报告》的有关事宜。

2011 年召开常委会 51 次，其中专题研究人事议题常委会 8 次。总共研究议题 132 个，其中，政治建设议题 23 个，经济建设议题 20 个，文化建设议题 12 个，社会建设议题 21 个，生态文明建设议题 3 个，党的建设议题 16 个，学习传达中央和省的文件及会议精神议题 26 个，其他议题 11 个。5 月 27 日下午，州委九届常委会第 154 次常委会议，传达学习省委十届十一次全体会议精神和全省项目观摩会会议精神，研究州政府党组《关于审定

〈黔南州加强招商引资工作进一步扩大开放实施意见〉的报告》《关于审定〈黔南州领导干部带头招商引资考核及奖惩办法（暂行）〉的报告》。

2012年召开常委会40次，其中，专题研究人事议题常委会5次，常委扩大会4次。总共研究议题161个，其中，政治建设议题4个，经济建设议题30个，文化建设议题6个，社会建设议题22个，生态文明建设议题1个，党的建设议题38个，学习传达中央和省的文件及会议精神议题27个，其他议题33个。5月22日下午，州委十届常委会第13次常委会议研究州政府党组《关于黔南州城市建设年实施方案的报告》，讨论研究关于全州城镇建设工作会筹备情况。

2013年召开常委会32次，其中，常委扩大会13次，专题研究人事议题常委会6次。总共研究议题197个，其中，政治建设议题5个，经济建设议题46个，文化建设议题13个，社会建设议题36个，生态文明建设议题8个，党的建设议题32个，学习传达中央和省的文件及会议精神议题26个，其他议题31个。7月28日，州委十届常委会第59次常委（扩大）会议，专题研究《关于推进都匀东部新城城市综合体建设有关事宜的请示》《关于审查开磷剑化公司资产转让协议的请示》，听取关于全州深入推进解放思想大讨论活动情况汇报等。9月26日，州委十届常委会第64次常委会议研究《关于审定州本级部门单位向上争取资金奖惩暂行办法的请示》《关于设立州检察院职务犯罪预防局的请示》《关于州政协研究室升格为正县级机构的请示》等。12月17日，州委十届常委会第70次常委（扩大）会议通报中央电视台“焦点访谈”栏目播放“大拆迁、为哪般”报道的有关情况，安排部署检查整改等相关工作。

2014年共召开州委常委会43次，其中，常委扩大会21次，专题研究人事议题常委会15次。总共研究工作议题206个，其中，政治建设议题30个，经济建设议题41个，文化建设议题4个，社会建设议题14个，生态文明建设议题3个，党的建设议题46个，学习传达中央和省的文件及会议精神议题40个，其他议题28个。5月27日下午，州委十届常委会第88次常委（扩大）会议传达学习中央活动办《关于河南省兰考县委专题民主生活会情况的通报》、省委书记赵克志与部分省直部门党委（党组）书记集体谈话时的讲话和全省第二批教育实践活动（铜仁片区）推进会精神，研究《黔南州关于贯彻落实〈建立健全惩治和预防腐败体系2013—2017年工作规划〉2014年度工作计划》《州级领导接处群众来访处理群众来信的暂行规定》《黔南州〈党政机关厉行节约反对浪费条例〉实施办法》等。11月14日下午，州委十届常委会第110次常委（扩大）会议研究《中共黔南州委黔南州人民政府关于加快“两高”经济发展的意见》《黔南州州直机关（单位）科级以下干部交流工作暂行规定》《黔南州州直机关（单位）科级以下干部交流工作实施方案》等。12月17日下午，州委十届常委会第113次（扩大）会议传达学习《中共中央组织部关于对河北等10省区市和国家体育总局、中国科学院选人用人工作检查情况的通报》，听取州委组织部关于县（市）和州直部门优秀年轻干部和近期能够使用干部专项调研的情况报告，研究《黔南布依族苗族自治州剑江河流域保护条例（草案）》《关于改进和规范黔南州州直单位科级干部选拔任用工作的意见》《黔南州关于调整处理不适宜担任现职领导干部办法（试行）》《都匀毛尖百年庆典总体框架方案及相关事宜》等。12 月 30 日下午，州委十届常委会第 115 次（扩大）会议审定《中共黔南州委关于落实全面治党要求进一步加强党的建设的决定》等州委十届六次全会文稿，研究《黔南州高速公路建设资本金筹集办法》《黔南州州管干部工作记实、实绩公示和评议办法》。

第三节　其他重要会议

一、全州领导干部大会

1993 年 9 月 9 日，州委召开全州领导干部大会。会议主要传达中纪委二次全会和全省领导干部会议精神，研究部署全州反腐倡廉工作。州委主要领导在会上讲四点意见：深入学习，提高认识，把反腐败斗争抓紧抓好；及时部署，狠抓落实，务必在近期内取得反腐败斗争的明显阶段性成果；加强领导，通力合作，保证反腐败斗争顺利进行；突出重点，把握原则，推进反腐败斗争健康发展。

1994 年 7 月 15 日，州委召开全州领导干部大会，会期 2 天。会议传达全省领导干部会议精神，研究如何增收节支、确保完成全年财政收入任务。

1996 年 3 月 7 日，州委召开全州领导干部大会，会期 2 天。会议的主题是学习河池经验，进一步扩大开放，加快全州经济发展步伐。

1997 年 3 月 13 日，州委召开全州领导干部大会。会议主要是传达贯彻江泽民总书记在中央纪委八次全会上的重要讲话、中央纪委八次全会精神和全省领导干部会议精神，总结全州 1996 年党风廉政建设和反腐败斗争工作。

1998 年 6 月 23—25 日，州委召开全州领导干部大会。会议传达贯彻全省国有企业下岗职工基本生活保障和再就业工作会议、全省粮食流通体制改革工作会议、全省对台工作会议、省委关于《抓住机遇，加快发展》文件及省纪委关于《清理通信工具工作验收通知》精神，讨论《全州粮食流通体制改革方案》《关于做好国有企业下岗职工基本生活保障和再就业工作实施方案》。

1999 年 8 月 6 日，州委召开全州领导干部大会。州政府主要领导在会上传达中央和省政府经济工作情况，安排部署后 5 个月的工作，作题为《认清形势统一思想狠抓落实全力以赴确保全年各项任务全面完成》的讲话。州人大常委会主要领导传达中央、省解决和处理邪教会议精神并通报全州有关落实情况。州委主要领导在会议结束前作题为《树立信心顽强拼搏坚决完成今年全州各项任务》的重要讲话。

1999 年 9 月 11 日，州委召开全州领导干部大会。会议分别对州委、州人大常委会、州政府、州政协、州纪委五家班子民主生活会情况进行通报，并根据省“三讲”办的安排，对州级领导班子、领导干部进行民主测评，民主推荐州级后备干部人选。州委、州政府主要领导分别通报州委班子和州政府班子开展批评与自我批评民主生活会情况。

2003 年 1 月 28 日，州委召开全州领导干部会议。会议主要传达省委的决定：黔南州委领导班子主要负责人、部分成员作调整。

2005 年 2 月 16 日，州委召开全州领导干部大会。会议传达学习总书记胡锦涛春节期间视察贵州工作时的重要讲话和省委书记钱运录在全省党员领导干部大会上的讲话精神。

2007 年 1 月 18 日，州委召开全州领导干部会议，民主推荐十届省委委员、候补委员和省纪委委员候选人初步人选。

2007 年 4 月 7 日，州委举办第二期全州领导干部专题学习讲座。讲座由深圳赛纳策划机构总经理、深圳市城市化研究会副会长、博士邓雪丽主讲《金融与地区经济增长》，中山大学旅游学院院长助理、副教授、博士冯科主讲《旅游产业发展与区域经济》。

2008 年 6 月 18 日，州委召开全州领导干部会议。会议传达学习总书记胡锦涛、总理温家宝在中央召开省（区、市）和中央部门主要负责人会议上的重要讲话。

2008 年 7 月 7 日，州委召开全州领导干部大会。会议传达省委书记石宗源 7 月 3 日在省委召开的瓮安“6・28”事件阶段性处置情况汇报会上的重要讲话精神，通报瓮安“6・28”事件的处置情况，剖析事件发生的原因和教训。

2008 年 7 月 19 日，州委召开全州领导干部大会。会议宣布省委对黔南州委领导班子主要领导作调整。

2009 年 3 月 30 日，州委召开全州领导干部大会和全州基层党建工作述职会议。

2010 年 10 月 22 日，州委召开全州领导干部大会。会议传达中共十七届五中全会精神和省委《关于学习贯彻党的十七届五中全会精神的通知》。

2012 年 11 月 17 日，州委召开全州领导干部大会。会议主要学习传达中共十八大精神，研究部署贯彻落实中共十八大精神的意见，冲刺全年工作目标任务，展望和谋划明年各项工作。

2013 年 11 月 16 日，州委召开全州领导干部大会。会议传达学习中共十八届三中全会精神，组织动员全州各级党组织和党员以中共十八届三中全会精神为指导，全面深化改革，推动黔南跨越发展；传达全省领导干部大会精神。

2014 年 3 月 16 日，州委召开全州领导干部大会。会议传达学习全国“两会”精神。

2014 年 5 月 9 日，州委召开全州领导干部大会。会议传达学习省委副书记、省长陈敏尔在黔南州平塘、荔波调研时的讲话精神。

2014 年 8 月 11 日，州委召开全州领导干部大会。会议传达学习省委书记、省人大常委会主任赵克志在黔南调研期间的讲话精神。

1993—2014 年，共召开全州领导干部大会 46 次。

二、全州经济工作会议

1991 年 9 月 17 日，州委召开经济工作县委书记会议，会期 6 天。州委主要领导在会上作讲话，主要内容是要进一步提高对执政党地位的认识，进一步保持党的形象，进行党政机关的整顿，在党的领导下，正确处理好条条块块的关系，总结历史的教训。

1994 年 3 月 8 日，州委召开全州经济工作会议，会期 3 天。会议传达全国、全省经济工作、农村工作会议精神和省八届人大二次会议精神。

1995 年 1 月 13 日，州委召开全州经济工作会议，会期 2 天。会议传达学习中央和全省经济工作会议精神，总结 1994 年全州经济工作和其他各项工作，分析当前形势，统一思想认识，明确当年工作总思路和主要经济任务，确定经济工作和其他各项工作目标，制定具体工作措施，进一步把全州经济建设和其他工作推向前进。

2000 年 1 月 5 日，州委召开全州经济工作会议。会议贯彻中央和全省的经济工作会议精神，总结全州 1999 年的经济工作，研究部署 2000 年经济工作和其他各项工作任务。

2002 年 12 月 28 日，州委召开全州经济工作会议。会议按照全国、全省经济工作会议精神，总结全州 2002 年的经济工作，安排部署 2003 年经济工作任务。

2003 年 12 月 26 日，州委召开全州经济工作会议。会议贯彻落实中共十六大、十六届三中全会、省委九届四次全会和中央、全省经济工作会议精神，分析当前形势，总结 2003 年经济工作，安排布置 2004 年经济工作。

2005 年 12 月 29 日，州委召开全州经济工作会议。会议贯彻落实中央、全省经济工作会议精神，总结回顾 2005 年经济工作，安排部署 2006 年经济工作。

2006 年 12 月 28 日，州委召开全州经济工作会议。会议总结 2006 年全州经济工作情况，安排部署 2007 年全州经济工作。

2008 年 1 月 3 日，州委召开全州经济工作会议，会期 2 天。会议学习贯彻中共十七大和中央、全省经济工作会议精神，按照省委十届二次全会和州委九届四次全会的要求，分析当前经济形势，回顾总结 2007 年经济工作，谋划部署 2008 年经济工作。

2009 年 2 月 5 日，州委召开全州经济工作会议。会议贯彻落实科学发展观，按照中央、全省经济工作会议精神，回顾总结 2008 年工作，分析当前发展形势，安排部署 2009 年工作。

2011 年 1 月 12 日，州委召开全州经济工作会议。会议学习贯彻中共十七届五中全会、中央经济工作会、省委十届十次全会精神和全省经济工作会议精神，分析当前经济形势，总结 2010 年全州经济工作，部署 2011 年全州经济工作。

2013 年 7 月 15 日，州委、州政府召开全州半年经济工作座谈会。会议学习贯彻全省半年经济工作会议暨项目观摩总结会精神，总结上半年经济运行情况，安排部署下半年经济工作。会议要求以加快转变经济发展方式为主线，围绕“加速发展、加快转型、推动跨越”主基调，实施“工业强省、城镇化带动”主战略，按照“稳中求进、进中求快、快中求好、又好又快”的总要求，全面完成年初确定的各项目标任务。

2014 年 1 月 4 日，州委召开州委十届四次全体（扩大）会议暨全州经济工作会议，会期 2 天。会议学习贯彻中共十八届三中全会精神、中央经济工作会议精神和省委十一届四次全会精神、全省经济工作会议精神。围绕“富民强州、同步小康”目标，安排部署 2004 年全州经济工作。

2014 年 7 月 23 日，州委、州政府召开全州半年经济工作座谈会。会议分析总结 2014 年全州上半年各项工作完成情况，对下半年工作进行安排部署。会议要求，全州经济工作要突出“五抓”，即：抓特色、扬优势，准确把握产业发展方向；抓堆头、扩总量，全神贯注致力于工业突破；抓项目、扩投资，以投资拉动经济快速发展；抓城镇、扩就业，着力推进新型城镇化建设；抓环境、扶主体，再接再厉推进民营经济发展。

1991—2014 年，共召开全州经济工作会议 26 次。

三、全州县（市）委书记、县（市）长会议

1991 年 6 月 24 日，州委召开全州县（市）委书记、县（市）长会议，会期 4 天。州委主要领导在会上作讲话，要求：开展以经济建设为中心的再教育；继续开展农村社会主义思想教育；做好建镇并乡撤区工作；开展县（市）党代会的筹备工作。

1992 年 1 月 7 日，州委召开全州县（市）委书记、县（市）长会议。州委主要领导在会上作讲话，提出 1992 年的工作思路：继续贯彻党的“一个中心，两个基本点”，进一步推进改革开放，在巩固治理整顿成果和继续保持总供给与总需求基本平衡的基础上，把经济工作的重点转移到调整结构和提高效益的轨道上来。

2009 年 10 月 21 日，州委召开第三季度全州县（市）委书记、县（市）长工作会议，州委、州政府主要领导分别在会上作讲话，提出下步工作要求。

2010 年 7 月 26 日，州委召开全州第二季度县（市）委书记、县（市）长会议。州委主要领导在会上作讲话，要求：认真总结，把握形势，切实增强加快发展的责任感和紧迫感；盯紧目标，突出重点，努力实现再提速再增效，要进一步推进“185”工程的实施，进一步加强工业聚集化发展，进一步加快以旅游为龙头的第三产业发展，进一步加快全州项目落实进度，进一步加快城镇化建设步伐，进一步加强财税工作，进一步加强“十二五”规划编制工作，进一步抓好保障和改善民生工作，进一步统筹抓好各项工作，转变作风，强化责任，确保全年目标任务再争上游。

2012 年 4 月 22 日，州委召开 2012 年第一季度县（市）委书记、县（市）长会议。会议学习传达省第十一次党代会精神，12 个县（市）都匀经济开发区和 5 个州直部门提供书面汇报材料。州委、州政府主要领导分别在会上作讲话。州委主要领导要求：正确估价形势，切实增强加快发展的责任感和紧迫感；进一步抓好国发 2 号文件的落实，强攻发展重点，确保上半年经济发展目标实现“时间过半，任务超半”；发扬“背篼干部”精神，狠抓作风转变，切实增强执行力和落实力；认真学习贯彻落实省第十一次党代会精神。

2012 年 10 月 29 日，州委召开第三季度县（市）委书记、县（市）长会议，会期 1 天。州政府主要领导作题为《增强信心奋力冲刺全面完成和超额完成全年经济社会发展目标任务》的讲话，州委主要领导作题为《奋力冲刺确保增比进位目标全面实现》的讲话。

2013 年 4 月 8 日，州委召开州委中心组学习暨第一季度县（市）委书记、县（市）长会议，会期 1 天半。会议传达学习全国人大会议和政协会议精神。习近平在十二届全国人大第一次会议结束时的讲话、李克强在参加十二届全国人大第一次会议贵州代表团审议时的讲话以及省委书记赵克志、省长陈敏尔的讲话等，州政府主要领导分析当前黔南州面临的形势，指出存在的问题，并对下一步的工作进行安排部署。州委主要领导作讲话，要求：坚持解放思想、转变观念，切实增强发展自信、跨越自信、小康自信；坚持提速转型、后发赶超，努力实现追赶型、调整型、跨越式发展；坚持深化改革、创新发展，着力解决重

点环节、关键领域的瓶颈制约问题；坚持以人为本，包容增长，确保发展惠民生、保民安、聚民力；坚持干字当头，拼字为要，着力形成抢机遇、干大事、争先进的浓厚氛围；坚持党要管党，从严治党，务求做到守土有责、守土有方、守土有效。

2013年10月27日，州委在惠水县举办州委中心组学习读书会议暨县（市）委书记、县（市）长会议。会议集中学习习近平系列讲话精神，省委书记赵克志在省委常委班子专题民主生活会结束时的讲话精神。州委中心学习组成员和州直有关部门负责人作专题发言，州委主要领导在会上提出要求：深刻领会、全面贯彻习近平重要讲话精神，必须坚定理想信念，切实在共同筑梦中不辱使命；深刻领会、全面贯彻习近平重要讲话精神，必须坚持解放思想，切实在提振精神中与时俱进；深刻领会、全面贯彻习近平重要讲话精神，必须推动科学发展，切实在提速转型中富民强州；深刻领会、全面贯彻习近平重要讲话精神，必须强化宗旨意识，切实在为民服务中艰苦奋斗；深刻领会、全面贯彻习近平重要讲话精神，必须发扬钉子精神，切实在真抓实干中创先争优；深刻领会、全面贯彻习近平重要讲话精神，必须加强自身建设，切实在火热实践中锻造队伍。

1991—2014年，共召开全州县（市）委书记、（市）长会议28次。

第四节　中共县（市）委员会

一、中共都匀市委员会

1991年为中共都匀市委第五届任期（1988年9月—1992年1月）。1992年1月20—24日、1996年9月23日—26日、2001年6月18—21日、2006年10月25—27日、2011年10月25—28日，先后召开中共都匀市第六次、第七次、第八次、第九次、第十次代表大会，共进行了5次换届选举。至2014年12月，中共都匀市第十届委员会任期未满。

2014年12月，中共都匀市委有工作部门11个，辖机关各部门党委2个、党工委5个、党组35个、乡（镇）党委5个；市纪委工作机构有11个室，辖机关各部门纪检组38个、纪工委5个和乡（镇）纪委5个。

二、中共福泉市委员会

1991年为中共福泉县委员会第六届任期。1992年1月11—15日，召开中共福泉县第七次代表大会，进行了换届选举。1996年12月27—29日，召开中共福泉市第一次代表大会，选举产生中共福泉市第一届委员会。2001年6月23—26日、2006年10月18—21日、2011年10月22—24日先后召开中共福泉市第二次，第三次、第四次代表大会，进行了换届选举。至2014年12月，中共福泉市第四届委员会任期未满。

2014年12月，中共福泉市委员会有工作部门10个、直属事业单位2个，辖机关各部门党组43个、党委2个、专职党支部406个、党总支54个、党工委6个和乡（镇）党委6个；县纪委工作机构有7个室、3个纪工委、1个中心，辖机关各部门纪检组27个、纪委1

个、乡（镇）纪委6个和街道办事处纪工委2个。

三、中共瓮安县委员会

1991年1—6月为中共瓮安县委第六届任期。1991年6月26—29日、1996年10月23—25日、2001年6月15—17日、2006年10月20—23日、2011年10月28—31日先后召开中共瓮安县第七次、第八次、第九次、第十次、第十一次代表大会，进行了5次换届选举。至2014年12月，中共瓮安县委员会第十一届委员会任期未满。

2014年，中共瓮安县委员会共有党组织559个，其中，基层党委15个、党工委6个、机关党委18个、党总支部75个、党支部445个。有党员14173名。其中，女党员3314名；少数民族党员706名。县纪委工作机构13个室、4个纪工委，辖经济开发区纪工委1个、机关各部门纪检组29个、纪委1个、街道纪工委2个、乡（镇）纪委11个。

四、中共贵定县委员会

1991年为中共贵定县委员会第七届任期。1992年1月19—22日、1996年10月28—30日、2001年6月22—24日、2006年10月25—27日、2011年10月27—29日，先后召开中共贵定县第八次、第九次、第十次、第十一次、第十二次代表大会，进行了5次换届选举。至2014年12月，中共贵定县第十二届委员会任期未满。

2014年12月，中共贵定县委员会有工作部门19个，辖机关各部门党组31个、党委5个、专职党支部453个、党总支28个、党工委2个、镇党委6个、街道党工委2个；县纪委工作机构有9个室、1个举报中心、3个纪工委，辖机关各部门纪检组24个、乡（镇）纪委6个和街道纪工委2个。

五、中共龙里县委员会

1991年为中共龙里县委员会第六届任期，1992年1月7—9日、1996年11月12—14日、2001年6月18—20日、2006年10月23—25日、2011年10月25—27日先后召开中共龙里县第七次、第八次、第九次、第十次、第十一次代表大会，进行了5次换届选举。至2014年12月，中共龙里县第十一届委员会任期未满。

2014年12月，中共龙里县委员会有工作部门9个、直属事业单位2个，辖机关各部门党组42个、党委10个、专职党支部117个、党总支4个和街道党工委1个、镇党委5个；县纪委工作机构有8室、3个纪工委、3个分局，辖机关各部门纪检组35个、纪委1个和街道纪工委1个、镇纪委5个。

六、中共惠水县委员会

1991年为中共惠水县委员会第七届任期（1988年9月—1992年1月）。1992年1月14日—17日、1996年10月16日—18日、2001年6月18—19日、2006年10月18—20日、2011年10月26日—28日，先后召开中共惠水县第八次、第九次、第十次、第十一次、第十二次代表大会，进行了5次换届选举。至2014年12月，中共惠水县第十二届委员会任期未满。

2014年12月，中共惠水县委员会有工作部门10个、直属事业单位3个，辖机关各部门党组26个、党委1个、党支部472个、党总支1个、党工委2个和乡（镇）党委8个；县纪委工作机构有7个室、4个纪工委、1中心，辖机关各部门纪检组35个、纪委1个和镇纪委8个、街道纪工委2个。

七、中共长顺县委员会

1991年为中共长顺县委员会第六届任期。1992年1月7—10日、1996年11月6—8日、2001年6月19—21日、2006年10月28—30日、2011年10月26—28日，先后召开中共长顺县第七次、第八次、第九次、第十次、第十一次代表大会，进行了5次换届选举。至2014年12月，中共长顺县第十一届委员会任期未满。

2014年12月，中共长顺县委员会有工作部门11个、直属事业单位2个，辖机关各部门党组35个、党委1个、党支部110个、党总支3个、党工委1个和乡（镇）党委7个；县纪委内设机构9个、举报中心1个和信息中心1个，纪工委3个，派驻纪检组26个，纪委1个、纪工委1个、乡（镇）纪委6个、街道纪工委1个。

八、中共独山县委员会

1991年为中共独山县委员会第六届任期。1992年1月6—9日、1996年10月6—8日、2001年6月26—28日、2006年10月22—24日、2011年10月21—23日先后召开中共独山县第七次、第八次、第九次、第十次、第十一次代表大会，进行了5次换届选举。至2014年12月，中共独山县第十一届委员会任期未满。

2014年12月，中共独山县委员会有工作部门8个、直属事业单位2个，辖机关各部门党组29个、党委14个、党支部315个、党总支38个、党工委3个；县纪委工作机构有8个室、1个中心，辖机关各部门纪检组41个、纪委4个和镇纪委8个。

九、中共荔波县委员会

1991年为中共荔波县委员会第六届任期。1992年1月14—17日、1996年12月17—19日、2001年6月26—28日、2006年10月23—25日、2011年10月26—28日，先后召开中共荔波县第七次、第八次、第九次、第十一次代表大会，进行了5次换届选举。至2014年12月，中共荔波县第十一届委员会任期未满。

2014年12月，中共荔波县委员会有工作部门9个、直属事业单位3个，辖机关各部门党组23个、党委5个、党支部295个、党总支27个、党工委4个和乡（镇）党委7个；县纪委工作机构有9个室、1个中心，辖机关各部门纪检组23个、纪工委1个和乡（镇）纪委7个。

十、中共平塘县委员会

1991年为中共平塘县委员会第六届任期。1992年1月14—17日、1996年10月11—14日、2001年6月26—28日、2006年10月18—20日、2011年10月25—28日，先后召开中共平塘县第七次、第八次、第九次、第十次、第十一次代表大会，进行了5次换届选举。至2014年12月，中共平塘县第十一届委员会任期未满。

2014年12月，中共平塘县委员会有工作部门9个，直属事业单位2个，辖机关各部门党组织34个、党委2个、党支部344个、党总支15个、党工委5个和乡（镇）党委10个；县纪委工作机构有9室1中心，辖机关各部门纪检组26个、纪委1个和乡（镇）纪委11个。

十一、中共罗甸县委员会

1991年为中共罗甸县委员会第六届任期。1992年1月3—6日、1996年10月6—8日、2001年6月19—21日、2006年10月28—30日、2011年10月28—30日，先后召开中共罗甸县第七次、第八次、第九次、第十次、第十一次代表大会，共进行了5次换届选举。至2014年12月，中共罗甸县第十一届委员会任期未满。

2014年12月，中共罗甸县委员会有工作部门9个、直属事业单位2个，辖机关各部门党组19个。全县有党的基层组织456个，全县党员人数11825人。其中，乡（镇）党委9个，街道党工委1个，机关工委3个，农村党支部177个，社区党支部3个，居委会党支部2个。县纪委工作机构有9个室，辖机关各部门纪检组27个、街道纪工委1个和乡（镇）纪委9个。

十二、中共三都水族自治县委员会

1991年为中共三都水族自治县委员会第六届任期。1992年1月10—14日、1996年10月20—22日、2001年6月18—21日、2006年10月19—22日、2011年10月27—30日，先后召开中共三都水族自治县第七次、第八次、第九次、第十次、第十一次代表大会，共进行了5次换届选举。至2014年12月，中共三都水族自治县第十一届委员会任期未满。

2014年12月，中共三都水族自治县委员会有工作部门9个、直属事业单位2个，辖机关各部门党组34个、党委2个、专职党支部5个、党总支1个、党工委1个和乡（镇）党委21个；县纪委工作机构有8个室1个中心，辖机关各部门纪检组28个、纪委2个和乡（镇）纪委21个。

第五节　基层组织建设

一、农村组织建设

1991年，根据中央关于农村工作的通知和全国、全省农村村级组织建设会议精神，州委成立村级组织建设领导小组，下设办公室，制定《黔南州农村村级组织建设的总体规划和实施意见》，总体规划到1995年，分三步实施：第一步，用一年时间继续抓好后进村党支部的转化工作，在试点的基础上，抓200个村级组织的配套建设；第二步，用两年时间将村级组织建设的面扩大到50%以上；第三步，使80%以上的村基本上形成新的工作格局。是年，全州有2198个村党支部开展“双带”（带头致富、带领群众致富）活动，占农村党支部的77.86%；落实“双带”任务的农村党员27202名，占农村党员52.92%；帮带48093户，25378户脱贫。

1993 年，全州 2733 个农村党支部开展“双带”活动，占农村支部 96.7%，落实“双带”任务的农村党员 37162 名，帮带 61597 户，35323 户脱贫，占 57.3%。全州 12 县（市），配备专职组织委员 91 名，特邀组织员 27 名。全年拨款 61.66 万元解决部分离任村支书生活困难，拨款 8 万元补助农村贫困老党员。

1995 年，州、县、乡三级共抽调 2645 名干部对 1785 个村实施“四个一”（配强一个班子、选好一个支部书记、找到一条致富路、制定一条管理和服务制度）工程。经过部署、实施两个阶段工作，10 月开始验收，共验收 1684 个村，占实施村数的 94.34%，合格率 92.99%。在组织整顿中，共调整村支书 665 名。

1996 年，对各县（市）47 个乡（镇）70 个村开展“四个一”工程情况抽查，召开座谈会 112 次，走访农户和党员 163 人，查阅资料和核实表册 642 份。州、县、乡三级党政机关和事业单位共选派 2427 名干部到村工作。州、县（市）建立领导干部联系点制度，州委、州人大常委会、州政府、州政协领导联系点 18 个，领导共到点上工作 153 次；各县（市）主要领导 85 人，建联系点 161 个，共到点上工作 1108 次。在《黔南日报》开辟“黔南党建巡礼”专栏，在黔南电视台开办“黔南党建之窗”栏目。州、县、乡三级均建立示范村档案卡和后进村档案卡，共 30 个乡（镇）79 个村获得国家、省、州各级奖励和表彰。村支书年龄由 48.2 岁下降到 43.3 岁；高中以上文化由 574 人上升到 914 人，初中文化由 3564 人上升到 3984 人；有经济实体的村由 455 个增加到 1993 个。

1997 年，州直机关派遣 58 人驻 36 个乡（镇），县、乡两级也派遣干部驻村。州、县机关 704 个部门帮扶 915 个贫困后进村。印发《关于开展创建“双千村”“小康村”“五个好”乡村活动的意见》。1998 年，州委印发《关于进一步加强农村基层组织建设的意见》，提出工作总体思路和工作目标。制定《黔南州加强乡（镇）领导班子建设工作的实施意见》《关于创建农村基层组织建设先进县（市）、“六个好”乡镇、“五个好”村活动的实施意见》。同时，层层签订责任书，落实任务，明确责任。州委与各县（市）委、各县（市）委与各乡（镇）党委签订农村基层组织建设责任书，平塘县的 242 个村党支部与所在乡（镇）党委签订责任状。继续落实和完善领导干部联系点和部门包乡帮村制度，建立联系点 384 个；州、县两级落实 717 个部门 1463 名干部包乡帮村 1368 个，下派工作队员 1089 人驻村 1115 个。8 月，在瓮安县召开全州创建“六个好”乡（镇）试点工作会议。全州 12 个县（市）开展乡（镇）党委建设试点工作，共整顿 90 个乡（镇）党委，其中，后进的 15 个，经济发展缓慢的 36 个。全州 76 个党委（组）召开民主生活会，占应召开的 84 个党委（组）的 90%。1999 年，抓县促乡、抓乡带村、三级联动活动，全州 73 个乡（镇）达“六个好”，占乡镇总数的 31.1%，79 个村达“五个好”，占乡（镇）总数的 28.3%。全州 326 名副县级以上党员领导干部共建立 356 个联系点；州、县两级落实包乡帮村部门 837 个，包村 1039 个，全州选派 1649 名干部驻村、任职帮扶（其中选派大中专毕业生 281 人，县以上机关干部 182 人）。

2000 年，对创建农村基层组织建设先进县（市）、“六个好”乡（镇）、“五个好”村（以下简称“三创”）活动进行考核和验收，在贵定县召开考核验收培训会。2001 年，州委对“六个好”乡（镇）党委、“五个好”村党支部为主要内容的“三级联创”活动涌现出来的一批先进集体和优秀个人进行表彰，共表彰21个“六个好”乡（镇）党委、47个“五个好”村党支部、22名优秀党务工作者、48名优秀村党支部书记、45个包乡帮村先进部门、50名优秀党建扶贫工作队员。从州直机关单位选派45名党建扶贫工作队员组建2001年党建扶贫工作队到6个贫困县的贫困乡、村开展定点党建扶贫工作，并表彰12名2000年优秀党建扶贫工作队员。为纪念建党80周年，评选推荐全国表彰的先进基层党组织1个、省委表彰的先进基层党组织9个、优秀共产党员9名、优秀党务工作者3名和州委表彰的先进基层党组织100个、优秀共产党员100名、优秀党务工作者50名。

2002年4月，州委召开全州农村“三个代表”重要思想学习教育工作总结表彰会，对全州学习教育活动作了全面总结。7月，州委召开全州深入开展“三级联创”活动动员大会，全州各县（市）按照州委部署，层层召开动员大会，开展“三级联创”活动。省委于9月上旬在贵定县召开全省农村基层组织建设现场会。省、州、县三级共选派党建扶贫工作队员1182人，帮扶12个县（市）的1107个贫困村。其中，省派党建扶贫工作队6个，队员25人，定点帮扶22个贫困村；州派党建扶贫工作队12个，队员79名，定点帮扶79个贫困村。

2003年，全州各级共培训乡（镇）干部6164人，村干部24335人。建成开通州委党校B级站、12个县（市）党校C级站，对国民教育系统远程教育在各乡（镇）、村的分布及设备等情况进行摸底调查。全州共调整乡（镇）党委班子138个、乡（镇）党委书记110名；结合村党支部换届，有636个村进行“两推一选”（党员推荐、群众推荐、党内选举）试点工作，共调整村党支部747个，村党支部书记550人。

2004年，结合乡（镇）党委、村党支部和村委会换届，全年调整充实乡（镇）党委领导班子131个、乡（镇）党委书记67名，在995个村推行“两推一选”工作，共调整村党支部1324个、村党支部书记1022人，全州选派1084名乡（镇）干部到村挂职或任职。都匀、平塘、罗甸、惠水等县（市）采取选送村级后备干部到省内外发达地区挂职或打工锻炼，到州职业技术学院脱产学习培训等方式，加大村级后备干部教育培养。全州选派州、县（市）直机关1350名干部（其中州直机关94名，科技特派员20名）分赴12个县（市）1091个贫困村开展党建扶贫工作，全州所有一类贫困村均派驻党建扶贫工作队员。

2005年，分三批在全州开展保持共产党员先进性教育活动，通过实施“五个一”（建好一个班子、培养一批苗子、探索一条路子、健全一套制度、树立一批典型）工程，推进“三级联创”活动。通过充实调整，全州农村党的基层组织负责人的年龄结构和文化结构有改善，乡（镇）党委书记中具有研究生学历6人、本科学历132人、大专学历87人；35岁以下69人，占总数的29%。村党组织负责人中高中以上文化程度642人，占总数的31.7%，55岁以下1722人，占总数的86%。全州新建基层党组织31个，整顿基层党组织153个。三都县面向社会公开招聘50名村干部。全州有村级后备干部10124名，平均每个村有5名以上后备干部。印发《全州农村基层组织开展“四线百乡千村万名党员”示范创建活动的意见》，组织召开活动启动仪式和文明新村创建活动现场会，全面启动并推进“四线百乡千村万名党员”示范工程。全州创建100个“五好乡镇”、1000个“五好村”、培养10000名农村“双带”模范党员。摄制以罗甸县云干乡大关村党支部和都匀汽车运输公司党委2个基层党组织的先进事迹为教育题材的专题片《山魂》《让党旗在职工心中永远飘扬》。

2007年，继续开展“四线百乡千村万名党员”示范工程创建活动。各县（市）通过“两推一选”方式选举村党支部，选派乡（镇）干部到村任职。下派到村任村党支部书记的乡（镇）干部90名，从外出务工返乡人员中选拔371名担任村干部，公开选拔111名大中专毕业生到村任职。制定《黔南州村级组织活动场所使用管理办法》，发挥村级组织活动场所的功能和效益。在福泉市开展县级党代会常任制试点工作，在全州25个乡（镇）开展乡（镇）党代会常任制试点工作。

2008年，组建14个州委督导检查组，对全州开展党的基层组织建设年活动进行一月一督查。建立州级党员服务中心；设立州直机关党支部书记工作奖励基金；改扩建村级组织活动场所100个；全州60个乡（镇）设立党内关怀基金。印发《2008年全州党的基层组织建设工作重点》《关于建立州委党的建设工作领导小组成员基层党建工作联系点制度的通知》《关于实行县（市）、乡（镇、街道）、村（社区）三级党组织书记抓基层党建工作责任述职制度的意见》《关于实行部门（单位）党组（党委）书记抓基层党建工作责任述职制度的意见》等文件。

2009年，印发《黔南州关于抓好全州基层党建工作责任制考核评价工作的意见》，制定对农村、社区、机关、非公有制经济和新社会组织等领域基层党建工作的四个考核办法，对各县（市）和州直机关抓基层党建工作进行责任制考核，将党建考核结果运用在目标管理考核评定等次和领导干部选拔任用上。是年，印发《黔南州关于加强村党组织书记队伍建设的实施意见》，按照“思想政治素质好、协调能力强、带富能力强”的“一好双强”要求，注重从致富能手、大中专毕业生等优秀群体中选配基层党组织书记。通过“两推一选”“公推直选”等方式，从外出务工返乡人员中选任村干部362名，从大中专毕业生中公开选拔村干部87名。推进“一肩挑”和交叉任职工作，全州1684个行政村中，实行支部书记和村委会主任“一肩挑”的有333个。加大整顿软弱涣散基层党组织工作力度，对全州基层党组织实行倒排查，共排查出179个“软弱涣散基层党组织”和7个“难点村”，采取“一村一策”的方式制定和落实整改措施，共调整党组织设置260个，调整充实基层党组织班子成员620名，撤换党组织负责人53名，下派党建指导员238名。围绕基层党组织书记“两力一阵地”（村级干部有能力办事、有精力办事和有阵地办事）建设，将基层党建工作经费列入财政预算，实现村党组织书记基本报酬从100元增加到500元以上，社区达到1000元。制定《黔南州村党组织书记绩效管理考核办法（试行）》，采取“基本报酬+绩效报酬+集体经济积累提成”方式，提高村干部报酬待遇。在所有乡（镇）全面推行党代会常任制。在长顺县开展“公推民评全委票决”乡（镇）党委书记试点工作基础上，全州开展“公推直选”基层党组织书记试点工作。

2010 年，组建中共黔南州委党代表大会代表联络办公室，与州农村党员干部远程教育办公室合署办公，三块牌子、一套人员。瓮安县参照州委党建办组建和设置，于 2010 年 1 月 4 日挂牌成立中共瓮安县委基层组织局，隶属县委组织部管理，与县直机关工委、县远教办、县党建办、县党代表常任制联络办“一委三办”合署办公。开展党组织、党员公开承诺践诺以及领导点评、干部职工互评工作，推进创先争优活动经常化、制度化。全州 6300 多个党组织共公开承诺办理实事 2.1 万件，已兑现 1.8 万件；14 万名党员公开承诺办理实事 25 万件，兑现 24.7 万件。县（市）及都匀经济开发区党（工）委书记 13 名、基层党组织书记 6324 名全部参加点评。制定《黔南州“忠实践行宗旨、勤政廉政为民”教育督查方案》，抽调督察员 48 人组成 16 个督查组进行督促检查。为全州“践行宗旨教育”取得成效发挥重要保证作用。

2010 年，印发《关于在作风建设年、四帮四促活动中进一步深化拓展“进千村万户、记民情日记、建民情台账、促和谐发展”工作的通知》，制作《民情日记手册》发放到所有州直机关干部手中，要求参加活动州直部门的县级领导干部每季度记录“民情日记”不少于 3 篇，其他干部每季度不少于 1 篇。全州 1673 个村、240 个乡（镇、街道）及州、县机关干部 43826 人参加“记民情日记”，共发放民情日记本 43826 册。

2011 年，开展迎接建党 90 周年献礼工程，制作基层党建成果展板，编发《2010 年黔南党建画册》《求实、创新、探索——黔南基层党建工作纪实》《黔南组织工作——庆祝建党 90 周年基层组织建设特刊》。

2012 年 6 月，在书记抓党建工作述职会议上，州委组织部与州委签订《2012 年基层党建工作责任书》。配齐乡（镇、街道）组织员，将组织员明确为不占职数的乡（镇、街道）党（工）委委员，选齐 238 个乡（镇、街道）组织员，并采取向非公有制经济组织、社会组织选派党建工作指导员、联络员等办法，充实基层党建工作力量。落实村（社区）干部养老保险，增加村干部报酬，建立完善村（社区）干部报酬正常增长机制，村干部基本报酬在 2011 年底的基础上每月增加 500 元以上，全州村干部月报酬最高达 2000 元，平均达 1350 元，超过前一年年初 1000 元的目标。探索“系统抓、抓系统”的工作模式，推行行业部门党建工作和业务工作“双推双促”，长顺县敦操乡“背篼干部”、三都县党建带妇建创先争优新模式、贵定县法院“竞技型”机关党建模式、龙里县龙山镇“党员爱心服务网格化管理”创新城区党建工作等，均被评为贵州省基层组织建设创新经验。

2013 年，会同州纪委和州民政局印发《关于严格村“两委”换届“五个一”工作要求的通知》《关于严肃村“两委”换届工作纪律要求的通知》《关于进一步落实好村级“两委”换届工作有关要求的通知》三个文件，结合农村实际，对班子结构、年龄要求等提出具体标准，规范村级“两委”换届工作程序。

2014 年，在全州党的群众路线教育实践活动中开展党员干部下基层、听意见、纳良策活动，州级领导干部带头与 130 余户群众结“穷亲”，带动各级领导干部结“穷亲”1800 余户，帮助解决实际困难 14925 件。开通州、县两级群众路线网、“12345”民心热线，畅通群众反映诉求渠道，建成 1900 多个覆盖州、县、乡、村四级的立体式服务群众工作网络，推出“快递干部”“伙计干部”等联系服务群众的新路径。

二、企业、社区党建工作

1993 年，全州开展企业党建工作调查研究，全州有乡镇企业党员 363 名，建立党总支 1 个、党支部 24 个、党小组 16 个。

1995 年，开展国有企业、私营企业和个体工商业、乡镇企业、股份制企业以及中小学、街道党建工作调查，上报调查报告及典型材料 44 份。1997 年，对全州 84 家国有企业的领导班子、生产经营等情况进行摸底调查，以破产后的都匀毛麻纺织印染总厂为例，探索破产企业党组织如何设置等问题。

2003 年 12 月 2 日，召开全州城市（城镇）社区党建工作会议，对全州城市（城镇）社区党建工作的基本经验进行总结，明确新形势下全州城市（城镇）社区党建工作基本要求、工作目标和主要任务。

2005 年，全州召开国有企业党建工作座谈会和非公有制经济组织党建工作座谈会，印发《关于在深化国有企业改革改制中加强企业党的建设的意见》。全州建有非公有制企业党组织 84 个，管理党员 510 人。

2008 年，在非公有制经济组织开展“党建带工建”活动，印发《关于进一步加强“党建带动工建，工建服务党建”工作的实施意见》，全州规模以上非公有制企业 100% 建立党组织。

2009 年，采取“支部 + 协会”“支部 + 公司”等模式，加强非公有制经济组织和新社会组织党组织建设，扩大党组织和党的工作覆盖面。

2010 年，全州有非公有制企业 2426 个，党员 1398 人，建立党组织的非公有制企业 175 个。其中，建立党组织的规模以上非公有制经济组织 158 个，单独建立党组织的有 80 个。同时，对不具备单独建立党组织的非公有制企业，采取联建、挂靠、派指导员等方式，实现对全州非公有制经济组织的全覆盖。

2011 年，建立领导干部联系企业制度，全州领导干部联系企业 922 个，向企业选派党建工作指导员 927 人；非公有制企业党组织组建率为 83.7%，非公有制独立法人企业党组织组建率为 100%。成立全州首个村党委，依托工业园区、产业链等创新基层组织设置，组建 25 个党工委，建立产业党组织 388 个。

2012 年，新建社区党总支 8 个、楼宇支部 9 个、院落党小组 54 个。在 13 个产业园区分别组建党工委，并建立工会组织 85 个、共青团组织 40 个、妇女组织 45 个。新建非公企业党组织 669 个，实现 2467 个独立法人企业党组织应建组建率 100%，非公有制企业党的工作覆盖率 100%。各县（市）均成立非公有制党工委和社会组织党工委。

2013 年，全州有街道社区 72 个，党员 4639 人，党总支 12 个，党支部 102 个；乡（镇）农村社区 68 个，党员 3373 人，党委 1 个，党总支 8 个，党支部 83 个。

社会组织党建工作围绕贯彻落实省委“园区党建 23 条”意见，建立州、县（市）、乡（镇、街道）三级联动基础数据库。全州有社会组织 544 家（社会团体 466 个、民营和非公有制企业 78 个），建立党组织 312 个，有党员 4327 人、入党积极分子 77 人，党组织书记 311 人（由社会组织主要负责人担任 188 人），建立领导干部联系点的社会组织 248 个，州级建立党建工作示范点 2 个。

2014 年，全州社区党员 5435 人、党组织 435 个。其中，党总支 15 个，党支部 113 个，党小组 307 个。建立社区党建示范点 27 个；党组织活动场所面积在 200 平方米以下的社区 34 个，200 平方米以上的 47 个；在群众路线教育实践活动中，排查出软弱涣散社区党组织 7 个，全部整顿完毕。

全州有非公有制企业 2573 家（规模以上企业 301 家），建立党组织 1339 个，有党员 5951 人、入党积极分子 575 人，党组织书记 1328 人（由企业出资人担任 538 人），选派党建指导人员 1147 人。州、县两级建立非公有制企业和社会组织党工委 14 个，州委非公企业和社会组织党工委下设党建工作办公室，核定事业编制 6 人。有单独党组织活动场所的非公有制企业和社会组织 1194 个，其中活动场所面积在 30 平方米以上的企业 839 个。全州有社会组织 576 家（社会团体 486 个、民非企业 90 个），建立党组织 359 个，有党员 4752 人、入党积极分子 128 人，党组织书记 359 人（由社会组织主要负责人担任 197 人），建立领导干部联系点的社会组织 268 个，选派党建工作指导员 198 人。全州有国有企业 156 家，企业有基层党组织 43 个、党员 997 人。

第二章　重大决策与重大活动

1991 年以后，州委结合全州实际，在经济建设中搞活流通领域，发展乡镇企业和非公有制经济，推进国有企业改革，抓住实施西部大开发的机遇，提出打好“四张牌”（民族、生态、旅游、特色）的思路，推进“431”（敞开都匀、独山、龙里、惠水四扇对外开放大门，建设贵新南下通道、瓮福磷化工、蒙江—红水河流域三条经济带，培育一个民族生态旅游区）发展格局，加快城镇建设步伐，加快旅游业发展，开展同步小康创建活动，全社会经济实现跨越式发展。在政治建设方面，历届州委不断加强党的领导，加强党对党员和干部思想教育，注重干部培养和管理，改善党的领导，维护社会稳定，确保经济建设顺利进行。在“三农”（农业、农村、农民）工作上，历届州委出台各项相关政策措施，调整农业生产结构，实施农村小康建设规划，不断加大扶贫攻坚力度，使贫困农民越过温饱线，新农村建设不断取得成果。在社会事业方面，历届州委坚持计划生育的国策，控制人口增长，实施人才强州战略，出台相关措施加快教育改革和发展，同时做好各项社会保障工作。制定各项措施，推动了黔南民族文化的发展繁荣。1991—2014 年，历届州委根据中共中央和中共贵州省委有关文件精神和安排部署，组织开展各项重大活动。

第一节　重大决策

一、经济

（一）流通体制改革

1992 年 7 月 9 日，州委、州政府印发《关于进一步搞活流通的意见》，从 8 个方面对全州流通体制改革进行部署：贯彻中央、省关于搞活流通的政策，结合实际，推进流通企业经营、价格、分配、用工“四放开”改革；在坚持和完善现行企业承包经营责任制的基础上，对管理基础比较好的企业推行税收目标管理责任制，实行确定基数，“进档达标”，择优返还的办法；对实行“超收分成”的企业，各级财政视财力从每年超承包基数的所得税中再返还一部分给企业；适当调整国家与企业的分配关系，减轻流通企业的负担；从 1992 年起，国营流通企业的技术改造项目由企业主管部门组织立项、论证，并负责按程序办理报批手续；加强市场建设。鼓励社会各方面在统一规划下兴办各类市场；积极开拓市场，强化销售工作；切实加强对流通工作的领导。

（二）乡镇企业和非公有制经济

1992 年 9 月 18 日，州委、州政府印发《关于加快发展乡镇企业的意见》。主要内容为：统一认识，加强领导，各级要成立领导小组加强领导，明确实行发展乡镇企业目标责任制，并根据完成指标情况给予 2 万元～4 万元的奖励；抓住机遇、积极上项目；明确项目审批权限；千方百计增加投入，州、县（市）要下决心建立乡镇企业发展基金，从 1992 年起，州财政每年拨 150 万元作为州级发展基金；鼓励发展股份制合作企业，鼓励党政机关、企事业单位及职工入股办企业；国家征用集体所有制土地的补偿费，主要用于发展乡镇企业，积极引进资金；从税收上对乡镇企业给予扶持；明确各级乡镇企业局的服务和管理职能。

1994 年 11 月 28 日，州委、州政府印发《关于进一步加快个体私营经济发展的决定》，从 25 个方面对加快全州个体私营经济发展作出部署，主要内容有：进一步解放思想，深化认识，把个体私营经济作为黔南州新的经济增长点和县域经济的主攻方向；加强领导，州、县（市）成立领导小组；从 1995 年起，每年召开一次全州性的工作会议或表彰会，交流经验，分析情况，引导个体私营经济健康发展；各部门要认真落实扶持和促进个体私营经济发展的各项政策措施；按照不限比例、不限速度、不限方式、不限规模、不限范围的“五不限”原则，加大发展力度；放宽经营范围和经营方式；放宽经营主体；培育和发展城乡市场体系；鼓励个体私营经济向生产和加工行业发展；引导个体私营经济向生产型、开发型、科技型、外向型转移；对为农业生产服务的私营企业在税收方面给予减免；在贷款等方面与国有、集体企业同等对待；简化开业登记手续；建立州、县（市）两级非公有制经济发展基金；开辟个体私营经济发展试验小区。

2009 年 8 月 12 日，州委、州政府印发《关于进一步加快非公有制经济发展的实施意见》。指出全州各级各部门特别是领导干部，要进一步解放思想、转变观念，把发展非公有制经济作为推动黔南州经济实现跨越式发展的突破口，努力把全州非公有制经济推向一个全新的发展阶段。意见内容 7 个部分 32 条，从发展非公有制经济的重大意义、目标任务、参与发展领域、健全支持体系、改善发展环境、增强法制观念和加强领导等方面推动非公有制经济的发展，力争全州非公有制经济 3～5 年实现量的突破，10 年实现质的飞跃，到 2012 年，非公有制经济总量占全州生产总值比重达到 45% 以上，非公有制经济上交税收占全州财政总收入 60% 以上，非公有制经济总量占全州生产总值比重达 60% 以上，非公有制经济占全州财政总收入 75% 以上。

2011 年 7 月 16 日，州委、州政府印发《关于加快民营经济发展的实施办法》，要求：坚持发展与提高并举，州内资本与州外资本并重，按照“政治平等、政策公平、法律保障、放手发展”的方针，进一步解放思想，放活政策，优化环境，着力实施总量倍增工程、行业扩展工程、扶优培强工程、产业集聚工程、政策创优工程和服务提升工程，推动民营经济发展实现新跨越；力争到 2013 年底，全州民营经济平均增速超过 26%，增加值达到 280 亿元以上，民间投资达到 320 亿元，民营经济注册资本达到 220 亿元，民营经济财政贡献率达 65% 以上，新增（城镇）就业 1.8 万人以上；到 2015 年底，全州民间投资占全社会固定资产投资比重达到 50% 左右，民营经济注册资本达到 320 亿元，民营经济财政贡献率达 70% 以上。

（三）国有企业改革

1999 年 11 月 25 日，州委、州政府印发《关于大力推进全州国有企业改革和发展的决定》，明确：在 2000 年底以前，除少数必须由国家垄断经营的企业外，全州独立核算国有小型企业基本实现改制的目标；大力推进企业转换机制、政府转让产权、职工转变身份的“三转”工程，从战略上调整国有经济布局，推进全州国有企业战略性改组；积极推进政企分开。同时，明确有条件的县（市）、乡（镇）可建立农地经营公司，县（市）成立总公司，乡（镇）成立分公司；要管好用好拍卖收入。

（四）西部大开发

2000 年 9 月 12 日，州委、州政府印发《我州实施西部大开发战略的意见》，明确实施西部大开发战略的基本思路为：抓住“两大机遇”（实施西部大开发战略和中国即将加入世界贸易组织），实施“三大战略”（开放带动、科教兴州和可持续发展），强化“三大基础”（农业、基础产业和基础设施），巩固提高“两大产业”（烟草、磷化工），培育壮大“三大产业”（绿色、医药、旅游），抓好“两个战略性调整”（经济结构和国有经济布局），推进“两个创新”（体制、技术）和“两个根本性转变”（经济增长方式、经济体制），加快“两个进程”（工业化、城镇化），深化改革，扩大开放。

2002 年 5 月 8 日，州委、州政府印发《关于进一步推进“资本置换”运营模式加快全州经济社会发展的意见》，提出挖掘潜力，拓展运用范围，在不同领域深入开展“资本置换”工作，把可资本化的资源、资产、权益尽量纳入“资本置换”运作的范围，在工业、农业、交通、旅游服务、文化体育、绿色产业、特种行业等领域挖掘“资本置换”的潜力，在城镇重点开展“资本置换”工作，积极盘活基础设施资产存量；明确操作程序，建立完善的“资本置换”运作机制，促进“资本置换”依法、有序运行。

2003 年 4 月 4 日，中共黔南州八届三次全委（扩大）会议讨论通过《关于全面深入学习贯彻中共十六大精神抢抓机遇务实真干加快黔南发展的意见》，会议提出，加快发展，必须调整好布局，突破重点，实施整体推进，按照打好“四张牌”的思路，着力推进“431”发展格局。

（五）城镇建设

1992 年 7 月 16 日，州委、州政府印发《关于〈都匀市经济开发试验区实施方案〉的批复》，正式批复成立都匀市经济开发试验区。试验区规划为中心开发区（由匀城宾馆以北，经渡船堡、姬家院、都匀桥梁厂、东方机床厂到陆家寨一带）和外围开发区（沙包堡镇、小围寨镇一部分和大坪、洛邦、墨冲、甘塘、杨柳街镇）。

2003 年 7 月 17 日，州委、州政府作出《关于进一步加快城镇建设步伐推动城镇化进程的决定》，决定：加强规划，提高城镇建设质量和水平，立足州情，全面实施重点城镇带动战略，深化城镇建设用地制度、户籍管理制度和投融资体制改革，大力发展第三产业和公益性事业；力争到 2010 年前后，全州形成 7 个建制市，即都匀、福泉、惠水、独山、贵定、龙里、瓮安，其中都匀建成 40 万人左右的中等城市；到 2010 年，黔南州城镇化水平达到 35% ~40%。

（六）旅游业

2010 年 9 月 28 日，州委、州政府印发《关于支持第三届黔南州旅游产业发展大会承办地三都水族自治县加快旅游业发展的意见》，明确：支持三都加强城区旅游基础设施建设，改善旅游产业发展条件和环境；支持三都建立“水族文化生态保护区”，挖掘、开发民族文化旅游资源，打造中国水族文化旅游品牌；支持三都加强旅游综合服务体系建设，提升旅游综合接待和服务水平；支持三都加强民族旅游村寨建设，发展特色旅游；支持三都加强旅游交通设施及景区道路建设，提高可进入性；支持三都旅游宣传工作，提升三都水族自治县的知名度和美誉度；支持三都加强旅游人才队伍建设，提高旅游从业人员素质。

（七）发展规划

2010 年 12 月 22 日，州委在《关于制定黔南州国民经济和社会发展第十二个五年规划的建议》中提出，按照“951”（依托贵阳至广州高速公路、贵阳至广西百色高速公路、贵阳至广西新寨高速公路、马场坪至重庆武隆高速公路、贵阳至广州快速铁路、贵阳至长沙快速铁路、贵阳至南宁铁路和乌江航道、红水河航道等 9 条外联通道；着力构建龙里—贵定—惠水区域经济增长极板块、瓮安—福泉磷煤化工产业板块、都匀—独山城市经济产业板块、三都—荔波—平塘—罗甸—长顺生态旅游经济板块和生态农业经济板块等 5 个经济板块，打造一批以“好花红”为主打的民族文化品牌；大力推进工业化、城镇化、农业产业化和旅游业为主的第三产业提速升级，优化发展环境，全力打造“生态之州、幸福黔南”）经济社会发展新格局，确保“十二五”期间全州地区生产总值达到800亿元以上，实现翻一番以上目标，力争突破1000亿元；确保全州经济发展速度高于以往历史时期和高于全省同期平均水平。

2011年12月28日，中共黔南州第十次代表大会的工作报告明确：坚持“三化同步”（在工业化、城镇化深入发展中同步推进农业现代化），强力推进全州经济跨越发展；大力实施工业强州战略、城镇化带动战略、农业产业化富民战略，大力推进第三产业发展，把发展以旅游业为龙头的第三产业作为产业结构优化升级的战略重点，到2016年，力争集中打造5A级旅游景区5个、4A级旅游景区4个、3A级旅游景区4个；接待国内外游客年均增长20%以上，旅游收入年均增长25%以上；全州服务业增加值力争超过400亿元，年均增长18%以上。

（八）同步小康创建

2012年12月27日，州委印发《关于以县为单位开展同步小康创建活动的意见》，明确：以县（市）为单位，以发展县域经济为突破，以六大指标体系为标准，以“三个不能代替”（不以州的全面小康代替县市建成全面小康，不以平均数代替大多数，不简单以指标数值代替直观感受）为根本要求，开展同步小康创建活动，确保2020年全州各县（市）与全省全国同步全面建成小康社会。奋斗目标为：到2016年，全州生产总值达到1070亿元，2020年达到2039亿元；到2020年，各县（市）全面建成小康社会实现程度均超90%，人均生产总值、城镇居民人均可支配收入、农村居民人均可支配收入三项核心指标分别实现5000美元、3000美元、1000美元，其他指标达到统计监测标准值，人民群众满意度达80%以上。总体思路：以2011年为基数，以三项核心指标为主要参考数，综合分析其他指标，分三类县（市）创建。第一类是领跑型，有都匀、福泉、瓮安、龙里、贵定5个县（市），2016年建成；第二类是奋进型，有荔波、独山、惠水、长顺4个县，2018年建成；第三类是追赶型，有平塘、罗甸、三都县3个县，2020年建成。对同步小康建设中经济社会工作进行全面细化部署，逐一明确具体的保障措施。

2014年8月4日，州委印发《关于大力发扬FAST精神加快同步小康建设进程的意见》。FAST是位于平塘的世界最大500米口径球面射电望远镜的英文缩写。省委书记赵克志在考察平塘FAST项目时提出，FAST建设创造了“追赶、领先、跨越”的精神，贵州发展都要发扬这一精神，加快后发赶超、同步小康进程。意见的主要内容为：深刻认识FAST精神的丰富内涵和重大意义；发扬FAST精神，着力加快同步小康建设进程；加强组织领导，为加快同步小康建设进程提供保障。

（九）加快跨越发展

2013年5月14日，州委印发《关于推进解放思想加快跨越发展的意见》，提出：要深入践行中央、省委改进工作作风的各项规定，进一步深化拓展“十破十立”解放思想活动，着力解决黔南州思想观念不新、工作作风不实、执行效率不高、发展环境不优、增比进位不佳等突出问题。全州各级各部门组织开展解放思想大讨论活动，州活动领导小组办公室对州直部门要进行综合满意度考评，综合满意度在70~80分，对部门主要负责人进行约谈；综合满意度在60~70分，对部门主要负责人进行诫勉谈话；综合满意度60分以下的，其领导班子要进行组织调整。

2013年8月20日，州委印发《关于印发〈提速转型、跨越赶超，为实现富民强州目标而努力奋斗〉的通知》，提出：黔南州要立足区域优势、地缘优势、生态优势、构建“一圈两翼”区域发展格局；牢固树立“泛都匀”理念，坚持以“大都匀”为龙头，以福泉、瓮安煤电磷，煤电铝一体化，贵定昌明、独山现代物流电子信息、装备制造为支撑，着力打造“泛都匀经济圈”；依托中心城市辅助带动，以惠水、长顺、龙里、贵定北部片区为主，以服务业、临空产业、民族制药为支撑，千方百计地融入贵阳发展，着力打造“环贵阳经济带”；利用世界自然遗产地和“三天奇观”等独具特色的资源，以三都、荔波、罗甸、平塘为重点，以民族文化喀斯特生态旅游，临港经济和天文科普旅游为支撑，着力打造“生态文明示范区”；围绕定位，着力集聚产业发展；要协调融合，推进区域协调发展；做大做强龙头企业，奋力推进新型工业化；打造特色农业品牌，奋力推进农业现代化；以旅游业为龙头，奋力发展第三产业；要以创新驱动为引领，奋力推进信息化建设；实施城镇化带动战略，强力推进“大都匀”建设步伐，坚持“一江带两城”，努力把都匀建设成为山水桥城、宜居宜业之都。

2014年2月25日，州委、州政府印发《关于加快信息化建设和信息产业发展的意见》，提出：2015年，实现工业园区、商务楼宇光纤通达率100%，城市宽带用户中20Mbps速率可达率90%以上，80%以上的县级以上城市网络实现光纤到楼，农村地区宽带4Mbps速率可达率75%以上，重点区域无线带宽10M，农村地区第三代移动通信技术（3G）无线网络覆盖率提升至85%以上，自然村通电话和行政村通宽带比例99%，有线电视网络全面完成数字化、双向化升级改造；2017年，达到全省宽带发展平均水平以上，实现3G/LTE网络覆盖全州主要城区及乡镇，基本实现城市光纤到楼入户，全面实现自然村“村村通电话”和行政村“村村通宽带”，实现高清交互数字电视用户比例占有线电视用户比例30%以上，州、县（市）本地广播电视节目能够被农村居民接收。

二、政治

（一）党的领导

1991年1月4日，州委转发州委组织部、州委宣传部、州教委党组《关于加强我州大专院校党的建设的意见》。主要内容有：明确全州大专院校领导体制，坚持党委的领导地位；大专院校实行党委领导下的校长负责制，可设专兼职副书记1~2人，专兼职副院校长2~3人；进一步加强大专院校领导班子建设；切实加强党总支、党支部建设，进一步抓好思想政治教育工作；建设一支素质较高的党务工作队伍；专职党务工作人员在工资待遇、晋级提职、住房分配等方面与教学、科研人员同等对待；做好统战工作和群众组织工作。

1991年6月8日，州委印发《关于加强党校工作的实施意见》。提出：提高对党校工作积极性的认识，进一步扩大党校规模，干部轮训和培训要制度化、规范化，加强教师和理论队伍的建设和管理，努力改善办学条件等。

2007年7月8日，州委印发《关于进一步加强人大工作的决定》，进一步提高对坚持和完善人民代表大会制度重要性的认识，坚定不移地走中国特色社会主义政治发展道路。同时，州委还发出《关于加强人民政协工作的实施意见》，深刻认识加强人民政协工作的重要意义。

2008年4月30日，州委印发《关于进一步加强县级领导班子主要负责人监督的意见》，要求：县级领导班子主要负责人要进一步增强接受监督的自觉性；认真贯彻执行党的路线方针政策和国家法律法规；切实加强作风建设，加大对主要负责人行使权力的监督制约力度，保证权力正确运行；加强对主要负责人廉洁自律的监督，确保廉洁从政；发挥各种监督手段作用，进一步拓宽对主要负责人的监督渠道。7月5日，州委、州政府印发《关于进一步加强干部作风建设密切干群关系的意见》，提出：高度重视、充分认识瓮安“6·28”事件后加强干部作风建设、密切干群关系的重要性；突出重点，务实为民，勤政清廉；加强领导，狠抓落实，务求实效。要求：加强政治理论学习；加强党的基层组织建设；加强干部队伍建设；加强作风建设；加强密切联系群众；切实加强班子建设，高度重视，负起责任；深入开展“打黑除恶”专项斗争；切实抓好干部群众的教育工作；建立健全预防突发事件预警机制；大局为重、以人为本，着力化解矛盾；加大督促检查工作力度等。7月8日，州委印发《同年关于进一步加强党的基层组织建设充分发挥基层党组织和共产党员在维护社会稳定大局中的作用的意见》。提出：进一步提高加强党的基层组织建设对维护社会稳定大局重要意义的认识；认真学习贯彻中央、省委领导讲话精神，切实在维护社会和谐稳定大局中展示基层党组织和共产党员的先进性；认真吸取瓮安“6·28”事件深刻教训，突出重点、强化措施，扎实推进党的基层组织建设年活动，为构建“和谐黔南”提供坚强的组织保障。要求：正确认识和妥善处理发展中的矛盾；切实做好群众思想政治工作；积极参与“打黑除恶”斗争；进一步抓好软弱涣散基层党组织的排查整顿工作；进一步加强党员教育工作；进一步做好党员联系和服务群众工作；进一步建立健全党内激励关怀帮扶机制；进一步增强抓好基层党建工作的责任意识。

2012年8月21日，州委印发《关于贯彻落实黔党发〔2011〕28号文件精神的实施意见》，对进一步加强和改进州机关党的建设提出实施意见。明确：机关党员（含下属单位）50人以上的，设立党的基层委员会；州级机关党的基层委员会每届任期四年，县级机关党的基层委员会每届任期三年；机关党员30人以上的设立党的总支部委员会，每届任期三年；机关正式党员3人以上的，成立党的支部；党员7人以上的党的支部，设立支部委员会；选好配强机关党务干部，按照部门副职级领导干部选配机关党委专职书记（不占单位领导职数）；按照机关工作人员总数1%～2%的比例配备机关专职党务工作人员；州直机关党组织活动经费按机关党员每年200元标准列入年度经费预算，专款专用，县（市）参照执行，基层党组织按50%比例留存党费；把机关党务工作作为锻炼和使用干部的重要平台，加强机关党务干部培训，加强党员教育管理；在州及县（市）分别设立党的机关工作委员会（委员 7～9 名）和党的机关纪律检查工作委员会（委员 5～7 名），在上级纪委和党的机关工委的领导下，领导直属机关党的纪律检查工作。

（二）思想教育

1991 年 6 月 24 日，州委印发《关于在农村开展社会主义思想教育活动的意见》，指出在农村开展社会主义思想教育活动的意义、方法等。到 1992 年 12 月，教育活动结束。

1999 年 1 月 18 日，州委印发《关于在全州县级以上党政领导班子和领导干部中深入开展讲学习、讲政治、讲正气为主要内容的党性党风教育的实施方案》，要求全州县级以上党政领导班子、领导干部集中一定时间，分三批开展好这一活动。全州“三讲”教育正式开始。州委安排布置这一活动到 2001 年上半年结束。

2005 年 1 月 20 日，州委印发《关于在全州开展以实践“三个代表”重要思想为主要内容的保持共产党员先进性教育活动的实施意见》，要求：全州先进性教育活动从 1 月开始，分三批进行，每批半年左右。其中，第一批是州、县两级党政机关和部分企事业单位，2005 年 1—6 月；第二批是城市基层和乡镇机关，7—12 月；第三批是农村和部分党政机关，2006 年 1—6 月。集中学习教育活动分为学习动员、分析评议、整改提高三个阶段。集中学习教育基本结束后，用三个月左右的时间，切实做好巩固和扩大整改成果的工作。

2009 年 3 月 4 日，州委印发《关于在全州开展深入学习实践科学发展观活动的实施意见》，要求广大党员特别是各级领导班子和党员领导干部紧紧围绕党员干部受教育、科学发展上水平、人民群众得实惠，紧密联系黔南实际，紧紧围绕“抢抓发展机遇，推动黔南跨越发展”主题，深入开展以“争做‘三实三创’表率，争当科学发展先锋”为主要内容的“双争”主题实践活动，坚持边学边改，边查边改，着力找准并解决突出问题。活动从是年 3 月到次年 2 月，分两批开展学习实践科学发展观活动，每批时间半年左右。

2011 年 2 月 15 日，州委印发《关于实施“三重一大”事项集体决策制度的若干意见》，明确：重大事项决策、重要干部任免、重大项目安排、大额度资金使用（简称“三重一大”）必须坚持集体领导、民主集中、个别酝酿、会议决定的原则，坚持集体领导和个人分工负责相结合的原则，坚持科学、民主、依纪依法、集体决策的原则，细化“三重一大”事项决策范围和“三重一大”事项民主科学决策程序；凡属“三重一大”事项，除遇到重大突发事件和紧急情况外，应由县（市）党委常委会和各级各部门党委（党组）以会议形式集体讨论决定，不得以传阅、会签或个别征求意见等方式代替集体决策；酝酿决策要充分征求意见、适当进行酝酿、按照程序提议并做好相关准备；集体决策要保证出席人数、充分发表意见、逐项作出决策、形成会议纪要、组织列席旁听；要加强“三重一大”集体决策情况监督检查，把“三重一大”制度落实情况纳入班子民主生活会、述职述廉、监督职责权限、巡视监督和日常监督中。

2012 年 7 月 10 日，州委印发《关于在全州深入开展以“三实三创、推动跨越”为主题的解放思想大讨论活动实施意见》，提出活动的总体要求和基本原则。要求：在活动开展中进一步转变思想观念，牢固树立符合跨越发展要求的思想意识；进一步明确战略思路，广泛凝聚推动跨越发展的智慧力量；进一步领会具体部署，努力拓展推动跨越发展的有效途径；进一步推进改革创新，着力破解束缚跨越发展的体制机制；进一步加强队伍建设，切实增强实现跨越发展的组织保障。活动时间从7月开始至8月总结，分动员发动、学习讨论、调查研究、总结提升四个阶段，并建立组织机构，明确活动方法、活动载体、完善制度和工作要求。

2014年1月14日，州委印发《关于加强和改进宣传思想工作的意见》，提出加强和改进宣传工作的指导思想、工作方针和工作原则、主要任务、措施保障，其中措施保障主要是加强组织领导、构建大宣传格局、加强机构建设、加大经费投入、加强队伍建设。11月23日，州委印发《关于推动哲学社会科学大繁荣大发展的实施意见》，主要内容为：充分认识推动哲学社会科学大繁荣大发展的重大意义；推动哲学社会科学大繁荣大发展总体要求；推动哲学社会科学大繁荣大发展的主要任务；实现哲学社会科学大繁荣大发展的保障措施。

（三）人大工作

2014年1月14日，州委发出《关于加强全州人大工作的意见》，提出：进一步加强和改善党对人大工作的领导，巩固党的执政地位；进一步支持和保证人大及其常委会依法行使职权，促进社会主义民主法治建设；进一步支持和保证人大代表依法履行职责，充分发挥人大代表的作用；进一步加强人大常委会及其机关建设，充分发挥地方国家权力机关的作用。

（四）统一战线工作

1995年3月31日，州委印发《关于加强统一战线工作的决定》，指出：不断提高全党对新时期统战工作重要性、必要性、长期性的认识；进一步坚持和完善中国共产党领导的多党合作和政治协商制度；切实做好党外人士的实职和政治安排；进一步做好新形势下的经济统战工作；进一步加强民族工作和宗教工作；认真做好党外知识分子工作；继续加强对台工作和侨务工作，积极开展海外统战活动等。4月26日，州委发出《关于加强党外干部的选拔、培养、使用工作的意见》。要求：从战略高度，加深对党外干部的选拔、培养、使用工作重要性的认识；领导重视，大胆选拔，多形式锻炼，使党外干部脱颖而出；有关部门密切配合，做好党外干部的管理工作；加强领导狠抓落实，力争使本州党外干部队伍建设在二、三年内取得突破性进展。

2012年8月29日，州委印发《关于进一步加强人民政协政治协商制度建设的实施意见》。对政治协商的重要意义、总体要求、主要内容、主要形式、基本程序、组织保障六个方面提出要求。其中的组织保障是：切实加强和改善党对人民政协工作的领导，切实发挥政协党组在政治协商中的重要作用，切实为政治协商和政协知情明政搭建平台，切实重视和加强政协领导班子和队伍建设，切实重视和加强人民政协政治协商的理论研究，宣传教育工作，建立政治协商督办落实机制。

（五）维护稳定工作

1995年1月25日，州委、州政府印发《关于进一步加强信访工作的意见》。提出：提高认识，加强对信访工作的领导，建立党政领导干部接待处理群众来信来访工作制度；增强群众观念，克服工作中的官僚主义，在实施政策措施时，应多作宣传解释，防止简单粗暴，激化矛盾；做好群众工作，维护正常的信访秩序，恢复信访机构，建立健全信访网络；提高干部素质，搞好信访队伍建设。3 月 11 日，州委、州政府发出《关于切实加强维护稳定工作的通知》，指出加强维护稳定工作的重要性，明确加强维护稳定工作的措施：开展敌情基础调查，提高侦察控制能力；加强情报信息，牢牢掌握主动权；加强对政治案件、线索的查证工作，提高社会效应能力；认真做好出入境管理工作；认真解决群众关心的“热点问题”；积极稳妥地处置群众性治安事件；尽力为政法部门解决维护稳定工作中的困难和问题。

2005 年 10 月 27 日，州委、州政府印发《关于创建“平安黔南”的决定》，决定从 2005—2010 年起，分三个阶段，在全州开展“平安黔南”创建工作，实现一个总体目标、五个提高、六个下降、七个遏制、五个环境的“15675”工作目标。明确建立和完善社会保障机制、“严打”长效机制、情报预警机制、治安防控机制、维护公平竞争机制、维护社会稳定的长效机制和事故防范突发性事件处置机制、禁毒工作机制、见义勇为工作机制等八个创建任务。要求各级党委、政府负总责，主要领导亲自抓，政法机关发挥主力军作用，部门齐抓共管形成整体合力，社会和群众广泛参与。还将创建工作纳入党委、政府的目标考核，对获得“平安黔南”创建先进单位的县（市）、部门和单位给予表彰奖励，对治安问题突出、发案率上升、群体性上访增多和发生重大恶性事故的县（市）、部门和单位提出限期整改意见、黄牌警告，对管理不善、失职渎职造成严重后果的，实行社会治安综合治理“一票否决”，并追究主要责任人和相关责任人的责任。

2008 年 7 月 18 日，州委办公室、州政府办公室印发《关于进一步加强青少年法制教育工作的意见》。针对瓮安“6·28”事件的深刻教训，要求：进一步提高对加强青少年法制教育重要性、紧迫性的认识；进一步明确目标，找准全州青少年法制教育方向；进一步突出重点、强化措施，提高学校法制教育工作的针对性和实效性；进一步整合资源，加强对社会青少年的法制教育；进一步明确有关部门工作职责，构建综合法制教育网络；进一步完善中小学法制教育内容，发挥学校德育功能的作用；进一步加强对青少年法制教育工作的领导，确保取得实效。

2011 年 8 月 26 日，州委印发《关于新形势下加强和创新社会管理工作的实施意见》，明确：坚持以人为本、执政为民，坚持民生为重、服务优先，坚持改革创新、完善制度，坚持依法办事、发扬民主，坚持统筹协调、整体推进，坚持广泛动员、共建共享的原则；切实加强党的领导，强化政府负责，推动社会协同，动员公众参与，完善基层社会管理和服务体系；建立健全民意诉求表达机制、群众利益保障机制、社会矛盾排查化解机制、社会稳定风险评估机制和促进社会公平公正机制；进一步深化“平安黔南”创建、强化安全生产监管，加强对突发事件的应急管理，加强信息网络管理；加强保障和改善民生工作，加强扶贫脱贫工作，加强流动人口的服务管理，加强特殊人群的服务管理，加强新时期民族宗教工作；进一步加强思想道德建设，深入开展精神文明创建活动，加强法制宣传教育，加强“诚信黔南”建设；切实转变作风，健全联系群众制度，推进民主科学决策；力争到“十二五”期末，党委领导、政府负责、社会协同、公众参与的社会管理格局基本形成，社会管理的能力和水平得到明显提升，社会服务更加完善，社会管理更加科学，社会动员更加广泛，社会环境更加文明，社会关系更加和谐，人民群众安居乐业，安全感、尊严感、幸福感得到明显提升，与社会主义市场经济体制相适应、符合黔南州特点的社会管理体系基本建立，形成公平正义的法治环境、优质高效的服务环境、和谐稳定的社会环境。

（六）干部培养与管理

1995 年 11 月 22 日，州委印发《关于进一步加强培养选拔女干部、发展女党员工作的实施意见》，提出：拓宽选拔渠道，提高女干部在各级领导班子中的比例和发展女党员的比例；采取切实有效措施，实现培养选拔女干部、发展女党员的工作目标；加强对培养选拔女干部、发展女党员工作的指导。

2014 年 9 月 24 日，州委印发《中共黔南州委关于加快建设开放型创新型领导干部队伍的意见》，提出：要牢固树立开放创新发展理念，加快培养开放型创新型干部，加大选拔开放型创新型干部，大力推进人才开放交流，努力营造干事创业氛围。9 月 25 日，州委发出《中共黔南州委关于整治“为官不为”深入推进党风廉政建设的意见》，主要内容为：充分认识整治“为官不为”的重要性，整治“为官不为”的目标要求和重点任务；采取有力措施，确保整治工作取得实效；加强组织领导，以党风廉政建设的新成效取信于民。12 月 10 日，州委、州政府发出《黔南州州直机关科级以下干部交流工作暂行规定》。明确：州直机关科级以下干部交流原则上每年初进行一次，2014 年底前达到交流条件的人员，2015 年 3 月底前通过跨部门交流或内部轮岗一次性交流完毕；州直机关男年龄在 50 周岁及以下、女年龄在 45 周岁及以下，在同一部门任正科级领导职务满 10 年或在同一部门工作满 15 年及以上的正科级及以下干部，必须跨部门（单位）交流；同一部门，凡有夫妻关系，或直系血亲关系，或近姻亲关系的，不受工作年限和年龄限制，符合回避交流条件的必须进行交流。

（七）学习先进典型

1996 年 11 月 19 日，州委、州政府印发《关于开展向罗甸县大关村学习的决定》。

2006 年 3 月 27 日，州委发出全州向三都县羊福乡民族学校“船鞋”教师陆永康学习的号召。

三、“三农”

（一）农业

1991 年 8 月 5 日，州委、州政府印发《关于我州贫困地区实行以工代赈建设基本农田的实施方案》，计划“八五”期间全州坡改梯 30 万亩，并明确相应配套政策。

1993 年 3 月 5 日，州委、州政府印发《关于大力发展牛羊加速畜牧业发展的意见》。提出：1993 年畜牧业总产值占农业总产值比值达 30%，人均畜牧业增收 10 元以上；“八五”期末，畜牧业总产值占农业总产值比值提高到 35%，人均畜牧业收入由目前的 161 元提高到221元。

1995年1月26日，州委、州政府印发《关于拍卖非耕地使用权若干政策的暂行规定》。明确：非耕地使用权的拍卖期限一般为30年至60年；只能拍卖权属清楚的地块；非耕地使用权的购买者主要是当地的农民群众，允许县以下党政机关、企事业单位在职干部、职工和科技人员购买；购买者对购买的非耕地有经营权、依法采伐权、继承权、转让权等；按“认地不认人”的原则，土地使用权期限满，在收回其使用权的同时，地面上附着物由土地所有者折价收回；主要拍卖荒山、荒坡、荒地、荒水的地面以及地面附着物，矿产资源仍属国家所有。同日，州委、州政府印发《黔南州中幼林拍卖管理暂行办法》。对拍卖中幼林必须具备的条件（如权属明确、无争议、界线清楚、标志明显、面积与登记文件和图面资料吻合、图表完备等）、允许拍卖的范围、应该注意的事项（如中幼林拍卖后，由县市政府发给林权证、要签订合同书等）作出规定。同时明确党政群机关干部及事业单位干部、职工购买中幼林100亩以上进行抚育管理，在没有收入以前，可保留工资待遇、行政级别、工作籍、工龄和住房；中幼林拍卖资金属林权所有者所有。

2006年11月15日，州委、州政府印发《关于大力推进畜牧大州建设的意见》，明确要求实现“六个做大”：做大养殖规模，猪牛羊禽肉用出栏和肉蛋奶产量年均增长速度分别为10%以上；做大商品产量，2010年肉猪、肉牛、肉羊商品率分别为70%、80%、90%以上；做大良种推广面，2010年出栏肉用畜禽重杂交猪、牛、羊分别为90%、30%、40%以上；做大龙头企业，2010年畜牧养殖加工企业发展到350个，其中龙头企业70个以上；做大服务网络，形成州、县、乡、村（场）四级技术经营服务网络；做大畜牧业经济，2010年畜牧业产值占农业总产值的比重46%以上，当年畜牧业增加值占农业总产值增加值的比重42%以上，农民纯收入中来自畜牧养殖业的比重36%左右。

2011年4月10日，州委、州政府印发《关于加快水利改革发展的意见》。提出：2011年，力争完成水利投资10亿元以上；“十二五”期内，通过农村饮水安全工程和“农村水网”工程建设，基本解决农村饮水安全问题；通过骨干水源工程、大中型灌区续建配套、“五小工程”等项目建设，完成农村人口人均半亩基本口粮田建设任务，水利工程年供水量力争达到15.3亿立方米，基本解决工程性缺水问题；基本完成重点中小河流重要河段治理、全面完成小型水库除险加固和山洪灾害易发区预警预报系统建设；到2020年，完成规划内骨干水源工程建设，水利工程年供水量达到19.5亿立方米，全州防洪抗旱减灾体系、水资源合理配置和高效利用体系、水资源保护和水生态环境体系以及水利科学发展制度体系基本建成。

2012年12月27日，州委、州政府印发《关于加快推进“185”现代高效农业产业园区建设的意见》。发展目标为：2013年，全州规划建设20个现代高效农业产业园区，其中，精品水果园区5个、优质蔬菜园区4个、生态养殖园区3个、茶叶园区2个、特色渔业园区2个、中药材园区1个、综合型园区3个，每个县（市）确保有1个示范园区；到2016年，力争20个园区达到省级示范园区标准，每个园区产值亿元以上，园区农民人均纯收入达万元以上。

2013 年 10 月 31 日，州委、州政府印发《关于进一步加快推进茶产业发展的意见》。提出：到 2016 年，全州茶叶种植面积从 2012 年 75 万亩的基础上发展到 200 万亩，新建茶园一律按照有机茶标准建设；力争培育产值上亿元的省级以上龙头企业 5 家、上市企业 1 家；做好区域布局，重点抓好茶叶产业园区建设；以都匀、贵定、惠水为“主体”，瓮安、平塘为“两翼”，科学规划，连片开发，着力打造 5 个 20 万亩以上的茶产业重点县；突出抓好都匀现代高效茶叶产业示范园区、贵定云雾山现代农业产业示范园区、瓮安富硒绿茶产业园区、平塘大塘茶叶示范园区等园区建设。

2014 年 4 月 14 日，州委、州政府印发《创建都匀毛尖世博名茶知名品牌三年行动计划纲要》。总体目标为：到 2016 年，努力将都匀毛尖品牌培育成为世博名茶知名品牌，跻身全国茶叶区域公共品牌价值前十名，有机茶标准基地发展到 200 万亩，投产茶园 100 万亩，实现茶叶加工能力 3 万吨、综合产值 80 亿元以上。

（二）农村

1994 年 4 月 26 日，州委、州政府制定并印发《关于全州农村小康建设的规划》，对农村小康建设作出规划，农村实现小康有收入水平、物资生产、精神生活、人口素质、生活环境、社会安全 6 个方面 16 项指标。小康户：农民人均纯收入 1200 元以上、年人均衣着消费支出 70 元以上等指标 10 个。小康村：80% 以上的农户达小康户标准。小康乡（镇）：80% 以上的村达小康村标准。小康县（市）：80% 以上的乡（镇）达小康乡（镇）标准。规划目标为到 20 世纪末，黔南州农民人均纯收入达到 1200 元，农业人口人均生产粮食 360 ~420 公斤；乡（镇）上等级公路覆盖面达到 80%，村通公路达到 80%；农村每万人拥有医疗卫生技术人员 10 人，村通电率达到 90% ~95%；电视普及率达到 20% ~30%；农村人口自然增长率在 13‰以下，农产品商品率达 60%；实现小康的农户占总农户 40%，实现生活宽裕、向小康迈进的农户占总农户的 30%，稳定解决温饱、摆脱贫困、奔向小康的农户占总农户的 25%。

2011 年 9 月 16 日，州委、州政府印发《关于进一步加强全州村级公益事业建设“一事一议”财政奖补试点工作的意见》，明确州级财政每年安排 300 万元 ~500 万元奖补资金对县（市）进行考核奖励。要求：在编制规划中，坚持实事求是、尊重群众意愿，坚持从实际出发、量力而行，坚持以点带面、示范带动；将“一事一议”财政奖补工作与村庄整治相结合，与整合涉农项目相结合，努力实现 2011 年度“一事一议”村和农户覆盖达到 25% 的目标，为实现“十二五”期末 85% 以上的自然村村内道路要基本硬化，85% 以上的行政村实现建设有文体活动场所、垃圾池和公共厕所双“85%”的“一事一议”总目标奠定基础。

（三）农民

1994 年 11 月 28 日，州委、州政府印发《关于加快麻山、瑶山地区扶贫开发步伐的决定》，提出力争到 20 世纪末，贫困农户越过年人均收入 400 元温饱线。

2002 年 1 月 26 日，州委、州政府印发《关于认真做好新阶段扶贫开发工作的决定》，明确黔南州2001—2010年扶贫开发的奋斗目标为：力争用五年左右的时间解决剩余贫困人口的温饱问题，进一步改善贫困地区的基本生产生活条件，巩固温饱成果，返贫率控制在10%以内；继续把发展种养业作为扶贫开发的重点，积极推进农业产业化经营，进一步加强基础设施和生态环境建设，力争5～10年内，基本实现行政村通机动车、通电话、通广播电视；每年建设30立方米容积的小水池1万口以上，力争2010年实现全州农村人口拥有半亩旱涝保收的基本农田；力争2005年完成乡级卫生院业务用房改造，2010年基本健全农村合作医疗制度。

2005年4月2日，州委办、州政府办联合印发《关于进一步加强新阶段信贷扶贫工作的实施意见》，明确：信贷扶贫资金重点投向贫困地区公路通达工程、水利设施、供水、供电、小城镇改造等基础设施建设；重点支持有条件的贫困县尽快实现“普九”（普及九年义务教育）；支持贫困地区调整经济结构；支持一批畜牧养殖、加工发展项目；扶持已通过国际通行的GMP认证或有实力通过GMP认证的药业企业；支持州内具有地域竞争优势并有一定经济效益的奶牛养殖、奶牛加工企业及肉牛养殖和牛肉加工、销售一体化经营的企业；加大信贷扶贫资金对国家级及省级风景旅游区项目的支持力度。

2014年12月31日，州委、州政府印发《关于创新机制扎实推进农村扶贫开发工作的实施意见》。总体要求：全面贯彻落实党中央、国务院和省委、省政府关于扶贫开发的决策部署，以实现贫困户“两不愁、三保障”（不愁吃、不愁穿，保障其义务教育、基本医疗和住房）为目标，加快贫困群众脱贫致富、贫困地区全面建成小康社会步伐。主要目标：到2018年，全州实现减少贫困人口90万人（约22万户，含返贫率）和4个贫困县、88个贫困乡（镇）“减贫摘帽”目标，年返贫率控制在5%以内；贫困村农民人均纯收入增幅高于本县（市）农民人均纯收入5个百分点。工作重点：着力推进农村最低生活保障制度与扶贫开发政策有效衔接和“4个1”工程建设（每户1人接受中职以上学历教育，每户1人接受培训后转移就业，或每户1人掌握1门农村实用技术，户均1人有1亩经济作物），通过专项扶贫、行业扶贫和社会扶贫，不断巩固和提高贫困地区经济社会发展能力和扶贫对象增收脱贫致富能力。保障措施：落实干部结对帮扶工作机制；深化审批制度改革；强化项目资金管理；建立基础设施项目综合捆绑机制。组织领导：各级党委、政府要加强对扶贫开发工作的领导，加强对扶贫工作的督促检查和考核，加强农村基层组织建设，加强扶贫队伍建设。

四、社会事业

（一）计划生育工作

1991年7月22日，州委、州政府印发《贯彻执行中共中央国务院〈关于加强计划生育工作严格控制人口增长的决定〉的实施方案》，对全州加强计划生育工作控制人口增长进行安排部署：“八五”期间出生人口控制在37.6万人以内，年平均自然增长率为14.02‰，1995年全州总人口数控制在353万人以内；“九五”期间出生人口控制在35.67万人以内，年平均自然增长率控制在12.39‰以下，到2000年全州总人口数控制在378万人以内；对人口计划实行目标管理责任制，逐级签订责任书；要求党员、团员、国家干部要模范遵守和执行计划生育政策和法规，对不执行政策超生的干部、职工必须严肃处理。

（二）人才队伍建设

1992年8月18日，州委、州政府印发《关于进一步发挥知识分子、科技人员重要作用的意见》，明确：每年3月18日为黔南科技活动日，开展科技服务、科技宣传、人才交流等活动，并对有功科技人员评优颁奖；州、县设立培养中青年科技人才基金，州财政每年安排30万元专款；35岁以下有突出成果的拔尖人才晋升高级技术职务，25岁以下的有突出成果的拔尖人才晋升中级技术职务，不受名额限制；州、县设立奖励基金，州设立“黔南科教兴州奖”“黔南州政府特殊津贴”“黔南优秀科技人才奖”。

2004年4月21日，州委、州政府印发《关于实施人才强州战略的决定》，明确：各级党委、政府坚持党政一把手抓“第一资源”，从2004年起，州级财政每年统筹安排500万元作为人才资源开发专项资金，并随着经济的发展每年有所增加；实施黔南州“233”人才工程，即在五年左右培养造就20名左右在全省有一定影响的拔尖人才，300名左右在全州经济社会发展中起重要作用的高层次人才，3000名左右的专业技术骨干人才。

2008年10月16日，州委、州政府印发《关于进一步加强人才队伍建设的意见》。提出：充分认识加强人才队伍建设的重大意义；到2012年，全州人才总量力争达到14万人，占人口比例的3%以上，省管专家和博士30名以上，州管专家40名以上；具有硕士学位或研究生学历人才700人以上，具有高级专业技术职务资格的专业技术人才3000人以上；高技能人才、生态产业人才比例明显提高）。

2011年8月，州委、州政府印发《黔南州中长期人才发展规划纲要（2010—2020年）》，指出2010—2020年是黔南州实现经济社会发展的关键时期，必须把人才资源作为推动科学发展的第一资源，坚持党管人才原则和重在使用、改革创新、重点带动的原则，统筹推进党政、企业经营管理、技能、农村实用、社会工作等各类人才队伍建设，加快基础设施建设领域、重点产业、城镇发展、生态建设与环境保护、社会等重点领域人才队伍建设，优先培养开发高层次创新型科技人才，完善人才领导体制、管理体制，创新人才培养开发机制、评价发现机制、选拔使用机制、整合配置机制、激励保障机制，重点实施“235”（到2020年培养选拔20名核心专家群体、300名学术技术带头人、5000名科技人才）人才培养工程、党政后备干部培养工程、优秀企业管理人才培养工程、高技能人才培养工程、农村实用人才带头人培养工程、教育人才选拔培养工程、全民健康卫生人才保障工程、宣传文化人才培养工程、少数民族人才培养工程、旅游人才培养工程、优秀专业技术人才帮带提升工程和青年英才培养工程。

（三）教育改革与发展

1995年3月3日，州委、州政府印发《关于多渠道筹措“普及九年义务教育”教育经费的决定》。决定：切实落实《纲要》中提出的教育经费“三个增长”，即教育拨款的增长要高于财政经常性收入的增长、在校学生人均教育费用逐步增长和保证教师工资、生均公用经费逐年有所增长；从1995年起，每年安排发展“普九”专项经费100万元用于支援边远贫困地区“普九”补助，并根据财政收入情况逐年增长；依法足额征收城市教育费附加；农村教育费附加；建立各级人民教育基金，1997年前“黔南州教育基金”要达200万元，2000年前达300万元；开征干部职工教育费，“普九”期间，所有干部职工每人每月按在册工资总额的1%～2%计征，离退休职工酌情减征；宾馆等营业性服务单位，按床位费标准的5%加收义务教育费；新购轿车按购车费的1%～3%征收；计划外生育费的5%用于教育等。

2002年5月8日，州委、州政府印发《关于加快全州教育改革与发展的决定》，明确：“十五”期间，州政府设立的“普九”“义教”“危改”专项经费由原来每年100万元增加到300万元，各县（市）政府设立“普九”专项经费每年不低于100万元，列入财政预算；全州要完成“两基”攻坚目标，到2005年，全州普及九年义务教育人口覆盖率达85%以上，全州高中阶段入学率达40%左右，幼儿园入园率达45%左右；全州小学、初中、高中专任教师学历合格率分别力争达95%、90%和80%以上；力争黔南民族师范学院在校生规模达7000人；各县（市）建有4～6所实用型、多功能、综合性、示范性，年培训能力达1800人次左右的乡（镇）农民文化技术学校。

（四）社会保障

1998年8月17日，州委、州政府印发《关于切实做好国有企业下岗职工基本生活保障和再就业工作的实施意见》。要求：1998—2000年，分流安置国有企业下岗职工1万人，有就业要求的国有企业下岗职工再就业率达到70%以上，完成国有企业下岗职工再就业培训1万人次，保障国有企业职工基本生活，保障参保企业离退休人员离退休金的发放。政策措施：严格规范国有企业下岗职工用工行为和程序，明确规定省部级劳模、“三期”内的女职工、军烈属；残疾职工、因公负伤、患职业病职工等一般不下岗，双职工不得同时下岗等；加大扶持力度，确保政策到位，拓宽就业渠道；加强管理，做好调控，积极提供再就业服务。

（五）文化建设

2012年5月31日，州委印发《关于贯彻党的十七届六中全会精神推动黔南民族文化发展繁荣的实施意见》。要求：深刻认识推动黔南民族文化发展繁荣的重要性和紧迫性；准确把握《决定》要义，深入推动黔南民族文化发展繁荣；把社会主义核心价值体系建设贯穿于文化建设始终，筑牢共同思想道德基础；发展好黔南优秀民族文化，不断增强文化自觉和文化自信；加强公益性文化事业建设，确保人民群众基本文化需求得到满足；激发创新活力，繁荣文化创作生产；加快发展文化产业，培育发展新的经济增长点；深化文化体制改革，构建促进黔南民族文化繁荣发展的体制机制；建设高素质文化人才队伍，为加快文化改革发展提供人才支撑；加强组织领导，为推动黔南民族文化发展繁荣提供有力保障。

第二节　重大活动

一、"3·18"科技活动日表彰活动

1992 年 8 月 4 日，州委、州政府组织召开全州科技干部大会，确定每年 3 月 18 日为黔南州科技活动日，开展科技服务、科技宣传、人才交流活动。1993 年 1 月 16 日，州委成立黔南州评选优秀知识分子、科技人员工作领导小组。2 月 23 日，州委召开专题会议，研究决定成立州优秀知识分子、科技人员评选委员会，明确评选原则。3 月 3 日，州优秀知识分子评选委员会审议通过《黔南州优秀知识分子和科技人员评选办法》，明确坚持标保准质量、实事求是合州情、注重实绩看效益，评奖档次要合理、领导群众能公认的基本原则，评选顺序为按黔南科教兴州奖、黔南州政府特殊津贴、黔南优秀科技人才奖依次评选；审议通过《黔南州推荐优秀知识分子、科技人员评估委员会工作细则》，明确评估标准分为三个类别：黔南科教兴州奖、黔南州政府特殊津贴、黔南优秀科技人才奖。1993 年评选出 166 名有贡献的优秀知识分子、科技人员，其中，授予"黔南科教兴州奖"9 名，授予"黔南州政府特殊津贴"53 名，授予"黔南州优秀科技人才奖"104 名。同时，对有突出贡献已享受国家特殊津贴的史曾虎等 14 人，州委、州政府决定对他们进行一次性奖励和荣誉表彰。

1993 年 3 月 18 日，黔南州第一个科技活动日暨优秀知识分子、科技人员表彰大会在都匀召开。1993—2005 年，每年召开一次黔南州科技活动日暨优秀知识分子、科技人员表彰大会，2005 年以后，根据工作实际情况，实行两年一表彰，评选设立的奖项也随着形势的发展作相应的增设。

1993—2015 年，州委、州政府共组织开展黔南州科技活动日活动 20 次，组织召开 18 次黔南州科技活动日暨优秀知识分子、科技人员表彰大会，共表彰优秀科教人才 1157 名，先进集体 74 个。其中：享受国家特殊津贴专家 14 名，黔南州州管专家 22 名，黔南科教兴州奖 51 名，黔南州政府特殊津贴 283 名，黔南优秀科技人才奖 485 名，黔南州推动科技进步先进个人 45 名，科技兴州特别荣誉奖 6 名，科技兴州荣誉奖 52 名，黔南州科教兴州特别奖 1 名，黔南州优秀科教人才奖 108 名，黔南州科教兴州荣誉奖 62 名，黔南州推动科教进步先进个人 28 名；黔南州推动科技进步先进集体 38 个，黔南州推动科技进步先进集体特别奖 2 个，黔南科技兴州特别奖 1 个，黔南州科教兴州荣誉奖 8 个，黔南州推动科教进步先进集体奖 25 个。

二、"解放思想、振奋精神、真抓实干、加快发展"大讨论活动

1994 年 4—9 月，按照省委、省政府发出的在全省开展"解放思想，振奋精神，真抓实干，加快发展"大讨论的通知，全州开展解放思想大讨论活动。4 月 10 日，州委成立黔南州解放思想大讨论领导小组。25 日，州委召开州直机关副科级以上干部解放思想大讨论

动员大会，州委主要领导在会上作《解放思想开动脑筋真抓实干加快发展》的讲话。大讨论活动分四个阶段进行：4 月为第一阶段，主要是深入学习，提高认识；5 月—6 月上旬为第二阶段，主要是回顾总结，查找差距；6 月中旬—7 月为第三阶段，主要是制定对策，完善措施；8 月—9 月为第四阶段，主要抓好改革促发展。

三、州庆活动

1996 年 8 月 8 日是黔南州建州 40 周年。1995 年 1 月 26 日，州委、州政府决定成立建州 40 周年州庆活动筹备领导小组负责筹备工作。1996 年 7 月 9 日，撤销州庆活动筹备小组，成立黔南州建州 40 周年庆祝活动领导小组。7 月 16 日，州委办、州政府办印发《关于建州四十周年庆祝活动的安排意见》。8 月 8 日上午，在都匀市人民广场召开州庆庆祝大会。全国人大常委会、国务院发来贺电，中央政治局委员，国务院副总理姜春云题词“民族大团结，经济大发展”，省委、省人大常委会、省政府、省政协、省军区发来贺词，国家有关部委祝贺团、省祝贺团参加庆祝活动。会后，举行检阅和游行活动。下午，国家有关部委祝贺团、省祝贺团领导和州四家班子领导为建州 40 周年成就展、民族风情展和商品经济展暨经济贸易洽谈会剪彩，并参观成就展和风情展；在剑江河举办龙舟赛；晚上，州民族歌舞团演出歌舞剧《刺梨花红》，西山公园燃放烟火。州庆活动期间，开展经贸洽谈活动。1999 年 12 月 30 日，州委、州政府作出《关于表彰建州四十周年工作先进集体和先进个人的决定》。

2006 年 8 月 8 日是黔南州建州 50 周年。2005 年 10 月 24 日，州委、州政府成立黔南州建州 50 周年活动筹备领导小组。2006 年 1 月 13 日，州委办、州政府办印发《关于实施迎接建州 50 周年为民服务十件实事的通知》。2 月 5 日，州委办、州政府办印发《黔南州建州 50 周年州庆活动安排方案》。8 月 8 日上午，在州民族体育场举行黔南州建州 50 周年庆祝大会。中央有关部委祝贺团和中央新闻单位领导，省委书记、省人大常委会主任石宗源，省委副书记、代省长、省祝贺团团长林树森等省四家班子领导，原省长、全国人大常委会民族委员会主任委员王朝文等老领导及省祝贺团出席大会。参加庆祝活动的人员一起观看现场大型群众文艺演出“布依万人花灯”“千人水族歌舞”“千人长衫龙苗族芦笙舞”“万人歌唱好花红”“万人古乐风”和飞行表演。大会后，举行大型民族踩街活动。下午，中央、省祝贺团和来宾参观黔南州建州 50 周年成就展、黔南民族风情展和石板街民俗风情表演；州政府在都匀市人民广场举办投资环境推介会暨招商引资项目签约仪式。晚上，在文峰园、人民广场、水上活动中心、师院广场、西苑广场等地举行文艺表演晚会和群众联欢活动，燃放烟花。

四、“三文明”创建活动

1999 年 4 月 20 日，州委、州政府印发《中共黔南州委黔南州人民政府关于广泛深入持久地开展创建文明单位、文明行业和争做文明公民活动的决定》，决定在全州范围内开展创建文明单位、文明行业和争做文明公民的“三文明”活动。5 月 6 日，州委、州政府召开黔南州开展“三文明”活动动员大会，对全州开展“三文明”活动进行全面动员和部署。活动分宣传发动、对照检查、整改落实、检查评比、深入开展五个步骤进行。

五、“三讲”教育活动

1999 年 6 月—2000 年 9 月，按照中央、省委和州委的安排部署，全州在县级以上党政领导班子和领导干部中开展以“讲学习、讲政治、讲正气”为主要内容的“三讲”党性学习教育活动。

1999 年 1 月 18 日，州委印发《中共黔南州委关于在县级以上领导班子和领导干部中深入开展以“讲学习、讲政治、讲正气”为主要内容的党性党风教育的实施意见》。州委成立“三讲”教育领导小组，州委主要领导任组长。州直机关和各县（市）委成立领导小组及办公室，党委（党组）书记或部门主要负责人任组长。“三讲”教育活动自上而下、分批分期进行。1999 年 6—9 月，州委、州政府、州人大常委会、州政协和州纪委领导班子和 38 名班子成员参加“三讲”教育活动；1999 年 10—12 月，州直机关 31 个单位和 158 名县级领导干部参加第一批“三讲”教育活动；2000 年 2 月 29 日—3 月 21 日，州级五家班子和州直第一批 31 个部门开展“回头看”活动，重点对整改工作进行“回头看”；2000 年 1—3 月，州直机关 42 个单位和 220 名县级领导干部参加第二批“三讲”教育活动；2000 年 7—10 月，全州 12 个县（市）的县委、政府、人大常委会、政协及纪委、组织部、宣传部、法院、检察院、公安局的领导班子参加“三讲”教育活动。每批“三讲”活动分思想发动、学习提高，自我剖析、听取意见，交流思想、开展批评，认真整改、巩固成果四个阶段进行。

六、“西部大开发、黔南要大干”大讨论活动

2000 年 3—9 月，根据省委、省政府《关于在全省开展“西部大开发、贵州怎么干”大讨论的通知》，州委部署在全州开展“西部大开发、黔南要大干”的大讨论活动。3 月 24 日，州委、州政府成立大讨论领导小组。6 月 1 日，州委、州政府印发《关于成立黔南州实施西部大开发战略工作领导小组的通知》，将黔南州迎接西部大开发领导小组更名为黔南州迎接西部大开发战略工作领导小组。州委、州政府还印发《关于在全州集中开展“西部大开发、黔南要大干”大讨论的通知》。大讨论活动从 3 月下旬开始至 6 月下旬，分认真学习、统一思想，联系实际、深入讨论，理顺思路、总结提高三个阶段进行。9 月 12 日，根据“西部大开发、黔南要大干”大讨论和州直有关部门迎接西部大开发政策研究的结果，州委、州政府发出《黔南州实施西部大开发战略的意见》。

七、农村“三个代表”重要思想学习教育活动

2001 年 3 月—2002 年 4 月，按照中央、省委的安排部署，在全州农村开展“三个代表”重要思想学习教育活动。学习教育活动的对象和范围：乡（镇）机关的所有干部（包括正式聘用干部），重点是乡（镇）领导班子成员和副乡（镇）级以上干部；由乡（镇）直接管理的站、所的所有干部，重点是领导班子成员；县（市）部门的所有干部，包括部门所属的领导班子成员和工作人员，重点是县（市）部门领导班子成员；县（市）人大常委会、政协各工作委员会的所有干部，重点是各工作委员会的正副职领导干部；属于系统

重点领导的驻县（市）单位的所有干部，重点是领导班子成员；村党支部委员会和村民委员会成员。2月12日，州委印发《中共黔南州委关于在全州农村开展“三个代表”重要思想学习教育活动的实施意见》，提出：提高认识，统一思想，深刻认识开展“三个代表”重要思想活动的重要性和必要性；学习教育活动的指导思想和原则；学习教育活动要达到的基本要求；学习教育活动的具体安排和方法步骤；切实加强领导，确保教育活动取得实效。学习教育活动分为学习培训、对照检查、整改提高三个阶段。学习教育活动分两期进行，每期集中学习教育活动时间为两个半月到三个月。第一期是乡（镇）和县（市）部门，2001年完成。第二期是村一级班子和部门驻乡（镇）单位，2012年完成。从2001年1月开始到2002年4月上旬，参加学习教育活动的单位共4163个，学习教育对象64006人，实际参加63777人，参学率达99.64%。

八、“非典型性肺炎”防控

2003年4—6月，全州开展“非典型性肺炎”（以下简称“非典”）防控活动。4月18—21日，分别召开州委常委会、州政府常务会、州委专题会和州长专题会，分别对全州“非典”防控工作进行研究。22日，州委成立黔南州非典型性肺炎防治领导小组，州委办、州政府办印发《关于加强对非典型性肺炎防治工作的紧急通知》，对“非典”防治工作进一步作具体安排部署。28日，州委、州政府召开“非典”防控电视电话会议，对全州“非典”防控工作进行安排部署。在“非典”防控期间，州委、州政府采取十条措施进行防控：州委、州政府主要领导同志建立日碰头制度，及时研究非典防控工作中的困难和问题；州委、州政府及时召开各类专题性会议，研究“非典”防控工作中的重大问题；主动出击，关口前移，严防死守，把好贵州南大门；在广大农村和城镇社区、街道开展拉网式排查活动；认真转变工作作风，深入基层第一线现场办公，及时解决“非典”防控中的困难和问题；加大财政投入，确保防控“非典”工作的专项经费；加强督促检查，狠抓防控“非典”工作各项措施的贯彻落实；组织机关干部到农村帮助外出务工群众抢种抢收；加强防控“非典”医务人员业务培训，组织防治工作队奔赴抗击“非典”第一线。7月31日，州委、州政府召开黔南州抗击“非典”阶段性工作表彰大会，对全州44个先进集体和79名先进个人进行表彰。

九、保持共产党员先进性教育活动

2005年1月，按照中央、省委的安排部署，在全州党员中开展以实践“三个代表”重要思想为主要内容的保持共产党员先进性教育活动。州委成立黔南州保持共产党员先进性教育活动领导小组。1月17日，召开全州保持共产党员先进性教育活动工作会议，对全州开展先进性教育活动进行全面动员和部署。20日，印发《中共黔南州委关于在全州开展以实践“三个代表”重要思想为主要内容的保持共产党员先进性教育活动的实施意见》《黔南州第一批保持共产党员先进性教育活动工作方案》。保持共产党员先进性教育活动分三批进行。第一批为州、县（市）两级党政机关和部分企事业单位，从2005年1月开始到2005年6月基本结束。参加活动的单位共有1074个。其中，州直单位97个，县直单位

977 个；基层党组织 1495 个；应参加教育活动的党员 24796 名，实际参加教育活动的党员 24622 名，覆盖面达 99.3%，占全州党员总数的 19.95%。第二批为城市基层和乡镇机关，从 2005 年 7 月开始到 2005 年 12 月结束。参加活动的单位共有 2940 个，基层党组织 2015 个，占全州基层党组织总数的 31%；党员 31360 名，占全州党员总数的 25.4%，实际参加教育活动的党员 30949 名，参学率为 98%。第三批为农村和部分党政机关，从 2006 年 1 月开始至 2006 年 6 月结束。参加活动的单位共计 2219 个，其中，村 2022 个，农村中小学 151 所，承担先进性教育活动组织和指导工作任务的党政机关 42 个，其他单位 4 个。参加教育活动的基层党组织 2358 个，其中村级党组织 2291 个，党员 69259 名，其中农村党员 68236 名。每批先进性教育活动为 6 个月。前三个月进行集中学习，分为学习动员、分析评议、整改提高三个阶段，每个阶段时间 1 个月左右。后三个月做好巩固和扩大整改成果的工作，对前三个月的学习教育活动进行“回头看”。

十、作风教育整顿活动

2007 年 4—6 月，按照省委的安排和部署，州委组织在全州县及县以上党政机关开展作风教育整顿活动。成立中共黔南州委机关作风教育整顿活动领导小组，领导小组办公室设在州纪委。4 月 6 日，州委出台《中共黔南州委关于开展作风整顿教育活动的实施意见》，主要内容为：充分认识作风教育整顿活动的重要意义；开展作风教育整顿活动的时间和范围；开展作风整顿教育活动的重点和要求；开展机关作风教育整顿活动的步骤和方法；加强对机关作风教育整顿活动的领导。4 月 9 日，州委召开全州作风整顿活动动员大会，启动机关作风整顿活动。活动分为学习动员阶段（4 月初—4 月下旬）、查找问题阶段（4 月下旬—5 月下旬）、整改提高阶段（5 月下旬—6 月中旬）、总结验收阶段（6 月中旬—6 月底）。9 月 24 日，州委机关作风教育整顿活动领导小组印发《关于表彰全州机关作风建设先进单位和先进个人的决定》，对州信访局、州农业办公室等 15 个机关作风建设先进单位和莫远江、唐世东等 20 名机关作风建设先进个人进行表彰。

十一、“向四川地震灾区人民献爱心”捐赠活动

2008 年 5 月 12 日 14 时 28 分，四川省阿坝藏族羌族州汶川县发生 7.8 级地震，给灾区人民群众造成了巨大的生命财产损失。州委、州政府号召全州各级党政组织、广大共产党员、各族干部群众要积极响应党中央、国务院的号召，开展向“四川地震灾区人民献爱心”捐赠活动。5 月 14 日，州委办、州政府办印发《关于开展向“四川地震灾区人民献爱心”捐赠活动的通知》。州委、州政府派出一支由 37 名消防官兵和州属疾控部门 19 名疾控医卫人员组成的救灾队伍赶赴灾区参加救援，组建两支各 30 人的医疗救护队待命。5 月 14 日—9 月 6 日，全州接收捐款 2654.9 万元，其中物资折款 124.16 万元。9 月 6 日上午 9 时，州委、州政府派慰问团带救灾物资到四川阿坝州进行慰问，在都匀市人民广场举行向四川阿坝州地震灾区捐赠救灾款物启运仪式，物资有大米 300 吨和菜油 30 吨，总价值 160 万元。9 日上午，在阿坝州马尔康举行移交仪式。

十二、学习实践科学发展观活动

2009 年 3 月，按照中央、省委的安排部署，以“抢抓发展机遇，推动黔南跨越发展”

为主题，以“争做‘三实三创’表率，争当科学发展先锋”为载体，在全州开展学习实践科学发展观活动。3月4日，州委印发《中共黔南州委关于在全州开展深入学习实践科学发展观活动的实施意见》，主要内容为：开展学习实践活动的重大现实意义和紧迫性；开展学习实践活动的指导思想和目标要求；开展学习实践活动要把握的主要原则；开展学习实践活动要解决的重点问题；开展学习实践活动的总体方案和方法步骤；加强学习实践活动的组织领导。学习实践活动领导小组及办公室分别印发《黔南州开展第二批深入学习实践科学发展观活动实施方案》《黔南州开展第三批深入学习实践科学发展观活动实施方案》《全州开展第二批深入学习实践科学发展观活动创新和完善体制机制工作方案》《中共黔南州委常委会开展深入学习实践科学发展观活动方案》，全面安排部署全州学习实践活动。学习实践活动从2009年3月起到2010年2月结束，分第二批和第三批进行，每批时间半年。第二批从2009年3月开始到8月结束，州、县（市）党政机关、人大机关、政协机关、法院、检察院和人民团体机关，直属企事业单位、高等院校，党的组织关系在州、县（市）的省以下垂直管理单位参加第二批学习实践活动。党的组织关系在州、县（市）的省以下垂直管理单位的学习实践活动，由州、县（市）党委领导，上级主管部门协助，驻外办事机构按党组织的隶属关系参加学习实践活动。第二批学习实践活动开展时，州选择部分乡（镇）、村、街道、社区、中小学校等事业单位以及新经济组织、新社会组织进行第三批学习实践活动试点。第三批从2009年9月开始到2000年2月结束。各乡（镇、街道）、行政村（社区、居委会）、中小学校、未参加第二批学习实践活动的社会团体、社会中介组织等参加第三批学习实践活动。学习实践活动分学习调研、分析检查、整改落实三个阶段进行。全州有5971个基层党组织、133421名党员参加学习实践活动。

十三、“三个建设年”活动

2010年12月，按照省委、省政府的安排部署，州委、州政府决定在全州开展作风建设年、环境建设年、项目建设年活动“三个建设年”活动。12月2日，州委、州政府印发《关于开展作风建设年、环境建设年、项目建设年的实施意见》，主要内容为：深刻领会开展“三个建设年”的重要意义；准确把握开展“三个建设年”的指导思想和基本原则；全力实现“三个建设年”目标要求；开展“三个建设年”的主要内容；加强领导，精心组织，把“三个建设年”开展得扎实而富有成效。12月6日，州委、州政府建立州级“三个建设年”联席会议制度。

在作风建设年活动中，州委、州政府成立州作风建设年领导小组，领导小组办公室设在州委组织部，领导小组办公室印发《黔南州开展作风建设年实施方案》。2011年8月5日，州委办、州政府办印发《关于贯彻执行机关作风行为规范“四要十不准”规定的通知》，加强作风建设，规范干部行为，锤炼干部作风，提升机关效能，展示良好形象。

在环境建设年活动中，州委、州政府成立州环境建设年领导小组，领导小组办公室设在州纪委（州监察局）。环境建设年活动分动员部署阶段（2010年12月）、排查问题阶段（2011年1—3月）、落实整改阶段（2011年4—9月），总结评估阶段（2011年12月—2012年1月）四个阶段进行。

在项目建设年活动中，州委、州政府成立州项目建设年领导小组，领导小组办公室设在州发改委。领导小组印发《黔南州开展项目建设年实施方案》，明确总体要求、基本原则、工作目标、工作措施、实施步骤和考核评比办法。项目建设年活动分动员部署阶段（2010 年 12 月）、组织实施阶段（2011 年 1 月—12 月）、总结考核阶段（2012 年1 月）三个阶段进行。

“三个建设年活动”开展工作到 2012 年 1 月结束。

十四、“四帮四促”活动

根据省委关于在全省领导干部中开展“四帮四促”（帮助学习领会精神，促进思想统一；帮助理清发展思路，促进科学发展；帮助解决实际问题，促进增比进位；帮助化解矛盾纠纷，促进和谐稳定）活动的安排部署，2010 年 12 月 2 日，州委印发《关于在全州领导干部中开展“四帮四促”活动进一步做好新形势下群众工作的实施方案》，在全州各级领导干部中开展“四帮四促”活动。2011 年 5 月 6 日，州委办印发《关于深入推进“四帮四促”活动促进作风大转变的通知》，选派 50 个州直重点单位科级干部深入基层，深入群众，查实情、办实事、求实效。8 月 30 日，州委办印发《关于深化“四帮四促”活动实行州直部门（单位）挂帮联系乡（镇）办事处的通知》，实行州直部门挂钩帮扶联系乡（镇、办事处）开展工作，挂钩帮扶联系一定三年。是年 8 月 18 日、8 月 26 日、9 月 23 日，州委办分别印发《〈关于进一步深化“四帮四促”活动，开展“万名干部下基层，扎扎实实帮群众”工作的贯彻落实意见〉的通知》《〈扎实开展“大走访、大落实，促进大发展”“万名干部下基层、扎扎实实帮群众”活动实施方案〉的通知》《〈关于深入开展“中层干部下基层·促进作风大转变”活动方案〉的通知》等文件，对活动进行安排部署。9 月 23 日，州委办、州政府办印发《关于派出“四帮四促”工作小组开展帮促推动经济社会更好更快发展的工作方案》，组建州级“四帮四促”工作小组，各县（市）也派出“四帮四促”工作小组。“四帮四促”工作小组帮促工作步骤，从派出工作组开展工作之日到 9 月下旬）为调查了解阶段，9 月下旬到 10 月中旬，为分析研究问题阶段，10 月中旬到下旬帮助解决困难和提出意见建议阶段。

十五、“三实三创、推动跨越”解放思想大讨论

2012 年 7—8 月，按照省委在全省召开“解放思想、推动跨越”解放思想大讨论活动的安排部署，州委决定在全州广大党员干部群众中开展以“三实三创、推动跨越”为主题的解放思想大讨论活动。成立解放思想大讨论活动领导小组。7 月 10 日，州委办、州政府办转发《州委宣传部关于在全州深入开展以“三实三创、推动跨越”为主题的解放思想大讨论活动实施意见》，对解放思想大讨论活动进行具体安排部署。7 月 20 日，召开动员大会，州委主要领导在会上作讲话，要求：从战略和全局的高度，充分认识开展大讨论活动的重要性和紧迫性；突出重点，攻克难题，确保广大党员干部精神面貌有全新转变；加强领导，真抓实干，确保各项工作落到实处。解放思想大讨论活动分动员发动阶段（7 月 1—10 日）、学习讨论阶段（7 月 11—31 日）、调查研究阶段（8 月 1—20 日）总结分析阶段

（8 月 21—31 日）四个阶段进行。

十六、全面小康创建活动

州委紧扣省委“加速发展、加快转型、推动跨越”主基调，围绕构建黔南“951”经济社会发展新格局和建设“生态之州、幸福黔南”的发展定位，抢抓新一轮西部大开发和国发 2 号文件支持贵州发展的历史性机遇，以县（市）为单位，以发展县域经济为突破，以六大指标体系为标准，以“三个不能代替”为根本要求，开展同步小康创建活动，确保 2020 年全州各县（市）与全省全国同步全面建成小康社会。州委、州政府成立州全面小康建设工作领导小组，领导小组办公室设在州委政策研究室。2012 年 12 月 27 日，州委印发《关于以县为单位开展同步小康创建活动的意见》，提出指导思想、奋斗目标和总体思路。要求：突出重点，全面推进同步小康进程；统筹兼顾，建设民主文明和谐黔南；全面提高党的建设科学化水平；加强领导，为开展同步小康创建活动提供组织保证。明确：黔南州小康创建的奋斗目标是到 2016 年，全州生产总值达到 1070 亿元，2020 年达到 2039 亿元；到 2020 年，各县（市）全面建成小康社会实现程度均超 90%，人均生产总值、城镇居民可支配收入、农村居民人均可支配收入三项核心指标分别实现 5000 美元、3000 美元、1000 美元，其他指标达到统计监测标准值，人民群众满意度达 80% 以上。按照《贵州省全面建设小康社会统计监测指标体系》，以 2011 年为基数，以“三项核心指标”为主要参考数，综合分析其他指标，分三类县（市）创建。第一类是领跑型，有都匀、福泉、瓮安、龙里、贵定 5 个县（市），2016 年建成；第二类是奋进型，有荔波、独山、惠水、长顺 4 个县，2018 年建成；第三类是追赶型，有平塘、罗甸、三都 3 个县，2020 年建成。

2013 年 2 月 16 日，州委办、州政府办印发《黔南州以县为单位开展全面建设小康社会统计监测工作实施方案》。6 月 28 日，州委办、州政府办印发《黔南州同步小康创建活动推进方案》，明确指导思想和工作目标、推进工作机构、工作重点和责任分解、工作推进机制。12 月 12 日，州委、州政府在州电子政务内网视频会议室召开黔南州同步小康创建活动推进行动方案实施启动会，各县（市）设分会场，重点对《中共黔南州委办公室、黔南州人民政府办公室关于印发〈黔南州同步小康创建活动 5 个 20“引擎工程推进行动实施方案〉等六大方案、三项制度的通知》进行解读，对全州同步小康创建活动进行再部署、再督促。

十七、“十破十立”解放思想大讨论活动

“十破十立”（破除信心不足的思想，树立敢于争先的意识；破除墨守成规的思想，树立开拓创新的意识；破除自我满足的思想，树立追求卓越的意识；破除封闭保守的思想，树立包容合作的意识；破除消极等待的思想，树立狠抓机遇的意识；破除怕担责任的思想，树立敢于担当的意识；破除坐而论道的思想，树立干字当头的意识；破除忽视产业的思想，树立工业主导的意识；破除不跑不要的思想，树立主动争取的意识）是省委十一届二次全会提出的全省要与全国实现同步建设小康社会宏伟目标必须进一步解放思想的要求。2012 年 12 月—2013 年 5 月，按照省委的安排部署，全州开展“十破十立”解放思想大讨论活动。

州委成立“十破十立”解放思想大讨论领导小组。2012 年 12 月 26 日，州委办公室印发《关于深入开展“十破十立”解放思想大讨论活动的实施方案》，明确解放思想大讨论的指导思想、活动内容、方法步骤、工作要求。12 月 28 日，州委召开全州“十破十立”解放思想大讨论活动动员大会，州委主要领导作动员讲话，要求：认清形势，充分认识进一步解放思想的紧迫性和重要性；破除顽症，确保广大党员干部精神面貌有全新转变；立说立行，确保黔南经济社会发展后来居上。

大讨论活动分学习动员、对照检查、调查研究、成果转化四个阶段进行。大讨论活动实现全州 238 个乡（镇、街道）全覆盖。

十八、深入推进解放思想大讨论活动

2013 年 5 月中旬—7 月底，州委安排部署全州开展深入推进解放思想大讨论活动。12 个县（市）和州直 111 个部门（单位），围绕“畏首畏尾、松懈拖沓、小进即满、本位主义、坐而论道”等重点需要解决的问题，推进解放思想大讨论活动。州委成立深入推进解放思想大讨论活动领导小组。5 月 14 日，州委印发《关于深入推进解放思想加快跨越发展的意见》，明确开展解放思想大讨论活动的指导思想、工作重点、方法步骤、组织领导和工作要求，指出开展这次大讨论的目的是着力解决当前全州思想观念不新、工作作风不实、执行效率不高、发展环境不优、增比进位不佳等突出问题，努力构筑黔南精神高地，奋力冲出经济洼地，加快黔南跨越发展。5 月 16 日，召开全州深入推进解放思想大讨论活动动员大会，州委主要领导在会上作动员讲话，要求：着眼大局，统一思想，充分认识新形势下解放思想的重要性和紧迫性；突出重点，攻克难点，在推进解放思想中实现科学发展、后发赶超。加强领导，真抓实干，确保解放思想大讨论活动有序推进，取得实效。5 月 24 日，州委办公室印发《黔南州州直部门（单位）深入进行解放思想大讨论活动工作方案》，对开展大讨论活动的目标要求、活动时间、活动范围、实施步骤、保障措施进行具体安排。大讨论活动分集中学习（5 月中旬—6 月底）、查找问题（5 月下旬—6 月中旬）、整改落实（6 月上旬—7 月上旬）、整改测评（7 月上旬—7 月底）四个阶段进行。

十九、党的群众路线教育实践活动

2014 年 1—10 月，按照中央、省委的安排部署，黔南州按照“照镜子、正衣冠、洗洗澡、治治病”的总要求，以“三实三同”（忠实务实实干兴省、同心同苦同步小康）为总载体，以“三思三干”（思进思变思跨越、苦干实干提速干）为总抓手，以聚焦“四风”（形式主义、官僚主义、享乐主义、奢靡之风）、转变作风为主线，开展党的群众路线教育实践活动。成立中共黔南州委党的群众路线教育实践活动领导小组，领导小组下设办公室在州委组织部。1 月 25 日，州委印发《关于深入开展党的群众路线教育实践活动的实施意见》，对活动的组织实施进行安排部署。1 月 26 日，召开全州开展党的群众路线教育实践活动动员会。10 月 14 日，召开全州教育实践活动总结大会，总结全州教育实践活动，对下步巩固和拓展教育实践活动成果，加强党的作风建设，全面推进从严治党进行部署。全州有 154 个单位参加教育实践活动，覆盖 6859 个基层党组织、157425 名党员。在教育实践活动中，推行“背篼干部”“伙计干部”“快递干部”和打通服务群众“最后一公里”等做法，得到中央督导组和省委活动领导小组的肯定。

链接：

背篼干部

长顺县敦操乡地处麻山腹地，有17个村民组不通公路，许多老百姓购买物资都是肩挑背扛，从最远的村寨到乡政府，往返要走8个多小时山路，群众生产生活极为不便。早在20世纪90年代初，乡村干部下组用的是随身包包、手提袋、塑料袋帮村民们捎带东西。因为用这些包包、塑料袋、手提袋在爬山下坡、骑车过坎甚至走路时极不方便，从2011年起，乡里为干部定制了统一的制服，配上农村家家都有的背篼，再统一包上红布，让老百姓在大山里远远看到能认出来；同时，将帮助老百姓捎带东西形成制度，公布包点干部的电话。从此，乡村干部背着背篼，帮山里的老百姓代购生活用品，一天天拉近了和乡亲们的关系。日复一日，看到干部们背着背篼帮助群众办好事、办实事，乡村干部被村民们亲切地称为“背篼干部”。贵州省开展“四帮四促”活动以来，他们又在全乡推行“三定五帮一创建”的“351”工作法，形成定点、定时、定人为老百姓服务的长效机制。“三定五帮一创建”的内容有：定服务地点，定服务时间，定服务人员；帮助贫困家庭找致富路子，帮助外出务工人员照顾家庭成员，帮助急病家庭解决用车难和协调解决医药费，帮助边远群众捎带日常生产生活物资，帮助刑释解教人员重树信心；通过“三定五帮”，实现“创建文明和谐乡镇”目标。在每个村组都挂上《为民服务责任牌》，公布干部姓名、电话，公开承诺有困难找干部！只要群众有需要，他们都第一时间响应，尽力帮助解决。

2012年3月15日，敦操乡“背篼干部”连续5天在中央电视台“新闻联播”播出；3月16日，中央电视台又在“朝闻天下·走基层”栏目连续5天播报《麻山深处的背篼干部》。2012年4月1日，中央政治局委员、中央书记处书记、中央组织部部长李源潮作出重要批示：“背篼干部”当邮差、装民生、背民心，他们的事迹和精神很感人，应大力宣传和提倡。

是年6月，敦操乡党委获中共中央组织部授予“全国创先争优先进基层党组织”称号和中共贵州省委党的建设领导小组授予“五好基层党组织”称号；7月，敦操乡党委获中共贵州省委党的建设领导小组授予“全省创先争优先进基层党组织”称号；12月，敦操乡“背篼干部”获中共贵州省委宣传部、省文明办、黔中早报社授予“2012年度感动中国之感动贵州十大人物”称号；2013年1月，敦操乡“背篼干部”获中共黔南州委、州政府授予“黔南骄傲人物”称号；是年12月，敦操乡政府获由中共中央组织部、中共中央宣传部、人力资源和社会保障部和国家公务员局授予“人民满意公务员集体”称号。

第三章　纪律检查与行政监察

1992—2014 年，历届州纪委贯彻落实中共中央、中央纪委的各项方针政策，讲政治、树正气，抓好党的建设，不断加强黔南州的党风廉政建设，同时深入持久地开展反腐败斗争。在对中共党员的思想教育上，围绕党风党纪知识教育，在全州开展正反典型反腐倡廉教育活动，经常性开展廉洁自律教育，按照《中国共产党党内监督条例》等有关规定，推进领导干部述职述廉工作。建立建全党风廉政建设各项制度，加强党内的监督和行政监督，不断开展对不正之风的整治，加大案件查处力度，使干部、党员时时“警钟长鸣”，促进了全州改革开放和经济建设的发展。

第一节　州纪委全委会

1992 年 7 月 1—4 日，中共黔南州第六次代表大会选举产生第六届州纪委委员，州纪委第六届第一次全委会选举产生常务委员会委员、副书记、书记。第六届州纪委召开全委会 8 次。其中，1995 年年初，州纪委召开第六届第六次全委会，州纪委作题为《扎实工作，狠抓落实努力取得反腐败斗争新成效》的报告；1996 年 4 月 2—3 日，州纪委第六届第七次全委（扩大）会在都匀举行，23 名州纪委委员出席会议，县（市）纪委书记、监察局局长、部分州直纪检组组长（纪委书记）列席会议；1996 年 12 月 10 日，州纪委第六届第八次全委会议在都匀举行，17 名州纪委委员出席会议，县（市）纪委书记、监察局局长列席会议，州纪委作工作报告，州委主要领导出席会议并作题为《讲政治抓党建树正气努力加强我州党风廉政建设深入持久地开展反腐败斗争》的讲话。

1997 年 7 月 18 日，中共黔南州第七次代表大会选举产生第七届州纪委委员。同日，召开州纪委第七届第一次全委会，选举产生书记、副书记和常务委员会委员。是年 10 月 25 日，州纪委第七届第二次全体会议在都匀召开，全会通过题为《学习贯彻十五大精神，切实推进党风廉政建设和反腐败斗争》的决议。1998 年 3 月 4 日—5 日，州纪委第七届第三次全委（扩大）会在都匀召开，州纪委全体委员出席会议。大会通过州纪委常委会的工作报告和《中国共产党黔南州纪律检查委员会第三次全体会议决议》。同年 9 月 8 日，州纪委第七届第四次全委（扩大）会召开，出席会议的州纪委委员 22 人，县（市）纪委书记和监察局局长、州直机关各部门纪检组长（纪委书记）、州纪委各部门负责人列席会议。州委主要领导在会主作题为《贯彻落实省第八次党代会精神，全面推进我州的党风廉政建设》的讲话。1999 年 1 月 8—9 日，州纪委第七届第五次全委（扩大）会议在都匀召开，全体委员出席会议，县（市）纪委书记、州直机关单位（部门）纪检组（纪委）、州纪委各部门负责人列席会议。州纪委常委会作工作报告，省委常委、省纪委书记夏国华出席会议并作讲话。2000 年 2 月 25—27 日，州纪委第七届第六次全委（扩大）会议在都匀召开，全体委员出席会议，县（市）纪委书记、监察局局长、州直纪检组（委）、监察室，州纪委各室负责人列席会议。大会通过州纪委常委会的《坚持从严治党方针，深入开展党风廉政建设和反腐败斗争》工作报告和《中共黔南州纪委第六次全会决议》。州委主要领导出席会议并作讲话。

2001 年 7 月 26 日，中共黔南州第八次代表大会选举产生第八届州纪委委员。同日，召开州纪委第八届第一次全委会议，选举产生常委、书记、副书记。2002 年 2 月 28 日，全州纪检监察工作会议在都匀召开。会上，州纪委作题为《与时俱进、开拓创新、扎实推进党风廉政建设和反腐败斗争深入开展》的讲话，州委主要领导作题为《坚持标本兼治、注重制度创新、努力取得党风廉政建设和反腐败斗争新成效》的讲话。2002—2006 年，未召开全委会议，以纪检监察工作会议的形式代替纪委全会，参会人员为全州 12 个县（市）的纪委书记、监察局局长以及州纪委、监察局机关中层以上干部。州四家班子主要领导被邀请参加会议。2003 年 3 月 6 日，召开全州纪检监察工作会议，州纪委作题为《精心部署狠抓落实切实推进全州党风廉政建设和反腐败工作深入开展》的讲话。州委主要领导出席会议并作《认真贯彻落实党的十六大精神努力取得党风廉政建设和反腐败斗争新成就》的讲话。2004 年 2 月 17 日，召开全州纪检监察工作会议，州纪委作题为《狠抓落实务求实效，努力取得党风廉政建设和反腐败斗争新成效》的讲话，州委主要领导出席会议并作《执政为民求真务实清正廉洁大力推进全州社会经济快速稳步向前发展》的讲话。2005 年 3 月 3 日，全州纪检监察工作会议在都匀召开，州纪委作《努力建立健全惩治和预防腐败体系，扎实推进全州党风廉政建设和反腐败工作》的讲话，州委主要领导出席会议并作《努力推进全州党风廉政建设和反腐败斗争走向深入》的讲话。2006 年 2 月 3 日，全州纪检监察工作会议在都匀召开，州纪委作《强化责任意识，认真履行职责，扎实推进全州党风廉政建设和反腐败工作》的讲话。

2007 年 1 月 12—19 日，中共黔南州第九次代表大会选举产生第九届州纪委委员。第九届州纪委召开第一次全委会，选举产生常委、书记、副书记。2008 年 3 月 13—14 日，召开第九届第二次全委会，州四家班子领导、州纪委委员、各县（市）党委书记、州法院院长、州检察院检察长、州直各部门主要领导和县级以上纪检监察机关（机构）负责人共计 262 人参加会议，州纪委作报告，州委主要领导作讲话。2009 年 2 月 7 日，第九届第三次全委会在都匀召开。州纪委作工作报告。各县（市）党委书记、县（市）长、纪委书记、监察局局长，州直各部门党组（党委）书记、纪检组长，州纪委委员参加会议。州委主要领导出席会议并讲话，会议审议通过州纪委常委会《加强监督检查，构建惩防体系，为贯彻落实科学发展观提供坚强保证》的工作报告。2010 年 2 月 9 日，第九届第四次全委会在都匀召开。出席会议的州纪委委员 26 人，有关方面负责人 209 人列席会议。全会审议通过常委会《大力加强反腐倡廉制度建设，深入推进党风廉政建设和反腐败斗争》的工作报告。州委主要领导作讲话并代表州委与12县（市）党委和都匀经济开发区党工委签订党风廉政建设责任书，州纪委与87个州直单位党组（党委）签订党风廉政建设责任书。2011年2月24日，第九届第五次全委会在都匀召开。出席会议的州纪委委员25人，列席207人。全会审议通过州纪委《改革创新、狠抓落实，努力取得反腐倡廉建设新成效》的工作报告，州委主要领导出席会议并作讲话。2011年12月23日，第九届第六次全委会在都匀召开。出席会议的州纪委委员26人。会议讨论九届州纪委拟提交州第十次党代会讨论的题为《坚持改革创新，健全惩防体系，为黔南经济社会跨越发展提供坚强政治保证》的工作报告，同意将《报告》提交中共黔南州第九届十七次全会讨论。

2011年12月28—31日，中共黔南州第十次代表大会选举产生第十届州纪委。第十届州纪委召开第一次全委会议，选举产生常务委员会委员、副书记、书记。2012年2月1日，第十届第二次全委会议在都匀召开，出席会议的州纪委委员30人，列席213人。全会审议通过常委会《突出重点、狠抓落实，不断完善惩治和预防腐败体系》的工作报告。州委主要领导出席会议作讲话并代表州委与12县（市）和都匀经济开发区签订党风廉政建设责任书。2013年2月25日，第十届第三次全委会议在都匀召开。出席会议的州党政领导28人、州纪委委员30人，列席194人。全会审议通过州委常委会《振奋精神、锐意进取，以反腐倡廉新成效为实现同步小康提供坚强保障》的工作报告。州委主要领导出席会议并讲话。2014年2月22日，第十届第四次全委会议在都匀召开。出席会议的州党政领导33人，州纪委委员28人，列席235人。全会审议通过州纪委常委会所作的《厘清职责、强化监督为推动黔南发展提供坚强保障》的工作报告。州委主要领导出席会议并讲话。

第二节　机构及队伍

一、机构设置

1991—1992年，州纪委内设机构办公室、案件审理室、控告申诉室、纪律检查室、教育研究室共5个室；州监察局内设机构有办公室、监察科、审理科、信访科、审理科、举报中心。1993年6月，全州纪检、监察机关合署办公。1994—2000年，州纪委、州监察局内设机构有办公室、离退休干部管理科、监察综合室、信访室、纪检监察一室、纪检监察二室、纪检监察审理室、党风廉政建设室、教育研究室、执法监察室。2001年，增设纪检监察三室、四室、五室。至2003年，内设机构增加为14个。即办公室、监察综合室、教育研究室、党风廉政建设室、纠正部门和行业不正之风室、执法监察室、纪检监察一室、纪检监察二室、纪检监察三室、纪检监察四室、纪检监察五室、案件审理室、信访室和干部室。2004年，成立中共黔南州委巡视办公室（副县级），设在州纪委机关，列为州纪委内设机构。

2005年，州纪委、州监察局增设案件复查复议室。2009年，州纪委、监察局内设机构共16个室。是年12月，撤销州纪委监察局纪检监察三室、四室、五室。

2008 年 3 月，州委办和州政府办转发《州纪委、州委组织部、州编委办、州监察局关于县（市）纪委监察局设置派驻纪检监察机构并实行统一管理的方案》，明确将人、财、物管理权相对集中，将具有资金拨付、项目审批、人事决定等重要职责的 16 个部门列入派驻范围。同时，在县（市）纪委监察局新增设纪检监察综合室，专门负责监督检查未派驻纪检监察机构的政府工作部门、党群系统、有关事业单位、企业单位党风廉政建设和反腐败工作。

2010 年，州纪委监察局增设 1 个内设室，全州设置县级纪检监察机关举报中心 12 个。州纪委在州安全生产监督局、州旅游局、州体育局、州城乡规划局增设纪检监察派驻机构，在州直部门派驻机构设置 4 个正县级纪检监察员、7 个副县级纪检监察员职数。

2012 年，州纪委内设办公室、监察综合室、教育研究室、党风廉政建设室、纠正行业不正之风室、执法监察室、纪检监察一室、纪检监察二室、案件审理室、信访室、干部室、中共黔南州委巡视工作办公室、案件复查复议室、案件监督管理室 14 个内设机构。

2012 年，州纪委设秘书长，由常委兼任。按照“重点派驻、系统管理、全面监管”的模式，在州、县两级全面推进纪检监察机关派驻机构统一管理工作。共成立 5 个州级纪工委监察分局、40 个县级纪工委监察分局。2013 年，州委巡视工作办公室加挂绩效管理监察室牌子，案件复查复议室加挂派驻机构统一管理室牌子。

2014 年 2 月，增设纪检监察三室；撤销党风廉政建设室、纠正行业不正之风室，设立党风政风监督室；撤销执法监察室、绩效管理监察室（州委巡视工作办公室不再加挂绩效管理监察室牌子），设立执法和效能监督室；撤销派驻机构统一管理室（案件复查复议室不再加挂派驻机构统一管理室牌子），设立派驻机构工作管理室。10 月，撤销监察综合室、执法和效能监督室、中共黔南州委巡视工作办公室、案件复查复议室、派驻机构工作管理室，设立调研法规室、第四纪检监察室、第五纪检监察室、纪检监察干部监督室，干部室更名为组织部，教育研究室更名为宣传部，纪检监察一室、纪检监察二室、纪检监察三室更名为第一纪检监察室、第二纪检监察室、第三纪检监察室，信访室不再加挂州监察局举报中心牌子，在案件审理室加挂案件申诉复查复议办公室牌子。调整后，州纪委机关、州监察局设办公室、组织部、宣传部、调研法规室、党风政风监督室（州政府纠正行业不正之风办公室）、信访室、案件监督管理室、第一纪检监察室至第五纪检监察室、案件审理室（案件申诉复查复议办公室）、纪检监察干部监督室共 14 个职能部室和机关党委。新成立投诉中心，新增 5 个事业编制（从其他部门划拨）。在全州 104 个乡（镇）全部建立民生项目监督特派工作组，每个组由 1 名县（市）纪工委书记任组长（可兼任多个特派组组长），配备 2 名专职干部负责日常监督工作。

二、队伍建设

（一）干部培训

1991 年，各县（市）“建并撤”后有乡（镇）235 个，建乡（镇）纪委 226 个，配备专兼职纪检干部（含委员）706 名（专职 244 名）。是年 10 月 21—31 日，在都匀举办全州乡（镇）纪委书记培训班。1992 年，各县（市）纪委普遍对乡（镇）纪委和县部门纪检组纪检干部进行培训，全州办培训班 15 期，培训干部 248 人。是年 9—10 月，州纪委组织各县（市）纪委、州直部分纪检组共 49 人，参加省纪委在北京大学举办的纪检干部培训班。1997 年，全州举办培训班 25 期，参加培训 610 人。2003 年，与州委组织部联合举办黔南州纪检监察干部培训班，各县（市）纪委、监察局新任的中层以上领导干部、乡镇纪委书记共 68 人参加培训。2004 年，选派干部参加纪检业务培训班 6 期共 13 人，参加其他培训 3 期共 5 人；8 月中旬举办乡（镇）纪委书记培训班 1 期，60 名乡（镇）纪委书记参加培训。2005 年，把全州纪检监察干部培训情况纳入省纪委干部培训总体的统筹规划，全年选派 51 名干部参加省级以上的各类培训。全州各级纪检监察系统举办培训班 57 期，培训干部 3245 人次，联办 54 期，培训干部 4879 人次。2009 年，开展“做忠诚卫士、创一流业绩”岗位练兵活动。在为期 150 余天的活动中，全州 282 个纪检监察机关（机构）617 名纪检监察干部参加集中学习和技能竞赛。2010 年，全州纪检监察系统开展“爱读书读好书善读书”活动，共举办干部讲课和专家讲座 40 余场，150 余名干部先后走上“讲台”。2011 年，共选派州、县（市）纪委监察局机关干部 28 人参加中纪委、省纪委组织的培训，抽调 4 名基层纪检监察干部到州纪委监察局挂职锻炼。2012 年，州纪委举办纪工委干部培训班，培训干部 117 人。各县（市）共开展培训 73 次。2013 年，选派纪检监察干部 65 人次赴中国纪检监察学院、中纪委监察部北戴河、杭州培训中心及清华大学等地参加学习培训；组织 12 名纪工委监察分局书记、局长及委员进行专题培训学习；5 名班子成员分别参加省公务员管理局组织的党风政风监督业务、产业园区建设、职业能力建设培训；组织 90 余名纪检监察系统办公室信息工作人员进行信息工作培训；会同海南省纪委培训中心举办全州纪工委监察分局干部培训班，培训纪工委干部 80 余人。2014 年，选派 63 名干部参加中纪委、省纪委组织的业务知识培训班，选派 122 人听取专题讲座。

（二）知识测试及竞赛

2004 年，组织全州纪检监察干部参加中纪委统一出题的纪检监察专业知识测试，全州应参加测试 492 人，实际参加 488 人，参试率 99.2%。参加测试的 488 人中，成绩及格 488 人；成绩优秀 421 人。2013 年 4 月，在各县（市）举行纪检监察系统学习党章活动知识选拔赛。6 月 8 日，在都匀举行全州纪检监察系统“铭记党章，践行宗旨”学习党章活动知识竞答赛复赛，优胜者代表黔南州参加全省竞赛。在这次活动中，全州举办竞赛 48 场，参赛队 245 支，参赛人数 1076 人。

（三）表彰

2007 年 1 月 7 日，州纪委常委刘国富被中纪委、监察部和人事部授予全国纪检监察系统先进工作者称号。刘国富作为贵州省受表彰的唯一代表，赴北京参加表彰大会，并列席中央纪律检查委员会第七次全会，受到中央纪委领导的接见。2011 年，1 人获中纪委监察部嘉奖，4 个单位或部门获全省纪检监察系统先进集体称号，5 人获全省纪检监察系统先进个人称号，9 人获省监察厅嘉奖；1 人立二等功，6 人立三等功。

第三节　宣传教育

一、培训

1992 年，全州各级纪委到基层上党课 261 次，听党课党员达 16602 人。1993 年，全州参加培训班、学习班人数达 22640 人次，编写党课教材 12 篇、培训教材 160 篇、正反典型通报 62 期、教育专栏 33 期。1997 年，进行党纪政纪知识辅导，全州全年举办各种培训班 65 期，参训人员 1.1 万人次。印制《中国共产党党员领导干部廉洁从政若干准则（试行）》8500 份，发到全州科级以上领导干部办公室。2001 年 10 月 10—13 日，与黔南州民族干部管理学校联合举办全州 2000 年以来新任正副县级领导干部廉洁自律培训班，12 个县（市）和州直部门单位的 81 名新任正副县级领导干部参加学习，向各级领导干部送发《领导干部廉洁从政手册》2800 册。2002 年，全州举办干部廉洁自律培训班 31 期，培训干部 4359 人次。2003 年，州纪委编印《典型案例选编》2000 册，发送党员干部。2005 年，在公务员培训、党校中青年干部培训班和少数民族干部培训班中，都把领导干部廉洁自律的有关规定作为重要内容进行讲授。2007 年 4 月 13—16 日，州纪委、州委组织部联合举办全州新任领导干部廉洁从政培训班，199 名新任县处级干部集中接受廉政教育。2008 年，州纪委监察局到县（市）和州直单位上廉政党课 20 余次。2009 年，以州、县两级党校为教育主阵地，采取专家辅导、播放专题片、举办案例讲座等形式，开展廉政教育培训 1000 余人次，与到校学习的科级干部签订《廉政建设承诺书》50 余份。同时，州纪委还到州环保局、教育局、消防支队等 13 家单位开展岗位廉政培训，共上廉政党课 15 次。2011 年，将反腐倡廉知识列为党校主体班和其他培训班的重要内容，对 49 名新任县处级干部进行廉政培训。2013 年，对新录用公务员和事业单位人员进行廉政教育专题培训。

二、报告会及新闻媒体宣传教育

1992 年，播放党风党纪教育片 356 场（次），观众达 96059 人。龙里、都匀、独山、惠水等县（市）纪委到乡（镇）、村巡回播放。1993 年，播放党风党纪教育片 262 场，观众 15.8 万人次。都匀、贵定、平塘等县（市）纪委到乡（镇）播放党风党纪录像片 115 场，观众达 2.85 万人。1994 年，全州开展反腐倡廉报告会、反腐倡廉通报会 47 场（次），受教育党员达 3 万人，教育面占县以上机关党员干部总数的 90% 以上。同年，州、县两级纪检监察机关利用纪检监察机关刊物《党风与党纪》《中国监察》《贵州党风》等刊登的重大、有影响的案例对党员进行党风党纪教育。全州购电教片 22 部，播放电教片 820 场（次），观众达 40 多万人。1995 年，利用电视录像机对党员和群众进行党风党纪和廉政教育，各县（市）纪委共播放电教片 268 场（次），观众达 20 余万人。全州召开党风形势报告会和反腐败斗争情况通报会共 34 次，受教育的党员干部 3 万人（次）。1997 年，全州播放党风党纪教育片 97 部、238 场（次），受教育达 29 万人次。1998 年，州纪委监察局购置

《“烟草大王”的人生悲剧》《陕西大案纪实》《枪声响后的思索》等电视教育片10余部，全州播放电教片40余部、300余场次，观看人数达40万人次。1999年，州纪委、州委组织部、宣传部联合发出关于组织党员干部收看《中国共产党纪律处分条例（试行）》系列电视片的通知，12个县（市）除将该片在有线电视台播放外，还轮流深入各乡（镇）、单位组织播放，要求党员、干部写观后感。2000年，黔南电视台、都匀有线电视台、都匀人民广播电台从6月10日起安排黄金时间播放党风廉政建设宣传专题节目。5—10月，全州征订警示教育学习资料7410套，播放电教片《胡长清案件警示录》、电影《生死抉择》1000余场（次），观看人数10万余人。2002年，州、县（市）新闻媒体开设“反腐倡廉”“示范与警示之窗”等专栏，播放《党旗在我心中》《一代廉吏于成龙》《好公仆姜云胜》等电视片。2004年，州纪委组织全州党员干部观看警示教育片《绝路》《王怀忠的两面人生》。是年4月26日，在《黔南日报》开设反腐倡廉专栏，在黔南电视台、黔南人民广播电台组织1~2个党风廉政宣传教育节目。全年在《黔南日报》刊载各类关于党风廉政方面的心得体会和理论文章24篇，各类通讯报道292条，利用广播电视宣传389次。2005年，组织收看由省纪委等单位联合制作的反腐倡廉公益广告片《燃烧自己、照亮他人》，组织参加贵州省“颂清风、唱廉政”文艺演出和参观贵州省廉政漫画作品巡展。2007年，开展向全国纪检监察系统先进个人刘国富学习活动，组织收看《赌之害》等一系列警示教育片。12月3日，黔南纪检监察网站正式开通。2009年，各级纪检监察机关共在各类报刊刊登宣传稿20余篇，电视播出反腐倡廉专题节目10余次，发送廉政短信4000多条。“和谐之风热线”播出节目47期。2013年，召开全州领导干部警示教育大会，听取服刑人员现身说法。2013年，组织拍摄和制作警示教育片450份，编写警示教育读本2000本，用身边人和事警示身边人。

三、知识竞赛及考试

1991年，为庆祝中国共产党成立70周年，州纪委组织参加省纪委举办的“党风党纪知识教育百题竞赛活动”，全州参赛党组织1180余个，党员8667人。1993年，全州各级纪委主办“惩腐倡廉”讲演竞赛9场，观众达8000人次，并在全州范围内评选出3名选手参加全省竞赛，获优秀奖、创作奖、组织奖。1995年，福泉县纪委会同县宣传部等单位联合举办“向孔繁森学习深入开展反腐败斗争”演讲竞赛。1996年，在全州开展党纪政纪条规知识教育活动，共购买中央纪委编印的《党纪政纪条规知识手册》7432册，参加党纪政纪条规教育考核的党员、干部和其他人员29384人。1998年，州纪委组织《监察法》知识竞赛，共发放学习资料5200册，试卷19589份，回收17712份。1999年，州纪委利用“七一”开展党风廉政建设知识竞赛。2000年，州纪委、州委组织部、州直机关工委在“七一”前夕，联合组织州直机关党纪党规知识竞赛活动，州直机关有42个部门以党支部为单位组队参加比赛。2004年，州纪委组织开展党内法规知识竞赛，12个县（市）和州直教育、卫生等6个系统组队参加比赛，共2800人次现场观看比赛。全州举办知识竞赛39场次（含乡镇），19500余人现场观看比赛。2005年，在《建立健全教育、制度、监督并重的惩治和预防腐败体系实施纲要》学习贯彻中举办知识竞赛活动，全州有30231人参与竞答。2010 年，开展《中国共产党党员领导干部廉洁从政若干准则》知识测试活动，共有 40144 名党员干部参加测试，其中，厅级干部 31 人、县处级干部 698 人、科级干部 6987 人。州直机关工委在州直部门开展“学《准则》、促廉政，学《条例》、构和谐”百题知识竞赛活动，6000 余名党员干部参加答题。同时，州纪委还联合州委宣传部、州广播电影电视局、黔南电视台共同举办全州学习贯彻《中国共产党党员领导干部廉洁从政若干准则》知识电视竞答赛，并在黔南电视台连续三次重播实况录像。2012 年，对 188 名新任县（处）级领导干部进行廉政准则考试。2013 年，开展“铭记党章，践行宗旨”学习活动，举办竞赛 48 场，参赛队 245 支 1076 人。2014 年，开展领导干部任前廉政法规知识测试，在都匀市、福泉市、龙里县和贵定县试点，累计对 160 名新任领导干部进行任前考试。

第四节　党风廉政建设

一、制度建设

1995 年，州委、州政府印发《内事接待工作的通知》，强调内事接待工作必须坚持有利公务、节俭、热情、杜绝浪费的原则，并规定具体接待标准。

1998 年，州纪委、州监察局印发《关于贯彻〈中共贵州省委、省政府关于建立对地（厅）级领导干部打招呼制度的通知〉的实施办法》，全州发出打招呼信访件 127 件。

1999 年，建立党风廉政建设责任制，严格责任追究。全州有 660 个单位建立党风廉政责任制，其中，地厅级单位 5 个，县级 116 个，乡科级 589 个。12 个县（市）和 41 个单位签订 1247 份责任书，260 个单位建立量化考评，罗甸、长顺等县实行党风廉政一票否决制。

2000 年，州及各县（市）党委、政府均成立党风廉政建设责任制领导小组，落实“一把手”负责制。在 1999 年基础上又有 32 个县级单位建立党风廉政建设责任制。至此，全州 98% 的县级以上单位（部门）建立党风廉政建设责任制。推行政务公开、厂务公开、村务公开和校务公开。全州有 53 个单位实行政务公开，有 120 个企业实行厂务公开，有 2825 个村实行村务公开，有 29 所学校实行校务公开。2001 年，全州有 140 个县级单位，1000 多个乡科级单位建立党风廉政责任制。

2003 年，印发《关于领导干部廉洁从政纪律十个不准的规定》《国家公务员廉洁从政八个不准的规定》《关于严格换届纪律的八条规定》《关于在全州县级党委（党组）主要领导干部中开展述廉工作的暂行规定》《关于在全州县级国有企业（国有控股企业）党委（党组）领导人员中实行述廉制度的暂行规定》。

2004 年，制定《黔南州财政扶贫资金项目管理暂行规定》《黔南州以工代赈资金项目管理暂行规定》《黔南州少数民族资金项目管理暂行规定》等规章制度。

2005 年，州委办公室、州政府办公室印发《关于分解落实 2005 年党风廉政建设和反腐败工作各项任务的通知》，全州各级党政部门按照党风廉政建设责任制的要求，层层签订党风廉政建设责任状。追究违反责任制规定科级干部 19 名，其中，给予党纪政纪处分 16 人，给予组织处理 3 人。

2006 年，印发《黔南州 2006 年行政审批制度改革工作要点》，州及各县（市）对保留的行政审批项目再次进行严格审核和论证，完善内部监督制约机制。把全州党风廉政建设和反腐败工作各项任务细化分解到州直相关部门，落实州级责任领导 15 人，责任单位 54 个。全年对 10 名违反党风廉政建设责任制规定的干部进行责任追究。同时，制定《黔南州政务公开工作考核暂行办法》《黔南州各县（市）政务公开工作考核量化表》《黔南州直部门政务公开工作考核量化表》，实施政务公开考核制度。

2007 年，制定印发《黔南州党员领导干部述职述廉实施办法（试行)》，进一步规范了述职述廉的范围、程序和方法。全州 2415 名干部进行述职述廉。将党风廉政建设责任制纳入各级党政领导班子和领导干部工作目标考核内容，纳入机关作风教育整顿活动的督察范围，对 36 名违反责任制规定的干部进行责任追究，给予党政纪处分 23 人。

2008 年 5 月 20 日，州委与各县（市）和州直单位签订党风廉政建设责任书，州委办公室、州政府办公室印发《关于分解落实 2008 年反腐倡廉工作任务的通知》。11 月，分别由州委常委、州纪委常委带队，组成 18 个考核组对 12 个县（市）、77 个州直单位落实党风廉政建设责任制情况进行量化考核。对违反责任制规定的 101 名干部进行了责任追究，其中县处级干部 15 人，乡科级及以下干部 86 人。州委制定《中共黔南州委关于进一步加强对县级领导班子主要负责人监督的意见》《州委主要负责人同县级领导班子主要负责人谈话制度》。对 516 名干部进行了任前廉政谈话，1635 名干部按规定报告个人有关事项。建立了 700 余名县处级领导干部的电子廉政档案，完善廉政档案管理查询和信息采集制度。

2009 年，将党风廉政建设和反腐败工作任务分解为 8 大项 57 小项，明确责任领导 12 人、牵头单位 28 个、协办单位 56 个、具体责任人 28 人。11 月 30 日—13 日，州委派出 20 个考核组对 2009 党风廉政建设责任制落实情况进行全面考核。全州统一制定《信息公开指南和信息公开目录编制工作方案》，初步建立了州、县（市）、乡（镇）三级政府信息公开工作体系，总共发布信息 2876 条。全州 1831 个行政村、100 个居委会全面推行村务公开。

2010 年 3 月下旬，对各县（市）行政服务中心以及部分乡（镇）便民利民服务中心进行督查，对存在的问题提出具体整改要求。全州实行厂务公开的单位 2340 个，涵盖职工 149952 人，建制率达 90.7%。全州实行职代会制度的基层单位 2830 个，建制率达 84.43%。在重点工程建设项目多、行政审批及行政执法事项较为集中、群众关注的 3 个州直部门和 69 个县（市）直部门、4 个乡（镇）共 76 个单位开展廉政风险防范工作，各单位积极查找行政审批、行政执法、项目资金管理、队伍管理等权力运行中存在的廉政风险点，共查找出风险点 3138 个，制定防范措施 2186 个。2010 年 12 月 1—12 月 20 日，州委派出 20 个考核组，对全州 12 个县（市）、都匀经济开发区和 81 个州直部门落实党风廉政建设责任制情况进行考核。2011 年，全州 547 个单位共查找廉政风险 16179 个（行政审批类 2706 个，行政执法类 2739 个，财务管理类 2769 个，干部人事类 1730 个，物资管理类 1771 个，其他类 4464 个），制定防范措施 15664 个（条）。8 月，黔南州代表贵州省在中央纪委作廉政风险防范管理经验交流。出台《黔南州政府信息公开暂行规定》，完善政府信息主动公开措施，明确社会评议和考核机制。制定《黔南州工程建设领域项目信息公开和诚信体系建设工作实施方案》。出台《关于实施“三重一大”事项集体决策制度的若干意见》，全面开展廉政风险防范管理工作。

2012 年 7 月，印发《关于科级以下干部报告个人有关事项的暂行规定》，将领导干部报告个人有关事项制度向科级以下干部延伸。将《关于实施“三重一大”事项集体决策制度的若干意见》的执行情况纳入责任制监督检查内容。是年 5 月，黔南州廉政风险防范管理工作入选全国《廉政风险防控工作（案例教材）》。是年，全面推进村级“三资”（资金、资产、资源）委托管理工作，6 月 19—20 日，该项工作代表贵州省在全国农村党风廉政建设现场会上作经验交流。8 月，州级和 12 个县（市）行政审批电子监察系统先后建成，建成后的电子监察系统可以对网上审批和服务事项进行全过程监控，实现省、州、县三级联网监察。全面实行党务公开工作责任制，建立州级党务公开联系点 1 个、县级联系点 30 个，6340 个基层党组织全部实行党务公开，公开覆盖率达到 100%。

2013 年，在都匀、瓮安两个县（市）开展新任领导干部财产公示试点工作。全州有 1066 个村完成清产核资工作，对 1754 个村的“三资”全面委托代理服务工作进行验收。截止 11 月，全州行政审批电子监察系统共受理行政审批服务事项 165466 件，办结 159599 件。在省纪委对市（州）纪委十项重点工作考核中，黔南州政务中心规范化建设工作列全省第一名。

2014 年，出台《中共黔南州委关于认真落实党风廉政建设主体责任和监督责任“两个责任”的实施意见》，配套出台领导干部述责述廉述德、州管干部廉政谈话、党风廉政建设检查考核、“签字背书”“一案双查”5 个工作制度，明确规定党委和人大常委会、政府、政协党组向同级纪委述廉，其主要领导和党员副职向同级纪委述廉、述德、述责。落实“‘一把手’不得分管财务”的要求，对 50 个单位报销签字情况进行抽查，通报违规单位 28 个。

二、自查自纠

1992 年以后，贵定、龙里、福泉 3 个县和州法院、州交警支队、州供销社 3 个州直单位购买超标准轿车 6 辆，州纪委按照省纪委《关于处理县以上党政领导机关违纪购车和向企业调换车辆问题的实施办法》，州纪委于 1994 年提出处理建议并经州委常委研究决定，做出处理。1994 年，清理和纠正县（处）级以上领导干部房改中违纪购房情况，截至 11 月底，共有 553 名县（处）级以上干部购买公有住房，其中，地（厅）级干部有 36 人购房。副县（处）级以上领导干部购房中，有 235 人不同程度地超标准。全州有 12 名县（处）级以上干部共借用公款 34000 元购买住房。清理干部职工拖欠公款，仅平塘、惠水、都匀 3 个县（市）共清理出拖欠公款人数达 486 人，拖欠公款达 153 万元，已收回借欠款 28.4 万元。

1995 年，对领导干部违反规定乘坐超标准小轿车进行清理和处理，州烟草系统违纪购买的 2 辆超标准小轿车上交省纪委、省监察厅处理，1 辆进口超标准小轿车交省公产处处理，单位自行变卖调换超标车2辆，13辆超标车被州委、州政府作变卖处理。对县处级以上领导干部违反规定购房、建私房、集资建房和公款超标准装修住房进行清理，有262人不同程度超规定面积，超标部分按省纪委《关于处理党政机关县处级以上领导干部违纪购房和用公款超标准装修住房问题的实施办法》的规定进行处理。

1996年，对全州党政机关使用的超标汽车进行进一步清理，并对清理出的24辆排气量在2.5升以上的超标小汽车进行处理，其中7辆进口超标轿车送省政府公产处处理，经批准单位自行变卖2辆，州超标车处理工作组变卖调换处理15辆。全州纪检监察机关配合州、县（市）清房办公室，对全州党政机关干部住房问题进行全面清理，共清退住房68套，退房面积2799平方米，超面积购房60户，补款19.4万元。对两处租房8户，又购又租647户，有私房又购房或集资建房47户，购公房又集资或租住公房117户，均按省纪委《关于处理党政机关县处级以上领导干部违纪购房和用公款超标准装修住房问题的实施办法》的规定进行处理。

1998年，从严控制公务接待，严禁用公款大吃大喝。全州各级各部门抓建章立制，州、县（市）、乡（镇）都相继制定完善内事接待制度，从审核、签批到就餐标准、陪餐人员都作出明确规定。州、县（市）均制定会议审核审批制度。州委、州政府规定：凡以州委或政府名义召开的会议，须经州委常委会议或政府常务会议研究批准，部门召开的会议报分管领导审批。全州清理用公款安装住宅电话3745部，全部过户给个人，收回资金180余万元。公款配备移动电话1074部，除符合规定留用518部外，退回企业124部、折价过户180户、拍卖252部；清理传呼机3984部，符合规定留用2847部，退回企业77部、过户给个人528部、拍卖528部。此项工作累计收回财政资金213万元，每月节约资金35万元，年减少开支420余万元。

2000年，重申不准领导干部用公车旅游，不准在婚嫁等喜庆事宜中使用公车，不准未经批准的领导干部驾驶公车和用公款办理驾驶执照及年审，并将这一工作作为巩固“三讲”成果的一项重要工作进行专项部署。

2001年，落实中央、省关于领导干部不准接受礼金、有价证券的规定，印发《关于进一步重申严禁党政机关及工作人员接受和赠送现金的通知》，全州154人上交现金438500元（其中地厅级11人、县处级94人）。全州查处33名乡科级以上干部违规驾驶公车的行为，对情节严重的6名干部分别给予党政纪处分。2002年，全州有21名领导干部主动上交礼金103450元。开展县处级以上领导干部配偶、子女经商办企业情况清理工作，对领导干部到企业和下属单位报销应由本人或配偶、子女支付的个人费用情况进行检查。

2003年初，州委聘请4名退休老干部组成州党风廉政建设巡视组，由一名副厅级退休老干部任组长。州纪委、州委组织部印发《2003年党风廉政建设巡视工作意见》。州巡视组到平塘、独山、福泉、贵定4个县（市）开展巡视试点工作。是年，将党员领导干部的廉洁从政情况列入州委、州政府对各县（市）、州直各单位的目标考核范围，全州737名正副县级干部填写《党员领导班干部廉洁自律情况登记表》。推行上级党委、纪委负责人同下级党政负责人谈话制度，党政领导干部任前谈话制度和诫勉谈话制度，其中，州委领导、纪委领导与县级干部任前廉政谈话38人次，诫勉谈话4人次；各县（市）党委、纪委领导对科局级领导干部进行任前廉政谈话946人次，诫勉谈话121人次。全州共有7名领导干部主动上交所收受礼金共27100元。清理党政机关超标准、超编配备小汽车，对州直机关价格超过30万元和县（市）超过25万元的小汽车进行处理。州直机关清理出价格超过30万元的11汽车辆中，按照省清车办《关于对黔南州超标小汽车处理请示的答复》没收1辆，调剂使用8辆，建议由省直管部门处理2辆。县（市）清理出价格超过25万元的小汽车22辆，全部进行调剂使用处理。

2004年，印发《关于重申严禁党政机关及其工作人员接受和赠送现金、有价证券和支付凭证的通知》，全州共有71个州直单位、12个县（市）党政领导机关、县（市）直部门和乡（镇、街道）对领导干部收受现金、有价证券和支付凭证问题开展自查自纠，有70多名干部上交收受的礼金13.8万元；州委、州政府印发《关于重申厉行节约要求，严格工作接待纪律的通知》；州委办、州政府办印发《关于重申严禁非专职驾驶员驾驶公车的通知》，查处3名县（处）级领导干部驾驶公车肇事案件；免去49名县（处）级以上领导干部在企业兼任的职务，对52名在企业兼职的乡（科）级干部由各县（市）按规定进行处理；全州有217人（其中县处级干部34人）进行重大事项报告。对2003年清车工作中清理出来的超标车33辆、以个人名义落户的59辆和挪用专项资金购置的6辆小汽车按规定进行处理。3月18日，州委办、州政府办印发《关于分解落实2004年党风廉政建设和反腐败各项任务的通知》，并召开州直部门党风廉政建设责任分解工作会，对各项工作落实牵头单位和协办单位，并明确具体的责任人，对抓好责任落实提出具体的要求，进行细化分解。全年共受理责任追究案件27件49人。其中立案21件38人，结案21件36人，给予党纪处分6人，政纪处分32人，党政纪双重处分2人；组织处理13人。对1月1日起因参与赌博被治安处罚的党员和干部进行清理统计，截至12月20日，全州因参与赌博被治安处罚的党员和干部有24名。按照《中国共产党纪律处分条例》和有关规定，给予党纪处分9名、政纪处分3名、组织处理1名、立案调查待处理11名。按照财政部、监察部《关于党政机关及事业单位用公款为个人购买商业保险若干问题的规定》组织清理和自查自纠，全州清理出都匀、独山等县（市）的11个单位和州直4个单位用公款22.23万元为930名干部职工购买的商业保险，采取清退、个人自愿买断、退保等形式进行处理。印发《关于在全州县级党委（党组）领导干部中开展述廉工作的通知》《关于在全州县级国有企业（国有控股企业）党委（党组）领导人员中实行述廉制度的通知》，各县（市）和州直单位县级领导班子、乡（科）级领导班子均开展述廉工作。全州对836名干部进行任前廉政谈话，对111名干部进行诫勉谈话。

2005年，落实领导干部廉洁自律的规定。全年有4名地厅级干部、6名县（处）级干部、3名乡（科）级干部主动上交无法退还的礼品折款和现金共计9万元；全年向县（处）级领导干部发送廉政短信8000余条（次）。州、县（市）两级纪委负责人同下级党政主要负责人谈话共计306人，其中，县处级4人，乡科级302人；对623名领导干部进行任前谈话，其中，县处级7人，乡科级616人；对73名乡科级干部进行谈话诫勉谈话；共有

773名领导干部进行述职，其中，县处级33人，乡科级740人；共有1068名领导干部进行述廉，其中，县处级64人，乡科级1004人。全年有25名领导干部报告个人重大事项，其中，县处级8人，乡科级17人。开展党员干部出国（境）情况清理，全州有291名党员干部办有因私出国（境）护照和申领往来港澳通行证。

2006年5月，州纪委印发《关于严肃换届工作纪律的十条规定》，抽调干部参与考察监督31人次，查处换届考察中严重违反换届工作纪律的行为，对有关责任人进行处理。州纪委、州委组织部印发《关于开展县级党委（党组）、纪委领导班子成员述职述廉工作的通知》，全州有499名县处级干部、1749名乡科级干部按规定进行述职述廉。纪委负责人与下级党政主要负责人谈话会230人次，领导干部任前廉政谈话1689人次，诫勉谈话87人次、16名领导干部报告个人重大事项。按照中央和省委关于加强农村基层党风廉政建设的有关精神，选定瓮安县雍阳镇、荔波县玉屏镇和独山县城关镇作为州纪委农村基层党风廉政建设工作联系点。

2007年4—8月，根据省委的安排，全州1049个单位，24420名干部集中开展机关作风教育整顿活动。贯彻落实中纪委《关于严格禁止利用职务上的便利谋取不正当利益的若干规定》，652名县处级干部、3350名乡科级干部逐一进行自查登记。抓好党政机关办公楼等楼堂馆所建设项目清理工作，38个违规项目被清理纠正。8月1日，州纪委、监察局印发《关于严禁党和国家工作人员大操大办酒席的通知》，规定：严格控制酒席类别，党和国家工作人员不准以任何理由操办除婚丧以外的所有酒席；实行申报备案制度，党和国家工作人员操办婚丧酒席的必须按规定申报备案；严禁使用公款公物操办婚丧事宜，严禁借机敛财；严禁借亲属的名义操办婚丧以外的酒席；实行领导责任制；公布举报电话，实行社会监督。通过专项治理，1600余名党员干部取消办酒计划，300余名党员干部按规定申报婚丧事宜，顶风违纪的12名党员干部受到党政纪处分，违规操办酒席情节轻微的13名党员干部被通报批评。纪委负责人与下级党政主要负责人谈话共267人次，领导干部任前廉政谈话1452人次，诫勉谈话56人次，1142名领导干部报告个人有关事项。

2008年，成立干部作风检查组，对瓮安县干部作风情况开展检查，对瓮安“6·28”事件失职渎职的领导干部进行责任追究，给予党纪、政纪处分15人、组织处理17人。在福泉市和惠水县开展“企业对行政管理和公共服务部门的满意度测评”试点工作，针对存在的问题，向30个单位印发《整改通知书》，责令限期整改，对满意度测评排名靠后的部门“一把手”进行诫勉谈话，对9名干部进行处理。开展党政机关事业单位“小灵通”捆绑办公电话和党政干部公款出国（境）专项清理，清理纠正“小灵通”捆绑办公电话507门，清理出国（境）团23个，因公出国（境）党政干部40人。

2009年，贯彻落实《中共黔南州委关于进一步加强对县级领导班子主要负责人监督的意见》，开展党政领导干部述职述廉工作，截至11月，全州有1151名各级领导进行公开述职述廉，州纪委在州直37个单位和12个县（市）、都匀经济开发区设立监督信箱，为900余名正、副县级领导干部建立电子廉政档案，全年通过廉政档案查询干部廉政情况113人次。州纪委负责人同下级党政主要负责人谈话101人次，领导干部任前廉政谈话699人次，诫勉谈话49人次，向8名县级干部进行函询。全州有96名干部主动申报个人有关事项，4名干部主动上交收受的现金16.9万元。全州办理责任追究案件38件，责任追究77人（乡科级55人，乡科级以下22人）。

2010年，全州4387名领导干部进行述职述廉；通过电子廉政档案查询189名县级领导干部和40个县级单位的廉洁自律情况；各级纪委负责人同下级党政主要负责人谈话207人次；对850人进行任前廉政谈话，诫勉谈话164人（县级干部5人），对68名干部进行函询；领导干部主动申报个人有关事项1626人次（其中县级以上干部126人次）；州、县两级共收到主动上缴的礼金7.22万元。8月，印发《关于贯彻落实中央、省加强党政机关厉行节约有关文件精神的通知》，将工作任务分别落实到纪检监察、组织、发改、外事、财政、审计等部门，同时将任务、目标、责任等明确到7个牵头单位和13个配合单位。经统计，全州2010年1—10月因公出国（境）团组48个、113人，比上年减少5个、48人；经费支出52.69万元，比上年减少30.18万元；车辆购置及运行费用支出为13282万元，比上年增长1294.2万元；公务接待费用为9692.2万元，比上年降低515.8万元；庆典、节会、论坛费用支出1266.98万元，比上年减少385.09万元；会议费用（含文件费用、会议接待费用）支出3494.9万元，比上年增加263.53万元；通信费用支出1469.01万元，比上年增加56.21万元；一般性用油、用电、用水支出3905.3万元，比上年增加142.3万元。“小金库”专项治理工作由党政机关、事业单位向社会团体、国有及国有控股企业延伸，273个社会团体、154家国有及国有控股企业开展自查自纠，对83个社团组织、64家国有及国有控股企业进行重点抽查，发现9个单位存在“小金库”，涉及金额272.32万元。

2011年，对574名领导干部进行严肃换届纪律谈心谈话教育，并分别签订责任书和承诺书。对反映县处级领导干部的举报线索进行全面核查，共初核线索35件，查处违反组织纪律的案件1件。对领导干部节假日期间廉洁自律情况进行专项检查，开展领导干部在公务活动中接受礼金和各种有价证券、支付凭证专项治理，共收到主动上交的礼金11万元。

2012年，全州有3198名领导干部进行述职述廉，各级纪委负责人同下级党政主要负责人谈话884人次，任前廉政谈话2388人次，诫勉谈话113人，对77名领导干部进行函询，945名县级领导干部主动报告个人重大事项。开展公务用车专项治理，认定违规车辆520辆，143辆超编车全部调剂使用，对46辆违规借、换车行为进行纠正，按规定拍卖违规车辆25辆、老旧车辆27辆；6月，州委印发《关于进一步加强干部作风监督推进重点工作开展的通知》，成立州干部作风监督工作领导小组，到5个县（市）的7个在建企业、8个乡（镇）、3个园区管委会、3个行政服务中心及3个窗口单位进行监督，12月，州委印发《关于改进工作作风密切联系群众的九项规定》，就全州各级领导干部特别是州级领导干部和州直部门领导干部改进工作作风、密切联系群众做出具体规定。开展农村基层干部反腐倡廉教育培训2202场，培训57216人次、任前廉政谈话1982人、诫勉谈话191人，农村基层干部述职述廉1338人次，村民评议村干部2875人次，对农村基层干部开展经济责任审计181人次。1409个村实行民主决策制度，165个村被评选为州级示范村。全州有1382个村建立村务监督机构并挂牌运行，参与监督村级重大事项1305件，化解群众矛盾纠纷1823件（次）。

2013年，州纪委印发《关于禁止国家机关公职人员上班时间参与打麻将等娱乐活动的规定》《关于开展突出作风问题重点整治工作的通知》《关于严禁冬至、元旦、春节期间公款吃狗肉（羊肉）、杀年猪、吃庖汤和购买烟花爆竹、贺年卡、明信片、年历等年货节礼的通知》等文件。对中秋节、国庆节期间5起违规行为和2013年全年查处的违反八项规定和“四风”的10个典型问题分别进行通报。截至2013年10月30日，全州出动4404人次到5347个单位（场所）开展570次督查，对违反规定的217个国家机关公职人员分别给予通报批评、公开检讨、诫勉谈话、免职、待岗、取消评先选优资格、经济处罚及党政纪处分等处理（党政纪处分18人，组织处理199人），79个单位因存在突出作风问题被通报批评。重点整治国家机关公职人员打麻将、公车私用、公款乱消费三项突出问题，带动12个县（市）治理庸懒散赌奢、工作自由散漫、上班纪律差、漠视和脱离群众、农村滥办酒席、项目推进中工作效率低、项目建设中落实力执行力不强、公务车辆管理使用不规范、接待费用支出不规范、外出学习考察不规范等十项突出问题。

2014年，对“四风”问题开展暗访督查，全州查处违反中央八项规定及“四风”问题156个，点名道姓通报案例8起，处理干部355人（党政纪处分21人）。整治“为官不为”，共处理单位135个、干部720人。落实“一把手’不得分管财务”的要求，对50个单位报销签字情况进行抽查，通报违规单位28个。通过对作风问题开展明察暗访、对项目建设开展责任倒查、对行政审批开展效能监察、对服务态度开展环境考评，共对204名不作为、慢作为、态度差、效率低、办事难、办证难等作风不实的科级以下干部，进行扣发工资、通报批评、责令检讨、取消评优资格等处理，对4个州级单位负责人进行诫勉谈话。

第五节　执法监察与纠风治乱

一、执法监察

1991—1994年，在开展监督检查中，对干扰国家计划的完成、扰乱经济秩序、发生重大事故、有令不行、有禁不止、严重铺张浪费、经济效益严重下降和弄虚作假欺骗国家等行为和问题进行查处。各级监察机关还参与有关招工、招生、招干、征兵、物价、税收、财务和“建并撤”等中心工作监督。对监督检查中发现的各种违法违纪问题，分别做出处理。其间，1993年，州、县（市）纪委配合有关单位开展农村调查，摸清农民负担情况：1992年全州农民负担项目共5类21项，并及时对涉及农民负担的文件和项目进行清理，全州清理出文件153个，涉及农民负担项目185项。瓮安县做出三项减轻农民负担决定，全县农民每年减少支出300万元。

1994年，对县以上党政机关与所办经济实体脱钩情况进行清理。全州各级党政机关自1992年以来，兴办商业型、生产经营型、服务型等各类经济实体共424个（州直单位65个），参与干部1560人，其中，副县级以上干部95人，科级干部205人，一般干部1247

人，离退休干部13人。有55名副县级以上干部共辞去67个在各类经济实体中所兼任职务。全州各级党政机关所办经济实体按省乡镇企业会议精神，除少数因故尚未完全脱钩外，其余已按规定要求在名称、职能、人员、财务上同原机关脱钩。

1995年，州、县（市）纪检监察机关与有关部门，对水土保持专项资金，坡改梯工程专项资金的使用情况，领导干部公款学习汽车驾驶的情况，执行《中华人民共和国统计法》《贵州省计划生育管理办法》以及农资化肥供应、烟草收购等情况开展执法监察。对存在的问题，及时进行整改和处理。

1996年，与卫生部门对药品购销中收取回扣问题进行检查，发现收受回扣或让利500余万元，其中，已入账430万元，账外70万元，已作纠正，并协助有关部门制定相应的规章制度，制止回扣风蔓延。与财政部门清理预算外资金，全州自查单位1292个，抽查单位414个，发现有问题的单位661个。其中，违规收取资金203.87万元；应缴未缴财政预算资金341.46万元；应存未存财政专户资金6813.44万元；违规支用资金33.01万元；小金库资金39.22万元。对存在的问题，纪检监察机关协助财政部门进行处理。

1997年，参与有关部门对贯彻执行《中华人民共和国煤炭法》《中华人民共和国矿产资源法》《中华人民共和国矿山安全法》、工程招标投标等进行专项检查，共检查251个单位。开展执法监察项目26个，全部办结。提出监察建议28条，被采纳25条，协助建章立制16项，推广先进典型8个。

1998年，州纪委、监察局先后对4项重点工作以及粮食购销、统计等开展执法监察，协助建章立制8项，推广先进典型4个，通报反面典型1个，发现案件线索1件。都匀市对预算外资金进行专项执法监察，清理出违纪金额67万元、小金库10万元，并及时进行处理，全市预算外资金全部纳入预算内管理。

1999年，开展粮食流通体制改革情况执法监察，全州查出贪污挪用公款29件，金额110万元。查处非法收购贩卖粮食案件630件，没收粮食986吨。罚没金额89万元。

2000年6月，都匀地区建筑工程交易中心正式挂牌开展工作。各县（市）建立相应管理机构。经对建筑市场进行规范，存在的层层转包、违法分包、明招暗投、营私舞弊、行贿受贿等违法行为得到遏制。

2001年，重点开展国债资金、水利基金使用情况以及“渴望工程”、扶贫资金和农村教育基金专项管理使用情况检查。开展全州新增国债资金投入1487万元的长顺至平坝公路、独山至荔波公路、惠水至罗甸公路、都匀至三都公路改造工程监督。是年，对全州在建的249个工程（总建筑面积97.79万平方米，总投资4.12亿元）进行全面检查，对平墨公路二期、黔南师院教学楼、荔波机场前期工程等公开招投标进行监督。对因工作严重失察、失职的21名领导干部（县级干部3人、乡科级干部18人）进行责任追究，分别给予相应纪律处分。

2002年，全州执法监察工作主办大的项目9项，协办5项。检查单位133个，查出违纪违规金额3525.7万元。发现案件线索8件，初查了结6件，立案查处2件，给予党、政纪处分共7人。提出监察建议76条，被采用66条。协助建章立制10项，通报反面典型

11个。工作中，重点开展国债资金管理使用情况执法监察，整顿和规范有形建筑市场；会同有关部门开展社保资金、扶贫资金、天保工程资金等专项资金使用情况监督，参与调查各类安全事故，落实责任追究制。

2003年，开展国有经营性土地使用权招标、拍卖、挂牌出让执法监察和整顿规范建筑市场秩序工作，共清理出违规用地2065宗，追缴土地出让金、收益金725.78万元。对都匀市经济开发区、龙里县乡镇企业科技园区、惠水长田工业区建设用地情况进行清理；对贵定县城关镇综合楼违法招标作废标处理，重新依法进行招投标。全年开展执法监察项目45项，查出违法违纪金额30841.5万元，挽回经济损失1559万元；对扶贫资金项目进行检查312个，资金3720.76万元。

2004年，开展专项资金管理使用情况监督检查。经清查，2001—2003年全州计划下达各类项目总投资306545万元、项目8225个，共清理出各类专项资金违规项目306个，违规金额4016万元。是年，开展有形建筑市场规范运作执法监督。全州建设工程进入州工程交易中心进行公开招标45个，建筑面积18.33万平方米。是年，开展经营性土地招标拍卖挂牌出让的执法监察，全州12个县（市）大多数建立土地有形市场，成立土地交易中心和收购储备中心，土地招标拍卖、挂牌出让工作逐步得到规范。将州国土局、州卫生局、州建设局、州乡企（煤炭）局和州林业局等单位作为州直机关开展行政效能建设试点的单位，制定《黔南州行政机关及其工作人员行政过错责任追究暂行办法》《黔南州行政机关及其工作人员行政效能投诉和告诫暂行办法》和《黔南州行政效能考评暂行规定》，并于10月27日正式实施。截至11月底，全州开展行政效能监察试点工作单位130个，其中，州直部门7个，省直管部门4个，县（市）119个。

2005年，开展国家机关工作人员和国有企业负责人投资入股煤矿清理工作，全州有16人登记在17个煤矿投资入股的情况，投资金额750.5万元。有7名已完成撤资退股，2人签退股协议，但资金尚未撤出，4人将股份转让给他人，2人正在协商退股事宜，1人辞去公职。2006年，全州有15名国家工作人员申报登记投资入股煤矿，有14人已撤资退股，撤资金额694.5万元，1人因纠纷诉至法院处理，共上缴收益46.77万元。2007年，开展煤矿越层越界开采违法行为专项治理，对存在违法行为的54个煤矿进行处理。开展治理商业贿赂专项工作，采取自查自纠与案件查办相结合，对涉及商业贿赂的六个重点领域八个重要方面开展调查摸底，查处与人民群众利益密切相关的商业贿赂案件，共受理立案商业贿赂案件51件53人，涉案金额1375万元。

2007年，对损害群众权益的突出环境问题进行专项检查，将11家对社会影响大、污染严重的企业列为2007年整顿治理挂牌督办企业。开展全州移民专项资金管理使用情况检查，对移民资金数额巨大的龙滩电站罗甸库区进行重点检查。对国家开发银行贵州省分行贷款项目进行检查，对存在的问题在全州进行通报，责令限期整改。对安全生产工作进行监督检查，责任追究30人，其中党纪处分5人、政纪处分25人。

2008年，与有关职能部门开展节能减排工作监督检查101次，检查矿产资源开发企业376户，依法关闭6家无环评手续的非法矿产企业，对6家存在环境安全隐患的矿山企业下达限期整改通知书，对7家环境违法企业进行立案查处，提出监察建议14项，督促建章立制6项。开展国有土地使用权出让专项检查，清查划拨用地253宗、出让用地794宗、土地闲置项目10宗，收回2宗。查处安全生产领域的违纪违法案件，对66名干部进行责任追究，其中，县处级干部8人、其他人员58人。

2009年，对新增中央投资项目和相关职能部门实行监督覆盖，执行项目负责制、项目跟踪制、定人监督制、旬报月督制、限时整改制、备案追究制六项监督制度的“1236”工作机制，截至11月，全州出动检查人员317人次，开展检查42次（州级组织开展5次），发现并整改问题28个，诫勉谈话1人，警示谈话1人，打招呼谈话2人，通报责任单位1个。全州清理并取消涉农收费文件5个，涉及项目10个。查处哄抬农资价格4起，涉及资金10.33万元，责任追究2件3人。州直16个涉农部门共到州纠风办备案项目194个，备案资金17.05亿元，12个县（市）涉农专项资金全部按照“三项制度”备案。全州查处截留、挪用、克扣农民直接补贴3.3万元。全州根据举报查处2007—2008年违纪违规案件7件，涉及金额12万元，资金已返还到原项目使用。查处农村危房改造违纪违规案件4起13人，涉案资金23.79万元，全部退还县危改办。全州下拨救灾资金2500万元，州纪委监察局组织检查5次，查处违纪违规使用救灾资金案件1起，政纪处分1人。查处违纪违规发放低保金案件1起，金额15万元，党、政纪处分6人。共炸封非法煤矿（洞）7550口（次），立案查处矿产资源违法案件76宗，收缴罚没款342.2万元。发现和制止非法占地违法行为419起，涉及土地面积879亩（其中耕地292亩）。全年对7家国有控股企业、14个州级污染减排项目、34个省级审批项目、117个州级审批项目，以及列入国家、省级重点监管计划的9个重点污染源开展环境监察，共查处环境违法行为7起，处罚金67.6万元。共开展安全生产督查32次，参加各类安全事故调查71件，已办结57件，移送司法机关2人，给予党纪处分8人，给予政纪处分16人。

2010年，州内连续三季的特大旱灾发生后，纪检监察机关对县（市）及州直6个重点部门抗旱救灾款物管理使用情况进行专项检查，发现并督促整改问题7个，全部督促整改。对中央扩大内需促进经济增长政策措施落实情况进行监督检查，截至11月1日，全州各级纪检监察机关共开展中央新增投资项目的监督检查61次，查找出存在问题9大类188个，已全部进行整改，诫勉谈话4人，警示谈话1人，打招呼谈话2人，通报责任单位1个。开展强农惠农政策落实情况监督检查及专项资金监管，州监察局、州财政局、州政府纠风办、州审计局联合出台《黔南州开展强农惠农专项资金检查工作检查方案》。清理检查全州2007—2009年强农惠农资金使用管理情况。通过检查，全州各县（市）上报强农惠农项目3585个，资金323752万元。检查中纠正和整改违规问题涉及金额1266万元，查处问题21件，责任追究22人。执行涉农项目备案制，2009年11月到2010年10月31日，州级涉农部门备案项目305个，金额227444.8万元。开展促进房地产市场平稳健康发展政策措施落实情况监督检查，全州各级监察机关共参与对56个房地产项目监督检查，取消和停建项目2个，提出监察建议12项，督促建章立制11项。在工程建设领域突出问题专项治理工作中，共排查出规模以上建设项目存在问题197个。全州工程建设领域立案98件103人，涉案金额 6946.95 万元。其中，司法机关立案 86 件 91 人，被追究刑事责任 28 件 31 人；党政纪立案 11 件 11 人，给予党政纪处分 8 件 8 人；组织处理 1 件 1 人。

2011 年，开展房地产开发“三项清理”（违规变更规划、调整容积率问题以及土地出让、探采矿权出让制度执行情况），查办涉及“三项清理”方面的违法违规案件 6 件，补交土地出让金、税费和罚款共计 2.27 亿元。在工程建设领域突出问题专项治理中，党政纪立案 24 件，处分 24 人。参与安全事故调查 76 起，责任追究 12 人。对保障性安居工程建设进展慢的县（市）进行督查后，保障性住房建设项目于 2011 年 8 月底前全部开工建设。对罗甸县 6 个中小学校舍安全项目、2 个乡（镇）中心卫生院项目，都匀市 3 个社区卫生服务中心项目，以及州精神病医院项目的存在问题进行督查整改。全面排查 2008 年以来立项、在建和竣工的政府投资和使用国有资金投资规模在 500 万元以上项目共 269 个（总投资额 1110285.54 万元），3000 万元以上非政府投资项目 91 个（总投资额 1555447 万元）。通过各级各部门自查自纠和重点抽查，共发现存在问题 208 个，其中，已经完成整改 172 个，正在整改 36 个。全州工程建设领域共立案 116 件 120 人，涉案金额 6975.33 万元。其中，司法机关立案 92 件 96 人，被追究刑事责任 75 件 78 人；党政纪立案 24 件 24 人，给予党政纪处分 24 件 24 人（其中，被追究刑事责任后给予党政纪处理的 13 件 13 人）；组织处理 1 件 1 人。将交通运输、水利、住房城乡建设等行业和系统项目作为工程治理的重点抽查对象，查找项目决策审批、招标投标、土地出让、规划管理、环境保护、资金使用、工程实施、质量安全等环节中存在的突出问题，进行整改，处理各种违规行为。截至 12 月，全州交通运输、水利、住房城乡建设等行业和系统排查项目 155 个，共发现问题 90 个，已经完成整改 76 个，正在整改 14 个。全州水利系统全面排查政府投资 500 万元以上项目 37 个，非政府投资 3000 万元以上项目 11 个，发现项目法人组建不规范、没有移民安置规划大纲、工程超概算、存在安全隐患等 21 个问题，已经全部督促整改。州交通系统排查政府投资 500 万元以上项目 23 个，共发现 34 个问题，已经整改 27 个问题。未整改完毕的 7 个问题，全部是配套资金未按期拨付到位。州教育系统工程项目大多属于小项目捆绑申报审批、分散实施，全州排查捆绑项目 9 个，个别工程存在进度较慢、资金筹措困难等问题已全部进行整改。开展案件评查，进一步规范执法行为。2011 年全州发现国土资源违法案件 579 件，立案 94 件，查处结案 85 件，立案率、查处率均达到了 90% 以上。全州国土资源系统处理干部 5 人，其中，监管不到位科级干部 2 人；违纪股级干部 3 人。

2012 年，在“三项清理”中，责令违规变更规划、调整容积率的房地产项目补缴规费 318.82 万元。参加各类安全生产事故调查 113 件，给予党政纪处分 28 人。

2013 年，开展国有建设用地使用情况专项清理，对批而未征、征而未供、供而未用、闲置土地进行督促整改，已全部整改完毕。与水利部门、环保等部门开展监督检查 82 次。开展全州 2011 年以来 BT 项目招投标情况专项督查。参加安全生产事故调查 35 起、安全检查 81 次，问责 12 人，给予党政纪处分 29 人。

2014 年，对全州 33 个未经过公共资源交易中心，实行场外交易的项目进行督查，规范公共资源交易行为。

二、纠风治乱

1991年，全州抽调及聘请1809名干部开展纠风工作。各级各部门自查自纠，查摆出问题900个，涉及人员1049人，金额3161775元。在自查自纠阶段，收到群众来信来访774件（次），举报问题281件（次），除73件转有关部门处理外，其余208件属于严重违法违纪案件。立案查处240件，结案173件，处理208人。其中，县处级干部1人，乡科级干部126人；政纪处分124人，党纪处分25人，法纪处分26人。

1993年，清理、整顿乱收费文件和审核收费项目，全州清理出行政事业收费项目858项，取消42项，清理上交27.2万元。围绕群众反映强烈的吃、拿、卡、要、乱收费、乱集资、乱摊派问题，在一些行业和部门，特别是垄断行业和部门，有针对性地进行专项治理。州、县（市）纪委派员配合有关部门对招生、招干、转干、征兵等多项工作进行监督、监考、审定，防止舞弊现象发生。

1994年，重点开展清理乱收费、乱设卡、减轻农民负担工作。截至11月30日，全州清理各种行政事业收费项目858项，其中，属省级以上批准的797项，州级批准21项。除全省第一、二批取消的149项收费项目外，经州财政局、物价局清理报州政府予以取消20项，于是年9月公布实施。同时，全州年审行政事业收费许可证964个，占应审数的63.3%。全州清理州及以下自行出台涉及农民负担的文件144个，涉及农民负担185项。经清理，已取消74项，减少农民负担达833.4万元。

1995年，各县（市）纪检监察机关会同有关部门对当地公路上乱设卡、乱收费的问题进行检查，对未经省政府批准擅自设立的6个收费站进行整顿。各县（市）纪委、监察局对174所中小学的收费情况进行抽查，对一些学校乱收的军训费、活动费、集资费、班级超员费等项目进行纠正。

1996年，州纪委、监察局与教育局等单位抽查163所中小学校收费情况，清退不合理收费20.7万元。对公路“三乱”（乱收费、乱设卡、乱罚款）进行治理，先后撤除未经省政府批准而设立的站、卡6个。

1997年，在全州范围内发放农民负担监督卡。全州235个乡（镇）发放监督卡66万余册，分别于1月、5月和11月组织3次检查，重点抽查61个乡（镇），165户农户的负担情况，从抽查情况看，农民负担仍控制在上年度人均纯收入的5%以内。及时查处损农、坑农违纪案件。治理公路“三乱”，防止反弹。

1998年，全州发放农民负担监督卡67万册，2825个村实行“财务公开”。

1999年，成立州直和各县（市）行风评议小组，选聘298名民主评议行风代表，分别组成地税、国税、城建、邮政、电信、烟草行业评议小组39个，采取问卷调查，召开座谈会，明察暗访等方式，到企业、农村、机关、街道、市场进行调查了解，在此基础上进行面对面评议。在落实“收支两条线”管理规定中，全州清理收费、罚没项目3305个，清理出不合规定的收费项目26个，乱提高收费标准项目37个，州及各县（市）共清理银行账户1331个，涉及金额7006.95万元，取消账户353户。

2000年，州及县（市）均成立行风评议领导机构。在开展城建、工商、电力、邮政、电信、烟草、国税、地税八个系统行风评议“回头看”，巩固行风评议成果的同时，重点开展医疗卫生系统行风评议，州政府纠风办从州直机关、企事业单位选聘 11 名政治素质好、懂医疗卫生业务的人员为行风评议员。

2001 年，会同医疗卫生物价部门整顿规范药品生产、流通、经营、价格市场秩序，加强对社会医疗机构、药店、诊所的管理，推进药品和医疗器械集中招标采购，实行医药分开核算、分别管理的做法。全州查处医药购销中违纪违法案件 3 件，涉及金额 19.8 万元。重点开展旅游行业风气专项治理，在行政执法部门、窗口单位和社会服务行业共聘请评议代表 162 名，组成 70 个评议小组，分别到 477 个单位，召开征求意见座谈会 386 次，提出整改意见和建议 620 条。全州开展治理和民主评议的系统 381 个，列入重点评议系统 37 个，县级单位 40 个。全州查处中小学乱收费违纪违法案件 6 件，减轻中小学生费用负担 112.1 万元。对瓮安、独山、荔波等县（市）公路收费进行检查，纠正部分收费还贷中存在的问题。全州开展减轻农民负担情况检查 35 次，取消涉农项目 22 项，共减轻农民负担 382.9 万元，全州农民负担平均为 17 元，占上年人均收入的 1.5%（预算数），全州农民负担监督卡入户率为 95%。实行农民负担预决算、监督卡和专项审计的乡（镇）分别为 90%、95%、90%。集中治理农村乱收电费和报刊征订中的乱摊派问题。开展国债资金、社保资金、“渴望工程”资金、扶贫资金、农村教育管理使用情况执法监察，及时纠正资金使用过程中的不规范行为。

2002 年，纠正医药购销中的不正之风，查处医药购销中的违纪违法案件 92 件，涉及违纪金额 45.89 万元；查处中小学乱收费金额 174.96 万元，清退违规违纪收费金额 136.79 万元；开展行风评议和纠风专项治理，全州从社会各界聘请评议代表 101 名，组成 19 个小组，分别到 214 个单位、乡（镇）及村、组召开各种座谈会和走访征求意见 500 余人次，提出整改意见和建议 272 条。开展行风专项治理和民主评议行风的系统共 92 个，列入重点评议的系统 18 个；抓好减轻农民和企业负担工作，重点开展各类涉农收费项目检查，全州通过专项治理减轻农民负担 75.50 万元。

2003 年，重点治理教育乱收费、公路“三乱”、减轻农民负担以及纠正医药购销中的不正之风等工作，对全州 204 所城区、乡（镇）中小学收费情况，6 个国家级扶贫开发重点县执行“一费制”政策情况和 12 个县（市）公办普通高中执行“三限”（限人数、限钱数、限分数）政策情况进行检查，共清退中小学违规收费 164.49 万元。在开展纠风评议活动中重点对教育、质监两个系统开展民主评议行风。从社会各界聘请 139 名行风评议员组成 30 个评议小组，分别到 911 个单位、学校、企业、乡（镇），召开各种层次的座谈会 324 次，走访征求意见 6629 人，提出整改意见和建议 425 条。全州开展行风治理和民主评议的系统（单位）94 个，列入重点评议的 37 个，州直单位 2 个，县直单位 7 个。

2004 年，治理教育乱收费，先后纠正平塘县“两基”验收中强制性摊派问题，查处贵定县新铺乡教育辅导站虚报冒领代课教师代课费和不按规定收取学生杂费 12 万元用于发放职工奖金和出差补贴等教育乱收费案件。在全州环保系统、电信行业中开展行风评议活动，从社会各界聘请 176 人为民主评议行风代表，组成 28 个评议小组，到 600 多个单位、企业，组织召开各种层次及用户座谈会302次，走访企业，用户征求意见6166人，提出整改意见和建议305条。根据财政部、监察部、国务院纠风办《关于做好整顿统一着装工作的实施意见》，开展全州整顿统一着装工作。经过清理，全州有未经国务院批准着装部门共20个，经整顿共收回制服3365套，收回服装处理折价款1.65万元，收回制式标示8556套；全州经国务院批准着装部门共8个，收回整顿服装22套，收标志22套，收回服装折价0.4万元；全州有穿着仿制制式服装部门6个，仿制穿着制式服装人数为836人，收回仿制式服装110套，收回标志430套。

2005年，开展清理拖欠工程款和拖欠农民工工资工作，总计清理拖欠工程14个，清理拖欠工程款1524万元，偿还比例为57.8%，全州追发民工工资620.92万元，为劳动者清退风险抵押金1.41万元。全州直接纠正农村“三乱”28.74万元，规范制度建设、降低收费标准等减负19.23万元。全州清理审核收费项目14项，涉及金额3.064万元；降低收费标准的项目4项，涉及金额0.15万元；取消不合理过时的收费项目5项，涉及金额1.99万元。把长顺县广顺和威远、都匀市墨冲、贵定县云雾定为“省农民负担重点监测点”，在每个村明确5户共30户作为重点监测户，对农民的负担情况进行登记，设立农民负担固定宣传栏和举报电话。全州查出教育乱收费157.48万元，共查办教育乱收费的违纪违规案件4起，给予党纪处分1人、政纪处分2人。是年，成立以分管副州长为组长的“政风行风热线”领导小组，于10月29日在黔南人民广播电台正式开播。到11月15日止，共接听群众热线电话171个，现场解答听众疑问和咨询性问题10个，受理群众投诉5个。“行风回音”回复群众咨询、投诉2个。

2006年，督促落实义务教育阶段公办学校“一费制”收费办法、公办高中招收择校生政策和中央对西部地区农村义务教育阶段学生学杂费实行“两免一补”（免学杂费、免教科书费、补助激素生生活费）政策等惠民政策。全州共发现违规收费项目29个，涉及金额249万元。“政风行风热线”节目共播出45期，上线单位40多个，200多人参与节目，收到热线电话220多个、短信65条。通过“政风行风热线”节目解决不正之风38个，占反映数的75%。

2007年，对17所中小学违规收费进行查处，共清退违规收费30多万元。全面清理和规范评比达标表彰活动，清理并取消各种评比达标表彰项目108个，取消预计金额317万元。在物价、建设、住房公积金三个系统开展民主评议行风工作。在黔南人民广播电台开通“和谐之风”热线节目。开展公路“三乱”检查，未发现反弹现象。清理违规减免车辆通行费，收缴取消违规发放的各类通行费减免卡179张，纠正违规减免通行费的车辆266辆。4月20日，州纪委将在黔南人民广播电台开办的“政风行风热线”升级改版为“和谐之风热线”。

2008年，与有关部门联合检查各类学校489所，共纠正、清退教育乱收费419万元。处分违规医务人员4名，清退6个县（市）违规收取的“个体医疗机构风险保证金”112.29万元。在强农惠农资金监督管理中，及时调查处理农民群众反映的突出问题，查处农村基层党员干部违纪违法案件42件。州、县两级共聘请行风评议代表198人，在农业局、畜牧局、食品药品监管局及438个基层站（所）开展民主评议行风活动。“和谐之风热线”节目播出39期。

2009年2月5日，州委印发《清理规范党委、人大、政协和法院、检察院系统评比达标表彰活动实施方案》，经清理，全州保留项目172个，金额242.39万元（财政资金227.49万元，自筹资金14.9万元），其中，党委机关项目89个，涉及资金196.73万元，法院系统8个，涉及资金30万元，人民团体项目70个，涉及资金11.46万元，合并项目26个，涉及资金11.89万元；撤销项目59个，涉及资金59.41万元。全州组成23个检查组，出动检查人员103人次，对195所大中专、中小学校收费情况进行检查，查出违纪违规资金136.8万元，给予6名中小学校长党纪、政纪处分。在治理医疗服务不正之风过程中，全州出动执法人员2156人次，检查医疗机构、服务站（点）1164个，依法取缔无证行医点33个，查出县（市）卫生行政管理机构违规收取个体医疗机构风险保证金112.29万元，医务人员主动上交“红包”12人，金额0.62万元；查处药品安全案件40件，涉案资金18.5万元。对惠水、长顺、龙里、贵定、福泉、瓮安6个县（市）的重点区域和重点路段进行明察暗访和现场监督，查处公路“三乱”案件3起。对行业协会、中介组织服务性“乱收费”进行清理检查，清查出违规收费项目3个，在行业协会兼职公务员3人。全州9个部门组成三个督查组分别对县（市）查处公共服务行业损害企业、群众权益问题3个，违纪违规问题1个。全年全州开展各种专项纠风督促检查和明察暗访120多次，查处查结纠风案件50件，受党、政纪处分16人。共聘请评议代表93人，行风监督员56人，召开各类座谈会141次，参会代表3265人，征求到各类意见和建议598条，梳理后整改163条。

2010年，纠正医药购销和医疗服务中的不正之风，查处挤占、截留、挪用和骗取医药卫生体制改革投入资金问题14个，涉及金额71.5万元，查处医药购销和医疗服务中的不正之风问题19件、22人。全州组织教育收费检查组52个，检查学校1175所（城市38所，农村1137所），查出学校违规收费61.19万元，责令已清退61.19万元。在州公安局、州工商局、州综治办、州地税局、州林业局、州运管处6个系统全面启动民主评议行风工作，全州参加评议的基层站（所）614个，参加评议人员3062名，聘请评议代表1739名。

2011年，查处乱收费案件10件，涉及资金158.87万元，责令全部清退。查处医药购销案件1起。

2012年6—12月，全州清理行政事业性收费项目2002项，发现343项存在不规范行为。州直部门检查考核活动由121项减少为90项。立案查处食品药品案件172件。查处中小学教育乱收费7起，清退违规收费90.41万元。在黔南广播电台开办的“和谐之风”热线节目上线单位32家，解决回复群众请诉求咨询285件。按照“制度+科技”管理模式，实行涉农资金电子监管，备案涉农资金文件1331份，资金228637.25万元，查处涉农案件18件，挽回经济损失176.43万元，处理13人。在乡（镇、街道）政府办、国土所、农推站、畜牧兽医站、财政所开展民主评议工作。在公务员招考工作监督中，查处人事考试违纪违规案件5件。

2013 年，监管涉农资金 34.54 亿元，备案项目 1994 个，查处涉农案件 49 件，结案 41 件，涉及金额 438.32 万元，挽回经济损失 253.83 万元，责任追究 50 人。对黔南州汽车检测站、开发区机动车检测站等四个汽车尾气检测站 2012 年以来的收费情况进行调查，经查多收费 201.8 万元，正督促有关部门整改。基层站（所）民主评议征求到意见和建议 2894 条，整改问题 2461 个。开展政府部门公职人员“占编制、不上班、吃空饷”专项监督检查，清理出“占编制、不上班、吃空饷”人员 146 人。查办、督办纠风案件 9 件，涉及资金 1794.7 万元，责任追究 15 人。

2014 年，全州乡（镇）全部建立民生项目监督特派工作组，每个组由 1 名县（市）纪工委书记任组长，配备 2 名专职干部负责日常监督工作。州委办、州政府办印发《关于加强民生项目监督工作的指导意见》，规范民生项目监督工作。在全州组织 42 个纪工委、98 个民生特派组和乡（镇、街道）干部共 1500 余人次，对 2011—2013 年农村危房改造补助资金使用情况进行督查，督查做到“两个百分之百”：7.69 万户农村危房改造对象户户进家，入户率百分之百；6.46 亿元补助金笔笔查清，督查率百分之百。对全州 2011—2013 年度保障性住房的建设、分配、入住、退出情况进行抽查，督查项目 136 个，入户调查 221 户，发现 12 个方面的突出问题，责任追究 65 人（移送司法机关 4 人）。

第六节　信访举报

1991 年，来信来访 1842 件（次），比上年下降 9.26%。其中，立案 176 件，比上年多 25 件，上升 16.55%；结案 172 件，比上年多 26 件，上升 17.8%，结案率为 97.73%，比上年上升 1.03%。全年回访受处分人员 228 人，占应回访数的 97.7%。州监察局收到人民群众来信来访 1220 件（次）。其中，来信 1079 件，来访 138 次，举报电话 3 次；属于监察业务范围的 832 件（次）；匿名来信举报 305 件（次）。

1992 年，全州接待来信来访 1590 件（次），比上年下降 13.7%。信访立案 179 件，结案 168 件，结案率 93.9%。其中，检举控告 1051 件（次）；党纪申诉 39 件（次），批评、建议、司法行政及其他问题 500 件（次）。检举控告涉及县级干部 39 人、机关干部 329 人、企业干部 232 人、乡（镇）村干部 545 人、一般党员 147 人。领导亲自批阅来信 561 件，接待来访 255 人次，调处问题 191 件，查处案件 127 件。部分问题通过信访渠道得以解决。全州 12 个县（市）控申工作持续“五率”（信访事项网上录入率、及时受理率、按时办结率、群众参评率、满意率）达标。

1993 年，全州接受来信来访 2806 件（次），比上年上长 10.2%，属控告性质的 1676 件，申诉 45 件（次）。其中，领导批阅信件 747 件，领导接待来信来访 47 件（次），参与查处案件 110 件（次），解决问题 188 件。

1994 年，全州各级纪检监察信访（举报）部门共受理群众来信、来访、电话举报 2868 件（次），涉及科级干部 971 人（次），县级干中 140 余人（次）。

1995 年，全州各级纪检监察机关共收到和接待群众来信来访 2208 件（次），其中属于检举控告类共 1816 件，涉及县处以上干部 115 人，科级干部 729 人，一般干部 576 人，其他人员 396 人。

1996 年，按照州纪委制定的《1993—1995 年信访目标管理规划》，对全州纪检监察信访举报工作目标管理规划的执行情况进行检查验收。验收情况为：1993 年起，全州纪检监察机关共受理群众来信、来访、举报电话 7882 件（次），其中，来信 6170 件，来访 1674 次，举报电话 38 次；州、县（市）纪检监察机关信访举报工作都达到“五项要求”（领导重视、队伍适应、制度完善、充分发挥职能作用、密切配合中心工作）和“四项指标”（控告申诉案件的当年结案率在 90% 以上，信访问题的当年办结率在 90% 以上，当年结案案件中的按期结案率在 70% 以上，优质结案率在 80% 以上）。经总结评比，都匀市、福泉市纪委信访室被评为先进信访室，被评为全州信访工作先进工作者 7 名，其中受省纪委表彰的 4 人。

1997 年，坚持分级负责，归口办理的原则，共受理群众来信 1652 件，来访 249 次，电话举报 28 次，信访量比上年下降 15.5%。信访件中反映经济违纪问题占总信访件的 44.5%；匿名信多，署名信件极少。

1998 年，全州纪检监察机关收到群众来信来访及电话举报 1614 件。其中，州、县（市）纪检监察机关直接受理 1233 件（次）；检举控告类 1445 件，申诉类 47 件，批评建议类 8 件，其他类 114 件。检举控告类中，涉及地厅级干部 1 件，副县级干部 133 件，乡科级干部 589 件，一般干部 520 件，其他人员 202 件。信访件中，重复来信来访举报 132 件，其他 23 件；署名举报 284 件；集体来访 15 次 90 人。

1999 年，全州纪检监察机关收到群众来信来访及电话举报 1837 件。其中，检举控告类 1601 件，申诉类 33 件，批评建议类 35 件，其他类 168 件。检举控告类中，涉及地厅级干部 11 件，县级干部 153 件，乡科级干部 675 件，一般干部 566 件，其他人员 196 件；反映党委机关 203 件，政府机关 670 件，人大、政协机关 35 件，司法机关 61 件，人民团体 10 件，企事业单位 458 件，农村 135 件，其他 29 件。信访件中，重复来信来访 28 件，署名举报 27 件，集体来访 3 次 16 人。

2001 年，全州各级纪检监察机关受理群众来信来访、电话举报 2235 件（次）。

2002 年，全州各级纪检监察机关共受理群众来信来访电话举报 2346 件（次）。其中，来信 2013 件，来访 231 次，电话举报 102 件（次）；涉及县处级以上领导干部 201 件，乡科级干部 717 件。

2003 年，全州各级纪检监察机关接受群众来信、来访和电话举报共 2597 件（次），其中，来信 2269 件，接待群众来访 227 件（次），电话举报 101 件（次）。

2004 年，建立初信初访责任制。进行信访打招呼 203 件，其中，谈话 127 人，发信访通知书 68 人，案件通报 8 人。通过开展信访打招呼，澄清问题保护干部 89 人，批评教育 103 人，转立案 11 人，对有轻微违纪的领导干部进行教育。

2005 年，全州各级纪检监察机关受理群众来信来访来电 2065 件（次），其中，来信

1740 件，来访 193 人（次），电话举报 107 人（次）。开展信访事前监督，对有轻微违纪领导干部进行打招呼，发信访通知书 32 人，诫勉谈话 31 人，通报 1 人。澄清问题保护干部 12 人，批评教育 50 人，转立案 2 人。

2006 年，全州纪检监察机关收到群众来信、来访、电话举报 1444 件（次），其中来信 1208 件，来访 132 次，电话举报 58 件，其他方式 46 次。

2007 年，全州各级纪检监察机关共受理群众举报 1539 件（次）。

2008 年，全州各级纪检监察机关共受理信访举报 2311 件（次）。7 月，州纪委监察局开展为期三个月的“全州纪检监察机关集中接访”“迎奥运、保稳定、促发展”领导接访活动。7 月 20 日和 27 日，州纪委监察局和都匀市纪委监察局两次在都匀市步行街开展集中接访活动，州委主要领导到接访现场听群众意见。通过集中接访和领导接访活动，全州纪检监察机关共接待上访群众 3138 人，受理信访件 1120 件，现场答复来访群众 260 件，已处理 662 件，办结率达 82. 3%，挽回经济损失近百万元。是年，化解都匀市 30 多名出租车驾驶员集体上访反映州直某单位违规收取培训费、都匀市某公司职工反映公司账目不公开和低价租用门面等突出问题。

2009 年，全州纪检监察机关受理群众举报 1180 件（次）。其中，涉及县处级领导干部 49 人，乡科级干部 422 人；上级交办 185 件；署名举报 353 件；集体访 5 批 27 人。

2010 年，全州各级纪检监察机关共受理群众举报 1735 件（次）。

2011 年，集中开展领导干部“三访”（接访、走访、回访）活动。全州实行四家班子领导和纪检监察系统班子成员包案制度，建立领导包案台账，将城市房屋拆迁补偿，企业改制职工安置，土地征用补偿等涉及人员多、范围广、时间长、“老、大、难”的信访处理工作落到实处。是年，全州共受理“三访”活动信访件 1107 件（含省三访办转来 101 件），办结 840 件（含办结省交办 61 件），占信访总数的 75. 88%。走访 579 件 781 人，解决问题 456 个，化解矛盾 359 个。将查处损害发展环境案件与“三访”活动相结合，共受理损害发展环境投诉（举报）144 件，完成初核 128 件，处分 22 人，问责 14 件 33 人。

2012 年，全州纪检监察机关受理群众举报 1109 件（次）。在全州范围内开展涉纪信访件专项清理工作，共筛查涉纪信访件 535 件，办结 407 件，在办 128 件。开展矛盾纠纷排查化解和重信重访专项治理工作，共排查出信访矛盾纠纷和重信重访 59 件，已处理 55 件。在“三访”活动中完善机制制度 92 个，新建机制制度 30 个。通过“三访”工作制度化、常态化活动，全州受理“三访”件 71 件（含省转 2 件），已办结 70 件，正在办理 1 件，走访回访率 90% 以上，群众满意率 75%。

2013 年，全州纪检监察机关受理群众信访举报 1790 件（次）。受理“三访”件 184 件，办结 169 件。走访回访群众 169 件 295 人次，解决群众 187 个。

2014 年，全州纪检监察机关共受理群众来信来访、电话举报 3067 件，其中，自收件 2007 件，上级转办 1060 件。在 2007 件自收件中，来信 1093 件、来访 455 件、电话举报 239 件、网络举报 129 件、其他方式 91 件。出台实名举报奖励办法，对实名举报且举报事项经查证属实，使违纪违法者受到党政纪处分的，实行一案一奖。举报不涉及经济问题的奖励 1000～3000 元不等，涉及经济问题的，按该案件追缴入国库总额的 5% 一次性奖励，最高不超过 5 万元，鼓励社会群众参与监督。

第七节 案件查办

1991 年，全州纪委立案 298 件，结案 287 件。共处分违纪党员 248 名，其中，县级干部 1 名，乡级干部 16 名，一般干部 107 名，一般党员 124 名。受处分的违纪党员中，开除党籍的 124 名，留党察看的 55 名，撤销党内职务的 3 名，党内严重警告的 40 名，党内警告 26 名；同时受刑事处分 25 名、行政处分 36 名；免予处分 12 名。是年，立、结案数和处分党员数都比 1990 年有所下降，分别为立案下降 23.9%，查结案件下降 22.6%，处分党员下降 33.5%。是年，全州受理监察对象违纪案件 475 件，立案调查 51 件，结案 64 件（含上年未结数），处分干部 62 人，为国家和集体挽回经济损失 498.962 万元。

1992 年，全州纪委立案查处案件 351 件，结案 338 件，结案率为 96.3%；共审结案件 322 件，处分违纪党员 306 名。受处分违纪党员中，地师级干部 1 名，县级干部 2 名，乡（镇）干部 19 名。回访受处分党员 208 人，占应回访 213 人的 97.7%。

1993 年，全州纪检监察机关立案 258 件，结案 215 件，结案率 83.3%。其中，经济类案件 57 件，腐化堕落、道德败坏案件 33 件，违反计划生育案件 112 件，其他案件 56 件。共处分违纪党员 206 人，其中，警告 32 人，严重警告 24 人，撤销党内职务 2 人，留党察看 39 人，开除党籍 109 人。受政纪处分 35 人，其中，警告 1 人，记过 3 人，记大过 3 人，降级 3 人，撤职 5 人，开除留用 3 人，开除公职 17 人。

1994 年，全州各级纪检监察机关共立案 292 件，其中，涉及县级干部 3 人、乡科级干部 59 名。结案 282 件。给予党纪处理 181 人，其中，警告 22 人，严重警告 39 人，撤销党内职务 3 人，留党察看 35 人，开除党籍 82 人。给予政纪处理 115 人，其中，警告 7 人，记过 12 人，记大过 25 人，降级 11 人，撤职 8 人，开除留用 14 人，开除公职 38 人。

1995 年，全州立案 262 件，其中，涉及县级干部 9 人，科（乡）级干部 70 人；经济案件 68 件。结案 205 件，结案率 78.24%。给予党纪处分 123 人，其中，警告 15 人，严重警告 18 人，撤销党内职务 6 人，留党察看 25 人，开除党籍 59 人。给予撤销党内职务以上的重处分 90 人，占被处分人数的 73.17%。给予政纪处分 102 人，其中警告 14 人，记过 7 人，记大过 19 人，降级 11 人，撤职 19 人，开除留用 12 人，开除 20 人。

1996 年，全州立案 191 件，结案 187 件，结案率为 97.9%。党纪处分 101 人，其中，县级干部 5 人，乡科级干部 30 人，一般干部 37 人，一般党员 29 人。政纪处分 118 人，其中，乡科级干部 21 人，一般干部 85 人，其他 12 人。

1997 年，全州各级纪检监察机关共受理各类违纪违法案件线索 432 件，其中县级干部 31 件，乡科级干部 177 件，一般干部 162 件，其他人员 62 件。初查了结 238 件，其中反映失实 85 件，一般问题给予批评教育的 89 人。立案调查 222 件，结案 222 件。处分违纪人员 254 人（含党政纪双重处分）。给予党纪处分 148 人，其中，县级干部 5 人，乡科级干部 49 人，一般干部 45 人，一般党员 49 人。给予政纪处分 148 人，其中，县级干部 3 人，乡科级干部 31 人，一般干部 81 人，其他干部 33 人。

1998 年，全州纪检监察机关立案 252 件，涉及 291 人。其中，县处级干部 4 件，乡科级 53 件，一般干部 136 件，其他人员 59 件；组织人事类 1 件，经济类 79 件，失职类 31 件，侵犯公民权利 14 件，严重违反社会主义道德 12 件，违反社会管理秩序 94 件，其他类 21 件。结案 243 件，处分 267 人。处分人数中，给予党纪处分 121 人，政纪处分 176 人（含双重处分）；县级干部 4 人，乡科级干部 47 人，一般干部 148 人，其他人员 68 人。免予处分 14 人。销案 1 件，移送司法机关 23 件，共挽回经济损失 143.28 万元。州纪委、州监察局初查违纪线索 26 件，作信访了结 8 件，立案 9 件（县级 5 件、乡级 4 件），结案 8 件。处分县级干部 2 人、乡科级 3 人、一般干部 4 人。

1999 年，全州纪检监察机关立案检查违纪违法案件 348 件，涉及党员 216 人，监察对象 219 人。立案涉及人员中县级干部 6 人，乡科级干部 56 人，一般干部 198 人，其他人员 88 人。结案 346 件，处分 357 人。受处分人员中，县级干部 5 人，乡科级干部 62 人，一般干部 195 人，其他人员 95 人；党纪处分 185 人，政纪处分 227 人（含受双重处分）。执行"打招呼"制度，全州打招呼 168 人，其中，书面打招呼 5 人，谈话打招呼 163 人。打招呼涉及县级干部 16 人，乡科级干部 152 人。通过"打招呼"，举报失实的 60 名干部的问题得到澄清，对 102 名有缺点错误或轻微违纪违规的干部进行批评教育。

2000 年，全州立案 555 件，结案 519 件。处分 537 人，其中，县处级 6 人，乡科级 70 人，一般党员干部 461 人。全州被"打招呼"233 人，通过"打招呼"澄清问题保护干部 131 人，批评教育 102 人。

2001 年，州纪委监察局共初查核实案件线索 540 件，涉及县处级干部 8 件，乡科级干部 138 件，一般干部 264 件，其他人员 130 件。立案 420 件，涉案人数 454 人。结案 350 件，处分 368 人。处分人数中，县处级干部 10 人，乡科级干部 49 人，一般干部 167 人，其他人员 142 人。

2002 年，全州立案 452 件，其中，涉及县处级干部 10 件，乡科级干部 68 件；涉及万元以上大案 75 件。结案 521 件（含往年遗留案件），处分违纪人员 516 人。处分人数中，县处级 11 人，乡科级 85 人。受理党纪申诉案件 2 件、政纪申诉 9 件，双重申诉案件 2 件，经复审复核，维持原处分决定 8 件，变更 4 件，撤销原处分决定 1 件。

2003 年，全州办理初核案件 920 件，立案 517 件，结案 538 件（含上年遗留案件），处分 525 人。处分人员中，县处级干部 12 人，乡科级干部 125 人；党纪处分 334 人，政纪处分 234 人，双重处分 43 人，组织处理 17 人。对县处级领导干部使用"两规"（规定的时间、地点）措施 5 人，其他干部 4 人。在抗击"非典"斗争中，按非常时期执行非常纪律的要求，对违反纪律的工作人员进行严肃处理，全州有 8 名干部因工作失职受通报批评，1 名科级干部受党内警告处分。

2004 年，全州初核 718 件，立案 471 件，涉及县处级干部 11 件 12 人、乡科级干部 86

件101人。共处分469人，其中，党员381人，监察对象195人（含上年遗留案件）；免予处分18人，刑事处理37人，组织处理6人。对涉嫌严重违纪违法的2名县级领导干部实施“两规”措施，并移送司法机关处理。

2005年，全州初核问题线索540件，立案344件，结案349件（含上年遗留案件），处分348人。其中，县处级干部6人，乡科级干部76人；党纪处分248人，政纪处分116人。在大要案查办过程中，对7名涉嫌严重违纪的领导干部实施“两规”措施。全州受理申诉案件14件14人，维持原处分决定4件4人，撤销原处分决定10件10人。全州开展回访教育195人次，占应回访数的99%。全州解除政纪处分66人，恢复党员权利10人。

2006年，全州初核347件，立案218件。其中，县处级干部11件，乡科级干部45件；万元以上大案46件。结案194件，处分215人。处分人数中，县处级干部5人，乡科级干部49人；党纪处分148人，政纪处分79人，双重处分12人。对涉嫌严重违纪违法的2名领导干部移送司法机关处理。

2007年，全州立案262件，结案264件（含上年遗留案件），处分298人。其中，党纪处分197人，政纪处分113人，双重处分12人。在查办案件过程中，共挽回经济损失971.4万元。州纪委审理室与复查复议室分设，审复分离。受理申诉案件4件，维持3件，变更1件。印发《关于对全州专项治理自查自纠工作中存在问题进行认真纠正的通知》，查办商业贿赂案件58件65人，涉案金额582.74万元。

2008年，初核问题线索613件，立案265件，结案282件（含上年遗留案件），处分356人。处分人数中，党纪处分218人，政纪处分176人，双重处分38人。受理申诉案件8件，维持6件，变更1件，撤销1件。查办的福泉市矿产品税费流失案件，得到省委书记石宗源、省监察厅长韩先平的批示表扬。全年查办商业贿赂案件64件74人，涉案金额589.61万元。

2009年，全州初核问题线索518件，立案279件，结案269件（含上年遗留案件）。处分302人中，党纪处分204人，政纪处分128人，双重处分30人。特别是州纪委监察局与州公安局纪委严肃查处的黔南州交警支队违规经商办企业案件，涉及资金1000余万元，得到省、州领导的肯定。

2010年，全州初核问题线索489件，立案261件，结案258件（含上年遗留案件），给予党政纪处分293人，其中，县处级9人，乡科级100人。

2011年，全州初核问题线索433件，立案228件，结案219件（含上年遗留案件），给予党纪、政纪处分244人，其中县处级干部10人、乡科级干部101人。全州查办商业贿赂案件51件60人，涉案金额496.01万元，查结的案件中追究刑事责任24件27人。查办的商业贿赂案件，涉及工程建设、土地出让、产权交易、医药购销、政府采购、资源开发和经销六个重点领域和银行信贷、证券期货、商业保险、出版发行、电力、电信、质检、环保、体育九个主要方面41件50人，占全部商业贿赂案件数的80.4%，涉案金额464.9万元，占全部门商业贿赂案件涉案总金额的93.7%。

2012年，全州初核问题线索467件，立案276件，结案282件（含上年遗留案件），给予党纪、政纪处分304人。与州教育局联合通报2010年以来全州教育系统发生的违纪违法案件。暂停县级纪检监察机关使用“两规”“两指”（指定时间、指定地点）措施。

2013年，全州初核552件，立案346件，结案325件，给予党纪、政纪处分362人。印发《中共黔南州委反腐败协调小组工作规则》。建立案件主办人制、科级干部重大案件线索调度制、交叉协作办案制和挂职跟班学习制，35名纪检监察干部纳入州级办案专业人才库。

2014年，重点查处科级干部的腐败案件，至11月，初步核实反映问题线索829件，立案419件，其中乡科级134件。结案356件（含上年遗留61件）。给予党政纪处分397人（含双重处分34人），其中，县处级干部16人，乡科级113人，一般干部和其他人员268人。共采取“两规”“两指”措施14人次。

第四章　党务工作

1992年12月，州委工作机构有州委办公室、州委组织部、州纪律检查委员会、州委宣传部、州委统战部、州委研究室、州委政法委员会、州委农村工作部、州直属机关委员会、州委党校、黔南报社、州委保密委员会、州保密局（州保密委员会与州保密局一套人马、两块牌子）、州委讲师团、州史志办公室、州委老干局、州委台湾工作办公室、州委州政府信访局、州委机要局、州退休干部局、州老龄委办公室、州知识分子办公室。

1996年7月，进行机构改革，州纪委与州监察局合署办公，一个机构两块牌子；州委机要局、州保密局（州保密委办公室）对外挂牌；州委宣传部内设州精神文明办和州对外宣传办，州委政策研究室与州政府经济改革局合署办公，一个机构两块牌子；州委政法委员会与州社会治安综合治理办公室合署办公，一个机构两块牌子；撤销州委农工部，组建黔南州农业办公室，另挂扶贫开发办公室和农业综合办公室牌子，同时为州农业和农村工作领导小组办公室，属州政府部门序列；州直属机关党委组建为中共黔南州直属机关工委，为州委派出的正县级机构；州委老干局和州委退休干部局合并为州委离退休干部局，归口组织部管理；州委台湾工作办公室和州政府台湾事务办公室合署办公，一个机构两块牌子，归口州委统战部管理；州编委办公室既是州委的机构，又是州政府的机构，属州委工作部门序列；州信访局为州委信访工作和州政府信访工作的联合办公机构。

1999年，州委政法委内增设州维护社会稳定办公室（二级机构），2000年州委政法委增设邪教治理办公室。2000年10月，州委组织部设州委党建办公室（二级机构）。2001年8月，州老龄委办公室设在州民政局。2005年5月，州委组织部内设远程教育办公室（二级机构）。2006年6月，州委政策研究室内设州委建设经济强县（市）领导小组办公室（二级机构）。2013年1月，设立州小康办公室，与州委建设经济强县（市）领导小组办公室合署办公，实行两块牌子，一套人员管理。2014 年 5 月，成立州委改革办公室，作为常设机构，与州委政策研究室实行“一个机构、两块牌子”管理。2009 年 6 月，撤销州委知识分子工作领导小组办公室，州人才工作协调小组办公室更名为州人才工作领导小组办公室。州目标考核办公室 2009 年设在州委办公室，2012 年设在州直机关工委（二级机构）。2014 年 7 月，机构改革，将州委督查室、州政府督查室职责整合，组建州督查督办局，设在州委办公室（正县级机构）。组建州委外事侨务和台港澳工作办公室，列入州委工作机构系列，加挂州人民政府外事侨务和台港澳事务办公室牌子，将州委台湾工作办公室（州人民政府台湾事务办公室）的职责、州外事办公室的职责、州政府侨务办公室的职责整合，划入州委外事侨务和台港澳工作办公室（州政府外事侨务和台港澳事务办公室）。

2014 年，州委工作机构共有 19 个，即州纪委、州委办、州委组织部、州委宣传部、州委统战部、州委政研室、州委政法委、州编委办、州直机关工委、州国家保密局（州保密委员会办公室）、州委机要局、州委离退休干部工作局、州委党校（黔南行政学院）、州委讲师团、州史志办公室（州委党史研究室）、州老年大学、州信访局、州督查督办局、州委外事侨务和台港澳工作办公室。是年，撤销州委办机关后勤服务中心、州委车队，人员整体划入黔南州机关事务管理局。

第一节　组织工作

1991 年后，州委组织部内设机构经过多次调整。至 1997 年，内设机构有办公室、研究室、组织科、干部一科、干部二科、干部教育科、知识分子工作办公室、干部调查审理办公室、州委组织员办公室。

2001 年，内设机构调整为办公室、研究室、组织科（农村基层组织建设办公室）、干部一科、干部二科、干部教育科、干部监督科、知识分子工作办公室。2004 年，增设干部三科（经济干部管理科）；成立黔南州农村党员干部现代远程教育办公室（简称州远程办），为州委组织部管理的副县级事业单位。2005 年，设置黔南州人才工作协调小组办公室（副县级），与州委知识分子工作领导小组办公室合署办公；增设信息科，为组织部内设科室。至此，内设科室为 10 个。

2009 年，撤销州委知识分子工作领导小组办公室，黔南州人才工作协调小组办公室更名为黔南州人才工作领导小组办公室。明确中共黔南州委党的建设工作领导小组办公室（简称州委党建办）为常设机构，组建黔南州委党代表大会代表联络办公室（简称州委党代表联络办），将州委党建办和州委党代表联络办与州农村党员干部现代远程教育办公室合署办公，实行三块牌子、一套人员管理；增设农村党建科、综合党建科、党代表联络科。2012 年，增设公务员管理科。

2013 年，设立州干部信息管理中心，为州委组织部管理的正科级事业单位；设立州委非公有制企业和社会组织工作委员会办公室，为州委组织部管理的正科级事业单位。

一、组织建设

（一）发展党员

1991 年，全州发展党员 1922 名，其中生产一线 976 名，占发展党员总数 50.78%。

1993 年，按照“坚持标准、保证质量、改善结构、慎重发展”的方针，全州发展党员 3137 名，占全年发展计划的 125.6%。其中，妇女 617 名；少数民族 1666 名；35 岁以下 1884 名；研究生 7 名，大学本科 44 名，大学专科 352 名；农牧渔民 1493 名；学生 100 名。

1996 年，全州发展党员 3782 名，其中“推优”发展 521 名。

2000 年，全州发展党员 3621 名。其中，妇女党员 923 名；少数民族党员 1978 名；中专（高中）以上文化党员 1998 名；生产一线党员 1709 名；先进模范人物党员 164 名。

2001 年，印发《2001—2003 年黔南州发展党员宏观指导意见》。

2008 年，全州发展党员 4748 名。其中，妇女党员 1322 名；少数民族党员 2706 名；中专（高中）文化党员 1288 名；35 岁以下党员 3459 名。

2013 年，共发展党员 4462 名党员。其中，少数民族 2573 名；35 岁以下 3160 名；妇女 1640 名；工人党员 199 名；研究生文化的党员 5 名，本科及以上文化 649 名，新发展党员质量得以不断提升。

2014 年，发展的 3770 名党员中，妇女 1533 人；35 岁及以下 2906 人；大专学历及以上 1283 人（不含在读大专、本科学生党员）。

1993—2014 年全州中共党组织发展情况统计表

表 3－4－1

年　度	党委（个）	党总支（个）	党支部（个）	年末党员（人）
1993	309	190	6257	95439
1994				97112
1995	331	198	6339	100108
1996				102733
1997				105549
1998	325	214	6423	106821
1999	327	228	6477	109452
2000	328	225	6512	111610
2001	324	201	6533	113865
2002	321	219	6334	115906
2003	318	219	6350	119425
2004	323	320	5895	123421
2005	322	314	5901	126780
2006				130676

续表 3－4－1

年度	党委（个）	党总支（个）	党支部（个）	年末党员（人）
2007	313	350	5853	133874
2008	312	350	5780	136940
2009	312	343	5616	140732
2010	319	367	5651	144973
2011	319	375	5646	149193
2012	331	408	5713	153613
2013	334	447	5704	156886
2014	236	482	5605	158973

1993—2014 年全州中共党员基本情况一览表

表 3－4－2　　单位：人

年度	党员总数	妇女	少数民族	35 岁以下	研究生	其中大专及以上	初中及以下	农牧渔民	学生	新的社会阶层	非公经济组织
1993	95439	14343	47305	17069	6075	89364	53949	149			
1995	100108	15479	49921	18303		7507	92601	55937	195		
1998	106821	17641	53602	21395	17	11133	95671	57922	202		
1999	109452	18327	55328	21849	21	13025	96406	58678	169		
2000	111610	19018	56359	21875	26	14332	97252	59128	140		
2001	113865	19855	58035	23010	40	16487	73200	59832	72		304
2002	115906	20895	59305	23520	62	18290	72638	59398	114		
2003	119425	22114	61395	25290	86	20624	73048	62157	176	705	388
2004	123421	23399	63785	26392	122	23241	73751	63843	384	761	495
2005	126780	24653	65718	27854	163	25644	73865	64833	777	475	557
2006	130676	24563	67804	29271	233	27813	75017	66364	1118	521	678
2007	133874	27266	69799	28624	232	30981	75301	67579	1070	546	744
2008	136940	28323	71589	29067	286	32962	76185	69174	1166	586	825
2009	140732	29907	73767	30144	411	35781	76789	70416	1641	489	1031
2010	144973	31837	76045	31280	489	38516	77093	71501	2165	551	1239
2011	149193	33857	78395	32583	567	41611	77317	72913	2480	569	1472
2012	153613	36002	80718	33838	662	45024	77652	74264	2796	597	1680
2013	156886	37686	82360	34398	766	48146	77748	75595	2581	1089	1925
2014	158973	38935	83539	34016	906	50812	77088	75843	2217	1157	2285

说明：1991 年、1992 年、1994 年、1996 年、1997 年统计资料遗失

（二）党员管理及教育

1991 年，对全州 94 个后进支部进行帮助，整顿的后进支部占整个后进支部的 94.1%。1992 年，全州开展民主评议党员的支部 4366 个，占总数 70%，参加评议的党员 34568 名，占总数 36.22%。对全州 185 个后进支部进行整顿，其中转化为一、二类支部 155 个，占整顿数的 83.78%。1993 年，全州 2743 个党支部开展评议，参加党员 57212 名，通过评议，表彰先进党员 1717 人（其中优秀党员 185 人），受组织处理党员 56 人（开除党籍 17 人、劝退 2 人、除名 2 人、取消预备党员资格 2 人、受其他党组处分 13 人、限期整改 20 人）。对全州 194 个后进支部进行整顿，其中转化为一、二类支部 154 个。1996 年，全州开展党员“双学”（年轻党员向老党员学传统、经验、本领，老党员向年轻党员学新思想、新知识、新产品）活动，共 94874 名党员参加学习培训，建立中心学习组 792 个，州、县（市）党校和业务党校共举办“双学”培训班 1132 期，培训 80110 人。1999 年，全州完成“共产党员基本信息管理系统”建库工作，12 个县（市）委组织部、州直机关工委和 8 个州属企事业单位建立党员信息库。

2007 年，开展“党支部、党员承诺”“无职党员设岗定责”等活动，全州 1562 个党支部、26936 名党员参加承诺，20414 名无职党员设岗定责，建立入党积极分子培训档案。

2008 年，加强流动党员教育管理，推广流出地、流入地党组织签订流动党员管理协议等办法，开展流动党员的摸底排查和“流动党员活动证”发放工作。全州流出党员 5425 人，“流动党员活动证”发证率达到 94%。全州处理不合格党员 73 名。印发《关于在全州党员中开展“学理论学党章学技能”活动的通知》，举办基层党组织书记培训班，对全州乡（镇、街道）党（工）委书记、村（社区）党支部书记全部轮训一遍。

2009 年，建流动党员信息库，为全州 5086 名流动党员发放“活动证”，在流入地建立流动党支部 8 个，各级党组织为流动党员家庭办好事实事近 2000 件。根据党员的素质、能力、爱好、特长，因人设岗、因岗定责，开展无职党员设岗定责活动，共设置党员责任岗 30 余项 4600 余个。州、县两级共建立党员服务中心 13 个，乡（镇）党员服务站 191 个，村（社区）党员服务点 1049 个。组建党员志愿者服务队 307 支，登记的党员志愿者 5349 人。

2010 年，组织 307 名村支书、主任到贵州省农村党员干部短期教育实践培训基地——江苏省华西村培训。2012 年，开展村级党组织大规模轮训，组织全州乡（镇、街道）党委专职副书记、组织员进行党建业务培训，组织 130 名村党支部书记到华西村培训，组织 50 名非公企业党组织负责人到深圳开展党务培训，组织 114 名社区党组织书记开展党建工作培训。建立党内激励关怀基金 280.63 万元，先后下拨州管党费 53.6 万元，用于走访慰问困难党员、老党员。推进创先争优，完善无职党员设岗定责、党员服务承诺等制度，开展党员志愿者服务、党员责任区、党员先锋岗等“党员亮身份”活动。2013 年，通过面向机关（事业单位）公开选拔、组织考察等方式选优配强乡（镇）组织员队伍，全州 210 个乡（镇）已配备党委组织委员。共选派 36 名村干部和 8 名大学生村干部到山东寿光、遵义等地培训。是年，实行村（居）干部职数、报酬和村级办公经费级差制，提高村（居）干部报酬和村级办公经费，村干部报酬均达到2000元，最高的村达到2630元。同时，部分村级办公经费提高至每年4.5万元，社区提高至每年6万元，居委会提高至每年3万元，采取财政投入、党费补助、社会筹集等方式，建立州、县（市）两级基层组织扩容提能专项基金，补助新建和改扩建村级活动场所60余个，确保有人管事、有钱办事、有阵地干事，激发村级党员干部干事创业热情。

2014年，提高村干部报酬，并建立正常增长机制，村干部养老保险全覆盖。是年，州委组织部、州民政局牵头，按类别、分5期对全州442名乡（镇、街道）组织委员、综合服务中心主任和重点村（社区）干部进行集中培训。编印《群众服务手册》《社区工作手册》等1.3万本发放到基层。全州抽派44名农村实用人才和大学生村干部到遵义核桃坝村、安徽小岗村、四川农科村、广西那生屯、河南刘庄村、浙江红峰村、陕西东韩村等农村实用人才培训基地参加培训。

二、干部工作

（一）领导班子建设

1991年，按照干部队伍“四化”（革命化、年轻化、知识化、专业化）方针，加强领导班子建设。

1993年，举办3期县级领导干部理论学习班，重点学习马克思列宁主义、毛泽东思想的基本原理和邓小平建设有中国特色社会主义的理论。县以上的领导班子都建立中心学习组制度。

1994年，举办《邓小平文选》第三卷学习班10期和专家读书班1期，举办贫困乡党委书记、乡长培训班，县级妇女后备干部培训班，非党领导干部培训班，县级领导干部《社会主义市场经济理论》讲习班1期。

1995年，州、县两级举办不同层次的理论培训班24期，学习《邓小平同志建设有中国特色社会主义纲要》和社会主义市场经济知识，参加培训的领导干部1496人。

1999年，按照省委的统一部署，在州级领导班子和领导干部中开展“三讲”教育。

2000年，州委印发《关于选拔党政领导干部实行任前公示的暂行规定》《关于在县（市）党委干部任免中实行投票表决制的决定》，7月下旬到10月中旬，12个县（市）集中近3个月时间，按照中央的统一部署和省委的安排，集中开展“三讲”教育。

2001年2—5月，在全州中等专业学校和州属县级事业单位共21个领导班子80名领导干部中开展“三讲”集中学习教育活动。2—3月，开展“三讲”教育“回头看”活动。4月，在4家国有企业开展“三讲”教育活动及“回头看”活动。9月，在未列入“三讲”范围的183个国有企业领导班子和156名班子成员中开展“三个代表”重要思想学习教育活动。

2003年，与州委宣传部联合印发《关于对全州县处级以上领导干部学习贯彻党的十六大精神情况进行检查考核通知》。

2009年，制定《黔南州在完成重大任务、应对重大事件中考察干部试行办法》《2009—2013年黔南州党政领导班子建设规划》。

2011 年，按照省委建设“团结、务实、勤奋、廉洁”领导班子的要求，州委组织部代州委起草《关于大力建设“团结、务实、勤奋、廉洁”领导班子的实施方案》并以州委名义印发各级党委贯彻执行。

2012 年，开展以建设“团结、务实、勤奋、廉洁”领导班子，落实“三实三创”要求为主要内容的“四查四促四强”（查思想、促意识、强党性，查学习、促创新、强能力，查机制、促团结、强落实，查作风、促奉献、强服务）领导班子思想政治建设调研督查活动。

2014 年，起草《关于加快建设开放型创新型领导干部队伍的意见》《关于加强和改进优秀年轻干部培养选拔工作的实施方案》并经州委研究正式印发，印发《黔南州县级后备干部培养计划（2014—2016 年）》《黔南州州管领导班子和领导干部综合分析研判办法（试行）》，制定《中共黔南州委调整不适宜担任现职领导干部办法（试行）》。

（二）干部队伍建设

1991 年，各县（市）完成“建并撤”工作后全州有乡（镇）235 个，选出乡（镇）党委正、副书记 645 名，其中高中以上文化程度 272 名，占 42.17%；选出乡（镇）正、副乡（镇）长 627 名，其中，高中以上文化程度 309 名，占 49.28%。是年，全州提拔 78 名优秀中青年干部充实到 45 个部门。其中，提拔少数民族 29 名，占新提拔的 37.18%；提拔妇女干部 19 名，占州直机关县级职务女干部的 61.29%；新提非党干部 5 名。县级干部交流 46 名，由上向下交流 4 名，由下往上交流 17 名，横向交流 25 名。1991 年，对县级后备干部调整 42 名、充实 147 名，任用 75 名，使用率为 24.1%，掌握县级以上后备干部 341 名。

1992 年，选派 271 名干部挂职锻炼，其中，州直机关 54 名（51 名下基层，3 名到省直有关部门），县（市）217 名到乡（镇）、企事业。

1993 年，12 个县（市）和 235 个乡（镇）进行换届选举一次选举成功。新当选的县、乡两级领导班子年龄、民族、文化、专业、妇女和非党等各项结构比例都趋于合理。全年交流县以上领导干部 37 人，其中，由州直机关到县提拔交流 1 人；由县（市）到州直机关提拔交流 2 人，平级交流 17 人；县与县之间平级交流 2 人；州直机关部门之间提拔交流 5 人，平级交流 10 人。调整充实州级后备干部和县（市）党政一把手后备干部。

1995 年，加强对少数民族干部、妇女干部、党外干部的培养选拔和使用。州委组织部选送少数民族干部、妇女干部、党外干部到省内外院校学习或挂职培训 104 名，其中，少数民族 61 名，妇女干部 19 名，党外干部 5 名。提拔使用少数民族干部、妇女干部、党外干部 72 名。其中，少数民族干部 30 名（州级 1 名，县级 19 名）；妇女干部 25 名（州级 1 名，县级 19 名）；党外干部 17 名（州级 1 名，县级 16 名）。在乡（镇）换届中，235 个政府班子全部安排妇女干部和少数民族干部。州直机关各单位领导班子配备有女干部的比例达 79.4%，配备一名党外干部的比例达到 30%。

1997 年，推行干部管理工作中的“打招呼”制度和执行省委组织部《关于领导干部对反映本人有关问题回复组织函询的暂行规定》。推行公务员制度，健全和完善考录、考核、辞职、辞退、轮岗等制度。

2000 年，州委印发《中共黔南州委关于进一步做好培养选拔优秀年轻干部工作的意见》。

2003 年，对政法委书记、法院院长、检察院检察长进行回避和非成长地交流任职，共交流政法委书记 9 名、法院院长 7 名，检察院检察长 7 名。

2004 年，制定《干部考察工作责任制实施办法（试行）》《关于拟提拔人选征求州纪委（监察局）意见的规定（试行）》《受理干部工作举报办法（试行）》《党政领导干部监督信息档案制度（试行）》。

2005 年，州委组织部向州委常委会提出加大年轻干部选拔任用力度的建议，州委常委会决定原则上年龄在 57 周岁以上（含 57 周岁）的领导干部不再担任实职，改任非领导职务。

2008 年，瓮安“6·28”事件后，协调有关部门对县（市）公安局、法院、检察院领导班子及班子成员情况进行考核，调整部分县（市）公安局主要领导。组建州畜牧兽医局、州旅游事业局、州信访局党组。抽调 3 名干部到中央国家部委、经济发达地区挂职，从州直部门选派 4 名新提任县级领导干部到州信访局挂职，选派 3 名副县级后备干部到上海、广州、深圳三个驻外联络处挂职。

2009 年，出台《黔南州州直单位与基层互派干部挂职锻炼工作制度》，印发《关于州直新提任副县级领导职务干部和副县级后备干部到信访部门挂职锻炼的实施办法》，选派 10 名州直新提任副县级领导职务干部、2 名副县级后备干部到州信访局挂职锻炼。同时，选派 3 名副县级后备干部到三个驻外联络处挂职锻炼。制定《关于进一步加强培养选拔年轻干部工作的实施意见》《2009—2020 年黔南州党政领导班子后备干部队伍建设规划》。出台《关于注重从基层和生产一线选拔党政领导机关干部的实施意见》。

2010 年，印发《关于进一步做好干部选拔任用民主推荐、民主测评工作的意见》《州管干部考察对象公示试行办法》《州管职务人选考察对象报告个人有关事项试行办法》。

2011 年，开展县、乡领导班子换届工作，在县（市）换届中，共有 1959 人参加全额定向民主推荐，1133 人参加二次会议推荐，通过二次推荐提名领导班子换届人选 83 名，占新提拔人选考察对象的 58.9%。从挂职期满干部中选拔 7 名 35 岁下的副县（市）长，152 名干部上下交流和跨县（市）交流。从 2009 年州委选派到 12 个县（市）挂任县（市）委书记助理、县（市）长助理的 25 名科级领导干部中竞争性选拔 7 名副县级领导干部。

2011 年，出台《黔南州县级领导干部工作实绩记实和公示评议制度》，对县级领导干部工作实绩实行每日记实、半年公示和年度评议。

2012 年，选派 50 名熟悉工业、城镇、建设、金融等方面工作，大学专科以上学历，40 岁及以下的优秀乡科级干部作为挂职人选（正科级 30 名，副科级 20 名），赴江苏省海安县、海门市进行为期 10 个月的挂职锻炼。（海安县 40 名，海门市 10 名）。

2013 年，制定优化州直单位领导班子和干部队伍结构，加强年轻干部培养选拔政策措施，发出《关于进一步规范黔南州副县级机构副职管理的通知》《关于调整副厅级建制高等院校县级和科级干部考察任免程序的通知》，制定调整县级领导职务干部任职试用期满考核和任免职程序等工作制度。

2014 年，制定《关于加快建设开放型创新型领导干部队伍建设的意见》《黔南州州管领导班子和领导干部综合分析研判办法（试行）》。印发《关于推进干部交流，加强全州政法系统领导班子建设的指导意见》《黔南州州直机关科级以下干部交流工作暂行规定》。选派 5 名干部参加中央三部委挂职，选派 28 名干部赴广州挂职和跟岗研修，选派 4863 名干部参加同步小康驻村工作。印发《黔南州州管国有企业领导人员管理办法（试行）》。

是年，修订《黔南州州管干部工作纪实，实绩公示和评议办法》，开发“州管干部工作记实报告系统”，以电子档案记实、手机平台查阅方式对全州在职在岗州委干部的工作实行每周一报、半年公示、一年一评制度，构建“管理在平时、考核在平时、监督在平时”的领导干部动态跟踪考核评价模式。

（三）干部人事制度改革

1994 年，将龙里县作为县级领导班子实绩考核试点县，指导其完成龙里县领导班子思想作风建设八项制度，并报州委审查同意转发全州各县（市）参照执行。

1998 年，在州直机关和贵定、三都、都匀等县（市）开展了公开选拔领导干部工作，州直有关部门和都匀市开展干部竞争上岗和干部双向选择工作。开展县以上党政领导干部特别是党政主要领导干部异地交流，以及政法等部门领导干部异地交流，全年交流副县级以上干部 99 名。是年，州委首次面向全州公开选拔领导干部，公开选拔 6 名副县级领导职务干部。

1999 年，州委组织部代州委起草《关于加强黔南州党的机关工作者和国家公务员管理的意见》《关于进一步加强干部人事工作纪律的意见》《关于选拔党政领导干部实行任前公示的暂行规定》《关于调整不胜任现职领导干部工作的意见》《关于加强干部监督管理教育工作的意见》《关于建立领导干部理论学习考核制度的通知》等文件，推进公开选拔领导干部工作。全州有都匀、荔波、三都、福泉、瓮安、贵定、龙里、长顺等 8 个县（市）开展这项工作，公开选拔副科局级领导干部 30 名、股级干部 40 名。是年，全州 12 个县（市）普遍推行干部竞争上岗制度，共有 157 个单位提供 1250 个职位进行竞争上岗，有 1805 名干部通过竞争已上岗工作。实行干部任前公示制，通过独山县试点，全年全州共有 10 个县（市）对新任职的 57 名科级干部和 373 名股级干部进行公示。

2000 年，州委印发《中共黔南州委关于县（市）党委干部任免中实行投票表决制的决定》，明确规定县（市）党委在讨论决定干部任免时，一律实行投票表决制。全年提交州委常委会议讨论任免的干部共 202 名，经投票表决后，获赞成票过半数的 198 名，有 4 名赞成票未过半数的干部没有任命。州委、各县（市）党委在研究决定干部人选时都实行干部任前公示制，对 38 名县级、133 名科级、1467 名股级拟任人选进行公示，有 1 人未通过。

2002 年，面向全州公开选拔 16 名副县级领导干部，其中州财政局、国土资源局、交通局、水利局、林业局、卫生局、贸易合作局、广播电视局、招商引资局、监察局、旅游事业局、体育事业局、农业办公室、供销合作社等14个部门副局长（副主任）各1名，州建设局、环保局总工程师各1名。有两个职位（州交通局、州水利局）报名人数未达8人，不再拿出来进行公选。14个职位拟任人选公示后，1人因群众举报经调查核实取消任职资格，任用13名。

2003年，采取放开笔试、放开面试、放开考察的“三放开”形式，在全州范围内公开选拔8名副县级后备干部。2004年，都匀、平塘、长顺、龙里等县（市）分别开展公开选拔领导干部工作，独山等县（市）公开选拔年轻后备干部。2002—2004年，州、县两级先后开展公开选拔县、科级领导干部共18次，公开选拔县领导干部13名、科级领导干部95名。是年，推行干部任免票决制、任前公示制、任前谈话制度和干部任职试用期制度。与州人事局共同印发《黔南州事业单位人事制度改革试点工作意见》。

2005年，州委打破地域和身份限制，拿出10个副县级领导岗位面向全省和企事业单位人员进行公开选拔。第一次将选拔范围扩大到全省，第一次对都匀一中等事业单位副职进行公开选拔，第一次邀请部分离退休老领导、人大代表、政协委员和民主党派人士对公开选拔进行监督。为防止“高分低能”现象，首次在公选程序中增加能力测试环节，通过组织考生到基层实地调研，撰写调研文章，提出工作思路、工作措施和解决实际问题，全面测试考生的实际工作能力和综合协调能力。长顺县率先对54所学校（医院）校（院）长实行“公推直选”。平塘、三都、罗甸、独山等县（市）也开展学校（医院）校（院）长公推直选工作，共有190名干部通过公推直选走上领导岗位。

2007年3月，长顺县在4个乡（镇）党委书记的选任中开展“公推民评全委票决”工作。

2008年4月，在长顺县摆所镇召开全州公推直选基层党组织领导班子成员试点工作部署会议，全面启动“公推直选”基层党组织领导班子成员试点工作，拓展基层党内选举制度改革。长顺、平塘、罗甸、独山、三都通过公推直选方式产生9名乡（镇）党委书记和乡长。

2009年，出台《黔南州州直单位和州管干部年度考核办法（试行）》，将州直部门领导班子和州管干部的年度考核与单位目标管理考核挂钩。

2010年，出台《黔南州竞争性选拔干部工作暂行办法》，规范全州竞争性选拔干部工作。拿出州委党建办副主任、州维稳办副主任等11个副县级领导职位与都匀、平塘等9个县（市）的15个科级领导职位共同开展州、县联合公选。

2011年，建立黔南州深化干部人事制度改革工作联席会议制度，成立由组织、纪委、宣传等部门有关领导为成员的联席会议领导小组，负责指导和协调全州深化干部人事制度改革工作。出台《黔南州县级领导干部工作实绩记实和公示评议制度》（实行），对县级领导干部工作实绩实行每月记实、半年公示和年度评议。形成领导干部每月梳理“记”实绩、半年公示“晒”实绩、年度评议“比”实绩的干事创业氛围。首次委托中组部领导干部考试与测评中心开展党政干部领导能力人机对话测评。7名优秀的年轻科级干部被选拔进县（市）政府班子。该做法入选中组部《市县党委换届干部人事制度改革100例》典型案例和全省干部人事制度改革创新项目。

2012年，印发《黔南州2012年深化干部人事制度改革指导意见》，选拔副县级领导干部等3个项目被评为“全省干部人事制度改革创新项目”。

2013年，统筹州直50个单位共拿出118个岗位面向基层公开遴选。

2014年，由州委组织部牵头，制定党的建设制度改革专项小组年度工作要点和改革方案，共明确专项小组下5个专题组15项改革任务。出台《黔南州深化党的建设制度改革实施方案》，提出全州到2017年党的组织制度、干部人事制度、基层组织建设制度、人才发展体制机制四个方面改革任务共24条。

制定《关于改进和规范黔南州州直单位科级干部选拔任用工作的意见》，明确州直机关科级干部选拔任用的资格条件，规范工作程序，改任前备案为任后备案。出台《黔南州州直机关科级以下干部交流工作暂行规定》，明确州直机关男年龄在50周岁及以下、女年龄在45周岁及以下，在同一部门任正科级领导职务满10年或在同一部门工作满15年及以上的正科级及以下干部，必须跨部门交流；在同一职位任职满5年的，必须进行内部轮岗。州直单位科级以下干部跨部门（单位）交流215名，打破州直机关干部“一岗定终身”“提拔才调动”的用人格局。

（四）干部监督

1991年，复查落实政策案件23起，认定干部参加工作时间2人。

1993年，确定贵定、独山、瓮安、平塘4个县为州审干工作试点县，探索新时期审干工作。建立外部联系制度，与纪检、执纪执法等部门建立审干工作横向联系制度，每月互通情况和信访，同时建党员干部违纪违法违反政策“情况登记卡”“立案登记卡”“案件线索登记卡”“结案报告表”4种登记卡片。

1995年，州委组织部与州、县（市）156家执纪执法部门建立审干联系制度，收集干部信息213条，对204名犯错误干部的情况进行摸底调查。

1997年，推行干部管理工作中的“打招呼”制度，执行省委组织部《关于领导干部对反映本人有关问题回复组织函询的暂行规定》。

1998年，推行诫勉制度、谈话制度、向党组织回复反映本人有关问题的函询制度。全年收到反映副县级以上领导干部问题的来信来访28人、38件（次），均按有关要求处理。接待来信来访反映要求落实政策和更改参加工作时间等问题共28人（件），均按有关政策规定进行审查处理。

2001年，州委组织部成立干部监督科。针对机构改革前干部工作中可能出现的问题，印发《关于当前严格控制提拔干部、不准超职数配备干部有关问题的通知》，干部工作中的一些不良现象得到遏制。印发《中共黔南州委组织部干部监督工作督查员制度（试行）》，并转发中组部《关于加强组织部门干部监督工作的若干意见（试行）》，要求把意见列入中心组学习内容。举办2000—2001年上半年新提拔的81名正副县级领导干部廉洁自律培训班，对73名拟提任副县级以上领导干部进行任前公示，对7名县级领导干部进行离任经济审计，对3名副县级以上干部进行函询。

2002年，举办学习《党政领导干部选拔任用工作条例》培训班25期，培训各级领导干部3000余人次。组织开展《党政领导干部选拔任用工作条例》知识竞赛活动，全州有17779人参加竞赛。印发《黔南州党政领导干部选拔任用工作监督制度（试行）》《进一步加强对县处级领导干部监督工作的意见》，建立领导干部打招呼制度、领导干部诫勉制度、干部离任审计制度，对13名正县级以上领导干部进行离任审计。处理群众来信来访130件，对11名被反映的干部进行函询。

2003年，印发《关于认真学习贯彻执行〈党政领导干部选拔任用监督检查办法（试行）〉的通知》，对全州各地各单位党委（党组）学习宣传贯彻进行安排和部署。制定《关于建立州委组织部与州纪检监察机关等单位联席会议制度的试行办法》。

2004年，制定《关于受理干部工作举报的办法（试行）》。建立《干部监督信息个人档案》274卷，制定《党政领导干部监督信息档案制度（试行）》。开展县处级以上党政领导干部在企业兼职清理工作。抽调18人组成6个监督检查组，对12个县（市）和州农业局、州商务局、州经贸局、州粮食局党组贯彻执行《党政领导干部选拔任用工作条例》进行监督检查。

2005年，在都匀召开全省组织部门干部监督工作现场交流会。制定《党政领导干部选拔任用工作规程》，提高干部选拔任用和干部监督工作水平。选聘18人组建州干部监督督查员队伍，制定《干部监督督查员管理办法（试行）》。对私营企业主担任党政领导职务或奖励私企纳税大户享受一定干部职级待遇的问题进行检查清理。

2006年，县、乡换届期间，印发《关于在县乡领导班子换届工作中进一步严肃干部任用纪律的通知》《关于在县（市）乡（镇）党委换届工作中进一步防范和整治选人用人上不正之风的意见》《关于防范和查处换届选举中搞拉票贿选等非组织活动的意见》。出台《关于对党员领导干部进行诫勉谈话和函询的实施细则》。

2007年，制定《黔南州党员领导干部述职述廉实施办法（试行）》。发出《关于做好党员领导干部报告个人有关事项的通知》，组成6个检查组对12个县（市）党委、9个州直单位党组（党委）贯彻执行《党政领导干部选拔任用工作条例》情况进行监督检查。举办新任县级领导干部廉洁勤政培训班，199人参加学习。接到干部群众来信来访来电218件，均按要求处理。对67名拟提任副县级以上领导干部进行任前公示。

2008年，州委印发《关于进一步加强对县级领导班子主要负责人监督的意见（试行）》《黔南州领导干部重大事项决策失误责任追究制度（试行）》。制定《中共黔南州委管理干部任前公示办法（试行）》《州管干部任职前征求州纪委意见暂行办法》《中共黔南州委组织部干部选拔任用内部审核制度（试行）》等规章制度。制定《中共黔南州委组织部干部监督员工作制度（试行）》，并在全州选聘153名干部为监督员。修改《关于进一步加强和完善干部监督工作联席会议制度的意见》《黔南州干部监督工作联席会议成员单位信息沟通暂行办法》。成立州委组织部科学规范和有效监督县（市）委书记用人行为试点工作领导小组，长顺县为“科学规范和有效监督县（市）委书记用人行为”试点县。会同州纪委在惠水等县开展“一年一评议、两年一巡视”试点工作。对州建设局等6个州直单位党组贯彻执行《党政领导干部选拔任用工作条例》情况进行监督检查。

2009年，举办全州干部考察专题培训班，共培训146人。举办干部监督员业务培训班，共培训干部监督员115人。举办2009年度新任县级领导干部勤政廉政培训班，58人参加培训。

2010年，制定《黔南州州管干部选拔任用工作记实办法（试行）》《黔南州干部选拔任用工作有关事项报告实施细则（试行）》《州委组织部受理审核干部选拔任用工作有关事项报告操作规程》。开通州委组织部“12380”举报网站，建立信访、电话、互联网“三位一体”的群众举报网络。

2011年，制定《严肃换届纪律保证换届风清气正实施方案》，提出严肃换届纪律工作的主要任务、具体措施，并对各项工作任务进行分解细化、明确责任。印发《关于在县乡领导班子换届工作中进一步严肃换届纪律的通知》《关于进一步加强换届纪律学习教育和宣传的通知》《关于在换届工作期间严禁突击提拔调整干部的通知》《关于严肃换届考察工作纪律的通知》《关于切实抓好下一阶段严肃换届纪律工作确保换届风清气正的通知》，对全州严肃换届纪律工作进行安排部署，提出具体纪律要求，保证换届工作顺利进行。制定《关于开展严肃换届纪律专题谈心谈话工作方案》，开展谈心谈话工作。印发《关于进一步加强违反换届纪律警示教育的通知》，对加强严肃换届纪律警示教育工作做出安排。印发《关于组建黔南州干部监督工作协查员队伍的通知》。

2012年，制定《关于进一步严肃换届纪律深入整治用人上不正之风实施方案》，细化措施，明确工作责任，推动工作的开展。印发《关于开展新一轮严肃换届纪律教育宣传工作的通知》，对开展严肃换届纪律宣传教育工作做出安排部署。制定《关于在州人大、州政协换届中进一步严肃换届纪律工作实施方案》。出台《关于推进严肃换届纪律工作常态化健全完善防治用人上不正之风长效机制的意见》。会同州纪委制定《关于科级以下干部报告个人有关事项的暂行规定》，并开展集中报告工作。

2013年，召开全州干部监督工作会议、全州干部监督工作视频会议及全州干部选拔任用工作监督检查动员部署会议，学习贯彻全国、全省干部监督工作文件精神，对全州干部监督工作进行安排部署。举办四项监督制度专题讲座、印制《四项监督制度及“12380”举报受理渠道学习手册》和开展“四项监督制度及12380举报受理渠道”有奖知识竞答等。发出《关于对干部选拔任用工作进行自查的通知》，在全州范围内开展干部选拔任用自查和科级干部“带病提拔”倒查工作。发出《关于对2012年以来干部选拔任用工作进行检查的通知》，抽调36人组成6个检查组，对12个县（市）党委、都匀经济开发区党工委和2012年度有新选拔干部的35个州直单位党组（党委）的干部选拔任用工作进行检查，召开干部选拔任用工作检查情况通报会通报检查情况，并书面反馈各受检单位。制定《黔南州2013—2017年选人用人检查工作规划》。印发《关于开展2012年度干部选拔任用“一报告两评议”工作的通知》，对全州2012年度干部选拔任用工作进行安排部署，召开全州干部监督工作视频会议。印发《关于配合做好州管干部2013年1月集中报告个人有关事项工作的通知》《关于推进科级以下干部报告个人有关事项工作的通知》《关于科级以下干部报告个人有关事项的暂行规定》，对全州领导干部个人有关事项报告工作进行安排部署。印发《关于进一步严格按规定职数配备干部的通知》，就严格按规定职数配备干部工作进行安排部署。与州纪委联合制定《黔南州“三重一大”事项集体决策流程图》，建立决策监督程序。

2014 年，州人代会、政协会召开期间，向出席参加会议的代表、委员发送宣传短信 1600 余条，发放宣传资料 800 余份。全州 12 个县（市）党委、州直 75 个单位和都匀经济开发区开展 2013 年度“一报告两评议”工作，评议结果在干部监督工作会上通报和书面反馈。印发《关于对 2014 年“带病提拔”干部进行自查的通知》，对全州 2013 年 3 月 20 日—12 月 31 日受到撤销党内职务或者行政职务以上处分的“带病提拔”领导干部自查工作进行安排部署，派员对县（市）1 名科级干部的“带病提拔”情况开展倒查，同时对州管干部“带病提拔”情况进行自查。制定《黔南州领导干部个人有关事项报告抽查核实联系工作机制工作规则》，对 33 名随机抽取确定对象开展抽查核实工作。对州委研究决定的 187 名拟提拔人选进行任前公示。对苗头性问题及时函询，共函询州管干部 5 人。开通“12380”手机短信举报，形成信件、电话、网络、短信“四位一体”综合举报受理平台。

（五）干部教育

1991 年，选派 57 名干部参加中央有关部委和省委组织部组织的各类培训班学习，与有关部门举办妇女干部、青年干部、乡（镇）长等培训班，共培训干部 400 人。

1993 年，举办县、乡女领导干部培训班，对党政女领导干部进行马克思列宁主义基本理论和领导科学、行政管理、法律等基本知识培训，共培训女领导干部 235 人。报考省、州委党校的干部 630 人，录取 410 人，分别比 1992 年增加 80.5% 和 134%。龙里、瓮安、贵定、福泉、平塘等县设立省委党校教学函授站，有的县还制定干训工作五年规划，全州基本上消除干训工作“空白县”。

1995 年，印发《“九五”期间黔南州农村党员、基层干部实用技术和市场经济知识培训规划要点》，要求对全州 235 个乡（镇）2825 个村和乡镇企业 60 岁以下的 64000 多名农村党员及基层干部进行先进实用技术、市场经济知识培训。

1996 年，制定《黔南州 1996—2000 年干部教育培训规划》。全州举办培训班 496 期，培训各级各类干部 41691 人次。其中，少数民族干部 26796 人次，占 68%；女干部 9063 人次，占 33%。全州报考各类函授班 4931 人，12 个县（市）都设有省委党校、各类函授院校教学点。

1997 年，印发《1997—2000 年黔南州贫困地区干部培训规划》《“九五”期间企业管理人员培训规划》。

2000 年，印发《关于认真总结“九五”期间干部教育培训工作和制订“十五”干部教育培训规划的通知》，对“九五”期间干部教育培训工作进行总结，对“十五”期间干部教育培训进行安排部署。

2001 年，制定《黔南州 2001 年—2005 年干部教育培训规划》，从干部教育培训的指导思想、工作原则、具体任务、具体要求以及各项保障措施、完善干部教育培训管理体制等方面提出了明确要求。

2006 年，印发《2006—2010 年黔南州干部教育培训规划》。全年选调和调训各级领导干部 2454 人次。

2007 年，州委组织部举办或与州直有关部门联合举办各类培训班 31 期，调训各级领导干部 8281 人次。邀请 12 名国内著名的博士、教授为县级干部举办专题讲座 7 期，5083 名领导干部参加培训。

2008 年，召开黔南州干部教育培训工作培训者座谈会，对第一轮大规模培训干部工作进行总结，对新一轮干部教育培训工作进行安排部署。印发《关于将党的宗旨意识和作风建设纳入干部教育培训重要内容的通知》，把党的宗旨意识和作风建设教育纳入各级党委（党组）中心组学习的重要内容，列入党校主体班次和各类培训班学习的主要内容。

2009 年，制定《关于进一步贯彻落实干部在党校培训期间加强作风建设的十五项规定（试行）的实施方案》《中共黔南州委党校（行政学院）主体班考试命题工作规程》等，将十五项规定的学习、讨论纳入党校培训班的必修课。

2010 年，建立黔南州干部教育培训工作联席会议制度、干部学习培训考核制度、师资库动态管理制度，将干部参加学习培训的表现情况列为干部考核的重要内容，并作为干部使用的依据之一。

2011 年，印发《黔南州干部教育培训考核办法（试行）》，把干部学习情况纳入干部年度考核体系，作为对领导班子和领导干部考核的重要内容，学习的考核结果作为选拔任用干部的重要依据。出台《黔南州干部教育培训计划申报制度》《黔南州干部教育培训组织调训制度》《黔南州干部教育培训学习管理制度》。

2013 年，制定《黔南州干部教育培训管理规定》《黔南州干部在职自学制度》《黔南州干部教育培训组织调训制度》《黔南州干部调训计划申报制度》和干部教育培训工作流程图，印发《廉政教育培训学习制度》。开展县级党校体制升格评审，全州 12 个县（市）全部启动中专体制迎评工作。

2014 年，全州投入培训经费 1921.4 万元，共选调、培训各级各类干部 195010 人次，其中，厅级干部 127 人次，县处级干部 3770 人次，科级及以下 191113 人（次）。州委组织部单独或联合州直有关部门先后在中央党校、同济大学、中山大学、贵州大学、重庆大学、省委组织部组织人事干部学院等举办培训班 64 个班，共选调、培训各级各类干部 9703 人次参加学习。印发《2013—2017 年黔南州干部教育培训规划》《2014 年干部教育培训计划》《州委党校学员座谈及学风督查制度（试行）》，召开全州干部教育培训工作会议，对《2013—2017 年黔南州干部教育培训规划》进行安排部署。印发《黔南州干部教育培训特色资源开发工作实施方案》。

三、人才工作

1993 年 3 月 18 日是黔南州第一个科技活动日，对全州科技人员进行评比表彰，全州获国务院特殊津贴 14 名、黔南科教兴州奖 9 名、黔南州政府特殊津贴 53 名、黔南优秀科技人才奖 104 名。之后，每年召开一次科技活动日表彰大会，2007 年以后改为两年召开一次，表彰优秀知识分子、科技人员。

2013 年，制定《2013 年人才工作领导小组成员单位年度重点工作》，将全年人才重点工作细分为 75 个子项分解到 21 家成员单位。6 月、10 月通过会议等方式进行协调推进，面向全国公开引进高层次人才和急需紧缺专业人才，组建 4 个招才引智工作组于 6 月中下旬赴北京、上海、广州、武汉、成都、重庆等地，引进高层次人才、急需紧缺专业人才 138 人到州级单位工作。督促落实州、县两级财政分别按不低于每年公共财政预算收入（不包含非税收入）的 3% 设立人才发展专项资金的政策。加大对高层次人才的激励和关心，在全州发放 2012 年度高层次人才补贴 476.48 万元。

2014 年，选派 13 名高级职称人员赴华南农大、广州大学、广州中医药大学等高校进行半年到一年的访学研修。选派 28 名青年骨干人才赴广州市直单位锻炼学习。制定《黔南州“首席专家”建设工程实施办法》，在全州重点产业、重点领域、重点工程、重点学科建设 10 个以“首席专家”为核心、以 30～50 名中青年骨干为中坚力量的高水平科研攻关、创新创业团队。全年实际引进各类高层次和急需紧缺专业人才 990 名。采取“州、市共建”的方式，启动黔南州、都匀市共建人才公寓小区建设工程，于 7 月底启动人才公寓建设。同时，州直有关单位和各县（市）依托公共租赁房等保障政策建设本地本单位人才公寓。其中，黔南师院等高等院校建设教育人才公寓 100 套，州医院建设州级医技人才公寓 300 套。龙里、荔波、惠水、瓮安、长顺等各县（市）已建成投入使用人才公寓近 700 套。

四、公务员队伍建设

（一）公务员招录

从 2002 年 6 月起，全州招录公务员按省的规定，实行省、市、县、乡四级机关统一招考录用。

2008 年，根据省委组织部、省人事厅《关于开展从优秀村干部中考录乡镇公务员试点工作的通知》，黔南州 8 个县（市）开展从优秀村干部中招考录用乡（镇）公务员试点工作，招考录用乡（镇）机关公务员 16 名。

2009 年，根据中组部、人力资源和社会保障部《关于注重从基层和生产一线选拔党政领导机关干部的意见》，全州率先开展从优秀村（居、社区）党支部（总支）书记、主任、副书记、副主任中公开选任乡（镇、街道）领导班子成员试点工作，计划招录 20 名，录用 15 名。

2010 年，开展定向招考录用乡（镇）机关公务员试点工作，继续从优秀村干部中招考录用乡（镇）机关公务员 53 名。

2011 年，从定向退役士兵和县、乡事业编制人员中考录乡（镇）机关公务员，从优秀村干部中考录乡（镇）机关公务员，并开展定向企业生产、管理一线工作人员考录乡（镇）机关公务员试点工作。共招考录用乡（镇）机关公务员 39 名。是年，按照“公开、平等、竞争、择优”“凡进必考”的原则，招录公务员和遴选州直机关公务员工作。

2013 年，公开招录公务员 526 名。2013 年，州有 110 个职位面向基层人员招录，其中乡（镇）领导班子成员职位 4 个。

2014 年，公开招录公务员 428 名。同时，为方便考生，采取少数民族加分联网审核、人民警察职位考生面试次日组织体能测评等便民措施，提高工作效率，减少考生往返次数，节约考生考试成本。

（二）选调生工作

1991—2012 年，全州办理录用选调生 621 名，通过培养选拔，担任厅级领导职务干部 1 名，正县级 7 名，副县级 13 名，正科级 63 名，副科级 222 名。全州各年选调生人数为：1983 年 2 名，1984 年 5 名，1993 年 5 名，1995 年 3 名，1996 年 7 名，1997 年 11 名，1999 年 28 名，2000 年 15 名，2001 年 3 名，2002 年 20 名，2003 年 5 名，2004 年 16 名，2005 年 21 名，2006 年 37 名，2007 年 52 名，2008 年 65 名，2009 年 63 名，2010 年 75 名，2011 年 114 名，2012 年 74 名。

2013 年，选调生工作由省统一组织，通过网上发布《选调高校优秀毕业生到基层工作简章》，网上报名、网上资格初审和现场资格审查工作由市（州）负责，笔试由省委组织部负责，面试、体检、考察、确定选调对象以及初任培训由市（州）负责。

2013 年选调生 83 名。其中，女 49 名；少数民族 42 名；学士 83 名；省外大学毕业生 6 名，外省生源 3 人。

2014 年，选调 82 名选调生（含 2 名定向清华大学选调生）。其中，女 57 名；少数民族 42 名；博士 1 名，硕士 3 名，学士 78 名；省外大学毕业生 29 名，外省生源 6 人。

（三）干部选调、调配

2009 年，州直机关 4 个单位首次面向基层和生产一线公开遴选工作人员 21 名。

2013 年，根据州直部门空编和人员需求情况，开展州直机关 50 个单位 118 个职位集中遴选工作。共 44 个单位 105 个职位 726 人参加笔试，完成面试、体检、考察等工作程序，44 个单位遴选 97 人。

同时，针对不同情况，采取单独遴选、直接调动、竞争性选调等方式进行，不搞一刀切。州委办、州委组织部、州委政策研究室、州政协办等单位单独遴选共 16 人，对州委办、州委政法委、州人大办等单位办理直接调动 17 人。

2014 年，面向基层遴选 27 名工作人员到州直机关工作。

（四）非领导职数设置

2008 年，按照省委组织部、省人事厅《关于做好省、市、县三级机关公务员非领导职务设置审批和管理有关工作的通知》规定和要求，制定黔南州七大类机关非领导职务设置方案。全州七大类机关共有 656 个单位。其中，州直 58 个，县（市）507 个；行政编制数 9434 个，实有在编人数 10095 人；县处级领导职务职数 265 个，科级领导职务职数 3114 个。全州七大类机关设置调研员、副调研员职数 58 个，实有调研员和副调研员 72 人。设置调研员 22 个，实有调研员 20 人。设置主任科员、副主任科员 1351 个，实有主任科员、副主任科员 1973 人。

2013 年，把好公务员非领导职务职数审核关，防止超职数配备。全州七大类机关共有 788 个单位。其中，州直 101 个、县（市）687 个；行政编制数 14512 个，实有在编人数 13986 人；县级领导职务职数 444 个，科级领导职务职数 4914 个。七大类机关设置调研员、副调研员 148 个，实有调研员和副调研员 109 人，其中，设调研员 61 个，实有调研员 40 人。设置主任科员、副主任科员 2407 个，实有主任科员、副主任科员 2224 人。

2014 年 2 月，黔南州州直机关设置调研员、副调研员 131 名，其中调研员 51 名；设置主任科员、副主任科员 340 名。县（市）设置主任科员、副主任科员 1821 名。

2014 年 4 月，各县（市）七大类机关设置主任科员、副主任科员 1817 名，其中，都匀市 192 名、独山县 132 名、平塘县 134 名、荔波县 141 名、三都县 152 名、福泉市 150 名、瓮安县 180 名、贵定县 151 名、龙里县 153 名、惠水县 142 名、长顺县 127 名、罗甸县 163 名。

（五）参公单位申报

2009 年，开展州、县两级七大类机关所属事业单位参照公务员法管理单位的申报工作。至 2013 年 12 月，经省委组织部、省人社厅、省公务员局批准，全州七大类机关共有 252 个所属事业单位列入参照公务员法管理范围。

（六）公务员信息库管理

按照“统一标准、依权管理、资源共享、确保安全、前瞻可行”原则，制定《公务员管理信息系统信息采集及填写规则》，对人员基本信息、家庭成员、学历、职务等 70 个必填信息项的标准明确定义，统一信息填写格式，将全州 19411 名公务员和参照公务员法管理人员基本信息全部录入系统，规范管理。

2014 年，全州开展两次集中审核及数据更新工作，更新后入库人员 19639 人。

（七）公务员（参公）登记

开展州、县两级六大类机关、参照公务法管理的群团机关和事业单位工作人员日常登记工作。2013 年，办理公务员（参公）登记审批 857 人。2014 年办理公务员（参公）登记审批 486 人。

（八）因公因私出国（境）审批

建立出国（境）人员台账，规范办理州委管理干部因公因私出国（境）备案手续和程序。2013 年办理因公出国境备案 107 人次，因私出国（境）备案 17 人。2014 年办理因公出国（境）81 人，因私出国（境）28 人。

五、远程教育

2003 年，启动全国农村党员干部现代远程教育工作先期试点，成立黔南州农村党员干部现代远程教育工作领导协调小组。2004 年 3 月，从州教育局、州科技局和黔南电视台抽调 3 名工作人员，正式成立黔南州农村党员干部现代远程教育工作领导协调小组办公室，明确为副县级独立法人机构。2004 年 6 月建成第一批 93 个远程教育村党员活动室终端接收站点，2004年12月建成第二批459个远程教育村党员活动室终端接收站点。同时，完成教育系统2630个站点建设。

2005年，出台《黔南州远程办工作制度》《黔南州远程办工作职责》《终端接收站点工作人员职责》《终端接收站点设备管理制度》《终端接收站点设备操作规程》《终端接收站点播放管理制度》《终端接收站点学习制度》《终端接收站点考核制度》等一系列规章制度。与州科协合作，在全州建立12个“科普＋远教”示范站点。12月，完成40个村党员活动室终端接收站点补建工作。

2006年，统一编印《黔南州农村党员干部现代远程教育终端接收站点三簿一册记录本》印发到各站点。全州范围内建立24个州级示范站点，将党员活动室终端站点运行维护经费33.9万元列入州级财政预算。投资25万元制作黔南州农村党员干部现代远程教育辅助教学网站“锦绣黔南网”。

2007年，启动远程教育进社区试点工作，在都匀市建立4个城市社区站点，探索社区远程教育工作经验。为推动全州教学课件开发制作工作，在全州开展农村党员干部现代远程教育自制课件评比活动。完成273个站点设备更新整合。完成全州2365个站点的卫星转换调试工作。

2009年，印发《关于在全州第三批学习实践活动中充分发挥农村党员干部现代远程教育作用的通知》，编印《黔南州农村党员干部现代远程教育工作手册》，发到各县（市）和各站点。会同公安、文化、工商等部门在全州开展清理假借农村党员干部现代远程教育之名开展网吧经营活动整治工作。

2010年，开展黔南州远程教育“521”学用成果转化示范带动工程，即在全州建立50个远程教育州级示范基地，200个远程教育州级示范站点，1500户学用成果转化州级示范户。建立省级远程教育少数民族语言教学课件开发译制基地2个。

2011年，拍摄专题片《马帮驼水队》参加全国党员教育电视片观摩交流活动，获全国党员教育电视片评比“十佳专题片”。

2013年，完成全州第一批次212个终端接收站点设备更新，部署安排第二批次站点设备更新工作。完成全州第一批次设备更新站点的基础设施和设备验收工作。制定《黔南州党员干部现代远程教育教学课件报送办法（试行）》《黔南州党员干部现代远程教育教学课件开发制作标准（试行）》。与州气象局合作，开展第二批村级农民多功能信息服务站建设工作，建成4个村级农民多功能信息服务站。组织开发并推荐《瓮安之变》专题片参加全省教学资源课件评比，被评为全省“十佳课件”。

2014年，结合第二批党的群众路线教育实践活动，将中央和省委要求必学的百部群众路线好榜样专题片、《苏联亡党亡国二十年祭》《赵克志书记指导息烽专题民主生活会》《焦裕禄》，以及黔南州制作的《瓮安之变》等专题片加载到全州远程教育专用网盘。全州安排48课时96个教学专题，指导县（市）开展站点操作管理员培训，采用县级集中培训、乡（镇）分散培训、片区分期培训等方式，全年培训站点操作管理员1200人次，794个党员活动室站点操作管理员全部进行培训。

第二节　宣传工作

一、理论教育

1991—1995 年，组织干部学习中共十三届七中全会精神、《江泽民总书记在庆祝中国共产党成立七十周年大会上的讲话》、邓小平视察南方重要讲话和中共十四大精神，《邓小平建设有中国特色社会主义理论学习纲要》《邓小平文选》（1～3 卷）和中共十四届四中、五中全会精神，举办培训班 230 期，培训宣传骨干 1583 名。

1997 年中共十五大召开后，州委宣传部与州委组织部联合举办 6 期县级领导干部学习十五大精神培训班，有 633 名县级领导干部参加学习，有 518 篇学习心得摘编在《黔南日报》上分 10 多期发表。组织开展"全国全省学大关，我们怎么办"大讨论，与省委宣传部、省社科院联合在都匀召开"全省大关精神理论研讨会"。1998 年，全州党员开展"讲学习、讲政治、讲正气"和《邓小平党的建设理论学习纲要》学习教育活动。全年全州举办各种理论培训班 255 期，35900 多人参加培训，有 4 万多人参加全省邓小平理论考试考核。

2000 年，学习《毛泽东、邓小平、江泽民论思想政治工作》，开展"西部大开发，黔南要大干"大讨论活动。2001 年 6 月，结合全州在农村开展"三个代表"重要思想教育活动，在全州党员、干部中深入学习"三个代表"重要思想，州委宣传部组织有关人员到 6 个县（市）和部分州直单位对"三个代表"重要思想的有关问题进行辅导，并共举办培训班 58 期。组织 13 个"七一"讲话宣讲团到 12 个县（市）、235 个乡（镇）及部分机关、部队、学校、企业进行专题辅导。

2002 年 11 月，召开全州学习中共十六大精神大会，培训学习中共十六大精神理论骨干。12 月，组织 13 个学习宣讲团在全州各地开展宣讲活动 26 场次，直接听众达 2.5 万人。10 月，州委宣传部举办全州公民道德建设理论与实践研讨会，收到论文 56 篇。2003 年，州委宣传部举办学习中共十六大精神和"三个代表"重要思想知识竞赛，有 1 万人参加。2004 年，《黔南日报》、黔南电视台等媒体推出"树立和落实科学发展观""关注三农问题""学习贯彻两个《条例》"等栏目，刊登讨论文章 200 多篇，有 6 篇文章入选全省《深入学习"三个代表"重要思想树立和落实科学发展观》征文，有 2 篇文章获"亚农杯"全国农民读书活动三等奖。

2005 年。州直机关共举办 10 场领导干部专题讲座，对《关于中日关系形势的宣传提纲》《经济形势政策宣传提纲》等形势教育材料进行传达学习，并撰写理论文章和心得体会 60 多篇。在《黔南日报》、黔南电视台等媒体上开辟"落实科学发展观""关注三农问题""认真学习贯彻中共十六届五中全会精神"等栏目。2006 年 7 月，组织干部群众参加全省"树立和落实科学发展观"知识竞赛。8 月，组织人员参加"李春燕同志先进事迹报告会""学习贯彻科学发展观报告会"；以"奉献的礼赞"为主题举办黔南州先进人物事迹报告会，邀请陆永康、李兹喜等先进典型人物作先进事迹报告。10 月，编辑《黔南州建设社会主义新农村农民教育读本》。

2007 年，举办县级干部中共十七大精神学习培训班 5 期，全州 1200 多名县级领导干部参加学习培训。12 月，组织省第十次党代会县级干部学习班 1 期，120 余人参加学习。

2008 年，举办 5 期全州县级领导干部学习中共十七大精神培训班，1325 人参加培训。举办中共十七大、十七届三中全会精神理论骨干培训班各 1 期，理论骨干 200 多人参加学习培训。组织州委宣讲团到 12 个县（市）开展“党的十七大精神”“十七届三中全会精神”“中央一号文件精神”等主题宣讲活动，全州宣讲 700 多场，受众达上百万人次。中共十七届三中全会的宣讲，全州宣讲 600 多场次，受众达 30 万人次。组织全州各媒体开设“认真学习贯彻党的十七大精神”“十七届三中全会精神”“生态文明建设”“落实科学发展观”“党风廉政责任制建设”等专栏、专版，全年刊播理论学习专题、专刊 80 余期，学习新闻 300 多条，推出独山县狮光村等一批先进典型。开展“构建和谐社会”“树立和落实科学发展观”“纪念改革开放 30 周年”等理论研讨活动。10 月将全国劳模、三都水族教师陆永康先进事迹拍成电影《水凤凰》，组织全州干部群众集体观看。

2009 年，邀请《求是》杂志社原总编王天玺、中科院院士欧阳自远及中央有关部委、全国多所高等院校知名教授开展专题讲座，全州开展各种类型专题讲座 130 多场次。全年举办各种培训班 2020 场，培训 31144 人次，举办专题报告会 2432 场，听众达 91933 人次。

2010 年，围绕学习型党组织建设和创先争优活动，建立健全全州党委（党组）中心组督学、述学、考学制度。在上海科教党校举办 2 期宣传文化干部培训班，培训 40 余人，与州委组织部联合举办州、县、乡三级宣传文化干部培训班，培训 300 人。

2011 年 3 月，组织“社科理论下基层暨形势政策教育万场大宣讲”活动，分级分期对全州 1000 多名理论骨干进行学习培训，组建州、县、乡三级宣讲团，在全州开展宣讲，全州完成各类宣讲报告 11000 余场次，听众达 100 万人次。开展全州“学习理论、指导实践”读书征文活动，共收到征文 33 篇，其中 3 篇被省委宣传部收录于征文集。开展“建党 90 周年”理论征文活动，收到论文 67 篇，8 篇论文参加全省理论研讨，1 篇论文入选研讨会文集。《坚持科学发展，推动民族地区发展新跨越》一文于 9 月 16 日在《求是》杂志发表。

2012 年，根据省委关于在全省深入开展“解放思想、推动跨越”大讨论活动的要求，在全州开展以“三实三创、推动跨越”为主题的解放思想大讨论活动，全州收集调研文章 1312 篇。在州直媒体开办“黔南理论视线”栏目，刊播相关文章 4 次，推出名为“文峰”政论文章 2 篇。与州委组织部联合开展学习弘扬“背篼干部”精神征文，收到文章 84 篇，组织召开“背篼干部”精神理论研讨会。

2013 年，组建州、县、乡三级宣讲团，开展进乡（镇）、进村寨、进社区、进园区、进企业、进学校、进军营等“七进”活动，全州开展各类宣讲 2000 余场，受众达 80 万人次。组织开展学习中共十八大、省委十一届三次全会、州委十届三次全会精神等学习征文及知识竞赛活动，全州收到征文 305 篇。完善“文峰”理论品牌工作，组织人员撰写并刊播题为《开启同步小康社会建设新征程》《论大抓项目、抓大项目》《以激情苦干部造福黔南人民》等“文峰”政论文章3篇。在《黔南日报》开辟“文峰理论园地”、黔南广播电视台开设“文峰理论视点”等栏目。组织“文峰”理论讲堂，全年举办12次，听众达3000多人次。5月中旬，州委印发《关于深入推进解放思想加快跨越发展的意见》，集中用两个月时间，以“系统学、广泛查、认真改、严格评”为主要方法，在全州开展解放思想活动。

2014年，发放《习近平谈治国理政》等各类学习资料3万册。撰写《集中火力向“慢”发起总攻》《“三思三干”兴黔南》《论绿水青山就是金山银山》《论“追赶、领先、跨越”的FAST精神》等一批政论文章，组织拍摄《实施乡镇区划调整、推进黔南跨越发展》《高铁时代到来，你准备好了吗》等“文峰”理论视线专题片。6月，组织全州“社科理论走基层”系列活动，省发改委经济研究所所长毕业作《生态城市建设与规划》报告，贵阳市社科联主席杨青作《贵州发展大数据有戏》报告，州及各县（市）发改、住建、规划、环保、林业、党校及宣传文化系统干部共700多人参加报告会。组织习近平总书记系列讲话精神和中共十八届三中、四中全会，省委十一届四次、五次全会精神州委十届四次、五次全会精神宣讲工作。组建州“百姓宣讲百千万”工程（百个宣讲团、千名宣讲员、万场宣讲），开展党的群众路线教育实践活动和福泉“1·23”杨刚救火英雄团体英雄事迹等百姓宣讲活动。组织召开全州各系统、各行业学习先进典型事迹座谈会，全州召开座谈会200多个，2000多干部群众参加座谈会。组织召开州直部门和各县（市）意识形态工作分析研判会。

二、新闻宣传

1992年6月15—16日，全州有7个县（市）遭受特大暴雨袭击，损失严重，州委宣传部及时印发各县（市）灾情情况报道方案，组织州直媒体到一线采访报道，同时会同其他部门对灾害检测、灾情统计等工作进行及时公布。

1995年6月，组织人民日报社、新华通讯社等6家报社及贵州日报社等主要新闻单位的记者14名到黔南进行为期5天的采访活动。7月，组织外国记者和文学艺术团（队）3个共33人次以及中央和省文化艺术部门专家、学者20多人到黔南采风。《人民日报》（海外版）、《全国政协报》等登载反映黔南州情况的文章及图画、摄影达30多篇（幅），专题报道“南下通道经济战略”稿件达30多篇（条）。

1996年10月，组织《贵州日报》《黔南日报》、贵州广播电台、黔南电视台等6家新闻单位14名记者到大关采访，拍摄大关精神专题片，编印30万字专集《当代农村的先进典型：大关精神放光芒》宣传大关精神。

1999年3月，州委宣传部召开全州新闻宣传工作表彰会，对1997—1998年度新闻宣传工作先进集体12个、优秀新闻工作者59名、优秀通讯员25名进行表彰。10日，召开黔南州新闻界严厉谴责北约座谈会，对宣传工作进行部署，传达中央、省有关作好新闻报道的通知精神。2003年3—6月，州委宣传部积极稳妥地抓好防治“非典”宣传报道工作，播发稿件、新闻、专题片共计1400多篇（条、部）。

2005年5月，州委宣传部印发《黔南州纪念抗战胜利60周年宣传报道方案》《关于做好“6·26”国际禁毒日宣传报道方案》《关于做好节约型社会宣传报道的通知》《关于做好当前全州抗旱减灾宣传报道工作的通知》等，加强宣传工作策划指导。组织全州新闻媒体学习贯彻《关于进一步加强和改进舆论监督工作的意见》等，规范新闻采编人员的行为。

2006年，在州直新闻媒体开辟“先进性教育在黔南”“贵新沿线乡村游”“四线百乡千村万名党员示范工程纪行”“创佳绩迎州庆”“我与州一起成长”等专栏，宣传报道全州各级各部门开展先进性教育活动实况，以及黔南州水利局、贵定县盘江镇党委、陆永康、李兹喜等一批践行“三个代表”重要思想和贯彻落实科学发展观的先进典型。

2007年，开展新闻单位先进典型推荐评选活动，全州评选表彰优秀新闻工作者17人，推荐黔南日报社、黔南电视台和有关新闻工作者参加全省新闻工作先进集体和先进个人评选，黔南电视台被中宣部表彰为“2007年全国新闻工作先进集体”，是全国地级电视台唯一获此殊荣的单位。

2008年，开展中共十七大、十七届三中全会和省第十次党代会、生态文明建设、2008北京奥运会、纪念改革开放30周年等重大主题宣传。组织州直新闻媒体做好抗凝救灾、“5·12”抗震救灾宣传报道，编辑出版《战胜冰雪》一书。3月，创办《黔南手机报》。

2009年，围绕新中国成立60周年和中共十七届三中、四中全会精神重大主题开展宣传，组织州内主要新闻媒体统一推出“黔南辉煌60年”“我和我的祖国”等专栏开展宣传。在州级媒体统一开设“自强自信黔南人”栏目，宣传一批为解放黔南、建设黔南做出贡献的优秀代表人物。推荐邓恩铭、萧国宝、何元亮、陆永康等参加英雄模范人物和感动中国人物评选。

2011年，结合庆祝建党90周年和邓恩铭诞辰110周年活动，举办纪念邓恩铭诞辰110周年学术研讨会，参与2月开机拍摄的红色电影《少年邓恩铭》。11月，做好对“食盐抢购”“贵广交界煤矿透水事故”“福泉马场坪爆炸”“惠水长田乡11·26”等突发事件、群体性事件、热点问题的新闻报道和舆论引导。2012年，全州各级新闻媒体开设“加速发展·加快转型·推动跨越”“贯彻落实国发2号文件——县市书记访谈”“聚焦黔南”“数字看发展”“科学发展赶超跨越”“聚焦三化同步”“大力实施‘185’推进农业产业化”“记者走园区”“关注民生”等专栏、专题、专版32个，刊播稿件1876余条（篇、幅），其中在中央级、省级媒体刊播200余条。突出“背篼干部”等先进模范集体和个人宣传，2月邀请28家中央、省、州级新闻媒体赴敦操乡进行实地采访，采访记者达67人，刊发相关新闻宣传稿件328篇（条、次）、图片300余幅。3月，启动“学习‘背篼干部’精神·构筑黔南精神高地”巡回报告会，历时25个工作日，在全州巡回宣讲。10月，启动“黔南骄傲”十大年度人物评选活动；对“苗族马帮队抗旱救灾”“马背上的警务室”、省道德模范见义勇为青年李庆丰等先进集体和个人进行宣传。

2013年，在州直新闻媒体推出“迎两会·谋发展·谱新篇”“新起点、新征程、新跨越——学习贯彻十八大基层行”“提速转型跨越赶超富民强州——学习贯彻州委十届三次全会精神”等专栏，刊播稿件2596篇（幅），其中在中央级、省级媒体刊播300余篇（幅）。组织州直新闻媒体开设“‘一圈两翼’新格局”“扎实推进‘5个20工程’建设实现同步小康黔南‘中国梦’”“抓项目促跨越”“解放思想促跨越”“棚改进行时”“深化改革跨越赶超”等栏目，共刊播稿件3400余条（篇、幅），其中在中央级、省级媒体刊播600余条。以“贵人善行——颂最美精神做最美贵州人”主题为重点宣传“全国人民满意公务员”“全国道德模范”“最美劳动者”“最美妈妈”等先进模范集体和个人，开设“视点”“凡人善举”“黔南骄傲”等栏目，推出全国第四届道德模范提名奖胡荣忠、贡天玺和“中国消除贫困奖——感动奖”获得者邓迎香的重大典型宣传。8月，出台《黔南州进一步改进和规范新闻报道的五项规定》《黔南州重大新闻稿件送审制度》《黔南州进一步规范新闻采访的规定》。

2014年，开设“学习贯彻十八届四中全会精神——全面推进依法治州”“深化改革跨越发展——学习贯彻州委十届四次全会精神”等专栏、专版，刊播各类稿件1276篇（幅）。围绕党的群众路线教育实践活动、都匀毛尖茶品牌宣传、同步小康创建工作、深化改革、“明礼知耻崇德向善”活动、生态文明贵阳国际论坛2014年会、“黔粤两地高铁同行”大型采访活动、“高铁时代”创新社会管理模式、培育和践行社会主义核心价值观等主题，组织州直新闻媒体开展系列主题宣传报道，邀请省内外主流媒体对黔南州各项工作进行宣传，共刊播各类稿件4780余篇（幅），其中在中央级、省级媒体刊播800余篇（幅）。开展“黔南骄傲”人物、全省民族团结进步模范集体模范个人、全省优秀基层党组织书记等典型宣传，共刊播新闻稿件600余篇（幅）。建立黔南州新闻通气会制度，定期召开新闻通气会，全年印发重大新闻宣传提示13期。成立黔南州新闻工作者协会。做好福泉“1·23”森林火灾、福泉“8·27”山体滑坡等的舆情处置。

三、对外宣传

1993年，州委宣传部成立外宣科。1996年邀请《人民日报》（海外版）、《今日中国》《贵州日报》等20多家中央和省级新闻单位的编辑、记者115人到黔南州采访，发表宣传黔南州经济、民族文化、旅游、矿产、民族风情等文章、图片共200多篇（幅），出版《辉煌的四十年》《黔南州通道经济发展战略研究》等建州40周年丛出5万册。1997年，共拍摄各种外宣影视作品23部，编辑出版外宣图书、折页11.3万册。邀请、接待新华社、人民日报社、中央电视台、经济日报社、百名记者志愿扶贫采访团深圳新闻采访团等新闻记者400多人，共播发介绍黔南的宣传报道350多篇。

1998年，成立州委对外宣传工作领导小组和州委对外宣传办公室，州政府新闻办公室，州委对外宣传办公室设在州委宣传部。全州12个县（市）明确专职或兼职对外宣传干部。《人民日报》《深圳特区报》《台湾联合早报》和美国《国际时报》《华盛顿邮报》等媒体共刊播反映黔南的新闻171篇，有125名州外记者到黔南采访。

1999年，全州接待《人民日报》《半月谈》《中国工商联》、珠江电影制片厂等新闻单位60多人次到黔南采访。中央人民广播电台连续10天、每天15分钟播发黔南州改革开放20年发生的变化。省内新闻单位播发宣传黔南的新闻1677篇，其中《贵州日报》462篇、贵州电视台576篇、贵州广播电台639篇。编辑出版《辉煌黔南》画册等宣传品3.5万册。

2000年“6·8”抗洪期间，《贵州日报》和贵州电视台等新闻媒体给予充分报道，其中《惊心动魄72小时》长篇通讯在全省引起强烈反响。

2001年6月，配合中央电视台“走进西部”摄制组拍摄的反映深圳对口帮助黔南的电视专题片《难忘深圳情》在中央电视台播出。

2002年，召开各种新闻发布会6场（次），接待中外记者1000多人次，中央、省和港澳台及国外媒体刊播宣传黔南的相关文章2100余条（篇）。

2003年8月9日，举办“荔波绿宝石之旅暨少数民族服饰展演”。12月10日，组织中国名家科学文化考察团赴平塘考察地质奇观等。全年在中央及省外新闻媒体上刊播有关黔南新闻近1000篇（条）。

2005年，在北京人民大会堂举行“贵州平塘·中国文艺家科普创作基地新闻发布会”。先后六次组团赴北京、上海、广州、重庆、四川、湖南、湖北、浙江、广西等地举办旅游宣传推介会。县（市）先后开展“金海雪山”旅游文化节和“冰脆酥李节”、第五届“杜鹃湖·白云山旅游节”“2005全国航海模型对抗赛”“中国最美的地方”评选活动、贵州省纪念抗战胜利60周年座谈会和摄制《石头产蛋》旅游专题片等外宣活动。建立《绿色黔南》网页并与贵州信息港建立链接。建立“都匀新闻网”“福泉精神文明建设网”“独山商贸网”“独山招商引资网”“龙里新闻网”等县（市）外宣网站（页）。利用人民网、新浪网、中网贵州站、新华网贵州站、搜狐网贵州站、金黔在线、黔南信息港等网站宣传黔南的资源，扩大对外宣传覆盖面。中央电视台拍摄并播出布依族婚礼习俗电视专题片《一年又一年》，中央电视台少儿频道拍摄并在“异想天开”栏目播出《神奇黔南——会跳舞的草》；贵州省电视剧制作中心、深圳影视文化艺术中心拍摄反映支教工作的电视剧《水家山寨的铃声》；由辽宁、江苏等12家省级电视台联袂拍摄大型专题片《英雄城市——抗日战争中的独山》并播出；赴深圳开展“黔南旅游推介会暨黔南风光风情书画摄影展暨黔南民族民间歌舞表演”；中央电视台到三都拍摄《东南西北乐·中国——三都》宣传专题片；三都参与广西电视台拍摄《寻找水族金花》；组织大型民族歌舞《绿色黔南好花红》参加贵州省第三届少数民族文艺会演；出版发行《夜郎春秋》《石门劫》《报春花》《另眼观潮》等文艺作品。

2006年，中央电视台、人民日报社、新华网、新浪网等30多家中央、省、州级媒体对黔南州50年来的社会发展取得的巨大成就、黔南浓郁的民族风情、丰富的旅游资源等进行宣传报道，中央、省级媒体共宣传报道黔南的有关新闻、图片200余条（幅），中央电视台陆续播出的新闻报道就达20余条。8月8日州庆庆典活动当天，贵州卫视、黔南电视台、黔南人民广播电台现场直播庆典大会盛况。荔波获“中国南方喀斯特”第一批世界自然遗产提名并在北京召开“中国南方喀斯特”申报世界自然遗产新闻发布会以后，与中国国际广播电台联办“走进中国南方喀斯特”节目；邀请联合国教科文组织驻华遗产保护官员、世界遗产委员会部分成员国驻华文化参赞、中国国际广播电台专家记者团访问申遗地。“中国乡村旅游国际论坛”专家赴黔南考察，邀请中央驻省新闻媒体组成“贵新沿线乡村游”新闻采访团对黔南喀斯特生态旅游、民族风情和红色文化、乡村旅游进行宣传报道。编印《绿色黔南，辉煌 50 年》《绿色黔南——黔南州建州 50 周年掠影》等画册，制作《国家专家看黔南乡村旅游》《绿色黔南》光碟等外宣品。

2007 年，在北京、上海、广州、深圳等地举办“荔波成功申报‘中国南方喀斯特世界自然遗产地’记者见面会”“荔波成功申报‘中国南方喀斯特世界自然遗产地’旅游推介会”，在南宁、桂林、重庆等地举办“多彩贵州·绿色黔南”旅游推介活动。与广东电视台联合制作 10 集旅游特别节目《魅力黔南·神秘之旅》，请中央电视台制作荔波旅游宣传广告片，并分别在中央电视台 1、2、4、9、10 频道连续播出 1 个月。制作《世界绿宝石——黔南》电视专题片在省内电视台播放。组织制作《黔南好花红——我心中的荔波》歌曲光碟，编印《黔南——世界的喀斯特》画册。在州内媒体开辟“我与州一起成长”“在外地的黔南人”“黔南 50 年变迁”“辉煌五十年”“创佳绩迎州庆”“迎州庆——变化”“迎州庆——办实事”“数字看黔南”“黔南发展”等 10 多个专版、专栏、专题。在《中国民族报》《民族画报》《贵州日报》《贵州画报》等报刊共刊发 6 个专版 8 个专页，图文并茂专题报道州庆活动。

2008 年 9 月，策划首届黔南州旅游产业发展大会暨中国·平塘世界地质奇观旅游节新闻发布会、荔波—深圳新航线首航仪式新闻发布、“中国南方喀斯特”世界自然遗产的中心——绿色黔南欢迎你、在“原生态秘境·避暑胜地”、“多彩贵州”旅游文化推介会等。在中央电视台、中国旅游卫视、中央人民广播电台、中国旅游查询网、《中国时报》《上海商报》《江苏日报》《贵州日报》、贵州电视台、搜狐网站、《纵横九州》《中国旅游报》等 20 多家新闻媒体，以访谈、专题报道、开设网页等形式宣传黔南旅游。邀请香港、广西、北京、深圳、厦门、贵阳等地 326 家旅行社和 200 多家新闻媒体到黔南进行考察、踩线和拍摄。

2009 年，邀请中央电视台、中央人民广播电台、人民日报社、经济日报社、中国环境报社、中国民族报社、香港大公报社及其他省（市、区）的 100 余家媒体记者到黔南进行采访报道。结合第二届黔南旅游产业发展大会、“多彩贵州”舞蹈大赛和民族重大节庆等筹划民族旅游商品集聚地和全州“颂祖国，唱家乡”大型文艺调演及黔南州第一届体育运动会的对外宣传。与北京传媒公司驻贵阳龙洞堡机场机构协商，从 9 月 17 日开始，历时半年时间，以广告形式无偿在贵阳市龙洞堡机场 LED 上播出全州旅游风光碟；与中国电信贵阳公司合作，从 10 月 1 日开始，20 分钟循环一次，历时一年时间在贵阳市邮电大楼动感大屏幕进行“黔南生态人文视频形象宣传”。

2010 年，邀请《香港商报》《香港文汇报》从人文、景观、经济等角度对黔南州进行报道。举办“都匀国际摄影博览会”“水族端节卯节”“金海雪山”“酥李节”“多彩贵州”小品大赛、“玉水金盆音乐节”等节庆活动。制作《精彩看上海世博，免费游贵州黔南》画册和“世界绿宝石、风情黔南州”专题片。5 月 17 日，邀请上海及国内媒体共 40 余家参加在上海举行的“精彩看上海世博、免费游贵州黔南”新闻发布会。2011 年，通过承办省“纪念邓恩铭诞辰 110 周年系列活动”和与浙江嘉兴报业传媒集团联合启动“红船精神

——一大代表邓恩铭故里行”活动等形式加强对外宣传。制作出版《地球绿宝石，风情黔南州》等外宣品。

2012 年，《人民日报》《经济日报》关注黔南州“185 工程”，《经济日报》于 6 月 5 日在“三农报道”中报道黔南“185 工程”；《党建》2012 年第 3 期对黔南州创新社会管理给予肯定。邀请 28 家中央、省、州级新闻媒体赴敦操乡实地采访“背篼干部”，刊发相关新闻宣传稿件 328 篇（条、次）、图片 300 余幅；邀请中央电视台拍摄《走遍中国·走进黔南》7 集 210 分钟专题片。3 月 27 日，在北京举行“美丽黔南·投资热土”项目推介汇报会。10 月，开展黔湘两省六地《溯源沅水（剑江）——文化寻根之旅》联合采访活动。2013 年，邀请中央电视台四套“远方的家—百山百川行”、七套“乡土”、九套“纪录”栏目组及《人民日报》《新华社》《经济日报》《贵州日报》等中央、省主流媒体赴黔南采访宣传。

2014 年，在“多彩贵州”集群形象推广栏目展示“毛尖茶都、生态黔南”形象，在中央电视台、旅游卫视天气预报栏目投放播出“都匀毛尖、香满人间”“游山水黔南、品都匀毛尖”形象宣传推广画面。在《贵州日报》《当代贵州》《贵州画报》刊出都匀毛尖品牌宣传专版，在省内高速公路交通要道设置户外广告牌 52 块，开展毛尖茶广告语、“百年世博”活动方案征集，通过淘宝网、百度网开展全网营销以及在中央、省网站开设都匀毛尖专栏（专题）宣传。开展黔南外宣用语征集等黔南外宣形象策划定位系列活动，外宣用语征集活动共收集到宣传用语 2620 件、17707 条，征稿遍及 29 个省（市、区）。与《贵州日报》合作推出“聚焦黔南”专版宣传。自 2013 年合作至 2014 年 12 月，共推出黔南专版 80 个，刊发稿件 1200 篇（条）。策划“新华网高端访谈走进黔南”网络直播，专访 14 名州、县（市）党政主要领导。在中国经济网一级频道“城市”内推出黔南州频道，通过图片文字以及视频展现黔南州经济、民生、文化、旅游、招商等成就。拍摄原创视频 4 部，专题片《魅力黔南》、公益广告片《自然黔南美，毛尖茶都香》等在优酷、土豆、网易、凤凰等重点网站推广。

第三节　统一战线工作

1991 年，州委统战部设办公室、党外干部科、业务科 3 个科（室）。2014 年，统战部内设机构为办公室、党外干部科、业务科、民族宗教科、党派科。

一、非中共干部政治安排

按照中央、省委有关文件要求，人大、政府、政协、检察院、法院、民主党派、工商联和重要政府职能部门领导班子，均要配备非党干部，统战部负责协商、推荐、考察、安排党外干部工作。

1991 年 5 月，政协黔南州第七届委员会安排委员 247 名，其中非中共委员 150 名；正副主席 11 名中，非中共人士 6 名。

1992 年 1 月，黔南州工商联第三届会员代表大会选举执委 43 名，其中非中共执委 28 名，占执委总数 65%；正副主任委员 5 名，其中，非中共人士 2 名，民主党派 1 名。

1993 年，全州 12 个县（市）政协换届，共安排政协委员 1833 人，其中非中共人士 1113 人，占全委总数的 60.7%；常委 352 人中，非中共人士占 65%；安排正、副主席 81 人，其中，非中共人士 45 人。县（市）人民代表 2287 人中，非中共代表 686 人；人大常委 166 人中，非中共人士 40 人；乡（镇）人民代表 10009 人中，非中共 3520 人。全州有 138 个乡（镇）有非中共正、副乡（镇）长。

1994 年，全州增补政协委员 51 名，其中州政协委员 45 名，州政协常委 5 名，州政协非中共副主席 1 名；各县（市）直属部门安排非中共领导干部 151 名。州委、州人大常委会、州政府领导班子配非中共实职领导干部 12 名。

1995 年，州政协增补 1 名非中共副主席；黔南州第三次归侨侨眷代表大会选举 1 名非中共副主席；都匀市增补 1 名非中共副市长；平塘县人大常委会、政协各增补 1 名非中共副主任和副主席；黔南州工商联增补 1 名非中共副会长。

1996 年，政协黔南州第八届委员会安排委员 260 名，其中非中共人士 156 名，占委员总数的 62%；常委 53 名，其中非中共人士 36 名，占常委总数的 64.2%；主席 9 名，其中非中共副主席 5 名。州人大、政府换届，安排非中共副主任、副州长各 1 名。州直单位有非中共副县级领导 14 名。各县（市）配非中共乡科级领导 169 名。乡（镇）换届安排非中共乡（镇）长 221 名。

1997 年，州委统战完成协商、推荐黔南州全国政协委员候选人 2 名，省政协委员 20 名，省各民主党派、工商联、共青团委员人选 6 名。5 月，黔南州工商联第四届会员代表大会选举执委 62 名，其中非中共执委 41 名，非公经济执委 33 名，正、副会长 8 名，其中，非中共副会长 5 名，非公经济副会长 4 名。

1998 年，12 个县（市）政协换届，共安排政协委员 1816 名。其中非中共人士 1113 名，安排常委 358 名，其中非中共人士 234 名；安排正、副主席 81 名，其中非中共人士36 名。

2000 年，州委统战部采用综合评价与实地考核相结合的方式，按照政治坚定、业绩突出、群众认同的标准，正式建立黔南州非中共后备干部档案。对存档的后备干部实行动态管理，原则上每两年调整一次。对非中共知识分子进行测评摸底，建立优秀者联系名单，同时配合省委统战部、省委组织部、省民委做好黔南州少数民族非中共干部培养、选拔工作。全州培养提拔非中共少数民族领导干部 227 人，占非中共干部总数的 37.1%，其中，州级 3 人、县处级 25 人、乡科级 199 人。是年，提拔任用县级非中共干部 9 名，建立非中共县级后备干部名单 74 名；提拔乡科级非中共干部 57 名，建立乡科级后备干部 181 名，选送赴中央国家机关和沿海经济发达地区挂职锻炼 173 名。

2001 年，州政协完成换届工作，299 名政协委员中，无党派人士和民主党派 179 名。8 名副主席中非中共人士 4 名。是年，全州有非中共州级干部 7 名、县级干部 56 名、科级局长 78 名、乡（镇）长 98 名。12 月，黔南州工商联第五届会员代表大会选举执委 74 名。

其中，非中共执委53名，占执委总数71.6%；非公经济执委41名，占执委总数55.4%；会长10名中非中共副会长6名，非公经济副会长3名，民主党派副会长1名。2002年，黔南州人大常委会、州政府班子中有非中共干部2人，州政府职能部门非中共领导副职15人。全州在职非中共领导干部有州级7人、县级56人。2003年，县（市）政协换届选举工作中，安排非中共领导干部实职68名，在235个乡（镇）中，有126个乡（镇）安排乡（镇）长或副乡（镇）长，在505个县直部门中有239个部门安排干部。2004年，推荐27名民主党派、工商联、无党派人士在州级单位担任特约监察员、审计员、行风评议员。2005年，全州有县级非中共领导干部103名，其中正县5名、副县98名。全州12个县（市）人大、政府和政协领导班子共配备非中共干部任人大常委会副主任、副县（市）长、副主席共65名；州直13个部门配备非中共实职副县级干部。

2006年，政协黔南州第九届委员会安排委员299名，其中非中共人士179名，占委员总数的60%。委员中民主党派25名。正、副主席9名中，非中共副主席5名。常委60名中，非中共人士39名，民主党派17名。8月，黔南州工商联第六届会员代表大会选举执委117名，其中非中共执委82名，占执委总数70%；正、副主席14名中，非中共副主席9名，非公经济副主席11名。

2007年，全州有非中共干部担任州级领导7名。全州12个县（市）人大、政府、政协及州直39个部门领导班子按要求配备非中共领导干部97名。担任全国人大代表1名、全国政协委员1名，省人大代表、政协委员42名，州人大代表、政协委员322名。

2008年，全州安排民主党派、无党派人士担任州人大常委会副主任1名，州政府副州长1名，州政协副主席5名。安排28名非中共干部担任州直部门副县级职务。12个县（市）共有县级干部428名，其中非中共干部70名。安排13名非公经济人士担任州工商联副主席，安排2名非公经济人士担任县政协副主席。

2010年5月31日，州委统战部与州委组织部联合印发《黔南州学习贯彻中央和省委领导同志有关党外代表人士队伍建设工作重要批示精神的实施意见》，对党外干部的实职安排提出具体要求：州、县（市）两级政府领导班子中要配备非中共党员干部，人大常委会副主任中要有非中共党员干部，政协副主席中非中共党员干部应不少于50%，政协委员中党外人士不少于60%，政协常委不少于65%，在各专门委员会负责人中应有适当数量，在州政协至少安排有1名非中共党员干部担任专职副秘书长；在各级人大代表中党外人士不少于35%，人大常委会委员中不少于30%，在州人大常委会中应有民主党派或无党派人士担任副秘书长。在换届时对达不到比例要求的方案不予审批，在届中调整时也要符合比例要求方可进行变动；州、县两级法院、检察院领导班子中要配备有非中共领导干部；乡（镇）政府领导班子中基本配齐非中共领导干部；重点在涉及行政执法监督、与群众利益密切相关、密切联系知识分子、专业技术性强的政府工作部门领导班子成员中选配非中共干部。组织部门与统战部每年至少召开联席会议2次，专题研究非中共干部选拔任用工作。

2011年，州委统战部组织4个工作小组，与各县（市）委主要领导进行沟通对接，使换届人选名单报州委常委会一次性通过，实现黔南统战工作有史以来的三个“百分之百”，即：全州12个县（市）党委统战部长百分之百由同级党委常委担任，各县（市）政府领导班子中百分之百配有1名非中共党员副县（市）长，各县（市）工商联主席百分之百由非中共党员副县（市）级领导干部担任。是年，政协黔南州第十届委员会安排委员308名，其中非中共人士186名，民主党派38名。主席、副主席9名，其中非中共副主席5名。常委60名中，非中共人士39名，民主党派19名。12月，黔南州工商联第七届会员代表大会选举执委149名，其中，非中共执委108名，民主党派7名，非公经济91名；主席、副主席23名中，非中共人士17名，民主党派1名，非公经济19名。

2012年，开展非中共代表人士队伍调研，摸清全州非中共干部实职配备情况和在人大、政府、政协、工商联等部门非中共干部的政治安排情况，督促各县（市）掌握非中共代表人士基本情况，分析研究非中共代表人士队伍建设工作，及时将全州情况报送省委统战部。

2013年，全州有副地厅级非中共领导干部6人、正县级非中共领导干部4人、副县级非中共领导干部88人，正科级非中共领导干部107人。州委统战部建立1032名的非中共代表人士信息库，其中，民主党派代表人士80人。无党派知识分子580人，非公经济代表人士120人，宗教界代表人士60人，港澳台代表人士192人。

2014年，全州有副县级以上非中共领导干部103名。其中，副厅级6人，正县级7人；政府职能部门正职2人，群团正县级2人。配齐州法院、州检察院非中共领导干部。

二、统战宣传与调研

1994年，州委召开全州统战工作会议，宣传贯彻全国统战工作会议和贵州省统战工作会议精神，参加会议有各县（市）委分管副书记、统战部长、民委主任、工商联党组书记，州直各单位、大专院校负责人共150多人。

1995年，州委统战部组织20多人撰写《黔南纪行》稿件13篇，香港《大公报》《文汇报》《晶报》等多家新闻单位转载，引起国内外关注。组织各族各界人士开展纪念反法西斯胜利50周年暨“黔南事变”和中共党外座谈会等活动。

1997年，完成省政协出版《三胞两属中国心》一书的征文9篇。统战部先后在4月、7月两次对全州12县（市）的宗教活动、宗教工作现状及存在问题进行调研，撰写《黔南州宗教工作调研情况报告》送州委、州政府及省委统战部、省宗教局、省公安厅。

1998年，在《光彩明星报》《贵州政协报》《贵州统一战线》《黔南日报》等新闻媒体刊登黔南州统一战线稿件30多篇。全州完成调研课题12个，并将调研报告编成统战调研论文专辑报州政府及省委统战部。1999年，开展统战信息收集和宣传工作，完成调研文章17篇，连续两年被省评为“统战宣传先进单位”。全年编发《黔南统战工作》《黔南统战信息》18期。《黎真祥你真强》在7月12日第六次全国归侨侨眷代表大会上被评为先进个人典型材料。

2000年，主编出版《光彩人生路》一书，宣传黔南26名典型民营企业家艰苦创业、开拓进取、扶贫济困、乐善好施的美德。

2001年，州委统战部编辑并与黔南电视台合作拍摄反映黔南州新时期统一战线工作的

《风雨同舟路共创千秋业》三集电视宣传片。是年，开展黔南州统一战线知识竞赛活动，发放试卷5万份，参与竞赛答题人数41862人，被省委统战部评为“全省统战宣传工作先进单位”“全省统战信息工作先进单位”，获一等奖。

2002年4月15—18日，由州委统战部牵头，州人大民族宗教侨务委员会、州政府法制办、州政协社会联谊委员会、州民族宗教事务局等5个部门联合举办《民族区域自治法》研讨班，12个县（市）及州直有关部门89人参加。2003年，编辑出版《黔南统一战线五十年》一书，共30万字。撰写调研文章23篇，被省级刊物采用5篇。全州统战系统向新闻媒体投送稿件405篇，被省、州媒体采用258篇。

2004年，将30个调研课题分解到县（市），全州撰写理论探讨文章109篇，向省报送30篇，被国家级报刊采用1篇、省刊采用7篇。报送信息267条，被省、州采用184条。8月22—23日在荔波举办黔南州首次统一战线理论研讨会，对收到的83篇调研文章进行评比表彰。

2005年，州委统战部撰写的《黔南州初步建立统一、高效的统战工作领导体制》一文在中央统战部主办的《统战工作》和省委统战部主办的《贵州统一战线》刊登。

2006年，州委统战部帮助九三学社黔南州委举办“九三学社贵州省地方委员会第三次社会服务工作研讨会”，全省九三学社社员近百人汇集都匀参会。

2008年，在《黔南日报》开设非公经济专版，宣传非公经济发展和民营企业家风采，共出版专栏50期，刊载200篇文章。开通“中共黔南州委统战部网站”。

2009年9月22日，州委统战部在平塘县召开黔南州第二次统一战线理论研讨会，其间评出统战理论研究优秀论文一等奖6篇、二等奖10篇、三等奖16篇，予以表彰。参与起草《中共黔南州委、黔南州人民政府关于进一步加快非公有制经济发展的实施意见》。2011年，编辑出版《港澳台海外同胞同心助学黔南行》一书。2012年7月，州委统战部印发《黔南州统一战线理论研讨课题实施方案》，就基础理论、多党合作和政治协商、非公有制经济、新阶层工作等七个方面拟定42个重点课题，供各单位调研参考。

2014年，州委统战部印发《2014年黔南州统一战线理论政策研究重点课题研究实施方案》，对重大课题采取联合攻关方式，加强调研。完成《中国梦背景下的民族地区党外代表人士成长探索》《新形势下基层统战工作的特点问题及对策研究》等12个重大课题调研。

三、统战对象教育培训

1991年，州委统战部选送非中共党员干部、民主党派、无党派人士8名到省统战部举办的学习班培训学习。1994年1—10月，州委统战部举办3期非中共干部培训班，培训干部137人。12月，与州委组织部共同举办非中共干部培训班1期，培训学员53人。1998年，州委统战部与州委组织部、省社会主义学院联合举办60人参加的统战干部业务培训班。与州委组织部共同举办1期45人参加的新进县级领导班子干部培训班。全州对台专职干部参加省、州业务培训3次共39人。

2000年，与州委组织部联合举办第4期全州非中共干部培训班，学员共52人。2002

年9月15—29日，组织全州统战部长及非中共领导干部40人，到中央统战部培训中心烟台分部进行为期15天的学习培训。2003年，选送25名工商联干部和非公有制经济代表人士到深圳经理进修学院进行20天的培训学习。2005年，在中央统战部培训基地苏州分部举办非中共干部和统战部长培训班，40人参加培训，选调州、县级工商联领导干部16名参加省社会主义学院研修班学习。全州举办非中共干部、宗教人士、少数民族、统战干部等培训班次44期，选调培训各类人员2000人。2008年7月、8月，州委统战部分别举办培训班2期。在都匀开办第二期宗教代表人士培训班，学员有州、12个县（市）四大宗教教管小组组长、副组长共40人。对州宗教干部、各宗教活动场所负责人102名进行宗教业务培训。

2009年，协助各民主党派举办学习讲座1期，培训骨干55人。9月12—21日，在青岛丹佛高端培训中心举办黔南州非中共干部培训班1期，州直部门45名干部参加培训学习。2010年，选送63人分别参加中央社会主义学院培训班、省社会主义学院举办的全省乡（镇）党委领导和统战干部培训班、全省无党派知识分子培训班学习。2011年，举办全州非中共干部培训班1期，45名非中共干部参加培训。2013年，省委统战部、省委组织部举办的22个培训班，黔南选送72名非中共干部参加培训。与州民宗局联合举办《宗教政策与知识》培训班，参加培训60人。2014年，实施"素质提升"工程，选送非中共代表人士到省社会主义学院培训学习，全年调训15期，选送317人参训。牵头在中央统战部培训中心、苏州培训中心、井冈山培训中心等地举办非中共干部培训班、民主党派骨干培训班、民族宗教代表培训班共4期160人。

四、港澳台同胞及海外侨胞统战工作

1991—1995年，全州组织对台宣传稿件2300多篇，拍摄各种图片2000多幅，印制画册1000册。先后在中央人民广播电台、前线台、海峡台、云南台、西藏台和中国新闻社、《人民日报》（海外版）广播和发表。成立黔南州人民政府台湾事务办公室和台湾同胞接待处。到1995年共接待台胞2200多人。全州引进台资独资企业5家（投资金额5000万元）、合资企业2家（台方投资700万元）。1996年，共接待来黔南洽谈经贸、旅游观光、探视访友的台、侨胞130人次。1997年，引进台资企业2家，其中惠水县贵州工业硅有限公司引资2376万元，是引进资金最多、产品技术含量较高的台资企业。1998年，接待返亲台胞81人，办理涉台婚姻18对，办理赴台探亲行前教育15人，走访台胞台属786户。

2001年，统战部、对台办共接待台胞2100人次，办理行前教育46人（组）。处理来信来访110起116人次。走访慰问台胞台属2000多户。2003年，邀请台湾三立电视台到荔波、惠水拍摄民族风情和旅游风光电视片；引进台商投资2000多万元开发螺丝壳万亩草场，建设观光农业；发放归侨、侨眷生活困难补助费1.26万元，争取救济金0.26万元、经济脱贫项目资金2万元；海外华侨华人、港澳台同胞捐款302万元。州委统战部通过中国民主建国会贵州省委引进香港爱国人士、民建会员黄佩球捐资32.5万元，兴建长顺县广顺大坝希望小学17.5万元，都匀市摆芒乡毛竹村希望小学15万元。2004年，都匀国际摄影博览会期间，邀请台湾新闻局参观团到黔南参观；支持黄埔军校同学会工作，各县

（市）召开黄埔军校80周年校庆座谈会。2005年，完成香港慈恩基金会、香港小平教育基金、香港爱德基金会、恒基集团等港澳基金、慈善团体、民营企业在黔南捐资助学，共接待195人次，共引进捐资1339.62万元，援建校舍42所。台湾台塑集团捐资200万元建5所中学校舍。2006年，引进港澳和海外资金378.3万元，援建县（市）农村中小学校舍26所，捐助贫困学生980人。海外侨胞、港澳台胞为贫困地区捐赠500万元。2007年，引进香港慈恩基金会、陈登基金会等慈善团体及个人捐资751.73万元，援建中学校舍48所，引进7.5万元的图书捐赠15所学校，组织开展黔南与香港、海外师生交流6批218人，捐助贫困学生1247人，接待港澳台同胞390人次。2008年6月18—21日，接待台湾媒体首次到黔南采访活动。联系香港吴星可慈善基金会、美国欣欣基金会等慈善团体、个人在黔南捐资120万元建校舍。

2010年，接待港澳及海外友好团体5批70人次，共引进香港慈善团体建校捐资120万元，引进贫困学生助学金70万元，资助贫困学生750人。2011年，继续与香港慈恩基金会、香港陈登基金会合作，在全州开展捐资助学活动，援助黔南师院贫困大学生230人，援助资金18.4万元；资助全州高、初中贫困生700余人，资助金额60余万元；资助全州高中考取大学贫困生23人，资助金额20.7万元。澳门汇才慈善会帮扶平塘、三都2县民族贫困高中生助学金10万元。香港慈恩基金会援建乡、村卫生室6个，援助资金30万元，援助中小学校舍2所，援助资金30万元。2012年，接待台湾4个团队到黔南考察；举办黔南师院与台湾高校44名师生参加“两岸师范高等教育”文化交流和“百名两岸同胞黔南行，共话合作发展”交流活动；接待台湾少数民族教师参访团一行18人、贵台两岸少数民族兄弟情交流团一行34人、福州台资企业考察团一行10人；促成台湾首富王雪红、陈文琦夫妇在惠水县投资1.8亿元创建贵州盛华职业学院；促成善施基金会在长顺县开展残疾人技能培训，在三都县捐资20万元修建惠心小学，资助贫困高、初中、小学生共350名，助学金7万元，捐冬寒衣800套，运动鞋350双，帽子6000顶，捐赠三都县九阡镇卫生院救护车1台。2013年，接待加拿大、葡萄牙等海外慈善团体4个、友好人士65人。通过海外联谊会联系，全州1168名贫困大学生、高中生获得香港慈恩基金会、香港陈登基金会助学资金127万元。

2014年，邀请和接待广东侨资企业家考察团、台湾政商投资考察团、广州市知识分子联谊会等8批次150人，到黔南考察企业、园区、学校等。与黔台黄埔同学会在独山县深河桥抗日文化园开展纪念深河桥战役胜利70周年活动等。接待港澳及海外友好团体5个、友好人士186人，获港、澳、台及海外捐赠资金500万元，资助贫困大学生、高中生1236人。

第四节　政法委工作

1991年，根据中共中央《关于加强社会治安综合治理的决定》，州委将州社会治安综合治理领导小组更名为州社会治安综合治理委员会（以下简称综治委），州社会治安综合治理领导小组办公室更名为州社会治安综合治理委员会办公室（以下简称州综治办），下设办公室，属常设机构，与州委政法委合署办公。县（市）、乡（镇）街道办事处也相应建立社会治安综合治理委员会和办公室。1993年10月，州政法委员会列为州委工作机构。1996年，州委政法委与州综治办合署办公，一个机构，两块牌子，内设机构有办公室、政工科、研究室、督查科。各县（市）成立相应机构，并成立乡（镇）政法委。1998年，成立黔南州维护稳定工作领导小组。2001年，维稳办明确为正县级机构。2002年7月25日，州委政法委机构改革后，内设政治部和办公室、执法监督科、综治工作科、维稳工作科4个科室。2008年3月25日，州委政法委、州综治办、州维稳办合署办公。黔南州社会治安综合治理委员会更名黔南州社会管理综合治理委员会，下设8个专项组织机构。2014年，州委政法委设黔南州防范和处理邪教问题工作领导小组办公室。

一、队伍建设

1991年，全州政法系统按照“从严治警”方针，对政法干警进行党风党纪、廉政勤政教育和反“和平演变”教育。全州有204人立功受奖，有58人因违法乱纪被处理。1994年第二、四季度开展政法干警集中教育整顿，全州立案27件30人。1998年，全州政法系统开展以“树执法形象，展卫士风采”为目标，以反腐败为重点的集中教育整顿，全体政法干警开展自查自纠，共查出政法干警违法违纪线索42件42人。

2001年，州委政法委制定《关于加强政法干警管理的十一项制度》。全州查处违法违纪干警76人。2002年，州委政法委及部分县（市）委政法委政工部门建立干部个人档案并输入计算机。全州政法系统共发生违法违纪案件13起22人。2003年，开展“创一流业绩让人民满意政法单位和政法干警”活动，开展以公道正派为主要内容的“树组工干部形象”集中学习教育活动。全州公安系统、法院系统共发生违法违纪案件13件15人。2004年，在全州政法系统开展“公正执法树形象”十佳标兵评选，并组织全州巡回演讲事迹报告会，举办“公正执法树形象”迎国庆文艺晚会，开展“学习任长霞同志先进事迹”活动。2005年，开展·“规范执法行为，促进政法公正”专项整改活动。

2008年，在抗凝冻救灾工作中，全州公检法系统共表彰先进集体58个、先进个人49名，表彰立功受奖干警490名。是年，全州查处政法干警违法违纪案件17起23人。2009年，州委政法委、州综治办对74名新任乡（镇）政法委书记（综治办主任）进行为期1周的培训。全州600多名政法综治干部参加中央综治办举办的为期3天的基层综治干部培训班学习。全年查处违法违纪案件22件33人，追究领导责任5人。2010年，开展“忠实践行宗旨、勤政廉政为民”“人民法官为人民”“恪守检察职业道德、促进公正廉洁执法”等教育活动。是年，委托北京、上海、深圳等地的高校、培训机构对全州250多名乡（镇）政法委书记、综治办主任（或副主任）分别进行为期10天的培训。是年，共查处干警违法违纪案件16件21人。

2011年，州委政法委《关于贯彻落实州委、州政府2011年党风廉政建设责任制和惩防体系建设工作任务的意见》《落实党风廉政建设责任制和惩防体系建设及反腐败治本抓源头工作任务分解方案》。开展社会主义法治理念、创先争优、“四帮四促”“三个建设年”“端正执法思想、转变执法作风、规范执法行为”集中教育整顿等教育活动。全州公安机关共查处违法违纪案件6起11人。2012年3月，印发《中共黔南州委政法委员会关于深入开展政法干警核心价值观教育实践活动的实施意见》《关于贯彻落实州委、州政府2012年党风廉政建设责任制和惩防体系建设工作任务的意见》。是年，全州政法系统开展“认门入户连亲”活动，印发《关于在全州政法系统开展“认门入户连亲”活动的意见》，全州政法机关举办培训班42期。是年，全州政法委、法院、检察院、司法局无干警违法违纪案件，公安机关共查处民警违法违纪案件4起6人。2013年，继续开展政法干警“认门入户连亲”活动，全州5467名政法干警连亲9501户，走访连亲对象44184人次，收集困难和问题7073件，帮助解决实事5314件，排查化解矛盾纠纷3793件，投入资金物资合计168.7万元。

2014年，开展党的群众路线教育实践活动，推进“认门入户连亲”和“民生警务”活动。全州有118个集体、272名干警受到省以上表彰。

二、综合协调与执法监督

（一）综合协调

1991年，州委政法委召开政法工作会议，协调公检法司机关的工作。1995年4月6日，州委政法委召开县（市）政法委书记会议，部署维稳各项工作。5月31日，州委印发《关于切实加强维护稳定工作的通知》，全州各级政法机关健全预防和处置突发事件领导小组，县、乡两级党政领导带头调处各种重大疑难纠纷。是年，全州处置各种突发事件25件。1996年，州委政法委制定《“九五”期间和2000年政法工作规划》。州委办公室转发《州委政法委员会关于我州治安形势、维护稳定情况和工作意见的报告》。是年，全州发生各类突发性事件38件，由于预案周密，处置稳妥，均未造成大的事端。1999年6月21—25日，州委政法委派出3个工作组，分3个片区对各县（市）政法部门业务工作，政法委执行目标管理情况，开展执法大检查的安排部署及进展，综治及加强政法队伍建设等情况进行检查。

2000年，印发《2000年依法治州工作安排意见》。从是年起，实行州、县两级依法治州目标责任制，实行一把手考核制度，将依法治理列入各县（市）年度工作考核。2004年，州委政法委实行政法委员分工联系工作制度，并明确每个委员全年到自己联系的县（市）检查指导政法、综治、维稳等工作不得少于4次30天。2005年，召开全州政法队伍“规范执法行为，促进政法公正”专项整改活动工作会议、全州政法委书记扩大会议、全州维稳工作会议、全州社会治安综合治理小区安全防范工作现场会议等专项会议；制定《2005年县（市）政法委、综治办、维稳办工作目标》。2008年，州委印发《中共黔南州委关于进一步加强和改进党对政法工作的意见》，并于3月和7月分别召开全州政法工作会议和全州综治工作会议，部署安排政法、综治、维稳工作。2010年，在全省人民群众安全感测评中，黔南州达91.04%，在全省的排名由第三位上升为第二位，全州政法机关综合满意率由全省第三名上升为第二名。

2012 年，黔南州推出“一保二抓三创”（保政权稳定、政治稳定、社会稳定；抓人民群众安全感提高、抓人民群众对政法机关满意度提升；思想理念创新、社会管理创新、强化落实创新）新思路，建立“三个最大限度”（政策上最大限度给予倾斜，编制人员上最大限度给予满足，经费装备上最大限度给予保障）和“三个纳入”（纳入每季度召开的县市委书记、县市长会议向州委常委会汇报的重要内容；纳入州委、州政府对县市年度目标考核的重要考核内容；纳入州委常委带队督查重要内容）工作机制。全年取得 7 个全省第一的成绩，即：人民群众安全感 94.52%、全省第一，政法机关综合满意度 94.08%、全省第一，维稳工作考核全省第一，公安工作业务目标年度考核全省第一，综治办满意度 93.54%、全省第一，人民法院满意度 95.28%、全省第一，公安机关满意度 93%、全省第一。

2013 年，全州实现“六个没有发生”（没有发生有影响的重大群体性事件、恶性极端事件、不可控事件、重大网络舆情炒作事件、重大以上安全生产事故），人民群众安全感 95.61%，连续两年排列全省第一。在全省 2013 年度考评中，获政法、综治、维稳工作综合考评一等奖，综治、维稳单项考评获一等奖。

2014 年，全州“两抢”零发案共计 211 天，是全省唯一一个“两抢”零发案超过 150 天的市（州）。人民群众安全感达 97.76%，连续三年位居全省第一。

（二）执法监督

1991 年、州、县（市）各级政法机关成立检查小组或指导小组，对执法工作进行抽查，公安、检察、法院、司法执法办案合格率都在 90% 以上。协调讨论重大疑难案件 9 件。1993 年，州委政法委印发《关于我州政法系统制止和纠正“三乱”的通知》，纠正和制止政法系统的“三乱”（乱收费、乱罚款、乱摊派）现象。协调讨论重大疑难案件 16 件。1994 年 6 月下旬，针对全州各级办案单位超期羁押人犯较为严重情况进行检查，逐级核对，全州通报，提出整改要求。1997 年，全年督办案件 18 件，协调处理重大疑难案件 2 件。1998 年，州委政法委受理州直政法部门及各县（市）委政法委提请协调的案件 6 件，办结 6 件。共督办各类案件 6 件，有结果 6 件。全年督办各类信件 47 件，其中，督办省委政法委转来要结果信件 41 件，已报结果 40 件。全州受理违纪案件线索 83 件，初查 71 件，立案侦查 10 件 15 人，办结 16 件 21 人（含上年积存），转送起诉 12 件 16 人。1999 年，全州各级政法系统开展刑讯逼供、滥用枪支、滥用强制措施等违法违纪问题专项治理和清理超期羁押、“审判质量年”、加大执行工作力度等执法监督活动。是年，共受理违纪案件 119 件。

2001 年，制定《党委政法委协调案件试行规则》《关于加强领导批办件查办工作的通知》《特约执法监督员工作规则》等制度。州、县（市）委政法委共收到群众来信来访 564 件，共督办各类案件 126 件。2002 年，建立政法委领导和科室负责人轮流接待来访制度。协调处理重大疑难案件 8 件。督查、督办省委、州委领导和省委政法委领导批示信访案件55件。共收到群众来信208件，来访290人次，对所有的来信来访都按要求作处理。2003年，共督查督办省、州有关部门和领导的批示50件，其中，省委政法委执法监督处批示3件，处理人民来信182件。2004年，成立全州集中处理涉法上访工作领导小组，印发《关于在全州开展集中处理涉法上访工作安排意见》。全州集中处理涉法涉诉上访案件82件，处理转办来信来访案件291件。

2005年，州委政法委加大疑难涉法涉诉案件督查督办力度，组织人员现场办公。受理、转办群众来信来访有关涉法涉诉上访案件257件（含督办、交办15件），涉法涉诉上访案件呈下降趋势；接待来访群众100余人次。2006年9月，州直政法各部门组织“联合大接访”行动，到县（市）进行“大接访”。是年，参与协调处理重大疑难案件26件，共受理群众来信来访案件171件，接待来访群众107人次。2008年，州委政法委与州财政部门建立涉法涉诉困难救助制度，设立专项资金。督办和自行清理排查涉法涉诉重信重访案件150件，接待来访1024人次，受理公民控告和举报线索401件，均在规定时间内分流处理完毕。2009年，建立领导干部接访、报送、约访、涉法涉诉追究以及回访制度。全州政法部门共受理接待群众来信来访7900余人次，受理群众来信来访案件145件。全年发放涉法涉诉救助基金33万元，救助20案34人。是年，在全省涉法涉诉单项工作考核评比中，黔南州涉法涉诉工作列全省第三名。

2010年，全州涉法涉诉信息报送软件正式启用，州涉法涉诉工作小组联合接访室正式挂牌成立，并开设州级涉法涉诉信访资金专户和刑事被害人救助资金专户。共排查出涉法涉诉信访积案229件。受理接待群众来信来访270件312人次。2011年，在涉法涉诉信访案件252件中息诉罢访154件，报终结20件。全年接待群众来访276人次，交办群众来信来访涉法涉诉案件220件。

2012年，黔南州建立“三排查三化解三稳控”（全面、定期、重点排查，源头、行政、经济化解，重点人员、网络舆情、社会治安稳控）机制，自排涉法涉诉信访案件292件已化解234件。受理接待群众来信来访106件312人次。

2013年，受理涉法涉诉案件157件，群众来信来访278件。2014年，全州政法委受理涉法涉诉案件120件，接待群众来信来访120件。

三、社会治安综合治理

（一）社会治安防范

1991年，制定《黔南州社会治安综合治理五年规划》，在全州开展社会治安综合治理（以下简称综治）达标活动。全州各县（市）按属地管理原则层层签订治安承包责任书，福泉、长顺、荔波、平塘等县签到户。至1994年，黔南州和广西河池地区相邻的县、乡（镇）之间逐步建立边界联防制度，每年轮流在参加联防的地区召开会议。全州有治安联防队358支1832人，巡逻队62支394人，护路队24支659人，守楼护桥队535支2539人。

1994年，全州有治保会3747个共11043人，调解委员会3480个共16939人，治安联防队3517个共16980人（其中专职32个133人），护村护寨队3613个共21588人，护厂护校队186个共878人，治安岗亭及治安办公室289个共565人，帮教小组3365个共9148人，培训治保员10555人、调解员11905人、形成群防群治网络。都匀、贵定、罗甸、长顺、独山、平塘、福泉等县（市）以财政拨款和社会捐款形式设立见义勇为基金。是年，全州12个县（市）全部达标，都匀、平塘、贵定等3个县（市）被评为省级达标红旗县（市）。

1995年3月，各县（市）首次与州委、州政府签订社会治安综合治理责任书，明确各级各部门党政一把手为综治第一责任人，分管领导为第二责任人。在全州推行县（市）党政领导班子实绩考核百分制，其中综治工作占15分。

1996年，召开黔南和广西河池两地（州）第六次治安联防会议；召开三都、独山、荔波3个县第七次联防会议和罗甸、平塘、惠水3个县联防会议。

1998年，将国家安全人民防线建设纳入社会治安综合治理内容。是年，培训调解员5554人。

2002年年初，州综治委印发《黔南州社会治安综合治理第三个五年计划》《黔南州社会治安综合法理“三五”期间检查考核实施办法》，在都匀市进行安全小区24小时看护制度试点，在农村推广大坪镇义务联防守护经验。福泉市实施《治安联防队有偿服务经费筹集办法》，解决长期制约城区联防工作经费问题。

2003年2月，印发《黔南州社会治安综合治理长效防范管理机制建设实施方案》，8月下旬，在都匀市召开社会治安长效防范管理机制经验交流会。在城镇重点进行楼群院落定点值班守护和社会面的治安巡查守护，都匀市小区物业管理模式在全州社会治安防范方面起到示范带头作用。全州除独山县外的11个县（市）采取社会集资和财政适当资助的办法建立城区专职治安联防队。

2004年8月，州和5个县（市）及边界乡（镇）、村四级防范网络组建完毕，共组建县（市）边界联防领导小组7个、乡（镇）联防网络14个、村级联防网络146个。同时，独山县、平塘县与广西南丹县开展黔桂两省3县7乡（镇）治安防范工作。

2005年，印发《州综治委关于加强全州社会治安防控体系建设的实施意见》，州财政拨款10万元，作为义勇为基础基金。都匀、独山、平塘、荔波、三都边界区域社会治安联防网络模式在全州推广。6月，开展毛泽东批示都匀“墨冲治保经验”50周年纪念活动。

2006年，制定《黔南州社会治安见义勇为基金表彰奖励暂行规定》。建立按市场化运作的保安服务公司，物业管理公司按照国家有关规定聘用保安人员，协助做好治安防范工作。全州群防群治组织有治安保卫委员会2618个12948人、调解委员会2631个12733人、专职联防队401支2855人、义务联防队4189支45256人、保安队伍158支996人，初步建立起社会面上治安防控网络。贵定、罗甸、都匀等县（市）筹建覆盖城区的视屏电子监控系统。2008年，全州大部分县（市）视频监控系统投入使用，惠水县高镇镇在镇政府所在地安装视频监控系统。

2009年，州委办、州政府办印发《黔南州领导干部社会治安综合治理工作实绩档案制度》，州综治委制定《黔南州社会治安综合治理委员会工作制度》。各县（市）在城区推广应用视频监控系统，建成12个监控中心，安装818个探头。技术防范措施逐渐从县城区域向乡（镇）、农村发展，瓮安县草塘等乡（镇）在乡（镇）所在地安装视频监控系统，有探头213个。都匀、瓮安、惠水、三都等县（市）在农村推广简易报警器，有近1.86万农户安装使用。

2010年，建立州、县（市）、乡（镇）三级党政主要领导、综治委领导及成员的综治工作实绩档案，建立矛盾纠纷村（社区）、乡（镇）、县（市）“三级联调联控”机制，州综治委印发《关于建立人民调解、司法调解、行政调解“三调联动”工作机制的意见》，全州建立州及县（市）道路交通事故损害赔偿、都匀市教育系统、贵定县工业园区、龙里县医疗纠纷、罗甸县移民等行业性、区域性调解委。制定《黔南州互联网上网营业服务场所使用第二代居民身份证上网管理办法（暂行）》，建立网吧管理联席会议制度，完成全州所有网吧使用第二代身份证上网管理软件的安装和使用。视频监控系统覆盖所有县（市）城区的主要街道和重点部位，20多个重点乡（镇）安装视频监控系统，有探头300多个。都匀、瓮安、惠水、三都等县（市）农村有3万户农户安装使用简易报警器。

2011年，州委印发《中共黔南州委关于新形势下加强和创新社会管理工作的实施意见》，瓮安、惠水县成为省级社会管理创新综合试点。各县（市）建立县级联合接访及矛盾纠纷调解中心，在全州构建起覆盖县、乡、村和行业、专业、区域以及机关企事业单位的矛盾纠纷“大调解”网络，形成以人民调解为主，行政调解和司法调解为辅，“三调联动”的工作格局。城区配9700多个探头的视频监控系统投入使用，《城市报警与监控系统建设方案》纳入县（市）社会发展规划。30多个乡（镇）安装视频监控系统，探头近1600个。都匀、三都、瓮安等县（市）有4.3万户农户安装使用简易报警器。组织召开贵州、广西两省（区）黔南、黔西南、百色、河池四市（州）接边地区综治维稳协作会议。

2012年，编制《黔南州社会管理创新五年规划》。瓮安县被省确定为社会管理创新综合试点示范县，都匀市、惠水县被明确为州级社会管理创新综合试点县（市），瓮安县、惠水县在社会管理创新中探索的成功经验在全州推广。全州有行业性调解委达21个，其中，医疗纠纷调委会3个、道路交通事故调委会13个、劳动争议调委会4个、物业纠纷调委会1个。

2013年，州委、州政府印发《关于进一步加强政法工作的意见》《深化“平安黔南”建设的意见》，州委全委（扩大）会召开加强社会管理创新暨“平安黔南”建设推进会，安排部署综治平安建设工作，在全州实施“五项工程”（全面实施救助失辍学流浪问题未成年人的“雨露工程”，社区戒毒社区康复的“阳光工程”，救治肇事肇祸精神病人的“安宁工程”，帮助刑释解教人员和社会闲散问题人员回归社会的“回归工程”，全力救治艾滋病患者的“红丝带工程”），推行社会治理“5531”（五位一体、五种力量、三大需求、一条红线）模式。是年，全州刑释解教违法犯罪率比上年下降24.3%，吸毒人员违法犯罪率比上年下降5.1%，未成年人违法犯罪率下降63.2%。开展基层平安家庭、村（社区）、乡

（镇）“三级联创”，推进平安校园、医院、单位等创建，提高平安创建覆盖率。全州12个县（市）、219个乡（镇）、1663个村、97个社区、97.7万个家庭被命名为平安县（市）、平安乡（镇）、平安村（社区）、平安家庭。

2014年，全省加强和创新社会治理现场会在黔南州召开，会上，省委常委、省委政法委书记、副省长秦如培在讲话中要求总结推广黔南州实施特殊人群服务管理“五项工程”和瓮安县“5531”模式的经验。省委书记赵克志批示：“黔南州和瓮安县探索的‘五项工程’和‘5531’模式，是我省基层加强和创新社会治理的有力实践，顺应了新时期人民群众的新要求新期待，值得认真总结提升，予以推广。”年内，通过司法救助、法律援助、帮扶救助等渠道，利益诉求群体减少2.1万人。全州建立“雨露学校（班）”19所（个）、“阳光企业”16家、“安宁医院”2所、回归安置基地16家、“特殊医院”2家。“五项工程”实施后，一批特殊人群得到妥善安置、救治和有效管控。

（二）“平安工程”建设

1996年，州委办、州政府办印发《黔南州社会治安综合治理“平安工程”实施方案》，都匀、罗甸、贵定、龙里等县（市）启动“平安工程”试点。1997年，开展创建治安模范活动，各县（市）进行试点。7月，在福泉召开“平安工程”汇报会，交流创建经验。11月下旬，都匀、平塘、独山、福泉等县（市）通过省级“平安工程”检查考核。全州共创建平安小区354个、治安模范乡（镇、街道）83个、治安模范村（居委会）963个，县级以上治安模范机关企事业单位126个，县级以下治安模范机关企事业单位537个。2002年年初，州综治委印发《县市平安工程考核评分标准》，都匀市、独山县、荔波县、福泉县接受“平安工程”州重点考核，省抽查考核。

2005年，黔南州确定以创建“平安都匀”为试点的“平安黔南”创建活动。9月，州财政拨付10万元作为“平安黔南”创建启动经费，州委成立“平安黔南”创建工作领导机构，并印发《关于创建“平安黔南”的决定》。11月8—9日，召开“平安都匀”创建现场经验交流会暨“平安黔南”创建动员大会，全面启动“平安黔南”创建工作。2006年，制定以“平安黔南”为主要内容的《黔南州社会治安第四个五年规划》及其实施方案，全州12个县（市）全面启动平安创建工作。福泉、独山2县（市）的专职联防队伍，都匀“平安新村”“六在社区”，龙里“平安文明新村”，惠水“平安工业园区”等创建经验在全州推广。2008年，州委办、州政府办印发《关于深入开展“平安黔南”创建的意见》，各县（市）也相应出台有关文件并贯彻落实。州财政将60万元综治、平安建设和见义勇为经费纳入财政预算。5月，州综治委（州“平安黔南”创建领导小组）在龙里召开全州平安建设现场经验交流会，总结、交流全州平安建设的经验。

2009年，州综治办印发《关于开展基层平安建设“三级联创”的意见》《关于在全州深入开展农村平安建设，为推进农村改革发展营造和谐稳定的社会环境的意见》，开展平安家庭、村（社区）、乡（镇）三级联创。州综治办、州妇联联合发出《关于深入开展平安家庭创建的通知》，对开展“平安家庭”创建提出指导意见。州综治办制定《关于在全州乡镇规范和建立综治工作中心的意见》《关于在全州村（社区）建立综治工作站的意见》。通过基层平安建设三级联创，全州240个乡（镇、街道）中已建立综治工作中心238个，占总数的99.2%；已建立村（社区）综治工作站1641个，占村（社区）总数的92.6%；206个乡（镇）、1431个村、90个社区、84.9万个家庭被命名为平安乡（镇）、平安村（社区）、平安家庭。

2010年，州委、州政府印发《关于创建平安和谐矿区库区工区的意见》，各县（市）在开展和谐“三区”（矿区、库区、工区）建设中，建立平安和谐“三区”建设工作联席会议制度，明确党政分管负责人为召集人。全州240个乡（镇、街道）全部建立综治工作中心，已建立村（社区）综治工作站1772个，占村（社区）总数的98.2%；220个乡（镇）、1531个村、97个社区、87.7万个家庭被命名为平安乡（镇）、平安村（社区）、平安家庭。2011年，黔南州作为实施省“社会管理创新和平安建设创建”工程的牵头单位，州委政法委、州综治委建立黔南州实施省十大民生工程之社会管理创新和平安建设工程领导小组及办公室，制定《实施省十大民生工程之社会管理创新和平安创建工程方案》，印发《关于黔南州“社会管理创新和平安创建工程”责任分解的通知》，举办“平安黔南”摄影展及其巡回展，表彰“平安家庭”“十佳好婆婆”“十佳好媳妇”“十佳好妯娌”，召开“平安家庭”“无毒家庭”创建推进会。2012年，印发《关于创建平安和谐产业园区的意见》，州综治委、州维稳领导小组制定《黔南州创建平安和谐产业园区检查考核办法（暂行）》，在全州各产业园区全面实施“三五十”（健全和完善社会稳定风险评估事前、事中、事后“三个机制”；推出亲商、敬商、爱商、护商、安商“五商”工作法；推出公安警务、治安防范、纠纷调处、情报信息、人口管理、法律服务、应急处突、安全生产、平安建设、安商护企等“十进”产业园区）工作措施。2009—2012年，开展“平安文化市场”创建活动，清除非法卫星电视接收设施，净化文化市场。

2013年，开展基层平安家庭、村（社区）、乡（镇）三级联创，12个县（市）、219个乡（镇）、1663个村、97个社区、97.7万个家庭被命名为平安县（市）、平安乡（镇）、平安村（社区）、平安家庭。

2014年，在全省测评中，全州人民群众安全感达97.76%，比上年上升2.15个百分点，连续三年位居全省第一；政法机关综合满意度96.81%，比上年上升1.93个百分点，位居全省第三，连续七年列全省前三名。瓮安县人民群众安全感达100%，列全省第一；瓮安、荔波等6个县（市）安全感居全省前20名，平塘、贵定等5个县（市）综合满意度居全省前20名。全州政法、维稳、综治工作获全省年度考评一等奖，反邪教工作获二等奖。

（三）专项工作

1. 校园及周边治安环境治理。2000—2001年，州、县（市）先后成立集中整治校园及周边治安秩序工作领导小组及其办公室，对校园及周边治安环境进行整治，此项工作正式成为综治委的专项工作。

2002 年，印发《关于切实做好学校周边环境整治及学校安全的通知》《关于加强全州大中专学校安全稳定的实施意见》。2004 年，完善中小学法制副校长工作制。至 2005 年，全州有中小学法制副校长 1632 名。2006 年，全州聘请中小学法制副校长 1800 余名，向各县（市）发放中央综治办编制的《兼职法制副校长工作指南》40 套。2007 年，开展法律进校园活动，全州聘请法制副校长 1632 名，法制辅导员 2000 多名，作法制报告 1780 多场（次）。

2008 年，州综治委与各县（市）教育局、州属院校签订安全工作目标责任书，召开 5 次全州教育系统校园安全工作会议，印发《黔南州学校及周边治安秩序集中专项整治行动方案》。瓮安"6·28"事件发生后，州委办、州政府办印发《关于进一步加强青少年法制教育工作的意见》《关于进一步加强师德师风教育的意见》，全州 92% 的学校配备法制副校长、辅导员，建立中小学家长学校 200 所。

2010 年，明确各县（市）公安局主要领导是第一责任人，分管领导是直接责任人，各警种、派出所领导和责任区民警是具体责任人，实行"领导以职务担保、民警以岗位担保"的责任制。组成 3 个督察组对各县（市）进行督查。设立校园治安岗（警务室）203 个，配备专职保安 466 人、校内保卫人员 3107 人。不定期对学校周边的网吧、歌舞厅、电子游戏室、台球室等公共复杂场所进行检查整治。至 2012 年，全州校园警务室建设、专职保安配备、专用设施设备配置等达到省综治办、省教育厅、省公安厅等有关部门的要求。

2013 年，成立黔南州社会管理综合治理委员会校园及周边治安综合治理专项组，制定《2013 年全州教育系统安全稳定暨校园及周边治安综合治理专项组工作要点》，与各县（市）及州属学校签订 2013 年度学校安全稳定暨校园周边环境综合治理工作目标责任书。开展全州学校安全大检查工作交叉督导检查，组织督查组 23 个，参与检查人员 74 人次，检查覆盖率 100%，排查出一般隐患 29 条，整改 29 条。各县（市）采取保安公司招标，个别教师转岗等方式，配备保安 2204 名。全州有 618 所学校建警务室，有 702 所学校在重点部位安装视频监控和报警设施，其中 88 所学校视频监控和报警设施与公安机关联网。全州中小学和幼儿园完成校方责任保险投保工作，惠及学生 625991 名，投保率 100%。

2014 年，全州教育系统成立以教育局局长为组长为安全领导机构，明确校（园）长为安全工作第一责任人，与各县（市）及州属学校签订《2014 年度学校及周边环境综合治理工作目标责任书》。第一季度开展六轮检查共 20 余次，检查学校 350 所，覆盖面 17.5%，排查出一般隐患 87 条，已整改隐患 87 条。第二、三、四季度确定重点检查学校 118 所。实查 106 所，查处一般隐患 84 条，已全部整改。州教育局发出《关于上报校园及周边安全隐患排查整治及数据统计情况的紧急通知》，全州 1836 所学校排查出一般隐患 886 条、重大隐患 30 条。30 条重大隐患已整改 24 条，其他 6 条因暂不能立即整改，学校设立警示标志。全州学校配备保安人员 2204 名，保安配备达标学校 771 所，培训保安 1863 名，共有安全管理干部 597 名。全州学校安装监控探头 10855 个，836 所学校达标。是年，全州中小学和幼儿园完成校方责任险投保，惠及学生 643269 名，投保率 100%。

2. 铁路护路。1998年以前，铁路护路由人民武装部组织民兵配合铁路部门进行联防。1998年后，根据省委关于铁路护路改由地方组织护路保安守护的要求，黔南州进行铁路护路联防体制转换，护路联防队伍以新的建制上岗守护巡逻。2002年，都匀市和州综治办获全省铁路护路先进单位，贵定县获全国铁路护路先进单位。2004年，管辖区内刑事案件下降64.64%，治安案件下降74%，伤亡事故比2003年下降一半，保安队、监护员防止各类意外自然灾害事故14起，拦停列车3趟。2007年，开展铁路沿线废旧金属收购站（点）清理专项整治行动29次。2008年，开展百日治安专项整治行动，进行废旧金属收购站（点）清理专项整治17次。参与铁路抢险救灾15次，避免重特大事故发生3起，确保管内铁路安全畅通。

2010年，州铁路护路办推出“定点、定岗、定时”护路“三定”措施。“定点”即是合理调配保安力量，将保安人员派往重点路段、重要桥梁和隧道、重点路口；“定岗”即是根据守护路段实际需要，将每个保安人员相对固定在某个岗位；“定时”即是在每次快速列车到达前30分钟，执勤保安人员必须到达指定路段、指定岗位。“三定”措施的实行，是铁路护路联防工作模式的重大转变，即由“巡线”转向“守点”，由“随时”转向“定时”，由“流动岗”转向“固定岗”。

2011年初，制定《2011年黔南州铁路护路联防工作重点》，将创建“平安铁路示范县市”达标活动和抓好铁路护路联防承包责任纳入当地社会治理目标管理，纳入当地平安创建的总体布局和整体规划，同部署、同检查、同考核。是年，铁路沿线治安隐患排查化解各类涉路矛盾18起、安全隐患15个。全年开展各种形式“爱路护路”宣传活动65场次，出动宣传车33辆（次），向群众发放《铁路安全宣传手册》及宣传挂历等资料7万份，制作警示牌，横幅宣传标语以及张贴宣传标语513条。

2012年3月23日，在黔南州护路联防专项组29个成员单位第一次会议上，传达学习黔南州社会治安综合治理委员会更名为黔南州社会管理综合治理委员会的通知及其8个专项组组织机构和职责。

2013年，全州各级护路联防组织以“保稳定、保安全、保畅通”为目标，完善护路联防工作机制，预防和化解涉路矛盾，整治铁路治安突出问题，开展爱路护路宣传教育，创建平安铁路。

2014年，州护路办与5个县（市）签订护路承包责任书。4月，提前介入贵阳至广州高速铁路护路联防，各级综治办、护路办派出人员检查落实铁路护路反恐防暴工作。全年出动宣传车75辆（次），参加宣传人员285人次，张贴、悬挂标语和警示牌320幅，上法制教育课55场（次），印发宣传资料2.2万份，展出宣传展板80余块，书写长期性标语52幅。护路信息在中央护路办《铁路护路联防》刊物登载31条，贵州电视台播放新闻1条，黔南电视台播放新闻7条，《贵阳晚报》刊登1条，《黔南日报》刊登6条。在汛期，龙里、都匀排除多起险情，转运旅客7500余人。

3. 预防青少年违法犯罪。2000年，预防青少年违法犯罪开始成为州综治委的专项工作之一。是年，制定《黔南州预防青少年违法犯罪领导小组工作制度》《黔南州预防青少年违法犯罪领导小组成员单位主要工作职责》。2002 年，各县（市）建立安置帮助领导小组。2004 年，开展争创各级“优秀青少年维权岗”活动，举办社区青少年法制夜校和家长学校。全州有帮教小组 1736 个 48249 人。2006 年，实施“为了明天——预防青少年违法犯罪工程”，向各县（市）发放中央综治办编制的《平安中国》光碟 12 套。建立辍学学生、无业在家闲散青少年档案卡。2007 年，开展“关爱留守儿童”“手拉手一起走”活动，结对 2118 人，新建“手拉手图书室”31 个。2008 年，修订《黔南州预防青少年违法犯罪领导小组工作制度》《黔南州预防青少年违法犯罪领导小组成员单位主要工作职责》。开展“我与黔南共发展，我与祖国共奋进”“党在我心中”“迎奥运红领巾在行动”“团旗与党旗相随，青春与时代同步”等主题教育活动。开展各种法制宣传 90 多次，发放法律知识资料 4 万份。

2009 年，印发《关于进一步加强“6・28”事件违法青少年帮教工作的意见》，实施《瓮安县“6・28”事件涉案未成年人违法及轻罪犯罪记录消除办法（试行）》，在全省率先启动列入全省司法体制改革重要内容的未成年人轻罪犯罪记录消除制度试点工作。通过对违法犯罪青少年实施帮教，帮教对象整体表现明显好转，进入学校学习的青少年学习成绩明显上升，参加高考 14 人中，10 人考上专科以上分数线，9 人进入大专院校学习；参加中考的 14 人中 9 人升入普高、职高，1 人在全国中学生数学竞赛中获复赛资格。有 20 名青少年在“6・28”事件中的违法及轻罪记录消除申请获批准。

2011 年 3 月，都匀、瓮安、独山 3 个县（市）作为全州第一批面向闲散青少年，有不良行为或严重不良行为的青少年，农村留守儿童，服刑在教人员未成年子女，流浪乞讨青少年等五类重点青少年群体开展教育帮助活动的试点县（市）。2012 年 11 月 23 日—12 月上旬，在全州开展流浪、失学、辍学未成年人排查摸底专项活动，以乡（镇）为学位，由综治办牵头，组织辖区派出所、司法所、社会事务办、学校、医院等单位，采取公布救助电话、定时巡逻、进村入户等方式，展开排查工作，摸清辖区内流浪、失学、辍学未成年人的底数和基本情况。

2013 年，出台《法制副校长管理考核实施办法》，规定法制副校长到任职学校上法制课全年不少于 2 次，每学期至少 1 次。4 月 8—20 日，在全州开展“争做合格家长，培养合格人才”家庭教育公益大讲堂活动，巡回演讲 26 场。是年，全州建立法制宣传教育关爱团（组）278 个，有成员 1447 人；开展帮教活动 741 次，帮教失足青少年 1433 人次。2014 年，州政法委、检察院、综治办、教育局、团州委联合开展全州中学（中职）未成年人法律知识竞赛活动。

四、维护社会稳定

（一）预防与处置

1991—1997 年，维稳工作属于各级政法委和综治委的社会治安综合治理内容之一。1998 年之后，随着黔南州维护稳定工作领导小组和维稳办公室的成立，维稳工作成为一项专项常态工作，主要围绕预防和处置群体性事件、较大群体性上访及重大群体性事件隐患和突出矛盾纠纷排查调处等开展工作。1998 年，因征地拆迁、山林土地、水事权属纠纷矛盾引发的影响社会安定的事端时有发生，州委政法委印发《关于做好维护社会政治稳定工作的意见》。是年，发现并妥善处置各种群体性事件和重大治安案件 56 件。

2003 年，州维稳办制定《处置群体性突发事件预案》。全州发生较大群体性事件 17 件，解决 16 件；发生较大群体性上访 7 件，解决或基本解决 4 件。2005 年，推行“属地管理”原则和“谁主管、谁负责”原则，明确责任人和责任单位，规定解决问题的时限，初步形成处理不稳定问题的联动机制。全州发生较大群体性事件 12 件均已妥善解决。2006 年，州委办、州政府办印发《黔南州维护社会稳定工作责任制度》《黔南州预防和处置群体性事件责任查究制度》。2008 年，州级各部门及各县（市）推行《维护稳定工作责任制》《县（市）领导接待日接访制度》《维护稳定情报信息报送工作规定》《预防和处置群体性事件责任查究制度》《严重影响社会稳定突发事件处置工作预案》《群体性上访事件应急预案》《群体性治安事件应急预案》。建立信访联动工作机制，制定接访责任制、下访责任制、约访责任制、督查督办制、责任追究制等一整套完整的接访制度。是年 6 月 28 日瓮安县因对一名溺水死亡的女学生事后处理不当，引发多种矛盾和积怨，发生大规模突发打砸抢烧群体性事件。事后，于 10 月开展州、县（市）、乡（镇）三级党委书记大接访活动，各县（市）按照“三级联动”（州、县市、乡镇）接访方式开展工作，从消除历史积案、化解初信初访入手，妥善解决群众的合理诉求。通过采取县（市）领导集中接访、坐班接访、重点约访、带案下访、包案息访和召开民意调查座谈会等方式，及时、妥善化解群众来信来访问题。在领导干部接访中，州级领导 11 人次，州直部门领导 60 人次，县（市）级领导 66 人次，县（市）直部门领导 217 人次，乡（镇）主要领导 909 人次，乡（镇）其他人员 341 人次。各级领导大接访时当场解决 24 件，当场交办 239 件，转办 54 件。2009 年，州维稳办收集、整理、汇编《黔南州群体性事件处置案例》一书，印发作为全州各级领导干部学习、借鉴的参考资料。

2010 年，成立以州委书记为组长、州长为第一副组长的黔南州重大社会安全事件应急处置领导小组，成立以州委常委、州委政法委书记为总指挥长的黔南州重大社会安全事件应急处置总指挥部。各县（市）相应建立县（市）一级应急处置机制，妥善处置辖区内突发群体性事件。州委印发《关于深化社会稳定风险评估工作的意见》。2011 年，贵定县在引进重大工程海螺盘江 400 万吨水泥生产项目时，通过开展社会稳定风险评估工作，在建设、生产过程中没有因规划选址、土地补偿、环境污染、建设施工、企业关闭、房屋拆迁安置等引发大规模群体性事件，没有发生当地群众越级非访事件，确保了项目以最快的速度在最短的时间内建成投产，被誉为“贵定速度”。4 月上旬，在贵定县召开了全州社会稳定风险评估工作推进会。是年，在省委十届十一次全会上，黔南州违法青少年帮教的“瓮安经验”、社会闲散人员管理的“惠水模式”、引进海螺盘江水泥有限责任公司产生的“贵定速度”三个创新经验，被省委作为典型经验在全省交流学习。2012 年，印发《黔南州重大决策社会稳定风险评估实施办法（试行）》。2013年，17个州直部门制定18个行业风险评估办法。州及县（市）有关部门先后对141个重要决策、重大项目开展社会稳定风险评估，发现并整改隐患20个。

2014年，全州发生50人以上群体性事件2起，参与人数140人，群体性事件发生数和参与人数与上年比，分别下降50%和212%，是降幅较大的一年。年内，州内动态排查掌握的突出矛盾和问题79件，已督促化解66件，化解率83.54%。

2001—2014年全州维稳工作情况统计表

表3-4-3

年度	较大群体性事件总数（件）	较大群体性事件上访总数（件）	重大群体性事件隐患和突出矛盾纠纷	
			总数（件）	化解率（%）
2001	11	—	33	—
2002	—	—	59	—
2003	17	7	72	73.61
2004	21	—	—	—
2005	12	9	44	—
2006	11	3	54	59.25
2007	13	11	47	83
2008	38	40	142	89.4
2009	37	12	103	21.3
2010	16	4	74	59.4
2011	11	5	98	62.2
2012	25	35	59	76.3
2013	4	15	1388	90.6
2014	2	10	79	83.54

（二）重大活动和敏感节点维稳

1991—1996年，州委政法委协调全州各级政法机关主要对全国党代会、人代会、国庆、春节等重大活动、节庆开展维稳工作。1998—2000年，在中共十五大、香港回归及回归周年庆典、全国人代会和政协会、新中国成立50周年、澳门回归暨贵州解放50周年等活动中，全州政法机关遵循“确保安全、万无一失”的原则，强化维稳工作。2001—2003年，在建党80周年、中共十六大、全国人代会和政协会、北京申办2008年奥运会活动之时，在抗击“非典”等重大工作之中，抓好社会稳定工作。2008—2011年，在建党90周年、中共十七大、北京奥运会和残奥会、上海世博会、广州亚运会、新中国成立60周年庆祝活动、“九一八”80周年纪念、第九届全国少数民族传统体育运动会、中国（贵州）国际酒类博览会等活动期间，成立驻京、驻沪、驻粤等地工作组和当地稳控工作组，州委、州政府相关领导分别担任工作组组长，开展大排查、大调处活动，对排查出的隐患进行分解落实，限定时间办理。

2012 年，中共十八大期间，成立州安保工作领导小组。在“100 天攻坚战”中，全省 625 件重大矛盾和问题涉及黔南的 43 件化解 40 件；省委常委带队督查黔南的 10 件突出矛盾和 9 件信访问题全部化解；中央和省交办的涉及黔南未息诉罢访的涉法涉诉信访案件 3 件终结 1 件；省委政法委督办的涉及黔南的 4 件全部处理。

2013 年 11 月，中共十八届三中全会期间，印发《关于切实做好当前全州维护稳定工作的紧急通知》《党的十八届三中全会期间全州信访维稳工作方案》《黔南州十八届三中全会安保暨政法综治、维稳工作督导检查实施方案》，成立黔南州信访维稳工作指导中心，组成 6 个督查组到各县（市）和都匀经济开发区督导检查维稳暨安保工作情况。中共十八届三中全会期间，全州社会平安稳定。

2014 年，在全国和全省人代会、政协会期间，在生态文明贵阳国际论坛年会、中共十八届四中全会、APEC 等重大活动期间，以及“六四”“7·5”“八一”“8·15”等敏感节点期间，开展每日研判调度，先后 5 次以州维稳成员单位抽调副县级以上领导组成包保督导工作组，下驻各县（市）和都匀经济开发区，并配合省驻黔南督导组做好情报信息工作，妥善处置上访活动 3 次，确保敏感节点期间没有发生影响全州稳定的事件。

（三）重点建设工程维稳

2000 年实施西部大开发后，重点建设工程维稳成为州维稳办的重要专项工作之一。

2002—2009 年，随着国家西部大开发标志性工程龙滩水电站的建设及乌江构皮滩水电站的建设，罗甸县和瓮安县库区社会稳定成为全州维稳的大事。各级各部门、各乡（镇）制定和完善移民维稳工作措施和预案，到村寨、库区、移民户中了解掌握移民思想动态，及时解决移民存在的困难和问题。2011—2012 年，完成龙滩库区移民搬迁安置 16766 人、生产安置 12644 人，建房 49.39 万平方米，完成茂井、红水河、八总等三个集镇迁建，完成库区公路、桥梁、供电、供水、通信等复建工程，确保库区社会和谐稳定。

1998—2005 年，贵新高等级公路及株六复线黔桂段等大型工程开工建设，2006—2012 年黔桂铁路扩能改造、贵新高速公路复线、“两高”（厦蓉高速公路和贵广高速铁路）相继开工建设，由于征地拆迁补偿的矛盾纠纷，群众生产生活基础设施损毁后未及时得到修复或补偿，施工单位不重视与当地政府和群众协调处理好关系而引发“三农”问题，针对这些隐患，政法机关做好群众的思想工作，化解矛盾，没有出现大规模的集体上访事件。

2011 年，黔南州共开展重大决策和重大事项社会稳定风险评估 45 件，其中重点工程项目实施评估 40 件。通过开展经济发展效率和社会稳定风险双评估，在征地拆迁、补偿安置中，没有发生群体性事件，各种不稳定隐患在初始阶段和萌芽状态都得以及时化解和消除，确保各工程项目如期建设。2012 年，州维稳办组织指导州直相关部门和各县（市）开展本地区本行业本系统的重大工程建设项目社会稳定风险评估排查、评估、落实、化解工作。通过排查，省、州已审核批准的在建和尚未开工建设的重大工程建设项目全州有 167 个，已开展社会稳定风险评估工作的有 129 个，正在开展的有 34 个，未开展的有 4 个。在 167 个重大工程建设项目中，没有发现重大不稳定隐患。

2013 年，州委办、州政府办印发《黔南州社会稳定风险评估考核办法》，将社会稳定风险评估纳入平安建设的考核内容。州发改委、工信委、住建局，国土资源局等17个部门印发18个行业系统社会稳定风险评估暂行办法，按“谁决策、谁评估、谁负责”的原则，落实属地管理制度，做到应评尽评，程序规范。全州对149个重要决策、重大工程项目开展社会稳定风险评估，评估率100%，均准予实施。州维稳办编写《黔南州社会稳定风险评估文件汇编》，发送全州各级各部门开展社会稳定风险评估。

2014年，按照《关于开展重大决策社会稳定风险评估工作实施细则（实行）》，建立“条块结合，以块为主”的社会稳定风险评估体系。对全州94个重大决策、重大项目进行风险评估，准予实施93个，不予实施1个，从源头上预防和减少社会矛盾。

第五节　编制管理

1991年11月，州人事局内设机构编制科，与州编制委员会办公室合署办公。12月，黔南州编制委员会更名为黔南州机构编制委员会（以下简称州编委），黔南州编制委员会办公室更名为黔南州机构编制委员会办公室（以下简称州编办）。1996年7月，明确州编办为州编委的常设办事机构，既是州委的机构，又是州政府的机构，列入州委序列，编制、经费、文件等分别在有关部门单列户头。1997年9月，明确州编办是州委、州政府综合管理全州行政管理体制改革、机构改革、机构编制管理工作的职能部门，内设综合科和业务科。2001年，州、县两级编办不再挂靠人事部门，单独设置，列入党委机构序列，为各级编委的常设办事机构。是年，州编办列入州委序列，是州编委的常设办事机构，既是州委的工作机构，又是州政府的工作机构。增加研究和推进行政审批制度改革、实施事业单位登记管理、州直机关和全额拨款事业单位统一发放工资的人员编制和实有人数审核及州直机关目标管理奖金发放人数审核职能，明确州编办是州委、州政府综合管理全州行政管理体制和机构改革以及机构编制工作的职能部门，统筹管理州直党政群机关、政法机关、事业单位的机构编制事项。

2000年12月，成立黔南州事业单位登记管理局。2001年12月，明确州事业单位登记管理局单列事业编制，列入参照试行国家公务员制度范围。

2003年9月，设置州编委督查室，设在州编办，对内称州编办督查科，具体承担机构编制管理的督促检查工作。

2012年，州编办撤销业务科，设业务一科、业务二科。12月，明确州事业单位登记管理局为副县级规格，为州编办管理的法定事业单位登记管理机关。2013年1月，州编办下设事业单位黔南州编委办政务信息管理中心，为正科级机构，事业编制。2014年12月，州编办撤销业务一科、业务二科，重新设置业务科。

一、机构编制管理

1991年，黔南州州直行政单位编制数1011名，实有人数1416人；事业单位机构数109个，编制数4855名，总人数4493人。1992年3月，州直行政单位编制1016名，实有

1433 人；州直事业机构数 114 个，编制总数 4949 名，实有 4507 人。1993 年，州直行政单位编制数 1011 名，实有 1436 名；事业单位数 118 个，编制 4977 名，实有 4492 人。1994 年，州直行政机构实有人数 1440 名；事业机构总数 118 个，编制数 6377 名，实有 5795 人。1995 年，州直党政群机关行政编制 1080 名，实有 1388 人，事业机构数 124 个，事业编制数 6454 名，实有 6297 人。1997 年，黔南州开始实行党政群机关和事业单位人员编制年度使用计划申报制度，用编单位需有编制部门出具的《编制使用审批表》方能使用编制。是年，州直行政单位编制数 1080 名，实有 1447 人，事业机构数 123 个，编制数 5073 名，实有 5201 人。

1998 年，州编办实施机构、编制、领导职数“三冻结”。对州直机关、人民团体、事业单位等部门实施“机构编制管理证”管理，作为机构编制部门管理党政机关、事业单位、人民团体机构编制的凭证，每年底由编制部门进行年审，未经审核无效。实行机构编制数据库管理，统计年报数据由数据库生成数据上报。1999 年，全州清理各类不在编人员（临时聘用人员）8534 人，其中代课教师 4845 人。2000 年，黔南州开始实行统一发放工资“编制部门核准编制、人事部门核定人员和工资、财政核拨经费”的管理体制，形成人员和工资计划与预算拨款相结合的制约机制。是年，黔南州行政编制 13140 名（州直 1081 名），实有 12711 人（州直 1380 人）；政法系统编制 3608 名（州直 592 名），实有 3949 名人（州直 545 人）；全州事业机构 3834 个（州直 133 个），事业编制 49204 名（州直 4979 名），实有 55614 人（州直 5078 人）。

2001 年，州编办对全州执法队伍进行摸底调查，全州有执法机构 297 个，有行政编制 164 名、事业编制 1834 名，行政、事业合计实有 2480 人。2002 年，州编办印发《关于认真贯彻执行省编办〈关于严格控制机构编制管理有关事项的通知〉的通知》，要求各县（市）编办严格按照通知要求和《中共中央组织部、人事部、中编办关于进一步加强管理严肃干部人事工作纪律有关问题的通知》，加强机构编制管理。是年，在机构改革中各县（市）、乡（镇）清理各类临时人员 1020 人。州、县、乡三级行政机关分流人员 2817 人，其中州直机关分流 185 人。2003 年，州编办完成全州除独山县外的中小学教职工编制核定工作。2004 年，全州各县（市）单独设置招商引资局，完成全州国土系统上划工作，实行负责人由上级任命，编制、经费由地方管理的模式。2005 年 11 月，州编办开展州直机关、事业单位编制和实有人员核查工作，全州清理出在编不在岗人员 326 人。

2006 年，在全州开展“四种人员”（党政机关使用自定编制的在岗人员；2000 年以来因行政区划调整在机关按核编标准，经党委、政府及编委批准使用地方自定编制的人员；在中央和省规定的机构限额内党政机关机构中，经党委、政府及编委批准，使用事业编制或混用事业编制，依法履行公职，由财政负担工资福利的人员；2000 年以来，机关接收的军队专业干部中，未使用国家行政编制的人员）情况摸底调查工作。经过摸底调查，全州有“四种人员”4386 人。2007 年，开展全州乡（镇）机构编制和实有人员调查统计，调查时限为截止 2006 年底，全州乡（镇、街道）240 个，其中街道办事处 7 个、乡 136 个、镇 97 个；乡（镇）事业机构 2555 个。乡（镇）行政编制 5669 名、工勤编制 442 名，实有行政人员4974人、工勤人员387人。全州乡（镇）事业编制6272名，实有4652人。是年，全州开展乡（镇）分类和领导职数核定。全州乡（镇、街道）240个划分为一类乡（镇）86个，二类乡（镇）144个，三类乡（镇）3个，街道办事处7个。乡（镇）领导职数按一类9个、二类8个、三类7个配备，街道办事处参照一类乡（镇）配备领导职数。2008年，对全州城市公共客运交通机构名称、机构规格、隶属部门等进行规范设置。与州纪委、州委组织部、州监察局联合印发《关于县（市）纪委监察局设置派驻纪检监察机构并实行统一管理的方案》，对县级16个纪检监察派驻机构的范围、工作职责、编制及人员配备等进行统一规范。

2012年，将全州机构编制数据录入实名制系统，实现机构编制数据适时汇总的目标。2014年4月，州编办印发《关于深入开展州直机关事业单位和人员编制核查，完善机构编制实名制管理的通知》，各县（市）编办开展机构编制核查工作。通过核查，至2014年9月10日，全州有行政机构1411个（含乡镇机构），其中，州直机构86个，县（市）和乡镇机构549个；事业机构6178个，其中，州直事业机构268个，县（市）和乡镇事业机构5910个。编制及人员情况：行政编制数19069名（含政法），实有18203人。其中，州直行政编制数2088名，实有2066人；县（市）直行政编制数13386名，实有13828人；乡（镇、街道）行政编制数5683名，实有5146人。事业编制96256名，实有70523人。其中，州直事业编制8223名，实有5898人；县（市）直事业编制73220名，实有53752人；乡（镇）事业编制14813名，实有10873人。机关工勤编制2078名，实有1658人。其中，州直机关工勤编制186名，实有165人；县（市）直机关工勤编制985名，实有822人；乡（镇、街道）工勤编制646名，实有508人。领导职数：全州各级党政群机关及乡（镇、街道）领导职数4794名，配备3560名；内设机构领导职数5320名，配备2476名。编外人员情况：编外人员7808人，其中公益性岗位114人，其他聘用人员7694人。

2001—2014年全州行政、政法、事业机构编制及实有人员统计表

表3-3-4

年度	行政				政法				事业					
	行政编制		实有人员		政法编制		实有人员		机构数		事业编制		实有人员	
	全州	州直	全州	州直	全州	州直	全州	州直	全州	州直	全州	州直	全州	州直
2001	10838	775	12703	1209	3889	502	4324	520	4320	136	56014	5512	59787	5084
2002	10838	775	10875	963	3917	530	3839	488	5470	136	51835	5102	59464	5295
2003	10851	781	10995	911	4118	708	3793	528	5337	137	62500	6213	59004	5305
2004	10844	781	10666	911	4113	603	3907	555	5471	144	66164	6338	62363	5400
2005	10849	786	10696	907	4312	623	3952	558	6028	158	70514	6398	63984	5489
2006	11361	1225	11821	982	5489	1956	4560	585	6428	160	71485	6485	64085	5429
2007	11437	1025	11650	1037	5710	759	4922	610	6395	167	71970	6600	63252	5201

续表3-3-4

年度	行政				政法				事业					
	行政编制		实有人员		政法编制		实有人员		机构数		事业编制		实有人员	
	全州	州直	全州	州直	全州	州直	全州	州直	全州	州直	全州	州直	全州	州直
2008	11427	1030	11740	1062	5719	768	5163	638	6366	171	72249	6629	63871	5232
2009	11424	1033	11703	1073	5983	810	5274	659	6304	174	74596	6648	63650	5263
2010	11569	1058	11671	1082	6006	810	5452	690	6370	175	78202	6684	63728	5303
2011	11568	1059	12193	1145	6111	832	5715	769	6631	216	91833	8106	63805	4922
2012	11568	1059	12146	1115	6473	887	5721	697	6018	231	96476	8020	65851	4816
2013	12574	1195	12912	1222	6495	893	6087	904	6244	269	96803	8106	71091	5579
2014	12574	1196	12228	1127	6495	893	5975	758	5083	261	96972	8149	73609	6104

说明：2014年将使用事业编制的群团编制和人员计入事业编制统计

二、机构改革

（一）州级机构改革

1996年7月，州编办印发《关于州级党政机构设置的通知》，明确州委工作机构设置为9个，州政府工作机构设置为37个，改为事企业单位的机构4个（为州政府直属的县级事业单位，受政府委托行使部分行政管理职能）。机构改革后，州委工作部门一般称部，州政府工作部门一般称局，部、办、委、局均为正县级建制。州级党政机关各部门的内设机构一般称科、室，为正科级建制。黔南州州直机构设置56个，其中，党委部门8个（不含归口管理的2个），政府部门35个（不含合署办公的2个），群团组织8个，依法按章设置的5个。机构个数比改革前减少17个，精简率为23.29%，人员编制定编1080名（不含公、检、法、司和国家安全局、老龄委、残联、文联），按17:74:9的比例核定各机关编制。各部门内设机构共设置326个，确定部门领导职数199名。

2001年10月，州委、州政府印发《关于州级党政机构设置的通知》，州委工作机构设置为10个，政府工作部门设置30个，议事协调机构的常设办事机构3个，受政府委托行使部分行政管理职能的直属事业单位6个。2004年4月，州政府机构改革启动，州政府部门设置28个。2009年，政府工作部门设置为32个，部门管理机构2个，政府直属事业机构2个，其他机构1个。2014年，州政府设置工作部门32个，直属事业机构7个，其他机构1个。

（二）县（市）机构改革

1992年7月，贵定县列为全省机构改革试点县之一。1993年3月，贵定县党政机构设置为县委工作部门5个（改革前11个），政府工作部门设置20个（改革前39个），按宪法、党章和有关规定设置的组织、机构8个，群众团体7个。1994年1月，省编委《关于审核同意都匀、独山等 11 县、市〈机构改革方案〉的函复》，同意都匀、独山等 11 个县（市）的机构设置方案。1994 年 1 月 21 日、22 日，州委先后批复长顺、惠水、龙里、独山、都匀、福泉、平塘、罗甸、瓮安、荔波、三都等 11 个县（市）的机构改革方案。按照批复同意的方案，县（市）的机构设置形式统一为县委工作部门 8 个、政府工作部门 24 个，按宪法、党章和有关规定设置的组织机构 5 个，群团组织 7 个。

都匀市机构设置中，市委工作部门为 8 个，设置情况与上述福泉等县一致，政府工作部门与福泉等县相比，增加两个，即环境保护局、城市规划管理局。1996 年 3 月，核定县（市）行政编制数分别为都匀市 980 名、瓮安县 604 名、贵定县 602 名、惠水县 523 名、福泉县 490 名、独山县 488 名、罗甸县 470 名、三都县 460 名、平塘县 460 名、长顺县 405 名、龙里县 403 名，荔波县 391 名，合计下达行政编制 6276 名。

2001 年 10 月，州委、州政府印发长顺、瓮安、都匀、独山、福泉、惠水、贵定、荔波、龙里、罗甸、三都、平塘等 12 个县（市）机构改革方案。其中，长顺、瓮安等 10 个县的机构设置为中共党委工作机构 8 个，县政府工作机构 25 个。都匀、福泉两个县级市中共党委工作机构 8 个，设置与其余 10 个县一致，政府工作部门在 10 个县的基础上增设城市综合执法局。都匀市行使部分行政职能的直属事业单位为档案局、旅游事业局、体育事业局、公用事业局、机关事务管理事业局、供销社。福泉市行使部分行政职能的直属事业单位为档案局、旅游事业局、供销社。

州、县、乡三级在此轮机构改革中行政编制精简比例为 20%，州、县、乡行政编制由 13582 名减为 10866 名，减少 2716 名。

2003 年 7 月，州委办、州政府办印发各县（市）政府机构改革方案。除都匀市、福泉市外，其余 10 个县政府工作部门设置为 25 个，直属事业单位根据情况设置 4 ~ 6 个。都匀市、福泉市的政府工作部门机构设置，较各县多设城市综合管理执法局。直属事业机构都匀市 7 个、福泉市 4 个。

2009 年，进行政府机构改革，都匀、福泉两市设 24 个工作部门。除都匀市、福泉市外，荔波、贵定等 10 个县设置工作部门 22 个。瓮安县在机构设置中将瓮安县民族宗教事务局与民政局整合，设立民族宗教和民政局，单独设置工业和信息化局。12 个县（市）政府设 2 个直属事业机构。2011 年，根据省委、省政府的要求，未设置工业和信息化局的县（市），组建工业和信息化局，政府工作机构调整为 23 个。2014 年，实施县（市）政府机构改革。根据《中共黔南州委、黔南州人民政府关于县（市）政府职能转变和机构改革的指导意见》，黔南州 12 个县（市）政府机构设置 24 个。除荔波、瓮安、独山 3 个县外，其余 9 个县（市）机构设置统一。荔波县单设旅游局，不设城市管理局；瓮安在上轮机构改革时已将民族宗教事务局与民政局整合，在此轮机构改革中设置商务局；独山县未设置城市管理局，另设商务局。

2001 年州直和县（市）机关精简行政编制一览表

表 3 – 4 – 5

地区	原编制数（名）	核定编制数（名）	减少编制数（名）	减少比例（%）	文件依据
州直	1521	1080	441	29	黔南编办〔2002〕07 号
都匀	913	648	265	29	州发〔2001〕28 号
福泉	495	376	119	24	州发〔2001〕30 号
荔波	356	271	85	24	州发〔2001〕33 号
贵定	556	406	150	27	州发〔2001〕30 号
瓮安	558	407	151	27	州发〔2001〕27 号
独山	450	328	122	27	州发〔2001〕29 号
平塘	424	310	114	27	州发〔2001〕37 号
罗甸	434	317	117	27	州发〔2001〕35 号
长顺	372	283	89	24	州发〔2001〕26 号
龙里	371	282	89	24	州发〔2001〕34 号
惠水	483	353	130	27	州发〔2001〕28 号
三都	424	310	114	27	州发〔2001〕30 号

（三）乡（镇）机构改革

1991 年，省委、省政府批转省编委《关于新建乡（镇）机构编制配置方案的报告》，对建镇并乡撤区工作中新建乡（镇）党政机关和社会化服务体系的机构设置、职能配置、人员编制配备等提出了方案。全州乡（镇）中共党委配书记 1 人、副书记 2 人，其中 1 人兼任乡（镇）长；党委办公室配主任 1 人，组织、宣传、统战、工会干事 2 ~ 3 人；武装部配部长 1 人，干事 1 ~ 2 人；团委配团委书记 1 人；妇联配妇联主任 1 人。乡（镇）人大主席团配主席（副主席）1 人，秘书 1 ~ 2 人；纪委配书记 1 人、纪检员 1 ~ 2 人；乡（镇）政府配乡（镇）长 1 人、副乡（镇）长 2 人。乡（镇）党委书记、乡（镇）长、人大主席团主席为科级，乡（镇）党委副书记、副乡（镇）长、纪委书记、人大主席团副主席、武装部长为副科级；团委书记、妇联主任为股级。乡（镇）机关各部门的机构均为股级。乡（镇）管理服务机构设置为：财政所、土地管理所、村镇建设管理所（自收自支）、乡（镇）企业管理站（自收自支）、交通运输管理站（自收自支）、文化广播电视站（差额补贴）、教育辅导站。乡（镇）技术服务机构设置为：计划生育技术指导（服务）站、农业技术经营管理综合服务站、林业站、水利站、农机站、卫生院。

1996 年，州编办下发《关于划分全州各乡（镇）类别和乡（镇）编制总量的通知》，明确 12 个县（市）乡（镇）分类情况和乡（镇）编制数。各县（市）按照“一类乡（镇）设置党政机构 6 个，定编 45 人；二类乡（镇）设置党政机构 5 个，定编 30 ~ 35 人；三类乡（镇）设置党政机构 4 个，定编 20 ~ 25 人”的规定设置乡（镇）内设机构，核定乡（镇）编制。

2001年，省委、省政府《贵州省县、乡（镇）党政机构改革方案》，对乡（镇）内设机构和事业机构作出调整。乡（镇）党委行政机构设置为纪委机关、党政办公室、政法委、人民武装部；乡（镇）政府工作部门设置社会事务办公室、经济发展办公室、计划生育办公室；县城所在地的镇增设1个城镇管理办公室。2002年，在全州15个一类扶贫重点乡（镇）（惠水县抵季乡，平塘县白龙乡、西凉乡；龙里县草原乡，长顺县交麻乡、都匀市阳和水族乡，瓮安县木引槽乡，三都县扬拱乡、都江镇，独山县水岩乡，福泉市仙桥乡，罗甸县班仁乡、凤亭乡，荔波县佳荣镇，贵定县窑上乡）设置扶贫工作站。全州县、乡机构改革后，乡（镇）行政编制精简比例为16%。

2005年，在独山县开展乡（镇）机构改革试点。改革试点的基本原则是：进一步把乡（镇）政府职能转到社会管理和公共服务上来；按照精简、统一、效能的原则，调整乡（镇）党政机构和优化整合事业机构，精兵简政，提高效率；按照权责一致的原则，合理界定乡（镇）机构的职能及任务，理顺县、乡、村机构和组织之间的权责关系，探索、创新乡（镇）体制；加强机构编制监督管理，建立机构编制与人事管理、财政管理相互配套、协调和约束的机制。独山县有一类乡（镇）9个、二类乡（镇）7个、三类乡（镇）2个，一类乡（镇）设置5个综合办事机构，二类乡（镇）设置4个综合办事机构，三类乡（镇）设置3个综合办事机构。在人员编制和领导职数上，适当扩大乡（镇）党政领导交叉任职。一类乡（镇）设领导职数9名，其中党委书记1名〔同时兼任乡（镇）人大主席〕，乡（镇）长1名、党委副书记2名（其中1名同时担任乡长或镇长，1名同时担任纪委书记），副乡（镇）长3名，人民武装部长1名，人大主席团专职副主席1名。二类乡（镇）设领导职数8名〔副乡（镇）长职数比一类少1名，余与一类同〕。三类乡（镇）设领导职数7名〔2名副书记中，一名同时担任乡（镇）长，1名同时担任纪委书记和政法委书记，余与二类同〕。

2010年，启动全州乡（镇）机构改革。2011年，按照《中共黔南州委办公室、黔南州人民政府办公室转发〈黔南州编委会关于推进乡（镇）机构改革的实施意见〉的通知》，批复12个县（市）乡（镇）机构改革方案，各县（市）按照批复的方案设置乡（镇）党政机构和事业机构，即按党政办事机构不超过5个，县级党委、政府所在地镇、人口在5万人以上的镇党政办事机构不超过6个的规定，乡（镇）党政机构在限额内设置党政办公室、社会事务办公室、经济发展办公室、人口和计划生育办公室、社会治安综合治理办公室、安全生产监督管理办公室；乡（镇）事业机构在限额内设置农业服务中心（农业技术综合服务中心、畜牧兽医站）、人力资源和社会保障服务中心、科技宣教文化信息服务中心、人口和计划生育技术服务站、村镇建设服务中心、水利站、林业站、财政所。法律法规明确上级政府部门设在乡（镇）的机构按照省所列目录设置（行政类：公安派出所、司法所、人民法庭、工商管理所、地方税务所；事业类：国土所、中小学校、卫生院）。乡（镇）领导职数的设置，原则上不超过9名，包括党委书记、人大主席团主席、乡（镇）长、副乡（镇）长、纪委书记、政法委书记、人武部部长等。街道办事处人大工委主任由街道办事处中共工委书记兼任。

2013 年 11 月，根据《中共黔南州委、黔南州人民政府关于加快推进乡镇行政区划调整的意见》进行乡（镇）行政区划调整，全州乡（镇、街道）从 238 个减少为 104 个。2014 年 2 月，根据《中共黔南州委、黔南州人民政府关于深化管理体制改革，促进乡镇加快发展的指导意见》，州编办批复各县（市）乡（镇、街道）领导职数设置。领导职数平均每个乡（镇、街道）11 名，发展任务重，或者人口较多，或者幅员较广的乡（镇、街道），增加 1～2 名。内设机构按 6 个设置：党政办公室、社会事业办公室、经济发展办公室、卫生和人口计划生育办公室、社会治安综合治理办公室、规划建设环保办公室（挂城镇综合执法室牌子）。街道办事处和县（市）政府所在地的镇、省批准的 100 个示范小城镇可单独设立城镇综合执法室。乡（镇）党委、政府管理的事业机构按照不超过 9 个设置，即社区综合服务中心（挂群众工作中心牌子）、农业技术综合服务中心（含农业、农机、畜牧兽医、水产等，挂农产品质量安全监管站牌子和动物卫生监督分所牌子）、人力资源和社会保障服务中心、科技宣教文化信息服务中心、村镇建设服务中心、财政所（挂县〈市〉财政局某某乡镇财政分局牌子）、水利站、林业站、安全生产监督管理站（其职责由县〈市〉政府授权履行）。

（四）其他县级机构建立和管理体制调整

1991 年，建立黔南州残疾人联合会，规格为二级局，归口州民政局领导。是年 6 月，明确州土地管理局机构规格由副县级调整为正县级。12 月，明确建立黔南州对外经济协作委员会，列入政府系列。黔南州矿产开发办公室更名为黔南州矿产资源管理办公室，为副县级行政机构，列入政府系列，归口政府办管理。1993 年，州纪委、州监察局合署办公。1994 年，建立黔南州国家安全局，机构规格为正县级。1995 年，州委老干部局和退休干部局合并组建黔南州离退休干部工作局。1997 年，州粮食局和州档案局列入州政府行政序列。1994 年，组建地方税务局，明确以地方政府管理为主的管理体制。1998 年，全州地方税务机关人员编制统一上划省管理。1999 年，全州工商行政管理局人员编制上划省管理。1992 年，黔南州标准计量局更名为黔南州技术监督局。1999 年，全州技术监督局统一更名为质量技术监督局。是年 7 月，黔南州质量技术监督局及下属 12 个县（市）质量技术监督局机构、编制、人员均上划省质量技术监督局管理。2001 年，明确省以下药品监督管理机关实行垂直管理。

2003 年，组建黔南州畜牧水产业发展促进中心，为州农业局管理的正县级事业单位。2007 年，撤销黔南州畜牧水产业发展促进中心，组建黔南州畜牧兽医局，为州政府畜牧兽医（水产）行政管理机构，行使本行政区域内畜牧兽医（水产）行政管理职能。2010 年州政府机构改革时，州畜牧兽医局并入州农委；将食品药品监督管理机构下放到各级政府管理，州级名称变更为食品药品监督管理局。县（市）与卫生局合并组建卫生和食品药品监督管理局。

2013 年 12 月 31 日，工商行政管理、质量技术监督机构由省以下垂直管理改为市、县政府分级管理。黔南州各级工商行政管理、质量技术监督机构及所属事业单位人员、编制整体移交地方管理。2014 年 3 月 28 日，全州工商质监移交工作会议在都匀召开，全州工商质监管理体制改革完成。

三、事业单位登记管理与事业单位改革

（一）事业单位登记管理

2000年12月，启动事业单位登记管理工作。是年，全州有事业单位4514个，其中，州直133个，都匀417个，独山325个，平塘447个，荔波358个，三都434个，福泉295个，瓮安353个，贵定414个，惠水324个，长顺208个，龙里400个，罗甸406个。2001年，全州登记事业单位172个，其中州直58个。是年，州、县（市）分别建立事业单位登记管理系统数据库，按规范程序操作、管理及打印证书。至2002年11月，州直登记事业单位107个。2003年9月，全州登记事业单位2510个，其中州直登记123个。2004年，全州已经登记的事业单位2689个，其中州直129个。2005年，全州登记事业单位2873个，其中州直130个。2006年，全州登记事业单位2920个，其中州直139个。2007年，全州事业单位登记数为2959个，其中州直145个。2008年，全州登记事业单位3015个，其中州直167个。2009年，全州登记的事业单位3213个，其中州直175个。2010年，全州已登记的事业单位3354个，其中州直180个。是年10月，省事业单位登记管理局启动全省事业单位在线申报登记、变更、注销、年审材料、登记管理机关在线审查事业单位提交材料工作。2011年，州直事业单位全部实现网上申报材料，全州登记事业单位3528个，其中州直185个。2012年，12个县（市）全部实现事业单位网上申报材料。是年，全州登记事业单位3543个，其中，州直190个。2014年底，全州登记事业单位3110个，其中，州直210个，都匀195个，福泉284个，荔波175个，贵定277个，瓮安336个，独山211个，平塘262个，罗甸276个，长顺181个，龙里361个，惠水189个，三都153个。

（二）事业单位改革

2003年，整合黔南民族师专、黔南教育学院和都匀民族师范3所学校，组建黔南民族师范学院，整合黔南州农校、州财校、州工业学校、州民族干部管理学校，组建黔南职业技术学院。2004年，将黔南州中医医院、黔南州水利勘测设计研究院、黔南州电视台作为零编制管理的事业单位改革试点，不核定编制，实行人员聘用制，经费自收自支。2012年2月，全州事业单位清理规范工作结束，清理规范后有事业机构6363个，其中，州直195个，县（市）2728个，乡（镇）3440个；事业编制91653名（财政补助90405名，自收自支1248名），其中，州直7458名，县（市）51211名，乡（镇）32984名；实有人员62803人（财政补助61815人，自收自支988人），其中，州直4651人，县（市）34567人，乡（镇）23585人。全州撤销、合并、改制事业单位106个（财政补助62个，自收自支15个），其中，州直12个，县（市）60个，乡（镇）34个；减少事业编制566名（财政补助329名，自收自支237名），其中，州直216名，县（市）271名，乡（镇）79名；实有人员减少400人（财政补助102人，自收自支298人），其中，州直248人，县（市）52人，乡（镇）100人。

截至2014年12月，全州5394个事业单位中，划分为行政类78个，划分为公益一类

4658个、公益二类297个，生产经营类24个，暂未明确类别的337个。

2014年，州编办将都匀一中、黔南州人民医院、黔南广播电视台、都匀市图书馆、瓮安县人民医院、贵定中学列为黔南州开展事业单位法人治理结构建设试点单位。年底，州人民医院完成单位章程制定，都匀一中成立理事会和监事会，都匀图书馆已完成单位章程、实施细则及相关制度起草工作。

（三）中文域名注册管理

2009年，黔南州政务和公益机构域名工作启动，注册管理为公司运行模式，黔南州注册29个。2010年11月，中文域名注册管理工作由公司管理模式调整为机构编制部门日常工作管理模式。2011年5月，州编办印发《关于将中文域名纳入机构编制日常管理和加快推进中文域名注册工作的通知》，对中文域名注册的重要性、注册格式、收费标准等进行说明。州中文域名注册收费标准按政务300元/年/个、公益200元/年/个（贫困县政务和公益域名注册费用均按100元/年/个）执行。该费用由中央编办政务和公益机构域名注册管理中心收取。是年12月，州中文域名注册量为1344个，其中州直98个。2012年底，全州中文域名单位数3072个，其中州直105个。2013年底，全州注册4881个，其中州直140个。2014年底，全州注册数6225个，其中州直213个。

第六节　政策研究

1991年，州委研究室与州委督查督办室、州委廉政办公室合署办公。1995年，州委研究室更名为州委政策研究室（以下简称州委政研室）。1998—2000年，与州体制改革局合署办公。1999年，增设州委建设经济强县（市）强镇（乡）领导小组办公室，于2013年12月合并组建升格为副县级事业单位黔南州小康社会建设办公室。2013年7月，增设《今日黔南》编辑部（正科级事业机构）。2014年5月，增设州委全面深化改革领导小组办公室（正县级行政机构）。2014年12月，增设州委全面依法治州领导小组办公室（正县级行政机构）。

一、调查研究

（一）省委重大课题调研

2008年启动的《黔南磷化工业发展与环境保护研究》，于2010年结题通过专家评审。2009年启动的《黔南州现代农业建设研究》，于2010年结题通过专家评审。2010年启动《山区现代农业发展的成功探索——黔南州“185”农业产业化工程研究》，2011年7月通过专家评审。2011年启动《加快园区建设步伐，推动工业加速发展——黔南工业园区建设研究》并完成调研报告。2012年启动的《胡锦涛同志在黔科学发展思想研究》主课题及两个子课题研究，《“背篼干部”精神》《黔南州农产品加工业发展研究》分别于2012年6月和2013年6月通过专家评审。2013年启动的《黔南州现代高效农业示范园区建设研究》

被评为2013年度省委重大问题调研课题优秀成果一等奖。2014年完成《黔南州产业园区发展研究》，并配合省专家组完成《黔南州全面建成小康社会进程研究》课题研究。

（二）州委重大课题调研

2011年，完成《依托外联大通道助推黔南大发展——关于对我州九条外联大通道构成未来大交通格局的调查》《加快贵惠龙经济板块建设，打造黔南经济新的增长极——关于实施“贵—惠—龙”经济增长极板块战略的调查》《充分发挥资源新优势，构建磷煤化工增长极——关于大力发展“瓮—福”磷煤化工产业板块的调查》《以通道为支撑发展城市经济——关于大力发展“都—独”城市经济产业板块的调查》《依托资源优势发展特色农业——关于大力发展“三—荔—平—罗—长”生态农业板块的调查》《充分利用生态优势做大做强旅游产业——关于大力发展“三—荔—平—罗—长”生态旅游板块的调查》《打好民族牌唱响“好花红”——关于打造以“好花红”为主打的一批民族文化品牌的调查》《加快工业园区建设，推动工业聚集发展——关于黔南州工业园区建设研究》《加强新财源建设，增强州级调控力——关于黔南州州级新增财源建设调查》等9个州委重大调研并形成调研成果汇编。

2012年，完成《关于黔南州村庄整治的情况报告》《关于黔南州产业化扶贫示范区建设的研究》《关于产业发展与城镇化建设的思考》《关于我州磷矿石资源利用及磷矿石资源税改革试点的调研报告》《黔南州农业产业园区建设调研报告》《关于瓮安县珠藏镇城镇建设调查报告》《关于瓮福磷煤电一体化发展的研究》《荔波创建国际生态旅游度假区的战略思考》等23个州委重点课题调研并形成报告汇编。

2013年，完成《构筑“一圈两翼”区域经济发展格局对黔南打赢同步小康“硬仗”的现实意义》《新理念引领新跨越，真作为加速大发展——赴毕节考察报告》等调研课题。参与黔南“一圈两翼”区域发展战略规划、《黔南州申报国家级开放式扶贫综合试验区的初步设想》等课题调研和调研报告撰写。

2014年，完成《四川绵阳民办教育的启示》《都匀市、福泉市同步小康示范创建调研报告》《瓮安县农村宅基地复垦推进农业转移人口市民化的调研报告》《2013年黔南州以县为单位全面建设小康社会统计监测分析报告》《关于大数据产业发展》《“一圈两翼”新格局下的惠水如何融入贵阳经济圈调查研究》等调研课题。

（三）其他调研

1991年，参与建镇并乡撤区工作，配合福泉市对撤县建市工作进行论证，重点开展全州建镇并乡撤区调研、福泉试点工作。1992年，承担《全州镇级经济发展战略研究课题》。

1994年，与州科委情报科研所共同承担《黔南州镇级经济发展战略研究》课题，形成《关于拍卖非耕地资源的若干政策建议》，形成调研报告《确保黔南州财力稳定增长的对策研究》。1996年，参与州直国有企业经营状况调查，起草《关于深化供销合作社改革的研究报告》，形成调研报告《黔南州交通建设对策研究》《关于全省农村改革试验区试验县工作情况的汇报》；完成《关于发展贵州养殖业的建议》《实施科教兴县教育，使科技成为新瓮安崛起的支柱——瓮安县创建国家级科技先进县综述》等文稿。1997 年，形成《黔南州国有企业、小型企业改革与发展调研报告》等调研报告。1998 年，形成《采取果断措施重振我州酿酒企业》《加大招商引资，努力推进再就业工作》《黔南州农业综合开发实施情况调查》《我州非公有经济乱收费问题仍应引起重视》等调研报告。2000 年，完成《关于我州两个农村改革试点县（市）检查验收报告》；开展干部领办企业试点和退耕还林（草）调研，完成《实施退耕还林（草），建设生态经济州——黔南退耕还林（草）工作调研报告》。2001 年，调研撰写了《关于取缔和关停“十五小”企业对地方财政经济和农民收入影响的调查报告》《关于培育扶持龙头企业，推进贵州农业产业化经营对策研究》《关于惠水县乡（镇）合并行政村的调研情况》。2002 年，完成《进一步推进“资本置换”运营模式，促进全州经济社会发展》《贵新高速匝道口所在小城镇建设政策研究报告》《打好“四张牌”，加快大开发，促进大发展》《黔南州乡镇企业发展调查报告》等调研报告。2003 年，完成《打造经得起风浪的现代航母——贵州宏福实业开发有限总公司走新型工业化道路，建一流磷化工企业调查》《加大扶贫开发力度，促进经济社会发展——黔南州麻山喀斯特地区经济社会发展调查报告》《激活资本带民奔富——都匀市甘塘镇调整农业结构的新思路》《因地制宜突出产业——谷汪乡毛栗坪村农业产业结构调整调研报告》等调研报告。2004 年，撰写《“薯—稻—薯”让农民增收翻番——惠水县摆榜乡峦河村调查》《探索新形势下扶贫开发——长顺县凯佐镇、荔波县荣佳镇“参与式”扶贫开发》《惠水县摆榜乡扶贫开发调研》《坚持“三基本”推进扶贫开发》《农民外出务工缺乏劳动力，都匀市采取多种互助协作形式解决难题》《关于惠水县部分农户贷款情况的调查》《思路创新出成效结构调整富路多——都匀市大坪镇联芒村党支部带民增收调查》等调研报告。2008 年，形成《黔南州 2008 年经济社会发展及融入贵阳城市经济圈情况》《依托“两高”建设，发展蔬菜种植——都匀市大坪镇蔬菜产业发展情况调查》等一批调研报告。2009 年，完成《黔南州回流农民工问题调研报告》《黔南地方金融发展与中小企业融资情况调查》等调研报告。

2011 年，完成《把马场坪建设成我省新兴工业城市》及两个子课题《马场坪及周边经济社会发展现状、存在问题调查报告》《马场坪及周边区域发展面临的环境分析》调研报告的撰写；完成重点课题《黔南州“951”经济发展格局研究》《加快贵惠龙经济板块建设，打造黔南新的经济增长极——关于实施“贵—惠—龙”经济增长极板块战略研究》《我州与全省各地（州、市）制定的“十二五”时期发展目标比较分析》《关于加快黔南工业园区建设的思考》的调研及调研报告撰写；完成专题调研《黔南州经济发展软环境情况调查》《创新社会管理推进风险评估推进项目建设——贵定县海螺盘江水泥项目推行社会稳定风险评估调查》等。2012 年，完成《推动农村土地流转和规模化经营加快农业现代化进程的研究》《关于全州茶产业发展的现状与思考》《依托产业园区发展平台，推行“区镇合一”管理体制——促进独山快速发展、跨越发展的思考》等 39 篇调研报告。2013 年，完成《以地生财，借船出海，产城互动，滚动发展——荔波县甲良镇小城市建设调研报告》等调研报告。2014 年，完成《平塘县建设现代茶产业园区的主要做法》《黔南州上半年经济运行情况的调研报告》《黔南州农村公路建设的调查与思考》《加快大都匀泛都匀建设工作调研报告》等课题调研。

1993—2014 年，已编印成书的主要调研成果有《全州镇级经济发展战略研究课题》（1993 年与州科委共同编写）、《黔南南下通道经济开发》（1995 年编印）、《迈向新世纪》（1998 年出版发行）、《黔南调研成果》（2002—2007 年编辑第 1 辑至第 6 辑）、《“三基本”的探索与实践——新阶段扶贫开发在黔南》（2005 年编辑出版）、《2011 年黔南州重点调研课题成果选编》（2011 年编印）、《山区农业的精彩变身——黔南“185”农业产业化工程》（2012 年编印）、《2011 年—2012 年黔南州重点课题研究成果汇编》（2012 年编印）、《调研课题成果汇编》（2013 年编印）、《中共黔南州委重大调研课题选编》（2014 年编印）。

二、专项工作

（一）农村改革试验

1996 年，在全省第一轮农村改革试验试点工作中，龙里县被省委确定为深化农村科技体制改革推动农业可持续发展重点县，福泉市被省委确定为“培育、发展、壮大集体经济实力”试点。1998 年，成立黔南州体制改革局，工作机构指导福泉市培育村级经济、龙里科技体制改革试点工作。州委政研室于 2000 年分别对龙里县“深化农村科技体制改革促进农村经济发展”和福泉市“培育、发展、壮大集体经济实力”的试点工作情况进行调研，试验课题通过省的考核验收。

1999 年，在罗甸、平塘进行农村税费改革试点，对两县改革工作进行指导，2001 年 1 月撰写试点工作调研报告。

2002 年，在全省第三轮农村改革试验试点工作，福泉市承担“深化乡镇财政体制改革，加强市乡财源建设”试点课题，协助福泉市制定《改革乡镇财政体制加强市乡财源建设试点方案》，并开展督促检查、指导工作。2004 年结题，2005 年通过省委验收。

2008 年，在全省第四轮农村改革试验试点工作中，福泉市承担“以工促农、以城带乡”试点课题，试验周期至 2011 年，主要开展新型农村金融机制、户籍制度改革、统筹城乡医疗保障改革、企业带动新农村建设等试点工作，于 2011 年底结题验收。

2011 年，在全省第五轮农村改革试验试点工作中，贵定县承担“调整农业结构、推进‘三化’同步”试点工作，课题周期至 2015 年 12 月，主要开展土地流转、农村金融体制改革、生产与经营主体之间的利益分配、农业保险等试点工作。惠水县承担“社会管理创新”试点工作，主要在农村“五合一”即社会保障、精神文明、矛盾纠纷、农业技术培训及推广、农村经济协调发展五个方面进行探索，创新农村社会管理服务“1＋5”（建立镇综合服务中心、经济发展服务中心、社会事务服务中心、农业工作服务中心、精神文化服务中心、综治工作中心）工作运行模式。

（二）经济强县、经济强镇（乡）建设

1．**经济强县建设**。1999 年，都匀市和贵定县、福泉市和荔波县分别列为省、州建强县（市），开始经济强县（市）建设工作。2004 年，启动第二轮建设经济强县工作，对都

匀市建设经济强市工作进行年度考核和四年综合指标调整意见调研并反馈省建强办，指导督促都匀市做好建强工作。2005年，成立州建设经济强县（市）强镇（乡）工作领导小组及办公室。2006年，州委、州政府印发《中共黔南州委黔南州人民政府关于推进经济强县（市）建设的实施意见》。2008年，启动第三轮经济强县建设工作。2011年，都匀、福泉两市完成第三轮经济强县建设，并通过省考核验收。2012年，龙里县被批准进入省级经济强县建设行列。

2. **经济强镇（乡）建设**。2006年，州委、州政府印发《中共黔南州委、黔南州人民政府关于建设首批经济强镇（乡）的实施意见》，确定首批建强镇（乡）25个。在实行淘汰制的动态管理中，增补都匀市墨冲镇、惠水县长田乡等7镇（乡）入列。2010年，制定实施《黔南州经济强镇（乡）建设综合考评办法》。到2011年底，全州建强镇（乡）增加到32个。2013年对33个建强镇（乡）开展中期评估。

（三）同步小康创建

2012年，启动全面小康社会建设工作，州委印发《中共黔南州委关于以县为单位开展同步小康创建活动的意见》，明确全州同步小康创建“543”（都匀、福泉、瓮安、龙里、贵定5个领跑型县（市），2016年建成全面小康社会；荔波、独山、惠水、长顺4个奋进型县，2018年建成全面小康社会；平塘、罗甸、三都县3个追赶型县，2020年建成全面小康社会）梯次推进思路和“1＋12”推进措施。“1”即《中共黔南州委关于以县为单位开展同步小康创建活动的意见》主体文件，“12”即“6大工程”（5个20“引擎工程”、基础设施“先行工程”、小康示范创建及百乡千村“小康工程”、民生改善“保障工程”、减贫摘帽“攻坚工程”、和美黔南“满意工程”）推进行动和“6项保障制度”（季度会商制度、统计监测制度、考评奖惩制度、督促检查制度、同步小康挂帮制度、宣传信息制度）。

2013年，同步小康创建活动重点是建机制、打基础，推动州、县联动，以县为主，全面创建。州委、州政府印发《中共黔南州委、黔南州人民政府关于成立州全面小康建设工作领导小组的通知》《关于开展2013年度全州同步小康创建活动考评工作的通知》。

2014年，围绕“六个强化”（强化指标监测、强化督查考评、强化信息交流、强化台账管理、强化宣传培训、强化调查研究），到指标责任单位和县（市）、乡（镇）、村、组开展问题性、典型性调研，全年组织调研活动21次，形成调研报告19篇。2014年，全州全面小康实现程度为88.5%。

三、刊物编辑

1991—2014年，州委政研室承担编辑的内部刊物有《动态》（1991—2005年编发110期）、《经验与探索》（1991—2003年编发180期）、《督查督办》（1991年编发15期）、《黔南调研》（1993年编发10期、2000年专报1期，2003—2012年编发221期，增刊20期）、《黔南工作》（1996—1997年编发11期，2012年改刊名为《今日黔南》共发行5期，2013年、2014年分别发行12期）、《决策参考》（2010年编发12期，2013年、2014年分别编发20期和21期）、《政研动态》（2010—2014年编发65期）、《决策资讯》（2010年编

54 期）、《建强简报》（2012 年编辑 12 期，2013 年、2014 年分别编发 5 期、10 期）、《以县为单位同步小康创建简报》（2013 年、2014 年分别编发 50 期和 48 期）、《改革动态》（2014 年编发 12 期）、《改革情况交流》（2014 年编发 26 期）。

第七节　党校教育

中共黔南州委党校（以下简称州委党校），1997 年 9 月 19 日挂牌成立黔南行政学院，校、院合署。2014 年 5 月 28 日，加挂黔南州社会主义学院牌子。1991—2010 年，州委党校共有内设机构 7 个，分别是办公室、行政科、财务科、保卫科、教务处、图书馆、教研室，编制 77 人。2013 年 4 月 2 日，通过大专体制规格初审。9 月 14 日，州委党校升为大专体制，副厅级机构规格。2013 年，州委党校（黔南行政学院、黔南州社会主义学院）内设承担党政管理职能职责和教学科研及业务工作的副处级机构 16 个，其中，承担党政管理职能职责的内设机构 7 个，承担教学科研及业务工作的内设机构 9 个。2014 年底，全校有教师 28 人，其中高级职称 7 人、中级职称 17 人、初级职称 3 人。

一、干部短期培训

（一）中青年干部培训班

1992 年，州委党校开始举办中青年干部培训班，每年举办 1 期。1999 年以后每年举办 2 期，分为春季班和秋季班。1992—1997 年，中青年干部培训班每期培训时间为 1 个半月至 2 个月不等，1997 年以后每期培训时间均为 3 个月。至 2014 年，共举办中青年干部培训班 36 期，培训人数 1931 人，培训对象主要为正科级以上年轻干部。

（二）其他短期培训班

1995 年，对全州 304 名县级领导干部进行《邓小平建设有中国特色社会主义理论学习纲要》轮训。举办乡（镇）共青团干部培训班和信息联络员培训班各 1 期，182 名学员参加培训。

1998 年，全州选调生班培训全州各县（市）大学毕业生干部 76 人，乡（镇）党委书记培训班 104 人，全州组织政工干部班培训 108 人，黔南州扶贫干部班培训全州县（市）扶贫领导干部 48 人，党务领导干部班培训 52 人，全州党务业务班培训 70 人。

1999 年，举办首期全州农业产业化研讨班。

2000 年，开始举办少数民族干部培训班，至 2012 年，共举办少数民族干部培训班 43 期，培训 2254 人。

2001 年，举办公务员培训班 4 期，培训 300 多人；举办新建企业工会干部培训班 1 期 150 人。2002 年，举办各类短期轮训班 14 期，培训 1200 多人次。2009 年 12 月，举办黔南州村党组织书记培训班，培训 6 期，培训总人数 1023 人次。2013 年 8—12 月，共承办 17 期不同类别培训班，共计培训 1377 人。2014 年，举办短期培训班 45 期，培训 4729 人，培训对象主要是黔南州新录用机关、事业单位、公检法系统新进人员的初任培训、党务干部、入党积极分子、执法人员等。

二、函授大专、本科班

1994 年，与贵州省委党校联办经济管理函授大专、本科班，共培训大专毕业生 129 人、本科生 100 人。1995—2003 年，与省委党校联办经济管理专业函授大专班共 9 个班次，招生对象是具有高中以上学历或相当于高中以上学历的在职干部职工，学制三年，共培养经济管理专业大专毕业生 353 人。1995 年，招收经济管理专业函授本科生 99 人。1997—2004 年，与省委党校联合举办经济管理专业本科学历班，共招生 8 个班次，每年 1 个班次，招生对象是具有大专以上学历或相当于大专以上学历的在职干部职工，共培养经济管理专业本科毕业生 401 人。

2000—2003 年，举办贵州省委党校法律专业函授本科学历班，每年招生 1 个班次 122 人。2002 年，举办省委党校法律专业函授大专学历班，人数 31 人，学制三年，招生对象是具有高中以上学历或相当于高中以上学历的在职干部职工。是年，省委党校研究生函授学历经济学专业首次在黔南州委党校办班招生，人数 38 人，学制三年，招生对象是具有大专以上学历或相当于大专以上学历的在职干部职工。2003 年，举办省委党校政治学专业研究生函授学历班，招生人数 34 名，学制三年，招生对象是具有大专以上学历或相当于大专以上学历的在职干部职工。2004 年，举办省委党校法律专业函授大专学历班，人数 9 人，学制三年，招生对象是具有高中以上学历或相当于高中以上学历的在职干部职工。举办省委党校公共管理专业研究生函授学历班，招生人数 43 名，学制三年，招生对象是具有大专以上学历或相当于大专以上学历的在职干部职工。2005 年，举办中央党校法律专业函授本科学历班，招生人数 37 名，学制三年，招生对象是具有大专以上学历或相当于大专以上学历的在职干部职工。举办省委党校经济学专业研究生函授学历班，招生人数 37 名，学制三年。2006 年，举办中央党校法律专业函授本科学历班，招生人数 48 名，学制三年，招生对象是具有大专以上学历或相当于大专以上学历的在职干部职工。举办省委党校公共管理专业研究生函授学历班，招生人数 63 名，学制三年。

2007 年，举办贵州省委党校农村经济管理专业函授大专学历班，人数 45 名，学制三年，招生对象是具有高中以上学历或相当于高中以上学历的在职干部职工。举办贵州省委党校经济管理专业研究生函授学历班，招生人数 45 名，学制三年。是年，贵州省委党校函授本科学历班停止招生。

2008 年，举办贵州省委党校公共管理专业研究生函授学历班，招生人数 51 名，学制三年。2009 年，举办贵州省委党校经济学专业研究生函授学历班，招生人数 30 名，学制三年。2012 年，举办贵州省委党校公共管理专业研究生函授学历班，招生人数 42 名，学制三年。

2014 年，州委党校根据省委党校研究生招生简章，对以政府经济学、战略管理、农业经济管理为研究方向的经济管理专业进行招生。招收对象为省、市（州）、县（市、区）党政机关、企事业单位、党校、干校、高等院校，具有脱产大专以上学历的在职人员，学制三年。黔南教学点经济管理专业共招生 41 人。

三、教育培训基地

2010 年 9 月，州委党校挂牌成立黔南州领导干部法制教育培训基地，年内，共培训 120 人。2011 年 6 月，州直机关工委在州委党校挂牌成立州直机关党员干部教育培训基地，年内共培训 200 人。2013 年 9 月 16 日，州委党校与州人大常委会联合建立黔南州人大代表培训基地，年内共培训 186 人。11 月 8 日，州委党校与州保密局联合建立黔南州保密教育培训基地。11 月 21 日，州委党校在长顺县敦操乡挂牌建立党性锻炼教育实践基地。

四、教学

1993—2003 年，干部培训主要采取教师课堂教学、研讨式教学、外出考察、外请专家作报告等方式开展学习活动。

2000 年，制定《关于教师工作量暂行规定》，规范教师工作量管理。2001 年，出台《关于加强对函授学员、班主任、面授教师管理的补充规定》。2004 年，完善《教师工作量试行条例补充规定》，逐步完善教师管理目标责任制，推动学校教学工作和科研工作开展。2005 年，出台《课程（专题）设置实施办法》。2006 年，出台《教学新课题招标制度》，制定《试卷命题、评阅实施办法》，完善《教师教学质量测评办法》。2009 年，出台《教务工作管理制度》。是年，主体班课程增设军训课，军训时间为 10—15 天。

2004—2010 年，在原教学模式的基础上，增加远程教学、案例式教学、党性锻炼学习与实践、现场观摩式教学、学员自学、学员讨论、学员论坛、情景模拟式教学等教学形式。

2010 年，在贵定、都匀、独山、三都、福泉等县（市）建立 8 个教学实践基地，涵盖民族文化、新农村建设、农业产业化、党的建设、民营经济、工业园区建设、旅游开发等方面，把州委党校的课堂延伸到工厂车间、田间地头。

2014 年，以教学改革为突破点，根据黔南发展的需要以及加大干部教育培训规模的要求，缩短主体班班次的学习时间，增加培训学习班次，拓宽干部教育培训范围。对中青年干部培训班和少数民族干部培训班的学习时间进行调整，中青年干部培训班学习时间由原来的 3 个月调整为 1 个半月，少数民族干部培训班学习时间由原来的 2 个月调整为 1 个月。同时，为使培训班次更加有针对性，每年增加 2 期州直科级干部班和 4 期县（市）科级干部班，每期培训 1 个月。同年，进一步深化教学改革，第一次在中青年干部培训班探索开展“异地培训”教学。2014 年度，第 37、38 期中青年干部培训班共 100 名学员分两期赴柳州市委党校开展“异地培训”教学。另外，州委党校相继建立教学计划编制制度、专家领导授课联络制度、专题讲座服务制度。

五、科研活动

2003 年 4 月 2—8 日，教师辛玲参加在昆明召开的由重庆人文经济文化发展研究院主办的社会经济与中国西部发展战略学术研讨会，论文《关于贵阳三联乳业发展产业化的思考》入会并被收入《中华世纪魂》文集。8 月 12—17 日，教师尹若梅参加由云南大学主办的全球文化与民族文化国际学术研讨会，论文《文化全球化与民族文化》参会交流。是年，尹若梅、韦世林、尹平承担黔南州2003年组织工作重点调研课题，对加强和改进干部教育培训的有关问题进行调研并写出了调研报告。

2004年8月，副教授罗德彬参加由生产力学会在河南省商丘举办的全国党校干部生产力经济学研讨会。是年，2002级经济学和2003级政治学研究生班撰写的论文，在省委党校研究生部组织召开的邓小平理论与科学发展观理论研讨会上有6篇论文获奖，占评奖总数的23%，其中，张宗德撰写的《论科学发展观对邓小平理论和“三个代表”重要思想的继承与创新》获一等奖。

2005年6月10日，副校长夏平与第12期民干班学员顾海燕，2003级研究生班学员吴树红等10人以文赴会，参加由省委宣传部、省委党校主办的“加强党的执政能力建设研讨会”。

2005年7月19日，副教授尹若梅、副教授郑辅朝以文赴会，参加由贵州大学主办的“构建社会主义和谐社会理论研讨会”。

2007年，制定《2007—2011年度科研工作管理规划》。2008年，制定《教师参加学术会议的管理办法》《科研经费的使用和管理》等制度，加强科研管理制度建设。

2010年，出台《科研成果奖励规定》，建立科研工作激励机制，12月，州委党校系统第一届教学科研工作会在平塘召开，州及县（市）委党校的常务副校长、副校长以及这次科研优秀成果获奖者、示范课教师、骨干教师代表共68人参加会议。这次教学科研工作会议出版《黔南州党校系统科研论文集》。2012年，成立中共黔南州委党校学术委员会，制定《学术委员会章程》，修订《科研工作管理办法》。2014年，州委党校结合黔南州情建立校级课题库，全州党校系统共有21个调研课题获得立项。

1991—2014年，编辑《中共黔南州委党校学报》共97期。2000—2014年，州委党校教师在省级以上公开出版刊物上发表研究文章117篇，出版专著《新时期党的基层组织工作实物系列丛书》（合著共13册）、《社会科学主义及科学发展研究》（孙玲著，中国言实出版社出版）、《新媒体时代突发事件应急管理、危机公关案例与启示》（孙玲著，人民出版社出版。）

第八节　离退休干部工作

州委老干部局成立于1983年10月，州退休干部局于1990年初成立。1995年12月，中共黔南州委老干部局和黔南州退休干部局合并组建中共黔南州委离退休干部工作局（以下简称为州退干局）。1997年3月，明确州退干局是州委、州政府管理离退休干部工作的职能部门，内设办公室、离休干部工作科、退休干部工作科、州关心下一代工作委员会办公室（以下简称州关工委）。设行政编制7名，事业编制5名。2001年12月，明确州退干局归口州委组织部管理。2005年8月10日，内设科室调整为办公室、离休干部科、退休干部科。至2012年12月，州退干局行政编制共9名、工勤人员2名。州关工委办公室明确为州关工委管理的正科级事业单位，人员编制和领导职数为事业编制 2 名。

一、离退休干部管理

1992 年 1 月，州委转发州退干局提交的《关于检查各地老干部工作的情况和进一步加强老干部工作的意见报告》，为 180 名行政十九级离休干部办理提高享受副县级政治、医疗、用车待遇。8 月 10 日，州委办发文转发州退干局《进一步加强与老同志联系的意见》。1993 年，全州建立离退休干部党支部、党小组 28 个。1995 年，全州 12 个县（市）均建立离退休干部工作领导小组，州直机关和县（市）已建立离退休干部工作领导小组 186 个，全州离退休干部工作部门有工作人员 95 名，1996 年，为纪念红军长征胜利 60 周年，各级党政领导走访慰问老红军及老红军遗孀 23 人次，在春节等重大节日共走访慰问离退休干部 14800 多人（次），全年看望慰问生病住院的离休干部和退休干部 700 多人次。拨专款 22 万元解决州直特困企业离休干部的“两费”（离休费、医药费）问题。在州级机构改革中，州编委规定有离退休干部 17 人的单位可建老干科，州直机关有 23 个单位建老干科，共有专职干部 122 人。1997 年，州级和瓮安、独山等县相继召开离退休干部工作和关心下一代工作“双先”表彰会，共表彰先进集体 68 个、先进个人 181 名。1998 年，州退干局为 364 名干部办理离退休手续，为 17 名干部办理提高待遇手续，为全州 1567 名离休干部填写《离休干部信息采集表》4701 份。1999 年 10 月 13 日，州委组织部、州离退干局召开全州表彰大会，会上表彰全州 32 名离退休干部先进个人和 12 个先进离退休干部党支部。2002 年 5—7 月，州委退干局分别到广东、福建、浙江、江苏、山东、河南、河北、北京等 8 个省、直辖市看望易地安置的老干部及老干部遗孀共计 16 人，送去慰问金和慰问品。

2004 年，召开全州离退休干部先进个人、先进离退休干部党支部和离退休干部工作先进个人、离退休干部工作先进集体表彰大会，对黔南州近 5 年间在“两个文明”建设中表现突出的李书善等 30 名离退休干部先进个人，平塘县白龙乡等 12 个先进离退休干部党支部，14 名离退休干部工作先进个人和 7 个先进集体进行表彰。黔南州推荐的离退休干部先进个人 6 人、离退休干部工作先进个人 3 人、先进离退休干部党支部 4 个、离退休干部工作先进集体 2 个受到省委组织部、省委老干部局表彰，惠水县离休干部冯永敬获中央组织部表彰。2005 年，开展纪念抗日战争胜利 60 周年慰问活动和纪念章颁发工作，州四家班子领导组成 8 个慰问组，对州直单位 69 名抗日战争老战士进行走访慰问。

2011 年，州委、州政府拨专款，委托州退干局前往北京、山东、浙江、广东等地看望易地安置离休干部，每人发放慰问金 1000 元。

2012 年，开展示范性老干部活动中心创建工作，全州 11 个县（市）的活动中心建成使用。

二、离退休干部活动

1992 年 12 月，全州有 181 名老干部在各种学会协会等组织中任职，69 名参加离休干部管理服务工作，47 名参加街道居委会等各项社会工作，45 从事种植养殖及专业服务，44 名撰写回忆录、专业书，33 名被原单位返聘，11 名参加考察干部、查处案件。全州有 170

名老干部参与，兴办经济实体和从事个体经营。1996 年，离休干部配合史志部门完成《南下西进支队入黔建政纪实及名录》一书的史料收集工作。1999 年，州退干局与州老年大学、州老龄委、州老年书画协会、州老年摄影学会联合举办了庆祝建国 50 周年老年工作书画摄影展，州四大班子的领导出席开展仪式，共有 3000 多人次观展。

2000 年，州退干局组织四大班子岗位上退休的老领导分别到罗甸、贵定、龙里等地参观考察；组织州直单位 104 名新中国成立初期参加工作的退休干部到息烽和花溪疗养院疗养。是年，全州有老年活动中心 10 个，面积共 9020 平方米，累计投资 623. 18 万元。2006 年，全州有以离退休干部为主的各种组织近 10 个，包括关工委、经济促进会、老年书画协会、老年摄影协会、老体协、诗词楹联协会、二野军大校史研究会等。2009 年国庆节前夕，在都匀人民广场举办老干部工作系统庆祝新中国成立 60 周年“党旗飘飘、科学发展”主题广场文艺专场演出。

2011 年，召开全州离退休干部工作部门及离退休干部党组织和党员创先争优活动推进会。是年，州退干局和贵定县、平塘县离退休干部工作局被评为全省老干部工作先进集体；独山县离退休干部工作局局长龚阳林等 6 人被评为全省离退休干部工作先进个人，受到省委组织部、省委老干部局表彰，并分别被授予集体和个人二等功，龚阳林受到中央组织部表彰。在黔南建州 55 周年活动中，组织副地级以上离退休老干部 60 人参加庆典；组织副地级以上离退休干部 50 余人到长顺威远工业园区参观考察社会主义新农村建设情况。州及都匀市退干局、老年大学、州老龄委等涉老工作部门参加州都匀市机关工委、州、市总工会、妇联等部门举办的歌唱共产党好、社会主义好为主旋律的唱红歌比赛；组织独山县老年花灯歌舞“多彩夕阳”代表黔南州参加省委老干部局举办的纪念中国共产党成立 90 周年全省老干部文艺会演，获优秀节目奖；对州直 120 名副地级以上（含异地安置）和 90 周岁以上离退休干部进行走访慰问。“七一”期间，州委组织部、州委退干局、老年摄影协会联合举办全州纪念建党 90 周年离退休老干部摄影图片展，在部分县（市）巡回展出。

2012 年 9 月，州老年书画研究会在惠水县承办贵州省第四届第六次老年书画联谊展。国庆节期间，州老年摄影协会举办 2012 年摄影作品展，展出作品 190 幅。其中 10 幅作品参加 2012 年第三届贵州“福彩杯”老年文化艺术节书画摄影诗词楹联展，分别获得二等奖和三等奖。老年体育协会在惠水县承办 200 多人参加的贵州省老年人健身秧歌比赛。在全民健身日，都匀地区 17 个老年健身团体参加健身展示活动，并代表贵州省参加全国老年人健身秧歌比赛，获优胜奖。

2013 年，州经济促进会的老干部开展调研 34 次，提出意见、建议 130 余条、调研报告 36 篇。是年，全州老干部法制宣传教育关爱团，开展法制教育 856 场，受教育青少年 269044 人次。配合社区关工委开展“老年少年共建和谐家园”主题活动，帮教违法犯罪青少年 160 人，参与社区矫治工作 85 次，帮教 594 人次；帮助 10 名刑释解教人员创（就）业。组织 9 个老专家服务团（组）、成员 67 人到村寨开展 437 场次农业技术培训、咨询、指导，义务为 2010 名农户传授农业科技知识。在文峰园举办庆祝第一个法定老年节老年文艺演出暨书画展活动。举办“爱驻夕阳、关爱老人”摄影知识讲座，200 多名老年摄影爱好者参加培训。

2014 年 11 月 12—14 日，州退干局组织州直单位副地级以上离退休干部 50 多人参观考察河池市的金城江区、东兰县和巴马县长寿村。是年，全州老干活动中心增加到 13 个，面积增加 22935 平方米，活动面积扩大 5.7 倍。活动中心建有阅览室、图书室、棋牌室、健身室、多媒体会议室等。

三、落实老干部待遇

1991 年，州委和部分县（市）委批准成立老干部工作领导小组，州直 16 个工作部门和一些县（市）的工作单位建立老干部科（股）。到年底，全州已有 29 名亏损企业的离休干部的工资关系转到主管部门，由地方财政拨款解决他们的离休费、住房和各种经济待遇。老干部的住房，各级各部门采取新建、扩建、维修、调整以及个人集资、国家补助建房等多种方法，1610 名离休干部住房面积达到规定标准，占离休干部总数的 95%。是年 2 月，为 59 名离休干部办理享受地级和县级待遇手续。

1993 年，在房改过程中，除执行省的老干部租房优惠政策外，州直机关和部分县（市）还分别制定老干部购房优惠政策，有的县参照州直单位的规定执行，州直机关对易地安置的老干部，按参加革命工作的不同时期，每人分别增加建房补助费 3000 元，对要求建私房的老干部，各级各单位解决建房补助费。在医疗改革过程中，老干部医药费实报实销，州机关和一些县（市）还制定包干基数内老干部的药费节约归己的优惠政策。

1994 年，在第三次工资改革中，黔南州对行政事业单位的离休干部待遇做出一些优于中央和省的规定，并对离退休干部的各项经济待遇进行全面清理，规范各项经济待遇的发放标准。到 11 月底止，全州 95% 以上企业已按中央和省规定的标准给老干部增发离休费，州直 77% 的企业单位补发增加的离休费。

1995 年，解决行政事业单位拖欠离休干部的离休费和医药费问题，兑现拖欠离休干部的“两费”共 125.26 万元。将 16 名离休干部从严重亏损或倒闭企业转入主管部门，由财政解决其生活待遇问题，对其他兑现离休干部生活待遇有困难的亏损企业，采取由财政或劳动部门借款，以及由财政定补或“割尾巴”等办法解决，使 97% 的企业离休干部兑现被拖欠的离休费和医药费；90% 以上的离休干部医药费实报实销，另有 10% 左右的在企业实行门诊医药费包干使用，住院药费实报实销。全州有老干部病床 249 张。对安置在外地的 176 名离休干部的两项待遇进行两次全面调查，督促有关部门解决拖欠的各项费用 4 万元。州直和贵定、都匀、三都等县（市）拨款总计 20 多万元维修老干部住房。

1996 年，拨专款 22 万元解决州直特困企业离休干部的“两费”问题。

1997 年，全年兑现拖欠离休费 47.13 万元，兑现 1993 年工改以后拖欠贫困县退休干部的新增退休费 301 万元，解决多年未解决的问题。11 月，州委召开常委会，研究州委退干局《关于要求尽快解决当前离退休干部工作存在问题的报告》，决定从 1998 年 1 月起将州直企业离休干部全部转主管部门，由财政落实其各项生活待遇，并要求全州各县（市）参照执行。是年，全州企业离休老干部转财政开支 352 人，加上上年以前转的龙里 12 人、瓮安 25 人，全州共转 389 人，占全州 482 名企业离休干部总数的 80.7%。独山、三都全部企业离休干部，平塘、贵定、福泉效益较好企业离休干部的生活待遇则采取企业、财政和统筹各负担一点的办法解决。

2000 年，都匀、福泉、贵定 3 个县（市）解决副县级（含享受）以上离退休干部住宅电话费；都匀市和贵定县解决“菜篮子”补贴；福泉市为 75 名回农村安置的退休干部发放建房补助费 10.5 万元；平塘县安排 10 万元解决退休回农村居住人员的建房补助费。

2001 年，补发中央财政拨的 65 万元和省财政拨的 30 万元拖欠离休干部“两费”。福泉市对参加公医改革的离休干部每人全年发放 6000 元包干使用，节约归己，超过凭发票结算实报实销。州政府拨款 12 万元专用于州直单位无工作的老干部遗孀报销医药费。

2002 年，黔南州率先在全省出台《关于进一步完善离休干部“两费”保障机制和财政支持机制的实施意见》，全州企业离休干部 408 人中离休费已转财政负担的 310 人（11 个县市和州直单位），由社会统筹发放离休费的有 107 人（都匀市）。全州企业离休干部 408 人中，医药费转财政开支的有 392 人（11 个县市和州直单位），医药费由企业和地方财政共同负担的有 16 人（长顺县）。

2003 年，增加老干部慰问经费，州直机关离退休人员慰问费：2001 年为 15 万元，2002 年为 16.03 万元，2003 年为 31.7 万元。

2004 年，全州落实 719 名新中国成立初期参加革命工作的退休干部的生活补贴。

2005 年，州直单位及各县（市）离休干部医药费总支出 1740.3 万元，人均支出 1.5 万元。

2007 年，州委办、州政府办印发《关于进一步做好国有改制和关闭破产企业离休干部管理服务工作的实施意见》，进一步完善国有改制和破产改制企业离休干部的管理服务工作。新建 300 余套老年福利房，以较低的价格出售给年满 60 周年以上，且未享受福利分房和有特殊困难的老干部，改善他们的住房条件。

2008 年 8 月，组织州直单位离休干部和副地级以上离退休干部共 303 人进行健康体检。州退干局领导班子代表州、政府走访看望了易地安置或居住在外省的 11 名离休干部。州和各县（市）机关、企事业单位离休干部每月增加护理费 600 元，全部兑现。

2009 年，州委、州政府在重大节日和老年节，拨专款共 25 万元，按照分级负责原则组织召开副地级以上待遇离退休干部迎春座谈会。向省报批符合享受副地级医疗待遇的老干部 100 名，其中：州直单位 20 名，县（市）80 名。

2010—2013 年，每年组织州直单位离休干部和副地级以上待遇退休干部进行健康体检。

2014 年，州四家班子举办迎春团拜会，40 名副地级以上待遇离退休干部及遗孀代表出席团拜会，共走访慰问老干部 100 余人次。走访慰问副地级以上年满 70 周岁离退休干部 80 余人，送慰问金共计 4 万元。对州直单位符合条件的困难离退休干部 12 人进行现金帮扶，投入帮扶基金 1.95 万元，对生病住院的离退休干部进行走访慰问，送慰问金共计 5 万元。福泉建立《离退休干部身边无子女关爱工作制度》，对困难老干部、困难遗孀及身边无子女的离休干部等进行帮扶；龙里为 32 名特困离休干部落实特困离退休干部帮扶基金 6.8 万元，帮助他们解决实际困难。

1991—2014 年全州离退休干部统计表

表 3－4－6　　单位：人

年度	离休干部（机关、企业、事业）						退休干部（机关、事业）		
	参加工作时间				享受待遇				
	总人数	红军时期	抗日战争时期	解放战争时期	享受地级	享受县级	总人数	享受地级	享受县级
1991	1810	6	372	1432	181	950			
1992	1810	6	372	1432	181	950			
1993	1810	6	372	1432	181	950			
1994	1811	6	367	1438	189	1275			
1995	1763	6	355	1402	191	931			
1996	1701	4	343	1354	191	1188	13729	13	1331
1997	1623	3	324	1296	170	1204	12607	13	1077
1998	1567	3	311	1253	163	1186	12691	25	1177
1999	1499	3	290	1206	158	1186	14701	31	1231
2000	1440	3	278	1159	156	1046	14137	25	1291
2001	1392	2	264	1126	150	778	16966	20	1316
2002	1323	1	244	1078	103	789	17761	47	1314
2003	1212	1	235	976	80	685	18823	53	1327
2004	1159	1	213	945	66	626	18849	55	1325
2005	1085	1	191	893	60	583	18976	55	1335
2006	1046	1	179	866	106	792	19088	59	1341
2007	965		165	800	95	741	20179	63	1343
2008	904		155	749	89	706	20454	63	1354
2009	831		140	691	79	661	21092	61	1338
2010	769		124	645	74	586	26076	60	1201
2011	692		109	583	64	538	26821	62	1217
2012	623		97	526	58	492	27501	67	1270
2013	543		76	467	35	379	28412	61	1325
2014	503		66	437	31	292	29313	60	1534

四、老年人教育

1991 年 12 月，州老年大学理事会改为校务委员会。1992 年 5 月，州老年大学在学员中建立临时党支部。1994 年底，州老年大学有正式职工 5 人。1997 年底，学校办学十周年时，学校编制 8 人，正式在编人员 7 人。2002 年底，除惠水县老年大学的校长仍由一名离休老干部担任外，其他 11 个县（市）都配备在职专职校长（副校长）。2005 年 12 月，全州县以上老年大学编制61人，在职人数54人。2006年11月，州编委核定州老年大学领导职数为校长1名（副县级）、副校长1名（正科级）。2007年12月，明确黔南州老年大学列入参照公务员法管理的事业单位范围。2008年1月，黔南州老年大学机构明确为正县级单位。

黔南州老年大学学制两年，每两年招生一次，两年为一届。从开学到完成学业两年中，凡出勤率达到75%的都可以发放毕业证书，所有学员均可自由选择继续在校学习。学校从第四届招生开始逐步向社会开放，取消了第一届规定的政治待遇必须是离休干部或县级以上退休干部的条件，凡身体健康的中老年人均可报读。1991—2012年，共招收学员2641名。1991—2014年，州老年大学聘请教师80余名，聘用教师全部建立档案。

1991—2012年黔南州老年大学学员情况一览表

表3-4-7

届别	学习时间（年）	招生人数（人）	毕业人数（人）
第三届	1991—1993	139	115
第四届	1993—1995	129	51
第五届	1995—1997	108	69
第六届	1997—1999	198	149
第七届	1999—2001	208	203
第八届	2001—2003	197	195
第九届	2003—2005	182	178
第十届	2005—2007	251	248
第十一届	2007—2009	273	268
第十二届	2009—2011	451	446
第十三届	2011—2012	505	499

第九节　信　访

1994年底，有5个县（市）保留或恢复县级信访机构。1995年4月，州信访局增设调处科，对外挂黔南州调处山林土地纠纷领导小组办公室（以下简称调处办）牌子。县（市）信访工作机构恢复到8个，三都县、都匀市调处办明确与信访办合署办公，独山县调处办单设。1996年，全州12个县（市）全部恢复党委、政府信访办公室（正科级）。2002年，州信访局（调处办）列为州政府办公室管理机构。2004年，建立州处理信访突出问题及群体性事件联席会议制度，下设办公室在州信访局。2011年2月，州政府恢复设立黔南州人民政府山林水事土地调处工作办公室，办公室设在州信访局。2013年，州信访局增加事业编制4名，编制总数由13名增加到17名。2014年，设立黔南州群众工作中心，与州信访局合署办公，一个机构、两块牌子，总编制17名。

一、来访接待

1991—1995年，群众来信在600~700件之间（仅1994年超过1000件），来访人次均在500人次以下，集体上访每年均有发生。群众反映的问题主要有三个方面：山林土地权属纠纷；举报党员干部贪污受贿、打击报复、以权谋私、违法违纪现象；反对乱罚款、乱收费，要求减轻群众负担。

1996—2000年，信访总量较前五年增多，呈现逐年上升趋势。每年来信总量在600~900件之间，来访人次每年均超过1000人次。来访中，山林、土地、水事、民族、民事等纠纷占总数的25%，就业和劳动工资问题占总数的23%，各类经济问题，占总数的22%，其他各类问题占总数的30%。集体上访多系国有企业改革、退休职工工资不能按时发放和山林水事土地权属争议纠纷等原因引起。1998年，三都、独山、都匀、贵定、荔波等县（市）和州际边界因山林土地权属纠纷引发群体集体械斗、毁坏庄稼和农业设施等恶性事件，造成流血事件10余起，数十人受伤，死亡4人。

2001—2005年，群众来信来访在2001年达到近十年的顶峰后又逐渐回落至前五年水平。群众反映诉求主要有求决类、申诉类、检举揭发类、批评建议类等，开始出现群众重复信访、联名来信情况。其中，2001年，来信来访反映山林土地权属纠纷、旧城改造、房屋拆迁、补偿及民间纠纷、群众权益等方面占来信来访总数的43.4%，经济建设等各种权益类占总数的25.9%，社会治安类占总数的14.3%，党风廉政建设类占总数的10%，其他问题占总数的6.4%。12个县（市）都建立领导接待日制度、四大班子信访工作联席会议制度。

2006—2010年，群众信访总量逐渐上升，特别是2008年实施领导大接访和“三级联动”视频接访后，全州信访总量一直高位运行，重复来信来访大量出现。来信来访中，以求决、申诉、揭发控告、意见建议等类别为主。在2006年的信访问题中，求决类占87.4%，申诉类占3.9%，揭发控告类占3%，意见建议类占2.1%，其他占3.5%；信访涉及的问题有劳动社保、山林水事、城建、党纪政纪、“三农”问题、政治、环境保护、社会治安、民政、教育、卫生及其他方面。2008年的信访问题中，求决类占76.98%、申诉类占11.38%、揭发控告类占4.89%、意见建议类占0.42%、其他占6.33%；信访突出问题涉及企业改革改制引发的劳动社保问题、土地征用及地权林权矿权纠纷、城乡建设房屋拆迁问题、民政、组织人事、政法等。

2013年，全州接待群众来访批次和人次分别比上年下降10.9%和16.2%；2014年，开通运行“12345”民心热线后，网上信访数量上升。走访呈乡、县、州、省、京逐级下降趋势。州、县两级领导共371名领导干部参与接访，共接待群众1722批次8167人次。其中，州直单位领导干部接访481批971人次，县直单位领导干部接访704批1476人次。

1991—2014 年黔南州来信来访情况统计表

表 3－4－8

年度	来信（件）	到州访				赴省集体访		进京非访人次
		批次	人（次）	集体访				
				起	人次	批次	人次	
1991	664		119	7	86			10
1992	667		211	40	234			
1993	721		408	27	273			
1994	1067		576	14	456			
1995	587		229	13	160			
1996	614		455	13	375			
1997	739		1181	26	965			
1998	830		1654	43	1409			
1999	837		2083	37	1774			
2000	856		1678	45	1472			
2001	1016		2827	47	2620			
2002	868		1526	100	1396			
2003	663		1413					
2004	706		1262		1176	23	474	
2005	678		905	29	817			
2006	587		1069	25	781			69
2007	435		1027	31	894			
2008	666	344	2629	73	2286	29	745	135
2009	515	1337	5651	167	3094	31	1095	239
2010	350	1209	4455					110
2011	211	1024	3214	13	134	31	577	4
2012	262	2039	6639					10
2013	459	1817	5566	33	610			495
2014	149	381	1412	39	834	297	710	46

二、信访案件办理

1991 年，启动山林土地水事权属争议案件协调处理，引导福泉县几十人集体到州上访案的上访人通过司法渠道维护自身合法权益。1995 年，对立案交办的 43 件信访案件，及时交办、定期检查、随时督促办，办结 35 件；州政府成立山林土地水事权属争议协调办公室后，先后介入并协调处理了贵阳市花溪区高坡乡和黔南州龙里县民主乡的山林土地矿产资源纠纷问题、都匀市甘塘镇胡广村与贵定县岩下乡摆洗村土地权属争议问题等，都匀市甘塘镇胡广村与贵定县岩下乡摆洗村土地权属争议双方于 1996 年 11 月签订调解协议，结束历时一年多的土地纠纷。

1998 年，调处三都、独山、都匀、贵定、荔波等县（市）和州际边界纠纷。

2001 年，共立案交各县（市）办理信访案件 113 件，办理州政府交办的山林土地水事权属争议纠纷 3 件，受理罗甸县董架乡白龙村、三都县廷牌乡甲王村、都匀市洛邦镇白龙田村等县市土地权属争议问题。2003 年，中央、省立案的 79 件均按时办结，州立案的 259 件办结 255 件。2005 年，以《初信初访摘要》《专报信息》的形式将群众反映的主要问题报有关领导阅批。按《中华人民共和国信访条例》的规定，实行案件办理期限制度。全年办理各类信访案件 472 件，到期 469 件，办结 469 件。

2006 年，州信访局立案交办初信初访共 151 件，办结 151 件；办理中央、省、州交办的信访事项 450 件，办结 450 件。2008 年，采取函件督办、电话督办、会议督办、现场督办、定期通报等形式狠抓督查督办，推进重大信访事项如期办结，共办理中央、省、州交办案件 1281 件，到期 1245 件，办结 1208 件。是年，开始实行州、县、乡“三级联动”视频接访机制，交办案件 138 件。2009 年“三级联动”交办案件 199 件。2010 年，共办理中央、省、州交办案件 428 件，到期 405 件，办结 405 件；“三级联动”领导批示交办 42 件，到期办结 32 件。

2011 年，开通网上信访平台，拓宽信访渠道。2013 年，共办理网上群众诉求 428 件，到期办结率 100%；共办理省转信访事项 2998 件，到期办结率 100%；共办理、督办中央、省、州交办的 1246 件，到期办结率 100%；共排查化解矛盾纠纷、信访问题、信访积案 1078 件；共受理、办理复查复核案件 26 件，到期办结率 100%。化解都匀茶场涉及 300 多员工要求提高待遇等信访事项，化解涉及 150 余人的龙潭宾馆安置遗留问题，化解涉及 300 余人的开磷剑化企业异地搬迁职工安置上访案等一系列重大信访案件。

2014 年，全州立案交办初信初访案件 2552 件，到期办结 2552 件，州信访局立案交办来信来访案件 86 件到期办结 86 件。全州办理网上信访 7342 件，到期办结 7342 件；共受理复查复核申请 37 件，均在规定时限内办理完毕。

三、矛盾纠纷和信访问题隐患排查及化解

（一）矛盾纠纷和信访问题排查化解

全州信访部门注重矛盾纠纷和信访问题隐患排查，进行事前预防。对排查出来的问题和隐患，按照“分级负责、归口办理”“谁主管谁负责”“属地管理”的原则，明确督办单位、责任单位及责任人，明确办理时限和上报时间，及时把问题解决在基层、解决在单位、解决在萌芽状态，做到早发现、早报告、早控制、早解决，从源头上化解矛盾，减少信访总量。

1995 年起，从州级层面介入化解可能引发重大群体性事件的山林土地水事权属争议纠纷，加大山林土地水事权属纠纷引发群体性事件的排查、调处力度，主要从州级层面介入协调处理影响较大的县际纠纷。1995 年调处了荔波县水尧乡村民反映县四大班子损害村民利益的问题、都匀市西园村群众反映被征用土地款收入不符的问题。2001—2004 年，调处影响较大的山林水事土地权属纠纷 34 起。

2004 年，建立健全信访联席会议制度后，着重抓突出矛盾纠纷和信访问题引发进京非

访的信访积案排查化解。至2014年，共分解由州委常委、州政府副州长包案94件，化解94件，化解率100%；分解由县（市）包案1309件，化解1090件，化解率83.27%。

（二）重大节会特殊敏感时期排查化解

2002年中共十六大期间，在12个县（市）和直属单位逐一进行排查，共排出40项信访事项，其中18项重大信访事项；根据“分级负责、归口办理”和“谁主管谁负责”的原则，把矛盾化解在内部、把问题解决在基层，采取有效措施化解，加强督查督办，确保中共十六大期间无重大群体性上访和进京或集体到省上访事件。2010年上海“世博会”和广州“亚运会”“亚残会”期间，有9名州领导到信访部门坐班接访，接待来访群众303批1243人（次）。2012年中共十八大期间，通过构筑事发地维稳屏障、省组维稳屏障、驻京维稳屏障三道屏障，在源头，强化种类矛盾纠纷化解和重点人员稳控措施，将1393件矛盾纠纷和信访案件分解由各级领导包案化解，州领导包案118件，化解各类积案238件，有18名州领导到信访部门接待群众259批次794人（次），实现总体可稳可控；在省级屏障，共接待上访群众27批次91人（次），未出现非法聚集、滋事、滞留、倒流现象；在末端，驻京信访工作组成功劝返接回滞留在京的上访人员21人，工作成效得到省的肯定。

1995—2014年黔南州矛盾纠纷和信访问题隐患排查及化解情况统计表

表3-4-9

年度	调处影响较大的山林土地水事权属纠纷（起）	矛盾纠纷和信访问题（件）		重大案件领导包案（件）		领导接访化解			争取到中央疑难案件化解资金（万元）
		排查	化解	包案	化解	领导接访（人次）	接待群众 批次	接待群众 人次	
1995	4								
1996	8								
1997	3								
1998	5								
1999	4								
2001	8								
2002	12								
2003	7								
2004	7	239	239						
2005		772	766	40	40				
2006		450	450	130	130				
2007		472	463	197	189				
2008		190	167	190	167	18	206	871	
2009		161	152	161	152	44	739	2320	25
2010		283	275	283	275	9	303	1243	150
2011		253	253			15	83	341	169

续表 3－4－9

年度	调处影响较大的山林土地水事权属纠纷（起）	矛盾纠纷和信访问题（件）		重大案件领导包案（件）		领导接访化解			争取到中央疑难案件化解资金（万元）
		排查	化解	包案	化解	领导接访（人次）	接待群众		
							批次	人次	
2012		1393	1380	118	118	18	259	794	
2013		1055	1055			504	1512	3781	
2014		1820	1797	931	908	453	540	1341	260

说明：调处山林水事土地权属纠纷工作从1995年建立调处办开始，2005年后不再单列山林水事土地权属纠纷调处工作；矛盾纠纷和信访问题排查化解从2004年开始实施；重大案件领导包案从2005年新的《中华人民共和国信访条例》颁布后开始执行；领导接访工作从2008年“大接访”后开始执行；2000年资料遗失

（三）信访预警信息

州信访局注重信访预警信息工作。1991年，都匀刺绣厂数十名女工集体到州上访反映厂主骗取她们保证金的问题，州信访局及时将该信息向州委专题报告，并通知相关部门共同做好疏导工作，使该信访事项再没有集体上访。2004年，针对近年农村上访反映涉及土地征用和纠纷的问题比较多，以及水库、风景区移民安置难度比较大的问题，州信访局组织都匀、罗甸、荔波等县（市）信访局开展调研，编印《初信初访摘要》12期、《黔南信访》12期，将重大信访问题及时向州委、州政府报告。2008年，编发《黔南信访》12期，刊载信息134条。2012年，采取每季度督查调研、点评、通报等方式，向省信访联席办、州委、州政府报送各种信息224期。

第十节　其他党务工作

一、机关党组织建设

（一）组织建设

黔南州直属机关党的建设工作由州直属机关工作委员会（以下简称州直机关工委）负责。1991—1997年，州直机关工委行政编制8名，事业编制2名。内设机构有纪工委、办公室、组织宣传科、团工委。2009年，成立县（市）和州直目标管理领导小组，领导小组设办公室，办公室为常设机构，设在州直机关工委。2012年，州直机关工委行政编制11名。

1991年，培训入党积极分子100人，发展新党员76人。开除党籍2人，除名2人，警告1人，留党察看3人。表彰优秀党员151人，并向州委推荐表彰先进党组织11个、优秀党员10人，向省委推荐表彰优秀党员教育工作者1人。

1992 年，培训入党积极分子 130 名，发展党员 101 名。开除党籍 2 人，党内警告 1 人。

1994 年“七一”前夕，组织州直机关 1000 多名党员到都匀市坡脚寨开展联欢，并举行新党员宣誓、党的知识竞赛及猜谜语、拔河比赛等活动。培训入党积极分子 172 人，发展党员 143 人。

1995 年，开展向孔繁森先进事迹学习活动。表彰 29 个先进党组织、53 名优秀共产党员，并向州委推荐表彰 6 个先进党组织，8 名优秀共产党员。“七一”期间举办“颂歌献给党”卡拉 OK 比赛。是年，纪念世界反法西斯暨抗日战争胜利 50 周年举办“国防杯”歌咏比赛，国庆节举办趣味接力赛。举办入党积极分子培训班 2 期，参加培训人员 222 人，发展党员 135 人。

1996 年，纪念建党 75 周年，举办知识抢答赛，有 48 个队共 144 名选手参赛。举办入党积极分子培训班，培训人员 306 人，发展党员 189 人。开除党籍 2 人，党内除名 1 人，恢复党籍 1 人。

2001 年，开展纪念建党 80 周年活动，与州委组织部、州委宣传部举办“都匀地区颂歌献给党”歌咏赛，70 多个单位组成 61 个队（联队）4000 多人参赛。与州体育局举办“迎国庆拔河”赛，共有 39 个队参赛。召开州直机关党员代表会议，选举出 28 名出席州第八次党代会代表。培训入党积极分子 265 人，发展党员 157 人。取消党员资格 5 人，警告2 人。

2003 年，印发《关于发挥机关党组织的战斗堡垒作用和共产党员的先锋模范作用，积极投入防控“非典”战役的意见》，表彰防控“非典”成绩突出的 6 个先进党组织、36 名优秀共产党员。印发 1000 册先进党组织和优秀共产党员事迹材料给各基层党组织学习。培训入党积极分子 509 名，发展党员 98 人。开除党籍 1 人，党内除名 4 人，取消预备党员资格 4 人。与州体育局开展“迎国庆趣味接力赛”，有 78 个队参赛。春节期间慰问困难党员和老党员，发放慰问金 1.8 万元。培训党务干部 40 名。

2005 年，印发《关于进一步加大力度推进新阶段扶贫开发工作的决定》，与州委组织部、州扶贫开发局共同组织，从州直 76 家单位抽派 95 名中青年干部组成 12 个党建扶贫工作队，到 12 个县（市）一类贫困村开展扶贫工作。在三都县召开机关党建工作交流会议，全州 12 个县（市）机关党（工）负责人参加会议。培训入党积极分子 344 人，发展党员 145 人。“七一”、春节期间慰问州直机关特困党员 124 人，发放慰问金 2.84 万元。推荐州委表彰先进党组织 3 个、优秀共产党员 5 人，推荐省关工委表彰先进个人 2 名。

2006 年，与州委组织部、州扶贫开发局共同组织，从州直 83 个部门抽派 94 名中青年干部组成 12 个党建扶贫工作队，到 12 个县（市）18 个乡（镇）一类贫困村开展扶贫工作。在罗甸县、龙里县召开 2 次机关党建工作经验交流会，12 个县（市）、州直机关党组织负责人参加会议。完成十七大代表初步人选 24 名、省第十次党代会代表初步人选 36 名的推选工作。选举出席州第九次党代表会代表 31 名的选举工作。“七一”、春节期间慰问特困党员 124 人、发放慰问金 2.89 万元。培训入党积极分子 230 人，发展党员 192 人。表彰先进党组织 38 个，优秀党员 132 人，优秀党务工作者 39 人，推荐州委表彰先进党组织

13 个、优秀党员 11 人、优秀党务工作者 7 人，推荐省委表彰先进党组织 1 个、优秀党员 1 人。

2007 年，印发《黔南州州直机关党的基层组织先进性建设工程实施方案》，以州公安局、州建设局、州劳动和社会保障局四个机关党组织和州人民医院、州中医院、州资本营运公司三个事业党组织为党的先进性建设工程示范单位。培训入党积极分子 171 人，发展党员 122 人。开除党籍 2 人，党内除名 1 人。“七一”、春节慰问州直特困党员 126 人，发放慰问金 3.69 万元。

2008 年，在州直机关启动基层组织建设年活动，创建“学习型、服务型、效能型、廉洁型”机关。将商务和粮食局所辖糖业烟酒公司党支部作为试点，开展党支部公推直选工作。培训入党积极分子 315 人，发展党员 63 人。开除党籍 1 人，党内警告 2 人。春节期间慰问困难党员 147 人，发放慰问金 3.34 万元。向州委推荐表彰 5 个先进党组织、5 名优秀共产党员、3 名优秀党务工作者。

2009 年，印发《州直工委关于进一步建立健全党内激励、关怀、帮扶机制的实施意见》，开展创建“五好”（支部班子好、党员管理好、组织生活好、制度落实好、作用发挥好）基层党组织活动，有 11 个基层党组织被评为“五好”基层党组织。培训入党积极分子 258 人，发展党员 40 人。开除党籍 3 人，严重警告 3 人。春节期间慰问困难党员、老党员 124 人，发放慰问金 3.29 万元，“七一”期间慰问老党员、老红军、老战士、老干部 317 人，发放慰问金 3.75 万元。编印《党的基层组织建设业务手册》700 册发放给基层党组织。

从 2009 年开始，州目标办设在州机关工委，对 12 个县（市）及都匀经济开发区、州直机关行政部门进行目标工作管理考核，同时将 2001 年以后的党建目标考核工作并入，不再单独考核。

2011 年，在州直机关开展“创先争优”活动。表彰 2010 年党建目标先进单位一等奖 39 个、二等奖 36 个、三等奖 6 个。为庆祝建党 90 周年，举办都匀地区红歌大赛，共有 55 个队（联队）参赛。表彰先进党组织 57 个、优秀党员 101 人、优秀党务工作者 45 人，推荐给州委命名“五好”基层党组织 14 个、省委命名 3 个。在《黔南日报》开设机关党建巡礼专栏。春节、“七一”期间慰问老红军、老干部、困难党员、发放慰问金 24.66 万元。开展“3·5”学雷锋、“3·12”植树节活动，表彰优秀团员 88 人、优秀团干部 60 人、州直机关“五四”青年贡献奖团干部 18 人。培训入党积极分子 228 人，发展党员 51 人。选举出席州党代会代表 32 名。向州委推荐出席省第十一次党代会代表初步人选 37 人、出席十八大代表初步人选 6 名。

2012 年，在州直机关开展基层组织建设年活动。印发《关于对县（市）直属机关工作党（工委）指导意见》《关于加强州直机关党组织书记队伍建设有关问题的通知》。在州委办公室、州政协办公室、州纪委监察局、州委组织部、州商务和粮食局、州文化和广播电影电视局、州人力资源和社会保障局、州水利局、州民政局、州工业和信息化委员会、州林业局、州财政局、州供销社、州卫生局、州住房和城乡建设局、州教育局、州发展和改革委、州委党校设专职书记（副县级），并确定州中医院党委、州移动通信公司党委、州公安局机关党委、州邮政局机关党委、州检察院机关党委、州国局机关党委、州民政局机关党委、州农委机关党委、州财政局机关党委、州工商局机关党委、州委办机关党委、州药监局党总支、州劳教所党总支、州特殊学校党支部、州审计局党支部15家单位为州直机关党建工作示范点。在《黔南日报》开办“强化服务意识，坚持务实创新，努力提高机关党建工作科学化水平”党建巡礼专栏。

2013年，在州直95个单位抽调187名干部组建同步小康驻村工作组，到全州54个重点村开展帮扶工作。是年，培训入党积极分子177人，发展新党员43人，被省委表彰先进党组织1个；州委表彰先进集体29个、优秀共产党员95人、优秀党务工作者47人。

是年，开展州直机关“双七增辉”（农村、社区、机关事业单位、国有企业、非公企业及园区、社会组织、学校；一个好抓手、一个好班子、一个好队伍、一个好机制、一个好环境、一个好业绩、）示范点活动，并将州委办公室机关党委、州农委机关党委、州工商局机关党委、州中医院党委、州劳教所党总支、州邮政局机关党委、州公安局机关党委、州民政局机关党委、州财政局机关党委、州检察院机关党委、州食品药品监督管理局党总支、州国税局机关党委、州审计局党支部、州特殊学校党支部、州移动公司党委15个单位党组织作为首批示范点。

2014年，州委办机关党委、州中医院党委、州移动公司党委、州公安局机关党委、州邮政局机关党委、州检察院机关党委、州国税局机关党委、州民政局机关党委、州农委机关党委、州财政局机关党委、州工商局机关党委、州药监局机关党委、都匀劳教所党总支、黔南州特殊学校党支部、州审计局党支部15个党组织党建示范点验收合格，向每个党组织补助创建经费5000元。

是年，从州直机关95个单位抽调200名干部组建同步小康驻村工作组，到全州540个重点村开展帮扶工作。

（二）宣传教育

1991年，开展党的知识教育活动，举办各类型学习班4期，参加人数2000余人。组织3000余人次进行党史教育活动，并参观黔南革命斗争文物展览。组织州机关单位7027人次观看《大决战》《焦裕禄》《开天辟地》《周恩来》《中流砥柱》等历史影片。

1997年，与州委组织部、州委宣传部联合组织州直机关领导干部学习十五大精神，476名县级干部参加培训学习。举办十五大知识竞赛，印制和发出试卷1.7万份。

1999年，举办庆“‘七一’、颂祖国、望未来、跨世纪”演讲赛，各党组织推荐选手109名参赛，与州委宣传部、州邮政局举办“爱祖国、爱家乡”迎接澳门回归祖国、迎接新世纪“邮政杯”电视抢答赛。

2000年，举办“新形势下机关党建工作如何服务经济大局”党务干部培训班，有89名党务干部参加培训。与州纪委、州委组织部举办“党规党纪”知识竞赛，有42个队参赛。

2003年，印发《关于兴起学习“三个代表”重要思想新高潮的通知》，订购《党的十六大精神学习读本》《"三个代表"重要思想读本》《中国共产党章程》发放给州直机关各党组织学习。"七一"前夕，与州纪委、州委组织部、州委宣传部举办贯彻十六大精神为主题的知识竞赛，有78个队参赛。

2004年，与州纪委开展《中国共产党纪律处分条例》《中国共产党党内监督条例》知识答题活动，发出试卷6500份，收回5900份。

2007年，与州纪委、州委组织部举办"党的先进性建设工程、机关作风教育整顿"知识竞赛，80支代表队参赛。

2009年，举办建党88周年"争做三实三创表率，争当科学发展先锋"百题知识竞赛活动。为庆祝中华人民共和国成立60周年，与州文化局举办"党旗飘飘，科学发展"主题广场文化宣传活动，共计演出13场。与州委组织部在江苏省苏州干部培训基地培训州内党务干部71名。订购十七届四中全会《决定》学习辅导读本和问答各500本发放给基层党组织学习。

2010年，与州委宣传部举办"伟大祖国我的家"文化广场演出12场。培训党务干部104人，向基层党组织发放警示光盘《辉煌与堕落》100套。开展烟草杯"学准则，促廉政，学条例，构和谐"百题知识竞赛。

2011年，为基层党组织配发《贪之害》警示教育光盘100套。与州委党校建立州直机关党员干部培训基地，并举办党务干部培训班2期，培训基层党组织负责人93名。为州直机关500余名党员干部订购《当代贵州手机报》，举办党务干部培训班2期，培训93人。

2012年，在州直机关教育培训基地（州党校）和昆明市委党校培训党务干部93名。为州直机关党组织配发《国企蛀虫》警示教育光盘100套。组织93名党务干部到"黔南州反腐倡廉教育基地"参观学习。

2014年，组织党务干部2期到广州中山大学培训党的基本知识、业务知识，学习经济发达的先进经验，共计培训112人。在贵阳孔子学院举办党务干部业务知识和道德修养培训班3期、共培训党务干部256名。

1991—2014年州直机关党组织、党员统计表

表3-4-10

年度	党员总数（人）	党组织数（个）	党委（个）	党总支（个）	党支部（个）	少数民族党员（人）	占比例（%）	妇女党员（人）	占比例（%）
1991	3542	283	8	29	246	935	26.39	832	23.48
1992	3688	286	8	29	249	998	27.06	876	23.75
1993	3778	297	8	30	259	1167	30.88	1165	30.83
1994	3920	325	10	35	280	1179	30.07	1050	26.78
1995	4200	324	8	35	281	1175	28.58	1057	26.14
1996	4454	326	10	35	281	1192	26.76	1195	26.82
1997	4726	318	11	36	271	1402	29.66	1303	27.57
1998	4559	343	12	32	299	1374	30.13	1293	28.36

续表 3-4-10

年度	党员总数（人）	党组织数（个）	党委（个）	党总支（个）	党支部（个）	少数民族党员（人）	占比例（%）	妇女党员（人）	占比例（%）
1999	4753	359	14	35	310	1446	30.42	1356	28.52
2000	4866	358	14	34	310	1504	30.90	1394	28.64
2001	5131	378	15	33	330	1595	31.08	1484	28.92
2002	5771	407	19	35	353	1742	30.18	1795	31.10
2003	5903	408	20	35	353	1775	30.06	1854	31.40
2004	6312	435	20	35	380	1951	30.90	1991	31.54
2005	6128	428	20	33	375	1927	31.44	1935	31.57
2006	6336	441	20	36	385	2048	32.32	2049	32.33
2007	6224	442	21	36	385	2008	32.26	2028	32.58
2008	6136	440	20	37	383	2081	32.94	2046	33.4
2009	6647	460	34	22	404	2229	33.53	2190	32.94
2010	6694	465	37	18	410	2257	33.71	2215	33.88
2011	6605	465	38	17	410	2230	33.76	22.03	33.35
2012	6796	459	38	17	404	2314	34.04	2273	33.44
2013	6905	470	43	16	411	2389	34.60	2310	33.45
2014	7026	476	51	11	414	2451	34.88	2350	33.44

二、讲师团工作

1991 年，州委讲师团与州委宣传部合署办公，有事业编制 15 名，实有人数 5 人。2002 年，州委讲师团从州委宣传部独立出来，有事业编制 15 名，实有人数 3 人。2008 年，黔南州委讲师团机构明确为正县级规格。2009 年，核定事业编制 15 名，列入参照公务员法管理范围。2012 年，明确州委讲师团 15 名事业编制。2014 年，实有人数 12 人。

（一）理论宣讲

1992 年，配合全州党员干部学习中共十四大报告精神，派出理论教员 19 人次到各单位重点辅导 76 课时。1995 年，配合有关部门组织州直机关企事业单位县级干部《邓小平同志建设有中国特色社会主义理论学习纲要》读书班 3 期。为团州委培训骨干辅导员。1996 年，到都匀水泥厂讲授，为独山县委宣传部举办的中青年干部专题学习班讲授等。1998 年，到部分单位及乡（镇）等宣讲中共十五大精神 8 场（次），受众 1000 多人次。同年，与州委宣传部联合组织召开纪念真理标准大讨论 20 周年和十一届三中全会召开 20 周年座谈会。在科技活动日活动中，州委讲师团牵头组建“科教兴州宣讲团”，于 3 月 9—18 日在平塘、独山、罗甸、长顺、三都、荔波、都匀等 7 个县（市）进行宣讲，受众 5000 余人次。

2002 年，州委讲师团先后在福泉、平塘、贵定、罗甸、荔波、三都、瓮安、龙里等县（市）举办多种形式的学习班，就江泽民“5·31”讲话及“三个代表”重要思想进行专题宣讲。牵头组建“科教兴州宣讲团”，分别到独山、平塘、罗甸、长顺、惠水县进行宣讲。

配合州委宣传部举办全州各县（市）理论骨干学习中共十六大精神培训班1期。

2003年，州委讲师团到都匀、福泉、贵定、罗甸、独山、荔波、平塘等7个县（市）以及州纪委、州委组织部、州党校、州民政局、州乡镇企业局、州商贸局、都匀一中、都匀军区、武警黔南支队等州直部门和企业开展中共十六大精神、“三个代表”重要思想、“431”发展格局等主题宣讲活动。

2005年5月，承办全州“构建社会主义和谐社会巡回报告会”。在第一、二批先进性教育活动中，州委讲师团到州直部门及12个县（市）的机关、学校、企业、乡镇、社区，宣讲保持共产党员先进性教育活动的重要性和必要性以及新时期保持共产党员先进性的基本要求，共宣讲近100场，听取宣讲的党员近万人。在全州第三批先进性教育活动农村宣讲团中，讲师团到9个县、18个乡（镇）、7个村，向基层党员群众宣讲，共宣讲30多场，听取宣讲的党员、群众5000多人。

2008年，牵头组织州中共十七届三中全会精神宣讲团，结合省委十届四次全会和州委九届六次全会精神，讲师团到8个县（市）12个乡（镇）进行宣讲，共宣讲12场次，听取宣讲的群众3000余人次。2012年11月，开通“中共黔南州委讲师团”网站，成为全省9个市（州）讲师团中率先开通网络平台的3家之一。组建由州、县（市）宣传、教育等部门62名宣讲骨干组成的黔南州宣讲人才库。

2014年，组织实施“百姓宣讲百千万工程”（百个宣讲团、千名宣讲员、万场宣讲）。组织建立“百姓宣讲人才库”。全州12个县（市）及都匀经济开发区均组建“百姓宣讲团”。邀请到来自长顺县敦操乡的“背篼干部”代表石帮、龙里县龙山镇“快递干部”代表伍航、福泉市仙桥乡王卡村“优秀大学生村干部”代表胡一茂、贵定县法院“天平先锋”代表马灯会、惠水县甘昌村“优秀村支书”代表杨杰、荔波县瑶山乡“伙计干部”代表覃廷霞等6名先进典型代表，在州级和各县（市）巡回宣讲14场，现场听众近4000人次。5月，与州委宣传部、州委群众路线活动办联合组织福泉“1·23”森林火灾杨刚救火英雄团体先进事迹巡回宣讲活动，宣讲团在省委党校及全州各县（市）宣讲13场，听众近4000人次。

（二）理论研究成果

1992年，州委讲师团顾永隆参加全国邓小平管理科学思想讨论会，发表论文《试论邓小平科学管理思想的形成与发展及其特征》，并获三等奖；参加省级理论研讨会，共递交论文3篇，其中1篇被评为优秀论文奖，2篇在省委讲师团主办的《理论与当代》发表。1997年11月，完成省委讲师团《贵州讲师团系统作用与建设调查研究》课题黔南州委讲师团的调查子报告。2000年，与州委宣传部联合举办第四届都匀地区社科联席会，会议收到论文33篇，其中3篇入选省“西部大开发，贵州怎么干”理论研讨会。

2005年，州委讲师团李祝庆、柴天祥、黎庆礼撰写的论文《试论保持社会稳定与构建和谐社会的关系——从同一公司两个电站建设的不同景遇谈起》《浅论“三农”工作中应该关注的几个问题》《构建民族地区农村党员先进性保障机制的思考》，参加由省政府信息中心、省委宣传部、贵州大学主办的新阶段扶贫开发、加强党的执政能力建设、构建社会主义和谐社会理论研讨会，其中，《构建民族区农村党员先进性保障机制的思考》一文被省委宣传部编入《加强党的执政能力建设之一——学习贯彻胡锦涛总书记视察贵州重要讲话精神》论文集。2008 年，黎庆礼的论文《用社会主义核心价值体系引领社会思潮有效途径探讨》参加省委讲师团举办的“社会主义核心价值体系理论研讨会”，论文入选《贵州省建设社会主义核心价值体系专题研讨会论文集》。

2009 年，夏平、柴天祥、黎庆礼、黎利编写《贵州 60 年经济社会发展的历史经验研究（黔南篇）》，编入由中共贵州省委讲师团主编的《贵州经济社会发展 60 年研究（1949—2009）》一书。为庆祝建国 60 年，州委讲师团编写《黔南州经济社会 60 年研究》（内刊）一书。

2010 年，柴天祥的论文《西部大开发战略与黔南州扶贫问题研究》和黎庆礼的论文《黔南州西部大开发十年主要成就及经验》参加在毕节地区举办的全省讲师团系统理论研讨会并入选西部大开发十周年论文集。

2013 年，完成《黔南州文化旅游发展创新研究》，上报省委讲师团；柴天祥撰写的《黔南州农村同步小康调研报告》获省委讲师团理论研讨会二等奖，完成州委宣传部调研课题《西部地区宣传思想文化工作的特点、规律研究——以黔南州宣传思想文化工作为例》《构建大宣传工作格局研究》《欠发达地区民族文化跨越发展对策研究》等。

2014 年，与州文明办联合开展中华传统美德文化建设调研，在瓮安县实验学校、川恒集团、三都县工商局、罗甸县龙坪镇五星村、龙里县冠山办事处永安村分别开展仁、义、诚、敬、孝文化调研，组织相关人员从理论研究、典型案例、规律研究、数据研究、对策建议等方面撰写调研报告，上报的 5 篇调研报告中有 3 篇入选全省论文集。

三、党史研究

1984 年成立中共黔南州党史资料征集编纂委员会办公室，1993 年改称中共黔南州委党史研究室，与黔南州地方志办公室合署办公（以下简称州史志办）。

（一）党史资料征集

1982 年 9 月，黔南州召开第一次党史资料征集编纂工作会议，对全州党史工作进行安排部署，标志黔南州党史工作正式开展。至 1990 年，州党史研究室共征集各个历史时期的黔南党史资料 2000 多万字，查阅解放以后的历史资料 2000 多卷，摘抄档案资料 100 多万字，信访和专访有关当事人约 100 人（次），征集到一批重要的口碑资料。整理了新民主义革命和社会主义建设时期黔南地方党史资料专题、综述及典型材料 20 多篇共 10 余万字。各县（市）在开展资料征集工作，搜集和整理专题性、综述性资料，撰写各类文稿等。

1994 年，中共瓮安县委、县政府决定在红军长征强渡乌江江界河渡口修建“长征碑林”，瓮安县党史部门用三年多时间征集到部分老红军、老将军、省军级以上领导人以及知名人士、书法家的手稿 200 多幅。

1997 年 5 月，制定《黔南州党史工作 1996—2000 年发展规划》并下发实施。

1998 年 4 月，根据省党史研究室冀鲁豫组的工作部署和全省《南下、西进支队入黔建政纪实及名录》资料征集工作会议精神，州委办公室召开有州史志办、州离退休干部工作局、冀鲁豫党史黔南联络组、黔南州二野军大校史研究会以及各县（市）党史、离休干部工作部门和州直各单位共100多人参加的全州《南下、西进支队入黔建政纪实及名录》资料征集工作会议，联合印发《关于在我州征集〈南下、西进支队入黔建政纪实及名录〉资料的通知》。是年，州史志办收到各县（市）、州直各单位报送的原南下、西进支队成员名录资料1000多份，上报省委党史研究室冀鲁豫组。州水电局离休干部常赛光保存的冀鲁豫书店于1948年印制发行的列宁著作《共产主义运动中的"左派"幼稚病》一册，由省委党史研究室冀鲁豫组转赠冀鲁豫边区革命纪念馆陈列委员会办公室。是年，州史志办开始征集党史资料丛书《黔南的土地改革》资料。根据省制定的《中国共产党与少数民族地区改革开放》贵州篇征集方案，州史志办承担《李桂莲与罗甸县早熟蔬菜基地的建设》《战天斗地，若干自救——何元亮与大关村的新"愚公精神"》两个选题，并如期完成任务。1999年，对罗甸、瓮安两个老区县的历史与现状开展课题研究，年内完成两县调研子报告。

2003年，在全州开展党史机构现状调研。调研结果表明，全州党史机构基本健全，队伍基本稳定，但经费严重不足，5个县（市）没有党史专项经费，硬件设施如电脑、复印机以及办公用房等设备不够，全州12个县（市）仅有电脑2台。2004年，开展全州革命遗址调查工作，查清全州革命遗址现状，提出开发、保护和加强管理利用的意见及措施。

2005年6月，在贵定县召开全州党史编写工作研讨会，邀请省委党史研究室领导、专家到会指导。通过研讨，明确编写党史正本的要求、方法、格式等，推进了党史正本的编写进度。年底，三都、都匀、荔波、独山、贵定等县（市）完成初稿编写。

2010年，州委办印发《关于开展全州革命遗址普查工作的通知》，要求各县（市）党委、政府贯彻执行。

2011年，州委出台《关于进一步加强和改进新形势下党史工作的实施意见》，州党史研究室制定《黔南州革命遗址普查工作领导小组办公室工作方案》，将工作开展情况列入县（市）目标考核内容。

2012年，配合省革命老区扶贫开发调研组到荔波等县开展调研，并组织完成荔波、瓮安、罗甸3个革命老区县扶贫开发情况调查统计和汇总上报工作；完成州内9个省级以上爱国主义教育基地（党史革命史方面）及重要党史纪念场馆的调查统计和上报。

2014年，启动全州地方党史正本（第二卷）编写工作。经州委同意，确定将贵定县作为全州党史正本（第二卷）编写试点，于11月21日在贵定县召开启动会暨编研人员培训会，省委党史研究室一名副主任，黔南州一名副州长出席会议并讲话，州委党史研究室、贵定县委领导参加会议，省、州党史编研专家授课，参训的有贵定县直部门及各县（市）党史编研人员80余人。是年，配合省委党史研究室、贵州电视台先后完成荔波、瓮安、罗甸3县《贵州革命老区同步小康建设行》电视专题片拍摄工作。是年，全州获全省党史系统表彰先进集体1个、优秀科研成果2项、影视音像制品类三等奖1项，获记二等功1人、三等功1人。

（二）党史丛书编纂

根据中央党史资料征集委员会关于党史资料丛书编纂的有关规定，1993—1996 年，州史志办编辑出版党史资料丛书有《邓恩铭烈士专集》《红军在黔南》《黔南的解放·军事部分》《中共贵州省组织史资料暨黔南州政、军、统、群系统组织史资料》《伟大转折的前奏》《党的民族政策在黔南》《黔南英烈》《贵州之光》《中共黔南州历史大事记（1930－1989）》共 9 集，共 248 万字。各县（市）党史部门编纂出版的党史资料丛书有《红军三过瓮安》《瓮安的解放》《荔波英烈》《邓恩铭》《回忆邓恩铭》《邓恩铭遗作选》《红七军在荔波》《荔波的解放》《回顾长顺解放》《党旗下的献礼》等，《中共瓮安县历史大事记》《瓮安革命烈士》《中共独山县历史大事记》《独山革命英烈》《独山的解放和剿匪斗争》《独山的山地改革》《福泉英烈》《红飘带》《平塘的解放》《中共平塘县历史大事记》《中共贵定县历史大事记》等成稿。

1995 年，州史志办与罗甸县委党史研究会会同广西百色、南宁、河池、云南文山以及本省的黔西南共 3 省（区）6 地州市党史部门，参与《滇黔桂边区革命根据地》一书的编纂工作。

1996 年 2 月，州史志编委召开第二次全州史志工作暨成果表彰会，州史志办、都匀市、瓮安县、平塘县、荔波县的《组织史资料》《黔南解放》《黔南州英烈》《瓮安的解放》《平塘党史大事记》《邓恩铭遗作选》等获优秀成果奖，《红七军在荔波》《党旗下的献礼》《红军三过瓮安》等获成果奖。是年，州党史研究室编写《黔南的剿匪斗争》一书，向建州四十周年献礼。

1998 年，州史志办完成了《黔南的“五大任务”》《黔南州镇压反革命运动》《解放初期黔南州恢复国民经济工作》《黔南州对农业的社会主义改造》4 个党史专题的编写工作。

1999 年，州党史研究室完成《黔南的“大跃进”和人民公社》《黔南的“四清”运动》《黔南的民族工作》3 个专题编辑，出版党史资料丛书《黔南的剿匪斗争》。县（市）党史研究部门编辑出版《中共瓮安县党史大事记》《瓮安辉煌 50 年》《平越曙光》《红军长征过平越》《都匀解放初期回忆录》等。6 月，由广西的百色、南宁、河池，云南的文山，贵州的黔南、黔西南等地党史研究部门共同协作编纂的《滇桂黔边区革命根据地》一书出版，全书 60 万字。

2000 年是黔南州完成党史发展“九五”规划的最后一年，至年底，州、县（市）党史研究部门编辑、出版的党史资料有《黔南的抗美援朝》《解放初期黔南的禁赌、禁毒、禁淫工作》《黔南的对资改造》《“文化大革命”后黔南的拨乱反正》《黔南的科技发展与队伍建设》等。

2002 年，完成《走进新世纪—从“十五大”到“十六大”》（黔南部分）专稿撰写任务；参加中央党史研究室科研管理部和中国近现代史科学会编辑《全国各级党委党史资料书刊名录（1980—2001 年）》（黔南部分）条目编写工作；收集整理《中国共产党黔南州历史大事记》《瓮安的土地改革》党史专题资料。

2004 年，经州委批准，启动中共黔南州地方历史编写工作，拟定编写方案和篇目，举办全州党史正本编写培训班 1 期。开展《“三个代表”在黔南》一书的组稿，编纂工作。完成《中国共产党黔南州历史大事记（1990—2001）》校对工作，并于 10 月份交付印刷。

2005 年，编辑出版《“三个代表”在黔南》一书，同时启动《黔南红色资源》编辑工作。

2006 年，州委党史研究室承担《中国共产党黔南布依苗族自治州历史（第一卷）》的编写任务，为建州 50 周年献礼。是年，完成《回忆解放黔南》《回忆黔南建州 50 周年》两部丛书编辑出版发行工作。

2008 年，按中央党史研究室的部署，上报建设社会主义新农村带头人口述历史课题《大关之路》的文字资料；按省委党史研究室的安排，整理《希望的田野，秀美的乡村》《改革开放 30 年，布依音寨换新颜》两个新农村建设口述历史课题，编辑出版《潮涌乡村——黔南州建设社会主义新农村带头人口述历史（第一卷）》，共计 15 万字。编辑出版《黔南改革开放 30 年》（图文版），收录黔南州改革开放 30 年在经济建设、政治建设、文化建设、社会建设及生态文明建设和党的建设等方面所取得的辉煌成就的图片 600 余幅；落实罗甸县蛮瓦支部保护提案工作，组织人员到中共蛮瓦支部旧址所在地——罗甸风亭乡进行实地考察调研，有针对性地提出落实提案的意见和建议。

2009 年，完成《光辉的足迹》黔南部分的《黔南 60 周年翻天覆地的社会变革》《旅游热州绽活动——黔南民族教育 60 年》3 个专题。完成《贵州省建国 60 周年大事记》中关于黔南部分的条目编写。指导贵定、瓮安、独山、福泉等县（市）史志办公室编辑出版《贵定辉煌 60 年》（图文版本）画册、《见证贵定六十年》《瓮安的土地改革》《瓮安的社会主义改造》《中共独山县历史大事记》《难忘的岁月——纪念福泉解放 60 年》等。

2010 年，明确 9 名专职人员开展黔南州革命遗址普查工作，全州列为普查对象的遗址有 218 个，分三类表格填报。

2011 年，编辑出版《潮涌乡村——黔南州建设社会主义新农村带头人口述历史的编校（第二卷）》。整理 2010 年以后全州革命遗址普查成果资料，编辑出版《黔南州革命遗址纵览》一书，以图文并茂的形式记载黔南境内革命遗址 218 个。2012 年 3—5 月，编纂出版《黔南建州后重要文献选编（1956—2008）》。

2013 年 9 月，编写《黔南革命史话（1840—1950）》一书，报省委党研室审定。12 月，完成《中共黔南州历史大事记（2001—2012）》编写工作。是年，编写出版《中国共产党民族工作在黔南的实践》一书；组织《黔南・人物》《黔南・红色文化》专题稿件在《当代贵州》杂志刊发。

2014 年，编写出版《黔南革命历史风云》（15 万字）一书。瓮安县委党史研究室组织编写《中共瓮安县委执政纪要》。

（三）党史资料的开发利用

自 1991 年起，州、县（市）党史部门分别以党史资料征集编辑成果为教材，对广大群众尤其是青少年进行爱国主义和革命传统教育。是年 7 月，州史志办制作党史资料成果制作展版，在州机关和学校展出。同时，利用征集的党史、革命史和近代史资料，整理有关香港基本知识问答题200个，与州委宣传部、《黔南日报》社等单位共同举办“庆‘七一’，迎香港胜利回归”基本知识竞赛，并将200个问答题分期在《黔南日报》上刊载，参赛人员覆盖全州。

1998年9月24日，州史志办组织有关人员到州民族行政干部管理学校开展党史宣传教育活动，向师生讲授红军与党的民族政策、民主革命时期贵州地方党史等内容，并举办中共党史和中国革命史知识有奖竞答活动。是年12月9日，州史志办有关人员到州民族财政学校向学生进行纪念“一二·九”运动地方党史和州情宣传教育活动。州委办公室向全州转发了这两次活动的信息。

1999年，全州党史工作部门在庆祝建州50周年、贵州解放50周年和迎接澳门回归的期间，会同州委宣传部、团州委、州妇联、《黔南日报》和州图书馆共同举办邮政怀“爱祖国、爱家乡、迎接新世纪知识竞赛”，同时与州博物馆举办“黔南名人展”。编辑出版《西进支队入黔干部名录》一书，收录黔南州离退休老干部的名录资料。

2006年，与州委宣传部共同举办纪念红军长征胜利70周年暨猴场会议72周年系列活动，参加“贵州省纪念红军长征胜利70周年学术研讨会”，并在《黔南工作》《黔南宣传》等刊物上刊发有关长征与黔南的专题文章。

2009年，组织全州党史系统参加省委党史研究室举办的“庆祝中华人民共和国成立60周年”系列活动；与相关部门在瓮安县城举办“纪念猴场会议系列活动”，弘扬长征精神；配合荔波县党委、政府举办“邓恩铭烈士诞辰110周年纪念”系列活动；全州党史部门及各县（市）采取举办文艺表演、党史知识竞赛等系列活动，以不同形式隆重庆祝中国共产党成立90周年。

2012年，与州委组织部、州委宣传部、州教育局、共青团州委、州关心下一代工作委员会等单位联合印发《关于认真组织收看〈守望明天〉和〈没有共产党就没有新中国〉党史宣传片的通知》，组织全州党员干部群众和青少年观看中国共产党党史教育电影，引导广大党员干部、群众、青少年回顾中国共产党的艰辛历程和取得的辉煌成就，发挥影片的党史宣传教育作用。

2013年，组织各县（市）档案史志部门和州档案局、黔南师院、州委党校、州民宗局以及州图书馆等单位订购或发送《中国共产党民族工作的伟大实践》（中央党史研究室编）、《中国共产党民族工作的伟大实践·贵州卷》（省委党史研究室编）、《中国共产党民族工作在黔南的实践》（州委党史研究室编）等系列党史丛书。

2014年，开展党史“五进”（党史进教材、进课堂、进影视作品、进网络、进基层）活动，做好党史研究成果转化，发挥党史存史资政、教化育人作用。先后向州档案局以及荔波邓恩铭纪念馆、板寨纪念馆、独山抗日文化园廉政教育基地等单位（场馆）赠送《中国共产党民族工作在黔南的伟大实践》《中共黔南州历史大事记》《黔南州革命遗址纵览》等党史书籍。同时，在黔南州电子政务内网开设《黔南党史人物》专栏，定期刊载黔南党史系列人物简介。荔波县委党史研究室将《邓恩铭烈士》等一批荔波籍英烈励志丛书发放到中小学，让党史教材进入学校，进入课堂。是年，会同州发改委完成荔波、罗甸、平塘、独山4个县申报进入国家“左右江革命活动区域”发展规划相关党史资料整理编辑上报。

（四）革命老区划定

1997年，根据省委《关于我省开展划定革命老区工作的意见》，州史志办协助罗甸县、瓮安县开展划定革命老区工作。罗甸县于1932—1937年建立中共蛮瓦支部，领导罗甸各族人民开展武装斗争和建立革命政权，是中国共产党领导下的右江革命根据地的延续和发展的重要组成部分，其活动范围遍及全县26个乡镇的18个乡镇，被《中国老区》一书列为“滇黔桂边游击区”的活动范围之一。瓮安县于1934年10月—1936年11月，中国工农红军六军团、中央红军以及二、六军团先后数次进入瓮安县境，在县境内共驻扎39天。红军在瓮安期间，中共中央政治局在猴场（今草塘镇）召开具有主要历史意义的“猴场会议”，开展打富济贫活动，宣传革命道理，建立8个苏维埃政权和12个农民协会，组织革命武装队伍2支，活动范围遍及全县23个乡镇中的19个，成为以遵义为中心的黔北中央新苏区根据地的活动范围之一。罗甸县、瓮安县申报革命老区的报告，经州、县党委、政府逐级批准，到1998年3月报送省委党史研究室审核后报省审核。1998年6月，经省委、省政府批准，罗甸县、瓮安县正式被划定为土地革命战争时期的革命老区。

2001年，配合省委党史研究室对全州党史、革命文物进行普查，并向省报送汇总资料；审查核实中共荔波县委、县政府要求将该县划为第二次国内战争时期革命老区的调查报告及有关附件资料，并报请州委、州政府同意后以州名义报省。2002年12月，荔波县被批准为革命老区。

四、对台工作

中共黔南州委台湾工作办公室、黔南州人民政府台湾事务办公室（以下简称州台办）成立于1985年8月，为副县级单位。2001年12月，明确州台办实行一个机构两块牌子，副县级建制，归口州统战部管理。2005年1月，明确州台办为正县级机构。

（一）普查登记

1992年底，全州已登记的去台人员2334人，台属有1934户。随着台湾开放探亲和涉台婚姻的增多，赴台人员和台属的普查登记工作也有新的进展。至1997年底，全州已登记的去台人员有2463人，台属2053户。2002年底，全州已登记的去台人员有2551人，台属有2263户，全州涉台婚姻189人。2007年底，全州已登记的去台人员有2551人，台属有2263户，全州涉台婚姻89人。2014年12月31日，已掌握全州居住在台湾的黔南籍台胞5800余人，其中第一代（1949年前后去台的）1831人，第二、三代1891人。境内长期居住的台籍同胞有10人，台胞定居15人。全州台属1万多人，涉台婚姻382人。

（二）涉台宣传

全州各级台办和涉台部门利用各种工作会、报告会、座谈会、党校授课、印发宣传资料等形式，宣传中共“和平统一、一国两制”方针政策和坚决反对“台独”的原则立场。各级台办利用走访慰问、接待等时机，面对面的向台胞台属宣传有关涉台政策、法律法规。各级台办和有关部门按规定对赴台探亲、考察交流人员进行行前教育和指导。从1991年起，完成台湾中视、东森、三立、中天等电视台摄制组到黔南州进行拍摄。其中，中视《万里江山——大陆寻奇》摄制组连续十年不间断到黔南州拍摄民族风情电视系列专题片，拍摄《布依族专辑》《苗族专辑》《水族辑》《瑶族专辑》，已在台湾播出 40 多集。1997—1998 年，在台湾《黔人》杂志刊登《都匀专辑》《惠水专辑》《独山专辑》《黔南专辑》四期专辑共 217 篇文稿、46 幅图片。

2010 年 10 月下旬，由台湾新闻网、李氏新闻通讯社、《民众日报》《太平洋日报》《中华时报》等 6 家新闻媒体记者组成的采访团，在都匀、贵定采风，先后参观西南三大佛教名山之一的贵定阳宝山，观赏苗族原生态长衫龙舞、苗族芦笙舞、苗家坐花场、苗家姑娘茶艺表演，品赏贵州五大名茶之一的云雾贡茶的采摘、制作过程，采访拍摄都匀石板街、文峰塔、百子桥等。2011 年 7 月 18—27 日，实施国家台办重点宣传项目“看万丛山，游高原千岛湖”贵州罗甸行，邀请台湾 11 家媒体 17 名记者到罗甸采风。台湾 8 家报刊专题报道采风内容，共发表文章 24 篇，大幅照片 47 幅，电视台一次以 5 个专题报道，并连续报道 3 次。2011 年 5 月 24—25 日，中央电视台“海峡两岸”栏目记者到罗甸采访台湾慈善基金会资助建设的罗甸台湾移民新村和受资助学生、罗甸火龙果基地，中央电视台报道后，引起岛内有关人士关注罗甸。至 2014 年底，全州组织各种形式的涉台教育会 562 场次，受众 8137 人次。

（三）交往交流

1993 年 4 月，台湾原国民党少将、台湾国际易学大会秘书长、台湾《易学月刊》社社长黄自信回家乡独山考察。2009 年 8 月，台湾原国民党少将饶德俊一行 17 人到独山进行为期 2 天的访问。2010 年 9 月，台湾原国民党海军少将宋炯到黔南州参观考察。2012 年 12 月 7—12 日，举办“黔南·台湾缅怀深河桥抗日英烈，构建共同历史记忆”交流活动，台湾国民党中央委员赵世聪带团参加交流活动。承办全国台联、省台联主办的“2012 年台湾青年千人夏令营贵州分营交流活动”“台湾少数民族教育交流活动”“黔台少数民族兄弟情交流活动”“世界知名台商大陆参访团交流活动”。2013 年 1 月 10 日，在台湾台北王朝大饭店举行“纪念抗日战争胜利 75 周年座谈会”，黔南交流团 33 人，财团法人台湾发展研究院、财团法人先趋邑富创意文化基金会、台湾鹏博策略文化传媒有限公司、台湾贵州同乡会，抗日战争名将的后代吉民立、高跃汉等 39 人共 72 人出席座谈会。

自 1987 年 11 月至 2012 年底，全州接待入境探亲、观光旅游、经贸考察及文体交流的台胞共 25567 人次；有 50 个台湾团组共 527 人次到黔南州参观、考察和进行交流活动，其中较为重大的接待活动有台湾少数民族参访团、台湾少数民族教育参访团、台湾师范高等教育交流团、台湾抗日战争文化交流团、台湾青年夏令营。全州赴台探亲共有 1460 人次，赴台考察交流共 351 次。

（四）涉台事务

随着两岸交往交流的增加，黔南州境内各类涉台事务逐年增多。2014 年底统计，两岸开通交流以来，全州办理赴台探亲 2081 人次，办理赴台交流 186 人次，办理在台亡故台胞遗产继承案49件，调回骨灰9件。1992—2014年，先后有21家独资、合资台资企业落户黔南，投入资金15.33亿元，其中台商投资4069.96万元。

2000—2014年，台湾佛教慈济慈善事业基金会（以下简称台湾慈济会）在罗甸县开展扶贫济困、捐资助学、捐款捐物等慈善活动。其间，2008年在平岩乡新建平岩乡学生公寓楼，建筑面积1550平方米，总投资95.5万元，其中台湾慈济会资助90.96万元，县民政部门投入4.54万元，100多名学生受益；2009—2014年，在董架、罗沙、平岩等乡建移民新村住房共293栋1359间，总建筑面积26092.68平方米，户均89.1平方米，共有293户1217人受益；2009—2014年，资助罗沙、董架、平岩中心校及沫阳中学、林勤小学、县民族中学、县第二中学的贫困学生共计11813名，发放助学金共计人民币570多万元。十余年间，为罗沙、董架、平岩、木引、八总、董王、沟亭、云干等乡（镇）贫困农户共32893户121310人发放冬令物资大米2670吨、棉被30324床、棉内衣裤90131套、棉夹克275153件、食用油15732桶等。

五、督查督办

1992年9月8日，州委办增设督促检查科，将原州委研究室督办业务转由该科负责，州委办印发《督促检查科工作制度（试行）》。1997年8月，加挂州委督查室牌子。2014年10月1日，州委督查室、州政府督查室、州目标办正式合并为黔南州督查督办局，设在州委办公室，正县级机构。都匀、福泉、瓮安、贵定、龙里、惠水、独山、三都8个县（市）成立督查督办局，长顺、罗甸2县成立县委政府督查综合室。

1993年，主要开展农业和农村工作、基层政权建设、知识分子政策、乡镇企业、非公有制经济、县级机构改革、财政增收、反腐斗争、市场经济、精神文明建设和民主法制建设等方面的督查工作，参与州乡镇企业局对全州乡镇企业的发展进行调查研究，对20多个不同类型的乡镇企业进行典型分析。上报《黔南督查专报》25篇、《黔南督查调研报告》6篇、正式报告3篇，被省委督查室《督促与检查》采用7篇，编辑《黔南督查》13期；承办州委领导交办的专项督办件40件，完成省委领导批办的专项查办件4件，办理州委领导批示35件，办结28件。

1994年，重点围绕农业农村工作、工商业及基础设施建设、财政金融税务工作、对外开放、文化教育卫生工作、政权建设和组织工作、政法工作和反腐败斗争开展督查督办。州委办印发《关于对各县（市）党委系统督查工作实行考核评比的办法》《州委办公室督查科工作制度（试行）》，规定各县（市）上报《黔南督查专报》每月1篇、《黔南督查调研报告》每季1篇、专项查办按时办结，设综合奖一、二、三等奖和单项奖一、二等奖各1名。

1995年，重点对农业和农村工作、搞活国有企业、发展乡镇企业和个体私营经济、南下通道经济和招商引资、财税入库、社会稳定、反腐倡廉、扶贫攻坚、计划生育等10余个方面的问题开展督查。全年编写《黔南督查》36期，上报《黔南督查专报》21篇、《黔南督查调研报告》8篇，被省《督促与检查》采用9篇。

1996年，开展春耕生产、农作物抢种、坡改梯、“十件大事”等方面的督查，以及减轻农民负担、麻山贫困状况等方面督查调研。在《黔南日报》开辟“督查专稿”栏目并发表专稿8篇；承办省委领导批示专项查办件2件。

1997年，重点开展农业农村、扶贫攻坚、国有企业、非国有经济、财税、物价、“科教兴州”战略、“南下通道”经济发展战略、精神文明建设、维护稳定和社会治安综合治理、党的建设、作风建设等工作督查。

1998年，重点对“千里公路沿线示范带工程”、州实施的十件实事、全州油菜生产情况及土地延包工作、全州创卫等事项落实进行督查督办，对全州烤烟育苗现场会、州青少年宫筹建、温饱越线现场会议定事项进行专项督办。1999年，上报的黔南督查专报《黔南州当前执行粮食顺价销售中的几个突出问题》、黔南督查调研报告《黔南油菜丰收引出的问题》，被省《督促与检查》采用。

2000年，上报的黔南督查专报《黔南州少数脱贫县返贫势头趋强》《三都县办企业不成功的原因分析》《平塘县中小学生辍学原因分析》等被省《督促与检查》采用。全年编发《黔南督查》53期、《督查快报》13期、《黔南督查情况通报》2期。

2001年8月14—16日，到贵定卷烟厂、分厂就国家关停小烟厂政策对全省卷烟行业造成的影响进行督查调研，提出两厂联营或关闭的建议方案。

2002年，重点对全州退耕还林、农村税费改革、国家林业政策调整对黔南州部分县的影响、全州茶叶产业现状及存在问题、惠水县摆榜乡扶贫、都匀市拆墙还绿还草、州县共建龙里谷脚医药园区等进行督查督办及专题调研。

2003年，重点对发展大农业、大生态、城镇化建设、招商引资、企业改革、重点项目、基础设施、党的建设、十件实事等开展督查。对都匀市、贵定县部分乡（镇）领导干部在“非典”防控期间到岗到位工作进行明察暗访。是年，上报的黔南督查专报《罗甸县龙滩库区移民工作面临的问题》《“五小”经济带动农民增收》等得到省长石秀诗的重视并作批示，并追加罗甸专项移民资金5000万元。全年开展督查调研活动8次。

2004年，重点督查库区移民、水书抢救、扶贫攻坚、带民增收、重点项目、十件实事等落实推进情况，对农民增收、旅游开发、“茅草房改建”等进行督查调研。对独山县“国魂公园”建设情况进行实地跟踪督查，对元旦节、春节期间困难群众生产生活救济物资发放和两个节日后干部到岗情况等进行明察暗访，特别是对各县（市）部分乡（镇）环境卫生状况和平塘县贯彻落实州委办、州政府办《关于进一步加强安全生产工作的紧急通知》进行暗访督查。开展督查调研、实地核查、明察暗访等11次。是年，上报的黔南督查专报中，有4篇专报引起省政府主要领导和分管领导的重视并作批示，其中，省委书记钱运录对《惠水县摆榜乡茅草房实施改扩建工程中存在的困难和问题》作批示；《龙滩水库高程未定对罗甸县发展的影响》被省《督促与检查》单列为两个问题刊发。

2005年，重点对“431”经济发展格局、西部大开发、新阶段扶贫开发、构建和谐社会、经济运行情况、主要经济指标完成情况、十件实事、15个一类贫困乡精神文明活动中心建设情况等进行专项督查调研。

2006年，重点对经济社会发展计划执行进展情况、州“十件实事”、重点项目进展情况进行督查，对党建、安全生产及都匀地区州庆基础设施建设及亮丽工程进行重点督办，对花卉产业、种桑养蚕产业进行专题调研，对省委领导批办件、“整脏治乱”工作等进行实地核查。

2007年，重点对农业农村工作、招商引资、经济运行情况、库区移民、“整脏治乱”、信访维稳等工作情况进行督查，对困难群众生活安排、贯彻省第十次党代会精神、省第二届旅发大会筹备、损害群众利益和破坏生态环境、省“十件实事”和重点项目进展等进行专项督查，对三都县“7·26”洪灾后生产自救情况及州委常委会明确“年底前让受灾群众搬进新房”要求进行明察暗访，按月倒查工程进度。办理省、州领导批示37件，全部办结，其中6件得到领导表扬，为州委决策提供参考。州委领导在《黔南督查》12期上批示，要求州水利部门对全州病险水库问题进行深入调研，主动与州水利局共同调研，提出建议得到州委领导采纳。

2008年，重点对州委九届五次全委会、“县委书记大接访”“三级联动”信访、“万名干部下基层、转变作风办实事”、农业秋收秋种、工业“百日冲刺”、经济运行、库区移民、信访维稳等进行督查；跟踪服务州委常委维稳包县“大督查”；对年初雪凝灾害和瓮安“6·28”事件有关工作落实和干部作风等开展明察暗访；对黔桂铁路扩能改造工程贵定段农民工工资发放情况进行专项督办，为民工追欠工资百余万元。是年，及时办理总书记胡锦涛1月24日在新华社《国内动态清样》283期刊登的《寒冬腊月贵州长顺贫困村农民生活目击》上作的“要探索因地制宜、开发扶贫的新路子”批示；及时办理国务院总理温家宝在新华社《国内动态清样》第1332期刊登的《贵州贵定县部分农民土地被征生活困难》上的批示；及时办理省委领导在《黔南公安情况反映》（第166期）《日本记者到瓮安县采访李淑芬之父李秀华》上的批示。

2009年，重点对新增中央投资项目重点大工程、农村危房改造、石漠化治理、“两基”迎“国检”“记民情日记、建民情台账”、信访维稳等进行督查。对省委重点工作和《省委常委会整改落实方案》涉及黔南事项、州委实践科学发展观整改目标任务、118项州委常委会议定事项、25个重点信访案件化解处理等落实情况进行跟踪督查，对“185”助民增收工程、“一厂一策”精细化服务、龙里林场林地纠纷等开展督查调研。办理中央领导批示1件，已按时办结；办理省、州领导批示49件，办结47件。

是年3月，及时办理了总书记胡锦涛和总理温家宝对网上反映后在《每日汇报》（第9308期）刊登的《境内论坛流传贵州黔南山区某乡村小学学生辛酸过冬的图片并呼吁社会各界关注这些孩子》（三都县九阡镇板甲小学学生学习生活困难问题）上作出的重要批示，牵头进行实地明察暗访，回访复查督促落实新建综合教学楼、新增寄宿制学生名额等，为省委办公厅、省政府办公厅上报《关于贯彻落实中央领导重要批示精神对〈每日汇报〉刊登贵州黔南山区某小学学生辛酸过冬问题调查处理情况的报告》提供第一手资料。办理省委书记石宗源和州委主要领导对瓮安群众反映通村公路管护不到位出行难情况的重要批示，按批示要求从面上对加强全州公路管护机制建设进行督办。

是年，制订《黔南州党委系统督促检查工作条例》《黔南州党委系统督查部门工作细则》。

2010 年，重点对重大项目建设、抗旱救灾、“185”助民增收工程、“一厂一策”精细化服务、政务中心建设、农村危改、重点信访案件、“百日冲刺”“整脏治乱”、拖欠民工工资等进行督查督办。跟踪督查贵定县山洪引发车祸、农民工医疗纠纷、厦蓉高速公路 BT18 标项目部拖欠民工工资引发斗殴及上访案件，督办落实 138 项州委常委会议定事项、都匀新火车站汽车客运临时停车场建设等，对“185”助民增收工程、“951”经济社会发展新格局等进行督查调研。

2011 年，重点对中央企业招商、重大项目与园区建设、“185”工程、村庄整治、政务中心建设、农民增收、重点信访案件等进行督查督办；对 150 项州委常委会议定事项及相关工作“不落实”“落实难”问题等进行专项督办，对投资与项目、园区建设等开展督查调研，对荔波县瑶山乡菇类村卫生室建设、进京非访积案清理化解、铁路建设拆迁户信访案件等开展督查督办活动 91 次。采取去函商办、电话沟通、上门催办等方式，督办贵定县昌明段中铁二局三公司拖欠民工工资问题，为民工追欠工资 400 余万元。是年 12 月，会同州人社局、州信访局协调解决“都匀电厂—福泉 500 千瓦 220 千伏双线路工程”项目的农民工工资问题，及时为 100 多名民工追欠工资 258 万元。办理省、州领导批示 30 件，办结率 100%。

是年，办理中央政治局常委李长春在新华社《国内动态清样》（舆情专刊第 1491 期）上对“农村教师卖血维生引起网民关注偏远教育”作出的重要批示。督办督查省委书记栗战书在《媒体舆论信息》（第 944 期）上对《最后的“血寨”——一个靠“卖血”维持家庭开支的贵州苗寨的生活图景》（贵定县巩固乡森山村岩脚寨）上作出的重要批示和要求省直相关部门帮助荔波县解决有关问题批示落实情况等。

2012 年，重点对国发 2 号文件、省第十一次党代会、州第十次党代会、“185”工程、“万元村、万元镇”创建、园区项目推进、招商引资助推民营企业发展、城镇化建设、项目建设用地、创新社会管理等工作进展和落实情况开展专项督查；对森林防火、“整脏治乱”、干部作风等进行明察暗访，特别是对首季“开门红”、小城镇建设、平塘抗洪抢险救灾等工作进行多次督查，全年开展督查活动 112 次。

2013 年，重点对中共十八大精神、总书记习近平一系列重要讲话精神、州委十届三次全会、国发 2 号文件、同步小康创建、煤电磷—煤电铝一体化、“5 个 100 工程”、十件民生实事、中央八项规定、省委十项规定等进行督查督办。全年督办州委常委会议定事项 194 项，办结 175 项，州委专题会议定事项 3 件，特别是对涉及两个单位落实难的事项进行现场协调督办。

2014 年，重点对同步小康创建、州委十届五次全会、“一圈两翼”发展战略、精准扶贫、党纪党规、“5 个 20 工程”、十件民事实事、固定资产及重大项目、茶产业发展、行政区划改革、“5531 工程”、省州项目观摩会、中央八项规定等进行督查督办。对全年主要经济指标预完成情况、实现增比进位以及州委、州政府重要工作、重大项目、重点工程推进完成情况等进行督查。对贵广高铁站场建设等领导督办承诺事项进行新闻督查，对州级机关办公用房调配进行跟踪督查，对福泉“8·27”山体滑坡救灾安置及灾后重建、州人才公寓等进行回访督查，对州委常委会议定事项落实情况进行跟踪督查。全年督办州委常委会议定事项100项，办结95项。全年办理领导批示件15件。

是年，建立《分级分类督查制度》《新闻督查制度》《重大工作督查制度》等督查工作制度。全州督查工作呈现“654”（发挥各级党委核心作用、督查部门职能作用、老干部的推动作用、职能部门的主导作用、新闻媒体的监督作用、社会力量的参与作用“六个作用”；建立“一岗双责”、统筹协调、反馈报告、方法创新、考核激励“五个机制”；强化党委核心领导、组织保障、人才支持、队伍建设“四个保障”）新格局，形成长效机制，推进工作常态化。

是年，牵头组建州重大工作督查组，分6个工作组，聘请4名正地级、2名副地级老领导分别带队，对公交、重大民生及文化旅游和信访维稳、教育、卫生计划生育、城市建设及投资环境和非公经济发展、财税金融、农业农村等重大工作进行分组归口分块督查，提交6个综合调研督查报告。

1993—2014年，州委督查工作部门坚持每年编发《黔南督查》20期以上，部分年度编发量达到55期。1997年起，每年不定期编写《黔南快报》10余期，部分年度达20余期。1998年起，每年不定期编发《黔南督查情况通报》，少则2期，多则10余期。二十多年间，坚持每年向省上报《黔南督查专报》20篇以上，上报数量最多的2011年达48篇，每年均有部分专报被省委督查室《督促与检查》采用，采用量为3~14篇，有的专报得到单独刊发。

第四篇

人民代表大会　人民政府
人民政协

第一章　人民代表大会

黔南州人民代表大会（以下简称州人大）及其常务委员会（以下简称常委会）履行宪法和法律赋予的职权，讨论决定全州重大事项，监督州人民政府、州中级人民法院、州人民检察院的工作，依法选举和任免国家机关工作人员，发挥立法引领和推动作用，推进依法治州和民主政治建设，坚持和完善人民代表大会制度，充分发挥人大代表作用。24 年间，先后召开了第九届人民代表大会第一次会议至第十三届人民代表大会第四次会议，共举行人民代表大会会议 29 次，任免国家机关工作人员 1053 人次。人大代表提出选举建议、批评和意见共 3715 件。

第一节　黔南州人民代表大会

一、第九届人大

黔南州第九届人大选出代表 376 名。其中，少数民族代表 229 名，占代表总数的 60. 9%；妇女代表 84 名，占代表总数的 22. 3%。

1991 年 5 月 22—29 日，州第九届人大第一次会议在都匀召开。会议听取和审议州政府关于黔南州国民经济和社会发展十年规划和“八五”计划纲要（草案）的报告州计划委员会关于黔南州 1990 年国民经济和社会发展计划执行情况及 1991 年计划安排（草案）的报告、州财政局黔南州 1990 年财政决算和 1991 年财政预算（草案）的报告、州人大常委会工作报告、州法院工作报告、州检察院工作报告。会议同意批准以上报告并通过相关决议。会议选举产生州第九届人大常委会主任 1 名、副主任 8 名、委员 21 名、秘书长 1 名；选举产生州政府州长 1 名、副州长 6 名；选举产生州法院院长、州检察院院长各 1 名。会议表决通过州第九届人大会各专门委员会组成人员名单。

第二次、三次、四次、五次、六次会议分别于 1992 年 3 月 16—21 日、1993 年 3 月 16—19 日、1993 年 5 月 5—8 日、1994 年 3 月 21—26 日、1995 年 3 月 13—17 日在都匀举行。会议分别听取和审议州人大常委会工作报告、州政府工作报告、国民经济和社会发展计划执行情况及计划安排（草案）的报告、财政决算和财政预算（草案）的报告、州中级人民法院工作报告和州人民检察院工作报告，并通过相关的决议。其中，第三次会议审议通过《黔南州执行〈中华人民共和国婚姻法〉变通规定（草案）》，报省人大常委会批准后施行，选举黔南州出席贵州省第八届人民代表大会代表60名（省下选代表10名，州内代表50名）。

二、第十届人大

州十届人大选出代表376名。其中少数民族代表224名，占代表总数的59.6%；妇女代表95名，占代表总数的25.3%。

1996年6月19—26日州第十届人大第一次会议在都匀举行。会议听取和审议州政府关于黔南州国民经济和社会发展“九五”计划和2010年远景目标纲要的报告、州计委黔南州1995年国民经济和社会发展计划执行情况及1996年计划草案的报告、州财政局黔南州1995年财政决算和1996年财政预算（草案）的报告、州人大常委会工作报告、州法院工作报告、州检察院工作报告。会议同意批准这6个报告并通过相关决议。会议选举产生州第十届人大常委会主任1名、副主任8名、委员25名、秘书长1名。选举产生州政府州长1名、副州长7名；选举产生州法院院长、州检察院院长各1名。第二次、三次、四次、五次和六次会议分别于1997年3月24—28日、1997年11月25—27日、1998年4月14—18日、1999年3月23—27日、2000年3月27—31日在都匀举行。每次会议都听取和审议州人大常委会工作报告、州政府工作报告、国民经济和社会发展计划执行情况及计划草案的报告、财政决算和财政预算草案的报告、州法院工作报告和州检察院工作报告，并作出相关决议。其中，第三次会议审议通过《黔南州惩治生产销售假冒伪劣产品违法行为条例》《黔南州个体工商户私营企业权益保护条例》，授权州人大常委会主任会议根据代表提出的意见，对条例（草案）作进一步修改后上报省人大常委会审批，会议选举黔南州出席贵州省第九届人大代表62名（省下选代表14名，州内代表48名）；第四次会议审议通过《关于设立州人民代表大会环境资源保护委员会的决定》，审议通过关于将州人大法制委员会更名为州人大内务司法委员会，州人大民族委员会更名为州人大民族宗教侨务委员会，州人大代表工作委员会更名为州人大选举任免与代表联络委员会的决定。会议选举州人大常委会委员1名，选举州政府副州长2名；第五次会议审议通过《黔南州城镇建设管理条例》《黔南州科学技术进步条例》《黔南州城市水污染防治条例》三个条例草案，会后由州人大常委会主任会议作进一步修改后报省人大常委会审批。第六次会议审议通过《黔南州档案管理奖励与处罚办法》，会后交由州人大常委会主任会议根据代表提出意见作进一步修改后报省人大常委会审批。

三、第十一届人大

州第十一届人大选出代表372名。其中，少数民族代表219名，占代表总数的58.9%；妇女代表95名，占代表总数的25.5%。

2001年4月23—29日，州十一届人大第一次会议在都匀举行。会议听取和审议州政府黔南州国民经济和社会发展第十个五年计划纲要的报告、州发展计划局黔南州2000年国民经济和社会发展计划执行情况及2001年计划草案的报告、州财政局黔南州2000年财政预算执行情况及2001年财政预算草案的报告、州人大常委会工作报告、州法院工作报告、州检察院工作报告，并通过相关决议。会议选举产生州第十一届人大常委会主任1名、副主任7名、委员25名、秘书长1名；选举产生州政府州长1名、副州长6名；选举产生州法院院长、州检察院院长各1名。会议审议通过州人大常委会主任会议关于提请设立州人大法制委员会的议案；会议表决通过州十一届人大各专门委员会组成人员名单；会议审议通过《黔南州荔波樟江风景名胜区管理条例》，会后由州人大常委会主任会议根据代表提出的意见作进一步修改后报请省人大常委会批准。

第二次、三次、四次、五次、六次、七次会议分别于2002年3月24—28日、2002年12月4—6日、2003年4月8—12日、2004年2月24—28日、2005年2月26日—3月2日、2006年2月21—26日在都匀举行。会议分别听取和审议州人大常委会工作报告、州政府工作报告、州国民经济和社会发展计划执行情况与计划草案的报告、州财政预算执行情况及财政预算草案的报告、州法院工作报告、州检察院工作报告，并作出相关决议。其中，第二次会议补选州人大常委会委员4名；第三次会议选举黔南州出席贵州省第十届人大代表60名（其中省下选代表14名，州内代表46名），会议审议通过《黔南布依族苗族自治州立法办法》，会后由州人大常委会主任会议根据代表提出的意见作修改后报请省人大常委会审批；第四次会议选举州人大常委会副主任2名，委员1名、秘书长1名，会议审议通过州人大各专门委员会主任委员名单；第五次会议补选州法院院长1名。第六次会议补选州长1名；第七次会议审议通过《黔南布依族苗族自治州自治条例修订案》《黔南布依族苗族自治州个体工商户和私营企业权益保护条例修订案》《黔南布依族苗族自治州城镇建设管理条例修订案》，报省人大常委会审批。会议选举州十一届人大常委会副主任2名，委员1名；选举州政府副州长1名，表决通过州十一届人大法制委主任委员1名。

四、第十二届人大

州第十二届人大选出代表377名。其中，少数民族代表221名，占代表总数的58.6%；妇女代表102名，占代表总人数的27.1%。

2007年2月6—11日，州第十二届人大第一次会议在都匀举行。会议听取和审议州政府工作报告，审查黔南州2006年国民经济和社会发展计划执行情况及2007年计划草案的报告、黔南州2006年财政预算执行情况和2007年财政预算（草案）的报告，听取和审议州人大常委会工作报告、州法院工作报告、州检察院工作报告，会议同意批准这6个报告并作出相关决议。会议选举产生州第十二届人大常委会主任1名、副主任7名、委员28名、秘书长1名；选举产生州政府州长1名、副州长7名；选举产生州法院院长、州检察院院长各1名。会议表决通过州第十二届人民代表大会各专门委员会组成人员名单。

第二次会议于2007年11月27—29日在都匀举行。会议选举黔南州出席贵州省第十二届人民代表大会代表61人，其中省下选代表10名，州内代表51名。

第三次、四次、五次、六次会议分别于2008年2月25—28日、2009年2月24—28日、2010年2月23—27日、2011年2月25日—3月2日在都匀举行。会议分别听取和审议州人大常委会工作报告、州政府工作报告，审查黔南州国民经济和社会发展计划执行情况及计划草案的报告、黔南州财政预算和财政预算（草案）的报告，听取和审议州中级人民法院工作报告和州人民检察院工作报告。会议批准这6个报告并通过了相关决议。其中，第四次会议选举州人大常委会秘书长1名，表决通过州人大常委会委员3名，表决通过州人大选举任免与代表联络委员会主任委员1名、州人大环境与资源保护委员主任委员1名；第五次会议审议通过《黔南布依族苗族自治州畜禽防疫条例》并决定报请省人大常委会审批后公布实施，会议选举州人大常委会副主任1名，委员2名，表决通过州人大农业与农村经济委员会主任委员、州人大内务司法委员会主任委员、州人大法制委员会主任委员各1名。第六次会议审议通过《黔南布依族苗族自治州旅游发展条例》和关于废止《黔南布依族苗族自治州执行〈中华人民共和国婚姻法〉变通规定》的决定，并报请省人大常委会批准，会议选举州政府为副州长1名，选举州人大常委会委员3名，表决通过州人大财政经济委员会主任委员1名。

五、州十三届人大

州第十三届人大选出代表377名。其中，少数民族代表240名，占代表总数的63.7%；妇女代表97名，占代表总数的25.7%。

2012年2月11—15日，州第十三届人大第一次会议在都匀举行。会议听取和审议州政府工作报告，审查黔南州2011年国民经济和社会发展计划执行情况与2012年计划草案的报告、黔南州2011年全州和州本级预算执行情况及2012年全州和州本级预算草案的报告，听取和审议州十二届人大常委会工作报告、州法院工作报告、州检察院工作报告。会议同意批准这6个报告并作出相关决议。会议选举产生州第十三届人大常委会主任1名、副主任7名、委员27名、秘书长1名；选举产生州政府州长1名、副州长7名；选举产生州法院院长、州检察院院长各1名。

第二次会议于2012年12月24—25日在都匀举行，会议选举黔南州出席贵州省第十二届人民代表大会代表60名，其中省下选代表13名，州内代表47名。

第三次、第四次会议分别于2013年2月19日—22日、2014年2月18—21日在都匀举行。会议听取和审议州政府工作报告、黔南州国民经济和社会发展计划执行情况与计划草案的报告、全州和州本级预算执行情况与全州和州本级预算草案的报告、州人大常委会工作报告、州法院工作报告、州检察院工作报告，会议批准上述报告并作出相关决议。其中，第四次会议审议《黔南布依族苗族自治州促进茶产业发展条例（草案）》《黔南州“一圈两翼”区域经济发展规划（草案）》；发展条例（草案）并作出相关的决议，选举州人大常委会委员5名，表决通过州人大有关专门委员会主任委员名单。至2014年12月，州十三届人大常委会任期未满。

1991—2014 年黔南州人大常委会历任领导任职情况一览表

表 4－1－1

届次	职务	姓名	性别	民族	政治面貌	任职时间
第九届	主　任	罗平义	男	布依族	中共党员	1991. 5—1996. 6
	副主任	黄天印	男	布依族	中共党员	1991. 5—1996. 6
		班凤泉	男	布依族	中共党员	1991. 5—1996. 6
		王巩汉	男	汉族	中共党员	1991. 5—1996. 6
		王家先	女	布依族	中共党员	1991. 5—1996. 6
		杨再伦	男	苗族	中共党员	1991. 5—1996. 6
		李　怡	男	汉族	中共党员	1991. 5—1996. 6
		潘茂修	男	水族	中共党员	1991. 5—1996. 6
		裴金科	男	汉族	无党派	1991. 5—1996. 6
第十届	主　任	吴嘉甫	男	布依族	中共党员	1996. 6—1998. 3
		黎光武	男	布依族	中共党员	1998. 4—2001. 4
	副主任	裴汉刚	男	汉族	中共党员	1996. 6—2001. 4
		潘茂修	男	水族	中共党员	1996. 6—2001. 4
		吴春礼	男	苗族	中共党员	1996. 6—2001. 4
		裴金科	男	汉族	无党派	1996. 6—2001. 4
		冷宽仁	男	汉族	中共党员	1996. 6—1998. 3
		李励志	男	汉族	中共党员	1996. 6—2001. 4
		谢锡坤	女	汉族	中共党员	1996. 6—2001. 4
		柏怀珍	男	布依族	中共党员	1996. 6—2001. 4
第十一届	主　任	黎光武	男	布依族	中共党员	2001. 4—2006. 8
	代理主任	吴春礼	男	苗族	中共党员	2006. 8—2007. 2
	副主任	胡显仁	男	汉族	中共党员	2001. 4—2003. 11
		吴春礼	男	苗族	中共党员	2001. 4—2007. 2
		裴金科	男	汉族	无党派	2001. 4—2007. 2
		谢锡坤	女	汉族	中共党员	2001. 4—2003. 3
		柏怀珍	男	布依族	中共党员	2001. 4—2007. 2
		孔繁英	女	汉族	中共党员	2001. 4—2005. 12
		文淑云	女	汉族	中共党员	2001. 4—2003. 3
		张　凯	男	汉族	中共党员	2001. 4—2005. 2
		韦耀军	男	水族	中共党员	2003. 4—2007. 2
		吴进华	男	苗族	中共党员	2003. 4—2007. 2
		逄焕华	男	汉族	中共党员	2006. 2—2007. 2
		屈景德	女	汉族	中共党员	2006. 2—2007. 2

续表 4－1－1

届次	职务	姓名	性别	民族	政治面貌	任职时间
第十二届	主　任	吴秀全	男	布依族	中共党员	2007. 2—2012. 2
	副主任	韦耀军	男	水族	中共党员	2007. 2—2012. 2
		逄焕华	男	汉族	中共党员	2007. 2—2012. 2
		屈景德	女	汉族	中共党员	2007. 2—2010. 2
		王圣强	男	布依族	无党派	2007. 2—2012. 2
		杨筑萍	女	苗族	中共党员	2007. 2—2012. 2
		王国太	男	汉族	中共党员	2007. 2—2012. 2
		陈忆秋	男	苗族	中共党员	2007. 2—2012. 2
		符晓钢	男	汉族	中共党员	2010. 2—2012. 2
第十三届	主　任	罗　毅	男	布依族	中共党员	2012. 2—2014. 12
	副主任	丁　匀	男	汉族	中共党员	2012. 2—2014. 12
		逄焕华	男	汉族	中共党员	2012. 2—2014. 12
		杨筑萍	女	苗族	中共党员	2012. 2—2014. 12
		陈忆秋	男	苗族	中共党员	2012. 2—2014. 12
		符晓钢	男	汉族	中共党员	2012. 2—2014. 12
		沙先贵	男	回族	中共党员	2012. 2—2012. 8
		韦祖宏	男	水族	中共党员	2012. 2—2014. 12
		成祺兴	男	布依族	无党派	2012. 2—2014. 12

第二节　黔南州人大常委会议

一、九届人大常委会议

黔南州第九届人大常委会任期内，共召开常委会议 31 次，分别听取和审议“一府两院”（人民政府、人民法院、人民检察院）工作报告 115 个（次），对其中 8 个重要报告作出相关决议；依法任免地方国家机关工作人员 137 人次。

1991 年 9 月 25—27 日在都匀召开的第二次常委会议。主要听取和审议州政府《关于黔南州生产救灾情况的报告》《关于起草黔南州实施〈中华人民共和国渔业法〉办法（草案）的说明》《关于当前全州计划生育工作情况的报告》《关于黔南州工商行政管理工作情况的报告》；提出对《黔南州实施〈中华人民共和国渔业法〉办法（草案）》的审议意见，要求州政府根据会议提出的意见认真修改后，再提请州人大常委会审议。

1991 年 11 月 25—29 日在都匀召开的第三次常委会议，主要听取关于“10 · 30”特大交通事故善后工作情况的报告；听取并审议州政府《关于贯彻实施十年基本绿化黔南规划进展情况的报告》《关于〈中华人民共和国矿产资源法〉执行情况的报告》《关于黔南州建镇并乡撤区工作情况的报告》《关于黔南州 1991 年财政预算调整变动情况的报告》《关于黔南州开展打击拐卖妇女儿童斗争的情况报告》；听取和审议州法院《关于全州民事审判工作的情况报告》、州检察院《关于全州法纪检察工作的情况报告》；审议州人大常委会《关于组织州人大常委会委员进行视察的安排意见》。会议作出《关于〈矿产资源法〉执行情况的决议》《批准〈关于黔南州1991年财政预算调整变动情况汇报〉的决议》《关于组织州九届人大代表进行视察的决定》。

1992年5月26—29日在都匀召开的第六次常委会议，主要听取州政府《关于黔南州当前工业生产情况的报告》《关于黔南州当前春耕生产情况的报告》《关于贯彻实施〈中华人民共和国森林法〉情况的报告》《关于黔南州搞活商业流通工作情况的报告》；审议通过《黔南州执行〈中华人民共和国婚姻法〉变通规定（草案）》，决定提请州九届人大第三次会议审议；审议州人大常委会《联系州人民代表大会代表暂行办法（草案）》；学习《中华人民共和国全国人民代表大会和地方各级人民代表大会代表法》，并作出有关决议。

1992年7月22—25日在都匀召开的第七次常委会议，主要听取和审议《黔南星火计划及星火技术密集试验区情况的报告》《关于城市经济体制改革工作情况的报告》《关于实施〈中华人民共和国土地管理法〉的情况报告》《关于宣传贯彻〈中华人民共和国烟草专卖法〉情况的报告》。

1992年9月22—25日在都匀召开的第八次常委会议，主要听取和审议州政府《关于黔南州深化农村改革的工作报告》《关于“二五”普法工作开展情况的报告》《关于黔南州供销合作社体制改革情况的报告》《关于黔南州乡（镇）企业工作情况的报告》。

1992年11月9—11日在都匀召开的第九次常委会议，学习中共第十四次全国代表大会文件，作出《关于学习贯彻中国共产党第十四次全国代表大会精神的决议》；听取和审议州政府《关于黔南州贯彻实施〈中华人民共和国全民所有制工业企业法〉情况的报告》《关于黔南州执行〈会计法〉情况的报告》《关于〈中华人民共和国城市规划法〉执行情况的报告》。

1993年7月21—24日在都匀召开的第十三次常委会议，主要听取和审议《关于黔南州国有商业改革情况的报告》《关于黔南州对外经济技术协作工作情况的报告》《关于黔南州1993年科技兴农情况的报告》《关于黔南州实施〈中华人民共和国行政诉讼法〉情况的报告》等报告；听取并审议州人大常委会关于《黔南布依族苗族自治州1993年县、乡两级人民代表大会换届选举工作情况的报告》；审议州人大常委会视察组《关于视察瓮福矿肥基地和福泉县人民政府贯彻实施〈中华人民共和国矿产资源法〉情况的报告》。

1993年11月17—19日在都匀召开的第十五次常委会议。主要听取和审议州政府《关于宣传贯彻〈中华人民共和国税收征收管理法〉情况的报告》《关于贯彻执行州人大常委会〈关于矿产资源法执行情况汇报的决议〉情况的报告》《关于全州农村初级卫生保健发展情况的报告》《关于实施〈贵州省加快民族教育工作若干规定〉情况的报告》；听取并审议通过州人大常委会代表资格审查委员会《关于补选代表的代表资格审查报告》。

1994年7月14—16日在都匀召开的第十九次常委会议，讨论通过关于《黔南州执行〈中华人民共和国婚姻法〉的变通规定》公布施行的公告。

1995 年 5 月 16—19 日在都匀召开的第二十四次常委会议，主要听取和审议《关于全州城镇集体工业发展情况的报告》；审议通过《关于接受陈仕凤同志辞去州九届人大常委会委员职务的决定》。

1995 年 11 月 21—24 日在都匀召开的第二十七次常委会议，主要听取和审议州政府《关于黔南州乡（镇）企业发展情况的报告》《关于黔南州国家安全局成立一年来的工作和宣传实施〈国家安全法〉的情况报告》《关于黔南州宣传贯彻实施〈中华人民共和国反不正当竞争法〉和〈中华人民共和国消费者权益保护法〉情况的报告》《黔南州实施星火计划的情况报告》；作出《关于黔南州第十届人大代表名额和选举问题的决定》《关于乡（镇）人民代表大会换届选举时间的决定》；审查批准关于州本级 1995 年财政预算调整的报告，并通过有关决议。

1996 年 1 月 17—19 日在都匀召开第二十八次常委会议，作出《关于召开州十届人民代表大会第一次会议的决定》和接受 1 名副州长辞去副州长职务的决定。

1996 年 6 月 11 日在都匀召开的第三十一次常委会议，审议提出黔南州十届人大第一次会议主席团和秘书长建议名单、州第十届人大第一次会议国民经济、社会发展计划和财政预算审查委员会建议名单、州人大议案办理办法（草案），并决定提请州第十届人大第一次会议预备会议审议通过；听取并审议通过州人大常委会代表资格审查委员会关于补选州十届人大代表的代表资格审查报告；审议决定州第十届人大第一次会议列席人员名单。

二、十届人大常委会议

黔南州第十届人大常委会任期内共召开常委会议 31 次，听取和审议州“一府两院”工作报告 104 个，对其中 9 个工作报告作出相关决议，对 37 个工作报告提出审议意见；任免国家机关工作人员 152 人次；对州政府的 1 个部门开展工作评议、4 个部门正职开展述职评议，开展州政府先进部门、优秀组成人员评选活动和评选优秀人民法官、优秀人民检察官活动。

1996 年 11 月 26—28 日在都匀召开的第三次常委会议，主要听取和审议州政府《关于黔南州公路建设和公路养护管理工作情况的报告》《关于贯彻实施〈基本农田保护条例〉和土地执法检查情况的报告》《关于全州近两年来贯彻实施〈中华人民共和国农业法〉情况的报告》《关于山羊生产发展情况的报告》《关于黔南州多渠道筹措教育经费的情况报告》；听取和审议州人大常委会 1997—2000 年民族立法工作计划；听取州人大常委会视察组的视察报告和州人大财经委员会关于全州公路状况专题调查情况报告。

1997 年 5 月 7—9 日在荔波县城召开的第六次常委会议，主要听取和审议《发展旅游事业及保护旅游资源工作情况的报告》等。会议要求州政府及有关部门深入实地调查研究，对发展旅游事业保护旅游资源方面所做的工作与现状进行认真剖析，根据不同情况提出切实可行的发展与保护措施，补充修改工作报告，重新提请州人大常委会审议。听取和审议大七孔电站工程建设指挥部《关于黔南州大七孔电站工程建设情况的报告》，并实地视察大七孔电站建设工地。审议作出《关于对州卫生局、州交通局局长进行述职评议暨对州劳动局进行工作评议的决定》；通过《关于进一步做好人大工作的意见》。

1997 年 7 月 22—25 日在都匀召开的第七次常委会议，主要听取和审议州政府《关于“八五”扶贫工作情况和“九五”扶贫攻坚安排的报告》《关于贯彻实施〈中华人民共和国矿产资源法〉和开发矿业情况的报告》《关于全州“八五”和去冬今春农田水利建设情况的报告》《关于贯彻实施〈中华人民共和国行政处罚法〉情况的报告》《关于打击卖淫嫖娼工作情况的报告》；审议通过《黔南州 1997—2000 年民族立法计划（试行草案）》。

1997 年 11 月 12—14 日在都匀召开的第九次常委会议，主要听取和审议《关于黔南州州级国家行政机关机构改革情况的报告》《关于〈黔南州个体工商户和私营企业权益保护条例〉（草案）和〈黔南州惩治生产销售假冒伪劣商品违法行为条例〉（草案）的修改说明》《关于州十届人大二次会议以来代表变动情况的审查报告》；审议通过《关于批准州级财政预算调整的决议》；任命 2 人为副州长，同意 2 人辞去副州长职务。

1998 年 5 月 19—21 日在都匀召开的第十二次常委会议，主要听取并审议州政府《关于对外来企业扶持和发展工作情况的报告》《关于全州非农业建设用地大清查工作情况的报告》《关于贵新高等级公路黔南段征地拆迁工作情况的报告》《关于 1996—1997 年民政事业费管理使用情况报告》《关于全州县级人大换届选举工作情况的报告》等。

1998 年 11 月 24—26 日在都匀召开的第十五次常委会议，主要听取并审议《关于贯彻实施〈中华人民共和国乡（镇）企业法〉情况的报告》；补选贵州省第九届人大代表 1 名。

1999 年 1 月 27—29 日在都匀召开的第十六次常委会议，主要听取和审议《州政府关于停止执行〈婚姻法〉变通规定第三条款情况调查结果的报告》《关于“九五”以来全州广播电视事业发展情况的报告》《关于国有工业企业“三改一加强”工作情况的报告》《关于黔南州科学技术进步条例（草案）的说明》《关于〈黔南州城市水污染防治管理条例（草案）的说明〉》；会议同意州政府州长辞去州长职务；决定任命一名代理州长。

1999 年 6 月 2—4 日在都匀召开的第十九次常委会议，主要听取和审议州政府《关于粮食流通体制改革情况的报告》《关于延长土地承包期工作的报告》《关于科技创先活动情况的报告》《关于建筑市场工程质量监督管理情况的报告》；听取州人大常委会研究室《关于〈黔南州人民代表大会常务委员会议事规则〉（修正草案）的说明》。

1999 年 11 月 30 日—12 月 2 日在都匀召开的第二十二次常委会议，主要听取和审议州政府《关于“义教工程”实施情况的报告》《关于贯彻实施〈中华人民共和国矿产资源法〉及相关法规工作情况的报告》《关于建立社会保险制度、实行最低生活保障工作情况的报告》《黔南州档案管理奖励与处罚办法（草案）》说明；邀请省高级人民法院副院长王海萍到会作《社会主义新时期的司法改革》法制讲座。

2000 年 5 月 16—18 日在都匀召开的第二十五次常委会议，主要听取和审议州政府《关于全州企业改革工作情况的报告》《关于黔南州农业产业化经营发展情况的报告》《关于全州重点污染企业治理情况的报告》《关于申报组建黔南民族师范学院情况的报告》，并分别作出有关审议意见。

2000 年 9 月 12—14 日在都匀召开的第二十七次常委会议，主要听取和审议州政府《关于 2000 年 1—8 月国民经济与社会发展计划执行情况的报告》《关于 2000 年 1—8 月财政预算执行情况的报告》《关于贯彻实施〈黔南州城市水污染防治条例〉工作情况的报告》《关于贯彻实施〈黔南州城镇建设管理条例〉工作情况的报告》，关于贷款修建独荔公路议案的说明；表决通过关于增加“优秀人民检察官”评选名额和关于独荔公路贷款建设还本付息问题议案的决议及有关审议意见。

2000 年 11 月 15—17 日在都匀召开的第二十八次常委会议，主要听取和审议州政府《1997 年至 1999 年 6 月全州扶贫资金审计意见落实情况的报告》《关于贯彻实施〈黔南州科学技术进步条例〉情况的报告》《关于全州供销合作社体制改革情况的报告》；审议了《黔南州荔波樟江风景名胜区管理条例（草案）》。

2001 年 4 月 3—4 日在都匀召开的第三十次常委会议，主要审议提出州第十一届人大第一次会议建议议程；会议决定接受州法院院长辞去院长职务，任命州法院一名副院长为代理院长。

三、十一届人大常委会议

黔南州第十一届人大常委会任期 6 年，共计召开常委会议 44 次，听取和审议“一府两院”工作报告 143 个，作出决定决议 40 余个，审议意见 143 个，对政府的 3 个工作部门开展工作评议；任免国家机关工作人员 268 人次。

2001 年 8 月 22—24 日在都匀召开的第二次常委会议，主要听取和审议州政府《关于全州社会治安综合治理“二五”规划完成情况及“三五”规划安排意见的报告》《关于贯彻实施〈中华人民共和国人民防空法〉工作情况的报告》《关于黔南州贯彻实施〈中华人民共和国会计法〉工作情况的报告》《关于贵新高等级公路黔南沿线匝道口建设规划和建设情况的报告》《黔南州整顿规范市场经济秩序工作情况的报告》。

2001 年 10 月 23—25 日在都匀召开的第三次常委会议，主要听取和审议《关于全州煤矿安全整顿治理工作情况的报告》，作出关于全州乡级人大换届选举时间的决定；补选 1 名省第九届人大代表。

2002 年 6 月 26—28 日在都匀召开的第八次常委会议，主要听取和审议州政府《关于进一步开展整顿和规范市场经济秩序工作情况的报告》《关于贯彻实施〈贵州省广播电视条例〉情况的报告》《关于全州宗教工作情况的报告》；听取州人大法制委员会关于《黔南州立法办法（草案）》审议结果的报告，听取州人大常委会《中华人民共和国食品卫生法》执法检查组关于执法检查情况的报告。

2003 年 3 月 27 日在都匀召开的第十四次常委会议，主要听取和审议州人大内务司法委员会关于吴红等代表所提《关于瓮安县雍阳镇农具厂与雍阳镇人民政府房屋所有权纠纷一案的议案》的办理情况报告，州人大常委会代表资格审查委员会关于补选代表的代表资格审查报告，州人大常委会办公室关于州十一届人大四次会议筹备工作情况的报告；审议提出州十一届人大四次会议主席团和秘书长建议名单，审议州人大常委会工作报告稿；作出同意接受 2 人辞去州人大常委会副主任职务、1 人辞去常委会委员职务、7 人辞去州人大有关专门委员会主任委员职务的决定。

2003 年 6 月 24—26 日在荔波县城召开的第十七次常委会议，主要听取和审议州政府

《关于贯彻执行〈中华人民共和国土地管理法〉情况的报告》《关于黔南州新阶段扶贫开发、农业综合开发工作情况的报告》《关于黔南州传染性非典型肺炎防治工作情况报告》《关于黔南州农村税费改革扩大试点工作情况的报告》《关于贯彻执行〈中华人民共和国税收征收管理法〉情况的报告》《关于黔南民族师范学院贷款承诺问题的议案及说明》，审议通过关于黔南民族师范学院新增贷款的决议。

2003 年 8 月 19—21 日在都匀召开的第十八次常委会议，主要听取和审议州政府《关于贯彻实施〈中华人民共和国义务教育法〉及〈贵州省实施义务教育法办法〉的情况报告》《关于贯彻执行〈贵州省旅游业管理条例〉情况的报告》《关于州县共建龙里工业园区工作情况的报告》《关于国民经济和社会发展第十个五年计划中期评估的报告》；听取州人大常委会执法检查组关于《中华人民共和国义务教育法》《贵州省实施义务教育法办法》贯彻实施情况的报告；审议作出关于对州林业局、州司法局、州人事局开展工作评议的决定；补选省第十届人大代表 1 名。

2004 年 4 月 22—23 日在都匀召开的第二十三次常委会议，主要听取和审议州政府《关于黔南州退耕还林工程实施情况的报告》《关于都匀电网高度情况及二期农网改造工作情况的报告》；听取省人大制定民族区域自治法配套法规工作座谈会议精神的通报及部分民族自治州自治条例修改情况的调研报告。

2004 年 10 月 20—21 日在都匀召开的第二十六次常委会议，主要听取和审议州政府《关于黔南州 2001—2003 年财政扶贫等专项资金清理检查情况的报告》《关于黔南州畜牧业发展情况的报告》；听取州人大法制委关于对《章铁民等代表所提〈尽快制定都匀斗篷山——剑江风景名胜区管理保护条例〉的议案》的审议结果报告。

2005 年 10 月 25—27 日在都匀召开的第三十三次常委会议，主要听取和审议州政府《关于〈黔南州个体工商户和私营企业权益保护条例修正案（草案）〉的起草说明》《关于深入开展全州土地市场治理整顿工作情况的报告》《关于全州烤烟生产收购工作情况的报告》《关于黔南州城镇体系规划编制情况的说明》；审议《黔南州自治条例修订案（草案）》《黔南州个体工商户和私营企业权益保护条例修正案（草案）》《黔南州城镇体系规划》；审议通过关于黔南州城镇体系规划的决议。

2005 年 12 月 27—28 日在都匀召开的第三十四次常委会议，主要听取和审议州政府《关于政府债务情况的报告》《关于全州供销社企业改革改制情况的报告》。

2006 年 4 月 25—26 日在都匀召开的第三十六次常委会议，主要听取和审议州政府《黔南州水利建设工作情况的报告》《关于全州职业教育情况的报告》。会议认为州政府关于全州职业教育情况的报告工作总结不够全面、内容不详、下步工作措施不够切实有力，未予通过。

2006 年 8 月 22—23 日在都匀召开的第三十八次常委会议，主要听取和审议州政府《关于全州集中式饮用水源地环境保护情况的报告》《关于贯彻执行〈中华人民共和国产品质量法〉情况的报告》《关于贯彻执行〈中华人民共和国动物防疫法〉和〈贵州省动物防疫条例〉情况的报告》。

2006 年 10 月 24—25 日在都匀召开的第三十九次常委会议，主要听取和审议州政府《关于州十一届人大七次会议代表建议、批评和意见办理情况的报告》；会议同意接受州人大常委会主任辞去职务，并决定推选一名副主任为代理主任。

2006 年 11 月 21 日在都匀召开的第四十一次常委会议，同意州政府州长辞去州长职务；决定免去副州长职务 1 名；决定任命副州长 2 名，并决定代理州长 1 名。

2006 年 12 月 26—27 日在都匀召开的第四十二次常委会议，听取和审议州政府《关于黔南州融入贵阳城市经济圈工作情况的报告》《关于工业项目聚集区建设及运行情况的报告》《关于全州社会主义新农村建设试点工作进展情况的报告》以及关于州级机关办公区异地建设情况的报告；表决通过关于将《黔南州岩溶资源保护条例（草案）》提请州第十二届人大一次会议审议的决定和有关工作报告的审议意见；补选贵州省第十届人大代表 1 名。

2007 年 1 月 23—24 日在都匀召开的第四十四次常委会议，听取和审议州人大常委会办公室关于州第十二届人大一次会议筹备工作情况的报告，州人大选任联委关于县乡两级人大换届选举工作情况的报告，关于黔南州第十二届人大代表的代表资格审查报告；作出关于将州人大农村经济委员会更名为州人大农业与农村委员会的决定。

四、十二届人大常委会议

黔南州第十二届人大常委会共召开常委会议 35 次，听取和审议州“一府两院”工作报告 111 个，作出决议决定 63 个；开展执法检查 18 项；开展工作评议部门 6 个；任免地方国家机关工作人员 244 人次。

2007 年 8 月 28—29 日在都匀召开的第三次常委会议，主要听取和审议《关于黔南州旅游业发展及承办第二届贵州旅游产业发展大会筹备情况的报告》，州人大教育科学文化卫生委员会关于检查《贵州省民族民间文化保护条例》实施情况的报告。

2008 年 4 月 22—23 日在都匀召开的第七次常委会议，听取和审议州政府《关于全州森林防火工作情况的报告》《关于全州生猪养殖发展工作情况的报告》《关于全州矿产资源开发与保护情况的报告》。

2009 年 4 月 23 日在都匀召开的第十四次常委会议，听取和审议州政府《关于“两基”迎“国检”工作情况的报告》，并对该报告进行满意度测评，测评结果为满意。

2009 年 10 月 27—29 日在都匀召开的第十七次常委会议，听取和审议州政府关于调整部分主要经济指标的议案说明，作出关于调整部分主要经济指标的决议；听取和审议州政府《关于〈黔南布依族苗族自治州城市水污染防治条例〉贯彻实施情况的报告》《关于全州基本农田保护情况的报告》《关于加快农业产业化建设情况的报告》；听取州人大常委会《关于检查〈黔南州城市水污染防治条例〉情况的报告》。

2010 年 4 月 22—23 日在都匀召开的第二十二次常委会议，主要听取和审议州政府关于抗旱救灾及春耕备耕工作情况的报告、关于将都匀市 173 至厦蓉高速公路都匀东互通立交匝道口快速干道项目贷款本息纳入州本级财政预算的议案及说明；听取州人大教科委关于州十二届人大五次会议代表议案审议结果的报告；听取州人大常委会研究室关于修改《黔南州人大常委会议事规则》的决定（草案）的说明和州人大常委会代表资格审查委员会《关于补选代表的代表资格审查报告》；作出对关于将都匀市 173 至厦蓉高速公路都匀东互通立交匝道口快速干道工程项目货款本息纳入州本级财政预算的议案的决议。

2010 年 10 月 25—26 日在都匀召开的第二十五次常委会议，传达学习中共第十七届五中全会公报；听取和审议州政府《关于全州水利基础设施规划及建设情况的报告》《全州流动人口计划生育服务管理工作情况报告》《关于〈黔南州个体工商户和私营企业权益保护条例〉贯彻实施情况的报告》《关于全州住房公积金管理工作情况的报告》《关于对抗旱救灾及春耕备耕审议意见落实情况的报告》。

2011 年 9 月 14 日在都匀召开的第三十一次会议，接受州政府州长辞去州长职务，任命副州长、代理州长一名。

2011 年 12 月 22—23 日在都匀召开的第三十四次常委会议，主要听取和审议州政府《关于全州产业园区及重大项目建设情况的报告》《关于全州农民专业合作社建设运行情况报告的审议意见办理情况的报告》。

五、十三届人大常委会议

黔南州第十三届人大常委会于 2012 年 2 月选举产生，2012—2014 年共召开常委会议 21 次，共听取和审议州“一府两院”专项工作报告 106 个，形成审议意见交报告机关研究处理、限期答复；开展执法检查 5 次、专题调研 112 次；依法任免地方国家机关工作人员 231 人次。

2012 年 4 月 27 日在都匀召开的第二次常委会议，传达学习中共贵州省第十一次代表大会精神；对州政府专项工作报告进行满意度测评，测评结果均为满意；会议审议通过人事任免事项，新任命的州政府 31 个组成部门负责人作任职宣誓。

2012 年 8 月 27—29 日在都匀召开的第三次常委会议，主要听取和审议州政府《关于加快推进三都水族博物馆和都匀“好花红”民族文化园（展演中心）建设等全州民族文化建设工作情况的报告》《关于推进全州工业园区建设中项目投产率、达产率和落地开工率工作情况的报告》；审议通过《州人大选举任免与代表联络委员会关于州十三届人大一次会议代表建议、批评和意见督办工作情况的报告》《州人大环境与资源保护委员会对〈关于制定都匀斗篷山——剑江河保护条例的议案〉的审议结果报告》。

2013 年 4 月 26 日在都匀召开的第八次会议，会议听取和审议州政府《关于贯彻实施〈中华人民共和国消防法〉和〈贵州省消防条例情况报告的审议意见〉办理情况的报告》，会议表决通过人事任免事项；州第十三届人大常委会第一批咨询专家 9 人颁发证书。

2013 年 10 月 29 日在都匀召开的第十一次常委会议，分别听取和审议州政府《关于全州保障性安居工程建设工作情况的报告》《关于林业生态建设情况的报告》《关于全州“六五”普法工作中期情况的报告》《关于 2012 年以来全州非物质文化遗产抢救、保护与传承工作情况的报告》《关于 2011 年以来省级经济开发区建设及外贸外资工作情况的报告》《关于〈黔南布依族苗族自治州茶产业发展条例（草案）〉的说明》《关于〈黔南州水污染防治条例（草案）〉的说明》；听取州人大农委、州人大环资委分别所作的《关于〈黔南布依族苗族自治州茶产业发展条例（草案）〉审议意见的报告》《关于〈黔南州水污染防治条例（草案）〉审议意见的报告》，审议《黔南布依族苗族自治州茶产业发展条例（草案）》《黔南州水污染防治条例（草案）》；审议并表决通过《黔南布依族苗族自治州人民代表大会代表述职试行办法》。

2013 年 2 月 10 日在都匀召开的第十四次常委会议，主要听取州政府《关于提请审议黔南州“一圈两翼”区域经济规划（2013—2015）（草案）的议案的说明》，会议批准州政府提请审议“一圈两翼”区域经济发展规划（2013—2015）草案的议案，并作出相应决定。

2014 年 6 月 25 日在都匀召开的第十七次常委会议，主要听取和审议州政府《对〈关于同步小康创建活动实施情况审议意见〉办理情况的报告》《对关于〈提高“四个比重”、推进“5 个 100 工程”工作情况报告的审议意见〉办理情况的报告》《关于全州扶贫开发工作情况的报告》《对关于〈贵州省中小企业促进条例〉和〈黔南州布依族苗族自治州个体工商户和私营企业权益保护条例〉贯彻实施情况的报告的审议意见办理情况的报告》《关于优秀民族文化传承工作中黔南民族文化展示园和都匀东山历史文化古街区建设情况的报告》；作出《关于批准州人民政府将贵州昌明经济开发区标准化厂房项目融资偿还资金纳入州级财政预算的议案的决议》；听取州人大财经委、州人大选任联委《关于黔南州 2013 年州本级财政决算草案的审查报告》《关于个别代表的代表资格审查报告》。

2014 年 10 月 28 日在都匀召开的第二十次常委会议，主要听取和审议州政府《关于全州小城镇建设工作情况的报告》《关于〈贵州省促进供销合作社发展条例〉贯彻实施情况的报告》《关于“一圈两翼”公共文化基础设施建设情况的报告》；审议批准州政府关于都匀经济开发区第三批次城镇建设用地土地收储项目贷款偿还资金纳入州级财政预算、关于都匀监狱土地收储项目融资、关于都匀市龙山大道东侧地块土地储备项目贷款偿还资金纳入州级财政预算等议案，并作出相应决议。

2014 年 12 月 23 日在都匀召开的第二十一次常委会议，主要听取和审议州政府《关于全州工业园区基础设施建设与规模工业发展工作情况的报告》《州直差额拨款事业单位预算收支管理工作情况的报告》《全州侨务工作情况的报告》《全州食品药品监督管理工作情况的报告》《对〈关于优秀民族文化传承工作中黔南民族文化展示园和都匀东山历史文化古街区建设情况报告的审议意见〉办理情况的报告》《对〈关于全州扶贫开发工作情况报告的审议意见〉办理情况的报告》；批准将都匀经济开发区发行私募债券融资等项目偿还资金纳入州级财政预算的议案；作出关于召开州十三届人大五次会议和提请州十三届人大五次会议审议《黔南布依族苗族自治州剑江河流域保护条例（草案）》的决定；表决通过《黔南布依族苗族自治州人民代表大会常务委员会预算审查监督暂行办法》《黔南布依族苗族自治州人民代表大会代表联系选举单位和人民群众办法》。

第三节　黔南州人大常委会主任会议

1991—2014 年，黔南州第八届至第十三届人大常委会共召开主任会议 374 次，听取、审议和讨论州“一府两院”及其工作部门和州人大常委会机关工作汇报 1238 个（次）。其中：1991 年 4 月 14 日召开的州八届人大常委会第 73 次主任会议，讨论举行州八届人大常委会第三十二次会议的有关事项、州九届人大一次会议的准备工作、州人大常委会工作报告（征求意见稿）的修改工作以及各县（市）人大常委会设立专门信访机构的问题；1991 年 7 月 8 日召开的州九届人大常委会第 2 次主任会议，讨论黔南州部分县（市）在“建并撤”中向州人大常委会反映的情况及问题；1992 年 6 月 2 日召开的州九届人大常委会第 21 次主任会议，讨论并同意办公室提出的机关拟办的经济实体具体项目方案，研究并原则同意常委会机关新建职工宿舍有关方面的问题；1995 年 10 月 5 日召开的州九届人大常委会第 75 次主任会议，讨论州十届人大代表名额分配及常委会组成人员名额分配方案稿，决定由州人大代工委根据会议意见修改补充后，报州委审批；1996 年 12 月 18—19 日召开的州十届人大常委会第 9 次主任会议，讨论修改《州人大常委会本届工作意见（征求意见稿）》和州人大常委会 1997 年的工作思路和初步打算；1997 年 8 月 6 日召开的州十届人大常委会第 18 次主任会议，审定州十届人大常委会第七次会议原则通过的黔南州 1997—2000 年民族立法计划（试行）；1998 年 4 月 3 日召开的州十届人大常委会第 29 次主任会议，讨论关于加快民族乡经济社会发展办法草案；1998 年 12 月 7 日召开的州十届人大常委会第 38 次主任会议，受常委会委托，对《黔南州人大常委会关于依法治州的决议（审议修改稿）》进行修改定稿，决定于 12 月 8 日正式公布；1999 年 12 月 30—31 日召开的州十届人大常委会第 59 次主任会议，专题听取和审议州人大常委会。7 个调查联络组关于对州政府 35 个组成部门和 32 名州政府组成人员的初评意见；2000 年 12 月 7 日召开的州十届人大常委会第 73 次主任会议，听取《中共黔南州委关于加强人大工作的决定（送审稿）》情况的通报，讨论修改《州人大常委会关于讨论、决定重大事项的规定（草案）》情况说明；2001 年 11 月 23 日召开的州十一届人大常委会第 12 次主任会议，听取和审议州人大常委会机关机构改革领导小组关于州人大常委会机关机构改革的实施意见（草案）和“三定”方案的汇报；2002 年 4 月 1 日召开的州十一届人大常委会第 19 次主任会议，讨论关于建立州“一府两院”执行州人大常委会会议决定、决议和审议意见定期报告制度的规定（草案），关于召开全国 30 个自治州人大工作研讨会筹备工作以及机关管理有关事宜；2002 年 8 月 19 日召开的州十一届人大常委会第 25 次主任会议，讨论州礼堂改造及州人大常委会机关办公大楼搬迁事宜；2004 年 7 月 2 日召开的州十一届人大常委会第 57 次主任会议，讨论组织驻黔南州的省十届人大代表进行专题视察的安排，推荐报省表彰的先进人大代表候选人名单，召开全州优秀人大代表表彰及代表工作经验交流会事宜，研究纪念《中华人民共和国民族区域自治法》颁布实施 20 周年活动方案；2006 年 12 月 11 日召开的州十一届人大常委会第96次主任会议，听取州民族宗教事务局关于黔南州“十五”期间扶持人口较少民族（毛南族）帮扶工作情况的汇报；2007年10月31日召开的州十二届人大常委会第10次主任会议，讨论《州人大常委会会议旁听规则（试行）》《州人大常委会组成人员联系本级人大代表办法》《黔南布依族苗族自治州人民代表大会代表建议、批评和意见办理工作规定》；2008年7月29日召开的州十二届人大常委会第18次主任会议，听取关于部分州级机关办公区异地建设工作进展情况的报告，州人大农业与农村委员会对州政府《关于修改〈黔南布依族苗族自治州村级动物防疫员管理条例〉（草案）的建议》的审议意见的汇报；2009年7月9日召开的州十二届人大常委会第32次主任会议，听取州人大常委会科学发展观办公室关于《州人大常委会贯彻落实科学发展观分析检查报告群众评议情况汇报》《州人大常委会深入学习实践科学发展观活动整改方案》的汇报；2010年11月5日召开的州十二届人大常委会第55次主任会议，讨论《关于进一步提高州人大常委会会议质量的意见》，讨论《黔南州人大常委会机关部分正科级职位竞争上岗实施方案》《关于聘请州人大常委会咨询专家的建议》；2011年7月15日召开的州十二届人大常委会第70次主任会议，讨论《中共黔南州人大常委会党组关于做好州、县、乡三级人民代表大会换届选举工作的意见》，黔南州县（市）、乡（镇）两级人大换届选举工作学习班方案，《关于成立黔南州人大换届选举工作办公室的方案》；2012年3月1日召开的州十三届人大常委会第2次主任会议，传达学习《国务院关于进一步促进贵州经济社会又好又快发展的若干意见》；2012年5月21日召开的州十三届人大常委会第5次主任会议，听取州政府关于全州茶叶产业发展情况的报告、州人大农业与农村委员会关于全州茶产业发展情况的调研考察报告等；2012年7月30日召开的州十三届人大常委会第7次主任会议，讨论《黔南布依族苗族自治州人大常委会聘请咨询专家管理办法》《关于开展四级代表“看发展、议变化、话黔南、献良策”集中视察活动的建议》《关于开展“迎接党的十八大，推进民主法制进程”少数民族法制宣传系列活动方案》和印制《人民当家谱新篇》大型画册事宜；2012年8月22日召开的州十三届人大常委会第8次主任会议，听取州人大环境与资源保护委员会对《关于制定都匀斗篷山、剑江河保护条例的议案》的审议结果报告；2012年11月28日召开的州十三届人大常委会第12次主任会议，听取州政府《关于全州文化体制改革情况的报告》《关于2008年以来全州茶叶产业发展情况报告》；2013年8月26日召开的州十三届人大常委会第22次主任会议，讨论州政府关于将都匀东部新城商业服务设施及配套设施建设贷款本息纳入州本级财政预算的议案，讨论州人大常委会关于州人大代表述职试行办法（草案）；2014年2月10日召开的州十三届人大常委会第28次主任会议，讨论州人大常委会关于《黔南布依族苗族自治州促进茶产业发展条例》（草案）的说明，讨论州人大常委会关于转发州法院开展“万名代表听千案庭审”活动的实施方案的通知；2014年10月24日召开的州十三届人大常委会第35次主任会议，讨论州政府关于都匀经济开发区第三批次城镇建设用地土地收储项目贷款偿还资金纳入州级财政预算、都匀监狱土地收储项目融资和都匀市龙山大道东侧地块土地储备项目贷款偿还资金纳入州级财政预算的议案；2014年11月24日召开的州十三届人大常委会第36次主任会议，听取州人民政府关于全州烤烟工作情况的报告，听取州人大环资委关于全州城市棚户区改造专题调研情况的报告，听取州人大教科委关于全州卫生计生资源整合专题调研情况的报告，听取州人大常委会办公室关于州人大常委会机关办公用房搬迁前期工作情况的汇报，讨论州人大财经委关于州政府将全州部分重点项目融资贷款偿还资金纳入州级财政预算的议案的审查意见。

第四节 代表工作

一、代表选举

（一）州人大代表选举

1. 第九届人大代表选举。省第七届人大常委会第十五次会议决定，黔南州第九届人大代表名额为379名，各选举单位选举产生州第九届人大代表377名，经州第八届人大常委会代表资格审查委员会审查，确认其中376名代表资格有效。376名代表中，工人代表26名，占6.9%；农民代表87名，占23%；知识分子代表49名，占13%；军队代表11名，占2.9%；干部代表193名，占51.3%；其他方面代表10名，占2.7%。376名代表中，妇女84名，占22.3%；少数民族229名，占60.9%；中共党员265名，占70%，非中共代表114名，占30%；年龄在35岁以下的80名，占21.3%，36～55岁的248名，占66%，56岁以上的48名，占12.7%；具有大专以上文化程度的94名，占25%，中专、中学文化程度的227名，占60.4%，小学以下文化程度的55名，占14.6%。

2. 第十届人大代表选举。省第八届人大常委会第十七次会议决定，黔南州第十届人大代表名额为381名，各选举单位选举产生州第十届人大代表376名，经州第九届人大常委会代表资格审查委员会审查，确认376名代表资格有效。376名代表中，工人代表20名，占5%；农民代表82名，占22%；知识分子代表44名，占12%；军队代表11名，占3%；干部代表198名，占53%；其他方面代表19名，占5%。376名代表中，妇女95名，占25%；少数民族224名，占59.6%；中共党员262名，占70%，非中共代表114名，占30%；年龄在35岁以下的89名，占24%，36～55岁的253名，占67%，56岁以上的34名，占9%；具有大专以上文化程度的160名，占43%，中专、中学文化程度的201名，占53%，小学文化程度的15名，占4%。

3. 第十一届人大代表选举。省第九届人大常委会第十九次会议决定，黔南州第十一届人大代表名额为381名，各选举单位选举产生州第十一届人大代表372名，经州第十届人大常委会代表资格审查委员会审查，确认372名代表资格有效。372名代表中，工人代表20名，占5.4%；农民代表76名，占20.4%；知识分子代表51名，占13.7%；军队代表9名，占2.4%；干部代表192名，占51.6%；其他方面代表24名，占6.5%。372名代表中，妇女95名，占25.5%；少数民族219名，占58.9%；中共党员246名，占66%，非中共代表126名，占34%；年龄在35岁以下的66名，占17.7%，36～55岁的276名，占

74.2%，56岁以上的30名，占8.1%；具有大专以上文化程度的234名，占62.9%，中专、中学文化程度的122名，占32.7%，初中以下文化程度的16名，占4.3%。

4. 第十二届人大代表选举。省第十届人大常委会第二十二次会议决定，黔南州第十二届人大代表名额为381名，各选举单位选举产生州第十二届人大代表377名，经州第十一届人大常委会代表资格审查委员会审查，确认377名代表资格有效。377名代表中，工人代表21名，占5.6%；农民代表73名，占19.3%；知识分子代表53名，占14%；军队代表9名，占2.4%；干部代表194名。占51.5%；其他方面代表27名，占7.2%。377名代表中，妇女102名，占27.1%；少数民族221名，占58.6%；中共党员241名，占63.9%；非中共代表136名，占36.1%，年龄在35岁以下的43名，占11.4%，36～55岁的301名，占79.8%，56岁以上的33名，占8.8%；具有大专以上文化程度的314名，占83.3%，中专、职高及高中文化程度的37名，占9.8%，初中以下文化程度的26名，占6.9%。

5. 第十三届人大代表选举。省第十一届人大常委会第二十三次会议决定，黔南州第十三届人大代表名额为381名，各选举单位选举产生州第十三届人大代表377名，经州第十二届人大常委会代表资格审查委员会审查，确认377名代表资格有效。377名代表中，工人代表23名，占6.1%；农民代表89名，占23.6%；公务员代表176名，占46.7%；企业单位负责人代表22名，占5.8%；事业单位负责人代表5名，占1.3%；专业技术人员代表51名，占13.5%；军队代表7名，占1.9%；其他方面代表4名，占1.1%。377名代表中，妇女97名，占25.7%；少数民族240名，占63.7%；中共党员236名，占62.6%；非中共代表141名，占37.4%；年龄在35岁以下的45名，占11.9%，36～55岁的316名，占83.8%，56岁以上的16名，占4.3%；具有大专以上文化程度的281名，占74.6%，中专、职高及高中程度的53名，占14%，初中以下文化程度的43名，占11.4%。

（二）省人大代表选举

1. 省第八届人大代表选举。根据省人大常委会关于贵州省第八届人大代表名额分配的通知，黔南州应选举出席省第八届人大代表60名。经1992年11月州九届人大三次会议选举，选出出席省第八届人大代表60名，其中，省下选的代表10名，州内代表50名。50名州内代表中：工人代表5名，占10%；农民代表12名，占24%；其他劳动者代表2名，占4%；知识分子代表8名，占16%；干部代表15名，占30%；爱国人士方面的代表8名，占16%；中共党员代表32名，占64%，非中共党员代表18名，占36%；妇女代表13名，占26%；少数民族代表34名，占68%。

2. 省第九届人大代表选举。根据省人大常委会关于贵州省第九届人大代表名额分配的通知，黔南州应选举出席省第九届人大代表62名。经1997年11月州十届人大三次会议选举，选出出席省第九届人大代表62名。其中，省下选的代表14名，州内代表48名。48名州内代表中：工人代表4名，占8.3%；农民代表12名，占25%；其他劳动者代表3名，占6.3%；干部代表14名，占29.2%；其他界别代表15名，占31.2%；中共党员代表32名，占66.7%，非中共党员代表16名，占33.3%；妇女代表13名，占27.1%；少数民族代表28名，占58.3%。

3. 省第十届人大代表选举。根据省人大常委会关于贵州省第十届人大代表名额分配的决定，黔南州应选举出席省第十届人大代表60名。经2002年12月州十一届人大三次会议选举，选出出席省第十届人大代表60名。其中，省下选的代表15名，州内代表45名。45名州内代表中：工人代表4名，占8.9%；农民代表10名，占22.2%；其他劳动者代表8名，占17.8%；干部和知识分子代表23名，占51.1%。中共党员代表30名，占66.7%，非中共党员代表15名，占33.3%；妇女代表13名，占28.9%；少数民族代表31名，占68.9%。

4. 省第十一届人大代表选举。根据省人大常委会关于贵州省第十一届人大代表名额分配的通知，黔南州应选举出席省第十一届人大代表61名。经2007年11月州十二届人大二次会议选举，选出出席省第十一届人大代表61名，其中，省下选的代表15名，州内代表46名。46名州内代表中：工人代表2名，占4.3%；农民代表10名，占21.7%；其他劳动者代表9名，占20%；干部和知识分子代表25名，占54%；中共党员代表31名，占67.4%，非中共党员代表15名，占32.6%；妇女代表14名，占30.4%；少数民族代表32名，占70%。

二、代表培训

州第九届人大常委会培训工作主要是针对州人大常委会组成人员、州人大各专门委员会组成人员和乡（镇）人大主席或副主席开展，通过常委会会议、专门委员会会议、集中培训等形式进行学习，培训主要内容为《中华人民共和国宪法》《中华人民共和国地方各级人民代表大会和地方各级人民政府组织法》《中华人民共和国全国人民代表大会和地方各级人民代表大会选举法》《中华人民共和国全国人民代表大会和地方各级人民代表大会代表法》，其他与人大工作相关的法律法规，人大制度相关理论、业务知识等。

州第十届人大代表培训工作重点是对县（市）、乡（镇）两级人大代表进行培训。共举办县级人大代表培训班1期，培训53人。举办乡（镇）人大代表培训班5期，培训537人。培训内容为人大制度理论、市场经济与人大工作、人大监督内容与监督形式、乡（镇）人大工作等。

州第十一届人大代表培训工作重点是对新当选的乡（镇）人大主席进行培训。共举办培训班2期，培训乡（镇）人大主席210人。培训内容为《贵州省乡（镇）人大主席团工作条例》、人大制度理论和人大业务知识等。

州第十二届人大代表培训工作主要采取集中培训、听取讲座、印发资料、讨论交流、实地考察、州县互动等多种形式进行。2007年，州第十二届人大换届结束后立即开展三级人大代表履职培训工作。是年共培训州人大代表300多名、县级人大代表1300多名、乡级人大代表2000多名。培训内容主要是《中华人民共和国监督法》等。2008—2011年，共组织全州乡（镇）人大专职主席或副主席282人次到北戴河全国人大培训中心、州委党校进行基层人大工作业务知识培训，并向12个县（市）印发省人大常委会编发的《人大代表履职知识》读本600余册、光盘24盘供代表学习；在瓮安县举办首次农村和非公有制经济方面的45名州人大代表学习班，重点学习《中华人民共和国全国人民代表大会和地方各级人民代表大会代表法》《发展黔南现代农业建设社会主义新农村》《黔南扶贫开发情况》等内容，并实地考察瓮安、余庆、湄潭等县的新农村建设、农村经济结构调整、人大代表之家等；组织各县（市）人大常委会选举任免与代表工委40余人参加新修订的《中华人民共和国全国人民代表大会和地方各级人民代表大会代表法》的系统学习；组织州、县人大常委会部分机关干部48人参加在苏州举办的黔南州人大干部培训班。

州第十三届人大常委会组织州人大代表培训3期。各县（市）300余名代表参加学习，学习内容为《中华人民共和国全国人民代表大会和地方各级人民代表大会选举法》《中华人民共和国立法法》《中华人民共和国各级人民代表大会常务委员会监督法》、国发2号文件、黔南州发展规划，考察都匀经济开发区、独山工业园、三都农业产业化示范基地、罗甸产业园区等；州人大常委会选任联委和福泉、三都、荔波等县（市）人大常委会选联工委共15人参加省人大常委会组织的人大干部培训班。

三、代表视察

州第九届人大代表视察和调研活动，由州人大常委会委托各县（市）人大常委会组织开展，每年一次集中进行。重点视察各县（市）年度国民经济和社会发展计划及财政预算执行情况，侧重视察人民群众普遍关心、反应强烈、迫切要求解决的重点难点问题以及农田水利基本建设（含坡改梯项目）、计划生育工作、社会治安、《全国人大常委会关于社会治安综合治理的决定》《贵州省计划生育试行条例》《中华人民共和国矿产资源法》《贵州省乡（镇）集体矿山企业和个体采矿管理办法》《中华人民共和国农业法》《中华人民共和国妇女权益保障法》贯彻实施情况、工业生产、扶贫工作等。

州第十届人大代表视察和调研活动由州人大常委会委托各县（市）组织集中开展，每年一次集中进行。重点视察各县（市）年度国民经济和社会发展计划及财政预算执行情况，侧重视察人民群众普遍关心、反映强烈、迫切要求解决的重点难点问题，同时对《中华人民共和国农业法》《中华人民共和国教育法》《中华人民共和国义务教育法》贯彻实施情况，州内卷烟、烤烟生产协调发展问题，扶贫攻坚任务完成情况，烤烟购销，经济开发小区建设，耕地占用，农村第二轮土地承包经营，各级财政保证工资发放，保障机关工作正常运转的措施，国有企业下岗职工基本生活保障，政法队伍集中教育整顿，乡（镇）企业的发展与经济效益提高问题，减轻农民负担，国企改革与发展，受灾群众生活安排，都匀市茶园水库建设，公路改造等进行视察。

州第十一届人大代表视察和调研活动由州人大常委会组织或委托代表选举单位的县（市）人大常委会组织开展。重点视察各县（市）年度国民经济和社会发展计划及财政预算执行情况，还按照“小型、专题、深入、实效”的要求，侧重视察调研《中华人民共和国体育法》《中华人民共和国招标投标法》贯彻实施情况，全民健身运动情况，“非典”防控，“三小工程”，沼气池建设，农业生产资料价格，农村消费品价格，病险水库治理，移民安置，农村电网改造，社会治安综合治理，招商引资，磷化工业建设，医药工业园区建设，精神文明建设等。

州第十二届人大代表视察和调研活动由州人大常委会组织或委托代表选举单位的县（市）人大常委会组织开展。重点视察各县（市）年度国民经济和社会发展计划及财政预算执行情况，侧重视察调研人民群众最关心、最直接、最现实的难点热点问题。同时，对工业经济运行，产业园区及重大项目建设，招商引资，“185 工程”建设，防汛抗旱，抗冻救灾与恢复重建，饮用水源点保护，县（市）污水处理设施配套，县（市）垃圾填埋场建设，水利基础设施规划与建设，食品安全，新型农村合作医疗推进，巩固和提高“基本扫除青壮年文盲和基本普及九年义务教育”工作，职业技术教育，农村最低生活保障，农村危房改造，城镇“廉租房，经适房、保障房”建设，民族民间文化保护，民族村寨建设和保护等进行视察。

州第十三届人大代表视察调研活动由州人大常委会委托代表选举单位的县（市）人大常委会组织开展，重点视察各县（市）年度国民经济和社会发展计划及财政预算执行情况，侧重茶产业发展、工业园区建设、保障性住房建设、旅游产业发展、安全生产等视察。

四、代表联系

在人大闭会期间，采取多种方式加强与州人大代表的联系，每年召开一次全州人大代表工作座谈会或人大代表工作经验交流会，走访基层代表，向代表通报情况，听取代表意见建议。组织部分代表参加常委会的视察工作，加强代表培训，提高代表参政议政素质，增强主人翁意识，发挥代表管理州内国家事务的作用。

推荐代表担任行风评议监督员；邀请州人大代表列席常委会会议，每年邀请代表参加执法检查、集中视察、实地调研、工作评议等；召开全州优秀人大代表表彰暨经验交流会，表彰奖励优秀人大代表 54 名，并向省人大常委会推荐表彰先进代表 13 人；将部分代表事迹编辑成册印发，调动代表履行职务的积极性。

为代表订阅寄送《中国人大》《人大论坛》杂志和《黔南州人大常委会公报》及其他相关资料，保障落实代表知情、知政权；建立州人大常委会主任、副主任联系代表制度；常委会每次会议都根据议题内容，邀请部分代表列席；常委会和各专门委员会组织的立法调研、执法检查或工作评议等活动，都邀请相关代表参加，使代表了解常委会和专门委员会的工作情况，了解相关法律法规的实施情况和其他工作情况，为代表审议议案和报告创造条件；组织代表开展集中视察、持证视察和专题调研，指导各级人大代表开展争先创优活动，增强代表活动的实效。

依法做出关于加强全州人大代表工作的决定；制定州人大常委会组成人员联系州级人大代表办法，以及州人大代表建议、批评和意见办理工作规定、州人大代表小组活动制度等，支持、保证和规范代表依法履行职务和行使权力；改进代表活动的组织和服务工作，将 377 名州人大代表按选举单位编为 34 个代表小组，并对代表小组在闭会期间的活动进行安排；采取州、县（市）相结合的方式重点对基层一线的代表进行培训，提高代表依法履职能力；所有常委会组成人员均按照普遍联系和重点联系相结合的方式到原选举单位联系代表，参加选举单位的代表活动，与代表座谈交流履职的经验与体会，开通代表与常委会联系的渠道；指导各县（市）组织该选举单位的州人大代表开展集中视察和专题调研，支持代表依法履职；常委会和各专门委员会组织的重要活动，坚持邀请有关代表参加，为代表知情知政创造条件。

州第十三届人民代表大会代表期间，出台《黔南州人大代表小组活动制度》；编建人大代表小组34个，对代表小组闭会期间的活动作安排，组织代表开展专题视察调研，集中100多名代表视察都匀经济开发区产业园区、村庄整治工作、三都农业产业化示范基地、独山工业园区等；常委会组成人员分工联系代表，走访代表，及时向代表通报情况；向代表寄送有关文件、资料；邀请代表列席常委会会议，参与视察、调研、执法检查等活动。

五、代表评议

州第九届人大代表评议工作采取述职评议、工作评议两种形式开展。述职评议由州人大常委会组织，由政府组成部门主要负责人、州法院正副院长、州检察院正副检察长向州人大常委会议作任职期间履行工作职责情况的述职报告，州人大常委会组织部分省、州人大代表组成联络组，到受评单位调研，听取意见，常委会议对述职情况进行审议，按优秀、称职、基本称职、不称职四个等级进行测评，给出评议意见（州“两院”正副职领导，州教育委员会主任、州农牧局局长）。工作评议由州人大常委会组织，主任会议具体实施，组织部分州人大代表组成评议工作组，到受评议单位召开会议，查阅资料，听取上下级部门的意见，评议“一府两院”工作。对州法院1994年度受理、审结并已发生法律效力的行政诉讼案件和廉政建设情况进行了评议，对州工商局1991—1993年关于经济纠纷仲裁、经济监督检查、廉政建设方面的工作进行了评议，给予评议意见。

州第十届人大代表评议工作采取述职评议、工作评议、评优活动三种形式开展。凡是经过州人大常委会任命的国家机关工作人员均向州人大常委会递交书面述职报告，由州人大常委会选择政府组成部门主要负责人向州人大常委会议作任职期间履行工作职责情况的述职报告，有州卫生局长、州交通局长、州经贸局长、州民政局长作述职，常委会组织联络组调研，在听取各方意见的基础上，对述职情况进行审议，给出评议意见。工作评议由州人大常委会组织，主任会议具体实施，组织部分州人大代表。对州劳动局工作进行评议，常委会在听取受评议部门工作报告和评议组评议情况报告的基础后给出评议意见。州人大常委会组织开展“州人民政府先进工作部门、州人民政府优秀组成人员”“优秀人民法官、优秀人民检察官”评选活动。

州第十一届人大代表评议工作的重点在工作评议上。由州人大常委会组织，相关专门委员会具体实施，由常委会组成人员和部分代表组成工作评议小组，对州政府组成部门进行工作评议，受评单位有州林业局、州司法局、州人事局，在肯定成绩的基础上，着重指出受评单位在依法行政，为民服务等方面存在的问题和不足，督促受评单位落实整改措施，改进机关工作作风，提高工作效率。

州第十二届人大代表评议工作由州人大常委会组织，相关专门委员会具体实施，由常委会组成人员和部分代表组成工作评议小组，对州政府组成部门进行工作评议。受评单位有州水利局、州人口与计划生育局、州教育局、州民政局、州发展和改革委、州住房和城乡建设局。被评议部门根据常委会评议意见，认真对照检查，分析原因，研究整改措施，落实整改时限，推动工作创新，强化公仆意识和依法行政意识，促进工作开展。

州第十三届人大代表评议工作由州人大常委会组织，相关专门委员会具体实施，由常委会组成人员和部分代表组成工作评议小组，对州政府组成部门进行工作评议。受评单位有州卫生局、州民宗委、州人社局。被评议部门根据常委会评议意见，对照检查，分析原因，研究整改措施，落实整改时限，推动工作创新，强化公仆意识和依法行政意识，促进工作开展。

六、代表议案、建议办理

州第九届人大收到代表提出的建议、批评和意见共617件。每次代表大会结束后，常委会办事机构根据大会主席团的决定，按照代表建议的内容，分别交由“一府两院”和州人大常委会办公室办理，并要求在规定时限内办理完毕并答复代表。代表提出的问题当年已得到解决或基本解决的有386件，占总数的62.6%；代表提出的问题因受当时条件限制，短期内难以解决或超越黔南州权限范围无法解决或待以后才能解决的有231件，占总数的37.4%。在617件代表建议中，主任会议从中选出8件作为主任会议成员重点督办件。收到代表联名提出并经大会主席团审议确认的议案6件，经大会主席团决定，分别交由州人大相关专门委员会审议、办理并答复代表。

州第十届人大收到代表提出的建议、批评和意见共646件。每次代表大会结束后，常委会办事机构根据大会主席团的决定，按照代表建议的内容，分别交由“一府两院”和州人大常委会办公室办理，并要求在规定时限内办理完毕并答复代表。代表提出的问题当年已得到解决或基本解决的有294件，占总数的45.5%；代表提出的问题当年正在解决或列入计划的有181件，占总数的28%；代表提出的问题因受当时条件限制，短期内难以解决或超越黔南州权限范围无法解决或待以后才能解决的有171件，占总数的26.5%。在646件代表建议中，主任会议从中选出38件作为主任会议成员重点督办件。收到代表联名提出的议案1件，经大会主席团决定，交由州人大相关专门委员会审议、办理，并答复代表。

州第十一届人大收到代表提出的建议、批评和意见共815件。每次代表大会结束后，常委会办事机构根据大会主席团的决定，按照代表建议的内容，分别交由“一府两院”和州人大常委会办公室办理，并要求在规定时限内办理完毕并答复代表。代表提出的问题当年已得到解决或基本解决的有282件，占总数的34.6%；代表提出的问题当年正在解决或列入计划的有396件，占总数的48.6%；代表提出的问题因受当时条件限制，短期内难以解决或超越黔南州权限范围无法解决或待以后才能解决的有137件，占总数的16.8%。在815件代表建议中，主任会议从中选出45件作为重点督办件。收到代表联名提出的议案2件，经大会主席团决定，交由州人大相关专门委员会审议、办理，并答复代表。

州第十二届人大收到代表提出的建议、批评和意见共605件。每次代表大会结束后，常委会办事机构根据大会主席团的决定，按照代表建议的内容，分别交由“一府两院”和州人大常委会办公室办理，要求在规定时限内办理完毕并答复代表。代表提出的问题当年已得到解决或基本解决的有 143 件，占总数的 23.6%；代表提出的问题当年正在解决或列入计划的有 267 件，占总数的 44.1%；代表提出的问题因受当时条件限制，短期内难以解决或超越黔南州权限范围无法解决或待以后才能解决的有 195 件，占总数的 32.2%。在 605 件代表建议中，主任会议从中选出 45 件作为重点督办件。收到代表联名提出的议案 4 件，经大会主席团决定，交由州人大相关专门委员会审议、办理，并答复代表。

州第十三届人民代表大会收到代表提出的建议、批评和意见 492 件。代表大会结束后，常委会办事机构根据大会主席团的决定，按照代表建议的内容，分别交由“一府两院”和州人大常委会办公室办理，并要求在规定时限内办理完毕并答复代表。代表提出的问题当年已得到解决或基本解决的有 198 件，占总数的 40.2%；代表提出的问题当年正在解决或列入计划的有 175 件，占总数的 35.6%；代表提出的问题因受当时条件限制，短期内难以解决或超越黔南州权限范围无法解决或待以后才能解决的有 119 件，占总数的 24.2%。在 492 件代表建议中，主任会议从中选出 28 件作为主任会议成员重点督办件。收到代表联名提出的议案 4 件，经大会主席团决定，交由州人大有关专委会审议、办理，并答复代表。

第五节　民族立法

一、黔南布依族苗族自治州自治条例

《黔南布依族苗族自治州自治条例》（以下简称《条例》）是由黔南州七届人民代表大会第五次会议于 1985 年 4 月 7 日通过，报经贵州省第六届人大常委会第十九次会议于 1986 年 7 月 11 日批准，州人大常委会 1987 年 1 月 1 日公布正式施行。1989 年 7 月 26 日省人大常委会第八次会议批准《黔南布依族苗族自治州自治条例（修正案）》第一次修正。《条例》颁布实施，在保障依法行使自治权，巩固和发展平等、团结、互助、和谐的社会主义民族关系，促进黔南经济发展和社会进步等方面，发挥了重要作用。但是，随着改革开放的不断深入和社会主义市场经济体制的确立，国家和黔南州的情况都发生了深刻的变化。在此期间，《中华人民共和国宪法》和《中华人民共和国民族区域自治法》都进行了重大修改，根据这些情况变化，现行《条例》的部分内容已不适应新的形势需要，必须及时修改。2001 年 8 月 24 日，州第十一届人大常委会第三次会议作出《关于组织修改黔南州自治条例的决定》，并成立领导小组和写作班子着手调研起草工作。《条例》的修正在程序上严格按照《中华人民共和国立法法》的规定，做到上不违法，下合州情，与时俱进，体现特色，具有较强的灵活性和可操作性。2002 年 10 月 29 日，《条例》修订案初稿提请州十一届人大常委会第十一次会议进行第一次审议。2003 年 10 月 21 日，《条例》修订案提请州十一届人大常委会第十九次会议进行第二次审议。2005 年 10 月 25 日，州十一届人大常委会第三十三次会议对《条例》修订案进行第三次审议修改后，报请省人大民宗侨委审查、论证，修改出第 20 稿。州人大常委会党组将修改的《条例》报请州委审查后于 2005 年 12 月 28 日再次提交州十一届人大常委会第三十四次会议进行第四次审议，作出将《条

例》修订案提请州十一届人大第七次会议审议的决定。这次《条例》修订，历时四年多，调研小组先后到吉林省、四川省、云南省的部分少数民族地方考察学习，多次到全州各县（市）、乡（镇）、各级各部门听取意见，先后举行有各方面少数民族代表1800余人次参加的座谈会、论证会80余次，收到各种修改意见上千条。《条例》经修改，原8章74条保留11条，合并10条，删去4条，改动50条，新增7条，修改草案为8章73条。2006年2月26日，州十一届人大第七次会议通过，2006年3月30日省第十届人大常委会第二十次会议批准《关于修改〈黔南布依族苗族自治州自治条例〉的决定》。

二、黔南州执行《中华人民共和国婚姻法》的变通规定

根据《中华人民共和国婚姻法》的有关规定，结合黔南州少数民族的婚姻习俗特点，制定《黔南布依族苗族自治州执行〈中华人民共和国婚姻法〉的变通规定（试行）》（以下简称《变通规定》），经1985年4月7日州七届人大五次会议通过，并于1985年7月9日由省第六届人大常委会第十三次会议批准，州人大常委会1985年8月3日正式公布施行。自公布执行以后，由于《变通规定》比较切合黔南州少数民族婚姻状况，得到州内各少数民族的赞同和拥护，因而得到较好的遵守和执行。但是随着社会的进步，科学知识的普及，计划生育国策的宣传贯彻执行，人们的婚姻观念、道德观念、人口观念发生变化，认识提高。为适应变化，州人大常委会对《变通规定》进行调整补充，使之更加完善。1992年11月17日黔南州第九届人大第三次会议通过，1994年6月1日省第八届人民代表大会常务委员会第九次会议批准《黔布依族苗族自治州执行〈中华人民共和国婚姻法〉的变更规定修正案》，1994年7月16日黔南州人大常委会公布施行。1999年根据经济社会的发展变化情况，再次对《变通规定》进行修正。3月27日州十届人大第五次会议通过，5月30日省第九届人大常委会第九次会议批准《黔南布依族苗族自治州执行〈中华人民共和国婚姻法〉变通规定修正案》。主要针对第三条第一款、第二款，第十条第一款进行修改，体现黔南州经济政治发展和社会进步以及少数民族人口素质明显提高，婚姻观念发生变化的现实状况，既符合《婚姻法》的规定，又符合黔南州的实际。2011年3月2日州十二届人大第六次会议通过《关于废止黔南布依族苗族自治州执行变通规定的决定》，2011年3月30日省十一届人大常委会第二十一次会议批准废止，4月20日，州人大常委会予以公告，停止执行。

三、黔南布依族苗族自治州个体工商户和私营企业权益保护条例

改革开放以来，黔南州个体私营企业经济迅猛发展，急需制定法规条例加以保护规范。1997年9月1日，州政府根据黔南州十届人大常委会第三次会议通过的《黔南布依族苗族自治州（1997—2000年民族立法计划）》的要求，向州人大常委会提请审议《黔南布依族苗族自治州发展个体私营经济条例（草案）》（以下简称《条例》）的议案。州人大常委会主任会议依照民族立法程序责成州人大常委会民族立法领导小组于1997年9月5日召开相关部门参加的联席会议进行初审，并提出修改意见。1997年9月8日、9月16日，州人大常委会主任会议两次听取和审议了议案，对议案的命题、框架和内容提出原则的建议和修

改意见。1997年9月26日州十届人大常委会第八次会议进行审议，提出修改意见。州人大常委会党组请示州委同意，提交1997年11月27日州十届人大第三次会议审议通过，1998年5月23日省第九届人大常委会第二次会议批准，1998年7月24日州人大常委会公布施行。《条例》公布实施以后，对促进全州的经济建设，繁荣城乡经济，起到了很好的效果。但是由于受到传统经济沿袭下来的对个体、私营等非公有制经济的许多歧视性观念的影响，个体、私营等非公有制经济的发展仍存在许多制约因素，在市场准入方面受到一些限制，经营环境等诸多方面还不能完全享有与国有、集体企业同等待遇等等。2003年10月23日，州十一届人大常委会第十九次会议在听取和审议州政府关于《条例》实施情况的报告后，作出修改《条例》的决定，并列入州人大2005年立法计划，将修改起草任务交由州政府组织进行。2005年2月，国务院出台《关于鼓励支持和引导个体私营等非公有制经济发展的若干意见》，州人大常委会对《条例》修订案（草案）的起草工作提出新的要求。修改小组在调查研究并借鉴吸取周边省、区立法经验的基础上，广泛征求意见，多次召开有关部门会议和专家论证会听取修改意见。2005年10月19日，提交州人大财经委对修订案（草案）进行初审。10月25日州十一届人大常委会第三十四次会议对修订案（草案）进行第一次审议。10月27日，州人大法制委召开扩大会议根据常委会审议意见对修订案（草案）进行集体修改，11月4日又再次召开会议进行论证并完善。12月26日，通过省人大民宗侨委组织的专家论证。2006年2月，报经州委审查同意，于同月15日召开的州十一届人大常委会第三十五次会议进行第二次审议。2006年2月26日，州十一届人大第七次会议通过。2006年9月22日，省第十届人大常委会第二十三次会议批准《黔南布依族苗族自治州人民代表大会关于修改〈黔南布依族苗族自治州个体工商户和私营企业权益保护条例〉的决定》》。

四、黔南布依族苗族自治州惩治生产销售假冒伪劣商品违法行为条例

根据州十届人大常委会第三次会议通过的《黔南布依族苗族自治州1997—2000年民族立法计划》的要求，州政府1997年9月向州人大常委会提请审议《黔南布依族苗族自治州惩治生产销售假冒伪劣商品违法行为条例（草案）》（以下简称《条例》）的议案。州人大常委会主任会议依照民族立法程序的要求，责成州人大常委会民族立法领导小组于1997年9月5日召开相关部门的联席会议进行初审，并提出修改意见。1997年9月8日、9月16日，州人大常委会主任会议两次听取和审议《条例》，提出原则性的建议和修改意见。《条例（草案）》于1997年9月26日提请州十届人大常委会第八次会议审议。1997年10月，州人大常委会办公室将《条例（草案）》印发12个县（市）以及有关部门征求意见。经反复修改后，州人大常委会党组请示州委同意，于1997年11月27日经州十届人大三次会议通过。1998年5月23日，省第九届人大常委会第二次会议对《条例》又进行修改，并获得批准。1998年7月24日，州人大常委会公布施行。

五、黔南布依族苗族自治州科学技术进步条例

《黔南布依族苗族自治州科学技术进步条例》（以下简称《条例》从1996年开始进行

调研、起草、论证工作，在此期间借鉴广西壮族自治区、云南省、成都市、湖北恩施州、吉林延边州、云南大理州等地的经验和做法，结合黔南州科学技术发展实际和有关政策，于1997年形成《条例》讨论稿，并召开各种类型座谈会征求意见。《条例（草案）》文本经过五次修改后，1998年6月经州政府常务会议讨论，8月提请州委常委会议讨论审查，9月22日州十届人大常委会第十四次会议进行初审，并提出修改意见。1999年1月27日，州十届人大常委会第十六次会议再次进行审议并提出修改意见。《条例》经多次修改完善后，1999年3月27日，州十届人大第五次会议通过。1999年7月27日，省第九届人大常委会第十次会议批准，1999年8月23日州人大常委会公布施行。

六、黔南布依族苗族自治州城市水污染防治条例

随着社会的发展，城市人口的不断增加，工业生产和生活过程中排放的大量污水，已经导致全州12个县（市）流经城市的河流受到不同程度的污染。按照州十届人大常委会第三次会议通过的《黔南布依族苗族自治州1997—2000年民族立法计划》的要求，州政府责成州环境保护局代政府起草《黔南布依族苗族自治州城市水污染防治条例（草案）》（以下简称《条例》。1997年，州环境保护局抽调专门技术业务人员起草《条例（讨论稿）》，于是年7月发至各县（市）征求意见，并在州政府法制办具体指导下三易其稿；1998年8月18日，州政府主持论证，邀请州人大环境与资源保护委员会、州城乡建设局、卫生局、农业局、水电局、都匀市环境保护局等有关部门领导、专家和业务技术人员参加讨论。经全面修改和完善，提交政府常务会议讨论通过后，于1998年7月提请州人大常委会审议。1998年7月21日州十届人大常委会第十三次会议对《条例（草案）》进行第一次审议并作修改。报请州委同意后，1998年9月22日州第十届人大常委会第十四次会议进行第二次审议。1999年3月27日，州十届人大第五次会议通过。1999年7月27日，省第九届人大常委会第十次会议批准，1999年8月22日州人大常委会公布施行。

七、黔南布依族苗族自治州城镇建设管理条例

1997年，按照州十届人大常委会第三次会议通过的《黔南布依族苗族自治州1997—2000年民族立法计划》的要求，州政府责成州城乡建设局代政府起草《黔南布依族苗族自治州城镇建设管理条例（草案）》（以下简称《条例》）。《条例》初稿经征求县（市）的修改意见后州政府法制办进行初审，并召开州人大相关专委会、土管、交通、工商、环保等部门座谈会提出修改意见。6月，州人大常委会立法领导小组、州人大环资委等相关部门又进行两次讨论修改。1998年7月8日，州政府议案提请州人大常委会审议。1998年7月21日州十届人大常委会第十三次会议对《条例（草案）》进行第一次审议，提出修改意见。州人大常委会党组报请州委同意后，于1998年9月14日，州人大常委会第十四次会议第二次审议通过。1999年3月14日省人大常委会领导专程赴匀，对《条例（草案）》作论证。1999年3月27日，州十届人大第五次会议通过，1999年7月27日，省第九届人大常委会第十次会议批准，1999年9月27日，州人大常委会公布施行。2006年2月26日，州十届人民代表大会第七次会议通过，2006年9月22日，省第十届人大常委会第二十三

次会议批准《黔南布依族苗族自治州人民代表大会关于修改〈黔南布依族苗族自治州城镇建设管理条例〉的决定》。

八、黔南布依族苗族自治州档案管理奖励与处罚办法

为加强全州各级档案管理，从1997年初开始，州政府相关部门在总结经验、调查研究的基础上，参考外地一些地方性法规，起草了《黔南布依族苗族自治州档案管理奖励与处罚办法（草案）》（以下简称《办法》）。1999年4月21日，州政府召开有关部门会议，对《办法》进行讨论修改。5月26日，征求省档案局意见并进行修改后，经州政府常务会议讨论通过。州人大有关专门委员会收到《办法（草案）》后，组织有关部门进行四次讨论修改，并由州人大常委会办公室发至12个县（市）及有关部门征求意见，有关专委会针对各县（市）提出的意见进行讨论补充修改。州政府1999年9月14日提请州人大常委会审议。1999年12月2日，州十届人大常委会第二十二次会议对《办法（草案）》进行第一次审议并提出修改意见。2000年1月23日，州十届人大常委会第二十三次会议再次进行审议并报州委同意。2000年3月31日，州十届人大第六次会议通过。2000年5月27日，省第九届人大常委会第十六次会议批准，2000年6月22日州人大常委会公布施行。

九、黔南布依族苗族自治州荔波樟江风景名胜区管理条例

荔波樟江风景名胜区于1990年8月被省政府列为省级风景区，1994年1月被国务院列为第三批国家重点风景名胜区。荔波县政府1994年起草的《荔波樟江风景名胜区管理暂行办法》于1995年3月11日荔波县第十三届人大常委会第十四次会议通过。1999年6月，州人大环资委、民宗侨委组织人员到景区实地调研，在总结实践经验、学习、借鉴的基础上，结合樟江风景区的实际，起草了《黔南布依族苗族自治州荔波樟江风景名胜区管理条例》初稿，听取有关部门以及乡（镇）意见，经过七次修改，形成《条例（草案）》，经州政府常务会议讨论原则同意后，州人大环资委召开有关部门及专家论证会进行修改，并征求省有关部门的意见。2000年7月12日，州十届人大常委会第二十六次会议第一次审议修改，11月7日州十届人大常委会第二十八次会议对《条例（草案）》进行第二次审议修改。2001年4月29日，黔南州十一届人大第一次会议通过。2001年7月21日，省第九届人大常委会第二十三次会议批准，2001年8月24日州人大常委会公布施行。

十、黔南布依族苗族自治州岩溶资源保护条例

2001年，州人大常委会将制定《黔南布依族苗族自治州岩溶资源保护条例》（以下简称《条例》）列入任期立法计划，并将调研起草的前期工作交由州政府组织进行。州政府在广泛征求各县（市）意见的基础上，于2003年底形成《条例（草案）》初稿，提交州人大常委会审议。2005年2月，州十一届人大六次会议批准将制定《条例》列入当年民族立法计划。常委会组织两个调研组，分别到广西壮族自治区有关地区考察学习和到州内荔波、三都、独山、平塘、罗甸等县岩溶资源集中分布区进行实地考察，并将考察得到的经验、意见和建议反馈给州政府对《条例》进行修改，报请州人大常委会审议。2005年8月23日，州十一届人大常委会第二十三次会议对条例（草案）进行第一次审议。2005年12月

27 日，省人大民宗侨委在贵阳组织省直相关部门和专家对《条例（草案）》进行论证。根据常委会第一次审议和贵阳论证会提出的意见和建议，常委会组织起草班子对《条例（草案）》又重新修改，并再次书面征求州政府、州政协、州直有关部门和各县（市）的意见。在此基础上，报请州委审查同意后，于 2006 年 12 月 25 日州十一届人大常委会第四十二次会议进行第二次审议，决定提请州十二届人大审议。2007 年 2 月 11 日，州十二届人大第一次会议审议通过。2007 年 3 月 20 日，省第十届人大常委会第二十六次会议批准，2007 年 5 月 11 日州人大常委会公布，自 2007 年 6 月 1 日起施行。

十一、黔南布依族苗族自治州畜禽防疫条例

根据州十二届人大常委会立法规划和年度立法计划，2007 年 6 月，州畜牧兽医行政主管部门受州政府委托，开展《黔南布依族苗族自治州畜禽防疫条例（草案）》（以下简称《条例》）调研起草工作。初稿形成后，先后两次报送省政府有关部门征求意见，同时听取各县（市）和州直有关部门的建议。2008 年 4 月 14 日，州政府提请州人大常委会审议。2008 年 8 月 26 日，《条例（草案）》经州十二届人大常委会第一次会议审议后，根据常委会组成人员的审议意见和各方面的建议，先后 4 次报请省人大民宗侨委指导。2009 年 6 月 24—26 日，省人大民宗侨委专程到黔南州具体指导修改，并于 7 月 16 日在贵阳组织召开论证会，对《条例（草案）》进行全面论证和修改。经反复征求意见和修改论证后，2009 年 8 月 25 日，州十二届人大常委会第十六次会议进行第二次审议。《条例》经报请州委同意后，提请州十二届人大第五次会议审议。2010 年 2 月 27 日，州第十二届人大第五次会议审议通过，2010 年 7 月 28 日，省第十一届人大常委会第十六次会议批准，2010 年 8 月 20 日州人大常委会发布公告，自 2010 年 10 月 1 日起施行。

十二、黔南布依族苗族自治州旅游发展条例

2007 年 7 月，根据州十二届人大常委会立法规划和年度立法计划，《黔南布依族苗族自治州旅游发展条例》（以下简称《条例》）列入州人大常委会立法计划，州政府即委托州旅游局具体负责《条例（草案）》起草工作，《条例（草案）》初稿形成后，经过多次论证和修改，2010 年 5 月 12 日州政府提请州人大常委会审议。州人大常委会，先后到 7 县（市）和旅游景区、旅游景点、旅游企业、宾馆等进行调研，以及到上海、重庆、湖北、湖南四省考察学习，借鉴外地的经验。2010 年 8 月 24 日州十二届人大常委会第二十四次会议对《条例（草案）》进行初次审议。根据常委会的审议意见和各方面的建议，州人大法制委会同州人大常委会立法领导小组办公室、州人大环资委、州政府法制办、州旅游局等有关部门对《条例（草案）》反复修改。省人大民宗侨委对报送的《条例（征求意见稿）》专程到黔南州指导修改和召开论证会。《条例》经修改并报请州委审查同意后，2010 年 12 月 30 日州十二届人大常委会进行第二次审议，决定提交州第十二届人大第六次会议审议。2011 年 3 月 2 日，州十二届人大第六次会议审议通过。2011 年 7 月 29 日，省第十一届人大常委会第二十三次会议批准，2011 年 8 月 26 日，州人大常委会发布公告，自 2011 年 10 月 1 日起施行。

十三、黔南布依族苗族自治州促进茶产业发展条例

2012年，《黔南布依族苗族自治州促进茶产业发展条例》（以下简称《条例》）列入州人大常委会《2012—2016年立法规划》和2013年度立法计划。2012年7月，州政府成立《条例》起草小组，制定立法工作方案，于2013年6月形成，《条例》初稿，经征求州内相关单位及专家的意见，对草案进行多次修改、论证后于2013年6月州政府常务会议审定。2013年10月29日，州十三届人大常委会第十一次会议进行审议。根据常委会的审议意见和各方面的建议，对《条例》进行多次修改。2013年12月27日，州十三届人大常委会第十二次会议进行第二次审议，2014年2月21日，州十三届人大第四次会议审议通过。2014年5月17日，省第十二届人大常委会第九次会议批准，州人大常委会公布，自2014年7月1日起施行。

十四、黔南布依族苗族自治州剑江河流域保护条例

2012年，州十三届人大一次会议上，有关代表提出加强剑江河保护的议案。2013年12月，州十三届人大常委会第十二次会议将剑江河流域保护列入2014年立法计划。2014年3月，州政府成立《黔南布依族苗族自治州剑江河流域保护条例》（以下简称《条例》）起草小组。经广泛调研，于2014年6月起草《条例》初稿。2014年9月12日，州政府常务会议审定通过后，提请州人大常委会审议。2014年10月30日、州第十三届人大常委会第二十次会议进行第一次审议，2014年12月26日，州十三届人大常委会第二十一次会议进行第二次审议，决定再次进行修改后，提请人大会议审议。2015年2月13日，州第十三届人大第五次会议审议通过。2015年5月25日，省十二届人大常委会第十五次会议批准，州人大常委会公布，自2015年8月8日起施行。

第六节　人大监督

州第九届至第十三届人大常委会共召开162次常委会会议，听取和审议州“一府两院”工作报告580个。州人大常委对每年州人代会批准的全州国民经济社会发展计划和财政预算的实施情况，都要听取1～2次执行情况汇报。对需要变更的，由常委会审查批准。常委会始终把对法律法规实施情况的检查放在重要位置，对《中华人民共和国民族区域自治法》等50多个法律法规的执行情况进行检查，并参与法律法规宣传咨询活动。主任会议听取各项专题汇报100余个，各专门委员会听取对口联系部门的工作汇报60多个。组织常委会组成人员300多人次，以国民经济、社会发展计划和财政预算执行情况为重点，对全州12个县（市）进行视察58次。到县（市）、乡（镇）、村进行调研，形成200多个调研报告供常委会决策参考。1991—2014年，州人大常委会共收到人民群众来信4534件，接待来访4963批（次）。其中，对反映问题及控诉案件，按照“分级负责，归口办理”的原则。分别作出处理；对有一定社会影响的典型信访及重大疑难案件，采取自办、督办、协

办等方式办理；对涉法涉诉重大疑难和久拖不决的重信重访件，由常委会领导班子成员领办、督办。对信访案件做到交办率、督办率和落实率三个百分之百，保护人民群众利益，维护社会稳定。

第七节　县（市）人民代表大会

一、都匀市人大

1991—2014 年，都匀市人大历经第七届至第十二届任期。

市人大依法每年召开一次代表大会。历次会议都分别听取和审议通过市政府工作报告、市政府国民经济和社会发展计划报告、市政府财政预算报告、市人大常委会工作报告、市法院工作报告、市检察院工作报告，并作出相应决议。

市人大常委会依据《中华人民共和国各级人大常委会监督法》履行职责，推进依法治市进程，对都匀市贯彻实施相关法律法规情况开展执法检查，并对检查中存在的问题提出意见、建议，交由市政府研究整改。

市人大常委会将代表按系统、行业、居住状况编为代表小组，分别组织代表学习有关法律法规和党的方针、政策，提高代表依法履行职务的水平。以代表小组为单位，针对市民、群众反映的热点问题开展专题调研。

1991—2014 年，市人大常委会收到代表和群众来信 4300 多件，对所反映的问题按照“分级负责、归口办理”“谁主管，谁负责”的原则，采取转办、督办等方式，分别交政府、法院、检察院及相关部门研究解决。市人大常委会针对都匀市农民工外出务工较多的情况，开展异地接访督办工作。如 2005 年 9 月，市人大常委会办公室接到福建省屏南县人大常委会办公室的函，反映在该县某公司务工的都匀市坝固镇羊列村新寨组村民文某某来访反映，他们举家外出务工，家里责任山林木被人盗伐，使他们无法安心务工，要求严查此案，保护森林资源及他们的合法权益，市人大常委会办公室及时督办，案件迅速破获，文某某获得相应赔偿，合法权益得到保护。

2003—2014 年，市人大代表对全市各行业建设发展等方面的工作进行视察。提出意见和建议，促进全市经济、社会健康发展。

二、福泉市人大

1991—1996 年 12 月，福泉县人大历经县第十届人大第二次会议至第十一届人大第四次会议，共举行人大会议 6 次，提出议案 41 件、建议 250 件。福泉县人大常委会依法任免国家工作人员 213 人次。

1997—2014 年 12 月，福泉市人大历经市第一届至第五届第四次会议，共举行人大会议 20 次，提出议案 168 件、建议 1329 件。福泉市人大常委会依法任免国家工作人员 894 人次。

1990年选举产生县第十届人大代表175名。1993年选举产生县第十一届人大代表186名。1996年12月，福泉县撤县建市。1997年1月9日，县第十一届人代会转为市一届人代会，代表、常委会组成人员不变。1998年、2003年、2007年、2012年，分别进行市第二届、第三届、第四届、第五届人大代表选举，各界代表数均为184名。

1991年，福泉县人大常委会设置办公室及代表、法制、财政经济、教科文卫、民族五个工作委员会。撤县建市后，1997年12月增设农村、环境与资源保护两个工作委员会。1998年12月，增设信访督察科。2002年6月，进行机构改革，市人大常委会将代表工作委员会更名为选举任免与代表联络工作委员会，将民族工作委员会更名为民族宗教侨务工作委员会，将农业工作委员会更名为农业与农村工作委员会；撤销信访督察科，组建信访督查室；保留办公室、财政经济工作委员会、法制工作委员会、教科文卫工作委员会、环境与资源保护工作委员会。2014年12月，市人大常委会设办公室及9个工作委员会，有干部职工34名。1991年，福泉县建镇并乡撤区后，设7个镇9个乡，在各乡（镇）设人大主席团，配专职或兼职人大主席、副主席。乡（镇）人大依法每年召开一次人民代表大会，2004年后乡（镇）人民代表大会任期由三年改为五年。2006年，县、乡两级人大同时进行换届选举，乡（镇）人大主席团主席、副主席改为乡（镇）人大主席、副主席，乡（镇）人大主席由乡党委书记兼任。到2011年12月乡（镇）换届时，全县17个乡（镇、街道），才真正设有专职人大主席，其中，牛场镇、马场坪镇和城厢镇三个大镇设有副主席，其他稍小乡（镇）不设副主席。2014年8月，全市乡（镇、街道）撤并调整为5个镇1个乡2个街道以后，5个镇和1个乡设人大主席团，2个街道设人大工作委员会。

三、瓮安县人大

1991—2014年，瓮安县人大历经第十一届人大第二次会议至第十六届人大第三次会议，共举行人民代表大会24次，提出代表建议、批评和意见2500余件，县人大常委会共任免国家机关工作人员1093人次。

1993年，按照八届全国人大一次会议通过的《中华人民共和国宪法》修正案的规定，县人大任期由三年改为五年。1990年选举产生第十一届人大代表224名。1993年选举产生第十二届人大代表228名。1998年选举产生第十三届人大代表211名。2003年选举产生第十四届人大代表211名。2007年选举产生第十五届人大代表211名。2012年选举产生第十六届人大代表210名。

1991年，县第十二届人大常委会组成人员届中增至21名，第十三、十四届常委会组成人员均为21名，第十五、十六届常委会组成人员均为23名。2001年，县人大内设机构办公室、代表工作委员会、法制工作委员会、财经工作委员会、农经工作委员会、教科文卫工作委员会。2009年，内设机构调整为办公室（信访督查室）、选举任免与代表联络工作委员会、内务司法工作委员会、财政经济与环境资源工作委员会、教育科学文化卫生与民族宗教侨务工作委员会、农村经济工作委员会。2013年，增设信访督查室。2014年，县人大常委会机关行政编制24名，事业编制及工勤人员4名。

2012—2013年，全县乡（镇、街道）建制进行撤并调整。调整后，全县设10个镇1

个乡2个街道。截至2014年，10个镇、1个乡、2个街道设人大主席团，配专职人大主席。

四、贵定县人大

1991—2014年，贵定县人大历经第十二届人大第二次会议至第十七届人大第三次会议，共举行代表大会23次，提出议案847件，县人大常委会共任免国家机关工作人员385人次。

1993年起，县人大任期由三年改为五年。历届县人大履行宪法和法律赋予的职责，依法选举产生县人大常委会、县政府组成人员和县法院院长、县检察院检察长，听取和审议县人大常委会、县政府、县法院、县检察院、计划、财政等工作报告。1990年，选举产生县第十二届人大代表180名。1993年，选举产生县第十三届人大代表180名。1998年，选举产生县第十四届人大代表181名。2002年，选举产生县第十五届人大代表181名。2006年，选举产生县第十六届人大代表179名。2011年，选举产生县第十七届人大代表179名。

2001年，县人大常委会内设机构代表工作委员会、法制工作委员会、财经工作委员会、民族工作委员会、教科文卫工作委员会、办公室。确定机关行政编制21人（含单列行政编制7人），机关工勤人员事业编制4名。2006年，办公室下设秘书科和行政科（股级）。2007年补充增加行政编制1名。2012年，增设农业与农村工作委员会、环境与资源保护工作委员会，增设县人大机关老干部服务中心，为县人大办管理的股级事业单位，核定事业编制4名。2013年，增设县人大常委会信访督察室（正科级）。截至2014年底，县人大常委会设有代表工作委员会、财经工作委员会、法制工作委员会、民族工作委员会、教科文卫工作委员会、农业与农村工作委员会、环境和资源保护工作委员会、财政预算审查委员会、办公室、信访督察室；办公室下设秘书科、行政科、老干部服务中心。共有行政编制22名，机关工勤编制8名，事业编制4名。

1991年，贵定县建镇并乡撤区后，设8个镇、12个乡，各乡（镇）设人大主席团，配专职人大主席，部分乡（镇）还配副主席1名。乡（镇）依法每年召开一次人民代表大会。2004年后，乡（镇）人大任期由三年改为五年，2006年，乡（镇）人大主席团主席、副主席改为乡（镇）人大主席、副主席。2011年12月乡（镇）换届时，全县20个乡（镇）设专职人大主席（不设副主席）。2014年，全县行政区划调整，设置云雾镇、昌明镇、沿山镇、盘江镇、德新镇、宝山街道、金南街道，保留新巴镇。行政区划调整后的云雾镇、昌明镇、沿山镇、盘江镇、德新镇、新巴镇分别设人大主席1名，配备人大主席团成员9名（新巴镇7名），宝山街道、金南街道2个街道成立街道人大工作委员会，属县人大常委会派出机构，配备街道人大工委主任1名。为保证街道人大工委工作的正常开展，县人大常委会制定《贵定县人大常委会街道人大工委议事规则》，由县人大常委会任命街道人大工委组成人员。

五、龙里县人大

1990—2014年，龙里县人大历经第十一届第一次会议至第十六届第三次会议，共举行代表大会25次，共提出议案5件；县人大常委会共任免国家机关工作人员783人次。

1993 年，龙里县人大任期由三年改为五年。县人大履行宪法和法律赋予的职责，依法选举产生县人大常务委员会、县政府组成人员和县法院院长、县检察院检察长，听取和审议县人大常委会、县政府、县法院、县检察院和县计划、财政等部门的工作报告。

1990 年，选举产生县第十一届人大代表 157 名，有人大常委会委员 11 名。1993 年，选举产生县第十二届人大代表 156 名，有人大常委会委员 10 名。1998 年，选举产生县第十三届人大代表 165 名，有人大常委会委员 17 名。2003 年，选举产生县第十四届人大代表 165 名，有人大常委会委员 18 名。2007 年，选举产生县第十五届人大代表 164 名，有人大常委会委员 17 名。2012 年选举产生县第十六届人大代表 163 名，有人大常委会委员 21 名。

县第十一届人大期间，召开代表大会 3 次，共收到代表议案 111 件，建议、批评和意见 190 件。龙里县第十二届人大期间，召开代表大会 5 次，共收到代表议案 101 件，建议、批评和意见 87 件。县第十三届人大期间，召开代表大会 5 次，共收到代表议案 174 件，建议、批评和意见 300 件。县第十四届人大期间，召开代表大会 4 次，共收到代表议案 200 件，建议、批评和意见 316 件。县第十五届人大期间，召开代表大会 5 次，共收到代表议案 146 件，建议、批评和意见 252 件。县第十六届人大期间，召开代表大会 5 次，共收到代表建议、批评和意见 340 件。县第十七届人大期间，到 2014 年，召开代表大会 3 次，共收到代表议案 1 件，建议、批评和意见 185 件。

1990 年 6 月—1993 年 5 月，县人大常委会内设办公室、财政经济工作委员会、法制工作委员会、教育科学文化卫生工作委员会、民族工作委员会、代表工作委员会。1998 年 5 月增设代表资格审查委员会。2003 年 12 月，设信访督察室。2007 年，工作机构设置办公室、财政经济工作委员会、代表资格审查委员会、法制民族工作委员会、教科文卫工作委员会、代表工作委员会、信访督察室。2014 年，县人大机关工作机构有办公室、代表工作委员会、法制工作委员会、教科文卫工作委员会、民族宗教侨务委员会、经济工作委员会、农业和农村工作委员会、环境与资源保护工作委员会、信访督查室、代表联络办公室、预算审查委员会。1991 年，龙里县建镇并乡撤区后，设 6 个镇、8 个乡，在各乡（镇）设人大主席团，配有专兼职主席、副主席。乡（镇）依法每年召开一次人民代表大会。2004 年后，乡（镇）人大任期由三年改为五年，于 2006 年底县、乡两级人大同时进行换届选举。乡（镇）人大主席团主席、副主席改为乡（镇）人大主席、副主席。2014 年 3 月，全县行政区划进行调整，原 6 个镇 8 个乡撤并为 5 个镇（龙山、湾滩河、谷脚、醒狮、洗马）、1 个街道（冠山）。是年，在 5 个镇设人大主席团，在街道设人大工作委员会。

六、惠水县人大

1991—2014 年，惠水县人大历经第十二届人大第二次会议至第十七届人大第三次会议，共举行人大会议 29 次，提出议案 466 件。

1990 年，选举产生县第十二届人大代表 216 名。1993 年，选举产生县第十三届人大代表 218 名。1998 年，选举产生县第十四届人大代表 206 名。2003 年，选举产生县第十五届人大代表 206 名（应选名额 186 名）。2007 年，选举产生县第十六届人大代表 206 名。2012 年，选举产生县第十七届人大代表 206 名。

1991 年，县人大常委会工作机构有代表工作委员会、财政经济委员会、法制工作委员会、民族与农村经济工作委员会、科学教育文化卫生工作委员会。1998 年 7 月，增设信访督察室，11 月，增设研究室。2002 年 4 月，县级机构改革，撤销研究室。2008 年 3 月，将民族与农村经济工作委员会分设为农业农村工作委员会、民族与宗教工作委员会，同时增设环境与资源保护工作委员会。到 2014 年 12 月，县人大常委会工作机构有办公室和 7 个工作委员会及信访工作督查室。县人大常委会及机关编制 30 人。

按照《中华人民共和国地方各级人民代表大会和地方各级人民政府组织法》的规定，县人大常委会每两个月至少召开 1 次例会，听取和审议县政府、县法院和县检察院工作汇报，决定重大事项和人事任免。1991 年 8 月，全县行政区划“建并撤”将原 6 个区 1 个镇及 51 个乡调整撤并为 25 个乡（镇）后，在 25 个乡（镇）设人大主席团，配备专职主席。新建乡（镇）先后召开人民代表大会，选举产生主席团成员，在主席团会议上推选主席 1 名，部分乡（镇）人大还配备专职工作人员 1 名。县人大常委会定期或不定期举办乡（镇）人大干部培训班，对乡（镇）人大主席团的工作进行指导。县人大常委会建立主任、副主任和委员联系乡（镇）人大工作制度，帮助乡（镇）人大主席团解决工作中存在的困难和问题，邀请乡（镇）人大主席列席县人大常委会会议；每年召开一次乡（镇）人大工作座谈会，并于年终对乡（镇）人大工作进行考核，提高乡（镇）人大工作的质量。2014 年，全县进行乡（镇）行政区划调整，撤销原 24 个乡（镇）建制，新设置好花红镇、断杉镇、羡塘镇、摆金镇、雅水镇、王佑镇、岗度镇、涟江街道、濛江街道，原芦山镇建制不变。是年，在全县 8 个镇设人大主席团，在 2 个街道设人大工作委员会。

七、长顺县人大

1991—2014 年，长顺县人大历经第十一届人大第二次会议至第十六届人大第三次会议，共举行人民代表大会会议 24 次，县人大常委会共任免国家机关工作人员 674 人次。

1993 年，县级人民代表大会任期由 3 年改为 5 年。长顺县人大履行宪法和法律赋予的职责，依法选举产生县人大常委会、县政府组成人员和县法院院长、县检察院检察长，听取和审议县人大常委会、县政府、县法院、县检察院、计划、财政等工作报告。1990 年，选举产生县第十一届人大代表 150 名。1993 年，选举产生县第十二届人大代表 161 名。1998 年，选举产生县第十三届人大代表 171 名。2003 年，选举产生县第十四届人大代表 172 名。2007 年，选举产生县第十五届人大代表 172 名。2012 年，选举产生县第十六届人大代表 172 名。

1990 年 6 月，县第十一届人大常委会报经县委批准，设立县人大常委会法制工作委员会、财政经济工作委员会、科教文卫工作委员会、代表工作委员会、民族工作委员会。1994 年 4 月，县第十三届人大常委会第一次会议，决定将代表工作委员会更名为选举任免与代表联络工作委员会，法制工作委员会更名为内务司法工作委员会，财政经济工作委员会更名为财经环境与资源保护工作委员会，民族工作委员会更名为民族宗教侨务工作委员会。2001 年 12 月，县人大设办公室、信访督察室、选举任免与代表联络工作委员会、司法工作委员会、财经环境与资源保护工作委员会、科教文卫工作委员会、民族宗教侨务工作委员会。截至2014年12月，县人大常委会工作机构未变动。1991年，长顺县建镇并乡撤区后，全县辖17个乡（镇），在每个乡（镇）设立乡（镇）人大主席团，为正科级常设机构。乡（镇）人大主席团由同级人民代表大会选举产生。乡（镇）依法每年召开一次人民代表大会。2004年后，乡（镇）人大任期由三年改为五年。2006年，乡（镇）人大主席团主席、副主席改为乡（镇）人大主席、副主席。2014年4月，进行乡（镇）行政区划调整，将17个乡（镇）调整为6个镇1个乡，在全县设6个镇1个乡设人大主席团。

八、独山县人大

1991—2014年，独山县人大历经第十一届第二次会议至第十六届第三次会议，共举行代表大会25次。

1995年，县人大任期由三年改为五年。县人大履行宪法和法律赋予的职责，依法选举产生县人大常委会、县政府组成人员和县法院院长、县检察院检察长，听取和审议县人大常委会、县政府、县法院、县检察院、计划、财政等工作报告。

1990年，选举产生县第十一届人大代表194名。1993年，选举产生县第十二届人大代表197名。1998年，选举产生县第十三届人大代表191名。2003年，选举产生县第十四届人大代表191名。2006年，选举产生县第十五届人大代表191名。2012年，选举产生县第十六届人大代表191名。

1991年，县人大常委会机关有编制16名。2002年1月，县人大内设机构有办公室、民族代表工作委员会、科教文卫工作委员会、财经工作委员会、法制工作委员会、农村经济工作委员会。2006年，增设县人大常委会信访督察室。1991年，全县行政区划“建并撤”后，设8个镇、10个乡，各乡（镇）设人大主席团，并依法每年召开一次人民代表大会。2004年后，乡（镇）人大任期由三年改为五年。2006年底，县、乡两级人大同时进行换届选举，乡（镇）人大主席团主席、副主席改为乡（镇）人大主席、副主席。

2013年7月，全县行政区划调整，撤销原18个乡（镇），设置百泉镇、麻万镇、影山镇、基长镇、上司镇、下司镇、麻尾镇、玉水镇8个镇。是年，在8个镇设人大主席团。

九、荔波县人大

1991—2014年，荔波县人大历经第十一届第二次会议至第十六届第三次会议，共举行人民代表大会会议24次，提出议案4件，提出建议、批评和意见5000余条，选举人大、政府、法院、检察院领导人员80人次。

1995年，县人大任期由三年改为五年。县人大履行宪法和法律赋予的职责，依法选举产生县人大常委会、县政府组成人员和县法院院长、县检察院检察长，听取和审议县人大常委会、县政府、县法院、县检察院、计划、财政等工作报告。

1990年，选举产生县第十一届人大代表143名。1992年，选举产生县第十二届人大代表148名。1998年，选举产生县第十三届人大代表158名。2003年，选举产生县第十四届人大代表158名。2006年，选举产生县第十五届人大代表158名。2012年，选举产生县第十五届人大代表158名。

1991 年初，县人大常委会内设教科文卫工作委员会、法制工作委员会、财政经济工作委员会、代表民族工作委员会。2002 年 1 月，县人大常委会内设办公室、代表民族工作委员会、科教文卫工作委员会、法制工作委员会、农村工作委员会、财政经济工作委员会。2014 年 12 月，增设人大代表服务中心。

1991 年，全县建镇并乡撤区后，设 5 个镇、12 个乡，各乡（镇）设人大主席团，配专职或兼职主席、副主席。乡（镇）依法每年召开一次人民代表大会。2004 年后，乡（镇）人大任期由三年改为五年。2006 年底，县、乡两级人大同时进行换届选举，乡（镇）人大主席团主席、副主席改为乡（镇）人大主席、副主席。2014 年 4 月，乡（镇）区划调整，设置玉屏街道办事处和甲良镇、朝阳镇、茂兰镇、佳荣镇、小七孔镇、黎明关水族乡、瑶山瑶族乡。是年，在 5 个镇和 2 个民族乡设人大主席团，在街道设人大工作委员会。

十、平塘县人大

1991—2014 年，平塘县人大历经十届二次会议至第十五届第三次会议，共举行代表大会 25 次，共收到出席会议代表议案和批议建议 1977 件。

1995 年，县人大任期由三年改为五年。县人大履行宪法和法律赋予的职责，依法选举产生县人大常委会、县政府组成人员和县法院院长、县检察院检察长，听取和审议县人大常委会、县政府、县法院、县检察院、计划、财政等工作报告。1990 年，选举产生县第十届人大代表 181 名。1993 年，选举产生县第十一届人大代表 185 名。1998 年，选举产生县第十二届人大代表 183 名。2003 年，选举产生县第十三届人大代表 181 名。2007 年，选举产生县第十四届人大代表 182 名。2012 年，选举产生县第十五届人大代表 181 名。

县人大常委会工作机构经过多次调整，到 2014 年 12 月，设有办公室、代表民族工作委员会、法制工作委员会、财经农村工作委员会、教科文卫工作委员会、信访督查工作委员会。全县各乡（镇）设人大主席团。2004 年后，乡（镇）人大任期由三年改为五年。2006 年底，乡（镇）人大主席团主席、副主席改为乡（镇）人大主席、副主席。

2014 年，全县行政区划调整，撤销原 18 个乡（镇），设置平舟镇、牙舟镇、克度镇、大塘镇、者密镇、甲茶镇、掌布镇、通州镇、塘边镇、卡蒲毛南族乡。是年，在全县 10 个镇（乡）设人大主席团。

十一、罗甸县人大

1991—2014 年，罗甸县人大历经县第十一届至第十六届，共召开全体会议 26 次，提出议案 150 件，县人大常委会共任免国家机关工作人员 840 人次。

1992 年，县人大任期由三年改为五年。县人大由全体人大代表参加，一年举行一次全体代表大会。人代会主要议程：听取和审议县人大常委会，县政府、计划、财政，县法院，县检察院等工作报告，并作出决议。县人大履行宪法和法律赋予的职责，每届第一次人大会议选举产生县人大常委会主任、副主任、人大常委会委员、县政府县长、副县长，县法院院长、县检察院检察长。

县人大常委会依照规定设立相应的工作机构和办事机构。1991 年，第十一届人大常委会设 5 委 1 室，行政编制 14 人。到 2014 年，县第十六届人大常委会工作机构有办公室、财经工作委员会、教科文卫工作委员会、法制工作委员会、代表工作委员会、民族宗教侨务工作委员会、农业和农村工作委员会、环境资源保护工作委员会、信访督察室。行政编制 26 人，工勤人员 7 人。

1991 年，全县行政区划“建并撤”后，在各乡（镇）设人大主席团。县人大常委会负责指导全县乡（镇）人大开展工作。乡（镇）人大依法召开人民代表大会。1990—2002 年前为三年一届，2002 年后改为五年一届。

2007 年 1 月起，全县 26 个乡（镇）人大主席团主席全部由乡（镇）党委书记兼任，只设专职副主席 1 名。2008 年，恢复设置专职人大主席体制，乡（镇）党委书记不再兼任人大主席职务。2008 年 9 月，乡（镇）人大主席团更名为乡（镇）人民代表大会。

2014 年 2 月，全县行政区划调整，原 26 个乡（镇）调整为 8 个镇 1 个乡。3 月，各乡（镇）召开乡（镇）人大第一次会议，选举产生乡（镇）国家机关组成人员，共选举人大主席 9 名、乡（镇）长 9 名、副乡（镇）长 37 名。

十二、三都水族自治县人大

1991—2014 年，三都水族自治县人历经第十届第二次会议至第十五届第三次会议，共举行代表大会 23 次，提出议案 10 件，县人大常委会共任免国家机关工作人员 900 多人次。

1995 年，县人大任期由三年改为五年。县人大履行宪法和法律赋予的职责，依法选举产生县人大常委会、县政府组成人员和县法院院长、县检察院检察长，听取和审议县人大常委会、县政府、县法院、县检察院、计划、财政等工作报告。

1990 年，选举产生县第十届人大代表 184 名。1993 年，选举产生县第十一届人大代表 189 名。1998 年，选举产生县第十二届人大代表 186 名。2003 年，选举产生县第十三届人大代表 183 名。2006 年，选举产生县第十四届人大代表 186 名。2012 年，选举产生县第十五届人大代表 186 名。

1991 年初，县人大常委会机关编制 16 名。2002 年 1 月，县人大工作机构有办公室、代表工作委员会、科教文卫工作委员会、民族宗教侨务工作委员会、内务司法工作委员会、农村经济工作委员会。2005 年 9 月，增设信访督查室。1991 年，全县建镇并乡撤区后，设 7 个镇、14 个乡，在各乡（镇）设人大主席团。配备主席、副主席。各乡（镇）依法每年召开一次人民代表大会。2004 年后，乡（镇）人大任期由三年改为五年，2006 年底，县、乡两级人大同时进行换届选举，乡（镇）人大主席团主席、副主席改为乡（镇）人大主席、副主席。2014 年 8 月，全县行政区划调整，撤销原 21 个乡（镇），设置三合街道、大河镇、普安镇、都江镇、中和镇、周覃镇、九阡镇。是年，在 6 个镇设人大主席团，在街道设工作委员会。

第二章 人民政府

1991—2014 年为第九届至第十三届州政府任期。历届州政府贯彻执行中共中央和省委改革开放、经济建设的一系列方针政策，结合黔南州的实际，制定和实施各项措施，克服各种困难，使全州经济建设、政治建设、文化建设、社会建设、生态建设得到发展，人民生活水平得到改善。

第一节 黔南州人民政府

一、第九届州政府

第九届州政府任期为 1991 年 5 月—1996 年 6 月。州政府组阁局由州政府办公室、州政府人防战备办公室、州劳动人事局、州民族宗教事务委员会、州政府宗教事务处、州政府侨务办公室、州经济体制改革委员会、州政府外事办公室（旅游局）、州档案局、州公安局、州民政局、州司法局、州监察局、州计划委员会、州统计局、州物价局、州物资局、州政府经济技术协作办公室、州城乡建设环境保护局、州经济委员会、州重工业局、黔南机械工业局（农业机械管理局）、州轻纺工业局、州交通局、州标准计量局、州邮电局、州医药管理局、州农业经济委员会、州农牧局、州土地管理局、州林业局、州水利电力局、州乡镇企业管理局、州财政局、州税务局、州商业局、州供销合作联社、州粮食局、州工商行政管理局、州对外经济贸易局、州审计局、州教育委员会、州科学技术委员会、州文化局、州卫生局、州广播电视局、州体育运动委员会、州计划生育委员会、州贫困地区经济开发领导小组办公室（州农业综合开发领导小组办公室）、州爱国卫生运动委员会办公室、州农业区划办公室、州人民政府台湾事务办公室等 52 个单位组成。届中，有 8 个单位变动，至届末，保留组阁局 56 个。

二、第十届州政府

第十届州政府任期为 1996 年 6 月—2001 年 4 月。政府组阁局为上届末的 56 个。届中，1996 年 7 月，进行机构撤并，共设置 37 个单位，后又调整 3 个单位，届末，保留组阁局 34 个。

三、第十一届州政府

第十一届州政府任期为 2001 年 4 月—2007 年 2 月。届初，政府组阁局为上届末的 34 个。届中，2001 年 10 月进行州级党政机构改革，增设和撤并设置单位 31 个；2004 年 4 月进行政府机构改革，根据机构撤并，共设置单位 28 个，至届末，保留组阁局 28 个。

四、第十二届州政府

第十二届州政府任期为2007年2月—2012年2月。届初，政府组阁局为上届末的28个。届中，2007年，组建州畜牧兽医局。2010年，根据《中共贵州省委、贵州省人民政府关于（自治州、地区）、县（市、区、特区）政府机构改革的指导意见》，增加和撤并州政府机构，共设置单位32个。事后，州文化局与州广播电影电视局合并组建州文化和广播电影电视局。届末，保留组阁局31个。

五、第十三届州政府

第十三届州政府任期从2012年2月起，至2014年12月，未满届，有组阁局32个。

1991—2014年州政府历任领导任职情况一览表

表4－2－1

届次	职务	姓名	性别	民族	任职时间	备　注
第九届	州　长	莫时仁	男	布依族	1991.5—1993.11	
		兰天权	男	苗族	1994.3—1996.6	1993.11—1994.3 为代理州长
	副州长	兰天权	男	苗族	1991.5—1993.11	
		胡品荣	男	水族	1991.5—1996.6	
		唐世礼	女	布依族	1991.5—1996.1	
		程天赋	男	汉族	1991.5—1993.11	
		张建华	男	汉族	1991.5—1996.6	
		王代文	男	汉族	1991.5—1996.6	
		黎光武	男	布依族	1994.5—1996.6	
		蒙启良	男	苗族	1994.5—1996.6	
		贺和民	男	汉族	1995.9—1996.6	挂职
第十届	州　长	兰天权	男	苗族	1996.6—1999.1	
		蒙启良	男	苗族	1999.1—2001.4	
	副州长	黎光武	男	布依族	1996.6—1998.4	
		张建华	男	汉族	1996.6—1997.1	
		蒙启良	男	苗族	1996.6—1997.11	
		吴坤凤	女	汉族	1996.6—1997.11	
		陈　琦	男	布依族	1996.6—2001.4	
		罗来铨	男	布依族	1996.6—2001.4	
		吴　军	男	苗族	1997.11—2001.4	
		蒙秉武	男	水族	1997.11—2001.4	
		徐晓宏	男	汉族	1998.8—2001.4	挂职
		莫长青	男	汉族	1998.4—	
		孔繁英	女	汉族	1998.4—	

续表 4-2-1

届次	职务	姓名	性别	民族	任职时间	备 注
第十一届	州 长	蒙启良	男	苗族	2001.4—2005.2	
		刘晓凯	男	苗族	2005.8—2006.11	
		李月成	男	苗族	2006.11—2007.2	代理州长
	副州长	余学强	男	汉族	2001.4—2007.2	
		陈 琦	男	布依族	2001.4—2007.2	
		吴 军	男	苗族	2001.4—2007.2	
		蒙秉武	男	水族	2001.4—2007.2	
		张宪民	男	汉族	2001.4—2007.2	
		蒙院芬	女	布依族	2001.4—2007.2	
		徐晓宏	男	汉族	2001.7—2002.12	挂职
		邢景山	男	汉族	2002.10—2005.6	挂职
		王 真	男	汉族	2001.8—2003.8	挂职
		张艳红	女	汉族	2004.8—2006.8	挂职
		丁 匀	男	汉族	2005.2—2007.2	
		王 勇	男	汉族	2006.2—2007.2	
		夏庆丰	男	汉族	2006.11—2007.2	
第十二届	州 长	李月成	男	苗族	2007.2—2011.9	
		向红琼	女	苗族	2011.9—2012.2	代理州长
	副州长	夏庆丰	男	汉族	2007.2—2011.3	
		张宪民	男	汉族	2007.2—2011.3	
		蒙院芬	女	布依族	2007.2—2012.2	女
		王 勇	男	苗族	2007.2—2011.11	
		韦绍凯	男	水族	2007.2—2012.2	
		吴胜华	男	布依族	2007.2—2012.2	
		陈有德	男	汉族	2007.2—2012.2	
		樊 华	男	汉族	2010.5—2012.5	挂职
		杨永英	女	布依族	2011.3—2012.2	
		杨华昌	男	侗族	2011.6—2011.11	
		周俊生	男	汉族	2011.11—2012.2	
		张全毅	男	苗族	2011.11—2012.2	
		戴 甦	男	汉族	2011.12—2012.5	挂职
第十三届	州 长	向红琼	女	苗族	2012.2—2014.12	
	副州长	杨永英	女	布依族	2012.2—2012.8	
		吴胜华	男	布依族	2012.2—2012.10	
		陈有德	男	汉族	2012.2—2014.12	
		周俊生	男	汉族	2012.2—2012.10	
		吴 俊	男	汉族	2012.2—2014.12	

续表 4－2－1

届次	职务	姓名	性别	民族	任职时间	备　注
第十三届	副州长	胡晓剑	男	汉族	2012. 2—2014. 12	
		张全毅	男	苗族	2012. 2—2014. 12	
		蒋映生	男	苗族	2012. 8—2014. 12	
		刘　良	男	汉族	2012. 8—2014. 1	
		彭　勃	男	汉族	2012. 8—2014. 8	挂职
		林　平	男	汉族	2012. 12—2013. 12	挂职
		胡忠良	男	汉族	2013. 4—2014. 9	
		罗桂荣	男	布依族	2013. 9—2014. 12	
		刘建民	男	汉族	2013. 9—2014. 12	
		李茂国	男	汉族	2013. 12—2014. 12	挂职
		杨从明	男	苗族	2014. 1—2014. 12	
		潘志立	男	汉族	2014. 9—2014. 12	

第二节　州政府机构改革

1996 年 7 月开展党政机构改革，州编办印发《关于州级党政机构设置的通知》，明确州政府的工作机构设置为 36 个：州政府办公室、计划局、物价局、经济贸易局、教育局、科学技术局、民族事务局、公安局、国家安全局、监察局（与纪律检查委员会机关合署办公）、民政局、财政局、司法局、人事局、劳动局、地质矿产局、建设局、交通局、农业局、水利电力局、商务局、文化局（新闻出版局〈版权局〉）、广播电视局、卫生局、计划生育局、审计局、统计局、工商行政管理局、环境保护局、国土局、地方税务局、技术监督局、乡镇企业局（煤炭工业局）、农业办公室（扶贫开发办公室、农业综合开发办公室）、人民防空办公室、经济体制改革局（州委政策研究室）。改为事业单位的机构 4 个：旅游局改建为旅游事业局，农业机械管理局改建为农业机械事业局，体育运动委员会改建为体育事业局，在房改办公室的基础上组建房产事业局。这 4 个事业单位为州政府直属的县级事业单位，受政府委托行使部分行政管理职能。档案局与档案馆合并为档案局（档案馆），为政府直属的县级事业单位；州项目办公室加挂州项目实业总公司牌子，受政府委托，行使部分管理职能；轻纺工业局改建为轻纺工业总会，与城镇集体手工业联社一个机构两块牌子，受政府委托行使部分行政管理职能；粮食局与粮油贸易总公司一个机构两块牌子；物资局改建为物资总公司，其行政职能并入经济贸易局；重工业局改建为化工总公司、燃料总公司，其行政职能并入经济贸易局。机构改革后，州政府工作部门一般称局。根据省委、省政府〔1996〕省通字第 26 号文件精神，黔南州政府部门 35 个（不含合署办公的 2 个）。

2001 年 10 月，在党政机构改革中，州政府工作部门设置为：州政府办公室（法制办、外事接待办、侨务办、信访办（设在州政府办公室）、发展计划局、经济贸易局、统计局、教育局、科学技术局（知识产权局）、民族宗教事务局、公安局、监察局（与纪委机关合署办公，一套工作机构，两个机关名称，不占政府机构限额，下同）、民政局、司法局、人事局、劳动和社会保障局、财政局、建设局、卫生局、计划生育局、国土资源局、交通局、农业局（含农机、畜牧、水产、饲料）、林业局、水利局、文化局、审计局、环境保护局、贸易合作局、粮食局、乡镇企业局（煤炭管理局）、广播电视局、物价局（物价检查所与其合署办公，一个机构两块牌子，不占政府机构限额）。议事协调机构的常设办事机构：农业办公室、扶贫开发办公室（农业综合开发办公室）、人民防空办公室（交通战备办公室）。受州政府委托行使部分行政管理职能的直属事业单位为档案局（档案馆）、体育事业局、旅游事业局、招商引资局、供销合作社联合社、移民开发局。

2004 年 4 月，进行政府机构改革，州政府工作部门设置为：政府办公室、法制办、外事接待处、侨务办、信访办（设在政府办公室）、发展和改革局、经济贸易局、教育局、科学技术局（知识产权局）、民族宗教事务局、公安局、监察局、民政局、司法局、财政局、人事局、劳动和社会保障局、国土资源局、建设局、交通局、水利局、农业局、林业局、商务局、文化局（新闻出版局、版权局）、卫生局、人口和计划生育局、审计局、统计局、环境保护局、粮食局、乡镇企业局（煤炭管理局）、广播电视局、物价局（与物价检查所合署办公，一个机构，两块牌子，不计入政府机构个数）。设置议事协调机构的常设办事机构 3 个：农业办公室、扶贫开发办公室（农业综合开发办公室）、人民防空办公室（交通战备办公室）。受政府委托行使部分行政管理职能的直属事业单位 7 个：安全生产监督管理局、档案局（档案馆）、体育事业局、旅游事业局、招商引资局、供销合作社联合社、移民开发局。

2009 年，州政府工作部门设置 33 个：政府办公室、教育局、民族宗教事务局、公安局、监察局、民政局、司法局、财政局、国土资源局、环境保护局、水利局、文化局、卫生局、人口和计划生育委员会、审计局、林业局、统计局、农业委员会、工业和信息化局、交通运输局、住房和城乡建设局、城乡规划局、人力资源和社会保障局、商务和粮食局、食品药品监督管理局、扶贫工作局、人民防空办公室、安全生产监督管理局、广播电影电视局、科技与知识产权局、发展和改革委员会、体育局、旅游局。部门管理机构 2 个：物价局（发展和改革委员会管理）、法制办（政府办管理）。政府直属事业机构 2 个：州档案局（档案馆）、州水利水电工程移民局。其他机构 1 个：州供销社合作社联社。

2014 年，州政府设置工作部门 33 个：政府办公室、发展和改革委员会、教育局、科学技术和知识产权局、工业和信息化委员会、民族宗教事务委员会、公安局、监察局（与州纪委机关合署办公，列入州政府机构序列，不计入机构个数）、民政局、司法局、财政局、人力资源和社会保障局、国土资源局、环境保护局、城乡规划局、住房和城乡建设局、交通运输局、农业委员会、商务和粮食局、审计局、林业局、体育局、安全生产监督管理局、统计局、旅游局、扶贫开发局、卫生和计划生育委员会（不再保留卫生局、人口和计划生育委员会）、食品药品监督管理局、国有资产监督管理局、水务局（不再保留州水利局）、工商行政管理局、质量技术监督局、文化广电新闻出版局（版权局、文物局）。将州人民防空办公室（州交通战备办公室）由州政府工作部门调整为设在州政府办公室，正县级规格。将州物价局职责划入州发展和改革委员会，更名为州物价监督管理局，副县级规格，不再保留州物价局。直属事业机构 7 个：州政府政务服务中心、州投资促进局、州人民政府金融工作办公室、州水库和生态移民局、州档案局（州档案馆）、州住房公积金管理中心、州公共资源交易中心。州政府其他机构 1 个：州供销合作社联合社。

第三节　州政府重要会议

1991 年 8 月，《黔南州人民政府关于建立健全州政府几项工作制度的决定》明确规定，州政府须召开的会议有州政府常务会议、州政府州长办公会议、州政府专题会议、州政府组成人员会议、全州县（市）长工作会议、全州性各项专业工作会议、州长工作通报会议。1999 年 11 月 25 日，《黔南州人民政府工作规则》明确州政府实行全体会议、常务会议、州长办公会议、专题会议、全州县（市）长会议制度。州政府召开的各类会议必须坚持精简、高效、节约的原则。2008 年 7 月 28 日、2009 年 9 月 17 日、2012 年 4 月 8 日，州政府先后修订《黔南州人民政府工作规则》，明确州政府实行全体会议、常务会议、州长办公会议和专题会议制度。

一、政府全体会议

州政府全体会议由州长、副州长、秘书长和州政府组成部门的主要负责人组成，由州长召集和主持。会议的主要任务是：传达贯彻党中央、国务院、省委、省政府、州委的重要指示、决定和会议精神，以及州人大及其常委会的重要决议、决定；讨论决定州政府工作中的重大事项；部署州政府的重要工作。州政府全体会议一般每半年召开一次，副秘书长列席会议，并根据需要可安排县（市）及有关部门、有关单位主要负责人列席会议。

1991—2014 年，州政府全体会议共召开 25 次。其中：1992 年 1 月 10 日政府全体成员会议扩大到县（市）长参加，会议对 1991 年全州经济工作进行总结，讨论研究全州经济工作中存在的突出问题，并作安排部署，明确 1992 年要以搞活流通为重点，做到国家放权、企业管严、放而有度、活而有序，贯彻落实国务院〔1991〕60 号文件精神，抓好农副产品流通，促进农村商品经济的发展；1997 年 3 月 7 日，政府成员（扩大）会议传达省财源建设工作会议和省委、州委关于加强财源建设工作的文件精神，提出“九五”期间全州财源建设工作的指导思想；2003 年 6 月 14 日，州政府全体（扩大）会议总结“非典”防控和经济建设的基本情况，按照中共中央、国务院和省委、省政府关于毫不松懈地抓“非典”防控，毫不松懈地抓经济建设的指示精神，对全州经济社会发展作安排部署，要求坚持“两手抓、两手都要硬”，确保夺取“非典”防控和经济建设的双胜利；2014 年 11 月 10 日，政府全体成员会议总结全州经济发展情况，对 2014 年最后 2 个月工作进行安排部署，要求各级各部门根据年初确定的各项工作目标，抓住重点领域和关键环节，全力以赴完成全年目标任务，确保增比进位稳居全省第一方阵。

二、政府常务会议

州政府常务会议由州长、副州长、秘书长组成，由州长或州长委托常务副州长召集主持。常务会议原则上要求会议组成人员过半数方能召开，遇特殊情况可采取书面或口头征求意见的方式征求会议组成人员意见，并视为已参加会议。会议的主要任务是：讨论决定州政府工作中的重要事项；讨论自治州单行条例草案、审议州政府规范性文件草案；通报和讨论其他重要事项。州政府常务会议根据工作需要不定期召开，副秘书长列席会议，并根据需要可安排有关部门、有关单位主要负责人列席会议，同时邀请有关方面负责人列席会议。

1991—2014 年，州政府常务会议共召开 499 次。其中：2003 年 5 月 19 日，州政府常务会议着重研究州计委《关于向省计委汇报黔南州电源点建设的情况汇报》、州水利局《关于申请解决水利骨干打捆项目前期工作相关事宜的紧急报告》；2003 年 8 月 18 日，政府常务会议听取《关于贵定卷烟厂与贵阳卷烟厂重组及贵定卷烟分厂关闭有关问题的情况汇报》、研究都匀市政府《关于都匀三中与原黔南师专校址对调的请示》；2011 年 2 月 10 日，政府常务会议着重讨论《黔南州人民政府工作报告》《黔南州国民经济和社会发展第十二个五年规划纲要草案》《黔南州 2011 年国民经济和社会发展计划报告》《关于全州和州本级 2010 年预算执行情况及 2011 年全州和州本级预算草案报告》《黔南州“十一五”期间经济社会发展情况综述》；2012 年 12 月 26 日，政府常务会议着重研究州工业信息化委《关于 2012 年黔南州工业和信息化发展专项资金安排方案建议的请示》及州财政局的意见；2014 年 11 月 13 日，政府常务会议着重研究《黔南州关于加快“两高”经济发展的意见（送审稿）》。

三、州长办公会议

州长办公会议由州长、副州长、秘书长组成，由州长或州长委托常务副州长召集和主持。会议的主要任务是：交流重要工作情况；研究处理需要提交州政府常务会议解决的重要问题；研究州政府日常工作中的其他重要事项。州长办公会议根据工作需要不定期召开，副秘书长列席会议，并根据需要可安排有关部门、有关单位主要负责人列席会议。

1991—2014 年，共召开州长办公会议 430 次。

四、州政府专题会议

州政府专题会议由州长、副州长、秘书长，或州长、副州长委托副秘书长召集和主持。会议的主要任务是：研究协调州政府领导分工职责范围内的专门问题；研究协调需提交州政府集体研究决策的有关问题；研究日常工作中的具体问题，处理具体业务。州政府专题会议可根据需要随时召开，根据需要安排有关部门、有关单位负责人参加会议。

1991—2014 年，共召开州政府专题会议 1902 次。

第四节 施政纪略

一、经济建设

1991—2014 年，第九届至十三届州政府在推动国民经济建设中，从宏观上不断调整全州三大产业结构，使之适应经济增长点的需要。2014 年，全州生产总值完成 801.75 亿元，比 2013 年增长 14.5%，增速位列全省第三。其中，第二、第三产业的比重累计达 81.14%，成为主导产业，而 1990 年农业比重占 50.3%。由于三大产业的业绩不断增长，财政收入从 1991 年 3.7 亿元上升到 2014 年的 151.11 亿元，年均增长 17.51%。

（一）第一产业

1991 年 6 月—1996 年 6 月第九届州政府施政期间，第一产业比重由 1990 年的 50.3% 调整为 1995 年的 45.7%，下降 4.6 个百分点。其中，1993 年全州工业总产值达到 22.43 亿元，首次实现工业产值与农业产值持平。

1996 年 6 月—2001 年 4 月第十届州政府施政期间，第一产业比重由 1995 年的 45.7% 调整为 2000 年的 34.4%，下降 11.3% 个百分点。其中，2000 年粮食总产量达到 117.62 万吨，比 1995 年增长 13.7%。

2001 年 4 月—2007 年 2 月第十一届州政府施政期间，第一产业比重由 2000 年的 34.2% 调整为 2005 年的 28.5%，下降 5.7 个百分点。其中，2005 年粮食总产量达到 128.6 万吨，再创历史新高水平。

2007 年 2 月—2012 年 2 月第十二届州政府施政期间，第一产业比重由 2005 年的 28.5% 调整为 2010 年的 19.7%，下降 8.8 个百分点。其间，“185 工程”不断取得新的成效；粮食生产连续创历史最好水平；2010 年蔬菜、茶叶种植规模分别增加 34.37 万亩和 22.49 万亩。2006—2010 年累计投入州级财政支农资金 3.16 亿元，是 2000—2005 年的 2.43 倍。农业增加值从 2005 年的 47.97 亿元增加到 70.13 亿元。

2012 年 4 月—2014 年第十三届州政府施政期间，2014 年的第一产业比重为 18.86%，比 1990 年的 50.3% 下降 31.44 个百分点。其中，2012 年获国家级农业产业化龙头企业 3 家、省级 23 家；农产品获中国驰名商标 2 个、省级著名商标 14 个，省级名牌产品 9 个，无公害产地认定 69 个，无公害产品认证 80 个。

1991—2014 年，以农业生产为主体的第一产业比重，从 1990 年的 50.3% 下降到 2014 年的 18.86%，下降 31.44 个百分点。第一产业比重虽呈下降趋势，但其产值、产量呈上升势态，各届州政府都高度重视发展农业生产。期间，2003 年提出因地制宜狠抓粮、油、烟、畜、菜、果、茶、竹、药、花“十朵金花”。2014 年，非粮农业增加值占第一产业增加值比重达 85.5%，排全省第二；全州 24 个农业园区完成投资 118 亿元，入驻企业 443 家，实现产值 140 亿元；累计发展茶叶达到 104.4 万亩（新增 19.44 万亩）、商品蔬菜

315.8万亩、水果100万亩、中药材51万亩，新增刺梨种植9.58亩；新增农民专业合作社（组织）405家。农业总产值从1990年的8.86亿元增加到2014年的151.25亿元排全省第三，年均增长22.47%。粮食总产量从85.38万吨增加到131.16万吨，其中1994年首次突破100万吨，达到101.47万吨；2004年以来粮食生产实现十三年连续增长。

（二）第二产业

第九届州政府施政期间，第二产业比重由1990年的30.1%调整为1995年的32.1%，上升2个百分点。其中，1994年首次超过农业总产值，实现历史性突破，结束黔南州第一产业占主导地位的历史。

第十届州政府施政期间，第二产业比重由1995年的32.1%调整为2000年的40.2%，上升8.1个百分点。其中，1998年建立“再就业服务中心”155个，下岗职工实现再就业4575人，占下岗职工总数的44.1%。

第十一届州政府施政期间，第二产业比重由2000年的40.2%调整为2005年的37.1%，上升3.1个百分点。其中，2001—2005年累计引进资金到位99.92亿元，比1996—2000年增加66亿元。

第十二届州政府施政期间，第二产业比重由2005年的37.1%调整为2010年的39.9%，上升2.8个百分点。其中，磷化工、烟草、冶金等支柱产业不断巩固和壮大，特色食品、民族制药、能源、建材等产业加快发展，规模工业增加值年均增长14.1%。同时，依法关闭都匀水泥厂等35家污染企业，所有县城建成污水处理厂，化学需氧量和二氧化硫排放量分别下降12.8%和19.1%，单位生产总值能耗下降20%，节能减排目标任务全面完成。

第十三届州政府施政期间，2013年规模工业增加值完成201.4亿元，增长20.7%；14个产业园区建成标准厂房185万平方米，入驻企业1318户，入驻率达94.1%。建成亿元以上项目31个，新增入驻企业117家。2014年的第二产业比重调整为36.78%，比1990年的30.1%上升6.68个百分点。

第二产业比重上升前，国家建于黔南的“三线”时期国防工业企业转型及外迁，但随着省乡镇企业和民营经济的发展，黔南工业企业逐步建立，一些企业在龙里县谷脚镇及龙山镇、惠水长田乡、独山麻尾镇、福泉马场坪等地聚集发展，特别是以龙里谷脚医药工业园为代表的工业聚集区，初具工业园区的雏形。与此同时，黔南州在开发磷化工、煤化工、有色冶金、医药等方面，也取得明显的成效，推进亚洲最大的瓮福磷矿基地快速发展，瓮福集团公司、贵州川恒公司、瓮安金正大公司和芭田公司等迅速发展壮大；引进贵州神奇制药、珠海富华制药等一批制药企业落户，神奇制药和信邦制药先后上市，结束黔南州没有上市公司的历史，显示黔南州工业经济的特色和新的潜力。贵定烟厂30万大箱易地技改扩能、2×60万千瓦福泉电厂启动建设，以及惠水龙塘山、龙里草原风力发电项目建设及发电，使黔南州风电装机实现零突破，形成“水火互济”、风电补充的多元化能源新格局。

特别是在工业园区发展方面，进入21世纪之后，黔南州高度重视园区建设，工业园区从无到有，从少到多，发展到14个省级工业园区，7个省级经济开发区。借助西部大开发和深圳、广州帮扶黔南的机遇，探索打造广州产业园、香港产业园等。其中，福泉市获国家工信部批准创建贵州首家国家新型工业化产业示范基地（化工·磷化工）、国家商务部批准创建国家外贸转型升级专业型示范基地、国家科技部批准创建黔南国家磷煤化工高新技术产业化基地，省政府批准的贵州省“511”示范培育园区（千亿级）。龙里获国家循环经济示范城市。招商引资引进到位资金从1990年的0.96亿元增加到2014年的1120亿元，年均增长。工业在国民经济中的主导地位不断增强，对黔南州经济社会发展的推动作用越来越明显。2014年，工业经济运行六项核心指标排全省第一。2000万元以上规模工业企业突破500户，规模工业完成增加值252.95亿元，增长14.7%。完成工业投资480亿元，贵州金正大等87个重点项目建成投产。14个园区完成工业总产值920亿元，新增标准厂房95.5万平方米，入驻率90%以上。

1991—2014年，以工业生产为主体的第二产业比重，从1990年的30.1%曲线上升到2014年的36.78%，上升6.68个百分点。

（三）第三产业

第九届州政府施政期间，第三产业比重由1990年的19.6%调整为1995年的22.2%，上升2.6个百分点。其中，1992年国营商业推行经营、价格、分配、用工开放，实施承包、租赁为主的国有民营改革。继续鼓励个体私营企业发展。1994年，国务院批准荔波漳江为国家重点风景名胜区；1995年贵州省政府批准都匀剑江、瓮安江界河、龙里猴子沟为省级风景区，第三产业有新发展。

第十届州政府施政期间，第三产业比重由1995年的22.2%调整为2000年的25.4%，上升3.2个百分点。其中2000年全社会消费商品零售总额27.1亿元，比1995年增长46.8%。

第十一届州政府施政期间，第三产业比重由2000年的25.4%调整为2005年的34.4%，上升9个百分点。其中，2003年都匀斗篷山被批准为国家重点风景名胜区，独山深河桥、三都都柳江、贵定洛北河被批准为省级风景名胜区，黔南州被省政府列为优先重点发展旅游区，2001—2005年的旅游总收入达61亿元，比1996—2000年增长22.4%。

第十二届州政府施政期间，第三产业比重由2005年的34.4%调整为2010年的40.4%，上升6个百分点。其中，旅游、金融、信息、商贸、物流等服务业加速发展，第三产业增加值年均增长11.3%，占生产总值的比重由2005年的34.4%提高到2010年的40.4%；非公有制经济不断壮大，占生产总值的比重从33.5%提高到40%以上。

第十三届州政府施政期间，2013年第三产业增加值完成294.95亿元，增长15.4%。从20个重点景区建设入手，旅游基础设施得到进一步完善。2014年的第三产业比重为44.35%，比1990年的19.6%上升24.75个百分点。

第三产业比重的快速增长，主要靠商贸物流业增长和旅游业的大力发展。2014年，举办中国·贵州首届现代物流高峰论坛暨商贸物流博览会。一批物流企业落户建设，龙里邮政快递物流园开创全国首家省级物流园区之先例，建成投入运营。黔南州商业在经历改革、改制之后，不断焕发出新的生机与活力。双百市场工程、农超对接工程推进，家电下乡政策全面落实。城乡集贸市场从最初的105个增加到450个，年成交额达到98亿元。社会消费品零售总额从1990年的9.7亿元，增加到2014年的175.3亿元，其中1991年和2011年分别突破10亿元和100亿元。2011年启动民营经济三年倍增计划，2013年完成三年倍增计划的同时，又启动民营经济五年行动计划。截至2014年，全州完成民营经济增加值达到408.6亿元，占国内生产总值的比重达50.9%；完成民间投资达到468.10亿元，民营经济新增就业人数达到4.6万人，注册资本达到551.02亿元。个体经济对国民经济发展的补充作用也不断得到增强，个体工商户从1990年的3.18万户发展到2014年的13.44万户。对外合作贸易不断加强，出口创汇1990年仅为126万美元，到2014年进出口总额达到3亿美元。金融、信息、中介、物流等现代服务业活力不断增强，黔南旅游业不断发展，荔波申报世界自然遗产成功，成为全省第一个世界自然遗产地。荔波樟江入选国家生态旅游示范区。承办了第二届贵州省旅游产业发展大会，举办第四、第五、第六届黔南州旅游发展大会。同时着力打造贵定音寨、平塘掌布、瓮安猴场等一批特色景点，发展红色旅游、民族风情游和乡村旅游。以国家级荔波樟江风景名胜区为龙头、“中国优秀旅游城市”都匀市为中心的贵州南部精品旅游线已初步形成。2014年，第三产业完成增加值355.61亿元，比2013年增长14.7%，旅游总收入完成344.98亿元，增长23.1%。

1991—2014年间，以商贸旅游服务为主体的第三产业比重，从1990年的19.6%直线上升到2014年的44.35%，上升24.75个百分点。

二、基础设施建设

1991—1995年，第九届州政府狠抓基础设施建设，固定资产投资共完成10.9亿元，比1986—1990年增加6.6亿元。农田水利建设方面，完成坡改梯31.3万亩，新增、改善和恢复灌面50万亩；新增城市供水能力3.95万吨/日，解决34.32万人饮水困难；水土保持治理352.78平方公里，都匀茶园水库正式动工。电力建设方面，新增地方电力装机2.3万千瓦，新建110千伏变电站6座，动工建设荔波大七孔电站，全州新增水电装机容量0.3万千瓦。交通建设上，新建、改建公路500公里，贵新高速公路通过立项。通信建设方面，安装程控电话交换机6.05万门，全州12个县（市）和部分乡（镇）先后开通程控电话，部分县（市）开通移动电话，其中福泉县程控电话已覆盖到乡（镇），都匀市扩容1万门。全州城镇面貌发生较大变化，城乡市场基础设施和旅游设施较大改善，城乡集贸市场发展到305个。

1996—2000年，第十届州政府对固定资产的投资达117.5亿元（含中央、省及个体投资），是1991—1995的2.85倍，年均投资额达23.5亿元。农业基础设施建设不断加强，1996—2000年共完成坡改梯64.53万亩，比1991—1995年增长104.6%；新增、改善有效灌溉面积13.43万亩。水电建设基本完成都匀等9个县（市）的农网改造计划，新增大七孔、猛坑等一批地方电力装机16.32万千瓦，水电发电总量由1995年的3.06亿千瓦时上升到2000年的5.08亿千瓦时，实现县县有11万伏以上输变设施的目标，形成都匀市220KV环网。交通建设方面，全州公路通车里程2000年末达7553.8公里，比1995年新增526.6公里。其中，1996年新建公路116.1公里；1997年贵新高速公路开始动工，贵新高等级公路贵阳至都匀段于2000年竣工开通营运；完成株六复线州境段主体工程；整治都柳江和罗甸红水河航道115公里。通信建设方面，全州固定、移动电话用户总量由1995年的2.9万户增加到2000年的19万户；全州实现光纤传输数字化、开通移动电话和建成110千伏变电站的目标，电话交换机新增2.17万门，总容量达到7.3万门；建成全州本地电话网和无线寻呼网。城镇建设方面，城市化水平不断提高，1996—2000年各地用“资本置换”的运作方式，共有18.9亿元资金（含引资）用于旧城改造和小城镇建设，其中，市政公用基础设施建设投入9.4亿元，是1991—1996的2.8倍；12个县（市）城区面积扩大20.2平方公里，黔南州城市化水平达到15.6%，比1996年提高2.6个百分点；绿化美化和亮丽工程取得新的进展，都匀人民广场、文峰园和各县（市）城区一批市政工程相继竣工投入使用，城区绿化覆盖率达30%，新增公共绿地44.27万平方米；全州消费品市场发展到309个，基本实现乡乡有集贸市场；共投入城市建设资金1.08亿元，新建城市道路12.3公里，荔波、瓮安创建卫生城市通过省级达标验收。

2001—2005年，第十一届州政府对固定资产的投资达196.61亿元，较1996—2000年增加79.11亿元，增长67.3%。以退耕还林、天然林保护为重点的生态建设，累计完成造林391.22万亩，是1996—2000年的1.25倍，森林覆盖率达到46%以上；建成农村沼气池11万口，以电代燃料工程建设初见成效，正由绿色黔南向锦绣黔南转变。以解决工程性缺水为重点的水利基础设施建设取得新的进展，建成“三小”（小山塘、小水池、小水窖）工程5.94万口，建成都匀茶园水库，完成都匀绿荫湖等一批病险库治理，瓮福灌区和独南灌区启动建设，新增有效灌溉面积15.62万亩，解决73.9万人的农村人饮困难，黔南州有效灌溉面积和农村人饮解困数在“十五”期末分别达到135.15万亩和188.8万人。建成500千伏福泉输变电工程；城乡用电向同网同价过渡；建成都匀、长顺、罗甸、荔波供水工程独山、平塘、三都3个县城自来水工程开工建设。到2005年底，全州公路通村率达到93%；公路通车里程达到1.1万公里以上，五年累计新增通车里程7446公里。其中，2001年独荔公路、都三公路、墨平公路全线贯通；2002年基本实现县通油路，乡乡通公路。

2006—2010年，第十二届州政府解决工程性缺水难题，建成谭尧水库、高车水库、四寨水库等重大水利工程，治理小（2）型病险水库45座，建成“三小”工程8.3万口，解决121.6万人的饮水安全，新增有效灌面66万亩，农村人口人均有效灌面从0.35亩提高到0.57亩。生态建设累计投入各项林业建设资金16.4亿元，造林215万亩，森林覆盖率达到52.7%，年均增加1.03个百分点。瓮安县开展集体林权制度改革试点。交通建设完成贵新高速公路都匀至新寨段改造，贵广高速公路黔南段和麻驾高速公路全线贯通，贵惠（贵阳—惠水）、惠兴（惠水—兴仁）高速公路启动建设，独山—平塘—罗甸—驾欧—荔波高速公路等项目前期工作进展顺利，高速公路通车里程从2005年的247公里增加到425公里，在建里程130公里，公路通车总里程从1.12万公里增加到1.45万公里，93.8%的乡（镇）通柏油路（含水泥路），98.6%的行政村通公路。荔波机场建成通航。黔桂铁路完成扩能改造，贵广快铁、长昆快铁黔南段建设加快推进。2008年贵广高速公路、贵广快速铁路黔南段全面施工，扩能改造后的黔桂铁路已全线通车，时速从原来的40公里提高到150

公里。城镇建设方面，都匀“173”至马寨城市主干道项目启动建设；都匀的剑江公园以及文峰桥、公交车站等城市景观建设，瓮安旧城改造、三都民族风情街建设等呈现新特色；城市人均住宅建筑面积达到25.8平方米；州城镇化率达到35%，比“十五”期末增加8个百分点；都匀市污水处理项目进行试运行调试，龙里、福泉、惠水、独山、荔波、三都6个县（市）污水处理项目启动建设。

2011—2014年，第十三届州政府对水利、交通为重点的基础设施建设加大。截至2014年，水利建设规划的67座骨干水源工程已开工14座，其中仅2014就开工8座（三都的甲晒，贵定的乐芒，荔波的尧柳，贵定的小河，长顺的龙井，干桥，罗甸的从里，平塘的黑沟水库）；治理病险水库24座、中小河流16条。“滋黔”一期工程三都冷水沟水库大坝主体工程完工，并已完成下闸蓄水验收。解决农村饮水安全40.8万人，建设“五小”（小水窖、小水池、小泵站、小塘坝、小水渠）工程8115处、建设渠道工程780公里，新增机井280口。以黔南州列入全国105座水生态文明城市建设试点为契机，将都匀、惠水、瓮安、贵定、龙里5个县（市）作为水生态文明城市建设试点示范先行区。以高速公路、铁路为骨干、普通国省干线及空港、水运为支撑的综合交通体系正在加快形成，在实施铁路、高速公路和水利建设“三大会战”中，贵广高铁如期开通，长昆铁路黔南段建设也接近收尾，黔南迈入“高铁时代”；环贵州高速公路黔南段开工建设；贵惠高速、马瓮高速公路建成通车，在建高速8条322公里，高速公路通车里程突破600公里，路网密度排全省第一；新增国、省道规划建设项目23个共608公里，规模和投资连续两年列全省第一；公路、铁路外联通道增至7个；公交车和出租车实现县县开通，所有乡（镇）开通客运班车。通信建设方面，实现黔南州光纤传输数字化、开通移动电话、宽带接入工程等，使黔南州与西部落后地区一道快速融入现代社会。城镇化建设方面，都匀东部新城加速建设；推进都匀市旧城区改造和开磷剑化、都匀火车站外迁工程建设进度；都匀纬八西路、环西大道、黔南大道、大龙大道和贵龙大道、贵惠大道等一大批城市主干道建成通车；都匀市获“全球绿色城市”称号和县级国家新型城镇化试点，荔波樟江入选国家生态旅游示范区；全面启动20个城市综合体和示范小城镇建设，瓮安猴场、贵定昌明等省州示范小城镇建设成效明显；启动“四在农家·美丽乡村”建设，福泉江边、惠水好花红等村寨成为全省美丽乡村的新亮点。率先在全省完成乡（镇）行政区划调整，全州乡（镇）由238个调整为104个。2014年，城镇污水处理率达75.96%；集中式饮用水源地水质达标率、城市环境空气质量达标率、城乡生活垃圾无害化处理率位居全省前列；房地产业完成投资191.37亿元，比上年增长65.5%，销售额110.2亿元，比上年增长85.5%；全州城镇化率达到45.82%。

三、社会事业

1991—1996年，落实“科教兴州”战略，新增科技成果255项，经济增长中的科技含量为30%，比1990年增长10个百分点。其中，1991年组织实施“星火计划”，黔南星火技术密集试验区的建设在巩固中发展，星火项目黔南农用运输车联合制造厂研制的“山地”牌农用运输车获1993年全国星火科技成果展销会金奖。共投入学校基本建设及危房改造资金10738.5万元，比1886—1990年增加4603.2万元；筹集教育经费13730.23万元，推进教育体制改革和教育结构调整，基础教育、民族教育、成人教育和职业教育得到加强，适龄儿童入学率达到95.5%，比1990年上升4.5个百分点，各级各类学校的少数民族学生比例接近或超过少数民族人口比例；有10个县（市）普及初等义务教育，通过基本无文盲验收；全州各类职业学校发展到38所，在校学生9013人，分别比1990年增加11所、4518人。文化广播电视事业发展迅速，新建乡（镇）电视接收站215个，全州广播、电视覆盖率分别达到65.7%和73.8%，比1990年增加17.9个百分点和15.5个百分点；开展"艺术之乡""文化先进乡（镇）"建设，群众文化生活不断丰富，1991年首次命名一批艺术之乡；一批文艺作品获全国奖项，州歌舞团首次出国演出，对外文化交流实现零的突破。新建扩建州、县（市）级医疗卫生单位21个，乡（镇）卫生院113个，建立州、县（市）、乡（镇）、村四级医疗卫生组织，率先在全省达到初级卫生保健的基本标准，各级医疗卫生单位的技术水平有了提高，服务能力得到加强。其中，1992年罗甸、惠水、瓮安、福泉等县及州级启动医疗制度改革，州医疗卫生、计划免疫、妇幼保健、农村初级卫生保健事业继续发展。全州人口出生率下降到21.48‰，计划生育率上升到70.4%，多孩率降到12.67%，总人口351.6万人，各项指标控制在省下达的指标以内。竞技体育水平有较大提高，全民健身体育活动得到广泛开展。

1996—2000年，科技对经济增长的贡献率由1995年的30%提高到2000年的35%。瓮安县、罗甸县创建科技工作先进县于1999年分别达到创建国家和省级科技工作先进县标准。瓮安县获得贵州省首批"全国科技工作先进县"称号，罗甸县、龙里县获得"全省科技工作先进县"称号。教育事业上，全州投入教育资金16.59亿元，比1991—1995年增长54.6%，其中财政预算内资金12.05亿元，比1991—1995年增长58.59%；新建学校35所，改扩建学校423所，新增教师住房面积25.7万平方米；都匀、福泉、贵定、瓮安、龙里5个县（市）基本普及九年义务教育，黔南州普及九年义务教育人口覆盖率达到71.8%，适龄儿童入学率由1995年的95.5%上升到2000年的98.56%；12个县（市）均通过基本无盲验收，文盲率由1995年的7.8%下降到2000年的2%以下；组建黔南民族师范学院，新校址建设已全面启动，黔南民族职业技术学院组建通过评估。文化事业上，州青少年宫、州图书馆等竣工使用，新增图书馆（室）94个、文化馆（室）136个、广播电视收转站3692座，全州广播、电视覆盖率分别达到80.06%和85.5%；独山县获得"全国文化先进县"称号，福泉市连续4次被国务院命名为"全国双拥模范县（市）"和评为"全国村民自治示范模范市"，贵定县被评为"全国民政先进县"。加强社会公德、职业道德和家庭美德教育，弘扬"大关精神"，开展文明城市、文明乡村和文明行业创建活动，开展机关、社区以及星级文明户活动，新增农村精神文明活动中心24个。全州基本实现初级卫生保健目标，都匀市获"全国卫生城市"称号，福泉市等7个县（市）获"省级卫生县城"称号。2000年黔南州人口自增率13.4‰，计划生育率由1995年的70.4%上升到2000年的82.24%。在第四届全省民族运动会上夺得4枚金牌，获团体总分第四名。

2001—2005年，12个县（市）通过省政府对教育的"两基"验收；组建了黔南职院和黔南医专，黔南州高等院校在校生达到1.6万人，比2000年增长3倍；2001年教育基础设施启动农村中小学寄宿制建设工程，改善中小学办学条件；2003年黔南师院新校址第一批近3000名学生已入住，黔南医专与黔南卫校合并；2004年新建都匀六中投入使用，黔南州6所独立高中达到省级示范标准。文化基础设施实现县县有图书馆、文化馆，广播、电视覆盖率分别达到83.78%和88.33%，举办了“好花红”艺术节、独山花灯艺术节等节会活动，组建了黔南州好花红少儿艺术团。进行卫生体制改革，疾病预防控制体系、医疗救治体系、卫生监督体系和农村卫生服务体系不断加强，初步建立贫困人口医疗救助制度，在独山县开展新型农村合作医疗试点。人口与计划生育全面推行奖励扶助制度，实施“少生快富”工程，人口自然增长率从“九五”期末的13.4‰下降到“十五”期末的8‰，年均下降1.08个千分点，2005年年末总人口为397.36万人，比“十五”计划少出生8.64万人。

2006—2010年，黔南州加大社会事业投入，各级财政投入科技、教育等事业经费136.11亿元，是2001—2006年的2.98倍。科技事业实施一批重大项目，专利申请量达到625件，专利申请及授权年均分别增长35.7%和27.5%。2009年，全州“两基”教育工作通过国家验收；高中阶段入学率从36%提高到49.6%，职业教育在校生达到2.88万人；高校、中专、中职3700名困难学生获得助学贷款，1.7万余名学生获得困难资助，免除60万农村学生学杂费；农村职业教育首次突破万人招生规模。2008年全部免除城市义务教育阶段学生学杂费，完成14所农村寄宿制学校建设工程，实施450所农村中小学薄弱学校改造工程，农村办学条件进一步改善。文化事业实施完成州、县、乡、村公共文化服务体系项目3143个、农村书屋1200个，新增文物保护点1922个；荔波喀斯特列入世界自然遗产，三都马尾绣、平塘牙舟陶等11件非物质文化遗产列入国家级名录；启动实施20户以上自然村寨通广播电视工程，完成县（市）政府所在地电视传输的数字化改造；平塘大射电望远镜正式开工建设。全州有46.5万城镇居民参加基本医疗保险，新型农村合作医疗参合率达到96.4%，2008年新型农村合作医疗人均补助标准由2007年的50元提高到90元。2006—2010年间，严格控制人口数量，人口自然增长率从8‰下降到6.8‰。举办黔南州第一届运动会，首届黔南州旅游产业发展大会和2009年“中国体育彩票”全国新年群众登高健身都匀分会场活动。

2011—2014年，建立科技资源共享体系，科技创新取得新成效，瓮福集团建成国家级企业技术中心，川恒化工获省级科技进步二等奖，黔南州高新技术企业达14家，发明专利申请量居全省第二，创历史新高；举办第十五届中国科协年会黔南系列活动，聘请10名院士为州政府顾问，科技创新和招才引智取得历史性突破。以县为单位的普及九年义务教育人口覆盖率达100%，高中阶段毛入学率达到63.36%，实现“十二五”规划63%目标；“学生营养改善计划”惠及37万名中小学生；独山大学城开园办学，都匀东部新城科教城启动建设。文化事业中，州、县、乡、村四级公共文化服务网络基本形成；广播电视“村村通”实现全覆盖；“幸福进万家——文化精品乡村行”列入国家公共文化服务体系示范项目，新增2个国家级文物保护单位；新增贵定益肝草制作技艺等国家级非物质文化遗产

3 个；电影《近距离击杀》获中宣部“五个一工程”奖。公共卫生服务已覆盖城乡；州中医院成为全省首家市（州）级三甲中医院；建设标准化乡（镇）卫生院 138 个；城镇基本医疗保险提高到 380 元，城镇职工和城镇居民最高支付额分别达 42 万元和 24 万元；新农合标准提高到 390 元，覆盖率达到 100%。计划生育人口出生率、自然增长率实现“双降”，人口计生工作考核获全省一等奖；建设卫生项目 107 个，新增建筑面积 14 万平方米、床位 1012 张。举办黔南州第三、四届运动会和 8 个国家级体育赛事。

四、民生工程

1991—1995 年，州级政府采取各种措施，加强贫困地区扶贫开发为重点的民生工程建设，增加城乡居民收入，全州有 71.72 万农村贫困人口越过温饱线。1995 年，全州农民人均纯收入达到 923 元（当年价），比 1990 年增加 450 元，城乡居民的衣、食、住、行等条件有得到改善，人民群众的生活质量逐步提高。这一时期，财政实力增强，财税体制改革完成国税、地税机构分设，建立新的财税体制，财政收入连续跃上 3 亿元、4 亿元、5 亿元、6 亿元几个台阶，为民生工程发展提供保障。1993 年下半年起全面放开粮价，把粮食企业推向市场，基本实现平稳过渡；全面实施售、租、建并举的住房制度改革，出售公房 124 万平方米。

1996—2000 年，独山、荔波、罗甸、平塘、三都、长顺 6 个国定贫困县先后实现面上脱贫，共有 82.7 万人口越过温饱线，贫困人口从 1995 年的 105.6 万人减少到 2000 年的 21.3 万人（不含返贫数）；全州贫困地区农民人均纯收入从 1995 年的 738.1 元提高到 2000 年的 1170 元，全州农民人均纯收入从 1995 年的 923 元增加到 2000 年的 1416 元，城镇居民人均可支配收入从 1995 年的 4195 元增加到 2000 年的 4922 元。实施“安居工程”，五年共新增住房面积 720 万平方米，比 1991—1995 年增加 1 倍，城镇人均住房面积 10.8 平方米。期间，1996 年落实“八七”扶贫攻坚计划，审批立项扶贫项目 64 个，全年 4.45 万户、22.7 万人越过了温饱线；独山、荔波两县率先解决温饱，实现面上脱贫，受省委、省政府重奖；贵定、惠水两县在黔南州率先实现村村通电；1999 年，全州有 1 个镇、35 个村、15% 的农户实现小康目标；2000 年，全州财政总收入突破 10 亿元，完成 10.71 亿元，比 1995 年增长 62.2%，出台《黔南州实施西部大开发战略的意见》，制定《关于进一步扩大国内外经济合作的若干规定》等相应的配套政策措施，引进州外到位资金累计 33.77 亿元，是 1991—1995 年的 7.2 倍；1996 年与深圳市结成对口帮扶关系，是年引进深圳优惠贷款 1100 万元，得到无偿捐助 600 万元，用于基础设施和社会事业的建设。

2001—2005 年，黔南州累计投入各类扶贫资金 17.2 亿元，共解决 36.6 万人的温饱问题，帮助 61 万低收入人口实现增收，15 个一类贫困乡、77 个一类贫困村整乡整村越过温饱线，新阶段扶贫开发工作把农村特困群众全部纳入定期救助范围，特困群众的基本生活来源有保障。社会保障方面，累计新增城镇就业人员 47578 人，城镇登记失业率控制在 3.85%；基本养老、基本医疗、失业、工伤、生育等社会保险制度基本建立，城镇低保实现“应保尽保”，保持了城乡社会稳定。2002 年稳妥推进农村税费改革；2003 年度有 16 个村达到省定小康标准。2004 年，12 个县（市）建立公共就业服务体系，基层劳动保障机构逐步建立。

2006—2010年，黔南州投入财政扶贫资金6.35亿元，减少农村贫困人口29.34万人。全面实施农村居民最低生活保障制度，年人均保障标准达到1244元，城镇低保月人均保障标准从140元提高到245元。基本养老、失业、工伤和生育保险等覆盖面不断扩大，保障水平不断提高。福泉、都匀新型农村养老保险试点工作稳步推进，参保人数达到11.78万人。促进就业和再就业，抓好“零就业”家庭就业，城镇新增就业9.67万人，全面消除“零就业”家庭城镇登记失业率控制在4%以内。州、县财政配套投入1.23亿元，完成4.12万户农村危房改造。投入廉租房资金3.35亿元，解决1.41万户城镇低收入家庭的住房困难。投入救灾资金3.6亿元，是2001—2005年的2.93倍，救济受灾群众350万人次。城镇居民人均可支配收入达到13219元，增长12.2%，增速居全省第二。

2011—2014年，完成十件民生实事，投资97.41亿元，民生总支出达到195.39亿元，增幅列全省第二。实施精准扶贫，减少农村贫困人口21.36万人，平塘县和23个贫困乡（镇）实现“减贫摘帽”，2014年扶贫开发工作获全省一等奖。新增城镇就业6.33万人，农村富余劳动力转移就业11.43万人。基本养老保险、医疗保险覆盖率分别达到72.1%和91.5%。建成保障房2.5万套；农村危房改造竣工2.8万户，提前一年完成第一轮改造任务。启动实施2.2万人扶贫生态移民。城乡居民社会养老全保险制度实现全覆盖，孤儿保障制度基本建立。新农合参合率达97.83%。完成5.2万套农村直播卫星电视入户安装；2014年，全州城镇居民人均可支配收入达21698元；农村常住居民人均可支配收入达7265元，排全省第三，连续七年增速高于城镇居民收入。

第五节　法制工作

1991年初，州政府行政复议工作尚无专门法制机构，多以部门代管监管为主，12个县（市）政府也未成立专门机构。州政府部门中有14个行政执法单位，有6个专门法制机构。县（市）政府的专门法制机构是公安、税务和9个县的财政部门。

1991年9月，在州政府办公室增设政策法规科，属州政府办内设机构，正科级建制，编制5人，1994年8月，增加编制1名。

1997年4月，按照《黔南州人民政府办公室职能配置内设机构人员编制方案》，州政府设法制办公室（以下简称州法制办），为副县级单位。2004年7月，州法制办加挂黔南州人民政府行政复议办公室牌子，为正县级单位，内设法规科、行政执法监督科、行政复议科，行政编制4名，新增事业编制5名，事业编制5名参照国家公务员制度管理。

2010年11月，州法制办由州政府办公室管理，内设综合科、法规科、行政执法监督科、行政复议科，行政编制6名，机关工勤人员编制1名，由财政全额预算管理。

2012年2月22日，成立黔南州人民政府法制研究所，为州法制办管理的正科级事业单位，核定州法制研究所事业编制10名，均为管理人员，由财政全额预算管理。6月，州法制办由副县级规格调整为正县级规格，设在州政府办公室，内设机构由副科级规格调整为正科级规格，2013年7月31日，在州法制办加挂黔南州人民政府法律顾问室牌子，不增加人员编制。

一、法规文件清理

随着改革开放事业深入，围绕行政管理、社会管理创新，保障政府在法制轨道高效顺利运行，行政规章的规范清理列入法制主要工作范畴。1993年，开始清理中华人民共和国成立后行政规范性文件8000余份并进行分类。1997年，完成修订已制订的规范性文件16件，出台6件，待审议10件。清理1950—2001年州政府涉及经济贸易领域的行政规范性文件2800余件。其中，涉及经济贸易领域的326件，继续执行3件，需修改10件，废止293件；涉及其他行政规范性文件304件，修改119件，废止72件，有效37件；清出省级规范性文件58件。2013年，根据《国务院关于严格控制新设行政许可的通知》《省人民政府办公厅关于开展规章和规范性文件清理工作的通知》要求，对全州现行有效的规范性文件进行全面清理审核，共清理规范性文件428件。其中，州政府清理15件（继续保留11件，新增加4件）；州直部门清理38件（拟修改的规范性文件2件，拟保留的规范性文件30件，拟废止的规范性文件2件，新增4件）；12个县（市）及都匀经济开发区管委会清理规范性文件375件。2014年，对照《贵州省规范性文件制定程序和监督管理规定》，清理2008年州政府各部门、各直属机构、各县（市）政府各类规范性文件974件，其中，需要修改98件，经实施机关评估需要废止220件，失效143件，继续保留实施513件规范性文件均未存在与法律、法规、规章、上级规范性文件相抵触，均无违法设定行政处罚、行政许可、行政强制、行政收费等事项。截至2014年，共审查州级规范性文件529件，上报贵州省政府报备17件，省级规范性文件征求意见84件，12个县（市）报备规范性文件239件，备案审查纠错18件。

2007—2012年，全州清理行政审批事项634项，其中，涉及水电、教育等16个部门，审批事项467项；取消行政审批67项，下放17项。2013年5月，全面启动州级行政审批事项清理工作，经过清理，州政府决定取消行政许可项目15项，下放管理层级71项，转变管理方式14项，将80项行政许可项目合并为26项，委托实施4项，州直机关初审后上报省直机关审批的行政许可项目9项。州级行政许可审批事项由2011年继续保留的158项精减为54项，压缩65.8%；州级非行政许可审批事项由2011年保留的54项，精减为22项，压缩59%。承接国务院、省政府及省直机关下放的行政许可审批事项和非行政许可审批事项共计30项。清理结果经州政府常务会议审议通过，并以州政府令和黔南府办发文件的形式向社会进行公布。2014年2月，州委、州政府印发《关于深化管理体制改革促进乡（镇）加快发展的指导意见》，理顺乡（镇）职权目录，将县（市）政府各职能部门行使的83项职权，采取委托方式下放给乡（镇）政府行使。

二、行政执法宣传与培训

1991年，《中华人民共和国行政诉讼法》《行政复议条例》颁布实施，州人大常委会、州政府统一部署，全州培训骨干6223名。1992年培训骨干6000多、科级以上干部1200余人。组织《中华人民共和国行政诉讼法》知识竞赛，27个队参赛，州四家班子领导临场观赛并颁奖。同时，利用广播、电台、电视、讲座、墙报、咨询多种形式，宣传新法新规。从2000年起，按照省政府的要求，对全州行政执法人员进行上岗前培训，使用全省统一教材，是年全州培训行政执法人员3000余人次，培训时间累计180天。2004年4月都匀市率先在全省建立政府法制网站——匀府法网，设8大类28个栏目，点击率15万次/年以上，宣传政府法制改革。便民、公开、透明。

2004年国务院《全面推进依法行政实施纲要》颁布后，从2005年开始常态化业务培训，使用统一培训教材和38个部门专业法试卷，换证或申领执法证培训年均3000余人次。2013年，清理行政执法持证人员，换发行政执法证，经培训考试通过并在黔南法制网上公示行政执法人员240名，促进行政执法人员依法行政。同时，组织206人参加贵州省规范性文件制作和监督培训班，参训人数居各市（州）之首。与州委组织部、州住房和城乡建设局、州城乡规划局、州审计局等部门联合举办依法行政培训班4期，培训人员400余人。州委组织部、州法制办联合在复旦大学举办黔南州依法行政培训班2期，州、县（市）法制相关从业人员共计108名参加培训。

三、行政复议

1991—1993年，政府行政复议工作以复查、复核为主。1994年，成立黔南州政府行政复议应诉办公室。1997年，州、县（市）政府建立法制机构。2007年，经州政府批准，州法制办加挂行政复议办公室牌子，州、县（市）两级政府均成立行政复议委员会。12个县（市）政府法制机构均设立行政复议科（股）。全州有专职复议办案人员30人、兼职办案人员45人。1996—2014年，州法制办收到的县（市）行政复议案件，涉及土地确权、林地纠纷、工伤认定、房屋拆迁、行政处罚等，行政复议申请231件，受理案件194件，不予受理、转办或撤回的37件。在受理的194件中，办结168件。州、县（市）两级政府法制部门在1996—2014年共收到行政复议申请1248件，受理1047件，不予受理等201件。在受理的1047件中，审结977件。

四、执法监督

从2006年开始进行常态跟踪监督行政执法案卷评查，对案件的立案、调查、审查、决定送达、执行及案卷档案保存等六个阶段分解细化指标，从行政处罚依据适用法律准确、违法事实是否清楚、证据是否确凿、处罚内容是否适当、告知权利、救济途径和期限是否准确、是否实行罚缴分离、是否使用法定罚款、没收财物单据等9个方面评判案件办理的优劣。全州各执法单位共评查各类行政执法处罚案卷和行政许可案卷3400余卷，初步评出行政执法处罚和行政许可案卷100卷，从中评选出优秀行政执法案卷和行政许可案卷18卷。2008年，从评查的3400余卷中评出优秀16卷。2009年评查3200卷，评出优秀15卷。2011年6月23日，出台《黔南州政府信息公开暂行规定》，规定了政府信息公开的范围、方式、途径和监督等，确保公民的知情权，参与权和监督权，并严格执行行政责任追究制度，2012 年，对恶意损害企业利益，破坏投资或影响经济发展软环境行为实施问责 14 件，问责 33 人。同时，贯彻落实《中华人民共和国政府信息公开条例》《贵州省关于开展依托电子政务平台加强政府政务公开和政务服务工作的意见》。2012 年 8 月底，州、县联网监察，可进行网上审批和服务事项全程监控，将行政服务、行政处罚等纳入系统管理。2014 年 4 月，开通黔南法制网，已在网上发布信息 1548 条。截至 2014 年，通过自查、现场评查、现场抽查等方式，评查了 39 个行政执法部门的行政执法案卷，案卷质量提高，执法程序、执法文书制作、立卷归档等规范。

五、立法服务

州、县（市）政府法制部门曾参与《中华人民共和国独资企业法（草案）》《中华人民共和国预防未成年人犯罪条例（草案）》《中华人民共和国高教法（草案）》《贵州省契税管理办法》《贵州省国际教育条例（草案）》《黔南州荔波漳江风景区管理（条例）》等 46 件法律、法规调研、论证、起草、制定和征求意见工作。为州人大制定自治州自治条例和单行条例服务，参与《黔南布依族苗族自治州民族自治条例》《黔南布依族苗族自治州城市建设条例》《黔南布依族苗族自治州岩溶资源保护条例》《黔南布依族苗族自治州非物质文化遗产保护条例》等地方法规修改、起草、送审等工作共 10 件，其中，《黔南布依族苗族自治州旅游业发展条例》《黔南布依族苗族自治州畜禽防疫条例》等 10 个条例，获省人大批准公布实施。承办州人大常务委员会制订的 2007—2011 年立法项目计划，向政府争取立法经费 65.2 万元，召开联席会督促、协助立法项目起草部门编制计划、组织实施。到 2014 年，收到省法制办及州人大常委会征求意见的地方性法规草案 115 件，反馈 115 件。

六、法律事务

州法制办承担州政府法律顾问、法律咨询工作，加强县（市）和州直部门法规业务协调。2011—2014 年，州、县（市）两级政府收到行政应诉案件 545 件，2014 年就应诉 101 件，审结 92 件（维持 28 件、撤销 7 件、履行法定职责 1 件、确认违法或无效 7 件、驳回诉讼请求 24 件、赔偿 1 件、驳回起诉 9 件、撤诉 10 件、其他 5 件），未审结 9 件。同时，为州政府和国有企业等单位提供法律服务，清理拖欠州政府、州妇保站、供电等单位债务，共挽回经济损失 3550 万元。

七、法律顾问

2013 年 4 月，省政府办公厅印发《关于推进政府法律顾问工作的意见》，要求县级以上地方各级政府及其各部门应当设立法律顾问室，与法制机构合署办公。2013 年 4 月至 2014 年底，州政府共聘请法律顾问 4 名，参与各类会议、招商引资谈判共 32 人次，出具法律意见 93 件 200 余条。28 个州直部门共聘请 33 名律师担任本部门法律顾问。12 个县（市）政府和都匀经济开发区管委会聘请法律顾问共 48 名，有 7 个县设立政府法律顾问室，与法制办合署办公。

第六节 招商引资

1991年7月之前，州招商引资工作由州政府经济协作办公室负责。8月，撤销经济协作办公室，成立黔南州对外经济协作委员会，为州政府主管全州对外经济、推动和管理横向经济联合与协作的综合职能部门，承办外引内联和招商引资工作。1996年8月，黔南州经济委员会、黔南州对外经济协作委员会、黔南州医药管理局合并组建黔南州经济贸易局，对外加挂黔南州招商引资局、黔南州医药管理局牌子。

2001年12月，设置黔南州招商引资局（含外协工作），为州政府委托行使部分行政管理职能的直属事业单位，统筹协调全州招商引资和经济协作工作。2010年10月，黔南州招商局与黔南州发展和改革局、黔南州物价管理局合并组建为黔南州发展和改革委员会，加挂黔南州招商引资局牌子，独立办公，承办黔南州招商引资和经济合作工作。2011年10月，原黔南州招商引资局从黔南州发展和改革委员会单列设立黔南州投资促进局，为黔南州发展和改革委员会管理的正县级事业单位，统筹协调全州招商引资和经济合作工作。2012年8月9日，成立黔南州招商引资项目代办服务中心，为州投资促进局管理的副县级事业单位，负责为外资和招商引资项目代办审批服务工作。2014年12月31日，黔南州投资促进局调整为州政府直属正县级事业单位，负责统筹、指导、协调全州投资促进工作，承担黔南州领导干部带头招商引资工作领导小组办公室、黔南州招商引资扩大开放工作领导小组办公室职能。

各县（市）招商引资工作机构设置及管理体制变化情况与州级相同，即2011年10月单列成立投资促进局后，为发展和改革局管理的正科级事业单位。2014年12月陆续调整为县（市）政府直属事业单位。

一、招商引资政策

1984年，黔南州发布《欢迎国内外提供投资、技术联合开发资源的公告》，州政府决定进一步对外开放，实行优惠政策，欢迎国内外前来投资，提供技术，共同联合开发资源。州政府就开发举办的项目（农业、重工业、轻工业、水利水电、教育文化卫生、商业旅游等项目）、合作形式、优惠条件、人才招聘向外公布。

1992年2月，州政府制定《关于鼓励外商和华侨、港澳台同胞投资的优惠政策》，规定凡在黔南州兴办的生产性外商投资企业，在税收、外汇管理、银行信贷、土地使用费、海关等方面给予优惠和奖励。同时规定，凡为黔南州“牵线搭桥”，引进资金的单位和个人，经有关部门确认，在项目批准实施后，可按引资兑现情况和不同使用年限，给予30%~50%的奖励，并免征个人收入调节税；为黔南州引进先进设备、先进技术和人才者，由引进企业给予适当奖励。

1997年9月19日，州政府印发《关于给予贵州黔南众合达专业有机肥有限公司有关优惠政策的通知》，本着一厂一策、特事特办的原则，州政府明确对该公司的6项有关优惠政策。12 月 15 日，州招商引资局以正式文件《关于征求外商来黔南州投资有关土地优惠规定的意见函》《关于征求外商来黔南州投资纳税规定的意见函》分别致函黔南州国土资源局和黔南州国税局，征求意见后上报州政府审批。1999 年，根据省委、省政府《关于实施开放带动战略，打好扩大开放总体战的决定》，州招商引资局制定《关于进一步完善招商引资政策、加大招商工作力度的意见》，对税收、土地、金融给予政策优惠。

2000 年 8 月，州政府印发《关于进一步扩大国内外经济合作的若干规定》，鼓励外来投资者投资黔南州农业、林业、能源、交通、原材料等基础产业、基础设施以及生态环保产业、旅游业，鼓励参与国有企业改制、改组、改造，鼓励外来投资者在黔南州内兴办符合国家产业政策的各类产品出口型企业、先进技术型企业和进口替代型企业，鼓励和引导外来投资者来州内开展进口替代型企业，鼓励和引导外来投资者来州内开展旧城改造、小城镇建设等房地产开发业务，允许外来投资者投资矿产资源风险勘探并享有优先开发权。外来投资者在州内鼓励投资的上述范围内投资，除国家另有规定外，允许外来投资者独资、控股和增加投资比例。同时明确外来投资企业投资回报相关优惠政策。

2003 年 4 月 22 日，州政府颁布《黔南州招商引资若干规定（试行）》。明确：投资者在州境内投资可采取兴办独资、合资、合作经营企业；开展补偿贸易、来料加工、来件装配、技术转让；购买、参股、控股、兼并、承包、租赁经营黔南州境内的国有、集体企业；依法取得土地使用权、开发经营等法律法规允许的方式投资。州境内的资源、产业和市场（国家有规定的除外）一律对外开放。建立招商引资发展奖励基金。州、县（市）将招商引资发展奖励基金列入同级财政预算；州级每年 100 万元以上，主要用于对外来投资者的扶持以及对引资者和招商引资工作成绩突出的单位和个人的奖励。投资者办理完毕各种注册手续，到州招商引资局备案登记后，在执行国家西部大开发相关政策的基础上，享受相关优惠扶持政策。

2004 年 8 月 24 日，州委、州政府印发《关于贯彻落实省委、省政府〈关于加大力度实施西部大开发战略的若干意见〉的意见》，提出：进一步拓宽开放领域，建立和完善招商引资新机制，将招商重点转身向农业、规模工业、特色产品开发、旅游、基础设施建设和消费服务、中介机构等重点产业、行业；实行全方位、多层次招商，重点引进国内外大企业、大集团；放宽市场准入，鼓励内资、外资和民间资本进入法律法规没有禁止的基础设施、公用事业及其他行业和领域，支持非公有制经济对国有企业进行并购扩张和资产重组；建立健全信贷担保、人才培训、市场咨询、技术提供等方面鼓励非公有制经济发展的政策支持体系，引导非公有制企业进行组织、体制、技术、管理创新；放宽投资准入限制，利用特许经营、投资补助、贷款贴息、税收优惠等多种措施，鼓励、支持和引导社会资本以独资、合资、合作、联营、项目融资等方式，参与经营性的公益事业和基础设施项目建设；通过合理调整水价、建立生态建设和环境保护补偿机制等措施，逐步理顺公共产品价格，鼓励社会资本参与有合理回报的市政、公路、生态等方面的项目建设；对具有垄断性的重要资源开发，在统一规划布局，符合技术规划和相关市场准入程序的前提下，实行业主招标，鼓励各类投资主体公开、公平竞争；对已建成的政府投资项目，按照国家有关国有产权转让的规定，合理确定转让价格，积极推进转让产权或出让经营权，尽快建立基础设施资金回收、滚动开发机制，建立并完善政府统一监管下的产权和股权转让制度；选择部分有稳定回报的项目，以股权投资方式吸引内外资；积极推动一批效益好的国有企业、民营企业和高新技术企业上市融资，争取更多符合条件的企业发行债券。

2008 年 2 月，州招商引资局起草，州法制办审查，州政府审定颁布实施《黔南州鼓励投资若干规定（试行）》，明确：投资者在黔南兴办企业使用国有土地；可以通过出让取得土地使用权或通过租赁使用土地。投资者购买“四荒地”（未利用地）发展农、林、牧、水产养殖产业，享受“四荒地”使用权拍卖的优惠待遇；投资者经批准可在所购荒地内修建生产用房和办公用房；收购破产企业全部产权并接收原企业职工的，在不改变土地用途和性质的前提下，以原取得使用权的方式办理变更手续；投资者在黔南州兴办企业，享受国家、贵州省相关优惠及法律、法规、规章规定的优惠政策。规定还明确对投资者投资工业、农业产业化、宾馆酒店业、旅游业、基础设施建设、经营、文化产业等项目的相关优惠政策。出台的优惠政策自 2008 年 2 月 1 日起施行，同时废止 2003 年 4 月颁布的《黔南州招商引资若干规定（试行）》。

2008 年，州政府印发《关于促进高星级酒店和会展业发展的意见》，明确以建设“贵州南部最大的休闲度假旅游地”为目标，以满足商务、旅游发展对酒店的需求为宗旨，坚持科学规划、合理布局、注重特色、市场导向、绿色环保的原则，加快高星级酒店（四星级以上）建设和会展业发展步伐，最终形成以国际品牌酒店为龙头、高星级酒店为核心、中低档星级酒店为骨干、经济型酒店为基础的布局合理、结构协调、风格独特、管理一流的州县（市）酒店网络体系。

2011 年，州委、州政府印发《关于贯彻〈中共贵州省委、贵州省人民政府关于加强招商引资工作进一步扩大开放的意见〉的实施意见》，对招商引资重要性和紧迫性、总体要求和主要目标、招商引资扩大开放工作重点、建立健全推动招商引资的工作机制、优化投资环境、加强对招商引资工作的领导等提出详细要求。

2014 年，印发《黔南州领导干部及州直部门招商引资任务分解工作方案》，明确州四家班子领导和县（市）、都匀经济开发区党政主要领导、州直各部门年度招商引资目标任务及责任。

二、投资环境建设

从 2002 年起，按照省政府召开的全省整治投资软环境电视电话会议的统一部署，开展全州投资环境建设。是年，州政府办公室印发《黔南州投资软环境综合整治实施方案》。

（一）法制环境和政策环境

按照《黔南州投资软环境综合整治实施方案》，由州法制办牵头，对涉外地方性政策法规进行清理；由州招商引资局牵头，制定措施，确保对投资者的优惠政策落到实处；由州法制办和州招商引资局牵头，制定《黔南州外来投资者企业保护条例》。在户籍制度管理方面，全面推进小城镇户籍制度改革，降低转籍入户门槛和收费标准。2002 年，先后为州内各级各类企业举办不同形式的小型人才交流会 10 余次，为全州近 100 家不同所有制企业招聘人才、接待各类应聘人员 3000 余名，办理聘用手续人员 536 人，保存流动人员人事档案 913 份，委托保管人事档案 72 份，推荐职称评审 53 人，保管党、团关系 56 人，办理档案工资调查和户口转迁 5 人。出台《黔南州人才市场管理具体实施意见》。2003 年，黔南州改善投资软环境综合整治工作领导小组对州直49 个部门（单位）上报的634 项行政审批项目进行清理审核，经州政府研究决定，确定514 项为行政审批项目，取消65 项，下放17 项。是年，先后出台《中共黔南州委、黔南州人民政府关于扩大开放加大招商引资工作力度的意见》《黔南州人民政府关于招商引资的若干规定》《黔南州外来投资者权益保护条例》《黔南州投资环境考评办法》《黔南州外来投资者投资处理规定》。2004 年，开展“招商引资信用年”活动，州和县（市）党委、政府制定“招商引资信用年”活动实施方案。12 个县（市）制定招商引资奖励办法、优化投资环境等方面文件 80 余个。2005 年 4 月，州委办、州政府办联合印发《关于全州投资环境综合整治目标任务安排意见的通知》，明确相关部门改善投资环境综合整治工作目标任务及责任。5 月，州委、州政府主持召开招商引资专题研讨会和运行分析会，安排部署投资环境综合整治和招商引资工作，对改善投资环境综合整治工作中反映的突出问题和重大问题进行专题研究，限期整改。是年，全州开展“招商引资诚信创优年”活动，州委、州政府对 2005 年州、县（市）共建项目招商引资先进集体和个人以及第一引资人兑现奖励金 56 万元。福泉市遵照国家西部大开发政策和省、州、市招商引资的有关优惠政策，为加拿大威顿（中国）化工有限责任公司、川恒化工有限责任公司等 16 户企业兑现减免增值税 2085. 88 万元，返还耕地占用税 173 万元，拨付企业挖革改资金 304 万元，支付企业贷款贴息 75 万元，各项资金兑现总额达 2673. 88 万元；龙里县兑现各类招商引资奖励 4756 万元，其中，用于对外来投资企业水、电、路扶持补助 896 万元，减免各项规费 510 万元，兑现税收优惠扶持资金 3000 多万元，奖励重点纳税大户 300 多万元，奖励第一引资人 50 万元；惠水县兑现招商引资优惠政策资金 1600 万元。全州兑现招商引资优惠政策扶持资金和奖励金 9000 多万元。此外，州委、州政府重视招商引资合同的履约，清理兑现往年与外来投资企业签订的投资合同，坚决拒绝政府及部门违约失信问题。2006 年，在改善投资软环境方面，继续推行招商引资目标管理责任制和“一把手”负责制，设立招商引资单项奖。修订完善《黔南布依族苗族自治州个体工商户和私营企业权益保护条例》《黔南州鼓励投资若干规定》，出台《关于进一步改善和优化投资环境的意见》，清理限制非公经济发展的规定，废止有关规定 32 件，修订 3 件。2007 年，修订《黔南州鼓励投资若干规定》《黔南州投资指南》《黔南州个体工商户和私营企业权益保护条例》《黔南州行政机关及其工作人员行政过错责任追究办法》，出台《黔南州鼓励三星级以上宾馆酒店投资暂行办法》《中共黔南州委、黔南州人民政府关于进一步改善和优化投资环境的意见》《中共黔南州委、黔南州人民政府关于切实加强行政服务有关工作的意见》等，建立工业企业发展基金、中小企业发展基金、农业产业化发展基金，丰富和完善黔南州创业投资的法律保障和政策扶持机制。2011 年，州委、州政府先后出台《关于加强招商引资进一步扩大开放的实施意见》《领导干部带头招商引资考核和奖惩办法》。

（二）纠正部门和行业不正之风

2003年，州委、州政府颁布《关于追究危害投资软环境行为的试行办法》，明确对危害投资软环境行为的直接负责主管人员和其他直接责任人员给予党内警告、严重警告、行政警告或者记大过处分，情节严重的，给予撤销党内职务，留党察看或者行政降职、撤职处分。2004年，纪检监察部门把营造经济发展软环境作为服务经济建设的重要切入点，纠正和制止“门难进、脸难看、话难听、事难办”“吃、拿、卡、要”等行为。如，黔南州国土资源局和三都县国土资源局在对三都汞矿资源进行“招拍挂”中，没有严格按照“招拍挂”的程序进行，并违规宣布投资商报价无效，引起客商不满。州纪委、州纠风办和州招商引资局组成联合调查组，对错误认定及时予以纠正，并责成相关部门为投资商补办有关手续，感动了投资商，投资商将原计划500万元的投资增加到2500万元。

（三）基础设施建设

2005年，针对全州基本建设投资硬件不足的情况，州委、州政府加强以水、电、路和工业园区为核心的基础设施建设。主要措施有：利用各种渠道，争取国家资金，投入基础设施项目建设，主动配合做好荔波机场、黔桂铁路复线改造、都匀电厂异地改造等一批国家重点项目的前期及建设服务工作；吸引外来投资者兴办基础设施项目，促成蒙江流域、槽渡河流域、六硐河流域、坝王河流域等水电综合开发项目和荔波樟江旅游景区、马遵高速公路（黔南段）、罗甸神泉大酒店、龙里龙腾大酒店、荔波翡翠明珠商旅文化城等一批重大基础设施项目和旅游宾馆酒店业项目的实施；多方筹集资金，加快州、县（市）共建工业园区基础设施建设步伐，使龙里工业园区、惠水长田工业园区、独山麻尾工业园区的道路、供水、供电、污水、垃圾排放等基础设施得到改善，投资项目承载能力得到提高，福泉磷化工经济带、都匀洛邦工业聚集区、贵定昌明工业区进入启动建设阶段。2005年，工商部门以维护食品安全、保护商标专用权、打击商业欺诈为重点，严厉查处各类违法违章案件8199件，罚没收入228万元；清理三年以上不使用商标和停产停业不使用商标302个；对通信、供电、供水、供气、邮政、金融保险等公用行业进行重点检查，打击各种“霸王条款”，维护正常市场经济秩序。2006年，黔南州做好荔波机场建设、黔桂铁路改造等项目的协调服务，配合抓好贵新高等级公路都匀至新寨段开工建设。在加快完善龙里谷脚、独山麻尾、惠水长田3个州县共建工业园区基础设施建设的同时，州、县（市）共同投入资金启动福泉双龙、贵定昌明、都匀洛邦3个州县（市）共建工业园区建设，使工业园区成为黔南州招商引资的重要载体。2007年，实施“环境立州”和开放带动战略，加快交通基础设施建设，即黔桂铁路扩能改造工程征地拆迁工作已基本结束；总投资857.7亿元的贵广快速铁路项目修改方案已上报；厦蓉高速公路施工便道基本完工；40个控制性工程即将开工建设；实施通村公路254条1833公里、已建成1443公里；完成安全保障工程259项166公里；建成花溪桐木岭至惠水二级公路和荔波机场二级公路；开工建设罗甸至红水河二级公路；争取中央投资1.2亿元，自筹0.3亿元，实施通乡柏油路项目11项303公里，已完成路基240公里、路面150公里；完善红水河、都柳江、乌江码头建设，通航里程达278.2公里。这些项目的实施，加快了全州水、陆、空立体交通网络建设目标的实现，为推动招商引资和区域经济快速发展奠定基础。是年，都匀开发区投入2.45亿元，完成道路改造1330米、排水设施改造3600米，并对开发区高压线路进行全面改造。龙里工业园区投入3500万元，完成园区道路建设路基开挖工程，北部工业园区石龙沟供水工程主管道建成即将通水，110千伏变电站已开工建设。独山麻尾工业园区投入3000万元，完善水、电、路等基础设施和教育、卫生、通信等配套设施。惠水长田工业园区投入522万元，新建进区公路3公里，完成C区供水工程1项，完成双回供电线路建设6.7公里，完成制造项目区与101省道平交接口工程。2014年，全州14个产业园区已开发面积122820亩，在建基础设施项目299项，项目总投资346亿元，完成基础设施投资103亿元，占年度目标任务的206%；累计建成标准厂房185.8万平方米，入驻企业246户，入驻率88.3%。

（四）“三乱”治理

2002年，州物价局会同有关部门对州物价、财政部门行文规范的收费项目、标准30项进行清理。同时，健全“收费许可证”制度，全州物价部门将行政事业性收费项目和标准向社会公示。2003年，州物价局对全州行政事业性收费、常规性收费的项目和标准，以及越权定价行为进行清理和专项整治，宣布作废的价格和收费文件176份，重新行文规范的收费项目、标准140项，取消收费项目、标准5项，答复有关部门不能收费的项目和标准5项；清理出越权定价62项，其中，州政府行为2项、物价部门行为16项、县（市）政府行为23项、部门行为21项。州物价局还加强“行政事业性收费许可证”“经营性服务收费许可证”审验工作，新办证119证，注销57证，取消收费项目37项，降低收费标准18项。

2005年7月，由州委、州人大常委、州政府、州政协四家班子领导分别带队，相关部门参加，对州县共建工业园区“三乱”（乱收费、乱罚款、乱摊派）问题、改善投资环境及招商引资工作进行专项督查调研。州和12个县（市）均建立外来投资者投诉中心设置投诉举报箱和投诉举报电话，规范协调查处程序，建档立卷，依法协调查处外来投资者投诉、协调案件。全年接到外来投资者投诉案件29宗，较上年的37宗，下降21.6%，全年办结27宗，投诉查处结案率为93.1%，较上年的87.6%，结案率上升5.5%。是年，对入驻730户的外来投资企业发放“收费明白卡（册）”，明确规定除国家明令收费标准的项目外，所有办证手续费用一律按低限收取；对600余位外来投资企业负责人发放“贵宾证”“客商证”，明确规定外来投资者在黔南投资经营期间享受证照办理、交通、医疗、教育、文化娱乐等方面的优先、优惠便利，严格控制对外来投资企业的各项检查、摊派、罚款；对450余户外来投资重点企业实行挂牌保护。2007年，在全州开展机关作风教育整顿活动，各级执法部门建立检查预告和登记制度，并针对执法不公、不规范、乱查乱罚等问题，政府法制部门和行政监察部门进行执法监察，及时纠正行政执法中的不公正、不规范、滥用职权等行为，对造成严重影响的责任人进行处理。是年，针对消防部门存在对企业乱罚乱收现象的问题，全州公安消防系统开展乱罚乱收自查清理活动。

（五）招商引资服务体系建设

2002年，黔南州工商行政管理部门多方筹资，投资167万元，兴建全州工商行政网，7月开通至12个县（市）。将全州境内的企业全部在网上建档，方便外来投资者查询，为其提供决策依据。在经营范围及经营方式审批上，尽可能提供方便，在法律、法规允许的范围内适当降低“门槛”。在注册收费方面，均按低限收取，在国家规定的标准基础上降低20%。此外，各县（市）工商部门还推行办事预约制度、限时办结制度等。2002年，在黔南州州级机构改革中，州政府批准设立黔南州外来投资者服务中心、黔南州外来投资者投诉中心”，实行“一条龙”“一站式”服务。公安机关强化治安行政管理，在办理出入境证件、户籍证件、改进户籍制度、车辆转入户等工作中，简化工作手续，提高服务质量，让外来投资者享受到高效、廉洁、方便、快捷的服务。2003年，在《中共黔南州委、黔南州人民政府关于扩大开放、加大招商引资工作力度的意见》中明确，建立招商引资“一站式”服务体系，搞好投资审批“一条龙”服务、企业建设过程中的全方位服务和在企业投产后的经常性服务，全面推行“一个窗口对外，一站式办公，一条龙服务”的办事程序，围绕土地征用、项目审批、办证审照条件、程序、税费征收等广大投资者关心的问题，在国税、地税、国土、工商、公安等窗口部门推行政务公开和限时办理制度，张榜公示办事制度、办事程序和收费标准，开展服务承诺，限时办结。2004年，州公安局、州环保局等10多个部门相继出台提高办事效率、提供优质服务、营造宽松环境等方面的政策措施，促进全州招商引资政策保障体系的形成。2007年，全州国税系统共办理免、抵、退税1354万元，为22户应享受优惠政策的企业办理资源综合利用产品增值税，免征、即征即退增值税3038.9万元，上报审批享受民族地区企业所得税税收优惠政策企业64户；地税系统共减免所得税3732万元，落实下岗再就业税收优惠政策712户，减免税额437.25万元。州、县（市）政府兑现上年的各项财政优惠政策，州级财政兑现各种奖励52万元。2007年的财政优惠和奖励资金于翌年3月底前全部兑现落实。2009年3月，州委、州政府印发《关于切实加强行政服务有关工作的意见》《关于明确部门进驻州政务中心设置窗口开展一站式行政服务的实施方案》，明确要求各县（市）建立和规范“一站式”政务服务中心。重新组建的州政府政务服务中心进驻部门由18个增加到26个，窗口服务人员由18人增加到45人，行政审批事项由120项增加到205项，还增加其他服务事项38项。开展县（市）报批件业务，建立行政许可集中办理、联合办公、统一收费制度，促进行政审批事项“高效、规范、透明”运行。2013年，设州、县两级招商引资项目代办服务中心，建由相关部门组成的联审联批工作机制，简化办事程序，规范平台管理，前移服务关口，重点做好项目审批的代办服务，缩短项目审批时间，提升服务质量。全年全州各级项目代办服务中心开展项目代办服务800余次。建立外来投资者投诉工作台账和网络平台，及时会同相关部门对涉及招商引资项目、投资环境、企业利益保障等方面的投诉事项进行调查、协调处理，并对投诉信息进行分析和通报，维护投资者的合法权益，全年调处企业投诉案件7个，案件办结率85.7%。

（六）投资者合法权益保障

2002 年，全州公安机关在加强投资软环境建设上努力保障投资者的合法权益。都匀市公安局出台《对外来投资者财产被盗、被抢实行赔偿的规定》《关于落实对外来投资者财产被盗、被抢先赔偿规定的工作责任制》《关于开通局长热线电话的有关规定》《关于对来匀办事及过境车辆实行“三优”“三不”的规定》。同时，对来都匀市投资 100 万元以上的投资者发放车辆 0 号特别通行证，在投资 100 万元以上的企业法人代表住所和办公室安装直通 110 报警台装置。全州公安机关开展严打整治斗争，强化治安行政管理，维护社会稳定，为外来投资者创造良好环境。2005 年，针对客商反映州内一些县（市）社会治安状况不够好，特别是城乡接合部市民法律意识淡薄，故意刁难客商、挡工堵路和敲诈、偷盗事件时有发生的情况，州委、州政府在全州范围内加大普法教育力度，责成瓮安、福泉、贵定、龙里、荔波等县（市）出台维护矿山企业正常生产经营秩序的措施和规定，制止挡工堵路事件的发生。州公安局制定《安商护商便商，服务经济建设三十条规定》。都匀市公安局修订完善《安商护商十条措施》《对外来投资者财产被盗、被抢实行先赔偿后破案的暂行办法》《对外来办事及过境车辆实行“三优、三不”的规定》。其他县（市）公安局也相应出台安商护商便商的保护措施，整治社会治安环境，确保客商安居乐业和社会稳定，并对重点企业及特别行业采取特殊保护措施，在企业设置公安警务室，为重点服务行业培训并指导建立内部保卫制度；司法部门成立外来投资企业司法服务小组，义务为企业完善法律合同和依法经营管理制度，义务提供司法帮助和司法咨询；法院以建立立案庭为平台的外来投资企业涉诉“特别通道”，对外来投资企业提交的诉讼案件优先立案、优先审理和优先执行。福泉市还由财政全额出资，组成 60 人的社会治安联防队，为重点企业增设治安警务岗，负责主要城区及企业聚集区治安巡逻，促进社会治安状况的良性改善，为外来投资企业保驾护航。2006 年，招商引资部门向外商投资企业印发《贵州省外来投资者权益保障条例》《黔南州个体工商户和私营企业权益保护条例》。是年，工商、物价、质监、卫生、税务、文化等部门在全州范围内开展以打击商业欺诈、欺行霸市、哄抬物价以及维护食品、消费品安全、保护知识产权等为重点的经常性整治活动，维护全州“公平、信用、和谐”的市场经营环境。2007 年，严厉打击非法经营和不法侵害活动，全年受理非法经营、合同诈骗、非法吸纳存款、偷逃漏税等案件 127 起，立案 78 起，破案 68 起，涉案总金额 1.4 亿元，挽回损失 653 万元，刑拘 81 人，逮捕 56 人，移送起诉 42 人，收缴假发票 4547 份，取缔非法制假窝点 1 处，维护了和谐有序的市场经营环境。

（七）投资环境监测与投资软环境综合指标评估

2002 年，建立全州投资环境评价指标体系，重点对 12 个县（市）政府所在地、都匀经济开发区及重点城镇进行适时监测和考核；邀请外来投资企业代表及经济、法律界人士定期对各县（市）进行督促检查，强化舆论监督。

2005 年 8 月，州政府办公室印发《关于强化投资环境建设，建立改善投资环境长效机制的实施意见》。州政府根据省投资环境考核评价办公室、省招商引资局《关于进一步强化投资环境建设，建立改善投资环境长效机制的若干意见》，印发《黔南州依法行政评议、处罚监督制度》《黔南州投资环境简报、抽查、通报制度》。12月，州委、州政府组织4个考评组，对12个县（市）和都匀经济开发区、州县共建3个工业园区的投资环境进行综合考评。

2006年初，州政府兑现招商引资先进集体及第一引资人奖励52万元，各县（市）人民政府兑现税费减免、返还、贷款贴息、扶持补助企业资金共计1.2亿多元，兑现第一引资人、招商引资先进集体、先进个人奖励400多万元。2008年，以开展“满意在黔南”主题活动为契机，以构建“诚信公平竞争、清廉高效、规范公正、文明和谐”的服务体系为目标，6月，州政府发出《关于开展企业对行政管理和公共服务部门满意度测评试点工作意见的通知》，选定福泉市及惠水长田园区作为试点，由州纠风办及纪检监察部门牵头组织，提高测评工作的权威性。12月，成立黔南州2008年投资环境建设暨招商引资工作考评领导小组，对12个县（市）、3个州县共建工业项目聚集区投资环境进行考评。同时，对全州170多个招商引资新建项目和续建项目的到位资金真实性、项目形象进度等进行现场考查认定。经现场考察认定，项目到位资金真实可信，项目形象进度基本相符，误差率为-4.34%。2010年，州发改委（招商局）赴惠水、长顺、贵定、福泉、三都等县（市）调研，了解重点招商引资项目建设情况，通过发放问卷调查表等形式，向部分外来投资企业发放《黔南州投资环境建设情况问卷调查表》，以便动态地掌握企业对全州投资环境建设的意见和建议。结合州对县（市）目标管理综合考核工作，通过召开客商座谈会、现场调研等形式，对县（市）投资环境进行测评，将测评结果作为对县（市）招商引资工作评分的重要内容之一。

2012年，投资环境考评主要采取召开人大代表、政协委员和企业座谈会的方式进行。考评组对各县（市）、都匀经济开发区随机抽取20家企业、邀请20名人大代表和政协委员分别召开座谈会，请人大代表、政协委员及企业代表针对当地政府及有关部门改善投资软环境工作提出意见和建议，发放测评表，请人大代表和政协委员、企业代表对当地投资软环境建设情况和当地政府及政府有关部门和州直有关部门营造投资软环境工作情况进行测评。2013年，推进投资环境治理整顿工作，在省投资环境考评中列各市（州）第三。10月，黔南州招商引资扩大开放工作领导小组组成考评组，对各县（市）和都匀经济开发区投资环境进行考评，州纪委责成投资环境考评结果靠后的都匀市、惠水县纪委书记作出书面检查，对都匀市4名乡科级领导干部进行免职处理。

三、招商引资成果

“七五”“八五”期间，全州招商引资工作主要以国内企业间的横向经济联合与协作为主，招商引资效果不明显，招商引资到位资金累计5.4亿元。

“九五”期间，中共中央、国务院明确深圳对口帮扶黔南，给黔南的对外开放、招商引资带来新机遇，州委、州政府明确提出“你帮我发展，我帮你发财”的招商思路，招商引资工作局面从此打开。1996年，按照州委、州政府“实施开放带动战略，发展南下通道经济”方针，围绕全年招商引资3.5亿元计划目标，采取多种方式，拓宽招商引资渠道，扩大招商引资领域，以资源换资金，放开市场引资金、引项目。是年，全州引进项目 219 项（其中外资项目 5 项），引进到位资金 52610.25 万元（其中外资到位资金 9915 万元），占全年招商引资计划的 150.3%。其中，引进到位资金 1000 万元以上的有龙里正大企业有限公司、贵州瓮安天安磷业有限公司、福泉宏福磷矿厂、贵州大信磷业有限公司、都匀刨花板有限公司、瓮安北斗山黄磷厂、贵定大十字商贸中心、长顺太升天然食品厂等 9 个项目。

1997 年，各县（市）招商引资工作部门相继建立，招商引资工作围绕州委、州政府提出的以扩大招商引资作为对外开放工作重点的要求，突出抓好“5·28”贵阳龙洞堡新机场通航庆典及招商活动，拓展深圳市对口帮扶和经济协作工作。全年实际引进项目 245 项，到位资金 74959.06 万元，超目标任务 4000 万元。其中，续建项目 28 项，到位资金 17168 万元。全年引进资金项目中，国外资金项目 12 项，到位资金 17216.26 万元；省外资金项目 127 项，到位资金 32948.8 万元；省内（州外）资金项目 77 项，到位资金 19992 万元。全年引进资金项目中，第一产业总投资 24810 万元，对方投资 24760 万元，到位资金 5690 万元；第二产业总投资 148848.42 万元，对方投资 132178.422 万元，到位资金 46149 万元；第三产业总投资 54078.155 万元，对方投资 43624.66 万元，到位资金 23120 万元。当年的招商引资工作，磷化工业投资 26965 万元，对方投资 22775 万元，到位资金 10402 万元；建材工业投资 45928 万元，对方投资 40367 万元，到位资金 3150 万元；冶金工业投资 4910 万元，对方投资 4260 万元，到位资金 2000 万元；医药工业投资 13270 万元，对方投资 13090 万元，到位资金 4842 万元；烟草工业投资 2180 万元，外方投资 1980 万元，到位资金 1980 万元。全州 12 个县（市）招商引资情况分别为：都匀市 13152 万元、独山县 4430 万元、平塘县 2407.9 万元、荔波县 1625 万元、三都县 1917 万元、福泉市 8040 万元、贵定县 8019 万元、瓮安县 6110 万元、龙里县 12700 万元、惠水县 3540 万元、长顺县 3519 万元、罗甸县 5518 万元。

1998 年，实际引进州外项目 250 项，到位资金 76246.415 万元，较上年增加 1287.36 万元。引进项目中，国外项目 10 项，到位资金 4421.375 万元；省外项目 139 项，到位资金 31901 万元；省内（州外）项目 101 项，到位资金 39923.54 万元。12 个县（市）招商引资情况分别为：龙里县 14025 万元、都匀市 13145 万元、福泉市 9486.875 万元、贵定县 8539 万元、惠水县 6977 万元、长顺县 5147.54 万元、罗甸县 5005 万元、三都县 3203 万元、瓮安县 3190 万元、荔波县 3010 万元、平塘县 2840 万元、独山县 1670 万元。

1999 年，全州引进项目 230 项，项目总投资 157320.6 万元，到位资金 65202 万元。其中，对方投资 156520.6 万元，到位资金 36433.1 万元。完成州年度计划的 93.1%，占贵州省下达计划的 108.6%。引进项目第一产业项目 37 项，总投资 53688.6 万元，到位资金 1890.6 万元，占引资总额的 29.1%；第二产业项目 139 项，总投资 102552.7 万元，到位资金 34788.6 万元，占引资总额的 53.4%；第三产业项目 52 项，总投资 32316.5 万元，到位资金 9429.9 万元，占引资总额的 14.5%。年末，全州实有外商投资企业 36 项，全年投资总额 4820.64 万美元。全州接受捐赠项目 34 项，到位资金 606.13 万元。其中，州外捐赠项目29项，到位资金551.53万元（深圳捐赠项目19项，到位资金438.94万元）；国外捐赠项目5项，到位资金54.6万元。深圳对口帮扶及经济合作项目15项，对方投资18166万元，到位资金4033万元。

2000年，引进州外资金项目170项，到位资金67360.16万元，完成年度计划的134.7%。到位资金中，外商直接投资5088.77万美元，较上年增加投资3026.17万美元。年末，州内实有外资投资企业46个，投资总额8826.82美元，较上年增加4006.18万美元。12个县（市）引进的项目资金分别为：都匀市13886.02万元、独山县3021.97万元、平塘县1775.05万元、荔波县3505.78万元、三都县1338.4万元、福泉市3302万元、瓮安县2600万元、贵定县9364万元、龙里县12676.7万元、惠水县8004万元、长顺县5020万元、罗甸县2870万元。

2001年，全州引进资金项目198项，实际到位资金78111.93万元，占年度计划数的115.5%，较上年增长15.96%。其中，引进国外资金项目14项，引资额4963.8万元，占省下达计划的59.8%；引进省外资金项目114项，引资额35063.68万元，占省下达计划的116.9%；引进省内（州外）项目70项，到位资金38084.5万元。全年引进资金项目中，第一产业项目22项，实际到位资金3318.75万元，占引资总额的4.23%；第二产业项目102项，实际到位资金47546.33万元，占到位资金总额的60.87%；第三产业项目74项，实际到位资金27246.8万元，占到位资金总额的34.88%。全州完成或超额完成州下达任务的县（市）为独山县172.48%、都匀市144.66%、惠水县143.71%、荔波县102.67%、平塘县102.24%、罗甸县101.67%。

2002年，全州引进州外投资项目195项，实际到位资金93398.5万元，比上年增长19.6%。其中，引进国外投资项目19项，实际到位资金8051万元；引进省外投资项目101项，实际到位资金43036.1万元；引进省内（州外）项目75项，实际到位资金42311.4万元。是年续建项目80项，实际到位资金37606.6万元。全年全州投入第一产业项目19项，总投资7999.86万元，实际到位资金2375.6万元，占引进到位资金总额的2.9%；投入第二产业项目85项，总投资92405万元，实际到位资金21565.5万元，占到位资金总额的38.6%；投入第三产业项目97项，总投资100918.25万元，实际到位资金32625.8万元，占到位资金总额的58.5%。全年全州实际利用外资额8051万美元，较上年的4963.8万美元增加3087.2万美元，增长62.2%。年末，州内实有外商投资企业28户，投资总额6259万美元。各县（市）引进项目资金情况为。都匀市21270万元、独山县8500万元、平塘县3590万元、荔波县4815万元、三都县3664.9万元、福泉市6134万元、瓮安县5797万元、贵定县9660万元、龙里县12591万元、惠水县9190万元、长顺县4101万元、罗甸县4083.6万元。

2003年，州委、州政府多次召开常委会和政府常务会，专题研究招商引资的有关政策措施，于3月和7月召开全州招商引资工作会议，部署招商引资工作，出台《中共黔南州委、黔南州人民政府关于扩大开放加大招商引资力度的意见》等7个招商引资工作文件，推进招商引资工作。全年全州引进州外投资在建项目418项，总投资869842万元，到位资金162100万元，完成年计划的135.1%，比上年增长73.6%。其中，新建项目316项，总投资642776万元，到位资金96615万元，占到位资金总额的59.6%；续建项目102项，总投资226706万元，到位资金65485万元，占到位资金总额的40.4%。国外投资项目29项，总投资54989万元，到位资金19935万元；省外投资项目184项，总投资275976万元，到位资金85221万元；省内（州外）投资项目103项，总投资538517万元，到位资金56944万元。在实际引进到位资金项目中，第一产业项目37项，总投资10590万元，到位资金5375万元，占到位资金总额的3.3%，第二产业项目210项，总投资660367万元，到位资金93236万元，占到位资金总额的57.5%；第三产业项目171项，总投资198525万元，到位资金63489万元，占到位资金总额的39.2%。各县（市）合计完成数占全州总完成数的85.1%，州直部门合计完成数占全州完成数的14.9%。按完成计划比例排列：福泉市154.8%、瓮安县134.8%、长顺县127.3%、三都县120.9%、独山县102.4%、贵定县110.3%、龙里县109.2%、惠县水108%、罗甸县107.2%、平塘县105.5%、荔波县104.3%、都匀市102%。按完成资金数排列：都匀市24488万元、龙里县19658万元、福泉市15480万元、贵定县13790万元、独山县13246万元、惠水县12960万元、瓮安县10780万元、荔波县7304万元、长顺县5730万元、三都县5200万元、罗甸县4825万元、平塘县4433万元。

2004年，全州招商引资在建项目521项，实际到位资金281806万元，占州下达任务的128.1%，比上年增长73.8%。其中，新增项目366项，到位资金182300万元；续建项目155项，到位资金99506万元。投向第一产业比重占项目总数的7.2%和资金到位总额的2.3%，投向第二产业项目和资金到位额分别占62.2%和72.7%，投向第三产业项目和资金到位额占30.5%和25%。全年全州实际利用外资427万美元。年末共有外资企业26户，外商投资5848.54万美元。12个县（市）完成数占全州总数的91.9%，州直部门完成数占全州总数的8.1%。按完成计划比例排列：罗甸县223.4%、福泉市150.5%、独山县139.3%、龙里县127.2%、长顺县122.4%、三都县118.9%、都匀市116.3%、荔波县115.8%、瓮安县111.2%、惠水县111.1%、贵定县103.1%、平塘县102.8%。按完成资金数排列：罗甸县35749万元、都匀市35483万元、龙里县31788万元、福泉市30107万元、惠水县27780万元、独山县25069万元、贵定县18040万元、瓮安县15010万元、长顺县13220万元、荔波县11000万元、平塘县7915万元、三都县7730万元。

2005年，全州招商引资在建项目633项，实际到位资金383763万元，完成州下达任务35亿元的109.6%，占州力争完成数40亿元的95.9%，较上年增长36.2%。其中，新开工项目457项，到位资金208542万元，占到位资金总额的54.3%；续建项目176项，到位资金175221万元，占到位资金总额的45.7%。三个州县共建工业园区招商引资项目66项，到位资金42246万元（续建项目33项，到位资金19730万元）。全州实际利用外资453万美元，年末实有外资企业29户，投资总额7.9万美元。各县（市）完成全年任务比例为都匀市146.5%、福泉市138%、龙里县129.7%、惠水县110.9%、贵定县110%、瓮安县109.9%、平塘县108.4%、荔波县108.1%、三都县107.7%、独山县103.9%、长顺县

101.6%、罗甸县120.1%。

2006年，全州招商引资在建项目538项，实际到位资金462016万元，完成州年初下达任务45亿元的102.7%，占州力争完成数50亿元的92.4%，比上年增长20.4%。其中，新开工项目371项，到位资金214056万元；续建项目167项，到位资金247960万元。三个州县共建工业园区招商引资在建项目61项，到位资金39916万元，占到位资金总额的8.6%，比上年下降5.5%。其中：惠水长田工业园区列第一位，完成计划121.9%，比上年增长27%；独山麻尾工业园区列第二位，完成计划111.4%，比上年增长22.1%；龙里工业园区列第三位，完成计划46.4%，比上年下降47.8%。各县（市）招商引资任务完成比例为都匀市125.8%、福泉市118.8%、瓮安县115.2%、独山县114.8%、罗甸县114.4%、平塘县105.2%、惠水县104.9%、三都县103.8%、贵定县103.5%、长顺县101.1%、荔波县100.9%、龙县里99.5%。引进项目的产业结构与上年比较，第二产业项目到位资金仍列第一位，实际到位资金329535万元，占到位资金总额的66.6%；第三产业项目到位资金仍列第二位，实际到位资金156240万元，占到位资金总额的31.5%；第一产业项目到位资金比例仍列第三位，实际到位资金9234万元，仅占到位资金总额的1.9%。

2007年，全州签署投资合同（协议）170项，签约引资总额179.9亿元，完成州下达签约任务的120%。全年招商引资在建项目438项，到位资金总额525893万元，占州下达任务的101.1%，比上年增长13.8%。其中，新开工项目262项，到位资金204156万元，占到位资金总额的38.8%；续建项目176项，到位资金321737万元，占到位资金总额的61.2%。都匀经济开发区及龙里、惠水长田、独山麻尾3个工业园区在建项目59项，到位资金8.7亿元，占全州到位资金总额的14.94%。完成全年任务前四位的县（市）分别为：都匀市142.5%、福泉市116.6%、独山县113%、惠水县112%。工业园区完成任务情况分别为：惠水长田工业园区139.5%、都匀经济开发区109.9%、独山麻尾工业园区97%、龙里工业园区72.1%。全年引进项目中，第二产业项目到位资金列第一位，实际到位资金342511万元（续建项目到位资金222807万元），占到位资金的65.1%；第三产业项目到位资金列第二位，实际到位资金163547万元（续建项目到位资金91703万元），占到位资金总额的31.1%；第一产业项目到位资金比例仍列第三位，实际到位资金19835万元（续建项目到位资金7227万元），仅占到位资金总额的3.8%。全年全州实际利用外资额1694万美元。年末实有外资企业21户，投资总额13582万美元。

2008年，全州招商引资工作克服年初持续凝冻灾害、国家宏观调控政策趋紧和国际金融危机等不利因素影响，全年全州招商引资在建项目435项，项目总投资2869909万元，实际到位资金602209万元，占州下达任务的109.5%，比上年增长14.5%。其中，新开工项目258项，到位资金287042万元，占到位资金总额的47.7%；续建项目177项，到位资金315167万元，占到位资金总额的52.3%。全州12个县（市）完成目标任务列前三位的县（市）为三都县138.9%、都匀市125.2%、福泉市124.4%；增长幅度列前三位的县（市）为三都县53.4%、荔波县20.6%、贵定县18.6%；到位资金列前三位的县（市）为都匀市137759万元、福泉市136849万元、惠水县52800万元。工业园区完成情况：龙里工业园区102.5%、惠水长田工业园区101.5%、独山麻尾工业园区61.3%。与上年相比，引进项目资金投入第一产业的71项，到位资金39488万元；投入第二产业的249项，到位资金384020万元；投入第三产业的115项，到位资金178701万元。年内全州实际利用外资额1262万美元。

2009年，全州招商引资在建项目470项，项目总投资343.5亿元，到位资金83.8亿元，占州下达任务66亿元的127%，比上年增长39.2%。其中，新开工项目292项，到位资金40.2亿元，占到位资金总额的48%。全州新签约项目总投资173亿元，占州下达任务100亿元的173%。全州12个县（市）到位资金列前三位的县（市）为长顺县199.3%、瓮安县195.0%、三都县153.6%；增长幅度列前三位的县（市）为贵定县132.8%、长顺县91.9%、瓮安县94%；到位资金列前三位的县（市）为：都匀市170492万元、福泉市165443万元、贵定县93000万元。12个县（市）均已完成州下达签约任务，列前三位的县（市）为平塘县596%、长顺县396%、瓮安县270%。州县共建工业园区完成情况：惠水长田工业园区115.5%、独山麻尾工业园区100.3%、龙里工业园区99.7%。都匀经济开发区2009年招商引资到位资金未下达任务，年终统计招商引资实施项目7项，到位资金2.24亿元；全年签约项目6.1亿元。是年，全州第二产业项目到位资金列第一位，实际到位资金593795万元，占到位资金总额的67.5%；第三产业项目到位资金列第二位，实际到位资金242412万元，占到位资金总额的27.5%；第一产业项目到位资金列第三位，实际到位资金43919万元，占到位资金总额的5%。

2010年，全州招商引资在建项目461项，实际到位资金129.27亿元，完成州下达88亿元任务的146.9%，比上年增长54.3%。其中：新开工项目226项，到位资金57.36亿元；续建项目235项，到位资金71.91亿元。新签约项目185项（含央企招商签约项目），协议总投资565.9亿元，完成州下达签约任务150亿元的377.3%。

2011年，全州招商引资在建项目762项，项目总投资1979亿元，到位资金366.6亿元，完成州下达任务250亿元的146.6%，完成力争数300亿元的122.2%，比上年增长183.6%。全年签署招商引资项目166个（不含2010年12月央企招商活动签约项目），项目总投资1763.3亿元，占500亿元目标任务的352.7%。各县（市）和都匀经济开发区均超额完成全年目标任务。

2012年，全州招商引资签约项目172项，签约项目总投资1543.6亿元。占州下达任务1000亿元的154.3%。招商引资在建项目1078项，总投资2861.1亿元，州外到位资金605亿元，占州下达任务的102.5%，比上年增长65%。省级考核口径的省外到位资金338.5亿元，列全省第五位，比上年增长83.5%，列全省第二位。招商引资在2010年基础上实现“两年翻两番”的历史性突破。

2013年，全州招商引资在建项目1332个，项目总投资3260.63亿元，引进州外到位资金926.3亿元，占州下达任务907亿元的102.13%，比上年增长53.11%。其中，在建3000万元以上省外（境内）项目724个，总投资2675.72亿元，到位资金527.85亿元，占省下达年度任务441亿元的119.69%，绝对值排全省第四位，比上年增长55.94%，是全省增速超过50%的两个市（州）之一。

2014年，全州招商引资在建项目1454个，总投资4110.6亿元，到位资金1120亿元。其中，列入省统计的总投资3000万元以上省外境内在建项目712个，投资总额2769.88亿元，新增省外到位资金710.33亿元，比上年增长34.4%，占省下达640亿元全年目标任务的110.99%，绝对值排全省第五位。全州新引进中国大唐、中国建材、中广核、金田、交通银行等5家500强企业，在黔南500强企业新上投资项目6个，投资总额31.5亿元。全年新引进投资额10亿元以上项目34个，20亿元以上项目9个，50亿元以上项目4个。2014年新引进626个项目中，一、二、三产业项目占比分别为10.38%、47.28%、42.34%，投资规模占比分别为4.27%、36.62%、59.11%；引进工业项目296个，投资总额达586.86亿元，其中投资额1亿元以上109个、5亿元以上20个；引进商贸物流产业类项目29个，投资额超达86.83亿元；引进标志性大健康医药产业项目6个，投资额122.5亿元。

从2010年中央企业招商至2014年，全州引进2323个招商引资项目落地建设，累计资金到位率61.49%、开工率95.05%、投产达产率54.5%，入园率45.46%。其中，已有1376个项目竣工投产，解决9.74万人就业，上缴税费60.96亿元。

第七节　档案工作

1991年，黔南州档案局为州政府工作部门。1997年4月，州档案局设办公室、业务科、宣传教育法规科，州档案馆为州档案局下属事业单位。2001年12月，州档案局与州档案馆实行局馆合一体制，履行全州档案事业行政管理和档案保管利用职能，为州政府委托行使部分行政管理职能的直属事业单位。内设办公室、业务法规科、接收管理利用部、编研部、技术部。2002年9月，成立黔南州档案资料目录信息服务中心。2004年7月，成立黔南州现行文件资料服务中心，为州档案局管理的正科级事业单位。2008年4月7日，根据省委组织部、省人事厅的文件规定，州档案局列入参照公务员法管理范围。

2010年11月，州政府办印发《黔南州档案局（档案馆）主要职责内设机构和人员编制规定的通知》，州政府设立黔南州档案局（档案馆），为州政府直属正县级事业单位，内设办公室、政策法规科、业务监督科、接收管理利用科（黔南州人民政府信息公开服务中心）、编研科、技术网络科。

一、接收与征集

（一）接收

1991年，黔南州档案馆按照国家规定开展档案接收工作。2001—2003年，因受库房承重和档案柜架容量的限制，对州医院、农工部等22个单位到期整理合格的档案停止接收。2003年12月搬迁到位于都匀市钩鱼井路的新馆，根据《中华人民共和国档案法》《中华人民共和国档案法实施办法》的规定，每年初开展档案接收工作。2008 年 12 月，州委办公室、州政府办公室联合印发《关于进一步加强重大活动档案管理的意见》，州档案馆印发《黔南州综合档案馆档案收集实施细则》《黔南州档案馆接收档案标准》，规范档案接收标准，到期移交档案按要求整理规范后接收进馆。2010 年，州档案馆开展电子目录数据移交工作。至 2014 年，馆藏档案数量 160192 卷、92874 件、10547 张。其中，文书档案 107492 卷、91921 件，会计档案 38765 卷，科技档案 13935 卷，照片档案 10434 张，光盘 113 张，实物 953 件。

1991—2014 年黔南州档案馆档案接收情况表

表 4－2－2

年度	文书		照片（张）	盘（张）	带（盒）	物（件）
	卷	件				
1991	1741		178			
1992	819					
1994	335					
1995	1854					
1996	5112					
1997	8121		3	2		
1998	2148		52			
1999	2362		86			
2000	1410		2			
2001	3041		244			3
2002	304					
2003	12861		4758	47	29	13
2004	9440		60	4		
2005	10392		978	2		
2006	13520	1756	639	154		
2007	6947	482	1535			2
2008	5200	1821	147			
2009	3857					161
2010	3990	10019	208	28		36
2011	5399	17828				
2012	2233	20160	339			4
2013	697	34702	1			55
2014	12213	991				39
合计	113996	87759	9567	237	29	310

说明：1. 统计数据来源于黔南州历年档案统计年报，1993 年无统计年报。2. 2014 年，因库房密集架容量饱和，经州政府批准，暂缓接收到期档案，该年度所接收档案为撤销机构档案（州房改办房改档案、高速公路指挥部文书、会计档案）

（二）征集

至 2014 年，黔南州档案馆征集有文史资料、党史资料、农业区划资料、人口普查资料、工业普查资料、州志、县志、文件汇编等 27916 册、139 件。特别是征集内容还涉及列入国家级第一批非物质文化遗产的《水书》、马尾绣，列入国家级第二批非物质文化遗产的平塘县牙舟陶瓷及苗族、布依族、水族、瑶族服装等资料与实物。

（三）捐赠寄存

1991—2014 年，一些领导干部将自己珍藏的有关资料捐赠给州档案馆，一些作家、研究人员也将自己的作品、研究成果捐赠给州档案馆收藏。1999 年，都匀毛麻纺织厂寄存会计档案 5080 件。2000 年 6 月颁布实施的《黔南布依族苗族自治州档案管理奖励与处罚办法》明确规定，向档案馆捐赠档案资料的，由同级人民政府或者档案管理部门给予奖励。截至 2014 年，州档案馆接受机关、社会群众团体等捐赠和寄存的档案 7000 多卷（册、件），包括照片、书籍、文献资料。

二、保管与整理

2004 年州档案馆搬迁新址，保管的硬件设施得到改善，设置资料室 1 个、库房（文书、会计档案、实物、音像档案）3 个和特藏室（收藏清朝、民国、革命历史档案、水书、民族服饰等档案）。制定《黔南州档案馆库房管理制度》《资料管理制度》，档案库房保管规范化。

至 2014 年 12 月，州档案馆编制馆藏 195 个全宗的全宗卷，主要有全宗介绍、案卷移交文据、案卷目录、立卷说明、分类方案、内设机构和人员编制方案等。按照全宗卷规范，对全宗（馆藏）介绍类、档案收集类、档案整理类、档案鉴定类、档案保管类、档案统计类进行规范并将全宗卷单独存放。根据《中国图书分类法》对资料整理原则进行分类、编目，2001—2014 年分别整理 5394 册资料上架。

三、开放与利用

（一）开放

州档案馆按照国家档案局颁布的《各级国家档案馆开放档案办法》开展馆藏开放档案鉴定工作。1998 年，对 102 个全宗 30604 卷档案进行鉴定后，开放档案 25105 卷，控制档案 5499 卷，实际开放档案卷数是到期档案卷数的 82.03%。2008 年，对 64 个全宗 11124 卷进行鉴定，开放档案 9787 卷，控制档案 1337 卷，实际开放档案卷数是到期档案卷数的 87.98%。2010 年，对 89 个全宗 2823 卷档案进行鉴定后，开放档案 2223 卷、控制档案 600 卷，实际开放档案数是到期档案数的 78.75%。2012 年 9 月，州档案馆重新调整档案控制使用范围，对已开放的 38375 卷、6 件档案进行重新鉴定，经鉴定有 102 卷档案列为控制使用范围。2013 年，对 1982 年形成的期满 30 年档案进行案卷级的鉴定划控，涉及 91 个全宗 2701 卷，开放 2204 卷，控制使用 497 卷，实际开放档案数是到期档案数的 81.6%。2014 年，对 1983 年形成的期满 30 年档案进行文件级的鉴定划控，涉及 87 个全宗 1806 卷

25964 条，开放 1425 卷，控制使用 381 卷，实际开放档案数是到期档案数的 78.9%。

（二）利用

按《档案资料查阅制度》《开放档案利用制度》《保密工作制度》的规定，查阅者持有效证件办理相关手续才能利用档案，利用方式以在档案馆查阅为主，以电话查阅、网上查阅为辅。1991—2014 年，档案利用者为编史修志、机构编制、学术研究、土地纠纷、解决待遇、避免国有资产流失等查找依据。

1991—2014 年黔南州档案馆档案资料利用情况统计表

表 4－2－3　　　　单位：次

年度	档案			资料	
	人次	卷次	件次	人次	册次
1991	3124	2979		9	32
1992	1398	3932		10	30
1994	475	5107		12	30
1995	94	1826		8	10
1996	280	2580		15	60
1997	83	2334		10	103
1998	152	573		107	114
1999	517	1663	14160	84	118
2000	493	797		120	
2001	348	1617			
2002	290	1850		56	123
2003	185	1234		35	104
2004	128	1138		4	18
2005	785	2830		10	27
2006	271	3134	2		
2007	447	6270		11	47
2008	408	5102		6	14
2009	456	3599	160	3	35
2010	354	3482	130	7	89
2011	309	7262	54	11	22
2012	416	3668	792	4	14
2013	469	5445	615	7	31
2014	639	5468	345	3	13
合计	12124	52099	16258	631	1082

说明：数据来源于黔南州档案统计年报，1993 年无统计年报

四、宣传教育与行政执法

（一）档案法宣传

1991 年 12 月，省档案局印发《贵州省档案法制宣传教育第二个五年规划》，黔南州按照省的规划开展，档案法制宣传教育工作。1996 年，按照贵州省“三五”期间档案法制宣传教育规划的要求，宣传教育与实施相结合，加大宣传力度。2001 年、2006 年、2011 年，分别制定“四五”“五五”“六五”普法规划，利用电视、报刊等新闻媒体和赶场天开展档案法律法规宣传，组织开展档案知识竞赛活动，参加各种档案法律知识竞赛和法律知识考试，提高各级领导干部依法治档的认识。《中华人民共和国档案法》颁布实施 15 周年，全州发放宣传资料 3.5 万份，悬挂标语 200 多幅；州、县各级在有线电视台滚动播放档案法制宣传口号，在《黔南日报》和当地报刊上发表文章 30 余篇。《中华人民共和国档案法》颁布 20 周年之际，州档案局订购《中国档案报》发放各县（市）和机关单位，组织参加《中国档案报》举办的档案法律知识竞赛 500 余人，获省档案局表彰，是全省地（州、市）档案局中获组织竞赛先进单位称号的唯一单位。2001 年以后，全州举办各种培训班 60 期，培训人员 4000 余人，都安排有档案法律法规知识学习内容。

（二）执法检查

1995 年，由州政府常务副州长任档案行政执法检查组组长，从州直机关抽出 22 人组成检查组，对州直机关 113 个单位进行档案执法检查。1997 年 1 月，省编委办公室印发《关于地、县级档案机构改革中有关事项的补充意见》，州、县（市）档案行政执法主体得到确认。州第十届人大第六次会议于 2000 年 3 月 31 日通过，省第九届人大常委会第十六次会议于 2000 年 5 月 27 日批准施行《黔南布依族苗族自治州档案管理奖励与处罚办法》。

1992—2013 年，全州档案行政执法人员分批参加省档案局举办的 6 期培训班。截至 2014 年，在职人员获得省法制办批准颁发的“贵州省行政执法证”36 人。根据《中华人民共和国档案法》的规定，2006 年州档案局建立行政执法责任制。7 月，由州人大常委会一名副主任、州政协一名副主席率队分别到罗甸、三都县开展档案执法检查。

2010 年，黔南州档案局档案执法检查工作纳入政府目标管理考核。2013 年 10 月 15—17 日，省人大常委会教科文卫委员会、省政府法制办、省档案局（地方志办）组成行政执法检查组一行 8 人，对黔南州开展档案、地方志工作行政执法检查。2014 年 5 月，州档案局对罗甸、贵定、龙里开展档案执法检查。是年，受省档案行政执法检查组委托，州档案局、州人大教科文卫委、州政府法制办共同组成黔南州档案行政执法检查组，于 11 月 6～7 日对黔南民族师范学院、黔南民族职业技术学院、黔南民族医学高等专科学校开展档案行政执法检查。

（三）案件查处

1991 年 3 月 14 日凌晨，都匀市土地管理局档案室因烟头引起火灾，烧毁 1987 年 7 月—1989 年 12 月文书档案永久、长期、短期卷共 14 卷以及 1990 年未经整理的全部文件材料、账簿、凭证、报表等会计档案，12 卷人事档案烧残严重。州档案局转发都匀市档案局

《关于都匀市土地管理局因火灾事故烧毁档案一事的通报》予以严肃批评。

五、业务指导

（一）县（市）业务指导

1991 年 6 月，州档案局在试点县福泉县召开乡镇体制改革中档案管理专题会议，8 个县（市）档案局长和福泉县 3 个区乡的秘书、档案员参会。12 月，全州县（市）行政区划“建并撤”完成后，全州原 526 个区、乡（镇）中，全部完成清理任务的 441 个，占 83.8%；基本完成任务的 40 个，占 7.6%。共清理立卷归档档案 26907 卷，接收进馆 21783 卷。1994 年 6 月，对全州县级机构改革中档案进行清理移交，共投入 74 人进行检查督促和业务指导，完成 510 个县机关、事业单位档案清理任务，立卷归档 49942 卷（册），接收进馆 7029 卷（册）。

1999 年，省档案局、省农业厅提出第二轮土地延包档案移交进馆的要求，到 2003 年底，全州第二轮土地延包档案共 11966 卷移交进馆。到 2009 年，全州第二轮土地延包档案共 13688 卷，全部接收进馆。

2002 年，黔南州档案局按照《贵州省农村税费改革档案管理办法（试行）》，于 11 月与州林业局在瓮安县联合召开全州退耕还林工程档案工作现场培训会。按照《贵州省城市社区居民委员会档案管理暂行办法》，对整合后的 98 个社区档案工作开展调查和指导。2008 年，州档案局、州社会主义新农村建设办公室联合发出《关于加强社会主义新农村建设档案工作的通知》。是年 12 月，州档案局与州民政局、州农业办公室、州农业局联合转发省档案局、省民政厅等部门印发的《关于进一步加强全省社会主义新农村建设档案工作的意见》。

2009 年 4 月 24 日，在瓮安县召开全州集体林权制度改革档案工作现场会，全州档案系统人员、林业系统档案人员和分管档案工作的领导共 50 余人参加培训。2010 年 9 月，州档案局、州民政局、州农委联合转发《社会主义新农村建设档案工作示范县实施办法》，加强指导全州创建示范县工作，确定龙里县为创建贵州省社会主义新农村建设档案工作示范县活动试点。2013 年，州档案局和州水利局联合指导、督促全州水利普查档案立卷归档、规范管理。州水利普查档案通过省级验收，12 个县（市）水利普查档案通过州级验收。是年，州档案局印发《关于加强乡（镇）行政区划调整档案工作的通知》，要求各级档案行政管理部门要高度重视乡（镇）行政区划调整的档案工作。

（二）机关档案整理指导

2004 年 2 月，州档案局按照《贵州省机关档案管理工作标准》，将全州地方税系统文书档案、财会档案、声像档案等各种门类各种载体的档案工作列入检查范围。2008 年 5 月，州档案局印发《关于加强机关档案业务指导工作的通知》，对机关单位建立、完善档案管理制度进行指导、监督，将文书、会计、科技、声像、实物和专门档案收集、整理、鉴定、统计、利用、移交和档案信息化建设等作为机关档案业务监督与指导内容。2009 年 9 月，州档案局发出《关于转发贵州省档案局〈关于加强政府机构改革中档案工作的通知〉

的通知》，加强全州机构改革档案业务督促指导工作，保证机构改革中档案的完整与安全，妥善处置机构变动部门和单位档案的合理归属与流向。

（三）企业档案整理指导

2002年11月，州档案局、州经贸局联合转发《贵州省国有破产企业档案管理及处置的意见》，全州开展国有破产企业档案工作调研，8家国有破产企业档案归属与流向得以明确。2004年3月，州档案局、州经贸局发出《关于开展国有破产企业档案工作检查的通知》，全面启动国有破产企业档案检查工作。2006年，州档案局、州工商联、州中小企业局联合印发《关于加强全州非公有制企业档案工作的意见》。2010年4月，州档案局开展民营企业档案工作摸底调查，督促民营企业档案工作逐步达到《企业档案工作规范》《企业档案工作业务建设规范》的要求。

（四）国家重点档案整理指导

2001—2005年，全州开展国家重点档案抢救和保护工作，经费投入共83万元，其中，省级财政补助13.3万元，地方财政投入69.7万元。共抢救馆藏民国时期档案抢救2万余卷，征集水书11050卷（册）。州档案馆整理民国档案500余卷。2006—2014年，全州国家重点档案抢救和保护共投入经费1344.8万元，其中，中央财政补助379万元，省级财政补助336万元，地方财政投入629.8万元。全州各级国家综合档案馆共抢救新中国成立前档案26472卷、6件，占新中国成立前档案馆藏量的90.68%。其中，州档案馆新中国成立前档案1260卷、6件抢救完毕，并全文扫描，可提供数字化利用。全州征集水书、布依族文字、汉文经书原件共2.02万卷（册）。州档案馆整理编目水书31册，翻译水书1册。在国家重点档案保护方面，2006年荔波县档案馆建立水书特藏室1个，2008年州档案馆建立特藏室1个；各级档案馆添置档案柜、空调、消防、监控等设备设施。

（五）重点建设项目档案

2003年11月《贵州省重点建设项目档案管理登记实施意见》印发后，州档案局做好省级重点建设项目档案管理登记，对州、县（市）重点建设项目档案工作进行监督和指导。2004年，全州有省级重点建设项目91个。2005年，有省级重点建设项目5个，州、县级重点建设项目36个。2007年7月，全州有5个重点建设项目进行档案管理登记。2009年6月，州档案局转发省档案局《关于认真做好2009年省级重点建设项目和技改项目档案工作的通知》，将省级重点技改项目档案工作列入检查和指导范围，全州有27个重点建设项目进行档案管理登记。2010年，全州有省级重点建设项目38个。2011年，全州有省级重点建设项目84个。2012年，全州有省级重点建设项目77个。2013年，全州有省级重点建设项目92个。2014年，全州有省级重点建设项目152个。省档案局每年对全省省级重点档案登记情况进行通报。

六、机关档案达标与档案馆测评

（一）机关档案达标

根据省档案局《关于开展机关档案管理达标升级复查工作的意见》，1991 年 7 月—1992 年，州、县（市）档案部门对 1989 年后已达标升级的单位进行全面复查，1991 年复查州直机关单位及平塘、惠水、瓮安、都匀、福泉 5 个县（市）114 个单位。1992 年复查 303 个单位，复查率达 97.7%。机关档案工作达标升级活动开展 12 年，逐渐由金融、税务等系统向党委、群众团体和行政单位扩展，由州、县（市）机关向乡（镇）和站（所）延伸。

2002 年，省档案局印发《贵州省机关档案考核办法和评分细则》后，全州档案部门继续开展机关档案升级达标认定工作。

（二）档案馆测评

2013—2014 年，开展县级档案馆测评工作。三都、惠水 2 县档案馆于 2013 年、长顺县档案馆于 2014 年申请测评国家二级档案馆，通过省级验收。

七、业务培训

1993 年，组织全州档案工作已升级的单位 100 人分三批到深圳、珠海、广州等学习考察。1997 年 12 月，选送 12 人到北京参加档案工作业务培训。2003 年 11 月 24 日—12 月 6 日，州档案局与州委组织部联合在深圳市经理进修学院举办档案干部业务培训班，共 57 人参加学习。2004 年，州档案局组织全州档案系统 9 人参加省档案局举办的计算机档案管理培训。2005 年，选派 11 名局（馆）长分别赴深圳、四川、杭州等地培训。2006 年 7 月 25—29 日，国家档案局在都匀市举办“国家档案支援西部教育培训班”培训各级档案人员 280 人。10 月，州档案局选派 10 人参加省档案局举办的计算机操作技能、历史档案管理、企业档案管理等培训。2008 年，州档案局组织全州档案系统工作人员参加省档案局在上海举办的全省档案局（馆）长业务培训和在贵阳举办的第一期“全省历史档案整理培训”学习。

1991—2014 年，州档案局举办各类档案业务培训班共 55 期，培训全州各级各单位档案管理人员 4580 人次。

八、史料编研

1992 年，州档案馆与州人大常委会办公室合编《贵州省独山专区第一届各族各界人民代表大会会议文件汇编》之后，编辑州人代会资料 5 种。同时，州档案馆编纂《中国共产党黔南布依族苗族自治州文件汇编》4 种。1998 年，州档案馆编纂出版《黔南州档案馆指南》。1998 年、1999 年，州档案馆编纂有关黔南州行政区划沿革史料 2 种。各县（市）档案馆参与编纂中共组织史资料及政权、军事、统战、群团系统组织史资料。2003—2005 年，完成《黔南州志·档案志》编纂工作。

2008—2009 年，完成《黔南州清代档案》图片资料收集汇编。2010 年，对馆藏老照片进行整理汇编。2011 年，收集少数民族传统体育活动图片，上报 27 张照片；收集完成总书记胡锦涛 1985—1988 年在贵州工作期间照片 55 张、文字资料 9 份上报省档案局。2013 年 7 月，根据州委办、州政府办《关于开展征集出版荣誉档案资料工作的通知》，在全州范围内开展荣誉档案征集活动。《黔南荣誉档案》征集全州各级机关部门、企事业单位资料 386 家，其中州级单位参与 100 个（州直机关 76 个），汇集 1956 年 8 月黔南州成立以后，全州各级国家综合档案馆、各级机关部门、团体、企事业单位档案室藏的荣誉档案。

此外，编纂出版《黔南州文物名胜简介》《黔南州名优产品简介》等反映地方和馆藏特色的参考资料。

九、信息化建设

1991—1996 年，州档案局有计算机 1 台，主要用于打印文件、卷内文件目录和案卷目录。1997 年增购计算机 1 台。1999 年，增置计算机，派业务人员到省档案局学习档案管理软件知识和运用，计算机开始用于档案管理。2001 年 12 月，设立技术部，负责数据录入、扫描、网络建设管理等工作。

2005 年，州档案局派专人参加省档案信息网网站管理员培训班后，建立黔南州档案信息网（二级网站）。2007 年，县（市）档案局建立档案信息网，为省档案信息网的三级网站。2010 年 10 月，在内设机构改革中设立技术网络科。2014 年，发出《关于规范档案目录数据录入工作的通知》，规范全州馆藏档案目录数据录入及报送标准，并逐步形成按年度定期上报目录数据的制度。

至 2014 年 12 月，计算机汇总上报全州各类目录数据 7080694 条，其中州档案局（馆）完成 948579 条。全文扫描工作逐步开展，全州完成全文扫描近 20 万页，其中州档案局完成馆藏民国档案、荔宜从边区人民游击队、水书档案 3 个全宗的全文扫描共 80362 页。州档案信息网访问人数 41222 人次。

第八节 地方志编纂

一、州志编纂

1981 年 11 月，州政府召开全州地方概况、地方志编写工作会议，省志筹备组有关人员莅会指导。会议对《黔南布依族苗族自治州概况》资料征集工作、开展地方志编修准备工作进行讨论。会后，州政府印发会议纪要，并行文要求各县（市）结合《黔南布依族苗族自治州概况》资料征集，开展地方志编修准备工作。

1982 年 9 月 20 日，经州委批准成立黔南布依族苗族自治州史志编纂委员会（以下简称“州史志编委”），下设办公室，开展史志资料征集编纂工作。10 月，州史志办拟订《黔南州史志编纂委员会工作规划》，其中对地方志工作进行了初步规划。1983 年 10 月，州史志办创办内部刊物《黔南史志通讯》（后改为《黔南史志》），刊载反映全州史志工作动态，交流工作经验，选载离退休老干部的革命回忆录、中共历史资料和地方志资料以及中共党史、地方志专业学术论文。1984 年 4 月，贵州省民族地区地方志研究班在贵定举办，州史志办及各县（市）史志办选派业务人员参加学习。1984—1985 年，州史志办拟订《黔南布依族苗族自治州志》（以下简称《黔南州志》）篇目及编纂方案，起草有关文件、办法等，组织《地理志》《文物名胜志》《民族志》等的编写。

1986 年 9 月，州委、州政府批转州史志编委《黔南布依族苗族自治州志编纂方案》。根据方案，《黔南州志》由概述、大事记、地理志、民族志、党群志、政权志、司法志、公安志、民政志、劳动人事志、军事志、经济综合志、农业志、畜牧渔业志、林业志、水利志、气象志、乡镇企业志、重工业志、轻工业志、城乡建设志、交通运输志、邮电志、商业志、供销合作志、财政税务志、工商行政管理志、金融志、粮食志、物资志、对外经济贸易志、教育志、科学技术志、文化艺术志、文物名胜志、新闻广播电视志、医药卫生志、体育志、人物志、社会志、宗教志、附录等组成。

1988 年 5 月 17 日，黔南州、黔东南州、黔西南州第三次地方志联系会议在都匀召开，三个州地方志工作机构与会人员共同研究探讨民族自治地区的地方志编纂工作。1989 年 5 月 26 日，州八届人大常委会第二十六次会议听取和审议州史志编委办公室《关于黔南州地方志编纂工作情况的汇报》，并通过《关于黔南州地方志编纂工作的决议》。

1991 年 1 月 22—23 日，州史志编委在都匀召开第四次史志工作暨表彰会，全州 12 个县（市）史志编委主任（或副主任）、史志办主任、州志各分志编纂领导小组负责人、主编以及受表彰的先进单位和先进工作者共 80 余人参加会议。会议总结全州“七五”期间史志工作情况和讨论“八五”期间工作计划，表彰全州史志工作先进单位 5 个、先进工作者 31 名。1993 年，在中国地方志指导小组组织的全国新编地方志首届优秀成果评选活动中，《黔南州志·民族志》获一等奖，《三都水族自治县志》《福泉县志》《平塘县志》获二等奖。

1996 年 2 月 2 日，州史志办作出《关于表彰全州党史、地方志优秀成果的决定》，同时召开黔南州第六次史志工作暨成果表彰会。

1997 年 7 月 7 日，《黔南州地方志工作 1996—2000 年发展规划》经州政府研究同意，州政府转发实施。1998 年 12 月 7 日，州十届人大常委会主任会议听取了州史志办负责人关于地方史志编纂工作的情况汇报，会议肯定全州编修地方志工作所取得的成绩，提出抓好“尾巴工程”，争取在 2000 年前全面完成各项预定任务。1999 年 3 月 19 日，州委、州政府召开《黔南州志》工作会议，会上，州政府与 12 个未完成修志任务的州直承编单位签订《黔南州地方志编纂目标管理责任状》。会后，对此次会议形成会议纪要，由州政府办公室发出《关于印发〈黔南州志〉工作会议纪要的通知》，要求州直有关部门按照会议确定的各分志编纂完成时间表作出修志工作倒计时安排。2000 年底，《黔南州志》除人物志外，其余各分志全部完成。《黔南州志》最后成书共有 50 部分志。2001 年 12 月，州史志办被评为“全省第一届地方志编纂工作先进单位”，受省政府表彰，受省地方志编委会、省人事厅表彰。

2002年8月6日，召开州史志编委第八届第一次会议，审议《黔南州地方志续修方案（草案）》。10月，根据省政府办公厅《关于加强全省地方志续修工作的通知》，州政府研究决定加强全州地方志续修工作，州政府办公室于10月9日发出《关于加强全州地方志续修工作的通知》，对全州地方志续修工作提出明确要求。2003年12月16日，经州政府同意，州史志编委印发《关于启动全州续修志书工作的通知》，《第二届〈黔南布依族苗族自治州志（1978—2006）〉编纂方案》及《第二届〈黔南布依族苗族自治州志（1978—2006）〉基本篇目》，正式启动《黔南州志》续修工作。2004年1月12日，州政府办公室印发《黔南州志、县（市）志编纂工作实施细则》。

由于首轮《黔南布依族苗族自治州志》由50卷集成，规模庞大，出版时间前后相距过长，各分志之间下限时间差距大，不利于资料开发利用，州政府在2003年第七十七次常务会上作出"2005年底前，由州史志办编印一套地方志简本供建州五十周年时使用"的决定。是年9月2日，州史志编委八届二次会议决定编纂出版首轮《黔南州志》简编本，在原50卷分志的基础上进行压缩精编。简编本下限至2005年12月，补充了各分志下限后到2005年底的资料，《黔南州志》简编本于2007年10月出版发行，全志463万字。

2005年12月，州史志办被评为"全国方志先进集体"，受中国地方志指导小组表彰。

2009年7月9日，州委办公室、州政府办公室印发《第二届〈黔南布依族苗族自治州志〉人物入志原则、范围及标准》。2013年二轮《黔南州志》编修工作。

二、县（市）志编纂

1982—1983年，各县（市）先后成立地方志编纂领导小组和工作机构，收集资料，开展地方志编纂工作。在县（市）志编写过程中，瓮安县创办《史志通讯》，贵定县史志办创办《贵定史志简报》，都匀市创办《史志春秋》，福泉县创办《福泉方志通讯》等内部刊物，不定期刊登史志资料，交流工作经验，报道修志动态，促进修志工作开展。

1984年4月，全州各县（市）史志办公室选派人员参加省地方志办在贵定县举办的贵州省民族地区地方志研究班学习。11月，省地方志办在惠水县召开有34个县（市、特区）史志办负责人参加的全省部分县志主编工作会议，各县（市）史志办派有关人员参加会议。

1987年10月，《惠水县志》写出初稿，成为新中国成立后贵州省第三部县志稿，是黔南州完成县志初稿最早的县。1988年12月2—5日，州史志编委在惠水县召开《惠水县志》审稿会。是年12月底，《惠水县志》定稿付印，1989年4月出版发行，这是黔南州新方志正式出版的第一部县志。1993年8月，《贵定县志》被评为全省地方志三等奖，受省政府表彰。1997年8月，《瓮安县志》在中国地方志指导小组、中国社会科学院举办的全国新编地方志评选中获一等奖。

1999年，全州县级志书全部出版完毕。9月21日，州史志办在都匀召开全州县（市）志总结会。同时，黔南州在全省率先完成县级志书编纂出版任务，受省地方志编纂委员会办公室表彰。

2002年，省政府办公厅《关于加强全省地方志续修工作的通知》和州政府办公室《关于加强全州地方志续修工作的通知》发出后，各县（市）相继启动二轮志书编纂工作，州史志办将福泉市、平塘县列为黔南州二轮县（市）志试点单位。2004 年，州史志办对地方志工作开展好的三都、平塘、荔波、独山、都匀、长顺、福泉、瓮安等 8 个县（市）进行通报表彰。

2012 年，平塘、瓮安、长顺 3 个县地方志工作部门举办地方志编写人员培训班。

2014 年，《福泉市志（1986—2008）》出版发行，《瓮安县志（1978—2012）》通过省级终审，《三都水族自治县志（1978—2013）》《荔波县志（1978—2008）》通过州级复审，《龙里县志（1991—2008）》《平塘县志（1978—2013）》通过县级初审，其余县（市）分别处于初稿撰写或资料征集整理阶段。

1989—2014 年黔南州县级志书出版统计表

表 4－2－4

志书名称	主编	出版日期	开本	字数（千字）	印数（册）
惠水县志	胡庆麟	1989 年 4 月	16	720	2000
平塘县志	李定元	1992 年 2 月	16	913	2000
三都水族自治县志	罗世斌	1992 年 8 月	16	1100	2000
福泉县志	杨光华	1992 年 11 月	16	1133	1000
罗甸县志	陆国器	1994 年 8 月	16	800	2000
贵定县志	史美森	1995 年 7 月	16	1575	2000
龙里县志	杨明义 罗其全 徐德威	1995 年 9 月	16	1120	2000
瓮安县志	王翰生	1995 年 12 月	16	1062	2000
独山县志	莫云昇	1996 年 5 月	16	1480	1500
荔波县志	蒙忠福	1997 年 12 月	16	1275	2000
长顺县志	班天泽	1998 年 12 月	16	1100	2000
都匀市志	程恩桂	1999 年 5 月	16	1950	2000
福泉市志（1986—2008）	杨胜才	2014 年 1 月	大 16	1211	3000
瓮安县志（1978—2012）	范祖贵	2014 年 12 月	大 16	2600	5000

三、部门志、乡（镇）志编修

各县（市）史志办在完成首轮县（市）志编写任务后，积极指导编纂部门志。1990 年 6 月，《贵定县民族志》被省民委、省地方志办评为优秀奖。截至 2014 年，全州县（市）编纂成书的部门志有 53 部（含内部出版）、专业志 7 部、乡（镇）志 1 部，荔波县的《玉屏镇志》《佳荣镇志》《播尧乡志》和瓮安县的《瓮安县供销合作社志》通过州史志办终审。

2014 年，州地方税务局编纂的《黔南州地方税务志》出版，州工商联（总商会）编纂的《黔南州工商业联合会（总商会）志》已通过州史志办终审验收。

四、读志用志

（一）志书宣传

1982年底，黔南州启动县级志书编纂工作，至1999年，12个县（市）志书全部出版发行。县级志书编纂工作完成后，部分县（市）史志办开展读志用志活动。

《平塘县志》出版后，开展“志后工程”读志用志活动。1996年12月，平塘县委、县政府召开平塘县史志工作会议，对读志用志活动作安排部署，要求在全县范围内，特别是在干部职工中，以《平塘县志》《平塘县情》为教材，组织县情知识有奖竞赛，进行县情教育。全县印发县情知识竞赛试卷3600份，回收率为80%，竞赛活动设置集体奖和个人奖。

1997年7月，福泉市委、市政府举办读志用志、福泉市情知识竞赛活动。读志用志活动由市委宣传部、市志办、广播电视局、工会、团市委、市妇联等8个单位承办。活动以现场知识竞赛和印发答卷两种形式进行。答卷印发3000份，回收2700份，回收率占91%；现场抢答赛有28个单位组队参赛。活动评出组织奖、个人奖、鼓励奖等奖项。

《瓮安县志》1997年获全国地方志优秀志书一等奖后，为扩大志书的影响，1998年1月，瓮安县委宣传部、团县委、科技局、史志办、机关党委在全县范围内举办读志用志活动，发放试卷3000份，回收2500余份，回收率为89%。

1997年10月，福泉市史志办举办“读志用志展览”，展出图片112幅，展期1个月，受到社会各界好评。

1999年，州史志办组织地方志书参加全国、全省新编地方志成果展之后，于11月下旬在都匀举办“参加全国全省新编地方志成果汇报展”，设展板12块，展出全州出版的地方志、地情资料200余本。2008年，黔南州历年的修志成果参加省地方志办在贵州师范大学举办的全省地方志成果展览。

（二）志书利用

都匀市利用志书资料向学生进行市情教育，都匀人民广播电台、《都匀报》以有关专业志书为基础资料，不定期开辟“都匀史话”“都匀人物春秋”等专栏，刊发都匀历史人物和历史事件的专稿，对市民开展市情教育。

三都县史志办利用县志及各类地情资料，向各级领导和社会各界提供咨询服务，接待来函来访共计200多人次。《三都水族自治县志》为县委、县政府制定《三都水族自治县国民经济和社会发展“九五”计划和2010年远景目标纲要》和申报尧人山国家森林公园提供基础资料。

《福泉县志》为明洪武年间修建平越城墙的人物李福立传，李氏后裔在清明上坟祭奠时，将县志拿去宣读，要族人不忘先贤，要为家乡建设出力。城厢镇的学校去烈士陵园扫墓时，将县志记载的烈士事迹进行宣传。《福泉县志》记载了1950年3月独山地委干校8名学员在福泉藜山征粮时惨遭土匪杀害的震惊全省的“藜山事件”，1993年，“藜山事件”的唯一幸存者杨铁诚从都匀专程到福泉购买《福泉县志》，并联络组织8名烈士的家属30

多人祭扫英灵，把县志记载的“藜山事件”经过当成祭文在墓前宣读，缅怀先烈，激励亲属继承烈士遗志，完成他们未竟的事业。中国科学院副研究员、英国国际翻译与术语学名人吴仲贤购到一部《福泉县志》后，通知在北京工作的福泉籍朋友前去阅读县志，了解故乡情况，并组织北京福泉同乡联谊会，为家乡发展出谋划策，表示凡福泉考取北京大专院校的学生，他们都要到车站迎接，他们通过北京国际图书进出口公司向日本、美国等10多个国家和地区发行《福泉县志》80部，北京图书馆等30多家著名图书馆和大学收藏了《福泉县志》。1991年，省、州在福泉县进行建镇并乡撤区试点，试点工作根据《福泉县志》记载的历史建置资料，完成“建并撤”试点任务。瓮福磷矿在修建清水江提水工程时，查阅《福泉县志》记载清水江最大洪峰流量的资料，确定装机位置。贵州汽车工业贸易总公司从《福泉县志》了解到福泉汽车运输和马瓮公路车流量大的情况后，在福泉设立分公司进行配件经营。马场坪一名个体户在《福泉县志》上查到马田重晶石矿的藏量后，到实地勘查，投资5万元开采该矿点，获得较大收益。《福泉县志》记载有道教武当派内家拳祖张三丰在福泉修道18年和他流传下来的诗词20余首的情况，为福泉市政府拨款修复张三丰碑林提供史实依据，已修复碑林石碑100面，既恢复了文化胜迹，又提供了新的旅游景观。

1993年，州史志办根据各县（市）征集的地方志人物资料，编辑出版《黔南英烈》，该书已成为黔南州进行爱国主义教育的基本题材。

《瓮安县志》1995年出版发行后，一些居住在外地的瓮安籍人士阅读了县志，来信表达思乡之情，祝愿家乡建设再腾飞，表示要为家乡献计出力，有的为家乡寄来丰产、优质、抗病的粮种，有的寄来多年研究的成果专著，希望家乡经济有更快更大的发展。众多来信共同反映了他们思念家乡、热爱家乡、要为家乡建设出力的心愿。瓮安县根据《瓮安县志》记载红军长征经过瓮安县境的资料，为瓮安县申报划为革命老区提供史实依据。

1998年6—9月，在黔南州庆祝新中国成立50周年系列活动中，州委宣传部、州史志办等8个单位联合举办“爱祖国、爱家乡、迎接新世纪”大型知识抢答赛，竞赛题目以全州县志、已出版的州志各分志的内容为题材，黔南电视台对竞赛活动现场作实况转播。

1999年，黔南境内发生大面积严重森林虫害，林业部门根据《黔南州志·林业志》中记载的药物配方，对虫害进行飞机喷洒灭虫，收到良好效果，挽回经济损失上千万元。州交通局根据《黔南州志·交通志》所载资料制定《全州交通规划》、进行马（场坪）遵（义）二级公路设计。

1998年，州档案馆、州史志办、州关心下一代协会和团州委联合筹建黔南州青少年爱国主义教育基地展览，展出内容主要选用《黔南州志》、各县（市）志的资料，反映近代、现代史上黔南境内发生的重大历史事件，进行爱祖国、爱家乡教育。

黔南教育学院从全州出版的县志、州志各分志中筛选出人物、历史、文化资料，编写乡土教材《黔南名人传》《黔南历史与文化》，两部乡土教材由贵州人民出版社出版发行。

五、年鉴编纂

1997年，《黔南年鉴》创刊，由州委办公室、州政府办公室主管主办，在州史志办设编辑部，每年编辑一卷，连续编纂出版。1999 年，福泉市创办《福泉年鉴》，首卷时限为 1997—1998 年，第二卷记载时限为 1999—2001 年。2002 年，都匀市创办《都匀年鉴》，首卷记载时限为 1991—2000 年，之后每年编辑一卷。2005 年，福泉市编辑出版记载时限为 2002—2004 年的《福泉年鉴》后停编。2006 年，三都县创办《三都年鉴》，一年一卷。是年，平塘县创办《平塘年鉴》，记载时限为 2003—2005 年，2007 年出版，之后停编。2011 年，独山县创办《独山年鉴》，首卷记载时限为 2009—2010 年。是年，《三都年鉴》停编。2013 年，惠水县、瓮安县分别创办《惠水年鉴》《瓮安年鉴》，均为一年一卷。是年，黔南年鉴编辑部改为年鉴科，为州史志办的内设机构。2014 年，推进县级年鉴编纂出版全覆盖。是年，龙里县创办《龙里年鉴》，福泉市恢复《福泉年鉴》编纂工作，《独山年鉴》停编。至年末，全州编纂的综合年鉴有《黔南年鉴》《都匀年鉴》《惠水年鉴》《瓮安年鉴》《福泉年鉴》《龙里年鉴》。在 2015 年 3 月全省年鉴质量评比中，《黔南年鉴（2012）》获市（州）综合年鉴二等奖，《都匀年鉴（2014）》《惠水年鉴（2013）》分别获县（市、区、特区）综合年鉴一等奖、三等奖。

六、地方志法规宣传

2006 年国务院《地方志工作条例》颁布实施以后，州及各县（市）普遍采取悬挂宣传标语、通过广播电视播出有关地方志工作信息等方式，宣传地方志工作。各县（市）举办乡（镇）、部门地方志工作培训班，学习、宣传地方志工作，提高各单位、各部门对地方志工作的认识，部分县（市）将《地方志工作条例》《贵州省地方志工作规定》印发到各乡（镇）、各单位，加大地方志法规学习宣传力度。贵定县将《地方志工作条例》《贵州省地方志工作规定》全文发到县政府网站，供全县领导干部和群众学习，并以“干部下基层”活动为契机，制作地方志法规宣传资料，发放到各乡（镇）、各部门，同时张贴到政务公开栏，强化宣传。福泉市创办《史志工作通讯》，发送全市各单位学习，在市区繁华路段悬挂横幅标语进行宣传。在福泉电视台滚动播出地方志工作宣传标语和在《今日福泉》报刊登地方志工作宣传标语 100 余条（次）。

2012 年 1 月，州史志办制定印发《黔南州贯彻落实〈贵州省地方志系统“六五”法制宣传教育规划〉实施方案》，在全州地方志系统开展地方志法制宣传教育工作。

2013—2014 年，州、县（市）史志部门结合“六五”普法活动，印制《地方志工作条例》《贵州省地方志工作规定》小册子近 2000 册，通过在史志部门召开的各类会议、修志和年鉴业务培训会以及上街设点宣传发放等方式，进行地方志法规宣传，提高社会对依法依规修志用志的认识。

第九节　应急工作

2007 年 7 月，成立黔南州突发事件应急管理办公室（以下简称州应急办），为州政府及州突发事件应急委员会的办事机构，设在州政府办公室，加挂黔南州人民政府总值班室的牌子，实行一个机构、两块牌子，内设综合信息科、应急管理科、应急预案科。至2009年，12个县（市）政府均建立应急管理办公室。乡（镇）、村、组一级应急工作，以社区、村（居）、学校、企业等基层单位为重点，明确基层组织负责人的应急管理工作职责，增加基层应急投入，增强基层单位第一时间预防和处置各类突发事件的能力。同时，通过组织到发达地区考察学习，与高等院校联合举办应急管理培训班，邀请应急管理专家授课，抽调干部跟班学习等方式，实施各级应急管理人员教育培训，2007—2014年，共培训应急管理人员1000余人次。同时，应急工作部门将监测预警作为应急管理工作的重中之重，建立重大突发事件信息特别是涉稳类信息跟踪督办机制，及时跟进事件发展动态。经常组织民政、农业、水利、安监、交通、气象、国土、消防等部门开展隐患排查和整治，防范各类突发事件，尽可能将突发事件消除在萌芽状态，解决在基层。

一、应急值守

州应急办成立后，建立各项应急值守制度，实行24小时值班制。各县（市）政府和州公安、安监、卫生、消防、交警等部门实行24小时领导带班、工作人员值班制。特别是在每年的重大节假日（春节、国庆节长假等）和敏感时段（全国、省、州“两会”期间、汛期等），严格执行领导带班、工作人员24小时值班制度，并开展值班抽查，确保全州政府系统应急值守工作正常运转和政令畅通。制定《黔南州突发事件信息报告工作规定和流程及紧急重大信息报送标准》，印发《关于做好突发事件信息直报工作的通知》，对突发事件信息报送进行规范，开展信息工作人员的培训，提高突发事件信息报送质量。

在值守中，坚持编写工作日志《值班快报》，将每天州政府领导行程安排、重要工作情况、突发事件信息、舆情信息、气象信息、县（市）政府、州直部门领导出差信息等内容编撰在《值班快报》上，供领导参阅。及时编写《突发事件趋势研判》《突发事件情况通报》《重要工作信息刊用情况通报》《年度突发事件应对处置总结评估报告》等资料，印发给州政府领导和各县（市）、各有关部门。2012年，建成应急值守工作系统以后，构建起以州、县（市）、乡（镇）三级政府办公室为枢纽，融汇各部门上下贯通的信息网络，全州各类突发事件信息和各种文稿（除涉密的外），均实现专门网络渠道传输。2013年6月，州应急办配置应急专用车。

二、救援处置

制定《黔南州较大及以上突发事件现场应急处置工作程序》，编写《突发事件处置工作案例选编》《突发事件处置工作手册》等资料，规范突发事件救援处置工作。建立州应急委工作联席会议制度。编制《黔南州突发事件总体应急预案》，督促指导各有关部门编制自然灾害类、事故灾难类、公共卫生事件类、社会安全事件类等各种预案32个。组织各县（市）、各部门开展经常性应急演练活动，提高各级各部门应急处置能力。2007—2014年，全州组织各类应急演练累计500余次。

全州组建以武警部队、公安、消防部队、医疗卫生和矿山救护队等专业救援队伍为主，其他非专业基层应急队伍为辅，专群结合的应急救援队伍体系。在成功处置2011年荔波县

“10·4”安平煤矿煤与瓦斯突出事故、2014年福泉市“8·27”山体滑坡事故等突发事件中，州内应急救援队伍发挥重要作用。

由于州应急办发挥值守应急、组织协调、统筹管理、宏观指导、信息汇总报送等作用，2014年1月被省人力资源和社会保障厅、省气象局授予“贵州省气象工作先进集体（记二等功）”称号。

2007—2014年，全州发生较大以上突发事件52起。其中，自然灾害7起，如2008年全州凝冻灾害、2014年福泉市“8·27”山体滑坡事故；事故灾难31起，如2011年平塘县“7·2”透水事故、2011年福泉市“11·1”民爆物品运输爆炸事故；公共卫生事件6起，如2010年平塘县手足口病局部爆发事件、2013年三都县“9·21”砷中毒事件；社会安全事件8起，如2008年瓮安县“6·28”事件、2011年惠水县“11·6”群体性事件、2014年独山县“3·12”水事纠纷斗殴事件。各类突发事件均得到及时妥善处理。

第十节 政务服务

一、一站式服务

2005年9月，设立黔南州人民政府政务服务中心（以下简称州政务中心），正县级参照公务员管理事业单位，归口州政府办公室，由财政全额预算管理。内设办公室、业务科、监督科。2012年4月，州政府采购中心归并到州政务中心，对外加挂州级政府采购中心牌子，内设办公室、业务科、采购科、监督科。2014年12月，州政务服务中心为州政府正县级直属事业单位，内设办公室（网络信息科）、业务科、监督考核科、采购科（加挂州级政府采购中心牌子），由财政全额预算管理。

（一）州级一站式服务

2005年10月—2009年3月，州政务中心租用州图书馆一间178平方米的办公用房，进驻18个州直部门，设立18个卡座，每个部门进驻1人。此期间，工作处于探索阶段，未能有效开展服务，进驻审批事项仅20多项，平均每月办件量30件。为改变州一站式服务大厅的状况，在2009年2月召开的黔南州经济工作会议上，明确提出重新组建、启动运行州一站式服务大厅。3月31日，新的州级一站式服务大厅正式启动。重新组建的州级一站式服务大厅，位于都匀市中心人民广场州民族博物馆二楼，面积由原来的178平方米增加到1100平方米，进驻部门由18个增加到25个，设分中心5个、金融窗口1个，窗口人员由18人增加到45人，行政审批事项由20多项增加到205项，还增加其他服务项目38项，增加受理县（市）报批件业务，大厅平均每月受理业务量由原来的30件增加到1000多件。进驻的25个部门分别为：州财政局、州工信委、州招商局、州发改局、州环保局、州质监局、州工商局、州食药监局、州物价局、州卫生局、州国税局、州地税局、州国土局、州建设局、州公安局、州人事局、州交通局、州人防办、州消防支队、州级政府采购中心、州林业局、州水利局、州气象局、州教育局、州商务局。5 个分中心为：公安交警分中心、都匀供电分中心、建设工程交易分中心、劳动社保分中心、运输管理处分中心。2009 年，各进驻部门窗口共受理业务 10522 件，来人来电咨询 3644 人次，统一行政事业性收费 91.5 万元。2010 年，各进驻部门窗口共受理业务 20334 件，来人来电咨询 4531 人次，统一行政事业性收费 199.62 万元。2011 年，各进驻部门窗口共受理业务 24778 件，来人来电咨询 6335 人次，统一行政事业性收费 107.48 万元。随着行政审批事项和服务项目陆续下放和取消，经州政府批准，2012 年 6 月州政务中心完成调整一站式服务大厅的工作，对进驻的 25 个部门窗口及没有进驻的部门，统一调整设置一站式服务窗口，保留、新进中心的进驻部门窗口共 10 个（州工商局、州质监局、州国土局、州商务和粮食局、州环保局、州农委、州财政局、州食药监局、州住建局、州公安局），另设分中心 4 个（都匀供电局分中心、公安交警支队分中心、人社局分中心、运输管理处分中心），其余州直部门分两个综合窗口开展代办业务，并于 7 月 2 日开始正式对外试运行。调整后的综合窗口代理部门 20 个（州发改委、州工信委、州水利局、州气象局、州烟草局、州卫生局、州旅游局、州档案局、州投资促进局、州林业局、州安监局、州民宗委、州民政局、州文广局、州计生委、州体育局、州人防办、州司法局、州教育局、州城乡规划局），共受理事项 80 项，单设窗口部门 10 个，受理事项 105 项。在州政务中心窗口受理办理业务的部门由 24 个增加到 30 个，受理行政审批事项 185 项（扣除下放和取消的事项）。

2012 年，进驻中心设置窗口的部门共受理、办理业务 13887 件，来人来电咨询 7325 人次，金融窗口统一各类行政事业性收费 76.15 万元。2013 年 11 月，大厅窗口再次进行调整，调整后的进驻部门单设窗口为 12 个（州水务局、州气象局、州工商局、州质监局、州国土资源局、州公安局、州住建局、州食药监局、州财政局、州农委、州环保局、州商务和粮食局）。2013 年，进驻中心设置窗口的部门共受理、办理业务 16843 件，来人来电咨询 10261 人次，金融窗口统一各类行政事业性收费 53.82 万元。2014 年 5 月，州农委窗口撤出，州安监局窗口进驻。是年，进驻中心设置窗口的部门共受理、办理业务 10932 件，来人来电咨询 13383 人次，金融窗口统一各类行政事业性收费 33.54 万元。

（二）县（市）一站式服务

2005 年起，县级政务中心建设及运行工作列入每年县（市）及都匀经济开发区年度工作目标考核，贵定、独山、荔波、瓮安、龙里等县先后建成 2000 平方米以上政务服务办事大厅，独山县在 2011 年全省政务中心建设推进会上作先进典型发言。2013 年，除长顺县、罗甸县和都匀经济开发区以外，县（市）政务办事大厅面积均达到 3000 平方米以上。是年，全州县级政务服务办件量为 3158929 件。2014 年 10 月，瓮安县、长顺县政务服务中心均搬迁新址，瓮安县政务服务大厅达到 7680 平方米，成为州内领先、省内一流的政务服务中心。

二、政府采购

2012 年，州级政府采购中心组织招标共 55 次，较 2011 年的 41 次增长 35%；完成采购金额 15.55 亿元；非税收入 65 万元，较 2011 年的 55 万元增长 18%；财务收支实现结余

10 万元。2013 年，州政府政务服务中心采购科完成采购任务 79 宗，交易金额 22.3 亿元，比 2012 年增长 43.4%。2014 年，政府采购招标项目共 42 宗，较 2013 年的 79 宗减少 47%；完成政府采购金额 1.06 亿元，较 2013 年的 2.3 亿元减少 54%；节约政府采购资金 1256 万元，节约率为 11.8%；非税收入 116 万元，较 2013 年的 102 万元增长 14%，采购成本实际支出 50 万元，财务收支实现当年结余 66 万元。

三、公共资源交易

根据省委、省政府、省纪委的部署，以及 2012 年 3 月 29 日全省推进公共资源交易中心建设工作座谈会议精神，2012 年 4 月 5 日，成立黔南州公共资源交易市场建设工作领导小组，负责州公共资源交易中心建设工作。5 月，制定《黔南州公共资源交易中心建设筹建方案》。州公共资源交易中心位于州政务中心办公场所（州民族博物馆大楼），面积 2600 平方米，同时，《黔南州公共资源交易中心机构编制方案》经省编委办、州编委批准，内设机构 7 个。2012 年 9 月 27 日，州公共资源交易中心正式挂牌运行，于 11 月 28 日通过省验收。

四、网络办公

2011 年 12 月，州政务中心与州监察局连通电子监控系统，初步建立行政审批及电子监察系统。2012 年 4 月，州政务中心进行网络改造。5 月，正式启用黔南州电子政务外网党政协同办公系统，是首批接入该系统开展网络办公的单位之一。8 月，州电子审批系统建成投入试运行。9 月，州政务中心与州监察局、州信息中心共同组织州直部门第一次电子审批系统使用培训。通过培训，各部门业务办理人员了解与熟悉网上审批流程，掌握审批系统软件操作，逐步实现网上审批，提高审批效率，缩短办事时间，达到高效、快捷、便民、利商的目的，杜绝“两头受理”“门难进、脸难看、话难听、事难办”的现象发生。

五、服务创新

2009 年，州工商局、州质监局、州食药监局在大厅窗口实行“一审一核”制，变承诺件为即办件，并在窗口配备证照打印机，现场出证，缩短证照办理时间。是年，州工商局、州质监局、州食药监局、州财政局将办事大厅窗口接入本单位的业务办公专网，开通网络专线，实现进驻事项“一口受理、一口收费、一口办结”。2012 年，州国土局将办事大厅窗口接入本部门业务办公专网，实现办事时限比法定时限缩短 50% 的目标。2013 年，州工商局窗口推行“沟通、变通、畅通”的“三通”服务机制，在注册工作中，条件具备的畅通，非基本条件不具备的变通，基本条件不具备的沟通，以“审核合一”（即一审一核制）的运行模式，最大限度地缩短行政审批时限，提升服务效能，得到外来客商和群众的高度评价。2014 年，州政务服务中心在州工商局、质监局、公安局窗口推行“两证一章”（工商营业执照、组织机构代码证、公章）并联审批改革试点，实行“一窗口受理、同步审核、同步审批、限时办结”的审批流程，建立依法、规范、廉洁、高效、透明的“并联审批”运行机制，达到简化手续、压缩时限、提高效率、优化服务的目的。该项制度实行至 2014 年末，共有 107 户企业到州政务中心工商窗口申请并联审批，当日办结率达到 98%，办结速率提高200%。是年，全州各级政务服务中心推行延时服务、预约服务、上门服务、全程代办、绿色通道服务等服务制度，“行政审批哪里去，政务中心来帮忙”。都匀市政务服务中心推出的为残疾人、老年人等弱势群体代理带领各类行政审批和服务事项业务、律师和其他法律工作者进驻中心办事大厅定期为前来办事的群众提供法律援助服务、多语种服务、政务回访等一系列特色服务赢得了广大市民好评。龙里县政务服务中心构建县级重大项目代办中心—各园区企业特派员—各村（社区）快递干部“三级代办服务”网络体系，在服务企业和群众中推行重大项目代办中心帮企、县企业特派员助企、快递干部直接为民的“三级代办”政务服务深化拓展模式，主动为企业、群众提供便捷高效的上门服务。

六、电子政务

1999年，成立州政府办公室网管中心，负责重要网站进行专项检查，对政府办公自动化系统进行建设，开展党政机关计算机信息管理。是年，贵州电子政务外网二期工程启动，州委、州政府决定同步实施黔南州电子政务外网一期工程。2011年，经州政府同意，成立黔南州信息管理中心，为州政府办公室管理的副县级事业单位，由财政全额预算管理，撤销原州政府办网管中心和州发改委下属的黔南州信息中心，将工作人员整体划入州信息管理中心。州信息管理中心内设综合科、网络管理科、应用推进科和网站管理科。各县（市）也相应成立电子政务管理中心。

1999年11月，电信黔南分公司赠送州四大班子办公电脑20台，并开通互联网访问。12月，州委、州政府大楼网络机房和综合布线系统开工建设，是全州运用信息化技术进行网上办公的起点。2000年4月，成立州政府上网工程领导小组，同时印发《黔南州人民政府上网工程实施意见的通知》，落实上网工程及办公自动化建设工作。5月15日，州政府网站（www. qiannan. gov. cn）开通，成为黔南州政府第一个官方信息公开平台。2001年5月，州政府办公室办公自动化系统完成，全州开始推行办公自动化。2003年9月，黔南政务信息化建设获省政府办公厅表彰。2004年5月，在省政府系统政务信息化建设评比中，黔南州获一等奖。8月，开始实施《黔南政务信息化建设2004—2006年规划纲要》。2005年6月，黔南州获省政府系统政务信息化建设评比先进单位称号。7月，州政府印发《全面推进依法行政实施纲要》，要求运用现代信息技术提高行政执法效率和服务水平。2006年6月，州政府印发《关于在州直机关开展行政效能建设工作的意见》，实施《黔南电子政务一期工程建设方案》。2010年4月，以“集中部署，统一实施”为电子政务外网规划、设计和建设的指导思想，完成《贵州省政务外网二期工程黔南工程初步设计方案》《黔南州电子政务外网一期工程初步设计方案》，并通过州政府审批。

2011年12月，州电子政务外网一期工程建成州骨干网、州核心数据机房和县（市）核心网络机房；建成州电子政务外网党政协同（移动）办公系统、州电子政务外网网站群、州行政审批和电子监察系统、州综合治税系统；建成覆盖州级、12个县（市）和都匀经济开发区的视频会议系统，并与省电子政务外网视频会议系统联通。2012年11月，州电子政务外网网络开始向部门和乡（镇）延伸，全州有802家单位完成电子政务外网第一批接入。州电子政务外网党政协同（移动）办公系统建成，并正式推广使用，首次实现州、县、乡三级办公业务协同。同时，在协同办公平台上实现国家电子政务外网CA认证以及电子公章系统的无缝对接；建成并启用黔南州电子公文传输系统，实现公文协同中的身份认证、防篡改和抗抵赖，给公文传输安全提供保障和法律效力；建成网站群主站即黔南州门户网站，完成州编委办、州讲师团、州林业局、州旅游局、州公共资源交易中心、州社会科学联合会、都匀市政府网站、罗甸县政府网站以及部分县级部门和乡（镇）等30多个单位子网站建设；建成州财政综合治税系统、黔南州移动办公系统、州气象林业森林防火系统、州林业视频会议系统、州电子监察系统、州行政审批系统、中考志愿报名系统、政务信息报送系统、应急信息报送系统、短信收发系统等。

2013年10月，全州有1163家单位接入电子政务外网。协同办公系统在全州党政机关企事业单位实现全面应用，注册用户数已达2万户，日常实时在线2000余人，所有电子政务外网接入单位均使用该系统收发电子公文，实现单位内部业务流转以及跨部门的业务协同。是年，系统共处理公文26万件、信息28600余条。州电子政务外网网站群中在建子站60余个。视频会议系统开始向乡（镇）延伸，龙里、福泉、长顺和罗甸等4个县（市）视频会议系统已经实现县、乡连通；全年利用视频会议系统召开全州性的大型会议32次，全年节约成本至少400万元以上；视频会议系统除召开一般性会议外，还用于业务培训、指挥调度等。

2014年12月，州电子政务外网网络已覆盖全州1300多个单位，实现横向到底、纵向到边的网络格局，其中惠水县好花红镇已实现电子政务进村。协同办公、视频会议、网站群、综合治税、电子监察和行政审批、舆情系统、电子印章、移动办公等业务系统实现集约化并具备一定规模。印发《黔南州电子政务外网管理办法（暂行）》，明确管理责任和操作规程，细化管理措施和手段。12个县（市）审计系统的业务系统及视频会议系统迁入电子政务外网网络。黔南州网上办事大厅正式上线运行，系统内录入系统的办事公开事项共计200余项，访问量超过2000人次。黔南州“12345”民心热线上线运行，“12345”民心热线作为“听群众意见，应群众诉求，解群众之难，排群众之忧，纳群众建议，集群众智慧”的互动交流平台，联网和责任单位1000多家，全年通过“12345”民心热线电话和网站受理的群众诉求8995件，除现场解答回复的3407件外，其他5588件通过网络转交办理，到期办结5305件，办结率为96.85%。建成黔南州舆情监测系统、黔南州扶贫济困爱心联谊平台、黔南州短信平台、黔南州即时通信系统、黔南州人民政府微信平台、黔南州中考志愿填报系统、黔南州州管干部工作纪实报告系统、“多彩贵州文明行动”曝光台等。

第十一节 其他政务工作

一、文书工作

文书工作含公文处理、信息处理、提案办理等方面，是政府机关工作的重要组成部分，由政府办公室内设各科室分工承办、协同完成，是政务服务的基础性、经常性工作。

（一）公文处理

1991 年 3 月，根据《贵州省政府公文格式样本》，州政府办公室制定《黔南州政府公文格式样本》。1994 年，州政府办根据 1993 年 12 月国务院办公厅对 1981 年颁布的《国家机关公文处理暂行办法》进行修订后颁布实施的《国家机关公文处理办法》，制定《黔南州政府机关工作规则》，对政府机关公文种类、公文格式、行文关系、公文处理程序和公文立卷等作出规定。2011 年，州政府办公室制定《公文办理程序》，在印发政府文件中，做到严格控制发文数量、严格突出办文实效、严格公文审核把关的“三严”要求。

1991—2014 年，州政府办公室累计制发公文 12163 件，年均 553 件。其间，2001 年，州政府办公室在全州率先推行文书处理“网上办流程”无纸化办公；2011 年，随着信息化的发展，州政府办公室实行文书处理“网上全流程”办公，在全州范围内全面铺开。

（二）信息处理

1991 年，州政府信息工作主要由政府办秘书科承担。信息收集和传输手段主要是传真、电话和笔录，收集的渠道主要是通过召开各种会议和到基层采访。1992 年，州政府办公室与贵州省政府办公厅联网，信息通过网络传输。1993 年，制定《黔南政务信息》编辑制度和《向省政府办公厅、国务院办公厅报送信息奖励办法》。从 1995 年开始，州政府办公室开展信息综合分析与预测，为州委、州政府领导提供较有价值的信息。每月对全州经济运行信息进行收集整理和综合分析、预测，编写《全州当前经济运行情况考察报告》，送州委、州政府领导作决策参考。

2000 年 3 月 20 日州政府网站开通。年底，12 个县（市）政府网站全部开通，成为黔南州对外宣传和了解外界信息的重要窗口。从 2004 年 12 月开始，每月 15 日发行《黔南州人民政府公报》，同时，继续印发《黔南政务信息》《黔南政务信息（增刊）》《政务要情》《互联网摘要信息》等刊物。2012 年，随着州电子政务外网建设，全州各单位、县（市）电子政务办公网络开通，政务信息报送渠道以电子传送为主，政务信息发挥为政府领导决策和指挥服务的积极作用。

（三）建议提案办理

在每年州人代会、州政协全委会召开之后，州政府办公室将收集到的人大建议和政协提案进行分类整理，召开建议提案交办会，明确相关责任领导、责任部门和责任人负责办理，办理后逐一答复人大代表和政协委员，并将每年的办理情况汇编成册留存。每年人大、政协“两会”产生的建议和提案，1991—2004 年由政府法制办负责办理，2005—2014 年由州政府办公室建议提案科负责办理。

24 年中，共办理人大建议 2640 件，年均 120 件，建议办理满意率均在 97% 以上，其中，1991 年最低为 97. 69%，2008—2014 年均为 100%。全州办理政协提案 2922 件，年均 134 件，其中，最少的是 1995 年 67 件最多的是 2012 年 225 件，2014 年为 174 件。提案办理满意率 1994—1998 年，均为 97. 9%，2009—2014 年均为 100%。

由于州政府办公室在建议提案办理、信息传递、文书处理等工作方面卓有成效，获得州委、州人大、州政协以及省以上领导机关的多次表彰。1991—2014 年，州政府办公室获奖共 99 项，其中获国家部委奖项 3 项；获贵州省表彰 26 项，其中获省委、省政府联合表彰或省政府单独表彰 8 项，获省政府办公厅奖项 14 项，其他省直部门奖项 4 项；获州委、州政府奖项 10 项；获其他奖项 60 项。

二、督查督办

州政府于 2002 年设立州政府督查室，并在 2007 年和 2010 年机构改革中，分别对州政府督查室的职能职责予以强化，即主要围绕州政府中心工作、重大决策部署，以及领导关心和群众关注的难点热点问题，开展督查督办和跟踪反馈工作。2014 年 10 月，撤销州政府督查室，并划入州督查督办局。

（一）重点查办

督查督办工作重点对当年省、州政府工作报告和经济工作会的目标任务进行责任分解，并按季度汇总贯彻落实情况，通过《督查专报》《黔南政务督查》形式向省、州政府报告。其次是对黔南州经济社会发展有重要影响的十件实事和重点项目的目标任务进行责任分解、落实具体责任人，定期调度和组织开展专项督查，并反馈进展情况。同时，开展群众关心的重点、难点问题和各年度重点工作督查。针对不同时期出现的新情况，把握群众最关心、最急迫的问题，围绕年度工作重点，提出解决的办法。2002—2014 年，重点督查督办的事项达 284 件。

（二）跟踪反馈

根据《黔南州人民政府督查工作规定》《黔南州人民政府督查督办工作制度》《黔南州重大决策部署贯彻落实跟踪督查办法》的规定，按照“谁督办谁负责”的原则和州政府督查机构牵头抓总的要求，主动跟踪事态进展，做到进度时时掌握、结果及时报告。对省政府办公厅、督查室书面或电话通知要求定期不定期反馈的事项，主要采用《黔南督查专报》形式反馈；州重大工作部署定期通过《黔南政务督查》反馈州委、州政府领导和各县（市）、各部门；对重点专项工作通过《督查报告》形式反馈给州有关领导。2003—2014 年共编发《黔南督查专报》160 期、《黔南政务督查》140 期、《督查报告》320 期。

三、金融管理

1991—2011 年，州政府未设置专门的金融办公室。根据省政府办公厅《关于印发贵州省人民政府金融工作办公室机构编制方案的通知》和省机构编制委员会办公室《关于设立黔南州政府金融工作办公的批复》，2012 年 9 月，设立黔南州人民政府金融工作办公室，正县级事业单位，由州政府办公室代管。

州政府金融办公室建立初期，先后组织参加新型工业化发展培训、全州政府系统办公室干部综合素质提升培训、贵州黔南投融资管理高级研修班、国家发改委 PPP 融资培训。同时，组织县（市）金融办公室和拟上市企业人员到上海参加上市工作培训，组织小额贷款公司人员到重庆开展业务培训。州政府金融办公室聘请省政府金融办公室、国泰君安、省建行投行部有关专家对企业进行现场培训1次。

2014年年初，全州编制融资项目176个，授信总金额为254.5亿元，到位资金250.03亿元。其中，各县（市）区融资项目153个，州级融资项目23个。10月州政府金融办公室《黔南州本级政府融资平台债务管理和建立偿债机制暂行实施意见》以及鼓励金融机构授信等激励政策，制定《黔南州企业进入全国中小企业股份转让系统扶持奖励办法》，协助各县（市）、州直各部门和各平台公司完善各项目融资手续。汇总全州各县（市）、各部门上报的融资项目共计159个，经州人大常委会批准，州财政列入预算。截至2014年年末，人大常委会批准的159个项目中已获得贷款项目27个，到位资金24.20亿元（州级项目到位资金10.8亿元）。已批复落实信用条件的融资项目44个，授信金额121.96亿元；待批复的贷款项目53个，授信金额485.60亿元。全州2014年融资性担保机构24家，比2013年新增5家，注册资金13.31亿元，累计实现担保余额15亿元。

截至2014年，共编制汇总融资项目176个，涉及融资金额650余亿元，已到位资金250.03亿元。参与广州金融招商推荐工作会议，与广州金融界和20余家企业家进行座谈交流，发放黔南金融招商宣传手册10000余份。先后与贵州省分行、兴业银行、中信银行、重庆银行等银行业金融机构进行对接，推介黔南州的项目，协调贷款资金。

为做好金融机构与项目单位之间的协调服务工作，州政府金融办公室听取所推介项目的银行放贷意见，及时反馈给项目单位，按照贷款规定，完善手续，并协助、督促项目单位整理贷款所需资料，及时提交有关银行。为加快红牛、都凯、都独城际快速干道和各县（市）通乡油路建设，州金融办公室配合州交通局与北京市政集团、北京城建道桥集团、中国矿业集团、中交二公局、中国城建等集团公司进行多次融资工作对接。2014年，交通融资项目共签订合同16.55亿元，到位资金2.23亿元，推动交通建设工程开展。是年，省政府金融办公室授牌于华创证券作为黔南州企业挂牌工作服务站，全年建立挂牌企业资源库37家，并推荐进入贵州股权金融交易中心，都匀龙海有限公司和独山县青龙农业有限公司在上海股交所挂牌。在协调服务工作中，州政府金融办公室联合州银监分局、人民银行黔南州中心支行、州公安局、州工商局等部门和各县（市）金融系统开展“拒绝高利诱惑，远离非法集资”宣传活动。对全州工商系统登记注册的企业中名称和经营范围含有“投资、理财、中介咨询服务”的132户企业进行排查，对有违规操作的公司进行处理。

截至2014年末，全州通过直接融资和间接融资实现新增融资累计250.03亿元。其中，州级金融机构119.3亿元，县级24.5亿元。

四、驻外联络机构

1991年年初，已成立的州政府驻外联络处有驻广州办事处（建于1986年10月）、驻上海联络处（建于1987年6月）、驻海口办事处（1988年4月）。广州办事处为州政府直属事业机构，归口州外经办管理，并服从省政府驻广州办事处领导。1991年1月，成立州政府驻重庆办事处，由都匀毛麻纺织印染总厂驻渝办事处代行州政府驻重庆办事处部分职能。6月，建立州政府驻北京联络处。是年，撤销海口办事处。1993年2月，成立州政府驻广东湛江办事处、驻广西北海办事处。驻广东湛江办事处与湛江公司实行两块牌子一套人员；驻广西北海办事处挂靠同时成立的北海公司，实行两块牌子一套人员，北海公司在之后不久即解散，办事处撤销。是年，成立州政府驻瑞丽办事处。1994 年 11 月，撤销驻瑞丽办事处。是年，成立州政府驻杭州办事处。

1997 年 1 月，深圳市政府办公厅同意黔南州政府设立驻深圳联络处。是月，正式成立州政府重庆办事处。是年，成立州政府驻贵阳办事处。

1999 年 12 月，撤销驻广东湛江办事处、驻杭州办事处、驻贵阳办事处。

2012 年 7 月，州政府驻北京联络处由副县级调整为正县级机构。是年，设立黔南州政府驻贵阳办事处，为副县级机构。

2013 年 12 月，撤销驻深圳联络处，其职能职责并入驻广州联络处，将驻广州联络处更名为州政府驻广州办事处，为正县级机构，加挂黔南州投资促进局广州分局牌子，归口州政府办公室管理，招商业务归口州投资促进局管理，在深圳设立深圳联络处，作为州政府驻广州办事处的内设科室，对外仍挂黔南州人民政府驻深圳办事处牌子。

五、军供工作

1991—1996 年，都匀军供站由州政府办公室管理，军供业务由州人防战备办公室负责。1997 年 4 月，都匀军供站军供业务由州人防办公室移交州民政局。

为完成军供保障任务，建立以州政府州长为组长，州政府分管副州长、都匀军分区参谋长为副组长，州政府财政、民政、商贸等有关工作部门和全州 12 个县（市）行政主要领导为成员的军供工作领导小组，领导小组在都匀军供站下设办公室，负责处理日常事务。领导小组每年召开军供领导小组会议，部署、研究军供工作，把军供工作纳入“双拥”（拥军优属、拥政爱民）工作的重要内容，建立以都匀军供站为主体，州、县两级食品、卫生、粮食、水电、交通等部门参与的军供保障体制，建立适应部队执行各种任务的军事运输军供应急保障机构，形成平时保障与战时保障，定点保障与区域保障，常规保障与应急保障、伴随保障、机动保障与社会化保障并举的新模式。

（军供保障业务详见第二十二篇第一章第四节）

第十二节　县（市）人民政府

一、都匀市人民政府

1991－2014 年，都匀市政府历经第七届至十二届任期。1991 年，全市行政区划“建并撤”后，设 12 个镇、8 个乡（含民族乡）、3 个街道。各乡（镇）成立人民政府，各街道设街道办事处，市政府有工作机构及代管单位共 58 个。2010 年，经机构改革，市政府有工作机构 25 个、直属事业单位 2 个、政府管理的其他机构 1 个。2014 年，全市行政区划调整后，设置 5 个街道、4 个镇和 1 个水族乡，在各街道设街道办事处，各镇和水族乡成立镇（乡）人民政府。

历届市政府坚持以经济建设为中心，坚持改革开放，统筹发展经济、建设城市、改善民生，加快各项社会事业发展。特别是以“资本置换”方式开展城市建设，城市面貌发生巨大变化，人居环境不断改善；对国有企业进行体制改革，转换经营机制，获得产值、销售、经济效益同步增长；开展农村经济体制改革，增加对农业的投入，建立农业社会化服务体系，农业生产稳步增长；通过招商引资，助推全市经济增长。

经过24年的改革、发展、全市经济、文化、社会事业等各领域、各行业都取得重大成就。1991年，全市国内生产总值50575万元。2014年，全市国内生产总值153.92亿元，财政总收入25.06亿元，500万元以上规模工业增加值31.2亿元，全社会固定资产投资210.64亿元（其中固定资产投资180.67亿元），社会消费品零售总额55.66亿元，招商引资到位资金119.7亿元。居民人均可支配收入15632元，其中，农村常住居民人均可支配收入8410元，城镇常住居民人均可支配收入23518元。居民人均消费支出11542元，其中，农村常住居民人均消费支出6922元，城镇常住居民人均消费支出16588元。小康实现程度达96.1%。

二、福泉市人民政府

1991—1996年，福泉县政府历经第十届至第十一届任期。1996年12月撤县设市，福泉县政府更名为福泉市人民政府。1997—2014年，福泉市政府历经第一届至第五届任期。1991年3月，福泉县政府有工作机构51个，全县设7镇9个乡共16个乡（镇）政府。2000年，经省人大常委会和省政府批准，黄丝乡、高坪乡、地松乡先后撤乡建镇，其乡政府改设为镇政府。2001年，经州政府批准，撤销马场坪镇，设立马场坪办事处，新设金山办事处，全市有15个乡（镇）政府和2个办事处。到2014年，市政府有工作机构38个，全市设2个街道办事处和5个镇、1个乡（镇）政府。

历届福泉县、市政府履行人民赋予的职责，坚持以经济建设为中心，坚持改革开放，统筹城乡发展、区域发展、经济社会发展、人与自然和谐发展，全面推进经济、文化、社会、生态文明建设，全市发展呈现“增速加快、结构优化、效益向好、民生改善、社会和谐、民族团结”的局面。

1991年，工农业总产值达3.40亿元，其中，农业总产值1.76亿元、工业总产值1.64亿元。

2014年，全市实现国内生产总值111.04亿元。其中：实现农业增加值12.44亿元，农业增加值占GDP比重11.1%。粮食总产量11.65万吨，烟叶收购突破4600吨，烟叶收入连续3年超亿元。

完成工业总产量210亿元，比2013年增长14.8%，规模工业增加值48.9亿元，比2013年增长15.9%。磷及磷化工占全市工业总产值的60%。

财政总收入完成20.02亿元，比2013年增长29%，首次突破20亿元。全市金融机构年末各项存款余额76.04亿元，比2013年新增8085亿元，增幅13.17%，总额列全州第三位；全市金融机构年末各项贷款余额76.89亿元，比2013年增加11.71亿元，增幅17.96%，总额列全州第二位。

社会消费品零售总额实现18.56亿元，比2013年增长13.02%。完成外贸进口总额4163万美元，比2013年增长51.28%。城镇、农村居民人均可支配收入分别为22151元和7515元，小康创建核心指标提前超额达标，全面小康实现程度达95.2%。

三、瓮安县人民政府

1991—2014年，瓮安县政府历经第十一届至第十六届任期。1991年，县政府有工作机构44个。全县行政区划“建并撤”，设8个镇、15个乡，各乡（镇）成立（镇）人民政府。此后，经多次机构改革，到2014年，县政府工作机构精简到33个，其中，政府工作部门24个，直属事业单位7个，其他机构2个。全县乡（镇）行政区划调整为10个镇、1个乡、2个街道，各镇（乡）成立镇（乡）人民政府，街道设街道办事处。

历届县政府以经济建设为中心，落实省、州的发展战略部署，按照“立足黔中、融入贵阳、连接成渝、面向珠三角”的战略构想和“工业强县、城镇带县、文化兴县、生态立县”的发展思路，坚持“交通为先、产业为重、城镇为要、民生为大”，统筹推进经济、文化、社会事业全面发展。24年间，农业发展加快，烤烟、茶叶种植面积不断扩大，农特产品销售额不断提高，农民收入稳步增加；工业经济增长迅速，已建成贵州金正大，贵州巴田、龙马磷业等一批大型磷矿企业，全县有磷化工企业9个、化肥生产企业3个、煤矿开采企业18个；文化、旅游、商贸快速发展；基础设施持续改善，城镇建设步伐加快，不断呈现新面貌；生态建设稳步推进，环境保护成效明显；社会治理成效显著，各项社会事业不断取得新成就。到2014年，全县初步形成以畜牧业、烤烟、茶叶、果蔬为主的农业产业机构，以磷、煤化工为主的工业生产结构，以房地产开发、服务业为主的第三产业发展结构。2014年末，全县国内生产总值86.85亿元，是1991年的22.44倍。其中：工业总产值156.74亿元，是1991年的12.57倍；农业总产值28.12亿元，是1991年的9.7倍；财政总收入17.57亿元，是1991年的50.2倍；各项存款余额63.35亿元，是1991年的60.53倍，各项贷款余额34.44亿元，是1991年的30.31倍；社会消费品零售总额13.44亿元，是1991年的15倍。全县磷矿石产量846.05万吨、化肥产量1.65万吨，磷及磷化工产值60.32亿元，是1991年的542.22倍。原煤产量394.57万吨，焦煤产量18.07万吨，煤及煤化工产值40.18亿元，是1991年的155.76倍。农特产品总产值21.90亿元，销售收入17.08亿元。菜园面积16.73万亩，是1991年的26.98倍，茶叶综合产值2.78亿元，是1991年的87.65倍，其中省级龙头企业2个。烤烟种植面积6.15万亩，是1991年的0.41倍，烟叶产量6757吨，是1991年的0.34倍，烟叶产值1.54亿元，是1991年的2.52倍。

四、贵定县人民政府

1991—2014年，贵定县政府历经第十二届至第十七届任期。1991年1月，县政府有工作机构41个。是年，全县行政区划“建并撤”后设8个镇、11个乡，各乡（镇）成立乡（镇）人民政府。经过多次政府机构改革，到2014年，县政府工作机构精简到27个，其中直属事业单位2个。2014年，全县行政区划调整，设6个镇、2个街道，各镇成立镇人民政府，各街道成立街道办事处。历届县政府以经济建设为中心，以改善民生为要务，围绕

"县城宜居、昌明宜业、盘江宜游、云雾宜农"的发展思路，以城镇建设、园区项目建设、产业发展为工作主线，抢抓机遇，推进工业化、农业产业化、第三产业和城镇化建设，推进生态文明建设、环境保护和各项社会事业建设，农业农村经济稳步发展，工业经济实现较快增长，基础设施不断改善，城镇面貌发生巨大变化，绿色生态建设持续发展，旅游服务业得到拓展，城乡劳动就业不断增加，农民人均纯收入逐年增长。2014 年，全县国内生产总值62.52 亿元，为1991 年4.87 亿元的11.85 倍。全社会固定资产投资71.03 亿元，是1991 年0.57 亿元的67.9 倍。金融机构存款、贷款余额分别为47.68 亿元、33.54 亿元。社会消费品零售总额11.04 亿元，旅游总收入31.44 亿元，城镇居民人均可支配收入20518元，农村居民人均可支配收入7210 元，小康社会实现程度89.94%。第一、第二、第三产业比重从1991 年的20.44:63.61:15.95 发展到2014 年的15.14:44.5:43.5。

2014 年，全县农业总产值粮食总产量为8.3 万吨，比1991 年增加1.02 万吨，非粮农业增加值占第一产业增加值比重达85.8%；油料作物总产量6449 吨，比1991 年增加425.57 吨；茶叶总产量3791 吨，为1991 年661 吨的57.36 倍；水果总产量1.63 万吨，是1991 年1786.2 吨的9 倍。

2014 年，工业增加值完成20.14 亿元，规模以上工业增加值（2000 万元以上口径）34.44 亿元，昌明工业园区总体规划获省批复。至年末，昌明开发区已落实招商引资项目40 个，到位资金74.5 亿元。

五、龙里县人民政府

1991—2014 年，龙里县政府历经第十一届至第十六届任期。1991 年，县政府有工作机构26 个。是年，全县行政区划"建并撤"后设6 个镇、8 个乡，各乡（镇）成立乡（镇）人民政府。2014 年，全县行政区域调整，设5 个镇、1 个街道，各镇成立镇人民政府，街道成立街道办事处。县政府工作机构历经多次改革。至2014 年末，县政府有工作部门25个，有直属事业单位11 个。历届县政府团结带领全县各族干部群众，以经济建设为中心，坚持"抓住机遇、深化改革、扩大开放、促进发展、保持稳定"的总体思路，推进全县经济社会平稳快速发展，经济由农业为主转向以工业和第三产业为主。24 年间，全县经济总量不断扩大，综合实力显著增强；生产关系得到改善，农村经济全面发展；非公企业繁荣发展，工业经济快速增长；基础设施全面加强，城镇化水平显著提高；群众收入持续增长，扶贫攻坚成效显著；社会事业全面发展，民族团结和谐进步。2013 年，龙里县进入全省第四轮经济强县行列。

2014 年，全县地区生产总值64.33 亿元，是1991 年的40 倍。农业总产值15.9 亿元；工业总产值165.45 亿元，是1991 年的251 倍；财政总收入14.03 亿元；社会消费品零售总额8.35 亿元。城镇居民人均可支配收入21860 元，农民人均纯收入7513 元。在全省31个经济强县增比进位中排列第十三位，全面建成小康社会实现程度达95.8%。

六、惠水县人民政府

1991—2014 年，惠水县政府历经第十二届至第十七届任期。1991 年，县政府有工作机构57个。是年，全县行政区划“建并撤”后，设8个镇17个乡，各乡（镇）成立乡（镇）人民政府。2014年，全县行政区划调整，设8个镇、2个街道，各镇成立镇人民政府，各街道成立街道办事处。县政府工作机构经多次改革，至2014年末，有工作部门24个、直属机构1个、直属事业单位7个，其他机构1个。

历届县政府履行全县人民赋予的职责，以经济建设为中心。围绕“农业富县、工业强县、城建兴县、商贸活县、旅游热县、文化亮县”的发展战略，统筹城乡发展、区域发展、经济社会发展、人与自然和谐发展，全面推进经济、文化、社会、生态文明建设。24年间，全县农业综合生产能力提高，产业结构不断调整，基础设施全面加强，城镇化水平明显提高，城乡发展协调性增强，生态文明建设成效显著，资源节约和环境保护全面推进；改善民生力度不断加大，城乡就业持续增加，居民收入较快增长，家庭财产稳定增加，衣、食、住、行、用等条件明显改善，城乡最低生活保障标准和扶贫标准大幅提升；基本公共服务水平逐步提高，各项社会事业明显进步；城乡面貌发生巨大变化，人居环境不断改善。

2014年，全县国内生产总值达63.47亿元，是1991年30600万元的20.74倍。工农业生产总产值388504万元，是1991年25152.8万元的15.45倍。其中，农业生产总值172538万元，是1991年20384.8万元的8.46倍；工业生产总值215966万元，是1991年的4768万元的45.29倍。全社会固定资产投资完成120亿元，是1991年1370万元的876倍。全县财政总收入10亿元，是1991年1386万元的43.4倍；全年财政支出21.62亿元，是1991年1985.7万元的109倍。金融机构存款余额为50.67亿元，是1991年6191.3万元的82倍；贷款余额39.23亿元，是1991年9629.5万元的40.7倍。

七、长顺县人民政府

1991—2014年，长顺县政府历经第十一届至第十六届任期。1991年，县政府有工作机构43个。是年，全县行政区划“建并撤”后，设12个乡，5个镇，各乡（镇）成立乡（镇）人民政府。2014年，全县行政区划调整，设6个镇、1个乡，各镇（乡）成立镇（乡）人民政府。县政府工作机构经过多次改革，至2014年末，有政府工作部门24个、直属事业单位7个。

历届县政府以经济建设为中心，以市场为主导，以科技为依托，以服务为宗旨，制定不同阶段的发展战略，采取各项有效措施，推进全县经济、文化、社会快速发展。经过24年的建设，全县综合经济实力明显增强，基础设施不断改善，产业升级加快，各项社会事业建设不断取得新成就，生态建设成就显著，社会治理成效明显，城乡建设不断呈现新面貌，民生得到全面改善，全县经济、社会持续健康稳定发展。

2014年，地区国内生产总值413681万元，比1991年增长4519.55%，工农业总产值193126万元，比1991年增长2614.35%。其中，农业总产值104353万元，工业总产值88773万元。财政总收入54353万元，比1991年增长9537.05%。年末全县金融机构人民币各项存款余额309524万元，比1991年增长23801%；各项贷款余额229640万元，比1991年增长4945%。社会消费品零售总额84679.4万元，比1991年增长2698%。特别是建于2011年，规划面积50平方公里的新型工业园区——威远工业园区，已列入黔中经济区发展规划，成为全省“十二五”期间重点发展的“贵州省首批百亿元产业园区”之一。

八、独山县人民政府

1991—2014年，独山县政府历经第十一届至第十六届任期。1991年，县政府有工作机构41个。是年，全县行政区划“建并撤”，设8个镇、7个乡、3个水族乡，各乡（镇）成立乡（镇）人民政府。2013年，全县行政区划调整，设8个镇，各镇分别成立镇人民政府，各街道成立街道办事处。县政府工作机构经过多次改革，到2014年末，有政府工作部门24个、直属事业单位5个。

历届县政府以经济建设为中心，实施“农业稳县、工业强县、科教文卫兴县、城建旅游活县、民族文化塑县”的发展战略，特别是“十二五”期间，紧扣项目建设这“一条主线”，推行工业化、城镇化“两轮驱动”。经过24年的建设，全县经济、文化、社会事业等全面快速发展。在经济建设中，1997年建立的麻尾工业园区列入省重点实施的“511产业园区培育计划”和省重点打造的100个产业园区，获省批准为“煤电冶”一体化工业园区；2010年建立的独山经济开发区获省政府批准为省级经济开发区；2010年建立的独山高新技术产业园区成为全州第一个高新技术产业园区；突出产业培育，重点打造不锈钢基料产业基地；重点壮大轴承、水晶饰品、家居三大主导产业，打造西部“轴承之乡”“水晶之乡”；全县万亩蔬菜基地和5万亩优质基地获省“无公害产地”认证，番茄、菜豆获农业部无公害农产品认证，独山盐酸菜、“贵草”牌巴氏杀菌乳、贵州石牛食品公司系列糖果等获“贵州省名牌产品”称号，“独山秀峰”牌辣椒、无公害番茄、“大丰禾”牌优质米、香米获“贵州省名特优农产品”称号。

2014年，全县地区生产总值55.01亿元，比上年增长16.5%。工业总产值96.77亿元，是1991年的99.1倍；农业总产值19.86亿元，是1991年的10.4倍。财政总收入6.39亿元，比上年增长23.73%。农村居民人均可支配收入7044元，比上年增长13.2%；城镇居民人均可支配收入21125元，比上年增长11.3%。社会消费品零售总额13.61亿元，全社会固定资产投资68亿元。

九、荔波县人民政府

1991—2014年，荔波县政府历经第十届至第十五届任期。1991年，全县行政区划“建并撤”后，设5个镇、6个乡、6个民族乡，各乡（镇）成立乡（镇）人民政府。1994年，县政府机构改革后，设政府工作机构26个。2001年，县政府工作机构改革为28个。2014年，全县行政区划调整，设5个镇、2个民族乡、1个街道，各镇（乡）成立镇（乡）人民政府，街道成立街道办事。县政府工作机构经过撤并和新建，共设置政府工作部门24个、直属事业单位6个、其他机构1个。

历届县政府以经济建设为中心，以改善民生为根本出发点和落脚点，围绕全县各阶段的发展目标，统筹生态与经济、经济与社会、城镇与农村协调发展。依托世界自然遗产地等旅游资源，实施旅游发展带动战略，以旅游为核心，促进第一、第二、第三产业和城镇化与旅游融合，推动全县基础设施、产业发展、民生工程不断取得新突破，全面推进经济建设、文化建设、各项社会事业建设、生态文明建设。经过24年的建设，产业结构不断优化，初步建立特色优势产业体系和“绿色荔波”生态经济体系，以交通、水利为重点的城乡基础设施不断改善，公共服务能力不断提升，生态文明建设成效显著，各项社会事业持续发展。在发展中，守住了速度、收入、脱贫、安全四条发展底线和山青、天蓝、水清、地洁四条生态底线，列入国家主体功能区建设试点示范县、国家生态示范县、国家生态旅游示范区、中国世界遗产旅游推广联盟，列入贵州省创建全域旅游示范县、贵州省扶贫攻坚示范县、贵州省服务业聚集区、省级小康寨行动计划重点示范县，获全国首批民生改善十佳典范城市、全国首批创建生态文明典范城市、全国平安农机示范县等称号。2014年，全县地区生产总值41.49亿元，比上年增长15.5%，是1991年1.02亿元的40.68倍；全社会固定资产投资66亿元，比上年增长32%，是1991年0.02亿元的3300倍；财政总收入5.23亿元，比上年增长25.27%，是1991年0.11亿元的47.55倍；金融机构各项存款余额31.27亿元，是1991年0.35亿元的89.34倍；农村居民人均可支配收入6916元，比上年增长12.2%，是1991年农民人均纯收入337元的20.5倍。农业增加值5.5亿元，500万元以上规模工业增加值12.2亿元，社会消费品零售总额8.81亿元，第一、第二、第三产业比重为20.31:29.28:50.41。小康实现程度达91.6%。

十、平塘县人民政府

1991—2014年，平塘县政府历经第十届至第十五届任期。1991年，全县行政区划“建并撤”后，设9个镇、9个乡、1个民族乡，各乡（镇）成立乡（镇）人民政府。县政府有工作机构36个。2014年，全县行政区划调整，设9个镇、1个毛南族乡，各镇（乡）成立镇（乡）人民政府。县政府工作机构经过多次改革，至2014年末，省政府工作部门23个。政府直属事业单位2个、其他机构1个。

历届县政府以经济建设为中心，实施“强产业、扩城建、打基础”的发展战略，以生态和发展为底线，统筹城乡经济和社会发展，人与自然和谐发展，弘扬“追赶、领先、跨越”的“FAST”精神，落实稳增长，促改革、调结构、惠民生的各项措施，推进全县经济建设、文化建设、社会及事业建设、生态文明建设全面发展，朝着实现后发赶超、全面小康的目标迈进。在经济建设中，建成平塘工业园区、通州产业园、平湖产业园和四寨马鞍山产业园，其中，通州产业园、四寨马鞍山产业园已列入全省100个产业园区规划。

2014年，全县国内生产总值42.41亿元，比上年增长16.1%。工业总产值为21.11亿元，比上年增长15.51%；农业增加值13.78亿元，畜牧业增加值3.02亿元。财政总收入4.65亿元，比上年增长21.01%。金融机构年末存款、贷款金额分别为38.54亿元和25.68亿元，分别比上年增长18.31%和30.3%。城镇、农村居民人均可支配收入分别为20325元和6666元。招商引资项目到位资金59.4亿元，比上年增长46.49%。全县森林覆盖率55.91%。全县城镇化率为39.09%。

十一、罗甸县人民政府

1991—2014年，罗甸县政府历经第十一届至第十六届任期。1991年，全县行政区划

"建并撤"，设17个乡、6个镇、各乡（镇）成立乡（镇）人民政府。县政府有工作机构31个。2014年，全县行政区划调整，设8个镇、1个乡、1个街道，各镇（乡）成立镇（乡）人民政府，街道成立街道办事处。县政府工作机构经过多次改革，至2014年末，设政府工作部门32个。

历届县政府以经济建设为中心，坚持改革开放，根据省提出的发展战略和州确定的发展格局，全面统筹推进全县经济、文化、社会、生态建设，实施"一枢纽三基地"发展战略，即将贵州区域中心城市罗甸打造成为贵州南部交通枢纽，成为现代山地特色高效农业示范基地（又称粤港澳鲜活农产品基地）、贵州南部新型工业基地、健康养生基地。围绕"水之城、玉之城、灵性之城"的城市定位，塑造"山水湖城、玉都罗甸"形象。在经济建设中，坚持转方式、调整结构、促增收的产业优化模式，实现产业结构持续优化，转型升级步伐加快，农业提质增效，初步形成"互联网＋罗甸农特产品"流通新业态，艾纳息、火龙果、脐橙先后获国家地理标志保护产品认证，特色产业实现数量、规模、质量、品牌"四提升"。经过24年建设。发展全县综合实力显著增强，基础设施持续改善，民生保障持续提升，城乡建设不断呈现新貌，县城建设实现"十二五"期间再造一座新城的目标。公共服务水平逐步提高，教育文化卫生等各项社会事业明显进步。

2014年，全县地区生产总值50.82亿元，是1991年1.49亿元的34倍。工农业总产值53.74亿元，是1991年1.99亿元的27倍。财政总收入5.58亿元，是1991年0.07亿元的78.81倍。城镇居民人均可支配收入20502元；农村居民人均可支配收入7610元，是1991年427元的17.82倍。全社会固定资产投资总额65.23亿元，是1991年333万元1959倍。

十二、三都水族自治县人民政府

1991—2014年，三都县政府历经第十届至第十五届任期。1991年，全县行政区划"建并撤"，设7个镇、14个乡，各乡（镇）成立乡（镇）人民政府。县政府有工作机构51个。2001年，有3个乡撤乡建镇，3个镇分别成立镇人民政府。2014年，全县行政区划调整，设6个镇、1个街道，各镇成立镇人民政府，街道成立街道办事处。县政府工作机构经过多次改革，至2014年末，设政府工作部门23个，直属事业单位2个，其他机构1个。

历届县政府以经济建设为中心，全面推进全县经济、文化、社会、生态建设，统筹城乡发展。在经济建设中，全县农业推广"一年多熟制"种植模式，培育畜、果、菜、竹、茶五大产业，建设西北面以大河镇为主的蔬菜、北面以交梨乡（2014年撤并入普安镇）为主的水晶葡萄、东面以都江镇为主的椪柑、南面以九阡镇为主的九阡李，4个现代农业核心示范区。工业建设实施"工业强县"战略，确立"立足优势、依托资源、搭建平台、承接产业"的发展思路，建设"一区三园"，即以县城的工业园区中心，成立交梨工业园区，并同时分别设交梨工业园。塘州工业园、周覃工业园，推进工业经济转型升级和发展。24年间，全县民族团结，经济持续发展，各项社会事业不断进步，基础设施不断改善，城镇化水平明显提高，生态得到保护，扶贫开发成效显著，农民收入逐年增加，城乡居民最低生活保障标准和扶贫标准大幅提升，人民群众生活水平不断提高。

1991年，全县国内生产总值13102万元。农业总产值14569万元，工业总产值3465万元。社会消费品零售总额4409万元。全社会固定资产投资3301万元。财政总收入800万元。金融机构存款余额5050万元。农民人均纯收入2186元。

2014年，全县国内生产总值43.44亿元。农业总产值15.74亿元；规模工业总产值10.91亿元；社会消费品零售总额10.14亿元。全社会固定资产投资22.19亿元。财政总收入4.43亿元。农民人均纯收入6758元。

第三章　人民政协

1991—2014年，中国人民政治协商会议黔南布依族苗族自治州委员会（以下简称州政协）历经第七届到第十一届任期，除第九届任期六年外，其余每届任期五年。历届州政协依照《中国人民政治协商会议章程》开展工作，组织州政协委员开展调查研究，对黔南州的大政方针和重要举措以及经济建设、政治建设、文化建设、社会建设、生态文明建设中的重要问题，对法律法规的实施、重大方针政策、重大改革举措、重要决策部署的贯彻执行情况涉及人民群众切身利益的实际问题解决落实情况，对全州政治、经济、文化、社会生活和生态环境等方面的重要问题以及人民群众普遍关心的问题等，通过调研报告、提案、建议案等方式，反映社情民意，向州委、州政府提出意见、建议，履行政治协商、民主监督、参政议政的职能。

第一节　州政协会议

一、州政协全体会议

（一）第七届全体会议

1991年5月20—29日州政协第七届第一次全体会议在都匀召开。应到会委员247人，实到213人，列席43人。会议听取和审议六届常委会工作报告。与会委员列席州人大九届一次会议，听取并讨论《关于黔南布依族苗族自治州国民经济和社会发展十年规划和第八个五年计划纲要的报告》及其他报告，提出加强全州重大经济项目论证、改善投资环境、中低产田土综合改良利用、创办综合性大学、建立养老院、农村医疗卫生工作、交通事业发展、扩大流通、水利建设、企业思想政治工作和职业道德教育等10个方面的意见和建议。会议选举产生第七届常委会委员49名，选举主席1名、副主席8名、秘书长1名（1名副主席兼）。

第二次、第三次、第四次、第五次全体会议先后于 1992 年 3 月 3—7 日、1993 年 4 月 2—30 日、1994 年 3 月 19—25 日、l995 年 3 月 12—17 日在都匀召开。在各次会议上，根据实际情况，学习中共中央以及中共贵州省委、省政府和州委有关文件精神，听取常委会工作报告、提案工作情况报告。其中，第二次会议对科学总结农业工作、开展扶贫扶智、实行工业生产技术改造、加强民族工作、扩大改革开放、搞好“两烟”（烤烟、卷烟）生产、深化企业改革、搞好科技应用与开发等 8 个方面提出意见和建议，9 名委员作专题发言；第三次会议提出要强化对农业基础地位、发展科技事业、发展乡（镇）企业、重视“希望工程”、干部不能兼职经商等 5 个方面的意见建议，10 名委员作专题发言，1 名委员提交书面发言，会议补选第七届常委 3 名、秘书长 1 名；第四次会议提出发展农业要转变观念、坚持以粮食生产为重点、加强农业生产资料市场管理、增加烟民收入、发展“绿色工程”、加强农村财源建设等意见建议，20 名委员作专题发言，4 名委员提交书面发言材料，会议增选第七届副主席 1 名、常委 4 名；第五次会议提出坚定不移地搞好科技兴农、进一步为个体私营经济发展创造一个良好的社会环境、提高经济质量、治理腐败、切合实际转换企业经营机制、按规定拨足民族经费、搞好都匀市蔬菜生产等 7 个方面的意见建议，l2 名委员围绕政府各项工作在大会上发言，会议增选第七届副主席 1 名。各次会议期间，与会委员参加州人大会议，听取和审议人大会议上作的各项工作报告。

（二）第八届全体会议

1996 年 6 月 18—25 日，州政协第八届第一次全体会议在都匀召开。应到会委员 260 人，实到 242 人，列席 35 人。会议听取和审议第七届常委会工作报告和提案工作报告。与会委员列席州人大第十届第一次会议。会议选举产生州政协第八届常委会委员 44 名，选举主席 1 名、副主席 8 名、秘书长 1 名（1 名副主席兼）。

第二次、第三次、第四次、第五次全体会议先后于 1997 年 3 月 23—28 日、1998 年 4 月 13—18 日、1999 年 3 月 22—26 日、2000 年 3 月 26—30 日在都匀召开。各次会议听取常委会工作报告、提案工作情况报告。其中，第二次会议提出要加大资金投入和科技含量发展粮食生产，制定过硬的“两烟”生产措施，大力开发非耕地资源和发展养殖业，明确“九五”及未来十五年内林业发展指标，不应减少发展农业的经费和农业、林业、水利、气象等部门的事业费等方面的意见建议，22 名委员作专题发言，会议选举州政协第八届秘书长 1 名；第三次会议期间，州政府、州政协联合表彰州政协第八届第一次会议以来的优秀提案 23 件和提案承办先进单位 15 个，不同界别的 24 名委员代表作口头发言和书面发言，州政协成立黔南州少数民族教育寒窗基金，向与会委员和人大代表发出倡议，有 248 人和 3 个单位捐款共 2 万多元；第四次会议有 13 名委员作专题发言，10 名委员提交书面发言，补选州政协第八届常委 1 名；第五次会议有 14 名委员和贵定联络组、长顺联络组、福泉联络组作大会发言，对州政协八届三次、四次会议以来优秀提案 30 件和先进承办单位进行表彰。各次会议期间，与会委员参加州人大会议，听取和审议州人大会议上作的各项工作报告。

（三）第九届全体会议

2001 年 4 月 22—28 日，州政协第九届第一次全体会议在都匀召开。应到会委员 299 人，实到 278 人，列席 46 人。会议听取和审议第八届常委会工作报告和提案工作报告。与会委员列席州人大会议，听取并讨论《黔南州国民经济和社会发展第十个五年计划纲要报告》。7 名委员和州政协社会联谊委员会作第九届第一次大会发言。大会选举产生州政协第九届常委会委员 50 名，选举主席 1 名、副主席 8 名、秘书长 1 名。

第二次、第三次、第四次、第五次、第六次全体会议先后于 2002 年 3 月 23—27 日、2003 年 4 月 7—11 日、2004 年 2 月 23—28 日、2005 年 2 月 25 日—3 月 1 日、2006 年 2 月 20—25 日在都匀召开。各次会议听取常委会工作报告、提案工作情况报告。其中，第二次会议上，11 名委员作大会发言，14 名委员提交书面发言材料，州政协办公室整理出委员和列席人员提出的意见、建议 74 条，上报中共黔南州委、州政府；第三次会议上，13 名委员登台议政，13 名委员提交书面发言材料。会议还对州政协第九届第一、二次会议以来的优秀提案和承办提案先进单位进行表彰，共表彰特别优秀提案 1 件、优秀提案 29 件和提案承办先进单位 15 个，会议补选州政协第九届副主席 2 名、秘书长 1 名、常委 8 名；第四次会议上，有 5 名委员和民革黔南州委、民建黔南州委、民进黔南州委、九三学社黔南州委、州政协经济发展委员会作专题发言，有 13 名委员提交书面发言。大会补选州政协第九届常委 5 名；第五次会议上，11 名委员作大会发言，9 名委员提交书面发言；第六次会议上，民革黔南州委、民建黔南州委、民进黔南州委、九三学社黔南州委和州政协都匀市、龙里县、惠水县、长顺县、三水县联络组，州政协经济发展委员会、社会联谊委员会、提案法制委员会以及 9 名委员，分别在大会上发言和提交书面发言。大会补选州政协第九届副主席 1 名、常委 2 名。各次会议期间，与会委员参加州人大会议，听取和审议州人大会议上作的各项工作报告。

（四）第十届全体会议

2007 年 2 月 4—10 日，州政协第十届第一次全体会议在都匀召开。应到会委员 308 人，实到 279 人，列席 45 人。会议听取和审议第九届常委会工作报告和提案工作情况报告，与会委员列席州人大第十二届第一次会议。第十届第一次全体会议就如何加强和改进政协工作、加大委员知情出力等方面提出意见和建议，民革黔南州委、民建黔南州委、民进黔南州委、九三学社黔南州委、州政协罗甸联络组、都匀市联络组、龙里县联络组以及 4 名委员作大会发言。会议选举产生州政协第十届常委会委员名，选举主席 1 名、副主席 8 名、秘书长 1 名。

第二次、第三次、第四次、第五次全体会议先后于 2008 年 2 月 24—27 日、2009 年 2 月 23—27 日、2010 年 2 月 22—26 日、2011 年 2 月 24 日—3 月 3 日在都匀召开。各次会议听取常委会工作报告、提案工作情况报告。其中，第二次会议期间，举行联组协商会，将委员和列席人员分为工商经济、农业、文化教育、医药卫生、社会民生共5个专题组，展开协商讨论，部分委员、州级各民主党派代表、州政协驻县（市）联系组作中心发言，中共黔南州委、州政府8名领导和相关部门负责人与政协委员和列席人员面对面协商议政，都匀市15名群众代表应邀旁听会议，民革黔南州委、民进黔南州委联合调研组、民建黔南州委、九三学社黔南州委、州政协委员驻都匀市联络组、州政协委员驻罗甸县联络组、州经济发展委员会的代表，以及2名州政协委员作大会发言；第三次会议补选州政协第十届秘书长1名、常委4名；第四次会议与会委员和列席人员分为5个联组进行专题协商，会议补选州政协第十届主席；第五次会议期间，举行联组专题协商会，分为工商经济、城镇旅游发展、现代农业、教育文化、社会民生等5个联组进行专题协商，中共黔南州委、州政府领导以及部分州直部门负责人分别出席5个联组协商会与委员们面对面共商全州经济社会发展大计，会议补选州政协第十届副主席2名、秘书长1名。各次会议期间，与会委员参加州人大会议，听取和审议州人大会议上作的各项工作报告。

（五）第十一届全体会议

2012年2月9—14日，州政协第十一届第一次全体会议在都匀召开。应到会委员316人，实到307人，列席85人。会议听取并审议第十届常委会工作报告和提案工作情况报告。与会委员列席州人大第十三届第二次会议。民革黔南州委、民建黔南州委、民进黔南州委、州工商联、都匀市政协及4名州政协委员作第十一届第一次大会发言。会议选举产生州政协第十一届常委会委员52人，选举主席1名、副主席10名、秘书长1名。

第二次、第三次全体会议先后于2013年2月18—21日、2014年2月16—20日在都匀召开。各次会议听取常委会工作报告、提案工作情况报告。第二次会议学习州委主要领导在这次会上的讲话；举行联组专题协商会，分为工商经济、城镇化带动及旅游产业发展、农村农业、科教文卫体、社会管理和保障民生等5个专题联组，分别作专题发言，中共黔南州委、州政府领导及部分州直部门负责人分别出席5个联组协商会，与委员们面对面进行协商讨论，共谋全州经济社会发展大计。第三次会议学习中共州委主要领导在这次会上的讲话；举行联组专题协商会，分别就“积极深化改革，努力扩大开放”“坚持工业强州，加快工业化进程”“实施城镇亮州，加快城镇化进程”“推进农业现代化，发展现代服务业”“发展科教卫文体事业，保障改善民生”等5个专题进行协商讨论，5名委员分别作联组专题中心发言，州委、州政府领导及部分州直部门负责人分别出席5个联组协商会，与委员们面对面进行协商讨论全州经济社会发展大计；会议补选州政协第十一届副主席1名、常委4名。第二次、第三次全体会议期间，与会委员参加州人大会议，听取和审议州人大会议上作的各项工作报告。

1991—2014 年州政协领导任职情况一览表

表 4-3-1 单位：个

届次	职务	姓名	性别	民族	任职时间
第七届	主席	潘希武	男	苗族	1991.5—1996.6
	副主席	梁登峰	男	汉族	1991.5—1996.6
		陈吉顺	男	汉族	1991.5—1995.4
		黄义仁	男	布依族	1991.5—1996.6
		朱正忠	男	汉族	1991.5—1996.6
		陆道邦	男	水族	1991.5—1996.6
		罗来隆	男	布依族	1991.5—1996.6
		白俊德	男	回族	1991.5—1992.10
		於根生	女	汉族	1991.5—1996.6
		刘怀宣	男	汉族	1991.5—1996.6
		熊守仁	男	汉族	1991.5—1996.6
		况明高	男	汉族	1994.3—1996.6
		王梦泽	男	汉族	1995.3—1996.6
第八届	主席	胡品荣	男	水族	1996.6—2001.4
	副主席	朱正忠	男	汉族	1996.6—2001.4
		罗来隆	男	布依族	1996.6—2001.4
		於根生	女	汉族	1996.6—2001.4
		刘怀宣	男	汉族	1996.6—2001.4
		李秀振	男	汉族	1996.6—2001.4
		高金林	男	苗族	1996.6—2001.4
		韦杰铮	男	水族	1996.6—2001.4
		王圣强	男	布依族	1996.6—2001.4
第九届	主席	胡品荣	男	水族	2001.4—2007.2
	副主席	於根生	女	汉族	2001.4—2006.2
		李秀振	男	汉族	2001.4—2003.3
		韦杰铮	男	水族	2001.4—2007.1
		王圣强	男	布依族	2001.4—2007.1
		罗来铨	男	布依族	2001.4—2003.3
		滕久明	男	苗族	2001.4—2006.6
		邓元铭	女	汉族	2001.4—2007.1
		杜汉生	男	汉族	2001.4—2007.2
		黎俊敏	男	布依族	2003.4—2007.2
		陈玉兴	男	汉族	2003.4—2007.2
		杨筑萍	女	苗族	2006.2—2007.1

续表 4－3－1

届　次	职　务	姓　名	性　别	民　族	任职时间
第十届	主　席	杨启义	男	汉族	2007. 2—2010. 2
		刘朝容	女	汉族	2010. 2—2012. 2
	副主席	杜汉生	男	汉族	2007. 2—2011. 2
		黎俊敏	男	布依族	2007. 2—2012. 2
		陈玉兴	男	汉族	2007. 2—2010. 12
		蒙秉武	男	水族	2007. 2—2012. 2
		陈　琦	男	布依族	2007. 2—2012. 2
		邱耀东	男	汉族	2007. 2—2012. 2
		黎燕萍	女	苗族	2007. 2—2012. 2
		李　强	男	汉族	2007. 2—2012. 2
		张宪民	男	汉族	2011. 2—2012. 2
		杨承志	男	苗族	2011. 2—2012. 2
第十一届	主　席	高金林	男	苗族	2012. 2—2014. 12
	副主席	黎燕萍	女	苗族	2012. 2—2014. 12
		李　强	男	汉族	2012. 2—2014. 12
		杨承志	男	苗族	2012. 2—2013. 6
		王雯洁	女	布依族	2012. 2—2014. 12
		王国太	男	汉族	2012. 2—2014. 12
		韦绍凯	男	水族	2012. 2—2014. 12
		刘长江	男	侗族	2012. 2—2014. 12
		闵路明	男	汉族	2012. 2—2014. 12
		杨　俊	男	侗族	2012. 2—2014. 12
		吴　丹	男	汉族	2012. 2—2013. 9
		解　竞	女	汉族	2014. 2—2014. 12

二、州政协常委会议和主席会议

（一）常委会议

1991 年 5 月—1996 年 6 月，第七届州政协常委会召开常委会议 24 次。会议根据需要，分别研究讨论的事项主要有以下方面：听取、讨论州政协常委会工作报告和提案工作情况报告；听取、讨论州政府工作报告及专项工作情况通报；审议通过关于召开第七届各次全委会的决定及会议有关内容，关于召开第八届第一次会议的决定及会议有关事项；增选州政协第七届副主席，协商增补第七届委员；听取副主席汇报工作；研究州政协内设机构人事任免安排；表彰政协提案办理先进单位；听取荔波县政府关于县域经济发展情况的介绍及县政协参政议政情况，并形成《关于对荔波县域经济发展的讨论意见及建议的报告》。会议分别传达学习中共中央、全国政协、省政协会议、文件精神。

1996 年 6 月—2001 年 4 月，第八届州政协常委会召开常委会议 22 次。会议根据需要，分别研究讨论的事项主要有以下方面：听取、讨论州政协常委会工作报告和提案工作情况报告；听取、讨论州政府工作报告及专项工作情况通报；审议通过关于召开第八届各次全委会的决定及会议有关内容，关于召开第九届第一次会议的决定及会议有关事项；协商增补第八届州政协委员；研究州政协内设机构人事任免安排；讨论州政协工作要点、州政协委员视察工作计划、州政协专门委员会调整；审议通过《黔南州政协关于政治协商、民主监督、参政议政的规定（草案）》、第八届常委会工作规则、专委会通则（修正案）和提案工作条例；讨论通过《政协黔南州委员会关于学习贯彻中共十四届六中全会精神的决定》；先后听取州直相关单位关于全州发展非公有制经济情况、个体私营经济管理情况的通报及公安工作情况通报；听取州政协机关县级领导班子和领导干部“三讲”教育情况通报；州政协机关县级领导班子和领导干部“三讲”教育情况通报，讨论通过州政协《关于认真学习贯彻“江泽民同志在庆祝人民政协成立50周年大会上的讲话”的意见》；讨论州政府《关于黔南州国民经济和社会发展第十个五年计划纲要的报告》《黔南州国民经济和社会发展第十个五年计划纲要（草案）》；审议通过州政协关于加快黔南州公路建设的建议案（草案）、关于进一步加快个体私营经济发展补充意见的建议案、关于开发全州竹业产业的建议案（草案）等。会议分别传达学习中共十五大会议精神、全国政协会议精神和省政协会议精神。

2001年4月—2007年2月，州政协第九届常委会召开常委会议27次。会议根据需要，分别研究讨论的事项主要有以下方面：听取、讨论州政协常委会工作报告和提案工作情况报告；听取、讨论州政府工作报告及专项工作情况通报；协商增补第九届委员、常委及免去、撤销委员资格；审议通过关于召开第九届各次全委会议的决定及会议有关内容，关于召开第十届第一次会议的决定及会议有关事项；研究州政协内设机构人事任免安排；州政协部分专门委员会更名的意见（草案）；审议通过《政协黔南州委员会关于学习贯彻江泽民“七一”重要讲话的决议（草案）》、州政协常委会《关于学习和贯彻中国共产党第十六次全国代表大会精神的决议》；讨论通过《黔南州政协提案工作条例（修订草案）》《政协黔南州九届委员会常务委员会会议制度（草案）》《中国人民政治协商会议黔南州委员会全体会议工作规则（草案）》《中国人民政治协商会议黔南州委员会专门委员会通则（修正草案）》《中国人民政治协商会议黔南州委员会常务委员会工作规则（修正草案）》；听取州政府办理州政协委员提案的情况通报，先后听取州直相关单位关于全州“打黑除恶”专项斗争工作情况、就业和再就业工作情况、传染性非典型肺炎防治工作情况、农业农村工作情况、工业经济运行情况、招商引资工作情况、非公有制经济发展情况、茶叶产业发展情况、水利基础设施建设和水电开发工作情况、土地规划和开发利用及管理情况的通报，听取州公安局、州检察院、州法院、州司法局开展工作情况的通报；讨论并通过州政协关于对州乡镇企业局民主评议的报告（草案）；听取州政协各专委会、智力支边办、12个县（市）政协换届以来的工作情况介绍；协商讨论州政府《关于黔南州国民经济和社会发展第十一个五年规划纲要的报告（讨论稿）》《黔南州国民经济和社会发展第十一个五年规划纲要（草案）》；协商讨论州政协关于加快黔南州非公有制经济发展的建议案（草案）、关于进一步加强黔南州城市社区建设的建议案（草案）。会议分别传达贯彻全国政协会议精神、省政协会议精神，传达中共十六届四中全会公报和胡锦涛在纪念人民政协成立55周年大会上的讲话，传达学习胡锦涛视察贵州时的重要讲话精神，传达中共黔南州委八届七次、九届八次全委（扩大）会议精神，传达全州经济工作会议精神、全州民族工作会议精神。

2007年2月—2012年2月，州政协第十届常委会召开常委会议24次。会议根据需要，分别研究讨论的事项主要有以下方面：听取和讨论州政协常委会工作报告和提案工作情况报告；听取、讨论州政府工作报告；审议关于召开第十届各次全委会议的决定及会议有关内容，关于召开第十一届第一次会议的决定及会议有关事项；研究州政协内设机构人事任免安排；协商增补第十届委员；协商讨论州政府关于全州招商引资重点项目落实和实施情况、落实“三实三创”工作情况、落实《中共贵州省委、贵州省人民政府关于大力推进个体私营等非公有制经济又好又快发展的意见》《中共黔南州委、州人民政府关于进一步加快非公有制经济发展的实施意见》的情况、重大工程和重点项目建设情况、城镇化发展带动战略规划编制和执行进程情况、州级以上农业产业龙头企业发展状况、2011年黔南州扶贫脱贫攻坚工程实施及完成情况、厦蓉高速公路等全州交通路网建设情况等方面的专项工作情况通报，并提出意见和建议；先后听取州直相关单位关于黔南州承办第二届贵州旅游产生发展大会筹备工作情况、全州抗凝救灾情况、支持非公经济发展政策执行情况、瓮安县2009年全县经济社会发展情况、全州“185农业产业化工程”实施情况、都匀毛尖茶品牌管理及产品推广情况的通报；审议州政协主席会议视察团关于全州“185农业产业化工程”实施情况、都匀毛尖茶品牌管理及产品推广情况、黔南州城镇化发展带动战略规划编制和执行等进程、州级以上农业产业龙头企业发展状况等方面的视察报告；审议州政协常委会视察团关于2011年黔南州扶贫脱贫攻坚工程实施及完成情况、厦蓉高速公路等交通路网建设情况等视察报告；听取驻黔南州省政协委员视察团关于围绕“两高”（高速公路、高速铁路）沿线县（市）经济发展规划实施情况、2011年全州工业重大工程和重点项目建设情况等视察报告；听取州政协各相关专门委员会关于全州大力发展非公有制经济政策措施落实情况、关于加快推进工业强州战略对部分县（市）城镇建设规划及实施情况、关于推进农业产业化富民战略部分县（市）农业产业发展情况、关于5个工业园区等方面的视察报告；听取龙里、福泉、三都、惠水、罗甸等县（市）政协反映社情民意。会议传达学习全国“两会”精神，传达省政协会议精神，学习《中国人民政治协商会议章程》《中共中央关于加强人民政协工作的意见》，学习《中国人民政治协商会议黔南州委员会工作细则》。

2012年2月—2014年12月，第十一届州政协常委会召开常委会议15次。会议根据需要，分别研究讨论的事项主要有以下方面：听取、讨论州政协常委会工作报告和提案工作情况报告；听取、讨论州政府工作报告；审议关于召开第十一届各次全委会议的决定及会议有关内容，关于召开第十二届第一次会议的决定及会议有关事项；协商增补第十一届州政协委员和免去委员资格；研究州政协内设机构人事任免安排；听取并协商州政府关于全州县城所在地农产品批发市场规划及建设的情况、民族特色文化和旅游村寨建设情况、现代农业特色优势产业规划及建设情况、民族文化与旅游融合发展情况、工业园区建设情况、民族特色示范小城镇建设情况、政协提案办理情况、学前教育发展情况、民营经济发展状况、全州经济社会发展情况、精准扶贫工作推进情况等方面的专题通报；审议州政协常委会议视察团关于全州民族特色文化和旅游村寨建设情况、民营经济发展状况、工业园区建设情况等方面的专题视察报告；审议州政协主席会议视察团关于全州县城所在地农产品批发市场规划及建设情况、民族特色示范小城镇建设状况、全州学前教育发展状况等方面的专题视察报告；听取驻黔南州省政协委员视察团关于黔南州现代农业特色优势产业规划及建设情况、黔南州民族文化与旅游融合发展状况、黔南州精准扶贫工作推进情况及对策建议等方面的视察报告；审议通过《政协黔南州委员会提案工作条例（修正案）》；听取州政协委员视察工作情况通报；听取州政协各专门委员会、州智力支边办工作总结、工作计划汇报；听取州政协协商民主贵定试点工作总结情况报告。会议传达学习习近平在庆祝人民政协成立65周年大会上的重要讲话精神，传达学习中共贵州省第十一次代表大会精神。

（二）主席会议

1991年5月—1996年6月，第七届州政协共召开主席会议72次。会议根据需要，分别研究议定的重要事项有以下方面：第七届第二、三、四、五次全委会议和各次常委会议相关事项；提交常委会讨论的事项；讨论修改州政协常委会工作报告（草案）和提案工作报告（草案）；各专委的工作；州政协年度工作总结、工作计划；调整充实各专门委员会；与外地政协联席会议的方案和筹备工作；各县（市）政协主席会议的有关事项；传达省政协有关会议精神；讨论修改《政协黔南州专门委员会对口协商的意见》；安排州政协委员视察活动，研究委员视察减轻农民负担情况、乡镇企业发展情况和都匀市文化市场情况；研究开展全州非公有制经济发展情况调查活动、州政协基建事项、全州政协工作会议；组织各专门委员会讨论《州委、州政府关于推行乡镇企业股份合作制的意见（修改稿）》，提出意见供州委、州政府参考；创办《委员之声》刊物，定期编印《黔南政协信息》；组织机关干部向特困企业职工送温暖。研究州政协其他具体工作。

1996年6月—2001年4月，第八届州政协共召开主席会议64次。会议根据需要，分别研究议定的重要事项有以下方面：传达全国、全省政协会议精神；研究州政协第八届第二、三、四、五次全委会议和各次常委会议有关事项，州政协九届一次会议的方案；讨论修改州政协常委会工作报告（草案）和提案工作报告（草案）；安排州政协委员视察工作；提交常委会议审议的有关事项；审议第八届常委会工作规则（修正案）、专门委员会通则（修正案）和提案工作条例；研究州政协主席、副主席率队视察相关工作；审议各专门委员会年度工作计划、工作重点；研究建立少数民族寒窗基金会并向社会各界倡议筹集资金；听取提案表彰会筹备工作情况；讨论州政协关于联系委员的暂行办法（草案）；研究承办全省九个地（州、市）政协工作联系会相关事宜；讨论修改《关于都匀地区部分国有企业下岗职工基本生活保障和再就业情况的调查报告》；讨论关于加快全州公路建设的建议案、关于开发全州竹业产业的建议案，修改后再提交常委会议审议；议定州政协机关开展“三文明”活动的意见和具体方案；议定组团赴上海等地考察相关事项；研究对州乡镇企业局开展民主监督评议事宜；研究州政协其他具体工作。

2001 年 4 月—2007 年 2 月，第九届州政协共召开主席会议 72 次。会议根据需要，邀请州级四个民主党派负责人列席，以及州政协各专门委员会、州智力支边负责人参加。分别研究议定的重要事项有以下方面：传达省政协常委会议精神，传达州第八次党代会精神；研究州政协第九届第二、三、四、五、六次全委会议和各次常委会议事宜，州政协十届一次会议的方案；讨论修改州政协常委会工作报告和提案工作情况报告；讨论各年度州政协工作要点及委员视察和调查研究方案；讨论通过中共黔南州政协党组成员联系非中共副主席人员名单，州政协主席、副主席、秘书长联系离退休老领导和常委名单，州政协领导班子成员联系非公有制经济代表人士的工作意见，州政协专门委员会对口联系党政部门的意见；审议通过州政协对州乡镇企业局民主评议的报告；听取州委政法委关于全州“打黑除恶”斗争情况的通报；专题听取和协商州有关单位关于州级财政预决算情况、州统一采购工作运行情况、乡村道路建设情况、全州畜牧业发展亟待解决的问题、农村新型合作医疗情况、农村教育问题、城镇建设规划、黔南州国民经济和社会发展“十一五”规划基本思路的初步意见、民族宗教工作、对台工作，提出主席会议建议案；确定把近几年州级财政支出和财政预算执行情况、党外干部的培养选拔任用情况、城镇职工社会保障工作，以及涉及全州文教卫、交通建设、对台工作、民族宗教工作和畜牧业发展等 5 个方面 12 个专题列入主席会议议政计划；对相关单位关于全州事业单位人事制度改革工作情况、人民群众看病难看病贵问题及情况、农村义务教育实行“两免一补”情况、黔南茶叶产业发展情况、加快立体农业产业发展的情况、全州安全生产情况等 6 个专题通报开展协商；审议通过免除、增补和撤销委员职务名单；讨论通过政协论坛、专题讲座和座谈会安排计划；全国政协副秘书长卞晋平到州政协召开座谈会，向全国政协、省政协提出建议；审议评选州政协表彰先进集体和先进个人名单；研究州政协其他具体工作。

2007 年 2 月—2012 年 2 月，第十届州政协共召开主席会议 56 次。会议根据需要，分别研究议定的重要事项有以下方面：传达省政协全委、常委会议精神，研究州政协第十届第二、三、四、五次全委会议和各次常委会议事宜，州政协十一届一次会议的方案；审议州政协常委会工作报告（草案）和提案工作情况报告（草案）；讨论州政协领导班子工作方案（草案）、主席副主席约谈计划（草案）；审议通过州政协各专门委员会对口联系党政部门的通知（草案）、州政协专门委员会主任联席会议制度（草案）、进一步加强指导各县（市）政协的意见（草案）、驻匀州政协委员分组活动试行意见（草案）、州政协后勤管理制度（草案）、州政协车辆管理暂行办法（草案）；州政协年度工作要点、常委会议计划（草案）和主席会议计划（草案）；专题协商州政府通报的关于全州城乡统筹发展规划情况、贯彻中央适度宽松的货币政策大力扶持非公有制经济发展情况、应对严重旱情对策措施及春耕备耕工作情况、城镇暂住人口管理情况、招商引资工作情况、黔南州“十一五”规划完成及“十二五”规划编制情况、重点边贸市场建设情况、红色文化与红色旅游发展情况、以好花红为主打的民族文化发展情况等，并提出意见和建议；专题协商相关单位通报的关于全州重大建设项目进展情况、企业养老保险工作情况、社会主义新农村建设试点工作情况、工业污染整治工作情况、招商引资工作情况、实用人才开发使用情况、体育基础设施建设情况、中小学食品卫生安全和学生体质健康情况、饮用水源地环境保护工作情况、工业园区和工业聚集区建设情况、农村耕地保护和建设用地情况、廉租房和经济适用房建设情况、返乡农民工培训就业创业情况、大中专生就业情况、住房公积金管理使用情况、重点解决建设项目申报及后备项目库建设情况、贵阳经济圈贵龙城市经济带工作情况、乡村旅游情况、农村危房改造扩大试点工作情况、部分宗教寺观教堂管理情况、瑶山地区新阶段扶贫开发情况、企业节能减排降耗实施情况、农村饮水安全情况、物质文化遗产保护利用情况、少数民族杂居地区生产生活现状情况、全州劳动力素质提高工程及完成情况等，并提出意见和建议；听取贵定、龙里两县关于包片工作目标任务完成情况的通报；审议通过对州直部门提案办理工作开展民主评议工作方案（草案）；审议州政协考察团赴浙江学习考察报告；讨论主席会议重点督办提案及对州直部门开展民主评议的工作方案（草案）；听取州政协经济委员会关于与税务、金融、工商等部门对口协商情况汇报；学习中共中央总书记胡锦涛在建党90周年庆祝大会上的重要讲话精神；讨论编写《水族百年实录》、“四个一”（一台戏、一首歌、一本书、一次表彰会）活动实施方案（草案）等；研究州政协其他具体工作。

2012年2月—2014年12月，第十一届州政协共召开主席会议6次。会议根据需要，分别研究议定的重要事项有以下方面：传达省政协全委、常委会议精神，研究召开州政协第十一届第二、三次全委会议和各次常委会议事宜；审议州政协常委会工作报告（草案）和提案工作情况报告（草案）；审议州政协年度工作要点、年度州政协常委会议计划（草案）、主席会议计划（草案）和州政协委员视察调研工作计划（草案）；审议州委常委、州政协主席会议重点督办的提案（草案）；听取主席会议成员赴各县（市）政协开展调研的情况汇报；听取州政协各专门委员会、州智力支边办工作汇报；提出州政协内设机构人事调整建议名单；同意增补第十一届州政协委员和免去工作变动的委员资格；听取并协商讨论州直相关单位通报的关于全州近年招商引资项目落实的情况、全州物流业发展情况、少数民族地区“三化同步”进程情况、推进社会管理创新情况、布依族传统文化保护开发与利用情况、林业生态建设情况、“9+3”中等职业教育情况、黔南州纳入贵州省“5个100工程”百亿产业园区项目投产达产情况、扶贫生态移民工程实施情况、预防农村因山林水事纠纷引发群体性事件情况、扶持民贸民品企业发展情况、工业园区环境保护基础设施建设情况、文化人才队伍建设情况、做强做大黔南州茶产业工作情况、平塘县大射电望远镜项目建设情况以及州政协相关专门委员会对上述专题进行的调研情况汇报；讨论州政协机关中共基层组织建设和深化“四帮四促”工作；讨论表彰州政协优秀提案和承办提案先进单位相关工作；听取州政协与中共贵定县委、县政协联合开展人民政协广泛、多层、制度化协商民主探索试点工作总结汇报；研究州政协其他具体工作。传达学习赵克志在全省领导干部大会上的讲话，传达学习中共黔南州委十届三次全体（扩大）会议精神，学习《关于全省领导干部切实反对“四风”厉行“六个严禁”的通知》等文件精神。

第二节　州政协委员构成

州政协历届委员及界别的设置主要是参照全国政协、省政协的组成设置。

第七届委员会由代表18个界别的247名委员组成。委员中，中共党员97名，占委员总数（下同）的22.2%；少数民族107名，占43.3%；大专以上文化99名，占40%，中专、高中文化91名，占36.8%；高级专业技术职称39名，占15.7%，中级专业技术职称63名，占25.5%；平均年龄49岁。经三次增补，到七届五次会议时委员总数259名。其中，中共黔南州委7名，无党派人士3名，团州委5名，州总工会5名，州科学技术协会3名，文学艺术界6名，科学技术界22名，工商经济界40名，农林界21名，教育界36名，体育界2名，新闻出版界4名，医药卫生界23名，州归侨侨眷联合会5名，少数民族27名，宗教界2名，特邀人士43名。

第八届委员会由代表19个界别的260名委员组成。委员中，中共党员104名，占40%；少数民族124名，占47.7%；大专以上文化173名，占66.5%；具有高、中级专业技术称职100名，占38.5%；平均年龄45.2岁。经四次增补和免去委员职务，到八届五次会议时委员总数270名，其中，中共黔南州委7名，无党派人士2名，团州委4名，州总工会5名，州妇联4名，州工商联6名，州科协3名，文艺界6名，科技界28名，经济界37名，农林界22名，教育界31名，体育界2名，新闻界4名，医药卫生界24名，少数民族27名，州侨联5名，宗教界2名，特邀人士51名。

第九届委员会由代表19个界别的300名委员组成。委员中，中共党员120名，占40%；少数民族135名，占45.1%；大专以上文化220名，占73.6%；具有高级职称37名，中级职称86名，初级职称34名，共计157名，占52.5%；平均年龄44.83岁。经三次调整，到九届六次会议时委员总数323名，其中，中共黔南州委22名，中国国民党革命委员会（以下简称“民革”）2名，中国民主促进会（以下简称“民进”）3名，无党派人士4名，团州委5名，州总工会6名，州妇联5名，文艺界8名，科技界33名，经济界46名，州工商联7名，农林界29名，少数民族29名，宗教界6名，特邀人士37名。

第十届委员会由代表23个界别的310名委员组成。委员中，中共党员123名，占39.9%；少数民族150名，占48.7%；具有大专以上文化278名，占90.3%；高、中级职称共131名，占42.5%；平均年龄44岁。经两次调整，到十届五次会议时委员总数312名，其中，中共黔南州委23名，民革6名，中国民主建国会（以下简称“民建”）6名，民进6名，九三学社6名，无党派人士5名，团州委5名，州总工会4名，州妇联6名，州工商联8名，州科协6名，州侨联5名，文艺界7名，科技界26名，经济界34名，农林界28名，教育界29名，体育界5名，新闻出版界5名，医药卫生界28名，少数民族25名，宗教界6名，特邀人士33名。

第十一届委员会由代表23个界别的316名委员组成。其中，中共党员115名，占

36%；少数民族151名，占47.8%；大学以上文化221名，占70%；平均年龄46岁。委员中，中共25名，民革8名，民建8名，民进8名，九三学社8名，无党派人士5名，共青团5名，工会5名，妇联5名，工商联8名，科协5名，侨联5名，文艺界6名，科技界25名，经济界37名，农业界27名，教育界27名，体育界5名，新闻出版界5名，医药卫生界28名，少数民族25名，宗教界6名，特邀人士30名。经过调整，到十一届委员会第三次会议时委员总数318名。其中，中共党员117名，占37%，少数民族150名，占47.2%；大学以上文化223名，占70.1%；委员平均年龄48岁。委员中，中共24名，民革8名，民建8名，民进8名，九三学社8名，无党派人士5名，共青团5名，工会5名，妇联5名，工商联8名，科协5名，侨联5名，文艺界6名，科技界25名，经济界36名，农业界27名，教育界27名，体育界5名，新闻出版界5名，医药卫生界28名，少数民族25名，宗教界6名，特邀人士34名。

第三节 州政协工作机构

1991年9月，共设置专门委员会7个，即学习委员会、提案委员会、文史资料委员会、经济委员会、教科文卫体委员会、民族宗教祖国统一联谊委员会、工青妇法制计生委员会，仍设政协办公室，1992年4月，办公室设秘书科、行政科、政工老干科。在各县（市）设州政协委员联络组。

1996年12月，对专门委员会的设置及名称进行调整，设提案法制委员会、经济科技委员会、文史学习委员会、教卫文体委员会、社会联谊委员会5个专门委员会。1997年10月，办公室设秘书科、政工科、行政科、老干科、车队，5个专门委员会设办公室。1998年7月，设立研究室。

2001年7月，对5个专门委员会进行调整，保留提案法制委员会、社会联谊委员会，另设置经济发展委员会、文史学习委员会、科技文卫委。同时，撤销行政科，设机关后勤服务中心。

2007年3月，变更各专门委员会名称变更，即：提案法制委员会改为提案委员会，经济发展委员会改为经济委员会，科教文卫委员会改为教科文卫体委会，社会联谊委员会改为社会与法制委员会，文史学习委员会改为文史资料委员会。新设人口资源环境委员会、民族与宗教委员会。2008年12月，后勤服务中心与行政科实行两块牌子一套人员合署办公。

2013年12月，根据州编委《关于州政协研究室机构规格的批复》，研究室由副县级调整为正县级。

2014年9月，根据州编委《关于设立州政协委员联络委员会的批复》设立州政协委员联络委员会（县级），下设办公室（科级）。

第四节　提案办理

历届州政协委员的提案都得到州委、州政府的重视，并交相关单位和相关县（市）办理，办理结果向提交该提案的委员回复。历年典型提案办理情况为：

1991 年，委员石玉琼、王秀芬提出的《关于修建塘州至廷牌的公路》提案，三都县政府列入当年建设计划，并成立指挥部，采取农民工出力、国家补助钢钎、炸药的办法修建。1992 年，金连儒委员提出的《发展少边贫地区经济应拨给一定扶持费》的提案，得到贵定县政府重视，采取措施给予解决。委员韦汉鸿、饶珏宏提出的《建议列项兴建惠水海里电站》的提案，得到州计委、州水电局、惠水县政府重视，同意开发海里电站，并于当年 7 月成立开发海里电站筹备领导小组，安排 6 万元作前期筹建工作经费，州计委、州水电局将报告送省计委、省水电厅立项。委员刘洪明提出的《拓宽茶叶市场，扩大毛尖茶生产》的提案，州农牧局作出答复后，根据提案的建议，州政府印发《关于发展茶叶生产的决定》，确定围绕云雾山麓建立一个毛尖茶商品生产基地。

1994 年，申平、李慧君、龙致光等 11 名委员提出的《建议在都匀市区内禁止燃放烟花爆竹，减少火灾，净化环境，使都匀市成为一个名副其实的花园城》的 39、42、43 号提案，都匀市委、市政府征求各方面的意见，作出“都匀市禁止销售燃放烟花爆竹的规定”，并经市人大第十三次常委会审议批准，从 1995 年 10 月 1 日起执行。

1996 年，委员郭正富提出的《企盼政府对国企亏损采取措施》、张玉英提出的《建议州政府采取措施帮助特困职工解决生活困难》、夏平等提出的《关于解决下岗女职工再就业问题》等 3 件提案，州委、州政府责成州经贸局、劳动局认真办理。办理结果：对特困企业采取 3 条措施予以落实；对长期亏损扭亏无望的企业，区别不同情况，采取租赁、承包、联合、兼并、破产等形式，达到优化资源配置，人员资产重组，甩掉历史包袱，形成规模效益的目的；对女职工下岗后的再就业问题，根据州委、州政府“关于做好困难企业和职工分流安置工作的通知”精神和提案提出的建议，采取 3 条解决措施。委员吴书慧提出的《请求州政府派员处理“匀独关”边界土地纠纷问题》提案，在解决民族团结、正确处理历史遗留问题上，提出了具体建议，通过州政府办公室积极协调都匀市、独山县及有关乡、镇、村、组和有关部门，并达成协议，使两县、市长达 20 年之久的边界土地纠纷得到圆满解决。

1997 年，委员王洪林提出的《建议把宣传弘扬“大关精神”落在扶贫攻坚实处》提案，得到州委宣传部的采纳，并从新闻宣传、文艺创作、理论研讨等方面进行多角度、多层次、全方位宣传，使“大关精神”在州内妇孺皆知，促进全州扶贫攻坚工作的开展，收到良好的社会效果。莫善余等委员提出的《关于加大以工代赈资金投入，尽快使少数民族地区通电》提案，州农电部门及时组织对三都不通电乡、村进行调查。根据省农电局及省计委安排，州农电部门计划分两个阶段实现 109 个村通电问题，即当年实现 4 个乡政府所在地的12个行政村通电；1999年实现余下97个行政村通电。韦杰铮等委员提出的《建议对信贷资金的使用情况加强跟踪监督，对挥霍浪费无法偿还者给予查处》的提案，州人行、州农行、州建行都作出答复，并采取成立金融系统资产保全委员会、加大金融机构的监督检查力度，压缩不良贷款比例与司法机关、税务部门、工商部门加强工作协作等防范措施，避免金融资产流失。

1998年，委员骆科明提出的《防解范化解金融风险，防止国有资产流失》提案，州政府作认真研究办理，先后下发防范化解金融风险盘活信贷资产为主要内容的政策性文件，同时成立黔南州清理整顿规范金融秩序工作领导小组，强化防范化解金融风险工作，并取得成效。蒙若红等委员提出的《建议加强社会个体医疗诊所的管理》提案，州卫生局采取相应措施，成立由专家组成的社会办医疗评审委员会，对全州社会办医疗机构的执业活动、医疗服务质量等方面进行综合评审，并决定每年都要对社会办医疗机构进行校验、审查及监督，严格审批条件。

1999年，黄明帝等委员提出的《调整粮食价格，增加农民收入，促进粮改实施》提案，承办单位向州政府写专题报告，州政府根据省粮食厅、省物价局文件对定购粮下调价格，提案得到落实。委员吴文进《关于迅速成立贵福铁路前期工作领导小组的建议》提案，州计划局于是年5月成立黔南州铁路建设领导小组，具体负责株六复线的协调、征地拆迁、协调有关部门开展贵福铁路的前期准备工作等。郭正富、喻朝华等委员提出的《关于尽快在黔南州实行国有企业厂务公开的建议》，得到州委的重视，州委印发《中共黔南州委、州人民政府关于实行厂务公开、加强民主监督的实施意见》，并成立厂务公开领导小组。全州厂务公开从当年4月开始至9月止，发展到182家企业，占全省试点企业317户的近60%，处于全省前列。

2000年，委员申平、刘芳提出的《让老百姓吃上放心肉》的提案，都匀市政府市长两次召开市长办公会议，对定点屠宰管理，确保让老百姓吃上放心肉进行专题研究，由于工商部门严格把关，对未经屠宰检疫、检验合格的肉食，一律不得进入市场销售，确保人民群众吃上放心肉。

2001年，委员邓碧林提出的《建议充分利用耕地资源，营造退耕还竹，速增森林覆盖率建议》提案，州林业局采纳部分建议，召开专题研究竹业发展工作会议，编制了竹子的营造实施方案，把竹子作为退耕还林还草工作的主要树种来安排。杨承志委员《建立土地储备机制，规范土地批租行为》的提案，州国土资源局对有关土地储备机制的必要性、紧迫性和可行性进行专题调研，起草了《关于建立黔南州土地储备机制》《黔南州土地储备实施办法》等，报州政府审批后执行。委员黄大远提出的《要求重立百子桥碑》提案，都匀市政府采纳建议，在百子桥北头立省级文物保护单位的标志碑，市文化局在百子桥南头立一块百子桥历史简介碑。陈大吉等7名委员提出的《关于加强财源建设的建议》提案，中共黔南州委、州政府于9月召开全州工业经济工作会议，部署加快工业发展，增加财政实力工作。

2002年，委员余存林提出的《关于尽快对都匀市区内机动车排气污染进行治理和控制的建议》提案，州环保局根据省有关文件精神，制定州治理实施方案，并于是年6月20日正式在全州开展机动车排气污染防治工作。委员林湘提出的《关于组织力量对全州近年来出台的政策进行清理的建议》提案，州政府根据省的有关文件精神，成立以州委副书记、州政府副州长为组长的清理工作领导小组，对州政府1950—2001年颁布的规范性文件和其他政策措施进行清理，全州清理文件2万余件，其中涉及有关或影响贸易的1030件。经清理后，需要继续执行的141件，需要修改的88件，决定废止的801件。是年4月8日，州政府在《黔南日报》上公布决定废止、修改的文件。

2003年，委员吕雅丽提出的《关于改善投资环境，加大招商引资力度的建议》提案，州招商局进行研究落实，全面推行“一个窗口对外，一站式办公，一条龙服务”的办事程序，由州监察局、州招商局组建“外来投资者投诉中心”，做好客商的投诉受理和办结工作。委员杨光兰提出的《关于计划生育科技工作与卫生妇幼保健实现资源共享的建议》提案，州计生局进行专题调研，并将调研结果向州委、州政府报告，对各县（市）党委、政府提出相应要求，其中都匀市计生服务站与市妇幼保健院合并成功，为全州探索一条新路子。

2004年，委员王正林提出《建立长效机制，从源头上遏制工程款拖欠》的提案，州建设局采取建立清欠机构，开展行业自查，对拒不兑现农民工工资的施工企业，当年不准其承接工程和参加招标投标，建立健全农民工工资保证金制度等措施，抓好提案落实，至是年6月，全州兑现农民工工资1465.25万元，收回拖欠工程款总额1627.53万元。九三学社黔南州委提出《建立高效的急救医疗服务体系，确保人民群众的生命安全》的提案，卫生部门采纳意见，列为当年重点工作计划，并先期着手筹建黔南州紧急援救中心。委员何兰萍提出《关于整治中小学门口乱摆摊点问题的建议》的提案，得到有关部门重视并提出整治意见，州政府专门召开全州教育、公安、工商、卫生、文化等部门参加的校园环境综合治理工作会议，出台《黔南州中小学安全责任制暂行规定》，明确各部门职责，建立校园周边环境治理长效机制。

2005年，民革黔南州委提出的《关于培养优势产业链着力发展黔南经济的建设》的提案，所提的建议和意见已被吸纳到黔南州“十一五”规划纲要中。九三学社黔南州委提出的《关于对贫困农村农民脱贫致富的对策建议》的提案，州政府将提案提出的对策和建议转州发改局、州农业局等有关部门认真抓落实。

2006年，九三学社黔南州委提出的《关于加强“都匀毛尖”茶叶商标管理，促进全州茶叶生产经健康发展》提案，得到州及都匀市政府的采纳。州政府召开州直有关部门负责人及都匀市委分管领导会议，对如何实现都匀毛尖茶的统一管理、做大做强都匀毛尖茶产业进行研究，议定6条意见。刘立华委员提出的《关于进一步做好政协提案承办工作的建议》提案，引起中共黔南州委、州政府领导重视，提案中所提的建议得到采纳，并从当年起，将政协提案办理工作纳入州直机关目标考核，要求承办部门对政协提案答复由主要领导审签把关，对政协重点督办提案的答复，要求承办单位送州政府办公室审核把关。

2007年，宋稳丹等委员提出的《关于解决看病贵问题的几点建议》提案，州劳动保障、卫生等部门修改了医疗保险待遇的部分条款，降低了个人自付比例，使参保人员一定程度上减轻个人经济负担。民建黔南州委提出的《加强全州农村合作医疗工作的几点建议》提案，州政府在总结部分试点县（市）工作的基础上，加快推进全州新型农村合作医疗制度，并于当年覆盖全州农村。部分委员就全州职业教育从各个方面提出8件提案，承办单位都作了认真研究办理。委员骆用定提出《关于进一步规范行政行为提高服务水平优化发展环境的建议》提案，州监察局、州政府法制办互相配合，定期开展企业走访调查，及时发现各地行政执法和行政服务中存在的突出问题，并确定于当年正式启动“优化发展环境年”活动。周德义委员提出《关于重视民族文化和非物质文化遗产传承工作的建议》提案，州民宗局、州文化局于是年6月举办水书习俗传承培训班，将把民族民间文化进校园作为一项重点工作来抓。

2008年，陈莉等委员提出的《关于支持瓮安县雪凝灾害后重建基础设施的建议》提案，州委、州政府把恢复重建工作作为主要任务来抓，州直各部门在积极投入抢险救灾的同时，开展了灾后恢复重建项目和资金争取工作。是年，通过发改系统下达全州抢险救灾和恢复重建中央、省补助和社会捐赠资金共6692万元。州在资金安排上对受灾较重的县（市）给予一定倾斜，其中瓮安共安排964万元，占下达资金总量的14.4%。委员包震提出的《关于抗凝重建工作的建议》和委员罗宁提出的《关于建立和完备防灾应急机制的建议》等提案，得到州政府重视，当年全州制定州级应急预案29个，其中总体应急预案1个、专项应急预案28个。12个县（市）均制定总体预案及制定县级各项应急预案共有2323个，国有及国有控股企业（含中央企业）制定应急预案195个，普通中学制定应急预案272个，普通小学制定应急预案1289个。

2009年，委员肖颐提出的《都匀市城区电缆入地工程》提案，中共都匀市委、市政府将都匀城市管线入地（土建部分）列为当年重点建设项目，其中“建立政府部门联络协调机制及城市电网建设绿色通道”等建议，得到市政府采纳。

2010年，蒙秉武等委员提出的《关于解决都匀市北靓南黑问题的建议》提案，都匀市即从当年11月份起组织实施对蒙家桥至小围寨转盘路段的路灯安装工作。

2011年，委员谢世学提出的《关于恢复及健全独山县城中南广场公园设施的建议》提案，独山县政府组织现场调研并安排了38万元经费对中南广场进行更新改造。潘显大等委员提出的《关于对三都县乡（镇）幼儿园建设项目予以立项的建议》提案，按照省的统一部署，3月，全州学前幼儿园建设规划项目报省教育厅审查备案，其中三都县共规划新建、扩建23所幼儿园，估算总投资6361万元。4月，省教育厅、省财政厅下达第一批幼儿园建设项目规划，三都县新建幼儿园3所（三合镇幼儿园、普安镇幼儿园、廷牌镇幼儿园），总投资285万元。韦成念等委员提出的《关于大力发展野山葡萄种植的建议》提案，得到州委、州政府重视，召开多次会议专题研究，并将葡萄发展纳入州水果产业发展布局。

2012年，委员袁承东提出的《关于制定〈黔南州古树名木保护管理办法〉的建议》提案，州林业局党组召开专题会议进行研究，安排部署制定《黔南州古树名木保护管理办法》工作，待批准实施。

委员李强提出的《关于严禁学前教育“小学化”的建议》提案，州教育部门根据国家、省有关规定，采取措施加以规范，将防止学前教育“小学化”纳入教育部门日常管理工作，并进行定期和不定期的工作检查，发现有“小学化”倾向行为的立即采取措施进行纠正。

2013年，张永锋等3名委员提出的《关于多措并举促进边远贫困乡（镇）与全国、全省同步进入小康社会的建议》提案，承办部门按照州委、州政府《关于贯彻落实〈国务院关于进一步促进贵州经济社会又好又快发展的若干意见〉加快推动全州跨越式发展的实施意见》，以强化基础、发展产业、农民增收、减贫摘帽为重点，以6个国家扶贫开发工作重点县、137个贫困乡、1109个贫困村等集中连片特殊困难地区为主攻方向，实施“扶贫脱贫攻坚工程”，取得较好成效。李强委员提出的《关于解决村医后顾之忧的建议》提案，承办单位州卫生局会同州财政局、州人力资源和社会保障局对照州政府《加强乡村医生队伍建设实施意见》《关于乡村医生参加基本养老保险有关问题的通知》等政策措施，对农村县、乡和村卫生人员工资待遇，从政府政策性补助、政府购买服务补助、一般诊疗补助、业务收支节余返还等四个方面提高基层卫生人员待遇，在本人自愿的前提下，乡村医生可参照城镇灵活就业人员参加基本养老保险的政策参保，解决村医后顾之忧。华延龙等6名委员提出的《关于加快都匀市规划建设集贸市场的建议》提案，都匀市政府按照现代城市发展需要，编制《都匀市建成区控制性详细规划》，规范现有集贸市场基础设施建设，逐步解决都匀市老的居住小区多数没有预留社区集贸市场的问题。张建海委员提出的《关于加大平塘牙舟陶品牌打造力度促进地方民族文化发展的建议》提案，平塘县委、县政府加大牙舟陶招商力度，引进贵州牙舟陶瓷研究开发公司，计划投资1亿元开发牙舟陶瓷产品，已投入资金2042万元，项目全部建成后，产能达到年产3000万件牙舟陶瓷产品。李纪欣委员提出的《办好农村广播节目促进建成全面小康社会的建议》提案，所提建议被承办单位采纳，争取财政资金购买县级转播设备和信号接收解调器，保证黔南广播、电视信号正常播出，至2013年末，总计投入1.1亿元资金实施全州35万户“户户通”工程，黔南州农村群众看电视难的问题基本得到解决。

2014年，州政协经济委提出的《关于切实加强民营经济的扶持引导，着力培育民营经济更好更快发展的建议》提案，得到州委重视，调整充实黔南州加快发展非公经济指导协调工作领导小组，将大力促进民营企业发展和加强非公经济基层党组织及工会组织建设纳入重点工作内容，设立中共黔南州委非公企业和社会组织工作委员会。年内，全州规模以上非公经济组织92%以上已组建工会，健全厂务公开和民主管理等制度。陈博等委员提出的《关于提前实施建设永温至瓮安至马场坪铁路瓮安至福泉段的建议》提案，经州发改委向省争取，这项工程可研报告已原则通过，2014年5月省委常委、省委政法委书记、副省长秦如培在荔波调研时对该项目融资及开工时间等作出指示，州委、州政府在瓮安县召开瓮马铁路建设推进会，明确该项目各项前期工作时间节点，要求2015年上半年开工建设。该铁路的立项建设，将为省委、省政府重点打造瓮（安）福（泉）磷煤电一体化千亿元级循环经济工业园区提供重要保障。委员王国祥提出的《关于争取资金项目加大退耕还林规模的建议》提案，州林业局及时开展农民退耕还林（草）意愿调查，编制退耕还林（草）实施方案，制定退耕还林（草）主模式，落实退耕还林（草）工作经费；通过争取，国家林业局、省林业厅批准同意在福泉、惠水、长顺、三都、平塘5个县（市）实施退耕还林（草）项目，总面积7万亩，补助资金1.4亿元，项目实施惠及农户10万户。委员丛英提出的《关于规范出租车管理，提升都匀旅游城市形象的建议》提案，都匀市政府采取加强出租车从业人员职业道德教育、新增出租车数量、规范安装计价器、加大出租车管理和稽查力度等措施，治理出租车拒载、乱收费、乱停靠、宰客等现象。李庆荣等委员提出的《关于加强荔波世界自然遗产保护，防治大、小七孔景区水源污染的建议》提案，主办单位州环保局到荔波小七孔、驾欧和独山麻尾进行实地调查研究，对提案中反映的问题和建议进行逐条梳理，研究落实解决措施。同时，提案协办单位荔波县政府根据州人大立法规划工作目标要求和州政府的安排部署，拨出专项资金开展《黔南布依族苗族自治州荔波世界自然遗产保护条例》立法工作，并先后进行5次修改，为保护黔南州唯一一个世界自然遗产保护区提供法规保障。

1991—2014年，州政协，共收到委员提案3643件，审查立案3601件，作为意见反映42件，提案办复率100%。

表 4-3-2

1991—2014 年政协黔南州委提案办理情况一览表

届别	年度	立案总数（件）	提案分类（件）			交办单位（个）			办理结果					
			经济建设	教科文卫体	党群及其他	州直党政部门	县（市）政府	其他部门	采纳		部分采纳		留作参考	
									数量（件）	占比（%）	数量（件）	占比（%）	数量（件）	占比（%）
第七届	1991	212	88	78	46	43	9	10	172	81.6	32	15	8	3.8
	1992	105	48	36	21	33	5	4	89	84.76	15	14.2	1	0.95
	1993	83	39	24	20	19	5	6	61	73	19	22	3	3.6
	1994	86	52	21	13	35	6	3	75	87.2			11	12.8
	1995	79	48	12	19	32	4	4	60	75.9	15	18.9	4	5.1
	合计	565	275	171	119	281	29	27	457	80.9	81	14.3	27	4.8
第八届	1996	134	59	56	19	40	6	3	108	81	21	15.6	5	3.4
	1997	132	62	33	37	39	10	5	30	24.6	62	50.8	30	24.6
	1998	134	65	38	31	43	3	7	34	25	67	50	33	25
	1999	144	84	39	21	37	4	6	48	33.3	59	39.3	37	27.4
	2000	146	69	45	30	35	7	4	51	34.9	57	39	38	26
	合计	690	339	211	138	194	30	25	271	39.3	266	38.6	143	20.7
第九届	2001	199	122	50	26	44	9		5	26	91	46	5	3.4
	2002	185	115	30	40	34	9	5	36	19.5	62	50.8	30	24.6
	2003	159	92	37	30	48	7	4	41	26	91	57	27	17
	2004	126	66	40	20	39	12	5	25	20	71	56	30	24
	2005	108	65	22	21	36	4	3	27	25	54	50	27	25
	合计	777	460	179	137	201	41	24	182	23.4	369	47.5	119	15.3

续表 4－3－2

届别	年度	立案总数（件）	提案分类（件）			交办单位（个）			办理结果					
									采　纳		部分采纳		留作参考	
			经济建设	教科文卫体	党群及其他	州直党政部门	县（市）政府	其他部门	数量（件）	占比（%）	数量（件）	占比（%）	数量（件）	占比（%）
第十届	2006	100	56	24	20	32	5	2	24	24	47	47	29	29
	2007	203	105	61	37	40	8	6	58	28.5	115	56.6	30	14.7
	2008	130	66	38	26	37	5	1	35	26.9	78	60	17	14.4
	2009	169	113	34	22	49	12	3	29	17.1	112	66.3	28	16.5
	2010	135	66	32	37	41	7	3	28	20.7	80	59.2	27	20
	2011	157	75	36	46	34	12	4	31	19.7	103	65.6	23	14.6
	合计	894	481	225	188	233	49	19	205	22.9	535	59.8	154	17.2
第十一届	2012	243	126	64	53	43	7	4	54	22.2	165	67.9	24	9.8
	2013	243	126	64	53	53	12	1	54	22.22	165	67.9	24	9.8
	2014	189	117	35	37	49	6	4	43	22.75	122	64.55	24	12.7
	总计	3601	1924	949	725	1054	174	104	1266	36.9	1703	44.7	515	14.7

第五节　视察调研与建议案

1991—2014年，州政协围绕党的中心工作任务，选择人民群众普遍关心而又迫切需要解决的问题，组织委员视察与调查研究，总结经验，发现问题，及时提出意见和建议。委员视察活动由州政协统一编组，或由州政协县（市）联络组和县（市）政协共同组织。时间安排一般3~7天。委员调查活动，由州政协统一组织或各专门委员单独组织。

一、视察调研

1991年11月10—12日，州政协委员平塘联络组对平塘县克度镇科技兴农情况进行视察，撰写了《重视科技成果推广，促进农村经济发展》的专题报告，提出了3条建议。

1992年10月6日—11月14日，都匀地区州政协委员第四视察组对都匀制革厂进行视察。州政协委员福泉联络组视察福泉县军地联办水泥厂。州政协委员惠水联络组视察惠水县铸钢厂和合金钢铸造厂。视察后，综合向州委写出《转换经营机制，提高工业企业生产效益》的专题报告，提出4条建议。

1993年8月23—27日，由州政协专委会组织文化市场调查组，对都匀地区文化经营情况进行调查，提出6条建议。

1994年5月9—28日，由州政协牵头组织县（市）政协、统战部、工商局、工商联、税务局、乡（镇）企业局等部门，抽调政协委员和机关干部194人，组成39个调查组，对全州非公有制经济发展现状进行调查，形成调查报告报送州委、州政府。根据州委主要领导的意见，由州政协代起草《中共黔南州委、州人民政府关于加快全州个体、私营经济发展的决定（草案）》，经州委、州政府研究同意后正式印发执行。

1995年6月16日，州政协根据省政协经济委员会的安排，通过事前实际调查，撰写《黔南州农业投入现状问题及对策》的调查报告。

1996年，州政协选择17个视察专题，分别在12个县（市）开展视察，200多名驻县州政协委员参加视察。视察活动共写出16份视察报告，提出140多条意见、建议。州直机关85名委员组成7个视察组，分别视察都匀市的禁毒工作、贵定县的精神文明建设情况、福泉县发展非公有制经济情况、罗甸县财政“以奖代补”工作情况、平塘县地处“麻山”的乡（镇）扶贫工作情况、独山县水稻杂交种子生产和经营管理情况，共写出7份视察报告。州政协八届三次常委会议对这些报告提出的意见、建议进行选择归纳，向州委、州政府提出10条建议。

1997年10月31—25日，根据州委安排部署，州政协委员及有关人员分成4个小组，分别到12个县（市）对非公有制经济发展现状开展调查。形成的调查报告针对个体、私营企业发展不平衡、资金短缺、监督管理跟不上，个体私营企业素质不高，技术力量薄弱，规模效益差等问题，提出6个方面的意见建议。

1998年，州政协主席会议决定由州政协社会联谊委员会牵头，对都匀地区落实房改房政策与居民住宅开发进行专项调查，形成调查报告。

1999 年，州政协组织委员视察都匀市环境与发展的情况后形成调查报告，得到州委、州政府及相关部门的重视。

2000 年，州政协组织委员对全州人才现状开展调查，提出 6 条意见。

2001 年 10 月 23—25 日，州政协视察组对贵定县药品市场情况进行视察，提出 4 条意见。

2002 年 4—5 月，州政协确定由社会联谊委员会组织委员对全州畜牧业现状和发展情况进行调研。调研首先由各县（市）组织驻地州、县（市）政协委员调查面上情况，再由州政协组织 4 个调查组下到 6 个县（市）调研和赴广西实地考察，并对猪品种改良、牛品种改良、羊饲养效益和畜禽市场等 4 方面进行分析评估，提出 6 条意见和建议。

2003 年 5 月 4 日，州政协视察组赴独山县、都匀市对“非典”防控工作进行视察后，向州委、州政府领导直接汇报此次视察情况，州委、州政府主要领导在听取汇报之后分别作指示。6 月 10 日—13 日，根据州委关于州政协和州委统战部联合组织全州非公有制经济发展状况调查的要求，州政协及时组织 20 多名委员及有关人员组成 6 个调查小组，分赴 12 个县（市）对非公有制经济发展状况进行专题调查，形成的调查报告提出 10 条建议，州委主要领导在报告上作出批示。

2004 年 6 月，州政协教卫文体委组织委员赴三都县对三都水族民族文化发展情况进行视察，委员们针对该县民族文化发展存在的问题提出意见和建议。

2005 年 8 月，州、县（市）政协经济委组成民营企业调研组，对瓮安县 8 家民营企业的生产、经营情况，以及政府和职能部门的服务到位情况进行为期 3 天的调研，提出 5 条意见建议。

2006 年 11 月，州政协社会联谊委调研组对惠水、长顺两县的宗教工作进行调研，委员们根据调研情况提出要围绕“旅游兴县”目标精心打造宗教文化旅游品牌的意见建议。

2007 年 10 月，州政协文史委员会牵头组织部分州政协委员对三都县水族“卯”文化进行视察，提出“要处理好文化与旅游的关系，精心规划，加强宣传，把三都的特色推向全国乃至世界”的建议。

2008 年 5 月，州政协文史资料委员会对都匀市城市规划编制和管理工作情况进行视察后提出 11 条意见和建议。

2009 年，州政协视察团由主席、副主席带队，由州政协委员、驻黔南州省政协委员、州级各民主党派以及州直、县（市）直相关部门组成，分别到全州 12 个县（市）对全州重大项目建设及固定资产投资情况、招商引资 40 多亿元的重点项目实施情况、龙里和惠水两县融入贵阳经济圈城市交通网建设情况 3 个重大课题开展视察，共提出 15 条意见和建议。

2010 年，州政协紧扣促进发展要务，着重围绕编制“十二五”规划献计出力，组成视察和调研组，选择全州“185”工程、“都匀毛尖茶”品牌管理及产品推广、瑶山地区新阶段扶贫开发、企业节能减排降耗、城镇暂住人口管理、城区集中饮用水源点、食品药品安全监管、“两高”（高速公路、高速铁路）建设黔南沿线县（市）经济发展规划实施、发展非公有制经济政策措施的落实、职业教育改革与发展、非物质文化遗产的保护与开发利用、“十一五”交通规划完成及“十二五”规划编制等15项事关全州经济社会发展的重大课题进行调研或视察，形成调研、视察报告15个，为州委、州政府科学决策提供参考意见和建议。

2011年，州政协先后对全州工业重大工程及重点项目建设、城镇化规划编制及执行情况、州级以上农业产业化龙头企业发展情况、交通路网建设、扶贫攻坚工程实施及完成情况等15个课题进行视察和调研，形成15个视察和调研报告，提出意见和建议90多条，报送省政协、州委、州政府及相关部门。

2012年，先后组织主席会议视察团、常委会议视察团、驻黔南州省政协委员视察团和各专门委员会调研组等各层次的视察团和调研组，围绕黔南州现代农业特色优势产业规划及建设、各县（市）县城所在地农产品批发市场规划及建设、民族特色文化和旅游村寨建设、文物保护及开发利用、协调利益主体关系促进产业园区健康发展等重大课题，到各县（市）和都匀经济开发区的乡（镇）、园区、企业、学校、社区等，以实地调研、座谈交流、听取汇报和书面调查等方式，开展12次视察、调研活动，提交《关于黔南州现代农业特色优势产业规划及建设情况的视察报告》《关于黔南州文物保护及开发利用的调研报告》等3个视察报告和9个调研报告，其中，《关于黔南州文物保护及开发利用》《协调利益主体关系，促进产业园区健康发展》两个调研报告上升为主席会议建议案。这些报告提出的意见和建议100多条，分别报送省政协、州委、州政府以及相关职能部门，部分意见和建议得到省政协、州委、州政府以及州直相关部门的重视与肯定，有的意见和建议已被吸收采纳，视察和调研成果已转化为工作措施。

2013年，按照州委安排布置的惠水、长顺、龙里加快融入贵阳及贵安新区城市经济圈，打造罗甸“红水河上游的第一大港”，促进瓮安、福泉煤电铝、煤电磷一体化发展，黔南州如何更好利用交通区位优势做强做大物流仓储行业等4个重大经济课题，组织4个专题调研组到基层进行现场调研，掌握实情，找准问题，抓住重点，集思广益，为党委、政府提供大量翔实的参考依据。其中，《关于“促进瓮安、福泉煤电磷、煤电铝一体化”的专题调研报告》呈报州委后，州委明确列入州政府督查室督办事项。是年，组织驻黔南州省政协委员视察团、州政协主席会议视察团、常委会议视察团、各专门委员会调研组等多层面的视察团和调研组，重点围绕民族文化与旅游融合发展、工业园区建设、民族特色小城镇建设、林业生态建设、生态移民工程、百亿产业园区等专题进行视察、调研，提交《关于黔南州民族特色小城镇建设情况的视察报告》等一批视察、调研报告，提出意见和建议80多条。其中，向省政协呈报的《关于黔南州民族文化与旅游融合发展状况的视察报告》，省政协副主席陈海峰阅后批示：“这个视察报告以黔南州为例所分析和提出的建议与情况，对研究和改进相关工作很有参考价值。”

2014年，按照州委出题、政协解题的要求，组织专题调研组分赴12个县（市）和都匀经济开发区分别开展“加强行政效能建设，解决服务群众最后一公里问题”“黔南州县级行政区划改革”两个重大课题调研，经过综合分析、反复论证和归纳提炼，撰写了《关于加强行政效能建设，解决服务群众最后一公里问题的调研报告》《关于黔南州县级行政区划改革的调研报告》呈报州委、州政府。是年，组织驻黔南州省政协委员开展视察，撰写了《关于黔南州精准扶贫工作推进情况及对策建议的视察报告》报省政协，得到省政协主席王富玉和副主席孙国强、班程农的重视并作批示。州政协常委会议视察团到都匀、福泉、瓮安、龙里、独山5个县（市）和都匀经济开发区，就全州民营经济发展状况开展专题视察，撰写《关于全州民营经济发展状况的视察报告》供州委、州政府决策参考。州政协主席会议视察团到都匀、贵定、龙里、惠水、独山、荔波6个县（市）开展全州学前教育专题视察，拟写《关于黔南州学前教育发展情况的视察报告》。州政协各专门委员会分别开展黔南州扶持民贸民品企业发展情况、预防农村山林水事纠纷引发群体性事件等6个专题调研，撰写调研报告，提出意见和建议50多条，供州委、州政府及相关部门参考，很多意见和建议已纳入部门的工作措施。

二、建议案

1996年7月，州政协经济科技委员会牵头组织部分州政协委员配合其他专门委员会、州交通局、州公路养护段、州公路处对9个县（市）干线公路交通建设进行历时10天的调查，然后就加快“南下通道”贵新高等级公路建设，落实公路保畅措施，完善路政管理，开辟公路建设筹资渠道，确保贵（阳）罗（甸）公路柏油路年底贯通等问题向州委、州政府提出建议案，引起州委、州政府的重视。

1997年8月7日，州政协向州委、州政府报送《政协黔南州委员会关于开发全州中药资源，加快药业工业发展的建议案》。

1998年6月17日，向州委、州政府报送《黔南州政协关于进一步加快非公有制经济发展补充意见的建议案》，从确立非公有制经济在自治州经济发展中的重要地位，引导非公有制经济投入农村产业化建设，鼓励非公有制经济参与深化国有企业改革，大力提倡和鼓励兴办科技民营企业，拓宽非公有制经济投入领域，放宽经营主体，鼓励各行各业投身非公有制经济领域，进一步提高非公有制经济法人的政治和社会地位，加强党的领导等10个方面向州委、州政府提出建议，并得到重视。

1999年2月12日，州政协《关于都匀地区房地产开发问题的建议案》报送州委、州政府后，州委于3月5日批示件转州政府，州政府3月9日转州房产局研究提出意见报送州政府研究处理，州政府采纳州政协的意见，取消11项不合理收费。

2000年1月14日，向州委、州政府报送《关于黔南州竹业产业的建议案》，提出因地制宜抓好种植、抓好生产经营、坚持科技兴竹、建立种苗基地、多渠道解决竹业建设资金，鼓励多形式参与开发，推进产业化经营，作好规模开发的科学论证等8个方面的具体建议。

2002年7月10日，向州委报送《关于大力发展草畜养殖做大做强全州畜牧产业的建议案》，提出发展草畜业的8条建议。

2004年12月28日，向州委、州政府报送《关于加快全州旅游产业步伐的建议案》，提出10条建议。

2005年9月25日，向州委、州政府报送《关于进一步加快非公有制经济发展的建议案》，提出5条建议：加大贯彻国发〔2005〕3号文件力度，出台促进非公有制经济发展的文件；对行政管理开展一次大检查；建立融资基金，扶持非公有制企业加快发展；组织专门机构，加大引导、协调、帮助力度；引导非公有制经济人士提高自身素质。

2006年4月，向州委、州政府报送《关于大力发展全州职业教育的建议案》，提出5条建议。

2007年1月18日，向州委、州政府报送《关于进一步加强全州城市社区建设的建议案》，提出5条建议。7月9日，向州委、州政府报送《关于做强做大都匀经济开发区的建议案》，提出5条建议。11月22日，向州委、州政府报送《关于促进以磷煤化工为主的瓮福经济带大发展的建议案》，提出6条建议。

2008年10月8日，向州政府报送《关于发展龙里县工业园区、惠水长田工业聚集区的建议案》，提出15条建议。

2009年4月23日，向州委报送《关于加快推进和谐矿山建设的建议案》，提出11条建议。

2010年11月17日，向州委、州政府报送《关于在物质文化遗产的保护与利用切实提升全州文化软实力的建议案》，提出5条建议。

2012年9月17日，向州委报送《关于全州文物保护及开发利用的建议案》《关于协调利益主体关系促进产业园区健康发展的建议案》，共提出10条建议。

第六节　文史资料征编

州政协通过多形式、多渠道、多层次，征集全州政治、经济、军事、文教、科技、卫生、工商、民族、宗教等方面的历史资料，编辑出版文史资料辑。

1991年，共征集到稿件54篇，约283万字。征集到的稿件主要有三都水族自治县的建立、民族政策实施、山林纠纷案、独山县兴云乡土地改革、军大工作队战斗在谷龙、都匀县的抗美援朝活动、黔南盐业发展概况等。11月，出版《黔南文史资料》第九辑，用稿37篇13万字。

1992年，征集到各类史料46篇约26万字。主要稿件有黔南布依族苗族自治州的建立、覃杰的一生、盐酸菜与独山盐酸菜厂、铁道部都匀桥梁工厂、发展中的剑江化肥厂、贵州省烟草科学研究所的概况、都匀酒厂概略、东方机床厂发展简史等。是年，编纂《黔南文史资料》第十辑，采用稿件23篇14万字。

1993年，编辑《黔南文史资料》第十一辑，共收录稿件19篇16万字。自1993年6月起，编辑《黔南名镇专辑》（上集），向各县（市）征稿。截至1994年，共征集到稿件95篇55万字，照片6幅。

1995年，征集到的稿件41篇约29万字中，除部分属于名镇资料外，还有回忆浙赣战役衢州保卫战、福泉县团坡天主教堂、盟军飞机坠白排记等。是年，《黔南文史资料》第十二辑出书，共采用稿件25篇15万字；《黔南文史资料》第十三辑为《黔南名镇专辑》续集，共收入稿件29篇16万字。

1996年，征集稿件15篇、0.83万字。12月，州政协将学习委员会更名为文史学习委员会。

1997年，以纪念州政协成立40周年为主题征集文史资料，截止1998年3月，收到稿件68篇28万字，编辑《抚今追昔》专辑，共选用稿件59篇24万字，作为《黔南文史资料》第十四辑。1998年4—7月，征编黔南改革开放20年专辑《春华秋实》，作为《黔南文史资料》第十五辑，全书用稿89篇37.47万字。

1999年，为庆祝新中国成立50周年，征编专辑《神舟崛起》，作为《黔南文史资料》第十六辑，全书选用稿件95篇38.72万字，主要有贵州省第一个中共支部、二野军大工作队在龙里、长顺县联合政府建立经过、社会主义集体经济优越性的显示、会战湘黔铁路回顾、走出人口问题新路子等。3—12月，为编写独山县麻尾镇南寨村布依族革命烈士莫凤楼的事迹专辑《布依英烈莫凤楼》，作为《黔南文史资料》第十七辑，向省、州及各县（市）征稿，征集莫凤楼在抗日战争和解放战争时期的革命事迹，截止12月，共收到稿件114篇29万字，经审稿会审定，编辑成书24万字，于2004年4月正式出版。

2000年7月12日，州政协文史学习委员会召开文史工作专题会议，对《中国少数民族系列丛书·水族卷》《西南文史系列丛书·贵州卷》《贵州省旅游文史系列丛书·黔南卷》的组稿工作进行安排。是年，收集整理熊亮臣兄妹三人专辑《麻山熊氏三兄妹》，作为《黔南文史资料》第十九辑。州政协文史学习委到罗甸、望谟、紫云等县麻山腹地拍摄重要活动地点、战斗遗址、烈士墓地等资料图片。稿件按开端篇、交融篇、首领篇、猛将篇、巾帼篇、平乱篇、诗词篇、树碑篇等8个部分编辑成书，共选用稿件63篇37.08万字，于2003年9月正式出版。

2001年3月，根据省政协文史与学习委员会在黔南州召开的全省文史工作会议精神，州政协文史学习委员会对历年库存文史资料进行清理与挖掘，从400余篇170万字的存稿中筛选出40余篇18万字，汇编成《存稿聚览》专辑，作为《黔南文史资料》第十八辑，于2002年7月正式出版。

2003年，为贵州文史旅游丛书组稿，向全州未出书的县（市）发出通知，龙里县已出书。

2005年初，开始征编《水族百年实录》（即《中国少数民族丛书·水族卷》），征编方案报经全国政协文史委审批通过，并在报刊上刊登征稿启事和向各协作单位发出《关于实施〈水族百年实录〉征编方案的通知》。三都、独山、荔波、都匀4个县（市）成立《水族百年实录》编辑部，州协政与深圳、广西、云南及有关大专院校、水族有关研究机构取得联系。2006年，州政协分别到三都、独山、都匀、荔波等水族聚居的县（市）召开座谈会，举办采编人员写作学习班；省政协文史委到水族聚居区进行调研。年内，州政协征集到资料100余万字、图片200多幅；三都、独山、荔波、都匀等县（市）和云南的资料汇编成册，送州政协统编。2007 年 12 月 28 日，召开《水族百年实录》审稿会议，全国政协文史委办公室副主任王合忠，省政协文史委负责人，省、州、县水族学会以及有关专家、学者等共 80 人参加审稿会。2008 年 6 月，由全国政协文史和学习委员会、贵州省政协文史和学习委员会主编，州政协承编的中国少数民族文史资料书系《水族百年实录》经补充修改完善后，将书稿及光盘送全国政协文史委办公室。州政协在征编《水族百年实录》的同时，为黔东南州政协征编的《苗族百年实录》、黔西南州政协征编的《布依族百年实录》、遵义市政协征编的《仡佬族百年实录》提供资料稿件。2014 年 2 月，《水族百年实录》由中国文史出版社出版，全书分上、下两册，设概述、民族区域自治、历史风云、水乡变迁、文化纵横、风情揽胜、人物春秋、附录，图文并茂，共 190 万字。

2005—2006 年，为纪念黔南州成立 50 周年，征编黔南建州 50 年专辑《认识黔南》，作为《黔南文史资料》第二十辑，于 2006 年 8 月出版，分为“红色黔南”“风云人物”“高原搜奇”“高原之子”等 8 个部分，共 40 万字、100 幅图片。2005 年，州政协还为全国政协出版的《剿匪纪实》《瑶族百年实录》提供稿件各 2 篇、图片 5 幅。

2007 年 3 月，州政协学习文史委员会更名为文史资料委员会。2008 年，省政协编辑《贵州改革开放三十年纪实》，黔南承担 8 篇供稿任务，州政协将任务分解落实后，共收到稿件 61 篇，从中筛选推荐稿件 10 篇共 4.8 万字送省政协。

2009 年 9 月，为庆祝新中国成立 60 周年暨人民政协成立 60 周年，州政协组织编写《风雨同舟 60 年》一书，主要收录州政协历届委员名录与常委会工作报告和提案工作报告、委员风采与重点提案选编、回忆录文章、大事记等方面内容，全书 30 万字。

第七节 联谊活动

一、州内联谊

1991 年 10 月 8 日，州政协、都匀市政协联合召开座谈会，纪念辛亥革命 80 周年。

2008 年，州政协决定与州内各县（市）联合举办政协联谊会。3 月 29—30 日，12 个县（市）政协联谊会第一次会议在贵定县举行。7 月 9—10 日，12 个县（市）政协联谊会第二会议在龙里县龙架山森林公园召开，各县（市）政协主席、副主席、调研员、专委会主任参加会议。11 月 20—22 日，12 个县（市）政协联谊会第三次会议在惠水县举行，各县（市）政协主席，副主席，正副调研员、秘书长，副秘书长，专委会主任、副主任，州、县（市）部分政协委员 186 人参加会议。2009 年 11 月 1 日，12 个县（市）政协联谊会第六次会议在三都县举行，全州政协委员共 200 余人参加会议。

2012 年 9 月 27 日，州政协与龙里县举办国庆中秋联谊会，促进州、县之间的交流。

二、州外联谊

1991 年 7 月 25—29 日，黔南州、黔西南州、黔东南州政协联席会第六次会议在凯里召开，黔南州政协13人参加会议，省政协主席苗春亭应邀出席会议并发表讲话。黔南州政协作题为《抓大事，办实事，为振兴黔南经济献计出力》的发言，黔南州罗甸县、黔西南州望谟县、黔东南州施秉县分别在会上介绍县政协的工作情况。与会人员到施秉县参观考察。

9月3—8日，湘黔川桂政协工作联系会第一次会议由黔南州政协主持在都匀召开。贵州、湖南、广西三个省（区）政协相关领导应邀出席会议。湘西州、大庸市、怀化地区、柳州市、柳州地区、河池地区、百色地区、铜仁地区、黔东南州、黔西南州、黔南州政协共114人参加会议，黔江地区政协因事提交书面材料参会。参加会议共114人。会议围绕履行政治协商、民主监督职能，为发展民族地区经济这个主题作大会发言，介绍各自的工作情况及经验。会议还探讨枝柳铁路沿线的经济开发问题。

1992年6月16日，黔南州、黔西南州、黔东南州政协联席会议第七次会议在都匀举行，会期5天。前两天在都匀开会，后三天参观考察瓮福磷矿和瓮安县。省政协副主席毛铁桥应邀到会并作讲话。黔南州政协以《紧跟形势，开拓创新》为题，介绍黔南州政协围绕改革开放履行政协职能的经验。9月23—26日，湘黔川桂少数民族地区政协工作联系会第二次会议在湖南省大庸市召开。黔南州政协一行4人出席。会议围绕政协参与改革开放，服务经济建设这个主题交流情况，黔南州政协作题为《认真履行政协职能，努力搞好服务》的发言。10月1—21日，州政协考察团赴广州、深圳、珠海、北海、防城港、南宁等地考察政协工作和经济工作后，写出书面材料向州政协汇报并提出有关建议。

1993年8月20—21日，黔南州、黔西南州、黔东南州政协联席会第八次会议在兴义召开，黔南州政协一行4人参加会议，会上，黔南州政协以《抓好“到位”，开创工作新局面》为题，汇报一年的工作。11月23—26日，州政协主席及州商业局、州经委负责人一行8人，参加在广西柳州市举行的湘川黔桂少数民族地区政协工作联系会第三次会议，交流政协工作经验，开展经贸洽谈。

1994年10月7—9日，湘鄂川黔桂少数民族地区政协工作联系会第四次会议（新增加湖南省常德市、湖北省宜昌市、恩施地区、四川省涪陵地区等地政协）在四川省黔江地区举行。黔南州政协一行4人参加会议。黔南州政协以《委员视察是政协参政议政的重要途径》为题，汇报工作情况。10月19—20日，黔南州、黔西南州、黔东南州政协联席会第九次会议在凯里举行。黔南州政协一行4人参加会议。黔南州政协在会上作“选准角度履行政协职能”的经验介绍。

1995年8月15日，黔南州、黔西南州、黔东南州政协联席会第十次会议由黔南州政协主持在都匀召开。省政协副主席王思明应邀到会指导工作。会议主要交流贯彻全国政协《关于政治协商、民主监督、参政议政的规定》（以下简称《规定》）的情况和经验。黔南州政协作题为《认真落实〈规定〉，提高参政议政水平》的发言，10月31日，湘鄂川黔桂少数民族地区政协工作联系会议第五次会议在湖北省宜昌市举行，参加会议的有5个省（区）15个地（州、市）政协人员50余人，黔南州作《认真落实“规定”，提高参政议政质量》的发言。

1995年12月12—30日，州政协考察团一行12人，包括部分县（市）政协负责人，赴云南省西双版纳自治州考察政协工作。

1996年9月3—5日，湘鄂川黔桂12个地（州、市）政协工作联系会议在湖南省湘西土家族苗族自治州举办，黔南州政协派一名副主席参加会议。9月25—27日，贵州省9个地（州、市）政协工作联席会第二次会议在遵义地区举行，州政协派一名副主席参加会议。原黔南州、黔东南州、黔西南州政协工作联系会至此终止。11月5—7日，黔桂12个县（市）政协联谊协作会议第三次年会在平塘县召开。

1997年6月12—13日，贵州省9个地（州、市）政协工作联系会第三次会议在兴义市召开，州政协派一名副主席参加会议。9月18—20日，乌江流域部分县（市）政协协会在福泉市召开，州政协派一名副主席参加会议。10月27—29日，省9个地（州、市）政协工作联系会第四次会议在贵阳市政协举行，州政协主席参加会议。11月4—6日，桂黔渝鄂湘5个省（区、市）13个地（州、市）政协工作联系会议在广西河池地区举行，州政协派一名副主席参加会议。

1998年5月29—30日，贵州省9个地（州、市）政协工作联系会第五次会议在黔东南州镇远县召开，州政协派一名副主席和秘书长参加会议。9月15—16日，贵州省9个地（州、市）政协工作联系会在福泉市召开，研讨发展全省非公有制经济问题。各地（州、市）政协领导福泉市政协领导共60余人参加会议。10月12—17日，黔桂湘鄂渝5个省（区、市）14个地（州、市）政协工作联系会议在黔西南州兴义市举行，州政协主席参加会议。

1999年10月16—25日，全省9个地（州、市）政协工作联系会第八次会议在六盘水市举行，派一名副主席参加会议。

2000年5月20日—6月5日，州政协学习考察团一行9人赴上海、杭州、宁波、温州等地学习考察，于6月2日代表州政府与九三学社上海市委签订《关于双方建立长期科学支边关系协议书》。考察结束后，考察团向州委、州政府报送《关于考察浙江非公有制经济发展情况的报告》。7月18日—8月9日，州政协考察团一行9人赴青海、甘肃、宁夏、陕西、重庆等省（区）考察学习在西部大开发中的有关政策、做法和经验。8月16—18日，派一名副主席参加在湖北恩施召开的湘鄂渝黔桂5个省（区）13个地（州、市）政协联系会议，并在会上作《发挥优势为西部大开发建言献策》的发言。11月2—16日，州政协考察团一行7人，赴广州、深圳、珠海、湛江等地进行交流联谊和考察学习。

2001年8月15—16日，州政协一行4人赴毕节地区织金县参加贵州省9个地（州、市）政协工作联系会第十二次会议。9月20—21日，州政协派一名副主席等参加在重庆涪陵召开的渝鄂湘桂黔5个省（区、市）13个地（州、市）政协工作联系会议。

2002年9月4—5日，全省9个地（州、市）工作联系会第十三次会议在遵义市召开，州政协派一名副主席参加会议。是年，副主席参加黔桂鄂渝湘5省（区、市）13地（州、市）政协工作联系会。

2003年10月22—24日，派一名副主席赴湖南怀化参加5个省（区、市）13个地（州、市）政协工作联系会，并在会上作《不断创新工作机制，充分发挥专委职能》的发言。11 月 13—14 日，派一名副主席赴兴义市参加全省 9 个地（州、市）政协工作联系会。

2004 年 10 月 19—21 日，黔湘渝鄂桂 5 个省（区、市）13 个地（州、市）政协工作会议在都匀市和荔波县召开，会议主题为“研讨民族经济开发，振兴旅游产业”。

2005 年 9 月 5—8 日，州政协派一名副主席等参加在湖南吉首市召开的湘鄂渝黔桂 5 个省（区、市）13 个地（州、市）政协工作联系会议。10 月 25—26 日，全省 9 个地（州、市）政协工作联系会在都匀召开，各地（州、市）政协主席或副主席、委办负责人共 50 人出席会议，黔南州 12 个县（市）政协、州畜牧发展促进中心、州农办、扶贫办负责人列席会议。省政协副主席何永康出席会议并作讲话。州委、州人大常委会、州政府领导出席会议开幕式。

2006 年 8 月 2—5 日，派一名副主席赴六盘水市参加贵州省 9 个地（州、市）政协工作联系会第十五次会议。10 月22 日，派一名副主席陈玉兴等赴铜仁参加黔湘渝鄂桂 5 个省（区、市）13 个地（州、市）政协工作联系会。

2010 年 9 月 8—17 日，州政协组织学习考察团 15 人，赴新疆吐鲁番、喀什地区就民族文化旅游发展情况进行考察学习。8—20 日，组织学习考察团 17 人，赴西藏拉萨市、日喀则地区就民族和宗教工作进行学习考察。

2012 年 7 月 26 日—8 月 3 日，组织考察团 24 人，赴新疆伊犁哈萨克州、陕西省延安市就政协工作进行学习考察。

2014 年 9 月 21 日，海南省万宁市政协一行 10 人到黔南州开展文化交流活动，在都匀市鸿安酒店举行“黔南—万宁两州（市）文化交流笔会”，州政协主席等领导出席活动。12 月 15—17 日，州政协主席参加在广西百色市召开的黔桂滇 3 个省（区）8 个市（州）政协主席工作联席会。

第八节　智力支边

1991 年 5 月，“滋根基金会”会长，旅美专家杨贵平考察罗甸县罗悃民族小学后，决定资助罗悃民族小学增设 2 个少数民族女童班，招 100 名学生，每年资助人民币 5000 元，连续资助 6 年。6 月，邀请贵阳市农科所科技人员到罗甸进行蔬菜种植、管理及病虫害防治技术咨询，他们把从日本引进的 1100 公斤白棒豆优良品种专车送到罗悃乡，指导农户种植 580 亩，平均亩产 2000 公斤，总产量 1100 吨，产值 110 万元。经省民建牵线，省化工研究所派出工程技术人员到三都利农化工厂考察并发给生产农药“甲敌乳剂”的许可证，选派一名技术人员帮助指导生产。是年，全州完成各类支边项目 259 项，参加支边人员 863 人；举办培训班 202 期，其中培训乡土人才 17071 人、其他各类专业人才 4346 人。

1992 年 3 月，州、县支边办联系省民建专家在荔波县举办企业管理培训班，参加培训的有荔波各企业管理人员 45 人。是年，全州完成各类智力支边项目 207 项，参加支边的人数共 427 人；举办培训班 173 期，其中，培训乡土人才 12656 人、其他各类专业人才

772 人。

1993 年，州、县支边办在科技兴农方面，引进良种种法，发展多种经营并开展其他咨询服务。州支边办拨出经费，由贵定县支边办建立 10 亩藠头基地作示范，举办藠头栽种技术培训班 4 期，受训 200 人次，带动昌明、盘江、新铺等乡（镇）栽种藠头 300 余亩，为贵定县酱菜厂生产出口藠头提供原料，村民收入 12 万元。是年，全州完成各类智力支边项目 177 项，参加智力支边人员共 416 人；举办培训班 185 期，其中培训乡土人才 12350 人、其他各类人才 5274 人。

1994 年，州支边办组织州医药开发公司技术员到平塘县平湖镇白杨湾村民组作中药材种植技术指导，与农户签订 20 亩桔梗的收购合同。是年，全州完成各类智力支边项目 155 项，参加智力支边人员共 486 人；举办培训班 145 期，其中培训乡土人才 11481 人、其他各类专业人才 825 人。

1995 年 3 月，引进深圳东南贸易公司投资 50 万元，与罗甸县拼花木地板厂联办木制品厂，双方签署了联办协议。邀请安徽农业大学茶叶系副教授刘和发、安徽省宣州市茶厂高级工程师陶立志，对州内茶园加工技术、工艺等提供咨询和技术指导，安徽专家还为黔南州牵线搭桥组织 50 吨黔南名茶出口。是年，全州完成各类智力支边项目 151 项，参加智力支边人员共 349 人；举办培训班 134 期，其中培训乡土人才 9130 人、其他各类专业人才 265 人。

1996 年，州支边办年初组织汇总 5 个“两山”（麻山、摇山）县级贫地区的移民搬迁计划和“两山”乡（镇）之间断头公路建设方案，在民政部常务副部长阎明复来黔时上报。4 月，阎明复亲率香港中国星火基金会及有关部门赴罗甸进行考察，决定捐资 140 万元在罗甸的董王乡先行移民搬迁 100 户作为试点。省政协、省民建、省农工和省工商联等单位分别牵线搭桥，全年为“两山”县组织劳务输出 3000 多人，到福建泉州、河南、山西、上海、广东、深圳等地务工。4 月中旬和 5 月下旬，省民盟两次组织蔬菜专家到惠水县王佑镇开展科技咨询活动，并带去“贵农 79041 红豇豆”“优选 8 号黄豆”“白玉苦瓜”“台湾超甜玉米”等优良蔬菜品种，采取录像放映、实地操作方式进行培训，取得良好的效果。10 月 24—25 日，省民革再次组织贵州农学院畜牧兽医系教授贺焦禄、讲师罗卫星到长安乡举办“畜牧兽医培训班”，给当地村干部、民办兽医员讲授猪、牛常见病防治，牛崽难产处理，中草药治疗猪、牛常见和多发病的方法等专业知识。是年，全州完成智力支边项目 140 项；举办乡土人才培训班 152 期，培训乡土人才 13723 人；举办各类专业技术培训班 14 期，培训 929 人；参加支边人员 385 人，其中省外 2 人、省内 105 人。建成支边扶贫联系点 28 个，其中乡级 11 个、村级 17 个。

1997 年 5 月，民盟贵州省委组织贵州农学院、农干院、省科委、省牧医学校等单位的 10 名专家到平塘县对地处麻山大塘镇的资源及经济发展状况进行考察，对《大塘镇扶贫攻坚总体规划》进行论证，提出《大塘镇扶贫攻坚总体规划》补充意见书。9 月，民盟省委社会服务处以及各有关方面专家到都匀，与州政协、州支边联系小组、州支边办对民盟省委在“两山”开展支边扶贫进行商谈，将长顺县作为民盟省委的支边扶贫联系点。提出意见，并针对存在的困难和问题进行帮助。是年，全州完成智力支边项目 168 项，项目实现可算经济效益 531 万元。举办乡土人才培训班 224 期，培训乡土人才 19426 人次；举办各类专业技术培训 23 期，培训 1128 人次；开展义诊 135 人次；科技咨询 4196 人次；推广新品种 28 个，推广新技术 4 项；劳务输出 15981 人。应邀参加支边的人数 902 人，其中，省外 19 人、省内 883 人。

1998 年 4 月 30 日—5 月 4 日，省医卫专家以及农工党省委成员一行 12 人到荔波、独山两县开展医卫讲学医学临床指导、义诊和捐资助学等。5 月 14—15 日，民建贵州省委到平塘进行支边扶贫实地考察，向大塘镇里中小学捐赠价值 1279 元的书籍和教具。6 月 4 日，民建贵州省委向大塘镇盛安小学捐赠 1400 元书本费和 200 件衣物。7 月 13—16 日，民盟贵州省委组织畜牧专家到长顺县代化镇、交麻乡举办科学养猪培训班 3 期，受训 249 人。11 月 1—3 日，农工党贵州省委组织支边服务队一行 10 人到黔南州开展支边活动。2 日，贵阳医学院以及黔南州医院、中医院、医专的部分医学专家 23 人到中国振华电子工业集团的特困企业长红机械厂向特困职工送医送药，义诊 550 人次，免费向患者发放药品 14000 元。农工党贵州省委会还举办保险营销业务员培训班，60 多名下岗职工参加了培训。11 月 13—16 日，省民建、省煤炭设计研究院专家到荔波县茂兰亭发煤矿考察，提出合理开采充分利用资源，注意矿井通风确保安全生产等建议。并根据该矿要求达成由省煤炭设计院帮助进行立项可研报告的撰写和矿井设计。是年，全州完成智力支边项目 138 项，实现可算经济效益 866.9 万元。举办各类专业技术培训班 91 期，培训 13972 人次；推广新技术、新品种 36 项；参加支边的人员 643 人，其中省外 30 人。

1999 年 3 月 27 日，九三学社贵州省委主委带专家到贵定县考察，明确贵定县为支边联系点。3 月 29 日，民盟贵州省委带领贵州财经专家等 10 人到福泉市进行考察，确定福泉市为支边联系点。4 月，由香港中华出入口商会荣誉会长黄佩球捐资 30 万元人民币在平塘羊方和荔波大土修建希望小学 2 所，9 月底全部竣工。两校分别有 6 个教室、2 个办公室，建筑面积为 340 平方米。黄佩球还向贫困学生发放 1.4 万元助学金。是年，全州完成智力支边项目 111 项。举办各类专业技术培训班 136 期，培训 11874 人次；推广新技术、新品种 42 项；全州有定点支边联系点 41 个；应邀参加智力支边的共有 677 人。

2000 年 3 月，民盟贵州省委组织贵州附院医疗专家到福泉进行医疗讲学、坐诊、查房活动，应诊病人 100 余人次，并讲授病毒性肝炎诊断及治疗、功能性子宫出血诊断治疗、小儿液体疗法等，福泉市机关和各乡（镇）及麻江、瓮安、都匀等地医务人员 750 人次接受讲学辅导。4 月 26 日，省九三学社、省水产局帮助在贵定县岩下乡，选择 9 家农户稻田投放鱼苗 306 公斤，实施稻田生态养鱼示范工程，4 个月后，由省、州联合组织验收，平均亩产 103.7 公斤，可增收 750 公斤。8 月，经民建贵州省委牵线，经过推荐、体检、考核，平塘、三都、荔波、都匀的 10 名孤儿被山西大同育孤学校录取。是年，全州完成支边项目 139 项；举办培训班 273 期，培训各类人才 32848 人次；推广新品种、新技术 59 项；引进资金 194.24 万元；建立支边联系点 56 个；参加支边活动人员 865 人，其中省外 40 人、省级 219 人。

2001年6月，由民进贵州省委多方呼吁获得15万元专款，当地政府配套8万元合建的都匀市奉和乡民族学校初中部教学楼竣工，为三层砖混结构，建筑面积520平方米，共6个教室和3个办公室。8月20—21日，民盟贵州省委组织农业区划专家帮助都匀市河阳乡河流村制订长期规划和发展目标。其间，贵州大学农学教授胡齐益就“优质蔬菜栽培及病虫害防治”“反季节蔬菜栽培”进行培训，160名村民参加培训。28日，致公党贵州省委为贵定县新巴小学20名贫困生送去1750元学杂费，并表示一直资助到小学毕业。9月4—5日，民建贵州省委代表爱德基金会与都匀市农业局、市支边办签订援建河流村100户沼气项目协议。爱德基金会每户补助600元建沼气池，由市农业局组织实施，至11月，共建沼气池127口。是年，全州完成支边项目132项；举办各类培训班143期，培训达13506人次；引进资金222.41万元；应邀参加支边人员831人，其中省外23人、省级166人。

2002年，全州完成支边项目134项；举办各类培训班87期，培训各类人才8345人（次）；引进资金197.57万元；接受捐赠物资价值60万元；参加支边工作的人员共674人，其中省外55人、省级70人。

2003年，全州完成支边项目108项；举办各类培训班90期，培训各类人才90109人（次）；引进无偿资金468.98万元；建希望小学12所，建校点20个，资助贫困学生1501人（次）；开展医疗咨询；邀请参加支边人员786人，其中省外170人。

2004年，全州完成支边项目98项；举办各类培训班133期，培训各类人才31502人（次）；引进无偿资金192.42万元；招商引资2690万元；应邀参加支边人员676人，其中省外82人。

2005年，全州引资200余万元修建乡村小学13所，为5000多名学生创造良好学习环境；接受捐资20余万元，帮助1000余名贫困学生入学；引资0.5万美元建立乡村图书室1个。其中，香港黄佩球捐资17.5万元，修建罗甸县云干乡大关小学，于2006年1月底竣工，3月1日投入使用；引进爱德基金会资金121万元分别为都匀市洛邦小学（30万元）、沙寨乡拉海小学（15万元）、阳和乡光荣小学（7万元）、富河小学（13万元），贵定县昌明镇凌武小学（15万元）、福泉市马场平办事处平寨万美小学（9万元）、陆坪镇立冲吕铃小学（12万元）、三都交黎乡高戎小学（15万元）修建教学楼；香港查氏集团李敬中捐资18.8万元修建福泉市道坪镇土卡小学教学楼，于2006年6月竣工并投入使用；省政协香港籍委员魏凤英捐赠30万元修建都匀市杨柳街镇的谷江小学教学楼；美籍华人雷紫玲捐赠港币8万元、都匀市政府配套22万元马修建墨冲镇拱板小学教学楼；引进“美国亚洲医疗服务中心”6万元资金帮助罗甸县大亭乡交改小学进行校舍改造。爱德基金会“薪火计划”基金对考入南京农业大学的独山县、荔波县的2名贫困学生进行资助，每人每年给予8000~10000元，直到其大学毕业；爱德基金会将资助的平塘、荔波县的569名贫困小学生每人每年140元、17名中学生每人每年760元重返校园项目资金发放到学生手中；“美国亚洲医疗服务中心”捐赠1.34万元帮助罗甸县84名贫困学生入学。民进省委组织贵阳实验二中教师到都匀为7个乡（镇）的700余名教师和学生进行数学、语文、外语、物理、化学、历史等科目教学及班主任工作培训。美国健华社在继2004年资助惠水长田、贵定抱管、都匀河阳三个乡的图书馆建设后，又向独山县尧梭乡捐赠0.5万美元进行图书馆建设。是年，全州完成支边项目133项；举办各类培训班120期，培训各类人才31118人（次）；引进无偿资金401万元；应邀参加支边人员1311人，其中省外295人。

2006年，全州完成支边项目71项；举办各类培训班90期，培训各类人才14894人（次）；引进无偿资金及物资折款337.39万元；参加支边人员854人，其中省外175人、省级221人。

2007年2月，香港君域扶轮社捐资5万元帮助都匀市沙寨乡修建25口小水窖。3月，致公党贵州省委联系深圳恒天数码科技有限公司向都匀市墨冲小学捐赠20万元，地方政府配套25万元修建新教学楼1栋，工程于当年开学时投入使用。11月10日，民建贵州省委组织贵阳医学院、口腔医院专家到贵定县盘江镇开展义诊活动，共接诊病人400余人，免费发放价值3000元药品。至2007年，黄佩球先后在黔南州10个县（市）捐资230.7万元，加上地方政府配套资金127.08万元，共兴建13所希望小学，建筑面积6208平方米，受益学生4506人，中央电视台“东方时空”栏目组编导到黔南州及平塘、罗甸县进行采访报道。是年，全州完成支边项目65项；举办各类培训班220期，培训各类人才37349人次；引进无偿资金及物品折资310.5万元；参加支边人员1335人，其中省外340人。

2008年1月中旬全州遭受历史上罕见的凝冻灾害之后。3月20—25日，香港慈恩基金会捐赠救灾款8.5万元人民币和价值6万元的物品，发放到都匀市摆忙乡、奉合乡、福泉市地松镇、平塘县四寨镇、三都县交梨乡等11个村425户贫困群众手中；3月初，香港黄佩球家人捐赠15万元人民币，用于都匀市江洲镇购买化肥、种子、农药、水泥等，帮助受灾群众恢复生产；香港黄族宗亲会、惠施慈善基金会、香港童军总会、汇基书院等团体及个人捐资10.7万元，帮助平塘县白龙乡、荔波县播尧乡、三都县恒丰乡276户受灾村民购买化肥、种子，开展春耕生产。是年，全州引进捐助资金240.95万元，接受捐赠物资价值52.5万元；修建农村小学6所，资助贫困学生295人，创建农村小学体育室155个；建设村级卫生室3个，乡（镇）IT图书室2个；修建农村小水窖60口，新建农村人畜饮水工程2处；培训乡土人才60余人；参加支边人员230人（次），其中香港和境外140人（次）。

2009年，全州引进资金对农村小学进行改建或扩建。其中，香港爱德基金会捐资荔波县朝阳小学15万元及都匀市河阳乡各里小学15万元，建设新教学楼；慈恩基金会捐资荔波县水利乡小学12万元港币、水尧乡水尧小学23万元港币、三都打鱼乡盖赖小学10万元港币，修建教学楼和综合楼；黄佩球家人捐资福泉市马场坪大院小学30万元港币、贵定县定东乡定东小学30万元港币，修建教学楼；中汇传媒有限公司援建贵定县洛北河乡洛北河小学25万元建设综合楼；香港吴目耕堂有限公司捐资三都县打鱼乡来术小学10万元、拉揽乡懂术小学8万元进行扩建，并捐资。民进黔南州委继续联系思源基金会资助都匀一中100名贫困生助学金10.2万元；并捐资北美3E发展有限公司都匀办事处资助19.48万元帮助315名都匀市幼儿园至小学、中学、大学学生。苏宁公司捐资9万元为瓮安县100所农村小学购置篮球、排球、乒乓球、羽毛球及跳绳等体育用具；深圳艾博克公司捐资25万元帮助贵定县定东乡兴建艾博克希望小学，并捐赠新电脑20台及附属设备。是年，全州完成支边项目 83 项；开办各类培训 54 期，培训各类人才 12045 人；引进资金 440.23 万元（人民币），美元 71 万元；参加支边人员 1125 人，其中省外及境外 329 人。

2010 年，黔南州发生特大旱灾，香港慈恩基金会、国际扶轮基金会、爱德基金会、黄佩球家人等团体和人士为龙里、平塘、独山、荔波、福泉、长顺、贵定、罗甸、都匀、惠水 10 个县（市）争取到抗旱捐助资金 80 万元，完成饮水工程 8 项，解决 6000 余人及 1.2 万余头牲畜饮水问题。北美 3E 发展有限公司捐资 0.7 万元，为都匀市河阳乡修建引水工程。团州委投入抗旱项目资金 15 万元，对罗甸县山塘水库进行清淤。黄佩球家人捐资 0.6 万元，采取车辆送水方式，为罗甸县大关小学师生解决一个月的生活用水。汇中传媒有限公司向贵定县洛北河小学 300 余名师生捐赠价值 2 万元的矿泉水。省红十字会捐赠 38 万元的大米 30 吨、面粉 50 吨、食用油 1000 桶，帮助都匀市良亩乡、奉合乡 2532 户 10430 户受灾群众。经民革中央、民革贵州省委牵线搭桥，由中华慈善总会捐赠医疗设备于是年 3 月全部到位。其中，4 套价值 180 万元的美国产 1800 型全自动生化仪分别捐赠给福泉市人民医院、平塘县人民医院、贵定县疾控中心、都匀 414 医院；韩国产全数字三维彩超系统 2 台价值 152 万元，分别捐赠给平塘县妇幼保健院和都匀 414 医院。是年，全州完成支边项目 87 项；开展各类培训 54 期，培训 10853 人（次）；引进资金 550 万元；实施建校项目 6 个，资助贫困学生 1350 人；修建村级卫生室 7 年，扩建乡（镇）卫生院 4 所；建设农村安全引水项目 8 个；接受物品价值 237 万元；参加支边人员 941 人，其中省外及境外169 人。

2011 年 5 月，民进黔南州委组织 6 名高级教师到平塘县谷硐中学和掌布中学进行讲学。8 月，香港思源基金会组织 17 名英语教师到都匀市开展中小学英语教师培训，有 37 所小学和 22 所中学的英语教师共 121 人参加培训，培训费 15 万元由思源基金会承担。10 月，民盟贵州省委、农工党贵州省委、九三学社贵州省委组织教育和医疗专家，分别到平塘县进行教育培训和医疗义诊活动，其中有 400 余名平塘教师参加培训。11 月，省支边办邀请省内教育界专家为罗甸县中小学教师进行新课改培训，参加培训教师达 500 人（次）。是年，全州完成支边项目 68 项；引进资金及物品价值 612 万元；开展各类培训 46 期，培训 4348 人（次）；实施建校项目 6 个，资助贫困学生 1496 人；修建村级卫生室 16 所，扩建乡（镇）卫生院 2 所；建设农村安全饮水项目 5 个；参加支边人员 826 人，其中省外及境外 103 人。

2012 年 1 月，香港慈恩基金会到荔波县考察，捐资 25 万元港币援建茂兰小学教学楼，于当年 9 月竣工并投入使用。香港爱心人士叶理火捐资 18 万元援建平塘县掌布乡新坪小学学生宿舍及食堂。香港乐施会捐资 22 万元为长顺县两所农村小学修建学生食堂。5 月，香港慈恩基金会向贵定、长顺、惠水、都匀等县（市）40 所农村小学和 1 个社区捐赠图书 43100 册，价值 66 万元。美国健华社向荔波县瑶山小学学生 300 人每人捐赠《新华字典》一册，价值 0.6 万元。爱德基金会向贵定县 4 所小学捐赠 500 套价值 9 万元的课桌椅，向平塘 8 所学校捐赠 1116 套价值 20 余万元课桌椅。贵州安泰和汽车销售有限公司向贵定县抱管小学捐赠价值 3 万元的 100 套课桌椅、40 套腰鼓及队服。慈恩基金会等 5 个团体共捐资153万元，帮助福泉、都匀、贵定、荔波、三都、长顺、惠水等县（市）1445名贫困学生。8月和11月，省工商联邀请贵州科学与健康协会组织省城大医院专家两次到贵定县新铺乡和巩固乡开展义诊活动，共为800余名患者进行诊治，免费发放药品价值11万元。是年，全州完成支边项目65项；引进资金物品价值约458万元；实施学校建设项目4个，资助贫困学生1440余人；修建村级卫生室2个，扩建乡（镇）卫生院5个，建设农村安全饮水项目2个；开展各类培训58期，培训各类人才4911人（次）；参加支边人员763人，其中省级及境外98人。

2013年4月，香港慈恩基金会捐港币70万元援建荔波县玉屏小学教学楼和长顺县敦操乡中心校教学楼项目。香港慈恩基金会向罗甸、长顺、福泉、平塘、贵定县（市）30所农村小学校捐赠图书2.1万册，价值人民币40余万元。南京爱德基金会向平塘、长顺、贵定县15所农村小学校捐赠2055套新课桌椅，每套价格180元，共37万元。南京爱德基金会在贵定县实施孤儿助养项目，覆盖18个乡37个学校，资助孤儿93名，每名受助学生一年1340元生活补助。香港吴目耕堂助学基金有限公司在共发放助学金12.05万元，惠及9个乡（镇）220名儿童。慈恩基金会资助荔波县甲良中学60名贫困学生资金共1.8万元。香港慈恩基金会到黔南州考察长顺、荔波县乡（镇）卫生院项目后，落实长顺县鼓扬镇、交麻乡卫生院扩建项目和荔波县茂兰镇、播尧乡卫生院项目，共捐赠港币60万元。通过民建贵州省委牵线搭桥，帮助福泉市人民医院、长顺县人民医院争取到救护车2台，价值人民币14万元。贵定县争取中国扶贫开发协会、中国全民健康扶贫办的支持，为该县卫生事业捐赠价值280万元的医疗设备和救护车辆。香港慈恩基金会捐赠港币10万元为贵定县岩下乡栗山村、报管乡报管村修建引水项目，周大福慈善基金捐赠人民币30余万元为都匀市凯口镇朵罗村、平塘县谷硐乡翁片村修建水利项目，香港扶轮社捐赠人民币16万元援建都匀市平浪镇卡鲁村水利项目，5个项目的实施，解决偏远农村共485户2065人的饮水困难。是年，共引进捐助资金及物品折合人民币450万元。实施学校建设项目2个，资助贫困学生400余人；扩建乡（镇）卫生院4个；修建农村安全饮水项目5个。

2014年，全年联系和接待到州开展智力支边工作的各民主党派专家、政协委员及各界人士150余人（次），共引进捐助资金及物品共计550多万元。实施学校建设项目2个，资助贫困学生600余人；扩建乡（镇）卫生院4个；修建农村安全饮水项目3个。经省、州支边办牵线搭桥，民革贵州省委、贵州省国际国内公共关系协会到贵定县定东小学开展“博爱·牵手”——关爱留守儿童主题活动，向定东小学捐赠6万元作为学生营养午餐补助金，同时还捐赠价值1.2万元的320套学生用品。通过香港慈恩基金会联系，古天乐慈善基金捐资60万元港币援建荔波县永康小学、尧并小学教学楼。致公党贵州省委联系深圳艾博克电子公司为贵定县益民小学捐赠价值7万元的410套运动服以及计算机、图书等教学设备。北美3E发展有限公司驻匀办事处联系上海众心国际社区“爱心树”慈善项目到都匀市乡（镇）学校为359名贫困学生捐赠价值8.5万元的爱心礼包和价值3万元的御寒服装和靴子78套。致公党贵州省委、香港慈恩基金会向长顺、荔波、贵定、都匀、平塘县（市）农村小学校及幼儿园捐赠图书及学生字典2.2万册，价值33万元。香港慈恩基金会落实长顺县交麻卫生院扩建项目，捐助资金港币15万元。香港慈恩基金会捐赠港币17万元为长顺县广顺镇坝上组、贵定县云雾镇大普组、平塘县掌布镇新坪组修建引水项目，3个水利项目完成后，解决偏远农村246户1204人口以及平塘县龙塘小学、贵定县小普小学398名师生的饮水困难。香港慈善机构为三都县打鱼乡盖赖村火灾受灾户捐赠物资折款2万元，塘州、三洞两乡遭受火灾群众捐棉被60床。民进深圳市委为三都县农村学校捐赠计算机300台，同时组织10人的支教帮扶服务队到三都县为高考学生进行辅导。

第九节　政协县（市）委员会

一、政协都匀市委员会

1991—1993年为市政协第四届任期。设置政协办公室、提案法制委员会、学习委员会、文史资料委员会、经济科技委员会、教卫文体委员会、社会联谊委员会、妇联、青年委员会，智力支边办公室（属市政府部门挂靠在市政协）。市政协委员由23个界别组成，有委员190名。

2003—2014年底，市政协设政协办公室、提案法制委员会、经济委员会、教科卫文体委员会、社会事业与联谊委员会、学习文史委员会和智力支边办公室。开展参政议政、提案办理、文史资料编研、反映社情民意、智力支边等工作。2014年，有市政协委员225名。

24年中，市政协通过开展视察调研、提案办理、文史资料编研等反映社情民意、参政议政，为都匀市的政治、经济、文化、社会的发展建言献策。

二、政协福泉市委员会

1991—1993年4月为福泉县政协第三届任期。1993年4月召开县政协第四届第一次全体会议，进行了换届选举。县政协第一届至第三届任期为三年，第四届起改为五年。由于1996年12月2日国务院批准福泉撤县建市，经中共黔南州委、中共福泉市委批示，县政协第四届委员会从建市之日起，转为市政协第一届委员会，任期至1998年换届。市政协于1998年3月、2003年3月、2007年1月、2012年1月召开第二届、第三届、第四届、第五届第一次全体会议，进行换届选举。其中第三届政协由于提前一年换届，任期为四年。

福泉市（县）政协进行了五次换届选举，工作机构也进行适当的调整。县政协第三届设置学习、提案、文史资料、经济、科教文卫体、妇女青年法制计生、民族宗教祖国统一联谊7个委员会，县政府智力支边办挂靠县政协。1993年7月，县政协第四届在上届设置机构基础上增设乡（镇）联络组工作委员会。1996年1月，增设政协办公室办事机构。1997年1月，福泉撤县设市后，原县政协工作机构转为市政协工作机构，设置不变。1998年5月，市政协设置文史学习、提案法制、经济科技、教科文卫体、社会联谊等5个委员会和行政办公室、智力支边办公室。2003年4月，市政协分别将经济科技委员会、教科文卫体委员会改设为经济发展委员会、科教文卫委员会。2012 年，增设人口资源环境委员会。

1991 年 7 月，县政协在条件好的城厢、马场坪、陆坪、凤山、龙昌、牛场、道坪、高坪、仙桥、地松、黄丝等 11 个乡（镇）设立联络组。1993 年 4 月，在兴隆、藜山、高石、谷汪、岔河等 5 个乡设立联络组。至此，全县 16 个乡镇均设立联络组。1996 年 12 月，福泉县撤县设市，原县政协乡（镇）联络组转为市政协乡镇联络组。1998 年 3 月，在牛场、道坪、高坪、谷汪、仙桥、黄丝、岔河、城厢、陆坪、藜山、凤山、马场坪等 12 个乡（镇）设立联络组。是年 5 月，乡（镇）联络组更名为乡镇工作委员会。2001 年 12 月，机构改革，市政协乡（镇）工作委员会撤销。2007 年 6 月，恢复乡（镇）联络组。

福泉市（县）历届政协按照《中国人民政治协商会议章程》，团结各族各界人士，围绕党委、政府中心工作，服务大局，发挥政协优势，开展视察调研，反映民情民意，履行政治协商、民主监督、参政议政的职能。

三、政协瓮安县委员会

1991—2014 年，政协瓮安县委员会历经第五届至第十届任期。于 1991 年 3 月、1993 年 4 月、1998 年 3 月、2003 年 3 月、2007 年 1 月、2012 年 1 月进行换届选举。

24 年中，县政协进行了六次换届选举，工作机构也进行适当调整。1991 年 3 月，设办公室、提案工作委员会、文史资料研究委员会、工作组委员会、学习委员会，智力支边办公室属县政府机构挂靠在县政协。1993 年 4 月，第六届设办公室、提案法制工作委员会、文史资料研究委员会、工作组委员会、学习委员会 5 个工作机构（均为局级机构）。1998 年 3 月，第七届设办公室、提案法制委员会、经济科技委员会、教育科技文化卫生体育委员会、文史学习委员会。2003 年 3 月，第八届工作机构沿用 2001 年机改时的工作机构。2007 年 1 月，第九届设办公室、提案法制委员会、经济发展委员会、教育科技文化卫生体育委员会、社会联谊与文史学习委员会。2012 年 1 月，第十届设办公室、提案法制委员会、经济发展委员会、教育科技文化卫生体育委员会、民族与宗教委员会、社会联谊与文史学习委员会、人口与环境资源委员会。截至 2014 年 12 月，机构不变。

历届县政协履行政治协商，民主监督，参政议政职能，围绕全县政治、经济、文化、社会发展情况和中共瓮安县委、县政府的中心工作，以政协委员视察调研、提案等方式，建言献策，服务全县改革开放、发展、稳定的大局。

四、政协贵定县委员会

1991—2014 年，政协贵定县委员会历经第八届至第十三届任期，第八届于 1990 年 5 月进行换届选举，第九届至第十三届进行了五次换届选举，工作机构也进行了适当调整。1990 年 5 月，县政协第八届设学习委员会、提案工作委员会、文史资料委员会、经济委员会、科教文卫体育委员会、民族宗教、祖国统一委员会、妇女、青年、法制、计生委员会七个专委会；第九届将经济委员会更名为经济技术委员会，科教文卫体育委员会更名为文教卫生体育委员会，民族宗教祖国统一委员会更名为民族宗教和祖国统一联谊委员会。

2001 年，县政协机关改革，设办公室、经济发展委员会、科教文卫委员会、学习文史委员会、提案法制委员会、社会联谊委员会、县政府智力支边办公室（挂靠）。2009 年 6 月 28 日，增设县政协人口资源环境委员会。2014 年 10 月 26 日，增设县政协委员联络委员会。到 2014 年 12 月，第十三届设办公室、提案法制委员会、经济发展委员会、学习文史委员会、社会联谊委员会、科教文卫体委员会、人口资源环境委员会、委员联络委员会、政府智力支边办（挂靠）。

历届县政协始终围绕中共贵定县委、县政府的中心工作，发挥协调关系，汇聚力量、建言献策，服务大局的作用，履行政治协商、民主监督、参政议政的职能。

五、政协龙里县委员会

1991—2014 年，政协龙里县委员会历经第三届至第八届任期。第三届任期三年（1990 年 5 月—1993 年 4 月）。1993 年 4 月召开第四届一次会议后任期改为五年（1993 年 4 月—1998 年 3 月）。第五届任期为 1998 年 3 月—2003 年 2 月。第六届因为与人民代表大会同步换届而任期缩短一年，至 2007 年 1 月届满，任期四年。2007 年 1 月第七届第一次会议后任期五年（2007 年 1 月—2012 年 1 月），第八届任期为 2012 年 1 月—2017 年 1 月。1991 年县政协委员 112 人，2014 年县政协委员 150 人。

政协龙里县常务委员会由各届政协第一次全体会议选举产生，由主席、副主席、秘书长及常务委员组成。县政协常务委员会会议一般每季度召开一次，主席、副主席、常委等参加，副秘书长、各专门委员会主任、智力支边办负责人、各区（乡、镇）政协联络组组长列席，邀请县委、县人大常委会、县政府领导参加。会议协商讨论的主要事项有：县委、县政府将出台的重大决策、重要法规、国民经济发展规划；县政府的工作报告及相关报告；政协常委会拟提交县委、县政府的建议案等。会议听取县政府关于全县经济社会发展计划和重点建设项目实施情况的通报，并协商讨论，提出建议，必要时对上述问题和人民群众普遍关心的热点难点问题进行视察调研，形成视察调研报告，供县委、县政府参考。

1991 年，县政协设有办公室、学习委员会（含法制宣传）、提案文史委员会、经济科技委员会、教卫文体委员会、社会联谊委员会。“建并撤”后，于 1992 年在新建的乡（镇）建立政协联络组。1997 年，内设办公室、宣传文化委员会、提案文史委员会、经济委员会、科技委员会、教医卫体委员会、社会联谊委员会，全县 14 个乡（镇）中有 12 个建立政协联络组。1998 年，内设机构调整为办公室、提案法制委员会、工商经济委员会、社会联谊委员会，制定《政协龙里县委员会常务委员会工作规则》。2002 年，设龙里县智力支边联系小组办公室。2003 年，内设机构有办公室、提案和法制委、经济和人口资源环境委、民族和宗教委、教科文卫体和文史资料委。自第六届起，县智力支边联系小组办公室设在县政协，2005 年明确为副科级事业单位。2007 年，县政协印发《政协龙里县委员会关于政治协商、民主监督、参政议政实施办法》《政协龙里县委员会专门委员会工作简则》《政协龙里县委员会常务委员会组成人员守则》。2014 年内设机构有办公室、提案委员会、社会联谊委员会、法制委员会、民族宗教委员会、教科文卫和文史委员会。

六、政协惠水县委员会

1991—2014 年，政协惠水县委员会历经第七届至第十二届任期。

1990 年，县政协第七届设办公室、学习委员会、提案法制委员会、文史资料研究委员会、经济科技委员会、文体教育委员会、社会联谊委员会、县智力支边领导小组办公室（挂靠县政协）。1998 年 5 月，第九届二次常委会议及主席会议将原学习委员会与文史资料研究委员会合并称为学习文史委员会。2001 年 11 月，经济科技委员会、社会联谊委员会合并为经济科技社会联谊委员会。2008 年 3 月，增设环境与资源保护工作委员会、民族宗教委员会。2009 年 3 月，环境与资源保护工作委员会更名为人口资源环境委员会。2014 年，增设政协委员联络委员会。到 2014 年 8 月，第十二届委员会仍然保持办公室、提案法制委员会、经济科技社会联谊委员会、教卫文体委员会、学习文史委员会、人口资源环境委员会、民族宗教委员会、政协委员联络委员会、县智力支边领导小组办公室（挂靠县政协）9 个工作机构。

历届县政协贯彻“长期共存、互相监督、肝胆相照、荣辱与共”的方针，坚持团结和民主两大主题，围绕中共惠水县委、县政府的中心工作，利用各种会议、视察调研、提案办理等形式，开展政治协商、民主监督、参政议政、建言献策。

七、政协长顺县委员会

1991—2014 年，政协长顺县委员会历经第三届至第八届任期。

政协 1998 年 5 月，县政协第五届常务委员会第一次会议对工作机构进行调整，设经济与科技委员会、学习文史资料及文教卫体委员会、提案法制委员会、社会联谊委员会。2012 年 4 月，县政协设 5 个专门委员会，即提案法制委员会、学习文史资料委员会、教科文卫委员会、经济发展委员会、社会联谊委员会。到 2014 年 12 月，有专门委员会 6 个，即提案委员会、经济发展委员会、学习文史委员会、科教文卫委员会、社会联谊委员会、委员联络委员会。

1991 年，县政协设置长寨、广顺、摆所、代化 4 个区联络组和长寨镇联络组，共 5 个联络组。1991 年 10 月，根据县“建并撤”后行政区划的改变，在广顺、改尧、长寨、威远、新寨、摆所、营盘、鼓扬、代化等 9 个较大的乡（镇）建立首批政协委员联络组。1993 年 5 月，在 17 个乡（镇）设政协联络组。2014 年 4 月，全县区划调整为 6 个镇 1 个乡，乡（镇）政协联络组也相应调整为 7 个。

历届县政协坚持团结和民主两大主题，团结全县各族人民，履行职能，围绕中共长顺县委、县政府的中心工作，服务大局，选准角度，发挥优势，建言献策。

八、政协独山县委员会

1991—2014 年，政协独山县委员会历经第七届至第十二届任期。

1991 年 4 月，县政协第七届对工作机构进行调整，设办公室、学习委员会、法制提案委员会、文史资料研究委员会、科技经济委员会、教卫文体计生委员会、社会联谊委员会。1993 年 6 月，第八届设办公室、学习文史委员会、法制提案委员会、科技经济委员会、教卫文体计生委员会、社会联谊委员会。1997年9月，第八届将原设置的专门委员会调整为提案法制联谊、科技经济、宣教文卫3个委员会。1998年5月14日，第九届将原有的宣教文卫委员会改为教卫文体委员会。2003年4月，第十届将教卫文体委员会改为文教卫委员会。2007年3月，第十一届将文教卫委员会改为宣教文卫委员会，提案法制联谊委员会改为提案法制委员会，科技经济委员会改为经济发展委员会。

历届县政协按照《中国人民政治协商会议章程》，履行政治协商、民主监督、参政议政职能，围绕中共独山县委、县政府的中心工作，建言献策。

九、政协荔波县委员会

1991—2014年，政协荔波县委员会历经第七届至第十二届任期。

1991年前，县政协设办公室、提案审查委员会、文史资料委员会3个机构。1998年3月，县政府智力支边办公室设在县政协。县政协工作机构通过不断调整、精简、撤销、增设、合并、更名等，到2014年底，设办公室、提案委员会、委员联络委员会、经济委员会、社会法制委员会、文史资料委员会、智力支边办公室7个机构。

历届县政协坚持民主、团结两大主题，团结全县各族各界人士，维护改革、开放、发展、稳定大局，围绕中共荔波县委、县政府的中心工作，建言献策，履行政治协商、民主监督、参政议政职能。

十、政协平塘县委员会

1991—2014年，政协平塘县委员会历经第三届至第八届任期。

政协办公室、智力支边办公室、学习委员会、文史资料委员会、提案工作委员会、祖国统一工作组、农业工作组、科学技术工作组、文教体育工作组、医药卫生工作组、工商工作组、法制工作组、工会青年妇女工作组。县政协第三届将工作机构调整为经济委员会、民族宗教祖国联谊委员会、教科文卫计生委员会、工青妇法制计生委员会；在各区、乡（镇）设政协联络组。第四届保持原工作机构。1998年，第五届将提案工作委员会、工青妇法制计生委员会、教科文卫计生委员会合并为提案法制教卫文体委员会，将学习委员会、文史资料委员会、民族宗教祖国联谊委员会合并为学习文史社会联谊委员会，将经济委员会改为经济科技委员会。2003年，第六届将提案法制教卫文体委员会划分为提案法制委员会和教卫文体委员会，将学习文史社会联谊委员会划分为学习文史委员会和社会联谊委员会，将经济科技委员会改为经济科技发展委员会。2007年，第七届设提案法制委员会、学习文史委员会、经济科技发展委员会、社会联谊委员会、教卫文体委员会、政协办公室、智力支边办公室。平湖镇、牙舟镇、通州镇、克度镇、塘边镇、大塘镇、摆茹镇、者密镇、四寨镇、苗二河乡、甘寨乡、白龙乡、卡罗乡、谷硐乡、新塘乡、掌布乡、鼠场乡、西凉乡、卡蒲毛南族乡等19个乡（镇）设政协联络组。2012年，设办公室、提案法制委员会、经济科技发展委员会、教卫文体委员会、学习文史委员会、社会联谊委员会、智力支边办公室（挂靠）。组建6个界别、19个乡（镇）政协联络组。

历届县政协围绕全县政治、经济、文化、社会的发展和中共平塘县委、县政府的中心工作，建言献策，履行政治协商、民主监督、参政议政的职能。

十一、政协罗甸县委员会

1991—2014 年，政协罗甸县委员会历经第三届至第八届任期。

县政协第三届工作机构有办公室、提案委员会、学习委员会、文史委员会、经济工作委员会、教科文卫委员会、民主法制青年妇女祖国统一联谊委员会。2014 年，县政协第八届机构有办公室、提案与法制委员会、文史与学习委员会、经济发展委员会、教科文卫委员会、社会联谊委员会和政府智力支边办公室。

历届县政协履行职能重在调查研究、写提案、参政议政、建言献策，各专委会、办公室等工作机构各履其职，完成各项工作任务。

十二、政协三都水族自治县委员会

1991—2014 年，政协三都水族自治县委员会历经第七届至第十二届任期。

1991 年 11 月，县政协第七届对工作机构进行调整，设经济委员会、民族祖国统一联谊委员会、科教文卫体委员会、工青妇法制计生委员会。1992 年 12 月，县政协工作机构共有 8 个。1993 年 1 月，第八届设副秘书长（办公室）、学习委员会、提案委员会、文史委员会、经济委员会、工青妇计生委员会、祖国统一联谊委员会、科技委员会，县政府事业机构县智力支边办公室挂靠县政协，县政协工作机构增加到 9 个。1998 年 3 月 7 日，第九届将原有的 9 个工作机构调整为办公室、提案法制委员会、教卫文体委员会、经济科技委员会、学习文史委员会、社会联谊委员会、智力支边办公室（挂靠县政协）7 个工作机构。到 2014 年 12 月，第十二届委员会仍然保持 7 个工作机构。

县政协于 1987 年 9 月组建各区（镇）政协委员联络组。2006 年初，率先在全省县以下乡（镇）建立政协工作委员会。结束县政协在乡（镇）设立联络组的组织形式。

历届县政协履行政治协商、民主监督、参政议政的职能，围绕全县政治、经济、文化、社会的发展情况和中共三都县委、县政府的中心工作，通过视察调研、提出提案等方式，建言献策。

第五篇

民主党派　社会团体

第一章 民主党派

在黔南州境内成立较早的民主党派是1957年中国民主建国会（以下简称民建）贵阳市委都匀小组。其后，1985年5月，成立中国民主促进会（以下简称民进）贵州省都匀市支部。1986年10月，成立九三学社都匀市委员会。1990年，成立中国农工民主党（以下简称农工党）贵州省委都匀小组、中国民主同盟（以下简称民盟）贵州省委都匀小组。1991年5月，成立中国国民党革命委员会（以下简称民革）都匀市委。2001年11月，成立民盟都匀支部。2002年12月，成立民建黔南州委、九三学社黔南州委、民革黔南州委。2014年5月，成立民盟黔南州工作委员会、农工党黔南州工作委员会。至2014年12月底，黔南州共有民革黔南州委、民盟黔南州工委、民建黔南州委、民进黔南州委、农工党黔南州工委、九三学社黔南州委6个民主党派。其间，各民主党派坚持中共的领导，充分发挥参政党的作用，参与社会主义建设和改革开放，为黔南州经济、社会和文化事业的发展做出贡献。

第一节 民革黔南州委

一、组织建设

2002年12月，中国国民党革命委员会（以下简称民革）黔南州委员会成立，共有党员66名。民革州委工作机构有编制2人。截至2014年底，民革黔南州委共有党员118名。其中，大专以上文化程度74人；中级职称以上52人。共有行政编制2人，工勤编制1人。

（一）党员代表大会

1991年5月11—12日，民革都匀市第三次党员大会在都匀召开，大会应到党员101人，实到88人。大会选举产生了民革都匀市第三届委员会委员12人。其中：主任委员1人，副主任委员3人。下设3个支部。

1995年6月13—14日，召开民革都匀市第四次党员大会，大会应到党员100人，实到78人，大会选举产生民革都匀市第四届委员会委员9人，其中：主任委员1人，副主任委员2人。内部机构设祖国统一联谊组、经济服务组、妇女工作组，增设“党员之家”。1996年12月至1997年2月，市委会分期分批对支部进行换届调整，设基层支部5个。内部机构设祖国统一联谊工作委员会、经济服务工作委员会、提案征集审议小组、妇女工作组。

2000 年 5 月 16—17 日，召开民革都匀市第五次党员大会，大会应到党员 142 人，实到 94 人，大会选举产生民革都匀市第五届委员会 15 人。其中：主任委员 1 人，副主任委员 4 人。

2002 年，成立民革黔南州委。民革都匀市委会继续保留。是年 12 月 21 日，民革黔南州第一次代表大会在都匀召开，出席大会的代表 80 人。选举产生第一届委员会委员 15 人，其中：主任委员 1 人，副主任委员 3 人。是年，民革黔南州第一届委员会实有党员 66 人，其中文教界 14 人、科技界 5 人、医卫界 17 人、财经界 18 人、行政界 9 人。

2006 年 7 月 25—26 日，召开民革黔南州第二次代表大会，出席代表 80 人，选举产生第二届委员会委员 15 人，其中：主任委员 1 人，副主任委员 3 人。委员 10 人。建立五个支部：综合一支部、综合二支部、经济支部、职院支部、中医院支部。下设三个工作委员会：祖国统一工作委员会、社会经济服务委员会、妇女工作委员会。至 2006 年 7 月，有党员 82 人，其中文教界 22 人、科技界 6 人、医卫界 18 人、财经界 24 人、行政界 9 人。

2011 年 8 月 6—7 日，召开民革黔南州第三次代表大会，出席代表 60 人。选举产生第三届委员会委员 14 人。其中：主任委员 1 人，副主任委员 3 人。建立四个支部：综合一支部、综合二支部、经济支部、职院支部。下设三个工作委员会：祖国统一工作委员会、社会经济服务委员会、妇女工作委员会。至 12 月底，有党员 98 人，其中文教界 31 人、科技界 6 人、医卫界 20 人、财经界 30 人、行政界 11 人。民革黔南州、市两级委员会共有党员 195 名。其中在职党员 118 名，退休党员 77 名。党员主要分布在事业单位、企业、行政和非公领域。民革党员中，先后有 2 人担任黔南州政协常委会副主席，2 人担任副县（市）长，2 人出任黔南州检察院副检察长，2 人任都匀市人大常委会副主任、市政协副主席，2 人担任州政府部门副局长，1 人担任市政府部门副职。

（二）党员发展

2003 年，共发展党员 4 人，其中，个体户 1 人、事业单位 3 人，平均年龄 41 岁。2004 年，发展党员 7 人，其中，个体户 3 人，事业单位 1 人，教师 3 人，平均年龄 37 岁。2005 年，其中，发展党员 4 人，个体户 2 人，公务员 1 人，教师 1 人，平均年龄 45 岁。2006 年，发展党员 3 人，其中，企业 2 人，教师 1 人，平均年龄 42 岁。2007 年，发展党员 3 人，其中，个体 1 人，医卫 1 人，教师 1 人，平均年龄 44 岁。2008 年，发展党员 6 人，其中，公务员 1 人，医卫 2 人，教师 3 人，平均年龄 42 岁。2009 年发展党员 4 人，其中，公务员 2 人，医卫 1 人，教师 1 人，平均年龄 44 岁。2010 年，发展党员 1 人，事业单位 1 人，年龄 46 岁。2011 年，发展党员 2 人，其中，个体 1 人，事业 1 人，平均年龄 43 岁。2012 年，共发展党员 3 人，其中，公务员 1 人，个体 2 人，平均年龄 40 岁。2013 年，其中，发展党员 6 人，公务员 2 人，教师 2 人，事业单位 1 人，医卫 1 人，平均年龄 38 岁。2014 年，发展党员 8 人，其中，公务员 5 人，个体 1 人，医卫 2 人，平均年龄 40 岁。

（三）党员活动

2004 年 8 月，组织参加民革贵州省委《中国国民党革命委员会章程》知识竞赛；2005

年9月3日，组织召开“纪念民革贵州省委成立50周年暨抗日战争胜利60周年纪念大会”，参会党员80人；2006年11月11—12日，举办“纪念孙中山先生诞辰140周年”民革党员篆刻摄影作品展；2007年9月15日，举行“民革——我的精神家园”演讲比赛；2007年12月29日，举行庆祝“中国国民党革命委员会成立60周年纪念大会”；2008年4月28日，参加中共黔南州委纪念“五一”口号发布60周年大会；2010年7月1日，召开中共建党89周年座谈会；2011年10月28日，举办纪念辛亥革命100周年文艺晚会；2012年组织开展纪念民革在黔南成立30周年书画摄影展；2014年8月8日，民革州委组织10名民革党员参加民革省委举办的“五学三贡献”（一学爱岗敬业、无私奉献的优秀品质。二学牢记宗旨、执法为民的公仆情怀。三学勤勤恳恳、任劳任怨的实干精神。四学淡泊名利、克己奉公的高尚情操。五学与人为善、坦诚相待的朴实风格。三贡献是：为服务全面深化改革作贡献、服务经济科学发展作贡献、服务社会和谐稳定作页献）。

学习实践活动健身操比赛，获二等奖；2014年11月12日晚，由民革黔南州委、中共荔波县委统战部主办，民革贵州中山艺术团、民革黔南州委、中共荔波县委统战部共同演出的“民革黔南州送文化下乡文艺晚会”荔波县城举行。

二、参政议政

（一）党员参政任职

2003—2014年，黔南州民革党员有2人担任省人大代表、2人担任省政协委员（常委1人）、2人担任州人大代表、15人担任州政协委员（常委3人）。

（二）提案

2003—2014年，共在省、州政协会上提出提案、建议229件，其中以党派名义提交的集体提案43件，完成调研报告25个。参加州委组织召开的情况通报会、座谈会和协商会73次。有10人应邀（聘）为行风评议员、特约监察员、行政效能监督员、警纪警风监督员、人事纪律监督员。

人大代表、民革党员的提案中有：省十一届人大代表、民革黔南州委夏同英建议案：《关于充实基层财政人员的建议》《关于都匀经济开发区十三所小学食堂建设的建议》；州十一届人大代表、民革黔南州委唐新洪建议案：《关于制定黔南州人口性别比的议案》《关于明确黔南州妇幼保健所组织机构的黔南州》。

省政协委员、民革黔南州委杨承志提出的提案有：省九届一次会议《关于进一步加大治理猪肉销售市场管理乱收费的建议》，省九届三次会议《加大资金到位力度，确保荔波机场如期通航》，省十届一次会议《关于尽快明确荔波机场运营主体，实现其正常通航的建议》，省十届二次会议《关于加强贵新高速公路贵阳至都匀段车辆运行管理的建议》《关于加强斗篷山国家风景名胜区基础设施建设的建议》《关于加强对驻市州地省政协常务委员开展调研和外出考察的建议》；省十届三次会议《关于将发展“低碳经济”纳入我省“十二五”国民经济和社会发展规划的建议》《关于大力宣传“低碳经济”，积极促进消费观念转变的建议》；省十届四次会议《关于在我省公共场所全面禁止吸烟的建议》《关于提高贵新高速公路贵阳至都匀段交通肇事排障疏通效率的建议》《关于调整贵新高速公路大坡东匝道口收费站的建议》，省十届五次会议《关于尽快制定我省高速公路隧道安全强制性标准的建议》《关于高度重视我省工业园区用工需求的建议》。

省政协委员、民革黔南州委林艺提案有：省十届二次会议《关于规范物业管理工作的建议》，省十届三次会议：《关于修改我省中小学各岗位工作量等若干问题的建议》《关于修订“贵州省县级图书馆工作条例”的建议》，省十届四次会议《关于规范中小学管理若干问题的建议》《关于中小学后勤服务社会化的建议》《关于建立医患纠纷应急机构的建议》，省十届五次会议《关于增强公共意识，加强城市宠物犬类管理的建议》《关于律师履行职责的制度保障的提案》。

民革黔南州委提案共25件，主要有2003年《关于以水利建设逐步代替“小水窖”，确保农村人饮健康的建议》；2004年《关于结合开发利用黔南矿业资源，促进我州矿业经济健康持续发展的建议》；2005年《关于培育优秀产业链，着力发展黔南经济的建议》；2006年《关于建设社会主义新农村的建议》；2007年《抑制房价上涨，加大中低价位经济适用房建议》；2009年《关注基层（乡、镇）教师住房困难的建议》；2010年《关于加快州级行政办公新区修建的建议》；2011年《关于尽快成立州级协调机构，主动对接“黔中经济区”规划建设的建议》；2012年《关于加强推进州级行政新区建设的建议》；2013年《关于制定“保护剑江河行动计划”的建议》；2014年《关于微型企业在金融机构贷款难的现状及解决对策的建议》《关于棚户区改造中依法规范政府房屋征收补偿行为的建议》等。

民革党员个人提案共93件。主要有：2003年杜汉生《关于改进“云雾山”卷烟包装工艺的建议》《关于加快“低保”发放工资监督力度的建议》《关于加快煤炭资源地质勘探和开发利用的建议》；2006年杨承志《关于以生态示范区建设为载体，努力打造绿色黔南的建议》；赵淑英《关于加强中小学音乐教师队伍建设，搞好音乐素质教育的建议》；刘凡琼《关于加强自备水源管理的建议》《关于完善都匀市公墓人行石阶的建议》；2010年杨承志《关于对都匀市文化路进行翻修改造的建议》；杜汉生《关于都匀市大会场广场中央的玻璃圆球应予拆除，发挥休闲文化广场功能的建议》，刘和平《关于将平江公路列入乡乡通油路工程的建议》；2011年刘和平《关于尽快恢复都匀四方滩景区公路，使景区恢复接待游客的建议》；杨京海《关于我市小河河道污染治理的建议》；2014年蒙泽敏《关于成立民革独山县支部以助推独山经济社会发展的建议》《关于在黔贵边界友谊亭举办黔贵友谊歌会并将其打造成黔南州一个民族文化品牌的建议》《关于由国家投资在我州各村寨修建垃圾焚烧炉作为创建“美丽黔南，清洁村寨”的建议》等。评为个人优秀提案8件，即：杜汉生《关于加快“都匀发电厂”前期工作的建议》；杨承志《关于建立土地储备机制，规范土地批租制度的建议》《以生态示范区建设为载体，努力打造“绿色黔南”》《关于对都匀市文化路进行翻修改造的建议》《对都匀未来城市建设的几点建议》；赵淑英《关于将人用狂犬疫苗纳入新农合作医疗的建议》《关于乡村生活垃圾进行有效治理，减少环境污染处理工作的建议》；杨京海《关于加强我市幼儿园接送车安全管理的建议》。

《关于尽快解决青云湖水库自来水水垢问题的建议》《对都匀市文化路进行翻新改造的建议》《关于加强我市幼儿接送车安全管理的建议》3件个人提案分别被列为州长、州政协主席督办提案。《关于尽快对全州网吧实行实名登记上网制度管理的建议》《关于棚户区改造中依法规范政府房屋征收补偿行为的建议》《对都匀未来城市建设的几点建议》被评为优秀提案。

三、调研活动

民革黔南州委建立后共开展社会调研活动23次，写出调研报告23篇，对影响全州经济发展的重大问题进行调研，内容涉及经济、文化、教育、卫生、环保、城建、交通等方面，如民革黔南州委和九三学社黔南州委一同到贵定、荔波两县对城市集中饮水安全问题进行调研，促使两县在2009年的建设项目中增加污水处理厂、垃圾处理场项目，并争取资金解决；2012年参加州政协科教文卫体委员会调研组到都匀、独山、三都等地对黔南州文化体制改革情况进行调研并提出建议。

参与中共黔南州委统战部开展的理论研究活动。2004年8月，参加纪念邓小平同志诞辰100周年征文活动，撰写的《浅谈新时期民主党派地方组织自身建设的问题》理论文章获全州统战理论研讨优秀论文二等奖，《试论政治文明对进一步加强和完善我国政党制度的期望》获优秀奖。2012年，撰写《关于民主党派换届政治交接问题研究》的论文，对民主党派如何加强思想建设、基层组织建设和后备干部队伍建设进行了详细分析。2013年，撰写《加强基层组织建设开创民革工作新局面》《众人拾柴火焰高，圆多党合作国梦》的论文获民革贵州省委举办的“薪火相传，圆多党合作之梦”征文活动二等奖。

第二节　民盟黔南州工委

一、组织建设

民盟都匀小组成立于1990年12月28日，直属民盟贵州省委。时有5名盟员。2001年11月21日成立民盟都匀支部第一届委员会，之后经历了三次换届。其间，机构无行政编制及专职驻会人员。

2001年11月21日，民盟都匀支部第一次盟员大会在都匀召开，会议应到盟员13人，实到13人。大会选举产生了民盟都匀支部第一届委员会（2001年11月—2006年7月），由3名委员组成。其中：主委1人，委员2人。

2006年7月2日，民盟都匀支部第二次盟员大会在都匀召开，会议应到盟员30人，实到29人。会议选举产生民盟贵州省都匀支部第二届委员会，由5名委员组成。其中：主委1人，副主委3人。

2011年12月24日，民盟都匀支部第三次盟员大会在都匀召开，会议应到盟员60人，实到47人，会议选举产生了新一届支部委员会，由9名委员组成。其中：主委1人，副主任 3 人。

2014 年 5 月 28 日，中国民主同盟黔南布依族苗族自治州工作委员会（以下简称民盟）在民盟都匀支部的基础上成立，选举产生新一届的工委领导班子，由一名专职副主委驻会，办公室暂定在民盟都匀支部办公室开展工作。由 7 名委员组成。其中：主委 1 人，副主委 3 人。是年 11 月 20 日，民盟黔南州工委组织召开盟员大会，成立五个基层支部：民盟都匀支部、民盟师院支部、民盟职院支部、民盟医卫支部和民盟综合支部。至 2014 年底，共有盟员 93 人，盟员的平均年龄为 46 岁。

民盟都匀支部 2008 年获民盟贵州省委颁发的“2002—2007 年参政议政先进集体”称号，2010 年获“全省 2010 年盟务工作先进基层支部”，2011 年获民盟中央“纪念中国民主同盟成立 70 周年先进集体”称号，2014 年获民盟中央先进基层组织。2008 年，盟员袁承东被民盟贵州省委评为参政议政工作先进个人；2010 年，盟员袁承东被评为民盟贵州省 2010 年优秀盟员；2011 年 5 月，盟员郜通桥、袁承东被民盟中央表彰为先进个人；2013 年 12 月，盟员李忠辉被评为民盟贵州省 2013 年优秀盟务工作者。

二、民主参政

（一）盟员在人大、政府、政协中的任职

1 名盟员任都匀市政协第五、六、七届委员会副主席，黔南州政协第九、十届常委。1 名盟员任贵定县副县长、政协副主席，十届省政协委员，黔南州政协十届委员、十一届常委。1 名盟员任政协黔南州十一届常委，都匀市政协第七、八、九届常委。1 名盟员任黔南州十届、十一届人大代表，黔南州十届政协委员、第十一届全国人大代表。1 名盟员 2005 年后一直任黔南州中级人民法院副院长、任第十届贵州省政协委员、黔南州政协第十届和第十一届常委，2012 年任州政协社会与法制委员会副主任。1 名盟员任政协黔南州第十届常委，医疗卫生界第三召集人，州政协教科文卫体委员，政协黔南州第十一届委员。2 名盟员任政协黔南州第十届委员。4 名盟员任政协黔南州第十一届委员。1 名盟员任政协黔南州第九届委员、都匀市政协第八届委员。1 名盟员任都匀市政协第八届委员。1 名盟员任都匀市政协第九届委员。1 名盟员任都匀市政协第五、六、七届委员、第八届常委。1 名盟员任政协黔南州第十一届常委。1 名盟员任第十二届州人大代表，贵定县第十一届、十二届政协常委，提案委委员；第十一届政协委员，经济发展委委员。

（二）提案

2004 年，盟员宗世远在黔南州政协召开的全会期间作《旅游热州，热从何来?》的发言，对发展黔南州旅游业建言献策。2005 年，盟员祝英提出的《关于合理布局都匀市市区中学，保证义务教育质量的建议》《加强对食品卫生监督管理的建议》等 4 个提案均得到有关部门的采纳。2007 年，盟员田应娟提出的《消除公众对艾滋病的歧视媒体宣传首当其冲》有关部门的答复和实施。

2008—2012 年，盟员郜通桥《关于加快发展贵州花卉产业的建议》《关于加快发展贵州蔬菜产业的建议》《关于建立国家级现代生物高新技术》《关于加强对瓮福磷矿等矿山地

质环境治理及土地复垦的建议》等23件提案得到有关部门的重视。

2009年，盟员岑秉翼撰写的《关于搞好甘塘工业聚集区规划的建议》获都匀市政协八届优秀提案。盟员袁承东关于《制定黔南州城市犬类管理办法》，被州政协列为主席会议督办提案，2011年撰写的《关于尽快制定〈贵州省旅游产业发展条例〉的建议》被省政协评为2008—2011年优秀提案，《关于制定〈黔南州城镇犬类管理办法〉的建议》被黔南州政协评为2007—2011年优秀提案，2011年9月《关于制定〈黔南州城镇犬类管理办法〉的建议》被黔南州政协评为优秀提案，2012年《关于尽快制定〈贵州省旅游产业发展条例〉的建议》被省政协评为2008—2011年优秀提案；2013年提出《关于切实贯彻执行〈城乡规划法〉的建议》《关于完善都匀冬泳基本配套设施的建议》两个提案，前者推动州政府办公室8月15日出台《关于进一步加强全州城乡规划管理工作的通知》，推进了10大棚户区的改造活动。

2011年，盟员杨凤玲参加十一届全国人大第四次会议，准备了涉及教育、卫生、林业、水利等方面建议共10条：关于提高珠江上游地区重点公益林补偿标准的建议；关于将高中阶段教育纳入义务教育阶段的建议；关于继续在试点县的基础上全面实施教师周转房工程的建议；关于将学前教育纳入国民义务教育阶段的建议；关于加强公共卫生服务体系人才队伍建设的建议；关于在各省实施免费师范生教育的建议；关于加强西部落后县市交通基础设施建设的建议；关于水行政法律法规有关问题的建议；关于切实加强西部贫困地区县级疾控中心实验室建设的建议；关于对贵州省农业基础设施加大政策倾斜和资金投入的建议。2012年参政议政提出了4条建议，其中《教师周转房建设》《寄宿制小学建设》两条建议得到采纳，给贵州增加了1亿元。

2014年，盟员顾明祥在贵定县政协上交提案《关于在机关事业单位中开展建设节约型单位的建议》等，被政协贵定县委员会授予“优秀政协委员”。盟员李忠辉、岑秉翼被都匀市评为第八届优秀政协委员。

（三）社会调研

2005年，支部配合盟省委调研组在都匀摆忙乡石板布依村寨，就“民族民间文化资源的传承与开发，促进我省旅游业发展”进行视察调研；2008年，组织支部医卫界盟员与市卫生局到都匀市的平浪、墨冲两镇、卫生院及村卫生室开展调研。调研结束后，向中共都匀市委和政府提出了5条可持续发展的对策与建议，盟员田应娟撰写调研报告提交市委统战部获二等奖。2009年，针对《都匀市集体林权制度改革的现状、问题与对策》的调研课题，盟员宗世远、袁承东、田应娟、彭丽萍、殷秀丽到市林业局和平浪林场专题调研集体林权制度改革情况，袁承东撰写的调研报告获一等奖。2010年，支部组织教育界的盟员，就“都匀市城乡义务教育发展状况”与都匀市教育局到都匀市甘塘镇邦水中心完全小学、都匀市甘塘中学、都匀四中、都匀一小实地考察后，形成《都匀市城乡义务教育发展》调研报告提交市委统战部，获调研报告一等奖。2011年，盟员李为民承担《都匀市房地产发展现状》课题，撰写《都匀市房地产的现状问题及对策》的调研报告，获市委统战部一等奖。2012年，李为民、田应娟等10名盟员承担都匀特色产业的现状存在问题及对策课题调研工作，撰写《都匀茶产业发展现状及其存在问题的调查报告》《都匀市特色产业发展现状存在问题及其对策——都匀市茶产业、酒业、药业发展现状、存在问题及其对策的调研报告》，获市委统战部三等奖。2013 年支部课题组调研成员完成了调研课题，李为民撰写的《荔波世界遗产地的保护与经济发展矛盾与对策》获民盟省委的奖励，田应娟撰写的《都匀市艾滋病防治现状及对策》获中共都匀市委统战部二等奖。

盟员袁承东 2009 年受民盟贵州省委委托，配合民盟省委副主委、贵州科学院院长何力主持立项于民盟中央法制委员会的《未成年人涉罪司法体系的建设与完善》课题研究，印制 8 万字的《课题专集》。

组织盟员参加中央统战部委托民盟中央、民盟贵州省委开展的调研课题“西部城乡学前教育现状、问题与对策研究”和贵州省委统战部委托民盟贵州省委的“贵州少数民族地区扶贫开发模式创新研究”、《贵州省高职学生心理健康研究》等 3 个课题调研并完成调研报告。

三、社会服务

（一）重大社会文化活动

2005 年，组织都匀市“民族民间器乐大赛”，协作州、市中共党委组织部策划举办“黔南州建设社会主义新农村民族山歌大赛”，成功申报“都匀沙寨乡布依族扫寨”“都匀奉合乡椰木寨水族婚俗”为非物质文化遗产保护省级名录。2008 年，支部的文艺界盟员参与策划、组织、辅导、演示、参评等一系列重大社会文化活动，组织策划排练都匀原生态歌曲绕家“呃嘣”，参加“多彩贵州歌唱大赛”活动，并先后获得都匀赛区、黔南赛区第一名、多彩贵州歌唱大赛“金黔奖”。

盟员李忠辉与文化界的盟员策划和组织举办都匀市“第十届剑江旅游欢乐节”社区文艺展演活动。盟员丁浩与他人共同引进贵州电视台《开心帮》剧组的导演、编剧，以都匀大桥茶楼为载体、都匀毛尖茶为品牌，采用老百姓讲述故事的形式，宣传都匀的优秀民族民间风土人情，打造方言情景系列剧《大桥人家》。2014 年盟员丁浩拍摄的两部微电影《你是我生命路上的阳光》《筑梦贵阳》分别获亚洲微电影艺术节“金海棠”二、三等奖。

盟员杨凤玲组织黔南州残疾人八个文艺节目及演职人员 70 名到贵阳参加贵州省残疾人第八届艺术节会演，获银奖两个，其中《绕家大歌》被选送参加中残联兰州赛区文艺会演，获得全国二等奖。

盟员李光怡编导的舞蹈《孽欲》参加社会各种公益性演出，在贵州省高校反腐倡廉艺术作品中获二等奖。

（二）义务帮教

民盟支部分别在桐州监狱、都匀监狱、贵州省未成年犯管教所（贵定）开展帮教活动，内容有文艺演出、技能培训、警示教育等。在都匀监狱开办“文艺创作”“合唱指挥”等专题讲座，为服刑人员进行辅导教学。盟员受聘于桐州监狱、都匀监狱、贵州省未成年犯管教所（贵定）三家监狱的义务帮教员。2014 年 6 月 26 日，在都匀监狱举行“民盟黔南州工委黄丝带行动大型专场演出”活动，有10名盟员被聘为都匀监狱义务帮教员。

2012年6月，组织支部部分盟员和都匀广惠办事处党员干部60余人到都匀监狱进行警示教育。为广惠办事处东山社区申报一个社区文化室项目，争取到文化信息资源共享设备、电子图书阅览室设备、“农家书屋”图书及设备、开展文化活动灯光音响及器乐设备，共20万元。《黔南日报》以“志愿者18年帮教之路”为题刊登了支部副主委李忠辉的先进事迹。

（三）支持教育

2005年，盟员自发捐款捐物给都匀摆忙小学1000元。指导学生作品《一周工作表》获2005年全国大学生广告艺术大赛平面类二等奖。牵头搭线，联络日本日中协力中心，使都匀三小与日本三口县吉野小学结为交流学校。

2012年，联系到北京四中网校为三都二中提供了一套教师教学网络资源系统，这套系统涵盖各年级学科的教学资源，价值27万元。2014年，民盟师院支部筹集到价值5000元的图书，在阳和水族乡中心学校建起留守儿童图书室。是年，盟员刘颖获教育部关工委颁发的“美丽中国我的中国梦”征文活动辅导奖一等奖；包汉忠、广家芬获贵州省教育科学院、贵州省教育学会2014年教育教学科研论文、教学设计评选二等奖。

（四）医疗卫生宣传帮扶

2007年11月，与黔南州防治艾滋病工作委员会办公室、黔南州全球基金——中英防治艾滋病项目管理办公室和都匀市三中联合在三中举办中学生防治艾滋病知识宣传讲座。是年12月1日，参加由黔南州艾滋病防治工作委员会及黔南州全球基金——中英防治艾滋病项目管理办公室组织举办的2007年“世界艾滋病日”大型宣传咨询活动。

2014年12月16日，医卫支部赴都匀市统战部同心试验基地开展送医下乡义诊活动，接诊病人286例，免费捐赠药品价值1.8万元。

盟员田应娟主持的“黔南州艾滋病疫情变化趋势与防治对策研究”2013年获州政府颁发的技术进步三等奖，2013年获人力资源社会保障部、国家卫生计生委表彰的全国艾滋病防治工作先进个人。盟员莫兴群获全国卫生技能竞赛（贵州赛区）二等奖和“我最喜爱的健康卫士”贵州入围奖。

（五）关注民生

盟员利用业余时间为贵定县20个乡镇分管领导开展贵州三农、核桃种植栽培技术与管理、185农业产业化发展等农业产业化扶贫培训3期，帮助4名返乡农民工创业，投资70万元，建起一个水晶石加工厂，带动40人就业。帮助都匀洛邦镇成立养猪协会，入会农户304户，协调信用社贷款100多万元；帮助返乡农民工创业建起一个现代化养鸡场，存舍2万多羽。同时为翁桃小学危房改造申请中央、省资金56万元、联芒学校宿舍改造24万元、卫生监督所80万元、乡镇两处文化设施各6万元。引进企业投资4500万元，在秀峰村建设优质矿泉水厂，2012年获都匀市农业“185”工程先进个人。

2014年，为贵定县德新镇（原新铺乡）四寨村小学引进捐赠水泥15吨、学校所需物资价值9000多元，被县妇联聘为贵定县妇女信访代理中心代理员，县妇联、县公交公司聘为法律顾问。盟员周潇潇获“贵州十佳茶艺师”称号，是都匀市唯一的茶艺师。

第三节　民建黔南州委

一、组织建设

1956年，贵阳市委开始在都匀发展会员，1957年成立民建都匀小组，1985年成立民建都匀市筹备委员会。

1986年12月12日，成立民建都匀市北工区支部。1987年12月16—18日，民建都匀市全体会员召开大会，选举产生民建都匀市第一届委员会委员4人。其中：主委1人，副主委3人。

1991年10月30—31日，民建都匀市委召开第二次会员大会，全体会员65人出席大会，选举产生民建都匀市第二届委员会委员12人。其中：主委1人，副主委3人。

1996年12月17—18日，民建都匀市委召开第三次会员大会，选举产生民建都匀市第三届委员会委员9人。其中：主委1人，副主委3人。2001年11月23—24日，民建都匀市委召开第四次会员大会，选举产生民建都匀市第四届委员会委员15人。其中：主委1人，副主委4人，委员10人。

2002年12月24日，中国民主建国会黔南州第一次代表大会召开，84名代表出席大会，选举产生民建黔南州第一届委员会委员11人。其中：主委1人，副主委3人。民建黔南州委成立时，有会员129人，民建黔南州委成立后，都匀市委保留并划有会员50人。

2003年，成立州直机关支部、州交通运输支部、州企业支部3个支部，并民主选举产生支部主任、副主任及委员。是年，黔南民建会员共计141人，其中，女会员43人；平均年龄49.6岁；大专以上学历的80人；中级以上职称的57人；非公经济代表人士26人。会员担任州人大代表2人、都匀市人大代表1人，省政协委员1人、州政协委员18人、都匀市政协委员11人。

2006年7月29—30日，民建黔南州委召开第二次代表大会，80名代表出席大会，选举产生民建黔南州第二届委员会委员11人。时有民建会员161人。

2006年12月，民建黔南州委将原有的3个州直支部调整重组为机关支部、企业支部、经济支部、文教支部、医疗卫生支部、交通支部、剑峰支部等7个州直支部。2011年7月，民建黔南州委将7个州直支部调整重组为州直第一、第二、第三3个支部。

2011年8月13—14日，民建黔南州委第三次代表大会召开，83名代表出席大会，会议选举产生委员会委员13名。其中：主委1人，副主委3人。

2013年，民建黔南州委共有会员189人。其中，大专以上学历136人；中级以上职称62人；非公经济代表人士51人。会员担任省人大代表1人、省政协委员1人，州人大代表4人、州政协委员11人，市人大代表1人、市政协委员12人。

2014年5月26日，民建黔南州委召开三届十一次全委会议，出台《民建黔南州委先进支部和优秀会员评选办法》。全年共发展10名新会员入会。

二、参政议政

在州政协会上的提案情况：1997年，会员提交提案4件。1998年，会员提交提案7件，余存林提出的《关于尽可能把新上项目与兼并、联营亏损企业统筹规划》被评为优秀提案。

1999年，会员提交提案6件。2000年，黔南州政协八届委员会表彰州政协八届三、四次会议优秀提案，余存林提出的1号提案《关于对下岗职工解困和再就业的几点建议》，钱钧余提交的14号提案《关于加强黔南州各县公路建设的建议》被评为优秀提案，喻朝华和其他委员联名提交的7号提案《关于尽快在我州实行国有企业厂务公开的建议》被评为优秀提案。

2001年，会员提交提案19件。2002年，会员提交提案18件。2003年，余存林的《建议州政府采取超常措施，加快发展我州以肉牛为主的草食畜牧业》《关于尽快对都匀市区内机动车辆排气污染进行治理和控制的建议》被州政府、州政协评为优秀提案。2004年，会员提交提案13件。其中，民建黔南州委《关于加强农民工培训，扩大劳务输出量的建议》被州政协列入主席会议督办重要提案。

2005年，会员提交提案10件。其中，民建黔南州委《关于进一步加强政府部门与民主党派对口联系工作的建议》、吕雅丽《关于在黔南州民族职业技术学校建立农民工培训基地的建议》、余存林《关于在黔南电视台开设科技扶贫电视教育系列栏目的建议》被州政协列入主席会议督办重要提案。

2006年，会员提交提案13件。2007年，会员提交提案12件。其中，民建黔南州委《关于促进我州茶产业发展的建议》被州政协评为优秀提案；民建黔南州委《关于加强农民工培训，扩大劳务输出量的建议》，吕雅丽的提案《关于在黔南民族职业技术学院建立农民工培训基地的建议》，会员余存林的提案《关于在黔南电视台开设科技扶贫电视教育系列栏目的建议》被州委、州政府、州政协评为优秀提案。

2008年，会员提交提案12件。其中，民建黔南州委《关于促进我州茶产业发展的建议》被州政协评为优秀提案。

2009年，会员提交提案9件。其中，民建黔南州委《关于切实保护城市化进程中失地农民利益的建议》被州政协评为优秀提案，民建黔南州委《关于进一步做好都匀市市区清洁卫生工作的建议》被列为州政协主席会议重点督办提案。

2010年，会员提交提案14件。其中，民建黔南州委《关于加大廉租住房制度推行力度的建议》被州政府列为州长重点督办提案。

2011年，会员提交提案7件。其中，民建黔南州委《关于加快推进我州公租房、限价商品房建设，切实解决中低收入人群“夹心层”住房难问题的建议》被州政府列为州长重点督办提案。是年，民建黔南州委有2件集体提案、3件个人提案获政协黔南州委“优秀提案”表彰。

2012年，会员提交提案28件。其中，胡春宇《关于进一步加强我州安全生产工作的几点建议》被州政协列入主席会议督办重要提案。

2013年，在政协黔南州第十一届委员会第二次会议上，民建黔南州委及民建界别的10位州政协委员，共提交集体提案4件、个人提案23件。其中，黎燕萍《关于进一步强化稳商、安商工作的建议》集体提案，被州政协确定为2013年主席会议重点督办的3件提案之一。吕雅丽《关于加大食品安全监督管理体制建设的建议》获优秀集体提案奖；王伯成《关于进一步加强消防安全管理，确保人民生命财产安全的建议》，胡春宇《关于进一步加强我州安全生产工作的几点建议》获委员个人优秀提案奖。黎燕萍《关于加强都匀市城市管理的建议》被评为优秀团体提案，吕雅丽提交的《关于加强中等职业教育师资队伍的建议》被评为优秀个人提案。

2014年，在政协黔南州十一届三次全会上，民建黔南州委及民建委员共提交提案25件。民建黔南州委共向大会提交集体提案《关于打造剑江河沿岸自行车道的建议》等5件，民建政协委员共提交个人提案20件。在2014年州政协主席会议重点督办的5件提案中，民建黔南州委提交的《关于打造剑江河沿岸自行车道的建议》《关于尽快进行农村家庭电线更换升级，避免重大火灾的建议》《关于重视我州地下管网建设的建议》等3件提案被列为重点督办提案。民建黔南州委受表彰的优秀集体提案是《关于加强都匀市城市管理的建议》；受表彰的个人优秀提案是《关于加强中等职业教育师资队伍建设的建议》。6月，委员胡春宇以民建黔南州委名义通过中共黔南州委统战部建立的党外代表人士“建言直通车”制度，州委提交了《关于规范商品房预售管理的建议》，6月3日，州委主要领导批示：“此建议非常好，请晓剑同志（副州长胡晓剑）牵头，责成有关部门对房地产市场进行一次全面清理整顿，规范市场秩序。”

三、社会服务

1997年，引进香港黄佩球援建平塘县大塘镇里中小学17.8万元。1999年，引进香港黄佩球援建荔波县佳荣镇大土小学17.8万元。2000年，引进香港黄佩球援建独山县尧梭乡发扬小学17.8万元，引进爱德基金会、香港基督教协进会援建荔波县洞塘乡更甫小学1.6万元，荔波县茂兰镇吉王小学1万元，荔波县水利乡水龙小学1.6万元，荔波县瑶山乡董蒙小学1万元，荔波县玉屏镇水扒小学1万元，平塘县摆茹镇四方井小学2万元，平塘县大塘镇掌孱小学1万元，平塘县大塘镇耐惹小学1.6万元，平塘县牙舟镇甲本小学4万元，平塘县牙舟镇陈家湾小学5万元，平塘县者密镇纳料小学2万元，平塘县卡罗乡山尧洞小学1.6万元，平塘县克度镇光明小学3万元

2001年，引进香港黄佩球援建三都县大河镇山勤小学17.8万元。引进爱德基金会、香港基督教协进会平塘县卡罗乡沙郎小学3万元，平塘县卡蒲镇摆旁小学1.8万元，平塘县克度镇关口小学4万元，荔波县洞塘乡三合小学1.3万元，平塘县白龙乡摆克小学3万元，平塘县摆茹镇堡上小学3万元，都匀市河阳乡河流村127口76200元。2002年，引进香港黄佩球援建都匀市摆忙乡毛竹冲小学17.5万元、贵定县沿山镇仙山小学17.5万元。引进爱德基金会、香港基督教协进会援建荔波县佳荣镇甲料小学4万元，荔波县捞村乡力

书小学 6 万元等。

2003 年，引进爱德基金会危校改造项目 25 万元。荔波县永康乡董亥小学 2 万元，发放爱德基金会“失学儿童重返校园”资金援助荔波县吉王、水龙等小学 157 名贫困学生 9150 元，发放爱德基金会“失学儿童重返校园”资金援助平塘县纳料等 12 所小学 430 名贫困学生 31940 元。赠送平塘县摆茹镇路德小学和里中小学图书 1010 册，价值 1.2 万元。引进爱德基金会 6 万元援建独山县尧梭乡三脚、和平村沼气池 100 口，8 万元援建小水窖 100 口。引进黄佩球援建长顺县广顺镇大坝小学 17.5 万元。

2004 年引进的省外、境外无偿捐赠的资金中争取到 125.4 万元，兴建学校、沼气、经果林开发、失学儿童重返校园和发放助奖学金等项目，计学校 8 所。爱民沼气 400 口。发放爱德失学儿童重返校园 611 人助学金 8.2 万元。

2005 年引进的省外、境外无偿捐赠资金 143.4 万元，用于兴建学校、沼气、经果林开发、失学儿童重返校园和发放助奖学金等项目。计学校 10 所。2006 年，全年扶贫支边捐款（含实物折款）达 104.35 万元，用于兴建学校、发放助奖学金、资助贫困学生入学等项目。2007 年，全年扶贫支边捐款引资达 95 万元（含实物折款）用于兴建学校、发放助奖学金、资助贫困学生入学等项目。会员捐款物折价共计 8.4 万元。

2008 年，积极争取会内外援助，共捐资引资 56.6 万元用于抗凝救灾、抗震救灾、捐资助学、扶贫支边等各种社会公益事业，其中，全体会员共捐赠款物价值 40 万元，争取会外捐赠 16.6 万元。5 月 12 日四川汶川强地震灾害发生后，及时向各支部印发《关于做好抗震救灾及捐款捐物工作的通知》，全州民建会员共捐款物 19.4 万余元。其中，兰吉萍捐赠价值 10 万元的棉被 500 床、饼干 500 件，还捐赠现金 3300 元。李朝英捐款 6 万元。在全省“抗凝冻、保民生”工作表彰大会上，贡天玺获省委、省政府授予的贵州省“抗凝冻、保民生”工作记一等功人员表彰，曹嘉萍获省委、省政府授予的贵州省“抗凝冻、保民生”工作先进个人荣誉称号表彰。

2009 年，州委会为福泉市大院小学、贵定县定东小学、贵定县洛北河小学引进援助资金共 60 万港币和人民币 25 万元；5 月份州委会联系民建省直四支部为福泉市回龙小学捐捐赠价值 2000 余元的图书及教学用具。

2010 年，民建州、市两级委员会共引资、捐资达 32 万元，用于援建学校、资助贫困学生、支持农村建设等公益事业。引进香港爱心人士黄克耐女士、黄永光、黄又光援助资金共 30 万港币援建长顺县代化镇斗省小学新教学楼工程，为贵定县洛北河小学捐赠 2 万元引水资金。

2011 年，共引资、捐款（含实物折款）达 35 万元，用于资助贫困学生，支援农村建设及抗旱保民生等。2012 年，多次开展社会帮扶捐赠活动，帮扶捐赠金额 30 万元（含实物折款）。2013 年，共引资、捐款（含实物折款）达 137.9 万余元，用于资助贫困学生，支援农村学校建设等。

2014 年，共捐资、引资 35.94 万元（含实物折款），其中引资 24 万元，会员捐资 11.94 万元。争取民建中央“思源救护车项目”捐赠荔波县中医院、罗甸县妇幼保健院

2 台救护车，价值 16 万元。争取州体育局为贵定县云雾镇塘满村修建农民健身工程 2 个，价值 8 万元。

第四节 民进黔南州委

一、组织建设

1984 年 4 月，民进贵州省支部开始在都匀市发展会员，建立筹备组。1985 年 5 月 17 日，民进贵州省都匀市支部正式成立，由 5 名会员组成支委会。1987 年 10 月经民进省委批准，创办都匀育才民族职业学校。1991 年被国家民委授予“全国民族团结先进集体”，并获中央统战部奖励 1 万元。至 1995 年，共招收学生 1500 余名。1996 年，育才民族职业学校改为高考补习培训班继续办学，后停办。

1993 年 3 月 6—7 日，民进都匀市第一次会员大会召开。大会选举了由 9 名会员组成的民进都匀市第一届委员会。其中：主委 1 人，副主委 2 人。新成立的民进都匀市第一届委员会下设办公室、组织部、宣传教育部和社会服务部。至 1995 年底，共有会员 69 名，其中具有高级职称 26 名，中级职称 30 名，高、中级职称占会员人数的 81%；担任省、州、市人大代表，州、市政协委员共 14 名。

1996 年 11 月 21—22 日，民进都匀市第二次会员大会召开，会议产生民进都匀市第二届委员会委员 15 人。其中：主任委员 1 人，副主任委员 4 人。会员中有省人大代表 1 人、省政协委员 1 人、州政协副主席 2 人、州人大代表 1 人、州政协委员 4 人等。

2001 年 11 月 16 日，召开民进都匀市第三次会员代表大会，选举产生民进都匀市第三届委员会。大会选举主任委员 1 人，副主任委员 4 人，7 人为出席民进贵州省第四次代表大会代表（省委另指定人为参会代表）。

截至 2002 年，民进都匀市会员发展到 140 名，会员以教育为主，在文化、医药及其他行业也有所发展，会员结构和代表性日趋合理：其中女会员 64 名，平均年龄 47 岁；大专以上文化程度 115 名，有高级职称 45 名，中级职称 69 名；分布在 26 个单位，其中州属单位会员 65 名，都匀市属单位会员 66 名，省、州、都匀市代管单位 9 名；从事高等教育 23 名、中小学教育 110 名、文化艺术工作 2 名、医药卫生 1 名、党派机关工作 2 名。

2002 年 12 月 29 日，召开民进黔南州第一次会员代表大会，选举产生民进黔南州第一届委员会，参加会议的会员代表共 87 人。会议选举产生由 15 名委员组成的中国民主促进会黔南布依族苗族自治州第一届委员会。其中：主任委员 1 名，副主任委员 2 名。

民进黔南州委员会成立后，州委会下设学习宣传、组织建设、社会服务三个机构，组建中学支部、黔南民族师范学院支部、综合支部三个基层支部。黔南民进会员属于州直单位的划归民进黔南州委，民进都匀市委员会仍然继续保留，由州委会领导工作。

至 2004 年，州委会会员由原来的 68 名增加到 84 名。会员中女会员 27 人、高级职称

34名、中级职称48人，大专以上文化程度79人，退休人员19人，省政协委员1名、州政协委员4人。平均年龄48岁，分布在11个单位。是年，将中学支部改为都匀一中支部，增设都匀二中支部，支部数由3个增加到4个。

2006年8月，民进黔南州第二次会员代表大会召开，选举产生民进黔南州第二届委员会委员15名。其中：主任委员1名，副主任委员3名。第二届委员会设黔南师院支部、都匀一中支部、都匀二中支部、综合支部四个基层支部。

2011年8月，民进黔南州召开第三次会员代表大会，选举产生民进黔南州第三届委员会委员15人。其中：主任委员1人，副主任委员3人。2011年12月，州委三届四次主委会研究决定调整和增设支部，将原有4个支部调整为8个支部，即：机关综合支部、黔南师院支部、都匀一中支部、都匀二中支部、经济科技支部、文化医卫支部、实验中学支部（州高等幼师都匀校区）、黔南职院支部。根据章程规定，对会员人数较多的黔南师院美术系和中文系，批准成立黔南师院美术系支部、黔南师院中文系支部。

截至2013年5月，民进黔南州共有会员256人（州委会161人、市委会95人），其中正高职称4人，副高职称84人，博士2人，硕士10人。会员中任副处级职务7人、任科级职务3人。1人任十届黔南州政协副主席，五届民进省委常委，民进第十次全国代表大会代表；1人任十一届黔南州政协副主席，十届、十一届省政协委员，六届民进省委常委，民进第十一次全国代表大会代表。

二、参政议政和会务活动

民进会员通过党委、政府、人大、政协召开的民主党派座谈会等多种渠道积极建言献策。1996年提出提案20件，立案率100%，均得到有关部门书面答复，有的提案被省、州、市有关单位采纳，如：参加省人大的会员代表提出的《大力发展职业技术教育》《抓紧发展民族地区基础教育》等提案受到大会的重视，州政协六届五次会议上民进委员提出的《加强对少数民族妇女干部的培养》的提案，得到有关方面高度重视，由州委组织部、州民委协调拨款1万元，解决了师专妇干班部分女学员的经济补助问题。截至1998年，民进会员共提提案100余件，基本都得到重视和回复。

民进都匀市委员会组织会员参加都匀市行风评议，视察、考察等活动，主动承担政协组织的“贫困地区普及九年制义务教育情况”调研任务。

2003年，民进黔南州委组成调研小组到独山、罗甸、瓮安3个县调查贯彻《黔南州人民政府关于调整中小学布局结构的通知》的执行情况，写出调研报告分送州委统战部和黔南州政协教科文卫委员会；2004年8月，特邀贵州省文化厅专家，就黔南州民族民间文化艺术资源开发等问题，到三都、平塘、荔波等地调研考察；2005年，承担民进中央、民进省委在全国选点的“中国少数民族地区义务教育发展研究”课题调研工作，到三都、荔波、罗甸3个县进行调研；2012年，深入龙里、贵定两县就黔南职业技术教育发展及存在的问题进行调研考察，就民族地区农村学校教育发展情况到三都县调研考察；2013年，就平塘县牙舟陶传统工艺传承、发展、生产开发及陶瓷工业园区规划建设情况进行调研考察。

民进界别的代表和委员参加省、州、市两会期间，通过两会平台参政议政，履行职责，就教育、民生等群众关心的问题向党委和政府建言献策，撰写提案和建议，如：《关于加大义务教育投入，促进基础教育发展的建议》《加强州政协常委会会风的建议》《关于深化乡镇医疗卫生体制改革，促进农村公共卫生事业发展的建议》《关于充分发挥民主党派和政协委员作用的建议》等都体现了民进会员的参政意识和社会责任，其中《关于抓好旅游景区民族文化开发的建议》的提案还被都匀市政协列为主席重点督办提案。《调整都匀市小学学校布局，缓解学龄儿童就近入学问题》《关于在都匀打造生态茶叶一条街的建议》《让利于民、推行平价早餐》等提案，表现出民进会员对教育、文化、医卫、人才及城市建设等多层次问题的关注。其中《加大义务教育投入，促进基础教育发展》的提案，被州委、州政府、州政协评为优秀提案在州政协十届一次会议上表彰。

民进会员多渠道履行参政议政职能，配合地方政府搞好社会监督，多名会员被州、市有关部门评为监督员或评议员。

三、社会服务与智力支边

1. 智力支边与支教服务。民进都匀市委发挥教育人才智力荟萃优势，开展形式多样的支边支教工作。1995 年 5 月，组织会员送教下乡，为都匀市阳和乡初中、小学学生进行语文、数学辅导；1996 年 9 月，组织会员到奉合水族乡支边讲学，为 130 余名学生、24 名教师讲授小学语文、数学、作文观摩课；开办的高考补习班，1996 年 125 名学生全部考上大专院校，其中 31 人考上本科、8 人考上重点大学。1999 年 4 月，由 1 名副主委带领会员 6 名到都匀市基场乡梅香中学进行中考复习指导，听课师生 200 余名。

民进都匀市委在智力支边工作中了解到都匀市奉合乡无初级中学而导致该乡初中生辍学率高的情况后，积极向民进贵州省委反映，得到民进省委高度重视，并争取到贵州省民族文化发展专项资金 15 万元，为都匀市奉合水族乡修建“戴帽中学”初中教学楼，2000 年底竣工，当年招收初中学生 196 名，小学升学率从 1999 年 70% 上升到 96%，解决了当地水族子弟上中学难的问题。

2002 年 5 月 19 日，市委会组织 8 名会内高、中级教师及特邀部分非会员优秀教师到都匀市基场乡梅香中学支教；9 月 15—21 日，民进都匀市委配合民进贵州省委组织都匀市奉合中学 7 名教师、惠水县长田学校 10 名教师到贵阳实验二中、贵阳云岩二中集中培训。

民进黔南州委成立后，积极开展社会服务和智力支边工作，通过专家讲学、公开示范课教学、考前辅导指导培训、心理咨询、助学捐赠等活动，主动为教育发展相对落后的地区排忧解难，先后组织骨干教师和专家学者深入边远学校教学辅导达 30 余次。2003 年 4 月，组织基础教育和新课程改革有关专家到荔波二中、荔波职中为 300 余名师生进行示范课教学，还为 200 多名教师讲授了新课程改革的理念；州委会还通过民进省委选派省城获优质课教学奖的数学、语文教师到都匀市河阳小学进行公开课讲学，并向该校教师赠送课程改革的多媒体教学软件。2004 年 12 月，二中支部到都匀市王司中学作了题为“初中作文教学的几种能力训练”和“中考数学的趋向和特点”讲座；州、市委员会与民进贵州民族学院支部到都匀市沙寨乡扁腊村开展扶贫支教活动，向该校赠送了计算机7台、教学用课桌几十套；黔南师院支部多次组织有关学科专家到福泉三中、福泉中学、平塘县民中、独山民中、独山友芝中学、都匀坝固中学等开展讲学支教活动；都匀一中和二中支部多次组织骨干会员教师到平塘谷峒学校和都匀墨冲中学等开展支教讲学活动。

2. 助学捐赠。启动民进黔南州委“同心助学工程”。2003年，会员何此鸿以个人名誉捐赠20吨水泥，为都匀市大坪镇新寨村修建拦河坝；2011年，会员隆贤国捐赠10吨水泥为都匀岩脚寨修建道路；通过省委会联系，省委会会员、贵州鸿运房地产公司董事长付玉林为都匀市沙寨乡、河阳乡争取到价值7000余元的水泥；2012年民进黔南州委同心助学工程向三都县鹏程希望学校捐赠价值1.766万元的水族文化图书。7月，民进黔南州委积极参与由贵州省民政厅福彩中心、民进贵州省委、贵州广播电视台等主办的2012年“温暖贵州·同心彩虹”走进“黔南·福泉”爱心公益活动，通过省残联募捐善款15万元。是年，民进同心助学基金资助三都打鱼民族学校《跺月亮》水族舞蹈队5000元，该舞蹈节目以99.15的高分获得多彩贵州原生态舞蹈金奖。

四、表彰、奖励

民进都匀市委员会、会员多次受到国家、省、市级表彰：郭必勖获得国务院授予全国民族团结进步先进个人，吴玉华（女）获“1993年全国高中数学竞赛贵州地区（黔南部分）优秀辅导奖”“1995年清华大学教育基金嘉奖”“1995年黔南科技兴州奖”；1995年张发权获黔南优秀科技人才奖；1999年杨俊在黔南州第七个科技活动日获州政府特殊津贴奖；2001年，会员郑府城在黔南州第九个科技活动日中获黔南州政府特殊津贴奖；民进都匀市委1999年被民进贵州省委评为1997年、1999年“智力支边先进集体”。

2004年，在民进中央开展的“组织建设年”活动中，都匀一中支部获得“全国先进基层组织”表彰；是年9月，邱耀东被贵州省教育厅、人事厅评为贵州省“优秀教师”表彰，民进都匀市委郑匀生被贵州省教育厅、人事厅评为贵州省“优秀教育工作者”表彰；是年，杨俊获黔南州首届十大优秀青年称号表彰。

2010年，在民进中央开展的“创建先进地方组织、先进基层组织”活动中，黔南师院支部获得“全国先进基层组织”表彰；都匀二中支部从2008年以来连续三年被民进省委评为“基层组织先进单位”并在2012年获得民进中央“学习践行社会主义核心价值体系先进集体”表彰。

2011年，民进黔南州委获民进贵州省委“参政议政工作先进单位”“社会服务工作先进单位”；黔南师院支部和都匀市中学支部获得2011年度先进基层支部表彰。2012年，民进黔南州委获“参政议政工作先进单位”“社会服务工作先进单位”“组织建设工作先进单位”表彰；科技经济支部、都匀二中支部获“先进支部”表彰。邱耀东、周建自、杨俊、郑匀生、董桂花、翁昌艳、阳艳、沈智、隆贤国、侯万辉、张文锐、蔡亚梅等20余人获得省委会“先进个人”表彰。周建自的有关征文项目获得民进中央和省委会表彰；2012年杨俊获州政府文艺奖表彰。

第五节　农工党黔南州工委

一、组织建设

1990年3月22日成立农工党都匀小组，由农工党贵州省委直接领导，成立时有党员6名。1994年1月17日成立农工党贵州省委直属都匀支部，有党员11名。1998年9月18日，召开农工党贵州省委直属都匀支部第二届党员大会，选举产生农工党贵州省委直属都匀支部第二届委员会。2002年4月12日，召开农工党贵州省委直属都匀支部第三届党员大会，选举产生农工党贵州省委直属都匀支部第三届委员会。2006年7月5日，召开农工党贵州省委直属都匀支部第四届党员大会，选举产生农工党贵州省委直属都匀支部第四届委员会。2011年11月20日，召开农工党贵州省委直属都匀支部第五届党员大会，选举产生农工党贵州省委直属都匀支部第五届委员会。

2014年5月28日，在农工党贵州省委直属都匀支部的基础上，正式挂牌成立中国农工民主党黔南布依族苗族自治州工作委员会（以下简称农工党黔南州工委），下设都匀市支部、黔南州综合支部、黔南州人民医院支部、黔南民族医专支部。共有党员95人，其中副厅级干部1人，副处级干部4人；高级职称28人，医卫界54人，教育界24人，其他界别13人。

二、参政议政

2014年，完成《都匀市生猪屠宰市场管理执法调研报告》《都匀市水库移民居住环境卫生状况的调研》调研报告。向省政协提交提案2件《政府统筹、政策支持，加快黔中城市群发展》《关于加快我省遗体、器官捐赠立法的建议》；向都匀市政协提交提案《关于加强都匀市环境监测能力建设的建议》《关于减少可吸入颗粒物污染，改善都匀市环境空气质量的建议》《关于加强都匀市环境空气质量自动监测系统建设的建议》，完成5篇社情民意调查。

三、服务社会

2014年，农工党黔南州工委组织党员中的医疗专家到长顺县长寨镇和都匀市小围寨办事处贫困村义诊，共接诊病人260余人（次），免费发放5000余元药品，以及各种宣传资料100余份。在长顺县义诊的同时，工委还为威远镇永增村的孩子们送去价值4000余元的儿童书籍。

农工党黔南州工委受黔南州残联的邀请，指导训练盲人队员，参加贵州省第五届残疾人技能竞赛，取得按摩组比赛团体第一名、个人三等奖1名、个人第五名1人。

农工党黔南州工委利用北京初级保健基金会平台，申请由北京初级保健基金会中标产品价格约28.8万元/台的AFS－4000型双探头彩色全数字超声诊断仪，已为瓮安县2家乡镇卫生院申请到了2台。

都匀市墨冲镇新坪村7组少女卢泽香，2008年患上了强直性脊椎炎，瘫痪三年多，家庭十分困难。农工党黔南州工委了解到这一情况后，组织班子成员多次到医院和新坪村，看望卢泽香和她的家人，并送去油和米以及4100元现金和党员采购的价值900元的药品，为其联系农工党北大三院支部有关专家，寻求医疗救助，协调相关部门，给她报销了3万多元的医疗费。

农工党黔南州工委为都匀市墨冲镇新坪村5组村民宋祖平协调捐赠修羊舍用的10吨水泥和1000米水管及配件。

3月29日，农工党黔南州工委组织20余名党员到龙里县龙架山进行生态旅游观光调研，从生态文明建设和环境保护方面积极向州及县政府建言献策。5月，荔波县洞塘乡遭受水灾，农工党黔南州工委申请香港红十字会为洞塘乡捐赠米和油价值13万元。

第六节　九三学社黔南州委

一、组织建设

1985年1月，九三学社贵州省委在都匀发展5名社员。年底，成立九三学社都匀市筹备委员会，有社员20名。1986年10月召开第一次社员大会，有社员70名，选举产生由7名委员组成的九三学社都匀市第一届委员会。同日，召开九三学社都匀市第一届委员会第一次全委会议，选举产生了九三学社都匀市第一届委员会领导班子。市委下设办公室、组织部、宣传部、咨询服务部、妇女工作部。

1989年10月，召开九三学社都匀市第二次社员大会，选举产生由11名委员和1名候补委员组成的九三学社都匀市第二届委员会，同时增设学习委员会。

1992年10月，召开九三学社都匀市第三次社员大会，选举产生由16名委员组成的九三学社都匀市第三届委员会。

1996年12月，召开九三学社都匀市第四次社员大会，选举产生由13名委员组成的九三学社都匀市第四届委员会。

2001年11月，召开九三学社都匀市第五次社员大会，选举产生由14名委员组成的九三学社都匀市第五届委员会。

2002年12月22日，召开九三学社黔南州第一次社员大会，选举产生由15名委员组成的九三学社黔南州第一届委员会。第一届委员会第一次全委会选举产生第一届委员会领导班子，主任委员1人，副主任委员3人。是年12月30日，九三学社黔南州委员会正式挂牌，组建了组织部、宣传部、科技咨询服务部、老龄妇女服务部及办公室的“四部一室”办事机构。共有社员224名，其中，女社员占社员总数的32.6%，具有高、中级职称的占社员总数的99.1%（高级职称占29.0%，中级职称占70%）；社员平均年龄53.9岁。社员界别为高等教育占24.6%，科学技术占42.4%，医学卫生界占26.3%，其他占6.7%。

2003年州级单位及部分中央、省、部属单位共163名社员由社都匀市委划出归社州委管理，共设5个直属支社（综合一支社、综合二支社、综合三支社、卫生支社、黔南师院支社）和一个基层委员会（九三学社都匀市委员会）。并经社州委审批成立了支社第一届委员会，各支社民主选举了支社领导班子，完成了组建基层组织。发展社员 13 名（其中高级职称 1 名、中级职称 12 名）。

2006 年 7 月 21—22 日，召开九三学社黔南州第二次社员代表大会，选举 15 名委员组成九三学社黔南州第二届委员会。其中：主任委员 1 名，副主任委员 3 名。发展社员 14 名（高级职称 3 人、中级职称 11 人）。

2007 年，增设 2 个支社（州医院支社、职院支社），至此，九三学社黔南州委员会有基层委员会 1 个（即九三学社都匀市委员会）、直属基层支社 7 个。共有社员 252 人，平均年龄 53. 3 岁。其中，女社员 94 人，占社员总数 37. 3%；大学以上文化程度社员 197 人，占社员总数 78. 2%；社员中具有高级职称的 65 人，占社员总数 25. 8%，具有中级职称的 183 人，占社员总数 72. 6%。共发展社员 8 人（高级职称 1 人、中级职称 7 人）。

2011 年 8 月 12 日，召开九三学社黔南州第三次代表大会，选举 15 名委员组成了九三学社黔南州第三届委员会。其中：主任委员 1 名，副主任委员 4 名。全年发展社员 10 名。

2012 年，社州委被评为全省社务工作先进集体，4 名社员被社省委评为优秀社员。全年发展 14 名社员。截至 12 月底，社员总数为 286 人。其中社会各界人数是：高等教育 74 人，医药卫生 96 人，工程技术 80 人，农林 15 人，财政经济 2 人，文化艺术 1 人，普通教育 10 人，政府机关 5 人，党派机关 4 人。高级职称 79 人，中级职称 209 人。

2013 年，发展 16 社员。2014 年，发展社员 8 名。是年增补 1 名社州委委员、社州委副主委，成立黔南师院委员会。

二、参政议政

1991—1995 年，九三学社在历次人大和政协会议上，共提交提（议）案 57 件，其中省政协提案 4 件，州政协提案 21 件，市政协提案 32 件。

1998 年，提交提案 6 件。有 3 人受聘为州、市警纪警风监督员，有 2 人受聘为民主评议行风代表。1999—2002 年共提交提案 54 件，其中，2000 年提交的《关于建立州级民主党派的建议》得到省委统战部答复。

2003—2006 年，共提交集体提案 17 件、个人提案 35 件。其中，被列为州政协主席督办提案有《关于治理杨柳街河污染，加强水资源保护的建议》《关于切实加强农村教育，确保义务教育投入的建议》《关于关心边远贫困农村青少年身体健康、预防和控制传染病蔓延的建议》《关于继续加强发展农村职业教育的建议》《在全州农村加强农业专业合作组织的培育》。

2007 年，九三学社州委有省政协委员 1 名、州政协委员 12 名、市政协委员 6 名（其中副秘书长 1 名，常委 2 名），州人大代表 1 名。社州委提交政协集体提案 3 件，个人提案 10 件。其中，社州委提出的《关于缓解老百姓看病贵看病难的建议》集体提案被州政协列为主席督办提案。九三学社都匀市委提交集体提案 1 件，个人提案 7 件，其中《关于加强社会主义新农村建设的几点建议》列为市政协主席会议重点督办提案。

2008 年，社州委提交政协集体提案 3 件，个人提案 22 件。其中，社州委提出的《完善和充分利用国家级森林公园的建议》被列为州政协主席督办提案；《关于加强黔南州农村食品安全的建议》被列为州政府州长督办提案；《关于都匀市街头食品卫生管理问题及应对策略的建议》被列为都匀市政协主席督办提案。社市委提交集体提案 1 件，个人提案 9 件，反映社情民意 1 条，其中集体提案《关于街头食品卫生状况的调查》被列为政协主席会议重点督办提案。

2009 年，社州委提交政协集体提案 2 件，个人提案 9 件，向州人大提出建议 3 条。其中，社州委提出的《完善和充分利用国家级森林公园的建议》被列为州政协主席督办提案，《关于利用“贵广”快速通道发展我州蔬菜基地的建议》被列为州政府州长督办提案。社市委提交的《关于保留“匀酒”品牌的建议》被列为市政协主席会议重点督办提案。

2010 年，社州委提交政协集体提案 3 件，个人提案 11 件，向州人大提出建议 2 条。社市委提交集体提案 1 件，个人提案 11 件，其中集体提案《都匀市农村专业合作经济组织现状及发展建议》，被列为市政协主席重点督办提案。

2011 年，社州委提交政协集体提案 2 件，个人提案 8 件。其中，《关于维护劳动者合法权益的建议》作为州长督办提案，并被州政协评为 2007－2011 年度优秀提案；《加强都匀市出租车管理，让城市“流动窗口”亮起来》作为州政协主席督办提案办理。社市委提交集体提案 1 件，个人提案共 15 件，其中《关于都匀市木材加工厂情况的调查及整顿建议》集体提案被列为政协主席会议重点督办提案。《关于在都匀市修建公办养老机构的建议》被列为重点督办提案和被评为优秀个人提案。

2012 年，提交集体提案 4 件，个人提案 12 件，向人大提出建议 4 条，其中，《以科技为导向，提升我州现代农业水平的建议》作为州长督办提案，被评为黔南州政协十一届一次会议优秀集体提案。社市委提交集体提案 1 件，个人提案 19 件，人大建议 2 件，其中：《做好基础性工作为工业园区做好服务的几点建议》集体提案被列为市政协主席会议重点督办提案，3 件个人提案被评为市政协优秀提案。

2013 年，完成《关于我州工业园区节约集约用地现状的调研》等 3 份调研报告。其中《从水资源条件对都匀城市发展规划布局的分析和建议》得到州委的采纳，《关于我州占耕建设用地耕层肥土剥离移植的调研》刊登在《黔南政协》上，《关于我州工业园区节约集约用地现状的调研》刊登在《今日黔南》上。完成 2013 年黔南州统一战线理论政策研究重点课题《新媒体从业人员和网络意见人士统战工作研究》，并上报州委统战部。提交《关于进一步加强我州农业信息化建设的建议》等集体提案 5 件，个人提案 15 件；在州人大会议提出建议 3 条。其中《关于进一步推进我州农村基础教育绩效工资改革的建议》的集体提案被列为州长重点督办提案，《关于解决村医后顾之忧的建议》《加强社会管理的建议》两个个人提案被列为州政协主席督办提案。在州政协表彰的 3 件集体优秀提案中，九三学社黔南州委的《以科技为导向提升我州现代农业水平的建议》获得表彰；表彰的个人优秀提案 12 件中，九三学社黔南州委的《关于落实优惠政策做大做强职业教育的建议》获得表彰。九三学社黔南州委反映的“加强都匀宠物乱拉污染环境的管理”等 5 条社情民意，其中《招商引资显恶性竞争》上报省政府得到重视和好评。

2014 年，完成《都匀毛尖茶产业调研》《关于黔南州民办教育现状及对策》《关于黔南州职业中学学生流失情况现状调研及建议》等 3 份调研报告。其中《都匀毛尖茶产业调研》得到了州委主要领导的重视，并作出批示。在政协黔南州第十一届委员会第三次会议上，九三学社黔南州委和社内 12 名政协委员共提交了 5 件集体提案和 18 件个人提案。其中，《关于进一步推进我州农村基础教育绩效工资改革的建议》被评为优秀集体提案；《关于解决村医后顾之忧的建议》被评为个人优秀提案。全年共收集并上报“关于本地电视频道向农村延伸覆盖的建议”“关于对都匀市城区交通红绿灯”等 9 条社情民意。

三、社会服务

2003 年，社州委医疗专家到独山开展义诊活动三次，诊治病人 400 余人（次），为独山中医院培训科室医务人员 30 余人。组织教育专家到贵定县开展义教活动，为贵定 10 多所中学的 800 名教师进行“新课程改革”专题讲座。组织社内医学专家及教育专家到贵定县平伐镇、都匀市摆忙乡、福泉市牛场镇开展了三次义诊送药及送卫生、送科技下乡活动，共诊治病人 900 人（次），送药价值 6000 余元，发放科技资料 3500 份。将“九三职校”价值 9000 元的教育物品捐赠给都匀市墨冲中学、江洲小学，改善这两所小学的办学条件。引荐上海医科大学附属新华医院考察团到州人民医院进行为期 4 天的考察交流活动，赠送价值 12 万元的医疗设备及培训人员补助费 4 万元，并结成对口帮扶医院，向黔南医专捐赠生物显微镜 130 台。上海外国语大学九三学社赴黔南支教团到黔南民族师范学院进行为期一周的学术交流活动，将黔南师院列入美国亚洲基金会帮扶院校，赠送外文版科技书籍近 1000 册。

2004 年，组织州、市医学专家到独山县、贵定县开展义诊活动，诊治病人 450 多人，免费发放价值近千元的药品。为贵定中医院培训医务人员 30 余人（次）。

2005 年，组织教育专家到三都、独山、都匀等县（市）乡镇为中小学教师进行“新课程改革”专题讲座，受训人数 1200 多人。为都匀市基场中心学校 1500 多名师生免费接种乙肝疫苗，到独山县开展农村新型合作医疗试点县调研工作。

2006 年，组织社内医学专家赴都匀市沙寨乡、都匀市黄麻制品有限责任公司、贵定县窑上乡、都匀市步行街、都匀市大坪镇、罗甸县中医院等地和单位开展义诊帮扶帮教活动 6 次，共医治病人 3200 人，培训县、乡医务人员 100 多人，发放卫生保健宣传资料 3000 多份、免费赠送药品价值 2000 多元。组织社内教育专家赴平塘县卡蒲乡、龙里县三元中学、独山县麻尾中学、都匀四中、甘塘中学等地和单位讲授“多媒体教学基础”等讲座。

2007 年，组织社员向遭受特大洪水灾害县（市）灾区捐款 4500 多元、衣物 50 多件，其中平塘县灾区人民捐款 3000 元。向三都县拥寨小学、福泉市洞铁小学、荔波永康小学等贫困山区学生捐赠价值 2 万元的课外科普读物图书 5000 多册。组织医疗专家和教育专家到都匀市平浪镇、福泉市地松镇、贵定县铁厂乡等乡镇开展“送科技下乡、义诊、义教”活动。共诊治病人 200 多人（次），培训乡村教师 80 多人，修理各种家用电器 30 多台，捐款 500 元，发放科技咨询资料 800 余份。

2008 年，组织社员向“5·12”四川汶川地震捐款 21560 元。组织医疗专家到都匀平浪镇义诊帮扶活动，诊治病人 500 多人（次），共免费发放价值 1000 多元的药品，发放防病、医疗保健宣传资料600多份。组织社内教育专家为平浪中学50多名中小学教师进行《多媒体辅助课堂教育技术》讲座，捐赠价值800多元的图书40套给平浪中学。与九三学社上海市委联系，促成黔南师院、黔南职院12名教师到上海的大学进修学习、培训。

2009年，组织社内医学专家4次赴都匀市平浪镇卫生院坐诊，开展义诊带教活动，共诊治病人200多人（次）。组织社内医疗专家到贵定、福泉、独山、都匀等县（市）开展义诊帮扶活动，共诊治患者500多人（次）。社内教育专家为都匀市王司100多名中小学教师进行《教学》专题讲座。

2010年，组织医学专家到贵定县猴场堡乡、都匀市大坪镇都匀市摆忙乡、都匀市杨柳街等乡镇开展送科技、义诊服务，诊治病人500多人（次），修理家用电器30多台（件），发放农作物病虫害防治宣传资料300余份，发放医疗科普资料500余份，免费发放价值500多元的药品。

2011年，组织社内医卫专家赴乡镇开展义诊送医送药活动4次，诊治病人1000多人次，发放医学科普宣传资料1000多份，免费发放价值近1000元的药品。组织社内贵州省师范大学、贵州省师范学院的教育专家就《中学数学课堂教学的研究》等开展专题讲座，培训来自平塘县18所中学的320多名教师和来自贵定县各所高中、初中学校的520多名教师，捐赠了价值近万元的1000册图书。继续联系九三学社上海市委，促成黔南师院、医专、职院等院校40余名教师到上海多所院校免费学习培训。

2012年，组织社内医疗专家为都匀市文峰办事处社区卫生服务中心开展“中老年人心血管疾病自我防治、更年期妇女健康保健、中老年人自我急救等”为主要内容的6期健康讲座，培训800多人（次）。组织社内医疗专家到都匀市基场、凯口、石龙等乡镇开展义诊和义务修理家用电器活动。诊治病人1000多人（次）、修理30多件电器、免费发放价值3500元的药品。组织社内教育专家赴龙里县为该县600多名师生就《中学数学课堂教学研究》等进行专题讲座。与九三学社上海市委联系，促成黔南师院、职院、医专、外贸学校、贵定师范等12名教师到上海免费学习进修。

2013年，社州委在长顺、平塘、贵定、三都、都匀等县（市）开展医疗、教育、捐资助学等社会服务工作。在长顺，组织来自社内贵州师范大学、贵州师范学院的教育专家分别就《中学数学课堂教学的研究》《运用文字学知识，提高汉语字词教学的效率及质量》《如何有效实施英语口语教学》《物理问题专题讲座》开展专题讲座，有各所中学的400多名教师参加。继续在都匀市文峰办事处社区卫生服务中心开展以“中老年人心血管疾病自我防、更年期妇女健康保健、中老年人自我急救等”为主要内容的“同心工程”讲座，全年开展3期培训300多人（次）。促成“九三学社上海市委科普讲坛贵州行”专家组走进黔南民族师范学院开展讲学、考察活动，为该院生命科学系500多名师生作《家蚕分子教遗传的基础与应用》《我与学生共成长》专题讲座。同时，中国科学院院士、九三学社上海市委原副主委杨雄里受聘为黔南民族师范学院院士工作站进站专家，上海市政协常委、九三学社上海市委副主委黄永平教授受聘为黔南民族师范学院客座教授。

2014年6月11日，九三学社黔南州委组织社内12名医疗专家赴三都县大河镇民主村开展义诊活动。免费发放价值近1000元的药品，发放医疗科普知识宣传资料600多份。与上海九三社对接，安排黔南民族师范学院、黔南幼儿高等专科学校等10名教师到上海交大等大学免费为期半年和1年的培训。9月11—13日，联系复旦大学九三社员干杏娣等6名教授，以及九三学社上海市委组织部一名副调研员到黔南民族师范学院开展6场专题学术讲座，听课师生1600多人（次）。同时，向复旦大学干杏娣、张新生、殷晓蓉、徐建军等4名教授和高级工程师姚文华颁发客座教授聘书。是年10月15日，带领社内医卫专家到都匀市平浪镇开展义诊活动。黔南州人民医院、黔南州中医院、贵阳医学院第三附属医院、都匀市人民医院的社内五官科、内科、外科、妇产科、皮肤科等医卫专家为赶集的群众进行义诊服务活动，共诊治病人600多人（次），免费发放价值3000多元的药品。是年，多渠道社会融资30万元，支持新农村建设、扶贫工作。融资5万元，解决三都县大河镇发展茶叶产业无钱购买茶叶加工机械的困难；融资15万元解决荔波县玉屏街道福利村在发展养殖业及专业合作社发展葡萄种植等缺乏资金的问题；融资10万元解决荔波县甲良镇盖觉村脱毒洋玉种资金的困难。

第二章　工商业联合会（总商会）

黔南州工商业联合会（以下简称州工商联）“文化大革命”中停止活动。1991年，根据中共中央和贵州省有关文件精神，恢复州工商联，成立第三届州工商联筹备工作组。1992年1月，黔南州工商联召开第三次代表大会。1994年9月13日，黔南州工商联加挂黔南州商会牌子并举行黔南州商会成立大会及授牌仪式。1997年4月，州工商联机关内设办公室、业务科。2012年2月，增设会员部。是年11月15日，设立黔南州民营服务中心。

在民间商会发展上，2007年6月30日，成立黔南州福建商会。2009年11月30日，成立黔南州温州商会。12月8日，成立黔南州浙江商会。2010年12月1日，成立黔南州湖南商会。2012年4月17日，成立黔南州泉州商会。

第一节　会　员

1992年1月，州工商联成立，会员发展逐步走上正轨。发展新会员的基本要求是“爱国、敬业、守法、贡献”，重点发展非公有制经济企业代表人士和个体工商户。是年，全州吸收新会员380名。

1993年，全州共吸收新会员2468名（个）。其中，非公有制经济会员2229名（个），占新会员总数的90.32%。至此，全州共有会员4668名（个）。其中：企业会员467个，团体会员37个，个人会员4164人。是年，担任省政协委员的有1人，担任州政协委员的有3人，担任县（市）政协委员的有24人。

1994年，全州共有新老会员4435名（个）。其中：个人会员4025人，企业会员373个，团体会员37个。企业会员中，私企78个，三资企业2个，非公有制乡镇企业54个，公有制乡镇企业7个，国营企业134个，集体企业92个，其他6个。团体会员中，私协3个，个协22个，其他12个。

1995年全州发展新会员857名（个），占年计划数的85.7%。其中：团体会员1个，企业会员42个，个人会员814名。次年，全州发展新会员616名（个）。其中：企业会员4个，团体会员1个，个人会员611名。

1998年，全州发展新会员606个，其中：企业会员27个，个体会员579名。全州12个县（市）工商联向党委、政府推荐非公有制经济代表人士联系对象135名，州工商联向州政协推荐具有一定实力和规模的非公有制经济代表人士重点联系对象48名。1999年，全州县（市）工商联发展会员320名（个）。

2005年，全州共发展会员311名（个）。州工商联发展5家民营企业为州工商联直属会员企业，至此，州工商联直属会员企业达到37家。

2009年，全州共发展会员360名（个）。经重新登记，全州实有会员总数7109名，个人会员登记总计6628名。其中：企业会员395个，团体会员44个。担任各级职务：省人大代表3名，州人大代表25名，县级人大代表108名；省政协委员3名，州政协委员45名，县（市）政协委员207名。全州会员从事生产经营行业分类，农林牧渔63户，食品饮料66户，纺织服装2户，木材家具17户，印刷业17户，文体用品6户，石油炼焦6户，化学制品25户，医药制造14户，橡胶塑料1户，水泥制造39户，金属制品21户，其他制造28户，建筑装修46户，交通运输13户，批发零售286户，餐饮业62户，金融保险4户，房地产37户，美容美发13户，旅馆业28户，旅游业2户，娱乐业5户，信息咨询1户，计算机应用5户，其他服务30户，其他行业132户。

2014年，全州共有会员9749个，新增1411个，其中，企业会员1169个，新增企业会员354个；个人会员8580个，新增个人会员1057个。全州共有商（协）会140个，其中：州工商联直属商会9个（2014年新增1个）；各县（市）工商联商会131个（新成立22个，即：独山县6个，贵定县4个，荔波县4个，长顺县2个，瓮安县2个，福泉市1个，三都县1个，惠水县1个，罗甸县1个）。

第二节　会员代表大会

1991—2014年，黔南州工商联共召开5次会员代表大会。

一、第三次会员代表大会

1992年1月8—10日，州工商联第三次会员代表大会在都匀召开，应到会代表154人，实际到会 130 人，列席 17 人。大会选举名誉主任委员 1 人，主任委员 1 人、副主任委员 4 人，秘书长 1 人，常务委员 7 人。大会审议并通过《黔南州工商联第三次会员代表大会工作报告》。

二、第四次会员代表大会

1997 年 5 月 20—21 日，州工商联第四次会员代表大会在都匀召开。应到代表 177 名，实到 125 人，列席 21 人。大会审议并通过《同心同德，再接再厉，为推动工商联工作再迈新台阶而努力》工作报告。大会选举会长 1 人，副会长 7 人，秘书长 1 人，常务委员 19 人。

三、第五次会员代表大会

2001 年 12 月 20—21 日，州工商联第五次会员代表大会在都匀召开，应到代表 201 名，实到代表 172 名，列席 20 名。大会审议并通过了《实践“三个代表”重要思想，肩负起新时期工商联工作重任》工作报告。大会选举会长 1 人，副会长 9 人，秘书长 1 人，常务委员 23 人。

四、第六次会员代表大会

2006 年 8 月 25—26 日，州工商联第六次会员代表大会在都匀召开。应到代表 268 人，实际到会 219 人，列席 23 人。大会审议并通过了《充分发挥工商联桥梁和助手作用，努力推进全州非公有制经济快速健康发展》工作报告。大会选举主席（会长）1 人，副主席（副会长）13 人，秘书长 1 人。常务委员 37 人。

五、第七次会员代表大会

2011 年 12 月 10—11 日，州工商联第七次会员代表大会在都匀召开。应到代表 300 名，实到代表 271 名，列席 45 名。大会审议并通过了《积极探索围绕创新营造环境，强化服务，为实现全州民营经济发展历史性跨越而努力奋斗》工作报告。大会选举主席（会长）1 人，副主席（副会长）22 人，秘书长 1 人，常务委员 40 人。

第三节　非公有制经济发展

1991 年，全州有个体工商户 31470 户，从业人员 40946 人，注册资金 9475 万元，产值 5177 万元。私营企业 297 户，从业人员 6557 人，注册资金 203.2 万元。

1994 年，全州个体工商户 35639 户，从业人员 46207 人，注册资金 11941 万元；私营企业 509 户，从业人员 1171 人，注册资金 1224 万元；非公有制经济（以下简称非公经济）纳税 7088 万元，占全州财政总收入 12.5%。

1997 年，全州个体工商户 40233 户，从业人员 59042 人，注册资金 19813 万元；私营企业 1067 户，从业人员 13513 人，注册资金 53198 万元；非公经济纳税 12407 万元，占全州财政总收入的 14.11%。

2000 年，全州个体工商户 47637 户，从业人员 67327 人，注册资金 38854 万元；私营企业 1024 户，从业人员 14220 人，注册资金 76073 万元；非公经济纳税 27703 万元，占全州财政总收入的 26.73%。

2004 年，全州非公经济发展情况：私营企业共 1621 户，投资者人数 4187 人，雇工人数 26019 人，注册资金 223966 万元，与 2003 年相比，私营企业增加了 257 户，增长比例 18.8%，注册资金增加了 47740 万元，增加比例 30%。个体工商户 42181 户，从业人员 58043 人，注册资金 47941.55 万元，与 2003 年相比，增加了 2424 户，增加比例 6%，注册资金增加了 16334.4 万元，增加比例 51%。从事个体经营的工商户主要集中在制造业、批发和零售业、住宿餐饮业和其他服务业。非公经济纳税 74916 万元，占全州财政收入 41.62%。

2006 年，全州共有非公经济组织 51000 户，其中个体工商户 48497 户，从业人员 75949 人，注册资金 76630 万元，分别比上年增长 8%、11%、42%；私营企业 2503 户，从业人员 36726 人，注册资金 333678 万元，分别比上年增长 32%、19%、32%。黔南财政总收入 252763 万元，非公经济纳税 110400 万元，占全州财政总收入 43.6%。黔南州非公经济企业工业产值约占全州国民生产总值的 35%。黔南外资企业 27 户，注册资本金 5121.02 万美元，其中外方认缴金额 4115.46 万美元，比上年同期增长 21.62%。

2010 年，全州个体工商户 66000 万户，从业人数 127100 人，注册资金 208300 万元。分别比上年增长 20%、46.43% 和 104.66%。全州私营企业 4023 户，从业人数 125000 人，注册资金 638600 元。分别比上年增长 9.2%、101.89% 和 381.16%。州外投资 461 个项目，投资总额 129.27 亿元，完成任务 88 亿元的 146.9%，增长 54.3%。全州私营企业实现进出口总额 6500 万美元，与上年持平。其中，出口实现 2081 万美元，进口实现 4419 万美元。全州规模以上私营企业 314 户，增长 8.3%，占全州规模以上工业的 84%，2010 年，实现总产值 203.6 亿元，实现工业增加值 59.7 亿元，增长 15%。全州非公经济纳税 326820 万元，占全州财政总收入 60%。

2012 年，全州个体工商户注册登记 73900 户，从业人数 117400 人，注册资金 248800 万元，比上年分别增长 9.62%、13.13% 和 7.46%；私营企业 7242 户，从业人数 111900 人，注册资金 1788100 万元，分别增长 41.72%、18.42% 和 55.58%；规模以上民营工业企业 312 户，占全州规模以上企业 84%，民营经济增加值 235 亿元，占全州 GDP 的 43%；全州非公有制经济上缴税收 597177 万元，占全州财政总收入的 63%。

2013 年，全州个体工商户 86147 户，从业人员 139458 人，注册资金 328367 万元；私营企业 10431 户，从业人员 122635 人，注册资金 2884173 万元。民营经济增加值完成 304.72 亿元，比上年增长 26%；占全州国民经济增加值 45%。民营企业项目总投资 326.36 亿元，比上年增长 30%，实现就业 26 万人，比上年增长 44.1%；全州民营经济上缴税收 793130 万元，占全州财政总收入 1220200 万元的 65%。民营企业建成国家级、省级企业技术中心 9 个，专利申请受理量 650 个，专利授权量 350 个；全面超额完成省委、省政府提出的“民营经济 3 年倍增计划”。全州民营经济已形成了煤炭、房地产、食品、磷化工、冶金、电力，建材、医药、机械制造、包装、物流等多门类优势产业群。其中煤炭、房地产、冶金、磷化工、医药、建材等已成为支柱产业。民营企业中的重点骨干企业如贵州信邦制药股份有限公司成为黔南州第一家上市企业。贵州永红食品股份有限公司2013年4月与美国云月投资有限公司合作，成为黔南州又一家上市公司。长顺高矿重工、山东金正大、深圳芭田等一批大型民营企业落户黔南。

2014年，全州有私营企业1.73万户，比上年增长66.2%，注册资金5693600万元，增长97.4%；个体工商户10.9万户，同比增长26.9%，注册资金443000万元，比上年增长35.06%；民营经济从业人员38.1万人，新增11万人，比上年增长40.6%，成为扩大就业主要渠道；全州非公经济缴纳地方税务650100万元，占地税总收入88.8%，比上年增长27.3%；全州非公经济缴纳国税246750万元，占国税总收入43.39%，比上年增长26.6%；民营经济预计完成增加值3800000万元，比上年增长24.59%，占全州GDP比重47.5%。

第四节　权益维护

1995年，州工商联和都匀市工商联先后两次派人对都匀市470多名个体工商户反映乱收费的问题和上半年540多户个体工商户停歇业的问题进行专题调查，并写出专题报告报送州、市党委、政府，得到党委、政府的重视，乱收费的问题基本得到解决，对稳定社会起到了重要作用。州政府在全州范围内逐步推行“明白收费卡”施行办法。

1996年7月，三都县个体工商户因税务部门施行提前3个月纳税而多次反映得不到解决，拟在中央有关部门和深圳“心连心”活动团到三都考察期间全体罢市，州、县工商联知道后，做了大量细致思想政治工作，并立即向县委报告，县委领导召集有关部门进行协调，税务部门恢复按月纳税，维护了个体户的合法权益。

1997年，都匀、贵定、三都、独山、平塘等县（市）曾不同程度出现个体工商户停业、罢市的苗头和现象，引起当地政府和县（市）工商联和高度重视，经过州、县（市）工商联积极参与协调，深入细致做好非公有制经济人士思想政治工作，宣传政策、法规，引导他们规范生产、经营行为，维护他们的合法权益，及时化解矛盾、理顺关系、稳定社会。

1998年，都匀市200余户百货行业罢市，平塘、三都、荔波3县120多户屠宰行业罢市；三都县有200多名个体工商户联名向上反映县城建局征收城市房租验证费不合理，有部分个体工商户拒交，城建局申请法院准备强制执行，引起全城个体工商户强烈不满，关系搞得很紧张。州工商联派员对邻县进行此项收费调查，没有政策收此项费用，州工商联向三都县政府分管县长反映此项收费不属省政府颁布收费项目后，三都县政府立即通知城建局停止收费，避免一场集体上访事件。

2002年，各级工商联共接待来信来访496人（次），接待和处理非公经济人士和会员反映的热点和焦点问题。是年共协调关系、化解矛盾231件；依法维护会员合法权益45件。协助落实全州480名原老工商业者提高工资待遇问题。如都匀市个体工商户对提高税定额不满，发生“6·28”300余名个体工商户集体上访事件。都匀市工商联一方面做好个体工商户的思想情绪疏导工作；另一方面及时向市委、政府作了专题汇报，多次与相关部门协商，提出可行的处理意见和建议，得到政府和相关部门的采纳，维护了个体工商户的合法权益，妥善疏导确保社会稳定大局。州工商联配合州政协政研室赴瓮安协调州政协委员、瓮安县工商联非公经济副会长房屋通风采光侵权一案，维护会员的合法权益。

2003 年，部分县（市）投诉中心设在工商联，各级组织共接待来信来访 443 人（次），接待和处理非公经济人士和会员反映的问题。是年处理了 3 起较大集体投诉案件。如福泉市工商联处理煤炭行业集体投诉税费过高问题，深入 15 家煤矿进行调查，撰写了《对福泉市私营煤矿税费负担情况调查》，引起了市委、政府和有关职能部门的重视，纠正了一些不合理的税费负担。州工商联参与州法院强制执行平塘县商会和服务公司房屋被侵权一案，维护了商会和会员的合法权益。

2005 年，全州各级工商联共接待非公经济人士来信来访 714 人（次），化解矛盾 236 起，依法维权 48 件，化解大的群体上访 2 起，协助落实原老工商业者 480 名的社保工资待遇问题。

2006 年，全州各级工商联协调处理非公经济人士上访和会员反映的问题，共接待非公经济人士来信来访 815 人（次），化解矛盾 250 起，依法维权 135 件，化解群体上访 3 起。

2007 年，全州工商联系统共接待非公经济人士来信来访 718 人（次），化解矛盾 215 起，依法维权 139 件。

2008 年，州工商联共接待非公经济人士来信来访 75 人（次），化解矛盾 47 起，依法维权 28 件，为维护社会稳定做出积极贡献。

2009 年，州工商联共接待非公经济人士来信来访 41 人（次），化解矛盾 20 起，依法维权 5 件。

2010 年，州工商联接访投诉 20 起，州、县（市）工商联共接待非公经济人士来信来访 141 人（次），化解矛盾 57 起，依法维权 15 件。

2013 年，州工商联接待来信来访 52 件人（次），帮助协调解决维护民营企业权利 45 件。

2014 年，州工商联各级组织为民营经济发展提供法律咨询和法律服务，协调帮助民营企业打官司，依法维护民营企业合法权益 28 件，挽回民营企业经济损失 163 万元。其中，帮助会员企业贵州祥云隆房地产开发有限公司法人涉嫌虚假出资罪打官司辩护无罪释放。协调解决会员纠纷 50 件，其中：州联行使三方仲裁机制，协调解决都匀市伯爵酒店与职工劳动争议纠纷问题，并书面请求省工商联帮助维护酒店合法权益；协调州法院、省工商联帮助湖南商会会员拿回拖欠工程款 280 万元。

第五节　参政议政

一、参政献策

1992—2008 年，州工商联领导以政协委员名义提交个人提案。2009 年后，州工商联以界别名义提出团体提案。

2010年，州工商联在州政协十届四次会议上提交《关于尽快建立黔南州民营企业信用评定体系的建议》的提案，办理中，州工信委对全州非公企业进行信息录取。5月建立由人行黔南中支、金融机构和州工信委非公经济信用体系工作领导小组和领导小组办公室，各银行着手处理非公经济融资难具体问题。银监局已建立信用征集体系、评级发布制度以及失信惩戒机制。州工商联提交《关于全面协调和可持续发展非公有制经济的建议》的提案，在办理中，于6月成立州非公经济发展领导小组。

2011年，州工商联在州政协十届五次会议上提交《重视餐饮服务业发展，为黔南经济发展作贡献》的提案，州政府针对食品非法添加和滥用添加剂的问题开展整治专项行动。州工商联提交《关于加快黔南南部旅游“金三角”经济圈以交通为主的基础设施建设的建议》的提案，州政府将三都—独山—罗甸高速公路列入省678高速公路网规划，南部旅游“金三角”景区的其他连接公路，州政府争取国家资金投入进行升级改造。提交《关于尽快建设中国水族文化体验基地的建议》的提案，三都县委、县政府于是年规划60亩土地，用于开发建设三都县中国水族文化体验休闲旅游综合开发项目，该项目被省政府列为《贵州省重点旅游招商项目》。

2013年，州工商联在政协十一届二次会议上提交《关于开展非公有制经济发展年度法定数据统计工作的建议》《关于进一步加强和重视以商招商工作的建设》《关于加快黔南州矿业行业发展的建议》《关于进一步加强和重视全州工商联工作的建议》的提案。

2014年，州工商联在州政协十一届三次会议上提交《关于对〈贯彻落实中共贵州省委、省政府关于加快全省民营经济发展的意见〉的实施办法落实情况进行第三方评估的建议》的提案，州委、州政府组织由州投资促进局牵头，州人大、州政协、州监察局、州工信委、州政务服务中心、州统计局、州企业调查队等部门参加的投资环境考评组，对州直部门和12个县（市）和都匀经济开发区投资环境进行考核评价。会上还提交《城市街道门面广告牌统一规划设计建设的建议》《关于进一步加强工商联机关建设的建议》《关于切实解决农村垃圾污染问题的建议》等提案。

二、调查研究

1993年5月，由州工商联、州政府、州工商局组成调查组，对都匀、惠水、平塘、三都4个县（市）100户非公有制经济进行抽样调查。抽查个体工商户68户，私营企业13户，挂靠企业19户。

1994年6月，州工商联和罗甸县工商联组成联合调查组，选择龙坪、沫阳、罗悃3个镇中的100户个体户、10户私营企业进行调查。

2000年5月24日—6月10日，州工商联到贵定、龙里、长顺3县的10个乡镇企业进行调查。调查表明，个体、私营经济占3个县乡镇企业的97%以上。

2002年2月，州工商联组织调查组对全州非公有制经济发展环境问题进行调查。撰写《独山县部门向非公有制经济承诺服务的追踪调查》在《黔南日报》上发表。

2006年9月，州工商联组织调查组对全州非公经济组织人才队伍建设情况进行调查。从调查的155家年产值达100万元以上的非公经济组织人才队伍情况看，到2006年10月

31日止，共有从业人员20791人，人才总数为3568人，其中：经营管理人才960人，占26.9%；专业技术人才942人，占26.4%；技能人才1666人，占46.6%。

2007年4月，州工商联采取点面结合的办法，对全州8个县（市）投资环境和20多家中小型民营企业进行调查。调查结果为：民营企业参与新农村建设覆盖面小，优势不到位；处于捐款捐物初始阶段；对新农村建设有心理障碍，参与性热情不高。

2008年11月，州工商联和州委统战部组成联合调查组，通过召开座谈会，深入企业了解情况等方式，在全州面上调查的基础上，重点考察瓮安、贵定县非公经济发展情况。

2011年5月，州政协和州工商联组成的联合调研组，到黔南州浙江商会、福建商会、湖南商会、温州商会以及汽车营销服务商会进行实地调研。

2012—2014年，州工商联多次对全州民营经济发展情况进行调查。调查组到矿业行业比较集中的都匀市、福泉市、瓮安县、独山县、荔波县、平塘县、罗甸县矿业企业和黔南州福建商会、黔南州浙江商会、黔南州湖南商会、黔南州温州商会、黔南州泉州商会、黔南州潮汕商会以及州直有关部门进行实地调研，召开200多家矿业企业负责人参加的座谈会20次，走访矿业企业50家，了解黔南州矿业行业发展基本情况及存在的困难和问题。

第六节 光彩事业

1993年，黔南州各级工商联开展富裕不忘国家、不忘人民的教育活动，发动会员支持公益事业，为社会作贡献，工商联会员共捐款37.1万元。1994—1995年，州非公经济人士和工商联会员捐款169.6万元。

1995年12月，黔南州光彩事业推动委员会成立，在会上通过了光彩事业推委会的章程和专项资金管理办法和倡议书，并认捐1.91万元活动经费，提供待研究选择的开发项目68个。

1996年，州非公经济人士和工商联会员参与光彩事业捐款239.9万元。其中：省工商联副会长、贵州神奇制药有限公司董事长在瑶山实施黑山羊养殖和金银花种植的扶贫项目后，又捐资100万元扶持瑶山100户、瑶麓150户、户均5只仔猪共1250只的科学养猪项目，并委托贵阳嘉旺生物有限公司利用生物秸秆发酵饲料实行饲养。福泉县牛场镇私营企业主、双星化肥厂厂长在牛场中学举行的建校40周年校庆典礼会上，向学校负责人签兑30万元支票。民营企业家胡延昌、龙正武、赵福林、赵国霖等捐款、捐物扶贫济困、办学修路100余万元。

1997年，全州非公经济人士400余人（次）累计捐资269.76万元。其中，民营企业家胡延昌、龙正武、赵福林3人捐资110多万元，创黔南县级光彩捐资榜首，胡延昌捐资30万元建“延昌光彩学校”已竣工投入使用。

1998年，长江中下游地区、东北松花江、嫩江流域遭受百年不遇的特大洪灾。黔南州工商联开展赈灾募捐活动，全州各级工商联专干和非公经济界人士5044人共向灾区慈善捐款捐物总额达855.7万元，其中现金100.2万元，实物折款755.5万元。贵州信邦制药有限公司捐药品价值100万元，贵州神奇制药厂捐药品价值146万元；贵州特色药业公司捐药品价值508.9万元。

1999年，黔南州各级工商联组织会员和非公经济人士参与拥军爱军、尊师重教、救助失学、扶危济困等方面的光彩行动。共有会员和非制经济人士858人参与光彩事业活动，公益慈善捐资790.9万元。其中，贵州神奇制药有限公司董事长张芝庭捐资164万元在龙里谷脚镇兴建一所“神奇小学”，黔南州工商联副会长、贵州信邦制药有限责任公司总经理张观福向罗甸民族中学、和平小学捐款15万元。

2000年，各级工商联开展“致富思源，富而思进”教育活动，共有会员和非公经济人士2160人（次）参与各项光彩事业活动，捐资890万元。其中，贵州信邦制药有限公司总经理张观福捐资110万元修建“信邦大道”公路。

2001年，共有1500余人（次）参与各项光彩事业活动，共捐资614万元。其中：都匀市非公经济人士为春节灯展、“五一”黄金周西部斗牛赛、邀请专家学者到匀讲座、支教助学等公益事业捐资300万元；荔波县非公经济人士为“荔波机场开工奠基”典礼活动捐资134万元；罗甸县信邦制药股份公司向贵州电视台“贵州东部行”节目捐资170万元；惠水县非公经济人士向首届“贵州·惠水好花红艺术节”捐资10万元。

2002年，全州共捐款捐物光彩事业842.5万元，其中：独山县工商联协助省9名民营企业家捐资65万元在独山友芝中学、满罗小学兴建光彩教学楼项目。都匀市会员企业进达企业集团捐水泥110吨、捐资5万元为石龙乡、坝固镇坡脚寨修公路。

2003年，各级工商联组织会员和非公经济人士参与光彩事业捐资861.59万元，其中长顺、贵定、罗甸等县组织会员参与抗击“非典”捐资31.4万元，荔波县工商联引导31名私营企业主帮扶31个贫困村共捐资33.54万元。

2004年，各级工商联组织会员和非公经济人士参与捐资805.92万元，水泥160吨。其中，威顿化工公司捐资30万元办仙桥民族女子初中班，荔波县煤矿再富公司董事长唐再富捐资27万元包村扶贫修路和人畜饮水工程；荔波县房地产公司总经理周平捐资24万元包村扶贫修路和建村委会办公楼；都匀市长江实业房地产公司总经理田如彬捐资20万元给黔南民族师范学院设置“如彬奖学金”。

2005年，全州各县（市）工商联组织民营企业和工商联会员支持光彩事业捐资累计779.86万元，其中：贵州明德实业有限责任公司总经理赵军华捐资修建荔波县幼儿园教学楼、捐赠贫困村公益慈善事业54万元，贵州再富实业有限责任公司总经理唐再富捐赠贫困村公益慈善事业29.05万元；贵州信邦制药股份有限责任公司董事长张观福捐资助学20万元；威顿（中国）化工公司董事长李卓捐资40万元兴建“威顿希望小学”。

2006年，全州民营经济光彩事业捐资累计860.2万元。其中：荔波县工商联组织捐资210万元，惠水县工商联组织捐资150万元，福泉市工商联组织捐资87万元，罗甸县工商联组织捐资80万元，独山县工商联组织捐资63万元。

2007年，全州非公有制经济人士和工商联会员捐资927.5万元。其中：罗甸县工商联组织200多名会员为罗甸县举办高原千岛湖活动捐资300万元。福泉市工商联组织捐资175万元，都匀市工商联组织捐资90万元，瓮安县工商联组织捐资90万元，惠水县工商联组织捐资68万元。

2008年，全州非公有制经济人士和工商联会员为灾区群众捐资捐物总计达到1100万元。如贵州盛世龙方制药有限公司捐赠10万元现金和12万元药品用于救灾。州工商联非公经济副会长张钊将保障物资及时送达抢修现场，为灾区捐资25万元，购买4万多元的大米和菜油救助龙里县150户受灾户；兰吉萍为都匀市1500多低保受灾户送去3000多只价值约16万元的鸭子，帮助受灾群众过好春节；何庆洪为贵定受灾群众送去4台发电机，为灾区捐资12万元；曾渊良提供一台大型发电机给都匀市抗凝冻灾无偿使用，并组织企业员工捐资2.7万余元。

四川“5·12”汶川大地震发生后，州工商联发出《以人玫瑰，手留余香》倡议书，号召全州工商联会员和广大非公经济人士发扬中华民族“一方有难、八方支援”的优良传统，得到广泛响应。全州非公有制经济共捐款1093万元。其中12个县（市）工商联组织会员捐款845万元。福泉浙江商会会员捐款36.2万元；非公人士捐款211.8万元。州工商联非公经济副主席、贵州长通集团董事长张钊第一个捐资15万元购买棉被、帐篷等物资，次日组织车辆装载救灾物资开进四川绵竹县灾区，开出全国第一辆救灾物资车辆到达四川灾区的是黔南州民营企业；贵州金象实业总公司董事长何庆洪组织8部车辆，装上公司生产的10万瓶纯露矿泉水（价值16万元），及时将矿泉水送到灾区群众手中，解决灾区人民燃眉之急；黔南黔山资源开发公司总经理曾渊良于第二天拿出5万元现金由州工商联转交州红十字会；黔南三和房地产开发有限公司总经理兰吉萍向灾区捐赠1000件棉衣价值12万元。黔南永欣达房地产开发有限公司献爱心20万元；惠水县永红食品公司用车运1000件卤汁牛肉制品折款50万元送到灾区；福泉市大恒昌投资有限公司胡展豪捐款20万元。

2009年，独山润杨运动器材公司捐赠30万元兴建高岩希望小学竣工投入使用。百圆裤业独山店在独山广场举行慈善捐赠活动，将价值30万元的裤子捐给独山13个贫困乡310户贫困家庭。黔南三和房地产开发有限公司为都匀市两个村镇的道路建设及公共设施建设分别捐赠水泥12吨，混凝土搅拌机一台。中秋节组织慰问黔南州武警部队的1200名官兵，送去价值5万余元的月饼1000余盒。黔南黔山资源开发公司、都匀鹏达房地产开发公司、黔南州开发区振兴汽车修理厂、黔南诚信汽车服务公司等在“救助失学儿童”“建设社会主义新农村”等活动中，先后捐款捐物累计达41万余元。

2010年，黔南州各级工商联商会参与扶贫济困、捐资助学等社会公益事业活动。瓮安县工商联组织会员参与县政府行政新区绿化建设捐资300多万元，其中：安之忠108万元，万乾东32万元，李阳俊、李文林各25万元，赵明镜20万元。福泉市遭遇春季旱灾，利森公司捐款20万元、威顿公司捐款10万元、越都公司捐款5万元、川恒公司捐款5万元帮助农村抗旱救灾。长顺县工商联副主席赵福林捐资惠水县和平镇新农村建设45.8万元（水泥510吨折款17.8万元，现金28万元），惠水时映房地产开发公司捐资40万元修建三都镇三都小学教学楼。

2011 年，州工商联所属组织引导非公经济人士和工商联会员公益慈善捐资捐物共计 1400 万元，荔波县茂兰镇安匀煤矿总经理曾海捐款 25 万元修建水庆村通村公路；长顺县工商联副主席赵福林慰问威远、凯佐、长寨镇 3 个乡镇 56 户贫困户 23.6 万元。

2012 年，州工商联会员企业联村助村有 46 户民营企业，帮村 50 个村寨，捐资 890.6 万元。其中长顺建材集团总裁赵福林支持敦操乡敦操村 54 万元、福泉建筑公司总经理徐仁福帮助谷汪乡三江村修路 19 万元。

2013 年，全州非公经济人士和工商联会员捐资捐物价值 3000 万元。其中，“4·20”四川雅安市发生 7.0 级强震后，全州有非公经济人士和会员 2911 人（次）参与灾区捐款 800 万元，贵州长通集团捐赠 30 万元的救灾物资于 4 月 22 日送达灾区。贵州瑞翼房地产开发有限公司在“西南药都”开发中，投资 2000 万元修建城关四小。一生一本信息科技有限公司在黔南开展“明日之星、同心助学”活动，捐赠黔南 600 所中小学 3600 台学习机和近视理疗仪价值 200 万元。

2014 年，全州各级工商联累计引进援助资金和物资 1293 万元。其中港澳台及海外友好社团支持黔南州文化教育事业，捐赠达 327 万元；广州市外商投资商会捐赠都匀市平浪中学 10 万元；贵州中意实业发展有限公司捐赠都匀市平浪文峰村安装太阳能路灯 10 盏共 4 万元；都匀市诚信汽车服务有限公司捐赠独山县影山镇甲西村安装太阳能路灯 10 盏共 4 万元。

第七节　招商活动

全州各级工商联利用黔南州福建商会、浙江商会、温州商会、湖南商会、潮汕商会、四川商会等民间商会的网络关系，开展内引外联招商活动。

2001 年，罗甸县工商联引进浙江商人陈文彪和贵阳安尊福商人投资 620 万元，兴办 2 个碳化硅企业。龙里县工商引进贵阳天龙魔芋食品公司、贵阳食肉行业协会资金共 1200 万元，在龙里县落户。惠水县工商联引进贵州正鑫实业有限公司到惠水投资 800 万元兴办有机复合肥厂。

2002 年，龙里、荔波、三都、长顺等县工商联招商引资 2.6 亿元。龙里县工商联引进贵州玖伍公司、贵州龙驹房地产公司到龙里落户，3 家公司投资金额 2 亿元。2003 年，州工商联引进广东外商资金 1.5 亿元开发长顺县旅游项目。

2004 年，全州工商联系统为区域经济和县域经济招商引资项目 54 个，协议资金 4 亿元，到位资金 9495 万元。其中黔南州工商联和都匀市工商联联合，采取以商招商形式，引进世界 500 强企业普尔斯玛特在都匀进达集团现代城开设“诺玛特购物中心”（富万家），3 月 11 日，举行入驻签约仪式，投入资金 5000 万元，到位资金 2000 万元。州工商联与独山县工商联联合引进贵州独山信崎冶炼有限公司投资麻尾镇然戎工业园区矿热炉 2 台，到位资金 1500 万元。

2009年，州工商联与都匀市工商联在都匀市大平镇共同组织黔南红星药业种植有限责任公司实施光彩事业项目1个，为该企业寻找资金10万元，通过及时资金补充，提高农户种植中药材积极性，种植农户由原来的600户增加到870户，是年秋季太子参、何首乌的收益是常规农作物的4—5倍，公司兑现给农户的中药材收购资金43万元，公司完成了中药材半夏丰产项目，该项目已进入课题验收。

2014年，州工商联参与招商、协助招商、直接招商签约项目86个，资金433.98亿元，创历年招商之最。其中，协助政府赴杭州、南京、广州等地签约招商项目39个，资金124.65亿元；省工商联、州工商联、州投资促进局共同招商项目36个，签约资金98.28亿元；州直属异地商会签约招商项目9个，签约资金181.05亿元，到位资金15.38亿元；州工商联直接招商项目2个，签约资金30亿元，到位资金8亿元。

第三章　工　会

1990年，召开黔南州总工会第六次代表大会，选举产生由27名执委组成的第六届执委会。此后，黔南州总工会于1995年、2000年、2005年、2011年召开第七、第八、第九、第十次代表大会。从2004年起，州总工会主席实行先后由州委常委、州人大常委会副主任兼任制度。州总工会和各级工会组织发挥职能作用，开展民主管理、职工教育与培训、文体活动与劳动竞赛、职工维权、经费收缴等工作。

第一节　组织建设

一、州总工会

1991年，州总工会内设机构为3部1室，即：办公室（挂工运理论研究办公室牌子）、组织宣教部、生产保护生活保障部、女职工部（挂经费审查委员会办公室牌子）。黔南州工人俱乐部作为州总工会附属事业单位。

1995年，州总工会工作机构有办公室、组织部、宣教部、生产部、女工部、职工技术协作委员会、法律顾问委员会。工运理论政策研究会、《贵州工人报》黔南记者站。

自2004年8月起，黔南州总工会主席实行高配置，由州委常委担任。2007年4月以后，改由州人大常委会副主任担任。

2007年12月，州总工会增设困难职工帮扶工作部（挂困难职工帮扶中心牌子）、财务部2个内设机构。

2014年末，州总工会列入参照公务员管理单位，核定编制15名，工勤编制2名，设置5个机关内设机构，核定内设机构县级领导职数3名（其中正县级1名，副县级两名），科级领导职数6名。州总工会工人文化宫加挂州困难职工帮扶中心牌子和成立州工会事业发展中心，工人文化宫事业编制从原来的2名调整为4名。州工会总编制为21名。

二、基层工会组织

1990年，全州共有基层工会组织1850个，工会会员97066人。1995年，全州有工会基层组织1864个，职工96851人，其中工会会员84955人。

1997年，州委《关于加强在新经济组织中组建工会和开展工会工作的意见》出台后，工会建会工作开始在各类经济组织中推进。

2000—2001年，州委办公室转发州总工会《关于进一步加强新建企业工会工作的意见的通知》《中共黔南州委办公室关于进一步加快新建企业工会组建工作的意见》《中共黔南州委关于成立黔南州新建企业工会组建工作领导小组的通知》、黔南州总工会、黔南州煤炭局党组《关于在乡镇煤矿中组建工会组织的实施意见》等文件，推进各类新经济组织建会。

2002年5月31日，工会第一次工会组织普查统计，全州新建企业工会668个、建会率77.9%，职工会员16684人、入会率76.9%。

2004年6月17日，黔南州总工会与贵阳铁路分局工会在州总工会召开接收移交贵阳铁路分局都匀铁路职工子弟中小学和医院工会组织的专题会议，双方商议于2004年7月1日签署交接协议。

2014年12月底，黔南州共有5086个基层工会组织，其中：企业工会为3871个、会员135395人，机关工会1120个、会员40926人，事业工会1111个、会员60925人，新组织工会1129个、会员137539人。建立区域性工会180个，行业性工会26个，基层工会组织共涵盖全州7283个单位。

第二节　代表大会

1991年，州总工会组织机构延续上年召开的第六次代表大会选举产生的黔南州总工会第六届委员会和常务委员会。

第七次代表大会　州总工会第七次代表大会于1995年10月10—12日在都匀召开。出席大会的正式代表261人，列席代表14人。大会审议并通过黔南州总工会第六届委员会《突出维护职能，努力开创我州工会工作的新局面》的工作报告。大会选举产生第七届委员会委员29人、常委10人、选举经费审查委员会委员2人。

第八次代表大会　州工会第八次代表大会于2000年12月6—8日在都匀召开，出席大会正式代表285名、列席代表20名。大会听取和审议通过第七届委员会工作报告；选举产生黔南州总工会第八届委员会委员29名、常委11名；选举第八届经费审查委员会委员17名。

第九次代表大会　州工会第九次代表大会于2005年12月6—8日在都匀召开，出席大会正式代表310名，列席代表40名。大会听取和审议通过第八届委员会工作报告；选举产生黔南州总工会第九届委员会委员35名、常委13名；选举第八届经费审查委员会委员19名。大会特邀12个县（市）中共党委领导参加。大会表彰先进“职工之家”23个、“优秀工会工作者”35名、“职工贴心人”18名。

第十次代表大会　州工会第十次代表大会于2011年8月24—25日在都匀召开，出席大会正式代表320名，特邀代表34名。大会听取和审议通过第九届委员会工作报告；大会选举产生黔南州总工会第十届委员会委员35名、常委13名。选举第十届经费审查委员会委员19名。

第三节　民主管理

1991年后，在改革开放进程中，全州各级工会组织积极发挥参政议政作用，工会通过推行职（代）会、厂务公开、集体合同制度等民主管理的渠道，代表并组织职工群众有序表达诉求、意见，参与基层管理。

依照国务院1987年7月发布的《国营企业劳动争议处理暂行规定》，黔南部分国营企业中设立由职工代表、企业行政代表和企业工会委员会代表组成，受企业职工代表大会领导，办事机构设在工会委员会的劳动争议调解委员会（或调解小组）；部分市（县）设立由劳动行政机关代表、总工会代表、企业主管部门代表组成，由劳动行政部门负责人担任主任的劳动争议仲裁委员会。至1995年，全州12个县（市）及州级全部设立劳动争议仲裁委员会，468家企、事业单位建立劳动争议调解委员会。

1995年4月，州总工会与州委组织部等6单位联合发出《关于在外商投资企业加强工会工作的通知》，至年底，全州各类外商投资企业1200多个，已建立职工代表大会制的414个。

1997年11月13日，黔南州企业推行平等协商和签订集体合同制度表彰大会在都匀举行，总结和进一步推进全州平等协商和集体合同制度建设。至1998年底，全州公有制企业实现平等协商和集体合同制度的全覆盖。

1998年11月，州总工会出台《黔南州总工会关于民主评议企（事）业领导干部的暂行办法》。1999年4月，黔南开始推行厂务公开制度。5月，黔南州厂务公开领导小组成立，州委副书记胡显仁任组长，办公室设在州总工会。

2000年，黔南州总工会代表贵州省出席在四川攀枝花市召开的全国厂务公开工作会议。是年12月28日，都匀汽运公司、平塘县民族中学、黔南棉麻纺织厂、罗甸县发电公司、惠水县铁合金厂、福泉市化肥厂获全省“厂务公开工作先进单位”称号。

2001年，全州532家国有和集体企业中有508家建立并实行厂务公开，建制率达97.13%；607所学校、医院等事业单位中有356所建立并实行校（院、所、站、政）务公开，占58%；64家新建企业同步建立并实行了厂务公开制度。黔南州厂务公开领导小组表彰30个黔南州厂务公开先进单位。其中，都匀汽运公司等6家单位受到省委、省政府表彰。

2003年，全州有504家国有和集体企业推行厂务公开，占96.7%；456所学校、医院等事业单位推行校务、院务公开，占75%；571家企事业单位建立职代会制度，227家企事业单位建立了职工大会制度，665家企事业建立民主评议领导干部制度。

2012年，全州已建工会组织单位中，建立劳动争议调解委员会的共673个，劳动争议调解委员会委员中，1198人为工会成员或职工代表。全州各级劳动争议调解委员会共受理劳动争议198件，调解成功138件，预防劳动争议21件。

2014年，推进乡（镇、街道、园区）工会组建和非公企业工会规范化建设工作，全州企业工会组建率、职工入会率均动态保持在98%和93%，超额完成省总工会下达的目标任务，贵州川恒等10个非公企业作为“和谐企业大创建”行动和规范化建设示范点，实行动态管理、梯次延伸，全州90%以上生产正常的企业开展了创建活动。开展“双亮”（工会组织亮牌子，工会干部亮身份）的企业3325家，覆盖面达到85%。全州实行厂务公开的企事业单位4051个，涵盖企事业单位5705家。建立职代（大）会企业2395个，涵盖单位3508家，签订工资集体协议1669份，覆盖企业3539家，覆盖职工101862人，建制率保持在90%，查处违反劳动用工案件159件，州级调处劳动争议纠纷40件，县级调处185件。

第四节　职工教育与培训

一、职工教育

（一）职业道德教育

1997年11月13日，州总工会印发《关于表彰1997年度黔南州职业道德“双十佳”的决定》。都匀市工商银行等10个单位获黔南州职业道德先进单位称号。各县（市）总工会共表彰76个职业道德先进单位。是年，福泉市龙昌医院陈明礼获全省职工职业道德“十佳”标兵称号，州粮食局招待所、瓮安县工业品贸易商场获贵州省职工职业道德建设先进单位称号、都匀市公交总公司伍永珍获贵州省职工职业道德建设先进个人称号。

1999年1月12日，黔南州总工会授予平塘县供电局等20个单位为1998年度全州“双文明”（物质文明、精神文明）先进单位，长顺县教育局杨江涛等17人获1998年度全州职业道德先进个人称号。

2000年12月，黔南电信局获贵州省职业道德“十佳”单位、都匀市商业大厦零售部获贵州省职工职业道德建设“十佳”班组。

2009年7月22日，黔南州中医院获省职工职业道德建设“十佳”单位，都匀供电局城区供电分局配网检修班获先进班组，都匀市总工会张光明获先进个人称号。

2010 年，黔南州中医院获第十一届全国职工职业道德建设先进单位称号。

2012 年 7 月，各县（市）组织《公民道德建设实施纲要》宣传知识抢答赛。龙里中学胡迎华参加全省职工《工会是我家》的大型比赛获二等奖。

2013 年，平塘县总工会推荐的向寿培和陆恩慧获贵州省总工会“明礼知耻 · 崇德向善”“行业道德标兵”称号。

（二）法制宣传教育

2002 年，州、县（市）总工会共发放《中华人民共和国工会法》《中华人民共和国妇女权益保障法》《女职工劳动保护规定》等法律法规 5000 余册。

2005 年，全州开展《贵州省工会条例》的宣传、学习活动。2006 年，州人大组织对《中华人民共和国工会法》《中华人民共和国劳动法》《贵州省工会条例》的执法检查。州总工会将威顿化工有限公司、贵州宏福剑峰有限公司等企业作为推广典型，以点带面，推进条例的实施。

（三）安全生产宣传教育

1991—2002 年，州及各县（市）工会组织组织开展全国安全月（周）活动，分别以“安全就是效益和提高职工安全意识”为主要内容、“为国营大中型企业创造良好的安全生产环境和提高全社会的安全生产意识”和以“遵章守纪杜绝三违”为目的、以“勿忘安全、珍惜生命”“治理隐患、保障安全”“遵章守纪、保障安全”等为主题的 11 个全国安全生产周；以“安全责任重于泰山”“实施安全生产法、人人事事保安全”“以人为本、安全第一”“遵章守法、关爱生命”等为主题的 11 个全国安全生产月活动。

2005 年 3 月，黔南州总工会专门就加强煤矿安全生产工作下发通知，要求各级工会组织进一步加强煤矿安全生产的日常监督工作，加快与安监、煤管部门建立煤矿安全生产的协调机制和联系会议制度，做好有证煤矿组建工会和群众安全生产监督检查组织工作，并制订《煤矿安全生产工作专项考核办法》对州内各县（市）总工会实行专项考核。

2014 年，州总工会配合州安监部门组织培训“三项岗位”（煤矿负责、安全管理、特种作业）人员 4240 人（次），企业从业人员 17800 余人（次）。

2014 年，落实省总“万名职工大培训”计划，整合资源开展多形式职工技术技能培训，累计开展培训 36 场（次），培训职工 13105 人（次）。

二、工会干部培训

2002 年 12 月 24 日，州总工会印发《黔南州总工会 2001—2005 年全州工会干部教育培训的规划》。

2004 年 8 月 27 日—9 月 6 日，州总工会与中国劳动关系学院在北京联合举办黔南州工会干部培训班。

2005 年 8 月 15 日，州委组织部举办黔南州工会干部、妇女干部赴深圳培训班，全州工会系统 25 名干部参加培训。

2006 年 4 月，黔南州总工会印发《2006—2010 年黔南州工会干部教育培训规划》。11

月1日，州委组织部、黔南州总工会在州委党校联合举办全州乡（镇、街道）非公企业工会干部培训班，60名工会干部参加了培训。11月29日，州委组织部与黔南州总工会在都匀联合举办非公企业工会干部培训班，55人参加培训。

2014年9月30日，州委组织部、黔南州总工会在州委党校联合举办全州乡镇（街道）工会干部综合培训班，120名基层工会干部参加培训。

第五节　文体活动与劳动竞赛

一、文体活动

（一）文化活动

1997年4月29日，黔南州总工会与都匀市总工会联合举办都匀地区职工庆“五一”迎回归歌咏大赛。1998年9月11日，黔南州经贸局、黔南州总工会、黔南州文化局联合举办黔南州工会系统文艺会演。1999年4月28—29日，黔南州总工会与都匀市总工会联合举办庆五一职工文艺会演，共有27个单位47个节目参加演出。4月29日，黔南州总工会、都匀市总工会联合举办都匀地区99新世纪职工文艺会演。11月8—10日，黔南州总工会组队参加庆祝贵州省总工会建会50周年职工文艺会演。

2002年5月，黔南州总工会获首届中国职工艺术节贵州赛区美术、书法、摄影大赛优秀组织奖。其中，获书法类银奖1名、铜奖1名、优秀奖2名；获美术类银奖2名、铜奖1名、优秀奖2名、获摄影类优秀奖1名。2003年12月，黔南州总工会推荐舞蹈《醉酒飘香》（演出单位黔南州人民银行）获2003年度全国“五一”文化奖。2009年4月27—28日黔南州总工会、都匀市总工会联合举办都匀地区“庆五一劳动者之歌”职工歌咏大赛，大赛共有54支队参赛2109人。

2011年4月28日，黔南州总工会、都匀市总工会联合举办都匀地区创先争优“咱们工人有力量”职工合唱大赛。来自都匀地区机关企事业33个单位1500人参加了比赛。2014年组织参加由红旗出版社、中国妇女报社、人民网、中华全国总工会女职工委员会等单位共同举办的全国第二届书香“三八”——“阳光女性·幸福中国”读书征文活动推荐征文1200余篇，共获10个奖项，黔南州总工会女职工委员会获积极组织奖。全年举办“中国梦·劳动美·我与改革创新”主题演讲比赛31场（次），并在省总比赛中获三等奖。

（二）体育活动

1997年，黔南州组队参加省第三届工人运动会。在比赛中，获得金牌3枚、银牌1枚、铜牌3枚、1个第4、2个第5、13个第6、1个精神文明风尚奖。

2004年9月26日，黔南州总工会、黔南州体育局等4家单位联合举办州直单位“迎国庆”职工篮球赛。2005年12月23—25日，由黔南州总工会主办、黔南州电信公司工会承办，都匀供电局工会、黔南州烟草公司工会、104地质大队工会、瓮福总公司瓮福磷肥厂工会、黔南州医院工会协办的2005黔南州迎奥运，庆“元旦”工运杯职工篮球邀请赛。2008年4月29—30日，黔南州总工会、都匀市总工会、黔南州体育局、都匀市体育局联合举办都匀地区“庆五一迎奥运”运动会。7月14日，黔南州组队参加全省“贵航杯”首届职工乒乓球比赛。

2012年4月26日，黔南州总工会主办2012年州直单位庆“五一”龙卡杯职工广播体操大赛。8—10月，黔南州组队参加贵州省第四届职工运动会，共计96人参赛，黔南州总工会获优秀组织奖。2014年4月30日，举办万名职工游走青云湖活动，全州12000余名职工群众参加。

二、劳动竞赛

（一）劳动竞赛及建功立业竞赛

1991年3月，州总工会、团州委、州经委、州科协4家联合发出《关于在全州青年职工中开展第四届“振兴杯”五小（小发明、小设计、小革新、小改造、小建议）成果竞赛的通知》。4月25日，州政府表彰了“振兴黔南杯”厂际劳动竞赛先进单位。全州参赛单位246个，参赛职工28450余人，经过考核评比，贵定雪茄烟厂获一等奖；贵定卷烟厂、贵定县酒厂获二等奖；贵定县农机厂、贵定县印刷厂获三等奖；贵定县总工会获组织奖。都匀公路养护段在参加省公路局开展的“好路杯”竞赛中，1991年、1992年、1993年连续3年获“好路杯”的最高荣誉奖“金杯”，实现“三连冠”奋斗目标。

1997年，黔南州磷酸盐厂获全国“五一劳动奖状”，都匀市环卫工人毛国庆获全国“五一劳动奖状”。

1999年，罗甸民中校长吴万辉获全国“五一劳动奖章”。2000年5月康先妮等3名全国劳模和特邀代表罗甸县大关村党支部书记何元亮出席全国劳模表彰大会。

2002年8月，黔南州各级工会积极组织广大职工开展形式多样的群众性“岗位练兵”“双文明示范岗”等活动，全州金融系统多次举办计算机知识竞赛、微机操作比赛等，不断提高了职工的业务素质水平。是年，州人行被成都分行批准为“双文明示范岗参创集体”。州医院王宪华获全国“五一劳动奖章”，州棉麻纺织厂韩勇等6人获全省“五一劳动奖章”，贵定卷烟厂等四家企业获全省“五一劳动奖状”。2004年，王仁忠等6人获贵州省“五一劳动奖章”，都匀汽运公司客运公司、都匀公汽总公司18路车队获贵州省“五一劳动奖状”先进班组称号，州医院获贵州省“五一劳动奖状”先进集体称号。2006年，州总工会开展“建功立业大竞赛”活动，全州共有1276个企事业单位开展了劳动竞赛，336个单位开展了“我为节约作贡献”活动。2008年，全州各级工会开展“建功立业大竞赛”和“和谐企业大评比”，全州249个单位的18170名职工参加活动。

2012年，全州开展“工业强州、工人当先——工会组织在行动”主题活动和“百万职工奋勇当先”专项行动，参加劳动竞赛企业数达2392个，参赛职工79006人，竞赛活动创造直接经济效益0.67亿元。2013年以“创先争优”“节能减排”为主题的各类竞赛比赛及宣传活动在全州展开，各级工会组织发放20多个品种的宣传资料、书籍专刊共25700余份。全州共聘节能减排义务监督员436人。2014年，各级工会以高速公路建设、重点产业园区和规模以上企事业单位为主赛场，开展各类劳动竞赛、技能比武和“工人先锋号”创建等活动，参与活动的单位达2417个，累计开展劳动竞赛活动5438场（次），参与职工192295人（次），组队参加省、州烹饪技能大赛获得3金2银2个特色菜的好成绩。

（二）技术协作创新

2004年“五一”前夕，州委、州政府召开全州表彰大会，对颜祥仪等26人授予了工人技术能手的称号，授予兰吉平等12名下岗职工再就业再创业能手的称号。

2007年，在以争当“创新示范岗”“创新能手”为载体的“学技术、比创新、做贡献”职工群众性经济技术创新活动中，全州各级工会共举办技术培训班或讲座236次，参训职工达7535人。是年，全州职工共提合理化建议4106条，占任务4000条的102.65%，申报职工经济技术创新成果12项，占任务的100%，创新成果创造价值2560万元。

2014年，全州各类企事业单位职工提出，经采纳实施并取得经济效益或社会效益的节能环保“金点子”合理化建议共38项，创新成果创造价值1.2亿元。

第六节　职工维权与帮扶

一、依法维护职工合法权益

1991年7月，州总工会成立法律顾问委员会，下设法律顾问工作部，负责接待、处理职工来信来访工作。1991—1995年，州、县（市）两级总工会接待职工来信3450多件，已落实2890多件。

2000年，全州接待来信来访138件575人（次）。2001年州总工会、州劳动局等组成联合调查小组，对黔南锻压厂、彩印厂等21户企业进行劳动法律法规执法大检查，重点检查劳动合同订立和履行、社会保障、职工安全保护等。共发放《中华人民共和国工会法》《中华人民共和国妇女权益保护法》《女职工劳动保护规定》等法律法规8000多份。5—6月，举办35期“女职工保健知识讲座”，参加培训女职工1676人。2003年，全州已成立13个仲裁庭，受理各类劳动争议案21件，结案20件。有206个企事业单位建立了调解组织，州、县两级三方调解机制和劳动关系调解组织网络框架基本形成。是年州总工会接待职工来信来访122人件（次），处理了都匀供电局内退职工上访5次40余人（次），涉及107名内退职工。2004年10月，全国工会“12351”职工维权热线电话在黔南境内开通。州总工会参与对13起安全生产责任事故处理，对90户企业进行安全卫生生产检查，到3326厂和贵定卷烟分厂了解改革改制中维权情况。独山县为234名农民工举办岗前培训，都匀市沙包堡镇工会帮助农民工讨回工资10万元，并对316名农民进行电工、电焊等技能培训。2005年，国务院颁布《信访条例》，州、县两级工会进一步完善了信访工作机制，面向社会公布了工会信访工作机构的通信地址、电子信箱、投诉电话、信访接待的时间和地点、查询信访事项处理进展及结果的方式。

2008年，州、县两级工会相继建立和完善工会领导班子成员轮流带班接访制度。各级工会组织以“温暖万家大帮扶、情系职工大维权、安全生产大督查”活动为平台，瓮安“6·28”事件后，各级工会认真学习贯彻“全国处理信访突出问题及群体性事件电视电话会议”，切实转变工作作风，热情接待来访群众，努力化解各类矛盾。7月、8月、9月三个月中，仅瓮安县总工会就接待处置群众来访问题88件。

二、职工帮扶

1996—2001年，全州各级工会配合政府部门推进体制改革，组织和引导下岗职工参加转业转岗培训，督促企业落实下岗分流安置政策，促进下岗职工再就业。2001年底，全州有下岗职工11000人，实现再就业8543人。

2002年，进城务工人员列进工会救助对象。是年，各级工会组织通过落实兑现再就业优惠政策，减免相关税费，组建劳动力市场，社会募捐再就业资金等形式，为下岗职工再就业提供全方位的优质服务。6月，都匀市总工会成立了就业服务中心，为下岗职工拓宽就业渠道。春节前，州总工会走访26个特困企业50多户特困职工，发放慰问金15000余元，对州直26个困难企业1087户困难职工进行慰问，发放慰问金162900元。全州“两节”（元旦、春节）期间共发放慰问金121.88万元，走访企业369个，慰问特困职工5300余户。

2003年，州总工会按照省总提出的在2003—2005年期间，对下岗职工培训60090人、职业介绍40020人、实现再就业30090人的“643”（按照全国总工会在促进再就业工作中提出的“三年三个150万”目标，印发《关于促进再就业工作的实施意见》，对各县（市）的再就业工作实施目标考核，推进再就业工作。是年7月底，州、县两级工会全部建立困难职工帮扶中心。都匀汽运公司等一些基层工会组织在本单位建立企业帮扶中心，积极开展职工互助帮扶工作。是年，全州各级工会组织全年总计培训1860人（次），职业介绍1052人（次），实现再就业下岗职工896人（次）。是年“两节”期间，全州各级工会组织共发放“送温暖”资金143.89万元，慰问困难企业、单位531户，慰问困难职工6451人。

2006年，全州开展了清理农民工工资拖欠行动。各县市普遍展开企业自查自纠，政府、工会督查督办。全州当年拖欠工资涉及人数由上年的1067人降至100人，下降了90.63%，拖欠职工工资总额由上年的806.26万元降至123.53万元，下降了84.68%。是年“两节”期间，全州各级工会组织共筹集“送温暖”资金265.22万元，慰问困难企业464户，走访慰问农民工、困难职工19116人。

2007年，全州各地多渠道、多形式推进零就业家庭就业和下岗职工再就业安置，开展职业介绍工作。全年全州共培训职工18222名，其中农民工13299名；职业介绍11078名，其中农民工10532名；实现就业15625名，其中农民工9375名、零就业家庭1010名。

2010年，全州共培训职工、农民工12963人（其中农民工11538人）。其中：技能培训4425人，获得劳动部门颁发技能证书的有1162人；创业培训735人；基础培训7803人。全州共举办各种技术培训班、技术讲座743次，参加职工达67427人。

2011年，共培训职工、农民工12963人（其中农民工11538人）。其中：技能培训4425人，获得劳动部门颁发技能证书的有1162人；创业培训735人；基础培训7803人。全州共举办各种技术培训班、技术讲座743次，参加职工达67427人。

2012年全州就业技能培训职工、农民工8500人、素质提升培训在岗职工、农民工2463人、家政培训下岗职工、待业农民工400人，举行招聘会13场，介绍实现就业6200人。工会帮扶中心日常介绍实现就业5950人。2012年“金秋助学”活动为1002名困难职工、农民工子女发放助学金93.15万元。是年，省总工会提出乡镇、园区和规模以上企业建立职工服务（帮扶）中心，2013年黔南州在龙里县进行试点。2014年，除都匀经济开发区正在筹建外，全州州本级和各县市总工会困难职工帮扶中心均通过省总工会验收合格，全部达到三星级帮扶中心标准，乡镇、园区和规模以上企业按照“六有”（有依法选举的工会的主席，建设心系职工、善于维权、开拓进取的骨干队伍；有独立健全的组织机构，完善工会委员会、经费审查委员会、女职工委员会等组织；有服务职工的活动载体，满足职工的多样化需求；有健全完善的制度机制，实现工会工作的群众化、民主化、制度化、法制化；有自主管理的工会经费，真正用于服务职工和工会活动；有会员满意的工作绩效，切实让职工群众感受到工会是“职工之家”）标准，建立职工服务（帮扶）中心（站、点）819个，服务（帮扶）职工35875人（次）。

2014年，为积极参与社会管理，切实做好帮扶维权维稳工作，全州登录全国帮扶中心管理系统困难职工档案33732份，供养人口98306人。“两节”期间，全州慰问困难职工、困难农民工14091人，共发放资金352.28万元。筹集“梦圆金秋”助学资金118.23万元，资助困难职工、农民工子女872人。2014年，举办促进就业招聘会29场（次），促进就业再就业8702人（次）；完成再就业培训13105人（次）。

第七节　经费收缴与审查

一、经费收缴

1991—2003年，随着公有制企业经营自主权扩大和非公有制经济的兴起，州、县两级工会通过发一个文件、开一个会和打一个电话，基层单位就会主动到工会缴纳工会经费传统方式已经行不通。2003年，福泉市总工会在收缴工会经费过程中转变传统收费方式，运用法律手段，对拖欠、拒提、拒缴工会经费的单位，与法院密切合作，依法下发支付令，当年拨交工会经费收入达到35万元，比上年增加21万元，增长250%，创下历史最好水平，获得省总工会2003年度工作创新奖。在全国总工会经审会召开的全国经审工作经验交流桂林会议上，福泉市总工会代表贵州作专题交流发言。

2004年，州总工会创新工会经费收缴方式，率先通过委托税务代收、推进财政统一划拨工会经费和对未建单位依法收取工会建会筹备金的措施，推进工会经费收缴工作。

2007年6月19日，州总工会、州地方税务局联合印发《关于全州工会经费由地方税务机关统一收缴的通知》，在全州范围内全面推行委托地税统一代收工会经费（工会筹备金）。

2009 年，州总工会、州财政局联合印发《关于进一步加强行政事业单位计拨工会经费的意见》，工会经费税务代收和财政计拨工作在全州推开。从 2009 年起，州财政局将 113 个州直统发工资单位按工资总额 2% 比例应缴工会经费列入年初预算，统一划拨给州总工会，由州总工会按 60% 比例将应返拨基层部分拨到州直基层工会，改变了此前多年执行的只按这些单位应上解经费比例代缴上解部分的方式。此后，州委将工会经费收缴任务完成额度逐年增长列入对各县（市）党政目标考核内容，推进全州工会经费税务代收和财政计拨工作。

2012 年，黔南州工会财务工作暨工会经费收解召开工作会议，会上，州总工会与县（市）总工会签订 2012 年经费上解和财务工作责任书。会后，与州人民银行联合印发《关于进一步做好黔南州工会经费国库经收管理相关业务的通知》，与州财政局联合印发《关于进一步加强行政事业单位计拨工会经费的通知》。是年 10 月，州地税局、州人民银行、州财政局联合召开黔南州经费收缴工作三方协调会议，在全州全面推开库银横联代收缴费业务。

2014 年，州总工会与州财政局联合印发《关于进一步加强工会经费财政计拨工作的通知》，将机关事业单位工会经费财政计拨纳入州委对县（市）年度责任目标考核。全州代收、计拨工会经费达到 2595.96 万元，是 2007 年开始推行代收时的 8.9 倍，净增 2304.56 万元。

二、经费审查

1991—1993 年，各级工会经费审查委员会仅负责审查同级工会组织及其直属企业、事业单位的经费收支和财产管理情况，监督财经法纪的贯彻执行和工会经费的使用，向同级会员大会或会员代表大会负责并报告工作，在大会闭幕期间，向同级工会委员会负责并报告工作。1991—2011 年，总工会经费审查委员会主任由州总工会副主席兼任。

1993 年后，州、县两级工会经审会除履行对同级工会组织的监督审查职责外，逐步展开对下级工会组织的审查工作。1996 年，全州 555 个单位开展工会经费自检自查，其中 63 个单位接受上级工会抽查，共查出漏解工会经费 58 万元。1997 年，州直 77 个单位开展自检自查，查出漏解工会经费 7 万元。1998 年，全州自检自查的单位 867 个，查出漏解工会经费 84.75 万元。委托审计 22 个单位，审出漏解工会经费 3.37 元。抽查单位 102 个，查出漏解工会经费 30.37 万元。

2001 年，2003 年、2005 年，全州自检自查单位 2246 个，抽查单位 579 个，共查出漏解工会经费 113.92 万元。

2010 年，全州抽查单位 130 个，查出欠提工会经费 42.2 万元、漏解工会经费 64.36 万元。2011 年，州总工会向州委提交关于在州总工会设专职经审主任的报告获州委批准。

2001—2012 年，州总工会经费审查委员会派出的审计组先后对黔南所有县（市）总工会的财务收支、资产管理、专项资金使用、主要负责人任内经济责任履职状况等开展审查审计。

第四章　共产主义青年团

1991年是共青团黔南州第五届委员会任期（1987年11月召开黔南州第五次团员代表大会选举产生）。至2014年，共召开5次全州团员代表大会。全州各级共青团组织不断加强组织建设和发展，加强对青年的思想政治教育工作，在青年工作、少先队工作中不断创新，组织广大团员、青年开展了“希望工程”“春晖行动”、青年人才工程、志愿者等活动。

第一节　组织建设

1991年，全州共发展团员17618名，授予87名共青团员为全州优秀团员称号；235个新建乡镇配专职团干部233名。

1992年9月，共青团黔南州委（以下简称团州委）组织9个团县委书记和部分州直团委书记共20人到北戴河参加团中央第三期基层干部培训班为期20天的学习。团州委开展合格团支部和合格团委建设活动，共整顿团支部21458个，占总数的72.6%，为达到合格标准的58个团委、496个团支部颁发了合格证。是年，全州38000多名农村青年申请入团，有13172人被批准入团，有3500多名农村团员向中共党组织递交了入党申请书，有390多名团员入党。团员证的颁发率达到95%。

1995年，团州委印发《关于黔南州共青团基层组织建设的实施意见》，为1225个团支部颁发合格证，举办2期培训班，培训团县委干部30名。1997年，组织4批团干到外地学习考察，有120名团干到州、省、中央级团校培训。“五四”期间，团州委表彰了10个先进（团委）、30个先进团支部，50名团干部，100名优秀团员。

1999年，州委组织部与团州委联合印发《关于进一步加强共青团基层组织建设的意见》，要求各级党委组织部门做到“五个一起抓”，即：党团组织建设一起抓，党团思想教育一起抓，党团班子建设一起抓，党团阵地建设一起抓，党团目标考核一起抓。全州各基层组织按照省青联下发“四位一体”（以中共党员领导干部、机关中共组织、基层中共组织、中共党员为服务对象）配量意见的要求，全面带动农村基层团组织建设，力争2000年“四位一体”配量率全部达100%。是年，按照班子建设好，支部工作好，主题活动好，阵地建设好的标准，将“五四红旗团委”创建活动，纳入党的基层组织建设的总体部署并与团的基层组织创建活动并轨。有两个基层团委被确认为首批“全国五四红旗团委”创建单位，8个基层团委确认为首批“全省五四红旗”创建单位；成立黔南州基层团干部培训工作领导小组。

2000 年，州委组织部与团州委在贵定县召开全州基层党建带团建工作会议，会上传达全省基层“党建带团建”工作会议精神，印发《关于进一步加强全州基层“党建带团建”工作的意见》及《2001—2003 年黔南州基层党建带团建工作规划》，并对全州“党建带团建”工作作具体安排。是年，团州委命名表彰 35 个州级“五四红旗团委”，8 个先进团委被确定为第二批贵州省“五四红旗团委”创建单位，6 个先进团委被确定为第二批全国“五四红旗团委”创建单位。州委组织部与团州委也于 10 月 9—13 日举办全州乡（镇）团干部培训班，来自全州各乡（镇）的 55 名团干参加培训。

2001 年和 2002 年，团州委与州委组织部转发省委组织部、团省委《关于加强共青团干部队伍建设的意见》《关于在优秀青年中做好“推干荐才”工作的意见》，促进全州各级团干部的管理、培训、使用、转岗、荐优秀人才的工作制度化、规范化。2001 年，全省共青团农村工作暨青少年活动建设会议在黔南州召开。是年，命名表彰 36 个州级“五四红旗团委”，28 个先进团委被确定为第三批“省红旗团委”创建单位。2002 年，全州共青团员 11.52 万人，团员占青年总数的 11.9%。其中，女团员 4.56 万人，占团员总数的 39.6%；少数民族团员 6.21 万人，占团员总数的 53.9%；农村团员 5.87 万人，占团员总数的 50.9%。2004 年，全州有基层团委 397 个，团总支 146 个，团支部 4566 个，专（兼）职团干部 600 人，是年，全州整建乡镇团委 113 个，整建机关团组织 312 个，整建国有企业团组织 66 个，整建村团支部 1094 个，整建学校团组织 265 个，整建学校少先队组织 154 个。新建非公经济企业团组织 23 个，新建社区团组织 8 个。共选派 25 名团干部到外地参加学习培训。

2005 年，结合新时期农村青年活动性强，外出务工青年总量大，机关青年比重逐年下降，国有企业改革改制，非公经济迅速发展的新情况、新特点。一方面积极争取党委、政府的重视和关心，夯实基层团组织建设；另一方面积极创新基层团组织建设的新思路，探索实践新办法。如将共青团纳入了州委，州政府对县（市）党委、政府的年度目标考核内容。是年，全州整建农村团组织 241 个，整建机关学校团组织 82 个，整建企业团组织 20 个，新建社区团组织 22 个，新建非公有制企业团组织 10 个，新建外出务工团组织 10 个，新配乡镇团委书记 81 人，新配村级团支部书记 264 人，新配机关团委书记 10 人，新配学校团组织书记 28 人，新配国有企业团组织书记 7 人，新配非公有制企业团组织书记 11 人，州直团工委对州直部门团组织进行了全面整建。

2008 年，团州委制定《讲党性、重品行、作表率活动实施方案》，加强团州委机关的自身建设。是年，开展“五四红旗团委”创建活动，组织命名表彰 56 个“五四红旗团委”、58 个“五四红旗团支部”。全州整建软弱瘫痪团组织 99 个，新建外出务工团组织 34 个，新培育树立工作示范团组织 64 个。11 月，与州委组织部联合举办“团干部杭州培训班”，12 个县（市）29 名团委书记或专职、兼职团干及州直、州属有关单位专、兼职团干参加培训学习。

2010 年 4 月，与州委组织部联合印发《关于进一步加强“党建带动团建，团建服务党建”工作的实施意见》，按照“两齐全”（组织机构、文件资料）、“三上墙”（委员会名单、工作制度、活动剪影）、“四个一”（一示范点、一工作场所、一活动阵地、一份团报）开展团建工作。是年，与州工商联联合印发《关于进一步加强非公有制经济组织团的建设的实施意见》，要求全州各级团组织坚持“因地制宜、分类指导、注重实施”的工作方针，成熟一个建立一个，建立一个巩固一个，共建非公企业团组织 251 个。

2012 年，团州委以“布活一盘棋，遍举共青旗，凝聚精神气”为主题，实施乡镇实体化“大团委”建设工作，推进基层团组织建设。是年，全州共建立直属团组织 5751 个，完成任务数的 125%。覆盖团员 44129 人，覆盖 35 岁以下青年 176261 人。是年，共建非公企业团组织 1500 余个，全部录入中国共青团非公有制经济组织团建数据库，分别在黔南龙里、贵定等地举办全省乡镇实体“大团委”建设研讨会、非公团建西南片区推进会、全省“千支突击队立功献青春”现场会。10 月 9—11 日，承办“共青知行大讲座——贵州共青团干部学习交流会”，以“三实三创，科学发展，青春畅想”为主题，在都匀、荔波、独山等地举办。

2014 年，团州委在全州基层团组织中开展“青年文明号”、青年岗位能手、黔南青年先锋、身边好青年等主题活动，展示共青团组织形象和青年活力，引导青年投身创新实践，积极投身经济建设、社会事业发展的主战场，为实现全州跨越发展建功立业。依托党员活动中心（场所），在全州 40% 以上乡（镇、街道）的党员活动室、党员干部现代远程教育终端站点、留守儿童自立自强中心、微笑小屋等挂牌建立“青少年综合服务平台”或“青少年之家”，每月开展一次以上服务活动，实现党团阵地共建。实施“青春聚力”全员培训计划，依托各级培训资源和团内师资资源，争取州、县两级组织部、党校等相关部门的支持，分层级完成对县（市）、乡（镇、街道）两级团干部的培训工作。抓好新任职团县（市）委书记培训工作，建立乡（镇、街道）、大中专院校团干部和少先队辅导员 QQ 群、微信群等，实现互联网和手机网络“两网合一”。探索创新基层团干部建立联系青少年群体 QQ 群、微信群等，实现对当地、学校所有青少年的全覆盖。

第二节　代表大会

1991—2014 年，共召开了共青团黔南州 5 次代表大会。

一、第六次代表大会

1992 年 7 月 7—10 日，共青团黔南州第六次代表大会在都匀召开。出席会议的代表人数 297 名。其中，少数民族代表 148 名，占代表总数的 49. 8%；妇女代表 105 名，占代表总数的 35. 4%。大会听取和审议第五届委员会《带领十万团员，团结百万青年，听从党的召唤，再作新的贡献》的工作报告。大会选举产生第六届委员会和出席共青团贵州省第九次代表大会代表。在团州委六届一次全委会上选举产生了常务委员 5 名。

二、第七次代表大会

1997 年 6 月 16—18 日，共青团黔南州第七次代表大会在都匀召开。出席会议的代表共 300 名。大会听取和审议第六届委员会工作报告；选举产生第七届委员 25 名，候补委员 10 名，出席共青团贵州省十大代表 56 名。在团州委七届一次全委会上，选举产生常务委员 9 名。

三、第八次代表大会

2002 年 6 月 20—6 月 22 日，共青团黔南州第八次代表大会在都匀召开。大会听取和审议第七届委员会工作报告；选举产生团州委第八届委员会委员 29 名，选举黔南州出席团省十一大代表 56 名。团州八届委员会候补委员 12 名。在团州委八届一次全委会上，选举产生了常务委员 9 名。

四、第九次代表大会

2008 年 9 月 22—24 日，共青团黔南州委第九次代表大会在都匀召开。出席会议的代表人数 288 名。其中，少数民族代表 149 名，妇女代表 90 名。大会听取第八届委员会工作报告；选举产生共青团黔南州第九届委员 32 名，候补委员 18 名。在团州委九届一次全委会上，选举产生常务委员 11 名。

五、第十次代表大会

2013 年 8 月 26—28 日共青团黔南州委第十次代表大会在都匀召开。大会听取和审议第九届委员会工作报告；选举产生团州委十届委员会委员 32 名，候补委员 18 名。在团州委十届一次全委会上，选举产生常务委员 11 名。

第三节　思想政治教育与青年工作

一、思想政治教育工作

（一）理论学习活动

1991 年，全州各级团组织以共产主义理想、集体主义和社会主义思想道德教育为核心内容，开展理想信念教育活动，开展学习“党的十三届七中全会精神”“社会主义若干问题学习纲要”“江泽民在建党七十周年大会上的讲话”等学习活动。各级团组织积极组织团员青年观看《大决战》《开天辟地》《焦裕禄》《周恩来》等重大革命历史题材影片，进行党史、中国革命史教育。

1992 年是中国共青团建团 70 周年，各级团组织开展学习“邓小平同志视察南方重要讲话”“党的十四大报告”“中国特色社会主义理论”，以身边典型人物的先进事迹举办的“全省十大杰出青年王少石同志事迹”报告会。

1994 年，以黔南青发〔1994〕10 号和 13 号印发《关于在全州各级团组织和团员青年中深入扎实开展解放思想大讨论的通知》和《关于认真学习贯彻党的十四届四中全会精神的通知》并组织全州各级团组织团员青年认真学习讨论。瓮安团县委在大讨论中，创办了黔南州第一家“青年股份合作体共青综合农场”。

2014 年，团州委深入学习宣传贯彻党的十八大精神，为实现“中国梦”凝聚和传递正能量，进一步推进运用新媒体引导青少年工作理念创新、工作手段创新和基层工作创新，团州委将按照“线上线下结合”为总要求，以“亮青春”为总载体，夯实黔南青少年共同发声、愿意发声、理性发声的新媒体舆论引导阵地。升级改版共青团黔南州委门户网站“黔南青年网”，启动《黔南共青团手机报》，共发送 14 期《黔南共青团手机报》，成功发送信息 5000 余条；在全州范围内广泛建立微信群，纵横两向全面覆盖广大团员青年，全州各级团组织共建立微信群 644 个，覆盖团员青年 22 万余人，团州委向下级微信群推送消息 2000 余次，建立新浪、腾讯两支官方微博，根据团员青年的需求发布热点话题、黔南足迹、生活小贴士等内容，全年推送各类消息 2000 余条。

（二）主题教育活动

以形势教育、革命传统教育、公民道德教育和学习先进模范人物为重点，开展主题教育活动。1991 年“七一”期间，团州委举办的“在党旗下成长”青年座谈会；建州 35 周年开展的“爱我黔南”知识大赛；1992 年举办“光荣啊！中国共青团”为主题的大型“团日”活动，表彰全州各行各业涌现出的 9 名标兵共青团员和 69 名优秀共青团员，为来自州属、州直、都匀市 30 多个单位的 623 名新团员举行入团宣誓仪式，国庆期间举办“黔南州青春风采”青年歌手大赛，全州各行业 80 名青年参加比赛；1993 年 12 月 26 日毛泽东诞辰 100 周年纪念日，团州委举办“毛泽东颂青年歌手大赛”“毛泽东诗词朗诵比赛”“纪念毛泽东，学习毛泽东征文大赛”等多样活动；北京申办奥运，团州委与各地团委都举办了“支持北京申办 2000 年奥运会”亿万青少年签名等系列活动，国庆期间，州团委举办“全州青年歌手大赛”。

2014 年，团州委全州开展“明礼知耻·崇德向善”各类主题活动 200 余场（次），其中，大中专院校 5 场（次），各级少先队组织 150 场（次），覆盖青少年 35 万余人（次）。同时重点开展了我的中国梦——“与信仰对话”“奋斗的青春最美丽”系列分享活动、“学雷锋”、纪念“五四”运动 95 周年系列活动、“亮青春”万人大讲堂活动等；上半年，共开展各类主题教育活动 70 余场，参加人员达 5 万余人（次）。开展开展“亮青春”万人大讲堂活动，以“亮青春”万人大讲堂为主阵地，在青少年中深入开展中国特色社会主义教育、社会主义核心价值观教育、理想信念教育、文明理念教育、法律知识教育以及学习和工作效能教育等活动，全州共开展亮青春大讲堂州级 5 场，县级 28 场，乡镇团委 56 场，覆盖青年 15400 余人。

（三）学雷锋活动

1991 年 2 月 2 日和 3 月 3 日，团州委在全州范围内组织的“学雷锋活动，送温暖活动”；共有 1262（个）单位团组织、1072822 人（次）的青年投入活动中。

1992 年，团州委与都匀团市委、州直机关团委联合组织“都匀地区为民服务一条街”活动，69 个单位的 1263 名团员青年参加，服务对象达 15707 人（次）。

1993 年是毛泽东等老一辈革命家号召向雷锋同志学习 30 周年，团州委与州委宣传部、州政府办表彰全州 10 个学雷锋先进集体和 20 名学雷锋先进个人。黄永键等 5 人获全省学雷锋先进个人，都匀二中等三个单位获全省学雷锋先进集体。全州共有 1967 个（次）单位团组织、1073260 人（次）的青少年投入活动之中，做好事 30600 余件，建立学雷锋、学赖宁小组 2944 个。

2003 年，为纪念毛泽东同志号召“向雷锋同志学习”40 周年，团州委开展由 13 项活动组成的青少年道德建设月活动。黔南师院成立青年志愿者协会、正式登记注册的志愿者 200 余人。

（四）“五四”纪念活动

1991 在“五四”72 周年纪念活动间，组织了“都匀地区五四青年艺术节”系列活动，在“黔南风采青年时装设计表演大赛”推出了 108 套健康新型的时装。

1999 年，团州委和各县（市）团委，分别以州委和县（市）委的名义，隆重召开“五四”运动 80 周年纪念大会，举办系列纪念活动，表彰一批优秀团员、团干和团组织。

2008 年，全州各级团组织借用建团 86 周年“五四”运动 89 周年契机，通过举办报告会、座谈会、故事会、演讲征文、知识竞赛、图片展览等，开展丰富多彩的青少年文化活动。各大中专院校开展了“欢乐校园”“我与黔南共发展，我与祖国共奋进”“放飞青春、共创辉煌”“春晖同唱家乡曲”“18 岁成人仪式教育”等各种教育文化活动 814 场（次），2474 各大中专学生参加送文艺、送春联、送电影、送科普“三下乡”活动 118 场（次）。举办“乡村青年才艺风采大赛”“满意在黔南——青年在行动”演讲比赛，“城市社区青年文化节”等活动。

二、青年工作

（一）农村青年工作

1991 年，团州委为配合州委、州政府实施“双三”和“三五”工程，全州各级有 2029 个（次）团支部、130079 人（次）团员青年投入活动，团组织为活动联系提供化肥 2200 吨，良种 21570 公斤，举办培训班 987 期，培训青年 58607 人（次）。

1993 年，全州各级团组织与有关部门配合开展农村青年实用技术培训，办班 2100 期，培训 8 万多人（次）。

1999 年，团州委继续深化“青年星火带头人”和“服务万村创百争万”行动，罗甸县团委深化“借地育才”人才战略，组织输送 100 名村团干到外地学习锻炼，动员万余名农村青年外出务工；三都团县委抓好“小额信贷扶贫到户”的工作，共有 6530 户农村青年星火带头人，团员青年和青年贫困户，获小额信贷资金 767.8 万元。

2001 年，全州各级团组织以领办科技推广项目为突破口，深入开展“服务万村行动”结合“团委抓服务项目兴支部”，组织开展培训农村“星火带头人”领办科技推广项目并探索“订单农业”的发展思路，团州委在独山县基场镇阳地村创办订单农业蔬菜基地，筹款12000元帮助农民垫付种子、化肥、农药等费用，并开展技术培训，发动58户青年农民种植100亩连片的莲花白，首季收获后农民获15000元纯收入，长顺、平塘、荔波瑶山乡、三都大河镇团组织带头发展经果林，助农致富。都匀市甘塘镇团委抓住农业科技示范园项目，实施养鱼工程，蔬菜大棚、奶牛饲养等项目，发展农村经济。团中央书记处书记崔波在视察甘塘镇农业科技示范园后，对农村团组织领办科技推广项目脱贫致富给予高度评价。

2005年，全州团组织在“春晖行动”中，共动员6536人外出务工青年回乡创业，完成在外乡友人才库建设的乡镇178个，在外乡友帮扶项目143项，帮扶资金达853.81万元。开展“在外乡友情倾家乡参与扶贫助民增收杰出青年”“外出打工返乡创业带民致富杰出青年”“外籍乡友黔南创业助推发展杰出青年”和“农村青年科普示范基地”“助民增收示范基地”等先进集体和先进个人的评选表彰活动。

2010年，团州委配合全州实施的“185农业种植产业化工程”，制定印发《关于开展青年示范带动深入“185工程”创建活动的通知》，以“争取一个春晖家园项目，举办一期青年农民培训，创建一个青年示范基地，评选表彰一批致富能手，大张旗鼓宣传一个典型”为载体，组织动员广大团员青年积极参与此项活动，至年底团州委在福泉市藜山乡罗坳村建立了“185工程”青年能手示范基地；在龙里县醒狮镇建成了大棚蔬菜示范点和水稻旱育秧集中育苗示范点，在平塘县建成现代烟草农业及“185少生块富”工程示范基地，全州各县（市）团委也均创建有“185青年示范基地”。

（二）企业青年工作

1991年，工矿企业各级团组织团员青年开展“双增双节”（增产节约、增收节支）“技术比武”和“五小”活动，有近万名青工参加，组织比武34次，创“五小”成果148项，实现经济效益480余万元。在基层开展活动的基础上，共青团黔南州委组织“首届青年车工技术比武”，有3个大型企业的10名优秀选手参赛。牵头组织全州第四届振兴杯青工“五小”成果评选，表彰了36项“五小”成果，有9家骨干企业受到团州委、州经委等五家单位的表彰。在全省“五小”成果评比中，黔南州有20项成果获奖，都匀东方机床厂、都匀桥梁厂被评为先进单位，团州委获优秀组织奖。1994年青工战线开展了“争当岗位能手”活动，8月份团州委同州经委有关部门印发《关于实施“全国青工技能月”活动的通知》，都匀毛麻纺织印染总厂团委开展全厂青工“岗位练兵技术大比武”活动；剑江化肥厂团委结合本厂需要开展“青年环保工程”竞赛；贵定卷烟分厂开展“团员青年安全责任区”活动。团州委根据黔南州贫困地区劳动力剩余的状况，主动将劳务输出列入“人才工程”。

1995年，团州委印发《关于在全州企业青工中开展“争当青年岗位能手活动”的通知》，都匀汽运公司、都匀毛麻纺织印染总厂、剑江化肥厂、黔南州五钠厂、贵定卷烟厂、贵定复烤厂等单位根据行业特点和工厂要求，开展“团员青年安全岗”“青年岗位能手”竞赛等活动。

1996年，团州委与州经贸局、劳动局、总工会联合印发《关于在全州企业青工中进一步组织开展“青年岗位能手活动”的意见》，举办了各类“青年岗位能手”培训班。5月，在“贵州省青年岗位能手活动推进会暨表彰会”上，全州有4名青年岗位能手受到表彰。

2000年，团州委完善组织机制评定机制和表彰机制，对1998年度的60个州级青年文明号集体予以重新认定，并对1999年表现突出的34个青年先进集体授予州级青年文明号荣誉称号。

2004年，“五四”期间，重新复核认定的2002年“青年文明号”集体共147个。命名确定的2003年州级“青年文明号”40个，评选表彰“青年岗位能手”20个；2007年，开展“青年文明号服务卡助万家”活动，并对151个青年集体认定命名为州级青年文明号。全州有65个青年文明号集体与农村结成帮扶对子。黔南州中医院急诊科被团中央、中央卫生部授予“全国青年文明号”荣誉称号，武警罗甸县中队、罗甸县自来水有限责任公司被团省委命名为“省级青年文明号”。

2009年，与州中医院、州邮政局、黔南电视台联合，分系统对全州19个青年集体认定并命名为“2009年州级青年文明号”。

2011年，团州委继续深化“青年文明号”创建工作，黔南州瑞星电器有限责任公司获“2010年度贵州省青年文明号”称号。以开发青年人力资源为着力点，培养高素质劳动者为目标，推进青年创新创效活动，全年评选20名2011年度“黔南优秀爱岗敬业青年”，同时还开展“勇做突击队建功十二五——千支突击队立功献青春活动”的启动仪式，并建成77支青年突击队。团州委深入推进青工技能振兴计划，开展技术比武，选拔贵州省电子信息高级技工学校李海林老师等3人参加第七届贵州省青年职业技能大赛工具钳工组比赛获组织奖。2012年黔南州共建成各类青年突击队327支，总人数14935人，创造经济价值429亿元，开展招商引资88.128亿元，影响覆盖人数25.39万人。

三、春晖行动

2004年启动实施“春晖行动”，发挥“亲情、乡情、友情”的情感纽带和“血缘、地缘、业缘”的创业优势，依靠“情感杠杆”作用，动员和号召在外青年乡友和各界人士参加黔南州新阶段的扶贫开发，助推农村经济社会的发展。2007年，组织开展“春晖行动”巡回报告“知青反哺故土行”“春晖助学圆梦行”“春晖建言献技助富行”等活动。共筹集59.75万元，帮助全州146名贫困学子圆了大学梦。调查摸底建立档案完善乡友（务工在外典型青年、经商办企业、他乡工作亲朋、校友、调至他乡的干部、老师、知青等友好人士、在外学习的青年学子）人才信息库。建立基本项目库。在外乡友援建的春晖项目183个，项目资金及物资折款达1174.9万元，举办各类春晖工作培训班34期，完成各类信息上报68期，媒体宣传报道148次，宣传典型春晖使者383人（次）。团州委与黔南电信公司牵头联合招商农办、扶贫局等8个部门联合启动“春晖行动—118114”咨询平台，发布农产品生产销售信息，劳务市场用工信息，招商引资项目信息，旅游服务等方面信息。实施“春晖使者”礼聘工作，共礼聘各类春晖使者2483人，动员号召1169人务工青年回乡创业带民致富。

2008年，全州235个乡镇中，共有224个乡镇建立“春晖工作领导小组”，举行各类春晖活动 39 次，礼聘各类春晖使者 2260 人，动员号召 741 名在外务工青年回乡创业带民致富，195 个乡镇建有在外乡友基本项目库，208 个乡镇建有在外乡友人才库。在外乡友援建的春晖项目 89 个，项目资金及物资折款达 702. 8 万元。

2009 年，在都匀、福泉、龙里、独山、平塘等 5 个县市，开展“春晖家园”建设工作，185 个乡镇建立春晖工作领导小组，183 个乡镇建有在外乡友基本项目库，199 个乡镇建有在外乡友人才库，举办各类春晖活动 38 次，礼聘各类春晖使者 2259 人。创建春晖行动工作制度 14 项，在外乡友援建的春晖项目 49 个，项目资金及物资折款达 97. 2 万元。

2011 年，完成惠水县斗底乡党古村“春晖家园”，平塘县塘边镇新店村摆乃组通组路连户路硬化，都匀市坝固村鸡场寨苗坡民间文化保护项目，福泉市牛场镇西北街村大坪组道路维修，三都县廷牌镇廷牌村采棒组道路硬化建设，长顺县营盘乡春晖文化书苑建设及文化活动广场建设，独山县城关镇城东村甲排蓄水塘建设等 8 个“春晖家园”项目的指导和服务。向全州 120 名农民工子女发放慰问金、学习生活用品计 6 万元。组织“春晖行动——致公学习培养计划招生”活动，录取瓮安县 30 名贫困学生至北京大学青鸟附属实验学校免费完成初高中学业。

2012 年，开展“春晖家园项目”建设 5 个。完成长顺县摆塘乡中塘村马头山组人饮项目、白云山镇凉水村长冲马头组人畜饮水工程、瓮安县松坪乡大金星村文化广场建设、福泉市陆坪镇福兴村矮登组山塘建设项目、惠水县大龙乡甘昌村文化广场建设等“春晖家园”项目的指导服务。将惠水仁爱医院、天圣特种动物养殖场、福泉高坪镇辣椒产业化示范基地、独山县基场镇劳保手套加工厂、荔波县玉屏玉定果园基地建设为 2012 年黔南州“春晖行动示范基地”。成立独山基长镇基长乡、福泉市高坪镇高坪村、三都县廷牌镇廷牌村 3 个“春晖扶贫互助社”。重点打造以长顺县感恩教育基地——营盘中学为代表的“春晖感恩示范基地”。组织“北大附中贵阳为明实验学校为明春晖助学计划”黔南州活动，选拔 12 名贫困子女免费完成初高中学业；组织春晖行动——致公学生培养计划黔南招生活动，录取都匀、长顺、平塘等县市 10 名贫困子女至北京北大青鸟附属实验学校免费完成初高中学业。

2014 年，全州各县市开展“春晖行动——我与家乡共发展”座谈会达 62 余次，有 1850 人参加座谈会，还礼聘 600 余名优秀人才和优秀大学生为优秀春晖使者，建立春晖人才数据库。

四、青年创业就业

2006 年，团州委牵头，教育、农业、扶贫、农业局、劳动保障等 6 家单位联合，依托州内各类职业技术学校，组织实施“技能扶贫”工程，帮助近 500 名青年实现了就业。团州委牵头与劳动保障、人事、教育等 10 部门在全州范围内实施“励业工程”，以服务大中专毕业生、农村富余青年劳动力，城镇新增青年劳动力、下岗失业青年四大群体就业为重点，以提供技能培训、岗位开发、服务就业为基本手段，促进黔南州青年就业、创业、立业。8—11 月团州委与黔南移动分公司联合启动“励业工程—移动营业厅青年就业计划”，创建 65 个乡镇“青年励业移动营业厅”。帮助解决了 190 名大中专毕业生待业青年的就业问题。团州委于10月获“中国青年创业行动先进集体”（团中央劳动社保部等单位表彰）。

2009年，团州委与州扶贫办，州银监局联合传发《关于做好农村青年创业贷款工作的通知》文件，召开全州农村青年创业贷款工作会议，印发《黔南州农村青年创业就业小额贷款实施办法》。全年共发放青年创业小额贷款1126.2万元，创建“贵州省青年创业就业”见习基地16个，可以容纳186名青年创业就业。

2010年，印发《关于开展黔南州青年就业创业见习基地创建活动的通知》。在长顺县晨龙精密计时有限公司、三都县假日酒店等十家企业中建立“青年就业见习基地”，提供各类见习岗位190多个。发放贷款的青年农户538户，带动就业1656人，发放金额达1454余万元。累计开展金融知识培训36期，培训团干部368人，培训农村青年1373人。

2011年，新建惠水昌庆塑料制品有限公司、贵定金象实业总公司等州级“青年就业创业见习基地”21个，省、州两级基地提供各类见习岗位1348个。同时开展州“见习助就业，牵手毕业生”活动，组织200余名高校毕业生，初高中毕业生至都匀市伯利恒英语培训学校鑫盛酒店、荔波旅游产品加工厂、长顺晨龙精密计时有限公司、瓮安县人民医院、贵州永红食品有限公司等单位上岗见习，提高就业创业能力。印发《关于进一步抓好黔南州“青年创业导师”礼聘工作的通知》。各县（市）团委也相继举办各类培训班，如平塘县举办“SYB青年创业带富工程培训班”，对150余名养殖大户和青年技术骨干进行培训。荔波县举办“GYB青年创业培训班”，对236名有创业意向基础和能力的返乡农民工、下岗人员、高校毕业生进行培训。

2014年，团州委成立全省首个市州级青年创业就业服务机构——黔南州青年创业就业中心，共推荐54家优秀企业成为“贵州省青年就业创业见习基地”，聘请“贵州省青年就业创业导师”100名。全州获得贷款人数为608人，共发放农村青年创业小额贷款3432.4万元，带动就业人数3082人，数据网上录入率100%。联合贵州生生乡土投资股份有限公司在都匀举办“青春聚力改革·创业创新创优青年培训工程——黔南州农村青年网商培训班”，各级团组织共开展各类青年人才培训32场（次），培训人数3985人，落实培训资金25万元，帮助青年就业990人。

第四节　少先队工作

1991年，全州各级团组织进一步推进《少先队教育纲领》的实施，城乡学校普遍开展“红领巾手拉手，心连心”活动以及“红领巾救灾行动日”活动，城镇少先队员共为贫困地区、山区、农村和受灾地区的少年儿童捐款万余元，衣物、用具万余套，有5万余名少先队员参加活动。团州委与州教委联合贵州省团校举办20天辅导员培训班，培训全州9个县24所学校的24名少先队大队辅导员，是年底，全州有少先队员451668名，建队率为96.7%，入队率为83%。

1997年，各县（市）团委将“雏鹰行动”与创办少年军校结合起来。各级少先队组织以“迎接香港回归”“庆祝党的十五大召开”为主题，开展种类丰富多彩的活动，“手拉手”活动新增学校与城乡之间结对数12对，建“万村书屋”和“手拉手”书屋7个。捐资6000余元，捐物5000余件。6月，瓮安城关一小、都匀三小、独山城关二小、三都中和小学获全国少工委授予的“少先队红旗大队”光荣称号。

2000年，黔南州民族青少年宫建成并投入使用，开设有爱国主义教育陈列室、黔南州经济发展成果展、少年艺术培训班，智力开发、体育训练等项目。

2003年“六一”期间，团州委、州少工委表彰了28名优秀少先队辅导员，35名优秀少先队员；受省级表彰的“少先队工作先进集体”5个，获“全国星星火炬奖”1个，全国“十佳少先队辅导员”1人；州民族青少年活动中心采取融资、联办等方式，引资创办了提高青少年综合素质的系列项目，如青少年计算机培训中心共培训学员2000多名，博雅艺术学校书画班培训中小学生1000余人（次），作品分获全国“和平杯”“中华杯”美术大赛一、二等奖和优秀奖。博雅全国艺术备考班10名学员考取四川美术学院，2名考取北京服装学院、2名考取贵州理工大学设计系等。

2006年，调整充实少先队辅导员160名，新聘校外辅导员53名。开展“爱心相伴、科学引导、健康上网”“荣辱观教育——我与祖国共奋进”“我感动，我难忘，我畅想”“高唱八荣八耻歌”等主题教育活动及青少年维权活动。是年，启动开展“城市乡村少先队”“手拉手”活动，结对数3632人。获外援“希望工程”帮扶资金754万元，实施教育基础设施建设36个，获赠少年儿童活动，学习用品等约15万册（件、套），107万名困难少年儿童得到援助。

2008年，全州各级团组织开展“雏鹰假日小队”“城乡手拉手”互助活动，“手拉手”结对2118人，捐赠图书30万册，新建“手拉手”图书室31个。围绕“祖国发展我成长，绿色黔南我热爱”主题，开展“手拉手同欢笑，心连心享和谐”“送温暖献爱心，关注留守儿童”“开启梦想，真诚沟通”“共绘美好家园”大型绘画、“童眼看奥运献爱心”少儿书画比赛等爱国主义教育活动50余场（次），结对“手拉手”小伙伴100余对，筹集捐款20余万元，慰问500余名留守儿童，贫困学生。表彰优秀少先队员842名，优秀少先队辅导员225名。全州92%的学校配备法制副校长（法制辅导员），建立中小学家长学校200所，在“贵州省法律故事大王比赛”中，黔南州两名选手分获一等奖和三等奖。是年，与州法治办、州教育局等10家单位联合印发《关于规范兼职法制副校长职责，深入开展青少年法制宣传教育的意见》，全年共开展青少年维权活动、禁毒宣传等活动131场（次）。是年，州青少年活动中心（州青少年宫）开设书画钢琴、英语、作文、跆拳道等课程，培训青少年5249人（次），共有35名学员在各类全国性比赛中获奖，1名教师获“全国优秀园丁奖”。

2011年，团州委、州少工委、黔南电视台、黔南移动公司联合主办“同在蓝天下、手牵手一起走”关爱农民工子女城乡手拉手活动，来自乡村品学兼优的25名农民工子女与都匀三小的优秀少先队员结成“一对一”关爱对子，组织开展“红领巾心向党——立志、立德、勤学、上进争取推动跨越预备队”主题队会活动和评选表彰活动，对评选出的14个

“黔南州优秀少先队集体”，28名“黔支州优秀少先队员”、14名“黔南州优秀少先队辅导员”进行表彰。全州各级少先队组织以“六一”为契机，开展各类庆“六一”系列活动。都匀市开展“关爱留守儿童，手相连科技实践系列活动”“庆六一老少同乐联欢会”“祖国好家乡美——传统经典红色诵读比赛”；三都县开展了“关爱儿童，反对拐卖”宣传活动；龙里县与县科协组织40名农民工子女参观省科技馆；福泉、平塘开展“爱祖国，唱红歌——放飞梦想”和“童心向党”庆“六一”主题活动。

第五节 “希望工程”与青年人才工程

一、“希望工程”

1992年，全州各级团组织按照团省委的统一部署，开始实施“希望工程”。1993年，“希望工程”取得贵州省青少年发展基金会资助和自筹资金救助了590名失学儿童返校读书。1996年全州共收到希望工程捐款90万元，新增救助失学儿童300多人，落实“希望小学”4所。

2004年，全州各级团组织引资兴建“希望工程”项目17个，希望工程款256万元。2005年全州实施希望工程项目共37个，资金累计达530.51万元。开展“手拉手”活动结对数3944人，结对资金20.82万元。捐赠图书等学习用品5.64万册（件）。

2007年，社会各界资助贫困学生资金115.7万元，资助贫困学生4865人，实施希望工程项目27个，外援希望工程帮扶资金达820.18万元。2008年，社会各界资助贫困学生资金630.49万元，资助贫困学生16332人，实施希望工程项目33个，外援希望工程帮扶资金达901.38万元。2009年，社会各界资助贫困学生资金5289万元，资助贫困学生4651人，实施希望工程项目25个，外援希望工程帮扶资金达877.88元。2010年，全年筹措资金7.6万元，为19名家贫成绩优秀的学子送去每人4000元助学金。习酒公司为黔南州20名贫困学生发放每人5000元的助学金。

2011年，全州加大“希望工程”筹资助学活动力度。习酒公司捐资28.5万元，为黔南州57名贫困兼品学兼优学生发放每人5000元助学金；美美电池牵手留守儿童温暖行爱心资助25.2万元；香港善施慈善基金会为360贫困学子发放助学金7.2万元，为长顺县11个乡镇17所学校发放帽子9000顶，助学金和爱心物资12.6万元；贵阳海关青年职工向板沟小学178名贫困学子发放物资、现金合计8万元；广州青基会监事龙辉捐赠8万元LED灯、4万元御寒物资、4.3万元情暖冬季爱心资助；贵阳职业技术学院为长顺县中坝乡中心学校350名孩子发放书包文具爱心物资合计1.5万元；上海交麻新关小学爱心资助1.5万元。团州委联合香港苗圃基金会，开展“助学长征黔南行”筹款活动，资助40万元重建三都县都江镇甲找村温哥华苗圃希望小学学生宿舍；资助荔波县甲良小学计算机项目和玉屏小学图书项目10万元等。与州工信委联合筹资9.1万元，帮助荔波县驾欧乡，贵定昌明镇修建希望食堂2个；争取省青基金会幸福校园计划上报援建希望食堂12个，已投入使用

6个。其中：长顺县营盘中学希望食堂项目30万元；中国青少年发展基金会和九旭集团联手捐助罗甸县11所学校厨房设备，价值38.52万余元。引入中国社会福利基金会免费午餐资金40多万元，贵州省青少年发展基金会希望工程资金690万元，引入微基金，天涯社区爱心午餐60余万元，深圳狮子会等企业帮扶董王乡资金27万元均投入罗甸县，解决当地学生午间就餐3000余人。是年，全州各县（市）共建成希望小学303所，全部投入使用。

2012年，全州各级团组织争取到习酒公司、贵州茅台集团、“康德基金会”“中国铁建·爱心食堂”“爱心资教·真情到校”“林华强、龙艳夫妇”爱心资助，美美电池“营养午餐”补助，广东省“多背一公斤”公益团队、九阳集团“爱心厨房”项目、省茅台集团资助、广发银行、香港源慈善基金等各类希望工程捐助款计805.3万元。

2014年，团州委实施“山区希望工程—幸福校园计划”，争取希望工程助学金和项目资金共计720余万元。

二、青年人才工程

1991年，团州委培养星火带头人项目纳入州科委的星火计划系列，全州共举办带头人培训班15期，培训带头人755名，受训30课时以上。1992年，全州举办青年星火带头人活动培训班13期，实施星火项目9项，建立星火密集工程基地桑园、茶园、香芭蕉园、菠萝园、柑、梨园共2600亩，养鸭4万只，养鸡2万只。1993年共举办青年星火带头人培训班9期，培训项目10个，共培养青年星火带头人440名，5月在独山县召开了全州培养青年星火带头人现场会。

1994年，开展青年股份合作体试点工作，团州委分别在瓮安、都匀、惠水等县（市）设示范点。瓮安县团委在鱼河乡兴办共青综合农场，集农、林、牧、副、渔于一体，采取种养加入股相结合的办法，发动当地团员青年用土地、生产工具、劳动力入股，创办黔南州第一家青年股份合作体经济，带领当地团员青年致富奔小康，锻炼团干部从事经济管理能力。1995年，团州委与都匀市委争取省民委、州林业局、州科委的支持，在洛邦镇将原有的都匀共青团农场扩建为黔南州星火带头人培训基地暨都匀青年科技示范场。罗甸团县委会同科委、科协等部门成立全县星火科技培训总部，在边阳镇、暮井乡承包了1200多亩非耕地开发荒山、荒坡种植香蕉、板栗及饲养黑山羊。推动了“服务万村行动”的深入开展。

1996年，各县（市）举办以畜牧养殖、果树栽培、农业知识为内容的“1996年农村青年星火科技带头人及证书培训班”和以食用菌、蔬菜为主的“绿色证书”培训班。培训青年星火带头人400多名，培养“种、养、加”各业和乡（镇）企业青年技术能手40名，培训致富能手3000多名。

1998年，各县（市）共培训青年星火带头人9500多人（次）。团州委与都匀市甘塘镇政府在螺丝壳联合建立300亩的“共青林场”，作全州“青年星火带头人”的培训基地。

2004年围绕“城市抓活动、农村抓经济”的工作要求，全州各级团组织共举办各类农业科技知识、生产技能知识培训班共76期，授训青年5105人，培训农村青年科技带头人2768人。瓮安、长顺、都匀等县（市）引办的农村青年助民增收示范项目为全州扶贫项目的典型。

2005 年，全州各级团组织积极探索技能培训的新路子，部分县（市）团委尝试在中学初三、高三学生中开展课外农技知识、劳动技能培训工作；贵定县委探索成立“青年创业服务中心”，罗甸县团委在职业学校，成立罗甸县青年技能培训基地。

2007 年，团州委出台《关于促进黔南青年就业创业深入开展“励业工程”活动实施方案》，以培训就业、创业三大工程和一园一会（黔南青年创业园，黔南州青年企业家协会）建设为重点，以“技能扶贫”为主抓手，在农村，开展青年农民农技知识培训。在企业，围绕“岗位文明，增强技能，提高效益”目标，开展“岗位训练，技能比武，管理创新，发明创造，名师带徒”青年岗位能手评选表彰，创新创效活动。是年，全州各级团组织举办各类劳动技能培训班共培训农村青年致富带头人 2156 人（次），新建农村青年致富示范项目 42 个。获各级表彰的农村青年共 235 人，其中瓮安县小河山乡渔业协会会长柏正祥被评为“贵州杰出青年农民”。罗甸县逢亭镇农村畜牧品改员、兽医员王邦杰，龙里县洗马镇合上村村委会主任袁国军被评为“贵州优秀青年农民”。

2012 年，团州委联合相关部门举办全州乡镇团干部、少数民族青年团干部、县一级团干部、少先队辅导员、青年茶艺技能、农业产业化“185”工程青年致富能手等 12 个培训，参加培训团干、团员青年达 5000 余人。

第六节　志愿者活动

1994 年，团州委启动“跨世纪青年文明工程”，围绕社区服务、社会治安、抢险救灾、扶贫帮困、科技扶贫等内容，组织开展“青年志愿者”活动。3 月 5 日，全州各地开展青年志愿者学雷锋奉献日活动暨“黔南青年志愿者”授旗仪式，3000 余名团员青年佩戴“黔南青年志愿者”标志走上街头、车站开展打扫卫生、咨询、修理、为希望工程募捐等活动。龙里县团县委与火车站、县农中团委联合举行“为社会尽一份责任，为他人送一份温暖”活动，做好事 700 多件，服务对象 2000 余人；武警黔南支队的“青年志愿者服务队”与布依族聚居的翁棋寨订立长期服务协议，向村民宣传计生政策，普及法律知识及扫盲教课等工作。是年，全州有近 8 万多团员青年参与青年志愿者活动，服务对象达 4 万余人（次），成立 90 多支服务队伍。

1998 年 3 月 1 日，团州委州直机关团委、都匀团市委联合组织了“都匀地区青年志愿者学雷锋奉献日”活动，有 2000 余名志愿者参加，服务对象 10000 多人（次）；3 月 12 日组织都匀地区 1000 多名青年志愿者至甘塘义务植树 150 多亩。

2000 年，团州委开展“青年志愿者服务日”活动，都匀地区 43 个基层团组织，2000 余名青年志愿者开展擦洗街道护栏、清扫街道、义务理发、家电维修、科技咨询等服务活动。是年，都匀市遭受了百年不遇的洪水灾害，荔波、三都、平塘遭遇特大洪灾，团州委及时印发《关于动员和组织全州团员青年积极投入抗洪抢险重建家园活动的通知》，并组织都匀地区大中专学校 400 多名青年志愿者分赴受灾严重的企业、单位清除淤泥，帮助他们恢复正常的生产和生活秩序；荔波、三都、平塘团县委组织 700 余名青年志愿者分赴受灾严重的地区进行抗洪抢险和重建家园活动。

2006 年，开展“万名青少年签名承诺远离毒品”“志愿者禁毒服务日”“社区青少年禁毒行动”“青年文明号山村联姻”“关爱留守儿童”“爱心人士农村寻‘子’”等志愿服务活动。全州各级团组织建立《青年志愿者名册》《青年志愿者活动记录》等基础资料，是年底，全州新增注册志愿者 10452 人。建有 82 支各类志愿者服务队，创新开展各类志愿服务项目 30 个，共组织 14659 名志愿者参与新项目活动，全州共组织 7725 名志愿者参与州内举办的 55 次重大活动的志愿服务。

2008 年，全州各级团组织建立起招募注册、选拔培训、管理服务、激励政策等工作机制，完善服务网络，壮大志愿者队伍，全年全州新增注册志愿者 13184 人，总计达 67840 人，共建 144 支各类志愿者服务队，创新开展各类志愿服务项目 34 个，共组织 7824 名志愿者参与新项目活动，全州共组织 7065 名志愿者参与服务重大活动 87 次，除利用“3・5”“3・12”等节日，开展“向雷锋同志学习”“周日志愿行动”“义务便民”等志愿服务活动外，还实施“大学生志愿服务西部计划”和“三支一扶计划”等志愿者工作及围绕党政中心工作开展“迎奥运讲文明树新风志愿服务行动”“119 消防青年志愿者”服务民族村寨、“志愿者助团基金关爱贫困学生”等公益志愿服务活动。1 月，黔南州遭受凝冻灾害，团州委招募志愿者 3610 人，开展“燃烧冰雪，青春大出击”“青春化凝雪，共建我家园”等各种志愿服务 500 余次；全州累计投入抗灾抢险团员青年 10 万余人（次），筹集资金 128 万元，开展灾后重建与发展。

2009 年，团州委围绕旅游开发、法律服务、环境整治和关爱留守儿童、青少年道德建设等工作，组织 150 名青年志愿者为州第一届“瓮福杯”运动会服务。开展“参与生态建设，共建绿色家园”义务植树活动，“探望孤寡老人，关爱留守儿童”“扶残助残”“义务清理‘牛皮癣’活动”等公益志愿服务活动。是年，新增注册志愿者 8882 人，“大学生志愿服务西部计划”和“三支一扶”志愿者 245 人，共建有 101 支各类志愿者服务队，创新开展各类志愿服务项目 30 个，共组织 8237 名志愿者参与新项目活动。

2011 年，团州委印发《关于做好西部计划“三支一扶”计划志愿者安全健康管理工作的通知》，围绕弱势群体，相继开展“一助一”志愿服务“献爱心送温暖”“希望工程助学”等活动。共建立“一助一”志愿服务长期结对 3000 余对，救助困难职工、下岗工人、孤寡老人 5000 余人，救助困难学生 2000 余名。动员组织 2 万余名志愿者开展“绿色家园”植树活动。

2012 年，全州共建医疗、助残、计生、禁毒、社区整脏治乱、旅游等 144 支志愿服务队，开展各类志愿服务活动 1280 场（次）；为扎实推进社区志愿服务活动，组织青年志愿者分层分步实施“六个一”敬老志愿服务活动，即开展一次家政服务、一次节日慰问、一次医疗义诊、一次心理辅导、一次户外健身、一次文娱活动、活跃老年人节日生活。成立全省首家青年志愿者艺术团，招募青年文艺骨干 210 人，组织参加各种文艺演出服务 68 场

(次)；组织志愿者开展“三关爱”绿丝带志愿者服务行动，手拉手结对1678人。

2014年，团州委开展“亮青春3·5学雷锋”万人志愿服务活动，以及“交通秩序、环境整治、法制宣传、“邻里守望”“保护母亲河·美丽中国梦”“黔粤携手·护佑两江”植绿护绿活动等志愿者行动，全州共有45000余人参加各类公益志愿服务活动。全州共建各级团委组建关爱留守儿童志愿服务队伍3500余人，结对帮扶68950余名留守儿童。

第五章　妇女联合会

1991年，黔南州妇女联合会（以下简称妇联）内设机构有办公室（含法律顾问）、生产福利部、儿童工作部，人员编制3名，实际人数12名。2001年12月，州妇联内设机构有办公室、维权部（含儿童工作）、城乡工作部3个部室。行政编制7名。其中：主席1名，副主席2名，正副主任（部长）4名。机关后勤服务人员2名，单列妇女儿童工作委员会办公室事业编制2名。

在1991—2014年间共召开5次代表大会。州妇联在推进妇女参政、就业、保护妇女儿童权益等方面做了积极工作，组织开展了“双学双比”竞赛、“巾帼建功”“五好文明家庭”创建等活动。

第一节　组织建设

1991年年初，全州有乡以上专兼职妇女干部（妇干）491名，其中，专职妇干400名、兼职妇干91名。机关单位建立妇女委员会198个。是年，有9个县（市）妇联进行充实调整，增加机关工作人员13名。235个乡（镇）配备妇干279名，其中专职262名、兼职17名。

1992年，龙里、荔波、都匀、罗甸5县（市）妇联换届选举。是年底，全州基层妇代会整建2003个，调整基层妇代会主任336名。

1993年，各县（市）选举换届后，瓮安、贵定、龙里、罗甸4县妇联为第七届执委会。平塘、荔波、惠水、长顺4县妇联为第六届执委会，独山、三都两县妇联为第五届执委会，都匀、福泉两县（市）妇联为第四届执委会。各县（市）执委会成员17–33人，执委会成员最多的为都匀市33人。在执委会中普遍成立常务委员会，有常委会委员7–9人，都匀市设11人。各县（市）妇联设立主任1人，副主任1—2人；工作人员2–11人。都匀市妇联直辖有“少年活动中心”机构，其余11县妇联没有设立下属机构。全州2843个村妇代会全部整建，调整充实妇代会主任336名。

1994年，12个县（市）有妇联主席、副主席21人，妇干56人；235个乡（镇）设置妇联组织并配齐妇干，2826个村有2712个村建立村妇代会。1995年，未配村妇代会主任的96个村，通过整顿全部配齐健全。1997－1998年，全州12个县（市）妇联先后选举换届。

2002年，州、县（市）妇联新建机关妇委会21个，机关妇委会建设有新突破。2003年，新建机关、街道、社区妇委会10个。2003年底，全州12个县（市）共有干部77人；235个乡（镇）有专职妇干156人，兼职妇干79人；2599个村、203个居委会有专兼职妇代会主任2802人。是年，全州县以上机关、科教文卫等事业单位应建妇委会125个，已建94个；全州应建社区妇联80个，已建56个；全州个体劳动者协会、非公有制企业建妇代会11个。

2007年，全州州、县（市）、乡（镇）三级专职妇干330名，乡（镇、街道办事处）妇联242个，社区（居委会）妇联56个，村妇代会2022个，州、县（市）直机关妇委会343个。

2008年，新建州级机关妇委会4个，县级机关妇委会15个。2009年底，全州乡（镇）妇联233个，村妇代会1670个，街道妇联7个，社区妇联96个，个体劳动协会妇女组织2个，私营企业妇女组织3个。

2012年，全州有乡（镇）妇联233个、街道妇联7个、村妇代会1644个、社区（居委会）妇联123个。州、县（市）机关和事业单位妇委会（妇工委）451个。州、县（市）、乡（镇）三级妇联有干部322人，专职213人，兼职109人。其中，州妇联10人，县（市）妇联58人，乡（镇、街道）妇联254人。

第二节　代表大会

一、第五次妇女代表大会

1991年7月16—20日，黔南州第五次妇女代表大会在都匀市举行。出席会议代表281名，特邀代表14名，列席代表12名，正式代表255名。大会听取审议州妇联第四届执行委员会向大会作《提高素质，增长才干，为实现四化振兴黔南建功立业》的工作报告。大会采取差额选举办法，选举产生黔南州妇联第五届执行委员会和常务委员会执委会委员29名，常务委员9人。

二、第六次妇女代表大会

1996年12月23—27日，黔南州第六次妇女代表大会在都匀举行。出席会议代表250名，其中：正式代表230名，特邀代表15名，列席代表5名。会议审议通过黔南州妇联第五届执行委员会向大会作《团结拼搏，开拓进取，为富民兴州和发展妇女儿童事业而努力奋斗》的工作报告，选举产生黔南州第六届执行委员会委员29名。选举常务委员9人。

三、第七次妇女代表大会

2001 年 12 月 28—31 日黔南州第七次妇女代表大会在都匀举行。出席大会的代表 273 人，其中：正式代表 250 人，特邀代表 23 人，大会审议通过黔南州妇联第六届执行委员会向大会作《认真实践“三个代表”，大力推进黔南州妇女儿童事业向前发展》的工作报告；选举产生黔南州妇女第七届执行委员会；大会表彰了黔南州“三八”红旗手（集体）、“五好文明家庭”和实施“两纲”的先进集体（个人）。大会选举产生黔南州妇联第七届执行委员会和常务委员会执委会委员 33 名。选举常务委员 9 人。

四、第八次妇女代表大会

2007 年 5 月 15—17 日，黔南州第八次妇女代表大会在都匀召开。出席大会代表 283 名，其中特邀代表 23 名。大会听取并审议通过黔南州妇联第七届执委会向大会作《团结拼搏、开拓创新，为黔南经济社会的跨越发展贡献力量》的工作报告。选举产生黔南州妇联第八届执行委员会；表彰五年来全州妇联系统工作突出的基层组织和先进个人、表彰“三八红旗手”“五好文明家庭”、先进妇女工作者、“双学双比”女能手、模范丈夫、巾帼文明岗和重视妇女儿童工作先进个人等。大会选举产生黔南州妇联第八届执行委员会和常务委员会执委会委员 33 名，常务委员 9 人。

五、第九次妇女代表大会

2012 年 9 月 18—19 日，黔南州第九次妇女代表大会在都匀召开，出席大会代表 287 名，其中特邀代表 27 名。大会听取并审议通过黔南州妇联第八届执委向大会作《同心同德、科学发展、奋力赶超，团结全州各族各界妇女为建设“生态之州、幸福黔南”而奋斗》的工作报告。大会选举产生黔南州妇联第九届执行委员会和常务委员会执委会委员 41 名，常务委员 19 人。

第三节　妇女参政与就业

一、妇女参政

1991 年，全州 235 个乡（镇）配妇干 279 名，其中专职 262 名，兼职 17 名。全州有女干部 17983 人，占干部总数的 31.8%，其中副科级以上领导职务女干部 446 人（任县市党委委员 29 人；任人大委员 51 人，任正、副主任 9 人；任正、副、州、县市长 9 人；政协正、副主席 6 人）。

1992 年，州妇联与州委组织部联合举办妇联干部、全州女领导干部培训班各 1 期，培训后备干部 116 名。县（市）妇联举办女干部培训班 7 期，培训后备干部 298 名。是年，全州在建镇并乡撤区工作中，235 个乡（镇）配齐了妇联主任、副主任；2843 个村妇代会全部进行整建，调整充实村妇代会主任 336 名，全州有女干部 19025 人，占干部总数的 32.7%。

1993年9月，2名代表出席中国妇女第七次全国代表大会。是年，全州235个乡（镇）选出妇乡（镇）长4名、副乡（镇）长217名。12个县（市）选出县（市）女人大代表545名，占代表总数的24%，选出县（市）人大常委会女副主任10名，女副县（市）长12名。政协正、副主席中女干部12人。“三个班子”中，女干部比例较上届增加4.07倍。是年，全州有女干部19837名，占干部总数的33.1%，其中少数民族女干部7218名，占女干部总数的36.41%。

1994年，全州共有女干部19837人，占干部总数的33.1%。其中，地级女干部5人，县级女干部78人，科级女干部1335人。

1995年，全州有女干部21100名，占干部总数的33.7%，其中副科级以上1380名，副县级以上109名，副地级5名。

1996年，州妇联首次在北京中华女子学校办班，为黔南州培训33名女干部。在州级换届选举中，州人大、州政府、州政协分别有1人担任副主任、副州长和副主席，有17人进入州人大常委会委员和州政协常委。全年全州提拔各级妇女干部290名。年底，全州12个县（市）四大班子有女领导干部41名，63个州直部门中，54个部门配有女领导干部；全州235个乡（镇）配备正、女副乡（镇）长；全州共有女干部21900人，占干部总数的33.9%，其中副科级以上1386人，副县级以上109人，副地级4人。

1997年召开的中共黔南州第七次代表大会，有女党员代表66名，占代表总数的22.07%，选出女委员2名，候补委员2名，常委1名。

1998年，州妇联党组向县（市）党委组织部推荐优秀妇联干部7人，提拔任用到县级干部2人，担任交流轮岗正副科级21人，新调任主席、副主席8人。县（市）直机关50%以上配备有女领导干部。

1999年，州妇联与州委组织部等单位联合举办全州乡（镇）妇联主席培训班，参训198人。

2000年，输送42名科级以上妇女干部到中华女子学院培训，52名妇女干部到省、州妇女干部管理学校培训。年底，全州有女干部29289名，女党员18327名。在第十一届州人代会上，选出州人大常委会女副主任3名，女常委6名，女副州长1名；在九届州政协会议上，选出女副主席2名。在中共黔南州第八次代表大会上，选出女副书记1名。

2001年，在州级人大代表中，妇女代表占代表总数的20.3%；县级人大代表中，妇女代表占代表总数的23.7%。在州级政协委员中，妇女委员占委员总数的26.76；县级政协委员中，妇女委员占委员总数的25.14%。是年，全州机关中有女干部4542名，占机关干部总数的24.1%。其中在职副地级女干部7名，县级女干部118名，科级女干部1681名。州、县（市）四家领导班子及全州236个乡（镇）党政班子中都分别配备1名女领导干部；州直65.9%的部门和55%的县级企事业单位配有女领导干部。是年，州妇联、州委组织部、州民委联合在上海市妇女干部学校举办40余名女科级干部培训班1期。

2002年，全州科级女干部1263人，其中235个乡（镇）正副乡（镇）长（书记）、人大主席、纪委书记中女干部332人，州直机关266人，县（市）直机关1025人；州直机关副县级以上女干部57人，县（市）正县级女干部4人，副县级49人；副地级以上女干部8人。是年，在中华女子学院培训全州各县（市）正科级以上女干部40名。州委党校培训农村女科技带头人150名。出席中国共产党第十六次全国代表大会的代表中，州有女代表1名。在全州县级人大换届中，有妇女代表595名，当选县（市）人大常委会主任、副主任的妇女16名；在全州县（市）政协换届中，有女政协委员479名，选出县（市）政协女常委76名，女正副主席17名。

2004年，全州各县（市）党委和政府班子中，均配备1名以上女领导干部。每个乡（镇）党政领导班子中均配备1名以上女干部。

全州共有正副县级女领导干部128名，有科级女干部1682名，其中235个乡（镇），有科级女干部420名。

2005年，在第六届村（居）民委员会换届选举工作中，全州共选出女村委会成员1754名，占17.97%，女居委会成员376人，占59.97%。全年全州举办女干部培训班15期，培训女干部896人（次）。

2006年，州级党委、政府班子分别配备1名女领导干部，州委、州政府工作部门妇女领导干部配备率为57.1%，县级政府领导班子女领导干部配备率100%。是年，全州有全国人大女代表1人，省人大代表21人；有省政协女委员5人，州政协女委员76人。

2012年，在新提任的193名县级干部中，女干部33名，占17.1%，比上年上升4个百分点。县（市）119名党委班子成员，其中女干部14人，占11.8%。全州有科级以上领导干部4942人，占女干部总数的26.5%。州级党委、人大、政府、政协领导班子全部配备女干部。

2013年，全州共有副县级以上女领导干部196名，其中地厅级女干部4名，正县级女领导干部43名。至2014年4月，全州有1533个村、146个居委会举行选举，占总数的两个100%，其中州有1433个村选出妇女成员，占总数的93.48%。

二、就业与培训

1993年，全州有女职工61103名。其中全民所有制单位女职工51258名，城镇集体所有制单位女职工9845名。在全民所有制女职工中，企业单位女职工27651名，占53.9%，事业单位女职工16778名，占32.7%，机关单位女职工6829名，占13.3%。在城镇集体所有制单位女职工中，企业单位女职工9683名，占98.4%，事业单位女职工136名，机关单位的女职工26名。另外全州有妇女个体从业人员19805名，占个体从业人员总数的41.3%。

1994年，全州女职工63938人，占职工总数的35.13%，城镇失业登记女性失业人数2216人，占登记失业总人数44.58%。1995年，全州女职工68520人，占职工总数的34.5%，城镇登记女性失业人数3142人，占登记失业总人数的60.2%。1996年，黔南州有女职工64941人，占职工总数的35.94%。城镇登记失业女性3261占登记失业总数的48.21%。

1997年，黔南州妇联等组织140名青年妇女到深圳打工。1997—2001年黔南州各级工会举办电脑、烹调、美容、裁剪等各类培训班91期、培训下岗女工1263人。

2002 年，全州女职工 56200 人，占职工总数的 36.11%。城镇登记失业女性 5134 人，占登记失业总数的 46.41%。2003 年，全州女职工 58267 人，占职工总数的 35.97%。城镇登记失业女性 4968 人，占登记失业总数的 47.2%。

2004 年，州妇联与州劳动和社会保障局联合印发《关于进一步做好下岗失业妇女再就业培训工作的通知》。年内完成下岗失业妇女培训 2000 名，为 2000 名下岗失业妇女提供职业介绍，帮助 2000 名下岗失业妇女实现再就业。

2005 年，福泉、贵定、都匀等县（市）妇联帮助 1180 多名妇女实现再就业。2006 年，贵定县在“巾帼创新业”活动中帮助解决 30 余名妇女就业；福泉市举办妇女培训班 17 期，培训妇女 1300 余人，提供就业岗位 770 个。全年全州共举办下岗失业妇女再就业培训 25 期，培训妇女 2000 人（次），协助有关部门帮助 900 余名下岗妇女实现再就业。

2007 年，全州妇联系统共举办下岗失业妇女再就业培训班 20 期，培训妇女 1880 名，帮助 800 名下岗失业妇女实现再就业。

2008 年，各县（市）妇联继续组织开展巾帼创新业和巾帼社区服务工程，贵定县妇联依托县妇联创办的家政服务中心开展家政培训 5 期 60 人并全部推荐上岗。荔波县妇联推荐 56 名下岗妇女到县直机关当保洁员，瓮安县下岗女工柴崇梅把具有地方特色的黄粑做成了畅销全国的品牌食品，帮助 60 余名下岗妇女就业。

2009 年，输送 250 名毕业女学生到沿海发达地区就业；与州劳动和社会保障局在都匀、独山举办就业招聘会，向全州妇女提供就业岗位 2000 余个。是年，州妇联获州政府授予年度就业再就业先进单位。

2010 年 4 月，在黔南师院贵定分院举行“支持女学生成才，开展春风送岗”活动，并把 200 名毕业女学生输送到沿海发达地区就业。5 月，州妇联参加都匀地区 2010 年招聘会，联合与州人力资源和社会保障局成功为下岗职工、大中专毕业生引进 140 个省内外企业参加招聘，提供就业岗位 360 个，现场达成意向协议 1500 个。是月，在都匀地区召开全州妇女小额担保贷款首发式，共发放贷款 480 万元，有 58 名妇女群众受益。至年底，为 146 名妇女协调解决贷款 973 万元。9 月，州妇联在惠水县成立“黔灵女”家政服务工作站，为全省首家县级工作站，是全省妇联“黔灵女”家政工作向区县一级妇联延伸的开始。12 月，在黔南技工学校建立“黔灵女”家政服务培训基地，来自都匀市 63 名下岗职工、农村妇女参加第一期家政服务培训。

2011 年，开展“黔灵女”家政服务培训。州妇联在黔南技工学校举办 10 期“黔灵女”家政妇女培训班，来自全州 1000 名下岗女工、失业妇女参加培训。

2012 年，重点落实全州妇女创业小额担保贷款实施，“春风送岗”宣传和“黔灵女”家政服务培训。全年全州共注入担保资金 3200 万元，为 3513 名妇女发放小额贷款 1851.5 万元，带动 3.5 万余名妇女创业就业。州妇联、州人力资源和社会保障局在龙里县开展“春风送岗”大型活动；在黔南民族师范学院大礼堂举行“与优秀同行、让理想实现”为主题的“优秀成功女性进高校”报告会；平塘、瓮安分别举行“创业之星”报告会。

2013 年 5 月，州政府出台《关于下达 2013 年就业小额担保贷款任务的通知》，到11 月底，全州发放妇女小贷2.33亿，2794名妇女受益，带动近5万名妇女创业就业。

2014年3月8日，与州人社局联合开展春风送岗活动，当天招聘会吸引近万人，进场求职5000余人，达成就业意向912人。州政府行文印发《关于建立妇女民族手工产业发展联席会议制度的通知》，明确了相关部门职责。州妇联给予三都、荔波、龙里、长顺、贵定各5000元锦绣计划培训补助经费，共举办妇女手工培训班12期，培训妇女近850多人（次）。三都风之羽民族文化传播有限责任公司获“贵州省手工创意设计示范基地”。共为4630名妇女发放妇女小贷2.51亿元，带动近5万名妇女创业就业。如平塘县诗语花卉种植有限公司获32万元的妇女小贷，在县妇联的帮助下，成功完成了1000余亩的玫瑰花基地的土地流转，扩大了种植规模，为留守妇女提供了150个就业岗位。

第四节　妇女儿童权益保护

1991年，州、县（市）妇联配合政法部门开展打击拐卖妇女儿童工作，全年全州共破获拐卖妇女儿童案件925起，查获犯罪成员1153人，解救妇女儿童1334名。是年，各县（市）、区、乡建立三级信访网，有542名妇女干部从事信访接待工作。

1992年，州县（市）两级财政拨款21万元用于《中华人民共和国妇女权益保障法》培训、宣传、咨询活动经费。举办宣传骨干培训班294期，培训骨干16772人（次）。至1993年年底，全州宣传、贯彻《中华人民共和国妇女权益保护法》，共召开动员会2055场（次）、参会人员73175人（次），接待咨询40915人（次），张贴标准13483条，发放宣传材料7276份。1993年，全州接待妇女来信1627件，来访425人（次），配合有关部门处理虐待歧视妇女等来信686件，转有关部门处理832件，处理率93.3%。当年，全州表彰维护妇女儿童合法权益工作成效突出先进集体4个、先进个人15名。

1994年，州妇联举办《中华人民共和国妇女权益保障法》知识竞赛13期。接待来信来访1992件，自办793件，协办333件，转办473件。协助公安部门解救妇女儿童302人。召开全州维权工作经验交流表彰会，表彰维权先进县（市）4个，维权先进乡（镇）28个，维权先进个人240名。

1995年，展出《中华人民共和国妇女权益保障法》挂图250幅、展板150块，发普法资料1万多册，举办法律培训班373期，法制宣传759次，法律咨询活动552次，法律知识竞赛63次。接待来信来访1698件，其中自办36件，协办1028件，转办142件。抽调47人到打拐办公室工作，共解救被拐卖妇女220人、儿童25人。瓮安、独山、都匀3县（市）聘请法律顾问，成立“维权服务所”和“法律服务所”，负责上访群众的法律咨询服务。

1996年，各级妇联宣传《中华人民共和国妇女权益保障法》《中华人民共和国婚姻法》《中华人民共和国未成年人保护法》，召开专题讲座1000多次，参加妇女达5.63万人（次）；举办法律知识竞赛17次，参加妇女2000多人次。接待群众来信来访1719件，处理

1547件，结案率达90%。全年“打拐”破案21起，解救妇女儿童53人。

1997年，全州妇联接待来信来访1385件，处理1246件。开展法律宣传咨询活动89次，举办法律培训班22期。平塘县妇联主席刘元兰等8人被省授予“贵州省维护妇女合法权益先进工作者”。

2000年，全州各级妇联开展妇女维权周法制宣传月活动，争创无毒家庭，争做“合格妈妈”。维权周活动，州妇联维权部接待来信来访6件，调解4件，处理2件，全年接待来信来访1600件（次），处理1280件（次）。解救妇女儿童177名。

2002年，全州妇联接待来信来访840人（件），处理798件，处理率为95%。

2003年，各级妇联开展“三八”法律宣传周、宣传月活动，配合有关部门开展大型宣传咨询200多次，发放法律法规宣传资料26.6万份，接待咨询群众7万多人（次）。接待来信来访625件，处理594件，处理率95%。是年，州妇联张燕（女）、龙里县妇联刘桂香（女）、都匀市妇联刘英（女）分别获省“维护妇女儿童合法权益先进个人”称号，瓮安县、荔波县妇联获先进集体称号。

2007年，州妇联制定《黔南州妇联系统开展法制宣传教育第五个五年规划（2005–2010）》。“三八”维权周、“6·26”国际禁毒日期间组织开展法律、法规宣传咨询活动26次，发放宣传资料5万份，咨询达4万人（次）。认真做好来信来访工作。是年，全州共接待来信来访607件，处理559件，处理率为92%。继续在全州开展“不让毒品进我家”“平安家庭”创建活动。

2008年，州妇联制定《黔南州妇联信访工作管理规定》《黔南州妇联办理群众来信工作细则》《黔南州妇联接待群众来访工作细则》《黔南州妇联开展信访三级联动活动切实加强涉及妇女重要事项报告的规定》，对妇联系统信访工作加强指导。省妇联在瓮安县建立首个“流动妇女平安之家”。

2009年9月16日，州妇联、州综治办、州公安局等单位到龙里县龙山镇冠山社区、福泉市金山办事处藜峨社区举行流动妇女“平安之家”挂牌仪式，为流动妇女搭建集中教育、培训、娱乐、交流为一体的平台。9月，州妇联与州司法局联合印发《关于成立黔南州妇女儿童维权志愿者队伍的实施办法》，在全州招聘24名固定维权志愿者，进行热线接访和现场接待，免费为贫困妇女，弱势女性人群提供法律咨询和法律援助，为群众解惑答疑。州妇联编印《黔南州家庭教育指导手册》1万册，发放到全州12个县（市）城乡家庭和家长学校，并加强对活动的指导。全年共接待来信来访612件（次）；处理589件（次），处理率96.2%。

2010年1月，州妇联在都匀召开维权志愿者工作协调会，为26名受聘志愿者颁发聘书。11月，州综治办、州妇联在都匀召开“流动妇女平安之家”创建工作协调推进会，并为创建的县（市）进行授牌。

2011年3月，州妇联、州综治办、州司法局与中共独山县委、县人民政府在基场镇联合举办“温暖你我她，维权服务进万家”暨春风送岗大型宣传活动，为广大妇女提供法律咨询、就业岗位、防艾宣传、义诊等服务。是年，全州开通“12338”妇女维权热线电话。

2013 年，12 个县（市）各创建了 1 所“留守儿童之家”，并命名授牌。6 月份，与州教育局联合印发《关于做好 2013 年农村留守儿童之家建设工作的通知》，对留守儿童之家的建设计划、建设标准、建设资金等提出了要求。2013 年，全州共创建留守儿童之家 92 所，其中省级 4 所；4 月 8—20 日，邀请全国妇联家庭教育学会的专家到 12 个县（市）进行 26 场家庭教育巡讲，15000 名家长参加讲座；开展“祖国好、家乡美”系列主题活动。7 月 12 日，由州妇联、州教育局联合在都匀地区举办黔南州中小学生——“文明礼仪知识”抢答赛，来自全州 12 个县（市）24 支队伍共 72 名中小学代表队参加；争取海南成美慈善基金会在黔南资助 100 名贫困家庭的女孩接受中等职业学历教育，提供每人两年在校期间 6000 元的生活补助共计 60 万元；争取省妇联“蒲公英助学成才行动”助学金 4 万元，资助 10 户贫困女大学生完成学业。

2014 年，与州教育局继续开展“留守儿童之家”创建活动，共创建 76 所，7 月，与州教育局、文明办联合在全州开展“祖国好·家乡美——德润黔南文明礼仪知识竞赛”，来自全州 12 个县（市）24 支队伍共 72 名中小学代表队参加；8 月，州妇联与广州市文明办、广州市妇联联合举办“亲情相约．圆梦广州”关爱留守儿童夏令营活动，22 名留守儿童与广州市 70 名儿童进行了联欢；州妇联争取“留守儿童之家”专项资金，为 12 个县（市）新建的 24 所“留守儿童之家”配备工作经费和亲情聊天室电脑。9 月 26 日，邀请国家二级心理咨询师在惠水、长顺两所学校为 300 名学生授课；10 月，贵州省“幸福家庭之一家教智慧”家庭教育公益讲座在平塘县青少年活动中心举行，来自全县 300 多名家长聆听了讲座。

是年，新创建“平安家庭”31662 户，全州共有平安家庭 1087086 户，创建率为 93. 7%。同时，继续打造“流动妇女平安之家”创建工作，在龙里、独山、都匀、惠水等四个县（市）开展示范创建工作，努力为流动妇女搭建交流和学习的平台。

第五节 “双学双比”竞赛

1989 年，全国妇联、农业部、林业部、国家教委等 12 个单位发起，在全国各族妇女中开展“学文化、学技术、比成绩、比贡献”（简称“双学双比”）竞赛活动。是年 9 月，州政府成立了以副州长为组长，州妇联主任、州政府秘书长、州农经委副主任为副组长，州财政局、林业局、科委、教育局等 16 个单位领导为成员的州协调领导小组。协调领导小组办公室设在州妇联。各县（市）及部分乡（镇）相应成立领导小组和办公室。1990 年，制定《黔南州“双学双比”竞赛活动五年规划》。

1991 年，全州“双学双比”竞赛活动评比表彰先进协调组织 3 个、“三八”绿色工程集体 1 个，女能手 57 名，先进联系点 3 个，绿色工程女能手 13 人。

1993 年，有 219 名妇女获黔南州“双学双比”协调（以下简称“双协”）领导小组表彰，有 23 名妇女获贵州省“双协”领导小组表彰，有 3 名妇女获全国“双协”领导小组表彰。黔南州的“双学双比”竞赛活动，1992 年获贵州省政府“双协”领导小组三等奖，1993 年获省二等奖。瓮安县 1992 年获全国“双协”领导小组表彰先进县。三都水族自治县获贵州省政府“双协”领导小组表彰先进县。至年底，全州建立科技示范乡（镇）139 个，示范村 1479 个，妇女联系点 2037 个，联系户 7374 户，带动 10207 户，有 7621 户增收。

1994 年，“双学双比”活动重点是完善组织、形成网络。全州 12 个县（市）、235 个乡（镇）基本健全竞赛活动协调领导小组。全年全州有活动阵地 1615 个，参加扫盲学习的妇女 20241 人，脱盲 13613 人；举办种养、加工、编织、刺绣等各种妇女实用技术培训班 4444 期，培训 11.42 万人（次），其中妇联组织培训 517 期，受训妇女 30457 人（次），获得农民技术职称的妇女 122 人。年终评比表彰先进协调组织 47 个，先进协调单位 20 个，女能手 454 人，优秀联络员 14 人。为受到省、州、县（市）表彰的 605 名女能手登卡建档。

1995 年，全州妇联组织积极响应全国妇联提出的“学文化，迎十四大，扫文盲，奔小康”的号召，共办扫盲班、点 1058 个，参加扫盲学习妇女 38533 人，脱盲 22480 人，全州有 10 个县（市）实现基本扫除文盲，4 个县（市）通过高标准扫盲验收。全年共办各种农村实用技术培训班 2928 期，培训 255385 人。通过培训，有 219 人获农民技术员职称，其中助理农技师 16 人，农民技师 9 人。年终共表彰先进协调单位 13 个，女能手 12 名，优秀联络员 14 名，协调办公室 5 个，识字女状元 12 名，扫盲先进工作者 6 名，扫盲先进集体 6 个。12 个县（市）全年共表彰先进协调组织 42 个，先进协调单位 68 个，优秀联络员 72 名，女能手 248 名。

1996 年，组织开展“巾帼扫盲”“巾帼扶贫”行动，着力提高妇女文化、科技素质，培养妇女人才。46428 名妇女参加扫盲学习，脱盲 33621 人，共举办培训 2722 期，培训妇女 168328 人，其中妇联自办培训班 538 期，培训妇女 36195 人。有 417 名妇女获农民技术员职称，570 名妇女获得绿色证书。女能手、女企业家、女党员、村妇干与贫困妇女结对子 668 对，帮助脱贫 572 户。

1997 年，全州共举办扫盲班 1547 期，参学妇女 33632 人，脱盲妇女 33021 人，脱盲率 98.2%。共举办各种实用技术培训班 2107 期，其中妇联办 182 期，成员单位 1925 期，105039 名妇女参加实用技术培训。组织开展“巾帼扶贫”行动，组织落实“手拉手”“一帮一”脱贫致富活动。全州各级妇联组织共建扶贫联系点 631 个，联系户 2555 户，联系人口 12856 人。

1998 年，有 2560 名妇女获得绿色证书，808 名妇女获得农民技术员以上的职称。州、县（市）“双协”开展评比表彰，共表彰先进女能手 242 名，先进协调单位 40 个；联合国儿童基金会“黑山羊养殖技术培训项目”实施先进集体 2 个，先进个人 10 名；瓮安县“双协”获全国妇联表彰，独山、罗甸两县妇联受省“双协”表彰，6 名女能手受省“双协”表彰。

1999 年，全州共有 97641 名妇女参加各类实用技术培训。仅都匀市就有 398 名妇女获得“绿色证书”。州妇联在独山水岩乡举办为期 7 天，有 120 名妇女参加的实用技术培训班。州妇联在挂钩扶贫点平塘县西凉乡，补贴5000多元修建一个妇女文化活动室，举办有45名妇女参加的实用技术培训和妇女扫盲班。是年，西凉乡获全国十大“中华巾帼扫盲金奖”荣誉称号。拍摄《10年花开别红》电视专题片（30分钟）在黔南电视台播放。对州农办等13个先进协调单位、12名先进工作者、12名先进女能手、12个“三八”绿色奖章、11个“三个”优质工程进行表彰。

2000年，举办“绿色证书”培训班31期，获“绿色证书”的妇女442人，获农民技术员职称的妇女249人。全州有13名农村妇女受到贵州省妇联和省林业厅表彰，分别获生态环境建设能手、女标兵称号。

2001年，全州各级妇联以“巾帼扶贫行动”“巾帼科技致富工程”和“建西部美好家园”活动为重点，深化“双学双比”活动内容。全州各级妇联共举办实用技术培训班800期，培训妇女51000人（次），有99名妇女获绿色证书。州妇联为瓮安、福泉等县（市）争取到中国妇女发展基金会“大地之爱·母亲水窖”项目资金95万元，解决642户、986人的饮水困难。

2002年，州妇联于9月在州党校举办一期50人的农村妇女科技带头人培训班。1848名妇女获绿色证书。州妇联为龙里、惠水、独山等县争取到“大地之爱·母亲水窖”项目资金90万元，为瓮安县争取到加拿大资金12.3万元，为惠水县争取到全国妇联的项目资金15万元。是年，州妇联获全省“双学双比”先进协调单位，全州计生“三结合”帮扶先进集体称号。

2003年，州妇联争取到第三期“母亲水窖”项目资金90万元分别在龙里、独山、惠水3县实施。通过实施该项目，解决691户5785人、3717头牲畜的饮用水困难。同时又争取到13辆“母亲健康快车”在12个县（市）开展工作。为加快民族经济发展，州妇联积极向都匀铁路车务段引资180余万元，在三都县开发矿产品资源，发展民族经济，此项工作，由于成绩突出受到州委、州政府的表彰。

2004年，各级妇联自办培训39期，培训妇女33872人。配合协调单位举办绿证培训144期，3678名妇女参加。其中，1883名妇女获得绿色证书。

2005年，全州妇联系统自办、联办绿证和实用技术培训班1805期，受训妇女37122人。其中，6471人获得“绿证”。

2006年8月29日，州妇联、州委组织部、州扶贫办在州职院举办1期155名妇女参加的农技培训班。9月14日，与州旅游局在贵定县盘江镇举办1期60名“阳光工程”培训班。

2008年8月8日，州委组织部、州扶贫办、州妇联在州委党校联合举办全州农村妇女农业科技培训班，来自全州的183名农村妇女参加培训。举办“首届贵州省乡村女大厨比赛黔南赛区选拔赛”，选送的4名乡村女厨师在“首届贵州省乡村女大厨比赛”中1人获得金奖，3人获得铜奖。争取香港惠明基金会基金65万元在长顺县修建三所“春蕾”小学。争取全国妇联和省妇联的救灾资金20万元，用于帮助受灾妇女灾后重建和恢复生产。争取全国妇联项目资金15万元在长顺县建生态育林基地1个，涉及5个村4300亩。争取省项目培训资金7万元，用于都匀、龙里2个县（市）近500名农村妇女技术培训。争取省民委培训资金5万元用于平塘县妇联举办农村少数民族妇女刺绣培训班。争取香港惠明基金1.5万元慰问都匀市各乡镇、办事处的69户受雪凝灾害严重的家庭。

2009年8月，州妇联争取深圳晟典律师事务所为惠水县高镇镇山后小学捐赠20万元建春蕾小学。9月，州妇联、州劳动和社会保障局、州财政局联合印发《关于进一步加强妇女技能培训工作的意见》。是月，由州妇联争取的香港源昌国际有限公司董事长顾林华捐资的20万元在独山县下司镇塘芒村援建纪念李惠英第二小学。11月17日，州妇联、州劳动和社会保障局首次举办家政妇女服务培训班，100名下岗女工参加培训。是月，争取香港惠明慈善基金会为长顺、惠水100名贫困高中女学生发放助学金24万元。是年，州妇联选送4名妇女参加“贵州省第二届乡村女大厨烹饪大赛”，分获二、三等奖，州妇联获优秀组织奖。

2010年，选派5名巾帼示范村的骨干到省妇联参加科技二传手培训。州妇联分别在独山县基场镇坡头村、长顺县中坝乡瓮拉村、平塘县大塘镇星光村开展“面对面宣传科学发展，手把手传授实用技术”的农业实用培训。共培训妇女400多名。

2011年5月和7月，州妇联在党建扶贫点贵定县旧治镇、“四帮四促点”贵定县定南乡开展“面对面宣传科学发展、手把手传授实用技术、心贴心维护妇女合法权益”大型宣传活动，聘请农技专家为妇女们讲解蔬菜种植、管理等实用技术，两场活动共200余名妇女参加，发放宣传资料1000余份。龙里县在龙山镇莲花村开展“面、手、心”活动，省农科院名誉院长、知名农业专家李桂莲，省、州妇联负责人参加活动。

2012年4月，州妇联在平塘县“玉水腾龙”禽蛋制品有限公司开展培训活动，100余名妇女参加培训。11月，州妇联和“联乡驻村”贵定县定南乡举办农村妇女实用技术培训班，来自乐芒村的65名农村妇女参加培训。是年，全州各级妇联自办、联办各类培训班350期，培训妇女14800人（次）。

2013年，黔南州妇联发展17个科技含量高、经济效益好、示范带动面广的基地，其中国家级1个，省级4个。龙里县谷脚镇茶香村刺梨加工生态休闲观光园被认定为全国巾帼现代农业科技示范基地，荔波县蜜柚种植基场、惠水县黔灵女家政服务部被认定为贵州省五星级巾帼示范基地，瓮安县宏瑞牧业有限公司、贵州省博修中药材种植有限公司被认定为贵州省四星级巾帼示范基地。

2014年，各县（市）新创州级巾帼示范基地12个，州妇联补助每个点5000元经费共6万元。继续打造“黔灵女”家政服务品牌，投入2.5万元资金，在贵定、瓮安、三都、都匀、龙里“黔灵女”各打造了1个家政服务基地，帮助妇女实现居家就业。

第六节　“巾帼建功”活动

1991年，全国妇联提出在城市妇女中开展做“四有”（有理想、有文化、有道德、有纪律）“四自”（自尊、自强、自信、自立）女性，为“八五”计划建功（简称“巾帼建功”）活动，州妇联随即在全州城镇妇女中开展“巾帼建功”活动。

1992 年，各级妇联利用各种会议、广播、文娱晚会、演讲会等形式，对广大城镇妇女进行“四自”“四有”教育。1993 年，各级妇联采取座谈会、演讲会、联欢会等形式，号召广大机关女干部、城镇妇女立足本职工作，钻研业务，争创先进。龙里、罗甸妇联结合本县妇女情况，与县工会女职工委员等单位协调配合，在城镇职业妇女中开展“做四自、四有新女性，为‘八五’计划建功”竞赛等活动。都匀市妇联与文联、黔南报社联合举办“巾帼风采”征文活动。

1994 年，都匀市街道妇代会开办服务性质经济实体 13 个，解决待业妇女 60 人就业。

1995 年 6 月 30 日，州妇联召开由都匀市街道妇委会、州市机关妇委会等 80 多名负责人参加的会议，新华办事处石板街妇代会、州农牧局妇委会各自介绍了组织城镇居民和职工开展巾帼建功活动的经验。是年，各级妇联表彰巾帼建功先进集体 31 个、先进个人 83 名。

1998 年，州妇联创办“妇女之家”。都匀市妇联在换届中，首次在 3 个街道办事处召开了妇女代表大会，拓宽了城市妇女工作面。州人大机关成立妇委会。

1999 年，州妇联在科研、教育等 10 大系统共评选出 11 名先进妇女人物送省表彰。独山县麻科所 4 名女科技人员主持省级以上科研课题 4 项，13 名女职工参加新科研课题 15 项。

2000 年，全州共表彰“三八”红旗手 366 名，“三八”红旗集体 75 个。州妇联、三都县妇联获省人事厅、省妇联授予的先进集体，都匀市妇联主席文秀琴等 15 人、瓮安县妇联等 9 个单位被授予省“三八”红旗手（集体），州太平洋保险公司李勤等 2 人被授予省“巾帼建功”标兵，黔南州电信公司 114 查号台获全国城镇妇女“巾帼建功”领导小组授予的“巾帼文明示范岗”。

2001 年，开展“巾帼建功”“巾帼文明示范岗”和“巾帼创新业”等活动，涌现出一大批行业标兵和先进集体。州电讯公司周贤翠、下岗职工李勤等分别获全国和省授予“巾帼建功”标兵；中国工商银行都匀分行文化路储蓄所、州机关幼儿园等获全国城镇妇女“巾帼文明示范岗”。全州树“巾帼文明示范岗”23 个。

2004 年，州妇联与州劳动和社会保障局联合印发《关于进一步做好下岗失业妇女再就业培训工作的通知》，各县（市）组织实施培训。瓮安县举办下岗失业妇女再就业微机技能培训 36 名、油脂加工工艺流程 20 名；龙里县举办美容、美发、种养殖及驾驶培训妇女 50 名；都匀市举办电脑、编织、缝纫、家政服务等技能培训 258 名；全州已完成“三个两千”的任务（即培训下岗失业妇女 2000 名，为 2000 下岗失业妇女提供职业介绍，帮助 2000 名下岗失业妇女实现再就业）。

2005 年，福泉市妇联与市劳动局、农办、职业中学联合开展有关家政、旅游、餐饮等为内容的培训班 14 期，培训学员 818 人，提供就业岗位 756 个。贵定县妇联组建贵定县妇女就业服务中心，为广大妇女就业和再就业搭建平台，实现县内就业 200 名、省内 17 名、省外 68 名。都匀市妇联开展非技能培训班 4 期，培训女工 164 人，解决下岗失业女工再就业141人。

2006年，州及各县妇联在女职工中深入开展“巾帼建功”“巾帼文明示范岗”“巾帼创新业”等活动，动员组织城镇女职工为构建和谐黔南建功立业。贵定县妇联积极帮助农村富余劳动力转移就业，为62名失业妇女提供就业指导，帮助解决30余名妇女就业。龙里县国税大厅获全国“巾帼文明示范岗”称号。全州共举办下岗失业妇女再就业培训25期，培训妇女2000人（次）。

2008年，都匀市国税局计征科、龙里县国税局计征科被评为省“巾帼文明示范岗”。州医院参赛队作为获省唯一也是全国唯一一支地级参赛队参加了在北京举办的全国卫生系统护士岗位技能大赛获铜奖。

2010年，“巾帼建功”着力打造“黔灵女”家政品牌，开展送岗位活动。9月，黔南州妇联对惠水县成立“黔灵女”家政服务工作站授牌。11月，在黔南医专挂牌成立“黔南州‘黔灵女’家政服务培训基地”。12月，培训基地对都匀市小围寨办事处马尾村的60名妇女进行为期15天的家政培训。

2011年，州妇联利用“黔灵女”家政培训基地——黔南技工学校，全年举办9期“黔灵女”家政服务培训班，共有1000余名下岗女工、失业妇女参加培训。惠水县依托“黔灵女”家政服务工作站，开展保洁、保姆、用工、婚介等项目，600名妇女参加职业技能培训，为100名妇女解决就业问题。荔波县组织100名妇女参加“黔灵女”职业技能培训。10月19日，黔南州组队参加贵州省首届“黔灵女”家政技能大赛，黔南州获集体二等奖。是年，贵州省都匀供电局南方电网公司、中国移动通讯集团贵州有限公司黔南分公司综合部肖静、中石化黔南分公司人力资源部吴素萍分别获贵州省巾帼文明岗先进集体、“巾帼建功”标兵和“巾帼建功”先进工作者称号。

2012年，各级妇联推进妇女小额信贷工作。全州共注入担保资金3200万元，为3513名妇女发放小额贷款1851.5万元，带动3.5万余名妇女创业就业。

2013年，黔南州住房公积金管理中心直属业务部、三都农村信用社等单位获得全国“巾帼建功”先进集体。

2014年，按照国家“巾帼文明岗”检查考核标准，对国家级“巾帼文明岗”进行全面评审考核和检查监督工作。是年，全州有国家级巾帼文明岗9个，推荐都匀市、龙里县的国税局办税服务厅为贵州省“巾帼文明岗”先进集体；罗甸县国税局副局长吕虹、福泉市马场坪分局局长贺梅梅为贵州省“巾帼建功标兵”先进个人。

第七节　“五好文明家庭”创建活动

“五好家庭”（爱国、爱集体、遵纪守法好；努力生产、工作、学习、完成任务好；实行计划生育，教育子女、勤俭持家；移风易俗，文明礼貌，清洁卫生好；尊老爱幼，家庭民主和睦，邻里团结互助好）创建活动始于20世纪80年代初。1991年，全州共表彰“五好”家庭883户，好媳妇71名，好婆婆56名，好丈夫61名。

1992年，根据全国妇联、卫生部等8个单位举办的“恩威杯”首届妇女保健卫生知识大赛的决定和贵州省妇联《关于开展“恩威杯”美好家庭科普知识宣传活动的通知》精神，全州各级妇联举办美好家庭科普知识培训班238期，培训宣传骨干18460人（次），印发“恩威杯”美好家庭伦理道德知识竞赛试卷4.5万份，对400名竞赛优秀者给予了奖励。是年，全州表扬“五好”家庭788户，美好家庭26户，其中有3户获得省表彰。黔南州从1982—1993年，共表彰“五好”家庭9079户，其中：省表彰63户，全国表彰29户。

1995年，“三八”期间，州妇联表彰“五好”家庭50户，各县（市）表彰“五好”家庭136户。其中，李昌付、郭跃珍等5个家庭获省妇联表彰为“五好”家庭。

1997年，各级妇联采取多种形式组织年轻妈妈读书活动。州妇联及都匀、龙里、惠水、荔波等县妇联开展了答题竞赛和演讲比赛。在州妇联组织的活动中，有1000多位年轻妈妈参加了答题竞赛，300多名优秀者受到表彰。在全省的演讲比赛中，黔南州选派的罗晓霞获全省一等奖，郑代云获全省二等奖。是年，全州共表彰“五好”文明家庭101户。

1999年，朱映祥、蒋全秀等9户家庭被授予全省“五好文明家庭”称号。

2000年，州妇联表彰“五好文明家庭”526户、“五好文明”村寨和院落24个。荔波县政协李德余家庭获全国“优秀读书家庭”荣誉称号，瓮安县牛场乡羊鹿村汤兴全家庭获全国“科技读书示范户”荣誉称号，瓮安县公安局刘永兴家庭获贵州省“优秀读书家庭”称号，福泉市城乡镇平山村黄敏华家庭获贵州省“科技读书示范户”称号。

2001年，举办全州“欢乐家庭”文艺会演，其中都匀市刘蓉一家被选送参加全国欢乐家庭“神州大舞台比赛”，获全国一等奖。全州妇联系统开展“世纪父母”读书演讲比赛和“五好文明家庭”评比表彰活动，共表彰“五好文明家庭”166户，其中长顺县王芸等14户“五好文明家庭”受省表彰。1997—2001年5年间，州、县（市）妇联共表彰“五好文明家庭”445户。其中受省表彰34户，罗甸县大关村何元亮一家受到全国表彰。

2002年，州妇联在全州范围内开展家庭文化艺术节，共收到各县（市）上报的家庭文艺节目17个，家庭文艺作品100余幅，家庭美德建设文章12篇。全州共表彰“五好文明家庭”459户，文明村寨145个，“三八”红旗手365名。2003年，全州共评比表彰“五好文明”家庭200户，获省表彰10户。

2004年，为贯彻实施《公民道德实施纲要》，各级妇联把公民道德建设与“五好文明家庭”联系起来，在城镇开展“学习型家庭”和“五好文明楼栋”活动，在农村开展“美德在农家”活动。9月，全省“美德在农家”活动示范点经验交流会在荔波县召开，州妇联对2002年以来开展“五好文明家庭”等活动中涌现出来的先进集体和先进个人进行表彰，共表彰“五好文明家庭”31户，“三八”红旗手32名、“三八”红旗集体16个，16个“巾帼文明示范岗”“巾帼建功”标兵15个。

2005年8月，州妇联、州文化局、州广播电视局、州文联联合在都匀举办黔南州第三届家庭文化艺术节“欢乐家庭”比赛活动，全州12个县（市）选拔出的8户家庭参加比赛。全年，全州推荐获省表彰“五好文明家庭”10户、“五好文明楼栋”1户、“三八”红旗集体4个、“三八”红旗手8名、先进妇联基层组织12个，先进县级妇联1个，贵州省“五家文明家庭”创建活动先进协调组织1个。

2006年，全州共表彰“五好文明家庭”150户，黔南州妇联被全国妇联授予“家庭助廉”先进集体称号。2002—2006年，全州获州级以上表彰的“五好文明家庭”190户，有5户家庭参加了中央电视台神州大舞台节目的录制和展演，获一等奖2户、二等奖2户，三等奖1户。

2009—2012年，全州共评选“五好文明家庭”138户，“平安家庭”989979户，挂牌981901户。

2013年，州妇联推荐上报贵州省“三八”红旗手9名、“三八”红旗集体4个、五好文明家庭9户、巾帼建功标兵2名、农村科技致富女能手3名、巾帼文明岗2个、农村妇女岗位建功先进集体3个参加省级评选，以上均获得省级表彰。是年，罗甸县女党员邓迎香获中国扶贫基金会授予“第四届中国消除贫困奖感动奖”，2014年，获全国妇联授予全国十大“三八”红旗手标兵称号，被誉为“当代女愚公”。

2014年，州妇联在开展的寻找“最美家庭”和“慈母、贤妻、孝女”评选活动中，共推荐16户参加全国、全省最美家庭的评选，其中荔波县的张雁泉家庭获得全国“最美家庭”提名，周应海等4户家庭获贵州省“最美家庭”表彰。全州推荐42户家庭参加全省“明礼知耻·崇德向善”评选，其中全州获贵州省“十佳慈母”称号1人、提名2人；获“十佳贤妻”称号1人、提名1人，获“十佳孝女”提名2人。

第六章　科学技术协会

黔南州科学技术协会（以下简称州科协）在1991—2014年共召开4次代表大会。其间，学会（协会）工作取得多项成果，科普、科技培训工作形式多样，科普示范县（市）创建工作取得实效。

第一节　组织建设

1991年12月，州科协内设办公室、学会工作部、科普工作部3个科级机构。是年，州科协内设机构及下属事业单位增加到4个。

1998年，州委办公室印发文件，要求各县（市）不得自行取消和合并按法、按规设置的机构和单位，已取消的要暂停和恢复。1999年，黔南州有州县（市）科协机构13个，专职干部、职工77人。有州、县（市）两级所属学会137个，会员15846人，有乡镇科协

186个，农村科普协会（小组176个，专业技术研究会80个，会员3115人，厂矿科协6个，民办科技实体16个）。

2005年，州科协成立青少年科技部，州科协内设机构为4个，编制为14人，科级领导职数5名。

2014年，州科协实有专职工作人员13人。有学会、协会22个，会员1.6万人。全州12个县（市）科协均独立建制，编制3~5人，独立核算。全州建立乡（镇）科协250个，配备专兼职干部432人，村级科普协会（组）2022个。农村专业技术协会（研究会）496个，农技协会员39000多人，科协系统自办、联办各类科普示范基地149个，科普活动站（室）265个。

第二节　代表大会

一、第三次代表大会

1991年9月11日，州科协召开第三次代表大会，参会代表250人。大会听取第二届委员会《动员起来，向新科技革命进军》的工作报告；选举委员39人，常务委员15人。

二、第四次代表大会

1999年12月23日，州科协召开第四次代表大会，代表256人，特邀代表50名。大会听取和审议第三届委员会《迈向新世纪，创造新业绩，为实现我州跨世纪宏伟目标而努力奋斗》的工作报告。选举委员41名，常务委员17名。

三、第五次代表大会

2005年4月26日，州科协召开第五次代表大会，代表282人，特邀代表57名。大会听取和审议第四届委员会作《全面落实科学发展观，为推进黔南州经济社会的全面发展而努力奋斗》的工作报告，选举委员47名，常务委员22名。

四、第六次代表大会

2010年8月17日，州科协召开第六次代表大会，代表283人，特邀代表50名。大会听取和审议第五届委员会《团结带领全州科技工作者，深入学习实践科学发展观，为加快转变黔南经济发展方式而扎实工作》的工作报告，选举委员45名，常务委员24名。

第三节　学会（协会）工作

1997年，根据《中共中央办公厅国务院办公厅关于加强社会团体和民办非企业单位管理工作的通知》精神和贵州省关于清理整顿社会团体实施意见的要求，州科协召开州属学会（协会、研究会）清理整顿工作会议，完善管理体制，促进了学会健康发展。全年举办各种学术讲座、学术报告、专题研讨会共8场（次），参加人数688人（次），收到学术论文142篇，其中省级刊物发表12篇，参加全国学术交流和刊物发表7篇。1999年12月，州科协和州化学化工学会在福泉市组织召开“黔南州磷化工跨世纪发展研讨会”。

2001年，黔南州科协、黔南州农机和机械学会先后获中国科协优秀组织奖。黔南州化学化工学会、黔南电机工程学会及贵州剑峰化工股份有限公司、都匀市化工实业有限公司和都匀供电局均获中国科协和国家经贸委联合颁发的优秀项目成果奖。

2004年9月17日，召开州级学会工作改革研讨会。2005年7月20日，召开州级学会改革工作会，明确州医学会和州化学化工学会为州级学会改革试点。上报省科协换证人员1294人。

2006年3月10日，召开州级学会改革工作会议，确定增加州气象学会作为州级学会改革工作试点单位。2007年11月15日，州科协召开学会工作会议，讨论《黔南州科协州级学会（协会、研究会）年度目标考核内容》，确定对有条件的学会试行目标考核。

2007—2011年，指导成立州环境科学学会、州健康保健协会、州兰花研究会、州计算机学会和州老科技工作者协会、州公共关系学会、州养蜂协会、州民族医药协会。

2012年3月，州护理学会召开黔南州护理2012年年会暨理事大会。5月11日，州环境保护学会召开第三次代表大会，大会选举了新一届理事会。9月，州医学会召开医院感染学专业委员会筹备会，选举产生了第一届委员、主任委员、副主任委员，召开了第一届全委会。2013年11月，成立贵州瓮福剑峰化工股份有限公司科学技术协会、黔南民族师范学院科学技术协会。

2014年11—12月，在都匀、福泉、龙里、长顺4个县（市）先后成立了贵州龙里创奇装备制造有限公司科学技术协会、贵州川恒化工有限责任工作科学技术协会、长顺县威远工业园区科学技术协会、贵州省内贸学校科学技术协会。

第四节　科普宣传与科技推广

一、科普宣传

1993年，州委、州政府确定每年3月18日为“黔南州科技日”。州科协与州委宣传部、科技局等单位和部门配合，围绕州委、州政府的中心工作，开展多种形式的大型科普活动。先后以“WTO与西部大开发”“科普、文明、小康”“科学普及——你我共参与”“讲文明、改陋习、树新风”等为主题，并邀请中国科学院院士欧阳自远等专家学者作专题科普讲座。组织科技人员开展“科普一条街”“送科技下乡”“科学防治非典、禽流感”“预防艾滋病”“科普知识展览”“科教进社区”“科普大篷车”等大型科普活动。1991—1999年，全州举办科普宣传活动479场（次），组织科技人员2707人（次），接受群众咨询40多万人（次），发放科普宣传资料63.8万册（份），举办各种科普讲座644场，听众达140972人（次），举办科普展览323次，参观人数443508人（次）。

2000年3月17日，州科协邀请贵州省信息中心一名副研究员作题为“西部大开发重在创新”专题讲座，共270人参加讲座。3月19日，在都匀市主要街道举行“3·18”科技一条街大型宣传活动，组织州、市21个单位和学会的163位科技人员参加活动。7月3日，在都匀市隆重举行《崇尚科学文明、反对封建迷信愚昧》大型图片巡回展览。

2001年1月5日，配合纪念邓恩铭烈士诞辰100周年活动，组织州歌舞团、州医院、州中医院、州计生委等部门到荔波县开展“三下乡”（卫生、科技、文化下乡）活动。3月15日，邀请省内专家、教授到黔南州举行科技讲座，200多名高级职称以上科技人员和州直部门领导参加。3月18日，举办黔南州第九个科技活动日“崇尚科学、破除迷信、科普伴你行”大型科普宣传活动和“科技之春”文艺演出活动，200多科技人员参加咨询、义诊活动。11月7—9日，州科协与州委宣传部、州文明办、州政法委、州公安局、州司法局、州博物馆和都匀市委宣传部等8家单位联合在都匀市举行了为期3天的“反对邪教、崇尚文明”大型图片展览。

2003年，以“3·18”科技日为重点，先后在都匀市区和基场乡、荔波县城、独山基长镇、平塘县城开展“科技三下乡”“科教进社区”科普宣传活动，散发宣传资料15万余份（册），各种宣传展板、挂图830多块（幅），展示声、光、电等科学演示及可操作展品15件，赠送科技图书2000余册，便民义诊1550余人（次），播放科教片及文艺演出4场，发放药品价值约5000元，技术咨询4000多人（次）。4月28日，与都匀市科协和州中医院在都匀市开展预防“非典”科普知识宣传活动，及时将中国科协下发的6000张农村防治非典知识宣传挂图，省科协提供的30000余份不同形式的科普宣传资料、挂图和13盘农村防治“非典”DVD电视片发放到全州2700多个行政村和1200多所村小学张贴和播放。

2004年1月4日，与省科协和龙里县科协在龙山镇举行“科技三下乡科普大篷车”活动。5月30日，州科协与都匀市科协、新华办事处、西苑社区联合举行“科教进社区”活动。7月7—19日，在独山、平塘、瓮安、都匀4个县（市）开展了5场“崇尚科学关爱生命维护人权反对邪教”巡回展览活动。

2005年6月13—17日，与州委宣传部、州文明办等部门配合，在都匀市举办《科学与发展观：人与自然和谐发展篇——大自然的警示与启示》大型图片展览。9月17日，州科协在都匀步行街举办2005年“全国科普日”——科技咨询一条街主题活动。组织州级学会220名专家和科技人员开展科普宣传暨义诊、咨询、发放科普资料和物品。科普大篷车到都匀市文峰社区和平浪镇、贵定县和平塘县平湖镇开展流动宣传活动，播放“科学发展观”科普光碟5场，发放科普宣传资料8万余份。8月23—30日，组织都匀、独山、福泉、平塘、贵定、惠水6县（市）机关干部、科技人员、部分学生2000人，参加“科学发展观——资源节约与可持续利用”科普知识竞赛活动，回收答题卡1965张。

2000—2005年，全州举办专题科普宣传活动845场（次），参与活动的专家、科技工作者达5000多人（次），接受群众咨询169万人（次），发放科普宣传资料200万册份，举办各种科普讲座、报告会150场，举办科普展览140次，展出宣传图板近3000幅，播放科教片及文艺演出120多场，咨询义诊2万余人（次）。

2006—2010年，州科协及所属团体，开展科普宣传139次，发放各类科普资料275.31万余份（册），展出科普展板40544幅（块），展示科普大篷车展件1200件（次），反映科教电影、录像608场，制作赠送科普光碟4.5万张，举办科普展览555场（次）、科普文艺演出406场，参与的专家、科技工作者2.8万人（次）、医疗咨询义诊的义务人员1.8万人（次）。其间，2007年9月15日，中央电视台新闻联播播出了黔南州科普大篷车、科技人员送科技到水族村寨的新闻，填补了全省组织开展“全国科普日”活动上央视新闻的空白。

2011年3月22日，州科协牵头组织州直7个部门在都匀市凯口镇举办“黔南州第18个科技活动日系列活动”，112名科技专家和科普志愿参加活动，现场发放宣传资料15000余册，展出展板100余张，挂图500余幅，赠送价值8000余元药品，咨询人数1000余人，义诊500余人。

2012年3月24日，在黔南师院举办以天文科普知识和国家重大工程项目500米口径球面射电天文望远镜为主题的科普宣传活动。5月19日，配合州科技产权知识局和州委宣传部在都匀人民广场举办2012年黔南州科技活动周主题宣传活动。9月11日，州科协与黔南民族职业技术学院联合开展“校园之美·赏丹桂、识科普、观影展”科普活动。9月14日，省青少年活动中心、州科协和福泉市科协在福泉市马场坪中心小学举行黔南州2012年全国科普日“科普工作室进校园”暨马场坪中心小学启航科普馆开馆仪式。

2013年，借第十五届中国科协年会在贵州举办和黔南州承办“500米口径球面射电望远镜与地方发展”“民族医药产业发展”两个论坛的契机，州科协组织各单位在州内举办“百场院士专家科普报告黔贵行”“全州科普大篷车联合行动”“下基层科普服务”“‘平塘星’命名”“中国科协年会院士、专家专题报告会”等科普系列活动。5月23日，州政府、国家天文台和省发改委在平塘县举行“平塘星”小行星命名仪式，国家天文台和州、县领导为“平塘星”雕塑揭幕。这是贵州省第一个以县级地名命名的小行星。论坛期间，中国科学院院士陆埮、武向平分别在罗甸县和黔南民族师范学院举办《探索宇宙的奥秘》《谁在主宰我们的宇宙》专题讲座。中国工程院院士付小兵在黔南民族医学高等专科学校作《进一步重视创伤和意外伤害防控的宣传教育》专题报告。

2014年，围绕“节约能源资源、保护生态环境、保障安全健康、促进创新创造”主题，组织科技工作者、科普志愿者和州直有关单位，到都匀、龙里、贵定、荔波和独山等县（市）开展送科技下乡、科技咨询、科普宣传等科普活动，组织发放各类宣传资料3万余份（册）。9月15—19日，组织龙里、贵定、福泉、平塘科普大篷车，先后到平塘县第三中学、龙里县谷脚中心校、贵定县乌王小学和福泉市地松中学开展科普进校园活动。9月16日，在黔南职业技术学院举办了全国科普日“赏丹桂·识科普”主题科普活动。11月，黔南州科协被中国科协评为2014年全国科普日活动优秀组织单位。

二、科技培训

1990年，州科协成立的中国农村致富函授大学黔南分校，开办二年制的中专班，招收学员135名。

1991—1999年，全州各级科协共举办果树、烤烟、蔬菜、养猪、养鸡、酿酒、水稻两段育秧、玉米营养袋育苗、病虫防治、板栗栽培等实用技术培训班1858期，受训人员381280人（次），培训农函大学员400多名。

2000—2001年，州科协先后在都匀市王司镇创建了200亩澳洲李高产种植示范基地，举办种植、施肥、病虫害防治等培训17期，1.5万多人（次）接受培训，以基地辐射带动、发展澳洲李1000多亩，猕猴桃、梨、桃等经济林果4000多亩。在贵定沿山镇开办“农函大果树栽培班”，招收学员32名。2002年，州科协划拨科普培训费1.2万元，引进科学院昆虫生态学中心推广的性信息素诱杀害虫技术，在“茶叶主要害虫性诱杀剂”项目的实施过程中，组织现场培训15期，培训80余人（次）。在贵定沿山镇开办了学制一年的中国农函大黔南分校第十七届果树专业初级班。当年全州各级科协共举办各类技术培训班144次，受训群众8633人（次）。

2003年，州科协与州农业局在瓮安县草塘金星村实施大棚彩色辣椒种植项目，组织技术培训4期，培训150人（次）。

2004年7—8月，与黔南民族职业技术学院联合举办为期33天的实用技术培训班，对11个一类贫困乡镇的420名农村乡土人才进行了培训。

2005年8月5日，州科协在都匀市王司镇举办“澳洲李科普示范基地”果树保果抚育培训，邀请州农业局一名总农艺师和一名农艺师为4名种植大户和16名群众进行现场培训。9月2日，州科协和州农业局及都匀市科协、市农业局在都匀市大坪镇大坪村举办“大坪村蔬菜协会成立暨优质蔬菜多熟种植培训会”，大坪村3个村民组的100余名群众参加培训。

2001—2005年，实施中国科协与联合儿童基金会合作项目——“非正规教育项目”，在三都县周覃、三合等5个乡（镇）有针对性地开展项目培训4期共980人，其中培训校外青少年490人（女260人），80%以上受训对象掌握了1至2门实用技术。

从2008年开始，州科协开始在全州实施科技致富“二传手”培训工程（科技二传手指受培训农民），积极向省科协申报项目。2008年在龙里县谷脚、醒狮两镇培养50名蔬菜高产栽培与养鹅科技致富“二传手”，辐射带动2500名农户种植西红柿、辣椒、黄瓜、茄子等新品种5000多亩，饲养鹅10000余只。2009年，《贵定县科协云雾贡茶、冰脆酥李种植技术培训工程》《都匀市科协茶叶种植与加工技术培训工程》《平塘县大塘镇科技致富“二传手”培训》3个项目共培育种植、养殖业科技致富“二传手”150名，带动农户7500人。2010年，荔波县科协《种植、养殖科技致富“二传手”培训》、龙里县科协《龙里县立体农业培训工程》和福泉市科协《辣椒、蔬菜种植“二传手”培训工程》3个项目培育“二传手”150个，带动农户7500人。2011年，《龙里县巴江乡种植业“二传手”技术培训》《惠水县金银花种植“二传手”培训工程》《长顺县种养业“二传手”技术培训工程》3个项目150名“二传手”，带动农户7500人。

2012年，龙里县《谷龙乡生态农业科技致富培训》《哪嗙乡蔬菜高产栽培和优质羊饲养农业》，瓮安县《猴场镇科技致富种植培训》、平塘县《平湖镇“万亩杨梅园”基地种植培训》和独山县《科技致富“二传手”培训》5个项目培育“二传手”250人，带动农户12500人。2013年，《惠水县蔬菜种植工程》《贵定县都六乡核桃、蔬菜种植技术培训工程》《都匀市种养业“二传手”培训工程》3个项目培育“二传手”150个，带动农户7500人。

2014年，申报三都、荔波培训茶叶种植、精品水果种植2个“二传手”项目，培育“二传手”100名，带动周边种植户500余户。

三、科技扶贫

1991—1999年，实施中国科协提出的科技扶贫“8111”工程，安排种、养、加项目23个，共争取到省、州科技扶贫资金78.5万元，在全州建立扶贫型、开放型、示范型、服务型科技扶贫示范基地22个。福泉市的370亩优质梨高产科技扶贫示范基地，荔波县的150亩甜桃示范基地，平塘县塘边镇早菜试种示范基地，龙里县谷脚、猫场、洗马等乡镇创办的蔬菜示范基地成为当地的支柱产业。期间，1994年，州科协和平塘、贵定、龙里3个县被授予“贵州省科技扶贫先进单位”称号。1996年，州科协被评为“贵州省科学技术协会先进集体”。

至2005年，全州科协系统建立科技扶贫示范基地26个。龙里县科协领办的万亩反季节无公害蔬菜示范基地，全县蔬菜种植面积达45000亩（其中反季节蔬菜12000亩），总产量9万吨，产值5400万元，全县1万多种菜农户人均收入2000元左右。平塘县苗二河乡新寨村果蔬协会种植果树的面积由2001年的80亩发展到6000余亩。州科协和州农业局在都匀市大坪镇大坪村，建立“协会+基地+农户”科普助民增收试点。2005年9月2日，成立都匀市大坪镇大坪村蔬菜协会，该协会会员由65人发展到近200人。

2011—2014年，组织申报省科协科技扶贫项目，争取省科协扶贫项目资金45万元。

四、科普示范县（市）创建

中国科协从1998年开始在全国实施创建首批“全国科普示范县（市）”工作，福泉市被列为首批创建“全国科普示范县（市）”单位。2001年1月9—11日，通过专家组评估验收，命名福泉市为首批“全国科普示范市”。

2002年，荔波县被列为第二批全国科普示范县（市、区）创建单位，通过两年的创建，2004年11月，中国科协命名荔波县为第二批“全国科普示范县”。

2007年，都匀市被列为第三批全国科普示范县（市、区）单位。2009年，中国科协命名都匀为第三批“全国科普示范市”。

2008年，福泉市、荔波县完成了全国第一、第二批全国科普示范县（市）复查工作。

2010年，中国科协启动第二轮“全国科普示范县（市、区）”创建工作。福泉市、荔波县、都匀市、贵定县、平塘县和龙里县被列为“全国科普示范县（市）”创建单位。2011年3月，省科协全国科普示范县（市、区）创建工作检查组分别对6个县（市）创建工作进行了检查验收。5月，中国科协命名都匀市、贵定县等6个县（市）为“2011—2015年度全国科普示范县（市）”。

2011年，省科协在全省实施“全省科普示范社区”创建工作。是年，龙里县龙山镇水桥社区、福泉市金山办事处藜峨社区被列为“省级科普示范社区”创建单位，2012 年 2 月，这两个社区被省科协评为“全省科普示范社区”。

五、全民科学素质工作及“百万公众网络学习工程”

（一）全民科学素质工作

2006 年 2 月，国务院颁布实施《全民科学素质行动计划纲要》后，2007 年，黔南州启动了贯彻实施《全民科学素质行动计划纲要》工作，成立了由州政府联系科协的副州长担任组长，联系科协的州政府副秘书长和州科协主席担任副组长的黔南州全民科学素质工作领导小组，制定《黔南州全民科学素质工作领导小组工作规则》《黔南州实施〈全民科学素质行动计划纲要〉（2006—2010）工作方案》。9 月 16 日，黔南州实施《全民科学素质行动计划纲要》启动仪式暨万人签名活动在都匀人民广场举行。

2015 年 5 月，省全民科学素质工作督察组对黔南州实施《全民科学素质行动计划纲要》工作情况进行督查，对黔南州在“十一五”期间推动实施《全民科学素质行动计划纲要》取得了阶段性成果给予充分的肯定。

2012 年，州领导小组制定《黔南州全民科学素质行动的计划纲要实施方案（2011 - 2015 年）》。2013 年 7 月，州政府与省政府签订《“十二五”时期落实全民科学素质行动计划纲要工作目标责任书》，明确到 2015 年全州公民具备基本科学素质的比例要达到 3% 的目标。

（二）“百万公众网络学习工程”活动

2010 年 4 月，州科协遴选为都匀市沙包堡（黔南师院）、文峰（都匀六中）、广惠（都匀三中）、新华（剑北社区）4 个办事处“免费阅读站点”上报省科协，成立百万公众网络学习工程活动的组织机构。5 月 13 日，黔南州“百万公众网络学习工程”活动在黔南师院启动。5 月 22 日，下发《关于加强百万公众网络学习工程免费阅读站点管理的通知》。6 月 24 日，州科协与州教育局联合印发《关于组织开展百万公众网络学习工程活动的通知》。9 月 13 日，州科协与州直机关工委联合行文，向州直 100 多个部门印发《关于组织开展“百万公众网络学习工程”活动的通知》。9 月 17 日，州科协与州直机关工委联合开展“州直机关《全民科学素质行动计划纲要》专题讲座暨百万公众网络学习工程技术讲解”活动。10 月 15 日，州全民科学素质工作领导小组、州科协在都匀召开了“百万公众网络学习工程”中期表彰座谈会，对在活动中期做出突出成绩的都匀市科协、都匀市六中、都匀市剑北社区等站点进行表彰。是年，州科协、都匀六中站点、剑北社区站点受到省科协的中期表彰，黔南州科协“百万公众网络学习工程”活动获省科协一等奖表彰。

2011 年，州科协发出《2011 年“百万公众网络学习工程”活动实施方案》。与州教育局联合发出《关于组织开展“百万公众网络学习工程”校园学习活动的通知》，与州农委联合发出《关于组织开展“百万公众网络学习工程”农村学习活动的通知》，6 月，由州科协和黔南师院站点主办的“百万公众网络学习工程”征文大赛，有 8 件征文作品获奖。9 月 23 日，州科协和都匀市农村工作局、都匀市科协共同创建的“百万公众网络学习工程”农村学习活动免费阅读站点在都匀市河阳乡包阳村正式挂牌建立。10 月 16 日，州科协与州委组织部发出《关于在全州党员干部中开展“百万公众网络学习工程”活动的通知》，在县（市）党委组织部，科协、各部、办、委、局、州级国家机关、各人民团体、各大中专院校、州属各县级企事业单位的党员干部中开展“百万公众网络学习工程”活动，向 12 个县（市）及州直 130 多个单位发出《关于在全省组织参加“百万公众网络学习工程”活动大赛的通知》。2011 年，黔南州在“贵州数字图书馆”的总访问量已达到 2.33 万余人（次），州科协“百万公众网络学习工程”活动获省科协成效显著二等奖。

2012 年，州科协发出《2012 年黔南州深入开展“百万公众网络学习工程”活动实施方案》《关于组织开展 2012 年“百万公众网络学习工程”活动的通知》。1 月 16—20 日，与都匀市科协到都匀市河阳乡包阳村、墨冲镇新坪村、奉合乡奉合村、沙包堡办事处龙江村、杨柳街镇德化村开展“公众网络学习工程”宣传活动。6 月，州科协与州委组织部、州委宣传部、州直属机关工委、州人力资源与社会保障局联合发出《关于在全州深入开展“百万公众网络学习工程”活动的通知》，组织全州公务员、机关企事业单位干部职工等各类人员参加“百万公众网络学习工程”成效测试活动。是年，州科协获省科协奖励 69560 元。

2013 年，“百万公众网络学习工程”工作列入各县（市）科协目标考核。

2014 年，州全民科学素质工作领导小组办公室制定下发“百万公众网络学习工程”活动实施方案和学习计划。8 月，与州医学会联合，在依法行医执业法规继教培训课程中加入了“贵州数字图书馆”使用方法课程，培训医务工作者 1200 余名。10 月 31 日，在黔南师院组织举办了第一届黔南州全民科学素质大赛，12 个县（市）和州内高校组成的 15 支队伍参赛。是年，全州共有 21 万余人参加“百万公众网络学习工程”网上成效测试，黔南州科协获省科协优秀组织工作奖三等奖。

第五节　青少年科技教育

1990—1995 年，州科协承担了联合国儿童基金会第 4 期合作项目，在农村中小学开展“小星火杯”农业实用技术培训和实验示范活动，推动农村中小学实施“六加一”（一个家庭中六位家长，一个孩子）和“三加一”教学活动。组织开展“我爱祖国海疆”青少年模航竞赛活动。1995 年，州科协完成联合国儿童基金会合作项目的终期评估和执行期总结工作，完成合作项目。1994 年、1995 年，州科协连续两年获省“消除碘缺乏病科普宣传先进集体”称号。

1996 年，在全国奥林匹克数、理、化竞赛中，黔南州 12 人列省前 50 名，1 人获全国决赛三等奖。在 1996 年第一届全国少年科学幻想绘画比赛中，黔南州作品《海洋能源开发站》获全国三等奖，《探访外星人》获全国纪念奖，13 幅作品获省奖。1997—1999 年，州科协连续 3 年在都匀地区中学组织全国青少年信息学（计算机）奥林匹克的竞赛活动，期间，1997 年获全国三级选手 1 人，1998 年获全国二级选手 1 人，有 15 人获初级选手称号。1997 年在第四届全国、全省青少年生物百项竞赛活动中，黔南州获省优秀项目二等奖 1 个，省优秀活动奖 1 个。1999 年，在第五届全国、全省青少年生物和环境科学家实践活动竞赛中，都匀三中《对都匀地区大气环境污染调查》获全国优秀项目二等奖，贵定一中《以水生无脊椎动物为指示生物评价水污染程度》获全国优秀项目三等奖，都匀民族师范学校《绿山野、富家乡、高葡萄栽培》获全国优秀活动表扬奖，黔南州获得省优秀项目一等奖 2 个，全国推荐奖 13 个。在第七届全国青少年科技辅导员论文征集活动中，黔南州选送的 6 篇论文全部获奖。

2000 年 2 月 24 日，召开全州青少年科技教育工作会议，对在第五届全省和全国生物和环境科学实践活动中获奖的学校、科技辅导员及学生进行表彰。6 月 4 日，与州环保局、州教育局等 11 个单位联合举行以“保护生态环境”为主题的小学生演讲比赛。7 月 18—25 日，与州民族事务局、州教育局、团州委联合开展“让科普走进青少年”科普夏令营活动，都匀、长顺、独山 3 县（市）的 20 名少数民族学生参加。

2002 年 3 月 17 日，与州教育局、团州委联合举办“都匀地区青少年科普知识竞赛”，都匀一中、二中、三中、四中、民中和铁中 6 支代表队参赛，都匀一中代表队获一等奖。4 月 5 日，在都匀地区开展“大手拉小手、科普报告西部行”活动，由中科院信息咨询中心高级工程师钟琪为团长的国内知名科学家、教授分别在都匀一中、二中、三中、黔南医专、黔南民族技术学院作专场演讲报告，5000 多名师生参与活动。5 月，都匀六小、都匀一中被省科协授牌“青少年科技特色学校”。

2003 年，都匀一中、都匀六小获“贵州省青少年科技教育特色学校”称号，都匀二中获“黔南州青少年科技教育示范基地”称号。与州教育局联合举办全州青少年科技辅导员培训班，各县（市）科协、教育局、部分中小学校的科技辅导员 130 人参加学习培训。

2004 年 3 月 19—20 日，与州教育局和州科技局在都匀二中联合举办“黔南州青少年科普知识讲座”，邀请贵阳医学院教授戈果和贵州师范大学教授杨龙作《人体的奥秘》《保护人类生态家园》的专题演讲，3000 多名学生参加报告会。3 月 19—27 日，在都匀二中、黔南医专、三都水族自治县及猴场村开展了 5 场“预防艾滋病”展示。5 月，组织全州 433 名学生参加贵州省中学生生物学联赛。

2000—2005 年，州科协组织青少年参加贵州省第十七、十八、十九届青少年科技创新大赛，选送参评作品 105 篇（件），获全国二等奖 1 篇、三等 2 篇，优秀活动二等奖 1 个；获省科学论文一等奖 2 篇，二等奖 3 篇，科幻画一等奖 3 名，二等奖 4 名，三等奖 11 名，发明创造三等奖 3 个。2006 年 9 月 15 日，邀请中国科学院地化所副研究员张欢、研究员倪集众在都匀二中作《怎样进行科学研究》《生态环境与健康》科普讲座，受益学生 550 人。

2006—2014 年，全州各级科协参加和举办各种科技知识竞赛、学科竞赛 140 场（次），开展青少年科技活动 230 场（次），举办青少年科普报告会（讲座）140 场（次），培训青少年科技辅导员 800 人（次）。与州教育局、州科技局等单位举办 8 届青少年科技创新大赛。推荐优秀作品参加全省和全国青少年科技创新大赛，629 件作品获省奖和全国奖。龙里中学教师罗芝举的作品获全国金奖，是贵州省参加全国青少年科技创新大赛唯一一块金牌。州科协和都匀、福泉、独山、贵定、龙里5个县（市）科协分别获全省优秀组织奖，州科协两次获全国青少年科技创新大赛优秀组织奖。

第七章　文学艺术界联合会

1978年中共十一届三中全会后，重建黔南州文学艺术界联合会（以下简称州文联）。1982年2月，召开第二次代表大会选举产生黔南州第二届文联，选出常委9人和主席、副主席。

1991—1996年，黔南州文联挂靠州文化局，1997年，机构单列。州文联下辖8个直属协会：州作家协会、州戏剧曲艺家协会、州美术家协会、州音乐家协会、州摄影家协会、州书法家协会、州舞蹈家协会、州民间文艺家协会。1991—2014年共召开四次代表大会，期间，多次主办全州性及承办省级的文艺活动，文艺创作成果丰硕。1997—2002年，第三届州文联直属协会增加州诗词楹联协会。2012年12月，第六届州文联将9个直属协会中的州戏剧曲艺家协会更名为州戏剧曲艺影视家协会。

第一节　代表大会

1991年，州文联第二届委员会主席团下辖8个直属协会，分别为：州作家协会、州戏剧曲艺家协会、州美术家协会、州音乐家协会、州摄影家协会、州书法家协会、州舞蹈家协会、州民间文艺家协会。

1997年1月15—17日，州文联第三次代表大会在都匀召开，出席代表165名。大会审议并通过州文联第二届委员会工作报告及《黔南州文学艺术界联合会章程》，选举产生黔南州文联第三届委员会主席团，39名代表当选为黔南州第三届文联委员，其中：主席1名，副主席7名，正、副秘书长各1名。聘请15名文艺工作者为荣誉委员。

2002年1月28—29日，州文联第四次代表大会在都匀召开，出席大会代表215人。会上，州委书记何永康作《坚持先进文化前进方向，开创新世纪我州文学艺术事业新局面》的讲话，听取和审议《黔南州文联第三届委员会工作报告》。大会选举产生第四届委员会委员45名。其中：主席1名，副主席4名。增聘6人为荣誉委员。

2007年3月28—30日，州文联第五次代表大会在都匀召开，出席代表250名。大会听取审议通过州直各协（学）会五年工作报告和章程（修改草案），选举产生州文联第五届委员会委员46名，其中：主席1名，副主席4名。秘书长1名。增聘3名荣誉委员。

2012年12月4—5日，州文联第六次代表大会召开。大会讨论通过《黔南州文联第六次代表大会工作报告》，大会选举选举产生州文联第六届委员会领导班子，其中：主席1名，副主席2名。期间，州戏剧曲艺家协会更名为州戏剧曲艺影视家协会。

第二节　主要活动

1991年，主办《庆祝建党70周年美术·书法·摄影作品联展》《黔南州第一届京剧清唱交流赛》《马克思列宁主义文艺理论读书班》《华天谷、徐进、赵乃喜、石山辉老画家作品联展》《“夜郎文学”短报告文学征文活动》。1992年，州文联主办《纪念毛泽东同志在延安文艺座谈会上的讲话发表50周年摄影作品展》《纪念毛泽东同志在延安文艺座谈会上的讲话发表50周年全州书法作品展》《黔南籍著名布依族画家蒙绍华作品展》。

1992—1996年，州文联与下属协会联办第一届至第五届《“好花红”音乐节》。1993年主办《纪念毛泽东百年诞辰书画展》《李慧君书法贵阳展》《第二届“唱黔南”征歌》。1994年主办《贵州省三个自治州民族摄影艺术作品展》。1995年主办《黔南州首届妇女剪纸艺术展》；与下属协会联办《李慧君书法北京展》。1996年主办《庆祝建州40周年摄影·书法·美术展览》。1997年主办全州小说创作改稿班、《97香港回归暨大关精神美术·书法·摄影作品展》《都匀地区迎接香港回归老少百米书画表演》。1998年主办《黔南州改革开放20周年美术·书法·摄影作品展》《黔南籍布依族画家谭兴渠彩墨画展》《颂祖国、唱家乡征歌》。1999年主办《黔南州庆祝澳门回归祖国美术书法作品展》《黔南州新千年10佳京剧票友选拔赛》，编辑出版《黔南文艺丛书》（含小说选、散文选、诗歌选、报告文学选等）。

进入21世纪后，随着改革开放的深入，全州文学艺术事业得到繁荣发展。2000年，2000年，州文联主办都匀地区“6·8”抗洪抢险救灾纪实摄影展，承办全省第七届文学创作笔会，联办第一届文峰中秋音乐会。2001年，主办黔南州纪念中国共产党成立80周年美术、书法作品展；联办都匀地区庆七一颂歌献给党歌咏比赛、第二届文峰中秋音乐会。是年，开始承办首届全国音乐考级活动，之后，每年承办一次。2002年，主办纪念延安文艺座谈会发表60周年“文艺与生活”大型采风活动、黔南州中短篇小说征文大赛、喜迎党的十六大美术书法作品展，联办庆“七一”与时俱进创辉煌诗歌朗诵比赛、第三届文峰中秋音乐会。2003年，主办坚持“三贴近，艺术献人民”采风活动、全省歌曲创作研讨会、庆祝建党82周年及万众一心抗非典激情广场演唱会、黔南州中短篇小说改稿会、全州青年作家创作研讨会；联办第四届文峰中秋音乐会。2004年，主办纪念邓小平诞辰100周年“金鹏杯”电视舞蹈大赛及大型文艺晚会、首届贵州黔南“睡宝杯”西部城市国标舞公开赛、小戏小品改稿班、绿色黔南征歌征文活动、第一届“剑江水泥杯”美术作品展；联办第五届文峰中秋音乐会。2005年，主办首届平坡苗族农民画展、首届全州少儿美术、书法作品展、第一届“黔南州文艺奖”征集评奖活动、首届全州“少儿之星”音乐比赛；联办第六届文峰中秋音乐会。2006年，主办庆祝建州50周年第二届“剑江水泥杯”美术、书法、摄影展暨民族民间工艺品展、黔南文艺界庆祝建州50周年座谈会、州庆50周年会徽征集评选活动、诗词、戏剧进校园活动、“瓮福杯”黔南本土歌曲演唱比赛；联办第七届文峰中秋音乐会。2007年，主办贵州省第二届旅游产业发展大会美术书法摄影展、“瓮福杯”贵州省第二届旅游产业发展大会本土歌曲演唱会、“平坡农民画展”；联办第八届文峰中秋音乐会。2008年，主办黔南州抗凝救灾纪实摄影展、“朝霞工程”水族文化少儿培训班、纪念改革开放30周年文学征文活动、第二届“黔南州文艺奖”征集评奖活动；联办黔南州教职工迎奥运美术书法作品展、第三届“剑江水泥杯”美术作品展、第九届文峰中秋音乐会；内部编辑出版《战胜冰雪》黔南州抗凝救灾纪实。2009年，主办“交通杯”全国书法篆刻展、贵州省第十三届文学创作交流年会暨百名作家看平塘活动、庆祝新中国成立60周年“颂祖国、唱黔南征歌”活动、放歌六十年文学征文活动、杨远志书画作品展、庆祝新中国成立60周年60米诗词书画长卷展览；联办庆祝建国60周年全州文艺调演、第十届文峰中秋音乐会。2010年，主办抗旱救灾征文活动、第二届平坡苗族农民画展；承办全州抗旱救灾捐赠晚会。2011年，主办“中核杯”贵州省第十一届杜鹃曲艺节、纪念建党90周年文学征文活动、庆祝中国共产党成立90周年“福丰杯”黔南州摄影大赛、“歌颂党、赞中华、扬国学”中华诗词大赛、第三届“黔南州文艺奖”征集评奖活动。2012年，主办黔南州文联领导干部（深圳）培训班、纪念延安文艺座谈会上的讲话发表70周年活动、贯彻落实贵州省第十一次党代会精神专题研讨会；联办“生态之州·幸福黔南·歌唱祖国迎盛会”合唱比赛。2013年，主办贵州省首届“保利杯”健康舞蹈大赛黔南赛区选拔赛，“金秋广场”音乐会，国庆中秋诗词经典朗诵大赛，“瓮安商城杯”诗歌创作朗诵邀请大赛，著名作家姚晓英文学创作、文化产业专题讲座，“黔之爱”中国名家书画现场义卖公益活动，著名作家赵宏兴文学创作、编辑专题讲座。2014年，主办黔南州首届艺术摄影，作家刘兴汉长篇小说《浴火重生》首发式，广州市文联艺术家到黔南采风创作调研活动、少儿迎新音乐会、文艺志愿系列活动，黔南州首届文学骨干培训班，黔南州戏剧小品创作、表导演培训班，黔南州“祖国好、家乡美”中小学生诗文书画比赛，“首届中国民族美术发展论坛”，《莫友芝书法集》出版发行座谈会，黔南州文艺界学习贯彻习近平总书记在全国文艺座谈会上的讲话精神座谈会，中国文联、中国曲协送欢乐下基层走进黔南慰问演出，广州·黔南两地书画家交流笔会，广州·黔南两地书画艺术交流联展，中韩联合拍摄电影《情逝》项目启动会，苗族电影《苗山花》开机仪式。

第三节　文学艺术创作

一、文学

1991—1996年，会员公开出版个人文学专集20部，其中，周隆渊的散文集《明珠撒遍月亮山》获全国少儿文学读物三等奖；罗文亮的散文诗集《神州拾韵》获贵州省政府首届文学三等奖，《碰蛋》获全国散文诗大赛三等奖；任菊生的短篇小说《杨梅成熟的时候》

获全国第三届少数民族文学创作特别奖；周双林的散文《飞出山凹》获全国各族青年团结进步征文一等奖；卢有斌的散文《木叶情话》《骂尽昏贪“俗雅蝈”》分获全国报纸副刊优秀作品二等奖和三等奖；彭荣生的散文《苗乡一日行》获全国民族团结征文三等奖；潘殿勤的散文《水族素装白头巾》获全国当代文学征文二等奖；唐世林散文《茨藜》获全国财税文学大赛一等奖。

1997—2001 年，公开出版的作品有李华的长篇小说《歌缘》，欧骁的中短篇小说集《魔谷》，卢有斌的报告文学集《写在大地上的诗篇》，黄鹏先的文艺随笔集《寻梦集》等 17 部文艺专集，内部出版胡荣权的散文集《自然与人生》，刘世彬散文集《喀斯特的灵魂》，陈昌槐的长篇小说《风韵》等 26 部文艺专集。内部编辑出版一套《黔南文艺丛书》。孟学祥的短篇小说《麻风村的传说》，尹卫巍的短篇小说《红色情话》，李国清的散文《干居民》，杨启刚的散文诗组《农历：乡土的寓意》等 22 篇作品在省级以上刊物发表。卢有斌的报告文学《当代愚公》获“中华大地之光”征文一等奖；欧骁的报告文学《不沉的高原》获“世纪之光”征文一等奖；陆大庆的散文诗《铁质的心》获中国作家世纪论坛作品评选三等奖；唐世林的诗歌《洋钉与钢铁王国》获“华龙杯”全国诗歌大赛三等奖，《西部听涛》《端节》获中华诗歌征文大赛优秀奖。

2002—2006 年，李国清的散文《树后边是太阳》获首届真情人生全国纪实散文征文一等奖；卢有斌的短篇小说《胡关七里香》获首届“黄河口杯文学征文大赛”三等奖；黎明轩的长篇报告文学《中国远征军——半岛往事》，胡风林的组诗《花开在你不知道的地方》，黎玉松的短篇小说《一九四四年的火车》获“贵州省第六届、第七届新长征职工文艺创作评奖”一等奖，唐世林的诗歌集《情系西部》获三等奖。祖岱年的纪实长篇《血路》，罗文亮的长篇小说《夜郎春秋》，孟学祥的中短篇小说集《山路不到头》、散文集《山中那一个家园》，杨启刚的诗歌集《遥望家园》、散文集《一城灯火》，韦昌国的散文集《另眼观潮》，钟元贵的诗歌、散文诗集《蓝色雨季》，州文联、州作协主编的散文集《锦绣黔南旅游散文集》等公开出版；《黔南文学艺术作品选》内部出版。州文联、州作家协会、州美术家协会、州摄影家协会、州诗词楹联学会完成《贵州旅游文化集萃·黔南卷》的编纂工作。

2007—2012 年，出版《夜郎文学——黔南州抗凝救灾纪实》（增刊）《夜郎文学——庆祝建国 60 周年专辑》《夜郎文学——抗旱救灾作品专辑》；孟学祥的散文集《山中那一个家园》获全国少数民族文学创作“骏马奖”人口较少民族特别奖和贵州省政府文艺奖荣誉奖；杨启刚的短篇小说《鸿福茶楼》获“《小说选刊》第二届全国小说笔会”一等奖；徐必常的组诗《献给查干湖》获《诗刊》主办的全国诗歌大奖赛一等奖，诗歌《让我对世界说》获《民族文学》和《人民文学》主办的“象山杯我看奥运”征文二等奖；杨启刚的长诗《血凝·热血》、短诗《家宝总理，您来了》（外一首）先后获“全国鲁黎诗歌奖”和“全国抗旱救灾诗歌大奖赛”一等奖；韦昌国的短篇小说《城市灯光》在《收获》发表并获第二届贵州“尹珍杯”文学创作奖；唐世林的诗歌《杂交水稻之父》获中国作家作品赛一等奖。孟学祥的散文集《守望》、徐必常的诗歌集《毕兹卡长歌》、黎明轩的电影文学剧本《红旗漫卷》等2010年获中国作家协会重点扶持作品。

2013年，在第一届贵州专业文艺奖评奖中，孟学祥的散文《守望》获文学类三等奖；丁玉辉的散文《绿色在喀斯特高原流淌》、杨启刚的散文《三听古埙》、顾先福的散文《归去来兮》入选《中国散文大系》（抒情卷），杨启刚的散文《在凤凰的路上》、顾先福的散文《夕照坡脚寨》入选《中国散文大系》（旅游卷），杨启刚的散文《茶一样的女子》、沈雪的散文《河里，那只忧郁的白鹤》入选《中国散文大系》（女性卷）；蒙泽敏的报告文学《大道独山》在2013年《中国报告文学》第1期发表。

2014年，黎玉松的纪实散文《烙在钢轨上的记忆》、刘功明的纪实散文《贵州路，永远的缘分》分获2014年4月贵州省作家协会等主办的“纪念贵州建省六百周年征文大赛”一等奖和三等奖；孟学祥的报告文学《瑶山伙计》、韦昌国的中篇小说《渡河》2014年9月获由中共贵州省委宣传部、贵州省文联主办的第二届贵州专业文艺奖“中国梦”主题文艺创作评选特等奖，陆大庆的诗歌《中国马》、朱朝访的诗歌《闪烁着磷火的吟唱》、李晓妮的散文《蚩尤之光》获该奖项优秀奖。

二、戏剧曲艺影视

1992年州文联《黔南新剧作》结集内部出版。潘茂金、覃炽的大型水族话剧《乌卡》在国家级刊物《剧本》发表并获第三届“全国少数民族题材剧本创作金奖”，之后改编为六场黔剧公演；周世雄的大型话剧《官儿·头儿·弟兄伙》、大型花灯剧《我的老婆是县长》分获第二届与第四届“全国少数民族题材剧本创作铜奖”。周世雄的电视连续剧《布依女》获中宣部“五个一工程”提名奖；张文钧的大型布依族话剧《古美情仇》获第四届“全国少数民族题材剧本创作铜奖”“贵州省政府1985至1995年剧本评奖”大戏二等奖。

1993年，常本贵获全国京剧票友大赛三等奖。石文龙、沈复华的花灯戏，张显华、宗锦平、尹国凯、宋欣、常本贵、孟建中、罗文亮、张文钧、杨宝书等的小品、曲艺等获省级创作奖，鞠华荣、石连元等获省级导演奖，王秋芳、李光祥等获省级表演奖；袁浪的电影剧本《血溅秋风楼》《无名三侠客》，由长春电影制片厂拍摄公映；潘茂金、覃炽的电影剧本《烽烟鼓角情》获贵州省首届电影剧本创作三等奖；潘茂金六集电视剧《茂兰故事不外传》1995年在中央电视台1频道播出；宋健的电视剧本《人性的毁灭》《小七孔迷雾》，刘如权的电视剧本《山坳里的钟声》，杨胜勇、熊志坚的电视剧本《布依儿女》，彭荣生的电视剧本《这里有座红军墓》等，先后由北京、上海、江苏等电视制作中心录制，在中央、贵州省等电视台播出。

1994年，《贵州剧作》编辑部为黔南作品出版专集；1995年，潘茂金的六集电视连续剧《茂兰故事不外传》由林业部等单位主持，湖南电视台拍摄，在中央电视台第一套节目中首播。

1997—2001年，张文钧的电视连续剧《古美河，古美桥》、刘如权的电视连续剧《邓恩铭》在中央、省、州电视台播出；张文钧的大型剧本《黄绸带》《红尘情未了》，潘茂金、易玉林的大型剧本《落日红》在《贵州剧作》发表；潘茂金的独幕话剧《木楼古歌》获“第二届贵州戏剧文学·小品小戏奖”一等奖和“1998中国曹禺戏剧文学奖·小品小戏奖”二等奖；尹国凯的戏剧小品《童心》获全国“蒲公英”创作一等奖；陈营章的小品《号码警察》获全国“群星奖”戏剧比赛一等奖；石文龙的花灯说唱《残汤宴》获“中国西部地区曲艺比赛”优秀奖；汪洋的群口快板《说大关》获 1997“贵州省第五届杜鹃书会”创作一等奖；孟建忠的曲艺方言诗《网恋》获 2001“第六届贵州省杜鹃书会曲艺大赛三等奖”；公开出版李玉池的电影剧本集《延伸的血脉》1 部，内部出版《张文钧剧本集》3 部。

2002—2006 年，周世雄编剧的大型花灯歌舞剧《好花红》获贵州省“五个一工程作品奖”；石文龙编剧的花灯说唱《残汤宴》获贵州省文艺奖二等奖；杨宝书获“贵州省花灯王”称号；杨胜超编剧的水族旭早（曲艺）《朝霞情缘》获中央电视台校园节目二等奖；唐世林的花灯剧《收费风波》获全省农村调演三等奖；宗锦平的小戏《水家女》获 2003 年“贵州省农村小戏调演三等奖”；王思民、谭三的曲艺表演唱《茶园飘香》获 2005 年“第二届贵州省文艺奖”三等奖；孟建忠、谭三的花棍说唱《赞桥城》获 2005 年“第七届贵州省杜鹃曲艺节大赛”表演三等奖和 2006 年“第三届贵州省文艺奖”三等奖。

2007—2012 年，汪洋等创作的水族曲艺《水寨除魔》、布依族曲艺《桥城新韵》、布依族花灯说唱《贺灯乐》在“第四届全国少数民族曲艺展演”中分获一、二、三等奖，其中，《水寨除魔》还荣获“第六届中国曲艺牡丹奖节目奖”和 2012 第五届“贵州省文艺奖”荣誉奖，《桥城新韵》获 2012 第五届“贵州省文艺奖”三等奖；龙毓虎创作的小品《竞争》获 2010“多彩贵州”小品大赛金黔奖；黎明轩电影文学剧本《乌江天险》获第三届遵义“尹珍杯”文学奖；汪洋、莫红燕等编导的大型歌舞剧《刺梨花红》获贵州省第四届少数民族文艺调演剧目三等奖；孟建中创作，章建国、张莉表演的小品《山寨钟声》获贵州省第九届杜鹃曲艺节二等奖；宗锦平、章建国、覃云创作表演的小品《撞枪口》获贵州省戏剧比赛小品类二等奖；汪洋创作，章建国、覃云表演的小品《后继有人》，宗锦平创作，蒲军、安平、宗锦平、吴长举表演的小品《血凝南网》获贵州省“抓重建、保民生、颂英雄”文艺调演二等奖；莫红燕的舞蹈小品《水书·爱的表情》获 2010“多彩贵州”小品大赛二等奖和 2012 第五届“贵州省文艺奖”三等奖；王思民、汪洋、莫红燕的布依族花灯风情剧《拦门敬茶》获 2010“多彩贵州”小品大赛三等奖；王思民、段春林、杨远承、汪洋、莫红燕的布依族分彭绕《唱清风》获 2011 贵州省第十一届杜鹃曲艺节一等奖；汪凯、刘玉峰、马晓东编剧的电影《一乡之长》由八一电影制片厂拍摄，于 2012 年 11 月 14 日晚在中央电视台电影频道黄金时段播出；潘茂金、冯举高的文献汇编《轸念民生志未酬》、潘茂金的诗评专著《潘一志诗词解析》公开出版；黎明轩的《乌江天险》《雪溅困牛山》《女兵魂断野人山》《侗家妹》等 4 个电影文学剧本在全国核心期刊《电影文学》2010 年第 8、14、17、20 期发表。

在 2013 第一届贵州专业文艺奖评选中，汪洋创作的小品《盗种》获剧本类三等奖，曹海玲等编创的花灯说唱《心门》获曲艺类作品一等奖，表演二等奖；汪洋等创编的曲艺作品布依族分彭饶《唱清风》，2013 年 4 月获中国曲艺家协会主办的“全国优秀曲艺作品”铜奖；杨胜勇的爱情题材电影剧本《姑鲁之恋》，广向阳的战争题材电视剧本《日暮深河》，黎明轩的红色题材的30集电视剧本《苗疆往事》于2013年10月获“第二届全国少数民族题材”入围奖；黎明轩参加编剧的30集电视连续剧《黎平1934》，于2013年10月由贵州省文联、贵州景森文化传媒、贵州电视剧制作中心联合开拍。

2014年9月，在获中共贵州省委宣传部、省文联主办的第二届贵州专业文艺奖“中国梦”主题文艺创作评选中，都匀市文化馆集体创编的音乐小话剧《三十二座青山》获特等奖，双福、谭三、大海等编创的花灯说唱《茶乡梦》、瓮安县文化馆集体编创的小品《驻村干部》获优秀奖。

三、美术

1991—1996年，龙康华的《新编增广贤文插图之一》入选第七届“全国美术作品展览”；何艺贵的《腊香时节》，陈晓光的《上山的路》，龙康华的《正午无风》入选第八届“全国美术作品展览”；陈晓光的《高原奏鸣》获中国风俗画大赛二等奖；陈萼的《石乡》《银色家居》分获中国水彩画展金马奖和佳作奖；陈中和的《邓恩铭》获贵州省首届人物画展一等奖；杨俊的《年酒》获全国旅游剪纸精品展铜奖；周庆的油画《老家》入选第二届全国教师优秀美术作品展、版画《鸡》入选中国美术家协会主办的全国第十二届版画作品展；陈萼的《菊与蟹》、周庆的《买花女》、韦雪平的《向日葵》入选中国美术家协会主办的第三届全国水彩粉画画展并在中国美术馆展出；周庆、韦雪萍的《即拆老屋》获第十三届“全国版画展铜奖”；韦帮粉、黄国祥、杨俊的剪纸作品获省级奖并送日本展出。

1997—2001年，陈萼的《秋色赋》、周庆的《奔》水彩画入选第七届中国水彩画大展；彭文清的工笔画《清》获首届中国重彩画大展优秀奖；何艺贵的工笔人物画《清江水碧浣纱女》，徐飞的工笔花鸟画《秋风》等获贵州、浙江两省联合举办的画展一等奖；徐飞的《野山醉秋》、龙康华的《老墙》入选第九届“全国美术作品展览”；王永忠的《飞鸟入林》获欧洲巡展佳作奖，《苗山之夏》获全国诗书画大赛佳作奖；杨俊的油画《造田婚约》入选2000贵州油画新作展。

2002—2006年，龙康华的美术作品入展第二届“中国画精品展”；马预其、杨坤、刘荣坤油画作品入选第三届（上海）中国油画展；王永忠的国画《芦笙舞》入编《全国中师教师范作精品集》；曹本健的油画作品《斗鸟乐》获第三届“西部大地情——中国画、油画作品展”优秀奖；郭芬的国画获“移动通讯杯”贵州省中国画、油画展二等奖；徐飞的《野山醉秋》等10幅工笔画和写意花鸟画入展“2005年中国画研究院年度提名展”；周庆的版画《状态过程》、马预其的油画《号角》《错位》、何艺贵的国画《苗乡三月》入选“纪念毛泽东同志在延安文艺座谈会上的讲话发表60周年全国美术作品展”。

2007—2012年，《黔南美术作品集》公开出版；龙康华的《守望家园》《千年花场》获第六届中国美术家协会会员精品展优秀奖，《三口之家》入选第七届中国美术家协会会员精品展，《布依乡场》获中国画年度展二等奖；梁练方的版画作品《老家系列》入选第十一届“全国美术作品展”；周庆的版画《太极》、张涛松的中国画《黔山辉映》、吴昌文的水彩画《三月山》获第十一届“全国美术作品贵州选拔展”优秀奖；曹本健的油画《乡场上的午餐》获第五届“西部大地情中国画、油画作品展”优秀奖；兰廷英的农民画《牛王争霸赛》获“2010年全国农民画展”优秀奖；兰群的作品入选第七届“全国工笔画展览”；龙里平坡苗族农民画12幅作品在中国美术馆“贵州视觉艺术展”展出；平坡苗族农民画《苗山放歌》60米长卷被贵州省民族文化宫收藏；韦雪平的版画《建设中的家园》、周庆的版画《记忆中的鞋》、吴昌文的水彩画《秋实》、王永忠的国画《黔中英烈》分获贵州省庆祝建党90周年美术展银奖、铜奖、和优秀奖；梁练方版画《芭蕉》入选“2010中国民族美术百花奖展”和获“贵州省第二届美术专业大赛”一等奖，《晚秋》《新叶》《新生》《窗系列》等获省和全国奖并在中国美术馆展出；饶爱君陶艺作品《微风》获2007至2008年中国第二届新秀陶艺家作品双年展优秀奖。

2013年，周庆的版画作品、冯果的版画作品入展2013贵州省版画精品展；杨卫民的油画作品、黄慧中的油画作品入展2013“吾土吾民”贵州省油画作品展。

2014年，梁练方的版画《摇一摇·2014》获2014年9月中共贵州省委宣传部、省文联主办的第二届贵州专业文艺奖·“中国梦”主题文艺创作评选优秀奖；在《2014美丽中国梦·多彩贵州风，庆祝建国65周年贵州省美术大展》中，吴昌文的国画《田园曲》、梁练方的版画《摇一摇·贵阳2014》金奖，马胜利的国画《天边的古土》、王锋的国画《巍巍家园》、马预其的国画《苗乡禾晾》获银奖，曹本健、周庆、冯果、张仁艳、潘蕾的作品获铜奖；王锋的国画《山水》获2014贵州省青年美术作品展银奖；吴昌文的水彩作品《地里南瓜》获2014第五届庐山国际水彩艺术节大赛一等奖；在2014第八届民族百花奖中国画作品展中，朱瑞的国画《风起茨花送幽香》获铜奖，陈忠和的国画《惊梦》入展；在2014第十二届全国美术作品展中，曹本健的油画《赶集日》、梁练方的版画《摇一摇·贵阳2014》、马胜利的水彩画《天边的故土》、吴昌文的水彩画《田园曲》入展；在2014第三届全国少数民族美术作品展中，肖蓉成的国画《旅》获银奖，张仁燕的国画《晨韵》获优秀作品奖。

四、音乐

1991—1996年，在第二届“唱黔南”征歌活动的推动下，一批具有时代气息、富于民族和地方特色的新歌曲问世。李继昌创作的《小竹桥》获中国少儿歌舞会演音乐创作奖；潘国强创作的《金河湾》（罗晓航作词）获全国少儿歌曲评选优秀奖；李贵红1992年获“中华大家唱（卡拉OK）曲库群众歌唱比赛”优秀奖和贵州省“茅台杯”歌唱大赛一等奖；赵淑英、刘桂兰、何灵芝1993年获省级声乐比赛三等奖。

1997—2001年，罗文亮、沈复华词，李继昌曲的歌曲《好花红》被文化部主办的全国“世纪之声”民族歌曲征集活动组委会评选为布依族代表歌曲；李继昌的《贵州省民间音乐集成》获全国文艺志书编纂成果一等奖，完成《贵州民族器乐集成黔南卷》撰写，完成并公开出版《布依族音乐史》《水族音乐史》。

2002—2006年，杨俊作词、李继昌作曲的歌曲《月亮山的木鼓声》，胥忠国作词、吴庆作曲的《好花红在布依人的心窝》获贵州省“五个一工程作品奖”；唐贵云作曲的《贵州雨》获“贵州省第六届新长征职工文艺创作评奖”二等奖；州文联、州音乐家协会编辑出版《绿色黔南好花红歌曲集萃CD》；潘国强作曲的歌曲《梵净山》获多彩贵州征歌三等奖；韦祖雄作曲的歌曲《苗家迎着幸福来》入选“多彩贵州”歌唱大赛推荐歌曲；在“中国西部民歌大赛”中，何世霞获演唱银奖，袁文丽、黎复丹获演唱铜奖，李继昌获创作二等奖；在2005“多彩贵州”歌唱大赛中，孟先锋获特别奖，何世霞、徐成林获三等奖，龙腾江、周萍、舒友毅获优秀奖。

2007—2012年，丁浩创作的两集电影《姊妹花》在贵州电视台播放；李忠辉策划的两台黔南州民族歌舞品牌节目先后在中央电视台民歌栏目播出；庆祝建党90周年黔南征歌51首优秀歌曲在贵州《音乐时空》结集发表；潘兴周获第十四届CCTV歌手大赛原生态唱法三等奖；姚铜的歌曲获“多彩贵州”征歌一等奖和三等奖；州音协推荐的李继昌、葛焕扬、吴庆、韦祖雄、王伟、熊生祥等的130首歌曲先后入选《多彩贵州优秀歌曲选》或在《歌曲》《音乐周报》《音乐时空》、中央人民广播电台、贵州广播电台等发表；张华恒、张帆获东盟国际民乐大赛金奖和组织奖；州芦笙学会、州吉他学会、都匀博雅艺术学校、都匀琴之声音乐学校以及宋晓华、舒友毅、魏芳、周敏等获省音协表彰。

2013—2014年，在2013第一届贵州专业文艺奖评奖中，姚铜作词作曲的歌曲《盘州村庄》获音乐类一等奖；黔南州选送的三都苗族原生态组合《赶场边边好唱歌》获2013“多彩贵州”歌唱大赛三等奖；李继昌编著的《贵州少数民族音乐文化集萃》（水族篇、布依族篇）2014年1月获第九届中国音乐“金钟奖”理论评论奖金奖；姚铜作词作曲的歌曲《奴乖乖》在第二届贵州专业文艺奖·“中国梦”主题文艺创作评奖中获优秀奖；熊生祥作曲的歌曲《别让小草再哭》获2014“童声嘹亮”全国首届少儿环保歌曲评选最佳创作奖。

五、摄影

1991—1996年，龙子荣、赵天恒、黄达武、李振川、田纪三、杨秀昌、雷鸣的作品在国家级刊物《大众摄影》发表；龙子荣、申军、陶开文、张文黎的作品入选第三届、第四届中国贵州与新加坡摄影联展及亚太地区摄影比赛；龙子荣的《送亲》获“桑塔纳摄影大赛”二等奖，《端午》在新加坡获三等奖；内部编辑出版《锦绣黔南》摄影集。

1997—2001年，内部编辑出版《6·8壮歌——都匀地区抗洪救灾纪实摄影图片集》；龙子荣的《经商》、申军的《背新娘》、张文黎的《人桥》入选第十八届“全国摄影作品展览”；周锦溪的《奉献》获全国乐凯杯大赛一等奖；戢刚的《水之韵》获贵州高原明珠全国摄影艺术大赛二等奖；赵天恒的《铜鼓声声》获浙江、贵州两省跨世纪群众艺术精品展一等奖。

2002—2006年，王先宁的《赶芦笙会上》获“建设社会主义新农村暨纪念中国共产党成立85周年全国摄影艺术展”三等奖；柏时鸣的《水族人家》、吴建成的《马耕水田》《欢乐儿童》获“第二十一届全国摄影艺术展”优秀奖；龙子荣的摄影作品获“贵州省第七届新长征职工文艺创作评奖”一等奖；王先宁的《送亲》获“花溪杯”贵州风光风情摄影大赛二等奖；内部编辑出版《雪凝·血热》摄影集。

2007—2012年，在2009第二届“多彩贵州”中国原生态国际摄影大展中，卢庆文的作品《苗家酿酒》获民族物产类一等奖，王先宁的作品《俯拍高速路》获交通环境类三等奖，龙子荣的作品《高原明珠——都匀》获城市建设类三等奖，周锦溪的作品《冰臼石》获自然风光类三等奖，王先宁的作品《芦笙悠悠——长衫龙》获民族节日类优秀奖，周锦溪的作品《阳戏脸谱》获民族文化类优秀奖。2009 年，王先宁获省摄影家协会授予的“摄影贡献奖”、龙子荣获“摄影终身成就奖”、申军获“摄影组织奖”；周庆的作品《N 天后》获 2011 年第 8 届美国佛罗里达州国际摄影展 PSD 金奖，《雨中作画》获第 20 届奥地利特伦伯超级摄影巡回展铜奖、《古街雨意》入选第 23 届全国摄影艺术展，《家园》《雨中印象》《时间印象》《午后五点半》《雪山下的男孩》《穿百鸟衣的男孩》《家》《后天》《忆》《高原人》《木人——太极》《纸飞机》等分获“2010 中国·承德第三届国际摄影艺术展”“首届中国国际网络摄影大赛”“德国梅尔希韦勒 2010 国际摄影展”“影像亚洲国际摄影双年展”等大奖；在中国摄影家协会举办的“辉煌 50 年魅力新都匀全国摄影大赛”中，王先宁、申军、王建军、黄驿伦等 4 人的作品获最高奖——收藏奖。

2013—2014 年，在 2013 第一届贵州专业文艺奖评选中，赵天恒摄影作品《火红的日子》获艺术类三等奖，周庆的摄影作品《造型》获创意类三等奖；在 2013 中国第 15 届国际摄影艺术展中，周锦溪的《雪急人更急》、周庆的《造型》、冯涛的《苗族古歌——跳洞》获入围奖。

六、书法

1991—1996 年，路剑的作品获中国国际文艺作品博览会书法二等奖；王时选获第二届书圣杯国际书画印赛书法三等奖；省书法家协会 1993 年在贵阳举办李慧君书法展，中国美术馆 1995 年在北京举办李慧君书法展，参展的作品结集公开出版。

1997—2001 年，陈国清的书法作品获庆祝建国 50 周年全国书画大展二等奖；黄仁龙的书法作品获全国楹联书法作品展三等奖。

2002—2006 年，冯泽松的书法作品两次入展“中国书法兰亭奖”，行书（扇面）获第三届贵州省文艺奖二等奖；冉金平的书法作品获“贵州省第七届新长征职工文艺创作评奖”一等奖；王国磊、王河云、冯泽松的书法作品获“贵州省第二届行草书大展”和首届“茫父杯”书法双年展二等奖。

2007—2012 年，冯泽松的作品连续第三次入展全国最高书法奖“中国书法兰亭奖”，另三件作品分别获“邓石如杯”全国书法展一等奖和入选“全国第九届书法篆刻作品展”及“全国第二届青年书法篆刻展”；徐明春的作品获“全国大学生书法大赛”一等奖和“贵州省杜鹃杯书法展”一等奖；王河云的作品入展“全国第六届楹联书法展”；夏仕勇的作品获“首届中国千字文书法大赛”三等奖；在“贵州省第二届楹联书法展”中，李代宏获一等奖，黄仁龙获二等奖，冯泽松、王河云、王永明获三等奖；王河云代表白族受邀参加“中国 56 个民族书法家同写福字为奥运祈福”书法展；在“同龢杯”全国书法展中，徐明春获一等奖，夏仕勇获二等奖，吴应祥、王河云获三等奖；徐明春、夏仕勇的作品入选“第十届全国书法作品展”；在“全国交通运输职工书法展”中，贝娟获二等奖，唐中富获三等奖。

在 2013 年第一届贵州专业文艺奖评选中，冯泽松的行书《黄庭坚煎茶赋》获书法类三等奖；在2013年贵州第五届“茫父杯”书法双年展中，张先念的作品获一等奖，徐明春、申学军的作品获二等奖；黄仁龙作品获第三届贵州专业美术书法比赛一等奖，作品入展第六届全国书法精英展，“石台硒茶”全国书法名家邀请展，全国新闻界“纪念毛泽东诞辰120周年”书法展。2014年，徐明春在北京恭王府举办个人书法展并接受中央电视台财经频道专访。在第二届贵州专业文艺奖“中国梦”主题文艺创作评奖中，夏仕勇获二等奖，申学军获优秀奖，吴应祥的作品入展“金山岭长城杯”全国书法展、“祭侄文稿杯”全国书法展、“陶渊明杯”全国书法展；葛明义收集、整理、编辑的《莫友芝书法集》由贵州人民出版社公开出版。

七、舞蹈

1991—1996年，由李光怡、余红、李继昌等集体创作的大型瑶族舞剧《婚碑》，1992年参加首届“全国舞剧观摩演出”获文化部颁发的“集体演出奖”“男女主角优秀表演奖”“舞美设计奖”；由沈复华、王思民编导、李继昌作曲的大型布依族歌舞乐《刺黎花红》获贵州省优秀创作奖；王思民编导的《打猎舞》《香花舞》获第十届亚运会艺术节和沈阳演出优秀奖，《矮人舞》《花架舞》获贵州省首届民族民间艺术节和羊城中华博览会优秀奖；宋晓君编导的《角鼓舞》获全国第四届少数民族体育运动会表演三等奖。

1997—2001年，沈复华的《贵州省民间舞蹈集成》获全国文艺志书编纂成果二等奖；莫红燕、安平编导的舞蹈《糍粑乐》获全国少数民族孔雀杯舞蹈大赛三等奖；莫红燕编导的《看灯》1999年获全省少儿艺术节比赛三等奖，《斗蟋蟀》2000年获全国蒲公英奖铜奖。

2002—2006年，莫红燕编导的《苗山节拍》获“第六届全国舞蹈比赛”和“CCTV舞蹈大赛”优秀创作奖及优秀表演奖；杨燕芹、曹晖编导的《筛》获第六届中国民族民间艺术节歌舞类节目银奖；王丁编导的《醇酒飘香》获全国首届职工艺术节金奖；莫红燕编导的《苗山节拍》，杨燕芹、曹晖编导的《水书印象》获第二届贵州省文艺奖二等奖；王丁编导的《灯乡情》获首届全省花灯大赛金扇奖；莫红燕编导的《山寨女孩》，黄薇编导的《童趣》获全省少儿文艺调演二等奖。

2007—2012年，雷增、陈静编导的《幂炅》获“全国第八届少数民族运动会展演”二等奖；岑光礼编导的《编》获中国文联与中国秦皇岛·南戴河联办的第五届荷花艺术节“金荷花奖”；王丁编导的《苗乡团圆鼓》获中国舞协第八届荷花奖“10佳节目表演奖”；莫红燕编导的《水书、爱的表情》获“多彩贵州”舞蹈大赛二等奖；王思民编导的《奔腾的足音》《端节欢歌》《花球飞扬》获全国中老年健身球操大赛编导和表演金奖。

在2013年贵州专业文艺奖评选中，都匀市文化馆集体表演的舞蹈《清清河边》《水人鼓》分获表演类二等奖；林明璋、马文静、雷增、王丁等改编的歌舞乐《水家人》获贵州省第五届少数民族会演创作金奖，莫红燕获民族团结进步奖；汪洋、莫红燕等创编的舞蹈小品《桥城新韵》获贵州省群星奖三等奖；王思民、朱勇康创编的舞蹈《追梦长衫龙》获贵州省残疾人会演银奖；杨再清创编的苗族舞蹈《踩月亮》获“第九届中国舞蹈荷花奖”银奖；都匀市文化馆集体创编的舞蹈《踩的旋律》获2014年9月中共贵州省委宣传部、省文联主办的第二届贵州专业文艺奖“中国梦”主题文艺创作评选优秀奖。

八、诗词楹联

1997—2001 年，内部出版《中国对联集成·黔南卷》1 部、《会员作品选》1 集、《黔南诗联》共 8 期；王巩汉编著的《黔南山水情》《黔南纪行》《荔波风光天下奇》公开出版；梁正吟、徐明仁、季德新作品入编中国楹联学会《喜迎香港回归对联集》专集。

2002—2006 年，徐明仁对联作品获“沈阳世博会征联活动”二等奖；柯健、梁正吟、雷雄杰、杜正尧、李瑞利、陈昌槐、刘崇信的作品入编中国楹联学会《中国楹联二十年作品精选》专集；柯健、梁正吟、徐明仁、林昌华、杜正尧、李瑞利、罗方友、杨胜华作品入编《中国楹联年鉴（2001—2006）》；柯健、梁正吟、杜正尧、季德新、陈治中、杨胜华作品入编《中国楹联学会会员大典》；州文联、州诗词楹联学会编辑的《黔南古今风情名胜诗词选》公开出版；与州文联等编辑出版《贵州旅游文化集萃·黔南卷》。

2007—2012 年，丁伟华等 87 人的 147 首诗词作品入选《中华诗词文库·贵州卷》；梁正吟的《水调歌头·纪念辛亥革命一百周年》入编《第四届华夏诗词奖获奖作品集》；梁正吟、杜正尧、颜登荣、杨荣亮、何玉琨的作品入编《中国十二生肖楹联大典》；罗方友、颜登荣的作品入选 2011 年中央电视台兔年春节晚会征联并获优秀作品奖；唐国运、何玉琨、吴忠祥、韦启碧、王光义、杨富钧的作品在省级比赛中分获一等奖、三等奖和优秀奖；学会在“贵州省第三届大中（专）学生诗词大赛”中，组织、辅导的黔南州 90 名大中（专）学生分获一、二、三等奖和优秀奖，辅导推荐的都匀一中学生 8 首作品在《中华诗词》发表；孙其智的诗词《布依木叶》《北京奥运圆舞曲》《瑶家新歌》等获“中国民族民间歌曲演创高端选萃”一、二、三等奖。

2013—2014 年，孟良所词《长相思·军民鱼水情》获 2013 中央组织部等主办的“诗书画影抒情怀，喜迎党的十八大”主题创作活动一等奖；颜登荣诗词获“纪念毛泽东诞辰 120 周年全国诗词大赛”二等奖；罗忠祥、罗方友、王小毛对联获“中国楹联报”比赛三等奖；颜登荣、罗方友、唐定兴的诗联作品入选《中国百诗百联优秀作品集》。

九、民间文艺

1991—1996 年，丁朝北的《民间美术与现代意识》《民族民间美术会因现代艺术的兴起而消亡吗》《水族民间剪纸流派及发展脉络》等在全国剪纸理论研讨会上被评为优秀论文；王思民的《民族·民俗·民舞》获全国首届“舞蹈研究论文奖”三等奖；祖岱年整理的故事《三月三》入选国家级丛书《中国新文艺大系》；范禹、周隆渊、潘朝霖主编的《水族文学史》获省政府颁发的社科著作三等奖；伍强力的论文《开发民俗资源发展民俗文化旅游》获省社科著作四等奖；唐世林的论文《傩戏与宗教意识》获全国民族宗教舞蹈研讨会二等奖。国家文艺工程重点项目之一的民族民间文艺集成志书工作，作为省卷本的主编之一，李继昌完成《贵州省民间音乐集成》，沈复华完成《贵州省民间舞蹈集成》；王思民主编的《黔南舞蹈集成》，李继昌主编的《黔南戏曲音乐》，罗文亮主编的《黔南曲艺志》，祖岱年主编的《黔南民间故事集成》等完成出书。

1997—2001 年，公开出版《中国民族百科全书苗族篇》2 部；欧德仙的苗族立体刺绣获中国新技术新产品博览会一等奖。

2002—2006 年，欧德仙、韦帮粉被评为“贵州省十大民间工艺大师”；丁朝北的民间美术专著《生命意识》获第五届中国民间文艺“山花奖”第二届学术著作奖二等奖；吴正彪的论文获西南民族研究学会论文三等奖；王思民的论文《黔南白裤瑶“猴鼓舞”的艺术内涵与价值》2006 年 7 月入选作家出版社出版的《守护精神的家园——文化与田野在黔南》一书，州文联、州民间文艺家协会的民间文化论文集《守护精神的家园——文化与田野在黔南》等公开出版。

2007—2012 年，范禹获“中国民间文艺山花奖民间文艺成就奖”及“贵州省文联突出贡献奖”；欧德仙的苗族刺绣作品获中国文联、中国民协主办的“全国七夕女红手工艺大赛”银奖。完成的科研课题有：吴正彪完成的教育部课题《民族传统文化核心价值体系的构建》；陈显勋、王思民等完成的国家社科基金艺术课题《中国水族舞蹈的历史传承与现代重构研究》；陆永昌、卢延庆、祖明、陈显勋完成的文化部课题《中国节日志·布依族六月六》；吴正彪、祖明完成的文化部课题《中国节日志·苗族姊妹节》；吴正彪、祖明、平立豪完成的文化部课题《中国节日志·苗族鼓藏节》；文毅完成的省长基金课题《贵州苗族芦笙文化研究》；卢延庆完成的省长基金课题《贵州毛南族服饰》；孟学华完成的省教育厅科研课题《毛南族研究》；文毅、蒙耀远、张兴雄完成的省教育厅科研课题《水书阴阳五行卷文化内涵破解研究》和《贵州苗族民间艺术进中小学的实践研究》；吴文定完成的省教育厅科研课题《布依族舅权习俗研究》等等。

2013—2014 年，在 2013 贵州专业文艺奖评选中，樊敏的《瑶族打猎舞研究》获民间文学类三等奖；耿文福的时政山歌集《春风吹火慢慢燃》由作家出版社公开出版；孟学华的民族文化专著《火影石灵·毛南族》2014 年由贵州人民出版社公开出版；陆青剑编著的《镶嵌在时光里的秘境——平塘卡蒲毛南族风情叙事》由贵州人民出版社公开出版。

第四节　文学艺术研究

1991—1996 年，李国清的论文集《在他们中穿行》、黄鹏先的《名作赏析与儿童文学创作谈》公开发行，《谈苗族剪纸的形象构成》在《剪纸艺术报》发表；丁匀的《抽象与抽象美》在《中国青年报》发表；乔德珑的《中国文人画与西方现代派绘画中自我表现因素的偶合》省级发表。

1997—2001 年，李继昌的《布依族情歌的传统形态及其民族婚姻的渊源关系》发表在美国《音乐中国》；李国清的《“好女”为何有“二夫”》获中国西部学术交流成果一等奖；伍强力的《开发民俗，发展民俗文化旅游》获贵州省社科优秀成果四等奖；刘权的《评“夜郎文学”散文诗创作》获省职工文艺评奖三等奖。

2002—2006 年，罗文亮的文学理论文集《古诗艺术谈》公开出版；李国清的文学评论

《精短，或意味深长》在《散文世界》2004 年第 3 辑发表，《历史的再现》在《贵州民族报》2004 年 10 月 11 日发表，《局内人乡土经验的结晶》在《今日文坛》2005 年春之卷总第 52 期发表，《历史性与本土性和当代性的结合——读罗文亮历史长篇小说“夜郎春秋”》在《今日文坛》2005 年冬之卷发表，《跃过“龙门”后的“鲤鱼”》在《贵州政协报》2006 年 7 月 28 日发表，美术评论《一支弘扬正气和鞭挞腐恶的奇葩》在《贵州日报》2005 年 10 月 7 日第 2 版发表，文学评论集《独特的审视》公开出版。

2007—2012 年，李国清的文学评论《从岔路走出的奇异》在《贵州作家》2007 年 1 期发表，文学评论《生命关怀与形式创新的小说佳作》、美术评论《对现实生活与本土文化的提炼和升华》在《今日文坛》2007 年夏之卷发表，文学评论《在先锋与写实的天空飞翔——读谢挺中短篇小说有感》在《今日文坛》2009 年（贵州人民出版社出版）第五辑发表；吴正彪专著《乡村口承叙事与地方乡民的历史文化空间》公开出版；王思民的《黔南州文研所 46 年工作回顾》在《采风论坛》2009 年第 10 期发表；莫红燕、王思民、汪洋的《水族舞蹈风起黔南——水族舞新舞蹈类水书舞蹈探微》在《人大论坛》2012 年第 5 期发表、《水族舞蹈现代重构浅析》在《今日论坛》2012 年夏之卷总节第 80 期发表；杨殿斛的论文《音乐民族志；音乐学研究的人类学路径——兼论我国民族音乐学研究从方志到民族志的历史进路》在《黄钟——武汉音乐学院学报》2010 第 1 期头版发表。

2013—2014 年，杨俊、杨正勇合著的《贵州牙舟陶》由四川美术出版社公开出版。

第八章　社会科学界联合会

2010 年前，黔南州社会科学界联合会（以下简称州社科联）工作职能由中共黔南州委宣传部承担。2010 年 10 月，州社科联成立，正县级机构规格，列入群团序列，归口州委宣传部管理。2011 年 12 月 1 日成立州社科联党组。2012 年 9 月 22 日，州社科联列入参照公务员法管理单位。2012 年 8 月 13—14 日，召开州社科联第一次代表大会。州社科联成立后，组织开展社科理论走基层、理论课题申报和理论研讨等活动。

第一节　代表大会及全委会

2012 年 8 月 13—14 日，州社科联第一次代表大会在都匀召开。大会审议通过《黔南州社会科学界联合会章程》，选举产生黔南州社科联第一届委员会，委员 37 人，社科联第一次全委会上选举产生常务委员 11 人。

2014 年 1 月 29 日，州社科联一届二次全委会召开。应到委员 37 人，实到 26 人。会议表决通过《黔南布依族苗族自治州社会科学界联合会第一届委员会第二次全体会议选举办法》，选举黔南州社科联第一届委员会第二任主席。

2014 年 11 月 14 日，州社科联一届三次全委会召开。应到代表 37 人，实到 33 人。选举黔南州社科联第一届委员会副主席。

第二节　主要活动

一、社科理论走基层活动

2012 年 4—6 月，根据省委宣传部《关于在全省组织开展 2012 年“社科理论下基层”活动的通知》精神，黔南州成立活动领导小组。邀请省发改委经济研究所一名研究员到黔南举行专题报告会，解读“国发 2 号”文件。举办“黔南州社科理论下基层专家咨询座谈会”。

2013 年 3—6 月，开展学习贯彻党的十八大精神“社科理论走基层”宣讲活动。州委宣传部和州社科联合发出《关于在全州组织开展 2013 年“社科理论走基层”活动的通知》。配合省社科联“社科理论走基层”宣讲组，完成 3 场赴黔南州专题宣讲活动。5 月 13 日，由省委党史研究室、省委党校、贵州财经大学 3 位专家围绕“高校社会主义核心价值体系建设”“十八大后我国面临的国际国内形势及政策分析”“落后乡镇同步建成小康社会的制约因素及对策”等专题在都匀市、黔南民族医专、平塘县作专题报告，2000 多名基层干部群众、学生参加报告会。组织黔南州“社科理论走基层”宣讲团，到高校、县（市）以及通过文峰讲坛开展 8 场宣讲活动。组织开展 13 场“社科理论走基层”专题咨询调研座谈活动。

2014 年 3—6 月，根据省委宣传部、省社科联《关于在全省组织开展 2014 年“社科理论走基层”活动的通知》，开展“社科理论走基层”活动。配合省社科联“社科理论走基层”宣讲组完成 3 场到黔南州专题宣讲。省发改委经济研究所、省委党校、贵阳市社科联 3 名专家围绕“生态城市建设与规划”“共产党人的公仆意识与根本宗旨”“贵州发展大数据有戏”等专题在都匀市、平塘县作专题报告，2000 多名基层干部群众、学生参加报告会。组织黔南州“社科理论走基层”宣讲团，深入高校、县（市）开展 6 场宣讲活动。开展《民族地区建设美丽乡村路径研究》《城市旅游形象塑造中的政府行为研究》《新城镇化进程下失地农民福利问题研究》等专题调研。

二、社会科学普及宣传周

2012 年 10 月 30 日，州社科联启动黔南州首届社会科学普及宣传周活动。以“提升公众人文素养，推动黔南跨越发展”为主题，在都匀市人民广场举行启动仪式，全州 29 个学会、协会、研究会和有关单位参加启动仪式。活动期间开展 6 场社科普及集中活动、举办 7 场人文社科讲座。

2013 年 9 月 22 日，由州委宣传部、州社科联、都匀市委宣传部联合举办的以“传播社科正能量，共筑贵州‘中国梦’”为主题的黔南州暨都匀市 2013 年社会科学宣传普及周暨全民阅读活动启动仪式在黔南民族师范学院科技学术报告厅拉开帷幕。启动仪式后，州社科联党组书记作题为《凝聚正能量、共筑中国梦》的文峰论坛讲座。

2014 年 10 月 17 日—11 月 17 日，按照贵州省委宣传部《关于举办 2014 年贵州省社会科学宣传普及周活动的通知》要求，州委宣传部、州社科联发出《关于开展黔南州 2014 年社科普及周活动的通知》，在全州组织开展 2014 年黔南州社会科学宣传普及周活动。活动主题为：践行社会主义核心价值观，助推黔南改革发展。共举办三场主题活动。

三、理论课题申报

2012 年 4—9 月，州社科联开展征集课题活动，黔南州茶叶协会、黔南州税务学会、黔南州委党校、黔南州教育局、黔南州图书馆等单位共申报课题 12 项。经省社科联学术委员会评审，由黔南州图书馆的课题《三线建设对贵州文化的影响》获省社科联立项，课题编号为 Gzskl－2012－09，11 月该课题通过省社科联评审、验收，予以结题。

2013 年 4—9 月，州社科联印发《黔南州社科联关于申报 2013 年创新理论课题的通知》，共征集创新课题 12 个。成立黔南州初评审专家委员会，评出 3 篇优秀成果上报省社科联。经省社科联学术委员会评审，州非物质文化遗产保护中心的《黔南水族文化生态保护区建设研究》和黔南民族医专的《医学专科教育辅导员工作课程化建设研究》获省社科联立项，2013 年 9 月通过省验收并结题。

2014 年，黔南州共征集创新课题 18 个。经评审，评选出 3 项创新课题，黔南民族师范学院教授张文磊的《城市旅游形象塑造中的政府行为研究——以都匀市为例》，州委党校副教授陈清恒的《民族地区建设美丽乡村路径研究——以贵定音寨为例》、黔南州人大教科文卫委员会主任委员高勇华的《民族地区特殊教育学校有效教育方法的研究——以黔南州特殊教育学校为例》和黔南民族职业技术学院副教授葛永安的《农业产业化经营中人力资源培养模式初探》、黔南民族师范学院讲师陈佳湘的《新城镇化进程下失地农民福利问题研究》等创新课题向省申报。经省社科联学术委员会评审，黔南师院张文磊教授的《城市旅游形象塑造中的政府行为研究——以都匀为例》获省社科联立项，并于 2014 年 9 月结题。

四、理论研讨

2012 年 5 月，陆岳撰写的《论“背篼干部”精神的理论基础》、杨胜雁撰写的《构筑贵州想干事、能干事、干成事工作气场》参加州委宣传部举办的“背篼干部精神”研讨会。其中《论“背篼干部”精神的理论基础》被刊登在《理论与当代》杂志上，并被中国区域经济杂志社评为“科学发展成就辉煌”优秀理论成果特等奖。10 月，州社科联、州妇联、团州委共同完成“黔南州关于推进社会主义核心价值体系研究的理性思考”课题调研和论文撰写工作。

2013 年，协助中国社会科学院民族学与人类学研究所国家课题组到三都县开展“贵州省三都水族自治县经济社会发展综合调查”；完成民营经济部分的课题调研工作，调研成果《民营经济抗风险能力研究——以黔南州民营经济发展为例》上报省委统战部参评，获优秀成果奖；州社科联《构筑贵州精神高地，推动跨越发展》论文入选贵州省社科联“培育和践行社会主义核心价值观”研讨会论文汇编。

2014 年 7 月，参加州“文峰”品牌政论文章调研和撰写，向州委提供政论文章《三思三干、谱写富民强州新篇章》。

五、“三下乡”活动

2012 年 1 月 20 日，州社科联参加由州委宣传部、州文明办牵头，在都匀杨柳街举行的全州科技、文化、卫生“三下乡”集中示范活动。社科联党组协调有关单位赞助 100 册宣传书籍和 70 份新年宣传挂历、2000 多份中共中央关于“三农”问题的政策性解读等资料发给群众，累计价值 2500 余元。2013 年 2 月 5 日，参加在贵定县昌明镇开展的科技、文化、卫生“三下乡”集中示范活动，制作社科宣传便民袋 1000 个和协调有关单位赞助了 100 余册宣传书籍，共计价值 4500 元的宣传品参加活动。

2014 年 1 月 12 日，参加全州在独山县麻万镇举行的 2014 年文化卫生科技“三下乡”活动。发放定制宣传袋 2000 个，价值 11000 元，编写并发放《新农村实用小手册》1000 本，价值 6000 元，购买发放农村实用日用品，价值 2000 余元。

第九章　残疾人联合会

黔南州残疾人联合会（以下简称州残联）成立于 1990 年 9 月，随后，各县（市）残疾人联合会相继建立。至 2014 年，州残联共召开 6 次代表大会。其间，州及县（市）残联合组织开展残疾人康复、残疾人教育、职业培训与劳动就业、扶贫与维护权益等工作。全州基层残疾人组织不断加强规范化建设，贵定县智力残疾人及亲友协会被评为全国先进单位。福泉市被评为“全国残疾人工作先进县（市）”；都匀市被评为“全省残疾人工作先进县（市）”。

第一节　组织建设

1990 年 2 月，成立黔南州残疾人联合会筹备领导小组。9 月 20 日，州残联正式成立，设理事长 1 人，副理事长 1 人。1991 年，州残联为二级局，编制 10 人，内设办公室、业务科。1994 年，州残疾人事业领导小组更名为黔南州残疾人工作协调委员会。

1995 年，黔南州各县（市）人民政府均成立残疾人工作协调委员会。全州有 190 个乡

（镇）组建残联组织。是年，州残联增设聋儿培训部和残疾人劳动服务部。全州有5个县（市）建立残疾人劳动就业服务部、所。

1997年，全州除都匀市，11个县（市）残联已升级为正科级，均设专职理事长，州残联成立党组。全州有68名专职残联干部，县级残联人员平均为4.8人。全州238个乡（镇、街道）成立残联。独山县有12个乡（镇）的160个行政村成立残疾人工作小组。

1998年，州残联明确为正县（处）级规格。全州12个县（市）残联均成立残疾人就业服务所、残疾人服务总社和康复服务指导站。全州238个乡（镇、街道）残联明确残联专干178名，建志愿者联络站61个。至1999年，12个县（市）残联均已升格为正科级，设专职理事长。

2000年，州、县两级残联有专职干部76名。乡（镇、街道办事处）有专、兼职干部178人；建立村级残疾人工作小组503个。到2001年，全州有65%以上的村（居）委会建立了残疾人组织。2002年，完成全州优秀残疾人人才库组建工作，全州有120名优秀残疾人进入州、县两级残联人才库，并审定、推荐10名报送省残联人才库。

2003年，建立县级“残疾人人才库”，全年共有130名优秀残疾人进入县级“残疾人人才库”。全州共招募助残志愿者2012名，为1938名残疾人提供学习、家攻和信息等方面的服务。是年4月，州残联成立盲人、聋人、肢残人、智力残疾人亲友和精神残疾人亲友5个专门协会。

2004年，在全州建立社区残疾人专门协会（以下简称残协）组织37个，组建率达77.08%。是年，共有40名优秀残疾人进入州、县两级“残疾人人才库”。

2005年，社区残疾人组织组建率94.74%，其中，配备残疾人专职委员的占100%，有残疾人活动场所的占80%。

2006年，全州240个乡（镇、办事处）均建立完善残疾人组织机构，共配理事长、残联专职委员480名、残协专职委员66名。全州各县（市）、各专门协会的主席、委员均已配齐，经费、场地、人员逐步落实。是年，贵定县智力残疾人及亲友协会被评为全国先进单位，福泉市被评为“全国残疾人工作先进县（市）”，都匀市被评为“全省残疾人工作先进县（市）”。

2009年，罗甸、长顺、惠水3个县通过省残联基层残疾人组织规范化建设检查验收，到2010年11月，全州所有县（市）基层组织规范化建设全部通过省级验收。2011年，州残联与州财政局、编办、人力资源和社会保障局、民政局等单位联合发出《关于印发〈关于进一步加强和规范基层残疾人组织建设的实施意见〉的通知》。全州12个县级基层残疾人组织规范化建设通过了省残联组织的全省基层残疾人组织规范化建设检查验收。

2012年，发出《黔南州各级残联换届工作指导意见》。全州有6个县（市）、240个乡（镇、办事处）完成残联换届工作。

2014年，州残联与州委组织部、编委办、人力资源和社保局、财政局、民政局联合出台《关于进一步加强和规范基层残疾人组织建设的实施意见》。是年，州残联配备了专职纪检员，州残联有职工15人；12个县（市）残联建立中共党组。

第二节　代表大会

一、第一次代表大会

1990 年 9 月 20—21 日，州残疾人联合会第一次代表大会在都匀召开。应出席大会的正式代表 114 人，实到 99 人，特邀代表 2 人。会议听取并通过《黔南州残疾人联合会章程》《坚持改革，为开创我州残疾人事业新局面而奋斗》的工作报告，选举产生由 60 人组成的第一届大会主席团。其中：选举主席 1 名，副主席 5 名。推举执行理事会理事长 1 名，副理事长 1 名。

二、第二次代表大会

1994 年 9 月 22—23 日，州残联第二次代表大会在都匀召开。应出席大会的正式代表 92 人，实到 76 人，其中，各类残疾人和残疾人亲属代表 55 名，占应到人数的 59. 78%。会议听取第一届主席团工作报告。会议选举出主席团委员 58 人。其中：选举主席 1 名，副主席 6 名。推举理事长 1 名，副理事长 1 名，理事 1 名。聘请名誉主席 1 名，名誉副主席1 名。

三、第三次代表大会

2000 年 11 月 28—29 日，州残联第三次代表大会在都匀召开。出席会议的代表 109 名，选举出主席团委员 74 名。会议听取第二届主席团工作报告。其中：选举主席 1 名，副主席 8 名。推举理事 1 名，副理事长 2 名。理事 2 名。聘请名誉主席 1 名，副主席 2 名。

四、第四次代表大会

2005 年 11 月 29 日—12 月 1 日，州残联第四次代表大会在都匀召开。出席会议的正式代表 157 名，特邀代表 54 名。选举出主席团委员 47 名。选举主席 1 名，副主席 7 名。推举理事长 1 名，副理事长 2 名，理事 2 名。聘请名誉主席 3 名。会议听取第三届主席团工作报告。

根据中国残联文件要求，2007 年各级残联换届选举代表大会统称为第五次代表大会。（黔南州残联第四次代表大会于 2005 年 11 月 29 日召开，正常换届时间应为 2009 年 11 月，因中国残联要求全国残联系统换届时间统一，按当时的规定，黔南州残联被定为“自然换届”，不用召开第五次残代会）

五、第六次代表大会

2013 年 5 月 29—31 日，州残联第六次代表大会在都匀市会展中心召开。出席大会的正式代表 202 名，特邀代表 63 名。其中残疾人代表 133 名，占代表总数的 65. 8%。大会听取和审议《攻坚克难奋发赶超带领残疾人阔步迈向全面小康社会》工作报告，选举产生黔南州残疾人联合会第六届主席团主席、副主席、委员；聘请州残疾人联合会第六届主席团名誉主席、副主席；推举州残疾人联合会第六届执行理事会理事长 1 名、副理事长 2 名、理事 2 名；选举产生各专门协会主席、委员；推举出席省残联第六次代表大会的代表，推荐省残联第六届主席团委员人选；讨论《中国残疾人联合会章程》修改意见。

第三节　康复工作

残疾人通过康复治疗后，使功能尽可能恢复到最好程度，以便在身体、心理、精神、教育、就业、社会活动等方面得到最大限度的发挥，从而真正回归社会。

1991—1995 年，黔南州残联完成白内障复明手术 2471 例、小儿麻痹后遗症矫治手术 1501 例、聋儿语训 181 人、弱智儿童及家长培训 139 对、低视力康复 190 人。

1996—2000 年，黔南州残联完成白内障复明手术 2958 例、低视力配镜 136 人、聋儿语训 191 人、肢体系统康复训练 363 例、弱智儿童训练 186 人、假肢装配 427 例、用品用具供应 7648 例。建立残疾人康复综合服务机构 14 个；聋儿语训班 2 个；州级低视力、白内障、儿麻矫治康复医疗中心 1 个；州级残疾人用品用具供应服务机构 1 个；全国低视力康复试点 2 个；全国精神病防治试点县（市）1 个。

1999 年 9—10 月，组织实施“视觉第一中国行动”，为黔南州白内障患者施行复明手术 525 例，其中，人工晶体植入术 402 例。

2001—2005 年，共有 10285 名残疾人得到不同程度的康复治疗、训练和服务。2002 年，黔南州残联聋儿语训部被中国残联授予“全国残疾人康复工作先进集体”。贵定县人民医院刘明星被授予先进个人荣誉称号。2004 年，贵州省人民政府残疾人工作委员会表彰 2004 年度“视觉第一中国行动”医疗队工作，黔南州人民医院、贵州省四一四医院为先进单位；吴庭忠、何瑞康、王闽黔、倪佳、袁丽佳、李同庆、吴群为模范医疗队员；王泽云、陈星群、莫远利、杨琨、廖红燕为先进个人、

2006—2010 年，实施“视觉第一中国行动”“彭年光明行动”“邱群伦光明活动”“长江新里程计划”和“国家彩票公益金康复项目”等一批重点康复工程；开展“世界防治麻风病日”“全国爱耳日”“全国爱眼日”“全国防治碘缺乏病日”残疾预防和康复知识宣传教育活动；建有社区康复训练与服务试点县（市）5 个，低视力康复试点县（市）2 个，残疾人就近就地进行康复服务网络逐步形成。6 万名残疾人得到不同程度的康复治疗、训练和服务。实施白内障复明手术 4367 例（其中：免费 2283 例）；肢残儿童矫治手术 124 例；麻风畸残矫治手术 102 例；聋儿康复训练 117 名；智残儿童训练 120 名；重度精神病患者住院治疗 131 名；辅助器具配发 4367 件；辅助器具供应 7000 余件。2006 年，中共黔南州委将康复工作作纳入对县（市）党委目标管理。2007 年，黔南州残联被中国残联授予“中国残联专项彩票公益金残疾人康复项目先进集体”称号。

2011—2014 年，州残联派员参加贵州省残联举办的残疾人辅助器具与专业技术培训学习、举办专职委员和康复协调员培训班、组织全州残联系统到广西百色市学习考察残疾人

抢救性康复项目的组织实施，残疾人康复机构规范化建设，残疾人社区康复示范县建设，开展残疾人的康复需求调查等工作，在全州开展脑瘫、智力、听力、自闭症残疾儿童训练和肢体残疾儿童矫治、普及型大小腿假肢装配需求筛查工作等工作。2014年全面实施重点康复项目，完成白内障复明200例、成人助听器验配120名、装配大小腿假肢30例、新收训6岁以下聋儿抢救性康复训练17名、新收训6岁以下抢救性自闭症儿童12名、儿童肢体矫治手术26例、精神病人免费住院治疗150人、人工耳蜗康复救助14例、贫困聋儿助听器康复救助项目13例、残疾儿童矫形器装配29具、残疾人适配辅具320件，完成15岁以下智障儿童康复训练19名；15岁以下脑瘫儿童训练20名；残疾儿童辅具器具适配救助166件。

第四节　特殊教育

1991年，全州开展宣传、学习《中华人民共和国残疾人保障法》《中华人民共和国残疾人义务教育条例》，三都县残联积极配合教育部门，联系县城中、小学校和幼儿园共接收14名残疾儿童入学，其中弱智10人、残肢4人。

1994年，全州新增启智班5个，启智点17个，聋哑班1个，哑童点1个，盲童点2个，填补各县（市）特教班点建设空白。2月，举办全州“三类残疾人儿童普查人员”三级培训，共30多人。全州7~15周岁的视力残疾儿童182人，已入学30人，毛入学率为16.43%；听力残疾儿童1159人，已入学120人，毛入学率为10.35%；智力残疾儿童2613人，已入学1141人，毛入学率43.67%；全州三类残疾儿童毛入学率为36.50%。

1995年，全州盲、聋、弱智三类残疾儿童少年4234名，入学1695名，入学率为40.03%。其中，盲234名，入学55名，入学率23.50%；聋哑1308名，入学229名，入学率1705%；入职2694名，入学1411名，入学率为59.37，均已达到或超过省下达任务。

1996年，全州视力、听力语音和智力三类残疾儿童少年宫4680名，已入学1568名，入学率为33.5%。是年，有6名残疾考生被大中专院校录取。

2002年，落实中央精神文明建设指导委员会“扶残助困”项目、李嘉诚长江新里程盲童助学项目资金共52700元，资助120名残疾儿童少年入学。全州残联系统开展救助贫困失学残疾学生重返校园工作，全州共救助137名，金额15175元。

2003—2007年，落实中央精神文明建设指导委员会长江新里程——地区盲童入学项目，扶残助学项目，国家彩票公益金助学项目。其中，2003—2004年，落实资金12.39万元。全州有350名残疾儿童少年得到资助。全州三类残疾儿童少年入学率提高到53%。2005年，争取到资金21.67万元，共帮助360名残疾儿童少年接受义务教育，全年有137名残疾学生得到就地入学。2007年，黔南州残联争取到资金20.575万元，共帮助262名残疾儿童少年接受义务教育。

2008年，州残联组织实施残疾人事业彩票公益金助学项目，争取到项目资金9.38万元，帮助贵定特校、独山特校的150名视力、听力、智力三类残疾儿童少年接受义务教育。6月，承办2008年第二期全省残疾人工作者手语培训班。9月，争取省残联补助经费10万元在黔南民族职业技术学院开办全州残疾人电子技术应用专业中等职业教育学历班。2009年，全州有特教学校3所，在特校学生261人，再建特校2所，三类残疾学生入学率达到72.4%。

2012年，争取“通向明天”交通银行残疾青少年助学计划资助2万元，对10名贫困残疾大学生进行资助，对全州学前教育机构和学前儿童入学情况进行调查，并争取到国家助学资金7.8万元，资助26名儿童接受学前教育。

2014年，投入就业保障金7.8万元，对26名残疾儿童实施学前教育补助。

第五节　职业培训与劳动就业

为了给残疾人劳动就业创造条件，共享社会物质文化成果，黔南州各级残联采取多渠道、多层次、多形式和途径解决残疾人就业问题。

1992年，开办缝纫、按摩、理发、美发、家电维修、种养植业等各类职业培训班，受训残疾人126人。1994年，贵定、都匀和瓮安3县（市）成立了残疾人劳动就业服务所。是年，全州共拿牌残疾人劳动就业368人，共开办8期职业培训班，培训残疾人185人（次）。1995年5月，黔南州编委批准成立了黔南州残联劳动就业服务部。加大了残疾人就业工作的力度。

1997年5月14日，州政府办公室以黔南政办〔1997〕73号文件《批转州残联分散按比例安排残疾人就业实施意见的通知》截至2000年6月30日，黔南州分散按比例安排残疾人就业1147人；集中安排572人；个体从业2922人；依法收缴残疾人就业保障金134.17万元。

2000年4月，在贵阳举行的贵州省残疾人技能选拔赛中，黔南州残联获组织三等奖；三都县的刘万龙获电子装配第二名；罗甸县的陈景盛获服装裁剪第二名；荔波县的周治菊获女服制作第三名；长顺县的张昌荣，平塘县的潘永刚，龙里县的王贵四分获机械装配第一、二、三名。张昌荣代表贵州省参加全国技能比赛获机械装配第三名。

2001年4月12日，黔南州残联、黔南州地税局以黔南残联〔2001〕16号文件《关于代收部分企业单位残疾人就业保障金的通知》明确代收范围及对象、代收办法、代收程序，残疾人职工的认定、征收的比例及公式等。促进了企业安置残疾人就业的意识。极大拓展残疾人就业范围。同年6月8日，黔南州残联以黔南残联〔2001〕27号文件《关于将分散按比例安排残疾人就业工作纳入劳动监察的通知》明确：从2001年7月10日开始，各级劳动行政部门要把用人单位是否开展了按比例安排残疾人就业纳入劳动监察范围。在对用人单位进行劳动监察年度审查时，要把分散按比例安排残疾人就业工作作为劳动年审的一项重要内容认真审核。同年8月15日，黔南州财政局、黔南州残联以黔南财事

〔2001〕129号文件《关于由各级财政部门代扣残疾人就业保障金的通知》黔南财事〔2001〕129号文件的出台，对残疾人就业面的渠道拓宽上了一个新的台阶。

2001—2005年，黔南州8687名残疾人接受职业技能和实用技术培训；新安置129名残疾人就业；依法征收残疾人就业保障金600余万元；培训盲人按摩师195名；2002年黔南盲人按摩师代表队参加全国保健按摩师技能邀请赛，获西南片区赛团体一等奖，全国总决赛三等奖。2003年10月10日—11月12日，由美国友邦保险公司—亚洲基金会捐资，贵州省残联主办，黔南州残联承办的贵州省第三期盲人保健按摩师中级技能培训班在都匀开班。来自黔南州、黔东南州和铜仁市等市、州的35名初级盲人保健按摩师参加培训。2005年9月12日，经黔南州人民政府同意，黔南州残联、黔南州地税局以黔南残联〔2005〕33号文件《关于地税部门代征残疾人就业保障金的通知》。至此，黔南州各级行政事业单位、企业实施财政代扣，地税代征残疾人就业保障金工作，残疾人就业得到社会的共同关注。

2006—2010年，5854名残疾人接受职业技能和实用技术培训；城镇新安置残疾人就业2172名；依法征收残疾人就业保障金1400余万元；培训盲人保健按摩师121名。分别于2006年、2010年成功举办了第一届、第二届黔南州残疾人职业技能竞赛。2010年9月6—9日，第四届贵州省残疾人职业技能竞赛在安顺市举行，黔南州代表团获竞赛组织奖。

2011年与黔南州人力资源和社会保障局联合印发《黔南州2011年残疾人职业培训工作方案》，对600名残疾人进行职业培训；对1200名农村残疾人进行实用技术培训；选送5名听力残疾人参加贵州省残联举办的义齿培训班学习，并组织到北京市实习；组织5名盲人到贵州省残联盲按中心参加盲人中级按摩培训；举办了一期黔南州盲人保健按摩师初级技能培训班，29名盲人学员参训；推荐8名肢体残疾人到安顺参加贵州省残联举办的家电、美发培训班学习。

在龙里县开展了城镇残疾人个体工商户缴纳养老保险补助试点工作。

开展了2011年残疾大中专毕业生就业服务月活动，举办残疾人专场招聘会3次，开发岗位77个，实现就业383人。组织10名残联干部参加就业指导员远程培训。组织观摩团赴南京市观摩第四届全国残疾人职业技能竞赛。依法征收残疾人就业保障金650万余元。

2012年，培训城镇残疾人408名，农村残疾人792名；组织15名残联干部参加就业指导员远程培训；举办一期盲人保健按摩师初级技能培训班，24名盲人参训；对符合条件的11名盲人医疗按摩师进行按摩从业资格审批；组织8名盲人到贵州省残联盲按中心参加高级按摩培训；推荐2名盲人到贵州省盲按中心参加电脑培训学习。依法征收残疾人就业保障金1000余万元。

2014年7月，全面启动财政代扣、地税代征残疾人就业保障金工作，并启用地税代征保障金征收系统，共征收1500余万元。是年，完成残疾人培训任务，其中：培训城镇残疾人220名、农村残疾人1080名；对104名残疾人进行创业培训。全面实施贵州省“残疾人百点千户万人创业就业工程”，各县市区共新建创业就业示范点13个，扶持残疾人创业135户；完成新增残疾人就业1213人，其中：按比例就业242人、集中就业129人、个体创业和自主创业240人、其他就业602人。

第六节　扶贫与维护权益

一、扶贫帮困

1994 年，全州有福泉、瓮安、独山 3 个县列入康复扶贫县。1995 年，开展贫困残疾人户调查和残疾人特困户调查。全州贫困残疾人户有 71304 家，残疾人特困户有 47536 家。1996 年，福泉、瓮安和独山 3 县被列入"八五"期间国家康复扶贫贷款项目，长顺、荔波 2 县列入"九五"期间国家专项扶贫计划。

1997 年，州残联印发《关于切实做好残疾人贫困户调查的通知》，划拨调查专项经费，以瓮安、福泉、独山 3 县（市）为试点，在全州范围内对残疾人贫困户进行全面的逐户调查。是年，州残联成立残疾人扶贫解困工作领导小组。瓮安县实施小额贷款，放宽担保抵押，贷款到户到人，年初贷，年底收，滚动式使用，采取国家扶持、部门包户、社会就业等多渠道形式，已使 2248 名贫困残疾人脱贫，占全县贫困人数的 44.9%，有 52 户残疾人家庭迈入小康家庭。

1999—2000 年，全州争取到残疾人扶贫资金 2000 万元，通过扶贫开发解决残疾人温饱、解决残疾人特困保障问题。

2001—2002 年，通过申报国家康复扶贫贷款，争取国家康复扶贫项目贷款，并争取地方财政扶持资金用于残疾人扶贫贷款贴息。推行各种行之有效的扶贫方式，积极稳妥地使用小额信贷。帮助贫困残疾人解决生活生产困难，各级残联协助有关部门将部分城镇残疾人纳入最低生活保障，对农村贫困残疾人实行定补和救济保障其基本生活，通过扶贫开发解决贫困残疾人温饱问题。

2004 年 8 月上旬，州残联与州扶贫办、州财政局、州农行等相关部门共同制定出台《黔南州农村残疾人扶贫开发计划（2001—2010）》。实施计划对全州农村残疾人扶贫开发工作的任务目标、基本方针、途径、资金渠道、方式与措施等作明确规定。

2005 年，实施国家彩票公益金农村贫困残疾人危房改造项目，开展农村残疾人危房改造工作。是年，争取到上级资金 17.5 万元，动员当地群众投工投劳，帮助福泉市 55 户农村残疾人进行危房改造，建筑面积 3330 平方米，受益残疾人 71 人，受益人口 255 人。2006 年，争取到省残联专项资金 15 万元，州、县配套 10 万元，为独山县 44 名农村贫困残疾人实施危（无）房改造；福泉市残联在 2005 年成功实施国家彩票公益金农村贫困残疾人危房改造 55 户的基础上，2006 年又投入残保金 5 万元，帮助 10 户农村贫困残疾人家庭实施危房改造。

2007 年，黔南州残联争取到项目资金 146 万元，帮助荔波、龙里、贵定、长顺、惠水、罗甸、福泉 7 县（市）的 366 户农村贫困残疾人进行危房改造，建筑总面积 29441 平方米，受益总人口 1413 人。争取到省级残疾人扶贫专项资金 32 万元，分别在福泉市建立省级残疾人扶贫示范基地，在都匀，荔波，三都，独山县（市）开展农村残疾人实物扶贫工作。2009 年，积极争取到 2008 年残疾人事业专项彩票公益金农村贫困残疾人危房改造项目资金 91.25 万元，帮助贵定、瓮安、平塘、福泉、三都 5 个县（市）的 303 户农村贫困残疾人进行危房改造。

2010—2012 年，组织实施“阳光家园计划”，共争取资金 215 万元，为 3400 名精神、智力及重度残疾人居家托养进行补助；实施彩票公益金危改项目，对 240 户农村贫困残疾人进行危房改造，全部通过省残联的验收。

2011 年，实施农村贫困残疾人危房改造项目，争取中央、省级资金 60.9 万元，完成农村贫困残疾人危房改造 290 户，实际完成 295 户，并通过省残联验收。2012 年，争取到“国家彩票公益金村贫困残疾人危房改造项目”，资金 136 万元，帮助 231 户农村贫困残疾人进行危房改造，总建筑面积 1746.3 平方米，受益残疾人 252 人，受益人口 733 人。

2014 年，州残联投入资金 48 万元，新建 6 个州级残疾人扶贫示范基地。投入就业保障金 81 万元，为 135 户农村贫困残疾人实施危房改造；投入 67.1 万元，对 1342 名残疾人居家托养进行补助。

二、维护权益

1991 年，全州开展《中华人民共和国残疾人保障法》的宣传教育工作。1994 年，独山、瓮安、福泉、贵定、都匀、平塘 6 县（市）人民政府出台了残疾人实行特别扶助优惠政策。州残联代为政府起草《黔南州人民政府关于保障残疾人合法权益的若干规定》，在全州有关部门会议上专题座谈，征求意见。

1996 年，都匀市摆忙乡残疾考生树国恩参加全国高等学校统一考试（考分 380 分，加少数民族照顾 20 分，总分 400 分）达到当年普通高校和中等专业学校的录取分数线。因是残疾人未被录取。经州残联、民政局等单位多次奔走、呼吁，在州人民政府的重视下，由州招生办安排到黔南州财校就读。

2001—2005 年，黔南州各级残联共接待残疾人来访 5000 件（人次），对残疾人反映的问题和困难千方百计协调有关方面加以解决，正确处理好维稳与维权的关系。2001 年 12 月，经州委批准，州残联成立残疾人维权机构——残疾人维权组联部，具体负责残联系统的法制建设、政策研究、残疾人法律援助，无障碍设施的推进和残疾人信访等工作的指导和管理。2002 年，全州各级残联均成立法律援助残联工作部（站），为残疾人提供优先、优质、优惠服务。2004 年，黔南州残联被中国残联授予“全国残疾人信访工作先进集体”荣誉称号；2005 年，都匀市、贵定县、平塘 3 县（市）残联和袁文文等 6 名残疾人信访专干被贵州省信访局、贵州省残联分别授予“全省残疾人信访工作先进单位”和“全省残疾人信访工作先进个人”荣誉称号。黔南州各级法律援助服务机构共为残疾人提供法律服务 400 人（次）；黔南州都匀市新华司法所等 5 个司法所被司法部和中国残联命名为“全国残疾人维权示范岗”贵定县城关镇司法所等 13 个基层司法单位被贵州省司法厅、贵州省残联命名为“全省残疾人维权示范岗”。

2006—2010 年，黔南州各级残联均成立了残疾人信访工作机构，明确专人负责，建立了理事长接待日制度。制定《黔南州残联处理残疾人上访突发事件和重大问题工作预案》，对重点残疾人上访问题提前介入，妥善处理了瓮安县、福泉市残疾人机动三轮车退出营运市场时出现的残疾人上访问题，维护了残疾人的合法权益和社会稳定。接待残疾人来信来访5660余件（人次），未发生集体上访事件。根据黔南州残联与州公安局、法院、检察院、司法局等部门联合出台的《黔南州残疾人法律援助工作办法》，州、县两级残疾人法律援助机构共为残疾人提供法律服务518人（次），拓展了残疾人维权领域，创建各级残疾人维权示范岗16个。

2011年9月，州人大执法检查组到都匀市、福泉市、惠水县、荔波县进行专项执法检查，并听了州人民政府关于贯彻落实残疾人保障法情况的汇报。是年，争取到燃油补贴资金33.8万元，对1300名残疾人的机动轮椅车实施补助。赴贵阳协调解决都匀市残疾人杨茂荣与华润雪花啤酒贵州分公司的债务纠纷，帮助其成功追回100万元的欠款。

2012年，建立健全信访接待、交办、转办、督办等工作制度、规范信访信息录入及信访档案的整理和归档工作；共处理群众来信来访980人次（件），排解了矛盾维护了残疾人的合法权益和社会稳定。是年，开展全州无障碍建设情况调查，在都匀市、福泉市、贵定县实施贫困残疾人家庭无障碍改造工作，帮助45户贫困残疾人进行家庭无障碍改造。为1285名残疾人发放燃油补贴33.44万元。落实专职委员待遇，争取上级资金33.6万元，对全州240个乡（镇、办事处）残疾人专职委员按每人1400元的标准实施了补助。

2014年，投入49.71万元，对1911名残疾人实施燃油补贴。投入35万元，对70户残疾人家庭实施无障碍改造。

第十章　归侨侨眷联合会

1984年7月9日，中共黔南自治州委决定成立黔南州归国华侨侨眷联合会（简称州侨联），与州政府侨务办公室合署办公。同年11月13—16日，召开黔南州归侨侨眷第一次代表大会，选举20名委员为第一届侨联成员。1990年8月15—17日，召开黔南州归侨侨眷第二次代表大会，选举产生由25名委员组成的第二届委会。至2014年共召开6次代表大会。其间，州侨联开展了权益维护、信访与维权、对外联谊与侨务捐赠等工作。

第一节　代表大会

1991年，黔南州归侨侨眷联合会组织机构延续上年8月召开的第二次归侨侨眷代表大会选举产生的第二届委员会及常务委员会，选举常务委员会委员9人。其中：主席1名，副主席3名。

1995 年 9 月 7—8 日，黔南州第三次归侨侨眷代表大会在都匀召开。参加会议代表 86 名，特邀代表 30 名，列席代表 30 名。大会选举产生黔南州归侨侨眷联合会第三届委员会组成人员 25 人。选举产生第三届委员会常委 11 人。其中：选举主席 1 名，副主席 2 名，秘书长 1 名（兼）。聘请名誉主席 1 名，顾问 2 名。

2000 年 12 月 7—8 日，黔南州第四次归侨侨眷代表大会在都匀召开，参加大会代表 86 名，特邀代表 30 名，列席代表 30 名。大会选举产生黔南州归侨侨眷联合会第四届委员会委员 25 名。选举产生常委 11 人，选举主席 1 名，副主席 2 名，秘书长 1 名（兼），聘请名誉主席 1 名，顾问 1 名。增补委员、常委 1 名。

2006 年 3 月 15—16 日，黔南州第五次归侨侨眷代表大会在都匀召开，参加大会代表 86 名，特邀代表 30 名，列席代表 30 名。大会选举产生州侨联第五届委员会委员 25 名。选举产生第五届委员会常委 11 人。其中：选举主席 1 名，副主席兼秘书长 1 名，聘请名誉主席 1 名，顾问 1 名。增补委员、常委 1 名。表彰全州归侨侨眷先进个人 15 名。

2011 年 12 月 25—26 日，黔南州第六次归侨侨眷代表大会在都匀市召开。参加会议代表 86 名，特邀代表 30 名，列席代表 30 名。大会选举产生黔南州归侨侨眷联合会第六届委员会委员 25 名，常委 11 人。选举主席 1 名，副主席兼秘书长 1 名。聘请名誉主席 1 名，顾问 1 名。大会表彰 15 名全州归侨侨眷先进个人。

第二节　主要活动

一、法规宣传

2004 年 8 月，州人大民宗侨委、州政协社联委、州侨联、州侨联合开展“侨法宣传月”活动，在全州人大、政协、统战系统等涉侨部门发放《中华人民共和国归侨侨眷权益保护法》《中华人民共和国归侨侨眷权益保护法实施办法》小册子 300 余份，并联合出题在全州人大、政协、侨务、侨联系统开展侨法知识竞赛。2005 年，州依法治州领导小组将《中华人民共和国归侨侨眷权益保护法》《中华人民共和国归侨侨眷权益保护法实施办法》《贵州省实施〈中华人民共和国归侨侨眷权益保护法〉办法》（以下简称“一法两办法”）列入黔南州“四五”普法规划 2005 年干部职工指定读本，作为全州干部职工普法教育学习考试内容。2008 年 8 月 27 日，州侨联、侨办组织全州侨务干部和涉侨部门 50 人参加全国侨务法律法规有奖知识竞赛活动。州侨办在都匀市广惠办事处广惠社区建立“侨法宣传角”。2010 年 6 月，在都匀市新华办事处西苑社区建立“侨法宣传角”，设置阅览室、侨法宣传窗。2013 年 4 月，在都匀市文峰办事处龙潭社区设立“侨法宣传角”；6 月，在福泉市金山办事处藜峨社区建立“侨法宣传角”；11 月，在都匀市新华办事处西苑社区创建“全国社区侨务工作示范单位”。

二、权益维护

1995 年，规范信访工作程序，对重要来信来访处理结果进行跟踪，建立领导接访制度，把侨务信访工作列入对县（市）侨务工作的年度考核内容，每年进行目标考核。

贵定县的一名美籍华人1986年通过中国驻美使馆提出要求发还其在旧治镇土改时被错误没收的私有住房。此事经州、县政府和侨务部门取证查实，认定该房屋确系华侨私房。1989年黔南州侨务办公室将有关材料报给省侨办，经审查后批准同意发还，并拨给部分落实侨房政策补助款。之后，由于各方面的原因，致使这桩落实侨房政策案久拖不决。2005年，“一法两办法”颁布后，省、州、县侨办多次到贵定县、旧治镇进行协调，将这个拖了近10年的案件全部兑现落实。

美国侨眷都匀一中一名教师及其兄妹4人，从20世纪80年代初期即向有关部门反映，要求对其父在20世纪50年代初被错判错杀没收私有房屋落实政策。2001年9月，全国人大华侨委员会执法检查组到都匀进行执法检查时，州侨办将此私有房屋案向执法检查组汇报，后将具体材料交检查组，检查组予以高度重视，要求省政府及有关部门尽快妥善处理，维护好归侨侨眷的合法权益。省政府领导在省侨办上报的《关于贯彻落实全国人大华侨委员会执法检查组在贵州省进行执法检查中提出的意见和建议的报告》中作出批示，要求依法维护侨眷合法权益，按照国家有关政策法规妥善解决。2004年，该侨眷的私有房屋得到落实政策。

三、参政议政

2004年9月7日，州侨联（侨办）与州政协社会联谊委员会联合召开侨资企业座谈会，参加会议的有州政协社会联谊委员会，州、市侨联有关领导，以及在匀侨界州政协委员，在匀的侨资企业。参加会议的人员针对黔南州侨资企业的发展现状、存在问题等提出意见和建议。9月8—9日，州政协对瓮安县侨资企业港安矿泉水厂、金龙房地产公司进行考察，并与侨资企业负责人就企业生产、发展情况进行了座谈。

2007年，在州政协十届一次会议上，侨界政协委员罗琼金《关于加强社区建设的建议》、邓元铭《关于大力引导扶持和推广农村专业合作组织的建议》获优秀提案。

2014年3月31日—4月2日，省人大、黔南州人大、州政府有关部门负责人到贵定县、罗甸等县开展侨情调研。在贵定县实地考察了解贵州金象实业、香港德发制衣厂等侨资企业生产经营状况。

是年，州人大民宗侨委，州侨联、外事侨务台港澳办公室相关人员组成的调研组，对都匀、贵定和惠水等县（市）进行实地调研。调研组实地走访贵定德发制衣厂、金象公司，惠水盛华职业学院、百鸟河数字小镇等侨资企业和重大项目建设情况。12月底，州人大常委会听取和审议州政府关于侨务工作情况报告。州侨办代州政府起草《黔南州人民政府关于全州侨务工作情况的报告》。

四、对外、港澳台联谊与侨务、港澳台捐赠

（一）对外、港澳台联谊

2004年4月8日，州侨联（侨办）接待回国探亲的黔南州重点侨务工作对象英国硕士叶红艳及其家人。12月28日，州侨联（侨办）设宴接待回国探亲的黔南州重点侨务工作

对象新西兰生物博士、贵州师范大学客座教授郭建民夫妇。2005 年 5 月 20 日，应黔南州侨联（侨办）邀请，郭建民在黔南民族师范学院为生物系 200 多名师生进行一场题为《温室效应对植物生态功能的影响》的学术讲座。

2006 年 7 月 31 日，美国墨克公司研发部药物代谢系高级研究员博士宋恒昌回乡探亲，受州侨联（侨办）邀请来访。

2008 年 3 月 22 日，中国侨联委员、香港成功集团董事长庄永兴在省侨联名誉主席廖中才、省侨联主席吕虹的陪同下，到黔南进行投资考察。

2008 年 7 月 16 日，澳大利亚雪梨中国和平统一促进会名誉会长、贵州省海外联谊会理事许昭辉结束在北京参加侨界 2008 年奥运会活动后，回黔南探亲访友。

2009 年 7 月 7 日，香港何耀棣慈善及公益事业有限公司董事长何耀棣一行到黔南州都匀、贵定考察。

2009 年 7 月 25 日，应黔南州邀请，以通泰行有限公司董事长、九龙总商会副理事长李广林为团长，香港健康长寿生物科技有限公司董事长、香港广西同乡会理事长张桂祥，茂盛建材有限公司董事长、香港中国西部研究与发展促进会会董苏汝立，启泰药业集团有限公司董事总经理温国扬为副团长的香港企业界考察团一行共 27 人，先后到都匀、荔波、平塘、贵定等（市）县进行为期 5 天的参观考察。

2010 年 9 月 9 日，澳大利亚悉尼中国知青协会创始会长、贵州省侨联顾问、澳大利亚华侨许昭辉一行赴黔南“思乡之旅”。侨资企业黔南中国旅行社安排澳洲中国知青“思乡之旅”成员前往平塘、荔波、三都等地寻找当年的足迹，登门回访老乡。

2010 年 9 月 25 日，美国欣欣教育基金会会长丁永庆一行 4 人，到龙里县羊场镇国才欣欣小学考察。

2011 年 11 月 12 日，美国手牵手教育基金会理事长陆国震、会长高美玲夫妇，赴平塘民族中学参加 2011 年秋季助学金发放仪式。从 2008—2014 年，基金会已连续 4 年资助黔南州长顺、平塘贫困学生 500 多人（次）。其中，小学生每年 50 美元、初中生 80 美元、高中生 130 美元、大学生 300 美元。

2012 年 5 月 16—19 日，马来西亚爱心助学探访团在省、州侨联有关领导陪同下，到都匀、平塘、贵定对 15 名贫困学生家庭进行探访，送去助学金 47400 元；与 150 名受助学生进行交流座谈，送给每名学生 100 元红包及文具用品。32 位爱心助学探访团团员分别与 32 位贫困学生结对帮扶。

2013 年 3 月 4 日，受州海外文化交流促进会主席胡品荣邀请，欧洲中国和平统一促进会主席张曼新到黔南考察经贸、文化交流合作项目。5 月 11—13 日，张曼新再次到黔南考察经贸、文化项目。在三都县，实地考察了该县规划实施的千户水寨和“中国水族文化博物馆”项目。7 月 16 日，州侨联、州侨办聘请张曼新为总召集人，并向其颁发《聘书》。

2013 年 9 月 23—28 日，欧洲华侨华人社团联合会一行 30 人赴黔南开展经贸文化考察。考察团由德国、西班牙、匈牙利、瑞典、荷兰、意大利、斯洛伐克、捷克、葡萄牙、罗马、希腊、克罗地亚、奥地利、俄罗斯 14 个国家的侨领和企业家组成。考察团重点考察了解黔南文化产业发展、经营情况，实地观看瓮安“千年古邑风·瓮水长歌情”本土精品文艺节目、龙狮文化演出及荔波“漳江水韵”民族歌舞、水族独特民族文化等。9月26日，考察团全体成员在瓮安县参加黔南州与欧洲华商联合会合作交流座谈会暨合作协议签订仪式。副州长林平与团长牟国量共同签订《黔南州与欧洲华商联合会经贸文化合作框架协议》，黔南中国旅行社与希腊雅典丝绸之路国际旅行社签订“合作协议”。

2013年12月8—9日，由139名来自世界54个国家的海外侨领、侨商和知名人士组成的访问团到黔南州访问。

（二）侨务、港澳台捐赠

2001年，台湾慈心慈善教育基金会谢政达捐资40万元人民币，新建都匀市阳和中心校和都匀市瓮郎小学。

2002年，美国燃灯基金会捐款三都县42万元人民币，修建16个贫困村村级小学。2003年10月，捐款长顺县19万元人民币、惠水县10万元人民币和贵定县13万元人民币，修建长顺县8所贫困村村级小学，修建惠水大坝小学教学楼，修建贵定县6所贫困村村级小学。

2003年，香港同胞黄佩球捐款17.5万元人民币在长顺县大坝建希望小学，捐款17.5万元人民币在贵定县沿山镇修建沿山小学。香港邵逸夫捐款10万元人民币修建长顺县广顺镇石板小学教学楼，捐款30万元修建惠水县回龙小学。深圳归侨廖宇波向三都县捐款31.1万元人民币，在塘州乡修建一所“书香门第希望小学”。瑞典籍华人君义捐款40万元人民币修建玉屏镇时来小学。香港同胞黎德强、梁剑波捐款38万元人民币，修建斗篷山小学教学楼。香港福慧基金会芮瑾、释源法师一行到长顺县交麻乡开展捐赠活动，向该乡100户贫困户、6户孤寡老人、14户残疾人、9名青年支教志愿者及98名特困学生捐助价值11000元人民币物资，其中，优质大米3000公斤、金龙鱼油240公斤、学习用具100套。

2004年7月6日，爱尔兰华协会会长鲍绍钧、副会长陆铨福一行21人在惠水县高镇小学参加“高镇爱尔兰华侨希望小学”奠基捐献仪式，爱尔兰华侨协会捐资30万元人民币。是年，都匀一中平塘籍考生田如光，获印尼总统大学全额留学奖学金，于同年9月18日赴印度尼西亚留学。黔南州理科“状元”都匀一中考生陈德俊、理科“榜眼”都匀二中考生章莉，分别获日本富的大学基金会助学金24000元人民币（每年6000元）资助。2006年，福泉中学考生罗武林、都匀一中考生韦国贤分获日本富的大学基金会助学金24000元人民币（每年6000元）资助。

2005年4月18日，香港应善良基金会捐资20.13万元人民币，县财政出资20.37万元，修建900平方米、砖混结构三层教学楼1幢。

2006年开始，新西兰中华助学基金会每年捐款1.1万元人民币，资助都匀市石龙中心校20名贫困学生。是年，独山籍美国华人黄晓红成立美国天使儿童慈善基金会，共资助272名贫困生，资助总额为21.75万元人民币。香港鹏兴国际建筑投资有限公司董事长梁长贞捐资20万元人民币，修建贵定县沙坝小学教学楼。台湾慈心慈善事业基金会捐款45万元人民币新建福泉市陆坪镇、瓮安县银盏乡、松坪乡卫生院；捐款20万元人民币新建瓮安四中。

2007 年，香港吴星可慈善基金会捐资 20 万元人民币新建独山县麻尾镇余家湾吴星可侨心小学；香港吴星可慈善基金会到独山县本寨水族乡开展冬赈扶贫慰问活动，捐赠大米 7500 公斤、菜油 1500 公斤慰问 300 户困难群众，每户 25 公斤大米和 5 公斤菜油（价值 110 元），对 56 名 70 周岁以上的贫困老人和残疾人每人发放慰问金 200 元人民币。

2008 年 4 月，马来西亚星洲媒体集团捐款 28 万元人民币助学金，资助都匀市三中、福泉市中学、贵定县一中、平塘县民中 400 名贫困学生每人每年 700 元人民币，直到完成学业。是年，美国手牵手基金会开始资助黔南州长顺、平塘两县贫困学生 100 名，小学每人每年 50 元美元，初中每人每年 80 美元，高中每人每年 130 美元，直到完成学业，已资助 36081 元人民币。是年，香港吴星可慈善基金会在黔南州开展救灾济贫捐赠活动，给贵定、都匀 600 户农户每户 25 公斤大米，5 公斤菜油，给 70 岁以上老人、残疾人和孤儿 67 人每人发慰问金 200 元人民币。

2009 年，美籍华人郭焕民、李长科捐资 100 万元人民币兴建龙里县三元中学教学楼，捐资 38 万元人民币为州紧急救援中心购置救护车 2 台。香港德教社教育基金会周松凯先生捐资 28 万元人民币，长顺县匹配 46. 78 万元人民币，动工建设三台小学教学楼。马来西亚星洲媒体集团等慈善机构捐赠 62. 61 万元人民币资助黔南州 1076 名中小学贫困学生。

2010 年，华夏董氏兄弟商贸集团向黔南州捐赠价值 50 万元人民币的饮用水。是年，香港甬港联谊会捐资 28 万元人民币援建荔波县洞塘小学教学楼。香港慈恩基金会捐资 21. 5 万元港币，修建长顺县摆塘乡卫生院、摆所镇翁郎村卫生室、摆所镇新光村卫生室、营盘乡坝地村卫生室 4 个建设项目。2010—2011 年，马来西亚星洲日报、美国手牵手教育基金会、香港慈恩基金会等捐赠爱心助学金 109. 94 万元人民币，支助黔南贫困学生 2135 人。

2012 年 5 月，香港慈恩基金会、青山狮子会和爱德基金会等慈善机构先后到贵定开展捐资助学活动，共资助贫困学生 150 名，为贵定 30 余所乡村学校捐赠新课桌 600 套、图书 22000 册、腰鼓及腰鼓队服 40 套，捐资总额 58. 6 万元人民币。

2012 年 8 月，德国逸远慈善与教育基金会在都匀二中为 20 名贫困学子每人发放 2000 元人民币助学金。2012 年，引进马来西亚星洲日报、美国手牵手教育基金会、香港慈恩基金会等爱心助学金 164. 6 万元人民币，支助黔南贫困学生 1563 人。

2013 年，全州引进港澳台同胞及海外侨胞捐资助学助医项目 30 余个，捐资捐物资金 800 多万元人民币。是年 11 月，侨爱工程—加拿大陈沙立先生救护生命万里行捐赠黔南州救护车 3 辆。

2014 年，全州引进港澳台同胞及海外侨胞捐资助学助医项目 30 余个，捐资捐物资金 300 多万元，助学资金 195. 86 万元人民币，资助贫困学生 3160 人（次）。马来西亚星洲媒体集团资助全州贫困大学生 50 名，助学金 15 万元人民币。香港小平基金会长期资助贫困高中生，每年 500 名，助学金 50 万元人民币；澳门汇才慈善会在资助平塘民中贫困学生同时，每年组织澳门学生、教师到平塘，开展“一对一”生活体验，拓展帮扶形式和内容。是年，香港吴星可基金会捐赠残疾人轮椅 200 辆，到惠水、长顺发给肢体残疾人；购买大米、菜油慰问都匀、长顺困难群众 200 户，现场为 175 名贫困户发放慰问金 2. 77 万元人民币。

第六篇

法　　治

第一章　公　安

1991—2014 年，全州公安机关不断加强机构和队伍建设，依法开展预防、制止和侦查违法犯罪活动，制止危害社会治安秩序的行为，维护社会治安秩序，保护公民的人身和财产安全。同时依法履行户籍、居民身份证、出入境、交通、消防、危险物品等管理职能。

第一节　案件侦查

一、刑事案件侦查

1991 年，黔南州公安机关开展“严打”斗争和“反盗”“禁毒”“破案会战”“打拐”等专项斗争，摧毁现行犯罪团伙 610 个、成员 2400 人，缴获各类赃款赃物 250 万元，收缴枪支、子弹、炸药等物资。有 120 名犯罪嫌疑人自动投案自首。破获拐卖人口案件 425 起，摧毁拐卖团伙 112 个。是年，破获内部单位发生的盗窃案 245 起，摧毁犯罪团伙 35 个，抓获团伙成员 37 名；开展破案会战，破案 441 起，摧毁犯罪团伙 56 个，缴获赃款赃物折合人民币 15.1 万元。

1992—1994 年，公安机关依法从重从快打击各种犯罪活动，破获特大案件 170 起。摧毁犯罪团伙 942 个、成员 2753 人。缴获各类赃款赃物 492 万元。

1996 年，公安机关刑侦工作以“破大案、追逃犯、打团伙”为重点，全州摧毁犯罪团伙 458 个、成员 1796 人；缴获各类赃款赃物 288 万元。破盗抢机动车案件 48 起，摧毁团伙 6 个 16 人。破拐卖人口案件 36 起，摧毁拐卖人口团伙 3 个 20 人，解救妇女 42 人、儿童 6 人。

1997 年，公安机关推行刑侦工作改革，确定贵定、福泉、瓮安、罗甸等县（市）为试点，在办案中实行立案、侦查、审讯、提请逮捕、移送起诉一体化。全州摧毁犯罪团伙 326 个、成员 1239 人，缴获各类赃款赃物 1638 万余元。

1999 年，全州公安机关系统开展“追逃”专项斗争，抓获“三逃”（批捕在逃、负案在逃、两劳在逃）人员 468 人。全州摧毁犯罪团伙 3274 个、成员 1111 人。缴获各类赃款赃物 2 亿元。全州破拐卖案件 69 起，解救妇女、儿童 94 人。

2000 年，全州公安机关开展“百日破案会战”，破获平塘县绑架人质案、长顺县国税局干部王某某被杀等一批大要案。破获公安部督办 1999 年 1 月平塘县新塘乡政府办公楼大爆炸案；破获“6·13”瓮安县塔坡抢劫案、“6·22”车匪路霸案、独山县的碎刀案和惠水县的抛尸案等一批恶性案件。全州摧毁犯罪集团 265 个 962 人，追缴赃款赃物 436.2 万元。开展为期4个月的“打拐”专项斗争，共采集被拐、失踪儿童的父母血样55份，收集被拐卖妇女、失踪儿童信息资料602份，共破获拐卖案件28起，摧毁拐卖犯罪团伙26个53人，抓获人贩子78人。其中，上网人贩子52名，解救遣返被拐妇女、儿童132人。运用网上打拐的优势，首次通过DNA检验入网技术比对查找到一名被拐卖的儿童。

2001年，全州公安机关开展以“打黑除恶”严打整治斗争，摧毁犯罪团伙314个1302人。其中，涉黑组织犯罪团伙3个共85人，涉恶犯罪团伙44个共304人。缴获枪支、管制刀具、炸药、雷管等物资。开展全国“网上追逃”行动，通过查询、比对网上撤销73名，其中协助外省地区抓获逃犯19名（其中网上逃犯13名）。是年，全州查破犯罪集团案件275个1071人；共立侵财案件6260起，破案1530起。

2002年，公安机关开展“严打”整治斗争，全州查破犯罪集团案件78个217人。追缴赃款赃物469万元。全州范围内开展打击“两抢”（抢劫、抢夺）犯罪专项斗争，共清查房屋租赁户421户，审查流动人口中的“三无”（由民政部门收养的无生活来源、无劳动能力、无法定抚养义务人或法定抚养义务人丧失劳动能力而无力抚养的公民）人员869人。共清查旅馆、饭店、娱乐场所、网吧等1127家，出租房1107户，暂住人口4082人，“三无”人员578人，涉爆单位、重点场所480家，破获案件41起，打掉盗窃团伙3个，查处违法人员98人。开展“网上追逃”大会战，全州抓获网上逃犯801名，抓获未上网在逃人员78名，其中，协助外省外地抓获未上网逃犯24名。

2003年，公安机关通过开展“春季严打”“夏季严打”“秋季严打”斗争，严厉打击各类刑事犯罪活动，落实“边打边建、以打带建、以建促打”的刑侦工作思路。全州查破犯罪集团案件220个855人；盗窃、抢劫等侵财案件共立4851起，破案2203起。追缴赃款赃物454.12万元。全州共抓获网上逃犯1034名。

2004年，州公安局制定《黔南州公安机关“命案必破”九制（讨论稿）》《黔南州命案侦破奖惩办法》。都匀市公安局侦破省公安厅督办的“1·9”恶性强奸杀人案。打掉以轮奸、强奸等为主要犯罪的吴某某4个特大犯罪团伙，抓获犯罪嫌疑人16人；侦破“9·22”系列机动车被盗案件，打掉以罗某某、陶某某为首的两个流窜于黔南、黔东南、毕节、遵义等地盗窃机动车辆犯罪团伙，抓获犯罪嫌疑人7人，追回被盗货车10辆；破获系列盗窃机动车案件18起，为群众挽回经济损失200余万元。全州全年查破犯罪团伙案件180个723人；盗窃、抢劫等侵财案件共立案4459起，破案1969起，追缴赃款赃物484.8万元。在全州范围内开展“打击治理手机短信和网络诈骗犯罪专项行动”，破获贵州省首例利用虚假手机短信诈骗案，抓获犯罪嫌疑人3人，收缴手机短信群发器2套，手机8台，银行储蓄卡12张，手机SIM卡26张及赃款等物。

2005年，全州各级刑侦部门开展以侦破命案、追逃破积案、打击“两抢一盗”（抢劫、抢夺，盗劫）和区域性专项打击行动为主要内容的各项专项整治斗争。全州查破犯罪集团案件190个684人。盗窃、抢劫等侵财案件共立案4310起，破案1885起，追缴赃款赃物606.6万元。对全州2000—2005年未破盗抢汽车案件进行清理，录入全国被盗抢汽车信息网。已将所立的194起盗抢汽车案件的100起上网，上网率达51.5%。已破获“两抢一盗”案件1587起，摧毁盗抢机动车团伙18个71人，追缴机动车115辆。

2006年，公安机关以命案侦破和以“打黑除恶”为重点，开展打击“两抢一盗”“打击组织操纵未成年人违法犯罪专项行动”等专项统一行动。全年查破犯罪集团案件172个645人；盗窃、抢劫等侵财案件共立案4899起，破案2585起，追缴赃款赃物500万元。全州发生杀人案件93起，破案83起，破案率89.2%。破获“两抢一盗”案件2585起，破获盗抢机动车犯罪案件11起，摧毁盗抢机动车犯罪团伙8个17人，追缴赃车8辆。

2007年，全州查破犯罪团伙案件90起，涉案405起；盗窃、抢劫等侵财案件共立5327起，破案2366起，追缴赃款赃物240万元。全州发生杀人案件87起，破案77起，破案率88.5%。摧毁恶势力犯罪团伙7个，抓获涉恶案件团伙成员56人。全州公安机关户籍地追逃专项行动共抓获网上逃犯432人，其中为外省抓获61人，为省内其他市（州、地）抓获12人。

2008年，全州刑侦部门以“打黑除恶”为重点，查获各类犯罪团伙144个546人，直接受害人3051人。摧毁黑社会性质组织犯罪团伙1个，抓获团伙成员42人；打掉恶势力团伙30个，破获案件209起。

2009年，打掉恶势力团伙10个，抓获涉恶团伙成员75人，破获刑事案件57件。全州立命案94起，侦破96起（破获现行命案87起、年前积案8起、外省命案1起）。现行命案破案率为92.55%。抓获12名外省网上命案逃犯、1名省内外地网上命案逃犯、1名本地年前命案逃犯。“两抢一盗”案件立案10092起，破案3026起，破案率29.98%。上网各类逃犯927名，抓获各类网上在逃人员756名。

2010年，全州立“两抢一盗”案件11980起，破案3473起，破案率29%；打掉犯罪团伙179个，涉案1253起；批准逮捕905人；移送起诉912案，874人。受理拐卖妇女案件3起，破案1起，解救妇女1名，抓获涉案成员2名；受理拐卖儿童案件7起，破案2起，解救儿童2名，抓获涉案成员4名。共抓获网上逃犯709名。立发生在校园及周边案件306起，破获205起。

2011年，全州发生现行命案95起，侦破命案108起（其中破获现行命案88起、年前积案19起、外省命案1起），破案率为100%。立拐卖妇女儿童案件18起，侦破10起，破案率55.56%。破拐卖妇女儿童积案9起，破公安部督办拐卖案件2起，打掉拐卖团伙1个，打击处理涉嫌拐卖犯罪嫌疑人24人；共解救被拐儿童5人，解救被拐妇女16人。6—12月，通过“清网行动”，共抓获行动前网上逃犯473名。

2012年，全州发生现行命案86起，侦破命案92起，已破的92起命案中包括2起省公安厅挂牌督办命案、1起中央政法委督办信访命案、2串（4起）系列命案。现行命案破案率为93.02%，超过历史最高水平。是年，“两抢一盗”案件立案15073起，破获4168起，与2011年比，发案总数下降2%，破案数上升66%，创造了全年累计共83天“两抢一盗”零发案的历史纪录。立拐卖案件1899起（包括立拐卖妇女儿童案177起、立卖淫嫖娼案件300起、立组织未成年人和残疾人违法犯罪案件1422起），共破案1748起，打掉犯罪团伙159个。解救被拐妇女333人、被拐儿童14人、未成年人和残疾人1381人。工作成绩由

2011 年的全省第七名上升到 2012 年的全省第二名。

2013 年，开展刑侦工作“雷霆行动”，严厉打击各类刑事犯罪活动，全州立现行案件 16427 起，比上年上升 8.44%；破案 11752 起，比上年上升 60.48%，其中破现行案件 6810 起，比上年上升 34.88%。破获省公安厅下达的 10 起督办命案中的 8 起及 1 起 13 年前的命案积案。“雷霆行动”工作在全省综合排名第二名。“打拐”专项行动全州立案 2924 起，共破案 1746 起，打掉犯罪团伙 50 个，解救被拐妇女 189 人、被拐儿童 6 人、未成年人和残疾人 1414 人。立现行“两抢一盗一骗”（抢劫、抢夺、盗劫、诈骗）四类多发性侵财案件 15284 起，破现行“两抢一盗一骗”四类多发性侵财案件 6298 起，全州 12 个县（市）实现 131 天“两抢”零发案。

2014 年，全州刑侦工作按照“深入推进平安黔南建设”“深入开展命案攻坚战”的统一部署，推进“雷霆行动”严打整治专项斗争。全州立“两抢一盗一骗”四类多发性侵财案件 10410 起，比上年下降 20.9%，破侵财案件 6026 起，破案率为 57.89%，比上年上升 9.69%。破现行侵财案件 3586 起，现行侵财案件破案率 36.34%，比上年上升 4.03%。全州发生现行命案 66 起，共侦破命案 67 起（包括 1 起省公安厅督办命案），其中，破获年前积案 1 起、外省命案 1 起，破获现行命案 65 起，现行命案破案率 98.48%，比上年上升 2.48%，在全省 9 个市（州、地）公安机关中排列首位。

1991—2014 年全州公安机关刑事案件侦破情况统计表

表 6－1－1

年　度	立案（起）	其中重特大案（起）	破案（起）	其中重特大案（起）	破案率（%）
1991	5179	1268	4555	823	87.9
1992	4071	1301	3564	731	87.5
1993	4002	1155	3370	760	84.2
1994	3819	1119	3062	964	80.1
1995	3896	1572	3122	1266	80.1
1996	3616	1560	3084	1298	84.3
1997	3824	1558	2698	1253	82.2
1998	3756	1581	2469	1096	65.7
1999	3313	1191	2596	869	78.4
2000	6418	1253	3068	760	47.8
2001	7808	1279	2755	656	35.3
2002	7496	964	2859	677	38.1
2003	6379	1333	4241	1221	66.5
2004	6074	1128	3925	937	64.5
2005	6314	1232	3966	1070	62.8
2006	6414	1343	3996	1022	62.3

续表 6-1-1

年　度	立案（起）	其中重特大案（起）	破案（起）	其中重特大案（起）	破案率（%）
2007	6739	1051	3860	752	57.3
2008	13533	1288	4826	929	35.7
2009	13069	1135	4553	386	34.8
2010	14497	1010	4763	442	32.3
2011	18352	1100	5553	737	30.3
2012	21541	1337	10927	951	50.7
2013	17229		7343		42.6
2014	14532	721	10177	681	70.0

二、经济案件侦查

1993 年，全州内保系统共发生经济案件 18 起，破获 12 起，挽回经济损失 11 万元。

1994 年，州公安局制定《全州内保工作目标方案和考评办法》，印发各县（市）执行，为全省首次开展目标管理考评的单位。全州内保系统共发生经济案件 231 起，破获 175 起，破案率 76%，摧毁犯罪团伙 30 个，缴获赃款赃物 157 万元。

1995 年，全州有 39 个企、事业单位设公安科（处）39 个，企、事业单位共有公安干警 324 人。内部系统发生经济案件 158 起，查处 144 起，查处率 91%；立经济案件 8 起，破案 7 起，破案率 87%，挽回经济损失 178 万元。

1998 年，举办涉税案件培训班 1 期，对 163 个重点单位和 695 个重点部位落实守护措施，有 394 个金融营业场所风险达标。全年发生经济案件 37 起，破获 34 起，破案率为 92%。

1999—2000 年，全州立经济犯罪案件 98 起，破案 89 起。3 月 18 日，破获深圳地新公司李某某 290 万元金融票据诈骗案。是年，与重庆、广西警方配合，侦破贵州省最大的贩卖假币案，缴获假人民币 375 万元。

2001 年，州公安局成立经济犯罪侦察支队，设侦察一科、侦察二科、侦察三科。全州立经济犯罪案件 33 起，破案 33 起，挽回经济损失 721 万元。查破制贩假人民币案件 12 起，缴获假人民币 51 万元。

2002—2003 年，全州立经济犯罪案件 144 起，破案 97 起，挽回经济损失 340 万元，缴获假人民币 14 万元。

2004 年，全州经侦部门受理各类经济案件 97 起，其中直接受理 80 起，部门移送 17 起。立案 76 起，涉案金额 1.1 亿元。破获 68 起，挽回经济损失 598.64 万元。其中，荔波经侦大队破获的一起票据诈骗案涉案金额达 6160 万元；瓮安县公安局经侦大队抓获 2 名省公安厅督捕在逃犯。是年，经侦部门开展打击制售假发票和建筑安装企业偷税等涉税违法犯罪专项行动，配合有关行政执法部门开展打击制假售假、保护知识产权专利行动。全州检查纳税户 1000 余户，公安部门立涉税案件 12 起。协助追缴税收款项 56.8 万元。与工商等部门配合对传销和变相传销行为进行打击，共查处传销人员1000余人，捣毁传销窝点20余个。其中，州经侦支队同都匀市公安局经侦大队捣毁以“杨森国际（香港）有限公司”为名进行传销活动的组织，共清查非法传销人员500余人。

2005年，以打击假币犯罪、侵犯知识产权、职务侵占、挪用资金犯罪行为重点，全州经侦部门共受理案件111起，立案92起，与上年相比上升21%。破案83起，与上年相比上升22%。涉案金额2624万元，挽回损失500余万元，收缴假人民币578万元。8月22日，省公安厅专门发来贺电，对黔南经侦支队反假币工作作出肯定，专题纪录片《十面埋伏》记录了黔南的反假币工作，在黔南电视台及中央电视台12频道的“法制在线·天网”栏目播出。是年，开展“山鹰”行动，整顿和规范黔南州市场经济秩序，至2005年11月底，受理14起案件，立案侦查8起，破案7起，移送起诉4起，涉案335余万元。查获假“中华”“黄果树”“云烟”“红河”牌等卷烟20380条，收缴烟丝3吨、烟叶160吨，切烟机6台，捣毁私设烟厂7个。共清查来自湖南、湖北、河南、甘肃、四川的非法传销人员400余人，缴获涉案金额230余万元。6月21日，在独山县举行联合销毁假冒伪劣卷烟现场会，涉及“中华”“云烟”“玉溪”“黄果树”等品牌78个，共计28002条，制假卷烟辅料18余吨，制假机械22台（套），总标值207.6万元。

2006年，全州经侦部门受理案件82起，立案60起，总涉案金额8847万元，挽回经济损失836.3万元，收缴假币9.8万元。

2007年，全州受理案件127起，立案78起，破案68起，总涉案金额1亿元，挽回损失653.25万元。在打击传销行动中，侦破公安部督办的李某某涉嫌非法经营案，收缴赃款18.6万元、金首饰及大量传销产品西服、化妆品、书籍等。破获假发票案，收缴假发票602张合计239份，偷逃国家税款7.7万元。

2008年，开展“打击商业贿赂”“山鹰二号行动”“国酒二号”“打击传销”“打击网络传销”“打击跨境资金违规流动”“打击制售假发票和非法代开发票”等专项行动。全州受理案件92起，立案65起，破案44起，涉案总金额3533.3万元，挽回经济损失845.3万元。取缔传销窝点126个，传销案件立案10起，破案10起，涉案金额810万元。10月，州经侦支队参与指挥，都匀市公安局、市工商局、市检察院、市法院、市司法局及相关街道办事处联合开展打击传销专项行动，取缔传销窝点56个，查获传销人员960人。

2009年，全州受理案件213起，立案139起，破案125起，涉案总金额4.8亿元，挽回损失1276.5万元。全州假币案件9起，破案8起，共收缴假币129万元。2—10月，开展整治发票犯罪专项行动，共收缴620份发票，其中治安案件收缴发票570份，刑事案件收缴发票50份，涉及发票案件共立案17起。在全州开展打击传销百日联合执法行动，共立刑事案件12起，破案12起，涉案金额1000万元，追缴赃款15万元。端掉传销窝点210余个，遣返传销人员2500余人。破获公安部督办案件1起、省公安厅督办案件1起。

2010年，经侦部门按照公安部统一部署，开展“打击银行卡犯罪”“打击假币犯罪”“打击传销犯罪”“打击发票犯罪”等专项行动。全州立各类经济犯罪案件65起，破案55起，涉案金额5703.5万元，挽回损失1124万元。全州经侦部门收缴假币241.81万元，银行同期临柜收缴量32.7万元。收缴假发票12.8万份，共立经侦管辖的银行卡案件9起，破案5起。

2011年，全州开展打击侵犯知识产权和制售伪劣商品犯罪“亮剑”、打击银行卡犯罪“天网—2011”、打击整治发票犯罪、“积案攻坚”以及网上追逃“清网行动”等专项行动，共立案100起，涉案金额8890万元，挽回损失2078万元。全州查获涉假卷烟212条、假茅台78瓶、假五星习酒20瓶、假化肥、饲料200余吨、假手机100余台、假饮料42件、盗版光碟148张、盗版书籍50册。立案24起，破案18起，捣毁制假窝点15个，摧毁犯罪团伙3个，涉案金额600余万元，挽回经济损失25万元。7月，连续侦破3起特大贩卖假美元案件，共收缴假美元216万元（折合人民币1396万元）。全州打击整治发票犯罪共立虚开增值税专用发票案8起，破案6起，现场收缴增值税普通发票、贵阳市货物销售统一发票、完税凭证等各类假发票16.4万份，涉及开票金额1.4亿元。收缴假印章、假发票专用章200余枚。全州有经侦积案89起，已化解积案52起，化解率达58.4%，三类案件化解率达100%，超额完成省公安厅下达积案化解率年底达到50%的目标。

2012年，全州经侦部门立案351起，破案330起，挽回损失1500万元。在“破案会战”专项行动中，全州公安机关立经济犯罪案件200起，共破经济犯罪案件186起，挽回经济损失共计1249万元。立职务犯罪案件47起，破案51起。金融诈骗案立案90起，破案78起。各类侵犯知识产权犯罪案件立案10起，破案10起。配合行政执法部门组织打击侵犯知识产权清查行动40余次，彻底摧毁制假贩假窝点46个，收缴假冒注册商标标识4万套，查获假冒“矮匀”酒2.8万瓶，假冒“茅台”酒600瓶，假冒“五粮液”酒42瓶，假冒卷烟1万条，涉案总金额1100万元。收缴假币200万元。

2013年，经侦部门继续保持对严重经济犯罪的严打高压态势，开展打击侵犯知识产权和制售假冒伪劣商品、打击传销反欺诈促和谐、打击整治发票违法犯罪等专项行动，共立案590起，破案520起，涉案金额12.1亿元，挽回损失6000万元。侦破系列特大假发票犯罪案件，捣毁浙江台州籍家族式犯罪团伙2个。假发案涉及运输、建筑、金融保险、邮电通讯、房地产、电力、建材、石油、机电设备、劳务、药品、商贸、建筑安装、广告、餐饮、旅店等几十个行业，给国家造成损失4000万元，挽回国家经济损失400万元。获公安部通报表扬1次，贺电3次，获省公安厅贺电4次。

2014年，全州经侦部门立案1141起，破案1077起，涉案金额3.26亿元，挽回损失2100万元。在全省“雷霆”行动中，经侦民警人均破案数15.49起，百名民警破经济犯罪案件数29.63起，排名全省第二。在开展打击侵犯知识产权及制售伪劣商品专项行动中，同州商务和粮食局、州科技和知识产权局、州工商局、州烟草局、州文化和广播电影电视局等单位联合制定下发《关于打击侵犯知识产权和制售伪劣商品专项行动协作办法》，共立打假案件121起，破案111起，完成省公安厅下达的破案数50起以上的任务，在中央电视台媒体宣传报道5次，在省级媒体宣传报道15次。州公安局经侦支队被公安部评为全国公安机关“打假专项行动”先进集体。

第二节　治安管理

一、公共治安管理

1991年，黔南州治安管理工作以户口管理为基础，坚持以“打、防、管、建”相结合，配合“严打”行动开展工作。全年发生治安案件6050起，查处5368起，查处率为88.72%，受处罚9894人。

1992—1993年，共受理治安案件13782起，查处12819起，查处率为93%，受处罚24151人。

1994年，加强重点人口、暂住流动人口清理整顿。在清理暂住流动人口中，设立管理办公室74个，登记管理站230个，管理人员1187人，提供案件线索查破、查处刑事案件80起，治安案件227起，查处违法人员484人。

1996—1997年，全年受理治安案件13159起，查处12822起，查处率为96.6%，受处罚23648人。

1999年，全州受理治安案件4922起，查处4772起，查处率为97%，治安处罚7579人。

2004年，全州受理各类治安案件23089起，查处22845起，查处率为98.94%。

2006年，全州受理治安案件20721起，查处20555起，查处违法人员20701人。

2008年，开展剧毒化学品专项整治，加强对危险化学物品、民用爆炸物品、烟花爆竹安全监管和公共场所及重点复杂场所治安管理工作。摸排重点场所、部位累计23425处，与420个单位签订治安保卫责任状，指导332个单位制定处置突发事件预案，进行演练232次。

2009年，全州社会治安专项整治中，公安机关共投入巡逻防控警力37890人次，发动群防群治力量55785人次，新建技防设施197个，整治治安乱点306个，整改治安隐患921个。查处治安案件4193起，全州发生涉校案件69起，破案57起。发生涉校治安行政案件68起，查处68起。

2010年，全州受理治安案件16980起，查处治安案件12279起。全州排查重点地区（乱点）22个，整改重点单位隐患154处，排查矛盾纠纷1001起，调处965起。整治了一批治安、乱点。

2012年，开展矛盾纠纷排查化解工作，全州调解各类纠纷26098件，成功调处24946件，调解成功率95%。排查群体性事件隐患和突出矛盾纠纷308件，化解218件。中央政法委交办的106起信访积案，办结105起，办结率99.06%，公安部交办的7起信访积案全部化解。在社会治安专项整治中，全年受理治安案件26018起，查处17989起，排查整改社会治安重点地区（乱点）25个，开展出租房屋、城郊接合部排查整治69865次，清查人员34742人。捣毁赌博窝点62个，收缴赌资102.7万元；捣毁制枪窝点13处，收缴枪支2046支，子弹26923发，炸药（火药）10471公斤；检查各类场所2255家，停业整顿涉黄涉赌涉毒场所82家。排查整改校园周边安全隐患897处，取缔校园周边非法经营场所103个，查处各类违法行为427起，社会治安环境得到整治。

2013年，全州受理治安案件18103起，办结10115起，查处违法人员11994人次。在办结的治安案件中，扰乱公共秩序758起，妨害公共安全621起，侵犯人身权利、财产权利6014起，其他2722起。

2014年，全州受理治安案件47870起，办结43494起。重点打击食品、生态安全、伪造国家证件等犯罪活动，共破获生产、销售不符合安全标准的食品案7起，破获污染环境案6起，破获伪造国家证件案件75起，破获拒不支付劳动报酬案件82起。

二、特种行业管理

1991年，开展整顿旅店业745家，取缔无证旅店15户，吊销营业执照4户，停业整顿33户。

1992—1993年，开展对779家旅店、756家旧货业、140家印刷业、38家刻字业、792家公共娱乐场所进行全面登记，逐户清理建档。取缔39家文化娱乐场所，停业整顿93家。

1996—1997年，全州开展专项治理取缔26家文化娱乐场所，停业整顿96家；查封有奖电子游戏室84家1853台，查封开心天地（电脑游戏机）11家165台。

2004年，取缔网吧28户，取缔娱乐场所26个。拆除违章建筑11处，取缔无证摊点526个，收缴非法出版物218册。

2005年，在全州范围内共出动警力417人（次），对特种行业和娱乐场所进行集中整治，共清查旅馆、宾馆339家、歌舞厅、电子游戏室等娱乐场所共计271家、美容美发厅、桑拿浴63家、网吧71家，清查流动人员654人，下达整改通知书164份。全州公安机关治安部门与特种行业的业主签订安全保卫责任书5000余份。通过废品收购行业清查，破获盗割通信线路、市政设施路灯电线案件4起，抓获犯罪嫌疑人7人。查封非法收购点5家，停业整顿6家，取缔1个收购点。清理检查废旧收购站（点）185个。

2006年，取缔校园周边娱乐场所34个，收缴非法出版物2036册。

2007年，防范和打击盗窃破坏电力、电信、广播电视设施违法犯罪专项斗争，全州立案、破案312起，打掉犯罪团伙27个，打掉收赃窝点7个，清理废旧收购点205个，查扣赃物69吨，为企业挽回损失258万元。集中清理整治“三电”（电力、电信、广播电视设施）设施周边及沿线的废旧金属收购点205个，查处违法收购点75个、无证经营5家，依法收缴违法收购的一批赃物。

2008年，清查旅馆、宾馆159家、歌舞厅、电子游戏室等娱乐场所共计356家、美容美发厅和桑拿浴98家、网吧83家，下达整改通知书152份。全州有旅馆业（含留宿洗浴场所）892家，已联网旅馆业信息系统共计892家，联网率100%。通过旅馆业管控信息系统发出有效报警32次，通过核实共抓获在逃人员25人。在打击盗窃破坏“三电”设施违法犯罪中，全州立案破案146起，打掉犯罪团伙8个，涉及金额15万元。打掉收赃窝点7个，清理废旧收购点245家，现场整改34家。

2010年，全州开展流动人口、租赁房屋、公共娱乐场所等特种行业清理整顿专项工作，清理出租房屋9056户，清理旅馆业1022，发现隐患208处，清理检查娱乐场所238家，清理登记暂住人口35710人。

三、危险物品管理

1991年，民爆物品发生事故7起，死亡4人，伤3人，经济损失0.62万元。与上年相比，事故发生上升166%，死亡人数、伤人数和经济损失分别下降50%、62.5%和63.5%。全年收缴军用枪支1支、民用枪51支、其他75支、子弹269发、炸药2687公斤、雷管7680发、导火索1537米、管制刀具372把。

1992—1993年，共审批新建爆竹厂11个，全州有爆竹厂49个；取缔非法生产爆竹厂家2个。收缴炸药2456公斤、雷管508795发、导火索17503米、各类枪支240支、子弹146发，没收废弃手榴弹、炮弹202枚以及管制刀具1074把。

1996—1997年，全州收缴炸药23539公斤、雷管39607枚、导火索31431米，收缴民用枪支8525支、管制刀具1976把。取缔非法生产爆竹厂家13个。

1999年，开展严打涉爆犯罪专项斗争。全州清查涉爆单位930家，收缴炸药17163公斤、雷管31705枚、导火索98116米、黑火药86公斤；清理涉爆违法人员93人；收缴非法枪支3468支。

2001年，开展收枪治爆专项行动，收缴各类枪支6496支、子弹4094发，捣毁制枪窝点11个；收缴炸药11726公斤、雷管18542枚、导火索31413米，打击处理涉爆违法人员243人，打击处理涉枪违法犯罪人员317人。

2004年，对847个涉爆单位、35个烟花爆竹生产厂家进行全面检查。经检查，对保管设施简陋及领用清退制度不健全的26家涉爆单位责令其限期整改；对6家存在严重安全隐患的涉爆单位责令停业整顿，限期整改。全年收缴各类非法炸药675.55公斤、雷管2078枚、导火索1604米、导爆索100米、烟花爆竹21.22万头、成品半成品爆竹760万头、烟花爆竹引线4860公斤、成品半成品烟花爆竹120公斤，查处涉爆违法犯罪案件24起。

2006年，全州公安部门检查涉爆单位1233家，其中发现隐患225起，发出限期整改通知书102份，共收缴各类非法炸药1055.35公斤、黑火药95.33公斤、雷管4600枚、导火索1668.9米、导爆索34米。收缴各类非法枪支253支，收缴管制刀具1377把。捣毁4家非法生产烟花爆竹作坊，收缴成品爆竹310万响、导火索25米、爆竹筒300万个、爆竹引线15公斤，生产原料工业钾盐440公斤、硫磺400公斤、银粉16公斤、编炮机12台。打击处理涉枪违法犯罪人员18人。查破非法制贩涉爆案件19起，查处涉爆违法犯罪人员28人。开展剧毒化学品专项整治，全州有剧毒化学品从业单位143家，其中，使用单位64家，生产单位13家，经营单位63家，储存单位3家，有剧毒化学品从业人员213人。共清理检查剧毒化学品从业单位143家，在检查中发现隐患62处，提出整改意见52条，并严格督促落实整改。通过专项整治，全州从事剧毒化学品生产、储存、经营的单位备案率达到90%以上，“剧毒化学品购买凭证”“剧毒化学品准购证”回执率达到100%。

2007年，全州开展民用爆炸物品整治工作，全州检查涉爆单位1100个，发现安全隐患231起，发出限期整改通知书163份，提出限期整改意见227条，责令停业整顿3起，督促落实整改115条，处理责任人员65人。收缴非法炸药3108.58公斤、原材料硝铵锌化肥2920公斤、硝酸铵复混合肥3.9吨，雷管10959枚、导火索2801.5米、手榴弹5枚、剧毒化学品50公斤、爆竹2005头、黑火药烟火剂0.22公斤、管制刀具152把，收缴各类非法枪支124支、枪管2支、子弹931发，引爆清退涉爆单位因停产整改而留存的炸药774公斤、雷管1150枚。查破涉爆涉枪违法犯罪案件30起，查处涉爆涉枪违法犯罪人员59人。

2008年，全州检查涉爆单位834家，发现安全隐患90起，发出限期整改通知书90份，提出限期整改意见115条，责令停业整顿3起，督促落实整改115条，处理责任人员65人。收缴非法炸药201.65公斤、雷管9326枚、导火索9403.2米、黑火药烟火剂200.75公斤、收缴管制刀具27把；收缴各类非法枪支41支、子弹162发，查破涉爆涉枪违法犯罪案件12起，查处涉爆涉枪违法犯罪人员15人。在全州范围内开展枪支弹药和警用车辆管理安全大检查，检查配枪单位116个，审查配枪民警2803人，检查警用车辆121台（次）。

2009年，公安机关为确保国庆60周年期间社会秩序稳定，共检查涉爆从业单位4144家，发现隐患732起，落实整改620起；排查涉爆可疑场所651处；查破非法制贩爆炸物品案件10起，抓获涉案人员17人，捣毁制贩窝点5处，梳理非法制贩爆炸物品在逃人员3人。收缴炸药8888.73公斤、雷管37735枚、导火索16433米、黑火药烟火剂500.4公斤。查处涉枪违法犯罪案件16起，处理涉案人员23人，捣毁非法枪支窝点4个，打掉团伙2个。收缴气枪4支、火药枪69支、仿制枪18支、改制枪1支、猎枪3支、自制枪4支，收缴军用子弹387发、民用子弹56发。开展安全生产隐患排查治理专项行动，全州排查治理隐患单位509家，排查一般隐患314项，已整改274项，整改率为87.3%。

2010年，开展治爆缉枪专项整治，全州检查涉爆单位834家，收缴炸药823.1公斤、雷管2621枚、非法枪支65支、子弹1088发、管制刀具29把。

2011年，在民用爆炸物品安全管理专项行动开展期间，检查涉爆单位2341家（次），发现安全隐患315起，当即整改130家，下达整改通知书185份，整改落实180家。排查登记涉爆重点人员670人。共发生涉爆事故案件8起，立案查处抓获违法犯罪人员14人，刑事拘留13人，行政拘留1人。抓获督捕制贩涉爆在逃人员1人，收缴炸药930.5公斤、雷管1127枚。在枪支管理排查隐患整治活动中，共检查涉枪单位125家、枪支3897支、涉枪人员2950人，发现隐患漏洞40处，整改到位40处。

在全州范围内开展烟花爆竹专项整治工作，检查烟花爆竹生产厂家22家、销售储存网点1756个，发现安全隐患125起，落实整改123起，查处违规燃放烟花爆竹60起，警告76人，行政拘留3人。

在治爆缉枪专项行动中检查涉爆从业单位480家，检查枪支弹药从业单位124家，检查剧毒化学品从业单位33家，检查易制爆化学生产经营单位7家。

2012年，在危化危爆物品安全管理上，全州375家涉爆单位、225个民爆物品储存库、3569名注册上岗的涉爆从业人员全部纳入管理，排查整改危化危爆隐患1246起，实现购买、销售、运输、使用、储存各个环节的“阳光管理”，全年未发生涉爆安全事故。在

“灭枪专项行动”中，共办理持枪犯罪案件14起，走私、制造、贩卖枪支弹药案件9件，非法持有、私藏枪支弹药案件243起，查处军用枪支2支，仿军用和民用制式枪支14支，气枪及其他自制枪支287支，打击处理涉案人员276人，在全省“灭枪行动”目标考核中排名第一。

2013年，公安机关在危爆物品、枪支弹药的监管上，通过群众主动上缴、举报查缴、公安机关日常检查收缴、破案查缴、深挖追缴等，共收缴火药枪108支、仿真枪支74支、管制刀具864把、子弹5251发、炸药5815公斤、雷管9108枚、导爆索58米、炮弹12枚、手榴弹11枚。破获非法制造枪支弹药犯罪案件1起、贩卖枪支弹药犯罪案件17起，依法追究刑事责任17人；打击非法制造、买卖、运输爆炸物品犯罪案件11起，收缴雷管1335枚、炸药2953公斤，收缴私制炸药60公斤、黑火药13.5公斤、硝酸铵540公斤、烟花爆竹914件，依法追究法律责任15人。破获非法持有枪支弹药犯罪案件45起，收缴非法枪支弹药50支、子弹3265发，依法追究刑事责任49人；查处非法贩卖管制器具案件2起、非法携带案件5起，行政拘留8人，收缴仿真枪7支、电棍20根、钢珠1259粒、大砍刀等制刀具154把。不间断开展危爆物品事故安全隐患排查整治，严查涉爆涉危单位，共查处7家违法违规行为10起，严格督促整改安全隐患企业135家，罚款35万元，行政拘留涉案人员3人。

2014年，全州检查爆破作业单位119家、民爆物品储存库124个、爆破作业点3561处、烟花爆竹从业单位38家，检查剧毒化学品、放射源从业单位97家，共发现安全隐患121起，当即整改99起，限期整改22起；查处涉爆案件6起，处罚爆破作业单位8家，罚款35万元。收缴电雷管1705枚、三级煤矿乳化炸药67.5公斤、爆竹157件，安全处置剧毒化学品0.97公斤，放射源1枚。在缉枪治爆专项行动中，破获非法持有枪支案件60起，破获涉爆刑事案件11起，查处涉爆治安案件5起，采取刑事强制措施18人，治安处罚5人；收缴非法枪支143支、子弹22650余发、雷管9856枚、炸药8564公斤、自制炸药535公斤。

四、查禁社会丑恶现象

1991—1993年，全州查处赌博案件2214起，处理违法人员9919人；查处嫖娼卖淫案件337起，抓获卖淫嫖娼人员351人，摧毁卖淫团伙12个成员171人；查处种毒、吸毒案件69起，铲除罂粟18352株，取缔烟馆8家，收容戒毒65人。

1996—1997年，全州查处赌博案件1816件8422人；查处卖淫嫖娼案件491起617人，摧毁卖淫团伙85个。

2001年，共查获卖淫嫖娼案件12起21人，查处赌博案件6起18人，没收赌资1.3万元。

2006年，全州开展集中打击赌博违法犯罪活动专项行动，共查处各类赌博案件77起，抓获涉案人员412名，罚款371人，收缴罚没赌资24.3万元。共接到群众举报赌博违法犯罪线索15起，查处15起，捣毁赌博窝点2个。是年，全州开展“扫黄”专项整治行动，各县（市）公安局共清查旅馆、公共娱乐场所1665家，清查洗浴业、光碟出租及网吧等公共场所326家，对其中12家包厢、包房设置不符规定的责令其限期整改，在清查中下发限期整改通知书765份，对有吸“K粉”的3家歌舞娱乐厅责令停业整顿；共查处卖淫嫖娼案件9起，处理违法人员12人。

2007年，共查处各类赌博案件215起，抓获涉案人员875名，收缴罚没赌资12.3万元。共接到群众举报赌博违法犯罪线索18起，查处8起，捣毁赌博窝点12个，取缔游戏机室等娱乐场所5家，责令整改娱乐场所1家，收缴赌资15.8万元。

2008年，在集中打击网络赌博违法犯罪专项行动中，共查办黄赌毒案件378起（查办涉黄治安案件98起、涉赌治安案件189起、涉毒治安案件91起），打击处理863人，其中，治安拘留324人、刑事拘留25人，罚款6.3万元，收缴赌资15.5万元，收缴赌具78件，停业整顿歌舞厅15家，限期整改歌舞厅8家，关停游戏机室13家，查处违法音像店3家，查缴盗版、淫秽光碟769碟，没收色情、淫秽书刊496册。

2009年，制定《黔南州组织开展集中打击赌博违法犯罪活动专项整治行动方案》，全州接到群众举报赌博违法犯罪线索28起，查处28起，捣毁赌博窝点7个，取缔游戏机室等娱乐场所9家，责令整改4家娱乐场所，收缴赌资12.9万元，罚款150人，治安拘留16人，警告8人。在打击组织强迫妇女卖淫专项行动中，全州公安机关共打掉组织卖淫团伙6个，查破组织、强迫、引诱、容留介绍卖淫案件9起，抓获犯罪嫌疑人9人，解救未成年人3人。全州检查娱乐场所159家，宾馆、旅社557家，出租屋1365处，责令整改娱乐场所3家，查获卖淫嫖娼案件39起，行政拘留78人。

2014年，开展禁赌治赌专项斗争，共查破案件254起，抓获涉赌人员1094人，其中，采取刑事强制措施222人，行政拘留177人，治安罚款695人，收缴赌资109.5万元，收缴或销毁赌博机269台，捣毁赌博团伙18个，查处场所20494家。

1991—2014年全州治安案件查处情况统计表

表6-1-2

年 度	受理（起）	查处（起）	查处率（%）	处罚（人）
1991	6050	5368	88.7	9894
1992	7846	7252	92.4	14057
1993	5936	5567	93.8	10094
1996	7997	7835	98.0	13728
1997	5162	4987	96.6	9920
1998	5802	5590	96.3	9410
1999	4922	4772	97.0	7579
2000	12066	10994	91.1	12872
2001	13258	11819	89.1	14568
2002	14874	14168	95.2	16736
2003	18776	18336	97.7	

续表 6－1－2

年　度	受理（起）	查处（起）	查处率（%）	处罚（人）
2004	23089	22845	98.9	
2005	15838	15681	99.0	
2006	20721	20555	99.2	20701
2007	5724	4722	82.5	5226
2008	8188	5462	66.7	5173
2009	16258	12430	76.5	11089
2010	15656	11328	72.3	10636
2011	14827	11718	79.0	14829
2012	26018	17989	69.9	14876
2013	18103	10115	55.9	11994
2014	47870	43494	90.9	695

说明：1994 年、1995 年统计资料遗失

第三节　户政与出入境管理

一、户籍制度改革

1990—1993 年，为实际居住在城镇或在城镇有相对稳定职业的农民办理“蓝印户口”，并明确规定“蓝印户口”属非农业户口。全州办理“蓝印户口”11005 人。

1998—2012 年，实行小城镇户籍管理制度改革，放宽城市、城镇落户条件，15 年间，黔南州非农业人口从 431821 人增加到 562095 人，净增 130274 人，增加了 30.17%。户籍制度改革过程中，前 10 年全州农业人口转非农业人口增长较快，城镇化率提升明显加快，10 年间，全州非农业人口从 431821 人增加到 2008 年的 547382 人，净增 115561 人，增加 26.76%，年均递增 2.67%，与全省处于同一增长水平。2008—2012 年，全州农业人口转非农业人口仅增加 14713 人，非农业人口增长率仅为 2.69%，年均递增 0.54%，远低于前 10 年年均递增率。

二、居民身份证颁发

1991—1994 年，持续开展第一代居民身份证颁证工作，向省制证中心送底卡 197154 人，办理临时身份证 11605 人。

1996—2004 年，居民身份证颁发 500334 人，签发临时身份证 61273 人。

2006 年，开展换发第二代居民身份证工作，至 11 月底，完成上传合格数据 547425 人，提前和超额完成省公安厅下达黔南州制发证 39 万人任务，发放第二代居民身份证 460587 人，黔南州公安局被公安部评为“人口信息数据报送”先进公安局，黔南州有 7 个户籍窗

口被评为省级户籍文明窗口。

2007—2008 年，全州办理第二代居民身份证 1539328 份。

2009 年，全州 16 周岁以上人口换证合格率达 83.50%，排列全省第三名。同时，完成全州部队人员办理居民身份证的培训和开通工作。2010—2014 年，正常办理第二代居民身份证。

三、户籍（人口）管理

1991 年，州政府转发州公安局《关于加强户政管理工作的通知》，通知明确户政管理工作职责范围，在农村实行一家一户小户口簿。全年受理居民“农转非”（农业人口转为非农业人口）954 户 2042 人，批准 875 户 1851 人。是年，全州有暂住人口 23090 人，发证 17888 人，办证率为 77.4%；办理边境证 6747 人次。

1992 年，黔南州组建暂住人口管理站 418 个，有户籍协管员 2927 人；签发暂住证 19388 人，发证率 74%；办理边境证 16798 人次。1993 年，州“农转非”办公室撤销，“农转非”工作由公安局负责统一审查、审批和入户，州公安局印发《关于上报“农转非”有关事项的通知》，要求全面推行“两公开、一监督、三公布”（办理程序、审批结果公开，接受群众监督，申请名单、审核上报名单、批准名单公布）。是年，审批农转非 922 人，办理“蓝印户口”815 人；签发暂住证照 4159 人，发证率 90%。

1994 年，全州受理农转非 1585 户 2443 人，办理边境证 16100 人次。1995 年，州公安局出台《加强本地区暂住人口管理方案》，开展暂住人口清理整顿工作。全州有暂住人口 27822 人，签发暂住证照 27324 人，发证率 98%。1996 年，办理暂停 24106 人，办租赁房屋许可证 7356 户，办证率分别为 92.5%、100%。查验居民身份证 34237 人次，全州农业户口 647233 户、3034050 人、2825 个村全部实现农村户口一户一簿、一人一表、一户一牌、一村一图“四个一”工程。办理边境证 21500 人次，审批“农转非”170 人。

1997 年，开展建设“户政文明窗口”示范单位活动，有 3 个户政窗口达标。办理暂住证 25436 人，办证率 95.1%。按时完成新户口本换领发证工作，办理边境证 8795 人次。1998 年，全年流动人口 65372 人，其中，暂住 24900 人，流出 40472 人；1999 年，全年流动人口 65372 人，其中，暂住 24900 人，流出 40472 人。

2000 年，新增户籍文明窗口 16 个，开展第五次人口普查户口整顿工作。州公安局户口科被省公安厅评为全省先进户政科、全省人口统计年报先进单位。2001 年，全州登记流动人口 132544 人，其中，暂住 23741 人，办理暂住证 11805 人；流出 108803 人。换发户口簿 712744 户，完成编码 2775575 人，建立编码登记簿 73512 册。

2004 年，登记流动人口 293630 人，其中暂住人口 28414 人，办理暂住证 23070 人，流出人口 265216 人。都匀、瓮安、贵定、龙里、长顺 5 个县（市）完成人口信息系统“百城联网工程”。建设任务，福泉、惠水两县（市）近 70 万人的人口信息完成录入工作，并入“百城联网工程”，人像采集工作、人口信息录入、数据质量、清理纠错等工作均排全省前五名，被公安部评为全国三等奖、被省公安厅评为全省一等奖。

2007 年，开展人口调查和户口核对工作，做到对辖区实有人口底数清、情况明、信息灵，同时，将常住人口、暂住人口及居住在辖区的外籍人口等信息及时登录上网。2008年，重点抓好常住人口、重点人口、入黔国外境外人口、暂住人口管理工作。全州录入总人口3969518人，常住人口已全部录入，共录入暂住人口44175人，工作对象9039人。

2009年，按照省流动人口管理办公室《关于印发〈流动人口和租赁房屋清理整顿专项工作方案〉的通知》要求，开展流动人口和出租房屋的清理整治工作。是年，全州登记外来暂住人口67469人，流出人口454292人。暂住人口中办理暂住证30088人。

2013年，全州“贵州省派出所基础信息管理系统”日平均访问量2730人次。“贵州省派出所基础信息管理系统”共采集录入实有人口4146002人。其中，常住人口4075321人，暂住人口70588人，境外在华居住人员93人。采集录入出租房屋17378户，出租房屋房主录入率99.98%，承租人录入率99.79%。采集录入暂住人口70588人，暂住人口身份证号录入率100%，人口照片采集录入率99.57%，暂住事由录入率达到97.67%，暂住处所录入率97.57%。采集录入工作对象26311人，工作对象身份证号录入率100%，人口照片录入率99.9%，现实表现录入率96.1%，动态情况录入率98.79%，评议信息录入率99.36%。

2014年，开展16周岁以上人像采集和同版相片的清理整顿工作。全州16周岁以上人口总数3267175人，已采集相片2913662人，采集率为89.18%，排全省第二。6月，全州提前完成同版相片清理整顿工作。10月，全州累计制发居住证41009张，提前完成省公安厅下达的任务。

四、出入境管理

1991年，全州申请出境135人，批准92人；入境外国人、港澳台胞及华侨696人。1992年，全州受理申请出境定居、探亲、自费留学167人，接待到境内考察、旅游等外国人193人，涉及14个国家和地区。1993年，申请出境167人，批准112人；入境外国人、港澳台胞及华侨619人。

1994年，全州境内公民出国（境）152人，临时来州内的境外人员981人，常住外国人36人，办理外国人签证42人次，办理涉外案（事）件3起。

1995年，全州申请出境204人，批准94人；入境外国人、港澳台胞及华侨269人。1996年，接待国家和地区的境外人员575名，办理各种签证、签注、证件90人次，受理公民因私申请出境材料287人次，批准226人次。1997年，公民出国（境）424人，临时来州的境外人员875人，办理外国人签证124人次，办理涉外案（事）件8起。

1998年，公民出国（境）378人，临时来州内的境外人员641人，办理外国人签证68人次，办理涉外案事件7起。1999年，公民出国（境）473人，临时来州内的境外人员642人，办理外国人签证55人次，办理涉外案（事）件2起。是年，开展法定不批准出境人员的通报备案工作。

2000年，公民出国（境）1003人，临时来州内的境外人员512人，办理外国人签证63人次，处理涉外案（事）件3起。2001年，公民出国（境）925人，临时来州内的境外人员730人，办理外国人签证66人次，办理涉外案（事）件4起。是年，出入境管理科开展争创人民满意出入境管理窗口活动。2002 年，境内公民出国（境）1585 人，临时来州内的境外人员 1062 人，办理外国人签证 84 人次，办理涉外案（事）件 6 起。2000 年版“往来港澳通行证”启用，首次进行出入境管理民警任职资格考试。

2003 年，公民出国（境）1743 人，临时来州内的境外人员 623 人，办理外国人签证 124 人次，办理涉外案（事）件 3 起。开展国家工作人员登记备案工作，获黔南州精神文明建设委员会和州创建“青年文明号”组委会授予“文明示范窗口”“青年文明号”称号。2004 年，开展《中华人民共和国公民出境入境管理法》《中华人民共和国外国人入境出境管理法》实施 20 周年宣传活动，被黔南州文明委评为“文明示范窗口”。境内公民出国（境）4168 人，办理外国人签证 95 人次，办理涉外案（事）件 8 起。

2005 年，公民出国（境）4447 人，常住外国人 39 人，办理外国人签证 104 人次，办理涉外案（事）件 2 起。办理各种签证、签注、证件 116 人次。

2006—2008 年，境内公民出国（境）20649 人，临时来州内的境外人员 3806 人，办理外国人签证 112 人次，办理涉外案（事）件 16 起。

2009—2010 年，公民出国（境）30687 人，临时来州内的境外人员 4676 人，办理外国人签证 219 人次，办理涉外案（事）件 14 起。是年，公安部为加强全国外国人管理工作，明确 136 个城市为全国外国人管理重点城市，黔南州列在其中。

2011 年，全州受理公民因私申请出国（境）材料 24325 人次，其中，赴香港 10676 人次，赴澳门 8200 人次，赴台湾 1048 人次，出国探亲、访友、商贸、旅游等 4401 人次。全州完成国家工作人员报备入库 124 人次。共接待各国（地区）境外人员 4918 人次。办理各类外国人贴纸签证、居留许可、台湾居留来往大陆签注共 131 人次。全州发生涉外案（事）件 8 起。

2012—2013 年，公民出国（境）70559 人，常住境外人员 80 人，临时来州内的境外人员 7105 人，办理外国人签证 160 人次，办理涉外案（事）件 16 起。

2014 年，全州居民办理出境证件 52230 人次，其中，办理护照 12954 人次，大陆证及签注 1368 人次，港澳通行证及签注 37908 人次，较 2013 年增长 28%。临时来州内的境外人员 4423 人次，较 2013 年增长 9%；办理外国人普通签证 6 人次、外国人居留证件 100 人次，台胞来往大陆签注 23 人次。

第四节　禁毒缉毒

1991 年，全州公安机关开展禁毒专项斗争，破获毒品案件 38 起，铲除罂粟 3 万株，缴获大烟 5550 克、海洛因 20 克，查获烟馆 22 个，查出吸毒人员 147 人。1992 年，破获毒品案件 38 起，铲除罂粟 5 万株，缴获大烟 7658 克、海洛因 0. 26 千克；查处种毒 50 起，处理违法人员 75 人，铲除罂粟 52131 株，取缔烟馆 15 家，收容戒毒 15 人；收缴剧毒药品 64 克。1993 年，铲除罂粟 5 万株，缴获大烟 8. 54 千克、海洛因 0. 32 千克。查处种植罂粟案32起，铲除9910株，处理违法人员33人，取缔烟馆15家，收容戒毒人员21人，收缴大烟0.295千克。

1994年，铲除罂粟4万株，缴获大烟8.75千克、海洛因45克。1995年，全州查破各类毒品违法犯罪案件65起，其中，容留他人吸毒案1起，贩卖毒品案件45起（重大8起、特大4起）。缴获海洛因890克、鸦片2.1千克，铲除罂粟8000株。抓获各类违法人员410人，摧毁吸毒窝点30个；收戒吸毒人员强制戒毒330人，复吸送劳教12人；铲除罂粟8000株。

1996年，全州查破各类毒品违法犯罪案件238起，其中，重大10起、特大7起。查获吸食、注射毒品案件166起。缴获海洛因1.89千克、鸦片3.28千克，铲除罂粟8402株。抓获各类违法人员584人，摧毁吸毒窝点51个。1997年，全州查破各类毒品违法犯罪案件749起，其中，重大16起，特大11起。查获吸食、注射毒品案件595起，缴获海洛因34.76千克、鸦片0.45千克，铲除罂粟13961株。抓获各类违法人员905人。摧毁吸毒窝点68个。

1998年，全州查破各类毒品违法犯罪案件920起。其中贩卖、种植毒品案件立240起（重大36起、特大9起），吸食、注射毒品违法案立680起，抓获各类违法人员1048人。缴获海洛因1.87千克，铲除罂粟11428株，收戒吸毒人员711人，摧毁吸毒窝点6个。1999年，全州破获毒品犯罪案件267起（重大案件17起，特大案件15起），查获吸食、注射毒品案642起，种毒案件8起。抓获涉毒人员993人。缴获毒品海洛因2.92千克、鸦片0.59千克、罂粟壳7.23千克、精神麻醉药品2488粒，针剂149支，铲除罂粟9224株。

2000年，全州破获毒品案件298起（重大案件20起，特大案件8起）；查获吸食、注射毒品801人，非法持有毒品7人，非法种植罂粟13人，吸毒人员926人。缴获毒品海洛因3.17千克、鸦片0.18千克、罂粟壳12.69千克、精麻药品7933粒、针剂152支，铲除罂粟1740株。

2001年，全州破获贩卖毒品案件235起，种毒案件6起，吸食、注射毒品案797起。共抓获各类违法人员1124人。查处吸毒人员825人。缴获毒品海洛因2.13千克、鸦片0.18千克、精麻药品2022粒、针剂112支，铲除罂粟6432株。

2002年，全州破获各类毒品违法案件1089起，缴获毒品海洛因2.3千克、鸦片8克，缴获易制毒化学品357千克、精麻药品2842粒，摧毁吸毒窝点99个。铲除罂粟3851株，强制戒毒964人；复吸送劳教209人。以乡镇为单位创建“无毒社区”214个，创建率88.8%。2003年，全州共破获毒品案件270起（特大案件8起，重大案件10起），缴获毒品海洛因3.7千克、鸦片120克，铲除罂粟29512株，摧毁吸毒窝点66个。强制戒毒452人，复吸送劳教68人，治安处罚129人。

2004年，全州查破各类毒品违法案件744起（重大案件15起，特大案件14起），缴获毒品海洛因3885克、摇头丸1411克、K粉980克，铲除罂粟4333株。2005年，全州查破贩卖毒品案192起，非法种植毒品案7起，贩运易制毒化学药品2起，吸食、注射毒品案664起。缴获毒品海洛因24.3千克、摇头丸1.45千克、K粉1.06千克，铲除罂粟5670

株，摧毁吸毒窝点 20 个。10 月，州公安局刑侦支队和独山县公安局刑侦大队抽调 10 余名警力，辗转广东、重庆等多个地（市），捣毁一个特大吸贩毒犯罪团伙，抓获贩毒人员 5 名，缴获海洛因 21 千克、手枪 2 支，一次缴获毒品数量是全州最多的一次。

2006 年，全州查破各类毒品犯罪案件 191 起（重大案件 19 起，特大案件 11 起）；强制收戒吸毒人员 495 人，复吸送劳教 335 人。缴获毒品海洛因 8.17 千克、零包 313 个、摇头丸 411 克、K 粉 729.6 克、麻黄碱 15 千克、鸦片 416 克、冰毒 210 克，收缴安定针剂等精麻药品 727 支，各类精麻药物 1026 片，铲除罂粟 1333 株，摧毁吸毒窝点 12 个。

2007 年，全州共破获各类毒品违法犯罪案件 174 起（特大案件 8 起，重大案件 11 起），缴获毒品海洛因 6.15 千克、冰毒 3.64 千克、摇头丸 0.2 千克、氯胺酮 2.7397 千克、麻黄碱 76.3 千克、大麻 0.02 千克、鸦片 0.88 千克，铲除罂粟 1754 株，强制收戒吸毒 591 人次，复吸报劳教 352 人。是年，参与主办、协办的毒品案件 33 起，强制戒毒 27 人，劳教戒毒 7 人，逮捕 33 人，移送起诉 30 人，打掉团伙 6 个，其中跨省贩毒团伙 1 个。缴获海洛因 0.83 千克、氯胺酮 2.73 千克、摇头丸 79 粒、其他毒品 2.45 千克、枪支 1 支、缴获车辆 5 辆，缴获毒资 28.15 万元。

2008 年，全州破获各类毒品违法犯罪案件 269 起（特大案件 12 起，重大案件 19 起），获毒品海洛因 1.88 千克、冰毒 3.71 千克、摇头丸 0.02 千克、氯胺酮 13.83 千克，缴获各类毒品 1.94 千克，铲除罂粟 2195 株。2009 年，全州破获各类毒品违法犯罪案件 296 起，缴获各类毒品 17.77 千克。通过吸毒人员动态管控系统拓展应用破获毒品犯罪案件 2 起，抓获犯罪嫌疑人 2 名，缴毒 0.02 千克，查获吸毒人员 20 名。

2010 年，全州破获毒品犯罪案件 335 起（特大案件 25 起，重大案件 16 起），获各类毒品 44.86 千克，铲除罂粟 693446 株，抓获网逃人员 14 人。全州 240 个乡镇（办事处）中巩固创建的“无毒乡镇”达到 198 个，与上年 188 个相比增加 10 个，无毒覆盖率达到 82.91%，已超过“无毒乡镇覆盖率要达到 70%”的标准。2011 年，全州破毒品犯罪案件 366 起（特大案件 37 起，重大案件 25 起），获各类毒品 51.13 千克，铲除罂粟 4671 株，强制隔离戒毒 579 人，社区戒毒 510 人，社区康复 358 人。禁毒支队破获公安部目标案件1 起。

2012 年，全州破获毒品犯罪案件 419 起，缴获各类毒品 319.93 千克，打击处理犯罪嫌疑人 466 名。7 月 20 日，州公安局禁毒支队指导科科长于建国被国家禁毒办、国家禁毒基金会评为全国 2012 年禁毒宣传先进个人。

2013 年，全州破获毒品犯罪案件 408 起（特大案件 74 起、重大案件 43 起、一般及零包案件 291 起），缴获各类毒品 70 千克（海洛因 5.1 千克，冰毒 45.21 千克，氯胺酮 14.89 千克，其他 4.8 千克），收缴易制毒化学品 49.11 吨，铲除罂粟 1854 株。强制隔离戒毒 783 人，社区戒毒 718 人，社区戒毒康复 356 人。

2014 年，全州破获毒品案件 415 起，缴获各类毒品 53.99 千克。黔南州禁毒工作部分指标完成情况在全省排位为：吸毒人员查处率 46%，全省第一；社区戒毒（康复）执行率 87.18%，全省第一；出所未满 3 年管控率 86.51%，全省第一；无缝对接接回率全省第一；

阿片类吸毒人员就业安置率88.27%，全省第三；吸毒人员动态管控工作综合考评排名全省第一。全州强制隔离戒毒出所人员总安置率94.6%，超任务的14.6%。

第五节　交通安全管理

一、车辆及驾驶员管理

1991年，全州交通管理工作重点抓常态化管理。6月，开展“安全生产周”活动，组织3个检查组赴各县（市）进行安全检查，重点对客运车辆制动、转向、灯光进行检查。10月开展“安全生产月”活动，组织3个检查组到各县（市）对货车、农用车、拖拉机载人进行专项整治，共检查车辆14.58万辆次。全州有汽车7696辆、专用车125辆、农运车432辆、摩托车4249辆、拖拉机4694辆，其中个体机动车7655辆，占机动车总数45%。共有机动车驾驶员24198人，审验驾驶员14022人，办理新牌证2063辆，换牌227辆，报废车辆144辆，清理“22”号牌客货车534辆。

1992年，全州有机动车19843辆，有机动车驾驶员28085人，审验驾驶员16257人，办理新牌证4934枚，报废车辆150辆。1993年，全州有机动车21609辆，机动车驾驶员33807人。全年办理新牌证2639枚，纠违15110人次，扣证264个，罚款116.96万元。1994年，全州有机动车23118辆，驾驶员42663名。全州开展启用换发“九二”式机动车号牌证工作。6月，州交警支队采取以会代训的形式，召开全州交警队长和车管所干警会议，对操作程序进行培训。7月，开始对入户新车核发新号牌。全年车管所办理新车入户3185辆，换发“九二”式牌证1775付，办理报废车手续113辆。

1995年，全州办理新车入户3012辆，转籍136辆，过户198辆，报废118辆，补牌、补证387辆，考核驾驶员6720人，驾驶适应性检测3762人。1996年，全州有机动车29267台，驾驶员53508名。纠正违章87100人（次），取缔路障725处，共5310平方米。考试10421人次，办证17685枚，驾驶适应性检测7311人。新车入户4932辆，补证465枚，转籍305辆，过户1102，驾驶证不符947枚，过户715人次，全州应检汽车12681辆，实检11539辆，占90.1%，应审驾驶员53231名，已审50812名，占95.3%。培训驾驶员147名。

1997年，全州有机动车35644台，驾驶员58365名。全年发放驾驶证17797人，办理新车入户6574辆，培训驾驶员1680名。1998年，全州有机动车52255台，驾驶员63130名。全年办理汽车上户1333辆，办理大小货驾驶员初学手续3257人，培训驾驶员2701名。1999年，全州有机动车59174台，驾驶员67704名。全年办理汽车上户5137辆，办理汽车类初学手续4853人。

2000年，全州有机动车64431辆，驾驶员71822名。全年查验车辆987500辆次，纠正违章8140人次，取缔路障671次、4350平方米。2001年，全州共有驾驶员58155名。全年交警查验车辆798800辆次，纠正违章78000人次，取缔路障482次。初办新证3595本，补（换）证2085枚，办理小客准驾841枚，补审1032人，复试421人次，受理入籍521人，转籍224人，审查机动车驾驶员31106名，办理新车上牌1983辆，旧车转籍1217辆，改装变更1350次，补牌、补证1107辆，车辆报废128辆。

2002年，全州机动车总数70956辆，驾驶员总数83118人。办理新车入户2507辆，检验车辆10528辆，新办驾证4158本，驾驶员年审45366本。处理交通违章228823人次，教育24701人次，暂扣车辆5123辆，暂扣证照8206本，扣留28人。处置公路治安案件333起，公路刑事案件9起，车匪路霸案件7起，共抓获犯罪嫌疑人12人，追回被盗车辆4辆。2003年，完成三级网络建设任务，新建计算机红外桩考场2座，新购触摸式车管业务查询屏1台，交警支队信息中心主控机房改造和支队检测线与车管所4.2公里光纤连接工程完工。全州办理新汽车入户3005辆、摩托车入户15085辆、农用车入户380辆，初办汽车驾驶证5876本，车辆年检21395辆，汽车驾驶员证年审28878本。全年新增驾驶人21965名，办理驾驶证审验24127本，换发新版驾驶证2860本，注销驾驶证1730本。查处各类交通违法违章行为82945起，其中，吊销驾驶证26人，拘留248人。

2005年，全州集中开展专项整治活动，共查处客车超员违法行为1995起，查处超速违法行为7223起，查处摩托车交通违法行为8194起，查处无牌无证车729辆、挪用号牌车8辆、假牌假证2辆。全州有机动车驾驶人员160637人，机动车151792辆。2006年，全年查纠交通违法总数16.1万次，审核办理运输危险品证件227辆。全州有机动车驾驶人188767人，摩托车驾驶人11368人，机动车176874辆。

2007年，全州有机动车驾驶人员336282人。全年受理各类汽车驾驶人员报名考试32784人次，考试合格32784人次。2008年，全州处理道路交通违法行为175437人次，其中，收缴非法牌证23次，行政拘留129人。受理新车登记7169辆，外转入业务258辆，转移登记3436辆，档案更正3810辆，变更登记1891辆，抵押登记675辆，注销登记150辆，申请合格标志15043辆，机动车图片信息采集176065份。受理机动车驾驶人初次申领16958人，增驾申请3820人，补证2578本，换证11175本，注销登记254本，档案更正1746人，年度体检1685人，驾证转出31人，档案补建3818人，驾驶证图片信息采集223366份。

2009年，全州建立12条乡村示范道路，投资8万元设置24块大型永久性示范标志牌。共纠正违法行为79546起，录入79539起。罚款79539人次，并处暂扣驾驶证123本，吊销驾驶证3本，实施行政拘留222人，罚款金额647.75万元。查处无证驾驶2506人次，查处酒后驾驶人员274人，查处机动车超速违法行为8212例。全州办理新机动车注册登记55964辆，年检机动车46540辆，共办理初领机动车驾驶证48108人，审验驾驶证39639本。全州机动车保有量297239辆，机动车驾驶人保有量264751人。

2010年，全州查处涉牌涉证违法行为5922起，扣留机动车3099辆，对严重交通违法的行为人实施拘留221人。自主选号范围从小型汽车扩大到大型汽车，机动车办理注册登记的时限由2个工作日缩短至1个工作日。2011年12月，成立州公安局交警支队高速公路交通警察（巡逻民警）大队。共办理机动车业务289028笔，办理驾驶证业务128299笔，新增汽车类驾驶证 38449 本。全州查纠各类交通违法行为 200364 人次。

2012 年，全州收录违规机动车 599 辆、违规驾驶人 697 人、违法信息 813 条、违规教练员 14 人、暂停违规驾校业务 5 次。办理机动车业务 178118 笔，其中办理机动车注册登记 61071 笔、转移登记 10470 笔、转入登记 2774 笔、注销登记 9832 笔、核发检验合格标志 73716 笔。全州机动车保有量为 330770 辆（其中汽车类 112748 辆），新增汽车类机动车 25061 辆；办理驾驶证业务 168181 笔，全州驾驶人保有量为 398819 人（其中汽车类 268132 人），新增汽车类驾驶证 41286 本。是年，对全州 43 家客运企业的 6082 名驾驶人进行复核考试，淘汰 275 人，注销驾驶证 1 本。清理客运驾驶人交通违法记录 506 条、记分 88 人，督促跨省长途客运企业建立中途休息站点 4 个。2013 年，全州机动车保有量 391079 辆，机动车驾驶人达 430922 人；新增汽车类机动车 60309 辆，新增汽车类驾驶人 20312 人。共纠正各类交通违法行为 844758 人次，查处 369718 人次，其中，吊销驾驶证 238 本，行政拘留 1005 人次。

2014 年，全州机动车保有量 477183 辆（汽车 193954 辆），驾驶人保有量 489819 人（汽车类驾驶人 329365 人）。其中，新增汽车类机动车 41219 辆、新增汽车类驾驶人 39250 人。全年纠正各类交通违法行为 79.28 万人次。10 月，长顺县交警大队获“全国公安系统爱民模范集体”称号。是年，州交警支队立集体三等功 2 次，被省公安厅交通管理局评为“全省先进支队”，交警系统立个人三等功 11 人、获嘉奖交警。

二、交通事故

1991 年，全州事故次数 498 次，死亡 170 人，受伤 279 人，经济损失 74.73 万元，与上年比，死亡人数上升 45.3%，事故次数、受伤人数、经济损失分别下降 10.1%、18.7%、0.95%。是年 10 月 30 日，一辆客车在福泉三江口突然翻下路边悬崖，掉下几十米高的峡谷深水河水，造成死亡 59 人的特大交通事故。1992 年，全州事故次数 391 起（其中重大事故 126、特大事故 9 起），死亡 176 人，受伤 321 人，经济损失 98.95 万元，与上年比，事故次数下降 21.5%，死亡人数、受伤人数、经济损失分别上升 3.5%、15.1%、32.4%。

1993 年，全州事故次数 334 起，死亡 123 人，受伤 227 人，与上年比，分别下降 4%、30%、29%。1994 年，全州交通肇事 294 次，死亡 153 人，受伤 223 人，与上年比，次数和受伤人数分别下降 12%、7%，死亡人数上升 24%。四项指数全面下降的有贵定、瓮安，三降一升的有独山、平塘、龙里、长顺。交通事故按万车率计算：肇事 127 次、死亡 66 人、受伤 944 人、与省下达的万车率相比，次数低 23.3、伤人低 11.9 人、死亡高 0.6 人。

1995 年，全州发生交通事故 270 次，结案率 98%，其中，特大事故 6 起，结案 6 起，结案率 100%。受理复议案件 35 起。1997 年，全州处理交通事故 350 起，死亡 113 人、伤 233 人，分别比省公安厅下达的控制率下降 23.6%、45.9%、21.8%。其他轻微事故、路外事故 400 余起，年终结案率达 98%。破获交通肇事逃逸案 38 起。

1998 年，全州处理交通事故 268 起，死亡 138 人、伤 206 人，肇事次数、受伤、经济损失与上年比分别下降 23%、12%、37%，死亡上升 22%，万车率实现省公安厅年初下达的控制目标。破获交通肇事逃逸案 21 起，其中重大案件 7 起。1999 年，全州处理统计内交通事故 231 起，死亡 126 人、伤 180 人，经济损失 110. 75 万元，前三项与上年比分别下降 14%、9%、13%，经济损失上升 5%。破获交通肇事逃逸案 28 起。是年，全州交警交通违章处罚实现罚缴分离。

2000 年，全州发生交通事故 513 次，死亡 137 人，受伤 401 人，经济损失 225. 12 万元，均比上年上升，按万车率计算：肇事 79. 62 次、死亡 21. 26 人、受伤 62. 33 人。除死亡未突破省下达的万车率控制数外，其余两项已突破控制数。2001 年，全州发生交通事故 403 次，死亡 143 人、受伤 337 人，与上年比，死亡人数上升 8%、事故次数、受伤人数、直接经济损失分别下降 20%、16%、34%。

2002 年，全州发生道路交通事故 525 起，其中，特大事故 6 起，重大事故 138 起，死亡 174 人、受伤 548 人，经济损失 170. 39 万元。与上年比，事故次数上升 29. 6%、死亡上升 28. 9%、受伤上升 34. 3%、经济损失上升 25. 3%。破获交通肇事逃逸案 22 起，侦破率达 82%。2003 年，全州发生交通事故 999 起，死亡 289 人，伤 1080 人，经济损失 450. 9 万元，与上年比分别上升 85%、52. 9%、112. 2%、153. 9%。其中，特大事故 10 起，死亡 41 人，伤 40 人。共排查事故多发点段和危险路段 43 处，纳入省治理整改的 5 处，纳入州治理整改的 38 处。与上年比，道路交通四项指数全面下降，交通事故次数下降 36. 69%、死亡人数下降 31. 43%、受伤人数下降 14. 98%、经济损失下降 45. 21%。

2004 年，全州发生道路交通事故 642 起，死亡 192 人，伤 885 人，经济损失 249. 4 万元，与上年比分别下降 35. 73%、33. 56%、18. 05%、44. 68%。

2005 年，全州道路交通事故发生 556 起，死亡 148 人，受伤 827 人，经济损失 178 万元，四项指数与上年比分别下降 13. 4%、22. 92%、6. 6%、28. 6%，死亡人数比控制数少死亡 43 人，总死亡人数比控制数下降 22. 51%，特大交通事故次数下降 16. 7%。年度全州共录入违法信息 100460 条。治理“大吨小标”车辆 539 辆，强制报废车辆 1388 辆。

2006 年，全州发生交通事故 391 起，死亡 145 人，伤 598 人，经济损失 116 万元。全年四项指数与上年比全面下降，次数下降 29. 68%，死亡下降 2. 68%，受伤下降 27. 69%，经济损失下降 35. 04%。其中，三人以上特大交通事故共发生 3 起，死亡 11 人，伤 6 人，经济损失 3. 3 万元，与上年相比，次数下降 40%，死亡下降 35. 29%，受伤下降 53. 85%，经济损失下降 54. 79%。

2007 年，全州发生道路交通事故 265 起，死亡 145 人，受伤 382 人，经济损失 106. 05 万元，与上年比，次数下降 32. 2%，死亡人数与上年持平，受伤下降 36. 1%，经济损失下降 8. 6%。其中，特大交通事故发生 2 起，死亡 9 人，受伤 22 人，与上年比，次数下降 33. 33%，死亡下降 18. 18%、受伤人数上升 266. 67%、经济损失上升 84. 85%。

2008 年，全州发生道路交通事故 318 起，死亡 202 人，受伤 509 人，经济损失 172. 37 万元。与上年比，次数上升 20%，死亡上升 39. 3%，受伤上升 33. 2%，经济损失上升 62. 5%。其中，特大交通事故发生 4 起，死亡 38 人，受伤 18 人，交通事故死亡人数与省下达的死亡控制数比，占死亡控制数的 140. 28%。

2009 年，全州发生道路交通事故 255 起，死亡 153 人，受伤 360 人，经济损失 78.92 万元，与上年比，次数下降 19.81%，死亡下降 24.26%，受伤下降 29.27%，经济损失下降 54.21%。2011 年，全州发生道路交通事故 250 起，死亡 102 人，受伤 340 人，经济损失 160.88 万元，与上年比较，次数下降 4.2%，死亡下降 12.1%，受伤下降 8.8%，经济损失上升 97.6%。

2010 年，全州发生道路交通事故 261 起，死亡 116 人，受伤 373 人，经济损失 81.41 万元，与上年比，次数上升 2.35%，死亡下降 24.18%，受伤上升 3.61%，经济损失上升 3.16%。

2012 年，全州发生道路交通事故 228 起，死亡 104 人，受伤 333 人，经济损失 187.09 万元。与上年同期比，次数下降 8.8%，死亡上升 1.96%，受伤下降 2.06%，经济损失上升 16.29%。其中，发生特大交通事故 4 起，死亡 27 人，受伤 10 人，经济损失 7 万元。

2013 年，全州发生道路交通事故 174 起，死亡 72 人，受伤 237 人，与上年比，次数下降 21.27%，死亡下降 29.41%，受伤下降 26.85%。其中，较大事故 4 起（高速、地方各 2 起），死亡 16 人，受伤 6 人，与上年 4 起较大事故（高速 4 起，地方 0 起）比较，次数持平，死亡人数减少 11 人，下降 40.74%，受伤人数减少 4 人，下降 40%。

2014 年，全州发生道路交通事故 754 起，死亡 319 人，受伤 1029 人，经济损失 334.08 万元。与上年比，次数下降 18.57%，死亡下降 0.62%，受伤下降 22.16%，经济损失下降 27.01%。

第六节　监所管理

1991—1997 年，全州公安监管工作由州公安局预审科负责管理，监管场所的管理范围包括州公安局收容审查所、州看守所及 12 个县（市）公安局看守所和收容审查所。1997 年，收容审查所改为治安拘留所。是年，预审科改为监管科，不再负责案件办理、审查工作，监管场所管理范围更改为州看守所及全州 12 个县（市）公安局看守所、拘留所。根据《看守所等级化管理实施办法》，龙里、贵定、惠水、都匀、福泉、独山 6 个县（市）看守所作为首批实行等级化管理看守所，全州看守所开始推行等级化管理。

1998 年，全州 13 个看守所实行规范化管理和“严格执法、文明管理”创建活动，全年有 10 个所上等级达标。其中，州看守所和瓮安、龙里看守所达到二级看守所标准，黔南州监管工作在全省目标管理综合评比中名列第一，省公安厅授予“监管工作先进单位”。是年，黔南州看守所、瓮安县、贵定县、龙里县、平塘县看守所被省公安厅评为二级所，独山县、都匀市、三都县、福泉市、惠水县、罗甸县、长顺县、荔波县看守所被省公安厅评为三级所。

2000 年，全州看守所和驻所武警中队开展共建、共管、共保“三共”活动。5 月 30 日，省公安厅、武警总队在黔南州召开全省“三共”现场会，推广黔南州的经验。是年，有11个所达标上等级。

2002年，配合“严打”专项斗争，全州监所深挖犯罪线索，破案19起，收缴赃款、赃物210万元。配合刑侦部门，开展“网上追逃”专项斗争，在监所查出27名网上在逃人员。州看守所及三都、长顺看守所由三级达标升为二级达标看守所。全州共有监管场所29个，其中看守所13个、治安拘留所12个、强制戒毒所3个、收容教育所1个。

2003年，州监管支队规范看守所留所服刑犯人呈报减刑、假释必备材料，促进监所公正执法和公平处事，严格把好法律依据和现实表现两大关，避免各监所在执法上的随意性。由支队把关，送州法院减刑、假释材料共38份，州法院已判30名罪犯减刑，6名罪犯假释。是年，清理看守所超期羁押问题，全州看守所超期羁押人员由2002年12月25日的56人，下降至2003年11月28日的0人。

2005年，全州看守所深挖犯罪线索460条，查破案件297起，抓获犯罪嫌疑人员78人，追缴赃款赃物25.8万元。全州看守所无超期羁押人员。

2006年，重点落实监所等级化管理各项制度，逐步健全并落实监所安全隐患预警、事故责任倒查和责任追究制度，建立并严格落实人防、物防、技防相结合的防范机制和事故预警机制。全州看守所提供线索739条，破获各类案件419起，追缴赃款和赃物折款33万元，破案数占全州破案总数3761起的11.14%，超出省公安厅监管总队提出的监所深挖破案数要占破案总量8%的工作目标。

2007年，建立和完善《看守所工作人员廉洁自律十不准》《看守所工作人员守则》《看守所值班制度》《带班领导岗位职责》《在押财物保管制度》《看守所“严格执法、文明管理”八项承诺》等41种规章制度。全州监所无重大事故发生，各监管场所共提供线索690条，破获各类案件470起，抓获犯罪嫌疑人118名，破案数占全州破案总数的12.17%，各监管场所均达到深挖破获刑事案件数占刑事破案总数12%以上的要求。2008年，全州有9个看守所安装监控并投入使用。

2010年，全州有12个拘留所已配备信息系统并安装投入使用。全年监管场所无重大责任事故，一般责任事故率不超过3‰。

2011年，全州获批设医疗机构的监管场所有州看守所、都匀市看守所、都匀市强制隔离戒毒所（与拘留所合设）、瓮安县看守所、瓮安县强制隔离戒毒所（与拘留所合设）、福泉市看守所、独山县看守所、平塘县拘留所。都匀市公安局与贵阳医学院三附院达成协议，将其医院作为公安监管场所“绿色通道”定点医院，并由医院派驻医生、护士到都匀市看守所和强制隔离戒毒所（与拘留所合设）24小时值班。瓮安县公安局在看守所成立监所医院，由县政府调拨配备15名医务人员分别派驻在看守所和强制隔离戒毒所（于拘留所合设）24小时值班，为监所医院投资100多万元采购大型医疗器械，实现在押人员小病不出所、大病能医治、医疗工作综合化。9月，独山县看守所通过比对，抓获一名来访探视的网上在逃人员。

2012年5月，组织全州监管业务骨干对各监管场所进行交叉检查。各县（市）监管场所按照省公安厅监管总队《贯彻落实公安部〈关于进一步加强和改进公安监管工作的意见〉专项督察工作方案》的警力配备标准，配齐所领导班子、民警和工勤人员，全州监管场所民警由2011年底的239人增加到267人，工勤人员由77人增加到82人，协警由46人增加到106人。各县（市）监管场所都设立医疗机构，并与本地医院签订协议书建立医疗救治“绿色通道”，设置特殊病房，全州各监所投入医疗用房、器械、设备及药品等经费由全面落实医疗机构时的250万元增加到415万元。9月，州看守所改建为州女子看守所，为全省第一个女子看守所。同时，全州各看守所落实贵州省公安厅、人力资源和社会保障厅、卫生厅《关于公安监管场所被监管人员参加基本医疗保险有关问题的通知》，按照贵州省监管总队下发的《关于加快看守所提讯场所录音录像设施建设的通知》要求，全州13个看守所基础设施建设共投入93万元，进行看守所提讯场所录音录像（包括防护隔离设施、讯问椅等设施）建设。

2013年，全州共有看守所13个、拘留所12个、强制隔离戒毒所2个，实现全年安全无事故、民警无违纪目标。落实在押人员参加基本医疗保险工作。看守所、强制隔离戒毒所被监管人员参加基本医疗保险率达80%以上，并开通医疗保险系统，建立“就医及时、程序简化、安全便捷”的就医管理机制，保证被监管人员的合法权益。全州监管场所共提供线索1649条，破获各类案件1142起，追缴赃物赃款共计50.35万元。在省公安厅监管总队举办的全省公安监管信息化应用大比武知识竞赛中，黔南州看守所代表队获二等奖、行政场所代表队获三等奖、黔南监管支队获组织奖。

2014年，全州监所等级达标在2012年的基础上，三级所由18个减少到13个，三级所升为二级所由7个增加到11个。州支队对全州监所开展各类明查和暗访73次、专项检查行动1次，查出安全隐患80条、共性问题20条，发出检查通报3份，对监所提出合理化建议30条。监所实现“监所无安全责任事故发生、民警无违法违纪事件发生”的“两无”目标。全州看守所、强制隔离戒毒所被监管人员参加基本医疗保险率达85%以上。被监管人员在所内就医诊治431172人次，通过医保系统进行医疗保险报销8万元，保证被监管人员的身体健康合法权益。监管场所共提供线索3090条，破获各类案件2758起，追缴赃物赃款共计35.76万元。看守所共收转法律援助申请217次，开展法律知识讲座32次，免费为在押人员解答法律咨询353次，收集在押人员法律援助需求信息406条。10月，在省监管总队对全省各市（州）看守所信息化考核成绩中，黔南州考核成绩排名全省第一。

第七节　侦查技术

2002年，投资65万元，修建警犬训练基地，组织州公安局警犬队及都匀、福泉、瓮安、贵定、惠水、三都、瓮安监狱等11名训导员参加公安部昆明警犬基地在六盘水举办的首届追踪犬训导员培训。

2003年，开展“指纹破案会战”和“网上追逃”工作，支队分别举办了由各县（市）刑侦大队现场勘查人员和情报信息专业人员参加的指纹会战培训班、指纹自动识别系统技术培训班。

2009年，州公安局刑侦支队技术科自主研发指纹取样胶带，获“首届全国公安基层技术革新奖”。3月，由州公安局刑侦支队技术科所承担的《胶带粘面汗渍指纹小粒子悬浮液显现法的比较研究》项目通过州科技局验收。2010年，投资250万元建州公安局DNA实验室并投入使用，共采集送检DNA样本22778份。

2011年，州公安局刑侦支队副支队长陆新与痕迹工程师昌晓辉共同主持研究的《新型胶带粘面汗渍指纹显现液》课题，通过省公安厅科技信息通讯处组织的第二届“全国公安基层技术革新奖”考核组实地考核。

2012年，州公安局组建刑侦情报专班，更新配备车辆、电脑、数字证书、互联网等必备的办公设备，各县（市）公安局也相应成立刑侦情报专班。完善“指纹自动识别系统”建设，共采集人员十指指纹21456份，现场指纹录入502起761枚。利用现场指纹比对查中案件数83起，与2010年查中案件数79起相比上升5%。州公安局技术科全年为全州各县（市）受理各类检验鉴定1692起，出具刑事技术鉴定书1561份，全年刑事技术鉴定零投诉。

2013年，共受理各类检验鉴定2259起，出具刑事技术鉴定书2209份。全州共录入“全国现场勘验信息系统”现场勘查数16840起，录入率79.15%，超额完成公安部、省公安厅65%的目标，全年全州采集DNA样本33994份，自建违法犯罪嫌疑人库数量10000份，完成违法DNA数据库建设，并利用现有信息系统结合DNA技术查破各类案件36起，直接指认嫌疑人421人。

2014年，刑侦支队采取“带案培训、集中教授、聘请专家”等方式先后举办刑侦情报实战轮训培训班、指纹自动识别系统培训班、刑侦情报作战手段培训班、刑侦标准化信息采集培训班、刑事技术现场勘查培训班、刑事执法办案质量培训班、警犬技术专项业务技能分类培训班等各类培训班10期，共培训全州刑侦系统指挥、侦查、技术类领导、民警240人次。

第二章 检 察

1991—2014年，全州检察机关依法全面履行检察机关的职能，打击刑事犯罪，严惩经济犯罪，维护司法公正。同时，各级检察机关深化改革，加大业务培训力度，运用检察技术和信息化技术，为提高刑事检察、反贪污贿赂检察、民事行政检察、法纪检察工作质量奠定基础。特别是2012年以后，全州13个检察院不断加强电子化设施建设，应用二、三级专线网通信平台和分支网络，实现网上资源共享。

第一节　刑事检察

一、审查批捕

1991 年，全州检察院审查批准逮捕工作以打击各类刑事犯罪和经济犯罪为主。全年受理公安提请批捕案犯 2751 人，比上年下降 48.75%，审结率 100%，批准逮捕 2232 人，比上年下降 49.7%，是历年审查批捕量化达标年。

1992 年，在“严打”斗争中，重点打击杀人、抢劫、强奸、伤害等暴力犯罪，全年受理审查批捕案犯 2395 人，审结 2160 人，决定逮捕 1918 人。1993 年，开展打击车匪路霸、打击拐卖人口、查禁卖淫嫖娼等专项斗争和专项治理，共决定批准逮捕案犯 1824 人。

1994—1995 年，开展赌博、吸毒贩毒、引诱妇女卖淫、传播淫秽物品、绑架妇女儿童、封建迷信活动等“六害”专项治理，共决定批准逮捕 4173 人。退回补充侦查的案犯 1419 人；对罪该逮捕确未报捕的 76 名案犯依法作出追捕决定；依法不批准逮捕 1979 人。

1996 年，全州检察院受理各类刑事案件 1681 件 3172 人。4 月，全国开展“严打”统一行动，全州以“破大案、追逃犯、打团伙、抓现行”为工作重点，依法快审快捕一批严重刑事犯罪分子，尤其是“6·26”国际禁毒日前，州检察院先后受理公安机关报捕贩毒案件 4 件 14 人，对符合批捕条件的 4 件 13 人作出批捕决定。受理反贪污贿赂部门移送案件 51 件 60 人，决定逮捕 45 件 54 人；受理法纪部门移送案件 27 件 47 人，决定逮捕 26 件 46 人。

1997 年，全州受理各类刑事案件 1205 件 1984 人。《中华人民共和国刑事诉讼法》修改后取消收审制度，审查批捕阶段不再退回补充侦查。追捕 21 人。开展秋季“严打”和禁毒专项斗争，审查批捕案件 189 件 308 人，批捕贩卖毒品案件 40 件 62 人。龙里县检察院批捕一起量达 33.72 千克的毒品团伙犯罪案件，州检察院批捕贩卖 0.8 千克海洛因的重大毒犯。1998 年，全州受理各类刑事案件 1410 件 2295 人。12 件 19 人。

1999 年，全州检察院受理各类刑事案件 1599 件 2579 人。检察院根据省检察院“关于对 1998—1999 年 9 月捕后不诉、法院判无罪的案件进行复查”的要求，组织全州批捕部门进行复查，提交复查报告。

2000 年，全州检察院开展严厉打击刑事犯罪专项斗争，全年受理各类刑事案件 1741 件 2847 人，要求公安机关说明不立案理由 69 件。纠正漏捕犯罪嫌疑人 26 人。对公安机关、检察机关自侦部门在侦查活动中的违法问题提出书面纠正意见及检察建议 18 件（次），发出检察建议 67 份，侦查监督发现司法人员徇私枉法案件 5 件，其中 3 件作有罪判决。

2001 年，全州受理各类刑事案件 1850 件 3058 人。要求公安机关说明不立案理由 42 件。纠正漏捕犯罪嫌疑人 53 人，对公安机关、检察机关自侦部门在侦查活动中的违法问题提出书面纠正意见及检察建议 60 件（次）。

2002—2006 年，坚持严厉打击各类刑事犯罪，受理审查逮捕案件 8221 件 13143 人，批准逮捕 6762 件 10408 人。书面纠正违法 141 件次。参与重大案件讨论 882 人次，参加现场勘查 350 件 651 人，共监督公安机关应当立案而不立案 382 件次，自 2004 年后监督公安机关撤销案件 30 件。

2007—2012 年，全州受理审查逮捕案件 11968 件 20054 人，批准逮捕 9314 件 14990 人。监督公安机关应当立案而不立案 369 件（次），监督公安机关撤销案件 187 件，书面纠正违法 845 件（次）。2008 年，瓮安“6·28”事件发生后，根据省委、省检察院的工作部署，黔南州成立“6·28”事件检察工作专案组，抽调 5 名干警参加专案组，从快批准逮捕“玉山帮”“叶某帮”“刘某帮”“邹某某帮”“冷某某帮”等 5 个黑社会性质组织的犯罪嫌疑人。全年受理公安机关提请批准逮捕涉黑犯罪案件 21 件 219 人，其中批准逮捕 18 件 171 人。共受理公安机关提请批准逮捕恶势力犯罪案件 8 件 80 人，其中批准逮捕 8 件68 人。

2013 年，全州检察院共受理审查逮捕各类刑事案件 2222 件 3585 人。州检察院侦查监督处受理审查逮捕各类刑事案件 52 件 59 人，其中，批准或决定逮捕 52 人，不批准逮捕或决定不予逮捕 7 人，审结率为 100%。批准延长侦查羁押期限案件 20 人，提请省检察院批准延长侦查羁押期限案件 10 人，省检察院均批准延长侦查羁押期限。全年不批准逮捕或决定不予逮捕 961 人。

2014 年，全州检察院受理审查逮捕各类刑事案件 2208 件 3508 人。共受理延长侦查羁押案件 11 件 20 人，批准或决定延长侦查羁押期限案件 11 件 20 人。全年批准逮捕故意杀人、故意伤害、绑架、强奸等严重暴力犯罪案 273 件 332 人，“两抢一盗”等多发性侵财犯罪案 578 件 870 人，毒品犯罪案 214 件 275 人，合同诈骗、非法经营等严重破坏市场经济秩序犯罪案 32 件 42 人；不批准逮捕或决定不予逮捕 717 件 1378 人。

二、审查起诉

1991—1995 年，各检察院从快从重打击严重危害社会治安的刑事犯罪，打击贪污贿赂、侵权渎职犯罪，特别加强对惯犯、累犯以及团伙犯罪的打击。开展惩治走私、制作、贩卖、传播淫秽物品犯罪和严禁卖淫嫖娼等专项斗争，五年共提起公诉 10065 人。

1996 年，全州受理各类刑事案件 2252 件 3752 人，作起诉处理的 1512 件 2462 人，免于起诉 211 件 297 人，不起诉 4 件 7 人，撤案 9 件 7 人，审结率为 99.38%。在严打犯罪的同时，集中力量优先处理危害社会治安的犯罪案件，尽快起诉至法院，并对重、特大案件提前介入，共派员提前介入各类案件 13 件。

1997 年，共受理刑事案件 1285 件 1987 人，起诉 967 件 1409 人，不起诉 90 件 143 人，移送其他检察院 117 件 232 人，移送单位撤回 10 件 17 人，当年审结率 99.73%。

1998—1999 年，检察院公诉部门通过上下级联动，主动与人民法院沟通协调等方式，严格适用法律，妥善处理案件，两年分别受理刑事案件 1473 件 2197 人、1732 件 2619 人，起诉 1109 件 1588 人、1321 件 1918 人，不起诉 95 件 155 人、114 件 172 人，移送其他检察院 111 件 213 人、148 件 290 人，移送单位撤回 16 件 29 人、15 件 26 人，审结率分别达到

99.19%、99.1%。

2000年，审查起诉工作推行主诉检察官制度。9月，黔南州国家安全局破获卢某某、宋某某间谍案，是黔南州破获的首例危害国家安全犯罪，州检察院指派公诉处业务骨干提前介入案件。是年，全州受理移送审查起诉的刑事案件1870件2684人，提起公诉1737件2566人，不起诉112件163人，移送其他检察院158件252人，移送单位撤回8件29人。2001年，全州受理各类刑事案件共1998件3091人，提起公诉1655件2443人，不起诉118件176人，介入侦查22件50人。发现已构成犯罪而侦查机关（部门）未移送起诉的，依法追诉7件23人。

2002—2003年，全州受理各类刑事案件3907件2811人，提起公诉3342件2683人。其中，起诉国家工作人员职务犯罪案件44件51人。州检察院公诉处共受理刑事案件190件。

2004年，全州受理移送审查起诉的刑事案件1870件2684人，提起公诉1747件2518人。共受理自侦案件123件166人，提起公诉74件95人。介入侦查活动68次，提出取证意见168条，与侦查部门召开联席会议19次。州检察院落实省检察院下发的《关于开展不起诉案件专项复查活动的通知》，对全州2003年度不起诉案件174件217人进行清理复查。经过复查，决定撤销不起诉决定1件，其余173件依法维持原不起诉决定，确保案件准确处理。

2005年，公诉工作以案件质量为核心，坚持“疑罪从无”原则，共受理移送审查起诉的刑事案件1711件2540人，审结2119件3237人，提起公诉1497件2140人，决定不起诉63件90人。起诉的案件中，法院作出有罪判决695件990人。共向人民法院提起公诉的职务犯罪案件81件102人。

2006年，全州检察院受理各类刑事案件1546件2362人。州检察院受理各类案件161件331人，审结1382件2062人，提起公诉1161件1673人，起诉率为88.1%。其中，起诉公安机关移送案件1118件1622人；起诉自侦案件43件51人。不起诉44件65人。建议法院适用简易程序审理的案件216件。法院作出判决的案件581件829人。

2007年，全州受理各类刑事案件共2362件3749人。审结2273件3614人，审结率为96.2%。提起公诉1483件2162人，起诉率为83.6%。其中，起诉公安机关移送案件1387件2034人；起诉自侦案件96件128人，不起诉87件131人。在起诉的各类案件中，建议法院适用简易程序审理的案件251件；法院作出判决的案件1091件1560人。

2008年，全州受理各类刑事案件共2000件3263人，审结2615件4547人，审结率为96.2%，提起公诉1721件2616人。其中，起诉公安机关移送案件1650件2495人。起诉自侦案件71件121人，不起诉151人。在起诉的各类案件中，建议法院适用简易程序审理的案件379件。法院作出判决的案件1413件2077人。

2009年，在“打黑除恶”斗争中，全州受理涉黑案件6件325人，分别是：瓮安县“玉山帮”案160人，“刘某帮”案35人，“冷某某帮”案13人，“叶某某帮”案42人，“建喜帮”案37人，都匀市“平桥帮”案38人。共起诉涉黑团伙人员252人，不起诉55

人，撤案17人。对于起诉的涉黑案件，法院依法做出有罪判决。共受理涉恶团伙11件55人，按照涉恶性质起诉9件51人，相对不诉2人，法院以“涉恶”性质作出有罪判决7件42人。是年，全州受理各类刑事案件2010件3621人。州检察院公诉处受理各类案件91件581人。起诉的各类案件中，法院作出有罪判决的案件1428件2302人。

2010—2012年，全州受理移送审查起诉的刑事案件6909件10674人，结案8892件13205人，提起公诉6009件9102人，决定不起诉248件359人，撤诉15人。起诉的案件中，法院作出生效有罪判决5144件7701人。共起诉普通刑事案件5764件8801人。2011年福泉市杨某某绑架一案，在福泉造成恶劣的社会影响，省内多家媒体持续关注，追踪报道。州检察院公诉处依法审查办理，提起公诉，最后杨某某被州法院判处死刑，剥夺政治权利终身。全州加强打击职务犯罪工作，提起公诉245件301人。

2013年，全州检察院受理各类刑事案件2917件4460人，审结3932件6720人。其中，提起公诉2517件3793人。对于罪行较轻，社会危害性较小的案件，从化解社会矛盾的角度出发，开展刑事和解工作，共和解30件34人，通过刑事和解作出不诉处理20件24人，建议法院从轻处罚10件10人，刑事和解成功率100%。

2014年，全州检察院受理各类一审刑事案件2837件4013人，结案2721件3838人，结案率为95.91%（含上期积存），提起公诉2516件3522人，法院已作出生效有罪判决1368件1844人，撤回起诉7件9人。州检察院共受理各类二审刑事案件144件268人，结案136件207人，结案率94.44%（含上期积存）。落实宽严相济刑事检察政策，对不符合起诉条件的，依法决定不起诉280人；依照轻微刑事案件快速办理机制办理刑事案件195件212人，依法开展轻刑犯教育矫治58件62人。适用刑事和解办理罪行较轻，社会危害性较小的案件35件40人，适用检调对接办理案件3件3人。同时，结合办案，共向有关单位或职能部门提出消除隐患、强化管理的检察建议20件，从源头上预防刑事犯罪。

三、公诉监督

1991—1995年，全州检察院开展侦查工作监督，对公安机关移送起诉案件，因事实不清、证据不足的，依法退回补充侦查913件1809人，追诉漏犯63人，纠正定性57起。对人民法院的判决和裁定存在错误的，依法提起抗诉58件72人。

1996—1998年，全州退回补充侦查2240件3681人，对侦查机关和审判机关的违法情况提出检察建议20余次，纠正侦查活动违法112件，追诉41人，提出抗诉38件88人。

1999—2001年，全州退回补充侦查1440件2462人，追漏诉36名犯罪。起诉部门对法院的审判活动进行监督，共抗诉23件26人，经法院判决后改判5人。

2002年，全州退回补充侦查372件，纠正公安机关违法活动18次，建议公安机关追诉即自行追诉5人，对法院的误判决定提起抗诉12件16人。2003年，针对公安机关移送起诉的案件，追诉漏诉25次、漏犯25人。针对法院的判决，提出抗诉案件7件9人，法院改判6件8人。2004年，全州追诉漏诉、漏犯27人次，对法院错误判决提出抗诉，法院改判6人，其中2人无罪改判有罪。向有关单位提出检察建议65人。

2005年，通过侦查监督，及时发现并追诉漏罪、漏犯，共退回补充侦查412件760人，追诉漏罪 18 件、漏犯 28 人；对另案处理、随意改变强制措施、退补侦查后公安机关自行处理等问题进行监督；对 2003 年以后的 314 件退补案件进行清查；提出抗诉 6 件，法院发回重审 2 件，改判 1 人。向有关单位提出检察建议 28 件，发出纠正通知 4 件并全部得到纠正。

2006 年，全州退回补充侦查 413 件 788 人，追漏罪 4 件，漏犯 9 人；对侦查机关移送起诉的 65 人依法作出不起诉处理，避免不符合起诉条件的案件进入审判环节。对侦查活动违法的问题，提出书面意见 2 件 5 人。向同级法院提出抗诉 6 件 15 人，法院作出改判 3 件 10 人，改判率 76.9%。

2007 年，全州检察院加强侦查监督和审判监督。在审查起诉过程中退回补充侦查 584 件 1103 人，追诉漏罪 7 件，追诉漏犯 10 人，对侦查活动违法情况，提出书面纠正违法通知 13 件 26 人。针对法院的错误判决，向同级法院提出抗诉 11 件，法院作出改判 6 件 7 人，改判率 66.7%。针对案件所涉及的其他有关单位的工作，发出检察建议 17 件，纠正违法通知 13 件。

2008 年，对于事实不清、证据不足的案件共退回补充侦查 676 件 1503 人，针对法院的错误判决，向同级法院提出抗诉 15 件，二审审结 3 件，发回重审 3 件，抗诉采纳意见率 100%。

2009 年，对公安机关移送起诉的案件，全州退回补充侦查 627 件 1464 人，提出违法纠正案件 143 件，纠正漏诉 46 人。针对法院的判决，提出抗诉案件 17 件，法院发回重审 2 件，无罪改判有罪 2 件。

2010—2012 年，针对公安机关的侦查案件，退回补充侦查 2392 件 5094 人。共追诉漏犯 103 人，追诉漏罪 416 件；发出纠正通知书 396 件。针对审判案件违法，公诉部门共提出违法纠正 68 件；针对法院的判决错误，依法提出刑事抗诉 49 件，人民法院发回重审 18 件，改判 5 件。

2013 年，对移送起诉的案件，因事实不清、证据不足，退回补充侦查 1128 件 2372 人。对不符合起诉条件的案件依法作出不起诉处理 237 人。共追诉漏犯 44 人，共追诉漏罪 65 件。

2014 年，全州退回补充侦查案件 904 件 1727 人，纠正漏犯 42 人，追诉漏罪 14 件，防止和纠正有罪不究、执法不公等问题。对重大刑事案件，坚持适时介入，对侦查活动中出现的违法行为，发出书面纠正通知 41 件，得到纠正 35 件。

第二节　反贪污贿赂检察

1991 年，全州税务、烟草、金融、供销等单位 52 个检察室受理各种经济案件 334 件，立案 92 件，侦结 82 件，挽回案内赃款 111.7 万元，协助挽回案外资金 209.3 万元。1992 年，全州（含各检察室）立案查处各种经济案件 254 件，已经办结 155 件（含上年积案）。

通过办案挽回直接经济损失 300 万元，协助挽回案外经济损失 235.9 万元。

1993 年，全州受理经济案件 193 件，占全年受案数 58%，立案侦查 78 件。全州检察院及派驻的检察室立案查处 148 件，挽回经济损失 423.7 万元。

1994 年，检察院同纪委、监察、审计等部门联系，实行州、县两级联合，四个部门共同办案制，查处领导干部贪污、受贿大案。全州立案侦查 43 件（党政 18 件、司法 2 件、行政执法 14 件、经济管理部门 9 件）。1995 年，全州查处贪污、贿赂和挪用公款案件 95 件，占立案总数的 81.9%。是年，立案侦查 116 件，其中查处"三机关一部门"（党政机关、司法机关、行政执法机关、经济管理部门）的案件 47 件。为国家、集体挽回直接经济损失 288.59 万元，追缴案外流失资金 251.35 万元。此外，还协助外省（市）检察机关办案 27 件，协助追回赃款赃物 44 万元。

1996 年，全州受理贪污贿赂案件线索 240 件，初查 271 人，立案侦查 137 件 158 人。所立案件中，贪污案件 53 件，贿赂案件 13 件，挪用公款案件 55 件，涉税案件 11 件，假冒商标 1 件。侦查终结 169 件 192 人（含上年积案数），侦结后移送审查起诉 62 件，移送审查免予起诉 49 件，作用撤案处理 21 件。通过办案为国家挽回经济损失 1706.6 万元。

1997 年，全州受理线索 222 件 239 人，立案侦查 112 件 124 人。其中贪污案件 60 件，贿赂案件 3 件，挪用公款案件 30 件，涉税案件 4 件，侵占案 10 件。通过办案为国家挽回经济损失 66.57 万元。查处"三机关一部门"案件 49 件 53 人，占立案数的 44%，较上年上升到 42%。查处万元以上的大案较上年的 66% 上升到 83%。

1998 年，全州检察院受理经济案件线索 207 件，初查 193 件，立案侦查 53 件 61 人。其中，贪污 18 件 22 人，贿赂 4 件 4 人，挪用公款 29 件 33 人。所立案件中，万元以上案件 47 件 55 人，占立案总数的 88.7%。侦查终结 43 件 48 人，移送审查起诉 37 件，起诉率 96%。所办案件（已侦结）共追缴赃款 231.03 万元。

1999 年，按照省检察院、州检察院制定的反贪工作目标，严格查办贪贿赂犯罪案件。全州立案侦查 51 件 60 人，其中，贪污 19 件 23 人，贿 5 件 6 人，挪用公款 26 件 29 人。侦查终结 62 件 72 人（含上年积案数），移送审查起诉 43 件 53 人，因犯罪嫌疑人外逃中止侦查 15 件，通过办案共挽回经济损失 226.85 万元。

2000 年，按"有线索必查、有案必办"的原则，深挖窝串案。全年查办贪污贿赂案件 56 件 59 人。其中，贪污案件 25 件，贿赂案件 3 件，挪用公款案件 28 件。所立案件中，贪污 5 万元以上的案件 9 件，挪用公款 10 万元以上的案件 4 件；要案 2 件。侦查终结 23 件，移送起诉 22 件 24 人，撤案 1 件 1 人，为国家挽回经济损失 18 万元。

2001 年，全州受理线索 167 件，初查 165 件，立案侦查 86 件。所立案件中，贪污案件 42 件，贿赂案件 8 件，挪用公款案件 34 件，集体私分国有资产案件 2 件。其中，5 万元以上贪贿案件 16 件，10 万元以上挪用公款案件 10 件，集体私分国有资产 200 万元以上案件 1 件。侦查终结 95 件（含上年积案 11 件），侦结后移送审查起诉 77 件，移送不起诉 6 件，撤案 12 件，通过办案为国家挽回经济损失 857.99 万元。

是年，所立 86 件案件中，大要案 29 件，大要案件比例为 33.72%。都匀市检察院在侦破贵新公路都匀市指挥部何某某、樊某某等人特大贪污、受贿案后，州检察院统一指挥找准案件突破口，深挖线索，查处了都匀、独山、福泉、龙里、贵定等县（市）涉及贵新高等级公路案件22件32人，其中要案2件2人，涉案金额446.8万元，通过办理贵新高等级公路这一窝串案件，为国家挽回经济损失423.3万元。仅都匀市查处的何某某等人贪污、受贿案，涉案金额高达300万元。州检察院还查处两名县（处）级干部王某某、杨某某涉嫌贪污案件，全州检察院查处科（局）级干部22人。侦结案件共为国家挽回经济损失857.99万元，挽回案外损失近1000万元。

2002年，全州查办贪污案件44件、贿赂案件13件、挪用公款案件33件。所立案件中，大案27件，要案5件。侦查终结71件（含积案6件），侦结后移送审查起诉62件。通过办案为国家挽回经济损失1359.27万元，挽回案外经济损失1758万元。

2003年，全州受理案件线索156件，初查156件，立案96件100人。其中，贪污案件34件35人，挪用公款案件28件31人，贿赂案件33件33人，私分国有资产案件1件1人；大要案27件，大要案件占立案数的28.13%。侦查终结97件（含上年积案3件），新立案件侦结率为97.91%，侦结案中移送审查起诉94件。通过办案为国家挽回经济损失390万元。

2004年，全州受理案件线索165件，查办贪污、贿赂、挪用公款案件96件。其中，贪污公款案44件，挪用公款案22件，贿赂案30件，大案42件，要案4件4人，大要案占立案数的47.92%。侦查终结90件，除1件移送公安机关处理外，都移送审查起诉，移送起诉率为100%。通过办案为国家挽回经济损失535.79万元。

2005年，全州反贪污贿赂部门共受理案件线索145件，初查143件。立案查处贪污案41件49人、挪用公款案16件18人、贿赂案31件31人。其中，大案24件31人，要案7人，大要案占立案数（人数）37.62%。侦查终结90件104人（含积案14件18人），移送审查起诉88件102人，撤案2件2人，为国家挽回经济损失2376.15万元。

2006年，根据最高检察院《关于在全国检察机关开展治理商业贿赂专项活动的通知》，开展治理商业贿赂专项斗争，全州检察院受理案件线索144件，初查126件，立案查处贪污案36件46人、挪用公款案18件21人、贿赂案30件34人。查办的贪污贿赂案件中，大案32件47人，要案3人。侦查终结77件93人，移送审查起诉74件90人，为国家挽回经济损失423.18万元。从商业贿赂犯罪易发多发的重点行业和领域入手，通过“系统抓、抓系统”办案模式，查办资源开发领域商业贿赂犯罪案件17件19人，土地转让领域贪污贿赂案件4件4人，医疗卫生领域商业贿赂案件6件8人。

2007年，全州检察院反贪部门受理案件线索131件，立案70件91人。其中，贪污案33件44人，贿赂案27件32人，挪用公款10件15人；大要案36件54人，占立案数（件数）的51.43%。侦查终结案件77件99人（含上年积案数），移送审查起诉73件95人，有罪判决52件64人。在追逃专项工作中抓获犯罪嫌疑人3名。通过办案为国家和集体挽回经济损失422.98万元。是年，所查办的涉嫌贪污、受贿和挪用公款的76名职务犯罪嫌疑人，均为基层科（局）级及以下工作人员，大多数为单位或部门的负责人，主要是利用职权或职务便利贪污、受贿或挪用公款。在查办的 19 件 24 人商业贿赂案件中，城镇建设领域 7 件 11 人，资源开发领域 7 件 8 人，医药购销领域 3 件 3 人。

2008 年，全州受理案件线索 109 件，初查 95 件，立案 59 件。所立案件中，贪污案 20 件，贿赂案 31 件，挪用公款 8 件；大要案 38 件（其中要案 2 人）。侦查终结案件 66 件（含上年积案数）移送审查起诉 64 件 101 人，移送审查不起诉 2 人，撤案处理 1 件 1 人。是年，起诉 56 件，其中起诉大案 36 件，经人民法院审理作有罪判决 56 件 84 人，往年无罪判决案件经抗诉改判有罪 1 人。通过办案为国家和集体挽回经济损失 396.05 万元。立案侦查的 59 件案件中，立案查办贪污、受贿 5 万元以上，行贿、挪用公款 10 万元以上大案 38 件，占所立案件总数的 64.41%。

2009 年，全州受理案件线索 112 件，初查 101 件，立案 72 件 87 人。其中，贪污案件 34 件 45 人，贿赂案件 26 件 27 人，挪用公款案件 12 件 15 人；大要案件 52 件 64 人。侦查终结案件 66 件 81 人，移送审查起诉 66 件 80 人，移送不起诉 1 人。公诉部门提起公诉 44 件 62 人，不起诉 5 件 6 人。法院作有罪判决 38 件 69 人，作无罪判决 4 件 4 人（经抗诉已改判 1 人）。查办行政执法机关、司法机关人员贪污贿赂犯罪案件 19 人，占立案总数的 21.84%。共挽回经济损失 470.41 万元。是年，全州查处商业贿赂案件 20 件 21 人。

2010 年，全州受理案件线索 106 件，初查 96 件，立案 78 件 87 人。所立案件中，贪污案件 19 件 25 人，贿赂案件 56 件 59 人，挪用公款案件 3 件 3 人。侦查终结案件 83 件 92 人（含上年积案数），移送审查起诉 83 件 92 人。全州查办商业贿赂 57 件 60 人，查办涉农案件 6 件 11 人，查办新型农村合作医疗犯罪案件 7 件 7 人，查办工程建设领域贪污贿赂案件 44 件 45 人。全州查办窝案串案 58 件 66 人，立案查办的 78 件案件中贪污、受贿 5 万元以上，行贿、挪用公款 10 万元以上大要案 54 件 65 人，大案比率为 69.23%。共挽回经济损失 872.57 万元。

2011 年，立案查处贪污案件 24 件 30 人、贿赂案件 34 件 37 人、挪用公款案件 8 件 9 人。其中大案 57 件 62 人，占立案件数的 86.36%。侦查终结案件 61 件 71 人，移送起诉 61 件 71 人。通过查办贪贿案件挽回经济损失 420.71 万元。全州查办寄宿学校学生食堂承包中贪污、行受贿窝案串案 14 件 14 人。福泉市检察院在查办该市交警大队干警贪污案件中查出窝案串案 5 件 5 人。罗甸县在查办教育系统行受贿案件中查出窝案串案 6 件 6 人。全州查办窝案串案 51 件 52 人。

2012 年，全州受理案件线索 68 件，初查 66 件，立案查处 66 件，移送起诉 70 件 88 人（含上年积案数），撤案 1 件 1 人。通过办案挽回经济损失 943.46 万元。立案的 66 件 84 人中，窝串案 41 件 60 人，占立案的 62.1% 和 71.4%。都匀市检察院查办农机系统窝串案 2 件 5 人后，又从中发现行贿人向其他县（市）农机系统国家工作人员行贿的线索，其他县（市）检察院根据线索立案查办 6 件 6 人。

2013 年，受理线索 71 件，初查 71 件，立案侦查 71 件 87 人，侦查终结案件 64 件 78 人，移送审查起诉 63 件 77 人，法院受理 38 件 54 人，作有罪判决 35 人。所立案件中，贪污案件 24 件 33 人，贿赂案件 44 件 51 人，挪用公款案件 3 件 3 人。查办县（处）级要案

4 件4 人。通过案件查办为国家挽回经济损失 2551 万元。

2014 年，全州检察院反贪部门受理案件线索 124 件，初查 91 件，立案 89 件 109 人。其中立案查办大案 83 件 103 人，大案率94.5%；立案查办县（处）级要案 2 件 2 人。侦查终结 82 件 100 人，移送审查起诉 80 件 98 人。法院受理 80 件 97 人，作出有罪判决已生效 58 人。为国家挽回直接经济损失 619.92 万元。

第三节　民事行政检察

1991 年，全州检察院受理当事人不服人民法院已生效的判决、裁定申诉案件 38 件（其中民事申诉案 34 件、经济申诉案 3 件、行政申诉案 1 件），审查终结 25 件，作检察建议和直接答复处理。

1992 年，全州受理各类民事、行政申诉案 81 件。其中，民事 56 件，经济 11 件，行政 14 件；属于不服一审生效判决、裁定 28 件，不服二审生效判决、裁定 51 件，不服再审生效判决、裁定 2 件。经审查决定立案 9 件，办结 6 件。6 月，州检察院制定办案目标制度，下发各县（市）检察院。三都县检察院主动开辟案源，制作民事行政检察图解，同法院和有关部门联系，全年立案 2 件，办结 3 件（州检察院交办的经济纠纷案 1 件，提请省检察院抗诉）。

1993 年，全州受理不服法院生效判决、裁定的民事、行政申诉案 105 件，与上年相比上升 29.6%。立案 12 件，办结 8 件。其中，提请省检察院抗诉 1 件，提出检察建议 1 件，直接答复 6 件。同时办结上年积案 3 件。105 件案件中，民事、行政案 40 件，占全州受案数 38%。

1994 年，全州受理民事行政案件 110 件，立案 11 件，加上上年积案 4 件，共办结 13 件，提请省检察院抗诉 1 件，作检察建议 1 件，直接答复 11 件。各检察院办理民事、行政抗诉案，做到事实清楚，证据确实充分。州检察院对各县（市）检察院请示汇报的 9 件案件做到专人审查，集体讨论，严格把关。

1995 年，全州受理不服法院生效判决、裁定民事、行政申诉案 132 件，立案 27 件，办结 26 件。其中，提请审查抗诉 16 件，作检察建议 1 件，直接答复 6 件，向黔南州中级人民法院（以下简称州法院）抗诉 3 件。

1996 年，全州受理民事、经济、行政案件 89 件，立案审查 40 件；向州法院提出抗诉 7 件，超额 2 件完成省检察院向黔南州下达的目标任务，州检察院提请省检察院抗诉 5 件，超额 3 件完成任务，全州民事行政检察工作在全省排名第一。

1997 年，龙里县检察院民事行政检察科受到省检察院表彰，荣获“民事行政检察工作先进集体”称号。是年，全州受理各类申诉案件 151 件，立案 41 件；州检察院提出抗诉 18 件，提请省检察院抗诉 5 件。

1998 年，全州检察院在办案中坚持“敢抗、会抗、抗准”的原则，确保案件质量，坚持承办人阅卷、集体讨论、检察长决定的办案制度。州检察院向州法院提出抗诉8件，提请省检察院抗诉10件，针对法院审判活动中的违法行为提出纠正意见和检察建议12次。

1999—2000年，州检察院收集全州12个抗诉案例，编写《案例选编》，对每个案例作点评。全年向州法院提出抗诉9件，提请省检察院抗诉7件，针对人民法院审判活动中的违法行为提出纠正意见或检察建议21次。县级检察院报送州院审查案件40件，其中一审案件19件，占47.5%。州检察院向州法院提出抗诉11件，超过历年抗诉数。

2001年，全年受理民事、行政申诉案件175件，立案审查45件，州、县（市检察院）提请上一级检察院抗诉21件，向州法院提出抗诉9件，改判11件。2002年，全州提请、建议提请上一级检察院抗诉33件，向州法院提出抗诉5件，建议法院再审2件，收到法院再审判决、调解书9份，无一维持原判。2003年，向州法院提起抗诉11件，向省检察院提请抗诉16件，出席再审法庭支持抗诉12件，法院再审改判率为58%，一审案件改判率为100%。

2004年，全州向州法院提起抗诉8件，向省检察院提请抗诉12件，办理刑事附带民事诉讼案件5件，提起返还不当占有国有资产诉讼案1件，出席再审法庭支持抗诉13件，人民法院已审结的抗诉案件中维持原判4件，改判4件。2005年，全州民事行政检察受理各类申诉案件182件，立案72件。立案审查的72件中，向州法院提出抗诉10件，提请省检察院抗诉16件，发出再审检察建议8件，法院采纳6件；出席再审法庭12次，法院已开庭审理的案件改判7件，发回重审1件，调解1件，维持原判2件，改判率为81.8%。

2006年，向州法院提出抗诉6件，提请省检察院抗诉14件，向同级人民法院提出再审检察建议3件中被采纳1件。法院已开庭审理的案件改判6件，维持原判2件，改判率为75%。2007年，全州向州法院提出抗诉7件，提出再审检察建议3件，初查法官职务犯罪案件14件，与上年相比增加11件。

2008年，全州受理各类民事行政申诉案件196件，立案审查74件。其中，向州法院提出抗诉9件，提请省检察院抗诉7件；提出检察建议9件（其中再审检察建议6件，其他检察建议3件），再审检察建议采纳4件；办理督促起诉21件，支持起诉2件。2009年，全州立案审查71件，其中，向州法院提出抗诉8件，提请省检察院抗诉18件；抗诉结果为改判6件，调解4件；办理再审检察建议7件；支持起诉10件，督促起诉11件；执行监督21件，调解监督3件，促成当事人和解3件。

2010年，向州法院提出抗诉10件，提请省检察院抗诉15件，发出再审检察建议5件，再审建议采纳4件。抗诉案件已收到再审裁判文书中，改判5件，调解1件，维持原判4件。办理支持起诉、督促起诉共78件，相关部门采纳33件。办理执行监督40件，法院采纳33件。调解监督、纠正其他违法情形7件。2011年，共向中级人民法院提出抗诉10件，提请省检察院抗诉12件。发出再审检察建议11件，采纳8件。提出检察建议5件，采纳4件。抗诉案件已收到再审裁判文书中，改判2件，改变1件。办理督促起诉16件，采纳13件。办理支持起诉34件，采纳33件。办理执行监督10件，法院采纳8件。调解监督、纠正其他违法情形21件，采纳、纠正19件。

2012 年，向州法院提出抗诉 8 件，提请省检察院抗诉 15 件。出席再审法庭 7 次，收到人民法院再审裁判文书 3 件。全州发出再审检察建议 11 件，法院采纳 9 件；发出检察建议 8 件，被采纳 7 件；办理督促起诉 57 件，采纳 35 件，挽回经济损失 3591.39 万元。办理支持起诉 55 件，被采纳 55 件，挽回经济损失 1974 万元。开展执行监督 15 件，被采纳 14 件；纠正其他违法情形提出 16 件，纠正 15 件；对调解案件进行监督发出再审检察建议 1 件。

2013 年，全州办理各类申诉案件 79 件，向州法院提出抗诉 2 件，提请省检察院抗诉 6 件，省检察院采纳 3 件、未采纳 1 件，1 件因当事人和解终止审查。全州发出再审检察建议 6 件，对调解案件进行监督发出再审检察建议 1 件被采纳；以和解方式结案 2 件，息诉 5 件，终止审查 5 件。出席再审法庭 6 次，法院再审改判 4 件，调解结案 1 件，维持 1 件。办理督促起诉 119 件，采纳 110 件，挽回损失 6205.88 万元；办理支持起诉 48 件，采纳 41 件，挽回经济损失 1451.36 万元。开展执行监督 52 件，采纳 50 件；纠正其他违法情形提出 10 件，采纳 10 件，纠正审理活动违法提出 9 件，纠正 7 件。

2014 年，全州收到申请人申请监督案件 45 件，自行发现 3 件，旧存 4 件。全年办结 48 件，其中，向州法院提出抗诉 4 件，向省检察院提请抗诉 4 件，发出再审检察建议 1 件，法院采纳 1 件；终结审查 2 件，不支持监督申请 37 件，未结 4 件。向法院发出检察建议 7 件（立案监督 1 件、程序违法监督 4 件、调解监督 1 件），法院采纳 6 件；办理执行监督 29 件，采纳 29 件；纠正其他违法情形提出 2 件，采纳 2 件；办理支持起诉 12 件，采纳 12 件，挽回经济损失 10.8 万元。出席再审案件开庭 5 次，法院再审改判 1 件。

第四节　法纪检察

1991 年，全州检察院立案查处一批侵犯公民民主权利、人身权利的侵权案件和渎职案件，对一些尚未构成犯罪但又可能引起矛盾激化的案件，作有效调解工作。全年受理各类法纪案件中，经初查，对不构成犯罪作调解处理 86 件，转有关部门处理 138 件，立案侦查 100 件 150 人（其中特大案件 4 件 20 人、重大案件 7 件 9 人）。侦查终结 124 件 177 人（含上年结存 40 件 48 人），移送起诉 45 件 67 人，移送免予起诉 45 件 62 人，撤销案件 34 件 48 人。

1992 年，全州受理法纪案件线索 187 件，经过初查处理 172 件，其中，立案查处 69 件。在立案查处的案件中，诬告陷害案 2 件，非法拘禁案 25 件，非法搜查案 1 件，非法侵入他人住宅案 8 件，泄露国家机密案 1 件，玩忽职守案 1 件，妨害邮电通信案 2 件，重大责任事故案 21 件，其他案件 8 件。移送起诉 34 件 38 人，移送免予起诉 21 件 28 人，撤销案件 10 件 20 人。

1993 年，全州受理法纪案件线索 201 件，初查 135 件，转有关部门处理 7 件，立案侦查 52 件 96 人，侦查终结 50 件 84 人。其中，移送起诉 23 件 40 人，移送免予起诉 23 件 35

人，撤销案件4件9人。瓮安县司法局干部李某某在银盏乡挂职锻炼任副乡长期间，怀疑村民颜某某盗窃，遂伙同王某某（乡治安员）、杨某某（驻乡民警）、刘某某等人将颜某某带到银盏乡派出所，对颜某某实施刑讯逼供，将颜某某打死在派出所里。案发后，李某某等人订立攻守同盟，谎称颜某某是自己撞墙而死。群众对此非常气愤，意欲抬尸到县政府。州、县两级检察院的办案人员得到县委、县政府和有关部门的支持，很快侦破此案，平息了事态。后李某某因犯刑讯逼供罪、故意伤害罪，被法院判处无期徒刑。

1994年，全州受理法纪案件线索196件，初查164件，决定立案侦查61件80人（其中重大案件6件、特大案件2件）。在立案侦查的案件中，刑讯逼供案3件3人，非法拘禁案15件22人，诬告陷害案3件3人，非法侵入他人住宅案8件9人，玩忽职守案8件9人，重大责任事故案16件23人，其他案件8件11人。侦查终结55件77人（其中特大案件2件、重大案件3件），移送起诉22件33人，移送免予起诉26件32人，撤销案件7件12人。

1995年，全州受理法纪案件线索80件，经过初查，决定立案侦查25件36人（特大案件3件9人、重大案件6件6人）。其中，非法拘禁案9件15人，玩忽职守案8件10人，重大责任事故案4件4人，刑讯逼供案2件4人，非法侵入他人住宅案1件2人，故意伤害案1件1人。侦查终结10件12人，其中，移送起诉7件8人，移送免予起诉3件4人。

1996年，全州受理法纪案件线索240件322人，初查187件259人，出现场131次。经初查后立案侦查68件112人。其中，徇私舞弊案7件11人，重大责任事故案26件31人，非法拘禁案16件40人，玩忽职守案2件3人，刑讯逼供案1件1人，其他案件16件26人。立案侦查大案、要案16件，占立案总数的23.5%；立案侦查司法人员案12人，占立案总人数的10.7%。全年侦查终结74件119人（含上年结存案件）。新立案件侦查终结66件108人，其中，移送起诉40件64人，移送免予起诉20件36人，撤销案件6件8人。

1997年，全州受理法纪案件线索116件，初查84件。经过初查决定立案侦查37件60人。其中，刑讯逼供案2件2人，非法拘禁案9件20人，徇私舞弊案4件7人，重大责任事故案7件14人，玩忽职守案9件11人，其他案件6件6人。侦查终结案件21件33人，其中，移送起诉17件27人，移送不起诉1件1人，撤销案件3件5人。

1998年，全州受理渎职侵权案件线索83件，初查71件。经过初查决定立案侦查10件15人，其中，动植物检疫失职案1件1人，非法拘禁案5件7人，刑讯逼供案4件7人。侦查终结16件21人（含上年结存案件），其中，移送起诉12件16人，移送不起诉1件2人，撤销案件3件3人。1999年，全州受理渎职侵权案件线索34件，初查32件。初查后决定立案侦查10件14人，其中，徇私舞弊案3件3人，非法拘禁案6件9人，刑讯逼供案1件2人。侦查终结8件11人，其中，移送起诉6件9人，撤销案件2件2人。

2000年，全年受理渎职侵权案件线索57件，初查48件。经过初查决定立案侦查27件33人，其中，司法人员私放刑事在押人员案1件1人，超额发放或滥发林木采伐许可证案2件2人，玩忽职守案8件9人，司法人员在签订、履行合同中失职被骗案1件1人，徇私舞弊案1件1人，司法工作人员枉法案4件4人，行政执法人员不移交刑事案件案1件

1 人，非法拘禁案 5 件 5 人，非法搜查案 1 件 1 人，刑讯逼供案 2 件 6 人，其他案件 1 件 2 人。侦查终结 26 件 30 人，全部移送起诉，没有出现撤案和移送不起诉的情况，通过查办案件共挽回经济损失 92 万元。

2001 年，全州受理渎职侵权案件线索 46 件，初查 46 件，决定立案侦查 17 件 22 人。侦查终结 18 件 27 人（含上年结存案件），其中，移送起诉 16 件 20 人，移送不起诉 1 件 4 人，撤销案件 1 件 3 人。

2002 年，全州受理渎职侵权案件线索 87 件，初查 78 件，决定立案侦查 20 件 21 人（特大案件 1 件、重大案件 2 件）。其中，滥用职权案 4 件 4 人，玩忽职守案 10 件 10 人，徇私舞弊案 5 件 6 人，利用职权侵犯公民权利案 1 件 1 人。侦查终结 16 件 17 人，其中，移送起诉 14 件 15 人，移送不起诉 2 件 2 人。

2003 年，全州受理渎职侵权案件线索 81 件，初查 77 件，经过初查决定立案侦查 27 件 36 人。其中，玩忽职守案 9 件 9 人，滥用职权案 5 件 5 人，徇私枉法案 4 件 8 人，非法拘禁案 1 件 4 人，徇私舞弊不移交刑事案件案 3 件 4 人，徇私舞弊不征、少征税款案 2 件 2 人，失职致使在押人员脱逃案 2 件 3 人，国家机关工作人员签订合同失职被骗案 1 件 1 人。侦查终结 24 件 32 人，移送起诉 24 件 32 人。

2004 年，全州受理渎职侵权案件线索 79 件，初查 79 件，立案侦查 17 件 23 人。在立案侦查的案件中，徇私舞弊案 8 件 10 人，滥用职权案 3 件 3 人，玩忽职守案 2 件 3 人，侵权案 4 件 7 人。侦查终结 15 件 23 人，移送起诉 15 件 23 人。提起公诉 15 件 21 人，法院作有罪判决 5 件 9 人。

2005 年，全州受理渎职侵权案件线索 70 件，初查 69 件。经过初查决定立案侦查 19 件 21 人，其中，特大案件 3 件，重大案件 7 件。在立案侦查的案件中，玩忽职守案 7 件 7 人，滥用职权案 5 件 5 人，徇私舞弊案 6 件 8 人，侵犯公民权利案 1 件 1 人。提起公诉 12 件 17 人，法院作有罪判决 8 人。

2006 年，全州受理破坏社会主义市场经济秩序渎职犯罪案件线索 56 件，初查 55 件，立案侦查 13 件，侦查终结 10 件，移送起诉 10 件。全州受理各类渎职侵权案件线索 62 件，初查 59 件。经过初查决定立案侦查 14 件 16 人，其中，滥用职权案 1 件 1 人，玩忽职守案 8 件 10 人，徇私舞弊案 5 件 5 人。侦查终结 16 件 20 人（含上年结存案），移送起诉 15 件 19 人。提起公诉 12 件 15 人，法院作有罪判决 4 件 4 人。

2007 年，全州受理案件线索 85 件，初查 74 件。经过初查决定立案侦查 22 件 25 人，其中，滥用职权案 4 件 6 人，玩忽职守案 6 件 7 人，徇私舞弊案 4 件 4 人，侵犯公民权利案 2 件 2 人，其他 6 件 6 人。侦查终结 24 件 27 人（含上年结存案），移送起诉 24 件 27 人。提起公诉 10 件 13 人，不起诉 5 件 5 人，法院作有罪判决 10 件 14 人。

2008 年，全州开展查办危害能源资源和生态环境渎职犯罪专项工作，共受理危害能源资源和生态环境渎职案件线索 35 件，经过初查决定立案查办 14 件 16 人，其中有 2 件 2 人当年已作有罪判决。如：2007 年 12 月独山县麻球河段发生重大水污染事故，造成 50 多人饮用河水后中毒，该河段下游的三都县城两万多名居民生活饮用水被迫停止供应 13 天，直接经济损失达250万元的严重危害后果。4月24日，独山县检察院以涉嫌环境监管失职罪立案查办了该县环保局环境监察大队副大队长袁某某（主持工作）、副大队长吴某某（负责企业监管工作）。该案是贵州省的首例环境监管失职案。全州共受理案件线索73件，初查60件。经过初查决定立案侦查22件26人，其中，滥用职权案5件6人，玩忽职守案9件12人，徇私舞弊案5件5人，国家机关工作人员侵犯公民人身、民主权利案3件3人。侦查终结22件24人，移送起诉22件24人。提起公诉13件14人，不起诉4件4人，法院作有罪判决5件5人。

2009年，州检察院反渎职侵权局对省检察院反渎职侵权局交办的4件案件线索进行初查，侦破4件“单采血浆站负责人受贿案”和州法院法官陆某某在审理“驰名商标案件”中涉嫌民事枉法裁判、受贿案。全州受理渎职侵权案件线索71件，初查64件。经过初查决定立案侦查21件27人，其中，滥用职权案4件6人，徇私枉法案1件1人，玩忽职守案5件6人，民事枉法裁判案1件1人，帮助犯罪分子逃避处罚案1件1人，其他9件12人。侦查终结18件23人，移送审查起诉18件23人。提起公诉6件14人，法院作有罪判决16人。

2010年，全州受理渎职侵权案件线索43件，初查40件。经过初查决定立案侦查17件19人，其中，滥用职权案3件3人，玩忽职守案7件8人，徇私舞弊案5件6人，侵犯公民权利案2件2人。侦查终结17件19人，移送起诉17件19人。提起公诉16件18人，不起诉1件1人（监所部门办理），法院作有罪判决16人。

2011年，全州立案查办危害民生民利渎职侵权犯罪案件14件14人，侦查终结11件11人，其中有2人当年被法院作有罪判决。全州受理渎职侵权案件线索18件，初查18件。经过初查决定立案侦查17件16人，其中滥用职权案5件5人，玩忽职守案9件8人，徇私舞弊案1件1人，其他2件2人。侦查终结15件15人，移送起诉14件14人，移送不起诉1件1人，撤案1件1人。提起公诉11件12人，不起诉7人，法院作有罪判决9人。

2012年，全州受理渎职侵权案件线索经过初查决定立案侦查14件18人，其中，滥用职权案5件5人，玩忽职守案6件8人，徇私舞弊案2件4人，其他1件1人。侦查终结17件21人（含上年结存案件），移送起诉16件20人，移送不起诉1件1人。提起公诉12件16人，法院作有罪判决11件13人。

2013年，全州受理渎职侵权案件线索18件，初查17件。经过初查决定立案侦查16件21人，其中，滥用职权案3件3人，玩忽职守案7件7人，徇私枉法案1件1人，徇私舞弊发售发票案1件1人，非法拘禁案2件7人，其他2件2人。侦查终结16件21人，移送起诉16件21人。

2014年，全州受理渎职侵权案件线索29件，初查21件，决定立案侦查15件19人。其中，滥用职权案5件6人，玩忽职守案6件8人，虐待被监管人案2件3人，徇私枉法案2件2人。侦查终结15件19人，移送起诉15件19人。提起公诉8件9人，不起诉1件1人。法院作有罪判决6件6人。

第五节　控告申诉检察

一、来信来访

1991 年，州、县两级检察院的控申、举报工作部门按照《人民检察院举报工作若干规定》，受理群众来信来访。全州受理人民群众来信来访 3680 件（次），受理举报 267 件（次），检察长批阅 200 件，接待举报 40 次。同时，清理 1988 年以后“举报中心”建立受理举报积压的各类案件线索（材料）869 件，其中，贪污 344 件，受贿 255 件，挪用公款 18 件，偷税抗税 26 件，其他 226 件。对清理出的上述举报案件线索，均分门别类进行处理。

1992—1995 年，全州检察院受理来信来访 9055 件次，其中，重复信访 903 件，属“告急”信访及时处理 61 件。州、县两级检察院举报中心受理各种举报线索 1113 件（大要案 93 件），涉及人员 1410 人。涉及人员中，“三机关一部门”539 人，企事业单位 606 人，其他（包括农村干部）265 人。以案件性质分：贪污 547 件，贿赂 168 件，挪用公款 76 件，偷税抗税 23 件，其他经济案件 50 件，侵权渎职案件 110 件，其他法纪案件 43 件，其他案件 96 件。涉及犯罪金额 10304 万元。经过初查和依法立案侦查，为国家挽回经济损失 110 万元。

1996 年，州、县两级检察院举报中心共受理群众举报线索 561 件，举报涉嫌人员 688 人，“三机关一部门”涉及 312 人，占总人数的 45.4%。要案线索 32 件 36 人，都及时向省检察院备案。

1997 年，州检察院控告申诉检察科改为控告申诉检察处。全州 12 个县（市）检察院均建立控告申诉检察科，设立专门接待室，安装专用举报电话。荔波县人民检察院接待室被最高人民检察院授予“文明接待室”称号。1998 年，全州检察院受理来信来访 1673 件，受理举报线索 583 件，其中贪污贿赂 464 件、渎职 119 件。

1999 年，全州检察院对群众来信来访热情接待，认真筛选，及时分流，共受理群众来信来访 1558 件（次），其中重复来信来访 121 件。首次信访中，举报线索 441 件，刑事案件线索 825 件，控告一般违法 69 件，申诉类线索 223 件。受理的线索属检察机关管辖 408 件，非检察机关管辖 716 件。

2000 年，都匀市检察院与市纪委等 6 家单位建立廉政勤政监督网络，开通 6 条热线电话，并在全州率先使用举报电话自动受理系统。

2001—2002 年，州、县两级检察院建立和完善各种台账制度，实行贪污贿赂、渎职侵权、大要案、上级检察院交办分开登记，使举报线索管理规范化、科学化、制度化。都匀市人民检察院建立举报奖励制度，申请市委、市政府拨款 10 万元，作为举报奖励基金，此举为全州首创。荔波县检察院与邮电部门协商，建立方便群众举报的“绿色通道”，规定凡是在县城内通过邮局向检察院寄出的举报信，一律免资邮寄。

2003 年，全州处理群众来信来访 664 件（次），其中，来信 464 件，接待群众来访 200 人次。处理办结“两访一户”（集体上访、告急上访、上访老户）案件 48 件，其中，集体访 40 件，告急访 3 件，上访老户 5 件。2004 年，全州办理省检察院、州委政法委和各级检察长交办案件 39 件，做到件件按时办结，件件有结果。全年受理群众来信来访 1200 件，其中，来信 756 件，来访 444 件。初查举报线索 52 件，移送立案 37 件。

2005 年，全州受理群众来信来访 823 件（次）。正、副检察长参加接待日接待 303 次，接待来访 178 人，批办案件 116 件，控申部门认真落实办理并及时回复结果。处理“两访一户”33 件。各检察院举报中心初查举报线索 64 件，移送立案 41 件。

2007 年，州、县两级检察院共接待群众来信来访 777 件（次），其中，来信 527 件，来访 250 人次。来信来访中，属控告类 225 件，举报类 191 件，刑事申诉类 111 件，刑事赔偿 7 件，其他 243 件。在信访接待中，坚持检察长接待日接待制度，检察长接待日共接待群众来访 68 件（次），阅批群众来信来访 287 件，控申部门全部认真落实处理、及时反馈和上报结果。全州控申部门积极开展举报宣传（法制宣传）活动，通过举报宣传，全州有 8 名犯罪嫌疑人到检察机关投案自首，主动交赃款 90 万元。

2008 年，州、县（市）检察院正、副检察长参加接待共 482 人（次），共接待群众来访 402 人次。在大接访活动中，共有 388 名领导参与接访，共接待群众来访 360 人（次）。在接待中，领导批办案件 48 件，控申部门落实办理 48 件。

2009—2010 年，全州开展“领导大接访”“集中清理涉法涉诉信访积案”“百万案件评查”等专项活动，全州正、副检察长参加接访活动 312 人（次），共接待群众来访 231 人（次）。接访中，领导批办案件 73 件，控申部门都及时落实办理，并按时反馈结果。根据最高人民检察院《关于开展案件评查工作的通知》和中央政法委《关于开展“百万案件评查”活动工作方案》的安排，全州、县两级检察院评查案件共 29 件，其中，州检察院 15 件，县（市）检察院 14 件。评查结果，不存在检察人员违法办案、执法过错、责任倒查等问题。

2011 年，根据省检察院下发的《关于开展举报线索保密和举报人保护检查工作的通知》，州、县两级检察院控申举报部门对举报制度建设和工作机制、保密设施、举报网站数据信息库的管理情况、其他举报设备等保密工作情况进行自查，对查找的问题落实整改措施。州检察院在原有控申工作制度基础上，新制定《黔南州人民检察院举报中心举报线索初核制度》《黔南州人民检察院举报中心举报线索评估机制》《黔南州人民检察院办案安全制度》等工作制度，全州控申举报的各项规章制度达 23 个。

2012 年，州、县两级检察院做好涉检信访排查化解工作，加大涉检信访排查力度，及时掌握信访突出问题和隐患底数。在化解涉检信访案件中，涉办单位采取“四定一包”（定领导、定专人、定方案、定时限、包信诉）方式，层层落实领导包案制度，检察长负总责，主管检察长直接抓，控申部门具体抓，其他部门各司其职。

2013 年，全州检察院受理（接待）群众来信来访 697 件（次），其中，来信 477 件、来访 220 人次；控告 274 件、申诉 117 件、举报 306 件。各检察院举报中心共受理举报线索306件，其中，举报贪污贿赂案件线索226件、侵权渎职70件、其他10件。共初核举报线索13件，移送自侦部门初查或立案5件。为鼓励群众举报，全州对8名举报有功人员给予举报奖励。

2014年，全州检察院受理（接待）群众来信来访492件（次），其中，来信219件、来访273人次。在受理来信来访总数中，控告249件（次）、申诉111件（次）、举报132件（次）。检察长参与接访312人次，接待群众88件96人次。州、县检察院开展视频接访12件。在受理的来信来访中，控告51件（次）、申诉87件（次）、举报36件（次）。州检察院控申处每周二派员在州群众工作中心参与接访，共接待群众50件71人。

二、申诉复查

1991年，全州检察院受理各类控告申诉案件50件，立案36件，其中不服免诉的申诉19件。立案办结30件。在办结的30件案中，纠正1件，部分纠正1件，维持28件。

1992—1995年，全州受理控告申诉案件158件，决定立案复查53件，办结46件。复查后纠正8件、维持38件。州、县两级检察院还受理重婚案件63件，决定立案27件，办结18件，其中，作免予起诉5件，提出公诉13件，法院均作出有罪判决。

1996年，全州受理各类刑事申诉案件22件，立案复查22件，办结20件。立案复查的22件刑事申诉案件中，不服执行完毕判决2件，不服不捕1件，不服免诉18件，不服法院生效判决1件。经复查，维持18件，纠正2件，另有2件待向检察委员会汇报决定。

1997年，全州按照《复查刑事申诉案件的规定》，做到全错全纠，不错不纠，错多少纠正多少，依法作出审查结论。全州共受理各类刑事申诉案件119件，立案复查15件，维持15件。1998年，全州立案复查刑事申诉案件17件，复查后维持13件，纠正4件；受理刑事赔偿案件12件，办结12件；办理不服不立案申诉案件10件。初查举报案件22件，其中移送法纪部门立案2件，移送反贪部门立案3件。

1999年，全州控申部门立案复查刑事申诉案件35件，复查后维持32件，改变3件。受理刑事赔偿案件28件，经审查作出赔偿决定3件，不予赔偿25件。办理不服不立案申诉案件8件。其中，福泉市在办理一起受害人家长控告案中，发现公安机关对一名涉嫌强奸犯罪嫌疑人仅作治安处罚，经调查核实取得证据后与公安机关联系建议公安立案，最终将犯罪嫌疑人批捕归案并提起公诉。初查举报案件14件。2000年，全州立案复查刑事申诉案件22件，维持原决定20件，改变2件；受理刑事赔偿案件19件，经审查，作出赔偿决定3件，不予赔偿16件。

2001年，全州立案复查刑事申诉案件25件，经复查维持23件，纠正2件。受理刑事赔偿案件11件，审查后决定赔偿5件，不予赔偿6件。开展立案监督20件。三都县检察院检察长在接待中发现公安机关该立案而没有立案的案件2件，控申部门审查材料后向侦监部门提出建议，侦监部门及时向公安机关提出监督意见，公安机关采纳后对这2件案件决定立案。

2002年，全州受理各类刑事申诉案件32件，复查后维持27件，纠正5件。办理刑事赔偿案件13件，经审查作出赔偿决定1件，不予赔偿11件，撤案1件。受理不服公安机关不立案申诉26件。2003年，全州办理刑事申诉案件56件，通过复查，维持51件，纠正5件。2004年，全州受理刑事申诉案件47件，通过复查，维持原处理决定46件，纠正1件。

2005年，全州办理刑事申诉案件22件，经复查维持原处理决定17件，纠正5件；受理刑事赔偿案件7件，经审查不予确认1件，依法确认6件；初查举报线索64件，成案41件。2006年，全州受理刑事申诉案件32件，经审查立案复查29件、审查处理3件；受理刑事赔偿请求案件3件，经审查，依法确认并作出赔偿决定2件，不予赔偿1件。初查举报线索38件，成案21件。

2007年，州、县两级检察院共受理各类刑事申诉案件12件，经审查，纳入复查程序决定立案复查12件，办结11件。通过复查，提请抗诉1件。对其他未进入复查程序的申诉案，经调查、审查，通过转处理和采取刑事申诉审查结果通知书、信访事项办理结果答复函的形式，均给予书面答复处理。受理刑事赔偿案件7件，县（市）检察院均作不予确认报州检察院审批，经州检察院调卷审查后，对7件刑事赔偿案件均作出应予确认的批复意见。初查的举报线索共20件，其中成案（移送立案）5件，侦查后移送起诉3件。

2008年，全州在清理排查涉检重信重访案件中，对符合复查程序的刑事申诉案予以受理，共受理刑事申诉案18件，经审查，决定立案复查17件，办结17件。通过复查，维持原处理决定13件，纠正原处理决定4件。受理刑事赔偿案件4件，经审查，依法确认并作出赔偿决定3件，不予确认1件。其中，州检察院直接办理刑事赔偿案1件，审查县（市）检察院报批刑事赔偿案3件，均作出书面批复。自行初查举报线索20件，其中成案（移送立案）8件。

2009年，全州受理各类刑事申诉案件10件，立案复查10件，通过复查，维持5件，纠正3件，提请抗诉2件（公诉部门审查后向法院提请抗诉）。受理刑事赔偿案件11件，立案审查11件。通过审查，决定赔偿10件，撤回1件。

2010年，州、县两级检察院受理各类刑事申诉案件29件，经审查，决定立案复查28件，办结28件（维持13件、改变1件、提出抗诉意见1件、不予抗诉13件）。办理刑事赔偿案件6件，给予确认并作出赔偿决定3件，其中，州检察院办理刑事赔偿3件。全州检察院对19名刑事案件被害人给予司法救助，支付救助金共8.71万元。

2011年，全州受理各类刑事申诉案件16件，经审查，决定立案复查10件，办结10件（维持4件、不予抗诉6件）。全州办理刑事赔偿案件1件，作出赔偿决定1件，支付赔偿金额2.48万元。对12名有困难的案件当事人给予司法救助，支付救助金5.25万元。

2012年，全州受理各类刑事申诉案件18件，其中，立案复查10件，审查处理8件。经复查，维持3件，不予抗诉6件，提出抗诉意见1件。受理刑事赔偿案件3件，经审查，作出不立案决定1件，作出赔偿决定1件，州检察院复议1件。全州对16名有困难的案件当事人给予司法救助，支付救助金共11.7万元。

2013年，在全州受理刑事申诉案件18件中，不服检察机关处理决定申诉案7件，立案复查7件，经复查维持7件，办结7件；不服法院生效裁判申诉案11件，立案复查5件，经复查，不予抗诉5件，审查结案6件。全州受理刑事赔偿案件3件，经审查，不立案1件，决定立案赔偿2件，已兑现赔偿金1件，共计赔偿5.6万元，息诉1件。全州对8名有困难的案件当事人或家属给予司法救助，支付救助金共2.02万元。

2014年，在全州受理的刑事申诉案件31件中，不服检察机关处理决定申诉案13件，立案复查12件，审查结案1件，复查后维持5件、纠正（变更）2件、终止审查5件；不服法院生效裁判申诉案18件，立案复查11件，审查结案7件，复查后不予抗诉5件，提出再审检察建议2件，提请抗诉3件，终止审查1件。州、县（市）检察院对36名有困难的案件当事人或家属给予司法救助，共发放救助金46.3万元，其中获省政法委专项救助资金救助2人，救助金10万元。全州受理刑事赔偿案件6件，审查后立案3件，不立案3件。

第六节　监所检察

1991年，州、县（市）检察院依法开展市场监督场所检查监督，对发现的问题提出纠正建议，维护在押人员的合法权益。年内对全州看守所的监督发现超期羁押152人，均建议予以纠正。是年，办理重新犯罪案件48件51人。1992年办理重新犯罪案件38件39人。

1993—1994年，全州检察机关对全州看守所在押人犯进行清理，要求各办案单位要严格按照国务院颁发的《中华人民共和国看守所条例》的规定执行。到1994年底，超期羁押人数从425人下降到160人。两年办理重新犯罪案件56件61人。

1995年，对看守所在押人犯实行分级管理，根据《中华人民共和国看守所条例》规定，州检察院重新制作《羁押人犯交接通知》，要求全州检察机关办案单位遵照执行。对全州保外就医人员进行执行情况检察，发现取保条件已经消失，提出检察建议收监服刑17名，对存在的问题及时向主管部门和公安派出所提出检察建议。办理重新犯罪案件48件51人。

1996年，根据省检察院“派驻检察室1996年要达到30%”的要求，经省检察院对州辖20个派驻检察室考核验收，有7个派驻检察室通过验收达标。办理重新犯罪案件55件82人。立案查办职务犯罪5件。

1997年，全州检察院均设置监所检察科。派驻检察室在上年已达标7个的基础上，经省检察院考核验收，又有7个派驻检察室达到规范化标准。办理重新犯罪案件52件56人。立案查办职务犯罪案件3件。

1998年，根据新的《中华人民共和国刑法》《中华人民共和国刑事诉讼法》《中华人民共和国看守所条例实施办法》，全州监所检察部门通过监督，纠正应释放而未立即释放8人，刑期计算错误3人，不符合减刑条件18人，纠正超期羁押325人，办理重新犯罪案件65件79人。立案查办职务犯罪案件4件。

1999年元旦、春节、国庆50周年、澳门回归等重大节日前夕，全州检察院会同监管、武警等机关召开安全防范联席会议38次，协助监管部门查监50余次，纠正各种安全隐患23起。进行法制教育108次，受教育人数达17500余人，单独谈话、个别教育2688人次。

办理重新犯罪案件35件39人。

2000年，清理出超期羁押766人，提出纠正680人，纠正657人，纠正率占纠正总数的96.6%。在清理超期羁押的同时，对看守所留所服刑存在的问题进行清理，全年共清理余刑一年以上五年以下的21名罪犯投入劳改场所执行刑罚。根据省检察院布置的劳教问题调研课题要求，会同劳教所对1997—1999年416名劳教人员的档案逐一审查，发现先行劳教、违法劳教、不应劳教人员12名，提出检察建议，均得到纠正。办理罪犯又犯罪案件37件41人。

2001年，根据省检察院《关于进一步加强刑罚执行监督工作的通知》，对刑罚执行情况进行监督。在检察中共发现违法情况60起，均发出《纠正违法通知书》。在清理和纠正超期羁押工作中，州检察院指定专人负责，了解和掌握超期羁押的基本情况，制定提前催告制度，对超期羁押屡纠不改的，监所部门及时向当地人大常委会、政法委报告，督促纠正。全年有超期羁押464人，发出《纠正违法通知书》116份、《检察建议》48份、《催办案件通知书》46份，对重大督办案件进行跟踪联系。

2002年，查办在刑罚执行和监管改造工作中发生的职务犯罪，保障刑罚正确执行，维护监管改造秩序，促进监管改造机关依法管理、文明管理，提高改造质量。在查办监管改造场所发生的渎职侵权案件中共受理自侦案件线索11件13人，立案侦查4件5人，初查后移送渎职侵权检察部门立案1件1人。从严打击服刑人员和劳教人员的违法犯罪活动，查办被监管人员犯罪案件，经审查批准逮捕2件2人，起诉30件38人。全年审查人民法院的减刑、假释、暂予监外执行裁定466件，并对刑罚执行的方式和场所是否合法进行监督，督促执行机关对服刑人员依法文明监管。在刑罚交付执行过程中发现违法案件43人，全部提出纠正意见。根据省检察院《关于集中清理和纠正超期羁押专项行动的通知》，对超期羁押犯罪嫌疑人、被告人的情况进行清理，提出纠正检察建议525次，已纠正398人，全州检察院实现检察环节无超期羁押。

2003年，开展清理纠正超期羁押专项活动，向办案部门发出纠正超期羁押《纠正违法通知书》41份，《检察建议书》28份，《案件催办通知书》108份，处理超期羁押140起。

2004年，开展减刑、假释、保外就医专项检查，制定专项检查实施方案，成立专项检查领导小组，对2002年1月—2004年4月监管机关呈报法院裁定罪犯减刑4872人、假释395人、保外就医116人进行逐人逐案登记、排查，发现违反法定条件减刑1人，违法保外就医15人，提出纠正16人，已纠正14人。全州21个派驻检察室有10个申报达标，其中二级1个、三级9个。

2005年，开展减刑、假释、保外就医专项检查，查办监管场所内涉嫌职务犯罪案件，共受理案件线索15件，立案侦查2件2人。共受理被监管人员又犯罪案件15件15人，提起公诉15件15人，法院均作有罪判决。

2006年，以查办监管场所的职务犯罪为重点，维护被监管人员的合法权益。全州受理自侦案件线索4件，初查后立案1件1人，初查后移交反渎部门1件1人。在重大活动和重要节假日前，督促监管单位开展安全防范、生活卫生活动，确保监管场所的安全稳定。

针对事故隐患，及时提出检察建议 24 次，口头建议 70 次，发出纠正违法通知书 7 次，均已得到纠正。

2007 年，对全州范围内监外执行罪犯脱管、漏管情况进行核查，通过对2004 年7 月起被判决、裁定、决定（批准）监外执行到2007 年6 月底刑期、考验未满的监外执行罪犯的交付执行和监督管理情况进行全面清理，查明脱管漏管问题及其原因。经核查，罪犯脱管 18 人，漏管 303 人，及时向监管单位提出纠正和改进检察建议。纠正不当减刑 6 人、不具备假释条件 7 人、建议收监保外就医罪犯 4 人、交付执行罪犯 5 人，纠正刑期计算错误 7 起，均得到监管机关采纳。

2008 年，将由都匀市、福泉市、贵定县、瓮安县、长顺县检察院对都匀监狱、桐州监狱、福泉监狱、贵州省未成年人管教所、北斗山监狱、瓮安监狱、广顺监狱的监督改为州检察院对等派驻检察室，并正式挂牌办公。全年跟踪监督即将到期案件 381 件，发出书面催办案件通知和提示函 349 件（次），向办案机关发出防止超期羁押的检察建议 18 份；监督纠正违法和不当减刑、假释、暂予监外执行的 18 人；办理又犯罪案件 22 件 24 人，均已起诉并作有罪判决。立案侦查监管场所职务犯罪案件 1 件。

2009 年，将各县（市）检察院承担的对监狱的监督职责改由州检察院履行。全年跟踪监督即将到期案件 522 件，发出书面催办案件通知和提示函 265 件。开展监所安全防范监督检查 68 次，发现并督促监管部门消除安全隐患 18 起；为被监管人员集体上法制课 6 次。纠正脱管、漏管监外执行罪犯 15 人，无监管措施 5 人；办理又犯罪案件共审查逮捕 3 件 3 人，审结起诉 8 件 8 人，法院均作有罪判决。依法办理被监管人员控告 5 件，依法办理服刑人员和劳教人员申诉案件 21 人。针对监管薄弱环节，向监管单位提出整改意见，发现和纠正不依法交付执行、违法会见、违法收押等问题。

2010 年，在日常执法监督中发现监管单位监管执法工作的违法行为 705 件，提出书面意见 704 件，纠正 694 件；立案查办职务犯罪 1 件 1 人；坚持检察官约见制度，全年约见在押人员谈话 800 人次。驻所检察室提出纠正 2 件，均已纠正，提出检察建议 2 件，均被采纳。全年审查执行机关提请呈报减刑、假释、暂予监外执行案件 5341 件，法院裁定减刑、假释、暂予监外执行案件 3336 件，发现不当 283 件，书面提出纠正意见 283 件，纠正 283 件。在监外执行监督中发现无监管措施 13 人、脱管失控 17 人、法律文书交付脱节 47 人、监外罪犯交付脱节 2 人，提出书面、口头纠正意见 96 件，均得到纠正。

2011 年，对刑罚执行、监管活动提出纠正违法 316 件；审查提请减刑 4091 人、假释 226 人、暂予监外执行 60 人。经审查，发现不当文书提出纠正 136 件，纠正 136 件，办理在押人员重新犯罪案件 11 件 11 人，经起诉后法院均作有罪判决。发现和纠正违法收押 23 件，依法不交付执行 25 件，违法提审接见 34 件，对有重大立功表现的犯人建议记立功 1 件、记功 2 件。督促看守所对即将到期案件进行预警、提示、催办，向办案部门发出催办通知 1651 人次，全年发出超期羁押预警通知 364 人次。在全国检察机关第三次派驻监管场所规范化检察室等级考核评定中，全州申报的 10 个派驻监所检察室通过考核评定。

2012 年，对监管场所开展日常性安全检查 96 次，消除监管场所安全隐患。发现并监督纠正监管场所监管违法 206 件，提出书面纠正违法意见和检察建议 201 件，均全部纠正落实。审查减刑、假释、暂予监外执行案件 2677 件，经审查对报请或裁定不当提出书面纠正意见并得到纠正 198 件，及时防止和纠正监外执行罪犯管理中存在的脱管、漏管问题，共考察监外执行罪犯 1694 人次，逐人建立信息档案，实行跟踪监督，纠正脱管漏管罪犯 35 人。查办发生在监管场所中的职务犯罪案件，立案 4 件 6 人。在监管场所设立检察官信箱，开通检察官热线，落实权利义务告知、检察官约见制度，在押人员及家属与检察官约见谈话 1200 余人次，发现并纠正监管活动中超时、超体力劳动等侵犯在押人员合法权益的问题。

2013 年，以刑罚变更执行监督、刑事羁押期限监督、被监管人死亡检查、查办刑罚执行和监管活动中职务犯罪为重点，开展刑罚执行和监管活动监督。全年提出纠正监管场所在监管活动中交付执行活动违法及收押等违法案件 253 件，纠正 253 件。审查提请减刑、假释、暂予监外执行案件 3147 件，经审查对减刑、假释、暂予监外执行报请或裁定不当提出纠正意见并得到纠正 194 件。在押人员及家属与检察官约见谈话 1000 余人次，发现并纠正监管活动中侵犯在押人员合法权益的问题。利用监管信息平台，建立健全在押人员羁押期限台账，全面掌握诉讼进程，全年无超期羁押案件发生。考察监外执行罪犯 3305 人次，其中社区矫正人员 2933 人次，逐人建立信息档案，实行跟踪监督，纠正脱管漏管罪犯以及其他不当情形 151 人（件）。其中，交付执行不当 55 件，管理和教育矫治发现不当 93 件，变更执行发现不当 3 件。开展羁押必要性审查、指定居所监视的监督，办理 74 件羁押必要性审查案件，对 73 件提出改变强制措施的建议，均得以采纳。在指定居所监视居住监督中，对 4 件执法不当提出纠正意见。

2014 年，全州监所检察部门开展减刑、假释、暂予监外执行检察专项工作，立案查办发生在监管场所和监管活动中的职务犯罪案件 2 件 2 人。审查提请减刑、假释、暂予监外执行案件 3366 件，审查裁定减刑、假释、暂予监外执行案件 2945 件，通过审查提出不当 454 件，已纠正 454 件。是年，办理 66 件羁押必要性审查案件，对 66 件提出改变强制措施的建议，66 件均得到采纳。开展久押不决案件清理。开展监外执行监督检查，全州监外执行人员 2127 人，纳入社区矫正人员 1975 人（管制 11 人、缓刑 1517 人、假释 391 人、暂予监外执行 56 人），其中漏管 19 人、脱管 24 人。对发现的违法情形提出纠正意见 128 件，已纠正 125 件。

第三章 法 院

1991 年，州、县（市）人民法院（以下简称法院）设有人民法庭 80 个。1995 年《中华人民共和国法官法》施行后，对审判人员的管理开始走向科学化、法制化和规范化。

1998 年，根据全国人民法庭工作会议提出的要求，以中心城镇集中为主要取向，综合辖区面积、人口分布、交通、经济、诉讼需要等因素，对人民法庭的设置布局进行调整、撤并，撤销 25 个城区人民法庭、矿区人民法庭和布局不科学的人民法庭，人民法庭由 80 个减少到 55 个。随着经济社会的发展，人民法庭承担的任务越来越重，根据审批工作需要，从 2011 年起，增建部分人民法庭。至2014 年，全州新增人民法庭 21 个，人民法庭由 55 个增加到 76 个。全州人民法院不断加强队伍建设，提高刑事、民事、经济、行政案件办案质量和效率，同时实施审判监督，执行生效判决，维护公平正义和社会稳定。

第一节　刑事审判

1991—1992 年，州、县（市）法院依法审判刑事案件。1993—1994 年，全州法院采取相对集中和大案带小案的方法，在县（市）所在地和重点治理地区组织有声势、有规模的宣判大会，宣判处理严重危害社会治安的犯罪分子。，1993 年刑事案件比 1992 年下降 12.7%，1994 年又比 1993 年下降 13.1%。同时，开展打击拐卖、绑架妇女、儿童犯罪，打击车匪路霸、破坏电力设施，以及禁毒、反盗窃等专项斗争。

1996 年，对大案要案的审理，提前介入，了解案情，做好准备，案件一经起诉，即尽快审理结案。如惠水县的禹姓二兄弟强奸杀人案，该案发生后，州法院派员提前介入，及时审查侦查机关获取的证据，把能够证明被告犯罪的证据事实解决在预审、起诉阶段，案件起诉到州法院，合议庭及时进行讨论并提交审判委员会，审判委员会研究并派员赶赴惠水开庭，整个案件从受理到宣判，仅用 24 小时。在“严打”中，受理案件在 15 天内审结的占 50%。

1997—2000 年，州、县两级法院开展打击毒品犯罪的专项斗争，审结犯罪案件 441 件，判处犯罪分子 645 人。州法院召开集中宣判大会，对王某某等 15 名毒品犯罪分子进行公开宣判，判处死刑 1 人、死缓 3 人、无期 1 人。在龙里县组织禁毒宣判大会，对陈某某等 9 名毒品犯罪分子进行公开宣判，判处无期徒刑至死刑的 9 人，最高人民法院在《人民法院报》以《走向地狱的买卖——记贵州特大贩毒案》为题作报道。州法院还监督指导县（市）法院开展为期三年的打击偷牛盗马专项斗争。独山、荔波、三都 3 个县偷牛盗马案件连续高发，3 个县共审结刑事案件 1312 件，其中，偷牛盗马案件 127 件，涉案人员近 200 人。判处罪犯 170 人。

2001—2003 年，全州法院开展整顿社会治安和“严打”斗争，共审结一审刑事案件 1868 件，判处罪犯 2173 人。在“严打”中，审结刑事一审案件 1186 件，占刑事一审结案总数的 63.49%。州法院注重严把案件事实关、证据关、定罪关、量刑关、程序关，定性准确，量刑恰当，程序合法，经省法院复核，核准率为 100%，名列全省中级人民法院第一。开展集中宣判活动 4 次，共召开宣判大会 36 场，审判罪犯 442 人，一批罪大恶极犯罪分子被依法执行死刑。全州法院依法严惩严重破坏市场经济秩序犯罪，共审结徇私舞弊造成破产、亏损，伪造货币，出售、购买、运输、使用假币，违法发放贷款，贷款诈骗等犯罪案件 21 件，判处罪犯 38 人，为国家挽回经济损失 78.63 万元。严惩贪污、贿赂等职务犯罪，共审结此类案件 60 件，判处罪犯 62 人，为国家和集体挽回直接经济损失 300 万元。

2004 年，全州法院受理国家工作人员职务犯罪案件 18 件，判处罪犯 26 人，其中，厅级干部 2 人、县级干部 3 人。2005 年，全州审理国家工作人员职务犯罪案件 62 件，判处罪犯 85 人，其中，副厅级干部 1 人、县级干部 3 人。

2007 年，刑事审判工作中，严把案件事实关、证据关、程序关和适用法律关，坚持罪刑法定、无罪推定、疑罪从无、罪刑相适应的刑事司法原则，执行惩办与宽大相结合的刑事司法政策，宽严相济，罪罚相当，对具有法定从轻、减轻情节的，依法从宽处理，判处缓刑、免于刑事处罚的被告人 580 名。

2008 年，瓮安县城发生“6·28”打、砸、抢、烧事件，根据省委、州委的决策部署和州“打黑除恶”领导小组的工作安排，开展“打黑除恶”严打整治专项活动，依法审结“6·28”事件刑事案件 47 件。2009 年，在开展“打黑除恶”专项斗争中，依法审结瓮安“6·28”事件系列刑事案件，严惩以瓮安玉山帮、都匀平桥帮等为代表的 6 个黑社会性质组织犯罪团伙以及黑恶势力犯罪分子，判处罪犯 210 人。

2011—2012 年，全州法院受理刑事一审案件 2359 件，审结 2355 件，结案率 99.83%。州法院受理刑事一审案件 74 件、二审案件 278 件，审结 352 件，结案率 100%。审结贪污、贿赂、渎职等国家工作人员犯罪案件 59 件，判处罪犯 63 人。审结合同诈骗、集资诈骗、非法经营等破坏社会主义市场经济秩序犯罪案件 25 件，判处罪犯 47 人。审结恶势力、贩卖毒品等危害社会管理秩序犯罪案件 379 件，判处罪犯 662 人。

2013 年，全州法院受理刑事案件 2740 件，审结 2737 件，其中，州法院受理刑事一、二审案件 285 件，审结 284 件。是年，开展治安专项整治“雷霆”行动，审结福泉“十三虎帮”涉黑犯罪、三都潘某某等涉恶团伙长期影响一方稳定的案件。审结故意杀人、两抢一盗、贩毒运毒等严重危害人身、财产安全的犯罪案件 1385 件。依法惩处贪污、贿赂、渎职等职务犯罪，审结案件 74 件。

2014 年，惩治杀人、绑架、强奸、“两抢一盗”、涉赌涉毒等严重影响群众安全感的犯罪，共审结此类案件 1078 件，判处 1556 人；判处制假售假、危害食品药品安全、危险驾驶、恶意欠薪等损害民生犯罪案件 357 件 358 人；判处贪污贿赂、渎职犯罪案件 90 件 119 人。全年受理刑事案件 2967 件，审结 2768 件。

第二节　民事审判

一、婚姻家庭案件审理

全州法院依据《中华人民共和国婚姻法》《中华人民共和国老年人权益保障法》《中华人民共和国继承法》以及最高人民法院关于适用《中华人民共和国婚姻法》若干问题的解

释、《关于人民法院审理离婚案件处理子女抚养问题的若干具体意见》《关于贯彻执行〈中华人民共和国继承法〉若干问题的意见》等法律法规，审理婚姻家庭纠纷案件。在案件审理活动中，对夫妻感情确已破例以及符合婚姻法规定准予离婚情形的，调解或判决离婚；婚姻家庭案件的办理，从有利于子女身心健康，保障子女合法权益、保障老年人合法权益出发，妥善处理子女抚养、父母赡养问题。1991—2014 年，全州审理婚姻家庭纠纷案件77378 件，审结 75225 件。

1991—2014 年全州婚姻家庭纠纷案件审判情况统计表

表 6－3－1　　单位：件

年度	离婚纠纷案件		赡养纠纷案件		继承纠纷案件	
	受理	审结	受理	审结	受理	审结
1991	2804	2664	46	46	41	40
1992	2984	2890	50	50	45	45
1993	3124	3026	56	53	105	104
1994	3297	3202	61	60	74	72
1995	3540	3429	82	78	83	82
1996	3638	3541	78	74	70	70
1997	3346	3209	107	107	66	65
1998	3536	3407	68	67	54	53
1999	3633	3000	79	75	48	47
2000	2716	2632	78	78	37	36
2001	2338	2279	76	75	32	31
2002	2995	2966	74	73	35	34
2003	2709	2667	53	53	23	22
2004	2358	2328	34	33	27	26
2005	2417	2380	47	47	31	31
2006	2516	2460	36	36	29	29
2007	2605	2560	40	39	22	22
2008	2967	2920	39	39	42	42
2009	3336	3312	56	55	47	47
2010	3244	3227	35	35	44	44
2011	3233	3224	41	41	55	55
2012	3437	3434	46	46	68	68
2013	3721	3717	41	41	79	79
2014	4260	4164	52	50	92	92
合计	74754	72638	1375	1351	1249	1236

二、房地产案件审理

20 世纪 90 年代，州、县（市）法院受理的房地产案件，主要是历史遗留的普通房屋纠纷。随着市场经济的发展和住房制度的改革，房地产快速发展，房地产案件逐渐增多，各种新类型的房地产纠纷出现。1991—2014 年，全州法院受理各类房地产案件 3539 件，审结 3513 件。

1991—2014 年全州房地产案件审理情况统计表

表 6－3－2　　单位：件

年 度	受 理	审 结	年 度	受 理	审 结
1991	14	13	2003	44	44
1992	16	15	2004	127	124
1993	190	189	2005	121	121
1994	177	175	2006	107	106
1995	190	190	2007	83	82
1996	205	204	2008	122	119
1997	209	207	2009	418	416
1998	156	156	2010	170	170
1999	167	166	2011	147	145
2000	180	179	2012	76	76
2001	189	187	2013	129	129
2002	37	36	2014	265	264

三、土地、宅基地、山林、水利纠纷案件审理

随着国家农业政策的调整，以及城市化、工业化对土地资源的需求不断扩大，农村各方主体的利益格局发生重大变化，一些不规范的土地山林承包、流转、征地补偿等引起土地、宅基地、山林、水利纠纷发生。1991—2014 年，全州法院受理审结土地纠纷 1202 件、宅基地使用权纠纷 644 件、山林纠纷 305 件、水利纠纷 36 件、农村承包合同纠纷 938 件。

1991—2014 年全州土地、宅基地、山林、水利案件审判情况统计表

表 6－3－3　　单位：件

年度	土地案件		宅基地案件		山林案件		水利案件	
	受理	审结	受理	审结	受理	审结	受理	审结
1991	17	16	7	7	4	3	2	2
1992	16	16	8	8	3	3	2	2
1993	39	37	38	34	12	12	5	3
1994	41	39	38	35	14	11	4	3
1995	57	54	41	39	22	21	4	4
1996	77	77	58	55	38	37	14	7
1997	112	105	36	31	24	20	9	9
1998	121	119	40	36	34	34	4	3

续表 6－3－3

年度	土地案件		宅基地案件		山林案件		水利案件	
	受理	审结	受理	审结	受理	审结	受理	审结
1999	139	129	57	51	15	15	2	2
2000	51	50	58	58	12	12	1	1
2001	48	48	63	62	10	10	0	0
2002	46	45	49	43	8	8		
2003	30	30	42	36	11	11		
2004	38	38	30	24	8	8		
2005	38	38	25	25	7	7		
2006	31	28	14	12	8	8		
2007	36	36	12	9	7	7		
2008	33	33	12	8	8	8		
2009	24	23	25	23	3	3		
2010	50	50	12	10	5	5		
2011	53	51	13	13	6	6		
2012	52	51	14	14	18	18		
2013	53	52	6	6	23	23		
2014	45	37	5	5	17	15		
合计	1247	1202	703	644	317	305	47	36

四、侵权损害赔偿纠纷案件审理

1991—2014 年，全州法院受理人身、财产损害赔偿纠纷共 19358 件，占各类一审民事案件 240680 件的 8%。在侵权损害赔偿案件中，侵害公民生命、身体健康权纠纷 12274 件，占侵权损害赔偿纠纷的 623%；侵害公民名誉、姓名、肖像、荣誉和法人名称等纠纷 1398 件，占 7%；侵害财产权益纠纷 5686 件，占 29%。

2002—2014 年，全州法院受理道路交通事故人身损害赔偿纠纷 4212 件，年均 324 件，案件呈逐年上升趋势。最多一年 2013 年受理 703 件，是平均受理数的 2. 17 倍。全州法院在审理道路交通事故损害赔偿纠纷案件时，依据《中华人民共和国侵权责任法》《中华人民共和国道路交通安全法》《中华人民共和国保险法》等法律、法规及司法解释的规定，准确划分责任，公平公正，妥善进行处理。

2002—2014 年，全州法院共受理医疗事故损害赔偿案件共 245 件，年均 18. 85 件，最多一年 2014 年受理的 31 件，是平均受理数的 1. 64 件。

由于一些公民法制观念淡薄，因琐事发生争议侵害他人身体权、健康权，这类纠纷在人身损害赔偿纠纷中占有较大比例。2002—2014 年，全州法院受理这类纠纷 4119 件，占同期人身损害赔偿纠纷 8656 件的 48. 03%。

1991—2014 年全州侵权损害赔偿纠纷案件审理情况统计表

表 6－3－4　　单位：件

年度	交通事故赔偿案件		医疗事故赔偿案件		其他人身损害赔偿案件		名誉侵害赔偿案件	
	受理	审结	受理	审结	受理	审结	受理	审结
1991					266	264	11	9
1992					271	270	16	15
1993					261	224	27	25
1994					311	288	36	31
1995					314	287	45	42
1996					422	380	65	62
1997					438	401	58	57
1998					423	394	58	52
1999					536	500	59	58
2000					426	424	63	62
2001					410	409	63	61
2002	78	74	24	17	403	383	55	55
2003	73	68	21	15	393	383	42	41
2004	134	127	13	11	333	318	18	16
2005	189	179	8	8	341	331	28	28
2006	222	212	14	13	310	297	11	9
2007	238	222	12	11	379	367	19	18
2008	308	286	10	7	335	323	13	12
2009	339	315	10	7	285	276	17	17
2010	412	395	25	22	301	293	10	10
2011	554	546	28	28	222	219	14	14
2012	539	535	26	19	242	237	6	6
2013	703	698	23	19	180	179	10	10
2014	423	410	31	20	395	352	7	7
合计	4212	4067	245	197	8197	7799	751	717

说明：1991—2001 年无交通事故赔偿、医疗事故赔偿案件统计数据

第三节　经济案件审判

一、劳动争议案件审理

州、县（市）法院根据国家劳动法规和最高人民法院关于审理劳动争议案件企用法律若干问题的解释（一）、（二）、（三）的规定，审理劳动争议案件。1991—1994 年，全州受理劳动争议案件 151 件。1995—2007 年，《中华人民共和国劳动法》颁布实施期间，受

理劳动争议案件804件，2008—2014年，《中华人民共和国劳动合同法》颁布实施期间，受理劳动争议案件3010件。

1991－2014年全州劳动争议案件审理情况统计表

表6－3－5　　单位：件

年度	受理	审结	年度	受理	审结
1991	27	24	2003	61	58
1992	26	25	2004	36	32
1993	56	50	2005	66	65
1994	42	42	2006	58	54
1995	32	28	2007	92	89
1996	46	44	2008	205	190
1997	64	60	2009	532	527
1998	99	97	2010	595	593
1999	110	102	2011	340	335
2000	52	51	2012	497	497
2001	47	47	2013	363	363
2002	41	39	2014	478	445

二、合同纠纷案件审理

（一）借款合同纠纷案件

1991年，全州法院受理借款合同纠纷案件204件。1992年，州法院与州农业银行成立依法收贷协调小组，并在工商银行、农业银行、建设银行成立金融审判法庭，依法及时为金融部门清收非正常贷款。1993—1995年，全州法院为金融部门依法收回各种呆、死贷款2118万元。1991—2014年，全州受理借款合同纠纷案件28172件。

（二）民间借贷纠纷案件

随着市场经济的深化发展，民间经济往来日趋广泛，民间借贷关系日逾活跃。而民间借贷纠纷案件普遍存在借据不规范、利率高、没有财产担保等情况，对民间借贷行为，没有专门的法律进行规范。因此，诉至法院的民间借贷纠纷案件不断上升。1991—2014年，全州法院受理民间借贷纠纷案件25983件，年均受理1082.63件。

（三）劳动报酬纠纷案件

不支付劳动报酬纠纷多发生在建筑工程施工类活动中，主体大多为农民工。1991—2014年，全州法院受理这类纠纷1367件。通过调解，当事人和解撤诉和达成协议总计837件，调撤率61.23%。如福泉市法院审理的胡某某诉都匀市第二建筑工程公司劳动报酬纠纷案。2003年，胡某某带领家乡的农民工为都匀市第二建筑工程公司承建的福泉云海大厦工程提供劳务，工程验收后却迟迟得不到报酬。年关将至，胡某某于2004年1月13日向福泉市法院提取诉讼。福泉市法院当即立案，并依法采取诉讼保全措施。1月15日，福泉市法院冻结都匀市第二建筑工程公司在都匀市建设银行的账户存款10万元。福泉市法院组织双方进行调解，双方达成协议。都匀市第二建筑工程公司分三次付清所欠劳动报酬。

（四）买卖（购销）合同纠纷案件

在各种买卖购销活动中，当事人之间易为合同的履行、标的物转移、标的物质量、价金等发生争议。全州法院审理买卖（购销）合同纠纷时，尊重当事人的约定，准确认定合同的效力和当事人的权利义务。只要约定是当事人真实意思的表示，内容不违法，不损害国家和社会公共利益，就给予保护。按照合同约定，严格合同责任。对擅自不履行合同的，根据当事人的请求，依法追究违约责任。1994—1997年，州法院转变审判作风，赴四川、湖南、江西等地，为贵定卷烟厂追收拖欠的货款。五年中，为企业清收拖欠货款1200多万元。1996年，州法院受理的黔南五金矿产分公司诉贵州省五金矿产公司拖欠货款纠纷案，涉诉标的金额200多万元。案件受理后，根据原告提出的诉讼保全申请，州法院依照法律的规定冻结被告银行账户存款232万元。通过审理，为原告收回拖欠货款232万元。

（五）建设工程合同纠纷案件

全州法院依照合同法和最高人民法院《关于审理建设工程施工合同纠纷案件适用法律问题的解释》的规定，审理此类案件。对承包人未取得建筑施工企业资质或者超越资质等级的，没有资质的实际施工人借用有资质的建筑施工企业名义的，建设工程必须进行招标而未招标或者中标无效的，建设工程施工合同无效。对建设工程施工合同的承包人与其下属分支机构或在册职工签订合同，将其承包的全部或部分工程承包给其下属分支机构或职工施工，并在资金、技术、设备、人力等方面给予支持的，认定为企业内部承包合同。承包人非法转包、违法分包建设工程或者没有资质的实际施工人借用有资质的建筑施工企业名义与他人签订建设工程施工合同的，合同无效。涉及建设工程竣工验收争议的，以建设单位出具的竣工验收报告作为确定建设工程是否竣工验收合格的依据。

1991—2014年全州合同纠纷案件审理情况统计表

表6-3-6　　单位：件

年度	借贷合同案件		买卖合同案件		建设工程合同案件		农村承包合同案件	
	受理	审结	受理	审结	受理	审结	受理	审结
1991	204	197	202	198	22	21	19	18
1992	296	290	216	213	12	11	17	17
1993	307	290	248	216	37	34	10	9
1994	593	586	259	198	38	33	6	6
1995	1373	1352	259	232	31	21	4	4
1996	859	790	245	229	31	31	4	4
1997	613	535	284	246	33	30	15	14
1998	817	754	273	219	54	46	28	27
1999	1005	980	239	219	54	46	27	27

续表 6－3－6

年度	借贷合同案件		买卖合同案件		建设工程合同案件		农村承包合同案件	
	受理	审结	受理	审结	受理	审结	受理	审结
2000	1758	1751	682	680	36	36	59	57
2001	2283	2281	654	651	49	47	56	56
2002	2549	2515	643	622	112	103	181	181
2003	3131	3075	510	492	111	108	184	184
2004	4799	4774	477	471	89	82	49	49
2005	3889	3873	655	644	79	76	11	11
2006	2183	2157	528	513	69	59	21	20
2007	3104	3068	454	444	63	53	8	8
2008	3751	3664	795	790	87	76	38	37
2009	2071	2035	655	649	88	79	45	45
2010	1929	1916	600	596	87	78	51	51
2011	1652	1640	800	796	67	62	26	26
2012	1954	1943	775	772	96	92	56	56
2013	2178	2174	717	717	133	131	30	30
2014	2817	2578	896	838	231	196	1	1
合计	46115	45218	12066	11645	1709	1551	946	938

三、企业破产案件审理

2006 年，《中华人民共和国企业破产法》颁布实施，全州法院按照《中华人民共和国企业破产法》和最高法院《关于适用〈中华人民共和国企业破产法〉若干问题的规定》，审理企业破产案件。1991—2012 年，全州受理的 42 件破产案件中，国有企业申请破产 32 件，集体企业申请破产 8 件，有限责任公司申请破产 1 件，私营企业申请破产 1 件，宣告破产 20 件，驳回申请 3 件，因破产费用不足支付原因终结破产程序 19 件。2008 年州法院受理黔南州棉麻纺织厂、黔南州华林磷业有限公司、黔南州磷酸盐厂、都匀苎麻纺织有限公司、都匀人造板厂、都匀蜡纸厂、都匀酒厂、都匀肉类联合加工厂、都匀药用玻璃厂、福泉军民水泥厂、福泉磷肥厂、福泉化肥厂、福泉重钙厂、惠水酒厂等 14 个国有企业属政策性破产案件。案件受理后，州法院围绕保增长、保民生、保稳定大局，到破产企业开展调查研究，进行现场办案，对债权进行确认并形成债权人会议决议，研究政策性破产工作中政策与法律的适用问题，严格依照法律和政策的规定，统一适用标准，保证国有资产处置程序合法化，经过 6 个月审理，案件全部审结。

1991－2014 年全州企业破产案件审理情况统计表

表 6－3－7　　单位：件

年 度	受 理	审 结	年 度	受 理	审 结
1991	0	0	2003	1	1
1992	0	0	2004	0	0
1993	2	2	2005	1	1
1994	0	0	2006	0	0
1995	2	2	2007	0	0
1996	3	3	2008	1	1
1997	7	7	2009	19	19
1998	2	2	2010	0	0
1999	2	2	2011	0	0
2000	0	0	2012	1	1
2001	0	0	2013	0	0
2002	1	1	2014	0	0

第四节 行政案件审判

1991—1995 年，全州法院受理行政一审案件 841 件，审结 836 件。

1997 年，全州法院受理一审行政案件 178 件，审结 169 件；受理二审行政案件 36 件，审结 36 件。1998 年受理一审行政案件 194 件，审结 178 件；受理二审行政案件 49 件，审结 49 件。行政案件中，处理难度大的是山林土地案件，这类案件均是集体诉讼，涉及人员多，处理不好容易激化矛盾，造成集体上访、申诉，对社会的稳定不利。如都匀高基村与马鞍山林场林地确权行政争议案，三都县排怪村七组与国营拉揽林场林地确权争议案等，均系群体诉讼案件，涉及面广，审理过程中，始终坚持以事实为根据，以法律为准绳的原则，实事求是依法作出处理，最终判决 6795 亩林地归国营林场所有。

1999 年，依法受理各类行政案件，既维护行政机关依法行政，教育相对人服从行政机关的合法管理，又保护相对人的合法权益，全力维护社会政治稳定。全年受理行政诉讼案件和非诉讼行政执行案件 1110 件，结案 1063 件。全州法院于 8 月、12 月开展两次行政案件质量检查，质量等级优秀的占 98.92%，良好的占 0.6%，合格的占 0.38%，存在问题的占 0.1%。

2000 年，《中华人民共和国行政诉讼法》颁布后，全州法院受理一审行政案件 2412 件，审结 2398 件。

2001 年，受理行政案件 274 件，审结 262 件。2002 年，受理一审行政案件 106 件，审结 103 件，结案率为 97.17%。结案中，维护行政机关决定的占 34.95%，判决撤销、变更的占 16.5%，驳回诉讼请求的占 20.39%，原告撤诉的占 23.30%，作其他处理的占 4.85%。

2005年，受理行政案件142件，审结142件。2006年，受理一审行政案件108件，审结98件，结案比上年下降9%；受理二审行政案件38件，审结38件，二审收、结案比上年均上升11个百分点。

2007—2009年，全州法院探索实践和解撤诉制度，通过诉讼协调和诉讼外协调方式化解行政争议。2007年共受理行政一审案件107件，审结107件。2008年共受理一审行政案件95件，审结93件。2009年共受理行政一审案件67件，二审案件30件，审结94件。

2011年，在行政审判中推行司法公开活动，建立司法公开制度，依法公开立案、庭审、执行，做到透明公开。是年，受理行政一审案件173件，审结170件，结案率98.27%；受理二审案件110件，审结110件。

2012年，受理行政一审案件167件，审结165件，结案率98.80%。审查非诉行政案件308件。对审判工作中发现的问题，向有关部门提出书面司法建议和意见45件，收到回函29件，司法建议吸纳采用率达到64%。

2013年，全州法院受理行政案件302件，审结299件。推行裁执分离，审查非诉行政执行案件618件，执结457件，执结标的金额1418.63万元。协调化解一审行政案件61件，占177件可协调案件的34.46%，较上年提高18.08个百分点。行政案件审理中，注重与行政部门的沟通和对接，监督和支持行政机关依法行政。

2014年，全州法院受理行政案件308件，审结285件；以判决方式结案156件，比上年上升65.96%。一审判决驳回诉讼请求、维持具体行政行为、确认合法或有效106件，经释法析理原告主动撤诉36件，对非诉行政执行案件裁定准予执行583件。一审判决行政机关履行法定职责、确认具体行政行为违法或无效、撤销具体行政行为45件。

第五节　审判监督

1991年，州、县（市）法院建立审判监督庭后，开展刑事、民事、经济、行政案件审判监督。长顺县法院成立专门案件质量评查小组，制定《长顺县人民法院案件评查制度》，明确专人负责案件检查工作。罗甸县法院制定《审判监督工作意见》《审判监督工作的职责》《不合格案件责任追究办法（试行）》。福泉县法院对较为复杂的案件实行听审制度，为案件是否再审提供依据。都匀、贵定、瓮安、福泉等县（市）法院审理的各类案件都交由审判监督庭评查，合格后才认定为结案。

1992年，州法院对县（市）法院办结的刑事案件进行检查，发现审理的刑事案件，多数都做到事实清楚，证据确实充分，定性准确，适用法律正确，处理恰当，但也存在少数案件判决认定的主要犯罪事实和重要情节与实际情况不相符合的问题。相关法院按照审判监督程序，依法进行再审。州法院审查已发生法律效力判决418件，按照审判监督程序审理277件，其中，维持原判218件，改判59件。

1993年，全州法院立案审结民事申诉案191件，其中，维持原判83件，改判的44件，作其他处理64件。

1996年，州法院受理罗甸县林勤与下纳洋、格桃与下冲两件山林土地纠纷案，经告申庭审查证据和实地勘查，查清案件基本情况，审判人员与县委、县政府和县法院通报案情，对事实认定和适用法律形成共识，报经州法院审判委员会决定：按审判监督程序分别撤销原判，重新作出裁定，消除双方群众准备武装械斗的闹事苗头。

2000年，全州审理再审案件75件。对再审案件的监督，在适用法律上，确认的诉讼主体、案件性质、法律关系、违法责任等必须符合法律规定，并按照审判监督程序进行改判或维持原判。

2001年，全州法院审结再审案件97件，其中改判的53件，改判率为56.64%。2002年，审结再审案件100件，改判26件，改判率为26%。2003年，审结再审案件41件，改判7件，改判率为17%。

2007年，审结检察院抗诉案件8件，再审改判3件，改判率为37.51%。2008年，再审改判率为25.01%。

2012年，通过二审、再审程序审查把关，共改判案件178件，发回重审案件105件。是年，州、县（市）法院邀请人大代表旁听重大案件庭审260人次、视察法院25次，办理各级人大代表提出的意见、建议62件，走访和听取意见405人次。接受社会各界监督，共办理政协委员提案5件。依法接受检察机关法律监督，共审结抗诉案件15件，依法改判2件。

2013年，全州法院审结再审案件45件，其中，维持原判17件，改判11件，发回重审5件，当事人撤诉4件，调解6件，其他2件。年内，州法院审结再审案件27件，其中，维持原判的16件，改判4件，发回重审4件，调解2件，当事人主动撤诉1件。

2014年，全州审结再审案件52件，审结52件。其中，维持原判18件，改判12件，发回重审10件，调解4件，其他8件。是年，州法院审结再审案件30件，其中，维持原判15件，改判4件，调解1件。

第六节　国家赔偿案件

1995年《中华人民共和国国家赔偿法》颁布实施后，州、县（市）法院设立赔偿委员会，依法审理赔偿案件。1995—2000年，全州法院受理国家赔偿案件9件，申请赔偿金额共361.3万元。受理的9件案件中，法院、检察院共同作为赔偿义务机关的1件，公安局为赔偿义务机关的2件，检察院为赔偿义务机关的4件，涉及《中华人民共和国国家赔偿法》第三十一条法院为赔偿义务机关的2件。审结2件。

2005年，在审理赔偿案件时，坚持赔偿法定原则，坚持依法保护赔偿请求人的合法权益与依法支持赔偿义务机关工作并重原则。共受理国家赔偿案件8件，立案审查后作出不予受理通知4件。审结的4件中，撤销赔偿义务机关的赔偿决定1件，驳回申请人赔偿请求2件，不予受理1件。

2008年，收案2件。州法院协调国家赔偿案件执行2件。如州法院2001年2月9日立案受理王某某申请惠水县检察院错误逮捕国家赔偿一案，州法院于2001年9月17日作出赔偿决定：由惠水县检察院赔偿王某某人民币5.8万元。但惠水县检察院一直未能履行赔偿义务，导致赔偿申请人王某某长期申请要求执行州法院决定书。经赔偿办多次多方协调、建议，该案于是年6月全额执行。唐某某申请都匀市法院执行国家赔偿案，通过协调双方达成赔偿协议，唐某某终止上访。

2011年，受理赔偿案件9件，全部审结。赔偿案件中，法院作为赔偿义务机关的2件，公安作为赔偿义务机关的7件。在审结的9件案件中，协调结案6件。

2012年，州法院受理国家赔偿案件2件，违法确认案件3件，均已审结。2件赔偿案件中，都匀市公安局作为赔偿义务机关1件，决定不予赔偿；独山县检察院作为赔偿义务机关1件，决定维持独山县检察院和州检察院赔偿和复议决定即赔偿申请人1.95万元。3件违法确认案件经审理作出不予确认违法的裁定。是年，审查州人大常委会督办的国家赔偿案件1件，办结后向州人大常委会报告结果。

2013年，全州法院审结国家赔偿案5件。审理中，件件与当事人见面，听取意见、质证，进行协商。5件赔偿案件中，4件协商结案，1件下达国家赔偿决定书，决定不予赔偿，当事人服从决定，未向上级法院申诉，百分之百服判。

2014年，审结国家赔偿案件3件，即：赔偿请求刘某某再审无罪申请州法院国家赔偿案，赔偿请求人霍某某申请龙里县检察院国家赔偿案，赔偿人请求赔偿案。3件案件审理中，分别经听证、质证和调解协商，1件协调结案，2件下达国家赔偿决定。

第七节　执　行

1992年，清理执行未结案件，找准难点，解决执行案件积案多的问题。全州法院受理执行案件1766件，执结1629件，其中，自动履行协议、和解725件，强制执行789件，中止、终结69件，其他46件。执结标的金额529.46万元。

1996年，州法院分别对12个县（市）1995年后执结的400件案件进行质量检查，程序合法的占80%，对存在问题提出改进意见。是年，执行各类案件2201件，比上年执结多705件，上升47.12%。

1997年，全州法院执行各类案件1534件，比上年上升43.48%，执行标的金额517.49万元。对国有大中型企业申请执行的案件，及时执行。州法院执行庭受理的五钠厂申请执行广东洗涤用品厂一案，该案涉及执行第三人即广东省韶关市政府的财产，按照法律的规定，依法强制执行韶关市政府欠款47万元，保证五钠厂生产经营正常运行。

1998年，全州执行工作在全国法院开展的集中统一执行活动中，共执行各类案件3183件，执行标的金额2177万元，执行率88.5%。

1999 年，各县（市）法院利用执行兑现大会兑现已执行的案件款物，对拒不执行法院判决或对抗法院执行的当事人进行现场拘留，维护法律尊严。全年受理各类案件 4660 件，执结 4207 件，执行标的金额 5679 万元。

2001 年 10 月，州法院开展为期 40 天的全州执行大会战。贵定县法院成立南北片区两个执行小组，将任务包干落实到人。平塘县法院选择典型案件作为会战第一案，以“骨头案”执行为突破口，为执行积案打下基础。福泉市法院增加执行力量，对拒不履行义务的被执行人采取新闻媒体曝光、公告敦促执行、有奖举报等方式，加大执行力度。

2004 年，开展未结执行案件、执行款物、执行案卷为主的“三项清理”活动。州法院针对福泉市法院执行案件积案多，当事人缠诉上访多的情况，指导福泉市法院组织“百日执行大会战”，福泉市法院对参加会战的 20 多名干警进行 3 天培训，制定方案措施，经过“百日执行大会战”，共执结案件 324 件。

2006 年，重点清理超执行期限在一年以上的案件、申请执行人为特困群众的案件、建设领域拖欠农民工工资和工程款的案件、受地方保护主义干扰及各种非法干预未能执行的案件。通过集中清理活动，对长期未执行案件进行排查，共清理排查执行积案 880 件。对清理排查出的案件，建立定人、定期、定责任、定督办领导、包案执行工作机制，执结 672 件，占积案总数的 76. 36% 。

2008 年，开展集中清理执行积案活动，成立以州委常委、政法委书记为组长的黔南州集中清理执行积案活动领导小组，制定集中清理执行积案活动工作实施方案，对执行积案全面排查，清理出 2007 年以前未结执行积案 5416 件。对有无财产可供执行案件进行摸底调查，确定有财产可供执行案件 873 件，无财产可供执行案件 4543 件；重点案件 595 件。全州执结有财产可供执行案件 132 件、重点案件 25 件。

2009 年，全州法院清理执结积案 5359 件，清理执结率达 98. 95%。其中，有财产可供执行案件执结 873 件，执结率 100%；无财产可供执行案件执结 4486 件，执结率 98. 75%；重点案件执结 595 件，执结率 99. 83% 。

2010 年，州、县（市）法院清理执结积案 446 件，清理执结率 98. 24%，超过省政法委提出的执结率达到 95% 的要求。同时，开展委托执行案件专项清理活动，清理截至 2009 年未结受托执行积案，并将该项工作纳入年终考核。全州清理并执结受托执行积案 148 件，执结率为 100% 。

2011 年，按照“无执行积案先进法院”的标准，开展创建“无执行积案先进法院”活动，全州有 9 个县（市）法院申报“无执行积案先进法院”。是年 3 月 14 日，省法院检查组对龙里县法院“无执行积案先进法院”活动开展情况进行检查，认为龙里县法院各项指标均达到考核要求，符合“无执行积案先进法院”标准，龙里县法院成为全州首个通过验收的“无执行积案先进法院”。

2012 年，省法院检查组对都匀、福泉、瓮安、贵定、长顺、罗甸、平塘、独山 8 个县（市）法院开展创建“无执行积案先进法院”活动情况进行检查验收，8 个县（市）法院均通过检查验收，授予“无执行积案先进法院”，黔南州获授予数居全省第一。是年，开展涉及党政机关执行积案清理活动，共清理出涉党政机关执行积案 21 件，执行 16 件，积案消化率为 76.19%，位列全省第一。

1991—2014 年，全州法院受理执行案件累计 62841 件。其中，刑事附带民事执行 2363 件，民事案件执行 52033 件，行政及行政非诉审查与执行 7196 件，其他 1249 件。执结 62399 件，执结率达到 99.3%，其中，不予执行 269 件，自动履行 19516 件，和解 11048 件，强制执行 16946 件，终结 7917 件，其他 6703 件。执结标的金额 39.3 万元。未结 442 件。

第四章　司　法

1991 年，黔南州设有州司法局和 12 个县（市）司法局，在区、乡（镇）设法律服务所（或司法所、司法办公室），配备司法助理员，在街道、农村、部分企事业单位建立人民调解委员会。1993 年，州司法局内设机构有办公室、政工科、法制宣传科、公证工作管理科、律师工作管理科、基层工作管理科，成立黔南州经济律师事务所。是年，州司法局下属单位有州公证处、州律师事务所、州经济律师事务所、州法律教育培训中心。之后，增设劳教工作科。2014 年劳教工作更名为强制隔离戒毒工作科。

1991—2014 年，全州司法行政系统开展律师、公证、法律援助、司法鉴定等法律服务，加强劳动教养、社会帮教、强制戒毒管理，实施全民普法教育，提高全民法律意识。

第一节　律师事务

1991 年，州、县（市）设有律师事务所。律师事务所除办理、代理各类诉讼案件外，还担任一些单位的常年法律顾问。1993 年，全州有 15 个律师事务所的律师担任常年法律顾问。

1995 年 5 月 10 日，黔南州第一次律师代表大会在都匀召开，参加大会的人员有全州律师事务所代表 50 名，州、县（市）司法局特邀代表 43 名以及列席代表。

1996 年，全州有 17 加律师事务所的 104 名执业律师担任常年法律顾问。律师事务所办理、代理的各类诉讼案件为当事人挽回直接经济损失 500.6 万元。1997 年，全州有 99 名执业律师担任常年法律顾问。1998 年，有 87 名执业律师担任常年法律顾问。是年，律师事务所办理、代理的各类诉讼案件为国家、集体和公民个人挽回直接经济损失 1268.1 万元。

1999 年，州政府和 12 个县（市）政府均组建政府法律顾问组，法律顾问组成员由州、县（市）司法局局长和分管律师工作的副局长，州、县（市）律师事务所主任及律师事务所指派的律师组成，人数 5 ~ 7 人，司法局长或律师事务所主任担任首席法律顾问。是年，全州有17个律师事务所的91名执业律师担任常年法律顾问。

2001年，全州84个基层法律服务机构有279名基层法律法务人员。

2002年，全州有168个乡（镇）政府聘请常年法律顾问，聘请面为67%。

2006年，全州有18家律师事务所，共有执业律师92名。

2007年，全州81个基层法律服务所的241名基层法律服务工作者担任常年法律顾问。

2010年5月26日，黔南州第三次律师代表大会在都匀召开，参加大会的人员有全州律师事务所律师代表35名，州、县（市）司法局特邀代表15名，各律师事务所列席代表40名。

2011年，黔南州首次开展申请律师执业实习人员面试考试。

2013年，律师参与公益事业和社会活动2022次。

1991—2014年全州律师事务办理情况统计表

表6－4－1

年度	法律顾问（家）	刑事辩护（件）	民事案件（件）	经济案件（件）	行政案件（件）	非诉事务（件）	法律援助（件）	法律咨询（人次）	代写法律文书（份）
1991	122	710	536	454	106	378		3505	1375
1992	170	607	619	454	103	220		4410	1602
1993	195	523	904	664	152	609		1702	2132
1994	231	581	809	645	94	73		1560	698
1995	378	472	879	500	106	272		1602	916
1996	380	827	1277	618	110	250			865
1997	365	700	1198	468	135	365			1311
1998	375	739	1176	510	120	202			1189
1999	394	611	1308	467	146	201			1085
2000	863	660	1480	429	102	762			1321
2001	476	614	1495	188	121	383			1455
2002	1086	572	2617	1271	65	1106			1292
2003	1279	607	2900	1048	98	672			501
2004	335	396	1003	360	81	363		5128	354
2005	272	342	1103	85	36	249		3574	486
2006	459	383	905	103	45	274		4481	183
2007	459	565	868	160	64	182		2332	185
2008	198	366	739	184	23	288	202	1560	167
2009	276	912	1611	320	36	119	320	2230	312
2010	236	608	1199	157	56	109	332	3236	280
2011	35	709	1102	505	80	165	407	5050	305
2012	26	1698	1017	520	76	52	72	4900	335
2013	300	666	1736		72	109	391	9981	
2014	322	518	2348		80	59			

第二节　公证事务

1996年，州、县（市）公证处共办理各类公证2438件。其中，国内民事公证1129件，国内经济公证1139件，涉外、台、港、澳公证170件。公证处承担常年公证顾问3家。

1997年，全州公证处办理各类公证8937件。其中，国内民事公证2013件，国内经济公证6780件，涉外、台、港、澳公证144件。承担常年公证常年顾问23家。

1998年，州、县（市）公证处28名公证员为农村第二轮土地承包和种植、养殖、贷款、烤烟生产等办理公证。全年办结各类公证事项80130件，承担常年公证顾问13家。是年，针对在烤烟销售过程中出现压级压价、打白条等卖烟难的问题，州、县（市）司法行政机关上门服务，对烟草部门与烟农订立的烤烟产销合同进行公证，明确合同双方的权利义务，并监督执行，解除烟农的后顾之忧，全年办结烤烟公证71204件。

1999年，全州办结各类公证80041件。其中，国内合同公证9384件、涉外及涉港澳台公证193件、烤烟公证70464件。

2000年，全州各公证处对政府采购招标、企业改制、职工安置、金融、房地产交易等事项开展公证。都匀市司法局与市房管局联合下文明确都匀地区房地产交易必须进行公证，并派专人进驻都匀房地产交易中心现场办证。是年，全州办理各类常规公证4596件。其中，国内民事公证4439件，涉外及涉港、澳、台公证157件。

2001年，全州有公证员25名，全年办理各类公证10346件，其中，民事7104件，经济类3100件，涉港、澳、台公证37件，涉外公证105件。

2002年，全州办结各类公证2642件，其中，国内民事公证1520件，国内经济公证908件，涉港、澳、台及涉外公证214件。

2004年，全州公证处办理各类公证9499件。其中，国内民事公证3080件，国内经济公证6268件，涉港、澳、台公证59件，涉外公证92件。为当事人挽回直接经济损失1000万元。

2005年，全州公证处办理各类公证7756件。其中，国内民事公证2934件，国内经济公证4639件，涉港、澳、台公证44件，涉外公证139件。

2006—2007年，全州公证处34名公证员共办理各类公证25627件，其中，为顾问单位审查规范文件、意见书、协议145件，出具法律意见书253份。

2008—2009年，全州公证处办理各类公证事项19492件。公证员承办法律援助242件。

2010—2011年，全州公证处办理民事、经济公证14391件，涉外公证322件，涉港、澳、台公证74件。对全州13个公证处公证质量进行检查，抽查卷宗910卷，涉及继承、赠与、财产转让等。

2012年，全州公证处办理国内民事公证5454件，国内经济公证6023件，涉外公证283件，涉港、澳、台公证91件；接待群众来访16809人次。

2013年，全州共办理各类公证事项13392件。其中，国内民事公证4633件，国内经济公证8332件，涉外公证356件，涉港、澳、台公证71件。

2014年，全州公证处办理，国内民事公证7370件，国内经济公证2308件，涉外公证348件，涉港、澳、台公证53件。

第三节　基层法律服务

一、人民调解

（一）人民调解组织

1992年，全州建立各级调解委员会（以下简称调委会）。1994年，全州在农村、城市的调解网络已初步形成。1996年，建立企业调解组织。2000年，全州各乡（镇）均建立调解中心。2001年，都匀市大坪镇建立首家司法调解庭。

1991—2014年全州人民调解委员会组织建设统计表

表6-4-2

年度	调解组织（个）						调解人员数（人）
	合计	村民调委会	居民调委会	企业调委会	联合调委会	其他调委会	
1991	3176	2835	128	99		114	16993
1992	3206	2825	169	154		58	14782
1993	3116	2825	172	105		64	14782
1995	3480	2817	191	174		298	16939
1996	3126	2828	133	165			15330
1997	3301	2828	159	171		143	15241
1998	3398	2480	167	172	6	213	15784
1999	3402	2830	171	166	22	213	12967
2000	3403	2829	166	168	27	213	13002
2002	3061	2600	149	123	23	166	12044
2003	3207	2599	143	144	24	117	12724
2006	2659	2094	240	171	110	44	10553
2007	2565	2012	240	179	80	54	10887
2009	2567	2042	240	182	54	51	11245
2010	2203	1960	240	120	41	51	9643
2011	2109	1644	240	58	18	24	11180
2012	2203	1960	240	121	41	51	11923
2013	2222	1533	238	154	23	34	11901
2014	1915	1666	118	84	30	17	10284

说明：2011年有社区调委会127个

（二）民间纠纷调解

全州各级人民调解组织、人民调解员在人民群众发生纠纷后，根据纠纷的性质、难易程度和纠纷当事人的思想状况，采用个别调解、家庭座谈会调解、小型群众座谈会调解、集体调解、就地调解等方式，及时调解纠纷得到及时解决，防止矛盾激化，防止民事纠纷转化为刑事案件。

1991—2014 年全州人民调解委员会调解纠纷情况一览表

表 6－4－3　　单位：件

年度	调解纠纷		调解纠纷分类情况						
	总数	成功数	婚姻家庭	邻里	房屋宅基地	债务	生产经营	赔偿	其他
1991	22773		8894	2517	1994	1003	2744	1291	4330
1992	25396		8680	3294	2327	1157	3372	1402	5164
1993	21274		6893	3285	1949	878	3495	1051	3723
1994	24103	22434							
1995	29358	27533	13129	3613	2158	1679	3204	2582	2987
1996	25459	24329	13609	2218	1785	1528	2515	1234	2381
1997	21206	20965	8384	2714	2934	1710	2707	1282	2319
1998	19488	14534	10983	1186	951	852	1799	804	1364
1999	13969	13543	5252	1492	1098	963	2127	1366	1424
2000	12641	12159	4590	1329	1026	948	2010	838	1900
2001	2231	2164	356						
2002	8924	8611	3426	1154	654	648	820	506	1716
2003	10043	10027	2850	1374	849	997	1026	852	1586
2004	8734	8415							
2005	7500	7243							
2006	7069	6911	1355	1123	336		580	535	3140
2007	7111	7006	1270	1605	598		328	628	2540
2008	5208	5141	951	1407				75	857
2009	7781	7599	1548	1436	384			911	1711
2010	25874	25211	5174	4870	1798				4437
2011	11976	11402	2236	2107	842			768	2148
2012	26098	24946							
2013	24253	23470	4333	4168	1492	828	598	2315	2561
2014	23700	23174							

二、代理法律事务

全州乡镇法律服务机构以承担常年法律顾问、代理诉讼事务、调解纠纷、代写法律文书、开展法律咨询和法制宣传等形式，开展基层法律服务。

1991—2014 年全州基层法律服务工作情况一览表

表 6－4－4

年度	担任法律顾问（家）	代理诉讼事务（件）	代理非诉讼事务（件）	调解纠纷（件）	协办公证（件）	见证（件）	代写法律事务文书（份）	解答法律咨询（人次）	避免和挽回经济损失（万元）
1991	31	220	151	788	298	2217	1349	24001	87.55
1992	27	267	35	715	145	1234	1308	20146	80.65
1993	39	402	245	949	393	102	1700	12645	97.2
1995	47	966	358	3587	293	25	1560	9957	479.7
1996	18	1089	271	1520	205		1948	79445	256.55
1997	63	1025	271	927	144		1397	17649	334.66
1998	137	1606	500	1444	761	1272	2152	19405	1216.8
1999	142	1485	403	1205	1422	58	1930	9010	775.84
2000	460	1603	441	982	119	44	1311	11692	370.62
2002	622	1637	424	546	407	112	1975	9184	1200.6
2003	671	1792	411	862	103	36	1424	7183	266.249
2005	588	1792	277						
2009	330	1121	211	896					388.76
2010	301	446	118	3437					1640.5
2011		998	257						
2012	167	818	203	685				4783	653
2013	118	539		580					
2014	72	538		498					

说明：1994 年、2001 年、2004 年、2006 年、2007 年、2008 年资料缺失

第四节 普法教育

一、“二五”普法

1991—1995 年为第二个五年普法时期。1991 年 5 月 4 日，召开全州“二五”普法工作大会，部署“二五”普法工作。是年 7 月 23 日，黔南州九届人大常委会第一次会议审议《黔南州法制宣传教育第二个五年规划》，并作出《关于开展法制宣传教育第二个五年规划决议》，“二五”普法工作在全州全面展开。“二五”普法内容是以深入学习宪法为核心，以普及专业法为重点，有针对生地学习国家基本法律法规。干部必读教材为《〈中华人民

共和国宪法〉讲话》《社会主义法制建设若干问题讲话》。举办科局长以上领导干部学习两本书培训班。至1995年“二五”普法结束，全州购买两本教材4337套、《中华人民共和国行政诉讼法》教材16981册、《法律法规选编》84552册、《农民法律知识读本》29266册、干部职工法律知识读本14470册、编印选编辅导资料77898册。罗甸县自编普法教材8种，含有汉语、布依语教材24200册，保证职工干部每人一册。都匀市普法办汇编《中华人民共和国行政诉讼法》《中华人民共和国治安管理处罚条例》《中华人民共和国国家赔偿法》等单行本14000本。各单位普遍订阅《中国法制日报》《法制生活报》及有关法制教育刊物，作为普法资料补充。普遍学习《中华人民共和国宪法》《中华人民共和国税法》《中华人民共和国教师法》《中华人民共和国未成年人保护法》《中华人民共和国义务教育法》《中华人民共和国妇女权益保障法》《中华人民共和国人民警察法》《中华人民共和国红十字法》《中华人民共和国城市规划法》《中华人民共和国农业法》等。利用“三八”节、“五一”节、水族“端节”、布依族“六月六”以及“国际家庭日”“综合治理宣传月”“消费者权益咨询日”“律师咨询日”等节日宣传法律。州、县（市）组织咨询、游行等各类活动共1136次，广播、电视讲座2773次；编排法制文艺节目115个，演出331场次。利用400余个法制宣传栏，出刊6000多期。制作活动宣传板748块。全州行政执法部门组织6000多名干部群众参加中宣部、司法部举办的全国“二五”普法知识竞赛活动。州委政法委、州司法局、州妇联举办“综合治理法律知识抢答赛”“行政诉讼法知识抢答赛”“妇女权益保障法知识抢答赛”。全州各大、中专和3380个教学点，152所中学开展法制宣传教育，将《中华人民共和国宪法》《中华人民共和国义务教育法》《中华人民共和国教师法》《中华人民共和国未成年人保护法》《中华人民共和国国旗法》《中华人民共和国治安管理处罚条例》、“中小学生守则”“中小学生日常行为规范”等汇编成册，供学生和教职工学习。农村“二五”普法以学习《农村法规讲话》为主要内容。“二五”普法期间，全州明确普法试点单位26个，建领导机构及办事机构488个（其中县级以上领导机构83个），配备专、兼职普法干部249人。培训骨干65565名，征订发放普法教材24150件（册）。组织学习专业法律法规130多个，参加专业法律考试268770人次。

二、“三五”普法

1996—2000年为第三个五年普法时期。1996年8月2日，州人大常委会十届一次会议通过《关于“二五”普法情况和“三五”普法规划的报告》，并作出决议。是年9月16日，州委、州政府转发州委宣传部、州司法局《黔南州在公民中开展法制宣传教育第三个五年规划》。

“三五”普法主要内容是学习宣传《中华人民共和国宪法》，与公民工作生活密切相关的基本法律和社会主义市场经济法律知识，推进建设社会主义法制国家进程。普法重点对象是县处级以上领导干部、司法人员、行政执法人员、企业经营管理人员和青少年。

“三五”普法期间，州、县、乡（镇）三级建立普法工作领导小组1178个，成员7515人；建普法办事机构251个，落实专、兼职工作人员3302人。全州2826个村以村委会、调委会、治保会为主体抓此项工作，形成州、县、乡、村层层有组织、有人管、有人抓的工作格局。州、县两级财政共拨普法专项经费 176.38 万元，各部门单位另投入资金 1200 万元，确保工作正常进行。期间，全州举办县级以上领导干部法制讲座 86 期 6212 人；各级干部、职工学习法律法规 70 多个；各级举办普法骨干培训班 4895 期共 250687 人次；选择试点单位 172 个。全州 1826 所中小学全部聘请法制副校长；开展送法下乡活动 575 次；为村民编印的法律知识读本 30 万余册，送到农村、农户；普法文艺表演 1524 场（次），演出节目 933 个；开设法制专栏 1943 个，刊载 63520 期；举办法律知识竞赛 270 次；在报纸、电视开设法制专栏 40 多个，采用稿件 2500 余篇。省考核检查组对黔南州“三五”普法依法治理工作取得的成果给予充分肯定。

三、“四五”普法

2001—2005 年为第四个五年普法时期。2001 年“四五”普法的主要内容是学习宣传宪法和有关基本法律，学习宣传与公民工作、生产、生活密切相关的法律法规知识，提高广大公民的法律素质，注重培养公民的权利义务意识，增强公民遵纪守法、维护自身合法权益和民主参与、民主监督的意识，着重提高干部特别是领导干部的社会主义法制权益和民主参与、民主监督的意识。

“四五”普法期间，全州各类学校全面开展维护师生权益的普法活动，主要学习宣传《中华人民共和国宪法》《中华人民共和国预防未成年人犯罪法》《中华人民共和国未成年人保护法》《中华人民共和国义务教育法》《中华人民共和国教师法》等。全州从政法等部门聘请 1632 名干警担任 1177 所中心完小以上学校法制副校长，各学校明确政治法制课辅导员，并实行持证上岗制度。全州建立任前法律知识考试考核制度。州、县（市）人大常委会组织任前法律知识考试40 余次，州人大常委会任命的310 名干部和县（市）人大常委会任命的 1768 名干部参加任前法律知识考试。全州组织 7 次大规模学法用法考试，参加考试的各级领导干部、国家公务员、企事业单位职工共 30 万人次。实施建一所法制夜校，建一支法制宣传队伍，建一个法律图书室，建一个法制宣传栏的“四个一”工程，开展送法下乡，送法进社区活动。开办农村普法骨干培训班 252 期，培训村、居委干部 16356 人次。编印《农村法律读本》43 万册、资料 1500 万份。农村、社区的法制宣传做到组织领导、宣传骨干、普法对象、资料书籍、普法内容、学法时间、规章制度、宣传阵地的“八落实”。州、县（市）开通普法网。省“四五”普法检查验收组对黔南“四五”普法工作给予肯定。

四、“五五”普法

2006—2010 年为第五个五年普法时期。“五五”普法期间，建立“党委领导、人大监督、政府实施、各部门齐抓共管、全社会共同参与”的普法依法治理领导体制、工作机制和普法经费保障机制，保证普法依法治理工作正常开展。开展《黔南布依族苗族自治州自治条例》学习宣传、知识竞赛活动，并作为领导干部、公务员、企事业单位干部职工学法用法考试的重要内容之一，编印宣传手册 5 万册，全州 6 万多名干部职工参加学习考试。

州委组织部、州委宣传部、州司法局、州人事局等单位联合下发《黔南州关于进一步加强领导干部学法用法提高依法执政能力的实施意见》《关于加强全州公务员学法用法工作的实施意见》。建立领导干部学法用法工作机制，制订党委（党组）中心组学法制度和领导干部法律知识培训、考试考核、法制讲座、任前法律知识考试、学法监督评议等制度。坚持每年对干部职工进行学法用法考试考核。全州利用党校（行政学院）、广播电视大学、远程教育网络等，将法律知识列入学习培训内容。依托黔南州委党校建立"黔南州党政领导干部法制教育培训基地"，共举办各级领导干部法制讲座50余期，培训1500人次；举办领导干部、公务员法制培训班256班（次），培训2.5万人次；举行各级领导干部任前法律知识考试20多次500余人。

2006年11月，州委下发《关于加强青少年法制教育的意见》，督促中小学法制教育做到计划、课时、教材、师资"四落实"，对青少年学生法制宣传教育工作提出要求。先后召开全州青少年法制宣传教育及预防青少年违法犯罪工作会、学校法制教育工作经验交流会，对全州青少年违法犯罪现状、成因及对策和学校法制教育、法制副校长等工作进行研究交流。

2008年4月，州综治办、依法治州办、教育局等10家单位联合下发《关于规范兼职法制副校长职责深入开展青少年法制宣传教育的意见》，明确全州中小学法制教育的总体要求、基本原则、主要任务、工作措施，进一步完善中小学法制教育制度和兼职法制副校长（辅导员）制度。全州898名政法干警担任911所中心完小以上学校的法制副校长，各学校明确法制课辅导员。开展"法律进校园"活动，多形式、多渠道加强青少年法制宣传教育，构建学校、家庭、社会三位一体的青少年法制教育格局。组织各类企业经营管理人员学习《企业经营管理人员法律知识读本》《中华人民共和国物权法》《中华人民共和国劳动合同法》等，增强企业经营管理人员及职工依法经营、依法管理、依法维权及诚信守法意识。开展"法律六进"（进机关、进乡村、进社区、进学校、进企业、进单位）活动，黔南州于2007年10月18—19日先后在都匀、独山召开了"法律六进"（法律进机关、进乡村、进社区、进学校、进企业、进单位）经验交流会和"法律进乡村"现场工作会。

五、"六五"普法

2011年6月，州普法依法治州领导小组讨论审定《黔南州"六五"普法规划》，州第十二届人大常委会第三十次会议作出《关于进一步加强法制宣传教育的决议》。9月19日，召开全州"五五"普法总结暨"六五"普法启动、法治县（市）创建动员电视电话会议。

2012年，州、县（市）两级普法办分别组织开展"六五"普法骨干培训，制订示范点工作标准，明确州、县两级普法依法治理示范点78个。州委办在2011—2014年均印发黔南州普法依法治州工作年度安排意见。全州围绕稳增长、调结构、保民生、促稳定的总要求，开展"深化'法律六进'，服务科学发展"主题实践活动，发动和组织法制宣传教育工作者、普法讲师团成员、普法志愿者到农村、社区、机关、学校、库区、矿区、园区、景区开展形式多样的送法活动。至2014年，全州干部职工参加年度学法用法考试25万人次。

"六五"普法期间，全州各级各部门开展各类法制宣传教育活动2400多次，到中小学上法制课4865场，组织法制文艺演出45场，举办青少年学生法律知识竞赛108场，举办各种专题法制讲座500多场，发放《农村适用法律读本》32万本、《青少年法律知识读本》35万册、法制宣传资料200万份，接待法律咨询群众500万人次，展出各种法制图片展板6500块，发放法制宣传画册2万多本（套）。

第五节　劳动教养管理　强制戒毒

1994年12月29日，贵州省都匀市劳动教养管理所（以下简称都匀劳教所）成立，隶属黔南州司法局领导，主要收容盗窃、诈骗、赌博、聚众斗殴、寻衅滋事等扰乱社会治安秩序行为的劳教人员和有重复卖淫、嫖娼及重复吸毒等违法行为人员。经省编办批复，都匀劳教所更名为都匀强制隔离戒毒所。

一、劳动教养

（一）收容

都匀劳教所按照司法部的规定收容符合收容条件的劳教人员，公安机关送多少人就收多少人，什么时间送就什么时间收。在收容程序上，严格审查《劳动教养决定书》《劳动教养通知书》《劳动教养呈批表》《劳教人员体检表》。1995年2月28日收容首批劳教人员。1992—2000年，主要收容有盗窃、诈骗、赌博、聚众斗殴、寻衅滋事等扰乱社会治安秩序、重复卖淫、嫖娼等违法行为的人员。2001年以后，涉毒人员逐步增多，主要收容强制戒毒人员。

（二）“四防”管理

1999—2000年，以防止所内劳教人员逃跑、防止所内发案、防止所内非正常死亡、防止所内重大生产安全事故发生的“四防”为中心，及时排除事故隐患。其间，进行全所性大排查21次，安全检查90多次。开展“百日安全”竞赛活动，全所未发生“四防”事故。

2001年，重新修订《都匀劳教所关于“四防”工作的补充规定》等4个管理制度。2002年，加强“四防”工作，预防、阻止多起“四防”事故。2003年，开展3个“百日安全竞赛活动”，建立防范与打击相结合的长效机制，严密组织实施，实现“四无”（无逃跑、无所内发案、无非正常死亡、无重大生产安全事故）目标。

2004—2005年，每月进行一次全所性全方位安全大检查，全所开展各项检查110次。2006—2008年，层层签订场所安全工作责任书，建立长效管理与民警奖惩挂钩机制。实现连续7年“四无”工作目标。

2009—2010年，开展岗位安全教育培训和岗前培训230人次。每年签订安全生产责任书11份，实现连续16年无工伤死亡事故、连续9年无“无四防”事故的目标。

2011—2012年，层层签订安全防范责任书，与沙坝派出所、沙包堡办事处、沙包堡办事处综治办、都匀市公安局、州检察院建立定期会晤制度。出台10项措施，实行倒查责任追究制，开展安全排查专项活动。

2002—2014年，连续13年实现“无逃跑、无所内发案、无非正常死亡、无重大生产安全事故”的场所安全目标。

（三）教育改造

1995年，对收容人员，按司法部教材进行法律、道德课堂教学，分类教育主要开设财产型罪错课程。州劳教委、州公安局法制科到所举办法制教育大会。根据省劳教局关于教育正规化的要求，购置课桌、课本，10余名干警为兼职教师。1996年，初步达到教育正规化的基本要求。

1998年，成立都匀劳动教养学校。1999年，全面开展“三课”（法律常识课、道德修养课、爱国主义课）教育，完成全年的教学计划。

2000年，开展入所教育。2001年，入所教育及格率100%。开设课程有爱国主义教育、法律常识、思想品德修养、形势政策教育，完成规定课时。

2002年是司法部提出的“教育挽救年”，都匀劳教所开展教育工作的组织领导和硬件建设。共开展入所教育8期180人次。所内劳教人员参加思想道德修养课全国统考，及格率为100%。2003年，劳教人员参加“全国劳教人员禁毒知识竞赛”，获司法部表彰优秀个人奖4人，获省劳教局表彰6人。

2004—2005年，共完成政治课528课时。入所教育74期294人，完成1120课时。组织劳教人员收看“珍爱生命，远离毒品”教育光碟，增强拒毒意识。

2006—2008年，组织劳教人员学习法律常识和各类知识。开展劳教个别谈话教育，个别谈话160余人次。

2009年，成立劳教（强戒）人员矫治中心，配备专职心理咨询师，对新收治的强戒人员进行全员心理评估。

2010年，树立“矫治为本、依法施教、创新为先、科学育人”的教育理念，教育矫治工作取得新成效，劳教人员守法守规率达92%，文化教育合格率为100%，心理咨询测试率达100%，达到司法部的要求。

2011—2014年，教育矫治工作按照司法部的规定，开展心理健康教育，建立规范心理矫治档案328份，谈话人数达4600多人次。开展评估建档289人次和出所前评估鉴定239人次。管理对象守法守规率达98%，政治思想教育合格率达100%，文化教育合格率为100%，心理咨询开展率100%，个别教育落实率100%，辅助教育落实率100%，解教人员出所评估率为100%，教育工作经费保障率为58.54%。

（四）生活卫生管理

生活方面，为让学员“吃足定量标准、吃熟、吃热、吃得卫生”，合理搭配主副食，保证主粮、油、肉、豆制品按规定吃足定量。劳教所将劳务收入的30%用于学员生活补贴，并与杨柳街镇签订绿色食品供应合同。每逢节日，专门拨款为劳教人员加餐。

卫生方面，坚持环境卫生经常化，做到宿舍周围无杂草、无垃圾，室内无烟头，定期喷洒消毒药水，开展卫生工作督促检查。对劳教人员进行 HIV 初筛，建立《强戒人员生活卫生检查评比标准》《强戒人员拨打亲情电话制度》《强戒人员内务卫生管理办法》等一系列规章制度。对强戒人员食堂、卫生间、洗漱间、宿舍、生活卫生、医务室工作流程、生活服务部等进行全方位检查。加强重点时段、重点部位、重点环节、重点物品管理，调进主治医师 1 名、医师 2 名，充实医务工作力量，开展重点部位食物卫生监督，全所没有发生过一起由于卫生因素引起的疾病。由于长期坚持开展卫生防疫工作，传染性疾病没有在所内流行。

（五）劳教习艺

劳教所成立之初，自种自养项目主要是种蔬菜、果树、养猪和对外联系开挖光纤电缆沟、挖土建基础、砖厂劳务、仓储劳务等。按照省劳教局关于确保场所稳定，实现劳教生产“由所外转向所内，室外转向室内”的要求，引进有利于强戒人员行为矫治并具有稳定性的生产电子组件 IT 变压器加工项目。1995 年 4 月，都匀劳教所建立页岩空心砖生产项目调研论证小组，至 1998 年底，建成都匀劳教所凤凰页岩砖厂，2000 年 4 月 27 日点火投产，投资总额近 800 万元。产品经州质检站、都匀市质检站多次现场抽查，产品质量均达到国家规定标准。

2002 年，都匀劳教所凤凰页岩砖厂承包给六盘水建航页岩砖厂生产经营，砖厂劳教人员全部调回所内从事宝石加工生产。2011 年，都匀劳教所连续 19 年习艺生产无工伤，无死亡事故。

连续 20 年安全生产无工伤、死亡事故，场所改造秩序稳定。

（六）、社会帮教

建所 20 年，都匀二中师生、黔南民族行政管理干部学校师生、都匀市图书馆、黔南州农校、都匀市三中、小围寨镇中学和 20 多个州直机关单位的共青团组织到都匀劳教所进行 50 多次社会帮教活动。劳教所还先后组织劳教人员分别到黔南职院、省内贸学校、都匀一中、二中、都匀市杨柳街中学、罗甸二中、黔南民族职业技术学校（院）、都匀市王司镇中学、黔南师院附中、都匀市四中、都匀市第二职业中学、都匀市坝固中学等大、中专学校进行现身说法 40 多次，使大墙内、外的年轻人都受到教育。

州和都匀市政法委、综治委及公、检、法、司等部门领导到劳教所检查工作时，向劳教员赠送学习生活用品，都匀市综治委与都匀劳教所签订联合帮教协议。州人大常委会 38 名离退休老干部对劳教人员进行集体帮教，团州委在“6·26”禁毒日组织 10 多个单位的青年团员到所内开展文艺联欢活动。州和都匀市关工委、依治办、共青团组织法制宣讲团到都匀劳教所对劳教人员进行说法帮教。结合真实案例，讲解《中华人民共和国刑法》《中华人民共和国禁毒法》等法律知识。先后签订帮教协议 120 份。省国防军事技术学校到都匀劳教所开展“保健按摩”技能培训，经鉴定，120 名强戒人员取得初级保健按摩师资格，职业技能教育实现零的突破。建所 20 年，劳教人员教育转化率达 80% 以上，思想教育、文化教育入学率和合格率达95%以上，95%的劳教、强戒人员接受职业技能培训。

二、强制戒毒

2009年，都匀劳教所依据《中华人民共和国禁毒法》，2009年，重点转向收治强制隔离戒毒人员工作，承担“收得下、管得住、跑不了、治疗好”的强制隔离戒毒收治任务。是年，收治强戒人员155人，撤除强戒人员3人。2010年，在所强戒人员301人，所外就医9人。

2011年，开展安全教育，建立安全教育档案266人次，进行新收强戒人员岗位教育培训和岗前教育培训320课时168人次，给强戒人员上安全知识大课一次390人。

2013年，依法收戒强戒人员295人，解除强戒201人。强戒人员在册413人，其中，在所410人，外医3人。收戒人员入所安全检查率100%，所内戒断率100%。是年，提出提前解除强制隔离戒毒意见210人次，延长强戒期限5人次。建立健康档案295份。

2014年，依法收戒强戒人员265人，解除强戒193人。强戒人员在册435人，其中，在所432人，外医3人。收戒人员入所安全检查率100%，所内戒断率100%，建立帮教对象档案212人，与当地公安、司法、综治等部门落实解戒人员无缝对接，信息录入完整率100%，信息核查及时提交率100%，刑释解戒人员提交确认率100%。都匀强制隔离戒毒所所长张跃民获“2014年度全国监狱强戒所所长”先进个人，周康获“2014年度全国基层基础建设年先进个人”称号，1人被省戒毒局表彰为“教育质量年先进个人”。

第六节　法律援助

1997年，根据《中华人民共和国律师法》关于对残疾及其他经济困难的公民提供法律援助的有关规定，州司法局在1997年度的工作目标任务中明确要求各律师事务所必须完成1～2件法律援助案件，全州共有任务19件。律师对符合法定条件的当事人开展法律援助，全年完成90件，免收代理费近4万元。

1998年10月23日，黔南州法律援助中心正式成立，属州司法局下设的法律援助管理机构。

1999年4月15日，全州12个县（市）及州司法局开通“148”法律服务专线电话，成为贵州省第一个全部开通“148”电话的地区。州、县两级均成立由司法局分管局长任指挥长，律师、公证员、基层法律部门组成的“148”法律服务电话指挥中心。全州有“148”值班人员20人，全年接受电话咨询659次，接待群众来访828人次。

2000年，全州法律援助中心受理承办法律援助案件共计减免收费14万元。

2001年，州法律援助中心制定《黔南州法律援助中心工作规则》。

2002年5月，在州妇联成立法律援助妇女工作部。12月，12个县（市）残疾人联合会成立法律援助残疾人工作站（部），并开通热线电话。法律援助工作站（部）为该单位内设非法人机构，在行政上接受该单位领导和管理，业务上接受地方法律援助中心的指导和监督，是公益性法律服务组织。

2003年，全州各级各类法律援助机构延伸建立到乡镇、街道办事处、居委会。全州有法律援助机构281个。其中，州级法律援助中心1个、州级援助工作站2个；县级法律援助中心12个、县级援助工作站53个；乡镇、街道办事处法律援助工作站187个；村居委会法律援助工作站26个。州、县（市）两级法律援助机构安排办理法律援助案件1028件。是年，独山县法律援助中心启动法律援助进村镇、进社区、进校园的法律援助“三进”活动。法律援助进村镇，即在村聘请法律援助联络员，为符合条件的村民提供法律咨询、案件诉讼代理或非诉讼法律事务帮助；法律援助进社区即在县劳动就业办和城镇居委会设立法律援助工作站，在企业和居民小区聘请法律援助联络员，具体负责联络企业和城镇居民的法律援助事项；法律援助进校园即采取由县法律援助中心及各工作站的人员担任学校法律顾问或法制副校长、开通法律援助热线电话等形式，与学校、班级对接，配合学校开展法制宣传教育，为学生提供法律咨询，对符合条件的学生及时提供法律援助。为确保法律援助“三进”活动落到实处，独山县实施法律援助六项服务承诺。福泉市司法局和老龄委成立福泉市老年人法律援助工作站，办公室设在老龄委，需出庭由司法局法律援助中心指派工作人员代理参加诉讼。1997—2014年，全州受理法律援助案件累计29737件。

2004年，州、县两级法律援助中心共办理各类法律援助案件504件。2005年，全州法律援助机构共办理各类法律援助案件523件。“12348”法律服务专线解答法律咨询电话987次，接待来访群众683人（次），提供上门法律服务48次，调解纠纷33起。

1997—2014年全州法律援助案件统计表

表6－4－5

年度	法律援助案件（件）						接待咨询（人次）
	总数	其中					
		刑事案件	民事案件	行政案件	援助公证	其他案件	
1997	90						
1998	127						429
1999	284				106		
2000	385	125	138			122	
2001	2405	160	222	3	2020		
2002	1075	147	177		716	35	
2003	1028	185	242	1	592	8	
2004	504	179	314	11			
2005	523	195	324	4			
2006	989	213	772	4			1701
2007	1838	251	1128	4			2067

续表 6－4－5

年度	法律援助案件（件）						接待咨询（人次）
	总数	其　中					
		刑事案件	民事案件	行政案件	援助公证	其他案件	
2008	1374	269	848	9	70	178	1768
2009	1403	300	1101	2			3042
2010	1715	317	1387	11			3829
2011	2317	306	1345	12		654	7894
2012	3716	389	2113	8		1206	7919
2013	4486	455	1483	9	1100	1439	7638
2014	5478	515	2422	28	1329	1184	11105

2009—2014 年全州法律援助回访统计表

表 6－4－6

年度	回访案件（件）	回访受援（人、户）	协助省司法厅回访
2009	185	188	4 件 9 人
2010	262	262	3 件 3 人
2011	1050	1050	16 件 16 人
2012	1662	1662	15 件 15 人
2013	2622	2622	20 件 20 人
2014	3589	3589	22 件 22 人

第七节　司法鉴定

黔南州司法鉴定工作，分别由政法系统内设的鉴定技术部门开展，并面向社会提供司法鉴定进行服务。

1991 年，提取的各种痕迹物证 5064 件，出鉴定书 4554 份、检验报告 659 份、分析意见 1160 份。1993 年，提取率上升至 92.3%，利用率达 87.3%。

1995 年，提取痕迹物证 1583 件，提取率 74.3%，完成法医鉴定 36 起、痕迹 26 件，文检 21 件、毒化 15 件。

2001 年，全州有面向社会的专业鉴定机构 8 个，接受公安、检察、法院机关、律师事务、委托及社会机构和个人委托鉴定业务。2003 年，共办理司法鉴定案件 67 件。

2004 年，全州面向社会的“三大类”（法医类、物证技术类、声像资料类）司法鉴定案件达 5112 件，其中，法医类 2074 件、物证技术类 3028 件、声像资料类 10 件。

2005—2006 年，各司法鉴定机构完成的司法鉴定业务共计 3284 件，均能如期出具鉴定结论。

2007 年，州内 6 个司法鉴定机构完成法医类司法鉴定检案 100 件、司法会计检案 2 件、其他类检案 2800 件（含司法鉴定机构接受公民、法人或其他组织委托的，不进行诉讼程序的检案）。是年，对经司法行政机关核准登记的鉴定机构作出的鉴定结论，采信率达 100%。

2008 年，全州有经贵州省司法厅核准登记的司法鉴定机构 6 家，有执业司法鉴定人 63 人，除黔南州人民医院法医司法鉴定所业务开展正常外，其他 5 家司法鉴定机构司法鉴定人不同程度地存在歇业超过半年的问题。

2011—2014 年，全州完成司法鉴定检案 3115 件。

QIAN NAN BU YI ZU MIAO ZU ZI ZHI ZHOU ZHI

黔南布依族苗族自治州志

（1991—2014）

（中）

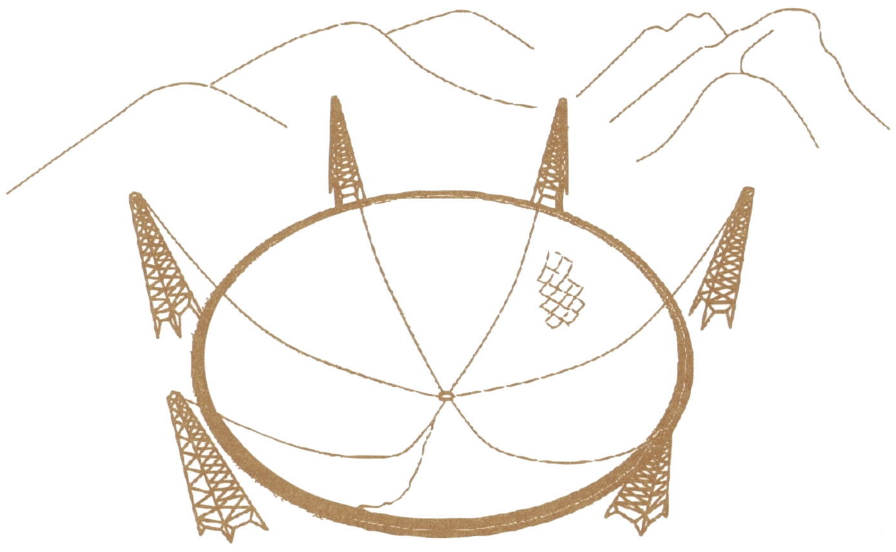

贵州省黔南布依族苗族自治州史志编纂委员会　编

方志出版社
Publishing House of Local Records

目　录

第七篇　武　装

第八篇　经济综合管理与监督

第九篇　工业　信息产业

第十篇　农业　农村　农民

第十一篇　扶贫开发

第十二篇　林业　水利

第十三篇 商业 贸易

第十四篇　旅游业

第七篇

武　装

第一章　中国人民解放军陆军部队

中国人民解放军在黔南州设都匀军分区（以下简称军分区），军分区机关驻都匀，属贵州省军区建制，也是黔南州的军事工作和兵役工作机构，受省军区和州委、州政府双重领导，负责黔南州民兵组织建设、兵员征集、国防动员等工作。

第一节　军分区首长机关

军分区设司令部、政治部、后勤部，各部下设办公室。1996 年 4 月，根据中共中央《关于县（市）人民武装部收归军队建设有关问题的通知》，黔南州 12 个县（市）人民武装部（以下简称人武部）收归军队建制，县（市）人武部为团级单位，归都匀军分区管辖，全州各乡（镇）设乡（镇）人武部。1997 年 7 月，根据成都军区下发的《贵州省军分区编制表》，军分区机关各部撤销办公室，司令部下设作训科、军务装备科、动员科，政治部下设组织干部科、宣传保卫科，后勤部下设供应科、战勤科。1998 年 9 月，军分区司令部军务装备科和动员科合并为军务动员科。10 月，根据成都军区《关于调整警备司令部编制等问题的通知》，挂牌成立都匀军分区警备司令部，军分区司令部军务动员科承办日常警备工作，对外称警备科，业务与其他工作共同安排实施。2004 年 10 月，根据《贵州省军区体制编制调整改革命令》，军分区机关进行编制调整，司令部、政治部、后勤部撤销原下属各科，分别设办公室。至 2014 年，军分区辖都匀、独山、平塘、荔波、三都、福泉、瓮安、贵定、龙里、惠水、长顺、罗甸等 12 个县（市）人武部和军分区离职干部休养所。

1991—2014 年中共都匀军分区委员会领导名录

表 7－1－1

职　务	姓　名	性别	任职时间（年月）	备　注
第一书记	邱耀国	男	1983. 02－1992. 03	中共黔南州委书记兼任
	李培书	男	1992. 03－1998. 07	中共黔南州委书记兼任
	何永康	男	1998. 07－2003. 01	中共黔南州委书记兼任
	林明达	男	2003. 01－2006. 11	中共黔南州委书记兼任
	王培安	男	2006. 11－2007. 02	中共黔南州委书记兼任
	吴廷述	男	2007. 02－2008. 07	中共黔南州委书记兼任
	黄家培	男	2008. 07－2013. 04	中共黔南州委书记兼任
	龙长春	男	2013. 04－2014. 12	中共黔南州委书记兼任

续表 7－1－1

职　务	姓　名	性别	任职时间（年月）	备　注
书　记	吴继芳	男	1990. 09－1991. 09	
	熊扬波	男	1992. 12－1994. 12	
	罗光德	男	1995. 12－1998. 03	
	唐传富	男	1998. 03－2001. 09	
	刘文忠	男	2001. 09－2005. 09	
	陈吉祥	男	2005. 09－2008. 04	
	雷亚林	男	2008. 04－2014. 06	
	杨光芒	男	2014. 06－	
副书记	张树屏	男	1988. 06－1994. 03	
	黄茂春	男	1994. 03－2001. 10	
	郑德华	男	2001. 10－2003. 03	
	郭援利	男	2003. 03－2006. 10	
	杨昆昌	男	2006. 11－2012. 06	
	罗燕军	男	2012. 06－2014. 12	2015 年在任

1991—2014 年都匀军分区领导名录

表 7－1－2

职　务	姓　名	性别	任职时间（年月）	备　注
司令员	张树屏	男	1988. 06－1994. 03	
	黄茂春	男	1994. 03－2001. 10	
	郑德华	男	2001. 10－2003. 03	
	郭援利	男	2003. 03－2006. 10	
	杨昆昌	男	2006. 11－2012. 06	
	罗燕军	男	2012. 06－2014. 12	2015 年在任
副司令员	陈泽荣	男	1986. 08－1992. 03	
	杨文义	男	1992. 03－1998. 11	
	谢晓波	男	2017. 06－2014. 12	2015 年在任
第一政治委员	邱耀国	男	1983. 02－1992. 03	中共黔南州委书记兼任
	李培书	男	1992. 03－1998. 07	中共黔南州委书记兼任
	何永康	男	1998. 07－2003. 01	中共黔南州委书记兼任
	林明达	男	2003. 01－2006. 11	中共黔南州委书记兼任
	王培安	男	2006. 11－2007. 02	中共黔南州委书记兼任
	吴廷述	男	2007. 02－2008. 07	中共黔南州委书记兼任
	黄家培	男	2008. 07－2013. 04	中共黔南州委书记兼任
	龙长春	男	2013. 04－2014. 12	中共黔南州委书记兼任

续表 7－1－2

职 务	姓 名	性别	任职时间（年月）	备 注
政治委员	吴继芳	男	1990. 09－1991. 09	
	熊扬波	男	1992. 12－1994. 12	
	罗光德	男	1995. 12－1998. 03	
	唐传福	男	1998. 03－2001. 09	
	刘文忠	男	2001. 09－2005. 09	
	陈吉祥	男	2005. 09－2008. 04	
	雷亚林	男	2008. 04－2014. 06	
	杨光芒	男	2014. 06－	
副政治委员	熊扬波	男	1990. 09－1992. 12	
	罗国荣	男	1996. 03－1999. 06	
	牙韩飞	男	2006. 05－2006. 12	

第二节 军事训练

1991—1996 年，军分区机关按照《军事训练条令》的规定，进行城市反空袭室内作业、手枪射击、城市防卫作战战役演习室内作业、高科技知识、汽车驾驶、参谋业务、军用文书写作、首长机关战役训练和作业等军事训练。士兵训练以提高单兵作战能力和完成多样化军事任务为目的，根据《军事训练大纲》开展训练，做到训练人员、时间、内容、质量“四落实”。1997 年，根据省军区司令部下发的《军分区、人武部首长机关军事训练暂行规定》，进行业务、兵员动员文书拟制、军事训练法规、高科技知识学习和手枪射击训练。“八一”建军节前后，军分区及各县（市）人武部分别开展以爱军习武、增强国防意识军事活动，组织地方党政领导及专职武装干部和民兵共 2300 余人进行轻武器实弹射击、手榴弹投掷、五公里越野、拔河等项目军事比武。1998 年 4—10 月，军分区组织城市防卫作战演习，首长机关人员完成战役理论学习、战法研究、演习实施和演习总结等项目，撰写《浅谈军分区平时如何进行城市反空袭斗争准备》《城市防御作战中的政治工作》《城市防御作战中的后勤保障》等 3 篇学术文章报省军区。10 月 15—18 日，军分区首长机关按照省军区导演部下达的演习文书，在都匀组织室内战役演习，司令部、政治部、后勤部参加演习，撰写战役筹划、防空袭两个阶段的各类文书 75 份，并进行演习总结。从 1998 年起，军分区机关军事训练项目有军事理论、军事高科技知识、军（兵）种知识、军事法规、识图用图、战术标图、指挥器材、战争动员基本知识、民兵工作基本知识、征兵工作基本知识、民兵军事训练、兵役工作基本知识、民兵武器管理基本知识、民兵战备执勤基本知识等的理论学习和训练，进行枪支实弹射击和手榴弹实弹投掷，以及应急动员首长机关室内战术作业、军官编组作业、计算机基本操作和汉字录入、队列（示教作业）课目训练，学习网上办公自动化、通用参谋作业系统等内容。2000 年 8 月 26 日—9 月 10 日，对全州 12 个县（市）人武部进行年终军事训练考核，主要考核应急动员首长机关室内战术作业、单个军人队列示教作业和手枪实弹射击 3 个课目。9 月 22—24 日，省军区联合检查考核组对军分区机关、都匀市、瓮安县人武部进行应急动员首长机关室内战术作业、手枪实弹射击、计算机基本操作和汉字录入、队列示教作业共 4 个课目的检查考核。2001 年 4—7 月，军分区对县（市）人武部年度训练情况进行普考，主要考核高科技理论知识、计算机基本操作和手枪射击。11 月，军分区机关对 12 个县（市）人武部首长机关训练进行以军事理论、手枪射击、汉字输入及常用办公软件的使用、利用计算机进行战术标图为主要内容的年终考核。两次考核总评成绩优秀单位 5 个、良好单位 8 个。2003 年，军分区机关训练按照《陆军军事训练与考核大纲（军分区）》的规定课目开展。

从 2004 年起，军分区实行党委会议训管训制度，党委定期分析训练形势，召开议训管训专题会议，制定训练目标，解决军警民联合抢险救灾、反恐维稳和城市防空参战支前等重点问题。是年，组织军分区、人武部首长机关网上训练，利用《多媒体互动训练系统》进行训练和开展计算机扫盲进级培训，军分区购买摄像头、交换机、耳麦等训练设备，建立提供学习训练的局域网，实现个人语音、图像实时传送。军官训练完成军事高技术知识、军（兵）知识、外军知识、战争动员基本知识、民兵战备执勤基本知识理论学习，进行队列、体能、射击、指挥自动化系统操作、计算机知识和分区机关带人武部城市防空作战室内战术作业等课目学习和训练。2005—2006 年，每年进行军事理论、军事高科技知识、军（兵）种知识、军事法规、参谋“六会”（会读、会记、会算、会写、会画、会传）技能、指挥自动化系统、民兵、兵役及动员工作法规、体能和手枪射击的学习和训练。2007 年 4 月 18 日，军分区组织全区现役官兵、专武干部和民兵共 162 人进行盾棍术、轻武器射击、冲锋枪对抗射击、专武干部队列指挥、骨干编组作业、民兵高炮操作、野战运输和医疗救护 7 个课目比武竞赛，省军区参谋长凌峰率工作组和各师级单位观摩团到现场指导，州委、州人大常委会、州政府、州政协领导和州国防动员委员会成员单位领导到场观摩，都匀市获得团体第一名，军分区机关获第二名，瓮安县获第三名。是年，在参加省军区比武竞赛中，军分区通信和机要业务竞赛获第三名，装备业务竞赛获第四名；民兵射击选手被省军区评为“神枪手”2 名。2009 年，军分区组织全州首届“军事三项”（五六式半自动步枪实弹射击、教练手榴弹平地投远、5000 米武装越野）竞赛，全州军、警、政法系统组队参加比赛。2011 年以后，军分区、人武部两级首长机关训练采取岗位自训、网上合训、举办集训、比武竞赛等方式，开展基础理论、专业技能、战术作业等 17 个科目训练。2013 年，重点开展首长机关技能、体能训练，人武部主官培训和参谋业务培训，组织军分区、人武部两级首长机关集训。2014 年，组织人武部主官集训、专武干部集训、教练员集训等各类集训 14 期，组织紧急拉动、演练共 60 余次。

第三节　思想政治教育

一、理论学习

1991—1997年，军分区组织官兵学习《关于社会主义若干问题的学习纲要》、毛泽东、邓小平关于中国共产党的建设的论述。1992年，组队参加都匀铁路地区纪念中国共产党成立70周年党的基本知识竞赛，军分区代表队获第一名。1993—1996年，学习中共“十四大”报告、《邓小平同志关于建设有中国特色社会主义论述专题摘编》《建设有中国特色社会主义重要文献选编》《邓小平文选》第三卷、《中共中央关于建立社会主义市场经济体制若干问题的决定》等。1994年，组织128人参加省军区举办的《邓小平文选》百题知识竞赛，其中3份答卷获奖。军分区政治部还举办团职干部学习《邓小平文选》读书班1期，学员写心得体会文章共105篇，选送13篇上报省军区，被省军区评为特等奖1篇、三等奖2篇。1997年，中共“十五大”召开后，军分区政治部编印《十五大报告100题》下发全区干部战士学习，领导干部写读书笔记、心得体会文章共400多篇。11月，军分区组织5个工作组对12个人武部理论学习情况进行检查。参加成都军区和省军区读书班学习的团以上干部31名。

1999年6—8月，根据中共中央、中央军委关于开展“三讲”（讲学习、讲政治、讲正气）教育的指示及成都军区、省军区的部署，军分区各级党委、机关开展“三讲”教育。全区参加“三讲”教育人数224人，其中，团以上干部51人，营以下干部173人。10月，军分区政治部举办政工干部学习班，对人武部政工科长和军分区机关政工干部进行培训，学习中共中央转发的《关于改革开放和发展社会主义市场经济条件下军队思想政治建设若干问题的决定》和毛泽东、邓小平、江泽民关于军队思想政治建设的重要论述。师团领导干部参加成都军区、省军区读书班学习13名。是年，开展“学习成才”活动和学习炮兵十八团活动，军分区下发《战士文库》《法律选编》等读本和资料1300余册（份）、函授作业4期。2001年，军分区政治部总结龙里县人武部党委《从三个方面入手认真抓好学习落实》的做法，指导全区改进学风，提高学习质量。

为迎接中共“十六大”召开，军分区于2002年7月开展“赞颂新成就，迎接十六大”活动，全区官兵、职工和民兵结合驻地变化、家乡变迁进行“爱党信党跟党走”教育，军分区、人武部坚持每月出一期专题宣传板报。

2003年4—5月，开展“学习实践‘三个代表’重要思想，争做‘五个模范’”教育活动，对全区190余名官兵、职工、离退休干部进行理论考试，建立个人学习档案，制定9条措施，省军区转发《都匀军分区“五个模范”教育坚持“五个先走一步”》的经验，《军分区、人武部“五个模范”教育必须克服“三种倾向”》在省军区《政工简报》刊载。是年，军分区坚持每天1小时理论学习制度，每季度组织人武部政委进行网上授课，请地方专家到军分区机关讲课5人（次），政治部到地方机关单位进行理论交流和形势教育

6次，全区开展学习辅导、宣讲40余次。组织官兵职工学习“十六大”报告、《中国共产党章程》、胡锦涛“七一”讲话、《“三个代表”重要思想学习纲要》《江泽民国防和军队建设思想学习纲要》，向全区官兵、职工和离退休干部发放学习读本800余册，团以上干部人均记笔记、写心得体会、收集资料5万字。

2004年9月，开展基层干部理论学习试点，探索和规范基层干部理论学习的方法，试点经验得到成都军区推广。2005年，学习《反分裂国家法》，组织官兵、职工、专武干部参加理论征文竞赛。2007年，军分区以党委带机关、宣讲辅导、集中培训等形式，学习科学发展观和中共“十七大”精神。2008年上半年，以团以上领导干部和机关干部为重点，集中开展“讲党性、重品行、作表率”教育。2010—2011年，先后学习中共十七届四中、五中、六中全会精神。2011年，重点学习中共中央总书记胡锦涛“七一”重要讲话和重大战略思想。参加省军区政工干部网上竞赛活动，撰写心得体会30篇，步兵三营九连连长任苏在省军区政工比武中获授课第一名。

2012年，军分区以党委中心学习组带机关理论学习方式，坚持理论学习，每次学习活动有人武部干部2名和分区机关干部3名轮流作心得体会交流发言。在中共“十八大”召开之际，组织全区官兵观看会议现场直播，阅读党报。军分区按“十八大”精神要点，通过视频进行学习辅导。

2013年，军分区围绕强军目标开展思想政治教育，每个季度，党委中心组带机关学习理论。围绕强军目标加强思想政治建设的做法，在省军区座谈会上作交流，并被《战旗报》和省军区《政工简报》刊发。

2014年，开展党的群众路线教育实践活动，加强作风建设，落实中共中央八项规定、中央军委十条规定，学习习近平系列重要讲话和中共十八届三中、四中全会精神，整治“四风”召开军分区党委常委专题民主生活活动，增强党委班子的凝聚力、战斗力和执行力。

二、专题教育

1991年，针对苏联“8·19”事件局势变化，中越关系改善，中共十三届八中全会召开等形势，先后作时事报告4次，引导官兵统一思想认识，与中共中央保持一致。1993年，开展军队优良传统、保持老红军本色的教育。结合纪念毛泽东诞辰100周年，组织人（专）武干部、民兵进行国防知识竞赛。1994年，根据国内外局势，军分区下发《关于当前部队民兵形势教育提纲》，对官兵进行形势教育。1996年4月，集中10天时间学习中央军委《关于加强高中级干部教育管理的意见》，检查思想和工作上存在的问题，针对问题提出整改措施。在红军长征胜利60周年之际，军分区举办部队民兵书画展览，参展作品150余幅。

1997年，围绕香港回归祖国集中进行以爱党、爱国、爱军为主要内容的爱国主义教育。人武部组织民兵参加地方组织的迎接香港回归系列活动。1999年5月，针对以美国为首的北约袭击中国驻南斯拉夫联盟大使馆事件，组织部队、民兵进行谴责和声讨。

2000年，开展学习炮兵十八团、“学习成才”活动，被省军区评为“学习成才标兵”

1 名。组织官兵学习《一个中国原则与台湾问题》白皮书，教育官兵自觉反对台独，维护祖国统一。

在 2001 年“七一”期间，组织“青春献给党”演讲比赛；开展反台独教育，反日本右翼势力篡改历史教育。中美撞机事件发生后，组织全区官兵、职工、民兵谴责美国侵略中国领海领空的行为。

2002 年 3 月 23 日—4 月 16 日，根据成都军区、省军区关于在团以上干部和机关干部中开展“四自”（自重、自省、自警、自励）教育的指示和具体部署，军分区于 3 月下旬成立“四自”教育领导小组及办公室，下发在全区开展“四自”教育的通知，建立干部“四自”教育档案。全区参加教育在职干部 134 名，转业待安置干部 10 名，退休待安置干部 29 名，离休干部和职工也分别参加各单位的学习教育。教育中，组织观看《军营警钟》专题片，军分区领导为机关干部战士上辅导课 3 次，到各县（市）人武部进行辅导 24 次，军分区上报教育活动情况 10 期。全区各级党委、支部、干部个人分别针对教育中检查出来的问题，制定整改措施，进行整改。

2003 年 4 月，根据成都、贵州两级军区“五个模范”（要做贯彻落实十六大精神的模范；要做勤奋学习的模范；要做发扬优良传统的模范；要做遵守纪律的模范；要做增强团结的模范）教育电视电话会议精神和统一部署，开展学习实践“三个代表”重要思想，争做“五个模范”教育活动。除组织全区官兵、职工参加省军区宣讲报告会外，军分区于 4 月 23 日举行“践行‘三个代表’，争做‘五个模范’，振奋革命精神，再创一流成绩”报告会，以人武部在本职岗位践行“三个代表”、争做“五个模范”表现突出的 3 名主官的切身体会激励官兵。

2004 年，开展中国特色军事变革主题教育、党员先进性教育、艰苦奋斗教育、贯彻落实中央军委《关于加强军队高中级干部教育管理的若干规定》专项教育、体制编制调整改革等专题教育。2005 年，军分区以“强化战斗精神，提高打赢能力”为主题，开展警示、时事、政策法规教育。

2007 年，开展“赞颂新成就、履行新使命、迎接十七大”主题教育、宗旨教育和“爱党忠诚、爱国奉献、爱军精武、爱岗敬业”主题实践活动。在教育活动中，注重宗旨教育，在“模拟四渡赤水、展示红军风采”大型军事演习活动中，组织官兵参观四渡赤水纪念馆，进行历史使命教育。官兵全年撰写心得体会 280 余篇。

2008 年，在平塘县人武部进行“坚定中国特色社会主义信念，有效履行我军历史使命”主题教育活动试点，之后在全区铺开，采取专题辅导、配发教材、编印动态简报、橱窗板报宣传、听取事迹报告、参观红色教育基地、理论征文活动等形式展开。是年，结合台海形势，组织官兵开展两岸关系走向分析。围绕世界金融危机，开展“理性认清我国当前股市形势”“认清当前形势，坚定发展信心，确保思想稳定”教育。

2009 年，开展培育当代革命军人核心价值观主题教育以及“重事业、强素质、树形象”专题教育，教育中针对存在的问题制定整改落实方案，完善各项制度，形成调研成果 18 项，做法获省军区转发 4 次。

2010 年，军分区组织参观猴场会议会址、学唱红色歌曲、瞻仰烈士陵园、讲述红军故事、学习英雄模范等活动。

在 2011 年“七一”之际，军分区组织党员到猴场会议会址集中过“政治生日”，开展重温入党誓词、讲述红军故事、参观“红色景点”、教唱“红色歌曲”、观看“红色电影”、重走红军路等系列活动。“十一”国庆节期间，举办以“人民军队忠于党、红歌唱响军营”为主题的“军营红歌会”和党史军史知识竞赛，组队参加省军区“学党史、强党性、报党恩”党史军史知识竞赛，获第二名。是年，围绕“坚定理念信念、忠实履行使命”，开展“培育当代革命军人核心价值观”主题教育和“加强党性修养、锤炼思想作风”专题教育及“回头看”活动，在“回头看”活动中针对存在的问题进行自查自纠。2012 年，开展“赞颂科学发展成就，忠实履行历史使命”主题教育和“讲政治、顾大局、守纪律”专题教育；参加省军区组织的“树立正确比较观”“增强事业心、责任感”特色教育。

2013 年，围绕学习十八大精神，开展“坚定信念、铸牢军魂”主题教育，“学习党章、弘扬优良传统”专题教育，“强军梦、官兵梦”专题教育。2014 年，在党的群众路线教育实践活动中，开展“学先辈悟传统，强作风励斗志”等系列活动和主题教育、专题教育，开展战斗力标准大讨论，到独山抗日文化园开展“牢固树立战斗力标准，深入推进强军兴军实践”大讨论活动，提升强军信念和责任意识。

第四节　后勤保障

一、经费管理

1991—1996 年，按照中央军委关于财务管理的规定，军分区执行“标准加补助”制度，对经费实行预算管理，量入为出，保障重点，兼顾一般，全面综合平衡使用。1997 年，全区经费管理按照“量力而行，量入为出，留有余地，确保平衡”的原则，落实标准经费管理目标责任制，事业经费和预算外经费纳入预算管理，严格控制非事业性、消耗性开支。是年，军分区制定《标准经费管理三年规划》，执行《“九五”期间军队审计建设规划》《军队领导干部经济责任审计暂行规定》，对 12 个县（市）人武部的基本建设工程、民兵事业经费等专项经费、预算外各种经费、直属单位和企业经费收支状况进行审计监督和跟踪调查，全区会议费、接待费和事业费非事业性开支比上年下降 10%，98% 以上的团级单位达到标准经费收支平衡。1998 年，军分区举办财务干部培训班 2 期，并采取交换查账的方式对财务干部进行上岗培训。

1999 年是落实中共中央、中央军委关于军队不再从事经商活动，标准经费由“标准加补助”转为“标准加管理”的第一年，军分区下发《都匀军分区经费管理规定》，按照“保战备训练、保急需、保生活”的原则，量入为出，先预算、后开支，合理安排，推行目标管理责任制，减少预算外开支，重大开支党委集体讨论决定。年内，通过以会代训形式培训各单位财会人员 3 次，在参加省军区举办的会计报表和生活费决算评审中，分别获得第一名和第二名。

2000 年 1 月，对全区各单位财务管理和标准经费使用情况进行审计，开展 1997—1999 年生活费、公务事业费管理全面检查、评比。5—8 月，对部队的财产进行清查，建立各项资产管理制度。2001 年，启动“零基预算”，对全区后勤干部进行预决算编制培训。2002 年初，军分区对全区 13 个直供单位的经费进行审核，对任现职满两年和调动、退休的团级主官及单位进行审计，并实行有大项经费开支和建设的单位，由军分区管钱、人武部管账制度。4 月底，省军区财经纪律检查小组到军分区进行财务检查，肯定了都匀军分区执行财经纪律的情况。2003 年，修订《都匀军分区经费管理规定》，出台《行政消耗性标准开支限额实施细则》，举办新《会计规则》《国有资产管理》软件业务培训班 1 期。2004 年，按照“仗怎么打，兵就怎么练，后勤就怎么保障”的要求，修订各项后勤保障经费计划方案，保障后勤战备经费需求。开展经济责任审计、基本建设审计和主官离任审计。财务管理实行预算项目库管理办法，大宗物资集中采购，开通网上银行，资金集中支付。

2005 年起，按照“一保战备，二保生活，量入为出，突出重点，兼顾一般”的原则，编制年度经费预算。是年，下发《都匀军分区工程建设管理规定》。2006 年 1 月初，举办资产管理与预算管理结合改革试点暨“军队财务管理信息系统”培训班，启用“军队财务管理信息系统”，实行全区会计集中统管制度。2007 年，出台《都匀军分区经费物资管理规定》，举办财务法规暨资产管理工作培训班 1 期，开展资金专项检查和财经纪律专项整顿，对 13 个直供单位的资金专项检查自查情况和财经纪律专项整顿情况进行复查。

2008—2014 年，财务管理实行军分区和人武部主官“联审联签”制度和党委集体领导下的“一支笔”审批制度，对财务进行内部控制，定期检查财务工作，严格实行预算管理。

二、正规化建设

1991 年是军分区实施正规化建设第二个三年规划的第三年，按“实事求是，客观公正，以看为主”的原则，军分区对 12 个县（市）人武部进行 1991 年正规化建设综合检查验收，福泉、瓮安、长顺等 3 个县人武部分别获正规化建设第一、第二、第三名，评出正规化建设“五佳”：最佳作战室——福泉县人武部作战室；最佳资料室——瓮安县人武部资料室；最佳值班室——三都县人武部值班室；最佳武器库——长顺县人武部武器库；最佳基层武装部——福泉县牛场镇武装部。是年，军分区按照营区建设正规化的要求，修建营区大门，新建办公大楼，平整路面，修建围墙；按照《贵州省军区车辆使用安全管理规定》，制定和规范车辆管理使用制度。

1992 年初，开始在全区开展乡（镇）人武部正规化建设，按省军区下达的建设任务和经济条件较好的县基层达标 40%，较差的县达标 30%，厂矿企业达标 50% 的要求，军分区下达基层武装部达标建设任务 117 个。达标工作在荔波县茂兰、甲良、朝阳三个镇武装部开展试点。4 月初，在荔波县召开全区基层人武部正规化建设现场会，总结推广荔波县人武部基层正规化建设经验，各县（市）人武部部长、军事科长参加会议并进行现场观摩。现场会得到省军区的肯定，转发了荔波县的经验材料。会后，各县（市）人武部也先进行试点，而后全面开展基层人武部达标建设。4月中旬，军分区在人武、专武干部集训期间，组织参训人员参观都匀市小围寨、剑江化肥厂、305厂武装部正规化建设。县（市）人武部正规化建设的重点是建设“四室一库”（作战室、办公室、值班室、资料室、武器库）管理制度，军分区司令部于6月下发《1992年县（市）人武部正规化建设综合验收标准》，分6类15项进行量化估评。在正规化建设中，荔波、长顺等县人武部分别制定行政管理及奖惩措施，12个县（市）人武部均建立专用资料室，都匀、荔波、福泉、三都、独山、瓮安、罗甸、长顺、平塘、惠水10个县（市）建立专用器材室。10—11月，军分区对12个县（市）人武部正规化建设逐一进行综合验收，荔波县、惠水县、福泉市达到验收标准，其余各县（市）有不同程度发展。年底，基层武装部达标97个，占任务总数的82.91%，其中预备役营连建设达标59个。

军分区在营区建设上，按照正规化建设要求，规范营区建设，每年投入资金，逐步进行工作和生活环境改造，种植景观树木、花草，硬化路面等。至1995年，营区实现办公区、训练区、生活区分设，绿化达到春有花、夏有荫、冬有青的要求，得到成都军区营房部的好评。1996年，军分区民兵训练中心、职工宿舍建设工程竣工，教学楼、住宿楼、餐厅等设施投入使用。1997年，制作营区管理规定、卫生区和行车标记等各类标牌，修建花池7个，种植花木，重新规划车库和停车场。1998年，规范机关各科室设置标准，下发办公室设置标准10余个。

2000年，按《成都军区加强县（市、区）人武部全面建设的意见》《成都军区对人武部检查内容及评判标准》《贵州省县（市、区）人武部正规化建设规定》，开展正规化建设。7月3日—8月11日，在长顺县人武部进行全面建设试点，完成训练基地建设、办公设施建设、营院建设、武器库建设和规范战备秩序、训练秩序、工作秩序、生活秩序等正规化建设。8月11日，在长顺县人武部召开全面建设试点观摩现场会，省军区首长、州政府领导、各县（市）政府领导和人武部部长、人武部军事科科长共58人参加会议。军分区授予长顺县人武部“全面建设先进单位”称号。是年，军分区进行营区整治，维修办公楼，购置办公设备，改造训练中心，重建在都匀“6·8”洪灾中毁坏的配电、供电、供水等设施，修建车库及球场、道路等。2001年，军分区撤除危房1800平方米，修建经济适用住房及军官公寓楼，改造供电线路。是年，实行交警对军车抄告制度，与州、县交警联合设立过往军车形象监督电话，解决行车管理上存在疏漏的问题。

2002年，根据各县（市）实施旧城改造，人武部需要搬迁新建的实际情况，下发《都匀军分区2002年基层建设规划》，开展人武部重建和改造工作。荔波、瓮安、贵定、都匀等县（市）人武部新建、搬迁完毕，三都、福泉、平塘、龙里等县（市）人武部搬迁在建。2002—2004年，按照“立足现有、着眼发展、因地制宜、完善配套、量力而行、科学规划、分步实施”的原则和“合理布局、整洁美观、环境舒适、相对封闭”的要求，对营区进行整体规划建设，进行办公楼、训练中心装修及营区环境整治，绿化营区，种植花卉苗木，营区规划、绿化、美化全部完成。同时，筹集资金，建成经济适用住房，修建门面。2004年，按照“全面搞好建设，扎实打基础，反复抓落实”的正规化建设要求，重点进行军分区机关、福泉、三都、平塘、龙里等县（市）人武部正规化建设和营院建设，军分区营区被成都军区绿化委员会评为“绿色营区”。2005 年，军分区对办公楼、公寓楼等进行装修改造，开展营区综合治理。2007 年，对主营区和民兵武器库进行绿化改造，移栽各类树苗 1000 多株；对小花园进行绿化，移栽桂花树，修建迂回水池。2008 年，对营区大门、车库进行改造，新建羽毛球场。2009 年，对机关办公大楼进行维修，开展营区防火安全管理和检查。2010 年，修建军分区机关篮球场。2011 年，根据省军区《关于开展军分区人武部正规化建设试点及检查评比的实施方案》，在全区开展人武部正规化建设试点及检查评比工作，军分区进行库（室）改造，县（市）人武部进行库（室）建设。2012 年，建军分区战士公寓综合楼，开展“绿色营区”建设活动，营区增植花草树木，聘请专人管护花草树木，营区绿地率增至 67%，绿化率 100%。是年，在瓮安县人武部进行全面建设试点并召开观摩展评会，州内县（市）人武部参加观摩活动；在三都县三合镇组织乡（镇）武装部战备器材库建设规范试点。

2013 年，制定《军分区帮建基层三年规划》。在惠水县人武部正规划建设试点基础上，全面推进人武部正规划建设和基层武装部规范化建设，人武部规范化建设达标 100%，基层武装部规范化建设达标 60%。2014 年，巩固县（市）人武部正规化建设达标成果，继续开展基层武装部规范化建设。

三、后勤保障社会化改革

2000 年，军分区探索油料保障社会化路子，与石油公司协调，将全区的油料统一存放在石油公司，依托石油公司调拨，凭军分区与石油公司共同印制的专用油票，在石油公司下属任何加油站加油，改变全区油料供给模式，这一油料供应经验在《战旗报》上刊登。2001 年，全区节约油料经费的经验得到成都军区推广。2003 年，军分区住宅区实行物业管理。2004 年，制定《都匀军分区后勤保障社会化改革实施计划》，并为职工缴纳养老保险、失业保险、医疗保险。经不断进行后勤保障社会化改革，到 2012 年，在饮食保障社会化方面，军分区进行内部重组改制，以在职职工为基础，另聘用地方人员，组建军分区生活服务保障中心，负责军分区机关的饮食、洗涤、保洁、民兵训练基地等项目保障，实现生活保障收支平衡，服务保障质量得到改善；油料供应社会化方面，采取不改变军队资产所有权性质的办法，与中石化黔南分公司合作，实施军民融合式油料保障，保障全区油料供应；车辆维修方面，选择汽车维修技术力量雄厚、信誉程度高的地方汽车修理厂建军分区车辆维修站，签订车辆维修协议，由该厂为军分区提供车辆维修、技术保养，免费外出抢修；部队住房物业化管理方面，将营区划分为军事工作区和生活服务区，生活服务区实行市场物业管理；医疗保障社会化方面，军分区与黔南州医院和四一四医院建立长期合作关系，医院负责帮带军分区卫生所出诊、转诊；社会保障方面，实施国家社会保险制度，为职工缴纳养老保险、医疗保险、人身伤亡保险、生育保险、失业保险等。2013—2014 年，继续实行后勤保障社会化。

四、以劳养武

1991 年，军分区对生产经营企业推行承包经营和指标控制制度，全年生产经营收入 50

万元，鱼、肉、蔬菜、水果等农副业生产创收1.4万元。1992年，制定《都匀军分区以劳养武三年发展规划（1993—1995年）》，各基层单位组织民兵、预备役人员经营一些宜农则农、宜林则林、宜牧则牧、宜商则商项目。8月，平塘县召开以劳养武工作会议，县政府拨专项贷款10万元扶持县内以劳养武企业，制定以劳养武实施细则，简化审批手续，该县是年立项启动的以劳养武经济实体38个，参加的人（专）武干部、民兵和预备役人员共2100余人。荔波县以劳养武企业恢复生产38个，创收10万元，参加的民兵、预备役人员250余人，成为全区以劳养武成效好的县。都匀市人武部与都匀制革厂联办以劳养武皮鞋加工厂，与104地质队联办坝固镇马坡铅锌矿厂。福泉县以劳养武企业有福泉县训练基地联营建材厂、道坪镇武装部矿粉加工厂、高石乡武装部煤厂、兴隆乡武装部沙石厂。全区有8个县（市）以县委、政府、人武部联合行文的形式，下发以劳养武工作文件。瓮安、罗甸等县还作出规定，以劳养武企业免交三年所得税，简化以劳养武企业审批手续，在立项、贷款等方面给予优惠。至12月，成立以劳养武领导小组和办公室的县（市）11个，全区有以劳养武经济实体84个，初见成效53个。1994年，按照成都、贵州两级军区的指示，军分区成立生产经营整顿改革领导小组，对以劳养武企业进行检查，停转部分企业，军分区的以劳养武企业由10个调整为4个。在成都军区、贵州省军区检查验收评比中，成为整改最彻底的单位之一。1995年，全区有企业和实体46个，从业人员708人。1998年，执行中共中央、中央军委关于军队不再从事经商活动的决定，全区以劳养武企业停办，并在地方办理注销或脱钩移交等手续。

第五节　战备工作

1991—1994年，军分区开展经常性战备教育，拟制和完善战备应急方案，特别是在每年的重大节假日和敏感时期，落实战备工作。1995年，利用军事训练、民兵点验等时机，进行干部战士和民兵战备思想教育。1997年，开展经常性战备教育和落实重大节假日战备制度。军分区首长到各县（市）人武部检查工作时将战备工作落实情况作为一项主要内容进行检查，纠正存在的问题。每逢节日战备值班，组织民兵应急分队点验，落实战备工作各项规定。战备期间，军分区还采取不同形式对人武部战备值班进行抽查。1998年，在民兵军事训练、重大节假日和敏感时期开展战备教育，学习《全军部队战备工作规定》《成都军区战备工作若干规定》《成都军区分队战备工作规定》《贵州省军区战备工作实施细则》，落实各项战备制度。

1999年初，军分区下发战备工作指示，按照战备工作“正规化、制度化、经常化”的要求，采取“三个同步”（战备教育与管理教育同步；落实战备工作与落实一日生活制度同步；经常性战备工作与经常性管理工作同步）措施，开展节日战备教育和敏感时期战备教育、国际国内形势教育，落实战备工作。6月3日，省军区对长顺、惠水两县人武部战备执勤、民兵应急分队进行点验，对两县“6·4”期间战备情况给予“警卫人员警惕性高，武器库安全无事故；全体干部在位，坚守岗位好；组建‘6·4’期间战备值班分队，人员在位率高；民兵应急分队训练教器材和各种战备值班应急方案齐全完善”的肯定。

2000年，开展干部、战士、职工和民兵国际国内形势教育、国防教育、时事政策和法纪、战备教育75次。2001年，重点进行“三个结合”（战备教育与管理教育工作结合、落实战备工作与落实一日生活制度结合、经常性战备工作与经常性管理工作结合）教育。以4月1日美国侦察机在南中国海撞毁中国战斗机事件和美国“9·11”事件、民兵训练、重大节日和敏感时期等时机进行国际国内形势教育，对各单位的战备设施、民兵武器库进行重点检查，元旦、春节、“五一”“八一”“十一”等节日战备期间，各级领导对各级各类值班情况进行检查督促，保证节日战备期间的通信畅通和重要目标安全。2003年，将各单位《民兵战备工作规定》贯彻情况、战备设施、民兵武器库和战备方案落实情况作为重点检查内容；节日战备期间，分区到县（市）对各级各类值班情况进行检查督促，确保重要目标安全。2004年，将年度战备教育列入年度政治教育计划，开展节假日、双休日、敏感时期和重大活动战备教育。2005—2007年，军分区对战备工作常抓不懈，通过战备值班检查，督促各项战备制度落实到位。2008年，在黔南历史罕见冰雪凝冻灾害、“5·12”汶川大地震、北京奥运会等特殊时期，全区各地安全稳定。

2010年，制定《都匀军分区战备工作建设标准（试行）》，细化战备工作内容、标准、程序、方法。第一季度在福泉市和贵定县人武部进行规范战备秩序试点。7月初，组织人武部部长、副部长参加试点现场观摩会，向全区推广试点经验。2011年，规范战备值班、情况报告等制度，落实节日战备值班制度。2012年，军分区修订全区作战预案、抢险救灾方案、协助地方维护社会稳定方案及相关配套保障方案，各县（市）人武部修订相关预案方案，增强方案的针对性和可行性。

2013年，开展军分区首长机关应急拉动演练，拍摄《军分区、人武部参与平息骚（暴）乱行动方法》教学片，2篇战法创新研究成果分别被成都军区、省军区评为精品课题。2014年，制定《都匀军分区战备工作实施细则》；组织部队官兵、民兵到独山抗日文化园开展战备拉动演练。

第二章　中国人民武装警察部队

中国人民武装警察部队（以下简称武警）驻黔南州有武警黔南布依族苗族自治州支队（以下简称州支队）、武警黔南布依族苗族自治州消防支队（以下简称州消防支队）。

武警黔南州支队属武警贵州省总队（以下简称省总队）建制，主要担负黔南州执勤、处突、反恐怖、警卫巡逻、抢险救援等维护社会稳定任务，受省总队和州委、州政府双重领导。

武警黔南州消防支队又名黔南州公安消防支队，两块牌子，一套人员，受贵州省消防总队（以下简称省消防总队）和州委、州政府双重领导，担负黔南州防火、灭火和应急救援任务，对各类建筑工程进行监督管理，实施日常消防监督检查。

第一节　武警黔南州支队

1992 年 6 月，武警黔南州支队扩编为二类支队，内设司令部、政治处、后勤处，辖 1 个直属大队、1 个教导队、18 个中队。2014 年，按照省总队下发的编制调整实施方案进行编制调整，调整后的内设机构仍为司令部、政治处、后勤处，下辖 4 个直属大队、1 个教导队、21 个中队。

一、看押看守

驻黔南武警部队主要担负州境内 4 所监狱看押、13 个看守所看守执勤任务。

1991 年，贵定县中队制止 1 名犯人自杀事故和 1 起 5 名罪犯集体越狱逃跑特大事故。1992 年，规范安全秩序，堵塞安全漏洞，防止各类事故案件和严重违纪问题发生，在全支队组织开展"百日安全竞赛"活动，竞赛内容有安全常识掌握情况、安全制度落实情况、安全设施建设情况、安全隐患排查情况、安全工作实际效果。是年，全州看押、看守执勤制止在押犯罪嫌疑人逃跑 6 起 6 人，制止在押犯罪嫌疑人行凶破坏 3 起 7 人。

1995 年 4 月 22 日 23 时，关押在荔波看守所的 9 名收审人员，越狱逃跑时被哨兵发现并鸣枪警告，荔波县中队迅速行动，制止收审人员集体逃跑重大事故发生。是年，州支队派出工作组检查执勤工作 792 天（次）。在执勤中，成功制止在押犯罪嫌疑人逃跑的 2 名战士获记三等功，执勤失职致使在押犯罪嫌疑人脱逃受记过处分 1 人。

1998 年 5 月 17 日凌晨 1 时，都匀市看守所 6 名犯罪嫌疑人越狱时被哨兵发现并鸣枪报警，市中队接到报警后，全体官兵立即进行搜捕，将越狱人员抓获归监。是年，州支队检查执勤工作 340 人（次）。在执勤工作中，战士获记二等功 1 名、三等功 4 名。1999 年，发现并制止在押犯罪嫌疑人企图自杀 2 起 2 名，官兵成功制止犯罪嫌疑人脱逃获记三等功 4 名，受州支队通报嘉奖 3 名。州支队派出检查组检查执勤和执行各类勤务 387 组（次）。2000 年，州支队共组织工作组下队检查 370 人（次），排查治理重大执勤隐患 40 多处。

2002 年，开展勤务教育专项治理整顿 4 次，为目标单位的执勤点和综合仓库建立网上档案，实行网络管理。投入资金进行人防、物防、技防能力建设。2004 年，落实执勤"三项纪律"（严守执勤岗位、严禁值班饮酒、严格按规定执勤区域活动）、"三班四哨"（作战勤务值班、执勤编班、勤务领班；上哨、站哨、换哨、下哨）正规化制度。

2005 年，制定《处置黔南地区突发事件总体预案》《反恐怖暴力活动预案》，并组织演练，开展勤务教育整顿 3 次。2006 年 7 月，与桐州监狱共同组织以处置在押犯人劫持管教干警引发监狱骚乱事件为背景的"06 震慑之剑"联合演练。

2007 年，与看押目标单位召开执勤隐患治理联系会 3 次，并组成联合工作组，检查执勤设施，制定隐患治理整改方案，下发《看守目标隐患治理通知》。2008 年，采取上下联动主动治、寻求支持共同治、分类指导专项治、发动官兵群力治的办法，开展执勤隐患治理，对排查出的“硬难隐患”进行集中整治。

2009 年，落实“三员一兵一组”（作战勤务值班员、领班员、网络查勤员、执勤哨兵、三人应急小组）、“三天覆盖查勤”等制度，制定规范性措施 18 项，每天下发执勤简报，定期播放查勤录像，及时排查、修复损坏的执勤设施，彻底整治所有看守目标隐患，武警省总队转发了黔南的经验。2010 年，对各中队备勤室进行改造及装备配置；对执勤隐患进行治理，提高目标安全系数。

2011 年，按新修订的《战备工作规定》《处置突发事件规定》，完善机动中队和应急小分队装备，执勤工作中，获记三等功战士 2 名。

2013 年，实施《“三员一兵一组”值班执勤暂行办法》，利用每天《值班快报》通报查勤情况。开展正规化执勤等级评定、执勤安全隐患排查整治等活动。长顺县中队、贵定县中队、瓮安县中队执勤哨兵成功处置执勤险情 3 起。

2014 年，采取“上层推动、上下联动、落实精神、定期会诊”方式，开展隐患治理活动 2 次，整修基层中队执勤设施，查处 13 个单位 15 名值班执勤违纪违规人员。

二、突发事件处置

1991 年 8 月 8 日，龙里县中队 3 名战士配合公安机关在谷脚区山村围捕杀人后逃跑的犯罪嫌疑人王某某并将其制服。11 月 20 日，长顺县中队队长带领 10 名战士追捕越狱逃跑的重刑犯人杨某某，将其捕获。1992 年 3 月 27 日，追捕盗窃兵器室枪支等物资的犯罪嫌疑人刘某某、范某某，两名犯罪嫌疑人被抓获，缴获被盗走的枪支、枪刺、子弹等物资。

1994 年 1 月 20 日，三都县苗龙乡金矿被当地人员哄抢，并打伤护矿队员和公安人员，抢夺武器。三都县中队接到公安局关于恢复矿区秩序、打击首恶的指示后，立即组织官兵配合公安人员抓获违法人员 18 名，恢复矿区生产秩序。5 月 17 日，龙里县中队接到县收容所在押人员 14 名集体逃跑的通知后，立即与公安人员配合，历时 14 小时，抓获 6 人，其余在逃人员被公安机关陆续抓获。

1996 年 3 月，根据武警总部《处置突发事件规定》和省总队处置突发事件方案，州支队制定《处置突发事件行动方案》《处置突发事件前指警卫方案》。5 月，各县（市）中队组建防暴小分队，处置当地发生的突发情况和担负各种急、难、险、重任务。8 月 3 日，惠水县断杉镇发生一起 3 名男青年动持 1 名女青年并将该镇派出所赶赴现场追捕的 1 名警察杀伤致死，其余 2 名警察被打成重伤，行凶后携凶器挟持女青年逃离现场案件。案发后，惠水县中队、平塘县中队、龙里县中队按省公安厅的指示，派出兵力与公安机关围捕 3 名犯罪嫌疑人，解救人质，追（围）捕分队经过 5 天战斗，行程 450 余公里，将 3 名犯罪嫌疑人抓获，并安全解救人质。是年，驻黔南武警部队配合公安部门开展“严打”斗争，抓捕各类犯罪嫌疑人，在 11 月贵州省“严打”表彰会上，州支队被评为先进集体。

1997 年 7 月 8 日，独山县中队副队长韦振元在赴县城办公务途中，一知情者向他举报，县汽车站有一名非法持枪者在贩卖枪支，韦振元冒着生命危险，一人将非法持抢者擒获，当场缴获五四式手枪1支、子弹4发。7月11日，福泉市中队与市公安局抓捕全国通缉的持枪抢劫杀人犯罪嫌疑人王某某，将其抓获，缴获五四式手枪1支、子弹4发。7月20日，平塘县中队派出兵力赴平湖镇拉全村鲁选组与公安机关逮捕一名持刀杀人犯罪嫌疑人。12月4日，龙里县中队派出兵力与县公安局处置一起绑架案，安全解救人质。1998年8月21日凌晨，罗甸县中队接到县公安局指示，派出兵力与县公安局抓获2名从深圳潜逃到罗甸的全国通缉的犯罪嫌疑人。是年，驻黔南武警部队在参加地方“严打”集中行动中，缴获火枪3支、铁沙药4公斤、管制刀具17把。1999年，州支队协助公安机关处置突发事件2起，抓获犯罪嫌疑人17名。2000年5月6日，罗甸县中队接到罗甸县公安局指示，派兵协同公安人员将该县董王乡交足村2名黑恶势力团伙首要人员抓获归案。2002年，州支队在“严打”斗争中参与追捕“三逃”（批捕在逃人员、负案在逃人员、服刑或羁押在逃人员）人员5次，抓获犯罪嫌疑人12名，官兵受嘉奖6人；参与执行其他追捕任务65次，追回被盗摩托车15台、机动三轮车3台、耕牛7头。2003年12月，州支队出动兵力参加公安机关缉毒，共抓获犯罪嫌疑人21人，查获海洛因552克、假冒军车2辆。2004年4月，独山县中队出动官兵参与“4·11”围捕战斗，抓获犯罪嫌疑人2名。2005年8月，在全州“严打”整治斗争，抓获贩毒人员34人、赌博人员76人，缴获毒品870克、赃款100万元。2006年9月，瓮安县草塘镇发生一起劫持人质事件，州支队出动官兵前往处置，经思想引导劝解，犯罪嫌疑人放弃人质，被制服。

2008年6月28日，州支队出动兵力，参与处置瓮安县城部分人员以对一名女学生跳河死因鉴定结果不服为由挑起不明真相群众冲击打砸县机关办公楼和县公安局，阻塞交通，围攻殴打维护现场秩序的民警，烧毁办公大楼和车辆的打、砸、抢、烧“6·28”大规模群体性事件，平息事态，恢复瓮安县的社会秩序。“6·28”事件后，二大队六中队驻守瓮安县城，协同公安机关抓获闹事违法人员。2009年8月11日，州支队出动兵力，参与处置黔西县“8·11”大规模群体性事件。

2012年4月，州支队根据涉日维稳形势，及时修订完善涉日维稳应急处突预案，做好处置各种突发事件准备，并进入战备状态。各县（市）中队每天派出巡逻组，联合公安部门进行城市武装巡逻，应急处置力量全时备勤。是年，州、县（市）政府投入经费为机动中队特战排和县（市）中队应急班配置应急处突装备。2014年1月29日，州支队紧急出动，抓获特大杀人犯罪嫌疑人1名。10月，州支队参加三穗县“10·11”群体性非法聚集事件处置。

三、警卫巡逻

驻黔南武警部队为维护当地社会稳定，参与警卫、城市武装巡逻等勤务。1991年，州支队派出巡逻组执行巡逻、警卫等临时勤务，对州政府所在地进行巡逻保卫。1992年，州支队执行巡逻任务220次，抓获犯罪嫌疑人14名。全州城市武装巡逻600余组（次），制止斗殴8起，抓获违法人员17名；担任临时警卫21次。1993年，在执行巡逻等各种临时勤务中，追回被盗摩托车9台、机动三轮车3台、耕牛7头，担负临时警卫任务4次。1994—1997年，驻黔南武警部队执行巡逻任务1140组（次），抓获犯罪嫌疑人101名，收缴凶器26件；执行临时勤务时抓获违法人员25人；1997年，执行临时勤务获记三等功官兵3名。1998年，州支队执行巡逻任务86次，抓获犯罪嫌疑人2名；处置治安事件2次；担负临时警卫勤务10次。1999年，在元旦、春节和黔南州人代会、政协会期间，执行巡逻和安全保卫任务14次。全年执行城市武装巡逻勤务88组（次），担负临时警卫勤务6次。2000—2002年，州支队执行城市武装巡逻任务234次；执行巡逻任务118次，抓获犯罪嫌疑人13人；担负临时警卫任务6次，其中2002年担负中共中央领导临时警卫任务2次。2003年，执行各类临时勤务280次。2004—2006年，执行城市武装巡逻任务515次；2004年，担负中共中央领导警卫任务1次。2007年，州支队担负中共中央领导到都匀考察现场警卫、全国人大常委会领导到三都考察现场警卫、成龙黔南慈善行、建州50周年庆典安全保卫等临时勤务。

2008年，执行奥运会期间城市武装巡逻保卫、都匀市建市50周年庆祝活动安全保卫执勤等各类临时勤务320次。2009年，担负原国务院总理朱镕基到黔视察警卫任务。全年担负春运执勤20次、城市武装巡逻勤务1435次、现场警戒36次。2010年，担负中共中央领导视察荔波外围警戒任务。

2011年，担负在贵阳召开的第九届全国少数民族运动会安保及城市武装巡逻、中共中央领导在黔南视察期间专机现场警戒。2012年，各中队担负县（市）城市武装巡逻230余次。2013年，担负“瓮水长歌暨第二届旅游节”“生态文明贵阳国际论坛荔波分论坛”安保执勤任务。是年，荔波县中队、六中队巡逻人员在执勤中协同公安人员处置治安事件2起。

2014年，各县（市）中队在春节、“五一”“十一”等节日和敏感期，分别与驻地公安、特警开展演练联勤巡逻，全年执行联勤巡逻1300余天；参加春运执勤、敏感时期反恐防暴等临时勤务225次。

四、军事训练

1991—1992年，军事训练采用“郭兴福式教学法”，训练预提正、副班长，并开展“当兵不习武、不算尽义务，武艺炼不精、不算合格兵”竞赛，评选出“郭兴福式”教练员85名、神枪手36名、执勤能手25名、技术能手20名、训练标兵6名。1992年，举行射击、擒敌、轻装5公里越野和催泪弹投掷等科目技能竞赛，选出罗甸县中队代表黔南参加省总队举办的建制中队技能竞赛，获擒敌术第二名、轻装5公里越野第三名。1993年，开展“五小”（小块时间、小块群体、小辅导、小情况、小场地）练兵活动，评出训练标兵并记三等功8名。

1994年3月，集中各中队军事主官18名进行6天培训，主要培训教学法、技术战术动作及体能科目，重点突出教学法。7月，州支队司令部参加省总队军事业务函授作业，及格率100%，总评成绩优秀。是年，组织驻匀武警会操5次。1995年8月，采取集中学习与自学相结合方法，开展处置突发事件研究，历时23天，参训（学）率80%。10月，举行为期3天的军事技能竞赛，各中队分别派干部1名、战士6名共126人参加竞赛，直属五中队获射击、擒敌、越野三个单项第一名、团体第一名。

1996年3月，组织全州武警部队冬训考核，支队机关警官参加常用标号、战术标图、公文写作、《军事地形学》等基本知识考核，基层警官参加队列、擒敌、轻装5公里越野考核，评出“四会”（会讲、会做、会教、会做思想工作）教练员112名、训练标兵6名。1997年1月，举办基层军事主官集训1期，学习执勤、训练法规有关理论，观摩防暴示范班训练。4月，在全省检查考核中，黔南州获省总队通报表彰训练标兵4名。是年，举办各类集训18期587人（次），官兵训率达85%，评出训练标兵6名，优秀“四会”教练员112名，训练先进单位7个。举办机关干部计算机培训班2期，培训后能够使用计算机办理各项业务的干部达90%。此外，机关干部还进行军事法规、现代军事科技知识、公安业务知识、新编《参谋业务教材》、首长机关想定战术作业等业务知识学习。1998年2月，州支队作训参谋、大队长、基层部队军政主官共20人参加省总队举办的为期19天的基层干部集训。10月，组织军事业务竞赛活动，18个中队的162名官兵参加竞赛，直属一中队获团体第一名。1999年，在军事训练中，培养“四会”教练员238人、优秀“四会”教练员13人，评出训练标兵5名、训练尖子15名、投弹能手43人、执勤能手141人，新兵训练评出训练尖子215名、训练标兵1名。是年，州支队机关训练科目有共同科目和技（战）术科目，共同科目完成共同条令、执勤法规、《司令部工作条例》《参谋业务教程》学习及高科技知识函授作业，技（战）术科目主要进行手中武器实弹射击和擒敌术训练，同时进行室内战术作业、机关业务等科目训练。

2000年，围绕组织指挥重大勤务、处置突发事件和防卫作战，进行战法研究、人机结合、增强素质训练，在军事理论和现代军事科技知识学习上，掌握谋划指导军事训练和组织指挥军事行动必备的业务知识，司令部开展群体性事件处置研究与训练，参谋人员进行现代科技知识学习和谋略训练，重点掌握以计算机操作为主的新技能。基层单位进行共同条令和有关法规学习，完成共同科目、技术科目、战术、执勤科目学习训练，参训率81%，评选出训练标兵8人、二级“四会”教练员125人、投弹能手78人、神枪手28人、执勤能手57人。

2001年2—3月，组织基层军事警官在职培训1期，按“四会”教学标准，进行队列、擒敌术、器械体操、单兵战术训练。9月下旬，采取以考代比方式，检验部队军事训练情况，13个基层中队共198人参加队列、器械、防暴器材使用及射击、5公里越野、军事理论考核。2002年，按照《军事训练及考核大纲》的要求，在直属大队二中队、都匀市中队开展科技练兵试点。2003年10月，在省总队组织的总队、支队两级首长机关“一导多演”训练作业中，经省总队考核，黔南的训练达到内容、时间、人员、质量“四落实”，总评成绩优秀。是年，开展军事地形学基础知识学习及计算机操作训练，参训率80%。

2004年5—7月，开展指导员、中队长军事业务科目训练，分三批组织各基层大队、中队勤训轮换，对队列、体能、防暴队形、射击等科目进行强化训练，并在集训结束时进行考核排名。年内，围绕提高指挥重大勤务、处置群体性事件、反恐怖斗争能力和指挥（办公）自动化系统操作能力开展训练，进行手枪射击、网上战术作业、首长机关带机动分队实兵演习等技（战）术训练；基层警官重点进行本级指挥训练、军事训练指导法研练和警官编组作业等课目随队训练。

2005 年，州支队制定《军事训练奖惩规定》，将训练成绩与评功评奖、评比先进等挂钩。召开军事训练教学示范现场会，进行体能和共同科目复训、补训。从各中队抽调军事小教员，对新科目、应急棍术进行训练、会操、评比。6 月 13 日—7 月 14 日，州支队机关干部到教导队进行为期 30 天的“封闭式”军事业务集训。2006 年，驻匀部队会操 3 次共 325 人（次），教导队集训 4 期共 132 人。是年，龙里县中队二班班长游望才在参加省总队军事竞赛中，获个人轻装 5 公里越野第一名和哨兵防袭击第三名。2007 年，州支队干部分三批到教导队进行轮训，重点训练警官组训任教水平和本级组织指挥能力。省总队司令部对州支队 7 个中队进行检查，抽考 3 个中队的军事训练，总评优秀中队 2 个、良好中队 1 个。2008 年，开展“科技练兵”活动，评出射击能手 15 名、擒敌技术能手 38 名、执勤能手 130 人、“四会”教员 135 名、优秀“四会”教员 20 人、训练标兵 8 人。

2009 年 5 月，开展参谋业务网上集训和考核；5—6 月，组织 3 批勤训轮换；“八一”建军节前，组织应急分队进行军事比武，罗甸中队、平塘中队、瓮安中队获得前三名。是年，按照新颁布的《军事训练与考核大纲》严格施训，结合省总队组织的百名“小老虎”选拔和“百佳”评比活动，开展全州军事业务竞赛和“小老虎”选拔，组织专勤专训、体能训练、共同科目复训和补训，专勤训练以防暴狱、防脱逃、防劫持、防袭击为重点。2010 年，军事训练以军事地形学、指挥训练系统使用、手枪操作、器材操作与使用、地形图使用、勤务指挥技能、编组作业等科目为主。2011 年，州支队举行“卫士—11”首长机关带部分实兵演习 1 次，开展军事业务竞赛、应急小分队轮训、比武和州支队前进指挥所带实兵拉动演练。

2012 年 1—2 月，各基层中队开展专勤专训。3 月，组织司令部人员参加总部参谋长网上集训。4 月，在“条令学习月”活动中，参加省总队网上队列会操，获机关第一名、直属队第二名。4—5 月，进行 3 期勤训轮换。2013 年初，举办机关干部和基层警官封闭式军事集训 2 期，重点训练参谋业务技能、体能、射击等课目。首长机关采取集中培训、战术作业等形式，突出军事理论、政策法规和业务技能学习。是年，对州支队前进指挥所带新训大队进行拉动演练和新训考核，对基层军事士官进行军事素质考核，州支队特勤排、应急班开展特种战术、特种射击等特殊技能训练；六中队和平塘、贵定、独山、惠水等县中队组织冲锋舟、橡皮艇操作训练，与地方相关部门开展防汛抗洪演练。州支队全年组织军事会操 4 次、军事比武 1 次，经省总队考核，总评成绩优秀。

2014 年，采取集中轮训、野外驻训、基层机关合训和重点难点科目强化补训等模式，开展军事理论、计算机基本操作与应用、军事地形学基础、所属装备、器材操作与使用、军事训练组织与实施、勤务组织指挥、处置突发事件组织与实施、抢险救灾组织与指挥、编组作业、警棍盾牌术、应急棍术、体能、三级网、武警勤务指挥台操作与使用、捕歼战术训练组织指挥等训练。此外，州支队于 6 月举行特勤排、应急班军事业务竞赛，基层 21 个单位 250 名官兵参加比武。11 月，省总队对州支队全面建设和遂行任务能力情况进行考评，现场抽查应知应会理论、机关干部 3000 米跑步、手枪对隐显目标射击、想定作业、室内战术作业、前进指挥所带实兵紧急拉动和抽组部队自动步枪对隐显目标射击、狙击步枪对人体部位靶射击和夜间应用射击等科目。是年，州支队组建射击科目攻关小组，提高恶劣天候、夜间无光、陌生环境和射手身心高压力条件下的射击能力，培养射击骨干。

五、思想政治教育

1991年5月，举办“武警战士心向党”读书演讲活动。1992—1993年，组织学习中共十四大精神、邓小平视察南方重要讲话和建设有中国特色社会主义理论，学习“二五”普法教材等。同时，学习内务条令、纪律条令，开展纪律作风教育整顿及反腐倡廉工作。1992年6—10月，开展中共党史教育，州支队和各中队制作墙报42期、黑板报234期，举办党史知识竞赛78次，举办歌颂中国共产党歌曲比赛26次、诗歌朗诵比赛32次。省总队对州支队的教育情况进行考核验收，抽查支队机关、一中队、荔波县中队，总评优秀。1993年，进行基本路线教育。全支队制作墙报44期、黑板报225期，编写《政工简报》3期，撰写相关新闻报道稿件12篇。1994年，州支队以《邓小平文选》第三卷为教材，开展中国特色社会主义理论教育。10月，全体官兵学习中共十四届四中全会精神和《中共中央关于加强党的建设几个重大问题的决定》。1995年4月，开展向孔繁森学习活动，号召全体官兵学习孔繁森无私奉献的革命精神。全年举办专题读书演讲会62场，制作编辑墙报及黑板报300多期。1997年6月，在纪念中国人民解放军建军70周年和武警部队重建15周年之际，开展以为人民服务为核心的社会主义教育。1998年6月，开展民主评议中共党员活动。

1999—2000年，开展“三互”（互学、互帮、互管）活动，在二中队开展试点后全面铺开。活动中，州支队制作《黔南州支队“三互”活动展开图》，建立“三互”活动情况收集登记制度，制定《“三互”活动守则》。2000年，以“永远做党和人民忠诚卫士”为主题，开展“四个专题”（听党指挥、服从命令、顾全大局、思想一致）、“三大民主”（政治民主、经济民主、军事民主）教育，以及向李学章（省总队一支队为救落水战友而牺牲）、宋华平（支队抢险救灾一等功臣）学习活动。2001年，开展“法纪教育月”“条令学习月”活动，要求官兵一日生活条令化，行为举止规范化，落实制度经常化。2002年，重点进行形势政策、职能使命、尊干爱兵、军人道德、法纪、心理健康和优良传统等教育。

2003年，开展“提高工作标准”大讨论，总结推广罗甸县中队《适应时代发展要求，实行教育民主，努力激发官兵参与教育内在动力》的经验。2005年，开展每月“读一本好书、写一篇心得、进行一次演讲”活动；开展“强化警魂意识，培育战斗精神，永远做党和人民的忠诚卫士”教育活动，于9月组织100余名官兵参加省总队举办的“忠诚卫士组歌”演唱赛。2006年，州支队下发《贯彻和落实科学发展观学习读本》，邀请中共黔南州委党校教授作“倡导社会主义规范、树立社会主义荣辱观”“学习贯彻党章、加强党的组织建设”“关于树立和落实科学发展观”专题辅导3次，组织官兵参观建州50周年建设成果展，听取“感动中国——2005年度人物”优秀乡村医生李春燕、残疾教师陆永康的事迹报告会。10月，举办以“颂长征·铸警魂”为主题的文艺会演。2008—2009年，学习贯彻中共十七大精神，围绕“坚定理想信念，忠实履行使命，永远做党和人民忠诚卫士”主题，组织官兵开展学习、讨论和心得展评。

2010 年，州支队下发《关于进一步抓好〈政治工作条例〉学习贯彻的通知》，对学习《政治工作条例》进行再动员再部署。此外，还开展“培育当代革命军人核心价值观，永远做党和人民的忠诚卫士”主题教育和“守法纪抵御诱惑”、党纪法规等专题教育及中共党员干部“读书思廉”活动。2011 年，州支队编写《苗岭红色小故事》和 9 个专题党史军史警史教育提纲，开展“读红色书籍、看战斗影片、唱革命歌曲、学英模事迹”和重走长征路、参观爱国主义教育基地等活动。2012 年，开展“讲政治、顾大局、守纪律”学习教育活动，从切实解决理想信念、大局意识、工作作风、内部关系等 7 个方面 47 个具体问题入手，抓好“四个结合”（主体责任与监督责任相结合、全面管控与紧盯重点相结合、坚持惩治与治理相结合、依规制党以德治党相结合）。2013 年，州支队在政工网开辟学习教育专栏，编印《十八大精神学习要点》，开展“话成就、颂党恩、履使命、显忠诚”主题岗位实践、“赞颂科学发展成就”图片展、观看影视纪录片、听取时势政策报告和参观见学等活动。按《军队基层官兵理论学习规定》，为干部统一办理“读书卡”，组织“好读书、读好书、书读好”活动。2014 年，学习习近平系列讲话，组建宣讲团，在部队展开巡回宣讲。在学习过程中，印发中共黔南州武警支队委员会“连心卡”，设立意见箱，建立公示栏，要求干部每天做到“两不一及时”（不讲脏话、不在公开场合批评后进战士、及时表扬战士优点），基层战士做到“三个多一点”（多一点相互理解、多一点主动汇报、多一点自我开解），自觉接受和服从管理。

六、后勤保障

（一）给养保障

1991 年 3 月，根据省总队后勤部《关于开展伙食标准化管理试点中队》的通知，州支队后勤处下发《关于伙食标准化管理的通知》，实施全州部队伙食管理规范化、标准化、制度化，确定贵定县中队为伙食标准化管理试点中队。是年，被装管理试行目标管理制度，州支队建立单位和官兵服装账、卡。1993 年，在一中队、惠水县中队、贵定县中队、龙里县中队、独山县中队、平塘县中队、瓮安县中队等 7 个单位开展标准化管理试点，州支队和地方政府拨试点经费，配发消毒柜、抽油烟机、餐桌等设备。是年，举办司务长培训班 5 期、野炊训练班 1 期、水电专业人员培训班 2 期。1994 年，开展生活生产试点、伙食标准化管理达标工作，制定《关于搞好生产生活试点伙食达标的计划》。至年底，全支队蔬菜达到半自给的单位 6 个，占 33.3%；达到伙食标准化管理的单位 13 个，占 72.20%。1995 年 7 月，州支队举办等级厨师培训班 1 期，各基层伙食点达到有一名等级厨师或厨工的目标。1996 年 8 月底至 9 月底，对所属中队的被装实行“三化”（统一化、标准化、制度化）。是年，举办以会代训培训班 1 期，培训司务长 22 人。

2000 年 2 月，制定《武警黔南州支队应急物资储备方案》，物资储备突出重点、平战结合、讲求效益、分级负责，保障部队随时集结、执行处突任务等应急需要。2002 年，州支队率先在全省武警部队中实行官兵每人每天 1 个鸡蛋 1 杯牛奶（豆浆）、营养性指导菜谱、“双主食”（大米、面条）、水果上餐桌的目标。龙里县中队食堂不断改善伙食营养结构，被武警总部评为“先进食堂”。2003 年，基层中队种植养殖品种在 10 个以上，80% 的中队实现肉菜自给。2004 年，开展增收节支活动，各单位年度经费收支综合平衡率均达 100%，伙食费节余均在 2 个月以上。进行基层单位资金管理普查、审计，财务管理达到“三好五无”（执行标准好、经费计划好、发扬民主好、无贪污盗窃、无虚报冒领、无错账差款、无私借公款、无浪费开支）。对 9 个单位 11 名干部进行离任经济责任审计，没有发现违纪行为。

2006 年，为基层单位购置自助餐车、餐桌、铁床、床头柜等营产营具。2007 年 5 月、9 月，分别举办司务长、炊事员集训班各 1 期，各中队达到有一名等级厨师的要求。2008 年，按照伙食管理“五项制度”（坚持订食谱制度、坚持厨房值班制度、坚持食物验收制度、坚持经济民主制度、坚持饮食卫生制度），提高伙食质量，基层官兵对伙食的满意率在 90% 以上。2011 年，举办各类后勤专业培训 7 期，参加培训共 150 人（次）。

2012—2013 年，按照“服务中心任务、服务部队建设、服务基层官兵”的要求，组织司务长、军械员、驾驶员、卫生员、炊事员培训和复训 5 期共 122 人（次），选送参加上级各类专业培训、集训 42 人。年底，七中队、龙里县中队被省总队表彰为农副业生产先进单位。

2014 年，按照后勤指挥、应急供应、保障力量、立体投送、后勤装备、物资储备、后勤训练“七个体系”建设，修订各项保障预案。与州军供站、州医院、超市签订地方保障协议，开辟绿色通道，确保平时有储备、应急有保障。同时，按州支队一次性最大化抽组出动兵力能够自我保障三天以上的目标调整充实应急物资储备。是年，州支队组建后勤一组五队，开展融合式系统训练，装备配置到位，在参加省总队军事后勤业务竞赛中，获军需专业第一名、运输专业第二名、营房专业第三名、团体第三名。

（二）装备管理

1991 年，武器管理落实“二人双锁”“三化五无”（科学化、制度化、经常化、无丢失、无损坏、无锈蚀、无霉烂变质、无账务不符）、“三分四定”（携行、运行、后留、定人、定物、定车、定位）等制度，保持和提高装备完好率。按照《车辆管理条例》，严格用车、派车、用油等各项管理规定，严禁无照、私自和酒后开车，教育驾驶员遵章守纪守法，爱护车辆。1993 年，普查各种武器、器材，修理各种武器，武器完好率由普查前的 99.1% 提高到 99.39%。经评比，军械装备管理“四无”（无丢失、无损坏、无锈蚀、无霉烂变质）先进单位有龙里县中队、罗甸县中队、贵定县中队、惠水县中队、长顺县中队、福泉县中队、瓮安县中队、都匀市中队、直属一中队、二中队、三中队、四中队。

1994 年 5 月，根据武警总部颁布的《中国人民武装警察部队特种车辆安装使用警报器和标志灯具管理办法》，对使用的警报和标志灯具进行检查整顿，收缴不符合规定安装的警报器和标志灯具，对符合规定需安装警报器和标志灯具的车辆核发准用证。同时，对所属单位的枪支弹药进行检查、清点、登记，消除隐患，对责任心不强的管理人员进行调换。

1996年4月，开展军械达标工作，采取以会代训的形式，召开军械“三化”（科学化、制度化、经常化）达标现场观摩会。4月30日—5月6日，省总队军械处、州支队军械股组成联合工作组对驻都匀城区部队和独山县中队、荔波县中队的武器装备进行系统普查和修理，一中队“三化”工作受省总队通报表彰。1997年1月，制定《对车辆使用、维修及油料管理的规定》，严格执行车辆管理条例。3月，对所有军械库（室）进行改进加固，举办军械员兼文书培训1期，培训28人。3月，州支队集中车勤人员进行为期5天的教育整顿，参加人员24人，制定预防车辆事故措施和签订百日安全责任书。

2002年，全年车辆行程40万公里，安全无事故，节约油料20余吨。2004年，举办军械装备规范化擦拭保养现场观摩会；开展驻匀部队军械员进行无可视条件下武器装备分解组合竞赛。2008年，举办军械员集训班1期，基层军械员参加集训。2009年，对车辆派遣、带车责任、车辆维修、油料账目管理、车辆加油手续、驾驶员管理、安全奖励与处罚等内容进行规范。

2013年，州支队开展“四防一体化”（人防、物防、技防、联防一体化）建设。2014年，投入资金配置特战装备。

（三）营房建设

1991年，在新建整治营房中，规划建设绿化带。是年，地方政府和用兵单位共同投入资金，改善驻地武警部队营房设施。1992年5月，武警省总队和黔南州地方政府拨款用于州支队基建和维修工程。及对福泉、平塘、罗甸、惠水4个县中队、教导队进行营房基础设施建设、改造。是年，州支队机关和各中队营区植树栽花、种植草皮、购置盆景，营区内有花木品种40种，绿化覆盖面积占营区总面积的65%，达到“春有花、夏有荫、秋有果、冬有青”的绿化要求。

1995年，州政府拨款用于教导队购置营房设施、通信设备等；直属二中队、三中队、独山等中队获驻地政府和用兵单位支持经费进行营院建设和维修。是年，开展创建卫生营院活动，整治营院环境，经省总队检查验收，州支队机关被评为“卫生营院达标单位”，60%的中队营院达标。1997年，贵定县政府拨款新建贵定县中队营房。1998年3月，三都县政府拨款新建三都县中队营房。州支队投入资金对全支队营房、食堂、伙房、理发室、浴室、厕所、球场、路面、垃圾箱等进行综合治理。州支队机关连续三年被地方政府和省总队爱卫会评为“爱国卫生目标管理先进单位”。

1999—2000年，根据省总队下达的“解困工程”任务，按照“先急后缓，逐步改善”的原则，实施“解困工程”，主要有直属大队三中队两个执勤点营房修建，4个中队营房改造，支队副食品生产基地养殖场基建，支队油库改建扩建以及支队营职楼伙房拆建、教导队伙房修建等项目。2000年，州支队、地方政府和用兵单位共投入资金，对部分基层单位和州支队机关营院进行绿化、美化，到年底，全州武警部队营区绿化面积10亩，州支队机关被省总队和都匀市绿化委评为绿化工作先进单位。2001年，省总队下达营房解困和整治项目6个，州支队获地方政府经费，新建营房面积1300平方米，整治面积7400平方米。6个项目中，新建工程3个，被州质监站评为优良工程。2002年，州支队对机关、教导队、部分中队营房营院进行整治，对营具进行更新；实施福泉市中队营院整治、支队招待所及营房档案室装修、生产生活服务中心扩建等工程。2004 年，新建直属大队四、五、六中队和荔波县中队营房，配发营产营具。

2008—2009 年，州支队、县（市）政府、用兵单位投入资金，实施“四项设施”（营房设施、器材实施、生活设施、安全实施）建设，主要项目有：6 个单位营房添建工程，10 个基层单位营房整治工程，3 个单位附属工程，州支队警官培训中心。省总队配发的 80 种设施全部配发到基层单位并安装完毕。

2010 年，根据驻地城市建设的需要，州支队机关进行迁建选址立项，福泉市中队新建营房，瓮安中队迁建方案论证。2013 年，智能靶场建成投入使用，长顺县中队、龙里县中队等进行营房搬迁。2014 年，州支队机关新址位于都匀经济开发区洛邦镇，龙里县中队、平塘县中队、独山县中队新营房选址确定；八中队新营房主体工程建设完工；长顺县中队新营房建成并进行装修。

第二节　黔南州消防支队

1991 年，州消防支队为副团级单位，下辖都匀市大队（1991 年建立）、都匀一中队、都匀二中队、都匀三中队、瓮安中队、贵定中队、惠水中队和轮训大队。各县（市）公安局设消防科。1992 年，州消防支队由副团级升格为正团级单位。1995 年，成立黔南州消防协会，共有团体会员 71 个、个人会员 140 人。1997 年，建立 11 个县（市）消防大队和独山县中队。2005 年，建立福泉市一中队、福泉市二中队，都匀市消防大队升格为副团级单位。2008 年，福泉市消防大队升格为副团级单位。2009 年 1 月，州消防支队辖 12 个县（市）消防大队、10 个消防中队（都匀市 3 个，福泉市 2 个，贵定、惠水、瓮安、独山、荔波各 1 个）。2011 年 6 月，编制调整，州消防支队下辖 12 个县消防大队、15 个消防中队，新建培训基地 1 个，瓮安、贵定、惠水、独山、荔波五个县大队升格为副团级单位，龙里、三都、平塘、长顺、罗甸五个县大队为正营级单位。2012 年 12 月，三都、罗甸、平塘、龙里、长顺五个县消防中队挂牌驻兵。至 2014 年，全州消防部队编制不变。

全州消防部队围绕消防灭火职责，坚持“预防为主”的方针，每年对重点单位进行消防安全监督检查，消除火灾隐患，对违反消防管理规定的单位及个人依法进行整改和处罚。特别是在火灾事故接警后第一时间赶到现场，抢险救援，扑灭火灾，保护国家和人民群众的生命财产安全，把损失降到最低程度。为提高抢险救援能力，每年开展消防技能、体能训练和实战演练。同时，坚持开展官兵思想政治教育，坚定干部战士的理想信念，保持部队的高度稳定。

一、消防装备

1991 年，黔南消防部队的消防装备为 1990 年前的配置。1996 年，全州消防部队第一次换发 94 型阻燃战斗服。1997 年，为每个执勤中队配备钢瓶空气呼吸器。2000 年，为都匀市大队装配平头康明斯发动机消防车。2002 年，全州消防部队换发 97 型消防员灭火防护服及 RJF－F1A 型分体式抢险救援防护服，都匀市大队配备重汽底盘重型泡沫消防车及使用天津鼎力液压破拆工具组。2003 年，全州换发玻璃纤维钢瓶空气呼吸器，为都匀市大队配备 22 米登高平台消防车。2007 年，全州消防部队开始淘汰老旧消防车并全面配发重汽底盘泡沫消防车。2009 年，全州消防部队更新个人防护装备及抢险救援装备。2010 年，全部更新特种个人防护装备及抢险救援装备。2012 年，淘汰汽油发动机消防车，全部更换为柴油发动机消防车。2013 年，全州消防部队中，配置举高类消防车的中队 14 个。2014 年，全州配置专用抢险救援消防车的中队 14 个。

1991—2014 年黔南州消防部队消防装备统计表

表 7－2－1

年　度	消防车（辆）	防护装备（件/套）	各类灭火救援设备（套）
1991	13	214	629
1994	15	247	737
1995	16	247	737
1996	20	478	994
1997	23	586	1141
1998	24	871	1577
1999	24	871	1577
2000	26	1127	2067
2001	29	1127	2067
2002	31	1321	2397
2003	32	1479	2599
2004	36	1537	2644
2005	42	2143	2887
2006	43	2247	3029
2007	41	2349	3117
2008	44	3797	5160
2009	47	3248	4376
2010	52	3648	4409
2011	54	3697	4727
2012	57	3648	4409
2013	70	3920	4601
2014	89	4671	6738

二、火灾事故与灭火救援

1991 年，都匀东方机床厂车库发生火灾，都匀市消防大队接到报警，立即调动一、二、三中队 6 辆消防车前往扑救，经过 2 小时奋战，将火扑灭。在全年发生的火灾事中，处理 8 起，治安处罚 10 起，收审 2 人，罚款 2 人。1993 年，州政协办公大楼因工作人员用火不慎引起火灾，都匀市消防大队一中队接到报警，4分钟内赶到火场，由于供水不足，火势蔓延扩大。市消防二中队及时增援，经过4个多小时奋战，将火扑灭。是年的火灾事故查明火因57起，占火灾总数的89.06%，其中纵火7起。1994年，全州消防部队及消防科共接警出动141次，出动消防车187辆（次），出动警力1446人（次），其中扑灭山林火灾62起。1995年，接警出动59次，出动消防车111辆（次），出动警力886人（次），其中扑灭山林火灾15起，灭火成功率100%。

2000年，全州火灾事故中重大火灾3起，火灾查清、查处率100%；一般火灾47起，查清火因45起，占95.74%，其中放火4起、玩火4起、吸烟4起、自然2起、其他1起，火灾原因不明2起。2001年2月27日13时02分，惠水县摆金镇米新村三组发生重大火灾，受灾22户93人，烧毁房屋20栋62间，面积3360平方米，烧毁粮食22150公斤，烧死生猪12头，直接经济损失15万元。3月21日，都匀市基场乡翁奇村发生重大火灾，受灾41户，烧毁房屋等建筑面积3500平方米，直接经济损失225.95万元。2003年，三都县三洞乡邑炮村便省组因小孩玩火引发火灾，受灾39户，直接经济损失20万元。全州因火灾事故受灾254户，烧毁建筑面积21865平方米，直接财产损失186.87万元。2004年2月19日，独山县本寨乡农力村九组发生重大火灾，受灾45户，过火面积3120平方米，直接经济损失18.55万元。在全年的火灾事故中，电气火灾20起，违章操作4起，用火不慎21起，吸烟3起，玩火11起，雷击1起，火因不明2起，一般火灾事故查处率97.5%，重大火灾事故查处率100%。

2005年，全州火灾"四项指数"（火灾起数、死人数、伤人数、直接财产损失数）均在省政府目标控制范围内，消防工作名列全省第二，为此，州委、州政府为州消防支队记集体二等功。

2008年10月20日21时，惠水县宁旺乡宁旺村甲壤寨一农户家小孩用蜡烛照明睡觉时忘记将蜡烛吹灭，导致蜡烛燃烧过程中落在苞谷叶上，苞谷叶燃烧引发火灾，烧毁房屋14栋，16户、78人受灾，过火面积1446.61平方米。2010年3月17日5时，都匀市匀中大厦发生火灾，州消防支队接到报警后，调集辖区和周边县（市）6个中队、1个专职消防队、14台消防车、101名官兵赶到现场。省消防总队率全勤指挥部人员并调集黔东南州2个中队、4台消防车赶到现场增援。州、市两级党委、政府统一指挥环卫、医疗、供电、供水等相关单位协同作战，派出所、刑侦、治安、交警、巡警等多警种配合，经过6个多小时的扑救，将大火扑灭，抢救遇险被困人员24人，疏散大厦群众232人，保住大厦4层至16层的安全。是年，全州火灾事故过火面积86334.8平方米，受灾447户、931人。2011年11月，州政府在州消防支队挂牌成立黔南州综合应急救援支队。12月，在福泉市马场坪中队挂牌成立黔南州危险化学品事故应急救援机动中队。2012年，全州因火灾受灾124户、266人。2013—2014年，消防接警出动1602次，出动车辆2853辆（次），出动警力10184人，抢救被困人员6764人，疏散被困人员13783人，挽回经济损失5189万元。

1992—2014 年黔南州火灾情况统计表

表 7－2－2

年 度	火灾（起）		伤亡人数（人）		直接经济损失（万元）
	总 计	重大火灾	受 伤	死 亡	
1992	94		11	22	106.89
1993	64		7	1	1.6
1994	47		3	7	59.06
1995	42	4	3	2	113.19
1996	52		2	13	85.56
1997	72	2	18	8	150.39
1998	76		9	11	483.05
1999	58		7	11	262.25
2000	57	3	4	10	208.53
2001	85		14	10	2007.00
2002	100		14	10	257.02
2003	65		7	8	186.87
2004	48		0	3	64.60
2005	52		1	4	38.45
2006	32		0	8	89.20
2007	85		1	19	395.02
2008	80		1	10	478.51
2009	100		1	8	709.06
2010	151		16	15	1166.85
2011	115		0	7	330.80
2012	80		0	4	379.48
2013	110		1	4	542.31
2014	258		2	6	771.18

三、消防监管

1991 年，全州消防监督检查实行目标管理制，州消防支队要求各县（市）监管面必须达到总数的 50%。各县（市）消防部门派员到重点单位蹲点，召集重点单位有关人员学习消防安全知识，落实消防目标管理具体措施，全州落实消防目标管理制度单位 176 个。是年，全州消防安全复查城镇重点防火单位 340 个，占应复查数的 83%；复查农村 50 户以上村寨1749个，占应复查数的91%。在检查中，没收私人违章存油1200公斤，取缔私人加油站20个。检查后，存在火灾隐患的单位全部进行了整改。全年审核建筑图纸49份，验收22处，提出整改意见180多条。按照《贵州省化学品经营许可证发放实施办法》，经消防部门审查发放化学品经营许可证单位274个。1992年，全州消防监督除检查重点单位外，对公共娱乐场所消防进行专项治理，与46个商场及市场、128个歌舞厅签订消防安全责任书。

1993年，各县（市）消防部门实行消防目标管理，将防火安全责任层层分解，落实到人，与辖区内液化石油气站、加油站法人代表签订防火责任书，各项防范措施落到实处。全州签订责任书的液化石油气站26个、加油站86个。对高层建筑项目审核采取提前介入，联合办公，上门服务等方法，审核防火设施落实情况，全年审核工程项目76个，参加项目论证5个，参加工程验收33个，提出意见380条。1994年，审核工程项目77个，参加工程竣工验收37个，提出整改意见300条。根据《贵州省违反消防管理处罚规定》，处罚违反消防管理单位23个，罚款共1.13万元；停产停业7个，吊销许可证7个；处罚个人217名，罚款0.9万元。

1995年，按照《贵州省消防重点单位管理考核验收标准》，采取帮助一个，合格一个，验收一个的方法，铺开消防重点单位达标验收工作，即以特级、一级消防重点单位为重点开展检查，督促整改火险隐患，协助重点单位建立健全各类规章制度、档案，召开重点单位达标工作现场会，推进达标工作。全州验收特级和一级重点单位9个，二级单位36个。检查歌舞厅、宾馆、饭店、商场、游乐场、集贸市场等210个，对合格的204个单位发“公共娱乐场所消防安全合格证”，并与单位法人代表或主要负责人签订消防安全责任书；对消防安全设施不合格的5个单位依法予以取缔。同时，与石油公司等部门联合对石油系统各类油库、加油站、液化气站等进行清理整顿。是年，审核工程项目37个，参加工程竣工验收28个，提出整改意见166条。1997年，开展春节、“5·28”“香港回归”“十五大”、国庆节等重大节日、重要时期消防安全检查，共检查单位1858个；开展易燃易爆行业和公共场所的专项治理，检查加油站123个、易燃易爆生产单位27个、液化气储配站8个、重要物资仓库15个，依法作出停业处理单位23个。1998年，在加油站、液化气站和生产、储存易燃易爆物品行业、“三合一”（生产、储存、生活）厂房、公共场所、高层及地下建筑、高等院校、农村50户以上村寨开展消防安全专项治理。1999年8月，州政府召开全州农村消防工作现场会，推广都匀市坝固镇河星村消防经验，推动农村消防工作开展。是年，开展易燃易爆化学物品专项整治，共检查易燃易爆化学物品销售、经营、储存单位105个，发出火灾隐患责令限期改正通知书35份，责令当场改正单位25个，当场处罚单位28个；开展公共娱乐场所专项整治，共检查公共场所713个，发出火灾隐患通知书216份，责令停业整改5家，警告单位20个、个人75人（次），处罚单位12个、个人26人，罚款总计0.79万元；开展“百日消防安全火灾隐患整改”活动，共检查单位372个，发现火灾隐患941处，发出责令限期整改通知书216份，警告单位20次、个人62次，罚款总计1.9万元。

2000年，州消防支队制定《黔南州消防支队执法过错追究责任》，规范执法行为，消防监督人员挂牌上岗，持证监督。是年，重点开展农村消防、“百日火灾隐患整改”、公共场所、建筑通道、易燃易爆化学物品等专项治理，办理行政处罚案件95起，罚款4.66万元。2001年，对全省挂牌重大火灾隐患的8个单位进行整改，查出违反消防安全管理行为107起，其中处罚单位64起、个人43人。2002年，开展大专院校、中小学校园及周边环境、党政机关办公大楼、加油站等化学危险品、消防通道、网吧、电子游戏厅、公众聚集场所等消防安全专项治理，全州检查大专院校和中小学校133所、党政机关及直属部门145个、网吧133个、电子游戏厅71个、团体和企业事业单位243个、公众聚集场所968个、液化石油气供应站16个、加油站150个，发出重大火灾隐患通知书、责令限期改正通知书、责令当场改正通知书、复查意见书等2120份。

2003年，开展农村、社区、派出所、学校消防工作软件、硬件达标试点之后，全面铺开达标工作，全州50户以上村寨消防达标223个，30～49户的村寨达标789个，30户以下村寨建立消防安全组织、制定防火公约、书写消防宣传标语共976个；10个社区建立以街道办事处为主导，社区居委会为依托，驻区单位和群众共同参与的社会消防工作运行机制；12个县（市）均开展一所城区学校和一所农村学校消防宣传教育试点。全州监督检查化学危险物品生产、经营、储存场所316个，检查过氧乙酸使用、经营、储存场所338个，人员密集场所682处。2004年，在全州范围内开展人员密集场所专项治理，州政府制定《黔南州人员密集场所消防安全专项治理实施方案》，全州组成联合检查组75个，检查人员密集场所1348个，发现火灾隐患1310起，消除火灾隐患1280起。2005年，建立消防联动机制，召开全州消防工作联席会议36次，研究、解决消防重大事项30项。州政府督办省消防总队批转的重大火灾隐患单位5个；落实农村火灾防范措施，利用扶贫、饮水工程、沼气工程等进行50户以上自然村寨消防基础设施建设，全州30户以上自然村寨建立20～35人组成的义务消防队927支，共有人员23100余人，每半年组织一次演练。是年，全州办理消防行政许可1066件，办结消防行政案件87件，查处火灾案件71件，查处群众举报案件24件。

2006年，州政府出台《黔南州社会消防工作办法》《黔南州“十一五”消防发展规划》。是年，对出租屋、城中村、易燃易爆场所、人员密集场所、校园及周边环境等进行消防安全专项检查整治。全年审核建筑项目266个，验收146个。2007年，落实重大火灾隐患挂牌督办整改工作责任制，对省、州政府挂牌督办的9起重大火灾隐患进行了整改。2008年，根据国务院关于开展“隐患治理年”的要求，全州消防工作纳入政府目标管理和绩效考评，纳入社会治安综合治理防控体系，纳入“和谐黔南”“平安黔南”“安全文明社会、村寨”等创建活动，实施以人员密集场所、易燃易爆单位、“三合一”场所、高层建筑、地下空间、文物古建筑、农村大自然村寨为重点的消防安全专项治理和以“打造畅通工程”“打开生命通道”为主题的“双通”工程，提高火灾防控能力。

2009年，州消防支队制定《黔南州消防监督员个人执法质量考评办法（试行）》，对消防监督检查的职责、范围和责任追究等进行规范。年内，开展“苗岭一号”（农村50户以上自燃村寨专项整治）专项行动、“百千万活动”（一百个乡镇、千个村寨、万人参与）专项行动及公众聚集场所、高层和地下建筑消防安全、公众聚集场所易燃可燃装修材料消防安全专项整治行动，排查治理火灾隐患。2010 年 8 月，实施“防火墙”工程，在都匀市召开全州社会消防安全“防火墙”工程“四个能力”（检查消除火灾隐患能力、组织扑救初起火灾能力、组织人员疏散逃生能力、消防宣传教育培训能力）建设工作现场会，向全州推广“防火墙”工程建设在建立机制、统一标准、分类实施、加强督导、制度保障等方面的示范经验。是年，开展建筑消防设施专项治理、重点行业领域火灾隐患排查整治、“黔安二号”（冬春两季火灾防控）等专项行动，并对省、州、县（市）立项整改的 22 起重大火灾隐患进行整改。

2011 年，全州消防工作达到 4 个 100%，即：开展人员密集场所、高层和地下建筑、石油化工企业、农村大村寨等火灾高危单位和区域的消防安全专项治理，各类场所检查率 100%；各级政府挂牌督办的 19 起重大火灾隐患整改完毕 100%；支队、大队列管消防安全重点单位“四个能力”建设达标率 100%；消防控制室实行专业人员值班在位率 100%。此外，人员密集场所向社会公开承诺消防安全，其中人员密集场所和易燃易爆单位 42 个参加火灾公众责任保险；配备专兼职消防管理员的旅游村寨 8 个，每户配备灭火器 2 具；30 户以上村寨修建消防水池 250 个，配置手抬机动泵 300 台、水枪 1200 支、水带 3000 米；成立义务消防队村寨 500 多个，成立敲锣喊寨队的村 200 多个，并对农民电工进行消防安全培训。各县（市）将社区消防建设与社区服务、社区文化、社区治安、社区警务等相结合，改善社区消防安全环境。全州高层、地下建筑消防安全“户籍”建档率 100%，新建工程同步建档。2012 年，全州高层建筑建立“户籍”档案 191 栋，对小旅馆进行逐一排查 1174 个，构建横向到边、纵向到底、全覆盖、无盲区、责任明确、监管到位的消防管理动态监管防控网络 15795 个，落实网络化管理人员 6902 人。惠水县消防大队、荔波县消防大队因工作成绩突出，获公安部授予“先进大队”称号。2013 年，州消防支队与省、州新闻媒体联办消防专栏 4 个，拍摄消防微电影 9 部，印制《学生消防知识读本》3 万册和《盲文手册》300 册。黔南州在全省派出所消防工作考评中名列第一，公安民警立三等功 3 名，受省公安厅表彰的公安局 1 个、基层派出所 14 个、民警 19 名；在全省消防执法质量考评中，州消防支队执法质量名列第三。聘请消防形象大使，开展消防安全宣传，州消防支队宣传工作在全省考评中名列第二。

2014 年，开展火灾隐患排查整治专项行动，对查出的火灾隐患，提请省、州、县政府督办重大火灾隐患 22 处。全州消防监督员到工业园区、企业开展执法服务和重点帮扶 1600 余次，为企业解决实际困难 700 余个。是年，州消防支队利用公安机关“三级一网考”（各警种、县级公安局、基层公安派出所，纳入一个体系标准实施网上考评）工作平台推动派出所消防监督工作常态化，利用“一村一警务助理”机制消除农村消防安全管理的盲点，利用州公安局“大情报”系统建立公共安全监管平台等做法，成为创新项目在全省消防系统推广。

1991—2014 年黔南州消防监督情况统计表

表 7-2-3

年度	检查单位总数（个）	查出火灾隐患（处）	责令立即整改（处）	发限期整改通知（份）	行政处罚单位（个）	罚款（万元）	停产停业单位（个）	吊销许可证（个）
1991	4594	3978	616	3362	3	0.5	0	0
1992	520	746	56	46	3	0.3	0	0
1993	556	443	59	56	5	0.4	0	0
1994	764	1088	69	76	23	1.13	7	7
1995	2360	1290	970	345	12	0.6	2	0
1996	520	560	53	81	10	0.3	5	0
1997	1858	3031	2108	3841	15	0.17	84	0
1998	785	2168	1750	347	102	19.77	3	0
1999	1010	1990	2200	1504	66	5.5	10	0
2000	880	1755	2678	627	95	4.66	21	0
2001	1657	4896	3265	488	64	3.8	13	0
2002	1335	3155	2135	511	71	5.5	25	0
2003	1105	1985	1335	552	93	6.9	11	0
2004	1348	1310	1530	499	85	6.6	18	0
2005	1505	1632	1942	663	77	10	20	0
2006	1792	2896	1884	605	71	9.1	13	0
2007	1436	1558	1406	882	92	11.5	15	0
2008	2105	2335	369	1225	65	25.333	9	0
2009	1334	1765	133	1022	70	30.45	12	0
2010	1486	2004	229	998	72	66.98	10	0
2011	23115	10044	1250	7035	415	247.28	36	0
2012	39663	40824	4200	12047	847	735.413	312	0
2013	20430	14978	2110	7212	611	462.46	200	0
2014	9458	2583	369	2107	427	388.23	56	0

四、消防训练

1991 年，州消防支队消防业务技能、体能训练项目主要有 1 人 2 盘连接操、二节拉梯与单杠梯连用操、灭火演练等，战士体能合格率 95%。1992 年，开展灭火实战演练，以战促训。1993 年，以战士体能训练为主。1994 年，进行体能考核，攀登二节拉梯、单杠引体向上科目打破州记录。

1997—1999 年，以提升灭火救援能力为中心，开展执勤岗位练兵和灭火演练。2000 年，以体能和技能训练为主，俯卧撑、仰卧起坐等科目及格率 100%。2001 年，开展负重攀登、爬绳爬杆、400 米综合体能训练操、100 米负重跑、10000 米跑、25 公里越野跑、体能综合训练操和单杠、双杠练习。2002 年，对辖区 320 家重点单位进行“六熟悉”（责任区交通道路、水源情况；责任区内重点单位的分类、数量及分布情况；责任区内主要灾害事故处理的对策及基本程序；重点单位建筑物使用及重点部位情况；重点单位内部的消防设施情况；重点单位的消防组织及其灭火救援任务分工）训练并全部进行灭火演练。2003年，建立官兵训练档案及执勤中队训练档案。2004年，在训练中加强训练安全教育，规范训练秩序，防止训练事故发生。

2005—2006年，按训练大纲实施训练，要求“训战一致、从难从严”，采取“四四五”（重在参与，重在实用，重在创新，重在坚持；以课题引导训练，以革新激活训练，以制度规范训练，以实战检验训练；督察机制，研讨机制，考评机制，奖惩机制，人才培训机制）练兵方法，提高训练质量及指挥人员的组织指挥、战斗员的技（战）术、各岗位人员的综合素质和部队的协同作战能力。2007年4—5月，重点开展灭火救援业务学习、体能训练与竞赛活动。6—7月，着重器材装备“五知一熟练”（知道名称、参数、性能、数量、维护保养，熟练操作使用）、辖区情况“六熟悉”、业务技能训练，执勤中队开展业务技能竞赛。7—9月，侧重操法训练、班（组）合成训练、中队合成训练和机关合成训练。同时，以知识竞赛、对抗赛、会操和大型演练等形式充实练兵活动。执勤中队开展各类火灾扑救和各类抢险救援演练，支队、大队分别组织10次以上灾害事故类型处置预案和重点单位预案实战演练，其中夜间演练占30%。

从2008年起，按照“一抓三年，突出重点”“贴近基层、贴近一线、贴近实战”的总要求，以“打得赢”为目标，按纲施训，从实战需要出发，从难从严训练，并通过比武、竞赛等形式，提高基层官兵的组训能力、指挥长的专业组织指挥能力、战斗员的现场作业能力、基层中队首战控制能力、恶仗攻坚能力以及部队与社会联动力量的协同作战能力，做到“五个第一时间”（第一时间调集足够警力和有效装备；第一时间到场展开；第一时间实施救人；第一时间进行排烟降毒；第一时间控制灾情发展，最大限度地减少损失和危害），以最快的速度救人、最快的速度灭火、最快的速度抢救物资、最大限度地减少火灾危害、最大程度避免官兵伤亡。2009年初，建立中队、大队、片区消防队伍经常性练兵与阶段性比武相结合的训练机制。3—8月，由各中队、大队组织开展练兵和比武，采取层层练兵、层层比武的方式，推动练兵，评选出中队、大队的先进集体和个人。8月底，组织练兵对抗赛，选出队员参加9月省消防总队举办的国庆60周年消防安全保卫比武竞赛活动。2010年，在全国消防打造铁军南方区比武竞赛中，都匀市消防大队第一中队副中队长邹学永参加400米疏散物资救人操比武获第三名，战士蒋加玉参加攀登横渡操比武获第九名。2011年9月28日，在省消防总队举办的2011年打造现代化铁军比武竞赛中，荔波县消防中队获团体5000米负重跑第三名、初战快速出水控火操第三名。2012年4月11—13日，州消防支队举办“2012年春季练兵比武暨条令条例安全知识竞赛”，全州11个中队77名官兵参加竞赛。

2013年，州消防支队设立训练奖惩基金，并举办春季、夏季、片区以及全州大型比武活动，结合实战和部队训练需要，设置14个竞赛科目，进行全能竞技。采取全岗位人员参训、随机抽取参赛人员等方式，改变比武尖子对抗的传统格局。以州消防支队机关、大队、中队、班组、专职消防队五个层次进行练兵，针对支队、大队、中队指挥员和执勤中队长、战斗员、专职消防员等不同岗位能力需求，设置不同类别的竞赛项目，支队全勤指挥部指挥长、各类助理和大队、中队主官全员参与，分级分类竞赛，练兵比武全覆盖。在全省春季练兵大比武活动中，黔南取得东片区总分第一名，州消防支队被省消防总队评为执勤岗位练兵“五百行动”（人员百分之百参训、体能百分之百合格、辖区情况及装备百分之百熟悉、培训百分之百覆盖、岗位比武百分之百参与）先进单位。是年6月，参加“黔南使命—2013”抗洪抢险军地联合实兵演习，州消防支队被州政府评为先进单位。

2014年，创新建立战训工程师分片指导和责任捆绑机制，保证实战化练兵常态化推进；因地制宜利用训练塔、营房和辖区重点单位，创造条件随机组织真火、内攻和紧急避险、供水模拟训练，使训练真正贴近实战；创新800米远程供水操、移动消防炮纵深进攻操、扩张器牵引救援操、水枪阵地掩护进攻操等新操法。坚持“以练为战，以比促训”的思路，采取“周演练、月会操、片区比武”等形式，规范练兵比武、熟悉演练，做到人员、时间、内容、效果“四落实”。

五、思想政治教育

1991年，州消防支队开展“坚信共产党的领导”教育活动，学习中共历史、优良传统和路线、方针、政策。1994年，州消防支队按总政治部发出的《关于贯彻中共中央印发的〈爱国主义教育实施纲要〉的意见》和省消防总队《关于加强和改进基层思想政治教育的若干规定〈试行〉》，开展思想政治教育，组织官兵学习《邓小平文选》《建设有中国特色社会主义理论选编》《法律常识战士读本》《关于加强和改进党的建设的几个重大问题的决定》等文献及时事政策。1995年，州消防支队采取基础理论教育与时事教育相结合的方式，将教育列为年终考核的主要内容，学习《中央军委关于加强军队管理教育的决定》《整治工作条例》《“四个教育”读本》，开展法纪、廉政教育，于6月、11月对政治教育效果进行两次考核检查。1996年，开展“四个教育”（爱国奉献、革命人生观、尊干爱兵、艰苦奋斗）和法纪教育和向徐洪刚、孔繁森、刘文龙等先进模范人物学习活动，基层中队坚持每天读报和收看电视新闻节目制度。1997—1998年，学习中共“十五大”精神，以《基层干部理论学习读本》《士兵政治常识读本》为教材，组织政治理论考试。1999年，州消防支队开展“三讲”教育、法纪教育和爱国奉献教育。在教育活动中，请专家授课，参观革命烈士故居。6月中旬和9月底，举办全州消防部队法纪知识竞赛和“祖国在我心中”演讲比赛。是年，组织官兵收听收看以美国为首的北约用导弹袭击中国驻南斯拉夫大使馆的报道和学习国家副主席胡锦涛的重要讲话以及《人民日报》社论，谴责北约的行为。2000年，州消防支队开展学习“三个代表”重要思想和关于军队建设的重要论述活动，进行半年和年终政治理论考试。在官兵中开展“坚定政治理想信念与反对封建迷信和伪科学不矛盾”大讨论，编辑简报和墙报230多期。2001年，开展“三项教育”（全心全意为人民服务的宗旨教育，实事求是的思想路线教育，严格、公正、文明执法的法制教育）和坚定理想信念教育，参加省公安厅举办的“三项教育”演讲比赛，获鼓励奖。开展向舍己救人好卫士秦孝顺、无私无畏消防战士杨国鹏学习活动，听取省消防总队英雄模范人物事迹演讲团的演讲，引导官兵“学英雄、树新风”“爱岗敬业、讲奉献”。

2002年3—4月，州消防支队根据省公安厅、省消防总队和州公安局的统一部署，围绕“八个坚持、八个反对”（坚持解放思想、实事求是，反对因循守旧、不思进取；坚持理论联系实际，反对照搬照抄、本本主义；坚持密切联系群众，反对形式主义、官僚主义；坚持民主集中制，反对独断专行、软弱涣散；坚持党的纪律，反对自由主义；坚持艰苦奋斗，反对享乐主义；坚持清正廉洁，反对以权谋私；坚持任人唯贤，反对用人上的不正之风）的要求和“三项教育”总目标，制定《全州公安消防部队“三项教育”回头看活动工作计划》，进行“三项教育”回头看，官兵撰写心得体会400多篇，各县（市）大队、中队军政主官撰写调研报告19篇。8月，在全州开展“赞颂新成就，迎接十六大”宣传教育活动。

2003年3月，州消防支队开展“贯彻十六大，全面建小康”大讨论活动，派出指导人员到基层蹲点指导大讨论工作，采取集中授课、专题辅导、座谈研讨等形式，组织官兵学习“十六大”报告，官兵撰写心得体会800多篇，读书笔记200余万字，调研文章170多篇。2004年4月，州消防支队开展“执法为民”教育整顿，制定《黔南州公安消防部队执法为民整顿方案》，按自我教育、正面教育、重点教育、普遍提高的原则，查找部队宗旨意识、法纪观念、消防执法方面存在的问题。

2005年1月31—6月10日，州消防支队开展保持共产党员先进性教育活动，在活动中请专家授课11次，州消防支队在支队网站设置“保持共产党员先进性教育专栏”，全州消防部队均开辟学习专栏、展板、板报，官兵共撰写心得体会500余篇。2006年4—6月，州消防支队先后开展“立警为公、执法为民”“社会主义法治理念”两项专题教育，按照动员部署、学习提高、查摆整改、总结验收4个阶段开展学习教育活动，学习《立警为公执法为民教育读本》《社会主义法治理念教育读本》，开展谈心谈话、交流讨论、征求意见、读书演讲、知识竞赛、优秀政治教育课件评比、交叉授课、树立典型等活动。在两项专题教育活动中，全州消防官兵开展谈心谈话257次，走访辖区单位222个，征求意见237条，征文11篇，创作优秀课件2个，参加州公安局演讲比赛1次，学习交流54次，撰写心得体会322篇、剖析材料302篇，制定整改措施307条。2007年，州消防支队开展社会主义法治理念、作风教育整顿、“赞颂新成就、履行新使命、迎接十七大”等专题教育，以及“三抓三树”（抓班子、树正气，抓执法、树形象，抓落实、树新风）、庆祝建军80周年教育活动，以爱国奉献、革命人生观、尊干爱兵、艰苦奋斗等内容为重点，进行婚恋教育、法纪教育和历史使命、理想信念、战斗精神、社会主义荣辱观教育。5月，举办全州消防部队社会主义法治理念知识竞赛和演讲比赛，参加省消防总队举办的社会主义法治理念知识竞赛和演讲比赛获三等奖，选送1人参加省消防总队举办的国防知识竞赛，获一等奖。

2008年，州消防支队开展以“宣贯十七大，消防怎么办”为主题的征文活动和“学习党章、遵守党章、维护党章、贯彻党章”“立警为公、执法为民”学习教育活动，开展科学发展观学习实践活动，利用新闻媒体、内网专栏、活动简报、墙报等形式营造学习实践活动氛围。11月，州消防支队邀请中共黔南州委党校教师为官兵作学习实践科学发展观专题辅导。2009年，州消防支队将“弘扬公安消防精神、忠诚履行职责使命”主题教育和廉政教育相结合，开展经常性“读廉书、思廉政、促廉洁”活动。“八一”前夕，州消防支队组织官兵学习廉政建设有关政策法规，观看教育警示片，制定《黔南州公安消防部队贯彻落实建立健全惩治和预防腐败体系2008—2012年工作规划实施方案》。

2010年，开展纪念中共中央总书记胡锦涛“三句话”（努力建设一支忠诚可靠、服务人民、竭诚奉献的消防队伍）重要批示一周年系列活动，系列活动主要有：举行一次学习践行“三句话”总要求主题演讲比赛，参观一次党风廉政建设警示基地，开展一次《消防员之歌》及系列主题歌曲征集活动，开展一次学习践行“三句话”总要求专题讲座，开展一次学习践行“三句话”总要求主题展板评比活动，纪念胡锦涛总书记“三句话”总要求一周年征文研讨活动，开展一次学习践行“三句话”总要求读书活动，举办全州消防部队纪念胡锦涛总书记“三句话”总要求一周年暨庆“八一”文艺晚会。制作《消防兵之歌》参加公安部消防局评比及系列主题歌曲评选。

2011年，开展“坚定理想信念、忠诚履行职责使命”专题教育，开展谈心交心、走访座谈、征求意见、征文比赛、学习交流、课件评比活动。在中共成立90周年之际，开展“学党史、知党恩、强党性”专题教育活动，举办“在党旗下成长”读书演讲比赛，请专家向官兵讲授中共党史。州消防支队成立“在党旗下成长”系列活动文艺表演队，选送节目参加全省文艺调演。

2012年，州消防支队在全省消防部队保持共产党员纯洁性教育活动中，开展“三个一”（参观一次爱国主义教育基地、观看一部反腐倡廉警示教育片、开展一次典型案例剖析）活动，围绕“党员保持纯洁性具体标准”“两个核心价值观”“解放思想、推动跨越”“和谐内部关系”四大主题，采取“实话实说”“正反辩论”等形式，组织群众性讨论辨析活动23次，参与人数404人（次）。8月，中共黔南州消防支队委员会成员分赴12个县（市）乡（镇），开展“万警进万家、惠民保平安”主题实践活动，走村入户，实地查看，访贫问苦，了解民情民意，督导帮扶项目。在实践活动期间，发放《全省消防部队保持党的纯洁性教育活动基层调查问卷》250份，向联系点群众发放《贵州公安消防总队保持党的纯洁性教育“万警进万家，惠民保平安”开门评警大评议征求意见表》600份，开门接受社会评议。2013年，州消防支队开展中共党的群众路线教育实践活动，建成“政工之家”“队史馆”“影视吧”、电子阅览室，建成廉政文化警示教育基地，实施“六项暖兵心”（驾驶员培训、文化补习、探亲休假、购买意外伤亡保险、随军家属就业调动、子女入学入托）工程。

2014年，全州消防部队围绕“学习型、团结型、开拓型、务实型、服务型、廉洁型”班子建设理念，按照习近平在全军政治工作会议上提出的“四个牢固立起来”（把理想信念在全军牢固立起来，把党性原则在全军立起来，把战斗力标准在全军牢固立起来，把政治威信在全军立起来）和“五个着力抓好”（着力抓好铸牢军魂工作，着力抓好高中级干部管理，着力抓好作风建设和反腐败斗争，着力抓好战斗精神培育，着力抓好政治工作创新发展）的要求，开展学习活动，严格执行中共中央“八项规定”，培育“四有”（有灵魂、有本事、有血性、有品德）革命军人。是年，州消防支队被国务院表彰为全国民族团结进步模范集体，瓮安大队被公安部命名为全国公安机关执法示范单位、获公安部消防局授予全国公安消防部队廉政建设先进单位。

第三章　民兵　预备役部队

黔南州民兵组织建设由都匀军分区管理，在各县（市）、乡（镇）设人武部，具体实施民兵组织整顿、思想教育、军事训练等工作。1991 年至 1996 年 3 月，各县（市）武装部属于地方政府和部队双重领导，任务不变。1996 年 4 月，人武部改归军队建制，为都匀军分区下属团级机构，至 2014 年，体制不变。

1991 年，都匀陆军预备役步兵师师部设在都匀。1998 年 11 月，根据中共中央办公厅、国务院办公厅、中央军委办公厅《全军预备役部队调整改革方案》，成都军区将都匀陆军预备役步兵师与兴义陆军预备役步兵师合并，整编为贵州陆军预备役步兵师，归贵州省军区建制，撤销都匀陆军预备役步兵师番号。1999 年，建贵州陆军预备役步兵师第二团（以下简称预师二团），驻都匀。预师二团自组建后，部队建设按照《中国人民解放军政治工作条例》《中国人民解放军预备役部队政治工作规定》，开展思想政治教育；按照《中国人民解放军预备役部队军事训练与考核大纲》组织军事训练，开展战备工作；按照部队后勤保障的有关规定，制定和完善后勤保障方案，落实各项保障措施，保障部队全面建设。预师二团先后获总参谋部、总政治部授予全军预备役部队建设先进单位，获成都军区授予民兵预备役部队武器装备管理先进单位、依法治军从严治军先进单位，获省军区、师部授予各类先进单位。

第一节　民　兵

一、民兵整组

1991 年，民兵组织建设按新的《中华人民共和国民兵工作条例》进行整组。1993 年以后，按照“便于领导、便于活动、便于执行任务”和与社会生产、行政组织相适应的原则进行编组。应急分队的民兵主要从思想好、身体健康、热爱民兵工作、组织纪律性好、服从组织指挥、集体荣誉强，具有一定政治军事素质和文化水平的复退军人、优秀民兵中挑选，民兵应急连干部主要从专职武装干部和退伍军人中挑选。1995 年，在都匀市建立民兵应急营。民兵应急营由都匀市人武部统一领导指挥。1998 年，按照民兵应急分队建设的标准，对全区民兵应急分队进行调整充实。

1999 年，根据中共贵州省委、省政府、省军区《关于深化民兵工作调整改革的意见》，军分区出台《关于民兵组织调整改革的意见》，开展民兵工作调整改革，全区民兵组织建设按照“减少数量、提高质量、优化结构、合理布局、突出重点、分类建设”“有利于领导、有利于提高质量、有利于开展活动、有利于执行任务、有利于平衡负担”的原则进行整组。年初，在福泉市进行民兵组织调整改革试点。试点工作经考核验收后，在全区推广，试点经验得到省军区、成都军区肯定和转发。其他各县（市）借鉴福泉市试点经验，结合当地实际，进行民兵组织整顿。

进入21世纪，全区民兵组织建设着眼于快速反应、战备工作落实和市场经济条件下加强国防力量的需要，根据行政机构改革、企业改制、农村外出打工人员增多的情况，围绕“拉得出、用得上、起作用”的目标，重点建设民兵应急分队，民兵组织整编由农村向机关、企事业单位转移，由边远人稀地区向人口稠密地区转移。2001年，按照“组织跟着兵员走”的原则进行民兵组织整编，在城市向国有大中型企业、新兴企业、第三产业和科研院所等单位扩展，在农村以经济条件较好、交通便利的乡（镇）、行政村为编组重点，对规模小、边远的山区压缩规模和数量，重点编组民兵应急分队、专业技术分队、对口专业技术分队。整组结束后，人武部组织集中点验，城市到点率在95%以上，农村到点率在90%以上。

2004年5月，民兵整组按“有利于组织领导、有利于提高质量、有利于执行任务、有利于平衡负担”的原则进行分类建设，重点建设民兵防空队伍、军兵种民兵对口专业技术分队、应急分队以及信息战分队等骨干队伍，基干民兵和普通民兵分别编组，基干民兵以乡（镇）、街道为单位集中编连，普通民兵以行政村为单位编组。2005年，重点建设民兵应急分队、高炮团、城市防空保障分队、空军民兵对口专业技术分队和战区防备对台连锁反应作战国防后备力量兵员需求等各类分队，以及城市和主要方向、重点地区、重要目标、重点乡（镇）、交通干线的基干民兵组织。民兵应急分队编组按《贵州省人民政府、贵州省军区关于民兵应急分队建设的意见》进行规范。2007年，以新的种类划分，将民兵分队统一进行调整合并，基干民兵按担负任务整合为作战队伍、勤务保障队伍、应急队伍和其他队伍等四种。

2011年，民兵整组由补充一般兵员向补充技术兵员为主转变，向行业系统、非公有制企业和新兴企业、高等院校、科研院所、开发区、街道和社区拓展。在编组对象上，优先编组退伍军人、高学历人员、中共党员、共青团员、具有专业技术特长人员。2012年，按照民兵组织数量规模适度、结构布局合理、科技含量较高、管理使用规范、队伍可靠管用的要求，增强支援保障力量，压减直接参战分队，构建平时服务、急时应急、战时应战相统一的现代民兵体系。基干民兵统一调整为应急、支援、储备队伍三种类型，应急队伍分为应急分队、专业救援分队和机动救援大队三大类；支援队伍分为联合防空分队、情报侦察分队、通信保障分队、气象水文分队、网络防护分队、工程抢修分队、伪装防护分队、测绘支援分队、防化救援分队、交通运输分队、物资油料分队、医疗救护分队、装备维修分队、安全警戒分队；储备队伍分为装甲兵分队、汽车驾驶兵分队，原有的步兵、炮兵、工兵等应急和支援队伍未明确规范的分队统一纳入储备队伍。

2013 年，对民兵队伍进行转型建设。2014 年，在年度民兵整组中，组建独山非公企业民兵分队、都匀茶产业民兵分队、荔波景区民兵连、民兵油料保障中队、民兵医疗救护分队。

二、民兵训练

1991—1993 年，每年民兵训练 7 天。1993 年，都匀、福泉、瓮安、贵定、三都、荔波、惠水、长顺、罗甸 9 个县（市）进行防暴预案演练，经军分区考核，成绩优秀单位 3 个、良好单位 6 个。1994—1995 年，每年民兵训练 20 天。1995 年，12 个县（市）全部进行防暴预案演练，经军分区逐县（市）考核，总评成绩优秀。

1996 年，对民兵进行规范化训练，实行基地集中驻训制度，统一组织，统一训练，统一管理，统一考核，各县（市）政府均拨训练经费。军分区司令部制定《民兵应急分队训练考核验收细则》，对训练项目逐一量化评分。训练中，各人武部自制训练教材、器材，保证民兵军事训练的需要。1997 年，省军区在都匀军分区进行民兵训练试点，军分区于 5 月中旬至 9 月底在独山县人武部开展民兵干部军事训练改革试点，集中民兵干部进行步兵轻武器射击科目教学法、处置暴动（乱）时的班（组）战术、城市执勤等战斗勤务试点改革训练。

1998 年，民兵训练参照现役连队训练要求，按军队的条令、条例进行管理，让受训民兵真正体验“兵”的生活，找“民”与“兵”的差距。民兵应急分队、基干民兵训练合格率 100%。担负铁路护路任务的 5 个县（市）人武部训练护路民兵 15 天。1999 年，全区民兵连、排长训练 15 天，主要进行军事理论、基本技能、动员工作业务、组织指挥和政治理论的学习和训练；基干民兵训练 15 天，进行共同条令、军事常识、半自动步枪、投弹、单兵战术训练和政治学习。2000 年，民兵连、排长仍进行为期 15 天军事训练；基干民兵训练共同条令、战术基础、射击、爆破常识、抢险救灾行动等课目，专业技术兵训练训练 15 天，其中，通信、防化、工兵进行共同条令、射击、战术基础、双边带报务员、爆破与反爆破、抢险救灾行动、侦察常识、“三防”（核武器、生物武器和化学武器防护）理论基本知识、政治教育等训练和学习；其他专业技术兵也按大纲进行 15 天专业训练。

2001—2002 年，训练应急分队、民兵干部、基干民兵，训练科目有军事理论、基本技能、动员工作业务、组织指挥和政治理论学习，专业技术兵训练 15 天。2003 年，民兵专业技术兵训练政治教育、共同条令、军事常识、射击、投弹、单兵战术和兵种专业课目等内容，由各县（市）人武部组织考核验收。2004 年，各县（市）人武部分期集中组织民兵训练，每期训练结束时进行经验教训总结，对专业训练、抢险救灾、处置突发事件演练以及训管工作中好的经验材料进行转发，相互学习借鉴。

2006 年，高炮、侦察、通信、防化、工兵专业民兵训练 25 天，训练科目为军事理论、基本技能、动员工作业务、组织指挥和政治理论学习；对口专业技术分队进行军事基础和协同训练 5 天。2007—2010 年，每年依据训练大纲和年度训练计划，民兵作战队伍（防空、信息作战分队）、勤务保障队伍（情报侦察、通信、工兵、防化、交通运输、卫生勤务、装备维修分队）、应急队伍（应急分队）、其他队伍（步兵分队）进行共同条令、政策法规常识、战备常识、高技术兵器常识、单兵战术、应用训练、政治教育等科目训练学习，军分区进行逐项检查验收。

2011 年，民兵军事训练人数占年度军事训练任务的 10.1%。2012 年，开展防空作战、情报侦察、通信、工兵、防化、交通运输、卫生勤务、装备维修、应急队伍等专业民兵训练。

2013 年，在进行民兵年度军事训练的同时，开展民兵“军事三项”暨应急分队比武竞赛。2014 年，开展紧急拉动、战备演练 60 余次。

三、专职武装干部训练

1992 年 4 月，军分区组织专职武装干部（以下简称专武干部）集训，参训率 99%。集中学习《民兵工作条例》、征兵、民兵训练、民兵武器管理等业务，进行队列、射击等训练。1993 年 1 月、8 月，先后组织专武干部集训 2 次。学习高技术条件下现代战争知识，进行半自动步枪实弹射击、手榴弹实弹投掷和实爆作业训练。1994 年 6 月，专武干部训练科目为参谋业务、动员业务、军事教学法、高科技知识、手枪射击。

1998 年，对专武干部采取集中训练、函授学习的方式，学习军兵种知识、“三防”知识、军事教学法、军事地形学、动员工作业务、战术等科目，有 6 个单位和 17 名个人训练成绩突出受军分区表彰。

1999 年 8—9 月，乡（镇、街道办事处）、企业武装部专武干部参加军事集训，对军事理论（军事高科技知识）、基本技能（队列、射击）、动员工作业务（民兵组织建设、民兵军事训练、民兵战备工作、征兵和预备役登记统计、基层人武部建设、战时动员）、组织指挥（本级指挥、军事教学法）、政治教育等课目进行训练，考核单兵队列、动员业务知识、军事理论、政治理论、教案编写和实弹射击的组织与实施等六个课题，评选出优秀学员 13 名。2000 年 8 月，组织乡（镇、街道办事处）、企业专武干部军事集训 1 期，集训结束后，评选出先进集体 2 个、优秀学员 12 名。2001 年，专武干部集训后，通过考核评比，评出优秀学员 12 名。12 个县（市）人武部利用民兵应急分队训练、专业技术兵训练和召开会议等时机集训专武干部。2002 年，将 12 个县（市）分为 3 个点，对专武干部进行集中训练。2003 年，各县（市）人武部对专武干部进行分片集中训练，军分区指导协调组训施训。

2007 年 3 月，以军分区网上授课、网上交流，各县（市）人武部组织军事基础技能训练等形式，对专武干部进行网上业务培训，重点进行民兵组织建设、民兵军事训练、民兵战备执勤、民兵政治教育、民兵基础规范化建设、征兵工作以及军事基础技能等科目学习，省军区简报转发了这一做法。2008 年 5 月，集中人武、专武干部和通信兵骨干参加民兵通信专业集训。2010 年，军分区采取短期集训、以会代训、专题辅导、网上研讨等形式，组织专武干部重点学习民兵组织建设、民兵军事训练、民兵战备执勤、民兵政治教育、民兵基础规范化建设、征兵工作以及军事基础技能等内容。2011 年 5 月，各人武部按照“科学发展观导训、紧扣双应需求组训、灵活方法手段强训、整合军地资源促训”的思路，组织专武干部培训，重点进行专武干部职能、技能和体能“三能”训练，采取训练考核推动、经验交流触动、正规管理带动等方式提高训练质量。2012—2014 年，军分区、各县（市）人武部每年都按计划组织专武干部集训，完成年度训练任务。

第二节 预备役

一、建制与规范化建设

1991 年，都匀陆军预备役步兵师师部设在都匀，内设司令部、政治部、后勤部。1994 年后，都匀预备役师对机关内设机构进行调整，司令部设作训、军务、通信、技术科，政治部设组织干部、宣传保卫科，后勤部设军需科。1998 年 11 月，根据中共中央办公厅、国务院办公厅、中央军委办公厅关于全军预备役部队调整改革方案，成都军区将都匀陆军预备役步兵师与兴义陆军预备役步兵师合并，撤销都匀陆军预备役步兵师番号，整编为贵州陆军预备役步兵师，归贵州省军区建制。

1999 年 1 月，筹建贵州陆军预备役步兵师第二团，驻都匀。是年 8 月 1 日，预师二团正式授旗、挂牌成立，团机关设司令部、政治处、后勤处、装备处，下辖步兵营、炮兵营和团警卫侦察连、通信连、工兵连、汽车连、修理所、卫生队、教导队。2005 年 8 月，在全军预备役部队体制编制调整改革中，预师二团后勤处、装备处整编为后勤和装备处，增设军运油料股、营房股、装备股。年底，预师二团编组范围扩展为黔南州的 12 个县（市）和都匀经济开发区及部分乡（镇）、企事业单位。

2006 年 3 月，在步兵 3 营营部、7 连连部进行基层建设试点，取得经验后于 6—8 月在各营逐步推广，为调整的营连举行授牌、授衔仪式，开展营、连部建设工作，通过以点带面的方式，推进基层全面建设。2007 年，按照成都军区基层建设工作会议精神，开展“双学”（远学防空旅、近学十八团）、“双争”（争当先进个人、争创先进单位）活动。先后两次组织机关业务股（室）对营、连部正规化建设情况进行抽查和点验。2008 年 4 月、5 月，组织机关干部到基层代职，对预备役官兵进行整组，并在各营成立应急分队。2012 年，制定《营连部规范化建设方案》，全团的营、连部分两批建成。第一批营、连部规范化建设于 2013 年底全部达标。2013—2014 年，对 12 个县（市）及都匀经济开发区的营、连部进行达标建设。

二、军事战备

2007 年，预备役团进行战备形势教育、军情研究、战备值班等战备制度，完善反恐维稳、抢险救灾和快速动员等战备方案，为基层营、连添置应急维稳、抗洪抢险等物资器材 100 余套。4 月，开展“爱军精武”比武竞赛，对军官编组作业、参谋“六会”（会读、会记、会算、会写、会画、会传）、轻武器射击，以及通信专业等 18 项比武课目进行训练。5 月，组织团机关现役官兵参加黔南州防汛抢险演练，演练科目有冲锋舟驾驶技能、橡皮舟使用技能、冲锋舟水上救人、橡皮舟水上救人等。根据预备役部队军事训练与考核大纲的要求，组织分队现役干部和预备役官兵进行共同条令、基本常识与技能、战斗勤务、“四会”（会讲、会教、会做、会做思想工作）教学训练等课目训练，干部参训率为80%，现役士兵参训率为90%，以共同科目、分队快速动员、指挥所构筑、救护所展开与撤收、车辆紧急出动和车辆故障处理为主要内容。5—6月，团党委常委参加师部组织的师、团领导军事知识技能和指挥想定作业集训。在参加师以上各级比赛中，取得团体及单个奖项12个。7月下旬，预师二团组织近100人参加省委、省政府、省军区及预师组织的“模拟四渡赤水、展示红军风采”大型军事演习活动。

2008年，结合战备任务，对作战预案、协助维护社会稳定方案、抢险救灾方案以及各类保障计划进行修改完善；组织步兵营预备役官兵参加荔波县抢险救灾水上救援演练；开展干部骨干、首长机关和分队训练；分片区组织新编入预备役的士兵进行单个军人徒手队列动作、轻武器实弹射击等科目训练；组织官兵参加师部组织的预备役营连主官、预备役干部骨干、通信和工兵专业集训，取得军官编组作业、队列训练与指挥、五六式冲锋枪射击与指挥、步兵班进攻战斗、工兵专业考核5个项目第一名、理论知识第二名。组织预备役人员17名经强化训练后参加师部“军事三项”比武，获团体第三名。组织官兵81名参加师部“拳头分队”集训，取得五六式冲锋枪射击集体第一名。2009年，将练技术、练战术、练谋略、练指挥作为首长机关训练的重点，进行“红星一号”系统和快速动员训练。进行士兵骨干、新补入士兵和三分之一连队训练。5月，组织现役和预备役官兵参加黔南州防汛指挥部组织的防汛抢险演练。6月，司令部被成都军区表彰为先进司令部。先后组织现役和预备役干部骨干参加省军区和师部各类集训考核，取得6个团体第一名，19人获单项名次。9月中旬，在省军区组织的军事比武竞赛中，参谋长潘仕祥获个人综合成绩第一名、3000米跑第一名、军事地形学第一名、军事理论第二名、作战标图第二名。

2010年，开展机关人员的军事理论、技能学习和体能训练，组织各类演练11次。进行首长机关、士兵骨干、新补入士兵和三分之一连队训练，先后组织55名现役和预备役干部骨干参加省军区和师部集训考核，取得8个团体第一名、6个第二名，10名个人受表彰。11月，组织76名现役和预备役干部骨干参加师部组织的分队野战化训练，围绕正规化建设、轻武器操作、战术基础动作、预备役部队常识等课目，进行基本技能、基本常识和教学法训练，取得2项第一名、1项第二名。

2012年，全团干部参训率为95%。3月，组织分队干部骨干集训。4—11月，完成连队分队训练任务。5月下旬，2名预备役士兵入选师部集训队参加贵州省第二届农民运动会民兵“军事三项”竞赛。8—9月，组织现役、预备役官兵进行为期1个月的野战化训练。

2013年，分期分批对分队进行训练。上半年，组织官兵100余名参加“黔南使命——2013”抗洪救灾演习。8月，组织官兵进行为期1个月的野战化训练，主要训练营连战术、营连连贯演练等科目。

2014年，开展现役干部骨干集训、预备役干部骨干集训、预备役军官集训。各营分别组建一支应急骨干队伍，并进行经常性抢险救灾演练。6月底，参加中共贵州省委、省政府和省军区组织的以应急应战为主要内容的联考联评，在6个考核科目中获优秀3个、良好2 个。8 月，完成从摩托化机动到实兵演练等 10 个科目野战化训练，参加全师炮兵比武，获第一名。

三、思想政治教育

（一）理论学习

2006 年，预师二团机关把科学发展观作为官兵学习的重要内容。同时，采取集中辅导、个人自学、心得体会交流等方法，组织官兵重点学习胡锦涛在军委扩大会议上的讲话以及在中纪委第六次全体会议讲话精神、胡锦涛纪念红军长征胜利七十周年大会上的讲话精神和《江泽民文选》。2007 年，全团主要学习科学发展观和“十七大”精神、《中国共产党章程》等。2008 年，通过集中学习、专题辅导、个人自学、体会交流等形式，重点学习《江泽民文选》《树立和落实科学发展观理论学习读本》。2009 年，开展以科学发展观为主要内容的党的创新理论学习活动，分 4 个专题进行学习，团机关干部中有 16 人在学习专题会上作交流发言。2010 年，学习胡锦涛在全党深入学习实践科学发展观活动总结大会上的讲话，通过召开党委会、支委会和军人大会等方式，总结全团学习实践科学发展观活动情况，查找、分析与科学发展观不相适应不相符合的问题。是年，学习贯彻中共十七届四中、五中全会精神，宣讲辅导 9 场（次），大会发言交流 4 次。参与省军区政工干部网上竞赛活动，撰写心得体会 30 篇，步兵三营九连连长任苏在省军区政工比武中获授课第一名。

2012 年，集中组织官兵收看中共“十八大”会议现场直播，为全团官兵订购辅导书籍，采取团党委常委辅导、集中学习的方式，组织官兵学习“十七大”精神，撰写心得体会。

2013 年，开展党的群众路线教育实践活动；参加省军区和师两级关于“十八大”精神专题讲座和网上知识竞赛；炮兵营高炮连连长王亚参加师部组织的“学习十八大、我说新变化”演讲比赛，获第一名；开展“破陋习、正风气、树形象”教育整治活动。

2014 年，系统学习中共党的创新理论和习近平关于强军目标的重要论述，全年开展宣讲辅导 16 场，讨论交流 4 次，检查考核 3 次。6—8 月，开展“读书月”活动，号召官兵“读好书、谈感受”，撰写各类文章 133 篇，其中理论研究成果在各级网络、报刊上刊发 11 篇。

（二）专题教育

2006 年，以“忠实履行新世纪新阶段我军历史使命”的专题教育为主线，开展“四项”（历史使命教育、理想信念教育、战斗精神教育、社会主义荣辱观教育）重大教育，全团官兵撰写心得体会 140 余篇。

2007 年，开展“赞颂新成就、履行新使命、迎接十七大”主题教育，省军区在预师二团进行试点。在教育活动中，注重宗旨教育，听取师部组织的“知党恩、报党恩、砺斗志、建功业”先进典型事迹报告，在“模拟四渡赤水、展示红军风采”大型军事演习活动中，组织官兵参观四渡赤水纪念馆，进行历史使命教育。预师二团主题教育经验在省军区教育动员会上作专门交流，具体做法在《西南民兵》杂志上专题登载。

2008 年，开展“坚定中国特色社会主义信念，有效履行我军历史使命”主题教育活动，组织“讲党性、重品行、作表率”专题教育，利用党课、党日时间，组织官兵集中观看师部组织的“人品官德好干部”报告会、抗震救灾事迹报告会。

2009 年，开展“大力培育当代革命军人核心价值观”主题教育和“重事业、强素质、树形象”专题教育。开展“讲革命故事、看红色影片、读革命书籍、唱战斗歌曲”系列红色文化活动，组织现役和预备役官兵到瓮安猴场会议会址和烈士陵园等红色景点参观。预师二团“把学习实践活动向预备役官兵延伸”的经验得到省军区肯定和转发。

2010 年，开展“三知三心”（知恩保持事业心、知责保持进取心、知足保持平常心）活动、“学法规、严纪律、查隐患、纠歪风”“增强党性、严守纪律”等专题教育和“倾向性问题专项整治”教育整顿以及历史使命、理想信念、战斗精神教育活动。

2012 年，开展主题教育和经常性思想教育两项重大教育及“树立正确比较观”“增强事业心，强化责任感”特色教育。2013 年，开展“坚定信念、铸牢军魂”主题教育、“贯彻落实党章、弘扬优良作风”专题教育，采取领读串讲、释疑解惑、心得交流等方式进行学习。2014 年，开展“牢记强军目标、献身强军实践”主题教育和党史军史、形势政策、优良传统、法律法规教育。

四、后勤保障

2007 年，开展营院综合治理，检修和加固围墙，检修房屋，整治各种线路；对承租户和闲置营房进行清理，对团招待所、篮球场、文化宣传栏、家属区门窗等进行维修与更换，美化营院。开展“节约单位”“节约能手”评比活动。对武器、弹药、各类库（室）进行清理检查 2 次。

2008 年，完善快速动员集结、维护社会稳定、抢险救灾等保障方案，制定各类应急和机动保障预案。推行物资集中采购和资金集中支付制度；落实双主官汇签制度，严格经费审批和报销手续，控制行政消耗性支出增长。对全团住房进行全面清理清查，对破损严重的住房进行了维修。定期组织官兵开展爱装管装教育；落实武器装备擦拭保养、定期检查、双人双锁、出入库登记等制度，确保武器装备管理安全。

2009 年，对团部办公物资、招待所物资、库存物资等，按照国有资产计核算办法进行清理核对、登记造册，落实物资管理责任制，防止国有资产流失和浪费。落实各类集训演练装备保障措施。

2010 年 10 月，步兵连长高师林参加省军区装备比武，获弹药识别第一名。按照“两成两力”（部队装备成建制、成系统，形成作战能力和保障能力）建设标准，修订完善相关资料。对干部宿舍楼进行维修改造，完善机关办公楼配套设施建设，排除因营房老化带来的安全隐患。

2012 年，对战备给养库、被装库、营房器材库等场所进行规范，规范后勤战备秩序。协调地方财政部门及时划拨年度训练经费，从严控制消耗性经费支出。

2013 年，规范经费审批制度和报账程序，对全团公共资产进行清理清查，明确责任人、保管人，规范资产管理。在野战化训练期间，协调军粮供应站在团驻训点开设野战化军粮供应站，实现定点伴随保障。

2014 年 5 月底，参加全师后勤专业比武竞赛，取得 2 个第一名、1 个第二名。规范库（室）建设，完成训练楼、公寓楼、士兵楼、机关食堂和招待所及军需库、给养库改造。

第四章　兵　役

1991—1998 年，实施 1984 年颁布的《中华人民共和国兵役法》，实行义务兵役制度为主体的义务兵与志愿兵相结合、民兵与预备役相结合的兵役制。1995 年 9 月，施行《贵州省征兵工作条例》。1998 年 12 月后，实施新修订的《中华人民共和国兵役法》，实行义务兵与志愿兵相结合、民兵与预备役相结合的兵役制。至 2014 年，每年按照《中华人民共和国征兵工作条例》以及修订的《贵州省征兵工作条例》开展兵员征集工作，为部队输送合格兵员。

第一节　兵役制度

1991 年，黔南州执行 1984 年 10 月 1 日起施行的《中华人民共和国兵役法》，实行义务兵役制为主体的义务兵与志愿兵相结合、民兵与预备役相结合的兵役制度，州内公民，不分民族、种族、职业、家庭出身、宗教信仰和教育程度，都有依照兵役法的规定服兵役的义务。

1998 年 12 月 29 日起，实施新修订的《中华人民共和国兵役法》，实行义务兵与志愿兵相结合、民兵与预备役相结合的兵役制度，义务兵服现役期限一律改为 2 年。

2011 年 10 月 29 日《中华人民共和国兵役法》第三次修订后重新颁布实施。根据修改后的兵役法的规定，在兵员征集期间，应征公民被征集服现役，同时被机关、团体、企业事业单位招收录用或者聘用的，应当优先履行服兵役义务，应征公民是维持家庭生活唯一劳动力的，可以缓征。同时，建立以扶持就业为主，自主就业、安排工作、退休、供养以及继续完成学业等多种方式相结合的士兵退出现役安置制度。义务兵退出现役，按照国家规定发给退役金，由州、县（市）政府接收，根据当地的实际情况进行安置，也可以发给经济补助。退出现役的义务兵报考公务员、应聘事业单位职位的，同等条件下优先录用或者聘用，机关、团体、企业事业单位有接收安置退出现役军人的义务，在招收录用工作人员或者聘用职工时，同等条件下应当优先招收录用退出现役军人。

第二节 兵员征集

州政府、军分区在每年部队征集兵员期间，组建征兵办公室，拨出专项经费，按照省政府、省军区下达的征集命令开展征兵工作，根据各县（市）兵源情况，将征集任务下达各县（市），县（市）再将征集数量下达所属乡（镇）政府和街道办事处。1991年起，按照“谁体检、谁签字、谁负责”的原则，对应征人员进行体检、政治审查、定兵把关。

1997年，全州征兵工作层层落实责任制，县（市）政府、人武部与州政府、军分区签订征兵工作责任书，乡（镇）政府、街道办事处与县（市）政府签订责任书，公安、卫生、民政等部门与县（市）政府签订责任书，设立举报箱、举报电话，张榜公布双合格人员名单，以交叉联审方式进行政审。县级领导有对征兵工作发表电视讲话13人（次），全州张贴宣传品1万余条，办宣传栏300余期，从事宣传工作人员2万余人（次）。1998年，按照“高标准、高质量、层层负责”的总要求和总参谋部、总政治部、监察部联合印发的《廉洁征兵若干规定》，开展征兵工作。2000年8月，开展公民服预备役登记，对全州符合服兵役条件的人员进行初检初审。征兵期间，征兵工作部门以征集条件为标准，进行封闭式体检，实行“谁政审、谁签字、谁负责”制度。公开征兵程序，向社会公开举报电话，实施群众监督。州、县（市）利用报刊、电台、电视和墙报，开展法律法规宣传教育。1999年，全州征兵工作会议提出“无政治责任退兵，无体检责任退兵，无其他原因退兵”的工作目标，州、县、乡三级政府、兵役机关签订征兵工作责任书，层层分解落实任务，责任纵向到底、横向到边。2001年9月修改的《征兵工作条例》颁布施行，在10—12月征兵期间，全州开展征兵宣传工作。

2002年，全州在第三季度开展兵役登记，确定预征对象，建立预征对象档案资料。10—12月，征兵工作实行责任制，军队、地方签订责任书，设立举报电话和举报箱，对体检站进行封闭式管理，实行逐级政审和区域联审及政治条件一票否决制，定兵时对年龄大、学历高、连续两年合格的优先选定。征兵期间组织宣传活动300余次。是年，瓮安县人武部和长顺县人武部梁宁、军分区司令部刘辉分别被成都军区评为征兵工作先进单位、先进个人，荔波、惠水两县人武部受省军区表彰。

2003年，根据非农业户口青年征集平均比例由26.5%调整为33.2%和大学生入伍条件放宽的政策，全州征兵工作部门按照“做好征兵政策宣传教育，广泛宣传征集条件；准确把握政策规定，公开举报电话；严格执行标准条件，设立举报信箱；狠刹不正之风，廉洁征兵纪律，指定专人负责接待群众来信来访”的要求开展征兵工作。2004年10—12月，州、县（市）以宣传车、广播电视、悬挂和张贴标语、设立展板、发放宣传提纲等形式进行征兵宣传动员。州征兵办通过黔南电信、移动、联通公司向全州手机用户群发短信进行征兵宣传；州征兵工作领导小组成员、征兵办公室在都匀市街道、广场设宣传站（点），发放宣传提纲和现场回答群众提问。2005年，都匀市征兵办受国防部和成都军区征兵办表彰，瓮安、三都两县征兵办受省政府和省军区表彰，其余9个县（市）征兵办受州政府和军分区表彰。2006年10月，州征兵工作领导小组主要领导对征兵工作明确提出全州连续21年22次无责任退兵的工作目标，并发表征兵工作电视讲话，对征兵工作有关问题答记者和适龄青年提问。州征兵办公室制作公益广告，在广播、电视、报刊等新闻媒体播放专题节目和开设专栏。各县（市）组织乡（镇）、村组有关人员走村串寨，向群众宣传、讲解征兵工作政策法规和参军程序，发放宣传资料，向社会公布举报电话，设立举报箱，公开征兵政策和条件。在政审上，实行三级政审、区域联审和一票否决制；在文化审查上，由教育部门把关；在体检上，落实“谁体检、谁签字、谁负责”责任制；在审批定兵上，按集体定兵、择优选兵的原则，优先选定现实表现好、身体素质强、文化程度高，有一定专长的青年，并在报纸、电视、墙报上公布体检政审合格和定兵名单。征兵期间，对群众举报的事件进行调查处理，取消应征资格。

2009年，州征兵办召开高校应届毕业生征兵工作协调会，到院校、街道、社区发放征兵宣传资料1.7万份，利用电视、报纸、广播进行全方位动员。2010年，省军区在黔南州进行全省平时征兵准备工作观摩研讨试点。按照省军区《关于在黔南州组织开展全省平时征兵准备工作观摩研讨活动的通知》，于4月13日在军分区召开全省平时征兵准备工作观摩研讨试点活动动员部署会，试点观摩研讨活动由州政府、军分区指导都匀市政府和都匀市征兵办实施，省军区业务部门全程跟踪指导和把关。8月12日，召开贵州省平时征兵准备工作现场会，在都匀军分区设省主会场，各军分区（警备区）、人武部设分会场。会议研究征兵工作“选、预、管、征”的有效衔接问题，规范平时征兵常态化工作程序和内容。会上，观看都匀市平时征兵准备工作常态化机制建设专题片，组织观摩都匀市平时征兵准备工作制度建设成果展示和沙包堡基层点控制预征工作演示，参观沙包堡镇武装部。

2014年，州委、州政府、军分区联合发出《关于加强新形势下征兵工作的意见》，在辖区内高校开办“预征实验班”，在中等学校推广“兵员培养基地”，完成年度征兵任务。

第五章　人民防空　交通战备　国防动员

1991年，州内人民防空（以下简称人防）和战备工作归州政府办公室负责，在州政府办公室设人防战备科。1993年11月，州政府办公室人防战备科升格为州人防战备办公室，为二级机构（副县级单位），归州政府办公室管理。1996年7月，州人防战备办公室升格为正县级单位。1997年4月，州人防战备办公室受州政府、都匀军分区双重领导。2001年，州人防战备办公室更名为州人民防空办公室（州交通战备办公室），也是州国防动员委员会的人防办公室和交通战备办公室，实行军地双重领导。2010年，都匀通信备战站更名为州人防指挥信息保障中心，为州人民防空办公室（州交通战备办公室）管理的正科级机构。2011 年，州人防办公室（州交通战备办公室）加挂黔南州民防局牌子，内设机构、职能职责和人员编制不变。州人防战备机构按照“长期准备、重点建设、平战结合”的方针，根据不同历史时期的形势和任务，开展防空和战备工作，走人防工程建设与城市建设相结合的道路，结合旧城改造和新城区开发，修建和维护人防工程，建设和管护好境内通往战略或战役方向的交通网络干线。同时，开展人防战备宣传教育，向人民群众宣传国家人防战备的有关政策，提高人民群众的人防意识，利用人防战备工程和设施为社会服务。

1996 年 4 月，州委、州政府、军分区发出《关于成立黔南州国防动员委员会的通知》，成立黔南州国防动员委员会（以下简称州国动委）。至 2014 年，州国动委负责组织全州国防动员工作，协调国防动员工作中经济与军事、军队与政府、人力与财力之间的关系，增强国防实力和提高平时、战时转换能力。

第一节 人民防空

一、人防工程建设与管护

1991—1993 年，州人防战备办公室对原人防工程维修或改建。续建或加固都匀市人防工程，都匀市开展“结建”（民用建筑结合修建防空工程）工作，对一些因各种原因不能修建防空工程的单位收取易地建设配套费。1995—1996 年，国家投入、省人防办有偿投资、州自筹资金，建人防工程伪装房。对电线进行维修，排除事故隐患。

1997—1998 年，在都匀城区新建人防工程 1 处，是全省重点人防工程之一。1999 年 11 月，省人防工程验收工作组对该工程进行验收，综合评定等级为合格。2000 年，都匀市人防战备办公室对人防工程口部伪装房进行改造，扩大防空面积。州人防办投入资金新建人防工程口部伪装房 1 处。2002 年，开展早期人防工事普查，已拆除部分人防工事。2003 年，对部分人防工程设施进行加固，为其中 1 个人防工程安装自动报警、防排烟消防系统，消除安全隐患。

2004 年，修订《黔南州人民防空建设管理办法》，由州政府颁布实施。是年，人防行政审批纳入州政府行政审批项目，在服务中心大厅设置服务台办理相关手续，并实行人防行政执法公示制度。

2005—2006 年，定期对人防工程的防火、防汛工作进行普查，对检查登记的人防工程建立档案。检查中发现部分早期人防工事急需维修，并对其进行加固改造和防渗漏水处理。2007 年 6 月，对都匀地区早期人防工程进行检查，对发现的问题及时进行处理。

2008 年，按照国务院、中央军委国发〔2008〕4 号文件《关于进一步推进人民防空事业发展的若干意见》，人防工程建设与城市建设相结合，人防工程建设由人防、发改、建设、消防等部门联审，工程技术管理由贵州省人防科研所和人防工程质监站按照战术、技术要求和行业标准进行规范。对全州符合易地建设项目收取人防易地建设费 317.36 万元。2009 年 7 月，州人防办对都匀地区早期人民防空工程进行维护，加固改造。是年，都匀市人防办编制城市人民防空工程建设规划，并与解放军总参谋部工程兵第四设计研究院签订编制合同。全州设计报建的人防工程单建式项目1个，易地建筑项目3个，收取易地建设费共187.2万元。

2010年6月，州政府审定通过《关于加强城市防空地下室建设和易地建设费征收工作的实施意见》，明确全州各县（市）年内启动人防工程建设工作，符合修建人防工程的项目必须按照人防标准修建。各县（市）人防办相继出台人防建设和易地建设费征收管理工作的规范性文件。全年全州受理行政审批事项42项，其中，州审批6项，办理立项审批1项。是年，对新建民用建筑下发“结建”通知2份，发出依法保护人防设备设施通知2份，收取人防易地建设费177.8万元。

2011年，州委、州政府、军分区下发《关于进一步推进人民防空事业发展的实施意见》，从加强人防领导管理体制建设、提高人防组织指挥能力、加快人防工程建设、推进防空防灾一体化建设、加大人防信息化建设力度、开展重要经济目标防护工作、依法落实人防建设经费、加强人防法制建设和宣传教育工作等八个方面予以明确。2012年，对全州人防工程建设单位进行抽检，并做出评估。全年受理人防行政审批项目41项（易地建设项目20项），全州竣工验收“结建”人防工程1项，人防工程报监6项，初验人防工程项目2项。2013年，全州受理行政审批事项48项，征收防空易地建设费1165.60万元。全州人防工程竣工验收1项，人防工程初验4项。州人防办到施工现场检查人防工程建设质量30人（次），下达整改意见书1份。各县（市）对早期人防工程进行普查分类评定、建档和统计上报。瓮安、龙里、惠水、独山四个县完成城市人防工程专项规划初稿、都匀市完成城市人防工程专项规划评审稿编制。

2014年，全州受理人防工程行政审批事项124项，征收防空工程易地建设费4300万元。福泉、罗甸、长顺、荔波等县（市）完成城市人防工程专项规划初稿编制，都匀市完成城市人防工程专项规划报批稿报市政府审批。

二、防空装备管理

州内人防装备有单边带电台、音响报警器。1991年，州内有人防音响警报器21台，州人防办对音响警报器管理实行目标责任制，建立警报器档案，对各设台单位进行每月抽查和季度检查，警报器参数测试合格率为100%。单边带电台每日定时开机值勤，特别是防汛期间，昼夜24小时值班，保证汛情上传下达。在警报器维护管理上，经州检查组逐台检查评比，评出优秀15台、良好4台（其中两个企业倒闭，人防音响警报器停用）。东方机床厂人武部对警报器防尘罩进行革新，当起动警报器时，防尘罩自动打开，达到快速报警的目的，并能更好地保持战备状态。1992年，设台单位将警报器列入该单位固定资产进行管理，实行工作目标管理责任制。至1993年，州人防办坚持每季检查、年终全部测试制度，警报器均处于良好状态。

1994年6月15日，与都匀市防汛指挥部联合进行利用人防警报器防洪抢险报警演习，各设台单位警报器鸣响率达100%。10月，州人防办组织设台单位对都匀地区所有警报器进行互检，按警报器维护管理规范，对警报器、动力电路、控制开关、档案资料等十项内容逐项检查，除报停的3台以外，全部合格，其中优秀13台、良好4台。1995年9月29日，都匀地区17台警报器中，除4台因企业倒闭人防音响警报器报停外，其余全部参加全省统一的警报器鸣响演练。1996年10月29日上午，都匀地区全过程防空警报鸣响演练鸣响合格率94%。1997年10月，各设台单位对警报器逐台进行检查、整治，更新8台警报器动力线，对损坏的零部件及老控制箱进行更换，并对都匀地区警报器进行全面检查评比，优秀率100%；在人防音响警报器鸣响演练中，鸣响率100%。11月，经省人防战备办检查组复查，优秀率100%。1998年，州人防办对人防通信设施管理人员进行一专多能训练。1999年，警报器鸣响演练的鸣响率为100%。

2000年，设台单位对17台警报器进行全面检查和维护，通过试鸣，全部合格。是年6月8日凌晨，都匀地区遭受特大暴雨袭击，剑江河水暴涨，涌入市区和居民区，匀城人民生命财产受到威胁。3时，市政府请示州委书记后下达命令："拉响人防警报，向匀城人民报警!"州人防办接到通知后立即组成救灾警报指挥中心，指挥设有警报器的单位即刻拉响抗洪抢险警报。市民从睡梦中惊醒，及时跑出家门，撤离险地，以及投入抗洪抢险。此次警报从凌晨3时30分时拉响持续至7时。州政府在总结这次抗洪抢险工作时指出："这次抗洪抢险中，人防警报发挥了大作用。如果不拉响人防警报，都匀的损失将更加严重。"市政府也指出："人防警报虽然平时很少使用，但在发生空袭和重大灾情的关键时刻没有人防警报确实不行，拉响警报能在短时间内调集市民。"

2001年，州人防办制定"十五"期间人防通信设施配置方案和警报器布局调整方案，经州政府同意，上报省和国家人防办。按布局调整方案，撤回停用的警报器1台，调整1个单位警报台安装位置。2002年，开展警报器维护管理情况普查，重设警报器1处，定期检查维护保养警报器，完好率在95%以上。10月29日，组织都匀地区16个设台单位16台警报器进行试鸣演习（1个单位警报器设点安装警报基座损坏，警报器报停），鸣响率100%。

2003年，州人防办组成检查维护组，对都匀地区16台警报器进行全面检查和维护，更换部分线路，完善技术资料档案。经省人防办检查，16台受检警报器处于良好状态。

2004—2005年，建立人防指挥信息资料数据库，数据资料录入计算机。新建人防音响警报器1台。全年对23台人防警报器逐台检查测试4次。

2006年4月，成立黔南州人防警报试鸣演练指挥部，组织都匀、福泉、惠水、龙里、贵定、独山等6个县（市）共27台人防警报器试鸣演练，鸣响率100%。是年，省人防办统一匹配无线短波电台，开通无线电台专网，按省的要求，定时开通无线电台与省人防办保持联系，通过无线网络不定时地将州内突发事件用无线图传送或数据报告省人防办指挥中心。2007年4月底，对都匀、福泉、惠水、龙里、贵定五个县（市）个人防重点城市和独山县共25台人防警报器进行全面检查测试。10月29日，27台警报器鸣响率100%。2008年，全州警报器全部为立式警报器，其中，都匀地区17台，福泉、贵定、龙里、惠水四个县（市）各2台。5月19日，州内人防警报器鸣响率100%，覆盖率80%。

2009年，对都匀市区的17台警报器进行逐一检查和维护，于5月12日和10月29日开展警报器警报试鸣。以警报器警报试鸣为契机开展人防宣传，即：通过黔南电视台在电视上插播宣传字幕；通过电信、移动和联通通信网络发送增强国防观念和人防意识宣传短信；发放宣传资料4万册；派专人到黔南人民广播电台“共同关注”栏目，就人防警报信号的区别和有关人防警报安装管护使用等方面的法律法规强制性规定，回答记者提问和听众咨询。

2010年9月18日，都匀、福泉、贵定、惠水、龙里、平塘、独山七个县（市）分别在当地城区进行防空警报试鸣，共鸣放预先警报、空袭警报、解除警报三种信号，试鸣11分钟，全州27台警报设备设施完好率、鸣响率100%，都匀城区警报音响覆盖面积达98%，其余6个县（市）警报音响覆盖面积90%以上。

2011年，防空警报设施设备日常管理责任落实到各设点单位和人员，人防部门定期对防空警报设施进行检查、检修和维护保养。各县（市）筹措资金购置安装人防电声音响警报器15台、统控3套，并投入使用。年末，全州有警报器45台（电动28台、新型电声警报器17台），警报设施覆盖全州11个人防重点县（市）。12月底，长顺县获批准为省级人防重点城市。

2012年，长顺县安装警报器1台，都匀地区增加警报器1台。至此，全州12个县（市）全部安装人防音响警报器，于9月18日进行警报器试鸣，警报器试鸣通过电信、移动、联通等公司发送警报试鸣公告。2013年9月18日，全州有61台人防音响警报器同时鸣响。是年，新增人防音响警报器15台（都匀2台、龙里2台、瓮安3台、火箭落区8台）。12月，建成州人防应急指挥中心信息系统（机动指挥所）并交付州人防办公室测试。

2013年5月，省人防办为瓮安新增电动警报器2台，福泉新增电动警报器6台。在都匀新设电声警报器1台，解决都匀剑江河两岸的报警盲点问题，提高警报鸣响覆盖率。7月，省人防办专业技术人员对黔南州开展五年一次的人防音响警报器大检查，主要检查警报器资料档案的规范管理、制度建设、操作方法、警报器管护等，检查的总体评价为：近年来黔南州新增人防音响警报器34台，12个县（市）均安装2~3台；制度建立完善，经费落实到位，管护人员责任心强，应急预案有操作性，警报器测试情况良好。9月18日，全州安装到位的60余台人防音响警报器按照省人防办下发的人防警报试鸣演练信号标准鸣响警报，鸣响成功率达100%，都匀市、龙里县分别在学校开展疏散和救援应急演练。10月29日，瓮安县、州人防办在瓮安绿城广场举办2013年人防专业队应急救援联动演练活动。

2014年9月18日，全州61台人防音响警报器全部鸣响，各县（市）在警报试鸣的同时，分别在学校、街道等人员聚集区开展疏散和救援应急演练。11月14日，州人防办、龙里县政府及相关单位在龙里县政府广场举行人防防灾应急救援综合演练，演练课题6个，涉及交通运输、治安维稳、消防、医疗救护、防化防疫、通信信息、抢险抢修等人防专业队伍，20多个部门共600余人和应急救援车辆20余辆参加演练，省、州、县领导现场观摩这次综合演练。是年，州人防办机动指挥所对指挥车内设备设施操作、卫星定位、音视频转换、单兵图像传输等进行演练。

三、防空预案修编

1992 年，针对都匀市建镇并乡撤区以及近十年都匀城市发展变化的实际情况，州人防办拟出《都匀市防空袭预案修改意见》，经市政府、州政府、军分区审查后报省人防战备委员会。1994 年，按照《贵州省人民政府、贵州省军区关于〈都匀市防空袭预案修改意见〉的批复》，由都匀市人防战备办对 1985 年报经省政府、省军区批准的《都匀市防空袭预案》进行修改。修改的预案于是年 12 月提请市人防战备委员会审议通过，由市政府报省政府、省军区审批。

2002 年，原《都匀市城市防空袭预案》已不适应现代城市的发展和现代战争的需要，根据省委、省政府下发的《关于加强人民防空工作的意见》，市政府决定对《都匀市防空袭预案》进行修编，在市人防战备办设修编办公室。2003 年 1—5 月，《都匀市防空袭预案》修订稿经省人防办审定，达到防空袭预案修编要求。

2004 年，福泉、惠水、龙里、贵定四个县（市）相继启动城市防空袭预案编制工作。2005 年，《都匀市防空袭预案》由州政府、军分区联合报省政府、省军区审核。至 2007 年，贵定、福泉、惠水、龙里四个县（市）编制出各自的防空袭预案，经州、省人防办审查和县（市）政府、人武部审定，州政府、军分区审批后，报省人防办备案。

2008 年，按省人防办关于黔南等州要在 2008 年完成本级防空袭方案制定的要求，州人防办编制《黔南州人民防空袭预案》，经省人防办审查，报州政府、军分区审定后，上报省政府、省军区备案。

2011 年，省人防办下发《关于省级人防重点城市制定防空袭预案的通知》后，瓮安县人防办和县人武部共同制定《瓮安县城市防空袭预案》。

2012 年，州人防办对《黔南州人民防空袭预案》进行修订，长顺县启动《长顺县城市防空袭预案》编制工作。

四、行政执法检查

1992 年，都匀市人防办、市城市建设局依据《人民防空条例》制定的《都匀市收取防空地下室易地建设配套费的实施细则》经市政府批准颁布实施，市人防办开始在市区收取防空地下室异地建设费，用于人防工程建设，全年收取易地建设配套费共 1.7 万元。1993 年，对私自拆除、毁损、占用人防工程的单位或个人，依照《人民防空条例》的规定进行处理。1994 年，州人防办对应建而由于各种原因不能修建防空工程的单位收取易地建设配套费共 1.8 万元。1995 年，州人防办和都匀市人防办对州、市私自损坏人防工程的 4 个单位进行查处，收取赔偿费共 8.3 万元。

1996 年，《中华人民共和国人民防空法》颁布后，全州人防办依法查处人防工程建设中的违法行为。1998 年 5 月，对 1 个单位因建职工宿舍申请拆除的早期简易人防工事收取补偿费 1.7 万元。是年，州及都匀市人防办针对都匀地区旧城改造速度加快，部分早期人防工事位于改造地段的情况，开展人防工事执法检查，发现 3 个单位的人防工事受到不同程度的损坏，人防部门依法提出处理意见。1999 年，都匀城区 4 个单位在新建房屋时，危及人防工事安全，州人防办进行实地勘察后，与责任方商议提出加固保护措施，确保人防工事安全。

2000年，州人防办组织执法检查组对都匀城区26个单位的防空工程现状、使用情况、资料档案等进行为期3个月普查，发现6个单位人防工事口部被临时封堵，检查组要求工事口部被封堵的单位采取措施，确保临战时工事口部通畅。是年，依法收取拆除人防工事补偿费共11.7万元。

2001年3—4月，开展州管已建人防工程管理维护和都匀地区新建人防工事情况进行普查，发现少数单位没有进行管护，个别单位封堵了出入口，有5个单位因基建拆除人防工事，州人防办责令管护差的单位进行整改，封堵工事的单位采取措施恢复出入口，拆除工事的单位依法进行补偿。在调查的9个已建人防工事中，只有3个达到标准，达标率为14.19%。是年，对已建人防工程进行防火、防毒、防水、防垮塌等安全检查2次，并落实安全生产责任制。都匀市人防办对全市人防工程进行普查登记，分类造册，制定综合治理计划，对城市建设确需拆除人防工程的，按规定易地补建或交纳工程补偿费。

2002年，州人防办拟出《关于建立人民防空建设项目联审制度的意见》，报州政府审定实施。是年，对强行侵占和擅自拆除、损毁人防工事的3个单位进行立案查处。2003年，州人防办聘请一名律师为法律顾问，指导行政执法工作。全年开展行政执法检查20次，发出执法通知13份，办结违反《中华人民共和国人民防空法》案件4件。

2004年，在人防执法检查中，调查2001年以后的已建、在建民用建筑项目42个，查处拆除、损毁人防工程案件8件，结案7件，结案率87.5%。2005年，开展执法检查80余次，发出执法文书56份。查处不依法修建防空工事的单位1个；纠正拆除人防工事拒不补建违法行为1起。2006年，州人防办公布人防行政审批、行政执法事项，接受社会监督。依法查处拒建防空工事又拒缴易地建设费的违法案件1件，收缴行政处罚款2万元。

2008年，各县（市）建立大案、要案报告制度。按照《黔南州人民防空建设管理办法》的规定，人防行政执法人员必须取得执法资格。州人防办的6名执法人员均具有人防行政执法资格。全年无行政执法不作为、错案和执法过错情况发生，在全省执法案卷评比中，黔南州执法案卷评为优秀案卷1卷。2012年，州人防办执法人员到人防工程施工现场进行建设质量检查30次，下达整改意见书1份。

2013年，全州开展人防行政执法检查346人（次），下达各类执法文书48份。州人防办行政执法小组到“结建”施工现场检查人防工程建设质量30余人（次），下达防空工事整改意见1项。12月，由州政府督查室下文并牵头组成两个调研检查工作组分赴12个县（市）调研督查。

2014年6月，聘请贵州契正律师事务所一名律师担任州人防办常年法律顾问。年内，成立行政审批、行政执法领导小组，实行各单位行政审批、行政执法负责制。全州发出各类执法文书127份，其中，“结建”59份，易地建设45份，下达追缴历年欠缴人防工事易地建设费通知23份，追缴历年欠缴易地建设费共1967.67万元。全州开展人防行政执法监察446人（次）。

五、人防工程开发利用

为适应“战场”“市场”的需要，州人防办对已建人防工事实行平时战时结合管理，即对人防工程进行开发利用，主要是将部分工事用于租赁经营，为社会提供就业岗位，安置就业人员，人防办向承租经营者收取一定人防工程使用费，所收费用用于人防工事维护。

1991—1993 年，人防工程租赁经营项目有游艺室、录像室、理发室、餐饮店、舞厅、食用菌培植、饮料厂、装潢店、纺织厂、印刷厂、水果储存、油料和其他物资储存、塑料编织厂等。

2010 年，开展人防工程平战结合使用安全检查，重点对州人防办管理使用的商场进行检查、整改，增设安全出口灯光指示牌、地面安全出口指示标志、商场防重压警示牌、禁止吸烟警示牌、甲级防火门、应急照明灯、灭火器等。

2013 年，都匀市编制城市地下空间开发利用规划。

六、准军事化建设

2004 年，根据《国家人民防空办公室关于颁发〈人民防空机关“准军事化”建设标准（试行）〉和〈2010 年前人民防空机关“准军事化”建设纲要〉的通知》《贵州省人民防空办公室关于全面开展人防机关“准军事化”建设的意见》，全州人防办开展“准军事化”建设。州人防办制定《全州开展人防机关“准军事化”建设方案》《“准军事化”目标分解及评分标准》，对全州人防办“准军事化”建设工作进行部署。2005 年，按照“准军事化”建设工作方案，州人防办全体干部职工到都匀市人武部训练基地接受列队、枪械知识等军事科目训练。2007 年 6 月，对都匀市人防办“准军事化”建设进行达标验收。是年，经省人防办“准军事化”达标验收组对黔南州人防办“准军事化”建设进行检查验收，名列全省第三，验收合格。此项工作至此结束。

七、信息化建设

2013 年，建设州人防办应急指挥中心信息系统及机动指挥所，机动指挥所建设一期工程于 11 月底交付使用。2014 年，应急指挥中心信息系统及机动指挥所建设在一期项目完成后，州人防办先后赴凯里、六盘水等地考察、借鉴，开展二期信息系统建设。

第二节 交通战备

一、正规化建设

1991 年，为迎接省人防战备办和成都军区对交通战备工作的检查验收，全州纳入交通战备的单位开展交通战备正规化建设，建立战备机构，明确人员负责战备工作。按照成都军区交通战备办制定的正规化建设验收标准，州邮电局、州交通局、都匀公路养护总段、都匀汽运公司、州交通战备办公室（以下简称州交战办）等单位进行自查和互检，对缺漏的项目进行充实完善。之后，经省人防战备办和成都军区交战办检查验收，州邮电局、州交通局、都匀公路养护总段、州交战办、都匀市人防战备办、独山县和贵定县政府办交通战备正规化建设获得优秀，其他单位分别获良好、合格等次。1994 年，州交通局、州邮电局、都匀公路养护总段将正规化建设延伸到县，州邮电局于 12 月对瓮安、福泉、龙里、惠水、罗甸、长顺、平塘的 7 个县进行正规化建设达标验收。2000 年，开展交通战备正规化建设“回头看”活动，按“巩固、完善、发展、创新”的原则，建立二十多种制度，召开纳入单位战备办会议，查缺补漏，填平补齐。到 6 月底，各纳入单位机构健全，各种制度、图表上墙，专人负责落实战备工作。经检查验收，全部达标。

2001 年 5 月，开展全州公路货运挂车潜力调查。2003—2004 年，开展交通战备正规划建设，收集、整理各类交通战备正规化建设基础资料。结合人防“准军事化”建设，制定各类工作职责、制度、程序共 16 项，并按规定上墙。同时调整战备指挥室，建立资料室，用计算机绘制《交通保障图》。2004 年，根据成都军区、省交通战备办、州国防动员委员会有关交通战备正规化建设的要求，州交战办对州境内交通、公路、电信、水利、医疗等基础资料进行收集整理，查明铁路桥梁和隧道、公路桥梁和隧道、小（二）型水库情况，以及电信、卫生部门基本情况、全州运输车辆等。

2005 年，制定州、县（市）交通战备会议制度、目标管理等制度 17 项，绘制《黔南州交通战备现状图》录入计算机，建立数据库。是年，在正规化建设中，收集桥梁、隧道、港口、通信以及各种车辆、铁路、公路、桥梁、隧道勘察和交通战备专业演练图片等资料 130 余份。

2007 年，州交战办下发各类文件、公路、桥梁、隧道、港口、码头和民用运力动员车辆等资料 100 余份，收集国防交通信息资料数据，上报省人防办。

2009 年，制定《黔南州“十二五”国防公路水路战备建设规划》。是年，对全州 2008 年民用运力数据进行收集，录入国防交通信息管理系统。

2010 年 9 月 18 日，州交战办在都匀步行街举行人防（交通战备）法律法规宣传活动，通过影碟宣传和发放资料，制作大型展板，悬挂宣传标语等形式开展活动。是年，全州人防办以部队公路输送交通保障为重点，按照军民一体、综合应用、统一指挥的原则和“平时服务、急时应急、战时应战”的要求，与公路、交通、通信等部门共同修订《黔南州交通战备保障计划》。

2011 年 3 月，对全州 12 个县（市）贯彻落实成都军区和云南、贵州、四川、重庆五省（区）人民政府联合印发的《贯彻〈国务院、中央军委关于进一步加强交通战备工作的意见〉的实施意见》和交通战备工作开展情况进行检查，通过检查，各县（市）均设立交通战备办公室，业务经费由各县（市）列入地方财政预算。

2012 年 4 月，召开全州交战办主任会暨业务培训会，传达成都军区和西南 5 省区交通战备工作会议、贵州省交通战备办主任会议精神，全州 12 个县（市）交战办负责人、业务人员和州交通运输局、都匀公路管理局、中国电信黔南分公司交战办负责人等 37 人参加会议。6 月，州政府办下发《关于建立黔南州交通建设贯彻国防要求军地联席会议制度的通知》。11 月 15 日，召开交通战备建设贯彻国防要求军地联席会议。是年，对州境内民用运力数据进行收集整理上报。

2013 年 3 月 20 日，在州交战办主任会暨业务培训会上，对 2012 年度交通战备工作先进单位进行表彰，分管交通战备工作的副州长出席会议并对交通战备工作提出要求。是年，州委、州政府、军分区联合发出《关于加强国防动员委员会机构职能建设的意见》，全州 12 个县（市）建立交通战备工作机构，配备 1 ~2 人开展交通战备工作，工作经费列入地方财政预算。其中，都匀市、龙里县交战办与人防办合署办公，其他 10 个县（市）交通战备工作机构设在交通局。12 月 4 日下午，在州人防办（交通战备办）召开州交通建设贯彻国防要求军地联席会议，会议听取全州战备工作机构、人员编制、工作开展情况，学习《民用运力国防动员条例》，联席会议成员单位负责人对交通建设贯彻国防要求提出意见和建议。

2014 年 3 月 21 日，召开全州交战办主任会暨业务培训会，请省交战办交专家授课，从交通战备工作、法规建设、战时保障、平时准备、专业队伍组建、战备勘察、日常工作开展等方面进行培训。年内，将交通战备机构与人防办合署办公的单位移交到县（市）交通运输局。

二、战备保障与演练

1991 年，都匀公路养护总段在长顺至惠水段新建的一座桥梁上进行“现浇桥梁混凝土”战备演练，突击施工一昼夜，完成指定任务，达到生产和战备要求。

1992 年，全州交通战备纳入单位按照州交战办拟制的全州交通战备应急保障计划的模式和要求，分别制定交通、通信、物资应急保障计划。

1994 年，州交战办根据成都军区、省人防战备办的要求，对《黔南州应急交通保障计划》进行修改，经州政府、军分区审核批转执行。是年，州邮电局根据工种，组建长途线路抢修队、农话机线抢修队、市话机线抢修队、重要通信设施警卫队等应急保障分队，并落实经费，各应急保障分队在汛期开展战备演习，检验保障队伍的快速反应能力。

1995 年，全州交通战备纳入单位根据《黔南州应急交通保障计划》，拟制各自的保障方案，成立分指挥部，按工种组建应急交通保障分队。州邮电局组建应急通信保障分队 19 个，州交通局组建应急交通保障分队 13 个，都匀公路养护总段组建应急交通保障分队 13 个，都匀汽运公司组建交通运输小分队共 50 人，都匀铁路地区组建应急保障分队 5 个；全州有铁路护路民兵分队 5 个。

1991—1995 年“八五”期间，都匀公路养护总段、州交通局组织战备演练 21 次共 1785 人（次）。其中，修公路 214 公里；州邮电局进行战备演练 13 次共 726 人（次），抢修通信线路 421 杆公里；都匀铁路地区组织战备演练 9 次共 1275 人（次）。

2001 年，州人防办经实地勘测和调查后，调整全州重点交通保障目标，确定重点交通保障目标的公路桥梁、铁路桥梁、铁路枢纽站、铁路隧道、通信重点目标、重点保障水库。

2004 年，上报州境内三级交通重点保障目标 8 个。12 月下旬，瓮安县交通保障队伍开展公路抢修战备演练。

2005 年 10 月 25 日，在省道开阳至福泉段距福泉市仙桥乡政府 5 公里处发生山体滑坡，造成严重交通堵塞，州交战办结合这次抢险，组织交通战备专业应急保障队伍开展战备演练。26日，组织应急保障队伍经3个多小时的抢修，公路通车。是年，绘制《黔南州交通战备保障图》。

2006年9月12日，福泉市交通、公路、人防部门组织交通应急保障队伍30余人，出动车辆11台、抢修工具40件，开展一次3个多小时的公路抢修抢险战备演练。

2008年“5·12”汶川大地震后，州交战办接省交战办转发成都军区联勤部关于广州军区海军陆战队某旅赴汶川抗震救灾护送命令，立即向州政府和军分区汇报，并按照州政府主要领导和军分区首长提出的“高管和交警协助，针对道路改造情况，确保全线无障碍，全力做好护送工作，确保抗震救灾部队在黔南段的顺利开进，为抗震救灾部队赢得‘宝贵’时间”的要求，保障黔南境内道路畅通。

2009年，制定《黔南州交通战备保障计划》。2010年，修订《黔南州交通战备保障计划》。

2013年8月，都匀公路管理局交战办在省道312线（荔八线）平塘境内举行贵州省国防交通专业保障队伍公路抢修四中队集结和损坏路面基层快速修复战备演练，集结演练人员60余人、大型机械装备6台、洒水车2台、运料车3辆、指挥车3辆。

2014年6月25日，都匀公路管理局交战办围绕迎接交通部“十二五”全国干线公路检查，以加强柏油路面修补快速反应为主题，在省道309线（麻兴线）惠水境内开展交通战备演练活动，路面队、机械队、保畅队及各种机械设备进入指定地点，在120分钟内对800平方米的损坏路面进行设置安全标志、放样切割、坑槽开挖、基层摊铺、基层夯实、面层摊铺、面层夯实等抢修，恢复路面平整，确保车辆顺利通过。

三、道路抢修演练与勘察

1991年6月，黔南地区连降暴雨，境内6条公路主要干线受到不同程度的破坏，320国道、210国道、新三、中广、惠紫、独荔线等道路路基下滑沉陷10余处，水毁路面86公里，受损桥梁8座、涵洞7处，档墙缺口裂缝总长33米、3890立方米，塌方80处16000立方米，公路两侧房屋受损51栋、13000平方米，直接损失约170万元。各级党、政、军领导干部及水毁公路现场附近厂矿、村寨的工人、村民、民兵、预师部队、养护段、道班职工等共同抢修水毁公路。

1992年5月13日，龙里县连降大雨，山洪暴发，321国道六里桥被毁，两端被堵汽车1000多辆。州交战办和都匀公路养护总段与龙里县有关部门按照战时抢修的要求，组织人力物力，经过24小时连续奋战，修复通车。

1993年7月7日，都匀地区遭暴雨袭击，山洪暴发，全州铁路、公路、通信等严重受损，321国道1170—1177公里处大面积水毁路基，严重塌方，交通中断，州交通局战备办立即抽调贵定、瓮安、荔波、惠水、福泉等县公路养护工区的人员共100余人到都匀，按战时抢修要求进行抢修，及时修复通车。7月30日上午，甘新线38+900公里处公路旁坡顶发生岩崩，坍塌土方5000余立方米，阻断云南、贵州、四川至广东、广西的交通，两端被堵汽车1500多辆，都匀公路养护总段立即组织60余人，采取战时抢修的方法昼夜抢修，仅经4个昼夜修复通车。11月8日，321国道都匀团寨至贵定昌明26.6公里路段遭到严重水毁，交通阻塞，州交通局战备办按照战时抢修的要求，组织专业队伍182人，民兵、群众360人，运输车16辆、拖拉机3辆、碎石机5台、工作车5辆，用20天时间完成清理塌方10500立方米，疏通被堵边沟26公里，修砌挡墙4处1080立方米，修复路面26.6公里。是年，西南地区南下主干线甘新线独山至麻尾段进行全面改造，南下车辆转道荔波甲良至麻尾的6等一级县乡公路，由于此段道路标准低，过往车辆成倍增加，加之雨水冲刷，导致路基变形塌陷，路面到处是大坑大槽，形成多处险点险段，严重影响车辆通行。9月10—14日，州交战办、州交通局组织全州12个县（市）公路养护工区区长、班长等骨干100余人，各类运输车20辆、马车20架、凿岩机4台、碎石机5台，对甲（良）麻（尾）公路进行战备抢修演习。经过3天抢修，修复了路基下沉、坑洼大且多的危险路段4公里，完成抢修演练任务，保障运输畅通。

1995年6月25日，321国道1244公里处因暴雨塌方，泥石流覆盖路面46米，阻断车辆2000辆，都匀公路养护总段、贵定县政府抽调两支保障队伍共65人，调用装卸车2台，开展战备演练，仅用15小时，清除泥石流3500立方米，疏通公路。6月26日，独山县麻尾地区连降暴雨，火车客站被淹没，道床被洪水冲空740米。都匀铁路部门立即组织抢险队伍1105人，排除积水，修复道床，仅用10小时，恢复铁路运输。

1996年5月31日晚，贵定、龙里、福泉三个县（市）遭受特大暴雨袭击，贵定至龙里洗马、贵定至福泉龙昌两条主要县级公路，冲毁路基78米、挡墙23处、涵洞4道，边坡坍塌137处16300立方米；冲毁路面9公里。灾情发生后，州政府州长、分管副州长，贵定县委、县政府领导到现场查看灾情，部署抢修工作。由于抢修及时，道路修复比计划提前20天。是年，都匀公路养护总段、州交通局战备办抽调技术人员，对州境内的国防战略干线、军区战役干线和部队营地进出口道路进行踏勘。

2000年6月8日，都匀地区遭受特大洪灾，公路桥梁、涵洞、路基、护坡多处不同程度毁坏，交通受阻。根据州、市抗洪抢险指挥部的指示，两支交通战备应急专业保障队伍按照战时的要求投入道路抢险。其中，应急抢修四中队出动120多人（次），调集各种机械10多件，连续作战2个昼夜，加固局部毁坏的桥梁3座、涵洞7个，清除边坡塌方45处的土石方4000多立方米，抢修单车便道2条，打通了都匀的四大出口通道，受阻48小时的400多辆汽车离开都匀；战备汽车运输四中队出动货运车10多辆、客车4辆，装载抢险物资和技术人员分别到独山、平塘、三都、荔波四个县参加抢险，保障公路畅通。

2001年，经实地勘测调查，确定全州重点交通保障目标公路桥梁、铁路桥梁、铁路枢纽站、铁路隧道、通信重点目标、重点保障水库。

2002年8月12—20日，州交战办对境内国道210线和国道250线以及独山经荔波、三都、丹寨至凯里公路实施勘察。210、250国道全线路面技术等级均为三级，全长262.38公里。其中，贵定公路管理段71.19公里，福泉公路管理段38.97公里，都匀公路管理段58.03公里，独山公路管理段94.19公里；麻尾至小七孔至荔波至独山至三都至丹寨界总里程157公里，路面技术等级三级路面23.2公里、四级路面133.8公里。2002年12月

2 日，马遵公路福泉段因山体滑坡交通受阻，州和福泉市组织交通战备保障队伍 50 人，出动运输车辆 10 辆，装载机 1 台，经 90 分钟奋战，抢修受损公路 500 米，清运土石方 1200 立方米，及时疏通车辆 30 辆，疏散人员 200 余人。是年，州交战办对境内国道 210 线和国道 250 线以及独山经荔波、三都、丹寨至凯里公路实施勘察。

2005 年 11 月，与三都县公路部门组成联合工作组，对国道 321 都匀至三都段进行勘察。

2006 年 10 月，省人防办和省公路局对西南出海通道黔南境内迂回路线进行勘察，开展惠水至罗甸省道勘察。

2007 年，州交战办对国道 210 线进行实地踏勘，收集整理境内路段资料。

2009 年，对国道 321 线、省道 101 线、省道 312 线线路进行勘察，收集全州各县（市）资料。2010 年，对国道 75 线、321 线、省道 101 线、312 线等 6 条省道以上的公路进行勘察，实地勘察 100 多处，拍摄各种照片 280 余张，实地测量经纬度 100 余处，完成州境内国道 260 公里、省道 416 公里的勘察工作。同时对全州省道以上线路、加油站建立卡片。

2012 年，对国道 76 线、210 线和省道 205 线线路进行实地勘察，实地勘察 100 多处，收集各种图片资料 300 余张，实地测量经纬度 120 余处，完成州境内国道 200 公里、省道 300 公里勘察。

2013 年，对省道 88 线、50 线、309 线线路进行实地勘察，实地勘察 100 多处，拍摄照片 200 余张，实地测量经纬度 100 余处，勘察州境内省道 229 公里。

2014 年，对州境内国道 75 线（兰海高速）都匀南至独山段、国道 210 线（包南线）、国道 321 线（广成线）、省道 206 线（三麻线）进行桥梁、隧道、加油站、服务区、收费站、区段勘察，重点对公路线路情况进行复查，了解公路线路、桥梁、隧道、加油站、服务区、收费站、区段的变化情况和通行能力，共收集图片资料 100 余幅。

四、战备林检查

2004 年 3 月、11 月和 2006 年 3 月，州交战办与州林业局组成联合检查小组，对贵定县国防林进行安全防火、防盗、管护措施检查 3 次，督促落实管护措施，实行不间断巡查制度，确保国防林安全。

2009 年初，州交战办与州林业局组成工作组，对贵定县战备林进行清明前后安全防火、防盗检查。

2012 年，州人防办与州林业局、贵定县林业局、贵定县交战办组成联合检查组，对贵定县甘溪国防战备林进行防火、防盗、管护措施安全检查。是年，在瓮安县划定国防战备林。

2013 年 4 月 17—20 日，州人防办与州林业局、贵定县林业局、交战办，瓮安县林业局、交战办组成联合检查组，对贵定县战备林和瓮安县战备林进行防火、防盗、管护措施安全检查。

2014 年 8 月 20 日和 10 月 14 日，州交战办与瓮安、贵定两县林业局组成联合检查组，对瓮安县、贵定县战备林进行防火、防盗、管护措施安全检查，了解国防战备林林地征用情况。是年，因国道210线公路改扩建工程的需要，征用贵定县林场战备林地19.57亩，并按规定程序办理手续。

五、火箭残骸回收

2001年，西昌卫星发射中心对卫星一级火箭落区进行调整，瓮安县列入新的落区之一，州人防战备办到该县有关乡（镇）进行实地勘察，收集人口、交通、工矿企业、学校、水库等资料汇总上报。

2003年，建立州、县（市）、乡（镇）一级火箭落区工作机构。5月、11月、12月，“07－22”（北斗二号卫星）、“07－23”（神通一号卫星）、“07－24”（探测一号卫星）发射，火箭落区县（市）人防办组织现场防护、残骸回收。

2006年10月、12月，州及火箭残骸落区人防办配合部队、省人防办开展“07”系列一级火箭残骸落区福泉市、瓮安县、龙里县共8个乡（镇）、5个居委会、603个村民组11万人的安全防护、宣传教育和人员疏散。

2012年，西昌卫星发射中心发射“07－52”卫星一级运载火箭，火箭残骸坠落在福泉市高坪镇茶场和瓮安县雍阳镇中心槽老山顶上。州、县（市）组织民兵、干警、医疗救护人员、干部职工、保障车辆，回收一级运载火箭残骸。2013年，在福泉市道坪镇、高坪镇、高石乡、龙昌镇、谷汪乡、仙桥乡和瓮安县建中镇、平定营镇火箭残骸落区安装警报器并测试验收。

第三节　国防动员

1996年4月，州委、州政府、军分区决定成立黔南州国防动员委员会（以下简称国动委），发出成立黔南州国防动员委员会的通知，明确州国动委负责组织全州国防动员工作，协调国防动员工作中经济与军事、军队与政府、人力与财力之间的关系，增强国防实力和提高平时、战时转换能力。州国动委第一主任由州委书记、军分区党委第一书记担任，主任由州委副书记、州政府州长担任，常务副主任由军分区司令员担任。按照精简机构的要求，州国动委即是州委的人民武装委员会（以下简称武委会），两块牌子一个机构。州国动委办事机构设人民武装动员办公室（设在军分区司令部）、经济动员办公室（设在州计委）、人民防空办公室（设在州人防战备办公室）、交通战备办公室（设在州人防战备办公室）。5月3日，召开州国动委暨州武委全体会议，传达学习省国动委暨省委武委全体会议纪要和成都军区国动委第一次人防工作会议精神，总结全州1995年民兵预备役工作，部署1996工作任务，制定州国动委工作制度，明确国动委日常工作经费由同级财政负责，将国防动员工作纳入“九五”计划和2010年长远发展规划。各县（市）参照州国动委的做法，于是年6月成立县（市）国动委及其下属机构。

1998年7—8月，开展全州国防动员潜力调查。

2004年7—9月，按照减少数量、提高质量、优化结构、合理布局、均衡负担的要求，经宣传发动、调查摸底、登记核对、编组点验、总结上报，完成民兵整组、兵役登记、国防潜力调查、退伍军人服预备役登记统计核对等工作。

2007年8—9月，根据省国动委的要求，在全州开展国防动员潜力调查，即人民武装动员潜力、经济动员潜力、人民防空动员潜力、交通战备动员潜力、信息动员潜力、政治动员潜力调查。是年，全州受省国动委表彰单位5个、个人5名。

2008年6月20日，召开全州国防动员业务培训会。2009年，在省国防动员应急应战理论研讨暨国防后备力量转型建设工作会议上，黔南州参会论文被评为优秀7篇，州国动委被省国动委评为先进单位。

2010年、2011年，州国动委在“八一”建军节开展过“军事日”活动，州委、州人大常委会、州政府、州政协领导和国动委成员单位负责人参加过“军事日”。

2012年9月13日，召开全州国防动员委员会全体（扩大）会议暨民兵工作会议，利用军分区视频会议系统，在军分区会议室设主会场，各县（市）人武部设分会场，都匀市、瓮安县政府领导在会上作经验交流发言。会上对《中共黔南州委、黔南州人民政府、都匀军分区关于加强国防动员委员会机构职能建设的意见（征求意见稿）》《黔南州国防后备力量建设发展“十二五”规划（征求意见稿）》进行讨论。是年，成立黔南州军地应急联合指挥领导小组，各县（市）成立相应机构，州、县（市）将建设经费列入财政预算，及时足额拨付使用。年内，投入经费200万元，建成军地应急联合指挥自动化系统；投资1400万元，新建州人防应急指挥中心；开展经济动员潜力普查；制定经济动员保障预案和专项方案；完善地方储备与军队储备相结合、战略储备与社会生产相联系的多元化储备体系；健全国防动员执法监督机制，尤其在人民防空、交通战备等方面，依法维护国防利益。

2014年，编印《黔南州国防动员和后备力量建设制度汇编》。

第六章　国防教育　拥政爱民

1991年底，成立黔南州全民国防教育领导小组及办公室（以下简称国教办），办公室设在州委宣传部。之后，各县（市）相继成立国防教育领导小组和办公室。1997年，州、县（市）先后成立由党、政、军等十余个部门组成的全民国防教育委员会（以下简称国教委），在乡（镇、街道办事处）和大中型企业成立国防教育领导小组，在行政村、厂矿、学校等基层单位委派国防教育联络员。全州有国教委13个、国防教育领导小组52个。2001年，根据省编委《关于调整理顺市、县两级国防教育办事机构及有关事项的通知》，州国教办改设为州政府和国教委的常设办事机构，正县级建制，设在州政府办公室。县（市）国教办改设为同级政府和国教委的常设办事机构，正科级建制，设在县（市）政府办公室。2006年，州内国防教育工作联络机构延伸到乡（镇）、中小学和社区，工作经费纳入财政预算。2009年，全州国防教育成员单位、企事业单位、学校、乡（镇、街道办事处）有国防教育专兼职联络员859人。2014年，全州有州级国防教育机构1个、县级国防教育机构13个，有其他国防教育机构1个，工作人员总计29人；学校有国防教育兼职教师295人、校外辅导员135人。

驻黔南州部队在加强部队建设的同时，开展拥政爱民活动，支援地方经济建设，与驻地人民群众开展共建精神文明活动，促进当地经济社会健康稳定发展。

第一节　全民国防教育

一、宣传教育

从1991年起，州、县（市）国教办按照《贵州省全民国防教育三年规划》开展国防教育工作。1992年，以省国防教育办公室编辑出版的《国防教育系列讲座》为教材，以中学生、党政机关干部、厂矿职工、乡（镇）民兵为对象，在8个单位开展国防教育试点工作，发《国防教育系列讲座》500余册、资料8000余份。6—7月，州、县（市）国教领导小组人员138人参加省国教办组织的省、地、县三级国防教育领导小组成员国防知识答题，其中探讨国防教育的3篇文章被省国教办评为优秀论文。1993年11月是“全民国防教育活动月”，全州以“双拥”（拥军优属、拥政爱民）工作为重点，组织学校师生慰问军烈属9858户，参加慰问的师生5万人；办宣传栏、黑板报共4700期，开展宣传一条街活动，出动流动宣传车360辆（次），张贴标语3.05万条，组织看电影、录像600余次，党政机关干部、职工集中读一本国防知识书3852人（次）；州、县（市）电视台播放领导讲话和国防知识，报道活动月情况；都匀、平塘、罗甸、贵定、惠水、福泉、瓮安等县（市）在当地有线电视台为应征入伍新兵点歌5318人（次）。在《贵州省全民国防教育三年规划》实施三年中，一年一度的清明节，学校组织学生为烈士扫墓，祭奠先烈；科级以上领导干部参加学习人数总计6685人（次），受教育面100%；州、县（市）广播电台、电视台在每年10—12月进行国防教育知识宣传和信息报道；将中小学生和民兵预备役人员的教育作为重点，进行10～15天的军事训练；全州为应征入伍青年点歌2380首，张贴标语7.5万余条，办宣传栏210期，出动流动宣传车8640辆（次）；州、县国教办组织知识竞赛3次；人武部、民政局等单位结合国防教育给现役人员写慰问信；平塘、罗甸、三都、独山、都匀、惠水、福泉、瓮安等县（市）成立民兵宣传演出队，配合征兵工作在乡村巡回演出6859场（次）。

在《贵州省全民国防教育三年规划》完成后，1994年，州国教办制定并实施《黔南州国防教育第二个三年规划》。至1996年《黔南州全民国防教育第二个三年规划》最后一年，全州国教办每年开展“全民国防教育月”活动，组织宣传车利用赶场天到乡（镇）宣传，各相关单位书写标语、出墙报，通过报纸、电台、电视台和乡（镇）、厂矿广播站开展征兵和国防教育宣传报道；“八一”建军节期间，组织科级以上领导过“军事日”。是年，州国教委在荔波县人武部召开黔南州全民国防教育第二个三年规划工作总结表彰大会，表彰先进集体16个、先进个人16名。在1997年1月省国教委发出的《关于表彰贵州省全民国防教育第二个三年工作先进集体和个人的通报》中，黔南州有州国教委、贵定卷烟分厂、黔南民族行政管理学校和6名个人受表彰。是年，《贵州省国防教育条例》颁布实施后，州国教委下发贯彻实施意见，各县（市）将国防教育纳入有关部门的工作范围和职责，纳入乡规民约。

1998年，全州国教办将国防教育同民兵预备役工作、征兵工作、“双拥”工作结合起来，机关单位开展“立足本职岗位，为国防建设贡献”和“讲文明、树新风”等活动，大中型企业开展以“国防热”促“生产热”劳动竞赛，农村将国防教育融入脱贫致富奔小康教育中。是年，建立高中、大学新生进校必须进行国防教育知识教育和军事训练制度。1999年，各县（市）以历史遗迹和纪念地作为国防教育基地，开展以当地特色为主的国防教育活动。州、县（市）在党校开设国防教育课程，对在党校学习的干部培训班学员进行国防教育。

2001年4月28日，第一部《中华人民共和国国防教育法》颁布实施，全州国教办开展学习和宣传活动。2002年，州委将国防教育列入州委、州政府对县（市）委、政府的年终考核内容，并把国防教育工作落实情况作为考察任用干部的一项内容，与干部提拔任用结合起来。年内，州四大班子领导和县级领导干部过“军事日”活动2次，受训干部1900人；组织学生国防教育活动6次，受教育学生5万人；县（市）人武部利用征兵、民兵训练开展国防教育。在9月20日“全民国防教育日”活动中，州委书记在电视上作讲话；军分区、武警支队和都匀市人武部、3个街道办事处、都匀公共汽车总公司等单位上街宣传，发放国防教育宣传资料5万份；州国教办在《黔南日报》和黔南电视台开设宣传专栏。是年，组织全州干部职工和学生参加全国、全省国防教育知识竞赛活动，在8月省国教委发出的《关于表彰宣传〈国防教育法〉系列活动先进单位和个人的通报》中：三都县鹏城希望学校初一年级学生黎娟（女）获全国“国防教育法知识竞赛”一等奖，瓮安县高水中学初二学生王永江获三等奖，独山县民族中学高三学生黄品应（女）获纪念奖；州国教办获全省“国防教育法知识竞赛”单位组织奖，福泉市电信局彭飞获全省“国防教育法知识竞赛”一等奖，瓮安中学高二学生蒋贵忠获全省“国防教育法知识竞赛”三等奖；田洪生获全省“国防教育征文比赛”优秀奖。是年，成立黔南州学生军训办公室，设在都匀军分区，负责组织全州学生军训工作。2003年，举办全州“强国防，奔小康”征文活动，选送100余篇文章报省国教办参评，获一等奖1名、三等奖2名、优秀奖3名。

2005年8—9月，召开“爱我中华，心系国防”为主题的全民国防教育电视演讲大赛，都匀市推荐的罗登奎事迹演讲稿参加全省国防教育演讲大赛。9月28日，都匀市国教办、市文联、市教育局、市关协、团市委和州、市老年书画研究会等单位共同举办都匀地区纪念抗日战争胜利60周年大型现场美术书法表演活动，参加活动2800多人。各县（市）通过电视台播放爱国主义影片和国防教育电视宣传片150多部，参与上街下乡宣传3000多人

（次），发放《中华人民共和国国防法》《中华人民共和国兵役法》《中华人民共和国国防教育法》《贵州省国防教育条例》50 万份，向省、州军地报刊广播电视等新闻媒体投送“双拥”工作、国防教育新闻稿件 200 多篇（条），制作长期性国防教育标语 300 条幅。州国教办与州委党校共同开设干部国防教育课，对州机关的初任公务员进行国防教育岗前教育。福泉、长顺、贵定等县（市）开展科级以上干部国家安全形势教育 5000 人（次），平塘、惠水、独山、都匀等县（市）结合纪念抗日战争胜利 60 周年，在“全民国防教育日”举办书画展和“爱我中华、热爱和平”万人签名活动。2000—2005 年，全州设置国防教育固定宣传栏 26 个；县级以上（含国防教育工作机构）聘任的国防教育教员共 120 人，小学、初中聘请国防教育校外辅导员共 240 人；领导干部过“军事日”活动共 10 次，州、县举办专题讲座、辅导报告累计 50 次，累计受教育人数 64750 人（次）；都匀市、独山、平塘、三都、惠水等县（市）先后开办少年业余军校，参加少年军校活动 5600 人。

2006 年，州委、州政府将《中华人民共和国国防教育法》纳入“五五”普法范畴；州人大常委会在修订《黔南布依族苗族自治州自治条例》时，将全民国防教育写入条例。州国教办制定并实施《黔南州全民国防教育“十一五”规划》。同时，将国防教育纳入“双拥模范县”评比考核内容，将《国防大视野》刊物列为全州中小学国防教育辅导读物。

2007 年 3 月，州、县采取座谈会、知识讲座、发送手机短信、上街设点发放宣传资料、国防教育图片展览、国防知识竞赛等多种形式纪念《中华人民共和国国防法》颁布 10 周年。6 月 12 日，在平塘县召开全州国防教育研讨会，会议收到研讨文章 26 篇。会上，州国教办对探索国防教育工作的先进单位和优秀文章作者进行通报表彰。是年，独山县在学生中开展“五个一”活动（读一本国防书籍，看一部国防影片，画一幅“祖国在我心中”图画，参观一次国防教育基地，做一件爱国拥军好事）；长顺县利用赶场天，开展万人签名活动，县领导、驻军、机关干部在“热爱伟大祖国、建设强大国防”的大布标上签名。各县（市）利用当地有线电视台播放爱国主义题材电影 16 部，滚动国防宣传标语 10 条，长顺县、都匀市开展“五进”（进机关、进学校、进社区、进农村、进军营）活动。福泉市政府被中宣部、教育部、国家国防教育办公室评为全国国防教育工作先进单位。

2008 年 8 月，州国教办编辑出版《黔南州国防教育探索集》，刊载文章 39 篇，共 17.38 万字。是年 9 月，第八个“全民国防教育日”活动以“维护国家安全，共筑和谐家园”为主题，黔南电视台在 9 月 18—21 日每晚新闻时段滚动播出国防教育标语，同时播放国防题材影片；全州组织开展国防教育走上街头宣传活动 80 场（次），张贴悬挂宣传标语 1200 余幅，发放宣传资料 4 万份，观看国防教育图片展 5 万人（次），在电视台播放宣传标语 200 次，播放爱国影片 20 部，通过移动、联通、电信发送手机短信 5 万条，召开国防教育座谈会和国防形势报告会 10 场（次），参加过“军事日”活动的党政领导 80 余人。是年，州、县（市）国教办创办的国防教育刊物有《黔南国防教育》《都匀国防教育》《罗甸国防教育简报》《三都国防教育》，国防教育网站（页）有黔南州政府网站国防教育网页、独山党政信息网国防教育网页、三都县政府网站国防教育网页、平塘县金盆网国防教育网页、都匀市政府网站国防教育网页、福泉市政府网站国防教育网页。全州国教办在

《国防大视野》《黔南日报》《贵州日报》《当代贵州》《新华每日电讯》《贵州民族报》《西南民兵》《劳动时报》《军区战旗报》《西部开发报》等刊物上用稿98篇、图片5幅。

2009年2月，州国教办对2008年度国防教育宣传报道工作先进单位罗甸、福泉、惠水、独山、都匀、长顺、平塘、三都八个县（市）进行通报表彰。3—4月，县（市）国教办将国防法教育法律法规宣传融入全州送文化、送科技、送卫生、送法律“四下乡”活动。4月，平塘、罗甸两县国教办组织书画、摄影爱好者创作反映“双拥”内容及当地自然风光和民族风情的书画摄影作品40幅，参加贵州、广西两省（区）八地（州）十七个县（市）在罗甸举行的书画摄影联谊展览系列活动。7月16日，召开全州“五进”经验交流会，各县（市）提交经验交流文章进行经验交流。8月起，“全民国防教育万映计划”放映队在全州放映爱国主义题材影片，并适时插入国防教育宣传标语。9月，中国电影基金会通报表彰第二季度“全民国防教育万映计划”放映活动中优秀放映队，黔南州的贵定县66号放映队、瓮安县99号放映队、罗甸县60号放映队、福泉市38号放映队受表彰。是月，全州举办以“唱家乡、颂祖国、建家园、促和谐”为主题的“爱国歌曲大家唱”国庆歌咏比赛；在“全民国防教育日”活动期间，开展“赞美辉煌成就、建设强大国防”主题活动，州委领导在黔南电视台发表电视讲话，全州国教办通过黔南移动、联通公司发送国防教育手机公益短信7万余条，组织街头宣传活动85场（次），张贴、悬挂宣传标语1600余幅，发放宣传资料5万份，观看国防教育图片展7万人（次），在电视台播放宣传标语222次、播放国防题材影片35部，召开国防教育座谈会和国防知识讲座12场（次），参加过“军事日”活动的领导和机关干部100余人。11月是“全民国防教育月”，全州以“勿忘国耻，强我国防”为主题开展国防教育活动，州领导在广播电台发表冬季征兵工作动员讲话，县（市）党政领导带头走上街头发放国防教育材料，参加“全民国防教育月”签名宣传活动，利用电视、手机、宣传栏等载体，播放爱国主义题材影片、发送国防知识短信、张贴国防教育宣传资料等，电视台滚动播出“全民国防教育月”宣传标语，全州以发宣传材料、悬挂宣传标语、设置宣传板、咨询点、出动宣传车等形式，在主要街道、乡（镇）设置宣传点180余处，张贴宣传标语1700余幅，发放宣传资料20000余份，出宣传专栏55期。农村运用板报、宣传栏、小喇叭等载体及逐户递送宣传单等方式，开展国防教育进农村、进家庭、进群众心中活动。11月，独山县政府被中宣部、教育部、解放军总政治部、国家国防教育办公室评为全国国防教育先进单位，并代表贵州省先进单位赴北京参加全国国防教育工作会议。州国教办编辑出版《黔南州国防教育“五进”经验材料汇编》，全州国教办在《国防大视野》上刊登的信息15篇。

2010年3月10日，州委办、州政府办印发《关于加强全州全民国防教育的意见》。清明节期间，全州干部、群众、军人、学生5600余人到革命烈士纪念碑、烈士陵园参加缅怀先烈活动。纪念《中华人民共和国国防教育法》颁布九周年活动期间，全州张贴宣传标语9000余张、悬挂横幅180余条、发放各类宣传资料5.8万份，观看国防教育图片展10万人（次）。5月，建立黔南州国防教育讲师团，有成员9人。9月18日第十个“全民国防教育日”，州、都匀市国教办和州、市人防办在都匀步行街共同开展“富国强军、共筑长城”

为主题的全民国防教育日活动，分管副州长撰文《以富国强军固我国防为己任，扎实推进全民国防教育》在《黔南日报》上刊载；平塘县国教委在县电视台播出“勿忘国耻，振兴中华，为建设强大国防作贡献”致全县人民的公开信；荔波县组织驻地官兵走上街头向群众发放国防法规宣传资料，邀请业余文艺宣传队表演有国防内容的布依族、水族歌舞。全州张贴、悬挂标语1700余幅，发放各种宣传资料6万份，观看国防教育图片展12万人（次）。11月是《贵州省国防教育条例》颁布实施后的第一个“国防教育月”，州、县（市）领导发表电视讲话和答记者问10人（次），出动宣传车80多台（次），张贴悬挂宣传标语1万余幅，发放宣传单15万份，营造“一人当兵，全家光荣”的氛围。

2011年，州国教办制定下发实施《黔南州第十二个五年国防教育事业发展规划》；与州司法局、州普法依法治州领导小组办公室联合出台《关于在“六五”普法期间加强国防教育法律法规普及和宣传教育工作的意见》，印发至各县（市）、州直机关、企事业单位、大中专院校和中央、省驻黔南单位；全州通过听国防讲座、观看国防图片展、张贴宣传标语、广播、电视、LED电子显示屏等形式开展《中华人民共和国国防教育法》颁布十周年纪念活动；以“依法开展国防教育，增强公民国防观念”为主题，进行第十一个“全民国防教育日”宣传；结合征兵工作，开展“全民国防教育月”活动；独山县基长镇基长村“国防教育之家”于9月正式挂牌成立，成为全州第一个农村“国防教育之家”，州国教办对该镇党委、政府重视国防教育工作和基长村用花灯艺术形式宣传国防教育给予肯定，并赠送活动经费2000元。是年，独山县政府被中宣部、教育部、国家国防教育办公室评为全国国防教育先进单位。2012年3月，州国教办发出《关于组织开展“热爱人民军队，共筑钢铁长城”主题宣传教育活动的通知》，安排实施全年国防教育宣传活动。是年，根据中共中央、国务院、中央军委关于加强国防教育情况自查的意见，开展全州国防教育自查工作。经自查，在领导干部国防教育上，州、县（市）党校均开设国防教育课，聘请军地领导授课；在党政机关工作人员国防教育上，组织部每年的干部培训将国防教育内容列入计划，结合当时当地情况，开展国防教育讲座；在领导干部普法考试上，加入国防知识试题；在学校国防教育上，采取课外活动教育、学科结合教育、讲座教育、基地参观见学等形式，开展国防教育；在民兵、预备役人员的国防教育上，部队教育与国防教育同步安排；在创新手段开展群众性国防教育上，结合“全民国防教育万映计划”，通过州、县两级有线电视台播放爱国主义影片；在每年的“全民国防教育日”，分管领导在电视上是发表讲话；利用《西南民兵》《国防大视野》《黔南国防教育信息》等期刊进行工作信息报道和知识介绍。2013年3月，省国教办补助经费4万元，都匀市自筹16万元，建成一块120平方米的“加强国防教育，增强全民国防观念”公益广告牌，立于都匀市高速公路西匝道口旁。6月19—20日，开展国防教育“五进”活动观摩学习，观摩点为龙里县的企业、机关、社区3个点和长顺县的农村、机关、学校3个点。是年，在州、县（市）有线电视台、一些有大型LED显示屏的公众场合、较大型的商场播放国家国防教育办配发的国防教育公益广告。

2014年，在清明节和纪念《中华人民共和国国防教育法》颁布实施十三周年期间，州直机关和县（市）通过召开座谈会、悬挂和张贴标语等形式开展国防教育活动。9 月 30 日为全国首个烈士纪念日，州、县（市）以政府主持的方式，在当天按照《国家公祭日办法》的规定开展烈士墓祭扫活动，州四家班子领导及州直部门、都匀市四家班子领导、市直机关各部门、驻都匀部队官兵、中小学师生代表、革命烈属、老兵代表等 1200 余人到西山公园的烈士陵园祭奠缅怀先烈，各县（市）党政领导干部、驻军、学生等到当地烈士陵园开展公祭活动，全州参加公祭活动 2 万余人。在征兵期间，州、县（市）国教办参与征兵工作，利用征兵工作的时机开展国防教育。是年，全州各县（市）按照"六有"（有一套班子，有一套制度，有年度工作计划，有阶段活动小结、总结，有相应的经费投入，有必要的影视放映设备）要求，建成"国防教育之家"119 个，覆盖群众 78 万人；黔南电视台在新闻、综合频道播放国防教育公益广告；福泉市选送的易盛刚家庭入选全国"情系国防好家庭"。

二、国防教育基地

2005 年，荔波县筹资 560 万元，对"邓恩铭故居"进行保护性建设，新建陈列室 230 平方米，重新设置邓恩铭烈士革命事迹展览后，申报省级国防教育基地。2006 年，省政府命名"邓恩铭故居"为省级国防教育基地。是年，瓮安县"猴场会议"会址、独山县"深河桥抗战纪念园"、荔波县"红七军革命遗址"、长顺县"萧国宝英雄烈士墓"创建州级国防教育基地。2007 年，独山县得到解放军总装备部和成都军区的支持，成都军区将退役的坦克和飞机捐赠运抵"深河桥抗战纪念园"。2008 年，省政府命名"深河桥抗战纪念园"为省级国防教育基地。2009 年 4 月，推荐"邓恩铭故居"参加国家国防教育示范基地评选。

为推进国防教育基地建设，州、县两级加大国防教育基地建设力度，至 2010 年，全州累计投入建设资金 1000 多万元。其中，独山县建成 80 米宽，从县城到"深河桥抗战纪念园"的快速干道；"邓恩铭故居""独山深河桥抗战遗址""猴场会议会址"三个国防教育基地配备专门管理机构和人员，进行日常管理和宣传讲解，基地经费纳入县级财政预算。2012 年，荔波县投资 560 万元，对"邓恩铭故居"进行整修扩容，分展示区、陈列区，面积在原有基础上扩大一倍，每年的新兵入伍、学生军训、民兵训练、党支部和团支部活动等，都要到故居接受教育。独山县投入 500 万元，在"深河桥抗战纪念园"内修建县烈士陵园，丰富国防教育内容。是年，经州政府批准，再次推荐"邓恩铭故居"参加国家国防教育示范基地评选，获批准命名。

2013 年 8—9 月，开展国防教育基地自查，主要检查 2009—2013 年各基地的建设情况和国防教育人数情况。经检查统计，五年中，"邓恩铭故居"接待参观者 190 万人（次），"深河桥抗战纪念园"接待 120 万人（次）。是年，开展"国防教育之家"建设，于 10 月对全州"国防教育之家"建设情况进行实地检查，共检查农村、社区、机关、学校、企业 29 个点，受检点达到有"国防教育之家"牌子，有相应的国防教育制度，有领导小组，有经费投入，有活动总结和活动影像图片等要求。

2014 年，省国教办对黔南州国防教育基地建设情况进行考察，先后到独山、荔波、都匀、惠水、龙里等地实地查看基地建设和使用情况，对基地建设中存在的问题提出整改建议。是年，独山“深河桥抗战纪念园”申报国家级国防教育基地，获批准命名。至年末，全州有国家级国防教育基地 1 个，年参观人数 12.5 万人（次）；有省级国防教育基地 1 个，年参观人数 13.5 万人（次）；有其他国防教育场所 28 个。

第二节　拥政爱民

一、支援地方建设

（一）军分区援建

1991 年，军分区组织部队官兵、民兵参加地方重点工程建设，其中坡改梯建设 8390 亩，修建公路 54 公里，维修水渠 48 公里，植树造林 1.8 万亩。1993 年，全区部队、民兵参加重点工程建设投入劳动日 22116 个，支援农田基本建设劳动日 3753 个。平塘县人武部组织民兵建制连承包建成县内坡改梯工程 8000 亩。

1994 年 4 月，国务院印发《国家八七扶贫攻坚计划》，开始实施“八七”（用七年时间解决 8000 万贫困人口温饱问题）扶贫攻坚工作。军分区和县（市）人武部积极参与黔南州“八七”扶贫攻坚，定点帮扶贫困村。1995 年，军分区在贫困山区瑶山、麻山建立扶贫点，帮助群众解决实际困难。1996 年，各县（市）人武部分别建立扶贫联系点。军分区为扶贫点联系购买化肥 10 吨。1997 年，按省军区关于打好扶贫攻坚战的指示，军分区开展宣传发动工作，编发扶贫攻坚经验材料，请罗甸县大关村党支部书记何元亮到军分区机关作扶贫攻坚报告。同时，军分区要求各级人武部建立扶贫点。5 月，军分区在罗甸县召开精神文明建设暨扶贫攻坚工作汇报会，全区建有扶贫点 193 个，派出干部 300 多人轮流蹲点开展扶贫工作，立扶贫项目共 32 个，投入资金近 10 万元，联系贷款、申请资金 50 万元，办科技培训班 30 多期，培训农业技术骨干 600 余人，资助失学儿童入学 114 名。

1998 年，军分区机关为扶贫点都匀市杨柳街镇谷江片区购置良种 1200 公斤，捐衣物 1000 件，资助贫困儿童入学 12 名。福泉市民兵刘金龙出资 30 万元修建牛场中学教学楼。全区 193 个扶贫点全年办科技培训班 30 期，培训民兵、群众 1000 余人（次）。是年，福泉市人武部被评为“全国民族团结先进单位”，罗甸县人武部及 3 名个人分别被省军区评为扶贫工作先进集体、先进个人。1999 年，军分区采取定点扶贫方式，派出扶贫干部 300 多人（次），到扶贫点蹲点，实施科技、希望工程、基建、计生、引资等扶贫工程，共举办农村实用技术培训班 35 期，培训民兵、群众 4000 多人（次），扶助失学儿童 67 名。军分区获省军区拨给扶持资金 100 万元，为都匀市杨柳街镇谷江片区修建全长 13 公里的四级公路 1 条。罗甸、惠水两县民兵投工投劳修建乡村公路总长 30 公里。罗甸县人武部向有关单位申请资金 14 万元，为扶贫点凤亭乡勤丰村修建村小学。全区资助失学儿童入学 22 人。2000 年，军分区投入 2.7 万元修复扶贫点被洪水冲毁的公路，资助贫困学生 125 名，为贫困群众捐款6.4万元。三都县人武部组织民兵投入建设10万亩竹林工程；都匀市人武部组织专武干部和民兵参加都匀市万亩生态茶园开发，开垦茶园500亩。

2001年7月中旬，军区在独山县召开扶贫工作会议，审定各县（市）人武部参与西部大开发和扶贫工作计划，并对扶贫开发工作提出明确要求。是年，全区实施扶贫项目52个，部分项目初见成效。军分区为独山县麻万镇小学捐赠水泥50吨，修建球场，硬化道路；福泉市人武部资助扶贫点化肥10吨种植马铃薯30亩，并修建公路10公里；独山县人武部指导群众种植蔬菜200亩，为扶贫点修建党员活动室资助水泥5吨；平塘县人武部资助水泥25吨修建水池10个，组织民兵改造公路70公里；三都县人武部组织民兵参加县3万亩麻竹和生态林建设，为扶贫点修公路1.5公里；龙里县人武部组织退耕还林250亩，协调建立经济林500亩、蔬菜基地500亩。全区实施“321”（师职干部扶助3名失学儿童，团职干部扶助2名失学儿童，营职干部扶助1名失学儿童）助学工程，共资助失学儿童298名。成建制组织民兵预备役人员参加生态工程、修路、光缆铺设等基础设施建设20万人（次），官兵参加义务劳动30多次。

2002年初，按照《贵州省军区关于积极组织部队民兵预备役人员参与扶贫开发，为富民兴黔作贡献的意见》，军分区实施“千百十一”（每个人武部建设1000亩生态林，引导100户贫困群众脱贫，发展10个科技示范户，建立1个无封建迷信活动、无计划外生育、无打架斗殴、无黄赌毒私、无拖欠公粮税款的“五无村”）工程。各人武部与县（市）委、政府和林业局协调，多渠道筹集资金，确定退耕还林、荒山造林乡（镇），至4月全部结束，全区完成退耕还林还草2万亩。4月，都（匀）惠（水）公路开工建设，军分区成建制组织民兵团工程营，承建该公路第四标段国道321线都匀螺丝壳至摆忙长5.85公里海拔最高路段，投入启动资金50万元。在省交通部门对都惠公路施工检查验收中，民兵工程营建设的标段被评为速度最快、质量最好样板工程。7月初，军分区与州林业局协商，筹建黔南州民兵造林护林师，各县（市）组建民兵造林护林团，建设寓兵于民的造林部队、护林部队、森林防火部队，开展“组织万人队伍，建设十万生态林”活动。龙里县人武部在谷龙乡建立“公司+基地+民兵”种草养奶牛示范基地，投资135万元修建牛圈1500平方米，冷藏库及办公用房150平方米，氨化池500立方米，水池200立方米，引水渠4.5公里，连片退耕种草1000亩，购买冷藏设备1套、奶牛60头，参加种草培训民兵100余名。该基地按照“公司+基地+民兵（农户）”模式运营，与贵州山花乳业有限公司签订鲜奶供销和技术合作协议，与农户签订饲料和奶牛扩繁饲养协议。基地年内收购青储饲料500吨，带动临近的8个乡（镇）15个村380多户农户种草，平均亩产比之前年份增值600元。

2003年4月，州委、州政府、军分区在惠水县召开全区扶贫开发研讨会，研究组织民兵预备役人员参与支援西部大开发措施。7月，军分区与州委、州政府召开全州复退转军人“双带”（一兵带一家，一连带一村）致富会，会议作出《关于组织全区复员退伍转业军人开展“双带”致富，加强建设小康社会步伐活动的决定》，全区建立“双带”致富帮带点60个，省军区《政工简报》编辑黔南“双带”会议专辑。是年，民兵参加退耕还草还林4万亩，修路125公里，铺设光缆53.6公里，建茶园、果园、菜园近2000亩。军分区为贵定县高原村协调资金13万元、水泥24吨，修水窖15个、沼气池19个；协调资金8万元在罗甸县建立西瓜基地200亩，农户人均增收400元。

2003年4—5月，都匀市江洲镇武装部部长罗登奎向镇党委、政府请战，率领干部、民兵和群众，为江洲镇唯一不通公路的摆喜村修建公路，连续奋战两个月，修通公路。6月初，都匀市连降大雨，摆喜公路塌方27处，交通中断。罗登奎组织民兵义务投工投劳，与当地群众抢修公路，先后清除泥石近500立方米，抢修公路3.5公里，疏通车辆100余台（次），罗登奎连续奋战4个昼夜，因劳累过度突发脑溢血，于6月14日因公殉职，年仅46岁。6月16日，都匀市委、市政府和市人武部发出号召，要求广大党员干部和群众学习罗登奎在平凡的工作岗位上忘我工作、默默奉献的高尚精神。6月20日，中共黔南州委追认罗登奎为“优秀共产党员”。6月25日，军分区党委作出《关于开展向优秀专武干部罗登奎同志学习活动的决定》。2003年底，省委、省政府、省军区为罗登奎追记一等功。

2004年3月，黔南州启动“农户+院校+基地”扶贫工程，采取政府组织、部队参与、学校全力以赴的方式，开展让扶贫点农民学员免费学习、免费吃住、免费接送进大学听专家讲课的智力扶贫活动，军分区组织扶贫点扶贫对象41名到黔南州职业技术学院集中进行为期7天的农业种植、养殖技术培训。同时，投入资金10万元，开办科技扶贫带头人及种植、养殖等实用技术培训班30期，培训人员1225人。至年末，新建立和巩固科技示范户120户、“五无”村13个、扶贫点14个，资助贫困学生300名。军分区和州计生局共同为扶贫点三都县巫不乡尧排村协调扶贫资金10万元，帮助该村建立香猪养殖基地。2005年，军分区成建制组织民兵团工程营参与荔波机场公路建设。全区资助贫困学生200余名。

2006年，军分区在瓮安召开贯彻落实省军区西部大开发五年工作总结表彰大会精神暨“双带”工作座谈会，总结援建工作经验，部署新农村建设任务，制定下发考核办法，编印军分区参加和支援社会主义新农村建设暨“双带”工作资料汇编。军分区确定新农村建设扶贫联系点和党建扶贫联系点各1个，为新农村建设联系点争取资金20万元，发动群众种植大蒜1000亩，为党建扶贫联系点协调资金2万元。各县（市）人武部分别确定新农村建设联系点1个。2007年，实施“十乡百村千组万户”（10个乡、100个村、1000个村民组、10000户农户）工程。2008年3月上旬，全区组织民兵参加灾后受损林木清理、植树、受损房屋维修、兴修水渠和清理公路等活动。是年，军分区与州水利局联合成立军民共建农村饮水安全工程指挥部，组织全区官兵和民兵投入农村饮水安全工程建设。2009年，全区选派干部12名参加党建扶贫工作；为贫困学生和困难农户捐助资金10万元；军分区协调资金40万元，帮助扶贫点实施基础设施建设。2010年，组织复退军人、民兵预备役人员参加农业种植业产业化工程创建活动，为扶贫联系点福泉市谷汪乡提供水泥200吨，用于乡村道路建设。2011年8月29日上午，军分区机关、独山县人武部官兵职工到独山县麻万镇甲摆村甲摆河县城供水工程施工现场，帮助施工单位搬运钢管、运送站房建设物资等。

2013年，制定《都匀军分区2013年参建参治工作计划》《参加和支援西部大开发

2013—2020 年工作规划》，完善军分区扶贫援建网络，重点打造长顺县敦操乡、福泉市兴隆乡和贵定县盘江镇三个扶贫帮困示范点。在敦操乡开展座谈调研、助民劳动、捐赠物资、义务医疗、助学兴教等系列帮扶活动。以党建扶贫和派驻同步小康驻村工作队的形式，为福泉市兴隆乡凉水井村捐赠 28 万元帮扶资金修建通组路灯、水泥路等基础设施。

2014 年，军分区组织部队官兵和民兵参与同步小康创建活动，落实精准扶贫、植树造林、水利工程建设和红色资源开发四项工作。继续开展长顺县敦操乡、福泉市凤山镇等扶贫联系点援建，并取得成效。

（二）预师二团援建

2006 年，预师二团为都匀市坝固镇修建乡村公路支援水泥 15 吨。2007 年，按照《贵州省驻军拥政爱民规定》《贵州省拥军优属规定》，到贵定县定南乡乐芒村开展结对帮扶，培训经果林人才 12 人，开垦荒山 20 余亩，免费发放化肥 1.5 吨。在 2008 年初罕见凝冻灾后重建工作中，投入 390 人（次）为 65 户困难群众抢播抢种。

2008 年，组织人员到各营连所在县（市）和乡（镇）进行调查走访 3 次，确定都匀市墨冲镇河西村、河阳乡河阳村为团部新农村建设点；10 月，组织官兵参加龙里县洗马镇烟水配套工程试点建设活动；参加地方被毁水利工程施工；组织官兵支援贵州铝厂清槽，完成 48 口铝槽的清理任务。是年，全团有 2 个单位受到军地表彰，有 17 人分别受总部、成都军区、省军区、师以及地方党委政府表彰，其中立二等功 1 人、立三等功 2 人。2009 年，成建制组织预备役部队参加地方重点工程建设和抢险救灾活动。协调扶贫经费 10 万元，捐款 2 万元，实施扶贫帮困项目 2 个。

2012 年，与地方水利部门联系，确定都匀市河阳乡包阳村为团部新农村联系点，向该村赠送 40 吨水泥修建引水渠道，解决该村 1000 余户村民农田灌溉难题。2009 年，协调扶贫经费 10 万元，捐款 2 万元，实施扶贫帮困项目 2 个。2013 年，响应地方党委、政府号召，组织官兵参加“为青山增绿，给党旗添彩——植树护绿黔南在行动”活动，义务植树 15 亩。与驻地 5 个村党支部结成联建对子，共同研究制定村级发展规划，每年拨出经费为援建村购买化肥、科技书籍，协调科技局、州医院等预编单位开展“送医送科技下乡”活动。2014 年 3 月 11 日，参加黔南州“黔粤同行护佑两江”植绿护绿活动，义务植树 50 亩。

二、抢险救灾

（一）军分区抢险救灾

1991 年汛期，各县（市）发生不同程度洪涝灾害，军分区组织全州 12 个县（市）建制民兵连排参加抗洪抢险，救出受灾群众 6564 人，抢救各种物资折合人民币 1.75 万元，抢修公路、铁路 132 处。军分区机关干部、战士、职工为灾区捐款 1200 元、粮票 662 公斤及各种衣物 100 多套（件）。10 月 30 日，福泉县洒金谷发生一起特大交通事故，一辆满载旅客的大客车翻到 80 多米深的河中，福泉县人武部闻讯后，立即组织 20 多名干部、职工赶到现场，与地方人员一起连续奋战三昼夜，将落水死亡的 61 具尸体全部打捞上岸。1992

年5月13日，龙里县连降大雨，山洪暴发，国道321线六里桥被毁，两端1000多辆车被堵。龙里县人武部立即组织民兵200名加入抢修队伍，经过24小时连续奋战，道路修复通车。1993年夏季，国道321线都匀团寨至贵定昌明26.6公里段遭严重水毁，交通阻塞，都匀市、贵定县人武部组织民兵，与地方人员奋战20天，清理塌方10500立方米，疏通被堵边沟26公里，修砌挡墙4处1080立方米，修复路面26.6公里。

1996年4月27日，都匀市坝固镇羊亚民兵班长陈尚前发现毗邻的羊亚村发生火灾，立即组织指挥150名群众奋力扑救，使116户农舍免遭火灾，减少直接经济损失200多万元。救火过程中，他从6米多高的房顶摔下，当场昏迷，双手腕和右膝盖骨折，腰腹部严重摔伤。受伤住院期间，陈尚前吩咐家人向其他受灾农户捐款捐物。10月，省政府、省军区授予陈尚前“英勇无畏民兵班长”称号，州政府、军分区受省政府、省军区委托，在都匀召开命名大会，并作出向陈尚前学习的决定。8月，罗甸县城至贵阳公路因水灾造成大范围路段被水毁坏，县人武部及时组织200多名民兵参加抢险，历时7天，修复公路。

1997年6月，惠水县雅水续灌工程主干渠遭到50年未遇的大雨袭击，多处被冲毁。县人武部带领民兵150人进行抢修，保证灌区1.3万亩农田灌溉。是年春节期间及3月、9月，该县多处发生森林火灾，县人武部机关干部、民兵应急分队参加扑灭山火，灭火面积800亩。1998年、1999年，军分区组织民兵执行防雹、灭火、防汛抗洪、维护社会治安等急难险重任务累计17422人（次），全州7万亩蔬菜和37万亩正在开花的油桐免遭冰雹袭击，扑灭森林火灾面积9990亩，抢救树木2602立方米，抢救物资折合人民币1833.5万元，修复水毁公路1500米，清除土石方2000多立方米，回填土石方700立方米，构筑加固排水渠1600米，修复被水冲毁农田3143亩。

2000年6月，都匀市遭受百年一遇洪涝灾害，其他县（市）不同程度受灾，受灾人口138万人。灾情发生后，军分区组织部队和民兵参加抢险救灾，出动车辆609台（次），疏散群众6000人，转移群众850人、牲畜1300多头，搬运粮食150吨，清理淤泥3000多吨，捐款1.64万元、衣物237套、水泥2吨、化肥2.5吨。州政府、军分区对抗洪抢险先进模范集体和个人进行表彰。都匀市人武部被评为立功受奖先进集体，张海银、黄大远、陈其富等3人被评为立功受奖先进个人，受省军区表彰。

2001年3月，都匀、瓮安、贵定等县（市）先后发生森林火灾15起，三个县（市）人武部均迅速组织民兵赶到火灾现场扑灭山林火灾。7月，罗甸县发生洪水灾害，县人武部带领400多名民兵参加抢险，动用车辆70多台（次），营救和疏散转移群众1000多人，抢救各类物资数百件，清理淤泥垃圾1000多吨，维修房屋60多间。9月19日凌晨5时30分，由独山开往广西方向的一列货物列车在独山县尧棒乡朱石寨路段发生重大翻车事故，县人武部组织民兵500多名投入抢险，连续奋战12个小时，铁路提前10个小时通车。2004—2005年，军分区组织民兵总计17070人（次），出动车辆530辆（次），参加灭火救援、抗洪抢险等93次，转移受灾群众820人，解救被困群众350人，抢救物资9000余件，排除险情50多处，修复公路、铁路40余公里，扑灭森林火灾47起，交通事故救援30多起，清除泥石、垃圾5万立方米，整治地下水道20余公里。2006年6月26日，三都县遭受特大洪涝灾害，县人武部立即组织干部职工和民兵1300人参加抗洪抢险，洪水退后又组织民兵应急分队上街打扫卫生、清理垃圾污泥。省政府、省军区慰问团到三都县慰问人武部干部职工和全县民兵预备役人员。

2007年7月25—26日，黔南州除瓮安县以外的11县（市）遭受特大洪涝灾害，全州69.56万人受灾，因灾死亡11人、失踪3人、被困15万人，房屋倒塌1938间，军分区组织现役干部、职工和民兵4920人（次），动用车辆100台（次），冲锋舟2艘，投入抢险救灾工作。

2008年1月，黔南遭受特大雨雪凝冻灾害，军分区组织全区现役官兵和民兵投入以“保交通、保供电、保民生”为重点的抗灾救灾中，建立电力抢修、城乡供水抢修、恢复农业生产、送温暖四支民兵队伍投入灾后重建工作。全区出动现役官兵和民兵、预备役人员6万人（次）、车辆2500辆（次），协助疏导车辆、疏散救助滞留司乘人员，在路面铺沙撒盐150余吨，运送救灾物资1200余吨，清理公路250公里，义务供水360余吨，参加抢修电路50次250处，开辟电力抢修应急通道20余条，运送电力设施1000余吨。

2010年上半年，军分区面对黔南州遭受的罕见特大旱灾，组织以“保饮水、保春耕、保民生、保稳定”为重点的抗旱救灾行动，累计出动兵力2.7万人（次），车辆2710辆（次），为群众送水1.18万吨。尤其是长顺县遭受60年间最严重的旱灾，全县16.3万人受灾，县人武部组织干部、职工和民兵1000余人（次）参加10余起森林火灾扑灭行动，出动改装各类送水车120多辆，投入抗旱，协助贵州工学院开展支援抗旱救灾净水工作，每天净化水质200多吨，为灾区净化生活用水共4000多吨，解决3个乡（镇）1万多名群众的饮水问题，组织干部职工为受灾群众捐款2次共6580元，被成都军区评为“抗旱救灾先进单位”。

2011年11月，在贵新高速公路福泉市马场坪收费站口，发生一起运载炸药的地方车辆爆炸事故，造成8人死亡、164人受伤，福泉市人武部立即组织出动干部职工和民兵，参加人员搜救、运送伤员、清理现场、重要场所秩序维护和城区治安巡逻等任务。2012年，军分区出动官兵、职工和民兵人员共4000余人（次）、车辆280辆（次），参与都匀市凯口镇、平塘县“7·16”特大洪水抢险救灾和福泉市“9·13”谷坝煤矿透水事故救援等各类任务110余起。2014年，荔波县城发生“6·4”特大洪灾，福泉市发生“8·27”山体滑坡，州内多地发生森林火灾，军分区、各县（市）人武部及时组织部队官兵、民兵第一时间赶到现场抢险救灾，保护人民群众的生命财产安全，降低损失。

（二）武警黔南州支队抢险救灾

1991年5月20日上午，州支队五中队战士普朝林在墨冲镇墨冲村遇到一辆汽车翻入堰塘，普朝林立即跳入堰塘把困在车内的2名男青年救出并实施人工呼吸，在群众的协助下将2名青年送往医院，由于抢救及时，2名青年脱离生命危险，支队为普朝林记三等功。8月8日晚，警通中队战士叶瑞己在送信回队途经都匀一中大门右侧时，听到“抓强盗”的喊声，立即上前将实施抢劫的犯罪嫌疑人制服，并将犯罪嫌疑人和被抢的金项链交给了都匀市公安局广惠路派出所值班民警。事后，当事人带着感谢信和匾牌到州支队感谢叶瑞己，州支队为叶瑞己记三等功。9月28日晚21时，都匀市墨冲镇马坡432铁道口加288米处，一辆从独山向都匀方向行驶的大货车因刹车失灵，冲断栏杆，撞翻一辆农用运输车后，横卧在铁轨中央，致使行驶的1046次列车受阻。担负550处守卫任务的直属大队五中队接到险情后，官兵及时赶到现场参加抢险，疏散近400名围观群众，将大货车满载价值几十万元的各式高档电器全部搬运到安全地带。经过40多分钟的抢险，铁路恢复运行。10月30日中午12时，福泉县三江口发生特大翻车交通事故，福泉县中队官兵迅速赶到现场进行抢险，抢救遇难者。是年，在抢险救灾中，州支队受省公安厅表彰1人，省总队为福泉县中队记三等功，获州支队记三等功11人、嘉奖16人。1992年，全州武警部队参加抢险50余次，其中荔波县中队参加该县发生的森林火灾和民房火灾抢险9次，共出动兵力147人（次）。1993—1994年，全州武警部队参加各类抢险救灾122次，抢救遇险群众16人，抢救伤员42人，为危难急病人献血1800毫升，收到感谢信124封、匾42块。1995年3—5月，罗甸县中队连续扑灭大型森林火灾3起，挽回直接经济损失50余万元。11月6日，都匀老猫冲林场发生火灾，州支队调集驻都匀中队、机关、警通中队、教导队赶赴火场，奋战24小时，将大火扑灭。

1996年4月，根据州、都匀市防汛指挥部的总体方案，州支队制订防汛抢险方案。1997年，驻黔南武警官兵参加抗洪抢险救灾103次，派出车辆50台（次），修复河渠1000余米，修路3000米，清除淤泥土1000立方米，抢救遇险群众750人，抢救财物价值180万元。全年出动兵力参加抢险救灾1200人（次），为人民群众挽回经济损失520万元，获记三等功官兵11名。1998年，参加交通事故、火灾等抢险3次，记三等功1人。1999年，参加汽车事故现场抢险等各类抢险救灾29次。

2000年6月上旬，黔南州12个县（市）不同程度遭受特大洪涝灾害，都匀、平塘、三都、荔波、独山、福泉、惠水等县（市）受灾最为严重。灾情发生后，驻黔南武警部队出动兵力1240人（次），先后解救、疏散、转移被洪水围困群众5000多人，抢运物资1000余吨，转移牲畜2000多头（匹）、轿车19辆，清理淤泥和杂物800余吨，抢修公路200余米，捐款1.3万元，为国家和人民挽回经济损失7300万元。2001年，在抢险救灾中，立功受奖官兵7名，其中，罗甸县中队排长王学军获省总队记二等功。

在2004年7月18日平塘县六硐河乡抗洪抢险中，直属六中队官兵连续作战36小时，营救、转移、疏散被洪水围困的群众1100余人，转移牲畜455头，抢救物资60余吨，挽回经济损失1100万元。直属六中队获省总队记集体二等功。州支队抢险救灾33次，派出兵力665人（次）。2005年，州支队参加扑火等抢险救灾勤务20次，为国家挽回经济损失500万元。

2007年，教导队参加抗击雨雪凝冻自然灾害，完成道路疏通、事故救援、架设电杆、守护发电机等急难险重任务，为滞留客车送水、送暖、送食，慰问困难群众1500人（次）。2008年1月，黔南州遭遇历史上罕见的严重低温雨雪凝冻天气，驻黔南武警部队投入兵力总计2319人（次），出动车辆700多辆（次），总行程8万多公里，运送救灾物资5000余吨，为灾区无偿献血8000毫升，捐款捐物总价值3.5万元，州支队获省总队记集体三等功。2009 年 2 月，福泉市城厢镇果园场、惠水县省级风景名胜区野梅岭森林公园、罗甸县三岔河林场和落脚河林场、龙里县国有林场、长顺县黄水沟林区等地先后发生重大森林火灾，过火面积 1 万余亩。灾情发生后，武警部队共出动兵力及时将大火扑灭。在是年的抗洪、山体滑坡等抢险救灾中，全支队有 5 人立三等功。2010 年，州委主要领导在州支队的抗旱救灾情况报告上批示："感谢武警官兵，继续发扬英勇顽强、敢于战胜各种困难的气概，为维护全州的和谐稳定再作新贡献。"省总队转发了黔南州支队的经验和事迹。

2011 年 7 月 2 日，平塘县牛棚煤矿发生透水事件，造成 23 名矿工被困井下，州支队出动兵力 34 名参与救援、保障和运送遗体任务，连续奋战 17 个昼夜。11 月 1 日 11 时 30 分，福泉市马场坪镇收费站附近的修车场发生一起车辆爆炸事故，州支队出动兵力 250 名、车辆 7 台，担负爆炸现场警戒、中储粮库和瓮福集团守卫、社会维稳及粮食转运、驻地机动备勤等任务，共抢救伤员 60 余人，转移群众 1000 余人，疏导车辆 500 余台，抢运物资价值 100 余万元，清理现场危险品及垃圾 800 多立方米。2012 年，罗甸、贵定、都匀等县（市）先后发生火灾，长顺、平塘等县发生水灾，驻地武警部队官兵及时救援抢险。

2014 年 1 月 23 日晚，福泉市马场坪办事处平堡村发生特大山林火灾，州支队紧急出动兵力 120 名赶赴现场，经过官兵奋力扑救，24 日上午扑灭山火。8 月 27 日 20 时，福泉市道坪镇英坪村发生山体滑坡，造成 20 户民房被埋，17 人遇难，6 人失去联系，22 人受伤。事故发生后，州支队立即派出 100 余名官兵前往救援，至 9 月 3 日，完成福泉山体滑坡救援维稳任务。

（三）预师二团抢险救灾

2006 年，预师二团组织 60 余名预备役官兵参与三都县抢险救灾，挽回国家和人民经济损失 60 万元，有 5 名预备役官兵被当地政府评为抢险救灾先进个人。2007 年 7 月、8 月，黔南州内持续普降暴雨，预备役官兵 100 余名赴三都、平塘抗洪抢险第一线抢险救灾。

2008 年 1 月，在抗凝冻救灾期间，出动官兵 6000 余（次），出动车辆 720 台（次）参加抗灾救灾行动，运输各类救灾物资 2000 吨，清扫道路 425 公里，参与抢修龙里、贵定、三都、瓮安、独山、荔波、福泉等县（市）农村供电线路以及都匀市的电力、通信等设施 87 处，修复供水管道 147 处，组织卫生队到村寨为 560 多名受灾群众义务就诊治疗，免费发放药品价值 2500 元。

自 2009 年 7 月起至 2010 年上半年，黔南州大部分地区发生历史上罕见旱灾。灾害发生后，全团官兵投入"抗旱灾、降火魔、保民生"的抗灾救灾中，出动现役、预备役官兵 6600 余人（次），送水 4668 吨，保苗 502 亩，引水抢种 168 亩，春耕备耕 76 亩，清理河道 5000 米，清理水渠 1500 米，铺设水管 2630 米，扑灭山火 137 起，协调投入经费 40 万元，向灾区捐款 3 万元。2010 年 7 月，团政委侯险峰被省军区表彰为抗旱救灾先进个人。2012 年，完成"1·4"贵定高速公路特大交通事故铲冰除雪、执勤警戒任务。

2013 年 10 月 20 日晚，福泉市高石乡哲岩煤场发生特大事故，在州委统一指挥下，紧急出动人员、车辆、帐篷，到高石乡哲岩煤场协助地方政府救援，得到州、市领导的肯定。上半年，向四川地震灾区捐赠救灾款 32450 元。

2014年8月27日晚，福泉市道坪镇发生山体滑坡，接到救援电话后，紧急出动50人、车5辆，连夜奔赴灾区开展救援，完成抢救遇难者、转移受灾群众、清除危房、清除次生灾害等任务。

三、精神文明共建

（一）军分区精神文明共建活动

1991年，军分区在平时的理论学习中，对干部、职工进行“以驻地为故乡、视人民为父母，为驻地经济社会发展作贡献”经常性教育。1992年春节期间，军分区组织团员到都匀火车站协助执勤、帮助旅客4次，卫生所为群众治病7977人（次）、抢救危急病人6人。4月，军分区投入人力200人（次），出动车辆50台（次），投入现金5000元，参加都匀市剑江河治理。1993年，全区成立学雷锋优抚小组250个，帮助军烈属、困难户打田栽秧，官兵做好事12300多件，获成都军区授予学雷锋标兵1人，获省军区授予学雷锋先进集体5个、先进个人4人。1995年4月，都匀市境内发生一起严重车辆烧毁事故，烧伤35人，干部战士为医治伤员捐款2210元。1996年，军分区落实江泽民“军队精神文明建设要走在全社会前列”的指示，组织官兵向灾区捐赠大米1250公斤、物资35件。

1997年5月8—9日，军分区召开“全区精神文明建设暨扶贫攻坚工作汇报会”，建立军民共建单位9个。军分区机关与都匀一中结成军民共建文明学校，军分区机关部门以上领导每人结对帮扶1名儿童上学。是年，向社会公益事业捐资5万元。2001年3月，全区建立学雷锋小组47个，为群众理发、义务看病1万余人（次），修理电器、自行车3000余台（次）。5月，独山、荔波、都匀、福泉、贵定、惠水等县（市）人武部利用民兵训练之机组织民兵打扫城镇卫生，清除城市垃圾20余吨；全区有21名干部、40名民兵定期帮助18户孤寡老人解决生活困难；军分区机关、干休所、修械所开展为扶贫工作重点县青少年“捐赠一本好书”活动，于5月31日举行捐赠仪式，捐赠书籍近千册。7月，军分区和人武部与地方学校、医院、厂矿、企事业单位建立军民共建单位100多个，为共建单位作形势报告13次、国防知识讲座6场（次），军训职员4700多人，军训学生8000多人，举办知识竞赛7场（次）。是年，全州有“双拥模范城（县）”3个，其中福泉市连续多年评为“全国双拥模范城”，贵定县、瓮安县分别被评为省级“双拥模范城”；独山县人武部被州委、州政府评为“民族团结进步先进集体”，军分区政治部主任黄大远被评为民族团结先进个人。

2002年，军分区和各县（市）人武部分别成立拥政爱民领导小组及其办公室，各领导小组每季度集中驻军召开一次拥政爱民工作会议，定期向地方党委、政府汇报工作情况。全年全区部队在报刊上发表拥政爱民文章200余篇，在电视台播放促进军政军民团结和增强爱国意识的影片120余次，利用农村赶场天开展拥政爱民巡回宣传。贵定县驻军修订《拥政爱民公约》，福泉市驻军会同市委、市政府制定《福泉市驻军（警）拥政爱民工作若干规定》。5月、10月，军分区开展“节省几块零花钱，为国增添一片绿”活动，全区159人参加，捐款4991.5元。7月，经惠水县政府批准，惠水县人武部、县委宣传部、团县委、教育局、民政局联合举办的少年军校正式挂牌成立，县政府一名副县长任名誉校长，县人武部部长任校长，主要招收惠水县城及城郊附近10岁～16岁的中小学生入学就读，126名学生于7月11—22日成为少年军校第一期学员，经政治教育和对内务条令、队列、军体拳、日常小家务等训练和培养，学生经考核全部结业。12月，开展向灾区人民献爱心、送书、送药活动，军分区机关及12个县（市）人武部共捐款8350元，捐书1500余册，免费医诊500余人，赠送药品价值1000余元。

2004年“八一”前夕，军分区机关组织官兵向灾区捐款、捐物，到凯口镇将捐款4600元、衣服90余件送到灾区人民手中，帮助凯口镇的洪灾受灾户恢复生产、重建家园。2005年春节前，对尧排村贫困户、困难军烈属和复退军人进行慰问，送去慰问金8000多元和米、油、肉等。“八一”建军节，州委、州政府表彰军分区“拥政爱民”先进单位2个、先进个人2名。2007年春节期间，军分区对扶贫联系点45户贫困群众、军烈属和独山、都匀的部分伤残、贫困退伍军人进行慰问。2008年初，军分区官兵职工捐款4万多元，帮助凝冻灾害受灾群众渡过难关。四川汶川“5·12”特大地震发生后，及时组织全区官兵职工开展捐款、交特殊党费活动，向灾区捐款15万元。

2009年春节前，都匀军分区对都匀、福泉16户特困革命伤残军人、军烈属和特困群众进行慰问。

2010年，军分区对全州168户烈士遗属和重点优抚对象进行全面摸底，登记造册，并在元旦、春节期间一户不漏地走访慰问，组织烈士遗属到广西、云南等烈士陵园祭奠。

2011年1—2月，龙里县人武部组织关爱军烈属和留守老人儿童活动，中央电视台进行了报道。

（二）武警黔南州支队精神文明共建活动

1991年，州支队成立拥政爱民领导小组，组织开展拥政爱民活动。是年，全州武警部队官兵为群众修家电214台，参加地方政府组织植树9413株，捐款3408元、粮票374.5公斤、衣服138件，地方送锦旗4面、感谢信16封；建立警民共建点26个，上法制课27次，受教育群众5200多人；派出校外辅导员和军训骨干27人，军训大专、中专、中学生4615人；教师节慰问部队驻地中学、小学并赠送物资及现金2000元；举办培训班2次，培训33人，获合格证书33人；为群众治病950人（次），照顾军、烈属及五保户4户，清除垃圾50余吨。

1992年3月，州支队表彰福泉县中队、教导队、三都县中队等学雷锋先进集体3个、学雷锋标兵5名和学雷锋积极分子23名。6月，27个警民共建点与当地政府开展警民共建双拥模范城和共建文明城市活动。是年，州支队参加第三次“全国助残日”活动，学雷锋小组为群众义务理发1231人（次），为民办好事623件，义务摄影421张，义务修理录音机、电视机18台，义务为群众看病523人（次），打扫卫生54400平方米，清扫垃圾445吨，植树93600株，共收到感谢信17封，福泉县中队被省总队评为拥政爱民先进集体。

1993年，驻黔南武警部队支援地方经济建设，改善城区环境投入劳动力3800个，义务植树9850株；为大、中、小学生上国防知识教育课18次，受教育9560人（次）；军训学生、公安（含保安）10780 人；宣传计划生育基本国策 25 次，受教育 7248 人；为群众义务治病、量血压、义务咨询等 2578 人（次），长期照顾孤寡老人、残疾人 15 人；为群众义务修理钟表、自行车、电视机、电冰箱、洗衣机等 235 件；义务上街和在营区路道设摊为民理发 5729 人；为“希望工程”捐款 6593 元，“六一”儿童节、“教师节”慰问驻地学校、幼儿园并赠送图书、铅笔、作业本、保温瓶等；义务清理道路和公园积雪、打扫公共场所、冲洗会场等，参与活动官兵总计 3583 人（次）。

1995—1996 年，州支队及基层单位分别成立普法宣传组，开展普法宣传活动 114 场（次），受教育群众 8 万人；参加地方农田水利建设项目 8 项，投入劳动日 11000 余个；有学雷锋小组 65 个，开展学雷锋活动 98 次，参加人数累计 1 万余人（次），为群众治病 2200 人（次），长年照顾孤寡老人 36 人，以及义务为民理发、修理钟表、送水等；全州有警民共建点 45 个，开展法制共建活动，帮助地方培训普法骨干 339 人，警民共建点中 80% 的单位被评为当地文明单位；建少年警校 2 所，军训学生 11530 人。一中队、龙里县中队、罗甸县中队于 1995 年被黔南州评为拥政爱民先进集体。1996 年，直属三中队、五中队和荔波、独山、三都等县中队对群众开展计划生育知识宣传教育。

1997 年初，州支队与都匀市委、市政府共同制订《共建双拥模范城三年规划》。州支队政治处与都匀市民族事务委员会签订《共建文明公约》，挂牌成立警民共建威风锣鼓队。

1998 年，开展“向灾区人民献爱心”捐赠活动 2 次，捐款 33335 元；开展各类警民共建活动 50 次，主要有打扫街道卫生、疏通暗沟、清除垃圾、为群众做好事等。

1999 年，州支队先后走访地方机关单位 28 个，邀请 17 个用兵单位和 22 个警民共建单位的领导到支队座谈，征求意见，州委、州政府及州公安局的领导先后 8 次到支队机关看望官兵。全年开展各类爱民助民活动 37 次，为驻地群众做好事 203 次，照顾老人 16 人，救助失学儿童 8 名，资助经费 8000 余元。根据《黔南州双拥领导小组关于进一步开展“爱心献功臣行动”的请示》，为独山县特困复员老军人胡玉成修建住房，官兵捐款 1. 3 万元。4 月 3 日，国家计生委主办的《人生杂志》社派出记者对五中队官兵爱民事迹进行专题采访报道。

2000 年，驻黔南武警部队为孤寡老人、失学儿童、特困户捐款 10790 元，义务植树 6000 余株，义务投劳 170 个劳动日。直属大队五中队官兵十年如一日把帮助驻地少数民族群众脱贫致富当作实践“爱人民、为人民”的具体行动，他们的事迹经验写成《国策致富兴寨》的文章在国家计生委网站进行报道。

2001 年，开展“把驻地当故乡，视人民为父母”教育，建立警民共建档案，规范警民共建点 22 个。平塘县中队和福泉市中队设立“爱心账户”，帮助少数民族单亲儿童 3 名和贫困家庭儿童 2 名重返校园。在“向西部春蕾女童献爱心”活动中，官兵向“西部春蕾女童”献爱心捐款 7762 元，贵定县中队与县“春蕾女童班”结成对子，每学期定期为女童送去书籍和学习用品。全年全州武警部队开展各类活动 52 次，义务植树 6000 余株，为孤寡老人、失学儿童捐款 8 万元。

2002 年，开展学习雷锋、践行《公民道德规范》等系列活动，为贫困地区捐款 1. 3 万元，为灾区人民捐物1000余件（套），为希望工程捐款8000余元，为地方大中专院校学生上国防知识教育课12次，受教育人数达2000余人，军训学生3000余人。是年，武警总部、省总队拍摄直属大队五中队五班扶贫帮困对象布依族少女石新池走自立成才之路的专题片《布依山寨太阳花》，该片获第十届中国人口文化奖一等奖。2003年，州支队举办警民联欢晚会3次、警民联谊会1次及第三届团结杯篮球、拔河比赛。2004年，全州有警民共建单位31个，全年组织官兵植树2000余株，利用节假日为群众看病1000人（次），为民理发520人（次），义务修理自行车50多辆、修理家电45台（件），为地方大中专院校上国防知识教育课12次，军训学生5000多人，为贫困山区、灾区捐款10790元，州支队扶贫帮困点沙寨乡新和村被州委、州政府评为先进单位。

2006年，州支队与团州委共同开展“扶贫济困、帮助群众增产增收，捐赠农用物资”为主要内容的庆“七一”主题实践活动，为惠水县甲戎乡拉岩村177户村民捐赠化肥价值1.4万元。2007年，州支队先后与黔南师院、州直机关团工委举办“拥抱军旅，闪光青春”联欢晚会和“迎新年、迈新步、育新人”警民联谊会。

2011年11月，州支队卫生队在墨冲镇开展医疗便民服务。此外，为望谟灾区捐款6.9万元。

2012年10月12日，州支队向墨冲小学“春蕾计划”进行捐赠，在该校举行捐赠仪式，号召全体官兵向失学儿童献爱心，为贫困儿童捐款。全年组织官兵植树2100余株，利用节假日为群众看病达100余人（次），为民理发220人，为地方大、中专院校学生上国防知识教育课22次，军训学生5000多人。2013年，长顺县中队传承“背篼干部”精神，为大山深处老百姓送米，听当地干部宣讲“背篼干部”精神。在警民共建活动中，开展向雷锋、李向群学习活动和“奉献第二故乡，情注孤寡贫困”活动，捐资助学，照顾孤寡老人和留守儿童。

2014年，全州武警官兵“双拥”活动主要有：共建文明城，看望慰问敬老院孤寡老人，资助失学儿童13名，植树造林、清雪行动、灭火行动、学生军训、庆“八一”文艺会演等，累计投入经费36万元。二大队五中队、平塘县中队、长顺县中队、罗甸县中队等单位连续多年资助贫困生21名。是年，长顺县中队被贵州省委、省政府、省军区评为全省拥军优属、拥政爱民“先进基层单位”。

（三）预师二团精神文明共建活动

2006年，组织官兵参与建州50周年各项庆祝活动；对都匀一中、黔南医专两所学校新生3100名进行军训；先后3次组织100余人（次）参加都匀市的“整脏治乱”活动，对剑江河、都匀市街道进行清理和打扫；组织官兵开展“献爱心、送温暖”活动，捐款2400元，捐衣物150余件。

2007年，组织医务人员义务为群众看病，免费发放药品价值2500余元；组织官兵100多人（次）参与驻地都匀市“整脏治乱”活动；采取分发宣传资料、版报宣传、辅导上课等形式，对驻地5000余名群众进行国防教育；组织官兵为黔南医专、黔南州内中小学5000多名新生和驻地8家企事业单位进行军训；组织200余人（次）参加贵州省旅游开发大会及西红柿文化节维稳；参与黔南州饮食文化节暨茶文化节秩序维护等维稳活动；组织官兵参加“送温暖、献爱心”捐赠活动，共捐款2万元。

2008年，为都匀一中、二中、黔南医专军训新生4000多名；在“八一”建军节，组织地方领导人过“军事日”活动；组织100余人（次）参加都匀市“整脏治乱”活动；团长张榕获贵州省委、省政府授予贵州省2008年度“民族团结先进个人”称号。

2009年8月，预师二团获州委、州政府授予“拥政爱民先进单位”。

2010年，参与都匀市争创省级双拥模范城活动。5月，组织预备役官兵开展“飞扬绿丝带，擦亮绿宝石”活动，冒雨为荔波县小七孔风景区清除泥沙30余吨，清理河道、护坝固堤60余米。8月，与都匀市人大常委会、市政协等单位签订军民共建协议。8月中旬至9月中旬，完成都匀一中、四中和黔南医专共计4000余名入校新生军训任务。是年，完善瓮安县红军干部团休养连旧址和荔波县邓恩铭出生地红色资源帮扶规划。走访慰问驻地军烈属5户，发放慰问金2000元，向都匀三中贫困学生捐助3000元。

2013年7月，承办黔南州第三届“八一”杯篮球联谊赛。

2014年1月10日，向都匀市第十小学开展捐资助学活动，为该校30名贫困学生捐赠价值1万元的学习用品、励志书籍、冬季衣物和常用药品。2月19日，组织官兵向一名白血病人无偿献血共计2800毫升。

第八篇

经济综合管理与监督

第一章 宏观经济管理

1991 年，黔南州宏观经济管理机构为州计划委员会。随着国家社会主义市场体制的逐步建立，黔南州经济管理体制逐步由指令性计划向指导性计划转变。1993 年，全州指令性计划的工业品从 120 种减少到 60 种，其产值占工业总产值的比重由 40% 下降到 17%，国家统配物资由 259 种减少到 26 种；用于生产和建设的资金，由财政筹集的 76.6% 下降到 31.2%，由银行筹集的 23.4% 上升到 68.8%。指令性计划大幅度缩减，与此相应的资金、生产资料、消费资料等市场化程度扩大，国家计划直接决策的范围减少，地方和企业决策权限相应增大。行政性手段逐步削弱，经济手段、经济政策和经济法规的作用不断增强。

1994 年，全州贯彻中央《中共中央关于深化体制改革的若干意见》《中共中央关于建立社会主义市场经济体制若干问题的决定》，围绕转变经济管理调控职能，着手改变传统的指令性计划制度，建立适应市场经济要求的指导性计划制度，由直接调控为主向间接调控为主转变，同时注重规范经济管理权限。通过改革，计划工作逐步向侧重于研究、制定国民经济和社会发展战略目标转变，工作重点转移到中期和长期计划上，并简化年度计划，相应改革计划方法，重视经济信息和预测，提高计划的科学性。1996 年，黔南州计划委员会改为黔南州计划局，经济管理职能进一步转变，强化宏观调控职能，弱化微观经济管理职能。2001 年 12 月，黔南州计划局更名为黔南州发展计划局。2004 年，黔南州发展计划局改为黔南州发展和改革局（以下简称州发改局），州政府对其管理职能职责作出相应调整。2010 年，州发改局变更为黔南州发展和改革委员会（以下简称州发改委），相应调整其职能职责。2013 年 4 月，州发改委设立黔南州深化医药卫生体制改革领导小组办公室、黔南州扶贫生态移民工程领导小组办公室、黔南州铁路建设办公室（由西部开发办公室分设单列）3 个办公室。6 月，设立黔南州重大项目办公室。2014 年 12 月 31 日，州政府对原州发改委的职能职责进行改革调整后，设立新的州发展和改革委员会。1991—2014 年，黔南州宏观经济管理机构历经多次改革，一直都是州政府的组成部门。

历次经济管理体制改革，对于发挥市场体制在资源配置中的基础性作用，调动地方企业和劳动者等各个方面的积极性，增强经济活力，推动境内改革开放和经济发展都发挥了重要作用。

第一节 计划编制与实施

一、计划编制

1991 年，州政府委托州计划委员会牵头，组织相关部门编制《黔南州国民经济和社会发展 10 年规划和“八五”计划》，经州第九届人民代表大会第一次会议审议通过，确定“八五”期间全州国民经济和社会发展主要计划目标。

1996 年初，州政府组织有关部门编制《黔南州国民经济和社会发展“九五”计划和 2010 年远景目标纲要》，于是年 6 月 26 日州第十一届人民代表大会第一次会议审议通过，批准实施。“九五”计划主要明确经济总量目标、经济体制改革目标、经济结构目标、社会事业发展目标、人民生活目标等五大目标。

2001 年初，围绕州委、州政府提出的“夯实农业基础，建设工业新州、畜牧大州、生态绿州、文化亮州、旅游热州，实现富民兴州”目标，州发展计划局组织相关部门修改制定《黔南州国民经济和社会发展第十个五年计划纲要》，2001 年 4 月 29 日，州政府提请州第十一届人代会第一次会议审议通过。

2006 年 2 月，编制《黔南州国民经济和社会发展第十一个五年规划纲要》，提请州第十一届人代会第七次会议审议通过。“十一五”确定的经济社会发展主要预期目标涉及宏观调控、产业结构调整优化、城乡区域协调发展、资源综合利用和节约、社会事业发展和改善公共服务、生态建设和环境保护、深化改革和扩大开放、提高人民生活水平、安全生产 9 个方面主要目标。

2011 年 2 月 26 日，《黔南州国民经济和社会发展第十二个五年规划》提请州第十二届人代会第六次会议审议通过。“十二五”全州国民经济和社会发展主要预期目标为全州生产总值年均增长 18%，第一、二、三产业增加值分别年均增加 8%、23%、16% 以上，经济社会发展的重要领域和关键环节改革取得明显进展，政府公信力、执行力和服务水平明显提高，对内对外开放不断拓展，开放型发展格局进一步形成。

“八五”至“十二五”期间，每年编制国民经济和社会发展年度计划下发实施。

二、计划实施

（一）“八五”计划实施

1991—1995 年，实施黔南州“八五”计划。“八五”期间，州及各县（市）党委、政府从地情出发，制定一系列加快发展的政策、措施，尤其重视和加强能源、交通、邮电通讯等基础工业和基础设施建设，完成国民经济和社会发展“八五”计划。1995 年，全州国民生产总值完成 46.09 亿元，占“八五”计划的 102%，比“七五”期末增长 66.2%，“八五”期间年均增长 10.7%，高于“七五”年均增幅 0.5 个百分点，在 1980 年基础上提前实现翻两番的目标，其中，第一产业年均增长 5.8%，第二产业年均增长 14%，第三产业年均增长12.7%，一、二、三产业在国民生产总值中的比重由“七五”期末的50.3:30.1:19.6调整为“八五”期末的45.7:32.1:22.2。工农业总产值达到60.25亿元，比“七五”期末增长83.6%，年均增长12.9%；财政总收入（含上划）达到6.5997亿元，比“七五”期末增长150%，年均增长20.1%。其他各项经济指标均有较大幅度的增长。

“八五”期末，全州农业总产值24.93亿元，比“七五”期末增长31.5%，“八五”年均增长5.6%；粮食总产量103.43万吨，比1990年增加18.05万吨；油菜籽总产量6.29万吨，比1990年增加0.93万吨；烤烟总产量2.55万吨，与1990年基本持平；畜牧养殖业总产值6.63亿元，占农业总产值的26.6%，肉类总产量11.37万吨，比1990年增加3.25万吨；五年累计完成造林338.5万亩，森林覆盖率由“七五”期末的20.03%上升到36.51%；1995年乡镇企业完成产值28.63亿元，首次超过农业产值。“八五”期间，累计有计划输出劳务人员18.33万人，农村剩余劳动力就地转移有新的进展。1995年，全州工业总产值35.32亿元，比“七五”期末增长154.8%，年均增长20.6%，其中，乡及乡以上工业企业完成总产值25.9亿元，比“七五”期末增长124.6%，年均增长17.6%。“八五”期间，全州共完成新技术项目80项，有20多个产品获省优质新产品奖，14个产品荣获省名牌产品称号。

“八五”期间，全州国有单位（不含部、省属）固定资产投资共完成10.9亿元，比“七五”增加6.6亿元，其中，基本建设投资8.3亿元，比“七五”增加6.3亿元；技术改造投资2.6亿元，比“七五”增加3000万元。农业狠抓以工代赈坡改梯和中低产田土改造，实行山、水、林、田、路综合治理取得成效，五年共完成坡改梯31.3万亩，新增、改善和恢复灌面50万亩，解决34.32万人的饮水困难，水土保持治理352.78平方公里，新增茶园5万亩、果园9万亩；工业除卷烟、原煤、精锑、化肥、水泥、黄磷等产品产量比“七五”期末有大的提高外，重点发展了五钠、洗衣粉、氢钙、农用车等一批新产品；新增地方电力装机2.3万千瓦，新建110千伏变电站6座，新建、改建公路500公里，新增城市供水能力3.95万吨/日，程控电话交换机6.05万门。1995年底，全州12个县（市）和部分乡镇先后开通程控电话，部分县（市）开通移动电话。

“八五”期间，全州财政收入连续跃上3亿元、4亿元、5亿元、6亿元四个台阶，1993年提前完成“八五”计划指标。“八五”时期，全州财政收入累计完成25亿元，是“七五”累计完成数的2.6倍。在州级财政收入稳定增长的同时，县级财政实力不断壮大，1993年，历年财政收入在几百万元的三都、罗甸、平塘、长顺4个县均跃上1000万元台阶。“八五”期末，全州金融机构各项存款余额达36.3亿元，比“七五”期末增长1.2倍，各项贷款余额42.5亿元，比“七五”期末增长173.5%，存贷差进一步缩小。

“八五”期末，全州社会消费品零售总额18.4亿元，比1990年增长119.6%，“八五”年均增长17.0%；国合商业实现消费品零售额7.6亿元，占全社会商业消费品零售额的54.85%，比1990年增加4.9个百分点。1995年，全州社会零售物价总指数为114.8%，比上年降低6个百分点，低于全省平均水平；“八五”期末，全州个体私营经济发展到近4万户，从业人员6.5万人，上缴税金8035万元，分别比“七五”期末增长25.3%、

54.6%和192.1%。

“八五”时期，加强贫困地区扶持开发，增加城乡居民收入，五年全州有71.72万农村贫困人口越过温饱线。1995年，全州农民人均纯收入达到923元（当年价），比1990年增加450元，城镇居民的收入4195元，比1990年增加2962元。

1991—1995年全州国民经济和社会发展计划主要指标及完成情况一览表

表8-1-1

年度	指标名称	计量单位	计划数	完成数	占计划%	比上年±%
1991	一、国内生产总值	亿元		29.85		7.7
	第一产业	亿元				
	第二产业	亿元				
	第三产业	亿元				
	二、工农业总产值	亿元	34.9	36.23	103.7	10.4
	农业总产值	亿元	19.87	20.59	103.5	8.6
	工业总产值	亿元	15.03	15.63	104.4	12.8
	三、乡镇企业总产值	亿元	5.65	5.42	95.8	17.4
	四、财政总收入	亿元	3.01	3.55	117.9	34.3
	五、州及州以下固定资产投资	亿元	1.51	1.03	73	
	六、招商引资	亿元		0.32		
	七、社会消费品零售总额	亿元		10.51		8.6
	八、年末总人口	万人		330.96		
	九、农民人均纯收入	元		504		
1992	一、国内生产总值	亿元		33.54		11.2
	第一产业	亿元				
	第二产业	亿元				
	第三产业	亿元		6.45		17.1
	二、工农业总产值	亿元		39.54	103.8	9.3
	农业总产值	亿元		21.21	99.3	3
	工业总产值	亿元		18.33	109.4	17.6
	三、乡镇企业总产值	亿元		8.2	109.5	36
	四、财政总收入	亿元		4.14	101.5	16.8
	五、州及州以下固定资产投资	亿元		2.09		95
	六、招商引资	亿元		0.21		
	七、社会消费品零售总额	亿元		12.06		14.8
	八、年末总人口	万人		338.03		
	九、农民人均纯收入	元		530		5.2

续表 8-1-1

年度	指标名称	计量单位	计划数	完成数	占计划%	比上年±%
1993	一、国内生产总值	亿元	37.93	37.23	98.15	11
	第一产业	亿元				
	第二产业	亿元				
	第三产业	亿元				
	二、工农业总产值	亿元	43.93	45.1	102.7	14.1
	农业总产值	亿元	22.3	22.68	100.2	6.9
	工业总产值	亿元	21.63	22.43	103.7	22.4
	三、乡镇企业总产值	亿元	10.3	12.76	123.9	55.3
	四、财政总收入	亿元	4.63	5.06	107.3	21.97
	五、州及州以下固定资产投资	亿元	1.82	1.68	92.4	3.9
	六、招商引资	亿元		0.29		
	七、社会消费品零售总额	亿元	13.27	13.47	101.6	11.7
	八、年末总人口	万人		342.71		
	九、农民人均纯收入	元		601		13.4
1994	一、国内生产总值	亿元	40.77	41.13	100.8	10.4
	第一产业	亿元				3.6
	第二产业	亿元				19.2
	第三产业	亿元				10.5
	二、工农业总产值	亿元	49.4	51.3	103.9	13.7
	农业总产值	亿元	23.8	23.6	99.2	4.1
	工业总产值	亿元	25.6	27.7	108.2	23.5
	三、乡镇企业总产值	亿元	16.58	19.32	116.6	51.5
	四、财政总收入	亿元		2.26	102.8	
	五、州及州以下固定资产投资	亿元	2.93	2.06	70.5	31.8
	六、招商引资	亿元		0.64		
	七、社会消费品零售总额	亿元		13.64	104.1	15.9
	八、年末总人口	万人		346.97		
	九、农民人均纯收入	元	660	782		30.1
1995	一、国内生产总值	亿元	45.25	46.09	101.3	11.3
	第一产业	亿元				5
	第二产业	亿元				19.4
	第三产业	亿元				10.9
	二、工农业总产值	亿元	56.7	60.25	106.3	17.4
	农业总产值	亿元	24.8	24.93	100.5	5.6
	工业总产值	亿元	31.9	35.32	110.7	27.5
	三、乡镇企业总产值	亿元	25	28.63	114.5	48.1
	四、财政总收入	亿元	2.63	2.75	110.4	21.3

续表 8－1－1

年度	指标名称	计量单位	计划数	完成数	占计划%	比上年 ±%
1995	五、州及州以下固定资产投资	亿元	2.58	2.32	94.7	12.4
	六、招商引资	亿元		3.47	496.1	300
	七、社会消费品零售总额	亿元	15.7	18.43	109.7	25.3
	八、年末总人口	万人		351.62		
	九、农民人均纯收入	元	862	923	107.1	18

（二）“九五”计划实施

1996—2000 年，实施黔南州“九五”计划。“九五”期间，全州抢抓中央实施积极财政政策和扩大内需以及实施西部大开发战略机遇，“九五”计划目标如期实现。

“九五”期末，全州国内生产总值突破百亿元，达到 101 亿元，按可比价格计算，比“八五”期末增长 59.7%，年均增长 9.8%，高于全省 8.7% 的平均水平，比 1980 年翻 2.63 番；工农业总产值实现 153.5 亿元，比“八五”期末增长 102.2%；粮食总产量 117.62 万吨，比“八五”期末增长 13.7%；财政总收入首次突破 10 亿元，完成 10.71 亿元，比“八五”期末增长 62.2%，5 年累计财政总收入 46.4 亿元，是“八五”的 1.85 倍；全州金融机构存款余额 66 亿元，比“八五”期末增长 82.3%；全社会消费商品零售总额 27.1 亿元，比“八五”期末增长 46.8%。

“九五”期末，全州第一、二、三产业占国内生产总值的比重由“八五”期末的 45.7:32.1:22.2 调整为 34.4:40.2:25.4；工业总产值占工农业总产值的比重由“八五”期末 49.3% 上升到“九五”期末的 65.2%；非国有工业总产值占工业总产值的比重由“八五”期末的 58.3% 上升到“九五”期末的 79.2%。非公有制经济占全州经济总量的比重逐年上升，上交国家税金占财政总收入的比重由“八五”期末的 12.17% 上升到“九五”期末的 39.36%；农、林、牧、渔等产业间的比例由“八五”期末的 64:7.7:27.6:0.7 调整为 61.7:6.3:31.3:0.7；乡镇企业营业总收入 124.96 亿元，是“八五”期末的 4.2 倍，年均增长 33%；旅游产业有新的发展，旅游总收入占国内生产总值的比重逐年上升。“九五”期间，全社会固定资产投资累计完成 117.5 亿元（含中央、省及个体投资），是“八五”期间的 2.85 倍，年均投资额达 23.5 亿元，实现乡乡通公路、通电、通程控电话。全州公路通车里程达 7553.8 公里，比“八五”期末新增 526.6 公里；全州水电发电总量由“八五”期末的 3.06 亿千瓦时上升到“九五”期末的 5.08 亿千瓦时，实现县县有 11 万伏以上输变设施的目标；全州固定、移动电话用户总量由 1995 年的 2.9 万户增加到 2000 年的 19 万户；农业基础设施建设共完成坡改梯 64.53 万亩，比“八五”增长 104.6%，新增、改善有效灌溉面积 13.43 万亩。

“九五”期间，福泉县撤县建市，用“资本置换”运作方式，共有 18.9 亿元资金（含引资）用于旧城改造和小城镇建设，其中，市政公用基础设施建设投入 9.4 亿元，是“八五”期间的 2.8 倍。12 个县（市）城区面积扩大 20.2 平方公里，全州城市化水平达到 15.6%，比“八五”期末提高 2.6 个百分点。

“九五”期间，独山、荔波、罗甸、平塘、三都、长顺等六个国家贫困县先后实现面上脱贫，共有82.7万人口越过温饱线，贫困人口从“八五”期末的105.6万人减少到“九五”期末的21.3万人（不含返贫数）；贫困地区农民人均纯收入从“八五”期末的738.1元提高到“九五”期末的1170元；全州农民人均纯收入从“八五”期末的923元增加到“九五”期末的1416元；城镇居民人均可支配收入从“八五”期末的4195元增加到“九五”期末的4922元。四年新增城镇住房面积720万平方米，比“八五”期间增加1倍，城镇人均住房面积10.8平方米。

“九五”期间，全州投入教育期间资金16.59亿元，比“八五”期间增长54.6%，其中财政预算内资金12.05亿元，比“八五”增长58.59%。新建学校35所，改扩建学校423所。全州普及九年义务教育人口覆盖率71.8%，适龄儿童入学率由“八五”期末的95.5%上升到“九五”期末的98.56%。全州12个县（市）均通过基本无盲验收，文盲率由“八五”期末的7.8%下降到“九五”期末的2%以下；科技对经济增长的贡献率由“八五”期末的30%提高到35%；全州广播、电视覆盖率分别达到80.06%和85.5%。2000年底，全州总人口为379.78万人，人口自然增长率13.4‰，计划生育率由“八五”期末的70.4%上升到“九五”期末的82.24%；森林覆盖率（含灌木林）从“八五”期末的36.52%提高到41.91%。

1996—2000年全州国民经济和社会发展计划主要指标及完成情况一览表

表8－1－2

年度	指标名称	计量单位	计划数	完成数	占计划%	比上年±%
1996	一、国内生产总值	亿元	51.16	51.16	100	11
	第一产业	亿元				
	第二产业	亿元				
	第三产业	亿元				
	二、工农业总产值	亿元	68.66	71.06	103.8	17.9
	农业总产值	亿元	26	26.47	101.8	6.2
	工业总产值	亿元	42.4	44.59	105.2	26.2
	三、乡镇企业总产值	亿元	41.0	42.8	104.5	49.6
	四、财政总收入	亿元	3.16	3.45	101.1	16.2
	五、州及州以下固定资产投资	亿元	3.16	4.21	115	81.4
	六、招商引资	亿元	3.5	5.26	150.3	51.5
	七、社会消费品零售总额	亿元	22	20.5	93	11.2
	八、年末总人口	万人	358.4	356.23	99.2	
	九、农民人均纯收入	元	1050	1262	121	12.3
1997	一、国内生产总值	亿元	56.8	57.15	100.6	11.8
	第一产业	亿元				
	第二产业	亿元				
	第三产业	亿元				

续表 8－1－2

年度	指标名称	计量单位	计划数	完成数	占计划%	比上年±%
1997	二、工农业总产值	亿元	80	88.25	110.3	24.2
	农业总产值	亿元	27.5	28.74	104.5	8.6
	工业总产值	亿元	52.5	59.5	113.4	33.5
	三、乡镇企业总产值	亿元	60	64.58	107.6	50.8
	四、财政总收入	亿元		8.80		14.66
	五、州及州以下固定资产投资	亿元	4.6	5.31	119.3	26.4
	六、招商引资	亿元	7	7.50	107.1	42.5
	七、社会消费品零售总额	亿元		21.91		5.4
	八、年末总人口	万人	361.57	361.09		
	九、农民人均纯收入	元		1329		
1998	一、国内生产总值	亿元	62.86	62.88	100	10
	第一产业	亿元		19.12		1.0
	第二产业	亿元		28.1		18.7
	第三产业	亿元		15.66		7.6
	二、工农业总产值	亿元	87	96.77	112.3	19.3
	农业总产值	亿元	29	29.79	102.7	3.7
	工业总产值	亿元	58	66.98	115.5	27.9
	三、乡镇企业总产值	亿元	85	87.3	102.7	35.2
	四、财政总收入	亿元	9.4	9.26	98.5	5.3
	五、全社会固定资产投资	亿元	29.5	22.98	77.9	－13.4
	六、招商引资	亿元	8	7.62	95.3	1.72
	七、社会消费品零售总额	亿元		23.09		5.4
	八、年末总人口	万人	366.29	366.06	99.94	1.38
	九、农民人均纯收入（现价）	元	1400	1397	99.8	5.1
1999	一、国内生产总值	亿元	68.2	67.42	98.85	7.2
	第一产业	亿元	19.7	18.55	94.16	－3.0
	第二产业	亿元	31.2	31.76	101.8	13.0
	第三产业	亿元	17.3	17.11	98.9	9.2
	二、工农业总产值	亿元	107.7	107.71	100.0	11.3
	农业总产值	亿元	31.3	28.75	91.85	－3.5
	工业总产值	亿元	76.36	78.96	103.4	17.9
	三、乡镇企业总产值	亿元	106	107.31	101.2	22.9
	四、财政总收入	亿元	9.68	9.92	102.4	7.0
	五、全社会固定资产投资	亿元	25.3	22.68	89.6	－1.3
	六、招商引资	亿元	7.0	6.52	93.1	－12.2
	七、社会消费品零售总额	亿元	24.7	24.94	101	8.0
	八、年末总人口	万人	371.82	370.98	99.77	0.1347

续表8－1－2

年度	指标名称	计量单位	计划数	完成数	占计划%	比上年±%
1999	九、农民人均纯收入（现价）	元	1470	1401	95.3	0.3
	十、城镇居民人均可支配收入	元		4952		10.4
	十一、城镇登记失业率	%		3.3		
2000	一、国内生产总值（不变价）	亿元	73	73.62	101	9.2
	第一产业	亿元	19.1	19.64	103	5.9
	第二产业	亿元	35.0	35.54	102	11.9
	第三产业	亿元	18.9	18.45	97.6	7.8
	二、农业总产值	亿元	30.50	29.24	95.9	1.7
	工业总产值（规模以上）	亿元	28.12	28.70	102.5	12.2
	三、乡镇企业总收入	亿元	124	124.97	100.78	11.4
	四、财政总收入	亿元	10.6	10.7	100.9	8.0
	五、全社会固定资产投资	亿元	18.23	20.56	113.0	－4.9
	六、招商引资	亿元	5	6.74	134.7	3.3
	七、社会消费品零售总额	亿元	27.5	27.05	98.4	8.5
	八、年末总人口	万人	379.78	370	97.6	
	九、农民人均纯收入	元	1450	1416	97.6	1.0
	十、城镇居民人均可支配收入	元	5200	4922	94.7	－0.6
	十一、城镇登记失业率	%	4	2.8		

（三）“十五”计划实施

2001—2005年，实施黔南州“十五”计划。到2005年，全州生产总值从“九五”期末的101.28亿元增加到“十五”期末的168.27亿元，年均增长10.4%。财政总收入和规模工业产值分别从“九五”期末的10.37亿元和44.91亿元增加到“十五”期末的为22.22亿元和123.25亿元，实现五年翻一番的目标。“十五”期末，金融机构存贷款余额分别达到167.22亿元和90.5亿元，比“九五”期末分别增长153%和24%。

“十五”时期，全州累计完成固定资产投资196.61亿元，较“九五”时期的117.5亿元多79.11亿元，增长67.3%。基础设施建设以交通为重点，实现县县通油路、乡乡通公路，公路通村率达到93%。2005年底，全州公路通车里程达到1.5万公里以上，五年累计新增通车里程7446公里。五年累计完成造林391.22万亩，是“九五”时期的1.25倍，森林覆盖率达到46%。建成农村沼气池11万口，“三小”工程5.94万口，新增有效灌溉面积15.62万亩，解决73.9万人的农村人饮困难，全州有效灌溉面积和农村人饮解困数在“十五”期末分别达到135.15万亩和188.8万人；教育基础设施累计建设和改造中小学校舍77万平方米，中小学危房率由2000年的6%降到2005年的3%。

“十五”期间，全州第一、二、三产业结构由“九五”期末的34.2∶40.1∶25.7调整为

“十五”期末的28.5∶37.1∶34.4。2005年，全州粮食总产量达到128.6万吨。畜牧业产值在农林牧渔总产值中的比重比2000年上升7.9个百分点，达到39.2%。五年旅游总收入达61亿元，比“九五”时期增长22.4%；工业项目聚集区经济带动作用显现，非公经济发展迅速，占经济总量的比重达到33.5%，比全省高出5.7个百分点。

“十五”期间，对外贸易累计完成进出口总额7.97亿美元，比“九五”时期增长43倍，年均增长30.2%；累计引进州外到位资金99.92亿元，比“九五”时期净增66.2亿元，增长195.9%。全州累计投入各类扶贫资金17.2亿元，共解决36.6万人的温饱问题，帮助61万低收入人口实现增收，15个一类贫困乡、77个一类贫困村整乡整村越过温饱线，新阶段扶贫开发工作取得显著成效。五年累计新增城镇就业人员47578人，实现下岗失业人员再就业18299人，城镇登记失业率为3.85%。基本养老、基本医疗、失业、工伤、生育等社会保险制度基本建立，城镇低保基本实现“应保尽保”。城镇居民人均可支配收入和农民人均纯收入分别由“九五”期末的4922元和1416元增加到7393元和1919元。社会消费品零售总额由“九五”期末的22.67亿元增加到38.61亿元，增长了70.3%。

2001—2005年全州国民经济和社会发展计划主要指标及完成情况一览表

表8－1－3

年度	指标名称	计量单位	计划数	完成数	占计划%	比上年±%
2001	一、国内生产总值	亿元		109.4	100	8.0
	第一产业	亿元		35.6	100.8	2.5
	第二产业	亿元		44.21	98.0	8.0
	第三产业	亿元		29.87	102.2	12.0
	二、农业增加值	亿元	35.33	35.6	100.8	2.8
	三、工业规模产值	亿元	31.57	32.4	102.6	12.9
	四、乡镇企业总产值	亿元	33	35.72	108.2	17.3
	五、财政总收入	亿元	10.96	11.22	102.4	8.2
	六、全社会固定资产投资	亿元	23	23.2	100.9	12.8
	七、招商引资	亿元	7.0	7.8	111.6	16
	八、社会消费品零售总额	亿元	29.8	28.96	97.2	7.1
	九、年末总人口	万人	380.96	384.59		
2001	十、农民人均纯收入（现价）	元	1440	1428	99.2	0.3
	十一、城镇居民人均可支配收入	元		5589		13.6
	十二、城镇登记失业率	%		4.0		1.1

续表 8－1－3

年度	指标名称	计量单位	计划数	完成数	占计划%	比上年±%
2002	一、国内生产总值	亿元		115.13	96.4	9.2
	第一产业	亿元		34.65	94.5	－0.9
	第二产业	亿元	48.84	45.32	92.8	10.6
	第三产业	亿元		35.16	104.9	18.9
	二、农业增加值	亿元	30.8	28.37	92.1	－2.6
	三、规模工业产值	亿元	40.4	40.57	100.4	22.8
	四、乡镇企业总产值	亿元	155	161.5	104.2	13.4
	乡镇企业增加值	亿元	40.4	40.76	100.9	13.1
	五、财政总收入	亿元	13.46	12.63	103.27	12.56
	六、全社会固定资产投资	亿元	26	28.9	111.5	24.5
	七、招商引资	亿元	8	9.34	116.7	19.6
	八、外贸经营总值	亿元		10.3	137.4	41.32
	九、社会消费品零售总额	亿元	31.9	31.89	100	10
	十、年末总人口	亿元	389.36	389.01		
	人口自增率	‰	12.41	11.29		
	人口出生率	‰	19.9	18.41		
	十一、农村居民人均收入	元	1478	1450		增加 22 元
	十二、城镇居民人均可支配收入	元	5800	5884		增加 295 元
	十三、城镇登记失业率	%	4.3	4		
2003	一、国内生产总值	亿元	125	126.38	101.1	11.5
	第一产业	亿元	36.4	39.25	107.8	10.6
	第二产业	亿元	49.3	48.74	98.9	14.6
	第三产业	亿元	39.3	38.39	97.7	8
	二、农业总产值	亿元	32	32.07	100.2	22.18
	三、州及州以下规模工业产值	亿元	46	48.48	105.4	19.7
	四、乡镇企业总产值	亿元		118.54		13.6
	五、财政总收入	亿元	14	14.69	104.9	16.3
	六、全社会固定资产投资	亿元	35	35.78	102.2	24.2
	七、招商引资	亿元	12	16.21	135.1	73.6
	八、外贸经营总值	亿元	11	13.25	120.5	28.5
	九、进出口总额	亿美元	1.214	1.8	148.3	57.2
	十、社会消费品零售总额	亿元	35	35.63	101.8	11.7
	十一、年末总人口	万人	393.43	393.4		
	人口自增率	‰	11.29	11.23		

续表 8-1-3

年度	指标名称	计量单位	计划数	完成数	占计划%	比上年±%
2003	人口出生率	‰	18.4	18.27		
	十二、农村居民人均纯收入	元	1600	1602		增加 152 元
	十三、城镇居民人均可支配收入	元	6330	6151		增加 267 元
	十四、城镇登记失业率	%	4.5	3.9		
2004	一、国内生产总值	亿元		146.55		11.6
	第一产业	亿元		42.82		5.9
	第二产业	亿元		60.46		16.6
	第三产业	亿元		43.27		10.2
	二、粮食总产量	万吨	121	124.75	103	4
	三、规模工业总产值	亿元		98.94		38.7
	其中：州及州以下规模工业产值	亿元	62.6	68.34	109.2	37.5
	四、乡镇企业增加值	亿元		37.55		18.8
	五、财政总收入	亿元	16.8	18	107.2	22.6
	六、全社会固定资产投资	亿元	45	45.55	101.2	27.3
	七、招商引资	亿元	22	28.2	128.1	73.8
	八、外贸经营总值	亿元	14	16.78	119.9	26.6
	九、进出口总额	亿美元	2	2.12	106	11.6
	十、社会消费品零售总额	亿元	39	40.41	103.6	13.4
	十一、年末总人口	万人	394.2	393.75		
	人口自增率	‰	9.6	8.8		
	人口出生率	‰	16.6	15.36		
	十二、农村居民人均纯收入（现价）	元	1700	1764		增加 162 元
	十三、城镇居民人均可支配收入	元	6500	6565		增加 414 元
	十四、城镇登记失业率	%	4.7	3.8		
2005	一、地区生产总值	亿元		168.27		11.8
	第一产业	亿元		47.97		7.1
	第二产业	亿元		62.46		15.1
	第三产业	亿元		57.84		11.9
	二、粮食总产量	万吨	126	128.60	102.1	3.1
	三、规模工业总产值	亿元		121.72		22.5
	州及州以下规模工业产值	亿元	80	83.54	104.4	37.5
	四、乡镇企业增加值	亿元		43.68		16.3
	五、财政总收入	亿元	20.7	22.22	107.4	23.4
	六、全社会固定资产投资	亿元	62	63.27	102.1	38.9
	七、招商引资	亿元	35	38.38	109.6	36.2

续表 8－1－3

年度	指标名称	计量单位	计划数	完成数	占计划%	比上年±%
2005	八、进出口总额	亿美元	2.4	2.23	92.9	5.2
	其中，出口总额	亿美元	1.7	1.46	85.9	－5.2
	九、社会消费品零售总额	亿元	44.8	38.61		14.0
	十、年末总人口	万人	397.43	397.36		
	十一、人口自增率	‰	9.6	8.00		
	十二、人口出生率	‰	15	14.41		
	十三、农村居民人均纯收入	元	1864	1919		增加 155 元（未扣价）
	十四、城镇居民人均可支配收入	元	7000	7393		增加 828 元
	十五、城镇登记失业率	%	4.7	3.85		

（四）“十一五”规划实施

1996—2010 年，实施黔南州“十一五”计划。到 2010 年，全州地区生产总值 356.68 亿元，年均增长 12.6%；财政总收入 54.47 亿元，年均增长 19.6%；财政一般预算收入 27.15 亿元，年均增长 23.3%；全社会固定资产投资 323.86 亿元；年均增长 38.4%。“十一五”累计完成固定资产投资 891.73 亿元，是“十五”的 4.5 倍。社会消费品零售总额 97.19 亿元，年均增长 20.3%。2010 年底，金融机构存贷款余额分别达到 431.88 亿元和 235.61 亿元。

粮食生产连年创历史最高水平。蔬菜、茶叶种植规模不断扩大，分别增加 34.37 万亩和 22.49 万亩。累计投入州级财政支农资金 3.16 亿元，是“十五”的 2.43 倍。农业增加值从 2005 年的 47.97 亿元增加到 70.13 亿元。磷化工、烟草、冶金等支柱产业不断巩固和壮大，特色食品、民族制药、能源、建材等产业加快发展，规模工业增加值年均增长 14.1%。旅游、金融、信息、商贸物流等服务业加速发展，第三产业增加值年均增长 11.3%，占生产总值的比重由 2005 年的 34.4% 提高到 40.4%。非公有制经济占生产总值的比重从 33.5% 提高到 40% 以上。三次产业结构从 2005 年的 28.5:37.1:34.4 调整为 19.7:39.9:40.4。

完成贵新高速都匀至新寨段改造，贵广高速黔南段和麻驾高速全线贯通，贵惠、惠兴（兴仁）、马瓮高速公路启动建设，独平罗、驾欧至荔渡高速公路等项目前期工作进展顺利，高速公路通车里程从 2005 年的 247 公里增加到 425 公里，在建里程 130 公里；公路通车总里程从 1.12 万公里增加到 1.45 万公里，93.8% 的乡镇通油路（水泥路），98.6% 的行政村通公路。荔波机场建成通航。黔桂铁路完成扩能改造，贵广快速铁路、长昆快速铁路黔南段建设加快推进。建成谭尧水库、高车水库、四寨水库等重大水利工程，治理小（2）型病险水库 45 座，建成“三小”工程 8.3 万口，解决 121.6 万人的饮水安全，新增有效灌面积 66 万亩，农村人口人均有效灌面从 0.35 亩提高到 0.57 亩。城市人均住宅建筑面积达到25.8平方米；全州城镇化率达到35%，增加8个百分点。累计投入各项林业建设资金16.4亿元，造林215万亩，森林覆盖率达到52.7%。

国有企业政策性关闭破产任务基本完成，国有资产监管体系进一步完善；财政改革深入推进，价格、投融资体制、行政审批制度改革取得新成绩，整顿和规范市场经济秩序成效明显；农村土地承包经营权流转稳步开展，集体林权制度改革基本完成；文化、医药卫生体制改革进一步深化。累计完成进出口总额7.84亿美元；引进州外资金到位385.7亿元，是“十五”的3.9倍。

城镇居民人均可支配收入和农民人均纯收入分别提高到14762元和3760元，年均增长14.8%和15.3%。投入财政扶贫资金6.35亿元，减少农村贫困人口29.34万人。基本养老、失业、工伤和生育保险等覆盖面不断扩大，保障水平不断提高。福泉、都匀新型农村养老保险试点工作稳步推进，参保人数达到11.78万人。抓好“零就业”家庭就业，城镇新增就业9.67万人，城镇登记失业率控制在4%以内。州、县财政配套投入1.23亿元，完成4.12万户农村危房改造。投入廉租房资金3.35亿元，解决1.41万户城镇低收入家庭的住房困难。投入救灾资金3.6亿元，是“十五”的2.93倍，救济受灾群众350万人（次）。

各级财政投入科技、教育、文化、卫生、体育事业经费总计36.11亿元，是“十五”的2.98倍。“十一五”期间，6县（市）实施国家基本药物制度，有46.5万城镇居民参加基本医疗保险；新型农村合作医疗参合率达到96.4%；覆盖城乡的公共卫生和医疗服务体系逐步建立，病有所医的目标逐步实现。实施了一批重大科技专项，专利申请量达到625件，专利申请及授权年均分别增长35.7%和27.5%。实施完成州、县、乡、村公共文化服务体系项目3143个、农村书屋1200个，新增文物保护点1922个。启动实施20户以上自然村寨通广播电视工程，完成县（市）政府所在地电视传输的数字化改造。

2006—2010年全州国民经济和社会发展计划主要指标及完成情况一览表

表8-1-4

年度	指标名称	计量单位	计划数	完成数	占计划%	比上年±%
2006	一、地区生产总值	亿元		186.0		10.1
	第一产业	亿元		48.69		6.2
	第二产业	亿元		75.57		17.0
	第三产业	亿元		61.74		5.4
	二、粮食总产量	万吨	131.0	136.98	104.6	6.5
	三、规模工业增加值	亿元	34.5	38.93	112.8	15.6
	四、乡镇企业增加值	亿元		49.85		14.1
	五、财政总收入	亿元	25.22	25.28	100.2	13.7

续表 8-1-4

年度	指标名称	计量单位	计划数	完成数	占计划%	比上年±%
2006	其中：地方财政收入	亿元	10.54	11.33	107.5	18.6
	六、全社会固定资产投资	亿元	82.0	82.35	100.4	30.2
	七、招商引资	亿元	45.0	46.2	102.7	20.4
	八、进出口总额	亿美元	2.39	2.41	100.8	8.1
	其中；出口总额	亿美元	1.58	1.7	107.6	16.4
	九、社会消费品零售总额	亿元	44.0	44.24	100.5	14.6
	十、年末总人口	万人	400.55	400.50		
	十一、人口自增率	‰	8.0	7.86		
	十二、人口出生率	‰	14.40	14.21		
	十三、农村居民人均纯收入	元	1946	1971		6.8
	十四、城镇居民人均可支配收入	元	7993	8475		14.6
	十五、城镇登记失业率	%	4.6	3.92		
2007	一、地区生产总值	亿元		219.51		13.5
	第一产业	亿元		56.15		6.6
	第二产业	亿元		95.01		18.3
	第三产业	亿元		68.35		13.4
	二、农业					
	农业总产值	亿元		98.12		15.1
	粮食总产量	万吨	137.0	140.02	102.2	2.2
	油菜籽产量	万吨	8.5	8.85	104.1	2.5
	三、规模工业					
	规模工业总产值	亿元	169.0	205.64	121.7	24.0
	规模工业增加值	亿元	46.0	62.45	135.8	14.9
	四、乡镇企业增加值	亿元	56.34	57.41	101.9	15.1
	五、财政总收入	亿元	28.4	29.67	104.5	17.4
	其中：地方财政收入	亿元	12.66	13.21	104.3	16.6
	六、全社会固定资产投资	亿元	107.0	108.31	101.2	31.5
	七、招商引资	亿元	52.0	52.59	101.1	13.8
	八、进出口总额	亿美元	2.56	3.05	119.0	26.6
	其中：出口总额	亿美元	1.8	2.35	130.6	38.7
	九、社会消费品零售总额	亿元	50.0	53.09	106.2	20.0
	十、人口					
	年末总人口	万人	403.73	403.48		
	人口自增率	‰	7.8	7.41		
	人口出生率	‰	14.15	14.11		
	十一、农村居民人均收入	元	2120	2369		20.2 增加398元

续表 8－1－4

年度	指标名称	计量单位	计划数	完成数	占计划%	比上年±%
2007	十二、城镇居民人均可支配收入	元	8975	11192		32.1 增加 2717 元
	十三、城镇登记失业率	%	4.5	3.83		
2008	一、地区生产总值	亿元		265.59		10.5
	第一产业	亿元		66.64		7.0
	第二产业	亿元		118.69		11.0
	第三产业	亿元		80.26		13.0
	二、农业					
	农业总产值	亿元		108.8		10.3
	粮食总产量	万吨	140.0	144.76	103.4	3.4
	油菜籽产量	万吨		6.46		－6.0
	三、规模工业					
	规模工业总产值	亿元	240	251.16	104.7	22.5
	规模工业增加值	亿元	70	79.93	114.2	3.7
	四、乡镇企业增加值	亿元	65.50	68.48	104.5	19.3
	五、财政总收入	亿元	33.52	35.16	104.9	18.5
	其中：地方财政收入	亿元	14.76	15.41	104.4	16.7
	六、全社会固定资产投资	亿元	130.0	144.38	111.1	33.3
	七、招商引资	亿元	55.0	60.22	109.5	14.5
	八、进出口总额	亿美元	0.97	1.49	152.7	94.1
	其中：出口总额	亿美元	0.63	0.86	136.1	62.4
	九、社会消费品零售总额	亿元	61.0	67.51	110.7	27.2
	十、人口					
	年末总人口	万人	406.48	406.24		
	人口自增率	‰	7.4	6.81		
	人口出生率	‰	14.15	13.95		
	十一、农村居民人均收入	元	2520	2826		19.3
	十二、城镇居民人均可支配收入	元	12292	11979		7.0
	十三、城镇登记失业率	%	4.5	3.9		
2009	一、地区生产总值	亿元		297.97		14.6
	第一产业	亿元		61.04		6.3
	第二产业	亿元		115.43		20.2
	第三产业	亿元		121.50		15.4
	二、农业					
	农业总产值	亿元		107.06		6.2
	粮食总产量	万吨	150.0	144.76	100.2	3.8

续表 8－1－4

年度	指标名称	计量单位	计划数	完成数	占计划%	比上年±%
2009	油菜籽产量	万吨		7.88		21.9
	三、规模工业					
	规模工业总产值	亿元		283.26		12.2
	规模工业增加值	亿元		91.0		18.6
	四、乡镇企业增加值	亿元		76.32		13.8
	五、财政总收入	亿元	41.0	43.99	107.3	25.1
	其中：一般预算收入	亿元	17.71	20.85	117.8	35.3
	六、全社会固定资产投资	亿元	188.0	236.01	125.5	62.9
	七、招商引资	亿元	66.0	83.8	127.0	39.2
	八、进出口总额	亿美元	1.08	0.492	43.9	－66.9
	其中：出口总额	亿美元	0.73	0.21	28.5	－75.8
	九、社会消费品零售总额	亿元	77.0	80.72	104.8	18.5
	十、人口					
	年末总人口	万人	409.43	409.02		
	人口自增率	‰	7.25	6.82		
	人口出生率	‰	14.00	13.96		
	十一、农村居民人均纯收入	元	3176	3190	100.4	12.9
	十二、城镇居民人均可支配收入	元	13000	13219	101.7	10.4
	十三、城镇登记失业率	%	4.5	3.86		
2010	一、地区生产总值	亿元	340 以上	356.68		14.2
	第一产业	亿元		70.13		7.1
	第二产业	亿元		142.48		21.4
	第三产业	亿元		144.08		11.3
	二、农业					
	农业总产值	亿元		12346		7.3
	粮食总产量	万吨	154 以上	152.88	99.3	1.7
	减少贫困人口	万人	5.5	5.65	102.7	
	三、规模工业					
	规模工业总产值	亿元		364.63		27.5
	规模工业增加值	%	12			18.6
	四、财政总收入	亿元	53 以上	54.47	102.8	23.8

续表 8-1-4

年度	指标名称	计量单位	计划数	完成数	占计划%	比上年±%
2010	其中，一般预算收入	亿元	24 以上	27.15	113.1	30.2
	五、全社会固定资产投资	亿元	307 以上	323.86	105.5	37.2
	其中，城镇固定资产投资	亿元	127 以上	194.39	153.1	91.3
	六、招商引资	亿元	88 以上	129.27	146.9	54.3
	七、进出口总额	万美元	6000 以上	4414	73.6	-11.1
	八、社会消费品零售总额	亿元	100 以上	97.19	97.2	20.4
	九、人口					
	年末总人口	万人	412	411.81		
	人口自增率	‰	7.25	6.8		
	人口出生率	‰	14.00	13.83		
	十、农村居民人均纯收入	元	3540 以上	3760	100.4	14.8
	十一、城镇居民人均可支配收入	元	14540 以上	14762.2	106.5	8.8
	十二、城镇登记失业率	%	4.6	3.74		
	十三、地区万元生产总值能耗降低	%	4.48	4.48		

（五）“十二五”规划实施

2011—2015 年，实施黔南州“十二五”规划。“十二五”期末，主要经济指标实现“两位数增长、五年翻一番”。2015 年全州地区生产总值完成 902.91 亿元，年增长 15%，人均生产总值 27919 元，均为 2010 的 2 倍。一般公共预算收入突破 100 亿元大关，年均增长 29.9%。社会消费品零售总额 218.9 亿元，年均增长 15%。金融机构存、贷款余额分别达 1171.3 亿元和 802.71 元，年均增长 22.1% 和 27.8%。

“十二五”期末，全州三次产业结构化为 17.5:36.3:46.2。农业增加值由 75 亿元增加到 158.31 亿元，排全省第三位。规模工业企业从 242 户增加到 564 户，5 年翻一番；工业对经济增长的贡献率连续 3 年超过 30%。产业园区承载力和聚集度不断提高，14 个产业园区入驻企业 1520 户，产值达 1085 亿元。2015 年，第三产业增加值达 416.73 亿元，年均增长 15.9%。

2011—2014年全州国民经济和社会发展计划主要指标及完成情况表

表8-1-5

年度	指标名称	计量单位	计划数	完成数	占计划%	比上年±%
2011	一、地区生产总值	亿元	433	443.59		15.5
	第一产业	亿元	78	73.91		1.7
	第二产业	亿元	181	183.45		21.7
	第三产业	亿元	174	186.24		15.7
	二、农业					
	农业增加值	亿元		73.91		1.7
	粮食总产量	万吨	156	100.06	64.1	-23.6
	减少贫困人口	万人	6.0	7.17	119.5	
	三、规模工业					
	规模工业总产值	亿元		517.2		50.9
	规模工业增加值	%	22	121.69		25.2
	四、财政总收入	亿元	67.54	71.41	105.7	31.1
	其中：一般预算收入	亿元	33.74	39.20	116.2	44.4
	五、全社会固定资产投资	亿元	455以上	458.81	100.8	40.8
	其中：固定资产投资	亿元		400.02		81.0
	六、招商引资	亿元	250	366.63	146.6	183.6
	七、进出口总额	万美元	5300	7182	135.5	62.7
	八、社会消费品零售总额	亿元	117	117.12	100.1	20.5
	九、人口					
	年末总人口	万	414.66	411.34		
	人口自增率	‰	6.9	6.12		
	人口出生率	‰	13.75	13.11		
	十、农村居民人均纯收入	元	4360	4633	106.3	14.8
	十一、城镇居民人均可支配收入	元	16540	16983	102.7	23.2
	十二、城镇登记失业率	%	4.5	3.82		
	十三、地区万元生产总值能耗降低	%	3.2	3.2		
2012	一、地区生产总值	亿元	540	550.34	101.9	15.5
	第一产业	亿元	83	88.8	106.99	9.2
	第二产业	亿元	234	210.55	89.98	15.9
	第三产业	亿元	223	250.99	112.55	17.4
	二、工业					
	规模工业增加值	亿元		156.11		21.9

续表 8 – 1 – 5

年度	指标名称	计量单位	计划数	完成数	占计划%	比上年±%
2012	三、农业					
	农业增加值	亿元		888		9.2
	粮食总产量	万吨	126	121.1	96.11	21
	减少农村贫困人口	万人		13.18		—10.32
	四、服务业					
	社会消费品零售总额	亿元	141	136.09	96.52	16.2
	五、全社会固定资产投资	亿元	688	702.4	102.1	53.1
	固定资产投资	亿元		587.3		46.8
	六、财政总收入（不含基金收入）	亿元	92.84	94.79	102.1	32.7
	公共财政收入	亿元	52.14	57.87	110.99	47.6
	七、外贸、外资					
	进出口总额	万美元	9340	8082	86.53	125
	招商引资到位资金	亿元	590	605.02	102.55	65
	八、人口					
	年末总人口	万人	416.87	416.75	77.4	
	人口自增率	‰	5.8	5.73	98.8	降0.4千分点
	人口出生率	%o	13.1	12.72	97.1	降0.4千分点
	九、人民生活					
	城镇居民可支配收入	元	19020	19338	101.7	增加2355元
	城镇登记失业率	%	4.5			
	农村居民人均纯收入	元	5465	5445	99.6	增加822元
	地区万元生产总值能耗降低	%	3.59			
2013	一、地区生产总值	亿元	643	645.54	100.4	16
	第一产业	亿元	98	102.04	104.1	6.5
	第二产业	亿元	271	248.55	91.7	19.9
	第三产业	亿元	274	294.95	107.6	15.4
	二、工业					
	规模工业增加值	亿元	190	201.4	106	20.7
	三、农业					
	农业增加值	亿元				
	粮食总产量	万吨	122.9	118.2	96.2	–2.4
	减少农村贫困人口	万人	16	18.35	114.7	45.52
	四、服务业					
	社会消费品零售总额	亿元	160	155.3	97	14.1

续表 8－1－5

年度	指标名称	计量单位	计划数	完成数	占计划%	比上年±%
2013	五、全社会固定资产投资	亿元	1018	1025	100.7	45.93
	固定资产投资	亿元	852	790.28	92.76	34.57
	六、财政总收入（不含基金收入）	亿元	121.33	122.02	100.6	28.73
	公共财政收入	亿元	75.23	72.23	100.6	30.83
	七、外贸、外资					
	进出口总额	万美元	11000	13547	123.15	67.62
	招商引资到位资金	亿元	907	926.3	102	53
	八、人口					
	年末总人口（常住人口数）	万人	322.6	323.5	77.18	0.28
	人口自增率	‰	5.75	5.69		
	人口出生率	‰	12.7	12.65		
	九、人民生活					
	城镇居民可支配收入	元	22036	19672	89.27	增加334元
	城镇登记失业率	%	4.2	3.28		
	农村居民人均纯收入	元	6495	6429	98.98	增加984元
	地区万元生产总值能耗降低	%		3.2		
2014	一、地区生产总值	亿元	750	801.75	106.9	14.5
	第一产业	亿元	110	151.25	137.5	6.6
	第二产业	亿元	297	294.89	99.29	16.9
	第三产业	亿元	343	355.61	103.68	14.7
	二、工业					
	规模工业增加值	亿元	255	252.95	99.2	14.7
	三、农业					
	农业增加值	亿元				
	粮食总产量	万吨	120	125.72	104.77	4.77
	减少农村贫困人口	万人	18	21.36	118.67	16.4
	四、服务业					
	社会消费品零售总额	亿元	179	175.29	97.93	12.9
	五、全社会固定资产投资	亿元	1333	1342.45	100.71	31
	固定资产投资	亿元	1200	1200	100	51.84
	六、财政总收入（不含基金收入）	亿元	150.1	151.1	100.67	23
	公共财政收入	亿元	91.53	84.47	92.29	15.37

续表 8－1－5

年度	指标名称	计量单位	计划数	完成数	占计划%	比上年±%
2014	七、外贸、外资					
	进出口总额	万美元	25000	30024	120.1	123.1
	招商引资到位资金	亿元	1250	1120	89.6	20.9
	八、人口					
	年末总人口（常住人口数）	万人	325.8	323.3	99.23	
	人口自增率	‰	5.73	5.47	95.46	
	人口出生率	‰	12.68	12.46	98.26	
	九、人民生活					
	城镇居民可支配收入	元	22300	21698	97.3	增加2026元
	城镇登记失业率	%	4.2以内	3.21		
	农村居民人均纯收入	元	7201	7265	100.89	增加836元
	地区万元生产总值能耗降低	%	3.2			

第二节　专项发展规划编制

每个五年计划时期，黔南州相关部门围绕五年总体目标，编制具有针对性和可操作性的相关领域或产业发展规划。

一、“八五”时期专项发展规划

“八五”期间，根据职能转变，州计划部门开展“九五”中长期及专项规划的编制和研究。1993年，编制上报《黔南州1993—1997年以工代赈项目规划》《黔南州国土综合规划》。1994年，编制完成《黔南州国土综合规划》《90年代黔南州农业发展规划》《西南东通道扩能铁路线黔南州境内建设规划研究报告》《贵州省铁路网黔南部分发展规划》《黔南州1994—2000年以工代赈规划》，提出《以加快发展为主题，加快南下通道经济》的规划思路等。1995年，编制完成《“九五”及2010年黔南州工业、农业及社会发展重点项目规划》。

二、“九五”时期专项发展规划

1996年5月，围绕《黔南州“九五”计划和2010年远景目标纲要》，组织完成《“九五”基础设施建设规划》《“九五”社会事业发展建设规划》《农村基础设施“九五”建设规划》《黔南州以工代赈“九五”规划》的编制。同时，州计划局牵头，组织州农牧局等部门及各县（市）计划部门进行绿色产业和畜牧系列开发建设的调研和规划工作，完成《黔南州粮食生产发展对策》《黔南州烟草系列发展对策》《黔南州畜牧系列发展对策》《黔南州林果系列发展对策》《黔南州蔬菜系列发展对策》《黔南州粮油作物种子工程对策》等7个专题的调研和规划编制任务，汇总上报《黔南州绿色产业和畜牧系列开发建设项目表》，共38个项目。

1997年，州计委牵头组织编制《黔南州支柱产业发展专题规划》，分磷化工、建材、冶金、烟草、医药、养殖、旅游7个支柱产业专题规划和1个综合规划，规划编制期为1996—2010年。年内，完成《水株铁路沿线经济带（黔南段）发展布局规划》编制，《黔南州国土综合规划》修订稿编印成书。

1998年，《黔南州支柱产业发展综合规划》经补充修订，于7月28日通过省、州专家和领导组成的评审委员会评审。同期，完成《黔南州交通事业“九五”及2010年远景目标发展规划》，涉及铁路、公路、内河航运和航空4个部分，重点是公路建设。会同都匀供电局等部门编制《黔南州农村电网建设（改造）规划》，根据国家和省计划部门关于以工代赈“九五”后3年（1998—2000年）规划工作要求，对原制定的《黔南州以工代赈“九五”规划》进行修订、补充和完善。

1999年4月，州计划局编制完成《黔南州支柱产业发展综合规划》，经州政府批复实施，并批准将此规划作为全州“九五”至2010年培育、建设、发展支柱产业的指导性文件，以及编制和实施国民经济和社会发展中长期规划、年度计划的依据。是月，州政府成立黔南州“十五”计划和15年规划工作领导小组，黔南州“十五”规划工作正式启动。当年进行的“十五”规划前期重大专题研究主要包括：21世纪初经济发展战略思路、结构调整与对策、基础设施建设、财源建设、农业和农村经济、城镇经化建设和科教兴国8个专题。5月，编制《黔南州1999年社会发展建设项目规划》，上报项目52项。组织编制《黔南州生态环境建设规划》，规划期到2010年；《黔南州以工代赈项目建设“十五”规划》当年上报省计委；《黔南州铁路建设“十五”及2015年远景规划》于6月份完成；全州12个县（市）计划部门完成并开始实施《农村电网建设与改造总体规划》。

2000年，重点开展“十五”规划编制，完成“十五”计划及2015年规划前期需研究编制的8个重大课题。以此为基础，于11月中旬拟出《中共黔南州委关于制定国民经济和社会发展第十个五年计划建议（草案）》，并提请州委七届五次会议审议通过，形成指导性文件。12月下旬，《黔南州国民经济和社会发展计划纲要》形成初稿。编制完成《黔南州生态环境建设规划》，提出了黔南州实施西部大开发交通、能源、电力、通讯发展基本构想。其中：《交通、电信发展规划方案》作为全州实施西部大开发战略构想的重要组成部分，以州委文件下发实施。《黔南州合理利用退耕地资源、调整农业产业结构规划（草案）》于6月完成。

三、“十五”时期专项发展规划

2001年，围绕州委、州政府提出的“夯实农业基础，建设工业新州、畜牧大州、生态绿州、文化亮州、旅游热州、实现富民兴州”的宏伟目标，州计划部门根据州委、州政府的要求，组织相关部门制定《黔南州国民经济和社会发展第十个五年规划纲要》，同时编制部门（行业）根据“十五”发展规划和相关专题规划，完成《贵新公路沿线匝道口区域城镇建设与发展规划》《建设南下通道经济带规划》初稿编制。

2002 年，编制完成《黔南州以工代赈 10 年规划（2001—2010）》，涉及农村公路交通、农田水利设施、人畜饮水、基本农田、农村用电、农村通信、生态环境和易地扶贫开发等 8 个建设项目。

2003 年完成《黔南州 2003—2010 年农村能源建设规划》《黔南州 2003—2010 年电力工业与发展规划》《黔南州易地扶贫移民搬迁 10 年规划（2001—2010）》编制。

2004 年，州委、州政府印发《关于调整经济社会发展目标和经济建设格局的意见》，提出构建“431”经济建设的发展定位、发展目标、发展重点及工作措施，州发改局根据文件精神，编制完成《黔南州构建“431”经济发展格局规划文本》。《规划》文本包括《黔南敞开四扇大门扩大对外开放规划》《黔南州贵新南下通道经济带发展规划》《黔南州瓮福磷化工经济带发展规划》《黔南州蒙江—红水河流域经济带发展规划》《黔州培育荔波、三都、民族生态旅游区发展规划》5 个专题规划。同期，州委、州政府 2004 年“十件实事”之一的《黔南州城镇体系规划（2003—2020）》编制完成。

2005 年，按照州政府转发的《黔南州国民经济和社会发展十一五规划工作方案》，州发改部门组织开展“十一五”发展目标、发展战略和服务业发展思路与对策等 10 个方面重大课题研究，提出《黔南州国民经济和社会发展“十一五”规划基本思路（送审稿）》。同时结合《黔南州国民经济和社会发展“十一五”规划纲要》编制完成《黔南州“十一五”社会事业发展专项规划》《黔南州“十一五”扶持人口较少民族（毛南族）发展专项建设规划》。年内编制完成的规划有《黔南州农村卫生基础设施建设规划》《黔南州“十一五”期间通乡油路建设项目规划》。

四、“十一五”时期专项发展规划

2006 年，由州发改局牵头，相关部门具体负责，编制完成黔南州“十一五”期间 15 个重点专项发展规划。分别为：《黔南州“十一五”农业和农村经济发展规划》《黔南州“十一五”工业发展规划》《黔南州“十一五”水利发展规划》《黔南州“十一五”科学技术发展规划》《黔南州“十一五”城镇建设发展规划》《黔南州“十一五”国土资源利用与保护规划》《黔南州“十一五”生态建设规划》《黔南州以工代赈“十一五”规划》《黔南州“十一五”旅游业发展规划》《黔南州“十一五”教育事业发展规划》《黔南州“十一五”卫生事业发展规划》《黔南州“十一五”人口和计划生育发展规划》《黔南州“十一五”劳动就业与社会保障规划》《黔南州“十一五”人才开发规划》。同期完成《黔南州“十一五”重点建设项目规划》编制，《项目规划》包括构建基础设施建设、新农村、产业开发、生态环境及安全、社会发展五大支撑体系重点项目共 690 项，项目总投资 2000 余亿元，其中“十一五”计划投资 1700 亿元。

2007 年，按照州委九届三次全委（扩大）会议提出的“用大思路、大规划，培育大产业、促进大发展”的“四大”新要求，州级发展与改革部门立足“贵广快速通道”建设，以发展通道经济、城市经济、工业经济和旅游特色经济为重点，主要抓了《黔南州经济社会发展重大项目规划》《黔南州“贵广快速通道”产业发展布局规划》《黔南州南部生态旅游特色经济区发展规划》和《黔南州循环经济示范基地规划》的编制工作。年底，《黔南州“贵广快速通道”产业发布局规划》《黔南州南部生态旅游特色经济区发展规划》完成初稿。

2008 年，抓好以“两高”建设为契机，加快推进黔南境内“贵广快速通道”经济发展及产业布局研究，完成《黔南州“贵广快速通道”经济发展及产业布局规划》编制，规划经州政府常务会议讨论通过，由政府报州委审定。《黔南州循环经济示范基地规划》编制推进，《罗甸县系列产品循环经济基地发展规划》获省评审通过，《龙里医药循环经济生态基地发展规划》委托省化工设计院编制，《瓮福磷化工循环经济生态基地发展规划》委托四川大学编制。

2009 年，全州组织开展“十二五”规划前期重大课题研究。按照《黔南州“十二五”规划前期重大课题研究工作方案》《黔南州“十二五”规划前期重大问题研究指南》要求，加强与委托研究机构的对接沟通工作，年内课题研究基本完成。同期修改完善《黔南州“两高”过境产业发展规划》。

2010 年，结合黔南州“十二五”规划编制，全面开展“十二五”规划重大课题研究和规划编制，在组建完成 15 个重大课题研究的同时，成立规划专家委员会，开展“十二五”规划基本思路起草、征求意见及重大项目策划。年内，完成了“十二五”规划纲要（草案）起草，17 个重点专项规划有序推进。

五、“十二五”时期专项发展规划

“十二五”时期，黔南州发改部门，牵头组织相关部门编制了 19 个重点专项发展规划。分别为：《黔南州“十二五”交通运输发展专项规划》《黔南州“十二五”水利发展专项规划》《黔南州“十二五”工业布局及重点产业发展专项规划》《黔南州“十二五”特色农业发展专项规划》《黔南州“十二五”服务业重点产业发展专项规划》《黔南州“十二五”旅游业发展专项规划》《黔南州“十二五”物流产业发展规划》《黔南州“十二五”城镇化发展专项规划》《黔南州“十二五”生态建设专项规划》《黔南州“十二五”环境保护专项规划》《黔南州“十二五”促进城乡就业发展和社会保障专项规划》《黔南州“十二五”科学技术和高技术产业发展专项规划》《黔南州“十二五”教育发展专项规划》《黔南州“十二五”卫生事业发展专项规定》《黔南州“十二五”人口与计划生育发展专项规划》《黔南州“十二五”人才开发专项规划》《黔南州“十二五”文化事业及文化产业发展专项规划》《黔南州“十二五”经济体制改革专项规划》《黔南州“十二五”安全生产发展专项规划》。《规划》分别提出了各部门各行业的发展目标和任务以及确保目标实现的措施。是年，还编制完成《黔南州“951”经济发展新格局规划》《黔南州“十二五”扶持人口较少民族（毛南族）发展建设规划》《黔南州“十二五”以工代赈建设规划》《黔南州“十二五”经济社会发展重点项目规划》。

2012 年，根据《国务院关于进一步促进贵州经济社会又好又快发展的若干意见》，州发改委牵头组织州直有关部门于是年下半年开始，在对相关重大问题研究的基础上，由发改委、州工信委、州农委、州旅游局分别启动编制《黔南州推动经济社会跨越发展规划》《黔南州“十二五”工业园区发展规划》《黔南州生态农业示范区建设规划》《黔南州生态文化旅游发展规划》《黔南州现代物流中长期发展规划》《黔南州扶贫生态移民工程总体规划》。

2013年，州直相关部门先后编制完成《黔南州推动经济社会跨越发展规划》《黔南州“十二五”工业园区发展规划》《黔南州生态农业示范区建设规划》《黔南州生态文化旅游发展规划》《黔南州现代物流中长期发展规划》《黔南州扶贫生态移民工程总体规划（2012—2020年）》。州政府启动编制《建设黔南生态文明示范州规划（2013—2020年）》，11月，规划通过评审。同期，按照州委第十届三次会议决定，着手编制《贵州省黔南州“一圈两翼”区域经济发展规划（2013—2025）》。

2014年1月，《贵州省黔南州“一圈两翼”区域经济发展规划》通过由省、州有关部门专家组成规划评审专家组终审，2月21日，州十三届人民代表大会第四次会议审议批准该规划，当年组织实施。是年，启动开展“十三五”规划前期工作，24个“十三五”前期重大课题研究编制基本结束。年内，配合国家和省开展《贵州东南部生态补偿示范区建设规划》《左右江革命老区规划》《乌江走廊规划》；编制完成《黔南州生态示范工程试点实施规划》《建设黔南州生态文明示范州规划》，其中，《建设黔南生态文明示范州规范（2013—2020）》于年初由州政府印发实施。《黔南州服务业发展规划（2014—2020）》《黔南州基本公共服务体系建设规划暨行动计划（2014—2020）》完成编制报州政府审批。

第三节　固定资产投资

1991—2014年，全州固定资产投资累计达4775.25亿元（含中央、省属项目投资），形成了初具规模的综合生产能力，产生明显的经济效益。

1991年，固定资产投资以制定的10年规划、“八五”计划及实施年度计划为重点，调整投资结构，确保重点项目顺利实施。全年全社会固定资产投资总额4.66亿元，比上年增长54%，其中，基本建设投资2.92亿元，更新改造投资0.37亿元。投资总额中，州及州以下国有单位固定资产投资完成1.0258亿元，占计划的73%，比上年增长26.1%。其中：全民所有制基建完成4397.8万元，占计划的88.5%，比上年增长34.2%；技改完成3669.5万元，占计划的70.1%，比上年增长2.7%。在完成总投资中，生产性项目完成6436万元，占总投资的79.8%，非生产性项目完成1631万元，占20.2%，投资结构相应得到调整。

1992年，全州全社会固定资产投资总额6.57亿元，比上年增长超过40%，其中，基本建设投资4.75亿元，更新改造投资0.57亿元。投资总额中，州及州以下国有单位固定资产完成2.09亿元，比上年增长95%。其中，基本建设投资完成1.5亿元，比上年增长114.5%；技术改造投资完成0.6亿元，比上年增长21.8%。基本建设中，生产性建设投资0.6436亿元，比上年增长109.2%，一批重点项目建成投产。

1993年，全社会固定资产投资完成7.43亿元，比上年增长13%，其中，基本建设投资完成5.36亿元，更新改造投资完成0.64亿元。是年，国家及省州各级（含银行贷款）共安排基本建设投资项目410项，投资总额1.75亿元，其中生产性项目40项，投资0.9625亿元；非生产性项目370项，投资0.7875亿元。全年州及州以下国有单位固定资产投资完成1.6797亿元，占计划的92.4%，比上年增长3.9%。

1994年，全州全社会固定资产投资完成9.8亿元，比上年增长31.8%。全年国家、省、州各级（含银行贷款）共安排固定资产投资计划2.9274亿元，完成2.0649亿元，占下达计划的70.5%，比上年增长22.9%。其中：基本建设投资完成1.6658亿元，与上年持平；技术改造投资完成0.3992亿元，比上年增长9.5%。荔波大七孔电站、福泉重钙厂、团滩河电站及贵定卷烟厂技改等重点项目资金到位较好，工程进展顺利。一批工农业生产、基础设施建设后劲项目通过立项或初步设计，部分项目具备开工条件。

1995年，全社会固定资产投资完成12.72亿元，比上年增长30%，州及州以下国有单位固定资产投资完成2.32亿元，占下达计划的94.7%，比上年增长12.4%。其中，基本建设投资完成1.8亿元，占计划90.9%，增长8.1%；技术改造投资完成0.5203亿元，占计划126.5%，增长30.3%。荔波大七孔、福泉团滩河电站、都匀茶园水库、惠（水）罗（甸）公路改造、部分县110千伏输变电工程进展顺利；罗甸、瓮安两个电气化县建成通过验收，部分乡镇卫生院、学校校舍、城市基础设施工程竣工交付使用。

“八五”时期，全州全社会固定资产投资总额41.18亿元。年均投额8亿元。投资总额中，全州国有单位（不含部、省属）固定资产投资共完成10.9亿元，比“七五”增加6.6亿元，其中，基本建设投资8.3亿元，比“七五”增加6.3亿元；技术改造投资8.3亿元，比“七五”增加6.3亿元；技术改造投资2.6亿元；比“七五”增加0.3亿元。农业基础建设以工代赈坡改梯和中低产田土改造，实行山、水、林、田、路综合治理取得成效，5年共完成坡改梯31.3万亩，新增、改善和恢复灌面50万亩，解决34.32万人的饮水困难，水土保持治理352.78平方公里，新增茶园5万亩、果园9万亩；工业建设除卷烟、原煤、精锑、化肥、水泥、黄磷等产品产量比“七五”期末有大的提高外，重点发展了五钠、洗衣粉、氢钙、农用车等一批新产品；基础设施方面，新增地方电力装机2.3万千瓦，新建110千伏变电站6座，新建、改建公路500公里，新增城市供水能力3.95万吨/日，程控电话交换机6.05万门，到1995年底，全州12个县（市）和部分乡镇先后开通程控电话，部分县（市）开通移动电话。此外，全州各级政府多方筹集建设资金，加快城镇建设和改造，城镇建设面貌发生了较大的变化。环保工作得到重视和加强，城乡市场基础设施和旅游设施状况也有较大改善。

1996年，围绕州第十届人民代表大会第一次会议审议通过的《黔南州国民经济和社会发展“九五”计划和2010年远景目标纲要》提出的全州经济社会发展总体思路，全州固定资产投资在“九五”开局之年有较大幅度增长，全社会固定资产投资完成24.58亿元。州及州以下国有固定资产投资达4.21亿元，占计划115%，比上年增长81.4%。其中基本建设2.61亿元，比上年增加45%；技术改造1.6亿元，比上年增长2倍。投资额的大幅度增长，一批交通、通信等基础设施项目，电力、建材、冶金、化工等基础工业和加工业项目建成投产，发挥效益。

1997 年，全社会固定资产投资完成 26.53 亿元，比上年增长 7.9%。投资总额中州及州以下国有固定资产投资完成 5.31 亿元，占计划 119.3%，比上年增长 26%。主要用于农业、水利、能源、交通、重要原材料以及教育、卫生等社会发展建设。

1998 年，全社会固定资产投资完成 23.11 亿元，比上年下降 14.53%，投资总额中，州及州以下完成固定资产投资 7.2 亿元，占计划 122%，比上年增长 35.4%，其中：基本建设（含房地产）5.04 亿元，占计划 120%，比上年增长 48.2%；技术改造 2.16 亿元，占计划 127.1%，比上年增长 13.1%。是年农田水利、交通、粮库、城市基础设施、生态环境、农村电网改造等基础设施建设得到显著增强，三都芒勇水库、长顺猛坑水库等一批项目建成并发挥效益。全州新增固定资产 3.3 亿元，新增地方电力装机 1.5 万千瓦，50 个行政村实现通电，新增恢复改善灌溉面积 7826.67 公顷，坡改梯 9113.33 公顷，治理水土流失面积 44.56 平方千米，全年解决 9.94 万人和 8.28 万头牲畜饮水困难，新建县乡公路 84.63 千米，改建 17 千米，新建和改造城市道路 15 千米、小城镇道路 17 千米，经济适用住房竣工面积 24.55 万平方米。

1999 年，全州围绕国家继续扩大内需，加大基础设施建设投入的一系列政策，抓好农田水利、交通通信、城市基础设施、城乡电网、经济适用住房等方面的建设，省、州重点项目进展顺利，州、县（市）项目完成投资较好。是年，受境内的中央、省属项目投资大幅度减少影响，全州全社会固定资产投资仅完成计划的 98.7%，完成投资 21.63 亿元，比上年下降 6.4%。其中，基本建设完成 6.8 亿元，比上年下降 37%；更新改造完成 4.02 亿元，比上年增长 2.5%；房地产开发 1.11 亿元，增长 223.1%；其他投资完成 0.29 亿元，增长 94.4%。全年新增固定资产 6.5 亿元；新增城市道路扩建长 10 千米，新增城市道路扩建面积 14 万平方米；新增有效灌面 4667 公顷；新增装机容量 5 万千瓦，11 万伏输电线路长 73 千米；新增城市供水能力 1 万吨户。

2000 年，国家实施积极财政政策和西部大开发战略，全州贯彻落实中央扩大内需的方针，积极争取国债项目，多渠道落实配套资金，加大投入，固定资产投资保持了一定规模增长，全年全社会固定资产投资完成 21.89 亿元，比上年增长 1.2%。其中：国有单位投资 11.32 亿元，增长 4.0%；集体单位投资 1.56 亿元，下降 30.5%；其他经济类型单位投资 3.14 亿元，增长 19.2%。是年，全州投资结构有所调整，城市基础设施和居民住宅建设均有新的进展，农村电网改造取得成效。全年新增固定资产 20.56 亿元，通过基本建设新增一批生产能力或工程效益，主要有：新建公路 129.50 千米，发电机组装机容量 0.73 万千瓦，11 万伏及以上变电设备 26.60 万千伏安，城市自来水供水能力 0.3 万吨等。

“九五”期间，全州全社会固定资产投资累计完成 117.69 亿元（含中央、省及个体投资），是“八五”的 2.85 倍，年均投资额 23.5 亿元，比“八五”年均增加投资近 2 倍。投资额的大幅度增长，实现了乡乡通公路、乡乡通电、乡乡通程控电话。全州公路通车里程 7553.8 公里，比“八五”期末新增 526.6 公里；贵新高等级公路贵阳至都匀段于“九五”期末竣工开通营运，完成株六复线州境段主体工程；整治都柳江和罗甸红水河航道

115公里。基本完成都匀等9县（市）农网改造计划，新增大七孔、猛坑等一批地方电力装机16.32万千瓦，全州水电发电总量由“八五”期末的3.06亿千瓦时上升到“九五”期末的5.08亿千瓦时，实现县县有11万伏以上输变设施的目标，形成了都匀市220千伏环网。全州固定、移动电话用户总量由1995年的2.9万户增加到2000年的19万户。农业基础设施建设不断加强，共完成坡改梯64.53万亩，比“八五”增长104.6%；新增、改善有效灌溉面积13.43万亩。投资额的不断加大，境内基础设施“瓶颈”制约有较大缓解。

2001年，全州固定资产投资在跨地区投资大幅度减少的情况下，投资额度仍达到23.22亿元，占计划101%，增长6.5%。其中：基本建设投资7.24亿元，更新改造投资7.4亿元，房地产开发投资3.05亿元，其他投资1.17亿元。是年，全州面对新的形势和发展要求，抢抓机遇，加大跑上争取项目的力度，全年共争取到国家预算内国债资金，省补助资金3.5亿元。年内，围绕基础设施和生态建设，集中力量实施重大项目建设63个，其中续建项目18项，新建项目30项，预备项目15项。

2002年，全州全社会固定资产投资28.9亿元，为计划的111.5%，比上年增长24.5%。其中：基本建设投资12.5亿元，增长96.3%；更新改造投资8.1亿元，增长10.5%；房地产投资4.6亿元，增长65%。全年共争取到国债补助投资达4.2亿元，加上中央、省专项投资和以工代赈资金，总数超过4.9亿元，是1998年中央实施积极财政政策以来黔南州获国家、省资金支持最多的一年。国债补助资金的投入，有效地促进了全州固定资产投资的较快增长。是年，全州基础设施及生态环境建设成效显著，一批项目建成发挥效益。

2003年，全州全社会固定资产投资完成35.7亿元，为计划的100.6%，比上年增长22.5%，其中基本建设投资10.78亿元，下降13.8%；更新改造投资11.66亿元，增长43.6%；房地产投资8.15亿元，增长77.7%。全年共争取国家和各类项目资金4.5亿元，涉及交通、水利、林业、教育、卫生、文化、城市建设、公检法及以工代赈等项目。

2004年，全州全社会固定资产投资完成45.55亿元，为计划的101.2%，比上年增长27.3%。其中：基本建设投资15.07亿元，增长39.8%；更新改造投资11.2亿元，下降3.9%；房地产投资7.66亿元，下降5.9%；城乡集体、个体及其他投资11.62亿元，增长118.8%。全年共争取到国家和省的各类项目资金4.8亿元，比上年增加0.4亿元，项目资金主要投入以公路为重点的交通基础设施建设、以农田水利为主的农林基础设施及生态建设，建设完成通村公路941公里、通乡油路275.4公里、通乡公路改造111.5公里，新增、改善和恢复灌面8.8万亩，治理水土流失面积60平方公里，建成沼气池2.03万口，退耕还林35.71万亩。省、州“十件实事”及重点（国债）建设项目基本完成年度目标。

2005年，全州全社会固定资产投资完成63.27亿元，为计划的102.1%，比上年净增17.7亿元，增长38.9%，投资增额和增幅均创“十五”新高。是年，固定资产投资完成39.16亿元，增长10.9%。其中：基本建设投资14.34亿元，下降4.8%；更新改造投资16.52亿元，增长47.5%；房地产开发投资7.67亿元，下降1.0%。全年共争取到国家和省的各类项目资金4.3亿元，继续保持了全州国债及财政投资的力度。

“十五”期间在中央继续实行积极的财政政策和西部大开发战略实施过程中，全州完成全社会固定资产投资196.64亿元，比“九五”时期的117.5亿元净增79.14亿元，增长67.3%。到2005年，投资完成63.27亿元，比“十五”初23.22亿元增长2.7倍，比“九五”期末投资增长近3倍。“十五”期间，除2001年增长速度在10%以下外，其余各年增长速度均在20%以上，2005年达到38.9%，年均增长23.8%。随着投资总量的大幅增加，全州共完成省、州重点项目近500个，其中，建成都匀至罗甸、独山至荔波等一批县际公路，建成茶园水库，治理绿荫湖水库等一批水利工程；建成都匀市、独山县、贵定县等一批县城供水工程；完成一批天保、珠防、长防及退耕还林等林业项目。

2006年，黔南州第十一届人民代表大会第七次会议审议通过《黔南州国民经济和社会发展第十一个五年规划纲要》，纲要明确：“十一五”期间，要把继续加强以交通、能源、水利为重点的基础设施建设作为发展的主要战略任务和西部大开发“十年重点突破”的重要内容，作为实现全州经济社会发展历史性跨越的主要保障。围绕纲要目标，是年，全州全社会固定资产投资完成82.35亿元，为计划的100.4%，比上年净增19.08亿元，增长30.2%，投资增额和增幅再创“十五”以来新高。城镇固定资产投资完成55.47亿元，增长32.1%。其中：基本建设投资22.22亿元，增长29.4%；更新改造投资22.68亿元，增长37.3%；房地产开发投资8.92亿元，增长16.3%；其他投资1.65亿元，增长164.3%。是年，以公路、水利等为重点的基础设施建设和生态建设力度加大，全年实施通乡油路项目12项271公里，通村公路项目73项635.6公里；新开工水利项目200余处，新增、改善和恢复灌面12.12万亩；水土流失综合治理30平方公里，完成水池、水窖建设3.07万个，解决15.8万人的饮水困难；建成沼气池3.02万口；完成造林46.46万亩。省、州“十件实事”及重点（国债）项目基本完成年度建设任务。

2007年，全州固定资产投资稳定增长，全社会固定资产投资完成108.31亿元，为计划的101.2%，比上年净增25.96亿元，增长31.5%。城镇固定资产投资完成74.38亿元，增长34.1%。其中：基本建设投资37.72亿元，增长69.8%；更新改造投资23.91亿元，增长5.4%；房地产开发投资11.53亿元，增长29.2%；其他投资1.22亿元，下降26.0%。全年争取中央预算内资金和省预算内基本建设资金4.66亿元，比上年净增1.66亿元，建设项目涉及交通、水利、城建、林业、教育、卫生、计生、旅游及公检法司等方面的基础设施建设。

2008年，全州全社会固定资产投资完成144.38亿元，为计划的111.1%，比上年净增36.07亿元，增长33.3%，增幅比上年高1.8个百分点。城镇固定资产投资完成79.76亿元，较上年增长7.2%。其中：基本建设投资39.52亿元，增长4.8%；更新改造投资22.62亿元，下降5.4%；房地产开发投资17.01亿元，增长47.6%；其他投资0.61亿元，下降50.0%。农村非农户、私人、跨区域投资64.62亿元，增长90.2%。是年，全州共得到各级各类项目资金16.7亿元。其中通过发展改革渠道争取到的中央预算内资金和省预算内基本建设资金11.06亿元，比上年净增6.4亿元。其中：中央预算内投资5.87亿元，新增预算内投资4.29亿元，省补助0.9亿元。

2009年，全州全社会固定资产投资完成236.13亿元，为计划的125.6%，比上年净增94.75亿元，增长63.5%，增幅比上年高30.2个百分点；城镇固定资产投资完成101.71亿元，增长27.5%，增量、增速均创西部大开发以来最好水平。其中：基本建设投资56.49亿元，增长43%；更新改造投资28.98亿元，增长28.1%；房地产开发投资15.05亿元，下降11.5%；其他投资1.19亿元，增长95.1%。农村非农户、跨区域投资134.42亿元，增长108%。是年，争取的中央和省各类建设资金13.95亿元。项目资金的投入，一批影响较大的基础设施项目和事关民生的公益项目如期实施。

2010年，全州全社会固定资产投资完成323.86亿元，为计划的105.5%，比上年净增87.73亿元，增长37.2%，增速比全省平均水平高7.2个百分点；城镇固定资产投资完成194.39亿元，为计划的153.1%，增长85.4%。其中：基本建设投资104.61亿元，比上年增长85.2%；更新改造投资57.15亿元，比上年增长97.2%；房地产开发投资31.83亿元，增长111.5%。其他投资0.81亿元，比上年下降32.7%。农村非农户、私人、跨区域投资129.47亿元，下降1.4%。全年通过发展改革渠道共争取国家和省投资补助项目2018个，累计获得中央、省投资14.33亿元，项目涉及交通、水利、城市基础设施、教育、卫生、计生、文化、社会保障、广播电视、公检法司、村级组织活动场所、廉租住房、农村危房改造、生态环境建设和产业发展等方面。

“十一五”期间，累计完成全社会固定资产投资895.03亿元，比“十五”（完成196.64亿元）净增698.39亿元，增长354.74%，翻4.6倍。5年间，除2009年增长达到63.5%以外，各年增长速度相对平衡，均在30%以上，年均增长39.13%。2010年完成323.86亿元，比2006年78.62亿元翻4.1倍，比“十五”期末投资（62.3亿元）翻5.2倍。

2011年，全州全社会固定资产投资完成458.81亿元，比2010年净增134.95亿元，增长40.8%；固定资产投资完成400.02亿元，增长81.0%。其中：城镇与农村非农户固定资产投资337.15亿元，增长78.2%；房地产开发投资62.88亿元，增长97.5%；跨区域投资47.40亿元，下降51.2%。是年，全州上下加大项目争取力度，全年通过发改渠道共争取国家和省投资补助资金10.81亿元，项目涉及交通运输、农林水利、城市基础设施、教育、文化、卫生、社会保障、公检法司、廉租住房、以工代赈、生态环境建设和产业发展等方面，一批基础设施项目、产业项目以及事关民生的公益项目继续得到实施，民生继续得到改善。

2012年，全州全社会固定资产投资完成702.40亿元，比上年净增243.6亿元，增长53.1%；固定资产投资587.2亿元，增长46.8%。其中，城镇与农村非农户固定资产投资535.9亿元，增长59%；房地产开发51.3亿元，下降18.3%；跨地区投资85.9亿元，增长81.4%。

2013年，全州全社会固定资产投资首次突破千亿元，达到1025亿元，为计划的100.7%，增长45.9%，比上年增加322.6亿元；固定资产投资达到790.3亿元，为计划的

92.8%，增长34.6%，在全省增速排名由上年的第8位上升到第5位。全年在建重大工程和重点项目144个，建成45个，完成投资330亿元。全年工业（含工业园区基础设施）、交通、水利、城建和房地产投资分别达到362.8亿元、81.53亿元、35.2亿元、250亿元、115.6亿元。

2014年，全州全社会固定资产投资1342.45亿元，增长31%，比上年增加317.45亿元；拉动GDP增长近8个百分点。争取中央预算内投资20.5亿元，增长35%；融资规模实现突破，到位资金达250亿元。390个省、州重点项目完成年度投资660亿元，增长96.4%。沪昆高铁和都匀、福泉（站）铁路货场等工程建设进展顺利，贵广高铁提前半年建成投运，黔南在全省率先迈入“高铁时代”。公路建设完成投资261亿元，增长3.2倍；环贵州高速公路（三州段）集中开工，瓮安、荔波、平塘实现通高速，新增高速里程132公里；建设国省道548公里，完成县乡道改造204公里。着力推进67个水利重点项目前期工作；杜仲河、冷水沟等中型水库下闸蓄水，荔波尧柳等8个骨干水源工程开工建设，24个病险库和16条中小河流治理顺利完成；解决了41.65万人的饮水安全，水利建设完成投资29亿元，增长16%。新（扩）建35千伏以上变电站20座，建成通信基站1621个，电力、通信设施分别完成投资7.92亿元、5.75亿元。

第四节　重点项目建设与管理

一、重点项目建设

1997年，全州列入州以上重点建设项目30个。其中，在建项目10个，包括农业项目3个、工业项目4个、交通通信项目2个、社会事业项目1个；新开工及前期准备项目20个，包括农业项目5个、工业项目8个、交通通信项目4个、城市建设项目1个、社会事业项目2个，预算总投资109.05亿元，其中，都匀茶园水库、荔波大小七孔水电站、贵新高等级公路被列为省级重点项目，都匀水电厂扩建被列为省级重点预备项目。

1998年，安排州级重点建设及前期准备项目34项（含省级重点建设项目4项），主要有：都匀市人造板厂等项目开工建成；三都芒勇水库、长顺猛坑水库等项目完成扫尾工程；贵新高等级公路、荔波大七孔电站、都匀茶园水库、惠水松涟灌区、惠水海里电站、三都中密度纤维板厂、惠水工业硅厂、都匀至三都四级油路改造、贵州信邦制药有限公司GMP标准生产线、罗甸脱水蔬菜及无菌保鲜加工、罗甸龙坪镇节水灌溉工程等在建项目加快建设进度，部分项目投入运行；都匀电厂扩建、惠水申惠铁合金厂、州五钠厂“5改8”工程、马瓮二级专用公路、独山至荔波旅游公路、独南灌区、黔南州烟叶复烤工程以及州医院门诊大楼、都匀青少年宫、州图书馆书库等项目完成前期准备工作，开工建设。

1999年，全州重点建设项目34个。其中，续建项目14个。新建项目7个：贵定四赛水库、独山至荔波公路、都匀市大外环公路、都匀地区220千伏输变电工程、独山—麻尾110千伏输变电工程、黔南州水泥厂8万吨机立窑生产线、都匀市文峰公园。预备项目13

个。当年，独荔公路、平墨公路、贵定四寨水库等一批项目如期开工；贵新公路、株六复线等西部大开发国家重点项目黔南段建设进展顺利。

2000 年，全州安排重点建设项目 43 个。其中，续建项目 19 个。新建项目 8 个：龙里等 7 县（市）水土保持工程、荔波樟江风景区基础设施建设等项目。预备项目 16 个。预备项目中独南灌区、瓮福灌区已被列入省向国家争取项目，瓮安、三都防洪工程已被列入国家投资计划，荔波机场前期工作已达到上报可研报告程度。

2001 年，列入州重点建设项目 63 个。其中，续建项目 18 个。新建项目 30 个：荔波机场获国务院、中央军委立项，12 月底正式开工；惠水—罗甸公路、长顺—平坝公路、三都—小围寨公路、麻尾—小七孔公路等 4 条国债公路工程、都匀市环城东路建设工程、独山、平塘、三都县城自来水工程开工建设，瓮安县自来水工程、福泉市自来水工程、三都、瓮安县城防洪一期工程、州公安局中心戒毒所、黔南师院部分教学楼工程、州体育训练中心、州档案馆、独山国家粮食储备库建设。预备项目 15 个。

2002 年，全州有 65 个项目列入重点项目。都匀茶园水库、瓮安、平塘两县生态环境建设项目基本建成；三都—小围寨公路、惠水—罗甸公路、麻尾—小七孔公路、都匀—惠水公路、罗甸—独山公路 5 条公路建成通车；州公安局中心戒毒所、瓮安县戒毒所、长顺、龙里、荔波 3 个县检察院技侦用房、龙里县看守所 6 个公检法司项目建成；独山国家级、惠水、福泉马场坪省级 3 个粮食储备库建成通过省级验收；黔南州中心血站、罗甸、独山、荔波 3 县职校综合楼、12 个县（市）中小学危改工程竣工；12 个县（市）第二期农网改造工程、以工代赈异地扶贫工程全面完成；都匀、独山、龙里、平塘、瓮安 5 个县（市）城市自来水工程进入扫尾阶段；贵定四寨水库、都匀绿荫湖水库、瓮福灌区、荔波机场、都匀剑江河治理等其他工程项目按计划进行建设。

2003 年，全州确定州级重点建设项目 82 个。除“十件实事”项目全面完成外，其他项目建设进展顺利。生态、农田水利：瓮安、平塘两县生态综合治理工程、瓮福灌区工程、都匀绿荫湖水库、龙里花马冲水库、三都比寨水库治理工程、荔波洪江水库、福泉陡河水库治理工程。交通：长顺—平坝、三都—榕江（路基工程）、麻江—福泉兴隆、惠水—都匀、福泉—马场坪、三都—榕江、荔波—大沙坡、荔波机场进场公路。旅游项目：旅游樟江风景名胜区旅游设施建设项目和小七孔景区公厕、管理用房、大七孔景区步道、垃圾处理设施、水春河景区白岩村—水春寨的道路改造工程。城镇建设：都匀市 10 万吨供水工程、都匀市生活垃圾处理工程、都匀市供水管网工程、都匀市墨冲镇、龙里县谷脚镇小城镇综合开发示范项目、罗甸、荔波、平塘、长顺、龙里、独山 6 县城自来水工程、贵定县取水泵房及配电房主体工程、惠水县城区管网改造、三都县县城管网改造和水厂护坡工程、瓮安县管网改造。社会事业发展：黔南民族师范学院校园计算机网络工程，主播室和光纤工程、20 所中小学危改工程、长顺县人民医院住院大楼建设工程。

2004 年，全州 102 个项目列入重点项目，除“十件实事”项目外，其他项目建设进展顺利。农林水项目：30.9 万亩退耕还林工程；荔波、平塘、三都、罗甸、惠水、长顺 6 个县珠防工程；福泉、长顺、独山、都匀 4 个县（市）天保工程；樟江、贵定云雾湖水保工程；罗甸县边阳水库、长顺县花芽水库除险加固、三都板奇水库、贵定云雾湖水库、都匀市高寨水库等病险库治理、瓮福灌区、独山谭尧水库工程；荔波机场建设、福泉—马场坪公路、都匀市生活垃圾处理、都匀市剑江河治理、独山县麻尾镇供水工程；龙里县谷脚镇、都匀市墨冲镇小城镇综合开发项目。社会事业：黔南师院教学楼、学生公寓、实验楼、学生食堂、民族研究所、体育运动场、学院大门、行政大楼、图书信息中心建设工程、惠水县医院门诊楼、罗甸县医院住院楼工程、州中级法院审判楼主体工程、荔波看守所监所及武警中队营房、罗甸看守所、都匀地区多普勒雷达监测站工程。

2005 年，全州重点建设项目 92 个（含打捆项目）。农林水项目：独南灌区一期工程（谭尧水库）、都匀桃花水电站、平塘县卡蒲水库、瓮福灌区、三都县冷水沟水库、福泉市高车水库、三小工程 13100 口、造林工程 43.66 万亩、三都杀叶沟、瓮安长岭河水保工程、坡改梯工程 6.32 万亩、沼气池工程 29365 口、龙里县中药材种植基地基础设施建设。交通项目：三都县周覃—独山县打显公路；荔波机场建设、黔桂铁路全线施工、贵阳花溪桐木岭—惠水三都二级公路、罗甸—紫云老路改造 8.2 公里（含 2 座桥梁）龙滩淹没复建、惠水摆金—平塘通州公路、13 条通乡油路和 1000 公里通村公路建设。社会发展项目：黔南师范学院续建项目、福泉市一中高中项目、三都县职教中心项目、28 所农村寄宿制学校、80 所农村学校危房改造、农村远程教育工程、州紧急救援中心、传染病院、11 个县（市）传染病区项目、惠水县、福泉市图书馆、独山县、瓮安县、罗甸县文化馆项目、589 座农村卫星广播电视收转站和 1321 个农村卫星地面接收站、村村通无线程控电话项目、15 个一类乡（镇）精神文明中心。城建项目：都匀市污水处理工程、都匀市剑江河治理工程、都匀市生活垃圾处理工程、都匀市城市供水配套管网工程、罗甸县城自来水管网改造工程、龙里县千家卡供水工程。三都九阡镇小城镇综合开发示范项目、九阡镇供水工程。公检法项目：州检察院、惠水县检察院技侦楼、独山县法院审判庭、贵定、三都、长顺、罗甸 4 个县看守所；罗甸、平塘、瓮安 3 个县检察院及平塘、福泉、罗甸 3 个县法院办公楼。全州 33 个基层派出所、34 个司法所办公用房。工业项目：惠水县年产 100 万吨旋窑干法水泥项目、其他项目：州级文化行政新区项目。

2006 年，全州重点项目建设安排主要涉及农林水、交通、社会发展、公检法、旅游、电力、工业等项目。农林水项目：独南灌区一期工程—谭尧水库大坝、平塘县卡蒲水库项目、三都县梅玄水库、瓮福灌区续建配套工程、三都、惠水、瓮安、福泉 4 个县（市）县城防洪工程、福泉市高车水库工程、平塘、惠水、瓮安、福泉、长顺 5 个县（市）畜禽基地建设项目。种植项目：龙里县中药材种植基地建设。交通项目：黔桂铁路扩能改造工程、三都周覃—独山打显公路工程、惠水—花溪桐木岭二级公路项目、惠水—罗甸羊里公路建设。社会发展项目：黔南师范续建工程、三都县县级计生服务中心、平塘、惠水、独山 3 县毛南族聚居区基础设施建设项目、都匀民族剧院。城建项目：都匀市剑江河治理工程、都匀市城市供水配套管网改造工程、长顺县县城供水管网配套工程、三都县九阡镇供水工程。公检法项目：都匀劳教所项目、都匀市行政拘留所、福泉市看守所、荔波县法院审判楼、惠水县戒毒所、福泉市法院审判楼、长顺县看守所、贵定县检察院技侦大楼、罗甸县检察院技侦大楼和县法院审判楼项目、瓮安县检察院技侦大楼、县看守所和人民法院项目。旅游项目：荔波驾欧—朝阳公路工程、惠水县七里冲—九龙山旅游公路、贵定县洛北河旅游公路、荔波县佳荣—从江县光辉旅游公路。电力项目：罗甸县双河口水电站、惠水县团坡电站。工业项目：惠水县 100 万吨旋窑干法水泥项目、贵州天福公司年产 30 万吨合成氨 15 万吨二甲醚项目、贵州宏福实业开发总公司 10 万吨/年湿法磷酸净化项目、贵州宏福实业开发总公司 2 万吨无水氟化氢项目、黔南州迷迭香产业化项目基地建设。其他项目：州级文化行政新区项目。

2007 年，全州重点建设项目为 88 项。主要项目：荔波机场建设、都匀市污水处理工程项目、独南灌区—谭尧水库、惠水县 100 万吨旋窑干法水泥项目、罗甸县高级独立中学建设项目、荔波申报世界自然遗产提名地环境整治及基础设施建设项目 12 项，总投资 140 亿元。贵州省第二届旅游产业发展大会荔波县基础设施建设项目 9 项、都匀电厂以大代小异地改建项目、黔桂铁路扩能改造工程、贵新公路都匀—新寨段工程、都匀市城市道路环线及连接线建设项目、福泉市洒金大道扩建工程、龙里、惠水、荔波、贵定、瓮安 5 个县城道路网络建设、州级文化行政新区项目、州医院医疗大楼项目。

2008 年，全州重点建设项目 144 个（含省重点建设项目 44 个），其中续建收尾项目 32 个、新开工项目 51 个、预备项目 61 个。新开工项目。农林水利项目：福泉市高车水库、长顺县七一水库、都匀市早楼水库、瓮安县车地水库、福泉市下翁溪水库、独山县甲马水库、独山县黎家寨水库、都匀市基本口粮建设试点项目。交通项目：贵阳—广州快速铁路、贵阳—都匀公路。城建项目：荔波县污水处理工程、都匀市城市社会福利中心。社会发展项目：黔南民族医专教学综合楼、黔南州 20 户以上自然村“村村通”工程、贵定、龙里、瓮安 3 个县职中教学楼、惠水县人民医院住院楼、长顺县人民医院医技综合楼、贵定县中医院综合楼、毛南族基础设施建设（项目涉及独山、平塘、惠水三县）、公检法司项目：都匀劳教所。电力项目：都匀电厂以大代小异地改建国电福泉电厂新建工程、长顺县黄花寨水电站。产业项目：瓮安县煤焦化综合利用项目、瓮安县铝酸钙项目、荔波县九曲湾制糖项目、惠水县天然薯条及系列产品深加工（建设地点改建龙里县）项目。其他项目：生猪标准化规模养殖场，补助建设生猪标准化规模养殖场（小区）38 个。

2009 年，全州确定州重点建设项目 100 个，其中列入省重点项目 50 个（省属 17 个，州、县属 33 个）。省重点项目：交通项目：麻尾—驾欧（拉圭）高速公路；工业项目：浙江红狮集团龙里日产 4000 吨熟料新型干法水泥项目、都匀日产 4000 吨新型干法旋窑水泥项目、瓮福磷石膏综合利用年产 50 万吨硫酸铵技改项目、贵州永红食品有限公司易地改扩建项目；电力项目：蒙江流域灰洞水电站项目；城建项目：黔南州县城垃圾处理工程（打捆项目）12 个；社会发展项目：荔波世界自然遗产保护性基础设施建设；农林水利项目：黔中水利枢纽一期工程、福泉市高车水库供水灌溉工程；高技术产业项目：中科院国家天文台平塘 500 米口径球面射电望远镜国家重大科技基础设施（FAST）项目。州重点项目：工业项目：福泉市磷石膏综合利用磷石膏制砖、福泉市磷石膏综合利用工业场地原料堆场项目、惠水豪龙水泥厂余热发电、独山县盐酸莱厂扩建生产线、瓮安县龙马磷化有限公司

20kt/a 工业黄磷及黄磷产品深加工项目；城建项目：荔波县国际化专业旅游城市建设项目、龙里县龙山镇路网建设工程（共 4 条）、独山县麻尾镇路网改造及基础设施治理项目、独山县麻万新区城镇基础设施建设项目；社会发展项目：黔南医专教学综合楼、贵定、福泉职业高级中学建设项目、长顺、罗甸、荔波、独山、三都、惠水县级医院建设项目、贵定、罗甸、荔波、独山 4 县中医院项目、全州乡镇中心计生站项目（41 个）、全州乡镇综合文化站项目（47 个）、全州乡镇卫生院项目（87 个）、全州初中校舍改造工程（58 个）、都匀市社区卫生及服务设施建设项目（3 个）；特殊教育学校建设项目（2 个）、平塘国家自然遗产保护性基础设施建设项目、荔波县国家级樟江风景名胜区旅游基础设施建设项目、独山县独立高中项目、罗甸县高级独立中学项目、全州广播电视村村通工程（6376 村）；农林水利项目：全州农村饮水安全工程（50 万人）、全州巩固退耕还林成果工程、全州农村户用沼气建设项目 2 万口、全州大中型沼气池建设项目 7 个、全州易地扶贫搬迁项目 4800 人、全州病险水库除险加固项目（9 座）。

2010 年，全州重点建设项目 97 个，其中，省重点建设项目 56 个。97 个项目中收尾项目 6 个，续建项目 29 个，新开工项目 37 个，预备项目 25 个。是年，6 个收尾项目基本建成，29 个续建项目基本建成 13 个；37 个新开工项目已开工 30 个，基本建成 5 个；25 个预备项目提前开工 9 个。省重点项目：交通项目：长沙—贵阳至昆明铁路客运专线、贵阳枢纽白云—龙里北联络线项目、贵阳—惠水、马场坪—瓮安 2 条高速公路；产业项目：瓮福（集团）有限责任公司磷石膏综合利用工业场地原料堆场技术改造项目、贵州天虹志远电线电缆有限公司特种电缆生产项目、贵州南部（独山）早生优质绿茶产业化项目、瓮安县龙马磷化有限公司 50kt/a 工业黄磷及黄磷产品深加工项目；电力项目：蒙江流域灰洞水电站、蒙江流域上尖坡水电站项目、都匀电厂以大代小异地改建项目；城建项目：都匀市城区道路及附属设施建设项目（5 项建设内容）；社会发展项目：荔波县国际性专业旅游城市基础设施建设项目（含路网建设、民族旅游创意产业园、驾欧旅游次中心、体育中心）；农林水利项目：三都冷水沟水库工程。州重点项目：新开工项目：福泉市 20 万吨硫磺制酸项目、龙里县正方节能门窗建设项目、贵州（瓮安）成黔冶金辅料有限公司年产 10 万吨石油压裂支撑剂项目、贵州（福泉）泰福石膏有限公司年产 3000 万立方米纸面石膏板综合利用项目、都匀匀酒万吨扩建一期 2000 吨技改工程、贵州（福泉）川恒公司年产 20 万吨饲料级磷酸二氢钙生产装置技术改造、贵州（都匀开发区）瓮福剑峰化工股份有限公司年产 100 吨碘综合利用项目；黔南州医疗废物集中处置项目、全州廉租住房建设项目、都匀市污水收集管网（一期）工程、福泉市金山城区供水工程；龙里县人民医院、罗甸县小学校舍安全工程、长顺县人民医院、平塘县人民医院、瓮安县人民医院、罗甸县人民医院、黔南州精神病院；全州巩固退耕还林区成果工程建设、农村能源建设、省煤节柴炉、薪炭林种植 2105 亩、生态移民、补植补造、劳动力就业技能转移培训、全州农村安全饮水工程；独山县农产品深加工及农产品物流建设项目；全州易地扶贫搬迁试点工程。

2011 年，全州列入旬调度的重大建设项目共 224 个，按类别分：省州重大工程和重点项目 169 个，其他重点招商项目 55 个；按行业分：工业项目 141 个，城市建设项目 28 个，交通运输项目 9 个，农林水利项目 8 个，社会发展项目 30 个，其他项目 8 个；按隶属关系及管理权限分：都匀市 29 个，福泉市 19 个，荔波县 11 个，贵定县 24 个，瓮安县 18 个，独山县 12 个，平塘县 16 个，罗甸县 13 个，长顺县 10 个，龙里县 21 个，惠水县 16 个，三都县 11 个，都匀经济开发区 9 个，州交通局 3 个，州公安局 1 个，州卫生局 1 个，省管项目 5 个。列入旬调度的 224 个重大项目总投资 2826.52 亿元，全年累计到位资金 232.8 亿元，累计完成投资 223.09 亿元。全州 169 个重大工程和重点项目总投资为 2422 亿元，2011 年投资目标 200 亿元，其中省重大项目为 96 亿元。按建设性质划分，续建收尾项目 48 个，新开工项目 94 个，预备项目 27 个。

2012 年，全州安排省州重大项目建设 177 个，其中，收尾项目 44 个，新开工项目 61 个，续建项目 53 个，预备项目 19 个。44 个收尾项目中，贵州都匀机构制造加工项目、都匀匀酒新增 1500 吨产能及包装能力技能改造项目、贵州省华创中小企业创业基地等 33 个项目建成投产；53 个续建项目总体进展顺利；61 个新开工项目均按计划开工。其中龙里县啤酒生产线项目、福建晟扬贵定管道科技有限公司年产 3 万吨大型供水、燃气、排水管道项目、贵定县利用水泥工业新型干法窑处置生活垃圾工程等 3 个项目建成投产；19 个预备项目中，长顺县城至威远快速干道、荔波县古镇建设项目、龙里黔中林产科技产业园、贵州燃气（集团）都匀市燃气有限责任公司燃气项目、平塘县甲茶电站建设等 5 个项目提前开工建设。全州重大工程和重点建设项目累计完成投资 270.32 亿元，为年计划的 140.79%，其中省重点项目累计完成投资 149 亿元，为年计划的 121.38%，均超额完成全年投资目标。

2013 年，全州共安排重大工程和重点建设项目 216 个，其中列入省重点项目 80 个。按项目阶段分，收尾项目 32 个，续建项目 53 个，新开工项目 102 个，预备项目 29 个。项目总投资 1400 亿元，年度投资目标 310 亿元（其中省重点项目 187 亿元）。全年，全州在建重点项目上报累计到位资金 338 亿元，累计完成投资 330 亿元（其中省重点项目 212 亿元），完成投资占年度目标任务的 106.5%（其中省重点项目 113.4%），完成年度目标任务。年底，32 个收尾项目中，有国电福泉火电厂、贵定海螺水泥二期等 22 个项目建成使用，其余项目正在加快推进项目收尾工作；53 个续建项目中，贵定年产 5 万吨“益肝草”凉茶饮料热灌装生产线技改项目、瓮安双闽能源项目和惠水县“四路一区”等 3 个项目建成使用，其余项目在加快推进；102 个新开工项目中，开工 95 个项目，其中贵定县供港蔬菜基地项目、平塘县民中改扩建项目等 18 个项目竣工投入使用，其余项目按计划推进；29 个预备项目中，长顺县园区天然气项目、罗甸县城道路改造等 9 个项目提前开工建设，其中贵州中骏汽车有限公司年产 2000 辆各类专用汽车生产线、贵州中德节能建材有限公司 40 万立方米/年页岩空心砖厂建设等 2 个项目竣工，其余项目开展前期工作。

2014 年，全州共安排重大工程和重点建设项目 390 个，其中列入省重点项目 152 个。按项目阶段分，收尾项目 36 个，续建项目 131 个，新开工项目 168 个，预备项目 55 个。项目总投资 2938 亿元，年度投资目标 655 亿元（省重点项目 447 亿元）。其中：收尾项目 71 亿元，续建项目 263 亿元，新建项目 319 亿元。截止到 12 月底，全州在建重点项目上报累计完成投资660亿元（其中省重点项目458亿元），完成投资占年度目标任务的101%（其中省重点项目102%），达到时序目标进度。年底，36个收尾项目中，有瓮福二期接替矿山项目、谷脚工业园区—贵都高速连接线、黔南州贵定县书香大道道路工程、惠水味莼园调味品生产基地建设项目等36个项目基本建成使用；131个续建项目中，有福泉池水制饲料级磷酸氢钙、贵州龙缘盛豆制品规范化试产基地建设项目（龙里）、惠水县贵州科技职业学院等23个项目基本建成，其余项目进展顺利；168个新建项目中，已开工项目158个，其中荔波县水泥厂60万吨水泥粉磨站技改项目、瓮安县扩建1.5亿块磷渣砖生产线项目、瓮安县年产100万吨水泥粉磨站等3个项目已建成投产；55个预备项目中，有贵定县花甲水库、都匀经济开发区16号道路建设工程等8个项目提前开工建设，其余项目开展前期工作。

二、重点项目管理

1997年，州成立重点项目管理领导小组，重点项目建设纳入常态化重点管理。是年，州确定的重点项目建设完成预期目标。

1998年，中央为确保经济增长目标的实现和未来经济发展需要，作出扩大内需加大基础设施建设投入的决策，明确凡属国家新增投资基础设施建设项目，均为国家重点项目，国家重点项目实行“四制”（即项目法人责任制度、项目资本金制度、项目招标制度和项目工程监理制度）管理。全州争取的国家新增的10个投资项目上半年全部开工。是年，按照省提出确保国家新增项目投资年内完成60%以上工作量的目标要求，州政府责成州计划部门组成督查组到项目工程现场进行重点督查，协调处理并反馈存在的困难和问题。10月中旬，督查组对长顺猛坑、三都芒勇两座水库工程建设进行实地检查督查。下旬，对都匀市在建的茶园水库和九龙湖引水工程开展督查，在实地查看和听取汇报的基础上，对两个工程下步工作提出要求。是月27—28日，省计委主任赵家兴到都匀茶园水库、都匀国家储备库和都匀九龙湖供水工程等国家重点项目建设工程调研，要求所有国家重点建设项目必须纳入“四制”原则管理，确保工程顺利实施。

1999年，全州列入国家国债及重点建设项目共34项。为确保重点项目如期开工建设，州委、州政府多次率州直有关部门深入项目工地进行督查。是年，大部分续建项目达到省的进度和质量要求。年内，独荔公路、平墨公路、贵定四寨水库等一批计划开工的项目如期开工建设。

2000年，对重点项目的管理，着重抓好上年度34个国债及重点建设项目的实施。经过深入项目地督查督办，协调解决项目建设中的困难和问题。是年，都匀茶园水库、都三公路、都匀九龙湖供水工程、荔波大七孔电站等续建工程基本上达到省的进度和质量要求，都匀国家粮食储备库通过州级验收；国债项目贵定四寨水库、独荔公路、平墨公路、都匀地区2×200千伏输变电工程等一批在建骨干项目建设进展顺利；农网建设改造工程上半年完成都匀、惠水、龙里3县市建设与改造的基础上，下半年重点抓好贵定、独山、瓮安、平塘、长顺、罗甸等县建设改造工程，基本上确保按国家、省在2000年底前完成的要求，其余福泉、荔波、三都3县市在2001年上半年完成；瓮安、福泉两县市商品粮基地、瓮安国家生态环境综合治理工程、天保工程、长防林工程以及部分县（市）城市防洪、自来水、城市道路改扩建工程加紧组织实施。

2001 年，全州列入州级重点建设项目 63 个，通过州级实施督查与协调服务，18 个续建项目进展顺利，按时限和质量要求完成目标任务；30 个新建项目多数如期开工；15 个预备项目完成前期准备工作。

2002 年，省要求黔南州建成重点（国债）项目 230 项。是年，实行州与省、县（市）与州签订目标责任书，形成州政府对省政府负责，项目实施地政府对州政府负责，项目业主对项目管理部门负责的管理监督机制。年内，除例行召开重点（国债）项目季度调度会抓落实外，先后 4 次组织相关部门配合省计委稽查办到项目实施单位进行拉网督查，所有项目顺利实施，绝大多数建设项目能够按照目标责任书完成建设任务。

2003 年，对重点（国债）项目的建设管理，坚持月上报项目实施情况，季召开重点项目建设调度会，组织督查组深入项目地跟踪督查，重点项目建设进展有效推进，年初目标基本完成。

2004 年，州政府在州发改局增设建设项目稽查科（含重点建设项目办公室），并按照《国家重点项目稽查办法》的规定，监督检查国家、省、州重点建设项目建设情况。是年起，重点项目建设管理主要是配合省重大建设项目稽查办对全州境内重大项目建设进行稽查，对稽查发现的问题责成项目单位按期整改。同时做好州管重点项目建设的管理与协调。年内，配合省重大项目稽查特派员办公室对都匀供电局 1998—2004 年农村电网改造工程项目、州疾病控制中心业务用房建设项目及龙里县谷脚镇小城镇建设示范项目进行稽查；配合国家重大项目稽查办、水利部和省重大项目稽查办、水利厅对都匀市王司节水灌溉工程项目和瓮福灌区工程项目的稽查工作，并根据国家、省稽查整改通知督促项目建设单位对稽查中发现的问题及时进行整改。5 月，根据省发改委稽查办通知要求，对州内部分省重点建设项目的招投标情况进行专项稽查，抽取都匀市剑江河治理工程、荔波茂兰自然保护区旅游公路、荔波机场、石阡经余庆至瓮安公路（黔南段）、独山县谭尧水库等 56 个不同行业的项目进行稽查，对稽查中发现的问题予以指出，并对项目建设单位发出整改通知，要求对存在问题进行整改。同期，按照国家及省发改、农业、水利、交通等 4 部门通知精神和部署，全州对 2001—2003 年实施的国债资金、中央预算内专项资金、部委专项资金安排建设的节水灌溉、人畜饮水、乡村道路、农村沼气、农村水电等“五小”工程实施情况进行了全面检查。

2005 年 5 月、10 月，配合省发改委重大项目稽查办对都匀绿荫湖水库病险水库除险加固工程、黔南州传染病医院、都匀市供排水总公司污水处理工程等国债资金建设项目开展稽查，与省稽查组共同对项目单位改造项目审批程序、勘测设计、开工条件、建设进度、工程质量、资金管理使用、概算控制以及项目法人责任制、招标投标、监理和合同管理制度实施情况等进行稽查。根据省稽查办的稽查整改通知，督促项目建设单位对项目建设存在的问题进行整改，并按要求及时将整改情况上报省发改委重大建设项目稽查办。

2006 年，全州重点抓项目建设管理工作。是年，在 2005 年库内项目总投资 3050 亿元的基础上，编制《黔南州“十一五”重点建设项目规划》，确立构建基础设施、新农村、产业开发、生态及安全、社会发展5大支撑体系重点项目共690项，项目规划总投资2000亿元，其中“十一五”计划投资1700亿元。配合省重大建设项目稽查办公室开展对龙里县、惠水县以工代赈易地扶贫移民搬迁项目、罗甸至紫云油路（黔南段）、通州至摆金通县油路、惠水县职业中学教学楼、都匀第二职业中学教学楼国债项目、福泉市农村寄宿制学校建设等国债项目进行稽查。根据国家、省《关于在发改系统开展招标投标专项检查的通知》，10月，在全州发改系统开展建设项目招标投标专项检查。根据国家发改委《关于加强对中央投资的农村项目稽查的通知》和省发改委的安排部署，于是年7—10月开展对2003年以来全州中央投资的大型灌区节水灌溉工程项目、动物防疫体系建设项目、农村饮水安全工程项目、农村卫生基础设施建设项目、中西部“两所一庭”建设项目、两基攻坚农村寄宿制学校建设、退耕还林工程、以工代赈和易地扶贫移民搬迁项目等8个方面的农村项目工程实施情况进行全面检查。在各县（市）开展自查的基础上，州分别对三都、福泉等县市进行抽查。检查涉及项目计划总投资72902.24万元。经检查，项目累计到位资金65183.59万元。累计支付资金51487.21万元。

2007年，配合省重大项目稽查办对瓮安县以工代赈易地扶贫移民搬迁项目、贵定县城4万吨/日供水工程项目、都匀市城市供水管网改造工程项目进行稽查。年底，除贵定县城4万吨/日供水工程尚在整改外，其余均按省的稽查整改要求整改完毕。年内，对龙里、福泉、都匀等县（市）实施的国家开发银行贷款项目进展情况和资金使用情况进行检查。

2008年，对部分2006年度实施的独山县人民医院门诊医技楼、独山县计生服务站、罗甸县计生服务站、惠水县人民医院住院楼4个国债项目进行稽查。7月，对违反国家基本建设程序和国家、省有关办公用房修建的独山县劳动人事、计生联合办公大楼项目下发停工通知，责令按照基本建设程序办理完成相关手续后复工。是年，对2004—2007年国债资金建设的乡镇卫生院建设项目进行专项稽查。4月，州发改局联合州监察局、财政局组成稽查组，先后对2005年投资建设的龙里、惠水、长顺、瓮安4县65个乡镇卫生院业务用房项目实施、资金管理、使用及效益情况进行专项稽查。是年，全州遭受特重大雪凝灾害，国家和省及时安排中央预算内基本建设资金和省级预算内基本建设资金投资共6600万元，用于城乡供水、供电、水利设施建设。为管好用好灾后重建资金，加快灾后重建。3月，要求各县（市）加强灾后重建项目管理，认真开展监督检查。4月，先后对龙里、长顺、惠水、瓮安等县灾后重建的城市供水项目和资金使用情况进行监督检查。经查，各县政府重视灾后重建项目的监管，资金下拨及时，做到专款专用，没有发现挪用现象。12月，对新增中央投资项目实施的监管和督查，侧重各县（市）加强项目工程进度监管，倒排项目建设工期，在确保工程质量的基础上加快项目实施进度，对具备开工条件的项目尽快开工，未开工项目必须采取一切可能采取的措施，确保在2009年1月15日开工建设。

2009年，配合省重大项目稽查办对独山县基长至打羊以工代赈示范公路和都匀市王家司廉租住房等项目进行专项稽查。省稽查组对项目建设中存在的问题提出了整改要求。是年，为确保扩大内需新增中央投资项目在全州顺利实施，加大了项目实施的协调服务工作力度。新增1000亿元中央投资项目实施中，针对时间紧，招投标时间较长问题，对新增1000亿元中央投资项目中总投资100万元以下的，尚未完成施工招标的项目，可采取竞争性谈判等方式择优选择施工队伍。针对已实施的新增1000亿元中央投资项目部分需省有关部门完善手续的，及时发文通知各县（市）上报，汇总后报省请省帮助协调解决。年内，共7次组成29个检查组对全州新增中央投资项目实施进展情况进行督促检查。年内，按照《贵州省工程建设领域专项治理工作实施方案》任务安排，州发改部门牵头抓好工程建设项目的决策行为，着力解决未批先建、违规审批以及决策失误造成重大损失等突出问题。着力解决规避招标、虚假招标、围标串标、评标不公等突出问题，推进建设项目信息公开和诚信体系建设，着力解决工程建设信息不公开、不规范、不透明、市场准入和退出机制健全以及工程建设领域信用缺失等突出问题。

2010年，配合省发改委重大项目稽查办对全州扩大内需新增中央投资项目三都县人民医院住院综合楼项目和省预算内投资项目长顺县沙子关至新寨公路杜鹃湖至新寨段、长顺县马路乡高堡村石燕河水库至马下公路、三都县坝街大桥项目的稽查工作，督促项目单位按照省的要求抓好项目存在问题整改；配合完成省发改委重大项目稽查办对2007年稽查项目贵定县城4万吨/日供水工程和2008年稽查项目独山县人民医院医技楼、惠水县人民医院医技楼的整改复查工作。州发改委按照国家发改委、教育部《关于全面检查农村初中校舍改造工程实施情况切实整改存在问题的通知》和省的要求，会同州教育部门对全州2007—2009年实施的农村初中校舍改造工程进行检查，并在各相关县（市）自查的基础上，重点抽查都匀、福泉、龙里、贵定等县（市）近20多个学校项目实施情况。同时管好、用好、实施好中央扩大内需新增投资项目，确保新增中央投资项目在州内顺利实施，于3月、8月和10月组织13个检查组开展检查。

2011年，配合国家和省发改委重大项目稽查办对黔南州部分教育、卫生、保障性住房和以工代赈项目的稽查。5月，共检查罗甸县中小学校舍安全、乡镇卫生院、村卫生室、州精神病医院、都匀市社区卫生服务中心等14个项目。存在的“少数项目未开工建设、部分已完工项目未竣工验收就投入使用”问题进行整改，并按照国家、省的要求上报整改落实情况。配合省发改委重大项目稽查办对州内中央预算内投资项目稽查，督促项目单位按照省的要求抓好项目存在问题整改。对扩大内需中央投资项目实施情况的监督管理，重点是对项目开工、工程进度、实施“四制”情况、资金使用情况和中央、省、州有关扩大内需促进经济增长政策措施实施情况进行督促检查。6月，州组织人员对部分未开工项目和实施进展缓慢项目进行检查。9月，根据省的要求，下发《关于对2008年至2010年扩大内需中央投资项目后续工作进行专项排查的通知》。是年，对中央预算内投资项目进行专项稽查，针对稽查发现的项目未按时开工建设、项目法人责任主体不明确、合同管理不规范、地方配套资金不到位、财务管理不规范等问题，分别对项目责任单位下达稽查整改通知，要求限期进行整改，并对整改落实情况进行复查。下半年，国家审计署昆明特派办对扩大内需中央投资项目进行审计下发的《关于贵州省扩大内需投资项目建设管理和资本金使用情况的专项审计调查报告》中涉及黔南州的龙里县污水处理工程、惠水县廉租房建设、都匀市诚盛木业公司技术改造项目、平塘县吉古至云阳关通乡油路、都匀供电局农村电网改造项目等业主单位存在问题，州督促并协调业主单位进行整改，并责成按照省政府要求将整改落实情况及相关附件材料上报省发改委。10 月，根据国家审计署和省的要求，补充完善相关项目整改落实材料报省。

2012 年，配合省发改委重大项目稽查办对黔南州扩大内需中央投资惠水县、三都县、独山县、瓮安县、福泉市 5 家人民医院和荔波县中医院项目竣工验收前准备工作专项检查；配合省发改委重点项目稽查办对荔波县拉易小水电代燃料建设项目、瓮安县公安局业务技术用房建设项目、都匀市重坡至打力农村公路、长顺县水厂经水淹坝至威远以工代赈示范公路等项目进行稽查；配合省发改委、省住建厅开展对龙里、贵定等县工程建设中监理履行职责情况进行监督检查。配合省发改委、监察厅、省政府法制办开展对实施《中华人民共和国招标投标法实施条例》工作开展情况督查，并对龙里县第五期廉租住房、龙里县场坝村至鸡场村公路、都匀市 2012 年巩固退耕还林专项资金项目、都匀市平省水库等项目招标投标情况进行检查，督促项目单位按照省的要求抓好项目存在问题整改。同期，组成检查组开展对 2011 年中央预算内投资长顺县、平塘县、贵定县、荔波县、都匀市人民医院业务用房项目进行专项检查和稽查，重点对项目实施进度、履行基本建设程序、招标投标情况等进行监督检查，针对检查发现问题要求项目建设单位限期完成整改，并对项目实施进展情况在全州进行通报。同时，按照国家、省的安排，要求相关县（市）对 2010—2012 年中央预算内投资的政法系统公、检、法、司基础设施建设项目进行自查后，州派出检查组对部分项目进行抽查，督促项目建设加快建设进度，规范项目管理。

2013 年，配合国家发改委重大项目稽查办对州政法基础设施项目的专项稽查；配合省发改委重大项目稽查办对都匀市 2011 年度巩固退耕还林成果专项资金项目、福泉市高车水库移民安置项目、瓮安县杜仲河水库移民安置项目、惠水县农产品质量安全检验检测中心、福泉市农产品质量安全检验检测中心、龙里县农产品质量安全检验检测中心进行专项稽查。是年，配合省发改委稽查办对 2012 年稽查整改落实项目进行复查；开展对中央预算内投资项目的专项稽查。主要对中央预算内投资的独山县民族中学教学综合楼和学生宿舍建设项目、罗甸县中医院建设项目、平塘县人民医院建设项目、惠水县拘留所建设项目等进行专项稽查；对都匀、贵定、三都、独山、罗甸、平塘等县（市）的部分省级重大工程和重点项目进行抽查。

2014 年，配合国家发改委重大项目稽查办对州内中央投资城市基础设施建设项目都匀市城区排水（雨水）一期工程、贵定县昌明一旧治片区污水处理工程专项稽查和 2014 年中央预算内投资项目计划实施情况的检查。配合省发改委重大项目稽查办对独山县老年养护中心建设项目、都匀市 2013 年企业债券使用情况、瓮安县经济开发区廉租房建设、都匀平省水库、龙里窄冲水库等项目的稽查工作，督促项目建设单位按照省的要求抓好项目存在问题整改。是年，组成稽查组对 2013 年中央预算内投资安排的瓮安县职业高级中学实训楼教学楼建设及设备购置项目、福泉市职业高级中学教学楼实训楼和学生宿舍建设项目及设备购置、龙里县中等职业学校实训中心建设及设备购置项目进行专项稽查，重点对项目实施进度、履行基本建设程序、招投标及资金到位和使用情况等进行监督检查，针对检查发现问题下发《整改通知》。按照《关于下达2014年黔南州重大工程和重点项目名单及推进计划的通知》，对固定资产投资、省州重大工程和重点项目进行监督检查。是年，对中央预算内投资项目的动态监测和管理，在县（市）自查的基础上，抽查惠水、长顺、罗甸、平塘、独山等5个县的46个项目，涉及保障性住房、教育、卫生、水利、城市基础设施配套及政法基础设施建设等方面，针对检查发现问题要求项目建设单位进行整改。

第二章　工商行政管理

1996年，在全国工商所达标建设活动中，全州工商所经省工商局验收，全部达到国家工商局制定的工商所初级规范达标标准，获国家工商局颁发的达标证书。

1999年，按照省委、省政府的安排部署实行体制改革，工商系统机构、人员、经费上划，县（市）工商局实施“三局分离”（工商、物价、质监合并组建的工商行政管理局实施三局分离）。7月，全州工商行政管理机构划归省工商局垂直管理。

2001年，根据《中共贵州省委、贵州省人民政府关于全省市、县机构改革的实施意见》和省工商局党组《关于贵州省市县工商行政管理局（分局）所机构改革的实施意见》实施机构改革，明确工商职能，强化职能履行，精简机构，对工商系统内人员知识结构和年龄结构进行合理配置。2001年8—11月，全州工商系统进行机构改革，统一规范内设机构，调整工商所设置，工商所调减为50个。至2005年底，全州有工商行政管理局13个、工商所50个。

2011年，第二次机构改革中，省编委下文《关于黔南州工商行政管理局主要职责内设机构和人员编制规定的批复》，调整相关工商分局设置。

2013年12月，工商管理体制下划，由垂直管理转为分级管理。2014年1月中旬，省工商局向州政府移交全州工商系统的管理权限。2014年3月1日，州委印发《关于全面深化改革推动跨越发展的实施意见》，组建州、县（市）两级食品药品监督管理机构和工商质监行政管理机构。3月28日，州政府召开专题会议举行移交仪式，各县（市）工商局移交各县（市）人民政府管理。2014年12月31日，州政府办公室印发《黔南州工商行政管理局主要职责内设机构和人员编制规定》，对工商行政管理进行新一轮改革。同期，各县（市）逐步将原工商、质监、食药监三个部门整合，组建新的市场监督管理局。至12月30日止，全州12个县（市）市场监督管理局全部组建挂牌。

第一节　工商管理体制改革

一、双重分级管理

1994 年，工商行政结构实行双重分级管理，干部的人事任免权归属地方政府组织人事部门，工商管理业务工作由上一级工商机关监督管理并进行指导。

1995 年，全州系统进行“小局大所”改革。改革前，全州工商系统基层工商所 100 个，经国家初级工商所验收合格 34 个。是年，长顺县工商局率先合并邻近乡镇工商所，人员合署办公，实施“小局大所”改革，这一做法得到国家工商管理总局认可。此后，全州各县（市）工商局相继对辖区乡镇工商所进行调整，将原来只有 2 ~ 3 人的工商所进行合并，并将部分机关干部调到基层工商所，充实一线执法人员。到 1998 年，基层工商所干部 553 人，占全州工商干部 67. 6%，基本形成“小局大所”的格局。

1996 年，全州工商系统进行体制上划。1999 年 11 月，省以下工商行政管理实行垂直管理。县（市）工商局为州工商局的直属机构，工商所为县（市）工商局的派出机构，按经济区域设置。人员编制的管理权限上收到省一级。省以下工商机关的干部管理，实行上级工商局党组和同级党委双重管理，以上一级工商局党组管理为主的体制。

2013 年 12 月，工商系统省级以下垂直管理调整为市、县政府分级管理。2014 年 1 月，省政府正式将黔南州工商行政管理部门移交州政府。州政府于 3 月移交县以下工商行政管理部门。州共向县（市）政府移交工商行政管理机构 12 个、全额拨款事业单位 12 个；移交行政编制 782 个、全额拨款事业编制 113 个；移交行政编制人员 721 名、全额拨款事业编制人员 72 名；移交离退休人员 453 名；移交国有资产 8898 万元。

二、职能调整变化

1995 年 8 月开始，按照国务院指示，工商行政管理部门办市场与管市场脱钩，黔南州工商系统从 1995—1998 年，基本实现“管办脱钩”。2000 年，机构改革，对工商职能进行调整，取消市场培育建设和市场布局规划职能，将引导个体、私营经济发展的职能逐步交给有关行业协会，强化对下级工商行政管理机关的直接领导，工商行政管理主要职能确定为：市场监督管理和行政执法方面。2011 年，工商行政管理部门不再直接办理与企业、个体工商户有关的评比达标活动和广告专业技术人员职业水平评价工作，加强和完善工商行政执法、构建市场监督管理长效机制。

2014 年，按照《国务院机构改革和职能转变方案》和州政府办公室印发的三定方案，黔南州工商行政管理局取消两项职责：1. 取消已由省人民政府公布取消的行政审批事项；2. 不再直接办理与企业、个体工商户有关的评比达标活动和广告专业技术人员职业水平评价工作。下放两项职责：1. 由州人民政府公布下放的户外广告登记；2. 由州人民政府公布下放的事业单位广告经营资格审批。调整两项职能：1. 将工商行政管理局承担的流通环节食品安全监管职责划入州食品药品监督管理局；2. 负责对各县（市）工商行政管理业务工作的指导。

第二节　市场管理

一、市场发展

20 世纪 90 年代初，黔南市场经济进入高速发展期，各种专业市场发展迅速。1991—1995 年，工商行政管理对市场的管理主要侧重于市场的建设和发展。

1991 年，全州有城乡集贸市场 295 个，集贸成交额 50.235 万元，收取市场管理费 366 万元。

1992 年，全州新建、改建集贸市场 68 个，建筑面积 279730 平方米。全州实际建成市场 297 个，面积 429914 平方米。

1993 年，全州投入市场建设资金 1287.63 万元，新建扩建集贸市场 43 个，面积 171820 平方米。共建成专业市场 8 个，面积 32100 平方米。

1994 年，全州开展集贸市场登记。共登记各类市场 267 个，占应登记市场数 87.5%。全年投入市场建设资金 886.75 万元，其中，社会集资 111.7 万元，自筹资金投入 216.3 万元，建成集贸市场 23 个，建设面积 72800 平方米，棚顶市场 14 个，面积 17141 平方米，室内市场 7 个，面积 12852 平方米，售货台 2039 米。

1995 年，8 月按照国务院的指示，工商行政管理部门办市场与管市场脱钩。

1996 年，全州开始分期分批实施市场办管脱钩。年底，绝大部分工商行政管理机关自建和联建市场的办管脱钩基本完成。全州各级成立中介服务机构（“市场服务中心”）17 个。

1997 年，全州市场建设改变为政府行为和社会行为。全年共投资 1726.5 万元，新建市场面积 50920 平方米，经费投入为上年的 1.79 倍，面积为上年的 3.68 倍。建成的市场规模大、档次高、功能全。

1999 年底，全州集市发展到 310 个，商品成交额达 19.4 亿元。州县两级成立“市场服务中心”，明确为自收自支独立的事业机构。工商行政管理部门自办市场的产权、债权债务、人员等先行移交到工商行政管理所属的“市场服务中心”，自办市场实行机构、职责、财务、人员“四分离”。全州共清理由工商行政管理机关自办并有一定规模的市场共 63 个，建筑面积 206481 平方米，总投资 4998.6 万元。至年底，全州自办市场 90% 已经向“市场服务中心”移交。

2001 年 12 月，全州工商市场办管脱钩工作正式结束。共移交市场 20 个，建筑面积 175955.75 平方米，投资 5526.12 万元，欠债务 1820.3 万元。除罗甸 811 万元债务未交出，其他 13 个市场实现“四分离”。

2002 年，州政府下发《关于全州市场办管脱钩工作有关事项的通知》，要求按照省政府办公厅有关文件精神，解决市场脱钩中的遗留问题和完善有关手。办管脱钩后，工商行政管理机关依法加强市场监管，维护市场经济秩序。

至2014年，全州有市场259个，其中，消费品市场258个，生产资料市场1个。

二、专业市场监管

（一）粮食市场管理

中共十一届三中全会后，国家对粮食流通管理体制进行一系列改革，市场逐步放开。1991年以后对粮食市场的管理主要是登记、审查粮食经营资格，整顿粮食销售秩序，查处无照经营行为。

1991年，查处市场套购粮食17.5吨，油菜籽25.6吨。

1994年，遵照省政府关于加强粮食市场的管理规定，对个人在市场上大量抢购粮食的行为进行查处，对无照从事长途贩运行为进行干预，重点查处3处囤积粮油的相关人员。共查收粮食616吨、油菜籽407吨，交由粮食部门收购。

1998年，对粮食市场的管理主要以粮食及其制品和陈化粮购买资格审查以及陈化粮销售处理监管为重点。取缔无照经营粮食131户，查处违法收购粮食案件325件，其中立案145件，结案135件，没收违法收购粮食510吨，罚款6.1万元。

1999年，共取缔无证经营13户，查处粮食案件765件，没收粮食1416吨，罚款13.2万元。

2000年，对480户集体和个体粮油经营户进行资格审查，并发放“粮食收购资格证”“油菜籽收购资格证”。在粮食经营部门推行经济合同示范文本，全年共发放15000册。全年办理粮食案件520件，其中简易案件120件，一般程序案件400件，没收粮食750吨，罚款12万元。

2001年，对外运销售粮食实行审核发证制度。全州共换发粮食收购资格证350个，办理粮食案件27件，没收粮食3.9吨，罚款3.5万元。

2004年5月，粮食收购市场全面放开。规定凡从事粮食收购的企业，须经县级或县级以上粮食行政管理部门审核入市资格，并在工商行政管理注册登记后，方可从事粮食收购和经营活动。全年查处非法收购粮食案件2件，罚没金额4400元，没收查扣粮食2500公斤，查处倒卖陈化粮案件14件，罚没金额2.4万元，没收查扣陈化粮243657公斤。

2005年，严格监管粮食市场准入及经营环节，从严控制申请陈化粮购买资格的饲料和酒精生产企业，并完善对陈化粮的购买、入库、加工、使用的全过程监管。全年查处无照经营4户，扣留大米1000多公斤。

2006年，全州有粮食经营主体700余户，其中，已办理粮食收购许可证的有210户，对未办理粮食收购许可证490余户下发整改通知书，没收不合格粮食788公斤。2户陈化粮收购企业通过年检。

2007—2010年，查处非法收购粮食案件16件、无照经营粮食案件11件，罚没1.62万元，没收查扣粮食1392公斤、稻谷680公斤、不合格计量器2台，没收粮食465公斤。

2013年，粮食、工商、物价等部门根据有关规定，对粮食市场进行专项治理整顿。经摸底调查，当年全州有可入市收购粮食企业82家，陈化粮收购资格企业2家，均按照“先证后照”规定办理登记注册。共检查粮食经营企业82家，粮食经营户531户，查处无照经营粮食案件1件。

（二）集贸市场及生活要素市场管理

1991—1997年，全州工商行政管理系统开展创建文明集市活动。1997年，全州有文明集市46个，其中国家级1个、省级2个、州级15个。评出文明摊点345个，占固定摊位总数的10.51%。到1997年，共有文明集市80个，其中国家级1个、省级7个、州级22个（新创建州级文明市场3个）、县市级50个。巩固率达100%。是年，按照省关于市场巡查制试点要求，开展市场巡查制试点工作。

1999年，加强对医药市场监督管理，检查生产经营户105户，个体诊所、药品零售点687户，查处各类假冒伪劣药品18600瓶，没收各类精神药品3000多瓶；对没有取得合格证、许可证从事生产、批发业务的35户企业、381户个体诊所、药店责成限期补办，完善手续。

2002年，对集贸市场开办者、经营者及重要商品全面实行准入制。继续推行企业登记和市场登记“双轨制”，确保市场开办者组织形式法定化，市场开办者真正成为市场秩序的“第一责任人”。年内，引导和鼓励集贸市场开办者和名优厂家在集贸市场内开展经销专营、连锁配送等方式，杜绝和防止假冒伪劣商品流入市场。

2003年，重点开展食品、药品放心工程专项整治。

2004年，针对国内部分地区发生禽流感疫情，组织开展集贸市场禽流感防治工作，建立高效病性禽流感应急处理机制。

2007年，全州各集贸市场设立专人专门管理禽类市场，严把活禽及禽类产品市场准入。建立健全猪肉市场“五项制度”。都匀市局推出肉食信息公示牌，公示猪肉质量。

2009年，全州各级工商行政管理加强对禽流感、H1N1流感的防控应急。建立疫情防控报告制度。全年累计检查活禽经营户419户，责令退市5户，与市场开办者、肉类经营者签订责任书1256份，取缔无照经营猪肉案4件，没收未经检疫猪肉1598公斤，查处私屠滥宰猪肉案17件。

2011年，全州收缴未经检疫检验的猪肉228公斤，公开深埋销毁。责令占道经营或堆放杂物的53户经营户进行整改；向其他违章经营户下达警示通知书81份。

2012年，对集贸市场、超市、肉食店等开展查处和打击销售含“瘦肉精”等不合格猪肉，全年依法查获未经检疫检验上市的猪肉1150余公斤。对注水猪肉现象开展专项治理行动4次，下发行政告诫书15份，取缔非法生猪定点屠宰厂（场）5个；立案查处3件，罚款0.22万元。

2013年，检查经营户8015户（次），集贸市场128个（次）、超市34个（次）、旅游景点12个（次），办理违法违章案件29件。罚款7.07万元。“五一”期间，检查各类经营户4765户（次），集贸和综合市场187个（次），禽养殖个体和企业131户（次）。查处销售超过保质期食品案件6件，没收过期食品26公斤；查处无照经营3户；查处出售三无商品案件1件；限制消费权益格式合同案件1件；擅自发布户外广告案件4件；农资案件1件（无照经营化肥）。开展流通环节白酒市场集中专项整治，检查市场205个，经营户6416户，白酒生产者96户，白酒经营者6416户。查处案件26个，案值6万元，查收违法经营的酒2010瓶。抽检白酒17批（次），合格17批（次）。开展建材市场专项整治，共检查建材市场2个，销售门市708家，取缔无照经营5户，查获不合格电缆线500多米。对违法经营较轻的9户进行警示教育。立案查处3件，罚款2400元；对5户建材经营户未建立健全索证索票和进销货台账情况责令限期整改。严格执行“场厂挂钩”“场地挂钩”制度，加强猪肉市场监管，与市场开办者、肉类经营者签订责任书1272份，确保了上市猪肉100%来自定点屠宰场。检查农贸市场1021户（次），取缔无照经营猪肉案件12件，查处销售未经检疫的猪肉案17件，没收未经检疫猪肉1860公斤，罚款1.32万元。查处私屠滥宰猪肉案件11件，罚款1.46万元。

2014年，开展农村市场专项整治和酒类市场专项整治，检查各类集贸市场52个、副食店600余户、酒类专营店312家、超市50余家、娱乐场所200余家。

（三）生产要素市场管理

1. 农资市场管理

1991—1999年，全州各级工商行部门坚持实行对重要农业生产资料和主要农产品的管理，允许农民持证出售自用有余的化肥，坚决打击倒买倒卖活动。

2000年，开展对个体化肥零售经营审核，全州发展化肥零售经营个体工商户150户。

2004年起，全州以春耕、夏播、秋种为重点季节，以农村和城乡结合部为重点区域，以种子、化肥、农药、农机具、农膜等为重点商品，开展“红盾护农”专项整治，严厉打击制售假冒伪劣农资商品行为。

2005年，建立农资市场监管社会监督机制。通过“一会两站”（消费者协会、消费者投诉站、“12315”联络站）在各个村寨设立“红盾护农站”，每村聘请1至2名“红盾护农”义务联络员，行使农资市场监管的监督权、建议权、询问权和对违法经营行为的批评权、举报权。

2006年，按照国家总局部署的红盾护农八项任务，切实加强农资市场监管。建立健全《农资商品进货索票制度》等“两账两票、一卡一书”（进销货台账、进销货发票和农资商品质量信誉卡、农资商品质量责任书）制度。对全州2435户农资经营户全部实行信用分类分级评定，其中：A级1864户、B级510户、C级61户。全年将“12315”投诉举报站点延伸到全州1856个村寨，共建立“一会两站”554个，年度受理投诉507件，处理507件，为农民挽回经济损失193.8万元。

2007年，制定《黔南州“护农打假保春耕”实施方案》。同年，在瓮安县、贵定县探索推行“农资直营连锁店”行业自律、规范经营新举措。连锁店经实行统一名称标记、统一进货配送、统一价格、统一管理，让农民不用出村寨买到放心农资商品。至年底，已建立连锁直销店257户。

2008年，对种子、肥料、农药、农机具等经营主体进行清理整顿，对合格的2616家农资经营户全部签订责任书，建立“两账两票、一卡一书”。是年，支持全州供销系统建立农资连锁经营和农资放心店——“万村千乡”连锁门店201个、生产资料连锁经营户7户。是年，共检查农资经营户5857个（次）、整顿市场816个（次），发放宣传资料27626份，受理投诉9件，挽回经济损失2.13万元。

2009年，全州支持农产品、农业生产资料和消费品连锁经营，免费为供销企业登记国有资本运营公司及其分支机构114个，推动农资公司在各乡镇设立生产资料经营连锁店25户。集中开展“红盾护农保春耕”“秋冬农资市场专项执法”等行动。至2010年底，全州有农资经营户2853家，其中，种子经营户1191家，化肥经营户742家，农药经营户174家，农机及配件经营户301家，农用地膜经营户85家，其他农资经营户360家。

2011年，与全州12个县（市）3515家农资经营户签订责任书，做到流通领域农资经营户100%建立经营台账；全年抽检27个化肥样品，17个农药样品，种子3个样品；查处案件51件，为农民挽回经济损失8.20万元。

2012年，全州检查农贸市场批发市场203家（次）、超市158个（次）、农贸市场53个（次）、各类肉食经营主体9853户（次），查获未经检疫检验上市的猪肉1150公斤；全年下发行政告诫书15份，取缔非法生猪定点屠宰厂（场）5个；立案查处3件，罚款0.22万元。立案查处各类涉农案件50件，案值30.19万元，罚没金额9.68万元。

2013年，检查农资经营户3120户（次），发现问题18户，对17户进行责令改正，1户进行立案查处。对20个不同品种的化肥进行抽检。

2014年，共检查农资经营6520户（次），检查市场800个（次）。抽检化肥品种50个，农药品种20个。查办农资案件27件，案值11.22万元，罚款5.3万元。

2. 成品油市场管理

1991—1999年，加强对成品油市场的管理以清理违法批发经营、路边小加油站和土炼油厂为重点，取缔各种形式的成品油交易市场和油贩子，打击倒票倒油、掺杂使假、缺斤短两等扰乱成品油市场秩序的不法行为。自2000年起，成品油市场监管以检查经营主体是否合法、证照是否齐全、是否亮照经营，依法查处无照经营、超范围经营成品油等行为为重点。同时监督检查成品油经营者建立和落实购销台账、进货查验及质量承诺等经营管理制度，是否存在经销劣质和走私成品油、违规促销及欺骗消费者的行为，确保油品质量。

2005—2012年，取缔非法成品油经营户30户，查处成品油案件29件，罚没款9.66万元，查扣柴油5350公斤、汽油4830升、可乐装汽油54瓶。

2012年底，全州168户成品油企业均在工商行政管理办理注册登记。

3. 机动车市场管理

1990—1998年，全州各级工商机关根据规定，加强汽车交易验证盖章管理工作，重点登记管理汽车经营单位，查处汽车交易市场中的违法违章行为。

1999年，对新旧机动车交易行业实行规范化管理，主要打击场外交易行为。全年检查经营机动车交易企业38家，对无权经营小轿车的企业进行清理。

2001 年起，对机动车市场的监督管理，重点打击非法拼装、拆解报废车辆行为。

2014 年，对州内品牌汽车销售进行核查。

4. 其他生产要素市场管理

1991 年，着重查处倒卖重要生产资料违法活动，全年查处倒卖重要生产资料案件 45 件；查处非法交易钢材案件 21 件共 84.5 吨、旧汽车 14 辆、罚款 8.67 万元。同期打击各种走私贩私活动。查处走私贩私案 18 件，罚没款 16.6 万元。

1993 年，共验证钢材和有色金属 73.67 吨，成交额 38.79 万元。

1998 年，查获走私进口摩托车 4 辆，走私进口旧彩电 30 台。

2005 年，开展煤炭市场专项整治，依法暂扣 52 户煤矿企业营业执照正副本，配合当地煤矿安全生产监督管理部门下达停业整改通知书 54 家，查处无照经营煤炭案件 32 件，罚款 74.05 万元。

2006 年，对煤矿、非煤矿山、危险化学品、烟花爆竹、民爆器材等生产经营企业进行执法监管，采取炸封取缔行动 459 次，检查发现并炸封取缔非法采煤窝点 1422 个。

2012 年，开展“家电下乡”市场专项整治，检查经营主体 2399 户（次）；查处销售不合格和假冒伪劣家电案件 6 件，查处不合格和假冒伪劣家电 103 台，案值 2.3 万元。

2013 年，开展旅游市场专项整治，检查景区景点经营业主 1176 户（次），查办案件 5 件，罚没款 7200 元，取缔无照经营摊点 164 个。

2014 年，对旅游景区进行监管。全州检查旅行社 32 家，旅游景区 26 个，旅游景区沿线经营户 569 户。同期开展市场流通领域钢材专项检查，检查钢材经营户 253 户（次），送检钢材 52 组。查处冒用他人商标、厂名厂址案件 1 起，无照经营钢材案件 3 起，累计罚款 2.75 万元。

三、电子商务监管

2011 年，正式设立电子商务监督管理科，对全州网络商品及服务交易市场进行地域管理。

2012 年，清理无法访问的网站 76 家。向网络经营企业发放行政提醒书 5 份，查处一起利用淘宝网络平台销售三无化妆品案，没收违法所得 2.7 万元。

2014 年，电子商务监管试行网上巡查、备案。核实全州共有各类网站共计 456 家（企业网站和个体工商户网站 179 家，政府机关、事业单位、学校所办网站 176 家，另有 83 家网站无法访问），其中，通过工商备案的企业共计 93 家。

四、市场长效管理

1. 查处、取缔无照经营

1991—2002 年，查处、取缔无照经营 11580 户，督促办照 2766 户，查处违反法律、法规、规章案件 1407 件，罚款 11.35 万元。

2003 年 3 月 1 日起，《无照经营查处取缔办法》施行。2003—2008 年，全州执行办法，共取缔无照经营 6930 户，补办执照 2048 户，立案 2429 件，罚款 34.2 万元。

2009 年，推动建立查处取缔无证无照经营联席会议制度。

2011 年，查处无照经营工作全部纳入社会治安综合治理考核。

2. 市场巡查与综合执法

1990—1997 年，全州市场监管工作基本处于“以收代管”状态。1997 年 7 月，按照全省“市场巡查制”试点工作实施意见，州工商局选取都匀市育英巷工商所进行试点。采取的主要措施为：建立奖惩制度；设立早、中、晚上班制度；增设专业市场巡查组；对违法违章人员举办法制培训班；对消费者发放“便民卡”及时处理纠纷。是年，育英巷工商所辖区育英市场亮照率达到 98%，办照率为 100%，明码标价 95%。市场外办照率 90%，取缔无照经营 13 户，责令补办营业执照 27 户，共查处违章违法 47 起，罚款 560 元。1998 年起，全州相继实施市场巡查制，采取分片区、定人员、定奖惩、定巡查户数、定巡查内容等方式推行基层工商所市场巡查工作。1999 年，巡查重点从收取“两费”转移到市场监管和行政执法上。全州共查处案件 1896 件，较上年增长 15%。

进入 21 世纪后，市场监管工作向制度化、规范化发展。2000 年，全州工商系统所办案件 80% 为市场巡查中发现。全年通过市场巡查和其他手段共办理各类案件 6658 件，其中工商所办案 5469 件，占全州查处违章违法案件总数的 82. 14%。

2001 年，全州实行各基层工商所市场巡查制工作列入年终考核目标，全面建立动态管理，日常监督管理得到加强。全年办理各类案件 5499 件，罚款 127. 66 万元。全州 50 个基层工商所办案均超过 20 件以上。

2002 年，在推行市场巡查工作的基础上，开始实施综合执法，即将个体工商户的巡查监管、企业的监管和回访、商标广告的监管、合同的监管以及违章违法行为的查处等内容纳入“综合执法”体系。同时，在基层工商所推行建立和完善“经济户口”数据基础性工作，启动市场信用体系相关工作。6 月底，按照一户一卡要求，建立经济户口书式档案 47638 卷，其中，企业 7037 卷、个体 40376 卷，清出停歇业 1435 户。

2003 年起，市场巡查工作成为县级工商行政管理的常态化工作。是年，全州工商系统建立市场主体数据库，经济户口电子化初具规模，全州全年建立市场巡查数据库档案 19366 户，形成“依托户口、区域巡查、上下联动、所为基础、综合执法”的行政执法、市场信用体系。

2004 年，按照国家工商总局和省工商局的总体部署，商品质量监管关口前移。重点实施商品准入制度，以市场巡查为基础，推进商品质量监管，从源头上治理制售假冒伪劣商品等违法行为力度不断加大。

2005 年起，全州强化各种市场应急体系建设，先后建立完善《黔南州市场防控高致病性禽流感应急预案》《黔南州工商系统流通环节食品安全突发事件应急预案》等相关市场应急预案，全州工商行政管理系统实施市场巡查责任制达到 95% 以上。

2006 年，推行规范自由裁量权工作，强化执法规范化。惠水、都匀等县（市）推出说理式文书等办案新方式，贵定县局推出“假劣农资先行赔付制度”等。

2007 年，在龙里县试点推行“政府主导”模式“一会两站”建设，并以此为平台整合涉农部门力量，推行“红盾护农”七项机制。2008年州政府将此模式在全州推广。2010年，省在贵定县召开现场会推介黔南做法。省政府副省长谢庆生将此模式定性为“黔南模式”。

2008年9月1日起全国统一停止征收个体工商户管理费和集贸市场管理费。停收“两费”后，全州各级工商行政管理部门工作重点从收费、巡查向市场监管、执法办案转变，工作理念由监管为主向监管与服务并重转变，管理方式从处罚为主的刚性管理向教处结合、先教为主的刚柔并进管理转变。

2014年8月，国家工商总局发布《企业公示信息抽查暂行办法》，原有的市场巡查制度开始向抽查制度过度。

3．市场主体诚信体系和金信工程建设

1999年，贵州省建成了省、州、县三级广域网络互联系统。分别于2002年、2004年和2009年进行三次升级改造，为市场主体诚信体系和金信工程的建设和实施打下基础。

2003年，全州工商系统建立市场主体数据库，在市场主体“户籍化”管理的基础上，各县（市）先后建成红盾和经济户口数据库。是年底，录入内资企业5387户、个体35073户、私营1320户、经济户口68419户、注册商标214件、案件16212件、广告登记34户、动产抵押合同508件、市场巡查19366户、回访1698户，基础数据入库率达99%。市场主体信用体系的建立，州内开展创建“诚信市场”活动，通过建立市场主体责任制、市场主体承诺制，消费者索证制、市场监管预警制、市场主体警示制和市场主体准入监管制度等六项制度，构筑起“诚信消费体系”。

2004年，《贵州省企业信用信息管理系统建设项目方案》下发，全州系统更换行业代码录入，完善数据库。是年底，全州录入内资企业5600户、私营企业1481户、个体41786户、注册商标212件、户外广告1997条、店铺牌匾2605块、动产抵押498户、守信用重合同29户，数据全部录入完毕。同年，依托数据库实行企业信用分类监管，逐步建立守信企业激励机制、警示企业预警机制、失信企业惩戒机制和严重失信企业淘汰机制，强化对市场主体的全面监管。与国地税开展信息共享并制定相关制度。

2005年，全州开始推行个体工商户分层分类管理。至年底，各县（市）完成分层分类监管。当年，开展“诚信兴商宣传月”活动，共评选诚信私营业主18户、个体工商户28户。

2006年，按照《贵州省工商行政管理系统企业信用分类监管办法》，在注册登记监管、食品卫生监管、市场巡查监管工作中实行信用分类监管。

2008年，完成数据库层级调整，补录数据10000余条。是年底，全州共录入数据库数据：内资5500条、私营3585条，个体59184条，案件数25960件，户外广告1620条，动产抵押登记200条，前置审批数据3765条。

2010年，重点对市场主体信用分类监管工作进行实地检查、网上核对，建立定期通报制度，全州全年共完成纠错数据上万条。全州以经济户口管理和工商信用分类监管为核心内容的市场主体数据库，从最初的三级数据库过渡为一级数据库，企业信用公示和向政府及各行政主管部门提供信息共享的数据库已具有一定规模。是年底，贵州工商业务集成系统在黔南州内覆盖各部门业务。

2011 年，进行市场主体诚信体系建设，建立相应工作机制，完成相关网页建设。全州登记注册各类市场 48 个，认定市场 33 个（A 级 14 个、B 级 28 个、C 级 1 个、D 级 5 个）。

2014 年 10 月 1 日开始实施国务院颁布的《企业信用信息公示条例》，全州系统全面启动新的企业信用体系建设。当年配合省完成企业信用信息数据库建设，并对县（市）人员及部分企业进行培训，做好《条例》实施准备。

第三节　市场主体登记管理

一、市场主体登记注册

（一）国有、集体企业登记

按照《企业名称登记管理规定》，黔南州对企业名称实行分级登记管理的原则，划分州和县（市）的企业名称登记权限，分别登记冠以“州”“县”行政区划的企业名称，对不属本层级登记权限的一律不予登记。同时，对企业名称中含有损害国家、社会公共利益的，可能对公众造成欺骗或误解的外国国家地区的名称，国际组织名称，党政名称，党政军机关名称，群众组织名称，社会团体名称及部队番号，汉语拼音字母，数字等内容一律不予登记，严格管控。

1990 年，全州共有企业 5714 户，属全民性质（国有）2465 户，属集体性质 3037 户，属联营性质 212 户。

1992 年，全州登记注册企业数呈连续三年下降的趋势，登记企业数达 7144 户，比上年净增 1195 户，增长 19.15%。主要原因：注销登记的企业下降；各种经济成分得到发展；第三产业的企业数增长较快。

1993 年，全州工商局开展企业组建企业集团和指导企业实施股份制改造，支持企业联合组建企业集团和进行股份制试点。经州级体制改革委员会审批的企业集团由黔南州工商局登记注册。按照省的要求，放宽股份有限公司和有限责任公司注册资金最低限额，登记按分级登记管理原则进行。同时，降低一般企业注册资金限额，除国家有专项规定的以外。

1999 年，全州国有企业较上年有较大幅度减少，主要原因：国家对煤炭企业实行关井压产；对国有粮食企业实行改制，改制前为 425 户，改制后为 215 户；税务部门实行小规模纳税人，即销售收入达不到 180 万元以上的企业，不给增值税发票；随着监管力度加大，查处一批名存实亡的“三无”企业（无厂址、无厂名、无营业执照）；吊销一批违法违规企业。

2007 年，重点做好国有企业改组、改制变更登记，全州完成企业改制 47 户，其中分支机构 35 户。2009 年 3 月，工商注册登记业务正式进驻州政府政务服务中心。

2010年，围绕发展市场主体“增加总量，扩大规模，鼓励先进，淘汰落后”的方针，支持各类市场主体做多做大做强。至2011年末，全州有内资企业4598户，注册资金73.81亿元，比上年增长58.8%。其中新登记83户，注册资金6607万元。

2012年，全州内资企业4716户，比上增加2.56%，注册资金86.6亿元，比上年增长17.33%。

2013年，全州市场主体规模首次突破10万户（103522户），注册资（本）金突破400亿元。其中内资企业4793户，注册资（本）金117.19亿元，比上年分别增长1.14%和20.45%。

2014年，全州市场主体134353户、注册资本894.9亿元，较上年同期分别增加30891户、441.3亿元，分别增长29.8%、97.2%。其中，内资企业4857户、注册资本162.59亿元，比上年分别增长1.3%、38.8%。

（二）私营企业登记

1991—1992年，全州私营企业缓慢发展。

1993年，全州私营企业开始进入快速发展期，当年私营企业户数为426户，比上年新增82户，注册资金5300万元，新增2500万元，分别比上年增长23.84%和89.29%。

1994年，全州私营企业户数509户，从业人员超过万人，达到1.12万，注册资本7200万元，总产值实现亿元以上，达到1.43亿元。

1995年，全州私营企业户数为691户，注册资金突破亿元，达到1.98亿。

1997年，全州私营企业户数1005户，注册资金5.32亿元。

1998年，全州私营企业发展创历史新高，达到1119户，总产值从上年的1.91亿元升至4.71亿元。

1999年，全州私营企业户数陡降至865户，注册资金降至3.34亿元，比上年降幅分别为22.7%和39.6%，但当年总产值仍保持增长，达到5.93亿元。2000年，全州私营企业户数重新升至1024户，注册资金较上年大幅上升，达到7.61亿元，比上年增长127.84%。2001—2005年，全州私营企业平稳发展，户数稳步上升。

2006年，全州私营企业户数超过2000户，达到2503户。是年起，全州私营企业进入第二轮快速发展期。2011年，全州年内新开业企业442户，注册资金14.79亿元，从业人员5625人，注销123户。

2012年，私营企业市场主体规模和总量增加明显，私营企业总计6773户，比上年增长39.62%，注册资金166.96亿元，比上年增长52.13%，从业人员108847人，比上年增长24.94%。

2013年底，私营企业10431户，注册资（本）金288.42亿元，比上年分别增长44.03%和61.30%。

2014年底，全州有私营企业17338户、注册资本569.36亿元，比上年分别增长66.2%、97.4%。

（三）个体工商户登记

1991年底，全州城乡个体工商户32034户，注册资金0.87亿元。

1992年底，全州城乡个体工商户达32972户，同时新发展“先上车、后补票”个体经营户1200户，注册资金达到1.01亿。全年全州个体工商户为国家提供税收3742.7万元，比上年增长21.2%。

1992—1995年，个体工商户发展迅速，1995年达到40770户，从业人员5.99万人，注册资金1.73亿元。

1995—2002年，全州个体经济发展呈现波动发展态势。其中，1999年，全州个体工商户户数创出历史新高，达到50691户，注册资金2.75亿元，从业人员6.44万人。之后，全州个体工商户户数呈逐年下降趋势，2002年全州个体工商户下滑至40376户，较1995年同比下降1%。同年7月底，全州市场主体经济户口建档工作（一卡两档）基本完成，共建经济户口47638个，其中个体40376个。

2003—2007年，全州个体工商户持续快速发展。2007年，全州个体工商户户数达到52346户，注册资金9.08亿元，分别较2002年增长29.65%和212.03%。

2009年，全州个体工商户户数为55319户，注册资金达到10.18亿元。

2011年，全州个体工商户66188户，比上年增长5.2%，资金数额22.32亿元，比上年增长30.8%，从业人员107756人，比上年增长10.4%。当年新增4144户，资金数额2.07亿元，从业人员5417人，注销2680户。

2012年，个体工商户总计72662户，比上年增长9.78%，资金数额23.55亿元，比上年增长5.52%，从业人员114635人，比上年增长6.38%。

2013年，个体工商户86147户，资金数额32.84亿元，比上年分别增长16.59%，和31.99%。

2014年，个体工商户109400户、注册资本44.3亿元，比上年分别增长26.9%、35.06%。

（四）外商投资企业登记

2012年初，省工商局将外资受理审核权限下放至市（州）。截至2012年底，黔南州外商投资企业53户（有限责任公司35户、分支机构18户），投资总额85632.16万美元，注册资本41094.41万美元，外方认缴23586.23万美元。从产业结构情况看，第一产业4户，第二产业33户，第三产业13户，其他1户。其中以制造业和服务业占居多，注册资本分别为18412.41和15638万美元，占全州外资企业注册资本的82.86%。州内外资企业投资国别主要来自在亚洲的国家和地区，多以香港、台湾为主，欧洲、北美洲、拉丁美洲和大洋洲均有外商进入黔南。

2013年底，全州有外商投资企业59户，注册资（本）金4.16亿美元（约折合24.94亿元人民币），比上年增长9.26%。

2014年底，全州共外商投资企业（含台、港、澳投资企业）74户、注册资本55301.23万美元，比上年分别增长25.42%、28.4%。

（五）农民专业合作社登记

2007 年底，全州实有农民专业合作社 15 户。

2009 年，福泉、贵定两县（市）以农民土地承包经营权作价出资成立农民专业合作社，出台《农村土地经营权作价出资入股的暂行规定》。龙里县工商、农业、旅游、卫生等部门联合现场办公，于 3 月 2 日核发贵州省第一家生态农业观光专业合作社营业执照。年内，龙里县指导成立“龙里县茶乡刺梨农产品经纪人专业合作社”，为首家经纪人合作社。

2010 年，新登记农民专业合作社 272 户。全州累计登记农民专业合作社 762 户，出资总额 30505.27 万元，成员总数 11545 人，分别较上年新增 95.38%、62.56% 和 64.11%。4 年间，全州农民专业合作社户数增长近 51 倍，注册资金增长 69 倍。

2011 年，全州登记农民专业合作社 1211 户，比上年增长 58.92%，出资总额 60076.34 万元，比上年增长 96.94%，成员总数 15176 人，比上年增长 31.45%。

2013 年，全州农民专业合作社 2092 户，出资总额 15.15 亿元，比上年分别增长 27.33% 和 53.79%。

2014 年，全州农民专业合作社 2758 户、注册资本 23.03 亿元，比上年分别增长 31.8%、52.5%.

（六）微型企业登记

2012 年，省政府下发《贵州省人民政府关于大力扶持微型企业发展的意见》扶持微型企业发展。是年底，黔南州共建立微型企业 1000 户，带动就业 5540 人；当年，落实财政补助 2797.8 万元；落实贷款支持 2598.6 万元。

2013 年，完成发展微型企业 1000 户，带动就业 5127 人。三都小微企业——金凤凰马尾绣有限公司生产的产品远销印尼等亚洲国家。

2014 年，全州发展完成微型企业 3000 户，带动就业 19755 人，注册资本金（投资资金）35340 万元，户均注册资金 11.78 万元；落实财政补助资金 3198.9 万元；落实贷款支持 6194.3 万元。

二、市场主体监督管理

1992 年，在全州范围内开展个体劳动者职业教育活动，取得较好效果。是年，全州个体工商为希望工程捐款 20189.95 元。

1993 年，放宽私营企业注册条件，鼓励群众办自负盈亏、自担风险、独立核算的私营企业。

1994 年，在都匀市东风修配厂，通过民主选举，成立州内第一家私营企业工会委员会。

1995 年，省制定个体工商户《经营行为守则》，全州开展个体工商户经营行为教育，提高市场主体守法经营自觉性。

1996 年，《贵州省个体私营企业条例》颁布实施。黔南州工商局在全州推行“收费明白卡”制度。

1997 年，州建立企业档案数据库。下发《认真做好私营企业协会组织机构建立健全工作通知》，确定以福泉市和独山县个私营企业协会为试点。年底，县级协会共有专职工作人员 44 人，分会专职秘书和工作人员 124 人。

2000 年开始，全州对国有企业改革实行分类指导，帮助地方中小型国有企业实施产权改革。

2001 年，在全州基层工商所建立“经济户口”管理制度，形成登记机关与工商所上下联动的监督管理网络体系，企业和个体工商户的登记注册事项和经营行为处于管理部门常态的监督之中。

2003 年，全州探索各类企业监管方式的改革创新。从有利于促进经济发展、扩大就业和再就业、社区管理、工商行政管理部门强化监管执法出发，探索实行分类监管模式，改革年检验照制度。

2005 年，全州严格规范市场主体资格，企业年检率为 93.9%，个体工商户验照贴花率为 96%。对 33 户符合免检条件的企业实行免检。

2007 年，按照《个体工商户分层分类管理办法》，在全州 50 个工商所规范委托授权登记和分类监管的形式、程序和标准，将个体工商户的登记监管纳入经济户口和企业信用监管平台，建立和完善了全州个体工商户委托登记和分类监管机制。

2008 年，州出台《黔南州工商登记管辖制度规定》《黔南州工商受理审查制度规定》，划分州和各县（市）局的注册登记权限。出台《黔南州个体工商户经营备案制度规定》。将农民专业合作社管理纳入市场主体监管范围。

2012 年起，加强对微型企业管理。实施金融扶持，解决融资难问题。依托“一个协议”（州政府与省信用联社签订的 500 亿元支持黔南发展的《银政合作协议》）建好“一个中心”（即在 12 个县市信用联社建立“小微企业金融服务中心”），探索在承贷机构上以“信用联社为主，其他金融机构为辅”和在贷款担保上以“授信担保为主，其他担保为辅”的金融扶持模式。帮助提高管理水平。围绕农业产业结构、民族特色产业等方面抓微型企业发展工作，采用联合国国际劳工组织针对培养小型微型企业经营者而开发的 SIYB 培训模块，对创业人员进行标准化培训。

第四节　商标广告合同管理

一、商标注册管理

（一）商标注册与保护

2009 年，《商标代理管理办法》施行，黔南州没有商标代理机构，所有企业与经营者的商标注册均通过贵阳市及省外商标代理机构办理。

2013 年，全州新申请商标注册 358 件（农产品商标 127 件），比上年增长 60%；申报驰名商标 1 件，地理标志和证明商标 5 件（贵定云雾贡茶和平塘“牙舟陶”已获得注册证），申报著名商标 29 件（新申报 18 件，续展 11 件），至年底，全州有效注册商标 2136 件，全省排名第四。

2014 年，全州新注册商标 219 件，完成省著名商标申报材料初审 24 件（7 件延续）。

从新的《中华人民共和国商标法》颁布实施到 2014 年，黔南州注册证明商标 1 个，即“都匀毛尖”，获得地理标志证明商标 1 个，即“都匀毛尖茶”。

（二）商标印制管理

1991 年，全州商标印制企业 23 户，共印制商标标识 44866 万张，查处 1 户非法印制商标企业，没收商标标识 5 万张。

2001 年，在全州范围内对印刷企业进行清理整顿，规范印刷企业和商标印制企业的经营行为，其中持证商标印制企业有 28 户，取缔外地印刷厂在都匀设点非法承印商标 1 户。在 28 户商标印制企业中，停产 3 户，对违反商标印制管理规定的 3 户企业，除责令限期改正外，处以罚款 1.1 万元。全年对 226 件商标进行检查验证，共检查登记使用注册商标企业 168 户，验证商标 221 个，有 5 个商标因企业倒闭、破产、停产等原因未能验证，验证率达 98.1%。

2004 年 9 月，国家工商总局修订《商标印制管理办法》，取消商标印制单位资格和商标印制业务管理人员资格行政许可项目，印刷企业的“商标印制单位证书”自动取消，对商标印制监管工作由资格审核转移到行为监管。

（三）商标专用权保护

1. 注册商标专用权保护

1991 年，全州工商系统针对烟酒商标侵权行为突出开展重点整治。贵定县工商局捣毁 18 家制售假冒“云雾山”“亚细亚”等香烟地下烟厂，收缴制售假冒香烟的原料、包装品和工具价值 30 余万元；全州查处有商标侵权行为的假名优酒 1 万多瓶。

2001 年，检查登记使用注册商标企业 173 户，全年查处商标侵权案 58 件，收缴和销毁商标标识 30.1 万件，销毁侵权物品 6.3 吨，罚款 6.68 万元。

2004 年，检查经营户 5027 户，市场 161 个，捣毁制假售假窝点 6 个，查处商标侵权案 54 件，没收侵权商标标识 2786 件，罚没 1.64 万元。

2005 年，对全州使用商标企业进行摸底和清理，全州有注册商标 729 个，其中，有效注册商标 427 个，已注册但未使用商标 234 个，停产停业不使用商标 68 个。

2006 年，集中查处驰名商标、著名商标、食品商标、涉外商标、集体商标、证明商标侵权案件，开展“都匀毛尖”证明商标专项整治。共检查食品商标 1026 个、药品商标 519 个、医疗器械商标 17 个、交通工具及配件商标 83 个（查验著名商标 19 个，驰名商标 32 个，州内著名商标 5 个），查处涉及“贵州茅台”“花花公子”“大众”等商标的侵权案件 41 件，罚款 5.92 万元，收缴一批物资。

2008 年，开展奥林匹克标志专有权专项整治等多项整治。共查处商标侵权案 41 件，罚没金额 9.60 万元。其中查处奥林匹克标志侵权案 20 件，罚没金额 2.27 万元。

2009 年，以保护涉农商标、地理标志、食品商标、药品商标、驰名商标、著名商标、涉外商标为重点，共查处各类商标违法案件 56 件，罚没金额 30.97 万元。

2011 年，开展保护“华润”“云南白药”“日丰”“农达”“得力”等商标保护专项行动；开展“茅台酒”驰名商标、“都匀毛尖”证明商标等专项保护行动；其间，加强对第九届全国少数民族传统运动会特殊标志保护。全年查处商标案 62 件，罚没款金额达 27.96 万元。

2012 年 4 月，州会同惠水县政府组织县工业园区 48 家企业代表召开惠水县实施商标战略促工业园区发展推进会。惠水县、福泉市被列为省级实施商标战略示范县，2 家企业被列为省级实施商标战略示范企业。

2013 年，全州查办商标类案件 75 件，罚没款 31.9 万元。

2014 年，全州开展打击侵犯知识产权和制售假冒伪劣商品专项行动，检查经营户 1397 户（次），检查市场 968 个（次），立案查处商标侵权案件 48 件，罚款 12.76 万元。

2. 特殊标志保护

2000 年，开展对证明商标专用权专项保护，对 84 户使用证明商标销售产品的企业、个体户进行对照检查，纠正 2 户企业名称中使用“绿色食品”证明商标的不当行为。

2005 年，按照《贵州省 2005 年保护注册商标专用权专项整治行动实施方案》要求，对侵犯农产品商标地理标志商标整治。检查生产加工农产品企业 192 户，检查市场 54 个，超市 17 家，检查农产品商标 213 个，地理标志商标 6 个，立案查处 1 件

2006 年，组织开展“都匀毛尖”证明商标专项整治，检查登记茶叶生产、加工、经销企业 146 户，责令停止销售经营户 12 户。

2007 年，对全州农特产品和地理标志使用情况进行摸底调查，全州新申请地理标志商标 1 个。年底，全州有地理标志 76 个（含文化）。

2008 年，对 10142 户个体户、648 个市场进行专项检查，查处奥林匹克标志侵权案 20 件，罚没金额 2.265 万元，查处商标侵权案 21 件，罚没金额 7.33 万元。

2010 年，检查经营户 5096 户，商品商标 1083 种，查处商标侵权案件 67 件，罚款 28.14 万元。

2011 年，对第九届全国少数民族传统运动会特殊标志进行专项市场巡查保护，未发现侵权违法行为。

2012 年，省组织黔南州实施商标战略企业代表座谈会和“都匀毛尖”茶证明商标使用管理座谈会。

2013 年，建立品牌培育数据库，重点培育福泉川恒公司、贵定金象公司、罗甸信邦公司、贵州都匀绿卡能科技实业有限公司 4 家企业为驰名商标，培育罗甸玉、长顺高钙苹果、三都马尾绣等为地理标志证明商标。

2014 年，“都匀毛尖”证明商标归州政府管理。

二、广告监督管理

（一）广告登记管理

1991年，全州登记广告经营单位18户，从业人员94人，其中新办4户。全年营业额72.01万元，共发布广告1784条。

1993年，广告经营单位25户，比上年增加8.6%，全年广告营业额174.56万元，比上年增加133.9%。1994年，举办广告法规培训班1期。全年发展广告经营企业6户。

1995年，举办《中华人民共和国广告法》学习培训班7期，上街开展咨询服务47次，张贴宣传画1000张。

2000年，对广告经营单位进行年检，换发"广告经营许可证"，年检率和换证率达100%。全年举办法人培训7期，开展咨询服务14次，接受咨询400次。

2002年，对33户广告经营单位进行年度资格审查，保留26户经营单位资格并完善广告经营单位档案，取消经营资格4户，注销3户。新办广告审查员证39人，报名参加国家广告岗位资格考试24人。全年建立工商所户外广告档案1877个、店堂广告档案4260个。

2003年，对26户广告经营单位进行年度资格审查，取消经营资格2户，新办广告经营单位许可证10户；年内举办广告培训班19期，参加培训企业471户，526人次。是年，对全州广告基本情况进行复查，共建广告登记档案4857户，其中户外1721户，店堂3016户，印刷品121户。至年底，全州完成广告许可证登记录入34户，户外广告登记录入1720户，店堂广告登记录入3016户，印刷品广告登记录入1721户。2004年，全年举办商标广告培训班9期，参加人员214人。

2005年，开办广告法律法规培训班3期，参训人员47人，发放宣传资料500份，电视宣传15条次。年内加强广告市场信用监管体系建设，对全州42户广告经营单位进行信用级别划分，A级40户，B级2户。是年，全州广告经营许可证登记15家，其中：报纸1户，期刊1户，电台1户，电视台12户。

2006年，对全州43户广告经营单位进行了信用级别的划分，A级40户，B级3户。黔南州广告有限公司被中广协认定为二级广告企业。

2007年，开展广告专业技术人员职业水平评价工作。组织职业培训1期，参加人员36人。

2008年，加强对主要媒体广告发布单位监管，组织黔南报社、电视台、广播电台、市公交公司等单位广告审查员38人参加"规范广告发布"培训班。

2011年，推行广告联席会议机制，强化部门协作配合，全面推行行政执法指导，与相关广告监管部门联动11次，开展宣传咨询活动2次。

2012年，加强广告经营资格年检。是年，全州含有"广告""文化""传媒"字号的广告企业101户、事业单位12户，共计113户。其中，正常开展广告经营业务的58户，筹备期及未正常开展广告经营业务的34户，企业名称中含有"广告""文化""传媒"字号但无广告经营范围的21户。共有56户正常开展广告业务企业通过年检，年检率96.5%。

2013年，对事业单位、媒体从事广告经营准入资格进行严格审查。全州有广告企业142户、事业单位13户，共计155户。其中，正常开展广告经营业务的115户（事业单位13户），筹备或未正常开展广告经营业务的27户，企业名称中含有“广告”“文化”“传媒”字号但无广告经营范围的13户。全州应检广告企业102户，事业单位13户，合计115户；实检111户（事业单位13户），广告企业年检率为96%，事业单位年检率为100%。

2014年，事业单位广告经营许可证年检下放至各县（市）。全州有二级广告资质企业8家，三级广告资质企业1家。

（二）广告发布监管

1991年，审查户外广告228起，其中合格185起，允许张贴的广告2157张。

2002年，全州登记户外广告1877户，审查不合格未登记293户；登记印刷品广告31户，审查不合格未登记24户；登记店堂广告4260户，审查不合格未登记247户；登记临时性广告7户，备案登记103户。

2003年，对广告市场进行巡查，强制拆除广告牌412块（幅），收缴、覆盖各类违法广告13万余份。全州受理各类广告登记4458条，其中户外1448条，印刷品87条，店堂2923户。

2004年，登记各类广告1398条，其中不予受理登记59条。是年，组织开展户外广告专项整治。检查户外广告870条（幅、块），其中经登记发布的853条，未经登记17条已立案查处。对2004年7月1日前登记的912条店堂广告进行清理，逐步完善登记。

2005年起，不再登记店堂广告。制定下发《黔南广告审查员管理办法》《广告行业自律规则》。全年受理登记户外广告351件，不予受理126件，登记率达到93%，烟草广告登记报批2件，固定形式印刷品报省登记1件。

2006年，新颁布的《户外广告管理规定》实施，全州统一印制户外广告受理、登记、发证各种文书，各类户外广告的登记发证。全年受理登记发证户外广告413件，不予受理107件。2007年，受理户外广告登记331件，发证312件，不予受理19件。

2008年，进行广告企业资质认定和申报，年内，有1家企业被认定为三级资质企业，填补了黔南州无三级企业空白。2010年，审查登记户外广告592件。

2012年，登记户外广告353件。贵定县局对未登记擅自发布广告的移动、电信、联通等违法行为进行立案查处，同时约谈其上级主管部门进行行政指导。2013年，共审查登记户外广告443件。2014年，共审查登记户外广告498件。

（三）广告经营监管

1991年，全州有定点广告栏135个，全年检查户外广告418次，清除覆盖广告4050张。

1993—1998年，重点对广告市场的培育管理和日常监督管理，指导经营单位完善健全制度，杜绝虚假广告。对申请经营广告的企业严格审查。

1999年，抓印刷品广告的集中整治，特别是户外张贴广告的整治。监管延伸到电视直销广告中展开审查、审核。2002 年，组织开展广告市场综合治理，层层负责、定人、定责、定期、定片。

2003 年，在全州范围内开展对医疗广告的专项治理，治理重点为都匀市。对 13 家医疗机构进行全面检查。4—5 月对药品广告进行专项检查。9—10 月以户外、印刷品广告媒介为载体的医疗、药品、房地产（物业）等形式的广告为重点进行全面治理。2005 年，对广告企业实施分级管理。

2006 年，完善整治虚假违法广告专项工作联席会议制度。是年，联席会议成员单位集中开展清理整顿医疗广告专项治理和美容、化妆品广告专项整治。

2007 年，召开广告监管联席会议 2 次，对广告进行监管，对媒体开展联合检查 1 次。

2008 年，建立《黔南州新闻媒体单位的领导责任追究制度》《违法广告共同公告制度》。重点整治网上非法“性药品”和性病治疗广告，共监测网站 13 家，未发现违法广告的发布。

2011 年，全州有 8 家主要广告企业获得企业资质，其中 7 家获得国家二级广告资质企业，1 家获得国家三级广告资质企业。

2012 年，拟定《黔南州广告业“十二五”发展指导意见》，在全省率先实现政府行文，部门行为上升为政府行政行为。

2013 年，指导 1 家广告企业新申报二级资质，1 家广告企业新申报三级资质，6 家二级广告资质企业开展延续申报。开展“讲文明树新风”公益广告宣传活动，全州广告企业共报送各类公益广告 100 余幅；组织广告企业报送第二十届中国国际广告节中国公益广告黄河奖参赛作品 13 幅。

2014 年，指导 2 家广告企业申报二级广告资质。组织州内广告企业参与广告长城奖、中国公益广告黄河奖、省讲文明树新风公益广告的参赛活动，黔南州黔视广告有限责任公司参赛作品获贵州省公益广告大赛银奖。全州广告企业发布、播出各类公益广告 7343 条次。

（四）广告监测

2003 年起，制发《黔南州广告监测制度》，从制度建设上规范基层商标广告监管工作。

2005 年，对电视、报纸、印刷品、户外等 4 大媒介以及食品、药品、医疗、化妆品、美容服务、农资、房地产等 6 大类商品及服务进行监测，监测各类广告 3100 多条（次），发布监测通报及监测分析 11 期。推行广告监测通报警示制度，全年发出广告行政告诫书 81 份，对 72 户企业个人发布的 81 条（次）广告进行警示。

2006 年，全州发出广告行政告诫书 32 份，对 29 户企业个人发布的 32 条（次）广告进行警示，发布监测通报及监测分析 4 期。2007 年，发布《广告监测通报》12 期，监测广告 596 条，发现涉嫌违法 35 条。

2008 年，发布《黔南州广告监测通报》10 期，监测广告 1595 条，违法广告数 6 条，广告违法率 0.38%。2009 年，发布《黔南州广告监测通报》10 期，监测广告 1845 条，违法广告 9 条，广告违法率 0.48%。2010 年，发布广告监测报告 10 期，监测各类广告 1921

条。2011 年，监测广告 1606 条。

2012 年，建立黔南州广告监测中心。是年，共监测广告 26347 条，其中违法广告 764 条，违法率 2.89%。

2013 年，监测各类广告 3277 条，其中违法广告 29 条，广告违法率为 0.88%。2014 年，监测广告 3174 条（次），发现违法广告 29 条（次），广告违法率为 0.91%。

（五）查处虚假违法广告

1991 年，查处虚假广告 39 件，罚款 4584 元，没收消除各类虚假广告 804 张。1994 年，清理检查户外广告 43 次，清除覆盖违章违法广告 1268 张。1995 年，查处违法违章广告 107 件，移送司法机关 2 件。

2003 年，责令停止发布医疗广告 6 条，收缴药品广告灯箱路牌 124 块，各类违法印刷品广告 95000 余份。

2004 年，收缴撤除违法广告 20132 张（块）。2005 年，收缴违法印刷品广告 6 万份。2006 年，发布违法广告通报 1 期，对 3 件较典型的违法广告进行曝光。2010 年，责令限期整改广告用语 48 条，停止发布 2 条。2012 年，查处违法医药广告 12 条。2013 年，查处各类违法广告案件 54 件，罚款 9.25 万元。

2014 年，查处各类违法广告案件 29 件，罚款 9.6 万元。开展行政指导 15 件，下达行政告诫书 15 份，责令停止发布 23 条次。

三、合同管理

（一）合同鉴证

1991—2002 年 12 年间，全州工商行政管理部门按照各年度、各时间段工作重点的不同，相继开展建筑工程施工合同、农副产品购销合同、工矿产品购销合同、农业生产资料合同、医药品购销合同、房屋租赁合同、加工承揽合同等合同鉴证，鉴证合同 15100 余份，涉及金额 20.4081 亿元。依法确认一批无效经济合同，为企业挽回经济损失。2002 年 11 月 1 日，国务院取消合同鉴证审批权限，从此，不再办理合同鉴证。

（二）合同备案

按照《贵州省合同监督条例》规定，黔南州合同备案自 2010 年起在全州范围开展。

2010 年，全州格式条款合同备案共 24 件。其中，商品买卖合同 5 件，建设施工合同 4 件，建筑招投标代理合同 1 件，供水合同 1 件，订单农业合同 13 件。2011 年，开展供水、供电、有线电视、电信、运输、旅游、物业管理、装修等格式合同条款备案，督促企业整改格式合同中的“不平等格式条款”或“霸王条款”，共备案商品卖买卖合同、建设施工合同 51 件，订单农业合同 7 件。2012 年，备案农业订单合同 27 件，共签订农产品订单合同 15967 份，涉及合同金额 39134 万元，推行合同示范文本 15 个样本。2013 年，农产品订单合同备案 39 件，涉及农户 1732 户，涉及合同金额 5319 万元，开展咨询服务 758 人（次），签约指导 1388 人（次），培训相关人员 786 人（次），发放宣传资料 5000 份。2014 年，开展合同备案共 47 件，其中，建设合同 24 份，商品房买卖合同 16 份，金融业 4 份，拍卖 2 份。

（三）抵押登记

1995 年 10 月颁布的《中华人民共和国担保法》赋予工商行政管理部门办理动产抵押登记职能。次年起，全州开始开展动产抵押登记工作。1996 年，全州组织开展企业动产物抵押登记管理培训 8 期，培训人员 612 人。是年，办理动产物抵押登记 32 件。1997 年，办理动产物抵押登记 102 件。不动产抵押 40 件。1998—2004 年，办理动产物抵押登依次为：126 件、86 件、116 件、127 件、128 件、94 件、51 件。1999 年，2000 年、2001 年办理不动产抵押分别为 74 件、20 件、8 件。2005 年，州工商局开展动产抵押咨询服务，共为 522 人提供咨询。是年，办理动产物抵押登记 39 件。2006—2008 年，办理动产物抵押登记依次为：45 件、16 件、32 件。2009 年，全州办理动产抵押 41 件，主债权金额达到 30.10 亿元，其中抵押主体为个体工商户的登记 3 件，主债权 35 万元。2010 年，办理动产物抵押登记 52 件，主债权金额 2.11 亿元。2012 年，为企业办理动产抵押借贷登记 2 件，抵押物价值 1386 万元，主债权数额 112.80 万元。2013 年办理动产抵押 1 件，抵押物价值 150 万元。2014 年办理动产抵押 11 件，抵押物价值 6676.53 万元。

（四）拍卖监督

1997 年，《中华人民共和国拍卖法》实施，赋予工商机关负责拍卖主体注册登记，对拍卖交易行为实行监督管理，查处违法拍卖行为的职责。1998 年 1 月 19 日，黔南州第一家拍卖公司黔南州拍卖有限公司成立，注册资金 100 万元。委托拍卖 2 份，金额 71 万元，确认成立 2 份，金额 83 万元。2004 年，州内有拍卖企业 2 家。2006 年，查处不按规定按时进行拍卖登记备案的拍卖企业，罚款 7000 元。2007—2008 年，州内有拍卖企业 6 家。2009—2010 年，拍卖企业减少为 4 家。2011—2014 年，全州有拍卖公司及分公司 8 家。委托拍卖 20 份，金额 4108.21 万元，确认成交 20 份，金额 4009.1 万元。

1998—2014 年 17 年中，委托拍卖和确认成交份数最多的是 2009 年，拍卖 107 份，成交 85 份；其次是 2008 年，拍卖 98 份、成交 78 份；2007 年拍卖 76 份，成交 51 份。其余年份的拍卖份数和成交份数在 2 份到 25 份之间。

（五）查处违法合同

1991—1995 年，对合同的管理偏重合同纠纷的调解和仲裁。1995 年，全州受理各类经济合同纠纷 24152 件，涉及合同金额 2154.23 万元，其中争议金额为 1196.85 万元。结案 23052 件，其中，采用简易程序调解处理 21780 件，采用普通程序处理 252 件，撤诉 1020 件。

1992 年，全州经济合同仲裁委员会受理经济合同纠纷案件 11564 件，全部结案，其中仲裁 4 件，调解 11560 件，为企业和当事人挽回经济损失 586 万元。

1993 年，全州受理各类经济合同纠纷 154 件，调解 154 件，为企业和当事人挽回经济损失 2236.03 万元。

1994 年，全州受理各类经济合同纠纷案件 85 件，涉及争议金额 676.56 万元。其中调解37件、裁决48件，为企业和当事人挽回经济损失210.26万元。

1995年，全州仲裁合同纠纷案件3300件，金额71万元。为贯彻执行《中华人民共和国仲裁法》，全州工商系统做好仲裁过渡工作，至年底，全州各级经济合同仲裁委员会陆续终止工作。

1996年以后，按照省的部署，重点开展对合同违法行为专项治理查处。2002年以后，违法违章合同的查处已实现常态化监管。

1996年，全州工商系统开展打击合同欺诈专项行动。在州及12县（市）设立举报电话、举报箱13个。检查各类经济合同2408份，涉及金额31335万元，其中违法合同23份，不合格合同69份，金额518万元。1997年，全州查处违法合同48件，涉及金额148万元，罚没金额1.5万元。

1998年，全州查处违法合同案件2625件，涉及金额2018万元，罚没金额63万元。

1999年，全州检查各类合同811份，金额15800.05万元，其中：不合格28份，金额424.5万元；到期未履约67份，金额918.9万元；解除11份，金额215.1万元。发现违法合同2份，涉及金额46.45万元，查处违法合同1件，罚款1万元。

2000年，全州查处合同违法案件15件，其中，欺诈7件，其他8件，罚款17.39万元。2001年，全州查处合同违法案件32件，违法金额45.8万元，罚款3.01万元。其中欺诈2件，其他29件，移司法机关1件。2005年，全州查处合同违法案件16件，罚款1.95万元。

2006年，年度检查买卖、加工承揽、旅游、经纪人、旧车、重要生产资料等合同718份，涉及合同金额452万元，查处合同案件2件，罚款1.02万元，督促履行合同47份，协助当事人解决合同纠纷6件，合同标的153万元。

2007年，全州检查合同1107份，查处合同欺诈案件2件，案值5000元，罚款1000元，调解合同纠纷1件，金额2万元。

2008年，全州共检查合同586份，涉及合同金额6442.5万元。查办合同案件1件，罚款10000元。调解合同纠纷16件。

2009年，调解合同纠纷1件，争议金额2.4万元，为农民挽回经济损失0.44万元。2010年，全年办理合同案件1件，罚款500元。

2011年，开展“格式合同条款”专项整治，重点规范、查处供水、供电、有线电视、电信、运输、旅游、物业管理、装修等涉及公共利益的行业利用不平等格式条款侵害消费者权益的违法行为。

2012年，开展对利用合同格式条款侵害消费者合法权益行为集中专项整治，检查经营户1300余户，检查合同5426份，发现不平等格式条款162条，企业自行改正34条，下发修改建议书66份，开展行政指导4件，责令改正通知书48份。

2013年，针对移动公司、联通公司、电信公司的乱收费、收费不公开、不透明、利用格式合同、霸王条款收取用户费用问题进行纠正和排查。是年，对全州电信、移动、联通的298户运营企业、158户个体经营户进行了专项检查，在检查中下发行政指导建议书3份，下发限期改正通知书3份。

2014 年，向全州银行业、电信业、供水、供电、供气、供暖等企业单位收集合同样本共 113 份，其中银行业 62 份（小贷款公司合同样本 5 份）、电信业 35 份、供水 3 份、供电 5 份、其他 8 份。全州开展合同备案共 47 件。

第五节　行政执法

一、公平交易执法

（一）打击传销和变相传销

传销作为一种商品销售方式，20 世纪 90 年代初在贵州省出现和发展。1998 年 4 月，国务院发布《关于全面禁止传销经营活动的通知》，规定“自本通知发布之日起，应一律立即停止传销经营活动”。按照国家和省有关规定，打击传销作为公平交易执法的重点。是年，全州建立完善打击传销的措施和机制，形成由党委、政府领导，工商、公安等部门齐抓共管的综合整治格局。

2000 年 3 月中旬，都匀市在市郊一民宅内查获一传销窝点，主要违法人员系湖北人，利用“滚动式经营”方式推销化妆品，涉案人员 80 多人；4 月 29 日，都匀市在开发区查获一非法传销窝点，主要违法人员系广西人，利用“复合式加盟特许经营”方式推销西服，涉案 100 余人。两个案件按照相关法律法规移送公安机关。是年，全州共制止传销和变相传销 6 起。

2005 年，《禁止传销条例》颁布实施。全州取缔传销活动 24 起，捣毁窝点 28 个，遣散人员 517 人。

2006 年，查处传销 10 件，移交公安机关 3 人，查获违法资金 3.6 万元，遣返传销人员 647 人。

2007 年，成立黔南州打击传销规范直销领导小组。按照“打、防、控”三管齐下执法模式，与相关部门联合对辖区出租房屋进行重点清理，取缔传销窝点 37 个，打掉传销团伙 8 个，查处传销案件 3 件（1 件涉案金额超过 15 万元移送公安机关），遣散传销人员 850 人，收缴传销资料、物资一批。

2008 年，都匀市被列为全省传销重点整治地区之一。全州建立打击传销长效机制，将打击传销纳入全州社会治安综合治理考核范畴。州综治委印发《关于将打击传销工作纳入社会治安综合治理目标考核工作的通知》，启动整体联防联动机制。是年，各县（市）成立打击传销工作办公室，建立“打传队”，严厉查处传销案件。年内，全州各级工商、公安两部门联合开展清查行动 278 次，取缔非法传销窝点 415 个，驱散、遣散传销人员 3700 余人，立案 32 起，刑事拘留 65 人，移送起诉 11 人，判刑 9 人，总涉案金额达 1720 余万元。是年 3 月，在全州创建“无传销社区（村）”启动。6 月，完成创建“无传销社区（村）”示范点。至年底，全州 12 个县（市）和都匀开发区共创建示范单位 28 个（创建无传销社区19个，无传销村9个）。无传销社区（村）建立“六二五四”工作制度，即落实“六个一”（一张联系卡、一封公开信、一块警示牌、一份责任书、一块宣传栏、一块公示栏），建立“两个黑名单”（传销人员、违规房租出租户），建立“五个机制”（打击传销互动机制、信息机制、宣传机制、责任机制、打击机制），对外来人员做到“四个知道”（知道是什么地方人、从事什么职业、资金来源、主要在什么活动）。是年，全州各县（市、区）政府与辖区各乡镇（办事处），乡镇（办事处）与辖区（村），工商局、公安局分别与工商所、派出所签订打传责任书384份，制作发放“联系卡”43243张，“一封公开信”17200封，制作公示牌117块、社区宣传栏55块、大型永久广告牌14个，建立传销人员数据库6个、房屋出租数据库24个。

2009年，州、县两级进一步完善打传联席会议制度，将打击传销工作纳入社会治安综合治理，作为推进创建“和谐黔南”“平安黔南”工程。是年，全州建立传销人员数据库7个，房屋出租数据库43个。至年底，共取缔传销窝点247个，驱散、遣送传销人员1388人，查办传销案件14件，罚没款49.46万元，移送司法机关案件3件，涉案人员13人。都匀市工商、公安共同携手，历经5个月，成功破获一起由国家工商总局和公安部挂牌督办的传销组织团伙，涉案传销人员达110名，涉案金额470万元。年底，全年共建成“无传销社区（村）”142个，其中，社区89个、城郊村53个，创建率达100%。成立打传办142个，打传专业执法队142支，发放公开信18296封、联系卡11774张，签订责任书746份，制作公示牌和宣传栏200块。

2010年，全州打击传销立体监管网络逐步完善，形成以政府统一领导，打传办具体指导，各成员单位各司其职、互相配合，基层工商所、派出所、居委会具体实施，打传队综合报送传销信息，摸查传销动向的“五位一体”监管机制。是年，黔南州与广西壮族自治区河池市签订《联合打击和防控传销执法协作协议书》，通过协议建立联席会议制度、信息互通机制、联合打击机制等打击和防控传销机制，实现打传的跨省合作。全年，全州捣毁传销窝点56个，教育遣送传销人员314人，收缴大量传销物品。

2011年，传销案件呈明显下降势头，取缔传销窝点11个，驱散、遣送涉传人员42人。

2012年，全州继续巩固打传成果，发放、张贴宣传资料35072余份，走访群众420余人次，检查宾馆、旅馆299户，社区205个，立案调查关于网络传销案件1件（移送公安机关案件1件），教育人数26人。

2013年，全州继续巩固和深化创建“无传销社区（村）、无传销校园”活动，311个行政村、56个居委会、13个校园参与创建。启动创建“无传销城市”活动，建立“无传销城市”4个。

2014年，全州打击传销发放宣传资料25000余份，发布警示提示813条（次）。创建“无传销社区（村）、无传销校园、无传销城市”活动不断巩固和深化，4个城市、13个校园、56个居委会、311个行政村参与创建。

（二）制止不正当竞争行为

2006年，查处商业贿赂行为。共立案查处商业贿赂案件33件，查结22件，罚没款

29.50万元，移送纪检、监察、电信部门案件3件。

2008年，共查处商业贿赂案件18件，涉案金额96.3万元，罚款15.96万元。案件类型涉及中介机构和金融保险行业商业贿赂、酒类经销批发商商业贿赂案、超市经营中的商业贿赂等。

2009年，全州查处商业贿赂案件13件，案值31.11万元，办结11件，罚款22.61万元。2010年，全州共查处商业贿赂案件2件，罚没款2.2万元。

2011年，先后对保险、金融、通信行业中的不正当竞争行为进行纠正。查处商业贿赂行为案件2件，案值2.82万元，罚没款2.82万元。2012年，查处商业贿赂行为案件4件，案值2.2万元，罚没款7.2万元。2013年，全州办结商业贿赂案件3件，罚没款3.2万元；

2014年，查处商业贿赂案2件，案值4.88万元，没收违法所得0.03万元，罚款2.19万元。

查处公用企业限制竞争行为：2000年，全州开展对公用企业限制竞争、强制交易行为专项整治，查处电信、电力、自来水公司等公用企业和依法具有独占地位经营企业的不正当竞争行为案25起，罚没金额60.61万元。

2001年，对全州范围的电力、保险、邮政、商业银行等具有独占地位的垄断行业开展限制竞争专项执法检查，共查处各类不正当竞争案件76件。

2005年，对通信、供电、供水、供气、邮政、金融保险等公用企业进行检查，查处公用企业限制竞争行为18起。

2008年，以《中华人民共和国反垄断法》实施为契机，加大对供电、供水等公用企业滥用垄断地位强制交易、强制服务等行为。全州查处案件7件，罚没款4.83万元。

2010年，共制止3起公用企业涉嫌搭售和强制的限制竞争行为。

2011年，检查公用企业、大型零售商1852户次，立案查处垄断、限制竞争行为案件3件，案值4万元，罚没款2.3万元。

2012年，立案查处垄断、限制竞争行为案件1件，案值0.11万元，罚没款0.2万元。2013年，公用企业限制竞争案件1件，罚没款5万元。2014年，查处公用企业限制竞争案3件，罚款21万元。

二、市场专项治理

1991年，全年查处掺杂使假案件99件。其中，贵定县取缔地下烟厂18家，收缴卷烟机25台、各种商标标识5900余张、云雾山烟盒2000大张、各种假烟1000多条、烟丝4600公斤，价值30余万元；查收不合格秤692把、变质罐头1770瓶、变质糕点3450公斤、变质啤酒9800瓶、变质饮料11600瓶、冒牌香烟920条、贩私外烟250条、冒牌名酒1480瓶（其中假茅台432瓶，假董酒589瓶）。

1992年，共查获各种假烟6929条、假冒名酒4375瓶、地下卷烟厂34家，查获一处生产假橘子汁地下作坊，收缴橘子汁2280瓶及假商标1500套。

1993年，组织开展假冒伪劣商品大检查，查处假董酒567瓶、假鸭溪酒740瓶、进口旧西装1500件、假名烟449包；取缔地下烟厂35家，没收各种成品假名烟1500条、烟丝

550 公斤、各种假名烟商标及盒皮 10000 套、卷烟机 95 台。罗甸县查处假稻种 940 公斤、蔬菜种 470 公斤。瓮安县捣毁银盏乡 11 个制售假化肥厂，没收假化肥 110 吨。

1994 年，全州检查市场 744 个次，查处假冒名烟 3930 条、假冒名酒 1450 瓶、假冒农药 2.98 吨、假冒农膜 70 公斤、劣质化肥 328 吨、劣质皮鞋 12800 双、假冒良种 2.56 吨、无碘盐 3.5 吨、注水猪肉 6.5 吨。

1995 年，共查处掺杂使假案件 210 件，没收非标称 1170 把、假烟 2000 条、假酒 4000 瓶、劣质皮鞋 300 双、变质糕点罐头 500 公斤、旧服装 200 件、劣质化肥 4000 吨、失效农药 6020 瓶、假种子 3000 公斤、掺假原煤 3200 吨，捣毁地下卷烟作坊 56 户，案值 91 万元，罚款 4.23 万元，查获假冒伪劣化肥 750 吨、假种子 8100 公斤，罚款 8570 元。

1996 年，对全州 250 个乡镇和农资经营点进行清理检查，共检查各类化肥 15420 吨，其中不合格 464 吨，查扣无证经营化肥 909 吨、种子 300 公斤，立案 40 件，罚款 10.7 万元。查处假冒名酒 342 瓶、假冒名烟 433 条、劣质皮鞋 279 双、注水猪肉 855 公斤、变质饮料 4040 瓶、变质罐头 620 瓶、变质食品 670 公斤。

1997 年，查处制售假冒伪劣案件 1127 件。其中，州工商行政管理部门根据群众举报查获假冒黄果树牌卷烟 1250 条、遵义牌卷烟 500 条、花溪牌卷烟 250 条、红山茶牌卷烟 200 条、红梅牌卷烟 350 条、阿诗玛和红塔山牌卷烟 30 余条，以及部分制造假烟的包装材料，总价值 6.6 万元。清理整顿农资市场，查处不合格化肥 4000 吨、过期稻种 12610 公斤、过期农药 3500 瓶、劣质农药 1000 公斤。查处不合格秤 323 把、假冒名酒 450 瓶、假冒名烟 560 条、劣质皮鞋 780 双、注水肉 650 公斤、变质饮料 5680 瓶、变质食品 780 公斤。是年，州对惠水县局查获的 10 辆假冒拼装摩托车进行现场销毁，贵州电视台现场报道，中央电视台转播此条新闻。

1998 年，全年端掉制售假冒伪劣商品窝点 14 个，查获假冒伪劣物资：卷烟 37650 条、农机 57 台、拼装摩托车 63 辆、假酒 1460 瓶、注水肉 1745 公斤，罚没金额 12 万多元。查处农资违法违章案件 464 件，罚没金额 11 万元，查获倒卖的各种化肥 1896 吨、农膜 245 公斤、稻种 896 公斤，查处无照经营化肥 78 户。

1999 年，全年共查办制售假冒伪劣商品案件 325 件，案值 283 万元，捣毁制假窝点 8 个。查处非法出版物 4300 多册、盗版音像带 1456 盒、盗版 VCD 光盘 2800 多张、假劣香烟 7313 条、化肥 127 吨、墨水 56 件、水泥 105 吨、化妆品 2433 瓶、鞋 105 双，查获各种假劣药品 78 种，10000 多瓶，价值 13 万元。查邪教非法出版物（书 46 本、复印件 7 件，录音带 29 盒）。捣毁制假磷肥窝点 1 个，查处伪劣化肥 127 吨、假农药 2000 公斤。全年共查处农资案件 81 件，罚款 86 万元。查获各类化肥 368 吨，农膜 480 公斤，劣质农药 850 公斤、假农药 2000 公斤、种子 322 公斤，取缔无证经营 136 户。

2000 年，重点对食品、药品等市场进行大检查，共没收各类劣质食品（洪水浸泡）6 吨、非法计量器具 1000 多把，价值 50 多万元。查处制售假冒伪劣商品案件 272 件，罚没金额 1.6 万元，端掉制假窝点 13 个。查处 1 起低价批发被农药污染的白糖案件，及时追回有毒白糖 4.5 吨并予以销毁。全年查处违法经营化肥案 21 件，罚款 2.1 万元。查获邪教非法图片书刊538套。

2001年，全州开展集中整治市场经济秩序“第一战役”，捣毁制假窝点17个，查处案件495件，罚款33.02万元，查获的假冒伪劣商品有劣质化肥251吨、农药3510瓶、种子4743公斤、钢材51吨、各类食品2658公斤、饮料20747瓶、“双桥”味精3742包、注水肉420公斤、电线298卷、非法、盗版VCD光盘36000盒、摩托车42辆、汽车、摩托车配件1850件，集中统一销毁的假冒伪劣商品价值近百万元。针对瓮安县汽车拆解较为突出的实际，黔南州工商局6次深入瓮安现场督办，取缔旧车拆解点9个，罚款1.23万元。农资市场专项整治，共检查农资经营户374户次，捣毁制假窝点5个，取缔无照经营71个，共查获假冒伪劣化肥251吨、农药3510瓶、种子4743公斤，总案值55.9万元，立案58件，罚款16万元。查获盗版光碟走私光盘3600盒。

2002年，全年捣毁制假窝点2个，取缔无照经营61户，共查获假冒劣质化肥22.8吨、农膜220公斤、农药1220瓶、兽药519盒、假种子187公斤、劣质种苗7400株，立案46件，罚款4.4万元。没收变质食品920公斤，没收假玉石70件，查处制售假冒伪劣商品案6件，罚款5.1万元。

2004年，全州将治理假冒伪劣等违法行为监管方式由“以打为主、打防结合”向“以防为主、防打结合”转变。是年起，以实施商品准入制度为重点，推进商品质量监管关口前移，加大从源头上治理制售假冒伪劣商品等违法行为，相继建立商品质量购销、查验登记制度；重要商品市场准入备案制度；重要商品“协议准入”制度；商品质量市场监督抽查制度；不合格商品市场退出制度；商品质量信息公示制度等六项制度。全年捣毁制假售假窝点6个。

2005年，全州查处涉农案件110件，案值110.63万元，罚没金额20.1196万元，没收各种物资一批。查处并取缔无照经营“黑网吧”13户。收缴盗版光盘1363张、淫秽光盘83张、“口袋本”173册，销毁光盘1万余张、书刊4000余册。开展汽车市场专项整治，查扣涉嫌非法拼装汽车3辆、切割的中巴车金属2.5吨、汽车发动机总成2台，罚没5.04万元。

2006年，查处农资案件98件，案值104.36万元，罚没8.41万元，暂扣种子1412公斤、化肥66包、玉米16公斤，没收假冒“冈优527”水稻8240.5公斤，查封山东普利奥肥业有限公司生产不合格奥莱利德生态肥和尿素51.5吨。没收不合格粮食788斤、劣质枕头7对、劣质棉被5床、不合格成品油540公斤。查处黑网吧违法经营户7户，处罚5700元，取缔19户。查获非法拆解拼装汽车案1件。开展校园周边环境治理，收缴非法出版物50余册。

2007年，开展“护农打假保春耕”行动，取缔无照经营销售化肥经营户9户，收缴查扣不合格、过期化肥21吨、种子529公斤、饲料170公斤、农药26公斤、兽药26公斤、农机具4台。全年立案查处农资违法经营行为42件，案值14万元，罚没4.67万元。同年，食盐专项整治捣毁私盐加工点2个，收缴工业盐55.9吨，追回流入市场的“问题食盐”26.45吨。查处假冒伪劣食品价值9.23万元。全年取缔“黑网吧”13家，查扣电脑

94台及摄像头等一批上网工具。全州“扫黄打非”行动查缴各类盗版和非法出版物468册、光盘585张。

2008年，收缴过期食品86公斤，立案5件，案值3.01万元，罚款6500元。9月起开展的对含有三聚氰胺的奶制品专项整治，下架奶制品2772.5公斤，召回1737.5公斤，封存待销毁1035公斤。“红盾护农”取缔无照经营38户，立案查处65件，案值42.71万元，罚没5.12万元。全年查处取缔黑网吧18家，查扣电脑104台，对6户网吧相关许可证过期，责令办理换照手续。

2009年，查处各类农资案件60件，案值98.72万元，罚没金额35.859万元，销毁不合格农资11.75吨，查缴问题化肥3吨，假冒伪劣玉米种子2085公斤、农药138瓶。查处网吧违法行为1件，罚款金额0.2万元；取缔黑网吧96户，没收违法所得1.04万元，罚款金额4.06万元；查封违法经营场所5户，没收专门用于无照经营的电脑114台。开展禽流感防控，没收未经检疫猪肉1598公斤。全年共查缴非法音像制品521盘（套）、非法出版物书233本（册）、具有赌博性质儿童抽奖卡片4000余张。

2010年，查处农资案件92件，总案值78.25万元，罚没金额11.12万元，查扣问题化肥20多吨，过期变质农药152盒，没收超过保质期的11个品种279包种子。查处取缔无证照经营的“黑网吧”68户，查封违法经营场所125处，没收电脑上网设备321台，罚没款4.07万元。组织开展了以政治性非法出版物、低谷录像制品为重点的查缴工作，全州共查处非法出版物6519件，其中非法图书227册、非法音像制品4627盘、非法报刊120份、卡片1432张、其他非法出版物113件。

2012年，查处取缔黑网吧22户，没收上网设备电脑202台，水果机5台，游戏机4台。

2013年，围绕社会关注的重点、难点、热点问题，依法严厉打击“傍名牌”、商业贿赂、公用企业限制竞争等各种违法行为。全州共办结各类案件1507件，罚没413.7万元。

2014年，继续依法严厉打击“傍名牌”、商业贿赂、公用企业限制竞争等各种违法行为。全州系统共办结一般程序案件735件，总罚没款208.95万元。其中办结商业贿赂、公用企业限制竞争等不正当竞争案件18件，罚没款23.9万元；办结食品安全相关案件294件，罚没款74.72万元；办结产品质量类案件60件，罚没款25.07万元；办结商标类案件63件，罚没款17.5万元；办结广告类案件34件，罚没款10.7万元；办结合同案件8件，无照经营案件184件。

第六节　消费者权益保护

一、商品质量监管与保护

（一）流通领域食品安全监管

1. 制度及措施监管。2004年，国务院作出《关于进一步加强食品安全工作的决定》，按照一个监管环节由一个部门监管的原则，规定工商行政管理负责食品流通环节的监管。是年起，全州除贯彻执行国家和省有关规定外，相继制定《黔南州不合格食品退市制度》《黔南州流通环节食品准入制度》《黔南州食品质量信息公示制度》《黔南州工商系统流通环节食品安全突发事件应急预案》《黔南州工商系统执法人员流通环节食品安全监管问责制度》《黔南州流通环节食品经营主体记分与分类管理办法》《食品安全事故应急预警机制》等七项食品监管制度，对境内食品安全进行监管。2006 年，将国家工商总局“两图一书”要求扩展为“两图三书两卡一台账一档案”模式，有针对性地加强对失信和严重失信食品经营主体的重点监管。

2007 年，在全州食品经营户中推行索证索票制度和进货台账制度。

2009 年《中华人民共和国食品安全法》施行后，食品流通环节许可由工商行政管理部门负责受理发放。各县（市）相继成立食品流通行业协会。至 2010 年，全州共发放食品流通许可证 5265 户。共成立行业协会 13 个，下设小组 394 个，吸纳会员 10637 户。

2011 年，采取专项督查、日常检查、明察暗访等多种方式，推进“两项制度”朝规范化发展。全年发放食品许可证 12124 份。

2012 年，平塘县工商局采取的岗前培训、证照合一、创建食品安全 QQ 群、食品经营户约谈制度、15 天食品促销专柜、规范食品安全档案、食品安全信息公示栏、建立举报奖励制度、食品安全进校园等九项措施创新开展流通环节食品安全监管方式在全州推广。都匀市在辖区乡镇推行“一站六员”（即食品安全监督站、食品安全监管员、食品安全指导员、食品安全联络员、食品安全协管员、食品安全信息员、食品安全义务监督员）管理模式，充分发动社会力量、发挥基层组织的监管、监督作用保障食品安全。是年，全州新成立片区分会 57 个，自律小组增加到 398 个，会员 11962 户。

2013 年，开展对流通环节乳制品市场、农村食品市场、食用油市场等多项专项整治，立案查处 16 件，罚没金额 3.4 万元。

2．食品安全专项整治查。2008 年 9 月，开展对乳制品市场专项整治。9 月 12 日起，全州对含有三聚氰胺的奶制品进行专项清查，当年下架奶制品 2772.5 公斤，召回 1737.5 公斤，封存销毁 1035 公斤。至 2010 年，全州共出动执法人员 78728 人（次），检查经营主体 27779 户（次），下架不合格乳制品 4772.5 公斤，召回 2737.5 公斤，封存销毁 2035 公斤。

3．农村食品市场专项整治。2004 年以来，以城乡结合部、乡（村）镇、农村旅游景区、集贸市场为重点，集中整治销售假冒伪劣食品、无证无照经营食品行为。2004—2012 年，全州共出动执法人员 17300 人（次），检查经营户 34560 户（次），取缔无照经营 315 户，立案 193 件，罚款 39.2 万元。

4．校园周边食品安全专项整治。2005—2012 年，对全州校园周边食品安全开展专项整治，共出动执法人员 8539 人（次），检查食品经营户 1419 户，饮食经营户 382 户。取缔校园周边无照经营和流动商贩户 54 户，立案查处无照经营 19 户，查处不合格食品经营户 14 户，罚款 2.35 万元，收缴过期食品 170 包（瓶）和 20 公斤。同时在全州范围开展“食品安全进校园”活动。

5. 打击流通环节食品非法添加和滥用食品添加剂专项整治。2009—2012 年，检查食品经营户 2072 户（次），查处非法加工“染色馒头”经营点 1 个，查扣“染色馒头”7.25 公斤，查扣广东省江门高迪食品有限公司生产的“朱师傅”牌绿茶粉 0.86 公斤。

6. 开展夏令和节日期间食品安全专项整治。对超市、集贸市场、城乡接合部等重点场所和以消费量大、消费者申诉举报多以及与人民群众节日消费密切相关的食品为重点品种，集中力量、加大力度对流通环节食品进行专项整治。2004—2014 年，共出动执法人员 35860 人（次），检查食品经营户 98130 户（次），取缔无照经营 325 户，立案 156 件，下架、销毁不合格食品 1.8 万公斤。

7. 查处的主要案件：2005 年，共查处各类食品安全案件 315 件，案值 60.67 万元，缴获假冒伪劣食品 33320.4 公斤，价值 39.36 万元。2007 年，查处违法违章食品案件 198 件，依法取缔无照经营 97 户，没收各类假冒伪劣食品价值 9.23 万元。2008 年，检查经营户 4653（次），取缔无照经营户 32 户，收缴过期食品 86 公斤，立案 5 件，案值 3.01 万元，罚款 0.65 万元。2010 年，查处食品安全案件 183 件，案值 109 万元，罚款 48.24 万元，为消费者换回经营损失 75 万元。2012 年，检查食品经营户 34066 户次，查处食品违法案件 295 件，罚没金额 71.6 万元，查处不符合食品安全标准的食品数量 2515 公斤。移送公安机关食品案件 1 件。受理和处理食品申诉举报 12 件，为消费者挽回经济损失 5.16 万元。2013 年，开展流通环节乳制品市场、农村食品市场、食用油市场等多项专项整治，开展快速检测 6242 组，抽样检验 1053 批次，合格率为 98.4%。对不合格食品进行及时处置，立案查处 16 件，罚没金额 3.4 万元。

（二）流通领域商品监管

2004 年，制定下发《黔南州工商局推行商品质量监管关口前移工作实施方案（试行）》，以实施商品准入制度为重点，推进商品质量监管关口前移。全州基本建立商品质量购销、查验登记制度；重要商品市场准入备案制度；重要商品“协议准入”制度；商品质量市场监督抽查制度；不合格商品市场退出制度；商品质量信息公示制度等六项制度。

2005 年，在上年统一制定六项制度的基础上，进一步明确商品质量准入管理的重点和目标，推出四种新的市场商品准入管理方式：即标准准入管理；检测检疫准入管理；市场抽查准入管理；购销挂钩协议准入管理。年底，全州落实商品准入重点目标 149 家，超市、食品批发市场索票索证率达 90%，重点食品索票索证率达 90%，商品特别是食品批发、零售、超市的巡查监管率达 100%。落实“场厂挂钩”“场地挂钩”试点 16 家。完善商品准入管理制度 78 项 345 条。

2009 年，开始正式组织实施流通领域商品质量的监督管理。年内配合省局抽检 165 户、样品 374 个，出动检测车和使用快速检测箱检测 10132 组，样品基本合格率达 98%，完成各项商品质量监测任务，并对检测结果进行及时发布。凡经贵州省理化检测中心监测判定的不合格商品，均分流至辖区工商行政管理根据《中华人民共和国产品质量法》的相关规定做出相应处理。

2012年，对辖区内经营企业经营的电线、电缆、开关、插座、洗发水、钢筋、水泥、手机电池、灯具等几十个品种商品进行抽检，共100多个批次。对在检查和抽查中发现商品有严重质量问题的经营主体，除依法对其进行处罚外，对涉嫌进入市场的同一批次的所有产品，依法查处并责令经营者限期下柜，退出市场。全年立案查处不合格商品案6件，违法商品货值金额共计2.03万元，罚没款2.12万元。同期，对2011年流通领域商品监测中不合格率比较高的商品进行专项整治。对在抽检中不合格的电线、钢筋、不锈钢管、瓷砖、成人内衣共10个批次商品进行查处，处理经营者9户，立案7件，案值5.13万元，罚没金额3.38万元。

2013年，对钢筋、水泥、电热水器、石油液化气等29个品种293个批次的商品进行抽检，对检测出的122个不合格商品涉及的84户责任主体进行立案调查，涉案案值约59万元。

2014年，对钢筋、水泥、电热水器、石油液化气等29类重点商品进行质量抽查检验。抽查检验商品221个批次。

二、申诉举报受理（“12315”受理申诉投诉）

1990—1997年，全州“12315”机构共受理申诉668件，调解成功666件，为消费者挽回经济损失14.168万元。

1998年，州开通“12315”申诉举报专线电话。2001年州、县（市）设立“12315”投诉中心。

2005年，全州推进消费维权进社区、进村寨。至年底，共设立“12315”投诉点1600个，平均覆盖率达90%。

2008年，州工商局成立“12315”申诉举报指挥中心，负责指导全州工商系统“12315”申诉举报中心的建设和日常运转。

2008年起，在全州范围建立“一会两站”，开展农村“12315”申诉举报联络站（点）建设，实现村村覆盖、“五统一”（统一标识、统一工作牌、统一文书格式、统一工作流程、统一工作职责）和“四落实”（落实办公场所、落实联络电话、落实固定宣传栏、落实工作人员）。各村以村支两委工作人员为“12315”联络站工作人员。

2009年，全州共建立“12315”申诉举报（指挥）中心1个（建成计算机集成网络平台1个），县（市）“12315”申诉举报中心13个。州级“12315”信息化网络平台正式运转，覆盖至县（市）和各基层分局，初步实现受理网络化、处理自动化。至2010年，全州1856个村寨实现“12315”联络站全覆盖，对农民群众的申诉举报基本做到“小事不出村”。

2011年，开展“12315”“五进”活动（进商场、进超市、专业市场、相关企业、景区）。县（市）在辖区内选择一家大型综合性购物商场、超市、专业市场、相关企业或4A以上景区为建站对象，建立“消费维权服务站”。2012年，旅游景区景点设置“12315”消费者投诉站，及时处理消费纠纷。

2013年，全州“12315”平台共受理申诉举报246件，成功调解146件，为消费者挽回经济损失19.61万元；立案办结64件，案值10.06万元、罚没4.29万元。

2014年，全州“12315”平台共受理投诉举报116件，其中，成功调解95件，为消费者挽回经济损失20.02万元，立案20件，案值0.90万元。

1991—2014年黔南州“12315”机构受理消费者申诉情况一览表

表8-2-1

年度	受理申诉（件）	调解成功（件）	加倍赔偿金额（万元）	挽回经济损失（万元）	涉及金额10万元以上的申诉（件）	申诉中实施行政处罚（件）	移交相关部门处理（件）	备注
1991	47	47		6.26				
1992	182	182		0.21				
1993	91	90		2.2			1	
1994	25	25		2.01				
1995	47	47		1.34		1		
1996	21	21		0.59				
1997	34	34		0.88		1		
1998	83	83	4.5	12.80				
1999	91	91	3.56	15.32				
2000	106	106	4.2	15.97				
2001	104	104	2.9	15.15				
2002	88	88	3.2	13.54				
2003	98	98	4.4	17.62		1		
2004	116	116	5.5	22.81		1		
2005	168	168	6.05	106.88	4			
2006	175	175	6.8	34.07		2		
2007	160	160	6.2	30.28				
2008	254	244	12.50	70.42	5	2	7	
2009	354	353	23.74	238.91	11	2		
2010	318	318	22.72	109.94	3	1		
2011	84	84		76.57				
2012	49	49		3.94				
2013	150	146	0.11	19.61		64		
2014	105	105		183.06		20		

第三章　物价管理

1991 年，物价改革力度加大，社会商品零售总额中，市场调节价的比重已占 47%，农副产品收购总额中，市场调节价的比重已占 64%，改变了单一的计划价格形式，价格形成机制发生了明显变化，逐步形成政府定价、政府指导价、市场调节价三种形式并存的格局。1992—1994 年，取消计划外生产资料最高限价，消除价格“双轨制”矛盾。1995 年以后，价格管理的重点转向加强调控监测、清理整顿、监督检查、开展服务的轨道，市场价格朝着规范有序的方向运行。1998 年 5 月 1 日起实施《中华人民共和国价格法》，价格改革的重点转为改革垄断行业价格管理制度，合理认定成本，确定适当利润水平，实行价格听证制度，强化对垄断行业价格的监管和社会监督等。黔南州物价管理体制改革不断深化，依法治价，加强监管，规范发展，建立“市场形成价格，政府调控价格”物价管理体制，在深化改革中不断完善。2001 年，机构改革，州物价局内设科室为办公室、价格科、物价检查所。2004 年，为加强物价鉴证工作，州物价局增设物价认证中心。各县（市）物价局内设机构也基本相同。2005 年，州物价局增设价格监测调控科。

第一节　物价体制改革

1991 年，国家物价改革力度加大，价格形成机制发生了明显变化，逐步形成政府定价、政府指导价、市场调节价三种形式并存的格局。是年，州内化肥销售实行综合价，改历年化肥销售平价、议价分开的“双轨制”，实行以县（市）为单位的大化肥平议综合销售价，同时提高收购粮、烟、猪的化肥奖售标准，建立化肥调节基金。福泉、瓮安、荔波、平塘 4 县实现化肥的平议价格并轨。都匀、长顺等县（市）实行了议价化肥的统一销售价。年内，除国家、省管理价格的商品外，其余商品价格全部放开，由企业自主定价。批发企业除少数关系国计民生的主要商品、主要生产资料价格和服务收费，由政府物价管理部门审定外，其他商品的作价权，有计划、有步骤地放给企业。

1992—1994 年，取消计划外生产资料最高限价，消除价格“双轨制”矛盾。对部分重要商品价格实行提价申报、备案或差率管理、最高限价管理办法。经过这一阶段的改革，州内绝大多数商品价格已基本由市场机制形成，市场调节价商品比重达 97%。1992 年时，已经把整个零售价格的 90%，农产品收购价格的 85%，生产资料出厂价格的 80% 的价格制定权放给生产者或经营者。

1995 年，价格管理的重点转向加强调控监测、清理整顿、监督检查、开展服务的轨道，市场价格朝着规范有序的方向运行。各级政府建立和完善了价格调控目标责任制；粮食购销价格重新实行国家定价，由物价部门向市场发布指导价格；政府以农村电价为重点，加强对主要农副产品收购价格和涉农收费管理，开展“清费、治乱、减负”工作，其中对农村用电的“两改一同价”（城乡居民生活用电同网同价）已初显成效。同年，省政府颁发《贵州省行政事业性收费条例》，1998 年又实施《收费许可证管理办法》，明确：凡经有权单位批准的行政、事业收费性及经营性收费，收费单位必须立即办理《贵州省收费许可证》，全州各县（市）所有收费单位必须亮证收费，并按许可证核定的项目和标准收费，收费许可证实行审验制度。

1997 年，调整和安排了贵州电网电价、电煤价格、成品油市场销售价格、部分中央、省管药品价格、化肥厂销价格、烤烟收购价格、议购粮保护价格、部分中央、省管行政事业性收费。州以下管理的价格中，调整和安排了部分县（市）自来水价格、烤烟专用复合肥价格、种子价格等。执行国家计委《药品价格管理暂行办法》，全州各级物价部门会同卫生、医药主管部门，采取多种形式组织药品生产、经营企业、卫生医疗单位按《药品价格管理暂行办法》及配套文件，掌握政策界限，协助有关单位开展价格整改。当年，无论是社会商品零售总额，还是工业生产资料销售总额和农副产品收购总额，市场调节价的比重均已超过 80%。1998 年 5 月 1 日起，实施《中华人民共和国价格法》后，价格改革的重点转为改革垄断行业价格管理制度，合理认定成本，确定适当利润水平，实行价格听证制度，强化对垄断行业价格的监管和社会监督等。

到 2003 年，绝大多数商品价格放开。是年，省政府印发《贵州省定价目录》，管理范围内的价格有 18 个大类的品种属于中央和省定价格。至 2008 年，经省授权，属于黔南州定价权限范围的政府定价和政府指导价的类目有 9 类。2008 年底，黔南社会消费品零售总额中，市场调节价的比重约占 98%；农副产品收购总额中，市场调节价的比重约占 99%；生产资料销售总额中，市场调节价的比重约占 92%。是年，进行阶梯式电价、阶梯式汽价、阶梯式水价试点。12 月，出台成品油价格和税费改革方案。2009 年 5 月，出台《石油价格管理办法》，6 月起，国产陆上天然气出厂基准价格提高，同时，改进了天然气价格管理办法，取消价格“双轨制”。2011—2012 年，成品油价格的调整几乎一月一次。2012 年 7 月 1 日起，居民生活用电阶梯电价正式施行。2013—2014 年，国家仍要求各级价格主管部门坚持市场化取向，推进油气、煤电、铁路货运、医药等领域价格改革、推行阶梯价格管理制度等。

自《中华人民共和国价格法》颁布实施，黔南州物价管理部门按照有关法规规定，制定了本州工作制度和工作职责。

第二节　价格管理

1992 年初，放开竞争性商品和服务价格，调顺少数由政府定价的商品和服务价格，取消生产资料价格“双轨制”，加速生产要素价格市场化进程，建立和完善少数关系国计民生的重要商品储备制度。粮食价格在定购价格调整的基础上，按购销同价的原则制定统销价格，三种粮食（面粉、大米、玉米）中等质量标准品的统销价格，每0.5公斤提高0.11元，其他粮食品种的统销价格按购销同价的原则相应提高。统销价格提高后，对职工适当给予粮食提价补偿，给予城镇居民每人每月补贴5元，对小学民办教师、大中专在校生，每人每月补贴3元。到年底，已经把整个零售价格的90%，农产品收购价格的85%，生产资料出厂价格的80%的价格制定权放给生产者或经营者。取消计划外生产资料最高限价，消除了价格“双轨制”矛盾。农副产品市场物价基本稳定在：蔬菜每公斤0.40元左右，鲜猪肉每公斤6.00元左右，鲜牛肉每公斤5.60元左右，鲜蛋每10个2.00元左右。

1993年，主要加强价格的宏观调控能力，变单纯管理型为服务管理型，保持市场平均物价的基本稳定。上半年，对各企业从事物价工作的人员进行培训，对148个企业颁发“贵州省企业定价证”，为155人颁发“物价员证”。是年，粮食价格管理实施统一的粮食价格挂牌销售管理。元旦节前，都匀市和各县政府所在地国有粮食销售点挂牌销售，都匀市标二米价格每公斤最高为1.44元，各县政府所在地标二米价格每公斤最高为1.4元，一级菜籽油价格每公斤最高为6元，其余各乡镇粮油价格在1月中旬前挂牌经营。为缓解通胀压力，发放职工粮价补贴，机关、企事业单位职工及离退休人员每人每月补贴6元，中小学民办教师、普通高等、中等专业学校在校学生及民政优抚救济对象每人每月补贴3元。

1994年4月，州政府批转州物价局《关于严格控制物价过度上涨的报告》，针对当年物价上涨的特点，采取以下措施：加强宏观调控。组织抛售粮的调运和供应，平衡州内粮源，调剂余缺；抓紧粮食收购，增加商品粮可供量。保住居民基本生活需要，实行定量定价供应。定量供应的粮油价格从紧核定，保持相对稳定。管住粮油市场，防止违反政策的外流，对市场粮价实行最高限价，打击哄抬粮价等不法行为。是年，全州出现又一次价格上涨高峰，居民消费价格涨幅高达27.7%，粮食价格高达89元/50公斤（上一年是统销价13.82元/50公斤）。针对粮食供应紧张问题，州政府采取以下措施：都匀市对城市居民采取凭票供应办法；集中部分定购粮，平衡全州粮食供应，各县（市）除安排农村生活和非农业人口的基本口粮外，节余部分的70%由州政府集中统一调度，以增强政府的调控能力，稳定州内供应；加强粮食市场管理。从11月1日起，全州使用统一的商品标价签、价目表和结算价格单。年底，全州发放明码标价签150万张，各县（市）城镇标价签覆盖率达90%以上。

1996年，粮食按定购价实行保护性收购，保护价收购产生的差价，由同级粮食风险基金解决。成品油价格，省决定标准品（0号）柴油在国家规定出厂价和零售价的基础上每吨分别上浮90元和95元。

1997年，议购粮收购按保护价执行，敞开收购农民出售的议价粮，不限收、不拒收、不停收。是年，国家出台石油、天然气、电力、发电用煤、铁路货运等一批价格调整；对城市公交、房租、自来水、民用燃料、教育、医疗等采取一些调价措施。年底，市场调节价的比重均超过80%，市场价格体制已基本确立，全年居民消费价格和商品价格平均指数分别为101%和101.4%，比上年同期分别回落6.6个和5.9个百分点。粮、菜、蛋价格回落幅度较大。

1998 年 5 月 1 日起，《中华人民共和国价格法》实施后，价格管理主要是依法规范政府和部门的定价和收费行为。是年，开始整顿农村电价，从 8 月 1 日起，各地在规定电价外自行开征的各种费用等一律停止征收，并予以取消；实行农村电价“五统一”（统一电价、统一发票、统一抄表、统一核算、统一考核）“三公开”（公开电量、公开电价、公开电费）制度，杜绝“权力电、关系电、人情电”，单位和个人装表交费，定期按月张榜公布，接受群众监督；改革农村供电管理体制，减少供电环节，解决环节过多，层层加价的弊端；取缔任何形式的电费承包和变压器承包，乡（镇）政府及其他任何单位不得向乡（镇）电管站乱收费、乱摊派；加强技术改造，提高供电效率，降低电能损耗。

1999 年，桑蚕鲜茧收购价格继续实行中央指导下的省级政府定价，具体价格由省级政府在规定的范围内制定，定价权不得下放。干茧供应价格继续实行中央指导下的省级政府定价，具体价格由省级政府在规定的浮动幅度内自行确定。厂丝出厂价格继续实行中央政府指导价，生产企业可在上下不超过 10% 的浮动幅度内自主确定出厂价格。

2000 年后，粮食仅制定籼稻谷的最低收购保护价，其他粮食收购价未再由政府统一制定。

2001 年，调整批零价格略低于上年同期水平。继续开展农村电价、农村中小学教材价格、夏秋粮收购价格等涉农价格监管，开展对小轿车、住房、客货运交通运输和旅游等方面的价格监管，对经济适用房、物业小区、成品油、民用燃料、教育、出租车、停车场等价格明码标价进行检查。是年，贯彻执行国家计委《关于商品和服务实行明码标价的规定》和省物价局关于商品和服务实行明码标价的安排，规范市场价格行为，整顿市场价格秩序，制止价格欺诈及不正当价格竞争。

2003 年，对尿素零售价格实行最高限价，黔南境内尿素最高零售价格为 1700 元/吨，低于当年省规定的最高零售价格 100 元。“非典”期间，对应取消或者减免的行政事业性收费单位按文件规定进行取消或减免。是年 2 月，按《贵州省定价目录》，属于州级地方定价权限范围的政府定价和政府指导价品种项有：管道液化气、煤气价格，民用液化气价格，中药饮片、自制制剂零售价格，林木种苗销售价格，游览参观门票价格，水利工程供水价格，城镇供水价格，城镇污水处理费，无污染回用水及自备水源单位地下水价格，污水集中处理后达到国家排污标准可回水价格，城市公交票价，公路客运基本运价及浮动幅度，城镇国有土地基准地价，城镇国有土地使用权出让底价、租赁价格，享受优惠政策的经济适用住房、微利房、安居房、解困房等售价及拆迁安置房价格，公有住房租金，廉价房租金等。

2004 年底，市场价格略有波动。2005 年，在全州 237 个乡开展涉农价格和收费公示，设置公示牌 930 个，公示率 100%；2632 个村及主要涉农单位设置公示牌，共计 3016 块；建制村设置公示牌 1917 个，公示率达 80%；建立 237 个农村价格和收费监督网络点，聘请 1057 名物价义务监督员。是年，全州取消不符合规定、不合理的收费 28 项。5 月，贵州试行峰谷分时电价，规定期内的峰谷时段划分为：峰平时段 7：00—23：00，峰谷时段

23：00—次日7：00。峰平时段按规定的目录电价执行，峰谷时段在目录电价的基础上每千瓦时降低0.10元。

2006年，制定化肥等农资价格，开展农产品价格和农资价格变化情况专项调查、农用柴油使用量专项调查。对农村用电同价情况进行的调查，调整销售电价，检查落实和按时上报了电价执行情况。调整龙里县城和部分乡镇的供水价格。对成品油价格进行调整，对其价格执行情况实施监督并上报有关情况。

2007年，对福泉市、瓮安县、贵定县、惠水县、罗甸县的城市供水价格和州内成品油价格进行调整；按时调整了销售电价，核定了州内非农村公路客运里程和燃油附加费；审批了州老年公寓（3.1万平方米）经济适用住房价格。

2008年，落实化肥价格管理措施，即对州内化肥价格实行差率管理。明确批发环节的进销差率不得超过3%，零售环节的批零差率不得超过4%，在同一城市禁止两道批发。受省物价局委托，于10月对荔波樟江景区大、小七孔门票价格的调整召开听证会。是年，黔南遭受严重的凝冻灾害，制定并实施“调价备案”“最高限价”等临时价格干预措施。明确经营成品粮及粮食制品（籼米、粳米、面粉）、面条、方便面，食用植物油（大豆油、花生油、菜籽油、调和油），猪肉、牛羊肉及其制品，牛奶，鸡蛋，液化石油气及其他重要商品的批发商、零售商必须履行调价备案，即调整上述商品价格时，必须向当地物价部门备案。对部分人民生活必需品规定了最高限价。都匀市政府公告发布《关于稳定和规范石油液化石油气价格收费秩序的公告》《关于规范城市客运交通和经营秩序的公告》。公告后，液化石油气零售价格由每瓶117元降为112元；猪肉、牛肉和食用植物油、盐、碱水面、成品米粉、蜡烛、蜂窝煤等实行最高限价。惠水县对原煤产品实行最高限价。平塘县对人民生活必需品一律不得擅自提价，实行明码标价。瓮安县对凝冻灾害前存煤严禁高价出售，规定最高限价。荔波县对液化气限价，每瓶110元，发生亏损从煤炭价格调节基金补贴。贵定县对猪肉、大众早餐实行最高限价。凝冻期间，全面清理生猪等副食品生产、流通和消费过程中的各种收费，一定时期内减免收取生猪饲养屠宰销售部分管理费。

2010年，对平塘县县城供水价格调整，明确了全州游览参观点门票价格管理权限，清理和规范行业协会、市场中介组织的服务和价格、公路客运价格行为。

2011年，贵州调整销售电价、成品油价格，重新明确了各类水价的执行范围，制定林木种苗计税价格，着手对经济适用住房价格、拆迁安置房价格实施管理，规范非农村公路客运价格、民用爆炸物品价格和服务收费。调整和审批电价、成品油价格、供水价格、医院非普通病房床位价格、天然气价格、旅游景点服务收费、技工学校住宿费、生猪屠宰费、物业费、停车费等。9月，全州开展商品房销售明码标价专项检查整治，对全州100多家房地产开发商的明码标价执行情况进行检查。对不按规定明码标价、模糊标价、虚假标价、两套价格、故意欺“宰”消费者等违法行为进行了查处。

2012年，调整和审批天然气价格。加强价格监测预警，密切关注市场动态，以多种形式在全州城乡开展价格法制宣传。对政府定价、政府指导价的调价项目均进行成本监审。按调整后的贵州销售电价，检查落实电价执行情况；调整都匀市、荔波县、龙里县城市供水价格，将12个县（市）供水企业的五类用水（居民生活用水、行政事业用水、工业用水、经营服务用水、特种行业用水）规并为三类用水（居民生活用水、非居民用水、特种行业用水）；1—11月，先后8次调整州内成品油价格，4次升、4次降。调整和审批荔波县旅游景点服务价格；审批都能汽车服务有限公司、金麒麟物业服务有限公司、黔南州蓝盾武装护运责任有限公司危货物流公司的停车收费标准、都匀市管道天然气销售价格、黔南州中医院和贵阳医学院第三附属医院医院新建非普通病房床位价格、汽车商贸城物业管理收费及停车收费标准、技工学校收取学生住宿费收费标准、生猪定点屠宰厂（场）屠宰加工服务收费标准及生猪定点屠宰相关延伸服务费等。

2013年，通过成本监审并召开听证会等程序，调整长顺县居民用水价格，由2.00元/立方米调整为2.50元/立方米（不含污水处理费），同时制定对低收入群体的优惠措施。1—11月共调整成品油价格13次，6次升、7次降。与上年同期相比，90号汽油（标准品）比上年下降2%，0号柴油比上年下降2.8%。按管理权限对药品加强价格管理，执行对药品不得越权定价的规定。

2014年，执行居民生活用电实施阶梯式电价制度，联合都匀供电局做好居民生活用电阶梯电价电视宣传；通过成本监审并召开听证会等程序严格论证，调整龙里、贵定两县城镇居民生活用水价格和惠水县城镇居民生活用水价格。当年1—12月，成品油价格共调整19次，4次升，15次降，15次下调中11次属于连跌。是年，汽油调整幅度为每吨下调2120元，柴油调整幅度为每吨下调2295元，价格下调幅度为2009年以后之最。

第三节　收费项目管理

一、行政事业性收费

1990年，国家在对价格进行整顿和放开的同时，对行政事业性收费中的不合理收费项目进行清理和取消。是年9月，国务院明确规定“行政事业性收费项目，审批权限集中在中央和省（不含计划单列市）两级”。

1992年，全州实行收费许可证审核制度。4月，办理《贵州省收费许可证》165个，通过年审，规范收费。年内，开展治理乱收费，重点清查6种乱收费行为：未按国家规定的审批权限批准，擅自出台收费项目，扩大收费范围，提高收费标准；将国家机关职责范围内的公务活动变无偿为有偿；利用办实体、搞创收，把部分国家机关的职能转移、分解到下属第三产业的经济实体，进行有偿服务，从中收费提成；利用职权和行业垄断地位，强行服务，强买强卖，搭车收费，从中谋利；利用职权和行业垄断地位，以保证金、抵押金、储蓄金、集资、赞助等形式变相收费；只收费不服务，公开敲诈勒索。

1993年初，实施《贵州省收费许可证管理办法》，使行政事业性、经营性收费规范化、制度化。

1997年，根据国家对涉及企业的收费的规定，新增涉及企业的行政事业性收费实行中央一级审批。黔南州以“清费、治乱、减负”为中心，加强对各类收费的清理整顿，重点开展对建设、土地、公安、劳动、涉农、涉企收费、学校收费、公路设卡等社会反映强烈收费的清理整顿。

1998 年 5 月，《中华人民共和国价格法》正式实施，按照相关规定，全州行政事业性收费共有 136 个大项，收费金额 9557 万元。全州应审 1840 证，审验率 98.5%。1998 年调整收费项目 136 个，取消收费项目 23 个，补办 32 证，新发 178 证，项目变更换发 136 证，注销 41 证。

2003 年 4 月，针对境内非典疫情，防“非典”期间，全州涉及应减免的行政事业性收费单位有工商、运管、养征、卫生、环保、建设、技术监督和公安交警大队 8 个部门，涉及减免的行政事业性收费项目共计 16 项、共减免金额为 396.82 万元。是年，对防治非典药品和相关商品市场价格专项检查，查出价格违法案件 25 件，查出违法所得 638 元，清退多收价款 562 元，实施经济制裁金额 8936 元，曝光案件 1 件，责令停业整顿 29 户

2003 年，贵州省取消部分行政事业性收费项目，黔南有工商部门收取的经济合同鉴证费、指定印刷商标单位证书费、指定印制商标单位证书验证费，以及卫生部门收取的《食品生产经营人员健康合格证》工本费。

2004 年，全州对 2079 个行政事业性“收费许可证”进行年审，年审率达 100%。年审统计，各收费单位收费总额为 14786.05 万元。是年，全州越权定价文件 81 件 177 项。其中：州物价与州财政、国税、农业、公安等部门联合行文 4 份，分别取消 5 份越权定价文件；物价部门行文取消 9 份越权定价文件。县（市）分别行文 14 份取消 75 份越权定价。涉及各级政府或者有关部门的越权定价问题，物价部门向州人民政府提出建议后，行文 30 份对 81 份越权定价文件进行落实，其中，宣布停止执行的文件 20 份，宣布取消的文件 10 份。

2005 年，全州共年审行政事业性单位“收费许可证”1707 本，新办证 50 个，注销证 105 个。收费总额为 14679.26 万元，年审率达 100%。

2006 年，行政事业性收费项目调整后，按调整后的收费标准执行。是年，审验行政事业性收费证 2025 证，经营性 675 证，新办证 35 本，注销证 50 本，可收费总额为 16628.56 万元。

2007 年，州责成都匀市物价局自行纠正批准市规划局收取已经取消了的收费项目；责成罗甸县物价局自行纠正批准县公安局收取路牌费的收费项目；责成惠水县物价局纠正越权批准县自来水公司收取城网改造费的收费。年审行政事业性、经营性“收费许可证”2700 本（行政事业性单位的 2025 本，经营性单位的 675 本），新办证 207 本，注销证 50 本，年审率 100%。

2008 年，县（市）物价、财政部门会同有关部门对行政区域内的涉农价格和收费政策文件进行全面梳理，涉及涉农价格和收费部门 13 个，收费项目有 32 项。其中：行政事业性收费 23 项；经营性收费 5 项；代收费 4 项。年审“收费许可证”2700 本（行政事业性单位的 2025 本、经营性单位的 675 本），新办证 35 本，注销证 50 本。收费总额为

16628.56 万元，年审率 100%。

2009 年，审批的项目有州机关幼儿园寄宿制收费、城市义务性教育服务收费和代收费标准、车辆反光标识收费、生活垃圾处理费征收标准、都匀二中俱乐部收费标准调整、州化轻公司民爆器材及服务配送费收取标准、都匀市华馨湾小区物业管理费收费标准、黔南民族医专公寓楼住宿费、贵州省四一四医院改建非普通病房床位价格标准等。

2010 年，审批的项目有民用爆炸物品价格和服务收费、中小学服务性收费和代收费、幼儿园教育收费、都匀地区殡葬服务收费。年审“收费许可证”1168 本，新办证 6 本，注销证 46 本。

2011 年，清理和规范行业协会、市场中介组织的服务和收费行为；规范非农村公路客运收费、民用爆炸物品价格和服务收费、中小学服务性收费和代收费、幼儿园教育收费、都匀地区殡葬服务收费。年审“收费许可证”1168 本，新办证 6 本，注销证 46 本。

2012 年，10 个县开征城镇生活垃圾处理费。批复和审验都匀城区各个学校和医药部门的收费项目和收费标准。

2013 年，共年审行政事业性“收费许可证”正本 508 个，副本 728 个，新办证正本 200 个、副本 303 个，注销正本、副本各 4 个，收费总额 117529.57 万元，年审率 98%。对申请的非行政许可项目进行审验和批复。

2014 年，对州直各收费单位 2013 年度收费行为进行年度审验及换证。是年，将部分幼儿教育收费管理权限下放，即除州本级财政管理以外的公办幼儿教育收费管理权限下放至所属县（市、区）政府管理，民办幼儿园收费政策放开；将州级管理的机动车驾驶员培训机构和机动车安全技术检验机构的管理权限下放都匀市发展和改革局。按照《黔南州 2014 年软环境建设工作意见》，制订《黔南州物价局规范涉企收费行为减轻企业负担工作方案》。通过清理，废止《关于规范都匀一中学生公寓住宿收费标准的批复》《关于对都匀二中学生公寓楼收费标准的批复》两个文件。州政府对清理出的 2008 年《关于从全州各县（市）城市公共客运交通经营权有偿出让费中收取 2% 作为州级城市公共客运交通管理经费的通知》文件，报请省发改委审定。

二、经营性服务收费

2001 年，按照《贵州省经营性服务价格管理暂行办法》规定，全州批准的收费项目和收费标准有 23 个。

2010 年，根据《贵州省殡葬服务收费和价格管理暂行办法》，各县（市）结合本地经济发展水平和群众承受能力，按照保本微利的原则，在不高于都匀市殡葬服务收费和公墓墓穴价格的基础上制定殡葬服务收费和公墓墓穴价格，报当地政府审批执行。都匀市殡葬服务收费和公墓墓穴价格由州物价局审批。

2013 年 3 月，州物价部门办理州本级经营服务性收费许可证 89 个。是年，全州“收费许可证”正本 508 个，副本 728 个，新办证正本 200 个、副本 303 个，注销收费许可证正本、副本各 4 个。2014 年，（补充 2014 年资料）

第四节　价格监测

20世纪80年代以后，价格逐步放开，及时搜集掌握市场信息、监测市场价格变化情况，分析经济发展趋势，是政府对经济工作实施宏观调控、进行市场监管和提供社会公共物品，弥补市场机制的缺陷和不足，解决市场失灵等问题的重要手段之一。

1992年，居民用水0.30元/立方米，工业及机关团体用水调到0.35/立方米，每立方米随征建设基金0.10元。

1992—1994年，磷矿石（含磷量30%）的出厂价格调整为每吨18元。品质差价规定含磷量30%的磷矿石每增减1%，价格相应增加0.90元或减少0.70元。块矿每吨加收选矿费4元。国营、乡镇企业矿的出厂价格在上述价格基础上在10%的幅度内上、下浮动。

1995年，居民生活用水0.55元/立方米（含10%附加），工业及机关团体用水0.65元/立方米，商业、服务、建设用水调到0.80/立方米，水厂建设基金0.10元。是年5月，含磷量28%的磷矿石销售价格为：粉矿35元/吨，块矿35元/吨。品位差价含磷量每增减1%，每吨磷矿石价格增加1.50元或减少1.20元。6月，磷矿石出厂价格，粉矿由30元/吨调整为35元/吨；块矿由35元/吨调整为43元/吨。两个月后，粉矿出厂价为38元/吨；块矿出厂价为48元/吨。

1997年，对粮、油、肉、菜等37种与居民生活关系密切的重要消费品和服务价格进行监测、监审。监测、监审网点覆盖全州12个县（市）。都匀和贵定作为全省监测网点，及时向省准确地报送价格监测信息。对列为监审的价格，继续分别实行调价申报、备案、审批制度和差率、利润率控制等管理办法，对价格进行必要的监管和引导。是年，居民生活用水0.80元/立方米（含10%附加），工业及机关团体用水0.95元/立方米，商业、服务、建设用水调到1.15元/立方米，桑拿、美容、洗车2.40元/立方米，另每立方米随征0.20元水厂建设费。工业及机关团体用水调到0.35/立方米，每立方米随征建设基金0.10元。粉矿出厂价为50元/吨，块矿出厂价为60元/吨。

1999—2004年，不分粉矿、块矿，含磷量28%～30%为45～80元/吨，含磷量每增减1%，销售价格相应增减25元/吨。

2000年，居民生活用水0.80元/立方米（含10%附加），工业用水1.00元/立方米，经营用水1.20元/立方米，特种行业用水2.40/立方米，每方随征水厂建设费0.40元，10%市政附加。都匀地区商品房住房销售均价920元。

2004—2006年，都匀市场成品粮价格相对稳定，菜籽油价格略有回落，淡水鱼类价格有所回落，禽蛋类价格相对稳定，蔬菜、水果类价格有所回落，食糖价格相对稳定，黑色金属（钢材）类价格略有上涨，成品汽油、柴油价格有所上涨，民用液化石油气价格略有回落，民用块煤价格略有回落，农用尿素价格相对稳定，总体价格水平环比上涨1.6%，比上年上涨3.4%。菜籽油价格2.85元/500克，商品房住房销售均价1007元/平方米。

2007 年 5 月，菜籽油价格比上年大幅度上涨 44.83%，猪肉价格比上年上涨 31.82%，禽蛋类价格比上年大幅度上涨，淡水鱼类价格相对稳定；蔬菜、水果类价格略有回落，食糖价格有所回落；成品汽油、柴油价格相对稳定；民用液化石油气价格相对稳定；民用块煤价格相对稳定；农用尿素价格相对稳定；黑色金属（钢材）类价格相对稳定。

2009 年，全省居民消费价格低位运行，都匀市全年居民消费价格总水平比上年下降 1.6%，全省 9 个中心城市中，都匀市的价格总水平排位与兴义市并列第六。都匀地区商品房住房销售均价 2441 元/平方米。

2010 年，都匀市全年居民消费价格总水平比上年上涨 2.6%，在全省 9 个中心城市，价格总水平排位第七。都匀地区商品房住房销售均价 2657 元/平方米。

2011 年，都匀市全年居民消费价格总水平比上年上涨 4.8%，在全省 9 个中心城市，价格总水平排位第八，低于全国 5.4 的水平。都匀地区商品房住房销售均价 2870 元。

2012 年，都匀市全年居民消费价格总水平比上年上涨 2.6%，在全省 9 个中心城市价格总水平排位第五，全国上涨 2.6%，全省上涨 2.7%。

2013 年，都匀市全年居民消费价格总水平比上年上涨 2.7%，在全省 9 个中心城市价格总水平排位与遵义市并列第三。9 月，22 个品种价格与 10 年前相比，21 个品种价格上涨（95%），1 个品种下降（5%）。

2014 年，根据市场价格监测及相关资料显示，全年居民消费价格总水平比上年上涨 2.3%，在全省 9 个中心城市价格总水平排位，都匀与安顺并列第三，全国上涨 2.0%、全省上涨 2.4%。对 210 个商品及服务价格的监测显示，2014 年比 2013 年 52 个品种上涨（占 24.76%）、89 个品种下降（占 42.38%）、69 个品种持平（占 32.86%）。

第五节　价格认证与评估

1999 年，国家制定《价格认证管理办法》。是年 8 月，国家计委下发《关于开展价格鉴证机构资质认证的通知》。黔南州从 2001 年开始，按照价格认证、鉴证制度规定，受理各类物品价格鉴定、认证委托。是年，成立黔南州价格认证中心负责价格认证和评估。

2004 年，受理各类委托认证 12 件，受理金额 1023.70 万元。受理各类委托案件 1619 件，鉴定金额 2697.16 万元。其中，刑事案件 594 件，鉴定金额 310.20 万元；民事、经济案件价格鉴定 76 件，鉴定金额 1943.46 万元；涉案物品价格鉴定案件 949 件，鉴定金额 443.50 万元。共调解价格纠纷 5 件，调解金额 14.86 万元。是年，开展道路交通事故车物损失价格鉴定。下半年，部分县还开拓了银行项目贷款价格鉴定、评估工作。

2005 年，受理各类委托案件 1486 件，鉴定金额 9431.82 万元。其中，刑事案件涉案物品价格鉴定 379 件，鉴定金额 424.61 万元；民事、经济案件涉案物品价格鉴定 371 件，鉴定金额 1416.8 万元；行政案件涉案物品价格鉴定 646 件，鉴定金额 377.21 万元（车物损价格鉴定案件 637 件，鉴定金额 358.61 万元）；受理各种价格认证及成本调查审核案件 28

件，认证金额 7164.2 万元；受理各种价格纠纷调解、咨询及管理性事务案件 62 件，调解金额 49 万元。

2006 年，受理各类委托案件 1308 件，鉴定金额 6950.95 万元。其中，配合公、检、法等部门开展各项刑事涉案物品价格鉴定案件 651 件，鉴定金额 959.14 万元；受理各项民事、经济案件价格鉴定 71 件，鉴定金额 626.62 万元；受理各项行政执法部门涉案物品价格鉴定案件 519 件，鉴定金额 227.69 万元；受理各种价格认证及成本调查审核案件 37 件，认证金额 5135.91 万元；受理各种价格纠纷调解、咨询及管理性事务案件 30 件，调解金额 1.59 万元。

2009 年，受理各类委托案件 1323 件，鉴定金额 7727.33 万元。其中，配合公、检、法等部门开展各项刑事涉案物品价格鉴定案件 761 件，鉴定金额 1380.30 万元；受理各项民事、经济案件价格鉴定 43 件，鉴定金额 311.95 万元；受理各项行政案件 448 件，鉴定金额 531.58 万元；受理各项价格认证案件 55 件，鉴定金额 5490.9 万元；受理各项价格纠纷调解及价格咨询案件 16 件，涉及金额 12.6 万元。

2010 年，受理各类委托案件 854 件，鉴定金额 5257 万元。其中，刑事案件涉案物品价格鉴定 561 件，鉴定金额 1253 万元；民事、经济案件涉案物品价格鉴定 61 件，鉴定金额 416 万元；行政案件涉案物品价格鉴定 201 件，鉴定金额 906 万元；共受理各项价格认证案件 6 件，鉴定金额 2650 万元；共受理各项价格纠纷调解及价格咨询案件 25 件，鉴定金额 32 万元。

2011 年，受理各类委托案件 1256 件，鉴定金额 7364.91 万元。其中，各项刑事涉案物品价格鉴定案件 988 件，鉴定金额 2104.17 万元；受理各项民事、经济案件价格鉴定 47 件，鉴定金额 1478.44 万元；受理各项行政案件 132 件，鉴定金额 1587.7 万元；受理各项价格认证案件 47 件，鉴定金额 2174.1 万元；受理各项价格纠纷调解及价格咨询案件 42 件，鉴定金额 20.5 万元。

2012 年，受理各类委托案件 1812 件，鉴定金额 13053.47 万元。其中，刑事案件涉案物品价格鉴定 1257 件，鉴定金额 2077.30 万元；民事、经济案件涉案物品价格鉴定 47 件，鉴定金额 1367.66 万元；行政案件涉案物品价格鉴定 113 件，鉴定金额 431.63 万元（车物损案件 90 件，鉴定金额 166.85 万元）；受理各项价格认证案件 292 件，鉴定金额 8994.71 万元；受理各项价格纠纷调解及价格咨询案件 13 件，鉴定金额 15.32 万元。

2013 年，全州受理各类委托案件 1266 件，鉴定金额 10748.5 万元，其中，涉纪案件 1 件、金额 13 万元；刑事案件涉案物品价格鉴定 1033 件，鉴定金额 2204.11 万元；民事、经济案件涉案物品价格鉴定 37 件，鉴定金额 1779.34 万元；行政案件涉案物品价格鉴定 68 件，鉴定金额 239.32 万元（车物损案件 23 件，鉴定金额 146.12 万元）；仲裁案件 25 件，鉴定金额 1833.85 万元；受理各项价格认证案件 102 件，鉴定金额 4678.88 万元（服务政府案件 67 件，鉴定金额 1159.57 万元；价格纠纷调解案件 8 件，鉴定金额 15.98 万元；其他案件 27 件，鉴定金额 3503.33 万元）。

2014 年，全州受理各类委托案件 1236 件，鉴定金额 20418.01 万元。其中，涉税财物价格鉴定案件 3 件，鉴定金额 189. 59 万元；刑事案件涉案物品价格鉴定 971 件，鉴定金额 1806. 81 万元；民事案件涉案物品价格鉴定 54 件，鉴定金额 2667. 33 万元；行政案件涉案物品价格鉴定 84 件，鉴定金额 439. 74 万元；受理各项价格认证案件 124 件，鉴定金额 15314. 54 万元（服务政府案件 20 件，鉴定金额 175. 24 万元；价格纠纷调解案件 63 件，鉴定金额 101 万元；其他案件 41 件，鉴定金额 15038. 3 万元）。

第六节　价格成本调查与成本监审

成本调查和成本监审始于 2001 年。2003 年，对化肥主要品种生产能力、实际产量及销售价格和经营费用、利润，粮食种子、农膜、农药等农业生产资料的产、购、销价格和成本情况，无烟块煤产销情况，当地所属的高耗能企业情况，液化气价格管理情况，成品油价格和电力价格等进行调查。是年，按照省成本监审工作会议精神要求，制定和公布黔南州重要商品和服务价格成本监审目录；对独山县供水公司自来水价格成本实施调价前监审。按时监测和上报全国重要商品成品粮零售价格监测情况、城市居民食品零售价格监测情况、工业生产资料销售价格监测情况、城市居民服务价格监测情况、城市居民日用工业消费品零售价格监测情况、贵州电视台经济信息价格监测情况、18 个重点监测县市价格监测、分析情况。

2005 年，对长顺、三都、都匀 3 个县（市）城市供水价格调整进行调前价格成本监审。对农户种植意向、农户存粮情况、农户购买农资情况和小麦、玉米、中籼稻、油菜籽、烤烟等种植成本等进行调查和预测。报送粮食、化肥、煤炭、石油、钢材、水泥、运输、房地产等重要商品（服务）价格走势预测分析、突发性价格监测及动态分析。

2006 年，完成年农户种植意向、汇总上报农户种植意向调查、上年度常规调查品种成本汇总资料、农户存粮情况调查、农户购买农资情况调查和小麦、玉米、中籼稻、油菜籽、烤烟等主要农产品成本进行预测和分析。

2007 年，分别对瓮安、福泉、贵定、惠水、罗甸 5 个县（市）城市供水价格成本进行了调价前监审，共核减不合理定价成本金额 197. 76 万元。汇总上报农户种植意向调查、上年度常规调查品种成本汇总资料、农户存粮情况调查、农户购买农资情况调查和小麦、玉米、中籼稻、油菜籽、烤烟等种植成本预测调查。

2008 年，汇总上报油菜籽生产成本分析报告、黔南州大型农贸市场副食品成本调查表、农户种植意向调查、上年度常规调查品种成本汇总资料、农户存粮情况调查、农户购买农资情况调查和小麦、玉米、中籼稻、油菜籽、烤烟等种植成本预测调查。上报 2008 年主要农产品成本预测、2008 年农户生猪情况调查、2008 年农户存粮情况调查情况。对都匀市供排水总公司污水处理厂污水处理预测成本进行审核。

2009 年，调查上报大型农贸市场副食品成本调查（周报）、生猪生产成本直报和月报，农户种植意向调查；上年度常规调查品种成本汇总资料，农户存粮情况调查；农户购买农资情况调查；小麦、玉米、中籼稻、油菜籽、烤烟等种植成本预测调查；主要粮食、农资市场价格月报表，生猪生产成本应急周报调查表。上报《黔南州2009年水稻、玉米、小麦、油菜籽和烤烟等主要农产品成本预测分析》《黔南州2009年生猪市场价格下降原因及对策建议》。

2011年，组织独山、瓮安和都匀3个县（市）开展农户种植意向、农户存粮情况和农户农资购买情况等三个方面成本专项调查。在上年调查数据资料基础上，结合本年度预计气候等情况，开展中籼稻、玉米、小麦、油菜籽产前成本预测，上报预测资料和分析材料。开展对中籼稻、玉米、油菜籽3个品种生产成本直报调查；对中籼稻、玉米、油菜籽、小麦、糯稻5个品种常规生产成本调查。完成大、中规模农调户生猪情况调查周报和月报。

2012年，对独山、瓮安、都匀、贵定、三都5个县（市）90户农户开展成本调查，对每户调查户就种植意向、农户存粮情况和农户农资购买情况等三个方面进行专项调查。完善成本调查样本，保持了样本数据的连续性、可比性和时效性。上报全州大型农贸市场副食品成本调查（周报），生猪生产成本直报、月报，农户种植意向调查；上年度常规调查品种成本汇总资料，农户存粮情况调查；农户购买农资情况调查；小麦、玉米、中籼稻、油菜籽、烤烟等种植成本预测调查；主要粮食、农资市场价格月报表，生猪生产成本应急周报调查表。是年，建立调查户直接联系制度，在都匀、瓮安、独山等县（市）建立全县调查户电话网络，保持信息渠道畅通，向农民提供优质高效农业信息，帮助农民增产、增收。对长顺县自来水公司申请调整供水价格，福泉市、长顺县、贵定县的4个乡镇自来水公司申请调整乡镇供水价格，三都县、长顺县、罗甸县县城生活垃圾处理费，福泉市殡葬服务收费，都匀市、罗甸县城市公交车、出租车价格等进行成本监审。

2013年，上报全州大型农贸市场副食品成本调查（周报），生猪生产成本直报、月报，农户种植意向调查；上年度常规调查品种成本汇总资料，农户存粮情况调查；主要粮食、农资市场价格月报表等。发挥电话信息网络的作用，向农民提供优质高效农业信息，帮助农民增产、增收。按照成本监审的环节、程序，筹备建立全州成本专家库。对大中专、高中公寓收费、住宿费，公办幼儿园伙食费，廉租房销售价格，城镇供水价格、乡镇供水价格，殡葬服务收费、公墓价格，城镇生活垃圾处理费，出租车、公交车价格，景区门票价格，医院自制制剂价格等38个监审项目进行成本监审，核减不合理成本1209.46万元。其中，州级完成成本监审项目12个，核减不合理成本646.66万元，各县（市）完成成本监审项目26个，核减不合理成本562.8万元。同时，针对7月1日都匀市3家米粉批发企业统一上调米粉出厂价格引起都匀市早餐价格连锁上涨群众反映强烈事件，及时对都匀市3家湿米粉生产厂家生产经营成本进行核算。

2014年，州确定独山、瓮安、都匀、贵定、三都5个县（市）为成本调查县。调查县按照“早、新、准、精”要求，按时对每个调查户就农户种植意向、农户存粮情况和农户农资购买情况等三个方面进行专项调查。年内，按时上报全州大型农贸市场副食品成本调查（周报），生猪生产成本直报、月报，农户种植意向调查；上年度常规调查品种成本汇总资料，农户存粮情况调查；农户购买农资情况调查；小麦、玉米、中籼稻、油菜籽、烤烟等种植成本预测调查；主要粮食、农资市场价格月报表，生猪生产成本应急周报调查表。是年，根据物价形势和市场价格调控的需要，加强州内大型农贸市场副食品零售价格、蔬菜市场价格的调查监测分析上报。对长顺县自来水公司申请调整供水价格，福泉市、长顺县、贵定县的4个乡镇自来水公司申请调整乡镇供水价格，三都县、长顺县、罗甸县县城生活垃圾处理费，福泉市殡葬服务收费，都匀市、罗甸县城市公交车、出租车价格等进行成本监审。对平塘县国家级风景名胜区申请调整门票价格进行成本监审。

第七节　价格监督检查与行政执法

1991年，对农村电价、商业环节和各类医疗部门的各种药品价格的批发价及零售价，福泉、独山、瓮安等县烟叶收购价格进行检查。共检查处理各类价格违法行为和案件305件，经济制裁金额73.63万元，其中重大价格违法案件16件，经济制裁金额56.02万元，上缴财政72.78万元。

1993年，重点检查国家管理的商品价格、粮油价格政策执行情况，农业生产资料价格落实情况，越权违纪提价、加价行为等。共查处价格违法行为14件，查处非法所得金额7.14万元，罚款2.18万元，上缴财政金额9.32万元。

1994年，共查处违法行为和案件925件，查处非法所得金额200.23万元。其中，一般价格违法行为881件，一般价格违法案件29件，重大案件16件，非法所得金额191.00万元；没收非法所得金额29.71万元，上缴财政31.23万元。

1996年，针对人民群众反映强烈的大中专、中小学和医疗收费等进行检查。全年共查处价格违法案件149件，查处非法所得207.47万元，实施经济制裁总金额152.51万元。其中，上缴财政145.86万元，退还用户6.65万元。

1997年，对各加油库、站成品油价格进行盘点调价，并进行全面检查。对超过规定差率、差额作价的价格违法行为进行了查处。查出违纪金额26.45万元，其中作调账处理6.66万元，退还用户3600元，收缴入库19.43万元。查处价格违法案件224件，查处非法所得323.82万元，退还用户6.95万元，没收非法所得214.59万元，罚款17.73万元，经济制裁239.27万元，上缴财政232.32万元。

1999年，集中力量开展涉农价格和涉农收费、民航国内航线客票价格、交通收费外商投资企业收费、药品和医疗服务价格等专项检查。全州全年共查处各类价格违法案件212件，查处价格违法金额7.05万元，实行经济制裁总金额25.63万元。

2003年，“非典”期间，对防治“非典”药品和相关商品市场价格进行专项检查。查出价格违法案件25件，查出违法所得638元，清退多收价款562元，实施经济制裁金额8936元，曝光案件1件，责令停业整顿29户

2004年，检查各类价格违法案件171件，查处违法所得金额296.77万元，实施经济制裁总金额300.24万元。其中，退还用户117.89万元，没收违法所得金额177.66万元，罚

款4.69万元。

2005年，查处价格违法案件98件，比上年下降59.50%，查处违法所得金额179.15万元，比上年下降59.50%，实施经济制裁总金额159.25元。

2006年，对药品和医疗服务、涉农、民用爆破器材、电力等价格收费进行专项检查。共查处各类价格违法案件78件，查处违法所得金额191.75万元，实施经济制裁金额190.65万元。其中，退还用户105.32万元，没收违法所得金额85.16万元，罚款0.17万元。

2007年，主要开展“五一”“十一”黄金周旅游价格检查，化肥价格和涉农收费、教育收费、药品和医疗服务价格等专项检查。共查处各类价格违法案件62件，查处违法所得金额83.10万元，实施经济制裁总金额82.50万元。其中，退还用户38.45万元，没收违法所得金额40.07万元。

2008年，开展元旦、春节及凝冻灾害期间市场价格检查，对涉农、涉企、教育、药品和医疗服务、电力等价格收费进行专项检查。共查处各类价格违法案件152件，查处违法所得金额72.60万元，实施经济制裁总金额74.05万元。其中，退还用户39.44万元，没收违法所得金额21.79万元，罚款12.80万元。

2009年，开展涉农、涉企、教育、化肥、电力、成品油、药品和医疗服务等价格收费专项检查。共查出价格违法案件62件，违法金额160余万元，处罚155万元。开展涉农收费政策落实情况专项检查，检查涉农收费单位253个。

2010年，主要开展涉农、涉企、化肥、电力、教育、民爆、质检、行业协会等价格收费专项检查和旱情灾区市场价格检查。共查处各类价格违法案件40件，查处违法所得金额161.31万元，实施经济制裁总金额158.59万元。其中，退还用户21.22万元，没收违法所得金额125.39万元，罚款5.98万元。

2011年，开展副食品价格和市场明码标价检查，价格行政执法整顿、限制生产销售使用塑料购物袋专项行动和价格服务进万家活动；开展涉农、涉企、医疗卫生、涉煤、教育等价格收费专项检查，打击造谣惑众哄台食盐价格等价格违法行为。共查处各类价格违法案件52件，查处违法所得金额50.57万元，实施经济制裁总金额48.56万元。其中，退还用户12.99万元，没收违法所得金额34.78万元，罚款0.78万元。

2012年，围绕群众关心、社会反映强烈的价格、收费热点难点问题，主要开展节假日市场价格检查和涉农、涉企、教育、旅游及商品房明码标价专项检查。共查处各类价格违法案件8件，查处违法所得金额79.53万元，实施经济制裁总金额79.78万元。其中，退还用户0.16万元，没收违法所得金额79.37万元，罚款0.25万元。

2013年，开展旅游行业价格行为、涉农价格与收费、机动车尾气检测收费及机动车安全技术检验收费、工业（产业）园区涉企收费、农贸市场用水用电价格优惠政策落实情况、教育收费和医疗服务价格等专项检查。共查处各类价格违法案件39件，查处违法所得金额190.40万元，实施经济制裁总金额197.24万元。其中，退还用户24.86万元，没收违法所得金额165.55万元，罚款6.84万元。

2014年，开展涉企收费、涉农价格与收费、银行收费、教育收费等专项检查，2013年教育收费、医疗服务价格、商品房明码标价专项检查后续工作，加大对群众关注的价费热点难点违法行为的查处。全州各级价格监督检查部门共查处各类价格违法案件35件，查处违法所得金额240.87万元，实施经济制裁总金额250.26万元。其中，退还用户119.76万元，没收违法所得金额121.11万元，罚款9.39万元。

第四章　质量技术监督管理

1991年，州及12个县（市）设标准计量管理局。1992年8月，黔南州标准计量管理局更名为黔南州技术监督局，各县（市）的机构名称随之改变。州技术监督局由二级局升格为一级局。1999年9月，黔南州技术监督局改称黔南州质量技术监督局，并划归省质量技术监督局垂直管理，全州质量技术监督机构管理体制随之改变。全州质量技术监督部门在质量、技术监督工作中，贯彻执行国家有关质量技术监督工作的方针、政策，以《中华人民共和国计量法》《中华人民共和国标准化法》《中华人民共和国质量法》为准则，依法开展质量、计量、标准化监督管理工作，维护全州经济秩序，促进全州经济发展。

第一节　计量管理

一、计量器具检定测试

1990年12月10日，根据《中华人民共和国计量法》的规定，州编制委员会批复州标准计量管理局建立黔南州计量检定测试所，为州级法定计量检定机构，执行强制检定和其他检定测试任务。至1992年，各县（市）先后建立法定计量检定机构，当时检测设备还处于落后阶段，仅能开展3～8个项目15种计量器具的强制检定。是年，全州共检定计量器具15908台（件），比上年增加32%，其中强制检定的计量器具占80.66%。

1993年3月，对州内加油机（表）实行挂牌管理。对州内加油机（表）强制检定作出4条规定：1. 加油机（表）的检定周期为6个月，各加油站必须按期向规定的检定机构申请检定。2. 州内加油机（表）强制检定的法定机构为黔南州计量检定测试所、龙里县计量检定测试所。龙里县各加油站向龙里县计量检定测试所申请周期检定，州内其各县（市）加油站向州计量检定测试所申请周期检定。3. 检定印证必须由执行检定的单位按照检定规程的规定出具，非检定单位出具的检定印、证一律无效。4. 凡不按期向规定的检定单位申请检定或出具非检定单位的印证的，将按有关计量法律、法规的规定予以处罚。

1994年，全州共强制检定计量器具14项23种8743台（件），其中贸易结算7264台（件）、安全防护689台（件）、医疗卫生596台（件）、环境监测194台（件），检定计量仪器9005台（件）。

1995年，为确保各种医用诊断、治疗、检验设备的计量准确性，要求各医疗单位根据《中华人民共和国计量法》规定开展自查工作，县（市）对医疗卫生单位进行监督检查，对未按要求进行自查或自查情况不符实的，一经发现，依照《计量违法行为处罚细则》从重处罚。是年，国家技术监督局投资州计量检定测试所5万元建设的流量标准装置、酸度计检定装置、加油机容量检定装置3个计量测试项目全部完成。全州共检定计量器具10700台（件），其中强制检定计量器具占98%。

1996年，共检定计量器具8000台（件），其中强制检定计量器具占98%。全州基本实现一器一证管理制。

1997年，州检定项目有游标卡尺、外径千分尺、百分表、千分表、水平仪、天平、砝码、压力试验机、万能材料试验机、抗折机、水泥胶砂振动台、精密压力表、一般压力表、压力真空表、燃油加油机、流量表、脑电图机、心电图机、电能表、万用表、721型分光光度计。是年，州计量检定测试所已建最高计量标准21个。全年全州共检定在用计量器具7853台（件），其中用于贸易结算占80.7%、安全保护占14%、医疗卫生及环境监测占5.3%。

1998年11月，根据国家质量技术监督局“对于贸易结算的电子收费计时器，各级政府技术监督部门要按照强检计量器具的要求，强化管理，以保证其准确计量，维护广大消费者的利益”的规定，州质量技术监督部门发出《关于开展电话自动计费器强制检定工作的通知》，规定各公用电话代办点、各宾馆、饭店、旅社电话代办点于1998年12月15日前向州计量检定测试所申请电话计费器检定，逾期未申请检定的，视为“使用未经检定合格的强检计量器具”违法行为；凡使用未经检定合格的电话计费器的单位和个人，按《计量法实施细则》的规定，责令停止使用，并处1000元以下罚款。是年，全州检定计量器具9189台（件），其中州673台（件）。强制检定的计量器具占90%。

1999年，全州计量器具检定6286台，90%属强制检定计量器具。同时，对铁路、气象等单位使用的计量器具进行检定。

2000年，将全州医院、诊所、乡（镇）卫生院计量器具列入国家强制检定管理范围，对医疗卫生计量器具血压计（表）、心电图仪（机）、脑电图仪（机）、X射线诊断机、分光光度计、验光镜片组等进行强制检定。在全州医疗计量器具专项执法检查中，共检查医院、诊所、卫生院259家，存在的问题是，医疗单位不重视计量器具管理，没有配专职计量管理人员，使用医疗器具不申请送检，计量器具长期不检定。年内，对全州医院实行强检合格证粘贴一器一证制度，共强制检定44个医院的计量器具949台（件），合格率为87.7%。是年，州计量检定测试所完成各种计量器具检定590台（件），同时，加强对社会公用计量标准管理，完成社会公用计量标准调查和检查，对查出不符合要求的计量器具进行处理。

2001年3月，成立黔南州质量技术监督检测所，将州计量检定测试所并入。年内，购置更换压力机和医疗器具检测设备，并通过省质监局考评组对该所法定计量检定规范、计量认证、检测机构年度考核等综合考核。3—4 月，根据国家和省的要求，对全州粮食清仓查库中的计量器具进行检定。全州共检查粮点 275 个，其中空仓 13 个，未检粮点 3 个。共检定秤 792 台，不合格 1 台，获检定合格证 791 台；检定木制测量桶 70 个，全部符合计量要求。4—6 月，根据省质监局的通知，全州质监部门开展医疗卫生单位在用强制检定计量器具专项计量执法监督检查。检查范围为州、县、乡（镇）医疗卫生单位和城区个体医疗诊所。全州共检查州级医疗卫生单位 3 个、县级及以下卫生医疗单位 60 个。共检定在用各种强制检定计量器具 754 台（件），其中检定血压计不合格 263 件；检查中，对 32 个存在违反《中华人民共和国计量法》行为的医疗卫生单位进行了处罚。通过检查，医疗卫生单位的法制计量意识有所提高，部分医疗单位在计量器具到期前主动申请强检。

2002 年，都匀水泥厂、州剑峰化工责任有限公司、都匀水表有限责任公司建立计量检测体系。全州检定在用计量器具 3275 台（件），合格 3168 台（件），合格率 96.7%；设置公平秤 16 台。在实施“光明工程”工作中，配合省计量院对眼镜行业强检计量器具进行强制检定，共检定焦度计 19 台，合格 16 台，合格率 84.4%；检定验光机 11 台，合格 9 台，合格率 81%；检定验光镜片组 11 箱，合格 10 箱，合格率 91.1%。

2004 年，根据省质监局的文件要求，对贵州省机床行业产品质量监督检验站、都匀桥梁厂中心试验室、贵州有色地质化验监测中心、州避雷装置安全检测站、州质检所、州锅检所、独山县质检所、福泉市质检所等技术机构进行检查，重点检查质检机构在用计量器具建立台账和周期检定表及计量器具量值溯源、法定计量单位执行、质检机构的公正性行为、质量体系文件的实施、体系文件运行等情况。对检查出的问题进行限期整改。

2005 年，全州质监部门对饮食行业进行计量监督检查，共检查 274 户。其中，26 户未配备计量器具，12 户配备不合规定的计量器具，83 户使用的计量器具超过有效期限，52 户使用非法定计量单位；15 户配备专职计量员，37 户配备兼职计量员。在集贸市场检查中，检查计量器具 1983 台（件）。由于连续几年加强对市场计量器具监督检查，市场计量器具周期定检率由 78% 上升到 2005 年的 93%。

2006 年，对全州 23 个集贸市场 469 台（件），在用计量器具和 19 台公平秤进行督促检查。受检率由检查前的 71.1% 提高到 87.5%，上升 6.4 个百分点。全年检定焦度计 32 台，合格 31 台，合格率 96%；检验电脑验光机 22 台，合格 18 台，合格率 82%；检验验光镜片组 15 箱，合格率 100%；检验瞳距仪 12 台，合格 18 台，合格率 92%。对都匀 5 家眼镜店进行定配眼镜检测，合格率 100%；全州眼镜企业种类计量器具受检率达 100%。同期，对全州 12 县（市）的 32 家加油站进行随机检查。其中，加油机共计 183 台（件），合格 171 台（件），合格率 95%。全州加油机受检率达 100%。

2007 年，抓好与群众生产生活密切相关的化肥、米、面粉、牛奶等定量包装商品生产、经销企业的计量监督抽查，全州共抽查定量包装商品 98 批（次），合格率为 87.2%，对不合格的单位下达责令改正通知书，要求限期改正。

2010 年，对 59 家能耗企业能源计量进行监督检查；对全州 10 家集贸市场和 20 家加油站诚信计量体系建设进行考核。是年，全州有 13 家集贸市场、36 家加油站实行诚信计量承诺。是年，开展“推进诚信计量、建设和谐城乡行动”计划，签订《诚信计量承诺书》，确立85家作为诚信计量示范单位，督促和指导各基层局进一步巩固成果，查缺补漏。是年，制定《黔南州质量技术监督局出租车计量器、燃油加油计量器等计量突发事件应急预案（试行）》，成功处置3件计量群体纠纷。对37家名单内及相关节能产品企业调查进行摸底，并签订《节能目标责任书》37份，督促和指导企业进一步完善有关能源计量器具配备及健全台账、计量数据应用管理，提高企业的能源计量法制意识。

2012年，指导各基层单位按辖区与10家省重点耗能企业、47家州重点耗能企业签订共同推进节能降耗能源产品计量工作责任书，建立相应的计量保证体系。6月，对10家省重点耗能企业进行检查。对都匀市辖区内24家加油站签订诚信计量承诺书，推进加油站诚信计量体系建设。是年，出动执法人员200多人（次），检查餐饮店、商店和加油站130多家，检查计量器具300多台（件），对计量违法行为进行相应处罚。

2013年，全州开展“计量惠民生、诚信促和谐”双十工程建设，组织计量器具专项整治行动，立案查处计量违法案件7件。

2014年，根据国家及省“计量惠民生、诚信促和谐”双十工程有关工作安排，以辖区内所有的商店超市、医疗机构和配镜行业为重点，开展诚信计量承诺活动，并在中小学校和社区乡镇开展免费计量服务活动。全州有57个商店超市、57各医疗机构和32个眼镜配制店签订并公示《诚信计量承诺书》。在“3·15消费者权益保护日”“5·20世界计量日”“6·9世界认可日”“质量月”“节能宣传周”等活动中，组织宣传计量法律法规，受理计量投诉，讲解计量维权常识，免费检修计量器具等。

二、企业计量管理

1992年，全州有8个企业计量验收合格，1个企业通过三级计量考核，3个企业通过三级计量复查。

1994年，开展全州石油市场计量检查和“质量计量信得过加油站”评比活动。全州石油市场计量检查共查大小加油站86个，其中48个加油站不同程度地违反《中华人民共和国计量法》的规定，占被检查数的56%。计量违法现象主要表现为破坏加油机计量准确度，使用质量低劣、计量准确度差的加油机，加油机不依法按期申请强制计量检定等。针对存在的问题，州技术监督局作出规定，严禁擅自改变加油机计量准确度，未经当地技监部门同意，不得擅自拆除加油机计量器钻封调配计量器，不得使用未经计量检定合格的加油机，不得销售不符合国家标准规定的汽、柴油，凡违反规定者，一经发现，必严肃查处。同时，经检查评比，全州有25个加油站被评为1994年度“质量计量信得过加油站”，有效期为1年。

1995年，在全州范围内开展产（商）品计量检查及评选“计量信得过产品”活动。至12月，在企业自愿报名参评的基础上，经检查评选，全州有都匀水泥厂等17个企业获“计量信得过产品”称号。

1998年，全州开展商品定量检查，共检查水泥、化肥、茶叶、食品生产、销售企业36户，发现部分企业商品定量包装不符合计量规定，对定量包装不符合规定的企业责令其改正，并作出相应处理。

2001年，开展定量包装商品计量监督检查，规定每个县（市）完成2户以上生产企业、10户以上经销企业、20种以上商品的定量包装商品监督检查任务。检查以与百姓生活密切相关的食品、化妆品、洗涤用品为重点，同时检查化肥、水泥、油漆等商品。全州共检查生产企业37户、经销企业119户，检查商品共246种，其中符合商品定量包装规定的商品200种，合格率81.3%；查处不符合《定量包装商品计量监督规定》的商品46种，共处罚违反规定的生产、销售企业31户，其中对2个计量违法行为较严重的油漆销售者予以立案查处，对其他违法行为轻的销售者进行现场处罚并责令改正。

2003年，根据省质监局《关于实施食品药品放心工程，加强计量监督工作的通知》，全州于9月中旬—10月中旬开展食品类定量包装商品企业计量监督专项检查，主要对企业计量基本情况、在用计量器具管理情况、定量包装商品净含量计量情况等进行重点检查。全州重点检查146户企业计量情况。共检查企业在用计量器具190台（件），受检率为90%，检定合格率为97%。共抽检定量包装商品200批（次），不合格15批（次），净含量平均抽样合格率为92.5%。10月，州内一些复混肥生产企业及农民向州质监部门反映，近期州内生产的过磷酸钙和市场流通的其他复合肥生产原料钾肥、尿素定量包装存在严重的短少问题。对此，州质监部门于10月对都匀地区化肥生产厂及福泉市、贵定县过磷酸钙生产企业进行定量包装、产品质量检查。共检查生产企业、商家15户，一些企业生产的钾肥、过磷酸钙的定量包装确实存在严重短少行为。对检查中发现的问题，责令企业进行整改，对严重违规的企业，作调查处理。

2005年，检查定量包装商品生产企业10户10种商品18批次，合格率为90%。

2006年，州质监局对都匀市化肥和饲料生产企业进行定量包装随机抽查。其中，抽查化肥生产企业8家共20个样品，经检测，有18个样品合格，合格率为90%；抽查2家饲料生产企业共6个样品，经检验，有4个样品合格，合格率为67%。对定量包装商品净含量不合格的企业下达责令改正通知书，并督促企业完成整改。

2007年，对都匀市的中石化、中石油及福泉1家加油站进行检定。经检定3家加油站的3个加油机均达到标准要求。

2008年，全州检查定量包装商品生产企业37家，抽查定量包装商品52批（次），合格46批（次）合格率为88.4%；检查市场销售定量包装商品51家，合格47家，合格率为92.1%。

2010年，开展“推进诚信计量、建设和谐城乡行动”，共有18个集贸市场、128个加油站签订《诚信计量承诺书》。

2011年，继续开展“推进诚信计量、建设和谐城乡行动”，共有83家餐饮店、54家超市签订《诚信计量承诺书》。

2012年，有31家眼镜店、56家医院签订《诚信计量承诺书》。2010—2012年，共有370个经营单位实现诚信计量、自我承诺，并向社会公示，基本覆盖有固定经营场所、经营主体责任明确的集贸市场、餐饮场所、商店（超市）、眼镜配制店、加油站和县级以上公立医院。是年底，全州共树立91个诚信计量建设示范单位，创建2个“诚信计量示范一条街”。

2013年，开展能源计量监管，完成贵州瓮福集团、贵州天福化工、贵州川恒化工等7家企业的审查。当年，对16家机动车安检机构、建材实验室、食品实验室的监管，立案查处7家实验室的违法行为；建立全州19家有机产品认证企业和13家强制性认证产品企业档案。

2014年，重点开展用能单位能源计量检查及审查。全州有37家企业列入全省能源计量审查名单，确认有贵州开磷剑江化肥有限责任公司、龙里县亚冶铁合金有限公司、贵州龙里湘龙冶金有限公司3家企业关闭注销，实有34家企业需要进行审查。共有25企业签订《能源计量工作责任书》，占实有企业数（34家）的74%；全部正常生产的15家企业已提交并通过审查，累计完成22家企业的能源计量审查，占实有企业数（34家）的65%，全州12家企业因停产、转制、搬迁等多种原因未开展相关工作。

三、市场商品计量管理

1992年，全州开展计量监督执法活动36次，被检查单位33个，受检计量器具1360台（件），处理一般违法案件10件。

1993年，对都匀市场商品流通和计量器具使用情况进行检查。重点查液化气站，发现液化气站存在的问题：部分供气站瓶装气达不到合同或协议要求；部分供气点未按《计量法》的规定配置相应的计量器具，已配置的未进行周期检定，或使用已损坏失准的计量器具，克扣消费者；部分供气合同或协议中不注明瓶气的充装重量。存在的问题对经营者提出整改意见。

1995年，根据国家和省技监部门的部署，全州开展产（商）品计量检查及评选“计量信得过产品”活动。凡州内企业生产或经销的水泥、化肥、粮食制品、食盐、调味品、民用罐装液化气、黄金饰品等产（商）品均属检查范围。检查内容包括产（商）品的包装量、标示量是否与实际量相符，包装计量设施及计量管理措施是否适应产品包装需要。被检查单位自愿报名参加“计量信得过产品”评选活动，符合条件的，授予“计量信得过产品”称号，通报表彰，经州技监部门同意，其产品包装上可印制“计量信得过产品”标记。全州产（商）品计量检查共查50多个企业，查产（商）品70多种，评选出都匀水泥厂、黔南州五钠厂等17个企业的20多种产品为“计量信得过产品”。年内，对上年度获“质量计量信得过加油站”称号的15个企业进行复查。全年，市场计量检查，现场查处计量违法案件300余起，没收短秤少量计量器具1100余台（件）立案查处2起。

1997年，全州共抽查市场定量包装商品74批次，合格41批次，合格率55.4%；检查计量器具产品818台（件），合格202台（件），合格率24.7%。

1998年，省、州开展“3·15”计量专项检查活动，主要检查国营大中型商业企业、农贸市场、火车（汽车）站前商店等。检查内容为衡器（台秤）、袋装食品、化妆品、海鲜制品（冻虾仁、冻虾、螃蟹、水发海鲜）、酒、电话计费器等。是年，为规范成品油销售中的计量行为，根据国家和省技监部门部署，州技监、国税联合对全州加油站进行加油机加装税控装置前计量监督检查，共检查加油站137个、加油机383台，对全部加油机累计计数装置实行了铅（签）封，堵塞油品销售中的税收漏洞。

1999年，根据省质监局、农业厅《关于加强农业和农村计量执法监督检查工作的通知》要求，州、县（市）成立农村专项计量执法监督检查领导小组及办公室，组织实施农业和农村计量执法监督检查，规范农村市场秩序，维护公平交易，确保农村市场贸易结算计量的准确、公正，保护农民的合法权益。农用强检工作计量器具。共检查烟叶收购站、粮管所、基层供销社（含分销店）、农资公司门市部等企业169户，检查个体经营户3280户，总计被检查对象3449户，检查的强检工作计量器具共4968台（件），查出无首检标志或首检合格印证的液体量提供203付；属一次性强检的竹（木）直尺1835把，均未见到首检标志。查出无有效期内检定合格印证的地秤、台案秤536台，对经检定不合格仍在使用的计量器具，依法予以没收并处以每户50～100元罚款；对使用无检定合格印证的台、案秤的单位和个人，按每户50元处以罚款。定量包装农资产品，共检查各经销店1280个。检查范围涉及种子、肥料、农药、饲料4大类农业投入品，全州共有39个经销户因销售定量包装农业投入品不符合规定而受到处罚，罚款额总计2650元。农村贸易用结算电能表及土地面积法定计量单位使用。共查电能表782块，已检定的有743块，检定率达到95%，未检定的原因系乡村电管站的电管员未按时送检。是年，对国土局及其下属土地管理所进行抽查，共检查105个单位，除少数土地管理所在计量小面积土地时有使用“亩”为计量单位的情况外，绝大部分土地管理所均正确使用土地面积法定单位。对个别使用“亩”非法定量单位的土地管理所，在检查中责令其改正。乡镇企业、农办企业计量共检查乡镇企业890户、农办企业150户，其中有必要的计量器具并妥善管理的乡镇、农办企业543户，占60%。检查发现有356户乡（镇）、农办企业对计量工作比较陌生，对这些企业存在的问题，予以指出并帮助其改进。

2000年，州选择2个企业作为全州计量合格确认试点，组织企业学习有关文件，指导企业开展计量合格确认工作，提高企业的计量技术基础水平。全州质监部门开展商品定量包装计量监督检查，重点检查化肥、农药、食品、液化气等商品。

2001年，州会同省质监部门对全州眼镜经营企业进行计量监督检查，共检查眼镜店20个，检查焦度计5台、验光机4台、验光镜片箱19盒、成镜1000余付、太阳镜600付。检查结果，验光镜片箱合格4盒，验光机合格2台，焦度计合格1台，成镜90%不合格，太阳镜70%标志不合格。检查发现大多数眼镜店没有配镜焦度计，没有合格的验光机、配镜人员没有经过培训，大多数眼镜店进货不正规，商品标志没有按国家技术标准标，购进的镜片70%不合格。是年，开展重点计量器具和从事水表、电能表、燃气表以及衡器生产、销售的企业进行检查。共检查供电局、都匀水表厂的电能表30块、水表40块；检查市场水表、电能表、燃气表、衡器销售商56户，检查电能表156块、水表123块。通过检查，全州计量器具的生产和销售情况总体较好，企业能够严格把好计量器具进货和出厂质量关。是年，对定量包装商品进行监督检查，全州抽查246种商品，有200种商品定量包装符合规定，合格率81.3%，有的商品正负偏差率达40%。

2002年3月，根据国家质量总局要求，在全州开展眼镜店等级达标评定工作。经评审并报省质监局批准，全州有11户眼镜店达标。同年，在全州加油站计量专项整治工作中，共检查加油站197个，在用加油机573台，经检查合格567台，合格率98.9%，受检率100%；查处计量违法案件6起。集贸市场计量专项整治，共检查16个单位在用计量器具3275台（件），合格3168台（件），合格率96.7%，受检率86.1%，设置公平秤16台；检查定量包装商品78批次，合格71批次，查出计量器具违法案件6起、定量包装商品净含量违法案7起。定量包装商品净含量监督检查，共检查定量包装生产企业78户、产品128批次，合格107批次，不合格21批次，合格率83.6%，立案11起；检查流通领域经销企业298户共367批次商品，合格308批次，不合格59批次，合格率83.9%，立案21起。评定贵州省电信公司黔南分公司等13个单位为“黔南州第四届执行价格计量政策法规最佳单位”。

2003年2月，对都匀市7个超市开展定量包装商品计量监督专项检查，分别对保健食品、方便食品、乳制品、调味品、洗涤用品等5类49批次商品进行净含量检测。其中，有11批次不合格，合格率为78%。同时对超市的计量器具使用情况进行检查，发现部分超市正在使用未经检定的打印电子秤。对部分超市的计量违法行为进行立案处理。3月，对都匀市场上销售的电线电缆进行计量监督抽查，共抽取25户经销商销售的22个品牌47批次电线电缆，不合格16批次，不合格率为35.4%。对销售净含量不合格电线电缆的经销商，给予相应的行政处罚。3月、5月、10月分别开展重点集市贸易市场、加油站、集贸市场定量包装商品专项检查，共查重点集贸市场40个，检查在用计量器具1916台（件），合格1859台（件），合格率达97%，在用计量器具受检率达94%，公平秤受检率达100%；查处集贸市场计量器具违法案件41件，罚金4000元。共查加油站147个573台加油机，加油机受检达100%，合格率达99%，查处加油机计量违法案件3件，罚金2000元。集贸市场定量包装商品净含量检查共抽检69类商品242批次，合格219批次，合格率91%，查处计量违法案件21件，罚金2300元。此外，州质监局重点检查大米、面粉、食用油、牛奶、白酒、电线、油漆、音响线等定量包装商品的净含量，共计检查流通领域和生产领域188个单位的78类商品296批次，不合格42批次，合格率为85.8%。

是年7—8月，开展眼镜店登记普查和监督检查。全州有眼镜店37个，从业人员48人，均配有焦度计、验光机、验光镜片箱、瞳距仪，并按周期申请检定。共检定焦度计23台，合格1台；检定验光机10台，合格9台；检定验光镜片箱12盒，全部合格。抽检定配眼镜34副，合格30付，合格率88%；抽检眼镜镜片88付，合格76付，合格率86%；抽检太阳镜56付，合格16付，合格率28%。对检查中发现的问题，州质监局责令企业进行整改，对严重违规的企业，作调查处理。

2004年11月15日，为规范全州气瓶流通环节管理秩序和液化气商品市场，加强对液化石油气净含量的计量监督，确保气瓶安全使用，维护广大消费者的合法权益，州质监部门对州内液化石油气充装站及销售单位作出7条规定。规定事项从2005年1月1日起执行，此后凡在州内经营的液化石油气，不执行规定者，依照有关法律严肃处理。年内，按照年初制定的春节、“五一”、国庆节、中秋节等节日市场定量包装商品监督检查方案，重点检查超市、集贸市场中的大米、面粉、食用油、牛奶、白酒、茶叶、洗涤、护发等定量包装商品的净含量，共检查6个超市38种66批次定量包装商品，合格38批次，不合格28批次，合格率57.6%。对不合格的单位，按帮助企业为主、处罚为辅的原则，限期改正。

2005年，共检查超市及其他销售定量包装商品的商家238户222种商品231批次，合格率为85%，对不合格的单位及商家责令整改，对计量违法情节严重的经销商立案查处5起。对集贸市场、超市、餐饮业进行计量监督检查，检查餐饮业274家。其中，有26家未配备计量器具，12家配备不符合规定的计量器具，有83家使用的计量器具超过有效期限，有52家使用非法定计量单位；配备专职计量员有15家、兼职计量员有37家；在菜肴上标明净含量或主要原料配比的有15家，未标准净含量或配料比的191家。

2006年，全州检查超市及其他销售定量包装商家238家，商品222种231批（次），合格率为85%，对不合格的单位下达责令改正通知书，对情节较严重的单位，立案查处5家。检查定量包装商品生产企业10家共10种商品18批（次），合格率为90%。全州共检查集贸市场13个，设立公平秤13台，检查在用计量器具1983台（件），监督检查前周期检定率为78%，监督检查后周期检定率为93%。

2007年，重点加强对六类重点管理计量器具的监督管理，对涉及民生计量的计量器具实行重点监控，对电能表检定合法资质进行规范，对省计量院都匀水表厂检定分站资质合法性进行规范（要求必须获得计量行政部门的授权后，方能开展工作）。同时，要求各使用强检计量器具的单位要按照《中华人民共和国计量法》的规定，建立总台账和分类台账，实行检定，确保强检计量器具受检率达100%。同期，加强杆秤制造个体工商户的规范化管理，要求企业计量检定人员必须取得检定员证后方能上岗工作，全州从事杆秤制造的企业必须取得制造计量器具许可证后方能生产、销售杆秤。经考核，全州共有9家杆秤生产者取得制造计量器具许可证。

2008年，全州开展对医疗卫生强制检定计量器具执行监督检查，全州检查108家医疗机构使用的医疗器具656台（件），合格314台（件），合格率47.80%，共处罚金600元。6月，全州开展对成品油销售和液化石油充装计量执法检查，共检查105个加油站，9个液化气充装站。经查，全州105个加油站燃油加油机均在检定有效期内，9个液化气充装量，有2个存在充装量不足问题。对于不合格的2家充装站进行相应处罚，并限期整改。年内，共检查定量包装商品37家生产企业，抽查定量包装商品销售企业51家，合格47家，合格率为92.10%。是年，对8家省重点，21家州重点耗能企业进行督促检查，帮助指导企业完善能源计量器具的配备。

2010年，配合省质监局对黔南交运惠水机动车综合性能检测有限公司、黔南州环境保护检测站、福泉环境监测站、贵州有色地质化验监测中心、黔南州汽车检测站、黔南州建设工程质量检测中心等6家实验室进行资质认定监督检查，并对实验室建设、完善组织、履行职能，加强检测管理制度建设，人员能力建设，制度落实、规范检测等进行监督检查。建立完善独山巍华实业有限公司、龙里新曙光电缆有限公司、贵州长江通信实业有限公司、贵州绿卡能科技有限公司、贵州祥云建材有限责任公司、黔南都能电气有限公司、都匀市腾达电线电缆有限责任公司7家CCC获证企业的质量档案。同年，州质监部门与全州57家5000吨耗煤以上能耗企业签订节能目标责任书；并对57家能耗企业能源计量工作进行监督检查（其中省级能耗责任单位都匀水泥厂、都匀天成实业有限责任公司停产、州级能耗单位有13家停产），共检查42家5000吨能耗企业。

2011年3月，分别组织开展对涉及民生的水表、电表等计量器具的抽检。4月，针对都匀地区出现的民用液化气的短斤少两问题，在全州组织开展了为期半个月的对液化气充装站和经营部的专项检查，立案查处了违法经营户，整顿了全州的液化气市场计量秩序。

2012年，州质监部门在全省率先制定《黔南州出租车计价器和燃油加油机计量突发事件应急处置预案》，调解处理3起计量纠纷，制止了群体性事件发生。开展“万家企业节能低碳行动”，全州有37个重点能耗单位签订了《能源计量责任书》。

2013年，开展计量器具专项整治，立案查处计量违法案件7起。

2014年，辖区内所有的商店、超市、医疗机构和配镜行业为重点，开展诚信计量承诺活动。全州有57个商店超市、57个医疗机构和32个眼镜配制店签订并公示《诚信计量承诺书》。当年，开展民生计量器具专项整治、民用四表专项督促检查，计量器具生产企业证后监督检查以及加油机、电子计量秤、汽车衡、出租车计价器等计量器具的监督检查。配合省计量院开展医用设备、眼镜验配、电话计时计费装置等计量器具的强制检定，开展定量包装净含量和商品过度包装监督检查。

第二节　标准化管理

一、企业标准化管理

为推动企业积极采用国际标准，加快州内企业采用国际标准步伐，1992年，根据省政府文件要求，将东方机床厂、州锻压机床厂、都匀水表厂、贵定农机厂、州水泥电杆厂的9个产品列为采用国际标准计划项目，当年采用2个国际标准。制定企业标准18个，废止地方企业标准6个。

1995年5月，根据国家《食品标签通用标准》（GB7718—94）和《查处食品标签违法行为规定》的规定，对都匀地区生产食品企业进行食品标签检查。检查发现，都匀地区部分企业所使用的食品标签不符合强制性国家标准《食品标签通用标准》的规定。年内，全州标准计量部门对120个强制性标准执行情况进行检查，检查结果，各企业均按标准组织生产；检查35个商品批发点20个品种的食品标签，符合食品标签标准规定的占60%。

1996年，全州完成企业标准备案34个，审核登记食品标签31种，企业产品执行标准登记52个；对食品、建材、化肥等16个企业的19个产品执行标准情况进行检查，合格16个，不合格3个，合格率84.21%；企业采用国际标准6个；查处并没收仿冒“牛头”牌牛肉干食品标签包装价值万余元。

1998年，开展企业执行强制性标准监督检查，共检查建材企业15户、化肥企业14户、食品企业26户、冶金企业6户，共64个品种，合格53个品种。不合格的原因主要是企业不严格执行国家标准。年内，全州技监局办理企业标准登记143个（地方企业标准备案65个、上级标准备案78个），食品标签审查备案准印38个，为企业起草标准8个。全州地方企业标准备案累计245个，上级标准备案累计139个。

1999年，抓好贵定、独山2县全省消灭无标准生产试点工作（全省共有试点县7个）。贵定县帮助60多户个体生产普通白酒企业制定企业标准60多个，全县白酒生产合格率从25%提高到86%；独山县重点帮助企业建立技术标准体系。年底，贵定县普查登记产品标准94个，制修订企业标准26个，标准备案登记26个，建立企业标准档案56户81个产品，编制产品目录4本，收集和补充完善情报资料30余份。是年12月，省在贵定县组织召开消灭无标准生产工作省级验收会议暨黔南州部分县（市）消灭无标准生产工作现场会。贵定县消灭无标准生产工作通过省考核小组验收。年内，独山县的消灭无标准生产工作通过省验收。全年全州质监部门完成企业执行标准登记159个，其中帮助企业完成产品标准99个、食品标准15个。

2000年，省将福泉、龙里、惠水、长顺、罗甸等5个县（市）纳入年内消灭无标准生产工作计划。是年12月，5个县（市）的消灭无标准生产工作经省、州考核验收，全部合格。年内，州复查企业纯净水标签7个、企业标准备案6个、食品标签登记6个。

2001年3月，针对州内有机肥生产企业存在名称不规范现象，州质监局对规范有机肥名称提出要求。年初，州将瓮安、三都、平塘、荔波、都匀等5个县（市）列为年内消灭无标准生产县（市），下达消灭无标准生产工作目标计划。到年底，经州质监局对各县（市）的消灭无标准生产工作进行逐项检查验收，全部合格。全年全州实施强制国家标准监督34个，州、县共审查办理食品标签108个。年底，针对都匀毛尖茶没有统一的强制性标准，无明确、统一的生产、销售、监督、管理、仲裁的技术依据的问题，都匀市制定并发布都匀毛尖茶标准，并得到省质监局高度重视，将该标准列为贵州省全文强制性地方标准。

2002年，全州质监部门办理企业标准登记备案200个，修订13个地方企业标准，对全州质监系统和企事业单位标准化工作人员60人进行培训。

2003年3月，为整顿和规范都匀毛尖茶市场秩序，惩治生产销售假冒伪劣都匀毛尖茶违法行为，促进都匀毛尖茶发展，确保都匀毛尖茶产品形象和质量，州质监局发出通知，要求加强都匀毛尖茶标准监督管理。是年，州质监局办理企业产品登记备案38个，其中，食品标签备案13个、企业产品标准登记14个、企业标准备案11个。

2004年5月，根据省质监局的要求，州对“贵州米粉”标准实施情况进行检查，共查米粉生产企业26户，查出产品不合格13户，其中掺入有毒有害物质的企业3户。对违法企业，根据《中华人民共和国标准化法》进行查处。年内，对食用盐产品标准执行情况进行检查，查出不符合食用盐强制性标准产品692吨，对产品不符合标准的企业进行处罚和限期改正。

2005 年，全州标准化管理以标准清理、复查为重点。经过清理复查，全州登记备案的 1427 户企业的产品涉及标准共 909 个，其中国家标准 310 个、行业标准 316 个、地方标准 111 个、企业标准 172 个。清理前的 1198 个标准中被重新修订、调整、废止 289 个。此外，对食品企业标准进行专项清理复查，全州清理复查涉及用企业标准生产食品的标准 283 个，复审后取消已备案的标准 91 个，其中违反有关法律法规的 75 个，超过有效期的 10 个，其他 6 个，清理后的标准为 87 个，淘汰了 39% 的食品企业标准。

2007 年 4 月，对辖区 GB10344—2005《预包装饮料酒标签通则》、GB13432—2004《预包装特殊膳食用食品标签通则》、DB52/449—2004《贵州米粉》等食品强制性标准进行宣传培训，46 人参加培训。是年，由省、州有关部门组成的专家组在福泉市鼎罐城对《苗乡风味腊肉（腊排）》《苗乡风味小米鲊》《鼎罐酒》3 个企业标准进行审定。全年，州质监局办理企业产品登记备案 10 个。

2008 年，共对 36 家企业的 53 个企业标准进行了登记备案。是年，完成全州产品执行标准情况调查清理。共清理企业（含加工作坊）541 家，产品总数 687 个，标准 353 个，其中，国家标准 158 个、行业标准 57 个、地方标准 25 个、企业标准 113 个。

2010 年，按照《企业标准管理规定》共登记备案企业标准 145 个，新增登记备案企业产品标准 11 个；注销到期失效企业产品标准 39 个。

2011 年，全州企业共制定企业标准 33 个，制定发布 7 个地方标准。

2013 年，分别对食品中农药最大残留限量、食品中污染物限量、有机产品、混凝土实心砖、预包装食品营养标签通则、茶叶生产标准、用能单位能源计量器具配备和管理要求标准、絮用纤维制品通用技术要求、梳棉胎等标准召开 17 次议会，总参会企业数 200 余家（次）。

2014 年，瓮福（集团）有限责任公司参与制修订 6 个贵州省地方标准：《结晶磷酸一铵生产技术规范》《工业碘》《结晶状磷酸一铵》《饲料工业用湿法净化磷酸》《粒状硫酸铵》和《低砷黄磷》。6 项标准于是年 7 月实施。年底，参加“贵州省第三批标准化良好行为试点企业”建设的贵州川恒化工有限责任公司试点项目，达到国家标准化良好行为企业 AAA 要求，获标准化良好行为 AAA 级证书。

二、农业标准化管理

黔南州农业标准化管理始于 2003 年。是年，罗甸县早熟蔬菜项目经国家标准委员会批准，列为第四批全国农业标准化示范项目之一。

2007 年 4 月，州组织《都匀毛尖茶无公害种植管理规范》贵州省地方标准暨《2007 年都匀毛尖茶实物标样》审定会，省、州共 10 名茶叶专家参加评审，共确定了 5 个样品为《都匀毛尖茶》特级、一级、二级、机制一级、二级实物样品。是年，黔南州烟草公司向国家申报农业标准化示范项目。

2008 年 2 月，经国家标准化委员会审查，黔南烤烟确定为第六批全国农业标准化示范项目。5 月，《黔南州烤烟综合标准体系》通过专家审查。继续开展都匀毛尖茶实物标样审定。确定黔南州江丰茶叶贸易有限公司制作的 3 个 2008 年都匀毛尖茶实物标样为《都匀毛尖茶》特级、一级、二级实物样品。年初，州政府成立州茶办，由州茶办牵头组织进行“都匀毛尖茶”地理标志申报工作。同期，组织制定贵定云雾贡茶标准发布。5月，省批准贵定云雾贡茶地方标发布。

2009年，全州共制定发布地方标准10个，即黔南州烤烟综合标准体系《基础标准》（DB522700/01－2009）、《种子品种标准》（DB522700/02－2009）、《生产技术标准》（DB522700/03－2009）、《产品收购标准》（DB522700/04－2009）、《复烤加工标准》（DB522700/05－2009）、《管理服务标准》（DB522700/06－2009）和《荔波水蕨菜》（DB522700/07－2009）、《荔波水蕨菜生产技术规范》（DB522700/T08－2009）、《荔波血桃》（DB522700/09－2009）、《荔波血桃生产技术规范》（DB522700/T10－2009）。年内，启动编制贵州省地方标准《独山盐酸菜》报省审定。配合省对贵州省地方标准《都匀毛尖茶》进行修订。同期，组织对都匀市、贵定县和州烟草公司农业标准化示范项目工作进行检查。

2010年，推进农业标准化示范区和茶产业标准化示范项目建设，开展全国第六批农业标准化示范区《黔南州烤烟生产标准化》项目建设，建立和完善标准体系94项，并对项目建设进度进行严格检查督促。该项目于是年10月通过考核验收。是年，都匀市、贵定县中央财政现代农业生产发展资金茶产业项目标准化建设《贵定云雾贡茶综合标准体系》《地理标志产品都匀毛尖茶综合标准体系》项目分别于9月考核验收，考核评分位居全省同类前列。

2011年，罗甸县“无公害秋冬蔬菜种植标准化示范区”被列为第三批省级农业标准化示范项目，项目建设期为3年。

2012年，州将贵州省地方标准DB52/T433—2009《都匀毛尖茶》申报为国家标准，已立项上报国家标准委；黔南州《大鲵养殖技术规范》《环保型网箱建设技术规范》《都匀毛尖茶综合标准体系》《液化二甲醚钢瓶定期检验与评定》《贵州禾本科牧草（冷季型）品种区域试验技术规范》《黔南马兰树苗培育规范》等贵州省地方标准获立项通过。年内，审定发布《黔南州杂交水稻精确定量栽培技术规范》《长顺麻山油核桃育苗及种植规程》《黔南州稻水象甲防治技术规范》3个黔南州地方标准；都匀市、罗甸县申报农产品质量安全示范县。是年，罗甸县火龙果、平塘县葡萄、长顺白云山苹果、龙里县刺梨、瓮安辣椒种植标准化示范区5个项目被列入第四批省级农业标准化示范区项目，项目建设时间为3年。

2013年，重点抓好长顺刺梨干酒、长顺生姜、龙里刺梨、罗甸艾纳香、黔南州水稻栽培技术、三都山地葡萄栽培技术、都匀毛尖茶综合标准体系等8个省级地方标准建设，为全州农业结构调整提供技术支撑。同时推进罗甸无公害秋冬蔬菜、龙里刺梨、长顺苹果农业标准化示范区建设。年底，示范区建设通过年度检查验收。是年，罗甸火龙果被国家标准委批准为第八批国家农业综合标准化示范项目，同年获得国家地理标志产品保护。

2014年，继续实施6个农业标准化示范项目。年内完成长顺高钙苹果、龙里刺梨、平塘提子、瓮安辣椒种植标准的制定及发布实施。对都匀毛尖茶综合标准体系及都匀红碎茶、都匀绿茶等地方标准进行修订，11 月以黔南州地方标准公告发布实施。“罗甸县无公害秋冬蔬菜”项目通过省级验收。

三、服务业标准化管理

2012 年 10 月，国务院下发《关于加快发展服务业若干政策措施的实施意见》《关于推进服务标准化试点工作的意见》后，黔南州质监局推荐荔波县美嘉环球旅游开发公司申报“荔波小七孔旅游观光车服务标准化试点”被省质监局列为第三批省级服务业标准化试点项目。2013 年，美嘉公司建立起包括《安全生产管理制度标准》《特种设备管理标准》《接待服务礼仪标准》在内的 11 套企业服务标准。

2014 年 6 月 28 日，小七孔旅游观光车服务标准正式颁布实施。

第三节　质量管理

一、企业产品质量监督管理

1991 年是全国“质量、品种、效益年”，全州开展产品质量评选活动。规定：参评产品在 1991 年统一抽检并连续 3 次以上产品质量合格，经有关部门组成的评选小组、监督检测小组、用户意见新闻评审小组按有关评比条件进行评选，综合评比认定，报州人民政府批准，颁发“产品质量稳定合格证”，可挂牌销售；产品质量突出的颁发“产品质量优秀奖”或“产品质量特等（别）奖”，并可作为 1991 年黔南州评选先进企业资格，作为推荐评优产品的必备条件。8 月，进行产品监督第一次统一抽检，共抽检日用工业品、针纺织品、家用电器、日化用品、保健用品、食品饮料、卷烟、酒、水泥、化肥化工、冶金、机械等 12 类 106 种产品。抽检结果，合格率最高 100%，最低 81.8%。是年，开展全州企业产品质量大检查，列入全州大检查对象为历年获部优、省优的产品和 1991 年申报省优的产品、出口创汇产品及与群众生活密切相关的产品，包括纺织品、食品、酒、面粉、化肥、机床、农用拖车、铁合金、水泥等。在企业自查的基础上，组织以行业主管部门为主的 4 个检查组，在轻纺、机械、重工、粮油企业中进行重点抽查。抽查的 7 户企业 6 个部优；省优产品中有 2 个产品质量不稳定，占 33.33%。

1992 年，根据国家《工业产品生产许可证试行条例》《工业产品质量责任条例》《严禁生产和销售无证产品的规定》《查处无生产许可证产品实施细则》，对都匀市科技实验厂在未取得复混肥生产许可证情况下于 1991 年 12 月起擅自批量生产属于国家实行生产许可证管理的重要工业产品高效复混肥进行查处，责令该厂立即停止生产高效复混肥，同时责令烟草公司立即停止销售都匀市科技实验厂生产的高效复混肥。

1993 年 7 月下旬至 8 月，对全州水泥、磷肥产品进行全国统一监督检查。

1994 年，为杜绝假冒伪劣化肥进入州内市场，州技监、烟草、供销等部门联合对全州各县（市）生产和销售的各种生产用肥进行监督抽查。共抽查 16 户企业的复混肥、普钙、碳酸氢铵等 3 类共 36 个样品。州内 14 户企业，抽检复混肥料样品 28 个、普钙样品 7 个、碳酸氨铵样品 1 个，检验结果，质量问题较为严重，抽检的 28 个复混肥样品仅 7 个合格，合格率为 25%；抽检普钙样品 7 个，3 个合格，合格率为 42.86%；碳酸氨铵抽检 1 个为合格。年内，对全州 19 户水泥企业生产的水泥质量进行检验，共抽水泥样品 31 个，出示检验报告 28 个（监督样品 9 个、对比检验样品 19 个）。其中，9 个监督样中合格 8 个，合格率 89%；对比检验样品合格 16 个，合格率 84%。

1995 年，按省技监部门《关于对桐油等 9 类产品实行全省统一监督检查的通知》，对州内桐油、钙镁磷肥、过磷酸钙、复混肥、食用菜籽油、白酒、碳酸饮料、铸造生铁、汽车配件等 9 类产品实行全省统一监督检查。是年，州成立黔南州机械行业产商品质量监督检查站，对全州机械零件、汽车配件、刀具、工具、轴承、齿轮、机床及机床附件等产商品进行检验，检查站挂靠东方机床厂质量处，监督业务受州技监局领导。

1996 年，全州农用生产资料市场检查中，发现独山县私营企业科技复混肥厂在不具备复混肥生产条件情况下违法生产复混肥，州技监部门对该厂的生产及其复混肥销售点进行调查和实物抽样检验，结果均为不合格，复混肥和总养分含量最高为 22%，比标准规定低 3 个百分点，最低为 18.4%，比标准规定低 6.6 个百分点。根据有关规定作出没收违法所得处理，并派技术人员帮助该厂完善管理制度，解决技术难题，争取生产出合格产品。

1997 年，州技监局为贯彻落实《中华人民共和国产品质量法》《贵州省产品质量监督条例》，在全州建立产（商）品质量监督检查登记制度。5 月，州人民政府批准州技监部门施行《黔南布依族苗族自治州饲料产品质量管理暂行办法》。6—7 月，根据省技监部门通知要求，组织实施全州生产企业的胶粘皮鞋统检和加油站、成品油质量统检。12 月，对贵定县黑糯米酒厂生产的纯米酒、黑糯米酒等产品进行监督检查，发现该厂生产的各种饮料酒从食品标签到内在质量均存在问题，并依规进行行政处罚，要求该厂从 1998 年 1 月 20 日起使用符合规定的食品标签，尽快制定与企业实际相符合又不违背国家标准的企业产品标准，做到未经检验合格的产品不准出厂销售。

1998 年 5—9 月，开展复混肥料和酱油产品质量全国统一监督检查，并对企业生产条件进行考核。

1999 年 3 月，州经贸、技监部门发出《关于 1999 年全州质量管理工作的通知》，要求各企业及企业主管部门树立科学质量观，开展“质量兴业”“质量兴厂”活动，制定质量振兴计划，争创国家级、省级名牌产品。年内，都匀市对全市烧结普通砖、水泥砖及各类预别品构件质量进行检查。检查普通烧结砖企业 7 个，抽检 9 个批次产品，其中 2 个批次产品不合格，合格率为 77.78%；检查水泥预制品生产企业 5 个，抽检 5 个批次产品，其中 3 个批次产品不合格，合格率为 40%。5 月，独山县对全县生产的建材产品进行抽样检查，共抽查 11 个企业，按国家标准 GB5101—1993 烧结普通砖判定，达到 100 号砖企业 9 个，达到 75 号砖的企业 1 个，产品不合格企业 1 个。

2000 年 3 月，发布《黔南州质量振兴意见（1998—2010 年）》，州及县（市）、各行业成立相应机构，全面开展质量振兴工作。

2002 年开展的产品质量定期监督检验中，州供销社机砖厂、鸿雁实业有限公司、都匀幸福砖厂、都匀市小围寨电杆厂、都匀市金榕啤酒有限公司、贵州省新华磷肥厂、都匀佳惠购物中心、都匀市新毛茶厂、贵州都匀毛尖茶叶有限公司、都匀毛尖茶集团有限公司、黔南州华欣有限公司饮料厂等企业的产品检验不合格，进行整顿。12 月，对全州 2002 年度产品质量达标的 5 户企业进行表彰。

2003 年 7 月，州及都匀市质监部门联合对都匀地区地条钢生产进行突击检查，共查出违法生产企业 2 户，即都匀市小围寨查获都匀市榕兴铸件加工厂生产的地条钢 100 吨，货值 20 万余元；都匀市三道河查获都匀匀美铸造厂生产的地条钢及生产模子共 16.7 吨，用于生产地条钢的原料 20 余吨。对查获的 2 户违法企业，责令停止生产并作调查处理，对现场查获的地条钢进行异地封存。

2004 年，根据国家质检总局《关于组织大桶饮用水产品质量国家监督专项抽查的通知》，全州质监部门按照省质监局的部署开展专项抽查。全州受检企业共 7 户，覆盖全州大、中、小型各类生产加工企业。其中大型生产加工企业 1 户，产品质量合格率 100%；中型生产加工企业 2 户，产品质量合格率为 100%；小型生产加工企业 4 户，产品质量合格率为 50%。上半年，全州产品质量监督检查共检查 256 户企业的 6 大类 258 批次产品。经检查，有 160 户企业的 161 批次产品合格，产品抽样合格率为 62.4%。第三季度产品质量抽检查，共抽检大、中、小型企业及个体生产加工作坊 223 户的产品 264 批次，有 179 批次产品合格，产品抽样合格率为 67.8%。是年，全州 28 户水泥生产企业，获工业产品生产许可证 16 户，正在申报生产许可证并通过现场审查合格企业 8 户，未获生产许可证企业 4 户。根据国家质检总局《关于进一步加强对获得工业产品生产许可证企业监督管理的通知》，州质监部门对州属 26 户水泥生产企业使用的水泥包装进行专项监督检查，共抽检样品 34 个，经检验，均为不合格产品。对存在的问题，责成企业限期改正。同期对全州 296 户食品生产企业进行调查，共检查白酒生产企业 209 户，其中获证企业 4 户，没有申请办理生产许可证的 205 户（企业本身不具备申报条件）。对审查检验不合格的 66 户企业进行整改；报请当地政府组织有关部门取缔 99 户，其中白酒 88 户、食用植物油 11 户；责令停止生产销售 97 户，其中白酒 57 户、大米 3 户、食用植物油 26 户、酱油 9 户、食醋 2 户。对辖区内的食品生产加工企业及与食品相关的其他产品生产加工企业生产卫生许可证进行专项调查，共调查企业 700 户，其中小麦粉、大米、挂面、面包糕点等食品生产企业 672 户，食品添加剂、食品生产加工设备等与食品相关的其他产品生产加工企业 20 户，化妆品等其他发放卫生许可证的产品生产加工企业 8 户。700 户生产企业中，只有 490 户企业办理卫生许可证，办理卫生许可证的食品生产企业基本达到保证产品质量必备条件要求。

2005 年，全州贯彻落实国务院《关于进一步加强食品安全工作的决议》，以食品监督检查为重点，开展各类食品质量检查。年内，进行含“苏丹红”食品及原料追查；对在茶叶生产中使用“铅铬绿”开展专项检查，打击查处生产加工食品中的违法行为。食品专项整治共检查生产企业 506 户（次）；全年共调查食品生产企业 894 户，符合生产许可证管理的 449 户，暂不实施的 445 户。按省质监局规定的管理范围确认 304 户为重点监督企业。

是年，根据《贵州省2005年定期检验产品目录》，对州内生产企业的30多种产品进行定期监督检验，共检验食品、建材、化肥、絮棉、饲料、家具、眼镜及其他产品766批次，合格53批次，合格率为74.8%。

2006年，定期监督检查食品、化肥、农药、建材、危险化学品、水泥预制品等5大类16种产品的180家生产企业进行抽检，抽检样品549个，合格459个，合格率为83.6%。其中抽检食品企业80家共120个品种120个批（次）产品，合格107批（次），不合格13批（次），合格率为89.1%。

2007年，定期监督检查食品、化肥、农药、建材、危险化学品、水泥预制品等产品的226家生产企业，共抽检样品592个，不合格82个，合格率为87%。

2008年，监督抽查和定期监督检查共抽检357个企业的399个批次工业产品，合格294个批次，不合格105个批次，合格率为73.7%。

2009年，监督抽查和定期监督检查共抽检234家企业465个批次工业产品，合格414个批次，共有51个批（次）不合格，合格率为89%。

2010年，省级监督抽查共抽检6类75家企业78个批次的产品，合格60个批次，不合格18个批次（18家企业），合格率76.18%。定期监督检验15类230家企业333个批次的产品，合格263个批次，不合格70个批次（70家企业），合格率78.98%。州级监督检查共抽检化肥、水泥、墙体材料、危化品等4类21家企业21个批次的产品，合格16个批次，不合格5个批次（5家企业），合格率76.19%。

2011年，省级监督抽查共抽检6类38家企业56个批次的产品，合格43个批次，不合格13个批次（9家企业），合格率76.78%。定期监督检验17类317家企业448个批次的产品，合格368个批次，不合格80个批次（79家企业），合格率82.14%。

2012年，省级监督抽查共抽检23类241家企业342个批次的产品，合格282个批次，不合格60个批次（51家企业），合格率82.46%。定期监督检验共定检钢化玻璃、包装容器及材料、环形混凝土电杆、水泥、预应力混凝土空心板、砌墙砖、钢筋混凝土排水管、配装眼镜等9类198家企业304个批次的产品，合格276个批次，不合格28个批次（28家企业），合格率90.79%。

2013年，共监督抽查、定检35类产品381家企业597批次，合格525批次，综合合格率87.94%，较去年相比提高了1.56个百分点。年内，成立工业产品质量安全风险监测中心，将烟花爆竹、化肥、烧结普通砖作为重点产品进行监控和防范。

2014年，对全州工业生产企业的产品进行了监督抽查，共抽查工业产品32类283家企业338个批次的监督抽查，合格254家企业306个批次，批次合格率为90.53%，较2013年上升2.59个百分点。

二、企业产品品牌培育

2002年，推荐23家生产企业参加贵州省名牌产品评选的推荐工作。2003年，州质监部门制定《黔南州2003—2008年名牌发展计划》，共推选13个企业共14个产品参加省级名牌产品的评选。2004年，全州4个企业的4个产品获得贵州省名牌产品称号。2005年，创名牌产品2个。2006年，创名牌产品1个。2007年，有7家企业成功申报名牌产品。2008年，有9家企业获名牌产品称号。

2009年、2010年，未开展名牌产品评比活动。截止到“十一五”期末，全州企业累计获得国家名牌产品2个，贵州省名牌产品19个。2011—2012年，全州获得名牌产品数均居全省第三，分别占全省2011—2012年名牌总数的10.3%、11.5%。

2014年，全州培育和推荐20家企业的27个产品申报贵州省名牌产品，有12家企业16个产品通过专家现场评价考核，并作为2014年贵州省名牌产品在省质监部门网站进行公示，包括匀城春、梅渊、红敏等3个都匀毛尖茶品牌产品。年底，全州有效期内贵州省名牌产品总数43个，地理标志保护产品7个，都匀毛尖茶等企业使用地理标志的范围扩大到28家。

第四节　特种设备管理

特种设备安全管理即对涉及生命安全、危险性较大的锅炉、压力容器（含气瓶）、压力管道、电梯、起重机械、客运索道、大型游乐设施和场（厂）内专用机动车辆进行安全管理，消除安全隐患，防止安全事故发生。

1999年，根据省质监局文件要求，州技监局联合都匀市技监局、团州委、州妇联等单位对都匀地区主要游乐场所西山公园、旱冰场的游乐设施进行全面检查。共检查各种游乐设施21台（套），对不安全因素及时提出整改意见。年底，根据省质监局《关于开展对锅炉压力容器压力管道特种设备电梯游乐设施安全质量大检查的紧急通知》，全州质监部门与劳动部门联合开展州内锅炉、压力容器、压力管道、特种设备、电梯、游乐设施安全质量大检查。全州共检查锅炉191台、压力容器75台、石油液化气站5个、儿童乐园2个。全州未发现较大的安全隐患。

2000年，全州开展市场销售的燃气用具专项打假活动，共检查燃气用具销售商63户，检查燃气用具产品共2类36个品牌，查出有问题的燃气用具产品共19个品牌。对21户销售假冒伪劣燃气用具商家进行处罚，没收燃气灶185台和燃气热水器63个。

2001年3月，州质监、劳动部门共同制定《黔南州2001年锅炉压力容器压力管道及特种设备安全监察工作计划》，并下达执行。7月，州质监、劳动、教育3部门按照国家质量监督检验检疫总局、教育部等部门《关于开展中小学锅炉压力容器安全大检查的紧急通知》，全州共检查中小学锅炉41台，发出整改意见书24份，停用锅炉16台，查封锅炉2台，报废2台。9月，根据省质监局《关于在国庆节前开展锅容管特专项安全检查的通知》，全州质监部门对辖区内各宾馆、饭店、招待所、商场及游乐场所的锅炉、压力容器以及电梯、自动扶梯、游艺机等进行安全检查。共查锅炉64台、电梯5台、扶梯16台、游艺机3台。查封锅炉4台，停炉2台，下达安全监察意见通知书12份。10月，对全州液化石油气充装站和经销部进行抽查，共抽查充装站3个、经营部31个，共查气瓶2215只，查出超期780只，报废气瓶18只。

是年，开展锅炉压力容器普查登记工作，共完成10个县（市）锅炉、压力容器普查登记。全州共普查锅炉330台，注册登记锅炉230台，报废锅炉60台；完成压力容器普查登记392台；普查压力管道13528米；普查电梯117部、起重设备133台、游乐设施3台。

2002年，全州普查登记锅炉343台、压力容器601台、特种设备180台、电梯117台。通过普查整治和监督检验，同意注册登记锅炉343台、压力容器601台、电梯117台。全州普查任务完成率100%，计算机录入率100%，设备隐患查处率100%，普查准确率98%，发证率85%，操作人员持证上岗率92%。全年全州检查在用锅炉150台、压力容器262台、特种设备46台（其中电梯9台）、气体充装站6户、气体销售门市部10户、各种气瓶1042只，发出监察意见通知书35份。共查出非法制造、安装的土制锅炉9台、超期未检气瓶（空瓶）46只、在用起重机械未经办理任何手续非法使用7台。州、县（市）安全监察部门对查出的土制锅炉进行强制拆除和解体，对超期未检的气瓶责令强制送检，对未检的起重设备责令停止使用（待州检验合格，并出具检验报告后方可投入使用），对2户违规充装气体的单位责令改正并给予相应处罚。全州检验锅炉165台，定检率95%；检验压力容器155台，定检率91.6%；检验电梯95台，定检率97%；检验气瓶12458只，定检率99%；检验游乐设施11台，定检率100%。对全州90个单位的96名管理人员进行锅炉、压力容器和特种设备的相关法律法规培训，举办锅炉和特种设备操作人员培训班4期，共培训156人。

2003年，《中华人民共和国特种设备安全监察条例》颁布实施后，州质监局举办条例培训班，对63户企业的有关人员80人进行培训；举办8期复审换证或取证培训班，共培训复审换证人员314名。全州有各类特种设备持证人员800名，设备操作人员持证率100%。全年完成新增设备注册录入和发放使用证工作，共注册起重机械140台。年底，全州有各类锅炉469台、压力容器651台、电梯128台。是年，全州普查各类气瓶80144只，普查中共检验气瓶22529只。检查特种设备774台（次），发出监察意见通知书41份，对查出的问题由各县（市）督促整改。全年定期检查锅炉190台、压力容器150台、电梯100台。全年完成检定锅炉190台、压力容器130台、电梯100台。锅炉安装监检46台、起重机械检验132台。是年下半年起，按省统一部署，开展压力管道专项普查。全年全州特种设备未发生重、特大事故和重伤事故。

2004年年初，州与县（市）签订《2004年特种设备安全管理责任书》。全州质监部门通过排查，确定特种设备重大危险源单位115个、特种设备168台，并对每个重大危险设备登记在案，落实监控措施，对设备存在问题的单位下达安全监察指令书47份。年内各大节日前，共进行6次安全大检查和专项检查，检查特种设备使用单位473户，检查特种设备859台（次），其中锅炉432台（次）、压力容器292台（次）、电梯62台（次）、起重机械73台（次）；共检查各类气体充装站17户（次），检查液化气经营部门市部117个。历次检查共发出监察指令书104份，对查出的5台“土锅炉”作解体处理。10月底，全州压力管道专项普查结束，初步建立压力管道动态监督机制。全年举办培训班7期，共培训

307 人。办理各类特种设备注册登记发证 55 台。

2005 年，全州质监部门加强重大节日特种设备安全监察，共检查锅炉 898 台（次）、压力容器 148 台（次）、电梯 126 台（次）、起重机械 122 台（次）、气瓶充装站 36 户（次），共发出安全监察指令书 203 份，查处特种设备违法案件 7 起。重新排查确定重大危险源单位 160 个、设备 373 台（套）；对州内使用压力管道的 28 个单位 34.4 千米压力管道进行检验及治理；登记录入 137 台起重机械档案，新登记建档起重机械 68 台；年审气瓶充装单位 23 户，其中合格 13 户，基本合格 5 户，因经营原因停产 5 户；取缔“土锅炉”21 台。

2006 年，全州各县（市）质监局与 617 家使用单位签订《特种设备安全责任书》，督促使用单位落实安全生产主体责任。全州确定 190 家单位、419 台（套）特种设备为重大危险源，对存在隐患的特种设备建立《特种设备事故隐患台账》，进行跟踪督查，直至事故隐患得到有效整改。是年，对全州特种设备的种类、数量、分布、使用及检验等情况进行核对，建立与国家质检总局、省质监局联网的特种设备数据库。全年，登记气瓶 135995 只，共发证 159 个，登记率达 93.8%；办理起重机械注册登记 126 台，培训起重作业人员 188 人；年审气瓶充装单位 23 家。全州检查锅炉 305 台（次）、电梯 76 台（次）、起重机械 85 台（次）、压力容器使用单位 31 家（次）、气瓶充装单位 31 家（次）、游乐设施使用单位 5 家（次），下达《特种设备安全监察指令书》91 份，查禁“土锅炉”19 台。

2007 年，全州在用特种设备数据库管理数为：电梯 246 台、起重机械 315 台、游乐设施 36 台、锅炉 455 台、压力容器 830 台、气瓶 145000 余只、压力管道 47.96 千米。开展特种设备和重点监控单位检查，共发出监察指令书 175 份，检查单位 685 家（次），检查设备 1803 台（次），发现存在重大隐患设备 181 台（次），发现违法单位 83 家（次），处罚 10 件，向州政府汇报重大问题 10 件。对一时难以整改的重大隐患，责成各使用单位制定整改计划和保证安全运行措施，落实企业安全主体责任。全州在用气瓶 145000 余只，2007 年办理登记 2830 只，发证 45 个；累计登记 138993 只，发证 204 个，登记率达 95.9%。全州在用工业管道 47.96 千米，完成检验 35.68 千米，定检率 74.4%；完成注册登记 17 家，共计 27.35 千米。是年，全州共检查锅炉 420 台（次）、电梯 183 台（次）、起重机械 254 台（次）、压力容器使用单位 43 家（次）、气瓶充装单位 41 家（次）、游乐设施使用单位 8 家（次），下达《特种设备安全监察指令书》112 份，全州共查处“土锅炉”4 台。

2008 年，制定实施《黔南州特种设备隐患排查治理工作实施方案》，专项行动分为隐患排查、重点治理、巩固成果三个阶段。全州累计排查治理隐患单位 944 个，排查出一般隐患 497 项，已整改 462 项，整改率为 93%；排查治理重大隐患 75 项，已整改 50 项，整改率为 68%，列入治理计划的重大隐患 19 项，落实治理资金 126 万余元。全年检查特种设备使用单位 773 家、检查各类特种设备 1185 台，整个奥运前和奥运期间共检查出不符合安全使用要求的特种设备 354 台，发出特种设备安全监察指令 163 份，查处各类特种设备违法案件 8 起；开展起重机械专项整治，完成 109 台 2 吨以上工业锅炉的能效普查。对 93 名司炉工接受了培训。是年 4 月，黔南州质监局荣获国家质检总局“全国特种设备安全工作先进单位”表彰。

2009年初，国务院新修订的《特种设备安全监察条例》正式实施，全州质监部门围绕贯彻新条例开展特种设备安全监察工作。元旦、春节期间开展大检查，检查特种设备使用单位224家，检查各类特种设备430台，查出隐患42台，经整改合格17台。3月，开展大检查，检查特种设备使用单位265家，检查各类特种设备447台，下达特种设备安全监察指令32份，查出隐患42台，经整改合格37台，处理案件10起，经济处罚13500元。“五一”节大检查，检查特种设备使用单位184家，检查各类特种设备199台，下达特种设备安全监察指令17份，查出隐患41台，经整改合格40台。开展国庆、中秋两个节日大检查，检查特种设备使用单位240家，检查各类特种设备697台，下达特种设备安全监察指令28份，查出隐患31台，经整改合格19台。全年共培训司炉人员510人。是年底，全州特种设备数量达到3167台，其中，锅炉787台、压力容器1254台、电梯476台、起重机械581台、大型游乐设施69台。另有气瓶15.7万只，压力管道55.8千米。

2010年，全州质监系统先后开展冬季和春节大检查、4—5月安全生产大检查强化安全专项督查、六月全国安全生产月大检查、8－11月打击特种设备安全生产非法违法行为、全国第九届少数民族传统体育运动会期间安全检查、中秋、国庆节假日期间特种设备安全大检查等检查活动。累计执法检查1664次，检查各类特种设备2677台次，共查出各种隐患594项。全年参加培训的特种设备作业人员196人取得“特种设备作业人员证”。是年底，全州特种设备数量达到3775台，其中，锅炉847台、压力容器1654台、电梯547台、起重机械642台、大型游乐设施14台，另有气瓶16.9万只，压力管道74.2千米。

2011年，全州先后组织开展冬季和春节大检查、五一安全生产大检查、六月全国安全生产月大检查、打击特种设备非法违法生产使用专项行动、非煤矿山起重机械专项治理、电梯使用单位及维保单位专项整治、气瓶专项整治等一系列专项安全检查活动。全州排查特种设备使用单位856家，查出隐患644项，已整改566项。停用危险设备47台，拆除违法违规设备5台。是年，对全州25家瓶充装站和2家气瓶检验站开展专项治理。至12月底，全州共计应报废气瓶1861只；送检气瓶2458；新增气瓶20977只。隔离多码瓶639只，打磨码钢瓶254只，非自有产权828只，处理案件2起，移交相关部门案件7起。对电梯使用及安装改造维修专项整治。共排查电梯使用单位206家，排查电梯维保单位47家（次），排查隐患44项，已整改39项。是年底，全州在用特种设备数量4222台，其中：锅炉930台、压力容器1664台、电梯777台、起重机械742台、大型游乐设施12台，场（厂）内专用机动车辆97台。另有气瓶17.7万只，压力管道102千米。

2012年，全州质监系统围绕安全生产月及重要节日、重要活动特种设备安全保障工作，同时开展安全隐患排查治理、特种设备打非治违专项行动活动，截至12月底，检查特种设备使用单位1170家（次），排查出一般隐患389起，排查出重大隐患6起，检查作业人员420。下达特种设备监察指令94份，查处违规案件8起，经济处罚共4.05万元。年内，完成6台10t/h以上锅炉能效测试；举办电梯管理人员培训班2期，122人获证。是年底，全州特种设备数量为4880台，比上年增长15.6%，其中，锅炉951台、压力容器1803台、电梯1082台、起重机械894台、大型游乐设施16台、场（厂）内专用机动车辆

134 台。另有各类气瓶 15.8 万只，压力管道 102 千米。

2013 年，深入开展安全大检查、隐患排查治理、打非治违等活动。全年检查特种设备使用 946 家（次），下达安全监察指令书 130 份，查处违法行为 188 起，责令停用特种设备 241 台，关闭取缔使用单位 2 家，办理案件 23 件，排查治理隐患 224 条。针对贵州省平坝县"11·26"起重机倒塌事故，州质监部门对贵广铁路、沪昆高铁、瓮马高速、独平高速、惠罗高速、平塘大射电望远镜工程等工程的 62 家施工单位进行专项检查，其中特种设备存在隐患的单位 29 家，已下达指令书 17 份，封停未经检验或超期未检起重机械 38 台（年底完成检验 32 台），责令限期到产权所在地办理使用登记 16 台。

2014 年，州质监局先后组织开展车用气瓶、大型游乐设施、工程建设领域起重机械防坍塌回头看、电梯专项、除大隐患防大事故等专项行动，落实特种设备生产、经营、使用、检验环节安全管理和主体责任，打击违法违规生产、经营、使用特种设备行为，预防特种设备安全事故的发生，实现全州特种设备安全持续稳定向好的工作目标，达到全年辖区特种设备安全零事故的工作目标。

第五节　机构代码管理

1991 年，国家技监局等部门《关于建立企事业单位和社会团体统一标识制度的报告》经国务院批准实施，省政府决定在全省实施全国企业、事业单位和社会团体统一代码标识制度。1993 年 7 月 1 日，省政府办公厅发出通知，全省于 1994 年 1 月 1 日起实施统一代码标识制度。7—9 月，州、县（市）成立代码领导小组及办公室开展工作。至 12 月 23 日，全州各级代码办公室为全州党政机关、企业、事业单位和社会团体办理代码正本 3117 个、副本 3839 个，完成应办证的 58%。至 1995 年 10 月底，共办理代码证书 3854 户，申领副本数 4719 本，覆盖率达 60%。1996 年，全州代码办证 1600 余个。

1997 年，州代码办按照"以赋码为基础，以应用为目标，加快进度，保证质量，加强管理"的工作方针，与应用部门协作，依靠强制应用部门推进代码管理。全年全州办理代码证 1200 余个。1998 年，全州办理组织机构代码证 1332 个，其中到期换证 609 个。

1999 年，共办理代码证 866 个、换证 635 个。

2000 年，全州送派 12 名代码管理人员到省质监局进行专业培训。是年，省质监局批准州代码办关于自己印制组织机构代码证书及申请有关设备实现省与州联网的两个报告，实行分级管理、网上集中赋码和自行制证管理，缩短用户取证时间，提高工作效率。全年办理代码正本 826 个、副本 844 个，自行赋码办证正、副本各 40 个。

2001 年起，代码证实行年检制度。6 月，州质监局、国税局、地税局、工商局、中国人民银行都匀分行联合发出《关于组织机构代码证到期换证及进行年审的通告》。年内，州级办理代码证正本 407 个、副本 407 个，年检 73 个。全州办理代码证书正、副本 1287 个。2002 年，全州新办理代码证 730 个，办理换证 725 个，年检 358 个。其中，州级新办证306个、换证201个，年检63个，注销3个。2003年，州代码办共办代码证421个，其中新办证294个、换证127个；年检31个，废置代码7个。2004年，全州办证1266个，年检1235个。2005年，全州代码新增、变更1732户，新增、换证、变更率为20%；年检1176户，年审率达93%以上，其中州质监局代码年检率达99%。

2012年，组织机构代码工作交由黔南州行政许可审核中心集中办理。

第六节 行政执法检查

1991年，重点开展产品质量监督管理和市场假冒伪劣商品查处，共检查市场330余次4339家企业及个体工商户，其中生产企业310家，批发单位290家，门市部335个，个体工商户、摊点3404户，产（商）品310类1600种；上缴财政罚没收入23.5万元。

1992年，州开展市场质量监督活动763次，被查单位4698个，其中，生产企业305个，批发部430个，门市部450个，个体工商户3513户。

1993年，全年共组织413次市场检查，检查国有、集体企业和个体工商户7000余户（次），处理质量案件306件，结案296件，结案率97%，价值近1300万元，为企业挽回经济损失600余万元；上缴财政罚没收入30.85万元。

1994年，开展市场检查531次，共检查生产企业和经销单位8130个，其中生产企业1330个、个体工商户5130户；检查的商品主要有农资、建材、服装、电器、食品、饮料等10大类4311种；查处假冒伪劣商品价值330万元；举办现场假冒伪劣商品展览31次，当场销毁假冒伪劣商品50万余元；上缴财政罚没收入23万元。

1996年，全州打假工作共立案43起，结案37起，查处假冒伪劣商品17类130余种，挽回经济损失上千万元。共查处食品、化妆品、农资、电器、重工业产品等，商品标值150万元，罚款16万元。

1997年，全年市场打假136次，检查商品种类170余种，查处假冒伪劣商品价值300多万元。

1998年，检查各类商品经营户9000户（次）、生产企业400余家（次），检查和查处各类产品（商品）130多种，查获假冒伪劣商品价值1350万元，立案查处大小案件350件（较大案件70件），结案率98%。

1999年，开展元旦、春节市场专项检查，查获各类假冒伪劣商品标值23.6万元；3—4月，农资专项打假共抽查复混肥70批（次）1830吨；卷烟专项打假查获假冒卷烟481条；建筑钢材、铝型材、水泥、预制板、烟、酒、酱油等8类商品市场专项打假中，查获劣质钢材1300吨，标值300万元；水泥830吨，标值63万元；棉絮、棉制品专项打假中，查获劣质棉絮930床，货值8万元，“黑心棉”430床，原料23余吨，制假设备21台（件），处罚制售劣质棉絮不法商贩31家，罚款8.3万元。

2000年元旦、春节期间，组织全州性商品质量专项大检查，检查商业门面670家，查处假冒伪劣商品标值50万元。“3·15”及“全国质量月”宣传咨询期间，全州查获、销毁假冒伪劣商品标值130万元。8月，重点检查集贸市场、超市、副食品批发部93家，查获各类假冒伪劣商品标值90万余元。农资专项打假共检查专业市场23个，专业商业街30条，商店340家。检查的主要产（商）品有化肥、农药、农膜、饲料等，其中化肥、农药、饲料数量达3万吨，标值达1500万元。查处销售假冒伪劣农资商店50家，查获假冒伪劣农资货值70万元。

2001年，全州质监系统统一部署，检查农药和化肥生产企业43家，农资经销商841家，端掉假冒农药生产窝点3个，查处不合格种子、化肥案件53件，没收不合格农具93件。年内，开展集中整治中高档酒类专项打假1次，共查获假冒伪劣茅台酒370瓶、五粮液75瓶、剑南春83瓶、泸州老窖160瓶。开展食品专项打假工作，检查各类食品加工厂（点）60家（个），查处加工厂（点）5家（个），捣毁加工窝点3个，检查产品货值57.7万元。

2002年，规范和整顿农资市场，全州质监部门对农资生产企业、经销商进行专项检查，严禁损农坑农事件发生。全州检查企业14户、经销商25户，检查化肥720吨、种子0.7吨、农药5.6吨、农膜10吨、农机300台（件），随机抽样32批次，其中有1个批次不合格，合格率97%。

2003年7月，州及都匀市质监部门联合对都匀地区地条钢生产进行突击检查，共查出违法生产企业2户，查获都匀市榕兴铸件加工厂生产的地条钢100吨，货值20万元。

2004年，在全州范围内开展化肥产品质量普遍监督检查。共检查化肥生产企业32户、经销企业（个体工商户）49户，共抽检化肥68批次近3500吨。检验结果，化肥普查送检样品68个中，普钙送检的样品不合格3个，复混肥产品送检的样品不合格34个。是年，根据国家质检总局《关于进一步加强对获得工业产品生产许可证企业监督管理的通知》，对州属26个水泥生产企业使用的水泥包装进行专项监督检查，共抽检样品34个，经检验，均为不合格产品。8月，对州内已获得水泥生产许可证的龙里县黔龙建材有限公司和正在申报水泥生产许可证的长顺县延昌水泥厂进行以获得水泥产品生产许可证的必备条件为主要内容的专项检查。经检查，2个企业均未有效地对出厂水泥产品进行质量控制，

2005年，全州以农资产品专项整治为重点，开展农资市场检查，共检查化肥生产企业68户、重点农资市场16个、农资经营户240户，检查各种化肥2.53万吨、农药2500瓶（包）、农膜200公斤、农机850台（件）。查出不合格化肥600余吨、不合格农膜50公斤、劣质农机配件20台（件）、过期农药60余瓶（包），立案查处制售假冒伪劣农资案件18起。同时，开展“进百村、入百户、抽百样”活动，直接从农户使用的农资产品中抽样检查，共抽取24个化肥产品进行无偿检验，只有2个合格，合格率为18%。

2006年，州及各县（市）于春节、五一节、国庆节及学校开学期间，组织执法人员对乡（镇）集市、学校、宾馆、幼儿园、医院、絮棉加工点进行检查，共检查生产加工点85个（次）、絮棉生产单位165个（次）、絮棉经销点181个（次），查出使用不合格絮棉制品单位6个，违法加工絮棉制品生产点4个。

2007年，以食品、农资、建材、絮棉整治为重点，进行执法打假。是年，检查化肥生产企业10家，抽取样品2个，查处存在问题化肥企业4家；检查水泥企业6个，查处存在问题水泥企业2家；重大节假日进行食品专项检查，共检查食品企业12家、超市33家；检查都匀市宾馆、旅社共20多家，抽取絮棉制品30多个样品，查处絮棉制品问题较为严重宾馆2家，对检查中发现的违法违规行为已进行处理。

2008年，全州查处各种违法案件219件，罚没金额149万元，为消费者挽回经济损失55万元。是年，全州农资专项打假检查农资生产企业86家（小生产企业52家），深入村寨123个，入户568家，检查化肥3560余吨、农膜2500余公斤，打假下乡抽取化肥样品74个，合格率为81%，共查处制售假冒伪劣农资案件14起，无证生产加工普通过磷酸钙生产企业2家，查获假冒伪劣农资货值32万元，为农民挽回经济损失18万元。同期，开展抗击凝冻灾后重建重点物资的产品质量专项执法检查，检查电杆产品生产企业10家（次）、电线电缆生产企业4家（次），检查电力公司、联通、移动、电信等电杆产品购买使用单位20家（次）。立案查处购买使用无强制性认证认可标识电缆电力公司1家；检查水泥生产企业20家，立案查处存在问题企业4家；开展絮用纤维制品专项打假，检查絮用纤维制品加工厂1家、小作坊105家、销售点95个、学校25所、医院24家、宾馆饭店87家、幼儿园11所、从事公益活动的单位1家，洗浴中心1家。共检查絮用纤维制品4404件，原料18余吨，查出存在质量问题的絮棉制品61件（床），使用破旧海绵作填充物的枕芯6个，不合格原料130公斤，对存在质量问题的企业和作坊，依法进行了查处；开展电煤专项打假行动，检查煤炭生产企业29家（次）、储煤场所26个（次）、装车点10个、煤炭经营企业18家，检查用于销售煤炭的计量器具150余台（次）。

2009年，全州办理行政案件153件，立案149件，现场处罚4件。153件行政案件中，农资类18件、建材类47件、食品类35件、絮棉类2件、特种设备类22件、其他类29件。罚没款112万元。

2010年，全州办理行政案件175件，其中农资类12件、建材类49件、食品类42件、絮棉类7件、特种设备类29件、其他类36件，罚没款88.31万元。

2011年，全州办理行政案件212件，其中农资类30件、建材类49件、食品类67件、絮棉类1件、特种设备类25件、其他类40件，罚没款151.3万元，比上年增长42%。

2012年，全州立案查处违法案件251件，比上年增长18.4%，其中，办理大要案7件，结案案件250件，结案率为99.6%。查获涉案产品货值400余万元，下达罚没款116.18万元。

2013年，以食品、农资、儿童用品、建材、汽车制动液等为重点产品，组织开展了"质检利剑""双打"等专项行动，全年全州查处违法案件385件，涉案货值1326.34万元，查办大要案件28件，移送公安机关案件11件。

2014年，全州办理行政执法案件200件（现场处罚案件10件），查获违法产品涉案货值金额260.04万元，下达处罚决定书200份，罚没款75.87万元，罚没到位74.13万元；查获大要案件8件，移送公安案件1件。所有案件全部办结。

第五章　食品药品监督管理

1991 年，食品卫生工作由卫生部门监管，在州卫生防疫站食品卫生科设有黔南州食品卫生监督检验所，承担州内食品卫生巡回监督检查和食品样品检验监测任务。药品由黔南州医药管理局监管。是年，州、县（市）有食品卫生监督机构 13 个，专职食品卫生监督员 70 人、兼职监督员 14 人。各县（市）原区卫生院和部分有集市的乡卫生院设置兼职食品卫生检查员 294 名。是年，对食品卫生实行分级管理，属州管的食品生产经营单位由州食品卫生监督检验所实施卫生监督监测工作。1995 年后，全州对食品卫生监督机构和人员进行充实调整，调整后有食品卫生监督机构 13 个，食品卫生派驻机构 32 个，其中都匀、福泉、贵定、独山 4 个县（市）食品卫生监督机构直接挂靠卫生局，州和其他 8 个县食品卫生监督机构仍设在防疫站内，全州重新审批任命食品卫生监督员 72 名、食品卫生检查员 82 名。2001 年 7 月，成立黔南州食品药品监督局，各县（市）成立相应机构。2002 年 12 月以后，州、县（市）卫生监督所承担辖区内的食品卫生监督执法。2004 年 2 月，根据《关于全省市（州、地）、县（市、区、特区）药品监督管理局更名的通知》，黔南州食品药品监督局更名为黔南州食品药品监督管理局，承担全州食品安全综合协调职能。州、县食品药品监督管理机关由省垂直管理。2004 年 6 月，将州级管理的食品、公共场所单位移交都匀市卫生监督所，实行属地管理。是月，成立州食品安全协调委员会，全州各级卫生监督机构承担餐饮环节食品卫生监管。2009 年 6 月，州卫生行政部门只承担食品安全综合协调职责，不再承担餐饮环节安全监督职能。12 个县（市）成立卫生和食品药品监督局，承担食品安全综合协调和餐饮服务食品安全监管职责。2010 年 4 月，卫生行政部门不再承担食品安全综合协调和餐饮服务活动食品安全监管职责。是年，政府机构改革时，药品监督管理机构下放到各级政府管理，州级机构名称为黔南州食品药品监督管理局，县（市）食品药品管理机构与卫生局合并组建县（市）卫生和食品药品监督管理局。2014 年 4 月，州卫生局将食品安全综合协调职责移交黔南州食品药品监督管理局，结束州卫生行政部门对食品卫生（安全）监管工作。

第一节　食品安全监管

一、食品卫生许可和从业人员健康管理

1991 年，对从事食品行业人员实行健康证管理制度，无健康证人员不允许从事食品行业工作。1993 年，12 个县（市）审发健康证 19314 人，审发率 97%；审发卫生许可证

8170 个，审发率 90.2%；建档 1540 户，建档率 66.6%；建卡 4461 户，建卡率 81.6%。1995 年，审发健康证 15480 人，审发率 99.5%，审发卫生许可证 8312 户，审发率 94.5%，建档 1587 户，建档率 63.8%，建卡 4795 户，建卡率 85.6%。2008 年，食品卫生许可证发放 14631 户，其中，新发 4869 户，变更 1 户，延续 9730 户，注销 31 户。1992—2009 年，全州体检食品从业人员 515058 人，体检率为 97.4%，检出“五病”（指痢疾、伤寒、病毒性肝炎等消化道传染病〔包括病原携带者〕活动性肺结核、化脓性或渗出性皮肤病）患者和带菌者 6265 人，调离从事直接接触食品工作岗位 6204 人，调离率 99.0%。

二、食品卫生监督抽检和监测

1992 年，全州监测酒类、冷饮、牛奶、糕点、酱油、肉类食品等 1342 份，合格 828 份，合格率 61.7%。餐具消毒监测 1045 份，合格 684 份，合格率 65.2%。1995 年，监测 15 类食品 1971 件，合格 1429 件，合格率为 72.5%；监测餐饮具 813 件，合格 549 件，合格率为 67.5%。1999 年，监测食品 20 类 1341 件，合格 1080 件，总合格率为 80.5%。

2003 年，全州开始进行食品健康相关产品卫生监督抽检。对 10 户桶装水生产企业生产的桶装水（包括泉水、矿泉水、纯净水）进行抽检，不合格 9 户；抽检 12 户消毒牛乳生产厂家产品，不合格 8 户，主要是大肠菌群超标。中秋节前，对都匀市区内 11 户生产厂家 11 个品种月饼进行抽检，不合格 3 户，不合格指标是菌落总数、过氧化值、酸价。

2004 年，州及各县（市）开展消毒牛乳抽检，随机抽检都匀市及龙里县市场上销售的 10 个厂家 10 个品牌的 15 份消毒牛乳样品，结果 8 份符合国家各项卫生标准，7 份不合格，不合格原因主要为细菌总数、大肠菌群和酸度超标。

2005 年，州卫生监督所对三都、荔波、贵定、独山县及都匀市 10 户桶装饮用水生产单位进行卫生监督抽检，有 8 户单位产品不合格。同时，对都匀地区餐具进行监督抽检，共抽检 70 份，合格 51 份，合格率 72.9%。全州抽检餐具 1957 份，合格 1571 份，合格率 80.3%。

2006 年，州卫生监督所对州内 10 户桶装水生产企业生产的桶装水进行抽检，抽检样品 13 份，其中 2 份是贵阳市厂家在都匀市销售产品。抽检合格率 53.9%，其中，桶装纯净水 6 份，不合格 5 份；桶装饮用水 5 份，不合格 1 份；桶装矿泉水 2 份，均合格。不合格指标为菌落总数 4 份、大肠菌群 2 份、霉菌 3 份、电导率 2 份。餐饮具抽检样品 141 份，样品来源为各餐饮单位的餐具消毒柜或餐具保洁柜，检测项目为餐饮具大肠菌群，结果阳性 91 份，阳性率 64.5%。

2007 年，抽检餐饮具使用单位 1335 户，餐饮具样品 3688 份，合格 2695 份，合格率为 73.1%。2008 年，抽检餐饮具 3772 份，合格率 68.3%。

三、食品卫生监督量化分级管理

1999 年 2 月 5 日，州食品卫生监督机构制定《黔南州集体食堂等七个基本卫生要求》，规范全州食品卫生准入基本标准。

2003 年 11 月，首先在县级食堂和州内酒店、饭店逐步实施食品卫生监督量化分级管理，城镇学校食堂实施量化管理50家，大型餐饮业实施量化管理53家，评定量化等级单位B级1家、C级23家。2005年，州卫生监督所制定《黔南州学校食堂和餐饮单位食品卫生监督量化分级管理实施细则》。2006年，各县（市）城镇以上学校食堂实施食品卫生监督量化分级管理率达到75%以上，餐饮业及其他集体食堂实施食品卫生监督量化分级管理率达到70%以上，共有食品卫生信誉度等级单位213家，其中A级7家、B级25家、C级181家。

四、食品安全综合监管

2004年，黔南州对食品假包装、假标识、假商标进行专项治理，检查各类食品经营户1780余户（次），收缴各类假冒伪劣食品价值21万元，依法查处假冒伪劣食品案件22件，罚款2.5万元，捣毁制假窝点11个。

2005年，州政府印发《黔南州食品安全信用体系建设试点工作的指导意见》。是年，根据贵州省整顿和规范市场经济秩序工作要求和贵州省食品药品专项整治工作安排，黔南州食品药品监督管理部门组织开展重大节日期间食品安全专项整治工作。组织查处含苏丹红（一）号、问题茶叶等食品专项检查活动。开展高毒高残留和假冒伪劣农（兽）药专项整治行动，从源头上确保群众的饮食安全。2006年，州政府印发《黔南州突发食品安全事故应急预案》。

2007年，州食品药品监管局相继制定《黔南州食品安全责任制与责任追究制（试行）》《黔南州食品安全工作目标责任制考核办法》，推行食品安全工作目标责任制，强化地方政府对食品安全监管的责任，落实食品安全的部门监管责任。是年，组织开展2006年食品放心工程和食品专项整治综合评估。由州政府组织州农业、畜牧、商务、质监、工商、卫生、食品药品监管等部门组成食品放心工程综合评估检查组，对全州县级2006年开展食品放心工程和食品专项整治工作进行综合评估，并按《2006年贵州省食品安全综合评价细则》对各县（市）食品安全管理指标进行打分。独山、瓮安、都匀、贵定4个县（市）被评为先进。

2008年，黔南州遭受凝冻灾害期间，对食品市场进行检查，确保凝冻期间的食品安全。“三鹿”奶粉突发事件发生后，州政府成立以州政府常务副州长为组长的黔南州婴幼儿奶粉事件处置工作领导小组，下发《关于做好婴幼儿奶粉事件处置工作的紧急通知》，全系统按通知要求落实应急办公室工作，协调配合卫生、质监、工商、畜牧开展婴幼儿奶粉事件处置，对奶制品市场清查情况的督查。共接诊问题奶粉患儿37499人，确诊患儿数881人，下架不合格和问题奶制品2772.5公斤，受理消费者有关奶制品的咨询、申诉和举报350件，为消费者退换奶制品283公斤，经过各相关部门的共同努力，奶粉事件在州内得到妥善处理。是年，针对夏季易发肠道传染病、食物中毒的实际，州食品药品监督管理局发出《关于认真做好夏季食品安全事故预防和应急管理工作的紧急通知》。针对州内一些县（市）陆续出现食物中毒情况，发出《关于进一步加强夏季食品安全工作的通知》。

2009年，全州食品药品监督管理部门开展打击违法添加非食用物质和滥用食品添加剂专项整治。全年出动执法人员3385人（次），检查食品经营单位7372户（次），查处了一批违规违法行为。

2010 年，开展在餐饮服务环节“地沟油”和不合格一次性筷子的清查督查。经清查，未发现使用“地沟油”，没收不合格一次性筷子 6000 双。

2011 年，根据贵州省食品药品监督管理局统一安排，全州开展“打击非法添加和滥用食品添加剂”“瘦肉精”“灌食鸡”“问题乳粉”等专项整治。

2012 年，全州食品安全综合监管责任体系逐步建立，州、县两级党委、政府将食品药品安全工作常态化，州政府与各县（市）政府签订《2012 年黔南州食品药品监督管理工作目标责任书》，药品抽检工作纳入十大民生工程。各县（市）利用现有卫生人才队伍资源，建立健全辖区食品药品监管信息协管员队伍，在全州范围开展餐饮服务食品、保健食品、化妆品风险评估抽检工作，组建覆盖全州所有乡镇的药械不良反应监测站点。2013 年，黔南州承办第十五届中国科协年会民族医药产业发展论坛。

五、餐饮消费环节监管

2010 年以前，食品安全监管由卫生部门负责。2010 年 9 月 7 日，根据州政府《关于明确食品药品监管等职能的专题会议纪要》，州食品药品监督管理与州卫生局完成食品安全综合协调和餐饮服务食品安全监管等职能交接。原州食品药品监督管理局承担的食品安全综合协调、组织查处食品安全重大事故的职能调整由州卫生局承担，具体工作由州卫生监督管理局负责；原州卫生局承担的餐饮消费食品安全监管环节所涉及的行政许可、安全监管和保健食品、化妆品质量监管职能交由州食品药品监督管理局承担。

（一）食品卫生监督管理

2011 年，全州加强餐饮服务环节食品安全日常监管，推进餐饮服务食品安全示范县、示范街和示范店的创建活动。全州餐饮服务环节未发生食品安全事故。是年，共监管餐饮单位 3546 次。

2012 年，全州持证餐饮服务单位有 4817 家（不含饮食摊点），实现量化分级管理 4624 家，量化分级管理率达到 95.99%（任务数 95%），其中 667 家学校食堂实现 100% 量化分级管理。

2013 年，实行餐饮服务食品安全量化分级管理，全年持证餐饮服务单位实行量化分级管理 68787 家，量化分级管理率达 97.3%。其中，1117 家持证学校食堂全部完成量化分级管理。2014 年，全州餐饮服务单位量化分级管理率达 91%。学校食堂 1194 家和大型以上餐饮单位 38 家 100% 实行量化分级管理。餐饮服务单位初评达到 C 级 5385 家、B 级 186 家、A 级 8 家。

（二）餐饮服务许可管理

2011 年，州食品药品监督管理局承担餐饮环节食品安全监管职能后，按照简政放权的原则，将餐饮服务许可全部下放由县（市）办理。年底，全州餐饮服务许可证发放 15099 个，其中，学校（幼儿园）食堂 813 个，建筑工地食堂 17 个，机关企事业单位食堂 114 个，其他餐饮单位 14155 个。

2012 年，全州受理餐饮服务许可申请 1465 家，发放餐饮服务许可证 1424 家。受理 GSP 认证 136 件，其中，县城 71 件，乡镇 65 件。受理药械行政许可 343 件。其中，新开办 113 件，变更 113 件，换证 117 件。

2013—2014 年，进行行政审批制度改革，即：将不需要现场检查和技术评审的药械经营企业名称、法人、质量负责人变更等 8 项承诺件作为即办件办理；采取边学边干的方式，尽快熟悉新增加的食品生产许可证核发业务；针对新增的审批内容，制作行政审批项目流程图和申报资料示范文本，在窗口进行公示，现场帮助其完善申报材料，确保申报资料受理、现场验收一次性通过；建立食品生产许可审核协作机制，经与州质监局协商，决定仍由质监系统注册的审核员承担食品生产许可现场审核工作；优化内部办理流程，压缩审批时间，向社会兑现州食品药品监督管理局行政审批服务时限比法定时间缩短 50% 的承诺。2013 年，州食品药品监督管理局政务中心窗口共受理食品、药品、医疗器械和 GSP 认证等行政审批服务事项申请 630 件，接待、接受咨询 926 件（含电话咨询）。到企业指导、验收 324 户次，按时办结率和群众满意率均达到 100%。2014 年，全州受理餐饮服务行政许可 2565 家，发放餐饮服务许可证 2513 家，截至年底，全州各类持证餐饮服务单位 7469 户，餐饮服务环节从业人员 21426 人。

（三）餐饮环节市场整治

2008 年，重点整治学校周边环境，对城乡接合部食品市场、夜市摊点进行整治，取缔无证经营，规范经营行为。

2011 年，对学校、幼托机构食堂、旅游景区餐饮服务单位等重点单位进行了专项整治。检查餐饮服务单位 1894 户（次），立案查处案件 4 起，罚没款合计 6.8 万元，监管餐饮业单位 3546 户（次）。全州餐饮服务环节完成 41 个品种 287 个样品食品抽检工作，对存在问题的单位进行警告 174 户，责令改正 332 户。针对农村群体性聚餐易发食物中毒的情况，州政府办公室印发了《关于进一步加强全州农村群体性聚餐食品安全管理工作意见》，要求各级政府建立健全农村群体性聚餐管理制度及防范食物中毒预警应急方案，推行农村 50 人以上群体性聚餐报告和报告备案制度。

2012 年，餐饮服务食品安全治理整顿累计出动执法人员人 2560 人（次），执法车辆 566 台（次）、检查餐饮服务单位 3862 户（次）。完成 10 个品种 209 个样品食品的风险评价抽检，其中，送省理化中心检验的 88 个样品仍未获检验结果外，其余 121 个样品经州食品药品检验所检验合格率为 92%。年内，全州各级餐饮部门完成州、县“两会”、大型经济文化活动等 157 次重大活动的餐饮服务食品安全保障任务。

六、学校食品卫生监督

2003—2009 年，实施食品卫生量化管理学校 287 所，共检查大中专院校、中小学和托幼机构 454 所，检查学校周边饮食（摊）店 2464 个，责令限期整改 114 户次，没收过期变质食品或“三无”食品 560 公斤，销毁过期或标识不全食品 120 公斤，罚款 36 户 4.345 万元，停止生产经营 1 户次，取缔学校周边饮食和副食摊店 49 户。

七、食品卫生监督执法检查

1992—1995年，全州食品卫生行政处罚1952户次，其中，警告1101户（次），责令改正17户（次），责令公告收回已售出问题食品34户（次），没收或销毁食品514户（次），计58849.73公斤，罚款276户次1.79万元，责令停业生产经营24户（次），吊销卫生许可证2户（次）。1996—2009年，食品卫生行政处罚28914户（次），其中警告18087户（次），限期责令改正4115户（次），责令追回已售出食品433户（次）6599公斤，没收或销毁食品3245户（次），133323.46公斤，罚款3075户（次）、64.08万元，责令停止生产经营287户（次），吊销卫生许可证28户（次），取缔非法经营286户（次）。

（二）食品卫生专项整治

1996年，开展街头食品专项治理，全州监督检查食品生产经营单位7965户（次），处罚605户（次），销毁各种变质、伪劣食品共4956公斤。1998年，独山县卫生局查获劣质啤酒2498箱（件）。2003年7月，全州开展整顿和规范市场经济秩序食品行业专项整治活动，清理市场501个，检查生产经营户4691个，端掉无证、无照黑窝点9个，查获假冒伪劣食品2157.95公斤，查封或取缔非法经营点58个。2004年4月，各县（市）卫生监督机构进行奶粉专项检查。检查食品经营单位2962户，查封取缔非法经营点2个，查获销毁不合格奶粉或超过保质期限奶粉428公斤。2007年，检查保健食品经营单位361家，产品1329种，发现不合格产品30种37个，主要问题是产品无保健食品有效批准文号，说明书与广告宣传材料夸大宣传，采购保健食品未按规定索证等。

2007—2008年，开展餐饮消费专项整治，将餐饮消费环节监管作为食品安全和“整脏治乱”工作重点，全州出动执法人员4453人（次），检查县城以上餐饮单位3647户，检查频次达11725户（次），整治重点区域269个。查出无卫生许可证单位202户，取缔无证经营43户，查处违法案件393起，罚款金额8.42万元。

八、其他管理工作

1992年3月30日，卫生部正式命名都匀市为全国食品卫生示范县。是年，平塘县创办了黔南州第一家，也是全省第一家县城“食品卫生餐具消毒服务部”。

1997年，荔波县被评为“省级卫生县城”。2001年，在都匀市“建强创优”“创建全国优秀旅游城市”工作中，州、市卫生监督机构相互协作，特别加大对窗口单位的食品卫生监督监测。1999年，全州首批任命大中专院校食品卫生检查员21名，管理校园内学生膳食用餐卫生和校园门前的食品卫生。6月，培训大中专院校校医、保健教师，经考试考核合格，又聘任29名食品卫生检查员，协助卫生监督机构开展校园内部食品卫生管理。

2003—2009年，实施食品卫生量化管理学校287所，检查大中专院校、中小学和托幼机构454所，检查学校周边饮食（摊）店2464个，责令限期整改114户次，没收过期变质食品或“三无”（无生产日期、无质量合格证、无生产厂家）食品560公斤，销毁过期或标识不全食品120公斤，罚款36户4.35万元，停止生产经营1户（次），取缔学校周边饮食和副食摊店49户。

九、食物中毒事件

1992—2009年，全州发生食物中毒190起，中毒4043人，死亡62人。其中，除59起1060人中毒原因不明外，中毒原因分析以微生物性和有毒动植物性比例较大，植物性食物中毒53起，动物性食品中毒137起，共1475人；食物中毒发生场所以家庭居多，其次是饮食服务单位，农村集体聚餐易发生群体性中毒。毒蕈中毒事件也较多，190起食物中毒事件有51起。2003年，荔波县发生一起乡村一家7人误食毒蕈，7人全部死亡事件。

第二节　药品、医疗器械监管

20世纪90年代黔南州药品监督管理工作由州、县（市）两级卫生局承担，州卫生局医教科牵头组织实施。

1991年3月，州卫生局制定《黔南州社会办医、个体开业医、个体售药管理办法》。是年，全州各级药政、药检部门继续贯彻执行1985年国家颁布的《中华人民共和国药品管理法》，做好“三证”（许可证、营业执照、GSP认证）审批。配合医药、工商及有关部门整顿医药市场，州、县（市）成立治理整顿医药市场领导小组，谨防假劣伪药进入市场。其间，坚持药品批发业务由国营医药商业专业批发单位统一经营，各级医疗卫生单位和个体开医只能向合法的单位进药，自配药品只限本单位使用。各地对经营中西医药品、药材的集体、个体户进行清理登记，审查发证。同期，对证照不全的药品经营企业予以取缔。配合工商、物价、公安等部门对一些销售伪药品的违法分子进行打击。是年，州药检所完成检品180个，完成全州医院制剂认证，完成检品180个，举办全州中药鉴别知识学习班1期。

1992年，配合全国药品打假活动，开展药品质量监督。州卫生局召开打击制售假劣药工作会议，州药检所专设药品监督室，罗甸等县重新任命药品监督员、检查员。州、县（市）进行生产、经营、使用单位的药品普查2次，平塘县药检部门全年巡查医药市场119场（次）。全州年内查出假药158种（批）、劣药681种（批），金额4.07万元，罚款1.8万元，并公开销毁假劣药品。同时，进行个体医药人员的业务考试和证照检查，取缔无照游医。药检部门改单纯监督为管、帮、促结合，到药品生产经营现场，帮助解决药品质量难关，药品质量监督由事后处理向事前防止转变。

1993年3月，州卫生局修订《黔南州社会办医、个体开业医、个体售药管理办法》。全年派出监督人员426人（次），对各县（市）及州直产、供、用药单位进行药品监督检查和抽验。共检查医药单位及个体药店320户（次），中西医药品92653种（次），查处假冒伪劣药品有板蓝根冲剂和山楂冲剂等中西成药40个品种。

1994年，全州允许个体开办医院、诊所200家，检查医药单位及个体药品店400户（次），中西医品种8000种（次）。医疗器械专项检查80户次。

1995年，《中华人民共和国药品管理法》实施十周年，全州加大药品监督执法力度，州药检所对全州10多家医药、药材公司零售门市部和医院制剂室进行清理指导。检查药品生产、经营和使用单位及个体开业医药户117家，检查药品23769种（次），查出假冒伪劣药品13种，价值16932元。是年，按省的要求，实施进入黔南药品登记制度，加强药品管理。

1996年，对全州医药公司及下属零售门市部、州内药厂、医院灭菌制剂和常规制剂室作年度审查，共查处假劣药违法案件23起，总额达7.33万元，对违法单位和个人给予相应处罚。

1997年，州卫生局医教科分设为医政科和科研教育药政管理科。根据《药品受理法实施办法》，举办药政药学知识培训2期，培训售药人员141人，考试合格率为90%。

1998年，开展全州医药市场调查，了解经营情况、进货渠道，重点检查都匀市医药市场，取缔违法医药广告，没收禁止零售的药品，规范药品市场。

1999年，全州完成257人药品零售人员的培训；配合州禁毒委开展90天扫毒大行动，对全州药品经营单位进行毒、麻、精神进口药品的经营情况专项检查，查出的问题由当地公安部门进行处理。针对群众反映医院药品价格过高问题，对3家州级医院的药品价格、进药渠道及药事制度进行检查，查出的情况在一定范围内作通报。独山县中医院“放心药房”通过州检查，向省申报。

2000年，州卫生局与州医药管理局开展打击假冒伪劣药品专项治理，对全州12个县（市）25家医疗单位、89家药品经销企业、药店，30家卫生院（室）进行逐个项目抽查，全州登记和清理覆盖率98%以上，都匀市区达到100%。共查出假药、过期、失效药品1744种，金额总计10.54万元，罚款2.08万元。捣毁非法经营医疗器械的地下窝点1个，没收经营的器械价值5万元，取缔无证经营的药品零售门市部和个体药店9家。是年，对全州一次性输液（输血、注射）器使用管理情况进行专项检查，检查各级各类医疗机构708家，未发现假冒伪劣产品。

2001年，参与省、州组织的专项行动7次，共检查药品经营、使用单位1438家（次），查处假劣药、过期药、“三无”（无生产日期、无质量合格证、无生产厂家）药品2672批次，一次性输液器2020批次，总值349878.96元人民币；查处违法经营使用麻醉、精神药品5家，无证经营11家，取缔非法药贩15人次，查处非法广告、宣传单15000余份。当年的药品监督稽查，共查处违法案件9起，涉案金额100多万元。是年，制定《黔南州药品经营企业许可证换证方案》，经省食品药品监督管理局批准后，对全州20家药品批发企业和297户零售药店的资格进行审查、现场验收，经审查符合要求的批发企业16家、零售企业272家，全州药品零售企业比评审前的502家减少45%。对全州医疗单位制剂的管理按照《制剂标准》评审换证，评审13件，2家单位合格。

2002年，完成药品经营企业、医疗器械经营企业和医院制剂室换证，清理502家药品零售企业，对符合换证申报条件的272家评审合格的药品零售企业颁发《药品经营许可证》。对无菌医疗器械、过期失效药品、农村用药、中药饮片、输液、中成药添加化学药等专项治理，共打掉制假窝点21个，查封或者取缔非法经营点124个，检查经营单位1992户次，查获假冒伪劣药品2562批次，标示价值339.75万元，查处金额64.60万元；查获假冒伪劣一次性医疗器械及普通医疗器械4311件（支），标示价值1.63万元，查处金额6.33万元。审查药品、医疗器械广告17条，将2起违法广告移交州工商部门查处；开展制剂品种检查，取缔4个非法制剂室，查很粗非法制剂35批次，立案10起，处罚金额3.12万元。全年培训涉药人员1758人次；全州药品生产、经营、使用单位2306户，建立监督档案2063个，药品监督检查覆盖率为91.76%。全年依法查处药品、医疗器械违法违规案件1415件，涉案金额556.82万元，已收缴罚款112.98万元，监督销毁假冒伪劣药品价值36.38万元。按照新的抽验办法，对81个药品生产、经营、使用的单位进行抽验，共抽验215种616个批次，检出不合格药品84批次，不合格率13.77%；全检品393批次，全检率64.4%。

2003年，重点对“非典”防治药品医疗器械质量进行监督管理，确保防治“非典”药品、医疗器械的安全有效。全州检查农贸市场36个，生产、经营、使用单位934个，立案查处药品医疗器械15个，捣毁药品制假窝点1个，查获防治“非典”假冒伪劣药品65批次，查获假冒伪劣医疗器械3292件，取缔非法经营点3个；防治“非典”药品针对性抽验26批次，不合格2批次。专项检查查出过期失效药1764批次，货值2.98万元，罚款3.42万元。开展农村“两网”（药品供应网、药品监督网）建设，拟定《黔南州开办乙类非处方药销售点资格审查细则》，在乡镇开办乙类非处方药销售点49家。开展《药品不良反应监测管理办法》《药品不良反应报告表》的填写培训2000余人（次），对都匀地区54家社会办医疗机构的负责人进行培训。

2004年，对全州2188个药品、医疗器械生产、经营、使用监管对象进行日常监督，1198个乡镇药品、医疗器械生产、经营、使用单位的监督覆盖率为100%，990个村级药品、医疗器械经营、使用单位监督覆盖率96.48%；检查综合集贸市场131个，检查药品生产、经营、使用单位4439户（次），查封或取缔非法经营点12个，查获假冒伪劣药品438批次，标示价值8.78万元，处以罚款11.72万元；查获假劣一次性医疗器械及一次性医疗器械247件（支），标示价值24.56万元，查处金额8.48万元。全州查处涉药械违法案件228件，货值38.62万元，查处金额57.14万元，监督检查药品违法广告15件，移送工商部门查处15件，取缔非法网上药品销售1件。

2005年，贯彻《国务院全面推进依法行政实施纲要》，制定《黔南州食品药品监督管理系统全面推进依法行政实施纲要》，通过实施纲要促进依法行政，提高部门执法水平。制定《黔南州食品药品监督管理系统重大药品、医疗器械行政处罚案件备案制度》《黔南州食品药品监督管理系统全面推进依法行政实施方案》《举报投诉工作暂行规定》《黔南州开办药品零售企业现场检查验收标准》《药品经营许可证申办、变更及换证的申报与审批程序》等5个规章制度，规范行政执法行为，保护当事人的合法权益。全州检查综合集贸市场169个（次），检查药品经营、使用单位4505个（次），县以上监督覆盖率100%，县以下监督覆盖率84.43%，查获假冒伪劣药品及无证经营药品533批次，标示价值19.94万元，查处罚款16.05万元，查获假冒伪劣和无证一次性医疗器械和非一次性医疗器械272（件）支，标示价值1.14万元，处以罚款6.53万元，查封或取缔非法经营点28个，受理投诉据保安9件，货值24.95万元，查处金额3.22万元，监督检查案件235件，货值金额124.63万元，罚没金额56.55万元。开展药品涉药单位530家药品进货渠道进行专项检查，完成中药材和中药饮片抽验143批次，对特殊药品专项检查330家医疗机构，5家生产企业，11家药品经营企业进行重点检查。完成药品抽样702个批次，其中，生产企业2个品种2个批次，经营企业111个品种320批次，使用单位215个品种380个批次。开展药品监督诚信体系建设，在都匀、惠水、独山县和6家批发企业开展药品经营企业安全信用记录与分类管理，建立省、地、县三级信用运行体系和开展药品安全信用分类管理工作相适应的监管信息交互传递网络。确立6个县为药品不良反应重点监测区，组织6个县（市）医疗机构和中心乡镇卫生院召开ADR监测工作座谈会，对药品从业人员继续开展药品不良反应基础知识的培训。年内收到药品不良反应报告238例，通过网络已上报省药品不良反应中心232例。

2006年，检查综合集贸市场146个（次），检查药品经营使用单位5234户（次），查获假冒伪劣药品403批次，标示价值15.95万元，处以罚款21.71万元。假劣和无证经营一次性医疗器械482件（支），处以罚款3.81万元。取缔非法窝点29个，受理举报案件8件，货值1.16万元，罚没2.11万元。监督检查案件225件，货值金额163.30万元，罚没收入84万元。制定《黔南州药品生产专项检查工作实施方案》，州药检所完成720个批次药品抽验，全检242个批次，全检率33.61%，检出不合格药品59个批次，不合格率10.97%。制定《2006年黔南州药品零售企业GSP跟踪检查实施方案》，对91家县以上药品零售企业进行跟踪检查。同时开展药学从业人员教育培训，培训药师115人，培训涉药人员2019人。

2007年，对高风险药品生产企业实行常年驻厂监督。成立驻药品生产企业监督员工作督导小组，制定驻厂监督工作制度和驻厂监督员工作纪律，选派3名工作人员作为驻厂监督员，经过培训，从7月开始，每季度至少对3家注射剂生产企业进行1次监督检查。全年，监督检查药品经营单位452户，监督检查医疗机构、药品使用单位1195家，清理检查农贸集市24个（次），查处案件102起，违法药品价值额13.39万元，处以罚款23.93万元，收缴假冒伪劣药品货值7.6万元，销毁假冒伪劣药品7.6万元，取缔各类非法窝点17个。检查药品企业17户、药品经营企业356户、医疗机构661户。开展中药材、中药饮片专项监督检查，检查生产企业12户次，药品经营企业117户、医疗机构189户，查处案件12件、涉案金额4.72万元，罚没款1.83万元。取缔各类非法窝点11个。

2008年，制定《黔南州食品药品监督管理局规范行政处罚自由裁量权指导标准》，规范行政处罚自由裁量权。实施《黔南州整顿和规范药品市场秩序专项行动实施方案》，继续推进“两网”建设。全年，检查清理市场82个（次），检查药品生产、经营、使用单位4970个（次），查封和取缔非法经营点28个，查获假冒伪劣药品及无证经营药品322批次，查获无证经营一次性医疗器械1437件（支），查处各类药品医疗器械违法案件207件，涉案37.23万元，收缴罚款80.34万元。

2009年，全年检查药品经营批发企业8家，药品中转配送库9家，药品经营零售连锁企业1家、药品零售企业885家，医疗器械批发经营企业20家、医疗器械零售经营企业59家，州级药品使用单位3家，县级及县级以下药品使用单位（含村卫生室）2020户（次）。全州县级以上药品经营、使用单位的季度检查覆盖率100%，乡镇及乡镇以下的药品经营使用单位的年度检查覆盖率为98%，检查出各类不符合法律法规的单位142户（次）均按照规定进行查处。药品稽查共清理市场103个，检查药品经营企业5127户（次），查获假冒伪劣药品64批次，立案108起，涉嫌金额35.88万元，药品监督抽验600个批次，检出不合格品39批次，不合格率为6.5%，对经营、使用39个批次不合格药品的企业依法处罚。

2010年，推行药品生产质量授权制度，明确企业是产品质量的第一责任人。按季度对3家注射生产企业的原辅料、生产工艺、陈品检验等各环节进行监督。对药品批发、零售连锁企业、中转库、州级医院进行全覆盖监管，对零售企业按比例进行抽查。制定《2010年黔南州药品经营监管工作方案》《黔南州药品流通领域专项整治工作实施方案》，对州级药品使用单位和药品中转配送库按季度检查，对零售企业和县级以下药品经营使用单位半年检查一次。对全州221家疫苗使用单位进行专项检查，重点检查了麻黄碱、中药材、中药饮片等。整治以食品、消毒产品、保健食品、化妆品等冒充药品上市以及非药品、非法添加化学药物的行为，共查出非药品冒充药品8个品种，违法医疗器械45起，涉案金额19.65万元，罚没款金额34.95万元。开展药品、医疗器械抽检，检出不合格药品30批次，不合格率5.0%，抽验国家基本药物161个品种218批次，完成贵州省基本药物（在国家基本药物）157个品种中的123个品种171个批次抽验。

2011年，与各县（市）签订加强基本药物质量监管责任书，督促辖区内2家基本药物生产企业、7家药品批发企业加入药品电子监管入网并开展数据上传工作，实现对辖区基本药物生产企业全品种覆盖抽验。全年完成省抽基本药物135个品种152批次，未检出不合格药品，州内药厂生产基本药物抽样覆盖率为100%。制定《黔南州食品药品监督管理局行政约谈制度》。

2012年，建立药品、医疗器械企业监管档案，全州有18家药品、4家医疗器械、2家药包材、1家保荐食品生产企业建档，建档率100%。15家药品生产企业开展GMP跟踪检查，覆盖率100%。推行《黔南州药品（医疗器械）不良反应/事件报告和监测工作管理制度》，按照省药品抽样要求，制定《黔南州2012药品医疗器械抽验工作实施方案》，全年抽检700个批次，抽样检验工作获全省一等奖。生产、经营使用药品、医疗器械立案27件，收缴罚没款60余万元。

2013年，重点围绕学校食堂、饮品店、地沟油、肉及肉制品开展检查和滚动式排查。配合农业部门开展“三品一标”（无公害农产品、绿色食品、有机食品、农产品地方标准）工作，进一步建立农产品检测体系，全州新建8个县级质检站。是年，新认定无公害农产品产地36个，累计115个；新增无公害农产品2个，累计113个；新申报绿色食品2个，有机食品10个，其中4个产品参加2013年贵州省名牌产品评选。开展农产品地方标准建设。征集《2013年度地方标准制（修）订项目立项计划》，全州组织22个项目参加申报。按照2013年贵州省农产品质量安全整治方案、例行监测方案和监督抽查方案，部署农产品专项治理。全年检查市场4318场（次），检查经营户18870户（次），检查企业405个（次），查获兽药、饲料、渔药产品共93公斤，货物标值0.02万元；查获种子、肥料、农药产品共7146公斤，货物标值2.57万元；受理举报投诉案件1个，查获取缔非法经营点1个；查处案件119件，没收违法所得1.84万元，罚款18.46万元，挽回经济损失28.46万元。其中在全州开展"毒生姜"专项检查，抽取生姜样品283个，未发现有销售和使用神农丹（涕灭威），未发生较大农产品质量安全事故。推广应用食品安全动态监管系统，通过动态监管系统累计上传处理巡查记录信息、专项检查信息1300条、监督抽查后处理信息113条、案件查处信息87条；检验机构上传检验信息1472条，食品生产企业上传生产信息248条。全年抽查食品生产企业247家、小作坊488家，抽检产品1472批次，抽检平均合格率为88.2%，抽检批次同比2012年降低3%，抽检结果通过网站及时向社会公告。对175批次不合格食品生产单位，依法严格处理。开展肉及肉制品专项治理行动、白酒专项整治、食用油及皮蛋专项检查，共检查生产企业42家，小作坊179家，抽检食用油、成品油118批次，平均合格率为84.7%。全州共检查食品生产单位1297家（次），立案查处食品案件101件，产品涉案货值29.82万元。流通监管执法共检查经营户26681户（次），检查批发市场、集贸市场等各类市场1602个（次），查处制售假冒伪劣食品案件262件，案值20.07万元，罚没金额72.42万元，查处不符合食品安全标准的食品416.1公斤，取缔无照经营5户，受理并查处申诉举报案件6件，移送司法机关1件，为消费者挽回经济损失16.22万元。开展抽样检验。快速筛查流通环节食品4262批次，完成抽样检验850批次，合格率为97.0%。落实餐饮单位主体首责，加强社会监督，确保餐桌食品安全。全州检查餐饮服务单位8942户（次），下达监督意见书674份，责令整改407户（次），立案查处55户（次），罚款30.45万元。完成10个品种200个批次样品抽样，州食药检所完成检验122个批次，检出不合格样品6个。全州完成食品快检2953批次，检出阳性样品92批次，对抽检结果不符合食品安全标准的餐饮单位依法进行查处。

2014年，全州受理医疗器械行政审批事项申请121件，办结120件；受理第一类医疗器械产品注册（备案）9件，办结9件；受理第一类医疗器械生产备案1件，办结1件；受理药品经营质量管理规范认证申请90件，办结30件。年内，制定辖区药品、医疗器械经营企业日常监管工作计划，将药品日常监管与新版GSP认证工作相结合，举办全州新版GSP认证检查员培训班，确保全州药品经营企业顺利通过新版GSP认证。开展药品电子监管，辖区内12家药品批发企业和188家电子监管试点零售药店全部加入中国药品电子监管网。全年发现并处理网上预警信息21条。设立"违法广告曝光台"，每日登录违法广告监测网站查询制度，监测发现并移交违法广告4起。全州16家药品零售企业被评为"药品安全示范店"，完成53家医疗器械批发企业诚信等级评定，对评审合格守信的企业进行公示，对9家不合格企业进行约谈。600余家企业办理保健食品备案手续。609家保健食品经营企业签订保健食品质量安全承诺书，全州保健食品已实现专柜销售并标明警示语。开展以基本药物、血液制品、疫苗、终止妊娠药品、含特殊药品复方制剂、中药鳖甲等为重点的专项检查，全州共检查批发企业50家（次），零售连锁总部3户（次），零售企业（含门店）

1205户，医疗机构9037户，责令限期整改91家，立案查处药品流通环节违法违规行为17起，结案11起，货值金额5.67万元，罚没13.09万元。年内，摸清州有获证食品生产企业295家，食品生产加工小作坊542户，涉及22类食品。对米粉、大桶水、白酒、调味品等10个群众消费量大的产品进行抽样检验，抽取样品397批次，检验合格351批次，合格率88.4%，不合格产品责成县（市）查处。开展食品流通环节整治，共抽检流通食品961批次，检出不合格样品4批次（桶装水），对4个不合格桶装水依法罚没金额1.5万元。是年，全州餐饮服务单位食品安全量化分级管理率为97%。

第六章　国土资源管理

1991年，黔南州土地管理局和县(市)土地管理局为州内土地管理的职能部门，管理全州土地事务。1997年初，州测绘管理办公室并入州土地管理局，设测绘科，外挂测绘管理办公室牌子。各县（市）测绘工作亦相应并入土地管理局。2001年末，在机构改革中，州土地管理局与州地质矿产局合并，组建黔南州国土资源局。同时，开始进行县、乡两级土地管理体制改革，实行县（市）国土资源局对乡镇国土资源管理所垂直领导的管理体制。2002年末，各县（市）国土资源管理体制改革工作全面完成。到2014年，全州有国土资源局13个、国土资源管理所221个。

第一节　土地管理

一、土地使用制度

州内土地使用制度改革在1991年前已经开始进行试点。经过贵定县农宅申报登记试点后，瓮安中坪、福泉岔河、荔波拉鱼等村也相继开展试点，各县制定了关于农村宅基地收费和加强宅基地管理的规定以及管好用好土地的村规民约，促进农村住房建设，合理用地。4月起，用两个半月时间进行土地隐形市场清理整顿。

1992年，在全州进行国有土地使用制度改革，以瓮安县作为试点，从1992年4月16日，瓮安县政府发布《关于清理整顿土地隐形市场工作的通知》，明确清理范围及对象，先从雍阳镇、草塘镇开始，然后在全县范围内逐步开展。经清查，雍阳镇转让、出租、抵押地上建筑物和非法转让、出租、抵押土地使用权共695宗，据已办理的18宗转让土地推算，瓮安县每年至少流失国有资金50余万元。在清理核实基础上，瓮安县按照国务院55号令和国家土地管理局1号令的规定，区别情况，分类办理，分类处理，即：1987年1月1日至1990年5月19日发生的土地转让，如未办理权属变更登记的，补办权属变更登记手续；已经办理土地权属变更登记的，完善手续，予以认可；1990 年 5 月 19 日至《瓮安县划拨土地使用权管理暂行规定》公布施行之日止发生的转让、出租、抵押等，除按县人民政府规定补交 3% 权属变更登记费外，按规定标准补交出让金后办理有关手续。是年 9 月 10 日，州政府在瓮安县召开全州土地使用制度改革工作会议，总结瓮安县试点经验，部署全州清理土地隐形市场工作，要求各县（市）首先开展城关镇土地隐形市场的清理和整顿，总结经验，然后推开。同时要求认真贯彻国务院 55 号令和国发〔1992〕12 号文件，坚持管而不死、活而不乱的原则，制定符合实际的政策，采取灵活的办法，把隐形土地交易纳入法制轨道，通过到土地管理部门办理出让手续补交出让金，然后进行转让出租抵押，使土地使用权合法流动。至 1992 年 12 月底，全州有 10 个县（市）在县（市）政府所在地建制镇开展清理整顿土地隐形市场工作。

通过清理整顿土地隐形市场工作，各县（市）根据《中华人民共和国城镇国有土地使用权出让和转让暂行条例》《贵州省城镇国有土地出让、转让、出租、抵押登记暂行规定》，结合该县（市）实际，作出具体规定并开始执行，加快国有土地使用制度改革步伐。1993 年，全州出让土地 205 幅，出让金 521 万元。

1993 年 9 月起，都匀市在沙包堡、小围寨两镇推行城镇土地使用制度改革。至次年 10 月底，共清查用地户 2460 户，其中查出应缴纳国有土地使用费的 1009 户，面积共 36.6 万平方米，实收金额 22 万元；查出应办理划拨土地使用权出让土地手续用地 796 宗，应办面积 2.9 万平方米，应收土地出让金 130.7 万元，实际办理 334 宗，面积 1.3 万平方米，实际收取土地出让金 25.13 万元；清理整顿房地产开发公司 16 户，查出无用地手续建造经营商品房 34 幢，面积 1.56 万平方米。

1994 年 6 月 30 日，省政府发布《贵州省实施〈中华人民共和国城镇国有土地使用权出让和转让暂行条例〉办法》，全州土地管理部门按办法及条例管理城镇国有土地使用权出让和转让有关事宜。是年 11 月，独山县在城关镇古塘村召开荒山拍卖会，拍卖该村烂木桥、喝里郎荒山共 165 亩。

1995 年 6 月，州政府印发《关于深化土地使用制度改革的决定》。10 月 10 日，州委、州政府在都匀市杨柳街镇召开全州首次非耕地使用权拍卖现场会，拍卖杨柳街镇迎村大平场片区荒山 5 宗共 472 亩，经过竞买，成交额 3.25 万元，最高地价每亩 225 元，最低地价每亩 25 元。是年，在继续稳定完善家庭联产承包责任制和统分结合经营体制，做好延长耕地和荒山承包期的基础上，州委、州政府制定《关于拍卖非耕地使用权若干政策的暂行规定》，开展非耕地使用权拍卖工作，加快非耕地资源开发利用步伐。当年，都匀、独山、荔波、瓮安、龙里、惠水、长顺、罗甸等 8 个县（市）统计，共拍卖荒山荒坡 30125 亩，收取拍卖金 131.31 万元。全年全州出让土地 20 幅，出让金 200 万元。

2000 年，都匀、福泉等 8 个县（市）开展土地所有权拍卖，共拍卖土地 35 宗，面积 16670 平方米。

2002 年，全州招标拍卖挂牌出让国有土地使用权共 157 宗，收取出让金 448.74 万元，其中，招标出让 98 宗，面积 55.5 亩，收取出让金 186.03 万元；拍卖出让 32 宗，面积

10.65 亩，收取出让金 153.81 万元；挂牌出让 27 宗，面积 7.77 亩，收取出让金 108.9 万元。

2003 年，全州建设用地供应 459 宗，面积 4485 亩。其中，划拨 88 宗，面积 282 亩；协议出让 130 宗，面积 328.5 亩，收取地价款 2981 万元；招标 3 宗，面积 89.25 亩，收取地价款 1612 万元；拍卖 53 宗，面积 11.4 亩，收取地价款 706 万元；挂牌 143 宗，面积 3750 亩，收取地价款 9660 万元；租赁 39 宗，面积 20.7 亩，收取租金 29.5 万元。

2004 年，推行经营性土地使用权招标拍卖挂牌出让，全年全州建设用地供应 1384 宗，面积 1617 亩。其中：划拨土地 1007 亩，面积 559 亩；拍卖挂牌出让土地 171 宗，面积 508 亩（拍卖 32 宗、4 亩，挂牌 139 宗、504 亩），收取地价款 8814.15 万元；租赁 39 宗，面积 7 亩，收取租金 1.51 万元。

2005 年，全州经营性国有土地使用权招标拍卖 4 宗，面积 2 亩，收取地价款 279.03 万元；挂牌出让 102 宗，面积 241 亩，收取地价款 6966.79 万元。对闲置、空闲的 129 宗共 1151 亩存量建设用地纳入政府土地储备 364 亩。

2006 年，招标拍卖挂牌出让经营土地 91 宗，面积 840.5 亩，收取地价款 26225.88 万元。

2007 年，经营性土地招标拍卖挂牌出让 113 宗，面积 1002.79 亩；工业用地招标拍卖挂牌出让 7 宗，面积 192 亩。

2008 年，工业和经营性用地招标拍卖挂牌出让 74 宗，面积 787.48 亩。清理出闲置土地 50 宗，面积 77499 平方米，按土地管理法规处置（1 宗收回重新挂牌出让，42 宗限期动工建设，7 宗按协商方案实施）。是年，全州国有建设用地供应情况为：招拍挂出让 70 宗，面积 610.74 亩，其中，工业用地 10 宗，面积 231.71 亩；协议出让 126 宗，面积 200.44 亩，其中，工业用地 2 宗，29.96 亩；划拨 113 宗，面积 1559.32 亩。

2009 年，严格界定划拨、协议出让和招标拍卖挂牌出让界限。全年招标拍卖挂牌出让 2214.6 亩。是年起至 2014 年，对全州工业用地和经营性用地全部实行招标拍卖挂牌出让，规范国有土地使用权出让行为。

二、土地利用管理

黔南州属边远山区，土壤以自然土所占比重大，耕作土多为熟化程度不高、肥力较低的旱作土和水稻土。在占全州总面积 97% 的土壤面积中，除一部分分布于石质山地的土壤难以利用外，绝大部分土壤可以开发利用。全州耕地中土多于田，耕地分布为北部多于南部。

（一）土地利用规划管理

1991 年 8 月，根据省政府的通知，经州长办公会议讨论批准，向省报送黔南州 1991 年至 2000 年土地利用总体规划。总体规划分非农业建设用地和农业用地两类：

非农业建设用地：根据全州交通、城建、农业、水电、重工业、乡镇企业等系统非农业建设用地需求，各部门总用地 452500 亩（耕地 151000 亩）。

农业用地：耕地 438.67 万亩，园地 29.30 万亩（耕地 27 万亩），林地 1531.09 万亩，已利用牧草地 671.41 万亩。

1991—1992 年，省确定瓮安县为全省土地利用总体规划试点县。瓮安县规划工作历时一年多，规划到 2000 年底，全县耕地为 85.39 万亩，粮食总产量 18 万吨，人均占有粮食 355 公斤，城镇人均生活用地 94 平方米，农村人均生活用地 151 平方米，非农业建设占地 56633.6 亩，（耕地 21942.1 亩），年均占地 5663.4 亩；确定各类用地（山林、牧草地、城乡居民及工矿用地、独立工矿用地、重点工程项目瓮福矿肥基地用地、交通用地、水域用地、未利用地等）的用途和利用方式；规划了农业用地区、林业用地区、城镇区、工矿用地区等各类用地的规模和界线。瓮安县土地利用总体规划于 1992 年 11 月通过省级验收。

1995 年，黔南州在福泉县、惠水县开展县级土地利用总体规划试点，在都匀市、惠水县、长顺县分别开展 4 个乡镇的乡镇土地利用总体规划试点。福泉县和惠水县土地利用总体规划于当年完成并通过省级鉴定验收。

1996 年 5 月 22 日，州政府下发《关于加强土地管理工作的通知》，要求各县（市）各部门，进一步提高对切实保护耕地的重要性和紧迫性的认识，依法保护好耕地；深化土地使用制度改革，培育和规范土地市场；加大土地执法力度，把合理利用土地、保护耕地的基本国策落到实处。

1997 年，都匀、独山、瓮安、福泉、惠水 5 个县（市）完成县级土地利用总体规划编制，62 个乡（镇）完成乡镇级土地利用规划编制。龙里、罗甸、贵定、长顺、三都、荔波、平塘 7 个县启动土地利用总规划工作。

1998 年 12 月，州下发《1997—2010 年黔南州土地利用总体规划耕地控制指标》，指标控制数分解到县（市），要求县（市）在规划编制工作中，严格按照耕地总量动态平衡要求落实数控制到乡（镇）。

2000 年，全州有 133 个乡（镇）完成乡级土地利用总体规划，总计完成 209 个乡级土地利用总体规划，占全州乡（镇）总数的 88.9%。其中，省政府审批 31 个，州政府审批 112 个。到 2001 年 7 月，全州乡（镇）土地利用总体规划全部完成，并通过验收。

2006 年，启动全州土地利用总体规划修编，是年，完成《黔南州“十一五”国土资源保护开发规划（2006—2010）》编制。

2007 年 10 月，制定印发《黔南州国土资源规划管理办法》，对土地资源规划实施的组织领导和责任，规划的实施、规划的编修和调整、规划实施的监督等作出明确规定，并从印发之日起试行。

2008 年，罗甸、贵定、瓮安、长顺县编制的《土地利用总体规划大纲（2006—2020 年）》，通过州土地利用总体规划修编工作领导小组办公室评审，都匀、福泉两市的《土地利用总体规划大纲（2006—2020）》通过省修编办评审。

2009 年 3 月，长顺县的《土地利用总体规划大纲（2006—2020 年）》通过省修编办批准备案，报州政府批准实施。是年，《黔南州土地利用总体规划大纲（2006—2020 年）》经省修编工作领导小组批复同意实施。2007 年 4 月，省总规修编领导小组下发《〈贵州省土地利用总体规划（2006—2020 年）〉主要指标分解方案》，将《全国土地利用总体规划纲要（2006—2020 年）》分配贵州省的主要控制指标分解到黔南州后，2008 年 5 月 5 日又下发补充指标通知，将人均城镇工矿用地、园地、林地、牧草地等规划指标补充分解下达。其中，人均城镇工矿用地为约束性指标，以此指标为上限，从严控制，严格落实；园地、林地、牧草地为预期性指标。

2010 年 1 月，由于经批准的省级规划分解指标发生变动，州土地利用总规修编领导小组发出《关于下达〈黔南州土地利用总体规划〉（2006—2020 年）相关指标的通知》，将变动后的相关指标进行调整下达各县（市）。7 月，根据省总规修编办 2009 年印发的《贵州省土地利用总体规划审查报批办法》要求，成立黔南州县（市）及乡镇土地利用总体规划修编成果评审委员会，负责审查县（市）、乡镇总规。11 月，省政府批复同意修订后的《黔南州土地利用总体规划（2006—2020 年）》。

2011 年，全州有 205 个乡镇编制的《土地利用总体规划（2006—2020 年）》通过审查，经州政府批准实施。之后，未完成土地利用总体规划编制的乡镇先后完成编制工作。

2014 年，对县级土地利用总体规划进行修改，修改方案报省政府。是年，完成 10 个县（市）土地利用总体规划局部调整。

（二）土地开发整理

全州土地开发整理复垦补充耕地实行指令性指标管理，土地开发复垦补充耕地不得低于下达计划数。

1991—1995 年，全州土地开发项目计划 59 个，开发面积 90.39 万亩。

1997 年，全州开发、复垦耕地 1482 亩，其中开发 1277 亩、复垦 206 亩，坡改梯新增耕地 6245 亩。通过开发、复垦和整理土地，共增加耕地 7727 亩，超计划 4577 亩。

1999 年，省下达黔南州土地整理、复垦、开发计划 12750 亩（耕地 7800 亩）。年末实现增加耕地面积 20172 亩。其中，土地整理 17064 亩，复垦 270 亩，开发 2838 亩。扣除全年农用地转用占用耕地 630 亩，净增耕地 19542 亩，实现占补平衡有余。

2000 年初，州政府向州国土局下达 2000 年开发复垦整理耕地 1 万亩计划。全州选定 54 个点共 10862 亩作为落实任务面积，其中开发 7245 亩、复垦 3617 亩。是年，全州增加耕地面积 8216 亩（农业部门组织坡改梯整理 2808 亩），比省下达 5850 亩多 2366 亩，扣除全年农用地转用占用耕地 3594 亩，净增耕地 4622 亩。2001 年，全州土地开发增加耕地 7189.35 亩，坡改梯整理增加耕地 5940 亩。

2003 年，省国土资源厅将原下达黔南州 2001—2010 年开发复垦整理规划新增耕地指标调整为 169800 亩，其中土地整理 97350 亩，土地复垦 36450 亩，土地开发 36000 亩，分解到县（市）执行。是年，全州开发整理增加耕地 8205 亩。其中，农业部门组织坡改梯增加 3210 亩，国土资源部门组织开发增加 4995 亩 .

2004 年，全州新增加耕地 9180.27 亩，完成省下达的计划。

2005 年，州在福泉市开展土地开发整理提高耕地质量进行补充耕地指标折抵试点。全年全州开发补充耕地 13530 亩。

2006 年，全州实施国家、省、州、县（市）土地开发整理复垦项目 30 个，累计投入资金 900 万元，共实施基本农田建设工程整理面积 4.4 万亩，新增耕地面积 3397.522 亩。

2007 年，土地整理和基本农田建设工程治理 4.7 万亩，投入资金 1663.21 万元，新增耕地面积 7254.1 亩，占补平衡。2008 年，州级完成耕地占补平衡任务 8189.68 亩。

2009 年，实施土地开发整理复垦项目 114 个，建设规模 77499 亩，省下达 2009 年补充耕地计划 15000 亩（土地开发 7800 亩，土地整理复垦 7200 亩），土地整理面积 5.22 万亩，实际完成新增耕地 15493.5 亩（土地开发 11437.5 亩，土地整理复垦 4056 亩），土地整理面积 48207 亩。

2010 年，新实施土地整理复垦开发项目 15.72 万亩，完成项目共补充耕地 1.09 万亩。2011 年完成土地整理 4.89 万亩，补充耕地 1.8 万亩。

2012 年，实施土地整治项目 244 个，涉及土地 30.46 万亩，计划投资 8.15 亿元，实际完成投资 2.04 亿元。年内完成土地整治 4.9 万亩，新增耕地面积 2.89 万亩，全州建设占用耕地占补平衡。

2013 年 5—7 月，开展 2012 年州级投资土地整治重点项目专项监督检查，在各项目承担单位自查基础上，州国土资源局组织跟踪督查。是年，州国土资源局制定的《黔南州土地整理专项规划（2011—2015 年）》经州政府批准实施。同时，制定《黔南州土地储备管理暂行办法》。

2014 年，全州落实耕地占补平衡，执行占优补优、占水田优水田的“新要求”，建成高标准基本农田 23.96 万亩，补充耕地 2.67 万亩。

三、土地权属管理

1991 年前，龙里、惠水 2 县开展农宅登记试点。试点后，瓮安、福泉、长顺、三都、荔波、罗甸、龙里、贵定 8 个县陆续开展农村宅基地申报登记发证工作。到 1992 年底，全州 12 个县（市）经批准颁发土地使用证 16698 个，占申报宗地数的 67.5%（国有土地使用证 10136 个、集体土地建设用地使用证 6562 个）。瓮安、福泉、荔波、平塘 4 个县发证数 80% 以上。1995 年 12 月底，全州累计发证 46132 个，占应发证数的 91.2%，其中国有土地使用证 10610 个、集体土地使用证 35522 个。

1997 年，全州农宅土地登记发证 72881 宗，面积 13691.25 亩，累计发证 202975 宗，面积 49090.2 亩，累计发证占应发证数 554316 宗的 36.62%。是年，全州有 61 个镇开展城镇国有土地登记发证工作，年内，36 个镇完成发证工作，共发证 3301 宗，累计发证 21599 宗，占应发证数 31671 宗的 68.19%。

1998 年，全州新发放国有土地使用证 2443 宗，累计发证 18619 宗，占应发证数的 71%。全州全年农宅土地登记发证 55437 宗，累计发证 291614 宗，占应发证数的 64%。

1999 年，全州发放国有土地使用证 1258 示，累计发证 25695 宗，达应发证数的 87%；全州发放农宅土地使用证 4284 宗，累计发证 350616 宗，达到应发证数的 52%。

2002 年，根据省国土厅的要求，在瓮安县雍阳镇中心槽村和长顺县长寨镇者贡村开展集体土地所有权登记发证试点。是年，州国土局制定《黔南州城镇住房用地登记发证工作方案》，全州城镇住房登记发证4000余宗。

2003年，全州国有土地确权登记发证3870宗。是年，根据国土资源部《关于进一步加快城镇住房用地登记发证工作的通知》《关于依法加快集体土地所有权登记发证工作的通知》，3月，全州启动城镇住房用地登记发证和集体土地使用权登记发证。

2004年，完成农村集体土地所有权登记发证工作。至2005年，城镇国有土地使用权登记发证累计50732个，发证率达84.84%；农村宅基地登记发证累计401696个。

2006年，全州国有土地使用权发证3148本，国有土地变更登记2375本，集体土地所有权发证60169本，宅基地发证6123本。

2011年，全年对集体所有权、宅基地使用权、集体建设用地使用权进行登记76079宗，占年内申请数的90.46%。

2012年，集体土地所有权确权登记率100%，集体建设用地使用权确权率84.3%，宅基地使用权发证率81.6%。

2013年，根据《农村集体土地所有权确权登记发证成果验收办法》，开展农村集体土地所有权确权登记发证成果州级验收工作。经检查验收，农村集体土地所有权登记发证率100%，集体建设用地使用权确权登记发证率83.64%，宅基地使用权登记发证率82.16%。是年，武汉督察局到黔南州开展2012年土地例行督察，发现4个方面9个类别共89个问题并提出整改意见，州按有关规定逐一纠正落实。

2014年，开展农村集体土地精细化确权登记颁证试点，在13个示范小城镇先行开展。全面开展宅基地和集体建设用地使用权确权登记发证工作，启动农村房地一体调查。

四、地籍调查及地价评估

（一）地籍调查

1992年，黔南州在贵定、长顺、龙里、独山4个县的2个建制镇（贵定城关镇、长顺长寨镇）、4个独立工矿区（3537厂、龙里的2个驻军部队、独山驻军部队）、1个村（贵定县平伐镇新西村）进行地籍调查试点，调查面积共224216.45亩，1992年全面完成试点工作。1996年，独山县完成城关镇地籍调查。1997年，龙里县龙山镇启动地籍调查。1998年，龙里县开展县城所在地地籍调查，其他县（市）进行宗地勘丈登记发证。1999年6月，瓮安县开始对县城地籍进行调查。到年底，全州有4个县（市）的6个镇完成地籍调查通过验收。

2000年，在12县（市）开展1个建制镇地籍调查。年底，瓮安县雍阳镇、都匀市洛绑镇、独山县上司镇、长顺县改尧镇完成地籍调查通过验收；平塘县平湖镇待验收。

2001年，瓮安县永和镇、长顺县摆所镇、独山县基场镇、都匀市摆忙乡地籍调查工作完成并通过验收，贵定县城地籍调查工作全面启动。

2002年，贵定县、荔波县开展县城数字化地籍调查。贵定县县城数字化地籍调查通过省国土厅验收，测量面积7.67平方公里，调查宗地5502宗。

2004年，惠水县、荔波县、福泉市城镇数字化地籍调查全面完成。2005年，在都匀、福泉、长顺、荔波 4 个县（市）开展地籍管理规范化试点。

2010 年 4—5 月，全州启动城镇土地调查，至 2014 年，权属调查、地籍测量、数据建库完成。城镇地籍调查面积 171.3 平方公里，宗地数 111749 宗。

（二）地价评估

1994 年前，州内未进行地价评估工作。1995 年以后，按国家土地管理局文件规定，进行部分土地的基准地价、标准地价评估。评估地价按“以土地分等级为基础，土地收益为依据，市场交易为参考”的原则进行。即土地的最低价格为：工业用地不低于征地拆迁开发等各项费用总和，商业用地要高于各项费用总和的 25%。评估的标准地价，作为政府对涉及土地使用权出让、转让、出租、抵押的地块评定的具体地块一定使用年限的价格。评估基准地价按不同的土地级别、不同区域分别评估和测算出商业、工业、住宅等各类用地的平均价格。地价评估后，核定补交出让金的标准以标准地价为依据进行计算。1995 年完成 504 户国有企业清户核资中土地估价，面积 8125.2 亩，总价值达 69876 万元。

1996 年 4—6 月，都匀市完成市区（包括小围寨和沙包堡）14.6 平方公里范围的城镇土地基准地价评估，并于 12 月通过省、州有关部门的评审验收。

1997 年 3 月，成立黔南州土地估价事务所，其业务范围为土地分等定级、基准地价评估、宗地地价评估及土地估价相关业务。是年，全州评估宗地 37 宗，面积 674826.32 平方米，评估资产量 12433.12 万元。

1998 年，荔波、龙里、福泉 3 县（市）开展县城所在地的基准地价评估，龙里、荔波 2 县年内完成，都匀市进行基准地价调整，并于 5 月向社会公布实施。

1999 年，全州加大城镇基准地价评估工作力度，有 9 个县城所在镇和 3 个重要乡镇开展基准地价评估。到年底，全州有 10 个乡镇完成评估，其中省国土厅验收认定合格的有 7 个县（市）所在镇、1 个重要乡（镇），受省国土厅委托，由州国土局验收合格的有 2 个重要乡（镇）。同年，全州国土部门受中国石化集团的委托，为境内的黔南石油分公司和贵阳石油公司提供土地估价服务，共评估土地 44 宗，面积 86.8545 亩，显化土地资产 3948.49 万元。

2000 年，国土部门为 3 户企业进行地价评估，经评估，国有土地资产 881 万元。12 月，瓮安县 22 个乡（镇）基准地价评估和都匀市 16 个乡（镇）完成基准地价评估，经州国土局组织验收，全部合格。

2001 年，完成罗甸县县城、贵定县县城及 5 个乡镇基准地价评估工作，并通过验收；都匀市地价更新工作基本结束。

2002 年，三都县基准地价评估工作通过省国土厅验收。是年，都匀市开展城市地价大调查，2004 年公布。平塘县开展 18 个乡镇所在地基准地价评估。

2003 年，独山县开展县城基准地价评估，将县城分为三个类别均质地域。是年通过验收。

2004 年，惠水县对县城、高镇及 23 个乡镇政府所在地基准地价进行评估，评估面积 75907.5 亩（2005 年公布实施）。荔波县首次制定公布城镇国有土地使用权地价标准，一直沿用未改变。长顺县对县城及15个乡镇政府所在地基准地价进行评估（2005年公布实施）。

2005年，福泉市对城区及乡镇地基准地价进行评估（2006年省、州国土部门验收，当年公布实施）。三都县对县城及乡镇政府各类用地基准地价进行评估，当年公布实施。平塘县对县城、通州及18个乡镇所在地基准地价进行评估，县城评估面积10.3平方公里，乡镇评估面积896平方公里。

2006年，都匀市乡镇地基准地价更新完成（2007年公布实施）。龙里县开展县城、千家卡工业园聚集区及13个乡镇所在地土地定级及基准地价评估，评估面积20.94平方公里（2008年公布实施）。贵定县对县城及19个乡镇政府所在地基准地价进行评估，评估面积47.71平方公里（2008年公布实施）。

2008年，瓮安县对县城及19个乡镇政府所在地基准地价进行评估（2009年公布实施）。惠水县开展县城、高镇及23个乡镇政府所在地基准地价二次评估，县城评估面积11.71平方公里（2009年公布实施）。

2009年，三都县对县城及20个乡镇政府所在地基准地价更新评估，是年10月公布实施。更新基准地价一直沿用未变。

2010年，都匀市对城市基准地价更新评估（2011年公布实施）。龙里县对上一轮土地定级和乡镇分类基准地价更新评估（2013年公布实施）。平塘县对县城、通州及18个乡镇所在地基准地价更新评估（2011年公布实施）。独山县对上一轮基准地价更新评估（2011年公布实施）。

2013年，瓮安县对县城（瓮水、雍阳街道办事处）及珠藏、玉山镇等11个乡镇政府所在地基准地价更新评估。惠水县开展县城、高镇及23个乡镇政府所在地基准地价更新评估，是年公布实施。此前，罗甸县城区及乡镇政府所在地基准地价分别于2004年和2007年评估成果，2013年县政府发布更新评估地价。

五、建设用地管理

（一）建设用地供应

1991年后，黔南州国土资源局贯彻执行“十分珍惜、合理利用土地和切实保护耕地”的基本国策，严格控制建设用地总量，科学安排用地计划，优先保障重点基础设施和产业政策鼓励发展的建设项目用地需求，为民生项目建设提供用地保障，支持农村交通、水利、义务教育、医疗保障等方面基本建设，统筹城乡发展。新增建设用地计划实行指令性管理，不能突破。根据《中华人民共和国土地管理法》《贵州省实施〈中华人民共和国土地管理法〉办法》，全州土地管理部门对建设用地的审批严格把好“五关”（申请依据关、计划规划关、选址协议关、图纸填表关、审批划线关），做到“八不批”（没有计划和上级批准文件的不批，未经选址查勘的不批，不符合规划的不批，无环境意见的不批，不按规定补偿、无安置协议的不批，多征少用的不批，无地形图和平面布置图的不批，资金来源不落实的不批）。同时对建设用地实行“三参三查”（批前参与研究论证，批中参与协商签订协议，批后参与建设项目用地验收）全程管理。

1994 年 4 月，州计划经济委员会制定的《黔南州 1994 年土地开发利用计划》经州人大九届五次会议审议通过，州土地管理局转发各县（市）土地管理局贯彻执行。

1995 年，州、县（市）编制《黔南州土地利用“九五”计划和 2010 年规划》。是年起，出让土地纳入计划管理，土地使用权出让地块，按照审批权限，经同级人民政府土地管理部门审定后，申报土地使用权出让计划。县政府出让土地使用权用于房地产开发的也纳入计划。

1996 年，省下达给黔南州的建设用地计划 3780 亩（耕地 2025 亩、非耕地 1755 亩），其中国家建设用地计划 1950 亩（耕地 1350 亩）、集体建设用地计划 285 亩（耕地 150 亩）、个人建房用地计划 1140 亩（耕地 315 亩）、农业建设用地计划 405 亩（耕地 210 亩）。下达黔南州土地开发计划 17850 亩公顷，其中耕地 3300 亩。是年，实际开发 21846 亩，其中耕地 4788 亩，超计划 45. 09%。全州实际发生建设用地 1567. 5 亩（耕地 8255 亩、非耕地 742. 5 亩），其中国家建设用地 916. 5 亩（耕地 565. 5 亩）、集体建设用地 187. 5 亩（耕地 75 亩）、个人建房用地 447 亩（耕地 175. 5 亩）、农业建设用地 16. 5 亩（耕地 0. 9 亩）。

1998 年，全州审批用地 3518 件。其中，国家建设用地 193 件，乡（镇）村集体建设用地 17 件，农村个人建房用地 3303 件，农业建设用地 6 件。实际用地 14874 亩，其中耕地 9431 亩。实际用地比上年增加 9099 亩（耕地增加 6731 亩），增加用地原因，一是公路建设增加 5370 亩（耕地增加 6731 亩），二是城镇建设增加 3327 亩（耕地增加 2299 亩）。是年，农村个人建房比上年增加 1903 户，实际用地比上年减少 5 亩。

1999 年，省下达黔南州农用地转为建设用地指标 4080 亩（耕地 1770 亩），土地开发、整理、复垦 1275 亩（耕地 7800 亩）。全年办理农地转用 191 宗，面积 492. 3 亩（耕地 481. 65 亩），其中，国家建设用地 13 宗，面积 445. 35 亩（全部为耕地）；农业用地 1 宗，面积 21. 3 亩（耕地 10. 65 亩）；农村个人建房 177 宗，面积 25. 65 亩（全部为耕地）。

2000 年 5 月，根据《中华人民共和国土地管理法》和贵州省国土厅制定的《各类用地报批会审办法》，制定《黔南州各类用地报批会审办法》，从 5 月 30 日起施行。全年全州农用地转用 3837 亩（耕地 3594 亩），其中，马遵公路黔南段、独荔公路建设占地 279 亩，为省级农用地转用指标，全州实际农用地转用 2643 亩（耕地 2100 亩）。

2003 年，进行建设用地批后核查，未发现违法行为。全年全州农用地转用完成 781. 5 亩（耕地 529. 5 亩），未突破省下达计划。

2004 年，全州年审核申报城镇分批次建设用地 1 批次，用地面积 57 亩（全部为耕地）；单独选址建设项目 21 宗，用地面积 145314 亩（农用地 120325 亩、耕地 38686 亩）。2005 年，审批建设用地 29 宗，面积 2464 亩，控制在计划指标内。

2006 年，州政府下发《关于加强建设用地报批工作的通知》，各县（市）开展建设用地摸底调查，经州级汇总，全州建设项目 246 项，占拟用地 49245 亩（耕地 16110 亩）。其中，符合土地总体利用规划项目 153 个，拟用地面积 24775. 2 亩（耕地 7575 亩），占总用地面积的 50. 3%；部分符合土地规划 25 个项目，拟用地面积 16481. 85 亩（耕地 2668. 2

亩），占总用地面积的 33.46%；不符合土地规划共 68 个项目，用地面积 7995.45 亩（耕地 5686.95 亩），占总用地面积的 16.24%。

是年，全州对符合国家产业政策、确需调整规划的重点项目，严格按照法律规定的权限进行调整，全年调整计划用地 22 宗，其中，报省政府批准 12 宗，州政府批准 10 宗。对能耗高、污染重、工艺落后、不符合国家产业政策和市场准入条件的项目停止供应土地。12 个县（市）制定的年度土地供应计划在“中国土地市场网”公布。全州供应土地 260 宗，面积 1858.2 亩。

2007 年，根据省国土资源厅 2005 年下发的《关于加强城市建设用地批后实施管理的通知》和 2006 年下发的《关于印发建设用地批后实施监督管理实施意见的通知》要求，全州各县（市）对经依法批准的建设用地批后实施情况进行自查。经自查，2006 年内，全州经省政府批准新增建设用地已供地 7817.78 亩，其中划拨供地 5505.13 亩、招拍挂供地 1083.62 亩、协议出让 1618.97 亩，供地比例为 56.96%。未供地面积 5908.32 亩，已供应的土地无闲置情况发生。是年，州国土资源局对批后实施监督情况进行信用等级评价，对涉及所供地的建设项目是否经依法批准、足额兑现征地补偿费，是否有确保被征地农民长远生计的措施，是否妥善安置被征地农民以及土地供应是否符合有关规定，没有擅自改变经批准的土地用途，土地供应是否达 50% 以上等问题进行检查。除都匀、瓮安、贵定、龙里、罗甸等县（市）由于在 2006 年 12 月下旬接到批复文件较晚未能供地，供地比例未达到 50% 以上外，其他县（市）土地供应符合规定，没有擅自改变经批准的土地用途，土地供应全部超过 50%。全州审查上报建设用地 33 宗，涉及用地面积 18148.35 亩，其中重点建设项目用地 8 宗，面积 15158.85 亩。

2008 年，全州国有建设用地供应以集约用地、保障民生为原则，按《贵州省土地利用年度计划实施管理暂行办法》，制定计划和审批用地项目。6 月，全州国土资源部门开展闲置土地专项清理。经清查，各县（市）共查出 10 宗土地闲置项目，面积 50603 平方米。其中，因政府调整规划原因造成闲置的 3 宗，面积 20295 平方米；对无正当原因闲置的，收回闲置土地 2 宗，重新进行挂牌出让；其他 5 宗用地督促用地户及时动工建设。11 月，开展被征地农民合法权益专项治理和批后实施工作督促检查，对瓮安、福泉、龙里、贵定等县（市）在 2007 年度经国务院、省政府批准的新增建设用地批后实施情况进行核查。检查结果：2007 年全州经国务院、省政府批准的建设用地项目 37 个，批准面积 5747.94 亩，供地项目全部符合《用地目录》的规定，并严格按照批准的征地补偿方案进行补偿，补偿费用全部足额付给被征地村集体和农户，没有拖欠和少付征地补偿费的事情发生。经对已供土地项目进行抽查，没有改变土地用途和改变土地位置、擅自扩大土地面积的现象。全州建设用地供应 314 宗，面积 174.48 公顷，其中，通过招拍挂出让 74 宗，面积 787.48 亩；协议出让 82 宗，面积 107.02 亩；划拨供地 154 宗，面积 1796.70 亩；租赁 4 宗，面积 0.93 亩。

2009 年，贯彻落实国务院《关于促进节约集约用地的通知》精神，严格审查建设项目投资强度和用地规模，对列入《限制用地项目目录》且达不到规定和列入《禁止用地项目目录》的项目，一律不予供地，从严控制新增建设用地，促进节约集约用地。在“保经济增长、保耕地红线”行动中，全州审查上报新增建设用地 19758.60 亩，占省下达全州建设用地指标 4800 亩的 411.64%。

2010 年，根据省国土资源厅印发的《贵州省房地产用地专项整治工作方案》，全州开展专项整治与国有建设用地使用权出让合同专项清理。全州房地产用地清理情况：截至 2009 年底，已签订出让合同或划拨决定书，尚未竣工、尚未开工的房地产项目中，无别墅项目用地，无房地产用地违法违规转让情况，无保障性住房用地改变性质情况；共有 52 个房地产开发项目填入囤地和闲置土地情况统计表，总面积 1629 亩。其中县（市）项目 45 个，州级出让的项目 7 个。违法违规违约行为查处情况为：全州有 28 个房地产开发项目用地存在违法违规违约问题，其中，州级 6 个，县（市）级 22 个。州级及各县（市）对清理出的违法违规违约用地，提出了处置方案，报州政府批准执行。

2011 年，贯彻执行《国土资源部关于坚持和完善土地招标拍卖挂牌出让制度的意见》，加强房地产用地管理和调控，开展土地招、拍、挂工作。是年，长顺、龙里、福泉、罗甸、平塘、瓮安、惠水县编制的城乡建设用地增减挂钩项目实施规划经州国土资源局初审后报省土地整理中心审查。

2012 年，全年获批准建设用地 3.7 万亩（涉及新增建设用地 3.45 万亩），其中，城镇批次用地 1.37 万亩，工业批次用地 0.91 万亩，农村集体建设用地 0.16 万亩，单独选址用地 1.26 万亩，实际供应土地 4.3 万亩，出让价款 42.57 亿元。

2013 年 2 月，全州开展国有建设用地使用情况专项清理，清理出 2008 年 10 月—2011 年 10 月间批而未征土地 929.29 亩，征而未供土地 4404.88 亩，供而未用、闲置土地 678.00 亩，2009 年 1 月—2011 年 12 月开工建设 58190.02 亩。6 月，州政府办公室下发《关于进一步加强土地供应和登记管理的通知》，要求全州土地供应和登记发证工作实行分级审批、分级管理。是年，通过开展 2012 年度土地变更调查清理出新增建设用地 3000.60 亩，可用新增建设用地指标 12780.75 亩。全年审查上报建设用地 103 个批次（项目），面积 36429.29 亩，获批建设用地 48 个批次（项目），面积 22425.26 亩，新增建设用地 21469.66 亩。供应土地 33890.55 亩，其中划拨土地 16208.55 亩，出让土地 17682 亩。

2014 年 4 月，开展 2007—2012 年间获批建设用地的供应和开发利用情况清理。其间，全州获国务院及省政府批准的建设用地 354 个批次，批准用地面积 148473.28 亩，已供地面积 143525.19 亩，供地率达 96.67%。其中，单独选址项目用地 128 批次，批准用地面积 83020.01 亩，已供地面积 82994.72 亩，供地率 99.97%；批准建设项目用地 226 批次，面积 65453.28 亩，已供地面积 60530.48 亩，供地率达 92.48%。全州按照 2008 年国务院《关于促进节约集约用地的通知》《节约集约利用土地规定》等节约集约用地政策规定供应和使用土地，未发生违反国家节约集约用地政策的情况。9 月，对全州 2008—2013 年报国务院及省审批的单独选址项目中已竣工项目土地使用标准执行情况进行梳理，全州报国务院批准单独选址项目 52 个，面积 65650.34 亩，其中竣工项目 31 个，面积 52875.49 亩，无报省级批准单独选址项目。

是年，开展农村集体经营性建设用地流转状况调查：全州农村集体经营性建设用地共6508宗，面积总计12658.53亩。其中，乡镇企业184宗，面积8732.63亩；商住综合型6223宗，面积1166.76亩；其他类型101宗，面积2759.14亩。集体经营性建设用地流转方式主要为租赁，出租后原土地承包关系不变。是年，获批建设用地18923.55亩，其中，新增建设用地17188.2亩。全州重点项目建设用地有贵广铁路、长昆铁路、惠（水）罗（甸）高速公路、余（庆）安（龙）高速公路平塘段、驾欧至荔波高速公路、瓮安至马场坪高速公路等，已征地总计50247.53亩，其中，瓮安至马场坪高速公路已完成征地，其他项目需征地共2073.51亩。

（二）征地补偿

州、县（市）对被征用的土地，按《国家建设征用土地条例》《中华人民共和国土地管理法》规定，由用地单位支付土地补偿费。

2003—2005年，全州国土管理部门切实维护农民合法权益，对各类非农业建设用地均依法进行补偿，没有出现因征地补偿引起农民上访现象。除货币安置外，探索其他安置形式如：招工安置、留地安置、集中安置、土地开发整理安置等。

2006年，对需要征用土地的单位，全面实行新增建设用地土地有偿使用费和征地补偿费预存制度，州及县（市）按规定设立征地补偿费和新增建设用地有偿使用费预存专户，确保不拖欠被征地农民的征地补偿费用。

2008年，全州开展2005年6月—2007年6月国家、省批准的93个项目的补偿兑现情况清理，共清理出应兑付征地补偿费57365.59万元，兑付54492.02万元，其余2873.56万元因未实施征地没有兑付。同时，各县（市）将被征地农民纳入社会保障体系，9个县（市）制定的被征地农民的社会保障方案经州社会保障部门批准，其余3个县（市）待报批。

2009—2013年共获批用地366个，总面积164669.77亩，全州征收土地面积155288.43亩，征地总费用共283826.46万元。各县（市）征收具体情况为：

都匀市：共征收土地面积14629.95亩，征地总费用共50410.28万元。其中，2009年征收土地面积4054.76亩，征地总费用8109.51万元；2010—2013年征收土地面积10575.19亩，征地总费用42300.77万元。征地补偿费全部兑付。

都匀经济开发区：共征收土地面积4362.65亩，征地费用10089.61万元，征地补偿费全额兑付。

福泉市：共征收土地面积17819.13亩，征地总费用共28570.90万元。其中，2009年征收土地面积4118.51亩，征地总费用3030.45万元；2010—2013年征收土地面积13700.62亩，征地总费用25540.45万元，征地补偿费全额兑付。

瓮安县：共征收土地面积16168.46亩，征地总费用共28149.45万元。其中，2009年征收土地面积945.17亩，征地总费用2052.66万元；2010—2013年征收土地面积15223.29亩，征地总费用26096.79万元。征地补偿费全额兑付。

龙里县：共征收土地面积18784.63亩，征地总费用共37294.72万元。其中，2009年征收土地面积 6511.91 亩，征地总费用 7453.48 万元；2010—2013 年征收土地面积 12272.73 亩，征地总费用 29841.24 万元。征地补偿费全部兑付。

贵定县：共征收土地面积 12153.75 亩，征地总费用共 15245.10 万元。其中，2009 年征收土地面积 5740.18 亩，征地总费用 5195.06 万元；2010—2013 年征收土地面积 6413.57 亩。征地补偿费全部兑付。

惠水县：共征收土地面积 14372.46 亩，征地总费用共 23206.92 万元。其中，2009 年征收土地面积 59.88 亩，征地总费用 57.19 万元；2010—2013 年征收土地面积 14312.59 亩，征地总费用 23149.73 万元。土地安置补偿费全额兑付。

长顺县：共征收土地面积 8673.76 亩，征地总费用共 14930.29 万元。其中，2009 年征收土地面积 32.01 亩，征地总费用 45.68 万元；2010—2013 年征收土地面积 8641.76 亩，征地总费用 14884.61 万元。征地补偿费全额兑付。

罗甸县：共征收土地面积 19812.47 亩，征地总费用共 21990.69 万元。其中，2009 年征收土地面积 9917.06 亩，征地总费用 8448.93 万元；2010—2013 年征收土地面积 9895.41 亩，征地总费用 13541.76 万元。征地补偿费全额兑付。

平塘县：共征收土地面积 4867.40 亩，征地总费用共 10675.38 万元。其中，2009 年征收土地面积 128.17 亩，征地总费用 312.96 万元；2010—2013 年征收土地面积 4739.23 亩，征地总费用 10362.41 万元。征地补偿费全额兑付。

独山县：共征收土地面积 13701.42 亩，征地总费用共 31054.55 万元。其中 2009 年征收土地面积 254.29 亩，征地总费用 483.14 万元；2010—2013 年征收土地面积 13447.13 亩，征地总费用 30571.41 万元。征地补偿款全额兑付。

荔波县：共征收土地面积 5391.59 亩，征地总费用共 7079.19 万元。其中，2009 年征收土地面积 16.55 亩，征地总费用 39.96 万元；2010—2013 年征收土地面积 5375.04 亩，征地总费用 7039.24 万元。征地补偿费全额兑付。

三都水族自治县：共征收土地面积 4550.76 亩，征地总费用共 5129.39 万元。其中，2009 年征收土地面积 2878.37 亩（含厦蓉高速高速公路征地 2640.78 亩），征地总费用 2717.75 万元（含厦蓉高速高速公路征地费 2438.89 万元）；2010—2013 年征收土地面积 1672.40 亩，征地总费用 2411.64 万元，征地补偿费全额兑付。

2014 年，按照州委、州政府的安排部署，各县（市）开展征地补偿标准调整测算，土地补偿费和安置补助费分别按《贵州省土地管理条例》规定的最高限额确定倍数。同时，按照 2009 年州政府《关于公布全州征地统一年产值标准和征地片区综合地价的通知》公布实施的标准确定征地补偿安置标准。安置途径采取货币补偿安置、社保安置、划地安置、其他安置等，如采取这些安置措施后仍不能达到城镇最低保障水平的，将当地农民纳入城镇最低生活保障对象。

五、耕地保护

1991 年 7 月 10 日，省、州有关领导、专家参加省、州土地管理局召开的惠水县基本农田保护区规划鉴定会，结论为：惠水县基本农田保护区规划，是贵州省第一个土地保护规划。《规划》的编制和实施，进一步遏制了任意改变耕地用途和制止乱占滥用耕地行为，惠水县成为全省第一个划定基本农田保护区的县。

1994年10月，国务院颁布实施《基本农田保护条例》，从1995年起，各县（市）以及乡镇分期分批开展划定基本农田保护区工作。全州基本农田保护区分三级，对人均耕地低于0.5亩、常年产量亩产400公斤以上、连片的农田或农作物生产基地，划为一级保护区（省级保护区）；对人均耕地0.5亩至1亩，常年亩产在250公斤以上的农田或农作物生产基地，划为二级保护区（州级保护区）；对人均耕地1亩以上，常年亩产在200公斤以上的农田或农作物生产基地，划为三级保护区（县级保护区）。按照基本农田保护率原则上不低于现有耕地80%的规定，将城镇郊区、工矿区附近、交通沿线连片高产稳产农田以及主要农作物生产基地划入基本农田保护区。至1995年底，全州有6个县、1个镇划定基本农田保护区，保护面积3652382.4亩，占6县1镇耕地总面积4627975.8亩的78.9%，保护面积占全州耕地总面积的43.6%。

1996年，都匀、惠水、瓮安、长顺、福泉、贵定、独山等7个县（市）完成基本农田保护区规划编制工作。12月，州政府与省政府签订《贵州省黔南州人民政府1997年度耕地保护目标责任书》。

1997年4月，州政府与各县（市）政府签订1997年耕地保护目标责任书，将任务分解到各县（市）。至年底，省政府组织对黔南州政府目标完成情况进行检查考核和州政府委托州土地管理局对各县（市）的目标责任进行考核，州、县（市）均全面完成耕地保护的目标任务。是年，龙里、罗甸、三都、荔波、平塘5个县基本农田保护区规划工作开始起步。全州有51个乡（镇）完成基本农田保护区划定，另有40个乡（镇）正在开展此项工作。

1998年4月，州政府与各县（市）政府签订1998年度耕地保护目标责任书。年底，经省对州、州对县（市）考核，州级土地利用规划和基本农田保护区规划基本完成；全州继续冻结非农建设项目占用耕地得到落实，没有审批其他占用耕地的非农建设项目；土地开发、复垦共增加耕地面积11917.65亩，比目标数多增加耕地8767.65亩；非农业建设用地清查出各类违法用地查结率99.8%，非农建设用地继续冻结期间土地执法查出违法案件83件，处理81件，查结率达97.59%。

2000年，开展基本农田调整划定，共有5个县（市）的88个乡（镇）完成任务，占全州乡（镇）总数的37.45%。

2001年，全州对基本农田保护区进行调整，全州基本农田保护区面积结构更趋合理，保护率达84.32%。

2003年，将基本农田保护纳入土地巡查主要内容。经巡查，全年未发生占用基本农田从事非农建设的现象。同时，将符合基本农田质量要求的新增耕地划入基本农田保护区，确保辖区内基本农田面积不减少。至年末，全州基本农田保护面积6715575亩，保护率达85.5%，符合全省规划要求。

2004年，各县（市）开展基本农田保护工作检查。检查发现，非农建设未经批准占用基本农田案件142件，除34件是扶贫性质的移民搬迁建房和地质灾害避险用地不立案查处、4件烤烟房已自行拆除不再查处、7件上报省国土资源厅处理外，其余97件全部由州、县（市）立案查处。检查工作通过省政府验收。年内，全州建立起基本农田后备库，划补基本农田25522.5亩，划定基本农田保护地块196593块，建立标志牌517个，埋设界桩3950个，全州有2826个村签订基本农田保护责任书。

2005年，全州投入基本农田建设和中低产田土整理资金3616.2万元，其中，土地出让金320万元，新增建设用地土地有偿使用费30.7万元，完成工程治理面积64797亩。共有704671户农户签订基本农田保护责任书，明确196593块基本农田的保护责任。12个县（市）均建立起13个高标准基本农田保护区（每个面积不小于500亩），总面积67395亩。另有67163.7亩耕地纳入基本农田保护后备库，实行台账管理。年末，全州耕地保有量和基本农田面积分别为7997169亩和6748465.2亩，保护率达84.3%。

2006年，州国土资源局对基本农田保护检查中违法占用基本农田的建设项目实际用地情况进行审查。经查，未经批准占用基本农田154件，其中有3件误报为基本农田，实际违法件数151件，面积180.3005公顷，全州应补办用地手续146件（宗），除1件已上报外，还有145件需要上报补办用地手续。按省国土资源厅《关于在基本农田保护检查中查处的非农建设项目违法用地补办手续的意见》，对145件（宗）违法用地进行审查，符合补办用地手续要求，报请州政府进行确认后上报省政府审批。同时，对2004年基本农田保护检查中不需办理农用地转用和征用的村级小学及农村道路进行清理。经核查，全州不需办理农用地转用和征用的共有60个项目，占用集体土地488.66亩。经对60个建设项目进行审核，符合备案条件的，呈报省国土资源厅审核备案。年末，全州耕地面积7399515亩，基本农田保护面积6570765亩，高于省政府下达的考核目标。12个县（市）按省政府要求建成500亩以上高标准基本农田，总面积11313.72亩，并核实连片大坝154个，总面积599908.95亩，惠水县摆金镇被国土资源部正式确定为国家基本农田保护示范区。

2007年，省安排黔南州土地开发整理补充耕地计划26400亩（土地开发13350亩、土地整理复垦13050亩）。全州累计完成土地整理42219.9亩，超任务26%（省下达目标任务34999.5亩），完成省级以上重点项目厦蓉高速公路的占补平衡工作。

2008年，州政府办公室转发州国土资源局、州财政局《关于进一步加强和改进全州土地开发整理及耕地占补平衡工作实施意见》，印发《黔南州土地开发整理项目管理试行办法》。

2009年，开展"保经济增长、保耕地红线"行动。全州耕地保有量7661677.2亩，比目标保有量73651500亩多310177.20亩，耕地总量动态平衡；全州划定基本农田6390088.65亩，比保护目标面积6333000亩多57088.50亩，保护率达83.45%。

2010年，省国土资源厅批复黔南州2010年度省级土地开发整理项目立项规划设计实施项目中，长顺县凯佐乡朝摆土地整理项目、都匀市坝固镇羊亚大坝土地整理项目（一期）、惠水县三都镇土地整理项目、龙里县谷龙乡乐榨村土地整理项目、罗甸县茂兰镇兰溪村高里村边圩村土地整理项目、龙里县湾寨乡石头村上坝村新华村土地整理项目、独山县羊凤乡羊凤村狮子桥土地整理项目等通过省审查，获批准立项规划设计及预算实施，资金由省财政厅、国土资源厅下达。是年12月，根据《黔南州政府办公室关于开展2010年度耕地保护政府目标考核工作的通知》要求，组织考核组对各县（市）完成《2010年度耕地保护政府目标责任书》的情况进行检查考核，综合评定并报州政府同意，福泉市、惠水县、贵定县3县（市）政府获一等奖、瓮安、长顺、都匀、荔波、三都、独山等6县（市）政府获二等奖，平塘、龙里、罗甸县等3县政府获三等奖。

2011年1月，省国土资源厅受省政府委托，组成考核组对州政府与省政府签订的2010年度耕地保护政府目标完成情况进行考核，综合评议认为，州政府按照与省政府签订的2010年度耕地保护政府目标责任书的要求，较好地完成了2010年度目标任务。是年3月，《中华人民共和国土地复垦条例》颁布施行，全州依法进行土地复垦。6月，省国土资源厅在《关于2011年度第一批10个省级小规模土地开发整理项目立项和规划设计的批复》同意立项的项目中，贵定县抱管乡小普村小普大坝二期土地整理项目获批。9月，省国土资源厅《关于2011年度第一批22个省级大规模土地开发整理项目规划设计的批复》中，都匀市平浪镇墨冲镇平浪大坝土地整理项目、福泉市牛场镇桂花村迴龙村沙子坎土地整理项目、长顺县马路乡马路大坝土地整理项目、三都县丰乐镇土地整理项目获批准立项规划设计及预算实施，资金由省财政厅、国土资源厅下达。11月，省国土资源厅《关于2010年、2011年12个整合资金实施高标准农田建设国土子项目的批复》确定惠水县、瓮安县连续开展三年整合资金实施高标准农田建设。

2012年，州政府与12个县（市）政府签订耕地保护目标责任书，将耕地保护指标纳入以县为单位同步小康社会的指标体系中进行考核，强化各县（市）在推进小康建设进程中保护耕地的意识。年内，全面启动高标准基本农田建设，建设规模61900.5亩。是年始，开展非农业建设占用耕地耕作层剥离试点，各县（市）将耕地耕作层剥离与土地整治、中低产田改造、临时用地复垦相结合。至2014年，全州耕作层剥离利用10424.76亩，耕作层剥离2653.02亩，已利用2498.90亩。

2013年6月，全州列入2013年高标准基本农田建设计划项目16个。9月，对2012年1月1日后开工或完工的州级土地整治重点项目进行检查，主要检查工程项目招标投标情况、施工监管情况、工程变更情况、资金使用情况、资料收集归档、廉政建设情况等。12月，省国土资源厅批复2013年省级示范小城镇高标准基本农田建设项目规划设计项目27个，其中，黔南州有贵定县昌明镇省级示范小城镇高标准基本农田建设土地整治项目、独山县麻尾镇2013年省级示范小城镇高标准基本农田建设项目、平塘县卡蒲毛南族乡高标准基本农田建设项目。是年，全州耕地保有量和基本农田保护面积分别稳定在7858500亩和6370000.50亩，比省下达的目标任务分别高出526500亩和40000.50亩。批准州级土地整治项目16个，建设规模23494.65亩，争取省级高标准基本农田项目立项13个，建设规模109752.75亩；大规模土地整治项目3个，建设规模29562.75亩，申报美丽乡村省级示范小城镇土地整治项目3个，建设规模22995亩。

2014年，对全州新增耕地指标数进行清理。经清理，全州各县（市）新增耕地已颁发合格证246个，面积97695.15亩，已用于182批次建设用地占补平衡50091.75亩，新增耕地指标剩余面积47603.40亩；实际现状为水田未认定为水田的项目2个，水田面积183.90亩；能通过采取工程和技术措施整治为水田的项目39个，可整治为水田面积9676.65亩。清理中发现土地整治中存在的问题是废弃土地复垦率较低，有的新增耕地质量较差等。是年，安排州级高标准基本农田建设项目20个，建设规模182400亩。获省级示范小城镇高标准基本农田建设项目8个。在上年安排3个并取得成功经验基础上，继续安排6个村组实施土地整治项目。是年，建成高标准基本农田239599.50亩，补充耕地26700亩。6月起，实施基本农田永久性保护区划定，划定工作定于2015年12月通过省级验收。

第二节 矿产资源管理

一、矿产资源开发管理

（一）可开发矿产资源

全州已开发利用的矿种有20余种。开发格局为：北部开发以煤、磷为主矿产；东南部开发以煤、锌、金、锑为主矿产；西南部开发建材等非金属矿产。开发的矿种主要有煤、磷、锑、铅、锌、铁、硫铁矿、水泥灰岩、辉绿岩、矿泉水等，已发现和开发利用的矿种分三类。可按申请在先方式出让探矿权类矿产（第一类）主要有：地热（火成岩、变质岩区构造裂隙型）；锰、钒、铜、铅、锌、铝土矿、钼、汞、锑、镁；金、银；镉；硫铁矿、石棉、蓝石棉、重晶石、方解石、冰洲石、萤石、地下水（火成岩、变质岩区构造裂隙型）。可按招标拍卖挂牌方式出让探矿权类矿产（第二类）：煤炭、石煤、地热（沉积地层型）；铁；磷、水晶、石膏（含硬石膏）、颜料矿物、石灰岩（其他）、泥灰岩、含钾岩石、白云岩、石英岩、砂岩（其他）、脉石英、粉石英、含钾砂页岩、页岩（其他）、高岭土、陶瓷土、耐火黏土、其他黏土、玄武岩、辉绿岩、安山岩、花岗岩、大理岩、泥炭、碘、砷；地下水（沉积地层型）、矿泉水。可按招标拍卖挂牌方式出让采矿权类矿产（第三类）：石灰岩（建筑石料用）、砂岩（砖瓦用）、天然石英砂（建筑、砖瓦用）、黏土（砖瓦用）、页岩（砖瓦用）。

（二）采矿权登记

1987年，贵州省开展采矿补登记工作，将地、县属国有矿山的采矿补登记工作委托给地（州、市）矿管办公室办理。黔南州采矿补登记工作由州矿管办负责办理。1995年，国务院《关于整顿矿业秩序，维护国家对矿产资源所有权的通知》规定："违反规定下放的审批权限一律收回。"1996年1月，省地矿局根据国务院的规定，取消各地（州、市）矿管办公室地、县属国有矿山企业采矿登记发证权的委托，凡是地、县属国有矿山企业的采矿登记发证均由省地矿局办理。是年，全州获新颁发采矿证6个。

1998年4月，州地矿局制定印发《新建矿山采矿登记工作程序》，推进采矿权管理工作规范化。10月，州地矿局与州工商局联合发文，对矿山办理采矿登记与企业工商登记的有关问题作出明确规定。是年，经查独山县矿管局于8月为香港建业贸易公司申办的建业锑矿颁发独临字〔1998〕第01号采矿许可证，违反《中华人民共和国矿产资源法》《矿产资源开采登记管理办法》相关规定，导致东峰锑矿的合法矿区范围内出现矿权重叠设置现象，且建业锑矿自领证后一直在东峰锑矿的法定矿区范围内开采该矿的主矿体，严重侵害了东峰锑矿的合法权益，并造成事故隐患。1999年3月，州地矿局向独山县矿管局发出《关于纠正违法颁证行为的通知》，责令撤销违法颁发的独临字〔1998〕第01号采矿许可证，责令建业锑矿立即停止在东峰锑矿区范围内的违法采矿活动，撤除全部生产、生活设施，于3月31日前封闭该矿所采矿井。是年，开展采矿许可证换证工作。11月，省地矿厅在都匀市召开全省换证试点现场会，统一换证的资料标准和工作程序。

1999年1月，成立黔南州采矿许可证换证工作领导小组，县（市）按要求成立相应领导机构。全州有各类持证矿山企业1132个，所采矿种29种，其中，煤炭矿山581个，其他非煤矿山551个。1132个矿山，应由部级换证1个、省级换证719个（非煤矿山138个），州级换证233个，县（市）级换证的179个。至2000年5月底换证工作结束。全州已提出换证申请的非煤矿山180个，其中应由部、省换证的52个，应由州、县换证的128个；未提出换证申请的657个，其中应由部、省换证的523个（煤矿山481个、非煤矿山42个），应由州、县换证的134个；已换证的非煤矿山154个，其中省级换证26个，州、县换证128个；已完成换证资料的矿山190个，其中应由部、省换证的煤矿山164个、非煤矿山26个。

2000年7月1日，《贵州省矿产资源条例》正式实施，州地矿局于6月20日发出《关于终止委托颁发采矿许可证的通知》，终止委托给各县（市）的开采只能用作普通建筑材料的砂、石、黏土、页岩等矿种的审批颁证权。上述矿种的审批颁证权按条例规定执行。9月，全省煤矿整顿，暂停换证工作。

2001年4月，换证工作重新启动，到年末，全州煤矿除原已由省地矿厅换证的矿山外，州地矿局按省国土资源厅的委托，全州共换发206个年产9万吨以下非国有煤矿的采矿许可证（年产9万吨的矿山1个、年产6万吨18个、年产5万吨2个、年产3万吨185个），完成8个国有煤矿换证资料的审查报批。除有6个矿山因历史遗留问题未得到妥善解决而暂缓换证外，全州煤矿换证工作基本完成。通过换证，全州煤矿山总数由1999年底的423个减少到262个，不具备基本办矿条件、布局不合理、破坏浪费资源严重的矿山被取缔。

2004年，全州采矿权审批登记共审批颁发许可证16个，办理延续登记手续4件、变更登记手续4件，签署送省审批发证的矿权设置情况说明235份。

2005年，采矿权审批登记，州级共审批登记发证13个，办理变更登记手续2件、延续登记手续9件，签署送省审批发证或延续的矿区设置说明和法定义务履行情况的审查意见128份，完成历史遗留的2个煤矿采矿许可证换证工作。

2006—2012 年，全州国土资源部门依法依规审批采矿权许可证。

2013 年，审批颁发采矿许可证 156 个，收取采矿出让金 1344.90 万元。

2014 年，全州审批颁发采矿许可证 121 个，收取出让金 1675.50 万元。

（三）矿业权管理

1993 年，根据省矿产资源委员会《关于实行矿产品经营审核和购矿登记制度的规定》，在全州范围内实行矿产品购销登记凭证及准运证制度，制止了无证开采的矿产品进入市场，促进采矿秩序稳定。

1994 年，全州矿业监督侧重制止无证开采和无证经营行为，维护持证企业的合法权益。是年，对州属矿产经营单位经营情况进行年度检查，注销明显不具备经营条件的企业“矿产品经营凭证”10 户。年内，经书面审核和实地抽查，由地矿部和省地矿局颁发“采矿许可证”的企业有瓮福磷矿等 18 户企业年检合格；由州矿管办颁发“采矿许可证”的企业有 36 户年检合格，有 8 户企业的“采矿许可证”被依法注销。州矿管办颁发“矿产品经营凭证”的企业年检合格 48 户、不合格 11 户，不合格企业的“矿产品经营凭证”被依法注销。

1995 年 3 月，针对州内开展的矿产经营状况，州政府办公室下发《关于加强矿产品经营管理的意见》，州内企业或个人不履行代扣代缴义务，或在联营中蓄意逃避矿产管理和运输管理部门的检查监督，导致无证矿产品进入市场或造成规费流失的，将依照有关矿产管理法规予以警告、罚款、没收矿产品或吊销其“矿产品经营凭证”的处罚。3 月 10 日，州矿管办又对矿产品经营管理的有关具体问题作出补充规定。是年，由地矿部和省地矿局颁发“采矿许可证”的企业中有 20 户年检合格；州颁证的企业中有 30 户年检合格，4 户矿山因企业性质发生变化而注销“采矿许可证”，3 户企业未按规定接受年检。

1996 年 6 月，州政府发出《关于加强矿产资源管理工作的通知》，加强矿产资源管理，依法办矿。8 月，州地矿局和州工商局联合发布《关于加强矿产品经营监督管理的通告》，进一步明确“矿产品经营凭证”的审批程序及职权划分，对购矿登记及准运制度作出具体规定。同时，开展州内各类矿山企业、矿产品经营单位和个人运销矿产品情况全面检查整顿，并就整顿内容提出要求。9 月，州地矿局与州计划局、经贸局联合发出《关于对新（扩）建矿山及用矿企业在可研阶段进行资源复核的规定》。10 月，州地矿局向以地方国营企业形式组建并取得“采矿许可证”后，无法对所划矿区实行有计划、成规模开发，致使整个矿区内的民采矿井多达近 30 个，违反国家有关政策的三都县地方国营登沟锑矿厂发出通知，责令该厂停产整顿。12 月，向独山县、三都县矿管局发出《关于规范发证行为，加强锑矿开采管理和经营管理的通知》。要求锑矿“矿产品经营凭证”的审批发证工作，按州颁布的《关于加强矿产品经营监督管理的通告》的有关规定办理。是年，都匀市全面推行“矿产品准运凭证”制度，规定无证矿山采出的矿产品无“矿产品准运凭证”不能进行运销，购矿者也不能采购无证矿山开采出的矿产品，全市持证率由 1995 年的 39.4% 上升到 1996 年的 92%。年末，全州共有矿产品经营企业 258 个（持证企业数），其中国有企业 51 户、集体企业 91 户、个体及私营企业 116 户。经营矿种主要有原煤、焦炭、磷矿、重晶石、硫铁矿、铁矿和锌矿等。州属矿产品经营企业经年检有54户企业年检合格，年检不合格或不按规定接受年检的13户企业被依法注销“矿产品经营凭证”。

1997年5月，州人大办公室发出《关于开展1997年全州环境与资源保护执法检查工作的通知》，州及各县（市）地质矿产管理部门建立执法检查工作领导小组，开展地质矿产执法自查自纠工作。至7月底，全州共清理无证矿山379个、越层越界矿山26个，查封无证矿山266个，处罚违法行为115起，罚款20.27万元。都匀市重点清理56个季节性小煤窑；荔波县重点清理立化镇应昂矿区严重影响交通项目实施和资源浪费严重、矿山事故多的小煤窑27个；福泉市、瓮安县注销一批违反规定颁发的磷矿采矿许可证。全年共发生行政处罚案件963件，结案（执行）815件，诉讼案件11件，其中维持7件、撤诉1件、撤销2件、变更1件。是年，国有矿山企业和州属矿产品经营企业年检共检查矿山企业43户，其中，合格41户，注销采矿许可证1户，报请省地矿厅撤销采矿许可证1户；年检矿产品经营企业60户，其中合格54户，被注销矿产品经营凭证6户。

1998年8月，州地矿局向福泉市地矿局发出《关于限期查处非法转让矿产资源行为的通知》，要求福泉市地矿局认真查处马场坪镇企业办将国有矿产资源以承包形式转让给个人的擅自买卖国有矿产资源的违法行为，维护国家权益。是年，根据国土资源部制定的新的年检制度，对全州41户国有矿山企业及都匀市64户矿产品经营企业进行年检。经检查，有25户国有矿山企业和37户经营企业年检合格，年检率分别为61%和58%；16户矿山企业和26户经营企业不按规定接受年检。对42户不按规定接受年检的企业，州地矿局在《黔南日报》上发出通告，并依据有关法规作出处罚。公告之后，有14户国有矿山企业和2户矿产品经营企业补办年检。年内共审批颁发矿产品经营凭证5个，换发经营凭证19个。

1999年，全州开展地质矿产行政执法工作自查自纠。经自查，全州没有出现因不按程序查处导致的重大行政失误案件。

2002年，受省国土资源厅委托，州、县（市）两级国土资源部门于2—6月对州内各矿山企业2001年度矿产开发利用情况进行监督检查，全州除龙里县因机构未理顺，年检工作未结束外，其余各县（市）的矿山年检全部完成。年检结果：2001年度全州采矿权人年检应检矿山639个，按规定申报年检矿山560个，未按规定申报年检矿山79个，一次年检合格矿山501个，整改后年检合格矿山53个，整改后仍不合格矿山6个，依法吊销或提请吊销矿山1个，自行失效、依法注销、撤销或提请注销矿山87个。年检中被依法实施行政处罚矿山7个。是年，已开工建设的龙滩电站和即将开工建设的构皮滩电站，将逐渐淹没罗甸、瓮安两县的部分地区，为使该地域内的矿产资源不受损失并得到及时开采利用，州要求两县在保证安全生产和执行矿法有关规定前提下，对将被淹没的矿产资源实行抢救性开采。9月，州及平塘县对该县通州镇金黔村的1平方公里高岭土矿区，按公平、公正、公开的原则进行采矿权拍卖，以82万元最高价拍卖成功。此次采矿权拍卖为全州首例。是年，全州采矿权人年检应检矿山647个，按规定申报年检矿山617个，未按规定申报年检矿山30个，一次年检合格矿山520个，整改后年检合格矿山81个，整改后仍不合格矿山

16个，依法吊销或提请吊销矿山1个，自行失效、依法注销、撤销或提请注销矿山45个，年检中被依法实施行政处罚矿山7个。州国土资源直接年检的38户矿山企业经审查合格，依法提出注销采矿权申请的4户矿山企业中有3户注销采矿许可证；由省国土资源厅发证的1户报请发证机关依法注销。

2003年，全州矿产执法检查，现场炸封、取缔无证煤窑1602个，立案查处矿产违法案件35件，结案17件，罚款共计8.76万元。

2004年，全州有偿出让采矿权133宗，出让金额1014.85万元，矿种为：铁矿、重晶石、方解石、汞、硅石、水泥用灰岩等矿种。是年，完成439个矿山储量核实工作，占应核实矿山775个的57%。州直接年检的矿山，36个年检合格，4个矿山未按规定时间进行年检，其采矿许可证依法自行失效。

2005年，全州组织开展高岭土、重晶石、硅石、砂石等采矿权招标拍卖挂牌出让128宗，收取出让金124.62万元。全州上年度探矿权、采矿权年检共审查48个探矿权人年检资料并签署意见上报省国土资源厅；审查330个采矿权人年检资料，其中318个年检合格、7个补检合格。年内对230个煤矿企业煤炭资源回采率进行专项检查和抽查。对国土资源动态巡查中，查出非法开采矿产违法行为1487起，立案查处矿产违法案件49件，罚没款81.35万元。

2006年10月，省国土资源厅委托黔南州国土资源局对瓮安、贵定、龙里、惠水4个县27家涉嫌非法转让采矿权矿山进行查处；委托都匀市国土资源局对该市9家涉嫌非法转让采矿权矿山进行查处；委托荔波县国土资源局对该县9家涉嫌非法转让采矿权矿山进行查处。是年，开展到期矿山延续登记资料的审查。全年共审查报送到期煤矿的延续登记资料117个；开展2005年度矿山企业矿产开发利用情况和探矿权人勘查情况监督检查，全年应年检的矿山企业823个，实际年检矿山776个，占应检矿山数的94.3%。年检查处各类违法案件58件（侵权越界24件），吊销采矿许可证52个，注销采矿许可证12个，限期整改26个，收缴罚没款17.2万元，追缴资源补偿费60.2万元。全年全州有偿出让采矿权280宗，收取出让价款390.105万元，县级出让240宗，收取出让价款248.855万元；开展省国土资源厅发证矿产探矿权、采矿权出让工作，经省国土资源厅批准探矿权出让申请1个、采矿权出让申请3个。

2007年，探矿权年检187个、采矿权年检276个，审核上报省国土资源厅办理采矿权、探矿权相关手续156个，依法审批“采矿许可证”36个。年检查处各类违法案件58件（其中侵权越界40件），注销采矿许可证21个，限期整改36个，收罚没款16.1万元，追缴补偿费329.3万元。全年组织铁矿、高岭土、硅石、重晶石等矿种采矿权有偿出让181宗，铜矿探矿权出让1宗，总成交价款1207.26万元，其中，州级发证20宗，收取出让金137.75万元，省国土资源厅委托出让3宗（铁矿采矿权2宗、铜矿探矿权1宗），总成交价款865万元。

2008—2010年，对年检资料达不到要求，拒缴、欠缴资源补偿费的企业一律限期整改；对存在以采代探、越层越界开采，非法转让矿权等违法行为，依法进行处理。

2011年，开展矿产资源开发整合工作，完成都匀市墨冲镇八连山硫铁矿详查与墨冲镇兴隆村大尖坡硫铁矿详查整合，荔波等县（市）部分沙石矿山整合。是年，省国土资源厅委托的探矿权年检权限下放给项目所在县（市）国土资源局。当年采矿权有偿出让200宗，成交金额1721.75万元。

2012年，全州开展矿业权市场专项整治，矿业权清理为：至2012年9月，全州清理2011年采矿权新立出让项目共75宗，出让总价款846.544万元，其中，行政审批1宗，出让价款2.1448万元；协议出让2宗，出让价款13.869万元；挂牌出让72宗，出让总价款830.53万元，招标拍卖挂牌出让采矿权所占比例为96%。

2014年，开展矿产资源“圈而不探、占而不采”治理，调查清理442个矿业权，查明存在不同程度的“圈而不探、占而不采”问题探矿权243个，全部进行了分类处置，公告注销探矿权53个、采矿权17个，其他问题矿业权限期整改。全年投放矿业权21个，招拍挂出让21个。

（四）矿产资源规划管理

2005—2006年，州国土资源局制定《黔南州矿产资源总体规划（2001—2010年）》，经省国土资源厅审核，报省政府审定并按省政府及省发改委、经贸委等有关部门提出的修改意见修改完善后，由省政府批准实施。是年，各县（市）也制定了县级《矿产资源总体规划》，瓮安县、福泉市、三都县制定《钼镍钒矿勘查与开发专项规划》，并报省国土资源厅备案。《黔南州矿产资源规划》《瓮安县矿产资源规划》获全国矿产资源规划优秀成果奖，受国土资源部表彰。

2011年，黔南州第一轮矿产资源总体规划实施到期，州国土资源局于7月通过竞争性谈判，聘请贵州省地矿局115地质大队对黔南州矿产资源总体规划进行修编。经过反复征求意见和论证，于2012年2月编制完成，2012年3月组织相关领导和专家进行初审，省地矿局115地质大队根据专家意见进行修改和完善后，州国土资源局认为《黔南州矿产资源总体规划》（2009—2015年）基本达到要求，于2012年7月呈报省国土资源厅。2012年12月，州政府发出《关于都匀等12县（市）矿产资源总体规划的批复》，原则同意都匀、福泉、贵定、瓮安、龙里、惠水、长顺、独山、三都、荔波、平塘、罗甸县（市）第二轮矿产资源总体规划，并由各县（市）政府分别发布实施。

二、矿山秩序治理整顿

1995年，重点对都匀市牛角塘锌矿区矿山秩序进行治理整顿。都匀市牛角塘锌矿区锌金属储量40.18万吨，伴生镉金属储量0.53万吨，属于中型偏大型矿床，为省内探明储量最大的锌矿床。矿区分为王家山、左湾田、马坡3个矿段。牛角塘锌矿区从1988年起先后有40多户采矿户进入开采，特别是1991年以后，锌的市场行情好，矿区资源开发活跃。至1995年，矿区内有矿山企业28户，其中办理“采矿许可证”9户，无“采矿许可证”19户。由于都匀市矿管工作滞后，疏于监督管理，矿区无证开采、乱采滥挖、采富矿选富矿而弃贫矿情况严重，给矿产资源的合理开发和保护利用以及矿山的安全带来威胁。据

104地质队测算，牛角塘锌矿资源按规定合理有序地开采，使用开采年限为25年，如果继续乱采滥挖，最多开采5年。为此，1994年11月，州矿管办向州政府递交《关于解决都匀市牛角塘铅锌矿开采秩序混乱问题的紧急请示》，州政府办公室作出批复，要求都匀市政府组织有关部门立即对牛角塘锌矿区进行治理整顿。1995年5月，都匀市政府成立以市长为组长的牛角塘锌矿区治理整顿工作领导小组，召开专题会议研究整治工作，按照“有法可依，有法必依，执法必严，违法必究”的原则提出对矿山治理整顿工作的意见：凡1993年10月18日前进入矿区者，均为合法开采者；符合上述时限的合法开采者，正在开采Ⅲ号矿带的，原则上不准进入Ⅱ号矿带开采，凡擅自进入的一律取缔；治理整顿采取保留大矿，撤销小矿，取缔一证多户开采，违者吊销采矿证并封闭其采矿点；将牛角塘马坡Ⅱ号矿带分成4个片区划定矿界，对矿区内的无证采矿进行清理，即对1993年10月18日以后进入的10户无证矿山限期停采撤除，所剩9户无证矿山进行统一规划，划定矿界后颁发采矿许可证。

1996年，根据国务院《关于整顿矿业秩序，维护国家对矿产资源所有权的通知》和省政府《关于开展整顿矿业秩序工作的通知》，州及各县（市）先后开展矿业秩序整顿，特别是对重点矿区的治理整顿。9月，省整顿矿业秩序验收组对全州矿业秩序整顿工作进行检查验收。验收组检查结果为：持证率国有矿山100%、集体矿山97%、个体采矿86%，抽查面67%，达到省政府提出的要求；都匀等地在矿山设站检查，有效地管住矿产品经营秩序。验收组通过对牛角塘锌矿和瓮福磷矿的实地检查，认为整顿工作进展不平衡，不同程度地存在无证、越界开采，乱挖滥采、抢夺、买卖矿产资源等问题。

1997年，重点对瓮福磷矿区行业进行专项整顿治理。3月4日，副省长楼继伟带领省地矿厅、化工厅负责人到瓮福磷矿区马场坪现场办公，听取矿业秩序有关问题汇报。3月7—8日，地矿部矿管局局长毛德荣到马场坪分别听取瓮福基地、福泉市、瓮安县矿业秩序汇报，并到矿区实地检查。3月14日，省地矿厅向黔南州地矿局发出《关于进一步整顿瓮福磷矿区矿业秩序工作的通知》，指出：瓮福磷矿区是省整顿矿业秩序领导小组决定“补课”的重点矿区之一，该区存在的一些严重问题已引起国务院、省政府和地矿部有关领导的高度重视。要求黔南州地矿局指导和督促瓮安、福泉两县市地矿部门认真对照《中华人民共和国矿产资源法》《贵州省乡镇集体矿山企业和个体采矿管理办法》的规定，对各自在瓮福磷矿区颁发的采矿许可证的合法性进行认真审查，不符合法律规定的采矿许可证一律撤销。4月，州地矿局向福泉市矿管办、瓮安县地矿局发出《关于搞好瓮福磷矿区矿业秩序整顿工作的通知》，要求两县市尽快实施以下事项：1. 穿岩洞矿段在采或拟采的福泉磷矿、大信南堡磷矿、铅厂磷矿、滴水岩磷矿、通和磷矿和平鹰磷矿等企业，其“采矿许可证”的颁发，不符合国家的法律规定，存在越权、越界或重界等问题，要予以注销。企业自行处理有关停产事宜后，于5月底以前全部从原采区撤出。瓮福磷矿区的资源分配方案正式确定之前，在现有合法有效证件确定的采矿范围之外，不得再开辟新的采点。2. 福泉磷矿等部分持有合法“采矿许可证”的矿山企业，以“投资技改”等方式引进外来单位在自己采矿范围内采矿并收取费用，要立即停止。在此之前已引入在采的外来企业，要进行清理登记，其协议开采期限不能再予延长。对这些企业的采矿活动，要制订有力措施，加强监督管理，坚决制止乱挖滥采、采富弃贫等破坏矿产资源的行为。3. 矿山企业在自己矿区范围之外的公路上设立的矿产品检查站，要立即关闭撤除。县、市地矿部门组织专门力量，在瓮福磷矿区的出入口对进出企业持证经营和矿产品购销登记制度的执行情况进行检查，制止无证开采的矿产品进入市场，坚决打击无证经营、偷拉私运矿产品和偷漏矿产管理规费等违法行为。8 月 12 日，国务院副总理邹家华对瓮福磷矿区矿业秩序作出批示："请地矿部、贵州省组织力量，按照《中华人民共和国矿产资源法》的要求，进一步整顿瓮福矿区的秩序，要采取整顿小秦岭金矿的办法，建立长期的法治秩序。由于存在着无证开采、越界开采、滥采乱挖、破坏国家资源、变相买卖国家矿山财产等严重的违法乱纪的问题，所以不仅要组织地矿的力量，还要有公安、监察等执法力量参加整顿，整顿好以后，还要有固定的保护秩序的力量和制度，还要教育地方干部，经济要发展，但要有国家观念，法制观念，要做到：①依法保护已经取得采矿证的国有矿山不受侵犯，地方无权调整国家已批准的开采范围。②地方要开采矿山，必须按照矿法规定申请取得采矿证，否则国家不予保护，矿产资源国家所有，不是地方所有，更不是谁开采归谁所有。③坚决取缔无证开采，更不允许个体包工头来承包开采。④要坚持保护资源，科学开采，合理组织，在保护国家利益的前提下，依法兼顾各方要求。9 月，州政府向瓮安、福泉两县市政府和州直有关工作部门发布《关于加强矿产资源监督管理，维护瓮福磷矿区矿业秩序稳定的通告》"。9 月 30 日，省长吴亦侠作出批示："将家华副总理重要批示和方仁同志批示转发黔南州政府。当前，黔南州政府一定要认真贯彻家华副总理重要批示，加强依法整顿矿业秩序，坚决取缔无证开采，坚决依法制止无证开采、越界开采、滥采滥挖、破坏国家资源等严重违法乱纪行为。坚决整顿个体包工头承包开采的问题，坚决保护矿产资源，坚持科学开采，切实加强领导责任制，依法兼顾各方利益，保证国家矿山重点工程有序进行。省里请继伟同志继续组织地矿、公安、监察等执法单位参加整顿。"经过整顿，省政府下文确定瓮福磷矿区 5 户企业的矿界范围。州地矿局组织实施了矿界的划定工作。

是年，为加强矿业管理，实现矿业秩序的根本好转，州地矿局制定《黔南州实现矿业秩序根本好转三年规划》，经州政府研究同意，于 10 月印发施行。各县（市）根据自己的特点制定本县（市）三年规划并以政府文件印发。至年末，全州在治理整顿中共炸封无证矿山 477 个，吊销采矿许可证 22 个，实施行政处罚 376 起，处以罚款 5. 34 万元，无证开采、乱挖滥采和无证经营等违法行为得到有效制止，国有企业和乡镇企业的持证率基本达到规划要求。

1998 年，强化重点、热点矿山综合治理，建立矿业秩序整顿和维护目标责任制，制止和纠正各种违法行政行为。全年全州清理无证矿山 396 处，取缔非法采矿井 432 处，炸封矿井 100 余处，实施行政处罚 387 起，没收矿产品 4000 余吨，收缴罚没款 166. 5 万元，吊销采矿许可证 11 个，撤销采矿许可证 1 个，吊销矿产品经营凭证 7 个，整治力度较上年增强。

1999 年 10 月，省政府组织省地矿厅、化工厅、公安厅和工商局对黔南州实现矿业秩序全面好转三年规划责任目标完成情况进行检查验收。检查组严格考评后认为：自1997年以来，州、县两级政府以及各有关主管部门按照国务院和省政府的要求，认真开展实现矿业秩序全面好转三年规划的组织实施工作，做到领导重视、责任明确、措施有力、成果显著；瓮安磷矿区、牛角塘锌矿区、珠藏铁矿区等重点、热点矿区的矿业秩序得到有效治理，均实现全面好转；全面的整顿工作也得到有力推进；在实施规划过程中还注意把矿业秩序的治理整顿与各项业务工作的开展有机地结合起来，在地矿行政管理工作的规范化、制度化、程序化方面取得新的进展。检查组最后评定黔南州三年规划的组织实施工作达到省制定的验收标准，达到优秀等级，通过验收。

2000年2月，瓮福磷矿区英坪矿段的嘎拉坡、小坝矿段O线以北的双碑坟和O线附近宏福总公司规划使用矿区范围内，相继出现20余处无证开采的民采点，违法采矿大部分是贵州宏福实业开发总公司以供应福泉市磷矿石为由，与当地乡、村、组联合，变相承包或组织当地村民和外地采矿者进行开采，另一部分则是当地村民在自留山上进行开采或承包给他人开采。5月，州地矿局对上述违法行为采取措施进行查处，并向宏福总公司发出《关于对瓮福矿区部分矿段秩序混乱处理意见的通知》，要求该公司立即停止未取得采矿权的规划使用矿区的一切采矿活动。

2001年，州政府办公室发出《关于加强矿产资源管理秩序治理整顿的通知》，开展全州矿产资源管理秩序治理整顿。9月，州、县（市）成立州矿产资源管理秩序治理整顿工作领导小组，治理整顿以大中型矿区和煤矿山为重点进行综合治理，带动矿管秩序整治的全面开展。10月至次年7月，共清理出各类无证矿山689个，依法查处无证和违法开采矿山1143个（次），其中依法取缔343个（次）、关闭348个（次）、查封397个（次）、炸封煤矿山194个次，拆毁工棚1578间，没收非法采矿设备72台、非法采矿工具201件；实施行政处罚77起，其中申请法院强制执行30起，依法追究刑事责任2人，实施行政拘留1人；没收矿产品2490吨，收缴罚没款79.3万元；依法吊销采矿许可证7个，依法注销采矿许可证59个，依法撤销采矿许可证2个，关闭布局不合理的矿山48个。整顿后，全州矿山总数由原来的近1000个减少到657个，矿山布局和企业结构趋于合理。对清理检查出来的问题，州国土资源管理部门通过行政监察方式责令有关县（市）的国土资源管理部门改正，违法当事人受到行政处分。

2002年10月，州政府办公室下发《关于进一步做好矿产资源管理秩序治理整顿工作的通知》，要求继续开展矿业法规学习教育，进一步加强对矿管秩序整治工作的领导，抓好对整顿成果的巩固和维护。

2005年，成立黔南州整顿和规范矿产资源开发秩序工作领导小组，制定整顿和规范矿产资源开发秩序实施方案，年内完成对矿产资源勘查开发项目的全面清理检查工作。

2006年，以煤、锌等矿产为重点，抓好资源整合，组织编制并报送全州煤炭资源整合方案，全州合法煤矿个数由整合前的212个减少为166个，整合后的矿山生产能力均提高到年产煤9万吨以上。是年，都匀市牛角塘锌矿区的资源整合完成，原矿区平面投影范围相互重叠的19个矿山经整合后减少为8个，矿山布局趋于合理。

2007年5月，根据省国土资源厅《关于规范煤炭开发秩序严厉打击非法采矿行为的通知》《关于切实做好煤矿越层越界破坏性开采专项治理工作有关问题的通知》，州成立煤矿越层越界破坏性开采专项治理工作领导小组，制定《黔南州国土资源局煤矿越层越界破坏性开采专项治理工作实施方案》，开展煤矿越层越界、破坏性开采专项治理。治理范围为持有合法采矿许可证，在采矿许可证有效期内开采的煤矿，治理内容为超越批准的矿区范围采矿、采取破坏性的开采方法开采矿产资源。至9月，全州合法煤矿企业152个，其中，整合煤矿72个，扩能煤矿15个，扩能扩界煤矿45个，保持现状煤矿20个。存在越层越界煤矿38个，其中，查处17个，收缴罚没款51.06万元。其余存在违法开采的煤矿经调查取证后，按省国土资源厅的规定进行分级处理。

2008年，《黔南州磷矿、锌矿、硫铁矿、重晶石整合方案》经省国土资源厅批准，组织实施。全州除罗甸县不具备整合条件外，州及11个县（市）均编制《砂石整合方案》，其中，8个县（市）《砂石整合方案》县（市）政府已批准，报州国土资源局备案，3县（市）《砂石整合方案》县（市）政府尚未批准实施。是年，全州完成省、州发证采矿权变更2个，正在办理变更手续的4个；完成砂石采矿权变更4个，签订协议2个，关闭矿山11个。同年，检查清理涉及155宗矿产资源违法案件，全部立案查处。

2009年，矿山整合除省级颁证的1个矿山因地处环境敏感区，当地县政府未出具文字意见没有办毕整合手续外，州、县（市）颁证矿山的整合全部完成。是年，在瓮安、独山、都匀等县（市）开展和谐矿区建设试点。瓮安县采取政府引导方式，由行业协会设立和谐矿区建设基金，专门用于处理矿群矛盾。

2010年，开展打击无证勘查开采行为。清查勘查工作完成情况：开展锑、钼、萤石等矿产专项整治，共清理采矿权6个、探矿权35个。10—12月，全州打击非法采矿专项整治下发专项资金259万元，进行矿山巡查2567次，发现非法采矿采煤窝点942个，炸封取缔918口，没收销毁机器设备154台，捣毁工棚32间，移送公安机关行政拘留58人，刑事拘留13人。全年查处矿产资源违法案件90件。

2011年，全州组织3次大规模的打击非法采矿专项行动，共清理、炸封、取缔非法小煤窑3125口（次），驱逐违法采矿人员6200余人（次）。

2013年3—9月，对全州2009—2011年开发利用重要矿产资源的矿山进行清理，确定全州54家煤矿企业、16家非煤矿企业共70家矿山企业作为调查与综合评价对象，并从中选出22家矿山作为实地核查对象。重点检查储量情况、采矿情况、经济指标、新技术新工艺、开采回采率、选矿回收率、共伴生及尾矿利用等。6—10月，在全州矿产资源开发领域扩展“打非治违”专项行动，严厉打击无证采矿行为、非法转让采矿权行为、破坏矿产资源行为、不履行法定义务行为、其他违反矿产资源法律法规的生产经营行为。11月，在全省金属非金属矿山整顿拟关闭的636家金属非金属矿山中涉及黔南州55家。

2014年，开展对矿山区域巡查9105次，发现非法采矿点475个，清理、炸封、取缔376口（次），下达责令停止违法行为通知书86份，查明违法采矿人员35人，立案查处27件，结案27件，罚没款29万元。全年关闭砂石土矿99个，规范砂石土资源开发，推动全州砂石土资源集约开发利用。

三、矿产资源补偿费征收

从1993年起，根据国家规定，全州开展矿产资源补偿费征收工作。1994年，国务院颁布《矿产资源补偿费征收管理规定》，黔南州在省的实施办法未发布前，制定全州实施暂行办法。至年底，大部分县（市）的矿产资源补偿费征收按新的规定起步。

1995年，对全州1994年4月1日—1995年6月30日的矿产资源补偿费征收情况进行清理，要求应征的补偿费于7月31日前清收完毕。是年，全州矿产资源补偿费征收为县级矿管部门（平塘县矿管机构未按要求理顺，尚不具备矿产资源补偿费征收资格）对辖区内的矿山企业征收矿产资源补偿费。全州除个别国有矿山拒交外，上交入库111.02万元。

1996年，平塘县获省地矿厅资源补偿费征收资格认证。年初，省下达全州征收入库指标250万元，年末全州入库共251.8万元，超额完成省下达任务。

1997年，全州矿产资源补偿费征收因遇到一些不利因素影响，如部分矿山封闭，广西红茂煤矿和福泉磷矿因货款未能及时回笼而拖欠矿产资源补偿费上缴；锑产品销售行情不好；罗甸辉绿岩、硅矿、水晶矿的资源补偿费不由地矿管理部门征收等。全年全州入库158.86万元，为省下达任务的88.25%。

1998年，全州征收入库174.67万元，完成省下达的征收任务。

1999年起，全州矿产资源补偿费征收入库下降，到2003年，仅达到155.31万元。

2004年，加强矿产资源补偿费征收管理，是年征收入库300.31万元。

2005年，全州矿产资源补偿费征收入库307.59万元，为历年最高水平。

2006年，征收入库323.8万元，超额完成省国土资源厅下达的年度任务。

2007年，追缴矿产资源补偿费499.68万元。

2010年8月，州国土资源局对上年度全州矿产资源补偿费征收入库工作成绩突出的11人进行表彰。

2011年，全州征收矿产资源补偿费2333.18万元，追缴价款27104.21万元。

2013年，累计缴存矿山环境恢复治理保证金9721.75万元。收缴矿产资源补偿费和矿业权价款1.68亿元。

2014年强化矿山地质环境治理恢复保证金监管使用，累计缴存保证金5.71亿元，按规定退还和使用6891.27万元。当年，复绿矿山18个。

第三节　地质环境管理

一、地质灾害隐患

黔南州地质史的各个时期都处于海相沉积，因此大面积出露碳酸盐相石灰岩、白云岩等，地理位置上处于云贵高原向广西丘陵过渡的斜坡地带，属于挽近构造的上升区，地壳大面积大幅度上升。地貌类型多样，地形复杂，地面崎岖，坡陡谷深，岩溶地貌发育占总面积的80%。州内属于亚热带季风温润气候，降雨量充沛而集中。这些因素决定了境内属于地质灾害多发地区。

全州常发生的地质灾害类型有：山体滑坡、崩塌；泥石流；地面塌陷、开裂；水土流失；地基变形；矿洞冒顶、鼓底、突水、瓦斯爆炸；河流水库塌岸、淤积、渗漏、泉水干涸；地下水污染；膨胀土胀缩等。地质灾害多在每年的汛期发生，给人民群众生命财产造成重大损失。

2014年，州境内有重大潜在威胁的地质灾害隐患点两处。一处为荔波县玉屏镇坡平村四、五组滑坡群，该滑坡体土石方总量约26万立方米，若其快速下滑，可能造成樟江堵塞积水，淹没荔波县城；若溃坝，将对下游岸乡（镇）、村庄、公路、旅游景点等构成严重威胁，估计经济损失达5亿元以上。另一处为平塘县者密镇龙平村一、二、三组滑坡群，该滑坡一旦发生，也会堵河积水，对上游六硐坝子4个村38个村民组共3874人、近300公顷良田和及平塘县城构成严重威胁。此外，州内部分矿区经过多年开采，地质环境被破坏，也存在严重地质灾害隐患。

2014年，全州有各类地质灾害隐患点1113个，受威胁人口88186人，受威胁财产11.42亿元．其中，重大地质灾害隐患点213个，受威胁人口57615人，受威胁财产7.59亿元。

二、地质灾害防治

1991—1998年，据民政部门统计，全州地质灾害频繁发生，8年间发生地质灾害2089处，受灾29540户121765人，死亡18人，倒塌房屋2673间，直接经济损失11618万元。

1998年前，州内地质灾多在发生危害后才引起有关部门重视，采取措施进行治理。1999年后，地质灾害防治纳入政府及国土资源管理部门职责后得到高度重视。是年6月，州人民政府印发《黔南州地质灾害简况及防治预案》，要求各县（市）及州政府各工作部门重视宣传普及地质灾害防治知识，建立预报和报告制度，开展地质灾害调查和专项治理，依法加强工程建设管理；地矿系统要初步建立地质灾害监测、防治工作网络。此后，每年“4·22”世界地球日前后，州、县（市）有关部门利用各种形式向广大群众特别是农民群众广泛宣传地质灾害防治知识。

2000年，州、县（市）、乡（镇）三级政府均成立地质灾害防治领导小组，加强对地质灾害防治工作的领导，负责辖区内地质灾害防治组织协调工作。州地矿局举办县（市）地质灾害防治管理有关人员业务培训班。

2001年，省国土资源厅在都匀市和荔波县开展乡（镇）领导干部地质灾害调查与区划培训，系统讲授地质灾害防治的有关知识。

2002年3月，州国土资源局编制《2002年黔南州汛期地质灾害防灾预案》。4月26日，州国土资源局转发国土资源厅《关于加强采石砂场监督管理的通知》，要求各县（市）国土资源局组织人员对现有采石采砂场和废弃采石采砂场进行一次地质灾害专项检查，将检查结果报州国土资源局。11月，州国土资源局发出《关于开展2002年地质灾害汛后复查的通知》，汛后复查范围：近年以来应急调查的地质灾害隐患点；县（市）地质灾害调查与区划工作中查明的地质灾害隐患点；城镇、矿山、铁路、公路、水库、重点工程设施等区域的地质灾害隐患点；各地国土资源行政管理部门掌握的其他地质灾害隐患点。汛后复查的内容：地质灾害隐患点发生的时间、地点、类型、性质、危害对象及危害程度、灾害的发展变化预测等；地质灾害隐患点防灾预案的建立与落实情况；地质灾害隐患点预测预报的责任建立和落实情况；已布置的各项防灾措施（如避让、搬迁、治理工程等）的落实情况。此后每年的汛前排查、汛期巡查、汛后复查工作形成制度。

2003 年 4 月，州及各县（市）编制 2003 年度区域性地质灾害防治和重大地质灾害隐患点防灾预案，由同级政府发布实施。同时，对辖区内重要的地质灾害隐患点明确监测人员，制定防灾减灾措施。县、乡两级国土资源管理部门向受灾害威胁的农户宣讲地质灾害防治知识，发放地质灾害灾情“明白卡”，开展地质灾害汛期巡查工作，建立 5—8 月的汛期 24 小时专人值班制度和灾情速报制度。5 月 29 日—6 月 2 日，省国土资源厅组织检查组到州交通局、建设局、都匀公路局等单位检查地质灾害防治工作责任制的落实情况，到都匀、荔波、平塘 3 个县（市）实地抽查 5 个地质灾害隐患点灾害防治措施落实情况和 2 个在建重点工程地质灾害危险性评估成果应用情况。通过检查，发现的问题是地质灾害防治工作的部门责任制尚未落实，区域性地质灾害调查及区划工作和地质灾害防治规划编制工作仍然滞后，重要建设项目在设计、施工、监理、验收等环节对地质灾害危险性评估成果的应用程度不够，重要地质灾害隐患点的监测方式不当、防治措施不力，对主要地质灾害隐患点实施工程治理的相关工作进展缓慢。7 月，州国土资源局会同州煤炭局、交通局、防汛办、都匀公路局等单位，组成 4 个检查组，分赴 12 个县（市）对地质灾害防治和无证矿山的治理整顿工作进行检查。11 月 24 日，对全州存在的 603 处地质灾害中危害威胁较大的 32 处隐患进行分类排队后，向州政府提交《关于全州 32 处重要地质灾害隐患防治措施的报告》，建议对灾害隐患实施工程治理。至年末，全州已实施搬迁的农户共 371 户，占需搬迁农户总数的 23%，准备进行搬迁的农户 328 户，占应搬迁户的 27%；对存在严重灾害威胁，暂时无法搬迁避让或实施工程治理的灾害隐患点，按照其灾害类型、动态特征、致灾程度、影响范围等，由县、乡两级国土资源管理部门分别填制“险情防范明白卡”，发放到相关的监测责任人和受威胁的农户手中，以增强灾害防范工作的超前性和能动性，有效避免灾害伤亡事故发生；对重大地质灾害隐患点，各级政府多方筹措资金，实施工程治理，如三都县都江镇滑坡的治理经费，县、州政府向省政府作专题报告申请国家专项资金予以解决。

2004 年，州政府将地质灾害防治经费纳入财政预算，印发《2003 年度黔南州地质灾害防治方案》和《黔南州突发性地质灾害应急预案》，开展地质灾害汛前巡查和地质灾害气象预测预报，对重大建设项目地质灾害危险性评估的指导和检查督促。对新发现的荔波浪祥电站厂房施工诱发的滑坡灾害、贵定县因特大暴雨引发的多处滑坡隐患、都匀市小围寨办事处三道河村崩塌隐患、瓮安县白沙乡翁腊村崩塌隐患以及龙里县三元镇合安村崩塌隐患等，开展灾情调查，督促责任单位采取防治措施，确保人民群众的生命财产安全。

2005年，全州教育、建设、水利、交通等地质灾害防治工作领导小组成员单位开展地质灾害防治宣传、险情巡查、工程治理、避灾搬迁工作，督促各县（市）划定地质灾害危险区，设立警示标志，发放地质灾害“明白卡”，并将地质灾害防治经费纳入财政预算和年度计划。同时，各级政府均印发2005年度地质灾害防治方案和突发性地质灾害应急预案，开展地质灾害汛前排查、汛期巡查、汛后复查。州政府安排30万元、相关县（市）政府安排3万—5万元资金，用作国土资源部门的地质灾害防治工作经费，全年全州用于地质灾害防治和搬迁避让经费220万元。

2006年，州、县（市）政府制定地质灾害防治方案和突发性地质灾害应急预案，建立县、乡、村、组四级地质灾害群测群防监测预警体系。全年全州采取多渠道筹集资金方式，投入资金1.2121亿元，对52个地质灾害项目进行治理搬迁，共搬迁受地质灾害威胁户310户1230人，治理滑坡、泥石流面积138.9公顷。平塘县六硐石龙过江滑坡3个地质灾害治理工程获国家治理经费500万元。荔波县争取到中央资金150万元，完成茂兰煤田11处542.33公顷植树造林任务，改善煤田生态环境。

2007年2月，州第十二届人民代表大会第一次会议审议通过《黔南布依族苗族自治州岩溶资源保护条例》，从2007年6月1日起正式施行。3月，罗甸县罗妥乡交算村发生地震，州国土资源局及有关专家赶赴现场进行地质环境调查，为抗震救灾提供决策依据。年内，全州51个重要地质灾害隐患点均制定防灾预案；长顺县、独山县开展并完成地质灾害调查与区划工作；《都匀市地质灾害防治规划》发布实施。11月，根据省国土资源厅、省环境保护局《关于开展市、县级矿山环境保护与治理规划编制工作的通知》，州国土资源局、州环保局共同开展《规划》编制工作，启动都匀、福泉、瓮安等重点县矿山环境保护与治理规划。同时，州级组织编制的9个专题和规划大纲于10月底前率先报省总规修编办评审，通过初审。

2008年，根据州政府2004年颁布的《黔南州突发性地质灾害应急预案》的规定，成立黔南州地质灾害应急指挥部，州政府分管国土资源工作的副州长担任指挥长，州直有关部门、省驻匀有关单位、驻匀部队等25个部门（单位）负责人为成员，应对突发地质灾害。全州各县（市）国土资源局对2008年发生的地质灾害点及时编制地质灾害隐患点应急预案，由所在地乡镇政府组织实施。都匀市政府和瓮安县政府组织地质灾害防治演练。州国土资源局成立地质灾害工作小组，开展地质灾害隐患点排查，实行24小时值班制度，执行地质灾害报告制度。年内，全州发生地质灾害66起，受胁户38户，受胁人数368人，造成直接经济损失共500万元。长顺县、惠水县、荔波县、三都县等开展农村地质灾害知识培训活动，共培训18000人。

2009年，按照省政府关于矿山环境恢复保证金管理暂行办法的规定，督促矿山企业按标准缴存保证金，全州矿山累计缴存矿山环境治理恢复保证金2.2亿元，已动用108万元保证金用于矿山环境治理。全州4个重点县（市）完成矿山环境保护与治理规划编制并通过评审，州及3个县完成矿山环境保护与治理规划编制并上报评审。

地质灾害防治制度逐步完善。全州国土资源部门坚持每年编制年度地质灾害防治预案，开展汛前地质灾害隐患点排查和汛期地质灾害防治督查，申报省级地质灾害搬迁治理项目；组织地勘单位开展地质灾害应急调查；督查检查地质灾害搬迁避让和治理项目落实情况；组织开展地质灾害应急演练；建立州、县两级地质灾害防治专项资金和地质灾害防治基金，落实地质灾害防治专项资金、地质灾害防治基金。2009 年，落实地质灾害防治专项资金 372 万元、地质灾害防治基金 445 万元；有 7 个县（市）完成地质灾害防治规划；全州有 83 处重要地质灾害隐患点制定防灾应急预案。

2010 年 8 月，州国土资源局委托贵州地质工程勘察院编制的《黔南州矿山环境保护与治理规划》通过省国土资源厅评审批复同意，由州政府发布实施。各县（市）制定矿山地质环境保护与治理恢复规划，通过州国土资源局组织评审后，由县政府发布实施。是年，瓮安县的规划通过州级评审批复，县政府公布施行。全年全州矿山企业缴存矿山环境治理保证金累计 3.06 亿元。

2011 年，长顺县、都匀市编制的《矿山地质环境保护与治理恢复规划》通过州国土资源局评审批复发布实施。是年，坚持地质灾害气象预警预报，各地地质灾害气象信息发送平台及时快速传递预警预报信息。开展地质灾害群测群防“十有县”建设、乡镇国土资源所地质灾害防治“五到位”宣传培训，开展地质灾害防治“五条线”建设（加强行政管理一条线，充实事业支撑一条线，细化应急处置一条线，形成专家咨询一条线，组建中介服务一条线）。全年全州矿山企业缴存矿山环境治理保证金累计 3.65 亿元，按规定动用保证金 456 万元补助搬迁对象，解决 450 户村民的搬迁问题。

2012 年 6 月，荔波县编制《荔波县矿山地质环境保护与恢复治理规划》，根据轻重缓急原则分期分批治理。荔波县第十五届人大常委会第 31 次会议审议通过《荔波县矿区和谐金征收使用管理暂行办法》，全县所有矿山企业足额缴存矿山环境治理恢复保证金，县级发证矿山已缴存 36 万元。经矿山企业申请，共动用 222 万元，搬迁矿区地质灾害受胁户 36 户 161 人。年内完成全州重点地区重大地质灾害隐患详细调查工作。矿山环境恢复治理保证金缴存累计 4.17 亿元，累计使用 1900 万元，用于 14 个矿山地质环境治理搬迁项目。

2013 年，通过争取国家和省级专项资金支持，对全州 23 个重大地质灾害隐患点实施工程治理或搬迁避让。

2014 年，全州健全领导干部包片督查地质灾害防治工作责任制，完成全州地质灾害隐患点再排查。全州受威胁 50 人以上的 391 处地质灾害隐患点，全部组织应急综合演练。7 月，州国土资源、安监、水利、水文、气象、民政、教育、住建、交通、工信、旅游、地质环境监测及省地质矿产勘探等部门组成 6 个督查组，开展全州汛期地质灾害防治及生态安全督查，共抽查乡（镇）政府 13 个、学校 6 所、重要地质灾害隐患点 16 个、矿山企业 8 个、地质灾害治理工程项目 4 个。抽查情况：各县（市）各级政府高度重视地质灾害防治，对地质灾害防治工作做到早部署、行动快、防治措施得力，没有出现因发生地质灾害而造成人员伤亡事件。

第四节　测绘管理

一、测绘行业管理

1997年7—8月，根据省国土厅《关于开展1997年〈测绘法〉执法检查的通知》，全州对执行《中华人民共和国测绘法》《贵州省测绘管理办法》等测绘法规的情况进行检查。州测绘办成立执法检查指导小组，指导各县（市）开展工作。各县（市）在自查自纠的基础上，重点对有关单位和部门进行抽查。对检查中查出的问题，按测绘法规的有关规定提出处理意见或整改意见。9月，省、州测绘执法检查指导小组对有关县（市）的地图市场、测绘单位和使用测绘资料的部门进行抽查。11月，召开全州测绘资格年检会议，对全州的年检工作作出具体安排。州测管办对全州测绘单位的检查丙级不少于30%、丁级不少于25%。按年检的时间规定，逾期不申报测绘资格年检的测绘单位，责令限期补办，逾期不补办的收回"测绘资格证"，按注销处理。至1998年初，已办理"测绘资格证"的县（市）有都匀、福泉、瓮安、惠水、独山、长顺、罗甸，未办的有荔波、平塘、贵定、龙里、三都县。

1998年3月，贯彻《贵州省测绘市场管理暂行办法》，州国土局发出《关于申报办理〈测绘资格证〉的通知》，规定全州各县（市）国土局必须办理"测绘资格证"，同时清理本县（市）有测绘能力的单位，督办"测绘资格证"。8月，州国土局转发省国土厅《关于开展测绘资料保密检查的通知》，要求各县（市）认真做好测绘资料保密自查工作。9月上旬，州国土局与州保密局共同组织检查组对有关县（市）有关单位的测绘保密成果进行抽查。年内，在全州执法检查中，对长顺县、平塘县违反有关测绘管理规定的2个测绘单位进行处理，取消其测绘资格。

1999年7月，州国土局根据《贵州省汇交测绘成果目录和副本管理办法》以及省国土厅有关文件精神，向各县（市）国土局及各测绘单位发出《关于汇交1995年—1998年各年度测绘成果目录副本的通知》。各县（市）认真组织辖区内各测绘单位清查登记，并开展测绘或成果目录及副本汇交检查工作。

2000年6月，州国土局举办黔南州测绘执法岗位培训班，全州有27人合格，获省政府法制办颁发的上岗执法证。是年，开展"测绘资格证书"年检换证，全州参检换证单位40个，其中甲级单位1个、乙级单位3个、丙级单位3个、丁级单位33个。

2002年4月，全州进行2002年度测绘资格年检，丙、丁级"测绘资格证书"的年检工作由州国土资源局测绘科组织实施，县（市）负责"测绘资格证书"初审，并将年检汇总资料和各测绘单位的年度报表送州审核登记注册。全州共有"测绘资格证书"持证单位42个（其中乙级3个、丙级4个、丁级35个），由州年检的39个丙、丁级测绘单位有36个一次性通过年检，办理年检登记；有3个测绘单位因手续不全作缓检登记处理。7月，开展县（市）及州级用图单位测绘成果资源保密检查。州抽查州林业勘测设计院和州农业局，县（市）分别抽查2个单位，全州共抽查26个单位。经检查，无泄密事件、无擅自转让、转借和向第三方提供测绘资料现象发生。存在的问题是保管制度不健全，移交手续不清，防虫防潮等措施不力。

2003年2月，全州有“测绘资格证”持证单位42个（其中乙级3个、丙级4个、丁级35个），州负责年检38个丙、丁级测绘单位，36个一次性通过年检并办理年检登记，2个测绘单位因手续不全作缓检处理。

2004年，国土资源管理部门在加强测绘管理，搞好测绘资质审查的同时，履行为社会服务的职能，为用图单位提供1:1万地形图181张。在年内开展的测绘成果保密专项检查中没有发现违法行为。全州测绘单位完成测绘成果目录汇交工作。

2005年，对全州35个丙级测绘单位进行实地考核，有30个测绘单位的质量保证体系和档案资料管理通过考核认定。在此基础上，对全州丙级“测绘资质证”进行复审换证，有25个通过复审，由省国土资源厅颁发新的“测绘资质证”。对州级和各县（市）用图单位开展测绘成果资料保密检查，在各单位自查自纠基础上，抽查50户用图单位，未发现泄密事故。是年，编制《黔南州“十一五”测绘事业发展计划》，由州政府组织州水利、林业、农业、交通、建设、财政等部门进行讨论修改，修改后的文本报省国土资源厅。

2006年8月，《黔南州“十一五”基础测绘规划》经州政府研究批复，按规划组织实施。是年，对全州30家丙、丁级测绘单位“测绘资质证”进行复审换证审核上报，由省国土资源厅颁发新的“测绘资质证”。

2007年，开展擅自复制保密测绘成果专项检查以及全州丙、丁级测绘单位的技术质量体系和档案资料管理制度建设情况监督检查。测绘单位《测绘资质证书》年度注册28家。是年，启动地籍测绘规划编制。至2008年，全州12个县（市）全部完成《地籍测绘规划》编制，并向州国土资源局提交规划文本，其中经政府批复实施的有8个县，4个县（市）待批复实施。

2008年11月，对《基础测绘“十一五”规划》执行情况进行中期评估，2006年、2007年两年，因地方财政紧张，没有实施基础测绘项目，2008年落实基础测绘项目实施计划中的“城市数字化地图测绘”，由惠水县国土资源局实施。

2009年7月，州国土资源局制定印发《黔南州测绘应急保障预案》，州政府办公室印发《关于进一步加强测绘工作的通知》，各县（市）政府相应制定贯彻落实意见。按照《黔南州基础测绘“十一五”规划》，安排长顺、瓮安、独山等3县开展1:500比例尺数字化地形图测量，长顺县完成并通过省、州验收。

2011年，州及县（市）完成测绘事业发展“十二五”规划编制。

2012年3月，州政府对《黔南州测绘发展“十二五”规划（2011—2015年）》进行批复，将规划纳入黔南州经济社会发展“十二五”总体规划统筹实施。

2013年，州内测绘单位年度注册34家。是年，编制“数字都匀”项目建议书，其设计书获国家测绘地理信息局立项批复和省国土资源厅批复，省国土资源厅与州政府签署了“数字都匀”地理空间框架建设共享协议，州政府印发了《关于全面推进数字城市地理空间框架建设的意见》，明确都匀市政府负责落实“数字都匀”地理空间框架建设工作正式启动。至2014年，“数字都匀”地理空间框架建设完成都匀320平方千米1：2000数字影像图件正射框架数据生产制作。

二、测量标志保护

1998年，测量标志保护工作纳入国土部门管理。10月根据省国土厅《关于开展测量标志抽样调查和保护试点工作的通知》，在都匀市开展测量标志抽样调查和保护试点工作。基本内容为，测量标志现状的调查确认和测量标志保护宣传。试点当年结束。1999年，瓮安县和荔波县开展此项工作。3个县（市）共调查34个Ⅰ、Ⅱ等三角点和55个Ⅱ等水准点，共89个测量标志点。查出三角点完好14个，完好率为41.2%，被破坏20个；水准点完好34个，完好率61.8%，被破坏12个，找不到9个。测量标志点破坏严重的主要原因是保护责任不明确，激励机制不健全以及建造地点环境恶劣。调查结束后，国土管理部门对完好的测量标志进行委托保管。即标志附近的青壮年居民看护，并向他们宣传测量标志的作用。同时，在乡镇土地管理所建立季度巡查制度，逐步完善测量标志保管制度。是年，3个县（市）的测量标志抽样调查及保护工作均通过省国土厅验收。

2000年，在全州开展测量标志普查及保护。全年检查三角点115个，完好14个；检查水准点181个，完好75个。是年，都匀、独山、荔波、贵定、惠水等5个县（市）在城区附近建立GPS（E）级控制网，共埋设、建造测量标志23个、测量点27个。

2001年10月，按省国土资源厅的安排，在长顺县、龙里县、瓮安县各选择4个GPS点，建立GPS（E）级控制网。

2003年，全州开展国家高等级测量标志核查工作。

2004年，全州开展1998年以后州境内建设工程损毁测量标志清理。省测绘一院在三都县开展县城GPS（E）级控制网点的布点埋石工作。

2006年，测绘部门在瓮安、福泉、龙里、惠水、贵定等5个县（市）进行GPS（C）级22个点控制网选点、埋石，办理委托保管书。

2007年完成62个GPS（C）点埋设，并完善托管制度。在进行测量标志调查复核的同时，建立和完善测量标志档案。

2008年，制定《黔南州测量标志保护措施》，并印发各县（市）参照执行。

2009年，全州开展测量标志调查复核工作。全州共有各类测量标志391个，其中完好258个（完好三角点20个、完好水准点89个、完好GPS点149个），损坏133个。是年执法大巡查，发现1起测量标志违法案件，已立案查处，下发行政处罚决定书。

2010—2011年，在全州范围内建立测量标志管理情况台账制度。以乡镇国土资源所为主体，结合国土资源动态巡查，对本乡镇辖区内的测量标志进行常规检查，并将检查情况填写《测量标志管理情况台账》，严格实行月报制度。

2012年，对辖区内“全国第二次土地调查”新埋设的坐标点安排人员保护；对统一设置的四等以上三角点、水准点、GPS（D）级点进行全面清理、检查，并建立测量标志管理台账制度，每个测量标志落实专人进行保管。

2013 年 10 月，省国土资源厅批复同意黔南州独山县迁建二等三角点测量标志。

三、地图市场管理

1997 年，全州开展《中华人民共和国测绘法》执法检查，对全州地图市场进行检查。检查范围有：图书、报刊插附的地图（包括示意图）；公开出版的各种旅游地图；公共场所展示的各种地图（包括电视广告、天气预报中的示意地图等）。检查内容：各种地图是否按规定送审报批；编制地图单位是否取得相应的测绘资格；承担地图印刷单位是否办理“地图准印证”，编制、印刷出版地图的质量是否合格；地图出版刊物是否有侵权盗版的行为；公开版地图是否有书号、地图审批号；以地图为载体的商品和服务广告地图是否办理广告经营许可证，其广告是否违反“广告法”。

1998 年，为适应全州经济发展、改革开放的需要，经州政府和省国土厅测绘行业管理处同意，州测管办组织编制《黔南州商贸交通旅游图》。9 月初，在都匀市一宾馆查获 1 张《黔南州交通工商指南》非法测绘地图。

2000 年，对全州地图市场进行清查，检查有直接印刷地图能力的印刷厂 6 个，销售地图的商店 53 家，检查学校 2 所，查阅相关地图资料 125 套（册），共没收不合格地球仪 501 个、地图 906 幅，并进行公开销毁。

2002 年，省人民政府办公厅转发省国土资源厅、省工商行政管理局、省新闻出版局、省贸易合作厅、省外事办公室、贵阳海关《关于整顿和规范我省地图市场秩序的意见》。4 月，州政府办公室发出《关于整顿和规范全州地图市场秩序的通知》。4 月下旬开始，全州开展整顿和规范地图市场秩序工作。11 月，州国土资源局、工商局、新闻出版局、贸易合作局、外事办等单位联合组成地图市场监督小组，不定期地对州内地图市场进行巡查。至 12 月中旬结束。通过市场秩序检查，查清当年全州市场上地图编制、出版、销售、传播等基本情况。全州执法检查，共没收质量低劣、不规范且违反“一个中国”原则的地球仪 27 个，游走兜售地图 47 张，盗版世界地图智力拼图 1 副，零售小摊点仍在销售 2000 年已被查处的“都匀市旅游图”3 幅，存在政治性问题的以中国地图为背景的网络销售广告 1 本；当场拆除存在政治性问题的以中国地图为背景的网点分布图 2 幅；限期整改的有未经测绘部门审核的贵州省行政区图、黔南州行政区图为背景的网点分布图 8 幅，瓷砖地图内容表示不准确的学校 4 所。检查后，对市场上销售和公共场所展示的各类地图存在的问题进行了纠正，建立地图市场秩序监督机制。12 月 30 日，省整顿和规范地图市场秩序工作办公室对黔南州整顿和规范地图市场秩序工作进行检查，验收合格。

2003 年，全州进一步打击违法编制、出版、销售地图行为，规范地图市场秩序，对地图市场进行检查。通过对全州 83 个文具店、新华书店、图书店、汽车站、火车站、学校、电信、移动、联通、邮政营业厅销售和使用地图较多场所的检查，清查收缴了一批违法编制、违法出版的地图，查获非法销售人员 5 人（次），没收 10 个不合格的地球仪，拆除户内户外不规范标示的 14 处中国地图图形。通过对 8 个印刷厂、测绘单位检查，没有发现涉及违法编制、出版地图及加工制作有政治问题地图产品的单位和个人。是年，各县（市）制定相关的地图图形审查制度，对辖区内用于宣传的示意性地图图形进行规范性审查，对辖区内涉及地图编制、出版、宣传、销售活动进行监督管理。

2004 年，州国土资源局组织编制新版黔南州行政区地图，并开展全州地图宣传品专项检查，落实测绘市场监管职能和依法规范地图市场秩序。

2005 年 9 月，州及都匀市对都匀地区 4 户印刷厂、6 户广告公司进行突击检查，未发现违法现象。

2006 年，开展治理整顿地图市场工作及国家版图意识宣传教育活动。

2007 年，开展三次地图市场执法大检查。执法检查共没收质量低劣、不规范且违反了“一个中国”原则的地球仪 27 个，游走兜售地图 47 张，“三无”产品盗版世界地图智力拼图 1 副，存在政治性问题中国地图为背景的网络销售广告 1 本。

2008 年，利用多种方式开展国家版图意识宣传。

2009 年，根据《贵州省人民政府办公厅关于转发省国土资源厅等部门关于贵州省整顿和规范地理信息市场秩序工作意见的通知》，整顿和规范地理信息市场秩序，明确整顿和规范地理信息市场专项检查的指导思想、工作内容、时间安排和方法步骤，工作有序地进行。

2010 年，对在都匀、贵定测绘单位及各文具、图书店、网站浏览情况开展测绘行政执法专项检查。全州开展执法检查 130 次；其中：地图市场 24 次，测绘市场 48 次，地理信息市场 26 次，测量标志检查 32 次。全州互联网地图、地理信息服务网站、地图市场、国家版图、测绘成果保密检查的监管得到加强，市场秩序明显好转。

2011 年，开展“涉证、涉军、涉外、涉密”等重点环节和出版、传输等重点领域及国家版图意识宣传教育，开展执法检查 2 次，对检查中发现的惠水、长顺县政府门户网站发布的问题地图，惠水城镇规划公司涉密图纸、涉密测绘资料没有按照保密规定进行管理等问题，依法进行处理。

2013 年 10 月，全州利用“8・29”测绘宣传活动月，开展“国家版图进乡镇、进社区、进学校”活动。通过制作展板、散发宣传资料、悬挂横幅标语、刷写标语、现场解说，组织干部职工参加国家测绘地理信息局“中科宇图杯”微博测绘地理信息法律知识有奖问答等形式，对与国家版图意识、地图有关的法律法规进行宣传。

2014 年，对辖区内网络、各类地图产品、教学用图进行检查，并组织社区群众、中小学生参加第二届全国国家版图知识竞赛。

第五节　土地执法检查

一、非农业建设用地清理

1995 年，根据省政府《关于开展非农业建设用地大清查的通知》，开展全州非农业建设用地全面清查工作。清查范围为 1991 年 1 月 1 日至 1997 年 4 月 15 日期间批准使用或未经批准而占用的各类非农业建设用地，清查重点是各类开发区、工商业小区、房地产开发项目用地、城镇郊区、铁路沿线、主要公路两侧用地及乡（村）建设用地。清查工作至1998年2月结束。经清查，查清了各类非农业建设项目用地的底数。实际用地情况：全州按建设项目进行清查，共清查1991年以来的各类非农业建设项目用地38986宗，实际用地面积43065亩。清理查出违法用地5471件。通过处理，共拆除或没收非法建筑物、构筑物53024.29平方米，收回土地使用权31.9亩，罚款55.2万元，补交土地出让金18.9万元。

二、违法用地查处

1992年12月，州政府发出《关于加强土地管理、严格制止乱占滥用耕地的通知》。要求各级政府要认真贯彻落实国务院《关于严格制止乱占滥用耕地的紧急通知》和《关于发展房地产若干问题的规定》，采取有力措施，加强土地管理，迅速制止乱占滥用土地的歪风，对违背《中华人民共和国土地管理法》和国务院55号令规定的，一律进行纠正。同时要求各县（市）对各类建设用地和开发区用地情况，进行一次调查，并书面上报州土地管理局汇总报州政府。各县（市）按照要求，首先要清理正在动工占用和准备占用，以及占而未用的耕地，凡违反规定的，一律停止使用。

1994年，全州查处各类违法占地案件518起，占地面积近300亩。

1995年6月，针对州内一些地方乱占滥用土地的问题仍然严重，导致耕地大幅减少的情况，州政府办公室发出《关于开展全州土地管理执法大检查的通知》，执法检查以自查自纠为主，县（市）以普遍检查为主，州执法检查领导小组组织抽查。执法检查的重点是非农业建设闲置土地，特别是各类开发区、工商业小区、城镇郊区的土地。县（市）边检查边纠正。州抽查了独山、罗甸、惠水、龙里、福泉、瓮安、贵定等7个县。通过检查和抽查，查出各类违法批地、违法用地3717件，面积1786.35亩。检查中发现的主要问题：一是新增非农业建设闲置土地。二是越权批地。三是未批先用。对于上述问题，各县（市）都针对不同情况，按照省政府黔府〔1995〕18号文件要求，分期分批进行处理。至年底，全州已查处各类违法批地、用地案件3162件，面积1535.85亩。

1996年，对全州12个县（市）进行执法检查，共抽查县（市）政府批地97件，占县（市）政府批地件数的16.3%；全州查处土地违法案件535件，涉及土地面积324亩；处理闲置土地23宗，恢复耕地90亩。

1997年，各县（市）进行执法检查，共查出年内发生的土地违法行为308件，采取罚款、补办手续、没收建筑物或拆除构筑物等方式处理279件，占违法总件数的90.58%，超计划10.58个百分点。

1998年1月，州建立土地监察网络工作制度。即：建立州、县、乡、村、组四级土地监察网络，土地管理所人员为监察员，村主任兼监察员，村民组长兼信息员，负责本辖区的土地动态，进行定期或不定期的检查，发现土地违法行为，及时反馈到土管所，如本级土管处理不下，应及时反馈到上一级国土部门，同时负责本辖区土地法律、法规宣传。是年，继续冻结非农建设项目占用耕地期间，全州执法检查共查出1998年耕地违法案件83件，到年底处理81件，查结率97.59%。

1999年，新修订的“土地管理法”正式施行，全州各级土地管理部门对新法颁布施行后未经批准的用地，特别是非法占用耕地的行为进行查处。全年查出违法用地290件，面积216.46亩（耕地36.87亩），其中立案查处210件，面积186.88亩（耕地13.998亩），收回土地4.626亩，拆除建筑物面积8.942亩，拆除、没收违法建筑物、构筑物10.374亩，责令治理、复垦土地9.827亩（耕地2.006亩）。

2000年，州、县两级土地管理部门建立并落实土地执法监察巡回检查责任制，12个县（市）挂牌成立土地执法监察大队。

2001年，全州土地管理部门落实土地动态巡查责任制，开展巡查工作，加大土地违法案件的查处力度。全年全州发现违法案件553件，300.6亩，立案查处130件，面积163.8亩。

2002年，州国土资源部门制定《黔南州国土资源监察报告备案制度》，印发《黔南州国土资源局国土资源动态巡查制度》。是年，通过巡回检查和农村宅基地专项治理，全州发现违法用地2134件，面积391.95亩，处理率99.7%。其中立案查处154件，面积49.5亩（耕地22.65亩），收回土地35.7亩（耕地19.995亩），拆除建筑面积87.05949亩，没收建筑物21.174亩，罚款20.85万元。立案查处的154件违法案件已处理151件，查结率98.8%。

2003年，组织各县（市）执法监察人员组成4个工作组，对全州国土资源执法监察动态巡查工作情况、案件查处情况、统计和登记情况等进行跨县（市）交叉检查。是年，全州开展动态巡查9269次，发现违法行为2037起。立案查处土地违法案件137件，查处率为92.13%，结案率为86.67%，收缴罚没款44.09万元。

2004年，全州发现土地违法692件，其中制止533件，立案查处245件，拆除、没收建筑物、构筑物10161平方米，罚款67.78万元。

2005年，通过动态巡查，制止违法占地等土地违法行为228起，全年查结土地违法案件149件，共拆除、没收建筑物、构筑物3491平方米，罚款524.5万元。

2006年，全州发生土地违法违规案件433宗，面积1770亩。对发生的433宗违法违规用地，查处301宗（撤除162宗，罚款592.92万元），面积1119亩；未查处132宗，面积653.37亩，建议追究党纪政纪的8人（被纪检监察机关党内警告处分2人，留党察看1人，行政警告处分4人，诫勉谈话1人；涉及副县级1人，正科级2人，副科级以下4人）。是年，全州土地巡查发现违法违规案件418件，总面积556.5亩，制止305件，立案109件，结案87件，行政处分公职人员1人，党纪处分7人。罚没收入171.31万元。矿产发现3433件，制止3388件，立案43件，罚没77.59万元。地质灾害发现18件，挽回经济损失42.9万元。

2007年7月，省国土资源厅制定印发《贵州省国土资源违法案件管辖权限规定（试行）》后，黔南州对违法案件查处按新规执行，同时停止执行原《贵州省查处国土资源违法案件立案范围暂行规定》，规范国土资源案件查处工作。同年9月，按照国土资源部的统一部署，全州集中开展以查处“以租代征”、违反规划擅自扩大用地规模和未批先用等3类土地违法违规行为为重点的“土地执法百日行动”。百日执法行动全州清理出二类土地违法违规行为112件，涉及土地面积27450亩。其中，“以租代征”22件，面积208.2亩；

未批先用90件，面积26835亩，其中城市批次建设用地未批先用66件，面积1321.5亩，单独选址建设项目用地24件，面积25515亩。违法用地项目主要是能源、交通等基础设施项目和招商引资兴建的工业项目。是年，全州清理检查出112个违法违规案件，其中列入省国土资源厅挂牌督办的案件4件，列为州国土资源局督办的案件11件。截至12月25日，全州112件土地违法案件中，自行纠正2件，立案查处96件，下处罚决定书79件，结案65件，共处罚款1287.7831万元。

2008年，开展土地执法百日行动查处纠正以来建设项目实际用地情况审查，全州需要补办用地手续的项目已全部建成。

2009年，全州土地卫片执法检查核实违法用地共25宗（新增建设用地18宗、实地伪变化7宗），全部及时立案查处，立案率为100%，结案19宗（新增建设用地9宗，实地伪变化7宗），罚没款621.5351万元（新增建设用地罚没款301.5223万元，实地伪变化罚没款320.0128万元），移交监察机关追究行政责任1人，结案率88%。

2010年，贯彻落实中共中央办公厅、国务院办公厅《关于开展工程建设领域突出问题专项治理工作的意见》，开展全州工程建设领域突出问题专项治理。

2011年，完成2010年度土地矿产卫片执法检查，通过整改和补办手续，全州建设用地违法占耕比例降至4.82%，低于15%的问责线。全年立案查处国土资源违法案件289件，处罚没款1456.72万元。2012年，查处土地违法案件91件，实测违法用地面积2840.4亩，其中，农用地2689.05亩（耕地1216.35亩）。共收缴罚没款1081.43万元，复耕土地3亩，依法追究12名科级以下人员的行政责任。

2013年，对州内征地工作进行全面排查，重点检查征地程序是否严格规范，补偿是否符合规定要求，安置是否落实，是否存在违法违规强制征地行为等。经排查，全州在征地过程中无违法违规行为。全州清理违法用地222宗，立案处理45宗，非立案处理177宗，结案45宗，罚没金额2217.55万元，拆除违法建筑物13680平方米。

2014年，通过土地工矿卫片执法监督检查，立案查处土地违法案件99宗，面积10960亩，比上年下降70.17%（36.05%），提请行政处分28人。开展5000亩以上坝区耕地动态巡查1713次，发现违法行为34起，已及时制止并立案查处。立案查处矿产资源违法案件50件，比上年降7.4%。开展越界采矿专项调查，立案查处5件。

第七章 水文水资源管理

20世纪90年代后，全州的水文水资源管理进入发展期，测验方式由缆道测流发展到普勒流速剖面测流仪（ADCP）、手提式流量测验设备（ADV）等，测量方式由水准仪测量发展到全站仪、实时动态差分法测量仪（RTK）等，以及逐步设立水文自动测报系统等遥测监测站网。至2014年，全州有水文站11个（增挂水土保持监测站6个），雨量遥测站295个，土壤墒情监测站5个，水质监测断面23个和水文信息分中心1个。水文信息化建设不断提升，为服务地方经济建设提供水文水质监测技术支撑和保障。

第一节　水文监测

水文监测，即主要收集河流断面降水量、蒸发量、水位、流量、水温、水质及输沙等水文资料，并分别向国家防汛总指挥部、长江水利委员会、珠江水利委员会、邻省（区）湖北、广西、广东防汛办、三峡梯级调度中心及省（州、县）防汛部门上报及传递适时的水情雨情防汛信息。

1991—1992年，黔南州境内设10个国家基本水文站（八茂、平湖、荔波、把本、江界河、龙里、惠水、下湾、福泉、文峰塔）、74个雨量站、1个渠道站和1个委托水文站。水质监测站为8站10个断面。各站测量成果，少数站和一些项目成果相对增加。

1992年，州水文监测大队建立水情科，全年各站向省内外71个单位通过电台、电话、电报发报水情汛情9510份。州水文监测站部门于5—9月按旬编发《水情简报》15期，发送各级防汛抗旱部门。《水情简报》内容涉及雨量情（旬内州内降雨量日数及降雨量）、水情（州内主要河流水位变幅和流量变幅）、水库水位情（旬内都匀市茶园水库和绿茵湖水库水位情况）。

1993年，全州雨量站减为69个。全州各水文站及部分雨量站向国家防总等30余个省内外防汛指挥机构和下游水文站及广西大化、岩滩、纳力等水电站报讯水雨电报近9000份。汛期按旬编发《汛情简报》15期，报送省、州、市领导机关。

1994年，水文监测站实行双向选择，“五定”3年承包。至1996年，各站水情雨情测报质量提高，即：人员下站早，汛前准备工作提前；测报迟报、错报、漏报现象减少；测报自记记录清楚完成，发报无差错。是年，全队转报汛期水情1941份，共向省内外61个单位发报4875份，编发汛期《水情简报》15期。

1996年，黔南州水文勘测大队更名为贵州省黔南州水文水资源局。全州水文监测站增加到13个，雨量站减少到65个。当年开展了都匀市5条小河的5个断面流量巡测和水文调查。汛期，全州13处报汛站向省内外57个单位拍发水情电报6092份。

1998年，全州设国家重点水文站2个，区域代表站7个，小河站1个，水文监测站由上年的13个减至10个，委托雨量监测站64个。汛期共向61个单位报送水雨情电报5823份，向9个单位编发《汛情简报》15期。

2000年，汛期共向省内外71个单位发出水情电报8764份，其中省内3227份，省外5537份。编发《水情简报》17期。是年6月8日，都匀市发生特大洪水，都匀文峰塔水文站测到洪峰最高水位769.75米，流量1700立方米/秒。6月21日，荔波境内发生大洪水，荔波水站测得洪峰水位422.92米，流量2820立方米/秒数据。

2002 年，各水文监测站配备计算机，流量精测法次数增多、水位观测记录过程断线减少、降水观测仪器故障减少、水情错报情况少，水文测验资料成果质量提高。是年，八茂水文站出现新中国成立以来第二次特大洪水，该站在测流、报讯设备被洪水损坏的情况下克服困难，准确测到 290.36 米的洪峰流量并及时发出水情电报。当年八茂水文站获国家防汛抗旱总指挥部授予“全国先进报汛站”称号。

2004 年，新建平里河、构皮滩两个水文站。至年底，全州新建和改造水文站 7 个，水文测报能力提高。是年，分别向国家防汛抗旱总指挥部，长江、珠江流域管理机构和相关地区 57 个单位和部门报送水文情报 1 万余份，按旬编发《水情简报》15 期。特殊水情期向州（市）政府及防汛办发布《水情快报》。

2005 年起，每年年初向社会发布当年《水雨情中、长期预测》。是年全州水文监测站 11 个，共向省内外 73 个单位和部门拍发水文情报预报 7963 份，编发水雨简报，水、雨快报 17 份。

2006 年，共向省内外 73 个单位和部门及下游有关工程单位发报 10388 份。其中向省防汛指挥拍发 2945 份。汛期发布《水情简报》15 期，《水文快报》2 期。

2007 年，共向省内外 71 个单位和部门提供水情服务，发出水文情报预报 11000 余份，汛期发布《水情简报》15 期、《水情快报》3 期。是年建立“都匀水旱情墒情监测系统”，当年向省、州、市（都匀）防汛机构发布《墒情简报》21 期。

2008 年，福泉、龙里两个水文监测站基础设施改造工程完成，同期启动惠水、荔波两个水文监测站基础设施改造工程。全年向省内外 72 个单位拍发水雨情情报 10824 份，发布《水情简报》《水情快报》19 期。年内，“贵州省防汛抗旱指挥系统一期工程黔南水情监测系统”（黔南分中心）信息高度指挥中心安装调试试运行。黔南境内水文监测步入信息化。

2009 年，荔波、惠水水文监测站基础设施改造完成，构皮滩水文监测站安装固定式 ADCP 测流仪器。全州启动中小河流（洪水易发区）水文监测系统建设查勘。是年，共向省内外 69 个单位拍发 8172 份水雨情情报，编发《水情简报》《水情快报》23 期，《墒情简报》4 期。

2010 年，启动下湾和把本两个水文监测站改造和迁建。中小河流（洪水易发区）水文监测系统一期工程（黔南部分）建成试运行。龙里水文站走航式 ADCP 投入生产运行。是年，共向省内外 73 个单位拍发水雨情情报 8407 份，发布《水情简报》《水情快报》22 期，《墒情简报》23 期。

2011 年，启动“贵州省中小河流水文监测系统”黔南境内新建 93 个雨量站，7 个水文站改造站，32 个新建水位站野外查勘工作。全年向省内外 73 个单位拍发水雨情情报 8104 份。发布《水情简报》《水情快报》22 期、《墒情简报》23 期。

2012 年，“贵州省中小河流水文监测系统”（黔南境内）7 个水文站（平湖等 3 个为土建改造，文峰塔等 4 个为设备改造）改造完成。墨冲等 32 处水位站、地松等 93 个配套雨量站新建运行。是年，全州向省内外 73 个单位拍发水情雨情情报 7888 份，编发《水情简报》18 期、《雨情快报》5 期、《旱情简报》4 期。是年底，文峰塔、下湾、把本、平里河等5个水文监测站安装ADCP测流设备。

2013年，通过“十二五”水文基础设施五年计划投入的中小河流建设项目开工建设，黔南境内大多数水文站的测报设施得到改善和更新，水文信息采集、传输、存储基本实现自动化，为州境防汛抗洪提供了科学依据。是年，共向省内外73个单位拍发水情雨情情报7988份，发布《水情简报》《雨情简报》32期。

2014年，贵州省环境监测中心黔南州分中心和龙里、福泉、荔波、下湾、把本等5个水文站建设项目建成运行；都匀水文巡测基地、水文站综合生产业务用房及附属设施工程开工建设；6个水文站新建项目和2011年中小河流水文监测系统工程进展顺利。是年，共向省内外74个单位拍发水情雨情情报8223份，汛期通过政府公网平台发布《水情简报》15期，《洪水预报》13期。

第二节 水资源监测

1991—2014年，州内水资源监测继续执行贵州省水环境监测中心安排的逐月对珠江流域、涟江惠水河段、濛江雷公滩河段、槽渡河平里河段、六硐河平湖河段、樟江荔波河段和捞村河段、都柳江把本河段及长江流域的乌江构皮滩河段、重安江福泉三江口河段、马尾河茶园和油行河段等共计11个河段面进行常规监测，每年常规监测100余次，收集水质数据在4000个左右。各个年度中，承担上级下达的有关水质监测方面的任务。从2005年起，逐年承担部分水库水质和县（市）城镇饮用水水源水质监测。

1992年，全年除公报站都匀马尾河的茶园、油行、王司3个段面每月取样一次外，把本、荔波、平湖、八茂、惠水、下湾、福泉7个站按丰、枯、平期的水质各取样化验6次，化验29项。福泉站增测总磷、氟项目。全年取样化验数据2274个。是年，完成水利部水质试验中心布置的六价格、COD、氟、汞、坤质控考核，珠江防汛委布置的西分测试计算质控考核。

1993年，八茂、惠水、把本、福泉4个站完成6次水样分析；全国公报站都匀油行段面完成10次取样分析；文峰塔站在年内最大一次洪水过程中进行5次取样分析。是年，对都匀青云水库丰、平期水质进行两次取样分析，通过水利部水质中心当年下达的质控考核。下半年起，增加对油行断面和青云水库卫生指标（细菌总数和大肠菌群）分析。

1994年，完成4个水文站6次24个样、油行公报站12个样、青云水库42个样、梅花堰水库62个样共132个样分析化验；完成水利部规定的3个项目质控分析报告。

1996年，完成5个断面取水样40个，化验分析数据1200余个。是年，挂牌成立贵州省黔南州水环境监测分中心。当年分析成果全部合格。

1998年，省下达惠水、八茂、福泉、把本和都匀自来水厂5个断面年内6次、油行断面年内12次共42个项目水质监测，上报数据308个。年底如期上报数据，通过质控考核，合格率100%。

2000 年，按省要求，完成油行、八茂、福泉、惠水、把本、荔波、茶园水库、都匀自来水厂等 8 个断面水质监测和质量控制及水环境规划工作。是年，对外化验水样 20 个。

2002 年，完成州内 9 个取样点常规监测；省下达的氨氮、总磷、PH、总硬度、铜、锌、铅、镉、挥发酚等 9 个项目盲样考核全部合格。按省要求，对 GB3838—88、GB3838—2002 地面水标准项目作加标收率和平行样相对误差试验。是年，协助都匀市环保局、黔南州地质勘察公司等工程单位分析处理水样 70 个。是年起，按季编发《黔南州水环境质量状况通报》。

2004 年，继续开展油行、八茂、惠水、把本、荔波、福泉等 6 个断面和茶园水库等饮用水源点 1 个水文年的常规监测。其中全国重点公报站全年 12 次（油行站）、省界水体监测（八茂站）全年 12 次水质水样化验分析和水利部对水利系统水环境监测部门下达的挥发酚、高锰酸盐指数、氨氮和总磷、龙登双样图的盲样考核等。同年完成全州部分水库水质建档和部分水库丰、平、枯期的水质跟踪监测和全国水资源综合规划水质评价、供水源地的有毒有机物、底水水质取样化验分析工作；支持都匀市环保局完成排污水入河处系数调查取样分析工作。对瓮安县、福泉市取水许可和退水水质进行监测，并为两地编写《水环境评价报告》。

2005 年，按照省水环境监测中心下达的任务指标，完成省、州界水体监测分析；将八茂省界水体取样断面迁至雷公滩站。完成油行、雷公滩、惠水、把本、荔波、福泉、平里河、构皮滩等 8 个断面和茶园水库等饮用水源点的常规监测。其中全国重点公报站全年 12 次（油行站）、省界水体监测（雷公滩）分别进行 12 次跟踪水质水样化验分析和水利部下达的挥发酚、高锰酸盐指数、氨氮和总磷、龙登双样图的盲样考核等。是年完成全州部分水库水质建档和部分水库丰、平、枯期的水质跟踪监测和全国水资源综合规划、水质评价、供水水源地的有毒有机物、底水水质取样化验分析；对全州农村群众、城市居民饮水安全问题进行了水质跟踪取样调查化验分析；协助省水环境监测中心完成水功能区划的水质水样分析监测工作。是年对外水样分析 200 多组。

2006 年，按照省水环境中心下达的任务指标，完成省、州界水体监测分析；完成油行、雷公滩、惠水、把本、荔波、福泉、平湖、捞村、平里河、构皮滩等 10 个断面和都匀市茶园水库等饮水源点的常规监测。其中，全国重点公报站全年 12 次（油行站）、省界水体监测（雷公滩），珠江流域片区水功能区 4 个监测站全年 12 次，长江流域水功能区监测站（茶园水库）全年 12 次；完成总汞盲样考核，绘制氟化物和总汞的质量控制图。同期完成全州部分县取水退水水质建档；完成三都县恒丰乡群众饮用水 6 个水源点和其他水质监测分析化验水样 100 多组。

2007 年，按照省水环境中心下达的任务指标，完成油行、茶园、荔波、捞村、把本、平湖、惠水、雷公滩、构皮滩、平里河、福泉三江口等 11 个全国重点水质公报站、全国重点水功能站、全国重点水资源月报站、长江、珠江省界水体水资源质量站、全省供水水源地水质监测站、全省水质常规监测站等断面的常规监测，共进行 156 测次采样分析化验，向水利部、省水环境监测中心和上级水行政主管部门准确报送 2784 组水质监测数据。完成全州11个县（市）供水源地48测次的采样监测分析，向省水环境监测中心准确报送1284组水质监测数据。是年，开展突发性水污染事件调查。8月7日和12月27日，组成以州水环境监测中心为主的水污染事故调查组分别赴福泉市瓮福公司旧院拦渣坝坍塌和独山县三利公司出租车间水污染事故现场，对污染情况进行调查，并对受污染河段进行分段水质采样和勘测分析，及时向省水环境中心汇报并编写《水污染事故调查报告》上报。

2008年，按照国家《水文测验规范》和《国标》要求，州境内的油行、茶园、荔波、捞村、把本、平湖、惠水、雷公滩、构皮滩、平里河、福泉三江口等11个全国重点水质公报站、全国重点水功能站、全国重点水资源月报站、长江、珠江省体水资源质量站、全省供水水源地水质监测站、全省水质常规监测站等断面，省明确纳入常规监测。是年，以上各站共进行156测次的采样分析化验，向水利部、省水环境监测中心和上级水行政主管部门准确报送2784组水质监测数据。根据黔南州水资源状况，是年起，对州内属珠江流域的涟江惠水河段、濛江雷公滩河段、槽渡河平里河河段、六洞河平湖河段、樟江荔波河段和捞村河段、都柳江把本河段等情况，共设立7个监测段面；属长江流域的乌江构皮滩河段、重安江福泉三江口河段、马尾河茶园和油行河段等设立4个监测段面进行逐年常规监测。当年，按照要求完成全国重点公报站、省界水体监测站、水功能区水质监测站等站点的监测，共监测108次，收集数据2460个，按时向水利部和省中心报送。是年起，对全州12个县（市）重点城镇供水水源点人饮安全进行逐年监测。当年共完成监测144次，收集数据3960组。质量控制按期完成国家水利系统水环境监测及省中心下发的盲样考核。

全州水环境监测状况为：全年取样252个，收集数据6420个。都柳江、樟江、六洞河、槽度河、濛江全年水质为Ⅱ类；涟江全年水质为Ⅲ类；乌江黔南段全年水质Ⅳ类（主要超标物为总磷）；马尾河全年水质为Ⅵ类（主要超标物是氨氮、生化需氧量、总磷、阴离子）；重安江黔南段全年水质为Ⅵ类（主要超标物总磷、氟化物）。当年，对全州11个县（市）供水水源地的489测次的采样监测进行分析，向省水环境监测中心准确报送1284组水质监测数据。

2009年，全州11个全国重点水质公报站、全国重点水功能站、全国重点水资源月报站、长江、珠江省体水资源质量站、全省供水水源地水质监测站、全省水质常规监测站断面监测共进行252测次采样分析化验，向水利部、省水环境监测中心和上报水下主管部门准确报送。对州境所属珠江流域和长江流域的11个监测段面的监测，共完成监测108次，收集数据2844个，均及时向水利部和省监测中心报送。质量控制按期完成国家和省的盲样考核。全年对12个县（市）重点城镇供水水源点的人饮安全进行144次监测，收集的3936组数据及时向省报送。

全州水环境监测状况为：全年取样252个，收集数据6780个。河段水质为：都柳江、樟江、六洞河、濛河全年水质为Ⅱ类；槽度河、涟江全年水质为Ⅲ类；乌江黔南段全年水质Ⅴ类（主要超标物为总磷）；马尾河全年水质为Ⅴ类（主要超标物为氨氮、生化需氧量）；重安江黔南段全年水质为Ⅴ类（主要超标物为总磷、氟化物）。城镇供水水源地水质：全州12个县（市）重点城镇的集中式饮水水源地水质都为Ⅱ类，水质能满足人畜饮水标准。

2010 年，州内所属 11 个全国重点水质公报站、全国重点水功能站、全国重点水资源月报站、长江、珠江省体水资源质量站、全省供水水源地水质监测站、全省水质常规监测站断面常规监测共进行 252 测次采样分析化验，向水利部、省水环境监测中心和上级水行政主管部门准确送 7740 组水质监测数据，常规监测数据较上年增加 14.2%。年内，对州境所属珠江流域、长江流域的 11 个监测段面的监测，共完成 108 次，收集数据 3780 个。完成珠江水利委员会关于水功能区现状补测 16 个取水点 48 测次水质监测分析并上报。全年对 12 县（市）重点城镇供水水源点的人饮安全进行 144 次监测，收集 3960 组数据向省报送。全州水环境监测状况为：全年取样 252 个，收集数据 7740 个。都柳江、茶园水库、打狗河、槽渡河、六硐河、濛江全年水质为Ⅱ类；涟江全年水质为Ⅲ类（主要受粪大肠菌群的影响）；樟江全年水质Ⅲ类（主要超标物氨氮）；乌江黔南段全年水质Ⅴ类（主要超标物总磷）；马尾河全年水质为Ⅴ类（主要超标物是氨氮、生化需氧量）；重安江黔南段全年水质为Ⅴ类（主要超标物是总磷、氟化物）。重点城镇供水水源地都匀、荔波、三都、独山、平塘、罗甸、福泉、瓮安、龙里、惠水、长顺、贵定等 12 县（市）送样的重点城镇供水水源地水质全年为Ⅱ类，水质能满足人畜饮水。

2011 年，根据省水环境监测中心下达的工作任务要求，黔南分中心重点对州内珠江流域的涟江惠水河段、濛江雷公滩河段、槽渡河平里河河段、六硐河平湖河段、樟江荔波河段和捞村河段、都柳江把本河段 7 个段面，长江流域的乌江构皮滩河段、重安江福泉三江口河段、都匀马尾河茶园和油行河段 4 个段面进行常规监测。是年，按照要求完成全国重点公报站、省界水体监测站、水功能区水质监测站等站点的监测，共完成常规监测 108 次，收集的 3780 个水质数据向水利部和省水环境监测中心报送。

是年，供水水源地监测按省的要求，对 12 个县（市）重点城镇供水水源点的人饮安全进行监测，共监测 142 次，收集数据 3900 个。为平塘县牛棚煤矿突发性透水事故进行水质监测与分析，为抢险指挥提供依据。

2012 年，继续对州境内珠江流域 7 个河段段面、长江流域 4 个河段段面进行常规监测，完成常规监测 108 次，收集的 3780 个水质数据向水利部和省水资源监测中心报送。是年，对 12 县（市）重点城镇供水水源点的人饮安全共进行 142 次监测，收集数据 3900 个。

2013 年，按要求对州境内珠江流域 7 个河段段面，长江流域 4 个河段段面进行常规监测。共分析各类水样 80 个，获取的 2000 余个监测数据向水利部和省水资源监测中心报送。是年，对全州 12 县（市）重点城镇供水水源点进行的人饮安全监测，共完成水源地监测 142 次，收集数据 3900 个。年内，配合州水利局、贵定、荔波、瓮安、平塘、福泉、三都等县（市）水利局完成各地境内人饮安全监测分析送样 80 余组，收集监测数据 2000 余个。

2014 年，全州水质监测重点对境内全国重要江河湖泊 15 个水功能区开展水质采样及监测；配合“城市和农村饮水安全监测”工作，保障全州各行政区主要供水水源地的饮水安全，并对全州 12 县（市）的主要供水水源地（点）进行每月 1 次的常规监测。全年完成 4 条常规河流站点监测 6 次，12 个供水水源地站点监测每月 1 次。省界站、重点水功能区站、重点公报站、重点水资源月报站等7个站点均按要求进行水质监测，监测成果及资料整理在规定时限内汇总上报。年内，完成贵州省重要江河湖泊水功能区黔南境内15个站点采样和监测。

第三节　服务经济建设

全州水文资源管理服务地方经济建设，主要体现在开展水文技术咨询服务，编制防洪预案，水资源项目论证及水环境监测等。

1991年起，每年初向州、县（市）防洪部门发布当年《黔南州水、雨情中长期预测》《雨情快报》《旱情简报》等各类水情预报10余期。

1996年汛期，向乌江下游的思南、沿河、重庆，沅江的凯里、湖南，西江都柳江下游榕江、广西拍发水情电报，为沿江的防洪工程调度和决策及时提供信息服务，避免不必要的搬迁和水灾损失。是年，江界河站于7月初出现建站以来第三次洪水，当地居民获得站情报，没有盲目搬迁，既稳定人心又避免损失；下游思南水文站及时获取江界河水文站水情情报，提前向当地政府提供准确情报，为指挥抗洪赢得了时间。同期都柳江下游榕江发生大洪水，水量主要源自支流和区间，三都县把本水文站通报的上游水文情况传递榕江县防洪办，同样避免盲目搬迁。

2000年，黔南境内都匀、三都、平塘、荔波县（市）发生暴雨洪水，文峰塔、平湖、把本、荔波等水文站克服停电，通讯中断、道路及水位台被淹等困难，及时准确向有关部门报告水情，最大限度地减少洪灾造成的经济损失和人员伤亡。灾后，据榕江、三都、荔波、平塘、都匀等县（市）防汛办提供的数据，共减少洪灾损失1.86亿元。是年，州水文水资源局受三都县委托，承担编制《三都县县城防洪预案》。

2001年，为都匀市等9个县（市）编制防洪抗旱预案。

2002年起，黔南州水文水资源管理部门利用拥有的技术优势和掌握的系列水文数据，为地方经济建设与发展提供资源咨询服务。是年，承担完成都匀、龙里、贵定、福泉4县（市）《水资源规划》编制，完成《平塘、三都、荔波2000·6·21暴雨洪水分析》《都匀市2000·6·8暴雨洪水分析》。配合州水电局编制发布《黔南州2002年水资源公报》。

2004年，都匀市境内先后于5月和7月发生的大暴雨过程中，州水文水资源局利用都匀市绿茵湖、茶园水库群洪水自动化测报系统，准确对洪水进行测报并对茶园水库提出调度建议，避免了洪灾损失。当年“7·18”洪灾后，州水文水资源局按州人民政府要求，汇同都匀、平塘两县（市）水行政主管部门及防汛部门到都匀凯口、平塘六硐片区调研，编制《都匀凯口、平塘六硐片区洪灾防治报告》，提出“上蓄、中流、下排”和建设都匀凯口、平塘六硐片区水雨情自动测报站点相结合方案，受到州政府肯定，引起省水利厅重视。是年，应邀对都匀市水上体育中心阻水建筑物进行过水能力分析；协助12县（市）完成防汛规划建设；承接7个县（市）防旱抗旱预案编制和新编（修编）《城市防案预案》；开展《都匀市“两库”联合调度方案》编制；开展福泉、瓮安两县（市）水质建档；中石化大西南成品油管道工程建设（黔南段）进行50年一遇洪水水文查勘评价；霸王河、六硐河流域梯级开发设立专用水文站；濛江开发公司双河口水电站防洪应急预案和都匀火电厂、瓮安坑口火电厂水资源论证等。

2005年，启动开展霸王河流域梯级开发前期建设中羡塘、茅力桥、新塘桥、梅家田、大小井、马鞍寨、落雨寨等专用水文（位）站观测及相关水文资料收集，11月测验成果资料交业主单位；编制龙塘电站、都匀茶园、绿茵湖水库《水库防御洪水应急方案》《水库汛期调度运用计划》《惠水县抗旱预案》《龙里县抗旱预案》；审查修编《平塘防洪预案》，编制《清水江电站水资源论证报告书》和《都匀电厂异地改建水资源论证报告书》。为都匀剑江河治理工程、黔南师院建设项目、州内防洪工程、水利水电工程开展水文分析计算。

2006年，继续开展霸王河—大小井一线水文勘测；编制《瓮安煤矿火电厂建设水资源论证》。同期为州外六盘水、大方、普定、织金等地进行水资源论证。开展独山县三利公司水污染事故水质调查。瓮福公司旧院栏渣坝决口坍塌水污染事故水质调查。

2007年，承担荔波县25个整合水煤矿资源论证。

2008年，配合长顺、贵定、瓮安、平塘等地方水电部门完成人饮安全监测分析，分析水样200多个。

2009年，开展州内贵定县蒙鼓煤矿，惠水县大坝煤矿，荔波县甲盛、甲龙、新设3座煤矿，平塘者密、桐油、圆成、谷硐4座煤矿等建设项目的水资源论证及水土保技方案编制；为濛江流域开发公司双河口电站编制应急预案；为瓮安、福泉、贵定、长顺、三都、都匀等县（市）和都匀市环保局、都匀市供排水公司等部门进行水质监测180余组水样。

2010年，继续进行上年度部分煤矿水资源论证；配合长顺、贵定、三都、瓮安、平塘、都匀等县（市）地方水利部门进行人饮安全监测分析；为都匀市环保部门开展水质监测160余组水样。是年，州境出现重大旱情，州水文水资源部门在全州范围内开展枯水调查。

2011年，先后编制完成《都匀纬八西路防洪论证评价》《南沙洲大桥特征洪水水位分析评价》《都匀市西收费站生活用水水资源论证报告》《贵州省福泉监狱改（扩）建工程附近河道水位分析报告》《平塘县牛棚煤矿突发性透水事件水质监测分析》《都匀市食品公司咨询防洪评价报告》《龙山豪景咨询水保方案》等。年内为荔波县樟江河规划提供水文咨询服务，为平塘、贵定、惠水3个县编制《县级山洪灾害口防治非工程措施建设实施方案》。

2012年，配合州水利局及贵定、荔波、瓮安、平塘、福泉、三都等县（市）水利部门完成人饮安全监测分析。全年对外开展人饮安全监测水样分析80余组，提供监测数据2000余个。是年，平塘“7·16”抗洪抢险中，州水文水资源局派出技术力量赶赴平塘平湖和三都把本水文站参与报汛抢测，经省、州水情会商，得出准确水情预报向州防汛指挥部、州政府应急办及平塘、三都两县防汛部门发布，确保了平塘县城区群众和厦蓉高速公路三都县匝道口污灿沟河道治理工程的人员机械及时撤离。是年，平湖水文监测站被国家防汛办授予“全国先进报汛站”称呼。

2013 年，配合州水利局及贵定、荔波、瓮安、平塘、福泉、三都等县（市）水利部门进行人饮安全监测分析。全年对外承接外来水样监测分析 80 余组，提供监测数据 2000 余个。

2014 年，州水文水资源部门为《黔南州都匀斗篷山—剑江河保护条例》的出台，对“斗篷山—剑江河”流域各支流的水量水质进行现场查勘及水文资料解释提供科学依据。是年，在推进建设“大都匀”进程中，州水文水资源局对都匀市绿茵湖水库进行科学的水文分析和论证后，提出约 800 余亩闲置荒地可用于工业生产用地的建议，为都匀铁路新货场建设开发提供了前期技术支持。年内，对都匀剑江河 5 座新建桥梁的防洪影响作出评价，完成《都匀马尾河纳污能力分析和控制技术》的立项工作。2009—2014 年，全州水文水资源部门共对 12 个县（市）重点城镇供水水源点的人饮安全水质监测达 150 余次，收集数据近 4000 个。

第八章　安全生产监督管理

1991—2000 年，全州安全生产的监督管理工作由设在州劳动局的州安全生产委员会办公室（以下简称州安委办）承担。2001 年，原挂靠州劳动局的州安全委员会办公室职能由州经济贸易局承担。2004 年 7 月，在州安委办的基础上组建黔南州安全生产监督管理局（以下简称州安监局），加挂黔南州安全生产委员会牌子。

2004 年以前，全州乡镇煤矿实行行业归口管理，黔南州乡镇企业（煤炭）局承担煤矿安全生产监督管理职能。2005 年，按照国务院、省政府指示及省安监局的要求，将煤矿安全生产监督管理职能划归州安监局。2010 年，州政府对州安监局职能进行调整，增强煤矿安全生产监督管理职能，即：对全州煤矿安全日常监管工作进行指导、协调，检查督促煤矿企业贯彻落实安全生产法律、法规和技术标准；指导、协调全州各级安全生产监督管理部门对煤矿安全生产违法行为依法提出处理意见；监督州管煤矿企业落实事故隐患的整改并组织复查；组织开展全州煤矿安全专项整治和安全标准化工作；参与煤矿较大和重特大事故的调查处理工作；指导协调小煤矿整顿关闭工作。

州安委办、安监局自成立起，按照国家安全生产管理的方针和政策，并根据州内工农业生产的实际情况，以保护劳动者生命安全健康为出发点，履行安全生产综合监督管理职能。

第一节　综合监督管理

1993 年 4 月，黔南州劳动局发出《关于开展学习贯彻〈矿山安全法〉活动的意见》强调：矿山企业主管部门的领导和工作人员以及矿山企业的管理人员、工程技术人员，必须熟悉《中华人民共和国矿山安全法》和相应行政法规内容，明确在矿山安全生产中的法律责任，依法组织和指挥生产，避免冒险蛮干、违章违法行为。

1994 年，根据境内乡镇矿山安全生产落后的状况，全州实行安全生产目标责任制，贯彻落实“安全第一，预防为主”“谁主管、谁受益、谁负责”的方针，对乡镇矿山进行了 3 次治理整顿。是年，通过整顿，全州乡镇矿山的发证 1238 个，发证面 65%。至 1995 年，州安委办共下发各种安全生产管理文件 722 件，组织召开有关各种安全生产的会议，分解省政府逐年下达到黔南州的安全生产管理控制目标，并进行监督、检查、落实。

1996—1998 年，全州各级政府建立安全生产目标管理责任制，分解落实到乡镇和企业，做到安全工作责任落实，全州安全生产工作连续 3 年被省政府评为先进。1998 年 9 月，州政府下发《关于对全州煤炭行业实行“五统一”管理的通知》，决定从 9 月 1 日起对全州煤炭行业实行产、供、销、运和安全“五统一”管理，要求各级政府和各有关部门加强对煤炭行业的生产安全管理，以防治瓦斯事故为重点，建立健全煤矿安全生产规章制度，增加安全投入，逐步提高装备水平，提高从业人员整体素质，加强安全生产检查，加快“五消灭”（独眼井、无风作业、明火放炮、明火照明、井巷无支护）工作。是年，全州进一步完善锅炉压力容器检验所的管理基础工作，健全各项规章制度，落实人员质保体系，完善档案资料，增添必需的硬件设备，通过了省劳动厅对黔南州锅炉检验所资格的审查验收工作。

1999 年 1 月，州政府召开全州煤炭行业关闭非法和布局不合理煤矿工作会议，作出“关井压产”，进一步整顿煤炭生产经营秩序的决定。明确关井压产重点主要是荔波、瓮安、龙里、福泉，重点关闭无证开采、违法生产、乱采滥开和隐患严重的矿井，属关闭和取缔范围的矿井，依法坚决关闭和取缔。同时成立黔南州关井压产工作领导小组，制定关井压产工作 10 条措施和要求，进一步整顿和规范了煤炭生产经营秩序。

2000 年 6 月以后，按照国务院办公厅《切实加强安全生产工作》的紧急通知，州委、州政府成立以州长为组长的安全生产大检查领导小组，组建 5 个安全生产检查组，对全州 12 个县（市）150 多个单位进行重点检查，将检查出来的事故隐患以政情通报的形式通报各县（市）人民政府，促其整改。是年，全州共召开 5 次安全生产大检查领导小组全体成员会议，1 次分管安全生产的县（市）长、安委办主任会议。并适时召开企业安全生产、乡村防火、乡镇船舶的整顿、易燃易爆物品管理、乡镇煤矿、道路交通、物资、供销、国有企业、家电管理、锅炉压力容器等专项安全生产会议近 30 次。

2001 年，从各县（市）相关部门抽调 9 名专业技术人员和管理人员组成州级煤矿生产许可证年审检查验收组，在县级验收组验收的基础上，对全州12个县（市）分别进行检查验收和督查。州级检查验收组共抽查120余处，平均合格率为60%左右，其中瓮安、福泉、独山等县（市）合格率达100%。是年，对10处整改验收不合格，在规定限期内难以完成整改达标的矿井提请有关县（市）予以关闭。2002年，全州建立煤矿安全生产目标管理责任制和领导干部“包保”责任制，逐级签订和量化安全生产目标管理责任状，有效整顿煤矿安全生产秩序。

2004年，州安全生产监督管理局成立，将道路交通安全、煤矿生产安全、采砂石场、民用爆破器材和烟花爆竹、公众聚集场所消防安全和危险化学品等作为安全工作的重点。年内，州委、州政府召开5次安全生产常务专项会议、8次全州12个县（市）分管安全生产的县（市）长、安委办主任会议等专题听取和研究安全生产工作，全州安全生产工作与经济和社会稳定工作做到同时部署、同时检查、同时考核。

2005年2月，州政府下达12个县（市）政府、州直部门安全生产控制指标，并签订责任状，县（市）向乡（镇）政府（办事处）、村委会、企业层层落实责任制。州委召开研究布置安全工作会议6次，州政府召开有关安全工作的会议21次，还召开州、县（市）政府安全会议等。根据省政府《关于贯彻落实国务院关于进一步加强安全生产的决定实施意见》及责任书任务，州委、州政府印发《黔南州安全生产“一票否决”实施办法》《2005年度县（市）目标管理考核办法》，对县（市）及有关部门实行安全生产“一票否决”制度。是年，停产整顿五类矿井，即：超通风能力生产的矿井；没有按规定建立瓦斯抽放系统，监测监控设施不完善、运转不正常的高瓦斯矿井；有瓦斯动力现象而没有采取防突措施的矿井；在建、改扩建矿井安全设施未经过煤矿安全监察机构竣工验收而擅自投产的，以及违反建设程序、未经核准（审批）或越权核准（审批）的矿井；在2005年7月13日前，未提出办证申请、申请未被受理或受理后经审核不予颁发煤矿安全生产许可证的矿井。关闭取缔四类矿井，即：无证非法开采的矿井；以往关闭之后又擅自恢复生产的矿井；经整顿仍然达不到安全生产标准、不能取得安全生产许可证的矿井；无视政府安全监管，拒不进行整顿或者停而不整、明停暗采的矿井。

是年，州监管部门向地方政府、煤炭部门、国土部门、林业部门、电力部门、公安机关及煤炭企业等发出安全生产建议书14份，所提出的整改要求都得到积极贯彻落实回应。

2006年，州安监局配合州交通部门将安全生产工作列入综合目标管理考核，与各县（市）交通部门及有关单位签订安全责任书；交通运管部门围绕道路交通“五整顿、三加强”（整顿驾驶员队伍、整顿路面行车秩序、整顿交通运输企业、整顿机动车生产改装企业、整顿危险路段；加强责任制、加强宣传教育、加强执法检查，加强源头管理），建立健全全州道路运输生产源头安全监督管理网络机制，督促指导全州3个客运企业、12个客车站、3个检测站、6所驾驶培训学校、43个维修企业设置安全生产组织领导机构，配备专（兼）职安全员主抓安全工作，营运的客运车辆全部进入车站发车，严格按例检要求进行进出站管理。是年，以电力安全事故查处为契机，理顺电力系统事故报告及电力行业与地方监管关系。对全州发生的电力及用电事故，并依照国家法规，对2家电力部门、7家用电单位予以查处。是年，全州依法查处数起水电站工程事故、建筑塔吊事故、民宅坠落事故及黔桂铁路事故，追究了施工企业及监理单位责任。其中，三都、龙里等行业主管部门责任人受到行政处分。是年，根据省安监局、贵阳电监办、省水利厅有关通知精神，对境内都匀马寨电站等一批无审批许可、安全隐患严重的工程下达停工整顿通知。

2007年，州政府印发《黔南州安全生产委员会成员单位安全生产责任等五项制度》，即安全生产委员会成员单位责任制度、安全生产工作信息报送制度、安全事故报告制度、安全生产工作督查制度、安全生产工作行政责任追究制度。

2008年1月，百年难遇的凝冻使全州12个县（市）不同程度受灾，部分县（市）水、电、交通、通讯等相继瘫痪，工矿企业基本停产。是年3月28日，州政府召开全州安全生产扩大会议既全州煤矿恢复生产动员会，与各县（市）签订复产责任书，要求加强煤矿、非煤矿山等高危行业的复产验收工作。州安监、煤管、国土等部门组成联合督查组多次赴各县（市）开展企业实地督查。在抗凝冻和恢复生产期间，未发生一起安全生产死亡事故。是年，州委、州政府共召开8次专题会议分析研究安全生产形势。州安委会专题召开会议部署各时段的安全生产工作。年内，根据国务院办公厅《关于开展安全生产百日督查专项行动的通知》精神和省政府办公厅《关于开展安全生产百日督查专项行动的通知》要求，州委、州政府提出抓安全生产百日督查专项行动必须坚持“四个到位”“三个结合”和“三个严”的总体要求。“四个到位”即：周密部署到位；全面深入到位；突出重点到位；结合推进到位。“三个结合”即：抓好与安全隐患排查治理专项行动相结合；抓好与安全生产专项整治相结合；抓好与“安全生产月”和“安全生产万里行”活动相结合。“三个严”即：严格检查各种隐患、严肃安全生产各项考核、严厉追究事故企业和隐患单位责任。是年，全州共制定综合方案13个，州直各部门及省交警总队直属支队和省高管局都匀办事处等制定各专项行动方案20个。年内根据中央和省有关精神，部署全州打击安全生产非法违法违规行为专项行动，把打“三非”（非法生产、非法经营、非法建设）、反“三违”（违章指挥、违章作业、违反劳动纪律）、防“三超”（生产企业超能力、超强度、超定员生产，运输企业超载、超限、超负荷运营）列入全年安全生产工作的重点。

2009年，根据国务院为确保新中国成立60周年创造良好的安全生产环境和实现“安全生产年”目标，作出的在全国开展安全生产“三项行动”和“三项建设”部署，州政府成立领导机构，负责组织、指导、协调和督促全州安全生产“三项行动”（安全生产执法行动、安全生产治理行动、安全生产宣传教育行动）和“三项建设”（安全监管体系建设、安全生产基础建设、安监队伍建设）工作，将“三项行动”和“三项建设”纳入年度安全工作考核目标。各县（市）政府也成立相应的领导小组，开展安全生产“三项行动”和“三项建设”活动。同时，印发《黔南州安全生产“三项行动”实施方案》《黔南州安全生产“三项建设”实施方案》，州安委办制定下发《黔南州安全生产执法行动实施方案》《黔南州安全生产治理行动实施方案》《黔南州安全生产宣传教育行动实施方案》。是年，州安委办共召开6次专题会议部署各时段的安全生产工作。

2010年，按照《国务院安委会关于立即开展全国安全生产大检查的通知》《省人民政府办公厅关于立即开展全省安全生产大检查的通知》及全省安全生产电视电话会议精神，从是年4月初至5月底，在对全州范围内的企业进行全面自查的基础上，要求检查不留死角，整改不留后患，确保实现“一个目标”，做到“三个结合”，即：实现“除隐患，保安全，降事故”的目标，做到自查隐患与提高从业人员安全意识相结合，隐患整改与企业标准化建设相结合，安全检查与落实政府和企业“两个主体”责任相结合。是年，为贯彻落实省政府《关于印发贵州省集中开展严厉打击非法违法生产经营建设行为专项行动实施方案的通知》，加强重点行业（领域）安全生产，严厉打击非法违法生产经营，州成立“打非”专项行动领导小组，负责组织、指导、协调、督促全州专项行动各项工作。州政府结合实际制定下发《黔南州集中开展严厉打击非法违法生产经营建设行为专项行动实施方案》，按照方案组织4个综合督查组和11个专项检查组，定期与不定期对全州各级政府、有关部门和生产经营建设单位“打非”工作开展情况进行督查。州有关部门、各县（市）实行月报告制度，及时总结经验和存在的不足。

2011—2012年，全州逐级签订安全生产工作目标责任书，分解下达各年度安全生产控制考核指标和季度安全生产控制指标，层层落实安全生产责任。2012年，各级政府对“打非治违”工作做到“三个亲自抓”，即：亲自安排部署；亲自听取汇报；亲自督促检查。4月，州制定“打非治违”工作方案，确定突出以煤矿、非煤矿山、尾矿库、道路交通、建筑施工、危险化学品、烟花爆竹、民用爆炸物品、水上交通、特种设备、冶金有色、消防等12个行业和领域为重点，重点打击13项非法违法、违规违章行为。10月底，制定深入开展安全生产“打非治违”专项行动“回头看”实施方案。是年，州集中的安全生产领域“打非治违”专项行动，共有2515家企业开展自查自纠，查出隐患15576条，整治15501条，整治率99.5%，其中，重大隐患2条，已全部整改完毕。当年，州政府第一次将道路交通安全管理工作纳入对各县（市）政府的目标进行考核，全州道路交通安全形势稳定好转。全州县乡公路排查治理安全危险路段192处，修复工程158处，设置警示标志380处块，设置夜间禁止客运车辆通行标志牌162处；纠正各类交通违法行为429496例，查处244687例；登记检查7座以上客运车418341辆次，查处客运车辆违法5257起。是年，全州实现安全生产事故起数和死亡人数连续7年“双降”。省政府2012年度安全生产工作目标考核，黔南州获一等奖，5个单位和10人荣获全省安全生产先进单位和先进个人。

2013年，州政府与各县（市）及开发区，州直有关部门签订《2013年度安全生产目标和任务责任书》，安全责任落实到各县（市、区）、各部门、各乡镇（办事处）、各村（寨）和各生产经营企业。年内，持续深入开展“全覆盖、零容忍、严执法、重实效”安全生产大检查，在全州范围内所有生产经营企事业单位开展为期3个月的安全生产大检查“雷霆行动”。12月5日，召开各县（市、区）、州直有关部门动员会，明确要求企事业单位自查自纠和县级检查达到100%；州级综合督查每月开展一次；专项检查按行业确定检查重点范围；对检查的企事业单位实行安全确认制度；各县（市）及开发区、州级各检查组每周报送一次工作进展情况；州安委办定期进行调度和通报。

2014年，继续抓好安全生产目标和任务的分解落实。州与各县（市）政府、开发区管委会和州安委会主要成员单位签订《2014 年度安全生产目标和任务责任书》；县（市）与各部门逐级签订安全生产目标和任务责任状。年内，按照国务院、省安委办关于推进安全生产“党政同责、一岗双责、齐抓共管”责任体系建设要求，制定《黔南州“一岗双责、党政同责、齐抓共管”暂行规定》，明确了政府有关部门的安全生产监管职责，理顺行业主管部门直接监管、安全监管部门综合监管和地方政府属地管理的关系，督促政府有关部门按照职责分工，严格落实责任，基本实现各司其职、齐抓共管的工作格局。同期，制定《黔南州煤矿安全生产工作“说清楚”制度》《黔南州煤矿企业重大违法违规生产建设行为举报奖励办法》和煤矿复产复工标准及煤矿、非煤矿山、危险化学品分级安全确认等一系列工作制度，重点领域行业的安全监管得到强化。

第二节　专项安全管理

一、煤矿安全监管

1991 年，全州有煤炭企业 1400 余个，其中，乡办企业约占 54.73%，村办企业约占 9.4%，村以下企业约占 35.87%。1993 年以后，根据国务院《关于制止小煤矿乱挖滥采确保煤矿安全生产的意见》，全州开展清理整顿乡镇煤矿工作，对在国营煤矿井田范围内乱挖滥采现象清理整顿，加强安全生产监督。1996 年，全州封停 312 个违法小煤窑。1997 年，全州乡镇煤矿安全生产状况与上年相比，事故次数下降 13%，死亡人数下降 24%，重伤人数下降 50%，百万吨死亡率下降 5%。

1998—1999 年，全州加大力度清理整顿乡镇煤炭生产秩序，强化煤炭“五统一”（煤炭运销统一计划、统一调度、统一结算、统一货票、统一价格）管理。1998 年，共封停 263 个不具备安全生产条件的小煤窑，并根据《中华人民共和国煤炭法》的规定，依法为 42 家乡镇煤矿和个体煤矿办理了煤炭生产许可证。是年，全州安全生产状况比上年好转，事故发生次数比上年同期下降 15%，死亡人数比上年下降 25%。1999 年，全州关闭取缔各类非法和布局不合理的煤矿 592 处，压减产量 329 吨，突破省政府下达黔南州关井 350 处，压减产量 272 万吨的任务数。是年，在省级“关井压产”检查验收中，黔南州被评为全省三个合格地区之一。与上年相比，全州煤矿安全生产事故次数下降 19%，死亡人数下降 10%。

2000 年，黔南州以瓮安、荔波、福泉 3 个产煤大县（市）为重点，对煤炭行业的安全生产进行重点治理，封停和炸毁了不具备起码安全生产条件和影响国营矿山安全的煤窑，对年产 3 万吨以下的小煤窑进行关闭。对年产 3 万吨以上具备起码安全生产条件、安全生产情况较好的煤窑进行严格整顿，全面验收，“依法办矿”。是年，经过封、炸、关、整、验，全州煤炭行业基本控制了多人事故的发生，将事故控制在目标之内。

2001 年，根据《国务院办公厅关于进一步做好关闭整顿小煤矿和煤矿安全生产的通知》以及省政府《关于进一步加强乡镇煤矿管理的决定》精神，从州到县（市）进行煤矿整改，整改重点为：以预防瓦斯事故为重点，加强“一通三防”的整改；以预防透水事故为重点，加强排水系统设施建设，全面增强矿井防灾抗灾能力。按整改要求，县（市）政府对保留整改矿井重新核定生产能力，对3万吨以上的核定保留矿井，按照办矿条件、整改内容、整改方案全面进行整改。是年，县（市）上报经整改保留矿井293处，经省级复产验收合格68处。全州开展煤炭安全专项整治共投入整改资金3000多万元，加强各种安全装备，增强矿井的抗灾能力。

2002—2004年，全州在抓好煤矿整顿工作过程中，强化煤矿督查工作，坚决依法取缔、炸封、关闭非法煤矿，煤矿安全生产专项整治见成效。2002年，全州有157处煤矿达到省级复产验收标准和《小煤矿安全生产基本条件》要求。是年，共炸封、取缔非法和“死灰复燃”矿井1650余处，拆除、销毁、没收设施设备价值2500余万元。2003年，全州煤矿基本实现“双电双风机”（两路独立典源、两台风机）的基本配置目标，95%以上的矿井实现轨道运输，主提升绞车按《煤矿安全规程》规定安装深度指示器。是年，全州有129处矿井首批安装瓦斯监测监控系统，煤矿防灾抗灾能力进一步增强。年内，经省煤炭管理局颁证的煤矿173处，通过省级验收待办证54处。当年，都匀、福泉、荔波、独山、平塘开展打击非法盗采国家煤炭资源和关闭死灰复燃矿井活动40余次，取缔非法矿井300余处。2004年，共投入安全整改资金5700余万元，对煤矿通风、提升、运输、防排水、供电、防尘等系统进行整改，扩巷维修，使煤矿安全生产系统和设备设施得到改善。是年，全州关闭和取缔无证非法开采和已关闭死灰复燃煤矿650余处。

2005年，全州改造煤矿通风机与备用通风机不相匹配矿井67个；投入煤矿“一通三防”（指通风，防风、防瓦斯、防火）县级监测系统网络资金49605万元（省补助71万元）；投入煤矿瓦斯检测食品系统安排项目79万元。全年，关停证照不齐矿井83处，县、乡政府督促炸封非法采煤点600余处次。11—12月，州安监局配合省煤监局对全州“四证齐全”（采矿证、安全生产许可证、矿长资格证、矿长安全资格证）申报安全生产许可证的187家煤矿进行验收。由州安监局牵头，国土、煤炭等部门对94家整改煤矿进行复检。是年，全州停产整改有证矿井117家，炸封关闭非法煤井655个，拆毁矿井设备25台（套）。

2006年，针对二季度颁发“安全生产许可证”后许多煤矿安全管理松懈下滑情况，全州采取重点抽查和组织县（市）交叉检查形式，检查矿井40余对，县（市）自查矿井100余井次，安全管理下滑势头得到遏制。是年，州、县（市）下达整改通知2000份。全州各级政府炸封取缔无证非法煤矿1479井次，行政拘留25人，刑事拘留35人，有被追究刑事责任1人。对非法煤矿查禁不力、有失职行为的20名领导干部和国家公职人员给予行政查处。

2007年，按照省政府要求，全州按时限进入整合煤矿办证“一条龙”程序。年内严格执行瓦斯治理“先抽后采、监测监控、以风定产”的12字方针，严禁超通风能力生产、瓦斯超限作业。对开采突出煤层坚决落实“四位一体”（突出危险性预测、防治突出措施、防治突出措施效果检验、安全防护措施）综合防突措施，所有矿井全部安装瓦斯监控系统。是年，荔波瓦斯监测监控系统实现了县级联网运行并已上报省级验收，福泉市完成联网建设，进入试运行调试。瓮安等重点产煤县（市）联网建设有序进行。当年，在省下达的煤炭价格调节基金830万元的基础上，州、县（市）和企业匹配2200万元，对全州52家煤矿安全技改项目进行补助，提高企业技术装备水平，提升企业安全系统。是年，按照2007年全省煤矿安全工作现场会议和《省委、省政府关于贯彻落实胡锦涛同志批示，开展煤矿安全生产大检查》的要求，在全州开展了以“查找《特别规定》规定的十五种重大隐患”为核心内容的煤矿安全隐患排查治理活动。当年，全州查处各类煤矿隐患1180条，监督整改隐患1143条，煤矿投入隐患整改资金近2000万元；全州实施停产整顿煤矿87矿次，28个煤矿上报实施关闭。

2008年，对煤矿企业8家进行检查，共查出安全隐患94条，责令停产整顿1家，停止井下开采4家，行政处罚1家。

2009年，全州打击无证或证照不全从事建设、生产、经营等非法行为7800余起，打击“死灰复燃”1022个，打击关闭取缔后又擅自建设、生产、经营行为249起。是年，全州对重点行业安全生产隐患的排查治理，共排查生产经营企业6096家/次，查出隐患24199项，已整改23025项，整改率为95.15%。全年全州使用煤矿调节资金1300万元用于改善煤矿企业安全生产条件。

2010年9月和10月，境内连续发生两起较大煤矿事故。为汲取事故教训，遏制煤矿事故恶发的势头，全州立即开展煤矿安全专项整治，对煤矿安全专项整治和打击非法采煤窝点进行了再安排、再部署。全州出动人员2153人（次），出动车辆102台（次），租用大型挖机16台（次），共检查煤矿165座，排查出隐患430条，下达执法文书98次，停产整顿5对矿井；炸封小煤窑891口（次），填埋废弃井口189个，挖毁非法盗采煤矿资源运输公路37处，捣毁非法煤台33处，销毁柴油机7台，空压机1台，卷扬机1台，发电机1台，拖斗15个，销毁工棚4个，没收非法电子地磅2套，矿山作业工具20余件，强制拆除设备5台，没收炸药627公斤，雷管35枚，依法刑事拘留重大责任事故犯罪嫌疑人5人，非法采矿犯罪嫌疑人10人，行政拘留3人。年底，全州共有煤矿208对，省政府保留一套生产系统71对，六证齐全生产矿井9对。是年，对存在重大安全隐患的煤矿依法责令停止井下采掘作业矿井1家，被责令停工整改工程25个。

2011年，州及相关县（市）及开发区会同省煤监局林东分局组织40余名安全监察监管人员和专家，先后在全州开展煤矿安全专项整治暨瓦斯和水害防治技术会诊行动。全州检查538矿（次），查处一般隐患4041项，整改3636项，整改率89.98%。为吸取平塘牛棚煤矿“7·2”透水事故和荔波安平煤矿“10·4”煤与瓦斯突出事故的教训，州政府专门组织开展煤矿建设项目专项治理行动，对全州开工手续不齐全、未批先建的煤矿建设项目进行全面清理。是年，根据省安委办《关于开展全省关停煤矿专项检查的通知》《省人民政府办公厅关于下达黔南自治州煤矿生产建设关停计划的通知》《省人民政府办公厅关于贫煤地区规模15万吨/年在建煤矿暂停建设的通知》要求，州安委办组织4个督查组定期不定期在全州范围内119处停建矿井和17处关闭矿井开展专项督查检查。是年，加强对生产和联合式运转煤矿的安全监管，对全州44对联合式运转煤矿开展拉网式隐患排查。

2012年，全州严把煤矿复工复产关。州成立煤矿防治水专项督查组，对惠水县、瓮安县、荔波县等8个县（市）开展煤矿防治水的专项督查，共检查28对矿井，下达执法处理文书28份，上报《煤矿防治水专项督查工作情况报告》21份。是年，福泉、瓮安、荔波3县（市）部分煤矿通过煤矿安全质量标准化二级达标。州级复查验收工作组按照“高标准、严要求、成熟一个验收一个”的工作原则对12个县（市、区）9万吨煤矿企业“停建矿井复建验收标准”进行验收，至年底，验收9万吨煤矿企业31对，报省批复19对。只发生1起煤矿死亡事故，创历史最好水平。

2013年，围绕“双七条规定”和“打非治违”“安全生产大检查”活动狠抓安全生产工作，做到早部署早安排。针对瓮安县运达煤矿“4·5”事故、惠水县大冲煤矿“10·12”事故和福泉市哲岩煤矿“11·17”事故暴露出来的问题，举一反三，采取果断措施，查缺补漏，健全和完善了煤矿安全生产工作措施。按照验收标准，对全州62家生产煤矿组织复产验收，达标验收煤矿11对。

2014年，煤矿安全生产强化属地监管，实行驻矿安监员班前确认、县（市）安监局每周确认和县（市）政府每月确认三级安全确认制度。年内分别对荔波县巴合煤矿（北块段）、长顺县杜鹃煤矿、贵定县（蒙鼓冲煤矿）、瓮安县（三桥煤矿）存在的问题执行县级人民政府分别向州安委办“说清楚”原因。

二、非煤矿山安全监管

非煤矿山即开采金属矿石、放射性矿石以及作为石油化工原料、建筑材料、辅助原料、耐火材料及其他非金属矿物（煤炭除外）的矿山、尾矿库等。非煤矿山虽无瓦斯爆炸的危险，但在其他方面与煤矿无根本区别。非煤矿山是各级安全生产监督管理局直管的领域之一。

20世纪90年代初，州内开展非煤矿山矿产采选的乡镇企业有390余个。黔南州安委办根据职能指导监督相关安全标准化建设，并对不具备安全生产条件的非煤矿山采取关闭措施。1996年，对非煤矿山进行检查，共取缔无证采矿266个，吊、注销采矿许可证65个，矿业秩序混乱局面有所好转。

1997年，全州加大对瓮福磷矿区、牛角塘锌矿区、珠藏高山铁矿区等重点矿区的整顿，共炸封无证矿山477个，吊销采矿许可证22个。是年，全州非煤矿山企业事故发生率未突破控制指标。

1998年，州地矿局印发《开展采矿登记换证工作有关规定》，按省地矿厅下发的提纲进行换证初步摸底调查。

1999年1月，召开全州采矿许可证换证工作暨换证试点现场会议，安排部署全州换证工作。3月，州地矿局制定《黔南州采矿许可证换证工作方案》，对采矿许可证的换证范围、换证权限、资料要求、应遵循的原则和政策、时间安排及工作程序、验收标准等均作出明确规定。是年，全州有各类持证矿山企业1132个，其中，非煤矿山有551个，占48.7%。省级换证719个（其中，非煤矿山138个）。从1998—1999年6月，全州清理无证矿山396个，取缔非法开采矿山432个，炸封矿井100多口，吊销采矿许可证11个。至2000年5月底换证工作结束，全州提出换证申请的非煤矿山180个，其中：应由部、省换证的52个，应由州、县换证的128个；未提出换证申请的、应由部、省换证的非煤矿山42个；已换证的非煤矿山154个，其中：省级换证26个，州、县换证128个；已完成换证资料的非煤矿山26个。是年，全州报省换证的非煤矿山74个，州级换证78个，各县（市）换证240个，全州非煤矿山换发采矿许可证工作如期完成。

2001年10月—2002年7月，全州开展矿产资源管理秩序治理整顿。共依法吊销采矿许可证7个，依法注销采矿许可证59个。关闭布局不合理的矿山48个。

2004年5月17日，国家安全生产监督管理局（国家煤矿安全监察局）颁布《非煤矿矿山企业安全生产许可证实施办法》。是年，全州组织开展矿山企业矿产开发利用情况监督，由州直接年检的矿山有36个矿山年检合格，4个矿山未按规定进行年检，其采矿许可证自行失效。

2005年，全州开展整治金属、非金属矿山安全生产秩序。针对州内磷矿、硫铁矿矿点多，存在不顾安全盲目开采现象，对不具备安全生产条件和非法开采业主采取暂扣风枪、空压机、停供炸药及电力等手段，共有167个采石场停工整改。是年，全州检查矿山375家次，提出整改意见1500条；向乡（镇）政府及有关部门发送安全生产监察建议书90余份，督促关闭取缔不具备安全条件的采石场。年内，及时查处和追究了非煤矿山事故责任者，其中，对涉嫌构成重大劳动安全事故罪的独山县拉外硫铁矿事故责任矿长、特种作业人员（3人）处予刑拘。

2006年，依照国务院《安全生产许可证条例》，全州62家地下开采金属和非金属矿井经安全整改，通过验收，有27家获得“安全生产许可证”。全州472家露天开采场经整改，全部获得“安全生产许可证”。是年，非煤矿山验收整改，对停而不整、整而不改的业主，采取提请供电、公安部门停电停炸材等手段，按照整改指令进行整改。对少部分拒绝执行指令继续非法生产者予以经济处罚，对持勘矿手续改变设计方案以勘代采行为及时施以行政处罚。强化尾矿库（坝）的管理，对13家尾矿库（坝）不按安全标准建设、拒不整改的企业下达强制整改指令，并对不整改业主予以严厉处罚。其中，泰国独资企业龙里正大公司磷渣坝建设不按设计要求施工被处予30万元罚款，并停业整改。

2007—2008年，全州开展安全生产隐患排查治理专项行动，组织检查、督促企业严格执行非煤矿山安全技术标准，全面推进地下开采矿山机械通风工作，2007年，有52家非煤地下矿山基本实现机械通风。是年，全州检查非煤矿山1350家（次），尾矿库104家（次），下达整改指令1103份，强措指令73份，实施行政处罚30余万元，整改隐患2351条处。2008年，对金属与非金属矿山32家进行安全检查，其中：井工开采14家，尾矿库5处，露天采石场7处，冶金企业6家。共督查安全隐患320条，其中：立即整改298条，限期整改22条，重大安全隐患2条，行政处罚3家。

2009年6月，新修订的《非煤矿矿山企业安全生产许可证实施办法》正式颁布。是年，以标准化建设为目标，全州进一步强化了安全生产“三同时”（劳动安全设施必须与主体工程同时设计、同时施工、同时投入生产和使用）专家评审，提高高危行业（企业）安全生产准入门槛。年内，全州新建的85家露天采石场、4家井工开采非煤矿山、1家尾矿库的安全设施全部按照国家标准进行审查后开工建设。是年，全州推广先进安全生产工艺，在瓮安、福泉召开非煤矿山中深孔爆破现场会，推行安全、节能、环保的非煤矿山开采新技术；在惠水、独山、龙里等县召开露天采石场阶梯式开采现场会，推广使用机械铲装、液压锤二次破碎工艺。全年，非煤矿山事故起数和死亡人数同比分别下降25%和45.5%。

2010年，全州有非煤矿山企业729家，其中：井工开采82家（新建29家）、露天开采612家（新建145家）、尾矿库35座（新建14座）。是年，对1家采石场依法实施处罚，依法责令2家存在重大安全隐患的采石场停止作业，并建议公安部门停止火工品和供电部门停止电力供应。

2011年，全州开展治理非煤矿山企业“小散乱差”。全年，整合关闭42家小型金属与非金属矿山企业。是年，全州有103家露天矿山采用中深孔爆破、436家采用机械铲装；12家安装现场监控系统，14家推行非电起爆；244家金属非金属矿山达到5级以上安全标准化水平。资料统计，是年，共检查尾矿库126座（次），下达行政执法文书126份，发现隐患649处（条），已落实隐患整改636处（条），正在按整改方案进行整改的有13处。

2012年，全州加大对尾矿库危库、险库、病库隐患的治理力度。全州取得安全生产许可证的56家矿山已实现井下机械通风（达100%）。瓮福集团白岩磷矿尾矿库、马场坪磷石膏碴场和瓮安县玉华乡营上铁矿尾矿库安装了在线监控系统；全州有255家非煤矿山达到5级以上安全标准化水平。是年，全州检查非煤矿山企业107家、尾矿库5座，共下达现场检查记录107份、发现生产安全隐患275处，现场整改247处，下达责令整改指令书101份。全州隐患排查治理检查矿山企业591家次，查出隐患2047项，已整改到位2013项。是年，州对51家非煤矿山新建企业开采设计进行批复；对37个非煤矿企业安全生产许可证延期及新建进行检查和验收，有50家企业符合安全生产条件的企业办理“安全生产许可证”。当年，开展的矿产资源整合，共关闭56家小矿山。打非治违行动共检查企业135家（含7座尾矿库），查出隐患431处，对2个企业的违规行为进行行政处罚。是年，全州有236家非煤矿山达到三级以上标准。

2013年，开展了节假日、重点时段、汛前、汛期非煤矿山、尾矿库安全大检查，特别是汛期对全州27座尾矿库的坝体稳定性、排洪设施、安全管理制度落实情况、应急救援预案及演练情况、干滩距离等进行重点检查。按照非煤矿山“五查”（查证照、查安监机构、查安管人员、查安全培训、查持证人员、查设施）要求，共检查非煤矿山2371家（次），查出隐患8995项，已整改到位8923项，整改率99%。打非治违行动突出重点县（市）督查整治，坚持惩防并举，督查中对独山县无证违法生产1家水泥厂矿山下达安全监察建议并实施州级挂牌督办。开展地下矿山专项检查，共对8个县（市）19家地下矿山进行现场检查及督查。推动矿山资源整合，共关闭68家非煤矿山企业。行政许可审批，对93家企业《设计及安全专篇》进行批复，对154个非煤矿企业安全生产许可证延期及新建进行检查验收，对137家企业办理安全生产许可证新建、延期、变更。推进安全标准化建设，实现546家非煤矿山达到标准化三级。是年，全州437家采石场实施深孔爆破开采技术，露天矿山基本全部实现机械铲装，27 家采石场、3 座尾矿库建立在线监测系统，415 家采石场实现液压锤二次破碎技术；13 家露天矿山使用非电起爆技术。

2014 年，全州检查非煤矿山 2127 家（次），查出隐患 7136 项，已整改到位 7127 项，整改率达 99.8%。其中州检查 189 家矿山（尾矿库）企业，下达执法文书 185 份（现场检查记录和指令），对 1 家企业实施经济处罚 10 万元，对都匀经济开发区 3 座无证非法违法运行尾矿库情况下达安全检查建议。年内，全州已实现 579 家非煤矿山达到标准化三级；508 家采石场已实施中深孔爆破开采技术，露天矿山全部实现机械铲装，63 家采石场安装监控系统，508 家采石场实现液压锤二次破碎；3 座尾矿库建立在线监测系统，采用一次性筑坝 4 座，正在开展试验尾矿综合利用 2 座。计划开展试验采用尾矿充填 1 个（瓮安磷矿），先进适用技术和装备水平得到突破。

三、危险化学品安全管理

20 世纪 90 年代，随着经济建设发展加快，民用爆炸物品在销售、使用上数量猛增。为了安全管理，堵塞漏洞，防止民用爆炸物品散失和被盗，全州各级安全生产监督管理部门坚持“积极预防、从严管理、服务生产、保障安全”的民爆物品管理工作方针，加强对烟花爆竹的生产、运输、销售的安全管理工作，对州内生产烟花爆竹的厂家定期检查，加强整顿，对销售烟花爆竹的仓库、营业点严格加以检查和控制发证。1991 年，黔南州公安机关制发民用爆炸物品管理手册和《使用日记簿》，对使用民用爆炸物品的单位和个人做到“日清月结”，不出差错。是年，全州发生爆炸事故 7 起，死 4 人，伤 3 人，损失折款 6200 元。收缴散失在社会上的炸药 2687 公斤，雷管 7680 枚，导火绳 1537 米。

1992 年，全州在民用爆炸物品管理工作上坚持“谁主管、谁负责”原则，对使用、储存、运输民用爆炸物品单位和生产烟花爆竹的厂家、销售部门及摊点加强监督检查，完善规章制度和安全生产、遵章守法的宣传教育，对接触爆炸物品的人员做到先培训后上岗，对新老爆破员进行培训、考核、年审。是年，全州有 44 个民爆管理站；季节性的烟花爆竹生产厂家由 1991 年 22 家增到 38 家；取缔非法生产爆竹厂 2 家，收缴爆竹 45000 头；查获非法制造炸药窝点 1 个。

1993 年，全州有烟花爆竹厂 49 家。是年，全州查处违反民用爆炸物品管理规定 63 人，对其中 18 人严重违反规定的给予治安处罚和追究刑事责任，对 26 人违章作业的给予吊销爆破员作业证处理。收缴散失在社会上的炸药 15629 公斤，雷管 504079 枚，导火绳 1133 公尺。取缔非法生产烟花爆竹厂（场）21 家，收缴销毁成品和半成品爆竹 100 万余头，查出无证销售批发店（点）190 个，查扣非法贩运、储存爆竹 5 起，没收爆竹 36 箱、653 万头。

1994 年，全州有民爆物品管理站 65 个，取缔非法生产烟花爆竹场（点）48 家。

1995—1997 年，全州贯彻落实《关于加强烟花爆竹生产及产品销售安全管理的规定》，对烟花爆竹生产厂家把好审批关、办证关。1996 年，全州取缔非法生产爆竹户（作坊）13 家，收缴销毁成品、半成品爆竹 28935 万响。至 1997 年，全州有 65 个爆炸物品站（库、点）、1887 名爆破员。是年，对 49 家烟花爆竹生产厂家进行了 3 次清理整顿，取缔 1 家，限期整改和罚款各 4 家。

1998 年 8 月，召开全州民用爆炸物品管理工作会议，实施《黔南州人民政府关于加强民用爆炸物品管理的通告》，开展爆炸物品和烟花爆竹生产厂家的清理整顿。

1999 年，全州对重点行业的专项检查和治理，对 105 个易燃易爆化学物品销售、储存单位下发火源隐患整改通知 5 份，责令整改 25 家，处罚 28 家，停业整改 8 家，警告 20 家 75 人。年底，全州清查涉爆单位 930 家，发现隐患 71 起，发整改通知书 68 份；收缴炸药 17163. 45 公斤、雷管 31705 发：导火索 98116. 7 米、黑火药 86 公斤。

2000 年 3 月，全州开展为期 100 天危险化学品专项整治，对烟花爆竹、民爆物品等危险物品进行安全大检查；对全州实有的 40 个烟花爆竹生产厂家、13 个民爆物品经营销售专营公司、65 个民爆物品管理站进行全面清理整顿。专项整治共取缔烟花爆竹非法生产厂（点）6 个，非法经营点 6 个，地下生产作坊 50 余个，查处涉及烟花爆竹违法犯罪案件 18 起，处理 20 人。

2001—2003 年，全州开展民爆专营公司资格审查，规范生产、经营秩序。仅 2002 年，共清查烟花爆竹生产厂 32 家、收缴烟花爆竹 539 万余响、黑火药 240. 3 公斤，查封烟花爆竹生产厂 2 家，取缔非法生产民用爆破器材点 5 个、烟花爆竹生产地下作坊 8 个及非法销售黑火药、烟花爆竹点 5 个。

2004 年，州安监、公安等部门对全州 35 个烟花爆竹生产厂家进行全面检查，对存在严重安全隐患的涉爆单位责令停业整顿，限期整改。是年，共收缴烟花爆竹 21. 22 万头、成品半成品爆竹 760 万余头、烟花爆竹引线 4860 公斤、成品半成品烟花爆竹 120 公斤。

2005 年，烟花爆竹的监管职能由公安部门划转到安监部门。是年，对全州 13 家批发企业烟花爆竹储存仓库按《烟花爆竹工厂设计安全规范》全部进行实地检查，州级及 12 个县（市）的 12 家烟花爆竹储存仓库按照检查提出的整改意见整改，对符合条件的仓库办理临时批发许可证。是年，州安监、交通、公安等部门组织开展危险化学品运输安全专项整治，共检查危险化学品储存、经营企业 150 家，危险化学品运输企业 4 家。检查危险化学品生产经营企业 128 次，下达隐患整改指令书 100 份，提出整改意见 1000 余条。是年，全州烟花爆竹生产厂家有 31 个，有 28 家完成安全评价，申报安全生产许可证，3 家列入停产整顿监管。在烟花爆竹的经营销售上，严格批发企业资格审查，所有批发企业仓储按标准实地验收合格予以发证。都匀、福泉、瓮安、荔波等烟花爆竹批发企业在城区设置的储存仓库均迁出城区。零售烟花爆竹，实行贴花识别，以杜绝非法产品流入市场。是年，共收缴爆竹 53. 763 万头、擦炮 52 万头、烟花 70000 余支。根据国家《危险化学品安全管理条例》，全州 142 家加油站申报经营许可证，经安全达标整改，除 7 家需继续进行改造外，其余 135 家全部经过评价进入申报经营许可证程序。

2006 年以后，黔南州在零售、生产、批发企业的工商许可中，按照《危险化学品安全管理条例》要求，全面清理烟花爆竹生产厂家安全准入前置，开展农药、油漆类等有毒易燃危化品经营销售安全管理。是年，取缔 4 家非法生产烟花爆竹作坊。年内，加强加油站和氧气乙炔、民用燃气的经营单位安全管理，共下达整改通知书数 10 份，督促各经营单位建立健全安全管理规章制度。是年，根据国务院《易制毒化学品管理条例》，全州40余家以硫酸类为主的生产经营企业进行备案登记，接受监管，建立产品流向登记报告制度。全州检查烟花爆竹生产企业35家（次）、批发企业13家、经营网点2千个（次）；没收各类违禁和非法经营的烟花爆竹300件，价值20万元。

2007年，全州危险化学品生产企业共77家，有53家办理“危险化学品安全生产许可证”，20家申报危险化学品经营许可证，178家加油站持证经营，4家易制毒化学品单位进行备案登记，有317户农药经营户办理经营许可证。是年，州安监局制定《黔南州化工企业安全生产整治工作方案》，对重点地区福泉、都匀、瓮安、龙里和惠水进行重点检查，查出事故隐患9条，全部整改。对群众举报的福泉市5家非法生产化工企业进行了查处，处罚10余万元。

2008年，对危险化学品8家，烟花爆竹企业11家进行安全检查。共查出安全隐患65条，其中：下达整改指令书14份，暂扣安全生产许可证4家，行政处罚1家。

2009年，全州以标准化建设为目标，强化安全生产“三同时”（劳动安全设施必须与主体工程同时设计、同时施工、同时投入生产和使用）专家评审工作，提高高危行业（企业）安全生产准入门槛。是年，有5家危险化学品生产企业和12家烟花爆竹生产企业、17家烟花爆竹批发企业的安全设施全部按照国家标准进行审查后开工建设。年内，对全州烟花爆竹经营网点安全状况进行检查，重点对烟花爆竹的批发企业、零售网点进行专项整治，共查获并取缔非法经营户23户，暂扣烟花爆竹500多箱，零售点超存放量近30户，经营场所存在安全隐患15处，纠正连片经营5处，撤除违规摊点10余处。

2010年12月，全州危险化学品和烟花爆竹实行标准化管理。2011年，全州开展危险化工工艺自动化控制改造工作，强制推广运用万向管道充装系统替代充装软管，提高液化危险化学品充装环节的安全保障能力。全年检查危险化学品和烟花爆竹企业85家，其中：危化生产企业18家、危化经营企业28家、烟花爆竹生产企业23家、烟花爆竹经营企业16家。发现问题72条，现场整改57条，限期整改15条。是年，全州有15家生产企业通过省审查并颁发“安全生产许可证”，有12家安全标准化设计方案通过省审查进行改造；全州24家批发企业设计方案通过省组织的审查，进行标准化改造。是年，全州39家危险化学品生产企业和136家加油站按照省州安全监管部门制定的危险化学品安全生产标准化考评标准实施考评。

2012年，全州危险化学品和烟花爆竹生产经营安全管理继续保持连续三年“零死亡”。春节期间，全州对危险化学品和烟花爆竹行业进行安全生产大检查，下达整改指令53份，查出安全隐患91条，取缔非法经营烟花爆竹3家，罚款7万余元。是年，对危险化学品企业“两重点一重大”（即重点监管的危险化工工艺、重点监管的危险化学品、危险化学品重大危险源）和烟花爆竹企业违法违规生产经营以及各类非法生产、经营、运输、燃放烟花爆竹行为开展全面排查，整治安全隐患。全年组织专家审查危险化学品生产企业建设许可10家，危险化学品经营许可38家；对危化生产经营企业的行政许可进行检查和验收。共审查危化建设许可3家，危化经营许可10家、危化生产许可到期换证7家、危化经营许可到期换证 24 家、新申办危化经营许可证 4 家，烟花爆竹生产经营企业换证各 1 家。是年，全州开展标准化达标工作的危化生产企业 36 家，经营企业（含加油站）201 家，标准化达标工作全面开展。瓮福集团公司、威顿公司、蓝天公司等龙头化工企业获得三级标准化证书。全州烟花爆竹生产经营企业从 2008 年开始全面进行技术改造，生产企业由原来的 31 家整合为 21 家。有 17 家经省验收获证，4 家改建；全州 25 家烟花爆竹批发经营企业有 23 家改造后获证，2 家建成待验收。

2013 年，开展烟花爆竹安全专项督查，全州检查烟花爆竹生产企业 17 家、烟花爆竹经营企业 23 家、烟花爆竹零售网点 2000 户；下发整改指令 50 份，提出整改意见 300 条。当年，查处烟花爆竹案件 11 起（非运输 9 起，非法经营、储存 2 起），处罚 12 人，收缴烟花 2763 件，爆竹 10576.8 万头，擦炮 8 箱，销毁爆竹 1200 件，烟花 41 箱，取缔无照经营 34 户。开展烟花爆竹产品质量监督抽查，共抽取 14 家企业 32 个批次产品，合格 26 个批次，不合格 6 个批次（涉及 4 家企业），合格率为 81.25%。对于不合格 6 个批次的 4 家生产企业，启动处理工作程序，限期整改。组织专家对全州 16 家烟花爆竹生产企业、25 家烟花爆竹经营企业的标准化工作进行验收，16 家烟花爆竹生产企业，23 家烟花爆竹经营企业达标。对州内五家硫酸生产企业（两家停产）、3 家二类、三类非药品类易制毒经营企业进行专项安全大检查，对查出隐患及时下达整改指令书，责令企业进行整改。全年办理危化和烟花爆竹行政许可 74 家。

2014 年，对辖区内涉及第二批重点监管危险化工工艺企业和危险化学品生产、储存、使用的企业开展调查统计。“安全生产月”期间，全州 28 家危险化学品生产企业、17 家烟花爆竹生产企业、25 家烟花爆竹批发企业开展应急演练。组织专家对 15 家加油站、3 家危化经营单位、2 家烟花爆竹批发企业、1 家危化品生产企业的行政受理申请进行审查，对全州 17 家烟花爆竹生产企业、5 家烟花爆竹批发企业、2000 户余烟花爆竹零售网点进行安全检查。对独山基长镇 2 户做镜屏生意但私自储存非法烟花爆竹 90 余件进行没收处理。福泉市境内 3 个乡镇查获非法烟花爆竹 800 余件，总价值高达 7000 余元。

第三节　安全生产检查

1991 年，地区性安全大检查开展 3 次，县级安全检查 52 次，乡（镇）安全大检查 446 次。消防部门组织 102 个检查组、610 人次，对 4594 个重点单位和目标进行检查，查出隐患 3978 起，立即整改 616 起，下整改通知限期整改 3362 起，取缔私人加油站 20 多个，没收私人违章存油 1200 多公斤。州安全生产监督部门对 121 台锅炉、315 台压力容器进行检查，对 181 家锅炉房进行综合治理，提出安全技术建议 520 条。1993 年，州安委办组织有关部门对全州年产 1 万吨以上的 72 个矿井进行普查，其中验收发证 20 个矿井，开展对 1000 名特种作业人员换证和 100 名矿长资格的复审，培训 100 名特种作业人员。1994 年，州乡镇企业局及安委办对全州 12 个县（市）矿山进行一次安全大检查。都匀市、惠水县、三都县乡镇矿山整顿小组提出治理整顿的具体要求，取缔无证开采，封查独眼井、划定采矿范围。是年，3 县（市）未发生小煤窑死亡事故。其他事故同比上年下降 20% ~ 50%。福泉、瓮安两县矿山死亡人数比上年下降 50%。

1991—1995 年，对锅炉、压力容器的监察贯彻“安全第一，预防为主”方针，落实以安全生产责任制为重点的各项安全生产管理制度，特种设备和锅炉压力容器定检率保持在 90% 和 95% 左右。未发生锅炉和压力容器爆炸事故。1995 年，州安委办对特种设备和锅炉压力容器进行监测检验，全年检验电梯塔吊 40 台，压力容器 74 台，对大修的 5 台锅炉和新安装的 6 台锅炉以及新制造的 5 台压力容器进行跟踪监测检验。是年，全州开展对矿山安全法律、法规和行政规章实施情况监督检查，全州五类事故和死亡人数分别比 1994 年下降 0. 3% 和 18. 12%，重伤人数和直接经济损失分别下降 1. 73% 和 25. 1%。

1996 年，全州乡镇企业（以煤矿企业为主）以预防瓦斯事故为重点，建立健全瓦斯检查、记录和处理制度，严禁独眼井开采和明火明电下井。年内，州、县两级累计进行安全检查 62 次，参加检查人员达 238 人次，对查处的事故隐患及时下达整改通知书。1997 年，州、县两级累计进行安全检查 67 次。

1998—1999 年，州安委办、公安、消防、质监、工会、建设等部门密切配合，对工场、仓库、宿舍在一起的“三合一”厂房，易燃易爆化学危险品行业、娱乐场所、市场安全隐患等进行重点检查。1998 年，开展全州范围综合性安全生产大检查 4 次，各类安全专项检查 32 次。对查出的 1258 个事故隐患作出限期整改决定，并跟踪督查。是年，全州加强对特种作业设备的监察管理和检验，全年共检验锅炉 188 台，压力容器 75 台，起重设备 75 台，分别占年检任务的 118%、100%、116%，审批和验收安装检修锅炉 35 台，压力容器 4 套。1999 年，根据中央、省有关加强锅炉等特种设备安全检查的一系列通知精神，全州组织 2 次较大范围的重点抽查。第一次对贵定、福泉、都匀、瓮安、独山、龙里等县（市）的锅炉安全情况进行抽查，共抽查锅炉 47 台，发现“土制”锅炉 3 台，未经批准擅自安装的锅炉 5 台。第二次是对福泉、瓮安、独山、都匀等地的 6 个液化石油气充装站进行检查。是年，全州加大对特种设备和特种作业人员持证上岗的监督、检查、检验及考核发证，共检验运行锅炉 191 台，压力容器 75 台；锅炉安装修理检验 25 台，压力容器制造检验 5 台，检验电梯 28 台，起重机械 10 台。全年，全州开展综合安全大检查 75 次，受检查单位 450 个，整改事故隐患 1200 个。

2000 年年初，全州春运安全生产大检查 50 次，受检单位 380 个，整改各种事故隐患 1500 多条。农机部门开展全州拖拉机、农用车专项治理，共实施路检路查 580 余次，参加人数 1420 余人（次），检查拖拉机 6700 台，农用车 5120 台。是年，年检锅炉 168 台，压力容器 75 台，安装检修锅炉 13 台，检验容器 11 台，电梯 53 台，桥式起重机械 64 台，塔式起重机械 25 台。2000—2001 年，全州安全生产监督管理相关部门对易燃易爆危险化学物品进行“地毯式”拉网检查，加大对特种设备的监察力度。2000 年，共检查液化石油气充装单位 6 户，液化气经营门市部 73 户，并对未取得许可证的 4 户限期整改。2001 年，共检验锅炉 155 台、压力容器 56 台、电梯 31 台、行车 15 台、塔吊 25 台、自动扶梯 11 台；

审批锅炉安装检修施工方案22份，检验22台，普查锅炉330台，注册登记230台，报废锅炉60台；完成压力容器普查登记注册392台，普查压力管道13528米；普查电梯117部、起重设备133台、游乐设施3台。

2002年，全州贯彻落实全国安全生产电视电话精神，共组成46个煤矿安全检查组开展全面检查。全州查处各种安全隐患2544条，当即整改2135条，整改率为83.8%。下达整改意见书185份，限期整改412条。检查中共查出非法和无证煤窑以及已关闭的死灰复燃矿井83个，均对其实施炸封和关闭。2003年10—12月，制定煤矿安全评估方案，对省级复产验收的157处矿井全面开展安全程度和安全生产基本条件评估。是年，全州产煤乡镇对所属煤矿共进行2000余矿次逐矿安全生产检查，县（市）共进行安全生产检查518矿次，州级对煤矿进行安全检查共180余矿次。

2004年，州政府组织5次安全生产大检查和8次安全生产专项督查。是年，制定下发《黔南州人员密集场所消防安全专项治理实施方案》，成立州消防专项治理领导小组，对全州消防安全工作采取拉网式的检查，全州共检查4853个单位，发现火灾隐患5966起，发出火灾隐患自查整改承诺书2337份，农村火灾隐患自查整改承诺书2139份。当年全州火灾发生次数，死亡人数、经济损失与上年同期相比有所下降。

2005年，部署高危行业专项整治。针对全年开工建设项目较多，事故集中发生在公路、铁路及民用建筑施工等行业的特点，对黔桂铁路等较大建设项目、建设工地场所进行专项安全生产检查。并依据国务院《建设工程安全管理条例》，查处了一批特殊工种操作人员无证上岗、工程安全防护不符合规范、高处坠落防护差、安全规章制度不健全及垂直升降机具装卸队伍和鉴定机构无资质等行为。针对州内磷矿、硫铁矿矿点多，存在不顾安全盲目开现象，对不具备安全生产条件和非法开采业主采取暂扣风枪、空压机、停供炸药及电力等手段迫使167个采石场停工整改。是年，全州组织综合性大检查5次，专项检查20次，检查煤矿750余井次，发出整改通知书680份（强制措施通知书60份），提出整改意见8500条，行政处罚罚金入库近200万元；对存在《特别规定》指出的15种隐患矿井，督促县（市）政府将停产整改工作落实到具体责任人。

2006—2007年，全州通过各种不同层次的安全生产大检查，促进安全生产形势的稳定。2006年，全州各级安全监管部门对具有安全隐患的生产经营单位发出整改通知书4000余份，其中，停产整改强制措施800余份，整改率达90%。2007年，全州开展州级检查9次，12个县（市）政府组织检查累计50余次，州直各职能部门组织10次以上行业专项检查，对隐患严重的生产经营单位及时下达停产整顿指令。州级共出动人力1320人（次），车辆近200辆（次），县级出动人力4100余人（次），车辆近1500余辆（次）。对三都、龙里二起重大火灾事故介入调查；对贵定、荔波开展民间体育活动“斗牛”比赛，分别死亡1人进行通报，举一反三；对全州非煤矿山事故死亡人数超出省下达的控制指标的情况，召开全州非煤矿山业主会议；都匀、福泉市就贵新路发生的死亡事故，向贵新路路政部门下达安全生产监察建议书。是年10月，针对全州事故频发的情况，州政府下发《关于加强安全生产工作的紧急通知》，对10月份发生的事故进行通报。

2008年，对近200家企业的安全生产工作情况进行检查，共查出各类隐患1285条。其中：交通运输督查53家，对检查出的10个主要问题州安委办进行了州级挂牌督办。建筑工程责令4家停工整改，1个在建项目限期整改。电力方面对10家县级供电局及荔都水电开发有限公司的23个水电站进行专项检查。共发现各类隐患263条，制定整改方案，落实整改经费。消防部门对都匀等8县（市）消防工作情况进行督查，共下发《责令预期整改通知书》63份，《复查意见书》34份，立项整改重大火灾隐患11起，办理行政处罚案件4起，行政处罚2000元。特种设备共检查358台，查封3台非法使用锅炉和2台不符合安全技术规范的起重机械，下达《特种设备安全监察指令书》10份。地质灾害方面，全州共查出有重要地质灾害隐患点367处，80%为坍塌、滑坡地灾类型。是年，制定《黔南州关于进一步开展安全生产隐患排查排除治理工作方案》，明确工作目标、排查治理范围、排查治理内容、实施步骤和工作要求。方案出台后，全州参加安全生产隐患排查治理专项工矿贸易企业4696家，共查出安全生产隐患5649条，整改4830条，整改率达85.5%。道路交通加强源头管理，严厉打击超速、超载、超限和违法驾车、行驶等违法行为，规范交通秩序。是年，州政府下发《黔南州道路交通安全社会化管理办法》。州公安交警支队制定《道路交通安全百日督查行动实施方案》，开展隐患排查，共查处交通违法行为49462人次，登记检查客运车辆23119起，暂扣车辆763辆次，深入客运企业268个次，排查客车隐患65起，设立警示标志604个，对严重违法驾驶的驾驶员行政拘留16人。交通系统开展安全检查578次，查出隐患293处，已整改279处。消防安全开展火灾隐患排查整治和重大火灾隐患挂牌督办整改，共检查各类单位、场所614家，发现火灾隐患834处，责令当场整改596处。是年，对省挂牌督办的重大隐患都匀文峰大酒店进行停业整改。

2009年，成立以州检察、监察、安监、公安、交通、国土、建设、质监、消防、水利、运管、海事、农机等部门组成的6个综合督查组和14个专项督查组，开展以煤矿、非煤矿山和尾矿库、危险化学品、烟花爆竹、民爆器材、道路交通、水上交通、消防、建筑施工、人员密集场所、电力施工、“两高”（高能耗、高污染）重点建设项目等为重点的安全生产隐患排查治理和督查检查专项行动。同时，州安监局与贵州省煤监局林东分局对荔波、福泉等重点产煤县（市）开展联合执法，确保重点行业不发生重大生产安全事故。全年州级组织开展综合督查和专项督查检查行动80余次，出动人员（含专家）近200人（次），到131个生产经营单位开展检查，查出各类隐患526条，（立即整改507条，限期整改15条，存在较大安全隐患4条）整改率为96.3%。全州共打击无证或证照不全从事建设、生产、经营等非法行为7800余起，打击“死灰复燃”非法行为1022个，打击关闭取缔后又擅自建设、生产、经营行为249起；重点行业安全生产隐患排查治理，共排查生产经营企业6096家/次，查出隐患24199项，已整改23025项，整改率为95.15%。

2010年州级组织开展综合督查和专项督查行动80余次，出动人员（含专家）近220余人次，深入到各县（市、区）的360余个生产经营单位开展督查检查。共查出隐患117条，下达整改指令41份，强制措施决定书1份。2011年1—11月，全州共检查生产经营单位1327家，出动人力近千人，车辆400辆次，查找并消除各类安全隐患3243处。是年，共排查治理隐患企业5842家，排查一般隐患8535项，已整改6502项，整改率76.2%。

2011年，州政府、州安委办组织监察、安监、公安、工信、交通、国土、建设、消防、工商、农委、质监、工会、水利、电力等相关部门，开展联合执法，严厉打击各种非法违法生产经营行为的专项行动期间，共检查各类生产经营单位、场所7213个，开展执法行动8775起（处），排查各类事故隐患19408项，已整改完成18495项，整改率95.3%。查处无证或证照不全从事建设、生产、经营的4173起，关闭取缔后又擅自建设、生产、经营的32起，私采滥挖、超层越界开采、尾矿库违规排放的153起，违反建设项目安全设施"三同时"规定的18起，不按规定进行安全培训或无证上岗的865起，拒不执行安全监管监察指令、抗拒安全执法的125起，其他非法违法建设、生产、经营的4257起。

2012年，州、县开展专项检查12626余次，出动人员25462人（次）、检查企业8772个，责令改正、限期整改、停止违法行为3188起，没收非法生产设备30件，责令停产、停业、停止建设170家，暂扣或吊销有关许可证、职业资格证9个，关闭非法违法企业67家，行政拘留48人，移送追究刑事责任8人，行政罚款92.74万元。全州煤矿、非煤矿山、危险行业；公路、路铁路交通、水上交通、建设、特种设备、电力、教育、旅游、民航、机械、冶金等行业和领域，安全生产专项整治和督促检查，取得成效，保持了稳定好转的态势。通过隐患排查治理，"十八大"期间未发生生产安全事故。

2013—2014年，全州严格按照国家、省的统一安排部署，积极开展安全生产大检查。全州8361家企事业单位开展自查自纠，州、县共组织督查、检查组5687个，参与检查人员36464人次，检查企事业单位和场所11925家次，责令改正、限期整改、停止违法行为4885起，责令停产、停业、停止建设91家，暂扣或吊销有关许可证、执业资格证2家，关闭取缔企业2家，经济罚款178.4万元，行政拘留61人，移送追究刑事责任7人，排查一般隐患25638条，整改24920条，整改率为100%，重大隐患21条，全部挂牌督办，已整改19条，剩余的2条按计划进行整改；州级重点检查的2218家企事业单位全部检查完毕，检查覆盖率达100%。

第四节　事故查处

20世纪90年代，对在生产劳动过程中发生的物体打击、车辆伤害、机械伤害、起重伤害、触电、淹溺、灼烫、火害、高处坠落、坍塌、冒顶、透水、放炮、火药爆炸、瓦斯爆炸、其他爆炸中毒或窒息以及其他伤害所造成的人员伤亡事故，全州各级劳动安全监察部门会同公安、质监、工会及企业主管部门，按照国务院1989年公布施行的《特别重大事故调查程序暂行规定》和1991年公布施行的《企业职工伤亡事故报告和调查处理规定》，及时进行查处。在查处中，贯彻"四不放过"（即事故原因未查清楚不放过、事故当事人未受到处罚不放过、周围群众未受到教育不放过、未采取预防措施不放过）原则，做好防范工作，遏制重特大事故的发生。1991年，全州县以上企业共发生事故20起，死亡15人，重伤 9 人，与上年相比，次数上升 5.26%，死亡下降 6.25%，重伤下降 30.77%。乡镇企业（主要指乡镇煤矿）全年共发生事故 46 起，死亡 88 人，重伤 17 人，直接经济损失 121450 元，与上年相比次数下降 4.08%，死亡人数上升 14.29%，重伤人数上升 13.33%，经济损失下降 30.41%。其中，发生一次死亡 3 ~9 人的重大事故 3 起，死亡 12 人；发生一次死亡 10 人以上特大事故 2 起，死亡 24 人。

1992 年 3 月 9 日，福泉县龙昌镇小坝个体联办煤厂发生瓦斯爆炸，造成 20 人死亡、1 人重伤、直接经济损失 20 万元的特大事故。事故有关负责人受到严厉查处。

1994 年 5 月 22 日，瓮安县植物油厂发生焊接容器爆炸死亡 3 人的重大事故，事故发生后，州政府组织州安委办、州检察院、州粮食局等有关部门到现场进行查处。12 月 6 日，荔波县水尧乡 43 号煤井发生瓦斯爆炸死亡 17 人的特大事故，有关责任人受到严肃处理。

1995 年，全州“五类事故”（工矿商贸、道路交通、消防火灾、渔业船舶、农业机械）共发生 400 起，死亡 217 人，重伤 235 人，直接经济损失 227 万元。“五类事故”和死亡人数分别比上年下降 0.3% 和 181.12%；重伤人数和直接经济损失分别上升 1.73% 和 25.1%。对发生事故的单位和事故的直接责任人员都分别进行了处理。

1998 年，处理锅炉压力容器事故 3 起，矿山安全事故 4 起，其他事故 5 起。1999 年，全州发生 3 起一次死亡 10 人以上的特大事故，州、县（市）政府及相关部门及时赶赴事故现场指挥救援和做好事故善后处理工作，并按原则、程序和权限提出处理意见或作出处理，事故结案率 91%。是年，全州共发生煤矿事故 18 起，死亡 56 人；非煤矿山企业发生事故 12 起，死亡 11 人；事故发生率分别比上年同期下降 35.7%。

2000 年，为落实省政府提出的全省安全生产事故死亡人数在 1999 年的基础上下降 15% 的目标，州政府、州安委办将安全事故控制指标分解下达各县（市）和州直有关部门。各县（市）和州直有关部门将安全生产控制目标层次分解，逐级下达，明确责任，制定措施。全州建立了州、县（市）乡（镇）、村四级安全生产目标管理体系，有的还把安全生产目标与“村规民约”有机结合起来，共同为安全生产目标负责。是年，全州各类事故结案率 95%，实现了省政府当年下达黔南州的安全生产控制目标，也实现了州政府当年五类事故的管理目标。2001—2002 年，全州油库、加油站、液化石油气营业部未发生大小安全事故。

2003 年，全州对非煤矿山、烟花爆竹、易制毒化学品及民用爆炸物品等重点行业进行督查。全州乡镇企业（乡镇煤矿除外）共发生事故 1 起，重伤 2 人，实现千人死亡率为零的目标。

2004 年，各级安全生产管理部门现场执法 3000 次，发现安全隐患 5000 余条，查处各类生产安全事故 650 余起，下达整改通知书 500 余份，事故责任追究案件 5 件，处理干部 13 人，其中，县、处级干部 3 名，乡、科级干部 9 人，一般干部 1 人。是年，全州共发生各类生产安全事故 789 起，比上年同期下降 31.6%，占省政府控制目标的 75.6%；死亡 340 人，比上年同期下降 15.3%，占省控制目标的 113.4%，比省下达控制目标多死亡 40 人；受伤 885 人，比上年所同期下降 15.6%；经济损失 381.9 万元，比上年同期下降

40.7%；重大生产安全事故发生16起，与上年同期下降20%，占省控制目标的125%，比省下达控制目标多发生1起；特大生产安全事故发生2起，与上年同期净增2起，比省下达控制目标多发生1起。

2005年，改变以往只有事故发生后才追究责任的被动状况，对事故隐患进行监察处罚和事故发生处罚。是年，县级安监部门行政罚款达120万元，其中：监察罚款65万元，事故罚款55万元。州级安全生产行政执法完成罚款近70万元，共45起，其中16起为死亡事故罚款，29起为监察罚款。在行政执法中，强化重点领域安全生产监察执法力度，特别是2005年新开工的省重点建设工程项目——黔桂铁路提速扩容改线，当年工程已发生的4起死亡事故，黔南州克服跨省监管的困难，依法按标准全部完成对责任单位和责任人的处罚追究，事故频发势头得到遏制。是年，对州内发生的57起死亡事故，州安监局追查责任并实施了行政处罚。事故从发案到结案多数都在一个月内完成，结案率达88.6%。全年，县级安监部门行政罚款达120万元，其中，监察罚款65万元，事故罚款55万元。州级安全生产行政执法罚款近70万元，共45起，其中：16起为死亡事故罚款，29起为监察罚款。

2006年，全州监管范围内生产经营企业共发生死亡事故35起，死亡47人，发生重大道路交通事故10起（地方3起，贵新高等级公路7起）。全州各级安全监管部门对具有安全隐患的生产经营单位发出整改通知书4000余份，其中，停产整改强制措施800余份，整改率达90%。对违法生产行为行政罚款250余万元，发生事故后处罚150余万元，各类生产经营企业不安全的违法行为受到查处纠正。

2007年6月，国务院颁布施行《生产安全事故报告和调查处理条例》。全州各级安全生产监督管理部门学习贯彻条例精神，严肃、公正的追究事故责任。全州立案查处安全生产行政违法案件583件，责令停产停业整顿生产经营单位238家，提请关闭生产经营单位29家，州级行政处罚共计87万元。对发生安全生产事故的企业和相关责任人，联合纪检、检察部门依法追究党纪、政纪直至刑事责任，共对30人予以党纪政纪处分。

2008年，全州共发生1起重大交通事故和6起较大事故，全部立案查处。有25人受到行政责任追究，其中：贵定县“5·15”重大道路交通事故，有10名干部受行政处分；惠水县三都镇小龙村非法露天采矿窝点“3·6”坍塌事故，有8名干部受行政处分；瓮安县“4·14”较大道路交通事故，有4名干部受行政处分；都匀市坝固镇新桥锌矿“6·20”事故，有1名干部受行政处分；独山县水岩乡维寨锑矿“7·5”事故，有2名干部受行政处分。是年，全州各级安全监管部门对具有安全隐患的生产经营单位下达责令整改通知书4000余份，其中：停产整改强制措施800余份，整改率达90%。共取缔、关闭各类非法建设项目12个、非法生产69个、非法经营23个。是年，全州罚款511.76万元〔州72.9万元，县（市）共438.86万元〕。其中，监察罚款162.77万元，事故罚款344.99万元。

2009年，全州发生较大事故12起，全部立案查处。其中：由州政府组织调查处理的道路交通较大事故10起，结案9起，结案率达90%，1起在时限内调查处理。由省林东分局调查处理的5起煤矿较大事故，3起已结案，2起在时限内正开展事故调查工作。有2名县级领导干部和10余名科级领导干部受到行政处分，10余人（含业主及驾驶员等）被移送司法机关处理。

2010年，全州发生较大事故10起（道路交通3起，煤矿3起，建筑施工事故2起，火灾事故2起）全部立案查处。其中，由州政府组织调查处理的较大事故7起，道路交通3起、建筑施工事故1起、火灾事故2起较大事故已结案。事故查处强化安全生产“两个主体责任”，对于非法违法生产经营建设行为发生的安全生产事故进行严厉的查处。福泉利森水泥厂“1·12”模板垮塌较大事故，对施工单位、监理单位、施工单位主要负责人都给予法定高限的经济处罚，92万元行政处罚全部收缴国库，5名行政人员被行政问责，3名被移送司法处理。荔波县茂兰镇“9·27”透水事故和荔波县佳荣镇“10·10”非法盗采瓦斯爆炸事件发生后，州委、州政府立即启动问责机制，对荔波县分管国土资源工作的副县长、县国土资源管理局分管副局长、茂兰镇镇长、佳荣镇镇长作出停职处理，对茂兰镇分管副镇长、佳荣镇分管副镇长作出免职处理，责令荔波县政府向州政府作出书面检查，并对福利煤矿矿长、总工程师实行刑事拘留。

2011年，针对全州公路建设和工业园区建筑事故多发特点，结合《工程建设领域安全生产突出问题排查整改工作的通知》要求，州安委办将建筑工程事故纳入督办工作范围，及时向事故发生地政府发出《督办通知》，凡未经州安委办审查同意的一般事故的《事故调查报告》，一律不得批复结案；另外对“打非”期间发生的安全生产事故，一律实行挂牌督办，要求从快从严从重处理，确保事故责任单位和责任人的责任落实到位。是年10月4日，荔波县立化镇安平煤矿发生一起瓦斯突出事故，事故发生时，井下有28人。事故发生后，省委、省政府高度重视。经查，是一起违规操作，防瓦斯突出措施和责任不到位引发的责任事故。州、县政府成立“10·4”事故联合调查组，对事故发生原因进行彻查，对事故相关责任人依法依规进行处理。是年11月1日，两辆运输炸药的货车停在福泉市马场坪收费站附近的在建检测站时发生爆炸，致8人死亡，218名受伤，其中，重伤9人。爆炸导致福泉市马场坪境内6所中小学全面停课，共有54名学生、7名教师受伤。当年，全州各级安监部门及时启动现场问责机制，对黔桂交界独山县黄后乡非法采煤窝点“5·31”较大透水事故、平塘“7·1”牛棚煤矿透水事故、荔波县安平煤矿“10·4”煤与瓦斯突出事故、福泉市“11·1”爆炸事故相关责任人进行问责。是年，由州级调查的9起较大事故结案8起，对相关责任单位和责任人进行了严肃处理。其中：追究行政责任7人，移送司法机关处理7人，州级经济处罚300余万元（到账106万元）。

2012年，对全州发生的各类生产安全事故，全部按照分级负责的原则立案调查。其中：属州级调查处理的3起较大事故已经州政府审批结案。是年，州安监局参与省事故调查组对贵定“1·4”重大道路交通事故和福泉谷坝煤矿“9·11”煤矿透水事故开展调查。

2013—2014年，对州内发生的8起较大生产安全事故，全部按照“四不放过”原则，从快、从重、从严调查处理。

第五节 安全生产法规宣传

1991 年起，黔南州开始每年开展“安全生产周”主题活动。1991 年第一个安全生产周主题是：以安全就是效益和提高职工安全意识为主要内容；1992 年第二个安全生产周主题是：以为国营大中型企业创造良好的安全生产环境和提高全社会的安全生产意识；1993 年第三个安全生产周主题是：遵章守纪杜绝三违，控制事故；1994 年第四个安全生产周主题是：“勿忘安全珍惜生命”“不伤害自己，不伤害他人，不被他人伤害”；1995 年第五个安全生产周主题是：治理隐患保障安全。

1996—1999 年，全州安全生产宣传工作主要以贯彻《中华人民共和国煤炭法》《中华人民共和国矿山安全法》等有关安全工作的法律法规为重点，强化安全生产领导和全员安全意识。仅 1998 年，张贴各种劳动安全标语 2500 余条，发放宣传资料 10 万余份，出动宣传车辆 250 辆次，参加宣传人数 500 余人，直接受教育人员 2 万余人，召开电视电话会议8 次。

2000 年，州安委办在全州开展第十次安全生产周活动，以“掌握安全知识，迎接新的实际”为主题，开展各种安全生产教育宣传活动，共张贴宣传标语 1500 余条，发放各种宣传资料 1. 5 万余份，直接受教育人数 3 万余名，发表安全生产教育电视讲话 20 次。

2001—2002 年，根据《国务院办公厅关于进一步做好关闭整顿小煤矿和煤矿安全生产的通知》以及省政府《关于进一步加强乡镇煤矿管理的决定》文件精神。全州加大宣传力度，营造煤矿安全专项整治舆论氛围。2002 年，经中共中央宣传部、国家安全生产监督管理局、全国总工会、共青团中央共同研究决定，从是年起，将每年 5 月开展的全国“安全生产周”活动改为“全国安全生产月”，时间在每年 6 月进行。6 月，州安委办、州委宣传部、州工会、团州委等部门，围绕“安全责任重于泰山”这个全国第一个安全生产月主题，采取媒体播放、悬挂标语、深入乡镇企业开展安全生产咨询服务等形式进行广泛宣传。

2003 年，全州煤炭行业开展“关注安全生产，关爱矿工生命”为主要内容的安全生产教育活动，以增强煤矿职工的安全生产意识。州、县两级煤炭管理部门在活动中向全州煤矿企业发放宣传、教育资料 4500 余套 22500 余册，发放煤矿安全生产教育 VCD 影碟及教材 230 余套。

2004 年，全州开展以《中华人民共和国安全生产法》为主要内容的宣传教育活动，全州共设安全宣传摊点 200 余个，参加宣传咨询人数 1500 余人，发放宣传资料 10 万余份，出动各种宣传车辆 20 余台次，播放安全标语 40 余条，各级政府部门张贴标语 400 余条。

2005 年初，黔南州安监局在黔南信息港（www. dy. gz. com）开设“黔南安全生产”专页，登载州内事故发生处理情况及有关安全生产重要文件精神。在《黔南日报》上设立安全生产专栏，发布法规消息，公布各县（市）安全事故每月动态，刊登有关安全生产的文章 100 余篇。在重点监管地区张贴发送“有奖举报”传单、“五整顿、四关闭”通知、“烟花爆竹经营销售管理通告”等 40000 多份。6 月，开展的以“遵守法规，关爱生命”为主题的“安全生产活动月”活动，发放宣传资料 12 万份，悬挂宣传横幅 1665 条。“6 · 12”安全咨询日，州、市共 43 个单位在都匀市开展活动，参加群众 3 万人（次）。

2006 年 6 月，全州开展以“安全发展，国泰民安”为主题的全国“安全生产月”活动，通过组织文艺晚会、开设电视剧场、利用赶场天进行现场咨询、进行有奖竞猜等形式，宣传安全法规，提高市民安全生产意识。是年 9 月 1 日，《贵州省安全生产条例》颁布，全州各级、各部门开展了形式多样的宣传教育活动。部分县（市）人民政府将《贵州省安全生产条例》的贯彻落实作为年终考核各乡镇和各安委成员单位安全生产责任制的重要内容。是年，《黔南信息港》网上发布信息 200 余件，点击人数近 6 万人次，黔南州各类报纸登载文章 70 余篇。

2007 年，在以“综合治理，保障平安”为主题的“安全生产月”活动期间，全州围绕《中华人民共和国安全生产法》《生产安全事故报告和调查处理条例》《贵州省安全生产条例》，采取张贴宣传标语、悬挂宣传标志、散发安全生产手册、播放安全生产音响资料、开展知识竞赛等形式，宣传安全生产法律法规、方针政策和安全生产常识。是年 6 月 1 日，州政府及 12 县（市）政府分管领导发表电视讲话或在当地媒体发表文章。6 月 10 日（宣传咨询日），州政府、都匀市政府在都匀人民广场主会场主办大型文艺演出。各县（市）政府设立分会场开展宣传活动，全州共向参加活动的广大群众发放资料 8 万余份，行业管理部门在主要街道、建筑物悬挂宣传标语 2260 余条、制作影音资料 10 份、展板 300 余件。州交警支队开展全州道路交通宣传漫画大赛，共有 1574 件作品参赛；《黔南日报》开办“安全生产、和谐黔南”栏目，全年共发表安全生产方面文章 90 多篇；黔南电台举办“和谐之声”黔南安全生产专题广播宣传安全生产。

2008 年，在以“治理隐患，防范事故”为主题的“安全生产月”活动期间，全州悬挂横幅标语 1300 余条，张贴挂图 7000 余张，制作安全生产展板 1220 块，发放各种宣传资料 12 万余份。黔南移动和黔南联通通信公司于 6 月 1 日、8 日、21 日向全州手机用户发送安全生产公益性短信数十万条。全州有 23 万余人参加省安委办组织的全省“除隐患，迎奥运”安全知识竞赛活动，12 个县（市）分管领导在“百名县（市）长论安全”活动中撰写安全论文 22 篇，有 210 家企业签订“千（万）家企业保奥运承诺书”，39 家企业 212 幅作品参加了全国“安全在我心中”摄影、书画大赛。州文明办、州安监局和州公安交警继续开展创建道路交通“平安社区”活动。

2009 年，开展以“关爱生命，安全发展”为主题的“安全生产月”活动以及“安全生产贵州行”启动仪式，州政府成立组委会，下发《关于印发 2009 年“全国安全生产月”活动实施方案的通知》。6 月 1 日，州政府分管副州长发表电视讲话；6 月 14 日，全州组织开展丰富多彩的安全生产询问日活动；6 月 15 日安全生产贵州行暨咨询日活动在都匀人民广场举行，州、市四大班子主要领导参加启动仪式。“安全生产活动月”期间，相继开展了安全生产咨询日、安全文艺演出、安全生产知识竞赛等一系列安全文化建设活动。全州悬挂横幅标语1500余条，张贴挂图7500余张，制作安全生产展板1350块，发放各种宣传资料12万余份，有1万余人参加现场咨询。州安委会组织安全生产问卷知识竞赛活动，州级有58个部门250余个科室650余人参加。州安委会组织参加省安委会组织的2009年安全生产知识竞赛，获得优秀组织奖，州安监局有1名个人获得三等奖和2名个人获得优秀奖。

2010—2011年，围绕以“安全发展，预防为主”“安全责任，重在落实”为主题的“全国安全生产月”活动，州组织开展安全生产咨询日、“生命之声”文艺演出、安全生产知识竞赛、“安全杯”桥牌邀请赛、煤矿、非煤矿山、危化、消防应急救援演练等一系列丰富多彩的活动，利用电视、移动信息向全州所有用户播放、刊载和发送安全生产公益广告和安全教育警示语，宣传党和国家安全生产方针、政策、法律法规，推广安全科技，普及安全生产知识。全年，共发放各种安全生产资料40000余份，制作各类展板1000余块，有20000余群众接受咨询服务。

2012年，全州利用《黔南日报》、黔南电视台、《中国安全生产报》等媒体，围绕“科学发展、安全发展”为主题的安全生产月活动，加强对“打非治违”宣传。6月12日，在都匀人民广场举行大型咨询日活动，通过展板、挂图、标语、广播、流动宣传车、发手机信息、现场咨询、企业签订承诺书、安全生产宣讲等形式开展有关安全生产法律、法规、政策宣传和咨询等形式，与群众进行面对面的宣传，营造全社会参与“打非治违”专项行动的氛围。州安委办结合全州“打非治违”工作情况编发简报82期，通报正、反典型案例5个。其中，都匀市摆忙乡采取“防、打、堵、疏”四项措施，严打非法盗采煤矿矿产资源行为。该乡非法矿产资源行为得到有效治理的工作做法得到省、州肯定，省“打非治违”专题网页和《中国安全生产报》均进行宣传报道，州委《黔南信息专刊》为此增发专刊，在全州范围内推广学习摆忙乡在煤矿“打非治违”经验和做法。是年，共出动宣传车1890多台（次），张贴、悬挂安全生产标语33200余张，摆设宣传教育展板15800余块，发放宣传资料12.6万余份，现场接待咨询群众2.7万余人。

2013年，全州出动宣传车1890多台（次），张贴、悬挂安全生产评语33200余张，摆设宣传教育展板15800余块，发放宣传资料12.6万余份，现场接待咨询群众2.7万余人。着力提升高危行业应急处置能力。通过建立健全州县两级应急救援机构，并针对性开展以危化、煤矿、非煤矿山等高危行业应急演练6次。强化安全培训，努力提升企业安全管理水平。

2014年，在“安全生产月”期间，州安委办组织州安委会成员单位集中开展“安全生产咨询日”、设立咨询台，制作宣传展板，发放宣传资料（用品），播放影像制品，悬挂宣传标语，“安全生产月”活动，各县（市）共出动宣传车1890多台（次），张贴、悬挂安全生产标语33200条，摆设宣传教育展板16840块，发放宣传资料12.6万份，现场接待咨询群众2.9万人。

第九章　统　计

1991—2014 年，州、县（市）统计局以统计服务为主线，以开发统计产品为载体，为全州社会各界提供统计服务。在每年开展常规统计的同时，按照国家的安排部署开展人口普查、人口抽样调查、经济普查、工业普查、农业普查、产业普查和基本单位普查等全国性统计普查调查活动，对统计工作进行执法检查，对统计法规进行宣传，提高依法统计意识。

第一节　年度统计

一、农业统计

20 世纪 90 年代，全州农业统计报表项目最多是 1994 年和 1995 年有 13 种，即农业基本情况及农村生产条件，降雨量分县分月情况，农作物播种面积和产量，林业生产情况，畜牧生产情况，茶叶、水果生产情况，渔业生产情况，农业总产值，农业商品产值，农村非农行业总产值，农村经济收入分配和效益，农村固定资产结构，农村牧渔业增加值报表。1999 年，全州农业统计报表减少到 9 种，即农村基本情况和农业生产条件，农业主要产品生产情况，茶叶、水果生产情况，林业生产情况，牧业生产情况，渔业生产情况，农林牧渔业总产值，农林牧渔业增加值，农林牧渔业商品产值。

进入 21 世纪后，全州农业统计报表项目最多是 2007 年有 12 种，即农村基本情况和农业生产条件，主要农作物播种面积，主要农作物产量，茶叶、蚕茧、水果生产情况，林业生产情况，渔业生产情况，耕地面积情况，畜牧业生产情况，农林牧渔业总产值，农林牧渔业增加值，扶贫开发基本情况，乡镇企业基本情况。项目最少是 2004 年、2008 年、2009 年有 9 种，至 2014 年，全州农业统计报表有 9 种，即农村基本情况和农业生产条件，粮食作物播种面积、产量，经济作物播种面积、产量，林业生产情况，茶叶、水果生产情况，畜牧业生产情况，渔业生产情况，农林牧渔业总产值，农林牧渔业增加值。

二、工业统计

1991 年，执行不变价格总产值增速（执行到 1994 年）。年报表种、报送方式与上年相同，定期报表规定 7 种，州县执行 5 种，都匀市执行 6 种。1992 年，工业年报 21 个表种，州、县（市）执行 17 种。1993 年、1994 年，全州工业报表 7 种，主要报表内容为：全部工业总产值，主要工业产品产量，工业企业经济效益主要经济指标，全部独立核算国有工业企业主要经济指标，全市独立核算集体工业企业主要经济指标，村办工业企业主要指标，城乡联营工业和城乡个体工业主要指标。1995 年，执行不变价增加值增速（执行至 2003 年）。工业统计报表有 2 种，即全州工业总产值和主要工业产品产量。1996—1997 年，工业统计报表相同。主要有 7 种，即全部独立核算工业企业主要经济指标，全部独立核算国有企业主要经济指标，全部独立核算集体工业企业主要经济指标，村办工业企业主要经济指标，城乡合作工业和城乡个体工业主要指标，乡以上工业总产值，主要工业产品产量。1998 年，统计范围为规模以上工业和规模以下工业。统计报表有 5 种，即规模以上工业总产值，规模以上工业产品产量，规模以下工业总产值，500 万元以下非国有工业企业及全部个体经营主要经济指标，规模以上工业企业主要经济指标。1999 年，统计口径为规模以上工业，即指全部国有及年主营业务收入达到 500 万元及以上的非国有工业法人企业；规模以下工业指年主营业务收入（产品销售收入）500 万元以下的非国有工业企业和全部个体经营工业单位（至 2003 年统计口径相同）。工业统计报表 7 种，即全部工业总产值，规模以上企业按各种类型分组主要经济指标，规模以上分行业工业企业主要经济指标，规模以上工业企业主要产品产量，各县（市）规模以上工业产品产量，县（市）全部工业总产值，县（市）规模以上工业主要经济指标。

进入 21 世纪后，工业统计报表最少年份有 6 种，最多年份有 9 种。2004 年，执行价格缩减法增速（执行至 2014 年）。统计口径为：规模以上工业，即指全部国有及年主营业务收入达到 500 万元及以上的非国有工业法人企业；规模以下工业指年主营业务收入（产品销售收入）500 万元以下的非国有工业企业和全部个体经营工业单位（执行至 2006 年）。当年，工业统计报表有 7 种，即规模以上工业企业单位数，全部工业总产值，规模以上工业总产值，规模以上工业企业主要经济指标，主要产品产量销售量和产销率，县（市）工业总产值，县（市）规模以上工业主要产品产量。2007 年，按照国家统计局的规定，将年主营业务收入不足 500 万元的国有工业法人企业不再作为规模以上工业统计范围。即目前规模以上工业的统计范围为年主营业务收入达到 500 万元及以上的工业法人企业；规模以下工业统计范围为年主营业务收入（产品销售收入）500 万元以下的工业企业和全部个体经营工业单位。2008—2010 年，规模以上工业的统计范围为年主营业务收入达到 500 万元及以上的工业法人企业；规模以下工业统计范围为年主营业务收入（产品销售收入）500 万元以下的工业企业和全部个体经营工业单位。是年起，工业统计报表有 7 种，即工业企业主要经济指标，规模以上工业企业产品产量，县（市）工业企业主要经济指标，县（市）工业企业单位数，县（市）工业企业总产值，县（市）工业企业产品产量，规模以上工业企业主要产品销售量与库存量。从 2011 年 1 月起，纳入规模以上工业统计范围的工业企业起点标准从年主营业务收入 500 万元提高到 2000 万元（此政策执行至 2014 年）。统计起点标准提高后，对起报点以上的企业或单位逐一进行调查，未达到起点的则进行抽样调查或科学核算。是年，工业统计报表有 7 种，即规模工业企业主要经济指标（按登记注册类型分组），规模工业企业主要经济指标（按行业大中小类分组），县（市）规模以上工业企业主要经济指标，县（市）规模工业企业单位数，县（市）规模工业企业总产值，县

（市）规模工业企业产品产量，规模以上工业企业主要产品销售量与库存量。

2014 年，工业统计报表有 8 种，即调查单位基本情况，从业人员及工资总额，规模以上工业法人单位财务状况（非成本费用调查单位填报），规模以上工业法人单位成本费用（成本费用调查单位填报），规模以上工业法人单位主要工业生产能力，工业企业战略性新兴产业总产值，信息化情况，企业电子商务交易情况。

三、贸经统计

1993—1994 年，商业报表有 3 种，即社会消费零售总额；批发零售贸易业商品梢售、库存总额；批发贸易业、零售业、餐馆业机构、网点、从员表。1997—1999 年，商业统计报表有 5 种，即社会消费品零售总额，大中型批发零售贸易商品购销存总额，小型批发零售贸易商品购、销、存总额，批发贸易业、零售业、餐饮业机构、网点、人员表（国营、集体）批发贸易业、零售业、餐饮业机构、网点、人员表（个体部分）。

2000—2004 年，商业统计报表有 2 种，即社会消费品零售总额，限额以上批发零售企业情况。2005—2010 年，商业统计报表执行 5 种，即社会消费品零售总额，限额以上批发和零售贸易业财务状况综合表，限额以上批发零售贸易业商品购进、销售和库存总额，星级住宿和限额以上餐饮业法人财务状况综合表，星级住宿业和限额以上餐饮业法人经营情况表。2011 年，国家统计局对统计报表制度进行改革，对限额以上的企业法人或个体（产业活动单位）进行网上直报，不再通过人工收集数据。其中，商业统计报表有 5 种，即社会消费品零售总额，限额以上批发和零售业法人财务状况综合表，限额以上批发和零售业法人商品购销存综合表，限额以上住宿和餐饮业法人财务状况综合表限额以上住宿和餐饮业法人经营情况表。此后至 2014 年，均按改革后的统计口径执行。

四、服务业统计

2012 年，全省启动重点服务业统计工作。是年，全州只有 1 家规模以上服务业。2013 年，根据国家统计局和贵州省服务业统计改革要求，全州统计局负责规模重点服务业统计，采用联网直报方式报送财务报表。报表采用季报和年报的形式。2014 年，经国家统计局和贵州省统计局关于服务业统计的改革，通过联网直报的重点服务业统计更改为规模以上服务业统计。

五、劳动工资统计

1991 年，年报表式在 1988 年基础上取消物资消费与库存总值，主要物资地区调拨与库存，新机电设备（产品）收拨与库存，农村小煤窑。焦煤产品销售与库存、农村主要物资消费等 5 个表，将全民、集体所有制物资消费（收支）与库存并为一个表，增设全民、集体所有制单位原材料消费与库存和物资购进、消费和库存总值（综合范围指 0 字号厂矿）两张表，共计 10 个表。1992 年，采用定期报表表式，即在 1989 年基础上，将主要物资消费与库存电月报，主要物资消费与库存电季报，集体所有制单位物资消费与库存电季报并为一张表为月报，取消产品销售与库存总值月服，共计 3 个表。1993—1997 年，全州物资统计报表有 1 种，即主原材料、能源消费与库存报表。1998 年至 2014 年，劳动工资统计主要是从业人员数、平均工资总额增速等。

六、财政、金融、保险统计

20 世纪 90 年代，全州财政、金融、保险统计报表最多是 1995 年有 10 种报表，即各县（市）地方财政收入情况，各县（市）地方财政支付情况，银行分县各项存款余额，银行分县各项贷款余额，银行分县各项存余款，银行现金收入，银行现金支出，国内保险业务收入情况，国内保险业务支出情况，分县（市）国内保险业务收入情况，分县（市）国内保险业务支出情况等报表。1998—2008 年，全州财政、金融，保险统计报表执行 7 种，即财政总收入基本情况，财政支出基本情况，金融机构存款余额情况，金融机构存款余额情况，金融机构现金收支情况，财产保险主要指标情况，人寿保险主要指标情况。2009 年，全州财政、金融，保险统计报表执行 8 种，即财政收入基本情况，财政支出基本情况，地方财政分级收入、地方财政分级支出、金融机构信贷收支，国家商业银行信贷收支，财产保险主要指标情况，人寿保险主要指标情况。2010—2014 年，全州财政、金融、保险统计报表执行 5 种，即财政收入基本情况，财政支出基本情况，金融机构存贷款余额表，财产保险基本情况表，人寿保险基本情况表等报表。

七、交通邮电统计

1996—1997 年，全州交通邮电统计报表执行 11 种，即民用车辆拥有量，全社会客货运输量，独立核算运输企业主要运愉工具及设备，独立核算运输企业财政状况，独立核算邮电企业财政状况，邮电局（所），邮电局所（网点），邮电业务量，农话电讯通信水平，邮电主要通信能力，邮路及农村投递路线等报表。1998—2014 年，全州交通邮电统计报表统一执行 6 种，即通信基本情况，电信业发展情况，公路通车里程，交通基本情况（都匀高速公路管理处），交通基本情况（都匀公路管理局），交通运输能力。

八、文化、广播、教育、卫生统计

20 世纪 90 年代，全州文化广播教育卫生统计报表最多为 1996 年有 17 种，即历年科技成果进步奖获奖明细情况，科技成果、科技进步奖获奖项目情况，自然科学研究开发机构基本情况，大中专院校基本情况，学前教育基本情况，普通中学基本情况，中学、小学入学辍学情况，职业中学基本情况，小学基本情况，各类教育情况，分县学龄人口情况，广播、电视及覆盖情况，文化艺术、文物事业单位，全社会卫生事业基本情况，诊所卫生保健所、医务室基本情况，分县（市）卫生事业情况，卫生事业基本情况等报表。1998—2008 年，全州文化广播教育卫生统计报表执行 11 种，即文化艺术文物事业单位基本情况、科技成果科技进步奖获奖情况、科技活动基本情况、专业技术人员情况、教育事业发展情况、各级各类学校数、各级各类学校在校生数、各级各类学校教职工数、各级各类学校专任教师数、广播电视基本情况、卫生基本情况等报表。2009—2014 年，全州文化广播教育卫生统计报表执行 5 种，即教育事业发展情况、各级各类学校基本情况、文化事业基本情况、广播电视事业情况、卫生机构、床位、人员数等报表。

九、固定资产投资统计

20 世纪 90 年代，全州基本建设统计报表最多为 1995 年有 13 种，即基本建设情况，改造情况，其他投资情况，基本建设房屋施工情况，更新改造房屋施工等情况，其他投资房屋施工面积情况，1995 年生产能力（或效益）表，房地产施工，竣工房屋面积，房地产投资额和新增固定资产，1995 年农村集体固定资产投资，城镇和工矿区私人固定资产，建筑业企业生产情况，建筑业企业房屋建筑工程生产情况等报表。1998—2004 年，全州固定资产投资统计报表执行 10 种，即基本建设情况，更新改造情况，其他改造情况，本年完成投资，本年新增生产能力，房地产开发情况，房地产施工，竣工房屋面积及竣工价值，城镇和工矿区私人固定资产投资，建筑业企业生产情况，农村集体固定资产投资。2007—2011 年，全州基本建设统计报表执行综合定期报表表式（城镇固定资产投资完成情况 H401 表，农村非农户固定资产投资完成情况 U402 表），基层年报表式（固定资产投资统计基层标准表 H402 表），基层月报表式（固定资产投资完成情况 H201 表，亿元以上新开工项目报告 H202 表）。2012—2014 年，执行固定资产投资统计报表制度，房地产资产投资统计报表制度，建筑业统计报表制度，企业“一套表”联网直报制度，分别有基层年报表式，基层定报表式，综合定报表式。

第二节　普查调查

一、经济普查

2004 年，全州进行第一次经济普查。根据《国务院关于开展第一次全国经济普查的通知》《省人民政府关于开展第一次全省经济普查的通知》精神，为全面掌握全州第二产业、第三产业的发展规模、结构和效益等情况，建立健全基本单位名录库及其数据库系统，为研究制定国民经济和社会发展规划，提高决策和管理水平奠定基础。这次普查的标准时点为 2004 年 12 月 31 日，时期资料为 2004 年度。普查对象为州境内从事第二产业、第三产业的全部法人单位、产业活动单位和个体经营户。普查主要内容包括单位基本属性、就业人员、财务状况、生产经营情况、生产能力、原材料和能源消耗、科技活动情况等。普查的基本单位情况是：2004 年末，全州从事第二、三产业的法人单位 7429 个。其中，企业法人单位 2208 个，机关、事业法人单位 2580 个，社会团体法人单位 188 个，其他法人单位 2453 个。产业活动单位 12289 个，其中，第二产业 1455 个，第三产业 10834 个。个体经营户 62612 户，其中，第二产业 7358 户，第三产业 55254 户。就业人员情况是：2004 年末，全州第二、三产业的就业人员数为 322429 人。其中，第二产业的就业人员为 106965 人，第三产业的就业人员为 215464 人。在就业人员中，单位就业人员 223644 人，占 69.36%；个体经营人员 98785 人，占 30.64%。在单位就业人员中，女性 70500 人，占 31.52%。企业实收资本情况是：2004 年末，全州第二、三产业 2208 个企业法人单位的实收资本总额为101.14亿元。在全部企业法人单位的实收资本总额中，由国家投入的资本72.88亿元，占72.06%；集体投入的资本6.87亿元，占6.79%；个人投入的资本18.74亿元，占18.53%；港澳台投入的资本0.86亿元，占0.85%；外商投入的资本1.79亿元，占1.77%。

黔南州第一次经济普查数据通过国家和省的数据质量抽查，抽查结果合格，数据质量达到预期目标。这次经济普查，黔南州荣获国家级先进集体13个，国家级先进个人39名；荣获省级先进集体12个，省级先进个人83名；荣获州级先进集体12个，州级先进个人57名。

2008年，全州进行第二次经济普查。根据《国务院关于开展第二次全国经济普查的通知》，普查标准时点为2008年12月31日，时期资料为2008年度。普查对象为州境内从事第二产业和第三产业的全部法人单位、产业活动单位和个体经营户。普查主要内容包括单位基本属性、从业人员、财务状况、生产经营情况、生产能力、能源消耗、科技活动情况等。

普查单位基本情况是：2008年末，全州从事第二、三产业的法人单位8437个，与2004年第一次经济普查相比，增加1008个，增长13.6%；产业活动单位15280个，增加2991个，增长24.3%；个体经营户74770户，增加12158户，增长19.4%。

从业人员情况是：2008年末，全州第二、三产业的从业人员数为369255人，与2004年第一次经济普查相比，增加46826人，增长14.5%。其中，第二产业的从业人员为116109人，增加9144人，增长8.5%；第三产业的从业人员为253146人，增加37682人，增长17.5%。在从业人员中，单位从业人员243333人，占65.9%；个体经营人员125922人，占34.1%。在单位从业人员中，女性74880人，占单位从业人员的30.8%。

在单位从业人员中，制造业58196人，占23.9%；公共管理和社会组织55934人，占23.0%；教育37845人，占15.5%；采矿业22086人，占9.1%；建筑业12959人，占5.3%。企业资产总额情况是：2008年末，全州第二、三产业企业法人单位资产总额为1023.97亿元，其中，国有企业资产总额622.20亿元，占总资产的60.8%；集体企业资产总额49.38亿元，占总资产的4.8%；股份合作企业资产总额30.28亿元，占总资产的3.0%；有限责任公司资产总额116.16亿元，占总资产的11.3%；股份有限公司资产总额100.83亿元，占总资产的9.8%；私营企业资产总额92.23亿元，占总资产的9.0%；港、澳、台商投资企业资产总额5.56亿元，占总资产的0.6%；外商投资企业资产总额5.39亿元，占总资产的0.5%。企业实收资本情况是：2008年年末，全州第二、三产业企业法人单位（不含行政事业单位和个体经营户）的实收资本总额为143.00亿元，比2004年末增加41.86亿元，增长41.39%。在全部企业法人单位的实收资本总额中，国家资本66.98亿元，占46.84%；集体资本5.18亿元，占3.62%；法人资本27.83亿元，占19.46%；个人资本39.81亿元，占27.84%；港澳台资本2.29亿元，占1.60%；外商资本0.91亿元，占0.64%。

2013年，全州开展第三次经济普查。根据国务院下发的《关于开展第三次全国经济普查的通知》，本次普查的标准时点为2013年12月31日，普查时期资料为2013年年度资料，普查对象为州境内从事第二产业和第三产业的全部法人单位、产业活动单位和个体经营户。普查工作于2014年结束。

普查单位基本情况是：2013年末，全州从事第二产业和第三产业活动的法人单位12502个，比2008年末（2008年为第二次全国经济普查年份，下同）增加4063个，增长48.2%；产业活动单位21622个，增加6299个，增长41.1%；有证照个体经营户73639个，增加19009个，增长34.8%。在全州第二产业和第三产业法人单位中，位居前三位行业是：公共管理、社会保障和社会组织共3544个，占28.3%；制造业2319个，占18.5%；批发和零售业1891个，占15.1%；在有证照个体经营户中，位居前三位的行业是：批发和零售业36510个，占49.6%；交通运输、仓储和邮政业21829个，占29.6%；住宿和餐饮业6209个，占8.4%。

2013年末，全州第二产业和第三产业的企业法人单位7664个，比2008年末增加4245个，增长124.2%。其中，内资企业占99.7%，港、澳、台商投资企业占0.2%，外商投资企业占0.1%。内资企业中，国有企业占全部企业法人单位的4.0%，私营企业占48.3%。

从业人员情况是：2013年末，全州第二产业和第三产业法人单位从业人员345742人，比2008年末增加101916人，增长41.8%，有证照个体经营户从业人员169253人，比2008年末增加72006人，增长74.0%。在法人单位从业人员中，位居前三位的行业是：制造业87185人，占25.2%；公共管理、社会保险和社会组织76757人，占22.2%；教育44709人，占12.9%。在有证照个体经营户从业人员中，位居前三位的行业是：批发和零售业83057人，占49.1%；交通运输、仓储和邮政业35090人，占20.7%；住宅和餐饮业21609人，占12.8%。

企业资产总计情况是：2013年末，全州第二产业和第三产业企业资产总计3029.79亿元。其中，第二产业企业资产总计1159.15亿元；占全部企业资产总计的38.3%，第三产业企业资产总计1870.64亿元，占全部企业资产总计的61.7%。

小微企业情况是：2013年末，全州第二产业和第三产业的小微企业法人单位7327人，占全部企业法人单位95.6%。其中，位居前三位行业是：工业3173个，占全部企业法人单位41.4%；批发业954个，占12.4%；零售业847个，占全部企业法人单位11.1%。全州小微企业从业人员153344人，占全部企业法人单位从业人员74.4%。其中，位居前三位的行业是：工业90018人，占全部企业法人单位从业人员43.7%；建筑业11741人，占5.7%；其他未列明行业9754人，占4.7%。全国小微企业法人单位资产总计1294.57亿元，占全部企业法人单位资产总计42.7%。其中，位居前三位的行业是：工业537.13亿元，占全部企业法人单位资产总计17.7%；租赁和商务服务业286.55亿元，占9.5%；房地产开发经营业164.06亿元，占5.4%。

战略性新兴产业情况是：2013年末，在第二产业和第三产业企业法人单位中，有战略性新兴产业活动的企业法人单位27个，占全部企业法人单位0.4%。其中，节能环保产业13个，占全部企业法人单位0.2%；生物产业11个，占全部企业法人单位0.1%。战略性新兴产业活动的企业法人单位从业人员5109人，占全部企业法人单位从业人员的2.5%。其中，节能环保产业610人，占全部企业法人单位从业人员的0.3%；生物产业2978人，占全部企业法人单位从业人员的1.4%。

主要经济结构变化情况是：2013年末，在全州第二产业和第三产业法人单位中，企业法人单位占61.3%，比2008年末提高20.8个百分点；机关、事业法人单位占18.2%，下降12.3个百分点；社会团体和其他法人占20.5%，下降8.5个百分点。在全州第二产业和第三产业法人单位从业人员中，企业法人单位从业人员占59.6%，提高4.7个百分点；机关、事业法人单位从业人员占33.9%，下降5.2个百分点；社会团体和其他法人单位从业人员占6.5%，提高0.5个百分点。

在法人单位中，第二产业占27.6%，比2008年末上升7.4个百分点；第三产业占72.4%，下降7.4个百分点。第二产业法人单位从业人员占全部法人单位从业人员的38.7%，比2008年末下降1.6个百分点；第三产业法人单位从业人员占61.2%，提高1.6个百分点。在法人单位中，占比位居前三位的县（市）为：都匀市占17.4%，比2008年末下降0.4个百分点；福泉市占10.5%，下降0.1百分点；独山县占8.8%，提高0.8个百分点。法人单位从业人员占比位居前三位的县（市）为：都匀市占18.4%，比2008年末下降7.1个百分点；瓮安县占11.3%，提高0.9个百分点；龙里县占10.1%，提高3.8个百分点。

有证照个体经营户中，第二产业占4.4%，比2008年末下降2.7个百分点；第三产业占95.6%，提高2.7个百分点。有证照个体经营户从业人员中，第二产业占6.8%，比2008年末下降5.0个百分点，第三产业占93.2%，提高5.0个百分点。在有证照个体经营户中，占比位居前三位的县（市）为：都匀市占17.6%，比2008年末提高1.6个百分点；福泉市占12.0%，提高1.4个百分点；独山县占12.0%，基本持平。有证照个体经营户从业人员中，占比位居前三位的县（市）为：都匀市占18.6%，比2008年末下降1.1个百分点；独山县占11.8%，提高0.7个百分点；福泉市占10.7%，基本持平。

二、工业普查

1995年1月1日，国务院发出《关于进行第三次全国工业普查的通知》，决定在1996年第一季度实施工业企业普查登记，普查时点为1995年12月31日。

普查范围为中国境内（除港、澳、台）的全部工业企业和附营工业单位。对乡及乡以上独立核算工业企业和附营工业单位及年销售收入（营业收入）在100万元以上的村办工业、私营工业、合作经营工业、个体工业和生产单位，采取直接发表调查的方式，对年产品销售收入（营业收入）不足100万元的村办工业、私营工业、合作经营工业、个体工业和生产单位，不发企业普查表，采取布置简易卡片或列一览表的形式，由县市级工业普查机构按全国工业普查办公室的统一要求上报综合表式。

普查按照“国有企业要查细，三资企业要查全，乡镇企业要查准”的要求，设计三类不同的普查表式。

1. 甲类表，填报范围为全部大中企业，包括企业基本情况、大型联合企业（公司）主营业务活动基本情况卡片、财务状况、劳动情况、工业产品生产销售库存总值、主要工业产品产销存、工业企业科技活动情况、主要工业技术经济指标、主要工业产品生产能力、工业企业主要原材料能源消费与库亏、能源加工转换、主要工业生产设备及其新旧程度、主要工业生产设备技术状况、主要工业产品质量、主要工业产品销售收支情况等15张表，共350多个指标。

2. 乙类表，填报范围为乡及乡以上的小型工业企业和附营工业单位。主要有企业（单位）基本情况、财务状况、劳动情况、工业产品生产销售库存总值、主要工业产品产销存、附营工业单位生产情况、主要工业产品生产能力、工业企业原材料能源消费与库存、能源加工转换、工业企业科技活动情况、主要工业生产设备及其新旧程度等11张表，共220多个指标。

3. 丙类表，填报范围为年产品销售收入（营业收入）在100万元以上的村办、城镇合作经营、农村合作经营、私营、城镇个体、农村个体工业企业和生产单位。主要有工业企业（单位）基本情况、财务状况、主要工业产品生产量和销售量、主要工业生产设备及其新旧程度等4张表、28个指标。

对于年产品销售收入（营业收入）在100万元以下的村办、城镇合作经营、农村合作经营、私营、城镇个体、农村个体工业企业和生产单位，采用简易卡片，主要内容有经济类型、行业类别、工业总产值、主要工业产品产量、年末从业人员、上缴税金、自有资金等。

本次工业普查分为准备工作、普查资料填报审核和上报、工作总结三个阶段进行。从1994年11月开始，1996年年底结束，历时两年多。

1996年，在全州各级统计部门和有关单位的共同努力下，圆满完成全国第三次工业普查工作，各县（市）统计局均编印全国第三次工业普查资料。本次普查，全州共调配普查员5000余人，从登记、报表、数据录入汇总，历时4个月，各项普查数据准确，黔南州的工业普查工作荣获国家级先进单位称号。

三、农业普查

第一次农业普查：按国务院要求，全国第一次农业普查工作于1997年开展。贵州省1996年就成立农业普查机构。1996年5月16日，州政府召开以分管农业普查的各县（市）副县（市）长及有关部门会议，部署第一次农业普查的准备工作，并与各县（市）签订普查责任状，各县（市）从6月起相继成立县一级农业普查领导小组，并设立相应的办公室。州统计局于7月中旬在独山县进行全州农业普查试点工作。8月，各县（市）农业普查办公室相继正式开展工作，先后进行普查试点。同期开展普查员和普查指导员的选聘和培训以及宣传动员摸底调查等工作。是年底，普查准备工作基本就绪。

1997年，全州组织近3万名农业普查工作者进行入户登记、复查、验收、手工汇总、事后质量抽查、审核上报、A601表光电录入、改错、数据质量审核、数据质量评估等阶段性工作，完成对全州66万多农户，近500个牧渔场农业生产单位、1400个乡镇企业、2659个村民委员会，235个乡镇的调查和对每个农户登记和数据处理。经省农业普查办公室的审核验收，一次性通过。

此次普查，掌握了大量科学的、可靠的农村基本数据，主要体现 8 个基本查清：一是基本查清全州农业和农村经济情况，查清了农业和农村生产经营单位的数据和结构；二是基本查清农村从业人员的数量、素质和从业行业，从业时间和从事地域分布；三是基本查清主要农业机械和设备的数量、质量和结构；四是基本查清耕地的数量、质量和结构；五是基本查清牲畜饲养量和存栏、出栏结构情况；六是基本查清农业科技队伍与专业状况；七是基本查清乡村社区环境和基本设施状况；八是基本查清建制镇区规模和社会经济状况。全州获普查工作国家级先进集体 1 个，国家级先进个人 12 名，省级先进集体 42 个，省级先进个人 118 名。

第二次农业普查：2006 年，国务院决定开展全国第二次农业普查，普查标准时点为 2006 年 12 月 31 日。时期资料为 2006 年度。普查对象为州境内的农村住户、城镇农业生产经营户、农业生产经营单位、村民委员会和乡镇人民政府。普查主要内容包括：农业生产条件、农业生产经营活动、农业土地利用、农村劳动力及就业、农业基础设施、农村社会服务、农村居民生活以及乡镇、村民委员会和社区环境等方面的情况。农业普查采用全面调查方法，对所有普查对象由普查员进行逐个查点和填报。本次普查于 2007 年开展，全州共组织动员普查员、普查指导员和各级普查机构的工作人员 2 万多人，对 100 多万农户和农业生产经营单位进行登记，填报普查表 140 多万张。本次普查客观反映了黔南州有关农业、农村、农民的基本情况，收集汇总了全州“三农”情况的大量数据。普查于当年通过省及国家统计局验收。

四、产业普查

1993 年 11 月，国务院决定在全国进行首次第三产业普查。普查历时两年，于 1995 年结束。全州首次第三产业普查资料显示，境内第三产业企业在计划经济时期，占主导地位的主要是批发和零售贸易、餐饮业和交通运输、仓储及邮电通信业，1992 年单位数为 1787 个，占第三产业企业数的 72%；从业人数为 27725 人，占第三产业从业人数的 75.2%；增加值为 18870 万元，占第三产业增加值的 46.6%；第三产业事业行政单位中，国家机关、党政机关和社会团体、教育文化艺术及广播电影电视业、卫生体育和社会福利业在第三产业事业行政单位的构成中，无论人数、增加值均占绝大部分比重，三大行业，1992 年为 79255 人，占第三产业事业行政单位中全部人数的 87.6%，增加值为 23575 万元，占 85.2%；第三产业中的个体户户数，从业人员，增加值发展较快，1992 年个体户数为 30825 户，比 1991 年的 26701 户增长 15.4%，从业人数 1992 年为 41203 人，比 1991 年的 35140 人增长 17.3%，增加值 1992 年为 19477 万元，比 1991 年的 15092 万元增长 29.1%；全州金融、保险、房地产、社会服务等新兴产业发展快，1992 年单位数为 596 个，占 24%，从业人数为 7363 人，占 20%，增加值为 20973 万元，占 51.8%。

五、基本单位普查

1996 年 1 月，国务院发出《关于开展第一次全国基本单位普查的通知》，决定在 1996

年开展第一次全国基本单位普查，普查的标准时点为1996年12月31日。全州普查从1996年开始，到1997年底完成基本单位普查资料的审核、汇总、数据处理和基本单位名录库建立。

普查的范围为中国境内除农户和个体经营以外的所有法人单位和产业活动单位。具体包括各类企业、事业单位、机关、社会团体法人和基层群众自治组织，以及从事农业、工业、建筑业、交通运输业、批发零售贸易业、餐饮业、服务业等社会经济活动的产业活动单位。普查的内容包括四个方面：反映单位的基本信息。包括单位名称、代码、法人代表、单位所在地和通信号码等；反映单位的主要属性。包括行业类别、经济类型、隶属关系、主管部门、企事业机关划分等；反映单位的基本经济活动。包括正式开业时间、营业状况、从业人员人数、企业实有资本、生产经营用固定资产、营业收入等，反映单位的其他信息。包括执行会计制度种类、产业活动单位数及归属法人情况等。

此次调查，基本查清全州各行业的单位底数，掌握各类单位的基本情况，建立了完整的全社会基本单位名录库，规范了全州工业、农业、第三产业等各种普查和各种年报及定期报表的调查单位。黔南州荣获者次普查工作国家级先进集体10个，国家级先进个人20名，省级先进集体10个，省级先进个人20名。

六、人口普查和人口抽样调查

内容见第二篇第一章第三节

第三节　其他重点调查及抽样调查

2007年，根据《贵州省非普查年份第三产业统计综合方案》的要求，全州开展非普查第三产业统计调查。统计调查了当年结束，全面完成各项调查任务，调查的数据反映了全州第三产业发展的趋势，为准确核算地区生产总值提供了更加翔实的资料。是年，根据省政府《关于解决城市低收入家庭住房困难若干意见的实施意见》，明确由统计部门牵头，民政、建设部门联合组织开展全省城市低收入家庭住房摸底调查。全州对近3万户城市低收入家庭的住房进行调查，调查结果为解决城市低收入家庭住房困难问题提供决策依据。

同年，是新一轮投入产出的调查年份，根据省统计局、省发改委、省经贸委、省财政厅联合下发的《关于认真做好2007年全省投入产出调查及有关工作的通知》，实施全州投入产出调查工作。当年完成国家、省和州2007年投入产出调查选点、调查任务布置与培训准备，次年调查工作结束。

2008年，在境内开展农村住房调查、人口变动和劳动力抽样调查、城镇私营单位工资统计调查，非普查年份第三产业调查等。同期，根据省政府安排，由州统计局牵头，汇同州民政局和房改办开展全州乡镇及工矿区低收入家庭住房调查；协助州交通局开展第三次全国港口普查和公路运输管理专项调查及全州环保首次污染源调查。

2009年，开展境外来黔工作专家统计调查，年度人口变动抽样调查及规模以下工业调查，非普查年份第三产业调查。

2001 年，根据省统计局、省调查总队和省扶贫办《关于在全省贫困乡镇开展农村住房调查工作的意见》安排，年度内制定全州实施方案，开展选点、培训。调查于次年完成。年内，先后实施完成城乡划分清查调查、主要畜禽监测及农产品产量调查、部分服务业抽样调查、私营单位劳动工资抽样调查、第三产业抽样调查、人口变动抽样调查、劳动力抽样调查、非公有制人才抽样研究和文化产业调查等专项统计调查。

2012 年，首次开展规模以下工业企业调查。经调查基本摸清了全州规模以下工业的情况。至 2012 年 7 月，全州规模以下工业企业 1272 个，总产值达 23.66 亿元，就业人数为 16290 人；个体工业有 3601 个，总产值达 7.5 亿元～8 亿元，就业人数为 10982 人。调查结果填补了全州规模以下工业数据空白，反映了黔南州规模以下工业的基本情况、基本总量和全州规模以下工业的所有制结构、行业结构、产品结构、技术经济结构状况。调查结果为实施工业强州发展战略、调整结构、提高效益提供决策依据。

第四节　统计服务

进入 20 世纪 90 年代，黔南州统计工作坚持以统计咨询服务为主线，以开发统计产品为载体，为全州社会各界提供统计服务。

1991—2000 年，统计服务的主要产品有，每年编辑出版《领导干部手册》，按发送范围免费赠阅；按年、季、月度编印《统计公报》《统计分析》《统计信息》《统计简报》分发分送党政领导机关和有关部门。10 年间每次大型普查和重点调查、抽样调查均编辑出版各种汇编书刊，内容涉及工业、农业、第三产业等。10 年间，州统计部门先后组织编印的统计资料汇编有，1991 年 3 月根据全国第四次人口普查结果，组织印制《黔南布依族苗族自治州第四次人口普查手工汇总资料汇编》，共印 1200 册。1992 年 3 月，编辑出版《第四次人口普查资料》（电子计算机汇总）一书，此书为一部反映黔南各族人民人口素质诸方面的大型资料。资料出版后，利用该书的有关数据撰稿登载于省内有关刊物的文章有共 110 篇。1993 年，州统计局根据各专业年报和搜集的有关社会方面资料，整理编印 16 开精装《国民经济统计资料》250 册，资料包括综合、平衡、人口、工业、农业、商业、固定资产投资、运输、邮电、财政、金融、保险、物资、劳动工资、科研、文化、广播、教育、卫生、人民生活等 20 个方面。1994 年，编印《黔南布依族苗族自治州国民经济统计资料》200 册。1997 年增加印刷册数到 280 册，内容增加了《中华人民共和国统计法》《1997 统计工作概要》《统计指标解释》。1999 年，为庆祝中华人民共和国成立 50 周年，州统计局编辑出版《黔南 50 年》一书，向州内外各族各界展示了黔南州建国 50 年来在经济建设和社会发展方面所取得的辉煌成就。

2001—2014 年，统计服务除按期编发《领导干部手册》《统计公报》《统计分析》《统计信息》《统计简报》外，将原办《国民经济统计资料》改版为《黔南统计年鉴》，每年

1册，连续出版。开发运用并连续提供的统计服务产品有《黔南经济要情》《全省九地州（市）统计交换资料》《全国30个少数民族自治州交换资料》,《黔南州经济社会发展情况年度公报》《数据黔南》（手册）等。同期，州、县（市）统计部门撰写的部分统计调研报告、统计分析及统计信息资料，被《贵州统计》杂志、州、县（市）政府《政务信息》《黔南日报》采用发表。有的被国内重要刊物刊载。组织编印的统计资料有：《黔南布依族苗族自治州2000年人口普查资料汇编（电子计算机汇总）》《黔南辉煌60年》《黔南州第二次农业普查资料汇编》《黔南州2010年人口普查资料（上中下册）》《黔南经济普查年鉴2013（上下册）》等资料。

第五节　统计法规宣传与执法检查

1991年，举办黔南州首批统计人员统计法规基础知识考试，县（市）属以上业务主管部门，从事统计工作的股长以上干部应试。

1992年，州统计局在独山县举办全州“二五”统计普法宣传员培训班，县（市）统计局、委的领导人、统计法规检查员和各县（市）“二五”统计普法试点单位宣传员及州直有关部门统计科长或统计员共41人参加。同年7月举办建镇并乡撤区后全州第一任乡镇统计干部培训班，讲授《中华人民共和国统计法》基础知识。

1993年，结合“二五”统计普法工作，组织实施“全国《中华人民共和国统计法》知识竞赛”。全州参赛人数共计731人，参赛单位从城市延伸到农村乡镇。参赛人员有国家机关干部、学校教师和学生、退休干部、工人、技术员、经理、党政领导、普通市民、农民等。

1994年5月，州九届人大常委会第十八次会议审议通过州政府《关于贯彻实施〈中华人民共和国统计法〉》的情况报告，明确将《中华人民共和国统计法》的学习、宣传和贯彻实施作为一项常规工作，着重抓好一年一度统计执法检查期间的学习和宣传。

1996年6月，州政府召开全州12个县（市）政府、人大的分管领导及有关部门负责人共240人参加的电话会议，对学习、宣传贯彻执行新《中华人民共和国统计法》工作提出具体要求。

1997年，全州召开多种形式的《中华人民共和国统计法》学习宣传活动，共发放各种宣传资料2500余册。

2002年，全州各级统计部门全部成立统计“四五”普法领导小组，制定“四五”普法计划。全面开展普法宣传活动，共140余人参加宣传活动，发放各种统计法律法规宣传资料25000多份，咨询1300余人次。是年，全州共办案11件。立案查处统计违法案件9件，罚款8件。

2003年，全州统计工作会议就如何加强统计法制工作的领导和县（市）统计法制机构及执法队伍建设等问题提出具体要求。是年，组织两批（40人）分管统计法制的领导和执法人员到外地学习。是年，按照《贵州省统计管理条例》第九条的规定，对1341名统计人员进行统计法律法规的学习培训。全州发现统计违法案件150件，立案查处20件，结案9件。

2004年，为配合第一次经济普查，搞好《经济普查条例》的宣传，全年共挂横幅标语50余幅，刷大标语512条，印发《中华人民共和国统计法》12000份、《贵州省统计管理条例》、中共贵州省纪委和贵州省监察厅《关于违反统计法律法规行为党纪政纪处分的暂行规定》各8000余份、《经济普查条例》近50000份、自制宣传材料（如在日历上、统计年鉴上印统计法律法规）11000余份，并用手机向全州普查对象发送统计法律法规和经济普查的宣传信息、用宣传车作巡回宣传等。同期，举办全州统计系统法律学习培训班，学习统计法律法规、《行政处罚法》《行政诉讼法》《行政复议法》等法律和法规的知识，各县（市）分管法制工作的局长或副局长、专职或兼职执法人员及州统计局部分科室负责人等41人参训。全州查处统计违法案件116件，其中，催报66件（都匀市27件），通报44件（独山县13件、贵定11件、瓮安10件），罚款6件（福泉市3件、贵定3件）。州统计局应诉终结行政诉讼案1件，共处罚金和加处罚金84700元。

2005年，全州统计系统有108人（次）参加法律法规宣传，发放宣传资料12000份、统计法律法规单行本420本。年内，全州发生统计违法行为88件，其中，迟报81件、拒报6件、瞒报1件；立案查处3件、通报批评25件。

2006年，全州各县（市）统计部门制定“五五”普法计划，开展各种法律宣传活动，共发统计法律法规学习手册1800多册，翻印《中华人民共和国统计法》《贵州省统计管理条例》《统计法修改草案》等30000余份，《农业普查条例》20000多份，400多人（次）参加各种宣传活动。年内，在平塘县对全州各县（市）统计执法人员进行学习培训，学习内容为《中华人民共和国统计法》《统计法实施细则》《贵州省统计管理条例》、办案文书交流学习等。是年，全州发生统计违法行为113件，其中：迟报110件，拒报2件，瞒报1件。

2007年，对全州242名在职统计人员进行统计法律法规培训。全年开展的各种法律宣传活动，共发放统计法律法规学习手册1300多册，翻印《中华人民共和国统计法》《贵州省统计管理条例》等35000余份，250多人（次）参加各种宣传活动。年内，州统计局抽查了5个县（市）统计局的11个乡镇、8个企业执法情况，各县（市）检查181个基层单位，共发整改通知书3份，统计查询书2份。全年发生统计违法行为98件，其中，迟报90件，拒报3件，无原始记录和台账5件。

2008年，全州检查197个单位，其中，乡（镇）47个、事业单位16个、企业单位134个。检查结果，违法案件11件，其中，瞒报9件、虚报2件。

2009年，对全州农村基础统计工作进行了检查，检查结果：30家有违法行为，27家发催报通知书；9家缺报（事前说明了情况），给予批评并要求整改；3个企业给予罚款。

2011年，先后在瓮安县乡镇企业负责人会上作“认真贯彻执行统计法，努力提高统计数据质量”讲座；在全州党委办主任会议、州委党校中青班、民干班专题讲座上进行《中华人民共和国统计法》和相关统计知识讲课；在州工信委组织召开的全州煤炭企业统计会上进行的《中华人民共和国统计法》及统计基础知识培训；两次到州委党校讲授统计基础知识和依法统计的重要意义。

2012年，对各县（市）统计执法大队独立查处统计违法案件进行培训，为各县（市）统计执法大队编写《统计违法案件查处流程参考》《查处统计违法案件的程序及规则》《统计违法案件查处流程图》以及按办案程序，制作法律文书。全州查处统计违法案件13件，结案11件。

2013年，省统计局为全州各级领导干部近300人进行统计知识讲座。州统计局为州委党校中青班和民干班学员讲授统计基础知识和统计法律法规知识。

2014年，全州统计部门利用全国第一个“国家宪法日”、《中华人民共和国统计法》颁布实施纪念日、农村赶集（场天）送法下乡、星期天等时机，开展法制宣传，共发各种统计法宣传资料近3万余份。

第十章　审　计

1991—2014年，州、县（市）审计局按照审计工作管理实行统一领导、分级负责的原则，州审计局对各县（市）审计局的审计工作实行项目计划管理和目标考核。各县（市）审计局按照州下达的计划，结合当地实际，安排自己的审计任务。1994年前，审计项目计划由省审计局下达实施。1995年起，州审计局制定的全州审计项目计划由州政府批复执行。州、县（市）审计局按照《中华人民共和国审计法》的规定，开展财政、金融、固定资产投资、企业审计和企业审计调查、行政事业单位、经济责任等各项审计。在执行审计项目计划的同时，承担当地党委、政府责成审计的其他项目审计任务。

州内的大中型企业设置内部审计机构，开展内部审计工作。社会审计机构在20世纪90年代由州审计局管理，2000年后归省会计师协会管理。

第一节　财政审计

一、财政预算执行审计

1991年7月，对州级上半年财政预算执行情况进行审计调查，针对存在的问题提出纠正意见和建议。审计反映，全州截至1991年6月底止，收入预算30117.7万元，支出预算为33049.3万元。实际收入完成12006.2万元，占预算39.86%，比上年同期增收2469.3万元，增长25.89%；支出完成14904.7万元，占预算45.1%，比上年同期增支1491万元，增长 11.12%。从执行情况看，财政收入基本达到上半年完成预算 40% 的要求，财政支出控制较好。

1995 年 1 月 1 日，《中华人民共和国审计法》颁布实施，赋予审计机关对同级财政审计的任务。10 月，全州各级审计机关集中 137 人组成 45 个审计小组，对是年 1—9 月财政预算执行情况进行预审，并延伸审计或调查了 239 个单位。州级审计揭示了州本级预算内往来款项挂账时间长、数额大，财政信用资金逾期借款 1425.8 万元等主要问题。

1996 年、1997 年，均对州级上年度财政预算执行情况和其他财政收支进行审计。审计涉及的单位除财政、地税部门外，对财政拨款较多、预算外资金较大的部分州级行政企事业单位进行延伸审计或审计调查。其中 1996 年延伸 15 家单位，1997 年延伸 13 家单位。审计揭示了暂存、暂付长期结转，财政周转资金超规模，财政周转金借款逾期比重大、时间长，发放的财政周转资金无担保或抵押手续，粮食风险基金使用范围不符合规定，扩大范围多提取代征代扣手续费等问题。

1998 年，全州审计机关对同级预算执行审计继续采取“账户入手，下审一级”方式，重点选择财政拨款多、收入大的单位进行审计。审计查处违规资金 1882 万元，其中，挪用预算资金 1125 万元，违规办理预算拨款 595 万元，其他 162 万元。

1999 年，对州级当年财政预算执行情况和其他财政收支审计时发现：财政预算执行情况存在预算批复不规范、以拨作支 8382 万元、应缴未缴预算收入 79 万元、预备费的动用程序不规范、暂付款数额大且长期结转未按规定进行清理压缩等问题；其他财政收支存在粮食风险基金列暂存款 550 万元、违反国务院只收不贷规定、借出财政周转金 1000 万元、财政周转金占用费收入结余 154 万元未转本金列暂存款、基建暂付款长期结转 295 万元等问题。全州各级财政审计查出的主要问题有：财政部门总预算会计核算不真实；预算执行单位隐瞒转移预算收入、应缴未缴预算收入、挪用预算资金、虚列支出等。共查出违规资金 2774 万元。审计依法作出收缴财政 221 万元，责令自行纠正 1527 万元的处理。

2000 年，3 月 14 日，州第十届人大常委会第二十四次会议在听取州审计局受州政府委托所作的《关于 1999 年黔南州本级预算执行情况和其他财政收支的审计工作报告》后认为：2000 年本级预算执行审计比以前年度好，反映的问题比以前细，审计工作较往年前进了一步。建议审计机关进一步加大审计力度，扩大审计面，加强对重点项目、重点资金、预算外资金及“小金库”的审计力度。

2001 年，全州审计机关通过审计财政、税务部门及预算单位，查出违规调整预算及退库、隐瞒转移预算收入、应缴未缴预算收入、挪用预算资金、虚列支出等问题，查出违纪违规资金 3412 万元。

2002 年，全州完成预算执行审计及其他财政收支审计项目 55 个，查出违规资金 7172 万元。州及都匀市、瓮安县将查出的涉嫌贪污挪用公款案 3 件移交纪检监察部门和司法机关处理。

2003 年，全州预算执行情况和其他财政收支审计共查出违规资金 5681 万元。同时，州审计部门对州级 6 个资金量较大的部门进行部门预算执行审计，查出设“小金库”、账外账、隐瞒转移收入、截留挪用专款、虚列预算支出等问题，查出违纪违规资金 498 万元。

2004 年，全州审计机关结合会计集中结算、政府采购等财政改革，完成预算执行情况审计 59 项，为项目计划的 219%，查出违规资金 8396 万元，管理不规范资金 7034 万元。

2005 年，州级以加强州属高校预算外资金审计监督为重点开展部门预算执行情况审计。全州共完成财政审计 53 项，查出违规资金 4287 万元，管理不规范资金 8628 万元。

2006 年，全州完成财政预算和其他财政收支审计项目 58 项，查出违规资金 1933 万元，管理不规范资金 10580 万元，上缴财政 418 万元。

2007 年，州级财政预算执行审计突出对财政分配管理权的制约监督。全州共完成财政预算和其他财政收支审计项目 47 项，查出违规资金 3752 万元，管理不规范资金 10555 万元，上缴财政 1173 万元。审计提出了财政部门必须加强预算编制改革，完善基本支出定额标准，实现财政资源配置公平性等建议。

2008 年，以关注财政资金使用效率以及中央转移支付资金为重点，开展财政审计。全州共完成财政预算和其他财政收支审计项目 58 项，查出违规资金 12722 万元，管理不规范资金 23642 万元，上缴财政 2015 万元。

2009 年，全州完成预算执行和其他财政收支审计项目 52 个，查出违规资金 2906 万元，其中应上缴财政 2423 万元，已上缴 2345 万元，查出管理不规范资金 7613 万元。州审计局完成对州级 2008 年财政预算执行审计和对州房改办、州经贸局的部门预算执行审计。

2010 年，全州完成预算执行和其他财政收支审计项目 44 个，查出违规资金 4682 万元，上缴 4318 万元，查出管理不规范资金 5521 万元。州审计局在开展州级财政预算执行情况审计的同时，组织对州茶办、州公路处、州残联、都匀劳教所进行部门预算收支审计。延伸审计州某房地产开发公司，查出未按收入申报纳税，审计依法补税 706 万元，税务机关据此开展税收稽查，再次查补滞纳金 32 万元。

2011 年，全州完成预算执行审计和审计调查项目 76 个，查出违规资金 3409 万元，管理不规范资金 4.05 亿元，上缴财政 3069 万元。州审计局组织对州财政、州地税、州级国库及北京、上海、重庆、深圳、广州 5 个办事处 2010 年预算执行情况和其他财政收支进行审计。

2012 年，全州完成预算执行审计和审计调查项目 49 个，查出主要问题资金 7.94 亿元，查缴税款 2295 万元。州审计局对 21 家州直单位进行审前调查，对州财政、地税、国库进行审计，延伸审计州交通局和州国土局，查出主要问题资金 1.8 亿元，查缴税款 587 万元。

2013 年，全州完成预算执行和其他财政收支审计项目 66 个，查出主要问题资金 22.99 亿元。是年，州审计机关探索构建财政审计与经济责任审计相融合的审计大格局，如在对州旅游局、贵定师范进行部门预算执行审计的同时，对其主要领导实施经济责任审计，对龙里县进行财政决算审计同时，对其党政主要领导实施经济责任“同步审”。财政审计组和经济责任审计组同时进点开展审计，同时出具审计报告，同时作出审计处理处罚决定，形成了多专业融合、多视角分析、多方式结合、信息资源共享的审计模式，提高审计工作效率和成效。在向州人大常委会报告的《2012 年州本级财政预算执行和其他财政收支情况的审计工作报告》中，即有州级财税部门组织财政收支、管理方面情况，也有部门预算执行情况、县市财政决算情况、保障性安居工程等民生政策落实情况和重点工程建设情况，从成效和问题两方面进行了反映。该《审计工作报告》得到州委、州人大和州政府主要领导的批示。

2014年，全州完成预算执行和其他财政收支审计项目51个，查出主要问题金额26.26亿元。州审计局对州财政、州地税、州级金库进行审计，对州工信委、州农委等20多个部门单位管理使用的“三化资金”工业化、城镇化、农业产业现代化和“三公经费”（财政拨款支出安排的出国（境）费、车辆购置及运行费、公务接待费）支出情况开展审计调查。揭示了预算编制不够细化，资金结存时间过长、过多，“三化资金”使用绩效差以及“三公经费”管理使用上存在的问题，并提出审计建议。当年第四季度根据《国务院办公厅关于印发稳增长促改革调结构惠民生政策措施落实情况跟踪审计工作方案的通知》，组织全州审计机关开展“稳增长促改革调结构惠民生防风险”政策措施落实情况跟踪审计，共督促全州443个机关事业单位和相关企业进行自查，抽查其中126个单位，对38个重点项目实施情况进行检查，共指出22个方面政策措施落实中存在的问题并提出意见建议。

二、财政决算审计

1991年3—10月，州对惠水、长顺、罗甸3县的1990年财政决算、税务收支进行审计，同时对独山、平塘2个县1990年的财政决算赤字进行专题审计。审计查出3个县财政决算和2个县财政决算赤字违纪违规资金共393.88万元，存在问题有虚列支出转移财政资金、隐瞒截留转移财政收入、侵占财政资金及其他违纪。

1992年，州对都匀、福泉、瓮安、贵定4县（市）财政局1991年财政决算进行审计。审计发现的问题有以拨作支、虚列支出、挪用财政支农周转金占用费收入等。

1993年，州对平塘、独山、荔波及三都4个县财政局1992年财政决算进行审计，存在问题有不能量入支出造成财政赤字、以拨作支、虚列支出、挤占上级专项资金、违规拨款等。

1994年，州对龙里、惠水、长顺、罗甸4个县财政局1993年度财政决算进行审计，审计发现的问题主要有预算管理不够完善、挤占上级下拨专款、虚冲有关科目平衡预算、财政信用资金贷款手续不完备、滥发福利费等。

1995年，州对都匀市、贵定县、长顺县1994年财政决算审计，存在的问题主要是年终决算以拨作支以及挪用专款等。州审计机关还围绕财政资金困难、欠账较多的问题作审计调查，针对财政入不敷出状况，向政府提出对策建议。

1996年，州对独山、瓮安2个县1995年度财政决算进行审计。存在问题有总会计核算有误、暂存暂付挂账时间长、第一批纳入预算管理的行政性收费尚未纳入预算进行管理；部门存在应缴预算收入列预算外或挂暂存、罚没收入不及时足额缴入国库、违控购车等。

1997年，州对龙里县、福泉市1996年度财政决算和其他财政收支进行审计。存在问题有收入未及时足额解缴财政、行政性收费未纳入预算外专户管理、专项经费未专款专用。

1998年，州对罗甸县、平塘县财政决算进行审计，存在的问题有挪用农业税减免款，未交、漏交预算收入。

1999 年，州对三都、荔波、惠水 3 个县 1998 年度财政决算进行审计，对违反国家财政收支的问题，分别作出审计决定。

2000 年，州对都匀市、贵定县 1999 年度财政决算和其他财政收支进行审计。存在的问题主要是年初预算批复率较低，都匀为 48.3%，贵定为 44.9%。审计贵定县部分部门财政收入，存在问题有年末银行存款未纳入财政专户管理、暂付经费长期挂账、预算外收入未按有关规定核算费用成本等。

2001 年，州对福泉市 2000 年度财政决算进行审计。存在的问题有挪用财政专项资金、虚列财政支出、农业税减免款未兑现农户、违规提高费用标准等。查出违规资金 1080 万元，收缴违规资金入库 14 万元。

2002 年，州对瓮安县、罗甸县 2001 年度财政决算进行审计。瓮安县存在的主要问题有收支规范形成大量不良资产和债务、预算约束力弱化、财政管理内控制度不够健全、个别部门收支管理混乱；罗甸县存在的主要问题有多提退农税征收经费、挪用农税减免款等。

2003 年，州对长顺县、独山县财政决算进行审计。存在的问题有预算批复不规范、虚列预算支出、隐瞒和截留预算收入、挪用专项资金平衡预算、执行“收支两条线”规定不力等问题，查出违规资金 2453.4 万元。

2004 年，州对惠水县、龙里县 2003 年度财政决算进行审计。惠水县存在的主要问题是收回农发欠款未纳入预算管理、财政收入未按规定缴库、总预算会计账表不符。龙里县存在的主要问题违规退库、违规动用国库存款和办理预算拨款、财政收入未及时足额缴入国库、多拨农税征收经费等。延伸审计部分部门，存在问题有虚报冒领款项、违反控购、挤占挪用专项经费、资金支出混用、坐收土地收益金、财务管理混乱等。

2005 年，州对都匀市、平塘县 2004 年度财政决算进行审计。都匀市存在的主要问题有应缴收入未缴入库、违规出借财政资金、违规挪用专项资金等。平塘县存在的主要问题有隐瞒截留土地出让金收入、隐瞒坐支行政事业性收费、行政事业性收费收入未及时上缴财政专户、挤占挪用救灾资金等。

2006 年，州对荔波县、贵定县 2005 年度财政决算进行审计。完成“十五”期间对全州县（市）级财政决算轮审一遍任务。

2007 年，州对福泉市、三都县 2006 年度财政决算进行审计。查处显示了预算安排不够科学合理，预算资金未能拨付使用，虚列支出，挪用专项基金，未落实收支两条线，乱收费、乱摊派，政府债务资金利用率低造成损失浪费等问题。

2008 年，州对龙里县、长顺县 2007 年度财政决策进行审计。龙里县存在的主要问题有将预算内收入转作预算外、财政专户利息收入未规定缴库、违规出借财政资金、违规缓征企业所得税和退税，延伸审计县公安局、国土局、房管局房佳房地产交易中心，发现存在乱摊派乱收费、隐瞒预算外收入、漏缴企业所得税等问题。长顺县存在的问题：财政专户利息收入未按规定缴库、截留财政收入、未按规定将财政信用周转金纳入总预算账户统一核算，延伸审计县土地开发中心，发现存在截留、挪用土地出让金、往来款项长期挂账部分往来互不相符等问题。

2009 年，州对荔波县、罗甸县 2008 年财政决算审计。荔波县存在的主要问题有挪用煤调查基金、乱收费、预算收入未及时入库、滞留税款等。延伸审计县国土局发现存在公款私存现象。罗甸县存在的问题是违规开设罚没收入过渡户且收入未全额上缴国库、违规发放财政周转金贷款并收取资金占用费、挪用专项资金为企业贷款提供担保、往来账户长期挂账且未及时清理等，延伸审计县国土局发现存在银行存款长期账实不符、罚没收入未实行“罚缴分离”、滞留预算收入、公款私存私放等问题。

2010 年，州对独山县 2009 年度财政决算进行审计，并延伸审计该县国土开发中心，审计发现存在私设“小金库”208 万元和收款人员收费长期不缴私自藏匿的问题，并依法移送，县监察机关通过调查对有关当事人作出了处理。

2011 年，州对平塘县、贵定县 2010 年度财政决算进行审计，对平塘县党政部门工作任务完成情况承包奖、贵定县计划生育社会抚养费征收奖作出撤销处理。

2012 年，州审计局对都匀市、三都县 2011 年度财政决算进行审计。都匀市存在的问题有预算执行不严格超预算支出、改变预算支出用途、应缴预算收入存入预算外资金账户、部分单位企业应缴未缴财政收入等。对三都县财政决算审计发现案件线索 2 件，对县旧城改造办公室人员涉嫌侵吞补偿款的线索移送州纪委调查；对县国资公司低价转让商业用房经营权造成国有资产流失的线索移送县监察局调查。

2013 年，州对龙里县 2012 年度财政决算和其他财政收支进行审计。查出主要问题是预算的编制不科学不准确和无预算批拨资金，无政策依据制定财税征收奖励，部分非税收入未按规定及时缴入国库，财政滞留税款调节税收，两家纳税单位漏税 13. 86 万元，相关获奖人员漏税农村低保发放填报审核工作有待改进完善等。

2014 年，州没有开展县（市）财政决算审计。

三、乡镇财政及其他财政收支审计

1991 年，州、县各两级审计部门对全州撤区并乡建镇中“建并撤”单位财政收支进行审计。审计发现存在的主要问题是区、乡财政管理混乱、账务不清、账证不全（有的资金未建账）、账表不符、账实不符以及现金管理混乱、支农周转金失控等。

1992 年，根据州委办关于在撤区并乡建镇中加强财务管理的要求，全州审计机关开展对撤区并乡建镇中的资产进行清查审计，全州除荔波县外，共审计原区、乡、镇 298 个单位，查出违纪违规资金 218. 26 万元，作出审计结论和决定 73 项，核实移交给新的乡镇的固定资产 3957. 54 万元。

1993—1995 年，全州先后完成乡镇财政、税收、财政决算审计 43 项。存在的主要问题有：越权减免税收、隐瞒和截留预财政收入、虚列财政支出，挪用农业税、教育费附加及财政资金等，共查出违纪金额 93 万元。

1996—1999 年，全州先后组织完成 55 个乡级财政年度财政决算审计，存在的主要问题有虚列财政支出、隐瞒截留转移收入，挪用教育费附加、救灾款、水利粮款等。共查出违纪金额 247 万元。审计依法作出“收、缴、罚”决定，财政审计在乡镇的影响逐步扩大，乡镇遵守财经纪律的自觉性得到增强。

2000 年，州对贵定县财政决算进行审计的同时，对 29 个乡级财政进行审计。三都县查出三合镇财政所长仿照他人笔迹，伪造单据，贪污 4.51 万元，移送司法机关处理。

2002 年 9 月，州对罗甸县财政决算进行审计的同时，对该县龙坪镇财政收入进行审计，查出镇政府收入未入账设置账外资金、镇领导超报电话费、挪用乡镇统筹资金等问题。

2004 年，州对龙里、惠水县财政决算进行审计的同时，对龙里县龙山镇财政收入进行审计，查出白条列支、截留征地补偿费等问题，并移交县纪检监察机关查处。对惠水县甲戎乡审计查出白条列支、违规收费等问题，对违规行为予以警告。

2008 年，州对龙里、长顺两县财政决算进行审计的同时，对两县部分乡财政收入进行审计。龙里县发现洗马镇向镇内 7 家煤矿企业乱收费且未上缴县财政，草原乡未经授权使用普通收据收取罚没收入且未缴入国库。长顺县发现长寨镇政府账户往来款项长期挂账，广顺镇扶贫资金未实行专户管理。

2009 年，州对荔波、罗甸两县财政决算进行审计的同时，对两县部分乡财政收入进行了审计。荔波县发现茂兰镇向镇内采矿企业收取矿山“协调赞助费”。罗甸县发现龙坪镇财政所出纳员公款私存私放。

2010 年，州对独山县 2009 年度财政决算进行审计的同时，对独山县麻万镇政府财政财务收支和票据管理情况进行延伸审计调查。

2011 年，州对平塘县、贵定县 2010 年度财政决算进行审计，同时对部分乡镇财政收支进行审计，发现贵定县德新镇、定南乡、城关镇政府违规设置账外账，定南乡、城关镇挤占计生专项经费第问题。

2012 年，州对三都县 2011 年度财政决算进行审计的同时，对三合镇进行延伸审计。

第二节　金融审计

一、金融企业财务收支审计

1991 年，根据全省审计工作会议安排，全州审计机关开展对州和各县建设银行 1990 年的财务收支、1985 年以来“拨改贷”、财政部门委托贷款进行审计。发现全州建行系统普遍存在提高开支标准、扩大支出、收不入账等问题。“拨改贷”审计发现存在资金投放大、收回率低、逾期贷款严重等主要问题。截至 1990 年末止，收回的资金和豁免额仅分别占总投放额的 6.03% 和 29.87%。1990 年末州建行逾期贷款为 682.09 万元，占年末贷款余额的 26.7%。财政部门委托贷款审计发现的主要问题是贷款本金回收率低，逾期严重。

1992 年，州对州工商银行 1991 年财务收支进行审计，发现存在的主要问题是未按规定提取固定资产修理费，多进成本、挤占费用、利润留成未按规定比例分配等。对州工商银行 1989—1991 年技术改造贷款进行就地审计。同时，还选择贷款数额大，逾期时间较长等具有代表性的企业进行延伸审计。存在的主要问题是逾期款额较大。对中国人民银行黔南州分行和中国银行都匀支行1991年财务收支进行审计，并对中国人民银行黔南州分行和中国银行都匀支行分别存在的挤占成本、白条报销、购买违控商品等问题作出处理。

1993年，开展对全州金融机构秩序整顿专项审计。经审计，全州金融机构在资金的拆借、利率执行和结算纪律上能够执行国家的金融方针政策，没有擅自设立金融机构和挪用信贷资金炒卖股票等违章投资的行为。存在的问题主要是自办经济实体的部分贷款未回收。

1994年，对全州农业银行系统1993年的乡镇企业贷款和财务收支进行审计。审计发现少数农行存在逾期贷款，形成呆账损失等问题，个别单位还存在以贷谋私，收入不入账，挤占成本费用和漏交“两金”〔能源交通重点建设基金、预算调节基金〕等问题。同年，省财政厅对州农业银行1992—1993年第三季度的财务收支作了重点检查。检查出省分行返回1992年利润留成漏交能源交通重点建设基金，预算调节基金19.8万元，挤占成本0.62万元的问题，并作出在利润留成资金中补交“两金”和上缴挤占的成本处理决定。

2001年，全州审计机关对中国人民保险公司黔南州分公司及其所辖机构2000年的财务收支进行审计。审计发现的问题是违规购置固定资产、设置转外资产、股票和房地产投资及贷款形成不良资产、违规减少保费收入及支付手续费、利润不实等。

2003年，对州人寿保险公司及13个分支机构进行审计，揭示了全州人寿保险公司系统存在的违规承保转保和违规赔付等问题。

二、金融企业资产、负债、损益审计

1995年，根据国家审计署和省审计厅的授权，全州完成对中国银行都匀支行、中国建设银行州中心支行及县（市）支行的资产、负债、损益及房地产信贷部资金审计，查出违纪资金251万元。对中国银行都匀支行存在多提折旧挤占成本、购置固定资产导致挤占成本、多提坏账准备金挤占成本等问题作出处理。对建行超过控制比例多支出宣传费、招待费，无国家规定仅按上级文件发放工资以外的补贴、津贴等问题进行了处理。

1996年，根据《中华人民共和国审计法》确定的审计管辖范围和审计署的授权，全州审计机关分别对农业银行、保险公司1995年度资产、负债、损益进行审计，查出国有资产流失17万元，损益不实374万元，违纪资金615万元。审计发现的主要问题是上级行或公司开政策口子，发放各种补贴、津贴；转移费用支出，扩大开支范围；漏缴税金等。对金融部门的违纪问题，审计依法作出收缴财政24万元，罚款27.69万元的处理决定。

1997年，6月24日—7月18日，对州农行1996年资产、负债、损益进行就地审计，并延伸审计都匀市、福泉市农业银行。存在的主要问题是虚列工资总额导致多提职工福利费、工会经费、教育经费；漏交车船使用税；扩大范围发放职工误餐补贴未进入工资总额。

1998年4月21日—5月15日，根据省审计厅授权，对中保财产保险有限公司贵州省黔南州支公司1997年度资产、负债、损益进行就地审计，并延伸审计都匀市、瓮安县公司。存在的主要问题有截留保费收入、挤占成本费用、漏缴所得税、超规模购建固定资产等问题。审计根据有关法规，作出补交所得税、处罚款的处理决定，对加强现金管理、防范和化解金融风险等提出了审计建议。

1999年4月20日—7月31日，根据审计署统一安排及省审计厅的计划，全州审计机关对中国工商银行都匀分行及12个县（市）工商银行营业部1998年资产、负债、损益及信贷资产质量进行就地审计。存在的问题有少计收入、多计支出，少列支出，购置设备未列入固定资产账管理，将部分资金转出会计大账单独存放，信贷资产质量不高等。

2001年，全州审计机关对州人保公司及县支公司1999—2000年度资产、负债、损益情况进行审计。存在的主要问题有违规购建固定资产形成账外资产、投资股票房地产及贷款造成损失形成不良资产、违规支付无赔款退费及手续费等。

2002年，州及都匀、独山、平塘、三都、长顺、罗甸等县市对州农发行及上述6县市支行2001年度资产、负债、损益情况进行审计。审计对发现的问题分析认为：计划管理的财务体制不能完全真实反映财务状况，现行管理和运作方式存在一些弊端。

2003年，根据审计署授权，全州审计机关对州内人寿保险企业的资产、负债、损益进行审计，发现全州人寿保险企业存在违规承保、转保和违规赔付等问题。

三、外资项目审计

黔南州开展外资项目审计始于1991年。是年，州审计局组织三都、荔波、龙里3个县开展2145项目和1871项目、5个世行贷款项目审计。审计发现存在多报支出的问题，鉴于原因不在项目执行单位，审计决定不予追究。

1992—1993年，州根据省审计局授权，对州农业银行1991年引进世界银行贷款—1871项目进行就地审计。发现的主要问题是：部分信贷资金未在有关账表中反映；财务上管理混乱；部分种植业、加工业项目效益未达预期。对州林业局1991年度世界银行贷款项目—2145—CHA国家造林项目财务收支、项目进展情况进行就地审计，并延伸审计三都县项目办和县拉揽林场。发现的主要问题是各级项目资金均未按项目进度到位，且相差很大，影响项目进度。对州农业银行1992年引进世界银行贷款—1871项目的财务收支进行就地审计。发现的主要问题是财务管理薄弱、交付利息不及时不足额。

1994年，全州完成外资审计项目10个。部分外资项目由于配套资金不及时到位和市场预测不力，财务管理投资效果不佳。

1995年，全州完成23个外资项目审计，查出违纪资金18万元。部分外资项目由于配套资金不按时到位，影响了项目建设进度，有的项目由于设备不配套，基础设施跟不上，开发环境差，使项目不能正常开展。

1996年，根据省审计厅授权，全州按时完成对世界银行贷款—2339教育发展项目和世界银行贷款—2539卫生人力开发项目审计，三都对世界银行贷款—2145造林项目，罗甸及长顺对世界银行贷款—2744扶贫项目的外资运用情况进行审计。部分项目由于配套资金到位欠及时，项目实施受一定影响。

1997年，根据省审计厅授权，州审计局分别对黔南州卫生项目办1996年世界银行贷款农村卫生人力开发项目（卫Ⅳ项目）财务收支和对疾病预防项目（卫Ⅶ项目）财务收支进行审计。审计发现卫Ⅳ项目存在的问题有：1994年12月下发各县的设备物资计145.37万元，列其他应收款，长期挂账；1995年1月24日借给州卫生局招待所1万元；1996年9月6日付州卫校工程款27万元，冲减世界银行贷款；账表数字不相符。卫Ⅶ项目存在的问题是没有设置总账和明细账。是年，根据省审计厅安排，州审计局对中外合资合作经营企业黔南州彩色印刷有限公司 1996 年度财务收支进行审计，对该公司未能真实反映利润进行处理，并要求该企业加紧对应收账款进行清理和催收。

1998 年，审计署授权州审计机关对世界银行、亚洲银行等 37 项国外贷款项目进行审计。主要是对卫 IV 项目、卫 VII 项目的审计。同时，州审计局对独山、平塘、惠水、长顺、罗甸 5 个县的项目实施进行检查。审计结果为：卫 IV 项目实施基本达到阶段预期目标。存在的问题有：配套资金未足额到位；项目资金有被挤占、挪用现象；上交项目执行费没有明文规定；拨付资金不及时，影响项目进度；申请世行资金回拨周期长、速度慢；执行贷款协定不力，未计提偿债基金，还贷准备金未提足；还贷准备金账户未按规定管理，记载不完整，该作还贷准备金收入的不列入该账户；设备未根据实际需要配置，造成个别区乡卫生院设备闲置；部分项目实施单位财务管理存在大额现金支付及工程支出不实的现象。卫 VII 项目实施两年中，基本达到阶段预期目标。存在的问题有：配套资金未足额到位；世行贷款拨付不及时；世行贷款申请、回拨周期长；部分项目单位未单独建账、独立核算。

是年，罗甸、长顺两县继续对 2744 西南扶贫项目进行审计，州和长顺县配合省审计厅外资处对长顺县西南扶贫项目 1997 年度财务收支进行就地审计。审计结果表明，西南扶贫项目实施 3 年，项目建设取得很大进展和一定成绩，但会计核算，财务管理不够规范，存在将项目物资转让和出借项目资金的情况，计划外支出挤占项目资金，有的项目内容实施未执行规定程序及标准，有些分设项目实际建设情况与报账情况不符。

1999 年，全州完成审计署授权审计的世行、亚行等国外贷援款项目 43 项。审计查出挤占、挪用外资和及配套资金不落实等问题，违纪金额 261 万元。是年，省审计厅授权，三都、独山、荔波、罗甸 4 个县审计局对世行贷款贫困县教育项目进行审计，州审计局和瓮安、惠水、平塘 3 个县审计局对世行贷款第四个基础教育发展项目进行审计。审计发现存在的问题有：配套资金未足额到位；世行贷款在回拨时存在层层扣留现象；世行资金回拨不及时，滞留时间较长；项目实施单位有挤占、挪用配套资金的现象；支付项目工程资金不规范。

2000 年，全州审计机关对 41 个外资项目实施单位进行审计。查出违规资金 206 万元。存在的问题有：配套资金不足；世行贷款回拨不足，且滞留时间长；有挪用、出借、滞留项目资金的现象；违规提款报账，内控制度不健全等问题。州审计局对卫 IV 项目、卫 VII 项目、贫困地区林业发展项目世行贷款 1999 年财务收支进行审计。3 个项目均存在违反国家法规，贷款协定和内部控制缺陷等问题。

2000 年，8 月 21—25 日，根据国家审计署和省审计厅工作安排，州审计局对都匀人造板有限责任公司执行外国政府贷款项目截至 1999 年 12 月 31 日止，借、用、管、还的总体情况进行审计调查。存在的问题有：经济效益低，还贷能力差，债务风险大。

2001 年，全州审计机关对省审计厅授权审计的 46 个国际金融组织贷款和国外援助项目进行审计。通过审计，大多数项目单位问题相应减少，审计发现一些项目存在资金外借、滞留和物资积压、配套资金到位普遍不足以及如期偿债难以保证等问题。

2002 年，全州外资项目审计，查出挪用外资和配套资金 119 万元，倒卖进口物资 20 万元。通过审计，反映出外资使用、管理中存在国内配套资金不足、提款报账及资金回拨不及时、管理不规范等问题。

2003 年，州审计局与县（市）审计局签订外资审计工作质量责任书。全年完成外资审计项目 34 个，共查出违规资金 1127 万元，管理不规范 1812 万元，损失浪费 121 万元。存在的问题是挪用挤占世行贷款，县级财政欠拨项目回补资金，配套资金不到位，滞留项目资金，项目实施进度缓慢，项目管理不善，设备使用效率不高，损失浪费，内控制度不健全等。

2006 年，对已完工的世亚行贷款项目进行审计。

2007 年，完成外资运用审计项目 20 项，查出违规资金 20 万元，管理不规范资金 780 万元。同时，开展对近三年外资审计结果“回头看”检查。

2008 年以后，贵州省的利用外资审计项目统一由省审计厅组织开展，抽派各地（州、市）审计局的审计人员参加。审计报告、审计决定等审计文书均由省审计厅统一出具，审计档案统一由省审计厅归档。

2009 年年底，根据贵州省审计厅的工作安排，全州审计机关对截止 2008 年 12 月 31 日仍有余额的 7 个国际金融组织和外国政府贷款项目资金的管理、使用情况进行专项审计调查。审计调查结果表明，通过实施政府外债项目，促进了各县（市）教育、林业、卫生等基础事业的发展，取得了一定的社会、经济和环境效益，但在项目可行性论证、资金财务收支等方面也存在着一些问题。

2010—2012 年，州完成省统一组织的世行贷款贵阳市农村交通项目审计；日本政府贷款贵州铜仁地区环境与社会发展项目审计；世行贷款贵阳农村公路子项目审计，审计项目资金 3.06 亿元，查处了虚报工程量套取建设资金、部分工程施工质量较差、克扣农户征地拆迁补偿资金等问题；毕节地区纳雍县和赫章县世行贷款水土保持项目审计。

2013 年，州审计局完成省审计厅组织的贵阳通源公司世界银行贷款农村子项目 2012 年财务收支和项目执行情况审计。

2014 年，州审计局完成省审计厅组织的贵阳市世行贷款交通项目审计。

四、金融审计调查

保险公司公款存储蓄情况审计调查：1991 年，州审计局对黔南州保险公司 1988—1990 年的公款存储蓄情况进行审计调查。经审计调查，公司的专用基金和留利基金均在银行开户，没有存储蓄的情况；党费、团费、工会经费的存储蓄未发现违纪情况；会议费、差旅费等业务周转金以实际支出列账，不采取预提的办法，没有存储蓄的情况；能按会计制度规定将收取的各种保险费存入储蓄存款。

农产品收购资金和财政信用资金审计调查：1993 年，州审计局对 1992 年度农产品收购资金和财政信用资金进行审计调查。1992 年度农产品收购资金到位及时，投放效果好，没有发现给农民打白条现象。各级财政部门管理的信贷资金能做到多方筹集，及时投放，有效地支援了工农业生产。但存在回收率较低，影响资金正常周转以及有的县用信贷资金收取的占用费作行政开支等问题。

金融系统经济实体脱钩情况审计调查：1994 年，根据省审计厅安排，州审计局对州农行、工行、建行、中行、保险公司所办经济实体脱钩情况进行审计调查。经审计调查，州级金融系统于 1992 年共兴办经济实体 8 个，共注入资金 1192.54 万元，其中贷款 1107.54 万元。按照中央整顿金融秩序的精神，州金融系统在 1993 年收回注入资金，撤销部分兴办的公司，收回资金 377 万元，其中贷款 322 万元，尚未收回 815.54 万元。

中央国有金融机构工资内外收入分配情况审计调查：1996 年，按照省审计局的工作安排，州审计局对中央国有金融机构工资内外收入分配情况进行审计调查。

第三节　固定资产投资审计

一、建设项目审计

1991 年，省审计、计委、财政、建设银行四部门联合印发《关于固定资产投资审计收缴违纪资金及罚款和专户管理实施办法》。省安排黔南州建设项目审计重点工程 1 项、自筹立项开复工 16 项，共 17 项。州安排增至 40 项，实际完成 226 项，共审计投资金额 11885 万元。查出违纪违规金额 189 万元，计划外超规模 57 万元，核减项目投资 20 万元。在自筹资金立项前和开复工审计中，州审计局与州计委、州建行等有关单位协调配合，建立基本建设制约机制。当年全州自筹基建资金立项前审计完成 133 项，开工前审计完成 84 项，建设规模 25785 平方米，计划投资 717.53 万元。贵定县政府责成县审计局对西门河一号坝工程进行审计，经审计，核减工程决算 1.43 万元，审计结论公布后，平息了社会上出现“群众集资款被挪用打平伙”的议论。

1992 年，全州完成开工前自筹资金来源审计 111 个，为计划数 19 个的 584%；重点工程项目审计 5 个，为计划数的 500%。基建审计业务逐渐由小到大，业务范围不断拓宽，对控制基建投资规模起到了一定的调控作用。

1993 年，全州建设项目审计完成专项审计 5 项、自筹基建资金来源审计和开工前审计 220 项。审计发现，有 1548 万元资金没有落实，有的核算中存在高估冒算和超标准建设的问题，审计共核减工程预决算资金 19 万元。同年，根据省审计、计委、经委、建行、人行《关于加强对新开工建设项目资金来源审计的通知》规定，企业用自筹资金从事生产性建设，由会计师、审计师事务所验证，不再由审计机关审计。

1994 年，州建立《建设项目开工前审计制度》《建设项目竣工决算审计制度》。全年全州完成基本建设项目审计 90 项，审计项目投资额 5460 万元。为纠正一些单位未进行开工前审计就擅自开工的行为，对查出的 17 个单位分别处以投资总额 1% 的罚款。

1995 年，州政府批准实施《黔南州建设项目审计暂行办法》，对开工建设单位资金不到位、资金来源不合理的，审计不予批准开工。是年，全州完成基建项目开工前审计 56

项，完成基建竣工决算审计88项，核减工程款254万元。审计发现的主要问题有：大部分工程投资超概算；投资不能及时到位；施工单位高估冒算工程造价。

1996年，建设项目审计围绕国家投资为主的基础性、公益性项目为主。全年全州审计机关完成新建项目开工前审计102项、竣工决（结）算审计62项。经审计，核减高估冒算工程款640万元。基建项目审计逐步被建设单位重视，全州固定资产投资审计已逐步从“我被审计”向“我要审计”转变。是年，4月至5月，州审计局对州交通局甘新公路改造独山至麻尾段在建工程进行审计。审计表明，该项目投资来源为省交通厅从养护费中拨款，资金到位及时，重视管理，财务管理好，支付工程款层层把关，工程成本核算正确。存在问题是：工程质量有的地段欠佳，州交通局内部财务与工程管理工作协调不够。

1997年，全州加大基建竣工决算审计力度，做到竣工1项审1项，全年审计72项（含社会审计）基建竣工决算项目，送审金额5025.49万元，审定金额4610.45万元，核减高估冒算工程款424.04万元，责令被审单位补税5.81万元，处以罚款1.83万元，为国家增收节支431.68万元。

1998年，全州共完成建设项目开工前审计34项，审计总资金3823.30万元；完成基建预算审计33项，送审金额4597.17万元，审计核减287.97万元；完成基建竣工决（结）算审计43项，审计总金额4955.36万元，审计核定工程造价4656.53万元，核减率6.03%。

1999年，州及8个县（市）审计部门对1998年至1999年3月中央补助的水利建设资金项目进行审计，查出水库工程资金被挪用19.4万元，会计核算不合规，人畜饮水工程普遍存在部分资金不及时到位等问题，审计作出收回挪用资金归还原资金渠道的处理决定。全州审计机关开展建设项目工程决（结）算审计59项，送审金额8806.41万元，审定金额8384.64万元，审减421.77万元。审计责令被审计单位补交税金23.54万元，处以罚款8.33万元。此外，完成开工前审计81项。同年7—11月，根据州政府安排，州对贵新高等级公路黔南指挥部及下属的龙里、贵定、福泉、都匀、独山5个县（市）指挥部1997年10月1日至1999年6月30日公路建设征地，拆迁补偿费的拨付、使用及工作经费开支情况进行就地审计。存在问题有：工作经费超支，购入固定资产没有正式发票及手续入账，少付房屋拆迁补偿费，用地补偿在兑现清册和财务付款上无法按用地种类区分，基础设施的恢复补偿手续不全、付款依据不足、用收据和白条入账，搬家奖励费支出有的未按标准执行。针对各类征地补偿超支比例较大的问题，专题向省政府汇报。是年，根据州人大常委会信访督察室人民来信转办通知的要求，州审计局对贵定县云雾镇综合楼工程竣工决算进行就地审计。经审计，存在的问题有：工程未申报开工前审计，工程决算高估冒算工程款，漏交国家税款，建设单位违规从工程投资中提取管理费。

2000年，全州完成固定资产投资审计项目42个，审计金额3108万元，审减基建工程款897万元，审减率达28.86%。

2001年，全州完成基建项目预决算审计95个，送审金额1.41亿元，审减1272万元，平均审减率达9%。其中，州审计局根据州政府的要求，对黔南华林磷业公司年产7000吨电炉黄磷项目进行竣工决算审计，送审金额1322万元，审减328万元，审减率24%。根据省审计厅的安排，对都匀、瓮安、独山等县（市）供电局农网改造项目进行审计。

2002年，全州完成固定资产投资审计项目69个，送审金额1.86亿元，审减1896万元，审减率10.12%。其中，州审计局对黔南烟叶复烤厂工程竣工决算进行审计，送审金额7013万元，审减工程资金1121万元，审减率16%。

2003年，全州审计局完成固定资产投资审计项目133个，送审金额2.87亿元，审减1971.08万元，审减率7%。

2004年，全州完成固定资产投资审计项目52个，送审金额1.28亿元，审减1336.1万元。州对荔波飞机场、黔南民族师范学院建设、国债投资的都匀生活垃圾场工程等重点在建项目进行跟踪审计，对福泉市、惠水县省级储备粮库等建设项目进行竣工决算审计。

2005年，全州重点实施国债建设项目公路竣工决算审计。州审计局完成三都至榕江、麻江至兴龙、湄潭至瓮安等4条公路竣工决算审计，审减工程款152.95万元，并继续对荔波飞机场、黔南民族师范学院校园建设、都匀生活垃圾场工程等重点在建项目进行跟踪审计。全州完成工程预（决）算审计金额2.97亿元，审减1257.29万元。

2006年，全州审计由单一的工民建审计拓展到公路、水利、水电等工程审计。全州共完成固定资产投资审计174项，审计项目投资额5.19亿元，审减金额3949.13万元。州审计局继续实施黔南师院等重点项目的跟踪审计，完成大七孔电站竣工决算审计以及国债基础设施项目的审计调查。

2007年，全州投资审计实行审计监督关口前移，加强对工程项目立项审批、概预算及定额执行和实物工程量真实性等方面的审计监督。全州完成投资审计项目123个，项目投资额5.5亿元，审减2504万元。其中，福泉市审计局将对该市洒金大道人行道工程竣工结算审计，送审结算金额为929万元，审计审定为558万元，审减371万元，审减率达39.96%；州对荔波表演场项目实施开工前审计监督，将预算由1378万元核减到993万元。

2008年，全州审计机关共完成固定资产投资预（决）算项目审计70个，送审金额2.15亿元，审计核减投资额624万元。其中，对全州2007年38个烟水单体工程结算审计，送审结算金额1016万元，审减108万元，审减率11%。瓮安县对该县供水公司凝冻期间城区管网维修工程竣工决算审计，送审金额为76.45万元，审减44.12万元，审减率达57.71%。

2009年，全州完成固定资产投资预（决）算审计559个，审计资金量10.87亿元，审减投资1亿元，审减率为9.21%。州审计局完成全州2007、2008年度烟水工程、州烟草局编烟棚工程、荔波室外演艺场和樟江大道工程、独山谭尧水库工程、州老年公寓经济适用房工程等项目竣工结算审计，对全州烟水配套工程竣工结算审计审减投资535.34万元，审减率13.64%。

2010年，全州完成固定资产投资预（决）算审计155个，审计项目投资额3.34亿元，审计核减投资额2490万元。其中，在州对独山县麻尾镇拉巧山塘灌溉工程等7个烟水配套工程竣工结算审计中，审计投资额402万元，审减78万元，审减率达19.4%。

2011年，全州完成固定资产投资预（决）算审计177个，审计投资额8.4亿元，核减投资额4251万元，审计后挽回（避免）损失649万元。州组织实施的都匀工业聚集区173主干道工程跟踪审计，该项目送审预算8.6亿元，审计阶段性核减8101万元。

2012年，全州完成固定资产投资预（决）算审计项目453个，核减投资额2.8亿元。州组织开展都匀市173主干道跟踪审计、州传染病医院综合楼竣工结算审计、州民政福利小区竣工结算审计、4条通乡油路竣工结算审计、黔南电视台综合楼竣工结算审计、平塘摆图水库工程预算审计。

2013年，全州完成固定资产投资预（决）算审计项目414个，核减投资额2.12亿元；完成政府交办配合审计事项231个，核减投资额1.63亿元。州审计局组织对都匀东部新城区城市综合体项目、都匀173主干道、都匀大龙大道、大河水库、杉木湖水库等州级重大建设项目开展前置及后续跟踪审计，阶段性审减9565.71万元。建立州审计局投资审计中介资源库，加大聘请中介参与国家建设项目审计力度，对州级重点建设项目实施全过程跟踪审计。三都县审计局对县麻光片区市政道路项目预算审计，审减1.35亿元，审减率达57.51%。

2014年，全州完成固定资产投资预（决）算审计项目382个，审计投资额20.74亿元，核减投资额3.09亿元；完成政府交办配合审计事项1047个，核减投资额13.67亿元。全州审计机关加大引进社会中介力量参与审计的力度，扩大监督覆盖面。州审计局对社会中介出具的审计结果进行复审，防范潜在的审计风险。如都匀市173至夏蓉高速公路东互通立交（匝道口）城市道路工程项目审计，社会中介初步审减2.79亿元。州审计局又组织有关专家对该审计结果进行复审，最终审减为2.87亿元。

二、固定资产投资审计调查

1993年，根据省审计局《关于对1992年新开工基本建设项目进行审计调查的通知》，全州审计部门对1992年度全州新开工建设项目的建设规模、投资来源和落实投资结构及开工前审计进行审计调查。审计调查结果反映，1992年投资规模比上一年有大幅度增长，投资偏重于职工住宅和文教卫生项目，商业、供销的投资得到了加强；全州基本建设开工前审计基本走上了正轨，但由于建筑材料价格上涨，导致投资出现缺口，另有个别地方开工前审计开展较差。

2009年，全州审计机关开展新增中央投资项目审计调查。调查资金量5.7亿元。审计发现的主要问题是地方配套资金到位率低、项目建设进展缓慢、管理不够规范等。

2010年，全州审计机关对中央扩大内需政策落实情况进行审计调查，审计和审计调查项目259个，涉及保障性安居工程、农村民生工程设施等投资共计28.2亿元。

2014年，州审计局对黔南大道BT项目的建设情况进行专项审计调查，发现该项目存在的主要问题是未严格履行《BT合同》约定内容、建设项目超概算投资情况严重、财务管理不规范、建设项目法人对项目管理不到位、工程招标工作不规范、部分项目变更随意、存在损失浪费现象等。

第四节 企业审计与企业审计调查

一、企业财务收支审计

1994 年 8 月，州政府责成州审计局对州房产开发公司及其所属单位的财务收支情况进行审计。经审计，该公司自 1992 年成立以来，由于公司经理违反公司章程和财经纪律，通过虚列支出隐瞒收入转移公款和私自动用公款等，使公司账务管理混乱，盈亏不实。

1996 年 6—7 月，州审计局对州邮电局 1995 年度财务收支进行审计。查出多起住房周转金、集邮活动经费、特快专递手续费，自行提取商包提成，发放补贴挤占费用等问题，违纪金额 34. 97 万元。审计根据有关规定作出予以罚款 6. 99 万元的处理决定。9 月，对都匀养护总段及下属段机关、工程处 1995 年度的财务收支进行审计。经审计，查出用路政赔款收入发部分人员奖励，多列材料成本费，挤占成本费，挪用生产性资金用于非生产性支出，自制工程计价单报销房屋修理费等问题，违纪资金 29. 18 万元。审计根据有关规定作出调账处理、补缴税金 0. 13 万元、处罚款 1 万元的处理决定。11—12 月，根据州政府的安排，对州烟草公司 1993—1995 年的财务收支进行审计。查出违纪违规金额 131. 87 万元，主要问题是收入不按规定上缴财政、超发奖金等。审计根据有关规定作出对违纪资金上缴财政 39. 9 万元、罚款 0. 97 万元的处理决定。

1997 年 4—5 月，州审计局对州医药公司 1996 年财务收支和有关经营活动进行就地审计。审计认为，州医药公司 1996 年的会计资料基本真实地反映了年度财务收支情况，财务收支基本符合财经法规，内部控制制度健全，医药价格按国家有关规定执行，未发现经营假冒伪劣、过期失效药品和巧立名目乱收费现象。存在的问题是属企业潜亏因素的 3 年以上呆账情况严重，属于企业潜亏因素的库存中有问题商品金额大，少提固定资产折旧等。7 月，州审计局再次对彩印公司 1996 年度财务收支进行就地审计，查出各项违规资金共 60. 5 万元。审计根据有关规定决定对违规资金作调账处理。

2000 年，州审计局对都匀黔大有限责任公司 1997—1999 年的财务收支情况进行审计，查出该公司存在挪用扶贫资金和职工住房公积金，个人借款时间长未进行催收，账务处理差错致使账表资产、负债、所有者权益不符等问题。

2001 年，全州对盐业公司 2000 年财务收支进行审计，查出违规金额 318. 32 万元，存在的问题是收入、成本不实，设置账外账，虚设和虚减利润等。

2002 年，州审计局对州级重点企业黔大公司都匀麻纺厂进行审计，查出财务管理混乱，少报亏损 397 万元，挪用职工养老保险基金及漏缴税金等问题。

2005 年 6—9 月，对全州 12 个县（市）城市供水系统 2004 年度财务收支进行审计。查出全州供水企业普遍未认真执行国家规定的会计制度，损益核算不真实和将国有资产或带有垄断性质的业务低价、无偿转向职工集资自办企业等问题，审计提出了加强供水企业财务管理监督，以稳定城市供水价格和防止国有资产流失的建议。

2006 年以后，州级审计机关基本没有开展企业审计，全州企业审计主要是各县（市）审计局根据当地党委、政府的要求开展审计。

2008 年，全州完成企业审计项目 7 个，查出违规金额 4186 万元，上缴财政 151 万元。

2009 年，全州完成企业审计项目 6 个，查出违规金额 918 万元，上缴财政 147 万元，查出管理不规范金额 9629 万元。

2010 年，全州完成企业审计项目 15 个，查出违规金额 2189 万元，上缴财政 1 万元，查出管理不规范金额 120 万元。

2011 年，全州完成企业审计项目 4 个，查出违规资金 242 万元，管理不规范资金 1466 万元。

2012 年，全州完成企业审计项目 5 个，查出主要问题金额 6031 万元。

2013 年，全州完成企业审计项目 6 个，查出主要问题金额 3650 万元。

2014 年，全州完成企业审计项目 3 个，查出主要问题金额 1.09 亿元。

二、企业资产、负债、损益审计

1994 年，根据省审计局的计划安排，全州审计机关对州燃料公司等 13 个商贸企业 1993 年度的资产、负债、损益情况开展审计。资产方面存在的问题是：投资未产生效益，有损失的危险；资产不清，账务混乱；私设“小金库”等。损益方面存在的问题是：多转商品成本少列利润；挤占成本费用；截留利润；收入不纳入财会账务，私设“小金库”等。审计对各企业在资产、负债、损益方面存在的违纪违规行为分别作出处理决定。

1995 年 5—7 月，先后对州锻压机床厂、州磷化公司、州农资公司、州铁路公路联运公司 1994 年度资产、负债、损益情况进行审计。

1997 年 3 月，对黔南州资源开发总公司 1996 年的资产、负债、损益进行审计。

2000 年，全州企业资产、负债、损益审计共审 27 个国有企业。州审计局对贵州省都匀黔大有限责任公司麻纺织厂进行了审计。

2013 年，州审计局对荔波机场 2012 年度资产、负债、损益审计，移送案件线索 1 件 1 人。

三、企业专项审计

（一）商品削价处理审计

1991 年 9—10 月，州审计局对州五交化公司、州土产公司、州民贸公司贯彻国务院办公厅关于一次性削价处理积压商品的情况进行审计。经审计，三家公司均未发现违反财经纪律的行为。仅发现五交化公司在实现处理商品的销售后未归还银行贷款，且少提“用于冲销这次专项处理的削价损失”的贷款利息。审计决定，将已实现处理商品的销售于当年 11 月前归还银行贷款，少提的利息应补提入账冲销此项削价损失。

（二）金属材料审计

1991 年，全州审计机关对物资金属材料行业进行审计。存在的问题是：钢材串换差价在应付款科目中核算，使用时未按规定执行；擅自提高收费标准；挤占成本费用；提高差旅费标准；隐瞒销售收入，造成当年利润不实；账账、账表、账实不符；悬账、悬案未能及时处理。全州查出违纪违规资金 38.67 万元。审计决定，将 3.8 万元违纪违规资金上缴财政，并罚款 0.37 万元。审计结束后，州审计局向省审计局报送《关于全州金属材料行业审计的综合报告》。

（三）农药价差款审计

1991 年 12 月，州审计局对州农资公司 1989 年省农资公司退回“甲基托布津”农药价差款进行专项审计。审计发现有多收价差款的现象，并作出“多收的价差款所余款项全部上缴州财政”的审计决定。

（四）积压杂稻种子亏损审计

1992 年 9 月，州审计局对州种子公司 1990 年购销杂稻种子的合同、发票、凭证、账簿等有关文件资料进行就地审计。审计认为，州种子公司积压种子的原因主要是各县（市）种子公司违约所致，处理积压是报经州政府批准的，也能为公司留存一定的种子经营资金。审计结束后，州审计局向州政府提交《对黔南州种子公司 1990 年积压杂稻种子亏损审计报告》，提出了处理意见，经州政府研究同意并由州政府办公室行文执行。

（五）粮食企业新增财务挂账和其他不合理占用贷款清查审计

1993 年，根据国家和省的安排，州及 12 个县（市）审计机关对全州 138 个独立核算的粮食企业进行审计，州审计局还会同粮食、财政等部门逐县（市）进行复查，最后核定全州粮食企业亏损挂账 4092.01 万元，核减 58.36 万元，并分析了亏损原因，明确责任，为政府正确处理粮食亏损问题提供依据。1994 年 2 月 5 日，州审计局向州政府、省审计局、省财政厅、省粮食局上报《对黔南州粮食企业亏损挂账审计的综合报告》。

1998 年 6—8 月，对全州粮食系统 1992 年 4 月 1 日至 1998 年 5 月底新增财务挂账及其他不合理占用贷款情况进行就地清查审计。州级粮食企业由省审计厅牵头审计，州审计局牵头组织 12 个审计组对全州 12 个县（市）粮食系统进行交叉审计。省对州的审计认为，各项政策性补贴能及时足额拨付，没有发现挤占挪用情况，两单位期末贷款余额相符。并对审计发现的一些问题提出处理意见。州组织的交叉检查审计组从审计农发行粮油贷款入手，抓住源头，核实农发行信贷资金来源总额、发放情况及是否违规占用等。审计发现粮食企业遗留的潜亏问题主要是：库存商品陈化变质；企业代购代储政策性粮油补贴未到位形成亏损；农发行从粮食部门的粮油收购贷款中直接收取支付由粮食局承贷全州“温饱工程”贷款利息等。审计建议：加强粮食企业财务管理和会计核算制度，健全企业内部控制制度，不定期地检查粮食企业财务收支的真实、合法、效益，促进企业的健康发展；定期检查粮油库存，建立盘点制度，正确、及时结转成本，做到账账、账实、账表相符，制止随意改动、人为调整账表的错误做法；严格财经纪律，避免收入不纳入损益和任意提取各种基金等问题的发生。

四、企业审计调查

（一）企业留利分配及生产发展基金使用审计调查

1991 年 10 月，根据省审计局的安排，州审计局对都匀毛麻印染总厂、州水泥电杆厂、州交通局运输公司 3 个承包企业的留利分配及生产发展基金的使用进行审计调查。调查面为州级 10 户工交企业的 30%。经审计调查，3 个企业在留利分配和生产发展基金使用过程中存在的共性问题是：留利分配向奖励基金和福利基金倾斜；少数企业挪用生产发展基金；普遍存在少提能交基金、预算调节基金的现象。审计建议，企业要正确管理、使用留利资金，把留利资金按比例正确使用在发展生产上。

（二）企业国有民营情况审计调查

1994 年 7 月，根据省审计局要求，州审计局对州五交化公司 1993 年度国有民营情况进行审计调查。审计调查认为，企业实行国有民营有积极的一面，但对企业的改观不大。审计建议：对缴纳的承包费、税金等应专门立户，分别核算，以便反映真实情况；督促国有民营各承包点按合同规定按时上报有关会计、统计资料，完善管理制度；对估计不能收回的应收账款和库存商品削价损失，应定期估计提取坏账准备和商品削价准备，减少企业潜在亏损。

（三）资产、负债、损益审计调查

1996 年 7—8 月，州审计局对长顺县中外合资经营企业贵州长兴食品有限公司 1994 至 1996 年的资产、负债、损益情况进行审计调查。审计调查发现，由于公司没有及时建立相应的管理制度，导致生产经营及财务、财产管理十分混乱，处于资不抵债状况。审计建议：责成有关部门对公司的债权、债务情况进行清理；妥善处理好中方和外商的关系，完善招商引资办法，加大招商引资力度。向州委报送了《关于中外合资经营企业贵州长兴食品有限公司 1994 年 9 月至 1996 年 7 月资产、负债、损益的审计调查报告》。

第五节　行政事业审计

一、定期审计

1991 年，各审计机关延长行政事业单位的定期审计周期，以季度、半年、年为周期开展定期审计工作。为提高审计质量，一些县对被审单位实行达标记分办法，并向预算外资金、专项资金和二级预算单位延伸，违反财经纪律的行为得到控制，维护财经纪律。是年，省审计局安排黔南州定期审计项目 129 个，年末全州完成定审项目 236 个，完成计划任务的 182.95%。1992 年，完成定期审计 56 个。1993 年，完成行政事业单位经常性审计 32 项，审计发现一些单位尚存在截留应缴预算收入、挪用专用资金及滥发钱物等问题。1994 年以后，不再进行定期审计。

二、专项审计

（一）财务收支审计

1991 年，州、县（市）审计机关对交警队财务收支进行审计。审计发现，各交警队财会基础薄弱，财务管理，特别是票据管理混乱，存在乱发实物补贴、津贴，乱收费，贪污、挪用罚没收入等现象。查出违纪违规资金 34.46 万元，审计作出应上缴财政 6.03 万元、罚款 1.13 万元的处理决定。各审计局在处理违反财经法纪的人和事的同时，帮助各交警队建立健全财务管理制度。

1992 年，对州级 45 个行政单位 1991 年财务收支进行审计。共完成审计项目 83 项，审计总金额 5075.74 万元。被审单位中，有的单位财务管理仍存在多提福利费、挪用专项经费、以收款收据作为经费支出等违规问题，共查出违纪违规金额 133.88 万元，应上缴财政 9.2 万元。同年，对全州工商系统财务收支进行审计，审计单位 52 个，审计总金额 1427.02 万元，查出违纪违规资金 97.34 万元，处理违纪违规资金 90.11 万元，应上缴财政 35.48 万元，罚款 2.95 万元。

1995 年，对计划生育专项经费和政府部门及公、检、法机关财务收支进行审计。完成审计项目 42 项，查出违纪金额 555 万元，主要是侵占挪用、虚列转移、截留收入等违纪问题。

1997 年，州和都匀市分别对州人民医院、市人民医院 1996 年度财务收支及管理情况进行审计。共查出违规资金 285.89 万元，主要是收取药品回扣款不入财务账等问题，审计依法进行处理和处罚。

1998 年，都匀、独山、平塘、龙里、福泉等县（市）对公安部门 1996—1997 年度的行政收费及罚没收入进行审计。查出截留财政收入、应缴未缴财政收入、超标准收费、乱收费、滥发钱物、挤占挪用、未按规定纳入专户管理等问题。并按《贵州省审计厅关于公安机关 1996 年至 1997 年收费罚没收入财务收支审计的处理原则》进行处理。

1999 年 4—5 月，两次对州法院 1997—1998 年度的财务收支进行审计，并对该单位建房款进行延伸审计。经审计，州法院财务收支的内控制度比较健全，执行较好。但存在用诉讼费发放补贴，购置设备未记入固定资产账，购置控购设备未办理控购手续，赃款余额未上缴国库等问题，查出违规资金 32.57 万元，应上缴财政 14.38 万元。是年，对都匀、福泉、独山、荔波、瓮安、贵定、龙里、长顺、罗甸等 9 个县（市）开展法院财务收支审计。审计查出的主要问题有：罚没款及赃款未及时解缴财政，预算外收入未纳入财政专户管理，私设“小金库”，用诉讼费开支福利及奖金，查出违规金额 257.81 万元。

2000 年，下半年，对黔南民族师专、黔南教育学院、都匀民族师范学校 3 校合并前（1999—2000 年 6 月）的财务收支进行审计，主要审计都匀民族师范学校和黔南教育学院。经审计，都匀民族师范学校财务收支内部控制制度基本健全，执行较好。但存在虚列支出、白条列支等行为。审计作出收缴 6 万元（无依据收费）、免于处罚和限期自行纠正的决定。黔南教育学院财务收支基本符合财经法规，但存在违反票据管理、预算外资金管理和虚列支出转出财政预算专款的行为。审计作出收缴违规资金 11.15 万元、罚款 1.78 万元的决定。10 月，对黔南电视台 1999 年 1 月至 2000 年 9 月财政拨款使用情况进行就地审计。审计总金额 708.34 万元，查出违规资金 2.31 万元，存在的问题主要是预付账款数额大、时间较长，固定资产账实不符，固定资产处理未履行报批手续等。

2004 年，全州审计机关对全州采供血机构财务收支进行审计。州政府对审计反映的一些县级血站财务管理混乱，偷漏税收和少付献血人员营养费、就餐费等问题作出批示：对有问题的血站分别下达整改通知，严肃整改；所欠税费由地税、财政负责追缴；整改内容强调制度建设等；克扣就餐费、营业费所形成的单位“所得”，能补发到被采血个人更好，如无力补发，商财政、监察提出意见报州政府。

2007 年，完成对贵州省新华书店黔南州中心支店 2006 年度财务收支审计，查出违规资金 75.26 万元。在延伸审计调查中，查出某中学一名教师收取教材结算差价款 5.23 万元，未交学校入账而占为己有的违法案件，依法以涉嫌贪污罪移送司法机关处理。

2011 年，对黔南州人民医院 2010 年度资金管理使用情况进行审计。对黔南州职业技能实训基地第一期培训项目购置教学设备经费情况跟踪审计。

2013—2014 年，根据州委、州政府的要求，州审计机关对黔南医专 2008 - 2012 年度财务收支情况进行审计，向纪检监察机关移送处理事项 15 件，移送处理金额 5119.21 万元，审计结果上报后，该校校长张某某被省纪委立案调查。

（二）教育经费审计

1993 年，全州财政、教育、审计 3 个部门共同对全州 1992 年教育费附加征收和教育专项经费进行检查，并向州人民政府报送《关于对全州 1992 年教育费附加的征收和教育专项经费的使用检查情况的报告》。

1996 年，全州审计机关对 21 个教育单位 1995 年度教育经费、招生经费进行审计。审计发现，有的县财政困难，欠拨教育经费；有的挪用农村教育费附加。对州招生办 1995 年预算内外财务收支审计，发现招生费未纳入单位财务预算统一管理，白条报销支出多。审计共查出违纪金额 69 万元，审计依法作出收缴财政 4 万元，罚款 1.07 万元的处理。同年 6 月，对全州财政部门、税务部门、教育主管部门和中小学校 1996 年度普教经费进行审计。通过对全州财政局（所）、税务局、中小学校、乡（镇）教办进行审计和审计调查，查出教育部门违规金额 45.94 万元。主要是一些城市学校乱收费；财政部门拖欠教师工资。审计部门从建立健全教育系统内部审计制度、严禁乱收费、多渠道筹措教育资金等方面提出改进建议。

1999 年 6 月，州、县重点对 1998 年以来义务教育工程专项资金的管理和工程建设情况进行审计，通过审计，对尚未到位的专项资金督促到位。州有关单位组成检查组于 7 月 5 日赴各县进行督查。

2005 年，对全州 2001—2004 年义务教育资金的收入、使用和管理情况专项审计调查，审计发现的主要问题：部分县（市）存在挤占挪用义教经费现象，有两个县用中央转移支付资金偿还债务 350 万元；有两个县挪用义教专项资金 102 万元修建教师公寓等非义务教育工程和弥补办公经费不足。学校超标准和超范围收费，未严格执行“一费制”。在2004年秋季学年，有13所学校超标准和超范围收费191.57万元；有2所学校违规一次性收取学生借读费39.59万元，未执行“一费制”收费范围、标准及借读费按学期或学年收取的规定。

2008年，对全州义务教育经费进行审计。审计发现的主要问题是：各县（市）欠拨经费、教育部门挤占挪用义教经费、学校乱收费等。2009年4月，州政府对州审计局《关于全州12县市2006—2008年9月义务教育经费投入、管理及使用情况审计的综合报告》作出批示：审计是严肃的，转请州教育局、州财政局、州监察局等部门根据审计报告，督促各县（市）对审计出的问题，认真整改，确保全州顺利通过“两基”迎“国检”。经过审计，促进全州补拨历年欠拨的义教经费1.98亿元，促进财政资金到位3924.54万元，归还原渠道资金2025.86万元，清退违规收费25.53万元，收缴违规资金56万元，14人受警告处分，26所中小学和45人受通报批评，23人作书面检查。

2010年，组织对2009年度中小学校舍安全工程执行情况跟踪审计，并对部分中小学收费进行审计调查。

（三）民族经费审计

1991年，州级及8个县（市）进行民族经费审计。经审计，全州民族经费的管理和使用较好，但存在一些项目没有发挥应有的效益、挪用民族经费、民族周转金使用效益差和回收率低等问题。

2000年9—10月，根据州人大常委会《关于加强民族周转金管理使用的决议》和州政府《关于对民族周转金的投放、回收和再投放使用情况进行审计的通知》要求，州审计局对州民族事务局负责管理和直接投放的1983—2000年民族周转金、新增少数民族发展资金和其他相关事项进行就地审计。同时，组织全州12个县（市）审计局分别对本级民族事务局1983—1995年投放的民族周转金和1995—2000年的少数民族发展资金使用情况进行审计调查，重点审计民族周转金和少数民族发展资金预算安排和下达情况、项目论证、资金拨付和使用、借款合同签订、资金的监督管理等方面。审计查出违纪资金624.87万元，审计处理345.66万元，自行纠正279.21万元，违纪资金上缴财政22.96万元。

（四）扶贫资金审计

1997年，根据国家审计署、省审计厅的统一部署，对三都、荔波、罗甸、独山、平塘、长顺等六个贫困县1994—1996年扶贫资金的审计。审计查出的问题主要有：扶贫资金不能及时、足额到位，资金投入不足影响项目建设，挤占挪用扶贫资金，滥发补贴，管理不善导致损失，以贷还贷和以贷还息，转贷单位收费项目过多，减少项目投入资金等。

1998年，按省审计厅的计划安排，对独山、罗甸两县1997年的扶贫资金进行审计，查出违规资金245.93万元，主要是挤占挪用扶贫资金和乱收扶贫贷款利息问题。

1999年7—9月，按国家审计署的要求，对全州6个贫困县及州级扶贫资金投入和使用情况进行审计。省审计厅直接审计州级和荔波、三都两县，州审计局审计平塘、长顺两县，独山、罗甸两县审计局开展本级审计。全州共审计107个单位的扶贫资金管理使用情况和检查670个项目的实施情况，审计资金6.08亿元，审计查出违规资金1.06亿元，占投入资金5.14亿元的20.6%。主要问题是：抵扣占用、滞留、挤占、挪用、转移资金；截留扶贫信贷资金；改变扶贫贷款投向；变相提高扶贫贷款利率放贷；违规计提管理费；以工代赈资金存款利息作其他收入。

2000年5月，对州本级和6个贫困县1997—1999年6月扶贫资金审计的执行情况进行督促检查。经检查，州和6个贫困县应执行金额的执行率分别为：州级100%、独山县2.8%、平塘县35.5%、荔波94.1%（扣除属正常因素未执行情况）、三都县22.4%、长顺县40.5%、罗甸县3.8%。9—10月，州对罗甸县1999年度的各项扶贫资金进行审计。共审计29个单位的专款管理使用情况和检查了部分项目的实施情况。针对发现的问题，审计作出归还原资金渠道、收缴和罚款等处理。收缴和罚款共计18.95万元。同年12月，州及独山、平塘、荔波、三都、长顺、罗甸等6个贫困县对1997—1999年6月的扶贫资金审计执行情况在5月份检查的基础上进行督促检查。

2003年，根据国家审计署的统一部署和省审计厅的统一安排，对6个扶贫开发工作重点县2001年、2002年扶贫资金的管理和使用情况进行审计，其中：省直接审计罗甸县，州审计平塘、长顺两县，三都、荔波、独山3个县开展“同级审”。州审计查出长顺县挤占挪用财政扶贫资金购车、建房，违规提取管理费，擅自改变项目计划，将扶贫资金用于平衡预算等问题，审计依法作出相应处理处罚。

2004年，开展2001—2003年扶贫资金审计，查出违规金额2131.35万元，主要存在挤占、截留、挪用、擅自改变项目实施地点及建设内容、同一项目多头申报、违规计提管理费等问题。针对审计查出的问题，结合全州专项资金清理检查结果，州审计局向州政府提出加强扶贫等专项资金管理监督的建议。

2006年，对全州12个县（市）2004—2005年度的扶贫资金进行审计。除独山县由省审计厅安排贵阳市实施“交叉审计”外，其余11个县（市）进行“同级审”。审计结果显示，2004—2005年，全州计划投入各类扶贫资金4.92亿元，计划实施项目3295个。实际拨付到位资金4.22亿元，实际完成实施项目3181个。全州查出违规资金474.7万元。共抽查项目1018个，占实际实施项目3181个的32%。共抽查12个村178户小额扶贫贷款到户情况。审计揭示的主要问题是各县（市）配套资金普遍配套不足；资金和项目主管部门以及实施单位存在挤占挪用项目资金弥补行政经费的情况；由于农户还款意识弱，发放的小额扶贫贷款多数未能及时收回，农行营业网点收缩后，催收工作更加困难，造成到户小额扶贫贷款发放率较低。

2008年，对10个县（市）（惠水、长顺由省审计厅直接审计）2006—2007年度扶贫资金实施“同级审”，瓮安县因审计中遇“6·28事件”资料被烧毁。审计查出扶贫资金投入、管理和使用中存在的挤占挪用、虚列支出、虚报冒领等问题。

2011年，对全州12个县（市）2008—2010年扶贫资金分配管理使用情况实施审计。省审计厅直审长顺县；黔西南州审计局对三都、独山县实施“交叉审”；州本级及其余9个县（市）审计由州审计局组织实施，查出州本级及9县（市）违规资金1755.23万元。

2014年，按照审计署、省审计厅安排，全州抽调审计干部参加对关岭、紫云、丹寨、沿河县扶贫资金和扶贫生态移民资金审计。

（五）粮食基地开发资金审计

1991年，州及惠水、独山县开展粮食基地开发资金审计。审计认为，1990年，中央、省、州、县投放惠水、独山两县商品粮基地资金220万元，各级财政承担的配套资金全部拨足到位，并发挥效益。实现国家投入商品粮基地1元钱，商品粮基地向国家提交商品粮3.52公斤，超过省政府提出投入1元钱、提供1公斤商品粮的要求。粮食基地开发资金的管理和使用合理，没有违纪违规问题。

（六）农业发展资金审计

1993年，开展农业投入资金审计，共审计经管农业资金单位27个，经审计，各单位对农业发展资金的管理基本做到专款专用，取得应有的效果。

1994年，审计农业发展资金项目15项29个单位。查出违纪资金1370万元，应追还挤占挪用资金1286万元。

1996年，全州完成农业资金审计单位18个，审计总金额6295万元，共查出违纪金额32万元，应追还挤占挪用资金29万元。

2000年6—8月，全州6个农业综合开发县（市）对1999年农业综合开发资金分配、管理、使用情况进行就地审计。经审计，6个县（市）1999年农业综合开发项目计划共55项，已按期完成48项，有7项正在实施中。

2001年，州审计局对龙里县当年6月前各级政府投入的退耕还林还草试点示范工程资金进行审计，发现存在扩大使用范围、虚列项目支出、未及时兑现农户粮食及现金等问题。

2002年，对全州退耕还林还草工程资金和农业综合开发资金进行审计。查出违规金额1176万元。通过审计，促进粮食兑现到位309万公斤，促进资金到位285万元，归还原渠道资金344万元。

2005年，组织实施州级和9个县（市）农业综合开发专项资金审计，审计资金总额13733.88万元，查出违规资金97.66万元（严重违纪资金5.33万元），审计决定归还原资金渠道15.72万元，审计决定处理资金20.66万元，促进资金到位49.88万元。

2006年，8月下旬至10月底，全州开展天然林资源保护工程资金专项审计。

2008年，对都匀、瓮安、福泉、贵定、龙里、惠水、罗甸、独山、荔波9个农业综合开发县（市）2005—2007年度农发资金进行审计。审计情况表明，全州农业综合开发工作在项目申报、立项、审批、实施及资金管理、使用等方面逐渐规范，效果逐年提高。

2010年，开展都匀市退耕还林、石漠化、农业综合直补等3项审计。经审计，主要存在违规改变资金用途、违规招投标、政企不分等问题。

（七）国土资金审计

1996年，对都匀市国土局1995年国有土地使用权出让金“征、管、用”情况进行审计。查出违纪金额 34.10 万元，收缴财政 28.3 万元。同时，对都匀市财政局 1994 年至 1995 年收取国有土地使用权出让金、土地使用费和土地划拨费的管理情况及都匀经济开发区管委会 1994—1995 年收支国有土地使用金情况进行审计调查。

2010 年，对龙里县哪旁乡、都匀市摆忙乡土地开发项目竣工决算审计，两项共计审减工程款 39.8 万元，审减率达 20%。

2012 年，对贵定县抱管乡小普村土地开发整理项目竣工决算进行审计。该项目送审投资 674 万元，审计审定为 516 万元，审减率达 23.4%。

2013 年，对长顺县凯佐乡土地整理项目竣工决算审计，核减施工单位多计施工费 48.44 万元，查出工程管理较差，项目管护措施不到位，项目资金未专账核算等问题。

2014 年，审计署成都特派办、省审计厅和六盘水市审计人员组成审计组对黔南州及部分县（市）进行审计。

（八）社会保障资金审计

1993 年，全州对养老保险基金和待业保险基金进行审计。没有发现违纪违规现象。

1996 年，对贵定县劳动部门管理的养老保险基金和待业保险基金进行审计，发现劳动部门不同程度地存在违反国家有关支出规定的问题。

1999 年，对州劳动局 1998 年度企业职工基本养老保险基金及管理机构财务收支情况进行就地审计，同时抽查 37 户企业。经审计，州劳动局没有拖欠企业养老金的情况。存在的问题主要有参保企业违规办理退休；基金收支未纳入财政专户实行专户储存和收支两条线管理，违规提取参保企业离退休人员活动费 36.82 万元。

2002 年，对全州企业职工养老保险基金进行审计，查出企业累计欠费 4560 万元。

2007 年，全州完成 2006 年度州、县（市）企业职工基本养老保险、城镇职工基本医疗保险、失业保险、工伤保险、生育保险等五项社保基金管理、使用情况审计，查出违规资金 5010 万元。组织 10 个县（市）完成农村养老保险基金审计（调查），查出违规资金 76 万元。都匀市查出黔南电信分公司张某与都匀市社保局社保资金征管人员陈某涉嫌合谋贪污社保资金近 30 万元的违法犯罪案，依法移送司法机关处理。

2008 年，完成 12 个县（市）新型农村合作医疗资金、农村居民最低生活保障资金审计。福泉、瓮安、独山、惠水 4 个县（市）由省审计厅统一组织实施“交叉审计”，其余 8 县（市）由州统一组织实施“本级审”。审计揭示了专项资金在使用管理中存在的虚报、截留、挪用等主要问题。

2012 年，全州组建 11 个审计组（州本级和都匀市由省厅审计组直审）对 11 个县（市）的 18 项社保资金进行审计，审计单位 12 个，延伸审计调查 88 家企业、31 个村（居）委会和 11 家医院，查出主要问题金额 7739 万元。

（九）保障性安居工程审计

2012 至 2013 年 2 月，全州审计机关对 11 个县（市）（州本级和都匀市由省直审）的城镇保障性安居工程开展跟踪审计。

2013 年，对 2012 年全州城镇保障性安居工程开展跟踪审计，促进项目资金到位 3948.16 万元，16 个建设项目完善了基本建设程序，17 个建设项目完善了工程建设质量管理，7 个县（市）取消了 392 户不符合保障条件的对象，追回住房租赁补贴资金 8.88 万元，腾退保障性住房 66 套，促进保障性住房政策落实。

2014 年，对 2013 年全州城镇保障性安居工程开展跟踪审计，促进资金到位和规范管理 1.32 亿元，取消不符合保障条件的对象 1380 户，追回住房补贴资金 93.94 万元，腾退保障性住房 135 套，安排闲置的保障性住房投入使用 550 套，部分县（市）经过整改，建立和完善保障性住房分配和管理制度。

（十）计划生育专项经费审计

1995 年，开展计划生育专项经费审计，审计查出挪用、侵占、虚列转移、截留收入等问题。审计对发现的各种违规问题，依法作出处理。

1997 年，州及都匀、荔波、龙里、惠水等县（市）对同级计划生育部门 1995 至 1996 年计划生育经费进行审计，对 1992 年度计划生育经费管理使用情况进行审计调查。同时延伸审计和调查 39 个乡（镇）计划生育股和服务站，抽查 17 个村。审计发现的主要问题是：计生费实行“乡收县管，财政监督”的制度未能落实；挤占、挪用计生经费；内控制度不健全，收据不合规定，超标准发放奖金和补贴，私设“小钱库”，个别计生干部贪污、私分计划外生育费等。审计查出违规金额 300 万元，审计作出收缴财政 11 万元，归还原资金渠道 64 万元，其他处理 109 万元，责令被审单位自行纠正违规资金 116 万元的处理决定。

2003 年，开展计划生育经费行业审计。审计州计生局和 12 个县（市）计生局、计生指导所（站）、药具站，抽查 82 个乡（镇）计生办。审计金额 3682.04 万元，查出违法违规资金总额为 769.31 万元，占审计金额的 20.9%。依法出具审计报告和审计决定书。

（十一）防疫经费审计

1996 年，对州防疫站 1994—1995 年预算内外财务收支进行审计。审计发现超计划投资修建培训大楼 30.99 万元，漏缴国家能交基金和预算调节基金 8.4 万元以及账务处理错误等问题。

（十二）救济款物审计

1998 年，全州审计机关对是年全州各级部门和单位接收、管理、分配、发放、使用救灾款物的各个环节进行全面跟踪审计。审计结果反映，全州接受捐赠款物 334.74 万元，接收单位均按有关规定和要求进行调拨、汇缴，整个接收管理过程按财经法纪执行。同时对香港红十字会捐赠黔南州救灾资金和物资的使用情况进行审计，未发现违规问题。

2000 年，对救灾款物的接收、管理和分配进行全面跟踪审计，没有发现违法违规行为。

2001 年，对全州 2000 年各级财政补助和其他来源的救灾资金进行审计，发现多数县未实行专人、专账、专户管理，救灾物资无账反映，违规资金 576.31 万元。审计在作出处理处罚的同时，从建立健全资金管理制度、确保资金专款专用等方面提出审计建议。

2004 年，对 2003 年救灾资金进行审计，发现挤占、挪用、截留救灾资金以及救灾资金管理松弛、回收归位不力等问题突出。根据审计建议，州政府下发《关于进一步加强救灾资金管理的通知》。

2008 年，开展汶川地震抗震救灾款物跟踪审计。全州审计机关从 2008 年 5 月开始，对州级和 12 个县（市）的汶川地震救灾资金、物资、“特殊党费”等进行跟踪审计。截至 10 月 13 日，全州共筹集汶川地震救灾资金 2659. 87 万元，已拨付资金 2636. 34 万元；筹集物资折价 122. 9 万元，已拨物资折价 121. 8 万元；共有 50547 名党员自愿缴纳“特殊党费”501. 43 万元，已全部上缴中央组织部。审计结果通过《黔南日报》向社会公告。

2010 年，全州审计机关对玉树地震、舟曲泥石流抗旱救灾捐赠款物开展跟踪审计，发现未及时将救灾资金汇入上级专户，未及时拨付救灾资金等问题，审计提出整改意见。

2011 年 8 月，开展全州抗旱救灾资金物资跟踪审计。对中央下拨的抗旱救灾专项资金、地方各级政府和有关部门下拨的抗旱救灾资金以及社会各界捐赠的抗旱救灾资金物资的筹集、管理、使用及工程项目实施情况进行跟踪审计。对州级 9 个部门（单位）和 12 个县（市）的开发区 82 个部门（单位）进行审计，并延伸审计调查了 42 个乡镇和 69 个村及 503 户受灾群众，延伸审计项目 21 个，审计资金量达 1. 21 亿元。审计揭示了拨款和用款不及时、资金安排使用报账不及时以及个别部门（单位）挤占抗旱救灾经费等问题。

（十三）水利专项资金审计

1998 年，州及都匀、福泉、平塘、荔波、三都、龙里、惠水等县（市）对同级水利部门 1996 年、1997 年的水利专项资金进行审计。查出隐瞒截留财政收入、虚列支出、以领代报、违反控购、私设“小金库”、挤占挪用等违规问题。审计作出收缴财政、归还原资金渠道、责令纠正的处理和处罚决定。

1999 年，州及三都、长顺县分别对都匀茶园水库、三都芒勇水库、长顺猛坑水库实施审计。州对都匀茶园水库 1998 年度和 1999 年 1—3 月水利建设资金进行就地审计。审计发现存在的问题是：收款收据不合规定造成欠税；违规借款，逾期尚未归还；无控购手续购手机，列支错误，漏记固定资产账。

2005 年，对全州水利部门 2003—2004 年的水利建设资金和重点项目建设进行审计。审计揭示了全州有近一半的水利部门存在会计核算不规范、会计基础工作较薄弱的问题。

（十四）排污费审计

2000 年，对州环境保护局 1998—1999 年度排污费的征收、解缴，环保补助资金、污染源治理专项资金的分配、拨付，以及用款单位和污染源治理项目的管理、使用、效益情况进行就地审计，同时对都匀市环保局及部分重点企业缴纳排污费情况进行延伸审计和审计调查。审计发现环保部门在排污费征收上未达到依法足额征收，排污费的征收、解缴及财务收支上还存在未执行收支两条线管理，坐支排污费，多提补助资金，擅自收取调剂收入等违规行为。审计对违规金额作出处理决定。

2005 年，对全州环保、煤管等部门 2003 年 7 月—2005 年 6 月排污费征收管理和使用情况进行审计，并对部分重点企业排污费缴纳、使用情况进行延伸。审计查出违规资金755.9万元。

（十五）其他专项审计

1. “希望工程”资金审计。1993年，全州审计局对“希望工程”资金进行审计。通过审计，全州“希望工程”资金管理较好，没有违纪违规问题。

2. 福利彩票赈灾专项募集款审计。1999年，对民政系统1998年度福利彩票赈灾专项募集情况审计及审计调查。对都匀、贵定、瓮安、龙里、惠水、长顺、罗甸等7个县（市）开展彩票发行情况审计。对独山、平塘、荔波、三都、福泉等5个县及州本级未发行的彩票进行专项审计调查。经审计，未发现贪污、挪用等行为。存在的问题是：奖金比例偏高或偏低；部分县发行成本费用计提比例超过国家规定；个别县存在违规开支行为。

3. 第十一届亚运会集资款审计。1992年，对州体委亚运集资办公室负责收支的全州第十一届亚运会集资款进行审计，未发现违规违纪行为。

4. 煤炭价格调节基金专项审计。2006年，对全州煤炭价格调节基金进行专项审计。审计发现州、县都存在超范围使用留成基金的情况，不符合省政府设立这项基金的目的。

5. 农村党员干部现代远程教育基础设施建设项目审计。2011年，对全州农村党员远程教育180个站点基础设施建设情况进行审计。

6. “非典”专项资金审计。2003年，开展“非典”专项资金审计，重点对上级下拨专款，本级政府安排资金和捐赠款物进行跟踪监督。

7. 直播卫星“户户通”工程跟踪审计。2013—2014年，开展全州直播卫星“户户通”工程跟踪审计。发现部分县市配套资金未落实，工程进度迟缓，购进设备存在故障等问题。对跟踪审计发现的问题督促州文广局、州广电网络公司进行整改落实。

8. 政府性债务审计。2013年，根据审计署、省审计厅工作要求，州审计局组织200余名审计人员组成11个审计组，按照统一组织领导、统一工作方案、统一标准口径、统一审计报告和统一对外公布的“五统一”和“见人、见账、见物、逐笔、逐项”的原则，对全州11县市及其乡镇开展审计（州本级和都匀市由省审计厅审计组直接审计），审计单位923个。州政府成立黔南州政府性债务审计工作领导小组，向红琼州长任组长。

9. 全州冬春受灾困难群众基本生活救助资金专项检查。2014年，根据贵州省审计厅《关于加强全省受灾困难群众冬春生活救助资金监督管理的通知》要求，组织全州审计机关对全州受灾困难群众冬春生活救助资金管理使用情况进行检查。检查发现的主要问题：资金结余量大，未发挥救灾资金的效益；配套资金不到位和采购物资不及时发放等。

三、行政事业单位审计调查

（一）自然灾害救济款审计调查

1991年，全州审计局对发放到州内的救灾捐赠款物开展审计调查，未发现违法违规问题。

1992年2月，全州审计局对州、县（市）红十字会的捐赠款物进行审计调查，未发现违法违规问题。

2008 年，开展抗冻救灾款物专项审计调查。州政府办下发《关于加强抗冻救灾资金物资管理的通知》。根据审计署的部署，黔南州抗冻救灾款物专项审计调查由审计署组织实施。7 个县（市）审计局按照当地党委、政府的要求，也开展了此项审计调查。审计揭示了资金拨付和安排使用不及时、救灾物资管理不规范等问题，并向政府和有关部门提出了完善救灾资金拨付制度和救灾资金使用报告制度等建议。

（二）粮油盈亏及粮食补贴审计调查

1992 年 3—4 月，州审计局组织都匀、福泉、惠水 3 个县（市）审计局分别对 1991 年 5—12 月粮油销价提高对粮食盈亏及财政收支影响情况进行审计调查。同时，对都匀市的第一粮食仓库、第二粮食仓库、迎恩粮食管理所，福泉县的牛场、龙昌、马场坪粮管所，惠水县城关粮店等 7 个经营平价粮油的粮食企业进行审计。审计调查结果：全州粮油企业 1989—1991 年共超亏挂账 3986 万元。增亏的主要原因是油菜籽经营连续亏损；工资额增长；基建费、企业管理费上升等。

1996 年，全州开展 1995 年粮食补贴到位使用情况审计调查，未发现违法违规问题。全州审计调查结束后，州政府安排州审计局与财政局、物价局组成复查小组，对都匀市粮食局 1995 年 3—12 月城镇居民口粮供应价格倒挂进行复查。根据审计建议州、市政府对市粮食局亏损分别给予补贴。

（三）基本养老保险扩大覆盖和养老保险基金收支预测审计调查

2000 年 5—6 月，州审计局对州社会保险事业管理局、州机关事业单位社会保险局以及 3 户到审计调查日尚未参保的企业进行州级企业职工基本养老保险扩大覆盖和养老保险基金收支预测审计调查。调查情况为：全州基本养老保险工作仍实行分级、分类管理，未实现全州统筹；养老金发放上尚未实行社会化发放。未达国家提出“基本实现社会保险全覆盖，全年基金收缴率保持在 90% 以上”的目标；1998 年未实施机关事业单位正式职工基本参加养老保险。审计根据 1999 年养老保险基金收支审查和 2000 年 1—5 月养老保险费征缴情况分析和预测提出审计建议。

（四）城市居民最低生活保障资金（以下简称低保资金）的审计调查

2003 年 9 月，州审计局完成了对 2002 年度州财政、民政部门管理的低保资金审计调查和对都匀、福泉两市 2002 年低保资金管理使用情况的专项审计。2002 年上级下达黔南州低保资金补助 1832 万元，州财政预算安排 50 万元，合计 1882 万元。其中分配都匀（679. 6 万元）、福泉（116. 7 万元）共 796. 3 万元，占下达总额的 42. 31%。调查及审计情况表明，州级和两市低保资金已全额拨付到位，基本按照国务院《城市居民最低生活保障条例》的规定，做到专项核算、专款专用。同时揭示了资金到位与实际发放的时间差，以致不能按月发放等问题。

（五）拖欠民工工资审计调查

2004 年，全州审计机关对拖欠民工工资开展审计调查。通过对 32 个重点建设项目的审计调查，查出拖欠施工单位工程款 1629. 15 万元，拖欠民工工资 339. 52 万元。

（六）新型农村合作医疗资金审计调查

2006 年，州审计局组织开展全州新型农村合作医疗资金审计调查，审计发现合作医疗资金沉淀较多，农民受益不大，农民看病报销比例偏低，补助资金到位较晚等影响农民看病难、看病贵等问题。

2010 年 5—6 月，根据省审计厅的安排，州审计局开展全州新型农村合作医疗（以下简称新农合）基金专项审计调查工作。调查对象是全州各县（市）政府所属的新农合主管部门，以及负责新农合相关工作的部门、经办机构、定点医疗机构。调查内容是 2009—2010 年 5 月期间新农合基金的筹集、使用和管理以及新农合政策措施的执行落实情况。审计调查了 11 个县（市）的合医办、财政局、民政局、计生局和 85 个定点医疗机构，走访农户 386 户。审计发现主要存在重复参保、定点医院管理混乱、套取农合资金等违纪违规的行为。州审计局针对定点医疗机构专用票据管理混乱、药品差价超过 15%、医院乱承包等问题，依法移送州卫生局查处，州卫生局调查后已作出处理，对社区医院处以罚款，并退回多报的药品差价，对违规医院取消其定点医疗资格。

（七）都匀市部分中小学教育收费、使用情况审计调查

2010 年，州审计局从都匀、独山、荔波、福泉等县（市）共抽调审计人员组成 8 个审计组，对都匀市内 8 所中小学进行审计，查出违规收费 510 万元、收入不入账 325 万元、未执行收支两条线等问题。对学校违规发放教职工奖金福利、节假日补贴的问题，审计责令停止发放，并已依法移送税务部门追缴个人所得税。对违规办高中补习班收费问题，向州政府呈报专题报告。

（八）全州普通高中债务审计调查

2011 年 9—10 月，根据审计署、贵州省审计厅统一安排，对全州普通高中债务进行审计调查。州审计局对州内 24 所普通高中债务进行审计调查，调查资金量 2.55 亿元，摸清了全州普通高中债务规模及结构、分析了债务形成原因和偿债能力、结合实际提出了意见和建议。2012 年，完成全州 7 个县（市）农村中小学布局调整专项审计调查。

（九）土地开发整理项目开工前审计调查

2009 年，州审计局对独山等 3 个县（市）土地开发整理项目开工前审计调查，州长李月成在该调查报告上批示："同意州审计局提出的审计建议，请州国土局针对审计出现的问题，进一步规范我州土地开发整理工作，确保全州土地开发整理工作依法依规进行。"

（十）治理和规范涉企收费减轻企业负担专项审计调查

2010 年，开展全州治理和规范涉企收费减轻企业负担专项审计调查，对有行政事业性和经营服务性收费权的单位和协会、学会及重点企业等 144 个单位进行调查，发现涉及乱收费乱摊派的收费项目 16 个，涉及金额 366.72 万元。主要是个别部门单位乱摊派、乱收费、低价或无偿长期占用企业资产，协会组织随意和强制收取会费等问题。审计提出处理的意见和建议，并依法责令整改落实。

第六节　经济责任审计

一、企业承包经营责任审计

（一）承包经营期中审计

1992 年，全州完成经营责任审计项目 45 个。审计结果：完成合同的有 28 个，未完成的有 17 个，经审计终止合同的 6 个，共查出各类违纪违规余额 311 万元，主要问题盈亏核算不实（虚盈实亏或虚亏实盈），漏交所得税和“两金”等问题。州审计局对第二轮承包经营的部分企业进行承包期中经营责任审计。3 月，审计了州农资日杂公司 1991 年的经营情况，该公司实现利润、上缴税费的情况较好，受到上级及税务部门表彰。审计对查出的发放职工洗理费、交通费和多提固定资产折旧挤占成本费用等违纪资金 0.91 万元，作出上缴所得税、能源基金、预算调节基金共 0.34 万元的处理决定。7 月，对州百货公司 1991 年承包经营进行审计。该公司未能全面完成 1991 年承包任务。审计查出违纪违规资的费用应在以后实现利润后的企业留利中调整，对少提的能交基金和调节基金应补交，其他问题不予追究。

1997 年 3—4 月，对锻压机床厂进行 1996 年承包经营审计。审计查出违纪资金 73.76 万元。该厂实行风险抵押承包，承包期 5 年，每年进行一次审计。各年查处违纪资金调账后，承包期终结时结算。

（二）承包经营终结审计

承包终结审计内容包括企业承包期间资产、产品（商品）、债权债务等各方面的经营情况，审计后对企业和经营者作出评价。

1991 年 3—4 月，对州林业局运销公司、州金属材料公司、州水泥电杆厂进行承包终结审计。审计情况为：州林业运销公司查出违纪金额 0.95 万元，主要问题是挤占成本，少提漏缴能源交通基金和预算调节基金。审计作出应收缴的违规资金免于收缴的决定。州金属材料公司经济效益、财务管理较好，审计查出违纪、违规金额 77.04 万元。主要问题是多提职工福利基金、工资基金，挤占成本费用，漏缴奖金税；为州物资运销公司担保经营木材贷款受损失 22 万元；支付补偿贸易款 50 万元无法收回等。审计决定违纪违规资金上缴财政 1.29 万元。水泥电杆厂加强企业管理生产经营、财务管理较好，审计未发现违反财经纪律行为。是年，9—10 月，对盐业公司、都匀毛麻纺织印染总厂、州五交化公司进行承包经营终结审计。审计情况为：州盐业公司较好地完成合同规定的各项指标。存在问题是未按合同执行，多兑现领导班子奖金，多提职工福利基金，漏缴奖金税，多分配发展基金、后备基金、集体福利基金，少补充流动资金、少分配奖励基金等。违纪违规资金共 6.63 万元。审计作出补交漏缴的奖金税 0.5 万元，其他违纪资金作调账处理，不予追究的处理决定。都匀毛麻印染总厂未全面完成承包合同规定的各项指标。存在多提大修理基金，多提固定资产折旧费，少提能交基金等问题。审计查出违规资金 158.43 万元。审计作出少提的能交基金 29.17 万元应补提，其他作调账处理的决定。州五交化公司全面完成合同规定的各项指标。存在问题是扩大福利开支范围，少提能交基金，多提预算调节基金，少缴奖金税等，违规资金共 19.6 万元，审计对违规资金作出罚款 0.02 元和调账处理的决定。当年，9—12 月，对都匀制革厂、州木材购销加工公司、独山林产品购销站进行承包终结审计。3 个单位审计总金额 1551.64 万元，查出违纪资金 84.65 万元。审计情况分别为：都匀制革厂未完成合同规定的总产值、利税、还贷各项指标。存在问题是财会基础薄弱、账表不符、账账不符等。审计查出违纪违规金额 57.1 万元。审计决定，违规资金中少提的能交基金 3.95 万元应补提，其他作调账处理。州木材购销加工公司未完成利润合同指标。审计查出违纪违规资金 21.79 万元。审计作出对存在的问题免予追究决定。独山林产品购销站未完成扭亏为盈承包指标。审计出违规资金 5.76 万元。审计决定违规资金应作冲减 1990 年前亏损和生产发展基金、职工奖励基金、福利基金处理。

1992 年 5—7 月，州审计局对黔南州锻压机床厂、州磷化公司进行承包终结审计。审计情况分别为：锻压机床厂未完成合同规定的产值、利润等各项指标。审计查出违纪资金 6.26 万元，存在乱挤乱摊成本，少提能交基金和调节基金等问题，审计作出补提“两金” 18.79 万元的处理决定。州磷化公司较好完成合同利润任务，工效挂钩情况符合合同规定要求。审计查出违纪资金 3.16 万元，对违纪资金中少提“两金” 0.63 万元，审计作出应补提的处理决定，对其他违纪资金作调账处理。

2000 年 4—6 月，对黔南州锻压机床厂 1995 年 3 月—1999 年 12 月个人风险抵押承包期的生产经营情况及资产、负债、损益的真实、合法、效益进行审计。并先后对辐条厂和下属单位劳动服务公司、嘉匀公司进行审计调查和延伸审计。审计结果反映，承包人基本完成经营承包合同书的各项经济指标，保持了稳定和发展。存在的问题是：会计核算欠合规，会计处理方法前后不一；产成品生产、发出、结算等内控环节不够健全等。

二、企业领导任期经济责任审计

1992 年 12 月，根据都匀毛麻纺织印染总厂要求，对该厂 1991 年的账面资产、债权、债务、库存商品、各种潜亏和可能发生的赔偿及损失进行审计鉴定，以此明确前任厂长离任、新厂长接任的经济责任。同时，还对 1991 年的资金结算、资金借入、库存商品材料、潜亏情况等进行了审计，分析了亏损的主要原因。

1996 年，独山县对供电公司经理离任前的经济责任进行审计，查出该公司漏缴税金 59.84 万元，审计依法收缴财政。

1997 年 2 月起，在全州施行《贵州省国有企业法定代表人离任经济责任审计办法》。当年审计了破产前的毛麻纺织印染总厂，查清了该厂累计亏损 9000 多万元的原因，并发现总厂历年未收驻外机构的损益表纳入总厂汇总的重大问题，引起州委、州政府的重视。

1998 年，罗甸县对电力公司经理进行离任审计，查出的违规资金上缴财政 11.58 万元。

1999 年，按《国有企业及国有控股企业领导人员任期经济责任审计暂行规定》开展国有企业领导人任期经济责任审计。全州共审计 11 项，当年审结 5 项。共查出违规金额 573.10 万元。

2000 年，罗甸县对县物资局供应公司原经理任期经济责任审计，查出私设“小金库”资金 50 多万元；都匀市的企业厂长任期经济责任审计查出一副厂长收取货款 8.69 万元长期不交财务，涉嫌犯罪，审计作出移送检察院处理的决定。

2001 年，州审计局根据《黔南州人民政府办公室关于安排人员对张某某进行离任审计的函》，完成对张某某任黔南州水泥厂厂长期间经济责任审计。

2002 年以后，对企业主要领导人员经济责任审计工作主要是各县（市）审计局根据地方党委政府要求开展，州级没有再对企业领导人员开展经济责任审计。

三、党政领导任期经济责任审计

1996 年，全州审计机关开展党政领导干部经济责任审计工作，州及各县（市）政府先后出台关于建立领导干部任期内审计考核制度的措施。全州完成领导干部离任审计 16 项，查出违纪金额 228.5 万元。

1997 年，平塘、罗甸、独山、三都、都匀等县（市）开展的领导干部离任审计，查出违纪违规金额 522.4 万元（含企业领导经济责任审计查出的金额）。

1998 年，全州各县（市）均开展领导干部离任审计。平塘县对 7 个乡（镇）党委书记和乡（镇）长进行 1997—1998 年离任审计，查出违规金额 58.25 万元，对有经济问题的领导干部作降职、调离、检察院立案侦查等处理。

1999 年，中共中央办公厅、国务院办公厅下发《县级以下党政领导干部任期经济责任审计暂行规定》，各县（市）根据规定开展审计工作。全州完成党政领导干部任期经济责任审计 7 项，查出的主要问题是白条报账造成漏交营业税，收入不入账，财务核算不及时，账务处理不规范等问题。

2000 年 4 月，州审计局向州政府报送《关于开展领导干部任期经济责任审计的意见》。5 月，向省审计厅报送《黔南州开展任期经济责任审计工作情况的报告》。10 月，州审计局向州政府报送《关于贯彻实施〈领导干部经济责任审计暂行规定的请示〉》，提出积极稳妥地开展领导干部任期经济责任审计的建议。州委安排对 13 名县级党政领导干部进行任期经济责任审计，对每个领导干部任期经济责任作出客观公正的评价，从严肃财经纪律、促进廉政建设等方面提出了审计建议。针对存在的问题，明确了其应负的经济责任，并收缴违规资金共 57 万元。

2001 年，全州除三都、平塘县外，州及其他 10 个县（市）均开展任期经济责任审计。

2002 年，州和各县（市）成立以党委或政府主要领导为组长的经济责任审计工作领导小组，建立联席会议制度。年内，全州完成经济责任审计任务 92 项，审计明确被审计领导干部负有主要责任的金额 3820 万元，负有直接责任的金额 1496 万元；收缴违规资金 457.79 万元；罚款 29.59 万元；移送司法机关处理 1 人。组织部门参考审计结论，平调领导干部 41 人，晋升职务 2 人，免职 7 人。

2003 年，配合县（市）政府换届，开展党政领导任期经济责任审计。全州完成党政领导干部经济责任审计项目103个，其中县级以上领导干部7人。审计移送纪检监察机关处理4人，移送司法机关处理3人。组织部门参考审计结论，平调干部60人，晋升职务5人，免职1人。

2004年，全州完成74个党政领导干部经济责任审计项目，其中，县级以上干部6人、县级以下干部68人。审计移送纪检监察机关处理3人，移送司法机关处理2人。组织部门参考审计结论，平调干部17人，晋升职务6人，免职3人。

2005年，州审计局制定《黔南州经济责任审计操作规程（试行）》。龙里、荔波、福泉、都匀等县（市）相继制定《经济责任审计工作制度》《干审联席会议制度》《审计结果公告制度》《审计成果运用办法》等制度。全州接受党政领导干部经济责任审计项目75个，完成73个。审计移送纪检监察机关处理1件1人，移送司法机关处理2件4人，移送有关部门处理1件1人。

2006年，经济责任审计逐步向乡镇延伸。全州完成经济责任审计项目58个，其中县级领导干部3人、乡科级领导干部及国有企业领导人员55人。查出违规金额1530万元。

2007年，全州完成经济责任审计项目77个，查出违规金额2756万元，被审计人负有直接责任的金额878万元，揭露和发现案件线索移送纪检监察机关案件2件，涉及金额213万元。

2008年，全州完成经济责任审计项目16个，查出被审计领导干部负有主管责任违规金额4419万元，负有直接责任的违规金额104万元。州组织对都匀市市长、州科技局局长、乡企局局长、水利局局长和都匀汽运公司总经理等5名县处级领导干部的任期经济责任审计。

2009年，全州完成经济责任审计项目43个。审计经济责任人县级领导干部4人，乡科级领导干部39人。查出违规资金1.12亿元，管理不规范资金2.46亿元；移交司法、纪检监察机关处理案件1件。州组织对罗甸县县长、州民宗局局长、州农业局局长等3名县处级领导干部任期经济责任审计。

2010年，全州完成经济责任审计项目17个。审计经济责任人中，县处级领导干部5人，县处级以下领导干部9人，国有及国有控股企业领导人员3人。查出违规金额1104万元，管理不规范金额1335万元。移送司法、纪检监察机关处理案件1起，移送有关部门处理事项2件。州对福泉市市长、州广电局局长、黔南报社社长、州供销社主任等5名县（处）级领导进行了审计。

2011年，全州完成经济责任审计项目51个，审计县处级领导干部4人，乡科级领导干部47人。查出违规资金6.1亿元，管理不规范资金1.3亿元，损失浪费资金27万元。州对福泉市市长经济责任审计查出违规金额1940万元。对惠水县党政主要领导经济责任实行“同步审”，当年审计向该县纪检检察机关移送案件3件6人，涉及资金46万元，为国家挽回国有资产流失40余万元。

2012年，全州完成领导干部经济责任审计项目30个，审计3名县级领导和27名乡科级干部，查出违规金额5.8亿元，管理不规范金额1.3亿元，向纪检监察机关移送被审计领导干部2人，移送其他人员1人。当年完成对州统计局局长、州计生局局长和三都县政府县长的经济责任审计。

2013年，全州完成领导干部经济责任审计项目40个，审计县级领导干部4人，乡科级领导干部36人，查出主要问题金额1.58亿元，向司法、纪检监察机关移送被审计领导干部3人，移送其他人员20人。是年，对州旅游局局长、贵定师范校长的经济责任进行审计；完成对龙里县党政主要领导的经济责任审计“同步审”；对三都县政府县长任职期间的经济审计，发现县旧改办往来款长期挂账未清理，挪用拆迁补偿安置资金开支工作经费。拆迁补偿资金支付情况异常（已移送州纪委查处，延伸审计发现三合镇政府虚报冒领并挪用国有资产补偿收入。

2014年，全州完成领导干部经济责任审计项目44个，其中县级领导干部6人。查出违规资金2.22亿元，移送案件线索22项15人。州对独山县、长顺县党政主要领导开展经济责任审计“同步审”，对州水利水电工程移民局局长、州林业局局长进行的任期经济责任审计。对独山县党政主要领导任期经济责任审计发现违规将财政资金借给招商引资企业，未按规定严格控制预算暂付支出，挤占民生农业等专项资金，坐支挪用土地出让金等问题审计。督促追回违规借出的财政性资金9100万元。对州水利水电工程移民局局长的经济责任审计，揭示了违反中共中央“八项规定”等问题。依法向纪检监察机关移送事项4件。

第七节　内部审计与社会审计

一、内部审计

1991年，全州内审机构54个，内审人员157人。全年审计单位111个，查出损失浪费32万元，促进增收节支3万元，纠正违纪违规金额32万元，移送贪污贿赂案件3件，移送司法机关处理7人。1993—1998年，各内审单位共完成审计项目462个，查出违纪金额4078.03万元，纠正违纪资金62.36万元。2005年10月，成立黔南州内部审计协会，吸收会员单位68个。全州内审机构137个，内审人员303名。2008年，全州登记在册内审单位65个，完成审计项目81个，提出意见建议被采纳97条。

二、社会审计

1991年，州内有社会审计机构9个，从业人员36人，审计事项299项，审计各类资金3485万元，查出违纪违规资金44万元。同时，接受其他部门、单位委托的审计事项40项，主要有财务收支，承包、离任、清理债权债务、验资年检、资产评估、经济案件鉴定、基建预算验证等项目。完成各类收入6.96万元，年终共结存各类专用资金4.74万元。

1993年，州审计局制定印发《黔南州社会审计工作考核试行办法》。州审计事务所取得贵州省国有资产办公室授予的资产评估资格，于3月1日建立资产评估办公室。是年，完成各类委托审计项目533项。审计共核减虚报注册资金1197万元，核减基建决算资金

12 万元，为委托单位挽回经济损失 5 万元。

1995 年 4 月，州政府批准实施《黔南布依族苗族自治州社会审计组织承办审计查证业务实施办法》。全年全州社会审计机构完成委托审计事项 910 项，其中，验资年检 635 项、资产评估 33 项、财务收支审计 59 项、基建项目审计 74 项，核减基建预算 237 万元，为委托单位挽回损失 18 万元，核减虚报注册资金 711 万元，促进提高经济效益 25 万元。州和都匀市两个审计事务所完成基建项目 26 个，核减工程款 199 万元。12 月 25 日，州审计局批复同意独山县审计事务所更名为独山县审计师事务所。

自社会审计工作开展至 2000 年底，全州完成社会审计项目 3416 项，审计查出违纪资金共 7031 万元，其中，核减虚假注册资金 3393 万元，核减基建预算资金 827 万元。

2000 年以后，全州社会审计工作不再属于政府审计机关管理，社会审计业务管理、监督、指导、审批由国家财政部和省级财政部门负责，各审计事务所所有注册登记信息、业务开展情况、业绩数据都归省财政厅下属的省会计师协会管理。

第九篇

工业　信息产业

第一章　工业体制改革与工业经济

1991 年以后，州委、州政府按照国家总体的改革方向和目标，结合黔南州的实际，积极探索，大胆实践，先后对全州工业管理机构和经营体制进行多次改革，逐步形成适应黔南工业发展需要的经营管理体制。全州工业经济在改革开放的推动下，不断克服面临的各种挑战和困难，经济运行平稳向好，实现了持续快速健康发展。全州工业产值从 1991 年的 15.6 亿元，跃升到 2014 年规模以上工业增加值 283.8 亿元。

第一节　工业体制改革

一、管理体制改革

1991 年，全州工业归口主管部门为黔南州经济委员会（以下简称州经委），负责对全州工业经济的统筹管理并直接主管州级工业企业的生产经营和发展。行业主管部门有州轻纺工业局、州机械工业局、州重工业局等，1996 年，州经委改为州经济贸易局（以下简称州经贸局），管理全州工业经济运行。同年，撤销州重工业局，其管理的建材、化工、冶金等行业统归州经贸局管理，煤炭工业归入乡镇企业局。1997 年，为适应建立社会主义市场经济体制，州政府下发《关于黔南州轻纺工业总会、城镇集体工业联社机构改革方案》，将黔南州轻纺工业局改建为黔南州轻纺工业总会，与黔南州城镇集体工业联社为一个机构，两块牌子，受政府委托行使部分行政管理职能。方案对黔南州轻纺工业总会、黔南州城镇集体工业联社的职能、职责、内设机构及人员编制和领导职数等作出明确规定。2001 年机构改革中，黔南州经贸局、黔南州乡镇企业局、黔南州轻纺工业总会、黔南州机械工业局等工业管理部门合并成立新的黔南州经济贸易局。

2010 年 1 月，《中共黔南州委、黔南州人民政府关于黔南州人民政府机构改革的实施意见》决定：组建黔南州工业和信息化委员会（以下简称州工信委），将州发展和改革局的工业管理和信息化管理职责、州乡镇企业局（煤炭管理局）除农产品加工和煤炭安全生产监督管理以外的职责、州经济贸易局职责，整合划入州工信委，不再保留州经济贸易局。2011 年 4 月，州政府办公室下发《黔南州工业和信息化委员会主要职责内设机构和人员编制规定》，确定黔南州工业和信息化委员会的主要职责，并明确其内设机构有办公室、经济运行科、投资与技术创新科、节约能源科、中小企业科、煤炭产业发展科、煤炭市场监督管理科、信息化推进科、政策法规科、工业园区与对外交流合作科、产业政策与行业管理科、企业改革与发展科、资源综合利用科、政工科等 14 个科室。

2012—2014 年，黔南州工业管理体制不变，州工信委为管理工业、信息化的职能部门。

二、经营体制改革

1991 年是“八五”计划第一年，黔南州工业企业围绕促进企业搞活进行经营体制改革。是年，州经委和各有关企业主管部门指导督促所属国有企业落实厂长（经理）负责制、企业承包经营责任制和国有企业民主管理制等制度。多数企业如期完成了第一轮承包经营合同并开始进行第二轮承包合同的协商工作。

1992 年，州经委结合全州工业企业实际，出台《关于推进改革转化企业经营机制的意见》，提出在全州国有工业企业推行“全员劳动合同制”、打破“三铁一大”（铁饭碗、铁工资、铁交椅、大锅饭）等改革措施，并着手在全州国有工业企业中抓落实。

1994 年，州政府成立黔南州城镇集体企业和国有小型企业推行股份合作制改革协调指导小组，加强对全州城镇集体企业和国有小型企业推行股份合作制改革工作的领导。是年，黔南州经委下发《关于国有工业企业产权制度改革的通知》，要求企业的改革应以企业产权制度改革试点为主，同时进行其他方面的改革，即“一个中心、两个推广、三个试点”（以理顺产权关系为中心；在效益好的企业推广股份合作制，对效益差的企业推广剥离经营、划小核算单位、国有民营的经验；选定一两个企事业进行公司化试点、选定一两个资不抵债的企业依法进行破产试点、选定一两个企业进行产权拍卖试点）。1995 年，州政府办公室行文转发州体改委等《关于城镇集体企业推行股份合作制的意见》，提出全州城镇集体企业推行股份合作制的具体实施意见。是年，州委、州政府对黔南锻压机床厂实行风险抵押承包，黔南锻压机床厂步入国有民营的运行体制。

1996 年，黔南州工业企业改革中，列入贵州省建立现代企业制度试点企业的东方机床厂和黔南州建立现代企业制度试点的资源开发总公司建立现代企业制度试点方案分别经省政府和州政府批准，开始实施；全州 60% 以上工业企业推行风险抵押承包、租赁经营等多种形式的改革，有 15 户城镇集体企业推行股份合作制改革，有 8 户国有工业企业进行股份合作制改造。依法实施破产的企业有 3 户、实施兼并的企业有 2 户。是年底，全州已有股份制性质的企业 30 户，“三资”（中外合资、中外合作和外资）企业 43 户。鉴于都匀毛麻纺织印染总厂内忧外困，生产经营情况日趋下滑，已到资不抵债的困难境地。根据州委、州政府对都匀毛麻纺织印染总厂进一步深化改革的指导思想和安排部署，黔南州轻纺工业总会会同有关部门，组建深化都匀毛麻纺织印染总厂改革领导小组及其办公室。都匀毛麻纺织印染总厂根据州政府原则同意的方案，将原毛纺织分厂、原短麻纺织分厂、原印染分厂从总厂中独立出来，成立黔南虹光毛纺织厂、黔南棉麻纺织厂、黔南纺织品印染厂；将原机动分厂、原苎麻分厂合并成立都匀苎麻纺织厂；将原厂子弟学校、职工医院分别划归地方对口部门管理。分立工作中对都匀毛麻纺织印染总厂原有资产、债权债务进行合理的安排和分配，对人员作相应的安排。新成立的黔南虹光毛纺织厂和黔南棉麻纺织厂于 10 月底分别正式挂牌生产经营。

1997 年，黔南州各级各有关部门进一步解放思想，放开搞活小企业，改革重点转向产权改革，股份合作制、产权出售、联合、兼并成为小企业改革的主要形式。全州 182 户国有工业企业中，实行各种改革的有 127 户，改革面为69.98%。其中实行股份制、股份合作制、联合、兼并、出售、破产等产权制度改革有 49 户，改制面为 26.92%。

是年，州轻纺工业总会对都匀毛麻纺织印染总厂麻纺分厂和印染分厂实施破产重组，组建黔南有限责任公司和瑞匀公司，对两个分厂实行托管。都匀页岩砖厂实施股份制改造，成立都匀长鑫建材有限责任公司；都匀市水泥厂托管濒临破产的都匀酒厂；独山县盐酸菜厂经资产重组并入独山东峰集团。1998 年，全州 185 户国有工业企业中，完成和正在进行的改革改制企业 182 户，改革面为 98.38%。其中实行产权制度改革的 119 户，改制面为 64.32%。按实施改革的主要形式划分：各种风险抵押承包 49 户、租赁 10 户、国有民营 1 户、托管 1 户、人员分流 2 户、实行股份制或股份合作制改造 36 户、出售部分产权 14 户、资产全部出售 2 户、依法破产 7 户、拍卖或部分拍卖 6 户、组建有限责任公司 12 户、分离重组 11 户、兼并 12 户、产权转让或逐步转让 9 户（其中产权无偿转让 2 户、中外合资 2 户、企业集团 2 户、企业解散 2 户、买断 1 户）、联合 1 户。

1999 年，各县（市）和州直有关部门按照州委、州政府的要求和部署，进一步明确国有工业企业改革的目标和任务，实行年度目标考核责任制。是年，都匀制革总厂采取“资本置换”“退二（产）进三（产）”改革措施，利用闲置厂房仓库及地理优势，建成家具、装潢、建材市场；黔南锻压机床厂（含都匀辐条厂）改制重组，实行“资本置换”“退二进三”。

2000 年，全州 185 户国有工业企业中，完成和正在进行的改革改制企业 183 户，改革面为 98.58%。其中实行产权制度改革的 120 户，改制面为 65%。贵州剑江化肥厂提出破产申请；黔南州五钠厂在转换经营机制的基础上，通过资产重组，由黔南州国有资本营运有限责任公司、黔南州五钠厂工会、黔南州华林（集团）有限责任公司、黔南州华林磷业有限责任公司和贵州省瓮安磷矿 5 家法人报经省政府批准，以发起方式成立贵州剑峰化工股份有限公司。

2001 年，全州国有工业企业 515 户，其中：大型企业 2 户，中型企业 6 户，小型企业 507 户。当年列入改制改革计划的有 431 户，其中涉及产权制度改革的 136 户，占考核数的 32%。国有工业企业有 185 户，进行和正在进行产权制度改革的 120 户，占总户数的 65%。州直企业 61 户，已进行产权制度改革的有 12 户，占企业户数的 20%。是年，贵州开磷集团受省委、省政府的委托，指派贵州省开磷集团息烽重钙厂正式对贵州剑江化肥厂生产装置及配套公用工程进行托管，成立贵州省开磷集团息烽重钙都匀氮肥厂（简称都匀氮肥厂）。同年，黔南虹光毛纺织厂破产进入法律程序。

2002 年，州委、州政府出台《关于进一步推进“资本置换”运营模式加快全州经济社会发展的意见》，明确把“资本置换”与国有企业改革改制结合起来，加速国有企业的改制，在明晰企业产权的基础上，使国有企业资产转化为资本形态，通过置换，换取资金、设备、技术、专利、人才、管理等，实现以资本为纽带的生产要素联合与重组，为国有资产的转让、出售、重组、置换创造条件，发挥国有资本调控和引导社会资本的作用。

2003年，全州国有企业改革改制工作坚持“一厂一策”的方针，按企业自身情况选择合适的方案，并鼓励和支持非公经济参与国有企业改革改制，通过兼并、租赁等方式，促进企业发展壮大。是年，缘叶绿色食品有限责任公司兼并黔南民族包装印刷有限公司，促进企业低成本扩张。2004年，全州434户国有工业企业中已改制288户，改制面为66.4%。当年完成企业改制173户，占年计划的72%，其中：州属企业完成改制33户，占年计划的110%。

2005年，州政府针对全州国有企业改革改制过程中出现的问题，在充分调研的基础上，出台《关于进一步规范全州国有企业改制工作的意见》，对全州正在开展的国有企业改制工作进行规范，保证改革沿着健康的轨道进行。是年，全州434户国有企业有344户进行了改制，改制面为79.3%，参与改制企业职工近万人。当年完成改制的企业有55户。贵州省开磷集团正式收购都匀剑江化肥厂，成立贵州开磷剑江化肥有限责任公司。

2006年，黔南州434户国有企业有355户进行了改制，改制面为81.8%。根据部分困难企业的实际情况，由有关部门组织18户国有企业申报国家政策性破产，年内有6户国有困难企业被列入国家政策性破产计划，开始进行实施破产的有关准备工作。黔南州水泥电杆厂改制工作基本完成，在职工自愿的前提下，以股份形式安置职工，将部分安置资金续存于新企业进行生产经营，以职工参股的方式调整企业的产权结构，将黔南州水泥电杆厂改制重组为国有控股企业。同年，黔南州经济贸易局同意黔南州水泥电杆厂进行改制重组，国有资本退出。并同意黔南州水泥电杆厂与贵州长通电力线路器材有限公司重组。

2007年，黔南州434户国有企业有357户进行了改制，改制面为82.3%，在全省排名第四位，高于全省平均水平。经全国企业兼并破产和职工再就业工作领导小组批准，黔南州有14户企业列入国家政策性关闭破产盘子。其中：州属企业3户、都匀市5户、福泉市5户、惠水县1户。贵航集团收购都匀东方机床厂破产资产，更名为都匀贵航东方机床有限公司。

2008年，黔南州列入改制的国有企业434户中已有381户企业完成或基本完成改制任务，改制面达87.8%，共有19619名职工在改革中得到妥善安置。其中：工业企业138户，占应改制工业企业（177户）的78%，职工11738人；其他经济类型企业243户，职工7881人。全年批复实施改制的企业有23户，并于当年全部启动。是年，全州实施政策性破产的国有企业13户，其中：涉及州属破产项目3户，都匀市5户，福泉市4户，惠水县1户。按照全省国有企业政策性破产工作会议要求，本着规范操作，特事特办，高效运作的原则，推进政策性破产工作。黔南州中级人民法院宣布受理的13户国有企业政策性破产全部进入法律程序。

2009年，全州有402户企业全面完成改制任务，改制面达到92.6%。遵循“政府为主导，政策为支撑，破产法为基础”的工作方针，按照《黔南州关于规范国有企业政策性关闭破产工作的实施意见》的规定，实行统一领导、统一实施、统一标准、规范操作。全州13户国有企业政策性破产实现法律终结，妥善安置职工4480人。是年，全州共接待改革改制企业的来信来访人员594件（次）3763人（次）。

2010年，黔南州国有企业完成改革改制工作的企业有402户，改革改制面达92.6%，尚未改制的32户企业分别是：承担公益事业的企业，如自来水、民爆、供电、交通等行业；列入国家天然林保护工程企业和重组困难的工业企业。13户国有企业实施政策性破产后，成立离退休人员管理机构5个，实施社会化管理人数3392人。2011年，为进一步推动黔南州企业改制上市工作，促进全州经济“又好又快、更好更快”发展，州工信委对全州拟上市11户企业进行摸底调研。其中有1户企业进入上市工作程序，有2户企业启动上市计划。

2013年，全州国有企业改制面达93.1%，涉及职工近20000人。2014年，在继续深化改革中维护国有企业稳定、促进国有企业发展。

第二节 工业经济

一、工业生产经营

1991年，黔南州工业经济工作继续贯彻“治理整顿、深化改革”的方针，全年共完成工业总产值156587万元（含贵定卷烟厂），占年计划的104.6%，比上年增长21.22%，其中：乡以上工业完成工业总产值128669万元，占年计划的103.81%，比上年增长10.71%，净增产值12452万元，占全部工业总产值净增数的45.4%。全州各县（市）工业总产值均比上年增长。出现了2个超2亿元的县（市）（都匀市25024万元、贵定县20458万元）和2个超1亿元的县（福泉县16422万元、瓮安县13076万元）。全州重点调度的94户工业企业超计划完成的有53户，比上年增产的有64户。重点考核的52种主要产品中，完成年计划的有20种，比上年增产的有35种。是年，全州共有乡镇企业33070个，其中工业企业16789个，乡镇企业从业人员90545人。全州乡镇企业共完成工业总产值59879万元，比上年增长28.88%。其中乡镇企业增加值46348万元，比上年增长30.24%。

1992年，黔南州完成乡以上工业总产值149231万元，占年计划的108.1%，比上年增长16.12%，比全省同期的13.5%高2.62个百分点。全州工业生产的经济效益有所好转，74户预算内国有工业企业中，盈利53户，盈利额1759万元，比上年增长293%；预算内企业亏损21户，比上年减少6户，亏损面下降19.2%；预算内企业亏损额1103万元，比上年减亏237万元，亏损额下降17.6%。上述指标均在全省位居前三名。是年，全州共有乡镇企业39375个，其中工业企业18865个，乡镇企业从业人员123176人。全州乡镇企业共完成工业总产值82119万元，比上年增长35.99%。其中乡镇工业增加值60790万元，比上年增长31.16%，乡镇企业总收入73083万元，比上年增长36.95%。

1993年，黔南州工业经济继续保持较快的增长速度，共完成乡以上工业总产值178969万元，占年计划的102.09%，比上年增长20.76%，净增产值30771万元。乡以上工业产值增幅在全省9个市（州、地）中名列第三位。是年，全州工业企业经济效益进一步好转，全州74户预算内国有工业企业中，盈利的有62户，盈利企业盈利总额为2484万元，比上年增长86.77%；亏损企业15户，比上年减少3户，亏损面比上年下降16.67%；亏损企业亏损总额为948万元，比上年减亏38万元，亏损额下降3.85%；盈利企业亏损企业盈亏冲抵后盈利1413万元，比上年增长310%。是年，全州共有乡镇企业44420个，其中工业企业22574个，乡镇企业从业人员143258人。全州乡镇企业完成工业总产值127568万元，比上年增长55.34%。

1994年，黔南州工业企业共完成工业总产值20.63亿元（不含村及村以下及城镇个体工业），占年计划的104%，比上年增长15.11%。乡以上工业产值发展速度高于全省平均数的6.61个百分点。在乡以上工业企业产值中，轻工业增长26.94%，重工业增长11.46%；全民所有制工业增长6.67%，集体所有制工业增长37.46%，乡办工业增长55.07%，其他经济类型工业增长17，63%。在乡以上工业企业总产值中，州级工业完成年计划的98.61%，比上年增长6.15%；县（市）级工业完成年计划的105.82%，比上年增长22.22%。是年，全州68户预算内国有工业企业中，盈利的有42户，盈利企业盈利总额为1043万元，比上年下降51.86%；亏损27户，比上年增加8户，亏损企业亏损总额为2914万元（含东方机床厂亏损的592万元），比上年上升157.42%；盈利企业亏损企业盈亏冲抵后亏损1871万元，比上年减亏1413万元。

是年：（1）全州108户重点工业企业共完成工业总产值114089.06万元，占全州乡以上工业总产值的54.27%，比上年增长59%；实现销售收入114045.46万元，比上年下降1.75%；实现税金及附加值22532万元，比上年下降17.32%；盈利80户，比上年减少12户；盈利企业盈利总额为6245.96万元，比上年增长0.7%；亏损企业28户，比上年增加12户，亏损企业亏损总额为4051.97万元，比上年增加178.35%；盈利企业亏损企业盈亏冲抵后盈利2193.99万元，比上年下降53.78%。（2）全州列为重点调度企业25户，产值比上年增长的有20户。列为全州重点调度的15种产品，产量比上年增长的有11种。全州工业产销率为94.71%，比上年增加23.48个百分点。（3）全州共有乡镇企业44925个，其中工业企业20032个，乡镇企业从业人员158584人。乡镇企业年产值500万元以上企业24个。完成乡镇企业工业总产值183239万元，比上年增长43.64%。

1995年，全州乡镇企业发展到46528个，其中工业企业19241个，年产值500万元以上企业33个，年产值1000万元以上企业11个。乡镇企业从业人员170423人，全州乡镇企业工业总产值完成286282万元，比上年增长48.15%。

1996年，全州工业生产保持持续快速发展，全州工业总产值比上年增长26.2%。其中：乡及乡以上工业总产值比上年增长21.7%。在乡以上工业总产值中，国有工业产值占38.49%，非国有工业产值占61.51%；轻工业产值占43.91%，重工业产值占56.09%；国有工业增长3.76%，集体所有制工业增长32.16%，其中：乡办工业增长41.67%，其他经济类型工业增长41.11%，轻工业增长14.67%，重工业增长26.26%。全年工业产销率为92.75%。是年：（1）全州72户预算内国有工业企业中，盈利企业盈利总额为3714万元，比上年增长251.72%，亏损企业亏损总额为2638万元，比上年上升220.66%，盈利企业亏损企业盈亏冲抵后实现净盈利436万元，多年来首次出现盈亏冲抵后实现净盈利。（2）全州共有乡镇企业48894个，其中工业企业20987个，年产值1000万元以上企业18个。乡镇企业从业人员187216人。全州乡镇企业工业总产值完成428385万元，比上年增长49.36%，呈现出良好的发展态势。

1997年，全州共有地方独立核算工业企业828户（不含中央所属企业及中国振华集团所属企业），其中轻工业292户，重工业536户；国有工业企业182户。年产值500万元以上的企业有109户，工业总产值288649.2万元，年平均从业人员33883人，其中州属以下企业产值500万元以上的企业有100户，工业总产值258786.6万元，年平均从业人员23938人。是年，全州工业共完成工业总产值58.2亿元，比上年增长30.54%。其中乡以上工业企业完成工业总产值41.03亿元，比上年增长31.3%。全州工业与农业产值比重为67.52:32.48；轻重工业产值比为50.93:49.07。全州除都匀市外，11个县（市）预算内国有工业企业盈亏冲抵后无亏损。全州56户预算内国有工业企业亏损4户，比上年减少5户。亏损面为7.41%，比上年下降8.93个百分点。盈利企业盈利总额为2658万元，比上年增长5.85%，亏损企业亏损总额为1281万元，比上年下降3.47%，盈利企业亏损企业盈亏冲抵后实现净盈利1377万元，比上年增长20.9%。全州115户独立核算国有工业企业亏损总额为1770.4万元，比上年下降20.55%。全部独立核算国有工业企业亏损总额占全部企业利税总额的比重为28.31%，比上年同期下降18.22个百分点。全州乡镇企业发展到54652个，其中乡镇工业企业21872个，年产值1000万元以上企业24个。乡镇企业从业人员218621人。全州乡镇企业工业总产值完成645826万元，比上年增长50.76%，继续保持较高速度的增长。

1998年，全州工业企业共完成工业总产值66.39亿元（不含两烟），比上年增长30.18%。完成规模以上工业产值21.5919亿元，比上年增长26.48%。规模以上工业产值比例及增幅均名列全省各地州市第一位。在规模以上企业产值中，国有工业企业比上年增长10.16%，非国有工业企业比上年增长35.8%。其中：集体工业企业比上年增长28.91%，股份制工业企业比上年增长40.05%，外商及港澳台工业企业比上年增长79.28%，其他经济类型工业企业比上年增长20.33%。是年，全州工农业产值比重为69.2:30.8；轻重工业产值比为50.73:49.27。全州工业企业扭亏增盈取得新进展，41户预算内国有工业企业亏损总额为225万元，比上年下降3.02%；全州143户独立核算国有工业企业亏损总额为2245.1万元，比上年下降10.29%；全部独立核算国有工业企业亏损总额占全州工业企业利税总额的比重为34.68%，比上年下降6.5个百分点。乡镇企业受亚洲金融危机等诸多因素的影响，增长势头明显放缓，全州乡镇企业数减少为38013个，其中工业企业15547个，年产值1000万元以上企业32个。全州乡镇企业完成工业总产值683766万元，比上年增长5.87%。

1999年，全州工业企业共完成工业总产值78.9539亿元（不含中央、省属企业和两烟），比上年增长17.9%。其中：规模以上工业产值完成25.569亿元，比上年增长26.38%。在全省9个地（州、市）中，完成规模以上工业产值数名列全省第二，增幅名列全省第一。据1999年统计：全州工业与农业产值比重为73.31∶26.69，工业比重比上年上升4.11个百分点；国有企业产值与非国有企业产值比为11.43∶88.57，非国有企业产值比重同比上升3.64个百分点。全州26户预算内国有工业企业实现利润1376.9万元，比上年增长12.65%；亏损企业亏损总额207.1万元，比上年下降2.31%。全州71户独立核算国有工业企业盈亏相抵后实现利润1020.8万元，比上年增长23%；实现利税合计6432.6万元，比上年增长29.5%；亏损企业亏损总额1162.4万元，比上年下降6.38%；亏损总额占企业利税总额的比重为18.07%，上年下降6.93个百分点。全州共有乡镇企业60724个，其中工业企业23307个，年产值1000万元以上企业36个。乡镇企业从业人员251853人。全州乡镇企业完成工业总产值1073131万元，比上年增长22.92%。乡镇工业产值首次突破百亿元大关。

2000年，全州工业企业共完成工业总产值82.8368亿元（不含中央、省属企业和两烟），比上年增长13.6%。其中：完成规模以上工业产值28.6986亿元，比上年增长12.23%。在规模工业产值中，国有企业下降7.77%，非国有企业增长23.15%。集体企业增长11.89%，股份制企业增长33.47%，外资及港澳台企业增长25.23%，其他经济类型企业增长13.28%。是年，全州工业与农业产值比重为73.1∶26.9，工业比重较上年下降0.21个百分点。

是年：全州国有及国有控股工业企业实现利润1435.4万元，比上年增长77.1%；盈利企业盈利总额为2569.6万元，比上年增长18.9%，亏损企业亏损总额为1134.2万元，比上年下降16.4%，国有及国有控股大中型企业实现利润1028.6万元，比上年增长100.3%；盈利企业盈利总额为1038.4万元，比上年增长58.8%；亏损企业亏损总额为9.8万元，比上年下降93%。全州乡镇企业发展到69071个，其中工业企业1435个，年产值500万元以上企业83个。乡镇企业从业人员243832人。全州乡镇企业完成工业总产值161.57亿元，比上年增长50.56%。全州共有医药生产企业9户，完成医药工业产值6.1亿元，占全省医药工业产值的30%；共有化工生产企业80户，完成化工工业产值18.6亿元，比上年增长1.32%，其中：磷矿石产值产量居全省第一，钙镁磷肥产值产量占全省60%，过磷酸钙产值产量占全省30%，三聚磷酸钠产值产量居全省第一，黄磷产值产量居全省第二；共有有色冶金企业近40户，完成有色冶金工业产值4.5亿元，比上年增长19.6%，产值产量占全省第二；共有建材生产企业近百户，完成建材工业产值2.5亿元，比上年增长23.17%，产值产量占全省第四；共有食品生产企业44户，完成食品工业产值1.24亿元，比上年增长8.6%。

2001年，全州规模以上工业共完成工业总产值32.4亿元，占计划的102.6%，比上年增长11.9%；完成规模以上工业增加值10.01亿元，比上年增长21.4%。规模以上工业产品产销率为91%，比上年增长1.16个百分点。国有及国有控股工业企业盈亏相抵后，实现利润959.8万元，比上年增长911.4%，盈利企业盈利总额为3041.5万元，比上年增长118.36%；亏损企业亏损总额为2081.7万元，比上年下降183.5%，国有及国有控股大中型企业实现利润1506.5万元，比上年增长146.46%；盈利企业盈利总额为1516.5万元，比上年增长 146.04%；亏损企业亏损总额为 10 万元，比上年下降 102%。是年，全州共有乡镇企业 67695 个，其中工业企业 24335 个，乡镇企业从业人员 270107 人。乡镇企业完成工业总产值 136.86 亿元，比上年下降 15.3%。

2002 年，全州规模以上工业共完成工业总产值 40.57 亿元，比上年增长 22.8%，完成省计划的 111.15%，完成州计划的 100%。据 2002 统计：全州共完成工业增加值 10.8 亿元，比上年增长 21%，工业产品产销率为 96.35%，比上年增长 1.58 个百分点。非国有企业完成规模以上工业总产值 35 亿元，比上年增长 22.8%，占全州规模以上工业总产值的 86.3%。

全州共有乡镇企业 63296 个，其中工业企业 23489 个，乡镇企业从业人员 287186 人．乡镇企业完成工业总产值 87.94 亿元，比上年下降 35.74%。

2003 年，全州规模以上工业共完成工业总产值 73.46 亿元，比上年增长 21.71%，完成工业增加值 21.42 亿元，比上年增长 29.9%，工业产品产销率为 98.87%，比上年增长 2.56 个百分点。其中：州及州以下规模以上工业共完成工业总产值 48.48 亿元，比上年增长 19.7%，为年计划 46 亿元的 105.4%；完成工业增加值 13.65 亿元，比上年增长 26.6%，工业产品产销率为 97.22%，比上年增长 4.63 个百分点。是年，全州共有乡镇企业 41178 个，其中工业企业 1295 个，乡镇企业从业人员 180765 人．完成工业总产值 118.53 亿元，比上年增长 34.78%。完成乡镇工业增加值 31.66 亿元，比上年增长 3.95%。

2004 年，全州规模以上工业共完成工业总产值 98.94 亿元，比上年增长 38.7%，其中地、县（市）完成 68.34 亿元，比上年增长 37.5%，比预期目标高 11.4 个百分点；规模以上工业销售产值完成 94.68 亿元，比上年增长 34.9%，其中地、县（市）完成 64.34 亿元，比上年增长 33.8%；完成工业增加值 26.87 亿元，比上年增长 66.8%，其中地、县（市）完成 19.66 亿元，比上年增长 75.5%；全州可比发展速度为 53.3%，地、县（市）可比发展速度为 61.2%。据 2004 年统计：全州规模以上工业企业共实现利润 3.84 亿元，比上年增长 560%，其中：州及州以下规模以上工业企业共实现利润 2.97 亿元，比上年增长 22.79 倍。全州规模以上工业企业共完成税金总额为 8.02 亿元，比上年增长 32.9%，其中：州及州以下规模以上工业企业共完成税金总额为 3.13 亿元，比上年增长 17.9%。全州乡镇企业共有 43194 个，其中工业企业 1295 个，乡镇企业从业人员 197996 人，完成乡镇工业总产值 138.88 亿元，比上年增长 17.2%。

2005 年，全州规模以上工业共完成工业总产值 121.7 亿元，比上年增长 22.5%，比“九五”期末年翻 1.34 番。其中：州及州以下规模以上工业共完成工业总产值 83.5 亿元，比上年增长 18.6%，比“九五”期末年翻 1.4 番。工业销售产值完成 109.6 亿元，比上年增长 14.9%。其中：州及州以下工业销售产值完成 71.9 亿元，比上年增长 7.7%。完成工业增加值 28.7 亿元，比上年增长 32.1%。其中：州及州以下完成工业增加值 20.4 亿元，比上年增长 36.64%；全州工业生产发展速度为 23%。其中：州及州以下工业生产发展速度为 30.9%。是年，全州乡镇企业共有 43825 个，其中工业企业 10055 个，乡镇企业从业人员 210159 人，全州乡镇企业完成工业总产值 161.53 亿元，按同口径比上年增长 16.3%。

2006 年，全州规模以上工业共完成工业总产值 143 亿元，比上年增长 18.1%。是年，全州化工、冶金、能源、医药成为工业的主导产业，其中：化工行业占比重 39%、冶金行业占比重 18.4%、能源行业占比重 12%、医药行业占比重 8.8%，4 个行业所占比重达全州总量的 78%。发展速度较快的行业有：资源采选增长速度为 47.8%；食品加工增长速度为 40.9%；机械制造增长速度为 30.9%；冶金行业增长速度为 30.6%；建材行业增长速度为 29%。是年，全州乡镇企业共有 45412 个，其中工业企业 10055 个，乡镇企业从业人员 222006 人，全州乡镇企业完成工业总产值 184.53 亿元，比上年增长 14.2%。

2007 年，全州规模以上工业共完成工业总产值 205.6 亿元，比上年增长 24%；完成工业增加值 62.4 亿元，增速为 14.9%，完成省下达计划 45 亿元的 138.8%，完成州下达计划 46 亿的 135.8%。全州工业经济总量持续快速增长，重工业产值比重上升为 81%，增长速度较快的行业有：化工增长 21.6%、冶金增长 39.9%、能源增长 25.2%、机械增长 95%。是年，全州乡镇企业共有 47408 个，其中工业企业 2848 个，乡镇企业从业人员 235808 人，全州乡镇企业完成工业总产值 198.69 亿元，比上年增长 7.67%。

2008 年，黔南州工业完成规模以上工业总产值 251.2 亿元，占全年目标任务的 104.7%，比上年增长 22.3%；完成规模以上工业增加值 79.9 亿元，占全年目标任务的 114.2%，比上年增长 3.7%；州、县共建的 3 个工业项目聚集园区完成规模以上工业总产值 29.82 亿元，比上年增长 26%。其中，资源采选业完成工业总产值 114751 万元，占全州工业总产值的 4.6%，产值增长速度为 50.2%；冶金行业完成工业总产值 406513 万元，占全州工业总产值的 16.2%，产值增长速度为 18%；化工行业完成工业总产值 850620 万元，占全州工业总产值的 33.9%，产值增长速度为 27.8%；建材行业完成工业总产值 158509 万元，占全州工业总产值的 6.3%，产值增长速度为 72.6%；医药行业完成工业总产值 188861 万元，占全州工业总产值的 7.5%，产值增长速度为 20.4%；能源行业完成工业总产值 450099 万元，占全州工业总产值的 17.9%，产值增长速度为 10.5%；机械行业完成工业总产值 105326 万元，占全州工业总产值的 4.2%，产值增长速度为 38%。是年，全州乡镇企业共有 48119 个，其中工业企业 4413 个，乡镇企业从业人员 253628 人，全州乡镇企业完成工业总产值 239.97 亿元，比上年增长 20.77%。

2009 年，全州规模以上工业总产值完成 283.26 亿元，比上年增长 12.2%。全州规模以上工业增加值完成 91 亿元，增速达 18.6%，增速在全省排第二位。产值结构中：轻工业完成工业总产值 477859 万元，增长速度为 15.5%；重工业完成工业总产值 2350829 万元，增长速度为 12%；国有控股企业完成工业总产值 1349368 万元，增长速度为 0；非公有工业完成工业总产值 1354794 万元，增长速度为 26.7%；资源采选业完成工业总产值 143359 万元，增长速度为 19.5%；冶金工业完成工业总产值 411063 万元，增长速度为 3.5%；化学工业完成工业总产值 740150 万元，增长速度为—12.8%；建料工业完成工业总产值 270306 万元，增长速度为 69.2%；医药工业完成工业总产值 211062 万元，增长速度为 6.4%；能源工业完成工业总产值 599836 万元，增长速度为 32.7%（其中煤炭行业完成工业总产值 179088 万元，增长速度为 58.7%；电力行业完成工业总产值 416268 万元，增长速度为 23.7%）；食品工业完成工业总产值 172009 万元，增长速度为 5.9%（含烟草）；机械工业完成工业总产值 148275 万元，增长速度为 40.8%。

2010 年，全州工业共完成工业总产值 420 亿元，比上年增长 25%。其中规模以上工业完成工业总产值 364.6 亿元，比上年增长 27.5%，比“十五”期末增长 199%；全州规模以上工业完成工业增加值 116.7 亿元，比上年增长 18.6%，比全省平均增速 15.8% 高 2.8 个百分点，比“十五”期末增长 217%，在全省排第三位。规模以上工业增加值占地区生产总值的比重为 33.2%，比“十五”期末的 21.9% 提高了 11.3 个百分点。

2011 年，黔南州规模以上工业增加值完成 117.4 亿元，比上年增长 24.3%，较年初制定年度计划任务的 22% 高 2.3 个百分点，总量在全省排第五位，增速在全省排第二位。

2012 年 11 月，全州完成规模以上工业增加值 138.6 亿元，累计增长 21.8%，高于全省平均增速 0.5 个百分点，全省排名第三，进度为 90%，预计全年可完成 155 亿元以上，超额完成 154 亿元的规模以上工业增加值目标任务。全部工业增加值完成 175.4 亿元，总量全省排名第五，与上年持平。全部工业增加值增长速度为 16.4% 全省排名第二，较上年提升了一位。是年，全州 8 个重点监测的工业行业全部实现增长，除化工行业外，其余 7 个行业增均达到两位数，建材、农副产品加工、机械 3 个行业增长速度分别达到 26.5%、33.1% 和 86.4%。轻工业发展势头良好，与上年同期相比增长 29.8%，较重工业高 11 个百分点，对工业支撑作用突出。由于产品结构调整，饮料酒得益于华润雪花、匀酒企业等技改扩能，完成 9.7 万吨，与上年同期相比增长 185.2%，完成产值 7.5 亿元，与上年同期相比增长 219.4%。

2013 年，全州规模以上工业增加值完成 201.4 亿元，超州下达计划 11.4 亿元，超省下达任务 12.4 亿元，全年累计增速达 20.8%，排名全省第三位。工业增加值总量指标与上年相比持平，排全省第五位。工业用电量完成 63.27 亿千瓦时，比上年增长 16%。工业增加值增长速度排全省第三位，工业用电量增速与工业增加值增速之差的绝对值指标排全省第一位。

2014 年，全州规模以上工业增加值（500 万元口径，下同）累计完成 283.8 亿元，累计增速为 18.3%，排名保持全省第一，较全省平均增速高 0.9 个百分点。其中 2000 万元口径规模工业增加值完成 253.0 亿元，累计增速为 14.7%，排名全省第一，较全省平均增速高 3.4 个百分点。

1991－2014 年黔南州规模以上工业产值统计表

表 9－1－1　　　　　　　　　　　　　　　　　　　　　　　　　　　　　　单位：万元

年度	全部工业总产值	其中		规模以上工业企业增加值	其中	
		轻工业产值	重工业产值		轻工业增加值	重工业增加值
1991	170267	83272	63994	52446	30174	22272
1992	213831	93159	90457	64466	34035	30431
1993	300320	109788	144978	115500	56195	59305

续表 9－1－1

年度	全部工业总产值	其　中		规模以上工业企业增加值	其　中	
		轻工业产值	重工业产值		轻工业增加值	重工业增加值
1994	416522	150612	201071	119430	54550	64880
1995	435487	138386	201973	103037	34867	68170
1996	552138	140200	213859	128807	33641	95166
1997	698982	160582	239590	133803	58707	75096
1998	627329	159827	176598	135127	71469	63658
1999	648844	177430	225714	166829	82394	84435
2000	731648	167463	281630	162516	72752	89764
2001	823541	146836	356605	152553	62890	89663
2002	965583	185988	419595	171559	60671	110888
2003	1191647	180614	554035	222738	86139	136599
2004	1114391	152391	823130	282852	54486	228365
2005	1451381	196671	1035783	367786	78801	288985
2006	1675448	229806	1220148	493556	104771	388785
2007	2016798	257391	1529402	648866	120021	528845
2008	2522240	304305	1960031	799326	191636	607690
2009	2832600	477859	2350829	910000		
2010	4200000			1167000		
2011				1174000		
2012				1386000		
2013				2014000		
2014				2838000		

说明：2010 年以后仅统计规模以上工业企业增加值

二、工业技术改造与产品开发

1991 年，州经委将技术进步工作的重点放在在建项目的施工进度和新产品开发上，制定“八五”技术改造规划并组织落实。列入计划的重点技术项目 28 个，计划投资 509. 4 万元。当年在建技术改造项目共 30 个，批准总投资 15031. 7 万元，安排投资 4376. 7 万元，完成 2507. 5 万元，占投资计划的 57. 29%，有 18 个项目建成投产。1992 年，全州在建技术改造项目 21 个，总投资 13715 万元。累计完成 10515 万元，占计划的 76. 6%。是年，全州共安排工业企业安全技术改造项目 8 个，总投资 62. 7 万元，其中，省拨款 22. 5 万元，企业自筹 40. 2 万元。有 4 个项目当年竣工通过验收并投入生产。1993 年，州经委共审批技术改造立项项目 15 项（其中报省 3 项），总投资额为 6505 万元。是年，州经委口在建项目 28 个，总投资 13154. 11 万元，累计完成投资 9476. 5 万元，占总投资的 72. 04%，当年完成投资 3971. 5 万元，占当年投资计划的 67. 98%。

当年，全州实施新产品开发项目 68 项（包括四新产品），完成项目 35 个，其中有 16

个产品填补了省内空白，17 种产品评为贵州省优秀新产品。

1993 年，全州完成新产品开发 13 项（省重点开发项目 8 项），总投资额为 456.35 万元。列入省新产品试产计划项目 20 项，已出产品 15 项。有 11 个产品获贵州省优秀新产品奖。其中一等奖 1 个（东方机床厂 LGK—1—400 数控火焰等离子切割机），二等奖 3 个，三等奖 7 个。

1994 年，全州技术改造计划投资 5153.7 万元，实际完成投资 3991.81 万元，占年计划的 77.46%，比上年上升 9.48%。其中：省重点项目计划投资 3729.5 万元，实际完成投资 2686.81 万元，占计划的 72.04%；州切块项目计划投资 1424.2 万元，实际完成投资 1308 万元，占计划的 91.84%。1996 年，全州技术改造大型项目 18 个，完成技术改造投资 1.6 亿元，比上年增长 207.5%。地方完成技术改造投资 2.275 亿元。是年，全州在建大型工业项目 15 个。

是年，全州申报重点技术开发项目 44 项，其中属新产品开发项目 31 项，新技术推广项目 13 项。经省经委批准列入省开发计划的有 19 项（机械 5 项，电子 1 项，化工 3 项，轻工 6 项，食品 3 项，建材 1 项），总投资为 2021.3 万元，其中省经委拨款 32.8 万元，省开发基金 96 万元，贷款 1125 万元，自筹 767.5 万元。列入黔南州技术开发计划的项目 3 项，安排基金 12 万元。是年，全州向省申报新产品试产计划 32 项，列入省新产品试产计划有 31 项。

1997 年，全州共投入技术改造资金 1.61 亿元，占省下达计划的 110.34%。完成投资在 100 万元以上的技术改造项目有黔南州五钠厂“三改五”、黔南州黄磷厂、贵州信邦公司二期技术改造、贵州信邦公司 GMP 生产线等 25 项。1998 年，全州共完成技术改造投资 2.3068 亿元，比上年增长 43.28%。有 23 个技术改造项目和新建工业项目建成投产。是年，全州完成 15 项新产品开发及“产学研”项目。获贵州省优秀新产品一等奖 1 项，二等奖 5 项，三等奖 3 项。9 个产品荣获年度贵州省名牌产品称号。全州共投入新建工业项目有独山联达公司、昆山化工贵定分厂等。

1998 年，全州完成新产品试产计划 22 项。完成新产品开发及“产学研”项目 15 项。

1999 年，全州完成技术改造投资 4.0176 亿元，占省下达责任目标的 126.3%，比上年增长 3.11%。在全省 9 个地州市中完成计划比例名列第二，增幅名列第五。其中完成地方技术改造投资 3.1563 亿元，比上年增长 38.23%，占计划的 315.63%。

2000 年，全州完成技术改造投资 34752 万元，比上年下降 13.5%。其中：完成地方技术改造投资 23263 万元，比上年下降 26.3%，州县企业技术改造投资 15453 万元。信邦制药及富华药业的 GMP 生产线、惠水申惠铁合金厂、黔南州打叶复烤厂、独山锌砂厂、长顺铁合金厂 3 号和 4 号电炉、龙里龙腾公司 8 号和 9 号电炉等 20 个大的技术改造和新建项目建成投产。2001 年，全州工业基础建设以及技术改造共完成投资 5.1 亿元，完成年计划的 102.6%，比上年增长 23.3%。2002 年，全州社会技术改造投资完成 7.55 亿元，全州工业技术改造项目共 46 项，其中续建和新建项目 42 项，总投资为 6.7 亿元，达产达效 19 项，完成投资 1.22 亿元。

2003 年，全州工业更新改造投资完成 11.42 亿元，占年计划的 114.2%，比上年增长 39.19%。其中：中央企业完成 0.94 亿元，比上年下降 43.17%，省属企业完成 2.43 亿元，比上年增长 23.98%，州、县（市）属企业完成 8.06 亿元，比上年增长 75.27%。

是年，全州重点督查工业建设项目 50 项，开工在建 45 项，其中：续建 16 项，新建 29 项。当年建成 19 项，完成投资 21 亿元。2004 年，全州全社会更新改造投资完成 11.2 亿元，占年计划的 84.87%。其中：县（市）完成 9.05 亿元，州及州以上完成 2.15 亿元。2005 年，全州全社会更新改造项目共 369 项，完成投资 20.2 亿元，占年初预期目标的 144%，比上年增长 80%。其中，工业技术改造项目 316 项，完成投资 19 亿元。2006 年，全州工业技术改造项目共 210 项，完成投资 23.47 亿元，比上年净增 4.47 亿元，比上年增长 23.5%。

2008 年，贵州川恒化工有限责任公司年产 3 万吨磷酸一胺技术改造项目和贵州开磷剑江化肥厂有限公司合成氨优化节能技术改造项目竣工投产。贵航东方机床有限公司的重型、超重型机床规模化生产技术改造项目，瓮安煤矿煤焦化节能环保综合利用工程项目，黔南农用运输车联合制造厂农用车技术改造项目等正在实施。

2009 年，黔南州完成全社会更新改造投资 38.18 亿元，占年计划 28 亿元的 136.35%，有 5 个项目争取到技术改造资金 680 万元。是年，全州组织实施节能技术改造项目 16 项，总投资为 4347 万元，获国家级节能奖励资金项目 3 个，奖励资金 1384 万元，获省级节能专项资金补助项目 9 个，奖励资金 178 万元，安排州级节能技术改造专项资金补助项目 4 个，划拨奖励资金 33.2 万元。

2010 年，全州完成全社会更新改造投资 72 亿元，占年计划 30 亿元的 240%。“十一五”期间，全州累计完成全社会更新改造投资 184.6 亿元，年均增速为 30%，是“十五”期间 55.6 亿元的 320%。2011 年，全州完成淘汰落后产能 71.15 万吨，涉及企业19 户。

2014 年，全州工业投资完成 453.6 亿元，增速为 25.1%，超全省平均增速 1.1 个百分点，全省排名第二；完成省下达计划任务 450 亿元的 100.8%，全省排名第一。完成州下达计划任务 500 亿元的 90.7%。是年，州工信委实施重点行业淘汰落后产能工作，全州淘汰落后产能计划涉及水泥、铁合金、黄磷、造纸、磨料、铅冶炼 6 个行业，都匀经济开发区及独山、荔波、长顺、惠水、贵定、龙里、罗甸、福泉等县（市），共 17 户企业，淘汰落后总产能 53.6 万吨。

第二章　工业门类

“八五”期间，州委、州政府提出发展特色经济，培育支柱产业，建设主导财源，州及各县（市）选定工业发展方向，着力抓好工业经济结构、所有制结构、产业结构及产品结构的调整，将磷（煤）化工、烟草、建材、有色冶金、医药及绿色产业（加工）六大产业作为工业支柱产业来培育。“九五”至2014年，全州工业在不断深化改革、扩大开放中，立足州内丰富的自然资源特别是矿产资源和生物资源，积极瞄准市场需求，主动参与市场竞争，逐步形成具有地方特色门类基本齐全且具有一定规模的工业体系。

第一节　煤炭工业

黔南州煤炭资源分布广泛，遍及全州12个县（市），煤炭品种包括有烟煤、无烟煤、气煤、肥煤等，煤层厚度为1.3米至3米不等。赋存于石炭纪、二叠纪地层内，蕴藏量达19亿吨；探明储量为19238.6万吨；保有储量18678.3万吨。其中以荔波、瓮安、福泉、都匀等县（市）储量较大、品种较多，荔波和瓮安两个县的煤炭质量较好，特有的资源为全州煤炭工业的发展奠定一定的基础。1991—2014年，全州煤炭生产企业前期为乡镇企业，后期为个体私营企业，国有企业所占比重不大。

一、煤炭生产

1991年，全州共有8个县属国营煤矿，其中基建矿井1个，技改矿井1个，生产矿井6个，设计生产能力为24万吨。共有职工1235人，其中：正式工及合同制工人535人，临时工、协议工700人，工程技术人员19人，其中：工程师4人，助理工程师5人，技术员10人。

1992—1994年，全州乡镇企业煤矿生产持续增长。其中，1992年原煤产量比上年增长29.11%。1993年原煤产量比上年增长15.22%，焦炭产量比上年增长83.78%。1994年全州原煤产量继续保持增长，其中福泉县乡镇煤矿原煤产量完成73万吨，比上年增长48.9%。

1995年，全州国有煤矿原煤产量计划为16.9万吨，焦炭产量计划为1.6万吨。实际完成原煤产量12.41万吨，占计划的73.43%；实际完成焦炭产量0.87万吨，占计划的54.38%。

1996年，全州煤炭总产量实现572.77万吨，为年计划的130%，比上年增长16.57%。其中，地方国有煤矿产量12.77万吨，乡（镇）煤矿产量560万吨，分别比上年增长3.48%和16.91%。焦炭产量达68万吨，比上年增长12.36%。

1997年，全州地方国有煤矿原煤产量为13万吨，比上年上升2%；乡镇煤矿原煤产量为489.93万吨，比上年下降18%。全州共生产原煤502.93万吨，比上年减少15.2%。

1998年，全州煤炭总产量达439.33万吨，比上年下降5.11%，其中，乡镇煤矿产量423.73万吨，占全州煤炭总产量的96.4%，比上年下降5.84%。

1999年，国家对煤炭行业施行关井压产政策，全州煤炭生产大幅下降。乡镇煤炭产量为270万吨，比上年减少153.7万吨，下降36.3%；地方国有煤矿产量为14.88万吨，比上年下降4.61%。

2001年，全州共生产原煤243.5万吨，其中，国有煤矿生产原煤13.5万吨，乡镇企业煤矿生产原煤230万吨。

2002—2005年，受煤炭价格上涨、市场购销两旺的刺激拉动，加之煤炭生产规模化的初步形成，全州煤炭生产势头由低向高，逐步走好。2002年，全州煤炭总产量达到445万吨，创1999年以来历史最高水平；2003年，全州煤炭产量496.5万吨，比上年增加67万吨，销售收入实现5.6亿元，比上年增加8700万元；2004年，全州煤炭产量突破600万吨，达到647.8万吨，完成全年计划的117.3%，比上年净增151.3万吨，增长30.47%。焦炭产量完成66.1万吨。2005年，全州煤炭产量实际完成560万吨，与上年同期略有下降。

2006年，全州煤炭产量实际完成548万吨，比上年下降1.6%，其中，原煤产量完成483万吨，比上年减少47万吨。焦炭产量实际完成55.06万吨，比上年下降10.5%。2007年完成产量423.72万吨，比上年下降24.6%，焦炭产量实际完成42.37万吨，比上年下降24.8%。2008年完成429.72万吨，增长9.1%，焦炭产量实际完成49.38万吨，增长16.5%。2009年，完成490.24万吨，焦炭产量实际完成418473吨。"十一五"期间，全州煤炭行业共生产原煤2303万吨，累计实现销售收入92.1亿元，上缴税金14.3亿元，实现净利润8亿元。

2013年，按照省政府办公厅转发省能源局等部门《贵州省煤矿企业兼并重组工作方案（试行）的通知》精神，全州煤炭行业进行煤矿兼并重组，所有煤矿全部停产整顿。

2014年，全州有煤炭企业86户。实现产值77.97亿元，比上年增长3.4%。实现增加值32.22亿元，比上年增长5.7%。

二、煤炭行业管理

1992年，州政府下发《关于贯彻落实国务院国发〔1991〕37号文件的实施意见》，对各县（市）矿山清理整顿的范围、时限、办矿条件和政策界限作出明确规定。州、县（市）乡镇企业局和矿管部门在公安、工商、税务、劳动等部门的支持下，清理整顿乡镇矿山，共封停306个隐患严重、滥采乱挖，不具备基本安全生产条件的无证煤窑，累计收缴、注销231个采矿许可证。是年，全州乡镇矿山共发采矿许可证1276个，比上年增加165个，其中，乡镇煤矿共发证715个，比上年增加108个。同年，为推进煤炭行业安全生产，全州举办煤炭企业安全培训班18期，参加学习人员745人（次），利用电化教学设备对乡镇煤矿职工进行全员培训，受训人员达5010人（次）。

1995年，根据省委、省政府的决定及《黔南州人民政府办公室转发州煤炭工业局关于清理整顿乡镇煤矿、加强煤炭行业管理的报告的通知》，理顺全州煤炭管理体制，州、县（市）两级乡镇企业管理局同时加挂煤炭工业局牌子，实行一套人员、两块牌子，对全州煤炭的产、供、销、运和安全实行行业归口管理。年内，州乡镇企业局（煤炭工业局）举办培训班4期，培训251人，经考试合格，发给"乡镇煤矿矿长资格证书"。各县（市）乡镇企业局（煤炭工业局）共举办培训班41期（次），受训5143人，其中培训矿长548人，安全员613人，瓦斯检测员324人，爆破员165人，从业人员3744人。是年，根据国务院颁布的《煤炭生产许可证管理办法》《乡镇煤矿管理条例》及全省煤炭工作会议的部署，对全州乡镇企业煤矿进行清理登记，共登记的乡镇企业煤矿为1294个，其中已发采矿许可证的629个，无采矿许可证的665个，年生产1万吨以上的乡镇企业煤矿108个，全部都有采矿许可证。乡镇企业煤矿的从业人员共19519人，其中有采矿许可证的乡镇企业煤矿有从业人员4151人。

1996年，州煤炭工业局针对全州煤矿（主要是乡镇煤矿）存在的问题，对原已制定的全州煤矿发展规划进行修改、补充和完善，强调在开发的同时，注意合理保护和利用煤炭资源，使有限而不可再生的煤炭资源创造出更高的效益。经过整顿和企业整合，1997年，全州煤炭采选业产值在1000万元以上的企业户数为92家，其中：国有煤矿11家，集体煤矿72家，其他煤矿9家；工业总产值（不变价）为1.83亿元，工业总产值（现行价）为2.62亿元，工业销售产值（现行价）为4.27亿元。

1998年，州煤炭工业局按照省、州的要求，严格遵循有利于保护煤炭资源、改善安全生产条件、加强煤炭行业管理的原则，以瓮安县办骨干矿井为榜样，分类制订矿井的最低生产能力，即重点产煤县（市）矿井生产能力不低于1万吨，一般县（市）矿井生产能力不低于0.5万吨，缺煤县矿井生产能力不低于0.3万吨，以有关法律法规为准绳，以安全生产为基本办矿条件，坚决取缔、关闭非法和布局不合理的煤矿，针对关闭后又死灰复燃的矿井，予以强制封闭，直至炸毁。全年共封停158个、炸毁108个无证非法、不具备办矿条件或死灰复燃的矿井。1999年，全州共关闭取缔各类非法和布局不合理煤矿592处，压减原煤产量为329万吨，突破省政府下达黔南州关井350处，压减原煤产量272万吨的任务数，黔南州“关井压产”工作被评为全省3个合格地区之一。

2000年，全州煤炭系统关闭原煤生产能力不足1万吨的矿井125处。全州乡镇煤矿总数从上年的1167处减少到450处。2001年，全州煤炭系统关闭原煤生产能力不足3万吨以下的矿井167处，保留3万吨以上的矿井293处；关闭3万吨以下和不具备安全生产条件的矿井170余处，取缔和炸封新出现的非法和“死灰复燃”小井250处。

2003年，全州各级煤炭管理部门加大对非法盗采国家煤炭资源和关闭矿井死灰复燃的打击力度。都匀、福泉、荔波、独山、平塘等县（市）煤炭管理部门开展打击非法盗采国家煤炭资源活动40余次，取缔非法矿井300余处。其中，平塘县煤炭管理部门配合国土、公安等部门取缔非法矿井100余处。独山县煤炭管理部门在麻尾、黄后、麻万等重点产煤乡（镇）专门设立打击非法无证煤矿办公室和举报点，开展为期3个月的专项打击活动，共取缔非法无证矿井50余处。是年，全州煤矿总数为227处，其中，经贵州省煤炭管理局颁证的煤矿173处，通过省级验收待办证54处。全州总的煤炭生产能力提高到680万吨以上。年内，州煤炭工业局共举办11期特种作业人员脱产培训班，共培训瓦斯检测员、安全员、值班电钳工和绞车工等特殊工种作业人员900余人。各县（市）煤炭工业局按规定对井下采煤工开展不少于10天的上岗前安全培训。各县（市）煤炭工业局共举办井下采煤工培训班32期，培训6785人（次），培训覆盖率达70%以上。2004年，全州煤炭行业收缴各项煤炭税费总额达2.05亿元，比上年净增0.85亿元，增长70.83%。

2005年，根据贵州省煤炭管理局《关于安全评估D类矿井煤炭生产许可证年检有关问题的通知》，对国家煤矿安全监察局公告黔南州9个县（市）70个被列为不具备安全生产条件的D类矿井进行停产限期整顿，提高安全等级。经中介机构重新评价，有59家提高到B类安全等级，3家提高到C类安全等级。全州227家煤矿核定生产能力为777万吨，核定通风能力为925万吨。是年，全州共组织安全生产管理人员安全资格证培训262人；矿长安全资格证和矿长资格证培训133人。其中，新培65人，复训68人；煤矿特殊工种作业人员培训1225人。其中，新培865人，复训360人；与贵州省安全培训中心联合，组织对329名瓦斯监测监控系统操作人员进行培训；各县（市）煤炭管理局组织井下职工全员培训15000人（次）。

2006年，根据国务院《关于促进煤炭工业健康发展的若干意见》和省政府《关于进一步促进煤炭工业健康发展的意见》，加强煤炭资源整合，推进煤矿工业的健康发展。2008年，根据省政府对黔南州煤矿整合和布局调整方案的批复，对合法煤矿按照整合的原则和国家产业政策规定的最小经济规模（即单井规模在万吨/年以上）进行结构调整，有72对具备整合条件的矿井进行整合技改，有66对不具备整合条件的矿井进行扩能技改。是年，黔南州煤炭工业管理部门开展采矿许可证变更登记，应办理224对，贵州省国土资源厅办理168对，占应办数的75%。其中，整合技改煤矿72对，扩能技改煤矿52对，新设煤矿44对。当年全州应审批煤矿《开采方案（设计）》224对，省煤炭管理局审批152对，占应审批数的67.86%。其中，整合技改煤矿审批72对，占应审批数的100%，扩能技改煤矿审批42对，占应审批数的63.84%，新设煤矿审批39对，占应审批数的45.35%。全州作出开工备案登记的煤矿有87对，其中，整合煤矿49个，占整合煤矿的68%，技改煤矿17个，占技改煤矿的27%，新建煤矿21个，占新建煤矿的21%。是年发生的雪凝灾害中，全州147个整合技改煤矿和扩能扩界煤矿有63个煤矿被淹，煤矿专用供电线路损失196580米，倒杆断杆1165根，道路损毁8891.5公里，损坏设备1171台，直接经济损失13416.76万元，41个保留一套生产系统的煤矿停产，间接经济损失25454.95万元。

2010年，全州煤炭行业推进集约经营和规模办矿，煤炭生产能力大幅度增长，“十一五”期末，全州煤炭行业综合能力比“十五”期末增长1264万吨/年。2006—2010年五年间，全州煤炭行业共生产原煤2303万吨，累计实现销售收入92.1亿元，上缴税金14.3亿元；实现净利润达8亿元。煤炭行业职工工资总额累计达到30.7亿元，较“十五”期间的16.9亿元增长81.66%；月平均工资由“十五”期间的2400元左右提高到“十一五”期间的3500元左右。通过结构调整，煤炭工业已成为全州国民经济的重要支柱产业之一。“十一五”期间，全州煤炭行业累计上缴税金近15亿元，是“十五”期间的2倍。

2011年，由于全州煤矿普遍停建，仅剩少数生产矿井生产，煤炭生产目标任务从600万吨下调为400万吨，各县（市）也相应作出适当调整。2013年，按照《贵州省人民政府办公厅关于转发省能源局等部门贵州省煤矿企业兼并重组工作方案（试行）的通知》，全州煤炭行业进行兼并重组，州内煤矿全部停产整顿。是年，州煤矿安全技术培训中心共举办8期培训从业人员培训，1期煤矿业主和管理人员培训，1期监控系统及人员定位系统专题培训1期。

第二节 烟草工业

一、卷烟生产

黔南卷烟生产的历史较早，20世纪40年代就有机械卷烟设备，且集中在素有“烟城”之称的贵定县。1991年以后，州内从事卷烟生产的企业有贵定卷烟厂和贵定雪茄烟厂。

1991年，全州卷烟产量27.5万箱，部分品牌多获部优、省优产品称号，并跻身全国23种名烟行列。卷烟生产成为全州支柱产业和财政收入主要来源。是年，贵定卷烟厂的“云雾山”牌香烟被中国烟草总公司评选为全国36个名优产品之一。“亚细亚”咀烟在中国烟草总公司招标时中标，在15个产品中名列榜首。此后数年时间里，该厂以“云雾山”为主打品牌，“泽”牌和“亚细亚”为支撑品牌，其他品牌为辅助的企业发展思路，相继研制出珍品、极品、精品、银品和佳品5个“云雾山”系列产品，销往全国17个省（市、自治区）。1992年，贵定卷烟厂进入全国500强企业，在全国188家卷烟企业中列第40位。

1993年，贵定卷烟厂完成产量24万箱，较1991年增长12.3%；完成产值3.4亿元，较1991年增长13.32%。品种结构上：甲级烟4.87万箱、乙级烟10.29万箱。总产量中咀烟达15.15万箱，占60%以上。1995年，贵定雪茄烟厂更名为贵定卷烟分厂，生产的主要产品是“神奇”和“海王”两个品牌。

1996年，贵定卷烟厂和贵定卷烟分厂共生产卷烟21.5万箱，在全省排第4位。其中贵定卷烟厂完成17.5万箱，比上年的22.7万箱下降22.9%；贵定卷烟分厂完成4万箱，与上年持平。是年，贵定卷烟厂实施“名优烟工程”“降耗工程”和“管理工程”，以此拓宽产品市场，增强企业竞争力。其中名优烟工程采取“多品牌、小批量、高档次、快速度”的经营策略，开发和改造了精品“红与黑”、精品“亚细亚”、精品“云雾山”等一系列高品质、高价位卷烟产品，投放市场后深受广大客户和消费者青睐。经过“八五”期间的技术改造，贵定卷烟厂形成年产25万箱卷烟生产能力。拥有德国虹霓公司3000千克/小时制丝生产线1条、国产270千克烟丝膨胀线1条、德国800千克/小时汽蒸式梗丝膨胀线1条、德国虹霓公司PROTOS卷接机组3组、意大利GD公司GDX2硬盒机组2组包装机组3组、德国斯慕门公司B1包装机组2组等现代化设备。1997年，贵定卷烟厂卷烟产量18.45万箱，产值增长19.1%，实现税收2.13亿元，增长1%。贵定卷烟分厂生产卷烟48500箱，较上年增长22.5%，完成产值8483万元，比上年增长28%，实现税费4389万元，比上年增长37.4%。是年，贵定卷烟厂开发“贵王”和“满堂红”两个新品牌，投放市场反应较好。同时，对老产品“云雾山”“泽”和“威狮”改进配方和外观质量。1999年，贵定卷烟分厂调整产品结构、开发新产品市场，对“海王”和“金海豹”进行研制和市场开发，该厂“超百利”“84S海王”“神奇”被评为贵州省名牌产品。是年贵定卷烟厂通过ISO 90002国际质量体系认证。

2001 年，贵定卷烟厂生产卷烟 13 万箱，比上年增长 8.18%，实现工业总产值 37831 万元，单箱产值 2910 元。贵定卷烟分厂完成产量 45699 箱，较上年减少 14297 箱，实现工业总产值 8677 万元，较上年减少 1319 万元。单箱产值和税收均有回升。2001—2002 年，贵定卷烟分厂组织开展“改进切梗机喂料装置” QC 项目，在全省评比中获奖，生产的“神奇”和“海王”香烟被列为贵州省名牌产品，两年共生产“神奇”和“海王”牌香烟 12.31 万箱，实现税收 7957.8 万元。

2003 年，根据国家烟草局关于《10 万箱以下卷烟工业企业结构调整规划》精神和贵州省烟草专卖局《关于贵定卷烟分厂停产的通知》，贵定卷烟分厂于 5 月 1 日正式停产，至年底企业职工全部安置完毕。同年，贵定卷烟厂并入贵阳卷烟厂，更名为贵阳卷烟厂贵定分厂。2006 年，贵定烟厂优化产品结构，翻盖烟比上年增长 30.91%，各项税收增长 19.73%。

2007 年，贵定烟厂与贵阳烟厂脱钩，成为贵州中烟公司直属生产企业——贵州中烟公司贵定卷烟厂，当年完成卷烟产量 24.48 万箱，各项税收入库 7.4 亿元，较上年增长 18.53%。全省卷烟工业实行统一经营后，原贵定卷烟厂生产的各种品牌产品逐步退出，不再生产，取而代之的是能够代表贵州省卷烟最高水平的“贵烟”“黄果树”“遵义”等大品牌。

二、烟叶复烤

贵定卷烟厂原是贵定烟叶复烤厂，成立于 1952 年，是全省最早的复烤厂。1987 年贵定卷烟厂划归黔南州管理，复烤车间当年复烤烟叶 10211 吨，1990 年复烤 15000 吨，产值 142 万元。1993 年，完成烟叶复烤 1.95 万吨，实现复烤产值 233.6 万元。

1998 年 2 月，经国家烟草专卖局批准，贵州烟叶复烤有限责任公司黔南复烤厂在都匀筹建，2000 年试车成功，2001 年正式投入生产，当年共投入纯化烟叶 17 个等级 84473.5 担，投入复烤烟叶 17 个等级共 70440 担，复烤片烟 2608.4 吨、13042 箱，实现产值 605 万元。由于技术等方面原因，投产当年处于亏损状态。2002 年，黔南复烤厂深化内部改革、挖掘经营潜力，通过设备维修、工艺改进、强化服务，提高质量，诚信经营，逐步树立企业品牌信誉，开始拥有一批稳定的客户源，当年实现建厂以来首次盈利 3 万元。2003 年，黔南复烤厂共为 11 家客户加工投打原烟 27 万担，成品合格率达 97.4%，实现加工收入 2080 万元，上缴税金 350 万元，产品质量得到客户一致认可。是年，根据国家烟草行业管理改革有关精神，贵定卷烟厂复烤生产线退出，不再经营烟叶复烤业务。2004 年，黔南复烤厂共完成原烟加工 36.55 万担，比上年增加近 10 万担，产出片烟 11935 吨，实现加工收入比上年增加 497 万元，上缴税金 494.81 万元，比上年增加 144 万元。2006 年 9 月，黔南复烤厂完成企业改制，由 7 家烟草工商企业共同投资成立黔南吉星烟叶有限责任公司，注册资金 1.5 亿元。2010 年 1 月，贵州省 7 家打叶复烤企业完成企业重组，企业整合为贵州烟叶复烤有限责任公司，黔南复烤厂为下属分支机构。

2005—2014 年黔南复烤厂生产经营情况一览表

表 9－2－1

指标 年度	生产加工（万担）	加工收入（万元）	上缴税金 （实现税金）（万元）
2005	59	4140	778
2006	61	4486	1320
2007	62	5992	1824
2008	73	7033	1470
2009	91	7400	1974
2010	64	2010 年 1 月，贵州打叶复烤企业完成企业重组后，黔南复烤厂加工收入未能分列。	1522
2011	65		1317
2012	73		1212
2013	81		1634
2014	59		2094

1991—2014 年黔南州烟草工业产量产值完成情况一览表

表 9－2－2

年度	卷烟产量（万箱）	烟草制品工业产值（万元）	年度	卷烟产量（万箱）	烟草制品工业产值（万元）
1991	27. 50	43513	2003	19. 5	70770
1992	29. 00	49721	2004	22. 18	2505
1993	30. 38	56825	2005	23. 86	4075
1994	30. 49	61643	2006	24	4305
1995	26. 80	45559	2007	24. 48	5445
1996	21. 46	50775	2008	25. 2	7885
1997	23. 30	66763	2009		
1998	18. 00	61315	2010		
1999	19. 60	73192	2011		
2000	18. 02	57271	2012	14. 5	
2001	17. 00	48121	2013	15. 0	
2002	20. 49	55517	2014	15. 0	

说明：1. 资料来源：黔南州统计局；2. 由于贵定烟厂上划贵州中烟公司成为其直属企业，脱离黔南州管理，故部分年度资料缺失

三、卷烟营销

1991 年，由于卷烟零售价格放开，卷烟零售价可以随行就市、上下浮动，加上卷烟市场产大于销，引发卷烟市场相互降价倾销。州委、州政府召开紧急会议专门研究卷烟销售问题。决定对积压滞销的卷烟下达指令性分配计划给各县（市）烟草公司，并规定了最低

限价，扭转卷烟销售严重滑坡的被动局面，全州全年完成卷烟销售115276箱（州烟草公司销售数，下同），完成上级下达计划的144%，比上年增长34.3%，净增29461箱，其中地产烟64356箱，实现卷烟销售毛利304.5万元，比上年增长134%，净增170.1万元；卷烟销售额为11105万元，完成上级下达计划的127.8%，比上年增长48.6%，净增3632万元。

1992年，卷烟市场复苏，销势看好。在先省外后保省内的原则指导下，全州共销售卷烟35.63万箱，实现销售利润240万元。1993年，全州共销售卷烟316954箱，金额达55756万元。州内销售64584箱，其中地产烟销售17098箱，比上年下降51.84%，未完成贵州省烟草专卖局（公司）下达给黔南州烟草专卖局（分公司）的卷烟销售计划。1994年，全州共完成卷烟销售403808箱，其中销往州外、省外卷烟共318520箱，州内卷烟销售85288箱；地产烟实际销售47635箱，完成计划的101.98%，总销量比上年多83046箱。

1995年，全州卷烟销售实行“以我为主，由我控制，垄断经营”的策略，培育卷烟市场，提高经营档次，扩大网点建设，发挥主渠道经营作用。全年共销售卷烟86032箱，比上年增长744箱，实现卷烟销售额18100万元，比上年增长30%，实现卷烟经营毛利948万元，比上年增长76.2%，卷烟经营利润实现468万元，比上年增长75万元。1996年，全州立足适销对路的卷烟经营策略，完成卷烟销售额35392万元，超计划20800万元的70.2%，比上年增长95.5%，销售卷烟突破10万箱，达109776箱，超计划26.2%，比上年增长27.6%。其中地产烟销售完成71875箱，占计划的115.92%，比上年增长50.9%，卷烟单箱均价达3224元，实现卷烟经营毛利2158.6万元，比上年增长227.7%，各项指标均创最好水平。1997年，全州卷烟销售计划9.2万箱，其中地产烟销售计划6.2万箱。实际销售卷烟122143箱，占计划的150%，比上年多销售20143箱。其中地产烟销售71919箱，占计划的115%，比上年多销售44箱。是年，州政府安排贵定卷烟厂产品的销售计划为5.5万箱，实际销售52953箱，占计划的94.8%。全州共实现卷烟销售收入39475万元，比上年增长38%。1998年，全州卷烟销售计划9.6万箱，实际销售109145箱，占计划的113.6%，比上年下降8.4%，其中地产烟销售计划为60000箱，实际销售63270.6箱，占计划的105.45%（贵定卷烟厂40302.6箱，占100.75%；贵定卷烟分厂22968箱，占114.84%）。全州共实现卷烟销售收入41641万元，比上年下降6.2%，实现卷烟经营毛利1428.8万元，比上年增加122.2万元，卷烟经营利润实现881.3万元，比上年增加91.1万元，卷烟单箱均价为3815.00元，比上年增加90.00元。其中一、二类烟分别比上年增加1.8%和2%。1999年，全州卷烟销售计划为9.7万箱，实际完成销售98584箱。其中地产烟销售计划为6万箱，完成60276箱（贵定卷烟厂4万箱，实际销售39276箱；贵定卷烟分厂2万箱，实际销售21000箱）。全州共实现卷烟销售收入37052万元，实现卷烟经营毛利1530万元，实现卷烟经营利润1018万元，卷烟单箱均价为3835.00元。

2000年，针对省内、外卷烟市场逐渐萎缩的情况，黔南州把“保价增量促销”作为卷烟销售工作重点，利用卷烟销售网络不断拓宽农村卷烟销售市场，并以提高服务质量和水平来保证卷烟销售任务的完成。全州全年共销售卷烟87971箱，完成年计划的101.1%，其中销售地产烟 50465 箱，占年计划的 84.1%，货款回笼 10046 万元，单箱均价为 4474.00 元，较上年增长 179.00 元。销售毛利 1998 万元，较上年增长 44.1%，卷烟毛利率达 6.3%，较上年上升 2.15 个百分点。2001 年，全州共销售卷烟 88725 箱，占年计划的 102%。其中地产烟销售 55524 箱，占年计划的 92.5%（贵定卷烟厂 34231 箱，占年计划的 85.6%，贵定卷烟分厂 21293 箱，占年计划的 106.5%）。全州卷烟销售单箱均价为 4511.00 元，卷烟经营毛利较上年上升 5.8 个百分点，卷烟毛利率实现 8.84%，较上年上升 2.37 个百分点。2002 年，全州 12 个城网、34 个农网、25 个直销点全部实现计算机操作和联网销售，促进卷烟销量和效益的增长。当年全州共销售卷烟 8.84 万箱，销售收入 41036 万元，较上年增长 7.38%，毛利率实现 12.34%，较上年增长 39.44%，卷烟销售单箱均价为 5187.00 元，较上年增长 606.00 元。

2004 年，全州共销售卷烟 92654 箱，占年计划的 103.3%，较上年上升 2.6 个百分点，实现卷烟销量类值 65234 万元，占年计划的 103.1%，较上年增长 13.4%，卷烟经营毛利为 9651 万元，同比增长 25.5%；省产烟单箱均价为 6828.00 元，同比增长 799.00 元；单箱毛利为 1041.00 元，同比增长 109.00 元。

2005 年，全州共销售卷烟 95662 箱，占年计划的 104%，较上年增长 3.2%，人均销量为 6.07 条，单箱含税均价为 8095.00 元，较上年增长 1054.00 元，卷烟销售收入实现 77434 万元，其中销售省产烟 91840 箱，占年计划的 103.8%，同比增长 2.9%，单箱含税均价为 7851.00 元，较上年增长 1024.00 元，含税卷烟销售收入实现 72106 万元，其中：一类烟销售 5269 箱，占 5.7%；二类烟销售 637 箱，占 0.7%；三类烟销售 39465 箱，占 43%；四类烟销售 43594 箱，占 47.5%；五类烟销售 2877 箱，占 3.1%。

2006 年，全州共销售卷烟 98937 箱，占年计划的 96.42%，完成年计划的 103.06%，其中销售省产烟 94982 箱，完成年计划的 102.13%，实现卷烟销量类值 87223 万元（含税），其中省产烟销量类值 80813 万元（含税），卷烟单箱均价为 8816.00 元，较上年增长 871.00 元，其中省产烟单箱均价为 8508.00 元，较上年增长 657.00 元，卷烟销售毛利额实现 14156 万元，毛利率为 18.97%；单箱毛利额实现 1431.00 元，较上年上升 100 元/箱。

2007 年，州烟草专营部门根据市场对非低档卷烟的需求，与有关部门协调，调减低档卷烟计划，增加非低档卷烟供应，当年全州共销售卷烟 101821 箱，较上年增长 3.5%，卷烟单箱均价为 8816.00 元，较上年增长 828.00 元。2008 年，全州共销售卷烟 106494.94 箱，销售金额 116770 万元，卷烟单箱均价为 10965.00 元，较上年增长 2149.00 元。卷烟销售毛利额实现 23037.93 万元，毛利率为 23.08%. 其中：低档卷烟销售 36552.52 箱，完成计划 33000 箱的 110.77%，省产烟销售完成 97383.93 箱，省外烟销售完成 9111.01 箱，省内、外烟销售比例为 91.44:8.56，全州卷烟平均订货成功率达 99.75%，达到网建 98% 的要求。2009 年，全州共销售卷烟 117465.832 箱，较上年增长 10970.892 箱，增长 10.36%，完成计划 11.3 万箱的 103.95%；低档卷烟共销售 35169.036 箱，完成计划 34800 箱的 101.06%；省内、外烟销售比例为 84:16；卷烟单箱均价为 12455.00 元，较上年增长 1492.00 元。卷烟销售金额 125081 万元，较上年增加 25278 万元，增长 25.33%。

2010 年，全州共销售卷烟 127125 箱，其中省产烟销售完成 110897 箱，省外烟销售完成 16218 箱，销售贵烟系列卷烟 20733 箱，卷烟单箱均价为 14163.72 元。2011 年，全州共销售卷烟 124755 箱，比上年 127125 箱减少 2370 箱，下降 1.86%，其中：省产烟销售完成 108172 箱，比上年 110897 箱减少 2725 箱，下降 2.46%，省外烟销售完成 16575 箱，比上年 16218 箱增加 357 箱，增长 2.2%，省内、外烟销售比例为 87∶13。销售贵烟系列卷烟 24600.7 箱，比上年 20733 箱增加 3867 箱，增长 18.65%，卷烟单箱均价为 16598.93 元，比上年 14163.72 元增加 2384.48 元，增长 116.79%。2012 年，全州销售卷烟 125017.71 箱，比上年增加了 266.93 箱，增长 0.21%。其中：省产卷烟销售 103587.62 箱，同比减少 4584.9 箱，降幅 4.24%；省外卷烟销售 21422.77 箱，同比增加 4847.73 箱，增幅 29.25%。全州省内外卷烟占比 83∶17。销售低档卷烟 23709.59 箱，降幅 19.70%。销售贵烟 33418.26 箱，较上年增长 35.84%。销售全国重点骨干品牌 48670.83 箱，较上年增长 25.8%。销售低焦油、低危害品牌较上年增长 401.28%。实现卷烟销售收入 248635.20 万元，较上年增长 20.07%。2013 年，全州计划购进卷烟 130910 箱，实际购进 130910 箱，其中省产烟 107690 箱，省外烟 23220 箱，上半年增补协议 1000 箱，下半年增补协议 4300 箱。是年，全州销售卷烟 127259.97 箱，超计划 259.97 箱，比上年增长 1.79%。其中：一类烟销售增幅为 40.92%，占总销量的 11.86%；二类烟销售增幅为 52.57%，占总销量的 6.63%；三类烟销售增幅为 8.99%，占总销量的 64.6%；四类烟销售降幅为 23.82%，占总销量的 5.76%；五类烟销售降幅为 40.22%，占总销量的 11.14%。2014 年，全州协议计划购进卷烟 129583 箱（含增补），实际购进卷烟 129583 箱，比上年减少 1327 箱；其中省内协议购进卷烟 105189 箱（贵烟协议 48620 箱，比上年增加 6387.8 箱），比上年减少 2501 箱；省外协议购进卷烟 24394 箱，比上年增加 1174 箱。是年，全州销售卷烟 131905 箱，比上年增加 4645 箱，增幅为 3.65%。全州省内外卷烟销量占比为 81∶19。其中：一类烟销售 20789 箱，比上年增加 5695 箱，增幅为 37.73%，占总销量的 15.76%；二类烟销售 11589 箱，比上年增加 3150 箱，增幅为 37.33%，占总销量的 8.79%；三类烟销售 82798 箱，比上年增加 586 箱，增幅为 0.71%，占总销量的 62.77%；四类烟销售 4224 箱，比上年减少 3109 箱，降幅为 42.4%，占总销量的 3.2%；五类烟销售 12441 箱，比上年减少了 1734 箱，降幅为 12.23%，占总销量的 9.43%。

第三节　建材工业

一、水泥生产

1991 年，全州水泥行业利用国家经济复苏，市场好转和水泥产品价格并轨政策，开拓市场，给水泥行业增效创造条件。贵州都匀水泥厂扩建的直径为 4/3.5/4×145 米的回转窑湿法生产线工程通过国家正式验收，新增年水泥生产能力 28 万吨。罗甸县乡镇企业管理局帮助水泥厂开展技术改造，自筹资金 1 万元建起容量为 540 吨的碎石库 1 座。是年，全州共生产水泥61.04万吨。

1992年，全州乡镇水泥厂水泥产量比上年增长25.4%。其中，都匀市共生产水泥6.22万吨，与上年下降19.3%。是年，贵州省都匀水泥厂生产的剑江牌P.O32.5水泥通过国家产品质量认证。罗甸县乡镇企业管理局帮助水泥厂向农业银行贷款9.5万元对现有设备进行改造，使该厂生产能力提升到6000吨/年。1993年，平塘县乡镇企业生产水泥3500吨，比上年增长16.6%。是年，长顺县联办水泥厂在产品供不应求的情况下，投资185万元进行技术改造，建成年产2万吨的机立窑生产线1条并投入生产。1994年，全州水泥产量为59.01万吨。

1995年，全州水泥产量为59.24万吨，其中，都匀市32.17万吨，荔波县1.16万吨，贵定县3.94万吨，独山县1.5万吨，平塘县0.9万吨，罗甸县2.59万吨，长顺县6.59万吨，龙里县2.6万吨，惠水县0.91万吨。是年，全州乡镇企业生产的水泥产量均有增长，其中，平塘县乡镇企业生产水泥0.33万吨，比上年增长12%。1996年，全州水泥行业开展对外经济技术合作，主要项目主要有黔南州水泥厂生产线扩建、都匀市水泥厂生产线扩建、独山县麻尾水泥厂、长顺县白水泥厂等。当年全州水泥产量68.08万吨，销售65.95万吨。1997年，全州乡镇企业水泥产量比上年增长16.1%。

1998年，在全州产值500万元以上企业中，水泥行业有9个企业，分别是都匀市水泥厂，瓮安县茅坡水泥厂，福泉市军民水泥厂，龙里县冠山水泥厂，罗甸县水泥厂，长顺县联办水泥厂，独山县水泥厂，贵州都匀水泥厂，龙里县水泥厂。是年，瓮安县茅坡水泥厂从提高产量和产品质量着手，抓住瓮安县治理西门河、旧城改造和马（场坪）遵（义）公路改扩建的机遇，投入80多万元进行技术改造、扩大生产规模，仅用8个月的时间生产水泥2.2万吨。长顺县联办水泥厂的技术改造项目将年产0.7万吨的土立窑生产线改造成年产2万吨的机立窑生产线。1999年，全州水泥企业技改项目竣工的有2家，其中，龙里县冠山水泥厂的“机立窑技改”，年新增水泥产量8万吨，产值400万元；独山县水泥厂的“机立窑扩径”，技改后年新增产值68万元。是年，全州水泥产量达90.99万吨。

2001年，全州把国企改革与结构调整结合起来，通过资产重组、技术改造、形成大中小企业配套协作，共同发展的格局，增强骨干产业的市场竞争能力。开展工业企业“学邯钢，抓管理”活动，对全州建材行业的重点企业主要经济技术指标进行调度，企业的电力和燃料消耗指标有所下降。2002年，全州共生产水泥108.9万吨，比上年增长0.49%。2003年，全州共生产水泥85.4万吨。其中，都匀市生产水泥6.46万吨（不含贵州省都匀水泥厂），比上年增长3.9%。仅贵州省都匀水泥厂就生产剑江牌水泥38.82万吨，销量39.93万吨，实现工业总产值7099.1万元（按1990年不变价），实现税收1130万元，实现利润1218万元。2004年，全州共生产水泥135.8万吨，比上年增长37.1%。其中，都匀市生产水泥668万吨（不含贵州省都匀水泥厂），比上年增长3.36%。2005年，全州共生产水泥156.83万吨，比上年增长17.4%。其中，都匀市生产水泥8.03万吨（不含贵州省都匀水泥厂），比上年增长20.2%。2006年，全州共生产水泥164万吨，同上年相比增长3.1%。其中，都匀市生产水泥6.345万吨（不含贵州省都匀水泥厂），比上年下降

21%。2007年，全州共生产水泥563万吨，比上年下降0.3%。其中，都匀市生产水泥8.1万吨（不含贵州省都匀水泥厂），比上年增长27.6%。2008年，全州共生产水泥173.44万吨。2009年，全州共生产水泥282.57万吨，比上年增长62.9%。2010年，贵州都匀豪龙水泥有限公司共投资1459.36万元用于环境保护治理，在建的利用新型干法水泥生产过程产生的废气余热作为热源的纯低温余热发电工程，对于有效节约能源、减少粉尘和CO_2的排放量、降低温室效应和保护生态环境起到积极作用。

2011年，全州关闭小企业和淘汰落后产能计划获工信部、财政部批复，贵州省淘汰落后产能办公室印发2001年淘汰落后产能计划（含第一批已签订目标责任书的企业），黔南州内有5个水泥厂的落后产能生产线（设备）等被限时淘汰。2013年，全州淘汰落后产能计划涉及水泥、铁合金、黄磷、造纸、硫酸、钼冶炼6个行业，三都、瓮安、长顺、惠水、贵定、龙里等6个县（市），共14户企业，淘汰落后总产能47.62万吨。其中：水泥企业3户，淘汰落后产能37万吨；铁合金企业1户，淘汰落后产能0.8万吨；黄磷企业3户，淘汰落后产能2万吨；造纸企业5户，淘汰落后产能6.5万吨；硫酸企业1户，淘汰落后产能1.3万吨；钼冶炼企业1户，淘汰落后产能0.02万吨。各县（市）制定淘汰落后生产能力方案，全年完成淘汰落后总产能47.62万吨的计划任务。2014年，全州共有建材企业103户。全年实现产值164.64亿元，同比增长34.9%。实现增加值34.85亿元，比上年增长20.7%。

二、水泥制品及砖瓦

1991—1993年，都匀桥梁厂平均年生产轨枕64.52万根。

1991—1999年，黔南州水泥电杆厂共生产各种规格水泥电杆124029根（段），完成工业总产值3923.6万元。产品质量经贵州省建材科研设计院检测，全部达到或超过部颁标准。

1992—1995年，都匀桥梁厂生产桥梁连续4年达到300孔/年以上。

1992年，全州砖生产量为3455万块、瓦14407万片。1993年，全州乡镇企业砖的产量比上年增长42.92%。

1994年，全州砖生产量为3455万块。其中，都匀市页岩砖厂完成红砖产量4000万块。三都县砖的生产量比上年增长43.2%。是年8月，龙里县联合制砖厂扩建技术改造项目竣工并投入试运行。仅12月份就生产机制砖195万块。

1995年，平塘县乡镇企业生产黏土砖12074万块，比上年增长109.%，其中，机制砖完成3090万块，比上年下降9.3%。1995年，贵定县国营水泥预制品厂生产水泥构件448平方米，完成工业总产值138万元。

1996年，全州砖生产量为4.99亿块，其中，都匀市页岩砖厂共生产红砖4100万块。是年，都匀市页岩砖厂新增采矿运输车3台和原料堆棚840平方米，并对50/40型砖机进行了技术改造，使砖机工作效率由原来的36%提高到46.7%，电耗由原来的451千瓦时/万块下降为390千瓦时/万块，年可节电24.4万千瓦时，节约电费7.32万元。同时，半成品的质量明显提高，产品的合格率由原来的92%提高到96.2%。减少断砖60%。

1997 年，都匀市页岩砖厂完成工业总产值 5056 万元。是年，平塘县乡镇企业项目建设工作成效显著，投资 100 万元以上项目已建成 5 个，浙岭砖厂建成并正式投入生产。当年，平塘县乡镇企业生产砖 6271 万块。

1998 年，全州建材工业克服亚洲金融危机等诸多不利因素影响，继续保持良好的发展势头。是年，都匀市页岩砖厂在提高烧结砖质量活动中荣获“全国先进企业质量审核验收合格证”和全国砖瓦协会颁发的《节能降耗先进企业》奖牌。12 月，都匀市页岩砖厂作为都匀市工业企业首家股份制改制企业，正式挂牌成立都匀长鑫建材有限责任公司，走上了自主经营、自负盈亏的发展道路。改制后，都匀长鑫建材有限责任公司遇到综合成本上升，职工养老保险金、失业保险金、矿山资源等税费增加，经营销售面对周边个体砖厂的冲击，红砖销售价格下降 15%，全年减收近 120 万元的不利局面。

1999 年，全州共生产砖 1.205 亿块（全社会产量），生产瓦 0.318 亿片（全社会产量）。是年，都匀长鑫建材有限责任公司实现利润总额 88.2 万元。

2000 年，都匀长鑫建材有限责任公司开始筹建 1 条年产 3000 万块高掺量粉煤灰烧结空心砖生产线，经贵州省经贸委正式批准建设，项目总投资为 1051.8 万元。是年，黔南州水泥电杆厂共生产各种规格水泥电杆 24842 根（段），实现工业总产值 722.1 万元。

2001 年，黔南州水泥电杆厂共销售各种规格水泥电杆 19446 根（段），比上年下降 21.7%。2001—2002 年，都匀长鑫建材有限责任公司共生产页岩烧结砖 7075.53 万块，实现工业总产值 1776.7 万元，实现销售产值 1712.1 万元。2002 年因市场萎缩有 1 条生产线停产。

2002 年，黔南州水泥电杆厂共销售各种规格水泥电杆 5868 根（段），比上年下降 69.8%。2003 年，都匀市重点建材工业共生产机制砖 3575.9 万块，乡镇企业共生产砖 7827 万块，生产瓦 15.2 亿片。黔南州水泥电杆厂共生产各种规格型号水泥电杆 5467 根（段），实现工业总产值 170 万元，销售收入 200 万元。鉴于 2003 年国家实施的农村电网农网改造工程即将结束，各地小型电杆厂为争夺市场，纷纷对 φ150 系列水泥电杆采取倾销手段，黔南州水泥电杆厂 φ150 系列规格产品在电力销售市场占有率大幅萎缩，仅在移动通信销售市场争取到 1400 余根，同时，由于是年 35 千伏以上电力线路建设量较少，黔南州水泥电杆厂所保持 φ190 以上系列产品的优势并未得到充分发挥和体现，难以形成规模生产和规模销售，导致企业生产断断续续。1 月至 9 月间，累计停产长达 5 个月之久。

2004 年，都匀市重点建材工业共生产机制砖 3234.8 万块，比上年下降 9.5%，乡镇企业共生产砖 7300 万块，生产瓦 1 亿片。都匀长鑫建材有限责任公司共生产红砖 3234 万块，完成工业总产值 613 万元，实现销售收入 578 万元，实现利税 16.7 万元。2005 年，都匀市重点建材工业共生产机制砖 3862.2 万块，比上年增长 19.4%，乡镇企业共生产砖 11925 万块，比上年增长 9.15%，生产瓦 1.141 亿片，比上年增长 14.1%。

2006 年，全州建材行业因市场需求量扩大，砖产品呈现产销两旺势头。都匀市重点建材工业共生产机制砖 4023.3 万块，比上年增长 4.2%。都匀长鑫建材有限责任公司将原生产线改造为年产 3000 万块（折标准砖）高掺量粉煤灰烧结空心砖生产线，可生产各种规格承重、非承重空心砖。高掺量粉煤灰烧结空心砖生产线项目具有节土、节能、利废、保护环境、建筑保温等特点，能满足市场对新型墙体材料的需求，市场前景看好。

2007 年，全州砖瓦企业开发利用工业废渣生产建材产品，共有 21 个砖瓦企业通过省级认定，享受国家增值税退税优惠政策。废渣利用率达 16% 以上，比上年增长 4 个百分点，在全省 9 个市（地、州）中排名第 3 位。都匀市重点建材工业共生产机制砖 3486 万块，比上年下降 13.4%。都匀长鑫建材有限责任公司完成工业总产值 966.2 万元，比上年增长 0.6%，完成工业销售产值 1047.2 万元，比上年增长 18.6%，产品销售率为 108.4%。

2009 年，都匀长鑫建材有限责任公司完成工业总产值 1439.4 万元，比上年增长 19.5%，完成工业销售产值 1305.8 万元，比上年增长 7.7%，产品销售率为 90.7%，利润亏损 99.8 万元。该公司在研制、开发、推广使用的过程中摸索出一套生产粉煤灰烧结空心砖的技术经验，近三年共生产烧结空心砖 285 万块，并推广应用于都匀第六中学、天柱县中学、都匀电力配调大楼、贵定县电力大楼等建筑工程。贵州长泰源节能建材有限公司生产水泥砌块，共完成工业总产值 20431 万元。黔南长通电力线路器材公司共完成工业产值 17425 万元，比上年增长 60%；生产水泥电杆 64818 根，比上年增长 158.2%。

2010 年 10 月，黔南长通水泥电杆有限公司在拍卖活动中购得甘塘产业聚集区用地建厂，随即成立搬迁技改领导小组和项目工程办公室，完善土地项目建设的相关手续。是年，黔南长通水泥电杆有限公司完成工业产值 1110 万元，比上年下降 20.7%。都匀长鑫建材有限责任公司共生产红砖 2618 万块，销售红砖 2931 万块，实现销售收入 1200 万元，完成工业总产值 2238.7 万元，比上年增长 55.5%；完成工业销售产值 1740.3 万元，比上年增长 33.3%，产品销售率为 77.7%，利润亏损 159 万元，上缴税金 75 万元。

2011 年，都匀长鑫建材有限责任公司共生产红砖 3296 万块，销售红砖 3224 万块，实现销售收入 1193 万元。生产粉煤灰烧结空心砖 500 万块，公司获上部主管部门拨付的技术改造资金 65 万元。是年，都匀市规模工业企业生产水泥电杆 28353 根。其中，黔南长通水泥电杆有限公司新厂建成并投入生产，当年生产水泥电杆 17924 根（段），生产水泥小件 12578 块，产品合格率达 99.3%，产品发货价值 1523 万元，货款回笼 1460.7 万元，上缴税金 70 多万元，创利润 221.65 万元。该公司通过北京华夏认证中心有限公司第三方 2008 版 2011 年度审核评审。

2012 年，都匀市规模工业企业生产水泥电杆 21249 根，比上年下降 25.1%。都匀长鑫建材有限责任公司共生产红砖 3039 万块，销售红砖 3000 万块，实现销售收入 1169 万元，缴纳税金 89 万元。2013 年，平塘县城周边 8 家砖厂企业进行淘汰落后产能搬迁，全面淘汰关闭。

第四节　纺织工业

黔南州都匀市曾是贵州省纺织工业的基地之一。1990 年，全州共有国有纺织企业 7 户（不含独立核算的国有分厂）、集体纺织企业 5 户，职工近万人，拥有总资产 2.5 亿元，其中固定资产净值8500万元。至1993年，全州已形成棉纺、麻纺、针织、毛纺、印染5个行业的生产格局。此后，随着国际国内纺织市场的发展变化，受多种因素的制约和影响，黔南州纺织工业在激烈的市场竞争中逐步萎缩。

1991年，州轻纺工业局根据省轻纺工业厅和州政府的安排部署，在全州轻纺企业中开展“质量、品种、效益年”活动，将各项指标细化、量化、具体化，分解落实到企业。是年，全州纺织行业欠产2388.33万元，比上年下降21.43%。

是年，全州纺织行业的技术改造重点项目纳入工业“八五”计划。其中包括：都匀毛麻纺织厂投资500万元完善印花生产线，购置圆网印花机1台，连晒设备1套及国产配套设备，以达到年新增纺织能力800万米；都匀毛麻纺织厂投资2559万元开发麻毛、麻棉织产品5200锭毛精纺车间织机120台的分期改造；都匀针织内衣厂投资850万元进行染整车间改造，完善氯氧联漂生产线，引进多头电脑绣花机，购置热定型机及配套设备，新增4吨锅炉1台，以达到年新增150万件能力；都匀羊毛衫厂共投资500万元，第一期投资105万元更新改造针织横机及配套设备和车间扩建，以达到年新增羊毛衫9万件能力；三都棉纺织厂投资1500万元改造2400锭扩至1万锭的生产线，以达到年新增棉纱1200吨能力；都匀织袜厂共投资460万元，改造和引进意大利CONAT织袜机65台（套）及国产配套设备，以达到年新增织袜500万双能力；都匀织布厂投资130万元对涤纶宽幅蚊帐布生产线进行改造，以达到年新增纺织能力77万米；贵定丝绸厂投资150万元对缫丝车间进行改造，以达到年新增缫丝能力50吨。当年全州纺织行业完成重点产品开发项目12项，都匀市织袜厂生产的锦纶丝有跟女袜获贵州省旅游产品“黄果树杯”奖。

1992年，根据全州轻纺工业发展不平衡的状况，州轻纺工业局提出“东（中）抓提高，西抓恢复，南抓完善，北抓发展”的战略构想。为了帮助亏损严重的纺织行业走出困境，采取“一厂一策”的办法，重点抓都匀毛麻纺织印染总厂划小核算单位，实行“分灶吃饭”的改革。1993年，州轻纺工业局针对全州纺织行业存在停工停产的严峻局面，在企业内部推行划小核算单位，实行“分灶吃饭”；个人引资；风险抵押承包，试行“国有民营”；多渠道筹集资金，“脱壳经营”；到沿海合资办厂，以外带内以及开展多种经营，开办“第三产业”等，全州纺织企业出现了新的生机。都匀毛麻纺织印染总厂是年5月至8月处于全停产状态，通过职工和外来人员引入数百万资金分别承包麻纺分厂和印染分厂，也带动了全厂，生产与销售有了明显的提升。10月份以后，都匀毛麻纺织印染总厂月均总产值为750万元，销售收入达700万元，产销量比9月份之前平均增长170%，职工收入也有了明显增加。至年底，都匀毛麻纺织印染总厂产成品资金由上年的2818万元降为1003万元；完成工业总产值4613万元，与上年同期相比增长13.25%，销售收入达4793万元，与上年增长10.9%。1994年，全州纺织企业共完成机织布1512万米，比上年增加477万米，超过省轻纺工业厅下达计划的6倍；完成工业总产值16735万元，比上年增长42.41%。是年，都匀针织内衣厂强化内部管理，提高产品竞争力，产销率为100%，货款回笼100%；都匀黄麻纺织厂压缩了传统的麻袋生产，改产适销对路的麻布；都匀市织袜厂开发适销产品涤毛袜等。是年，都匀市织布厂的科研稀土漂白先进工艺获贵州省科研二等奖。

1993 年，都匀市织布厂的科研稀土漂白先进工艺获中国贵州“杜鹃花”质量信得过产品奖。都匀市织袜厂开发的涤毛袜填补了省内空白，狸狸牌三吃三跳弹力袜被评为贵州省名牌产品。全州纺织行业新增花色品种 28 个，新试制产品 5 个。

1995 年，全州对特困企业实行“一厂一策”的办法，帮助解困转机。1996 年，推动产品上水平、上品种、上质量、上规模，增强市场竞争能力，增加出口创汇，提高经济效益。全州纺织企业完成工业总产值 16221 万元，比上年增长 0. 56%。1997 年，全州纺织工业共完成工业总产值 10642 万元，比上年下降 34. 39%。1998 年，全州纺织企业生产仍陷在不景气的大环境中，产品数量大幅度下滑，其中，苎麻布产量为 72. 5 万米，比上年减少 63. 19%；毛腈线产量为 396 吨，比上年减少 18. 82%；棉麻交织布 172. 8 万米；混纺纱产量为 244. 78 吨；麻包布产量为 611. 68 万米，比上年减少 29. 81%；毛毯产量为 1. 05 万条，比上年减少 56. 79%；麻袋产量为 97. 6 万条，比上年增长 43. 55%；棉布产量为 251. 6 万米，比上年减少 38. 33%。是年，全州纺织工业共完成工业总产值 8282 万元，比上年下降 22. 17%。1999 年的产品数量继续下滑，其中，苎麻布产量为 60. 45 万米，比上年减少 16. 62%；毛腈线产量为 328. 9 吨，比上年减少 16. 92%；棉麻交织布 213. 7 万米，比上年减少 23. 71%；混纺纱产量为 611. 4 吨（含代加工），比上年增长 249. 75%；麻包布产量为 299. 81 万米，比上年减少 50. 98%；麻袋产量为 35. 05 万条，比上年减少 64. 08%；棉布产量为 231 万米，比上年减少 8. 18%。是年，全州纺织工业共完成工业总产值 6898 万元，比上年下降 10. 9%。

是年，都匀市羊毛衫厂开发生产的针织羊毛直筒裤系列产品和都匀市民族提花色织厂开发生产的提花床单系列产品获中国国际技术产品展览会金奖。都匀毛纺厂还开发试制浅驼色纯毛素毯，经过 19 次反复试制获成功，市场反应良好。

1996 年，黔南虹光毛纺厂开发生产的防虫蛀绒线荣获 1995—1996 年度贵州省优秀新产品二等奖。1997 年该厂开发生产的虹光牌腈混纺绒线荣获贵州省名牌产品称号。

2000 年，全州苎麻布产量为 114. 32 万米，比上年增长 89. 11%；毛腈绒线产量为 61. 23 吨，比上年减少 76. 7%；棉麻交织布 41. 15 万米，比上年减少 80. 8%；混纺纱产量为 236. 23 吨，比上年减少 62%；麻包布产量为 349. 45 万米，比上年增长 16. 65%；麻袋产量为 90. 39 万条，比上年增长 157. 88%；棉布产量为 290. 44 万米，比上年增长 25. 73%。

2001 年，经州政府呈文和州经贸局、州轻纺工业总会分别呈报。贵州省企业兼并破产和职工再就业工作协调小组批复原则同意黔南虹光毛纺织厂破产进入法律程序。

2002 年，都匀黄麻制品有限责任公司开发新产品地毯纱，是年生产地毯纱 1000 吨，取得较好经济效益。为此，该公司于当年即进行年产 3000 吨地毯纱的技术改造，项目总投资 620 万元。2003 年，都匀黄麻制品有限责任公司年产 3000 吨地毯纱技改项目第一期工程完工。所生产的地毯纱主要销往广东、浙江、江苏、山东、北京、青海、云南、新疆等地，该公司全年共生产地毯纱 2997 吨，比上年增长 61. 6%，完成现价产值 2865. 1 万元，比上年增长 26. 9%，完成工业销售产值 2380. 7 万元，比上年增长 17. 7%。

2004年，都匀黄麻制品有限责任公司在面对由总负债高达4169万元（其中流动负债3034万元）所带来的资金运转极为困难的压力下，一方面以市场为导向，从提高新产品高支纱的产量和质量入手，应对日益激烈的市场竞争，另一方面从企业内部抓起，通过抓班子廉政建设、做好民主作风建设、促进企业民主管理、关心职工工作生活等措施增强企业凝聚力，并推行模拟ISO质量管理体系，强化生产管理、质量考核和节能降耗，通过各种行之有效的措施，在极为不利的市场条件下实现进一步的发展。当年生产黄麻制品6000吨，完成现价产值3116万元，上缴税金193万元，在全国同行业中，都匀黄麻制品有限责任公司的产量、纳税居于第一，并被评为中国麻纺协会常务理事单位。

2005年，都匀黄麻制品有限责任公司克服“原料和市场两头在外”（企业所需原料由孟加拉、缅甸等国进口，而销售市场又远在广东、浙江、江苏、山东、北京等地）、债务沉重等不利因素，到沿海一些同类破产企业和停产企业调查，以废铁的价格购进破产企业和停产企业的设备，组织公司党员技术骨干和职工技术尖子进行重新组装，将用35万元购进的废铁组装成价值350余万元的44台可满足新产品生产需要的设备，建成年产6000吨黄麻制品的全国最大的黄麻制品生产基地，实现企业增值，产量提高三分之一。

2006年，都匀黄麻制品有限责任公司改革管理机制，压缩非生产人员和管理科室，打破工资等级制，实行岗位津贴、计件工资等分配形式，调动职工生产积极性。同时，扩大销售渠道，以销促产，实现产销衔接。公司是年仅用200多人生产出黄麻制品7178吨，工业总产值5007万元，比上年增长24%，上缴税金354万元，比上年增长10.62%。

2007年，都匀市织布厂改革改制后，投资100多万元对织布车间进行技术改造，分别开展浆纱车间生产线一条龙的改造，取代原小作坊式的单独脱节式生产工艺、浆纱漂白工艺的改造（稀土漂白工艺）、木制络筒机更新为全电器化自动络筒机和络纬机、锅炉和自动棉纱烘燥机改造，取代原始的烘房式烘干工艺。同时，开发劳保、卫生产品、药用棉纱、帆布、帆布手套、纱手套等新产品。该厂的工业总产值由改制前的484.4万元提升到1015万元，增长216.75%；销售收入由442.7万元提升至713万元，增长161.06%；实现利润由2.5万元提升至8万元，增长320%。是年，都匀黄麻制品有限责任公司的职工年平均收入与上年增长12%，工业总产值比上年增长6.4%，产品销售率为75.1%，上缴税金276万元，完成产量比上年增长13%。

2009年，都匀黄麻制品有限责任公司完成工业总产值6667.4万元，比上年增长10.7%；完成工业销售产值3863.4万元，比上年增长16.6%，产品销售率为58%，实现利润4万元，上缴税金392万元，职工收入增长3%。都匀市织布厂完成销售收入190万元，销售各种棉布80万米，上缴税金4.5万元。是年该厂上报的《民族花椒布技改项目》获批准并着手实施。

2010年，全州规模以上工业纺织企业共生产麻袋123万条，生产麻布748万米，生产地毯纱5012吨。都匀黄麻制品有限责任公司完成工业总产值8639.4万元，比上年增长29.6%，完成工业销售产值5838.4万元，比上年增长51.1%，产品销售率为67.6%，实现利润3万元；上缴税金487万元。

2011年，全州规模以上工业纺织企业共生产麻袋93.3万条，比上年减少24.1%；生产麻布823万米，比上年增长10.1%；生产地毯纱5776吨，比上年增长15.2%。都匀黄麻制品有限责任公司引进江苏开利地毯公司投资8500万元建设差别化地毯生产项目。

2012年，全州规模以上工业纺织企业共生产麻袋88.1万条，比上年减少5.6%；生产麻布453万米，比上年增长45%；生产地毯纱5526.3吨，比上年增长4.2%。都匀黄麻制品有限责任公司完成工业总产值6188万元，比上年减少16%，超预期目标3.1%；完成产量5571吨，比上年减少12.17%，超预期目标11.42%。上缴税金530万元，比上年增长6.85%，超预期目标6%。

第五节　电力工业

一、电力生产

1991年，州内有都匀电厂及瓮安县、独山县火电厂等，规模较小。乡、村两级建有装机容量25千瓦以上小水电站147个，总装机21798千瓦。

1992年，全州地方小火电装机容量16000千瓦（包括位于瓮安的省级企业新华磷肥厂、白水河煤矿自备电装机容量8500千瓦）。1996年，国家从各种渠道投入黔南水电建设资金8941万元，当年新增地方电力装机1.02万千瓦，地方发电量2.7亿千瓦小时。是年，总投资4696万元、装机总量8400千瓦的罗甸雷公滩电站全面完工投产；总投资4055万元、总装机容量6000千瓦的都匀桃花电站开工建设；总投资5721万元、总装机容量9000千瓦的独山黑神河梯级电站获省批准立项。1997年，罗甸上立亭电站（投资9722万元、装机2×8000千瓦）获省批准立项。全年全州完成新增地电装机1.62万千瓦。是年全州装机总量达15.7万千瓦，其中水电11.3万千瓦、火电4.4万千瓦。1998年，全州地方电力工程总投资2194万元，新增装机1.5万千瓦。1999年，全州新增装机容量5万千瓦，年末全州地方电力装机达16万千瓦。

“九五”期末，全州新增荔波大七孔、长顺猛坑等一批地方电力装机共16.32万千瓦，全州水力发电总量由“八五”期末的3.06万千瓦时上升到“九五”期末的5.08万千瓦时。

2002年，荔波大七孔电站一期2台机组发电，当年全州地方电力装机14.99万千瓦。2003年，黔南州与贵州中水能源发展有限公司、能辉实业发展有限公司签订协议，对蒙江流域已建成的5座电站进行改造，增容8.47万千瓦；同年，州政府与广西广能水电有限责任公司签订协议，合作经营大七孔水电站项目；长顺县对猛坑一、二级电站进行技改扩容（共增280千瓦）；长顺石板塘电站工程项目完成投资1121万元；三都周覃电站技改扩容400千瓦；三都官塘电站工程完成投资1121万元。2004年，州内蒙江、槽渡河、坝王河、瓮安河等流域水电梯级开发陆续启动。年底，全州地方电力新增装机容量0.184万千瓦，累计装机容量15.423万千瓦。是年，经贵州省委常委会议审定，同意将都匀电厂2×30万千瓦异地改造列为省第三批电源建设重点项目。

2005 年，全州新增地方电力装机 3.4 万千瓦，年末总装机达 18.82 万千瓦，地方电力发电达 6 亿千瓦时。全年新开工建设水电站 15 个，装机规模 35.8 万千瓦，投资规模 21 亿元。是年全州运行的农村小水电站有都匀市明英电站、都匀市新桥电站、都匀市马寨电站、独山县牟尼河电站、荔波县把查电站、荔波县巴克电站、荔波县三岔河电站、三都县周覃电站、福泉市洒金谷电站、福泉市墩边电站、福泉市两岔河电站、龙里县矿山脚电站。

2006 年，全州新开工建设水电站 10 个，在建电站规模 33.92 万千瓦，投资规模约 20 亿元。全州新增地方电力装机 5.13 万千瓦，年末总装机 2.6 万千瓦（核减 0.54 万千瓦），地方电力发电达 8.05 亿千瓦时。2007 年开工建设福泉冷水河四级、瓮安岩根河、瓮安擦耳岩、三都甲照、三都下寨一级等 5 座电站总装机 6190 千瓦。至年底，全州 500 千瓦以上已投产的水电站有 46 座，总装机 21.927 万千瓦；在建水电站总装机 38.06 万千瓦。

2008 年，全州新开工建设水电站 2 座，总装机 5300 千瓦。当年建成水电站 5 座新增装机容量 16.26 万千瓦。至年底，全州 500 千瓦以上已投产的水电站有 68 座，总装机 38.42 万千瓦；在建水电站 15 座，总装机 21.32 万千瓦。2009 年，全州新增水电装机 14.126 万千瓦，全年投运发电的 500 千瓦以上电站 71 座，总装机 46.47 万千瓦，全州水电全年发电量 12.3 亿千瓦时。

2010 年，全州新开工建设水电站 5 处，新增水电装机 2.66 万千瓦，全年水力发电量达 14.6 亿千瓦时。是年，启动风电项目建设，龙里草原风电场、惠水摆榜风电场、贵定黄龙山风电场、都匀螺蛳壳风电场建设列入规划，规划装机 21 万千瓦。都匀电厂 2×60 万千瓦易地改造工程项目在福泉马场坪正式开工建设。2011 年，全州新增水电站 6 座。新增装机 1.122 万千瓦。全州全年水力发电 15.44 亿千瓦时。2012 年，国电福泉电厂第一台机组点火试运行。龙里风电场一二期工程和惠水龙塘山风电场 5 台机组发电，从此揭开黔南新能源建设新篇章。是年全州地方电力装机 1.45 万千瓦，发电量 20 亿千瓦时。2013 年，全州投入水电建设资金 10 亿元，新增地方电力装机 7.33 万千瓦。龙里风力发电二、三期工程开工，国电福泉电厂第二台机组投产运行。

2014 年，全州投入电力建设资金 7.92 亿元，新增水电装机 1.43 万千瓦。全州共有电力企业 28 户，其中发电企业（包括水电、火电、风电）14 户，供电企业 14 户，全年实现产值 101.5 亿元，比上年增长 22.3%，实现增加值 22.09 亿元，比上年增长 20.7%。大型发电企业有中广核贵州龙里风力发电有限公司、国电都匀发电有限公司等。

1991—2014 年黔南州电力生产情况统计表

表 9-2-3　　　　单位：万千瓦小时

年度	发电量	年度	发电量	年度	发电量
1991	34667	1999	51729	2007	110735
1992	34469	2000	51538	2008	144674
1993	42110	2001	47077	2009	185900

续表9－2－3

年度	发电量	年度	发电量	年度	发电量
1994	46463	2002	73915	2010	204700
1995	50857	2003	72878	2011	251400
1996	61942	2004	97830	2012	234300
1997	48781	2005	61679	2013	423100
1998	46760	2006	90600	2014	866992

二、电网建设

黔南州的电网建设分为都匀电网建设和农村电网改造两大部分。

（一）都匀电网建设

都匀电网经过20世纪70年代至90年代国家和供电企业的投资建设，到90年代末，拥有110千伏变电站12座，110千伏输电线路14条、总厂326.7公里，供电范围由都匀市扩大到了七个县（市）。期间，1994年，都匀电网第一座220千伏福泉变电站建成投入电网运行，一条220千伏超高压输电线路将都匀电网与贵阳电网紧密相连，都匀电网跃上超高压、大容量、大电网的台阶。

2000年，都匀电网内相继建成投运了220千伏都匀变、剑江变，加上与220千伏凯里变的超高压输电线路的相连，形成了220千伏四角环网供电的网架结构。在220千伏网架结构下，110千伏电网也得到了快速发展，先后竣工投运的110千伏瓮安变、三都变、荔波变等变电站将都匀电网内8县2市连在了一起，实现了县县有110千伏变电站为基础的环网供电网络。在此期间，瓮福磷矿等一批大用户专用的110千伏变电站也相继建成投运。“九五”期末，全州实现县县有11万伏以上输变设施的目标，形成都匀市220千伏环网。是年，完成瓮安、罗甸、长顺、荔波4个农村初级电气化县建设。

2001年，为适应贵州电网的快速发展和“西电东送”“黔电送粤”的需要，都匀电网在220千伏福泉变的基础上扩建为500千伏变电站，标志着都匀电网迈向500千伏超高压、大电网、大容量的行列。500千伏福泉变承担“西电东送”和连接凯里、铜仁两个地区电网的重任。有了500千伏大电网的支撑，在随后的电力建设中，都匀电网进入了跨越式的发展期，另外一座500千伏独山变也建成投运，先后又有瓮安变、麻尾变、旧治变、石牌变、麻江变、甘塘变、剑江变等一批220千伏变电站陆续建成投运。

2008年初，都匀电网遭受历史罕见凝冻灾害的袭击，网内100%的500千伏线路、93%的220千伏线路、84%的110千伏线路、77%的35千伏线路因灾害造成的故障停运，都匀电网陷入瘫痪，都匀、福泉、平塘、独山、瓮安等县市停电超过11天。故障发生后，供电部门在各级党委政府和有关方面的支持下，组织力量连续奋战50多个昼夜，恢复电网正常供电。事后，都匀供电局被贵州省委省政府表彰为“全省抗凝冻、保民生先进单位”，记集体一等功。到2012年，都匀电网完成电网建设投资47.52亿元，建成35千伏及以上变电站123座，35千伏及以上电压等级的输电线路4775千米。

至2014年，都匀电网完成电网建设投资53.977亿元，建成35千伏及以上变电站116座（其中500千伏变电站2座，主变4台；220千伏变电站11座，主变18台；110千伏变电站35座，主变64台；35千伏变电站68座，主变101台），主变容量766.37万千伏安，35千伏及以上电压等级的输电线路4508公里。形成了以500千伏福泉变、独山变为中心，220千伏输电线路为主网架，110千伏电网辐射各县（市）的供电格局。城市供电可靠率99.9846%，综合电压合格率99.44%，110千伏及以上系统保护正确动作率100%。都匀电网从一个电压等级低、供电范围小的孤立电网发展到由500千伏输电线路、220千伏输电线路和110千伏输电线路相互连接2座500千伏变电站（含500千伏独山变）、11座220千伏变电站、35座110千伏变电站组成的超高压、大容量的大电网，其网架结构合理的供电网络遍布辖区8县2市，为辖区内工农业生产和人民生活用电提供了安全、稳定、可靠的电力保障。

（二）农网建设与改造

20世纪90年代初，都匀农网的高、低压配电线路设施简陋、杆型单薄、档距大，导线细，多条线路由于运行时间较长，绝缘性能明显下降。部分县的配电线路藤类植物攀缘造成事故多，一处故障，多处停电，安全性能低，经常出现人身触电伤亡事故。1995年后，农网虽然经过部分整改，但由于35千伏变电站布局不尽合理且均为单电源，又因高压配电设备质量较差，导致广大农村用电质量普遍较差。

农村电网建设改造以前，国家对农电的发展、建设没有固定的投资渠道，农网建设滞后，网架薄弱，设备陈旧，电能损耗高，制约了地方经济的发展。各地政府为了发展经济，不得不自行出台政策，集资办电，造成了农电资产多元化，以致形成农电管理体制多元化和农民负担加重。根据国务院关于对农村电网实施“两改一同价”（农网改造、农电管理体制改革和同网同价）的精神和省的部署，全州农网改造改造工作分两期进行。1998年8月至2001年12月为第一期，2002年以后实施第二期，共投入农网改造资金81417.7万元，完成了一批输变电和线路改造项目。经过连续多年的大规模农村电网建设和改造，农网结构和农村用电状况有了根本性好转：农村供电能力显著提高，农村到户电价平均下降0.26元/千瓦时～0.71元/千瓦时，农电损耗普遍从改造前的25%～30%降到12%左右。

2011年，都匀电网辖区乡镇通电率100%，行政村通电率100%，户通电率98.9%，农电系统完成供电量45.3亿千瓦时。2014年年底，都匀电网辖区乡镇通电率100%，行政村通电率100%，户通电率100%。农电系统完成供电量61.49亿千瓦时，售电58.80亿千瓦时。

三、电力供应

1991年，都匀电网的年供电量仅为5.42亿千瓦时。其后几年，年供电量始终在10亿千瓦时以内徘徊。

1994年，随着220千伏福泉输变电工程的投产，提高了都匀电网的电压等级和供电能力，与此同时，全州经济社会的发展步伐逐步加快，对电力供应的需求不断增加，打破都匀电网年供电量徘徊不前的局面。1997 年底，随着独山甲定、三都塘州、坝街、羊福、巫不和荔波佳荣等最后 7 个无电乡通电，全州实现乡乡通电。

“十五”到“十一五”期间，黔南州经济社会进入快速发展的新时期，以瓮福和黔桂、湘黔电气化铁路为代表的一批大中型企业相继投产，全州城乡建设面貌发生重大变化，企业生产和城乡用电量呈跳跃式增长。2000 年，仅全州重点企业的用电量就比上年增长 25%。

2009 年，都匀电网的年供电量达到 50.88 亿千瓦时，比上年增加近 10 亿千瓦时，增长 23.7%。

进入“十二五”时期，随着全州招商引资力度的加大，一批大、中型水泥企业、化工企业、冶炼企业等相继落户黔南，州内各级经济开发区和各类工业园区陆续建成并投入生产，全州城镇建设和第三产业快速发展，各行各业对电力供应的需求增大，全州电力供应跃上新台阶。

2012 年，都匀电网社会用电量达 64.73 亿千瓦时，最大负荷 115 万千瓦，人均年用电量 1659 千瓦时。

2014 年，都匀电网社会用电量为 87.65 亿千瓦时，最大负荷为 123.8 万千瓦，人均年用电量达到 2713 千瓦时，为 1991 年的 19.94 倍。是年，全州共有供电企业 14 户，全年实现产值 101.05 亿元，比上年增长 22.3%，实现增加值 22.09 亿元，比上年增长 20.7%。

1991—2014 年都匀电网供电量、售电量、线损率情况统计表

表 9－2－4

年度	供电量（万千瓦时）	售电量（万千瓦时）	线损率（%）	年度	供电量（万千瓦时）	售电量（万千瓦时）	线损率（%）
1991	54200	50900	6.17	2003	295700	284800	3.69
1992	62900	59200	6.5	2004	352400	342900	2.68
1993	69200	65300	5.75	2005	351500	333200	5.21
1994	76004	72556	5.29	2006	369200	355900	3.59
1995	87380	78500	10.16	2007	423300	409700	3.22
1996	104600	99300	4.88	2008	411300	373700	9.14
1997	124700	119300	3.99	2009	508800	480800	5.50
1998	132700	128400	3.19	2010	577000	547700	5.07
1999	143500	139000	3.12	2011	602700	572600	4.99
2000	159700	153500	3.89	2012	647300	610200	5.29
2001	205900	198700	3.48	2013	685797	651420	5.01
2002	238000	230000	3.32	2014	720033	683672	5.05

说明：上表数据为都匀供电局提供，仅为该局所辖都匀市、福泉市和瓮安、贵定、独山、三都、平塘、荔波等县以及麻江、丹寨县的供电情况，不是黔南全州的数据

第六节　机械工业

一、生产及管理

1991 年，全州机械（农机）工业共完成生产和加工外协产品的产值约 500 万元，占全部工业产值的 10%。是年，全行业完成总产值 4980.1 万元，完成计划 115.6%，比上年增长 16.9%，其中各县（市）农机厂完成工业总产值 824.4 万元，完成计划的 111.5%，比上年增长 13.6%，农机修理产值完成 79.8 万元，比上年同期增长 2.1%。主要机械（农机）产品产量为：金属切削机床 70 台，占计划数的 116.6%，比上年增长 25%；锻压设备 213 台，占计划数的 100%，比上年增长 5.4%；碾米机 2133 台，占计划数的 106.6%，比上年增长 5.3%；农用挂车 1749 辆，占计划数的 112.1%，比上年增长 35.5%；农用挂车钢板弹簧 3.3 万元，水轮泵 97 台，占计划数的 16.7%，比上年下降 69.8%；混凝土搅拌机 70 台，占计划数的 116.6%，比上年增长 89.1%；制砖机 34 台，占计划数的 69%，比上年增长 103.3%；汽车配件（钢板弹簧）15.1 万元，曲轴 472 根，比上年增长 85%；马车底盘 290 部，比上年增长 314.2%；力车辐条 130 万套，比上年增长 3.4%；力车轮辋 7.6 万个，比上年增长 24.5%；人力翻斗车辆 688 部，比上年增长 72%；面粉搅拌机 89 台，比上年增长 345%。全州机械（农机）工业实现利润 138.8 万元，比上年增长 43.9%。全州机械（农机）工业共完成销售收入 4054.9 万元，比上年增长 63%，其中各县（市）农机厂完成 670.2 万元，比上年增长 17.3%。

1992 年，全州机械（农机）工业完成总产值 10287 万元。黔南锻压机床厂实现工业总产值 1003.1 万元，比上年增长 62.16%。完成产品产量 378 台，比上年增长 165 台，销售收入达 1002.2 万元，比上年增长 42.8%，实现利润 56.16 万元，比上年增长 5.5 倍，上缴税金 51.5 万元，比上年增长 29.6%。

1994 年，黔南锻压机床厂陷入停产半停产状态，亏损额达 40 余万元，拥有固定资产 1219.37 万元，贷款经营累计亏损 178.9 万元，欠税 16.3 万元。企业生产基本停止。1995 年，黔南锻压机床厂实行风险抵押承包，完成工业总产值 1010.6 万元，完成率为合同的 101.6%。合同当年允许亏损 20 万元，实际盈利 7.13 万元，完成率为合同的 235.65%。

1996 年，全州机械工业系统拥有企业 17 户，其中单列企业 1 户；职工 5118 人；固定资产原值 12488.4 万元，固定资产净值 7220.8 万元，全年完成工业总产值 13128.5 万元，比上年下降 15%，实现销售收入 11586.1 万元，比上年下降 12.4%，上缴税金 751.7 万元，比上年增长 56.28%。全行业亏损 711.4 万元，比上年减亏 447.5 万元。造成全行亏损的主要原因是东方机床厂亏损 981 万元，荔波县农机厂亏损 16 万元。是年，黔南锻压机床厂完成工业总产值 1508.1 万元，比上年增长 49.3%，实现利税总额 105.1 万元，比上年增长 95.22%，完成利润 65.76 万元，比上年增长 9.2 倍。

1997 年，全州机械工业完成工业总产值 13216.6 万元，完成年度计划数（90 不变价）

14303万元的92.4%，比上年增长0.6%，产销率达到87.3%。其中：机床工具工业完成3080.6万元，完成年度计划的81.1%，产销率为80.5%；仪器仪表企业完成1867.3万元，完成年度计划的116.7%，产销率为74.7%。各县（市）农机工业完成1538.7万元，完成年度计划的80.9%，产销率为77%；黔南农用车厂完成6730万元，完成年度计划的96.1%，产销率为100.3%。是年，全州机械工业系统共完成销售产值（现价）10311.8万元，比上年下降13.2%，主要是由于销售产值的下降幅度高于现价工业总产值的下降幅度，年度产品销售率仅为87.3%。全州机械工业系统实现销售收入（现价）9915.5万元，比上年下降14.8%。其中：机床工具工业完成3039万元，比上年下降14.6%；仪器仪表企业完成889万元，比上年增长32.3%；各县（市）农机工业完成1228.5万元，比上年下降16.1%。黔南农用车厂完成4759万元，比上年下降20%。全州机械工业系统盈亏相抵后净亏损918.5万元，比上年增亏193万元。其中：机床工具行业盈亏相抵后净亏损928万元，比上年增亏12.8万元；仪器仪表行业盈利9万元，比上年增长50%；县（市）级农机行业盈亏相抵后净亏损29.5万元，比上年增亏28.1万元。

1998年，全州机械工业系统完成工业总产值9316.1万元，比上年下降21.1%，完成工业销售产值8586万元，比上年下降16.7%，产销率为92%。是年除仪器仪表行业比上年增长46.8%外，其余各项机械（农机）总产值均有不同程度的下降。

1999年，全州机械工业系统完成工业总产值7300.8万元，比上年下降21.8%，完成工业销售产值6853.3万元，比上年下降19.9%，产销率为93.8%。在全州机械工业系统中，黔南锻压机床厂的工业总产值比上年增长11.8%，都匀水泵厂的工业总产值比上年增长16.8%。销售产值都匀水表总厂比上年增长11.5%、都匀水泵厂比上年增长2%。全行业销售收入6630.7万元，利润比上年减亏656.9万元。是年12月，州委下发《关于审定黔南锻压机床厂（含都匀辐条厂）搬迁改制方案的报告的批复》，开始对黔南锻压机床厂产权制度进行改革。州体制改革局、州机械工业局与黔南锻压机床厂代表州人民政府与原承包人签订了《黔南锻压机床厂（含都匀辐条厂）改制重组、“资本置换”“退二进三”、搬迁建厂过渡期协议合同》。该协议合同在时间上规定：搬迁建厂过渡期为一年半。明确：改制重组方案以黔南锻压机床厂原承包人负责承担黔南锻压机床厂（含都匀辐条厂）的部分债务；负责在都匀市开发区自行征用地30亩；负责把黔南锻压机床厂（含都匀辐条厂）的生产设备、设施、厂房从城区现厂址搬迁到开发区，重组建设新厂；负责整体接收、安置、管理该厂现有在职员工及离退休人员等，总费用约2900万元，置换黔南锻压机床厂（含都匀辐条厂）的流动资产、生产设备、设施、厂房、综合办公楼及企业无形资产，总价值3553万元。空出黔南锻压机床厂在市区内的占用土地76168.12平方米价值约2200万元，交政府国家资本营运公司管理开发。同时规定：搬迁建厂方案经过与黔南锻压机床厂职代会征求意见后再正式签订改制重组、资本置换协议。明确搬迁新建的黔南锻压机床厂的全部产权为出资置换人所有，黔南锻压机床厂改制为民营企业。

2000年，全州机械（农机）工业系统完成工业总产值6119.4万元，比上年下降32%；完成销售产值4044.7万元，比上年下降34.9%；产销率为88%。2001年，中国振华集团久达机械厂股份制改革方案经贵州省国资办批准和职工代表大会讨论通过，正式改制为贵州久达齿轮有限公司。2002 年 7 月，广西投资商与中国振华集团红星机械厂联合组建黔南农用运输车联合制造厂。黔南农用运输车联合制造厂联合重组后，投资 600 万元对原有的流水线进行调整改造，并扩建 2000 平方米的车厢焊装线、调整物流通道，使农用运输车达到年产 2500 台能力。2003 年，全州机械工业的部分企业通过改革改制、招商引资、开发新产品措施使企业重现活力，机械工业逐步复苏。是年，贵州东方机床厂已连续 8 年亏损，资不抵债，无力清偿到期债务。为此，全国企业兼并破产和职工再就业工作领导小组下文件批准贵州东方机床厂政策性破产。是年 8 月，由都匀市国有资本营运公司作为出资人，利用茶园水库评估后出资 1000 万元、匀剑焊接切割机械公司出资 100 万元，双成机械公司出资 10 万元，共 1110 万元作为注册资本，成立都匀东方机床实业有限责任公司。该公司成立后，采取租赁东方机床厂固定资产，整体录用东方机床厂人员的方式开展生产经营活动。当年完成工业总产值 239. 9 万元，比上年增长 102%，完成工业销售总产值 3008 万元，比上年增长 72. 8%，产销率为 93%，并于年底签订了 8000 万元的订单。是年，黔南农用运输车联合制造厂共生产各型农用车 2418 辆，完成工业总产值 8700. 3 万元，完成工业销售产值 8120. 8 万元，上缴税金 110 万元。黔南锻压机床有限责任公司共完成工业总产值 722. 1 万元，比上年增长 61%；共完成工业销售产值 680. 2 万元，比上年增长 40%；上缴税金 44. 8 万元，比上年增长 33. 5%。都匀水表有限责任公司共生产各型水表 32. 1 万只，比上年增长 23. 9%；完成工业总产值 2048. 7 万元，比上年增长 20. 4%；共完成工业销售产值 1850 万元，比上年增长 19. 1%；产品销售率为 90. 3%。

2004 年，都匀东方机床实业有限责任公司对产品销售计划、新产品开发进度、生产管理、资源利用、人员调配、工艺流程安排、库存当量、产品装配周期与进度随时进行调整和补充，当年完成工业总产值 5822. 7 万元，实现工业销售产值 5496. 6 万元，产品出现供不应求的局面，盘活了国有企业存量资产。都匀水表有限责任公司克服原材料上涨不利因素的影响，完成销售额 1060 万元，货款回笼 91%，上缴税金 47. 4 万元，实现利润 23. 2 万元，产品合格率为 99. 9%。

2005 年，黔南农用运输车联合制造厂引进贵州常发汽车贸易公司注资 2000 多万元组织开展技术攻关，改良后的“山地”牌农用运输车下线投放市场便得到市场的认可和欢迎。11 月，该厂正式挂牌更名为黔南山地车辆制造有限公司，当年实现产值 1890 万元，实现销售收入 1114. 4 万元。黔南锻压机床有限责任公司完成销售产值 1200 万元，上缴税金 60 万元。

2006 年，都匀东方机床实业有限责任公司完成工业总产值 10080 万元，比上年增长 22. 4%；共完成工业销售产值 9114. 5 万元，比上年增长 12. 9%；实现利润 228 万元，比上年（上年亏损 75 万元）扭亏为盈；上缴税金 551 万元，比上年增长 34. 72%。黔南山地车辆制造有限公司完成工业总产值 1. 6 亿元，共完成工业销售产值 1. 6 亿元，产销率达 100%，实现销售收入约 1 亿元，上缴税金 60 万元。都匀水表有限责任公司生产各型水表 23 万只，完成工业总产值 2982 万元，实现利税 99 万元。

2007年7月，贵航集团与都匀市人民政府正式签订收购东方机床厂破产资产及都匀东方机床实业有限责任公司资产框架协议并正式接管东方机床厂破产资产及都匀东方机床实业有限责任公司资产，更名为都匀贵航东方机床有限公司。是年，都匀贵航东方机床有限公司完成工业总产值9756.5万元；完成工业销售产值9301.5万元，实现利润228万元，产品销售率为95.3%，上缴税金377万元，获都匀市纳税大户荣誉称号。实现销售订货150台，合同金额18265.29万元。是年，都匀水表有限责任公司生产各型水表23万只，完成工业总产值2803.7万元，完成工业销售产值2036.5万元，产品销售率为72.6%，出口126万元，上缴税金87万元，比上年增长4.8%。黔南山地车辆制造有限公司生产山地牌各型车辆3304辆，比上年增长180%，其中：大车1782辆、小车1522辆。完成工业总产值25917万元，比上年增长62.6%，销售车辆3300辆，比上年增长235%，销售收入16477万元，比上年增长102.45%，上缴税金212万元，比上年增长202.86%。

2008年，全州工业行业受国际、国内宏观经济变化以及境内罕见的雪凝灾害的影响，需求锐减导致部分工业企业产品滞销。是年，都匀贵航东方机床有限公司实现销售订货45台，合同金额6690.1万元，完成工业总产值20020.5万元，完成工业销售产值16667万元，实现利润313万元，产品销售率为83.3%，上缴税金440万元。都匀水表有限责任公司完成工业总产值3100万元；完成工业销售产值2000万元；生产各型水表25.5万只；销售收入1320万元；实现利润13万元，上缴税金110万元，货款回笼率达90%；完成产品销售总额1480万元（不含税），其中出口51.5万元，占销售收入的4%。产品出厂合格率为99.9%。

2009年，全州机械工业完成工业总产值148275万元，比上年增长40.8%；完成工业增加值45719万元，比上年增长47.2%。州内各主要机械生产企业的生产经营情况普遍向好。其中：都匀贵航东方机床有限公司完成工业总产值21953.1万元，比上年增长9.7%，完成工业销售产值15503.4万元，比上年下降6.9%，产品销售率为70.6%，实现利润501万元，上缴税金589.1万元。实现营业收入14010.2万元，比上年增长40.1%。产品库存、经营活动现金流等指标比上年都有较大改善。签订供货合同9908万元，比上年增长48%。

黔南山地车辆制造有限公司生产的农用汽车有SD180型农用汽车、SD120—4型农用汽车、SD4010PDA型农用汽车、SD2810CD2A型农用汽车、SD2810CD1A型农用汽车、SD2810PDA型农用汽车、SD4015CDA型农用汽车、SD5820CDA型农用汽车、SD5820CD1A型农用汽车、SD2510CD3A型农用汽车等，企业当年共完成工业总产值42090万元，与上年同期相比增长36%；生产各型山地牌农用车7015辆，销售3914辆。完成工业销售产值37644万元，比上年增长41%，产品销售率为89.4%，实现利润668.5万元，上缴税金1000.4万元。

都匀水表有限责任公司共生产各型水表33万台，共完成工业总产值4100万元，比上年增长32.7%，完成工业销售产值3130万元，比上年增长56.8%，产品销售率为76.4%，实现利润7万元，上缴税金98万元，货款回笼率为93%。

贵州险峰机床厂共完成工业总产值25010万元，比上年下降24.3%；生产金属机床

273 台，比上年下降 44.7%。

2010 年，全州机械工业行业面临新的困难。都匀贵航东方机床有限公司共完成工业总产值 25003.6 万元，比上年同期下降 22.5%，产品销售率为 48.1%，实现利润 100 万元，上缴税金 1059 万元。其他各主要机械生产企业的产量也出现了不同程度的下降。其中，都匀水表有限责任公司生产各型水表 30.6 万只，比上年减少 10%。黔南山地车辆制造有限公司共生产各型各格山地牌农用车 7000 辆，比上年减少 20%。

2011 年，贵州精工科技有限公司成立并入驻都匀市甘塘产业园区，第一期投资 3 亿元，建成 4.2 万平方米的现代化生产的标准厂房。贵州云河专用汽车有限公司成立并与都匀市人民政府签订年产 1 万辆专用汽车的协议。贵州云河专用汽车有限公司注册资金为 2000 万元，投资形成贵州云河汽车产业园，主要生产销售各类专用汽车及产品技术研究开发、零部件销售、服务、货物进出口和技术进出口等，一期工程投入近 2 亿元，完成 4 万平方米联合厂房建设。是年，全州机械工业行业生产经营情况有所回升。其中：都匀贵航东方机床有限公司共生产各型机床 77 台；完成工业总产值 30710.6 万元，比上年增长 22.8%，完成工业销售产值 27824.6 万元，比上年下降 131.3%，产品销售率为 90.6%，实现利润 76.9 万元，上缴税金 1042.9 万元。机床订货 8567 万元。黔南锻压机床有限责任公司完成工业总产值 2027 万元，比上年 1931.5 万元增长 4.9%。

2012 年初，通过州政府和都匀市人民政府及相关部门协调，贵州云河专用汽车有限公司对黔南山地车辆制造有限公司进行并购，整合后可达年产 3 万辆山地低速农用车的生产能力。由于重庆云河专用汽车有限公司公告目录所在地在重庆忠县，跨省之间不能互用，加之备案工作由工业和信息化部负责，为解决贵州云河专用汽车有限公司公告目录问题，都匀市与省、州相关部门协调，帮助企业开展前期建设工作，并通过先租赁后收购黔南山地车辆制造有限公司的方式，整合都匀市存量资产，扩大工业后续项目。当年 9 月，第一辆专用汽车下线。10 月，贵州云河专用汽车有限公司年产 1000 辆专用汽车投资项目获工业和信息化部装备工业司批复。年内，贵州精工科技有限公司在都匀市甘塘产业园区建成贵州省第一条酸洗钢板生产线、贵州省第一条冷轧薄板生产线、贵州省第一条热镀钢卷生产线、贵州省第一条彩涂钢卷生产线，专业生产冷轧薄钢板、镀锌钢卷、彩涂钢卷、焊管等产品。贵州精工科技有限公司拥有钢结构专业承包三级资质，可承接大型钢结构厂房及路桥钢模的设计、制造及安装。第一期工程完成了 42000 平方米的现代化生产的标准厂房，钢结构生产线、彩涂生产线正式投产，轧机生产线、酸洗生产线、镀锌生产线进入设备安装阶段。同时加紧办理第二期工程的环境评价。第二期工程投资 2.3 亿元，在第一期工程建成投产后半年内开工建设。是年，都匀贵航东方机床有限公司实现产品订货量 27 台，合同金额为 4047.7 万元，完成工业总产值 9151 万元，实现工业销售产值 7163 万元，上缴税收 536 万元。该公司主要产品为龙门宽度在 6 米以内的各型数控及常规龙门式机床，包括龙门刨床、龙门镗铣床、龙门铣床，以及各型碳块加工专用铣床、铁路道岔加工专用铣床等专用设备，其中龙门刨床为国内市场第一品牌，龙门铣床和镗铣床处于国内市场先进行列。

2013年，黔南州围绕实施装备制造业振兴工程，结合黔中经济区打造国家特色装备制造业基地，以“泛都匀”经济圈和环贵阳经济带为重点，依托产业园区大力引进发展装备制造业，建成黔中经济区重要的特色装备制造基地。是年，全州共有机械企业67户。全年实现产值89.40亿元，比上年增长44.9%。实现增加值17.88亿元，比上年增长33.9%。全州大型机械企业有贵州云河山地汽车有限公司、贵州高矿重工（长顺）有限公司、贵州万盛矿用电缆有限公司等。

二、技术改造和产品开发

1991年，州机械工业局根据“质量、品种、效益年”活动的要求，编制《黔南州1991年机械（农机）行业新产品开发计划》，并经州经济委员会、州科学委员会、州财政局及有关部门的专家考察论证后，有8个产品项目立项实施，即：平塘县农机厂的6NF—300型四分离碾米机项目，由州经济委员会拨给科技基金3万元作为新产品开发经费；瓮安县农机厂的JZC350型混凝土搅拌机项目，由州经委拨给科技基金3万元作为新产品开发经费；州农机所的自热式膨化机，由州科委拨给0.6万元作为新产品开发经费；黔南锻压机床厂的WC—67K—63—2500经济型数控液压板料压力机，由州经委拨给5万元作为新产品开发经费；贵定县农机厂的650—16轮辋，由州经委拨给5万元、州科委拨给3万元（共8万元）作为新产品开发经费；独山县农机厂的高效人力水泵，由州经委拨给1万元作为新产品开发经费；瓮安县农机厂的YKB12—1×50预应力混凝土圆孔挤压机，由州经委拨给2.5万元、州科委拨给2万元（共4.5万元）作为新产品开发经费；贵定县农机厂的0.5T农用挂车，由州经委拨给2万元作为新产品开发经费。是年，全州机械（农机）行业新产品产值1300万元。6NF—200型分离式碾米机、JZ350型混凝土搅拌机、BSG40—6型水轮泵荣获贵州省优秀新产品三等奖；6NF—300型分离式碾米机荣获黔南州科技成果三等奖；1T农用挂车钢板弹簧荣获黔南州科技成果四等奖。

1995年，都匀水表总厂在技术创新的新产品开发中，把液封式水表、集中智能抄表系统及发讯水表作为主攻方向，与贵阳和浙江的一些厂商合作，开发出3个品种9个规格的新型水表。

1996年，独山县农机厂在省内首家开发生产变型拖拉机，并通过贵州省机械厅和贵州省农机局联合组织的技术鉴定。州农机研究所和三都县农机厂共同开发的6NF16—20型碾米粉碎两用机获州人民政府颁发的黔南州科技进步四等奖。福泉县农机厂开发的6NFFM型碾米粉碎磨浆多功能加工机通过州科委组织的州级技术鉴定。

1998年，瓮安县机械厂引进设计开发生产JZM750型混凝土搅拌机，经州产品商品质量监督检测所对该型整机性能测试，各项技术经济指标符合JJ21—22—84标准规定，并通过技术鉴定。JZM750型混凝土搅拌机获州政府颁发的科技进步三等奖。

1999年，州农机学会、州农机研究所、都匀辐条厂3家联合设计，共同研制开发的9KSJ—200型颗粒饲料加工机组通过省级技术检测鉴定，于次年获得州人民政府颁发的科技进步三等奖。都匀水表总厂经贵州省商品检验认证中心进行考验，通过了ISO9002国际质量体系认证，成为黔南州机械（农机）行业首家通ISO 9002国际质量保证体系认证的企业。黔南农用运输车总厂生产的山地牌 SD2815CD 型农用运输车被省经贸委和省技术监督局确认为贵州省名牌产品。

2002 年，中国振华集团久达机械厂（贵州久达齿轮有限公司）贯彻“军转民”方针，共完成 17 项新产品试制工作，实现新产品产值 1250 万元，形成中小模数齿轮系列、减速器产品系列和农机产品系列（微耕机）三大产品结构、多品种市场竞争的优势；黔南锻压机床有限责任公司在搬迁改制过程中，一方面开发新产品，在原厂产品仅 4 个系列的基础上，研发了 10 个系列 10 多个规格的锻压设备满足市场选择。黔南锻压机床有限责任公司自行设计、制造的各种规格的钢杆塔电杆是贵州省唯一经批准的生产厂家。另一方面注重发展科技含量较量的产品，该厂自行设计、制造的 Q11Y—10 ×6000 加强型液压剪板机出口巴基斯坦。Q11Y—10 ×6000 加强型液压剪板机的开发成功，填补了贵州省特大型锻压机床生产的空白。黔南锻压机床有限责任公司还与州科技局共同研制开发科技含量较高的 QC11K—6 ×2500 型数控液压闸式剪板机和数控折弯机的研制开发。

2003 年，黔南农用运输车联合制造厂针对市场需求，投资 60 万元对原有的流水线进行调整改造，并扩建 2000 平方米的车厢焊装线、调整物流通道，同时通过缩小零部件配套半径、提高零部件自制率，对自制零件全部采用自制冲裁、压模成型，改进了 38 项整车工艺，提高工艺水平和生产效率，降低了成本，并根据贵州省道路交通条件和农村经济状况，开发 SD5815PD 型农用运输车、SD150 型变型拖拉机、SD180 型变型拖拉机、SD180T 型变型拖拉机，其中 SD5815PD 型农用运输车于是年 7 月获国家农业部推广许可证。是年，黔南锻压机床有限责任公司自行设计、制造的 Q11Y—10 ×6000 加强型液压剪板机荣获黔南州科学技术二等奖；与州科技局共同研制开发科技含量较高的 QC11K—6 ×2500 型数控液压闸式剪板机于是年 10 月通过贵州省机床行业产品质量监督检验站检测合格。同年 12 月经省、州专家鉴定委员会审定，认为 QC11K—6 ×2500 型数控液压闸式剪板机实现了产品数字化控制，提高了加工精度和生产效率，降低了废品，具有较好的性能价值和市场前景，达到省内领先水平和国内同类产品的先进水平。都匀水表有限责任公司开发出适合一户一表使用的 IC 卡智能冷水水表及售水管理系统，通过中国计量测试技术研究院的计量器具新产品样机试验鉴定，并于同年获贵州省质量技术监督局颁发的 IC 卡智能冷水水表及售水管理系统生产许可证。

2004 年，都匀水表有限责任公司开发 3 种新产品获得成功。其中：IC 卡水表完善设计要求并生产投放市场；远传水表的配套系统通过验收并投入市场；特别是具有自主知识产权（专利）的高灵敏度水表投放市场仅半年销售收入就达 300 多万元。3 种新产品当年获黔南州科学进步三等奖，都匀水表有限责任公司获得都匀市优秀科技人才奖。是年，黔南锻压机床有限责任公司开发国际上技术最先进的液压电液伺服同步全闭环数控折弯机，采用国际著名的瑞士 CYBELEC 公司的 DNC600、DNC880 系列型号数控系统，具有极高的稳定性和可靠性。

2005 年，都匀东方机床实业有限责任公司利用企业内铸造车间厂房和行车、大炉浇铸系统等厂房设施，建设年产 1.5 万吨大型铸件树脂砂铸造生产线，既满足企业发展大型数控龙门镗铣床的需要，又为西南地区大型铸件的需求配套，实现构建西南地区最大的专业化大型铸件铸造生产基地的目的。同时还可为企业新增年产值9000万元、年税金1080万元、年利润810万元，具有较为显著的经济效益和社会效益，具有广阔的发展前景。是年，黔南农用运输车联合制造厂引进贵州常发汽车贸易公司注资2000多万元组织开展技术攻关，当年改良后的第一辆“山地”牌农用运输车下线，造型新颖、结构先进、视野开阔、内饰豪华、驾乘舒适，有良好的动力性、经济性、行驶平顺性、操纵稳定性以及制动安全可靠、驾驶操纵轻便灵活，使用维修方便等特点。是年，都匀水表有限责任公司生产的产品有15－200毫米口径水表共14个系列，150多个品种。产品严格按照国家GB/T778.1－1996生产制造，并自主研制开发出新型高灵敏度水表——子母表。2006年，都匀水表有限责任公司生产的新产品——多流束式高灵敏度水表获黔南州科技进步三等奖；多流束式C级水表获都匀市科技进步二等奖。

2007年，都匀贵航东方机床有限公司成立后，在企业的“重型、超重型机床规模化生产”技改项目一期建设中，省经贸委特提供1000万元资金予以支持，中国一航、贵航集团公司也分别以下调租金利率、无偿担保等形式，促成企业与一航国际租赁公司签订了3000万元的设备租赁合同，解决了企业资金匮乏、发展乏力的难题。都匀贵航东方机床有限公司在完成常规产品开发的基础上，根据国家产业政策和行业发展方向，成立XK2412和XK2420两个数控龙门铣床试制项目组，为向数控机床产品升级做技术准备。经努力，XK2412机床已进行性能测试和零件试加工阶段、XK2420机床也进入装配阶段，XK2412和XK2420两个数控龙门铣床的研制成功，填补了企业的产品空白。此外该公司又投入10多万元资金，将原二维设计网络升级改造成三维设计网络。针对用户反映比较集中的镗铣头质量问题和铸件毛坯质量问题，从木模修理、造型监控、材料配比、铁水温度等工艺层层做好铸件质量攻关，加大树脂砂生产产量，使零件外观质量得到改观，零件废品率下降。是年，黔南山地车辆制造有限公司调整产品结构，开发80动转、90动转、4100、2115后双轮、2.5米货箱油刹和汽刹等几款新车型，同时与省外知名品牌汽车厂家合作，实现低速货车向工程车、重型货车的升级发展。由于车辆选材优良，生产精细，产品的内在质量和外观质量都上了一个档次，较同类车型具有更强的市场竞争力。2008年，都匀贵航东方机床有限公司完成的技术改造项目有部件装配车间厂房异地改扩建、新购龙门镗铣床箱体加工用数控卧式镗床1台和数显卧式镗床2台、大件加工用大型数控落地镗铣床进行相应的技术改造。完成重型机床基础铸件树脂砂改造二期工程和招标工作；完成装配车间工艺路线调整及万能地基扩容改造第一期工程。

2009年，黔南山地车辆制造有限公司对公司产品进行技术改造。根据市场调研的需求对2.9米货箱和2.5米货箱2115机型提高配置，使之成为当年下半年的新卖点。此外，在技术改造后试制装配的2台玉柴4102中冷增压机也得到用户的好评。是年，都匀贵航东方机床有限公司完成XK2425×10米产品的开发，丰富了数控产品种类。

2010年，都匀贵航东方机床有限公司于上年全面投入XK2745数控定梁龙门移动镗铣床的研制项目于是年12月正式下线，成为国内少数几家具有研制框架移动式大型数控龙门镗铣床的企业之一。2011 年，都匀贵航东方机床有限公司除了研制成功的 XK24 系列定梁式数控龙门机床、XK27 系列框架移动式大型数控龙门机床、DF—054 数控专用钢轨镗铣床外，又研制具有国内先进水平的数控重型、超重型 XK2745/30 米动柱定梁式数控龙门镗铣床，并进入试验和测试阶段。2012 年，都匀贵航东方机床有限公司实际完成重点研制产品计划 3 项，其中：DF—056 数控专用铣槽机床于是年 8 月研制完成并交付用户；DF—058 数控摩擦搅拌焊接机床于是年 11 月研制完成；X2130/12 米龙门镗铣床于是年 12 月试制完成。通过运用有限元素分析软件进行理论分析，结合实物应用试验，都匀贵航东方机床有限公司是年完成了 5 种型号规格产品的改进设计，使产品成本平均降低约 5%。同时按照系列化、标准化、模块化的设计要求，开发了 XK24、XK27 系列产品。

2014 年，都匀市协调解决恒丽钟表产业园项目厂房与配套设施验收、用水、用电、通讯、招工等问题，建成 6 条钟表机芯生产线（其中 4 条生产线投产），初步形成集钟表生产、钟表展示、钟表组装体验等为一体的创意产业园。

第七节 化学工业

黔南州化学工业起步较早，都匀剑江化肥厂是省内组建较早的大中型化工企业。加上州境内有丰富的磷矿资源以及农业生产对化肥的客观需求，全州化工行业曾经产销两旺。在国家实行改革开放，由计划经济体制转轨到社会主义市场经济体制过程中，全州化工行业面临较大挑战，各企业通过深化改革改制，加强技术改造，调整产品结构，提高产品质量，降低产品成本，参与市场竞争，继续成为全州工业的重要支柱。

一、生产管理

1991 年，全州共生产化肥 103311 吨，其中：氮肥 34985 吨，磷肥 78282 吨。氮肥生产在都匀市，磷肥生产在福泉、瓮安、贵定、龙里 4 个县。其中福泉县 48300 吨，占 61.7%；瓮安县 17980 吨，占 22.7%；贵定县 6687 吨，占 8.55%；龙里县 5315 吨，占 6.7%。

1992 年，全州共生产化肥 92311 吨，全部为磷肥。其中：独山县 1213.12 吨、占 1.31%；福泉县 51300 吨，占 55.57%；瓮安县 18829 吨，占 120.4%；贵定县 8706.88 吨，占 9.43%；龙里县 10761 吨，占 11.66%；惠水县 1500 吨，占 1.62%。

1993 年 1 月，黔南州五钠厂试产三聚磷酸钠成功，质量达到国家一级品标准。经过整改，产品质量又再次达到和超过国家优级品标准。8 月，省轻纺工业厅受省经贸委员会委托召开三聚磷酸钠新产品鉴定会，鉴定质量达到 GB763－80、GB9983－88、GB9984－88 优级品的要求，产品经试销，用户反应较好。该产品的开发填补贵州省五钠产品空白，其生产工艺及设备达到国内同行业先进水平，通过鉴定。三聚磷酸钠获该年度贵州省优秀新产品三等奖。是年，全州共生产化肥 99600 吨，其中：氮肥 28400 吨，全部为都匀市生产；磷肥 71200 吨，分别产自福泉、瓮安、独山、贵定、龙里 5 个县（福泉县 41400 吨，占 58.15%；瓮安县 11200 吨，占 15.73%；独山县 1700 吨，占 2.39%；贵定县 7500 吨，占

10.53%；龙里县9400吨，占13.2%）。

1994年9月，由省经贸委、省轻纺工业厅主持，在都匀市召开州五钠厂工程验收会议。验收委员会工艺设备组、综合组、财务组分别对工程的有关技术资料和财务数据进行查验，认为黔南州五钠厂技改工程达到设计要求，生产能力超过设计能力，产品质量符合国家标准，确认工程决算总投资为3074.12万元，同意验收合格。是年，黔南州五钠厂共生产三聚磷酸钠14467.1吨，完成工业总产值6138万元，实现销售收入6841.3万元，上缴税金255万元，实现利润35.2万元，超额完成上级下达的各项经济技术指标。全州共生产化肥115600吨，其中：氮肥35300吨，磷肥80300吨。氮肥生产由都匀市、瓮安县完成，其中都匀市34400吨，占97.45%；瓮安县900吨，占2.55%。磷肥生产由福泉、瓮安、独山、贵定、龙里5个县完成，其中福泉县53800吨，占67%；瓮安县11000吨，占13.7%；独山县1400吨，占0.17%；贵定县6700吨，占8.34%；龙里县7300吨，占9.1%。

1995年，全州共生产化肥121000吨，其中都匀市32700吨，占27.02%；福泉县54900吨，占45.37%；瓮安县17700吨，占14.63%；独山县1800吨，占1.49%；贵定县5900吨，占4.88%；龙里县800吨，占6.61%。是年，黔南州五钠厂共生产三聚磷酸钠27691.34吨，完成工业总产值（1990年不变价）1.24亿元，每吨五钠消耗纯碱和黄磷进入全国领先水平，挤进五钠行业的前列。

1996年，黔南州第十届人民代表大会第一次会议决定，将磷（煤）化工作为全州五大支柱产业之一进行培育。当年全州的黄磷生产能力为2.5万吨/年，占全省黄磷生产能力的22%；在建的黄磷生产能力为4.75万吨/年。是年开工建设的产值超过千万元的磷化项目有7个，建成后年产量总计可达72500吨。全州当年建成投产的主要项目有：福泉化冶厂年产2500吨黄磷生产线、福泉重钙厂年产10万吨普通钙镁磷肥生产线、瓮安县天安黄磷厂2×7000吨/年黄磷生产线、瓮安县黄磷厂1200吨/年生产线技改等。开工建设的项目有：黔南州黄磷厂2×3500吨/年黄磷生产线、瓮安大信公司黄磷厂4×3500吨/年黄磷生产线、福泉宏福黄磷厂2×7000吨/年黄磷生产线、福泉瓮福矿肥基地5000吨/年黄磷生产线、福泉北斗山黄磷厂2500吨/年黄磷生产线、龙里正大集团4万吨/年磷酸氢钙生产线和4万吨/年磷酸生产线、福泉军民水泥厂1万吨/年磷酸氢钙生产线、黔南州磷酸盐厂3万吨/年磷酸生产线、和3#炉7000吨/年黄磷生产线、福泉化肥厂2万吨/年颗粒肥生产线等。是年，全州化工行业共有大中型企业6户，小型企业56户。主要化工产品有磷精矿、硫精矿、合成氨、普通过磷酸钙、钙镁磷肥、黄磷、磷酸、硫化钡、立德粉、轻质碳酸钙、电石、复合肥等。福泉磷肥厂生产的福泉牌钙镁磷肥和福泉化肥厂生产的泉山牌钙镁磷肥获化工部优质产品称号。全州共完成化工工业总产值84281万元，实现利税总额4674万元；盈利企业45户、亏损企业18户。全州所生产的化工产品质量均达到国家标准或部颁标准，部分产品还根据用户的特殊要求组织生产。黄磷、钙镁磷肥、硫酸、普通钙镁磷肥等主要产品综合能耗接近全国平均水平，合成氨（煤焦）综合能耗为1678千卡/吨，达到全国较好水平。州属国有企业全年生产氮肥（折纯）12380吨，比上年增长27%，生产磷肥

30588 吨，比上年增长 8.9%。黔南州五钠厂共生产三聚磷酸钠 35030.62 吨，完成工业总产值（1990 年不变价）1.57 亿元。

1997 年，全州共完成工业总产值 84121 万元，实现利税总额 4512 万元；盈利企业 40 户、亏损企业 23 户。黔南州五钠厂共生产五钠 45000.95 吨，比上年增加 9970.33 吨，增长 28.46%，实现工业总产值 2.025 亿元，销售五钠 40519.15 吨，比上年增加 9928 吨，增长 32.4%，产销率为 90.04%，全面回收货款 2.0296 亿元，年回收率为 104.63%，实现利税 771.3 万元，比上年增加 200.78 万元，增长 35.2%。惠水黄磷厂共生产黄磷 2571.8 吨，实现工业总产值 2186.03 万元，销售黄磷 2500.04 吨，实现销售收入 1715.41 万元，实现利润 36.8 万元，上缴税金 126.98 万元，人均创产值 22.31 万元，创利税 1.67 万元，各项经济技术指标均达到同行业先进水平。黔南州磷酸盐厂建成年产 6000 吨的工业黄磷生产线装置和年产 30000 吨饲料磷酸氢钙生产线装置。全年生产黄磷 9562 吨，比上年增长 78.7%；生产磷酸 4592 吨，比上年增长 14.52%；生产 55% 工业磷酸 321 吨；生产磷铵 91 吨；生产 85% 食品磷酸 27.2 吨；生产饲料磷酸氢钙 400 吨；生产磷渣砖 167.1 万块；生产塑料包装桶 9 万只；生产黄磷包装桶 1.15 万只；生产魔芋粉丝 20 吨。完成工业总产值 10063.7 万元，比上年增长 61.2%，实现销售收入 6315.09 万元。比上年增长 18.99%。

1998 年，化工行业面临新的调整变化，全州 34 户规模以上化工企业中，有 4 户企业处于停产状态，11 户企业亏损，亏损总额高达 3207.7 万元；19 户企业盈利或持平，利润总额为 456.7 万元。盈亏相抵后，全行业亏损额仍高达 2751 万元。亏损产品主要有黄磷、磷酸氢钙、家用复合肥和钙镁磷肥等。贵州剑江化肥厂因生产经营陷入困境被迫停产。都匀市化肥厂于 8 月经股份改制组建为贵州省都匀化工实业有限公司。贵州省都匀化工实业有限公司生产化肥 89574 吨，比上年增长 17.79%，完成工业总产值 2803 万元，比上年增长 6.59%，实现利润 245 万元，连续 8 年盈利，公司获国家化工部小氮肥先进集体、贵州省思想政治工作优秀企业、贵州省环保先进企业、贵州省设备管理先进单位等荣誉称号。黔南州五钠厂共生产五钠 55124.125 吨，产量名列全国同行业第一。实现工业总产值 2.4806 亿元，比上年增长 22.5%，销售五钠 45685.325 吨，比上年增长 12.75%，回收货款 2.0729 亿元，实现利税 892.24 万元。惠水黄磷厂通过抓内部管理，企业各项经济技术指标均达到全省同行业先进水平。在黄磷市场销售价格每吨平均下降 500 元的情况下，经济效益仍大幅提高。全年共生产黄磷 3183.2 吨，比上年增长 23.8%；实现工业总产值 2705.72 万元，比上年增长 23.8%；实现销售收入 1960.28 万元，比上年增长 14.27%；实现利润 46.73 万元，比上年增长 26.98%；上缴税金 145.93 万元，比上年增长 14.92%；提取折旧 143.24 万元，比上年增长 54.68%。是年，黔南州五钠厂生产的剑峰牌三聚磷酸钠和都匀市化肥厂生产的都化牌家用碳酸氢铵获 1998 年贵州省名牌产品称号。1999 年，全州化工企业产品销售收入 76972.9 万元，亏损总额 3337.5 万元。全州化工企业生产的主要产品产量为：硫酸 81366 吨，磷酸 3372 吨，三聚磷酸钠 78704 吨，碳化钙 8700 吨，黄磷 39726 吨，合成氨 37842 吨，农用化学肥料 99248 吨。其中氮肥 22495 吨，磷肥 76753 吨。

2000 年，全州化工行业进行改革改制。贵州剑江化肥厂向国家提出破产申请。黔南州五钠厂在转换经营机制的基础上，通过资产重组，由贵州省黔南州国有资本营运有限责任公司、贵州省黔南州五钠厂工会、贵州省黔南州华林（集团）有限责任公司、贵州省黔南州华林磷业有限责任公司和贵州省瓮安磷矿 5 家法人报经省政府批准，以发起方式于 10 月成立贵州剑峰化工股份有限公司。是年，全州化工企业生产的主要产品产量为：磷矿石 2193900 吨，三聚磷酸钠 90800 吨，黄磷 47200 吨，硫酸 103400 吨。贵州剑峰化工股份有限公司共生产五钠产品 90773.15 吨，实现工业产值 4.08 亿元。贵州省都匀化工实业有限公司生产的都化牌复混肥、贵州省福泉化肥厂生产的瓮福牌钙镁磷肥、贵州省福泉重钙厂生产的洒金牌过磷酸钙获贵州省名牌产品称号。

2001 年 1 月，贵州省开磷集团受省委、省政府的委托，指派贵州省开磷集团息烽重钙厂正式对贵州剑江化肥厂生产装置及配套公用工程进行托管，成立贵州省开磷集团息烽重钙都匀氮肥厂（简称都匀氮肥厂）。同年 8 月，贵州剑峰化工股份有限公司成立下属子公司福泉剑峰有限责任公司，装置生产能力为年产三聚磷酸钠产品 5 万吨。当年全州化工工业实现工业总产值 26.4 亿元，其中省属企业 11.3 亿元，州属国有及国有控股企业 7.1 亿元，乡镇企业 8 亿元。化工产品品种 30 多种，部分产品产量、质量、销售量列省内前茅，其中：高浓度磷复肥、三聚磷酸钠、饲料磷酸氢钙位居全省第一，磷矿石产量、黄磷产品产量位居全省第二，钙镁磷肥产品占全省三分之二，普通过磷酸钙产品占全省三分之一，三聚磷酸钠产品产量、质量和出口量居全国首位。主要产品产量为：硫酸 125637 吨、合成氨 24906 吨、碳酸氢铵（实物量）24563 吨、碳酸氢铵（折纯量）4203 吨、普通过磷酸钙 14191 吨、钙镁磷肥 21810 吨、三聚磷酸钠 103319 吨、硫化钡 3310 吨、黄磷 22765 吨、磷酸氢钙 66254 吨。是年，贵州剑峰化工股份有限公司生产三聚磷酸钠产 103242.675 吨，完成工业总产值 46459.2 万元，销售三聚磷酸钠产品 103479.45 吨（其中出口 55810.375 吨），实现销售收入（不含税）32585.45 万元，实现利税 3143.91 万元（其中利润 1520.13 万元）。

2002 年，全州化工企业生产的主要产品产量为：黄磷 60167 吨，比上年增长 17.96%；三聚磷酸钠 153353 吨，比上年增长 26.91%；化肥 537374 吨，比上年增长 49.59%；合成氨 80870 吨，比上年增长 77.41%。其中：贵州剑峰化工股份有限公司生产三聚磷酸钠 118752.575 吨，完成工业总产值 52559 万元，销售三聚磷酸钠 116115.3 吨，实现销售收入 34218 万元（不含税），实现利润 1736.09 万元。贵州省开磷集团息烽重钙都匀氮肥厂共生产合成氨 5.54 万吨，完成计划的 100.76%，比上年增长 167.08%；生产硝铵 2.89 万吨，比上年增长 625.45%；实现产品销售收入 9530.8 万元（含税），货款回收率为 100%。龙里正大实业有限公司完成工业总产值 11981.5 万元，占年度计划 10000 万元的 119.8%，比上年的 9938.1 万元增长 20.56%，产销率为 97.22%。福泉牛场化肥厂完成工业总产值 2123 万元，占年度计划 2000 万元的 106%，比上年的 5270 万元下降 60%，产销率为 99.26%。是年，贵州川恒化工有限责任公司落户福泉市。

2003 年，全州化工企业共完成工业总产值 126584 万元，实现工业销售产值 127503 万元。贵州省都匀化工实业有限公司完成工业总产值5046.8万元，比上年增长25.9%，完成工业销售产值5784.6万元，比上年增长31.6%，产销率为104.5%。贵州川恒化工有限责任公司自行研制成功湿法磷酸生产饲料级磷酸二氢钙和磷酸氢钙。

2004年，全州化工企业共完成工业总产值154946万元，比上年增长22.4%，实现工业销售产值127503万元，比上年增长11.4%。贵州省开磷集团息烽重钙都匀氮肥厂通过节能技改、加强内部管理等措施，实现工业总产值17111万元。贵州省开磷集团息烽重钙都匀氮肥厂正式进入政策性破产程序。

2005年7月，贵州省开磷集团正式收购都匀剑江化肥厂，成立贵州开磷剑江化肥有限责任公司。当年全州化工重点行业完成工业总产值525141万元，比上年增长31.7%。主要产品产量为：黄磷36236吨，比上年增长4.8%；三聚磷酸钠111289吨，比上年增长36.8%；化肥988727吨，比上年增长7.2%；合成氨100762吨，比上年下降9.1%。贵州开磷剑江化肥有限责任公司当年完成工业总产值8406.8万元，比上年增长31%，实现工业销售产值21193.7万元，比上年增长24.3%，产销率为100.7%。

2006年，全州化工重点行业完成工业总产值556042万元，比上年同期增长6.6%。主要产品产量为：黄磷50409吨，比上年增长5.4%；三聚磷酸钠153853吨，比上年增长38.3%；化肥1034836吨，比上年增长5.2%；合成氨99844吨，比上年下降0.9%。贵州开磷剑江化肥有限责任公司坚持技改、生产两不误，共完成工业总产值18467.5万元，实现工业销售产值16422.7万元，产销率为92.2%，上缴税金430万元，获都匀市2006年度“纳税大户”荣誉称号。贵州川恒化工有限责任公司自行研制湿法磷酸生产饲料级磷酸二氢钙和磷酸氢钙技术成功投入应用，该公司生产的“小太子”牌磷酸二氢钙成为中国水产饲料界的第一品牌，国内市场占有率达40%，省内市场占有率达到89%。

2007年，全州化工企业生产的主要产品产量为：黄磷54855吨，比上年增长30.7%；三聚磷酸钠120319吨，比上年下降21.8%；化肥1061896吨，比上年增长2.3%；合成氨78382吨，比上年下降21.5%。贵州开磷剑江化肥有限责任公司生产合成氨61641.19吨、氮肥81264.5吨；完成工业总产值27400.7万元，比上年增长48.4%；实现工业销售产值17370万元，比上年增长5.8%，产销率为63.4%，上缴税金809万元，比上年增长88%，再次荣获都匀市年度“纳税大户”荣誉称号。

2008年，全州工业经济受国际油价飙升、原材料价格大幅度上涨、全球金融危机等外部环境影响，化工行业产品产量大幅下降。三聚磷酸钠产量比上年下降39.1%；硫酸产量比上年下降28.9%；化肥产量比上年下降25%；黄磷产量比上年下降10.8%。全州化工企业共完成工业总产值850620万元，在全州工业中占的比重为33.9%，增长27.8%；完成工业增加值224579万元，在全州工业中占的比重为28.1%，比上年下降8.8%。是年3月，贵州省都匀市福泰化工有限公司正式投产，当年完成工业总产值12554万元，上缴税金42万元。

2009年，全州化工行业通过调整产品结构、提高产品产量和质量、节能降耗降低成本等措施应对困难和挑战，部分企业摆脱困境。贵州省都匀市福泰化工有限公司完成工业总产值15000.3万元，比上年增长19.5%；完成工业销售产值8693.6万元，比上年增长18.9%；产销率68.9%，利润亏损1064万元，上缴税金482万元。班产66.21吨，日产181.58吨，月产5000吨，不断超历史、创纪录，全年生产碳铵2880吨，液氨39800吨，折合成氨综合产量46740吨，超额完成生产目标任务。贵州开磷剑江化肥有限责任公司完成工业总产值22717.6万元，比上年下降14.2%；实现工业销售产值23828.9万元，比上年下降4%，产销率为104.9%，利润亏损2553万元；上缴税金950万元。贵州宏福实业开发有限总公司完成工业总产值380768万元，比上年下降30%，生产磷酸一氨（粉状）225460吨，比上年下降7%；生产磷酸二氨816267吨，比上年增长12%。宏福剑峰公司完成工业总产值25398万元，比上年下降3.12%，生产三聚磷酸钠68797吨，比上年增长60.04%。贵州川恒化工有限责任公司完成工业总产值56152万元，比上年下降9%，生产磷酸二氢钙121873.8吨，比上年增长38%。威顿（中国）化工有限公司完成工业总产值34725万元，比上年下降41%，生产硫酸747323吨，比上年增长254%。福泉市森威公司完成工业总产值14061万元，生产磷酸氢钙81515吨。贵州越都化工有限公司完成工业总产值18146万元，比上年增长75%，生产硫酸30427吨，比上年同期增长10%。贵州福泉华鑫化工有限公司完成工业总产值8141万元，比上年下降7%，生产黄磷6811.5吨，比上年增长30%。瓮安磷矿完成工业总产值13932万元，比上年下降22.6%，生产磷矿石38.7万吨，比上年下降15%；生产黄磷12468吨，比上年增长29.2%。瓮安天安黄磷厂完成工业总产值10554万元，比上年增长2.1%，生产黄磷6741吨，比上年增长19.7%。瓮安县龙腾磷化有限公司完成工业总产值8149万元，比上年下降9.2%，生产黄磷5454吨，比上年增长4%。川东集团惠水公司完成工业总产值40451万元，比上年下降2%，生产黄磷7031吨，比上年增长50%；生产磷酸32498吨，比上年增长25.5%；生产三聚磷酸钠40219吨，比上年增长40.3%。

2010年，贵州开磷剑江化肥有限责任公司完成工业总产值27214.7万元，比上年增长19.8%；实现工业销售产值26939.4万元，比上年增长13.1%，产销率为98.9%，创利润12940万元；上缴税金808万元。贵州省都匀市福泰化工有限公司完成工业总产值17352.4万元，比上年增长15.7%；实现工业销售产值16675.9万元，比上年增长61.4%，产销率为96.1%，创利润605万元；上缴税金812万元。共生产合成氨58000吨，比上年增长25%，生产销售收入17900万元。

2011年，在贵州省淘汰落后产能办公室印发2011年淘汰落后产能计划（含第一批已签订目标责任书的企业）中，黔南州有7个磷化企业的落后产能生产线（设备）等被限时淘汰。是年，都匀市化工工业共生产合成氨49794.7吨，比上年减少9.4%；生产碳铵29467吨，比上年增长1.6%；生产纯铵5043吨，比上年增长13.1%。贵州省都匀市福泰化工有限公司完成工业总产值21343万元，比上年增长23%；瓮福剑峰化工股份公司完成工业总产值28962.5万元，比上年增长7.4%。2012年，都匀市化工工业共生产合成氨53125吨，比上年减少6.7%；生产纯铵8247.6吨，比上年增长63.5%。贵州省都匀市福泰化工有限公司完成工业总产值21867.5万元，比上年增长2.46%；瓮福剑峰化工股份公司完成工业总产值28860.1万元，比上年减少0.35%；云福化工有限公司完成工业总产值16811.1万元，比上年增长32.13%；贵州开磷剑江化肥有限责任公司完成工业总产值28860.12万元，比上年增长2.1%。

2014年，全州共有化工企业71户，实现产值138.96亿元，比上年增长12.1%。实现增加值27.66亿元，比上年增长12.6%。全州大型化工企业有瓮福（集团）有限责任公司、贵州金正大生态工程有限公司，贵州天福化工有限责任公司，贵州川恒化工有限责任公司等。

二、技术改造

1992年，贵州剑江化肥厂投入资金2404万元引进德国加压硝酸装置，对该厂硝酸系统进行改造取得成功，硝酸生产能力由原来的4.5万吨/年增至8.9万吨/年。1994年，都匀市化肥厂年生产3000吨氧化锌和5000吨硫酸以及400吨活性氧化锌的技术改造项目获贵州省化工厅批复。1995年，贵州剑江化肥厂投入资金7671.8万元对合成氨系统进行改造扩建，形成年产合成氨7.5万吨、硝酸铵13万吨、硝盐3万吨、烤烟专用硝基复合肥3万吨的生产能力。1996年，都匀市化肥厂年产6万吨尿素、福泉化肥厂年产5万吨脱氟磷酸三钙、福泉重钙厂年产5万吨饲料磷酸氢钙等大型技改项目分别经国家计划委员会、国家经济贸易委员会、化工部、农业部批准立项；福泉化工冶金试验厂年产2500吨黄磷生产线于7月正式点火投产；福泉化肥厂年产2万吨出口颗粒肥项目于3月动工兴建；黔南州磷酸盐厂、福泉军民水泥厂等一批黄磷深加工项目进入实施阶段。全州化工企业的黄磷生产电炉从1800千伏安、3200千伏安向6300千伏安、7200千伏安、15000千伏安等大变压器容量的电炉转换。全州的乡镇化工企业也从矿产品粗生产为主向深加工迈进。如瓮安天安黄磷厂两台15000千伏安黄磷生产电炉于9月建成投产，龙里正大集团年产4万吨饲料磷酸氢钙和瓮安大信公司两台7200千伏安黄磷生产电炉项目分别动工建设。

1997年，黔南州五钠厂针对自身产品单一的特点，对原有年产3万吨的两条生产线填平补齐，改造成为年生产能力为5万吨的“三改五”工程于6月通过竣工验收投产。接着又进行“五改八”工程，争作全国五钠行业的“老大”。是年，黔南州磷酸盐厂建成年产20万只黄磷包装桶生产线，建成年产6000吨的工业黄磷生产线装置和年产30000吨饲料磷酸氢钙生产线装置，完成年产30000吨85%工业磷酸技改工程的80%，完成年产30000吨硅钙肥技改工程的40%，完成联办年产20000吨啤酒技改工程的60%。全年共完成技改和固定资产投资3240万元。

1999年，全州化工行业技术改造项目竣工的有：罗甸县淳罗电石厂年产1万吨电石生产线技改项目、惠水县磷酸盐厂年产1万吨五钠生产线技改项目、福泉牛场化肥厂年产5000吨磷酸氢钙技改项目、龙里县化工厂普钙技改项目、福泉马场坪磷星钾肥厂年产4万吨钾肥技改项目。

2001年，贵州省都匀化工实业有限公司实施年产2.5万吨合成氨填平补齐项目、年产4万吨合成氨技术改造项目和5000立方米气柜技术改造项目，在扩大生产能力的同时，实施了19项节能降耗项目，其中多胺脱碳项目荣获国家经济贸易委员会、中国科协颁发的

“千厂千会协作行动”优秀成果奖。通过各种先进技术的运用，节能降耗效果明显，吨氨耗煤较技术改造前下降3公斤，吨氨耗电较技术改造前下降300度，两个技术改造的项目同比均下降13%至48%。贵州省开磷集团息烽重钙厂正式对贵州剑江化肥厂生产装置及配套公用工程进行托管，成立贵州省开磷集团息烽重钙都匀氮肥厂后，立即投入资金3400多万元进行现场清理，完成装量恢复性大修零星工程150余项，完成配套技术改造工程11项。2002年，贵州省开磷集团息烽重钙都匀氮肥厂技术改造共投入资金2600万元，完成年度检修项目1项和技术改造项目7项，特别是采用高新技术投资1300多万元选用二段变压吸附对原水洗脱碳装置进行技术改造后，吨氨电耗由原来的2300度降至1800度。同时，配合都匀市优秀旅游城市建设要求，对废气、废水、废渣排放采取治理和控制措施，投入500万元实施二气回收技术改造环保项目。

2006年，贵州省开磷剑江化肥有限责任公司投入技改资金5943.17万元，新增煤气炉、脱硫、电防尘、气柜，改造吹风余热回收，改造合成圈系统，双甲、压缩机等，硝基复合肥技改，环保项目造气、锅炉冲渣水治理项目招标工作完成。通过技术改造，企业主产品合成氨生产能力达到10万吨/年，副产品甲醇2.5万吨/年。

2007年6月，贵州川恒化工有限责任公司获“贵州省知识产权试点单位”，8月又获“贵州省区贵州省高新技术企业”授牌，同时承担贵州省科技厅《磷石膏制备高性能石膏粉及耐水石膏砌块技术研究》重大课题任务。9月，贵州川恒化工有限责任公司与宏福实业有限总公司、贵州大学等单位共同承担国家支撑计划《复杂难处理磷矿资源开采与深加工关键技术研究》《磷矿资源精细产品关键技术研究》课题任务，次年通过省级技术中心和国家高新技术企业认定。

2008年，贵州省开磷剑江化肥有限责任公司自主创新式项目NPK配比为3个15的高浓度复合肥生产线，进入试车阶段，同时建立新技术条件下的工艺标准、操作标准、计量标准、产品标准。

2009年，贵州省都匀市福泰化工有限公司投入600多万元对能量系统进行优化技术改造，并对生产设备进行全面大修，加上1号三气混烧锅炉的成功投用，企业每年可节约1万吨标准煤，解决了制约生产发展瓶颈，公司生产跃上新台阶。

2010年，贵州开磷剑江化肥有限责任公司在优化生产管理，结合生产结构变化情况及时改进工艺流程，将硫回收熔硫废气回收至锅炉，日节约燃煤5.6吨，合成氨系统停产后，将“三气”锅炉改造为全燃煤锅炉，解决生产系统备机问题。同时，对锅炉炉膛进行节煤改造，有效利用低发热量煤渣。贵州省都匀市福泰化工有限公司申请国家财政奖励资金原有设备和工艺进行技术改造，保证企业生产长周期安全运转。

2012年，贵州省都匀市福泰化工有限公司投入资金1000多万元，对冰机冷却系统、变压吸附装置、循环机和1号“三气”混烧锅炉进行改进，成功投用后公司生产降低了能耗，达到增加产量和安全环保的目的。

2013年，惠水县关闭贵州宏矾金属工业有限公司、贵州省惠水川东化工有限公司、贵州省惠水磷酸盐厂共4台6300千伏安矿热炉，共淘汰落后生产能力1.4万吨。

2014年，荔波县为贵州黔源生态农业开发有限公司“年产10万吨生物有机肥建设项目”争取到中小企业无偿资助资金40万元。

第八节　医药工业

黔南州医药生产起步较晚，规模较小，1990年全州的医药工业总产值仅为378.86万元，此后经过20多年的发展，逐步成为全州工业经济的重要产业。

一、医药生产

1991年，全州医药工业企业有：黔南州中药饮片厂、都匀制药厂、罗甸县制药厂、独山县制药厂、都匀药用玻璃瓶厂和三都县中草药提炼厂。黔南州中药饮片厂固定资产总值为6.87万元，库存物资和流动资金10万元，除原有设备外，增加了13.5千瓦热风循环烘干机1台，往复式切片机1台，加工品种达360种，月产量达3至4吨。都匀市药用玻璃厂年生产输液瓶3095.4吨，产值374.9万元，生产黄色药用玻璃包装瓶311.1吨，产值34.6万元。是年8月，经贵州省经济委员会、贵州省医药局批准，建立都匀市制药二厂，厂房选定后拟投资404万元生产雷公藤多甙片、左旋多巴片、克喘素。

1992年，中美合资贵州神奇制药厂在龙里县谷脚镇兴建。是年，贵州省黔南州健龙保健品公司成立，该公司为股份制企业，主要利用当地资源开发生产健龙宝胶囊和健龙野生植物精。

1993年，独山县与安徽省合作，投资77万元，动工兴建安徽省界首字安康明胶厂独山县空心胶囊厂，当年试产成功。是年，独山县制药厂进行企业内部改革及自身建设和新产品开发，生产的板蓝根冲剂、复方板蓝根片、陈香露白露片、枇杷止咳冲剂、枇杷止咳糖浆、穿心莲片等产品走向沿海发达地区，天麻胶囊销往东南亚市场，当年完成工业总产值996万元。其产品枇杷止咳冲剂获贵州省优秀新产品二等奖。龙里县谷脚镇贵州神奇制药厂建成投产，累计投资900万元，年产“脚癣一次净”25万件，当年生产15898件，创产值超亿元。都匀市制药厂当年完成工业总产值1048万元。

1995年，贵州信邦制药有限公司带资金、项目、技术，罗甸县制药厂出厂房及部分设备，由贵州信邦制药有限公司交税承包罗甸县制药厂。当年完成工业产值1200多万元，不仅扭亏为盈，而且上缴税金25万元，实现利润110万元。主要产品有：天然冰片、银杏天宝。其中银杏天宝获贵州省优秀新产品二等奖。是年，都匀药用玻璃厂完成工业总产值550.43万元，完成销售额646.29万元，实现利润54.09万元。健龙保健品厂与贵州乙肝研究所合作，在都匀成立贵州黔南神奇药业有限责任公司。私营企业特色药业公司在都匀落户，主要产品益肝草远销海内外。年底，全州医药工业企业共有11家，其中：医疗器械生产企业3家，即都匀市医疗器械设备厂、惠水县康泰医疗器械厂及侨联贵州惠水医用设备厂；成药生产企业6家，即都匀市制药厂、都匀市制药二厂、贵州信邦制药有限公司、贵州黔南神奇药业有限责任公司、独山县制药厂、三都县中草药提炼厂；药用包装生产企业

2 家，即都匀药用玻璃厂和独山县空心胶囊厂。

1996 年，全州医药工业企业有 10 家，医药工业企业总产值达 1 亿元（不含贵州黔南神奇药业有限责任公司产值），比上年增长 143%，实现利润 320 万元。药材生产基地发展到 65 个，种植药材面积达 10 万亩以上。医药商业纯销售收入达 2500 万元，利润达 60 万元。是年，都匀市制药厂有偿转让给贵州黔南神奇药业有限责任公司。贵州信邦制药有限公司在原罗甸县制药厂的基础上实行企业重组。

1997 年，贵州神奇制药厂兼并都匀制药厂建立的贵州神奇制药二厂投产，该厂拥有片剂胶囊、颗粒剂、糖浆剂等 4 种剂型生产线，主要产品有苑叶止咳糖浆、银翘解毒片、牛黄解毒片、全天麻胶囊、精乌胶囊、感冒止咳颗粒等。

1998 年，全州中药材种植开发由依靠国家单一扶持方式转变为国家、地方财政、单位及个人统筹开发，管理体制由过去零星分散发展到集体化成片统一种植经营，调动了各县（市）建立药材基地的积极性。全州医药行业完成工业总产值 5.5 亿元，占全省医药工业总产值 16.8 亿元的 32%，与上年同期相比增长 22%，实现利润 4335 万元，与上年同期相比增长 40.29%，产销率为 85%，达到了预期的目标。是年，贵州信邦制药有限公司完成工业总产值 18691 万元，实现销售收入 5245.7 万元，实现利润 1236.2 万元；贵州神奇制药厂完成工业总产值 29796.6 万元，实现销售收入 26226.9 万元，实现利润 3007.1 万元；贵州神奇第二制药厂完成工业总产值 4706.3 万元，实现销售收入 2732 万元，实现利润 1200 万元；贵州特色药业有限责任公司完成工业总产值 6640 万元，实现销售收入 5823.3 万元，实现利润 114 万元；贵州金康制药有限责任公司完成工业总产值 1041.5 万元，实现销售收入 1234.5 万元，实现利润 72.9 万元。

1999 年，全州医药行业为了扩大黔南药业的知名度，组织全州 30 多个中西成药品种和 60 多个地道名优中药材随黔南州展出团赴深圳市展出。全州 8 户医药工业企业中，龙里神奇制药有限公司、贵州信邦制药有限公司、龙里富华制药有限公司、都匀特色药业有限公司 4 个企业均按照国家药品生产质量管理规范（即 GMP）标准进行设计施工，并基本完工。神奇制药有限公司于 12 月经国家药品监督局 GMP 认证中心进行验收，获得认证书。贵州信邦制药有限公司、龙里富华制药有限公司也按照国家对药品生产的验收标准作好接受检查验收的准备工作。是年，全州医药工业企业共创新药 11 个品种，完成了发展新药年度目标要求。是年，贵州富华药业有限公司建设竣工试产，公司位于龙里县谷脚镇医药工业小区，厂区占地面积为 67000 平方米，生产车间建筑面积为 4000 平方米，其中 10 万级洁净工作区约 1000 平方米，主要生产设备造型严格按照 GMP 标准要求执行，设备整体水平均达到国内先进水平，投产后生产品种有骨松宝胶囊颗粒、骨松宝颗粒剂、无糖型骨松宝胶囊、木香顺气丸等 14 个品种，其中、骨松宝颗粒被列为国家基本药物目录，国家中药保护品种。是年，全州医药行业共完成工业总产值 6.5 亿元，比上年增长 8.33%，占全省医药工业总产值的 32.6%，全州超亿元的企业有 3 户，占全省 6 户超亿元的企业 50%。企业利润总额达 4000 万元，比上年增长 14.28%，产销率为 90%，比上年增长 5%。私营企业特色药业公司完成工业总产值 10811 万元，实现营业收入 6515 万元，上缴税金 68 万元。

2000 年，全州注册的制药企业共有 16 户，其中贵州神奇制药有限公司、贵州信邦制药有限公司、龙里富华制药有限公司、贵州特色药业有限公司是贵州制药行业中的龙头企业。贵州信邦制药有限公司投资 1 亿元的 GMP 标准生产于 10 月顺利通过国家药品监督局 GMP 认证中心进行验收，形成年产片剂 10 亿片胶囊 1 亿粒的生产能力。龙里富华制药有限公司于 8 月通过国家药品监督局 GMP 认证中心进行验收。罗甸县药奇冰片开发有限责任公司由贵州鸿灵实业有限公司投资 700 万元的冰片加工项目于 8 月开工建设，主体厂房 4500 平方米，计划于翌年竣工交付使用投产。特色药业公司由于产品销售市场受到假冒伪劣产品冲击，企业的生产和销售受到严重冲击，其产值受到影响。

2001 年，贵州信邦制药有限公司完成工业总产值 1.9 亿元，上缴税金 1700 余万元，实现利润 500 余万元。由青岛红星化工集团有限责任公司下属的两家控股公司—镇宁县红蝶实业有限责任公司和青岛红星化工集团天然色素有限公司共同组建了贵州红星发展都匀绿友有限责任公司。

2002 年 11 月，贵州神奇第二制药厂更名为贵州神奇盛世制药有限责任公司。是年，全州医药行业共完成工业总产值 76441.8 万元，占年计划 72000 万元的 106.2%。

2003 年，贵州神奇盛世制药有限责任公司已拥有颗粒、胶囊、片剂、糖浆、提取等 5 个生产车间，共计有生产批文 28 个，10 个剂型近 40 个品种，主要产品有银翘解毒片、牛黄解毒片、全天麻胶囊、苑叶止咳糖浆、精乌胶囊、感冒止咳颗齿等，其中全天麻胶囊为国家级新药，精乌胶囊等 4 个药品为国家中药保护品种。是年，全州医药行业共完成工业总产值 94924 万元，比上年增长 21.7%，完成工业销售产值 64214 万元，比上年增长 1.9%。其中贵州神奇盛世制药有限责任公司完成工业总产值 11824 万元，完成计划数的 131.4%，比上年增长 32.8%；龙里神奇制药有限公司完成工业总产值 56042 万元，完成计划数的 112.1%，比上年增长 33.1%；贵州信邦制药有限公司完成工业总产值 22498 万元，完成计划数的 104.6%，比上年增长 9.6%。由于黔南医药工业发展迅速，尤其是中成药国内外市场需求量大。而制作中成药的原材料多为野生中草药，野生中草药的数量已不能满足市场的需求。为此，都匀红星民族中药材科技开发有限公司依托西部地区“退耕还林”的有利时机，投资 380 万元建设中药材 GMP（中药材生产质量管理规范）种植基地 1 万亩。其中一期工程 2550 亩，分别为天麻 45 亩、金银花 1500 亩、太子参 1005 亩。

2004 年，全州医药行业共完成工业总产值 101818 万元，比上年增长 5.6%，完成工业销售产值 92110 万元，比上年增长 12.6%。是年，贵州神奇盛世制药有限责任公司技术改造工作完成后，生产基地彻底结束了外加工历史，全年公司质保部门共检验原辅料 115 批，合格率为 99.1%；中药材 212 批，合格率为 97.6%；包装材料 542 批，合格率为 94.65%；半成品 819 批，合格率为 99%；成品 567 批，合格率为 94.8%；留样试验 157 批，合格率为 100%。贵州红星发展都匀绿友有限责任公司与黔南龙海特种植物研究中心组建股份公司共同开发建设迷迭香种植及提取项目。

2005 年，全州医药行业共完成工业总产值 122853 万元，比上年增长 26.6%。作为贵州省药品生产的重要基地，医药工业成了黔南州新的支柱产业之一。

2006 年，全州医药工业共完成工业总产值 126347 万元，比上年增长 8.8%。是年，贵州神奇盛世龙方制药有限公司完成工业总产值 2.14 亿元，比上年增长 4.4%，完成工业销售产值 1.81 亿元，比上年增长 53.2%，产销率为 84.7%，实现利润 488.6 万元，比上年增长 23.07%，上缴税金 1090 万元，比上年增长 13.07%。

2007 年，全州医药工业共完成工业总产值 63961 万元，比上年增长 0.2%。是年，贵州神奇盛世龙方制药有限公司完成工业总产值 20089.6 万元，比上年增长 6.2%，完成工业销售产值 1.25 亿元，比上年增长 30.7%，产销率为 62.5%，实现利润 488.6 万元，比上年增长 23.07%，上缴税金 1090 万元，比上年增长 13.07%。

2008 年，黔南州医药工业克服了冰灾、原材料价格上涨、全球金融危机等不利因素的影响，通过新产品研发、节能减排，实现经济增长方式转变和经济效益的提高。全州医药工业共完成工业总产值 188861 万元，比上年增长 20.4%。是年 9 月，贵州神奇盛世龙方制药有限公司的 6 个剂型的 6 条生产线的硬件和软件的 GMP 复认证工作顺利通过国家验收。全年共生产 4 种剂型 18 个品种，生产成品 62894 件，总产值 15116.55 万元。贵州神奇盛世龙方制药有限公司在产品质量方面加大了监督和检验力度，检验成品、半成品和原辅包装材料 2205 批（次），其中：原辅包装材料 620 批（次），合格率为 97.1%；半成品 758 批（次），合格率为 100%；中药材 234 批（次），合格率为 95.73%；留样品 102 批（次），合格率为 100%。

2009 年，贵州瑞和制药有限公司完成工业总产值 14922 万元，比上年增长 22.5%。贵州富华药业有限公司完成工业总产值 16014 万元，比上年增长 75.8%；生产中成药 187 吨，比上年增长 144.5%。贵州神奇盛世龙方制药有限公司共生产 4 种剂型 18 个品种，生产成品 69442 件，工业总产值 19531.1 万元，比上年增长 13.3%，完成工业销售产值 1213.6 万元，比上年增长 13.3%，产销率为 62.1%，实现利润 726 万元，上缴税金 1090 万元。贵州神奇药业公司龙里分厂完成工业总产值 41200 万元，比上年下降 40.8%；生产中成药 6948 吨，比上年增长 54.9%。贵州弘康药业有限公司完成工业总产值 15725 万元，比上年增长 51.5%；生产中成药 41 吨，比上年下降 4.4%。贵阳医学院制药厂完成工业总产值 4794 万元，比上年增长 12.2%；生产中成药 109 吨，比上年增长 3.6%。罗甸县信邦制药股份公司完成工业总产值 59002 万元，比上年增长 47.37%；生产中成药 289 吨，比上年增长 375.24%。

2010 年，贵州神奇盛世龙方制药有限公司共生产 4 种剂型 13 个品种 19 种规格，合计生产成品 76130 件，完成工业总产值 23602 万元，比上年增长 20.8%，完成工业销售产值 12177.2 万元，比上年增长 13.4%，产销率为 58.3%，实现利润 1098 万元，上缴税金 1644.5 万元。

2011 年，贵州神奇盛世龙方制药有限公司完成工业总产值 30674.2 万元，比上年增长 29.9%。是年，黔南州聚贤堂民族药业开发有限公司成立，注册资金为 20 万元，是一家集中草药种植、加工、应用、民族保健品开发为一体的民营企业。主要产品有保健酒系列、降脂肪降压茶系列、民族和民间单方及门诊服务。厂址位于都匀甘塘产业聚集区振华集团五〇四厂，占地面积4500平方米。

2012年，贵州神奇盛世龙方制药有限公司完成工业总产值31849.3万元，比上年增长9.9%。2014年，全州共有医药企业17户。全年实现产值47.68亿元，比上年增长21.4%。实现增加值12.11亿元，同比增长13.9%。全州大型医药企业有贵州信邦制药股份有限公司、贵州神奇药业股份有限公司龙里分厂、金桥药业有限公司等。

二、技术改造和产品开发

1991年，黔南州中药饮片厂经黔南州药材公司批复同意进行技术改造，技术改造的主要项目有：改造饮片车间，建炮制车间、原药仓库、质检房、配电房，购置加工、包装设备及锅炉和配套设备。规模为年产中药饮片100至120吨，加工中药饮片品种500个。

1995年初，贵州信邦制药有限公司投资100多万元，对罗甸县制药厂的原厂房和设备进行改造，年内正式投产。

1996年，贵州信邦制药有限公司在原罗甸县制药厂的基础上实行企业重组，经过项目立项论证，从农业银行贷款860万元，按《医药工业企业质量标准验收规范》标准再次对厂房进行技术改造，并增加设备。

1997年，贵州省绿色产业建设领导小组办公室、贵州省医药局批准贵州信邦制药有限公司建设GMP标准生产线建设工程。该项目建设规模为年产银杏天宝10亿片，银杏酯针剂3000万支，项目总投资8292万元，其中有绿色产业安排专项贷款2000万元。为了配合该项目工程的建设，黔南州在贵州信邦制药有限公司已建银杏基地3200亩的基础上，由州药材公司、荔波县中西药公司立项建立银杏基地，其中，州药材公司营造造银杏5万亩，安排绿色产业专项贷款200万元；荔波县中西药公司营造造银杏1万亩，安排绿色产业专项贷款50万元。

2001年，全州完成了技术改造项目的有：贵州龙里神奇制药有限公司的大输液针剂GMP改造项目和复方丹参GMP改造项目、龙里富华制药有限公司二期技术改造项目。

2003年，贵州神奇盛世制药有限责任公司投资2100万元，对颗粒、胶囊、片剂、糖浆4条生产线进行药品生产质量管理规范（GMP）技术改造，技术改造后可年形成产颗粒1500万袋、胶囊2亿粒、片剂1.5亿片、糖浆400万瓶、年税收1200至1500万元。

2004年，贵州神奇盛世制药有限责任公司对7条生产线进行药品生产质量管理规范（GMP）技术改造，并分别于3月和12月通过了省级验收。该公司长期致力于贵州省传统民族药的研究开发，运用现代化科技手段，将多个民族药验方产品形成产业化生产，并上升为国家标准药品，苗药产品蓝芷安脑胶囊即为其中之一。蓝芷安脑胶囊在原民间验方基础上，利用现代科技提取技术和设备，改进制作工艺，对验方中的中药材采用水提醇沉、减压浓缩、喷雾干燥、全自动填充等工艺进行规模化生产，使其成为安全、服用方便的现代中成药品。

2005年，全州重点扶持龙里县和惠水县两个工业园区内的制药企业的GMP技术改造，提高药品生产科技水平和市场竞争力，壮大骨干医药企业。

2009年，贵州神奇盛世龙方制药有限公司获得上级主管部门技术改造资金10万元，通过小试、中试，解决了益母草颗粒剂的生产工艺问题，并完成了金乌骨通药粉的湿热高压灭菌的前期小试工作。同时完成了各普药的物价申报、样板设计等前期准和2台4T/h锅炉脱硫除尘及烟道烟囱技术改造。

第九节　其他工业

一、食品工业

1991年，黔南州食品加工企业中，酿酒行业有12家，共生产白酒5176.59吨，完成工业总产值2085万元。是年，都匀市酒厂开发38°、30°低度匀酒，投放广西、广东及本地市场，销路好。同时，根据北方市场逐步低度化的动向开发50°匀酒和35°、45°匀酒，形成完整的系列产品，在日本东京国际名酒鉴赏会上荣获金奖。产品产量比上年增长85%，工业总产值比上年增长37.4%，产品销售量比上年增长62.45%，实现利税比上年增长140.47%，实现了扭亏为盈。独山县盐酸菜厂共生产盐酸菜502吨，比上年增长18.54%。完成工业总产值142.81万元。比上年增长55.60%。

1992年，全州食品加工企业共生产白酒4681吨，完成工业总产值2218万元。其中都匀市酒厂生产的匀酒和其他中级酒共完成销售收入1470.7万元，实现利润53.98万元，上缴税金351.94万元；贵定县酒厂生产的贵常春酒和蛮村窖酒共完成销售收入795万元，实现利润28万元，上缴税金114万元；福泉县酒厂生产的泉酒共完成销售收入69.96万元，实现利润0.7万元，上缴税金18.85万元；长顺县酒厂生产的首乌酒和窖酒共完成销售收入35.69万元，实现利润2.82万元，上缴税金8.53万元；龙里县酒厂生产的中级白酒共完成销售收入111万元，实现利润0.02万元，上缴税金21.73万元；瓮安县酒厂生产的中级白酒共完成销售收入50.79万元，利润亏损12.89万元，上缴税金8.15万元；平塘县酒厂生产的刺梨酒和饮料共完成销售收入15.22万元，利润亏损4.06万元，上缴税金2.48万元；罗甸县酒厂生产的普通白酒共完成销售收入2.1万元，上缴税金0.1万元；惠水县酒厂生产的黑糯米酒和涟江系列酒共完成销售收入243.2万元，实现利润0.98万元，上缴税金56.3万元；南风酒厂生产的白酒和饮料共完成销售收入17.68万元，利润亏损17.73万元，上缴税金1.3万元；独山县酒厂生产的蛇酒和独山大曲酒共完成销售收入50.7万元，利润亏损5.4万元，上缴税金2.9万元；三都县九阡酒厂生产的九阡酒共完成销售收入6万元，实现利润1.34万元，上缴税金2.1万元。是年，独山县盐酸菜厂生产的盐酸菜共完成销售收入154万元，实现利润9.2万元，上缴税金15万元；贵定酱菜厂生产的酱油、漆醋、腌菜共完成销售收入103万元，实现利润4.2万元，上缴税金5.8万元；惠水县永红食品厂根据市场需求，开发出新产品，其新研发的肉松、肉脯产品投放市场后供不应求。

1993年，全州食品加工企业中，酿酒行业从12家下降到10家，共生产白酒12905吨，比上年增长27.57%，完成工业总产值1279万元，比上年下降21.85%。独山县盐酸菜厂共生产盐酸菜 347 吨，比上年下降 18.74%；完成工业总产值 122.15 万元，比上年下降 21.85%。平塘县果子品厂生产蜜饯 50 吨。贵定县酱菜厂生产的甜酸藠头和清水鲜蕨菜获贵州省优秀新产品三等奖。独山县盐酸菜厂生产的独山牌盐酸菜获贵州省名牌产品称号。

1994 年，都匀市酒厂以改革转机建制为动力，逐步恢复了生产。生产匀字牌匀酒系列（55°、38°、35°、30°）获贵州省名牌产品称号。独山县盐酸菜厂生产的独山牌盐酸菜获贵州省名牌产品称号。惠水县永红食品厂全年完成工业总产值 2183 万元，比上年增长 47.3%，上缴税金 213 万元，比上年增长 56.6%。该厂厂长荣获“贵州省乡镇企业家”称号。

1995 年，福泉县对扭亏无力的福泉县酒厂实施依法破产。都匀市酒厂采取干部聘任制并狠抓产品质量和降耗，全年实现销售收入 1850 万元，上缴税金 410 万元，盈利 20 万元。平塘县酒厂生产饮料和白酒共 1794 吨，平塘县果子品厂生产蜜饯 34 吨。

1996 年，全州共有酿酒企业 8 家，蔬菜加工企业 3 家，糖果蜜饯生产企业 2 家，饮料生产企业 3 家、制茶企业 5 家。都匀市酒厂完成工业总产值 204 万元，完成工业销售产值 874 万元，实现销售收入 603.4 万元，亏损 692 万元。三都三水高技术有限责任公司引进中山大学生物系科研成果，开发生产以番木瓜为原料的系列产品粗酶、嫩肉精等，其中嫩肉精生产线开始进行小批量生产。黔南联达食品有限公司兴建辣椒系列产品生产线，生产能力为每年生产辣椒粉 400 吨、生产油辣椒 300 吨。平塘县共生产各种饮料酒 2017 吨，比上年增长 12.43%。平塘县果子品厂生产蜜饯 35 吨，比上年增长 2.94%。惠水县永红食品厂完成工业总产值 2129 万元，完成工业销售产值 1956.3 万元，实现销售收入 1096.5 万元，实现利润 21.3 万元。瓮安县肉类联合加工厂完成工业总产值 72.5 万元，完成工业销售产值 633.4 万元，实现销售收入 633.4 万元，利润亏损 47.5 万元。

1997 年，全州食品加工业共有酿酒企业 8 家，蔬菜及豆制品加工企业 12 家，糖果蜜饯生产企业 3 家，饮料生产企业 4 家、制茶企业 8 家，其他副食品加工企业 5 家。全州酒类酿造企业共生产各种白酒、饮料 727.54 吨。全州蔬菜腌制企业共生产各种盐酸菜 331.5 吨。全州食品加工业列入州级技术改造项目计划的企业共 5 项，当年完成 1 项，即荔波县大七孔饮用天然泉水厂技术改造，项目总投资 250 万元，年生产 600 毫升瓶装泉水 500 万瓶。长顺县绿色食品厂当年建成并投入试产成功，主要生产魔芋精粉、南瓜粉、姜粉等纯天然绿色食品。平塘县共生产各种饮料酒 2185 吨，比上年增长 5.5%。平塘县果子品厂生产蜜饯 52 吨，比上年增长 48.57%。是年，惠水县永红食品厂完成工业总产值 2218.1 万元，比上年同期的 2129 万元增长 4.19%；完成工业销售产值 2142.7 万元，比上年同期的 1956.3 万元增长 9.53%。其生产的牛头牌沙嗲牛肉干、五香牛肉干、麻辣牛肉干获 1997 年度贵州省名牌产品称号。瓮安县肉类联合加工厂完成工业总产值 663.2 万元，比上年同期的 726.5 万元下降 0.71%；完成工业销售产值 838 万元，比上年同期的 633.4 万元增长 32.3%。独山县盐酸菜厂生产的独山牌盐酸菜获 1997 年度贵州省名牌产品称号。

1998 年，全州规模以上食品加工业企业有 42 家。其中停产 14 家，亏损 15 家。共完成工业总产值（现价）21354 万元，盈利企业盈利总额为 462 万元，亏损企业亏损总额为

1205.7万元，盈亏相抵后净亏损734.7万元。其中：食品加工企业23家，停产5家、亏损10家。共完成工业总产值（现价）14879.4万元，盈利企业盈利总额为312万元，亏损企业亏损总额为492.9万元，盈亏相抵后净亏损180.9万元；食品制造企业7家，停产1家（都匀市酱醋厂），亏损2家，共完成工业总产值（现价）2570.4万元，盈利企业盈利总额为93.1万元，亏损企业亏损总额为27.9万元，盈亏相抵后净盈利65.2万元；饮料制造企业12家，停产3家（贵州保健首乌酒厂、龙里县酒厂、龙里县饮料厂）亏损3家，共完成工业总产值（现价）3904.2万元，盈利企业盈利总额为56.9万元，亏损企业亏损总额为684.9万元，盈亏相抵后净亏损628万元。是年，全州酒类酿造企业共生产各种白酒、饮料1031.39吨，比上年增长41.76%。全州蔬菜腌制企业共生产各种盐酸菜350.66吨，比上年增长5.7%。是年，都匀市水泥厂托管都匀市酒厂。托管后部分恢复生产，推出“玖玖”匀酒系列等几个新产品。全州茶叶制作行业分别组建了都匀毛尖茶叶集团、都匀绿色风茶叶集团、贵定云雾湖贡茶公司等茶叶集团，初步遏制了茶叶生产销售过程中混乱的局势，茶叶市场逐步向健康、有序、稳定方向发展。是年，独山县盐酸菜厂经资产重组并入独山东峰集团，同年，独山东峰集团盐酸菜厂异地改造一期工程竣工投产，总投资642万元，全部自筹。惠水县永红食品厂完成工业总产值2168万元，比上年下降0.23%；完成工业销售产值2102万元，比上年下降0.19%，完成产品销售收入2468.7万元，实现利润276.2万元。瓮安县肉类联合加工厂完成工业总产值823.3万元，比上年增长24.14%；完成工业销售产值899.3万元，比上年增长7.32%，完成产品销售收入9315万元。

1999年，全州规模以上食品加工业企业共有从业人员1359人，产值（现价）为12758.2万元，资产总计14150.6万元，销售收入7073.7万元，利润总额280.3万元。全州酒类酿造企业共生产各种白酒、饮料1331.41吨，比上年增长29.08%。

是年，独山东峰集团盐酸菜厂共生产各种盐酸菜467.58吨，比上年增长33.25%。独山东峰集团盐酸菜厂开发的系列盐酸菜、风味素菜获黔南州科技进步二等奖。福建省金榕集团投资1500万元在都匀市兴建贵州金榕啤酒股份有限公司。惠水县永红食品厂完成工业总产值1993.9万元，完成销售收入2048.2万元。瓮安县肉类联合加工厂完成工业总产值670.9万元，完成销售收入910.8万元。

2000年，都匀市针织内衣厂租赁给贵州金榕啤酒股份有限公司，生产“剑江”牌啤酒，于当年投产运营。黔南兰利发食品有限公司在都匀市成立。是年，全州酒类酿造企业共生产各种白酒、饮料1383吨，比上年增长3.87%。都匀市酒厂改制为股份公司，组建贵州贵王集团股份有限公司。独山东峰集团盐酸菜厂共生产各种盐酸菜930.48吨，比上年增长98.8%。惠水县永红食品厂完成工业总产值2136.2万元，完成销售收入2230.5万元，有职工296人。

2001年，都匀金榕啤酒股份有限公司对生产线进行技术改革；都匀缘叶食品有限公司对1万吨豆奶生产线进行技术改革。都匀市共生产各种白酒和饮料酒5526吨，比上年增长822.32%。平塘县共生产各种饮料酒2580万吨，比上年下降35.5%；生产食用植物油529吨，比上年增长18.08%；生产茶叶19吨，比上年增长90%。都匀缘叶绿色食品有限责任公司配合都匀市“大豆计划”投资589万元，新建了1条年产1万吨豆奶生产线。

2002年，全州规模以上食品加工业企业共完成工业总产值9050.8万元，占计划7820万元的115.7%。全州酒类酿造企业共生产各种白酒、饮料6429吨，比上年增长8.34%。平塘县共生产各种饮料酒2610万吨，比上年增长1.16%；生产食用植物油538吨，比上年增长1.7%；生产茶叶20吨，比上年增长5.26%；生产软饮料3吨。都匀市共生产各种白酒和饮料酒6176吨，比上年增长11.78%。是年7月，贵州飞成食品有限公司经贵州省人民政府批准在都匀甘塘镇落户。都匀金榕啤酒股份有限公司投入资金300多万元对生产设备、生产工艺等进行技术改造，新建了技术更为先进的发酵罐，并引进多项先进酿造技术，改进生产工艺等措施，先后开发出皇冠啤酒、纯麦啤酒、新世纪啤酒、金小麦、剑江青啤等系列产品。8月，都匀缘叶绿色食品有限责任公司成为《人民日报》首批表彰的“中国诚信单位”。

2003年，全州规模以上食品加工业企业共完成工业总产值15557万元，比上年增长21.56%，完成工业销售产值19138万元，比上年增长28.4%。全州酒类酿造企业共生产各种白酒、饮料2677吨，比上年下降54.33%。其中都匀市共生产各种饮料酒4466吨，生产食用植物油325吨，生产软饮料3000吨，生产粉条600吨。10月，贵州飞成食品有限公司建成正式投产，其产品山之韵牌酸辣椒、焙烤辣椒粉等一系列产品在武汉举办的“中国第十次食品博览会”上荣获金奖。都匀缘叶食品有限公司投资1200万元对年产1.5万吨茶饮料生产线进行技术改造。黔南兰利发食品有限公司创立的“兰老太”油辣椒系列产品打入了北京、武汉、上海、昆明等城市，当年创工业总产值388万元，工业销售产值390万元，呈现出供不应求之态。

2004年，全州规模以上食品加工业企业继续保持较稳定的发展态势，共完成工业总产值33410万元，比上年增长9.9%，完成工业销售产值28762万元，比上年下降6.2%。食品加工业产值在全州工业总产值中所占比重为4.93%。全州酒类酿造企业共生产各种白酒、饮料2183吨，比上年下降18.46%。

2005年，全州在发展特色食品产品上重点支持永红食品、独山盐酸菜、独山东峰食品、瓮安冬秀孃泡菜、荔波樟江食品、都匀毛尖茶等。全州食品工业全年共投资2.3亿元。全州酒类酿造企业共生产各种白酒、饮料2696吨，比上年增长32.6%。

2006年，全州规模以上食品加工业企业完成工业总产值67069万元，比上年增长43%，完成工业增加值20593万元，比上年下降10.9%。全州酒类酿造企业共生产各种白酒、饮料15015吨，比上年增长397.8%。

2007年，全州规模以上食品加工业企业共完成工业总产值97416万元，比上年增长12.9%，完成工业增加值188695万元，比上年增长14.4%。全州酒类酿造企业共生产各种白酒、饮料16911千升，比上年增长22%。都匀市金榕啤酒有限公司共完成工业总产值626万元，比上年增长3.5%，完成工业销售产值453.6万元，产品销售率为72.5%，上缴税金43.3万元，比上年增长111.32%；生产各种啤酒2875吨。

2008年，黔南州食品工业企业克服了冰灾、原材料价格上涨、全球金融危机等不利因素的影响，通过新产品研发、加强节能减排力度，实现经济增长方式转变和经济效益的提高。是年，贵州惠水永红食品有限公司生产牛肉干2473吨，比上年增长9.9%；完成工业总产值20381.4万元，比上年增长27.8%；完成工业销售产值17830.1万元，比上年增长19%。贵州神奇啤酒有限公司生产啤酒1288.9万升，比上年增长1.4%；完成工业总产值4523.1万元，比上年增长28.9%；完成工业销售产值4541.8万元，比上年增长29.9%。贵州贵定金象实业总公司生产纯露矿泉水6198瓶；生产香辣食品343366瓶。当年全州酒类酿造企业共生产各种白酒、饮料1486.5万升，比上年下降12.1%。

独山县成功引入涪陵榨菜集团整体收购盐酸菜厂并进行扩能改造，实现“独山盐酸菜”品牌战略。是年12月，黔南州中级人民法院民事裁定宣告原都匀市酒厂破产。

2009年，贵州大成投资有限公司通过公开“招拍挂”的方式以2640万元竞拍得都匀市酒厂的资产，同时成立贵州都匀市酒厂有限责任公司，当年完成销售收入446万元，上缴税金113万元。都匀市规模工业企业生产饮料酒2322吨，比上年增长17.5%。都匀市乡镇企业共生产各种饮料酒1657吨；生产食用植物油884吨；生产粉条1712.6吨；生产辣椒制品350吨；茶叶加工46.2吨。都匀市金榕啤酒有限公司完成工业总产值447.3万元，比上年下降6.8%；完成工业销售产值375.3万元，比上年下降17.8%，产品销售率为83.9%，利润亏损97.9万元；上缴税金76万元。贵州永红食品公司完成工业总产值23615万元，比上年增长15.9%；生产牛肉干2178吨，比上年下降11.9%。贵州神奇啤酒有限公司完成工业总产值3252万元，比上年下降28.1%；生产啤酒12410千升，比上年下降3.7%。

2010年，都匀市金榕啤酒有限公司完成工业总产值506万元，比上年增长34.83%；生产各种档次啤酒2000多吨，产品销售收入425.5万元，比上年增长13.38%；上缴税金110万元。

2011年，贵州都匀市酒厂有限责任公司生产匀酒（折65°）306吨；完成工业总产值8205万元；完成工业销售产值6393.5万元；产品销售率为77.9%；利润亏损1201万元；上缴税金277万元。龙里县引资8000多万元，在谷脚工业园区兴建贵州龙里荣和酒业有限公司。

2012年，贵州都匀市酒厂有限责任公司围绕3500吨产能恢复和全年生产经营目标，共生产白酒223千升，成品酒包装生产突破10万件，完成工业总产值12779.73万元；完成工业销售产值9000多万元；上缴税金1025万元。是年12月，该公司生产的观真品牌白酒在中国《环球时报》举行的总评榜发布典礼上获此次总评榜唯一的“最具文化价值的中国白酒品牌”殊荣。同年，观真品牌还获得“贵州自主新品牌100强”称号，“匀”牌商标获得贵州省商务厅认定的第一批“贵州老字号品牌”。是年贵州龙里荣和酒业有限公司建成投产，公司聘用茅台镇荣和酒业本部酿酒技师，采用纯粮原料和传统酿造工艺生产优质酱香型白酒，其主要产品“荣和”“恒亦坊”系列深受用户欢迎，当年生产各类酱香型白酒900吨，产值1.2亿元。

2013年，贵州龙里荣和酒业有限公司边扩建边生产，共生产各类酱香型白酒1000吨，产值1.3亿元。

2014年，州工信委在白酒质量安全监管工作中，采取各县（市、区）局监管辖区内白酒企业生产环节质量安全，州级抽查的方式，对白酒质量安全进行监督管理。贵州龙里荣和酒业有限公司扩建厂房、改造提升设备能力，推出具有黔南地方民族特色的“恒亦坊”“布依情”等系列酱香型白酒，当年完成产量1200吨，实现产值1.5亿元。

二、冶金工业

1991年，龙里县龙山镇铁厂产品质量管理，所生产的铸造生铁荣获贵州省优质产品称号，填补了黔南州乡镇企业无贵州省优质产品的空白，并通过了省级企业档案管理工作的评审和贵州省乡镇企业局组织的乡镇企业全面质量管理达标考评验收。独山县小河冶炼厂炼锑1410吨，其中2号优质低硒锑1391吨，优质品率达96%，鼓风炉回收率为91%，反射炉回收率为94.57%，冶炼综合回收率为86.46%。独山县东峰锑矿针对精锑积压状况，制定6条措施，降低成本，提高质量，让利销售，生产经营状况好转，全年共生产精锑1410吨，实现销售收入1191.86万元，上缴税金153.3万元。

1992年，都匀市人民政府拨出50万元用于铅锌矿采选冶可行性研究及购买地勘资料，同时出台优惠政策，引进资金并鼓励机关、私营企业到乡镇办厂。独山县抓住精锑市场回暖的好时机，以销促产，精锑产量达到1845吨，比上年增长28.39%。其中小河冶炼厂共炼锑1660.88吨，比上年同期增长17.79%。

1993年，全州生产精锑2217.81吨，全部由独山县完成。

1994年，全州冶金工业产品产量大幅度上升，共生产精锑4300吨，比上年增长93.88%。其中，独山县2700吨，占62.8%；三都县1600吨，占37.2%。独山县东峰锑矿生产精锑2356.28吨，比上年增长107%，销售收入达6934万元，比上年增长149.26%，上缴税金1049万元，比上年增长107.31%，实现利润3600万元，比上年增长539.28%。

1995年，先后引进瓮安县金属镁厂、平塘县金属镁厂、平塘县硅钙合金厂等项目。

1996年，全州冶金工业企业共生产生铁16976吨，销售16761吨，产销率为98.73%；生产锑4647.7吨，销售1193吨，产销率为25.67%；生产铁合金25502.84吨，销售18467.89吨，产销率为72.42%。龙里县铁厂生铁生产完成工业总产值（现价）950.5万元，完成工业销售产值931.1万元，实现销售收入1029.8万元，实现利润9.3万元。

1997年，全州冶金工业企业硅铁合金生产比上年增长936.84%，铅锌生产比上年增长66.91%。独山县东峰锑矿精锑生产完成工业总产值（现价）3261.7万元，完成工业销售产值2277.7万元。

1998年，独山县东峰锑矿精锑生产完成工业总产值（现价）1962万元，完成工业销售产值1861万元，实现销售收入1888.1万元，实现利润310.6万元。龙里县铁厂生铁生产完成工业总产值（现价）598.5万元，完成工业销售产值881.9万元，实现销售收入881.8万元，实现利润2万元。

1999年，全州冶金工业企业有从业人员3113人，共完成工业总产值（现价）36778.2

万元，实现销售收入 32518.5 万元，利润亏损 3913.6 万元。共生产精锑 1780 吨，生产铁合金 82473 吨，生产生铁 8107 吨。其中，独山县东峰锑矿厂精锑生产完成工业总产值（现价）1575.2 万元，完成工业销售产值 1233.6 万元，完成工业销售产值 6736.3 万元，利润亏损 350.1 万元；龙里县炼铁有限责任公司生铁生产完成工业总产值（现价）905.5 万元，完成工业销售产值 734.2 万元，完成工业销售产值 571.3 万元，实现利润 1.1 万元。龙里县龙腾铁合金厂 3600 千伏安技术改造项目竣工投产，形成年产 7000 吨硅锰合金生产能力和增加年产值 2000 万元；三都县有色金属公司年产 1500 吨锑氧粉生产线技术改造工程项目竣工投产，形成年增加 1500 吨锑氧粉生产生产能力和增加年产值 750 万元；平塘县平底河铁合金厂技术改造工程项目竣工投产，形成年增加 2500 吨硅铁合金生产能力和增加年产值 780 万元。

2000 年，全州共有冶金工业企业近 40 家，完成冶金工业总产值 4.5 亿元，居全省第二，比上年增长 19.6%。其中，独山县东峰锑矿厂精锑生产完成工业销售产值 802.9 万元，利润亏损 181 万元；龙里县炼铁有限责任公司生铁生产完成工业总产值（现价）1065.4 万元，完成工业销售产值 1015.9 万元。

2001 年，全州共生产硅铁合金、硅锰铁合金、硅钙铁合金、硅镁铁合金 14.6 万吨，完成工业总产值 4.8 亿元，黔南成为铁合金生产的重要基地之一。龙里县龙腾铁合金厂一批 1800 千伏安、3200 千伏安电热炉铁合金通过技术改造扩大生产规模，该厂生产硅锰铁合金 1.2 万吨，新增产值 2 亿元。

2002 年，全州冶金工业企业生产生铁 11064 吨，比上年增长 5.12%；生产铁合金 21090.6 吨，比上年增长 32.48%。完成工业总产值 92740.1 万元，占年计划 87520 万元的 105.9%。

2003 年，全州冶金工业企业生产生铁 11607 吨，比上年增长 15.35%；生产铁合金 24.4 万吨，比上年增长 31.89%。共完成冶金工业总产值 123179 万元，比上年增长 24.1%。湖南省怀化市鼎兴置业有限责任公司到都匀市大坪工业加工基地兴建怀化鼎兴置业有限责任公司都匀冶炼厂，共投资 7000 万元建设 12 万千伏安工业硅工业技术改造项目。第一期工程投资 2900 万元完成并于当年 6 月 10 日点火投产。6 月 25 日，该冶炼厂 1 号硅炉在出炉过程中，发生当场死亡 1 人、伤 27 人的重大安全生产事故，企业为此支付医疗费、死亡赔偿费、伤残补助费共 665 万多元。

2004 年，全州冶金工业企业生产生铁 17002 吨，比上年增长 46.48%；生产铁合金 29.1 万吨，比上年增长 19.26%。全州冶金工业企业完成工业总产值 230961 万元，比上年增长 87.1%，完成工业销售产值 219536 万元，比上年增长 81%。冶金工业在全州工业产值中占比重为 34.07%，成为全州工业的重要支柱产业之一。

2005 年，全州冶金工业企业共生产生铁 58022 吨，比上年增长 241.15%；生产工业硅 10412 吨，比上年下降 23.3%；生产铁合金 30.82 万吨，比上年增长 7.5%。共完成冶金工业总产值 232489 万元，比上年增长 3.2%。

2006 年，全州冶金工业企业共生产生铁 81458 吨，比上年增长 40.4%；生产工业硅

22045 吨，比上年增长 111.7%；生产铁合金 40.75 万吨，比上年增长 32.22%。共完成冶金工业总产值 263469 万元，比上年增长 13.33%。都匀市天成实业责任公司、广兴铁合金厂、金亿达铁合金公司、长江硅业公司、金城铁合金公司等 5 户高耗能企业共获得电费补贴 59.02 万元。天成实业责任公司获节能降耗补助资金 10 万元。都匀市天成实业责任公司投入技术改造资金 1700 万元完成 2 台冶炼炉的技术改造及 6 台冶炼炉的环境保护设备配置。

2007 年，全州冶金工业企业共生产生铁 82818 吨，比上年增长 1.7%；生产工业硅 28709.4 吨，比上年增长 30.23%；生产铁合金 43.09 万吨，比上年增长 10.6%。共完成冶金工业总产值 318971 万元，比上年长 21.07%。其中，都匀市天成实业责任公司完成工业总产值 24159.2 万元，比上年增长 28.9%，完成工业销售产值 22256.4 万元，比上年增长 36.4%，产品销售率为 92.1%，上缴税金 213 万元，比上年增长 65.12%。

2008 年，全州冶金工业企业全面完成省政府下达的淘汰落后产能目标任务，落实中央财政支付欠发达地区淘汰落后产能支持鼓励资金 840 万元。共生产生铁 46291 吨，比上年下降 44.1%；生产工业硅 24835.92 吨，比上年下降 13.5%；生产铁合金 31.78 万吨，比上年下降 26.25%。共完成冶金工业总产值 406513 万元，比上年增长 27.45%。

2009 年，全州冶金工业企业完成工业增加值 12.03 亿元，增长 36.2%。

2010 年，全州加大淘汰落后产能力度，冶金工业企业生产逐渐萎缩，并先后退出市场。都匀市对广兴铁合金有限责任公司 0.6 万吨矿热炉生产线实施断电，对红河铸铁有限公司 0.4 万吨矿热炉生产线进行拆除，红河铸铁有限公司停业并被注销。都匀市天成实业有限责任公司停产。

2011—2012 年，全州对不符合国家产业政策的项目予以有序退出。都匀市广兴铁合金有限责任公司 5000 千伏安矿热炉设备和 1 万吨铁合金生产线于 2011 年拆除，黔南安泰矿业有限责任公司 1 台 6300 千伏安矿热炉主体生产设备和金亿达合金有限责任公司 2 台 6300 千伏安矿热炉主体生产设备于 2012 年拆除。

2013 年，独山县按照全州“一圈两翼”的发展格局，以现有冶金产业为基础，通过山西路鑫集团 4×35 万千瓦自备电厂、独山金孟锰业公司 2×15 万千瓦动力车间项目，打造煤电钢（冶）一体化产业项目。

2014 年，全州共有冶金企业 46 户。全年实现产值 72.13 亿元，比上年增长 3.5%。实现工业增加值 11.84 亿元，比上年增长 3.1%。全州大型冶金企业有邦泰（贵州）铁合金有限公司、贵州精钻高合金材料有限责任公司，独山金孟锰业有限公司等。

三、造纸工业

1991 年，全州造纸工业共有企业 7 家，工业总产值 924 万元，共生产机制纸浆 3760 吨，生产机制纸 3392.07 吨，生产土纸 56 吨。瓮安县造纸厂年产水松原纸 600 吨；平塘县造纸厂生产普通包装纸 280.6 吨、皱纹卫生纸 653.48 吨，中性铝容器包装纸 8.14 吨，完成工业总产值 260.9 万元，实现利润 3.87 万元。

1992 年，全州造纸工业共有企业 7 家，完成工业总产值 1043 万元，共生产机制纸浆

3920 吨，生产机制纸 3540. 34 吨，生产土纸 56 吨。都匀蜡纸厂引线纸技术改造工程正式通过验收，原核准投资 332 万元，最后核定使用总投资为 560. 28 万元，新增固定资产 469. 39 万元。平塘县造纸厂生产普通包装纸 167. 69 吨、皱纹卫生纸 820. 09 吨，完成工业总产值 300. 8 万元，占计划的 100. 3%，比上年增长 15. 3%，完成销售收入 246. 46 万元，上缴税金 11. 24 万元，实现利润 4. 01 万元。

1993 年，全州造纸工业共有企业 5 家，共完成工业总产值 1037 万元，共生产机制纸浆 12456 吨，生产机制纸 11324 吨，生产土纸 53 吨。平塘县造纸厂生产普通包装纸 209. 26 吨、比上年增长 24. 9%，生产皱纹卫生纸 490. 35 吨，比上年下降 40. 2%，完成工业总产值 205 万元，比上年下降 31. 9%，实现利润 0. 34 万元，比上年下降 91. 5%。瓮安县造纸厂生产的水松原纸获贵州省优秀新产品三等奖。

1994 年，平塘县造纸厂炉改造完成并投入使用，“汪氏多功能农用纸质地膜”技术的引进和技术改造资金全部落实到位。当年该厂生产纸的综合产量为 1104 吨，完成工业总产值 234. 8 万元，完成销售收入 244. 3 万元，上缴税金 17. 3 万元，实现利润 0. 11 万元。

1995 年，州轻纺工业局在《“九五”计划和 2010 年长远规划》中对造纸行业提出调整结构，提高产品质量，增加品种，节能降耗，加强污染治理，提高经济效益和市场有效供给水平的发展思路。平塘县造纸厂从广西陆川引进技术人才和资金进行技术改造，开发生产木浆水泥纸袋纸，当年完成工业总产值 141. 05 万元，完成销售收入 150. 5 万元，上缴税金 8. 83 万元。都匀市蜡纸厂采取划小核算单位，分灶吃饭，成立二级法人机构生产经营方式，进行转换机制改革，保证了退休职工工资和上班职工工资的按月发放。

1996 年，平塘县造纸厂完成工业总产值 259. 7 万元，产值占计划的 86. 6%，完成销售收入 274. 3 万元，上缴税金 15. 2 万元，比上年减亏 6. 42 万元。

1997 年，全州造纸工业共生产机制纸 1951. 8 吨。都匀市蜡纸厂和匀阳造纸厂通过厂长风险抵押承包，企业生产逐步恢复，稳定了职工队伍。1998 年，全州造纸工业共生产机制纸 789. 09 吨，比上年下降 59. 57%。

1999 年，全州造纸工业共生产机制纸 695. 89 吨，比上年下降 11. 81%。都匀市蜡纸厂改制为都匀市顺发纸业有限责任公司，并准备搬迁到都匀市郊大坪工业区。都匀市共生产白皮纸 52. 2 吨，生产包装纸 101. 68 吨，生产卫生纸 484. 01 吨。是年，平塘县造纸厂撤销。

2000 年，全州造纸工业共生产机制纸 1256 吨，与上年同期相比增长 80%。都匀市共生产白皮纸 16. 21 吨，比上年下降 68. 95%，生产卫生纸 347. 74 吨。比上年下降 28. 15%。都匀蜡纸厂改制为股份制公司。

2002 年 4 月，都匀市顺发纸业有限责任公司整体搬迁工作完成，随即投入生产，当年共生产卫生纸 302. 4 吨。2003 年生产卫生纸 98. 6 吨。

2005 年，惠水县德惠福利造纸厂生产纸 0. 06 万吨，实现销售收入 480 万元，实现利润 6 万元，上缴税金 6 万元. 惠水县顺惠兴盛造纸厂生产纸 0. 0473 万吨，实现销售收入 72. 5 万元，利润亏损 27. 5 万元，上缴税金 1. 2 万元。惠水县黔峰造纸厂生产纸 3369 万吨，实现销售收入543万元，实现利润8.9万元，上缴税金8.5万元。

2006年，惠水县德惠福利造纸厂生产纸0.07万吨，实现销售收入480万元，实现利润6万元，上缴税金16万元。惠水县顺惠兴盛造纸厂生产纸0.058万吨，实现销售收入648万元，实现利润19万元，上缴税金6.3万元。惠水县黔峰造纸厂生产纸0.07万吨，实现销售收入119.8万元，利润亏损22.3万元，上缴税金28.5万元。

2007年，都匀市顺发纸业有限责任公司列入全省实施政策性关闭破产企业，完成破产预案及相关资料的上报工作。并按照国资委要求做好第二批全国企业关闭破产新增建议项目的要求获得批文后于2008年启动破产程序，2009年终结破产程序。

2007年，惠水县德惠福利造纸厂生产纸0.87万吨，实现销售收入1100万元，利润亏损40万元，上缴税金58万元。惠水县顺惠兴盛造纸厂生产纸0.0461万吨，实现销售收入70.9万元，利润亏损3.1万元，上缴税金5.6万元。惠水县黔峰造纸厂生产纸3167万吨，实现销售收入514万元，实现利润6.8万元，上缴税金19.2万元。

2008年，惠水县德惠福利造纸厂、惠水县顺惠兴盛造纸厂和惠水县黔峰造纸厂同时被作为全省淘汰落后产能企业之一，实施设备淘汰。

2009年，贵州金象实业总公司完成工业总产值9095万元，比上年增长83.9%，其中：生产包装纸箱2181536套，生产黄卷纸5501吨，生产其他纸6281吨。

2011年，全州关闭小企业和淘汰落后产能计划获工信部、财政部批复，贵州省淘汰落后产能办公室印发2001年淘汰落后产能计划（含第一批已签订目标责任书的企业），黔南州有2个造纸企业的落后产能生产线（设备）被限时淘汰。

四、印刷工业

1991年，全州印刷工业共有印刷企业14家，共完成工业总产值2124万元。是年，黔南人民印刷厂实施引进激光照排生产线技术改造，投入资金290.85万元，购进山东潍坊计算机公司推出的华光V型激光照排系统。贵定县印刷厂对1985年扩建的彩印车间进行第二期技术改造。

1992年，全州14家印刷工业企业完成工业总产值2940万元，比上年增长38.41%。龙里县包装彩印厂通过技术改造，扩建生产厂房，引进1台国内较为先进的纸袋机，当年完成工业总产值630.1万元，实现利润37.9万元，上缴税金37.9万元。黔南彩色印刷有限公司启动搬迁扩建和设备引进工作。黔南民族包装印刷厂投资50万元，用于购置六色凹印机、覆膜机、制袋机、背封机及吹塑机等设备和维修厂房。

1993年，全州有16家印刷企业，完成工业总产值3449万元，比上年增长17.31%。黔南人民印刷厂购进的山东潍坊计算机公司华光V型激光照排制版系统安装调试结束并投入使用，印刷系统进入调试阶段，危房改造工程竣工；贵定县印刷厂扩建彩印车间工程和第二期技术改造项目完成并投产，当完成工业总产值903.7万元，创利税93.9万元，全部还清所有贷款；黔南彩色印刷公司搬迁扩建新厂项目完成土建工程，进入设备安装阶段

1994年，平塘县印刷厂完成工生总产值29.4万元，占计划73.5%，完成销售收入36.4万元，上缴税金2.6万元，实现利润2.3万元。贵定县包装装潢厂、贵定县印刷厂和

贵定金象歌舞厅联营并更名为贵定金象总公司，主要生产包装纸箱、瓦楞纸等产品。惠水县印刷厂完成工业总产值19.36万元，实现扭亏为盈。惠水县纸箱厂完成工业总产值21.37万元，实现利润6991元，比上年增长7倍多。黔南民族包装印刷厂按照退二进三的战略规划逐渐缩小生产规模，最后停产转营第三产业。

1995年，州轻纺工业局在《"九五"计划和2010年长远规划》中提出印刷包装装潢工业要瞄准国际、国内两个市场，紧盯市场变化和发展，力争"九五"期间逐步形成有一定特色和综合优势的包装装潢印刷体系。是年，平塘县印刷厂完成工生总产值41.5万元，占计划138.3%，完成销售收入50.94万元，上缴税金2.62万元，实现利润2.62万元。惠水县印刷厂处于半停产状态，完成工生总产值18.7万元，占计划93.5%。黔南人民印刷厂成立二级法人分支机构，即"都匀市印刷物资有限公司"和"都匀市彩印厂"，独立行使用工人事权、自主经营权、工资分配权。贵定县城镇集体工业联社在贵定县包装厂开展股份合作制试点工作。

1996年，平塘县印刷厂完成工业总产值45.9万元，完成销售收入64.2万元，上缴税金9.5万元，实现利润2.6万元。

1998年，贵定金象总公司经贵州省工商局批准更名为贵州金象实业总公司，其下属的包装装潢厂被授予出口产品包装纸箱生产定点企业。

1999年，州轻纺工业局把主要精力和工作重点放在全州印刷包装行业和有关企业。是年，黔南人民印刷厂改制为都匀市昌达印务有限责任公司。贵定县国营印刷厂进行改革改制，成立贵定方正印务有限责任公司。

2000年，都匀市昌达印务有限责任公司投资50万元，购进丝网印刷胶印生产线，新开发印刷包装，丝网印刷项目，适用于高档产品包装。2001年至2002年，都匀市昌达印务有限责任公司共完成工业总产值210.8万元，完成销售收入172.7万元。

2001年至2002年，贵定方正印务有限责任公司共完成工业总产值91.5万元，完成销售收入67.5万元，上缴税金6.6万元。

2003年后，全州印刷行业在改革改制工作中按照"退二进三"的战略规划逐渐缩小生产规模，大部分印刷行业最后停产或转营第三产业。

2007年，贵州壮丽印务有限公司印刷项目计划总投资3.19亿元，累计完成投资3.17亿元并建成投产，可形成年生产能力5亿元。

五、制革及革制品工业

1991年，全州制革及革制品工业企业共有6家（不含私营企业），完成工业总产值1494万元。比上年增长159.6%；生产制革品投皮量为7万张，生产轻革产品13万平方米，生产重革129吨；生产皮鞋19.26万双，生产皮手套3万打。

1992年，贵州省经济委员会将都匀华匀皮革公司再生革箱包系列产品生产线列为1992年贵州省企业重点技术开发工作计划项目，经上海市民委、上海市皮革公司、上海市华东皮件厂相助，都匀华匀皮革公司于是年6月生产出豪华、高档和普通型的各式手提箱、机制箱、男女式提包、手袋等20多个品种的系列产品。是年，全州制革及革制品工业企业共完成工业总产值 1170 万元，生产制革品投皮量为 3.32 万张，生产轻革产品 5.38 万平方米，生产重革 1101.56 吨；生产皮鞋 16.95 万双，生产皮手套 0.83 万打。生产再生革 5.5 万平方米，比上年增长 110%；生产箱包 1 万件，比上年增长 111.74%；创利税 7 万元，比上年增长 116.67%。

1993 年，贵州省都匀制革厂更名为贵州省都匀制革总厂，下设 5 个分厂（对外统称厂）和 1 个公司，即贵州省都匀制革总厂皮革厂，贵州省都匀制革总厂第一皮鞋厂，贵州省都匀制革总厂第二皮鞋厂，贵州省都匀制革总厂皮件厂，贵州省都匀制革总厂附属厂，贵州省都匀制革总厂劳动服务公司。是年，全州制革及革制品工业企业完成工业总产值 1194 万元，比上年增长 102.05%；生产制革品投皮量为 1.25 万张，比上年下降 62.35%；生产轻革产品 4.4 万平方米，比上年下降 18.22%；生产重革 64.46 吨，比上年下降 36.53%；生产皮鞋 14.82 万双，比上年下降 12.57%；生产皮手套 1.23 万打，比上年下降 148.19%。全州生产再生革 1 万平方米，比上年下降 80%；生产箱包 5000 件，比上年下降 50%；产值为 36 万元，比上年下降 73.37%；创利税 2.5 万元，比上年下降 64.29%。

1994 年，贵州省都匀制革总厂利用闲置的设备和人员到沿海办窗口、抓信息、争订单，并利用闲置地皮搞房地产开发，使濒临倒闭的老企业再现生机。

1996 年，全州制革及革制品工业企业有 8 家，其中国有企业 1 家，集体企业 7 家，从业人员共 674 人。全州制革及革制品工业企业共完成工业总产值 1021.2 万元，完成工业销售产值 1118.6 万元。是年，都匀制革总厂共亏损 77 万元。

1997 年，全州制革及革制品工业企业共生产皮鞋 22.07 万双。

1998 年，全州制革及革制品工业企业共生产皮鞋 8.3 万双，比上年下降 62.39%。都匀华匀皮革公司与中美合资嘉鸿有限责任公司正式签约，将大部分厂房、土地及纸箱生产线租赁给中美合资嘉鸿有限责任公司，租赁期 12 年，年租金 15 万元。

1999 年，全州制革及革制品工业企业共生产皮鞋 2.29 万双，比上年下降 72.4%。

2000 年，全州制革及革制品工业企业共生产皮鞋 1.22 万双，比上年下降 47%。此后，全州制革及革制品工业企业生产逐渐萎缩，并先后退出市场。

六、服装鞋帽工业

1991 年，全州服装鞋帽工业共有企业 13 家，工业总产值 2353 万元，比上年增长 73.27%，其中：服装完成产品 29.91 万件，比上年增长 29.03%；缝制帽完成产品 0.6 万件，比上年下降 17.81%；布鞋完成产品 49.36 万双，比上年下降 33.76%；布面胶鞋完成产品 308 万双，比上年增长 4.05%。

1992 年，全州服装鞋帽工业共完成工业总产值 2504 万元，比上年增长 6.42%，其中：服装完成产品 23.98 万件，比上年下降 19.83%；缝制帽完成产品 1.78 万件，比上年增长 196.67%；布鞋完成产品 59.88 万双，比上年增长 21.31%；布面胶鞋完成产品 345.15 万双，比上年增长 12.06%。

1993 年，全州 11 家服装鞋帽工业共有企业完成工业总产值 2763 万元，比上年增长 10.34%；其中：服装完成产品 13.86 万件，比上年下降 42.21%；缝制帽完成产品 0.47 万件，比上年下降73.6%；布鞋完成产品47.41万双，比上年下降20.82%；布面胶鞋完成产品365.48万双，比上年增长5.89%。

1994年，独山县胶鞋厂布面胶鞋（含运动鞋、旅游鞋）生产完成335万双，比上年增长2.45%。

1995年，独山县胶鞋厂共生产2个系列、5个品种、6个花色的布面胶鞋386.54万双，比上年增长15.39%，完成工业总产值3061万元，上缴税金190.6万元，实现利润109.2万元。该厂生产的奋斗牌解放鞋获贵州省名牌产品称号。

1996年，全州服装鞋帽工业企业销售收入上500万元以上的只有独山胶鞋厂，其他企业均处于严重亏损阶段，低效益运行；特困企业、停产半停产企业的下岗、待岗职工增多；企业资金普遍严重紧缺。是年，独山县胶鞋厂共完成工业总产值4286.8万元，比上年增长40.05%，完成工业销售产值3753.8万元，实现销售收入3785.7万元，实现利润240.4万元。

1997年，独山胶鞋厂完成工业总产值3749.4万元，比上年下降12.54%，完成工业销售产值2723.2万元，比上年下降27.45%。

1998年，全州服装鞋帽工业企业共生产服装4.29万件，比上年下降252.5%；生产布面胶鞋230.43万双，比上年下降42.42%。独山县胶鞋厂共完成工业总产值1840万元，完成工业销售产值1899.3万元，实现销售收入1992万元，实现利润18.5万元。都匀市民族服装厂、都匀市美华服装厂、都匀市海燕服装厂、都匀市制鞋厂采取“退二进三”方式，逐渐缩小生产规模或停产转营第三产业。

1999年，全州服装鞋帽工业企业共生产服装3.43万件，比上年下降20.04%；生产布面胶鞋183.44万双，比上年下降20.3%。独山县胶鞋厂开发的各式休闲布面胶鞋，以其美观、耐用的特点在黔南州赴深圳招商引资暨商品展示会上受客商好评。

2000年，全州服装鞋帽工业企业共生产服装4万件，比上年同期的3.43万件增长16.62%；生产布面胶鞋181.77万双，比上年同期的183.44万双下降1%。独山县胶鞋厂完成工业总产值1639.9万元，完成产品销售收入1123.8万元，利润亏损304.1万元。

2001年，全州服装鞋帽工业企业通过部分企业的拍卖、兼并、破产，淘汰了不适应市场需求的落后生产力，做好职工安置工作，整合国有资产。

2002—2004年，独山县胶鞋厂生产连年下降，3年产量分别为布面胶鞋183万双、55.5万双和55.3万双。

2005年以后，全州服装鞋帽工业企业生产逐渐萎缩，并先后退出市场。

七、五金制品工业

1991年，全州共有五金制品工业企业26家，完成工业总产值905万元，比上年增长25.83%。主要产品产量为黑白铁制品（铸件）31吨，比上年下降233.92%。铁锅6万口，比上年增长22.95%。保险柜2120台，比上年增19.77%。圆钉393吨，比上年下降10.44%。木螺钉6066万只，比上年下降19.38%。

1992年，全州五金制品工业企业完成工业总产值1092万元，比上年增长20.66%。主要产品产量为黑白铁制品（铸件）31.04 吨，比上年增长 0.13%。铁锅 6.16 万口，比上年增长 2.67%。圆钉 377.48 吨，比上年下降 3.95%。木螺钉 5915.7 万只，比上年下降 2.48%。镀锌铁丝 102.09 吨。

1993 年，全州共有 27 家五金制品企业，黑白铁制品（铸件）基本被塑料制品取代，不再生产。是年，都匀市制钉厂增建分钉生产线技术改造项目投产后，形成年产 2400 吨圆钉和 1000 吨镀锌铁丝生产能力。全州五金制品工业企业完成工业总产值 1486 万元。主要产品产量为铁锅 4.67 万口，比上年下降 22.73%；保险柜 2156 台，比上年增长 35.85；圆钉 923 吨，比上年增长 144.52%；木螺钉 8423 万只，比上年增长 42.38%。

1994 年，全州五金制品工业企业生产经营均有不同程度的亏损。之后，五金制品工业企业先后自行倒闭或兼并或破产或转产。一小部分仍在坚持生产经营，如都匀市制钉厂，但也是处于停产或半停产状态。2000 年，都匀市制钉厂生产圆钉 2702 吨。

第三章 工业园区

1992 年，省政府批准设立都匀经济开发区。同年，贵州神奇制药厂在龙里县谷脚镇兴建，黔南州工业园区的建设起步。1996 年，州委、州政府把抓好 12 个工业小区的建设作为当年重点抓紧抓好的十件大事之一，推进全州工业园区建设。进入 21 世纪后，全州工业园区建设步伐加快，相继建立起惠水长田工业聚集区、独山麻尾工业聚集区、贵定昌明工业聚集区、长顺威远工业聚集区、瓮安磷煤化工型工业聚集区、福泉双龙工业聚集区、罗甸逢亭工业聚集区、都匀甘塘工业聚集区等，工业园区逐步成为全州工业经济加速发展的重要载体和平台，成为全州经济发展的重要增长极。

2013 年，黔南州有 14 个园区纳入贵州省“100 个产业园区”工程。其中，省级园区 4 个，州和（县市）级园区 10 个。

2014 年，全州 14 个产业园区完成工业总产值 960 亿元，其中规模以上工业总产值 860 亿元，完成省任务的 112%。完成工业投资 564 亿元，其中基础设施完成投资 192 亿元，产业项目完成投资 372 亿元。新增建成标准厂房 95 万平方米，标准厂房入住率 92.4%；新增就业 18427 人。全年签约项目 354 个（其中投资 2000 万以上的项目有 249 个），项目总投资 895 亿元。签约项目落地开工 307 个，落地率达 86%；新增投产项目 238 个，新增达产企业 118 个，新增规模企业 153 个；完成税收 60 亿元。全州产业园区建成道路 189 公里，供水管网 77.44 公里，排水管网 106.89 公里；12 个园区通宽带网络，11 个通有线电视，14 个园区通讯全部覆盖，2 个园区核心区基本达到了“八通一平”（即通路、电、水、网络宽带、电视等和场地平整），7 个园区核心区基本达到了“七通一平”，5 个园区核心区基本达到了“五通一平”。

第一节　省级工业园区

一、都匀经济开发区和都匀市工业园区

1992 年 2 月，省政府批准成立都匀经济开发区，为省级开发区，隶属都匀市政府领导和管理。开发区成立后，一批工业生产企业和项目如烟叶复烤厂、彩印厂、锻压机床厂、中密度纤维板厂、中国振华电子工业公司久达机械厂等陆续在区内落户。此后近十年时间里，区内企业随着国际国内市场的不断发展变化而不断演变和调整，有进有出，总体上工业集聚区和工业发展领头羊的功能没有得到发挥。

2003 年，都匀经济开发区完成规模以上工业增加值 2.74 亿元；完成全社会固定资产投资 43 亿元；完成财政总收入 1.44 亿元。是年，都匀市工业加工基地发展到 5 个，即洛邦坝固冶金工业加工基地、杨柳街化工建材工业加工基地、开发区机械工业加工基地、大坪化工药业工业加工基地、小围寨化工轻纺工业加工基地。其中，都匀市财政投入 500 万元收购 113 厂区，利用厂房建立洛邦坝固冶金工业加工基地。通过招商引资，天成实业有限责任公司和鼎兴实业有限责任公司在洛邦坝固冶金工业加工基地落户。都匀市兴建墨冲河阳高耗能工业加工基地，并引进 2 户高耗能企业落户投产。都匀供电局投资 1000 余万元为墨冲河阳高耗能工业加工基地兴建 11 万伏变电站。

2004 年，都匀市企业管理中心为了使高新技术项目在聚集区孵化园内特定环境下得到培育，达到规模生产条件，制定孵化园实施方案，在都匀经济开发区北部工业区征地 59 亩，用于聚集区产业孵化园建设，分别修建孵化园管理办公用房（作聚集区工作领导小组办公室过渡办公房）、工业标准厂房和适合高新技术、市场好、效益高、使用生产场地不大的项目厂房或用于高技术科研开发中心。对进入孵化园工业项目，根据项目效益，实行少量租金或零租金方式，并给予一定的优惠政策，吸引并扶持外来投资项目入驻孵化园，待项目落户 2 至 3 年后转向聚集区规划区域。

是年，州政府和都匀市政府在原中国振华公司 113、108、883 等单位范围内建设州、市共建产业聚集区，对入驻聚集区企业生产的产品在品种、工艺、技术、装备、规模、资源、能源的消耗和环境保护提出要求，统一规范产业准入条件，使聚集区企业沿着技术装备新、产品质量优、劳动生产率高、资源与能源消耗少、环境保护好、经济效益高的方向持续、协调、健康发展。

2006 年，州、市共建都匀洛邦工业项目聚集区启动。

2009 年，经省政府同意，州委、州政府对都匀经济开发区的辖区范围进行调整，将其升格为州委、州政府派出的正县级单位，辖洛邦、大坪、王司、坝固 4 镇，共 22 个行政村 298 个组，总面积为 505 平方公里，规划建设面积为 150 平方公里，总人口近 10 万人。

2012 年，都匀市委、市政府根据厦蓉高速公路开通后全市经济布局调整的需要，决定在厦蓉高速都匀西出口建设甘塘产业园区，园区规划面积 27981 亩，建成面积 2976 亩。该

园区重点基础设施建设项目有：纬八西路至西匝道口快速干道项目、云河之路建设项目、产业园区水厂建设项目、贵州都匀中小企业科技发展园项目等。

是年，都匀市甘塘产业园区在建项目主要有：贵州精工科技项目、贵州云河汽车项目、贵州龙行天下新能源电动车项目、以色列—黔桂甘塘特色生物园项目、贵州黔林洲科技产业园项目等。

2012年，都匀经济开发区在建的项目有：黔南明钢铸业公司铸锻件生产线（一期）项目、柏强制药公司GMP固体制剂生产线项目、黔南绿能新能源公司年产2000吨锰酸锂项目、骏马汽车生产线项目。

是年，都匀经济开发区共入驻企业32家，投产2家，规模以上工业企业1家，新入驻企业18家。企业占地面积共2230亩，投资强度为185万元/亩，园区累计实现规模以上工业总产值13亿元，比上年增长64.6%，上缴税金1.4亿元。固定资产累计投资总额为30亿元，比上年增长57.1%，安排就业1560人，解决失地农民就业850余人。都匀经济开发区重点基础设施主要有：黔南大道（173城市干道）项目、大龙大道东段项目、大坪自来水厂项目。黔南大道（173城市干道）项目全长17公里，为一级城市快速干道，总投资为11.5亿元，累计完成投资9.64亿元，当年完成5.82亿元。大龙大道东段项目全长5公里，为一级城市快速干道，总投资为9亿元。大坪自来水厂项目设计日供水量1万吨，管道长1.8公里，总投资7000万元。

2013年，都匀经济开发区将原“四园一区”有效组合，拆掉建材园和生物药业园，将拆掉的两个工业园、并入洛邦工业园，新增飞地工业园、王司工业园和坝固工业园。从各部门抽调业务骨干成立工业园区管理办公室，实行“一线工作法”（副县级领导一线指挥、干部一线服务工作、问题一线解决、措施一线落实），促进园区项目快速推进。坚持“项目集中、产业集群、要素集约、功能配套”的原则，结合园区区域优势，科学、合理规划产业布局，强化板块特色经济，促成聚集发展。初步形成以黔南明钢铸业有限公司为龙头产业，长安汽车零部件生产线、重庆富灿发动机动力总成、黔南锻压机床、中骏汽车、黔南滑动轴承、黔都泵业等以铸件、机械制造、汽车关键零部件制造等一批符合装备制造产业政策、符合园区产业布局规划。都匀市甘塘产业园区按照“近期是园、中期是区、远期是城、园中有城、以园带城”的产城一体化发展方向，重点培育机械（装备）制造、食品加工、生物科技、轻工、仓储物流、现代服务等产业。洽谈项目49个，其中签约项目23个，签约资金90.9亿元；引进项目实际到位资金9.23亿元，项目开工率75.75%，履约率76.5%。完成产业项目投资25.95亿元，为全年目标任务的102.8%；完成工业总产值20.05亿元，完成规模以上工业总产值17.2亿元，建成标准化厂房12.385万平方米，建成园区内道路13公里，建成供水管网10公里，建成排水管网11.54公里；新开工产业项目15个，新投产项目10个；完成税收6022万元，新增就业830人。当年在建产业项目有：忠辉重工有限公司“山地”牌低速汽车制造、福丰五星级酒店、恒丽钟表文化旅游产业园、都匀恒信华通汽车销售服务有限公司汽车市场、贵州创力贸易有限公司创力商贸中心等26个。由都匀市政府注资1亿元组建的甘塘产业园区建设开发投资有限责任公司，利用公司搭建投融资平台，承担产业园区基础设施建设、土地储备和土地一级开发等工作。实现产业园区建设投资主体多元化、运行管理市场化、达到产业园区建设政府引导、社会参与、多元投资、市场运作的目的，完成用于融资贷款的5宗土地共982亩的土地使用证办理，建立精简、高效、务实的市场化管理体制和运行机制，搭建出高效的融资平台。

是年，都匀经济开发区入驻工业企业68户，其中：建成投产项目21个，达产项目12个，规模工业企业7户，新入驻在建项目18个，总投资34.41亿元，亿元以上工业项目9个，10亿元以上工业项目2个，签约拟建10亿元以上工业项目1个。企业占地面积2345.67亩，项目投资强度平均达173.75万元/亩。全社会固定资产投资完成43.5亿元，占计划的101.2%。其中：固定资产投资完成43.5亿元，占计划的104.3%。完成工业总产值22亿元，规模工业总产值19亿元，规模工业增加值2.6亿元，税收1.55亿元，新增就业1010人。

2014年，都匀市加快百万平方米标准化厂房等重点基础设施建设，园区核心区基本达到“七通一平”，主要大道基本建成，各类基础设施正逐步完善中。突出扶持贵州云河山地车汽车有限公司、都匀恒丽钟表产业园、贵州龙原茶业有限公司等龙头企业，积极培育主导产业。制定出台《都匀市人民政府关于鼓励市区工业企业退城进园的指导意见》《都匀市人民政府关于鼓励工业企业进入园区标准化厂房指导意见》等优惠政策，推动城区优质企业“退城进园”，推进园区产业聚集发展。有7户产值3000万元以上企业确定进入标准化厂房，有15户企业达成入住园区协议，初步形成了食品加工产业集群；以免3年租金的形式推动贵州绿卡能科技实业有限公司入驻园区2.1万平方米标准化厂房，企业首条生产线已投入生产；都匀东方机床有限公司完成了土地征用，场平基本结束。

二、贵州龙里经济开发区

贵州龙里经济开发区原称龙里县工业园区，包括谷脚医药园区、继望坡科技园区、北部工业园区3个部分。

1992年，贵州神奇制药厂在龙里县谷脚镇兴建。随后，富华、兴业、泛新、王胎4家制药企业自带项目、产品、资金以及企业名牌到谷脚镇落户，逐步形成有一定规模的医药工业小区。

1996年，州委、州政府在重点抓紧抓好的十件大事中明确：积极实施发展南下通道经济战略和科技兴州战略，加快招商引资力度，抓好12个工业小区建设，其中包括龙里工业园区。

1997年，龙里县政府根据谷脚镇制药企业发展情况向省政府、州政府及有关业务主管部门报告，申请正式建立龙里谷脚医药工业小区，并给予相应的服务和这次扶持，促进区内医药企业的发展。

2003年，龙里工业园区规划建设项目约30个（含原有企业和项目），建成11个，在建11个。其中医药企业18户。2004年，龙里工业园区累计投资1.25亿元，完成工业总产值125354万元。

2005年，州经贸局重点扶持龙里工业园区内制药企业的GMP改造，提高药品生产科技水平和市场竞争力，壮大骨干医药企业。是年，龙里工业园区共完成工业总产值124059万元，比上年同期下降1%。

2006—2008年，龙里工业园区工业总产值分别完成9.4亿元、13.1亿元、15.3亿元。

2012年，龙里县政府根据工业园区建设和发展的情况，对工业园区重新进行规划。新的工业园区总规划面积为78.78万平方公里，核心区面积为6.8万平方公里，已建成面积4.7万平方公里，主导产业包括医药、建材、机械装配、资源深加工。当年园区共入驻企业159家，投产企业71家，规模工业企业43家，园区就业5026人。累计完成工业总产值63.15亿元，比上年增长65.14%；完成基础设施投入7.33亿元，完成产业项目投资24.17亿元，上缴税金1.88亿元。是年园区在建重点产业项目有：黔中林产科技产业园项目、贵州三山公司年产6万吨高档磨具磨料生产线基地项目、四川创奇机械设备制造有限公司机械设备生产线项目。

2013年，龙里经济开发区（龙山工业园、谷脚工业园、水场工业园）共入驻企业220户，在建82户，投产134户，规模工业企业79户，完成规模以上工业总产值115.41亿元，完成税收5.74亿元，解决就业7478人。是年，龙里工业园区进行产业结构调整和产业转型升级，淘汰落后产能0.8万吨。在产业发展上，形成民族医药、新型建材、加工制造、食品、新材料、高新技术、临空经济、商贸物流等为主的产业集群，产业结构趋于合理。医药、新型建材、加工制造、食品、化学原料及塑料制品五大支柱产业完成产值占规模工业总产值的80%。2014年，龙里县推行“企业特派员”制度，抽派1名科级干部担任“特派员”长期入驻黔中林板产业园，为40余家企业提供“保姆式”服务，帮助协调解决征地、用水、用电等问题。

三、贵州昌明经济开发区

贵州昌明经济开发区也称贵定县经济开发区或贵定昌明工业聚集区。

2006年，州、县共建贵定昌明工业项目聚集区启动。

2011年8月19日，贵定县经济开发区举行基础设施建设开工仪式，采取BT模式启动了区内厦蓉高速公路昌明匝道口至昌明镇区、厦蓉高速公路昌明匝道口沿922县道至昌明水厂至空岩2条道路基础设施建设。其中，1号路宽45米，长1.2公里，总投资：5816.47万元，于翌年1月建成通车。2号路路宽30米，长0.8公里，总投资4031.92万元，于当年12月开始进场施工。

根据贵州省商务厅《关于印发〈贵州省省级开发区扩区和调整区位的审批原则和程序〉、〈贵州省省级开发区基本条件和审批程序〉的通知》，贵定县编制了《贵州省中马常青（瓦窑）经济开发区申报省级经济开发区申报材料》，具体包括《拟申报省级经济开发区可行性研究报告》《拟申报省级经济开发区土地利用方案》《拟申报开发区管理体制及机构设置》及《拟申报省级经济开发区项目选址意见书》，经逐级上报并通过州级评审、省级评审，贵州省人民政府于2011年7月23日批准贵定昌明经济开发区为省级经济开发区，定名为贵州昌明经济开发区。

2012年，贵定县经济开发区规划面积36平方公里（起步期面积3平方公里，首期开发时建设面积10平方公里），共有27家企业入驻。是年完成基础设施投资4.2亿元，完成产业项目投资15.9亿元，实现工业总产值37亿元。是年，园区内的2号路建设基本年竣工，3号路（从园区大道至火车站，1.5公里长，21米宽，总投资3850万元）开始进入开展工程勘察和施工图设计阶段。通过强化招商引资，优化分区组团，打造以生物科技、LED电子产品和其他高新技术产业为主导的园中园。当年有3个项目落户进驻，多个项目在谈。落户进驻企业有：贵州筑联科技有限公司LED外延片/芯片研发、封装/组装及产业化应用、销售物流基地项目、福建晟扬管道科技有限公司高分子新型材料给排水管道项目、贵州光浦森光电有限公司LED项目。在建项目有：贵州筑创科技有限公司电路板生产销售一体化项目、贵州筑宇科技有限公司线路板建设项目、新型高分子材料大型供水、排水管道项目、昌明浙商产业园项目、海螺盘江水泥二期生产线建设项目、盘江硅工业产业园项目、贵定县垃圾焚烧项目。

2013年，贵定县经济开发区入驻企业104户，其中规模以上企业30户，实现工业总产值58.4亿元，固定资产投资39.1亿元，其中基础设施9.8亿元，完成新体制财政总收入23.6亿元，招商引资到位资金57.88亿元，标准化厂房建成20.06万平方米，入住率92%，解决就业5826人。是年，贵定县经济开发区完成投资8.04亿元，建设完善园区配套基础设施，并依托交通区位优势，争取到成都铁路局总投资10.3亿元、年吞吐货运量800万吨的昌明货运站扩建项目。昌明货运站扩建项目一期200万吨扩建工程进入征地阶段。以昌明作为全省重点打造的30个省级示范小城镇和省级经济开发区为契机，投入5亿元推进昌明小城镇建设，构建产城一体化新型示范区。贵定县经济开发区对核心区域亩低丘缓坡进行整体工业地产开发，开工建设1300亩，场地平整完成94%。

四、惠水长田工业园区

惠水长田工业园区系惠水县结合该县所处的区位优势，在毗邻省府所在地贵阳市的长田镇沿贵惠公路一带建设的工业园区，从2001年起开始建设。

2003年，惠水长田工业园区规划建设项目20项，在建2项，即将开工建设2项。2004年，惠水长田工业园区建设累计投资达1.01亿元，完成工业总产值20593万元。

2005年，州经贸局重点扶持惠水长田工业园区内制药企业的GMP改造，提高药品生产科技水平和市场竞争力，壮大骨干医药企业。是年，园区签约未实施的项目6家；园区完成工业总产值24663万元，比上年增长19.4%。

2006年，新签约项目18家，履约13家，总投资29150万元，到位资金3010万元，全年累计到位资金为1.95亿元，完成任务数的124.88%，比上年增长23%，启动实施项目共6家，项目履约率为100%，到位资金21140万元，资金履约率为68.3%。园区全年完成工业总产值4.3亿元，比上年增长72.6%。

2007年，惠水长田工业园区完成工业总产值6.1亿元，比上年增长39.5%。2008年完成工业总产值8.2亿元，比上年增长35%。

2009年3月26日，贵州省经贸委、黔南州经贸局、惠水县人民政府、惠水县经贸局在惠水召开专题会议，启动贵州长田中小企业成长示范基地产业规划编制工作。

2012 年，惠水长田工业园区规划面积为53 平方公里，其中核心区面积为53 平方公里，建设用地面积为2. 81 平方公里，主导产业分为食药品加工、装备制造、新型建材、精细化工、包装印刷、家具物流等六大产业。入驻企业129 家，其中：投产企业70 家、规模以上工业企业49 家，新入驻企业36 家，解决就业7453 人。是年完成基础设施投资30079 万元，产业项目投资183207 万元，实现工业总产值70. 02 亿元，上缴税金1. 06 亿元。重点基础设施项主要有：101 省道至龙泉项目区BT 道路项目、龙泉项目区内配套水、电建设项目、龙泉向山要地工程项目。在建重点产业项目有：贵州恒瑞辰机械制造有限公司建设项目、贵州百年原址酒业有限公司建设项目、惠水县坤和建材有限公司商混建材生产项目、惠水县华创中小企业创业基地建设项目、中国水利水电第九工程局日产2 万吨砂石生产线项目、贵州阿乐食品有限公司绝味食品生产线建设项目。

2013 年，惠水产业园区平台聚集效应凸显，长田园区经过10 多年的发展，设立了省级经济开发区，区划调整后与长田园区合并为贵州惠水经济开发区，总规划面积达81 平方公里。经济开发区已入驻企业162 家，其中建成投产125 家。完成规模以上工业产值86. 4 亿元，占全县规模以上工业总产值的94. 3%。

2014 年，惠水县工信局为川东化工公司、惠波机械公司、卡布公司、黄金叶公司等企业及经济开发区（长田园区）、百鸟河数字小镇申报专项资金补助，共获1935. 5 万元各类专项资金扶持，推进项目建设，促进企业发展壮大。

五、独山县工业园区

独山县工业园区包括贵州独山经济开发区、麻尾工业园区、独山高新技术产业园区。其中最早实施建设的是麻尾工业园区。

2001 年，随着贵（阳）新（麻尾新寨）高速公路的建成通车，独山县在黔桂两省区交界的重镇麻尾启动建设工业园区。

2003 年，工业园区规划建设项目9 个，在建9 个。园区规划范围涵盖麻尾、尧棒、黄后、董岭4 个乡镇，区域面积为470 平方公里，规划面积为30 平方公里。2004 年，园区累计投资1. 35 亿元，完成工业总产值10181 万元。2005 年，园区完成工业总产值14072 万元，比上年增长38. 2%。

2006 年，独山麻尾工业园区新续建项目21 个，实际到位资金为11140 万元，比上年增长22. 1%，完成招商引资实际到位资金任务数的111. 4%。在建项目中：新建项目7 个，到位资金3300 万元，占总到位资金的29. 6%；续建项目14 个，到位资金7840 万元，占总到位资金的70. 4%。一、二、三产业项目实际到位资金分别为800 万元、7920 万元、2420 万元，分别占到位资金总额的7. 2%、71. 1%、21. 7%。是年，园区完成工业总产值3. 7077 万元（不含供电部分），比上年增长163. 8%，占任务的104%。生产铁合金64308. 18 吨，比上年增长201. 4%；生产水泥90000 吨，比上年增长17. 2%，上缴税金1021. 15 万元（含麻尾220 变电站），比上年增长40%。是年相继有12 台炉子投入运行，开工率达65%，用电量比上年同期增长121%，创历史新高。

2007 年，麻尾工业园区完成工业总产值4. 3 亿元，比上年增长16. 6%。2008 年完成工业总产值6.3亿元，比上年增长47.2%。

2011年，麻尾工业园区实施独山、麻尾、泗亭新火车站进货场公路建设，帮助企业解决运输困难。同时主动与广西南宁铁路局联系，在泗亭新火车站建设仓储物流中心，并开始建设泗亭新火车站扩能项目一期工程。是年，独山县对全县工业园区建设规划进行调整和完善，以县城附近为主规划建设独山经济开发区和独山工业园区。独山经济开发区规划、独山麻尾工业园区规划、独山工业园区规划通过州级评审并上报省，启动省级开发区的申报工作，着手全力打造省级循环工业经济示范基地、东部地区产业转移承接基地、不锈钢基料产业发展基地，为项目落户建设提供良好发展平台。

是年，独山县为加快民营企业孵化基地，强化政策对“小巨人”企业的培育作用。牢固树立“工业强县”发展战略，坚定不移地以园区为载体，以产业为支撑，探索一条符合独山实际的新型工业化路子，全力将园区打造成“小巨人”民营企业孵化基地。一是抓好县域内工业聚集区的整合，做大三大产业园区，着力建设独山经济开发区、独山工业园区和麻尾工业园区。制定和完善各产业园区布局规划，以规划引导有序建设。鼓励民营资本通过投资、联营、入股、控股、独资、收购等方式参与园区建设，使园区成为民营经济发展的强势载体。二是抓“小巨人”企业培育，加快做大做强。选择一批符合产业政策、具有加强成长性和发展后劲的民营企业作为“小巨人”企业进行培育，在税收、融资、技改、名牌培育、人才培养等方式进行扶持和帮助，增强民营企业市场开拓能力和自主创新能力，培育一批规模较大、产业较长、实力较强、效益较好的成长型、效益型、规模型，年产值1亿元、1亿~5亿元、5亿~10亿元以及10亿元以上的“小巨人”民营企业。三是抓服务措施完善，促进企业成长。改变坐等企业反映再给予服务的“老把式”为主动服务“用户”的“售后”跟踪模式，落实“一个企业、一套班子、一个责任人”的产前、产中、产后服务措施。积极推动银企合作，鼓励民营资本设立融资担保公司，为民营企业发展提供融资支持。发挥财政资金“四两拨千斤”的作用，出台激励民营企业加快发展的各项扶持政策。

2012年，独山麻尾工业园区进入驻企业51家，其中规模以上企业16家，园区主要产品包括：硅锰、硅镍、中低碳锰铁、镍铁、工业硅等5个系列，是全国较大的不锈钢基料、工业硅、硅锰合金生产基地。园区全年完成基础设施投资1.8亿元，完成产业项目投资2.6亿元，工业产值21.6亿元，财政总收入完成7298.79万元，解决社会就业3028人。重点基础设施项主要有：麻尾工业园区建材商贸城建设项目、麻尾工业大道建设项目、黔兴大道建设项目、商贸大道建设项目。在建重点产业项目有：金孟锰业公司异地技术改造扩建项目、恒鑫公司10万吨中低碳锰铁异地技术改造项目、独山县鑫银有色矿业有限公司项目。

2013年，独山县争取国家、省、州对产业园区政策、资金的支持，抓好贵州独山经济开发区、麻尾工业园区、独山高新技术产业园区三大平台建设。抓好产业园区供电、给排水、通讯等基础设施统筹建设，逐步完善产业园区路网、电网、水网、数据网的全部贯通，促使工业企业向园区集合，年内共为三大产业园区争取各类项目到位资金1250万元。是年，独山经济开发区累计完成工业总产值13.1379亿元，上缴税金8521.68万元，完成固定资产投资21.3831亿元，招商引资184.2亿元，解决社会就业4844人。麻尾工业园区累计实现规模以上工业产值27.17亿元，比上年增长25.52%，实现工业增加值4.09亿元，比上年增长32.30%，占全部规模以上工业增加值的27.79%，上缴税金1270.32万元；独山高新技术产业园区全年累计实现规模以上工业产值36.21亿元，比上年上升22.02%，实现工业增加值6.71亿元，比上年增长32.62%，占全部规模以上工业增加值的45.58%，上缴税金6548.03万元；贵州独山经济开发区全年累计实现规模以上工业产值9.68亿元，比上年上升1062.59%，实现工业增加值2.22亿元，比上年增长211.21%，占全部规模以上工业增加值的15.08%，上缴税金307.85万元。

为缓解企业资金压力，独山县制定电价补贴政策，县政府办下发《关于继续实施用电扶持措施促进高载能行业平稳发展的通知》，对生产硅锰合金、工业硅、镍铁、锌产品的高载能企业，按照满负荷生产比例，给予相应的电费补贴，省、州、县财政共为高载能企业实行各类电价补贴到位1991.7万元，为企业提供短期流动资金及电费担保共计3780万元。同时，组织企业申报中小企业发展专项资金及其他专项资金补助，共为石牛、李记、盐酸菜厂、同心建材、黔丰公司、经开区创业园、麻尾工业园区等争取专项资金扶持1549.5万元。年内，全县创业园、标准厂房覆盖麻尾、高新区、经济开发区、羊凤、上司、下司、影山等地，共完成标准厂房8.5万平方米。初具规模的水晶球加工产业主要分布在5个乡镇（上司镇、下司镇、影山镇、百泉镇、麻尾镇），有1152台水晶球加工设备，带动就业1840余人，年产值2.28亿元；轴承产业主要在高新区，整个创业园占地80亩，共建成10000平方米标准厂房投入使用。贵州丰达轴承有限公司、贵州重义轴承有限公司、独山莲宇轴承有限公司、独山红珠轴承加工有限公司、贵州云丰轴承有限公司等8家企业正式入驻，总投资4880万元，建设轴承生产线50条，配套建设热处理工艺厂房。

2014年，麻尾工业园区实现规模以上工业产值33.29亿元，比上年增长19.82%，完成工业增加值5.60亿元，比上年增长24.0%，占全部规模以上工业增加值的29.12%。上缴税金827.93万元，比上年下降34.83%；独山高新技术产业园区实现规模以上工业产值33.13亿元，比上年下降3.65%，完成工业增加值8.31亿元，比上年增长24.0%，占全部规模以上工业增加值的43.19%。上缴税金7411.68万元，比上年增长12.02%；贵州独山经济开发区实现规模以上工业产值15.83亿元，比上年上升63.53%，完成工业增加值3.12亿元，比上年增长49.0%，占全部规模以上工业增加值的16.22%，上缴税金999.25万元，比上年增长98.06%。

六、瓮安工业园区

瓮安县工业园区始于2006年启动的瓮安青坑工业项目聚集区建设。

2011年，随着贵州实施工业强省相关措施的出台，瓮安县加快工业园区的建设步伐，对全县工业园区进行全面规划和调整。2012年，瓮安工业园区规划面积为35.04平方公里，核心区面积为3平方公里。园区位于县城北部，含银盏、羊子坪、木老坪片区，规划区南接205省道，北临草塘河，东抵305省道，西至道新高速公路。建设面积为7.69平方公里（园区管辖青坑2.4平方公里）。主导产业为磷化工和煤化工，共入驻企业47家，其中投产企业30家，规模工业企业17家，安排就业3680余人。是年，园区基础设施完成投资12.5亿元，实现工业总产值40.8亿元，上缴税金1.3亿元。

重点基础设施项主要有：瓮安行政中心二号桥至园区主干道项目、瓮安工业园区主干道项目、瓮安工业园区安置区工程（A、B区）项目、横向主干道C5路建设项目、瓮安县工业园区马鞍山安置区工程项目、返乡农民工创业园项目。在建重点产业项目有：贵州金正大生态工程有限公司建设项目、瓮福20万吨脱氟磷酸三钙项目、深圳芭田生态工程股份有限公司项目、贵州天龙饲料有限公司配合饲料项目、物流商贸综合产业园及红色旅游文化园项目、瓮安县钰盛塑料编织袋项目、天然气加气站技术改造工程项目。

2013年，瓮安产业园区入驻企业87户。招商项目签约资金73.5亿元，到位资金66亿元；园区实现产值94亿元，规模以上企业实现产值92亿元；产业项目投资60亿元，基础设施投资15亿元；实现税收4.5亿元；解决就业5373人。2013—2014年园区在建项目有：贵州金正大磷资源循环经济产业园、贵州芭田磷化工循环经济生态产业园、贵州麒龙物流园项目、贵州文真公司年产11万吨高铝矾土基均质料工程、龙腾脱氟磷酸三钙项目、华雄公司年产20万吨硫铁矿中试选矿项目、瓮福小野田公司脱氟磷酸三钙项目、瓮安县东方管道有限公司年产5万吨柔性管道生产线项目、农民工创业园项目等。

七、福泉市工业园区

福泉市工业园区包含贵州福泉经济开发区和龙昌、双龙工业园区，三个园区总规划面积为44.6平方公里。其中：贵州福泉经济开发区规划面积24.2平方公里，位于福泉市马场坪办事处和凤山镇；龙昌工业园区规划面积8.6平方公里，位于福泉市龙昌镇。双龙工业园区规划面积11.8平方公里，位于福泉市牛场镇。功能定位上，马场坪工业园区以湿法磷化工为主，发展煤磷化工系列产品；龙昌工业园区主要以精细磷化工产业为主导产业；双龙工业园区功能以热法为主，包括黄磷尾气的利用、渣的利用。

2006年，州、市共建福泉双龙工业项目聚集区启动。

2012年，贵州福泉经济开发区建设核心面积9.06平方公里；龙昌工业园区建设核心面积3平方公里；双龙工业园区建设核心面积2平方公里。园区共入驻企业110家，投产企业95家，其中规模以上工业企业49家，安排就业9478人，解决失地农民就业900余人。完成基础设施投资11.9亿元，产业项目投资48.4亿元。实现工业总产值132.4亿元，上缴税金4.2亿元。当年贵州福泉经济开发区重点基础设施项主要有：园区连接道路建设项目、标准化厂房建设工程项目、办公室用房建设项目、双龙工业园区马岩水库取水工程项目。重点产业项目主要有：贵州兴发化工有限公司二甲基亚砜项目、烟气脱硫项目、金鹿拖拉机项目、国电福泉火电厂项目、福泉市众和外加剂有限公司外加剂项目。

2013年，福泉市《瓮福磷煤电一体化循环经济工业园区发展总体规划》编制工作基本完成，《福泉市煤电铝一体化产业规划》规划编制工作启动，旨在整合周边铝资源，形成“煤电磷”“煤电铝”两个一体化融合发展新格局。

2014年，福泉市实施省、州重点工业项目11个（省重点5个，州重点6个），其中兰鑫石墨制品、瓮福池水制饲料级磷酸氢钙、瓮福剑峰公司工业级三聚磷酸钠和食品级磷酸盐、利富得氟化氢铵等4个项目建成投产，续建3个，新开工3个，停建1个（云雾山风力发电），总投资52.75亿元，累计完成投资36.74亿元，计划投资17.29亿元，完成投资11.77亿元。续建项目中：瓮福磷矿二期矿山接替项目总投资195800万元，累计完成投资194635万元，当年完成投资23812万元，项目基本完工；瓮福中低品位磷矿综合利用项目总投资127622万元，累计完成投资70829万元，当年完成投资19789万元，主体工程完成；湘福商贸城项目，总投资40000万元，累计完成投资34462万元，当年完成投资16932万元，主体工程建设基本完成。新开工项目中：福泉铁路物流中心项目总投资55000万元，累计完成投资22000万元，当年完成工程量的95%；创力4S店项目总投资20000万元，年内完成场平建设，准备进行土建招投标；华鑫公司异地技改搬迁项目总投资13600万元，完成投资7600万元，年内完成场平建设，准备进行基础施工。停建项目是云雾山风力发电项目（一期）。

第二节 州县级工业园区

一、长顺县工业园区

2010年4月，长顺威远工业园区经州政府批复设立，此后逐渐打造为“一园四区”的发展格局，即：以装备制造和食品加工为主的威远工业聚集区；以载能和刀具产业为主的鼠场刀具、载能产业园；以陶瓷产业为主的凯佐陶瓷产业园；以文化产业和农产品加工为主的广顺产业园区。

2012年，长顺威远工业园入驻企业39家，总投资145.64亿元，其中已形成实物工作量的企业35家，建成投产的项目13个，实现工业总产值共9.18亿元，上缴税金1143.03万元，解决和带动就业2800余人。园区重点基础设施项目有：园区供水工程项目、长顺县职业教育中心项目、威远河道治理工程项目、309省道改扩建工程项目、园区物流工程项目、园区中小企业孵化园项目、鼠场园区主干道工程项目。在建重点产业项目有：贵州高矿重工长顺有限公司、贵州长远投资有限公司、贵州联合陶瓷产业园有限公司、贵州一均电器有限公司、长顺丹索亚刺梨庄园有限公司。

2013年，长顺威远工业园区入驻项目82个，总投资119.47亿元。其中产业项目63个，基础设施项目19个。累计实现工业总产值33.21亿元，实现规模以上工业总产值24.11亿元。完成投资44.28亿元。完成税收1.1亿元。签约项目31个，新增投产项目15个，累计投产项目38个。是年，长顺威远工业园区继续推进鼠场园区建设，科学规划园区布局，加快实施园区路网和综合配套服务区等基础设施配套工程，将鼠场园区打造成山区工业示范园。年内该园区入驻企业29家，形成以三川工具为主的机械加工及制造类产业基地。

2014年，长顺威远工业园区累计签约项目28个，签约项目总投资82.07亿元。其中产业项目18个，基础设施项目10个。当年园区累计完成投资31.95亿，其中产业项目16.88亿元，基础设施15.07亿元。建成标准厂房7.35万平方米，建成道路6.3公里，建成供水管网4.9千米，完成税收2.43亿元，就业1810人。新增上报规模以上企业18家，新增入库规模企业11家，达产项目11家，规模以上工业总产值30.59亿元，占年度任务数76.48%。

二、罗甸县工业园区

罗甸县工业园区包括县城食品药品工业园区、边阳工业园区和逢亭硅系循环经济工业基地、红水河物流园区4个园区，园区规划总面积为40平方公里。

2006年，罗甸逢亭工业项目聚集区建设启动。2007年9月，罗甸县逢亭硅系循环经济工业园获省发改委批复建设，年内完成园区的水、电、路等基础设施建设，入驻逢亭硅系基地的主要企业有蒙江公司罗甸冶金分公司。

2012年，罗甸县委、县政府推进“一园四区”（罗甸县工业园、逢亭硅系循环经济工业园区、边阳工业园区、县城食品药品工业区、董架石材工业园区）建设特别是基础设施建设，夯实工业发展基础。其中：边阳工业园区规划16.5平方公里，年内完成栗木大道200米进口道路建设和园区展示厅建设，边阳大道正在建设中。是年，宝元微晶石厂在园区内建成投产。食品药品工业区位于县城龙坪镇辖区内，占地总面积约3平方公里。围绕信邦制药，重点发展特色药业、食品以及特色旅游商品。是年，入驻落户投产的规模以上企业有7家，分别为信邦公司，黔龙食品厂，艾源药业、斛龙公司、年惠油厂等。董架石材工业园位于该县董架乡，当年入驻的企业有茂钰石材加工公司和兆丰纸业公司。其中茂钰石材公司已完成一期工程，可年产石材70万平方米，二期建设工程建成后年可产石材300万平方米，产值可达3亿元。兆丰纸业公司进入矿山进场公路修整阶段。其他项目中，森垚水泥粉磨站5月签约落地并及时开工；新屠宰场竣工投入使用。

2013年，罗甸县“一园四区”建设中，完成栗木大道和边阳大道建设，园区路网基本形成。完成边阳园区15000平方米钢混多层标准厂房，9000平方米单层标准厂房投入使用，6000平方米标准厂房完成主体工程。水、电、通信、电视网络等基础设施配套工程快速推进。核心区内启动栗木220千伏变电站2号主变扩建、电视和网络线路建设、10千伏工业园区I回线路新建和10千伏工业园区II回线路新建。规划设计园区核心区的供水方案和园区核心区供排水管道的布局方案。制定排污工程方案和向上对接环评论证工作。县联通公司、移动公司、电信公司、网络公司等通讯单位对园区核心区进行规划布局，年内有正盟电子、中秋竹筷、富豪电器、好花红电器等4家企业入驻生产。庆城酒店、合心酒店、乐忆酒店三家正在园区建星级酒店。

2014年，罗甸县建成全长5.24公里边阳工业园区栗木大道及其延伸线；边阳园区边阳大道1.65公里的一期工程已经竣工验收，二期工程启动建设并竣工；城西大道一期2.3公里完成路基开挖，进行水稳层建设。11月，完成边阳园区钢混结构多层标准厂房内外墙装修装饰工程，12月投入使用，二期项目完成6栋厂房。60000平方米，城西药业园区标准厂房完成厂房设计启动建设。城西园区场平一期开发土地292786平方米（438.96亩），于2月启动建设，完成场平370亩，完成一期全部工程。规划建筑面积110339平方米城西安置区，建成4栋，完成3栋主体90%。边阳工业园区小微企业孵化园已入驻企业6家，厂房利用率100%，其中富豪家用电器厂已经孵化为规模以上企业，意向入驻企业11家，待孵化园二期厂房完成后入驻。

三、平塘县工业园区

平塘县工业园区规划为通州产业园区、平湖产业园区、四寨马鞍山产业园区的“一园三区”发展格局。园区规划控制范围为46平方公里，规划建设用地为28平方公里。

2011年，《平塘县工业园区发展规划》获州政府批准。是年，平塘县启动园区（含通州产业园区和平湖产业园区）共1000～2000亩的土地整治工作，完成项目地1/500地形图测绘、制定挖填方案、公路布局设计，并开展实质性基础设施建设，为入园企业进行场地平整和入园道路建设，协调解决企业建设和生产中涉及的水电路配套问题。是年，入驻通州产业园区企业4家，即贵州省平塘县鼎峰科技实业有限公司、贵州省平塘县安泰石材有限公司、贵州澳华实业有限责任公司和平塘县中元矿业有限责任公司，协议总投资22.2亿元。其中，当年新进项目2项，协议总投资为3.98亿元。入驻平湖产业园区企业4家，即贵州省一天锅食品有限责任公司、贵州省平塘县黔林木业有限责任公司、劳动密集型产业园和平塘县渝黔新型建材有限责任公司，协议总投资2.78亿元。

2012年，平塘县工业园区共入驻企业16家，安排就业653人，实现工业总产值1.3亿元，比上年增长104%，上缴税金1140万元，完成基础设施投资6100万元，完成工业建设投资5.34亿元。园区重点基础设施项主要有：通州产业园区道路建设项目、平塘县三棵树标准化厂房建设项目。重点产业建设项目主要有：盘江龙盟碳酸钙粉造纸项目、澳华实业大理石板材加工项目、中元矿业方解石粉体及加工项目、逢缘矿业大理石板材加工项目、牙舟陶开发公司陶瓷开发项目、河北雅海投资有限公司国际石材产业园项目。

2013年，平塘县工业园区累计入驻企业25户，其中投产企业16户，规模以上工业企业14户，“石土经济”企业16户。协议总投资48.41亿元。基础设施累计完成投资3.1亿元，产业项目累计完成投资11.29亿元，规模以上工业总产值5.24亿元。完成征地1368亩，解决就业515人。实现税收0.31亿元。是年，平塘县工业园区实现规模以上工业总产值52489万元，完成投资143981.9万元，其中产业项目投资完成112900万元。

四、荔波县工业园区

荔波县工业园区分为驾播产业聚集区和瑶庆产业园区，园区规划面积为25平方公里，已建设面积为795亩，以特色食品和旅游商品为主导产业。

2010年，荔波县开始启动工业园区建设，重点抓好园区进场道路的建设、园区控制性详细规划编制、园区建设环境影响评价报告编制和园区供水、供电等基础设施方案制定。

2011年，完成园区进场道路总工程量的55%，年底完成路基工作；完成工业园区控制性详细规划的编制；完成工业园区建设环境影响评价报告

2012年，荔波县工业园区共入驻企业6家，其中投产企业2家，规模以上工业企业2

家，企业占地面积为 610 亩，实现工业总产值 2.01 亿元，上缴税金 336 万元，完成投资 1.42 亿元，其中基础设施完成投资 4118 万元，产业项目完成投资 1.07 万元。安排就业 284 人。园区重点基础设施项主要有：服务区主干道建设项目、园区道路建设项目、驾播工业园一期供水工程项目、标准厂房建设项目。

2013 年，荔波县工业园区以全州实施“一圈两翼”发展战略为契机，构建全县工业发展新格局。结合全县产业分布，在开展瑶庆和驾播工业园区建设的同时，推进商贸物流中心建设，构建荔波重工业和轻工业为一体化的工业发展格局。

——以甲良镇为中心，创建以食品加工为主的农民工返乡创业基地（梅桃）和建设以农副产品集散为主的商贸物流中心。甲良镇是荔波县的北大门，地处三县（独山县、三都县、荔波县）交界，是省内外各种类车辆进入荔波县重要通道之一，交通四通八达，是贵州全省 100 个小城镇建设示范镇之一。加上该地拥有阳凤优质大米、甲良辣椒等优势农产品，具备发展特色农产品深加工和农副产品商贸物流中心的有利条件。

——以瑶庆工业园区为中心，水尧、立化佳荣为两翼建设以矿产资源集散为主的商贸物流中心。水尧、茂兰、立化、佳荣等乡镇是荔波县矿产资源最为丰富之地，有煤矿、铅锌矿等矿产资源。加上水尧有飞机场，具有航空运输优势，可发展临空经济；立化有铁路，具有铁路运输优势，宜于建设商贸物流集散中心。

——以驾播工业园区为中心，建设以旅游商品生产加工为主的商贸物流中心。小七孔镇具有丰富独特的旅游资源，“麻驾”（麻尾—驾欧）高速公路已开通，“荔驾”（荔波—驾欧）高速公路正积极推进中，建成后形成“麻尾—驾欧—荔波”的高速交通网，具有旅游资源丰富和交通发达等优势。依托旅游资源丰富和交通发达等优势，以驾播工业园区为中心，建设一个以旅游商品生产加工为主的商贸物流中心。

是年，荔波县工业园区完成道路建设 7 公里，输电线路建设 6 公里，供排水管网建设 8 公里，入驻企业场地平整 500 余亩，通信实现全覆盖，1 万平方米标准厂房项目完成 60%。园区入驻企业 9 个，在建 3 个。招商引资签约金额 38 亿元，实际到位资金 3.2 亿元。园区全年完成工业总产值 4.3 亿元，完成产业项目投资 1.2 亿元，实现税收 0.2 亿元，解决就业 410 人。

2014 年，荔波县遭受百年不遇的特大暴雨袭击，全县多数工业企业生产工作面、设备、原材料被淹，矿山公路被毁，工业园区损失惨重，20 户规模工业企业受灾，占荔波县全部规模工业企业的 71.4%，停产企业 16 户，占全部企业的 57.1%。受灾企业直接经济损失达 751.1 万元。州工信委采取积极措施，从发展资金安排 100 万元帮助荔波县工业园区开展灾后重建。是年，荔波县工业园区协调中介机构开展播尧返乡创业园项目规划测绘、设计工作等。

五、三都县工业园区

三都县工业园区包括交梨工业园、塘州工业园和周覃工业园。其中交梨工业园区于 2011 年 10 月成立。交梨工业园区主要发展木材加工制造业、特色农产品加工业、新型建材工业、生物质能源产业和承接东部发达地区转移的新兴产业。

2012 年，三都县交梨工业园区入驻企业 7 家，其中投产企业 3 家，规模以上工业企业 2 家。企业占地面积为 946 亩，投资强度为 145 万元/亩，共安排就业 1555 人。累计完成投资 3.3 亿元，其中基础设施完成投资 1750 万元，产业项目完成投资 1.55 亿元。园区企业共完成工业总产值 1.7 亿元。园区重点基础设施项目主要有：县城至交梨工业园交通干道建设项目、三都县森工产业园基础设施建设项目、三都县台商产业园基础设施建设项目。园区重点产业项目主要有：三都县凯迪生物质能发电项目、三都县诗羽服装厂建设项目。

2013 年，三都县工业园区完成固定资产投资 12.2 亿元，投产企业完成工业总产值 3.49 亿元，实现工业增加值 0.74 亿元。当年园区落户项目 13 个，计划总投资 19.5 亿元，到位资金 7.1 亿元。台商签约待建项目 12 个，签约资金 23.1 亿元。

2014 年，三都县工业园区工业总产值达 3.9 亿元，实现规模以上工业增加值 0.84 亿元，比上年增长 8%；实现利税 0.43 亿元，比上年增长 11%；实现新增就业人数 203 人，完成投资 11.5 亿元，建设标准化厂房 2.5 万平方米。是年，三都县按照全州实施"一圈两翼"发展战略的要求，依托"两高"（厦蓉高速公路、贵广高速铁路）经济带的建设，启动大河生态工业园区的规划建设工作，完善园区基础设施，新建标准厂房面积 2.5 万平方米，累计投资 4500 万元。

附：

瓮福（集团）有限责任公司

1982 年，贵州省人民政府批准成立贵州省福泉联合磷矿，1990 年 9 月，省人民政府决定组建贵州瓮福矿肥基地工程建设指挥部，负责管理和指挥瓮福矿肥基地工程建设，瓮福矿肥基地是国家"八五""九五"期间建设的五大磷肥基地之一。2000 年 11 月 30 日，矿山和肥厂两个重点建设项目竣工（2008 年前，其肥厂、主要矿山和行政理机构在福泉境内），项目总投资 58.5 亿元，完成基地建设向生产经营的转型，定名为贵州宏福实业开发有限总公司。2008 年，宏福总公司更名为瓮福（集团）有限任公司，注册资本 40.88 亿元，以瓮福（集团）有限责任公司为核心企业，组建了包括瓮福国际贸易股份有限公司、瓮福达州化工有限责任公司、瓮福紫金化工股份有限公司、甘肃瓮福化工有限责任公司、贵州瓮福贸易有限责任公司、贵州瓮福蓝天氟化工股份有限公司、新加坡美陆实业有限公司、瓮福澳大利亚公司、瓮福阿拉伯有限公司（沙特阿拉伯王国）等 10 余家全资和控股子公司，以及参股公司、其他成员企业共同组成的瓮福集团。

经过 20 多年的建设和发展，瓮福（集团）有限责任公司已成为集磷矿采选、磷复肥、磷硫煤化工、氟碘化工生产、科研、国际国内贸易、行业技术与营运服务、国际工程总承包于一体的国有大型企业。公司拥有优质磷矿资源地质储量 8.2 亿吨、工业储量 5.8 亿吨。2011 年，公司总资产 149 亿元，形成年产 500 万吨磷矿石、瓮福国际大厦 150 万吨磷酸、200 万吨硫酸、350 万吨磷复肥、16 万吨工业及食品磷酸、15 万吨三聚磷酸钠、100 吨碘、

2 万吨无水氟化氢的生产能力，自备铁路专用线年运输能力超过 500 万吨。公司现有员工 4500 余人。投产以来，瓮福以年均超过 30% 的速度发展。2013 年实现营业 316 亿元人民币，人均劳动生产率超过 300 万元。

集团形成以贵州为核心，甘肃金昌、四川达州、福建上杭为支撑的四大生产和研发基地。贵州黔南基地是磷矿石采选，高浓度磷复肥、磷化工、氟碘化学品、废弃物资源化利用的加工和技术研发基地，也是瓮福对外提供技术、工程建设及营运管理服务的样板工厂。甘肃金昌、四川达州、福建上杭以优势互补、资源优化配置为原则，充分利用瓮福的磷资源和当地原料、区位等优势，分别建设化工化肥基地，形成了完整的产业布局。主产品磷酸二铵、磷酸一铵被评为“中国名牌产品”“国家免检产品”，宏福牌商标被评为“中国驰名商标”，并被商务部授予“最具市场竞争力品牌”。公司通过了 ISO 9000 质量体系和 ISO 14000 环境体系认证，并于 2006 年成为中国第一家通过澳大利亚动植物检验检疫认证的化肥企业，产品畅销 30 多个国家和地区，国内市场网络覆盖所有省区市。公司先后荣获“全国质量效益型先进企业”“中国化工百强企业”、国家“AAAA 级”标准化良好行为企业、“首届全国矿产资源合理开发利用先进矿山企业”“全国民族团结进步模范集体”等殊荣。2005 年被列为国家第一批循环经济示范企业之一；2007 年，被中宣部、国务院国资委评为十户全国“国有企业典型”之一。2009 年，被列为“高新技术企业”，2011 年荣获“中国工业大奖”表彰奖。

瓮福（集团）有限责任公司致力于行业技术创新。拥有院士工作站、博士后科研工作站，磷化工行业第一家、排名第一的国家级企业技术中心；建立了国家地方联合工程研究中心、贵州省磷资源高效利用工程技术研究中心，与清华大学、四川大学、北京矿冶研究总院等 15 家单位组成磷化工产业技术创新联盟，形成了具有瓮福特色，以企业为主体，以博士后工作站、国家级技术中心、院士工作站为主要平台的“产学研”合作机制。年均投入研发费用 3 亿元，解决磷化工行业共性、关键性、前沿性技术难题，为磷矿资源的综合利用及提升磷化工行业整体技术、装备水平提供技术支撑，引领磷化工行业技术进步，推动磷化工产业可持续发展。至 2011 年底，完成 40 余项国家及省部级科研项目，累计申报 540 余件专利，拥有数十项国际国内领先的行业关键和核心技术。公司对引进的大型高浓度磷复肥装置技术及装备进行消化吸收再创新，大幅降低了大型磷复肥装置的建设和生产成本，使中国高浓度磷复肥产能迅速提升，实现完全自给；开发的“磷酸二铵与磷酸一铵联产成套技术与装备”“磷酸二铵尾气净化联产磷酸一铵清洁生产工艺”等技术，使磷酸一铵单套装置产能从 3 万吨提升至 24 万吨，促进高浓度复合肥的快速发展；研发的湿法磷酸微乳净化等多项行业国际领先技术，推动了中国从磷化工大国向磷化工强国转变。

瓮福（集团）有限责任公司发展循环经济。自主开发的专利技术 WF－01 浮选剂，使磷矿入选品位五氧化二磷由原设计的 30.72% 降低到 25%。矿山开采损失率由设计值 3.75% 降为 1.6%，开采贫化率由设计值 4.77% 降为 2.1%，资源回收率超过 90%，精矿回收率超过 95%，进入国际领先水平。公司开发的磷矿尾矿再选技术，使原设计尾矿残留的五氧化二磷从 7% ~8% 降到 3% ~4%，年回收磷矿石 10 万吨。使磷资源利用形成从磷矿石到农用级、工业级、食品级、电子级产品的完整链条。磷矿伴生资源回收利用方面，建成全球第一套年产2万吨磷矿石伴生氟资源回收生产无水氟化氢工业装置、全球第一套年产100吨磷矿石伴生碘回收装置，为发展氟化工、碘化工奠定了基础。开展废弃物资源化利用，酸性废水回收用于选矿，在降低选矿成本的同时，实现了废水“零排放”；对含硫烟气进行脱硫回收，在增加经济效益的同时，杜绝了废气排放；磷石膏综合利用方面已建成磷石膏制硫铵副产石灰、磷石膏砖、磷石膏板、磷石膏砌块等一批工业化装置。“十二五”期末，公司磷石膏综合利用率达到30%，超过国家工信部对磷肥行业磷石膏综合利用率的生产技术要求。为改变中国磷化工业长期依赖高能耗、高污染的黄磷工业的格局，瓮福集团公司致力于开发低能耗物耗、低污染的湿法磷酸净化技术，自主成功研发3000吨/年净化湿法磷酸中试技术，成果通过国家组织的专家委员会鉴定。以自主研发的湿法磷酸净化中试成果与国外先进的净化技术嫁接，建成了世界最大、中国第一套湿法磷酸净化装置——10万吨/年湿法磷酸净化装置，在国内磷化工行业率先取得了重大技术性突破，使中国的湿法磷酸工业跨入世界先进行列。

瓮福（集团）有限责任公司向国际化发展。从单纯的出口贸易发展为进出口贸易和转口贸易。贸易产品涉及化肥、化工、能源、金属等数十个品种。2007年成功进入南美市场，改变了美国二铵独霸南美市场的局面。2007年，在与国际著名工程公司的激烈竞争中，公司成功中标当今世界最大的磷酸盐项目——沙特阿拉伯国家矿业公司MAADEN磷酸盐工程1200万吨选矿EPC项目。2011年公司贸易总量达500万吨，进出口总额超过14亿美元，连续11年位居贵州省第一，成为中国磷化工行业最大的进出口贸易商。同时，公司利用所积累的行业领先技术，实施以知识产权商品化应用为核心的“智力国际化”。2007年以自身研发的磷矿选矿专利技术为依托，参与并成功中标沙特阿拉伯曼阿顿1250万吨磷矿石选矿EPC项目及配套的水系统项目和工业建筑系统项目，项目合同总金额达4.5亿美元。2011年，三个项目均顺利通过性能考核并移交业主方管理，该项目实现了超过500万人工时无安全事故记录，得到国际著名国际工程管理公司沃利帕森公司的嘉奖。该项目在国内采购设备材料、服务的金额超过2.5亿美元，带动国内GDP增长超过100亿元人民币，促进了国内制造业的发展。2010年，公司为澳大利亚LEGEND国际控股公司磷矿项目做可行性调研、磷矿采选及加工技术服务等多项智力国际化业务。此外，瓮福（集团）有限责任公司还与沙特、突尼斯、摩洛哥、南非、澳大利亚、伊朗等国洽谈10余个智力国际化项目。

瓮福（集团）有限责任公司的发展战略是站在国际市场前端和瓮福集团发展前沿，致力于磷复肥、磷化工、多种经营三大核心领域打造集资源整合、资本营运、产业拓展、国际贸易于一体，全球化运作的较为完整的产业价值链。着眼于东盟自贸区与中国北部湾经济区的广阔未来，公司于2006年成立广西海湾资源开发有限公司；2010年，成立瓮福澳大利亚公司，与澳大利亚最主要的化肥消费和矿产资源供应客户开展直接销售和采购业务。瓮福国际贸易股份有限公司的经营范围涵盖化肥、化工品、金属矿产、原材料和农产品等领域，并与世界上其他国家广泛开展贸易、信息交流、国际结算和投融资业务。瓮福（集团）有限责任公司走科学发展观指导下的新型工业化道路，专注于磷酸盐领域，依靠人才、科技、管理“三大支撑”，实施信息化、国际化、金融化“三大战略”，做强制造业、贸易业、服务业“三大板块”，不断调整优化产业结构，转变发展方式，促进公司从规模增长向价值增长转变，把资源优势转化为经济优势，努力打造中国磷化工行业先锋企业和国际磷化工行业重要力量，在“十二五”期间实现年销售收入400亿元人民币，专利技术超过1000项，人均劳动生产率超过400万元。

国务院原总理朱镕基到瓮福视察时说，瓮福的发展是贵州工业经济的一个亮点，是贵州的“宝”，要把瓮福建成世界一流企业、为中国人争气的企业。2011年5月，中共中央政治局常委、中央书记处书记、国家副主席习近平视察瓮福，对集团公司循环经济、技术创新、环保产业、智力国际化发展所取得的成效给予充分肯定。鼓励企业要紧紧抓住科技成果转化这一核心，不断提高自主创新能力，走新型工业化道路。“十二五”期间，瓮福发展“制造+贸易+服务”三大板块。围绕磷酸盐产业链的延伸和社会资源的整合，以“制造”为基础，在“十二五”期末达200亿元；以“贸易”为依托，加大国内外的贸易额，“十二五”期末达到160亿元；以“服务”为支点，主要是技术、智力服务，“十二五”期末达到40亿元。产业结构逐步趋于合理。瓮福拥有国内外核心技术30多项，自主知识产权187项，申报专利386项，在国内磷化工行业中，是拥有自主知识产权、专利最多的企业，为瓮福构建创新型企业、增强核心竞争力，在“十二五”实施“信息化、国际化、金融化”奠定了坚实的基础。

附：

国防电子工业基地

20世纪60—70年代，在国家“三线建设”（国防、科技、工业和交通基本设施建设）总的战略部署下，黔南州境内开始进行贵州国防电子工业基地的建设。出于国家保密的需要，黔南州的“三线建设”各企事业单位名称均使用数字代号，基地统称“083”。这些国防电子工业单位在黔南期间，国家的国防事业和黔南州经济发展做出了重要贡献。1990年前后，根据国家战略的调整和发展的需要，境内国防电子工业单位除个别企业外，陆续迁离黔南州。

一、基地建设

根据国家战略需要，贵州作为“三线”建设的重要省（区）之一，1965年，中共中央将黔南确定为发展电子工业的基地之一，电子工业部贵州管理局设在都匀。一批军工企（事）业迁到贵州，部分单位迁到黔南州。1965年1月，第四机械工业部成立贵州地区基本建设筹建处，同年4月正式命名为083筹备处（后改为083基地）。083筹备处成立后，开始在贵州省黔南州、黔东南州、铜仁地区等地进行选址工作，经贵州省国防工业主管部门比选，确定选址于都匀、凯里和遵义地区。1965年9月，083工程指挥部成立，083系统基本建设工程在黔南州、黔东南州和遵义地区展开。1966年11月，四机部决定将083指挥部设在都匀，为四机部直属一级地区性综合管理机构。在都匀地区的久达机械厂、群英无线电器材厂、建新机械厂、第四机械工业部第37研究所、第四机械工业部云贵地区物资供应站（4010库）于1967年动工开始基本建设。

083基地为国家一类大军工单位，行政级别是副部级，基地总部和内迁而来的所属工厂及直属事业单位分别驻都匀、凯里及遵义一带。083基地驻都匀市区内，基地在都匀设有招待所。当时083基地所属在都匀的单位有：国营红旗机械厂（4191厂，113信箱）、国营久达机械厂（883厂，106信箱）、国营建新机械厂（4506厂，306信箱）、国营群英无线电器材厂（891厂，305信箱）、国营南华仪器厂（4541厂，116信箱）、国营长洲无线电厂（4110厂，504信箱）、国营长红机器厂（4111厂，112信箱）、国营风光电工厂（4433厂，506信箱）、国营红星机械厂（115信箱）等9个厂，以及37、38两个研究所和贵州省电子信息高级技工学校（083都匀技校）、320（后改称414）医院等20多个企事业单位，还有为生产、科研服务的物资公司和通信总站。083基地所属企业除都匀地区外，在凯里地区有永光电工厂等10个工厂，在遵义地区有东风机械厂和新风无线电厂。

1966年“三线建设”开始后，由于受到“文化大革命”的干扰，083工程指挥部基建投资计划受到影响，1968年基建投资计划3566万元，仅完成1610.05万元，土建安装仅完成三分之一；1969年基建投资计划4300万元，仅完成2853.26万元，土建安装完成27.9%；至1970年基建计划完成到98%。其中，久达机械厂、群英无线电器材厂、四机部云贵地区物资供应站和凯里片区的4个厂、1个医院建成使用。同年，都匀地区的红星机械厂开工基建，当年投产。从1965年开始至1970年，累计完成基建投资15634万元，完工建筑面积48.2566万平方米，其中生产性建筑19.9410万平方米。1969年，解放军对083基地实行军事管制。1970年1月，四机部在都匀成立贵州生产建设办事组，作为四机部地区性派出机构（投产后改为电子公司）与083指挥部合署办公。

1970年，在基地各企业单位厂房和宿舍等基本建设期间，黔南州革命委员会专门下发《关于在全州抽调民兵投入083建设的通知》，全州共抽调1250人，组成5个民兵连，参加083基本建设。1971年，在黔南州的“三线建设”企业开工基本建设的还有长洲无线电厂（原长洲机械厂）、长红机器厂、红旗机械厂、南华仪器厂、风光电工厂和320医院、083通讯总站。

20世纪70年代初，黔南州“三线建设”工程加快，1971年，基本建设投资计划6550万元，完成7432万元，为年计划114%。至此，基地在都匀地区建设工程已初步建成。形成以都匀市区为中心，东郊有红旗机械厂、久达机械厂、四机部西南地区精密设备修理站（后撤销）、37研究所、38研究所、四机部贵州教育中心；南郊有风光电工厂；西郊有长红机器厂、长洲无线电厂、南华仪器厂（内附083基地印刷厂）；北郊有建新机械厂、群英无线电器材厂、红星机械厂、320医院；市区设基地总部（内设有振华电子技术研究所）、电子工业部云贵地区物资供应站（电子物资公司云贵公司）、083基地通讯总站、电子工业部安装二处（后迁石家庄）．后又成立中国振华电子工业公司第一中学。

至1975年，083基地建成单位27个，投产使用17个。全基地职工总数27000多人。累计完成基建投资38943万元，建筑面积107万平方米，其中生产性建筑47万平方米。1979年末，基地职工29200人，在都匀地区15600人，其中工人10710人。

二、基地生产

各企业建成投产后，即开始军品生产和科研工作，生产的产品主要为卫星通信、雷达、移动通信、卫星广播电视成套设备、电子器材、电子元件、数字用户程控交换机等。还有为地方工业、农业服务的产品（如纺织机械、深水泵等）；环境保护监测和污水处理的设备，民用电子产品电视机、录音机、收音机、电唱机、洗衣机定时器、耳聋助听器以及电视差转机、电力载波发射机、无线电测量共等。有的产品进入国际市场，一些产品获电子工业部和贵州省优质产品奖，有20多种产品获得全国和贵州省科技成果奖。

083各单位在为国家国防事业开展军品生产和科研的同时，也带动黔南州电子工业的发展。在都匀的083基地军工企业军品生产中，雷达及其部件生产企业有国营长洲无线电厂、国营长红机器厂、国营红旗机械厂和国营红星机械厂（主要从事汽车修理）。生产半导体器件的企业有国营群英无线电器材厂和国营风光电工厂。无线电专用设备、仪器生产企业有国营建新机械厂，国营南华仪器厂和国营久达机械厂。其主要产品有：卫星通信设备、天线、雷达、无线电器材等。其中一系列产品获得省部级成果奖，一些产品填补了国内空白。如建新机械厂1979年研制D343II/YN型精密中温控制台，主要用作S－95型恒温水槽及Y－300型恒温油槽等自动控制，1980年荣获贵州省科技成果三等奖；久达机械厂1976至1977年研制成功的计算器外存储器磁卡读出器，填补国家空白。1977至1978年制成供国家重点工程专用155齿轮传动箱和180齿轮传动箱，荣获1978年全国科学大会和贵州省科学大会奖；南华仪器厂1979年研制的可计量、测试350MHZ以下宽带示波器校准仪，获国防科工委科技成果奖。

083基地从建成投产到1975年，共完成工业产值3.3亿元，实现利润1070万元，其中1975年产值9500万元，实现利润840万元。1978年产值上升到2.1亿元，实现利润3000万元；1984年工业产值为1.87亿元，实现利税2050万元；1985年工业产值2.75亿元，实现利税3375万元。1965至1985年，共完成工业产值19亿元，实现利税2亿元。1986年工业产值2.73亿元，实现利润1865.1万元。083基地在黔南从艰苦创业到不断发展，为国家国防建设做出了重要的贡献，同时也带动黔南州经济发展。

三、转型发展

20世纪80年代，随着国家改革开放和经济建设的发展，为适应市场经济体制企业生存和发展的需要，1984年6月，时任电子工业部部长江泽民主持会议听取贵州管理局的汇报，同意成立“中国振华电子工业公司”，保留083基地名称。9月，中国振华电子工业公司在都匀成立，受电子工业部和贵州省人民政府双重领导。1985年3月，电子工业部部长江泽民考察设在都匀的振华电子工业集团公司。

1985年11月，电子工业部及贵州省人民政府下发《关于中国振华电子工业公司经济管理体制改革的通知》，振华公司逐步形成具有市场竞争机制的实体，得到较快发展。此期间，公司在都匀的所属各企业先后开发了一系列新产品。如国营长红机器厂研制生产的DSF－2型5w彩色电视发射机等产品分别获省部级优秀新产品等。

1989年，38研究所首先搬迁离开都匀到安徽合肥。此后，37研究所以及长洲、长红、南华、红旗、风光、群英、红星等企业陆续搬迁到贵阳。改建为职业技术学校的振华一中以及320医院仍留在都匀。久达机械厂（883厂）从郊区搬迁到都匀市区。各搬迁企业在都匀均留有守厂人员。振华公司在都匀设立了留守处。至此，083基地及所属企事业单位在都匀地区“三线建设”的历史画上了一个句号。20世纪90年代后期，中国振华电子工业公司及其所属部分企业陆续迁往贵阳。

1991年1月，中共贵州省委书记刘正威视察国营长红机器厂和国营长洲无线电厂，对卫星通信高功率放大器、卫星电视接收机、舰载雷达、卫星通信群路站、音频电力负荷控制设备等产品给予高度评价，要求两厂“发扬长征精神，为国防建设和广播事业的发展作出贡献”“精益求精，不断攀登技术新高峰”。同年2月，成都军区副司令员张德福中将、总参动员部部长谭冬生、成都军区副参谋长张长顺少将、云南军区副司令员姚双龙少将、四川军区副司令员丁兆乾少将等，在贵州省副省长张玉芹的陪同下，到国营长洲无线电厂和国营长红机械厂视察。同年11月，国家电子工业部副部长胡启立、总工程师俞忠钰一行视察国营群英无线电器材厂、国营长洲无线电厂、国营长红机械厂。胡启立高度赞扬“三线”干部职工的无私奉献精神，希望企业深化改革、增强活力，坚持军民结合，不断满足国防建设需要，密切与地方合作，为促进地方经济发展服务。

1991年中国振华电子工业公司国营建新机械厂被列入国家“七五”三线调迁计划，整体调迁至贵阳国家高新技术产业开发区。国营红旗机械厂、国营久达机械厂、国营南华仪器厂作为国家“八五”三线调迁企业由原址迁到都匀市经济开发区。国营南华仪器厂对其效资产进行剥离组建贵州剑江电子电源有限责任公司；国营红旗机械厂将其效资产重组，组建贵州振华通信设备有限公司，成为中国振华科技股份有限公司（上市公司）的控股子公司。12月，经国务院批准，中国振华电子工业公司列为全国首批55家试点建立的企业集团之一，同时也是国家520户重点企业之一，中国振华电子工业公司更名为中国振华电子集团。

1992年1月，全国总工会书记处书记张国祥到振华公司国营红星机械厂、320（后改称414）医院等4个企业慰问14户特困职工家庭。2月，由国营红星机械厂、黔南锻压机床厂、贵定车辆厂、都匀水泵厂、都匀机械修造厂等5家组成黔南农用运输车联合制造厂。4月，贵州省副省长张树魁率省计划委员会、省经济委员会、省财政厅、人民银行、工商银行、建设银行等部门一行17人到振华公司现场办公，帮助企业解决发展中的突出问题。是年，经贵州省经济委员会同意，国营长红机器厂增挂贵州广播电视设备厂的厂名，隶属关系不变，业务上受贵州省广播电视厅指导。

1992年，国营长红机器厂研制生产的DSF—2型5W彩色电视发射机、ZGF—2型125W功率放大器、DSL—07型强击警棍、系列程控交换机机柜等分别获贵州省优秀新产品

二、三等奖。国营长红机器厂研制生产的卫星广播电视上行站 1 千瓦、3 千瓦高功效高功率合成器被评为国家级新产品。

1993 年，国营长红机器厂研制生产的 DSF—2 型 5W 彩色电视发射机、ZGF—2 型 125W 功率放大器、DSL—07 型强击警棍、系列程控交换机机柜等分别获贵州省优秀新产品二、三等奖。国营长红机器厂研制生产的卫星广播电视上行站 1 千瓦、3 千瓦高功效高功率合成器被评为国家级新产品。1993 年，国营群英无线电器材厂为国防重点工程配套研制的 RCJ—6MA 等 7 个型号的继电器新产品通过了部级鉴定。国营长洲无线电厂研制生产的 343A 火控雷达实现光电一体化，获部级优秀产品称号。国营长红机器厂生产的 WST—M—3 型 3 米卫星电视接收天线和国营红旗机械厂生产的 WTX4. 5—4/6 型 4. 5 米卫星天线获贵州省优秀新产品三等奖。国营久达机械厂生产的 PT12 型差速器总成获省级三等奖。国营长红机器厂生产的 CH 牌卫星电视接收机被评为贵州省质量优秀产品。1995 年，国营长洲无线电厂研制生产的 H/LJP—2#A 型炮瞄雷达改进和加装激光测距机获得成功，通过了海军装备技术部和电子工业部军工司组织的出厂鉴定。

1994 年 11 月，贵州省副省长龚贤永视察国营红星机械厂农用车生产线。同月，贵州省副省长莫时仁到国营红星机械厂了解山地农用车的生产情况。是年，国营红星机械厂生产的山地牌 SD—1810、SD—1810D 农用运输车分别获全国星火计划成果展销会金奖和全国星火科技精品金奖。国营长洲无线电厂研制生产的 343A 火控雷达实现光电一体化，获部级优秀产品称号。国营长红机器厂生产的 WST—M—3 型 3 米卫星电视接收天线和国营红旗机械厂生产的 WTX4. 5—4/6 型 4. 5 米卫星天线获贵州省优秀新产品三等奖。国营久达机械厂生产的 PT12 型差速器总成获省级三等奖。国营长红机器厂生产的 CH 牌卫星电视接收机被评为贵州省质量优秀产品。

1995 年，国营长洲无线电厂研制生产的 H/LJP—2#A 型炮瞄雷达改进和加装激光测距机获得成功，通过了海军装备技术部和电子工业部军工司组织的出厂鉴定。

1996 年 8 月，贵州省代省长吴亦侠到国营红星机械厂和振华集团公司总部视察。视察了国营红星机械厂农用车生产车间，到振华集团公司总部听取公司总经理陈清洁的工作汇报。是年 10 月，贵州省副省长莫时仁再次到国营红星机械厂视察。

1998 年 2 月，国营长洲无线电厂研制生产的 341A 型舰载炮瞄雷达在近几年的海军大型军事演习中先于警戒雷达发现目标。改进后的 343A 型舰载炮瞄雷达创造性运用了非相参数字瞬时测频捷变频技术，并实现了小型稳定平台和整机光电一体化，在跟踪速度和跟踪精度上处于国内领先水平，满足了新造舰总体布局和火炮武器系统新的要求。是年 2 月，改进后的 343A 型舰载炮瞄雷达通过海军装备技术部和电子工业部军工司组织的出厂鉴定。

1999 年 2 月，都匀市无线电器材厂进行股份制改革后，成立贵州都匀金科电子有限责任公司。该公司与外省数家企业签订生产合同，组织科技力量先后研制出 2. 4GHz 计算机扩频天线、MDS 通信天线、1. 7GHz 计算机扩频天线、2. 4M 栅格气象卫星云图接收天线。其中 2. 4GHz 计算机扩频天线列入了信息产业部 1999 年信息产业科研试制计划。公司主要产品还有单边带短波电台、手持式对讲机、车载电台、基地台、差转台、无线电组网工程、卫星接收设备、有线电视器材及组网工程等。产品销往北京、河北、山东、内蒙古、上海等地，当年扭亏为盈。是年12月，中国运载火箭技术研究院在贵阳召开会议，答谢为“神舟”号载人飞船配套的厂家。振华集团公司及国营群英无线电器材厂、国营风光电工厂等企业应邀参会。

2000年，振华集团公司在都匀的企业有国营长洲无线电厂、国营久达机械厂、国营长红机器厂、国营风光电工厂、国营红星机械厂、国营群英无线电器材厂、国营南华仪器厂、国营红旗机械厂等8家企业和414医院、都匀无线电技工学校（贵州省电子信息高级技工学校）、通信总站（4010库隶属中国电子物资总公司）等。是年，振华集团公司总资产为41.8亿元，净资产为18.8亿元，资产负债率为5.5%。

国营长洲无线电厂从1991—2000年，在保军转民的过程中以国家大局利益为重，克服和消化军品生产过程中存在的批量小、周期短、技术难度大、成本高、利润低以及生产上资金、设备、能源和外购件配套等方面的困难，先后完成各类不同型号炮瞄雷达和各种雷达备件，生产的舰载炮瞄雷达遍及全国海岸线和海军各舰队。为拓宽军品国内外市场，根据“保军上水平，扩大出口量”的发展战略，着重提高雷达质量与可靠性和战技指标，为产品的推广延伸和企业的生存发展作出贡献。国营长洲无线电厂将售后优质服务当作一项重要工作来抓，多次完成重大战略保障任务。尤其是保障海军“九四”神圣、“九五”神剑大型军事演习和“九七”香港回归期间部队急需的保障任务。在实施转民战略过程中，国营长洲无线电厂先后开发出工业电视、袖珍式录放机、污水处理器等几十项民用产品。相继开发成功卫星通信群路设备和音频电力负荷控制设备、系列大功率高效开关电源、汽车连杆、千斤顶、汽车尾气净化器和数字电视解码器等民用产品，为企业的发展增添了新的后劲和活力。国营长洲无线电厂的产品先后有20多项军用、民用产品分别获部级、省级和公司级科技成果奖和优秀新产品称号。其中：343型舰载炮瞄雷达获国家机械电子部优质产品称号、改进型343A型舰载炮瞄雷达获贵州省科技进步奖、LDR中速率数字群路制卫星通信设备和音频电力负荷控制分别被国防科工委在军转民高科技出口产品展览交易会上评为银奖、获国家机械电子部科技进步奖、国家机械电子部三等奖、贵州省优秀新产品奖、高强度铸造铝合金铸造工艺技术获贵州省科技进步四等奖、343A型雷达车载辐射栅及帽遮电铸热成型工艺技术获贵州省科技进步三等奖、卫星通信15米地面数字制设备获全国科学大会二等奖。另有10项科技成果分别获中国振华集团公司一、二、三等奖和科技进步奖。

2001年，振华集团公司在都匀的部分企业通过改革转变经营体制，由中国振华集团有限公司和中国振华（集团）科技股份有限公司两大股东出资，通过现代企业制度改革在原083各生产无线电产品企业（083生产机械产品的企业改制重组转产民用品，在“机械工业”一节另述）的基础上，集多方有效资产、优势产品和优势力量组建贵州振华通信设备有限责任公司。是年，贵州都匀金科电子有限责任公司在条件极为困难的情况下，组织技术力量，研制开发办公自动化设备及微波通讯基站设备并获成功。贵州振华通信设备有限责任公司先后提供了“331”工程的新疆15米卫星通信地球站天线、空军3米、4.5米、

6.2 米、10 米、20 米散射通信网天线、第二炮兵卫星通信网天线、总参卫星通信网天线、国家安全部卫星通信网天线和短波通信网天线等。并研制开发了 VSAT 站天线。贵州振华通信设备有限责任公司研发生产的卫星通信天线形成系列化具有 1.2 米 Ku、1.8 米 Ku、2.4 米 Ku、3 米 C/Ku、3.7 米 C/Ku、4.5 米 C/Ku、6.2 米 C/Ku、7.4 米 C/Ku、9 米 C、11.3 米 C、12 米 C 波段等 11 种口径的天线。其中 4.5 米口径以下卫星通信天线已亚卫、亚太、中广卫、鑫诺、东方 5 家卫星公司的型号入网证书。6.2 米以上口径卫星通信天线现场入网测试均满足 CCIR—580 及 INTERSAT 建议书。

2002 年，黔南地区电子工业企业生产经营面临巨大挑战，电子产品市场急剧萎缩。振华集团公司在都匀的生产电子产品的企业均处于停产状态。

第四章　信息产业

1991—2010 年，黔南州信息产业建设与管理工作主要由州内电信通信和无线电管理等相关部门、行业承担。此期间，全州电信业随着现代通信技术的开发应用而快速发展，无线电管理工作相应跟进。“十一五”期末，州委、州政府在《黔南州“十二五”工业布局及重点产业发展专项规划》中，将电子信息、新能源、新材料等纳入战略性新兴产业规划，同时组建州工业和信息化委员会（以下简称州工信委），承担全州信息产业发展的组织协调工作，加大信息产业的投入，信息安全管理得到重视，大数据应用逐步开展，全州信息产业的发展步入新的历史时期。

第一节　通信业

一、运营机构

1999 年初，无线寻呼通信从中国电信集团贵州省公司黔南分公司剥离，单独成立中国联合网络通信有限公司黔南州分公司（简称中国联通黔南州分公司），全面负责中国联通在黔南州地区公众通信网的建设和运营。

1999 年 8 月，移动通信业务从中国电信集团贵州省公司黔南分公司分离出来，成立中国移动通信集团贵州省公司黔南分公司。自 1999 年起，全州通信产业的业务由州电信公司、州移动公司、州联通公司三大运营商共同承担、各有侧重的格局开始形成。2000 年，黔南州电信局实现公司化经营后，名称更改为中国电信集团贵州省公司黔南布依族苗族自治州电信分公司（简称电信黔南分公司），下辖 11 个县市电信公司（都匀市不设电信公司）。

2001 年，电信黔南分公司进行重组改制，实施电信企业主辅、主附分离。原黔南州电信局（公司）分为中国电信集团贵州省公司黔南布依族苗族自治州电信分公司、中国电信集团贵州省公司黔南布依族苗族自治州电信世纪鑫实业公司。2003 年 4 月，黔南微波分局的资产、资金、人员、档案归并中国电信集团贵州省公司黔南分公司。

2004 年，黔南电信世纪鑫实业公司重新合并到中国电信集团贵州省公司黔南布依族苗族自治州电信分公司。是年，黔南州电信公司改变原州、市公司合一的状况，单独成立都匀市电信分公司。2007 年，全州 12 个县市电信分公司成立。其中都匀分公司下辖 5 个支局，负责都匀市 18 个乡镇的电信、信息服务业务及维护等工作。

2008 年初，中国电信集团贵州省公司黔南分公司更名为中国电信股份有限公司黔南分公司（简称电信黔南分公司）。是年 10 月，中国联通黔南州分公司 CDMA 移动通信网络及部分员工划转黔南州电信公司。同年 12 月，中国联通黔南分公司与中国网通黔南州分公司重组融合后更名为中国联合网络通信有限公司黔南州分公司。

2014 年底，中国电信黔南分公司本部共有 18 个前后端及管理部门。分支机构有 12 个县市分公司，84 个乡镇支局，服务网点遍及全州乡镇及村寨。其中：都匀分公司支局 7 个，自有营业厅及通信服务代办网点 26 个；福泉分公司支局 7 个，自有营业厅及通信服务代办网点 17 个；惠水分公司支局 8 个，自有营业厅及通信服务代办网点 26 个；长顺分公司支局 7 个，自有营业厅及通信服务代办网点 17 个；瓮安分公司支局 8 个，自有营业厅及通信服务代办网点 24 个；龙里分公司支局 6 个，自有营业厅及通信服务代办网点 15 个；贵定分公司支局 7 个，自有营业厅及通信服务代办网点 20 个；独山分公司支局 7 个，自有营业厅及通信服务代办网点 18 个；平塘分公司支局 7 个，自有营业厅及通信服务代办网点 19 个；罗甸分公司支局 7 个，自有营业厅及通信服务代办网点 25 个；三都分公司的支局 7 个，自有营业厅及通信服务代办网点 21 个；荔波分公司的支局 6 个，自有营业厅及通信服务代办网点 19 个。是年，中国联通黔南分公司启动划小基层单元运营体制改革。对原来 10 个部门及 13 个县级经营单元进行机构改革，组织机构下设“销售公司”“网络公司”和“综合支撑”等三大块。其中销售公司下设业务支撑中心、公众业务中心、宽带互联网中心、信息经数据中心、客户服务及维系中心、集团客户事业部，以及全州 12 个城区销售中心、12 个集团营销中心和 13 个乡镇销售中心；网络公司下设网络公司运行维护部、网络公司网络建设部以及全州 12 个建维中心；综合支撑下设综合部、人力资源部、财务部。

二、电信设施和网络建设

邮电系统邮、电分离改革之前，黔南州通信行业的基础设施建设主要由州邮电局负责组织实施，在逐步改善办公场所等基础设施的同时，投入资金和技术力量推进程控电话、光缆、无线寻呼和无线电话等主要业务所需的基础设施建设，适应新时期电信业务发展的需要。

20 世纪 90 年代初，是黔南州通信领域基础设施更新换代的重要起步期。1990 年，黔南州邮电系统开始配置电子电传机，都匀等县市开始启动程控电话的改制和扩容。1991 年，都匀市万门程控电话扩容工程进入准备实施阶段。1992 年，黔南州加快以程控电话为重点的邮电通信建设，州政府成立黔南州邮电通信建设领导小组，多次召开会议研究都匀万门程控电话扩容项目，明确了“确保工期，按时开通，精心组织，文明施工，各司其职，各负其责，长远发展”的程控电话建设工作原则。是年 12 月，都匀万门程控电话开通全国长途直拨。同期都匀至贵阳开通了 3 个超群的微波载波电路 180 路，是州内利用微波进行电话通信的开始。

1993 年，黔南州电信光缆建设开始启动。是年，邮电部设计院到黔南勘察都匀至龙里光缆路段，省邮电局在都匀召开全省光缆线路建设工作会议。是年底，全州共配置电子电传机达到41 部，其中 BDD4202 型机 25 部，分布在都匀 3 部，其 11 县局各 2 部。全州邮电系统有短波无线电台 6 座，无线电路 6 路，主要用于收发电报。

1993 年年末，全州共有长途架空明线杆路 664. 43 公里，其中注油杆路 321. 31 公里，水泥杆路 343. 12 公里。线缆 2194. 92 对公里，其中有色金属线缆 1724. 54 对公里，对称进局电缆 13. 55 皮长公里。此后，随着光缆线路建设的发展，明线通信逐步被光缆替代。

1994 年，经州政府同意，州邮电局和省邮电局签署都匀万门程控扩容、移动电话和光缆建设三项工程地方投资协议，根据协议，州和都匀市政府对此三项工程共投资 600 万元。是年 11 月，都匀万门程控技术扩容、长途 2000 线工程割接开通。

1995 年年初，州政府在州邮电局召开杭福贵成光缆施工黔南段现场办公会，协调解决光缆施工中的具体问题。5 月，中国人民解放军第 14 集团军 40 师官兵奉命进入黔南境内，担负杭—福、贵—成光缆黔南段施工任务，是年 6 月竣工。

1996 年，黔南州建成开通全程 173 公里、连接 3 县 1 市的“瓮—都—独”光缆，解决了 3 县 1 市的传输“梗塞”问题，其后又相继建成开通都匀—三都、惠水—昌明、惠水—罗甸、长顺—惠水、独山—平塘、独山—荔波等 6 条本地中继光缆，各县由依托明线开通 12 条载波电路增至 100 余条，全州新增传输电路 1867 条。是年 12 月，随着三都、罗甸两县最后开通光缆传输，标志着全州 12 个县（市）全部实现长途传输数字化。1997 年，完成三都至荔波 20 公里光缆的建设，使全州干线光缆总长度达到 800 多公里。

1998 年，黔南州通信行业从原邮电合一中分离，全州通信业务分别由原来的一家统管分为电信公司、移动公司、联通公司 3 家企业共同承担。是年，全州电信部门继续加大光缆建设工作力度。1 月，国家一级干线光缆南—贵—昆光缆（黔南段）建设动员会在都匀召开。同月三都—荔波的二级干线光缆开通，投入试运营。2 月，开通州至县、市的双向电视电话会议系统；完成全州各县市的有线电视信号传送；完成南—贵—昆光缆沿线乡镇的农话改制。3 月，南—贵—昆光缆工程（黔南段）首放仪式暨工程建设现场会在平塘县召开。10 月，标志黔南州电信企业首次使用接入网技术的都匀市甘塘镇 1000 线有线接入网割接开通。11 月，贵州省南环光缆（黔南段）建设动员会在罗甸县召开。1999 年，黔南州电信局启动“独—都—龙”光缆建设，并于当年通过初验投入试运营。是年，电信全州干线光缆达到 1676 公里，农话光缆达到 1495 公里，实现全州乡乡通电话。

2000 年，州电信局投资 3200 万元，建成并开通运行 ZXPCS 无线市话系统（PHS）30000 门，又称无线市话“小灵通”。工程新建交换机总容量为 30000 线，安装公共控制模块1架，接入网络单元3架，维护网管终端4台，HLR服务器2台，全州各县、市共安装基站控制器机架18架，大基站507套，全球卫星定位系统（GPS）15台。是年，州电信公司完成龙—贵—遵光缆（黔南段）建设和都匀乡镇传输网改造及福泉乡镇传输网北环工程建设，全州新建乡镇光缆（8芯）102公里。全州干线光缆达到1705.8公里。是年，州电信公司完成了全省163/169网调都匀节点工程和DDM节点扩容工程，同时还完成了全州12个县（市）政府上网工程。

2001年，州电信完成都匀到遵义137.7公里光缆（马场坪段）的建设，完成338公里农话光缆的建设。并对全州农话传输网进行重新规划，在原有部分传输网的基础上，打破行政界线，新建7个县622MSDH农话传输网，全部投入使用。全州干线光缆已达1843.5公里。是年，黔南联通公司完成数据网节点建设，并开通193长途网业务，首批用户达2000余户。

2002年，州电信新建乡镇光缆205.7公里，完成本地传输网SDH北环工程，完成黔南本地网宽带接入网扩容工程和都匀市城域网建设工程。是年，州电信公司完成固定资产投资8480万元，新增交换机容量26.4万线，完成本地网宽带接入网扩容工程和都匀光纤城域网工程。

2003年，州电信公司开展小灵通的建设和升级改造，将原黔南V5接口接入方式全部升级为交换方式，同时建设智能网平台和短信平台，实现对小灵通特色业务的支持和电信新业务的快速提供。是年，全州12个县（市）分两期共新建小灵通基站618套，其中1C4T277套、1C7T326套、1C15T15套，新建CSC基站控制器33部，ZXPHS系统扩容9万门。州电信建成都匀至铜仁、惠水至长顺二级干线光缆，新增光缆653公里，州内光缆总里程已达4830公里。

2003年9月，贵州移动黔南分公司经黔南州无线电管理分局批准，在黔南州境内设置GSM数字移动基站289个，直放站46个，微蜂窝10个。其中，都匀市设46个基站、18个直放站、10个微蜂窝；惠水县设23个基站、2个直放站；龙里县设21个基站、5个直放站；三都县设18个基站、1个直放站；独山县设32个基站2个直放站；福泉市设26个基站、8个直放站；瓮安县设26个基站、5个直放站；贵定县设26个基站、3个直放站；长顺县设17个基站；罗甸县设19个基站；荔波县设20个基站。

2004年，全州电信新增光缆线路415公里，全州光缆总里程达到5216公里。

是年，州电信公司建设黔南本地网小灵通网优一期、二期工程，先后在都匀新大楼新建CSM移动交换模块1架，MPM移动交换模块3架，ICSC移动交换模块2架。全州12县市公司新建中兴PHS基站1C7T249套、IC4T150套，新建中兴ZX140J－06基站控制器66套。

2005年，州电信公司进行本地小灵通网络优化建设，提高无线市话小灵通的覆盖面和通话效果。是年，州电信公司组织实施宽带一、二期工程建设，基本实现了乡镇一级宽带覆盖。开展网络监控建设，对IP城域网进行了部分优化，在IP城域网核心层增加防火墙，提高网络的安全性能，年内完成了全州公安警信通和武警三级网建设。

2006年，州电信公司完成黔南本地网农话有线设备一期工程建设，共建设10032线，扩容5488线。全年本地网接入铜缆共1177520线对公里，出局线对为529926对，同年，完成大客户单位的组网工程，共布放各类接入光缆60公里，完成投资60余万元。是年，全州电信完成ADSL宽带接入网一、二、三期工程，扩容宽带端口12000个，新增宽带节点51个，全州各县市具有交换节点的村全部完成宽带覆盖，并同时完成了黔南ADSL自动开通系统工程的建设。

2007年，州电信公司完成农话二期、三期、四期、五期、六期设备工程建设，新建49个全（定）向站，扩建后载频总数达60个，有力保障了全州农村无线程控电话放号的需要。是年，州电信公司还完成了黔南电信宽带一期扩容工程，扩容后宽带业务端口达到6.178万个，关口局总容量为499E1，接入光缆约2.25万纤芯公里；完成了全州蓄电池更新改造、昌明电源改造、都匀UPS电池更新和龙里县公司、平塘通州蓄电池设备改造、全州电源设备改造等，消除了部分电源设备带病工作给正常通信带来的隐患。

2008年年初，黔南遭受历史罕见的凝冻灾害，造成州电信公司所属68个高山通信站有57个中断，有8个模块局和184个接入点通信瘫痪，有1626个小灵通基站退出服务，全州中断通信的乡达138个，超过30万以上的用户通信受到不同程度的影响。灾情发生后，全州电信、移动、联通三大公司启用应急预案，迅速开展“抗凝冻、保通信、保民生”活动，对各项通信基础设施进行灾后恢复重建。事后，州电信、移动、联通三大公司均被州委州政府授予“黔南州抗凝救灾先进集体”。是年，黔南联通公司加大对GSM网络投资建设力度，先后完成GSM网一期、二期等工程，网络支撑能力得到提升。年末，黔南联通公司GSM交换机容量达30万户，基站458个；WCDMA交换容量30万户。

2009年1月，中国电信黔南分公司将302个C网基站从联通的BSC割接至电信的BSCB，实现对移动网络维护的可管和可控。完成接手C网后的第一期基站建设，新建基站47个，基站数达521个。是年，黔南联通公司GSM交换机容量达32万户，基站529个；WCDMA交换容量32万户，基站63个。

2010年，中国电信黔南分公司持续开展重点区域、重点路段、热点地区网络优化，全面加强移动基站维护、整治工作，移动网络运行稳定，网络质量大幅提升。移动网基站新建267个，达到853个，其中3G基站数达到378个，占44.3%。年底，全州投入运营的C网基站共计853个。是年，州电信公司实施光缆路线光进铜退工程，共完成退铜量8.32万线对公里，现金处置566万元。同时，加强末梢维护工作，提升网络建设质量。

2011年，黔南通信行业推进基础设施共建共享，州电信、移动、联通3家共建厦蓉高速室内分布76个，电信共享移动基站8个，共享传输线路53.9公里，共享联通基站38个，共享传输线路97公里。是年，州电信公司实施网络建设攻坚战，重点抓好信息村和FTTH建设，实现全州乡镇网络大提速及乡镇3G覆盖，巩固并提升网络竞争优势，加强光进铜退工作，提升网络质量。全年共新建基站139个，EVDO城市乡镇扩容基站数158个，乡镇EVDO替换升级115个，建成了遍布城乡的EVOD-3G网络。年末，全州GSM交换机容量达45万户，基站827个；WCDMA交换容量45万户，基站304个。

2012 年，电信黔南分公司启动“龙禧”项目，开展收购 CDMA 资产和相关负债工作。为提高 C 网网络的安全性，新建一套 BSC 设备，完成长顺、惠水、罗甸、贵定、龙里、福泉、瓮安 7 个县共计 330 多个 C 网基站的传输割接路由规划及割接，并按需求合理分担在中兴 10G 和 MSTP10G 环网上。是年，电信黔南分公司对全州波分扩容投资 323 万元，东西北三个 400G 波分环网分别扩容 4 个波道，为宽带提速做实基础工作。完成 CR（新老大楼 NE5000E）设备扩容工程，新增都匀至贵阳 S－64N0005IP、S－64N0006IP 数据 10G 链路的调测，实现路由分担，使黔南电信出口数据链路带宽达到 60G，解决了高峰期流量拥塞问题。完成龙里、罗甸、惠水、都匀等县（市）的数据电路 B 平面的割接工作，全乡镇的数据电路带宽得到扩充。完成全州县大汇聚交换机 8905 的上行链路的扩容工程，进行双链路捆绑。完成全州大部分县（市）公司 DSLAM 设备和 EPON 设备的上行从各县汇聚交换机 T64G 调整到汇聚交换机 8905 上，提高数据网络运行质量。

2013 年，电信黔南分公司共完成 156 个基站的升级替换和传输扩容工作及所有老 HIRS 基站的替换；完成了黔南新建 BSCB 的割接工作，将长顺、惠水、龙里、贵定、福泉、罗甸、瓮安 7 个县公司 CDMA 基站割接到新建 BSCB 上运行；完成微基站的替换升级工作、BBU 下移、DO 插板升级以及 DO 基站的传输规划和传输扩容工作，完成了全州主要城区、境内高速公路及重要楼宇的三网测试对比分析，并对福泉进行了全面的网络覆盖测试分析。完成了黔桂铁路隧道覆盖现场查勘工作并配合完成联通大楼搬迁涉及 CDMA 网络的点对点传输的网络割接工作；完成了本地 BSCB 网络资源 PCF、SE 资源的扩容及升级；配合网络发展部及全州各分公司完成 57 个新建基站的建设开通工作。

2014 年，州电信公司持续优化 C 网、加快 LTE 网络覆盖。是年，全州电信接入网光缆长度达到 13784 公里，本地中继光缆长度达到传输网到 2667 公里，国内长途光缆长度达到 2318 公里。电信黔南分公司完成传统交换设备退网，取而代之的是高接入密度、高处理性能、高可靠性、易维护、绿色节能的 FTTB/FTTH 设备。年内，州电信公司在全州 12 县市均建成了“城市报警与监控系统”，实现了对重点部门、复杂路段和主要路口、交通道路的实时监控。

是年，黔南联通加快 4G 网络建设，完成 4G 移动网联调测试，TD－LTE 峰值最高可达 100Mbps，LTEFDD 峰值最高可达 150Mbps，是最快的 4G 网络。黔南联通公司 WCDMA 基站累计 1092 个，GSM 基站累计 1138 个，4G 基站 42 个（其中 FDD 基站 4 个，TDD 基站 38 个）累计建设通信光缆 10727 杆公里、通信管道 504 孔公里，宽带端口总数 13 万个，拥有交换局 2 个，交换总容量 130 万户。

三、通信业务

1991 年，全州通信业务在继续稳定和发展原有载体、原有模式的基础上，紧跟时代发展步伐，开始陆续引进相关新设备和技术，提升通信质量。继都匀市于上年完成程控电话改制并实现扩容 1000 门之后，福泉市开通 1000 门自动电话。

1992 年 12 月，都匀市万门程控电话正式割接开通，电话号码由原 4 位数上升为 6 位数，并实现国内长途直拨。同月，福泉市、贵定县长途直拨和龙里县 1000 门自动电话开通。是年底，全州电信当年增开电路 132 条，市话放号 1299 户，装机净增 1239 户。是年，福泉市在全州首家开通无线寻呼（BP 机）业务，容量 35000 门，都匀、贵定、龙里、瓮安等县市也先后开通此项业务。

1993 年是全州市话发展速度最快的一年。瓮安、平塘、惠水、三都开通数字程控电话并进入全国长途电话自动交换网。是年 11 月，福泉市马场坪开通终局 2000 门容量的数字程控电话，成为全省首个开通数字程控交换的乡镇。是年底，全州农话交换机总容量为 6642 门，其中自动交换机 2692 门，安装自动话机 1612 部。全州拥有 NEC500 型 2400 路微波收发信机 24 部，微波联络机 4 部，彩色电视监视器 6 台，以及柴油发电机 5 台等主要设备。州邮电局电信业务全年增开电路 132 条，市话放号 1299 户，装机净增 1239 户。全州共有市话局 12 个，其中数字程控局 6 个，纵横制自动局 3 个，磁石式局 3 个，市内电话交换机总容量 19100 门，其中数字程控交换机 15400 门，纵横制交换机 2600 门，磁石式交换机 1100 门。全州市话杆路为 159.2 杆公里，电缆线路 179.2 皮长公里。

1994 年 10 月，都匀、福泉两地同时开通 900M 模拟移动通信并实现全国漫游。11 月，黔南州万门程控技术扩容，长途 2000 线工程割接开通。

1995 年 12 月，全州实现 12 个县（市）市话交换程控化。无线寻呼网覆盖全州，全州无线寻呼净增 5274 户，总量达到 8542 户。

1996 年 2 月，都匀市开通数字移动通信，并实现全省无线寻呼联网漫游，8 月，全省第一家一级乡镇级 900 兆光纤直放站在福泉市马场坪镇开通。11 月，都匀市各乡镇实现全部开通程控电话。年底，正式建成覆盖全州 12 县（市）的模拟移动通信网，成为省内第一个实现所有县市开通移动电话的地州。都匀市开通数字移动通信，并实现全省无线寻呼联网漫游。当年全州无线寻呼净增 5410 户，总量达到 13952 户。

1997 年 3 月，全州本地电话网建成开通，全州 12 个县（市）电话号码统一升为 7 位，使用同一长途区号（0854），通信能力跃上新台阶。是年，完成贵定、瓮安、平塘、罗甸、长顺 5 个县的市话扩容工程。

1998 年 4 月，都匀 2 万门 GSM 数字移动交换机割接开通运行，实现全州县以上城市及部分乡镇和主要风景区模拟、数字双网覆盖。5 月，都匀互联网节点开始运行，7 月全州公用计算机互联网全面开通。

1999 年，全州电信农话光缆达到 1495 公里，实现全州乡乡通电话。是年，全州农村电话发展 5269 部。是年底，中国联通黔南分公司建成和开通首期数字移动 GSM 网络，次年初开始对外放号。

2000 年，都匀市万门无线市话（小灵通）开通运营。是年，全州电信固定电话发展 3.3 万部，总数达 14 万部，公用电话发展 1047 部，总数达到 3683 部。

2001 年，黔南电信多媒体宽带网开通，是年全州 ISDM 用户发展 217 户、达到 350 户，宽带用户发展 454 户。是年全州电信共发展电话 62650 部，用户总数达到 20.76 万部；公用电话发展 778 部，总数达到 4030 部。是年，黔南联通公司 165 互联网宽带用户有 454 户。

2002 年，黔南州本地网新“201”系统割接工程顺利完成，并正式投入运行。新系统的中继线数增至 1440 条，可容纳 700 个用户同时拨打。全州电信本地网交换设备容量为 29.782 万门，实装用户为 21.3508 万户。是年初，黔南州 CDMA133 移动通信网络开通运营并开始放号。

2005 年，黔南州电信本地网覆盖全州 12 个县（市），全州共有交换局所 17 个，固定电话端局 ZXJ10 交换系统 831 局 1 个，电信交换机总量突破 60 万门，固定电话用户 40 万户，全州电话主线普及率达到 9 线/百人。是年，全州电信小灵通用户突破 10 万户 CDMA133 移动通信网络覆盖全州 235 个乡镇，在全省率先实现“乡乡通”。同年州联通公司还推出了世界风双网双待移动终端及“警务新时空”“工商新时空”和“农业新时空”等行业应用技术，弥补了州内电信发展市场的空白。

2006 年，全州宽带接入网有 ADSL 端口 41756 个，已用 25234 个。2007 年，全州 CDMA 移动用户达 20 万多户，GSM 移动通信网容量达 12 万门。

2009 年 10 月，都匀市区 3G（WCDMA）网络全面建成，并正式对外放号，并推出全新的全业务品牌“沃”，分别面向个人、家庭、商务、青少年四大客户群体建立了涵盖所有创新业务、服务的“沃·3G”“沃·家庭”“沃·商务”“沃派”“沃·服务”等五大业务板块，丰富和完善了全业务品牌体系。

2010 年，全州农村 CDMA 网络覆盖率达到 56%，移动话务量完成 7828557（ERL），比 2009 年增长 52.36%。州电信公司在市场集中推广“1（一个宽带）+1（一个固定电话）+N（多个移动电话）”业务，全州电信城市电话用户达 12.9 万户，农村电话用户 20.6 万户。

2011 年，全州电信城市电话计费用户达 14.73 万户，农村电话计费用户 14.48 万户，公用电话 2.21 万户。年底，小灵通在黔南地区退市。

2012 年，黔南联通公司 3G 业务收入首超 2G，3G 业务收入成为黔南联通服务收入的主要来源，同年，WCDMA 移动通信网络实现“乡乡通”。

2014 年，电信黔南分公司开展大数据运营体系落地工作。完成新大楼数据机房标准化整治；加大流量、互联网应用、ICT 服务三大新兴业务的发展力度，结合客户需求，优化流量产品，提供差异化服务，打造流量宝、网掌厅、微信等互联网化营销；以大数据挖掘用户核心需求，支撑产品精准营销，电信数据业务拓展到短信套餐、手机上网流量包、天翼宽带 WIFI、爱音乐、手机影视、短信全能搜彩信套餐、189 信箱、天翼宽带、手机报、通信助理、手机上网、手机 QQ 手机下载、WIFI 时长套餐等 20 余项。年底，全州电信宽带互联网接入用户达 160581 户，移动用户 410273 户，固定电话用户 228298 户。是年，州电信分公司启动 100M 管线到户工程，黔南电信宽带接入全面实现光纤化。是年，黔南联通公司累计发展移动通信用户 35.68 万户，宽带用户 6.84 万户，全州乡镇宽带业务建设开通 75 个。

1991—2014 年全州通信行业发展情况一览表

表 9－4－1　　单位：万户

年度	本地电话用户	移动电话用户	互联网用户	年度	本地电话用户	移动电话用户	互联网用户
1991				2003	26.5	26.26	1.19
1992	0.5			2004	30.5	36.43	2.02
1993	2.1			2005	34.5	46.55	3.20
1994	3.5			2006	38.5	64.71	4.31
1995	4.8			2007	39.0	87.04	4.74
1996	6.0			2008	44.52	119.56	5.81
1997	8.0			2009	36.03	123.90	7.81
1998	11.0			2010	35.12	145.76	10.71
1999	13.0	1.91	0.12	2011	38.98	174.13	16.57
2000	15.8	5.71	0.30	2012	30.73	216.95	21.51
2001	19.0	11.68	0.62	2013	26.20	240.35	26.17
2002	22.3	16.85	1.01	2014	28.10	248.35	26.68

第二节　无线电管理

一、无线电台站建设管理

（一）台站及设备配置审批

进入 20 世纪 90 年代，黔南州境内设置固定无线电台站的单位逐渐增多。如 1990 年 3—4 月，贵州省无线电管委会（简称州无委会）先后批复黔南气象局、州工商银行设置固定无线电台站的申请报告。之后，每年均有一部分单位申请报告请求批复。超短波通信组网、改频、电视差转台、电台恢复、加大功率等无线电建设项目也明显增多。1990 年，全州新设台审批（包括补办审批手续）的台站 205 台，其中 60 台报省待批。是年，完成年审 1013 台，报停、报废 77 台，待审 53 台。

1991 年，州无委会对新设台审批（包括补办审批手续台站）205 台，其中 60 台报省审批。另有 103 台待设待批。针对一些台（站）不经审批便自设自用的现象，州无管办公室下发通知，促其迅速补办。全年补办审批手续的台（站）2498 台，待补、待处理的有 1845 台。是年完成年审 1081 台，其中报停报废 105 台，待审 25 台。

1992 年，州无委会对全州无线电台站完成年审 1026 台，报停报废 126 台，待审 257 台。

1993 年，针对无线电设备使用过程中带来的干扰，州无委会协调处理都匀供电局超短波通信网频率和州公路运输管理处各自频率使用问题。是年完成无线电台站年审 1092 台，报停报废82台，待审494台。

1994年，州无委会对全州无线电台站完成年审2635台，报停、报废、撤销293台，待审42台。

1995年，完成年审3228台，报停、报废、撤销366台。1996年，完成年审7845台，报停294台，待审76台；1997年，完成年审10526台，待审23台；1999年，完成年审48218台（站），占全州设台总数的96.2%，报停、报废、撤销118台。

2000年5月，州无线电管理处批复同意州电信局利用PHS技术在黔南州境内设置无线市话系统，指定了使用频率，组建州境内PHS系统，明确该系统和频率使用时间为期5年，到期后如需继续使用，须提前3个月提出申请，到时按有关规定重新审批。

2002年11月，州无线电管理处批复同意州气象局在都匀市沙包堡镇二城坡设置多普勒雷达站1个，指配使用发射频率，明确频率的使用期限为5年，到期如需继续使用，另行申请，要求在安装调试完毕后向无线电管理处报送《设置无线电台站申请表》和《无线电台站技术资料申报表》，并办理无线电台执照。是年，州无管处完成无线电台站年审905台。

2003年是州无线电管理部门审核批复设置无线电台站、移动通信基站以及工商企业对讲机设置较多的一年。年初，先后函复同意陶然居都匀店设置使用无线电对讲机5台；批复同意西苑大世界物业管理公司在该公司辖区范围内设置使用1个无线电超短波网进行通信；批复贵州大昌隆都匀购物有限责任公司《关于设置无线电台站的申请》，同意该公司设置使用无线电对讲机4台，并指定了频率。6月，批复同意中国联通都匀分公司在黔南境内设置GSM七期工程数字移动网基站20个。其中：都匀市5个、惠水县1个、独山县1个、三都县1个、荔波县1个、罗甸县1个、福泉市2个、龙里县3个、瓮安县3个、贵定县2个。同时批复同意该公司在黔南州境内设置CDMA三期工程数字移动网基站50个。其中：都匀市17个、惠水县4个、独山县6个、三都县2个、荔波县4个、罗甸县3个、福泉市1个、龙里县1个、瓮安县4个、贵定县4个、长顺县2个、平塘县2个。9月，对贵州移动黔南分公司设置的GSM数字移动基站的电磁环境进行测试，批复同意该公司设台（站）要求：同意该公司在黔南州境内设置GSM数字移动基站289个，直放站46个，微蜂窝10个。当月，又对该公司设置的PHS无线市话基站进行电磁环境测试，批复同意该公司在黔南州境内设置PHS无线市话基站820个，其中：都匀市245个、福泉市69个、瓮安县91个、贵定县53个、龙里县31个、独山县68个、平塘县39个、三都县50个、荔波县44个、罗甸县37个、惠水县50个、长顺县43个。9月，批复同意贵州电信黔南分公司在黔南州境内设置450NHZ无线接入网基站6个，（都匀市、福泉市、独山县、平塘县、荔波县、长顺县各1个），并指配了发射和接收频率，使用期为5年。

2004年，州无管分局年审电台（站）执照2423本，报停124台；审批台站269个。2006年，审批台站1082个，指配频率7个。2007年，审批台站254个，指配频率4个。是年，黔南州荔波机场建设开发有限责任公司向黔南无管分局提出《关于荔波机场对讲机使用频率的申请》，经审查，黔南无管分局同意该公司在荔波机场范围内设置使用无线电对讲机 29 台，并指配频率。2008 年，该公司又向黔南无管分局提出《关于设置通信导航台站的申请》，经审查函发同意在荔波机场范围内设置使用全向信标台、航向台、下滑台、信标测距台、下滑测距台各 1 台，高频电台 2 台，甚高频电台 5 台。具体设台地址、使用频率及频率使用期限按照民航总局无线电管理委员会办公室的批复执行；同时在荔波机场范围内设置使用超短波网 1 个（中转台 1 台，对讲机 29 台）。

2008—2009 年，贵州富万家商贸有限责任公司、都匀好又多购物广场、天源物业管理公司、都匀市金恒物业服务有限责任公司、都匀市新雅商务酒店等较大的工商业户均先后向黔南无线电管理部门申请设置对讲机，均按规定给予批复和办理相关手续。

2009 年，完成年审台站 1819 台，报停、报废 51 台；审批台站 136 个，指配频率 19 个。2011—2012 年，州无线电管理部门函复报停对讲机的就有数十个单位，行业包括铁路、水文、电信、气象等，凡报停的台（站），均收回频率，对所报停台（站）予以注销、设备拆除或封存，并将电台执照交回无线电管理部门。2013—2014 年，州无线电管理分局先后函复同意报停对讲机的有电信、供电等 10 余家单位，共报停对讲机 98 台。

2014 年，全州完成年审台站 4067 个，报停报废 265 个。

（二）无线电台站和设备的执照（使用证）管理

根据国家有关无线电管理制度的规定，凡是设置使用的各类无线电发射设备（包括购置、赠送和自行组装的长波，中波、短波、超短波、微波等各类无线电设备）的单位、部门或个人，必须在规定时间内到辖区内无线电管理机关办理换发电台执照（或使用证）手续；对逾期不换发电台执照（或使用证）的单位或个人，原指配频率、呼号不予保留，执照自行作废。对拒不进行申报办理手续的单位或个人，经查出，按私设电台论处，予以征收滞纳金、查封，直至扣留、没收设备等处罚。各县（市）各有关部门的无线电管理小组负责收集所管辖范围内的在用设备的有关技术资料（即普查登记表），统一到州无委办办理电台执照。中央、省、州直在匀的单位直接到州无委办办理电台执照。

1991 年，全州首批办理的各类无线电台站执照陆续到期。州无委会提前通知：凡到期的电台执照，全部安排在 1991 年 1—4 月换照，5—7 月再对全州各类台站全面检查，凡设置使用超短波自动扫频接收机和频合式可变频率无线电通信机；凡内部未锁固或自行启封的一律没收，并按国家、省等有关规定处理。整个工作（含补办）于 1991 年 9 月底结束。针对少数单位未及时办理无线电台（站）审批手续、领取电台执照的情况，州无委办根据相关规定发通知催办。1992 年，州内各有关单位到州无委会填照 482 台，发（换）照 74 本。1993 年，州内各有关单位到州无委会填照电台执照 1167 台，发照 490 本。

1996 年，州内各有关单位到州无委会办理与换发电台执照 184 本。是年，严格遵守设台有关手续的单位有西南地勘局 206 大队、都匀铁路电务段、都匀市工商局、州水文站、州交通局、州林业局勘测设计队、长顺县水电局、五公司二处等。

进入 21 世纪，州无线电管理部门电台执照的办理与换发管理工作进一步规范。2002 年，共换发电台执照 641 本，执照核发 196 台，核发执照 95 本；2004 年，换发电台执照 790 本。2006 年，年审验照 1103 份。核发电台执照 1082 本，换发执照 1197 本。

2009年4月10日起，实施工业和信息化部《无线电台执照管理规定》，是年，全州换发电台执照740份。

2010年，全州核发执照507份，换发执照12份；2011年，核换发执照601份；2012年，办理电台执照1347本，换发电台执照36本；2013年，核发电台执照359份，换发电台执照123份；2014年，核发电台执照1229份，换发电台执照3647本。

（三）无线电台站建设与普查

1990年，全州有325个单位共设置1848台。其中，电视转播台11台；调频广播8台（包括传频机2台）；超短波移动、固定通信1357台；超短波接力通信40台，微波中继通信27部；短波150台，含气象接收13站；气象雷达1台；卫星接收站约150站（气象云图接收1站）；卫地站、中波广播台各1台）。

1991年，州无委会在全州开展清查无线电发射设备工作，先后在黔南电视台、都匀有限电视台和黔南报刊登和播出公告，明确清查范围和相关政策规定。

1992年，州人民政府成立全州无线电通讯秩序整顿领导小组，在全州开展短波和超短波无线电通信秩序的整顿。

1993年，开展全州无线电台站普查登记，共登记4835台，比1992年增设975台，增长25.3%（其中102台待设）。其中短波114台（不含接收12站），超短波移动通信3082台（含中转91台，基地113台，车台87台，手持机2791台（包括公安系统的873台），超短波接力通信32台，微波中继28部，寻呼五个系统约1000个“BB”机，无绳电话约200台，气象雷达1台，中波广播台，调频广播10台（含传频机4部），电视（转播）台162台（含教育电视11台），电视卫星接收200站（含气象云图接收1站）。普查登记中，需补办审批手续1421台，已完善审批手续并已发照14台，待完善1319台，需进一步查证落实118台（以上均属自设的、自查的或被查的台站）。新设待设504台，其中完善审批手续并发照90台，待发照332台，待设102台。

1996年，全州在用各类无线电台站12007台，其中短波65台，超短波1090台（中转36台，基地169台，车载22台，手持机863台），接力通信34套，12个寻呼网（含12套主发射机，4套分机，BP机9075台），其余的1761台为其他台、站（含微波、“大哥大”、电视、广播、卫星电视接收站等）。比1995年净增1558台，增长14.9%。其中短波减少26台，超短波减少264台，即增设的主要是BP机、“大哥大”。

1999年，州无线电管理处再次组织开展无线电台（站）的普查工作，是年底，黔南州辖区内设无线电总台（站）数（不含寻呼机）已达13915台，其中新设6699台。发展速度最快的是移动电话和寻呼机，分别达到13000台和54000台。

2002年底，全州共设台站1692台，含广播电视发射台22台、短波电台60部、超短波电台586部、寻呼基站154台、微波站32个、卫星地球站5座、450M无线接入基站8个、公众蜂窝移动电话基站306个、CDMA基站12个，小灵通基站507个，GSM网、CDMA网、无线市话小灵通等各种在网用户161115人。其中新设196台，新增用户49163人，报停56台。2004年，全州境内共设置各类无线电台（站）3121台，其中广播电台21台、公众移动蜂窝GSM基站681个、CDMA基站288个、小灵通1071个、微波站3个、短波电台87台、超短波电台634台、其他无线电台336台。是年新增无线电台（站）698台。

2005年上半年，在全州范围内开展无线电台（站）普查工作，共检查设台单位37个、检查无线电台230台（站）、查处擅自设台单位3个、擅自设置无线电台36台，并对12个县（市）的电磁环境和荔波机场电磁环境进行测试。

2010年，全州共设置各类无线电台（站）5285台，其中可收频占费台站472台＋PHS基站482台。当年新增无线电台（站）628个，报停1048台（站）。

2012年，全州共有无线电台站6750个，其中广播电视台站120台，短波66台，超短波866台，公众移动基站5674台（GSM：3439台、CDMA：1156台、WCDMA：282台、TD－SCDMA：331台、PHS：466台），其他台站4台。

2014年，全州共有各类无线电台站8206个，其中广播电视台站122台，短波67台，超短波1430台，数传15台，公众移动基站6560台（其中GSM有3879台、CDMA有1220台、WCDMA有741台、TD－SCDMA有331台、TD－LTE有389台），其他台站12台。

二、无线电监测与检查

（一）监测检测与设备管理

1993年，州无委办增设计算机频谱管理中心，固定监测系统以及高精度无线电设备综测仪，完善无线电测向和监控系统。

1994年，配备无线电综测仪，建立无线电频谱计算机管理，固定监测系统以及部分监控设备和移动监测系统。具备了检测、监测和频谱管理的现代化管理能力。

1995年，州无委会新建的无线电监测楼交付使用，初步建成了较为完善的办公、管理设施、仪表和设备等监测、检测系统。其中包括CMS—52综测仪、PC—R7000监测系统、计算机、车辆等。

监测站经常性地对电磁环境进行监测，受理用户干扰申诉，及时寻找干扰源，对出现的可疑电波进行分析、论证，为查处工作提供了翔实、可靠依据。对已设台（站）的频率准确度、稳定度、调制度，频谱的占用度、场强分布等进行监测。

1999年，州无线电监测分站查处非法设台12台，罚没非法销售大功率无绳电话11台（套）；查处未办理有关手续的无线寻呼频率2个（280.66MHz、166.7MHz）和专业通信网1个；受理用户投诉4起（黔南州防汛通信网被私设的非标准无绳电话干扰等），均作出相应处理。完成设备检测123台，其中寻呼发射机70台，超短波移动台53台。

2001年，州无线电监管部门对已设台站实行大台运行情况动态跟踪，通过电磁环境测试、无线电监测监听等多种手段（全年进行电磁环境测试共95次，测试点遍布全州各县大部分乡镇，行程3000余公里），重点保证大型台站安全运行，同时掌握无线电频率使用情况。是年，经用户申诉和通过日常监测，发现并查处无线电干扰2起，非法设台4起，分别是：都匀市交警大队擅自占用民用频率；黔南师专高频教育台干扰都匀市有线电视台第五套体育频道；西苑建筑施工队干扰中国银行超短波通信网；西苑建筑施工队擅自设台；

西苑物业管理公司擅自设台；国信寻呼擅自设置信息网。

年内，州监测分站购置 HR—8 便携式测向仪、YBT250 基站测试仪和组建办公计算机局域网。综合测试仪的投入使用，使黔南州首次具备独立进行电磁环境测试的能力。新版《无线电台站管理系统》和办公计算机局域网的安装、使用，提高了工作效率，频谱管理、台站管理等基础管理工作也更加规范。

1998—2002 年，州无线电管理处累计投入资金 254 万元，购置测向仪、基站测试仪、示波器、通信塔、监测车等基础技术设备和办公设施，建成全州无线电台站资料数据库、地理信息系统数据库和办公计算机局域网，购置了近 1000 平方米的办公用房。

2002 年，州无线电监测站开展电磁环境测试工作，到 7 个县（市）对水文、气象、国安局卫星地面站、移动公司、联通公司等单位共 17 个站址的电磁环境进行分析测试。经用户申诉和日常监测，发现并查处私设电台 3 起，共计 13 台，分别进行了处理。

2004 年，投资 210 万元、建筑面积 1780 平方米的州无线电管理分局办公用房、无线电监测分站中心建成并入驻。由省无线电管理局统一配置的固定监测系统（HR—12）正式投入使用，标志着黔南无线电监测工作进入一个新时期。分局购买了 HR—6 移动监测天线 1 套，台式计算机和笔记本电脑共 4 台，完成了内部局域网络建设，实现资料共享、办公自动化联网。全年共检查无线电台设台单位 18 家、检测无线电台 37 台、查处非法设台 24 台。

2005 年，州监测站除完成日常的监测、检测外，对荔波机场电磁环境进行测试，测试范围为卫星地面站、全向信标台、下滑信标台、测距台等航空通讯频率，经测试及分析计算，在测试地点、频带范围内未发现干扰信号，电磁环境符合技术要求可以建站。

2006 年，监测站进行机房整理和资料归档，落实《无线电监测机房制度》《无线电设备管理制度》《无线电监测技术资料管理制度》，实现设备设施、机房规范化管理。每天监测时间保持在 8 个小时以上，并定期对发射台站的各项指标进行监测，做好电磁环境的数据采集，充实完善监测数据库，及时发现有害干扰，为频率指配提供技术支持。对监测分站的监测机房、信息机房、螺丝壳监测机房进行改造和建设，购置监测控制台和信息机房机柜、电脑、打印机等，配合省监测站技术人员完成 3A、业务系统、办公自动化系统以及 HR—12 固定站维护和螺丝壳无人值守站的安装。并对监测人员进行培训，实现频率台站管理、公文处理、办公自动化。

2007 年，监测站每天监测时间保持在 8 小时以上，详细填写监测日志，每月按时向省局报送监测月报。

2008 年，监测站开展通信网络检查，共检测移动、联通 GSM 共 148 个基站，其中移动公司 110 个，联通公司 38 个。检测对讲机 11 台。开展气象部门短波和超短波台设备检测工作。利用省分发的“嵘兴基站 ID 测试仪”对州内的运营商基站进行检测。

2009 年，对全州 12 个县（市）的各通讯公司基站开展检测，共检测基站数量 68 个。利用 HR—12 无线电监测系统、HR—7 无线电移动监测系统对各县市电磁环境数据进行分段采集，分析电磁环境变化情况。全年对 91 个新建台站的电磁环境测试，其中电信公司

CDMA 基站 47 个，联通公司 GSM 基站 44 个。是年，相继完成惠水、贵定小型监测站的建设，经过安装、调度和试运行。正式投入使用，形成以固定监测站为主，无人值守站、移动监测设备为辅的监测系统。购置了模拟无线电设备自动检测系统、无线电智能监听警示系统等一批先进的无线电监测、检测设备，为无线电管理业务提供了技术保障。

2010 年，检测都匀市移动公司 GSM 基站 13 个；检测对讲机 6 台；开展了气象局、广电局、中国人民银行黔南州中心支行短波和超短波台设备检测。

2011 年，逐个对小型监测站进行检查，对站点周边环境保护情况、站址看护情况以及监测系统运行情况进行检查。全年对监测站巡检共 19 次，在巡检过程中发现的：荔波站蓄电池、三都站 UPS、瓮安、贵定、三都站 KVM 显示器、惠水站接收机风扇等故障，都及时进行处理，确保监测设备正常运行。

2012 年，都匀筑匀大厦站、都匀螺丝壳无人站、荔波高寨无人站、惠水气象局小型站、贵定气象局小型站、罗甸迎宾路小型站、瓮安电信公司小型站、三都气象局小型站 8 个站累计监测时间达 18083 小时。是年，州无管部门对 6 起非法电台使用和占用频率行为进行了查处。

2013 年，在抓好部分固定监测点监测工作的同时，利用科立讯系统重点扫描都匀市区、贵定城区 400－470MHZ 频段内在频率情况，开展了全州 12 县市无线电发射设备的监测工作。州监测站有各类监测检测设备及无线电压制系统共 39 套，全年有计划地进行设备维护 304 件次，设备完好率为 100%。

2014 年，开展部分固定监测点监测和利用科立讯系统扫描工作。是年，州监测站有各类监测检测设备及无线电压制系统、辅助设备共 41 套，全年进行设备维护 364 件次，设备完好率为 100%。

（二）专项监管与检查

1992 年，州无线电管委会针对境内无线电台（站）呼号存在的问题，特别是部分单位自编自用呼号，造成境内空中呼号混乱现象开展专项整顿。以及无线电发射设备生产、销售、设置、使用中存在的突出问题。

1996 年，州政府办公室批复州无委办和平塘县政府的报告，由无委会与该县政府共同对平塘县以及影响该县的电磁环境进行专项检查。是年，州无委会根据国务院和省的有关文件精神，采取自查与抽查，自我纠正与必要处罚相结合的办法，开展全州无线电管理执法、守法情况检查。

2002 年，州无线电管理部门部署实施“大功率无绳电话”“卫星、广播电台的清理整顿”“导航频率的干扰”等专项检查。其中清查、取缔大功率无绳电话工作涵盖全州 12 个县（市）的县城和 40 多个乡镇。

2003 年，州人民政府办公室转发黔南无线电管理分局等部门《关于开展保护民用航空无线电专用频率专项整顿活动实施方案》，在全州开展保护民用航空无线电专用频率专项整顿活动，消除各类无线电设备对民用航空无线电通信的有害干扰，确保民用航空飞行安全。

2006 年，州无线电管理部门在全州范围组织开展规模较大的无线电台站清理整顿工作，共涉及各类无线电台站 3230 个，经过清理，办理了 116 个台站的报停报废手续，收回单频点 5 个、双频组 2 个，补办设台手续 8 个。

2009 年，州无管部门按照省无线电管理局的部署，在全州开展移动通信干扰器专项检查和清理违法使用对讲机专项行政执法活动。通过开展“两项清理”，规范了全州各类台（站）设台秩序，掌握了各县（市）无线电台设置使用情况和使用对象特别是移动通信干扰器使用过程的干扰情况，对移动通信干扰器购置、使用审批程序作出规范。

2012 年，黔南无线电管理分局针对部分单位擅自设置使用无线电移动通信干扰器（无线电频弊仪），导致部分公众移动通信网络无法正常通信的问题，及时下发通知要求整改，并明确了相应的处罚措施。

2014 年，州无线电管理部门通过执法检查和无线电信号监测，协助公安部门分别在独山、瓮安、都匀破获伪基站 3 台。查获其他非法设置及违规使用无线电台 20 台，实施行政处罚 8 件，下发责令整改通知书 5 件。

第三节 信息化建设

一、信息化产业管理

1991—2009 年，全州信息化建设工作由相关主管部门行业负责分别组织开展，没有明确相关机构进行统一管理和协调。信息化产业零星分散，形不成规模，也缺乏统筹管理。

2010 年，全州信息化基础设施建设在光纤覆盖、标准机房建设上取得了新的突破。年末，黔南州信息化水平评价在全省各市（州）中名列第二，实现信息化水平达央企 A 级“登高”目标。

2011 年，黔南州按照工信部《关于加快推进信息化和工业化深度融合的若干意见》和贵州省信息化领导小组《关于开展全省信息化和工业化深度融合及应用试点示范工作的通知》推进信息化建设，促进“两化融合”（信息化、工业化），加快实施“金工工程”建设步伐，提升全州信息化应用水平。初步建立信息安全管理体制和工作机制，加强互联网信息安全管理。根据《2012 年度贵州省工业和信息化发展专项资金项目申报指南》要求，重点抓好“两化深度融合”信息技术应用建设、电子政务建设、经济和社会重点领域信息化建设、工业园区信息化建设等领域的项目申报推荐工作，争取省级配套资金。通过反复遴选审核，向省申报信息化项目 19 个，项目涉及电子政务建设、企业信息技术应用建设、中小企业信息化服务平台建设、校园医疗卫生信息化平台建设、无线城市建设等方面，其中都匀市申报的“都匀市电子政务工程”项目、州社保局申报的“黔南州无线城市社会保障信息查询应用项目”建设项目获得省信息化专项资金 100 万元和 30 万元资金扶持。

是年，全州除通信、广电网络行业有一定发展外，其余涉及电子信息产业生产企业较少。产业规模整体较小，大多数为传统企业，分布零散，没有产业优势，基本停留在以单个企业为主、自发式发展的初始格局，仅有长江通信（通信电缆）、贵航东方（数控机床）、绿卡能科技实业（太阳能）、久达机械（齿轮）、罗甸、平塘电子配件厂等少量电子信息制造企业，缺乏核心技术和龙头企业，软件和信息技术服务业为空白。产值仅占全省产值的0.1%。产业分布主要集中在都匀，其他县（市）没有电子信息制造产业。

2012年，随着州内园区产业环境的改善和一批重点投资建设项目的实施，全州信息产业聚集开始呈现发展态势。是年，全州入驻各园区在建或拟建的电子信息产业项目共有28个，总投资规模180亿元以上。其中原建生产企业4户，在建尚未投产企业4户，当年电子类产品产值完成2.33亿元。黔南移动升级改造网络及中心机房，通过政府门户网建立覆盖全州所有单位统一信息化和工业化深度融合的电子政务外网一期工程项目建设任务，实现覆盖州、县（市）、乡（镇）三级各行政事业单位的网络互联互通。同时启动协同办公系统、政府信息公开系统、网上行政审批系统、电子监察系统、综合治税系统、社会应急响应等一批应用系统建设。第一期接入行政事业单位756家，初步实现公文和信息电子化传递。是年，黔南电信、移动、联通、广电网络公司加强信息化基础设施建设。光纤网络和通信信号均覆盖到全州所有乡镇以及重点工业园区和旅游景点，形成多业务、多功能的信息服务网络，满足各类用户对数据通信的不同需要，提供高质量的互联网接入和其他相关通信服务。"三网融合"工作得到推进：黔南广电网络公司投入3600万元用于全州网络建设、改造和数字化转换，建设覆盖全州各县（市）、乡（镇）的广电光缆干线传输网，完成全州乡（镇）及以上居民的有线电视数字化整体转换，数字电视用户近30.07万户，高清互动用户2.55万户；投入760万元用于都匀城区双向网建设，共铺设光缆221.343公里，安装ONU1280台、EOC局端1280台；完成199个村寨网络建设及整转工作，新增乡（镇）有线数字电视用户30421户。

同年，州工信委组织8家单位和企业参加"贵州省两化融合试点示范企业"评审，同时推荐福泉川恒化工、罗甸信邦制药、惠水永红食品等3家企业参加工信部"国家级两化融合试点示范企业"评审。瓮福（集团）有限青责任公司成为第一批"贵州省两化融合试点示范企业"。全州金融、保险、供电、交通、公安等行业加强信息化应用程度，质监、工商、税务、档案、国土、气象、社保等部门建成了一批信息数据库，人口信息、地理信息、产品信息、人力社保医保资源信息、档案信息初步实现数据库管理。全州矿产品税费征收信息网络管理系统建设逐步推开，"无线城市""智慧城市"信息化建设步伐加快，信息技术在全州推广应用有明显提高。

2013年，州人民政府拟定《关于落实"宽带贵州"行动计划的实施意见》，提出到2020年全州宽带建设的发展目标及各企业每年的建设内容。州工信委按照《中共黔南州委关于以县为单位开展同步小康创建活动的意见》《黔南州同步小康创建活动推进方案》要求，与黔南电信基础运营商、广电网络公司对接，制定《关于进一步加快信息基础设施建设同步小康创建活动工作推进方案》，安排各县（市）和都匀经济开发区对信息基础设施情况进行摸底，提出下年度发展目标。在此基础上，制定《同步小康建设信息基础设施先行工程——2014年计划》，分析全州信息消费基本情况，从加大信息基础设施投入（拟定投资计划）、丰富信息产品（网络流媒体增值服务）、实施信息惠民工程（智慧城市、无线城市建设）等方面提出具体工作措施。按照省委“四在农家·美丽乡村”决策部署和党的群众路线教育实践活动听取基层群众提出的普遍性民生要求，与州邮政管理局共同制定《黔南州“四在农家·美丽乡村”基础设施建设——小康讯行动计划》，报经州政府批准组织实施。同时，督促黔南电信、移动、联通公司贯彻落实《贵州省宽带中国2013专项行动实施意见》及省的部署，确保光纤宽带接入网络规划和建设任务完成，全面提高网络技术水平和业务承载能力。年内，州电信分公司、广电网络公司分别申报试点小区（金海岸、桃溪园）并获得省三网融合工作协调小组办同意，于年底前启动该两个小区的三网融合试点推广宣传日活动，黔南三网融合的试点工作正式开展。

2013年，全州信息产业规模总量完成27.56亿元，其中：纳入规模以上电子信息制造统计企业13户，累计完成工业产值8.59亿元，超额完成省下达任务数的122.5%，在建、扩建电子信息制造建设项目31个，累计完成投资20.43亿元，超省下达任务数2.15%。

2014年，州工信委根据省经信委《2014年度贵州省工业和信息化发展专项资金安排原则和重点投向》以及“关于组织开展2014年度贵州省工业和信息化发展专项资金信息化类项目申报工作的通知”精神，组织州内行政及企、事业单位开展信息化建设项目申报工作。经初审，重点推荐成长性好、带动性强、企业积极性高、在技术及资金有保障的7个信息化建设项目进行申报。协调电信、移动、联通公司共同实施黔南境内驻地网共建共享等各项工作，督促电信基础运营商、广电网络公司完成农村信息基础设施建设目标任务及对完成任务数进行现场抽查审定。协助电信、移动做好智慧城市、无线城市建设相关工作。

2014年，全州信息产业规模总量完成55亿元，占年度计划的122.2%，其中：电子信息制造完成工业产值24.3亿元，软件服务业完成0.7亿元；通信和广电网络业务总量完成30亿元。是年，全州电子信息制造业在建项目14个，总投资36亿元，累计完成投资10.14亿元；软件服务业拟建项目2个，总投资15亿元。其中：黔南超算中心项目总投资10亿元；惠水百鸟河数字小镇项目前期投资5亿元。

二、信息化安全管理

1991—2010年，黔南州信息化安全管理工作由相关主管部门行业分别负责。

2009年，随着信息化的不断推进，集成电路卡（IC卡）在各个领域得到广泛应用，但也陆续发现一些IC卡出现比较严重的安全隐患。根据贵州省人民政府《转发关于应对部分IC卡出现严重安全漏洞工作的通知》，州经贸局召开应对部分IC卡出现严重安全漏洞的工作会议，将各项工作安排到中国电信黔南分公司等14家相关单位。对出现使用带有MI芯片IC卡的伯爵、嘉禾、清源3家房地产的房门卡采取加密措施，避免出现安全事故。与此同时，对各学校食堂就餐卡的使用要求及时反馈信息，出现异常及时采取措施处理。全州范围内未发现IC卡使用出现安全漏洞的情况，未接到IC卡安全漏洞的报案。

2011年，州完成信息系统等级保护定级备案工作。身份认证系统注册使用2184个，注册率达91%，应用情况良好。在信息安全规范管理、网络防毒防入侵、信息设备安全加固、终端安全管理等方面形成较为完善的体系，信息化安全防护工作处于全省上游水平。

按照全省统一安排，完成38个一级系统、12个二级系统和2个三级系统的等级测评。

2012年，根据国务院办公厅《关于开展重点领域网络与信息安全检查行动的通知》和贵州省网安办信息安全行动检查工作部署，成立黔南州网络与信息安全工作领导小组，召开全州信息安全检查行动动员大会，印发《黔南州重点领域网络与信息安全检查行动工作方案》，按照“谁主管谁负责、谁运行谁负责、谁使用谁负责”的原则，对全州12个县（市）政府和都匀经济开发区管委会、24个州直部门、7个重点领域行业单位展开为期1个月的网络与信息安全系统检查。通过专项行动，排查信息系统中存在的安全隐患和企弱环节，分析评估面临的安全威胁和风险，有针对性地采取防范对策和改进措施。加强网络与信息系统安全管理、技术防护和人才队伍建设，防止重大信息安全事件发生。组织12个县（市）和都匀经济开发区工信局召开“黔南州工业控制系统信息安全管理”工作部署会议，邀请贵州亨达集团信息安全技术有限公司经理就工业控制系统信息安全知识现场培训，加强工业控制系统信息管理。

2013年，州工信委根据《关于党政机关和涉密单位网络保密管理的规定》，与州保密局联合开展全州党政机关、涉密单位互联网接入情况全面调查。对各单位互联网接入数量、接入方式、接入宽带、接入终端等方面情况全面掌握，加强互联网接入安全和保密管理并配合贵州省网络与信息安全督查组对黔南州3个政府门户网站进行现场评估检查，增强各级政府对政府门户网站新闻网站信息安全重要性的认识。为协调解决信息化建设和运行中存在的问题，州工信委指定平塘县工信局承担信息安全等级保护等基础性工作，指导监督政府部门、重点行业、重要信息系统与基础信息网络安全保障，协调处理信息安全重大事件。同年，州工信委下发文件，要求各县市政府、各级部门网站、重要新闻网站，对照《贵州省网络与信息安全情况通报》列举的信息安全问题，开展网络与信息安全隐患的排查整改，并将自查情况及时上报。7—10月在全州开展专项检查行动，检查范围包含政府部门、通信、交通、广播电视、医疗卫生、教育、水利、环境保护、化工、装备制造等重点行业以及城市供水供气等市政领域。10月下旬，省检查组分别对福泉市、惠水县、州交通运输局等三个单位进行检查，帮助被检查单位查找信息安全薄弱环节，有针对性地提出整改建议。年内，州工信委为建立黔南州网络与信息安全事件应急工作机制，指导和规范全州网络与信息安全事件处置工作，保障网络与信息安全事件应急指挥工作迅速、高效、有序进行，预防和减少网络与信息安全事件的发生，控制和降低网络与信息安全事件带来的危害和损失，保障信息基础设施、重点领域、重点行业、重要信息系统和重要工业控制系统网络与信息安全，提高政府处置信息安全突发事件的能力，编制《黔南州网络与信息安全事件应急预案》上报州政府应急办。

2014年，完成《黔南州网络与信息安全应急预案》《黔南州通信应急预案》修编工作，规范全州网络与信息安全事件、通信保障处置，提高政府处置信息安全突发事件的能力，促进网络与信息安全保障体系建设。

三、大数据产业

2014年，在全省大力发展大数据产业环境下，黔南州根据省大数据办《关于加快大数据产业发展的实施意见》《贵州省大数据产业发展应用规划纲要（2014—2020年）》《贵州省信息基础设施建设三年会战设施方案》，贯彻落实《贵州省信息基础设施条例》，围绕全年信息产业规模总量45亿元的任务目标，以平塘国际大射电项目、黔南超算中心、惠水百鸟河数字小镇以及正在启动推进的“七朵云”工程作为发展全州大数据的切入点，大力培育以新材料、新能源、软件服务业为代表的战略性新兴产业，带动相关产业快速发展。年内，州政府成立了黔南州大数据产业发展领导小组，负责对全州大数据产业的组织领导、监督检查和协调指导，对大数据产业发展的重大问题做出决策。同年，成立黔南州信息化专家咨询委员会，作为全州信息化建设的智囊团和决策咨询机构，负责开展全州信息产业、大数据产业发展的研究、咨询、指导、评估和服务等工作。为加强全州信息化发展的统筹规划，推进信息资源共享与开发利用，加快信息产业集聚发展，州委、州政府出台《关于进一步加快信息化建设促进信息产业发展的意见》，提出2015年到2017年全州信息化产业发展目标和保障措施。州工信委制定《黔南州“宽带贵州”行动计划实施方案》《黔南州“四在农家·美丽乡村”小康讯行动计划》《黔南州“四在农家·美丽乡村”小康讯行动计划设施方案》《黔南州信息基础设施建设三年会战计划》，将任务进行分解，层层落实。同年，州工信委聘请专家团队，编制《黔南州信息产业发展规划（2014—2020）》《智慧城市发展规划（2014—2020）》，印发《黔南州大数据产业发展领导小组工作机制》。

2014年，全州大数据产业重点项目有黔南超算中心、惠水百鸟河数字小镇和“七朵云”云工程应用示范项目等。

黔南超算中心项目自3月1日在贵州·北京大数据产业发展推介会上签署后，州、市政府就项目实施多次召开专题会议，针对项目选址、产业招商、政策扶持等方面进行研究部署。5月，完成《天文科技旅游城规划建议方案》的编制。8月，州人民政府与中科院计算所、国家天文台在黔南民族师范学院签署《战略合作框架协议》，三方共同推动FAST的建设、运行及黔南超级计算中心建设，共同争取将世界第一大射电望远镜阵列“平方公里望远镜SKA”大型国际合作项目的大数据存储和处理业务引入黔南。11月“中国天眼超级计算国际高峰论坛”在都匀市召开，会上中科院计算所高性能计算研究中心、曙光公司、贵州天眼超算公司，签订三方战略合作协议，将共同建设与FAST工程配套的黔南超级计算中心。

贵州惠水百鸟河数字小镇建设项目，是惠水县围绕“一圈两翼”发展战略，大力推动新型工业化、信息化、城镇化和农业现代化同步发展而规划建设的新型产业园区。百鸟河数字小镇位于惠水县城西部，总规划面积18平方公里，产业定位为大数据互联网产业、生态休闲产业、民俗文化旅游产业、康体养生产业、生态观光农业、高新科技产业等新兴产业，主要包括大数据互联网营销基地、野梅岭森林公园、九龙民俗风情区、百鸟河高效农业示范区、大龙新型经济区等五大功能板块。项目于2013年10月启动，组建领导机构、专家委员会及其秘书处、投资开发公司，委托深圳清华大学研究院编制发展研究报告及建设规划，引进HTC大数据互联网营销中心、贵州梦动科技有限公司、贵州知学慧科科技有限公司等5家企业入驻，引进易迅中国、拓尔思等意向入驻项目24个。是年，数字小镇征地工作、地勘工作完成，贵州天惠危险化学品物资公司作为首期投资合作方组织施工力量进场，启动项目研发中心办公区桩基施工。

“七朵云”云工程应用示范项目包括：电子政务云完成电子政务外网一期工程建设，借助于省“电子政务云工程”建设平台，科学合理规划我州电子政务二期建设项目；工业云启动了“黔南州经济运行监测平台”建设，建立起1套完善的数据采集、处理、存储、分析综合系统，与省“工业云”实现无缝连接；电子商务云成立了推进电子商务发展工作领导小组，拟定《关于加快黔南州电子商务发展的若干意见》，与淘宝网、京东商城等国内知名大型电商企业进行接触和接洽，筹备开设“特色中国·黔南馆”；智能交通云加快完善GPS监控系统建设，逐步建立先进公共交通系统；环保云逐步将污染源自动监控、环保行政审批、总量控制、污染防治、水环境管理、环境应急管理、网上办事大厅等各个环境管理业务系统迁移至省环境数据资源中心；多彩贵州旅游云，推进智慧旅游云建设，调查摸清全州A级景区智能化建设情况，协调荔波县樟江景区安装微信智慧旅游项目，推荐荔波樟江景区列入省级智慧旅游示范区；食品安全云方面，围绕省“食品安全云”做好基础性准备工作。将7529家持证餐饮单位录入食品安全监管信息平台，在全州188零售药店开展了电子监管试点，基本实现药品可追根溯源，全州382家持证食品生产企业全部实现电子动态监管，全部完成17200家食品流通企业信息录入工作。

是年，州工信委组织全州38家规模以上工业企业参加贵州省年度两化融合水平评估网上填报工作，全省449家企业参评结果，黔南州参评企业得分排全省第二位。

第十篇

农业　农村　农民

第一章 农村经济体制改革

1991 年后，农村经济体制改革，主要是完善和配套。1998 年，完善家庭联产承包责任制，对农户承包土地关系进行顺延承包，延长土地承包期。此后，针对外出务工农民的增加，以户为单位的土地经营管理不能更好地适应市场经济发展形势，又实施鼓励农村土地经营权流转的政策。为提高农业生产的组织化程度，2004 年，州委、州政府根据国家有关文件精神，出台推进以农民自愿为原则的农村专业合作组织发展政策。在连续开展针对农村、农业、农民“三农”问题的一系列综合性改革中，不断减轻农民的负担，增加农民补贴，放大农村经济体制改革的效应。2014 年与 1991 年相比，全州农业总产值增加 10 多倍，农民人均纯收入增加 13 倍多。

第一节 管理机构改革

1991 年，黔南州农业、农村管理机构设有州农牧局、农机服务中心、乡镇企业局等，州委设农村工作部、州政府设农业经济委员会合署办公。各县（市）农业行政单位设置大体与州级设置相同。1996 年 7 月，撤州委农村工作部和州政府农业经济委员会，改设为州农业办公室，加挂州扶贫开发办公室牌子，属政府机构系列，同时为州农业和农村工作领导小组的办事机构。州农牧局更名为州农业局。成立州农业机械事业局，除农机管理，其余职能并入州经济贸易局。

2001 年机构改革，州扶贫开发办公室单设。2002 年 4 月，成立农机服务中心，隶属州农业局管理。2003 年 12 月，从州农业局划出畜牧兽医水产部分，另设州畜牧水产业发展促进中心，为州农业局管理、财务单列的事业机构。2007 年 10 月，撤销州畜牧水产业发展促进中心，组建州畜牧兽医局。

2010 年 2 月，成立州农业委员会（以下简称州农委），由原州农业办公室、州农业局、州畜牧兽医局、州农业机械服务中心 4 个机构及原州乡镇企业局的农产品加工行政管理职能统一整合组建。县级农业机构改革大体上与州级同步进行，分别于 2010—2011 年设置农村工作局（以下简称农工局），机构整合单位类似州农委，其中独山、龙里、长顺、都匀经济开发区农工局纳入同级扶贫办（局）的机构或职能，贵定县设置正科级财务单列的县畜牧中心。2014 年，全州县农工局行政管理人员 633 人。

第二节　农村土地承包制与经营权流转

一、农村土地承包

第一轮农村家庭联产承包责任制执行“稳定20年不变”的政策，承包土地称为责任地，承包经营权可以继承。通过联产承包，提高了农民的积极性，农业生产特别是粮食生产大幅度增长。

1998年，根据中共中央和中共贵州省委的指示，州委、州政府出台《关于稳定和完善全州农村土地承包关系的实施意见》，启动以完善“家庭联产承包责任制”为主要内容的第二轮土地承包工作，称为土地延续承包或简称延包，将耕地承包期顺延承包50年，山林承包期顺延承包60年。是年4—5月，从州农办、农业局、国土局、州委政策研究室等单位抽调人员共同组成工作组，在独山县麻万镇开展农村土地延包试点，摸索经验和办法，形成土地延包有关问题的22条处理意见，成为全州农村土地延包的样板。同期，瓮安、惠水、平塘、福泉、贵定、荔波6县（市）各选择1个乡镇，龙里县选择1个行政村为县级试点。同年6月以后，全州铺开农村土地延包工作。州、县（市）、乡（镇）成立土地延包领导小组及其办公室，层层开展宣传、培训。承包关系按照“生不增、死不减”的办法，逐村逐户开展第一轮承包土地、承包人口的调查登记和清理，进行土地承包证更换。换证中可以分户，但总承包面积不予增减，核查无误后签订承包合同，颁发承包经营权证。在工作开展期间，进行了县对乡、乡对村组、村组对农户的检查验收。是年底，第二轮土地延包主体工作基本结束。全州235个乡镇全部开展了第二轮农村土地延包，发证乡镇198个，占84.3%；颁发经营权证567942份，占应颁农户数81.3%。遗留问题留作继续甄别核实，核准后予以补证。

按照延包政策，对没有继承人的孤寡去世户、死亡绝户，不按承包合同耕种管理而使耕地荒芜闲置的农户，举家外迁户，正式农转非户的个人（称为“四户一人”），不再进行延包，土地收回集体管理。共收回“四户一人”原承包土地3.98万亩，其中耕地3.95万亩，林地及其他土地0.03万亩。

至2006年，原第一轮承包人口、承包土地面积除“四户一人”收回外，延包率达到100%。全州共有承包农户70.61万户，承包人口316.29万人，劳动力175.30万个，承包耕地总面积285.1万亩（按原习惯亩），其中水田163.39万亩，旱地121.71万亩。延包土地以村民委员会为发包主体与农户签订土地承包合同704675户，占是年农户总数的99.8%，颁发土地承包经营权证703263本，占应发总数的99.6%。此后，常年开展土地承包检查管理工作。至2012年，全州农村耕地家庭承包经营农户74万户，农业人口300.85万人，承包面积255.6万亩。与第一轮土地承包（1982年）相比，承包农户增加41.1%，承包耕地面积减少1.55%。

二、农村土地经营权流转

1999 年，惠水县有一外来花农租赁高镇镇农户承包土地 5 亩种植花卉，之后租地扩大到 42 亩，出租土地的农户 32 户。次年引来福建、浙江、四川等地花农 8 户租地种花 158 亩。2002 年起，贵州红樱桃果业有限公司进驻长顺县，租赁广顺镇闲置土地 1200 亩发展红富士（高钙）苹果，带动长顺优质水果专业合作社社员发展到 48 户，果园发展到近 1500 亩，每年在公司和合作社打工的农民达 200 多人，带动全县发展果园 11000 亩，果农 1227 户。是年，州内农村土地流转仍然处于萌发和零星分散状态。

2003 年，根据《中华人民共和国农村土地承包法》和国务院颁布的《农村土地承包经营权流转的管理办法》等相关法律法规和政策，黔南州逐步引导农村土地经营权流转（简称农村土地流转）。州和各县（市）相继出台激励政策，对不同地块、不同规模、不同产业（种植、养殖）、不同期限的流转土地分别给予不同标准（以面积或流转比例），给予不同期限（一年一定，或一定多年）的财政奖补。是年，州内流转承包耕地 15.75 万亩。

2010 年起，平坝县一种植大户租赁龙里县湾寨乡甲摆村农户承包土地 160 亩，种植西红柿；三都县丰乐镇鼠场村果蔬协会租用土地 30 亩，带动周边农户种植蔬菜 3000 多亩；龙里县洗马镇常年外出务工农民近 3000 余人，将承包耕地转租给种烟大户；贵定县绿春农业发展有限公司在云雾镇平伐村流转土地 200 亩，建立鸟巢式大棚基地，培育苗木，2012 年又流转土地 1000 亩，种植蔬菜。2012 年统计，全州流转承包耕地面积 60 万亩、荒山荒坡 36 万亩。

2013 年 7 月，通过“2012 年 10 月黔南州林业招商引资成都推介会”推荐，外地客商周朝明为开发花卉苗木栽培、生态旅游、林下种养植等项目，与福泉市城厢镇坪山村岩脚组 26 户农户签订 500 余亩土地流转合同，农户获林地租金 50 余万元。是年全州农村流转土地达到 100 万亩，其中流转承包耕地 57 万亩，流转荒山荒坡 43 万亩。

2014 年，全州农村土地流转涉及 12 个县（市）和都匀市经济开发区 101 乡镇（调整后）、1439 个村（调整后）、农户 15.68 万户，流转土地总面积 204.1 万亩。其中，流转承包耕地 102.1 万亩，流转荒山荒坡 102 万亩。承包耕地的流转形式有：转包 23.82 万亩，占 23.33%；转让 2.13 万亩，占 2.09%；互换 4.6 万亩，占 4.5%；出租 64.53 万亩，占 63.2%；入股 3.37 万亩，占 3.3%；其他 3.65 万亩，占 3.58%。

第二章 种植业

黔南州属山区，山地丘陵占 93.8%，农耕用地不充足，水肥条件好的基本农田占比很小，是典型的内陆山区农业地区。1991 年，全州耕地统计面积为 286.8 万亩（水田占 58.76%），农业人口人均耕地 0.97 亩，农田有效灌溉面积约占耕地面积的 33%。是年及以后的一段时期，现代农业尚处发育阶段，传统农业占有绝对份额。“八五”期间起，实施“农业丰收计划”，开展“双纲田（土）”“状元田”等增产活动，进行“丰产坝”高产栽培示范。到1995年，农业生产总值28.66亿元，农民人均纯收入923元。1996年后，调整优化产业结构，转变增长方式，在不放松粮食生产的同时，积极开展多种经营，逐步增加经济作物生产。2000年起，在国家西部大开发战略中，积极构建粮、烟、油、畜、菜、果、茶、竹、药、花“十朵金花”的产业格局。逐步利用生态、扶贫等项目建设机遇，创办各类种植业园地和基地，使蔬菜、水果、茶叶等经济类种植产业得到较快发展。2005年9月，全省秋种冬种生产现场会在瓮安召开。2008年起，在12个县（市）实施粮油高产创建项目。2009年起，实施农业“185”工程，目标是在项目区每亩耕地上分别实现1万元、8000元、5000元的收入。2011年8月，全省农业结构调整现场会在都匀、三都、惠水、长顺、平塘等地现场参观，推广黔南农业“185”工程经验。2012年土地详查，全州有农业用地3543.45万亩（调查数）。其中耕地721.65万亩，占18.36%；园地41.25万亩，占1.05%；林地2211.15万亩，占56.27%；草地520.8万亩，占13.25%；水域48.6万亩，占1.37%；其他用地占9.7%。到2014年，全州耕地统计面积269.4万亩（水田占60.55%），人均耕地0.77亩，农田有效灌溉面积217.05万亩，实现农业生产总值144.19亿元，农民人均纯收入7265元。

1991—2014年间，全州累计获得农业部丰收计划奖13项，省级丰收计划奖146项，省级农业科技进步奖17项。

第一节　耕作模式

以自然热量条件为主要依据，全州农作物熟制大致可以分为3个区域。

一年一熟区域　占全州极小范围，主要分布在州北部和西部海拔1300米以上，年均气温13℃左右，≥10℃年有效积温3500℃以下的地区，如龙里县的草原、水场，福泉市的道坪，瓮安县的岚关等乡镇部分高寒台地。本区域内，旱地常采用玉米—红薯（套作）、玉米—秋荞、烤烟—套红薯或秋荞；水田采常用水稻—绿肥、春洋芋—水稻、水稻—麦类（啤麦）等传统耕作模式。

一年二熟区域　占全州较大范围，分布在年均气温13℃～17.3℃，≥10℃年有效积温3500℃～5000℃的地区，占全州绝大多数范围。本区域内，旱地常采用玉米—油菜（小麦）、玉米—绿肥（洋芋）、烤烟—小麦（油菜）；水田常采用水稻—麦类（大麦）、水稻—油菜、水稻—绿肥等传统耕作模式。

一年三熟区域　占全州较小范围，主要分布在年均气温17.3℃以上，≥10℃年有效积温5000℃以上，海拔较低的东部、南部河谷地区，包括罗甸县（除边阳镇）、荔波县的朝阳、玉屏，三都县的三合、都江等乡镇大部。本区域内，水田常采用水稻—秋洋芋—小麦（油菜）、水稻—秋菜—油菜（绿肥）、早春菜—水稻—小麦（油菜）、水稻—秋黄豆—冬菜（洋芋）、水稻—再生稻—小麦；旱地常采用早菜—烤烟—红薯（套作）、油菜—玉米—荞子等传统耕作模式。州境南部、东部河谷地区，年均温度较高，实现三熟无须套作和种植早熟作物，种植模式相对丰富，可以达到三熟以上。

1991 年及之后近 20 年间，采用传统耕作模式比较普遍，虽有耕作模式创新，但运用不普遍。2009 年，州内实施农业“185”工程，为有效提高土地利用率和产出率，注重种地与养地结合、立体利用、循环发展，创新出许多一年多熟的配套模式，如下列 4 种模式：

粮经组合模式　水田配套方式有菜—稻—菜、菜—包（玉米）—菜等。三都县大河镇龙场村过去稻田只种一季水稻、一季油菜，亩均收入仅 1200 元，采用菜—稻—菜模式后，年亩均收入达到 1.1 万元。

纯经组合模式　旱地（坡地）配套方式有菜—菜—菜，菜—烟—菜多熟及茶、果、药园套作草、菜等。贵定县农场华慧种植园 500 亩蔬菜生产育苗基地，配置大棚、喷（滴）灌等设施，时令鲜菜达到一年六茬甚至可达七八茬（含上市短育产品），年均亩产可达 1.2 万公斤、产值可达 2 万元。

立体种养模式　采用果—草—禽、林—草—羊、葡萄（佛手瓜）—生姜—家禽等配套方式。长顺县长寨镇竹子托村推广林下种草养羊（鹅），亩产值达 8000 元；惠水县好花红乡、平塘县卡罗乡、三都县交梨乡分别在佛手瓜、葡萄架下套作生姜或辣椒或牧草和接茬养禽，年亩产值在 1 万元以上。

设施高效栽培模式　利用温室大棚，采用草莓—西瓜、草莓—黄瓜等配套方式。平塘县卡罗乡倒掉田坎，建起 371 个连片大棚，年亩均草莓产值 3 万元，瓜类产值 1 万元。

因良种良法、设施配套、组合方式创新等新技术的推广应用，很多地方打破了自然条件下的熟制局限，农作物复种指数逐年提高，种植结构得到调整。全州农作物平均复种指数已经从 1990 年的 1.92 提高到 2014 年的 3.23，粮食作物与经济作物之比（简称粮经比）从 1991 年的 66.81:33.19 调整为 2014 年的 55.57:44.43。

第二节　耕地改良

一、土壤改造

州内主要通过农发项目、商品粮基地及秸秆腐熟还田等土壤改良项目，采用工程措施与生物措施相结合的办法，改造中低产田土。其中，生物措施主要是绿肥种植和作物秸秆还田。

1991 年，全州种植绿肥 13.2 万亩，作物秸秆还田 132.9 万亩。1993 年全州种植绿肥 16.05 万亩，作物秸秆还田 146.7 万亩。1995 年全州种植绿肥 20.4 万亩，作物秸秆还田 156.75 万亩。

1999 年，福泉市利用商品粮基地建设项目投资 28 万元在牛场上坝修建排潜沟 2 条共 2155.6 米，改造低产田 2500 亩，使土壤温度提高了 1.5 度，水稻亩产由改造前的 412.5 公斤提高到543.4公斤，亩增产90.9公斤，增幅22%。

1999—2001年，罗甸县云干乡大关村新造稻田，土变田100亩。土地连续三年种植绿肥后，经生物培肥效果抽样检测，土壤全氮、水解氮、有效磷、有效钾上升。

2000年，州土肥站与福泉市共同实施旱坡地果园培肥改良及综合利用示范基地建设项目，实施面积250亩。

2002—2003年，都匀市利用农业发展资金65万元，采取生物措施和工程措施相结合的办法，改良中低产田土5261.5亩，配套修建人行步道520米、排水沟720米、蓄水池25口、修建田间灌渠5004米，实现当年改良，当年增产。

2006年在全州启动测土配方施肥项目中的耕地地力评价工作。2012年作物秸秆还田285万亩，为历年最高。2013年全州种植绿肥49.35万亩，为历年最高。是年作物秸秆还田275.5万亩。2014年，全州种植绿肥41万亩，作物秸秆还田145.65万亩。

1991—2014年，累计改造中低产田土129.15万亩，占2014年常用耕地面积的47.94%；绿肥种植每年约产50万吨；水稻、玉米、小麦等作物秸秆每年约产170万吨。

二、以工代赈农田治理

1991—2006年，州内利用“以工代赈”专项资金，以贫困区域为重点，在总结相关经验基础上，采取综合措施，持续16年开展以坡改梯为中心的基本农田建设。实施范围覆盖12个县市、194个（次）乡镇的4727个（次）行政村、15441个（次）村民组，参与农户37.55万户（次）、人口167.47万人（次）。其间，州委、州政府召开专题工作会议17次、各类现场会20余次，出台专项文件16个，明确州、县市党政主要领导负总责，分管领导具体负责，以小流域为单元，进行统一规划，综合配套，连片治理。累计完成总投资2.72亿元，其中以工代赈专项2.33亿元，其他资金、乡镇及农户投入共计0.39亿元。

以工代赈累计完成基本农田治理（坡改梯为主）面积132万亩（丈量面积），其中石埂坡改梯96.3万亩，土埂坡改梯（营造经果林）20.25万亩，复垦水毁农田、改造中低产田15.45万亩。配套工程建设累计完成小山塘89座38.53万立方米，小水池3.95万口（座）98.66万立方米，引排水沟2.02万条3008公里，谷坊228座23.16万立方米，田间步道1.7万条2447.5公里，机耕道1552条1110公里，退耕还林11.93万亩，治理水土流失面积847.85平方公里。累计投工5914.7万个工作日，完成土石方总量7468万立方米。

在以工代赈项目实施期间，国务院副总理朱镕基视察了长顺县坡改梯现场，中央纪委书记吴官正、国务院副总理回良玉、全国政协副主席钱正英等党和国家领导人分别视察、调研黔南坡改梯工程，时任中共贵州省委书记胡锦涛参加视察活动。省委、省政府3次在黔南州召开全省基本农田建设现场会。罗甸县大关村的“大关精神”和模式成为基本农田建设的典型，村党支部书记何元亮受到中共中央总书记江泽民接见，其事迹在《人民日报》报道。

第三节　粮食作物

州内耕地栽培粮食作物有水稻、玉米、小麦、洋芋（马铃薯）、红薯和豆类等。秋收粮食作物（秋粮）以水稻、玉米为主，夏收粮食作物（夏粮）以小麦、洋芋为主。大豆作粮食作物统计。种植其他杂粮种类有小米（粟、谷子）、大麦（老麦）、高粱、荞子（甜荞、苦荞）、饭豆、懒豆（巴山豆）等。1991 年，全州粮食作物总播种面积为 387.75 万亩，粮食总产量 96.22 万吨。“八五”至“九五”期间，连续实施“丰产计划”。1997 年 12 月，全省 800 万亩粮食高产示范工程经验交流会在都匀举行。2005 年 4 月，全省机械化插秧现场会在惠水召开。2010 年 3 月，全省春耕生产现场会在惠水召开。2014 年，全州粮食作物总播种面积 480.15 万亩，粮食总产量 131.27 万吨。其中，秋粮产量占粮食总产量的 83.44%，夏粮产量占粮食总产量的 16.56%。

一、水稻

州内地方水稻品种有籼稻、粳稻、糯稻、陆稻 4 种类型。长期推广杂交水稻种植，常规稻栽培面积逐渐缩小，保留了糯型品种。常规稻栽培主要为当地自选、自留地方性常规品种，有“春江糯”“农虎禾”。1991 年，全州水稻播种面积 161.5 万亩，总产量 64.18 万吨，平均亩产 397.4 公斤。其中，杂交水稻种植面积占 70% 左右。水稻播面占粮食作物总播面的 41.6%，为州内主要秋收粮食作物。之后，水稻种植面积基本保持稳定，均在 150 万亩偏上，总产有所增长。2000 年水稻播面 161.5 万亩，总产 70.28 万吨，平均亩产 435.01 公斤。是年杂稻种植面积占 90 以上，常规稻面积很小，糯稻种植比重很小，有整田种植，也有田中周边或一隅种植。2003 年引进旱稻种植，经 4 个品种试验，产量均低，未能推广。2005 年引进超级稻试种，是杂稻中的高级品种，福泉 2005 年百亩试种平均亩产达到 737.48 公斤，2006 年 5000 亩试种平均亩产达到 654 公斤，比原种杂稻品种有显著的增产能力，2007 年在州内得到推广。2010 年水稻播面 160.2 万亩，平均亩产 472.35 公斤，为 1991 年后的最高年水平。2014 年，水稻播面 163.4 万亩，总产 63.95 万吨，平均亩产 391.46 公斤。杂交稻种植面积占水稻种植面积的 96%，超级稻面积占杂稻面积的 55%。超级稻主要品种有“准两优 527”“Q 优 6 号”“D 优 527”“Ⅱ优 86”“金优 527”等。

二、玉米

州内玉米地方品种原有类型不同、品名各异的 118 个。1991 年玉米播面 80.7 万亩，总产量 17.97 万吨，平均亩产 222.81 公斤。杂交玉米种植占玉米播种总面积一半，玉米种植面积占粮食总播面的 20.8%，为州内旱耕地主要秋收粮食作物。1992 年后，将玉米纳入“双纲”土高产栽培活动，推行“紧凑型”玉米生产，1994 年前后实施玉米高产栽培工程，在各地创造了一些高产典型。1996 年引进高赖氨酸玉米在局地种植，效果一般，后未能大面积推广。2000 年，州内部分县市参加了中国农科院、省科委、省农业厅联合实施的

“贵州省100万亩杂交玉米高产攻关项目”，使“紧凑型”玉米生产得到大面积推广。2004年引进特用玉米种植，效益较好，得到一定推广。2010年全州玉米种植面积达到129万亩，总产50.78万吨，平均亩产393.4公斤，创1991年后最高年水平。2014年，玉米播面125.5万亩，总产35.78万吨，平均亩产284.83公斤。杂交玉米面积占玉米种植总面积的93%，其中半紧凑型玉米约占杂交玉米品种的69%左右。杂交玉米主要推广品种有“遵玉3号”“织金3号”“正大999”“鑫黔玉8号”“黔单24”“安玉2166”“金单999”“中单808”“三北2号”“三北6号”等，以及糯玉米品种的“遵糯一号”“筑糯2号”“筑糯5号”“贵糯1号”“丰糯33号”等。

三、小麦

州内1991年后推广面积较大的有绵阳系列、黔麦系列、贵农系列等品种。推广小麦分带轮作规范化种植，纳入“丰收计划”内容之一。是年小麦种植面积68.8万亩，总产6.49万吨，平均亩产93.7公斤。小麦种植面积占粮食作物总播面的17.7%，为州内主要夏收粮食作物。继后几年，各级办点推动小麦种植，州境虽不是小麦生产优势区域，其面积因各级推动而一度扩大，1995年种植面积增加到78.9万亩，总产7.8万吨，平均亩产超过100公斤。2000年是1991年后的最好年，全州种植面积84.2万亩，总产8.54万吨，平均亩产112.73公斤。之后，各县市陆续调整种植业结构，增加薯类和经济类作物生产配置比重，小麦播面相继缩小。2014年，全州小麦播面50.7万亩，总产5.07万吨，平均亩产99.94公斤。其中惠水、平塘、都匀共种植31万亩，占全州小麦面积的61.2%。

四、薯类

薯类作物是对马铃薯（洋芋）和红薯的习惯合称。1991年，薯类种植面积35.4万亩，总产4.89万吨，平均亩产138.25公斤。薯类种植面积占粮食总播面的9.1%，为州内主要夏收粮食作物。

马铃薯有早熟、中熟、迟熟和晚熟品种。粮菜兼用，作粮食作物统计。州内20世纪90年代中期开始引进脱毒马铃薯，2000年种植面积7万亩，2009年后，每年种植39万亩以上，主要品种有威芋3号、中薯3号、费乌瑞它、会一2等，以威芋3号和中薯3号栽培面积较大。

红薯（甘薯）引进品种较多，有水果薯、红心薯、渝薯、华北553、乌尖薯、南瑞苕、南薯88、川薯、紫心红苕等；脱毒红薯有徐薯18、甘薯1号、甘薯8号等。以红心苕、川薯栽培面积较大，其中甘薯1号为2005年新引进品种。

2000年后，各地调整农业结构，薯类种植面积逐年扩大，技术水平提高，单产水平上升。2005年种植面积达到71.85万亩，总产14.58万吨，平均亩产202.73公斤。2014年，薯类播面为95.7万亩，总产17.54万吨，平均亩产183.21公斤。

五、大豆

大豆在州内多称为黄豆，大田栽培品种主要为本地地方种，基本没有引进外地品种。历来少有成片单作，多与玉米等高杆植物套种。1991年种植面积15.9万亩，总产1.05万吨，平均亩产66.16公斤。1995年后种植有所增加，到2000年种植17.4万亩，总产1.22万吨。2010年总产及单产达最高年，总产1.62万吨，平均亩产103.05公斤。2014年，大豆种植面积17.4万亩，总产1.13万吨，平均亩产64.51公斤。

六、其他杂粮

包括谷物的高粱、谷子（小米）、大麦（老麦）、荞子等和豆类中的绿豆、红小豆等。多为小面积或零星种植，杂粮播面1991年为25.5万亩，总产1.64万吨，平均亩产64.14公斤；2014年为21万亩，总产2.25万吨，平均亩产107.15公斤。

1991—2014年全州粮食作物播种面积统计表

表10－2－1　　单位：万亩

年度	总播面	分品种播面					
		小麦	水稻	玉米	大豆	薯类	其他杂粮
1991	387.75	68.79	161.50	80.65	15.87	35.37	25.57
1992	382.46	67.86	159.59	79.11	—	—	—
1993	384.64	73.06	157.55	76.95	16.77	38.40	21.91
1994	402.25	78.37	159.29	83.67	17.05	40.66	23.21
1995	409.10	78.88	160.10	85.46	17.52	43.42	23.72
1996	414.74	81.11	160.43	84.48	18.03	44.75	25.94
1997	416.10	81.79	161.14	79.91	17.01	46.61	29.64
1998	436.02	83.66	162.27	95.06	16.92	52.23	25.88
1999	429.38	78.86	161.78	95.10	17.03	53.55	23.06
2000	440.95	84.16	161.56	96.91	17.44	56.55	24.33
2001	434.03	80.14	159.94	97.07	17.96	56.23	22.69
2002	427.43	76.78	157.42	93.63	18.18	59.97	21.45
2003	427.45	78.10	155.52	91.96	15.41	64.80	21.66
2004	429.57	68.84	156.49	98.00	16.37	67.84	22.03
2005	437.70	63.07	158.12	105.76	16.11	71.92	22.72
2006	409.76	36.26	149.19	112.71	15.47	72.86	23.27
2007	407.70	36.08	148.46	112.14	15.39	72.48	23.15
2008	443.04	52.09	156.78	118.05	14.35	82.52	19.25
2009	452.34	50.57	159.12	122.77	15.80	84.69	19.39
2010	461.24	49.58	160.22	129.08	15.72	84.83	21.81
2011	472.76	52.44	161.75	131.28	16.96	89.38	20.95
2012	474.52	54.69	163.25	127.36	15.61	90.82	22.79
2013	480.94	53.62	163.87	131.11	17.55	93.64	21.15
2014	473.94	50.70	163.37	125.62	17.50	95.73	21.02

1991—2014 年全州粮食产量统计表

表 10 - 2 - 2　　单位：吨

年度	总产量	分季产量		分品种产量					
		夏粮	秋粮	小麦	稻谷	玉米	大豆	薯类	其他杂粮
1991	962169	102675	859494	64887	641831	179684	10497	48901	16369
1992	848843	100333	748510	61868	573582	145491	—	—	—
1993	976288	102418	873870	63740	643957	184337	10585	56450	17219
1994	1014708	118629	896079	74164	639343	209552	11482	62416	17751
1995	1034328	128793	905535	77958	670023	188265	11308	70891	15883
1996	1097445	127875	969570	76013	704283	209746	12659	76291	18453
1997	1139561	138871	1000690	85639	731926	212464	12585	76944	20003
1998	1209747	147720	1062027	90039	741557	259337	13079	85893	19842
1999	1060287	128420	931867	74018	607063	265595	13432	82571	17608
2000	1176218	147166	1029052	85449	702842	266872	12240	91193	17622
2001	1185488	143809	1041679	80214	709767	271890	12750	93162	17705
2002	844363	141135	703228	78098	393589	248423	12756	94295	17202
2003	1199478	158854	1040964	77489	691701	276766	15572	118430	19520
2004	1247541	167257	1080284	73246	704785	302950	16128	129628	20804
2005	1285974	177034	1108940	71117	687720	346695	15272	145786	19384
2006	1369786	185736	1184050	68337	703724	403994	15689	158235	19807
2007	1400201	192189	1208012	68414	700407	428956	14647	167972	19805
2008	1447574	185158	1262416	60935	731041	456854	15040	165562	18142
2009	1502588	203913	1298545	65398	738380	483577	15542	180388	19303
2010	1528842	173338	1355504	50753	756805	507824	16204	174149	23107
2011	1000617	169318	831299	43155	491800	296565	9458	141755	17884
2012	1211043	177345	1033698	44871	621285	353117	10168	153565	28037
2013	1181586	194744	986842	49676	599940	337054	10608	159214	25094
2014	1257210	208189	1049021	50671	639518	357811	11288	175394	22528

第四节　经济作物

州内种植经济作物种类繁多，主要包括油料、棉花、麻类、糖料、烟叶、药材、蔬菜、果用瓜果、其他经济作物及特种农作物共 10 大类。随着农业结构调整，经济作物生产逐年扩大，特色、优势产业不断壮大。在耕地栽培经济作物中，传统的油菜生产保持稳定发展，烤烟实行了专业化生产，蔬菜发展成为支柱产业，新兴产业的中药材正进入加快发展时期。

一、蔬菜

（一）面积产量

州境蔬菜栽培（含食用菌培育）种类繁多，有叶菜类、甘蓝类、根茎类、瓜菜类、菜豆类、茄果类、香细菜类、水生菜类等共 11 大品类。州政府于 1990 年召开了新中国成立后的第一次全州蔬菜专业会议。1991 年时，全州蔬菜栽培统计面积 28.5 万亩，以农村家庭小块种植为主，城镇近郊有规模不大的连片专业种植。1996 年起统计蔬菜产量，是年，全州蔬菜产量 76 万余吨。2003 年，将蔬菜生产作为拉长农业产业链的突破口，州政府在独山召开全州蔬菜工作会议，出台加快发展蔬菜产业的意见。之后，各县（市）都规划建设了一定规模的蔬菜生产基地。到 2006 年，全州蔬菜产量达到 100 万吨以上。2009 年，州委、州政府启动农业“185”工程，将蔬菜列入农业六大特色优势产业，进一步加快发展，是年蔬菜产值超过水稻产值。2014 年，全州蔬菜栽培统计面积为 159.8 万亩，鲜菜产量 214.29 万吨。其中，罗甸县蔬菜面积、产量（24.8 万亩、35.67 万吨）居全州各县（市）首位。

（二）区域分布

低海拔高热区：年均温 17.5℃以上，海拔高度 650 米以下，含罗甸、荔波、三都等县的大部分及其他县、市相类似区域。种植结构是将炎热的夏秋季留给水稻，把温暖的冬春季让给蔬菜，主要种植冬春早菜，种类为茄果类、瓜类、豆类、大蒜、甜糯玉米、马铃薯、白菜类、萝卜等，主要销往四川、重庆、湖南、广东、广西等地。

中海拔温热区：年均温 15℃～17℃，海拔高度 650 米～1000 米，含平塘、都匀、贵定、独山、惠水等县（市）的大部分及其他县（市）类似区域。此类区域适宜水稻和蔬菜的生长，种植结构调整灵活性大，可供选择的品种和相应的种植模式多，产品质量好，亩产量高，经济效益更为理想，成为发展蔬菜产业的主抓区域。

高海拔冷凉区：年均温 15℃以下，海拔高度 1000 米以上。含瓮安、长顺、龙里、福泉等县、市的大部分及其他县（市）相类似区域以发展冷凉蔬菜为主。

中海拔温热区和高海拔冷凉区主要种植夏秋反季节冷凉蔬菜，种类为番茄、辣椒、白菜、甘蓝、生姜、菜豆、荷兰小黄瓜、马铃薯、菜玉米等，主要销往广东、广西、四川、湖南等地。

（三）蔬菜品种

菜用玉米　按糯性和甜度，分成糯玉米、甜玉米和超甜玉米。州内种植品种主要有遵义一号、渝糯七号。遵义一号以罗甸、三都、都匀等县市种植面积较大。渝糯七号在罗甸、三都、都匀有种植。

番茄类　番茄种类繁多。州内种植的品种主要有振兴 2 号、石头番茄、澳石番茄、红将军番茄和铁将军番茄。种植面积较大的有独山、三都、罗甸、龙里、惠水等县。

辣椒　按辣味浓淡可分为甜椒和辣椒；按形态大小可分为朝天椒、线椒、牛角椒、泡椒和西圆椒；按色泽或成熟度又可分为青椒、红椒和彩椒。州内栽培品种主要有：独山皱皮线椒、冠军二号、杂丰一号线椒，还有杂棒一号椒、海丰24号、湘研2号和12号、湘研20号、成都8号朝天椒、中椒4号、长研7号、长研17号、兴蔬308、黔椒5号、博辣娇红等。种植面积居蔬菜之首，以瓮安、福泉、罗甸、平塘、三都、都匀等县市面积较大。

黄瓜类　州内黄瓜种植品种主要有中农8号、津春4号、津春5号。种植面积较大的有罗甸、独山、都匀、三都、龙里等县（市）。

西葫芦　州内西葫芦种植品种主要有寒玉、碧矿和碧玉、阿波萝。种植面积较大的有惠水、贵定等县。

萝卜类　州内萝卜主要是在秋天种植，品种主要有特新白玉青、白玉夏、春雪剑等。栽培面积较大的有罗甸、瓮安县和都匀市。

白菜类　州内主栽品种选用较多的有鲁春白一号、春大将、春夏王、夏阳白系列、鲁白一号、竟菜5号和津白60天、韩春60、黔白5号等。种植面积仅次于辣椒，其中大白菜占50%以上，以三都、惠水、瓮安等县种植面积较大。

甘蓝（莲花白）类　州内种植的品种主要有盛夏甘蓝、夏胜102、铁头4号、世农200甘蓝。以瓮安、三都、惠水、罗甸等县种植面积较大。

菜豆（四季豆）类　菜豆品种繁多，按有无藤蔓分为架豆和矮脚豆；按豆荚两侧筋的有无，分为有筋四季豆和无筋四季豆。州内种植的品种主要有法国细刀豆、双丰2号、双青12号、赤俗2号等。种植面积较大的罗甸县4.03万亩，其次独山县1.24万亩。

豇豆类　州内豇豆种植品种主要有路路通1号、帮达1号、路路通2号、帮达2号，主要在中低海拔地区种植，种植面积以罗甸县最大，其次为三都、惠水县。

长茄类　州内主要种植品种有杂棒一号、种都黑茄、遵义长茄3号、红丰长茄等。种植面积较大的有罗甸、独山、瓮安、都匀等县（市）。

莴笋（莴苣）类　以四川系列和云南地方品种最为适应黔南栽培。州内主栽品种有云南苦马叶、特耐热二白皮、春秋二白皮。种植面积较大的有贵定、三都、瓮安、福泉等县。

苦瓜类　州内种植丰产性好的品种有泰国清秀苦瓜、华绿苦瓜、蓝山大白苦瓜。全州种植面积较大的有惠水、贵定、罗甸等县。

蒜类　其产品以蒜薹为主者称苔蒜，以植株为主者称青蒜或苗蒜。州内主要栽培品种有麻江紫皮红蒜、二水早。种植面积较大的有三都、龙里、惠水等县。

生姜　州内种植品种主要为小黄姜，种植面积较大的有惠水县、长顺县。

此外，还有花椰菜、胡萝卜、菠菜、芹菜、大葱、毛豆、丝瓜、瓠瓜、芫荽、南瓜等种类，引进品种较少，除南瓜、大葱有一定规模面积外，其余栽培相对零星、面积较小。

二、烤烟

（一）面积产量

烤烟是州内农村的主要经济作物之一，其生产、收购由烟草部门主抓。1991年全州烤烟种植面积为39.3万亩，烟叶产量3.75万吨。产烟县市将其作为农民增收致富的重要产业，部署适宜种植区域的乡镇种植并开展生产检查和收购监督。1997年种植面积64.5万亩，产量7.14万吨，创历史最高。1998年全州启动烤烟“计划种植，合同收购”工作，共与6.92万户烟农签订种烟收购合同。2000年后，国家加大烟草生产调控力度，种植面积有所压缩，主攻质量。是年烤烟种植计划区域比上年减少1个县20个乡镇108个村，烤烟种植面积25.8万亩，产量2.27万吨。之后，以基地生产为主，实行订单生产，品种随订单确定，种植指标各年进行了微调。2005年3月，全省烤烟移栽现场会在惠水召开。2009年共与9个县（市）、94个乡（镇）、458个村、2840组、15739个（户）生产主体签订了烤烟产购合同。2014年，全州烤烟种植面积31.1万亩，产量3.23万吨。瓮安、长顺、福泉3县市分列面积、产量前三位，荔波、罗甸、三都3县无种植。

（二）技术推广

1991年，州内烤烟田间生产普遍推广营养块（袋）移栽技术、打顶抹芽技术。瓮安县、龙里县、平塘县、三都县均100%实现营养块（袋）假植移栽。全州营养块（袋）假植移栽面积为30万亩，占移栽总面积的86%。全州打顶抹芽较彻底的占全部烤烟种植面积的60%以上。烤烟施肥主要采用三元复混肥，优质烟基地的施肥氮、磷、钾比分别为1:2:3或1:2:2。局部有苗床上喷施“矮壮素”、叶面喷施“稀土微肥”的试验。烟叶烘烤推行集中烘烤（烤房集中建设，统一烘烤技术），瓮安县中坪乡水耳村进行了应用远红外线涂料烘烤试验取得成功。

1992年，全州实行统一供种的方法，共供应由黔南州烟草分公司繁育的良种1413公斤，育苗32.1万标准厢，保证了大田移栽的需要。主要供应烤烟品种为K326和NK82。是年营养袋假植移栽占移栽部面积的92.5%。推行单行起垄等距移栽新技术占总面积的96.8%，基本上消灭平土栽烟。在瓮安县木老坪乡华严村和玉山镇小开州村、平塘县牙舟镇王宋村、独山县基长镇七克村、长顺县广顺镇试验配方施肥均取得较好效益。全州全面实行彻底打顶抹芽的烟田占烤烟种植面积的58.1%。

1994年，微量元素和叶面肥得到进一步推广，引进了“金彪”“三叶”“对月”“树脂”“神奇”等近10种牌号的微肥和叶面肥，分别在瓮安县、福泉县、贵定县、龙里县、平塘县、都匀市、罗甸县、三都县的11个点上进行比较和中间效果观察的小区试验，初步筛选出1~2个较适合全州烤烟生产大面积推广使用的微肥品种。次年，贵州省烟草公司下发《烤烟生产技术要求》，加速烤房改造。

1996年，全州以推广“包衣种、双层施肥、地膜烟”3项新技术为主，各级公司、烟叶站共办示范地30195亩。是年，黔南州烟草分公司计划推广EB—1气流下降循环式节能烤房。次年，全州“包衣种”种植面积占烤烟种植面积的70%。完成EB—1气流下降循环式节能烤房改造4000间。

1999年，全州“包衣种”育苗达98%，高厢茶盘式集中育苗达60%。全州实现营养块（袋）假植移栽100%，进行了营养液浸根移栽试验。

2000年，黔南州烟草分公司组建烤烟漂浮育苗技术攻关小组，选定福泉市陆坪镇和福泉金福公司为烤烟漂浮育苗示范点，选定福泉市黎山乡为烤烟漂浮育苗大田移栽示范点。是年，全州改造烤房12212间。2001年在福泉金福公司召开全州烤烟漂浮育苗现场观摩技术研讨会，会期参观了福泉市陆坪镇和金福公司烤烟漂浮育苗现场及黎山乡漂浮育苗大田移栽现场。全州烤烟漂浮育苗3278厢，可移栽大田面积1.3万亩。

2004年，黔南州烟草分公司提出“烤烟生产技术要求及其指导意见”，对烤烟育苗的选地、播种时间、苗床管理、施肥、假植、剪叶、炼苗与壮苗等作出明确的要求。种植密度为土烟每亩控制在1000株至1150株，田烟每亩控制在950株至1000株左右。是年，全州漂浮育苗移栽和托盘育苗移栽19.4万余亩，占移栽总面积的78.1%，居全省前列。全州较大面积的种植烤烟土壤实现了测土配方施肥，施肥氮、磷、钾比为1∶1∶2或1∶1.5∶3。

2006年，全面推行集约化育苗，示范推行商品化育苗，培育适龄壮苗。在全州烟叶生产中，以漂浮育苗为主的集约化育苗面积占实际移栽面积的96%，有效地保证了移栽烟苗的田间整齐度。

2008年后，烤烟生产按照黔南州烟草公司制定的《烤烟生产技术要求》执行。移栽时间为4月中旬至5月上旬，移栽规格为每亩1100株至1200株（田烟1000株左右），露地栽培实行单厢起垄，推行地膜覆盖栽培，施肥坚持“控氮、稳磷、增钾、补微”的原则，适当使用有机肥和镁、硼、锌、氯等中微量元素肥料，平衡烟株的营养供应。普遍采用测土配方施肥技术和打项抹芽技术。

2009年，福泉金福公司成功研发“纸栽种”育苗新技术。推广实施“公司扶持、专业户管理、以苗养苗”的烤烟育苗管理模式，商品化育苗100%，集约化育苗移栽100%。

2011年，全州共有密集型烤房10510座，开展日光温室型太阳能密集烤房的研制及应用研究。2012年推广井窖式移栽11万余亩，占移栽面积的42%。2013年实施烟水工程灌面5.59万亩。2014年基本实现好田好土种烟和适度规模集中连片种植。

三、油菜

油菜是州内传统的主栽经济作物，各县市均有种植。品种上推广杂交油菜，栽培上采取直播和育苗移栽两种方式。1991年，全州油菜种植面积97.2万亩，油菜籽产量7.98万吨，杂交油菜种植占油菜总播面的45.8%，育苗移栽占42.2%。之后除受灾年度外，各年面积和总产基本稳定。2001年，杂交油菜种植占油菜总播面的72%，育苗移栽占70%。2003年起推广油菜免耕栽培技术。2014年，全州油菜种植面积106.2万亩，油菜籽产量10.13万吨。杂交油菜种植面积99万亩，占油菜总播面的97%；油菜育苗移栽102万亩，占油菜总播面的89%。

四、药材

州内最早进行野生药用植物人工种植的是罗甸县，该县南部的罗悃、八茂等地有人种植艾纳香。1991年，州境有天麻、杜仲等人工种植，比较零星分散。

1996年，得到中国科学院植物研究所的支持，引入第三代食用抗氧化剂迷迭香原料植物在州内种植，先在独山起步种植成功，后移扩至都匀市和平塘县，建成种苗繁殖基地200亩，原料基地2000亩及迷迭香系列产品加工厂1座，国家发改委将其列为国家级高新技术产业化示范项目。1996年起药材人工种植开始列入州级统计年报（农业经济作物）指标。是年，全州药材种植面积1.34万亩。之后，陆续有企业或个人到州内各地租地种植或发动群众种植。2004年各种药材种植面积达到3.1万亩。2006年后，种植品种达到10多个。

2009年，州委、州政府将药材种植列入农业“185”工程的重点产业之一，人工种植面积有所扩大。2011年种植面积4.28万亩，进入种植增加较快时期。在《贵州省中药材产业发展规划（2012—2015）》列入重点发展的23个品种中，黔南州有天麻、石斛、太子参、续断、何首乌、艾纳香、桔梗、白术、银杏、茯苓、薏苡、山银花、杜仲、黄柏、党参、钩藤、半夏、丹参、苦参等19个。2012年，罗甸艾纳香获得国家质监总局颁发的农产品地理标志认证。2013年，部分县（市）建立药材种植基地，全州药材种植面积大幅度增加，从上年的5万余亩增加到19万余亩。2014年，全州药材种植面积24.81万亩。是年，都匀种植4.87万亩、罗甸种植4.74万亩、瓮安种植4.17万亩、独山种植3.23万亩，4县市种植面积占全州总种植面积的68.28%。

五、其他农耕经济作物

州内依托耕地为主种植的其他经济作物还有花生、葵花、晒烟、棉花、麻类、甘蔗及草本类水果等，特种经济作物有花卉等。

晒烟　晒烟也称为叶子烟或土烟，全州各地均有零星种植，为群众自用嗜好品，剩余产品在市场自由出售。1991年种植面积为3.46万亩，产量1896吨。随着老一代嗜好者逐渐减少，种植面积呈下降趋势。2014年种植面积为5190亩，产量520吨。惠水、瓮安、长顺产量居前三位，平塘、独山种植面积不足150亩。

棉花　在州内布依族、水族聚居区有种植。1990年，全州面积8133亩，皮棉总产量165吨，亩产20.5公斤。2003年有6个县（市）种植，全州种植面积4440亩、皮棉产量380吨。面积较大的是罗甸县1950亩、荔波县1350亩、三都县825亩。2010年有4个县（市）种植，种植面积5085亩，皮棉产量149吨。其中荔波3060亩，占全州60%。2014年仅有荔波县和三都县种植，种植面积2700亩，皮棉产量153吨。其中荔波占总种植面积的76.11%。

麻类　州内种植麻类主要有苎麻（俗称青麻、园麻）、大麻、红麻、黄花麻等。苎麻、红麻合称为“两麻”。1990年，全州“两麻”面积4350亩（红麻876亩，苎麻3474亩），总产199吨（红麻34吨、苎麻165吨）。2003年，麻类种植面积下滑至2430亩、产量131吨（苎麻分别占84.51、64.89%），有5个县（市）种植，都匀、平塘占全州面积的82.72%。2010年，种植面积继续下滑至555亩、产量26吨（苎麻均占60%左右），有4个县（市）种植，其中惠水县占40%以上。2014年，种植面积仅有平塘县的120亩，产量2吨。

甘蔗　州内甘蔗在荔波、平塘、罗甸等南部地区有种植，品种有果蔗（当水果食用）和糖蔗（制糖原料）。1990年，全州种植面积3240亩，鲜蔗总产0.63万吨，有4个县种植，罗甸县种植面积最大，其次为荔波县。2003年，种植面积7905亩，糖蔗为主的鲜蔗总产1.56万吨，罗甸县保持首位，面积占全州98.29%，总产占全州98.02%。2009年，荔波县政府引进广西壮族自治区制糖企业（九曲湾公司和南华集团），在县内建立订单糖蔗种植基地，产品由制糖企业包购，以荔波为主的甘蔗种植生产较大发展。是年，全州面积3.09万亩，产蔗11.43万吨，荔波面积最大，其次为罗甸。2012年，种植面积2.42万亩（荔波占93.85%）、产量9.15万吨（荔波占97.36%）。2013年，在荔波的广西制糖企业撤出，全州种植面积仍有3.76万亩，产量仍达17.31万吨（荔波分别占89.47、92.42%）。2014年，种植面积仅有9600亩（荔波占74.53%）、产量2.77万吨（荔波占83.23%），种植县除荔波外，还有三都县和罗甸县。

花卉　20世纪90年代，花卉培植零星分散，以木本花卉较多，由林业园林部门管理。进入21世纪后，州内逐渐有专业户种植，规模由小到大，市场销售增加，成为农民增收的一条途径。2009年将花卉纳入农业“185”工程中的培育类特色产业，主要培植盆栽观赏植物和鲜切花。2011年起将花卉列入《黔南统计年鉴》指标，是年规模化的生产出现，全州种植面积2180亩。2012年，贵定县云雾镇鸟巢式现代农业产业园智能型大棚立体栽培花卉苗木，惠水县引入企业在涟江坝区建立规模化花卉苗木基地，独山、都匀也有初具规模的花卉苗木基地。按照统计，是年有花卉种植县4个，种植面积7590亩。2013年，花卉种植发展到6县（市），面积1.03万亩。2014年，花卉种植发展到9县（市），面积2.1万亩。是年8月，由浙江省花卉苗木协会58家重点企业组成的“2014全国苗乡行——贵州考察团”赴惠水、龙里考察花卉苗木产业。

1991—2014年全州经济作物面积产量统计数（一）

表10－2－3　　　　单位：万亩、吨

年度	油料				烟叶				药材	
	总面积	总产量	其中：油菜籽		总面积	总产量	其中：烤烟		总面积	总产量
			面积	产量			面积	产量		
1991	100.00	81487	97.25	79753	35.85	39314	32.98	37511		
1992			92.24	63276			42.45	44252		
1993	87.25	43440	83.83	41470	48.12	49444	45.76	42801		
1994	81.72	52857	78.48	50576	31.42	27150	29.39	25254		
1995	90.22	65823	86.24	62856	34.58	27255	32.43	25508		
1996	92.22	56788	88.52	54038	45.86	41654	44.22	39982	1.34	
1997	91.45	66914	87.71	61483	66.26	72934	64.50	71407	2.42	
1998	89.95	65416	85.50	60645	30.26	30732	28.28	28894	2.21	
1999	101.17	62149	97.19	58889	34.85	34581	33.15	33170	2.47	
2000	96.06	75383	92.09	71937	30.65	28729	28.89	27475	2.33	
2001	91.88	72780	87.17	68646	27.59	23898	25.82	22667	2.30	
2002	92.34	72796	85.18	66470	27.92	25991	26.51	24924	2.23	592
2003	92.17	74601	86.55	69892	28.26	26505	26.87	25323	2.88	3364
2004	98.44	85337	92.45	78880	27.29	26480	25.98	25415	3.10	108
2005	106.41	89439	100.17	83766	30.66	32182	29.32	31067	2.97	2269
2006	108.49	92161	102.06	86255	22.13	25578	21.08	24736	3.07	
2007	83.34	71750	79.62	68761	23.49	27885	22.36	27006	3.08	
2008	90.62	70736	83.60	64639	26.59	32633	26.07	31851	2.78	
2009	98.38	84635	93.21	78825	23.55	30649	22.57	29885	3.07	

续表 10－2－3

年度	油料				烟叶				药材	
	总面积	总产量	其中：油菜籽		总面积	总产量	其中：烤烟		总面积	总产量
			面积	产量			面积	产量		
2010	102.08	73897	96.39	67356	23.73	29585	22.80	28843	3.70	
2011	105.49	88658	99.73	82252	27.50	28814	26.72	28205	4.28	
2012	107.87	94334	101.99	88269	27.89	28726	27.19	28035	5.07	32758
2013	110.17	101796	104.18	93726	31.67	32801	31.00	32281	19.35	65072
2014	112.97	111126	106.16	101266	24.59	27347	23.93	26626	24.81	91756

1991—2014 年全州经济作物生产面积产量统计数（二）

表 10－2－4　　单位：万亩、吨

年度	蔬菜		果用瓜果		甘蔗		麻类		其他农作物		特种农作物面积
	总面积	总产量	面积	产量	面积	产量	面积	产量	面积	产量	
1991	28.58	未统计			0.59	5953	0.51	323			
1992	27.84	未统计							51.77		
1993	34.65	未统计	0.73	6537					15.59		
1994	33.26	未统计	0.9	8326					16.81		
1995	35.91	未统计	1.04	10823					16.99		
1996	34.70	761750	1.97	41264	0.50	18670	0.26	163	22.92		
1997	37.65	671869	2.44	23838	0		0.22	145	23.80		
1998	45.98	452803	2.00	14837	0.71	12588	2.17	139	30.01		1.13
1999	41.90	427291	1.75	14513	0.70	10044	0.60	181	29.76		0.14
2000	47.56	473245	1.84	20277	0.66	7794	0.94	225	31.44	3258	
2001	46.07	513044	2.04	21115	0.58	7371	0.77	189	29.96		
2002	48.43	506579	2.19	24976	0.54	6243	0.68	235	29.82		
2003	53.22	624706	3.47	37512	0.79	15638	0.24	131	32.10		
2004	61.46	715966	3.99	40647	0.76	16516	0.14	136	33.99		
2005	70.50	895151	4.73	50792	0.79	13606	0.17	117	45.56		
2006	79.18	1018929	5.13	56868	0.83	16716	0.11	65	41.03		
2007	84.41	1021004	4.55	47055	1.16	46032	0.11	63	38.78	17408	
2008	85.46	1177900			3.70	164535			49.86	89097	
2009	96.78	1379854			3.09	114301			54.78	99465	
2010	104.87	1550105	5.04	59007	2.42	91540	0.06	26	36.9		
2011	119.45	1605641	5.87	70351	1.94	71073	0.10	47	41.47		0.22
2012	134.08	1792826	5.93	78230	4.48	164179	0.12	250	41.00		0.76
2013	144.72	1978223	6.12	96544	3.76	173128	0.04	39	44.50		1.03
2014	159.80	2142851	6.28	109224	0.96	27734	0.01	2	49.22		2.11

第五节　茶叶水果

一、茶叶

（一）茶叶发展

茶叶是州内利用非耕地种植为主的木本经济植物。黔南是一个古老茶区，垦殖历史十分久远，品种资源丰富多样，分布全州各县市。1991 年，全州有国营茶场 5 个，乡镇小茶场 30 余个，还有一些农户自用的零星茶地，茶园总面积 3.03 万亩，产茶 909 吨。茶叶品种有都匀青塘茶、都匀江洲大树茶、苗岭云雾山大叶茶、贵定鸟王茶、惠水抵季花山大叶茶、罗甸边阳油闹丛茶、瓮安江界河大树茶、贵定阳宝山丛茶、龙里岱林茶、独山高寨丛茶、独山兔场沟山丛茶、三都烂土丛茶等地方群体种，还有国营都匀茶场（牛场）、长顺广顺农场早年引进的浙江群体茶种，罗甸上隆农场引进的云南凤庆大叶茶，各县栽种省茶科所培育的“黔湄”系列品种。

1994 年，全州茶园面积发展到 15.81 万亩，产茶 1292 吨。之后茶叶生产一度出现起伏波动。1997 年后开始恢复回升，一些新建设茶园进入采摘期。1999 年茶园面积 6.78 万亩，产茶 1763 吨。

2000 年，成立州茶产业领导小组及其办公室，各县（市）相应成立茶产业领导机构或以农业办公室牵头，规划茶产业发展。是年实施退耕还林工程，继后又实施长江上游防护林工程和珠江流域防护林工程，利用这些工程还林、造林项目，实施县（市）调整林业结构，以经济林营造的形式投入茶园建设，全州茶园面积增加。建设中，新植茶园的绿茶品种有福鼎大白茶、福云六号、名山 131、贵定鸟王种、龙井 43 等。其中福鼎大白茶是主植品种，全州有种植；白茶品种以安吉白茶白叶一号为主，主要在瓮安、三都、平塘等地种植；乌龙茶有金观音、金牡丹等品种，主要在瓮安、平塘等地种植。2006 年，全州茶园面积已发展到 14.32 万亩，产茶 2585 吨。2006 年 7 月，中国民族地区经济发展论坛组委会、中国民族地区特色之乡评选组委会授予贵定县云雾镇“中国苗岭贡茶之乡”。2007 年 5 月，中国茶叶流通协会授予都匀“中国毛尖茶都”。

2007 年，成立州茶办（副县级）和县（市）茶办（茶叶站），推动茶产业加快发展。是年，茶园面积 16 万亩、产茶 3580 吨，分别比上增长 11.82%、38.49%，州内茶叶进入发展加快、质量提高、品牌创立的时期。新建茶园和茶园改造新增的茶叶品种，主要有本地有性系良种的都匀毛尖茶、贵定仰望茶和省内培育的无性系新品种黔湄 419、黔湄 502、黔湄 701 及有性系的湄潭苔茶，均为国家审定的良种。

在全州 2009 年起实施的农业“185”工程中，将茶叶列为重点的特色优势产业。是年茶园面积 22.76 万亩、产茶 4285 吨，分别比上年增长 21.1%、48.48%。2013 年，州委、州政府出台进一步加快推进茶产业发展的意见，推出茶产业发展工作考核办法和州直部门推进茶产业发展项目资金整合意见，明确各项目标任务，茶产业发展进一步加快。是年茶园面积 81.84 万亩、产茶 10158 吨，分别比上年增长 47.13%、20.34%。

在 2014 年 3 月召开的全国“两会”期间，总书记习近平在参加贵州省代团审议会议时，作出“关于都匀毛尖茶，希望你们把品牌打出去”的指示。会后，州委、州政府制定《黔南州创建都匀毛尖茶全国知名品牌三年行动计划纲要（2014—2016 年）》；州人大常委会于是年 7 月颁布实施全省第一个、全国第二个（民族自治地区第一个）茶产业地方法规《黔南州促进茶产业发展条例》。是年，茶园面积 103.75 万亩、产量 13413 吨，为历史最高年，分别比上年增长 26.78%、32.04%。

1991—2014 年全州茶叶面积产量统计表

表 10-2-5

年度	茶园面积（万亩）	其中采摘面积	茶叶产量（吨）	其中绿茶产量	年度	茶园面积（万亩）	其中采摘面积	茶叶产量（吨）	其中绿茶产量
1991	3.04	未统计	909	未统计	2003	8.13	6.48	1832	1112
1992	11.57	未统计	1057	未统计	2004	10.52	7.02	2167	1219
1993	14.94	未统计	1221	未统计	2005	12.92	7.41	2431	1577
1994	15.81	未统计	1292	未统计	2006	14.31	8.21	2585	1642
1995	6.78	未统计	966	未统计	2007	16.01	9.77	3580	2242
1996	5.37	未统计	1186	未统计	2008	19.46		2886	
1997	8.05	5.81	1504	未统计	2009	23.57	11.28	4285	2982
1998	5.66	3.69	1636	794	2010	32.57	15.48	5754	4097
1999	5.78	3.63	1763	989	2011	44.37	20.72	6873	5347
2000	6.51	4.81	1787	1001	2012	55.63	24.14	8441	6587
2001	7.18	5.42	1881	1089	2013	81.84	28.83	10158	8072
2002	7.73	6.10	1842	1122	2014	103.77	38.11	13413	11025

（二）产区、技术

州内茶园大体上可分为高档绿茶区、优质绿茶区和其他茶叶产区。以都匀市为中心，周边 50 公里范围内的茶区为优质高档绿茶区，以中小叶品种为主；苗岭以北的贵定、惠水、瓮安、长顺、龙里、福泉等县茶区为优质绿茶区；苗岭以南的独山、荔波、罗甸、平塘、三都等河谷的茶区，为绿茶、红茶、黑茶等产区。

茶叶栽培技术上，长期普遍采用“四行（或三行）条播”密植免耕方式种植。1991 年前惟罗甸上隆农场采用双行条播法种植。1996 年后，各地围绕茶叶高产、优质、生态、安全，积极应用推广科学先进栽培技术和配套技术。都匀毛尖茶还制定了综合标准化体系和种苗繁育技术规程，实行省颁标准。

州内茶叶种植重点推广应用的技术有 5 项。茶叶良种繁育技术：至 2014 年，全州建成无性系苗圃 6850 亩。茶园双行条例式定植技术：为近年来新建茶园普遍采用。茶园测土配方施肥技术：2007 年起示范推广，2014 年应用面积达到 9.99 万亩。茶园机械化修剪、采茶技术：2010 年开始应用。茶园病虫害防治技术：普遍主推综合防治，选用石灰、波尔多液等低毒农药。

（三）经营实体

1996 年，黔南开元茶业公司建立（民营企业）。1998 年，都匀毛尖茶集团有限公司成立（国有企业）。2011 年全州有茶叶加工厂 102 家（新建 18 家），注册茶叶企业共 138 家。2011—2014 年累计新建茶叶加工厂 71 家，茶青市场 27 个。2014 年，全州注册茶叶企业 250 家（国家级 1 家、省级 15 家、州级 32 家、县级 41 家、其他 161 家），农民专业合作社 175 个，种茶农户 7.98 万户。

（四）茶叶品牌

1. 品牌认证

2005 年都匀毛尖茶获得国家质监总局颁发的农产品地理标志认证。2007 年开始实行无公害茶叶产地产品认定认证，都匀市的 12 家农业企业和农民专业合作社的茶园绿茶产品共 16 批次通过资质单位（北京五洲恒通认证有限公司、杭州中农质量认证中心）的有机茶认证（转换期），涉及 6 个乡镇，基地面积 7511 亩，年茶叶（干茶）产量 88.17 吨。2010 年贵定云雾贡茶获得农业部农产品地理标志认证。三都县的贵州健康茶公司开发的甜茶，面积 2015 亩，年茶叶（干茶）产量 910 吨，2011 年获绿色食品认证。2013 年开始，全州统一打造“都匀毛尖”公共品牌。

至 2014 年，全州认定认证无公害茶园达到 6.14 万亩。全州有机茶园面积 2.5 万亩认证企业 6 个，绿色食品茶园 6000 亩，地理标志保护产品认证企业 24 家。茶叶商标注册 199 个（5 家企业获贵州省著名商标），通过 ISO 9001、HACCP 认证企业 50 余家。

2. 品牌荣誉

都匀毛尖茶　1995 年获“95 中国传统名茶奖”。1999 年获“贵州省名牌产品”。2002 年获“贵州省名优茶”。2002—2003 年获省消费者协会“绿色消费品”。2003 年获省食品工业协会“著名品牌”。2004 年获“中绿杯全国名优绿茶金奖”“蒙顶山杯国际名茶金奖”。2005 年获“华茗杯全国名优绿茶金奖”“中茶杯”优质奖；“贵州十大名茶”第一名、“放心茶中茶协推荐品牌”、国家工商总局“都匀毛尖茶原产地证明商标”。2006 年获“多彩贵州”旅游商品设计大赛贵州名牌入围奖。2007 年获“贵州省名优绿茶奖”“中茶杯”全国名优绿茶银奖、“中绿杯全国名优绿茶金奖”“中绿杯全国名优绿茶银奖”“中绿杯全国名优绿茶优质奖”。2009 年获上海豫园国际茶文化艺术节“中国鼎尖名茶奖”、入选贵州省非物质文化遗产名录、上海第十六届国际茶文化节“金牛奖”、全国名优绿茶“金奖”、北京中国国际茶业博览会“金奖”“中国世博十大名茶”“上海世博会联合国礼品茶、指定用茶”“贵州十大名片”、日本世界绿茶评比“金奖”。2010 年获上海第十七届茶文化节“中国名茶金奖”、上海豫园茶文化节“中国精品名茶”“新中国 60 周年茶事功勋企业”入选全国第二批“中华老字号”名录、第八届国际名茶评比“金奖”。是年，经国家权威机构评估，都匀毛尖茶品牌价值达到 9.63 亿元。2011 年获消费者最喜爱的中国农产品区域公用品牌，（贵州茶业第一品牌）。是年，贵州味道牌“都匀毛尖”荣获第二届“觉农杯”中国（北京）国际茶业及茶艺博览会金奖。2013 年获“贵州自主创新品牌 100 强”“贵州自主创新优秀品牌”“中茶杯绿茶一等奖”“中茶杯红茶一等奖”、第三届国际茶业暨茶艺博览会“优质产品奖”“中茶杯优质产品奖”。2014 年，都匀毛尖茶品牌价值达到 13.78 亿元。

贵定云雾茶　1991 年获商业部“优质产品”“全国名茶奖”。1992 年获中国首届农业博览会优质奖。1993 年获中国贵州杜鹃花节展销会“质量信得过荣誉奖”、中国国际保健精品博览会金杯奖。1995 年获中国国际技术产品展览会金奖。2002 年获第四届国际名茶评比会金奖。2005 年获第五届国际名茶评比会金奖、贵州十大名茶。2008 年获第五届北京国际茶叶博览会金奖。2009 年获贵州十大名茶、第六届北京国际茶博会金奖、第十六届上海国际茶文化节“中国名茶”金奖、香港最喜爱绿茶。2010 年获 CHC 全国高科技质量监督促进工作委员会著名品牌、第八届国际名茶评比会金奖、日本世界绿茶评比会金奖、上海世博产业博览会金奖、“贵州五大名茶”、台湾第八届国际名茶评比金奖、国家农业部首批地理标志农产品认证。2011 年获消费者最喜爱的 100 个中国农产品区域公用品牌。2012 年获杭州绿茶评比金奖。

瓮安茶叶　1993 年青山茶场的“众生”牌天然保肝茶荣获美国加州国际博览会金杯奖。1994 年青山茶荣获第二届农业博览会银奖。2007 年，“众生”牌乌江翠芽荣获国际林业博览会银质奖。2010 年“曼生”牌曼生贡春荣获“中绿杯”金奖，曼生贡芽获银奖。2011 年“曼生”牌曼生白茶荣获第九届“中茶杯”一等奖。

平塘玉水毛尖茶：2002 年获中国茶叶流通协会“贵州春茶第一壶”。

二、水果

（一）种植面积与品种

1991 年初，全州有水果种植面积 3.66 万亩。是年，福泉县由乡镇企业局投资 455 万元，在双谷开工建设“万亩果园场”，建园面积 6700 亩。到 2000 年，全州果园面积达到 6.96 万亩，产量 2.52 万吨。是年起，利用财政扶贫项目、退耕还林项目等，新建、扩建了数量较多的果园或水果基地。到 2005 年，全州果园面积达到 25.58 万亩，产量 5.75 万吨。是年，州委、州政府把水果列为全州助民增收的农业产业“十朵金花”之一。2006 年 7 月，中国民族地区经济发展论坛组委会、中国民族地区特色之乡评选组委会授予贵定县盘江镇“中国酥李之乡”。

2007 年起，总结多年的经验，利用州内立体气候特点，通过规划布局引导，逐步形成水果三类生产区。中海拔山地常绿和落叶果树混植区：包括都匀、贵定、福泉、瓮安、龙里、惠水、平塘、独山等海拔 650 ~ 1000 米，年均温 15℃ ~ 17℃的绝大多数区域，主栽南方梨、桃、李、葡萄等落叶水果和杨梅、柑橘等亚热带常绿水果。热带和亚热带常绿水果栽培区：包括罗甸县红水河、三都县都柳江、荔波县樟江流域及其他类似地区等海拔 650 米以下，年均温 17℃以上低热区域，主栽柑橘、枇杷、火龙果等。北方落叶水果栽培区：

特指长顺县的广顺、马路、凯佐等乡镇及类似的瓮安、龙里、惠水、都匀、三都等海拔1000米以上，年均温15℃以下的区域，主栽北方品系的苹果、樱桃、葡萄等。

2009年，全州实施农业“185”工程，把水果（含干果）产业纳入重点发展的特色优势产业之一。是年，省科技厅与州政府、长顺县政府签署《长顺县精品水果、优质特色蔬菜产业发展科技合作协议》，支持和促进当地果业发展。2010年10月15日，省委、省政府在罗甸县召开全省火龙果产业发展现场会，推进火龙果等水果产业发展。是年，全州果园面积35.45万亩，产量11.43万吨。中国农学会葡萄分会授予三都县交梨乡“中国水晶葡萄之乡”称号。

2012年，龙里刺梨产品获得国家质监总局颁发的农产品地理标志认证。2013年，罗甸火龙果获得国家质监总局认证，贵定酥脆李获得农业部农产品地理标志认证。

2014年，果园面积74.3万亩、产量30.22万吨。水果成为种植业中稳定的惠民产业之一。全州果园种类为：柑橘园占34.2%（罗甸居首，占全州48.9%），葡萄园占19.3%（三都居首，占全州67.6%），梨园占13.5%（福泉居首，占全州26.8%），桃园占9.5%（平塘居首，占全州25.2%），苹果园占6.3%（长顺居首，占全州97.4%），杨梅园占4.9%（罗甸居首，占全州40.8%），猕猴桃园占1.5%（瓮安居首，占全州60.2%），其他为热带水果及李、柿、枣等。

州内果园主要水果栽培品种有：柑橘品种23个，梨品种19个，苹果品种26个，葡萄品种10个，杨梅品种4个，桃品种15个，李品种11个，火龙果品种3个，刺梨品种2个。此外，猕猴桃、枇杷、蓝莓、枣等也有建园种植。

（二）种植技术

果园果树重点栽培技术有6项。良种苗木及嫁接：全州新建果园良种覆盖率达98%以上，对劣质老果园，大部分采用高接换头或行间定植新品种幼树等方法进行更新。疏花疏果：主要针对挂果的苹果、火龙果、葡萄、桃、梨、蜜柚等果树采用，技术应用率（占应疏果树）达80%以上。人工授粉：苹果、火龙果、桃、梨、蜜柚等果树的人工授粉（方法有7种以上），全州应用率（占应人工授粉果树）达90%以上。果实套袋：主要对葡萄、梨、桃、枇杷、蜜柚等水果果实膨大期前进行套袋提质保护，其套袋率在80%以上。两疏两改：即疏树疏技和改接改树形，应用于已经封行、郁闭的梨、温州蜜橘、漳江蜜柚等低产果园改造上，全州应用率（占应改造的低产果园）达80%以上。配方施肥：全州果树测土配方平衡施肥面积18.45万亩，占果园总面积24.8%。

三、国营茶场、果场选介

黔南州上隆茶果场　位于罗甸县逢亭镇，前身为贵州省国营上隆果树畜牧场。1990年有茶园2540亩、果园1400亩。1991年以后，逐步发展为茶果种植生产、加工、销售一条龙和贸、农、工一体化经营的企业。1996年由县代管，次年改为县属县管。2007年认定为省级农业产业化龙头企业。2012年设为4个农业分场1个养猪场和1个茶叶加工厂，茶园开采面积5500亩、新垦面积5000亩，果园面积3000亩。

惠水县七里冲茶果场　原名惠水县七里冲果树场。1990 年占地面积 7259 亩，有职工 134 人，果园面积 793 亩，茶园 3 亩，家庭农场 73 个。1991 年开展较大规模垦殖茶园。1994 年更名为惠水县七里冲茶果场，1994 年 6 月，生产的“九龙山”毛尖茶获中国茶学会是年“中茶杯”全国名优茶评比二等奖，1995 年 6 月获贵州省食品协会茶叶分会和贵州省茶叶品质评审委员会以“崇峰毛尖茶”品牌评为贵州名茶，1997 年 5 月新注册“九炉山”品牌。2011 年由贵州美福生态农业有限公司承包经营 376 亩，新垦茶园 1000 亩。2012 年茶园 1556 亩、果园 1128 亩，有职工 132 人，家庭小农场承包经营户 120 户。

瓮安青山茶场　1991 年以后，以生产加工“众生牌”天然保肝系列绿茶为主。该场先后被列为中国 150 家绿色食品开发基地之一、贵州 4 大绿茶出口基地之一、贵州农垦系统 9 家绿色食品开发基地之一。“众生牌”保肝系列绿茶，1992 年获中国第二届农业博览会银奖和贵州省星火科技成果博览会金奖。

罗甸县果园场　1990 年县果园场占地面积达到 620 亩，职工 30 人。建立蜜柚、脐橙为主的果园 500 亩。1996 年，县果园场注册成立企业性质的罗甸县果业公司。1996—1998 年。先后建立、扩展 6 个果园场（连同此前的 2 个，共 8 个分场），其中购买 1 个（立亭果园场，果园面积 253 亩），租地建场 5 个，其中沟亭果园面积 85 亩（种植脐橙、椪柑、柚子），羊里纳洒果园场 126 亩（种植脐橙），沫阳果园场 155 亩（种植锦橙），八总果园场面积 1008 亩（种植麻竹为主，另有油桃 30 亩），坡球果园场面积 120 亩（引种种植布朗李）。2005 年县果业公司改制，有职工 16 人，果园承包给个人经营管理。

第六节　良种引进与培育

一、种子管理

1991 年，由州、县两级种子公司开展粮、油为主的种子繁殖、经营、推广及管理等业务。种植业上，主要引进推广杂交水稻（含超级稻）、杂交玉米和杂交油菜。三者合称“三杂”，杂交水稻和杂交玉米合称“两杂”。1991—2000 年，种子从外地种源基地调进，种子公司销售，在部分乡镇设有代售点。期间有其他形式的种子购销，需接受农业部门种子公司的质量检测监管。2000 年，由农业部门加强种子审（认）定工作，种子公司实行企业化管理，财政不再拨款。

2001 年，全州 13 家种子公司共有代销点 297 个。《中华人民共和国种子法》《贵州省农作物种子管理条例》先后颁布实施，开始实行种子生产、经营的证照管理和销售种子的备案登记管理制度。是年发放备案登记证明 297 份，开展市场检查 326 场次，检查经营点 326 户次，查处种子案件 23 起。之后，州、县配置法定种子检测和执法人员 30 余人，全州种子管理逐步进入依法行政轨道。2002—2004 年，共收扣非法种子 1. 13 万公斤。

2007 年，州、县种子公司（国有事业单位）全部撤销，粮、油等种子由民营种业公司及代销点经销，州、县种子站履行种子试验示范，“三杂”良种质量管理、市场监管及信息服务等职能。是年，全州有民营种子公司23家，代销点1200个（户）。发放备案登记证明3624份，开展市场检查584场次，检查经营点1694户次，查处种子案件25起。次年，发放备案种子登记证明4242份，种子监管检查市场400场次，检查经营点2150户。

2012年，收扣非法种子720公斤。2013年，发放备案种子登记证明9771份，为历年最多。

2014年，民营的种业公司达到43家、种子代销点达到2145个（户）。发放备案种子登记证明8634份，种子监管检查市场725场次、检查经营点3396户次。

2001—2014年全州“三杂”种子销售情况统计表

表10-2-6　　单位：吨

年度	销售种子				年度	销售种子			
	杂交水稻	其中超级稻	杂交玉米	杂交油菜		杂交水稻	其中超级稻	杂交玉米	杂交油菜
2001	1507.8	/	703.2	38.0	2008	1852.6	637.0	2422.1	39.9
2002	1663.2	/	753.0	45.0	2009	1789.4	656.3	2423.2	37.3
2003	1626.5	/	840.2	99.5	2010	1705.5	764.6	2357.7	47.5
2004	1659.7	/	1185.6	61.2	2011	1749.3	893.0	2428.4	58.9
2005	1633.3	/	1627.6	55.0	2012	1497.2	738.9	1925.7	15.4
2006	1751.4	/	2425.8	32.4	2013	1509.8	721.0	2035.5	13.0
2007	1797.0	379.5	2370.4	30.1	2014	1412.6	700.0	2083.2	15.4

二、良种推广

（一）杂交水稻

全州杂稻引进推广面积1990年已经达到110万亩，占水稻种植面积68.1%，主要组合有汕优63、D优63、汕优64、D优64等组合。

1991—2000年，新引进的有K优5号、协优63、中优63、中优527、冈优22、冈优527、金优63等20余个，主推组合有82个。其中杂稻推广面积1993年为126万亩，占水稻种植面积的78.5%，1998年达到154万亩，占水稻种植面积95.01%。2000年州级审（认）定的有Ⅱ优501、Ⅱ优838、仙优149、汕优268、冈优268、冈优37等组合。

2001—2006年，杂交组合55个（新品种占80%），主推组合K优5号、汕优63、协优63、金优晚三、冈优22、D优527、金优527、金优63、金优725等。

2006年起，开始推广超级稻，杂稻种子进一步更新换代。至2012年，杂交组合新引进80余个、主推组合20多个（中优85、金优117、金优527、B优527等），其中超级稻有D优527、准两优527等10个组合。

2013—2014年，销售种子组合183～216个，主推组合有中优808、科优21、遵优3号、准两优527、T优6135、内五优5399、湘优109、宜香725、内五优39、渝香203、中优5617、香早优2017、中优5617、金优785等。

（二）杂交玉米

州内杂交玉米引进试验基本与杂稻同步，1990 年推广面积 27.5 万亩，占玉米播种面积 34.72%。以中单 2 号、黔单 4 号、黔单 2 号、京丰 1 号、郧单 1 号（七三单交）、郧单 1 号、京杂 6 号、丹玉 13 号、掖单 13 号等组合为主。1991 年杂交玉米推广面积占玉米面积 50.03%。

1991—1992 年开始示范、推广紧凑型玉米，至 1993 年开始较大面积推广。主推品种 6 个，原推广的掖单 13 号逐渐被其他品种所取代。杂交玉米推广面积 2000 年达到 73.5 万亩，占玉米种植面积的 75.85%。

2001—2005 年，销售推广组合达到 50 个，主推组合有临奥一号、登海 3 号、正大 619、遵玉 3 号等，一些老品种组合如川单 15、农大 3138、海禾一号、兴黄单 89－2 等逐渐减少。

2006 年，品种进行较大更新换代，引进组合近 60 个，主推品种有临奥一号、登海 3 号、正大 619、遵玉 3 号等 20 余个。

2013—2014 年，销售推广组合 185～206 个，主推组合三北 2 号、正大 999、正大 619、中单 808、织金 3 号、蠡玉 6 号、奥玉 3202、三北 89、裕玉 207、黔单 23、迪卡 008、新中玉 801、黔单 16 等。

（三）杂交油菜

州内杂交油菜推广面积至 1990 年已经达到 3.75 万亩，主推组合秦油 2 号、中油 821 等。

1991—2000 年，全州油菜种植面积年均 89.25 万亩，其中杂交油菜面积年均 63 万亩，平均占 70% 左右。

2001—2011 年，主要推广组合有油研 9 号、10 号、50 号，黔油 16 号、南油 10 号等 47 个。

2012—2014 年，备案种子可推广面积占油菜种植面积 80% 以上。

三、繁殖制种

（一）杂交水稻繁殖制种

州内自制自繁生产种子 1990 年达到 946.3 吨，占杂稻推广总量（自给率）74.8%。1991 年，因制种技术、药剂未能根本解决，州内大面积制种生产的种子纯度和田间整齐度较差，而且成本较高，加上外地种源逐渐充足、质量较高、价格较低，州内制种开始减少，改为调种为主。至 1992 年，全州杂稻制繁绝大多数告停。州农科所 1995 年育成的杂交水稻“具紫叶遗传标记的光、温敏核不育系紫标 S—1. S—2”，经省科委鉴定为居国内同类研究领先水平。至 1999 年，县级仅有贵定农科所坚持开展制繁，其他县级良种繁殖场只有三都、平塘不稳定的小面积制种。全州杂稻种子基本上依靠从四川、湖南等地调进供给。

2000 年，州农科所及三都、平塘县制繁育Ⅱ优多系 1 号、协优 63 号、金优 63、Ⅱ优 63 等种子共 52.6 吨。

2001 年起，《种子法》颁布实施，种子市场放开，制种工作由上级计划安排变为制种单位自行安排，仅有州农科所原组建的金凤凰种业公司继续制种。2002 年，州农科所（历时 14 年）选育出籼粳亚种间三系杂交组合“金优 404”“K 优 2020”同时通过省品种审定委员会审定，结束了州内无自育杂交组合的历史。2006 年，州农科所选育出“黔南优 2058”，被农业部确认为超级稻（省内唯一），填补了省内空白。至 2008 年凤凰种业公司撤销，但农科所仍延续制种，是年生产种子 38.2 吨。

2001—2012 年，黔南州农科所成功育出金优 404、K 优 2020、黔南优 2058、香早优 2017 等组合，经贵州省品种审定委员会审定通过推广，表现较为突出。其中，早熟品种金优 404 在 2002 年州内水稻遭遇严重大面积秋风冷害中，表现出很好的抗寒性，挽救部分农户损失。在 2005 年农业部在京召开的“国家水稻品种区试总结会”上，“黔南优 2058”名列长江上游中籼迟熟 E 组第一名，其最高产量和平均绝对产量均列 2005 年度国家区试 24 个组全部参试组合之首，同年通过省品种审定，并列为科技部农业科技成果转化项目，达农业部最新颁发的“广适应性超级稻”评定标准，是省区试中唯一突破平均亩产 0.6 吨瓶颈的省内自育组合，也是省内“十五”攻关取得的一项重要成果。早熟优质高产的杂交香稻新品种“香早优 2017”，是省内“十一五”攻关取得的重要成果，先后列入省动植物育种项目、省重点推广项目、国家科技部农业科技成果转化资金项目，2009 年被省农业厅推荐为贵州省水稻主导品种，是省内自主知识产权的新品种，次年被省品种审定委员会确定为取代“金优 207”后的贵州省区试早熟组新的对照种，成为全省杂交水稻早熟品种的标杆性品种。香早优 2017 品种自 2006 年审定以来，在全省各地推广，迅速上升为省内高寒山区最受农民欢迎的优质杂交稻主导品种，到 2009 年的 3 年，推广面积累计超过 30 万余亩，创造产值 1.98 亿元。

至 2014 年，农业部“两证”（种子生产许可证和经营许可证）管理办法颁布后，州农科所也因不具备资质停止制种。

（二）杂交玉米繁殖制种

州内杂交玉米试验制种面积 1990 年达到 3397 亩，生产种子 332.8 吨，自产种子占杂交玉米推广面积的 55%。之后，因技术、市场等原因，杂交玉米制种开始逐年萎缩。

1991—1993 年，年均制种面积 2750 亩，生产种子 155 吨，自产种子占杂交玉米推广面积 29.3%。繁殖制种组合主要有中单 2 号、黔单 4 号、郧单 1 号、京杂 6 号等。1994 年后，州内杂交玉米制种绝大多数告停，仅有少数县市良种繁殖场时有小面积零星制种。

2012 年，长顺县贵州富邦种业公司（民营）制种美单 88、贵糯 1 号共 720 亩，生产种子 144 吨。

2014 年，惠水县贵州金农公司（民营）获得黔糯 768、黔糯 868、金玉 838 杂交玉米种子生产许可证。

（三）杂交油菜制种繁殖

注册贵阳的贵州禾睦福种业公司获得油研九号、油研 50、油研 11 杂交油菜种子生产许可证，2013—2014 年在州内的长顺、惠水开展制种累计 7900 亩，生产种子 999.4 吨。

四、新品种试验示范

州、县种子站根据省农作物品种审定委员会和省种子站（公司）的安排，多次承担和完成国家、省级“三杂”良种的区域试验及示范。

2001—2010 年，先后承担和完成杂交玉米黔兴 1 号、黔兴 4 号、黔玉 2 号、黔糯 2 号、黔单 14、遵玉 3 号等 17 个组合的展示项目，展示面积各 3.5 亩；承担和完成国家级示范种子雅玉 12 号、登海 3 号、成单 2 号 3 个组合和省级示范种子黔玉 9 号、屯玉 7 号等共 19 个组合的示范项目，示范面积各 100 亩；承担和完成杂交水稻茂香优 2 号、筒优 202、宜香优 1577、两优 11 等 9 个组合的展示项目，展示面积各 2.5 亩；承担和完成陆两优 106、黔优 18、金优 18、两优 11、汕优联合 2 号等 8 个组合的示范项目，示范面积各 25 亩。

2011—2012 年，承担和完成国家油菜良种长江上游组生产试验项目，展示示范试验种子汉油 06—8、K801、1033019、杂 20783、YG106、远杂 459 等 6 个组合，面积各 1.5 亩。

2013 年，承担和完成国家和省级水稻、玉米等新组合集中展示示范项目。其中，都匀的水稻生产试验组合 10 个面积 2 亩，玉米生产试验组合 17 个面积 2.5 亩，粳稻区域试验组合 12 个面积 0.7 亩；龙里的水稻生产试验组合 10 个面积 2 亩，玉米生产试验组合 17 个面积 2.5 亩；荔波、罗甸的低热河谷组玉米区试组合 10 个面积 1 亩顷；平塘的杂交玉米区域试验组合 44 个面积 4 亩和高粱品种 8 个面积 0.7 亩；长顺的杂交水稻早熟组区试组合 12 个面积 1.08 亩。

2014 年，承担和完成国家和省级新品种试验示范项目。其中，都匀水稻组合 8 个面积 4 亩、玉米组合 15 个面积 4.5 亩、特色水稻组合 3 个面积 0.2 亩的生产试验、区域试验，粳稻区域试验组合 12 个面积 0.7 亩，省级水稻种子质量种植鉴定品种 10 个面积 5.7 亩，国家水稻新品种展示示范组合 19 个面积 88.5 亩；长顺的水稻早熟组区域试验、生产试验组合 12 个面积 1.08 亩；龙里的水稻组合 8 个面积 4 亩、玉米组合 10 个面积 3 亩的生产试验；平塘的玉米区域试验 4 个组，品种 44 个、面积 4 亩，高粱区域试验组合 10 个面积 0.75 亩；荔波、罗甸的玉米低热组区域试验组合 11 个面积 1 亩；三都的水稻种子质量种植鉴定组合 57 个面积 5.7 亩；州站的国家油菜长江上游组生产试验组合 6 个面积 1.5 亩。

2014 年 8 月，贵州省水稻新品种展示示范现场会在都匀市国家水稻新品种展示示范基地召开，省农委及省内外有关领导、专家和行业代表 300 余人参会，现场展示近三年国家和省审定的品种 18 个。

五、国营良种繁育场

贵定县良种繁殖场：1990 年占地 386 亩（其中农田 330 亩），职工 83 人（含退休 15 人），粮食产量 130 吨，年生产总值 28.5 万元。1991 年全场 200 亩土地（种植蔬菜为主）由家庭农场生产经营。

三都县良种繁殖场：1990 年占地面积 470 亩（其中田 331 亩、果园 36 亩），职工 62 人（另退休 27 人），生产总值 22.70 万元，粮食产量 146 吨。1991—1993 年后延续职工家庭农场模式，经营杂稻制种和果、鱼；1994—1999 年累计新增果园 350 亩，杂稻制种停止，2000—2003 年恢复杂稻制种，并将柑橘果园全部高接换种为脐橙。2004 年后以脐橙生产为主，不再经营杂稻制种，农田改种早熟蔬菜，发展畜牧养殖（承包）。

龙里县良种繁殖场：1990 年有土地面积 180 亩（田 70 亩），总产值 1.5 万元，粮食产量 39 吨，职工 17 人。1991 年后延续家庭农场经营，杂稻制种逐步退出。

惠水县良种繁殖场：1990 年，该场土地总面积 305 亩（其中农田 215 亩、果园 25 亩），职工 40 人。1991 年，繁殖场实行职工家庭联产承包责任制，所有农田按职工每人 1.7 亩，家属每户 1 亩承包到人到户，生产投入自理，1999 年以挂靠形式与省农业厅有关单位合办七彩山鸡养殖，但均以亏损告终。2012 年底繁殖场改制。

第七节　新技术推广

一、作物栽培技术

1991 年后，州内连年推广“双三工程”和“三五工程”。“双三工程”是指水稻三项技术和玉米三项技术，即：杂交水稻高产栽培技术、水稻温室两段育秧技术、水稻半旱式栽培技术三项工程；杂交玉米栽培技术、旱地分带轮作多熟制栽培技术、玉米育苗定向密植移栽技术三项工程。“三五工程”是指旱地三个 50 万亩栽培技术推广，即：旱地分带轮作多熟制 50 万亩，杂交玉米育苗定向移栽 50 万亩，杂交油菜育苗移栽 50 万亩。在经济作物上，重点示范应用推广浮盘育苗、地膜覆盖栽培、一年多熟、间套作一膜多熟等配套集成技术。先后组织实施省级“早果菜—水稻—秋冬果菜”“栽培技术研究及应用课题”“黔南州 100 万亩蔬菜高效栽培模式研究及应用农业丰收计划”等项目。种植业高产栽培应用的技术主要有：

温室两段育秧技术：该技术采用温室托盘育秧至小苗，通过秧田寄栽至大苗，再移栽到大田。1991 年已经推广到 103.65 万亩大田，至 2014 年仍在应用。

水稻半旱式栽培技术：该技术主要是针对冷、烂、锈和泡冬田而运用的拉绳开厢，垄厢栽秧技术。由福泉县率先引进试验、示范，冷、烂、锈田平均亩产提高 12.2%，到 1991 年全州普遍实施，推广面积 44.7 万亩。1992 年 8 月，农业部组织的南方七省区水稻半旱式垄作技术现场会在贵定召开。后因中低产田工程改造治理，冷、烂、锈田逐年减少，到 1998 年全州实施水稻半旱式栽培面积 18 万亩。之后，半旱式栽培技术的推广应用逐渐终结。

水稻旱育稀植技术：该技术于 1991 年引入黔南进行试验、示范，惠水、贵定、龙里 3 县被列入省试点县。即在旱地育秧，再移栽大田稀植。操作较为烦琐，到 1993 年仅推广到 2.85 万亩。后进行了改进，1995 年后逐渐推广普及，2014 年推广面积为 93 万亩，占杂稻面积的 52.74%。

水稻抛秧技术：州内于 2000 年开始引进该技术，采用盘式育秧后抛秧到浅水大田，节省劳力。2001 年，州内独山等县市示范面积 7050 亩。次年后逐渐地州内推广，2006 后每年推广面积超过 15 万亩。2014 年推广面积 13.65 万亩。

玉米育苗移栽技术：到 1990 年已经推广到占杂交玉米种植面积的 18.58%。采用营养土制块、制球或装营养袋育苗，带土移栽，能定向移栽提高产量。最高为 2011 年推广 127.95 万亩，占杂交玉米种植面积的 82.9%。2014 年推广面积也占杂交玉米种植面积的 80% 以上。

小麦包衣种技术：1999 年，州内开始推广小麦包衣种，用肥料、农药包衣，以早期防治病虫，提高出苗率。小麦包衣种推广面积最高的 2009 年达到 25.95 万亩，占小麦种植面积的 51.3%。2014 年继续推广。

旱地分带轮作技术：为综合技术，通过开厢轮作，合理利用地力和搭配作物，提高复种指数，在同一地块实现种地与养地结合，一年多熟增产增收。主要模式有玉米—豆类—薯类、小麦—玉米—绿肥，玉米—蔬菜—牧草。1990 年前已经层层办点示范。福泉、贵定“粮粮型”大面积测产结果，比前三年平均亩产提高 15% 以上。2013 年推广面积 62.85 万亩，为历年最高。2014 年继续推广。

脱毒马铃薯良种繁育技术：1999 年，州内独山县引进脱毒马铃薯进行试验、示范，以后脱毒马铃薯逐渐在州内推广。2006—2007 年，州农技站及平塘、瓮安、都匀、三都、荔波、独山、福泉、长顺等县市承担省脱毒马铃薯项目。2006—2009 年州农技站承担省安排马铃薯二级良种扩繁基地项目（地点为都匀市河阳乡荣堡村，海拔 1900 米），每年实施面积 456.5 亩，平均亩产（鲜）1233.26 公斤；秋繁亩产（鲜）894.3 公斤。2010—2014 年，全州脱毒马铃薯占马铃薯总面积 59.30% ~69.13%。

油菜稻田免耕栽培：免耕栽培是稻田油菜全程轻型栽培技术，可以减少翻地、整地工序，节省费用，一般年不低于育苗整地移栽的单产水平。2003 年，全州开始推广应用油菜免耕栽培技术，2014 年免耕 28.35 万亩，分别占油菜总面积和杂交油菜面积的 27% 和 29.54%。

蔬菜漂浮育苗技术：在反季节蔬菜产区开始采用。

地膜覆盖栽培技术：主要用于蔬菜、玉米、草本水果的栽培，已普遍采用。

1991—2014 年全州粮食生产主要适用技术推广面积一览表

表 10-2-7　　单位：万亩

年度	良种推广面积				高产栽培技术推广面积							
	杂交水稻	其中：超级稻	杂交玉米	其中：紧凑型玉米	水稻半旱式栽培	水稻温室两段育秧	水稻抛秧	水稻旱育稀植	玉米育苗移栽	小麦包衣种种植	旱地分带轮作	脱毒马铃薯
1991	126.75		38.55	0.03	44.70	103.65			16.65		31.80	
1992	133.80		46.80	4.35	30.75	103.80			21.75		37.05	
1993	138.90		49.35	19.05	25.80	108.90		2.85	20.25		33.30	
1994	140.70		59.25	24.30	23.85	123.15		10.35	27.30		29.85	

续表 10－2－7

年度	良种推广面积				高产栽培技术推广面积							
	杂交水稻	其中：超级稻	杂交玉米	其中：紧凑型玉米	水稻半旱式栽培	水稻温室两段育秧	水稻抛秧	水稻旱育稀植	玉米育苗移栽	小麦包衣种种植	旱地分带轮作	脱毒马铃薯
1995	146.10		55.35	26.55	21.15	128.70		57.75	26.55		39.00	
1996	148.35		61.50	30.30	18.45	134.25		41.55	28.65			
1997	151.35		61.20	33.30	19.50	93.90		57.75	41.10		43.65	
1998	154.20		67.05	35.70	18.00	98.85		55.65	53.10		62.10	
1999	153.60		72.60	31.95		87.90		75.60	56.70	1.50	47.40	
2000	152.25		73.50	30.30		79.05		77.10	55.35	1.20	47.85	7.05
2001	151.50		78.15	37.65		86.70	0.71	75.15	65.85	3.00	48.75	8.55
2002	151.80		75.75	40.20		87.60	4.80	70.05	62.25	3.15	44.70	12.15
2003	151.35		74.25	36.15		99.00	3.45	58.95	59.85	3.90	48.45	25.20
2004	151.05		80.85	40.35		89.40	8.70	60.07	67.50	3.00	54.90	27.30
2005	158.55	0.26	117.00	59.70		90.75	12.30	68.10	94.95	5.70	60.75	30.75
2006	170.70	14.40	146.25	77.40		94.80	16.65	67.65	108.00	10.35	51.45	38.55
2007	178.65	33.60	163.05	91.05		103.80	23.85	74.70	120.00	13.95	66.45	52.05
2008	160.05	62.10	151.05	90.15		94.05	20.40	81.90	125.85	18.00	61.80	50.10
2009	176.85	91.80	155.40	78.30		91.65	20.10	87.60	122.85	25.95	50.40	60.15
2010	174.90	92.55	154.95	93.15		73.80	21.60	98.85	124.50	23.85	50.10	64.05
2011	176.85	91.50	154.35	88.05		82.05	14.70	96.00	127.95	25.65	67.50	62.10
2012	171.75	94.20	128.55	76.05		74.55	17.55	95.25	116.25	20.55	67.50	55.95
2013	171.71	94.46	128.40	76.07		76.12	15.67	94.37	105.13	17.09	73.67	55.20
2014	176.41	96.51	129.03	60.27		81.65	13.59	93.04	101.40	13.62	62.70	54.51

二、施肥技术

（一）测土配方施肥（平衡施肥）

根据品种、种植方式、需肥规律、土壤结构和肥料效应等因素确定施肥配方，以满足土壤各种肥力元素对作物需要的平衡，达到增产目的。该技术 1990 年前已经起步试验示范简易平衡施肥方法。1991 年推广平衡施肥 63.15 万亩（其中水稻 26.55 万亩，玉米 24.3 万亩，其他作物 12.3 万亩）。1992 年，瓮安县率先建立省级土壤监测点，开展土壤肥力动态监测。1995 年推广平衡施肥 152 万亩，2000 年 252 万亩。2003 年推广平衡施肥 274 万亩。期间主要以技物配套的形式带动示范推广。州农业、农资（供销社）部门在长顺县广顺镇和独山县基场镇以联合办点的形式推广平衡施肥。2005 年，除瓮安外，州内其余 11 县市相继建立州级土壤肥力监测点。是年开始，简易平衡施肥演变为目标产量法、地力分区配方法和肥料效应函数法等多种方法相结合的测土配方施肥，初步形成测、配、产、供、施、管一体化，得到普遍采用，覆盖州内水稻、玉米、小麦、马铃薯、油菜、菜、果等作物。后得到国家和省财政资金的扶持，10 个县市和州级建立（更新）了测土配方施肥项目化验室11个，每个化验室配备分析测试仪器22台套。开展土壤样品、肥料样品、植物样品的采集分析，发放施肥建议卡指导施肥。2011年推广到579.5万亩。2014年，全州推广总面积475万亩。其中，水稻138.3万亩，占播面84.57%；玉米108.9万亩，占播面86.68%；油菜、小麦、蔬菜等227.8万亩。

（二）土肥新技术试验示范

1991—1994年开展土壤缺素试验。为推广平衡施肥技术，州内每年对水稻、玉米和油菜等主要作物进行土壤缺素研究试验，每个试验共设3个处理、重复3次，共9个小区。主要研究不同作物、不同土壤的氮、磷、钾丰缺情况，为平衡施肥提供科学施肥依据。

2003—2004年，开展无公害农产品标准化施肥技术试验示范。省级安排项目，在瓮安、三都两县实施两年，完成研试课题7项。试验示范面积辣椒912亩，番茄736亩，研试得出实施区内辣椒和番茄无公害最佳施肥量及比例，最佳氮、磷、钾基肥量及比例、最佳初果期追肥和采收二次追肥时间等适用指标。

2004—2005年，开展重金属污染对蔬菜品质的影响试验。在独山县进行试验，了解不同蔬菜品种对土壤重金属元素镉的吸收状况。参试蔬菜品种有12个，三次重复，共36个小区。从检测结果看，胡萝卜、菠菜、辣椒、莴笋、茄子等6个蔬菜品种对镉吸附能力较强。

2005年开展长效可控释复混肥试验示范。在都匀市大坪镇长塘村、马寨村开展玉米、水稻长效可控释复混肥试验示范，复混肥中加入适量的添加剂，以缓解肥料中氮的分解和流失。

2005—2012年，开展“3414”（3项影响因素、4个水平指标、14个处理的肥料效应）同田对比试验。全州各县（市）都在水稻、玉米、油菜、马铃薯、蔬菜等作物上开展，累计设试验点725个、9675个小区。试验目的是得出各种作物在不同土壤上的施肥效应函数、施肥丰缺指标、最佳施肥量和最高施肥量等施肥信息，为测土配方施肥技术推广提供科学参数。

第八节　植物保护

一、有害生物调查

州内1990年前开展过3次农作物病虫害普查。州植保站1991年参加完成全省牧草病虫鼠害和有毒有害植物调查及防治研究项目。1994—1995年，参加完成全省杜仲病虫害种类调查项目，其中查出黔南州内病害9种、虫害25种。2001—2003年，开展全州农作物病虫害普查，查出病害近300种、虫害600余种、鼠害近30种、农田杂草300余种，并确定其优势种群和重点监测、防治对象。2003—2004年，全州开展人工种植药田植物病虫及危害调查，查出病虫害71种。2007年，开展黔南地区马铃薯、辣椒病虫害调查，查出马铃薯病害6种、虫害6种，辣椒病害21种、虫害16种。是年，开展紫茎泽兰（危害性植物）

发生分布调查，检疫性有害生物普查。其间，县市也组织开展了果树、蔬菜等病虫害专项调查。通过历年调查，基本查清危害州境农作物的有害生物种类情况。

水稻病虫害：主要有稻瘟病、稻曲病、纹枯病、白背飞虱、稻秆蝇、稻纵卷叶螟、水稻螟虫及水稻霜病（2007 年首次在罗甸成灾），南方水稻黑条矮缩病（2010 年起在部分县成灾）。

玉米病虫害：主要有纹枯病、大小斑病、锈病、玉米螟、玉米黏虫及铁甲虫（罗甸、平塘南部发生较重）。

小麦病虫害：主要有锈病、白粉病、赤霉病、麦蚜等。

油菜病虫害：主要有霜霉病、菌核病、病毒病、蚜虫、苗期跳甲。

马铃薯病虫害：主要有晚疫病为主，其次为早疫病、青枯病、病毒病、蚜虫、黄蚂蚁。

辣椒病虫害：主要有疫病、青枯病、炭疽病、白星病、病毒病、烟青虫、茶黄螨。

蔬菜病虫害：主要有霜霉病、蔬菜软腐病、疫病、锈病、白粉病、蔬菜病毒病、青枯病、叶斑病、根腐病、美洲斑潜蝇、小菜蛾、菜青虫、豆荚螟、蚜虫、害螨、烟青虫、棉铃虫、小地老虎、斜纹夜蛾、甜菜夜蛾、甜菜夜蛾、南美斑潜蝇、潜叶蝇等。

果树病虫害：主要有葡萄霜霉病、葡萄黑痘病、葡萄灰霉病、根腐病、叶斑病、炭疽病、黑星病、轮纹病、锈病、桃树流胶病、疮痂病、生理性病害、食心病、桃柱螟、潜叶蛾、柑橘实蝇、害螨、天牛、介壳虫、蠹虫等。

鼠害：以褐家鼠、小家鼠、黑线姬鼠、黄胸鼠为主，其次是白腹鼠、针毛鼠、小林姬鼠、社鼠。

草害：稻田草害以鸭舌草、牛毛草、稻稗、节节草、异型莎草、谷精草、水莎草、水苋菜等为主。旱地草害以马唐、狗尾草、牛筋草、荩草、香附子、狗牙根、马兰、铁苋菜、繁缕、早熟禾、看麦娘等为主。

二、植物检疫

1992 年国务院修改后的《植物检疫条例》颁布，逐渐全面开展产地检疫、市场检疫、调运检疫工作。检疫重点对象有水稻白叶枯、稻水象甲（2010 年在长顺首先发现稻水象甲）、细菌性条斑病，柑橘溃疡病、大小实蝇、蔗扁蛾、假高粱（已经检出）和三叶草斑潜蝇、葡萄根瘤蚜、小麦矮腥黑穗病、梨枯梢病、红火蚁、西瓜细菌性果斑病、大豆疫病、菜豆象（尚未检出）等，一经查出，彻底销毁清除。1998 年起，以调运检疫为突破口，重点开展种子、苗木植物检疫检查，对带有检疫性病虫害的种子、苗木、接穗实行烧毁处理。2000 年以前，主要开展水果为主的市场检疫。之后对种子市场、果品市场、花卉苗木及其他农产品市场开展检疫，在罗甸早菜批发市场、都匀大龙田果品批发市场等设立检疫执勤点，在其他市场开展定期或不定期检查检疫。2001 年起开展产地检疫，从源头抓起，对“两杂”制种和粮、油、烟、果、菜、药、茶、食用菌及花卉苗木等外销生产基地进行检疫发证，防止检疫性病虫害向外传播。2013—2014 年，市场检疫与调运检疫结合开展，重点是“两杂”种子及种苗。历年查出的检疫对象以柑橘类苗木、接穗带有溃疡病者居多。

三、病虫害防治

（一）病虫测报

病虫测报工作是通过监测等措施，发布《病虫情报》等方式，告知群众及相关部门，以便做好病虫害预防。

经农业部批准和投资，1991—1992 年，全国农作物重大病虫害测报网黔南州区域测报站和惠水测报站先后建立，设于同级植保站。测报对象以迁飞性害虫为重点，有粮油作物虫害 19 种、病害 4 种、鼠害 3 种，监测结果层层汇总、上报下达。1997 年、1999 年、2001 年，三都、瓮安、都匀测报站分别建立。其中从 2000 年起增加了果树、蔬菜、中药材 20 多种病虫害测报。2007 年，农业部批准和投资，全国农业有害生物预警和控制福泉测报站投建。之后，2008 年惠水站投建；2010 年三都、平塘站投建；2011 年都匀站、罗甸站和瓮安站投建；2012 年荔波站、龙里站和长顺站投建。至 2014 年，全州 12 县市和州站都有测报站，并配置有工作室和电脑、显微镜、解剖镜、超净工作台、冰箱、光照培养箱、智能测报灯、摄像机、投影仪、数码相机等仪器设备。此外，在乡镇以下建立有监测点，2000 年为 40 个，2005 年为 74 个，2014 年为 120 多个，形成了州、县、乡三级监测网络。2010—2014 年，规范测报管理和系统监测，对作物布局、天气预报、病虫害越冬基数、多年监测资料进行综合分析，发布全年、中期重点病虫发生趋势预测预报。

（二）常规药物防治

1990 年，病虫害发生面积 110 万亩次，防治面积 94 万亩次，防治率 85. 45%；草害发生面积 187. 5 万亩次，药物防治面积 4. 8 万亩次，防治率 2. 03%；鼠害发生面积 35. 1 万亩次，防治面积 17. 85 万亩次，防治率 50. 88%（以上绝对值均为调查统计数）。

1991—2000 年，粮油作物病虫害发生面积 297. 5 万 ~529 万亩次，防治面积 157. 6 万 ~484 万亩次，防治率 48. 53% ~111. 24%；鼠害发生 25 万 ~78. 8 万亩次，防治 10 万 ~57. 2 万亩次，防治率 40% ~72. 59%；草害发生 242. 7 万 ~299. 4 万亩次、防治 65 万 ~215. 4 万亩次，防治率 21. 92% ~75. 17%。挽回产量损失 1. 34 万 ~5. 49 万吨。

2001—2010 年，粮油作物病虫害发生 324. 3 万 ~738. 9 万亩次、防治 341. 2 万 ~755. 2 万亩次，防治率 92. 29% ~149. 28%；鼠害发生 55. 2 万 ~144 万亩，防治 50. 8 万 ~120. 3 万亩次，防治率 68. 22% ~105. 29%；草害发生 216. 5 万 ~368. 5 万亩次，防治 170 万 ~301. 2 万亩次，防治率 62. 61% ~88. 73%。挽回损失 4. 47 万 ~9. 52 万吨。

2011—2014 年，粮油、蔬、果、茶作物病虫害发生 603 万 ~945. 9 万亩次，防治 672 万 ~1062. 6 万亩次，防治率 101. 53% ~114. 23%；鼠害发生 87. 9 万 ~120. 7 万亩次，防治 79. 65 万 ~128. 1 万亩顷次，防治率 90. 61% ~108. 50%；草害发生 259. 35 万 ~382 万亩次，防治 231. 3 万 ~367. 2 万亩次，防治率 89. 18% ~97. 71%。其中 2014 年挽回损失 8. 78 万吨（其中粮油 5. 28 万吨）。

（三）综合防治和绿色防控

1993—1997 年，全州重点组织开展稻瘟病大面积防治攻关和稻飞虱、油菜蚜虫专项防治，并参与全省组织的稻瘟病治理、农田鼠害治理、辣椒病虫无害化防治、马铃薯晚疫病防治等重大项目的实施。推广农业防治，物理防治（色板、杀虫灯等），生物防治（性息素诱捕器，生物天敌等），高效低毒低残留农药化学防治集成配套的综合防控技术。

2001 年起，把水稻、玉米、小麦、油菜的病虫综合防控列入全州农业适用技术推广的重点内容，按照“有组织、有方案、有资金配套”的办法，每年实施推广规模在 198.5 万亩以上，其中水稻 100 万亩，玉米 20 万亩，小麦 20 万亩，油菜 30 万亩以上。

2005 年 7 月 21 日，全国水稻病虫防治观摩现场会到都匀市平浪镇参观水稻病虫综合防治现场。2006 年 6 月 27—28 日，全省水稻病虫防治现场会在惠水召开。是年，全州建有机防（机械防治）专业队 39 个，机具 376 台，机手 557 人，机防作业面积 14.93 万亩。2007 年 6 月 27 日，全省水稻病虫防治现场会在都匀召开。是年，全州各县（市）均有机防专业队，机防作业面积 31.29 万亩。2008 年 7 月 15 日，全国稻纵卷叶螟防治技术观摩现场会在都匀河阳示范区观摩。2009 年 6 月 30 日，全省水稻病虫防治现场会在贵定召开。是年，全州机防专业队达到 283 个（基本上每个乡镇都有），机具 3089 台、机手 4119 人、机防作业能力平均 25 亩/台、日。2010 年 5 月 12 日，全省马铃薯病虫综合防治现场会在福泉市召开，是年 10 月 24—28 日，全省检疫性有害生物防控现场及培训总结会在荔波、平塘召开。2011 年 5 月，教育部科技委农林部在荔波县朝阳镇洞阳坝举办南方水稻黑条矮缩病防控现场观摩会，22 所高校校长、40 名工程院院士和学部委员参加。

1991—2014 年全州农作物病虫害发生防治面积统计表

表 10－2－8

年度	发生面积（万亩次）	防治面积（万亩次）	防治比例（%）	年度	发生面积（万亩次）	防治面积（万亩次）	防治比例（%）
1991	324.75	157.65	48.53	2003	412.05	535.20	129.87
1992	297.45	163.50	54.95	2004	447.45	439.80	98.27
1993	529.05	258.60	48.88	2005	528.15	616.65	116.73
1994	468.30	282.00	57.92	2006	580.80	605.55	104.24
1995	481.95	455.70	94.55	2007	606.15	616.95	101.78
1996	467.10	432.45	92.58	2008	617.85	667.50	108.03
1997	388.65	432.30	111.24	2009	738.90	755.25	102.21
1998	333.15	312.00	93.65	2010	628.50	636.00	101.19
1999	443.10	363.30	82.01	2011	635.25	725.70	114.23
2000	324.30	484.05	149.28	2012	603.00	672.00	111.45
2001	369.75	341.25	92.29	2013	705.45	716.25	101.53
2002	406.35	430.95	106.07	2014	945.90	1062.60	112.34

1991—2014 年全州农田鼠害发生防治面积统计表

表 10－2－9

年度	发生面积（万公顷次）	防治面积（万公顷次）	防治比例（%）	年度	发生面积（万公顷次）	防治面积（万公顷次）	防治比例（%）
1991	29.55	14.25	48.14	2003	61.35	55.20	90.06
1992	25.95	14.55	55.77	2004	116.70	100.80	86.38
1993	46.20	22.80	49.35	2005	107.25	96.45	89.84
1994	25.05	10.05	40.00	2006	144.00	98.25	68.22
1995	54.15	30.30	55.90	2007	111.00	102.45	92.25
1996	51.30	30.45	59.53	2008	107.25	108.60	100.99
1997	45.60	30.45	66.81	2009	116.55	120.30	103.26
1998	78.75	57.15	72.59	2010	109.65	115.35	105.29
1999	58.05	40.95	70.68	2011	120.75	128.10	106.13
2000	57.45	52.35	91.09	2012	97.35	105.60	108.50
2001	55.20	50.85	92.03	2013	87.90	79.65	90.61
2002	63.60	57.15	89.85	2014	108.60	114.30	105.25

（四）农药监管

1997 年 5 月起，实施国务院《中华人民共和国农药管理条例》，1999 年 4 月起执行农业部《中华人民共和国农药管理条例实施办法》。2002 年，州级和除贵定县以外的 11 县（市）先后建立农药监督管理站，开展市场农药专业监管，参与农资综合执法。是年，州政府下文禁止销售和使用剧毒、高毒、高残留农药。检查情况为：2001—2005 年，全州累查处违法违规案件 402 户（件）、封存处理劣质、过期、无证农药 2031.13 公斤，收缴毒鼠强 133.89 公斤。2006—2012 年，累计查处违法违规经营户 71 户（件），收缴处理高毒农药 236 公斤。2013—2014 年，查处案件 9 件，没收不合格农药 300.5 公斤；抽查农药标签合格率 88%。

专记：

黔南州农业“185”工程

2009 年，州委作出实施农业“185”工程的决定，拟在基础条件较好的区域，以示范基地带动为重点，突出发展茶叶、蔬菜、林果、烤烟、药材、养殖（畜禽鱼）六大特色优势产业，实现“185”目标，即在一个生产年度内不同质量等级，不同经营种类的每亩耕地（或相当的林果地，养殖水面或棚舍等）生产的农产品销售收入分别达 1 万元、8000 元、5000 元以上。州政府办公室下发《关于转发州农业局 185 农业种植业产业化工程发展规划的通知》，州县两级成立领导小组，出台《“185”工程量化考核办法》和奖励政策，列为“一把手”工程进行考核。12 月 4 日，《贵州日报》以《解码 185——黔南州发展山区现代高效农业的启示》为题进行了报道。是年，州、县启动了“185”工程，实施范围为12县（市）的108个乡镇560个村，参与实施农业企业139个（州级及以上龙头企业20个）、农民专业合作社268个，参加农民15.67万户，兴办各类种植基地245个、养殖基地142个。全年，全州投入专项资金3600万元，整合各类资金3.24亿元，招商引资1.97亿元实施“185”工程，流转土地50.4万亩用于基地建设，建设大棚2660个、水利工程40处、机耕道25公里，新置农机具135台套。

2010年，州委、州政府下文要求各级层层办示范点。5月25日，《经济日报》以《拓宽山区现代农业发展路径——贵州省黔南州推进“185农业种植业产业化工程”建设的调查》为题进行报道。2011年1月，由州委、州政府主办的“贵州黔南首届‘185’招商暨优质农产品博览会”（“185”专项）在都匀市人民广场举行，有134家企业单位13大类、595个产品参展，签订招商项目资金24亿元。1月3日《农民日报》以《还是那片地、产值连摸高——黔南州“185工程”助推现代高效农业发展纪实》为题进行报道。8月，省委、省政府在黔南召开全省“185”农业结构调整现场会，黔南农业“185”工程的做法和经验得到肯定和推广。是年实施范围为169个乡镇859个村，参与实施农业企业达到243个（州级及以上龙头企业35个）、农民专业合作社315个，参加农民20.79万户，兴办各类种植基地达到428个、养殖基地达到187个。年度投入专项资金9800万元，整合各类资金5.97亿元，招商引资投入2.3亿元。流转土地增加到89.6万亩，建设大棚增加到2.82万个，建设水利工程增加到80处，机耕道增加到36公里，新增农机具263台套。

2011年，实施范围扩大到195个乡镇1186个村，参与实施农业企业达到356个（州级及以上龙头企业42个）、农民专业合作社529个，参加农民31.97万户，兴办各类种植基地达到583个、养殖基地达到218个。年度投入专项资金1.5亿元，整合各类资金6.65亿元，招商引资4.3亿元。流转土地增加到90.3万亩，建设大棚增加到3.46万个，建设水利工程增加到92处，机耕道增加到104公里，新增农机具389台套。

自2009年起到2012年，经过4年实施，全州“185”工程实施覆盖州内全部12个县市的204个乡镇、1529个行政村，占乡镇总数的89%和村总数91.7%。参与农业企业429个（其中州级以上重点农业龙头企业59个）、农民专业合作社801个，参与农户59.31万户，占全州农户总数的64.3%。各级兴办各类种植业示范基地832个约60万亩，养殖业示范基地238个。累计建设大田大棚10.14万个3.62万亩；育苗大棚3833个1185亩；水利工程315处新增灌溉面积9.6万亩；道路工程（含机耕道）125处350公里；新增各式农机具1295台套，流转土地（丈量面积）120.3万亩，占全州流转面积68%。完成总投资45.34亿元，其中，州、县财政资金4.79亿元，各级各类项目整合资金23.28亿元，招商引资资金12.27亿元。

工程实施涉及6类产业重点示范基地。（1）茶叶产业示范基地茶园面积15.6万亩，占全州茶园总面积28.05%。其中新建茶园11.25万亩，占全州新建茶园总面积25.32%；茶叶产量3120吨，占全州茶叶总产量36.96%。（2）果品产业示范基地（水果）果园面积16.5万亩，占全州果园总面积37.99%。其中新建果园面积4.8万亩，占全州新建果园总面积 12. 36%；当年果品产量 1. 65 万吨，占全州果品产量 11. 13%。（3）蔬菜生产示范基地 21. 3 万亩，占全州蔬菜种植面积的 21. 26%；蔬菜产量 54. 15 万吨，占全州蔬菜产量的 30. 2%。（4）烤烟产业示范基地烤烟种植面积 5 万亩，占全州烤烟种植总面积 17. 93%。（5）中药材产业示范基地中药材种植面积 2. 3 万亩，占全州中药材种植总面积 43. 39%。（6）养殖产业示范基地家畜养殖量 238 万头只，占全州养殖量 33. 06%；家禽养殖量 234 万只，占全州养殖量 32. 5%；水产品养殖水域 800 亩，占全州水域养殖面积 0. 88%。

2013 年，州委、州政府要求，着力打造农业“185”工程的目标定位升级版，即将亩均产值目标改为农民人均纯收入目标。至 2014 年，农业“185”工程实施乡镇达到 100%，参加农户占总农户的 65% 以上。种植业实施面积 343. 65 万亩，畜禽和水产品养殖占其总量 60% 以上。

第三章　养殖业

州境内养殖业包括畜禽养殖和水产养殖。畜牧养殖具有农区畜牧与山区畜牧的特点，家畜大宗养殖种类为猪、牛、羊。家禽以养鸡为主，兼有鸭、鹅养殖。水产主要养殖鱼类。1993 年后，推进牛羊为主的畜牧业发展，陆续形成养殖专业合作社和企业，州内规模化养殖逐渐迈上主导地位。2000 年后，随着境内大中型水库建成，网箱养鱼得到发展，与池塘养鱼共同主导水产养殖产业发展。随着市场经济体制建立，出现特种养殖，其中珍稀动物大鲵得到驯养繁殖，产业化养殖初具雏形。2004 年，启动 45 个省级畜禽基地建设，列入全州十件实事之一。到 2014 年，畜牧业产值达到 61. 29 亿元，渔业产值达到 5. 6 亿元，分别比 1991 年增加 11. 6 倍和 49 倍。

第一节　畜禽饲养

一、畜牧业发展

州内畜禽养殖历史悠久，发展速度从实行家庭联产承包责任制后开始加快，畜牧业产值 1990 年已占农林牧渔总产值的 26. 5%。饲养家畜种类有牛、马、驴、骡、猪、羊、兔、狗等，其中生猪生产是农村重要的经济产业。家禽养殖主要有鸡、鸭、鹅，规模养殖出现之前，为千家万户的家庭副业养殖。1991 年全州肉类总产量 8. 7 万吨，其中猪肉产量占 89. 7%，牛羊肉占 5. 5%，其他（禽兔等）占 4. 8%。人均肉类拥有量为 26. 5 公斤。禽蛋产量 3747 吨，牛奶产量 402 吨。至 1992 年，州内陆续出现养猪、养禽大户。

1993 年，州委出台《关于大力发展牛羊加速畜牧业发展的意见》，提出在稳定生猪生产基础上，利用草地资源，重点发展种草养牛羊，建成牛羊主产区。推行种草养畜、秸秆饲料化和“四改四良三提高”（即：改良传统品种、圈舍、单一饲料、饲喂方法为良种、良舍、良料、良法，提高产出、效益、商品率）综合技术，推进猪、牛、羊、禽协调发展，肉、蛋、奶兼顾生产。陆续涌现养殖专业户、专业村，形成大户与千家万户并存的养殖形势，规模化养殖得到发育。到 1995 年，全州畜牧业产值 12.35 亿元，占农林牧渔总产值的 27.6%，肉类总产量 11.96 万吨，其中猪肉占 88.9%，牛羊肉占 7.4%，其他占 3.7%。人均肉类拥有量为 34.6 公斤，实现猪肉为主的肉类产品自给有余。禽蛋产量 5253 吨，牛奶产量 546 吨。猪和禽的市场开始繁荣，牛马专业市场亦开始出现。2000 年后，畜牧养殖企业陆续建立，规模化养殖初见雏形。

2003 年，州委提出将畜牧业作为农民增收“扛大头”的产业，继续以牛羊为重点发展畜牧业。之后两年陆续建立鼓励机制，实行“双贴”（贴息贴保）等奖补政策，实施猪、牛、羊规模养殖工程。养殖专业合作社、养殖企业陆续介入，规模养殖不断发展，畜牧业在大农业中的比重一度明显提升。2005 年，畜牧业产值 31.16 亿元，占农林牧渔总产值的 39.2%。

2006 年，州委、州政府出台《关于大力推进畜牧业大州建设的意见》，将畜牧业作为结构调整重点，实行目标考评制度，猪、牛、羊规模养殖工程实施步伐进一步加快。到 2010 年，已建成具有一定规模的养殖场和养殖小区 3990 个。其中有千头以上的养猪场 290 个，百头以上不足千头的养猪场 2400 个；有百头以上的养牛场 400 个，50 头以上不足百头的养牛场 300 个；有千只以上的养禽场 600 多个。从规模上看，有年销售收入 500 万元以上养殖场 24 个，规模养殖正走向主导位置。是年，畜牧业产值 42.81 亿元，占农林牧渔总产值的 34.7%。

2011 年后，针对规模养殖规范化程度不高的现状，起步开展规模养殖场标准化示范创建活动。年内，按照“畜禽良种化、养殖设施化、生产规范化、防疫制度化和粪污无害化”的要求，实施部、省标准化创建项目 14 个，其中猪场 4 个、禽场 6 个，牛羊场 4 个。2013 年，将畜牧业纳入农业产业园区建设内容，有以畜牧业为主导的园区 5 个，其他园区也有畜牧业项目。2014 年，对规模畜禽养殖场进行备案登记建档，加强质量安全监管。规模畜禽场的指标为常年存栏猪 500 头以上、牛 100 头以上、肉禽 3000 只以上、蛋禽 2000 只以、兔 1000 只以上、蜂 30 箱以上，共登记规模养猪场 37 个、养牛场 9 个、养羊场 144 个、蛋禽场 67 个、肉禽场 39 个。

是年，全州实现畜牧业产值 61.29 亿元，占农林牧渔业总产值的 27.3%。肉类总产量 21.02 万吨，其中猪肉占 82.6%，牛羊肉占 9.6%，其他占 7.8%。人均肉类拥有量为 51.7 公斤。禽蛋产量 10519 吨，牛奶产量 3539 吨。与 1991 年比，肉类总产量增加 1.4 倍，人均肉类拥有量增加约 1 倍。

二、畜禽品种养殖

（一）牲畜

1. 大牲畜

州内大牲畜包括牛、马。牛分为水牛、黄牛，肉役兼用，长期作为耕整土地的生产资料饲养，兼积蓄农家肥。马匹基本上为驮挽工具，一般不作为肉畜生产。1991 年，全州存栏牛 84.9 万头、马 11.91 万匹，出栏牛 5.49 万头。饲养水牛为亚洲品种东南亚沼泽型水牛，体形中等匀称，役力较强。饲养黄牛为华南型黄牛，体形较小，结实灵活，农户饲养主要作耕牛，基地养殖或个体专业养殖作商品肉牛，有部分杂交改良的后代繁育。随着商品牛基地生产，肉牛饲养有较快增长。马为西南山区马，比较矮小，耐力较好。罗甸县和平塘县历来有养马习惯，占有量也在全州各县市领先。1995 年，存栏牛 95.87 万头、马 14.99 万匹，出栏牛 8.81 万头。

牛的品种改良为两种，一种是引进公牛或公牛冻精，交配和输配杂交。已经引进的种公牛品种有黑白花、辛地红、利木赞、海福特、西门塔尔、摩拉牛等，由省冻精站为主供给冻精。一种是选留本地种公牛，淘汰劣质公牛。1998 年，全州 12 县市设牛品种选育点 220 个，选留本地种公牛 280 头，淘汰劣质公牛 882 头。1999 年，全州恢复牛的冻配改良，当年设牛改人工授精点（冻配）36 个，输配母牛 2402 头。

2000 年，存栏牛 100.02 万头、马 19.29 万匹，出栏牛 11.59 万头、马 1.45 万匹。2004 年，推行牛改人工授精等级输配员制度，按评定等级高低给予政府奖补。是年有人工牛改点 191 个（冻配点 163 个，鲜配点 28 个），输配母牛 22051 头。

2005 年，存栏牛 118.58 万头、马 22.05 万匹，出栏牛 12.4 万头、马 2.08 万匹。之后随着农业机械发展，役牛饲养量逐渐减少。2010 年，牛改点 146 个（冻配点 134 个），当年输配母牛 26760 头。

2014 年，存栏牛 65.06 万头、马 27.41 万匹，出栏牛 14.78 万头、马 2.64 万匹。是年，经整顿后，有人工牛改点 95 个（冻配点 88 个），输配母牛 20820 头，产犊 13911 头。

2. 猪

1991 年，全州生猪存栏 143.63 万头，出栏 94.87 万头。州内地方猪种有黔南六白猪（包括惠水摆金猪、平塘牙舟猪等）、黑猪、花猪、小河山猪、巫不香猪、福泉老安猪、瑶山猪等。因多年引种改良，全州初步实现公猪良种化，母猪本地化，商品仔猪一代杂交化，地方猪种的育肥饲养已经较少。杂交组合以二元杂交为主，推广普及较快的是以长白或约克公猪与本地母猪配种，生产杂交一代商品猪育肥。推广办法是设置猪改点或人工授精点，进行输配杂交。是年全州 12 县（市）共设猪改点 345 个（人工授精点 83 个），全年输配母猪 4.91 万头。

1991 年后，根据生产和市场需求，由二元杂交向三元杂交发展，效果较好的是“杜长大”“杜大长”等组合（即以杜洛克猪为终端父本，长白猪、大约克猪互为父母本生产二元母猪再生产商品仔猪）。

2014 年，全州生猪存栏 169 万头，出栏 214.15 万头，其中杂交猪占 98.7%（三元杂交猪占 75.2%）。是年，全州共设有猪改点 1162 个（人工点 327 个），全年输配母猪 28.08 万头，州内取得省级种畜禽经营许可证的种猪场 12 个。

3. 羊

州内传统养殖羊种为山羊。曾经引进绵羊、奶山羊饲养，因适应性不强而没有发展。

1991年，羊存栏3.84万只，出栏1.16万只。山羊地方品种主要为贵州黑山羊、贵州白山羊及部分贵州麻羊。其中罗甸黑山羊具有体型较大、生长较快、肉质嫩，膻味轻、板皮宽，母羊繁殖力强等特点，成为州内外种羊选购的基地。1995年起养羊量有明显增加，1997年存栏数达到25万余只。

2001年，龙里县在规模羊场2个点进行良种山羊冻精输配试验，输配本地母羊30多只，小有成效。2003年，州政府拨专款从云南引进纯种波尔羊24只扶持7县市建立山羊杂交改良点；龙里、长顺县也引进波尔羊、南江黄羊、大耳羊共361只用于繁殖改良。是年，全州羊改点35个，人工输配母羊2208只（其中冻配611只，鲜配1547只），有杂交羊羔产出。

2004年起，省级优质肉羊基地建设项目先后在长顺、罗甸、龙里、贵定、都匀等县市实施。2007年起，省级产业化科技扶贫种草养羊项目先后在独山、平塘、长顺、龙里、罗甸、荔波等县实施（连续扶持5年），引种和羊改得以进一步推动，并开始建立种羊场（全州获省颁经营许可证的种羊场3个，年生产贵州黑山羊、南江黄羊种公羊、种母羊和二元杂交种用母羊5000余只）。至2010年设羊改点171个（人工授精点3个），当年输配母羊2.29万只。

2014年，有羊改点281个（鲜配点2个），全年输配母羊45071只，比2003年增长19.5倍；产羔5.98万只。

（二）家禽

家禽包括鸡、鸭、鹅、鹌鹑、肉鸽等。鸡常年饲养量占家禽存栏量80%左右，其中肉鸡与蛋鸡的占比为70:30。鸭常年饲养量占家禽存栏量15%左右，多以蛋用为主，肉蛋兼用。鹅常年饲养量占家禽存栏量5%左右，多以蛋用为主，肉蛋兼用。鹌鹑以蛋用为主。肉鸽以肉用为主。

本地优良禽种有长顺绿壳蛋鸡、荔波瑶山鸡、惠水岗金鸡、三都麻鸭等。1991年前曾经引进贵农黄、来航、AA鸡、新布洛、白洛克、九斤黄等肉用、蛋用鸡和北京鸭、绍兴麻鸭、番鸭及狮头鹅等。1991年起新引进推广品种有罗曼鸡、AA鸡、海波罗等。1994年，全州推广良种家禽35万只，占禽存栏数的9.79%，种源为省内外漂蛋、出壳雏禽。

2003年，瓮安县雍阳镇七星村农民自办种鸡场，有种鸡900套，采用人工授精技术，生产种蛋和孵化，为300多农户提供良种鸡苗。2004年后，荔波瑶山鸡场、三都柳源鸡场先后建立，批量生产脱温鸡苗应市。2006年，长顺县开发当地特色品种绿壳蛋鸡，次年成立鼓场绿壳蛋鸡专业合作社，带动农户1800多户养殖，存栏蛋鸡达到10万余只，2008年绿壳蛋鸡被农业部列为畜禽遗传资源名录，长顺县养殖量大增，并推广到各县市。

2010年，全州推广良种家禽437.48万只，有获省颁种畜禽生产经营许可证的种鸡场3个。是年上海世博会上，长顺绿壳鸡蛋被波黑馆授权为指定食品，通过航运直供深圳市场。

2014年，推广良种家禽1108.75万只，占全州家禽饲养量的1/3。

（三）兔

州内家兔养殖量年际间起伏较大，以养殖肉兔为主，历史上曾有过毛兔养殖。1995

年，将家兔列入统计，在是年至2014年的14年间，养殖也有间断，养殖最多的年度为7万只左右。

三、牛羊胚胎移植试验

2003—2005年，州内多点开展牛、羊胚胎移植试验示范。都匀市振霖公司与云南畜牧研究所合作，先后移植波尔羊胚胎216只，产羔成活75只；罗甸县省级肉羊基地项目移植波尔羊胚胎受体120只（孕检成功率50%）。都匀市高原公司与北京农科院畜牧所合作，移植西门塔尔牛胚胎11头，产犊成活2头。独山县奶牛基地移植荷斯坦奶牛胚胎53头，产犊成活2头。都匀市奶牛基地移植荷斯坦奶牛胚胎25头（孕检受胎12头）。因胚胎移植技术要求高、难度大，而且产犊率较低，难于应用推广而告停。

1991—2014年全州主要畜禽年末存栏、年内出栏统计表

表10-3-1　　　　单位：万头、万只

年度	年末存栏							年出栏					
	牛	马	猪	其中能繁母猪	山羊	家禽	家兔	牛	马	猪	羊	禽	兔
1991	84.90	11.91	143.63	11.71	3.84			5.49		94.87	1.16		
1992	85.90	12.40	155.1					5.53		102.9			
1993	89.06	13.07	147.55		4.18	356.41		7.11		107.53	1.52		
1994	89.82	14.01	151.24		5.50	357.33		7.87		112.44	2.29		
1995	95.87	14.99	168.22	15.03	9.76	401.84	3.00	8.81		119.23	2.69	300.75	
1996	96.57	15.53	171.03	15.09	13.37	411.85	0.61	9.47		123.33	4.23	295.73	
1997	99.81	16.91	176.57	13.21	25.84	426.06	1.03	10.13	1.24	134.26	10.37	338.56	1.03
1998	101.78	17.85	184.26	15.57	31.46	414.54		10.45	1.31	143.38	13.33	338.83	0.42
1999	99.69	17.96	182.43	12.96	24.97	403.88	1.21	11.68	1.42	138.83	16.00	347.24	0.79
2000	100.02	19.29	184.68		21.07	389.43		11.59	1.45	141.89	12.30	337.49	
2001	100.63	19.68	187.72		19.47	428.14		11.55	1.52	143.99	11.48	348.73	
2002	101.21	20.33	188.61		16.08	470.17	2.76	7.74	0.04	154.13	10.45	473.00	3.48
2003	107.76	21.02	200.56	19.62	19.18	573.87	6.39	16.6	2.37	175.22	12.26	567.45	4.43
2004	113.54	22.04	218.25	23.95	20.65	628.40	5.49	18.54	2.61	197.63	13.02	613.7	5.29
2005	118.58	22.05	246.65	21.81	22.09	661.09	6.36	20.34	2.67	228.74	14.41	707.97	7.18
2006	59.38	28.98	169.51	13.18	9.21	511.95		8.61		171.71	6.59	560.58	
2007	61.17	29.85	168.06	13.07	9.38	525.25		8.97		158.48	6.71	575.34	
2008	68.51	26.77	181.51	18.15	11.25	600.54		10.76		174.33	11.37	714.49	
2009	69.88	26.62	186.04	18.61	29.39	655.37	4.60	12.27	2.06	189.32	17.82	784.48	4.29
2010	70.67	26.03	188.4	19.30	31.18	664.4	5.54	12.40	2.08	197.92	18.65	795.15	5.74

续表 10－3－1

年度	年末存栏							年出栏					
	牛	马	猪	其中能繁母猪	山羊	家禽	家兔	牛	马	猪	羊	禽	兔
2011	60. 43	26. 58	161. 07	15. 98	20. 77	717. 55	5. 60	12. 40	2. 32	197. 93	15. 35	735. 92	5. 90
2012	60. 33	26. 28	168. 51	16. 71	22. 33	719. 9	6. 04	12. 86	2. 51	202. 21	15. 68	769. 59	5. 73
2013	60. 35	24. 59	174. 40	17. 68	23. 13	717. 56	6. 25	14. 48	2. 39	206. 71	16. 19	789. 32	6. 25
2014	65. 06	27. 41	169. 00	18. 19	26. 01	703. 21	6. 98	14. 78	2. 64	214. 15	19. 02	756. 17	6. 89

说明：2006—2007 年，省统计局下调畜禽存、出栏及畜产品指标，业务部门统计仍为增长

1991—2014 年全州主要养殖产品产量统计表

表 10－3－2

年度	肉类产量（吨）							禽蛋产量（吨）	牛奶产量		蜂蜜产量（吨）	蚕茧产量（吨）
	总产量	牛肉	马肉	猪肉	羊肉	禽肉	兔肉		存栏奶牛（头）	牛奶（吨）		
1991	86956	4672	359	78033	141	3747		3797	342	402	165	
1992	93400	4812		82028		3794		4498		411		
1993	94750	6016		83706		4033		3670		461		
1994	104989	8482		91318		3938		4621		414		
1995	113672	7973		101126	423	4150		5235		546		3. 50
1996	115356	8175		101370	683	4134		4845		545		0. 41
1997	126390	9155	783	109912	1418	4816	16			691		
1998	137711	9538	793	119117	2247	5420	10	5749		1173	163	
1999	135226	10104	706	116473	2081	5543	27	5135		708	98	
2000	139652	10210	813	120729	2110	5437		5029		1027		
2001	142177	10400	911	123027	1811	5615		5225		1484	149	
2002	148776	11541	1237	126731	1587	6949	74	5776		2518	194	
2003	167470	14356	1008	141453	2001	8170	68	7032		4393	132	
2004	187050	16285	1088	157703	2049	9343	130	7529		5263	155	
2005	216656	18450	1412	183080	2363	10890	94	8835		5305	129	40
2006	165224	10849		142520	1081	9664		6046		5318	132	265
2007	150453	11209		127061	1131	9752		6232		4871		
2008	163994	12098		135991	1807	11459		7639		3581		
2009	178048	13444	1367	147187	2762	12173	86	9167	1112	3869	195	202
2010	185183	13641	1258	153850	2876	12307	110	9434	1207	3836	202	261
2011	185310	13651	1717	153880	2646	12336	107	9627	1137	2815	213	337
2012	194816	14732	2215	161850	2656	12477	128	9966	1039	3040	242	176
2013	205543	16613	1564	169943	2576	12629	132	9971	997	2839	235	191
2014	210230	17211	2094	173682	3065	12187	173	10519	915	3539	193	213

四、国营畜牧场

1991 年年初，州内未改制的国营畜牧场有 3 个。惠水县斗底畜牧场有职工 55 人，人口 222 人，职工家庭农场 49 个，粮食产量 154 吨，肉类产量 4.10 吨。都匀市奶牛场占地 290 亩、职工 125 人（其中退休 38 人）、有奶牛 150 头（产奶牛 80 头），固定资产总额 52 万元，年产牛奶 300 吨。黔南州坝固种畜场有农田 192 亩、果园 60 亩、林地 860 亩、存栏猪 520 头（其中基础种猪、后备种猪 267 头），以种猪繁育供种为主。

1991 年，坝固种畜场开发茶园、果园，发展水产养殖和农业休闲观光。1994 年，惠水县斗底畜牧场改制，企业与财政经费彻底脱钩。1996 年，都匀市奶牛场内部改制，实行股份有限责任制，国有资产由场内在职职工一次性认购，成为股份制企业，并于次年 6 月与新西兰国畜牧发展公司合作成立贵州凯达乳制品有限公司。

2002 年，独山县畜牧局注册成立独山县乳业开发有限责任公司，为独山县畜牧局奶牛实体，有奶源基地农户 37 户，养殖奶牛 670 头，日供鲜奶 3 吨。

2003 年，贵州凯达乳制品有限公司采取以场带户方式，扶持周边农户发展奶牛养殖，企业回收牛奶统一销售。是年，坝固种畜场扭亏为盈，固定资产总值 600 多万元。

2005 年 6 月，独山县乳业开发有限责任公司划归省属独山草种场管理经营。是年，都匀市畜牧中心在都匀市奶牛场实施省级奶源基地项目。

2006 年 12 月，坝固种畜场租赁、转让种猪场和部分土地由都匀黔昌畜牧发展有限公司经营。次年，坝固种畜场茶园面积 600 亩全部租给茶叶经销商经营，由该场直接经营的有果园 60 亩、水产养殖水面 100 亩。

2009 年 12 月至 2010 年 3 月，都匀市奶牛场彻底改制。

2012 年年末，坝固种畜场在岗人员 20 人。2014 年，该场“匀毫”茶叶品牌获第八届世界茶联合会国际名茶评选金奖。

五、饲草饲料

（一）草地建设与改良

1991 年，省草种场在独山建成投产，生产的新西兰白三叶、红三叶、黑麦草等良种牧草种子优先供给州内发展人工种草，是年全州建植草地 1.56 万亩。

1993 年，惠水县成为全省 4 个种草养畜基地县之一，在水泡冲周边人工全垦种草 4120 亩，模拟飞播 5000 亩，配套肉牛等养殖。是年，全州草地建植改良 1.85 万亩。

1995—1998 年，农业部支持龙里县种草养畜项目，在该县民主乡（后为草原乡）实施，累计种草超过 9000 亩。同期，全州年草地建植改良 2.46 万 ~ 4.44 万亩。其中 1996—1998 年示范推广引草入田（冬闲田土），年实施面积 3000 ~ 6000 亩，品种多为一年生黑麦草。

1999—2003 年，全州年人工种草 4.44 万 ~ 11.03 万亩（其中引草入田 0.69 万 ~ 5.28 万亩）。

2004—2005 年，州政府把引草入田当作农业发展的重点工作，列入逐级目标责任考核内容，全州年人工种草13.89万~18.66万亩（其中引草入田4.57万~6.35万亩）。

2006年起，省级产业化科技扶贫种草养畜项目在长顺、独山、荔波、惠水、平塘、罗甸6县持续实施，34个乡镇、340个村的8000余户5年累计种草78.49万亩。

2008年起，长顺、惠水、瓮安、福泉、都匀、平塘、罗甸7县（市）连续实施国家级石漠化综合治理项目，其中种草养畜内容覆盖21个乡镇、84个村、4200户，至2010年累计种草4.2万亩。

2010年，全州人工种草28.75万亩（引草入田9.98万亩）。

2014年，全州人工种草30.78万亩，比1990年增长18.86倍，其中草地建植改良20.94万亩，引草入田9.84万亩。

（二）秸秆处理饲料

1991年，全州推广秸秆青贮3546吨、氨化7吨。

1994—1997年，长顺县列为全省秸秆氨化示范县之一，在14个乡镇、45个行政村2589户实施，4年累计修氨化池5186个、氨化秸秆9110吨，累计养殖出栏肉牛7699头、肉羊249只。

2003年以后，把秸秆青贮、氨化作为各级肉牛、肉羊产业项目必备内容，加快了全州尤其是养殖场、企业、大户、专业户的秸秆青贮、氨化技术应用推广。

2014年，全州秸秆青贮35.42万吨、氨化2.18万吨。

（三）工厂饲料推广

1991年，全州有饲料生产企业8家，主要生产配合饲料，总产量0.8万吨，占全州销售工业饲料的35.8%。1994—1997年，州内年生产饲料均在1万余吨，因长期以生产配合饲料为主，市场竞争力不强，规模未能有效扩大，到2000年，州内生产饲料只占全州销售工业饲料的7.15%。2002年后，全州肉猪、母猪、仔猪、蛋禽、肉禽、雏禽、奶牛等专用饲料（含全价配合饲料、浓缩预混料等）的生产推广逐步发展，养殖企业、专业大户的配方饲料自产自用较快发展。2005年，瓮福磷矿投产，生产饲料添加原料磷酸氢钙7.56万吨，全州饲料生产首次超过10万吨。除瓮福磷酸氢钙外，生产饲料2.67万吨，占全州销售工业饲料的22.35%。2010年，州内生产饲料占全州销售工业饲料的29.03%。2014年，全州有饲料生产企业17家，生产工业饲料34万吨（含瓮福磷矿磷酸氢钙29.25万吨），州内生产饲料不含磷酸氢钙为4.77万吨，占全州销售工业饲料的28.71%。

1991—2014年全州饲草饲料技术推广统计表

表10-3-3

年度	人工种草（万亩）		秸秆处理饲料化（吨）		工业饲料加工		工业饲料推广	
	草地建植改良	引草入田	秸秆青贮	秸秆氨化	生产企业（家）	产量（吨）	销售部门（户）	销售饲料（吨）
1991	1.56	0	3546	7	8	8093	673	22562
1992	1.71	0	3553	15	8	8142	952	22753

续表 10－3－3

年度	人工种草（万亩）		秸秆处理饲料化（吨）		工业饲料加工		工业饲料推广	
	草地建植改良	引草入田	秸秆青贮	秸秆氨化	生产企业（家）	产量（吨）	销售部门（户）	销售饲料（吨）
1993	1.86	0	4442	85	9	9520	951	28301
1994	2.05	0	6541	950	10	10230	1050	42650
1995	2.46	0	12800	1200	13	12840	1075	56302
1996	2.62	0.30	13900	2530	12	12360	1046	54827
1997	2.79	0.45	39200	4650	11	10960	1123	67651
1998	3.23	0.60	59600	9520	8	9210	1136	67752
1999	3.75	0.69	70200	10200	7	6895	1102	76950
2000	3.01	0.78	83700	14250	7	6952	1213	97420
2001	3.53	1.00	95800	16740	7	6900	1189	96950
2002	4.23	5.43	139500	20500	9	8990	1253	105900
2003	5.75	5.28	156200	21800	8	9250	1261	114620
2004	7.54	6.35	163800	23900	9	9520	1216	115920
2005	14.09	4.57	202200	26600	9	102300	1246	119300
2006	13.53	7.03	292200	23300	10	137336	1223	120562
2007	16.02	7.21	229500	21600	12	157189	1215	137549
2008	15.09	9.56	328000	20500	18	270263	1201	146745
2009	14.22	11.50	305000	21900	13	296615	1235	197620
2010	18.77	9.98	331200	21600	15	258937	1205	159236
2011	18.64	9.99	411500	26000	16	309900	1156	160300
2012	18.22	9.73	362500	28600	15	279276	1056	163723
2013	18.64	10.19	362212	23824	16	279300	959	166969
2014	20.94	9.84	354250	21780	17	340158	964	165700

说明：2005 年起工业饲料产量含磷酸氢钙添加剂（销售饲料不含）

第二节 渔 业

一、渔业资源

州境为内陆山区，水域有限，可养水面相对匮乏。据 2012 年土地详查，包括水利设施在内，全州水域面积 48.6 万亩，占土地总面积的 1.24%。其中河流水面占水域面积的 76.93%，水库、塘、湖、渠道水面占水域面积的 20.32%，其他水面占水域面积的 2.75%。河流与水利设施可养水面 31.95 万亩，占水域面积的 65.74%。其中河流可养水面 26.1 万亩，约占河流水域的 71%（包括可捕捞面积），利用面积 9 万亩，占河流水域的 34.48%；水利设施宜养面积 5.85 万亩，占水利工程设施水域的 59% 左右。

至2014年，全州已建成的大中型水库中，龙滩水电站罗甸库区水域面积12万亩，构皮滩水电站瓮安库区水域面积4万亩，大花水电站福泉、龙里、贵定库区水域面积1万亩。全州稻田可养面积55.5万亩，占稻田总面积的34.3%，常年水产养殖利用率25%～30%，但可变因素较多，年际利用率变化较大。州内已知鱼类115种，两栖类29种，常见养殖鱼类有鲤鱼、草鱼、鲢鱼、鲈鱼、青鱼、鳙鱼、鲫鱼等，引进养殖有罗非鱼、非洲鲫鱼、中华鲟、武昌鱼、胡子鲶等鱼类，作水产养殖的还有甲鱼、鳝鱼、青虾、蛙、大鲵等。

二、水域养殖

（一）塘库养殖

池塘和水库养鱼是州内规模化水域养殖业的主体。主要养殖鲤鱼、草鱼、鲢鱼、江团、大口鲶、黄颡鱼、叉尾鮰、罗非鱼等鱼类。池塘（包括坑塘）养鱼投放或辅以饵料，容易捕捞，产量较高。水库养鱼捕出率小，单位面积产量体现较低。1991年，全州塘库养殖水面为1.73万亩，鱼类产量1812吨。池塘养鱼平均亩产207公斤，水库养鱼平均亩产15公斤。1995年，全州塘库养殖水面2.69万亩，鱼类产量2171吨。池塘养鱼平均亩产187公斤，水库养鱼平均亩产16公斤。是年，荔波县城郊玉屏镇周边的时来、兰门等几个村连片建立鱼塘，面积达到300亩。2000年，全州塘库养殖水面4.43万亩，鱼类产量2917吨。池塘养鱼平均亩产193公斤，水库养鱼平均亩产18公斤。2005年，全州塘库养殖水面5.16万亩，鱼类产量4302吨。池塘养鱼平均亩产240公斤，水库养鱼平均亩产19公斤。2010年，全州塘库养殖水面5.84万亩，鱼类产量3471吨。池塘养鱼平均亩产149公斤，水库养鱼平均亩产20公斤。2014年，全州塘库养殖水面7.69万亩，鱼类产量5110吨。池塘养鱼平均亩产191公斤，水库养鱼平均亩产21公斤。

（二）网箱养鱼

州内网箱养鱼在20世纪80年代后期就有试验，进入21世纪之后才有所发展。2006—2007年，都匀、三都、罗甸、瓮安等县市水产站开展网箱养鱼试养示范，网箱养鱼每平方米产量3.5公斤左右。2008年起，州内网箱养鱼开始较大规模发展，主要是龙滩、构皮滩等大中型电站水库蓄水后，网箱养殖快速发展，介入企业（含外来企业）增多，养殖水平也较高。至2012年，网箱养鱼产量占全州水产品总产量的59.8%，每平方米产量19.9公斤。2013年，网箱养鱼每平方米产量24.7公斤。2014年，全州网箱养鱼面积居全省第三位，为93.97万平方米，产量27222吨，占全州水产品总产量的67.6%，每平方米产量28.9公斤。罗甸县为州内网箱养鱼主要产区，其面积、产量占全州网箱养鱼总数的84%。其次为瓮安县，约占11%。涉及贵定县、福泉市、龙里县的大花水电站水库等约占5%。

（三）流水养殖

流水养殖是利用河流、沟溪的自然落差，配置鱼池、网箱等养殖设施，在水源长流条件下进行的水产养殖，主要养殖鲤鱼和草鱼。州内继福泉率先实施流水养鱼项目后，有都匀电厂、都匀绿荫桥水库、荔波樟江大桥下，贵定西门河等地均有农民或工厂职工开发流水养鱼，并且都获得较好效果。1991—2010年，养殖水体5216～6935立方米，鱼产量

7～98吨，单产不很稳定，多数年份每立方米产量4.5～14.4公斤。2003年后，流水养鱼基本上由传统鲤、草鱼为主改为经济价值较高的鲟鱼、鳟鱼为主。其中1993年，省水利厅、州水电局联合，在都匀市绿茵湖水库开展集约化流水养鱼试点，单产处于全省领先水平。2011—2014年，养殖水体7335～64574立方米，鱼产量122～412吨，每立方米产量9.7～16.6公斤。

（四）水域捕捞与江河增殖

江河水产品捕捞常用工具有小鱼船、栏网、撒网、刺网、钓钩、小捕具等渔具及鱼鹰（鸬鹚）捕鱼。1991年捕捞产量689吨，约占水产品生产产量的14%。继后，捕捞量呈上升趋势。1996年为896吨，2000年达到1321吨，占水产品生产产量的17%左右。此后捕捞量虽逐年有所增加，但占水产品总量的比重下降。2005年捕捞量1657吨，2010年捕捞量2615吨，2014年捕捞量2880吨，占水产品总产量的7.1%。垂钓部分不限于江河水域，在大中型水库也普遍进行，爱好者人数有增无减。垂钓、网捕、鱼鹰捕捞获鱼种类比养殖种类丰富，除获得油鱼、花鱼、鲦鱼等多种小鱼外，还能获得鲇鱼、金钱鲃、缨鱼等珍贵鱼种。捕捉种类有野生甲鱼、溪蟹、鳅、蛤蚌等。1991—2014年，逐步加大州内重点江河鱼类人工增殖放流工作。累计举办增殖放流活动200余次，投放鲤、草鱼等苗种17000余万尾，其中2014年举办22次、投放苗种5000余万尾。

三、稻田养鱼

州内各地都有稻田养鱼，其中，三都、荔波、都匀等地水族、苗族、布依族农民就有稻田养殖鲤鱼、鲫鱼的传统习惯，并自留自繁鱼苗。稻田养鱼各年面积、产量不太稳定，单产水平不高。1991年，全州稻田养鱼以平田养殖为主，兼有部分垄稻沟鱼技术，稻田养鱼平均亩产17.3公斤。1995年，开始推广稻田标准化养鱼，次年稻田养鱼平均亩产20公斤。2000年起，推广稻田生态养鱼，实施稻田生态渔业工程，推行鱼苗良种化。2012年，全州稻田养鱼面积占当年水稻种植面积的10.96%，占宜养面积的32.23%。2014年稻田养鱼平均亩产22公斤。是年，三都县养殖面积最大，占全州稻田养鱼面积的50.4%，其次为都匀市和荔波县，分别占19.2%和14.1%。

四、水产苗繁与引种

州内鱼苗繁育历史基本与稻田养鱼同步。自有山塘水库养鱼后，先是从外地调进鱼苗。到20世纪80年代中后期，逐步建立鱼苗繁殖点开始自繁。到1990年全州12县市共有繁殖点16个，水面231.15亩，投放种鱼165吨，繁殖鲤、草、青、鲢等鱼苗3200万尾，自给率40.6%。1991年，州内繁殖鱼苗自给率41.9%，其余主要从湖南、广西、贵阳等地调入补缺。1996年，州内繁殖鱼苗自给率50.9%。是年起，先后有州磷化公司劳动服务公司、贵定县水产站、都匀一公司（地点绿荫桥）等先后引进鳗鱼养殖。1997年，惠水县水产站引入长吻鮠、鲟鱼，都匀市水产站引进罗氏沼虾，荔波、罗甸、龙里、三都等县水产站调进美国青蛙，罗甸、龙里、荔波等县水产站引入外地甲鱼，进行试养，均获成功。2002年，惠水、福泉等县引进冷水鱼品种鲟鱼、鳟鱼等用于流水养殖。州内繁殖鱼苗自给率2005年为62%，2010年为77.6%。2011年，平塘县从上海引进1000只大闸蟹苗在17.55亩稻田水面试养，经测产验收，亩产鲜蟹25公斤，成蟹平均个体重150克，养殖水平居省内第一。2014年，全州有鱼苗繁育点34个，繁育鱼苗自给率82.6%。

1991—2014年黔南州鱼苗鱼种生产统计表

表10－3－4

年度	繁育鱼苗（万尾）	繁育鱼种（吨）	投放鱼种（吨）	年度	繁育鱼苗（万尾）	繁育鱼种（吨）	投放鱼种（吨）
1991	4300	198	472	2003	11300	605	1009
1992	5500	233	518	2004	8500	589	967
1993	5700	260	561	2005	16100	697	1124
1994	6100	353	753	2006	11200	631	986
1995	6300	327	669	2007	14500	654	1055
1996	7700	416	817	2008	15300	1023	1317
1997	8500	451	851	2009	9200	1063	1265
1998	7300	365	663	2010	13700	867	1374
1999	8100	405	737	2011	16900	983	1546
2000	9400	345	612	2012	18400	1156	1732
2001	10300	428	738	2013	23800	2260	2706
2002	9600	530	899	2014	22000	2654	3211

1991—2014年全州淡水水域养殖面积及产量统计表

表10－3－5

年度	池（坑）塘养殖		网箱养鱼		流水养鱼		水库养殖		其他养殖	
	面积（万亩）	产量（吨）	面积（万平方米）	产量（吨）	水体（立方米）	产量（吨）	面积（万亩）	产量（吨）	面积（万亩）	产量（吨）
1991	0.81	1677	0	0	5216	7	0.92	135	0.16	93
1992	0.86	1773	0	0	5573	12	1.12	168	0.14	84
1993	1.26	2937	0	0	5817	20	1.25	183	0.13	71
1994	0.87	1624	0	0	6015	27	1.82	278	0.13	67
1995	1.02	1904	0	0	6177	31	1.67	267	0.17	106
1996	1.34	2587	0	0	7025	45	2.02	309	0.09	71
1997	1.33	2664	0	0	6752	41	2.18	378	0.08	61
1998	0.80	1492	0	0	6653	40	1.74	289	0.15	143
1999	1.25	2324	0	0	6887	49	1.60	287	0.09	84
2000	1.19	2291	0	0	5936	38	3.24	626	0.29	310
2001	1.14	2283	0	0	5847	36	3.46	645	0.23	136
2002	1.31	3153	0	0	5712	32	3.68	735	0.23	186

续表 10-3-5

年度	池（坑）塘养殖		网箱养鱼		流水养鱼		水库养殖		其他养殖	
	面积（万亩）	产量（吨）	面积（万平方米）	产量（吨）	水体（立方米）	产量（吨）	面积（万亩）	产量（吨）	面积（万亩）	产量（吨）
2003	1.62	3449	0	0	5815	50	3.53	635	0.22	129
2004	1.49	3372	0	0	6013	69	3.53	683	0.28	166
2005	1.49	3567	0	0	6442	76	3.59	687	0.20	211
2006	1.61	3981	35.98	1173	6513	80	3.65	753	0.21	214
2007	1.49	3763	37.29	1329	6311	72	3.72	768	0.70	769
2008	1.18	3425	43.96	1765	6482	88	3.89	802	0.16	194
2009	1.54	2651	52.17	2024	6735	97	4.00	825	0.02	291
2010	1.76	2630	48.42	4644	6935	98	4.08	841	0.12	131
2011	2.01	2963	65.61	7228	7335	122	4.18	862	0.12	61
2012	1.95	3116	78.76	15703	13595	211	4.65	979	0.09	84
2013	2.04	3401	91.42	22615	21595	230	5.13	1058	0.10	313
2014	2.05	3916	93.97	27222	42574	412	5.64	1194	0.10	406

1991—2014 年全州稻田养鱼面积产量统计表

表 10-3-6

年度	养殖面积（万亩）	产量（吨）	年度	养殖面积（万亩）	产量（吨）
1991	11.42	1979	2003	20.49	3551
1992	12.47	2411	2004	27.02	5225
1993	11.88	1981	2005	23.85	4929
1994	12.03	2166	2006	23.42	4215
1995	13.69	2556	2007	22.43	4485
1996	14.12	2824	2008	18.83	3514
1997	12.43	1989	2009	17.99	3358
1998	16.58	2874	2010	15.49	3214
1999	15.77	2628	2011	16.12	3331
2000	18.08	2893	2012	17.89	3815
2001	18.51	3086	2013	19.40	4267
2002	21.59	4750	2014	19.39	4260

1991—2014 年全州水产养殖产量统计表

表 10－3－7　　单位：吨

年度	水产品总产量	其中		年度	水产品总产量	其中	
		养殖产量	捕捞产量			养殖产量	捕捞产量
1991	1969	4580	689	2003	4922	9305	1491
1992	2065	5067	619	2004	6241	11069	1554
1993	2414	5797	605	2005	6786	11127	1657
1994	2800	4872	710	2006	7535	12079	1663
1995	3240	5675	805	2007	8184	12829	1643
1996	3363	6732	896	2008	11348	11831	2043
1997	3482	5197	1005	2009	12328	11497	2251
1998	3605	6694	1158	2010	13892	14173	2615
1999	3707	6714	1342	2011	16219	16802	2235
2000	3969	7479	1321	2012	25652	26249	2341
2001	3976	7495	1309	2013	27897	34591	2707
2002	4555	7075	1372	2014	39344	40290	2880

五、水产养殖技术

水产养殖新技术推广，采取培训和现场会等形式进行。1999 年 10 月，全省水产新技术（黔南）培训班（省水产局主办）分别在荔波、独山县和都匀市开班。2000 年 9 月，全省生态渔业现场经验交流会在都匀市召开，参观了甘塘镇连片稻鱼工程及池塘生态养鱼。

稻鱼工程综合配套技术　1996 年，结合稻田半旱式栽培技术推广，利用扶贫资金项目，由“垄稻沟鱼”升华为稻田开挖沟、溜、凼，加高田埂，增加放养密度，投放大规格鱼种，改善饵料给喂等综合配套技术的“稻鱼工程”开始试验示范，获得稻、鱼双高产丰收，并很快在都匀、荔波、瓮安、独山、福泉、三都等县市推广，1999 年，全州推广面积达到 3 万余亩。

生态渔业配套技术　1998 年，荔波、都匀、福泉、惠水等县市开始进行池塘、稻田生态渔业配套技术试点并逐年推广。2000 年，推广面积 8367. 2 亩（其中稻田 7442 亩、池塘 925. 2 亩），生态经济效益明显，主要模式有鸭、鱼结合，果、鱼结合，猪、菜、鱼结合和稻、瓜、鱼结合等。

规模网箱养殖技术　2006 年起，开始推广规模化网箱养殖技术，品种以草、鲤、叉尾鮰为主，网箱规格多为每个 8×6（米）、6×10（米），网箱材质为聚乙烯；2009 年起，推广网箱生态无饵养殖技术（品种以鲢、鳙为主），罗甸占网箱养殖的一半，瓮安占三分之一。

六、渔政管理

渔政管理主要是宣传、贯彻落实《中华人民共和国渔业法》及相关法律法规，重点巡查和处置渔业违规行，加强苗种繁育及市场经营监管，还对渔业船只进行安全检查和监督。

1991—2000 年，重点查处江河毒鱼、炸鱼、电鱼违规捕捞和市场销售伪劣苗种行为，共收缴电鱼机 354 台、雷管 355 枚、炸药 149 公斤、违规网具 3797 件、渔产品 3936 公斤、伪劣苗种 7644 公斤。累计查处典型案件 3 起。

2001—2004 年，重点查处江河、水库非法捕捞和市场销售伪劣苗种，共收缴电鱼机 307 台、雷管 368 枚、炸药 155 公斤、违规网具 2707 件、渔产品 4389 公斤、伪劣苗种 9422 公斤。累计查处典型案件 13 起。

2005 年起，按照部、省的统一部署，持续开展珠江、长江流域打击非法捕捞专项行动。专项行动至 2014 年累计查处渔政案件 64 起，共收缴电鱼机 1420 台、雷管 1430 枚、炸药 771 公斤、违规网具 7651 件、渔产品 19863 公斤、伪劣苗种 36212 公斤。全州春季禁渔和非法捕捞整治逐步进入常态化执法监管。

2008 年，设立州渔业船舶检验站，开展渔船质量和安全检验监管。是年开展渔船调查，州内渔船主要分布于罗甸、瓮安、龙里 3 个县。次年对渔船进行“一船一档”登记造册建档管理，建立年检制度，落实安全生产责任制。至 2014 年，每年开展检验机动渔船工作，年检率均达 100%。其中 2014 年检验渔船 504 艘。

第三节 其他动物养殖

一、蜂、蚕养殖

（一）养蜂

州内农村养蜂为一项传统副业，养殖品种有中蜂（中华蜜蜂）和意蜂（意大利蜜蜂），采用圆形固定蜂桶或移动标准蜂箱养殖，一年多次取蜜。1991 年，全州蜂蜜产量 165 吨。2005 年，蜂蜜产量 129 吨。2010 年，蜂蜜产量 202 吨。2014 年，蜂蜜产量 193 吨。

（二）养蚕

州内栽桑养蚕和柞蚕放养都是时养时停，蚕茧产量 1994 年有 3.5 吨，1995 年有 0.41 吨。2003 年，荔波县引进省外蚕丝企业合作开发种桑养蚕，成为州内主要的桑蚕养殖县。2005 年全州蚕茧产量为 40 吨，次年达到 265 吨。2008 年 3 月，都匀万通企业蚕业有限公司承担的 2007 年度商务部“东桑西移”项目通过省级验收。该项目完成桑园种植 11636.5 亩，分布于都匀市 11 个乡镇，受益农户 3623 户，户均增收 590 余元。2010 年，全州蚕茧产量 261 吨，其中荔波县占 80.8%，独山、平塘 2 县共占 19.2%。2013 年 12 月，贵州绿宝石丝绸有限公司注册成立于荔波县茂兰瑶庆工业园区，建设占地 20 亩的缫丝加工项目（于 2014 年 12 月投入生产）。是年，全州蚕茧产量 191 吨，其中荔波县占 71.7%，独山、平塘、惠水 3 县共占 28.3%。2014 年，蚕茧产量 213 吨，其中荔波县占 74.1%，平塘、惠水 2 县共占 25.9%。是年，荔波县以绿宝石丝绸公司为依托，采取“公司 + 基地 + 农户”的产供销发展模式，安置 200 多名农民就业，带动农户种桑养蚕。到次年春，全县种桑养蚕农户达1.2万户，桑园面积达1.28万亩。

二、兽、禽特种养殖

2012年，进行特种养殖专项调查，州内驯养兽、禽种类主要有竹鼠、山鸡、野猪、肉鸽、黑豚等。

野猪养殖　2012年，全州饲养野猪存栏、出栏量1558头，其中都匀市高山野猪养殖公司1000头，福泉市康林养殖场和蒙家坡、兴贵合作社共385头，平塘县塘边巴烟养殖场100头，荔波佳荣、立化2个农户养殖场73头。

黑豚养殖　黑豚是小型野猪的一种，2012年，全州2个县养殖存、出栏6030头，其中长顺县力农公司6000头，荔波县驾欧乡农户养殖30头。

竹鼠养殖　竹鼠俗称"竹溜"，以竹的地下茎、根、嫩茎枝为食。有独山、平塘、三都、荔波、瓮安、福泉等县市部分企业（场）和一些乡镇的农户养殖。2012年存栏、出栏量11960只。瓮安县6个点达到5370只，三都县也有3000余只，平塘县6个点700只，独山甲定乡600只，荔波县11户1650只，福泉市4个点640只。

鸵鸟养殖　1996年11月，贵州金鹏鸵鸟开发有限公司成立，投资500万元在独山尧梭林场建立省内首家鸵鸟养殖场。养殖场占地200余亩，引进非洲纯种鸵鸟26头作适应环境饲养，安装孵化设备3台，种植人工牧草400亩，主要开展鸵鸟繁育和商品养殖。2000年，鸵群达到1000多头（成鸵600多头）。此后迁址贵阳金阳新区（2008年迁毕）。

山鸡养殖　山鸡又称野鸡，包括雉鸡、七彩山鸡、珍珠鸡等。有都匀、独山、平塘（各1个企业场）、瓮安（2个企业场）、长顺（5个以上乡镇）、荔波（10户）、三都（3户）等地养殖，2012年存栏出栏量71272只，其中都匀金誉玺公司达到50000余只，占全州70.12%，瓮安县6000余只，长顺县5000余只，荔波县4000只，平塘、三都县各2000只。（贵州金誉玺生物科技有限责任公司于2006年12月在都匀市沙包堡办事处花园村成立，山鸡养殖是公司经营项目之一。是集野山鸡特种驯养、加工、销售为一体的民营企业）

肉鸽养殖　2012年全州有2县4个点养殖，存、出栏量5400只，其中平塘平湖、下梭、卡浦3个场点共4300只，荔波县玉屏镇1个点1100只。

三、大鲵驯养繁殖

大鲵俗称"娃娃鱼"，是珍稀水生两栖动物，为国家二类保护动物。州境野生大鲵主要分布于贵定、都匀、平塘、独山、三都、荔波、龙里、惠水等地水质清澈、水温较低、深潭较多的溪涧之中。

2005年，通过招商引资，贵州锦江大鲵科技股份有限公司入驻野生大鲵主产地之一的贵定县岩下乡，开发大鲵人工驯养、繁殖。岩下乡位于海拔1961米的斗篷山西北山谷，2006年7月被中国民族地区经济发展论坛委员会、中国民族地区特产之乡组织委员会授予"中国娃娃鱼之乡"称号。2008年，州农委与贵定县政府制定并经州政府批准实施的《贵定县云雾山区60公里沿线生态高效农业园区建设项目》中，把大鲵驯养列为重点特色支柱产业。

2009 年，经农业部批准，贵州锦江大鲵科技股份有限公司获得在全国经营利用大鲵子二代资质，时为贵州省唯一获此资质的企业。是年，贵定周边县市跟进开展大鲵养殖，都匀经济开发区成立黔南州珍珠泉大鲵科研发展有限公司，为省级重点农业龙头企业，开展人工繁育供种。2011 年，贵州锦江大鲵科技股份有限公司被认定为省级农业重点龙头企业。

2012 年，全州 10 县市从事大鲵驯养的企业 35 家（含合作社），养殖农户 1716 户，存池亲本 16811 尾，养殖商品鲵 101733 尾。2013 年将大鲵人工养殖量列入统计，是年大鲵产量 105.8 吨，约折 4.23 万尾。

2014 年，全州有大鲵养殖企业（含合作社）39 家，养殖户 1741 户，人工养殖大鲵存池 44 万尾，居全省第一位，产出量 121 吨，约折 4.84 万尾。

四、其他水产特种养殖

州内水产特种养殖时养时停，规模较小。1995 年，平塘县招商引入浙江天马珍宝有限责任公司开发珍珠养殖（水面 250 亩），至 1997 年停养，累计产珠 200 余公斤。2003 年，福泉市陆坪镇浪波河村民张建华引进中华鲟，利用浪波河流水养鱼场进行工厂化养殖。中华鲟是中国特有的古老珍稀鱼类，为国家一级保护动物，原生于长江之中。2005 年，浪波河流水养鱼场引进鲟鱼苗 8000 尾投放。2007 年浪波河流水养鱼场中华鲟养殖 1100 立方米，产量 11 吨，产值 48 万元。州内还养殖过长吻鮠、美国青蛙、大闸蟹等。

第四节　动物疫病防治

一、疫病防控

（一）防控机构

1993 年，全州撤区并乡建镇时，撤销区、乡两级畜牧兽医站（为县级农牧局派出机构），重新建立乡镇畜牧兽医站（在编事业站），配备国家技术人员。村级保留动物防疫员，多为民办公助的民间兽医人员，经技术培训后参加每年春秋两季的动物免疫接种。国营畜牧养殖场保留兽医室。2000 年起，在逐渐兴起的民营规模养殖场（企业、小区）陆续建立兽医室，配备专职或兼职兽医人员。

2004 年，在省级优质畜产品基地项目实施区内，建立首批村级兽医室 8 个，配备简易设备。2005 年，州政府决定 3 年内在州内全部乡镇建立村级兽医室，按州、县财政 1∶4 投资建设。至 2008 年，全州 1885 个村全部建成兽医室，配备专职兽医人员（疫情观察员）1916 人，实行民办民管、财政补贴，县财政定额补助每人每月 150 ~ 250 元不等。是年，全州有乡镇畜牧兽医站 237 个，人员均为国家技术干部。

2010 年机构改革，州县畜牧局先后合并到同级农工局，原下设乡镇和村兽医机构、职能不变。2012 年，全州乡镇畜牧兽医站先后并入乡镇农业综合服务中心。是年，全州规模养殖场兽医室发展到 1121 个，有专职兼职兽医人员 970 人。尚有 150 个场靠临时聘请人员开展防治工作。

至 2014 年，各级兽医机构均配备有冷链、诊疗、监测诊断等仪器设备。州、县兽医实验室均能开展细菌学、血清学抗体监测诊断；乡镇站也拥有电脑、高低速离心机、水浴锅、分析天平、显微镜、高压灭菌锅及冰箱（柜）等仪器设备；村兽医室和规模场兽医室一般都有冰箱（柜）和免疫诊疗、消毒等基本设备器具。

（二）防控机制

动物防疫贯彻执行《家畜家禽防疫条例》，实行春秋两季免疫接种，开展检疫和常年防疫补针。1991 年免疫接种猪瘟疫苗 122.7 万头，密度（占应免疫数的比例）90.8%；接种牛炭疽疫苗 26.13 万头、牛出败疫苗 28.14 万头，合计平均密度 45%；接种鸡新城疫疫苗 32.8 万只。

1992 年贯彻全国畜禽防疫管理改革现场会议精神，把三都、罗甸 2 县列入全省 11 个试点县，1994 年增加瓮安、荔波、都匀 3 个试点县（全省增至 32 个），建立畜禽防疫“双轨”（州、县、乡三级政府为行政轨，同级畜牧兽医局、站为业务轨）目标管理责任制，明确各自职责和量化任务，逐年签订责任状。1995 年普及到 12 县市实施。

1998 年，罗甸县畜牧兽医部门参与企业实施养猪扶贫项目时，创新兽医技术服务机制，开展“两全三保”（全程服务、全价赔偿；保育、保健、保赔）有偿服务试点，参与服务的兽医技术干部与农户签订合同，负责死亡损失赔偿。次年在 6 个乡镇合同服务 718 户、9920 头生猪，死亡损失赔偿 99 头（占合同服务的不足 1%），赔偿额平均占合同收费的 6.06%。2000 年州内首次接种口蹄疫疫苗（猪、牛、羊）。2000—2006 年，罗甸县将“两全三保”扩大到 13 个乡镇 60 个村，累计合同服务 2679 户、生猪 40516 头、山羊 1960 只（其中 2006 年罗甸县干部职工助民增收支持“两全三保”捐款 18.68 万元，扶持入保农户 1797 户），合同服务的猪、羊发病死亡率明显下降、出栏率和效益水平明显提高。“两全三保”模式受到省政府、省农业厅的肯定，州委、州政府要求在全州推广。

2002 年，独山县畜牧兽医部门与县财产保险公司合作开展奶牛合同死亡损失保险（第一年每头保额 6000～10000 元，保费率 4%，第二年每头保额 10000 元，保费率 8%，财政补贴 37.5%），累计入保农户 300 余户，奶牛 759 头，死亡赔偿 33.93 万元（参与承保技干承担 10%），后因保险公司提高保费而告停。

2003 年起，畜禽防疫双轨责任制纳入同级政府、业务部门目标管理责任考核内容。2004 年起，全州全面推行畜禽免疫标志佩戴和规模养殖场动物防疫合格证管理制度，年内累计免疫标识佩带牲畜 2980.23 万头（只）。是年开始接种高致病性禽流感疫苗。2004—2005 年，州政府陆续批准发布《黔南州重大动物疫病防治应急预案》《黔南州口蹄疫防治应急预案》《黔南州高致病性禽流感防治应急预案》，州重大动物疫情应急指挥部和州、县畜牧兽医部门制定了相关实施方案。

2006 年，在都匀、瓮安 2 县各 1 个乡镇试行开展“动物防疫日”制度试点（每个县市每个月确定 3 天为防疫日，并将时间、负责技干和防疫员姓名、联系电话公示，重点对新补栏、春秋两防漏防畜禽和空怀母畜补针）。2007 年开始接种高致病性猪蓝耳病疫苗。2007—2008 年将“动物防疫日”制度扩大到每个县市 2 个乡镇试行，2009 年起，全州全面推行。在 2008—2014 年间，“动物防疫日”年均补免重大动物疫病疫苗 201.3 万头（只、次）。

2012 年，全州在秋防中开展动物防疫“整村推进”试点，每县市选择 1 个乡镇，以乡镇政府主要领导为第一责任人，按 4～5 个村为一片，由包片干部（含技干）带队，驻村干部、村级干部、防疫员参与，按免疫程序和防疫工作日志，发出和张贴免疫明白卡，逐村逐组逐户开展畜禽免疫。至 2014 年，全州三分之一的乡镇推行动物防疫整村推进制度。

2014 年，接种猪瘟疫苗 292.48 万头、禽流感疫苗 1178.85 万只、猪蓝耳病疫苗 281.83 万头，口蹄疫疫苗接种猪 296.82 万头、牛 105.52 万头、羊 78.38 万只（2006 年起，接种密度均达 100%）。接种牛炭疽疫苗 29.43 万头、牛出败疫苗 6.91 万头，合计平均密度 56.14%；接种鸡新城疫疫苗 1072.59 万只，密度 97.25%。

此外，各年各地对重点流行区域开展局部性猪丹毒、猪肺疫、牛气肿疽及仔猪副伤寒等疫苗（主要在规模繁育场）的免疫接种。

（三）疫病调查

1992 年，瓮安县被列为全省 9 个县（区）畜禽寄生虫区系调查县之一。

1994 年，平塘、都匀 2 县（市）查出牛羊肝片吸虫、前后盘吸虫，猪蛔虫、焦虫等感染率较高。

1999 年，州内 10 县（市）15 个乡镇开展马鼻疽菌素点眼试验调查，共调查试验马 511 匹，阳性率 2.3%。

2001 年，在州内 8 县（市）37 个乡镇 70 个行政村开展弓形虫、锥虫病专项调查，诊断出有牛、马、猪、羊、犬带弓形虫，有牛、马、羊带锥虫。

2002 年，在州内 12 县（市）、48 个乡镇、86 个村的 126 个村民组、46 个养殖场、1107 户养殖农户开展布氏杆菌病、禽流感、马鼻疽、马传贫、牛结核、弓形虫、锥虫病专项调查，查出猪、牛、马、羊、禽、犬、猫弓形虫病 288 例、锥虫病 244 例。

2003—2008 年，12 县（市）开展马鼻疽、马传贫、禽流感、蓝舌病、猪水泡病、伪狂犬病专项调查。马鼻疽、马传贫、禽流感、蓝舌病、猪水泡病、伪狂犬无发生或流行；猪瘟、猪肺疫、猪丹毒、新城疫、炭疽、仔猪副伤寒部分呈点状局部流行性发生。

2006—2007 年，12 县（市）每年分两批（每批 6 县市）开展山羊、猪、牛、马、鸡 33 种以上疫病的专项普查，调查范围达 237 个乡镇 512 个村 1493 个村民组 20786 户，1264 个场，共计调查猪 172734 头，牛 4710 头，马 12307 匹，羊 29101 只，禽 1105159 只，犬 4547 只，猫 2255 只。

2009—2014 年，12 县（市）开展猪瘟、猪肺疫、猪丹毒、新城疫、炭疽、仔猪副伤寒病专项调查，每年调查猪 1.26 万～4.97 万头、牛 0.2 万～1.74 万头、马 0.24 万～0.85 万匹、羊 0.12 万～1.43 万只、禽 11 万～143 万只。猪瘟、猪肺疫、猪丹毒、新城疫、炭疽、仔猪副伤寒部分呈点状局部流行性发生。

2011—2013 年，州科技局支持开展全州民族地区山羊寄生虫病调查，专项调查 12 县市 56 个乡镇 92 个规模羊场、2840 只羊，检测羊血清 2840 份，检出阳性率 20.9%。鉴定收集虫种 30 种，制作标本 370 份。发现寄生虫分属 6 纲、10 目、18 科共 33 种（人畜共患 16 种），省内首报虫科 4 种，州内首报 3 种。

（四）疫病监测

州内对常发、多发动物疫病的诊断监测，长期是依赖省级以上兽医试验室完成。1991 年以后，州、县延续开展畜禽市场检疫畜禽宰前检疫，宰后检验和市场查验，监控对象是带病（重点是重大动物疫病）畜禽及其产品和注水肉品、不合卫生标准肉品等。随着畜禽及其产品流通的日益频繁，动物疫病检测诊断技术提高，除猪瘟、炭疽、鸡新城疫、口蹄疫等疫病外，还增加了高致病性猪蓝耳病等新疫病检测。

2001 年，州兽医试验室开展马鼻疽病原学检测 511 匹，合格率为 97.06%。从 2004 年开始，活畜禽检疫由市场检疫全面前移为产地检疫，全州的动物疫病诊断监测以州级实验室为主来完成。是年，完成全州免疫抗体检测口蹄疫（猪牛羊）1384 头份、猪瘟 779 头份、鸡新城疫 1827 只份、禽流感（H5）1812 只份，合格率分别为 62.3%、82.9%、60.9%、99.8%；病原学检测布病 851 头份、牛结核 2755 头份，合格率分别为 99.9%、96.8%。2005—2008 年，各类免疫抗体检测数量有增有减，合格率 74.1% ~100%。

2009 年起，重点开展市场畜禽肉品、生鲜乳、水产品等监督抽查和例行抽检。肉类重点监测兽药、瘦肉精残留；生鲜乳重点监测三聚氰胺、抗生素残留；水产品重点监测孔雀石绿、药物残留。是年抗体检测合格率 71 ~100%。

2010 年，免疫抗体检测口蹄疫 3782 头份、猪瘟 2466 头份、鸡新城疫 1645 只份、禽流感 3728 只份，合格率分别为 78.5%、84.3%、76.1%、78.17%；病原学检测布病 1048 头份、牛结核 819 头份，合格率分别为 99.81%、100%。

是年至次年，惠水、独山、荔波、龙里、平塘、长顺、福泉、贵定、罗甸、三都等 10 个县级实验室通过省级考核认证，参与动物疫病诊断监测工作，多数县级相继应用炭疽病环状沉淀反应，猪瘟正向血凝抗体滴度测定、鸡新城疫阳性 HI 抗原血凝和血凝抑制试验、布氏杆菌平板凝集反应、口蹄疫正向间接血凝试验、禽流感 HI 抗原和血清血凝及血凝抑制试验等技术，重点开展疫病免疫抗体监测。州级兽医实验室除开展主要动物疫病免疫抗体监测外，还能进行更多内源性和外源性病种的病原学监测。

2014 年，全州（含州级、县实验室）免疫抗体检测口蹄疫 16554 头份、猪瘟 8314 头份、鸡新城疫 8956 只份、禽流感 13425 只份，合格率分别为 80.9%、62.3%、85.8%、80.36%；病原学（州级为主）检测布病 9836 头份、牛结核 634 头份，合格率分别为 99.62%、100%。自 2009 年以来的市场畜禽肉品、生鲜乳、水产品等监督抽查和例行抽检，累计抽检 2603 批次样品，合格率 100%。

二、疫病治疗

（一）寄生虫驱虫

1991 年全省畜禽寄生虫区系调查后，寄生虫驱虫开始纳入州内各级兽医机构的工作任务。以吸虫、绦虫、线虫、原虫等畜间和人畜共患寄生虫病为重点，使用广谱、高效、低毒药物为主，采用内服、注射、药浴等方式，进行驱虫。是年全州驱虫猪 7.39 万头、牛 3.1 万头、羊 158 只。之后逐步加大推广，1995 年驱虫猪 50.21 万头、牛 13.62 万头、羊 1.84 万只。1997 年基本普及到乡镇。2000 年驱虫猪 114.06 万头、牛 88 万头、羊 9.5 万只。2004 年起全部乡镇和 90% 以上的村开展。2005 年驱虫猪 120.58 万头、牛 43.14 万头、马 6.94 万匹、羊 8.04 万只、禽 83.60 万只、兔 3464 只。2010 年，驱虫猪 124.27 万头、牛 44.36 万头、马 20.8 万匹、羊 9.96 万只、禽 179.08 万只、兔 1.43 万只。2014 年，驱虫猪 221.33 万头、牛 64.21 万头、马 22.15 万匹、羊 22.28 万只、禽 324.68 万只、兔 1.03 万只。

（二）动物疫病诊疗

1991 年时，疫病在乡镇兽医站和县级兽医机构诊疗，先以出诊为主，后逐步设立门诊，也有民间兽医诊疗。到 2007 年，县兽防站和大多数乡镇畜牧站设有兽医门诊，诊疗情况纳入业务统计指标逐年逐级上报，全州累计诊疗猪 173.47 万头，牛 42.83 万头，马 11.30 万匹，羊 9.39 万只，犬猫 7.61 万只，禽 86 万只，家畜普通病的比例占 60.78%，平均治愈率以普通病较高，传染病治愈率极低，送诊接诊比例也低。

随着疫病综合防控和畜禽保健水平提高，畜禽发病率明显下降，加上农村畜禽疫病防治技术普及，农民自行治疗增多，兽医诊疗服务方式转为入村入户或技术综合服务为主，门诊坐诊形式逐渐退出。2008 年起，全州兽医门诊诊疗不再列为业务统计指标。

（三）重大疫情处置

对重大动物疫情的处置，主要是对疫区疫点进行隔离、消毒、紧急免疫及死亡、扑杀等无害化处理，遏制疫情蔓延流行，降低疫病造成的损失。境内常发、多发疫情有猪瘟、口蹄疫、炭疽病、鸡新城疫等。1991—2014 年，州境内有 14 年发生猪疫情，11 年发生炭疽病，14 年发生鸡新城疫，16 年发生口蹄疫。

猪瘟　1991 年有 10 个县（市）发生猪瘟，1993 年发病死亡和扑杀达到 1.4 万头。猪瘟多发状况到 2005 年后方得到基本控制，发病显著减少，仅有 2010 年和 2013 年共发病 582 头。至此，有猪瘟疫情的 14 年累计发病 2.43 万头，死亡和扑杀处置共 4.12 万头。

炭疽病　1991—1993 年，炭疽病疫情最为严重，到 2003 年后基本得到控制。至此，有炭疽病疫情的 11 年累计死亡（含扑杀）猪 20 头、牛 332 头、马 133 匹、羊 131 只（有 2 年发生），有 8 年共感染人发病 453 人，死亡 40 人。2004—2014 年无疫情。

鸡新城疫　相对集中发生在 1991—2000 年间，10 年中有 9 年发生。2001 年后得到基本控制。至 2014 年，有鸡新城疫疫情的 14 年累计发病家禽 22.73 万只，死亡和扑杀 2.15 万只。

口蹄疫　1995年首次发生，疫情最大为1999年，有12县市的175个乡镇发生，是年发病猪7958头、牛27262头、羊575只，死亡（含扑杀）猪6624头、牛2189头、羊575只。之后羊仅在2007年发生。2010年后疫情明显减少，是年和2011年、2014年无疫情。在有口蹄疫疫情的16年累计死亡（含扑杀）猪8310头、牛4111头、羊586只。

高致病性猪蓝耳病　于2007年首次在州内确诊，是年和次年、2011年共有3次发生。2007—2008年涉及7县20个乡镇，2011年涉及2县3个乡镇。3次共计发病猪8927头、死亡（含扑杀）9505头。

三、动物卫生监督监察

（一）产地（市场）检疫

1991年，州内农贸市场牲畜检疫、补针工作已由部分场点、部分县（市）逐步发展到12个县（市）主要场点普遍开展。1991年检疫138个场（次），受检牲畜为猪38.8万头、牛5.4万头（未检羊）。1999年检疫市场139场（次），检疫猪49.4万头、牛12.14万头，检出病畜1118头。

2000年起，开始试点开展由市场检疫改为产地检疫，即由牲畜上市时检疫变为养殖产地源头检疫，并增加对羊的检疫。是年报检的检疫点141个，受检牲畜为猪56.9万头、牛11.77万头、羊1326只，检出病畜1170头只。

2004年检疫点510个，受检牲畜为猪74.75万头、牛13.84万头、羊4.88万只，检出病畜1748头只。是年起，全州全面推行产地检疫，检疫量总体上逐年较大幅度增长，检出病畜的比例基本上逐年有所下降。次年报检点596个，检疫猪80万头、牛14万余头、羊3.78万只，检出病畜34头只。

2006后每年检出病畜在230～600头只之间。2009年报检点为1907个，为历年最多，受检牲畜近100万头只。

2011年报检点988个，检疫猪100.18万头、牛14.8万头、羊6.74万只，共121.72万头只，检出病畜262头只。

2014年报检点682个，检疫牲畜136.66万头只，其中猪103.44万头、牛14.68万头、羊18.54万只，检出病畜466头只。

（二）运输检疫

1991—2003年的13年间，重点在交通要道设点防控重大动物疫情，全州累计动物运输检疫畜禽372.03万头只（年均28.62万头只），其中大牲畜22.69万头、生猪193.45万头、其他中小家畜11.59万只、禽类144.3万只；检疫肉品13103.2吨（年均1007.94吨）、皮张22.09万张（年均1.7万张）。

2004年，正式全面开展以产地检疫一证通为基础的公路运输畜禽检疫（查证验证），是年运输检疫畜禽77.57万头只，其中牲畜58.51万头只、禽19.06万只，检疫肉品81.5吨、皮张9500张，进行车辆消毒4500车次。

2008年运输检疫畜禽158.89万头只，其中牲畜60.74万头只、禽98.15万只，检疫肉品2450吨，进行车辆消毒12880车次。2009年运输检疫畜禽1693.16万头只，其中牲畜109.91万头只、禽1583.25万只，为历年运输检疫最高。

自2004起到2012年的9年间，全州动物运输检疫畜禽4528.12万头只（年均503.12万头只），其中牲畜35.99万头只，禽类4492.13万只；检疫肉品20441.5吨（年均2271.28吨）、皮张2.18万张（年均0.24万张）。其中，独山检疫站公路过境检疫畜禽活体中，牛、马、羊、犬100%为出境，猪、禽主要为入境，入境量比例分别为猪70.58%，禽98.25%。由于产地检疫已由州内县际一证通变更为省际一证通，州内畜禽公路运输检疫于2012年后停止开展。

（三）屠宰检疫

屠宰检疫实行定点屠宰、宰前检疫、宰后检验。1991年有屠宰检疫场点182个，进行屠宰检疫猪22.5万头，牛2.54万头，无害化处理病畜3611头只（处理率100%）。1999年屠宰检疫猪30.48万头，牛2.5万头，羊6900只，无害化处理病畜1208头只（100%）。2006年屠宰检疫猪40.24万头，牛4.32万头，羊8244只，无害化处理病畜670头只（100%）。2011年屠宰检疫猪55.57万头，牛4.6万头，羊5239只，无害化处理病畜563头只（100%）。2014年屠宰检疫猪67.67万头，牛7.61万头，羊7.61万只，无害化处理病畜1315头只（100%）。是年，2014年，经州政府明确，全州屠宰企业（场、点）45个全部划归农委系统动物防疫部门监管。

（四）动物卫生监督

1991—2002年，动物卫生监督执法与防治检疫监管合并开展。2003年，州、县动物卫生监督所分设后，划入监督执法职能。2004年动物监督执法查处案件29件，立案处罚8件。2010年动物监督执法查处案件124件，立案处罚7件，罚款1.24万元。2014年，执法查处案件189件，立案处罚100件，罚款5.26万元。

（五）兽药监察

随着兽药市场经销出现，州、县于1990年前已陆续建立兽药监察所，挂牌兽防站，从1991年起，全州开展兽药监察工作，主要对兽药经销门市、摊点进行检查，查处伪劣兽药。在2003年之前，每年检查经营户300余户次。其中1991—1997年间共查处伪劣兽药97件，收缴销毁伪劣兽药1158.9公斤。2004年，撤销州县兽药监察所，其职能划转州县农牧业行政执法支队、大队或州县农委（局）有关科（股）履行。

2005年，检查兽药经营户4542户次，查处案件66件，货值2.4万余元，处以罚款7700元，收缴伪劣兽药895公斤；启动兽药、药残（留）及瘦肉精专项工作，分别抽查兽药31批次、药残15批次、瘦肉精211批次，兽药合格率64.6%，未检出药残及瘦肉精。

2010年，检查经营户8664户次，查处案件40件，货值1646元，处以罚款8698元，收缴伪劣兽药145公斤；兽药、药残及瘦肉精抽查分别为30批次、20批次、800批次，兽药合格率91%，未检出药残及瘦肉精。

2014年，检查经营户92户次，查处案件5件，货值785.5元，处以罚款16720元，收缴伪劣兽药 60.5 公斤；兽药、药残及瘦肉精抽查分别为 25 批次、20 批次、25226 批次，兽药合格率 96%，未检出药残及瘦肉精。

第四章　农田基本建设与农业机械化

20 世纪 90 年代后，州委、州政府贯彻落实国务院《关于大力开展农田水利基本建设的决定》，推进以冬修水利为主要形式的农田水利基本建设。1991 年实施《中华人民共和国水土保持法》。是年，各县（市）工作机构为建于 1982 年的水土保持站。1991—2014 年，黔南州通过争取上级补助，征收水土保持设施补偿费等，多渠道筹集资金，采取工程措施和生物措施，综合治理水土流失。

黔南州农业机械管理局（以下简称州农机局）于 1990 年 12 月恢复成立，在州机械工业局加挂牌子。1991 年时，县级设有农机技术推广站，重点乡镇设有农机管理服务站。2005 年后，国家加大对农业机械化的投入，全州执行国家农机购置补贴政策，按国家规定的标准和程序，给予购机补贴，全州农业机械化得到逐步发展。

第一节　农田水利

一、冬春农田水利基本建设

1991 年春完成的“冬修水利”，投入资金 1333.85 万元，完成渠道防渗 818.8 公里，治理小（2）型病险水库 15 座，整修山塘 370 口，新增有效灌溉面积 1.12 万亩。经省相关部门检查，平塘县获一等奖，瓮安县获二等奖，贵定、惠水县获三等奖。

州政府 1992 年 11 月成立“黔南州冬修水利领导小组”，各县（市）相继召开了冬修水利会议。是年全州冬修水利各项计划指标超额完成，经贵州省检查评比，列全省第二名，获奖金 8 万元。

1993 年冬至 1994 年春，农田水利基本建设共投资 2209.89 万元，完成渠道防渗 228.2 公里，改善灌面 4021 亩，新增水浇地 5900 亩，经省检查评比，黔南州水利工作获全省一等奖。

1995 年 2 月，为掀起冬修水利高潮，州委、州政府在都匀召开冬修水利现场会。8 月，明确“冬修水利”以修复水毁工程，病险水库处理、渠道防渗和乡镇人饮工程为主攻方向。1996 年，黔南州再次荣获全省冬春农田水利基本建设一等奖。

1998 年 1 月，在龙里县召开全州农田基本建设现场会。是年，罗甸县采取“以物放贷，以粮还贷，收回再贷，滚动发展”的办法，向银行贷款 86 万元，用于水利建设，建成小水池、小水窖3000多个。惠水县和平镇、瓮安县草塘铜锣、龙里县千家卡，也向银行贷款兴办供水工程。贷款修水利是州内水利建设史上一个突破。1999年6月，黔南州冬春农田基本建设荣获全省一等奖，受省政府表彰。

2001年冬至2002年春，全州水利部门开展了大规模农田水利基本建设。累计动工3634处，劳动积累工共计投入2875.15万个工日，累计完成工程量1087.7万立方米。在全省农田水利基本建设评比活动中，黔南州完成任务列全省第一名。

“十五”“十一五”期间，全州冬春农田水利基本建设工作连续10年超额完成省下达的各项指标任务。渠道防渗、病险水库治理、小微型集雨蓄水工程建设等是农田水利基本建设的主要内容。其中，都匀市1995—2005年，连续获全省冬春农田水利基本建设先进集体，受省人事厅、水利厅表彰，是全省唯一连续11年获省表彰的县（市），2006年被水利部、财政部表彰为全国农田水利基本建设先进县（市）。

2009年起，国家和省加大对小型农田水利项目的投入，开始实施中央财政小型农田水利重点县建设项目，2009—2014年，全州累计获得重点县建设项目47个县（次），总投资7.5亿元，通过整合发改、财政、国土等部门项目不断完善农田水利基础设施建设，2014年底，全州耕地总灌溉面积722.66万亩，其中有效灌溉面积252.68万亩，占34.97%。

2014年全州耕地有效灌溉面积统计表

表10－4－1　　单位：万亩

政区名	耕地总灌溉面积	其中：有效灌面	
		面积	占比（%）
黔南州	722.65	252.7	34.97
都匀市	69.04	24.66	35.71
福泉市	60.69	27.77	45.76
荔波县	32.59	10.64	32.63
贵定县	49.93	20.56	41.18
瓮安县	88.38	39.18	44.33
独山县	58.85	22.23	37.77
平塘县	73.88	19.81	26.81
罗甸县	55.97	11.82	21.12
长顺县	59.06	21.78	36.88
龙里县	44.16	14.01	31.73
惠水县	80.06	24.32	30.38
三都县	50.04	15.92	31.81

二、水利工程整修

1993年9月，全州渠道防渗、病险水库处理培训班在惠水县举办。贵定、长顺、独山3个县分别介绍了经验。

1995年，通过农发项目整修福泉翁羊水库，进行大坝加高和渠系配套建设。该库为均质土坝迎水坡砌石防渗，灌溉面积达到850亩。1997年整修贵定摆龙引水工程。该工程为小（2）型引水工程。因干渠多处地段垮塌，1991年已经处于半瘫痪状态。通过对干渠、隧洞、倒虹管进行防渗加固配套，对灌区5座接瓜山塘进行整治，累计投入资金150万元，恢复灌溉面积1500亩。1997至1998年，通过农发项目整修福泉浪波河引水工程。该工程为小（1）型引水工程。完成总干渠25.08公里渠道防渗。

按照上级提出“不将病险水库带进21世纪”的要求，1998年开展调查摸底，全州共查出病险水库59座，包括中型1座、小（1）型14座、小（2）型44座，占水库总数的31%。制定了分期治理的实施方案。

2000年6月20日，惠水县王佑镇马鞍山水库副坝坝顶出现塌陷，危及下游50余户200多人生命财产安全，州水利局迅速完成大坝抢险加固，防止了灾害发生。

随着国家西部大开发战略的实施，21世纪初加大了水利投资，治理病险水库成为水利工程整修的重点。自2000年开始，境内开展病险水库除险加固工作，进行水库大坝安全鉴定，针对漏水、渗水、塌陷、冲刷、启闭设备失灵等问题，制定除险加固方案逐一修复。

2002年起开工治理小（2）型病险水库13座。2003年6月对福泉水库陡河水库进行除险加固，于2005年6月完工，总投资350万元，完成大坝及坝基帷幕灌浆、溢洪道改造等工程，实际灌溉面积5790亩。同期治理的还有都匀绿茵湖水库、龙里花马冲水库、荔波洪江水库、三都比寨水库等。通过整修，2004年度新增有效灌溉面积3.09万亩，新增节水灌面4.02万亩，改善灌溉面积0.98万亩，恢复灌溉面积7.21万亩。2005年度新增有效灌溉面积3.34万亩，新增节水灌面4.09万亩，改善灌溉面积1.26万亩，恢复灌溉面积7.26万亩。全年共解决农村人饮困难18.16万人。

2006年对贵定洗菜塘水库进行防渗处理。该库设计灌面1250亩，实际灌面750亩。2007年实施完成福泉鸡冠石水库除险加固项目，使用补助资金30万元，完成大坝加高，坝顶加防浪墙，上游面坝坡土工膜防渗，放水设施改造等工程。2007年10月实施都匀旱楼水库除险加固工程，2008年主体工程完工，总投资440.86万元，完成大坝防渗加固及整治、溢洪道工程改造、放水隧洞工程改造工程。

2008年3月实施瓮安耗子堰水库除险加固工程，2009年10月竣工，总投资390万元，完成新建溢洪道和放水隧洞、坝坡整治、大坝帷幕灌浆等工程。2008年9月实施都匀高寨水库除险加固工程和贵定合作水库除险加固工程。高寨水库整修于2010年9月完工，总投资412.8万元，完成大坝防渗加固、溢洪道改造等工程；合作水库整修于2009年6月主体工程完工，总投资426万元，完成坝面整治、坝基坝身防渗处理和溢洪道改造等工程。

2009年10月实施长顺东风水库和龙里县石板滩水库除险加固工程。东风水库治理于2010年5月完工，总投资360万元。石板滩水库治理于2010年12月完工。

2010年实施福泉下翁溪水库除险加固工程，年底完工。工程总投资705万，完成坝体基础、左岸坝肩、右岸坝肩帷幕灌浆防渗处理，左岸岩溶灌浆平洞、放空底孔改造等工程，恢复和新增灌溉面积1.2万亩。

2011年，全州治理小（2）型病险水库12座。2011年8月实施独山县大河水库和铁坑水库除险加固工程。铁坑水库治理于2012年4月完工，总投资337万元，完成大坝整治加固和防渗、溢洪道治理等工程。大河水库治理于2012年10月完工，总投资463万元，完成大坝、溢洪道整治加固等工程。

2012年，全州治理病险水库49座。是年3月实施龙里县摆兰水库除险加固工程，12月完工，完成坝基帷幕灌浆防渗、溢洪道重建等工程。同年，对荔波县甲介水库进行除险加固，投资275万元，完成坝体防渗，增设防浪墙，溢洪道整治加固等工程。

2013年度目标任务为治理小（2）型病险水库除险加固项目25座，到位资金6202万元。完工验收并投入使用26座，占任务数的104%。2013年10月实施惠水高寨水库除险加固工程，12月完工，总投资207万元，完成坝体加固、溢流堰改造、坝基防渗处理、放水设施改造等工程。

2014年完成27座小（2）型修编规划大坝安全鉴定工作。完成中央、省级下达黔南州31个维修养护项目，总投资717万元，其中，中央下达项目通过县级验收。

至2014年底，黔南州已完成治理189座，占水库总数261座的73%，完成投资5.6亿元，增加蓄水量0.85亿立方米，恢复灌面25.9万亩，恢复保护下游人口18万人。其中，列入规划治理的113座小（2）型项目，全部验收投入使用；12座小（1）型项目竣工，进入验收工作。

三、灌区建设

州内从2001起建设大型灌区。灌区管理主要是通过统一调配水源，节约用水，发挥水利工程的最大效益。管理组织是灌区管委会。到2014年，境内已建成部分由多个水利工程供水，灌溉大规模农田，发挥综合效益的灌区。

（一）芒勇灌区

芒勇灌区为中型灌区，涉及三都县、荔波县、独山县3县9个乡镇，设计灌溉面积5.12万亩。灌区水源工程包括三都的芒勇水库工程、独山的龙塘水库工程和荔波的三孔桥引水工程。芒勇水库工程位于三都县恒丰乡芒勇村，经6年的建设，于1995年底完工，水库正常高水面1845亩，渠道126.76公里，渠系建筑物32座，提灌站3座。设计灌溉面积4.47万亩，有效灌溉面积3.6万亩。龙塘水库位于独山县本寨乡，建成5条渠道13公里。三孔桥引水工程兴建于1997年，工程于1998年完工，建成1条干渠7.3公里、3条支渠5.46公里。

1994年成立芒勇水库管理所，由三都县水利局管理。2003年3月，根据水利工程管理条例的规定，三都县水利局申请将三都县芒勇水库管理所移交州水利局管理。经州人民政府同意，州编办批准设立黔南州芒勇水库管理所，为州水利局管理的正科级事业单位，核定编制8人。2006年4月水管体制改革方案经州编办批复，黔南州芒勇水库管理所更名为黔南州芒勇水库管理处。2014年管理处实有20人。

2009年完成《黔南州芒勇中型灌区农业综合开发节水续建配套项目可行性研究报告》，对骨干渠道中“卡脖子”工程进行疏通，2010年招标实施节水配套改造项目，至2012年底完成提灌站的渠道、部分支斗渠工程，最终达到有效灌面5.12万亩。

2014年，对芒勇水库工程投资303万元，购置净水器1座，铺设管道10.57公里，维修水厂100平方米，新建清水池350立方米，当年销售2.37万吨水，收入30万元。

（二）瓮福灌区

2001年7月，州内第一个大型灌区瓮福灌区获批准建设。

瓮福灌区涉及瓮安、福泉、贵定、龙里4县（市）的35个乡镇，具有防洪、灌溉、发电、城乡供水等多种功能。2001年，规划瓮福灌区以20座小（1）型蓄水工程为龙头，配以31座小（2）型蓄水工程，共有库容7504万立方米，占4县（市）的89.6%。加上3处小（1）型引水工程及其他小型蓄、引、提工程，规划灌面32万亩，占4县（市）的65%。灌区内除陡河水库、车地水库、云雾湖水库、石板滩水库等少数为国营管理，大多数工程由所在乡镇或村管理，不能适应水资源统一管理和调度的要求。2001年9月，州政府批准成立黔南州瓮福灌区管理处（州水利局提供办公用房）。管理处在灌区各县成立管理总站，各乡镇设立管理站（所），形成了灌区管理体系。明确了灌区大中型水利工程以国家投入为主、小型工程以自办水利为主的投入机制，订立了管理制度。

瓮福灌区节水续建配套项目分期实施，自2001年开工建设到2012年，灌区共完成工程总投资7309.04万元（中央资金5780万元，地方配套资金1529.04万元），完成骨干渠道防渗改造414.59公里，配套田间渠道148.67公里，维修、恢复渠系建筑物205座，管理房改造2700平方米。新增、恢复、改善灌溉面积13.2万亩，年节水量1.48亿立方米，年增产粮食4.12万吨。

瓮福灌区于2002—2003年度被水利部授予“精神文明灌区”称号。2004年、2005年被水利部评选为“全国大型灌区精神文明建设先进单位”。

（三）独南灌区

独南灌区规划范围涉及独山县南部上司、打羊、下司、尧棒、甲里、黄后、董岭、麻尾8个乡镇，设计灌溉水田面积10.31万亩，保灌水田面积2.25万亩。规划灌面14.55万亩。灌区水源工程有小（1）型水库3处（甲马水库、铁坑水库、大黑寨水库），小（2）型水库8处，山塘39处，小（2）型以下引水工程30处，小（2）型以下提水工程73处。

2004至2007年建成谭尧水库，是独南灌区的骨干水库，工程新增灌面4.1万亩，改善灌面4847亩，整个灌区保灌面积达到45870亩，其中自流灌溉36495亩，提水灌溉9375亩。规划新建尧弄水库、干丹水库、打鱼河水库、塘大水库，4座水库建成将新增灌面4.23万亩。

灌区现有小（2）型以上水利工程干支渠总长171公里。新建成的谭尧水库及拟建的4座水库设计干支渠总长542.8公里，对所有渠道进行维修、改造、防渗。规划灌区内田间工程全面续建配套。

（四）瓮安县中火灌区

瓮安县中火灌区包括中火、老猫水、水淹塘、天邦、牛坡、芦塘5座小（2）型以上水库，4 处小（2）型引水工程，147 口山塘。设计灌溉面积 2.13 万亩。管理所在瓮安县玉山镇。

第二节　水土保持

一、水土流失监测

20 世纪 90 年代，通过遥感统计，州境水土流失面积占全州土地总面积的 23.6% 左右。根据 2000 年遥感调查数据显示，黔南州水土流失面积达 9161.55 平方公里，占总面积的 34.98%，其中：轻度流失 6557.54 平方公里，中度流失 2046.78 平方公里，强度流失 493.88 平方公里，极强度流失 63.35 平方公里。流失面积大、等极强的区域相对集中在长江流域的瓮安、福泉、贵定、龙里、都匀等县市。

2003 年成立州水土保持监测站，与州水土保持站实行两块牌子一套人员。2005 年安装上级配发的监测设备。到 2006 年 10 月完成一期监测网络和信息系统建设。黔南州贵定县云雾水土保持综合典型监测点，于 2009 年被列为全国水土保持监测网络和信息系统建设二期工程重点建设坡面径流场之一，2012 年被列为长江水利委员会水土保持常规监测数据采集点，2013 年被列为全国水土流失动态监测与公告项目典型监测点之一。

二、水土流失治理

水土流失治理的资金来源，除国家重点水土流失治理工程有中央投资外，其余主要由省、州匹配和县级筹措，将以工代赈、农业开发、封山育林、坡改梯等资金与水土保持专项经费捆绑使用，生产综合防治效益。

1991—1992 年，福泉县实施水土流失项目，以陡河水库、苦李井水库和沙坪水土保持项目区为试点，两年治理流失面积 14.6 平方公里。

1993 年，全州治理水土流失 35.2 平方公里。治理水土流失工作连续几年取得较好成效。

1998 年起，国家采取发行国债等方式加大水土保持生态建设投入，实施国家重点水土流失治理工程，黔南州成立领导机构，积极争取资金实施国债水土保持项目（该项目至 2004 年止）。

2000 年 6 月，福泉市完成国家内需拉动项目“陡河小流域水土保持综合治理”任务，综合治理面积 16.8 平方公里，工程总投资 200 万元，其中地方匹配 100 万元。是年，以“全国水土保持生态环境监督管理规范化建设试点”为契机，规划实施翁溪河、纸厂河、岩关河、谷顶河等 5 条小流域治理，到年底完成小流域治理 12.5 平方公里。

长顺是全省第一批石漠化综合治理试点县，从 2008 年起，先后在冗雷河、洗布河、乌麻河开展小流域石漠化综合治理试点，两年治理面积 24.4 平方公里。农民人均纯收入从治理前的 1320 元增加到 2060 元，创造了生态修复、果禽并举、长短结合的“长顺模式”。

2010年7月19日，全省石漠化综合防治工作会在长顺县召开。

2009年，中央作出扩大内需的宏观经济政策。2010年，州委、州政府将水土保持工作纳入对各县市政府的工作目标考核，要求本级财政按每平方公里不低于10万元的标准进行投入。2001—2010年，黔南州共投入水土保持经费3483万元，治理总面积达1035平方公里。至2010年，全州12个县、市共实施以小流域为单元的水土保持重点治理项目35个，完成项目投资4858万元（中央2860万元、地方1848万元、自筹150万元），综合治理水土流失面积451.2平方公里。其中：坡改梯5平方公里，水保林79.3平方公里，经果林37.4平方公里，封禁治理258.3平方公里，保土耕作37.3平方公里，修建蓄水池1403口，道路163公里，截排水沟70.3公里。

2010年，长顺县被列入2010年中央预算内投资水土保持小流域综合治理项目县。之后，州内又争取实施了1个坡耕地水土流失治理项目，3个小流域综合治理项目。2011年6月，长顺县列为2011年全国坡耕地水土流失综合治理试点之一，黔南州唯有长顺县进入。项目总投资1250万元。其中中央补助1000万元，省、州配套250万元。2012年，全州完成水土流失治理120平方公里。

2010—2012年，州内共实施以小流域为单元的水土保持重点治理项目4个，项目建设资金2282万元，综合治理水土流失面积达31.8平方公里，其中：坡改梯4.3平方公里，水保林4.9平方公里，经果林2.6平方公里，封禁治理19.5平方公里，保土耕作0.5平方公里。从1991年到2012年期间，全州利用中央资金4740万元，省级专项资金1960万元，州级投入530万元，各县市投入3726万元，累计完成国家重点水土流失治理工程治理483平方公里，面上水土流失治理520.7平方公里。在面上治理面积中，实施耕地坡改梯19平方公里，营造水土保持林73.9平方公里、经果林56平方公里，种草15平方公里，封禁治理298平方公里，保土耕作措施56平方公里，其他2.8平方公里，建设小型、微型蓄水保土工程49634处。

2013年，州、县两级通过整合国家水土流失重点治理、小流域治理、农林开发等项目资金，共完成水土流失治理面积121平方公里，实施生态修复面积50平方公里。累计投入治理资金1000.5万元。其中县级政府投资802.27万元，其他资金198.23万元。在治理面积中，坡改梯1平方公里，经果林6平方公里，水保林1.1平方公里，保土耕作19.4平方公里，封禁治理92.6平方公里，种草0.3平方公里，其他0.6平方公里。是年，全州完成总投资8140万元（其中水利投资2838.62万元），治理石漠化总面积234.3平方公里。

2014年，以小流域为单元，完成水土流失治理面积94.9平方公里。

三、水土保持监督

对开发建设项目的水土保持方案进行审批和监督落实，依法征收水土保持设施补偿费，验收水土保持设施，查处水土保持违法案件，是从源头防治水土流失的重要措施。

1994年，福泉市列入全国水土保持监督执法试点，于1995年7月通过验收。1997年，罗甸县、惠水县、瓮安县、贵定县被列入水土保持监督执法试点县，于1999年顺利通过验收。1999年，各县（市）开展水土保持生态环境监督管理规范化建设，福泉市被列入水利部水土保持生态环境监督管理规范化建设试点单位。是年，都匀市、长顺县、三都县、平塘县、龙里县开始开展水土保持监督执法试点，2000 年通过试点验收。2000 年，独山县、荔波县开始开展水土保持试点工作，2001 年通过验收。2001 年 1 月，福泉的规范化建设试点通过水利部验收，省水利厅委托黔南州水利局，于 2002 年 9 月对除福泉外的 11 个县市规范化建设工作进行了验收。2003 年，全州审批水保方案 145 项，收取水土保持补偿费 113.1 万元。

2008 年，全州督促各类开发建设项目业主落实防治责任范围达 9.85 平方公里，水保措施投资总额达 8960 万元。

2009 年 10 月，都匀市、瓮安县、长顺县、贵定县、罗甸县等 5 个县市列为全国第一批水土保持监督管理能力建设县市，于 2011 年全部通过验收。2012 年，福泉市、龙里县、惠水县、平塘县、独山县、荔波县、三都县 7 个县市全部被列为第二批水土保持监督管理能力建设县市，建设期限为 3 年。是年，州共审批水土保持开发方案 65 个。

1991—2012 年，黔南州累计审批开发建设项目水土保持方案 2029 个，其中，州级审批 227 个，县（市）级审批 1802 个；督促开发建设单位落实水土流失防治责任范围 31.33 万亩，投入治理经费 72423 万元，有效拦挡土石方 3219 万立方米；累计征收补偿费（1994 年起征收）2524.9 万元，其中，州级征收 331.2 万元，县级征收 2193.7 万元；专项验收开发建设项目水土保持设施 129 个其中，州级验收 50 个，县市级验收 79 个；立案查处水土流失违法案件 194 起。

四、水土保持项目选介

牟珠洞小流域综合治理项目：位于贵定县盘江镇。项目于 1998 年 11 月动工，1999 年 6 月完成，治理面积 4.05 平方公里。项目区种植经果林 655 亩，恢复和营造水保林 1419 亩，坡改梯 382 亩，修建排洪灌溉渠道 3.5 公里，蓄水池 15 口，封禁治理 2.41 平方公里。项目总投资 100 万元，其中，中央财政拨款 30 万元，地方财政借款 45 万元，群众以劳抵资 25 万元。

牟尼河小流域水土保持综合治理项目：位于独山县基长镇。项目于 1999 年 12 月动工，2000 年 6 月完工，治理水土流失面积 17.1 平方公里。项目区种植经果林 1991 亩，水土保持林 2981 亩，种草 426 亩，农耕措施 4977 亩，封禁治理 1527 亩，简易便道 2.1 公里，拦山沟 800 米，小水池 66 个，河埂护砌 1.9 公里，挡土墙 30 米。工程总投资 200 万元，其中：中央专项资金 100 万元，地方匹配 100 万元。

东门河小流域综合治理项目：位于贵定县定东乡。项目于 1999 年 12 月动工，2000 年 9 月完成，治理面积 16.67 平方公里。项目区种植经济林 1225 亩，恢复植被营造水保林 1175 亩，农业保土耕作 2395 亩，修建坡改梯 825 亩，修建拦截水沟 62 条 31 公里，排水沟 14 条 3.9 公里，蓄水池 25 口，拦沙坝 3 座，沉沙池 64 个，谷坊 8 座，封禁治理 8.89 平方公里，修建便道 16.8 公里。项目总投资 217.13 万元，其中，中央财政拨款 100 万元，地方财政匹配 100 万元，群众自筹 17.13 万元。

逢亭河小流域水土保持综合治理项目：位于罗甸县逢亭镇。项目于 2000 年度实施完成，治理面积 11.43 平方公里。项目区种植经果林 1559 亩（板栗）。项目总投资 133.4 万元，其中中央财政专项投资 66.7 万元，地方配套资金 66.7 万元。2004 年经果林开始挂果产生经济效益，带动了当地群众种植板栗增收致富。

黑神河小流域水土保持综合治理项目：位于独山县城关镇。项目于 2000 年 12 月动工，2001 年 6 月完成，治理面积 8 平方公里。项目区种植经果林 960 亩，水土保持林 1917 亩，封禁治理 5093 亩，坡改梯 240 亩，沼气池 10 口，水池 18 个，拦山沟 800 米，机耕道 1.5 公里。总投资 72 万元，其中中央专项资金 48 万元，地方匹配 24 万元。

拉鱼小流域水土保持综合治理项目：位于荔波县城南 3 公里的樟江河拉鱼段。项目 2001 年 1 月开始实施，6 月 16 日通过州级验收，交玉屏镇管理，治理面积 8 平方公里。项目区种植经果林 1800 亩，水保林 2800 亩，封禁治理 6908 亩，保耕措施 392 亩，坡改梯 100 亩，修建拦山沟 2000 米，蓄水池 20 口，机耕道 4 公里，沼气池 50 口。项目总投资 72 万元，其中国家补助 48 万元，受益群众自筹 24 万元。

福泉市纸厂河、岩关河、谷顶河小流域综合治理项目：2000 年实施纸厂河小流域综合治理工程，2001 年 6 月通过验收，治理面积 20.03 平方公里。项目区种植经果林 2300 亩，水保林 4500 亩，封禁治理 17445 亩，保土耕作 4380 亩，坡改梯 525 亩，建蓄水池 61 口，排灌沟渠 3 公里，机耕道 11.5 公里，6000 立方米拦沙坝 1 座。项目总投资 175 万元，其中国债资金 117 万元，地方匹配 58 万元。2002 年实施岩关河小流域综合治理工程，7 月通过验收，治理面积 21.4 平方公里。项目区种植经果林 2405 亩，水保林 7650 亩，封禁治理 17220 亩，种草 276 亩，保土耕作 3865 亩，坡改梯 683 亩，建蓄水池 50 口，排灌沟渠 6 公里，便道 9.1 公里，沼气池 30 口。项目总投资 214 万元。2003 年实施谷顶河小流域治理工程，9 月通过验收，治理面积 13.38 平方公里。项目区种植经果林 1500 亩，水保林 4950 亩，封禁治理 10500 亩，保土耕作 3126 亩，30 立方米蓄水池 30 口，排灌沟渠 4.49 公里，机耕道 2.1 公里，人行步道 1.8 公里，坡改梯 300 亩。工程总投资 131 万元，其中国债资金 90 万元，地方匹配 41 万元。

云雾水土保持综合开发治理示范项目：位于贵定县云雾镇。于 2003 年开始实施国家水土流失治理项目。项目区原有 1985—1992 年建成的 430 亩茶园。2003 年改造老茶园 118 亩。2004 年建成马坡示范基地。新建茶园 248 亩，封禁治理 125 亩，种植防护林带 2.5 万株，修建蓄水池 14 口，机耕道 870 米，排洪沟 2.42 公里，步道 6.5 公里，拦山沟 2 公里。2006 年建成摆佐示范基地。新建茶园 544 亩，封禁治理 210 亩，营造水保林 66 亩，蓄水池 36 口，管网 7.8 公里，排洪沟 1.15 公里，步道 4.32 公里，完成原七里冲茶场、库区茶场的老茶园改造及基础设施改扩建。项目区建设完成后，成为茶叶加工、生态旅游等多功能的水土保持产业示范基地，是贵定县茶产业的龙头企业。

惠水县渔梁河、芦山河、水源河、打梦河流域石漠化治理项目：2008 年开始实施，治理面积共 57.13 平方公里。项目区建设截排水沟 20.17 公里，机耕道及生产便道 27.20 公里，小型蓄水池 265 口，配套沉砂池 265 口，营造水保林 10.17 平方公里，经济林 1.13 平方公里，种草 4.72 平方公里，封山育林 43.11 平方公里。经过 4 条流域治理，项目区植被覆盖率提高到55%，生态环境得到显著改善。

朝阳小流域综合治理项目：位于荔波县朝阳镇的八烂村更坡组和水利乡水利村高寨组，工程原名是荔波县朝阳水土保持科教示范园。小流域综合治理项目于2008年12月底动工，2009年10月竣工。种植经果林195亩，水保林4394亩，封禁治理7491亩，保土耕作418亩，建蓄水池6口，沉沙池6口，截排水沟3公里，机耕道2276米。项目总投资100万元，其中，国家补助90万元，地方自筹10万元。

董尧河小流域石漠化综合治理项目：位于都匀市墨冲镇河西村、秀峰村。项目于2009年5月动工，12月下旬完工。项目区整修引水渠6条总长8公里、山塘2口，建成冷烂锈田排涝渠2.88公里、蓄水池200口、谷坊6座。工程总投资286.29万元，其中，国家投资274.05万元，受益农户自筹12.24万元。

翁岗小流域综合治理项目：位于平塘县通州镇翁岗村。项目于2012年1月动工，7月完成，治理面积8.91平方公里。项目区建设蓄水池8口，营造马尾松水保林1571亩，种植茶叶350亩，封育治理7065亩、保土耕作560亩，建机耕道1.7公里、作业便道850米。项目总投资226万元（中央200万元，省级26万元）。项目经县验收后交翁岗村委会管理。

第三节　农业机械化

一、农机推广与服务

（一）管理服务机构

1990年12月，恢复成立州农业机械管理局（简称州农机局），在州机械工业局加挂牌子。1991年时，县级设有农机技术推广站，重点乡镇设有农机管理服务站。1992年，全州有乡镇农机管理服务站102个共205人。

1996年7月，州农机局单设。是年，有县级农机技术推广站9个32人，乡镇农机管理服务站105个226人；农村农机作业服务组织17个156人，农机专业户6727户，农村农机人员55632人（拖拉机驾驶员7103人、农用运输车司机4142人、农机修理人员1337人），农机维修网点67个。

2002年撤销州农机局，成立州农机服务中心，归口州农牧局管理。乡镇农机管理服务站并入乡镇农技服务中心。2003年，县级农机技术推广站9个、人员19人，乡镇农机管理服务站55个60人；农村农机作业服务组织59个、897人，农机专业户14996户，乡村农机人员66947人（拖拉机驾驶员5486人、农用运输车司机3138人、农机修理人员1391人），农机维修网点300个。

2007年，农机推广站州级1个、县级9个40人，乡镇农管理机服务站62个、117人；农村农机作业服务组织199个、3041人，农机专业户15715户，乡村农机人员77813人

（其中拖拉机驾驶员 8904 人、农用运输车司机 5571 人、农机修理人员 1315 人），农机维修网点 230 个。

2010 年，州农机服务中心划归州农业委员会。

2014 年，州级农机技术推广站 1 个、县级 12 个 96 人，乡镇农机管理服务站 31 个 51 人；农村农机作业服务组织 560 个 7410 人，农机专业户 164576 户，乡村农机人员 163412 人（拖拉机驾驶员 16682 人、农用运输车从业人员 8925 人、农机修理人员 1937 人），农机维修网点 769 个。

（二）农机补贴及机械量

1991 年，全州农机总动力 360785 万千瓦，主要农机具（大中型拖拉机、小型拖拉机、耕整地机械、收获机械，农产品初加工机械，排灌电动机、机动脱粒机）35963 台、农用运输车 539 台。

2004 年，《中华人民共和国农业机械化促进法》颁布实施。2005 年国家加大农机化投入，实行农机购置补贴政策。是年起，州内执行国家规定的标准和程序，开始实施政府农机补贴。自 2005 年起到 2014 年的 10 年间，全州累计完成财政购机补贴资金 37416 万元（中央资金 28476 万元，地方资金 9063 万元），累计受益农户 152070 户次，购置机具总量 172896 台（套）。平均每台套补贴 2164.08 元。单机具补贴定额有 15 万元（100 马力大型拖拉机、高性能青饲料收获机等）、12 万元（挤奶机、烘干机等）、5 万元以下（半喂入式联合收割机 1.8 万～0.5 万元；小型拖拉机 1.14 万～0.78 万元，不同小功率微耕机 800～600 元）等。

2014 年，全州农机总动力 2960035 千瓦，主要农机具 445816 台、农用运输车 15769 台。与 1991 年比，农机总动力增长 7.2 倍，主要农机具台数增长 11.4 倍，农用运输车增长 28.2 倍。其中，增幅最大的是耕整地机、机动脱粒机、机动收割机，其次为排灌电动机、农用水泵、大中型拖拉机、农产品初加工机械和农用运输车。

（三）农机培训

1991—1995 年，全州通过举办培训班、召开现场会、组织农机从业人员学习等形式，每年培训农机从业人员和技术管理人员 1 万～1.2 万人。1996—2000 年每年培训 1.35 万～1.5 万人。2001—2005 年每年培训 1.4 万～1.8 万人，围绕农机补贴购机开展新机具、新技术进行现场演示会学习。2006—2010 年每年培训 2 万～2.3 万人。

2010 年，州农委制定农业机械化教育培训大行动方案，各级加大农机购置补贴操作人员、农机项目实施技术人员、农机拖拉机驾驶人员和农机管理人员教育培训工作。2011 年，农机教育培训培训人员达到 2.53 万人。2012 年培训达到 3.85 万人，为历年最高。2014 年，农机教育培训 2.72 万人。

（四）农机合作社

2007 年，贵定红旗农机专业合作社成立，为州内及全省首家农机合作社。年内，州内发展到有农机合作社 2 家（工商登记注册）。之后陆续有农机合作组织登记成立。其中规模最大的都匀市坝固农机专业合作社资产总额达441.2万元，机具拥有量164套。2011年，黔南提出“以农机合作社为载体，整合新技术推广及平安农机、农机维修网点”的农机化发展模式，称为“三合一”建设。

农机合作社的服务模式大体有4种。一是合作社在承包或租赁部分农户土地，或与农户签订作业承包合同，进行农机作业示范推广，提供跨区农机代耕、代种、代收等农机技术服务。如惠水羡塘红旗、瓮安鸿运、惠水三都等农机合作社。二是合作社与烟草优势产业相结合，扩大作业服务市场。如平塘厚德、龙里金叶、福泉同心农机合作社等。三是合作社除提供农机作业服务外，还依据“三合一”建设内容开展农机销售维修、农机安全宣传、新机具技术推广示范等活动。如瓮安洁新、罗甸华鑫农机合作社等。四是合作社与企业、驾校结合，联合办社、开展机手培训等服务。如惠水大龙、独山金科合作社等。

到2014年底，全州有农机专业合作社97家，社员共3531人，资产总值10256.9万元，机具4356台套（其中：大中型拖拉机549台、联合收割机168台、水稻插秧机131台），场库棚面积12674平方米，全年作业面积47.3万亩，服务农户6.3万户，利润总额2400万元。

1991—2014年全州农业机械拥有量统计表

表10－4－2

年度	农机总动力（千瓦）	主要农业机械拥有量								
		大中型拖拉机（台）	小型拖拉机（台）	耕整地机械（台）	农产品初加工机械（台）	排灌电动机（台）	农用水泵（台）	机动脱粒机（台）	机动收割机（台）	农用运输车（辆）
1991	360785	891	4365	471	19814	2289	8082	49	2	539
1992	365180	787	4495	494	20808	2297	7882	47	4	617
1993	397288	629	4953	541	22114	2302	8091	79	4	741
1994	415331	612	5319	578	23014	2342	8641	103	4	751
1995	447530	543	5535	539	24432	2354	9410	98	5	946
1996	491289	500	5694	620	26129	2497	9467	296	5	1171
1997	504544	524	6679	1920	29336	3392	10130	450	5	1012
1998	558881	674	7056	937	31049	2586	10459	600	6	1676
1999	609471	1149	6934	1113	31697	4394	12465	2183	10	888
2000	668015	1595	7668	1784	37407	5107	14301	2510	17	4280
2001	703007	1649	7252	1592	38106	5122	15467	2627	18	3682
2002	762857	1666	3797	2360	42269	6549	16401	2760	19	5805
2003	829082	2788	4873	3279	43794	7691	14969	844	21	5343
2004	858481	3740	4087	3974	46312	7885	17177	881	18	5290
2005	1146586	4689	5272	6829	99285	22232	16384	16834	25	6457

续表 10－4－2

年度	农机总动力（千瓦）	主要农业机械拥有量								
		大中型拖拉机（台）	小型拖拉机（台）	耕整地机械（台）	农产品初加工机械（台）	排灌电动机（台）	农用水泵（台）	机动脱粒机（台）	机动收割机（台）	农用运输车（辆）
2006	1360850	8313	4339	10872	109792	26251	15684	27528	42	6998
2007	1601750	9461	5181	15404	119209	34752	43909	64071	169	8412
2008	1752014	8833	5995	19883	90557	22053	40129	58565	337	11096
2009	1900020	9233	7256	18673	84328	24424	39983	44886	124	12380
2010	2149611	10929	7361	25867	91828	24731	53898	51771	165	12607
2011	2523281	5740	6357	49341	165253	28927	76569	34798	87	15177
2012	2638000	8815	7037	70054	163052	32412	71705	44901	179	13217
2013	2724343	9396	7466	95461	168500	82742	68262	51140	278	1381
2014	2960035	9776	8311	117138	165221	83915	83915	61140	315	15769

2005—2014 年全州农机购机补贴情况一览表

表 10－4－3

年度	财政资金（万元）	其中		受益农户（户）	购置农机（台套）
		中央	地方		
2005	207	170	100	1068	1073
2006	584	280	304	1718	1727
2007	1195	480	715	286	2874
2008	1603	1006	597	4468	545
2009	4290	2890	1400	1652	17000
2010	4678	3060	1678	1986	20591
2011	5099	3690	1409	16672	20788
2012	7820	6380	1440	29948	38315
2013	6490	5770	720	29407	33608
2014	5450	4750	700	29549	31470

二、农机作业

1991 年，全州农机作业的机耕面积 11.43 万亩，机灌面积 37.99 万亩，机脱量 1365 吨。是年，开始推广水稻机械化温室无土育秧技术，粮、油、烟、辣椒等烘干机烘干技术，微型发电机组应用技术，水田耕整机及半旱式起垄开沟技术，青饲料等多型粉碎机加工技术等。

1995 年，农机作业的机耕面积 20.08 万亩，机灌面积 39.36 万亩，机械脱粒量 10074 吨。2000 年，机耕面积 30.99 万亩，机灌面积 46.87 万亩，机械脱粒量 83637 吨。

2001—2012 年，试验示范机械插秧面积分别为 1350 亩和 915 亩。

2005 年，农机作业的机耕面积 44.22 万亩（机插 150 亩）、机灌面积 50.26 万亩，机械脱粒量 388096 吨。

2007 年，州政府办批转州农机中心《关于加大坝区农机化推广的意见》，要求全州 8 个万亩大坝及公路干线两侧 50 个坝子重点推广农机化作业。是年，贵定县红旗村女子机耕作业队员陈德莲被评为“全国‘十佳’农机女强人”。2008 年，州政府出台《进一步加快全州农机化发展的意见》。

2010 年，农机作业的机耕面积 138.94 万亩（机插 3.66 万亩），机灌面积 96.21 万亩，机械脱粒量 748910 吨。

2014 年，农机作业的机耕 286.91 万亩（机插 5.05 万亩），机灌 83.67 万亩，机械脱粒量 687122 吨。是年，都匀市平浪镇腾匀农机合作社购进一台农业专用遥控飞行器用于大面积稻田喷洒农药，观测旱、涝、病虫灾害及水稻成熟期驱赶鸟害等作业，为州内首例。

三、农机安全监管

州、县两级农机安全监理站配置有农机考验员、农机检验员、农机事故处理员，每年开展拖拉机及驾驶人员（农机操作员）考核发证、安全监督工作。1991—2003 年，农机事故发生较多，共发生 109 起。2004 年，《中华人民共和国道路交通安全法》颁布实施，明确农机监理部门负责对拖拉机及驾驶员进行源头监管，监管范围由道路交通转移到田间地头，农机监理范围的事故明显下降。

2006 年，农业部、国家安全生产监督管理总局下发《关于开展“创建平安农机，促进新农村建设”活动的通知》。州农机中心制定了黔南州“平安农机”示范创建检查考核评比标准，2008 年 9 月，全州“平安农机”示范县、示范乡（镇）活动启动。2010 年，都匀市被列为贵州省“平安农机”示范县。2011 年，瓮安县被列为农业部“平安农机”示范县，独山县“平安农机”建设被列为 2011 年省级实施县。期间，州农委组织开展了每季度一次的农机安全大检查，督促安全隐患整改。2008—2014 年的 7 年间，发生事故 6 起，其中 4 年为零事故。到 2014 年，全州创建“平安农机”部级示范县 1 个（瓮安），省级示范县 3 个（瓮安、独山、都匀），示范乡镇 18 个，示范村 128 个，示范户 2000 余户。

第五章　农业综合开发

1991 年，州内已有农业综合开发试点试验，农业区划成果在多领域得到应用，并实施示范项目。1996 年后，加大农业结构调整，推进经济增长方式转变，提高畜牧业在增加农民收入上的重要作用，推进养殖规模生产和种植业园地发展。2000 年后，开始按种、养种类布局农业产业，提出优先发展“十朵金花”，坚持农业产业化经营基本方向，增加实施重点项目，扩大农业招商，扶持龙头企业。2006 年后，主要按经济带（区）来布局综合农业产业，加强种植、养殖、加工、服务等基地建设和生产，利用大中型水利工程扩大水产养殖，推进综合性开发。同时注重农业生态建设，走可持续发展的路子。2010 年后，更加注重突出特色产业发展，突出发展优势产业，培育新型农业产业，逐步实施现代农业示范园区建设，扩大农业综合效益。

第一节　农业区划

一、农业区划研究成果

1991 年 8 月，州农业区划委员会办公室升格为二级局，仍隶属州计划委员会。是年，完成《黔南州农业区域开发总体规划（1991—1993)》，规划在福泉县甘巴哨村、阿里堡村、向家桥村公路两侧示范农业生态项目。实施了 1200 亩葡萄园长廊建设，推广“猪—沼—林—果—粮—鱼”六位一体的良性循环发展模式，改造瘦薄田 500 亩，整治耕地 573 亩，新增稻田 15 亩。成果得到州内各县市应用。1992 年，组织完成《黔南州农业亚热带名特优稀作物资源调查及开发利用研究》课题。以独山、荔波、三都、平塘、罗甸为重点区域，退耕还林（果、茶）50 亩，坡改梯 100 亩，区域内人均名特优稀作物种植面积达 3 亩以上，实现年总产值 40. 8 亿元。

1994 年，州区划办组织龙里县、贵定县、福泉县、都匀市、独山县区划办参与州境南下通道经济带农村经济发展战略课题研究。次年，州区划办完成《黔南州南下通道经济带农村经济发展战略研究》并上报省区划办审核通过。1995 年，州区划办组织全州各县市区划办开展对农村劳动力分布、剩余、流动等数据收集、整理。9 月完成《黔南州农村剩余劳动力现状及对策综合分析报告》，上报省区划办审核验收通过。

1997 年 5 月，州农业区划委员会办公室更名为州农业资源区划委员会办公室（简称区划办）。是年，完成《黔南布依族苗族自治州综合农业区划丛书》简本的编写。是年 12 月，贵定县区划办撤销。继后，长顺县、惠水县、荔波县相继撤销区划办，部分县市区划办降格为归口单位的内设机构。

1998 年，完成《黔南州（1995—1998）农业资源综合分析报告》撰写。同时组织各县市进行非耕地农业资源开发现状调查、区域地理基础数据调研测定工作，收集大量资料数据，编写了调查研究报告。其中罗甸、平塘、荔波、福泉等 5 县市的调研成果由县市政府行文统一利用。是年还完成了《主要农作物市场供求及利用状况分析》《山区农业机械化分析研究》和部分县市《农业产业化经营规划研究》等课题研究。

2000 年，州区划办牵头，组织各县市区划办参与，完成《黔南州陡坡地调查及适应性评价》课题研究。2001 年，州区划办完成《黔南州农业生态及资源可持续利用调查研究》课题。

2002 年，州区划办利用遥感地理信息系统收集、整理、统计相关资料，完成《黔南州肉牛产业区域布局规划》。是年，州区划办承担《全州蔬菜产业发展规划》编制工作，形成县市级规划成果12个，州级成果1个，规划成果于2003年11月通过州级专家组审定通过。2003年，编制完成《黔南州区域主导农产品优质专用种植区划》。

2004年，州政府重新理顺，州、县区划办统一归口农业部门管理。

2006年，完成《黔南州迷迭香产业区域布局规划》编制工作。规划以平塘、都匀为核心区域，建设原料基地，发展迷迭香产业。2007年，州区划办编制完成《黔南州果品产业加工业布局规划》《黔南州生态特色农业产业布局规划》。州区划办牵头，州乡镇企业局和其他涉农部门参与，完成《黔南州农产品加工布局规划》。

在2010年机构改革中，州、县区划办分别划入州农委、县（市）农工局管理。

2012年，参与编制完成《黔南州云雾山区生态高效农业产业园区建设规划》，规划在龙里、贵定、惠水3的县19个乡镇发展大鲵、云雾贡茶、蔬菜、绿壳蛋鸡等主导产业。编制完成《黔南麻山地区山地农业产业园区建体规划》，规划建立以麻山薄壳核桃、优质葡萄和绿壳蛋鸡为主的现代农业产业体系。9月14、15日，两个规划通过省级专家评审通过，并被列入省级农业示范园区实施。

2013年，按照全国农业资源区划办及省农委有关部署，开展黔南州现代高效农业示范园区建设模式课题研究工作，州区划办组建课题研究小组开展工作，年底完成初稿并上报省办。

2014年，州区划办利用“黔南州农业资源生态环境卫星遥感调查及信息系统”的功能，完成了《福泉陆坪现代烟草农业产业园区建设规划（2014—2017）》《都匀坝固循环农业示范园区建设规划（2014—2017）》编制。是年，经州政府批准投入建设。

二、农业区划成果应用

（一）乡（村）经济综合发展规划实施试点

该试点为省农业区划办统一部署，启动于1989年。首批安排中，福泉县干巴哨乡被列为试点乡，实施期5年。1991年，独山县麻尾镇被批准为州内第二个省级试点乡镇。试点主要采取公司+农户、单位+农户、联产承包等经营模式进行发展试验。

到1995年，甘巴哨实验区开发荒山建成果园2060亩，农民人均纯收入增长325.9%，带动福泉境内牛场、高坪、谷汪、地松、藜山等乡镇开发荒山建成各类果园2万亩。麻尾实验区开发荒山建成果园2015亩，农民人均纯收入增长178.2%。两试点乡的成果发挥了辐射带动作用，州内其他10县（市）开展了村级经济综合发展规划实施试点，增加试行了“机关干部+能人+农户”“单位+能人+农户”等模式。

2011年，启动雪莲果规范化种植试验区，从云南引进9000多公斤优质雪莲果种球，分别在都匀市奉合乡、福泉市陆坪镇和都匀经济开发区洛邦镇试验区共种植110亩雪莲果基地。其间，州区划办引进“以色列—黔桂甘塘特色产业园建设”项目，生产雪莲果中间提取物。至2014年，基地提供的雪莲果原料，能满足年产雪莲果中间提取物4.5万吨、最终产品10万吨产能的原料需求。

（二）农业区域开发治理实验区建设

1995年9月，由国家农业区划办统一部署，省农业区划办具体安排，州内有惠水、福泉、独山3个县市的3个乡镇被列入全省农业区域开发治理实验区。

惠水县王佑实验区：全省唯一的麻山类型的区域开发综合治理实验区，实验区内共完成坡改梯2058亩，开发荒山种植梨、桃、李等优质水果1150亩。1999年农民人均纯收入达到1388元。2000年7月，项目通过省级验收。

福泉市干巴哨乡实验区：由原“乡村经济综合发展规划实施试点乡”整体划转，因干巴哨撤乡并入马场镇，项目区调整为双谷村、阿里堡村，主攻荒山荒地资源持续高效利用。到1997年，累计利用荒山荒地3000亩，受益农户1000多户。

独山县麻尾镇实验区：项目区为纳络村（典型喀斯特地貌），主攻持续农业生态示范村建设。1996年省级进行阶段性验收，到1999年基本形成以沼气为纽带的“猪—沼—林—果—粮—鱼”一体的良性循环模式，参与项目农户500余户，建沼气池2800立方米，森林覆盖率由0.9%提高到25%，年人均纯收入1150元，提高45.5%。1999年8月，日本国农林水产省国际农林水产业研究中心博士钱小平和中国农科院有关专家专程赴纳络村考察调研，实验区的成果得到肯定。

（三）农业资源可持续高效利用试验区建设

2000年，全省农业区域开发治理实验区建设向农业资源可持续高效利用试验区建设转移。是年，独山县麻尾镇纳络村被纳入省级试验区建设，得到省区划研究中心的继续支持，试验区新建沼气池60多个共3000立方米。

2001年6月，黔南州迷迭香产业（种植）试验区列入省级试验区，由州区划办组织实施，成为省内首个由地区级农业区划办主持实施的省级试验区，于2005年10月通过省级验收。试验区覆盖都匀、独山、平塘3县市的9个乡镇，利用石灰土质的旱坡地建设迷迭香原料生产基地5000亩，种苗繁育基地100亩。受益农户达1200余户，户均年增收1700余元。在实施过程中，编制完成《黔南州迷迭香产业区域布局规划（2002）》及《黔南州迷迭香原料基地建设可行性研究》报告。

三、区划资料、项目库建设

1991—1995年，州区划办组织开展更新农业资源调查和农业区域规划，形成大量文字、数据、图件资料。为国内外专家、科研部门及州内有关机构研究和制定农业经济发展规划、农业项目等提供了300多万字的资料。州区划办利用库存档案资料完成了《黔南州农业商品基地可行性论证》《黔南州经济地图集》《黔南州农业名特优资源》《黔南州农业生态研究论文集》《黔南州行政区划图》等报告、图书编制工作。

1994年，启动都匀、福泉、瓮安3县市利用卫星遥感和电子计算机技术进行土地资源调查，并应用于资源调查、环境监测、灾害防治及经济开发诸多领域。1996年，3县市被列为全省利用航天遥感技术进行资源动态监测的试点县（市）。1997年10月21日省农业资源区划办在都匀市召开都匀、福泉、瓮安三县市卫星遥感农业资源调查暨信息系统审查咨询会，试点县（市）顺利通过验收。

1996年，州区划办档案资料库由州直二级晋升为国家科技事业档案管理二级标准，成为州内首家国家级二级科技事业档案管理单位。

1998 年，完成全州区域地理基础数据调研测定工作，各县（市）有关数据的调查和测定经报同级人民政府审核后已行文颁布统一使用。

2005 年，州政府成立领导小组，组织全州启动实施农业资源生态环境卫星遥感调查及信息系统建设项目。2006 年，完成 1∶10 万、局部重点区域 1∶1 万、1∶5 万数字高程模型（DEM）的研建和相关资料、图件的精校和配准工作，并将初步研建成果安装到州农业资源区划办的设备上。2007 年完成行政区划、河流水系、道路交通、土地利用现状、土壤分布状况及部分气象资料、图件的收集整理工作。2008 年 9 月 20 日，由省农业资源区划研究中心主持，邀请省农业厅市场信息处、省图能传媒科技公司、贵州大学以及州直有关部门的领导和专家参加，验收通过“黔南州区域地理基础数据调查及信息系统”项目。是年，全州农业项目库（启动于 2001 年）累计收集、筛选、整理入库项目 129 个，项目资料编入“农业项目信息系统”。

第二节　农业结构调整

一、农业结构变化

实施农村家庭联产承包责任制后，对农业的指令性计划逐步改为指导性计划或规划，农村多种经营项目和专业合作组织形式出现，农业结构开始得到调整。全州 1991 年农业生产总值 20.53 亿元，其中种植业占 65.52%、林业占 9.15%、牧业占 24.80%、渔业占 0.53%。在种植业内部，粮经比为 66.81∶33.19，粮、经、园（果茶）结构比为粮 65.83∶经 32.70∶园 1.47。畜牧业上，生猪是传统产业，大牲畜仍然占有较大比重，羊很少。

在“八五”期间，农业坚持以粮为主全面发展，重点加快“两杂”良种推广，发展乡镇企业和个体经济，同时加快畜牧业发展。生产总值明显增长。全州 1995 年农业生产总值 44.8 亿元，其中，种植业占 63.98%、林业占 7.68%、牧业占 27.58%、渔业占 0.76%。畜牧业比重有所增加。

1996 年后，开始强调优化产业结构，推进经济增长方式转变。农业上积极发展多种经营，开始推进以种养基地为龙头的综合开发，兴办高产、高效、优质农产品种植基地，推进规模养殖，强调提高畜牧业在农民收入中的比重。全州 2000 年农业生产总值 53.44 亿元，其中，种植业占 61.65%、林业占 6.30%、牧业占 31.34%、渔业占 0.71%。

2000 年后以国家实施西部大开发为契机，争取实施了各种农业重点项目，提出建设畜牧大州，发展龙头企业和农民专业合作社，推进产业化经营，发展订单农业，借助国家农业、生态、扶贫项目，突出培育和建设粮、烟、油、畜、菜、果、茶、竹、药、花“十朵金花”产业。2003 年将服务业产值列入统计指标。全州 2005 年农业生产总值 79.48 亿元，其中，种植业 51.80%、林业占 4.66%、牧业占 39.21%、渔业占 0.86%、服务业占 3.47%。畜牧业比重进一步提高。

2006年后，围绕加快农民增收、农业增效，着力于加速现代农业发展，加大结构调整步伐。提出按照“六线五带”总体布局农业产业化格局，在州内5条干线公路沿线和5条县际公路地带构建“五业双千八基地”，重点发展畜牧、茶叶、果品、蔬菜、中药材5类重点产业，积极打造“一乡一业”“一村一品”优质农产品特色，建设精品大米、优质菜油、畜禽水产、无公害蔬菜、高档绿茶、特色果品、生态茶叶、地道药材8类特色优质农产品基地。全州2010年农业生产总值123.46亿元，其中种植业占57.52%、林业占4.08%、牧业占34.68%、渔业占1.55%、服务业占2.17%。

在“十二五”期间，进一步重点发展畜、茶、菜、果、烟、药6大优势主导产业，推进产业化经营进程，加快迷迭香、茶多酚、艾纳香等特色生物药材开发利用，推进特色食品加工业发展壮大和农产品深精加工，培育战略性新兴产业。全州2014年农业生产总值224.37亿元，其中种植业占64.26%、林业占4.13%、牧业占27.32%、渔业占2.49%、服务业占1.80%。因大中型水库网箱养殖增加，渔业比重有所上升。种植业上，粮经比为55.57∶44.43，经济作物比1991年上调14.32个百分点。加上园地的比例为粮45.97∶经36.75∶园17.28，园地生产增幅较大，粮食作物稳中有降。畜牧业上，羊有所增加，肉牛在大牲畜中比例提高。

二、农业重点项目

（一）国际农业项目

1. 贵州草地农业系统项目。1988—1996年，中国、新西兰政府及联合国开发计划署签订合同在贵州省独山、威宁、清镇3县市择点，引进新西兰草种和技术，开发绵羊、奶牛、肉牛养殖试验示范。每个项目点外方援助180万美元。独山点以省草种场为中心，带动周边上司、打羊、墨寨乡部分农户参与，由新西兰专家负责技术指导，其中尼尔先生连续到点服务5年。1996年项目通过验收。2000—2004年，新西兰援助在独山项目实施“草地标准化建设项目”和“奶牛卫生养殖及牛奶制品卫生体系建设项目”，合计投资380万元人民币。

2. 贵州省土地综合利用项目。1992—1997年，由新西兰国政府援助，在贵州省的独山、龙里、花溪、清镇4县（市、区）由农牧部门组织择点实施。州内独山点为打羊的打利、抹卷，龙里点为谷脚镇的倪儿关，每个项目点新方援助100万新元，以非耕地多模式开发利用为重点，为农户提供小额信贷资金，配套草场围栏、公路牧道、饮水蓄水、圈舍、气象观测哨等设施，开展农业适用技术培训、应用，发展种养业生产。1998年通过项目验收，被国家外专局和农业部评价为引资引智的“贵州模式”，并联合召开现场会推广，中央电视台播发了新闻。1998年龙里项目得到新西兰后续援建的“中新农业综合培训中心”落成，荷兰王国援助的“中荷农业综合开发项目”也在这个项目点启动（草地奶牛为主）。2002年项目通过验收，荷兰驻华大使荷兰生在项目启动和验收时两次到点上参加活动。

3. 贵州省黔南州农业综合开发（粮援）拓展项目。为世界粮食计划署粮食援助扶贫开发项目。1998年申报，2003年批准并开始实施，至2005年竣工。项目区为独山县（尧梭、上司、下司、麻尾4个乡镇）、三都县（大河、丰乐、合江3个乡镇）、荔波县（瑶山、朝阳2个乡镇）共9个乡镇、157个行政村、1280个村民组。项目由州、县农业部门成立项目办具体组织实施，累计完成投资人民币2611.02万元，其中WFP660.33万元（援助小麦7052吨折款），地方政府（省、州、县）配套1747.94万元，农民自筹202.75万元。新建农村沼气池4766套、人畜饮水工程253处，维修小学校舍18所，新建乡镇农业培训中心6个，农技培训3.87万人，畜牧及沼气技术培训3.03万人，植树造林培训2.59万人，扫盲培训1.28万人，健康教育培训1.25万人，用水管理培训0.51万人。2005年底，项目顺利通过验收。后续项目有联合国粮农组织援助的“中国粮食安全特别项目”，亚洲开发银行援助的“农民收入与可持续发展项目”，分别在独山、荔波项目区实施（其中荔波项目获亚行资金116.54万元人民币支持）。

（二）部级农业重点项目

指国家农业部、发改委、财政部立项支持的主要农业重点项目。

1. 中国南方草山草坡开发示范项目。1999—2001年，在独山县上司、打羊实施，总投资605万元，其中中央资金300万元，地方配套305万元，发展奶牛养殖户185户，新增奶牛193头，建设相应的人工草场及牛舍等。

2. 无规定动物疫病区建设项目。2000—2004年，在瓮安、福泉2县市及州兽防站实施，总投资210万元，其中中央139.60万元，改造州、县（市）、乡镇站实验室，购置仪器设备等。

3. 基层防疫体系建设项目。2002—2010年，在12县市及其乡镇站实施，包括动物防疫冷链，动物检疫监督基础设施，动物防疫基础设施及乡镇站等建设项目，累计投资4914.85万元，其中中央资金4206.42万元。

4. 畜牧养殖补贴项目。2007年、2008年、2011年、2012年，全州累计获得国家能繁母猪补贴项目资金5120.44万元，其中央资金占80%，累计补贴母猪70.14万头；2007—2013年，都匀市和瓮安县获得国家良种猪补贴项目中央资金908.30万元，累计补贴良种猪24.53万头。

5. 生猪标准化规模养殖场（小区）建设项目。2007—2012年，全州12县市先后实施，累计项目总投资8163.54万元，其中中央资金5230万元，用于猪舍改扩建，配套粪污处理、供水等设施及设备购置等，共建养殖场（小区）336个。

6. 粮油高产创建项目。2008—2012年，粮食高产创建项目在12县市累计实施面积50万亩，其中水稻27万亩、玉米14万亩、小麦3万亩、马铃薯6万亩（每县市每年每品种实施1万亩，下同）；油菜高产创建项目在福泉、瓮安2县市连续实施5年，累计面积10万亩。累计投入中央资金2724万元（粮食2272万元、油菜452万元）。2013—2014年，12县（市）实施水稻、玉米、油菜、马铃薯面积共57万亩，共投入中央资金1472万元。

7. 超级稻高产栽培技术研究及推广项目。2007年福泉市实施1.3万亩，得到中央资金80万元支持。

8. 测土配方施肥项目。2005—2012年，全州12县市先后得到国家立项支持，累计到位资金2560万元（中央资金2000万元），建立州级和县市测土配方施肥化验室11个，

2012 年全州推广测土配方施肥面积 472.2 万亩；2013—2014 年，12 县市实施面积共 1017 万亩，投入中央资金 555 万元。

9. 土壤有机质提升项目。福泉市 2009—2011 年连续 3 年，每年种植绿肥 3 万亩，累计得到中央资金 180 万元的补贴。2013—2014 年（2014 年更名为“耕地保护与质量提升项目”），荔波、龙里、长顺、惠水、平塘及贵定、罗甸、三都等县实施面积共计 70.57 万亩，财政投入 901 万，其中中央资金 821 万元。

10. 农业有害生物预警与控制区域站建设项目。有福泉市（2007 年）、三都县（2010 年）立项实施，建立检验检测用房和标准化病虫观测场，配套相关仪器设备等，建设期 3—4 年，2 县市总计投资 628.20 万元，其中中央资金 570 万元。

11. 农产品质量安全检验体系项目。2006—2011 年，先后在州级和 12 县市实施农产品检测中心（站）及检测检验体系（检验室、仪器设备等）建设项目，累计总投资 2506 万元，其中中央投资 2000 万元，省级专项 66 万元。

12. 水产良种场及水生动物疫病防治体系建设项目。独山县 2006—2007 年水生物疫病防治站建设项目获中央资金 70 万元支持，新建实验室 350 平方米，配置仪器设备 52 台套、采样车 1 辆等，2010 年连续获中央资金 30 万元。2012 年启动县水产（鲤鱼）良种场建设项目，获中央资金 200 万元支持（在建）。

13. 基层农技推广服务体系建设项目。2012 年，荔波、都匀、福泉、贵定、独山、龙里、平塘、罗甸、长顺 9 县市被批准立项建设，总计投资 3586 万元。新建乡镇农技站（中心）76 个、改扩建 56 个，只配仪器设备的 33 个（共计 165 个）。

（三）省级农业重点项目

指省农业厅、发改委、财政厅立项支持的主要农业重点项目。

1. 长顺县秸秆氨化养畜示范项目　1994—1997 年实施，为全省 14 个示范项目之一，在全县 14 个乡镇的 45 个村，2589 户农户实施，总投资 862 万元，其中省级资金 32 万元，信贷资金 200 万元，其余农户自筹，累计氨化秸秆 9110 吨，出栏肉牛 7699 头、肉羊 249 只。

2. 全省农业结构调整重点示范项目　2003 年，省安排全州 12 个项目，省拨专项资金 179 万元。其中反季节蔬菜项目 3 个（都匀、独山、贵定）资金 60 万元；优质猪项目 3 个（州局、平塘、惠水）资金 45 万元；特色种植项目 1 个（长顺）资金 10 万元；优质肉牛项目 1 个（瓮安）资金 30 万元；特色养殖项目 1 个（福泉）资金 10 万元；生态渔业项目 3 个（都匀、独山、荔波）资金 24 万元。

3. 全省优质畜产品基地项目　2004—2010 年，州内先后实施项目 23 个（不含后续立项支持）。其中奶源项目 4 个（都匀、独山、龙里、福泉），每个项目省级资金（各年有调整，下同）100 万元以上（除家禽项目外，其余均要求省、州、县财政 3:3:4 投入）；肉牛项目 5 个（瓮安、三都、平塘、惠水、罗甸）每个项目省级资金 99 万元以上；肉猪项目 5 个（都匀、瓮安、惠水、贵定、福泉），每个项目省级资金 60 万元以上；肉羊项目 4 个（龙里、罗甸、长顺、贵定），每个项目省级资金 40 万元；优质家禽项目 6 个（都匀、荔波、长顺、福泉、三都、平塘），每个项目省级资金 20 万元以上。项目累计获得省级到位资金 1080 万元。

4. 全省粮食增产工程项目　2004—2012 年，在 12 个县（市）实施，有的县（市）连续实施 3—5 年，惠水县连续实施 9 年，每个县每年得到省级资金 15 万～58 万元。项目累计获得省级资金 3420 万元，累计实施面积 746.7 万亩（每亩补助 3～5 元）。2013—2014 年，12 县（市）实施水稻、玉米在面积共计 262.65 万亩，共投入省级财政资金 1310 万元。增产幅度水稻 13.65%～15.19%、玉米 15.33%～17.02%。

5. 全省畜禽养殖场标准化示范项目　2011—2012 年，都匀、瓮安、平塘、贵定、惠水、福泉、独山 7 县市实施项目 15 个，重点建设养殖固体废弃物和污水贮存处理设施，累计投入资金 911.24 万元，其中省级资金 615 万元。2013—2014 年，实施项目共 12 个，共投入资金 530 万元，其中省级资金 330 万元。

6. 种植业基地建设项目　2006—2012 年，龙里县省级各类蔬菜项目 9 个，获得省级资金共 640 万元；2011—2012 年，三都精品水果基地建设项目（共 1.6 万亩），获得省级资金 540 万元；平塘 2007 年和 2010—2012 年实施蔬菜、桃园、杨梅基地项目，共获得省级资金 232 万元。2013—2014 年，全州实施省级蔬菜、水果基地项目共 18 个，面积共 18.31 万亩，获省级专项资金共 1870 万元。

7. 省级现代农业示范园区建设项目。2012—2014 年，全州先后建成省级农业园区 24 个，累计投资 142.06 亿元，其中省级为主的各级财政资金 1.075 亿元。

第三节　农业产业化经营

一、农业产业化模式

“十五”期间，州委、州政府先后出台《关于切实加快发展全州农业产业化经营的决定》《黔南州农业产业化建设及区域发展规划》，引进龙头企业，推进产业化经营模式，着力培育助民增收产业。至 2014 年，全州认定并保留的州级以上农业产业化龙头企业 244 家（国家级 3 家、省级 44 家、州级 197 家），固定资产总额 65.96 亿元，产品销售额 55.4 亿元，上缴税金 3.62 亿元，出口创汇 442 万美元，净利润 8.06 亿元，员工总数 5.8 万人，带动农户 47.13 万户。农民专业合作经济组织 2578 个（种植业 1374 个，养殖业 554 个，农机 135 个，其他含综合 515 个），成员 7 万余人（户），带动农户 21.3 万户。州内带动面较大的农业产业化经营主要有七种模式。

合作社组织型模式　成立专业合作社或综合开发型合作组织把农户组织起来，从事种植、养殖、加工等产业，实现规模扩大、效益提高、农民增收的目的。已有 7 个农村合作组织被认定为省、州级农业产业化重点龙头企业。

企业带动型模式　农产品加工企业以“公司＋订单农户”“公司＋订单基地”等形式，带动农户建立原料基地或发展相关产业，实现公司与农户双盈。如黔南新技绿色产业公司、黔红食品公司、长顺绿色食品厂、瓮安黔源食品公司等省级龙头企业，与所在地及周边农户签订收购协议，农户以户为单位或以基地为单位组织生产，按照质量要求为公司生产满足绿色食品要求的原料产品。

基地＋农户模式　如黔南上隆茶果场、贵州牧草种子繁育场等省级龙头企业，企业本身为示范基地，由农户直接承包公司基地生产，或将农户种养规模确定为建立企业专属基地，以协议方式明确责任义务，实现基地农户与基地企业的利益连接。

公司＋合作社模式　如都匀供销茶叶、茗泉茶业等省级龙头企业，与合作社签订协议，由合作社组织茶青生产，企业合同收购加工。合作社组织农户建立自己的基地，按合作社组织型模式运行。

公司＋基地＋农户模式　如省级龙头企业锦江大鲵科技股份公司，由公司选点建立基地，组织育苗繁育，投放给周边农户生产，组织农户产品的销售。此种模式在许多繁育型企业都有采用。

自办基地＋带动农户基地模式　如贵州经典云雾茶公司国家级龙头企业，都匀同茂茶叶公司、三都健康茶科技公司、瓮安兴旺种猪场、兴业畜牧公司等省级龙头企业，企业主体是自办的生产基地，通过合作形式，带动农户创办同类基地，以此扩大经营规模。

自办基地＋企业加盟模式　如都匀毛尖茶集团、艺峰茶叶商贸公司等省级龙头企业，既创办基地，又吸收同类企业加盟，通过加盟公司将基地扩展到数个或十多个县市，大范围带动农户投入基地生产。

二、农业产业化龙头企业

（一）重点龙头企业认定

1. 国家级重点龙头企业认定

2000 年，国家农业部、国家计委等部门出台扶持农业产业化经营重点龙头企业的政策，开始认定农业产业化企业。之后，州内先后有 3 家企业被认定为国家级重点龙头企业，并保持到 2014 年底。3 家均为私营企业，分别是：

贵州信邦制药股份有限公司：1995 年在罗甸县注册成立，下属有 7 家公司。是集中药材 GDP（标准化）种植、加工、新药研发、药品生产及销售为一体的高新技术制药企业，以生产销售心脑血管类、消化类两大系列中成药为主，拥有国药准字号品种 71 个（其中独家品种 7 个）。公司有中药材基地 6500 亩。为州内农业重点龙头企业中唯一的股票上市公司，于 2002 年被认定为国家级重点龙头企业，为州内首家。该公司 2012 年共有员工 1300 余人，固定资产净值 1. 17 亿元。2014 年公司销售收入 4. 37 亿元。

贵州永红食品有限公司：1984 年在惠水县创建，为集研、养、产、加、销于一体的牛肉干制品生产企业，年加工牛肉 3000 多吨，投放采购肉牛（约 30000 头）及加工辅料等资金 1. 28 亿元以上。公司“牛头牌”商标为中国驰名商标，其系列产品综合排名居全国同行业之首。于 2004 年被认定为国家级重点龙头企业。

贵州经典云雾茶业有限责任公司：2006 年在贵定县（云雾镇营上村）注册成立，为集茶叶种植、生产、加工、销售为一体的企业，固定资产净值 3234 万元。于 2011 年被认定为国家级重点龙头企业。2014 年有员工 218 人，其中本科以上学历 91 人（博士生 3 人、硕士生 5 人），公司入列中国茶叶行业百强企业。公司创立国品黔茶农民企业合作社群，关联基地涉及省内 3 地（州、市）10 个重点产茶县市，在贵定自建茶园 1000 亩。主打品牌“金枝御叶”注册商标连续获“中国著名商标”“贵州五大名茶”、2010 年“陆羽奖”唯一的“中国最佳营销经典案例品牌”“贵州名牌产品”等称号。

2. 省级重点龙头企业认定

2002 年，开始省级重点龙头企业认定。是年认定 1 家（2004 年升为国家级）。2003 年认定 2 家（其中 1 家 2010 年被摘牌）。2005 年认定 3 家（其中 1 家 2010 年被摘牌）。2007 年认定 1 家。2010 年认定 20 家（1 家升为国家级）。2013 年认定 21 家。到 2014 年，全州仍然保持有国家级、省级重点龙头企业共 44 家，其中国营企业 7 家，集体企业 3 家，民营企业 34 家。在这 44 家企业中，创建于 1990 年之前的有 4 家，创建于 1991—2002 年的有 9 家，其余 31 家创建于 2003 年之后。

3. 州级重点龙头企业认定

2003 年，黔南州农业产业化领导小组办公室印发《黔南州农业产业化经营重点龙头企业认定和运行监测管理办法（试行）》，开始州级重点龙头企业认定工作。2009 年对认定办法进行修订，称为“修订办法”。2003—2014 年，认定州级重点龙头企业共 10 批 263 家，其中升级 41 家，摘牌 25 家，实有 197 家。这些企业建于 2002 年后，其中 80% 以上建于“十一五”“十二五”期间。

（二）重点龙头企业类型、经营、品牌

2014 年，全州实有国家级、省级、州级重点龙头企业共 244 家，全部为内资企业。按区域统计，都匀市 37 家、都匀经济开展区 3 家、福泉市 16 家、瓮安县 48 家、独山县 19 家、惠水县 21 家、贵定县 18 家、龙里县 15 家、长顺县 17 家、罗甸县 16 家、三都县 11 家、荔波县 12 家、平塘县 11 家。按产业经营类型分，农产品加工企业（含列入工业序列的企业）84 家，占 34.43%，农业种植 67 家，占 27.46%，畜牧水产养殖 45 家，占 18.44%，其余为市场流通 13 家，占 5.33%，其他（综合）35 家，占 14.34%；按经济组织类型分，私营企业 225 家，占 92.2%，国有企业 12 家，占 4.9%，集体企业 7 家（农民专业合作经济组织），占 2.9%。

244 家州级及以上重点龙头企业共有职工 5.8 万人，固定资产总额 65.96 亿元，企业对主要农产品原料采购总值 18.35 亿元，对原料基地投入 10.77 亿元，企业科技研发投入 3892 万元；企业经营销售收入 55.4 亿元，上缴税金 3.62 亿元，净利润 8.06 亿元，出口创汇 442 万美元；企业带动农户 47.13 万户，带动农户增收 21.75 亿元。

至 2014 年，州级及以上重点龙头企业累计通过省级及以上无公害农产品产地认定 117 个、无公害农产品认证 116 个，绿色食品认证 4 个，有机食品认证 20 个，地理标志认证 11 个；入选全国名特优新农产品目录的产品 6 个；获省级及以上名牌产品或著名（驰名）商标 40 个（其中；中国名特产品 3 个、中国驰名品牌 3 个，贵州省著名商标 33 个，贵州省名牌产品 21 个）。

2014 年全州省级农业重点龙头企业名录

表 10－5－1

企业名称	所有制	主要生产经营项目
贵州省都匀毛尖茶集团有限公司	国有	“都匀毛尖”牌都匀毛尖茶
贵州红樱桃果业有限公司（长顺）	私营	水果
贵州牧草种子繁殖场（独山，省属）	国有	草种、乳制品
瓮安县兴旺良种猪繁殖推广场	私营	良种猪扩繁、商品猪养殖
都匀供销茶叶有限责任公司	私营	“螺丝壳”牌都匀毛尖茶
黔南州都匀毛尖茶有限责任公司	国有	“鱼钩”牌都匀毛尖茶
都匀市同茂茶叶发展有限公司	私营	“雾醇”牌都匀毛尖茶
黔南州上隆茶果场（罗甸）	国有	“上隆”牌绿茶、水果
都匀茗泉山茶业有限公司	私营	“茗泉山”牌都匀毛尖茶
三都水族自治县健康茶科技有限公司	私营	甜茶
贵州东驰贸易有限公司都匀市东驰毛尖茶厂	私营	“垣埂”牌都匀毛尖茶
贵州都匀市黔昌畜牧发展有限责任公司	私营	种猪繁育、商品猪养殖
荔波县军华畜牧发展有限责任公司	私营	种猪、商品猪、禽、肉牛
瓮安县兴业畜牧发展有限公司	私营	良种仔母猪、商品肉猪
贵州省平塘丰盛种羊基地	私营	良种山羊繁育
贵州锦江大鲵科技股份有限公司（贵定）	私营	“泉参”“贵鲵”牌大鲵养殖
贵州黔龙食品有限责任公司（罗甸）	私营	“宏牛”牌牛肉系列等
贵州省瓮安冬秀嬢酸辣食品有限公司	私营	“冬秀嬢”牌泡椒等
华润雪花啤酒（黔南）公司（龙里）	国有	啤酒
贵州黔南新技绿色产业有限公司（都匀）	私营	植物中间体提取、橡籽食品
贵州盛世龙方制药股份有限公司	国有	中成药、苗药研发
黔南开元茶业有限责任公司（都匀）	私营	“哨脚牌”“新羽”牌茶叶
贵州味道茶业有限公司（都匀）	私营	“瓮水奢香”茶叶
贵州省瓮安县贵山茶业有限责任公司	私营	“贵山”牌系列茶叶
贵州龙原都匀毛尖茶业有限公司	国有	都匀毛尖绿茶、“龙原红”红茶
荔波县观音山种养殖示范区	私营	杂交猪繁育、商品猪
黔南州珍珠泉大鲵科研发展有限公司	私营	大鲵驯养、繁殖
贵州独山石牛食品有限责任公司	私营	“石牛”牌糖果糕点、果冻等
贵州省长顺县绿色食品厂	私营	“黔南山”牌调味品、蔬菜
荔波昌辉食业	私营	青梅酒、柚子酒
都匀市艺峰茶叶商贸有限公司	私营	茶餐饮、茶食品
三都县绿源农业开发有限公司	私营	蔬菜基地
贵州黔红食品有限公司（惠水）	私营	辣椒酱系列产品
贵州李记食品有限公司（独山）	私营	酸菜风味包
瓮安县黔源食品有限责任公司	私营	鲜冻猪肉、牛肉
贵州省福泉市安运腌制食品有限责任公司	私营	“安运”牌腌肉系列

续表 10－5－1

企业名称	所有制	主要生产经营项目
三都水族自治县名贵农业开发有限责任公司	私营	茶叶
贵州金象实业总公司（贵定）	私营	特色食品
贵州省瓮安县猴场左氏食品有限责任公司	私营	蛋制品、豆制品、泡菜
贵州博方民族药业开发有限公司（惠水）	私营	姜茶系列饮品、药品
都匀市乐喜商贸有限公司	私营	土特产、民族工艺品
贵州省平塘县玉水禽蛋专业合作社	集体	蛋鸭养殖、鸭蛋加工
长顺县鼓扬绿壳蛋鸡养殖专业合作社	集体	“鼓扬”牌绿壳蛋鸡
都匀市螺丝壳河头茶叶农民专业合作社	集体	“明黔”牌茶叶

第四节　农业招商农业产业园区

一、农业招商

2002 年及以前的几年，州内开始引入州外实体带资到黔南兴办农业企业，如龙里县有台资（台湾）种猪企业，都匀市有美国、新西兰、澳大利亚合资的养牛小企业和广东引进的黔昌公司养猪企业，但招商引资到位资金量较小。

2003 年，农业招商引资到位资金 4915 万元，占全州招商到位资金总额的 3.03%；2008 年农业招商引资到位资金 3.95 亿元，占 6.56%（期间各年度的到位资金在 6521 万元～19835 万元之间，占比在 2.31%～3.77%之间）。

2009 年以后，农业“185”工程开始实施，接着现代农业示范园区建设启动，农业招商力度逐步加大，据农业部门统计分析，2012 年农业招商到位资金达到 75.93 亿元，占全州招商到位资金总额 12.5%（其余各年度的到位资金 6.91 亿～42.35 亿元之间，占比在 8.25%～11.50%之间）。

2003—2012 年累计农业招商到位资金 146.52 亿元，占全州累计招商到位资金总额（14239301 万元）10.29%。2013 年，全州完成农业招商到位资金 59.92 亿元。2014 年，全州完成农业招商到位资金 130.01 亿元。

二、现代农业产业园区

（一）园区建设

2012 年，省委十一届二次全会决定在全省建设 100 个现代高效农业示范园区。州委、州政府出台《关于加快推进“185”现代农业产业园区建设的意见》要求在全州建设农业园区 20 个。

2013 年，州政府由主要领导牵头，成立农业园区建设工作领导小组，下设园区办公室也是联席会议办公室在州农委（区划办），建立园区建设联席会议制度，由州园区建设工作领导小组召集，有州级农委、发改、住建、交通、国土、财政、金融、电力、水务、工信、旅游、环保、宣传、通信、保险等部门参与，制定了农业园区建设牵头指导部门及相关部门的责任制、园区建设推进的督查制度和监测考评等制度，完成了《黔南州现代高效农业示范园区建设2013年工作方案》《黔南州州级现代高效农业示范园区建设标准（试行）》的制定和发布。各县（市）及开发区相继成立相应的领导小组及其办公室（办公室设于农工局），建立相应的联席会议制度，独山、三都、龙里、贵定、长顺、荔波等县组建了园区管理委员会，独山县按照“镇园合一”模式，制定机构、职能、人员“三定”方案，成立全省首个实质性副县级农业园区管委会。年内，全州完成的20个园区建设规划（全部由省内外科研院所、大专院校编制），于6月底前由州政府组织的专家组评审通过后发布。

是年，全州启动实施20个园区建设，其中13个园区列入全省100个示范园区（重点园区7个），州级园区7个，园区建设主要统计指标和园区形象处于全省领先水平。省政府在黔南州召开了“全省100个现代高效农业示范园区建设现场观摩会”“全省中药材产业发展现场观摩会”。

2014年，州农业园区联席会议办公室制定下发《黔南州现代高效农业园区建设2014年工作方案》，提出新增20个园区建设任务，州政府出台《黔南州现代高效农业园区建设管理暂行办法》，园区组织管理机构和相关制度、机制进一步建立完善。是年，全州新建农业园区20个（省级11个，州级9个），累计园区达到40个（省级重点园区7个，省级一般园区17个，州级园区16个）。全州40个园区的属地分布在：瓮安县6个，长顺、惠水、独山各4个，龙里、贵定、福泉、三都、平塘、罗甸县（市）各3个，都匀市2个，都匀经济开发区、荔波县各1个。24个省级园区分布在：罗甸县3个，都匀市、都匀经济开发区、荔波县各1个，其余9县（市）各2个。

全州40个园区的主导产业有：果品8个，蔬菜、茶叶各7个，畜禽养殖5个，烤烟3个，休闲旅游、水产养殖、中药材、刺梨各2个，粮油、加工各1个。24个省级园区的主导产业有：蔬菜、茶叶各5个，果品、畜禽养殖各4个，水产养殖2个，中药材、烤烟、刺梨、粮油各1个。自园区启动至2014年，建设情况为：

园区产业基地建设：40个园区累计新建或提质改造各类农产品生产基地32610亩（省级园区27000亩，州级园区5610亩），其中蔬菜9000亩，果品8250亩，茶叶7650亩，中药材1500亩，花卉210亩，烤烟3600亩，粮油300亩，其他（小杂粮、核桃、油茶、马铃薯）2100亩，新建或改造畜禽规模化小区18个，水产品标准化养殖小区6个。

园区基础设施建设：40个园区累计修建公路干道1476千米（省级园区1032千米），机耕道1120千米（省级园区707千米），生产便道1150千米（省级园区773千米）；建成温室大棚7446个140.4万平方米（省级园区6227个114.8万平方米），标准化圈舍2万间73万平方米（省级园区1.9万间68.6万平方米），储藏保鲜库房402座7.2万立方米（省级园区380座6.3万立方米），排灌沟渠（含管网）1594千米。

园区服务设施配套：40个园区共配置农技服务设施用房25019平方米，动植物防疫、检测用房143间；建立小气候自动监测站点94个，农作物病虫害监测点1074个；新增农技服务设备 59326 台（套）、农机具 59326 台（套）。

园区建设投资：40 个园区累计完成总投资 157.05 亿元，排全省第二位，占规划任务的 109.06%。其中，省级园区完成 119.86 亿元，占省下达任务数的 108.96%，州级园区完成 37.19 亿元，占州下达任务数的 86.48%。在累计完成总投资中，各级财政资金 3.87 亿元（含整合部门专项资金）、园区经营主体自筹资金 93.14 亿元（含业主金融贷款），招商资金 60.04 亿元。其中省级园区的各级财政资金 1.075 亿元，经营主体资金 73.227 亿元，招商资金 45.558 亿元。2014 年 24 个省级园区签订招商引资项目 109 个，签约资金 133.6 亿元，到位资金 45.8 亿元（排全省第一位）。

（二）园区经营

园区经营主体　至 2014 年，40 个园区共入驻农业企业 443 家（省级园区占 356 家），其中省级及以上龙头企业 61 家（省级园区占 54 家），注册资金 500 万元以上的规模龙头企业 215 家（省级园区占 171 家）；农民专业合作社 482 个、社员 2.24 万余人（省级园区占 396 个，会员 2.07 万人）。园区从业劳动力 10.39 万人（省级园区占 7.89 万人）。

园区经营模式　主要以“龙头企业 + 农户”（龙头企业外联市场，下联农户，形成利益共享）、“企业 + 农民合作经济组织 + 农户”（农民组成的合作经济组织以土地、资金、技术等生产要素通过入股企业合作经营的方式共同来进行农产品的生产、加工与销售等工作）为基本生产经营模式。突出主导产业（每个园区多为 1 ~ 2 项），兼顾其他关联产业，发展综合经营。

园区产品营销　至 2014 年，40 个园区边建设、边运营累计出产蔬菜（鲜）67.09 万吨、果品（鲜）28.2 万吨、茶叶（干）6848 吨、中药材 1.21 万吨、烤烟 2656 吨、粮油 1.62 万吨；出栏肉猪 22.06 万头、家禽 268.57 万羽，水产品产量 1.95 万吨；旅游接待 84.07 万人次。

园区品牌创建　至 2014 年，40 个园区累计完成农产品“三品一标”（无公害农产品、绿色食品、有机农产品和农产品地理标志）认证 110 个（其中 24 个省级园区共认证“三品一标”农产品 95 个），认证面积 1245 亩，畜禽规模 606.5 万头只。其中认证有机产品 4 个，绿色食品 7 个，地理标志产品 42 个，无公害产品 36 个。园区农产品质量抽检合格率 100%。

园区科技水平　至 2014 年，40 个园区配备和参与服务的专业技术人员 80 人（省级园区 70 人），在配备的专业技术人员 25 人（副高 10 人，中级 15 人）中，省级园区 20 人；种养业良种覆盖率达到 85% 以上，主导产业重点实用技术到位率 90% 以上；建立农产品质量可追溯体系的企业、合作社占 10%；累计推广、转化国内外先进科技成果 10 项（次）；福泉市、都匀经济开发区的 3 个园区应用“3S”技术建立了生产经营的 GIS 系统和三维立体模型；龙里县湾滩河园区建立了“智慧农业”的水肥一体化自动调控系统。

园区经济效益　园区启动建设至 2014 年，40 个园区（长的一年半左右，短的半年左右，各占 50%）累计实现产值 184 亿元（省级园区 142.1 亿元）、销售收入 130 亿元（省级园区 103.5 亿元）、利润 70.17 亿元（省级园区 53.45 亿元）。2014 年，全州 24 个省级园区总产值排全省各市州省级园区第二位，销售总收入排第三位。

2014 年黔南州省级现代农业示范园区建设情况统计表

表 10 – 5 – 2

园区名称	建立时间（年月）	区域范围	主导产业	规模（万公顷）	累计建设投资（万元）	经营主体				园区从业劳力（人）	经营效益（万元）	
						企业数（个）	省级及以上重点龙头企业	农民合作社（个）	社员（人）		总产值	销售收入
都匀市现代高效茶叶产业示范园区	2013. 3	毛尖镇	茶叶	1. 01	59287	18	8	30	740	1492	41969	36126
独山县现代农业示范园区	2013. 3	基长镇	蔬菜、水果、中药材	0. 89	59055	23	2	24	654	2861	90949	60152
独山县上司农业示范园区	2014. 5	上司镇	牛、羊	0. 12	41688	6	1	11	218	451	93343	51289
平塘县大塘茶叶示范园区	2013. 3	大塘镇	茶叶	0. 35	31524	6	0	16	626	5788	17734	11182
平塘县白龙现代高效农业示范园区	2014. 5	平舟镇	蔬菜、水果、中药材	0. 15	45823	5	1	15	585	9091	40048	26532
荔波县樟江精品水果及休闲观光农业示范园区	2013. 3	玉屏办事处、朝阳镇、瑶山乡	水果、蔬菜、休闲观光	0. 60	65565	10	3	16	1174	1467	81694	56316
三都县交梨山地生态葡萄产业示范园区	2013. 3	普安镇	水果	0. 35	60188	24	4	10	107	3652	127331	56387
三都周覃供港粤特色蔬菜园区	2014. 5	周覃镇	蔬菜	0. 20	50667	19	2	9	179	2347	31398	26021
福泉市西部生态高效农业产业示范园区	2013. 3	休闲观光、水果、禽	休闲观光、水果、禽	0. 13	50824	25	3	12	1267	5686	72620	49341
福泉陆坪现代烟草农业产业园区	2014. 5	陆坪片区、藜山片区	烟草	0. 14	40392	10	0	15	1390	946	30193	24520
瓮安县现代高效农业示范园区	2013. 3	猴场镇	水果、猪	0. 92	75500	29	7	15	872	2112	85500	70000
瓮安县建中白茶现代农业产业园区	2014. 5	建中镇	茶叶	0. 17	40700	7	0	5	5408	150	55530	33332

续表 10－5－2

园区名称	建立时间（年月）	区域范围	主导产业	规模（万公顷）	累计建设投资（万元）	经营主体				园区从业劳力（人）	经营效益（万元）	
						企业数（个）	省级及以上重点龙头企业	农民合作社（个）	社员（人）		总产值	销售收入
贵定县黔南云雾山现代农业产业示范园区	2013.3	云雾镇	茶叶、蔬菜	0.37	69326	44	3	20	2931	16956	86857	67470
贵定县岩下大鲵产业园区	2014.5	昌明镇岩下社区	水产	0	36248	18	1	10	485	26	38794	24315
龙里县湾滩河生态农业示范园区	2013.3	湾滩河镇	蔬菜、猪	0.23	75428	16	2	25	987	8601	71033	56621
龙里县茶香刺梨产业示范园荃	2014.5	谷脚镇、醒狮镇、洗马镇	水果、禽	0.95	57101	19	2	20	880	2129	56135	48245
惠水县涟江现代高效农业示范园区	2013.3	濛江办事处、涟江办事处、好花红镇	蔬菜、花卉	0.13	55359	21	4	19	320	8471	59686	57959
惠水县雅水特色优质米产业园区	2014.5	雅水镇	粮油	0.13	40050	12	0	8	78	187	31162	27235
长顺县高钙苹果、绿壳蛋鸡产业示范园区	2013.3	水果、禽	水果、禽	0.16	55752	19	2	34	512	1309	78242	50171
长顺县绿壳蛋鸡产业示范园区	2014.5	摆所镇、鼓扬镇	禽、水果	0.10	41352	9	4	14	95	2025	45233	35330
罗甸县现代高效农业示范园区	2013.3	边阳镇、龙坪镇	蔬菜、水果、中药材	0.83	55323	10	3	51	677	1979	81952	81652
罗甸县水产养殖现代高效农业示范园区	2013.3	茂井镇、风亭乡、红水河	水产	0	26074	3	0	5	219	171	34713	27711
罗甸县上隆生态循环农业园区	2014.5	逢亭镇	茶叶、水果	0.04	24490	1	1	3	205	1810	33740	27340
都匀坝固循环农业示范园区	2014.5	坝固镇	水果、休闲观光、猪	0.03	40890	2	1	9	65	131	34717	29969

表 10－5－3

2014 年黔南州州级现代农业示范园区建设情况表

园区名称	建立时间（年月）	区域范围	主导产业	规模（万公顷）	累计建设投资（万元）	经营主体				园区从业劳力（人）	经营效益（万元）	
						企业数（个）	省级及以上重点龙头企业	农民合作社（个）	社员（人）		总产值	销售收入
都匀市现代高效蔬菜产业园区	2014.5	墨冲镇	蔬菜、水果	0.07	25002	1	1	6	37	1153	30039	16611
独山县影山镇特色农业示范园区	2014.5	影山镇	茶叶	0.17	20780	3	0	29	362	771	20806	16443
独山县玉水镇果蔬产业示范园区	2014.5	玉水镇	蔬菜、水果	0.06	8000	4	0	4	150	170	9000	7500
平塘牙舟烤烟园区	2014.5	牙州镇	烤烟	0.15	25788	2	0	3	500	9175	32789	22451
三都县九阡特色果茶园区	2014.5	九阡镇	水果、蔬菜	0.20	12000	9	1	5	105	843	9763	800
福泉市本然现代生态农业科技产业园区	2014.5	陆坪镇地松片区	休闲观光、水果、禽	0.07	25160	2	0	4	62	142	30460	20196
瓮安县中坪现代农业产业园区	2014.5	中坪镇	茶叶、烤烟	0.19	30000	4	0	4	97	425	48134	40959
瓮安县瓮水农产品加工园区	2014.5	瓮水办事处	加工、茶叶、猪	0.08	30225	20	3	5	47	459	31510	15624
瓮安县平定营现代高效农业产业园区	2014.5	平定营	水果、猪	0.07	25160	4	0	4	25	3763	33755	29926
瓮安县岚关休闲农业园区	2014.5	岚关乡	休闲观光、茶叶	0.08	26300	9	1	4	80	93	26520	16200
贵定县沿山现代农林科技产业园区	2014.5	沿山镇	水果、中药材、农产品加工	0.30	40275	11	0	4	147	4200	39600	26500

续表 10－5－3

园区名称	建立时间（年月）	区域范围	主导产业	规模（万公顷）	累计建设投资（万元）	经营主体				园区从业劳力（人）	经营效益（万元）	
						企业数（个）	省级及以上重点龙头企业	农民合作社（个）	社员（人）		总产值	销售收入
龙里县龙架山花卉苗木及生态旅游观光示范园区	2014.5	冠山办事处、龙山镇	花卉、生态旅游	0.06	27867	8	0	3	70	1820	36347	23125
惠水县佰草园中药种植高效农业示范园区	2014.5	芦山镇	中药材	0.03	25000	4	0	3	17	46	25400	10000
惠水县摆金生态茶示范园区	2014.5	摆金镇	茶叶	0.07	25000	1	0	5	50	403	25000	15000
长顺县白云山镇刺梨产业园区	2014.5	白云山镇	水果（刺梨）、禽	0.02	9250	3	1	3	53	495	8560	3160
长顺县代化（敦操）扶贫攻坚试验园区	2014.5	代化镇、敦操乡	核桃、禽	0.06	16086	2	0	0	0	72	14090	9964.5

第五节　农产品加工

一、发展简况

1991 年，州内农产品加工企业由乡镇企业局管理，属乡镇工业范畴。是年一些原有的国营农产品加工单位承担着油菜籽、饲料、粮食等主要的加工业务。有个体加工户从事打米、磨面、擀面等初加工。民营的农产品加工企业不多，而且多挂靠在相关部门。

2008 年，全州乡镇企业中，各种所有制的农产品加工企业快速发展。到 2010 年，全州有规模农产品加工企业（年销售收入 100 万元以上）159 家，其中州级以上龙头企业 62 家（国家级 2 家、省级 3 家、州级 57 家），从业人员 1.06 万人，年销售收入 18.5 亿元，利税 3.3 亿元。

2010 年机构改革后，州、县乡镇企业局撤销，农产品加工管理职能划入州、县农工局。

2014 年，全州规模农产品加工企业 196 家，其中州级以上龙头企业 103 家（国家级 3 家、省级 38 家、州级 62 家），从业人员 1.56 万人，年销售收入 75.52 亿元，利税 8.41 亿元。加工原料有粮食类、油菜籽、茶叶、水果、蔬菜、糖料、中药材、草等及竹、木、桐籽、坚果等农林产品，家畜、家禽、蛋、奶、蜜等养殖业产品。

2014 年黔南州营业收入 100 万元以上农产品加工行业汇总表

表 10－5－4

行业分类	企业数（个）	主营业务收入（万元）	总产值（万元）	利税总额（万元）	工资总额（万元）	从业人员（平均人）
合计	196	755168.08	842724.83	84070.38	42897.32	15553
一、农副食品加工业	78	251267.43	299142.45	25633.66	13322.57	4655
谷物磨制	10	23389.4	25297.75	1511.49	960.54	361
饲料加工	4	20916.95	22117.05	373.60	699	217
植物油加工	16	49751.2	67192.68	3905.78	982	395
屠宰及肉类加工	19	88469.88	107221.68	13974.27	6707.15	1980
水产品加工	2	954	1020.00	45.37	164	80
蔬菜水果坚果加工	9	39243	44850.00	2417.70	1321.98	551
其他农副食品加工	18	28543	31443.30	3405.46	2487.9	1071
二、食品制造业	23	45236.77	48094.00	6506.24	3805.3	1580
糖果巧克力蜜饯制造	4	4684.5	5278.00	275.15	326.2	194
方便食品制造	2	2427.7	2453.30	353.40	332.1	128
液体乳及乳制品制造	1	1490	1550.00	145.00	460	110
调味品发酵制品制造	3	3928	4087.00	318.08	176.2	122

续表 10－5－4

行业分类	企业数（个）	主营业务收入（万元）	总产值（万元）	利税总额（万元）	工资总额（万元）	从业人员（平均人）
其中：辣椒加工	11	14166.87	15412.70	1750.31	1032.8	465
其他食品制造	2	18539.7	19313.00	3664.30	1478	561
三、饮料制造业	50	84326.475	89158.18	9155.30	8154.8	3248
酒精制造	4	24686	26019.00	4398.40	1270.3	341
软饮料制造	2	2118	2178.00	262.58	261.6	125
精制茶加工	44	57522.475	60961.18	4494.32	6622.9	2782
四、纺织业	2	23512.6	23995.00	1043.70	1797	599
五、木材加工及木竹、藤棕、草制品业	20	40651.6	42576.90	5885.00	2845.75	944
六、造纸及纸制品业	4	39995	41118.00	7560.20	2898.6	1305
七、医药制造业	19	270178.2	298640.30	28286.28	10073.3	3223
中成药制造	19	270178.2	298640.30	28286.28	10073.3	3223

2014年黔南州营业收入1000万元以上农产品加工企业一览表

表 10－5－5　　单位：万元

序号	企业名称（全称）	主要产品名称	主营业务收入	总产值	利税总额
1	都匀市黔昌畜牧发展有限公司	饲料	6783.30	6903.70	109.36
2	都匀市黔隆果蔬基地开发公司	饲料	1223.20	1274.10	90.50
3	贵州黔南新技绿色产业有限公司	青冈子制品	1484.60	1502.70	101.30
4	都匀供销茶叶有限公司	茶叶	1450.70	1478.50	153.30
5	黔南州都匀毛尖茶有限责任公司	茶叶	1439.30	1451.50	159.30
6	都匀茗泉山茶业有限公司	茶叶	1661.10	1677.30	139.90
7	贵州东驰贸易有限公司都匀毛尖茶厂	茶叶	1291.60	1313.10	82.10
8	贵州龙原都匀毛尖茶业有限公司	茶叶	2248.60	2286.00	116.20
9	黔南开元茶业有限责任公司	茶叶	1146.20	1190.50	104.20
10	都匀市艺峰茶叶商贸有限公司	茶叶	1185.50	1217.40	87.70
11	都匀市螺丝壳河头茶叶农民专业合作社	茶叶	1397.60	1418.20	79.70
12	黔南州梅渊商贸公司	茶叶	1134.90	1186.60	77.30
13	都匀市高寨水库茶场有限公司	茶叶	1381.10	1405.30	71.60
14	都匀市匀山茶叶有限公司	茶叶	1356.10	1378.90	48.40
15	都匀市富龙茶叶开发有限公司	茶叶	1521.50	1532.30	59.60
16	黔南州源和茶业有限公司	茶叶	1020.00	1053.60	77.70
17	都云毛尖茶叶有限公司	茶叶	1289.20	1303.80	93.80
18	都匀黄麻制品有限责任公司	黄麻片	13045.90	13286.80	558.00

续表 10－5－5

序号	企业名称（全称）	主要产品名称	主营业务收入	总产值	利税总额
19	黔南兆丰棉纺织有限公司	棉布	10466.70	10708.20	485.70
20	黔南同利林业有限公司	刨花板	4707.30	4904.60	378.30
21	都匀红星民族中药材科技开发有限公司	中药材	1309.70	1332.10	131.20
22	贵州盛世龙方制药股份有限公司	中药材	17786.20	17897.90	1310.70
23	贵州经典云雾茶业有限责任公司	茶叶	5238.00	5239.00	194.35
24	贵定县懿峰茶业有限公司	茶叶	1038.00	1070.00	21.46
25	贵定县贵爽云雾贡茶有限公司	茶叶	2415.00	2605.00	66.75
26	贵定云雾中心茶场	茶叶	1390.00	1418.00	22.16
27	三都县水家妹食品有限公司	香辣酸	1550.00	1710.00	351.00
28	三都县九阡酒有限公司	黄酒	2830.00	3660.00	635.00
29	三都县健康茶科技公司	甜茶	3120.00	3320.00	704.00
30	三都水族自治县祥旺食品公司	牛肉干	1520.00	1730.00	343.00
31	三都县顺发木业有限公司	胶合板	1570.00	2000.00	347.00
32	三都县金鸟木业有限公司	人造板	1680.00	1940.00	381.00
33	三都县顺源木业有限责任公司	木工板	1760.00	2030.00	399.00
34	三都县名贵农业开发有限责任公司	茶叶	1600.00	2110.00	587.00
35	贵州牧草种籽繁殖场	麦香奶和鲜奶	1490.00	1550.00	145.00
36	贵州独山石牛食品有限责任公司	糖果、糕点	3230.00	3790.00	54.00
37	贵州李记食品有限公司	李记泡菜系列	11010.00	11520.00	113.40
38	贵州省独山盐酸菜有限公司	盐酸菜、雪菜等	1500.00	2030.00	73.00
39	独山县鼎丰米业发展有限公司	大米	6410.00	6770.00	124.30
40	独山县惠源精米加工厂	大米	3240.00	3620.00	11.80
41	独山县川旺饲料厂	饲料	8891.00	8891.00	137.00
42	贵州省长顺县绿色食品厂	调味品、干制食品	2545.00	2668.00	80.70
43	长顺丹索亚刺梨庄园有限公司	刺梨干酒	2401.00	2743.00	992.40
44	长顺县天然食品有限公司	绿壳蛋面、苹果醋	1229.00	1324.00	139.70
45	贵州闽融农业开发有限公司	肉猪产品	2112.00	2234.00	175.70
46	长顺县兴顺精米加工有限公司	精制米	1878.00	1992.00	132.30
47	贵州永红食品有限公司	牛头牌牛肉干	34483.00	38781.00	6383.00
48	贵州黔红食品有限公司	辣椒系列	3997.00	4354.00	689.00
49	贵州博方民族药业开发有限公司	姜茶系列	2990.00	3159.00	582.60

续表 10－5－5

序号	企业名称（全称）	主要产品名称	主营业务收入	总产值	利税总额
50	贵州神康原生态食品有限公司	三宝、豆制品	3143.00	3516.00	522.00
51	贵州金晨农产品开发有限公司	粮食	3177.00	3207.00	600.00
52	贵州省惠水县金芳畜革贸易有限责任公司	生猪屠宰	11631.00	11631.00	1826.00
53	惠水县好花红农业产业化发展有限责任公司	水果	1803.00	1903.00	341.50
54	贵州阿乐食品有限公司	肉制品	16851.00	17159.00	3174.00
55	贵州惠安纸业有限公司	纸制品	16865.00	17303.00	3281.00
56	惠水县佳宇造纸厂	纸制品	11544.00	12142.00	2243.20
57	贵州外贸神彩包装公司	纸制品	8393.00	8448.00	1596.00
58	贵州美福生态农业有限公司	茶叶	2331.00	2365.00	463.10
59	惠水布依妹风味食品厂	黄粑系列	1653.00	1661.00	307.60
60	贵州省惠水县坤坤食品有限公司	小食品	1153.00	1163.00	211.40
61	贵州美华调味食品有限公司	麻辣调味品	1263.00	1290.00	233.40
62	贵州省惠水县好花红酒厂	黑糯米酒系列	2382.00	2430.00	466.00
63	贵州省惠水县郎郎食品有限公司	果冻及果味饮料	1261.00	1280.00	241.40
64	惠水华晖磷化公司	食品磷酸	14397.00	14833.00	2886.00
65	星州药业股份有限公司	夏桑菊颗粒、感冒解毒颗粒	12303.00	12303.00	2445.20
66	荔波县昌辉食业	干笋香菇等	1590.00	1740.00	137.00
67	荔波县晨维生态资源开发有限责任公司	肉类加工	1620.00	4489.00	(19.00)
68	荔波县观音山养殖示范区	肉类加工	2386.00	2709.00	460.00
69	荔波县军华畜牧发展有限责任公司	肉类加工	2738.00	3340.00	618.00
70	瓮安县黔中粮油工贸有限公司	大米	3936.40	4397.75	64.13
71	贵州天农饲料有限公司	饲料	4019.45	5048.25	36.74
72	瓮安县茂康油脂有限公司	菜籽油	1132.70	1257.28	16.59
73	瓮安县猴场百信食品有限公司	分割牛肉	4417.75	4763.00	169.96
74	瓮安县黔源食品有限公司	猪牛肉	3946.40	4575.38	165.89
75	贵州省瓮安县猴场左氏食品有限公司	皮蛋腐竹	4679.95	5078.25	373.49
76	瓮安县谭祖兰食品有限公司	皮蛋	1018.13	1122.70	42.78
77	瓮安县阿乡食品有限公司	黄粑	1142.70	1257.28	47.85
78	贵州省瓮安县柴姨妈乡土食品有限公司	黄粑	1848.63	1963.20	60.06

续表 10－5－5

序号	企业名称（全称）	主要产品名称	主营业务收入	总产值	利税总额
79	瓮安县老满血灌粑食品有限公司	血灌粑	1069.65	1162.70	55.99
80	贵州省瓮安县满姐食品有限责任公司	黄粑	2653.70	3304.20	132.33
81	瓮安县渡江食品有限公司	板菜	1049.65	1227.28	123.19
82	瓮安县冬秀孃酸辣食品有限公司	泡酸辣	4347.75	4693.00	204.60
83	瓮安县众鑫农副产品加工有限公司	辣椒粉	1008.13	1142.70	55.99
84	贵州省贵山茶业有限公司	茶叶	3063.53	3304.20	145.54
85	贵州味道茶业有限公司	茶叶	2403.03	2464.55	112.97
86	瓮安县曼生茶业有限公司	茶叶	1142.70	1257.28	96.69
87	瓮安县岚清白茶有限公司	茶叶	1218.80	1333.38	79.41
88	平塘县粮油购销有限责任公司	粮食	1279.00	1346.00	133.40
89	平塘县丽松林产品有限责任公司	松油加工	5710.00	5661.00	456.10
90	平塘县黔林木业有限责任公司	纸接板	6556.00	6990.00	616.60
91	贵州神奇制药有限公司龙里分厂	胶囊	32102.00	32404.00	2698.00
92	贵州金桥药业有限公司	珊瑚癣净	26490.00	26837.00	1844.00
93	贵州富华药业有限公司	中成药	20684.00	20876.00	3901.00
94	贵州弘康药业有限公司	热淋清胶囊	20683.00	20892.00	1060.00
95	贵州瑞和制药有限公司	中成药	21230.00	21518.00	1905.00
96	贵州良济药业有限公司	宁心宝胶囊	13686.00	13898.00	996.00
97	贵州柏强制药有限公司龙里分厂	中成药	15763.00	16069.00	1504.00
98	贵州润生制药有限公司	四季草颗粒	3235.00	3370.00	193.00
99	贵州肾元制药有限公司	肾元胶囊	23096.00	23330.00	70.00
100	贵州华润集团（啤酒厂）	啤酒	17073.00	17186.00	2305.00
101	贵州恒力源林业科技有限公司	木制品	19578.00	19703.00	2529.00
102	贵州东阳造纸有限公司	造纸	3193.00	3225.00	440.00
103	福泉市风味食品有限公司	苦荞	4142.70	4480.00	778.30
104	贵州信邦制药股份有限公司	中成药	58040.00	83017.00	9329.00
105	贵州艾源生态药业开发有限公司	冰片	1934.00	3000.00	291.00
106	贵州省罗甸县上隆茶果场	茶叶	5000.00	5934.00	290.67
107	罗甸县沙井油厂	桐油	4560.00	5100.00	435.00
108	罗甸县福平油脂厂	桐油	4380.00	5100.00	414.00
109	贵州省罗甸县东河桐油加工厂	桐油	4650.00	5250.00	444.00
110	罗甸县边阳明刚桐油加工厂	桐油	4350.00	6800.00	168.00
111	罗甸县年惠植物油厂	桐油	4380.00	6800.00	172.00
112	罗甸县兴茂桐油加工厂	桐油	3105.00	6608.00	212.00
113	罗甸县加新工贸有限公司	桐油	3369.00	6188.00	24.00
114	贵州省罗甸县迪华植物油加工厂	桐油	3960.00	6400.00	488.00

续表 10－5－5

序号	企业名称（全称）	主要产品名称	主营业务收入	总产值	利税总额
115	罗甸县安凌植物油厂	桐油	2530.00	3050.00	338.00
116	贵州省罗甸县定福油脂有限责任公司	桐油	2370.00	2970.00	206.00
117	贵州省罗甸县加贝桐油加工厂	桐油	4380.00	5100.00	444.00
118	贵州黔龙食品有限公司	牛肉干	2717.33	8060.00	181.72
119	贵州罗甸县斛龙绿产开发公司	农产品加工	3670.00	5000.00	205.20
120	罗甸绿青菜园合作社	蔬菜	4428.00	8104.00	266.80
121	贵州省罗甸县泓霖种养殖有限公司	水果	5144.00	6489.00	219.00
122	贵州良云金秋农业科技有限公司	水果	6080.00	5323.00	840.00
123	贵州新中盛农业科技发展有限公司	水果	5368.00	4230.00	340.00
124	贵州黔腊坊生态农业开发有限公司	腊肉	1464.70	4960.00	263.00

二、示范和品牌

2005 年 12 月，惠水县的贵州永红食品有限公司荣获第一批全国农产品加工业示范企业称号。2008 年 8 月贵州省黔南中部示范基地获第三批全国农产品加工业示范基地称号。2008 年惠水县农产品加工创业基地获第一批全国农产品加工创业基地称号。2009 年独山县农产品加工创业基地、长顺县农产品加工创业基地、贵定县农产品加工创业基地获第二批全国农产品加工创业基地称号。2011 年贵州省瓮安县畜产品加工业示范基地获第四批全国农产品加工业示范基地称号。2012 年，惠水黑糯米酒获得国家质监总局颁发的农产品地理标志认证。

到 2014 年，州内已有 12 个县市 52 家农产品加工企业 59 个产品荣获中国驰名商标（3 个）、贵州省著名商标（47 个）、贵州省名牌产品（26 个）称号。其中，中国驰名商标品牌 3 个是：惠水永红食品公司的“牛头”牌牛肉干，龙里华润雪花啤酒黔南分公司（原神奇药业公司）的“神奇”牌脚癣一次净，惠水阿乐食品有限公司的“绝味”牌鸭脖。

黔南州农产品加工企业获贵州省著名商标一览表

表 10－5－6

企业名称	产地	龙头企业级别	贵州著名商标		
			商标名称	产品名称	获得年度
贵州都匀毛尖集团有限公司	都匀市	省级		都匀毛尖	2007
黔南苗岭工贸有限责任公司	都匀市		苗峰	都匀毛尖	2009
黔南州梅渊商贸有限责任公司	都匀市	州级	梅渊		2011
都匀市高寨水库茶场有限公司	都匀市	州级	黔匀、高寨	摆忙高寨茶	2010
都匀市凯源食品有限责任公司	都匀市	州级	凯口桂花	肉腌制品	2014
都匀市匀山茶叶有限责任公司	都匀市	州级	匀山	毛尖茶	2014
贵州都匀市酒厂有限责任公司	都匀市		匀字	白酒系列	2010

续表 10 – 5 – 6

企业名称	产地	龙头企业级别	贵州著名商标		
			商标名称	产品名称	获得年度
都匀供销茶叶有限责任公司	都匀市	省级	螺丝壳	都匀毛尖	2010
黔南开元茶业有限责任公司	都匀市	省级	新羽及图	都匀毛尖	2010
福泉市风味食品有限公司	福泉市	省级	万康乐	苦荞方便食品	2014
贵州省瓮安县冬秀娘酸辣食品有限公司	瓮安县	省级	冬秀娘	泡酸辣	2007
贵州省瓮安县阿乡食品有限责任公司	瓮安县	州级	阿乡	黄粑	2012
贵州省瓮安县猴场左氏食品有限责任公司	瓮安县	省级	左氏德容	腐竹	2013
贵州省瓮安县贵山茶业有限责任公司	瓮安县	州级	贵山	茶叶	2014
贵定县云雾茶场	贵定县	州级	山中情	茶叶	2006
贵州金象实业总公司	贵定县	省级	金海雪山宝立	益肝草饮料	2012
贵州金象实业总公司	贵定县	省级	苗姑娘	油辣椒、小米鲊	2011
贵州贵定胡三贴药械有限责任公司	贵定县	州级	胡三贴	中成药	2011
贵州经典云雾茶业有限责任公司	贵定县	国家级	黔技御叶	茶叶系列	2010
贵州特色制药有限责任公司	贵定县		灵龙	益肝解毒茶	2013
贵州黔宝食品有限公司	龙里县	州级	黔康	刺梨干系列	2014
贵州黔宝食品有限公司	龙里县	州级	御酥坊		2014
贵州龙里县邓氏食品有限责任公司	龙里县	州级	龙哩邓氏	辣子鸡	2013
贵州永红食品有限公司	惠水县	国家级	牛头牌	牛肉干系列	2006
贵州黔红食品有限公司	惠水县	省级	黔红	辣椒系列	2010
贵州博方民族药业开发有限公司	惠水县	省级	开味乐	姜茶系列	2012
贵州省惠水县酒厂	惠水县		涟江牌	黑糯米酒	2006
贵州百年原址酒业有限公司	惠水县		笨人煮酒	白酒	2012
贵州神康原生态食品有限公司	惠水县	州级	神康	豆制品	2012
贵州宏发食品有限责任公司	惠水县		坤锦	牛肉干	2014
贵州永红酒业有限公司	惠水县	州级	涟江	黑糯米酒	2012
贵州省长顺县龙都香茗茶厂	长顺县		李根	茶叶	2009
贵州省广顺凉水井酒厂	长顺县		凉水井	白酒	2012
长顺县鼓扬绿壳蛋鸡养殖专业合作社	长顺县	省级	鼓扬	绿壳蛋鸡	2012
长顺县威远生姜专业合作社	长顺县		潮泉	生姜	2014
贵州省黔南州上隆茶果场	罗甸县	省级	上隆	绿茶	2008

续表 10－5－6

企业名称	产地	龙头企业级别	贵州著名商标		
			商标名称	产品名称	获得年度
罗甸县黔龙食品有限责任公司	罗甸县	省级	宏牛	牛肉干	2008
贵州信邦制药股份有限公司	罗甸县	国家级	信邦	中成药	2009
贵州信邦制药股份有限公司	罗甸县	国家级	邦消安	中成药	2008
平塘县玉水腾龙禽蛋制品有限责任公司	平塘县	省级	刘妹娘	皮蛋	2012
平塘县玉水一壶春茶业有限责任公司	平塘县		克度	茶叶	2014
贵州东峰集团独山盐酸菜厂	独山县	州级	独山	盐酸菜	2007
贵州独山石牛食品有限责任公司	独山县	省级	石牛	糖果系列	2010
独山县惠源精米加工厂	独山县	州级	蒙林	大米	2012
贵州牧草种籽繁殖场	独山县	省级	贵草	鲜牛奶	2013
荔波县小七孔天然泉水有限责任公司	荔波县		小七孔	矿泉水	2012
荔波县军华畜牧发展有限责任公司	荔波县	省级	碧华园	肉类产品	2013
贵州省三都水族自治县九阡酒有限责任公司	三都县	州级	九阡	贵酒	2012
贵州省特色生物科技有限公司	三都县		活力树		2013

2003—2014 年黔南州农产品地理标志保护认证情况一览表

表 10－5－7

序号	申报单位	产品名称	证书编号	有效期限	认证机构	产地	基地规模（公顷）
1	都匀供销茶叶有限公司等十家企业	都匀毛尖茶	2010 年第 133 号公告	长期	国家质检总局	全州	1333.33
2	都匀茗泉山茶业有限公司等十四家企业	都匀毛尖茶	2012 年第 100 号公告	长期	国家质检总局	全州	1866.67
3	都匀茗泉山茶业有限公司等十四家企业	刺梨		长期	国家质检总局	龙里县境	7066.00
4	惠水县酒厂	惠水黑糯米酒	2012 年第 125 号公告	长期	国家质检总局	惠水县境	666.00
5	长顺县鑫鑫畜禽养殖农民专业合作社	鸡蛋	正在申报中	长期	农业部认证中心	长顺县境	4113.10

续表 10－5－7

序号	申报单位	产品名称	证书编号	有效期限	认证机构	产地	基地规模（公顷）
6	罗甸县人民政府	罗甸艾纳香	2012 年第 37 号	长期	国家质检总局	罗甸县境	3102.00
7	罗甸县人民政府	罗甸火龙果	2013 年第 167 号	长期	国家质检总局	罗甸县境	2180.00
8	贵定县茶叶协会	贵定云雾贡茶	AGI2010－06－00353	长期	国家农业部	贵定县境	3000.00
9	贵定县酥李协会	贵定盘江酥李	正在申报中	长期	农业部认证中心	贵定县境	1200.00

三、产品展示

2010 年，州内首批推荐 35 家农产品加工企业（省农委组织）参加上海西部国际农产品展示直销中心贵州馆的名特优农产品展销活动。是年 5 月，州内组织农产品加工企业参加由贵州省农委和上海光明食品集团联合主办的“上海贵州食品节”，在南京路先行展销 10 天后，经主办方筛选确定州内参与企业 6 家（全省 28 家），展销产品 30 多种（全省近 72 种）。展销活动上，价值 25 万元的产品销售一空。是年 7 月，州内组团参加第十八届广州名优农产品、食品博览会，参与的农产品加工企业 11 家，展示 20 多个无公害、绿色名特系列产品，多为著名商标产品、名牌产品和上海世博会荣誉产品。

2011 年，“贵州·黔南首届‘185’招商暨优质农产品博览会”中参加展示展销的州内农产品加工企业 134 家，产品（含系列产品）13 大类、595 种，现场交易额 330 万元。

2012 年 8 月，州政府牵头组团参加由国家农业部、省农委、贵阳市政府联合举办的“2012·中国·贵阳国际特色农产品交易会”，设立黔南馆（2 个特装馆）和 18 个标准展位。其中参展的农产品加工企业 37 家，展示展销产品 8 大类、170 个品种，现场交易额 52 万元。

2013 年 8 月，州政府牵头组团参加第 21 届广州博览会，参展企业及合作社共 40 余家，参展产品 10 余大类、200 多个品种，交易额 200 余万元。是年 8 月底 9 月初，州政府率团参加“中国·贵阳国际特色产品交易会（第二届）”暨国际绿茶博览会，州内参展企业及合作社共 71 家，参展产品 10 多大类 400 余个品种，交易额 100 多万元。

2014 年 8 月，州政府牵头组团参加第 22 届广州博览会，参展企业及合作社共 28 家，参展产品 10 余大类、300 多个品种，交易额 200 余万元。

是年 8 月下旬，州政府率团参加“中国·贵阳国际特色农产品交易会（第三届）”（暨国际绿茶博览会），参展企业 57 家，设展位 34 个，参展产品 10 余大类 300 多个品种，交易额 300 多万元。其间，贵州东驰公司举办了“都匀毛尖茶专场推介会”。

第六章　农　村

黔南州实施农村土地承包责任制以后，农村综合改革逐步展开，从土地流转到发展农村合作经济组织，从放开农副产品市场到粮油流通体制改革，从为减少山林薪柴砍伐，推广使用节能炉灶，到保护农村生态环境，建设美丽乡村，随着改革开放的不断深入，全州新农村建设取得显著成果，农村发生巨大变化。

第一节　农村综合改革

一、放开农副产品市场

1993 年，国家进行粮食流通体制改革，全面放开粮食价格和经营，黔南州取消对居民的粮食定量供应，农民粮食出售、个体粮食经营随即发展。之后油菜籽等农副产品市场全面放开，保护了农民生产的积极性。

二、涉农补偿补贴

2004 年起，对农民实行良种补贴，是年瓮安、惠水、独山、平塘 4 县启动对农民种植杂交水稻实行直接补贴工作。全州各级财政补偿补贴农民 301.49 万元（良种补贴），农民人均直接受益 0.9 元。2005 年增加 3 项补贴，补偿补贴总额 10761.87 万元（含良种补贴、种粮直补，退耕还林补贴，土地征用补偿 4 类项目），农民人均直接受益 31.93 元。2007 年增加畜牧补贴，是年 5 项补贴补偿总额 18731.21 万元，农民人均直接受益 107.09 元。2008 年增加农资综合补贴，并还有其他补贴，是年 6 项补贴补偿加其他补贴总额 43732.66 万元，农民人均直接受益 126.76 元。2009 年开始农机补贴。是年启动涉农补贴“一卡通”工作，将中央和省财政安排的种粮直补、农资综合补贴和水稻良种、油菜种植、退耕还林（草）等涉农补贴专项资金纳入省级统一的“一卡通”方式直接发放、兑现到受益农户。2009—2010 年，全州“一卡通”直接发放涉农补贴资金 3.57 亿元。2009—2012 年全州累计“一事一议”项目 3415 个，投入财政奖补资金 8.16 亿元。2011 年完成 2001—2004 年期间集体等垫交农业税债务的化解和 2001—2005 年期间农村义务教育及其他债务的化解。自 2004 年起到 2014 年，补偿补贴累计 49.37 亿元，其中 2014 年各项补贴补偿共计为 9.87 亿元，农民人均直接受益 274.4 元（良种补贴 4534.8 万元，种粮直接补贴 7944.6 万元，农资综合补贴 27625.5 万元，畜牧补贴 130 万元，农机补贴 3682.06 万元，退耕还林补贴 9359.46 万元，其他补贴 45505.88 万元）。

三、乡村财务管理改革

2006 年全州选点开展“乡财县管乡用”和“村财乡代管村用”的试点工作。2009 年全州 12 个县（市）共有 237 个乡镇（办事处），全部实行“乡财县管乡用”制度，共有 1074 个行政村，全部实行“村财乡代管村用”制度，建立了集管理、分配、监督、核算为一体的县乡财政管理机制。2011 年全州 100 个镇、128 个乡和 10 个办事处全部实行“乡财县管乡用”，95.9% 的村实行村财乡代管村用。

全州农村基本情况一览表（一）

表 10－6－1

年度	乡镇数（个）	村数（个）	组数（个）	户籍农业人口（万人）	统计耕地面积（万亩）		
					合计	田	土
1991	446	2826	23747	295.67	286.80	168.45	118.35
1995	235	2825	23500	304.73	282.15	163.65	118.50
2000	236	2827	23629	324.02	282.30	162.30	120.00
2005	233	2022	20806	331.05	264.30	158.55	105.75
2010	233	1673	19139	348.37	262.05	157.20	104.85
2014	88	1467	18044	349.22	269.40	157.80	111.60

全州农村基本情况一览表（二）

表 10－6－2

年度	村总数（个）	通自来水率（%）	通电率（%）	通汽车率（%）	通电话率（%）	电视覆盖率（%）	广播覆盖率（%）
1991	2826					59.41	65.02
1995	2825					72.30	66.17
2000	2827	70.75	98.41	81.57	22.78	85.50	80.06
2005	2022	75.52	100	89.42	68.74	88.33	83.78
2010	1673	83.26	99.34	95.04	91.63	91.25	87.67
2014	1467	82.64	100	98.91	97.07	95.61	92.84

全州农村基本情况一览表（三）

表 10－6－3

年度	来源	各类农业用地面积（万公顷）					
		耕地	园地	林地	草地	水域	其他
1984	农业区划	43.56	0.39	117.89	70.54	2.59	27.00
2012	土地详查	48.11	2.75	147.41	34.72	3.24	25.74

全州农村基本情况一览表（四）

表 10－6－4

年度	农林牧渔总产值(万元)	其　中					农民人均纯收入(元)
		农业	林业	牧业	渔业	服务业	
1991	205277	134489	18775	50917	1096	未单列	411
1992	238391	151138	26335	59357	1561	未单列	452
1993	279554	176359	27065	73919	2211	未单列	601
1994	396238	247034	30730	115714	2760	未单列	782
1995	447964	286609	34388	123543	3424	未单列	923
1996	474938	288610	48422	134988	2918	未单列	1262
1997	545454	345301	36508	159745	3900	未单列	1339
1998	568163	365444	33992	164980	3747	未单列	1397
1999	518126	309160	32628	172657	3681	未单列	1401
2000	534366	329447	33685	167487	3747	未单列	1416
2001	545443	345875	34590	161282	3696	未单列	1428
2002	543703	318681	37852	182816	4354	未单列	1450
2003	618722	320655	44262	205531	4856	43418	1602
2004	722495	381325	40932	265708	6429	28101	1675
2005	794819	411700	37016	311645	6870	27588	1846
2006	788540	430765	35429	287541	7441	27364	1971
2007	913555	484706	40067	349984	9158	29640	2369
2008	1080822	571011	50318	414878	14287	30328	2826
2009	1070603	610012	47999	373335	15060	24197	3190
2010	1234573	710147	50413	428112	19155	26746	3760
2011	1322480	699923	56170	515827	23803	26757	4633
2012	1578572	844757	62380	613510	28801	29123	5445
2013	1815365	964602	75371	700174	42734	32485	6208
2014	2243729	1441891	92654	612879	56043	40261	7265

第二节　农村经济组织

一、农村合作经济组织

农村推行家庭联产承包责任制一段时间之后，以农民家庭为单位的生产经营逐渐制约了规模经营。自 1988 年起，州内已经出现农民协会组织，1991 年后协会组织有所增加。

主要是由农民自发组织起来，进行同类产品生产，实现规模扩大，开展统一的营销活动，保证农民生产的农产品能够真正转化为经济效益。1995 年后，农牧、供销等部门及其技术人员逐渐介入，以农业科技推广应用为手段，在交通沿线、城镇近郊与农户结合，组建了一些蔬菜、水果等经济作物种植或养殖的专业技术协会。这些营销协会、专业技术协会经营并不稳定，有些时办时停。

2003 年，黔南州在福泉市开展培育发展农村专业经济协会试点工作，放宽法人登记条件，简化办理程序，登记会员数由原来的最少 50 人降低到县级 25 人、乡镇级 15 人、村级 10 人，注册资金从原来的 3 万元降低到县级 5000 元、乡镇级 3000 元、村级 1000 元，取消筹备期，条件成熟直接申请登记并免交登记费。还帮助解决贷款问题，安排项目实施等进行扶持。是年，新发展农村专业经济协会 5 个会员 602 人，全州有农民合作经济组织总数为 43 个，成员 5065 人，带动农户 22537 户。其中，福泉市成立水果生产营销协会、龙昌镇仓盈湾蔬菜协会、平堡养猪协会，全市农村专业经济协会发展到 21 个，在全州第一个达到乡镇全覆盖。

2004 年，中共中央、国务院印发《关于促进农民增加收入若干政策的意见》，省印发《关于推广农村专业经济协会培育发展和登记管理工作的实施意见》。州政府出台《关于发展农村专业合作经济组织的意见》，正式以政府推进形式促进农村合作经济组织建设。之后，全州农村专业合作经济组织涉及农业生产、农业经济作物、畜牧业等 3 个门类。至 2005 年，全州农民专业合作经济组织达到 245 个（种植业 122 个、养殖业 72 个，其他 1 个），成员 15234 人，带动农户 14.09 万户。福泉、都匀、惠水、罗甸、平塘、独山、龙里、三都 8 个县（市）80% 的乡（镇）建有农村专业经济协会。福泉市 60 个村（居）委会相继建立民间组织管理网络，为农民增收致富搭建信息平台。

“十一五”期间，贯彻落实党中央、国务院，省委、省政府促进农民增收的要求，培育发展农村专业经济协会，将农村种植业、养殖业生产养殖的产品有组织、有计划通过专业经济协会卖出，增加农民收入，促进农村经济发展。2006 年，全州累计培育发展农村专业经济协会 274 个，比上年增加 54 个，覆盖全州 182 个乡镇，覆盖率 83.8%。

2007 年，国家颁布实施《农民专业合作社法》以后，州、县（市）政府把发展农民专业合作经济组织列入考核目标，制定激励政策，州内农民专业合作经济组织进入有组织的发展阶段。州、县（市）把培育发展扶持行业协会、农村专业经济协会、公益性民间组织、社区民间组织和科教文卫环保类民间组织作为工作重点，做到“成熟一个、发展一个、成功一个”，不断提高民间组织的社会参与和社会服务水平，为解决“三农”问题搭建平台。是年 7 月，由农民领办的福泉市惠民蔬菜专业合作社成立，注册资金 49.2 万元，有农民会员 294 人，资产总额 152.3 万元，经营蔬菜生产基地和蔬菜工厂。全州农村专业经济协会培育发展 297 个，都匀、福泉、龙里、惠水、罗甸、独山 6 县（市）乡镇农村专业经济协会实现全覆盖。

至 2010 年，全州农民专业合作经济组织达到 841 个（种植业 420 个，养殖业 250 个，其他 171 个），成员 51230 人，带动农户 17.9 万户。2011 年全州农民专业合作经济组织达到1044个。

2012年，州政府发出《关于促进农民专业合作社发展意见》，州农委印发《黔南州农民专业合作社示范标准（试行）》。是年，全国农民专业合作社经验交流会表彰600家合作社，贵州省占12家，黔南州有2家（都匀市螺丝壳茶叶专业合作社和三都县交梨葡萄专业合作社）。

2013年，开展州级农民专业合作社示范社评审工作，评定全州第一批州级示范社50个。2014年，评定全州第二批州级示范社56个，推荐上报农业部和省级示范社31个，获批23个。开展信用合作的农民专业合作社23个，其中省级示范社1个、州级示范社8个，共筹资9771.29万元、发放9594.97万元。

至2014年，全州有农民专业合作经济组织2578个，成员70094人，带动农户21.35万户。其中，种植业1374个（含果蔬、茶叶、粮油及其他种植），占53.29%，养殖业554个（含畜牧、水产养殖及特种养殖），占21.49%，农机135个，占5.24%，其他（含综合类）515个，占19.98%。农民专业合作经济组织按照“民办、民管、民受益”的原则组建，其主要组建方式中，依靠农村能人和种养大户兴办的占6%，由乡镇村组干部领头兴办的占40%，依托基层农业科技服务部门兴办的占16%，依托或挂靠农业龙头企业、农产品营销企业兴办的占16%，农民自发联合组织兴办的占22%。

二、合作社经营典型

农民专业合作经济组成的建立和发展，提高了农业产业组织化、市场化、标准化程度，促进了农业增效和农民增收，涌现出一批典型。

2007年，瓮安县通过引进百余家客商使农民合作社的3000多吨西红柿、2800吨辣椒销售两广和四川等地，西红柿还通过泛珠三角农副产品上市销往香港及东南亚，2008年，辣椒市场跌价的情况下，合作社销售辣椒3.84万吨，占是年全县销售的60%以上。2009年，三都县丰乐镇鼠场村蔬菜合作社用计算机在网上发送营销信息、组织销售蔬菜2300吨。2010年，瓮安县白沙青山等4个蔬菜合作社与贵阳市“老干妈”集团订单销售大头菜、雪里蕻2500吨。

2009年，长顺县威远生姜合作社带动全县生姜种植面积达到1.3万亩，为农户累计增收300多万元，2010年合作社成员由48人发展700余人，生姜种植由436亩发展到6500亩，产量1.5万吨，并与重庆康师傅等酱菜厂建立了稳定的供销关系，该合作社被农业部列为全国100家农民专业合作经济组织试点单位之一，并被评为“全国农民专业合作经济组织先进单位”。

2010年，福泉市富民养殖合作社由原来（2007年）的78户发展到506户，无公害生猪产品成功注册“志平”商标，合作社累计销售生猪1260头，腊肉6吨，实现利润68万元，产品统一销售率达91%，生产资料统一购买率达82%，当年社员户人均收入5300元，比当地非社员农户高出20%以上。三都县丰乐镇老王山茶叶合作社当年销售茶叶15吨，收入90万元，人均2000元。瓮安县猴场镇长红中药材合作社转包该镇迎宾村土地500亩，涉及农户119户，流转期限15年，合作社每年每亩支付农户420元的同时，参与生产经营的农户每年每亩还可获得报酬近2800元，合作社获利超过200万元。罗甸县交砚乡大家庭杨梅种植合作社流转土地200亩种植杨梅，参与农户46户，杨梅产量5万余千克，产值50余万元，利润35万余元。

荔波县玉屏镇果蔬合作社组织社员发展水果4000亩（荔波血桃3000亩，樟江蜜柚1000亩），另有40亩火龙果和100亩葡萄，形成旅游观光农业基地，2008年被农业部评为“农民专业合作组织示范项目单位”，2011年获得“全国科普惠农示范单位”称号，2012年更名为荔波县生态农业开发专业合作社，并成为全省农民合作组织联合理事会成员单位。

第三节　农村生态建设

一、节能炉灶推广

节能炉灶是为减少山林薪柴砍伐、保护生态环境而推行的节能项目，是农村能源建设内容之一。随着国家启动农村改灶节柴工作，早在1983年，都匀市就被列为农村改灶节柴试点县之一，试制推广了“匀字1号”节柴灶。

1994年8月，长顺县被农业部列入“省柴节煤试点示范县”，至1997年8月通过验收，累计推广省柴灶9100户、节煤炉灶2.4万户。

1995年，罗甸县成为“全国省柴节煤试点县”，至1999年通过验收，累计推广省柴节煤炉灶5.25万个。

省柴节煤炉灶在非试点县也有应用。至1998年，全州农村累计推广省柴节煤炉灶20.14万户，其中高效节能炉10.2万个、节能烤烟房300座、节能砖瓦窑80座、节能柴灶150个。

二、沼气开发利用

（一）农户沼气池建设

农村沼气池建设是农村能源建设内容之一，始于20世纪70年代，曾引进四川等地的技术建池并培训本地技工。到1991年，大多数县市都有推广，但因一次性投资较大，多数农户难于接受，推广较慢。到1999年，全州农村户用沼气池累计仅有1645口。

1999年后，随着国家西部大开发战略实施，各级财政对沼气建设实行补助政策，加上沼气技术服务不断完善和提高，沼气开发利用逐步进入发展较快时期。州、县（市）相继在农业部门设立农村能源环保办公室，将沼气技术推广列为州、县市（市）农业局的年度工作计划。是年，全州建设沼气池1273口，每口补助标准为400元至800元平等。2000年3月，州政府在惠水召开全州沼气工程暨玉米育苗现场会。4月，在龙里举办全州沼气工程技术培训班。8月，在都匀举办全州沼气工程技术管理会议。10月，州政协主席会议听取全州沼气建设工作情况通报。是年建成沼气池4273口。2001年前推广的沼气池型主要为昆明曲流布料B池型。之后在此基础上进行了改进，推广改进的池型。

2001年，州政府下发《关于发展农村沼气建设的意见》，开展农户沼气生态村寨示范活动。各县通过利用中央、地方财政补助与农户自筹结合的办法解决资金问题，在示范点以农户家庭为主建设沼气池，并配套实施以改厕、改圈、改厨为内容的“三改”技术，将沼气建设与生猪等养殖、种植结合起来，受到群众的欢迎。4月和12月，州政府常务会议专项研议农村沼气建设。是年至2002年，主要争取中央国债沼气项目资金（无偿）和省级专项配套财政资金进行项目建设，其中中央无偿资金每口补助500元。两年分别建池10184口和26000口，分别补助资金409.2万元和1300万元。2002—2003年，州委、州政府连续两年将农村沼气建设列入全州“十件实事”之一。

2002年以前，沼气池建设施工队伍主要是州级选定的专业队伍。之后，加大培训，考核合格后予以颁证，县级也逐渐建立起专业队伍参与施工。

2003—2006年，建池补助标准为中央资金每口1000元，地方财政每口配套250元。2007年起地方财政配套每口提高到300元。是年7月，引进江西强回流池型及人工漂砖作模建池工艺，先在都匀、三都、平塘、独山4县市示范推广，很快在全州推广。2008年建池达到31023口，财政补助资金达到3877.88万元，其中中央资金3102.3万元。2008年后由于常温沼气工程、中温大中型沼气工程建设的发展、农村户用沼气建设逐年减少。

2009年起，中央资金建池补助标准为每口1500元。是年全州建池9200口。2010年地方财政配套每口750元。是年全州建池3200口。2011年未作安排。2012—2014年，中央资金补助标准每口2000元，地方配套每口仍为750元。2014年全州建池750口。

1999—2014年累计建池189651口，占农村户数的21%，投入财政资金23088.84万元（中央资金18178.8万元）。全州所建农村户用沼池规格主要为两种，8立方米池占总数的20%左右，10立方米池占80%左右。

（二）沼气技术服务

2002年起，开始举办沼气职业技能培训，建立乡、村沼气服务网点，开展沼气设施检查维修等服务。是年至次年，州、县两级能源办配齐电脑，有的县市配备了扫描仪、UPS不间断电源等外围设备，2004年全部微机上网，开通“贵州省农村能源信息系统”和“农村沼气国债项目系统”及全国各省、地县市间信息网络。

至2014年，全州建立乡、村服务网点812个，覆盖全部乡镇。多数服务网点基本达到“五有”，即有服务场所、有标识牌、有技术人员、有通信工具、有零配件供应，逐步做到小修不出村，大修不出乡镇。全州农村能源系统拥有电脑58台、数码照相机23台、数码摄像机10台、沼池模具51套、气泵63台、水泵191台、混凝土搅拌振动棒7支、电锤134把。全州累计举办沼气建池技术培训138期，培训7567人（次），有3742人获得国家劳动和社会保障部颁发的沼气生产工合格证书。在全州沼气建池队伍中，有高级技工170人，中级技工1380人，初级技工2192人。全州累计开展农户沼气利用技术培训23万人次，基本达到有沼气池的农户每户有1人以上受到相关技术培训。

（三）养殖场沼气工程

1. 常温沼气工程。由省级立项安排，利用省级财政资金，针对规模畜禽养殖场（小区）建立常温沼气工程，开展沼液、沼渣综合利用，发展生态农业，带动无公害农产品生产，使养殖场粪污达标排放，实现畜禽粪便的资源化利用和环境治理双重目标。2008 年，有都匀、荔波、瓮安 3 县市共 2 公司 1 场列入建设。2009 年，有平塘、长顺 2 县共 1 小区 1 基地列入建设。2010 年，有都匀经济开发区、独山、瓮安、贵定、龙里 5 县（区）共 2 公司 3 场 1 村列入建设。2011 年，有瓮安、龙里、惠水、都匀、三都、荔波 6 县市共 2 公司 5 场 4 合作社列入建设。2012 年，有都匀、都匀经济开发区、独山、平塘、荔波、三都、瓮安、贵定、惠水、长顺、罗甸 11 县（市区）共 2 公司 10 场 2 合作社列入建设。2013 年，有都匀、独山、平塘、荔波、三都、福泉、瓮安、贵定、龙里、长顺、罗甸 11 县市共 4 公司 10 场 3 合作社列入建设。以上累计建设常温沼气工程 54 个，其中 300 立方米及以上 15 个、200 立方米 17 个、100 立方米 14 个、50 立方米 8 个，由省内外有资质的施工单位（或技工）承建，工程总规模 9800 立方米，总投资 1368.41 万元，其中财政资金（省级专项）907 万元、建设单位自筹 461.41 万元。

2. 中温大中型沼气工程建设。由国家和省级立项安排，利用中央预算内专项投资和省级财政专项资金，针对较大规模畜禽养殖场建立大中型沼气工程项目，按照“统一建池、集中供气、综合利用”的原则重点解决农村生产生活用能问题，并兼顾养殖场污染治理和沼渣沼液等资源的综合利用。2010 年，有都匀、荔波、福泉、瓮安、贵定、长顺、8 县市 8 个养殖场（公司、村）列入建设。2011 年，有都匀、三都、福泉、长顺、荔波、瓮安、独山 7 县市 7 个养殖场（公司、合作社）列入建设。2012 年，有瓮安、荔波、罗甸 3 县市 4 个养殖场（公司）列入建设。2013 年，有瓮安、福泉 2 县市（合作社）列入建设。2014 年，有都匀、长顺 2 县市公司列入建设。以上累计建设中温大中型沼气工程 23 个，其中 300 立方米 2 个、500 立方米 11 个、600 立方米 1 个、800 立方米 7 个、1000 立方米 2 个。由北京、天津、山东、海南及贵州省内三级以上资质施工单位承建，工程总规模 14300 立方米，总投资 6869.3 万元，其中财政资金 3827.45 万元（中央 2143 万元、省级 1605 万元、县市 79.45 万元），建设单位自筹 3041.85 万元。

都匀黔昌公司 800 立方米中温沼气工程主要设施设备包括：600 立方米厌氧反应器及配套的 300 立方米湿式贮气柜 1 套及配套、350 立方米贮气柜水封池、1600 立方米沼液储存池，200 立方米后级 UASB 厌氧反应器、一体化自控热交换器 1 套、75KW 沼气静音发电机组 1 套，10 万大卡沼气锅炉 1 套；雨污分离系统的粪污提升池及沉砂井 20 立方米、水解酸化池 30 立方米，各类工作用房 90 平方米等配套设施建设，沼气脱水脱硫及阻火设备 1 套、格栅设备 1 套、沼气流量计 1 套，以及各类泵、搅拌装置、管材管件阀门、仪表等配套，电气电控系统；沼气集中供气系统的 500 立方米氧化塘 1 座，沼液输送泵、管路、灌溉等设备及围墙、站内道路、工程环境绿化等。

2008—2013 年全州养殖场常温沼气工程项目一览表

表 10－6－5

县（市）	养殖场名称	建设时间（年）	建设地点	规模（立方米）	投资金额（万元）
都匀市	黔昌畜牧公司	2008	坝固镇州种猪场	400	114.83
荔波县	晨维生态资源开发公司	2008	玉屏镇水甫村	200	57.83
瓮安县	玉龙生猪养殖场	2008	玉山镇龙水村	200	32.78
平塘县	卡罗乡养殖小区	2009	卡罗村曾家寨	300	37.5
长顺县	怡兴畜牧公司	2009	广顺镇养殖基地	300	34.6
都匀经开区	六和养殖公司	2010	都匀市原 116 厂	300	40.16
独山县	下司镇畜牧示范场	2010	下司镇	200	26.35
瓮安县	湘安牧业公司养殖场	2010	草塘镇金星村	200	26.34
瓮安县	兴业畜牧公司	2010	草塘镇金龙村	300	35.5
贵定县	盘江镇音寨村委会	2010	盘江镇音寨村	300	25
龙里县	县水土保持种苗场	2010	麻芝乡五里村	200	30.26
瓮安县	大山养猪合作社	2011	松坪乡大山村	100	15
龙里县	巴江农产品开发公司	2011	湾寨乡甲摆村冷库	100	15
瓮安县	七兴茶叶合作社	2011	松坪乡大山村	100	15
惠水县	希顺生猪养殖场	2011	芦山镇小石村	100	15
都匀市	鑫鑫养殖场	2011	剑江村三组	200	27.6
瓮安县	宏瑞牧业公司	2011	平定营镇平定营村	200	30
龙里县	草原天然种养殖合作社	2011	草原乡草原村下麻若	200	28
惠水县	平台种养殖合作社	2011	三都镇平台村	200	25
三都县	三榕正兴养殖场	2011	合江镇麻拱村	300	33
荔波县	富军生态养殖场	2011	玉屏镇水甫村水扒组	300	35
瓮安县	仲坤养牛场	2011	草塘镇金星村	300	40
都匀市	贵昌养猪合作社	2012	坝固镇坝固村	200	27
都匀经开区	吉旺养殖场	2012	洛邦镇附城村	300	40.16
独山县	食品公司屠宰场	2012	城关镇宋家桥	200	28
独山县	黔南绿渔牧业公司	2012	上司镇上司村	200	25
平塘县	陆华居养殖场	2012	白龙乡懂联村大寨组	50	5
荔波县	观音峰瑶山鸡养殖场	2012	水利乡水龙村观音峰	100	15
荔波县	绿原生态虫草鸡养殖场	2012	翁昂乡拉内村贬和组	300	35
三都县	光湖养殖场	2012	合江镇小河村	100	15
三都县	鑫旺养殖场	2012	大河镇大河农场	200	25
瓮安县	银兴黄牛养殖公司	2012	银盏乡大林村	100	15
贵定县	新溪永平养殖场	2012	沿山镇新溪村	50	4.5
惠水县	惠明生态养殖合作社	2012	和平镇廻龙村	200	27.5
长顺县	绿壳蛋鸡种场	2012	长寨镇新民村石浪关	100	12.5

续表 10－6－5

县（市）	养殖场名称	建设时间（年）	建设地点	规模（立方米）	投资金额（万元）
罗甸县	福盛养殖场	2012	沟亭乡沟亭村	50	7
都匀市	誉景养殖专业合作社	2013	沙包堡办事处茶园村	300	31
独山县	华鑫农业发展有限公司	2013	尧梭乡尧梭村	200	25
平塘县	石龙选养殖场	2013	卡蒲毛南族乡河中村	50	5
荔波县	励志专业合作社	2013	瑶山乡高桥村下海利组	50	8
荔波县	福利富专业合作社	2013	玉屏镇福利村九组	100	16
荔波县	时华养殖有限公司	2013	朝阳镇板麦村拉庙组	100	16
三都县	张加春养殖场	2013	大河镇营寨村二组	50	6
三都县	三春义养殖场	2013	大河镇营寨村一组	100	16
福泉市	家发养殖场	2013	兴隆乡哲港村	200	25
福泉市	瑞峰原生态开发有限公司	2013	谷汪乡三江村	300	28
瓮安县	天文镇朱仁军养殖场	2013	天文镇天文村	100	15
瓮安县	云茂法有限责任公司	2013	江界河镇山星村	200	30
瓮安县	天蓬养殖场	2013	天文镇天文村	300	35
贵定县	鑫旺种养殖园	2013	铁厂乡东坪村五组	100	12
龙里县	龙明新养殖场	2013	巴江乡巴江村康家寨	50	7
龙里县	山泉种养殖场	2013	醒狮镇凉水村长田坡组	100	15
长顺县	民为天种养殖基地	2013	长寨城南社区者贡村	300	50
罗甸县	蒙泽勇养殖大户	2013	罗暮乡罗暮村	50	7
合　计	54 个			9800	1368.41

2010—2014 年黔南州养殖场中温大中型沼气工程项目一览表

表 10－6－6

县（市）	养殖场名称	建设时间（年）	建设地点	规模（立方米）	投资金额（万元）
都匀市	黔隆果公司养猪场	2010	甘塘镇甘塘村	500	444
荔波县	军华畜牧公司养殖场	2010	永康乡白岩村	500	218.8
荔波县	观音山种养殖示范区	2010	玉屏镇樟江北街	500	235
福泉市	大华养殖场	2010	龙昌镇皂角井村	800	462
瓮安县	兴业畜牧公司种猪场	2010	草塘镇金龙村	500	215
贵定县	云雾七里冲种猪场	2010	云雾镇营上村	500	302
长顺县	腾龙养殖公司	2010	城关外环大道 168 号	500	294
贵定县	音寨村（沼气集中供气工程）	2010	盘江镇音寨村	300	120
都匀市	黔昌畜牧公司	2011	坝固镇州种畜场	800	444
三都县	宏发牧业公司	2011	大河镇打锄村	500	341.3

续表 10－6－6

县（市）	养殖场名称	建设时间（年）	建设地点	规模（立方米）	投资金额（万元）
福泉市	藜园种养殖合作社	2011	藜山乡新桥营村	500	245.6
长顺县	泰鑫牧业公司	2011	长顺县广顺镇石板村	500	232.5
荔波县	晨维生态资源公司	2011	玉屏镇水铺村水江组	800	310
瓮安县	兴旺良种猪繁育推广场	2011	猴场镇八一村	1000	376
独山县	贵州牧草种籽繁殖场	2011	上司镇筹洞村	300	125
瓮安县	运达牧业公司	2012	岚关乡龙塘村	800	350
荔波县	明德实业公司	2012	永康乡白岩村拉旧组	800	333
瓮安县	神龙养殖场	2012	玉山镇中火村	600	300
罗甸县	黔南州上隆茶果场	2012	逢亭镇上隆	500	289
瓮安县	国强种猪繁育推广场	2013	牛场镇羊鹿村	500	275
福泉市	林发畜牧合作社	2013	高坪镇英坪村	800	358
都匀市	鸿跃牧业有限公司	2014	坝固镇坝固村	800	200
长顺县	福兴畜牧有限公司	2014	石燕河茶场	1000	445
合　计	23 个			14300	6869.3

三、生态农业示范

（一）农业生态良性循环模式

生态农业建设是以“三沼”（沼气、沼渣、沼液）综合利用技术为纽带，围绕养殖—沼气—种植三位一体，构建多种多样的农业良性循环应用模式，减少农药污染，保护自然生态环境。

1999 年，州政府成立澳援黔南农业生态良性循环项目领导小组，组织实施粮（经）猪沼良性循环试验示范项目。2001 年，州政府成立州生态农业建设领导小组。2003—2005 年，世界粮食计划署援助黔南的 WFP5181.01 粮援扩展项目在独山、荔波、三都 3 县实施，把沼气建设利用列为主要内容之一。

州内推广的农业生态良性循环模式有畜—沼—粮、畜—沼—菜、畜—沼—果、畜—沼—烟、畜—沼—药、畜—沼—草、粮—沼—鱼、粮—沼—鸭等。

2006 年，平塘县能源站在平里河早熟蔬菜基地实施 200 亩番茄应用示范项目，沼肥综合利用比常规种植平均亩增产番茄 140.8 公斤，按当时市场每公斤 1 元计算可增收 140.8 元，同时施用沼肥可少施化肥 30 公斤，按当时市场每公斤 2 元计算可节约化肥款 60 元，两项节约增收 200.8 元。示范推广 200 亩，共增收 40160 元。

2008 年 9 月，省科技厅、省农业厅在瓮安召开全省“猪—沼—粮”生态农业技术集成与产业化示范重大科技项目研讨会，推广瓮安经验。

（二）生态农业试点

1998 年，州政府安排在独山县麻万镇和长顺县广顺镇建立 2 个生态农业试点，其中麻万试点发展沼气为纽带的立体种植户10户，推广沼液、沼渣种菜1500亩、养鱼150亩，产品增产提质效果很好。

1999—2005年，每年建立示范点（村）26～79个，示范户3576～11000户，逐步推广沼液浸种（水稻、玉米为主）和沼肥（沼液、沼渣）种植（粮作、蔬菜、烤烟、水果等），养殖（鱼等）。全州年沼液浸种量0.45～55.8吨，沼肥施用面积1.97～9.2万亩、养鱼532～2289亩。

2010年，全州沼肥施用农作物面积29.2万亩。2014年全州沼肥施用农作物面积73.52万亩。至2014年，示范点（村）275个、农户3.8万户。

（三）农村清洁示范工程

2001年开始，全州结合沼池建设逐步推广"三改"（改圈、改厕、改厨）配套，提高农村清洁卫生质量，至2014年，农村沼气稳定用户14万户以上，其中配套"三改"的占80%以上。

2007年起，启动农村清洁工程，州、县（市）能源机构在12个县市的42个自然村寨实施项目44个，至2014年累计投入财政资金867万元（中央45万元、地方822万元），共建成污水净化池75个、废弃物收集池413个、垃圾处理站21处、田间废弃物收集池187个、户用分类垃圾桶7100个、村寨和田间道路硬化3700米及乡村物业站20个，受益农户2408户，生产生活条件明显改善。

第四节　新型农村合作医疗与医疗救助

一、新型农村合作医疗

2002年10月，中共中央、国务院颁布《关于进一步加强农村卫生工作的决定》，明确到2010年在全国农村基本建立起新型农村合作医疗制度（以下简称新农合）。按照中央和省的部署，2003年，黔南州启动新农合工作，将新农合工作纳入政府工作目标考核，采取多种形式宣传新农合，提高农民参合率。2004年开始在独山县开展新农合试点，以家庭为单位、自愿缴费参加、各级政府补助，选择定点医疗机构运作。2006年都匀市、福泉市、荔波县纳入试点县（市），2007年其余8个县全部启动，实现了新农合制度在全州以村为单位全覆盖。比2006年中央1号文件提出的"到2008年在全国农村基本普及新农合制度"目标提前一年，比省和黔南州制定的"十一五"规划目标提前三年，与2004年相比，2008年全州参合农民由14.9万人增加到295.05万人，参合率达94.41%。

独山县在1996年10月曾被卫生部确定为国家级贫困地区农村合作医疗试点县，在尧梭和麻万两乡镇确定风汝、花园等7个村开展了试点工作，对农村推行合作医疗制度作了初步尝试。2004年独山县启动新农合试点，全县有农村人口29.2万人，共有14.9万人参加了新农合，参合率为51.03%。2005年，该县农民人口数为29.4万人，共有16.05万人参加新农合，参合率为54.6%。当时筹资标准为30元/人，其中农民自筹10元、中央补助10元、省补助4元、州补助3元、县补助3元。

2006年，都匀、福泉、荔波列为试点县（市）。当年，独山、都匀、福泉、荔波4县（市）农民人口总数为99.05万人，参合人数为72.22万人，参合率为72.91%。当年筹资标准为40元/人，其中农民自筹10元、中央补助15元、省补助9元、州补助3元、县补助3元。农民自筹资金721.85万元。各级补助资金共补偿44.7万人次，补付资金1908.33万元，其中住院补偿36400人次1301.59万元、门诊补偿41万人次606.78万元。

2007年，实现全州以县（市）为单位覆盖率达100%。当年全州农村人口总数为322.02万人，参合人数为266.19万人，参合率达82.66%。当年筹资标准为50元/人，其中农民自筹10元、中央补助20元、省补助14元、州补助3元、县补助3元。农民自筹资金2661.9万元。各级补助资金共补偿119.1万人次，补付资金7485.42万元，其中住院补偿15.38万人次5240.07万元，门诊补偿103.72万人次2248.62万元。

2008年以后，黔南州新型农村合作医疗不断完善发展，农民参合率上升。2008年，全州农民实际参合295.05万人，参合率达94.41%（与2007年比，参合人数增加28.9万人，参合率提高近12个百分点），是年筹资标准从2007年人均50元提高到90元，其中，农民自筹10元、中央补助40元、省补助34元、州补助3元、县补助3元。当年全州农民自筹2950.5万元，各级财政补助资金共补偿17810.23万元，其中住院补偿246387人次11835.24万元、门诊补偿208.09万人次5417.57万元、补偿特殊病及大病14155人次557.62万元。

2010年，全州参合农民达到312.24万人，参合率由2009年的95.96%提高到96.35%，超额完成省定的94%的指标，筹资标准提高至每人每年140元（其中农民自筹20元、中央补助60元、省补助51元、州补助3.23元、县补助5.77元）。

2011年，州卫生局和州人社局共同组织专家制定了急性阑尾炎等10个病种的临床路径，根据临床路径收费项目确定10个病种的最高限额收费标准；州、县（市）两级卫生局成立新农合管理人员、医疗技术人员组成的医疗质量监督管理专家组，重点检查各定点医院的医疗行为是否做到合理检查、合理用药、合理治疗、合理收费，为农民把关。

2012年，全州农民实际参合311.77万人，参合率达96.62%，实现了应保尽保，筹资标准从2011年的230元再提高至每人每年290元，其中农民自筹50元、中央补助156元、省补助71.4元、州补助3.5元、县补助9.1元，当年四级财政补助资金到位率100%，是年全州新农合基金总量91529.34万元，基金使用率为82.99%。在2011年开展儿童白血病及先天性心脏病补助试点的基础上，推进重大疾病保障工作，将乳腺癌、宫颈癌、肺癌、食道癌、胃癌、结肠癌、直肠癌、重性精神病、耐多药肺结核、艾滋病机会性感染、慢性粒细胞白血病、急性心肌梗塞、脑梗塞、血友病、I型糖尿病、甲亢、唇腭裂、麻风病畸残等共44个病种列为重大疾病，补偿比例85%。与三家州级医院协商，将终末期肾病透析病人实行定点救治，对常规血液透析、血液灌流、血液透析滤过等三种治疗方式进行打包，定额600元/次进行结算，新农合定额结算540元/次，病人自付60元/次。2012年12

月底，黔南州人民政府下发《黔南州新型农村合作医疗统筹补偿方案（试行）的通知》，统一规范全州新农合补偿模式和补偿比例，提高了新农合保障水平，同时统一新农合信息管理平台，解决了县际间受益不平衡的问题，实现了全州“一卡通”便捷服务。

2013 年，全州新农合参合人数达 322.32 万人，参合率为 97.81%，人均筹资提高到 330 元（其中农民自筹人均仍为 50 元），全年计 584.03 万人次获得就医补偿，总计补偿资金达 10.12 亿元，其中住院补偿 39.01 万人次，门诊补偿 545.02 万人次，政策范围内住院补偿比例 75.17%，最高补偿金额提高到 12 万元。扩大重大疾病的保障范围，除贵州省卫生厅规定的 24 种重大疾病外，黔南州另将原发性肝癌、鼻咽癌、淋巴癌、肾癌、胰腺癌、膀胱癌、卵巢癌、胆囊癌等 20 种恶性肿瘤及再生障碍性贫血、先天性脑垂体功能异常、系统性红斑狼疮等疾病列入重大疾病保障范围，全州实行定点医疗机构先行垫付，群众就医即看即报当场减免，全州新农合管理水平进入全省先进行列。

2014 年黔南州新农合住院补偿最高补偿金额再提至 15 万元。是年，贯彻省、州政府关于“严防新农合四类腐败现象”的批示，开展全州新农合专项集中检查整治活动，共查处 71 家医疗机构 176 万元违规资金，进行情况通报，督促负责人整改。

二、农村医疗救助

根据民政部、卫生部、财政部联合下发《关于实施农村医疗救助的意见》，2003 年，全州开始启动农村医疗救助。2004 年，州、县（市）制定《医疗救助方案和资金管理办法》。全州有农村医疗救助对象 6.72 万人，共筹集救助资金 475.6 万元。其中，省级 410 万元，州、县两级匹配 65.6 万元。救助特困农村低保患者 200 人，支出医疗资金 6.8 万元。2005 年，制定《黔南州农村特困群众重大疾病救助实施方案》，建立农村医疗救助制度。《方案》将农村五保户、农村特困群众、在乡伤残军人、老复员军人、20 世纪 60 年代初精简退职困难老职工列入农村特困重大疾病医疗救助范畴，救助标准每人年 0.3 万元。县（市）相继出台农村困难群众医疗救助实施意见。2009 年，民政部、财政部、卫生部、人力资源和社会保障部印发《关于进一步完善城乡医疗救助制度的意见》，随后，县（市）修改完善医疗救助实施办法。是年，州分解下达农村医疗救助经费，都匀市 270 万元、福泉市 350 万元、荔波县 390 万元、贵定县 340 万元、瓮安县 420 万元、独山县 400 万元、平塘县 330 万元、罗甸县 390 万元、长顺县 300 万元、龙里县 200 万元、惠水县 200 万元、三都县 247 万元。2010 年，施行省民政厅、财政厅、卫生厅、人力资源和社会保障厅印发的《关于进一步规范完善城乡医疗救助制度的实施意见》。年内，全州支出农村医疗救助资金 3423.23 万元，救助 42.96 万人（次）。其中，资助新农合 41.59 万人，支出资金 0.11 万元。2011 年，全州支出农村医疗救助资金 5583.48 万元，救助 49.13 万人（次）。其中，资助新农合 46.18 万人，支出 1377.16 万元。

2007 年—2012 年 6 年间，全州累计分解下达农村医疗救助经费：都匀市 1771.3 万元、福泉市 2488.8 万元、荔波县 2107.7 万元、贵定县 2366.6 万元、瓮安县 3452.2 万元、独山县 1805 万元、平塘县 1972 万元、罗甸县 3122 万元、长顺县 2741.6 万元、龙里县 2061.6 万元、惠水县 1656.4 万元、三都县 1997 万元。

2014 年 8 月，州将福泉、惠水两县（市）作为重大疾病医疗救助试点县。重大疾病救助封顶线提高到 5 万元，病种增加到 40 余种。全州救助 3.2 万人次，其中重大疾病救助 0.95 万人次，支出资金 0.68 亿元。

第五节　农村危房改造

20 世纪 90 年代以后，中共中央、国务院高度重视农村危房改造，将贵州作为农村危房改造试点工程，要求“把灾后倒塌、损坏房屋的重建和修复工作与推进农村危房改造工作结合起来，改善困难群众的居住条件”。

2008 年 3 月 12 日，根据全省农村危房改造电视电话会议精神及农村危房改造前期工作的安排部署，州成立农村危房改造工程领导小组及农村危房改造办公室（简称危改办），危改办设在州民政局，下设综合协调、规划设计建设、资金协调管理 3 个工作组，从建设、民政、监察、财政等工作部门抽调人员具体办公。随后，全州组织调查组深入农村开展危房户摸底调查，对危房户进行逐户照相、统计、公示、确认，建立危房户档案，全州有各类危房 121348 户，占全州农户的 14.54%，其中：一级危房 70262 户，占危房户的 57.90%；二级危房 36205 户，占危房户的 29.83%；三级危房 12919 户，占危房户的 10.65%；无房户 2827 户，占危房户的 2.23%；地质灾害户 3617 户，占危房户的 2.98%。州内农村危房分布广泛，涉及全州 12 个县（市）240 个乡镇和街道办事处 1832 个村，“五保户”（保吃、保穿、保住、保医、保葬）、低保户占农村危房户的 60%，因灾倒塌损坏房屋比例高（仅 2008 年全州因灾倒塌房屋达 6972 户，损坏房屋 18247 间）。5 月，“全州因灾毁损房屋恢复重建工作现场会”在福泉召开，现场参观福泉市地松镇中江村分散灾民建房点和龙昌镇龙井村集中灾民建房点，为全州农村危房改造分散建、集中建房提供模式。

是年，州农村危房改造工程领导小组将瓮安、贵定两县作为实施农村危房改造工程试点县，实施农村危房改造 1200 户，其中：一、二、三级危房改造中“五保户”100 户、地质灾害搬迁 300 户，一级危房改造中低保户 200 户、困难户 200 户、一般户 200 户；二、三级危房的修复户 200 户，平均分配瓮安、贵定两县实施。建房采取自建、援建和帮建相结合，以自建为主，援建、帮建为辅，人均建筑居住面积不得低于 20 平方米。“五保户”户均不得少于 40 平方米。自然村寨一级危房超过 10 户以上的实行统一规划，集中建房；以危房自建户为主的，经统一设计，按图分户实施分散建房；进行局部修复的，由建设、民政部门共同协商认定，危房户自行修复。危房改造的建房经费，以农户自筹为主、外部扶助为辅，采取“财政补助一点，农户自筹一点，社会捐助一点”的办法多渠道筹集。资金承担比例：省以上承担 80%；州、县两级承担 20%，落实改造试点资金 3644.62 万元。

第六节　农村社会保障

一、养老保险

1992 年起，国家实施农村养老保险制度。1994 年，独山县、贵定县设立农村社会养老保险所，三都县设立农村社会养老保险处，配备有农保专职人员。是年，全州参与投保 15109 人，收取保费 18.2 万元。至 1995 年，参与投保 38039 人，收取保费 34.6 万元，累计保费 83 万元。1996 年，全州有 7 个县（市）建立农村社会养老保险机构，配备工作人员。全州累计收取保费 214.25 万元，比上年末增长 310.7%。1997 年，全州有 10 个县（市）134 个乡（镇）开展农村养老保险工作，配备专职工作人员 259 人。之后，为便于工作的开展，州民政局增设农村社会保险科。都匀、福泉、独山、瓮安、贵定、荔波 6 县（市）各配置农保编制 26 人；瓮安县 22 个乡镇建立农保所，福泉市 16 乡镇明确兼职人员 16 人。为扩大农村社会养老保险面，州、县两级印制农保宣传资料进行宣传。

至 1998 年，农村社会养老保险实施 7 年来，全州 16.66 万人参与投保，收取保费 417.54 万元，基金运营收益 29.34 万元。期间，部分投保人员符合领取保险金条件领到保险金。

2004 年，全州农村社会养老保险工作由民政部门移交社会保障部门。

2010 年 10 月起，实施新型农村社会养老保险（简称新农保），农民 60 岁以后都能享受到国家普惠式的养老金。

二、农村敬老院

1991 年，农村集体敬老院有 29 所，床位 339 张，进住孤老 122 人，年人均供养标准 500 元。1992 年，全州有农村集体敬老院 49 个，床位 554 张，进住孤老 189 人，年人均供养标准 500 元；镇办敬老院 14 个，床位 170 张，收养 57 人，人均年供养标准 235 元；乡办敬老院 15 个，床位 169 张，收养 66 人，人均年供养标准 221 元。1993 年，州拨款 12.6 万元，新建农村敬老院 11 个，全州累计建有农村集体敬老院 53 个，有床位 606 张，收养五保老人 176 人，年人均供养标准 550 元。

“八五”期末，全州建有农村敬老院 64 个，占地面积 32370 平方米，平均每个占地 505.8 平方米；建筑面积 15008 平方米，平均每个建筑面积 235 平方米；共有床位 495 张，平均每个敬老院 7.7 张，供养五保对象 243 人。

“九五”期间，提出乡乡有敬老院的目标，以全州乡（镇）和条件较好的村为单位创办农村集体敬老院。1998 年，敬老院依据自身条件，发展庭院经济，有 30 个农村敬老院创收 8.31 万元，用于改善院民生活。至 1999 年，全州共建有农村敬老院 90 个，设床位 1106 张，收养五保人员 591 人，院办经济收入 15 万元，有管理人员 112 人。

2005 年，全州新建和改扩建 9 个农村敬老院，设床位 94 张，供养 80 人。此间，民政部门调整敬老院建设思路，以乡（镇）为单位建设农村敬老院，每建1个敬老院民政部门补助8万~12万元，床位8~12张，所建敬老院的资产归属民政部门。

随着农村经济发展，州内原建的敬老院普遍存在基础设施简陋，规模小，配套设施不齐全，管理落后，服务水平低的问题，不能满足入住“五保”对象的需求，导致敬老院入住率低，不适应社会发展需要。针对存在问题，州相关部门组织人员到省外参观学习，吸收和借鉴外地建院经验和管理模式，调整建院思路。

2006年，州对农村敬老院建设提出“八个一”（即一片菜地、一口水窖、一个猪圈、一口沼气池、一个活动室、一个食堂、一个浴室、入住老人一个排）的农村示范敬老院建设思路，部分县市着手规划建设。随后，按照民政部和省民政厅提出的“十一五”期末农村“五保”集中供养率不低于50%和30%的目标，州从减少建筑成本和节约管理成本出发，将示范敬老院建设标准由“八个一”调整为“十个一”（即一定规模、一片菜地、一口鱼塘（水池或水窖）、一个猪圈、一口沼气池、一个活动场所（室内和室外）、一个食堂、一个浴室、一个产权证、一套管理制定）。按照“十个一”标准，平塘县建成通州镇五保供养中心，瓮安县建成雍阳镇供养中心，福泉市建成皮陇河中心敬老院。2007年，全州农村敬老院建设管理经验交流现场会在独山县召开，州委、州政府将农村敬老院建设列入州政府“十件实事”来抓。

2010年，建成罗甸县边阳兴隆敬老院、独山县麻尾中心敬老院、瓮安县富水桥五保供养中心、惠水县和平镇东山敬老院、福泉牛场中心敬老院、龙里羊场敬老院，新增床位493张。2011年，省民政厅明确“十二五”期间敬老院建设按每张床位省、地、县三级按1万元、0.5万元、1万元的比例配套资金。州确定将县城中心敬老院和福利院进行资源整合，“两院合一”，整体规划，将新建16所农村中心敬老院纳入省资助项目，占地245.5亩，建筑面积42810平方米，床位2580张，总投资8373万元。

2013年，州政府办印发《关于进一步加强敬老院建设管理工作的通知》。是年，全州有敬老院47所，床位6400张，平均每所133张，集中供养716人，集中供养率仅为6.3%。最高的县集中供养率16%，最低的县只有0.69%。

2014年，省民政厅同意都匀、福泉、荔波、平塘、长顺、龙里、惠水、三都8个县（市）新建、改建、扩建13所农村敬老院。是年，全州投入使用敬老院50所，设有床位5084张，集中供养“五保”户3907户4002人，床位利用率78.72%，供养率38.4%。此外，福泉、荔波、瓮安、平塘、罗甸、长顺、龙里7个县（市）还解决敬老院管理人员编制。有44所敬老院办理法人登记，其中：办理事业单位法人登记24所、办理社会组织法人登记20所，法人登记率达88%。全州有8所敬老院评为省级星级敬老院，其中：五星1所、四星2所、三星3所、二星2所。罗甸县栗木中心敬老院被评为“全国农村五保供养先进单位”。

1991—2014 年全州农村敬老院建设情况一览表

表 10－6－7

年度	敬老院（个）	投入资金（万元）	设床位（张）	入住老人（人）	供养标准（元）
1991	29	23	339	122	500
1992	49	39	534	489	500
1993	53	12.6	606	176	550
1994	63	10	702	236	560
1995	70	7	804	136	626
1996	82	12	975	201	650
1997	89	10	1068	405	621
1998	87	3	1040	408	636
1999	94	7	1120	637	600
2000	92	3	1123	787	800
2001	92	3	1123	787	800
2002	67	15	658	176	1200
2003	66	12	510	185	850
2004	34	611	226	194	850
2005	64	275	495	243	850
2006	66	286	655	403	1000
2007	7	560	428	519	1200
2008	7	560	622	519	1200
2009	8	640	635	524	1200
2010	24	1920	1128	1440	1200
2011	24	1920	1128	1440	1200
2012	35	2800	2580	2100	1400
2013	44	8373	3200	2460	1400
2014	50	6538	5084	4002	1800

第七节　新农村建设

2005 年 10 月，中共十六届五中全会提出推进社会主义新农村建设的任务。2006 年 5 月，州委、州政府下发《关于推进社会主义新农村建设的实施意见》。8 月 21 日，黔南州社会主义新农村建设试点工作领导小组成立，州直各部门为成员，领导小组办公室设在州农办，开展新农村建设工作。2007 年 9 月，州农办设置新农村建设科。11 月，黔南州社会主义新农村试点建设工作阶段性目标落实。“百村试点”在各县（市）创建。在 2006—2010 年的“百村试点”阶段，创建工作以扶贫开发、科技推广、建设生态园、发展乡村旅游、务工经济等五个方面为主，以发展新产业、建设新村镇、培育新农民、发展新型经济组织、塑造新风貌的“五新”为举措，推进新农村建设。即：

突出扶贫开发为主，4 个“百村试点”村属贫困村，采取开发式扶贫，劳动力转移培训等措施加快新农村建设；以科技推广为主，做好建立农业综合开发园规划，构建立体农业产业链，建立农业科技示范园，有选择性地建立、培育试点村优势产业；以建设生态园为主，做好改善村民居住环境规划，改善农民的居住环境，建立文明生态村；以发展乡村旅游为主，做好打造民族文化旅游示范村的规划，在公路沿线、交通发达、旅游资源丰富的村，以保护村寨的历史文化遗产，展现黔南布依族、苗族、水族等少数民族的古朴纯真风貌，打造乡村民族文化旅游示范村；以务工经济为主，做好促进农村富余劳动力转移规划。

在发展新产业上，立足当地特色和已有基础，培植壮大区域特色产业，实行“一村一品，一县一业”战略，按照“一个产业一个思路，一套扶持措施”的办法，推进农业产业经营。及 2010 年底，全州共创办增收示范点 2252 个，其中，种植项目 994 个，养殖项目 871 个，加工项目 387 个。独山县发展西红柿种植 3 万亩，仅此一项为农民年增收 2000 万元；罗甸县把发展秋延蔬菜作为农民增收的增长点，夏粮收获后种植以棒豆为主的蔬菜 6000 亩；惠水县好花红乡辉岩村打造“金鱼桔”特色农业品牌，种植面积 4000 亩，成为万亩中国“金鱼桔”之乡；“中国酥李之乡”音寨村发展乡村旅游业，接待游客年超 30 万人（次）；福泉市黄丝村江边寨开发“农家乐”旅游，仅餐饮业总收入每年超过 30 万元；瓮安县打造草塘镇下司村傅家祠堂，猴场会直场作为“猴场红色旅游新村”支撑全县“一日游，二日游，三日游”旅游文化业发展。

在建设新村镇上，主要是改善农村基础设施和卫生环境条件，指导和引导农民搞好环境美化，实现“五化”（路面硬化、村寨绿化、环境美化、庭院净化、村巷亮化）。各试点村新整治村级公路共 858 公里，改造公路干线 325 公里，585 个自然村寨道路硬化 533 公里，通组道路硬化 1126 公里，串户路硬化 8580 公里。试点村解决 5552 户，23 万人的饮水困难，基本解决试点村的人畜饮水问题。试点村改造危房 3844 户，改厨 13195 户，改厕 23602 户，改圈 14127 户，新建沼气池 12291 口。对 5. 8 万农户和农村公共场所的垃圾进行清理，设立垃圾固定堆放点 5145 个，清除乱搭乱建 3073 户，改造和整治院坝 130 万平方米，新建和整治晾晒场 12454 个，125 万平方米，改造和整治农村污水沟 37 万米，房前屋后绿化 13. 3 万平方米，村容村貌得到改观、实施“生态家园富民工程”，在试点村建设乡村清洁示范户 12436 户，建成无害化卫生厕所 2668 户。龙里县龙山镇水桥村 5 年间农户自行出资 120 多万元，对 320 户民房进行民居立面和村庄环境整治，建农家乐 30 多户，体现以农民为主体参与新农村建设。

在培育新农民上，引导和教育群众遵纪守法，崇尚科学，移风易俗，成为“有文化，懂技术，会经营”的新型农民。2006 年起，新建省、州、县、乡各级试点村办公室 300 个，活动室 243 个，建成村级公共服务中心 159 个，建农民科技书屋 88 个。农民科技网吧 22 个，村民学校 148 所。音寨、大井等 26 个中心镇的宣传文化中心已投入使用。建立和完善村规民约，开展星级户，星级院落、星级村创建活动，评选“十星级文明户”5643 户，科技示范户 617 户，文明市民 5200 人，文明村 143 个，“五好”家庭 2909 户。增扩建学校教学楼 83639 平方米。同时，利用远程教育，“绿色证书”培训等，开展农民基层培训。

在发展新型经济组织上，扶持和发展协会，专业合作社、联合社等合作经济组织，引导、组织农民认识市场，开拓市场、发展市场，走商品化生产道路，各试点村均有 1 ~ 2 个专业协会，全州有各种农业产业协会 700 多个。试点村共有各类农村专业合作经济组织 42 个，共有农村经纪人 123 人。

在塑造新风貌上，通过开展文明创建活动，改变生活陋习，倡导健康、文明、科学的生活方式，创造农民群众安居乐业，物质文化生活丰富多彩，人与人和谐相处的良好环境。5 年中，全州“文明生态小康村”创建整合了各类要素，共投入创建资金 9400 万元以上，评选“十星级文明户”5000 多户。

2010 年，全州建立试点示范和推进村 300 个，其中，省级“百村试点”13 个，州级试点村 5 个，县级 120 个，乡（镇）明确试点示范推进村 162 个；各级试点村整合投入资金 29. 62 亿元。5 年中，省级“百村试点”13 个村完成建设项目 322 个，资金亿元。农民人均纯收入由 2006 年的 2793. 61 元增加到 2010 年的 3760 元。

2011—2013 年为新农村建设整乡推进阶段。在这一阶段，各级党委、政府把试点阶段的典型、经验、成效作为推进新农村建设的重要措施，以典型引路，推广经验，确保全州新农村建设出成效。音寨、黄丝、掌布、九龙、麻抹、店下、拉柳、细沙、苗二河、大井、联芒、板寨、下司红色旅游开发等“百村试点”的典型村寨，通过典型交流经验，互相促进。2011 年在“百村试点”阶段取得经验的基础上，整乡推进阶段由点到面全面推广。2012 年 6 月，“整乡推进”省级重点试点建设在盘江、玉屏两个镇和龙里县的余下村，长顺县的打召村、福泉市的福兴村三个重点试点村展开。2013 年 6 月，黔南州 2013 年度“四在农家 · 美丽乡村”省级新农村建设示范点建设，在龙里县羊场镇走马村的走马寨和走马新寨，湾寨乡的场坝村赵家庄，贵定县的巩固乡石板村小湾寨和沿山镇星溪村马坝寨，都匀市的奉合水族乡奉合村的椰木寨，荔波县的朝阳镇八烂村寨省寨等七个村创建。9 月 18 日，省农委“四在农家 · 美丽乡村”新农村建设督查组到黔南州检查工作，对湾寨乡的创建工作评价为“小湾寨经验”。10 月 20—21 日，省农委新农村建设处主办，荔波县承办黔南州‘四在农家 · 美丽乡村’新农村建设业务骨干培训班。到这一阶段的最后一年 2013 年，农民人均纯收入达到 8630. 64 元，比 2010 年净增 4870. 61 元，三年间增长 129. 54%。

2014—2017 年为新农村建设“四在农家 · 美丽乡村”建设阶段，这一阶段是新农村建设的升级。2014 年 6 月，州农委制定实施《“四在农家 · 美丽乡村”新农村建设—‘富在农家'行动计划》。同时，省级"四在农家·美丽乡村"新农村示范点创建分别在都匀、瓮安、贵定、惠水、三都、荔波、独山、平塘，都匀经济开发区等9个县（市）实施。2015年8月，制定《黔南州新农村建设"十三五"规划》。10月，都匀市毛尖镇坪阳村获"中国特色村"称号。2016年12月，黔南州14个新农村建设示范点（都匀市毛尖镇坪阳村，龙里县湾滩河镇走马村，长顺县白云山镇中院村、罗甸县油海村，瓮安县梭罗（三合）村，独山县基长镇秀峰村，独山县影山镇翁奇村，三都县周覃镇拉近村，福泉市道坪镇谷龙村，荔波县水甫村，惠水县平地村，都匀经济开发区匀东镇绕河村，平塘县六硐村，贵定县猛安村猛壤寨）入选贵州省新农村建设"百村大战"示范点。2016年7月，州农委，州旅游发展委员会开展全州乡村旅馆和"百佳乡村旅馆"评选，授予"百家乡村旅馆"50家，授予四星级乡村旅馆14家，授予三星级乡村旅馆36家。2017年3月，贵定金海雪山景区获"贵州十大最美油菜花农事景观"称号。10月，惠水县好花红，福泉市黄丝江边寨获"贵州省最美村庄"称号。在"四在农家·美丽乡村"建设阶段的4年中，全州推进建设"四在农家·美丽乡村"新农村省级示范重点村35个，州级示范村（试点村）199个，县、乡级示范村（推进村）882个，示范村占全州行政村总数（老口径）的49.07%。2017年，农民人均纯收入9764元，比2013年净增长1133.36元。

第七章　农　民

减轻农民负担，提供相应保障和救助，帮助农民增加收入脱贫致富，是政府一项长期性工作。从1991—2014年，农民负担大幅降低，各类保障不断完善，对农民的就业培训不断、农民收入得到大幅度提高。

第一节　减轻农民负担

根据1990年全州农民负担检查结果，农民负担共有7类111项。包括国家农业税费、村提留、乡统筹、行政事业收费、罚款、集资摊派、农村义务工、农村劳动力积累工、以资代劳工等。全州农民人均合同内负担51.52元，占上年农民人均纯收入的8.6%，超过国务院规定的不大于5%的标准。农村义务工和劳动积累工"两工"12个，超过规定5~10个的标准。

1991年，州农经委、州农牧局联合成立治理"三乱"（乱收费、乱罚款、乱摊派）和农民负担监督管理领导小组，下设办公室在州农牧局，县级相应成立机构，开始贯彻执行提留统筹预决算制度、审计制度和负担监督卡制度，称为"三项制度"。是年，农民人均合同内负担 39.61 元，占上年农民人均纯收入的 5.43%，人均合同外负担 21.6 元。1995 年，农民人均合同内、合同外负担总额均达到最高年，分别为 72.59 万元和 65.3 元，其中合同内负担占上年农民人均纯收入的 5.21%。

1996 年，将减轻农民负担工作纳入乡镇党委、政府的“一把手”责任制，80% 的乡镇建立了相应机构。1997 年，全州组织 3 次较大规模的“三项制度”落实情况抽查，90% 以上的乡镇实行预决算制度，30% 的乡镇开展审计制度试点，农民负担监督卡制度全面实行。

从 2000 年起实行村务公开制度，减轻农民负担监督制度由原“三项制度”增加为“四项制度”。是年，农民人均合同内负担 39.34 元，占上年农民人均纯收入 1.4%，低于规定 3.6 个百分点；合同外负担为零；劳均农村“两工”11.7 个，比上年的 12 个有所下降。

2001 年，在贵定县启动农村税费改革试点。2002 年，全州铺开农村税费改革，取消农民统筹费、屠宰税，取消农村教育集资，取消面向农民征收的行政性收费和政府性基金、集资。州委、州政府、州人大、州政协四大班子领导分别带队对 12 县（市）的 110 个乡镇进行“减负”检查。是年起，农民负担监督贯彻执行新的“四项制度”，即涉农收费项目“公示制”、农村订阅报刊费用“限额制”、义务教育阶段“一费制”、减轻农民负担“一把手负责制”。2003 年，全州 200 多名干部参加开展了减轻农民负担执法检查和农村政务、财务公开检查。

2004 年，全州农业税税率下调 1 个百分点。次年又降低农业税税率 2 个百分点。从 2005 年起，执行村级公益事业建设筹资筹劳“一事一议”制，农民负担以“一事一议筹资、筹劳”体现。执行筹资标准每人每年不得高于 15 元，筹劳标准每个劳动力每年不得高于 10 个标准工日。是年，农民人均筹资 2.32 元，劳均筹劳 0.76 个，均低于省定标准的上限。从 2006 年起，全州全面取消农业税。在税费改革中，罗甸县取消涉农收费项目 3 项，对农民免收的收费项目 3 项，降低标准的涉农收费项目 5 项，全年减、免、降共减轻农民负担 425 万元。

2008 年，全州实行收费项目“公示制”的乡镇、村务“公开制”的行政村、减负“责任追究制”的乡镇、报刊订阅“限额制”的行政村及农民负担收费文件“审核制”的县（市）覆盖率平均达到 100%。

2009 年，州内的瓮安、长顺、罗甸、都匀（含都匀经济开发区）4 县（市）被列为省级村级公益事业“一事一议”制度建设试点县。2010 年新增三都、荔波、平塘、贵定、福泉、龙里、惠水、独山 8 县（市）为省级试点县。至此，全州 12 县（市）和开发区全部进入实施“一事一议”试点。经 2011 年检查，农民“一事一议”实际筹资筹劳大大低于限额标准。

2012 年，州政府再次组织减轻农民负担抽查，共抽查 96 个乡镇、65 个学校、363 个行政村、1533 户农户，农民负担明显减轻。

2014 年，全州农民人均“一事一议”筹资 2.44 元，劳均筹劳 0.33 个，均低于省定标准。

1991—2001 年黔南州农民负担统计表（农村税改前）

表 10－7－1

年度	人均合同内负担（元）	其　中			人均合同外负担（元）	两工（标准工日/个）
		农业税	村提留乡统筹	占上年农民人均纯收入%		
1991	39.61	19.21	20.40	5.43	21.60	12
1992	41.73	25.11	16.62	4.04	—	12
1993	33.14	22.16	10.98	2.43	—	12
1994	38.54	28.26	10.28	1.80	—	12
1995	72.59	41.96	30.63	5.21	65.30	12
1996	56.94	43.64	13.30	1.95	4.89	11.56
1997	65.38	48.38	17.00	2.03	4.96	13.76
1998	59.60	41.00	18.60	1.80	—	12
1999	53.18	33.28	19.90	1.72	27.98	12
2000	39.94	20.34	19.60	1.40	—	11.7
2001	37.31	20.34	16.97	1.20	—	11.79

说明："两工"即农村义务工和劳动积累工。国务院规定，农村义务工每年每个农村劳动力不超过5～10个标准工日，劳动积累工每年每个农村劳动力承担10～20个标准工日

2002—2014 年黔南州农民负担统计表（农村税改后）

表 10－7－2

年度	人均负担农业税（元）	其　中			人均负担"一事一议"	
		正税	占上年农民人均纯收入%	人均负担附加税（元）	筹资（元）	筹劳（标准工日/个）
2002	25.30	21.08	2.00	4.22	/	/
2003	11.12	9.65	0.50	1.47	/	/
2004	21.72	19.1	0.94	2.62	/	/
2005	/				2.23	0.76
2006	/				1.90	2.40
2007	/				1.85	0.55
2008	/				1.99	0.52
2009	/				0.49	1.24
2010	/				1.20	0.28
2011	/				0.84	0.78
2012	/				0.81	0.48
2013	/				1.42	1.85
2014	/				2.44	0.33

说明：省政府规定"一事一议"筹资标准为每人每年不超过15元，筹劳标准每个劳动力每年不超过10个标准工日

黔南州部分年度乡村劳动力从业分类统计表

表 10－7－3　　单位：人

年度	乡村劳动力从业人数	分行业从业人数				从业人数中：外出务工	
		农林牧渔业	工业	建筑业	第三产业	出省打工	省内打工
1990	1440795	1350391	33430	8760	48214	—	—
1998						75562	39702
2003	1968031	1393325	59049	52984	462673	255994	82934
2010	2113190	1260879	91047	67140	694124	404714	122621
2014	2225144	1099728	122165	114747	888504	489589	126833

第二节　农民收入与最低生活保障

一、农民收入

1991—2014 年，随着农村经济体制改革的深入，农村税制改革，实施减轻农民负担的各项政策后，全州农民家庭收入逐年增加，生活水平逐渐提高。

1998—2014 年黔南州农民家庭人均总收入构成情况一览表

表 10－7－4

年度	农民家庭人均总收入（元）	其中							
		工资性收入	占比（%）	家庭经营收入	占比（%）	财产性收入	占比（%）	转移性收入	占比（%）
1998	1918.40	101.24	5.28	1693.49	88.28	18.28	0.95	105.39	5.49
1999	1847.82	109.35	5.92	1641.00	88.81	7.02	0.38	90.45	4.89
2000	1924.02	185.11	9.62	1613.13	83.84	7.92	0.41	107.87	5.61
2001	1926.90	228.07	11.84	1572.72	81.62	15.97	0.83	110.14	5.72
2002	1937.18	272.64	14.07	1503.30	77.60	20.93	1.08	140.32	7.24
2003	2106.59	336.75	15.99	1635.54	77.64	32.57	1.55	101.73	4.83
2004	2391.99	383.89	16.05	1882.64	78.71	20.64	0.86	104.83	4.38
2005	2670.48	461.61	17.29	2083.85	78.03	14.99	0.56	110.04	4.12
2006	2792.61	520.31	18.63	2131.27	76.32	28.70	1.03	112.33	4.02
2007	3355.90	634.71	18.91	2549.59	75.97	27.82	0.83	142.97	4.26
2008	4011.24	819.16	20.42	2934.77	73.16	41.01	1.02	216.30	5.39
2009	4413.12	979.47	22.19	3087.63	69.96	51.56	1.17	294.47	6.67
2010	5067.74	1233.33	24.34	3450.24	68.08	59.14	1.17	325.03	6.41
2011	6262.82	1862.60	29.74	3858.56	61.61	99.63	1.59	442.02	7.06
2012	7209.30	2113.30	29.31	4497.77	62.39	106.31	1.47	491.92	6.82
2013	8630.64	2532.32	29.34	5304.46	61.46	98.06	1.14	695.81	8.06
2014	10570.20	2358.00	22.31	6689.10	63.28	97.20	0.92	1425.90	13.49

1991—2014 年黔南州农民生活情况表（州级）

表 10－7－5

年度	农林水事务支出（含扶贫）	通讯		收入	每百户主要消费品拥有情况									
		设在农村的邮电局所（个）	农村投递线路总长度（公里）	农村居民家庭人均纯收入（元）	自行车（辆）	洗衣机（台）	彩色电视机（台）	黑白电视机（台）	缝纫机（台）	钟（只）	手表（只）	电风扇（台）	沙发（个）	收音机（个）
1991	665	118	11712	504	40	6	1	32	43	22	125	7	26	12
1992	8938	120	11656	530	43	6	3	37	50	33	122	6	38	8
1993	9244	119	11642	601	45	9	3	45	51	39	120	9	9	7
1994	9312	119	11525	782	51	11	4	47	55	40	153	8	40	9
1995	9715	119	11524	923	50	13	5	50	54	35	149	9	36	6
1996	14221	127	11448	1262	50	14	6	53	56	41	144	11	37	8
1997	17433	127	11448	1338	34	13	10	55	48	35	121	11	4539	8
1998	17918	137	11141	1397	34	16	14	54	48	37	124	15	44	9
1999	12964	108	10539	1401	27	18	18	56				0		23
2000	20296	110	10522	146	19	22	24	55				24		16
2001	27838	106	9787	1428	18	24	31	48				3		16
2002	31653	106	9789	1450	16	24	36	45				3		13
2003	32213	106	9789	1602	16	25	44	40						
2004	37533	106	9789	1675	21	27	54	35						
2005	50773	95	9835	1864	26	30	68	26						
2006	61052	101	9865	1971	27	33	75	18						
2007	74153	98	10525	2369	28	38	83	11						
2008	107438	98	3704	2826	23	40	87	6						
2009		88	3555	3090	20	46	94	3						
2010		88	3555	3760	18	51	97	3						
2011		89	3412	4632．7	12	56	100							
2012		93	5293	5444．78		63．8	101．5							
2013				6208		74	102．7							
2014				可支配收入 7265		83．3	106．3							

二、最低生活保障

2007年，国务院印发《关于在全国建立农村最低生活保障制度的通知》，随后，省、州相继印发《关于全面建立实施农村居民最低生活保障制度的意见》《关于全面建立农村居民最低生活保障制度有关问题的通知》。在执行中，州政府多次召开协调会，确定州、县两级农村低保匹配资金比例，按照分级负担及贫困县、非贫困县有所区别的原则，确定贫困县州级承担15%、县承担85%；非贫困县（市）州级承担10%、县（市）承担90%。6月，全州共抽调干部7626人次，开展对所有低保对象进行核查、分类划档、民主评困，按照程序审核审批。7月，全州开始全面建立农村最低生活保障制度，将家庭年人均纯收入在700元以下，因病、因残、年老体弱、缺乏劳动力或劳动能力低下、生存条件恶劣等原因，造成家庭生活常年困难的农村居民纳入保障范围。经核查全州有农村最低生活保障对象10.67万户28.03万人，其中：无劳动能力、无生活来源又无法定赡养人、抚养人、扶养义务人（下称“三无”人员）的老年人、残疾人、未成成人共1.33万人；家庭主要劳动能力因病因残丧失劳动能力生活常年困难的20.41万人；其他原因造成家庭基本生活常年困难的6.29万人。纳入农村最低生活保障范围的对象划分为三类五个档次，其中：一类一档1.1万户1.33万人；二类二档5.1万户13.33万人、二类三档2.45万户7.08万人；三类四档1.55万户4.79万人、三类五档0.51万户1.51万人。同时对“三无”人员、重残人员、患重大疾病人员、在校学生、符合计划生育政策纯女户的女孩以及独生子女家庭、单亲家庭等特殊困难对象，按人年100元的标准增发保障金。

2008年，州委、州政府将城乡低保工作列入民生工程“十件实事”来抓，与各县（市）政府签订责任状，明确责任。第一季度，对农村低保对象每人每月增发临时性生活补贴22元。资金承担比例为：中央补助10元、省补助5元、州补助2元、县补助5元。实行“一卡通”社会化发放。4月，政府抽调人员组成工作组对年人均纯收入在800元和820元以下的农村困难群众进行全面摸底排查，逐户对已保障对象家庭实际生活和收入变化情况进行年度审核。经1个多月摸底排查，全州家庭年人均纯收入800元以下的19.93万户55.86万人，家庭年人均纯收入820元以下的21.53万户61.45万人。其中，家庭年人均纯收入在全州现行农村低保标准700元至800元之间的对象9.08万户27.83万人；家庭年人均纯收入在800元至820元之间的对象1.6万户5.58万人。对已保对象家庭实际生活状况和收入变化情况进行年度审核，符合条件继续保留保障待遇的10.83万户27.99万人，其中，调整保障类别档次的有0.48万户1.17万人，不符合条件取消其保障待遇的对象140户436人。全州做到动态管理下的“应保尽保、应退则退”。7月1日，全省农村居民最低生活保障工作会议召开，会议要求，以省统计部门提供的家庭年人均收入820元以下人口数扩大30%来核定低保对象基数。7月16日，州政府召开常务会议，重新确定州、县两级农村低保匹配资金比例，贫困县州级承担10%、县承担90%；非贫困县（市）州级承担5%、县（市）承担95%。7月26日，召开全州农村低保工作会议，会议要求，组织力量对新增农村低保对象进行重新调查、分类划档、登记造册、张榜公示、逐级审核、上报审批。经组织核查，全州农村低保对象由原来的28.04万人增加到37.21万人，增加

9.17 万人。福泉、荔波、独山、平塘、长顺、贵定、瓮安等 7 个县（市）保障标准由年 700 元提高到 785 元，罗甸县 790 元，三都县 795 元，都匀市、惠水县 800 元，龙里县 825 元。

2009 年 11 月，召开全州农村居民最低生活保障工作会议，会议要求：科学合理制定保障标准，认真核查摸准家庭收入，按收入与保障标准的差额进行补差。救助标准划定以县为单位。州政府召集民政、财政、统计、扶贫、物价等部门共同商议、科学测算，调整确定农村低保标准：都匀市 1250 元、福泉市 1200 元、荔波县 1200 元、贵定县 1216 元、瓮安县 1600 元、独山县 1200 元、平塘县 1196 元、罗甸县 1207 元、长顺县 1200 元、龙里县 1200 元、惠水县 1200 元、三都县 1200 元。在农村低保人员的调查核实工作中，县（市）政府负主体责任，乡（镇）政府负具体责任。采取县（市）四家班子领导包片、县直部门包乡的办法，集中人力、时间进行家庭收入核查。在核查中，保证每个村有 5 名工作人员，其中，2 名调查人员，1 名国家干部。全州共培训骨干 1.37 万人次，抽调人员 1.64 万人，其中国家干部 1691 人。抽调 1208 人组成 241 个督查指导组，开展督促指导 526 次。调查组到 235 个乡（镇）1691 个村入户调查 33.19 万户 106.88 万人的家庭收入情况。

按照科学规范、公正有效的要求，健全“一户一档”档案，实现“应保尽保”“按标施保”。2010 年，全州纳入农村居民最低生活保障对象 21.67 万户 57.12 万人，其中，女性 19.87 万人；未成年人 13.19 万人。发放低保金 31265.4 万元，其中，省以上补助 24953.63 万元，州级补助 507 万元，县级 5804.77 万元。季度人均补助水平为 159 元。从 1 月起统一使用农村低保专用存折进行社会化发放。

根据国家“十二五”规划纲要提出“城乡低保标准提高幅度要与经济发展速度居民收入增长水平基本同步”的要求，2011 年，全州从 4 月开始以县为单位在 1 月低保标准的基础上统一按不低于 12% 的增幅提高低保标准。提标后各县（市）保障标准为：都匀市 1400 元、福泉市 1350 元、荔波县 1344 元、贵定县 1360 元、瓮安县 1600 元、独山县 1344 元、平塘县 1352 元、罗甸县 1363 元、长顺县 1344 元、龙里县 1368 元、惠水县 1350 元、三都县 1344 元。春节期间，按每人 100 元标准，对全州所有农村低保对象发放一次性生活补贴。年内分解下达农村低保资金，都匀市 3265.3 万元、福泉市 3914.2 万元、荔波县 3612.1 万元、贵定县 3235 万元、瓮安县 3662.7 万元、独山县 4805.8 万元、平塘县 6668.8 万元、罗甸县 8054.3 万元、长顺县 4349.3 万元、龙里县 2564.4 万元、惠水县 4201.1 万元、三都县 7766.1 万元。

2012 年 2—4 月，全州完成年度入户核查审核审批工作，第二季度按新标准发放。共对 23.37 万户 54.98 万人进行保障，其中，长期保障户 2.38 万户 4.99 万人、重点保障户 7.1 万户 17.56 万人、一般保障户 13.88 万户 32.43 万人。全州全年累计新增 2.98 万户 6.58 万人，累计退出 3.31 万户 8.73 万人，累计发放保障金 54789.68 万元。在春节期间，对农村低保对象发放一次性生活补贴每人 200 元。对享受农村居民最低生活保障待遇人员中的“三无”人员、重残人员、患重大疾病人员、在校学生、符合计划生育政策的纯女户的女孩以及独生子女家庭、单亲家庭等特殊困难对象18.39万人，按人年不低于当地保障标准的20%增发保障金。

2013年，全州受理住房救助低收入家庭认定0.91万户2.13万人，经认定，获得住房救助的低收入家庭0.8万户1.87万人；受理医疗救助低收入家庭认定0.68万户1.26万人，获得医疗救助的低收入家庭0.65万户1.22万人；申请教育、司法等其他救助的0.24万户0.39万人，获得教育、司法等其他救助的低收入家庭0.23万户0.34万人。全州有农村低保对象20.72万户46.56万人，其中：长期保障户2.78万户6.64万人，重点保障户6.03万户14.89万人，一般保障户11.91万户25.03万人。全年累计新增3.13万户6.32万人，累计退出5.78万户14.74万人，累计发放保障金56188.55万元。

2014年，全州有农村低保对象16.65万户36.78万人。农村低保累计新增2.41万人，累计退出9.8万人。农村居民保障标准为1988元/年，比上年提高263元/年。实现动态管理下的“应保尽保”“应退尽退”，切实保障农村困难群众基本生活。

第三节　农村“五保”供养与特困救助

一、“五保”供养

“八五”期间，依据《五保供养条例》规定，将年满60周岁以上老年、残疾人、未满16周岁以下的孤儿、无劳动能力、无生活来源、无法定赡养抚养扶养人农村纳入“五保”供养范畴。

在施行《五保供养条例》工作中，1995年，州、县开展对“五保”人员普查工作。经普查，全州有符合政策的五保人员5261户6296人。其中，老人4525人，占“五保”人员的71.87%；残疾599人，占“五保”人员的9.51%；孤儿1172人，占“五保”人员的18.61%。在供养方式上，集中供养136人，年人均供养标准626元，占“五保”人员的2.16%；以乡统筹供养492人，年人均488.2元，占“五保”人员的7.81%；以村提留供养365人，年人均472元，占“五保”人员的5.79%；代耕代养4199人，年人均496.6元，占“五保”人员的66.69%；其他形式供养1104人，供养标准679元，占“五保”人员的17.53%。1999年，全州有“五保”对象5735户6881人。有65个乡镇以乡镇统筹供养1131人，供养标准年人756.80元；102个乡镇以村提留供养的1009人，年人均788.60元；其他形式供养2660人，年人均336元。

20世纪90年代期间，农村“五保”供养方式有：由村民组耕种“五保”老人耕地，生产粮食给“五保”人员；由亲属帮助代耕代养解决“五保”人员生活；列入国家救济，用救济钱粮保障“五保”人员生活。“五保”对象的评定，由村民本人申请或村民小组提名，经村民委员会审核，报乡、镇人民政府批准，发给“五保供养证书”。农村“五保”供养主要以粮油、副食品、生活燃料、服装、被褥等生活用品和零用钱及基本居住条件的住房、疾病治疗，对生活不能自理的给予照料等。

2002年农村税费改革后，明确规定在中央转移支付的村公益金中，每村安排1000元作为“五保”供养资金。此间，全州有“五保”供养对象5397户6517人，实行代耕代养1863人，代养标准年人均750元；乡（镇）统筹提留供养825人，年人均供养标准1021元；村提留供养3829人，年人均供养标准850元。2003年，州政府第十一届73次常务会提出：“五保户供养补助经费由原来每村1000元调至1500元，增加经费从农村税费改革县（市）统筹留存部分中解决”，确保“五保”对象供养水平不低于当地一般群众生活水平。2004年8月，省政府办公厅有关文件明确要求：“五保供养所需经费，按照每人每年补助不低于625元的标准，从财政转移支付资金中解决，确保落实。”其间，全州仅4个县（市）贯彻落实。个别县每月仅5元灯油钱，个别村到春节按“123”（1斤白糖、2斤猪肉、3个苹果）走访慰问。2005年，针对农村“五保”供养补助资金难以落实问题，州民政局与州财政局组成3个调研组进行调研，调研发现，造成“五保”供养经费不足的原因：一是“五保”供养对象分布不均，有的村有10多个，有的村1个也没有；二是中央财政转移支付资金下拨到乡镇，供养资金由“乡管村用”，而乡（镇）未能进行统一调控，造成供养资金未落实。针对存在的问题，州政府决定将“五保”供养资金实行以县（市）统筹，统一标准、统一发放。此外，对农村“五保”供养对象重新调查摸底，重新签订供养协议。经调查核实，全州有“五保”对象9808户12422人。其中：老人7552人（男4913人，女2639人）、未成年2586人（男1612人，女974人）、残疾2284人（男1407人，女877人），纳入“五保”供养的7927户9945人，分别占80.82%、80.15%，其中：集中供养194人（主要是孤老）、分散供养9751人，年供养标准625元。

2006年，省民政厅、省发改委、省财政厅转发民政部、国家发改委、财政部《关于贯彻落实〈农村五保供养工作条例〉的通知》，在贯彻施行中，州将分散“五保”供养年现金不低于800元、集中“五保”供养不低于1200元的标准列入工作目标考核内容，由州政府与各县（市）政府签订责任书。2007年，全州有“五保”人员1.09万户1.26万人，其中，集中供养390户398人，分散供养0.84万户0.96万人，未纳入供养的有2161户2638人。凡列入供养“五保”对象，集中供养人年0.12万元，分散供养人年0.08万元，全年发放供养金766.44万元。都匀、福泉、独山、罗甸、惠水、长顺等6个县（市）实现“应保尽保、按标施保”目标。

农村建立新农合医疗制度后，为解决“五保”对象的医疗问题，帮助“五保”对象缴纳参合费，“五保”对象生病后医疗得到及时就医和保障。集中供养的“五保”老人死后，由敬老院负责料理一切后事，让死者亲属满意。

2011年，全州提高“五保”供养标准，按人年集中供养0.14万元、分散供养0.10万元，比上年供养标准分别增加200元。全州有“五保”供养对象1.08万户1.21万人，其中，集中供养693户716人，分散供养1.01万户1.14万人，全年发放供养金1298.19万万元。2014年，农村“五保”集中供养标准提高到2200元/人年，分散供养标准提高到1800元/人年。全州有“五保”10224户11245人，集中供养4002人，分散供养7243人。全州实现了应保尽保。

1991—2014 年全州“五保”供养情况统计表

表 10 –7 –6

年度	五保户数（户）	五保人数（人）	集中供养（人）	分散供养（人）	供养标准（元）
1991	5293	8479	4318	4161	550
1992	5200	6400	4027	2373	192
1993	3254	4881	813	4060	276
1994	3549	5321	1596	3728	290
1995	5261	6296	1678	4618	679
1996	5351	6334	1900	4434	750
1997	5497	6664	1992	4672	750
1998	5815	6693	255	6438	131.96
1999	5735	9881	1131	5750	788.6
2000	5221	6693	1465	5228	753
2001	59802	6688	2210	4478	832
2002	5397	6517	825	5692	850
2003	5498	6734	752	5982	625
2004	9808	12422	194	12228	625
2005	9808	12422	194	12228	625
2006	11045	12697	245	12452	800
2007	10941	12594	398	12196	830
2008	10741	12229	507	11722	834
2009	10664	11949	541	11408	851
2010	11280	12460	678	11782	851
2011	10806	12067	716	11351	1143
2012	10224	11245	680	10529	1093
2013	10224	11245	2460	8785	1400
2014	10224	11245	4002	7243	1800

二、特困救助

“十五”期间，开始实施对农村因病因残导致家庭相对长期困难、年人均收入在 425 元以下的农村常年救助对象的家庭成员实施特困救助。

2003 年，根据省民政厅《关于做好农村特困群众家庭收入情况调查》的通知要求，黔南州组织工作组深入重点扶贫一、二、三类乡开展调查工作。经调查统计，全州有农村特困救助对象 1.5 万户 4.66 万人，其中：一类乡 0.35 万户 1.04 万人，二类乡（镇）0.73 万户 2.3 万人，三类乡（镇）0.44 万户 1.3 万人。是年救助 0.35 万户 1.04 万人，分别占调查户数和人数的 23.33%、22.33%。发放救助金 51.77 万元，人均 50 元。2004 年，全州有特困救助对象1.75万人，比上年增加0.71万人，增长68.26%，发放救助金350万元，人年救助200元。2005年，州委、州政府将农村特困救助工作纳入民生工程“十件实事”来抓，抽调20人组成4个工作组，县（市）抽调450人组成50个工作组配合乡镇和街道办事处做好调查核实工作。经调查统计：全州有因病因残丧失劳动能力的家庭成员对象9.73万人，占农业人口的2.9%，经州委、州政府同意，报省认可9.7万人。特困救助资金省、州、县按4:2:4的比例匹配落实，在省定200元的基础上，州、县两级拿出200万元，对原享受特困救助的人员每人每年增发10%，即：每人每年救助220元。

按照省民政厅印发的《关于开展农村经常性社会救助对象核查工作的通知》要求，2006年，全州再次组织工作组走村串户对农村特困群众家庭基本生活常年困难情况进行大规模核查。经核查统计：全州有农村特困群众9.3万户27.62万人，占全州农业人口的8.2%。其中：五保对象1.1万户1.27万人，特困群众4.46万户12.75万人，其他家庭基本生活常年困难特困群众3.76万户13.61万人。都匀、荔波两县（市）财政还为每户特困群众发放燃料补贴；独山县筹措资金探索开展农村低保，将896户1687人纳入农村低保。2007年后，将农村特困群众救助对象转入农村低保管理范畴。

三、季节性缺粮救助

季节性缺粮救助主要针对农村低保对象家庭中粮食收成低或因灾造成粮食歉收、绝收，除领取低保金外，给予季节性缺粮救助，确保低保对象正常生活。

依照省人民政府印发的《关于建立农村低保季节性缺粮户粮食救助制度的通知》、省民政厅制定的《贵州省全面建立农村低保季节性缺粮户粮食救助制度实施办法》、州政府制定的《黔南州全面建立农村低保季节性缺粮户救助制度工作方案》，2011年，全面建立农村低保季节性缺粮户救助制度。被列为农村低保季节性缺粮户，救助粮在每年的6、7、8月由乡镇人民政府按月分批组织发放。5至6月，结合农村低保年度核查，开展入户核查审核审批工作，全州有4.1万户7.86万人享受农村低保季节性粮食救助，发放救助粮257.84万公斤。

2012年，全州开展农村低保季节性粮食救助年度入户核查审核审批工作。经核查，全州享受农村低保季节性缺粮户粮食救助3.92万户7.91万人，其中：特别困难户1.71万户3.11万人，中等困难户1.27万户2.69万人（按45公斤发放的特殊对象有0.18万人），一般困难户0.93万户2.1万人（其中按45公斤发放的特殊对象0.13万人）。年内全州累计发放救助粮259.06万公斤，折合资金1450.75万元。2013年，全州有农村低保季节性缺粮户3.86万户7.36万人，其中：特别困难户1.43万户2.66万人，中等困难户1.4万户2.61万人，一般困难户1.1万户2.1万人，累计发放救助粮235.11万公斤。2014年，在实施农村低保季节性缺粮户粮食救助制度中，切实做好救助粮的采购、仓储、运输、发放等各环节的管理工作。全州农村低保季节性缺粮对象3.8万户7.02万人，发放救助粮221.11万公斤。

第四节　农民技术培训

1986—1993 年，举办不同类型培训班，普训 100.78 万人（次），50% 以上劳动力受到 1～2 次实用技术培训，培养骨干 13 万人，其中 8.95 万人成为技术二传手，29316 户为科技示范户。评定技术职称（农民技术员）859 人。

1997—2000 年，全州县级举办村党支部书记、村委会主任、乡镇企业厂长、经理、村组骨干、妇女、生产能手、复退军人、致富能手等培训班 63 期 5100 人；开展各类适用技术培训班 4441 期，培训农民 53.06 万人（次），投入培训经费 319.48 万元。

2001—2009 年，全州开办农民技术培训 20792 期，普训 252.17 万人（次），开办农业绿色证书培训 605 期，参训 3.98 万人（次），颁发绿色证书 2.94 万人。期间共投入各类培训经费 2136 万元。

2004 年，重点对农村劳动力开展转移就业前的短期职业技能培训，辅导开展引导性培训，培训时间一般为 15～90 天。职业技能培训以“订单培训”为主，根据市场需求，以制造业、服务业、建造业等行业为重点，按照相关岗位对从业人员基本技能的要求开展。引导性培训以基本权益保护、法律知识、城市生活基本常识、寻找就业岗位知识为重点。

从 2007 年起，“阳光工程”培训时间原则上调整为 20—180 天。人均补助标准 370 元。培训内容：机械制造、电子电器、焊工、计算机应用、驾驶与维修、服装缝纫与加工、建筑专修、餐饮旅游服务、农产品加工业、地方特色产业、农村服务业等，引导“阳光工程”学员就地就近转产转岗就业。

2008 年，示范性培训中央补助 370 元/人，省级补助 100 元/人。培训时间为 20～180 天。培训内容：以制造业、服务业、建造业、农业生产性服务业等 12 大类、40 余个工种为重点。

2009 年阳光工程进行重大调整。农民外出就业面临新的形势，多个部门职能交叉为阳光工程的开展带来了新困难，农业农村经济发展为农村富余劳动力转移就业提供了新的广阔空间，从 2009 年开始，阳光工程重点围绕农民创业、农民服务业、农产品加工业、农村特色二、三产业和农村带头人开展培训工作。

2010 年，职业技能培训人均补助标准为 445 元，农民创业培训人均补助标准为 2553 元。2011 年，短期技能培训 460 元/人、农业创业培训 2680 元/人。2012 年，农业职业技能培训 700 元/人、农业创业培训 3100 元/人、农业专项技术培训 156 元/人。

至 2012 年末，省对农村劳动力进行转移培训已实施 6 年（从 2007 年起），全州累计进行劳动力转移培训 103710 人，初级工培训 17417 人，普工培训 9085 人，产业化技能培训 66436 人。

2013 年，农村创业青年和新型职业农民培育补助 3000 元/人、职业技能补助 600 元/人、专项技术补助 150 元/人。2013 年，我州龙里县作为全州唯一一个省级新型职业农民培育试点县，培育新型职业农民 200 人。

2014 年，新型职业农民培育工作在全州全覆盖，共培育新型职业农民 3780 人，资金 508 万元，其中生产经营型补助 3000 元/人，共 650 人，195 万元；专业技能型补助 1000 元/人，共 1590 人，159 万元；社会服务型补助 1000 元/人，共 1540 人，154 万元。

2013—2014 年，全州通过实施扶贫“雨露计划”培训 2.49 万人，其中，农业产业化技能培训 1.55 万人。“三位一体”培训 6000 人。

2004—2014 年全州农业“阳光工程”培训情况统计表

表 10－7－7

年份（年）	培训总任务（人）	职业技能培训					创业培训			专项技术		补助资金总额（万元）		
		培训任务（人）	实际培训人数（人）	转移人数（人）	转移率（%）	人均补助标准（元）	农村创业青年	新型职业农民培育		部级	省级	中央	省级	合计
								部级	省级					
2004	8000	8000	8000	6648	83.1	100								80
2005	8000	8000	8017	7162	89.3	275								220
2006	10000	10000	10014	9623	96.1	288								288
2007	8000	8000	8414	7508	89.2	370								296
2008	8000	8000	8020	7512	93.7	470						296	80	376
2009	9000	9000	9138			490								441
2010	10750	10550	10550				200							520.5
2011	11000	10950					50					427.9	89.16	517.1
2012	13620	7500					120			6000		546	109.8	655.8
2013	16424	4840					160		200	7000	4224	443.4	123.4	566.8
2014									3780			301	207	508

第十一篇

扶贫开发

第一章 “温饱工程”与“以工代赈”扶贫

1978—1985年，在农村经济体制改革的推动下，黔南州开展了农村“输血”式扶贫工作。其中1984年起实施“以工代赈”项目。1986—1993年，根据国家和省有关扶贫开发的部署，全州实施大规模扶贫开发计划。根据省政府关于在贫困地区实施“温饱工程”的要求，黔南州于1990年启动实施“温饱工程”。按国务院1991年新定年人均纯收入300元、人均口粮250公斤以下贫困线标准，全州贫困线下人口有31.38万户156.4万人。国家级贫困县有三都、罗甸，省级贫困县有独山、荔波。是年3月，州委、州政府出台《关于进一步搞好扶贫开发工作的意见》，实行州、县（市）领导挂点，部门挂县、挂乡扶贫。州及贫困县党政主要领导为扶贫开发第一负责人，纳入政绩考核。实施温饱工程，专项贴息贷款扶贫项目，着重解决“温饱”问题。1992年5月，省委决定将平塘、长顺列入省级贫困县。至1993年底，全州贫困人口为133.1万人，比1991年减少23.3万人。

第一节 粮食生产

1990年黔南州启动实施“温饱工程”，通过推广杂交水稻和杂交玉米等措施，增加粮食生产。至2000年，省共下达黔南州“温饱工程”种植计划为708万亩，其中杂交玉米面积152万亩，杂交水稻面积556万亩。资金由温饱工程专项贷款、小额信贷资金组成，实行回收滚动安排，累计安排滚动资金13557.09万元。11年间，全州累计实施面积为648万亩，完成计划的91.53%。其中杂交玉米面积135万亩，杂交水稻面积为513万亩。年均实施面积58.9万亩，工程年均投入资金2240万元，其中“温饱工程”专项贷款11.32万元，小额信贷资金1008万元，工程收回贷款1243.5万元。覆盖97个乡、778个村、17.52万户，其中贫困户13.49万户。工程累计实现粮食总产量253.37万吨，累计增加粮食65.9万吨，项目区人均增加粮食121.42公斤。三都、罗甸、独山、荔波、平塘、长顺6个贫困县实施“温饱工程”项目的粮食产量是其粮食总产量443.95万吨的57.07%，年递增5.19%。工程实现杂交玉米年平均亩产340公斤，比常规亩均增产104.3公斤，比1990年231公斤增产150公斤；杂交水稻年平均单产452公斤，比常规亩均增产95.2公斤，比1990年427.47公斤增产24.53公斤。

进入21世纪，黔南州“温饱工程”扶贫，按照省的统一部署和安排，重点推广脱毒马铃薯种植项目。2001—2012年，全州累计实施脱毒马铃薯大田推广面积200余万亩，累计投入财政扶贫资金等各类资金1亿多元，实现生产总值近10亿元。项目覆盖12个县

（市）755个乡（镇），6598个村，82万户。根据项目区农业部门实地测算，平均亩产最低为1200多公斤，最高达2500公斤。项目区农户年均增加收入400～500元，人均增收60～100元。

第二节 “以工代赈”扶贫

“以工代赈”是由政府投资建设公共基础设施工程，受赈济者参加工程建设并获得劳务报酬，以此取代直接救济。按照国务院有关要求，以工代赈主要用于贫困地区的基本农田、小型水利、乡村道路、人畜饮水、小流域治理等基础设施建设，着力解决生产生活条件和发展环境。“以工代赈”建设的投入形式分为两个阶段。1984—1995年，为粮食、棉花、布匹和中低档工业品等实物形式。1996年后，为中央投资形式。

“八五”期间，省共下达黔南州“以工代赈”坡改梯计划面积29.7万亩。5年累计上工人数34.78万人，投入工日1738.85万个，开挖土石方1269.22万立方米，砌筑梯坎长度718.42万米，完成治理面积31.53万亩（其中：坡改梯面积29.56万亩，恢复水毁农田面积1.97万亩），配套修建小水窖（池）4396个，修复小型水库1个，修建小山塘29个，修建人畜饮水工程10处（解决1.8万人饮水困难），修建机电提灌站4处（灌溉农田2640亩），修建乡村公路198条377.2公里，田间便道3457条1368.7公里，机耕道502条303.6公里，修建拦水沟897条206.7公里，排洪沟1293条223.5公里，引水渠39条31.1公里，建谷坊157座，营造水土保持林4.86万亩，栽地埂树107.5万株。覆盖全州12个县（市）190个乡镇、1023个村、4585个村民组、11.93万户农户，受益人口57.96万人。全州增加耕地面积1.8万亩，累计增产粮食3.09万吨，平均每亩增加粮食98.2公斤；经济作物增收3407.08万元，受益农户平均每户增收285元，人均增收59元。共治理水土流失252.67平方公里。其中国家投入3678.5万元，省财政匹配1000万元，州财政匹配168万元，县级财政匹配118.3万元，乡（镇）村组和集体经济组织资助10.07万元，农民自筹资金91.5万元。累计投入资金5066.37万元。

1996年，“以工代赈”纳入国家财政预算。1996—2012年，国家、省、州、县“以工代赈”共投入项目资金13.39亿元，完成农田基本建设65万亩，坡改梯经果林18.41万亩，恢复水毁农田1.55万亩，新增、改善、恢复灌溉面积13.09万亩，烟水配套2.69万亩；建设四级公路、通乡（村）公路、恢复水毁公路4558公里；建成输电线路290公里，通信线路301.4公里；建桥21座，码头1座，清理航道12公里；建小水池1.9万余口，人饮工程71处，铺设输水管道125公里，解决人畜饮水31.65万人；建拦水坝（堰）17处，防洪堤4370米；建水库2座，维修坝1座，新建大坝5座，提灌站5个，引水渠道346公里，排水沟13.69公里，1000立方米水池10口；沼气池4465口；道路硬化28.3万平方米；修隧洞950米，建集贸市场72处等。

第三节　扶贫项目与金融扶贫

一、扶贫项目

1991 年，全州实施扶贫项目 84 个（有 18 个项目为支柱产业项目），占计划数 82%，实际发放专项贴息贷款 2418 万元。其中省级项目 9 个贷款 480 万元；分配切块项目 58 个（州级项目 7 个，县级项目 51 个）贷款 975 万元；面上贫困乡项目 3 个贷款 300 万元；续建项目 14 个贷款 663 万元。实施项目直接扶持贫困户 21.37 万户 106.86 万人，扶持人数占农业人口总数的 77.7%。是年，扶贫项目罗甸县雷公滩电站开工建设，扶贫贷款 1500 万元，占总投资的 47.5%。1992 年，在三都、罗甸、独山、荔波、平塘、长顺 6 个贫困县实施省、州、县三级扶贫项目 119 个，到位贷款 4961.13 万元。其中温饱工程项目 4 个贷款 953 万元。

1993 年，全州实施扶贫项目 89 个，资金到位 3760.3 万元。其中：省级扶贫项目 13 个 1319 万元；独山、荔波切块项目 9 个 126 万元；水毁项目 3 个 186 万元；州级农田基本建设扶贫项目 6 个 301 万元；残疾人康复扶贫项目 3 个 60 万元；国家部办委扶贫项目 8 个 91 万元；州级各部门扶贫项目 47 个 1677.3 万元。89 个项目中有 84 个在 6 个贫困县实施，资金到位 3595.3 万元。89 个项目中有种养业项目 23 个，专项贴息贷款 990 万元，完成 6 个（扶持农户 3420 人）、在建 17 个；有加工业项目 24 个，专项贴息贷款 1122.5 万元，在建工程 19 个、技改项目 5 个；有其他在建工程项目 42 个，专项贴息贷款 1521.8 万元。

1986—1993 年，国家共计扶持黔南州 6 个贫困县扶贫资金 18021.3 万元，其中农行专项贴息贷款 11912 万元，人行支边贷款 2891.6 万元，其他资金 3217.7 万元。兴办扶贫项目 629 个，其中农业项目 271 个，投资 7714 万元；工业项目 102 个，投资 3012.5 万元；乡镇企业项目 175 个，投资 2559 万元；其他项目 81 个，投资 4735.8 万元。围绕项目建设，国家和省带帽下达到位的配套扶贫物资有：汽车 56 辆、化肥 39107 标吨、钢材 1419.1 吨、水泥 588 吨、柴油 193 吨、农膜 1086 吨。

二、小额信贷扶贫

1999 年，根据省委、省政府及省级有关部门对小额信贷扶贫工作的有关部署和要求，黔南州、县两级成立小额信贷工作领导小组，明确专职办事机构，出台工作方案，启动小额信贷到户扶贫工作。小额信贷实行财政贴息贴保，以贴息方式对农户进行直补。重点扶持贫困户开展种植业、养殖业、加工业、工商业、运输业等项目，同时解决贫困户急需的种子、化肥、饲料、仔畜等困难。实施小额信贷 13 年，全州发放小额信贷（借贷、收回再贷）资金累计超过 8 亿元，扶持 1300 余个乡（镇）1.1 万多个村寨，36 万户农户 170 余万人。

第四节　技术培训扶贫

“八七”扶贫攻坚期间，全州对贫困地区科学技术的推广培训。主要围绕扶贫项目开发、温饱工程、丰收计划等项目实施，开展相应的短期培训和现场培训。1986—1993 年，完成智力支边项目 667 项，配合举办培训班 535 期 4.29 万人（次），邀请专家、技术人员到扶贫县指导工作 3450 人（次），其中省外专家 357 人。开展农民劳动力技能培训工作，总计投入资金 277 万元，其中省财政拨款 75 万元，地方财政拨款 53 万元，业务部门筹集 53 万元，农民自筹 96 万元。举办不同类型培训班，培训 100.78 万人（次），使 50% 以上劳动力受到 1～2 次实用技术培训，培养骨干 13 万人，其中 8.95 万人成为技术二传手，29316 户为科技示范户。评“农民技术员”（农技员）859 人。“九五”时期，贫困地区基层干部的培训纳入扶贫开发规划，实行分级培训，贫困地区干部和农民技术培训步入常态化。

第二章　“八七”扶贫攻坚

1994—2000 年，黔南州实施“八七”扶贫攻坚计划。按照国定贫困新标准，1993 年底，全州有年人均纯收入不足 300 元的贫困人口 133.1 万人，占农业总人口数的 44.3%。其中 6 个贫困县贫困人口为 84.9 万人，占贫困人口总数的 63.8%；年人均纯收入不足 200 元的特困人口 48.5 万人，占贫困总人口的 36.4%。其中，6 个贫困县特困人口 29.8 万人，占全州特困人口总数的 61.4%；全州有 132 个贫困乡（镇），占全州乡镇总数的 56.2%。其中 6 个贫困县有贫困乡 98 个，占全州贫困乡总数的 74.2%；全州年人均纯收入不足 200 元的特困乡 49 个，占全州贫困乡总数的 37.1%。其中：6 个贫困县有特困乡 37 个，占全州特困乡总数的 75.5%，6 个贫困县全部纳入国家级扶持的贫困县。1996 年州委、州政府出台《黔南州扶贫攻坚计划》，按照省定年人均纯收入 400 元的“温饱线”标准组织越线。1995 年，深圳市对口帮扶黔南州。1996 年，独山、荔波两县率先越过“温饱线”。1997 年，启动无基本生存条件的贫困人口易地移民安置工作。1999 年起实施小额信贷（借贷）扶贫。到 2000 年，全州贫困人口数下降到 21.3 万人，比 1993 年减少 111.8 万人。

第一节　计划与资金投入

州委、州政府于 1996 年 11 月起先后印发《黔南州扶贫攻坚计划》《关于加快麻山、瑶山扶贫开发步伐的决定》等10多个有关扶贫攻坚工作的文件，实行各级党委、政府一把手扶贫工作责任制，开展部门对口帮扶，干部结对帮扶，组建下派农村党建扶贫工作队包乡、进村、入户扶贫等。实施“温饱工程”“以工代赈”工程、小额信贷项目等，缓解贫困乡村群众的吃饭难、饮水难、行路难、用电难、就医难等实际问题。

全州共投放养殖业项目扶贫信贷资金4.1亿元，实施项目307个。其中：小额信贷（借贷）直接发放到户1.5亿元，共扶持贫困户11.82万户53.42万人；投入用于水、电、路等基础设施项目的财政扶贫资金和“以工代赈”资金占扶贫资金投入总量的80%。建成了40万亩油桐基地，15万亩经果林基地，近20万只黑山羊基地和约20万亩商品蔬菜基地。同期组织劳务输出，仅“八七”扶贫攻坚最后一年，共输出务工人员12万人，汇回劳务收入2.5亿元。

“八七”扶贫攻坚期间，先后有深圳市、国家林业局、国家投资开发公司、省委办公厅对黔南州开展定点帮扶贫工作。1978—2000年，国家林业局扶持黔南州专项资金7260万元，兴办封山育林、经果林、林区公路等项目73个；1995—2000年，深圳市向黔南州无偿捐赠资金7000余万元，扶持建设各类基础设施135个，投入贴息贷款3837万元，兴建经济协作项目15个；中直、省直部门向黔南州选派挂职扶贫干部155人（其中处级干部103人），州、县（市）两级近800个部门与各类贫困乡（镇）、村结对帮扶，上千名干部到乡（镇）、村驻点挂职扶贫。其间，“送温暖、献爱心”“智力支边”“光彩事业”“教育扶贫”“卫生扶贫”“残疾人扶贫”“渴望工程”和“计划生育三结合扶贫”等扶贫活动，形成全社会扶贫攻坚合力。7年间，国家、省有关部门和深圳市投入黔南州扶贫资金、捐款共计14.47亿元。其中，扶贫专项贷款7.7亿元，“以工代赈”资金2.56亿元，财政扶贫资金0.88亿元，其他扶贫资金3.33亿元（含社会各界、深圳市捐赠资金）。

通过实施“八七”扶贫攻坚计划，黔南州贫困地区特别是6个国定贫困县贫困面貌发生了明显变化。至2000年底，全州累计解决111.8万贫困人口的温饱问题，贫困人口数下降到21.3万人。其中，6个贫困县下降到13.9万人，累计解决近71万贫困人口的温饱问题；6个贫困县工农业总产值40.2亿元（1990年价），粮食总产量5.34亿公斤，财政收入（老口径）2.53亿元，分别比1993年增长23.6倍、2.09倍，农民人均占有粮食247公斤，人均纯收入1170元。累计完成坡改梯7万亩；新修（改建）乡村公路4675公里，新修通13个乡769个村公路，乡、村通路率为100%和82%。建成大七孔、雷公滩、摆东等水电站25座，装机容量7万千瓦，架设县、乡输变电线路5367公里，新增解决18个乡、801个村的通电问题，全州实现村村通电，农户通电率达85%；新建小水池、小水窖2.8万个，总容积308.1万立方米，新增（改善）农田灌溉面积35万亩，解决101万人饮水困难。兴建（改造）乡村校舍1331所，面积83.92万平方米；新建（改造）乡、村卫生院室577所（个），面积3.5万平方米；新增172个乡、466个村开通程控电话；新建广播电视接收站（点）2988个，全州实现电视收视全覆盖。

第二节　“两山”扶贫攻坚

麻山、瑶山是黔南州贫困人口最集中、贫困程度最深、扶贫攻坚难度最大的贫困地区，称为“两山”地区。根据国家“八七”扶贫攻坚计划精神，1994年8月，省委、省政府发出《关于加快麻山、瑶山地区扶贫开发的通知》，决定建立麻山、瑶山地区扶贫开发试验区，对“两山”予以倾斜扶持，重点攻坚。罗甸县的纳坪、董王、木引、罗苏、罗暮5个乡，长顺县的代化、交麻、敦操3个乡，平塘县的大塘、鼠场、新塘3个乡，惠水县的打引、王佑、长安3个乡，荔波县的瑶山、瑶麓2个乡共16个乡（镇）为“两山”扶贫开发试验区。“两山”地区共有139个村、1077个组、2.74万户、13.75万人，其中少数民族人口9.8万人，占总人口的71.3%。16个乡（镇）有2个乡70个村846个组未通公路，有76个村560个组15389户未通电，有7.4万人饮水困难，有1448户无房住，3160户无牲畜。共有贫困人口11.19万人，占农业人口数的82.4%，特困人口6.41万人，占贫困人口数的57.3%。按照省委、省政府的要求，州委、州政府出台《关于加快麻山、瑶山地区扶贫开发步伐的决定》，将“两山”扶贫开发列为大事来抓。省、州和5个“两山”县从人力、物力、财力等方面对“两山”地区倾斜投入，有3个中直部门、9个省直部门定点扶贫6个贫困县和“两山”地区贫困乡镇。

1995年，州委、州政府首次把“两山”地区扶贫专项贷款中州级财政贴息资金列入预算。是年，共安排“两山”地区16个乡（镇）扶贫贷款项目13个、“以工代赈”项目共11个。年内，有4115户18765人越过“温饱线”。

至1997年，国家投入黔南州“两山”地区扶贫资金共6837万元，实施扶贫项目189个。省、州、县34个部门、153名干部到“两山”乡（镇）驻乡帮扶，协助引资450万元，解决农膜165吨、化肥84吨。省内外捐资845万元，捐送衣物46.4万件，水泥157吨，化肥59吨，食物86吨。举办各类农业实用技术培训班215期，培训贫困农户2.04万人（次）。建设坡改梯面积3.63万亩，基本农田面积达6.08万亩，比1993年的2.43万亩增加3.65万亩。修建蓄引堤工程75处、小水池（窖）844个，解决1.33万户4.9万人的饮水困难。实现乡乡通电，解决237个村组，2万多农户的照明用电，13个乡（镇）通公路，6个乡（镇）开通程控电话，新建或维修乡村小学校37所，失学儿童从1993年的8229名减少到2407名。配置乡卫生院（所）医疗设备37台（套），建立卫星地面接收站29个。贫困人口由1993年底12.6万人下降到6.2万人。1998年，立项实施扶贫项目104个。1999年，立项实施项目113个。2000年，实施项目59个。

“八七”扶贫攻坚7年间，国家累计投入“两山”地区扶贫资金9735.04万元，其中信贷扶贫资金5295.66万元，“以工代赈”资金2454.4万元，财政扶贫资金1984.98万元，社会帮扶及其他资金2276.02万元，总计投入扶贫资金12011.06万元。安排实施扶贫项目433个。按“两山”地区贫困人口计算，瑶山平均每人得到4182元扶持，麻山平均每人得到931元扶持，民政挂牌救济对象人均扶持171元，9891人得到国家济困扶持，扶持资金169万元。各类生产生活物资有：水泥452吨、钢材23吨、化肥213吨、良种16870公斤、衣物54.3万件（套）、食品93吨，以及大量科技图书资料。举办各类技术培训班671期，培训农民4.67万人（次）。省、州、县395个部门、525名干部到“两山”驻乡包村挂职扶贫。

至2000年底，“两山”地区贫困人口数已下降到2.64万人。“两山”农村基础设施建设得到较大改善。累计新增基本农田8070亩，新增栽种各种经济林木2.14万亩，新增养殖8.1万头黄牛。实现乡乡通路、乡乡通电。新增村卫生室73个。解决7万余人饮水困难。搬迁安置405户1853人。新建维修改造学校101所。累计建成地面卫星接收站178个，覆盖面积120个村。累计有2.06万户9.27万人越过“温饱线”。大塘、罗苏、罗暮、木引、代化、王佑、长安、打引、瑶麓9个乡镇面上越过“温饱线”。

2001年，国家实施新阶段扶贫开发，省仍确定“两山”16个乡镇继续列入重点扶贫乡镇。是年，国家累计投入“两山”地区扶贫资金948万元，安排实施扶贫项目88个。省、州、县各级各部门在“两山”乡镇住乡包村干部134人，帮助“两山”乡镇解决各种扶贫资金近70万元，解决物资折款44.6万元，捐资捐物11万件。举办各类培训班共137期1.64万人（次）。年内，新增坡改梯面积8530亩、经济林木2250亩、水池（窖）819口，解决10576人饮水困难。改善交通运输79个村。解决7665户的生产加工照明用电。新建乡村学校教室27间、卫生所室13个，建成沼气池875口，完成移民搬迁安置37户。是年，有1102户贫困户、5365人越过“温饱线”。

2002年，省将黔南州三都、荔波、罗甸、长顺、平塘、惠水6个县的47个乡镇490个村列入全省新阶段扶贫开发“四山”特困区域。新增“两山”即月亮山、雷公山（其中雷公山不属黔南州）。是年，省、州安排投入“四山”各类扶贫资金2253.87万元，实施项目175个，省、州、县下派干部到“四山”乡（镇）、村挂职扶贫242人。2003年，国家扶贫资金及社会帮扶资金共向“四山”投入3216.3万元，基础设施和种养业开发扶贫项目252个，2164户9372人越过“温饱线”。

2003年，省委下发《关于加大新阶段扶贫开发工作力度的决定》，扶贫开发实施一类贫困乡、村整乡整村综合扶贫，“四山”攻坚扶贫在次年纳入整乡整村综合开发扶持。

第三节　“八七”扶贫攻坚项目

“八七”扶贫攻坚期间，州内扶贫开发项目实施重点是，鼓励贫困地区自力更生、艰苦奋斗，在国家扶持下，依靠科技进步，开发利用当地资源，发展商品生产。贫困县和非贫困县都有项目实施。

1994年，全州实施扶贫项目63个，到位资金4101万元。其中：省级项目14个资金到位2297万元（其中，农行扶持项目7个资金923万元，人行扶持项目7个资金1374万元），州级项目47个资金到位1700万元，收回再贷项目2个资金104万元。63个项目中，种植业项目24个（含收回再贷），贷款1067.5万元；养殖业项目6个，贷款159.8万元；加工业项目23个，贷款1572.7万元；其他项目10个，贷款1301万元。

1995年，6个贫困县的扶贫专项贷款10118万元（不含温饱工程资金），投资项目88个。是年，根据《黔南州扶贫攻坚计划》要求，从掌握一般农业贷款中划出300万元，由州、县（市）财政贴息，专项用于扶持6个非贫困县（市）的特困乡、贫困乡，帮助开发种养业项目6个，到位贷款200万元。国家开发投资公司对三都、罗甸两个贫困县投入扶贫专项贷款1008万元，开发项目5个（年内完成4个，次年完成2个），收回再贷款1820万元，投入工业及乡镇企业项目21个。

1996年，全州6个贫困县立项扶贫开发项目64个，扶贫贷款实际到位总额8731万元。其中，农业项目48个贷款3425万元（种植业项目33个贷款2045万元，养殖业项目15个贷款1380万元），工业项目12个贷款3506万元（其中乡镇企业扶贫项目11个贷款3401万元），能源项目4个贷款1800万元。

是年，在建项目46个。“两山”（麻山、瑶山）16个极贫乡镇共安排落实扶贫项目11个，贷款总额500万元。其中，种植业项目7个，养殖业项目4个。世行配套扶贫项目安排落实10个，总投资1277万元（扶贫贷款705万元）。其中，罗甸县项目4个总投资788万元（贷款410万元），长顺县项目6个总投资479万元（贷款295万元）。国家开发投资公司对三都、罗甸两个贫困县新审批项目5个，总投资2051.05万元。其中贴息贷款1480万元，当年安排910万元，次年安排570万元，两县自筹571.05万元。省、州安排收回再贷配套项目15个，投资总额1033万元。其中：罗甸县3个共260万元；独山县4个共245万元；平塘县3个共238万元；长顺县2个共90万元；三都县3个共200万元。

1997年，国家和省下达黔南州扶贫资金共14460万元（不含省预留15%信贷资金），其中扶贫信贷资金8973万元，以工代赈资金3090万元，财政发展资金2397万元。州、县配套投入4455万元（其中财政配套105万元，项目自筹3020万元，引进资金1330万元）。扶贫信贷资金用于种、养、加项目69个，年内完成项目40个，完成工作量50%以上项目11个，动工项目18个。

1998年，全州累计到位扶贫资金17380万元，其中切块资金15370万元，新增扶贫信贷资金250万元，留省15%信贷扶贫工业项目资金1760万元。省下达的资金切块总量中，扶贫信贷资金8890万元，财政扶贫资金2080万元，以工代赈资金4400万元。三项资金共安排扶贫项目421个，其中信贷资金110个，财政扶贫资金122个，以工代赈资金189个。有种养业项目96个，资金7840万元，占切块贷款的88.2%，其中到贫困乡、村、户项目54个，贷款4874万元。

1999年，省下达黔南州各类扶贫资金共30357万元。实际到位17034.6万元。其中，扶贫信贷资金到位14572万元（小额信贷发放8177万元，种养业项目到位3185万元，省批工业和基础设施项目到位3210万元），财政扶贫资金到位1544.6万元，6个贫困县到位1337.6万元，其余县（市）到位207万元，“以工代赈”资金到位918万元。

1999—2000年，省、州下达6个贫困县和惠水县扶贫信贷资金计划3亿元，计划实施项目163个，实际到位贷款3.48亿元，动工项目115个，年内竣工项目40个。其中：2000年省、州下达资金计划1.28亿元，计划实施项目68个，实际到位贷款1.64亿元（部分资金来源于收回再贷），实际动工项目46个，竣工10个。两年间，省、州下达6个国定贫困县和惠水县的财政扶贫资金4048万元，计划实施项目579个，实际到位资金3116.05万元，动工项目379个，竣工项目156个。其中：2000年省、州下达资金计划2387.9万元，计划实施项目241个，实际到位1219.84万元，动工项目262个，竣工项目51个。下达6个非贫困县（市）州以上小额借款财政专项扶贫资金共1075万元，截止2000年11月底，实际到位使用资金1092.2万元（含县级配套到位17.2万元）。

第四节　易地扶贫搬迁

易地移民扶贫搬迁，是对深山区、石山区等缺乏基本生存条件地区的贫困人口实行异地搬迁安置。在群众自愿的原则下，由政府安排补助投资为搬迁群众建设住房等基本生产生活设施。

黔南州易地移民搬迁安置始于“九五”计划实施初期。1997年，全州完成易地移民安置138户642人，2000年搬迁535户1999人，修建移民新房535套30424平方米，配套修建村级公路23公里，饮水管道4.3公里，输电线路5公里等。搬迁项目完成总投资715万元，其中：以工代赈资金471万元，群众自筹及投劳折资244万元。

进入21世纪，为探索扶贫开发新举措，经国务院批准，国家发展改革委员会安排国债和中央预算内投资在中西部地区部分省区（市）组织实施易地扶贫搬迁试点工程。2001年，省下达黔南州以工代赈（国债资金）易地扶贫搬迁资金3546万元，搬迁安置1475户7084人，建成新房192栋12198平方米。2002年，累计为8004人搬迁群众建住房1799栋。2003年，安排易地扶贫移民搬迁2800户1.2万人，建移民房2800栋16.8万平方米。2004年，中央预算内国债资金易地扶贫搬迁942.2万元，完成易地移民搬迁及茅（危）房改造1200户5500人，建房74710平方米。2005年，省安排易地扶贫安置181户807人，完成易地移民搬迁6000人。2006年，中央安排国债易地扶贫搬迁计划总投资1448.9万元，搬迁规模615户2720户，次年组织实施，全州完成易地移民搬迁5000人。2007年，中央安排国债易地扶贫搬迁工程总投资3049万元，搬迁规模915户3872人。2008年安排工程总投资4096万元，搬迁规模1175户5082人。2009年安排2150万元，搬迁规模1159户5350人。2010年安排3190万元，搬迁规模1799户7930人。2011年安排2300万元，搬迁规模1241户5724人。2012年全州扶贫生态移民搬迁工程项目总投资20431.93万元，计划搬迁2271户10800人，共建19个安置点。至年底，完成投资21580万元，移民住房主体建设基本完工。2013年，省安排黔南州2013年度扶贫生态移民工程任务为4076户17742人，项目覆盖18个安置点，住房建设总投资42434.08万元。中央、省补助16863.6万元，州、县配套到位资金共计14347万元，当年各安置点项目房屋主体基本完工，共3765套，惠及群众16518人，部分基础设施已建成，完成投资3.8亿元。2014年，省发改委下达易地扶贫专项资金14659.8万元，省级配套2443.3万元。搬迁规模24033人，项目安排在全州12个县（市）的21个安置点。是年项目全面开工建设，完成移民房6807套，完成投资43753万元。

第三章　新阶段扶贫工作

2001年，按照国家制定的《中国农村扶贫纲要》，黔南州进入扶贫开发新阶段。扶贫开发项目实施的主要方向是，调整经济结构，突出特色大力发展商品生产，改善生产条件，提高贫困农户自我积累、自我发展的能力。2002年，州委、州政府出台《关于认真做好新阶段扶贫开发工作的决定》。2007年起实施产业化扶贫项目。2010年，省定平塘、独山、三都3个县作为“领导挂点集团帮扶”工作项目县。

第一节　新阶段扶贫开发项目实施

2001年，扶贫开发工作转入新阶段。是年，省下达黔南州各类扶贫资金共26691.95万元，年内到位12608.91万元，动工实施项目103个。其中：信贷扶贫资金10050万元，动工项目21个；财政扶贫资金（含小额借款）1701.41万元，动工项目55个；以工代赈资金857.5万元，动工项目27个。全州新增财政扶贫资金安排项目341个，共投入财政扶贫资金2948.7万元。其中：农田水利项目80个，投入财政扶贫资金741.5万元；乡村道路项目119个，投入财政扶贫资金979.98万元；教育、卫生、文化、广电、农经网等社会服务事业项目142个，投入财政扶贫资金1227.261万元。在省切块到州、县的信贷扶贫资金和财政扶贫资金以及省预留的机动扶贫资金中，州审批投建的种、养业及其农副产品加工业项目共84个，共投入各类扶贫资金9358万元。

2002年，围绕改善贫困乡村经济、社会条件安排各类扶贫资金及项目，全州基本农田、水利、电力、交通、教育、卫生等基础设施建设项目433个，投入资金6214.7万元，占实施各类扶贫项目资金的63%。其中，财政扶贫资金1562.9万元，占全年财政扶贫资金的65%，实施项目306个。是年，全州各县（市）根据省、州、县确定的支柱产业，财政扶贫资金安排种养业开发项目84个，投入资金681.78万元。

2003年，贯彻落实《中共贵州省委关于加大新阶段扶贫开发工作力度的决定》，起步推进一类贫困乡村整乡整村综合扶贫开发。年内，全州15个一类贫困乡共安排投入财政扶贫资金、以工代赈资金、定点帮扶和各类社会扶贫资金4199.2万元，项目583个，每乡平均近280万元、项目39个，其中财政扶贫资金每乡平均143.2万元、项目22个。全州101个一类综合扶贫开发试点村共安排投入各类扶贫资金2851.6万元，项目612个，每村平均28.3万元、项目6个，其中财政扶贫资金每村平均23.3万元、项目4.7个。至年底，2003年度的财政扶贫资金拨到县（市）财政5206.42万元，拨到县（市）扶贫办或中心3943.85万元，动工项目667个；信贷扶贫资金到位13368万元，建设项目23个。

2004年，省分配下达黔南州财政扶贫资金共4678.4万元，审批项目833个。动工项目671个，竣工项目75个。年内，15个贫困乡共安排各类扶贫资金5600.5万元，项目619个，每乡平均373.4万元、项目41个，其中财政扶贫资金每乡平均123.8万元、项目26个。112个一类综合扶贫开发试点村共安排投入各类扶贫资金2442.72万元，项目519个，每村平均21.81万元、项目4.6个，其中财政扶贫资金每村平均17.1万元、项目3.5个。

2005年，全州到位扶贫资金35533.65万元，其中：政策性专项扶贫资金（财政扶贫资金、以工代赈资金、信贷扶贫资金）26741.88万元，其他渠道帮扶资金8791.77万元。投入到15个一类乡4648.36万元，平均每乡310万元。

年内，推行财政扶贫资金种养业"一借双贴"（借种还种或借母还犊，贴息、贴保）扶贫工作新机制，扩大资金的扶持面。全年，全州启动"一借双贴"种养业项目586个，投入财政扶贫资金2228.65万元。其中：种植业项目343个1124.26万元；养殖业项目243个1104.39万元。到位信贷资金1448.68万元。其中，信用社贷款1403.68万元，农行贷款45万元。共完成种植业规模11.41万亩，养殖业规模10.02万头（只），覆盖64个乡、151个村的7.8万农户。

2006年，对一类贫困乡、村整乡整村推进进一步巩固和提高。省分配下达黔南州财政扶贫专项资金共8286.28万元，各类扶贫项目1712个。年底前1712个项目全面启动，竣工项目624个。

年内，对155个一类贫困村实施整村推进，共投入扶持资金7422.67万元，实施项目1460个。其中，财政扶贫资金4685.71万元，项目1220个。整合部门和深圳对口帮扶资金2736.96万元，项目240个。155个村解决温饱人数均达90%以上，共减少贫困人口19659人，占全州解决温饱人口总数36766人的53.47%。

2007年，省、州下达财政扶贫专项资金12284.1万元，启动扶贫项目1549个，完工项目855个。年内，全州166个整村推进共投入各类扶持资金10257.08万元，实施项目1454个。其中：财政扶贫资金5621.6万元，项目1126个；整合部门和深圳对口帮扶资金4635.48万元，项目328个。

2008年，省、州下达财政扶贫专项资金11293.7万元，启动项目1016个，完工项目590个。省确定黔南州实施整村推进195个，实际投入资金实施的村184个（有11个村尚未到位）。184个村共整合投入各类扶持资金13519.88万元，实施项目1034个。其中，财政扶贫资金7130.46万元项目715个，整合部门及深圳对口帮扶资金6389.42万元项目319个。

2009年，省下达黔南州财政扶贫资金13124.09万元，实施项目800个，实际完成项目768个。是年省认定黔南州实施152个整村推进村实施项目786个，投入各类扶持资金16004.79万元，其中财政扶贫资金5492.17万元项目420个，整合部门及深圳对口帮扶资金10512.62万元项目366个。州级领导和州直部门定点联系的15个整村推进村扶贫开发项目投入资金2561.28万元。

2010年，省批复黔南州年度财政扶贫资金14805.7万元，项目464个。是年平塘、独山、三都3个“领导挂点集团帮扶”项目县，项目覆盖3个乡、36个村。项目规划总投资23314.87万元，项目63个。3个项目县共实施完成葡萄、茶叶等种植1.89万亩，养殖鸡、鹅17.18万羽，养殖奶牛497头，全面完成省批复任务。荔波的“县为单位、整合资金、整乡（村）推进、连片开发”项目总投资4273.74万元，其中财政扶贫资金1200万元，整合部门资金3073.74万元。项目覆盖13个村136个组2468户10155人，其中贫困户1864户8003人。完成蜜柚种植18643.4亩，瑶山鸡养殖26.7万羽。

2011年，全州实施扶贫项目846个，投入扶贫资金29686.6万元。其中：国家和省财政扶贫资金项目825个，资金28136.6万元；深圳市对口帮扶财政资金项目19个，资金1250万元；国家开发投资公司帮扶项目2个，资金300万元。完工项目846个。是年，荔波县完成2010—2011年度“连片开发”项目任务，通过省级中期检查。项目投入财政扶贫资金1000万元，整合部门资金4314.2万元。102个项目户挖坑整地22241.75亩，种樟江蜜柚21809.2亩、塔罗科血橙876亩，建设圈舍25个3654平方米，发放鸡苗4万羽。长顺、三都两县“连片开发”项目各投入财政扶贫资金500万元，整合部门项目资金7733.15万元，实施50个子项目。完成修建鸡（鹅）舍46635平方米、发放鸡（鹅）苗170659羽、牧草种植2793.2亩、核桃种植7817.7亩、九阡李种植5140亩。平塘、独山、三都、荔波、长顺、罗甸6个“领导挂点集团帮扶”项目县，项目覆盖6个乡镇61个村。6个项目县共完成各类水果、药材、蔬菜种植面积5.68万亩，饲养鸡、鹅69.76万羽，累计投入财政扶贫资金5120万元。

2012年，全州实施扶贫项目867个、扶贫资金35694.93万元。其中：国家和省财政扶贫资金项目837个，资金33694.93万元；深圳市对口帮扶财政资金项目28个，资金1700万元；深圳市区级财政帮扶项目2个，资金300万元。年内共启动项目577个，完工83个。长顺、罗甸、平塘3个“领导挂点集团帮扶”项目县项目覆盖3个乡镇26个村，总投资13264.34万元。到12月，3个项目县共完成各类果蔬种植1.54万亩，养殖土鸡、绿壳蛋鸡共20万羽，累计投入扶贫资金1300万元。

省批复2012年度罗甸、荔波两县实施革命老区扶贫项目，下达财政专项扶贫资金500万元。罗甸县完成凤亭乡高山村易地搬迁点350米的硬化，对高山村通组公路6.3公里进行了招标。荔波县完成播尧乡通组公路、串户路硬化等物资准备等前期工作，樱桃种植完成土地平整280亩。

长顺、三都两县“连片开发”2011—2012年度项目于2012年通过省级中期督查。至2012年底，长顺县两年完成核桃种植1万余亩，发放绿壳鸡苗21.99万羽，修建鸡舍2.05

万平方米，种草1680亩，发放鹅苗4.68万只，修建鹅舍1万余平方米。三都县两年完成2011年度九阡李种植1.1万亩，育苗40万株，整地待种6000亩，林下养鸡项目雏鸡供种20万羽，建鸡舍2.72万平方米，发放鸡苗16万羽。

2013年共争取省以上财政扶贫资金4.75亿元。完成核桃种植18.35万亩，精品水果种植8900亩，蔬菜种植16000亩，油茶种植14520亩，茶叶种植5050亩，人工种植中药材6430亩，脱毒马铃薯大田推广面积14038.3亩；共建植草地8264亩，建设圈舍4.99万平方米，引进羊10174只、牛370头，养禽35.94万羽；完成“雨露计划”“三位一体”等培训3万余人，转产13670人；“圆梦行动”资助贫困户子女700人，“助学工程”460人；全面完成乡村旅游和革命老区建设项目；扶持企业项目17个，发放贴息贷款262万元；扶持农户8788户，发放小额扶贫贷款贴息资金290万元。是年，国家投资开发公司帮扶资金400万元，完成饮水工程项目2个，覆盖2个贫困村、3624人。广州市落实财政帮扶资金3000万元，启动项目25个，其中通组道路项目14个，校园基础设施项目1个，人畜饮水及灌溉项目5个，其他项目5个。项目覆盖14个贫困村24374人。

2014年，省下拨2013年度省以上财政专项扶贫资金4.75亿元，蔬菜、水果、茶叶、中药材、马铃薯、油茶、核桃、生态畜牧、乡村旅游、“雨露计划”、干部培训等项目全面完成年度建设任务。完成投资4.41亿元。全州共争取2014年度省以上财政专项扶贫资金3.87亿元，到项目资金2.85亿元。完成种植茶叶3916亩、水果5125亩、蔬菜3900亩、中药材3600亩、油茶1.7万亩、核桃13.1万亩、马铃薯1.38万亩，引进种畜1.32万头（只）、养殖家禽39.11万羽；“雨露计划”培训2.35万人，贫困地区干部培训1427人；建成小康寨项目9个、小康路项目3个，小康水项目打井108口。是年，争取到广州市帮扶资金3200万元，启动帮扶项目22个。争取到国家投资开发公司2014年度帮扶资金400万元，项目全部启动。

第二节 农村劳动力转移

组织贫困地区剩余劳动力和外出务工，增加贫困地区农户家庭经济收入，是扶贫开发的一项措施。各级党委和政府组建劳务输出服务机构，开展输前培训、建档立卡、跟踪服务等工作。1997年，各贫困县劳务输出4.98万人（次），其中有组织输出8000多人，输出的劳务人员年人均年纯收入可增加2000元以上。次年，6个贫困县劳务输出6.5万余人，其中深圳市吸纳劳务输出人员2376人。

2000年，世界银行扶贫黔南项目区劳务输出项目完成投资1312.65万元，项目区完成劳务输出5829人。2001年，项目区完成劳务输出项目总投资1496.56万元，输出10163人。

2003年，6个贫困县共完成劳务输出15.3万人（次），输出人员年人均收入3480元，是6个贫困县农民年人均纯收入1208元的2.8倍。是年，全州劳务输出23.83万人（次），输出人员人均年创收3730元。

2004年，全州贫困地区非农业技能培训40期2036人，其中培训后转移安置就业1483人，就业率72.83%。专项劳动力转移培训1004人，就业率98.8%。

2005年起，省下达农村劳动力转移培训和输出任务，给予培训经费。是年全州完成培训10663人，其中引导性培训4949人，技能培训5714人。各地借鉴罗甸县开展联盟、订单培训、定向输出的经验，主动与用工单位、企业联系合作，输出9098人就业，培训输出就业率明显提高。

2006年，全州共培训10078人，输出就业9221人。输出地主要是“珠三角”，少数输出到“长三角”、京津地区。培训单位为黔南州建筑培训中心、黔南民族技术职业学院和各县市教学点。培训的专业主要为电子电工、缝纫、焊工、建筑等。参加农村劳动力转移培训输出的就业学员，年均收入达到1万元左右，基本上实现“培训转移1人、稳定脱贫1户”的目标。

2007—2012年，全州培训后输出（转移、转产就业）劳动力82451人。其中，2007年由建筑培训中心培训合格的1050人核发全国通用的建设部“职业技能岗位证书”（初级），合格学员有950人实现就地转移就业，就业学员月收入1000～2200元。全州转移就业学员9049人，2008年输出就业10089人，2009年转移（转产）12240人，2010年转移（转产）19069人。转移学员主要输出到“长三角”“珠三角”及东南沿海等地就业。

2011年，全州农业产业化技能培训16255人，转产16255人；初级技工培训1000人，转移就业851人。2012年，全州完成农业产业化技能培训15358人，转产14446人；初级技工培训500人，转移就业452人。

2013—2014年，全州完成培训2.35万人，转产1.37万人。

第三节　产业化扶贫

在新阶段扶贫项目安排中，包含有产业化扶贫项目的实施，项目使用财政扶贫资金建设，实施地进行县级配套，并整合部门资金实施。2007年，省批复黔南州实施产业化科技扶贫项目12个。2008年底，长顺、独山、惠水、平塘4个县草地生态畜牧业产业化科技扶贫由县财政垫支启动实施。2009年，在实施已批复的12个项目的基础上，省新批复罗甸县草地生态畜牧业产业化科技扶贫项目、三都县蔬菜产业化项目、平塘县油茶产业化项目。到年底，全州产业化项目实施进度总体达到60%以上。

2010年，省共批复黔南州产业化扶贫项目13个。长顺、惠水、平塘、独山、罗甸5个县实施的生态畜牧产业扶贫项目按期完成，共投入项目资金7859万元，引进种羊3万只、肉牛1500头，人工种草4.59万亩，圈舍修建5.96万平方米。项目共扶持19个乡53个村1769户8091人，其中贫困户1300户5927人。平塘县油茶产业化扶贫项目于次年完成省批复的种植油茶1.01万亩。罗甸、独山、三都县实施蔬菜产业化扶贫项目分别在三个县的5个乡（镇）的29个村实施，共完成蔬菜大田种植1.87万亩，采购安装单体大棚202个、连栋大棚6个，建成产地批发市场3个，采购安装太阳能杀虫灯280台、露地喷灌设施5.4亩。项目区群众户均增收5602元，人均增收1337元。省批复福泉、贵定、龙里、瓮安、都匀、长顺、罗甸7个县（市）实施乡镇特色产业扶贫项目均按时完成建设任务，共种植核桃板栗1.98万亩、药材4500亩、火龙果690亩，养殖绿壳蛋鸡10万羽、种鹅3750羽，建植草地3250亩。

2011年，省批复平塘、荔波2个县实施油茶产业化扶贫项目，两县年内共完成整地1.75万亩。省批复罗甸、独山、荔波、长顺、瓮安、都匀、福泉、贵定、惠水9个县（市）实施优质干果（药）产业扶贫项目，年内建设任务完成过半。省批复荔波县实施4000亩油桐产业化扶贫项目。省批复贵定、长顺实施蔬菜产业化扶贫项目，年内完成蔬菜大田种植1.04万亩，安装单体大棚143个、连栋大棚7个、露地喷灌设施500亩，建成产地批发市场2个，采购太阳能杀虫灯100台。是年，长顺、惠水、平塘、独山、罗甸5个县草地生态畜牧业产业化项目共建植草地2.8万亩，圈舍建设4万平方米，种畜引进1.9万只（头）。至次年引进种羊2.97万只、牛2698头、禽9.05万羽，人工种草6.36万亩，圈舍修建6.61万平方米。项目共扶持10乡（镇）30个村2307农户10816人，其中贫困户1679农户7836人。项目农户户均增收9847元，人均增收2171元。

2012年，省批复长顺、平塘、罗甸、独山、惠水、龙里6个县生态畜牧业产业化扶贫项目，年内龙里县完成建设任务，其余县完成过半。龙里县共建植草地1.09万亩，建设圈舍10万平方米，种畜引进27.9万只（头）。省批复黔南州各县（市）核桃种植任务共27万亩，年内，罗甸县超额完成全年种植计划任务。省批复省批复平塘、罗甸、荔波3个县实施2011年度、2012年度优质油茶种植项目，2012年共完成油茶种植4.85万亩。省批复罗甸、瓮安、惠水、龙里、荔波、长顺6个县实施蔬菜产业化扶贫项目，年内共完成蔬菜大田种植4.73万亩。省批复长顺、三都、独山、荔波、贵定5个县实施精品水果产业化扶贫项目，年内共实施1.47万亩。省批复贵定、长顺2县实施茶叶项目，年内完成200亩育苗基地整地、喷灌设施安装。省批复罗甸、独山、龙里、长顺、福泉5个县（市）实施中药材种植项目6个，年内种植药材（艾纳香、板蓝根、玄参，续断）7700亩，整地待种8700亩，整体进度60%。省批复罗甸、瓮安、长顺、荔波县实施乡村旅游扶贫项目8个，年内除长顺项目外其余全部启动。省批复福泉、都匀、长顺、平塘、罗甸5个县（市）实施乡镇特色产业项目9个，建设项目有火鸡养殖、大鲵养殖，年内建设任务过半。是年，荔波县实施的2011年度油桐产业化扶贫项目，共种植油桐4000亩，发放瑶山鸡苗10.05万羽。长顺、贵定、独山、三都4个县实施的2011年度蔬菜产业化扶贫项目，完成蔬菜大田种植3.13万亩。项目在4个县的6个乡（镇）的27个村实施，覆盖5735户2.76万人，其中贫困户2764户1.17万人，农民户均增收8542元，人均增收1776元。省批复2011年度长顺县实施的茶叶种植项目延期到2012年实施，涉及1个镇3个村200农户840人，完成水池、机耕道等，种植茶叶1200余亩。都匀、福泉两市实施的2011年度3个中药材种植项目，共完成药材种植1.06万亩，项目涉及4个乡镇16个村。贵定县云雾镇、荔波县洞塘乡、龙里县醒狮镇实施的2011年度6个乡村旅游项目完成。

2013年，独山、长顺2县扶贫产业园区被列入全省扶贫重点园区，享受重点扶持，两个园区共获省园区专项资金2200万元支持；都匀王司镇中药材产业园区获州中药材产业资金175万元支持，园区项目当年组织实施。

2014年，罗甸、独山、长顺扶贫产业园区共获得园区专项资金1600万元，当年完成水果种植4375亩、中药材种植9612亩，发放绿壳蛋鸡鸡苗1万羽。是年启动长顺县东西合作有机农特产品集散中心和信息化平台实施建设。

第四章　对口帮扶　定点扶贫　社会资助

黔南州的扶贫工作，得到社会各界的资助，先后有深圳市、广州市进行对口帮扶，有中国科学院、国家计委、国家林业局、中国农科院、国家开发投资公司等部委进行定点扶贫，部分县还实施世界银行扶贫贷款项目。

第一节　对口帮扶

深圳市于1995年5月起帮扶三都县。5月10日，深圳“特区与山区心连心”活动考察团到三都县考察，决定扶持发展三都的教育事业。7月28日，深圳市代表团到三都县，将市属近百家企业40万员工的捐款1330万元捐赠三都县，其中用1030万元建设21所希望学校，用300万元成立“心连心教育发展基金”，奖励为三都教育事业作出突出贡献的教职工和救助失学、辍学儿童。同时还赠送衣被等物品。深圳与黔南州的帮扶活动正式启动。次年8月，21所“希望学校”落成，共建教室197间，解决800名学生入学问题；教育基金年利息40万元，使3000名失、辍学儿童重返校园。

1996年4月底，深圳市经济协作考察团到黔南考察，与黔南州商定5个扶持项目，利用深圳的经济合作发展基金，以低息贷款的形式，对黔南进行项目扶持。

1996年7月，中共中央明确由深圳对口帮扶黔南。8月28日，深圳市党政考察团来黔南考察经济协作项目，商定由深圳市口岸工委对口帮扶独山县，深圳市罗湖区对口帮扶长顺县，深圳市龙岗区对口帮扶罗甸县，深圳市投资管理公司对口帮扶三都县，深圳市建设投资控股公司对口帮扶平塘县，深圳市商贸投资控股公司对口帮扶荔波县。此次考察，考察团代表深圳市向黔南州捐赠资金600万元，用于黔南州贫困地区水、电、路、教育、医疗等农村基础设施建设，州安排12个县（市）建设项目30个。按照互利互惠原则，深圳市与黔南州经济合作对口帮扶项目总额为1100万元的低息贷款，投资项目签订合同5个。

考察团代表深圳市委、市政府决定，从1996年起，每年为黔南州免费培训乡（镇）以上经济管理干部和企业经理2期100名，为三都县培训1期50名。通过此次考察，深圳市对口扶持工作由捐赠式扶持向开发式扶持发展。

1997年4月21日，深圳市政府组织深圳市企业考察团到黔南考察，与黔南签订5个合作项目。5月29日、7月6日和8月14日，深圳市罗湖区先后3次派考察团到长顺县考察，向长顺县捐资600万元。6月18日，深圳市商贸投资控股公司的9家企业负责人赴荔波县考察，8月25—28日，该公司10个企业的党委书记、总经理再次对荔波县进行考察，同时将全体员工捐献的750万元款捐赠荔波县，其中650万元用于修建6所希望小学和荔波民族中学综合楼、甲良中学学生宿舍楼、播尧中学多功能厅教学楼，100万元用于瑶山移民扶贫开发。7月19日，深圳市龙岗区考察团到罗甸县商谈对口扶贫工作，并向罗甸县捐赠600万元，援建小水池（窖）7000个、希望小学10所。7月和8月，深圳市鸿基集团公司“心连心”考察团、深圳市发展银行考察团、深圳市投资管理公司、深圳市医药生产供应公司代表团先后考察三都县。

8月11日，在贵阳举行的“深圳市·贵州省对口扶持捐款暨经济合作签约仪式”上，深圳市委、市政府向贵州省捐赠扶贫款1450万元，其中800万元捐赠黔南州贫困地区。深圳市与贵州签署的19个经济合作项目中，与黔南州签订13个。

8月27日，深圳市投资控股公司考察团到平塘县考察，向平塘县捐赠568万元。9月4—5日，深圳市口岸工委深业（集团）有限公司帮扶工作代表团到独山县考察，向独山县捐款385万元，捐衣物6万余件。9月21日，深圳市投资管理公司考察三都县的扶贫项目和扶贫情况，同时向三都县捐款780万元。至此，深圳1995—1997年对三都的捐赠资金共1502.04万元。是年，深圳市民政部门向黔南捐款150万元，市属机关干部职工捐衣物等12.2万件（套），仅三都县接受的电教器材、电视机、衣物等捐赠物资价值250万元。是年底，深圳市于1996年捐赠600万元安排的30个基础设施项目竣工29个，1个在建（州人民医院门诊大楼），完成总投资1335.08万元（自筹735.08万元）。其中：完成人畜饮水项目5个，投资85万元，解决25个村4092户1.88万人饮水问题；完成农村照明用电项目9个，投资140万元，架设输电线83.23公里，解决46个村7449户的生产生活用电问题；完成乡村公路建设项目7个，投资121万元，修筑乡村公路89.06公里，使7个乡镇通公路，5万人受益；完成乡村卫生所项目2个，投资166万元，修建、改造乡村卫生所7000平方米；完成教育项目7个，投资88万元，修建改造教室2423平方米，解决2710名少数民族贫困子女入学难问题。

1995—1997年，深圳市共帮扶黔南扶贫项目124项。其中，无偿捐赠资金帮扶项目118项，贷款额1370万元；签订意向性项目6项，意向资金额17750万元；捐赠物资折款261.02万元。

2000年6月，黔南州境内遭受特大水灾，深圳市向黔南州捐赠棉被、毛毯、衣物等143万件（套），价值约250万元。救灾物资由专列火车从深圳发往都匀，其中向6个贫困县捐赠的衣物就有6个火车厢、8902包、价值178万元。深圳市6个对口帮扶部门同时对

6个贫困县给予捐赠。深圳商贸投资控股公司向荔波县捐赠救灾资金130万元，捐送衣物2.12万件（套）。深圳市龙岗区向罗甸县捐款120万元用于小水池（窖）建设。

至2000年底，黔南州累计接受深圳捐赠资金达7779.94万元。其中，教育捐赠4133.53万元，医疗卫生事业帮扶资金1239万元。教育捐赠为全州改扩建中小学106所（中学16所，小学90所），总建筑面积9.8万多平方米；建立教育基金480万元，救助贫困学生（失学儿童）4572余人（次）。完成深圳援建项目83项，共解决55个村815户3.7万人饮水难问题，解决76个村1.24万户5.84万人的生活和加工用电难问题，11个乡（镇）、37个村组通路，解决6.78万人交通运输行路难问题，7500人用上程控电话，1.2万人得到各种农业实用技术培训。实施深圳市经济合作发展基金贷款项目30项，有5个项目被批准获深圳市政府贴息贷款4500万元。深圳与黔南民间企业之间合作项目11项，总投资1.92亿元。兴建容纳1.5万人农村集贸市场1个。免费培训党政干部和企业厂长（经理）19期886人，接纳51名医技人员赴深圳进修学习，培训学校校长30名。黔南州劳务输出人员就业11.84万人。

2001年，无偿捐资总额1519万元，衣被110万件（条）。其中：政府捐款689万元，企业、社会捐款830万元。政府捐款安排用于黔南民族师范学院建设500万元，长顺县罗湖妇幼保健医院70万元、广顺医院60万元、罗湖小学9万元、广顺中学30万元、县机关幼儿园20万元。企业、社会捐款中，深圳投资管理公司向三都县捐赠150万元，用于贫困地区教学、卫生设施建设；深圳商贸控股公司向荔波县捐赠480万元，用于扩建县人民医院门诊综合大楼；深圳投资控股公司向平塘县捐赠200万元，继续扶持平塘医院扫尾工程建设。年内，由深圳基金会与黔南州招商引资局签订协作扶贫开发贷款项目9个，协议投资2011万元，实际投资1330万元。

2002年，全年获无偿捐赠资金1024.54万元。罗甸县获深圳龙岗区捐赠150万元，用于修建小水池（窖）、希望小学及乡卫生院建设。荔波县获深圳投资控股公司捐赠480万元，用于改扩建荔波县医院；另有衣物9万件（套），价值19.92万元。荔波62名乡镇党政干部免费受训。三都县获深圳投资管理公司及所属企业、机场集团公司、深圳牵油集团、深圳大学、深圳鸿基集团、深圳市服装工艺公司、深圳周刊杂志社等10家单位和企业捐赠支教建设资金134.54万元。深圳市建设投资控股公司向平塘县捐资30万元用于医院扫尾工程。深圳盐田区教育局向平塘县捐资85万元，用于贫困学生助学金及县教育建设基金。深圳罗湖区向长顺县捐资120万元，用于长顺罗湖妇幼保健院50万元，广顺罗湖医院30万元，广顺中学20万元，县城关幼儿园教学楼20万元。是年，深圳捐赠资金共兴建医院、妇幼保健院5所，学校、幼儿园7所，修建小水池（窖）1000个，设立教育基金2项，还为三都、荔波等县培训乡镇、公司企业、县直部门领导干部104人。

是年，州招商引资局先后向深圳市经济合作发展基金会推荐贷款项目17个，申请贷款1700万元，引资12721万元。

根据党中共中央、国务院关于新阶段扶贫开发实行“整村推进、综合开发、到村到户”的总体要求，从2003年开始，深圳市对口帮扶办公室多次组成考察团到黔南州重点县贫困乡村现场调研，确定以“双改”（改善群众生产条件、改善群众生活条件）项目进行帮扶。即每年每县选定2个贫困村作为综合扶贫开发试点村，每村选择2~3个制约贫困地区脱贫致富、群众迫切要求解决的突出问题作为扶贫项目。

2003年，全年共获深圳市党政机关、企业、帮扶结对单位捐赠无偿资金2036.96万元。其中，帮扶三都、荔波、长顺、罗甸、独山、平塘6个扶贫工作重点县的教育、卫生、农村基础设施扶贫项目无偿资金1244.96万元；审批第一批“双改”项目32项，资金792万元（项目于次年竣工31个）。年内，免费为黔南州培训党政干部（含组工干部）、国有企业厂长、经理5期175人。全州获得深圳市经济合作发展基金贷款项目33项，贷款总额5350万元。其中由州、县政府承贷项目29项4500万元，由在黔南投资的州外企业承贷项目4项850万元。是年，深圳市部分企业（含个体企业）与黔南州企业合作项目17个总投资2.43亿元，深圳方投资21260万元（年内到位8500万元）。

2004年，深圳市共捐赠帮扶资金2094.09万元。深圳市委、市政府、市经济合作发展基金管理委员会及结对帮扶黔南州的6个帮扶结对单位以及深圳相关企业集团公司，对6个重点县和都匀市的教育、卫生、人畜饮水、乡村道路等基础设施项目共捐赠帮扶资金1144.09万元；第二批“双改”项目9个，帮扶资金350万元。年内，深圳市为黔南州举办干部培训班7期，培训干部249人。

2005年，深圳市帮扶资金总计2038万元。其中1270万元用于三都、荔波、独山、平塘、罗甸、长顺、都匀、龙里8个县（市）的16个重点村，帮扶基础设施建设项目42个。年内，项目全面启动，资金全部到位。至次年组织州级验收，共新建小水池（窖）226个，村小学5所1975平方米，沼气池350口，茅草房改造1530平方米，村卫生室1个195.3平方米，村综合服务室1个80平方米。年内，深圳市为黔南州培训干部、医务人员等7期共284人。

2006年，深圳市帮扶黔南州资金总计2370.5万元。其中，深圳市级财政帮扶资金1255万元，实施帮扶项目47个。主要对三都、荔波、独山、平塘、罗甸、长顺、都匀、龙里、惠水9个县（市）的13个乡17个贫困村的基础设施建设项目进行帮扶，项目涉及农村人畜饮水、乡村道路、乡村小学、沼气建设、村办公用房等。深圳结对帮扶单位捐资1026万元，用于重点县基础设施项目建设。是年，中共深圳市委组织部为黔南州举办副县（处）级干部培训班5期210人。培训教师、医务、工商管理等人员59人。

2007年，深圳帮扶黔南州的各类资金总计2863.97万元。其中：财政专项资金1250万元，项目共22个，其中20个项目850万元扶持6个重点县的12个一类村，受益农户1.37万人；结对帮扶捐资1313.97万元，援建项目涉及农村人畜饮水、乡村道路及村寨道路硬化、沼气配套建设、乡村小学、安居房、新农村示范点、助民增收工程项目及州中医院民族特色医疗大楼、州民族师范学院教学大楼等。年内，深圳市委组织部在深圳经理进修学院为黔南举办3期150人干部培训班。

2008年，深圳市对口扶持扶贫项目22个，总投资1833.07万元，其中深圳市级财政帮扶资金1200万元，自筹633.07万元。22个项目中，有交通道路项目11个，水利人饮项目

6个，危房改造项目2个，教育卫生项目2个，种植项目1个。项目覆盖10个乡镇13个村，受益6612户32012人。

2009年，深圳市委、市政府帮扶资金1600万元，实施项目42个〔第一批资金1300万元，项目32个；第二批（新增）资金300万元，项目10个〕。项目共扶持11个县（市）24个贫困村和2个州级单位，项目建设内容以通村和村寨道路、危房改造、农田灌溉和防洪沟渠、人畜饮水、医疗卫生、人才培训基地和改善医疗条件等为主。经次年验收，42个项目有41个项目如期完成。项目区内的24个贫困村、65个村民组，有1.06万户3.5万人受益，其中危房改造123户，受益499人；村寨道路建设总长49.2公里，硬化路面19.68万平方米，受益2.72万人；安装输水管道32.2公里，修建小水池水窖333个，解决7964人饮水困难，实现保灌农田2861亩。

2010年度，深圳市帮扶资金1300万元，其中抗旱救灾资金100万元，项目资金1200万元。经深圳市对口办批复同意，2010年度帮扶黔南州12个县（市）17个贫困村共23个项目。其中，道路项目8个，人畜饮水及灌溉项目12个，危房改造项目2个，其他1个。经次年验收，23个项目竣工21个，未完工2个。项目覆盖17个村、65个村民组，共有1.06万户2.53万人受益，实现保灌农田7150亩。新阶段扶贫开发10年，深圳市对黔南州捐赠资金累计达23989.48万元，其中：深圳市财政援助7699万元，帮扶项目224个。

2011年，深圳市对口帮扶黔南州10个县（市）13个贫困村共19个项目，帮扶资金1250万元。19个项目中有道路项目12个，人畜饮水及灌溉项目3个，危房改造项目2个，其他2个。经次年验收，共建设通组公路39.1公里，村寨路面硬化13107平方米，受益群众16614人；修建管道（渠）31公里，建小水窖36口，解决4451人饮水困难，灌溉农田1003亩；改造危房127套，301人住进安居房。

2012年，深圳市投入帮扶资金2254.95万元，其中市级财政1430万元，其他824.95万元。资金投入基础设施建设1130万元（修建道路39.88公里，新建饮水工程2个，居民住房项目1个，农产品批发市场1个，受益农户17481户），投入产业开发1010万元，投入文化教育114.955万元（其中资助贫困学生1129人）。年内，深圳市与黔南州3个企业（1个为新增）签订协议合作项目5个，实施1个；协议投资3550万元，实际到位15150万元，吸收200人就业。是年，深圳市各界共捐款176.37万元，捐物折款120万元。开展两地领导干部互访，深圳领导干部到黔南120人（次），黔南领导干部到深圳92人（次）。深圳到黔南挂职8人，黔南到深圳挂职12人。黔南各行业专业技术人才到深圳学习15人。深圳市开办黔南干部培训班3期150人（次）。全州各县（市）有组织向深圳输出劳动力3500人（次），创收7100万元。

2013年，根据国务院《关于开展对口帮扶贵州工作的指导意见》，国家发改委明确广州市对口帮扶黔南州，深圳市不再对口帮扶黔南。是年，除继续完成2012年度深圳援建项目外，签订《广州对口帮扶黔南框架协议》，广州市协作办发出《关于同意2013年度广州市对口帮扶黔南州财政帮扶资金建设项目的函》，决定帮扶黔南州无偿专项资金建设项目25个，其中，通组道路项目14个，校园基础设施项目1个，人畜饮水及灌溉项目5个，其他项目5个。25个项目（于次年全部竣工）共扶持14个贫困村，2.4万余人受益，计划总投资3575万元，其中，广州市财政帮扶资金3000万元。是年，广州市各界捐赠价值103.2万元，衣物1.7万余件。

2014年，广州市对口帮扶工作以6个贫困县为重点，安排投入帮扶资金3200万元，帮扶项目22个，其中：通组道路项目17个，校园基础设施项目2个，其他项目3个。共覆盖17个乡（镇）、18个贫困村、22947人。黔南于10月中旬组织对各县（市）上报的项目实施方案进行审查并批复，县（市）如期组织实施。穗黔两地合作项目签约93个，资金434.01亿元，项目涉及种植、物流商贸、加工、旅游等产业。为黔南州培训干部2期100人，接收黔南州跟岗学习干部28人、挂职锻炼干部56名。广州各区（市）、部门结对帮扶黔南州县（市）共无偿投入帮扶资金1480.8万元，主要用于饮水、通组串户道路、生态移民、学校设施、扶持产业项目及园区等建设。

第二节　定点扶贫

一、中央国家机关定点扶贫

1987年，林业部开始对黔桂九万大山地区5地（州）18个贫困县开展对口扶贫工作，黔南州的三都、荔波、独山县被列为定点扶贫县。1991年1月5—7日，黔桂九万大山地区扶贫工作会议在都匀召开。

1994年，国家开发投资公司、中国科学院定点扶持罗甸县和三都县，国家开发银行定点扶持三都县，林业部定点扶持三都、荔波、独山3个县，中国科学院定点扶持长顺县。是年至次年，各定点帮扶单位开展了实地考察调研和项目规划。

1995年，国家开发投资公司投资开发5个扶贫工业项目，到位资金1008万元。林业部投入无偿资金154.5万元，为帮扶区兴办封山育林、林业科技服务、森林防火等林业综合开发和基础设施共7个项目。1996年，林业部、国家投资公司帮助罗甸、三都、荔波、独山4个县兴办项目17个，总投资1505万元。其中，国家投资公司扶持项目7个，投资1336万元；林业部扶持项目10个，投资169万元。

1997年1月，林业部部长徐有芳视察黔南九万大山林业扶贫工作，解决黔南林业扶贫资金90万元，落实三都、独山希望小学等建设项目，明确独山县为全国山区综合开发试点县。3月，贵州省九万大山地区林业扶贫工作会议在福泉市召开。5月，林业部送科技下乡专家组13人到三都、荔波、独山县等地，共举办4场科技下乡扶贫报告会，有378人（次）与会。是年，国家开发投资公司继续扶持三都、罗甸续建项目4个，新建项目1个，总投资645万元，无偿捐赠40万元为罗甸县罗羊乡建成希望小学1所，并赠送大量衣物。林业部继续在三都、荔波、独山县发展林业项目。1995—1997年，国家开发投资公司在黔南州投资开发的项目多数竣工投产，产生效益。

1998年，中直部门定点帮扶黔南的3个部门挂任职干部6人（国家林业局1人，中国科学院2人，中国农科院3人）。3个部门共派出93人（领导6人、局司级25人、处级64人）到黔南考察，直接投入扶持项目资金共828万元，协助引进资金2680万元，帮助上项目38个，引进技术21项，举办各类技术培训班9期520人（次）。是年11月，贫困地区林业发展项目（简称FDPA）在黔南州启动，荔波、平塘、龙里、瓮安、独山和惠水6个县被列为项目实施县。

1999年，中直部门定点帮扶黔南州的挂任职干部增加1人（国家林业局增1人）。年内，3个部门共派出36人（领导干部2人、局司级6人、处级干部28人）到黔南考察。国家林业局帮助独山、荔波2个县直接投入发展雷竹、金秋梨项目资金165万元，培训费15万元。3个部门共协助引进资金2007万元，帮助上项目12个，引进技术人才3人，引进技术9项，举办各类技术培训班9期390人（次），帮助修建乡村小学校1所，资助贫困学生20名。

2000年，中直部门定点帮扶黔南州的挂任职干部为4个部门5名（中国科学院2人、国家计委1人、建设部1人、国家林业局1人）。年内，国家林业局直接投入260万元，用于独山、荔波、三都3个县林区、基层林业站和希望学校建设。农业部帮助独山县建中国南方草地示范基地项目。全年4部门为黔南直接投入资金共262万元，协助引资6770万元，上项目14个，引进技术3项，修建校舍1所，举办各类培训班10期共750人（次）。

"八七"扶贫攻坚期间，国家林业局扶持黔南州专项资金7000万元，项目73个；国家开发投资公司扶持罗甸、三都两县资金3000万元，建希望小学1所，帮扶项目12个；中国农科院养猪专家在贵定挂职期间，培训养猪技术千余人（次）。中科院干部在黔南挂职任副州长期间，为黔南州引进资金5000多万元。

进入新阶段扶贫开发后，国务院扶贫办重新调整了中直部门在黔南的对口帮扶单位。由中国华联发展集团定点帮扶长顺县，国家开发投资公司定点帮扶罗甸、平塘县；国家林业局继续定点帮扶独山、荔波、三都3个县。

2002年6月，中国华联发展集团赴长顺县考察，意向同意帮助建凯佐、新寨2所希望学校，1个生态示范村，办一个劳务输出培训班，捐资80余万元。另向长顺捐赠价值120万元的"南极人"保暖内衣1万件。

年内，国家林业局在黔南州各县调研14次53人（次）。国家林业局、省林业厅安排给黔南州林业工程（天保林、退耕还林、珠防林）资金5000.4万元，预算内林业基本建设投资117万元，共计5117.4万元，资金全部到位。国家开发投资公司开展罗甸、平塘两县扶贫调研和规划。公司响应中国扶贫基金会发起的"新长城"特困大学生资助项目，对平塘、罗甸两县63名录取省内外大专院校的贫困生，每人每年提供2000元生活费，共资助12.6万元。年底，公司主要领导率队到两县签订新阶段扶贫帮扶规划。

2003年，国家林业局、省林业厅新增黔南州独山、荔波、三都3县林业建设发展资金627万元，其中防护林工程资金310万元，小型公益林、九万大山造林、林业科技推广项目265万元，绿色通道建设、防火、基层林业站建设52万元。华联集团对长顺县帮扶236.5万元，其中50万元用于新建凯佐华联中学，13万元用于鼓扬、翁拉等贫困村沼气建设，捐送羽绒服1万件，价值173.5万元，安置50人就业。国家开发投资公司再次对平塘、罗甸两县考察调研后，重新制定帮扶规划，确定帮扶重点：捐助资金1000万元在两县各建一座青少年活动中心；在原有资助的基础上，每年再捐助两县当年升入大学的特困生60人，至2010年共捐助特困大学生1460人，捐助金额292万元；将“八七”扶贫攻坚期间有偿扶持罗甸、三都两县的2989万元扶贫资金，收回再扶持两县。

2004年，国家林业局、省林业厅对黔南州的帮扶项目资金总计1896.56万元，其中林业工程（天保、珠防）资金1741万元，林业基础设施建设资金155.56万元。国家开发投资公司实施对平塘、罗甸两县帮扶项目，即各建一座青少年儿童活动中心，年内完成了工程实施准备工作。华联发展集团捐资4.8万元帮助长顺县贫困学生推动“手拉手”活动，共资助中小学贫困生200名。

2005年，国家林业局、省林业厅共安排黔南州林业项目扶持资金20460万元。含中央国债资金2858万元，中央财政资金17484万元，省财政资金218万元。资金用于林业工程（天保、防护林、退耕还林）19823万元，种苗工程286万元，森林病虫害防治89万元，林业站建设82万元，扶持困难林场180万元。从年初开始，国家林业局共13批42人到州考察调研林业发展扶贫工作。9月27—28日，全国山区综合开发暨林业对口扶贫工作会议在都匀召开。是年，国家开发投资公司对平塘、罗甸两县继续实施多功能青少年活动中心建设项目，年内到位资金600万元。年底两座中心基础工程基本完成，进入主体工程建设。年内，罗甸县南部乡镇遭受特大暴雨袭击，国投公司捐赠资金55万元（其中职工捐资5万元），支援灾区群众，并为两县500户特困户捐赠慰问金10万元。

2006年，国家林业局对黔南安排项目扶持资金21918.03万元。其中，林业工程（退耕还林、天保、珠防林）资金19171.7万元，森林生态效益补偿资金1983.11万元，九万大山（三都、荔波、独山3县）资金290万元，森林植被恢复资金166万元，森林有害生物补助资金125万元，贫困林场扶贫资金182.22万元。国家投资公司在平塘、罗甸两县实施的多功能青少年活动中心帮扶项目年底建成。公司继续执行两县考取本科大学贫困生帮扶计划。年内向贵州信邦制约股份有限公司提供贷款300万元。

2007年，国家林业局、省林业厅对黔南州安排林业扶贫项目扶持资金21494.32万元，其中：林业工程（退耕还林、天保、珠防林）资金16797.05万元，重点工程治理配套资金465万元，森林生态效益补偿资金1785万元，扶贫工程资金285万元，育苗资金160万元，农业综合开发（经果林）资金200万元，林业扶贫项目专项资金405万元，其他林业基本设施建设扶持资金1397.27万元。国家林业局国有林场和林木种苗总站管理处一名副处长挂任三都县县委常委、县政府副县长期间，共为黔南争取到位林业扶贫资金181万元，其中，引种费6万元，贫困林场建设资金30万元，中幼林抚育资金50万元，九万大山造林资金95万元。

国家开发投资公司重点帮扶罗甸县董架乡东跃村和平塘县掌布乡高寨村，各投入帮扶资金150万元修建人饮灌溉工程。东跃村工程年内基本完工，解决该村487人的饮水难和546亩旱地灌溉问题。高寨村工程于2008年元月底建成，共解决高寨、马塘、川洞3个片区509户2279人的饮水困难。是年，平塘县遭受“7·26”洪灾，国投公司向平塘县捐送慰问金50万元（其中员工捐资5万元）。继续执行对两县考上本科大学贫困生资助计划。2002—2007年，已累计资助两县贫困大学生350万元，向两县500户特困户捐赠慰问金10万元。

2008年，国家林业局、国家开发投资公司共计投入黔南州各类帮扶资金2474.24万元。其中，国家林业局林业扶贫项目和灾后补助资金1814万元；国家开发投资公司用于平塘、罗甸两县人畜饮水工程、捐资及企业扶贫贷款660.24万元。

2009年，国家开发投资公司帮扶罗甸、平塘两县项目6个，投资300万元。其中，罗甸县4个项目，扶持两个村小水池建设和村寨道路硬化，项目投资150万元；平塘县人饮项目1个，扶持5个村，解决千余人长期饮水困难，投资150万元。

2010年，国家林业局派出1名局级干部到黔南州挂职，引进资金21492万元，帮助落实扶贫项目1个，举办各类培训班4期，培训73人（干部65人，技术人员8人）。国家开发投资公司派出挂职干部3人，赴定点县考察4人（次），年内直接投入资金710万元，帮扶项目2个。其中：帮扶罗甸县栗木乡深井村新建取水工程1个，工程总投资171.33万元（国投帮扶资金150万元，该项目2011年2月底竣工）；捐资150万元帮助平塘县谷硐乡翁片村修建人畜饮水工程1个；向罗甸县信邦药业投放300万元信贷资金；分别为罗甸、平塘两县各捐助50万元抗旱救灾资金；为罗甸、平塘两县提供“两节”慰问金各10万元。

2002—2010年，3个定点帮扶单位共派出挂职干部36人到6个贫困县定点帮扶，分期分批到定点扶贫县考察350人（次），直接投入无偿和有偿资金24931.3万元，帮助引进各类资金间接投入207376.2万元，协调招商引资项目36个。举办各类实用技术培训43期培训1237人（次），其中县、乡干部63人，技术人员970人（次），农村劳动力204人（次），资助贫困学生1327人。

2011年，国家投资开发公司帮扶平塘县掌布乡联合村，罗甸县木引乡冗林村共2个项目，帮扶资金300万元，项目如期完成通过州级验收，解决项目区395亩农田灌溉及2814人的饮水问题。

2012年，国家投资开发公司帮扶平塘、罗甸两县水利项目各1个，投入资金300万元，当年组织实施。是年，国家林业局支持三都县林业项目5个，中央资金625.57万元；独山县获得林业棚户区（国有林场危旧房）改造项目扶持资金89万元，林区道路建设资金100万元。

2013年，国家开发投资公司向罗甸、平塘两县增加扶持资金50万元，用于解决贫困村的基础设施建设。是年，国家林业局向荔波县投入林业建设资金200万元，作为群众造林补贴；安排荔波县森林抚育1万亩，投入资金100万元。年内，北京邮电大学确定对长顺县帮扶，派出教师到长顺县支教，并明确长顺县民族高级中学为“北京邮电大学优质生源培养基地”，签订协议，从2014年起，县民族高级中学为北京邮电大学输送2名以上学生到校就读。

2014年，国家开发投资公司在罗甸、平塘两县实施帮扶项目3个，帮扶资金400万元，其中罗甸县项目1个，资金200万元，平塘县项目2个，资金200万元。国家林业局在三都、独山两县投入帮扶资金5722.15万元，帮扶项目16个。其中，三都县项目8个，总投资2785.25万元，除林业项目外，帮扶都江镇拉揽片区困难群众100户，捐赠棉被、食用油、大米等物资；独山县项目8个，扶持资金2936.9万元，其中无患子良种繁育基地建设项目资金256万元。北京邮电大学派出4名研究生到长顺县民族中学和广顺中学支教，资助贫困大学生10名。

二、省直部门帮扶

1994年，省委、省政府明确，省计委定点扶持罗甸县，省委办公厅、省农业银行定点扶持三都县，省教育委员会定点扶持荔波县，省委政策研究室、省乡镇企业局定点扶持独山县，省农业经济委员会定点扶持长顺县，省民委定点扶持平塘县，省财政厅定点扶持惠水县。

1995年，11个省直部门27人在黔南州贫困县和“两山”地区挂职扶贫，长期驻点开展帮扶工作。是年，定点帮扶部门直接投资1592.2万元（含中直部门投入），兴办扶贫开发项目48个，其中：投入有偿资金1128万元，无偿资金464.2万元。共协助落实项目53个、争取到位资金5403.98万元（含中直部门协助），其中：有偿3830万元，无偿1573.98万元。年内，经省委办公厅联系，深圳市属企业工委捐资三都县修建“希望学校”。

1996年，省直机关定点帮扶黔南州的11个部门共扶持和协助办理项目资金到位926.25万元（含州直部门），捐赠水稻良种1.5万公斤，化肥102吨，衣物22.43万套（件），仅三都县受捐赠物资折合资金215万元。省计委除定点帮扶罗甸县外，还将麻山地区的罗苏乡作为帮扶重点，帮助该乡发展早菜、黑山羊、办砖厂、矿山和建设基础设施、教育、卫生等项目，该乡成为麻山地区率先解决温饱的典型。

1998年，参加黔南州定点扶贫的省直部门共25个，扶持贫困县6个，共下派定点人员34人，共派出122人到黔南州各贫困县考察。定点扶贫部门对贫困县全年直接投入有偿和无偿资金（含物资折款）共760.8万元，帮助贫困县上项目55个，引进资金5506.5万元，引进技术人才2人，引进技术5项，帮助修建中小学校舍2所，资助贫困学生1063人。

1999年，定点扶贫的省直部门共13个，住乡包村干部25人。全年共派出184人到黔南州及各贫困县考察。定点扶贫部门对贫困县直接投入资金和物资共248.7万元。帮助上项目36个，协助引进资金149万元，引进技术人才5人，引进技术11项，帮助修建中小学校舍4所，资助贫困学生105人，帮助修建道路、通电、人饮工程等农村基础设施46处。举办各类培训班27期，共培训2400人（次）。

2000年，25个省直部门34人到黔南州6个贫困县挂职参加党建扶贫工作。年内，省直部门对州内6个贫困县直接投入429.63万元，（含无偿资金和贷款），帮助上项目35个，协助引进资金45.7万元，引进技术1项，帮助修缮中小学校舍11所、资助贫困学生462名，帮助农村基础设施建设39处，举办各类培训班51期，共培训3970人（次）。

1986—2000年，省直部门在黔南定点扶贫的单位有43个112人（含省党建扶贫工作队挂职干部）。其中厅局级干部4人，处级干部38人，科级以下干部70人。每期工作队队长分别挂任县（市）委副书记、副县长，工作队员挂任所在乡（镇）的乡（镇）副书记或镇长助理。

2002年，省直15个部门抽派25人组成省党建扶贫工作队到黔南州三都、平塘、长顺、罗甸、荔波、独山6个扶贫工作重点县挂职扶贫。工作队获省扶贫办安排扶贫项目11个，财政扶贫资金64.6万元。向省、州各部门争取资金189.9万元，捐赠物资有水泥、钢管、炸材、衣物、书籍、电脑，办公桌椅等。累计新修维修乡村公路17条总长88.3公里，建蓄水池6口，村文化卫生室1个，扶持470户贫困户发展蔬菜、茶叶、养鸡，改建校舍2所，资助贫困学生18名。农民适用技术培训750人（次）。

2003年，省直21个部门36名干部到黔南州6个扶贫重点县及惠水摆榜乡、龙里摆省乡、贵定猴场堡乡挂职扶贫。工作队获省扶贫办安排扶贫项目31个，财政扶贫资金94.6万元。向省、州部门争取资金324万元，协调落实扶贫资金1156万元；捐送大批扶贫物资。

2004—2005年，省直26个部门抽派78名干部组成省党建扶贫工作队到黔南州6个扶贫工作重点县及省委、省政府、省纪委主要领导的扶贫联系点挂职扶贫。工作队获省扶贫办安排贫项目51个，财政扶贫资金209.2万元。2004年，争取项目外扶贫资金1089.21万元。其中，争取部门资助137万元，捐赠物资折款46.94万元。2005年，争取省直部门帮扶项目4个，资金255.1万元。其中，省教育厅安排龙里县摆省乡建果里村小学教学楼、寄宿学生宿舍，乡希望小学、学生食堂125万元；省文联争取开通独山县甲定乡宽带互联网50万元；省发改委安排罗甸县董王乡修建打改公路41万元；省体育局资助平塘县新塘乡建乡政府办公楼39.1万元。是年，省直部门共捐资74.47万元，捐物折资计2.4万元。省计生委为贵定县猴场堡乡捐资25.9万元。

2006年，省直21个部门抽派36名中青年干部，组成省党建扶贫工作队，到黔南州6个扶贫工作重点县开展党建扶贫工作。工作队获省扶贫办安排扶贫项目21个，财政扶贫资金68.4万元。全年，省直部门直接投入6个重点县扶贫资金259.01万元（含无偿资金及贷款），帮助上项目42个，引进各类资金989.1万元，引进技术人才8人。举办各类培训班31期，共培训1904人（次）。

2007年，共有22个省级单位抽派29名中青年干部，组成省党建扶贫工作队，到黔南州6个扶贫工作重点县的13个贫困村开展党建扶贫工作。工作队获省扶贫办安排扶贫项目19个，财政扶贫资金68.4万元。省直部门直接投入6个扶贫重点县的扶贫资金336.82万元（含无偿资金和贷款）。帮助立项建设项目44个，帮助引进资金526.9万元。举办各种培训班21期，共培训1865人（次）。

2008年，有22个省级单位抽派28名中青年干部组成省党建扶贫工作队，到黔南6个扶贫工作重点县的16个贫困村开展党建扶贫工作。工作队获省扶贫办安排扶贫项目18个，财政扶贫资金68.4万元。工作队争取项目17个、资金物资共454.6万元。举办各种培训班17期，共培训1415人（次）。帮助贫困户劳务输出247人，捐助贫困学生126名。协调省民政厅投入110万元，配套实施深圳帮扶平塘县平湖镇米牙村茅（危）房改造建设项目。协调省红十字会、省文联、团省委捐赠凝冻救灾资金30万元，捐赠大米100吨解决长顺县马路、中坝、云盘、摆所等乡镇受灾群众的生活困难。

2009年，省直部门22个单位干部27名，组成省党建扶贫工作队，分赴黔南州6个扶贫工作重点县的25个贫困村开展帮扶工作。共帮助6个扶贫重点县争取到省级部门投入资金609.18万元；引进各类资金288万元，协助立项建设项目48个；为贫困地区举办各种培训班34期，共培训1749人（次），协助当地组织劳务输出1000人（次），资助贫困学生101人。

2010年，省直部门26个单位干部32名组成省党建扶贫工作队赴黔南州6个扶贫工作重点县的25个村开展帮扶工作。年内，共帮助6个扶贫重点县争取到省级部门投入资金885.43万元；引进各类资金2444.42万元；立项建设项目48个；引进人才2名，引进技术2项。为贫困地区举办各种培训班26期，共培训3500人（次）。协助当地组织劳务输出664人（次），资助贫困学生793人。

2002—2010年，全州共有52个省级单位定点扶贫6个贫困县的40个贫困乡、168个贫困村，挂职干部212人，其中厅级58人、处级103人、处级以下干部51人。共派出各级干部343名到6个贫困县开展调研、考察、指导扶贫开发工作。共投入资金和物资折款8492.47万元，引进各类无偿或有偿资金16098.9万元，建设项目265个，引进各类人才45名，引进技术20余项；举办各种培训班276期培训23252人（次）；协助组织劳务输出7362人（次）；资助贫困学生3708人。

2011年，省直部门挂点帮扶6个重点重贫困县，派出工作队员26名，直接投入资金和捐款捐物折资共计961.86万元。2012年，省直部门挂点帮扶平塘、独山、三都3个重点贫困县，投入财政扶贫资金150万元，完成6个援建项目。

2013年，省直23个部门挂点帮扶黔南州独山、三都、平塘、荔波、罗甸、长顺6个重点县，派出工作队员58名，直接投入1116.415万元。帮持资金及物资折款用于基础设施建设803.515万元、产业开发30万元、文化教育31万元、医疗卫生54.2万元、人力资源培训5.2万元，赈灾救济送温暖71.4万元，其他投资23万元。帮助引进项目196个，引进资金5974万元。举办各类培训班20期培训5883人（次）。

2014年，省直25个部门挂点帮扶黔南州独山、三都、平塘、荔波、罗甸、长顺、都匀、贵定、惠水、龙里10个县（市），派出工作队队员68名，直接投入5671.41万元。帮扶资金及物质折款用于基础设施建设5209.48万元、产业发展139万元、文化教育202.93万元、医疗卫生11.3万元、人力资源培训2.5万元、赈灾救济送温暖106.2万元。帮助引进项目108个，引进各类资金4698万元。举办培训班17期培训917人（次），组织劳务输出3530人（次）。

第三节　社会资助

一、中国西南世界银行扶贫贷款项目帮扶

1995 年，黔南州获国家项目办和世行的支持，在罗甸、长顺两个贫困县启动实施世界银行扶贫贷款项目（简称西南世行项目，是中国政府同世界银行合作的第一个综合性开发扶贫项目），历时 7 年，到 2002 年 8 月底，完成项目实施目标。

（一）项目区及投资

1994 年初，经过世界银行西南扶贫项目技术准备团识别，确定黔南州长顺、罗甸列入项目县。项目扶持对象是 1992 年人均纯收入低于 320 元人民币的贫困农户。经过一年多的准备工作，于 1995 年 5 月正式批准两县可行性研究报告，正式启动西南世行项目，进入先导工程实施。项目区覆盖两县的 21 个乡镇 101 个行政村，涉及农民 21867 户 91510 人，有人均纯收入 250 元以下、占粮 150 公斤以下人口 42072 人，占项目区人口的 45.97%。该区为贫困面广、贫困程度深的石山区、深山区。项目实施采取直接将项目落实到村到户的方式进行，由各级各有关部门参与配合，实行人员、资金、物资、技术服务、项目监测同步管理。

西南世行项目于 1995 年 7 月正式实施，对长顺、罗甸两县投资总额为 9562.4 万元，其中：国内配套为 4781.2 万元，世界银行贷款 4781.2 万元。分项目有教育、卫生、基础设施、劳务输出、土地与农户开发、乡（镇）第二、三产业、机构建设与贫困监测 7 项，共有子项目 45 个。

世行贷款期限为 20 年（含宽限期 6 年），年利率为 2%。实行报账制，先垫支资金实施项目，然后凭据报账提款，不垫支则世行信贷不能实现。国内资金配套资金与世行贷款按 1∶1 配套，由中央 25%、省州 50%、县 25%（含投劳折价）共同承担，采取多渠道配套方式筹集。

经过 1995 年 5 月到 1997 年 5 月 3 年的实施，因国内经济社会发展变化和产业结构的调整等因素，经世行同意，对项目投资和项目建设内容进行了调整。调整后的总投资为 11142 万元。各分项目投资分别为：教育 997.44 万元，卫生 708.46 万元，基础设施 2188.5 万元，劳务输出 1078.68 万元，土地与农户开发 4610.4 万元，乡（镇）第二、三产业 1310.15 万元，机构建设与贫困监测 290.31 万元，较原规模增加投资 1579.6 万元。世行贷款和国内配套各增加 789.8 万元，子项目调整为 60 个。

1995—2001 年，项目区国内计划配套资金总额 7150.88 万元，实际完成 7195.26 万元。组成为：以工代赈资金 2286.67 万元，财政扶贫资金 1414.47 万元，信贷扶贫资金 3143.62 万元，部门资金配套 350.5 万元。通过农户投工献料、企业自筹和其他资金，国内配套部分超过世行配套要求，弥补了由于汇率变化所带来的世行投资减少近 300 万元的资金缺口。

（二）项目建设

西南世行项目自1995年5月起实施，到2002年6月底止，完成采购金额12790.49万元。按采购类别分：项目管理完成185.43万元，技术援助培训2446.33万元，土建工程5493.13万元，材料、设备完成4565.17万元，其他（乡镇企业征地及原材料）完成100.43万元，占中期调整后目标11530.81万元的100.92%。共实施7个分项目57个子项目，完成投资13796.9万元。项目共覆盖21个乡、101村、31324户、148168人。

各分项目完成投资及建设内容分别为：

教育项目：累计完成投资1018.96万元，占中期目标997.44万元的102.16%。新建小学45所小学，完成校舍建筑面积1.55万平方米；培训师资人员445人、学校管理人员45人，补助贫困生就学9807人（次），采购课桌椅1.12万套、图书3.37万册。在校舍建设中，农户积极投工献料，超额完成建设任务。

卫生项目：累计完成投资697.34万元，占中期目标708.46万元的98.43%。新建乡级卫生院5所1400平方米，村级卫生室101个，完成建筑面积4360平方米；完成21个乡卫生院、101个村卫生室药品及卫生设备配套，购置X光机10台、救护车2辆、水处理设备1套、微机及打印机2套；培训村卫生人员98人、接生人员120人、乡卫生人员等126人；开展项目区疾病调查、监测合作医疗等工作，提供了部分乡村卫生人员工资补助。

劳务输出项目：累计完成投资1533.07万元，占中期目标1078.678万元的142.12%。到2001年底止，共组织项目区剩余劳动力输出1.04万人，其中跨省输出8345人，省内919人，县内1147人；完成2个培训中心1000平方米建设及设备配套。

基础设施项目：（1）人畜饮水项目。累计完成投资964.06万元。建成蓄水池、水窖6891个，共4.97万立方米；建成提水站9座共118千瓦、泵房9栋共192平方米、输电线5.08公里；安装输水管道88.58公里，解决52409人/4133.7头人畜饮水困难，其中提引工程解决29218人/24945头人蓄饮水问题。（2）水利工程。累计完成投资570.12万元。通过水利设施建设和完善，解决2.1万亩农田灌溉问题，其中：土变田730亩，水浇地800亩。（3）蓄水工程。完成水库（山塘）大坝加固、防渗13座，渠道防渗63.5公里；新建渠道18.5公里、提灌站6座、倒虹管120米、渡槽330米、排洪渠2公里；整修加固排洪渠6公里，改造提灌站2座。（4）农村电力项目。完成2000KW水电站1座，建成10KV输变电线路115公里，完成投资892.331万元，占投资目标的170.43%。（5）农村公路项目。新建通乡公路5条64.3公里，改造扩建4条65公里，完成投资1463.1万元。

土地与农户开发项目：该分项目由39个子项目组成，累计完成投资5997.58万元，占中期目标的126%。粮食增产项目实施面积1.37万亩，坡改梯6645亩，饲粮间作5700亩，经济林（茶叶、杜仲、油桐、板栗、艾纳香、银杏等）项目46656.75亩，其他种植项目1.3万亩；养殖业项目养猪1.4万头、养牛5800头以及农技推广，土壤改良2580亩。

乡（镇）第二、三产业项目：原中期调整后的7个项目，到2001年度调减了5个项目，仅剩罗甸茶叶、碳化硅2个项目，共完成投资370.04万元。其中：建成年产碳化硅1600吨企业1个，投资245.96万元；建成年产茶叶400吨企业1个，投资111.87万元。

项目机构及贫困监测：完成办公用房、办公设施、设备及国内外工作人员培训等，完成投资290.3万元，占中期目标的11.11%。

（三）项目总体效益

到2001年，项目区人均占有粮由1995年的276公斤提高到341.3公斤，农民人均纯收入由1995年的331.16元增加到1056元。项目区1.04万人获得就业，人均年非农纯收入达到2000元左右，贫困人口发生率从1995年的72.41%减少到2001年的13.21%，基本达到了项目实施目标。饮水安全人口比例从1995年37%提高到75%，通四级公路的村从1995年的39个增加到64个村，通电村从1995年的52个增加到101个，实现项目区村村通电。通过水利设施建设，项目区基本农田有效灌溉率得到提高。适龄儿童入学率提高近19个百分点，入学率达到90%以上。长顺、罗甸县森林覆盖率分别提高2.76%、5.1%。加上实施坡改梯、水利设施等项目和增加农耕地复种指数，水土流失得到治理。

二、日援三都综合扶贫项目帮扶

2002年3月至2005年2月，由日本国际协力机构援建，以“家庭保健、生活改善、生态农业”为目标的全民参与式综合扶贫开发试点项目（简称JICA项目），在三都县普安镇的羊吾村、新华村，塘州乡的中化村、丁寨村4个重点村及其他33个村实施。项目投入资金351.17万元人民币，其中：JICA资金227.63万元，国内配套资金123.54万元。

（一）生活改善和家庭保健项目

项目投入资金共计140.82万元。其中：国内配套43.54万元（不含群众投工投劳）；JICA投入生活改善项目资金46.42万元；JICA投入家庭保健项目资金50.86万元。

生活改善项目：生活改善项目采取小额支助，协议借贷，定期回收，流动帮扶的形式进行。在实施帮扶活动中，由乡（镇）人民政府与农户签订协议后，根据群众的意愿，由县、乡项目管理人员到市场直接为农户购买畜禽物资等投放农户发展经济，做到投入1户，实施1户，发展1户。共计实施帮扶活动6轮，帮扶299户1317人。配合项目实施，共开展学习培训22期，参训人员1667人。

家庭保健项目：项目为开展医务人员技术培训，家庭保健知识宣传、学生寄生虫查治和妇女健康检查及治疗。共举办医疗技术培训16期，培训590人（次）。其中国外专家培训6期227人（次）。共举行宣传单发放和咨询106场（次），播放光盘107场（次），漫画、挂图宣传37场（次），小品宣传6场（次），受宣传人数2300人（次）。在两乡镇共开展妇女病检查2.97万人（次），查出患病妇女1.17万人，患病率39.6%，为其中的6530人（次）提供了药物治疗、物理治疗和辅助治疗，治疗率达55.6%。对未能开展治疗的妇女都提供了基础护理方案和转诊意见。

（二）生态农业项目

项目在塘州乡丁寨村、普安镇新华村实施，建设内容由基础调查、参与式扶贫开发规划、参与式培训（管理培训、农村实用技术培训）、沼气池改厕改圈、生态农业（粮食增产、经济作物、养猪、稻田养鱼）、基础设施（两村人行水泥便道、丁寨村公路维修改造、两村人饮及农田灌溉)、丁寨村农具加工等七大类组成。项目投入资金210.35万元，其中，JICA资金到县130.35万元，国内配套投入80万元。完成培训31期2191人（次）。建成沼气池331口，配套改厕改圈共280户。实施粮食（水稻、玉米）综合增长项目3期面积2221.9亩，参与农户1061户。建成乡村公路维修改造1.5公里；人行水泥便道10.2公里；建成两村2000人饮水蓄水池、调节池共11个162立方米，铺设引供水管道26475米；建成丁寨村山塘蓄水灌溉工程1处，配套渠道2条1000米；建成新华村拦河坝灌溉2处，配套渠道2条4340米。共计解决灌溉980亩。建社区居民消防池9个540立方米；建大桥1座长48米。

到2005年底，新华村人均纯收入达到1806元，人均粮食269公斤，比2001年增加1291元、82公斤；丁寨村人均纯收入达到1822元，人均粮食258公斤，比2001年增加1172元、32公斤。

三、社会各界捐资帮扶

黔南州农村贫困问题得到社会各界的关注。1996年，香港中银集团慈善基金有限公司向荔波县捐赠30万元港币，援助瑶山乡30户140人瑶族同胞移民搬迁。2002年，经省教育厅、省林业厅、民建及农工党省委等单位牵线搭桥，先后有君义、邵兔夫、许伟汉3名友好人士及美籍华人燃灯基金会、香港爱德基金会、香港扶幼基金会、对华基金会、中国初保基金会等共向荔波县捐资194万元，安排项目23个，资助贫困学生219名就读，捐献各类书籍5000多册，同时投资对荔波三小、朝阳洞莪小学、时来小学、拉扶和花高沼气工程、佳荣甲科小学、水岩小学等进行维修。深圳飞通光电股份有限公司总裁黄章勇捐资30万元，其中，独山县配套27万元，对董岭乡尧琴村小学改建，新增教室9间，办公室3间，建筑面积1251平方米；捐献电脑7台及音响等一批教学器材，价值5万余元；帮助10名贫困学生交清所欠学费。广东声威公司总裁卢伟民捐资114万元，为麻万为民中学、三里中心小学分别修建教学楼2栋；出资48万元，保送6名贫困学生到广州大学附中就读，5名贫困学生到都匀一中就读；出资11.5万元为师生购置1500套校服。

2003年，荔波县得到君义、邵逸夫、杨方军、黄佩球及美籍华人燃灯基金会、香港爱德基金会、中国初保基金会、深圳商会的帮扶，全年帮扶资金达598.5万元，其中教学设备器材、衣物（1.2万袋）及其他物资折款190万元。捐赠资金主要用于兴建高里、水碰、拉亮、红泥、洞塘等7所希望小学，农村沼气建设及资助450名贫困学生。长顺县得到香港通善坛有限公司（商会）捐资47.25万元，其中44.75万元用于建4所希望小学，2.5万元资助贫困学生就学。深圳民政局向福泉市贫困乡镇捐赠衣物3万件，加拿大中国威顿公司捐赠大米3375公斤。惠水县摆榜等贫困乡得到香港、深圳和各界的帮扶资金369.816万元。深圳商会香港邵逸夫基金、周云万、美籍华人燃灯基金会、寒窗基金会捐资38.86万元，全部用于贫困乡村小学改善教学条件。龙里摆省乡得到黔隆国际信托投资公司捐资20万元修建1所希望小学，贵定猴场堡乡得到遵义钛厂捐资1.43万元，解决扁左村57户贫困农户饮水问题。

2004年，香港黄佩球捐资28万元帮助援建三都合江小学，广州中山市相同基金会纬创公司（台资企业）捐资10万元帮助援建三都水龙拉佑学校。深圳社会各界向罗甸县捐衣物3.5万件。美国燃灯基金会向惠水县长田、大龙等贫困乡镇捐赠资金24万元，用于修建乡村学校校舍。荔波县私营个体老板周平、司玉明、赵明德、唐再富联合捐资80.3万元，用于修葺红七军板寨会师旧址、贫困乡镇修路、学校维修、资助贫困学生学费等。香港爱德华基金会向荔波县捐资21万元，用于贫困乡镇学校建设。荔波县商会、居委会、机关单位部分职工捐资10万元，资助贫困学生。11月，省扶贫办和贵州健鸿科技公司组织，贵航集团303医院、省第二人民医院、贵阳市人民医院等医疗单位的专家参加开展“阳光医疗扶贫”活动，为黔南州摆榜、猴场堡、摆省、甲定、捞村5个一类贫困乡群众义务看病治病，共诊治病人1360人，免费提供药品价值8万元。

2005年，三都县获帮扶资金75.65万元。其中：北京欧特克公司捐资20万元修建水龙民族小学；香港苗圃行动、中国基础教育助学计划救助羊福、恒丰等10个乡（镇）贫困学生助学金6.58万元；香港燃灯基金会资助13个乡（镇）贫困生9万元；香港施耐德援助三洞乡群力小学建设资金8万元。香港慈恩基金会捐资13.5万元建廷牌本托小学和都江控抗小学；美国荣光基金会捐资8万元建廷牌金角小学；美国康德基金会资助150名贫困学生0.82万元；环球私人信托公司资助191名贫困学生6.05万元；北京爱心人士资助25名贫困学生2.5万元；三都县非公企业救助22户贫困户1.2万元。

罗甸县获帮扶资金77.8万元。其中：美国亚洲医疗服务中心驻贵阳办事处对板庚乡医疗义赈1637人，捐赠药品、医疗器械折资18.62万元。台湾佛教慈济慈善事业基金会捐资4.9万元，资助522名贫困学生。11月，基金会组织55人考察团对罗甸全县农村贫困状况考察后，捐资及捐物折款共30.38万元，并达成2006年捐资513.6万元的协议，用于该县乡村小学、移民搬迁安置、贫困农户住房改造。香港黄佩球捐资17.5万元，建大关小学教学楼。香港扶伦助学基金会捐资0.4万元资助贫困学生50名。南京爱民基金会捐资6万元，用于逢亭、云干、董当3个乡（镇）沼气建设。

荔波县获帮扶资金34.23万元。其中：美国爱德基金会捐资12.25万元，用于该县农村贫困乡村教育、农业建设，并捐赠5700美元的科普书籍；香港梁惠琼、邬采霞捐送高级毛衣、围巾各133件（条）；燃灯基金会捐资5.13元，资助40名贫困学生；荔波县个体工商户捐资16.85万元，扶持特困农户。

长顺县获帮扶资金72.73万元，龙里县获贵州完美公司捐资30万元。5个县共获得捐赠资金291.4万元。

2006年，三都、荔波、独山、平塘、罗甸、长顺6个县获社会各界及海内外友好人士对贫困地区捐赠资金共计1101.48万元，捐物折款81.12万元。其中：三都县获资金共计484.98万元，捐物折款32.32万元。荔波县获帮扶资金125万元，帮扶5所希望中小学。独山县获得广东东莞名家具俱乐部向下司镇新同中心校捐资14万元。平塘县获国家开发投资公司、深圳能源集团等单位向考取大学本科的平塘贫困生捐资15万元。罗甸县获台湾慈济会向平岩、董架2个乡捐款462.5万元。

2007年，全州获捐赠资金736.78万元，其中捐物折款144.7万元。用于帮助贫困乡村修建希望小学、救济群众生产生活、解决人畜饮水等实际困难。

2008年，社会各界及海内外友好人士向6个贫困县捐赠资金供给达767万元，其中捐物折款220.1万元。

专记：

大关精神

大关村位于黔南州罗甸县北部云干乡境内，为麻山腹地，距县城16.8公里。该村坐落在海拔900多米的群山峻岭之中，山高坡陡，沟壑纵横，石多土少，属于石漠化严重的喀斯特山区，水源奇缺，可耕地不多，被认为是“不具备生存条件的区域”。全村总面积199.4平方公里，共有12个村民小组327户1351人。20世纪80年代，全村1270亩旱耕地分布在180多个山垭、窝凼、陡坡的石旮旯里，90%的山坡为超过25度的陡坡，自然平整的地块极其罕见，村民们靠在石缝缝里种苞谷为生。1980年，全村人均粮食占有量仅130公斤，人均纯收入45元。大部分人家过完年就断粮，靠吃救济粮生活。是远近闻名的“三缺”（缺粮、缺水、缺钱）、“三靠”（用钱靠贷款、穿衣靠救济、吃粮靠返销）的特困村。

为了找条活路，村党支部书记何元亮揭掉自家屋顶上的瓦片卖得60元，用作盘缠先后6次到邻近地区走访联系，希望找块“风水宝地”举村外迁，但最终没能如愿。走不了，路又在何方？何元亮没有向恶劣的自然环境和贫困落后的状况低头和屈服，决心依靠党的富民政策和自己的双手改变贫困落后的面貌。1983年底，何元亮、李必兴、李必先3人在村里开始劈石造田0.2亩，当年收稻谷25公斤，揭开劈石造田的序幕。1984年，何元亮组织召开村民大会，动员村民造田，拟定5年每人造田0.5亩的计划，提出“苦熬不如苦干，劈石抠土也要造出水田。”的口号，是年春天，何元亮在自家门口的石山上放响了第一炮。在村里中共党员的带动下，全村人为凑钱买大锤、钢钎等工具，把家里能卖的都卖掉，连正在下蛋的老母鸡也不留。没钱买炸药，就把锯木屑炒煳，拌上硝铵自制炸药。连土炸药也没钱制的，就把柴火堆在石头上烧，烧烫石头后泼上冷水，再一锤锤、一块块撬下龟裂的岩石。1985年，村民王明华、熊国碧夫妇因为无钱买炸药，用火烧开石头，一年中造出0.3亩“火烧田”。大块石头砌田块，小块石头填坑洼，碎石、泥土一层层铺平夯实，再回填两尺厚的泥土。回填的泥土是从石头缝里一点点抠出来，一些稍宽的石缝里竟掏下去七八米深。每造一亩石头田，平均要搬动石头800立方米，填泥土150立方米，投工500个以上。从1984年到1996年，大关人不等不靠，苦干实干12年，全村累计投工55万多个，锤敲锄挖，肩挑背扛，流血流汗，在石旮旯里造出1000多亩保灌农田，户均3.6亩，人均0.8亩。建起蓄水池225个，总蓄水量达12750立方米，不仅解决了人畜饮水问题，而且使80%的新造田旱涝保收，亩产稳定在450公斤左右，终于解决了村民的温饱问题。

耕田造出来后，又出现了另一个难题。造田时，山上石旮旯中的泥土被抠出填田，原本生态脆弱的大关，许多地方变成连片石漠。何元亮意识到，靠山吃山，吃山还需“养山”，萌发了修复生态，保持水土，发展经果林和养殖业，增加经济收入的思路。他自己掏钱到四川买来杜仲苗，抬着苗木分给群众，号召大家“养山”。大关人吃够了生态的苦头，一呼百应，全村开展了植树造林行动，并采取最严格的植被保护措施。经何元亮多次到贵阳、都匀等地联系商家，发展药材种植、林下养殖，用产业引领大关村民脱贫致富。很快，掀起了“山上栽果药，田地种粮薯，圈内养鸡猪，打工增票子，提前奔小康”的二次创业热潮，使大关村的生态很快得到修复。在村党支部的带领下，大关村修通了通村通组公路，修建了水池水窖，建成了学校、卫生院、市场等，原来“不具备生存条件”的面貌得到根本改变，为加速发展夯实了基础。同时，通过大关人的艰苦奋斗，也创造了“大关精神”。

1991 年 12 月 21 日，总书记江泽民在贵州考察工作时，在遵义接见大关村支部书记何元亮，并对大关劈石造田给予充分肯定。大关精神得到了各级党委、政府的高度肯定，在全国引起了强烈反响，村支书何元亮受到党和国家领导人的亲切接见，全省掀起了学习大关的热潮。1996 年 11 月 1—2 日，国务委员、国务院扶贫开发领导小组组长陈俊生到大关村看望何元亮和考察扶贫工作，陈俊生称赞何元亮是“当代愚公，精神可嘉”，并指出大关解决温饱、脱贫致富的办法就是黔南州解决温饱、脱贫致富的方向。

1996 年，全村种植杜仲、黄柏、香椿、杉树、油桐、银杏等经济林木 202 万株，退耕还林 500 亩。全村户户养猪，家家养禽，户养猪 5 头以上，仅此一项，年收入可达 21.8 万元。1996 年大关村粮食总产量达到 62 万公斤，人均粮食达到 410 公斤，人均纯收入 850 元，比 1984 年分别增加了 2.69 倍、2 倍和 20 倍。“九五”期间，大关村又制定新目标，人均 1 亩高标准梯田，人均 500 公斤粮食，人均纯收入达 1200 元，户均 1 台电视机、1 栋砖木结构房屋，全面实现计划生育目标。

是年 11 月 21 日，州委、州政府下发《中共黔南州委、黔南州人民政府关于开展向罗甸县大关村学习的决定》的文件。

2002 年，国家退耕还林政策开始在罗甸实施，大关村积极投入，以惊人的决心和毅力在岩石缝中播撒绿色。几年间，大关村把 25 度以上的山坡全部退耕还林，实施了珠江防护林工程、退耕荒山造林等各项国家林业生态工程建设，逐渐使大关村从石漠化地区变成了绿洲。2013 年，大关村有林地 3246 亩、灌木地 35907 亩，森林覆盖率达 66.3%。因护林如护命，十几年从未发生过山火。依托种植中药材、经济林以及外出务工等，年人均收入稳步提高，2013 年达到 6200 元。

大关村村民摆脱了贫困，创造了“自力更生、艰苦奋斗、坚韧不拔，苦干实干”的大关精神，为典型的喀斯特石漠化山区脱贫致富找到了一条出路，为贵州贫困山区战胜贫困做出了榜样。何元亮作为大关村的带头人，1995 年 5 月荣获全国劳动模范称号，1997 年 9 月当选为党的十五大代表，2000 年，荣获贵州省劳动模范，多年荣获黔南州优秀共产党员等称号。村党支部作为大关村的领导核心，自 1997 年后相继被评为“全国农村基层组织建设工作先进党支部”“全国先进基层党组织”。大关村先后被评为“全国造林绿化千佳村”“全国文明村镇”“贵州省红旗文明村”“黔南州文明村寨”等称号。

2014 年，罗甸县将“弘扬大关精神，聚力同步小康”确定为全县开展党的群众路线教育实践活动的主题。

惠水县摆榜乡“三基本”扶贫开发

一、贫困状况

摆金镇辖区内的上摆社区和摆榜社区原为直属于惠水县独立乡镇建制的摆榜乡，位于县城东南部，2014 年乡镇行政区划调整前，是一个以苗族为主的少数民族乡，距惠水县城 45 公里，总面积 71.4 平方公里，辖 13 个行政村 52 个村民组，平均海拔 1408 米，地处高寒地区，素有“惠水西藏高原”之称，气温较低，春冬两季多雾、阴冷，水源缺乏，土地瘠薄，是干旱、稻瘟病高发地区，土地产出率极低，一年只能种一季早熟耐寒作物品种，是一个典型的高寒、偏僻，经济、文化都十分落后的少数民族聚居乡。2002 年被贵州省政府列为全省 100 个一类贫困乡之一。

摆榜乡长期处于贫困状况。2000 年，全乡农民人均纯收入 404 元，比贵州省农村贫困人口温饱标准低 96 元，是全县农民人均纯收入水平的 29.9%。大部分农户吃粮靠返销，穿衣靠救济。全乡 2113 户 10130 人中，仅有 622 户 2924 人粮食能够自足，占总户数的 30.5%，欠粮户 1415 户 6665 人，占总户数的 69.5%，年户均食肉 33 公斤，人均 6.9 公斤，食油 180 天，且很不均衡，611 户能全年吃上油，815 户能吃上半年油，408 户吃油不足 3 个月，204 户吃油不足一个月，靠辣椒水泡饭、酸菜下饭，营养严重不足；全乡除省道摆西（摆榜－平塘西关）公路外，仅有乡村毛公路 5 条，其余均为季节路，雨天车辆无法通行。全乡除乡政府驻地部分农户能饮上自来水外，其余村组饮用水均靠人挑马驮，饮用水源多为地表水、塘沟水、寨脚水，水源污染重、水质差，常常引发疾病；2000 年 5－8 月，冗拱、呆公等村发生伤寒病，发病 34 人，死亡 2 人。全乡有 30% 的村组未通电，有 841 农户住草房、杈杈房及窝棚，人均寿命 57 岁，极贫人口 5991 人。

二、贫困原因

摆榜乡生活生存条件恶劣。摆榜地处山区，境内无煤无山林，村民取暖只能去附近荒山割草解决；由于海拔高，气候恶劣日照少，每年秋末到春初，摆榜高原多为阴湿寒冷的雨雾天气，恶劣的环境气候，导致疾病疫情时有发生。摆榜为碳酸盐岩石地貌，土壤层薄、有机质含量极低，境内 91% 的稻田为望天田，耕地贫瘠、农民耕作方式简单，且缺少投入，常年粮食产量仅为 2782.3 吨，平均单产仅为 150～200 公斤，大部分农户温饱问题没有解决。

摆榜经济结构单一，发展空间狭窄。全乡经济以农业经济为主，主要靠单一的水稻种植，2001 年以前只种植老品种粳稻，产量低，抗逆性差，偶尔年份颗粒无收；除水稻外，玉米、小麦、油菜、马铃薯、蔬菜等几乎不种植，冬季农田全部撂荒；群众历来不饲养牲畜，严重影响当地畜牧业发展。由于惠水县不属于国家贫困县，摆榜乡也不属于“两山”

地区，不能享受国家“八七”扶贫攻坚计划的政策和资金扶持，县级财政资金有限，很少对摆榜乡有较大扶持，全靠自身有限发展，摆榜乡财政收入主要靠农业税，有极少量工商税，收不抵支，主要靠上级财政拨补保运转，无余力搞建设，谋发展。

摆榜乡群众思想还比较落后，陈规陋习盛行。2000 年，全乡 11 户个体工商户中，只有 4 户是当地人；村民对外来经商、开发客商有排斥心理，1998 年，惠水县引进贵阳阜康堂药材公司到摆榜兴建药材基地，在开发建设过程中，受到多次阻挠和干扰。村民重男轻女、男权思想严重，早婚早孕早育现象盛行，生病“不看医生问鬼神”；群众卫生习惯差，2000 年前，全乡有 1443 户没有厕所。摆榜乡由于教育落后，人口文化水平较低，2000 年，全乡具有大专文化程度的仅有 5 人，占总人口的 0.05%；具有中专文化程度（含高中）的有 39 人，占总人口 0.4%；具有中专初中文化程度的有 235 人，占总人口 2.44%；小学文化程度 1012 人，占总人口 10.48%；其余 89.07% 的人口均为文盲，全乡小学适龄儿童入学率仅 56.7%，初中入学率仅 14%，全乡在校初中生有 81 人，在校高中以上只有 11 人。上摆片区 6 个苗族村小学入学率仅 37.5%，小学高年级巩固率仅 15% 左右，失学辍学现象严重。

三、“三个基本”扶贫开发的提出

2000 年 1 月至 3 月，中共摆榜乡委员会、乡人民政府对摆榜乡所有村寨、农户进行彻底调查，形成《摆榜乡贫困现状、成因及对策》报告上报中共惠水县委。2000 年 7 月后，随着“三讲”教育和“三个代表”重要思想学习教育活动的深入开展，惠水县四家班子（县委、政府、人大、政协）多次到摆榜乡召开现场办公会，了解并准确掌握摆榜的贫困现状，积极采取措施加大帮扶力度。

2001 年 4 月 10 日，惠水县委在鸭绒乡召开的全县会上提出摆榜乡贫困的问题。之后，通过多种形式和各种渠道向中共黔南州委汇报，引起州委的重视。同年 5 月 30 日，州委书记何永康率州直部门负责人到摆榜乡开展调查研究和进行现场办公，要求加大对摆榜人力、物力、财力和政策的支持。6 月初，新华社贵州分社主任记者龙文彬到摆榜乡进行采访后，写成《惠水县摆榜乡贫困状况引人关注》一文在内参上发表，时任贵州省委书记钱运录将该文在省委机关中心学习组会议上宣读，并请省委政策研究室对惠水县摆榜乡的贫困状况进行调查。同年 6 月 22—26 日，省委政策研究室到摆榜乡各村寨调研，走访 219 户农户，实地查看了解村民的生产生活情况，形成《关于惠水县摆榜乡贫困状况的调查报告》，报告引起省委、省政府的高度重视，省委书记钱运录批示：调查深入细致，反映了特困乡的严重现实。在新阶段扶贫开发中，要认真弄清全省特困乡、村底数，真正作为重点攻坚。摆榜乡的问题，近期内请有关部门负责人，去搞一次现场会诊办公，帮助解决一些重点、难点问题。省长石秀诗批示：惠水县摆榜乡的贫困情况相当典型，在新世纪的扶贫开发中尤应引起重视。该报告还在贵州省委八届七次全委（扩大）会议上印发，产生极大反响。同年 7 月 13 日，副省长莫时仁率省计委、省扶贫办、省民政厅、省财政厅、省水利厅、省教育厅、省卫生厅部门负责人，组成赴惠水县摆榜乡工作组到摆榜开展调研、现场办公。调研组向省委、省政府呈报《关于惠水县摆榜乡的主要问题及解决建议》，提出解决摆榜贫困问题的关键是要把“造血”和“输血”“治标”和“治本”结合起来。

2002年4月14日，省委书记钱运录到摆榜乡调研，强调摆榜要解放思想、更新观念，要有志气，要克服“等、靠、要”思想，弘扬自力更生、艰苦奋斗的精神，要力争一年一个样子，做一个后来居上的典型，做一个摆脱贫困的榜样。同时根据省委建立省委常委扶贫开发工作重点乡镇联系点的决定，将摆榜乡作为钱运录的扶贫联系点，随后一年之内，钱运录两次到摆榜调研扶贫开发工作。经过与各级干部多次研讨与思考，在总结摆榜两年扶贫开发工作经验的基础上，2003年8月30日，钱运录第4次到摆榜调研时，对扶贫开发工作提出要围绕“三个基本”进行，即基本解决贫困群众的生产生活条件，基本解决贫困群众的基本增收致富门路，提高贫困群众的基本素质。摆榜扶贫开发工作进入新的阶段。

四、扶贫政策措施及成果

1999年，县内位于麻山的王佑、打引、长安3个乡镇基本实现脱贫后，惠水县委、县政府将摆榜乡列为扶贫工作的重点。1999－2000年，惠水县两次从县直机关抽调干部充实到摆榜乡；县扶贫办在摆榜乡投放小额扶贫贷款35万元；民政、卫生、农业、畜牧、交通、水利、广电、城建等县直部门投资投物，扶持当地农民发展种植、养殖业，改善居住条件等。2000年，在摆榜乡实施“改厕工程”，投入资金15.8万元，修建标准卫生厕所1952个、沼气厕所50个。县教育局制订激励措施，鼓励优秀骨干教师到摆榜乡支教。县卫生局在摆榜乡建立9个村级卫生室。抽调6名骨干医生进驻摆榜进行业务技术帮扶。通过前期扶贫开发工作，摆榜乡的贫困落后面貌有一定改观。

2001年，省委、省政府对摆榜实行优先解决水、电、路为主的基础设施建设，优先解决以教育、卫生为主的社会发展，免征一切税费，义务教育阶段适龄儿童免费入学的“两优两免政策”，国务院办公厅等9个国家部委、香港、深圳等地区和省、州部门纷纷捐资捐物；全国妇联、铁道部、农业部、卫生部、中国人民武警部队联合国家少年儿童基金会承办的“安康计划”西部活动捐助医疗器械、药品，帮助建立摆榜安康医疗站，省州部门分别派出扶贫工作队队员驻乡扶贫；惠水县成立摆榜乡扶贫开发工作领导小组，专抓摆榜扶贫工作，全县各级各部门在人力、物力、财力上对摆榜给予倾斜，惠水县委从全县各部门抽调26名干部组成扶贫工作队，按每村2人驻村帮扶。至年底，摆榜实施22个扶贫项目，完成投资346.198万元，全乡种植春薯繁殖120亩，亩产1550公斤，种薯农户人均收入78.15元，试种秋薯繁殖10亩，亩产782公斤，种薯农户人均收入33.3元，推广薇菜种植310亩，苎麻种植100亩，黔南州农科所投资，农科所副所长、高级农艺师徐先捍提供技术指导在乡试种耐寒优良水稻种“金优404”10亩成功，平均亩产436.7公斤；全乡167户通过小额扶贫借款的扶持，饲养母猪121头，耕牛或耕牛育肥67头，家禽1526羽，兔子186只，增收67900元，户均增长400元；全乡新修、维修公路7条，总长25公里，新增公路里长18.6公里；投资建成或改善人畜饮水5处，解决5个村298户1496人，307头大牲畜的饮水问题；全乡154户778人极贫人口迁入新居；全乡新修厕所150个，沼气厕所78个，96%的农户用上干净卫生的厕所，环境卫生得到改观；全乡教育教学办公条件得到改善，在甲坝民族学校创办“春蕾女童班”，港商周云万投资27.5万元在摆榜小学原址新建“云万希望小学”，省教育厅捐赠价值10000余元图书，捐款11000元帮助极贫适龄儿童入学。团省委捐资10000元，资助6名适龄儿童入学，全县各部门和社会各界人士捐赠568件学习用品，对口帮助239名贫困学生入学。

2002年，摆榜扶贫力度加大，全乡工农业总产值1432万元，推广脱毒马铃薯春薯繁殖1215亩，种薯农户人均收入96元，全乡人均72.5元，推广秋薯繁殖500亩，全乡脱毒马铃薯总产1835吨，种薯农户户均增收506.2元，推广种植杂交水稻“金优404”200亩，优质粳稻（碗米）种植2000亩，黑糯米种植500亩；饲养母猪114头，家禽6369羽；新修、维修公路7条，总长61.3公里，新增公路里程32.8公里，建成人畜饮水工程6处，解决898户、4508人、707头大牲畜的饮水问题。新建地面卫星接收站（点）9个，新增电视机56台，改善和丰富群众文化生活，各界人士捐资助学，对口帮助296名贫困学生入学。

2003年“三个基本”扶贫指导思想提出后，摆榜扶贫开发工作增质提速，全乡工农业总产值1866万元，种植脱毒马铃薯3100亩，平均亩产1526公斤，总产4740吨，收入189.6万元，农户人均增收183元；推广杂交玉米520亩，亩产305公斤，总产158.6吨，实施“水改旱作”项目，推广玉米新品种种植250亩；推广种植杂交水稻“金优404”3000亩，亩产512.6公斤，总产1537.8吨，人均增产73公斤，种植蔬菜600亩，莴苣200亩，牧草200亩，发展绿肥种植1500亩，完成楠竹种植55亩2490株；全乡生猪饲养2817头，大畜生总数2987头，家禽33100羽，兔子100余只，鱼数万尾，全年实现畜牧业增收4.6万元；新建50口沼气池；全乡入学率79%，“春蕾女童班”解决30名少数民族女童入学，为脱贫致富培养后备人才；贵州康田家政服务中心组织素质较高的富余劳动力开展劳务输出，促进农民增收；全乡率先在全县25个乡镇开通地波广播；新建广播电视地面卫星接收站（点）9个，新增电视机142台，丰富群众文化生活，促进精神文明建设，全乡实施一户一表安装工作，安装900余户，实现城乡用电同网同价；新建极贫农户住房248栋，1601名极贫人口越过温饱线，极贫人口下降到3517人。

2004年，全乡工农业产值2196万元，推广种植脱毒马铃薯5000亩，种植杂交玉米2250亩，推广种植“金优404”7000亩，平均单产458.3公斤，总产3208吨，杂交玉米推广种植2250亩，平均单产453公斤。蔬菜种植300亩，牧草种植1100亩，冬闲田土种草80亩；楠竹种植200亩；母猪饲养560头，生猪3002头，家禽61100羽；建成摆榜乡石板村生态养殖示范园，发展养鸭户40户，养鸭1500只，养鸡户31户，养鸡2000只；实施956户贫困群众茅草屋改造工程；新建改造通村公路6条，总长14.5公里。实施人饮工程9处，解决1876户8535人，2879头大牲畜饮水困难，全乡实现组组通电通公路，村村通自来水，通手机信号，通广播电视；适龄儿童入学率90.7%，初中入学率85.4%，社会各界人士对口帮助630名贫困学生入学，建成“金元希望小学”；有486户2194名极贫人口越过温饱线，极贫人口下降到1323人，全乡提前一年实现整体越过温饱线，

2005年全乡工农业产值2196万元；基本农田5095亩，人均0.5亩；推广种植脱毒马铃薯6000亩，杂交玉米388亩，杂交水稻组合“金优404”“茂优601”“金优431”10000

亩，油菜200亩，绿肥1300亩，蔬菜1000亩，油菜200亩，牧草4160亩，农户通电率99.2%，学龄儿童入学率95.4%，初中入学率86.6%；完成96.6%的茅草房改造；全乡大牲畜存栏达到4376头，生猪存栏达到4775头，家禽107000羽；1986人外出打工，务工收入99.3万元；全乡农民人均纯收入1431元，比2000年增加254.2%，极贫人口下降到797人。

2005年12月31日，摆榜乡举行“三个基本”扶贫开发总结表彰会。黔南州委书记林明达在会上强调，摆榜精神既是摆榜干部群众实践的总结，也是黔南州干部群众推广实践成功的总结，是动力、是形象、是财富、是作为；要总结成绩，找准差距，认真规划，强攻重点、难点、薄弱点，不断拓宽扶贫开发的成果。

至此，围绕“三个基本”为指导思想实施的摆榜扶贫开发工作取得阶段性成效，摆榜大规模扶贫工作暂时告一段落。

2000—2005年摆榜乡农业生产及农民收入情况表

表11－4－1

年度	农作物播种面积（万亩）	粮食单产（公斤/亩）	粮食总产（吨）	人均占有粮食（公斤/人）	猪牛出栏头数（头）	人均纯收入（元）
2000	1.19	145.5	868.9	173.9	1281	404
2001	1.26	229.2	1438.6	284.0	1892	452
2002	1.08	173.6	936.7	183.0	2246	525
2003	1.58	356.7	1744.5	336.8	3186	723
2004	1.98	397.2	2634.5	486.5	3200	932
2005	2.36	416.8	5638.0	456.7	4397	1431

时代楷模——邓迎香

邓迎香，贵州省黔南州罗甸县沫阳镇麻怀村党支部副书记、村委会主任。她是一名边远山区普普通通的农村妇女，更是一名闪烁着党性光辉的共产党员。她为改变家乡贫困落后面貌不等不靠、敢闯敢干、艰苦奋斗，带领村民发扬“愚公精神”，锲而不舍、战天斗地，在悬崖峭壁上硬生生凿出一条“麻怀出路”。她的先进事迹感动了乡亲、感动了社会，先后被评为全国扶贫先进个人、全国“三八”红旗手，受到国务院副总理汪洋等国家领导人接见。

面对贫困：她毅然抡起“凿破”大山的铁锤

麻怀村地处罗甸县大山深处，山高坡陡、水资源缺乏，属典型的“九山半水半分田”石漠化喀斯特山区。5个村民小组6个自然寨被阻隔在大山之中，孩子上学要翻山越岭，生产生活物资拉不进去，农产品运不出来，成了与世隔绝的“世外桃源”，被认为是“不宜生存的边角”。

1999 年，麻怀村因山高路险，电线杆子和变压器运不进来，电网建设搁浅，每当夜幕降临，村里便沉浸在“漆黑”的原始状态。村里开会决定顺着村南面的溶洞凿一条出山隧洞。作为普通村民的邓迎香积极响应，抡起铁锤和乡亲们开始了漫长的凿洞之旅。

在低矮狭窄的溶洞里，大家点着蜡烛，用最原始的方法一锤一镐砍山凿石，由于进度缓慢，难免有村民灰心抱怨，想停下来不干了，邓迎香虽然自己双手磨出了血泡，但她总是鼓励乡亲们“宁可慢慢做也不要停，只要我们不放弃，总有凿通的时候”。

2001 年农历正月，经过两年多的努力，隧洞基本打通，电线杆顺利抬进村，麻怀村终于通了电，当村里历史上第一次亮起电灯，邓迎香顿时热泪盈眶。虽然隧道打通了，但只能勉强过人，车辆无法通行，对村里发展帮助不大。

邓迎香善于组织带领群众，在凿通隧道中表现突出，在干部群众中树立良好“口碑”。2009 年 6 月，经过村党支部的培养，邓迎香光荣加入中国共产党，这更加坚定了她将“狭窄隧道”凿成“小康大道”的信心。

随后几年，邓迎香越挖越来劲，越凿越有精气神。通过带领群众锲而不舍、夜以继日的磨凿，2011 年夏天，一条长达 216 米、高 3.5 ~ 5 米、宽 3.9 ~ 5 米的“麻怀隧道”终于建成，汽车第一次开进了麻怀村。从此，麻怀村犹如一只雏鹰，开始挥动翅膀飞翔。

打通隧道：她带领群众走上“小康路”

一个敢于抡起铁锤挖隧道的女人，面对大山她毫不畏惧，面对“拔掉穷根”她也是充满信心。2014 年初，邓迎香当选为麻怀村委会主任，脱贫的重任落在了她的肩上。

尽管出山的麻怀隧道打通了，但村里基础设施还很薄弱，村民的生活水平还很低，大多数人还在贫困线上徘徊。“作为群众选出来的村干部，带领大家脱贫致富，我责无旁贷。”在村民代表大会上，邓迎香坚定地说。

凭着一股不服输的“牛劲”，邓迎香四处考察，寻找适合麻怀村发展的项目，她鼓励村里的几个“能人”，拿出手头积蓄，办起村里第一个种植专业合作社。在隧道口的一块土地上，她引来客商合作试种铁皮石斛，还制定了养殖肉牛、绿壳蛋鸡、种植中药材、果树的产业发展规划。她积极鼓励村民将土地流转给合作社。“不仅能拿租金，还可以到合作社打工赚钱”。村民的发展积极性被调动起来。

邓迎香既鼓励有劳动力的村民外出务工，又动员有资金、有能力的外出务工青年回乡创业，逐步从“打工经济”向“内生造血”转变，村民袁端生就是返乡青年中的一个。

“看到邓大姐的干劲，我对回乡发展充满信心。”袁端生说。一直在福建务工的袁端生，今年回乡过春节。邓迎香多次上门讲政策、谈道理，最终说动袁端生返乡创业。

除了上心村里的发展，只读过小学的邓迎香对知识和教育格外重视，2014 年，她在村里成立了草根助学基金会，协调社会力量对村里贫困学生进行资助。“要让孩子们不受穷、不受苦，还得靠多读书”邓迎香饱含深情地说。

现就读于遵义师范学院的曹太敏，至今仍记得邓迎香经常过问自己学业、鼓励自己好好读书的情景。

村里的孤寡老弱也让邓迎香经常挂在心上，每当春节杀年猪，她总忘不了给80多岁的杨政芳老人送去一些鲜肉。“她是个实在的好心人，对我们很关心，还给我买过新衣服”杨政芳掩不住内心的感动。

在邓迎香的带领下，麻怀村面貌已今非昔比。农民人均纯收入从2009年的1500元，提升到2015年的8120元，不少村民开上了轿车，80%以上的村民住上了新房，村里有了文化活动场所，精神面貌焕然一新。

愚公精神：她成为脱贫攻坚“一面旗帜”

以邓迎香为代表的麻怀人，在长期砍山凿洞、战天斗地的实践中，孕育了一种永不言弃的“麻怀精神”。这种精神通过邓迎香的辐射影响，已成为激励全省广大干部群众决战贫困、决胜小康的“精神食粮”。

“她是贫困地区奋发向上的精神力量。”罗甸县委书记杨朝伟说，从动员开山凿石到如今隧道通车，村民们由疑虑到肯定，由不解到支持，共同将“天方夜谭”变成传奇。

邓迎香的“女愚公精神”，体现了“不等不靠”的自觉、“敢想敢干”的勇气、“坚定不移”的执着、“百折不挠”的毅力、“合力攻坚”的奋斗，是当之无愧敢于冲锋在前、勇于担当重任的“领头雁”。

她凿碎了千百年来贫困的封锁，凿开了通往富裕的新希望，让我们看到了一个党员的先锋力量，找到了一个身边“两学一做”的鲜活榜样。

贵州省委书记陈敏尔书记说：“脱贫攻坚最需要的就是现代女‘愚公’邓迎香那种坚定不移、百折不挠的精神。”

邓迎香带领村民“战天斗地凿隧道”的实践证明，脱贫攻坚的根本在于群众的自力更生，在于激发群众内生动力，这是脱贫攻坚的长久之计，更是动力之源。

邓迎香的感人事迹，麻怀村群众看在眼里，记在心上，主动把她编成快板传唱——“共产党员邓迎香，巾帼英雄响当当。携手丈夫李德龙，誓叫大山把路通。发动全村齐动手，一凿一镐挖山忙。不等不靠自发力，麻怀隧道连乡场。昔日愚公是传说，今日愚公在身旁……”

2014年，邓迎香获全国妇联授予“全国十大‘三八’红旗手标兵”称号。

第十二篇

林业　水利

第一章　林　业

黔南州位于贵州高原向广西丘陵过渡的倾斜地带，地处长江流域和珠江流域分水岭一段，涵养水源十分重要。1991 年已经有较大面积的封山育林，1992 年起参与国家长江上游防护林体系建设，在州内实行严格的限额采伐，木材生产任务逐渐减少，森林资源保护及森林生态系统建设被摆在了突出位置。1996 年起，参与实施珠江流域防护林体系建设工程。1998 年起，参与实施天然林资源保护工程。是年 2 月，出台《中共黔南州委、黔南州人民政府关于加快林业发展的决定》。2000 年起参与实施退耕还林工程，继后开展石漠化综合治理，建设国家、省、县三级自然保护区。在多项森保、生态项目建设中，调整林业结构，经济林数量及其富民效益得到增长。加大林业开发，搭建产业发展平台，招商建设林业项目和产业园区。同时，发展依托森林资源的林下多种经营，建立国家和省级森林公园，列入国家湿地公园试点，林业发展的新格局正在形成。据 1995 年和 2005 年两个年度的森林资源调查，十年间，全州有林地面积增加了 512.26 万亩，森林覆盖率提高 11 个百分点，2005 年达到 47.57%。2014 年统计，全州森林覆盖率为 52.94%。

第一节　森林资源

一、森林面积、蓄积

贵州省的森林调查体系分为一类调查和二类调查。一类调查是以全省为总体的抽样调查，共设置网点固定样地 11022 个，每 5 年一次进行连续清查。黔南境内有固定样地 1641 个，分别于 1995 年、2000 年、2005 年、2010 年进行了 4 次调查。二类调查是以县级为总体的图班区划调查，也称为森林资源规划设计调查，每 10 年进行一次，分别于 1995 年、2005 年进行了两次调查。

1995 年度的二类调查，按照《贵州省县级森林资源工作细则（修订本）》进行。全州共抽调 245 名专业技术人员参加，外业调查从 1994 年 7 月起到 1995 年 2 月结束。三都县按林业重点县、罗甸县按经济林重点县、其余县（市）按一般县进行调查。经调查，全州有林地面积 995 万亩，活立木蓄积 2396.69 万立方米，森林覆盖率 36.51%。

2005 年度的二类调查，采用卫星遥感（RS）、全球卫星定位系统（GPS）、地理信息系统（GIS）等高新技术。全州共抽调 266 名专业技术人员参加，外业调查于 2006 年 9 月结束。将龙里林场、荔波茂兰国家级自然保护区单列为调查总体。经调查，全州有林地面积 1507 万亩、活立木蓄积 4256.1 万立方米、森林覆盖率 47.57%。

1995 年全州林地面积调查统计表

表 12－1－1　　面积单位：亩

单位名称	有林地	疏林地	灌木林地	未成林造林地	苗圃地	森林覆盖率%
黔南州	9949620	544905	4397745	1022835	4155	36.51
都匀市	1160565	32880	360885	167355	1095	44.60
福泉市	487665	29325	271080	47520	285	29.97
荔波县	1161390	12345	604710	83610	30	48.23
贵定县	736770	23295	222555	201720	/	39.21
瓮安县	739710	20190	418905	107190	645	39.29
独山县	948270	59265	781155	86205	45	47.16
平塘县	1061985	75015	509205	57270	45	37.08
罗甸县	798915	55350	324390	9660	360	24.85
长顺县	260505	27810	252810	10725	60	22.18
龙里县	568500	57495	147585	21975	840	31.39
惠水县	631425	66840	305895	19920	60	25.30
三都县	1393920	85095	198570	209685	690	44.61

2005 年全州林地面积调查统计表

表 12－1－2　　面积单位：亩

单位名称	有林地	疏林地	灌木林地	未成林造林地	苗圃地	森林覆盖率%
黔南州	15072255	195570	5883255	1288395	3570	47.57
都匀市	1737165	21300	311670	10170	1230	54.13
福泉市	774540	9915	535035	38040	225	42.78
荔波县	1633935	4860	128640	154440	105	55.21
贵定县	983550	9870	405435	39420	120	43.43
瓮安县	1027455	9810	390720	93615	165	38.44
独山县	1146090	25125	791205	90990	600	44.64
平塘县	1606545	9660	910515	86085	/	53.50
罗甸县	1386555	45660	593175	85140	/	41.35
长顺县	462195	4710	517260	218085	165	41.11
龙里县	607965	26010	431430	152565	180	48.42
惠水县	1113105	17715	642855	186315	120	41.28
三都县	2180040	3990	173400	127620	210	61.28
茂兰局	267015	180	16275	3720	/	80.24
龙里林场	146100	6765	35640	2190	450	54.67

说明：森林覆盖率中，荔波县含茂兰保护区，龙里县含龙里林场

1995 年全州森林、林木面积与蓄积统计表

表 12－1－3 单位：亩、立方米

单位名称	活立木蓄积	林分面积蓄积										疏林蓄积	散生木蓄积	四旁树蓄积
		合计		用材林		防护林		薪炭林		特用林				
		面积	蓄积	面积	蓄积	面积	蓄积	面积	蓄积	面积	蓄积			
黔南州	23966922	9295905	23192026	6494325	18805130	975510	2448675	1583835	882286	242235	1055935	369523	162109	243265
都匀市	2446952	1130100	2409698	885105	2231107	26535	65299	214380	100457	4080	12835	21829	5741	9684
福泉市	756606	478860	717730	311280	703892	15555	6451	151995	7387	30	/	21211	1642	16023
荔波县	5138335	1101480	5078382	626805	3099519	231990	945170	19650	45293	223035	988400	18652	24547	16754
贵定县	850700	729720	828494	440550	777446	33855	28611	254205	16756	1110	5681	9071	6546	6589
瓮安县	1801157	723000	1758832	479520	1379409	181815	345261	61455	33400	210	762	14080	4267	23978
独山县	2126230	912060	2060537	762075	1816707	140130	231582	9810	12224	45	24	31333	12055	22305
平塘县	1699407	1019400	1584589	491220	1207919	124830	149483	402330	223733	1020	3454	39329	44209	31280
罗甸县	636322	467910	560233	113670	346189	48210	901	299940	212358	6090	785	15464	14361	46265
长顺县	741249	231870	683674	209370	642220	6375	20427	14460	14579	1665	6448	22142	/	35433
龙里县	1102713	564720	1037615	534270	976197	29700	58180	/	/	750	3238	60215	560	4323
惠水县	1299292	620370	1190383	481950	1030296	30690	65092	103530	60687	4200	34308	36850	42123	29936
三都县	5367959	1316415	5281859	1158510	4594229	105825	532218	52080	155412	/	/	79347	6058	695

2005 年全州森林、林木面积与蓄积统计表

表 12－1－4　　　　单位：亩、立方米、万株

单位名称	活立木总蓄积量	有林地						疏林		四旁树		散生木
		合计		乔木林地		竹林						
		面积	蓄积	面积	蓄积	面积	株数	面积	蓄积	株数	蓄积	蓄积
黔南州	42561007	15072270	41465532	14955630	41465532	116640	10517	195570	137943	1475	865048	92484
都匀市	4930463	1737165	4821108	1734195	4821108	2970	319	21300	9284	141	94336	5735
福泉市	2188595	774540	2127437	773910	2127437	630	88	9915	5921	38	50852	4385
荔波县	4441362	1633935	4422093	1619730	4422093	14205	2888	4860	2446	6	6985	9837
贵定县	1078508	983550	1068019	978300	1068019	5250	319	9870	5037	32	5451	1
瓮安县	4572190	1027470	4291958	1023690	4291958	3780	310	9810	10285	697	267751	2195
独山县	3024381	1146090	2984400	1133970	2984400	12120	1564	25125	10157	56	18084	11740
平塘县	3126522	1606545	2993471	1604625	2993471	1920	72	9660	8672	112	121572	2807
罗甸县	2161352	1386555	1967482	1373865	1967482	12690	1405	45660	44465	161	142680	6725
长顺县	1435273	462195	1318664	458280	1318664	3915	541	4710	3094	150	109480	4034
龙里县	1994896	607965	1952861	601860	1952861	6105	470	26010	16281	18	24601	1153
惠水县	3017308	1113120	2984064	1109820	2984064	3300	220	17715	15228	25	3026	14990
三都县	8385279	2180025	8340572	2132295	8340572	47730	2111	3990	2134	39	20230	22344
茂兰局	1534140	267015	1532454	265020	1532454	1995	208	180	490	/	/	1196
龙里林场	670738	146100	660948	146070	660948	30	1	6765	4450	/	/	5340

2005 年全州林种统计表

表 12－1－5　　　　单位：亩、立方米

单位名称	合计		防护林		特种用途林		用材林		经济林		薪炭林	
	面积	蓄积	面积	蓄积	面积	蓄积	面积	蓄积	面积	蓄积	面积	蓄积
黔南州	21151127	41603475	12531892	15935985	784830	3026088	5817825	21623974	836385	29270	1180195	988158
都匀市	2070150	4830391	1121940	1631302	91065	383671	568665	2603554	76125	1113	212355	210751
福泉市	1319490	2133358	874815	832558	38175	125915	285570	1152065	23955	410	96975	22410
荔波县	1767435	4424540	1402140	3490638	33960	114742	279255	796078	29400	621	22680	22461
贵定县	1398840	1073056	821220	414378	19935	32790	350220	600384	39780	216	167685	25288
瓮安县	1428000	4302244	886335	1453271	1260	6371	498540	2840358	41865	2244	/	/
独山县	1962405	2994557	1183680	862842	159585	139888	580620	1989093	37830	2494	690	240
平塘县	2526735	3002144	1546845	647974	18510	58529	658890	2077209	22095	297	280395	218135
罗甸县	2025390	2011947	1115325	939497	16635	8352	277425	807245	442305	14402	173700	242451
长顺县	984165	1321757	678705	413793	33090	35760	233655	851246	23100	3557	15615	17401
龙里县	1065405	1969142	808305	1167035	9450	13967	226140	769795	14235	394	7275	17951
惠水县	1773675	2999292	1187160	1503755	8325	42822	438465	1344075	25740	24	113985	108616
三都县	2357445	8342705	771510	2301998	71910	530930	1367610	5404010	57585	3313	88830	102454
茂兰局	283485	1532944	/	/	282930	1532351	210	593	345	/	/	/
龙里林场	188507	665398	133912	276944	/	/	52560	388269	2025	185	10	/

二、林木种质资源

黔南州林木种质资源清查工作从2007年开始启动。2010年3月16—18日在瓮安县举办全州培训班，省林业厅派专家授课。4月，全州开始外业调查，到2011年底完成，各县（市）对树种资源进行了分类调查统计，2012年底完成内业工作。通过清查，对全州乡土树种进行了登记，发现贵州新记录树种21种，黔南特有树种1种，登记古大树木5029株（其中，都匀市877株，三都县167株，独山县839株，荔波县181株，平塘县375株，罗甸县371株，瓮安县493株，福泉市238株，贵定县491株，龙里县207株，长顺县458株，惠水县332株），有古树群57处。其中2001年8月列入吉尼斯世界纪录的福泉“千年古银杏”（鱼酉李家湾），树龄3000余年，树高50米、胸径4.79米、胸围16.1米，树龄与胸径等项均为银杏树之最；独山县麻尾镇尧拉村1株短萼仪花（Lysidicebrevicalyx），枝繁叶茂，四季常青，其树高35米、胸径142厘米、冠幅29米，堪称全省仪花之最。都匀市石龙乡甲壤村塘榜大寨有一天然的楠木、红豆杉、侧柏古树群落，其中仅楠木就有100多株，胸径1米以上的有20多株，最大一株树高45米、胸径2.7米，树龄千年以上。调查显示，州内已知珍稀濒危植物种类居全省9个地（州、市）第一位，其中木本珍稀濒危植物种类45科85种，占全省木本珍稀濒危植物总数的70%以上。国家Ⅰ级保护树种有单性木兰、掌叶木、南方红豆杉、红豆杉、桫椤、异型玉叶金花等；国家Ⅱ级保护树种有闽楠、鹅掌楸、篦子三尖杉、杜仲、香樟、喜树、华南五针松、马尾树、翠柏、香木莲、半枫荷、四药门花、香果树等；省级保护植物有铁杉、南方铁杉、桂南木莲、红花木莲、深山含笑、阔瓣含笑、檫木、贵州山核桃、革叶槭等；贵州特有树种有石山桂、长梗半枫荷、荔波鹅耳枥、荔波桑、荔波瘤果茶、斑枝石笔木、石山胡颓子、荔波花椒、贵州悬竹、狭叶方竹、乳纹方竹、黔竹、荔波吊竹等。

罗甸县还对生物柴油树种——麻疯树做了重点调查，对742株麻疯树做了记录归档。长顺县还对核桃种质资源做了重点调查，对742株核桃做了记录归档。

2013年，独山县林业局在作湿地保护区规划编制和林木种质资源调查时，在尧棒乡发现南方红豆杉千余株、华南五针松3000余株、黄枝油杉2000余株，以及掌叶木、红豆树、榉树、毛红椿等一批国家重点保护树种。

2011年黔南州林木种质资源清查统计表

表12-1-6

县（市）	科	属	种	用材树种	园林树种	经济树种	国家保护	省级保护	濒危植物	特有种	新记录
瓮安	106	303	833	227	294	780	10	13	31	/	12
长顺	106	309	832	293	269	701	8	11	10	/	1
荔波	146	565	1203	368	451	387	30	20	28	/	1
罗甸	132	458	1264	200	300	253	24	16	24	/	1
都匀	123	395	877	307	335	662	24	12	27	1	/
独山	125	404	1104	206	388	858	15	16	16	/	2

续表 12－1－6

县（市）	科	属	种	用材树种	园林树种	经济树种	国家保护	省级保护	濒危植物	特有种	新记录
福泉	105	276	609	140	209	837	9	5	8	/	1
惠水	123	379	1174	318	328	889	16	12	13	/	1
龙里	109	345	1083	267	254	834	6	5	4	/	1
平塘	128	336	704	334	584	400	8	15	9	/	/
三都	124	388	1050	335	337	827	33	18	28	/	1
贵定	107	271	606	238	284	150	13	7	/	/	/

2011 年调查黔南州境贵州省新记录树种名录

表 12－1－7

分布地	树　种
瓮安	棱果秤锤树（Sinojackia henryi）、粗脉桂（Cinnamomum valinerve）、琴叶楠（Phoebe pandurata）、厚叶野扇花（Sarcococca wallichiiStapf）、城口猕猴桃（Actinidia chengkouensis）、中越猕猴桃（Actinidia indochinensis）、海棠猕猴桃（Actinidia maloides）、美花南烛（Lyonia - compta（W. W. Smithetjeffr.））、伞序冬青（Ilex umbellulata）、长叶疏花槭（Acer laxiflorum-Paxvar. dolichophrllumFang）、苗山槭（Acer miaoshanicum）和密刚毛菝葜（Smilax setiramula）
长顺	齿叶黄杞（Engelhardtia serrata）
荔波	单枝竹（Monocladus asaxtilis）
罗甸	海南血桐（Macaranga bemsleyana）
独山	长柄槭（Acer longipes）、藤紫珠（Callicarpa peii）
福泉	棱角山矾（Symplocos tetragona）
惠水	剑叶紫金牛（Ardisia ensifolia）
龙里	双盾木（Dipelta floripunda）
三都	鸡毛松（Podocarpus imbricatus）

三、野生动物资源调查

1986 年开始历时 7 年的贵州省灵长类动物、豹猫和黑熊资源专项调查工作于 1993 年完成，黔南州的调查工作主要由荔波茂兰国家级自然保护区管理处承担。调查表明，全州有猕猴 75 群 1663～2215 只，12 个县（市）均有分布；藏酋猴 9 群 102～159 只，分布于瓮安、贵定、福泉、龙里、平塘、荔波和三都等地；豹猫资源平均储量为 10097 只；黑熊约 80 只，分布于贵定、惠水、三都等州内大部分地区。1996—1999 年，参与全省野生动物资源普查实地调查和雉类、猫科动物和蛇类等 3 个专项调查，完成了调查报告。据历次调查，黔南州已知的各类脊椎野生动物有 631 种（含曾经有过记录的种），其中，哺乳动物 8 目 24 科 159 种，鸟类 17 目 43 科 266 种，爬行类动物 3 目 15 科 62 种，两栖类动物 2 目 8 科 29 种，鱼类 5 目 15 科 115 种。州境有记录的国家一级保护动物有 6 种，国家二级保护动物有 37 种。

第二节　森林管理与保护

一、森林资源管理

（一）公益林管理

1. 公益林划定（森林分类区划）

1999 年，开展森林分类区划工作。将全州 2126.91 万亩林业用地界定为公益林区 1489.33 万亩（禁伐区 752.05 万亩、限伐区 737.28 万亩）和商品林经营区 637.58 万亩。其中天保工程区森林面积 825.37 万亩，界定为禁伐区 353.90 万亩、限伐区 256.03 万亩、经营区 215.44 万亩，比例为 42.88%、31.02%、26.10%。

2002 年 9 月—2003 年 11 月，将全州珠防林工程区 1355.06 万亩森林界定为重点公益林（原称禁伐区）461.75 万亩、地方公益林（原称限伐区）388.56 万亩、商品林 504.75 万亩，比例为 34.08%、28.67%、37.25%。

2005 年，界定全州天保工程区森林面积为 883.8 万亩，其中国家级公益林 226.9 万亩、地方公益林 257.7 万亩、商品林 399.2 万亩，比例为 25.7%、29.2%和 45.2%。

2009 年，根据省林业厅《关于上报天保工程区新增造林且未享受天保工程管护经费的重点公益林有关数据的紧急通知》，新增 38.09 万亩造林为重点公益林。

2010 年，根据《国家级公益林区划界定办法》，经修正、完善区划成果，全州界定国家级公益林 726.44 万亩，荔波、独山、平塘、罗甸、惠水、福泉和长顺等 7 县（市）界定地方公益林 310.66 万亩。

2012 年，完成公益林区划界定报告编制工作。全州界定公益林 1379.97 万亩，其中国家级公益林 735.9 万亩、地方公益林 644.07 万亩。同时区划商品林（地）1135.44 万亩。

2. 公益林管理补助

（1）国家级公益林补助（中央财政森林生态效益补偿基金）。中央财政从 2004 年起建立森林生态效益补偿基金，用于重点公益林的营造、抚育、保护和管理，补偿标准为每年 5 元/亩。是年，黔南州 6 个珠防林工程实施县的 127.14 万亩重点公益林获补偿基金。2006 年，州内重点公益林补偿面积增加到 396.62 万亩。2009 年，补偿范围扩大到全州 12 个县（市），重点公益林补偿面积 479.41 万亩。是年，6 个天保工程实施县市仅有新增造林、且未享受天保管护费的重点公益林获得补偿。2010 年起，重点公益林改称为国家级公益林，国有部分补偿标准不变，集体和个人所有部分调整为每年 10 元/亩。2012 年，全州界定的 735.9 万亩国家级公益林中，除天保工程区 10.51 万亩列入天保二期工程获每亩 5 元森林管护费补助外，其他的均列入中央财政森林生态效益补偿基金补偿范围。2013 年，国家级公益林补偿面积 725.39 万亩，国有部分补偿标准不变，集体和个人所有部分上调为每年 15 元/亩。自 2004 起至 2014 年，国家累计下拨黔南州中央财政森林生态效益补偿基金 4.92

亿元。

（2）地方公益林补助（地方财政森林生态效益补偿基金）。2007 年，贵州省启动地方财政公益林生态效益补偿基金。补偿标准为每年 0.4 元/亩，用于补偿林木所有者。荔波、平塘 2 个珠防林工程实施县纳入补偿面积 94.12 万亩。2009 年起，补偿标准为每年 5 元/亩，由省、州、县分别按 4：3：3 比例安排资金。三都、荔波、独山、平塘、罗甸和惠水 6 个珠防林工程实施县纳入补偿面积 391.25 万亩。2012 年，全州 12 个县（市）638.25 万亩地方公益林全部纳入地方财政补偿范围，其中有福泉市和贵定县财政进行了配套。2013 年，有惠水县和贵定县配套。2014 年，补偿标准为每年 8 元/亩，全州补偿面积 638.25 万亩。2009—2014 年，全州累计获得地方财政森林生态效益补偿基金 7449.77 万元。

3. 公益林管理措施

（1）安排护林人员。从 2004 年起，凡属列入森林生态效益补偿基金补偿范围的公益林，须由经营者与管护者签订管护合同，明确责任、落实面积。到 2014 年，全州列入补偿的 725.39 万亩国家级公益林，聘请专（兼）职护林员 2920 人，由农户自我管理的 207169 户，共签订管护合同 100972 份，涉及 171 个乡（镇、场）1125 个村（林班）113741 个小班。全州列入补偿的 638.25 万亩地方公益林，聘请专（兼）职护林员 1256 人，自我管理农户 78931 户，共签订管护合同 47631 份，涉及 159 个乡（镇、场）1085 个村（林班）52868 个小班。

（2）林情监测。2005 年，三都等 6 个珠防林工程实施县设置重点公益林监测点 782 个，监测面积 127.14 万亩。是年，省下拨资金 50.75 万元给 6 县购置设备，收集相关资料，建立公益林档案。2006 年，新增 1900 个监测点，监测面积增至 396.62 万亩。从是年起，每年由 6 县对重点公益林进行监测与自查，州林业局作抽查。2007 年，增设林农“一折通”信息档案。2009 年后由于费用较高，难以为继，监测暂停，但核查工作仍照常进行。2010 年，启动全州公益林管理信息系统建设。2012 年更新相关档案资料。2014 年，将公益林管理信息数据录入公益林管理信息系统运行。

（3）抚育性采伐。2007 年，三都县国有拉揽林场利用中央财政中幼林抚育项目，对都柳江沿岸 7100 亩杉木公益林进行抚育性采伐，生产小径材 8009.1 立方米。2010 年，三都县、瓮安县抚育 9047.2 亩公益林，采伐小径材 2057.4 立方米。2011 年，三都、惠水、瓮安、长顺等 4 县抚育 11953.3 亩公益林，采伐小径材 595.8 立方米、楠竹 121802 根。2012 年，三都、荔波、独山、惠水、瓮安、长顺、都匀和龙里等 9 个县（市）抚育公益林 31565.6 亩，采伐小径材 11073.1 立方米。2013 年，三都、惠水、瓮安、长顺、平塘、福泉 6 个县（市）共抚育采伐公益林面积 17247.4 亩，采伐小径材 5224.8 立方米。2014 年，独山、惠水、瓮安、平塘、贵定 5 个县共抚育采伐公益林面积 25031 亩，采伐小径材 7429.1 立方米。

（二）森林采伐管理

1992—1995 年，实行采伐限额全额管理。除生活烧材外，商品材、农民自用材、培植业用材及其他用材全部实行凭证采伐制度。由省政府按五年规划下发年森林采伐限额。

2001 年，全面停止天然林采伐和天然林资源保护工程（简称天保工程）区商品性木材采伐。2006 年，省政府对森林资源实行分区施策、分类管理，放活商品林经营机制。据此，全州放开天保工程区人工商品林采伐。2008 年，根据省林业厅文件通知，州林业局将商品林采伐审批权限下放给县级林业主管部门。2009 年，国家林业局开展森林采伐管理改革试点工作，贵州省 9 个县列为试点，黔南州瓮安县为试点县之一。是年，根据《国家林业局关于改革和完善集体林采伐管理的意见》，实行森林采伐分类管理、林木采伐审批公示制度、简化审批程序、提供便捷服务。从 2009 年起，州及县（市）林业主管部门将林木采伐许可证的审批发证工作逐步纳入政府政务中心“一站式”服务。2011 年，省政府明确“十二五”时期竹林及非林地上林木的采伐不纳入采伐限额管理，由经营者自主经营，自主采伐，不需要办理林木采伐许可证。2014 年，改革集体林采伐管理，简化林木采伐的审批手续，推行简便易行的伐区设计，放宽竹林经营利用的监督管理，规范木材运输检查监管行为。1991—2014 年，全州森林资源实际消耗量均控制在森林采伐限额内。森林采伐限额共计 2277.82 万立方米，实际消耗量累计为 748.12 万立方米，其中商品材产量 249.01 立方米。

1991—2014 年全州森林采伐限额及实际消耗情况统计表

表 12－1－8　　单位：万立方米

年度	森林采伐限额	实际消耗量	其中商品木材产量	年度	森林采伐限额	实际消耗量	其中商品木材产量
1991	109.00	7.37	4.21	2004	77.32	40.98	7.67
1992	109.00	8.31	4.91	2005	77.32	41.91	8.76
1993	109.00	8.34	4.90	2006	92.13	21.10	11.27
1994	109.00	10.89	6.19	2007	92.13	20.40	13.00
1995	109.00	13.44	6.46	2008	92.13	56.04	33.76
1996	111.73	56.03	6.55	2009	92.13	20.23	13.01
1997	111.73	59.63	6.79	2010	92.13	32.96	19.53
1998	111.73	50.24	8.25	2011	81.729	28.53	19.53
1999	111.73	38.94	4.70	2012	81.729	24.22	16.19
2000	111.73	43.58	5.22	2013	81.729	23.42	14.82
2001	77.32	39.38	5.86	2014	81.729	21.21	15.15
2002	77.32	39.22	5.45	合计	2277.816	748.12	249.01
2003	77.32	41.75	6.83				

（三）木材经营加工管理

1. 经营加工管理。1991—2014 年，对全州木材经营加工户进行了 7 次清理整顿。重点是规范业户经营行为，净化市场环境，对设备简陋、工艺粗糙、不成规模、无原料来源，或有违法经营加工行为的业户予以关闭、整合或取缔。2014 年，全州有木材经营加工企业

322 户。按经营类型分：经营户 78 户、加工户 34 户、经营加工户 210 户；按经济性质分：个体 272 户、集体 3 户、国有 15 户、其他 32 户。年经营总量约 22 万立方米，年加工总量 16.8 万立方米。

2014 年全州木材经营加工企业统计表

表 12－1－9

县（市）	小计（户）	按经营类型分			按经济性质分				年经营量（立方米）	年加工量（立方米）
		经营户	加工户	经营加工户	个体	集体	国有	其他		
合计	322	78	34	210	272	3	15	32	219885	168159
州级企业	2	0	0	2	0	0	0	2	0	0
惠水县	45	5	0	40	40	0	4	1	7525	7180
福泉市	81	46	13	22	79	2	0	0	15000	11000
龙里县	20	4	1	15	18	0	1	1	19600	7400
瓮安县	28	9	6	13	25	0	2	1	20500	29000
长顺县	13	0	0	13	6	0	1	6	2848	168
三都县	6	0	0	6	2	0	0	4	25000	25000
荔波县	37	1	12	24	32	0	0	5	14026	12857
独山县	17	4	0	13	11	0	2	4	50512	35192
贵定县	14	0	0	14	12	0	0	2	5000	4575
都匀市	34	9	1	24	25	1	2	6	30989	22742
罗甸县	21	0	1	20	19	0	2	0	16885	1044.5
平塘县	4	0	0	4	3	0	1	0	12000	12000

2. 运输管理。1993 年，省政府批准黔南州在茂兰、羊里、卡蒲、永和、牛场桥、杨勇关、周覃等地依法设置 17 个木材检查站，配备 92 名木材检查员，持证上岗。1994 年，执行《贵州省木材流通管理办法》，原条、原木、枕木、板枋、楠竹，木制成品半成品，旧房木料，商品柴炭，油桐籽（含桐油）、生漆等为凭证运输品种。1998 年，全州木材检查站调整为 18 个。2000 年，在州林业局和三都县各设置一个出省木材运输证代办点。2006 年，执行《贵州省木材经营管理办法》，原木、锯材、竹材、木片、树蔸、木炭和胸径 5 厘米以上的活体树木等为凭证运输品种。2006—2014 年，全州办理省内木材运输证的木材 74.06 万立方米，楠竹 6450 根，杂竹 4101 吨，木竹成品半成品 2.15 万立方米，林副产品 9755 吨，人造板 8.32 万立方米，非规格材 8.14 万吨；办理出省木材运输证的木材 37.43 万立方米，楠竹 1900 根，杂竹 1386 吨，木竹成品半成品 3.4 万立方米，木片 3.04 万吨，人造板 5.94 万立方米；查处违法运输木材 5992 车（次），没收木材 2.1 万立方米（木材变价款 1067.87 万元），罚款 690.42 万元，补征育林基金 47.3 万元。

2006—2014 年黔南州木材检查站木材检查统计表

表 12－1－10

年度	验证放行		违章处罚		木材变价款（元）	罚款（元）	征收育林基金（元）
	车（人）次	木材（m^3）	车（人）次	木材（m^3）			
2006	6138	78597	785	2641	603607	673409	92039
2007	6768	155434	644	2111	745393	549783	36852
2008	11420	153823	524	1963	592036	554835	38648
2009	7223	172988	821	2917	908808	1174244	68812
2010	8049	151283	899	2587	1147793	1104742	79614
2011	9365	101190	607	2804	1701748	756727	85191
2012	3874	43627	598	2397	2206295	879508	26410
2013	5887	54582	549	2150	1693279	684133	28218
2014	3934	33762	565	1414	1079702	526843	17183
合计	62658	945286	5992	20983	10678658	6904223	472967

（四）林地管理

1996 年，按照林业部《林木林地权属争议处理办法》处理林地争议。2000 年，执行《贵州省征占用林地补偿费用管理办法》，向依法征、占用林地的单位和个人征收森林植被恢复费。2000—2014 年，全州办理依法征占用林地 343 起，涉及林地面积 107148. 8 亩，共征收森林植被恢复费 40656. 42 万元；查处违法征占用林地 451 起，涉及林地面积 3043. 4 亩，执行行政处罚 451 人（次），罚款 2125. 6 万元。

2000—2014 年黔南州依法征占用林地情况一览表

表 12－1－11

年度	征占用林地（起）	征占用林地（亩）	征收植被恢复费（万元）	年度	征占用林地（起）	征占用林地（亩）	征收植被恢复费（万元）
2000	1	0. 20	0. 03	2008	27	7482. 88	4672. 27
2001	6	176. 06	5. 97	2009	22	4319. 01	2568. 35
2002	20	455. 01	64. 58	2010	44	7528. 50	4938. 43
2003	10	34193. 01	5057. 39	2011	19	8104. 53	4440. 74
2004	9	14621. 76	2852. 84	2012	31	6201. 46	3145. 67
2005	4	134. 85	58. 03	2013	46	10687. 87	6261. 06
2006	5	165. 33	58. 30	2014	75	5912. . 14	2808. 52
2007	24	7166. 22	3724. 24	合计	343	107148. 82	40656. 42

二、集体林权制度改革

2006 年，黔南州启动集体林权制度改革（简称林改）。是年 12 月起，在瓮安县试点，投入工作经费 80 余万元。瓮安全县 23 个乡镇 247 个村 2547 个村民组 9. 96 万农户参与改革，涉及林地128.55万亩。经改革，林地分山到户率86.18%，林地林权分户登记率90.54%，山林权属纠纷调处率89.83%，确权发证率90.54%，群众满意率100%。2007年11月，经省检查验收，瓮安县林改试点成果评为优等。

2007年11月28日，州政府在都匀市召开全州林改工作会议，部署全州林改工作。2008年初，州政府成立以州长为组长、一名副州长为副组长的林改领导小组，林业、财政、发改等部门领导为成员，下设办公室在州林业局。州长与各县（市）政府主要领导签订责任状。各县市相继成立林改领导小组及办公室，制定林改方案，与乡镇签订目标管理责任状，抽调人员组成驻村工作组（队），全州林改工作全面铺开。全州共有24593人参与林改工作。林改期间，全州出动宣传车1500多台（次），张贴标语1.7万余条，悬挂横幅1000余幅，印发公开信97.9万份、林改政策资料23.99万份。各级采取以会代训、专题讲座、培训班和现场讲解等方式，举办各类林改培训1300余次，林改工作人员及村民近6万人（次）接受培训。《黔南日报》、黔南电视台、黔南电台等新闻媒体于2009年7月集中开展了林改宣传报道。

2009年，在瓮安县进行采伐管理改革试点。2010年，全州林改基本完成，并通过了县、州、省三级检查验收。累计投入林改工作经费2744.55万元，其中，中央资金1779.2万元、省经费360.6万元、州经费150万元、县投入375万元、乡镇筹资79.75万元。2011年，在瓮安县进行森林保险试点。是年，全州投保面积22.68万亩、保险金额17241.38万元，保费100万元，全部为中央财政补贴资金。2012年，森林投保面积增加到109.13万亩、保险金额126803.83万元，保险费率0.41%，保费519.9万元，其中，中央和省级各补贴155.97万元，县补贴144.08万元，林农承担63.87万元。其间，出台了《黔南州森林保险工作实施方案》。

2011—2013年，州、各县（市）及开发区相继成立林权管理服务中心，编制共73人。开展林木林地权属登记、林木林地流转、林权证抵押贷款、森林保险、森林资产评估、发布林木林地交易拍卖信息、林业法律法规政策咨询等服务工作，参与林权纠纷调处。通过林改，全州纳入林改范围的集体林地为2244.3万亩。已确权的集体林地为2180.07万亩，面积确权率97.14%；发放林权证37.87万本，涉及面积2161.08万亩，涉及农户76.62万户；存在林权纠纷的有4577起，涉及面积95.01万亩，已调处3965起、涉及面积84.8万亩，调处率89.25%。

2014年，州政府出台《黔南州林下经济发展的意见》，明确每年州财政安排100万元专项资金用于发展林下种植、林下养殖和休闲观光旅游等产业，推动林下立体种养业发展。是年底，全州林地流转87.5万亩，流转金额8230万元；林权抵押9.26万亩，贷款金额23923万元；林下经济发展产值66344万元；森林保险投保面积1156万亩。全州组建林业专业合作社（或同类型组织）322个，其中，国家级示范合作社6个，加入合作社的农户达1.27万户，合作社经营林地面积17.35万亩。

三、森林公安及涉林案件查处

州及各县（市）林业公安机构属林业和公安双重领导，在1991年前均已建立。1993

年和1994年，独山国营林场、三都拉揽国营林场相继建立林业派出所。1997年5月，全州森林公安机构列入公安序列。2001年12月，黔南州公安局林业公安科改为黔南州公安局森林公安支队。2003年8月，全州12县（市）森林公安派出所（队）升格为副科级单位。2008年12月，全州森林公安民警全部转入政法专项编制序列，经费纳入各级财政预算，人员过渡为公务员。2012年1月，州森林公安局升格为副县级单位，加挂州公安局森林警察支队牌子。9月，州编办行文将12个县（市）公安局森林警察大队（派出所）改为森林公安局，仍为副科级单位，内设指挥中心（办公室、政工科）、法治宣传科（警务督察）和刑侦治安队。至2014年底，全州森林公安政法专项编制124名，实有120人。

从20世纪90年代起，森林公安机关坚持平时打击与专项行动相结合，打击涉林违法犯罪活动。1998年开展跨世纪绿色保卫行动，2000年开展“天保”行动，2002年开展破案攻坚战，2003年开展“春雷”行动和“绿剑”行动，2004年开展“天保二号”行动，2005年开展林业“严打”行动，2006年开展破案攻坚战和“绿盾”行动，2007年开展区域性“严打”行动和“飞鹰”行动，2009年开展“绿盾三号”行动和冬季行动，2010年开展春季行动和破案会战，2011年开展冬季行动、春季攻势行动和“亮剑”行动，2012年开展综合执法行动，2013年开展“百日雷霆”行动，2014年全年开展“天网”行动和“雷霆”行动。

1991—2014年，全州共受理各类森林案件17449起，侦破查处17198起，综合查处率98.5%。其中：刑事案件立案1932起，侦破结案1781起；森林治安案件立案228起，查处221起；森林行政案件立案15289起，查处15196起。依法处理各种违法犯罪人员19139人（次）。其中：抓获作案人员2059人；送劳教3人；治安拘留334人；警告372人；责令补植92人；治安处罚122人，收缴罚款1.92万元；林业行政处罚（含野生动物案件）14156人（次），罚款2460.4万元；其他处罚2001人，收缴违法所得156.12万元；收缴木材34397.82立方米，折合人民币1678.35万元。总计罚没款4296.79万元。清理野生动物养殖场所99家，宾馆、饭店、酒楼1833家（次），林木采伐点450处，经营加工企业、市场1854处（次），征占用地57处；收缴国家保护野生动物10593只（头），蛇10111公斤，野生动物制品1608.1公斤，珍稀植物53株，猎具322件，涉案金额240余万元。

四、森林防火

（一）防火队伍及设施建设

森林防火坚持预防为主、群防群治的方针。在防火力量上，采取各种形式组建森林防火队伍，以备应急。在防火装备方面，多渠道增添器具设施，以提高扑灭火灾的能力。在营造环境方面，每年开展宣传教育工作，提高大众防火意识。

1991年，州护林防火指挥部更名为森林防火指挥部。接收内蒙古大兴安岭林管局无偿调给的八一小型C电台8部，分配到6个县。到1993年，全州有森林消防车14辆、边三轮摩托13辆、对讲机141部、电台14部、无线电通信塔台1座和传真机1部。

1994年春，贵定县沿山镇春光村组建起由20余名村民组成的扑火队。1996年，都匀市18个乡镇办事处均组建扑火应急队，市林业、公安、水利、农业等部门亦建有应急队共300余人。长顺县组建扑火应急队19支450人。1998年，瓮安县自筹资金组建森林消防队。

21世纪初，罗甸县组建森林消防队，21名队员的工资纳入财政预算管理，各乡（镇）组建27支义务扑火队以应急。2002年，独山县组建一支以退伍军人为主，有50人的专业消防队；县林场建有一支80人的专业扑火队，乡、镇亦建有各自的应急队。2003年，惠水县组建半专业性质的扑火队共150人，全县25个乡（镇）和各村民委员会亦组建各自的应急扑火队。平塘县招聘187名护林人员组成扑火队。

2003年3月，将每年3月6日—4月16日定为“全州森林防火安全月”。2004年起实行森林防火行政责任追究制度。

2005年，实施《黔南州森林重点火险区综合治理项目》，建设“瞭望监测系统”“预测预报系统”和“林火通信信息系统和扑火地理信息系统”，总投资1645万元（中央投资1316万元、自筹329万元）。修建扑火物资储备库房400平方米、营房1400平方米；购置防火指挥车13辆、巡逻摩托车61辆、GPS定位仪45套、风力灭火机180台、油锯100台、灭火水枪600套、扑火探照灯700支、耐火服（含鞋、帽、手套）3000套、砍刀2600把、消防铲2600把、二号工具1万把、其他（挂包、水壶、毛巾）3000套。全部设备及器具均配发至各县（市）。

2006年3月10—30日，国家林业局西南航空护林总站贵阳基地的森林航空消防直升机对黔南重点火险县市开展森林消防空中巡逻。

2008—2010年，全州各级财政共投入230万元，用于购置森林防火器具。其间，三都、平塘、荔波、龙里、贵定、长顺、都匀和罗甸等县（市）的部分乡镇组建39支1350人的扑火队，州林业局无偿提供152.5万元，用于购置扑火器具和改善训练条件。

从2010年起，地方财政按照每亩森林0.2～0.4元的标准，将森林火灾预防与扑救经费列为公共财政支出而纳入本级财政预算，全州每年投入420万～820万元经费用于森林防火。

至2012年，全州建成护林站183个、配备专（兼）职护林员1327人，组建专业扑火队12支、兼职扑火队40支和义务扑火队152支，共有队员3775人。修筑林区防火道62公里，建成隔离带1137公里，设置防火宣传牌（碑）980余块。建成了望台（哨、站）66座，配备三级网中转台6台，以及一批相应的森防设备。

2014年全州12个县（市）和都匀开发区总投资4729万元（中央预算内投资3783万元，地方配套946万元），新建瞭望台20座，购置林火视频监控系统一套（控制系统后台14个，前端摄像头62个）、巡逻摩托车72辆、宣传车7辆、消防车12辆、运兵车12辆、水罐车13辆、宣教设备33套、宣传碑牌78块、专业队营房4620平方米、物资储备库房2100平方米、接力水泵14组。

（二）边界联防

黔南州自20世纪50年代即派干部到滇黔桂三省（区）护林联防指挥部工作（驻广西

白色），荔波、独山、平塘、罗甸4县参加联防。1992年，接边地区建立以基干民兵为主的义务扑火队61支，有队员1431人，专职或兼职护林员121人。1993年11月，三省（区）护林联防指挥部撤销，从是年起改为每年由值班省召开联席会处置联防事宜。

（三）森林火灾

“八五”时期，全州年均发生森林火情216起，森林受害面积1.61万亩，受害率为1.71‰。1992年4月20日，罗甸县龙坪镇天蛾乡发生森林火灾，危及罗甸国营林场和附近乡村林场的上万亩森林。县迅即组织武警、消防、人武部等部门人员，连同正在开会的县人大、政协代表共3500余人（次），出动车辆40台（次），连续奋战36小时将山火扑灭。

“九五”“十五”时期，全州年均发生森林火情194起，火场过火面积2.39万亩，森林受害面积5145亩，受害率为0.44‰。2003年3月1日，都匀市杨柳街镇迎接村五组发生森林火灾，途经此地的州委主要领导急令停车，带领随行人员徒步赶往火场，与随后赶来的武警、消防战士、干部、中学生和当地群众数百人奋力扑救，至当夜12时将火扑灭。4日，独山县上司镇白腊坡发生森林火灾，州、县领导组织森林扑火队、森林警察、消防、武警、公安干警、单位干部职工，以及当地群众近千人投入扑救。5日又紧急调派州武警支队官兵70余人增援。于6日21时将林火扑灭。

“十一五”时期，全州年均发生森林火情531.6起，火场过火面积16.02万亩，森林受害面积1.58万亩，森林火灾受害率为0.75‰。2006年5月20日，独山县打羊、尧梭一带发生森林火灾，县林业、消防及当地农民共400余人经10余小时扑救将火扑灭，县林场职工、学庄护林站站长黄祥珍因公殉职。2008年遭遇罕见雪凝灾害后，森林防火设施毁损严重，林木倒伏无数，可燃物异常增多，加之灾后开展生产自救用火频繁，全州发生森林火情834起，火场过火面积14.16万亩，森林受害面积1.74万亩，森林受害率达0.77‰；有13名失火者被烧死，贵定县盘江镇党委书记庭裕江等4名救火者被烧伤。都匀市在不到一个月内发生森林火情153起，涉及20个乡镇，过火面积6万余亩，因农业生产失火占6成以上；依法刑事拘留7人，治安处罚23人。2010年遭百年不遇的特大旱灾袭击，全州发生森林火情905起，有林地过火面积54万亩，森林受害4.06万亩。有4名失火者被烧死，3名参与火灾扑救的护林员殉职，其中罗甸县林场职工安作成被省政府追认为烈士。

2011—2014年，全州年均发生森林火情52起，火场过火面积6706亩，森林受害面积1106亩，森林受害率0.051‰。2011年，都匀市和独山县共有3起森林火灾被追究责任。2014年1月23日，福泉市马场坪办事处平堡村发生森林火灾，市林业等部门以及当地党委、政府迅速组织干部职工灭火。18时40分左右，林火导致马场坪办事处2名干部和3名村民护林员遇难，另有1名村民护林员因烧伤严重医治无效于26日去世。24日，州委、州政府、州森林防火指挥部召开视频会议，要求全力应对全州森林防火异常严峻的形势。下午，国家林业局南方航空护林总站负责人到平堡村“1·23”森林火灾现场督查指导。

（四）纵火毁林行为查处

从2002年起，连续开展森林火灾案件破案会战专项行动，依法打击纵火、失火毁林违法犯罪。至2014年，森林火灾刑事案件累计立案707件，侦破647件，侦破率91.5%，刑事处罚670人（治安拘留31人）；行政案件立案1750件，侦破1717件，侦破率98.1%，追究行政责任及处罚1786人。

五、林木有害生物防治

1991年，三都县大河、巴佑、烂土一带发生油桐绒刺蛾灾害，危害面积2万亩，其中重灾面积8000亩。州、县森防人员对受灾严重的4220亩油桐林实施防治，防治率达97.46%。是年，独山县白蜡坡飞播马尾松林发生松毒蛾危害森林达12万亩，为州内首次发生的大面积森林虫灾。5月27日至6月13日，林业部门租用贵州双阳航空公司4架运-11型飞机，累计作业飞行80余小时共91架次，喷洒农药1.8吨，防治面积6.05万亩，耗资18万元，防治率达99.02%。是年12月，开展森林病虫害越冬调查。

从1992年开始，全州实行林业有害生物防治目标管理。1994年，执行《植物检疫条例实施细则（林业部分）》，对林木种子、苗木和其他繁殖材料等执行严格检疫措施。1992年5—7月，开展森林植物检疫对象普查，在12个县（市）共普查森林45.2万亩、苗圃1041亩、行道树440公里22万多株。1997年4月至1998年2月，开展贵州省6种国内森林植物检疫对象调查。1997年5月15日至6月15日，开展35种森林植物检疫对象贵州分布种专题调查，调查表明，黔南有锈色粒肩天牛、菊花叶枯线虫病和柑橘溃疡病分布。

1999年，独山县林场飞播马尾松林暴发大面积松毒蛾危害。6—7月，租用湖北荆门航空公司运—五型飞机，累计作业21天飞行35小时共108架次，防治作业面积5.89万亩、有效面积5.13万亩，耗资30万元，防治率达96.1%。

2000年，规定凡森林病虫害发生面积达500亩以上的，由州森检站向森林经营单位或个人下达限期除治通知书，由当地县站监督实施，防治费用由森林经营者承担。是年6月，独山县国有林场打羊林工区发生松毒蛾灾害，采取人工使用烟雾剂杀虫，防治面积5000亩，防治率90.6%。

2002年3月，荔波县林工商公司从开阳县调进的2200株李树苗患有冠瘿病，遂作植株全部烧毁、树坑消毒处理。

2003—2005年，在都匀市实施萧氏松茎象国家级工程治理项目，涉及森林5.2万亩。采取营林措施、人工物理、信息素引诱等无公害技术手段进行综合治理，有效控制了虫灾扩散，虫口密度从20%降为3%以下。项目于2006年10月通过验收。

2004—2014年，全州实施松材线虫病预防工程，采用诱捕器引诱、诱木引诱剂引诱等防治技术，涉及松树234万亩。通过持续预防，松褐天牛（主要传播媒介）为害显著减轻，松树枯死数量明显减少。

2005年4月，福泉市藜山乡、牛场镇等地发生竹节虫危害林木。县林业局购进近6000只土杂鸡投入林下放养。鸡不仅吃竹节虫，还吃毛毛虫、蚱蜢、金龟、叶甲等害虫和林下杂草，治虫效果好。2006年4月，福泉市黄丝、马场坪、城厢等地林木发生舞毒蛾危害。市森检站组织力量，历时20余天，耗资5万元，施放农药800公斤，作业面积3500亩，防治率达90%以上。

2008—2009年连续开展“利剑”检疫执法专项行动。2008年在都匀市和龙里县查获带疫光（电）缆盘67个，从省外调入的包装材料中发现松材线虫活体2起；补缴检费1万余元，罚款3.36万元。2009年查处电力、电信、移动、联通、铁路、家具等203家涉木单位涉嫌无证调运和伪造证件的检疫案件24宗；收取补检费1867元，罚款1.66万元。

2010年8月下旬，国家林业局森林病虫害防治总站总工程师宋玉双一行到罗甸县检查、验收紫茎泽兰（危害性植物）除治试点项目。

2012—2014年，持续开展“绿盾2012—2014”林业植物检疫执法检查专项行动，全州检查涉林涉木单位242个。

2013年4月，完成全州松材线虫病春季监测普查工作。有438人（次）参与，涉及12个县（市）及都匀开发区的250个乡（镇、林场、办事处），踏查松林578.05万亩，无松材线虫病分布。

自1991年至2014年，全州林业有害生物（森林病虫害鼠害）年均发生面积12万亩，发生率0.91%，成灾率为0.009%；年均防治面积10.27万亩，防治率为85.52%，无公害防治率98.46%；年均完成林业有害生物监测覆盖率为81.3%，监测准确率为97.76%；累计实施林木种苗产地检疫10.27万亩，年均产地检疫率97.1%。

第三节 自然保护区

黔南州自20世纪80年代开始设立然保护区，划定区域面积依法保护自然生态系统。至2014年，全州已建立自然保护区24个（国家级1个、省级1个、县级22个），总面积295.69万亩，占全州总面积的7.52%。

一、国家级自然保护区

州境有国家级自然保护区1个，即贵州茂兰国家级自然保护区。保护区位于荔波县境内，始建于1984年，1988年批准为国家级自然保护区，1996年被联合国教科文组织纳入“人与生物圈”保护区网络。保护区面积31.93万亩，其中，核心区12.46万亩，缓冲区12.2万亩，实验区7.27万亩。保护区地势西北高东南低，海拔最高1078.6米、最低430米、平均550~850米，山峰与洼地相对高差150~300米，喀斯特地貌十分发育。年平均气温15.3℃，1月平均气温5.2℃，7月平均气温23.5℃。全年降雨量1750~1950毫米，集中分布在4—10月，年平均湿度83%左右。主要保护对象为亚热带喀斯特森林生态系统及其珍稀野生动植物资源。森林覆盖率达87.3%。已知维管束植物143科501属1203种，其中有国家一、二级保护植物20余种，茂兰特有种25种；有脊椎动物400余种，其中兽类61种，鸟类200余种，两栖爬行类100余种，鱼类39种。脊椎动物中有国家一级保护动物3种，二级保护动物40余种，茂兰特有种5种。还有大量的无脊椎动物，仅昆虫就已发现1300余种，茂兰特有种134种；蜘蛛130余种，茂兰特有种7种；陆生贝类50多种，茂兰特有种2种。有大量的洞穴动物和土壤动物新种被逐渐发现。该保护区是地球同纬度地区残存下来的一片面积最大、相对集中、原生性强、相对稳定的喀斯特森林生态系统，是研究喀斯特森林生态特性的天然实验室和难得的定性、定量和定位的研究基地。保护区管理局有管理及科研人员32人，治安队员13人。

二、省级自然保护区

州境有省级自然保护区1个，即都柳江源湿地自然保护区。保护区位于独山县东北部与都匀市、三都县交界的区域，2013年9月省政府批准建立，为省内第一个生态湿地类型的省级自然保护区。保护区面积31.9万亩，其中核心区7.88万亩、缓冲区7.85万亩、实验区16.17万亩。区内有湿地6.12万亩、河流水道92条，自然湿地以泥炭藓沼泽湿地和草本沼泽、沼泽化草甸、灌丛沼泽为主，为中国南方中山山地沼泽湿地的典型代表。保护区管理机构在筹建中，独山县林业局为临时管理机构。

三、县级自然保护区

全州有县级自然保护区22个，其中，都匀市2个，荔波县6个，三都县1个，罗甸县1个，瓮安县2个，贵定县1个，独山县3个，长顺县2个，惠水县1个，龙里县1个，福泉市2个。

都匀螺丝壳水源涵养林自然保护区　保护区位于都匀市西部，建于1982年。面积6.75万亩，森林覆盖率47%。最高峰海拔1738米，最低1194米。保护区主要植被类型为常绿落叶阔叶次生林。分布有黑熊、林麝等国家重点保护动物及灵芝等珍贵药材。保护区聘请专职护林员管理，开设有防火线。

三都尧人山自然保护区　保护区位于三都县东南部，建于1982年。面积3万亩。保护区有木本植物79科207属431种，国家一、二级保护植物南方红豆杉、桫椤、福建柏、小叶红豆树、钟萼木、马尾树、香榧、闽楠、紫楠等。野生动物已发现有国家一级保护动物金钱豹、云豹，国家二级保护动物黑熊、豺、猕猴、林麝、大灵猫、小鲵、白鹇、红腹锦鸡等，爬行类动物有乌梢蛇、眼镜蛇、银环蛇等。保护区由三都拉揽林场兼管，下设13个护林站，共有43名护林员；有一支40人的专业扑火队和4支义务扑火队，2名林业公安干警。

罗甸罗羊南亚河带河谷季雨林自然保护区　保护区位于罗甸县红水河镇，建于1990年。面积4.08万亩，森林覆盖率33.8%。主要保护对象为沟谷季雨林。保护区内有国家重点保护动物蟒、猕猴、穿山甲等。鉴于龙滩水电站建成后将淹没部分土地，罗甸县遂将罗妥沟以西和冗里片区共9195亩土地划入保护区。

瓮安朱家山自然保护区　保护区位于瓮安县境内，建于1995年。面积11.46万亩，其中核心区3.8万亩。森林覆盖率75.67%。主要保护对象为森林生态系统及其野生动植物资源。保护区有种子植物137科392属750种，国家和省级保护植物有香果树、银钟花、白辛树、银鹊树等；有大型真菌186种；有兽类7目19科49种，有鸟类11目30科124种，两栖动物有2目5科6属16种（含亚种），有爬行类25种，昆虫108种，鱼类40种。国家保护动物有斑灵狸、猕猴、穿山甲、林麝、红腹角雉、白冠长尾雉等；保护区管理所为全额拨款事业单位，下设2个护林站，管理人员30余名。1998年7月，省林业厅组织专家、教授考察团49人，对瓮安朱家山天然林区进行了17个科学项目的考察。2004年10月24日，中国森林风景资源评价组到瓮安县考察朱家山天然林区。

瓮安江界河自然保护区　保护区位于瓮安县境内，横跨乌江一级支流。建于1995年。面积16.5万亩。海拔为800～1200米。国家保护植物有南方红豆杉、榉树、白辛树、银鹊树；国家保护动物有猕猴、红腹角雉等。保护区管理站编制11人，属全额拨款事业单位。

贵定斗篷山自然保护区　保护区位于贵定县、麻江县和都匀市交界处，地处贵定县岩下乡境内。建于1998年。面积3.66万亩。主峰海拔1948米，为黔南最高峰，是长江、珠江两大水系支流独木河、剑江的发源地。区内以亚热带常绿落叶阔叶林为主。有兽类36种，鸟类100多种。国家保护动物有黑熊、林麝、红腹锦鸡等16种；国家保护植物有马尾树、篦子三尖杉等6种。管理站聘请护林员进行管护。

独山深沟自然保护区　保护区位于独山县东北部，建于1999年。面积12.5万亩。区内层峦叠嶂，相对高差300～500米，最高点大风坪海拔1628米，最低点江寨河谷海拔500米。区内植被类型为常绿阔叶林及常绿落叶混交林，动植物资源丰富。国家保护植物有南方红豆杉、马尾树、滇桐等；国家保护动物有穿山甲、猕猴、大鲵等。管理所负责管护。

都匀斗篷山水源涵养林自然保护区　保护区位于都匀市西北部，建于1999年。最高海拔为1961米，为苗岭中段主峰、剑江源头。面积6.35万亩，森林覆盖率为71.4%。属亚热带东部湿润常绿阔叶林区。有木本植物75科131属222种。国家保护植物有南方红豆杉、马尾树等11种；国家保护动物有猕猴、穿山甲等。有鸟类140多种。归都匀市林业局管理，有8名专职护林员。

长顺打乔喀斯特森林自然保护区（长顺斗麻喀斯特森林自然保护区）　保护区位于长顺县境内，建于2000年。面积5万亩，海拔700至1100米，相对高差100～300米，为典型的喀斯特岩溶地区。格凸河谷最低海拔506米，有黄果、芭蕉等南亚热带植物生长。打乔一带为喀斯特原始森林，树种主要有枫香、香樟、化香、刺楸等。由县政府聘请护林员进行管护。

惠水长安喀斯特自然保护区　保护区位于惠水县境内，建于2000年。面积66.47万亩。森林资源分布不平衡，抵季乡长安村一带保存较完整的森林约3万亩，其他地方仅存疏林、灌木，多数地区已有石漠化趋向。树种主要有青冈栎、化香、鹅耳栎、麻栎、枫香、响叶杨、马尾松等，国家保护树种有榉木、翠柏等；国家保护动物有猕猴、红腹锦鸡等。管理所负责管护。

长顺白云山自然保护区　保护区位于长顺县境内，建于2000年。面积2.5万亩，森林覆盖率38%。海拔1100至1300米，相对高差100至200米。乔木树种主要有马尾松、枫香、香樟、栎类、化香等。区内有寺庙等古建筑。归长顺县旅游局管理。

龙里猴子沟水源涵养及天然林自然保护区　保护区位于龙里县境内，建于2005年。面积6万亩，区内台地草甸与峡谷森林并存。有木本植物126科216属500余种，有野生动物25目55科122种。国家保护动物有苏门羚、林麝、水獭、大鲵、穿山甲、红腹锦鸡和猕猴等，有猕猴约500余只，故称“猴子沟”。

其他自然保护区　独山琴阳天然林自然保护区，2001年建立，面积3.5万亩。独山高岩天然林水源涵养林自然保护区，面积7000亩。福泉岔河自然保护区，2001年建立，面积8万亩。福泉十万千自然保护区，2001年建立，面积2万亩。荔波兰鼎山自然保护区，2004年建立，面积8.2万亩。荔波邑岭五针松自然保护区，2005年建立，面积6.1万亩。荔波樟江源头涵养林自然保护区，2005年建立，面积33.9万亩。荔波瑶麓单性木兰自然保护区，2005年建立，面积9.8万亩。荔波甲良三层洞自然保护区，2005年建立，面积6.3万亩。荔波捞村河谷自然保护区，2005年建立，面积9.1万亩。

第四节　森林生态体系建设

一、天然林资源保护工程

（一）工程实施

天然林资源保护工程简称天保工程，是国家六大重点林业生态工程之一，州内于1998年10月试点，2000年10月正式启动。工程通过管护禁伐天然林、营造公益林、减少木材生产等措施，保护森林资源多样性，改善生态环境。

1998—1999年，是黔南州实施天保工程的试点期。1998年有长顺、瓮安、福泉、都匀、平塘、罗甸、荔波7个县（市）被列为天保工程试点单位，工程投资1603万元（中央国债资金532万元，地方转贷1071万元）。次年增加龙里、贵定2县试点，试点单位达到9个，工程投资1282.8万元（中央国债资金1182万元、中央财政资金100.8万元、地方配套31.6万元）。1999年，依据国家有关政策，黔南州开始调减天保工程区木材生产计划。是年商品材产量1.4万立方米，比1997年的3.5万立方米减少60%。试点期两年，工程区共营造公益林47.1万亩，落实责任制管护合同，保护天然林605.9万亩。完成投资2885.8万元。

2000—2010年，黔南州实施天保一期工程。2000年，将州境北部属长江流域的长顺、龙里、贵定、都匀、福泉、瓮安6县（市）正式批准为天保工程实施单位，以县级为单位编制实施方案报省批复，年度实施计划经州批复同意后实施。2003年省批复增加州林业局直属森工企业1个为实施单位。一期工程区面积为1568.2万亩（未含省属龙里林场面积），占全州土地面积的39.9%。2004年，执行国家新出台的《天然林资源保护工程森林管护管理办法》，建立森林管护网络。将森林管护面积分解到村（或工区），按每1500~3000亩安排1名护林员的比例，全州共聘请1000余名村民担任护林员，订立合同常年进山巡护，并在各乡村建立管护组织、乡（村）规民约和管护制度。2005年4月19日，成立州天保工程管理中心，为正科级事业单位。一期工程期间，共营造公益林78.7万亩，为规划任务的124.6%；管护工程区森林地683.5万亩（前6年为641.83万亩/年）；减伐商品材35万立方米，森林面积净增185.7万亩，森林蓄积净增1043.7万立方米。工程各项资金到位16904.6万元（其中中央资金14973.2万元），实际完成投资16615万元，占规划总投资的98.3%。

实施天保一期工程时，工程区2000年的森林面积632.8万亩，森林覆盖率40.4%，活立木蓄积981.2万立方米。到2010年，森林面积增加到818.5万亩，森林覆盖率上升到52.2%，活立木蓄积增加到2024.9万立方米，三项指标分别增加29.3%、11.8个百分点和106.4%。工程区于2009年设置149个固定样地进行了观测，乔木株数、种数，灌木层株数，草本层植物株数都比实施前增加。

2011—2020年，黔南州实施天保二期工程。二期除原6个实施单位顺延外，增加都匀经济开发区为实施单位。全州天保二期工程规划总投资为50553.96万元。目标是：到2020年工程区森林面积增加109万亩，森林蓄积增加564万立方米，森林覆盖率提高6.9%，森林碳汇增加1190万吨，为国有森工企业和林场职工提供就业岗位150个。2011年12月，编制完成县级实施方案，次年3月4日经州政府批准实施。截止2014年12月，二期工程已完成公益林营造4.8万亩，森林抚育3.37万亩，合同管护工程区森林（未含商品林）464.83万亩。4年工程到位资金15400.4万元（其中中央财政专项资金4652.4万元，中央预算内资金980万元，森林生态补偿9689.3万元，一次性安置职工社会保险补贴78.7万元），已完成投资15050.4万元。

2014年9月，国家天保中心一名副主任到惠水、三都2县开展工作调研，提出了扩大天保工程实施范围的建设性建议。是年，全州6个天保县（市）和开发区共安排森林管护面积683.3万亩，聘请705名护林人员进行巡山管护。

黔南州天保一、二期工程森林管护及公益林建设任务分配表

表12－1－12　　　　单位：万亩

实施单位	一期工程			二期工程		
	森林管护面积	公益林建设面积		森林管护面积	公益林建设面积	
		飞播造林（以植代播）	封山育林		人工造林	封山育林
都匀市	159.66	2.70	7.00	115.77	3.5	3.0
福泉市	84.72	4.20	7.40	66.23	3.0	2.5
瓮安县	123.27	1.90	2.60	76.85	3.5	4.0
贵定县	105.88	8.40	8.60	60.85	4.0	3.5
龙里县	90.83	4.60	7.30	58.27	3.5	3.0
长顺县	77.46	2.90	5.60	81.25	3.5	5.0
都匀开发区	/	/	/	5.61	1.0	0
州直单位	0	0	0	0	0	0
全　州	641.83	24.7	38.5	464.83	22.0	21.0

1998—2014 年黔南州天保工程公益林营造及森林管护情况一览表

表 12－1－13 单位：万亩

实施期间	营造公益林	其中			年度森林管护面积
		人工造林	飞播造林	封山育林	
试点期（1998—1999）	47.1	19.8	/	27.3	1998 年未作安排；1999 年 605.9 万亩
一期工程（2000—2010）	78.7	2.0	15.7	61	2000—2005 年 641.83 万亩/年；2006—2010 年 683.5 万亩/年
二期工程第一阶段（2011—2014）	4.8	2.8	（抚育 3.37）	2.0	2011—2014 年 464.83 万亩/年（未含商品林）
合 计	130.6	24.6	15.7	90.3	

（二）森工、林场人员分流安置

因天保工程区减少木产量、禁伐天然林，区域内森工企业和林场职工需要得到分流安置。2001 年，全州天保工程区国有森工企业和林场职工共有 737 人。根据《贵州省森工企业下岗职工一次性安置办法》，本着自愿原则，予以一次性安置补偿 87 人（其中，州林业运销公司 28 人、州木材工业公司 17 人、都匀市林工商公司 7 人、都匀市木材公司 3 人、都匀市人造板公司 5 人、瓮安县木材公司 18 人、长顺县林工商公司 2 人、福泉市木材公司 7 人）；分流到森林管护岗位 179 人；共完善养老保险统筹 672 人。同时，免除工程区森工企业债务 1546 万元。

二、防护林体系建设工程

国家 1989 年启动长江中上游防护林体系建设工程（简称长防林工程），1996 年启动珠江流域防护林体系建设工程（简称珠防林工程）。黔南州地处两项工程的覆盖区，参与了工程实施。

（一）长防林工程

州境北部瓮安、福泉、都匀、贵定、龙里 5 县（市）等属长江流域，面积占全州总面积的 40.6%。长防林工程主要在瓮安县、福泉市实施。

1991 年 9 月，林业部批准瓮安列入长防林一期工程实施县。是年 12 月，瓮安县组建长防林工程指挥部，县委书记任指挥长，县长、县人大常委会主任、县政协主席任副指挥长，指挥部办公室设在县林业局。各乡镇相应成立工作机构，层层签订责任状。全县进行了广泛宣传，在各工程区建立碑牌 1000 多块。县委、政府机关通过发布《长防林工程简讯》《一周要讯》《信息周刊》通报情况。县委、政府领导在鱼河乡和平定营镇创办造林示范点，全县 21 个示范点共造林 1.2 万亩。县集资 30 万元在落马塘建立中心苗圃，培育常规苗木 2000 万株、营养袋苗木 187.6 万袋；县林业部门派出工程技术人员，对 8 个片区共

2500 名乡村干部、林业重点户和专业承包户开展技术咨询和技术培训服务。

1992 年 9—11 月，龙里、贵定和福泉县相继提出长防林工程自我启动县立项申请。12 月 18 日，经省长防林工程办公室批准立项。1993 年，国家计委、林业部批准福泉为长防林二期工程实施县。瓮安县顺延。

1996 年，瓮安县营造林成绩突出，获全国绿化委、林业部和省、州分别授予的“绿化先进单位”称号。是年，福泉市采取“有偿无息、八年归还、群众投劳、收益分成”的办法调整林种结构，创办绿色产业，建立杜仲基地 3000 亩、果园 9000 亩、茶叶基地 1500 亩。

1998 年，国家将长江上游流域县市归并到天保工程区范围。2000 年天保工程正式实施后，对长防林工程的投资基本停止，仅 2002 年投资 150 万元，安排福泉市 1.5 万亩的营造林任务。

1991—2002 年，瓮安、福泉 2 县（市）完成长防林工程营造林 130.95 万亩。其中：完成人工造林 44.7 万亩，封山育林 78.9 万亩，飞播造林 7.35 万亩。

（二）珠防林工程

州境南部罗甸、平塘、惠水、独山、荔波、三都、长顺 7 县地处珠江流域红水河、都柳江水系上游，总面积 2332 万亩，占全州总面积的 59.4%。7 个县均编制了县级珠防林工程总体设计。

1. 工程建设

1996 年、1997 年，国家计委、林业部先后批准罗甸、平塘为珠防林一期工程启动县。至 2000 年底，一期工程结束。两县共完成营造林 40.2 万亩。其中人工造林 19.8 万亩（含生态经济林 5.7 万亩），封山育林 20.4 万亩。完成投资 754.5 万元，其中国家投资 260 万元、地方配套 297.5 万元、部门投资 34 万元、群众投劳折资 163 万元。

2000 年下半年，珠防林二期工程启动。二期工程注重于生态需求与群众脱贫致富要求相结合，突出石漠化治理，加大封山育林比重，改善江河源头生态环境。罗甸、平塘、惠水、独山、荔波、三都 6 县被列为二期工程实施单位（都匀市和长顺县有一部分面积属于珠江流域，因长顺自 1998 年起已列入天保工程实施县而不予考虑，2004 年都匀市的一部分面积挂靠在珠防林工程）。工程实施期限 10 年（2001—2010 年）。2002 年 3 月 8—11 日，由国家计委中咨公司、国家林业局、中国林科院、北京林业大学 9 名专家、教授组成的评估小组到黔南对平塘、独山和荔波县珠防林二期工程规划进行现场评估。12 月，全州珠防林工程专题会议在独山县召开。2004 年后，国家调整营造林计划，逐渐减少人工造林任务而加大封山育林力度。2009 年，对防护林工程管理制度进行了完善。至 2010 年底，二期工程共完成营造林 88.2 万亩（包含 2003—2005 年国家将九万大山扶贫项目安排在珠防林工程中的造林 7 万亩），其中人工造林 29.4 万亩、封山育林 58.8 万亩。在人工造林面积 29.4 万亩中：防护林 22.8 万亩、经济林 3.3 万亩、用材林 3.3 万亩。混交林面积占人工造林面积的 70% 以上。

2011 年，珠防林三期工程启动，原列实施单位顺延。任务是人工造林 1.35 万亩，封山育林 4.05 万亩，总投资 1021.15 万元。九万大山扶贫工程列入防护林工程，2011 年度人工造林 0.9 万亩，扶贫工程总投资 627.74 万元。2012 年，国家调减工程计划，只下达 5 县任务，惠水县未安排，九万大山扶贫项目亦未安排。是年，全州珠防林工程完成人工造林 3.45 万亩。工程总投资 1621.22 万元，其中中央投资 1050 万元、省级投资 189 万元、自筹资金 178.54 万元、农民投工投劳折资 203.68 万元。2013 年，国家继续调减工程计划，只安排平塘、荔波两县人工造林任务。是年，两县完成珠防林工程人工造林 1.05 万亩。工程总投资 461.03 万元，其中中央投资 300 万元、省级投资 50 万元、农民投工投劳折资 111.03 万元。2014 年，国家未安排黔南州珠防林工程建设任务。

2. 县市部分项目

平塘县：县林工商公司 1998 年在掌布乡桃坡村十里长冲一带营造的 2550 亩杉木、马尾松和阔叶树混交林。县国有林场 1999—2000 年与谷硐乡场坝村群众联合创办股份制林场，营造马尾松针阔混交林 6000 多亩，长势良好，创造的“栽针、抚阔、留灌”造林模式，可以形成与天然林相似的防护效果。2001 年，国家林业局造林司一名司长到现场调研，对该模式评价甚高。2002 年，县林场在场坝村大坪一带继续营造马尾松针阔混交林 2700 亩。2003 年，平塘县“栽针、抚阔、留灌”的造林模式得到国家林业局、省林业厅的肯定，收入《全国林业生态建设与治理模式》一书。苗二河乡 900 多亩桃树也逐步挂果。

罗甸县：该县纳坪乡翁传村 2001 年营造麻竹 450 亩，2003 年开始出笋，2004 年进入盛产期。板庚乡板庚村 2002 年营造板栗 450 亩，2005 年开始挂果，2007 年进入盛产期。

独山县：从 1999 年起，对麻尾镇喀斯特石漠化严重地段进行分片封山育林，持续多年，荒山重新披上绿装。2001 年，水岩乡建群村营造茶林 300 亩，2014 年已开始采茶。2002 年，羊凤乡摆罗村营造 1500 亩马尾松防护林，已郁闭成林。

三都县：大河镇打锄村 2003 年营造 750 亩麻竹，2004 年营造 1350 亩板栗、杉木，增加了群众收入。拉揽林场依托珠防林工程营造麻竹、楠竹等经济林木，改善了林种结构。

荔波县：县林工商公司采取与农户联营的方式，2001—2002 年在玉屏镇水春村营造的 6000 多亩马尾松，2003—2004 年在水利乡水利村营造的 7950 多亩马尾松—荷木混交林，已经满山披绿。立化镇在肯甫、打油寨一带营造麻竹、撑绿竹 4950 多亩，已初具规模。朝阳镇岜马、朝阳、拉香村在樟江沿岸营造的片片竹林，已产笋创收。

惠水县：惠水县 1999 年启动珠防林工程，工程于 2003 年结束。工程分布在 10 个乡镇，总营造林面积 136.98 平方公里，其中人工造林 50.43 平方公里，低效改造 0.78 平方公里，封山育林 85.77 平方公里。2003 年在岗度乡场坝村营造马尾松 3000 亩、封山育林 1950 亩，所植树木已经郁闭；2005 年，在长田乡双头村营造地方特色水果金钱橘“牛肉红”900 亩，发挥了脱贫致富示范效应。

黔南州珠防林工程建设成效一览表

表 12－1－14

三项指标	“九五”末期（2000 年）	“十五”末期（2005 年）	“十一五”末期（2010 年）	备　注
有林地面积（万亩）	718.65	961.05	1180.65	1995 年有林地面积 600 万亩；活立木蓄积 1626.75 万立方米；森林覆盖率 22.45%
活立木蓄积（万立方米）	1791.08	2369.21	2910.28	
森林覆盖率（%）	30.82	41.21	50.63	

2001—2013 年黔南州珠防林工程完成情况统计表

表 12－1－15

实施阶段	项目		实际完成面积（万亩）			初查保存面积（万亩）			完成投资（万元）
			合计	人工造林	封山育林	合计	人工造林	封山育林	
2001—2005 年	工程合计		70.55	29.43	41.12	70.50	29.38	41.12	4664
	其中	珠防林	63.54	22.42	41.12	63.49	22.37	41.12	3902.5
		九万大山	7.01	7.01	0	7.01	7.01	0	761.5
2006—2013 年	工程合计		54.88	27.68	27.20	53.14	26.51	26.63	9236.96
	其中	珠防林	49.19	21.99	25.30	47.28	21.65	25.63	7310.72
		九万大山	5.69	5.69	1.90	5.86	4.86	1.00	1926.24
总　计			125.42	57.1	68.32	123.64	55.89	67.75	13900.36

三、退耕还林工程

1999 年，国家实施退耕还林工程，采取补助粮食（后改为折现）的办法，将大于 25 度不宜耕种的坡耕地退出耕种，连同关联的荒山荒地一同造林种草，恢复生态环境。2000 年，州政府启动退耕还林工程，以天保工程领导小组原组成人员成立州天保工程和退耕还林工程领导小组。

（一）建设任务

2000 年 3 月，龙里县被列为退耕还林工程试点县。4 月，省下达该县年度建议计划 2 万亩（退耕地造林 1.5 万亩、宜林荒山造林 0.5 万亩）。试点范围为龙山、谷脚、猫场、哪旁 4 个乡镇、157 个小班。

2001 年，贵定、瓮安、独山、龙里、三都、都匀、荔波和平塘 8 县被列为退耕还林工程实施县。9 月，省下达 2002 年度预安排计划 16 万亩（退耕地造林和宜林荒山造林各占 50%）。2002 年 2 月，福泉、长顺、惠水和罗甸获准列入退耕还林工程实施县，同时增加年度任务 40 万亩。至此，全州 12 个县（市）皆列为实施单位。

2006 年 1 月，都匀市被列为开展退耕还林“五个结合”（退耕还林工程与基本农田建设、农村能源建设、生态移民、接续产业发展、封山禁牧舍饲等5项配套措施相结合）试点单位，试点期为2006年3月至2007年12月。

从2007年起，国家暂停安排退耕地造林项目，进入退耕还林巩固期，仍安排中央资金用于工程配套的荒山荒地造林项目。

2008年，巩固退耕还林成果专项建设任务（简称"巩退"）在全州启动。主要建设项目有农田基本建设、土壤改良、坡耕地整治、水利设施覆盖、农村能源建沼气池、省柴节煤灶、薪炭林、补植补造、生态移民及后续产业发展等。从2008年起，各年均有建设任务。

2013年，省下达黔南刺梨种植任务6.3万亩，配套每亩100元。

2014年1—6月，开展全州新一轮退耕还林还草农民意愿摸底调查。8月，黔南获准为重启新一轮退耕还林还草工程的全省6重点实施市、州之一。10月底，省安排全州2014年度任务7万亩，其中长顺县1.5万亩、惠水县1.1万亩、平塘县1.2万亩、三都县1.5万亩、福泉市1.7万亩。

（二）督促检查

退耕还林工程实施后，除州林业局派出工作组巡回检查外，国家和省林业部门对工程建设进行督查调研和核查。2000年8月29日，因《人民日报》报道龙里县谷脚镇"瞎指挥"问题，引起省委、省政府重视，省退耕办立即进行了调查。2001年7月8日，中央西部农业生态环境考察团到独山县考察退耕种草养畜等项目的实施情况。2001年8月14日，国务院总理朱镕基视察龙里县哪旁乡退耕还林工程，调研相关政策措施和任务落实情况。

2002年6月和10月，州政府聘请原州领导率队分赴各县市，检查量地、造林、拨款和补粮等工作。11月26日，省林业厅到平塘、瓮安、福泉、罗甸督查，次年1月又督查平塘、罗甸、惠水等县。2003年2月，州政府派4个检查组分赴各县市检查。11月，国家林业局退耕还林实绩核查组对龙里县进行工程核查。

2004年11月，国家林业局驻贵阳森林资源监督办一名专员、省林业厅一名副厅长和省退耕办负责人到都匀调研，国家林业局退耕办一名副主任也于是月到都匀核查。2005年8月，一名副州长到惠水、长顺了解补助兑现情况。是月30日，省林业厅到独山县调研林木良种繁育基地和退耕还林情况。12月，国家林业局到贵定检查工程管理实绩。2006年4月，国家林业局退耕办到龙里、平塘对退耕还林后续政策进行调研。

2007年9月，州政府一名副州长到龙里县谷脚镇茶香村调研。2008年2月，国家林业局退耕办一名副主任到都匀、瓮安等地考察工程受灾和生产恢复情况。6月19—22日，国家发改委退耕还林调研组到荔波、三都、都匀等地进行工作调研。7月，由州老领导组成调研组到罗甸、龙里、都匀等地，对工程生态、经济、社会"三项效益"及政策落实等进行调研。是年9—10月，国家林业局中南院对全州2000—2003年营造的56248亩经济林、龙里县2000年营造的13292亩生态林进行阶段检查验收。龙里、福泉、长顺、惠水、独山、罗甸、三都和都匀的合格面积与保存率均达90%以上，贵定、荔波、瓮安为80%～90%，平塘为77%。至2012年，该院每年都进行阶段检查验收，检查量占完成面积的

50%。经2012年检查，全州2004年营造的28409.7亩生态林面积保存率达100%，排名与贵阳、遵义、铜仁并列全省第一。

2009年5月，省林业厅到龙里县谷脚镇茶香村，对该村依托退耕还林打造刺梨品牌的情况进行调研。9月8—12日，国家林业局行管办到瓮安、三都、荔波等县调研集体林改及退耕还林情况。2010年8月，国家林业局退耕办、核查处、中南院组成调研组，到都匀市沙寨乡、平塘县平湖镇、掌布乡进行工程成效调研。11月，国家林业局退耕办等到荔波县检查工程档案管理工作。12月，省退耕中心、省财政厅农发评审中心分别对龙里、瓮安2009年度工程建设、管理和资金使用情况进行督查。2011年10月，国家林业局退耕办1名副主任到荔波县检查政策兑现情况。12月，省政府督查组检查三都、都匀2010—2011年的“巩退”工作。

2012年2月，全国政协、国家林业局到都匀调研退耕还林工作。6月，国家林业局中南院退耕还林工程阶段验收核查调研组到都匀检查。11月，国家林业局退耕办1名副主任到惠水县检查林权证管理工作。12月，省政府督查组对罗甸、长顺2011—2012年“巩退”工作进行督查。

2013年4—5月中旬，国家林业局中南院对2005年退耕地造林进行阶段验收检查，全州10个县（市）的面积保存率均达100%。5月，国家林业局退耕办到龙里县谷脚镇茶香村，察看退耕还林工程打造的十里刺梨沟。11月，国家林业局退耕办调研组到十里刺梨沟调研。

2014年6月，国家林业局退耕办到平塘县调研工程重启准备工作。

（三）建设成效

2000—2014年，全州退耕还林工程累计投资23.13亿元（中央投资22.31亿元、地方财政投资0.82亿元），累计完成退耕还林256.1万亩，为计划任务的100%。其中：退耕地造林74.25万亩（经省确认生态林67.65万亩、经济林6.59万亩，还草67亩），配套荒山造林123.8万亩，配套封山育林24.6万亩；“巩退”林业项目33.4万亩。林种为：防护林117.76万亩、用材林70.91万亩、竹林6.34万亩、经济林61.05万亩，分别占46%、27.7%、2.5%和23.8%。工程惠及全州12个县（市）及开发区、211乡（镇）1636行政村8198村民组23.06万户97.15万人，占全州344.22万农业人口的29.1%。

2008—2014年，全州“巩退”累计完成中央专项投资52738万元。其中：基本口粮田投资19008.5万元，完成面积31.68万亩，直接受益71249户；农村能源投资10810.6万元，修建沼气池6598户、发省柴节煤灶95537个、安装太阳能25869户，营造薪炭林1.22万亩，直接受益93242户；生态移民投资1502万元，安置移民3003人；接续产业投资17121万元，完成种植业32.19万亩，种植牧草3.6万亩，修棚圈6.95万平方米，建青贮窖1.64万立方米，种植业直接受益48940户、畜牧业直接受益161142户；技能培训投资767.5万元，接受培训6.41万人，直接受益63995户；补植补造、恢复经营投资4296万元，完成面积80.68万亩（补植补造71.29万亩、恢复经营9.39万亩），有24.12万户退耕户参与项目实施。

实施退耕还林工程，治理了水土流失，同时也调整了农业产业。依托退耕还林工程实施，形成了都匀市毛尖茶5.94万亩，罗甸县板栗5.03万亩，瓮安县楠竹2.42万亩，三都县麻竹2.17万亩，荔波县麻竹2.2万亩，贵定县酥李、花椒1.29万亩，惠水县板栗、花椒、牛肉红柑橘2.25万亩，平塘县香椿0.85万亩，福泉市坑木和纸浆林3.56万亩，龙里县刺梨0.77万亩等基地，各地特色林业产业逐步形成。

2000—2014年黔南州退耕还林工程累计完成情况统计表

表12－1－16　　单位：万亩

实施单位	合计	退耕地造林	荒山造林	封山育林	备　注
贵定县	28.06	7.91	16.65	3.50	2000—2001年仅龙里参加试点共完成4万亩，其中退耕地造林2.5万亩，荒山造林1.5万亩。其余从2002年起实施。
瓮安县	10.79	7.09	3.05	0.65	
独山县	10.40	2.10	7.40	0.90	
龙里县	13.08	7.38	5.30	0.40	
三都县	18.19	6.19	10.75	1.25	
都匀市	12.10	9.60	1.70	0.80	
荔波县	22.70	3.90	17.40	1.40	
平塘县	17.42	6.62	9.20	1.60	
福泉市	12.23	5.73	5.20	1.30	
惠水县	21.50	4.10	12.40	5.00	
长顺县	24.95	6.85	14.90	3.20	
罗甸县	31.23	6.78	19.85	4.60	
全州合计	222.7	74.25	123.8	24.60	

2008—2014年黔南州巩固退耕还林成果专项建设完成情况统计表

表12－1－17　　单位：万亩

项　目		合计	年　度						
			2008	2009	2010	2011	2012	2013	2014
中央专项资金总计（万元）		52738	7536.2	7536.3	7517.6	7537	7537	7537	7537
基本口粮田	专项资金（万元）	19008.2	3742.9	3712.7	3726.6	3906	3920	/	/
	建设面积（万亩）	31.68	6.24	6.19	6.21	6.51	6.53	/	/
农村能源	专项资金（万元）	10810.6	1263.6	1035.8	1036.2	1559	1531	2196	2189
	沼气池（户）	6598	4086	1782	730	/	/	/	/
	省柴节煤灶（个）	95537	10483	12348	13246	15242	16026	16997	11195
	太阳能（个）	25869	/	/	446	3843	3623	7841	10116
	薪炭林（亩）	12229	2174	2105	3250	3400	1300	/	/

续表 12－1－17

项目			合计	年度						
				2008	2009	2010	2011	2012	2013	2014
生态移民	专项资金（万元）		1502	72	139.5	161.5	196	213	346	374
	安置移民（人）		3003	143	279	323	392	426	692	748
接续产业	专项资金（万元）		17121	1253.1	1443.6	1456.3	1501	1498	4995	4974
	种植业	合计（亩）	321940	20650	18908	19257	25242	27218	105372	105293
		茶	84342	6803	5912	4519	4176	5196	24936	32800
		用材林	63227	3943	4930	4521	5000	5500	24800	14533
		经果林	167688	9490	8066	9383	14286	15842	53161	57460
		药　材	5190	414	/	500	1680	680	1916	0
		花卉等	1493	/	/	334	100	/	559	500
	畜牧业	牧草（亩）	35928	4296	15521	7671	3840	2700	1900	/
		棚圈（m^2）	69541	9920	8520	18101	12410	6300	14290	/
		青贮窖（m^3）	16382	150	5526	5286	1100	920	3400	/
	培训人数（人）		64116	11378	13700	12791	14022	12225	/	/
补植恢复	专项资金（万元）		4296	1205	1205	1137	375	375	/	/
	面积（亩）		806773	240923	240940	231160	46875	46875	/	/

四、石漠化治理

2000—2001 年，独山县、州林业局先后编制石漠化治理项目建议书申请立项，未获批准。2004 年，州派员参加了省发改委在六盘水举办的石漠化综合治理业务培训会。2005 年，州林业局、贵州师范大学喀斯特研究院分别对黔南州石漠化面积进行过科学测定。从是年起，至整个“十一五”规划期间，为黔南州石漠化治理的试点期，州林业部门开展了石漠化治理规划工作。

2005 年 2 月，罗甸县被国家林业局列为贵州省首批石漠化治理试点县，安排资金 10 万元，治理面积 1000 亩。至 8 月中旬，营造林 1022 亩（均为人工造林），完成投资 11.92 万元。次年，罗甸县再次被列为试点县，在董当乡罗牙村实施，计划治理面积 8000 亩，安排投资 112 万元。至年底，完成营造林 8000 亩（均为人工造林，其中生态林 7000 亩，生态经济兼用林 1000 亩），并设立 8 个监测样地，对项目区水土流失及乔灌草生长情况进行定期监测。

2008 年 6 月，《黔南州岩溶地区石漠化综合治理规划（2008—2015 年）》获省批复，明确每个试点县 3 年（2008—2010 年）投资概算为 3380 万元。是年，全州治理石漠化面积 54.6 平方公里，涉及小流域 7 个，完成投资 3089 万元（中央投资 2800 万元、地方配套 289 万元），完成封山育林 5.1 万亩，人工造林 1.62 万亩。2009 年治理面积 105 平方公里，涉及小流域 12 个，完成投资 6136 万元（中央投资 5600 万元、地方配套 536 万元），完成封山育林 11.42 万亩，人工造林 1.89 万亩。2010 年治理面积 133 平方公里，涉及小流域 12 个，完成投资 7700 万元（中央投资 7000 万元、地方配套 700 万元），完成封山育林

14.96 万亩、人工造林 2.09 万亩。

“十二五”期间，是黔南州石漠化治理的重点实施阶段。2011 年 3 月，全州 12 个县（市）均被列入岩溶地区石漠化综合治理重点县。4 月，州组织开展调查、制订规划和编报方案。5 月，方案获省评审通过。省要求每个县年度岩溶治理面积在 40 平方公里以上，石漠化治理面积在 16 平方公里以上。工程投资安排每县 880 万元。从次年起组织实施。

2012 年，全州治理石漠化面积 214 平方公里，涉及小流域 11 个，完成投资 10780 万元（中央投资 9600 万元、地方配套 1180 万元）。其中：封山育林投资 2791.49 万元（中央投资 2699.64 万元、地方自筹 91.85 万元），完成 24.92 万亩；人工造林投资 2576.21 万元（中央投资 2519.55 万元、地方自筹 56.66 万元），完成 4.76 万亩（其中经济林 2.06 万亩、防护林 2.07 万亩、用材林 0.63 万亩）；林业项目完成投资计 5367.70 万元，占总投资的 49.8%。

2013 年，全州治理石漠化面积 278.8 平方公里，涉及小流域 14 个，完成投资 8140 万元（中央投资 7250 万元、地方配套 890 万元）。其中：封山育林投资 1497.45 万元（均为中央投资），完成 17.46 万亩；人工造林投资 2160.49 万元（中央投资 1975.49 万元、地方自筹 185 万元），完成 3.96 万亩（其中经济林 2.94 万亩、防护林 0.68 万亩、用材林 0.34 万亩）；林业项目完成投资计 3657.94 万元，占总投资的 44.9%。

2014 年，全州治理石漠化面积 179.45 平方公里，涉及小流域 13 个，完成投资 9570 万元（中央投资 8700 万元、地方配套 870 万元）。其中：封山育林投资 1961.37 万元（均为中央投资），完成 22.13 万亩；人工造林投资 1943.85 万元（中央投资 1728.85 万元、地方自筹 215 万元），完成 3.44 万亩（其中经济林 1.87 万亩、防护林 1.23 万亩、用材林 0.34 万亩）；林业项目完成投资 3905.22 万元，占总投资的 40.8%。

从试点期至 2014 年底为止，全州已累计实施石漠化治理面积 1249.65 平方公里，完成封山育林 113.44 万亩，人工造林 22.63 万亩。完成投资 53677 万元，其中，中央投资 48290 万元，地方配套资金 5387 万元。

第五节　造林绿化

一、林木种苗

（一）采种育苗

1. 自采种子。1991 年，州与各县（市）签订采种合同，执行优质优价、分级定价规定，如，马尾松种子每公斤一级 16 元、二级 14 元、三级 11 元；云南松种子每公斤一级 7 元、二级 6 元、三级 5 元；对超任务上调的马尾松种子，每公斤还给 0.2 元的奖励。合同调动了林区群众的积极性，是年完成采种 8.46 万公斤。1992 年，全州自采马尾松种子 14 万公斤（净种），首次实现当年飞播用种自给。1998 年，惠水、长顺、平塘、独山 4 县向安顺市供应马尾松种子 1.43 万公斤，都匀市向遵义市供应马尾松种子 3545 公斤。1991—2014 年，全州累计采集林木种子 102.84 万公斤。

2. 调进种子。州内实施天保、长防、珠防等各种林业工程，飞机播种造林作业面积大，用种量多，除自采种子外，还从外省调进种子补充。在调种过程中，检验工作跟不上，混种、陈种等问题时有发生。1991 年，从湖南调进马尾松种子 2.5 万公斤，经省林业种苗站抽取 26 份样品送林业部南方林木种子检验中心测试，种子净度、发芽率仅达 50% 和 23%，所送检样品中有 11 份还混杂黑松和云南松种子，占样品数的 42.3%。1992 年进行飞播成苗调查，贵定县云雾播区有黑松 1365 亩，占成苗面积 33560 亩的 4.1%；摆龙播区有黑松 3270 亩，占成苗面积 52485 亩的 5.5%。1993 年，福泉县播区因陈种发芽率低，损失面积 44505 亩，占作业面积的 21.9%，占成苗面积的 46.7%。1995 年，建立州林业种苗站种子检验室，查检种子质量问题。1995—2014 年，累计检验飞播用种 37 万公斤，受检率达到 100%，未出现种子质量问题。1991—2014 年，全州累计调进林木种子 101.71 万公斤。

3. 大田育苗。1991—1996 年，省未向黔南州下达育苗计划，全州实际育苗 18510 亩，生产合格苗木 68784.6 万株。1997—2006 年，省下达育苗计划总计 2 万亩，实际完成育苗 37785 亩，生产合格苗木 98481.37 万株。2007—2014 年，省下达育苗计划总计 37620 万株，实际育苗 65205 亩，生产合格苗木 110056.76 万株。其中，2001—2003 年和 2011—2014 年为州内育苗高峰时段。

4. 容器育苗。1990 年，长顺县国营广顺林场率先采用容器育苗技术培育马尾松苗，为省内最先采用容器育苗新技术。该场从 1993 年起扩大培育规模，年年超额完成任务，多次受到省林业厅表扬。之后，这项新的营林技术推广到全州各县市以及安顺地区。2002 年，省林业厅在全省推广容器育苗技术。2002—2005 年，全州生产容器苗 26569 万株，为计划数的 221%。2006—2014 年，全州生产容器苗 29064.1 万株，其中合格苗 24362.891 万株。此期容器育苗侧重于控制数量、提高质量和扩大树种应用范围。

5. 竹苗培育。1999 年 3 月，州林业局赴广东省英德市西牛镇考察麻竹育苗。4 月，从广东调进 2 车 930 袋麻竹竹节，在荔波县玉屏镇拉力村租地，采取扦插方式育苗 41.6 万枝。2000 年，将育苗点改到三都县三合镇猴场村上坝组，租地 55.46 亩培育麻竹苗，连续 3 年产苗。2001 年 6 月，《黔南州人民政府关于加快生态竹业发展的意见》出台，要求各县市建设高标准竹苗繁育基地。是年，全州培育竹苗 376.5 亩，产苗 447.5 万株，品种有楠竹、麻竹和毛金竹。2002 年，州林科所完成麻竹高效育苗技术研究课题，获州科技进步三等奖，次年 3 月获州政府表彰。2003—2005 年，州政府对完成造竹任务的县市给予表彰和奖励。2006 年后，国家没有安排退耕地造林任务（竹类造林的适宜地类主要为退耕地），竹苗培育也随之中止。

6. 经济林苗木培育。1997 年，州林业局种苗站委托瓮安县林业局从浙江调进一批雷竹、杨梅和日本甜柿等苗木，在瓮安、独山和罗甸的 3 个国营林场试种，瓮安经果林、独山雷竹均试种成功。1998 年底，州林业局聘请人员在州农校创办 40 余亩经济林苗圃场，培育杨梅、核桃、布朗李、猕猴桃、枇杷、柿子、板栗、梨、桃等苗木供给各县市。部分县市也开始聘请浙江、福建育苗专业户培育经济林苗木。2000 年 2 月，规范全州经济林种苗市场，遏制乱调苗、调假苗行为。9 月，首届黔南州经济林苗木购销洽谈会在州民族博物馆召开，四川、重庆、湖南、广东、广西、浙江、福建等地及省内的 67 家苗商 200 多人与会，签订意向性协议 166 个。2006—2014 年，全州累计培育各类经济林合格苗木 7.88 亿株，其中 2009—2014 年出圃茶叶苗木 5.1 亿株。

（二）林木种苗工程建设

1991 年 3 月，部、省联建的都匀市马寨 1.5 代马尾松种子园建设项目正式启动，由都匀市国营马鞍山林场负责承建。林业部直接投资 62.55 万元，建设总面积 1088 亩。其中：种子园 800 亩，优树收集区 50 亩，子代测定试验区 238 亩。2003 年，国家继续追加投资，建成规模 1344 亩。2005 年通过项目竣工验收。

1992 年 12 月，林业部批准在三都县打猛塘建设杉木母树林基地 800 亩，投资 45 万元；在都江建设杉木种子园 500 亩，投资 75 万元。

1993 年，以部、省联建方式在都匀市、惠水县和平塘县分别建立马尾松采种基地，总投资 88 万元。

2001 年 11 月，龙里县采种基地总体设计书获省批复。为退耕还林项目。建设规模 76098 亩（马尾松 62685 亩、栎类 13413 亩）；马尾松母树林 5261 亩等。项目总投资 82 万元（中央专项资金 70 万元、州县配套 12 万元）。

2008 年，都匀市马尾松良种基地建设项目获准立项。设计规模为高世代种子园 300 亩、试验林 102 亩、良种示范林 480 亩，项目总投资 200 万元（中央投资 160 万元、地方配套 40 万元）。2010 年，该基地被列为国家重点林木良种基地，国家加大投资力度，至 2012 年累计投资 497 万元。

期间，有独山县建设种苗基地，贵定县利用温室大棚培育名贵珍稀品种苗木，长顺县培育雪松、桂花、香樟、柏木等绿化大苗。

到 2014 年，全州实施林木种苗工程建设项目 24 个，包括苗圃基地 9 个，采种基地 6 个，种苗质检基础设施 1 个，林木良种繁育基地 5 个，林木种质资源收集库 3 个。项目总投资 3651 万元（中央投资 2863 万元、地方配套 788 万元）。在 24 个项目中，有已建成 16 个、在建 8 个。已建成的 16 个是：2004 年验收的都匀市平浪林场苗圃基地、贵定县甘溪林场苗圃基地、瓮安县西坡林场苗圃基地，2005 年验收的惠水县烂坝林场苗圃基地、都匀市马寨马尾松种子园、独山县名特优经济林良繁基地，2006 年验收的三都县拉揽林场苗圃基地、黔南州林业中心苗圃基地，2007 年验收的长顺县广顺林场苗圃基地、荔波县苗圃基地、都匀市马尾松南酸枣采种基地、福泉市苗圃基地，2011 年验收的惠水县马尾松采种基地、罗甸县麻疯树种质资源国家备份库，2012 年验收的三都县南酸枣马蹄荷采种基地，2013 年验收的独山县名特优经济林良繁基地。在建的 8 个是：黔南州林木种质资源收集库（完成 90%）、龙里县马尾松采种基地（80%）、长顺县核桃良种繁育基地（80%）、平塘县马尾松采种基地（75%）、三都县珍稀阔叶树种种质资源收集保存库（50%）、州林业种苗站基础设施建设（40%）、独山县枫香良繁基地（20%）、荔波县掌叶木和江梅良种繁育基地（10%）。

（三）林木良种选育推广

据中国林科院亚林所1977—1978年的林木地理种源试验结果，都匀马寨马尾松的综合性状优势居全国67个试验基地之冠。三都拉揽杉木的综合性状优势居全国48个试验基地第三。

都匀市马寨马尾松种子园从2000年起开始产种，到2003年已入园无性系78个，保存全同胞优良家系23个，优良种质资源无性系189个。2009年，利用马尾松外省种源与自选种源嫁接、杂交以获得新的基因型种源，至2012年完成杂交组合96个，培育杂交家系31个，并进入野外测试阶段。2000—2014年，该园向国有林场和重点工程造林提供马尾松良种1500多公斤、造林6万多亩，受供范围为黔南、黔东南、毕节和铜仁等地（州）的10余个县市。据实测，都匀种子园马尾松良种的遗传增益超出本地社会种的25%以上。

2005年8月，惠水县通过中国林科院桉树研究发展中心和省林业种苗站，从澳大利亚引进邓恩桉进行引种实验。共投资80万元（其中中央投资65万元），建立邓恩桉种子园225亩。其中种子园51亩、种源收集区12亩、实验区162亩。共收集15个种源107个家系的邓恩桉种子进行育苗，成功出苗98个家系。2010年，黔惠林场对20余亩示范林进行采伐产材80余立方米。惠水县从2008年开始利用退耕还林工程、珠防林工程、石漠化治理工程和植被恢复费项目推广邓恩桉造林，到2014年的累计种植1.235万亩。还推广到平塘县种植。

二、社会造林

1990年，州委、州政府提出“十年基本绿化黔南”总目标，推行造林绿化目标责任制，与各县（市）签订1990—2000年造林绿化责任状。是年，副省长王安泽在龙里县麻芝乡龙从村创办造林绿化示范点。

1991年，州、县（市）办点27个，投入资金83.7万元、劳力12万人（次）。州委、州政府在都匀市大河示范点完成造林600亩、封山育林1235亩。各级妇联办点67个，组织妇女10.8万人（次）造林2.6万亩。团州委组织17.7万名团员和青少年办点342个，造林5.67万亩。贵定县沿山镇枫香村团支部13名团员承包荒山1500亩，全村50余名青年造林1311亩，被全国绿化委、林业部、共青团中央授予“绿化祖国突击队”称号。

1992年，福泉县把造林绿化列入政绩考核内容。地松镇实行干部包村，调集10个村的劳力，保证每天千人上山。陆坪镇组织群众造林后及时建立联户林场，做到集中造林，分片管理。平塘、福泉和三都超额完成造林绿化任务，州政府授予奖旗和发给奖金2.7万元；惠水、龙里造林达标，各获奖金1000元；荔波、贵定未完成计划被通报批评，独山未完成达标任务被黄牌警告。12月17日，省政府对超额完成任务的平塘、三都、福泉3县给予奖励。平塘县造林绿化成绩突出，2名县领导和1名林业局领导获晋升一级工资的奖励。

1993 年，平塘、福泉、长顺 3 县全面完成人工造林、封山育林、育苗任务，森林火灾受害率、年森林采伐限额均达标，被授予“全省造林绿化先进单位”称号，平塘、福泉两县的县级分管领导和县林业局主管领导获“全省林业先进工作者”的称号，并分别晋升一档职务工资、发给奖金 500 元。

1994 年，福泉市陆坪镇党委带领干部群众顶风冒雨，炼山整地，用一周时间，保质保量完成造林 800 亩。最远的大力田村离造林地 10 多公里，参与造林者上至 70 岁的老人，下至 13 岁的孩子。是年，三都、瓮安、独山、荔波、平塘、贵定、福泉 7 县完成省下达的造林绿化指标。

1995 年，三都、瓮安、独山、荔波 4 县获省“造林绿化达标县”称号。在全国造林绿化“四佳”竞赛活动中，瓮安县及平塘县大塘镇谷立村、苗二河乡大新寨村，龙里县龙山镇坝上村、羊场镇联合村，贵定县沿山镇星光村、新巴镇黄土村，独山县麻尾镇塘香村等 1 县 7 村获全国绿化委奖励。福泉县办点 3000 亩；陆坪镇镇领导带领镇机关干部，调集 8 个村千余群众到中寨、青冈坡抚育和补植造林。

罗甸县云干乡大关村在石漠化地区劈石抠土发展农业和林业，于 1997 年获省委、省政府“造林绿化先进村”称号。

2000 年，都匀市奉合乡大定村和小围寨镇积极造林绿化，获全国绿化委“造林绿化千佳村”“造林绿化百佳镇”称号。

2001 年 3 月，国家林业局春季造林绿化督查组到独山县下司镇田坑村、独山国有林场、紫林山国家森林公园、都匀市沙包堡办事处茶园村义务植树基地等处检查春季造林绿化工作。

2004 年，州政府在瓮安、荔波办示范点，州林业局在长顺、平塘办示范点，以点带面，推动全州造林。2005 年开展造林绿化培训宣传，全州开展县、乡、村级培训 1200 次 66582 人（次），召开造林绿化发动会 520 次，印发资料 15 万份，播放电视、广播 160 次。

2006 年，将造林绿化与建设社会主义新农村结合。福泉市在黄丝镇江边寨沿河岸植树 2 公里，种植杨柳、慈竹 5000 余株（丛）、黄花槐 3000 株、香樟万余株，营造生态林 59 亩；市林业局赠送女贞苗 5000 余株给牛场镇东南街村蒋家院组绿化房前屋后。罗甸县采取“一对一”生态扶贫方式，支援农户群众经济林苗木 10 万余株。三都县广大机关干部及中小学生等利用植树节及雨季造林 6000 亩，拉揽乡引进外资种植山苍子 240 亩。

2006—2008 年，开展全州绿化评比表彰活动。2006 年，贵州信邦制药股份有限公司等 5 单位被评为“黔南州绿化模范单位”，田茂清等 30 人获“黔南州绿化奖章”。2007 年福泉市等单位和罗文龙等 30 人获表彰。2008 年州气象局等 5 单位与孙绍明等 30 人获表彰。2010 年开展全州绿化评比表彰活动，贵定县第一中学等 4 单位与李春明等 31 人获表彰。

2011 年，全州完成社会造林 7.67 万亩。2012 年，全州完成社会造林 14.31 万亩，包括企业造林、个体造林、扶贫部门造林、其他部门造林。2013 年，全州完成社会造林 50.71 万亩。其中企业造林 0.78 万亩、个体造林 1.54 万亩、扶贫部门造林 31.52 万亩、水利部门造林 0.09 万亩、农业部门造林 15.32 万亩、县级财政资金造林 0.41 万亩、其他造林0.6万亩。种植的经济林树种有油茶2.47万亩、核桃24.19万亩、茶叶3.97万亩、木本药材1.02万亩、鲜果15.76万亩、其他2.44万亩。

2013年3月，黔南州天保工程管理中心主任王德智、贵州桥盛农业综合开发有限责任公司总经理乔国斌获“全国绿化奖章”。7月，贵定县第一中学、荔波县甲良镇政府被评为贵州省绿化模范单位。黔南州林业局局长陈稠彪、独山县兔场镇东泥村河边组农户杨国令、罗甸县营林工作站助理工程师邱安艳、福泉市林业局营林站副站长李洪辉、平塘县牙舟镇林业站助理工程师张利平、长顺县国有林场中级工艾秋伶、都匀经济开发区农村工作局工程师周家春共7人获“贵州省绿化奖章”。

2014年，完成社会造林41.99万亩。其中企业造林1.56万亩、集体经济组织造林0.2万亩、个体造林1.66万亩、扶贫部门造林16.95万亩、水利部门造林0.06万亩、农业部门造林21.26万亩、其他造林0.30万亩。种植的经济林树种主要有油茶1.46万亩、核桃12.7万亩、茶叶14.42万亩、木本药材2.6万亩、水果10.25万亩。

三、义务植树与城乡绿化

每年植树节（3月12日）期间，州、县（市）政府绿化委员会都要组织机关、团体、企事业单位和大专院校等开展义务植树活动，在基地、责任区或城市街道、公园、庭院和农村“四旁”（村旁、路旁、宅旁、水旁）植树绿化。

1992年，都匀市在南北大街设置绿篱数千米，在剑江北路、文峰路、工人路和河滨路等街道栽植行道树建成绿化带近万米。1993年，在2.1公里长的剑江南路种植行道树广玉兰、樱花，培设绿篱植物火棘，在东山、西山补植花木，新植行道树、培设绿篱植物。至1994年，市区绿地面积达到3700亩，人均4.6平方米。

1994年春，荔波县在水春河风景区和县城至龙王洞河段沿岸种植车同竹、苦楝、枫香，在大七孔风景区种植吊丝球竹、杨树、桃树，在小七孔风景区拉关至翁龙段种植杨树、苦楝，在县城新街两旁种植南洋杉、一品红、榕树椰、鱼尾葵、三角梅等热带花木。罗甸县结合旧城改造引进种植羊蹄甲、蝴蝶果、天竺桂等树种绿化街道。瓮安县在全县49个村寨开展绿色花园式村寨建设活动，同时对部门庭院、街道、乡镇政府可视范围，以及猴场会议会址、冷少农烈士故居进行绿化。福泉市在洒金北路两侧和西门河、白虎头一带植树。

1996年3月12日，2名副州长率百余名州机关干部到都匀市大河林场植树，州团委组织200余名青年团员到都匀市甘塘镇光明村造林。自1997年冬春始，长顺县摆所镇潘王部村全体村民利用房前屋后种植楸树、香椿。

2000年，都匀市建成占地85亩的园林绿地文峰园。3月12日，州、市机关300余人上青云湖森林公园义务植树。2001年，惠水县建成占地1.5万平方米的涟江广场，种植树木6500株树、铺设草坪1.2万平方米；新建县委大院绿地2000平方米，种植一批雪松、红叶李和桂花等树木，建成占地4万平方米的东山生态园。

2002年5月，州机关单位开展拆墙、拆房还绿行动。州委、州政府大院完成3万平方米的还绿任务，州林业局拆除部分煤棚和危房，建成园林式庭院。2003年3月，惠水县四大班子领导分别在长田乡桥洞河两岸、和平镇星光村沙子哨和七里冲植树、种竹，带动全县 8 万人（次）参加义务植树活动。

2004 年，荔波县城区新辟 1.8 万平方米绿地。都匀市城区绿化面积达 1.6 万余平方米。福泉市以“营造先锋林、保护母亲河”为主题，组织 1650 名党员在西门河沿岸种植女贞树、营造“先锋林”。此外，全市还组织营造“和睦林”“税务林”“三八林”等纪念林 10 余处。

2005 年 3 月，州主要领导及都匀市领导率 900 余人到沙包堡种植柳杉、楠竹和香樟，3 名州领导率队到瓮安县朱家山森林公园种植“巾帼林”，1 名州领导率队到平塘县莲花坡植树。团州委、州武警支队和都匀市甘塘镇、墨冲镇、沙寨乡政府 400 余人对 3 乡镇和小学进行绿化，杨柳街镇组织千余人在斗篷山—剑江沿岸种植撑绿竹、慈竹。三都县组织各单位在城南义务植树，栽种竹子、南酸枣 5000 余株。长顺县四大班子领导率干部职工和中学生 600 余人在摆所河两岸造林。龙里县洗马镇党委、政府率 300 余人顶风冒雪完成街道绿化，龙山镇党委政府组织 80 余人到贵新公路两侧造林，水桥村组织 10 多名妇女担水上山为新栽树苗浇灌定根水。

2006 年，全州完成“四旁”零星植树 300 万株，义务植树 200 万株；参加义务植树人数 97.7 万人，新建义务植树基地 28 个，面积 464.16 亩。

2007 年，龙里县 2 万余人（次）义务植树 15 万株，建成基地 5 个；惠水县 5 万余人（次）义务植树 10 万株；长顺县义务植树 15 万余株，建成基地 18 个；都匀市组织 500 余人在贵新路一侧三道河村老鹰岩种植香樟等绿化大苗千余株。是年 5 月，全国绿化基金会顾问、原林业部部长高德占，全国绿化基金会秘书长关松林到黔南视察都匀城区绿化和茂兰国家级自然保护区建设工作。

2008 年，黔南遭遇特大凝冻灾害。是年，全州开展“灾后重建、爱心植树”活动，有 60.35 万人参加，义务植树 256.2 万株。是年，完成“四旁”零星植树 301.9 万株，新建义务植树基地 22 个共 2000 亩。2009 年 3 月，在都匀市沙包堡茶园村火石基地坡义务植树，州及都匀市领导率近千名干部职工和部队官兵挖坑、填土，种下香樟、藏柏等树苗 5000 株。惠水县组织 3000 余人在七里冲栽植香樟、南酸枣近万株。龙里县组织 1500 余人在龙山镇夹山坡栽植香樟、喜树、枫香 5000 余株。

2010 年 3 月，州、都匀市领导率数百机关干部职工在市火石坡基地植树。2011 年 3 月，长顺、瓮安、都匀和平塘等县市利用省级森林植被恢复费和自筹资金，实施各种绿化项目。州、都匀市 450 余名干部职工和军警官兵开展义务植树活动，在小围寨王家司姊妹山基地种下香樟、桂花和滇柏近 3000 株。贵定县组织各单位栽植雪松、含笑、香樟等绿化大苗 200 株、酥李 4000 余株、马尾松（容器苗）5000 余株。福泉市新建义务植树基地 8 个 550 余亩，组织机关干部职工在东门大坡、三星抱月等地植树万余株。龙里县依托林业项目开展校园绿化建设，采用柳树、玉兰、香樟、樱花、紫薇等树种，完成了城关一小、城关三小、县职中等校园绿化面积 456.7 亩。

2012 年 3 月，州绿委办、州林业局和团州委联合在全州开展“青春与绿色同行，生态与奉献相伴”植绿护绿系列活动。9 日在剑江大沙河段举行活动启动仪式，州委主要领导带领州直、市直单位800余名干部职工、军警官兵和青年志愿者在都匀茶场基地义务植树。都匀市各界种植爱心林、共青林、巾帼林、公仆林等各种纪念林，开展认养、领养树林绿地等活动，城区建成公共绿地7490亩，人均占有面积7.94平方米。福泉市绿委、市林业局牵头，市直各单位，金山、马场坪办事处及驻福泉单位共2000余人在城郊种植滇柏、女贞大苗2万余株，绿化面积110亩。长顺县直机关500余人在城南河岸和长寨后坡种植竹子、柏木苗5000余株。贵州长生林业集团向长顺县捐赠香椿苗100万株、构树苗85万株用于城乡绿化。荔波县四家班子带领千余名干部职工，在樟江河岸种植香樟苗3000余株。独山县绿委、林业局、县团委联合组织干部职工、武警官兵和青年学生共300余人，到白虎坡义务植树。惠水县四家班子带领县直干部职工千余人，在公路两旁种植香樟千余株，绿化带总长3.5公里；全县完成义务植树20余万株。瓮安全县义务植树10余万株、面积500余亩。贵定县委、县政府、新华社贵州分社等单位共300余人，在厦蓉高速公路昌明段蒙古冲隧道迎坡面种植红叶石楠、桃树万余株。

2013年，在全州开展“为青山增绿，给党旗添彩——植绿护绿黔南在行动”系列活动。3月8日，州绿委、州林业局、团州委、州妇联在都匀经济开发区大坪镇洋马坡开展联合行动，2名州领导以及州直部门干部职工、军警官兵600多人参加，共种植杨梅、含笑、女贞120亩。全州各县市共有146.24万人（次）参加了植绿护绿系列活动，总计造林6.54万亩。其中，四旁（零星）植树折合造林2.39万亩，义务植树折合造林2.3万亩，新建义务植树基地50个。

2014年，州开展“黔粤携手，护佑两江”植绿护绿系列活动。3月11日下午，州直机关、驻匀单位职工约470人和广州来宾约20人（包括新闻工作者、机关、事业单位职工、共青团员、青年企业家），在都匀经济开发区大坪镇灯打坡开展义务植树活动，植种香樟树。

是年，州安排植被恢复建设项目资金461.99万元，用于32个“四在农家·美丽乡村”面积3200亩的村庄绿化，绿化点有平塘县卡蒲乡场河村、克度镇金星村、平舟镇京舟村，都匀市甘塘团寨、小围寨马尾村等4个村庄，都匀经济开发区王司镇格多苗寨村庄，瓮安县瓮水办事处茅坡村、猴场镇大寨坪村，罗甸县边阳镇罗路村、打讲村，逢亭镇逢亭村、祥脚村，木引镇木引村等15个村庄，龙里县龙山镇五里村、三合村，湾滩河镇和平村，冠山街道办新场村，荔波县朝阳镇八烂村，荔波县播尧镇等。

四、绿色通道建设

1994年初，黔南州结合实施开放带动战略和发展南下通道经济战略，提出从龙里至荔波沿公路植树造林的规划，通称“龙—波绿化带造林工程”，途经6个县（市）25个乡镇。至1997年底，完成总长309.4公里的绿化带建设，造林4.67万亩，封山育林7.06万亩，新植、补植公路行道树18万株。工程总投资317万元，其中地方投资212万元、群众投工投劳折款105万元。

2000年，贯彻《国务院关于进一步推进全国绿色通道建设的通知》，黔南州把绿色通道建设列入五年规划，提出沿公路、铁路、江河两侧建立一批各具特色、规模不等的果园、茶园、桑园、竹园、药园及速生丰产用材林、工业原料林等高效林业基地。是年8月，黔南州、黔东南州和贵阳市共同编制《贵新高等级公路绿色通道工程总体规划》，规划路界外绿化规模9.93万亩，由龙里、贵定、福泉、都匀、独山5县（市）实施8.75万亩。因未安排专项经费，相关县（市）依托天保、退耕还林和珠防林等林业重点工程作了部分实施。

2005年11月，州委、州政府决定以建设“绿色黔南”，打造“西部绿洲”为主题，建设贵新高等级公路黔南段生态经济示范带。工程分两期建设，第一期从贵阳与龙里交界处到都匀南出口，第二期从南出口到新寨。第一期工程涉及龙里、贵定、福泉、都匀4县（市），规划示范带长116公里，总面积14939.6亩。工程总投资1236.7万元，由州财政投入50%；市县财政投入30%，其余20%由计划、扶贫、林业、农业、水利、旅游等部门筹措。16日州政府召开动员会，要求各级领导领办示范点。2007年初春，沿途4县（市）开始施工。到8月检查时，4县（市）完成造林7000亩，树种为慈竹、黄花槐、栾树、酥李、金钱橘、茶叶、板栗、杨梅等，合格面积6543亩，合格率93.47%，有457亩需进行补植。之后，调整规划设局部，重点打造龙里与贵阳交界的大干沟、贵定盘江匝道口与福泉黄丝出口处。是年，采取同省武警总队联合建立义务植树基地的形式，在贵新公路龙里路段，完成龙里大干沟香樟、女贞、黄花槐等2米以上大苗种植面积100亩；采取州出苗木、当地组织施工的方式，完成贵定盘江匝道口、福泉黄丝出口各100亩的多树种绿化大苗种植。

2007年3月，省武警总队继续开展与黔南州共建义务植树基地活动，千余名武警战士开赴贵新公路龙里路段干沟河栽植香樟大苗3000余株。5月，州林业局规划建造景点24个，利用不同颜色的植物拼成文字图案景观。设计总投资446.66万元。贵州金梧桐园林景观有限公司为中标单位，中标价428.66万元。龙里大干沟景点于6月13日、都匀景点于6月14日、荔波景点于6月18日、独山景点于7月23日相继开工。

是年5月31日，省林业厅安排贵新公路绿色通道建设项目资金300万元、营造林任务1万亩，其中荔波路段及区域200万元（含独山）、贵新路段100万元。至年底完成营造林面积10058亩，其中人工造林营造风景林187个小班7938亩，重点景观林5个小班120亩；封山育林9个小班2000亩。

是年9月，为迎接即将在荔波县召开的贵州省第二届旅游产业发展大会，展示“锦绣黔南”风貌，州委、州政府提出对贵新路及荔波县重点路段及区域进行绿化、美化、香化、景化和突出组字景点的要求，州林业局投入76万元，于是年底完成樟江河堤种植撑绿竹540亩，荔波到小七孔公路朝阳出口处种植桉树60亩，三都至荔波公路县城出口处种植一品红、三角梅各20亩、黄花槐145亩，进出县城3公里公路两侧种植黄花槐115亩，机场周边及到县城公路两侧、县城周种植边木莲、女贞、南酸枣、桉树等1100亩。

2008年，省林业厅安排贵新公路都匀至独山段绿色通道建设资金50万元、营造林任务1500亩（景观林500亩、封山育林1000亩）。至2009年3月底任务全面完成，其中营造景观林17个小班500亩。

2011 年 8 月，州林业调查规划院编制《厦蓉高速公路绿色通道（黔南段）建设项目造林总体规划》。2012 年，厦蓉高等级公路黔南州段内通道绿化完成情况为：龙里县投资 41.6 万元、造林 256 亩；贵定县投资 60 万元、造林 340 亩；三都县投资 58 万元、营造景观经济林枇杷 594 亩；都匀市投资 30 万元、造林 165 亩；都匀经济开发区投资 139.6 万元、造林 390 亩；后续投资 55 万元在大坪镇五星村营造景观林 310 亩。

2013 年，长顺县威远工业园区外围绿化项目投资 70.7 万元，绿化面积 300 亩（香樟）。厦蓉高等级公路黔南州段内通道绿化为：都匀经济开发区营造景观林 165 亩（女贞大苗），厦蓉高速都匀西出口造林 1335 亩（桂花、红叶石楠、栀子花、大叶黄杨、罗汉松等多树种）。

2014 年，为提高厦蓉高速都匀西出口景观效果，州林业局筹集资金 116 万元，对西出口景观林进行了景观改造，改造面积 7.48 万平方米。

是年 12 月 26 日贵广高铁开通运营后。筹资 470 万元，沿线各县（市）对沿线可视范围内荒山荒地、渣土场面积 3928.7 亩在行了绿化美化。

第六节　林业生产

一、用材林

（一）速生丰产林

1991—2014 年，全州累计培植速生丰产林 88.67 万亩，占全州 340.76 万亩用材林的 26.02%，树种主要为马尾松、湿地松、火炬松等。

1. 林业贴息贷款造林

1990 年 4 月，就三都县提出的 10 万亩速生杉木用材林基地建设项目，州农业银行、州林业局联合下发《关于林业项目贴息贷款实施意见》，明确由农行、财政、林业组成评审小组予以论证，如属可行，则由农行提交相关材料进行信贷评估，承贷单位提交贷款申请，落实抵押，然后由农行审批贷款计划，国家农业银行给予贷款，由中央财政、省财政贴息和承建单位付息。至 1994 年，该项目贷款 749.6 万元，完成造林 11.6 万亩。

1994 年，全州实施林业贴息贷款项目 24 个，总投资 934.6 万元，完成造林 26.79 万亩，其中用材林 14.9 万亩、经济林 11.89 万亩。

2. 世界银行贷款造林

1990 年 8 月，三都县政府、州政府与省林业厅签订世界银行贷款造林项目协议书。项目是三都县营造 10 万亩速生丰产林（杉木 7 万亩、马尾松 3 万亩），于 1990—1996 年完成全部造林和幼林抚育，20 年后林木蓄积量和木材产量分别达到 124.90 万立方米、101.32 万立方米。项目总投资 1724.5 万元，其中省、州各筹集 129.33 万元，三都县筹集 443.82 万元。是月，州、县相应成立项目领导小组，农委、计委、财政、审计、农行、区划办等单位为成员。项目建设以县国营拉揽林场为依托，与村、组联营承建。即由农民出土地，林场负责资金和造林、管护、抚育，待林木有收益时，扣除投资及经营成本，纯利按2：8分成，农民2成、林场8成。是年冬，项目破土动工，在规划区内的坝街、都江、周覃、九阡、扬拱、三洞6乡镇22村799个营林小班进行造林。

1993年5月，省世界银行贷款办公室（以下简称世行）、省林勘院和州林业局对其中9.14万亩造林进行抽检，发现部分造林地、树种选择不当，造林成活率偏低，达不到部颁标准。林业部项目管理中心做出暂停报账一年的经济制裁。此事引起州、县政府领导重视，及时采取了补救措施，使合同得以继续执行。为加强林木管护，林场开辟防火线139条，总长205.7公里，在项目区建立无线电通讯网，设立场部、扬拱、三洞3个基地台，为各护林站（点）配备手持对讲机。至1994年，完成项目投资1660万元，其中世行贷款1122.1万元，省、州、县分别配套108.4万元、113万元和73万元，林场自筹243.5万元，完成造林13.1万亩，其中列入世行报账数为10.33万亩，提前超额完成项目任务，造林质量达到部颁标准。造林验收通过后转入幼林抚育管护阶段。

1996年后，主要以国家“贫困地区林业发展项目（FDPA）”即第三期世行贷款造林为依托，同时结合珠防林（含九万大山扶贫项目）、退耕还林等生态工程的实施，建设一批速生丰产林基地。

1998年，黔南州同省签订FDPA造林协议，荔波、独山、平塘、瓮安、龙里、惠水、都匀7县（市）为项目实施单位。1999—2002年下拨FDPA贷款2824万元，共完成造林29.72万亩，其中营造马尾松速生丰产林24.64万亩。到2005年提款报账资金3294万元，各级配套资金576万元（其中劳务折款132万元）。

（二）工业原料林

工业原料林即供应林产工业、造纸业、制胶业、生物质能源业等企业所用木质原料而采取人工培育的林木，属于用材林的一部分。

1998—2012年，全州依托天保、退耕还林等林业重点工程营造马尾松工业原料林17.93万亩。2012年，三都、独山、贵定、平塘、荔波、惠水、长顺、罗甸8县利用省级森林植被恢复费营造马尾松、桉树、杉木工业原料林12.11万亩。

2013—2014年，全州依托巩固退耕还林成果项目、石漠化综合治理项目、造林补贴项目、州县级森林植被恢复费等工程项目，营造马尾松、桉树、杉木、香椿等工业原料林17.53万亩。

二、经济林

黔南州的传统经济林品种有油桐、油茶、漆树、杜仲、黑荆树、茶叶、板栗及各种水果等，发展前景好的乡土品种有都匀毛尖茶、龙里刺梨、荔波白夹竹、龙里毛金竹、惠水金钱橘“牛肉红”、平塘方柿、三都九阡李和贵定酥李等；引进品种有福建福鼎茶、广东麻竹、广西撑绿竹、浙江东魁杨梅、北方苹果、美国红葡萄及黑李等。

“八五”时期，全州种植经济林59.62万亩，其中利用林业贴息贷款种植面积11.89万亩，占20%。据1995年调查，种植面积为油桐45.16万亩、茶叶3.98万亩、梨桃2.84万亩、柑橘1.94万亩和油茶1.4万亩。

“九五”时期新增种植经济林42.84万亩。州内逐步形成以三都、荔波、罗甸为中心的麻竹、撑绿竹基地，以都匀、贵定为中心的毛尖茶、云雾茶基地，以福泉、瓮安为中心的福梨、金秋梨基地，以长顺、惠水为中心的进口水果和金钱橘基地，以南部县市为中心的热带水果、蜜柚、脐橙、板栗基地和以北部县市为中心的常规水果、核桃、木本药材基地的发展格局。

“十五”时期，各县市依托退耕还林、天保、珠防林、世行林等林业工程项目，抢抓机遇，调整树种、品种结构，积极发展经济林。三都、荔波、独山、罗甸、平塘等县大力种植麻竹、撑绿竹、白夹竹、雷竹和楠竹，其中笋用竹种植面积一度发展到15万余亩，年产鲜笋4万吨以上。州林业局在龙里富洪建立金秋梨、杨梅、油桃、枇杷等示范基地450亩；州农业局在洛邦镇建立经果林示范基地，并为各县市提供果苗。都匀市农办等单位与王司镇汉林坟农户联办桃、梨、葡萄等种植示范基地900余亩，此期，全州新增经济林22.65万亩，品种增至60余种。

“十一五”时期，全州依托九万大山扶贫工程项目、石漠化综合治理试点工程林业措施项目、省级特色商品林建设项目、州县级森林植被恢复费营造林项目、农业综合开发“名、特、优、新”经济林花卉示范项目等工程项目，新增经济林16.83万亩。

“十二五”时期的2011—2014年，全州依托石漠化综合治理林业措施项目、巩固退耕还林成果项目、退耕还林配套荒山造林项目、省州县级森林植被恢复费项目、农业综合开发林业项目、中央及省财政造林补贴项目等工程项目大力发展刺梨、茶叶、无患子、核桃等经济林，此期，全州新增经济林66.32万亩。

截至2014年底，全州经济林种植面积208.25万亩。其中干果27.92万亩、水果84.09万亩、茶叶37.79万亩，三项种植面积占经济林总面积的70%以上。

1991—2014年全州经济林种植面积统计表

表12–1–18　　单位：万亩

年度	面积	年度	面积	年度	面积	年度	面积
1991	2.69	1998	6.34	2005	2.21	2012	15.56
1992	10.20	1999	7.57	2006	1.69	2013	15.09
1993	16.34	2000	10.99	2007	1.43	2014	21.83
1994	14.16	2001	9.42	2008	1.93	合计	208.23
1995	16.22	2002	6.10	2009	5.31		
1996	10.02	2003	3.77	2010	6.46		
1997	7.91	2004	1.15	2011	13.84		

三、国有林场与林业示范基地

（一）国有林场

黔南州13个国有林场。其中：马鞍山、平浪、甘溪、罗甸、羊里、瓮安、烂坝、朱家山、平塘等林场属于财政全额、差额拨款或财政定补的事业单位，长顺、独山和拉揽林场属于自收自支的事业单位，祥摆采育林场属于企业单位。

在2010年度全国国有林场评选活动中，独山县国有林场获“全国十佳国有林场”称号，为贵州省唯一入选林场。

2011年5月9日，中共中央政治局常委、中央书记处书记、国家副主席习近平到贵定县甘溪林场，考察生态建设和保护情况，叮嘱干部职工要强化生态建设，保护好贵州的青山绿水。省委书记、省人大常委会主任栗战书，省委副书记、省长赵克志，省林业厅厅长、州委、州政府主要领导陪同考察。

至2014年底，全州国有林场编制为839名，实有职工1259人，其中在职职工670人（含长期合同制职工163人）、退休职工589人。

（二）林业示范基地

1991—2014年，黔南州利用森林植被恢复费、农业综合开发项目及中央财政专项资金等，共建成林业示范基地190个，总面积24.68万亩，投资总额28119万元。基地示范内容有速生丰产用材林、原料林、果木林、花卉苗木等，其组织形式有林场管理、农户联营、企业经营、承包经营等。部分基地简介如下：

龙里县谷脚镇茶香村刺梨基地：建于2000年，面积3000亩，总投资860万元（含粮食补助），种植品种为贵龙5号、贵龙7号。2007年进入盛产期，2008年种植面积增加4000余亩。2012年分别获省林业厅、国家林业局经济林协会授予“贵州省经济林（刺梨）基地建设示范县”“中国刺梨之乡”等称号，龙里刺梨被列为国家地理标志保护产品。受基地带动，全县刺梨种植面积达到10.6万亩。

三都县交梨乡葡萄种植基地：从2002年开始建设，依托退耕还林、九万大山工程及“巩退”项目支撑建设，种植面积3000亩，总投资1200多万元，种植品种主要为水晶葡萄。2006年进入盛产期，年亩产鲜果6000公斤。2012年种植面积增加到4万亩，带动全县水晶葡萄种植面积达8万亩。2013年，在省政府办公厅扶持下，建立葡萄中心产区十里观光长廊。2014年，建成葡萄产业发展园区，成功举办葡萄节，有全国各地的专家参加。

瓮安县老坟嘴乡楠竹基地：位于老坟嘴乡木孔、老坟嘴、关塘3村，建于2002年，依托退耕还林工程种植楠竹2000亩，为农户联营模式。

惠水县七里冲邓恩桉速生丰产林基地：邓恩桉原产澳大利亚，是世界三大速生树种之一。2005年，惠水县依托天保工程进行邓恩桉引种实验，在和平镇七里冲建成种子园500亩，建立种源收集区12亩、实验区162亩，入园97个家系。2008年特大凝冻使17个家系受冻害，余均存活率达80%以上。是年7月，利用州级森林植被恢复费项目，在黔惠林场建立邓恩桉速丰林基地664亩。

三都县九阡镇水各村、水惜村九阡李基地：2005年兴建，依托“巩退”及扶贫项目，种植三都特色水果九阡李1000亩，投资300万元。九阡李为地理标志保护产品，与水族旅游村寨（水各）融为一体，引来众多游客赏花品果。

独山县麻尾镇林化工原料林基地：位于麻尾镇尧棒乡三棒村，由重庆客商投资兴建。

2006年6月，完成黄栀子造林500亩，至2014年种植面积达到2000亩，总投资300万元。

荔波县玉屏镇驼背树经果林基地：2007年，荔波县政府扶持被征地农户到驼背树（地名）种植荔波血桃，产品在重庆、柳州、贵阳、都匀、凯里等地设有直销网点。2011年2月11日，中央政治局常委、国务院副总理李克强亲临基地调研。之后，荔波县将驼背树打造成集旅游观光、休闲娱乐、品果采果为一体的生态果园示范基地。2014年基地的荔波血桃种发展到1.5万亩。

荔波县瑶山乡红光村血橙基地：2008年，招商引资安徽籍人落户荔波，成立“荔波县血橙专业合作社”，在该村洞干组流转土地，建成塔罗科血橙基地500亩及血橙育苗基地20亩，年育塔罗科血橙苗5万株。基地血橙于2012年挂果，2014年进入盛果期，平均亩产鲜果2000公斤。

龙里县洗马镇、龙山镇刺梨基地：洗马镇台上村、白果村刺梨基地于2008年、2011年由县级植被恢复费项目支撑建设，面积1500亩，投资135万元。龙山镇中坝村沙坡刺梨基地，于2013年由石漠化综合治理项目支撑建设，面积560亩，总投资96万元。台上村刺梨基地于2014年由石漠化综合治理项目支撑建设面积500亩，总投资130万元。

长顺县国有林场立体生态高效农业试验区：位于广顺镇生井坝，2009年开工，总投资2000余万元。按照“山上栽树、林下养鸡、生态放养、套种药材”模式，依托5万亩林地，以本地优良品种小米核桃、麻山油核桃为主打品种，建成采穗圃400亩，种植核桃1000亩，水果800亩；林下套种中药材200亩、青饲料草300亩，放养绿壳蛋鸡2万羽。与企业合作建成光皮桦、马尾松基地各1000亩。2011年被列入“贵州·长顺‘东西合作’生态高效农业产业化扶贫示范区”。

福泉市双谷林下养鸡基地：位于城厢镇双谷村，创建于2009年，利用原有3万亩梨树林，采取“公司+基地+农户”经营模式，发展林下种草养禽，养殖绿壳蛋鸡、海南辉蛋鸡。带动农户600余户。2012年达到年供绿壳蛋100万枚、粉壳蛋360万枚、绿壳蛋鸡苗40万羽能力。2014年底存栏绿壳蛋鸡近10万羽。

罗甸县龙坪镇五星村柚木基地：2010年3月建设，投资285万元，面积528亩，建成育苗大棚3个共7000平方米、炼苗苗圃35亩，树种为缅甸金丝柚。中国林科院热带林业研究所提供技术，贵州汇生林业开发有限公司实施，达到国家珍贵用材林示范基地标准。2012年，国家、省、州领导到基地调研。

平塘县平湖镇杨梅基地：2010年，依托省级植被恢复费等建设项目，以新舟、吉古两村为主，建成杨梅观光园基地5000亩，总投资120万元。

贵定县沿山镇、德新镇刺梨示范基地：沿山镇刺梨基地位于该镇大坳，沿山村村民李海东、陈兴雄于2011年取得2300亩林业用地使用权，依托“巩退”后续产业项目，个人出资和银行贷款共投资800余万元建设，采取大户+农户+基地模式，于2012年2月完成刺梨栽植，2014年挂果。德新镇沙子坡刺梨基地位于该镇新铺村沙子坡，贵州星诚林业科技发展有限公司采取公司+基地模式投资建设，2012年10月种植1000亩，2013年挂果。

三都县九阡镇水梅村茶叶基地。2011年兴建，依托“巩退”项目建设，种茶2000亩，总投资 1000 万元，主要种植安吉白茶。引进浙商企业经营，注册“三都白茶”品牌，产品成功打入全国各地市场，在浙江、云南等地设有专销店。

平塘县苗二河乡桃子基地。2011 年，依托石漠化治理工程和“巩退”项目，在该乡苗二河村、新寨村建成基地 3600 亩，总投资 180 万元。

三都县大河镇邓恩桉基地：依托“巩退”项目，企业通过林地流转方式组织实施，2011 年兴建，面积 3000 亩，总投资 300 万元。

都匀市墨冲板栗、核桃基地：板栗基地位于墨冲至沙寨沿线，依托巩固退耕还林成果工程项目，于 2011 年兴建，面积 4160 亩，涉及农户 1191 户。核桃基地位于沙寨社区白头村和平浪镇朵罗村，依托石漠化综合治理工程项目，于 2012 年兴建，面积 4635 亩，涉及农户 400 多户。

独山县上司镇无患子、茶叶、油桐基地：上司镇无患子基地位于该镇屯脚、交摆、王龙、打羊 4 村，2011 年由贵州青龙农林发展有限股份公司和贵州无患子农林发展有限公司投资建设，无患子造林 1.6 万亩，总投资 1500 余万元，实行多种经营，林下养鸡，存栏蛋鸡 1 万羽。上司镇拉力村茶叶基地位于该村腊塔组，由贵州颖梵农业资源开发有限公司投资，为独山县退耕还林工程示范点，2011 年种植茶叶 1084 亩，至 2014 年茶叶面积达到 3000 亩。上司镇油桐基地位于该镇打羊乡打羊村和龙泉村，由独山县鸿发油脂有限公司投资建设，2012 年种植油桐 3900 亩，投资 310 万元，同时在打羊乡投资建设油桐加工厂。

惠水县苗木类基地：美瑞特花卉苗木基地位于和平镇大兴村，由贵州美瑞特林木开发有限责任公司投资兴建，主要培育多年生花卉，2011 年 5 月开工建设 200 余亩，2012 年扩建 400 亩。鸿瑞绿化苗木基地位于高镇镇涟江村，由贵州鸿瑞实业有限公司投资兴建，占地面积 2000 亩，2012 年种植绿化苗木 780 亩。惠水合生花木城位于好花红镇金田村，企业于 2013 年入驻，占地 600 亩，培植绿化苗木，2014 年在上牙村流转土地 436 亩。惠水县香榧农业示范园位于羡塘镇，2014 年流转林地 5000 亩，调进香榧种子 50 吨用于育苗。

罗甸县国有林场火龙果种植基地：2011 年 10 月兴建，一期工程于 2012 年 4 月竣工，种植面积 1500 亩，总投资 1054.35 万元。后期采取职工承包和对外招租等方式经营。

都匀市毛尖镇和平浪镇毛尖茶基地。依托省级财政造林补贴工程项目和巩固退耕还林成果工程项目，于 2012 年开始兴建，面积 21300 亩。

独山县玉水镇短周期工业原料林基地：位于玉水镇黎罗村、塘联村。2012 年分别由独山县福超林业开发有限公司和广西客商廖世安投资建设。完成湿地松、加勒比松造林 3900 亩，总投资 253.5 万元。

福泉市平堡油茶基地：位于马场坪办事处平堡村，由金狗生态茶油有限责任公司投资兴建。2012 年在平堡种植高产油茶 1000 亩，2015 年在黄丝种植 3500 亩、岔河种植 5000 亩。2014 年 10 月，在龙昌镇建设山茶油精炼厂。

三都县国有拉揽林场国家珍贵树种种植示范基地：由林场实施，建于 2013 年 3 月，投资 60 万元，建设面积 1000 亩，主要树种为红椿、南酸枣。

瓮安县建中镇私营茶叶示范基地：为大户承包土地自主经营模式，建于 2013 年，分为两地建设。黄宏莺茶叶基地位于凤凰村，依托巩固退耕还林成果后续茶产业项目建设，面积2000亩，投资630万元，农民就业300余人。赵连富茶叶基地位于果水村，依托“巩退”后续茶产业项目建设，面积1500亩，投资465万，农民就业200余人。

贵定县新巴镇香榧苗木示范基地：位于新巴镇乐邦村，由浙江宁波茂盛园林建设有限公司投资建设。2013年10月流转土地75亩，培育香榧苗木750万株。2014年7月流转土地2000亩，用于移栽香榧苗木。

荔波县玉屏办事处兰淀山油茶基地：为2013年林业部门赴广州招商引资项目，由广州市富侬生物科技有限公司投资兴建。2014年，公司在玉屏办事处兰淀山承包荒山3000余亩，种植油茶2000亩，带动周边农户种植油茶上万亩。

独山县玉水镇珍珠李精品水果基地：位于玉水镇丙约村。2014年由独山县穗源农林发展有限公司投资建设，完成珍珠李造林1400亩，总投资112万元。

独山县麻尾镇刺梨基地：位于麻尾镇麻寨村。2014年由贵州广丰源生态产业开发有限公司投资建设，栽种刺梨1500亩，总投资800万元。

三都县合江镇、丰乐镇与都匀市交界处茶叶基地：主要种植都匀毛尖，总投资500万元。2002年种植1500亩，2014年种植面积达1万亩。

罗甸县桉树基地：引入贵州高盛生态农林开发有限公司、云南绿浪贸易有限公司、贵州华森林业综合开发有限公司、罗甸县昌柒造林绿化发展有限责任公司等4家企业，分别在罗悃、红水河、逢亭等乡镇建成桉树工业原料林基地面积4.58万亩，总投资4122万元，其中国家补助660万元，公司自筹3462万元。

罗甸县沫阳镇平岩刺梨基地：由独山县佳宝果品蔬菜产销农民专业合作社实施。2014年兴建，建设规模6000亩，投资720万元，其中“巩退”项目补助300万元，合作社自筹420万元。

罗甸县边阳镇无患子基地：由长顺县万森林业农民专业合作社实施。2014年兴建，建设规模5000亩，投资486万元，其中国家补助175万元，合作社自筹311万元。

四、林产品

黔南州主要林产品有松脂、油桐籽、桐油、油茶籽、五倍子、生漆和板栗、核桃等干果，只有松脂由林业部门生产。其中五倍子、杜仲、香菇、木耳等林产品曾是历史上的外贸输出商品。2000年起采用退耕还林、石漠化治理等项目开发刺梨产业，2008年起整合林业、财政、扶贫等项目发展核桃栽培，2009年起利用扶贫、造林补贴等项目开发油茶产业。在实施退耕还林等项目中，整合各种资金发展经济林，茶叶、水果、干果、药材等也得到大面积发展。

（一）松脂

1991年正是松香价格上扬的时候，州内只有独山县国营林场与广西宜山远庆国营林场联建的1家松香厂，龙里林场等地有松脂采割。1997年，黔南州松脂产量达到1652吨，为20世纪最高年产量。进入21世纪，全州松脂采割加工企业激增。2004—2006年，经省批准，在黔南州落户的有都匀浙贵林化公司、贵定富隆林业发展公司、平塘松香厂、龙里浙宏林化公司和惠水长青松香厂等5家松脂采割加工企业。连同原有的独山松香厂，全州松脂采割加工企业达到6户，设计生产能力10200吨。2007年，全州6家企业的松香和松节油产量达3770吨。2008年遭遇特大雪凝灾害，黔南大面积马尾松林木毁损严重，采脂活动几乎全部停止，当年仅产松香、松节油564吨。2009年以后，由于森林旅游业的兴起和林业政策对可采脂林木资源的控制加严，松脂采割加工行业逐渐萎缩。

（二）油桐籽、桐油

罗甸、三都、荔波、平塘、独山等县为州内油桐重点栽培区。1991年，三都县粮食局投资320万元，在大河镇、普安镇和三合镇的11个宜桐乡建设油桐基地4万亩。1992年，荔波县林业局投入80万元林业贴息贷款，在朝阳镇、玉屏镇营造5万亩油桐。1993年，罗甸县油桐面积为24万亩，产油桐籽1.2万吨，总收入1400万元，3万多植桐农户受益。1994年，罗甸县产桐油4000多吨，产值1800多万元，上缴税金300万元。1995年，全州油桐面积达到45万亩，排在前5位的为罗甸30.45万亩、三都6.35万亩、荔波4.39万亩、平塘1.94万亩和独山1.63万亩。2000年全州油桐籽产量达到2.4万吨，为历史最高水平。2011—2012年，全州年均产桐油5000吨。2013—2014年，全州年均产桐油4000吨。

（三）核桃

2008年，长顺县委、县政府提出核桃产业发展规划，采取整村推进、连片开发方式，整合林业、财政、扶贫、畜牧养殖、石漠化治理等项目资金，在纵长120公里的长寨—中坝—睦化—代化—鼓扬—中坝—摆所喀斯特地区扶贫产业带上，种植核桃4.3万亩，规定在产业带上从事核桃产业的农户，按退耕还林政策享受每亩219元/年的补助，补助期限3年。是年，长顺县共有零星核桃大树4万余株，折合面积约万余亩，全县17个乡镇皆有分布，但管理粗放，年产干果仅百余吨。

2009年10月，在中国陕西商洛召开的第二届中国核桃大会上，“长顺小米核桃”在230个参评品种中获优秀奖。

2010年，为解决长期从云南、山东等地外购苗木，成本高、成活率低的问题，长顺县引进福顺、天枫两家林木种苗有限公司，采取“龙头企业+基地苗圃+农户”的模式生产核桃苗木。公司在威远镇联合社区潮井组租地建立核桃苗圃基地200亩，投资750万元，培植嫁接苗250万株，实际生产合格苗120万株。苗木价格由外购时的15元/株降为8元左右，苗木现取现栽，成活率较高。苗圃基地解决了周边农户300余人的就业问题，培养了百余名乡土技术骨干。同时，长顺县通过整合扶贫、林业、财政等涉农项目资金，在长寨、中坝、睦化、代化、鼓扬等乡镇广植核桃，其他乡镇亦有少量种植。

2011年9月，在河北邢台召开的首届中国核桃节，“长顺麻山油核桃”在264个参评产品中获银奖。2012年5月，省林业厅和黔南州政府授予长顺县“贵州省核桃基地建设示范县”称号。

罗甸、平塘、瓮安、惠水等县市亦有核桃种植。

2010—2014 年，全州新增核桃面积 11.93 万亩。其中 2010 年 0.8 万亩，2011 年 4.41 万亩，2012 年 3.42 万亩，2013 年 3 万亩，2014 年 0.3 万亩。长顺县是州内核桃人工种植的主要分布区，全县核桃种植面积 4 万余亩，已注册核桃品牌有长顺小米核桃、长顺麻山油核桃和长顺麻子核桃。

1991—2014 年全州锯材及主要林产品产量统计表

表 12－1－19　　　　单位：个

年份	锯材（立方米）	主要林产品产量（吨）							
		小计	松脂	油桐籽	板栗	核桃	五倍子	生漆	棕片
1991	6322	11007	150	9764	566	158	123	15	231
1992	7865	12785	146	11586	446	175	145	22	265
1993	8851	12525	151	11527	402	160	89	13	183
1994	6198	15470	278	13752	693	195	195	22	335
1995	4044	17638	181	15691	848	235	220	141	322
1996	1976	13345	229	11438	795	357	210	69	247
1997	6933	21792	1652	18361	1006	259	216	65	233
1998	9989	22002	884	18797	1185	423	283	75	355
1999	8805	20162	882	17310	1130	275	188	57	320
2000	12438	26707	748	24183	905	320	186	47	318
2001	9035	17703	1051	14689	1025	347	204	59	328
2002	8132	15960	372	13527	1192	350	195	61	263
2003	8589	16083	404	12942	1636	463	250	74	314
2004	7076	17706	1176	13403	1924	552	284	95	272
2005	1357	18777	985	14100	2282	669	335	105	301
2006	37911	18351	1326	12341	3231	671	338	111	333
2007	20985	18872	1689	12096	3568	762	293	110	354
2008	33649	18099	1076	12129	3368	841	270	99	316
2009	23692	15479	500	9229	4071	1047	246	80	306
2010	28734	17666	539	10222	5164	1113	181	76	371
2011	90696	21599	1704	10462	6741	2043	166	136	347
2012	89969	23609	2303	11653	7508	1585	121	120	319
2013	90750	20300	2350	7119	8209	2324	119	51	128
2014	223984	24688	1881	8094	10354	3585	499	97	178
合计	747980	438205	22657	314415	68249	18909	5356	1680	6939

第七节　林业开发

一、木材加工

1991 年，全州有各种所有制的木材加工单位 220 个，正处于国营森工企业萎缩，私营、个体木材加工兴盛的时期，人造板生产成为州境新兴项目。设计年产 1.8 万立方米的都匀刨花板厂于 1997 年建成投产，设计年产 3 万立方米的三都中密度纤维板厂于 2002 年投产。随后几年，通过招商引资等形式，相继在三都、平塘、都匀、龙里、惠水、长顺、荔波等县（市）建成木材加工企业共 34 家，生产中密度纤维板、细木工板、指接板、木地板、实木门和木质家具等，年加工能力达到 25 万立方米。平塘县 2007 年引进的黔林木业有限责任公司，三都县 2008 年引进的贵州金鸟木业有限责任公司、顺发木业有限公司，都匀市 2009 年引进的黔南同利木业有限公司，龙里县 2009 年引进的贵州恒力源林业科技有限公司等，是这一时期较大的木材加工企业。

到 2010 年，全州有木材加工企业 50 家，木材经营加工户 473 户。针对木材经营加工企业数量多、生产规模小、产品层次低、资源消耗大、经济贡献少等问题，开展全州木材经营加工企业清理整顿工作。成立由州委常委、副州长樊华任组长、21 家州直部门为成员的清理整顿工作领导小组。州政府于 9 月印发《关于开展全州木材经营加工企业清理整顿工作的通知》《黔南州木材经营加工企业清理整顿工作方案》，13 日召开会议部署清理工作，全州 205 人参会。是年完成企业情况摸底排查工作。2011 年，经过清理整顿，全州 664 户企业（经营加工 459 户、纯经营 205 户）中，取缔无证 151 户、整合 13 户。2012 年，对生产规模达不到准入标准的企业实行整合、重组，鼓励和支持有实力的企业通过收购、兼并等方式组建企业集团。通过清理整顿，全州保留 246 户（经营加工 101 户、纯经营 112 户、规模人造板企业 33 户），取缔、整合、关停 300 户（经营加工 174 户、纯经营 126 户）。2013—2014 年，经过整合、重组，保留木材加工企业 163 户。

二、林产项目招商

进入 21 世纪后，黔南州围绕“生态建设产业化，产业发展生态化”的思路发展林业产业，开展林业产业项目招商。2010 年 10 月 21 日，召开全州林业部门赴央企招商引资工作暨项目审查会。编制 7 个项目建议书报省，有 6 项被省发改委确定为向央企招商的项目。是年 11 月，在广西召开的全国人造板招商会上，三都县拉揽国有林场 1 万立方米实木家具加工项目、瓮安县林板加一体化精深加工生产项目分别与贵州恒力源林业科技有限公司、云南兴鼎商贸有限公司签署投资框架协议。

2012 年，全州各级林业部门上报林业产业建设项目 58 个。筛选后第一轮上报 5 个，第二轮上报投资额在 300 万元以上的 45 个，项目内容包括生态旅游、林板加一体化、林下种养、特色经济林、花卉苗木和特色加工。州政府项目办筛选 14 个作为向央企招商引资用项目，省林业厅筛选 8 个作为向央企和贵州酒博会招商引资用项目，1 个报省商务厅作为香港招商引资活动周签约用项目。是年 3 月，浙江省天台县满园春农林开发有限公司投资 1 亿元，采取土地流转方式，在独山县上司镇建设无患子种植加工基地，土地流转期限 40 年。4 月，广州市无患子种植开发有限公司投资 2 亿元，采取土地流转方式在打羊建设 5 万亩无患子种植加工基地。10 月 24—26 日，在四川成都举行“贵州·黔南州林业招商引资（成都）推介会暨项目签约仪式”，两地的企业家、客商、新闻媒体共 250 余人参加。会上共签署项目 28 个，协议总投资 41.53 亿元。至年底，实际落地项目 20 个，履约率 71%，签约资金 23.96 亿元，实际到位 3.04 亿元。

2011—2012 年，全州林业招商引资落地项目 88 个，签约资金 91.28 亿元，实际到位 16.4 亿元。

2013 年 7 月 19—21 日，“生态文明贵阳国际论坛”年会在贵阳召开，黔南州组织 5 家林业企业参展，并举办黔南州林业招商引资推介会。是年 8 月 24 日，借助中外经贸大型博览会平台，在广州市举行贵州黔南州（广州）农林招商引资项目推介会暨签约仪式，签订林业项目 12 个，签约资金 13.8 亿元。后落地实施项目 11 个，项目履约率达 91.7%，总投资 11.6 亿元，到位资金 0.8 亿元。

2014 年 3 月 30 日，州政府组织州林业局等部门赴福建漳州，举办贵州省黔南州农林项目投资环境推介会暨项目签约仪式，实际签订农林业项目 18 个，总投资 19.6 亿元，其中，涉林项目 10 个、签约资金 12.6 亿元。是年 8 月 21 日，州政府组织州林业局等部门赴广州，开展农林茶综合招商活动，推介刺梨种植基地等项目。11 月，州林业局组织相关企业赴浙江义乌参加“第 7 届中国义乌国际森林产品博览会”。是年，林业招商引资到位资金 12 亿元。

三、林业产业园区

到 2014 年，州内有已建、在建和启动林业产业园区 9 个。

贵州黔中板材家具产业园：由恒力源科技有限公司在龙里县投资兴建，一期建设面积 1000 亩，招商引资签约项目 46 个，总投资 19.9 亿元，到位资金 19.8 亿元，进驻企业 45 家，投产 34 家，达产 8 家，在建项目 20 家。

贵州长田家具产业孵化园建设项目：由四川托泰房地产开发有限公司在惠水县投资兴建。总投资 50 亿元，占地 5000 亩，分五期开发。一期投资 15.12 亿元，建设面积 1300 亩，2014 年已入驻企业新增投资 1.36 亿元，项目在建。

三都交梨森工产业园：规划面积 144.9 亩，投资 2.3 亿元，签约入驻企业 4 家，已有 1 家投产。

都匀林产聚集区：原建于小围寨川弓，规划面积 200 亩。

独山林业产业园：选址于基长镇旁，规划面积 1000 亩。分三期建设，一期面积 500 亩，二期 600 亩，三期 900 亩；一期规划加工区 350 亩，配套建设及产品展区 150 亩。

福泉林业产业园：选址基本落实，规划面积 80 亩。

贵定刺梨加工产业园：位于贵定县沿山镇沿山村，规划面积 1000 亩。前期规划面积

300 亩。

长顺威远工业园：规划面积 27 亩，建设投资 1.05 亿元。已完成长顺丹索亚刺梨庄园有限公司一、二期厂房建设和设备安装并投产。

长顺、龙里、惠水刺梨加工产业园等已完成规划、选址。

四、刺梨、油茶开发

（一）刺梨

1. 产业推进

州内刺梨产品曾于 1987 年 4 月在汕头市举办的经贸洽谈会上被评为“最佳推荐产品”。1992 年起，从龙里县开始推行人工种植刺梨。1993 年，黔南刺梨获贵州省名优水果称号。1996 年，龙里刺梨被中国农业博览会评为银奖。1997 年，龙里“刺梨干”获贵州名牌农产品称号。2000 年，龙里“刺梨干”被认定为绿色食品标志产品。2003 年，龙里刺梨在深圳农产品交易会上被评为最受商家欢迎的十大产品之一。从 2009 年起，开始在龙里县谷脚镇茶香村举办“中国·多彩贵州·龙里十里刺梨沟赏花（品果）节”系列乡村生态文化旅游活动（至 2012 年共举办了 4 届）。2009 年 10 月，以龙里刺梨为生产原料的刺梨精粉、刺硒灵、金刺参九正合剂等高档保健产品在深圳“中国·深圳第十一届高交会”展出。2010 年，龙里刺梨系列产品在上海世博会贵州馆展出。2011 年 8 月，龙里刺梨系列产品在“中国·贵州国际酒类博览会”和省政府组织的“2011 年香港美食博览会”展出。

2011 年秋，州林业局围绕刺梨资源开发进行调研，2012 年提出《打造刺梨产业，做好“山地特色农业大文章”》专题报告，《贵州内参》全文予以刊发。是年，州林业局编报的《黔南州 50 万亩刺梨产业发展规划（2013—2017）》获省林业厅评审通过。

2012 年 5 月，省林业厅和州政府授予龙里县为“贵州省经济林（刺梨）基地建设示范县”。“龙里刺梨”于 2012 年 7 月 18 日被国家质检总局批准为地理标志保护产品，龙里县于 2012 年 9 月被中国经济林协会命名为“中国刺梨之乡”。是月，贵州省刺梨学会在龙里县成立，挂牌于龙里县林业局。2012 年 11 月 22 日，省林业厅下发《关于加快推进黔南林业特色产业发展专题会议纪要》，明确共同打造刺梨产业。

2013 年 4 月 26 日，州政府主要领导率队赴国家林业局，争取国家部委对刺梨产业发展给予支持。8 月 20 日，州委、州政府出台《关于加快刺梨产业发展的意见》，提出到 2017 年全州新增刺梨种植面积 35 万亩、建成刺梨现代高效农业示范园区 4 个、刺梨加工产业园区 3 个，实现刺梨产业综合产值 55 亿元以上的奋斗目标；同时成立黔南州刺梨产业发展工作领导小组，办公室设在州林业局。11 月 1 日，州委、州政府召开黔南州刺梨产业发展工作推进会，与各县（市）政府签订刺梨产业发展责任状。

2014 年 4 月，省政府批准龙里茶香刺梨产业园区列入 2014 年全省新增 100 个省级现代高效农业示范园区。2014 年 5 月 9 日，州委、州政府在贵定召开“践行‘绿水青山就是金山银山’”座谈会，州委主要领导要求大力发展山地农业，提高精品水果、刺梨等产业的核心竞争力。9 月 15 日，《贵州省刺梨产业发展规划（2014—2020）》获省政府批复，期间全省将新增刺梨种植面积90万亩，其中黔南州45万亩，为全省刺梨产业发展主体地区。9月15—16日，省政府在龙里县召开全省刺梨产业发展现场推进会议。

2. 人工种植

1992—1995年，贵州农学院在全省普选的上百个野生刺梨品种中初选出30个优良单株，由该院及有关科研单位指导，在龙里县谷脚镇茶香村进行人工种植试验，最终筛选出适合龙里县立地条件、果实品质好、产量高的“贵农5号”作为主栽品种，“贵农7号”作为授粉品种进行配置种植。1995年，州科技局在龙里县茶香村实施“1000亩刺梨基地建设”项目，村里农户逐渐接受并初步掌握了刺梨人工培植技术，刺梨鲜果开始进入贵阳市水果市场。

2000—2001年，龙里县、贵定县抓住退耕还林工程启动的机遇，发展刺梨人工种植。龙里县种植刺梨9880亩（谷脚镇7000余亩、哪旁乡2000余亩、醒狮镇690亩、龙山镇100亩、谷龙乡90亩），涉及农户2650户。谷脚镇茶香村由于原实施项目的示范作用，农户积极性普遍较高，共种植刺梨3200亩。贵定县种植刺梨2300亩，其中马场河乡团结村种植的70余亩刺梨，取得亩产值1750元的效益。

2002—2008年，龙里、贵定两县依托退耕还林、天保工程、石漠化综合治理等项目，建设刺梨基地，刺梨种植面积一度达到2万亩。然而，由于栽培技术跟不上，鲜果产量不高（500公斤左右/亩），效益不明显，农户积极性受到影响，后期种植面积有所减少。

2008年，龙里县茶香村被贵州省林业厅评为“贵州省林业生态文明建设示范村”。是年，该村刺梨种植面积达到7000亩，产生了辐射带动作用。从2009年起，随着市场需求量的逐步增加，以及刺梨加工企业的相继进入，刺梨鲜果收购价格有较大提高，全州刺梨种植面积逐年扩大。从2012年起，除龙里、贵定两县外，先后又有长顺县、瓮安县、独山县、三都县、罗甸县的部分乡镇建设刺梨种植基地。

至2014年底，全州刺梨人工种植面积达26万余亩（其中2013—2014年新植面积20.31万亩），鲜果年产量5万~6万吨。此外，全州有野生刺梨1.8万亩，常年鲜果产量2500吨，销量1690吨。

3. 刺梨加工

在刺梨人工种植前，州内已经有以野生刺梨为原料的刺梨加工开发。1984年，平塘县酒厂引进贵州农学院“刺梨发酵酒”科研成果，建成年产1000吨刺梨发酵酒生产线，生产“刺梨美乐醇”果酒；龙里县食品厂开始开发刺梨汁和刺梨晶。平塘县酒厂生产的“刺梨美乐醇”果酒1986年获省优秀新产品奖，1990年获中华医药文化博览会“神龙杯”铜奖。1993年，都匀酒厂开发出刺梨饮料产品“中国刺梨汁”，是年6月，省长陈士能视察该厂，作了“大力开发刺梨饮料系列产品”的题词。其间，惠水、贵定等酒厂也按照传统工艺生产低度刺梨米酒。1994年，龙里县食品厂生产的刺梨晶获省科委科技进步三等奖。

刺梨产业开发后，黔南刺梨加工企业主要集中在龙里、贵定和长顺3县。截至2014年底，龙里县有贵州龙港生物科技有限公司、贵州龙美生态科技发展有限公司、贵州华南理工生物工程有限公司、贵州奇昂生物科技有限公司、贵阳黔宝食品有限公司龙里分公司；

贵定县有贵定高原食品厂、贵定山野敏子食品厂和胡三贴药业公司，该县昌明镇、沿山镇还有小作坊式刺梨果脯加工厂50余家；长顺县有长顺丹索亚刺梨庄园有限公司，该公司设计年产刺梨果酒1万吨、刺梨果醋5000吨，年需刺梨鲜果5.8万~6.4万吨。

（二）油茶

1. 人工种植

州境罗甸县历史上有过群众零星种植油茶。2009年起，州内开始有油茶项目建设。油茶人工种植区主要分布在平塘、荔波和罗甸3个县。至2014年底，3个县油茶总面积9.37万亩。其中平塘4.4万亩、荔波4万亩、罗甸0.97万亩。是年产油茶籽20吨、茶油6吨。

平塘县：2009年7月，平塘县出台《关于加快发展油茶产业的意见》。从是年起，县财政每年预算安排100万元专项基金，扶持油茶产业发展。省扶贫办安排油茶产业发展项目资金1062万元，油茶种植任务2009年3030亩、2010年10110亩。项目区土地整理、开挖定植坑和农家肥入坑腐熟、种苗采购协议等工作均如期完成，但因特大旱灾等的影响，油茶定植工作延后至2011年才完成。2011年，省扶贫办安排资金950万元、任务25721亩；2012年安排资金450万元、任务6998亩。2009—2014年，省扶贫办累计安排项目资金2462万元、任务45859亩。实际完成投资2462万元、种植油茶38013亩，再加上华龙公司和种植大户所植，全县油茶面积4.4万亩。

荔波县：2008年前原有老油茶林约5000亩，主要分布在朝阳镇瑶山乡，佳荣镇、茂兰镇亦有零星分布。2009—2010年，县利用扶贫项目资金种植油茶9331亩，分布在瑶山、水利、方村和播尧等乡镇。2011年，依托县级植被恢复费项目种植油茶2000亩，其中水尧、茂兰和瑶山3乡镇种植1550亩。2012年，依托中央财政造林补贴试点项目种植油茶5000亩（其中方村乡种植2000亩），利用县级植被恢复费项目种植油茶7376亩（其中甲良镇种植1143亩）。2009—2014年，全县完成油茶产业项目投资1179.68万元。其中中央投资120万元，省级配套资金110.72万元，扶贫资金600万元，群众投劳折资348.96万元。其间，私人投资零星种植油茶1万余亩，主要分布在佳荣、茂兰、洞塘和播尧等乡镇。

罗甸县：至2014年底，全县油茶面积为9700亩。

2. 油茶企业

州内从事油茶开发的企业有3家，分别落户在平塘县、罗甸县和福泉市。2009年6月入驻平塘县的贵州华龙科技油茶有限责任公司，从事油茶育苗、人工种植和油茶籽加工。该公司于是年9月在平塘县甘寨乡、卡罗乡租赁荒山荒地10500亩建立油茶基地，当年底垦荒3560亩，次年初种植油茶苗500亩，成活率达96%；2011年，在江西宜春购进“赣无”“长林”等系列良种进行嫁接，宜春市袁州区油茶局负责技术指导，同时聘请该地6名育苗师负责育苗工作。位于罗甸县逢亭镇祥林村的罗甸县宏都农林科技开发有限公司，是经省林业种苗站审核批准的油茶良种苗木定点生产单位，批准生产面积40亩。该公司2012年从湖南省林科院引进湘林系列良种（湘林1、27、67、78、104号）穗条100万芽，嫁接成活率达80%以上，投产面积25亩。2012年入驻福泉市马场坪工业园区的福泉市金狗生态茶油有限责任公司，从事油茶人工种植和油茶籽加工。该公司2012年在福泉市平堡种植油茶1000亩。

2014年，贵州华龙科技油茶有限责任公司基地育苗13亩120万株，投资200万元在甘寨乡甘寨村建油茶加工厂，占地面积18亩，设计日加工能力20吨。福泉市金狗生态茶油有限责任公司在龙昌镇建设茶油精炼厂，占地面积10亩，所产野生茶籽油获生产许可证书。是年，荔波、三都两县共有12家茶油加工小作坊，主要收购野生油茶籽进行加工。次年，福泉市金狗生态茶油有限责任公司在黄丝、岔河实施油茶种植项目共8500亩。

五、森林旅游

20世纪90年代，州内开始利用森林资源发展旅游业，独山、惠水、都匀、三都等县利用林地、林场兴办旅游休闲场所接待游客和会议，但规模较小。1997年设立惠水野梅岭省级森林公园，开始了以森林公园为基础的旅游项目建设。进入21世纪后，连续申报获准设立并建设省级、国家级森林公园，使森林旅游得到加快发展。“十一五”时期森林公园建设投资5459.77万元，接待游客337.58万人（次），森林旅游收入2310.5万元。2013年“十一”黄金周期间，全州森林公园接待游客24.41万人（次），收入333.23万元。2014年1—2月，全州10个森林公园春节期间接待游客14.64万人（次），公园收入108.45万元，其他经营单位收入26.75万元。

六、林下经济

州内林副产品采集加工、林下养殖长期是一种家庭副业，份额很少。进入21世纪后，利用森林资源优势，开发性的发展林下种植、养殖，以及利用森林景观发展服务业，逐渐成为具有一定规模的经济实体。

2006年后，长顺、三都、荔波等县以集体林权制度改革为契机，依托发改、林业、农业、扶贫、畜牧等项目，扶持农户发展林下经济。有政府扶持农户自办的形式，也有农户以自留山、责任山或者承包山入股，联合创办基地的形式，逐渐形成了“合作社+基地+农户”“公司+基地+农户”等发展模式。

长顺县依托石漠化综合治理项目发展山羊养殖，采取“一借双贴”（借贷、贴息、贴保）政策，农户贷款前期由政府贴息、贴保，2008年发展核桃林下种草3万亩、养鸡8万羽、养鹅5万只。是年，该县山羊存栏数达4万余只。其中交麻乡养羊户500余户，占该乡农户总数的一半以上；长易村160多户养羊3200多只。荔波县采用林权抵押方式，2009年投入30多万元，扶持水利乡水利村农民蒙正永建起林下养鸡场，饲养瑶山鸡6000余只，带动周边30多户农户从事林下养鸡。三都县也采取贷款贴息办法发展林下养殖业，2010年林下养鸡达到近百万只。其中，三都柳源鸡获国家农业部颁发的无公害肉鸡产地认定和无公害产品认证，产品远销广东、重庆等地。

2011年后，全州各县（市）基本上都采取政策扶持等措施，推进以林下经济为主体的专业合作社、林业大户发展，林企、林场也参与林下经济实体创办，有林禽、林药、林草、林菌、林茶等林下种养方式。罗甸县汇生公司在所种植的珍贵树种柚木、黄花梨林下饲养绿壳蛋鸡，产品远销北京、上海、广州等城市。龙里县巴江乡2012年160家农户林下养鸡

8万只，产绿壳鸡蛋100万枚，年产值近150万元。平塘县者密镇罗光飞大学毕业后回乡创业，从事林下饲养虫草土鸡，年存栏量3万只，带动20余户农户林下养鸡，解决就业60余人。

国务院办公厅2012年7月出台《关于加快林下经济发展的意见》后，省政府和州政府于2013年先后出台实施意见，林下经济发展成为农村重要的致富产业。2014年，州政府明确州财政每年安排100万元专项资金，用于发展林下种、养和休闲观光旅游等产业，推进农林牧资源共享，优势互补。

至2014年底，全州林下经济涉及集体林地面积176.23万亩，占全州林业用地面积的6.7%，实现产值66344万元；从事林下生产的林农达8.78万人，人均收入7556元。

第八节 森林公园设立

2010年11月，编制黔南州森林旅游“十二五”时期发展规划及森林公园建设规划。2011年1月10日，成立黔南州森林公园管理办公室，挂靠在黔南州营林总站。2013—2014年，陆续开展国家湿地公园试点工作。至2014年底，全州已设有11个森林公园（含省林业厅直管单位龙里龙架山国家森林公园），总面积56.55万亩，占全州土地总面积的1.44%；设有4个国家级湿地公园（试点），总面积13.12万亩，占全州土地总面积的0.33%。

一、国家级森林公园

全州有国家级森林公园5个。

三都尧人山国家森林公园 2001年4月23日，评审通过《瑶人山省级森林公园可行性研究报告》，27日获省批准设立瑶人山省级森林公园。随即，三都县整合森林景观资源，申报设立瑶人山国家森林公园，于11月23日获国家林业局批准，并将“瑶人山”更名为“尧人山”。2005年评审通过《尧人山国家森林公园总体规划》，10月9日获省批准执行。2006年8月31日，公园首批获得中国国家森林公园专用标志使用授权书。是年9月21日，成立三都县尧人山国家森林公园管理处，隶属于县林业局，为财政全额预算管理的正科级事业单位，编制5名。公园位于三都县城东南约12公里处，面积7.18万亩，森林覆盖率96.8%。园内山岭连绵、幽谷叠翠、峰高谷深、瀑布众多、原始森林浩瀚，有产蛋崖、跳舞草、斗鱼等自然奇观。

瓮安朱家山国家森林公园 瓮安县1995年10月19日设立塔坡森林公园，为州内第一个森林公园。2001年3月26日设立西坡省级森林公园。2004年将西坡、塔坡及朱家山自然保护区的森林景观资源进行整合，申报设立朱家山国家森林公园，于是年12月3日获国家林业局批准。公园面积初为3.99万亩，2005年11月4日获国家林业局批准扩大为7.33万亩。是年12月16日，《朱家山国家森林公园总体规划》评审通过，获省批准执行。2006年8月31日，公园首批获得中国国家森林公园专用标志使用授权书。2007年10月，公园建成高尔夫练习场并投入运营。2009年8月，映山红景区经省评定为国家AA级旅游景区。2010年12月31日，朱家山自然保护站更名为朱家山国家森林公园管理办公室，加挂朱家山国有林场牌子，隶属县林业局，为财政全额预算管理的副科级事业单位，编制32名。2013年8月设立朱家山国家森林公园管理处，为财政全额拨款副县级事业单位，编制28名。公园位于瓮安县境内，由朱家山、映山红、塔坡、西坡、江界河5个景区组成，森林覆盖率92.1%。园区常绿阔叶林密布，溶洞群落类型多样，还拥有乌江峡谷风光和江界河桁式组合大桥等景观。2013年、2014年分别被州政府列入全州20个旅游景区进行重点建设。

独山紫林山国家森林公园　独山县2003年3月29日设立深沟、翠泉2个省级森林公园，面积分别为2.64万亩和1.5万亩。2004年5月，将翠泉、深沟及紫林山的森林景观资源进行整合，申报设立紫林山国家森林公园。10月25日，中国森林风景资源评价委员会专家组到独山县进行实地考察。12月3日获国家林业局批准设立。2005年10月编制《紫林山国家森林公园总体规划》。8月16日，翠泉会议接待中心建成投入使用。是年，翠泉景区被省列为全省3个省级森林休闲度假示范区之一。2009年6月，翠泉会议接待中心被授予"三星级酒店"标志。12月26日，翠泉景区被省评定为国家AAA级旅游景区。2011年6月重新编制的《紫林山国家森林公园总体规划（修编）》评审通过，获省批准执行。2013年5月11日，设立独山紫林山国家森林公园管理委员会，加挂独山紫林山文化旅游创新试验区牌子，为独山县委、县政府派出副县级机构，行政编制9名、事业编制25名。紫林山国家森林公园2013年、2014年被省政府列入全省100个景区进行重点建设。公园位于独山县境内，由翠泉、五龙山和紫林山3个景区组成，总面积5.29万亩，森林覆盖率92.57%。园内苍松翠柏，林涛雄浑。翠泉景区建有观光步道、水上乐园、度假别墅、回眸曲廊、碧泉广场、林中茶座、美食餐厅、乡间烧烤、休闲木屋等配套设施。会议接待中心的主体建筑是三星级翠泉宾馆，坐落于万绿丛中。

都匀青云湖国家森林公园　2000年12月13日，《青云湖省级森林公园总体规划》评审通过，2001年1月20日获省批准设立。2005年，整合公园及周边森林景观资源，申报设立青云湖国家森林公园，于是年12月23日获国家林业局批准。2006年11月28日，《青云湖国家级森林公园总体规划》评审通过，2007年3月28日获省批准执行。2009年12月17日，国家林业局森林公园管理办公室带领河北、山东、湖南、内蒙古等省区林业厅（局）森林公园主管处（室）负责人组成的检查组督查公园建设情况。公园位于都匀市近郊，由青云湖、石门湖、螺丝壳3个景区组成，总面积4.47万亩，森林覆盖率90.7%。园区天然次生林面积大，人工林林相整齐，被视为集森林景观、地貌景观、水体景观为一体的城市后花园。

龙里龙架山国家森林公园　2006年12月设立，属于省林业厅直管。公园位于龙里县城郊，距县城1.5公里，总面积9.12万亩，森林覆盖率91%。园区依山傍水、环境优美，有清澈见底的打草河从森林中穿过。建有水上乐园、滑草场、野战场、儿童乐园、珍稀植物园、观光温室、观光果园和生态文化教育基地等。公园引种培育珙桐、红豆杉等国家一级保护植物35种，桫椤、鹅掌楸等国家二级保护植物71种，贵州省保护植物和特有树种54种。设有贵州高原濒危植物繁育中心、贵州省中亚热带珍稀植物园、贵州省青少年科普教育基地。2014年，州政府将其列入重点建设的20个旅游景区之一。

二、国家级湿地公园

全州有国家级湿地公园4个。

罗甸蒙江国家湿地公园　2013年底获国家林业局批准开展国家湿地公园试点工作。位于罗甸县龙滩库区湿地范围内，是珠江上游重要的水产种质资源地之一。园区总面积7226.11平方公里，涉及9个乡镇和国有林场，湿地总面积3469平方公里。龙滩水电站大坝蓄水后水面形成众多的半岛及岛屿景观。园区的亚热带河谷季雨林气候，独特的库湾、库汊、消落区等生境，为野生动植物提供了良好的生存环境，已知国家保护珍稀植物有掌叶木、贵州金花茶等10余种，国家保护野生动物Ⅰ级2种（蟒、林麝）、Ⅱ级26种（大鲵、猕猴、红腹锦鸡等）。斑鳠、倒刺鲃、白甲鱼、鳗鲡等25种水生动物列入国家重点保护经济水生动植物资源名录。

都匀清水江国家湿地公园　于2014年底获国家林业局批准开展国家湿地公园试点工作，规划总面积1.14万亩，湿地面积0.66万亩。公园位于都匀市东部湿地，流经桃花水库至营盘电站的清水江主河道贯串其间，是由河流、库塘、水田、森林等组成的复合湿地生态系统。生物多样性丰富，其中有鸳鸯、莺、松雀鹰、红腹锦鸡等国家Ⅱ级重点保护动物17种。园区景观丰富，河道宽阔平坦，并有水族婚俗、布依族扫寨、古歌、祭祖、花灯三人转、绕家“呃蹦”等地方民族文化风情。

荔波黄江河国家湿地公园　于2014年底获国家林业局批准开展国家湿地公园试点工作，规划面积0.58万亩。位于荔波县甲良镇，园区以黄江河水系为中心，沿河东北至甲良镇与独山县交界处，西南至黄江河与方村河交汇处，其一级支流懂奎河与漂洞河河段分别抵达三层洞和漂洞。园区内有河流湿地、森林湿地、岩溶喀斯特湿地、农田湿地等多种类型，生物资源丰富，亚热带河谷风光旖旎，地下暗河和岩溶涌泉独具特色。

贵定摆龙河国家湿地公园　于2014年底获国家林业局批准开展国家湿地公园试点工作，规划总面积0.57万亩，湿地面积约为0.37万亩。位于贵定县沿山镇摆龙河流域，由东至西呈带状展布，主要包括摆龙河、凉水井水库及周边一定区域，是贵定县第一大河独木河的重要干流，属乌江水系。公园是以摆龙河湿地为主体，凉水井水库湿地为补充的湿地生态系统，具有水质优良、水量丰沛的自然水生态环境。

三、省级森林公园

全州有省级森林公园5个。

惠水野梅岭森林公园　1996年11月，编制完成《野梅岭森林公园旅游资源评价及总体规划》。12月20日申报设立野梅岭省级森林公园，于1997年5月获省批准，为州内首个省级森林公园。公园位于惠水县距县城6公里的和平镇，总面积0.98万亩，森林覆盖率82.4%。园区内有600亩野生腊梅林，集中分布在河谷地带，清澈的涟江从林中蜿蜒流过。

2001年，公园被团省委定为“贵州省青少年科学夏令营活动基地”，签订为期5年的合作协议。2003年6月2日编报《野梅岭森林公园总体规划》，7月15日获省批准执行。是年，投资修筑的林区公路贯穿园区。

罗甸翠滩森林公园 2006年7月21日，《翠滩省级森林公园可行性研究报告》评审通过，8月9日获省批准设立。11月28日，《翠滩省级森林公园总体规划》评审通过，2007年2月9日获省批准执行。管理单位为贵州翠滩森林公园管理办公室，隶属罗甸县林业局，为财政全额预算管理股级事业单位，人员编制8名。公园位于罗甸县境内，由大小井、板庚滩和天鹅关等景区组成，总面积2.6万亩。公园内洞穴较多，被誉为“东方洞穴博物馆”。

福泉云雾山森林公园 2006年7月21日，《云雾山省级森林公园可行性研究报告》评审通过，9月6日获省批准设立。公园位于福泉市西部，由岔河、蛤蚌河、云雾山、十万千、王卡5个景区组成，总面积10.22万亩，森林覆盖率90.05%。园区有古树修竹、奇峰怪石、飞瀑流泉、幽洞深潭等自然景观。蛤蚌河自然风景区为森林覆盖的喀斯特峡谷奇山丽水风光，建有沿河观光步道，开发有漂流项目。

荔波兰鼎山森林公园 2010年10月，《兰鼎山省级森林公园可行性研究报告》评审通过，12月28日获省批准设立。2012年8月，《兰鼎山省级森林公园总体规划》评审通过，2013年5月7日获省批准执行。公园位于荔波县境内，距县城5公里，面积5.25万亩，森林覆盖率95%。园区为喀斯特森林景观。

贵定甘溪森林公园 2011年12月16日，贵定县设立甘溪省级森林公园，总体规划于2012年8月评审通过，12月28日获省批准执行。公园位于贵定县城郊，距县城约2公里，总面积3.42万亩，森林资源丰富，景观类型多样，有贵新高速和210国道穿越其间。2014年9月，被国家林业局、教育部、共青团中央授予“国家生态文明教育基地”称号。是年10月，贵定县将甘溪、独木河2个景区资源进行整合，申报设立甘溪国家森林公园，总面积4.02万亩，于次年1月9日获国家林业局批准。

四、县级森林公园

州内有县级森林公园1个，即平塘养鹤山森林公园。

2011年6月27日，州批准设立养鹤山县级森林公园。公园位于平塘县境内，距县城8公里，由绿草滩、白龙2个景区组成，经营面积1107亩。园内为森林、草滩、山谷与河溪环境。

第二章　水　利

州境水资源相对丰富，水利建设和发展条件较好，1991年已经拥有众多小型水利水电设施。但因投资不足，开发滞后，以小型单工程为主的水资源利用系统，其效益发挥受到明显局限。1994 年后，州委、州政府作出了具有战略意义的水利方针调整，推动“小型为主、配套改造”向“依靠全社会力量大办水利”转变。在建设方面，以国家西部大开发战略为契机，争取实施了一批中型水利骨干工程，从 2004 年开始大型水电水库建设，逐渐形成以流域为单元的系统开发。并抓住机遇实施财政扶贫、人畜饮水、水土保持、烟水配套等项目，使水利设施具备了农田灌溉、生活和工业供水、发电、防洪和多种经营的功能。在管理利用方面，组建了一些大中型灌区，统一调度水源工程供水，一些区域性的工程型缺水问题得到基本解决。到 2014 年，全境已有大、中型水库 10 座，小型水库 290 座，加上引水、提水设施的配套，水利社会效益、经济效益正在大幅度彰显。

第一节　水利工程

黔南州境内 20 世纪 90 年代的水利工程建设，主要以工程除险、整修为重点。1994 年，州委提出依靠全社会力量大办水利后，加大了适时申报新建工程项目的力度，陆续建设了一批中型水库等骨干水源工程。2004 年开工建设黄花寨、双河口两个大⑵型电站水库，为州境有大型水库之始。2006 年后实施中央财政小型农田水利专项工程建设等项目，人畜饮水、财政扶贫、烟水配套等民生小水利项目增加，形成了大、中、小、微相结合的工程建设格局。到 2014 年，全州共有规模以上水库 301 座，总库容 8.03 亿立方米；有塘坝 2817 处，总容积 2824 万立方米；有水窖、水池 74914 处；有泵站 1517 座。耕地有效灌溉面积 252 万亩，园林草地灌溉面积达到 3 万亩。

一、蓄水工程

（一）大⑵型水库

2004 年 3 月，开工建设大⑵型黄花寨水电站水库，2007 年 1 月竣工，为州内有大⑵型水库之始。该库位于长顺县墩操乡境蒙江干流格凸河下游，大坝为砼砌石拱坝，坝高 110 米，坝顶长 210 米，坝址以上河流多年多年平均流量为 31 立方米每秒。黄花寨水电站是格凸河干流的第三个梯级电站，装机容量 6 万千瓦。

2004 年 5 月，开工建设大⑵型双河口水电站水库，2008 年 7 月竣工。该库位于罗甸县交砚乡境涟江与格凸河交汇处，大坝为砼面板堆石坝，坝高 99.5 米，坝顶长 372 米，双河口水电站是蒙江流域第五级电站，装机容量 12 万千瓦。

（二）中型水库

州内于 20 世纪 60 年代建成中型水库 1 座，为都匀绿茵湖水库，主要功能是防洪和供水。为土质大坝，坝高 47.5 米。

1978 年始建猛坑水库，1998 年建成，具有发电、灌溉、供水、防洪功能。该库位于长顺县新寨乡境摆所河上游干流上，又名杜鹃湖。为浆砌石拱坝，坝高 46 米，坝顶弧长

121.7米。灌溉农田1.6万亩。

1990年始建芒勇水库，1995年建成，为灌溉工程。该库位于三都县恒丰乡芒勇村境芒勇河上，为浆砌石拱坝，最大坝高32米，坝顶弧长169.5米。有干渠1条长39千米，渠系总长131千米，设计灌溉面积4.47万亩，有效灌溉面积3.6万亩。

1994年12月，开工建设茶园水库，2002年建成，总投资6690万元，于2003年4月蓄水试运行，具有防洪、供水功能。该库位于都匀市陆家寨境马尾河的支流谷江河段，为双曲拱坝，坝高47.5米，坝顶长242.8米。

2008年12月，开工建设高车水库，为贵州省“滋黔”一期工程重点项目，具有供水兼顾灌溉功能，设计日供水9.42万吨、灌溉面积1.41万亩，批复总投资32147.47万元，2011年建成，2012年3月底下闸蓄水。该库位于福泉市围阻河上游岔河乡境，为细石砼砌毛石双曲拱坝，最大坝高41.7米，坝顶长152.5米，坝顶宽4米。2013年4月起，向福泉电厂和福泉市供排水公司供水。

2010年6月，动工建设谭尧水库，2011年5月建成投入使用，总投资13728.5万元。该库枢纽工程位于独山县上司镇交摆村六硐河的一级支流上，地处独山县上司镇交摆村。为面板堆石坝，坝高37.9米，坝项长170.6米。灌溉上司、打羊、下司、麻尾等8乡镇的4.58万亩耕地，并提供人畜饮水。

2010年12月，开工建设冷水沟水库，概算总投资26006.9万元，2014年基本完工，是以防洪为主，兼顾灌溉、供水的综合利用型水库。该库位于三都县合江镇都柳江上游与独山县交界的江寨河，为砌石重力坝，坝高44.5米，坝项长175米。灌溉农田2.58万亩。

2012年10月，动工建设平省水库，为贵州省“三位一体”（防洪、供水、灌溉）骨干水源工程之一，2014年建成，总投资23128万元。该库大坝枢纽及水库位于都匀市河阳乡荣堡村的桐水河，为面板堆石坝，坝高62米，灌溉面积2.97万亩。

2012年，动工建设杜仲河水库，为贵州省“滋黔”二期工程之一，工程总投资2.63亿元，至2014年底，工程建设形象进度完成91%。该库位于瓮安县银盏乡境内的岩坑河上，功能是向县城供水，兼15672亩农田灌溉。

2014年4月，动工建设窄冲水库。该库位于龙里县草原乡朵花村境朵花河上游。

至2014年底，全州已建成中型水库8座，基本建成1座，动工1座。已有的9座中型水库（含基本建成）。

（三）小型水库

至2014年底，州境内已建成小⑴型水库76座，小⑵型水座214座，小型水库总库容28397.17万立方米。库容在500万立方米以上的小⑴型水库有：水头水库（惠水县境），集水面积13.3平方千米，总库容973.5万立方米，灌溉面积1.66万亩；浪祥水库（荔波县境），为电站水库，总库容889万立方米；边阳水库（罗甸县境），集水面积24平方千米，总库容650万立方米，灌溉面积1.52万亩；马岩水库（福泉市境），集水面积12平方千米，总库容570万立方米，灌溉面积1.25万亩；陡河水库（福泉市境），集水面积10平方千米，总库容547万立方米，灌溉面积1.25万亩；车地水库（瓮安县境），集水面积18.8平方千米，总库容546万立方米，灌溉面积1.55万亩；中火水库（瓮安县境），集水面积11平方千米，总库容527万立方米，灌溉面积1.2万亩；下翁溪水库（福泉市境），集水面积16.7平方千米，总库容508万立方米，灌溉面积1.2万亩。

另外，在建之中的摆图水库（平塘县境），设计总库容849万立方米；打渔河水库（独山县境），设计总库容840万立方米。

（四）“三小”水利工程

“三小”水利工程是指集蓄雨水解决灌溉和人畜饮水的小水池、小水窖、小山塘，为小微型水利设施。以实施以冬修水利项目、以工代赈项目、农村人畜饮水“渴望”“解困”工程、财政扶贫项目、烟水配套工程等形式进行建设。单个小水池的规格有30立方米、60立方米、90立方米、120立方米等。至2014年，全州已建成小水池（窖）7.49万口，小山塘0.29万口，“三小”工程总容积达到342.9万立方米。

2014年全州规模以上水库名录

表12-2-1

县（市）	水库名称
都匀市	**中　型：**绿茵湖水库、茶园水库、平省水库 小（1）型：高寨水库、早楼水库、翁谷水库、石门坎水库、马洞水库、乌塘水库、明英水库、高街水库、团鱼浪水库 **小（2）型：**洛邦水库、大冲山水库、四岔路水库、白土地水库、海马滩水库、烂塘水库、陈家坝水库、董尧水库、黄山水库、平山水库、杉木寨水库、长冲水库、青云水库、姊妹井水库、蚂蝗冲水库、马寨水库、营盘水库、杨柳河水库
独山县	**中　型：**谭尧水库 **小（1）型：**黎家寨水库、大河水库、狮山水库、铁坑水库、甲马水库、拉腊水库、大黑寨水库、龙塘水库 **小（2）型：**哈荣水库、下芒水库、摆罗水库、新台水库、巴怀水库、西牛井水库、湾河水库、基高水库、新桥水库、地坝水库、老虎岩水库、丰来水库、陆家寨水库、上洞水库、120步水库、拉里水库、牟尼河水库
平塘县	**小（1）型：**卡蒲水库、黑沟水库、克度电站水库 **小（2）型：**松查水库、塘官水库、和平水库、拉古水库、阴沟水库、小寨水库、大烂田水库、让啥水库、打角冲水库、大冲水库、里中水库、甲具水库、军民水库、大湾林水库、摆茹水库、董老水库、干腮水库、红旗水库、水落洞水库、麻浪水库、罗翁水库
福泉市	中型：高车水库 **小（1）型：**陡河水库、虾子水库、马岩水库、苦李井水库、下翁溪水库、黑塘桥水库 **小（2）型：**硐口水库、鸡冠石水库、龙洞槽水库、绿阴滩水库、三岔塘水库、翁羊水库、巷口水库

续表 12－2－1

县（市）	水库名称
贵定县	**小（1）型：**云雾湖水库、合作水库、枧山水库、四寨水库 **小（2）型：**柴房冲水库、界牌水库、流水冲水库、柏秧冲水库、新巴小冲水库、梅冲水库、洗菜塘水库、凉水井水库、甲二水库、老寡冲水库、猫洞水库、犀牛磨角水库、滴水冲水库、凌武水库、苗冲水库、冷水冲水库、水淹冲水库、打锡水库
惠水县	**小（1）型：**水头水库、翁闹水库、鱼梁水库、水打桥水库 **小（2）型：**翁高水库、马鞍山水库、柏栗水库、花冲水库、长满水库、翁渣水库、双龙井水库、野鹿冲水库、三八水库、蛇场水库、母猪笼水库、上亚水库、高寨水库、虎狼水库、同谷水库、滴水岩水库、甲价水库、摆亚水库、马槽塘电站水库、黄花塘电站水库、水源电站水库、团坡电站水库、青山河电站水库
荔波县	**小（1）型：**洪江水库、威刀水库、浪祥水库、把查水库、大七孔水库 **小（2）型：**水江水库、芭芒水库、内阁水库、向阳水库、立新水库、朋宾水库、鲁劳水库、夜寨水库、坡恒水库、懂更水库、巴怀水库、甲介水库、水庆水库、水维水库、卧龙坝水库、东升水库、犀牛潭水库、董榕水库、伍家河水库、蒙寨水库
三都县	**中　型：**芒勇水库、冷水沟水库 **小（1）型：**猪槽滩水库、板奇水库、比寨水库、梅玄水库、白梓桥水电站水库、官塘水电站水库 **小（2）型：**小水叶水库、浪风水库、永立水库、拉近水库、登交水库、夭芒水库、夭扁水库、塘勇水库、梅山水库、弄秧水库、采留水库、务劳水库、高洪水库、石龙过江水库、板马水库
瓮安县	**中　型：**杜仲河水库 **小（1）型：**中火水库、车地水库、九洞水库、落马塘水库、果水水库、三支岩水库、梅花堰水库、耗子堰水库、水淹塘水库、老厂水库、下司水库、朵云水库、龙坪水库、大溏河水库、堰岩水库、天邦水库 **小（2）型：**青池水库、三佰佬水库、牛坡水库、白水水库、松坪水库、格颈水库、周家塘水库、东王庙水库、王家磨水库、毛家湾水库、岗家槽水库、下角溪水库、干溪水水库、水冲河水库、芦塘水库、老猫水水库、力思沟水库、龙滩水库、石门坎水库、石笋水库、简家塘水库、鸭宝田水库、新庄水库、蛇场坳水库、白洋湾水库、白茨湾水库、红岩水库
龙里县	**小（1）型：**石板滩水库、花马冲水库、五子登科水库 **小（2）型：**暗山水库、羊鸡冲水库、摆绒水库、插耳岩水库、谷港水库、摆兰水库、白岩冲水库、小冲水库、茨秋冲水库、落锅水库、烂坝水库、石龙沟水库、羊昌水库
长顺县	**大（2）型：**黄花寨电站水库 **中　型：**猛坑水库 **小（1）型：**七一水库、石燕河水库、东风水库、黄家寨水库、花芽水库、石板田水库、天生桥水库、团结水库、拉杆水库、河边电站水库 **小（2）型：**蚂蚁冲水库、花寨水库、白蜡涵水库、堰塘水库、应青水库、东昌水库、白水河水库、麻线河水库、上摆纪水库、大冗卓水库、冗介水库、冷冲水库、龙滩水库、摆鸡哨水库、三角冲水库、摆烧水库、烂田冲水库、打鱼桥水库、上坝水库、扁担寨水库、长山水库、白鹤水库、龙井水库、烂坝水库、杨生水库、凤凰坝水库

续表 12-2-1

县（市）	水库名称
罗甸县	**大（2）型：**双河口电站水库 **小（1）型：**边阳水库、高圩水库 **小（2）型：**洛秧水库、床井水库、大乐亭水库、洞甲水库、红屯水库、中暮水库、老猫坡水库、坝王河水电站水库、柏林电站水库

2014 年全州塘坝、水窖、水池数量及总容积统计表

表 12-2-2　　容积单位：万立方米

政区名称	塘坝		水窖、水池	
	处数（个）	总容积（万立方米）	处数（个）	集中式总容积（万立方米）
黔南州	2817	2823.9	74914	342.9
都匀市	292	176.32	5644	33.88
福泉市	235	129.47	4334	17.24
荔波县	275	159.33	1177	6.97
贵定县	158	189.82	1195	5.68
瓮安县	380	1015.72	9688	61.39
独山县	290	230.22	5678	17.96
平塘县	351	261.9	16519	80.18
罗甸县	34	36.95	18953	68.83
长顺县	132	172.45	5748	23.88
龙里县	308	205.86	1979	7.32
惠水县	139	149.64	2451	14.86
三都县	223	96.22	1548	4.71

二、引水灌溉工程

2005 年，全州已建有引水灌溉工程 2572 处。至 2014 年底，州境内已有塘坝工程 2817 处。部分引水灌溉工程简介如下：

三孔桥引水工程　位于三都县境，1997 年新建。工程于 1998 年完工，建成高浆砌石重力式溢流坝 1 座，干渠 1 条 7.3 公里，支渠 3 条，渠系建筑物 4 座。

水冲引水工程　位于平塘县白龙乡境。2000 年 12 月动工建设。工程于 2005 年 11 月底竣工，总投资 165 万元，建成长砼拦水坝 1 座，开挖隧洞 1 座，安装倒虹管 3 座，建成主干渠 5.73 公里，新增灌溉面积 3010 亩。

龙兴引水工程　位于平塘县平湖镇境。2005 年 11 月动工建设。工程于 2006 年 11 月完工，完成 2.5 公里渠道浇筑及渠系隧洞拱砌，倒虹管、上水管安装，新增灌溉面积 2000 亩。

罗甸县沟亭乡灌溉渠道工程　2009 年实施，工程属中央财政小型农田水利专项工程建

设项目，是年10月完工，总投资191.64万元，新建拦水坝5座、引水渠8条共7.18公里，新增灌溉面积1300亩。

罗甸县上隆—逢亭灌区渠系配套工程　2009年10月建设，工程属中央财政新增农资综合补贴项目，于12月完工，总投资362.62万元，新建斗渠20条长15.59公里、渡槽1座45米。改善灌面3220亩、新增灌面1280亩。

新安引水工程　位于龙里县三元镇新安村，为2009年度中央财政新增农资综合补贴项目。工程于2010年10月开工，2011年4月完工，总投资405.04万元，共完成干渠12.2公里，支渠5.9公里，田间渠4.8公里，装机22千瓦提水站1座，100立方米调节池1口，灌溉效益3000亩。

共和村引水工程　位于都匀市石龙乡境。2010年10月动工整修。于2011年5月底完工，完成投资350万元，建成干渠7.65公里，支渠14公里，恢复、改善灌溉面积2585亩。

尧花引水工程　位于荔波县播尧乡南部。2011年2月开工新建。工程于是年9月完工，总投资180万元，建成水源大坝维修1座，新建引水干渠3.42公里、支渠5.79公里，倒虹管1136米，有效灌溉面积2300亩。

五星村引水工程　位于都匀市大坪镇五星村。2012年10月动工新建。工程用于解决该村塘梗和拐龙636亩农田灌溉问题，于是年12月完工，完成总投资70万元，建成引水灌溉渠道2条总长3.73公里。

梅桃引水工程　位于荔波县方村乡境。2012年10月动工整修。于2013年2月主体工程完工，改造拦水坝1座；新建灌溉渠道4.16公里、隧洞1座。

三、提灌工程

至2014年底，州境内已建有不同规模泵站1517座，其中小⑵型以上泵站127座。部分工程简介如下。

卡罗电灌群工程　位于平塘县卡罗乡。1992年建成大冲、翁排、翁哈、长冲、麦拥站、拉力站、营盘站、南山、桃子冲、让啥、唐家寨、龙尾巴12处提灌站。装机泵共178.5千瓦，灌面1846亩。

翁岗电灌群工程　位于平塘县通州镇境。工程于1992年8月完工。建成书房、龙滩、翁梭、大桥、大坪子5处电力提灌站，装机泵共71千瓦，架设输电线路5.3公里，安装变压器3台，建配套渠道4条共4.5公里，灌面620亩。

甲流提灌站　位于三都县廷牌镇化贤村，从芒勇水库取水，属芒勇水库蓄水工程项目。1999年建成。建有泵房41平方米；安装水泵1台，水泵扬程70米；安装电动机1台、变压器1台；渠道5.3公里。提灌站设计灌溉面积2260亩。自2003年后甲流提灌站一直处于瘫痪状态，2011年列入中央财政小型农田水利建设项目（C1标段），至次年底完成整修。

塘州中化安塘片区提灌、中和拦水坝及泵站　是三都县2011年中央财政小型农田水利重点县建设项目C4标段。位于拉旦河上游炼炉河中和桥上游约50米处。建有3米高拦河坝建1座，泵房65.5平方米；安装水泵2台（套），水泵扬程228米；安装电动机2台（套）、变压器1台（套），架设500米配电线路；建30立方米半地面式高位水池1座在塘州乡中化村上告新寨背后坡顶。2012年底建成，设计灌溉面积1200亩。

茂兰拉岩村提灌站　地属荔波县茂兰镇拉岩村，工程水源为地下溶洞水。于2002年3月动工，6月完工，规模为小(2)型。建提水站1座19平方米；安装潜水泵2台，装机容量分别为18.5千瓦和11千瓦；架设输电线路1.1公里，安装变压器1台；建高位水池10立方米1口，缓冲池4口共8立方米。有渠道2条共1319米，受益面积515亩。

播尧乡拉平村拉寨提灌站工程　位于荔波县播尧乡，属2011年省级冬修水利扶贫项目。水源为方村河。2012年2月开工，5月完工。新建提水泵房9平方米；安装潜水泵1套，灌溉农田400亩。

伍寨水泵站　都匀市2011年中央财政小型农田水利重点县建设项目新建伍寨1号、2号泵站，两座泵站位于都匀市王司镇伍寨村，工程于2011年11月21日开工，2012年10月底完工。其中：伍寨1号泵站装机容量90千瓦/3台，扬程130米，灌溉面积1885亩；伍寨2号泵站装机容量75千瓦/2台，扬程85米，灌溉面积565亩。工程投资98.99万元。

2014年全州不同规模泵站一览表

表12－2－3　　单位：座

政区名	总座数	规模以上（装机流量≥1立方米每秒或装机功率≥50千瓦）			规模以下
		中型	小（1）型	小（2）型	
黔南州	1517	2	62	63	1390
都匀市	164	0	4	11	149
福泉市	45	1	7	10	27
荔波县	83	0	2	3	78
贵定县	69	0	8	2	59
瓮安县	195	0	14	9	172
独山县	370	1	2	6	361
平塘县	94	0	1	1	92
罗甸县	55	0	2	4	49
长顺县	114	0	4	5	105
龙里县	73	0	6	2	65
惠水县	193	0	10	8	175
三都县	62	0	2	2	58

四、河道治理工程

20世纪90年代至21世纪初，州内除水库建设发挥防洪作用之外，河道治理是主要内容。先后对三都、荔波、平塘、瓮安、惠水、都匀等城区河流进行规划治理。1993年5月，贵定县完成西门河防洪堤坝建设工程，总投资1300余万元。1999年起，三都县建设县城防洪堤，总投资1800万元，修建防洪堤7公里。2004年9月，荔波县实施县城防洪工程，次年4月竣工，在樟江大桥—官塘段修筑了防洪堤及排水设施。都匀市重点治理剑江河，修建岸河堤20.9公里，同时实施凯口河、墨冲河、良亩河、杨柳街河、新平河等8条农村河流治理。

按照水利部的要求，州水利局于2008年开展中小河流治理规划，规划治理项目112个。经省水利厅审核，有12个项目列入2009—2011年试点项目。平塘县城区防洪堤工程于2007年竣工，于2009年8月启动山洪灾害防治试点工程建设。惠水县涟江，瓮安县瓮安河，福泉市西门河、岔河等河道治理工程也得到实施。

2009年底，中央启动了中小河流治理项目，连续三年下达黔南州治理项目共9个。是年实施项目3个，分别为惠水县涟江河和平镇段河道、瓮安县瓮安河龙坑段河道、长顺县威远河大地段河道。项目于2010年6月完工，共建成防洪堤4.5公里，完成投资2579万元。2010年下达实施项目4个，并预下达次年项目2个。2010年10月，组织中小河流治理新增项目及原规划的修编，上报项目150个，经省水利设计院审核后的项目为93个。其中进入国家2009—2015年治理规划项目88个。

2012年4月，开工建设16个中小河流治理项目。年底，三都县城乡建成防洪堤51.48公里。2013年，实施都匀市剑江河上游陆家寨至进达油库段4.5千米和下游剑化至川弓小围寨段2公里河道治理，项目投资6000万元。

至2014年，已下达的中小河流治理项目全部完成，通过修建河堤，疏通河道，整治河滩等工程建设，全州治理中小河流16条。较大的治理工程有：

三都县城区防洪工程 工程于2001年10月动工建设。一期为县水利局至大桥段，二期为巫烂沟段，三期为龙嘴角大桥至民中段。打鱼乡防洪堤工程于2007年11月动工，2008年7月竣工，完成总投资331万元，建设打鱼大桥下游河段两岸防洪堤共537米，岩捞村防洪堤342米。2011年8月动工建设三合镇麻光段河道防洪工程，工程到位资金839万元，2012年8月基本完工，新建堤防2.2公里，河道清淤1.66公里。

惠水县涟江翁吟河河道治理工程 惠水县涟江河翁吟河段河道治理工程，是全国重点地区中小河流域治理试点项目之一，位于惠水县城。招标后于2011年10月实施，综合治理河道长4.792公里，河道清淤2.26公里，新建堤防7.646公里，完成投资2770万元。

长顺县威远河治理工程 位于长顺县城城南新区，治理河道共计3314米。工程于2010年3月28日开工建设，2011年9月竣工，工程总投资2084.02万元。

六硐河石龙过江河道疏浚工程 位于平塘县六硐河六硐坝区河段下游石龙过江河道处。工程于2010年11月5日开工，次年11月完工，总投资1218万元，治理河道1.3公里，清淤河道1.3公里。

剑江河沙包堡镇河道治理工程 位于都匀市沙包堡镇姬家院。于2010年11月10日开工，2011年12月26日完工。完成河道综合治理2.372公里，新建堤防护岸3.501公里，河道清淤2.372公里。完成投资1952万元。

荔波县樟江河道治理工程 位于樟江中下游的荔波县城段。治理河道1.69公里，新建堤防护岸2.19公里，河道清淤1.69公里。工程总投资为1506万元，其中：中央及省级补

助专项资金1350万元，州级配套资金116万元，县级自筹资金40万元。工程于2011年3月开工，2011年12月竣工。

凯口防洪工程　位于都匀市凯口镇。工程于2011年5月9日开工，2012年3月16日完工，完成河道治理1.76公里，新建堤防护岸3.45公里，河道清淤1.76公里。工程完成投资713万元。

京舟河河道治理工程　京舟河是平塘县六硐河的支流，2011年6月21日开工，实施京舟河京舟坝区河段中下游富民桥至宋岗寨渠道工程，工程于2012年4月完工，新建防洪堤1000米，河道清淤1400米。

麻线河治理工程　位于长顺县广顺镇境内麻线河广顺镇。工程等别为5等，相应主要建筑物级别为5级。工程于2011年6月26日开工建设，2012年年底主体工程基本完工，工程总投资896万元。

贵定县独木河洛桑至盘江河段治理　工程总投资2500万元，其中：中央专项补助资金2000万元。工程招标后2011年于8月26日开工，2012年7月30日主体工程完工。新建防洪堤6.03公里，河道清淤5.34公里。

鱼梁江后河河道治理工程　工程位于福泉市城厢镇西北面，后河（西门河）福泉市区段。工程于2011年9月1日开工，2012年11月30日主体工程完工。新建防洪堤4.01公里，河道清淤2.6公里。

贵定县西门河磨子岩至菜篮桥河段治理工程　工程总投资2070万元，其中：中央专项补助资金1656万元。2012年11月30日开工建设，2013年8月，主体工程完工。新建防洪堤8.14公里，河道清淤5.03公里。

龙里县城区河道治理一期工程　列为Ⅳ等工程。河道治理3.1公里，修筑公路桥4座、人行桥3座、翻板坝4座。工程总投资4736万元。

第二节　人畜饮水工程

1991—1995年，全州建设人畜饮水工程181处，解决17.73万人饮水困难，总投资1329万元。“九五”期，国家开始对农村饮水进行统一规划，安排专项资金实施农村饮水“渴望工程”“解困工程”。1997—2000年，中央、地方和群众共投入资金9778万元，建成农村饮水工程344处，解决36.08万人饮水困难。“十五”期间，中央、地方财政和群众共投入资金16988万元，实施二期“渴望工程”和一、二期“解困工程”，共建成农村饮水工程1620处，解决77.09万人的饮水困难。至此全州“渴望”和“解困”工程累计解决192.03万农村人口饮水困难，占农村人口的50%以上。

2004年，中央共下达农村饮水资金3363.89万元，共解决人饮困难14.13万人。2005年，国家将农村饮水问题上升到饮水安全高度，提高了中央补助标准，开始实施饮水安全工程。是年，开展全州饮水安全现状调查，经国家复核、评估，核定黔南州境内饮水不安全人口为155.28万人。“十一五”期间，中央、省下达黔南州22个批次饮水安全项目实施计划，总投资6.32亿元，其中：中央专项资金4.06亿元，省级财政资金1.29亿元，州、县财政配套及受益群众自筹资金0.97亿元。到2010年底，全州累计解决了267.24万人的基本饮水困难问题和136.34万人的饮水安全问题。是年，农村饮水安全工程累计投资22916万元，完成工程672处，解决43.36万农村人口和3.8万农村学校师生的饮水安全问题。安装管道751.2公里，建水池水窖6.2万立方米/1791口。

2011年启动实施了农村饮水安全工程“十二五”规划，是年完成中央、省下达3个批次378处工程，总投资1.49亿元，共解决27.81万农村人口和3万农村学校师生的饮水安全问题。2012年，完成中央、省下达4个批次379处工程，总投资1.46亿元，共解决25.97万农村人口和4.15万农村学校师生饮水安全问题。是年，都匀市被评为“全国农村饮水安全工程示范县”，受到国家发改委、水利部表彰奖励（该示范县从2008年10月确定开始建设）。2013年，完成中央、省下达2个批次562处工程，总投资2.04亿元，共解决34.6万农村人口和6万名学校师生的饮水安全问题。2014年，编制实施“黔南州小康水（饮水安全）三大会战（打井）工作推进方案”，计划在2014—2017年实施280口机井。全年共实施饮水安全工程534处，投入1.98亿元，共解决38.82万农村人口和2.83万名学校师生的饮水安全问题。超额完成“小康水”行动计划，解决农村饮水安全41.65万人。至此，黔南州在1991—2014年期间，共修建人畜饮水工程4450处。

1991—2014年全州农村饮水工程情况一览表

表12-2-4

实施时段	工程名称	解决人口（万人）	工程数（处）	其中				总投资（万元）
				集中供水		分散供水		
				处	万人	处	万人	
1991—1995		17.73	181	181	17.73			1329
1997—1999	一期渴望	36.08	344	300	29.49	44	6.59	9778.68
2000—2002	一期解困	16.94	265	218	13.88	47	3.06	4621.06
2003—2004	二期渴望	36.83	790	686	33.3	104	3.53	6413.89
2001—2004	二期解困	23.32	569	483	20.69	86	2.63	5809.16
2005—2010	饮水安全	136.34	1477	1442	135.09	35	1.25	63168
2011—2014	饮水安全	143.2	1853	1837	142.88	16	0.32	69969
合　计		410.44	5479	5147	393.06	332	17.38	202687

第三节　防汛抗旱

州境几乎每年都有洪涝、旱灾发生，各地抗洪抢险、抗旱救灾也经常进行。1991年，州政府及各县（市）政府都设有防汛抗旱指挥部，发动各级各部门及全社会共同参与防汛、抗旱工作，指挥部下设的办公室为常设机构，设在当地水利局。1991—2014 年间，州境罕见的自然灾害主要有两次。2008 年初的持续低温凝冻灾害，长达 20 余天，局部地方长达 1 个月，极端最低温达零下 7℃，在境内堪称历史罕见。进入汛期后，又多次发生强降雨，全境受灾严重。2009 年 8 月至次年 5 月，州境持续干旱长达 9 个月之久，引发了大范围的“水荒”，其旱情之重堪称百年不遇。这些大型灾害，牵动了全州性的抗灾救灾行动。灾害结束后，又进行大规模的灾后重建。

一、防汛抗洪

防汛工作坚持安全第一，常备不懈，以防为主，全力抢险的方针。境内水利系统采取疏通河道、修建防洪堤、排洪渠、开挖排水沟、抢险应急水源点等工程性措施，预防洪涝灾害，从源头上减少洪灾造成的损失。每年 4 月汛期到来之前，防汛抗旱指挥部都要召开专题会议，部署防汛工作。

1991 年 6 月底至 7 月初，州境出现连续性暴雨天气过程，山洪暴发成灾。全州 12 个县（市）共有 233 个乡镇 1182 个村遭受洪涝灾害，受灾人口 95.4 万人，受灾田土面积 65.08 万亩。1992 年 5—7 月，州内连降大暴雨，有 179 个乡镇遭受洪涝灾害。1994 年 6 月，有 9 个县局部地区发生洪涝灾害。1995 年 5—7 月，有 11 个县 79 个乡镇 814 个村遭受洪涝灾害。这些灾害发生后，州、县（市）两级党委、政府及防汛抗旱指挥部组织广大干部群众抗洪抢险，保障人民群众生命财产安全，最大限度地减少灾害损失。

1996 年 5—8 月，福泉市先后 3 次遭到暴雨袭击，16 个乡镇 174 个村受灾。山洪暴发，发生多处山体滑坡和泥石流，冲毁铁路 200 米，造成黄丝火车站中断运行 168 小时；公路损坏中断 28 条，321 国道中断行车 20 小时；冲坏供电线路 9 条 109 公里，中断 8 条 200 小时；冲毁水电站 13 座；冲毁冲塌民房 192 间。全市抢险投入劳力 6.8 万人（次）、排涝机具 1260 台（件）。组织杨昌河、平堡、地松、岔河、陆坪、黄丝等处沿河两岸 2200 多人紧急转移。

2000 年 6 月，境内多次出现暴雨，都匀、荔波、三都、平塘雨量打破历史纪录，洪水超过警戒线，部分城区被淹，投入紧急抢险救灾。6 月 8 日，都匀市遭受特大暴雨袭击，市区最大降雨量 349 毫米，剑江河最大洪峰流量 1700 立方米每秒，洪水高出堤岸 1.5 米淹没沿河城区。全市 23 个乡镇办事处 351 个村居受灾，洪水围困 1.2 万人，导致死亡和失踪 33 人，重创交通、水利设施多处，卷走汽车 17 辆，冲塌房屋 1210 间。州委、州政府防汛抗旱指挥部紧急调动公安、消防、武警、都匀军分区官兵及民兵千余人，组成抗洪抢险救灾应急队，抢救转移 3000 多人，抢运物资 380 吨。6 月 20—21 日，荔波、三都遭大暴雨袭击，两县共 38 个乡镇受灾，房屋倒塌 10536 间，被困 5.4 万人。荔波城樟江河段超危急水位 1.75 米，县委、县政府组织政法干警、武警战士和机关干部抢险救灾，紧急转移安置 8960 人。三都县有半个县城被水淹，鹏城学校淹水深 2.8 米，防汛抗旱指挥部组织机关干部、公安消防人员、民兵抢险救灾。省、州领导先后带领有关部门负责人和专家赶赴三都县，察看灾情，指挥抢险，慰问受灾群众。

2004年7月18日凌晨，都匀市境内凯口、平浪、墨冲、甘塘、杨柳街、都匀市城区遭受特大暴雨袭击。洪水使全市11个乡（镇）62个村496个村民组4.52万人受灾。下午2时，凯口镇政府所在地被淹，州委主要领导，2名副州长赶到凯口镇指挥抢险救灾工作。公安、武警、消防及市直防汛抢险队伍共350多人赶赴洪灾第一线，紧急转移被洪水围困群众2516人。

2007年7月26日，州境中南部贵定、都匀、平塘、独山、三都等普降暴雨，导致三都、平塘及都匀南部发生特大洪灾，三都、平塘两县共冲毁冲坏房屋2.9万余间，被洪水围困超过7万人。灾情得到国务院总理温家宝重视，国家防汛总指挥部派员赶赴灾区第一线指导抗洪抢险工作。州、县（市）紧急组织抢险救灾，解救被困群众。是年，州防汛抗旱指挥部被评为“全国防汛抗旱先进集体”，州水利局长唐世东被评为“全国防汛抗旱模范”。平塘县被列入2008年全国山洪防治试点县。

2008年初发生特大凝冻灾害后，境内进入汛期又多次发生强降雨，12个县（市）不同程度遭受灾洪涝灾害，直接经济损失达到1.04亿元。在州、县（市）防汛抗旱指挥部的统一指挥下，水利、民政、公安等部门及武警、消防、民兵预备役官兵紧急投入抢险救灾，共计转移疏散千余人。

2010年6月28日，长顺境内强降雨，龙潭水库水位迅速上涨，防浪墙漏水严重，威胁水库下游近万群众生命财产安全。29日一早，县委、县政府立即组织相关部门近400人的抢险队伍到水库进行抢险。省水利厅、州政府领导、州水利局、县四大班子领导到现场指挥抢险工作，保护了大坝。

2011年，州境汛期共有7次强降雨过程，引发洪涝灾害，118个乡镇21.27万人不同程度受灾。州、县（市）防汛抗旱指挥部统一指挥进行抗洪救灾。

2012年，启动独山、龙里、福泉、瓮安最后4个县（市）的山洪预警非工程体系建设。是年7月，境内普降暴雨，多条河流超出警戒水位。7月16日，平塘县平湖水文站洪峰水位超危急水位2.05米，县城进水最深处3.5米，县委政府在洪峰到达3小时前成功转移县城群众万余人。

2014年，全州不同程度发生洪涝灾情，荔波县受灾较重，其次是龙里县、贵定县。全州直接经济损失达到8亿余元。抢险转移人口4.1万人，抢修中断公路16条，灾后修整受损房屋1万余间，恢复供电线路10条。大灾之后，总结经验教训，完善防汛抗灾制度和措施，明确“安全第一、预防为主、常备不懈、全力抢险”的工作方针，编制州、县（市）防洪抢险预案，订立行政首长及相关人员的责任制。是年，州和都匀市水利部门承办贵州省抗洪抢险应急演练，省防汛抗旱应急抢险总队、都匀军分区抢险队、武警黔南支队抢险队等11支队伍共200余人在都匀剑江河进行演练。

1991—2014 年全州洪涝灾害统计表

表 12－2－5　　单位：个

年　份	洪涝影响作物面积（万亩）		倒塌房屋（间）	死亡人数（人）	直接经济损失（万元，当年价）
	受灾	成灾			
1991	6.58	3.89	1819	33	7810.7
1992	7.89	4.21	1678	31	9600
1993	5.20	2.31	4854	38	7179
1994	39.55	22.09	467	3	16846
1995	114.18	42.35	904	31	11432
1996	14.75	11.19	2300	30	75190
1997	2.88	1.23	430	21	10020
1998	12.63	8.58	200	11	14250
1999	10.26	44.76	4230	3	54530
2000	115.03	64.03	12966	46	136654
2001	43.95	20.66	530	9	11788.9
2002	73.15	37.12	1587	8	14167
2003	19.14	6.62	262	4	4494.2
2004	42.72	21.14	783	8	8045.4
2005	26.37	13.82	1014	15	8820
2006	26.61	16.46	1853	8	13745.8
2007	79.51	42.75	20878	24	112806
2008	25.29	13.57	1067	10	10598.9
2009	21.77	12.29	667	6	31202
2010	17.25	6.61	388	8	11538.6
2011	9.92	4.56	185	1	4821
2012	18.55	13.36	927	6	44010
2013	0.98	0			6583
2014	44.30	23.30	1119		80275

二、抗旱救灾

1991—2014 年，州境大旱发生机率为每 6 年半左右一次。

2007 年，全州相继发生春、夏、秋旱情。瓮安、罗甸、龙里、长顺 4 个县及都匀市春旱严重。荔波、三都夏旱严重。全州 4045.2 万亩农作物受灾。其中成灾 3286.65 万亩，绝收 328.8 万亩。因旱少种农作物 239.55 万亩。州防汛抗旱指挥部各成员单位协同作战，指导各地群众开展抗旱保苗和解决饮水困难。州、县（市）水利部门加强水库的蓄水和调剂，及时修复损坏的水利工程，改造抗旱设施，增加抗旱水源。全州 12 支抗旱排涝服务队出动抗旱机具，找水打井，努力扩大浇地面积。全州共投入抗旱人数 18.26 万人，投入机动抗旱设备万余台（套），机动运水车辆 199 辆，投入抗旱资金 296.24 万元，抗旱用电

92.39万度，抗旱用油165.67吨；抗旱浇灌面积3172.5万亩，临时解决19.26万人、9.77万头大牲畜的饮水困难。

2009年8月至2010年5月，州内全境遭遇特大旱灾，全州85.1%的农作物受灾，200余万人饮水困难。州委、州政府带领全州人民投入抗旱救灾。抗击特大旱灾期间，州政府筹措资金1600万元购买抗旱设备分配到重点受灾乡镇，投入抗旱应急资金658万元建设水源工程，组织工作组赴各县（市）指导抗旱救灾。州应急委成立综合应急指挥部，协调抗旱工作。州相关部门、各县（市）、重点受灾乡村投入人力、物力、财力开展广泛的找水、送水、调水、节水活动，建设了一批应急水源工程。州内的抗旱救灾得到社会各界、省内外捐资、捐物的广泛支持，还派出突击队到黔南紧急驰援。抗旱救灾活动持续到2010年5月，全州各地普降喜雨，旱情解除。

2011年7—9月，州境发生干旱，部分地方旱情严重。独山县持续56天连续无有效降水，属贵州省重旱县之一，县委、政府紧急启动应急预案，组织武警、消防、民兵应急分队等机关单位干部职工500多人参加抢修应急水源供水工程。平塘县3个月内平均总降水量仅62毫米，比历年同期少近8成，全县19个乡镇121个村不同程度受灾。县委、县政府从县机关抽调900多名干部组建19支抗旱工作队驻扎乡镇指导开展抗旱救灾，全县共投入抗旱资金707.5万元、运水车辆43辆、抽水设备565台套，参加抗旱人数5.95万人。修建应急工程，浇灌农作物面积4.95万亩，临时解决7.3万人、3.1万头大牲畜饮水困难。

2013年6月初到8月中旬发生旱灾，全州农作物受旱面积175.4万亩，占在田作物面积的61%，其中重旱面积75.8万亩，干枯面积23.1万亩。河道断流15条，水库干涸38座，机电井出水不足9眼。因旱造成人畜饮水困难44.9万人、15.6万头。州防汛抗旱指挥部将抗旱物资分发各县市抗旱救灾。各地累计投入抗旱人数16.38万人，机动抗旱设备1.4万套，运水车辆210辆，投入抗旱资金1414.3万元，浇灌面积11.6万亩，临时解决人畜饮水困难40.1万人、13.5万头。

1991—2014年全州旱灾统计表

表12－2－6

年份	旱灾影响作物面积（万亩）			粮食损失（万吨）	因灾临时饮水困难	
	受灾	成灾	绝收		人口（万人）	大牲畜（万头）
1991	125.10	48.42	12.87	/	23.09	11.20
1992	18.96	9.30	2.78	/	48.66	35.14
1993	7.29	3.44	0.44	3.94	/	/
1994	68.01	29.39	1.86	/	/	/
1995	10.15	7.08	0.44	/	3.26	3.69
1996	26.13	11.07	/	1.2	12.83	8.81
1997	86.26	16.79	4.37	4.14	14.77	11.10
1998	47.40	5.67	0.48	0.31	13.18	9.52

续表 12－2－6

年份	旱灾影响作物面积（万亩）			粮食损失（万吨）	因灾临时饮水困难	
	受灾	成灾	绝收		人口（万人）	大牲畜（万头）
1999	118.95	72.15	10.20	/	62.8	45.9
2000	55.43	44.79	10.64	2.9	12.94	7.28
2001	37.48	34.17	3.33	/	4.88	3
2002	73.42	62.92	7.60	/	27.75	15.74
2003	149.17	78.74	11.70	11.01	26.7	19.1
2004	88.44	62.65	3.35	4.07	8.57	6.06
2005	70.41	49.01	4.96	5.4	23.31	15.17
2006	50.82	47.61	3.21	2.16	19.17	11.9
2007	40.45	32.87	3.29	2.04	19.26	9.77
2008	无旱情					
2009	60.78	46.65	8.90	3.49	12.33	8.16
2010	246.70	152.75	22.94	8.15	146.56	75.44
2011	300.30	205.37	92.71	/	67.14	26.87
2012	无旱情	0	0			
2013	263.10	100.65	2.25	/	44.9	/
2014	无旱情					

第四节　水利管理

一、水利管理体制改革

（一）行政管理体制改革

1991 年，州及 12 县（市）水利行政管理单位均设为水电局，州水电局有企事业管理机构 6 个，12 县（市）共有基层企事业管理机构 36 个，全州水利系统共有职工 2661 人，其中行政干部 273 人，技术干部 446 人（其中，在职高级工程师 2 人，工程师 65 人）。1994 年，州水电局下属机构水电机械化工程队转为企业管理模式。

2001 年，州、县（市）水利电力局更名为水利局，剥离电力建设管理职能。

2011 年，省政府将瓮安县、福泉市、长顺县、惠水县、独山县列为县级水务一体化管理体制改革试点单位。

2013 年启动全州水务一体化改革，贵定县于 6 月率先成立县级水务局和 6 个片区水务分局（副科级），组建了村级防汛抗旱指挥中心、用水户协会，聘用村级水务联络员，形成了县、乡、村三级水利服务“一条龙管水”的基层水利服务体系。年内，全州水利系统共成立198个基层水利站。其中：乡镇水利站有192个，区域水利站有6个，基层水利站均覆盖所有乡镇。由县水利局管理的有25个水利站，占13%；由乡（镇）政府管理的有173个水利站，占87%。设置编制775人，到位人数为412人。人员经费和办公经费为财政全额拨款。人均年工资水平为3.25万元。惠水县推进现代水利涟江试点区工作，探索政府与社会资本合作（PPP）解决水利投融资难题，建立符合贵州山区现代水利“建管养用”一体化体制机制。

2014年，在各县（市）开展基层水利服务体系建设县级验收工作。继续开展水务一体化改革，12个县（市）共拟设立101个水利站（片区水务分局）。都匀、平塘和荔波正在争取将已成立的乡（镇）水利站划入县（市）水利局直接管理。贵定县和惠水县水价综合改革示范工作结束。是年，水利投融资体制改革初显成效，已有10个县（市）完成投融资机构组建并发挥作用，全年吸纳各类资金4.66亿元；成立贵州剑江控股（集团）水务投资公司。至年底，州及12县（市）均已组建水务局。全州水利系统正式干部职工共1666人（不含全州各乡镇水利站职工）。其中行政干部143人，专业技术人员858人，经营性管理人员192人，技工473人。在职技术干部中，高级职称27人，中级职称230人。

（二）工程管理体制改革

2004年8月，省政府出台《贵州省水利工程管理体制改革实施意见》，州水利局组织开展水利工程管理体制改革工作。改革前，全州共有水利工程管理单位43个，总人数325人，年人员总经费263万元。改革后，全州批复成立水利工程管理单位78个，编制643人，年人员总经费653万元。

至2006年底，全州完成20个小⑴型、25个重点小⑵型水管单位体制改革和10多个水电站的改革改制工作。并启动小⑶型工程拍卖、租赁、承包、股份合作、组建用水户协会等多种形式管理体制改革。其中，都匀市将小⑵型绿茵湖水库、旱楼水库、高寨水库、翁谷水库设置独立管理机构，其他15座水库和31处引、提水工程分片区设立6个小型水库管理所，与乡（镇）中心水利站实行一套人员、两块牌子管理。惠水县在涟江引水工程、小龙鱼梁引水工程、水头水库蓄水工程和黄花塘水轮泵管理工程成立管理机构，明确18座小⑵型水库属乡镇管理，30座电灌站及水轮泵站属村级管理，70余处引水工程和139处山塘属村民小组管理。

二、水资源管理

1989年起，先后有都匀、福泉、瓮安、平塘、贵定、荔波、罗甸7个县（市）由当地政府批准依法征收水资源费，于1990年停止征收。

1991年，根据《中华人民共和国水法》，州及各县（市）水利部门开展取水登记和发证工作。其中，境内小⑴型以上水利农电工程和所有工矿企事业单位的取水均实行取水许可制度，颁发“贵州省取水许可证”，颁证工作至次年底基本完成。

1992 年，水利部水资源司确定瓮安县作为全国实施取水许可制度基础工作第二批试点单位。是年 8 月，省政府颁布《贵州省水资源费征收管理办法》，州内取水工程所在地的县（市）水利电力局恢复开展水资源费征收工作，统一使用《贵州省征收水资源费缴费单》。水资源费实行总额分成分级管理，省、州、县按 10%、20%、70% 分成。

1993 年 9 月 1 日施行国务院《取水许可制度实施办法》后，黔南州加强了对新、扩、改建项目的取水许可工作。是年，省水利电力厅对省内 13 个水政水资源工作先进单位和 20 名先进个人予以表彰，其中罗甸县水政水资源办、瓮安县水资源办评选为先进单位，福泉县、贵定县各有 1 人评选为先进个人。

按照省政府通知，1994 年下半年对州内取水单位重新登记，换发了“中华人民共和国取水许可证”。有 11 个县（市）水电局水资源办公室采用水量计量器，按实际取水量统计，降低了取水户的计量成本。

1995 年，开始在全州范围内开展取水许可年度审验工作。在贵定县开展试点的基础上，组织各县（市）开展“中长期供水计划”编制工作。1996 年，瓮安县被列为全国水资源计算机管理试点。是年 7 月 29 日起，施行水利部分布的《取水许可监督管理办法》。

1997 年 2 月，黔南州水利电力局、瓮安县水利电力局等 13 个单位获省水利电力厅授予全省取水许可管理工作先进单位称号。是年，州水利电力局水资源办公室更名水政水资源办公室。1998 年，从山西省水资源研究所购进《县级取水许可管理系统》《地级取水许可管理系统》，于 5 月举办黔南州水资源管理计算机管理培训班。1999 年，启动《黔南州水资源公报》编制工作。2000 年，在全州范围内开展水利工程取水许可管理现状调查。至 2001 年机构改革时，水政水资源办公室恢复为水资源办公室。

2002 年 5 月起施行水利部《建设项目水资源论证管理办法》，州内于是年 11 月起开展建设项目水资源论证工作，省水利厅在都匀市组织召开《黔南州地税局综合大楼地温中央空调井取水工程水资源论证报告书》审查会。

2003 年，在全州范围内开展取水计量规范化建设工作。是年，《荔波县水资源开发利用现状分析》获得黔南州 2003 年度科技进步三等奖。2004 年，举办全州建设项目水资源论证制度管理人员培训班。全面开展取水计量规范化建设，福泉、罗甸、龙里、都匀、瓮安、三都等县（市）基本完成该项工作。

2005 年，推进节水型社会建设，在州水利局成立节约用水办公室，承担组织、指导、协调、监督各行业各部门节水工作的职责。实行用水定额和计划管理，实施重点用水监控，普及推广节水技术。是年，全州取水许可证年终保有量 750 套，许可水量 207.36 亿立方米。

2006 年，省政府批复实施《贵州省水功能区划》，对州境清水江、樟江、濛江、曹渡河、六硐河、坝王河、瓮安河、重安江、独木河、都柳江等主要河流，明确了河流水域功能，确定相应的水质管理目标和纳污能力。9 月，在全州各县（市）建立突发性水污染事件报告制度。

根据国务院 2006 年 4 月 15 日颁布的《取水许可和水资源费征收管理条例》和贵州省

政府2007年颁布的《贵州省取水许可和水资源费征收管理办法》，水资源费实行省、州、县分级征收，同时执行新的贵州省水资源费征收标准。黔南州通过建立州级取水户台账，掌握用水状况，对全州取水户实行动态管理。

2007年9月起，按省水利厅的安排，开展县级集中式供水水源地水质监测工作。2008年4月起施行水利部《取水许可管理办法》。年内，全州开展水资源节约专项检查，建立节水目标责任制。各县（市）开展渠道防渗和高效节水灌溉示范项目建设，促进农业节水，并加强工业和城市节水工程建设。2009年3月，州水利局派驻州政府行政服务中心开展行政审批工作，其中涉及水资源管理的行政许可（服务）事项分别是：建设项目水资源论证审批、取水许可申请审批、取水许可证申办、入河排污口设置及改扩审批。是年，共征收水资源费257万元、水土保持补偿费248.58万元、水能资源有偿出让金575.67万元。

2010年，启动全州范围内取水计量管理工作专项监督检查，全州水资源开发利用率为6.75%，水能资源开发利用率为37.3%。是年，全州取水许可证年终保有量666套，许可水量215.28亿立方米，全年征收水资源费252万元、水土保持补偿费356.27万元、水能资源有偿出让金821.22万元。次年新发放取水许可证19套，注销30套。

2011年，开展黔南州第一次全国水利普查，普查结果，是年全州经济社会毛用水量8.19亿立方米。县市居民生活用水量都匀市最多，为1392.71万立方米，荔波县最少，为403.31万立方米。县市农业用水量都匀市最多，为10907.13万立方米，罗甸县最少，为2440.27万立方米。县市工业用水量福泉市最多，为1366.98万立方米，平塘县最少，为57.59万立方米。

2012年，启动《黔南州实行最严格水资源管理制度实施方案体系》的编制工作。是年，全州水资源开发利用率为7.4%，低于全省平均值。各县、市水资源开发利用率最高为福泉市12.7%，最低为荔波县2.5%。全州水能资源开发利用率47.2%，最高是罗甸县。全州河道外用水量为11.95亿立方米（含农田灌溉、林牧渔业、工业、城乡居民生活、城镇公共及城市生态环境用水量）。全州总耗水量为5.83亿立方米，综合耗水率为48.8%。州内人均综合用水量295立方米，与全省综合水平（289立方米/人）基本一致，单位国内生产总值用水量224立方米/万元，单位工业增加值用水量220立方米/万元，均高于全省平均水平。

2013年，开展水行政审批制度改革，水行政许可事项由原来的11项减少到1项，行政服务事项减少到9项，审批时限由法定的45个工作日压缩到10个工作日，全年办理行政审批事项800余项。编制完成《黔南州实施最严格水资源管理制度总体工作方案》和用水总量控制、用水效益控制、水功能区限制纳污“三条红线”实施方案。8月5日，州政府印发《黔南州水资源管理控制指导分解表》，明确各县（市）水资源管理控制指标。是年，按月开展供水水源水质监测，全州县城集中供水水源水质达标率在90%以上。开展了全州已规划工业园区（经济开发区、产业聚集区）规划需水调查。

2014年5月，黔南州列入第二批全国水生态文明城市建设试点地区，第二届全国水安全会议在惠水县召开。州编制《黔南水生成文明城市建设试点实施方案（2015—2017）》，并于12月26日通过水利部审查。

2002—2013年，境内有300多个建设项目通过水资源论证审批。1993至2014年，全州累计征收水资源费2915万元，专项用于境内水资源的节约、保护和管理。自2007年4月1日州境内取水许可管理实行省、州、县三级审批起，到2014年底，全州共保有取水许可证588套。

2008—2014年全州水资源管理费征收及取水许可证发放统计表

表12-2-7

年度	水资源费征收（万元）	水土保持补偿费征收（万元）	取水许可证（套）		
			发　放	注　销	保有量
2008	155.1		4		4
2009	148.2		29		33
2010	137.6		15		48
2011	135.5		12		60
2012	153.8		5		65
2013	139.4	58.27	5		70
2014	144.42	71.15	0	11	59

三、水行政执法

水行政执法主要职责是执照《中华人民共和国水法》《中华人民共和国水土保持法》《中华人民共和国防洪法》等水法律法规，保护水资源、水域、水工程、水土保持生态环境、防汛抗旱和水文监测等有关设施，对水事活动进行监督检查，维护正常的水事秩序；对公民、法人或其他组织违反水法规的行为实施行政处罚或者采取其他行政措施；配合公安和司法部门查处水事治安和刑事案件。

1999年，共查处各类水事案件65起，调处水事纠纷38起，依法征收水资源费80多万元，全州取水发证704个。平塘、福泉、长顺、独山、三都、荔波6县（市）水政监察大队成立。

2003年，瓮安、长顺、惠水、平塘、荔波、三都6个县分别被列为省级、州级水政监察规范化建设试点，并于次年3月通过省水利厅验收。

2010年，黔南州水政监察支队由黔南州水利局内设科室改为黔南州水利局管理的正科级事业单位。州、县（市）核定的水政监察员编制共有119名。2011年，全州共查处各类水事违法案件89起，调处水事纠纷31起。

2012年后，黔南州水政监察支队利用每年3月22日“世界水日”和3月22—28日“中国水周”，开展水法“进校园、进企业、进社区、进农村、进家庭”宣传活动，在河、湖管理范围和公路沿线设置宣传广告牌，在电视、广播电台播放节水、护水宣传片，制作“黔南州水生态宣传片”并向宣传对象发放宣传资料、宣传物品等，进行水法律法规宣传。

2013年5月，黔南州水政监察支队被列为全省唯一一家全国水利综合执法示范点创建单位。至2013年底，州支队率先完成了“行政许可权、行政处罚权、行政规费征收权”的统一归并，初步形成了“一个窗口对外、一支队伍执法”的水利执法体系。

2014年8月，全州12个县（市）水利局水政监察大队全面完成了水利综合执法改革工作并全部升格为副科级事业单位，分别在部分乡镇、重点水工程管理单位设立了“水政监督岗”36个，聘请水政监督人员236名，完成了各县（市）水利执法大队的执法车辆、执法记录仪、相机等执法装备的配备。

四、水利工程建设质量安全管理

（一）质量监管

州水利局于1997年设立水利水电工程技术监督监测站（简称质监站），至1998年，各县市水利局均设立质监站，对水利工程建设质量进行跟踪管理。2000年后，执行国家推进的水利工程建设“四制”管理，即实行工程项目法人负责制、施工招投标制、工程建设监理制、承包施工合同制。

（二）安全管理

水利工程建设安全管理实行分级负责制，州政府下达水利安全管理目标任务，水利系统层层签订安全生产责任书。2001—2009年，水利系统检查各类水利在建工程和生产经营单位146个，查出安全隐患584项，整改508处，投入整改资金1640万元，其余制定应急预案。2008年，全州水利系统开展“安全生产百日督查专项行动”，进行安全生产专项督查13次。2010年开展水利安全大检查，全州组成12个检查组，共检查小⑴型以上水库68座、1000千瓦以上水电站50座、投资500万元以上的在建水利工程23个。查出在建工程安全隐患32项，整改28项，列入治理计划4项；查出水库、水电站大坝安全隐患112项，当年整改隐患50项，其余明确整改目标任务，制定应急预案；查出农村小水电一般安全隐患12项，全部及时整改。是年，共落实安全隐患治理资金1360万元。2011年对256座水库、5个山塘进行排查，对排查出的75座水库130个安全隐患点提出限期整改意见，进行整改专项督促检查。2013年3月和5月对全州水库进行安全检查。其中，福泉高车水库从开工到建成无安全生产事故。

第五节　水电站建设

黔南州水能资源理论蕴藏量420.8万千瓦，按现有技术可开发量达180.5万千瓦。2004年4月，州政府印发通知，启动州内地方小水电站的改制工作，是年完成罗甸雷公滩、石门坎，都匀桃花、明英，三都官塘，福泉洒金桥6个水电站的改制。水电管理主要是水电站技术方案审查、验收和安全生产监管，与电站建设单位共同落实水电站安全生产“双主体”责任。安全生产由电站建设、施工单位承担“双主体”责任，各县（市）水利部门与辖区水电站法定代表人签订安全生产责任状，并组织安全生产检查和隐患排查整改。

2014年安全生产责任状签订为100%全覆盖，安全事故零发生，并上报6个电站作为省级农村水电安全生产标准化试点建设电站。

一、农村小水电

20世纪90年代，州内按照“自建、自管、自用”的方针，依靠地方多渠道集资办电。1991年初，全州有已建成水电装机6.53万千瓦，年发电量1.73亿千瓦时。到1995年，乡镇通电率为97%，村通电率为87%，户通电率为81%，有6个县无国家电网供电。至2000年底，全州建成投产水电装机14.87万千瓦，年发电量5.08亿千瓦时。

2003年起，通过招商合作的形式推动全州水电开发。至2005年底，全州水电装机达到18.82万千瓦，年发电量6.87亿千瓦时。

2006—2014年，是黔南州水电建设跨越式发展阶段，全州12县（市）共建水电站41座，装机总容量得到了大幅增加。在2008年1月发生的特大凝冻灾害中，因国家电网受损严重，全境大范围停电，各地利用小水电供电，解决燃眉之急，促进了社会稳定。其中罗甸、长顺、荔波、惠水、都匀、三都、瓮安、福泉等县（市）的小水电发挥了重要作用。

2013年，除新开发电站外，完成三都县岩江水电站，平塘县拉安水电站、福泉市洗布河水电站、福泉市下坝水电站、荔波县飞虎山水电站、长顺县猛炕一级水电站、二级水电站的增效扩容技改方案的技术审查。

到2014年，全州拥有大中小型水电站81座，总装机达到57.31万千瓦，11个县（市）有正常运行的水电站，全州水电站发电量20.8亿千瓦时。

1991—2014年全州水电站一览表

表12-2-8

县市	电站名称	装机容量（千瓦）		建设时间（年·月）		总投资（万元）
		机组	总规模	开工	投产	
都匀市	明英电站	2×250+3×1250	4250	2004.4	2005.8	2700.91
	马寨一级电站	2×320	640	2005.2	2006.9	217
	桃花电站	3×3000	9000	1996.7	2005.3	7500
	营盘电站	2×250	500	1990.3	1996.2	234.2
	新桥电站	2×320	640	1999.1	2000.7	260
	瀑布电站	630+320	950	2009.2	2010.8	450
	杨柳河电站	320+160	480	2009.3	2011.5	276
	马寨二级电站	200+200	400	2004.3	2005.11	186
	梭水岩电站	2×100	200	1994.8	2005.	66
	小　计		17060			

续表 12－2－8

县市	电站名称	装机容量（千瓦）		建设时间（年·月）		总投资（万元）
		机组	总规模	开工	投产	
荔波县	大七孔电站	3×16000	48000	1994. 11	2002. 11	23000
	浪洋电站	2×15000	30000	2003. 11	2006. 4	8900
	飞虎山二级电站	250＋2×630	1510	2003. 9	2004. 9	480
	平岩电站	2×630	1260	2013. 10		868
	蒙寨电站	6×630	3780	2004. 11	2007. 8	1800
	姑偿电站	2×630＋320	1580	2007. 8	2012. 7	840
	三岔河电站	6×800	4800	2007. 3	2012. 1	2100
	坡恒电站	2×800	1600	2009. 11	2013. 6	760
	拉易电站	3×630	1890	2010. 4	2013. 7	1406. 58
	黎明电站	2×200	400	2006. 11	2010. 6	142. 41
	弄力电站	3×500	1500	2010. 1	2013. 3	817
	小河电站	200＋100	300	2006. 11	2008. 6	150
	大河电站	300	300	2012. 8	2013. 5	200
	小　计		96620			
三都县	大河电站	3×250＋250＋320＋200＋320	1840	2003. 8	2003. 12	250
	排长河电站	5×630	3150	2003. 4	2005. 4	1500
	官塘电站	3×800	2400	2004. 12	2006. 4	1300
	中和电站（一）	2×400	800	2004. 6	2005. 8	500
	周覃电站	2×400	800	2003. 6	2004. 4	200
	山勤电站	4×630	2520	2005. 12	2007. 2	1100
三都县	普安电站（一）	100＋320	420	2002. 6	2003. 1	150
	拉也电站	2×320	640	2008. 10	2009. 8	300
	下寨电站	2×400	800	2005. 9	2008. 11	600
	甲照电站	3×400	1200	2007. 10	2008. 11	500
	鸭寨电站	3×500	1500	2008. 12	2012. 12	700
	白梓桥电站	2×5000	10000	2010. 3	2013. 12	9000
	拉旦电站	2×320	640	2011. 2	2013. 9	600
	白岩脚电站(巫不)	250＋125	375	2006. 8	2007. 5	150
	巫森电站	125＋200	325	2007. 11	2008. 11	200
	阳基电站	2×100	200	2009. 11	2010. 11	150
	羊福电站		1500	2011. 11	2013. 4	700
	岩江电站	1320	1320	2011. 12	2013. 10	1485
	小　计		29110			

续表 12－2－8

县市	电站名称	装机容量（千瓦）		建设时间（年·月）		总投资（万元）
		机组	总规模	开工	投产	
福泉市	团滩河电站	2×2000	4000	1993	1998	1576
	瓮福电站	2×500	1000	1994	1995	400
	浪波河电站	2×320	640	2006	2007	281
	冷水河三级电站	2×630+250	1510	2006	2007	1057
	大飞水电站	2×1250	2500	1987	1993	630
	冷水河四级电站	2×630+800	2060	2008	2009	1442
	下坝电站	2×250	500	2006	2007	280
	等边电站	200+500	700	2006	2007	490
	响琴峡（垮岩）电站	2×200	400	2005	2007	158
	大坪电站	100	100	2006	2007	70
	大岩电站	320	320	1996	1997	22
	桥边电站	2×75	150	2006	2007	105
	洗布河电站	2×200	400	2006	2007	245
	高车水库附属电站	400	400	2012.4	2014.5	211.48
	小　计		14280			
惠水县	海里电站	2×8000	16000	1995.2	2000.8	7830
	小龙一级电站	800	800	1996.3	2000.1	196.32
	团坡电站	2×32000+16000	80000	2003.12	2009.3	50681
	三岔河电站	2×160	320	2007.1	2007.8	115
	兴涟电站	2×75	150	2006.3	2006.11	72
	小　计		97270			
贵定县	跳笼电站	50	50	1995.10	1998.1	20
罗甸县	雷公滩电站	2×4200	8400	1993	1996	5079
	石门坎电站（一厂）	6×3200+600	19800	1996	1999	5783
	石门坎电站（二厂）	2×20000	40000	2005	2007	19338
	柏林电站	2×1600	3200	2004	2006	1987
	坝王河电站	2×1000	2000	1991	1992	582
	双河口电站	3×40000	120000	2004	2007	85150
	沫阳关电站	2×125	250	2003	2004	100
	灰洞水电站	2×25000	50000	2009	2013	35265
	小　计		243650			

续表 12－2－8

县市	电站名称	装机容量（千瓦）		建设时间（年·月）		总投资（万元）
		机组	总规模	开工	投产	
长顺县	乌麻河级五电站	500＋2×160	820	1991	1992	450
	摆东电站	2×3200	6400	1987	1998	3800
	石板塘电站	2×3200＋2×3200	12800	2002	2005	6400
	猛坑一级电站	2×320	640	1994	1996	380
	猛坑二级电站	2×200	400	1994	1996	210
	黄花寨电站	2×30000	60000	2007	2011	67800
	坡里电站	2000	2000	1998	2000	850
	小　计		83060			
独山县	楼梯寨电站	3×630	1890	2005	2006.6	500
	黑神河巴年电站	2×6300	200	2004.1	1979.1	6500
	小　计		14490			
平塘县	河湾电站		20000	2010.1	2013.8	2800
清水电站	2×2500	5000	1989.10	1991.6	1470	
	龙湫电站	2×630	1260	2004.1	2006.9	363.82
	擦耳岩电站	2×630	1260	2007.10	2010.9	366.89
	小　计		7520			
	合　计：已投产电站81座，总装机57.31万千瓦。					

二、水电开发

20世纪90年代，州内水电开发还处于量少质差的初级阶段。之后逐渐向电站数量增多、质量提高、效益增加的中级阶段发展。其中，设计装机容量3×1.6万千瓦，年均发电量为1.99亿千瓦时，总投资1.7亿元的荔波大七孔水电站是境内的骨干电站。该电站一期工程（2×1.6万千瓦）于1994年10月18日动工后，因资金制约，工程建设断断续续。西部大开发后，州水电局多方筹措资金，组建工程指挥部，加快电站建设步伐。2002年底，由州政府和黔南朝阳发电公司联合开发的大七孔电站实现并网发电。

2003年，借鉴浙江小水电开发管理经验，州政府出台《关于进一步加强小水电开发的意见》，将州内6条流域水能资源纳入招商开发范围，按照“谁投资、谁所有、谁管理、谁受益”的原则打造融资平台，调动民营企业、个体老板等各方参与投资境内小水电开发的积极性。是年7月30日，州政府与广西广能公司签订合作经营大七孔水电站项目协议书，合作项目于8月15日成立黔南广能电力有限责任公司，注册资金5000万元，州、县共占30%股份。8月27日，州政府、罗甸县、长顺县、惠水县国有资本运营有限公司联合作为甲方，与乙方贵州中水能源发展有限公司、能辉实业发展有限公司签订了濛江流域水电资源联合开发协议，共同组建“贵州中水濛江水电开发有限公司”，注册资本金1亿元，筹资30亿元，对濛江流域水能资源进行统一开发，计划建设7座水电站，规划总装机50万千瓦，为黔南大力发展濛江流域经济带打下基础。11月4日，在《贵州日报》上发布槽渡河、瓮安河、打狗河、都柳江、清水江、坝王河6条流域水电资源开发的招商公告，由各投资商报名，制定开发方案，经发改、水利、财政等部门评审后，各县（市）政府与投资商签订投资开发协议。11月17日，三都周覃电站完成股份制改造，参股企业黔岭电力开发有限公司注册。12月3日，黔南州水利水电开发有限责任公司召开第一次股东会，商定注册资本金3750万元，黔南州出国资2250万元，占60%股份，注入民营资本1500万元，占40%股份，公司属国资控股企业。是日，贵州黔南中水水电开发有限公司也召开第一次股东会，商定首期注册资本金3000万元，属民营企业。

2004年4月，州政府、平塘县政府与浙江瓯能电力集团股份有限公司签约，授权该公司对六硐河水能资源进行整体开发。8月5日，州委召集罗甸、惠水、长顺县委、县政府领导与贵州中水、中水濛江公司，在惠水县委会议厅举行“罗甸县发电公司全产权转让”签字仪式。由中水濛江公司出资1.5亿元人民币收购罗甸县发电公司国有资产，在产权转让成功后进行股份制改造。12月21日，都匀明英电站产权出让签订协议，由黔南中水公司出资购买。年内，全州签订投资开发协议的水电装机规模累计达到120万千瓦，预计总投资约72亿元。是年，开工建设中小水电站有13座，总装机规模27.3万千瓦，预计总投资约14.5亿元。至是年底，全州已先后注册成立10多家股份制水电开发企业。

2005年8月，州政府批同意复六硐河水能梯级开发规划，规划共有5级电站，总装机15.9万千瓦。

到2007年，黔南州在建水电站达19座，共计装机容量38.6万千瓦，当年完成发电量9亿千瓦时。2008年，投资8.8亿元、装机12万千瓦（时为全州最大）的罗甸双河口水电站，投资2.5亿元、装机4万千瓦的罗甸石门坎电站扩机工程相继建成发电。2009年，投资5亿元，装机8万千瓦的惠水团坡水电站建成。2010年12月，由浙江商人投资3.5亿元的长顺黄花寨水电站建成，该电站动工兴建于2006年4月，位于长顺县黄花寨，是省、州、县的重点建设项目之一，为中型电站，电站装机容量2×3万千瓦。总投资6.71亿元。电站由浙江老板筹资开发，后由北京大唐公司收购。

2013年，建成平塘河湾水电站（装机2万千瓦）、罗甸灰洞水电站（装机5万千瓦）、三都羊福水电站（装机1500千瓦）、荔波大河水电站（300千瓦）、荔波弄力水电站（1500千瓦），完成水电装机7330千瓦，占黔南州年计划任务数7150千瓦的102.5%。水电发电量完成14亿千瓦时，占年计划任务数13亿千瓦时的107.7%，超额完成了年初提出的目标。

2014年，新增水电站3座，装机规模共14320千瓦（独山县巴年水电站12600千瓦，三都县岩江水电站1320千瓦，福泉市高车水库附属电站400千瓦），占目标任务1万千瓦的143.2%。是年，平塘县水能资源开发较大，装机容量2万千瓦、总投资2.8亿元的河湾水电站于8月整体竣工；装机容量20万千瓦、总投资26亿元的甲茶水电站启动施工；装机容量1.2万千瓦、总投资1.2亿元的拉安水电站，装机容量2.4万千瓦、总投资1.8亿元的茅草桥水电站，装机容量3万千瓦、总投资2.18亿元的沙坝水电站进入施工前期准备工作。

三、农村水电电气化建设

“八五”期间，水利部部署农村电气化建设县试点工作，州水利局组织州内 5 个县申报全国水电农村电气化试点县。并开展罗甸、长顺、瓮安、荔波 4 个农村初级电气化县建设。1993 年 1 月，瓮安、罗甸两县列入全国第二批电气化建设试点。

2001 年 11 月 9 日，水电部批准贵州省 12 个县为水电电气化试点县，黔南州有长顺县和三都水族自治县列入（两县于 9 月经国务院批准为全国第四批农村水电电气化建设县）。同时，省水利厅将荔波、瓮安、罗甸、平塘 4 个县列入电气化替补县。全州在这 6 个县开展了电气化建设工作。是年，荔波县获全国农业水电初级电气化建设先进县。2005 年，在初级电气化建设的基础上，建成了长顺、三都两个农村电气化县。是年，州水电局电管站获贵州省“十五”农村水电及电气化建设先进集体。

州内农村水电电气化建设试点工作至 2010 年结束，6 个电气化建设县共投入电气化建设资金 18 亿元。其中除国家有部分资金补助外，大部分资金是地方和股份制发电企业投入。6 县水电装机规模从 1990 年的 3. 01 万千瓦增加到 2010 年的 40. 13 万千瓦，占全州水电装机的 74%；年发电量从 1990 年的 14306. 5 万千瓦时增加到 2010 年的 99564. 88 万千瓦时，占全州年发电量的 73. 2%。

“十五”“十一五”水电农村电气化县建设完成后，“十二五”期间，荔波、三都两县申报成为全国“十二五”水电新农村电气化县。经过几年建设，全州电气化建设完成白梓桥水电站，岩江水电站。拉易水电站，平岩水电站，波恒水电站，昇立水电站，姑赏水电站等电源点建设（平林水电站在建），累计完成装机 44. 15MW，投资 42115 万元，其中：电源工程 39646. 5 万元，输出线路工程 2468. 5 万元，年可增加发电量 1. 6 亿度。通过“十二五”新农村电气化建设，提高了全州农村电气化水平。

黔南州 6 个电气化试点县水电装机与发电量对比表

表 12 –2 –9

电气化县	1990 年		2010 年	
	水电装机（千瓦）	发电量（万千瓦时）	水电装机（千瓦）	发电量（万千瓦时）
罗甸	10300	4188. 8	193650	47279. 15
瓮安	1940（含小火电）	5284	10320	4265. 2
长顺	4360	1911. 4	91070	9297. 5
荔波	4670	823. 7	86360	32688. 53
三都	2320	598. 6	13625	3532. 6
平塘	6520	1500	6290	2501. 9
合计	30110	14306. 5	401315	99564. 88

四、都匀小水电代燃料生态保护工程试点

经国家水利部批准，2004 年，都匀市列入全国小水电代燃料生态保护工程试点县

（市），为全国首批26个试点之一，实施为新增代燃料水电装机1500千瓦，年供代燃料电量211万千瓦时，解决1725户、7183人代燃料用电，保护天然林2.95万亩。

项目区为坝固镇坝固村、明英村、鸡贾村，大坪镇五星村，王司镇桃花村的48个村民组。项目领导小组多次召开联席会议，制定有关政策措施，深入项目区进行广泛宣传动员，取得群众支持。

试点项目以续建桃花水电站为电源点，装机容量2×3000千瓦。

桃花电站是马尾河流域梯级开发的龙头电站，拦河大坝为混凝土拱坝、设计坝高40米。在列为代燃料试点工程电源点前，由都匀市水利局下属的都匀市水利水电综合开发公司建设，大坝建到12米高，已完成引水隧洞、发电厂房主体工程，水轮发电机组购置运到工工地待安装，完成投资2400万元。因资金不足未完成。都匀市列为水电代燃料试点后，经市政府同意，于2004年2月将桃花电站转让给黔南中水水电开发有限公司进行续建，并由该公司承担代燃料供电的职责和负责项目区电网改造。

桃花电站续建工程于2004年1月开工，由黔南州水电机械化工程队承建，省水利厅质量监管中心站进行质量强制监督管理，经1年多时间，电站建成竣工，两台机组分别于2005年3月2日和6月14日并网发电。电站续建大坝高28米，安装电气、通信、升压开关站等设备，建成上网工程35千伏输电线路7公里。总投资3000万元，其中小水电代燃料装机投资900万元。

2005年7月1日正式开始代燃料供电。项目区户均月代燃料电量定额100千瓦时，电价0.20元/千瓦时，超出代燃料定额部分的电量，按常规电价0.45元/千瓦时收取。项目区供电由市水利局协议委托中水公司管理。

项目区配套工程，采取有关部门补助物资，群众自备砂石料和投工投劳的形式进行建设。新建引水工程5处，维修改造引水工程9处，新建提水站2处，维修改造提水站2处，人畜饮水工程（自来水）共达到18处；新建和改造土石公路共3.2公里，硬化村寨道路10.2公里；改厨后配置统一标准灶台206个，改厕59个。配套工程总投资1247.3万元。其中，中央、省财政共补助资金510万元，市水利局投入30.9万元，市农业局投入8万元，市林业局投入1万元，乡镇、村组投入6.3万元，市公交公司投入223.1万元。其余468万元的项目缺口资金由中水公司筹措。

小水电代燃料生态保护工程试点项目的建设，使都匀市停工多年的桃花电站得以续建完工，新增装机2×3000千瓦，其中代燃料装机1500千瓦，解决项目区1758户7468人的生活燃料，每年减少燃料费支出71.9万元。保护项目区天然林3.15万亩，控制水土流失面积0.3万亩，巩固封禁治理2.3万亩，每年减少砍伐林木1.3万立方米，烧煤1489吨。改变了项目区农户的生活方式和居住环境。因减少砍柴运煤工日而转移就业农村劳动人213人，增加农民收入101.3万元。社会经济效益十分明显。

除都匀外，州内还在荔波建设了小水电代燃料项目。2013年，完成对荔波县拉易小水电代燃料项目的验收，解决了该县佳荣镇拉易村、大土村、甲料村、拉潭村、水维村2000户以电代燃料的生产生活供电问题。

2014 年全州已建在建装机 1 万千瓦以上水电站统计表

表 12－2－10

建成时间（年）	电站名称	所在地	装机容量（千瓦）	年发电量（万千瓦时）	总库容（万立方米）	坝高（米）	总投资（万元）
1997	石门坎一厂	罗甸县	19800	8651			10440
2000	海里电站	惠水县	1600	8830		13	8200
2003	大七孔电站	荔波县	48000	38239	207	25.5	24000
2006	浪详电站	荔波县	30000	14200	889	42	18053
2008	双河口电站	罗甸县	120000	45910	19560	99.5	85150
2008	石门坎二厂	罗甸县	40000	15430	110.6		19338
2009	团坡电站	惠水县	80000	24750	52.1	40	50498
2010	石板塘电站	长顺县	12800	4480	36.6	4.6	6400
2011	黄花寨电站	长顺县	60000	22150	17480	110	35000
2013	灰洞电站	罗甸县	50000	20160	256	48.5	32481
2013	河湾电站	平塘县	20000	6850			18985
在建	巴年电站	独山县	12600	4396	2330	9.5	6000
在建	上尖坡电站	罗甸县	60000	25950	1600	82.8	51529
在建	小井电站	罗甸县	90000	35380	4200	19	55800
在建	冗各电站	罗甸县	90000	31510	3290	82.6	83690
在建	甲茶电站	平塘县	200000	69000			14600
在建	白梓桥电站	三都县	10000	3725	992	25	8227
在建	清水扩机	瓮安县	20000	6300	557	58	11072

附：

濛江流域水电开发

濛江属珠江流域西江水系，为红水河左岸一级支流，起点分为左右两源。左源格凸河发源于长顺县马路乡，右源涟江发源于花溪区党武乡，于罗甸县双河口处汇合成濛江。濛江干流全长 237.1 公里，落差 938.5 米，水能资源蕴藏量 50 多万千瓦。

罗甸县委、县政府提出“开发濛江水电能源，做强做大水电文章”的工作思路，支持水电开发商在濛江以及濛江支流坝王河开发小水电，是年实现对原石门坎 2×2 万千瓦和雷公滩 2×1 万千瓦两个电站的扩容技改。2003 年 6 月，罗甸县政府与贵州濛江流域开发有限公司签署《濛江流域水电资源联合开发协议》。2008 年 7 月，贵州濛江流域开发有限公司投资 8.8 亿元，建成罗甸双河口水电站，该项目装机 12 万千瓦，年均发电量 4.59 亿千瓦时。公司还投资 5.2 亿元，建成惠水装机容量 8 万千瓦的团坡水电站，年均发电量 3.3 亿千瓦时，该项目于 2009 年 3 月投入生产。同年，贵州濛江流域开发有限公司和黔南中水水电开发有限公司的管理机构合并（简称濛江公司），公司总资产 19.11 亿元，拥有运行电站 7 座，装机容量达 28.04 万千瓦。年发电量超过 9 亿千瓦时。2013 年 9 月，总投资 3.5 亿元，装机 5 万千瓦（2×2.5 万千瓦），设计多年平均发电量 2.02 亿千瓦时的灰洞水电站建设成发电。2013 年 3 月，总投资 4.46 亿元，装机 6 万千瓦（2×3 万千瓦），设计多年平均发电量为 2.6 亿千瓦时的尖坡电站开工建设。2012 年 10 月，总投资 7.16 亿元，装机规模为 9 万千瓦（3×3 万千瓦），设计多年平均发电量为 3.35 亿千瓦时的冗各电站破土动工。这些电站建成后，罗甸县小水电装机容量达到 57 万千瓦。

濛江流域建设已建成水电站增添近 10 平方公里水域，加上广西龙滩水电站罗甸库区，罗甸县水域面积达 90 平方公里。其中，双河口水电站库区村民由粮农、菜农变成了果农，全村 426 户村民上山栽种 3000 多亩杨梅、板栗。村民利用水资源养鱼，渔业成为当地农民一项新兴经济产业。2010 年，罗甸县有生态网箱 2 万口，投饵网箱 983 口，拦网养殖 9000 亩，1438 个农村富余劳动力做起了养鱼专业户，年产值突破 1 亿元。

2010 年 11 月，贵州艾源生态药业开发有限公司投资 1.4 亿元，在罗甸县建设年产 50 吨的纯天然冰片加工基地及生产线项目。由于电力的充足和保障，制药、牛肉干、石材、保鲜等一批企业项目落户罗甸，县域经济得到了迅速发展。罗甸县工业总产值于 2008 年首次越过农业总产值，实现了经济结构的重大调整。全县 2010 年规模以上工业总产值达到 14 亿元，地方财政收入从 4 年前的 1.21 亿元增加到 3.24 亿元。

到 2014 年，依托濛江电力资源，罗甸县正在建设年产纯硅铁 15 万吨、工业硅 5 万吨、硅铝合金 15 万吨的“电矿组合硅系列循环经济工业园区”。

濛江流域部分水电站简介：

双河口水电站：位于罗甸县边阳镇交砚乡，地处濛江干流河段上格凸河与涟江交汇口下游 4 公里处，是濛江干流规划开发的第七级水电站。该电站为贵州省 2005 年重点建设项目，属Ⅱ等工程。工程总投资 8.8 亿元，由贵州濛江流域开发有限公司投资兴建。拦水坝为钢筋混凝土面板堆石坝，坝高 99.5 米。水库为大⑵型，总库容为 19280 万立方米。电站装机 3 台立轴混流式水轮发电机组，装机规模为 12 万千瓦（3×4 万千瓦）。工程于 2004 年 5 月开工建设，2008 年 7 月竣工。3 台机组分别于 2008 年 7 月 22 日、23 日和 8 月 5 日相继发电。电站 2012 年发电量为 4.16 亿千瓦时。

团坡水电站：位于惠水县打引乡，为濛江干流上游河段涟江梯级第三级，上游接已建的海里水电站，下游接待建的上尖坡水电站。团坡水电站为引水式电站，规模为中型，属Ⅲ等工程，由贵州濛江流域开发有限公司投资兴建。拦水坝为钢筋砼滚水坝，坝高 40 米，水库总容量 52.1 万立方米。电站装机容量 8 万千瓦。工程于 2005 年 2 月开工建设，2008 年 8 月 28 日下闸蓄水，2009 年 3 月工程施工结束。3 台机组分别于 2009 年 3 月 7 日、4 月 25 日、4 月 29 日相继发电。电站 2012 年发电量为 2.55 亿千瓦时。

石门坎电站二厂：位于罗甸县城以西约 30 公里的濛江干流下游急湾河段，是濛江干流水电规划自上而下的第 9 个梯级开发工程。二厂是对已有石门坎水电站的扩机改造工程，装机 2×2 万千瓦，保证出力 0.63 万千瓦，工程由濛江流域开发有限公司投资兴建，静态总投资1.78亿元，由贵州黔水建设工程有限公司进行项目管理总承包。工程于2007年1月动工，2008年6月完工。2008年6月29日并网发电，2012年发电量为9855.3千瓦时。

冗各水电站：位于罗甸县境濛江干流河边寨石门坎河段，为濛江流域规划的第六级电站，为濛江流域继双河口电站之后的第二大水电站。工程由贵州濛江流域开发有限公司投资开发，总投资8.3亿元。拦水坝高82.9米，水库总库容2970万立方米。电站装机3×3万千瓦。工程于2012年10月开工建设，2013年10月底实现大江截流，预计于2015年底建成发电。

第六节　水利水电工程移民安置

一、移民安置

1994年12月，罗甸县成立移民开发办公室，开展龙滩水电站罗甸库区实物指标调查工作。2000年10月，瓮安县成立乌江构皮滩水电站工程占地及水库淹没实物指标调查和移民安置领导小组。2001年10月15日，成立州移民局，对新开工建设的水利水电工程开展前期可研和实物指标调查、移民搬迁安置和生产安置等工作。是年，成立罗甸县移民开发局和瓮安县成立移民开发局。2002年1月30日，州政府成立黔南州大中型水电工程移民开发领导小组，于4月3日召开领导小组会议，确定水库移民搬迁安置以“分散有土安置为主，集中有土安置为辅，自谋职业无土安置为补”的指导思想。10月29日，实施罗甸库区290米围堰水位线下罗妥乡坝宜组21户97人移民搬迁，为州内启动大中型水电站水库移民工作后的首批移民搬迁安置。2003年5月，实施《黔南州大中型水电工程水库移民安置实施管理办法（试行）》。按照“搬得出、稳得住、逐步能致富”目标进行移民搬迁。是年，福泉市、贵定县、龙里县分别成立移民开发领导小组，开展大花水水电站实物指标调查工作。2007年3月，成立长顺县移民开发领导小组，开展黄花寨水电站移民搬迁安置工作。2011年4月，州政府明确州移民局为正县级事业单位。到是年底，全州12县（市）均已成立县级移民管理机构，均为正科级事业单位，统一名称为水利水电工程移民局，简称移民局。罗甸县、瓮安县移民局人员明确参照公务员法管理，其他10县（市）移民局人员均为财政全额拨款的事业管理。其中，福泉市移民管理机构包含矿山移民职能。到2014年，全州移民机构实有172人。2002—2014年，全州累计完成已建大中型水利水电工程移民搬迁安置25643人。其中，龙滩水电站搬迁18262人（罗甸），双河口水电站搬迁1003人（罗甸），构皮滩水电站搬迁4519人（瓮安），黄花寨水电站搬迁567人（长顺），大花水水电站搬迁710人（龙里、福泉、贵定），高车水库搬迁582人（福泉）。

（一）已完成移民安置工程

龙滩水电站罗甸移民安置：龙滩大型水电站建设期为2001年7月至2008年底。拦水坝址在广西天峨县境境，水库面积377平方公里，淹没区涉及黔桂两省区的10个县，其中涉及贵州省3州（市）5县。在黔南州境内，涉及罗甸县11个乡镇69个村287个组，需搬迁安置17611人，生产安置18749人，补偿耕地1.75万亩、园地0.78万亩、林地2.91万亩、草地2.88万亩，各类房屋52.33万平方米、四级公路82.87公里、机耕道291.33公里、桥梁15座918米。龙滩水电站审定罗甸库区移民补偿投资为191348.64万元。罗甸县开展了实物补偿、移民搬迁、生产安置工作。政府建设集中安置点4个，移民自发建设集中安置点8个。撤销原建制村2个，新建村1个。对375米线上随迁人口实行征占耕地长期补偿的生产安置，不再实施搬迁。

构皮滩水电站瓮安移民安置：构皮滩大型水电站建设期为2003年11月至2008年底。拦水坝址位于余庆县境乌江干流，水库区淹没涉及开阳、息烽、余庆、湄潭、遵义、瓮安等6县。其中，淹没涉及黔南州瓮安县9个乡镇33个村85个组的734户，淹没土地总面积30746.7亩，核定生产安置人口4679人，搬迁人口4454人，补偿各类房屋12.06万平方米、耕地8626.7亩、园地1334.4亩、林地14408.9亩、公路16.82公里、输电线24.8公里、红军坟28座，影响工矿企业11家。构皮滩水电站审定瓮安县移民补偿投资为45289.24万元。瓮安开展了安置工作。

大花水水电站龙里、贵定、福泉移民安置：大花水中型水电站建设期为2004年1月至2007年11月。拦水坝址位于开阳县、福泉市交界清水江大花水河段，水库淹没涉及黔南州龙里、贵定、福泉3县（市）7个乡（镇）13个村的60个村民小组，需搬迁直淹移民222人（龙里216人，贵定6人），生产安置706人（龙里县394人，贵定县119人，福泉市193人），补偿各类房屋5720平方米、耕地1841.39亩、园地22.89亩、林地5129.88亩、建设用地53.89亩、未利用地42.03亩。需专项复建独木河大桥，清水河大桥，里矿山脚电站（装机490千瓦龙），长沟堤灌站，顺岩河堤灌站，四级公路2.47公里等。黔南库区审定移民投资为5956.74万元。黔南州完成了移民安置工作、有关基础设施建设和库区淹没林地等集体财产补偿处理。

格里桥水电站瓮安、福泉移民安置：格里桥水电站建设期为2007年至2010年2月。拦水坝址位于开阳县与瓮安县交界处的清水河干流上，水库蓄水淹没影响黔南州瓮安、福泉两县（市）4个乡镇5个村7个村民组。建设征地移民安置补偿费瓮安县为232.48万元，福泉市为1395.90万元。水库淹没影响瓮安县2个乡（镇）2个村2个村民组，淹没土地面积432亩，其中，农用地（林地）425.32亩、未利用地6.7亩，影响渡口3处。淹没影响福泉市2个乡（镇）3个村5个村民组，淹没土地面积775亩，其中，农用地762.60亩（耕园地69.72亩，各类林地692.88亩）、建设用地3.88亩（村寨占地0.21亩，工矿用地3.67亩）、房屋面积4235平方米、坟墓27座、人行桥1座，影响渡口4处、瓮福磷矿取水口1处。规划搬迁安置人口126人，已全部搬迁安置完毕。

双河口水电站罗甸移民安置：双河口中型水电站建设期为2004年至2007年8月。拦水坝址位于罗甸县交砚乡境内蒙江干流与格凸河汇合口下游约4千米处，水库淹没影响及施工占地涉及罗甸县4个乡12个村的34个村民组、1190户。需补偿耕地4984亩、园地407亩、林地1905亩、未利用土地432亩、房屋1210平方米、四级公路0.42公里、等外级公路1.36公里、机耕道1.31公里、公路桥梁2座95米。该电站是省内首个实施征占耕地长期补偿试点的水电站，审定水库移民一次性补偿投资为7822.02万元，搬迁水库淹没线以下淹4户19人，生产安置1003人。罗甸县已完成直淹移民搬迁安置17人，库区、施工区移民生产安置986人，实施征占耕地长期补偿的有708户，涉及耕地4951.13亩，每年兑现补偿资金374.73万元。

黄花寨水电站长顺移民安置：黄花寨水电站建设期为2010年至2011年3月。拦水坝址位于黔南州蒙江干流格凸河上，库区淹没涉及黔南州长顺县、安顺市紫云县。其中涉及长顺县敦操、代化两个乡（镇）4个村的13个村民组。淹没耕地2329.24亩、林地1252.25亩、其他地843.04亩，房屋面积14561.34平方米、人行便道3.5公里，影响渡口1处。直淹移民90户433人。规划生产安置人口567。审定移民投资为8859.35万元。长顺县已完成795.5米移民迁移线下出组外迁生产安置433人，组内调剂耕地进行生产安置184人。

高车水库福泉移民安置：高车水库位于福泉市岔河乡境，建设期为2008年12月至2012年3月。工程涉及福泉市城厢镇和岔河乡2乡镇3个村8村民组的土地及实物，淹没耕地709亩，园地50亩，林地630亩；淹没房屋11997平方米，坟墓315座，厕所75个、烤烟房311平方米；淹没福—岔四级公路4.45公里（含石拱桥2座）、人行桥3座，淹没水利拦河坝7处，水库蓄水后影响下游洒金桥电站1座（960千瓦）。需搬迁安置农村移民582人，2014年前已全部搬迁安置完毕。建设征地及移民安置实施总投资为18104.32万元。

（二）在实施移民安置工程

杜仲河水库移民安置：杜仲河中型水库位于瓮安县银盏镇杜仲河寨子处，工程于2011年9月16日开工建设。水库淹没耕地面积435.69亩，规划搬迁89人，生产安置172人。移民安置规划大纲和移民安置规划报告于2011年1—2月审查批复，建设征地及移民安置补偿总投资13320.76万元。正在实施移民搬迁安置工作。

冷水沟水库移民安置：冷水沟中型水库位于三都水族自治县合江镇，工程于2010年12月21日开工建设。水库淹没耕地876.38亩，规划搬迁1397人，生产安置725人。移民安置规划大纲于2010年5月批复，建设征地及移民安置补偿总投资11546.01万元。正在实施移民搬迁安置工作。

河湾水电站移民安置：河湾中型水电站位于平塘县掌布镇的掌布村，工程于2010年8月开工建设。水库淹没耕地149.5亩，规划生产安置116人。移民安置规划大纲和移民安置规划报告于2012年4月审查批复，建设征地及移民安置补偿概算投资4389.95万元，水库建设征地及移民安置阶段性工作基本结束。

摆图水库移民安置：摆图小⑴水库位于平塘县通州镇曹渡河右岸支流上，工程于2012年11月开工建设。水库淹没耕地170.43亩，规划生产安置319人。正在实施移民搬迁安置工作。

平省水库移民安置：平省中型水库位于都匀市河阳乡荣堡村长坡组境内桐水河上，工程于2012年9月29日开工建设。水库淹没耕地330.25亩，园地69.83亩，林地530.08亩，规划搬迁安置移民138人。移民安置规划大纲和移民安置规划报告于2010年8月审查批复，正在实施移民搬迁安置工作。

窄冲水库移民安置：窄冲中型水库位于龙里县草原乡朵花村朵花河上，工程于2012年开工建设。水库淹没及影响各类土地832.2亩，规划搬迁安置移民144人、生产安置151人。移民安置规划大纲和移民安置规划报告于2011年8月19日通过审查，建设征地移民安置补偿6061.72万元。正在实施移民搬迁安置工作。

鱼洞峡水库移民安置：鱼洞峡中型水库位于贵阳市乌当区东风镇头堡村鱼洞河上，工程于2009年开工建设。水库淹没涉及贵阳市南明区、乌当区和黔南州龙里县的5个乡（镇）11个行政村16个村民组，淹没各类土地1885.27亩，规划生产安置人口409人，搬迁安置人口277人。其中龙里县规划搬迁安置140人，建设征地移民安置补偿规划总投资9708.65万元。移民安置规划报告于2009年审查批复，正在实施移民搬迁安置工作。

四寨水库移民安置：四寨小⑴型水库位于贵定县境内，工程已开工建设。水库淹没耕地244.08亩，规划生产安置人口253人、搬迁安置人口6人。移民安置规划报告于2010年12月27日审查批复，淹没建设征地和移民安置补偿总投资2068.53万元。

灰洞水电站移民安置：灰洞中型水电站是蒙江干流水电梯级开发规划中格凸河的第六级电站。于2010年3月开工建设。电站水库淹没罗甸县耕地0.93亩，规划生产安置人口78人、搬迁人口77人。移民安置规划修编报告于2012年12月审查批复。正在作移民安置阶段性下闸蓄水验收准备工作。

（三）已规划移民安置工程

冗各水电站移民安置规划：位于罗甸县逢亭镇冗各村，工程于2011年底启动。淹没涉及罗甸县的4个乡（镇）10个村的39个村民组。淹没总面积2.53平方公里，规划搬迁安置1284人、生产安置1152人。

上尖坡水电站移民安置规划：位于罗甸县罗沙乡与董王乡交界的蒙江左源涟江河下游，工程于2011年底启动。电站水库淹没涉及罗甸县、惠水县的3个乡（镇）8个村32个组。淹没总面积1.22平方公里，规划搬迁安置218人、生产安置257人。

甲晒水库移民安置规划：为小⑴型水库，位于三都县都柳江一级支流上游甲晒河上。工程于2013年5月开工建设。水库淹没及影响各类土地面积1632亩，规划搬迁移民476人、生产安置557人。移民安置规划大纲和规划报告于2013年11月通过审查。

打渔河水库移民安置规划：为小⑴型水库，位于独山县麻尾镇六硐河一级支流打渔河上游。工程于2013年10月开工建设。水库淹没及影响各类土地面积1657亩，规划搬迁移民136人、生产安置142人。移民安置规划大纲和规划报告于2013年8月通过审查。

大河水库移民安置规划：为中型水库，位于都匀市菜地河上，渠道工程于2013年12月28日开工建设。水库淹没及影响各类土地面积3302亩，规划搬迁安置移民122人、生产安置244人，移民安置规划大纲和规划报告于2014年4月通过审查。

小河水库移民安置规划：位于贵定河右岸支流七八河下游，工程于2014年底开工建设，为小(1)型水库。水库淹没及影响各类土地面积393亩，规划搬迁安置移民92人、生产安置121人，移民安置规划大纲和规划报告于2013年9月通过审查。

干桥水库移民安置规划：为小(1)型水库，位于长顺县代化镇与敦操乡之间的摆刀河上，工程于2014年底开工建设。水库淹没及影响各类土地面积202亩，规划搬迁安置66人、生产安置76人。移民安置规划大纲和规划报告于2012年8月通过审查。

尧柳水库移民安置规划：为小(1)型水库，位于荔波县茂兰镇罗家寨村下尧柳寨子茂兰河下游约2.2公里处。工程于2014年10月开工建设。水库淹没及影响各类土地面积617亩，规划生产安置31人，移民安置规划大纲和规划报告于2014年2月通过审查。

龙井水库移民安置规划：为小(1)型水库，位于长顺县南部代化镇摆刀河上，工程确定于2015年初开工建设。水库淹没及影响各类土地面积762亩，规划移民生产安置106人。移民安置规划大纲和规划报告于2012年8月通过审查。

黑沟水库移民安置规划：为小(1)型水库，位于平塘县平舟镇龙兴村境内。工程确定于2015年初开工建设。水库淹没及影响各类土地面积125.22亩，规划生产安置79人。移民安置规划大纲和规划报告于2014年6月通过审查。

大土水库移民安置规划：为小(1)型水库，位于荔波县大土村甲料河上。工程确定于2015年开工建设。水库淹没及影响各类土地面积726亩，规划生产安置81人。移民安置规划大纲和规划报告于2014年7月通过审查。

平林电站移民安置规划：位于荔波县捞村乡平林寨下游打狗河上，工程确定于2015年6月开工建设。淹没涉及荔波县1个乡3个村13个村民组，征地总面积1553亩，规划生产安置43人。移民安置规划大纲和规划报告于2012年10月通过审查。

二、移民后期扶持

（一）扶持资金项目

按照2006年《国务院关于完善大中型水库移民后期扶持政策的意见》，从是年7月1日起，对农村有土安置的移民扶持20年，每人每年600元。2007年起，各县、市在移民局设立“后扶”机构开展移民后期扶持工作。根据罗甸、瓮安、龙里、贵定、福泉5县（市）《后期扶持规划（2006－2010）》，黔南州纳入后期扶持范围的移民共计27330人，其中现金直补21699人，项目扶持5631人。在实施《大中型水库库区和移民安置区基础设施建设及经济发展规划》中，“十一五”时期，黔南州实际落实库区和移民安置区基础设施建设和经济发展规划项目共61个，总投资1714.27万元。

2008年7月，省移民局批复同意把黔南州罗甸县板庚乡板庚村、沫阳镇柏林村、龙坪镇五星布主坡村、龙坪镇五星鲁断坡村，瓮安县龙塘乡尖坡村曾武山移民新村、银盏乡太平村小春湾移民新村列入全省50个移民示范新村试点。2008—2012年，黔南州6个示范新村累计投入项目资金3026.66万元，6个示范新村建设于2012年5月通过了省移民局验收。

根据罗甸、瓮安、龙里、贵定、福泉、长顺、平塘、惠水、都匀、独山、三都11个县（市）的《大中型水库移民后期扶持规划（2011－2015）》，黔南州纳入后期扶持范围的移民共计33150人，其中现金直补26270人，项目扶持6880人。

到2014年底，全州大中型水库移民后期扶持人数34099人，采取按季发放和“一卡通”的方式，自2006年下半年起，已累计发放每人每年600元直补移民后期扶持资金16382.63万元。在项目扶持上，自2008年8月起，省财政厅、移民局已累计下拨黔南州各类后期扶持项目673个，资金15069.37万元。搬迁安置移民各种后期扶持到位资金304993.9万元。

（二）长期补偿和产业式移民

1. 长期补偿。双河口水电站涉淹农户1190户5355人，规划生产安置人口1003人。该电站动工建设后，按照省委、省政府关于积极探索新时期贵州水库移民安置新路子的要求，黔南州提出“后扶工作前移”，率先开展“长期补偿”试点。将移民利益与电站运行效益长期结合起来，变一次性补偿为长期逐年补偿。即由电站业主对被征占土地的移民实行补偿，电站运行一年，补偿一年，直至电站运行寿命结束。试点中，有715户移民符合长期补偿条件，其中696户自愿签订长补协议，户均年补偿5436元，最高达33663元。龙滩水电站于2006年10月下闸蓄水后，有3000多移民未落实耕地，经省政府批复同意，参照双河口电站的长期补偿经验，于2009年12月启动补偿工作。至2012年底，罗甸库区纳入长期补偿的耕地9429.34亩，参加移民共3437户15835人，占整个龙滩水电站罗甸库区移民户的54.8%。2009年2月，由国家发改委农经司、国家水利部移民局、国家能源局新能源司等单位领导、专家组成的调研组，到罗甸双河口水电站调研移民长期补偿工作。《当代贵州》杂志和《中国水利水电工程移民问题研究》一书对罗甸县的移民“长期补偿”模式给予高度评价，山东、青海、湖南、广西、云南、四川、重庆等省（市、区）到黔南学习“长期补偿”经验。

2. 产业式移民试点。罗甸县上隆茶果场始创于1953年，为国有农垦企业。2002年后退休职工的增多，在职人员不足100人，茶果园依靠请临时工管护，曾一度亏损。州、县移民部门多次与其协商后，决定利用易地移民安置项目补助资金，进行产业移民试点。第一期由上隆茶果场吸收龙滩电站库区等贫困移民115户505人承包管护茶果园。迁入茶果场的移民与农场职工享受同等待遇，移民按自筹比例享有产权。承包当年，户均收入6000元以上，扶贫效果明显，企业也获得了稳定的人力资源。第二期增加了茶果园开发的内容，新开发2500亩茶园，企业规模相应扩大，拓展了安置容量，新增移民250户1000人。第三期启动小城镇建设，形成一定规模的场部集镇。茶果场新建和改造职工住房115栋6916平方米，改善了职工和移民的住房条件。通过“以场带户、以场带乡”的示范带动，形成覆盖农场周边纳坪、逢亭、木引、罗苏4个乡（镇）65个村5.5万农民的“上隆茶果场经济带”。到2014年，全场职工已达4000多人，茶果园也由原来的5300亩扩大到7800亩，资产由原来的6500万元增加到8500万元。附近农民有2444人到上隆茶果场安家落户，总计承包茶果林3400亩。

第十三篇

商业　贸易

第一章 商 务

1991—1996 年，设置黔南州商业局、黔南州对外贸易局。州商业局直属管理的有州百货公司、州纺织品公司、州食品公司、州盐业公司、州民族贸易公司、州糖酒公司、州五交化公司、州蔬菜水产饮食服务公司等 8 个州直企业（习惯称为八大公司）。州对外贸易局直属管理的有州五金矿产进出口公司、州土畜产进出口公司、州进出口公司、州粮油食品进出口公司、州轻工进出口公司和州外贸运输公司。1993 年 5 月，对外贸易经济合作部批准成立贵州黔南州进出口公司。9 月，黔南州进出口公司正式成立，次年起自营进出口业务。1994 年，州蔬菜水产饮食服务公司加挂“贵州省第 31 国家职工技能鉴定站”牌子。1996 年 10 月，州委、州政府撤销州商业局和州对外经济贸易合作局，合并组建黔南州商务局，加挂州对外贸易经济合作局牌子。1998 年 9 月挂牌成立黔南州拍卖公司，隶属州商务局。2001 年 10 月，州委、州政府决定州商务局更名为州贸易合作局，将州物资行业管理办公室行业管理职能划入州贸易合作局，建立生猪屠宰管理办公室，为局属正科级事业单位。是年，黔南州盐业系统整体建制从商业系统划归省盐业集团，建贵州省盐业集团黔南州分公司。2004 年 7 月，州贸易合作局更名为州商务局，为州政府工作部门，负责全州国内外贸易、利用外资、国际经济合作等工作。2010 年 3 月，在机构改革中，撤销黔南州商务局、黔南州粮食局，合并组建黔南州商务和粮食局，内设科室 9 个，下设正科级事业单位 2 个。2014 年的机构改革，明确州商务和粮食局为州政府工作部门，内设办公室（计划财务科）、市场科（法规监督科）、商贸物流科（电子商务科）、粮食科、对外贸易科、开发区管理办公室等 6 个科（室）。

“八五”时期，黔南州商业和对外贸易体制在改革开放中着力搞活流通，从计划经济向市场经济过渡，对国有商业企业实行经营、价格、分配、用工“四放开”，实行国有商业企业资产“国有民营”，逐步适应市场需求。1996 年起，采取股份合作制、破产、拍卖、租赁、托管、承包等多种形式改革商业体制。以 1991 年为基期，到 2014 年，全州国内贸易稳步发展，社会消费品零售总额增长 14.2 倍；对外贸易和经济合作经过转型实现新的历史性跨越，全州外贸进出口总额增长 300 多倍，其中 2012—2014 年连续 3 年利用外资超亿美元。

第一节 商业体制改革

1990 年，州内与政府签订承包合同的商业企业大部分到期，州、县（市）两级商业主管部门着手进行第二轮承包，确定“大稳定、小调整”的第二轮承包经营原则，鼓励原企业承包人继续承包，同时针对第一轮承包经营中存在的“包盈不包亏”“指标畸高畸低”的弊端和主要经济指标进行适当调整，第二轮承包经营合同的指标体系进一步完善。11月，州直6家商业公司率先与州政府签订1991—1992年的承包经营合同，成为州直系统中第一批签订第二轮承包合同的预算内国营商业企业。年底，全州有30家商业企业签订第二轮承包合同。到1991年上半年，全州有83家商业企业与当地政府或主管部门签订第二轮承包合同，占第一轮承包企业的89.25%。另有14家企业开始实行目标管理责任制。

1991—2005年，全州商业流通体制改革重点进行经营、价格、分配、用工“四放开”和国有民营、所有制改制等三方面改革。

一、“四放开”改革

1991年下半年起，全州商业企业开始推行“四放开”（经营、价格、分配、用工四放开）改革，扩大国营商业企业自主权。都匀市商业局率先在市五交化、糖酒、纺织品等3家企业进行“四放开”改革试点。到1992年第一季度，全州有29个商业企业实行“四放开”，占企业总数的27%。“四放开”企业以一业为主，综合开发经营，在分配制度上采取工资、奖金（乃至福利待遇）半浮动、全浮动、结构工资等形式，联销、联利、联责计酬，调动职工积极性。

1992年7月，州委、州政府制定下发《关于进一步搞活流通的意见》，提出要结合实际用好、用活搞活流通的有关政策、措施，深化流通体制改革，进一步转换流通企业经营机制；要按照“政府放权、企业严管、放而有度、活而有序”的原则，推行流通企业经营、价格、分配、用工“四放开”改革；鼓励组建各类企业联合体和企业集团；在坚持和完善现行企业承包经营责任制的基础上，对管理基础比较好的企业推行税收目标管理责任制，实行确定基数，“进档达标”，择优返还的办法，返还比例由各级财政视财力具体确定，完不成税收目标任务的企业，用企业自有资金补足，当年确有困难的，可用以后年度的超基数部分抵补；对实行“超收分成”的承包企业，各级财政可视财力从每年超承包基数的所得税中再返还一部分给企业，专项用于增补企业自有流动资金，并免交“两金”（能源交通基金和预算调节基金）；适当调整国家与企业的分配关系，减轻流通企业的负担；流通企业的技术改造资金来源实行多渠道解决的办法；加强市场建设；积极开拓市场，强化销售工作。8月，州商业局发出《关于加快发展国营商业企业的意见》，要求全州国营商业企业以市场为导向，以提高企业经济效益为中心，通过全面推行“四放开”改革转变经营机制，提高国营商业的市场竞争能力和调控能力，开展横向、纵向、全方位的经济联合，组建企业集团和各种形式的经济联合体，扩大经营范围，扩大销售辐射面。

二、“国有民营”改革

1993年以后，黔南州商业企业进行“国有民营”改革，实行职工承包经营。即按州委、州政府的部署，在“四放开”改革基础上，对边、小、微、亏企业和门店进行“国有民营”改革，至1995年底，全州国有小型零售企业的门店及柜组，已有80%以上实行国有民营。

1995年上半年，州纺织品公司提供经营场地与营业人员，引入资金100万元，与贵阳市喷水池商厦组建紧密性连锁经营店，安排职工共40余名。瓮安县百货公司与贵阳市喷水池商厦实行半紧密性连锁经营，取得较好经济效益，探索出连锁经营的新路子。年内，根据“组建大市场，发展大贸易，搞活大流通”的改革思路，于6月28日成立全州第一家国有商业企业集团——黔南盐业集团暨开发总公司；独山县商业总公司建成黔南州南部5个县规模最大的日用工业品批发市场，占地面积3000多平方米。各级批发企业采取划小核算单位、划细经营范围、优化组合、分科、分商品部门承包等形式，深化企业内部改革。1997年，福泉市推出合理调整主要经济指标的承包基数，逐年递增，保证企业不断增收的改革办法，全市“国有民营”柜组达到233个，覆盖了整个零售环节；都匀市“国有民营”柜组由1996年的96个增到133个。平塘县、州民贸公司、州纺织品公司完成新一轮“国有民营”承包。荔波县鼓励企业行政管理人员在做好本职工作的基础上参与“国有民营”承包，企业另发给岗位津贴。1997年末，全州商品总购进完成1490万元，占年计划的93.44%，比上年同期下降15.32%；商品总销售完成18952万元，占年计划的90.25%，比上年同期下降14%。全州国有商业盈亏相抵，亏损1178万元，比上年同期减亏65万元，减亏幅度5.25%。

三、改制及多形式改革

1996年，省委、省政府下发《关于放开搞活国有小型企业的决定》。4月，黔南州商业局将黔南州糖酒公司列为州级国有小型商业企业劳动用工制度改革和股份合作制改造的试点单位。经过企业资产评估、股权分置、拟订章程、民主选举等程序，于1997年12月28日正式挂牌为黔南州糖酒有限责任公司，从1998年1月起作为州内国有商业首家改制后的股份合作制公司参与市场竞争。

1997年6月26日，州政府批复州商务局，同意成立黔南州民族商业发展公司，与原州百货公司实行两块牌子一套人员经营管理。

是年，根据省商务厅、省经济体制改革委员会、省经济贸易委员会、省财政厅、省国有资产管理局、省工商行政管理局联合发出的《贵州省小型国有商业企业实行股份合作制改革的实施意见》，以“三个有利于”（有利于企业经营状况的改善和经济效益的提高，有利于调动和发挥职工的积极性，有利于经济结构的调整和优化）为标准，深化商业企业体制改革。

1998年，企业改革面在80%以上。是年，州直商业企业改革除州盐业、州饮食服务公司外，州百货、纺织品、五交化3个公司已进行企业资产全面评估，州民族贸易发展公司完成资产的分割、划拨工作，初步制定组建方案，州民贸公司列入国家民委在全国民贸企业选定的8个改革试点企业中。

1999年10月25日，州商务局拟定《关于州直商业企业改革改制工作的实施意见》，提出因企制宜、一企一策、多种模式的改革方案，以股份合作制为首选形式。州直商业企业共7户，其中，州饮食服务公司属事业性质，经费由州财政退库解决，在册职工有3人，离退休6人，无经营业务；州糖酒公司已按股份合作制改革挂牌营运，脱离国有企业；州盐业公司于2000年6月无偿划转给省盐业集团，组建贵州省盐业集团黔南分公司。按州委、州政府对国有企业改革改制的总体要求和部署以及州商务局向州政府签订的改制责任状，于2000年进行改制的企业有州针纺公司、百货公司、民贸公司和五交化公司4户企业。对4户企业改制的原则及要求是：保证国有资产不流失，盘活国有资产；尊重职工的意愿和选择，制订适合企业自己的改革改制方案；兼顾国家、企业和职工三者利益，尤其要考虑职工的承受能力；改制后的企业要建立新的经营机制，调动广大干部职工的积极性，提高企业的经济效益。

同期，根据中央“抓大放小”的方针，继续巩固和完善商业零售企业柜组承包经营改革成果，针对批发业务极度萎缩的实际，采取内部承包、租赁、托管、划转、股份合作制、联营等方式实施企业改革。至2000年3月底，全州118家独立核算商贸企业中，拍卖企业4家、股份合作制1家、有限责任公司1家、兼并1家、租赁经营6家、国有民营65家、托管经营4家、承包经营14家、分离重组12家、联合经营1家、申报停业3家、尚待改制6家。改革面达90%。仅州民贸公司经州政府同意暂缓改制。

2001年的全州商业企业改革，一方面致力于州直属企业涉及产权变更的改制工作，州商业局、州体改局、州财政局及州资本运营公司联合制定《黔南州蔬菜水产饮食服务公司改革方案》，报经州政府同意，撤销黔南州蔬菜水产饮食服务公司，保留贵州省第三十一国家职业技能鉴定站，理顺了该公司改制通道；另一方面促进县（市）国有商业涉及产权变更的企业改制工作，州商务局选编了瓮安、福泉、长顺等县（市）企业改制经验并发到各县（市），促进企业改制工作全面开展。

2002年，全州国有商业企业由于连年亏损，大部分企业负债累累，个别企业资不抵债，各企业向政府报送企业改制方案，在资产评估中发现大多数企业缺乏改制成本。2003年12月30日，州国有企业改革领导小组批复州纺织品公司、州拍卖公司，同意州纺织品公司和州拍卖公司整体改制成股份合作制企业，在职职工一次性安置费构成新公司的总股本，由重组企业负责与公司员工建立新的劳动关系，并按省政府相关文件的规定，对自谋职业的在职职工实行一次性安置（又称买断工龄），同时与原企业解除劳动关系并终止其国有职工身份。

2005年，州民贸公司进入改制程序，其改制方案、职工安置方案经州国有企业改革领导小组批准，并经职工大会通过之后，按照改制方案施行。至此，州直属商业企业改制全部完成。是年，州政府对黔南物资集团实行改制，所属州金属回收公司、化轻公司、旧机动车交易中心3家企业由州商务局负责进行国有控股企业改制，先后完成州金属回收公司、化轻公司2家公司国有控股的组建。

至2007年，州商务系统采取债务重组、售卖、股份合作等方式，相继完成了州直属商业6户、外贸8户国有小型流通企业的改革改制和2户国有控股企业组建工作。

2006—2014年，黔南州的商业体制改革进一步深化，在巩固完善原有改革措施的基础上，着重加强商品流通市场基础建设，抓好市场监控管理，摸索建立符合黔南实际的现代物流体系。

第二节 外贸体制改革

黔南州外贸体制改革起始于1984年。是年，根据国务院《批转对外经济贸易部〈关于外贸体制改革意见的报告〉的通知》，对外贸易实行政企职责分开，经营体制实行代理制，走“工贸结合、技贸结合、进出结合”的改革之路。其中，政企职责分开改革于1987年基本理顺；经营体制改革主要是实行承包经营责任制，总的方向是自负盈亏、放开经营、联合对外，探索有利于鼓励出口、抑制进口、改善出口结构，减少财政补贴的外贸调节体制。据此，全州外贸企业逐渐由单纯的购销型向生产经营型转变，时称“转轨变型”。

1990年12月，国务院颁布《关于进一步改革和完善对外贸易体制若干问题的决定》，明确从1991年1月1日起，取消对外贸易出口的财政补贴，从建立自负盈亏机制入手，使外贸逐步走上统一政策、平等竞争、自主经营、自负盈亏、工贸结合、推行代理制、联合统一对外的轨道。该决定还就改革有关外贸分成办法等作出具体规定。根据国务院文件要求，省政府下发《关于进一步搞好外贸工作的通知》。1991年，全州外贸系统按照上述两个文件精神，转变观念，充分运用政府给予外贸的各项优惠政策，进行企业内部挖潜，扶持发展出口商品生产，组织更多适销对路的货源供应给省公司，扩大出口创汇。州、县外贸出口机构为省垂直管理关系。

1993年3月20日，经省政府办公厅《转发省经贸厅、省财政厅〈关于理顺地县外贸管理体制几个问题的意见〉的通知》明确，将地、县两级外贸企业下放给同级政府管理，从1993年1月1日起，财务上同省各进出口公司脱钩，纳入同级财政预算管理。州外贸局根据《通知》精神，拟定《关于州、县外贸企业的管理意见》，经州政府常务会议研究同意，下文批转州有关部门和各县（市）贯彻执行，理顺州、县两级外贸管理体制。即除外贸、外经、外资业务归口省经贸厅（局）管理外，自1993年1月1日起，各外贸企业的财务同省各进出口公司脱钩，纳入同级财政预算，管理行政人员编制纳入当地行政序列，企业劳动计划、工资纳入当地劳动部门统一管理。

1993年外贸企业管理体制下放后，由于外贸企业的经营历来是全额贷款，无自有资金，各企业原负债不明、暗亏损额未能得到化解，企业没有自行消化亏损的能力，银行对负债企业停止贷款，使州粮油公司及长顺、平塘、三都、罗甸、龙里5个县外贸公司经营停业，处于破产境地。面对外贸困境，根据《黔南布依族苗族自治州条例》第五十一条“自治州人民政府依照国家规定，积极开展对外经济贸易活动，经上级国家机关批准，开辟对外贸易口岸，直接经营进出口业务”的规定，州政府向省政府申请自营出口权，得到省政府的同意。1993年5月3日，对外贸易经济合作部下文批准成立贵州省黔南州进出口公司。黔南州进出口公司于1993年9月28日正式成立，从次年起开展自营进出口业务。

1994年1月，根据国务院《关于进一步深化对外贸易体制改革的决定》，全州外贸企业改革向“统一政策，放开经营，平等竞争，自负盈亏，工贸结合，推行代理制，建立适应国际经济通行规则的运行机制”的外贸体制改革总目标推进。1995年10月，根据对外贸易经济合作部《关于取消企业内部承包经营责任制，实行目标经营责任制的通知》，从1995年起，一律取消外经贸企业内部各种形式的承包经营责任制，全面实行以目标经营责任制和经济效益评价考核办法为基础的赋税制。1996—1997年，州外贸局在州属6家外贸企业中推行风险抵押承包责任制，实行一企一策的风险抵押承包。

1998年4月，州外贸局组织到湖南外贸企业改革改制成功的地区考察学习后，于5月向州政府上报《黔南州直属外贸企业改革总体方案的报告》，州政府于6月22日第二十九次常务会议讨论通过。为推进总体方案的实施，按照省政府提出的改组、联合、兼并、租赁、承包经营、股份合作制、出售等形式，由企业自主选择。9月24日，黔南州粮油食品分公司6名职工集体租赁该公司，与州外贸局、国资局签订《租赁协议书》。州外贸局筹建黔南州金易有限责任公司。州进出口公司、轻工分公司、五矿分公司、土畜分公司、地方外贸公司选择目标承包经营责任制管理，以企业年终决算和企业的各项刚性支出为依据，结合企业的历史债务、职工队伍结构的不同情况，确定各企业年度出口创汇、营销额、盈亏指标，由行政主管领导同企业法人代表签订目标管理责任状。

1999年8月2日，按照州国有企业改革领导小组《关于对全州国有企业改制实行责任制的意见》，州政府与州外贸局签订国有企业改制工作责任状。州直外贸企业改革改制工作虽从1998年就开始开展，制定并由州政府通过总体方案，但外贸企业改革工作举步艰难，大多数企业觉得外地经验与本公司实际情况套不上，除州粮油食品公司实行租赁外，其余公司仍维持目标管理责任制。

2000年以后，加大州直外贸企业改革改制力度。根据省外贸厅关于“统一部署，突出重点，因企制宜，力争在两年时间内，实现外贸企业改革改制的阶段性目标”的要求，改制办拟订州直外贸企业改制实施方案，并于11月24日召开州直外贸企业全体职工动员大会，征求职工意见，完善改制方案。州直6家企业改制实施方案，从2001年1月起实施。到2003年，黔南州进出口公司等企业整体改制成股份合作制企业，在职职工一次性安置费构成新公司的总股本，由重组企业负责与公司员工建立新的劳动关系，对自谋职业的在职职工实行一次性安置，同时与原企业解除劳动关系并终止其国有职工身份。至此，州直外贸企业改制完成。

“九五”期间，特别是黔南州1994年获得自营出口权后，州委、州政府为扩大出口创汇，扶持发展州内一批骨干企业，有黔大有限责任公司（原都匀毛麻纺织印染总厂）、州五钠厂、都匀桥梁厂、东方机床厂、独山东峰锑矿等，经过申请，获外经贸部批准自营进出口权。“九五”期末，省下发地（州、市）办理外贸、外经、外资和进出口经营权等项目工作的规定后，黔南州各级政府加大招商引资力度，“三资”（合资、合作、独资）企业得到发展。2000年，黔南州外商投资企业增至50个（当年新批4个）。是年，到黔南州落户的“三资”企业25户，其中，中外合资企业18户、中外合作企业1户、外商独资企业6户。“三资”企业均自行办理进出口业务。到2002年，全州拥有进出口贸易经营权的企业已达53户。“十五”期末，全州自行办理进出口业务的企业超过80户。2005年，全州进出口总数完成22296万美元，实现贸易顺差6980万美元，进出口规模在全省市（州、地）排第二位。此后全州各级各部门积极创造条件，改善外商投资环境，外商入境投资办企业户数持续攀升。2013年，州内拥有外贸经营资格的企业达360多户，工贸企业自营出口创汇成为黔南州对外经济贸易的主体。至2014年，州内拥有外贸经营资格的企业达427户。

第三节　国内商业贸易

一、商业购销与流通

（一）商业流通

1984年起，全州商业系统全面推行经营承包责任制。1990年，黔南州国有商业盈亏相抵亏损39万元，亏损单位56个，占全州国有商业系统半数以上，全州商业企业首次出现全行业亏损。同年，全州国营商业及供销社占比15.9%，集体商业占比10.3%，而个体商业占比达到了70.8%。1998年，州商务局组织完成了对黔南州烟酒糖公司的股份合作制改造。2001年以后，采取股份合作、债务重组、柜台租赁和售卖等方式陆续完成了对全州国有商业企业的改制。2007年，商务部、财政部对国有流通企业分步实施“减债脱困”工程，对这一惠及国有流通企业改革改制的优惠政策，州商务局成立了专门的工作领导小组组织贯彻落实。此后，随着改革的不断深化，全州商品流通逐渐步入市场化。

（二）国营商业购销

黔南州商业流通体制从1984年开始全面改革后，随着商业流通渠道逐步多样化，国有商业系统面临市场竞争日趋激烈的形势。1990年，全州商业系统商品总购进10593.24万元，比上年减少1509.51万元，减幅约12.5%。

1992年上半年，全州国有商业系统商品总购进完成4847.1万元，占全年计划的48.47%，较上年同期增长12.5%；商品总销售额5661.4万元，占全年计划的53.92%，较上年同期增长0.15%；商办工业产值完成1516万元，比上年同期下降3.6%。

1994年，全州国有商业系统商品总购进完成17487万元，较上年增长3.13%；商品总销售额21613万元，比上年下降0.9%；商办工业产值完成5292万元，销售收入3417万元，盈亏相抵后亏损118万元。

1995年，全州国有商业系统商品总购进18864万元，占年计划的130%，比上年增长7.8%；商品总销售额22944万元，占年计划的120.75%；商办工业总产值3784.58万元，比上年下降18.29%；产品销售收入5071.89万元，比上年增加48.43%。

1996年，全州国有商业系统商品总购进17668.8万元，占年计划的93%，比上年下降6.3%；商品总销售额22036万元，占年计划的95.18%，与上年基本持平；商办工业总产值2016.18万元，占年计划的40.32%；产品销售收入2753.73万元，比上年下降

27.24%；交纳利税736万元。盈亏相抵，全州国有商业系统亏损1280万元，比上年增亏63万元。是年，全州国有商业系统有543个单位，比上年减少39个；独立核算单位155个，比上年减少3个。

1998年，全州国有商业面临的竞争环境更加激烈，全系统商品总购进12924万元，占年计划的82.6%，比上年同期下降14.4%；商品总销售额16487万元，占年计划的84.5%，比上年同期下降13.9%，全系统盈亏相抵亏损853万元。商办工业总产值2258万元，完成年计划的115%，产品销售收入3102万元，完成年计划的102%。

1999年，全州国有商业系统通过转变营销方式、拓展城乡市场、转换经营机制，全年商品购进完成13969万元，占年计划的121%，比上年增长9%；商品总销售完成16775万元，占年计划的112%，比上年增长1.7%；商办工业总产值3350万元，比上年增加792万元；工业增加值1320万元，占年计划的132%；产品销售收入4560万元，占年计划的101.3%。是年全州国有商业系统有433个单位，比上年减少2个。其中独立核算单位109个。是年，开始统计物资系统销售情况，全年全州物资系统完成销售收入9470万元，较上年增长9.26%。其中，州级企业完成5442万元，县级企业完成4028万元，全州物资系统共亏损36.9万元。

2000年，全州国有商业系统商品总购进15400万元，完成年计划的128%，比上年增长10.4%；商品总销售完成18900万元，完成年计划的118%，比上年增长12.8%；商办工业完成工业总产值4720万元，工业增加值1702万元，产品销售收入4820万元，缴纳税金92万元。是年全州物资系统完成销售收入100070万元，较上年增长5.66%。其中，州级企业完成6287万元，县级企业完成3720万元，全州物资系统自1993年全行业连续亏损以来首次实现扭亏为盈，实现利润8.3万元。

2001年，全州国有商业系统商品总购进完成15711.6万元，比上年增长2.1%；商品总销售完成19175.2万元，比上年增长1.4%；商办工业完成增加值1628万元，产品销售收入4600万元。

2003年，全州国有商业系统商品总购进完成26690.6万元，完成年计划的137%，比上年增长41.7%；商品总销售完成25841.7万元，完成年计划的126%，比上年增长15.3%。

2004年，全州国有商业系统商品总购进完成27457.5万元，完成年计划的102%，比上年增长2.3%；商品总销售完成30269.9万元，完成年计划的110%，比上年增长16.3%；盈亏相抵亏损249.7万元。

2005年起，统计口径改革，商业系统不再统计商品购销情况。

2006年，全州物资系统国有和国有控股企业系统实现销售9906万元，同上年相比增长21%（其中州级企业完成3060万元），实现利润总额450万元。2007年，全州物资系统国有和国有控股企业系统实现销售10529万元，实现利润总额401万元。2008年，全州国有物资系统实现销售总额14414万元，比上年增长38.89%，实现利润928万元，比上年增长121.47%。

2009 年后，此项数据不再统计。

（三）社会商品零售

1991 年以后，受全州经济社会快速发展、人民群众生活水平日益提高的拉动，并随着个体私营经济在商业领域日渐活跃，全州社会商品零售额保持持续增长。

1995 年，全州社会商品零售总额完成 184325 万元，比 1991 年增长 1.05 倍。年均递增 19.78%。

“九五”时期，全州社会商品零售总额从 1996 年的 207951 万元增长到 2000 年的 270523 万元，年均递增 6.8%。“十五”时期，统计口径将社会商品零售总额改称社会消费品零售总额，2005 年实际完成数比 2000 年增长 42.72%，年均递增 7.37%。

2010 年，全州社会消费品零售总额完成 971900 万元，“十一五”期间年均递增 20.27%，增速加快原因有物价上涨因素。

2014 年，全州社会消费品零售总额完成 971900 万元，比 2010 年增长 80.35%，年均递增 15.86%。

1991—2014 年全州社会消费品零售额统计表

表 13－1－1　　　　单位：万元

年度	社会消费品零售总额					
		城镇	农村	批发零售贸易业	住宿和餐饮业	其他
1991	89524	54335	35189	61433	3608	24483
1992	104163	64772	39391	68399	4592	31172
1993	141267	91824	49443	93846	4042	43379
1994	146331	95115	51216	95332	3735	47264
1995	184325	106613	77712	106098	10926	67301
1996	207951	127200	80751	120245	7099	80607
1997	219053	131432	87621	118215	11442	89396
1998	230917	138550	92367	116493	12743	101681
1999	249423	149903	99520	124404	20871	104148
2000	270523	158120	112404	142054	26556	101913
2001	289618	173054	116564	150415	23498	115705
2002	318867	198893	119974	175190	28017	115570
2003	356258	226816	129442	306868	37336	12054
2004	338666	219393	119273	290359	36680	11627
2005	386079	253812	132267	335257	39776	11046
2006	442408	291322	151086	373123	56821	12464
2007	530880	352708	178172	447456	70660	12755
2008	675119	448856	226263	565848	91903	17368

续表 13－1－1

年度	社会消费品零售总额					
		城镇	农村	批发零售贸易业	住宿和餐饮业	其他
2009	828700	552300	276500	698400	110400	19900
2010	971900	809200	162700	904600	67300	0
2011	1171167	1010603	160564	1096006	75161	0
2012	1360896	1174997	185899	1261527	99369	0
2013	1552000	1348000	204000	1441600	110400	0
2014	1752900	1536950	215950	1633950	118950	0

二、商办企业和网点

黔南州商办企业包括商办工业（加工生产）、饮食服务、商品批发零售等类别。其中，商办工业以肉类加工冷藏、酿酒、调味品、糕点加工等为主。

1992 年底，全州共有独立核算国有商业企业 160 个（含全民所有制饮食服务机构），职工 6890 人。

1996 年全州商业系统国有商业企业（全民所有制）531 个，包括商业饮食服务、批发零售、加工生产等类别行业。其中独立核算单位 155 个，从业人员 5434 人。同年，黔南州商业（包括国内贸易）系统归口管理的集体所有制企业 8 个（主要从事销售业），网点 25 个，年末在职职工 126 人，销售额 208.6 万元。

1997 年，黔南州商业系统归口管理的集体所有制企业中有销售企业 3 个，比上年减少 5 个，从业人员 49 人，比上年减少 77 人。

1998 年，全州商业饮食服务机构（全民所有制企业）398 个，年末职工 3188 人，比上年减少 506 人。同年，全州商办工业有加工生产机构 18 个，其中独立核算单位 15 个，年末有职工 1009 人；完成工业总产值 2558 万元（按 1990 年不变价计算），比上年下降 30%；盈亏相抵亏损 159 万元，比上年减亏 61 万元。其时全州商办工业企业以肉类冷藏加工和酿造业为主，大多属小型企业。是年行业亏损面达 94%，停产、转租、兼并承包企业达 83% 以上，几家尚在继续维持生产经营的企业也由于资金匮乏、开工不足、产品销售不畅等原因陷入困境。

2000 年，黔南州国内贸易（商业）系统已实施改制的独立核算企业 89 户，未改造企业 2 户。改制企业包括批发零售、饮食服务、商办工业、农牧企业等行业。其中：已整体改制企业中国有独资 79 户（承包经营 3 户、国有民营 76 户），股份合作 7 户（保留国有股权 5 户、未保留国有股权 2 户），国有资本完全退出 3 户（出售 2 户、其他 1 户）。改制后全州商办工业企业仅存 8 家，职工 510 人。

2007 年，州商务系统有 6 户直属商业企业、外贸 8 户国有小型流通企业继续改制，同时，直属的黔南州金属回收有限公司、黔南州化轻（民爆）有限公司 2 户国有控股企业完成组建工作。

通过改制，包括兼并、重组、并购以及部分企业的破产倒闭，黔南州国有商办企业时代至此已基本结束。与此同时，自1984年进行商业流通体制改革以来，商业贸易领域内民营企业得到了较快发展。1993年商业系统国有企业开始进行“国有民营”改革。至1995年底，全州商业系统国有小型零售企业的门店及柜组，已有80%以上实行国有民营。到2000年3月底，全州商业系统有国有民营企业65家。在这期间，商品流通领域陆续出现了一批商场、超市，销售商品多数由生产厂家直接供货。黔南州境内较早入驻的较大型超市（商场）有都匀佳惠超市、富万家超市，以及后来的大昌隆、现代城、宾隆和浙江绿谷等超市、商场。2012年，全州私营及个体工商户从业人员129311人，比上年增长24.6%。

三、行业监管与服务

（一）市场监测

2005年，按照省商务厅要求，州商务局启动全州商品市场监测，分析供求变化趋势，确定样本监测企业，进行市场监测体系建设。

2008年，省商务厅下拨黔南州公共商务信息服务体系建设专项资金27万元，州商务局为全州18家重点流通样本企业配置了电脑以及软件等硬件设施。2011年，完成“黔南商务预报”网站建立。

到2014年底，全州商务系统市场信息监测样本企业达到64家，其中重点流通监测企业26户、商贸流通统计监测22户、重要生产资料监测企业5户。

（二）安全生产、减灾救灾

1997年7月26日，由个体户租用州民贸公司三楼经营的都匀民族酒店发生一起重大火灾事故，当场烧死5人，直接经济损失40万元。州商业局在吸取教训、做好善后工作的同时，提出加强消防安全的工作意见，配合消防等部门组织开展全州商业企业、营业场所等重点防火单位的安全大检查。

2000年6月8日，都匀地区遭遇特大洪灾，州、市商业系统12家企业遭受洪灾损失达869万元。之后，平塘、独山、贵定、荔波、三都又相继受特大洪水袭击，其中三都县国有商业系统直接经济损失367万元。灾后，全州各级商业主管部门及时组织救灾，帮助企业恢复生产。省商务厅机关和贵阳市商业企业先后捐款12万元慰问受灾企业和职工。

2011—2014年，黔南州商务和粮食局与各县（市）、州直各单位层层签订安全生产责任状。

（三）生猪定点屠宰

1998年1月1日国务院颁发的《生猪屠宰管理条例》正式在全国范围内实施后，全州商务部门开展条例宣传和猪、牛屠宰监管工作。惠水县在全州率先实施生猪定点屠宰，各县（市）相继实施生猪定点屠宰。1999年10月，龙里县投资30万元重建的定点屠宰场开业，标志着全州12个县（市）城区全部实现生猪（牲畜）定点屠宰。全州已有19个乡镇建立生猪（牲畜）定点屠宰场。1999年，全州共屠宰生猪170561头、牛5469头、羊553头，检出各种病害猪552头。

2001年5月，州贸易合作局组织对全州12个县（市）生猪定点屠宰场进行检查验收，对验收合格或基本合格的31个场（点）悬挂原国内贸易部统一制作的“定点屠宰场”标志牌，对23个场（点）颁发了“屠宰经营许可证”。全年全州经定点屠宰的生猪204787头，检出病害猪139头。

2002年，全州共设有生猪屠宰管理机构13个，配备专职人员27人，兼职13人。

2003年起，州贸易合作局将生猪屠宰管理工作纳入专项考核，年初与各县（市）签订责任书。是年全州共开展检查580次，罚没私屠滥宰肉品3580公斤，捣毁私宰窝点61个。是年底止，全州在41个较大乡镇建立了定点屠宰场，经定点场点屠宰的生猪、牛共248427头，并检出病害猪310头。

2006年，全州定点屠宰生猪27万头，比上年增长4%。2007年，全州定点屠宰生猪32.7万头，比上年增长14.16%，创历史新高。

2008年，黔南州在全省率先成立屠宰行业协会，建立全州64家生猪定点屠宰厂（场）“生猪等畜禽屠宰统计报表系统”，规范屠宰业管理。

2010年，全州生猪进点屠宰量36万头，完成目标任务的120%。2011年生猪进点屠宰量49万头，完成目标任务的148.5%

2013年，开展全州生猪定点屠宰企业审核清理工作，经过审核获得资格的屠宰厂（场）18家，小型屠宰点20。全州定点屠宰厂（场）进行无害化处理的病害猪累计21426头，发放补贴资金1057.38万元。

2014年初，州财政局、州商务和粮食局联合行文，要求各县（市）对2013—2014年度屠宰环节病害猪无害化处理财政补贴进行清算。是年，州委、州政府将州商务粮食局生猪监督管理职责划入州农委，于12月进行相关工作移交。

（四）盐政管理

1990年国务院《盐业管理条例》颁布实施，全州盐政管理部门重点进行盐政宣传与执法检查。1996年共查处违法案件25起，查收违法食盐5560公斤。1998年，开展食盐专项打假活动，在全州实行盐业“准运证”“零售许可证”两证制度。1999年7—10月，在全州范围内开展打击以工业盐假冒食盐销售的“百日打假活动”。2001年，在全省盐业体制改革中，州盐业公司从州商业系统整体划归贵州盐业集团。此后，全州盐政管理工作由贵州盐业集团统一组织实施。

（五）典当、拍卖

1998年，依据《中华人民共和国拍卖法》，州商务局与州财政等部门联合行文，提出对全州公物和罚没物品拍卖的处置办法。9月8日，黔南州拍卖公司揭牌并举行首次拍卖。是年，州拍卖公司拍卖成交额640万元。2005年拍卖成交额1011.21万元。2010年拍卖成交额2376.35万元。2014年拍卖成交额已达4496.86万元。

2003—2010年，黔南州经批准从事典当业务企业6户。2011年增加到8户，从业人员52人。2013年1月，州商务和粮食局举办首届黔南州典当行业监管培训班，8家典当企业及州内部分县（市）商务部门相关人员20余人参加培训。年底，全州参加资质年检合格的典当企业7户（另有1户已申请歇业），从业人员64人，业务收入2039万元，缴纳税金55.66万元。2014年没有拍卖活动。

（六）餐饮业监管

2002年，黔南州烹饪协会在都匀成立。是年，由州贸易合作局与州烹饪协会联合举办“黔南州首届‘瀑布绿啤杯’烹饪技术大赛”，50余位选手参赛。

2004年，州商务局组织加工整理全州名菜31个、名点（点心）11个推荐入《中国名菜大典》（贵州卷）；同年，推荐并经省评审领导小组评审，黔南州有2人获得“贵州省烹饪大师”称号、4人获得“贵州省烹饪名师”称号、2人获得“贵州省烹饪高级技师”称号。

2012年11月，由省商务厅和州政府主办的“中国·黔南州2012民族餐饮烹饪大赛暨民族食品展销会”在都匀举行，有200余家企业参展。

2013年，黔南州布置开展对全州餐饮业规范整顿工作。

（七）诚信经商活动

1996年1月，根据中共中央宣传部、国内贸易部关于开展“百城万店无假货”活动的要求，在全州布置开展了此项活动，并成立了工作领导小组，领导小组办公室设在州商业局。

2000年，州委宣传部、州商务局与都匀市商业主管部门共同组织创建的都匀市剑江中路“百城万店无假货”示范一条街被确定为省级示范店。2001年4月，黔南州“百城万店无假货”活动领导小组在都匀召开表彰会，对都匀商业大厦等9家单位和11名个人进行表彰。2002年3—10月，州活动领导小组先后三次在都匀市区组织专项检查，共处罚“三无”产品商家24户，查扣涉嫌假冒商品250余件，收缴营业执照1户。新闻媒体对专项检查活动进行了跟踪报道。在10月26日州活动领导小组召开的都匀地区年度表彰会上，有11户获授“文明示范店”称号。2003年度都匀地区受州级表彰的“百城万店无假货”活动文明示范店有14家。

2005年，制定《黔南州开展打击商业欺诈专项行动工作方案》，开展了整治黔南流通市场经济秩序工作。

2007年，继续开展“诚信经商”“百城万店无假货”活动，黔南州又有惠水县好花红商贸街、荔波县金镠湾步行街、都匀市民族路三条街被贵州省活动领导小组命名为“贵州省示范街”，中石化黔南石油分公司开发区加油站、都匀市百花眼镜店、湖南佳惠百货有限公司都匀剑江分公司等三家单位被命名为“贵州省示范店”。

2010年，黔南州在州商务和粮食系统建立了“12312”商务举报投诉服务中心，负责该系统诚信经营方面投诉的处理。

四、市场建设与物流业

（一）市场建设

1995年1月，独山县商业总公司建设占地3000多平方米的工业品批发市场部分铺面正式营业，该市场属此时期黔南各县（市）规模最大的工业品批发市场。

1996年，全州城乡集市贸易市场已达307个，其中，城市市场18个，农村市场289个。全州集市贸易成交额137081万元，成交商品包括粮食、油脂、肉食禽蛋、蔬菜、干鲜果、牲畜以及工业产品等大类。1998年，州物资集团公司与工商部门联手创建了全州首家建筑装潢材料市场。到1999年，全州有城乡集市贸易市场310个，各类商品成交额194000万元。

2002年，全州共有城乡集市贸易市场311个，其中城市市场29个，农村市场282个。各类商品成交额171997万元，其中城市集市贸易商品成交额27571万元，农村集市贸易商品成交额144426万元。

从2006年起，全州开展“万村千乡市场工程”建设，到2009年，全州新建、改建农家店560个，完成2个日用品配送中心项目改造。这项工程覆盖全州12个县（市）以及全州75%的乡镇。

2009年，黔南州有独山麻尾大牲畜交易市场、罗甸农产品批发市场、荔波县玉屏镇综合市场通过省级“双百市场工程”项目验收。

2011年，完成全州500户农家店建设项目验收。全州累计建店1786户，乡镇覆盖率达98.29%，行政村覆盖率达55.48%。完成3个日用品配送中心、3个农资配送中心、3个下乡产品配送中心、1个农贸市场省级验收项目。已通过备案销售网点67家，累计销售各类家电13487台，销售金额5433.67万元。实际完成粮油配送中心、放心粮店建设45个，超计划任务5个。

2013年，全州已建成放心粮店162个，放心粮油配送中心13个，设立“家电下乡”销售网点910个。

2014年，全州新建、改扩建农贸市场32个，总投资14120万元。全州申报日用品配送中心、乡镇农贸市场等各类市场建设项目24个，获批建设13个，获财政补贴资金1230万元。

（二）现代物流

2010年2月，都匀市入列商务部公布的44个全国流通领域现代物流示范城市，为唯一的县级市。

2011年，黔南州物流公共信息中心挂牌运营。

2012年，全州从事物流企业有156户。其中，运输企业133户、仓储企业8户、其他15户。156户物流企业中注册资本500万元以上的11家。

2014年，《黔南州关于促进物流业又好又快发展实施意见》经州委、州政府批准实施。是年，组建黔南州物流联盟，加盟企业35家。年内，黔南州物流联盟龙里服务中心以及州交通物流服务平台先后投入运行。是年9月，州委、州政府与省商务厅、中国物流与采购联合会等单位在都匀联合举办“中国·贵州首届现代物流高峰论坛暨商贸物流博览会”，200多家企业参展，共签署投资合作框架协议920亿元，实现销售收入7512万元。“十二五”末，黔南州有工商登记注册物流企业589个，比“十一五”末增长259.15%；商贸企业2063个，比“十一五”末增长73.1%。全州现代物流业基础设施不断完善，形成了以公路、铁路、航空、港口为一体的综合物流服务网络。

第四节 对外贸易

一、取消财政补贴，建立自负盈亏机制

1991年，全州外贸系统进一步转变观念，搞好企业内部挖潜，用好用足政府给予的各项优惠政策，坚持扶持发展出口商品生产，组织更多适销对路的货源，供应省公司扩大出口创汇。是年，在全州18个独立核算外贸企业中，有12个企业盈利，总盈利额为50.57万元；6个企业亏损，总亏损额为24.94万元。盈亏相抵，盈利25.63万元。1992年，因市场竞争激烈，出口商品发生结构性变化，青麻、干辣椒、氧化锑等商品出现滞销，但上下信息不灵，基层企业进货后送到省公司，省公司对有的商品不予收购，造成商品资金积压损失，州内多数外贸企业发生亏损挂账。是年，全州有11个企业明亏130.88万元，其他企业潜亏205.68万元，合计明、潜亏损挂账336.56万元。

二、外贸管理体制改革后的业务

1993年，外贸管理体制改革，省政府明确，将地、县两级外贸企业下放同级政府管理。从是年1月1日起，除外贸、外经、外资业务归口省经贸厅（局）管理外，全州各外贸企业的财务同省各进出口公司脱钩，纳入同级财政预算管理。到年底，全州外贸购销企业收购总值完成2917.86万元，占州计划3300万元的88.42%，占省计划2655万元的109.9%，比上年下降10.53%。其中，州土畜公司、州五矿公司及瓮安、龙里、惠水、福泉4个县外贸公司共6个单位分别超额完成年计划的2.8%～123.5%，独山、荔波、贵定3县外贸公司分别完成年任务的95.5%、94.16%、87.65%，州外贸、州粮油、州轻工公司及三都、罗甸2个县外贸公司仅完成任务的60%以下，长顺、平塘两县外贸公司的外贸业务为零。

外贸管理体制下放后，州成立进出口公司自营进出口业务。1994年是黔南州自营出口的第一年，在一无铺底资金，二无经营场地，三无客户的困境中开业，仅靠银行贷款100万元、省财政筹措50万元周转经营，出口创汇、外贸收购、经济效益未达预期要求。全年自营出口成交额92.59万美元，出口创汇81.34万美元，出口收汇30.6万美元，每1美元出口成本8.09元（人民币）。实现自营出口创汇零的突破。

1995年，根据对外贸易经济合作部《关于取消企业内部承包经营责任制，实行目标经营责任制的通知》，全州取消外经贸企业内部各种形式的承包责任制，全面实行以目标经营责任制和经济效益评价考核办法为基础的赋税制，并根据直属企业效益及历史包袱轻重程度，分别签订目标承包经营责任书，奖罚分明，调动企业职工的经营积极性。目标承包经营责任书规定，实现年度目标的给予奖励，超过目标的给予嘉奖，完不成任务的给予一

定惩罚。年底，全州外贸收购完成3547.69万元，为年计划3500万元的101.36%，比上年增长40.62%，创历史最高水平。其中，三都、福泉、罗甸3个县外贸公司及州进出口、轻工、五矿、外贸、粮油共8个公司超额完成任务，独山外贸公司完成83.5%，荔波公司、州土畜、惠水公司仅完成任务的40.87%、19.79%、14.49%，平塘、瓮安、贵定、龙里、长顺5个县外贸公司停业。全州外贸企业共创税利136.16万元，比上年增长115.24%，州进出口、五金矿产、外贸、福泉、罗甸5个公司盈利61.3万元，州粮油、土畜产、轻工、独山、荔波、三都、瓮安、贵定、惠水9个公司亏损共84.56万元，盈亏相抵后亏损23.26万元，比上年同期减亏27.69万元，减亏幅度为54.35%。1995年自营出口创汇130.01万美元，比上年增长59.84%，实际收汇129.69万美元，比上年实绩增长3.24倍，每1美元出口成本6.67元，比上年降低13.84%。

1996年，州外贸局在州属6家外贸企业中推行风险抵押承包责任制，根据6家企业的实际情况，经测算，确定标底，一企一策，实行风险抵押承包，并于4月10日由州外贸局与各公司签订承包合同，在承包合同上明确年度收购总值、出口创汇、实现利润或减亏指标及奖惩条款，企业法人代表分别以自己房产或现金作抵押。是年，由于黔南州出口的传统商品国际市场销售价格下跌，全年自营出口完成70.47万美元，占州下达计划170万美元的41.45%，比上年下降45.79%，实际收汇69.18%万美元，比上年下降46.63%，每1美元出口成本8.36元，比上年8.17元增加0.19元。全年全州外贸收购总值完成3086.82万元，占计划4200万元的73.49%，比上年下降13%，仅罗甸外贸公司、州五矿分公司、地方外贸分公司3个公司超额完成年度计划，州土畜产分公司、轻工分公司、进出口公司、独山外贸公司、福泉公司、州粮油分公司、三都公司完成计划数为96.92%～5.04%，平塘、荔波、瓮安、贵定、龙里、惠水、长顺7个县外贸公司无经营实绩。州外运公司开展多种经营，实现贸易收购值127.63万元。全州17个预算内外贸企业，4个盈利共29.97万元，州进出口公司等9个企业共亏损75.55万元，盈亏相抵后，全州外贸企业亏损45.58万元，比上年增亏22.32万元。

1997年，州外贸局根据省政府和州政府文件精神，总结上年风险抵押承包经验，选择目标经营责任制形式，以企业年终决算为依据，结合考虑历史债务、职工队伍结构等情况，分别确定各企业年度出口创汇、收购、盈亏目标，由行政主管局长同企业法人代表签订目标管理责任协议书。任务虽然分解到企业，但外贸贷款资金大部分投入在压港物资上，外销不出，银行停止给外贸企业贷款，上半年基本上没有开展业务。是年，全州外贸收购经营总额3145.46万元，为年计划的87.37%，较上年增长1.9%。到年末，自营出口创汇50.39万美元，为年计划130万美元的38.76%，比上年下降28.5%。全州17个国有预算内外贸企业，除州轻工分公司盈利0.02万元外，其余企业亏损共270.83万元，比上年增亏168.9万元。福泉外贸公司、州进出口公司、州五金矿产分公司、荔波外贸公司、独山外贸公司亏损严重，分别亏损68.05万元、63.21万元、56.88万元、29.8万元、22.53万元。

1998年，全州外贸收购经营总额2001.59万元，为年计划的55.6%，比上年同期下降

36.37%。全年自营出口创汇49.88万美元，为年计划的38.37%，较上年同期增长20.25%。是年，全州18个国有外贸企业，除贵定县外贸公司盈利0.15万元外，其余企业累计亏损620.72万元，比上年增亏345.55万元。其中，亏损较严重的有：州进出口总公司339.02万元，州五金矿产分公司144.13万元，州土畜产分公司44.59万元，独山县外贸公司27.41万元。

1999年，省对外贸易经济合作厅下发《关于授予地（州、市）对外贸易经济合作局（委）办理外贸、外经、外资和进出口经营权等项目工作部分初审权的通知》，按照该《通知》的规定，黔南州时有对外贸易经济合作局归口管理的外贸、外资、外经企业47个，其中外贸企业42个（独资企业11个、合资企业31个），工贸企业5个。外贸、外资、工贸归口管理后，年内全州外贸、外资企业经营总值8234万元，为年计划的274.48%。其中外贸企业完成1617万元，占总值的19.64%；外资企业完成6617万元，占总值的80.36%。是年，全州自营出口创汇717万美元，为年计划任务100万美元的717%，较上年同期增长1338%。出口创汇总额中，外资企业创汇617万美元，工贸企业创汇148万美元。当年，全州18个预算内外贸企业（不含外资、工贸企业）累计亏损279万元，比上年减亏340万元。其中亏损50万元以上的企业有：州进出口公司111万元，五金矿产分公司65万元，土畜产分公司51万元。

2000年，全州外贸、外资企业经营总值29762.73万元，为年计划的327.06%。外贸企业完成764.15万元，占总值2.57%；外资企业完成26803.56万元，占总值90.06%。工贸企业完成1666.39万元，占总值5.60%。是年，全州自营出口创汇1052.23万美元，为年计划任务800万美元的131.51%，较上年同期增长46.70%。其中50户外资企业（新批企业4个）出口创汇681.63万美元。5户工贸企业出口创汇200.77万美元。其中：五钠厂出口创汇134.51万美元；黔大出口创汇66.26万美元。其他均无出口创汇实绩。全州17个预算内外贸企业（不含外资、工贸企业）累计亏损240.27万元，比上年减亏310.06万元，其中亏损40万元以上的企业有：州五矿分公司77万元；州进出口公司43.44万元；州土畜分公司42.37万元。

2001年，全州外贸、外资企业完成经营总值72392.31万元，为年计划的220.57%。其中，国有外贸企业完成258.11万元，占1.97%；外资企业完成23177.31万元，占70.23%；工贸企业完成48956.89万元，占148.35%。全年全州自营出口创汇6740.42万美元，占年计划975万美元的670.81%，比上年增长641.21%。出口创汇总额中，50户外资企业出口创汇完成642万美元，11户工贸企业出口创汇完成5898.42万美元，17个国有外贸企业（不含部属企业），除龙里县外贸公司盈利0.26万元外，其余企业亏损55.69万元，比上年减亏184.58万元，减幅76.82%。

2002年，全州外贸经营总值完成103074.49万元，占年计划的137.43%，比上年增长41.61%；进出口总额完成11430万美元，占年计划的144.68%，比上年增长47.36%，其中：进口完成1907万美元，占年计划的158.91%，比上年增长68.38%；出口完成9523万美元，占年计划的142.13%，比上年增长43.76%。州内外经贸企业经过近几年努力已具备一定规模，逐渐显现其强劲的发展势头，已形成有进出口贸易经营权的53户企业群体。是年底，全州进出口总额增长速度较快，突破一亿美元，提前完成省、州下达的目标任务，名列全省地、州（市）第二位。瓮福磷矿进出口公司被省贸易厅授予“2002年度贵州省出口创十强企业”称号，并列入2003年重点出口企业。

2003年，全州进出口贸易继续保持增长，外贸出口企业仍然集中在磷化工和冶金行业，当年外贸经营总值完成132500万元，占年计划的120.45%，比上年增长28.54%。进出口总额实现19036.97万美元，完成目标任务的156.81%，比上年增长64.27%，其中：出口实现15623.74万美元，占计划154.69%；进口3413.23万美元，占计划167.32%。是年，在省贸易合作厅把瓮福磷矿进出口公司列入省重点出口企业的基础上，将都匀、福泉、龙里、惠水、罗甸5个县（市）和瓮福磷矿、剑峰化工、龙泉铁合金、宏矶金属、正大实业、通润冶金、龙腾铁合金、福光农产等8户外经贸企业作为扶优扶强的重点地区和企业。福泉市金恒磷化工有限责任公司、独山黄利清雅锰合金有限公司、福泉市化肥厂、福泉剑峰化工股份有限公司4户企业申办（报）获得自营出口经营权。

2004年，全州外贸经营总值完成167803万美元，完成目标任务119.86%，比上年增长26.64%；进出口总额完成21284.43万美元，完成目标任务106.24%，比上年增长11.62%。全年新批外商投资企业7个，比上年增长25%，合同外资1372万美元，比上年增长79.82%，实际利用外资427万美元，比上年增长99.53%，完成省下达计划142.33%。是年，全州进出口、利用外资实绩名列全省第二位，进出口贸易继续保持增长，外贸依存度进一步提高。贵州瓮福磷矿进出口公司获得一等奖，龙里龙腾铁合金、剑峰化工、贵州宏矶金属获得通报表扬，贵州宏矶金属、贵州正大实业、通润冶金贵州有限公司等3家外商投资企业完成实绩列全省前10名。

是年7月1日起，国家将外贸经营权由审批制改为备案登记制。年内有19户企业获得外贸经营权（新批外商投资企业7户、内资企业12户），国有企业、三资企业全年完成进出口额15789万美元，占74.31%，仍然是全州对外贸易的骨干力量。集体私营企业全年完成进出口总额3041.92万美元，比上年增长245.43%，成为进出口贸易的新亮点。其中私营企业当年出口14万美元，实现了零的突破。是年底，建立贸易往来的国家和地区由上年的29个增加到40个。

2005年，全州完成外贸经营总值167866.94万元，比上年增长0.04%，进出口总额完成22296万美元，比上年增长9.87%，实现贸易顺差6980万美元，进出口规模在全省9个市、州、地排序第二位，完成省目标任务考核，居全省第一位。是年，全州内有13家企业登记备案，新审批外商投资企业3户，实际利用外资453万美元。

2006年，全州进出口贸易总额24093.19万美元，同上年相比增长14.26%。其中，出口16961.88万美元，占目标任务的107.29%，同上年相比增长16.86%；进口7131.31万美元，占目标任务的88.15%，同上年相比增长8.51%。实现进出口贸易顺差9829.69万美元。是年，都匀恒易皮革制品公司等5家企业登记备案。

2007年，全州进出口总额突破3亿美元，全年实现3.22亿美元，比上年增长

56.18%，增长幅度再创历史新高，完成省厅目标任务141.62%，州政府目标任务125.85%。其中出口完成22722万美元，比上年增长52.62%，进口完成9502万美元，比上年增长65.4%。年内，全州利用外资首次突破千万美元，达到1694万美元，完成了省安排目标的423.5%，比上年增长323.5%，增长幅度列全省第二位。全年新增备案登记企业26户，全州获得对外贸易出口经营权的企业超过80户。获得进出口经营权的都匀金亿达铁合金有限责任公司、瓮安百信食品有限公司，是年分别出口创汇47.59万美元、13.54万美元。百信食品有限公司的创汇，实现瓮安县进出口实绩“零”的突破。

2008年，全州进出口贸易实现14854.71万美元（瓮福集团进出口业务从2006年起转到贵阳总部结算，全州进出数据不包括瓮福集团的数据），完成目标任务的152.67%，比上年增长94.09%，超额完成目标任务，其中，出口实现8556.74万美元，完成目标任务135.39%，比上年增长62.39%；进口实现6297.97万美元，完成目标任务184.69%，比上年增长164.16%。是年，全州新增企业进出口经营权备案登记户23户。

2009年，因受国际金融危机影响，全州进出口贸易仅完成4916.82万美元，比上年下降66.87%。其中，出口完成2071.15万美元，比上年下降75.76%；进口完成2845.67万美元，比上年下降54.82%。是年底，全州拥有进出口经营权的企业近130家。

2010年，全州进出口实现4414.31万美元。其中，出口2271.16万美元，进口2143.15万美元。年内合同利用外资1464万美元。是年，新增备案登记企业26户。

2011年，全州进出口贸易完成5664万美元，占目标任务106.87%，比上年增长38.82%。其中，出口1205万美元，比上年下降52.39%；进口4459万美元，比上年增长148.63%。贸易逆差3254万美元。是年，新批外商投资企业5户，合同利用外资3091万美元，实际使用外资871万美元，完成年度目标任务的136%。年内新增备案登记企业54户。

2012年，全州对外贸易进出口总额8082万美元，比上年增长12.5%，其中进口6468万美元，出口1614万美元。实际利用外资1亿美元，有外商投资企业31个，投资总额2亿美元。

2013年，全州进出口总额为1.35亿美元，比上年增长67.6%。其中，进口1.15亿美元，比上年增长77.5%；出口2068美元，比上年增长28.1%。全年，全州利用外资1.06亿美元，比上年增长5.9%。年末实有外商投资企业39个，比上年增长25.8%，投资总额9.26亿美元，全年注册资本4.43亿元。年内，新增备案登记企业73户，新增出口实绩企业8户。年底全州已有外贸经营资格企业360多户，涉及机电、农副产品、食品、矿产、化工轻工产品、旅游工艺品等行业，改变了过去外贸出口产品单一的现象。

2014年，全年完成外贸进出口总额30026万美元，比上年增长123.1%。其中，出口总额19735万美元，比上年增长832.0%；进口总额10291万美元，比上年下降9.2%。是年，全州新批外商投资企业11个，实际利用外资14784.32万美元，比上年增长39.09%，超额完成年计划任务的105.60%，在全省总量排名第四，增速排名第五。连续三年实现利用外资超亿美元。是年8月，贵阳海关行政许可决定书准予独山保税仓储有限公司设立公共型保税仓库，面积2500平方米，于次年开始运营。

2001—2014 年全州利用外资情况统计表

表 13－1－2

年度	项目数（个）	合同外资（万美元）	实际利用外资（万美元）	备　注
2001		684	380.1	
2002		213	526.65	
2003		76.9	214	
2004		637.52	427	
2005		946	453	
2006		22	400	
2007		3180	1694	
2008		490	1262	
2009	2	423	153	
2010	1	1464	205	
2011	7	4073	1876	
2012	9	14361	10036.8	其中合同利用外资 2061 万美元
2013	12	14272	10629.51	其中合同利用外资 4027 万美元
2014	11	35515.32	14787.32	其中合同利用外资 5185 万美元

说明：2002 年，贵州省贸易合作厅将州内外商投资额 2000 万美元（含）以下的外商投资企业合同章程审批权下放黔南州

第二章　粮油购销与加工

在国家实施流通体制改革前，州内执行国家粮食统购统销政策，城镇居民粮油凭票供应。1991 年，州内主管粮食的机构是州、县（市）粮食局。

1993 年，根据国务院《关于加快粮食流通体制改革的通知》，黔南州开始放开粮食价格和经营，逐步取消粮油票证。粮食流通体制逐步由独家经营变为国家、集体、个人以及多种经济成分经营，购销渠道由单一变为多种渠道。取消粮食统购，分别实行合同定购和市场收购。2010 年 3 月，在机构改革中，撤销黔南州粮食局，合并组建黔南州商务和粮食局。

在全州粮食体制改革中，实施粮食企业改革，转换企业经营机制，加强企业内部管理，搞好主营，发展多种经营，通过招商引资和推进企业优化组合等措施，拓宽经营渠道，扩大经营规模和效益。

第一节 粮食购销体制改革

一、粮食购销改革

1991—1992 年，州内坚持计划经济与市场经济调节相结合，缓解粮食总需求与总供给矛盾的原则。农村平价粮食销售除救灾、水库移民和边、老、少地区的定销外，其他各项用粮实行积极压销。

1993 年 2 月，国务院颁布《关于加快粮食流通体制改革的通知》，全国放开粮食价格和经营。当年 7 月 1 日，黔南州取消城镇居民公粮定量和凭票供应，票证一律作废，至此，实行了 40 年的城镇居民粮食供应制度（即统销制度）被取消。粮食销售价格放开后，由于粮食品种结构不能满足消费要求，粮价上升较快，黔南州粮食部门由过去的卖粮难转为收粮难。6 月 20 日，黔南州粮食局根据贸易部国家储备局《关于加强食油市场管理做好夏季油菜籽收购的通报》发文，要求各县（市）采取切实有效措施，保证完成国家下达的油菜籽收购计划，确保掌握 20% ~80% 的油源，以保证食油市场稳定。

按照粮油流通体制改革方案，1993 年下半年起，黔南州全面推行"粮油商品化，经营市场化"。农村救济粮、缺粮户返销粮价随行就市，由粮食部门组织粮源保证供应。是年，州内农村口粮平价销售 6760 吨，销售对象主要是"双缺户"（缺口粮、缺劳动力）及部分受重灾缺粮农户。议价粮销于农村口粮 3662. 6 吨，市场余缺得到调剂，减少了国家平价销售负担，粮价稳中有降。

1994 年，根据《国务院关于深化粮食购销改革的通知》进行粮食购销体制改革，部分城镇居民存在恐慌心理，全州各县（市）均发生不同程度的抢购粮食现象，市场粮价普遍呈现上涨。为此，州政府决定，由粮食部门采取公开挂牌销售方式稳定民心，遏制粮价上涨。从 4 月起，粮油供应采取三种形式：1. 定量限价供应，恢复购粮证，凭证按人定量定价供应；2. 限量限价供应，按一定价格，每次限购大米 2. 5 ~5 公斤，购油 1 公斤以内；3. 挂牌限价，敞开供应。是年，全州贸易粮总销售为 152089 吨，其中，城镇人口供应 50641 吨，农业人口供应 25255 吨。

1994 年，黔南州粮食部门完成贸易粮国内纯购进为 107321 吨，较 1993 年增加 3%，国家定购 66420 吨，市场购进 40901 吨。1995 年全州粮食总销售折贸易粮上升为 206867 吨，较 1994 年上升 36%。食用油销售 127404 吨。1996 年，全州国内贸易粮纯购进 147094 吨，较 1994 年增长 30%，其中，国家定购 67417 吨，市场购进 79677 吨，较 1995 年上升 68. 87%，较 1994 年增加 94. 8%。1996 年全州粮食总销量为 111004 吨，较 1995 年下降 46. 3%。1994 年、1996 年，中央两次提高粮食定购价格，提价幅度均在 40% 以上。政策干预和提价等因素刺激了粮食生产的增长。根据中央的精神，黔南州要求各县（市）采取切实有效措施，保证完成国家下达的收购计划，确保掌握 60% ~70% 的粮源，以保证市场的稳定。在下力抓好粮食定购改革的同时，积极改革粮食销售模式，畅通销售渠道，保证粮食购销改革的平稳推进。1996 年起粮食上涨趋势逐渐得到控制，市场粮价逐渐回落，部分地区的市场粮价低于收购价，从而形成国营粮食部门粮食的滞销。

1997 年，国务院决定按保护价敞开收购农民余粮，加强粮食市场管理，严格执行国家粮食销售价格政策。1998 年，中央 1 号文件进一步明确粮食流通体制实行“四分开一完善”，即政企分开、中央与地方责任分开、储备与经营分开、新老粮食财务挂账分开和完善粮食价格机制改革原则。同年 6 月和 8 月，国务院先后发布《粮食收购条例》《粮食购销违法行为处罚办法》。年内，州委、州政府传达贯彻全国、全省粮改工作会议精神，讨论并通过州政府《关于深化全州粮油流通体制改革的实施意见》。

1998—2002 年，全州各级粮食部门执行国家制定的粮食购销政策，开展收购和销售。其间，1998 年粮食收购比上年增长 27. 4%。粮油销售分别比上年下降 91. 52% 和 24. 6%，粮食部门的粮食销量锐减。销售困难的主要原因是粮食连续 6 年丰收，粮源充足，农民手中余粮增多，个体商贩参与收购、倒卖，市场粮价下降，粮食定购价格偏高，难以销售。

1999 年，州政府下文明确，从当年起，小麦、桂潮稻不再作为定购品种，退出保护价收购范围，定购粮和受保护价收购粮，一律执行原粮收购政策。

2003 年起，按照国务院文件要求，黔南州取消粮食定购任务，粮食市场全面放开，粮食购销步入市场化轨道，实现市场主体多元化。粮食购销市场化改革后，各级政府和粮食主管部门主要做好粮食市场的监控、检查和管理，确保粮食安全、社会稳定。

从 2011 年开始，进行各级粮油配送中心、“放心粮油店”建设以及推进粮食产业化发展。2014 年，全州累计建成放心粮油配送中心 14 个、放心粮店 202 个、放心粮油进学校达到 1213 所，销售放心粮油 23150 多吨。

二、粮食企业改革

20 世纪 90 年代初，全州粮食企业改革主要围绕落实企业承包经营责任制、推行全员劳动合同制和打破“三铁一大（铁饭碗、铁工资、铁交椅，大锅饭）”等改革措施来进行，促进企业搞活，提高企业经营效益。

1995 年，州直粮食重点企业都匀面粉厂实施承包经营，承包人与企业主管部门签订经营目标责任书，明确双方责任和奖惩事宜，扩大企业自主权，调动企业生产经营积极性，增强企业活力。

1998 年，随着企业改革的不断推进，全州粮食企业开始启动企业减员增效和人员分流安置工作，实行全员定编、定岗、定员和竞争上岗。至 2001 年底，全州分流转岗职工 1682 人，其中，购销企业分流转岗职工 1474 人。转岗职工采取职工租赁承包、停薪留职、买断工龄、内部退养、辞退、开展多种经营等多形式分流安置职工。是年，全州独立核算粮食企业由 133 家缩减到 63 家。

2001 年，经州政府同意，成立黔南州粮食局直属粮油储备库，于 2010 年更名为黔南州粮油储备库。

2003 年 4 月，按照全省统一部署和时间要求，州委、州政府出台《关于黔南州国有粮食购销企业改革和发展的实施意见》。州政府专门成立国有粮食购销企业改革工作领导小组，下设粮改办公室。是年，全州落实粮改补助资金总计2179.8万元（省级财政补助941万元，州级财政补助768万元，县级财政补助470.8万元）。是年，按照粮食企业改革的有关精神，全州粮食系统有偿解除劳动关系一次性安置职工847人，办理退休及自然减员317人，办理内退515人，分流人员比例达45.5%。通过改革实现粮食企业职工人员身份置换，促进粮食购销企业向市场化发展，真正成为“自主经营、自我约束、自负盈亏、自求发展”的市场竞争主体。

2004年4月，州委、州政府出台《关于进一步规范全州国有企业改制工作的意见》，州粮食局直属粮贸公司、都匀面粉厂被列入改制范围。州粮食局成立改制工作领导小组，并抽调专人协助企业按时完成改制工作任务。是年，州粮油贸易公司和都匀面粉厂与全部职工签订解除双方劳动合同关系协议（都匀面粉厂解除劳动合同关系职工29名，内退职工14名；州粮油贸易公司解除劳动关系职工8名，内退职工4名），分流职工均领取到分流安置补偿金。

2005年1月，根据省政府《关于进一步深化粮食流通体制改革的实施意见》，重点对国有粮食购销企业、军供、储备企业进行产权制度改革。上半年，军供、储备企业产权制度改革全面铺开，购销企业改革试点工作正式开展。州粮食局报请州政府批准，将三都、长顺、罗甸3个县列入国有粮食购销企业产权制度改革试点县，按照省粮食局、财政厅、国土局、工商局、劳动和社保厅、农发行等6部门《关于推进我省国有粮食购销企业改革的指导意见》，经州、县（市）粮食部门组织实施，年底，全州军供、储备企业产权制度改革基本完成。

2006年，根据国务院《关于完善粮食流通体制改革政策措施意见》以及省粮食局的统一安排部署，成立黔南州国有粮食企业产权制度改革领导小组，实施粮食企业产权制度改革。到年底，全州参加改革改制企业36个，改制企业27个（股份制企业4个、承包租赁2个、其他改革21个）。改革后，在岗员工818人。惠水、罗甸、长顺、瓮安、福泉、龙里、荔波7个县（市）基本完成对国有粮食购销企业产权制度改革、改制工作，其余5个县（市）在组织实施中。

2007年，州级组成3个工作组，对全州12个县（市）进行督促检查指导。对已完成改制工作任务的县（市），继续完善改制后续工作，解决改制后企业历史遗留问题和新出现的影响企业发展的矛盾，巩固改制成果，确保企业发展取得实效；对尚未完成的都匀、独山、贵定、长顺、三都等县（市）强化措施办法，明确时间要求。是年，全州国有粮食企业办理基本养老保险1162人，医疗保险492人、失业保险1144人。国有独资企业重新聘用员工674人。

2008年，全州粮食企业改革改制工作重点转移到盘活国有资产、整活资源，对新型粮食企业建章立制、完善法人治理及内部激励机制，破解制约企业发展的“老账、老人和资金贷款不畅”三大难题上来，指导企业进行制度创新、结构创新、管理创新、经营创新，促进企业发展壮大。是年，全州形成新型国有粮食购销企业13个（独资），在职职工684人，在岗职工362人；加工企业（国有控股）13个，在职职工356人，在岗职工127人；

经营性企业（股份制）6 个，在职职工 88 人。

到 2009 年底，全州完成国有粮食企业产权制度改革，企业资产产权明晰，粮食行政管理部门建立和完善国有资产管理制度，初步形成国有独资、国有控股、租赁承包、股份制等多种所有制企业共同发展的格局。国有粮食企业改革实现国有粮食企业从原“计划主渠道”向“市场主渠道”的转变。

2010—2014 年，深化全州粮食企业改革，转换企业经营机制，加强企业内部管理，搞好主营，发展多种经营，通过招商引资和推进企业优化组合等，拓宽经营渠道，扩大经营规模和效益。

第二节　粮油收购

1991 年，省下达黔南州油菜籽收购任务 55000 吨，全州实际收购 66222 吨，超任务 21.3%。粮食定购任务 65000 吨，实际完成 66217 吨，超任务 3.3%。大米品种计划内稻谷数占 65% 以上。

1992 年，由于减产和市场差价问题，全州全年仅完成定购任务的 91.5%，当年收购政策由指令性计划转变为指导性计划，由单一经营放开为多渠道经营，从而出现收购乱、价格乱等现象，个别地方发生奖售不兑现、资金供应不上等情况。全年菜籽油收购仅完成实绩 2873.6 吨，占计划 57.47%，较上年同期减少 2208.9 公斤。

1993 年是州内粮食价格和经营放开的第一年，因储备费用补贴不足及少数地区对放开后的粮食工作重视不够，粮食收购难度大。为此，州政府制定合理的收购保护价和坚持征收实物的政策，各县（市）实行划片包干，任务到人，限期完成责任制，确保了任务的完成。在是年的粮食收购中，议价粮顶抵占任务的 20%，折征代金占 8.3%。油菜籽收购仅完成计划的 37.42%，主要原因是执行指导性计划、多渠道经营、减产等。

1994 年，粮食部门针对粮油价格涨幅较大的情况，执行粮油凭证、限量、限价、挂牌等措施，保证稳定，确保供应。全年粮油收购进度均列全省前三名。全州 12 个县（市）除荔波、平塘、长顺外，其余 9 个县（市）均提前或按时完成秋粮收购入库任务。

1995 年，省下达国家定购任务 35000 吨，黔南州超额完成。全州油菜籽收购占省下达任务的 58.4%，主要原因是政府定价过高，全国油菜籽价格在 2.4 元/公斤左右，而州内定在 3 元/公斤以内，市场菜油批发价格为 3.3 元/公斤，企业每经营一公斤油菜籽要亏 0.4 元，仅这一项，全州粮食部门亏损达 600 万元；收购价先高后低，农民有惜售心理。

1996 年，国家对粮油购销体制进行大调整。从当年起，粮食定购价格实行中央指导下的省（自治区、直辖市）人民政府定价，即由国家下达粮食定购基准价和浮动幅度，由各省（自治区、直辖市）人民政府确定具体定购价格，必要时由国家计委进行平衡和协调。定购价格提高后，不再实行价外补贴。是年，全州开拓粮食收购市场，掌握粮源，保证粮油供应，粮食市场价格平稳。全年收购油菜籽比 1995 年多收 1283 吨，粮食收购比 1995 年减少4599吨。其中：定购粮完成计划104.98%。收购市场粮食39253吨，比省计划多收购4253吨，秋粮收购进度为全省第一名。

1997年，全州油菜籽收购比上年增长8.9%；收购市场粮18786吨，为计划的53.7%；收购定购粮比上年增加19.6%，完成定购任务的124.1%。

1998年，全州各级粮食部门执行国家制定的《粮食收购条例》和按保护价收购政策，开展粮食定购和市场收购，全年收购油菜籽与上年基本持平，完成省计划的100.9%；收购粮食完成计划的113.25%，比上年增加27.4%。其中，国家定购72356吨，完成计划的111.32%。保护价收购40891吨，完成计划的116.83%，比上年增加110.63%。

1999年，全州遭受大面积干旱、洪涝、风雹、病虫害等多灾夹击，粮食、油菜籽等农产品因灾大幅度减产。在重灾情况下，全州共收购油菜籽28600吨，占省计划25000吨的114.4%，占州计划50000吨的57.2%，比上年同期增加4.2%。是年，为支持农业结构调整，各级粮食部门与农民签订收购合同。收购定购粮完成计划任务6.5万吨的90.8%，保护价收购1.32万吨，完成计划的37.7%，比上年同期减少60%。定购粮入库以调减后的任务检查，完成118%，进度为全省第一。

2000年，全州粮食产量达117.62万吨，全州总收购入库占计划81.9%，比上年同期73807吨增加10.98%，其中：定购粮入库占计划102.9%，比上年同期60268吨增加11%，保护价粮收购入库占计划的42.9%，比上年同期增长10.8%。全年收购油菜籽完成计划82.7%，比上年减少23.5%。在夏粮收购中，小麦退出保护价收购范围，油菜籽收购随行就市，全面放开。油菜籽收购由于前期筹集收购资金难，错过收购良机，后期又因油菜籽价格不断上升，农民惜售，收购计划未能完成。

2001年，粮食收购价格在省定价基础上可向下浮动（每50公斤不超过3元），各县（市）结合自身实际和毗邻省、区的价格，制定收购价格和具体实施意见，并将任务分解落实。全州粮食部门坚持常年常时按保护价敞开收购农民余粮政策，不限收、不拒收、不停收，不压级压价，优质优价，保护农民的利益。全年收购粮食完成计划的100.4%，定购粮入库进度名列全省第二名；按保护价敞开收购农民余粮20201吨，比上年增加34.6%；全年收购油菜籽完成计划的70%，比上年减少15.4%。

2002年，全州秋粮生产受低温秋风自然灾害的影响，造成粮食减产。为保证储备粮轮换、退耕还林、救灾救济、军供等用粮，全州粮食部门立足多收。全年完成定购计划的73.8%。

2003年，是全省粮食收购政策和价格全面放开的第一年，全州收购粮食完成省下达指导计划70000吨的60%。油菜籽收购完成省下达指导计划的77.1%，比上年同期减32.4%。

2004年，国务院决定全面放开粮食收购，全州粮食收购按照“购得进、销得出、有微利”的原则，当年收购粮食完成计划的64.5%，实物入库量比上年少收3313吨。油菜籽收购比上年同期多收8133吨。2005年，全州粮油收购总量均比上年减少。2006年，全州抓好粮油收购工作，保证粮食供求总量平衡和粮食市场价格平稳，保护种粮农民的利益。2007年，全州收购油菜籽比上年减少661吨；收购粮食比上年多收2616吨。是年起，全州在农村试行订单粮食收购。当年，收购订单粮食19352吨，其中，稻谷17352吨，玉米2000吨，20万农户从“订单粮食”中增收239万元。

2008年，全州粮食部门把粮油收购工作列为服务“三农”、促进企业发展、保障供需平衡的基础性工作来抓。执行保护价收购政策，常年敞开收购。

2009年，围绕州委、州政府提出的“百万亩优质稻基地建设、百万亩优质油菜籽基地建设”目标，全州落实优质粮油订单17万亩，其中，稻谷订单11万亩、高粱订单1万亩、油菜籽订单5万亩，比2008年增加2.5万亩。全州收购粮油总量62000万吨，收购总金额1.52亿元。完成优质粮食订单收购23000万吨，平均每公斤粮食订单收购价格比市场价高0.2元，促进农民增收460万元。

2010年，全州落实优质粮油等订单种植25.51万余亩，落实订单优质稻面积18万亩。通过粮油订单种植，全州粮油生产的品种得到优化调整，提高粮油产品的市场竞争力，实现助农增收1000余万元。

2011年，全州国有粮食经营企业收购商品粮1500吨，收购油菜籽6931吨。全州完成订单种植30.26万亩，占省下达计划的104.3%，助农增收6685万元。

2012年，提倡季节和常年相结合，常时敞开收购农户手中余粮。全州完成社会粮食购销占省下达任务的105.8%。粮食企业收购粮食比上年增长9.1%。订单种植完成30万亩，占省下达计划任务的103%。建成粮油配送中心3个，放心粮油店45个，超额完成省下达计划任务。全州共有粮食经营户571户，已经办理“粮食收购许可证”424户。其中，粮食经营企业60户，个体经营户364户；新增办证1户，依法注销6户。

2013年，全州发放粮食收购许可证326份，收购粮食43297吨，收购油菜籽13878吨；粮食订单种植完成40.9万亩，占计划任务的109%。

2014年，按省粮食局下达的任务，分解下达粮油订单种植计划43万亩，实际完成44万亩，占计划的102.3%。惠水粮油购销公司与贵州大学等单位合作发展红米基地种植20000亩，建设红米育种基地53亩，与省农科院等单位合作，建设省级高粱科学种植示范基地20000亩；瓮安发展优质油菜籽植基地5000亩，黔中公司发展紫米种植基地500亩；平塘粮食购销公司发展高粱基地种植5000亩。粮食部门指导帮扶独山鼎丰米业有限公司、福泉金山植物油厂等粮油生产经营龙头企业及粮油食品应急加工供应企业发展经营，培育省级粮油产品品牌。惠水“雅晶”、瓮安“黔中”牌等大米，福泉金山植物油厂“福泉山”牌菜籽油等粮油品牌优选申报省级粮油品牌，“雅晶”“黔中”牌大米再次获得省级“放心粮油”称号，“黔中”牌大米获贵州省名牌产品。

第三节　粮油供应

1991年，全年平价粮销售比上年减少10701吨，减销9.5%；平价食油销售比上年减销32.5%。通过开展粮油市场整顿，收回不合理供应的粮食150余吨，食油3.5吨，为国家收回差价款67392元。同时摸清居民购粮证尚有结余粮110余吨、食油380吨，人均结余粮食32公斤、食油1.1公斤。全州城镇居民、干部职工自愿上交节约粮191万多公斤支援受灾群众。全州下拨农销指标1244.6吨，发证供应农户粮食953.1吨，占指标的76.6%，其中返销粮379.6吨、救济粮537.5吨。当年通过堵塞漏洞，压缩不合理供应，农村粮比上年减销330吨，下降25.7%。全年共议购粮食2900吨，超额完成州政府下达的25000吨任务。销售议价粮3000吨，消化历年积压库。

1992年，继上年粮油调整销售价格之后，5月再次上调粮价。是年，全州实际安排用粮5760吨，占计划安排数的70.2%，比上年减少28%，其中粮食回销227.2吨，占销售实绩的39.4%，其余部分均通过民政部门的有偿和无偿安排。销售减少的原因：粮食市场开放后，由市场调剂安排；由于牌市差价缩小后，有经济来源的自行到市场选购；以生产自救和互助互济解决，多种经营成效显著。年内新增售粮网点35个，改造62个，全年经营量19082吨，比上年实绩14501吨增长31.5%，月人均粮食转化4.6公斤。

1993年，全州粮油供应经历两次较大的波动。第一次波动出现于7月放开粮价后，居民在前两个月已有必要的囤积，全州月均粮食销量锐减，由7400吨降为1470吨，下降80.13%。继后市场粮价平稳，大米每公斤1.1元，菜油2.5元左右。第二次波动出现于12月上旬，受全国大气候影响，市场粮油价格出现大幅度上扬，市场粮油价格上升到每公斤1.6元和6元，比11月底价格分别上升9.5%、10.3%。其特点是突发性强、来势猛、幅度大、时间短。主要品种是大米、食油，对社会震动极大，市民意见大，引起各阶层人士关注。州委、州政府责成粮食部门按照“掌握批发、适量控售、确保供应、价格合理”方针平抑粮价，制定以下措施：清理库存、凭证定量供应、积极组织粮源、实行明码标价。通过以上措施，全州范围内早籼标二米每公斤控制在1.44元以下，市场粮油价格回落。

是年，全州销售粮食占计划的121.5%。多种经营量完成10906吨，占计划的72.7%，比上年下降42.84%。调入计划为58500吨，实际调入27230吨，占计划的46.5%，比上年同期下降4.9%。

1994年，通过整顿粮油批发市场，打击不法粮商，堵塞漏洞，不准粮源外流，从省外调入平价粮油等措施，保障州内粮油供应。当年粮食部门从省外调入粮食占计划51500吨的87.9%。其中；代理制小麦计划13000吨，实绩13174吨，销售粮计划8000吨，实绩563吨，救灾粮计划5000吨，实绩4828.7吨，专储粮移库销售计划16000吨，实绩15637吨，专储移库储备计划9500吨，实绩5977吨。

1995年，粮食销售比上年上升14.84%，其中，城镇居民口粮53388吨，月人均12.3公斤；农业人口销售36101吨。全年从省外调入粮食32596吨，占计划38200吨的85.3%。1996年，销售粮食比1995年下降20.15%。是年，各级政府统一安排，下拨救济粮食4166吨，全州共救济25.6万人（次）。

1997—1998年，全年粮油销售比上年均有下降，原因是粮食连年丰收，一些个体粮贩趁机压价收购，低价抛售，致使市场粮价下跌过快。粮食部门按国家政策进行顺价销售，全年粮油市场基本平稳，没有明显波动。

1999年，全州粮食销售出现回升。其中：商品粮销售105000吨，比上年增加122.8%，国家专项储备粮90吨，县级储备粮6212吨。粮食销售量增加的主要原因：全州陈化粮处理66900吨；部分县（市）取消县级储备，将原有储备库存出库；各地加大促销力度，开发大米精加工、小包装，打开了市场销路。

2000—2002年，粮食销售以军需、民粮和救灾救济供应为重点，消化高价位库存粮食。

2003年，全州销售粮食比上年同期增加68.8%，商品粮销售比上年增长9.31%。其中，退耕还林粮食供应63567吨，完成计划的70%；军粮供应301吨；救灾救济粮食供应7200吨；拍卖销售陈化粮23596吨。粮食销售增加原因为：退耕还林面积增大以及2002年部分县（市）秋粮生产受灾严重，救灾救济用粮增加。食油销售8698吨，比上年少销42.5%。

2004年，全州销售粮食92705吨，比上年减少11.67%。其中，商品粮销售72221吨，省级储备粮出库13891吨，陈化粮公开拍卖销售6593吨。粮食销售减少的原因主要是退耕还林补助由实物供应改为现金补助以及陈化粮逐年处理后减少。全年食油销售6950吨，比上年少销1748吨。

2005—2007年，受市场因素影响，全州粮油销售连续下降，各级粮食主管部门着重抓好军粮、救灾救济等政策性粮食供应。

2008年，全年粮食销售比上年增加4025吨，食油销售比上年减少203吨。是年，州内发生凝冻灾害，粮食部门紧急组织粮食8000余吨粮食投放市场，保证春节和凝冻灾害期间市场粮油供应。2009年，全州实现粮油销售总金额1.92亿元以上，比上年增长60%。全年粮油市场和价格保持平稳。2010年，全州粮油销售出现大幅下滑。是年，全州改造“放心粮油店”40个，完成目标任务105.88%。

2011年，全州出现严重的低温凝冻天气，为应对自然灾害对粮食供求带来的影响，粮食部门加强市场监察与管理，监测粮食市场供求与价格情况监测，确保粮油市场供求平稳。全年建成“粮油配送中心”“放心粮油店”45个。

2012年，全州轮换本地出库销售粮食7000余吨。启动“放心粮油”进学校工程，全州签订211所学校直售供应点。建成粮油配送中心3个，放心粮油店45个，超额完成省下达计划任务。抓好7万户城镇居民低保户粮油供应，市场供应平稳。是年，都匀市军粮供应站上划为州军粮供应站。

2013年，全州推行“放心粮油”进学校工程，放心粮油进学校达414所，覆盖率72%，销售放心粮油13000余吨，比上年增长82.7%。建放心粮店45个，占计划的100%。是年，州粮油质量检测中心成立。

2014年，全州累计建成放心粮油配送中心14个、放心粮店202个、放心粮油进学校达到1213所，销售放心粮油23150多吨。年初，黔南州粮油质量检测中心通过省质量技术监督局实验资质认定和计量认证。

第四节 粮油储运

一、粮油储存

1991 年，由于州内粮油储存基础设施不足，仓容普遍紧缺，全州各县（市）的粮油库存都超过了历史最高水平。为确保储粮安全，各级粮食主管部门认真贯彻“以防为主，综合防治”的保粮方针和国务院及省、州政府关于加强粮油安全保管的指示精神，一方面开展以科学保粮为中心的群众性“四无”（无害虫、无变质、无鼠雀、无事故，下同）粮仓活动，及时处理省外调入虫、湿、霉粮及少数库存不安全粮；另一方面以县为单位组织开展春、夏、冬三次粮油大普查，做到“有藏必到、有粮必查、查必彻底”，发现问题，及时处理，保证储粮安全和“四无”仓库巩固。全年全州实现“四无”粮仓 33859. 6 万公斤，实现“四无”粮油 19120. 6 万公斤。经州粮食局组织检查鉴定，全州 12 个县（市）的“四无”粮仓都得到巩固，70 个粮管所和 180 个粮站点实现“四无”，分别占被查数的 84. 3% 和 83. 3%，科学保粮 10174. 6 万公斤，占被查储粮的 75. 3%。

1992 年，全州实现“四无”粮仓 30194 万公斤，占检查仓容的 97%，实现“四无”粮油 17840 万公斤，占被查粮油的 97%，科学保粮 9607 万公斤，占储粮的 71%。全州“甲字粮”全部采用“双低”（低温、低氧）保管。

1993 年，实施粮食购销体制改革、粮价放开后，对粮食仓储工作提出更高要求，全州开展以科学保粮为中心的“四无”粮仓建设活动，全年未发生粮油仓储事故。“四无”粮仓储粮共 271114 吨，储油 97314 吨，开展科学保粮仓容 20 万吨，占总仓容的 52%，保粮 6 万吨，占平均库存粮食的 60%。

1994—1995 年，粮食流通体制改革全面展开，粮食部门落实粮油储备数量，健全粮油储备管理制度，加强各级粮食储备库的管理。1995 年底，全州粮食总库存 87976 吨，比上年增加 187 吨，中央、省、州三级储备全部备足。县级储备除独山、荔波外基本备足。年末食油库存 6148 吨，其中国家“甲字”油 1000 吨、国家专项储备油 1500 吨、省级储备油 120 吨、州级储备油 100 吨。是年，全州对粮油仓储“一符四无”（账实相符、无虫害、无变质、无鼠害、无事故）情况进行检查评定，结果良好，仓储管理工作开始走向规范化。

1996 年底，全州商品粮库存 12. 8 万吨，比上年上升 25. 2%；菜籽（油折籽）库存 10677 吨，较上年下降 49. 6%。年末国家储备粮 22428 吨、油 2500 吨，省、州、县三级储备粮 48776 吨。1997 年，全州粮油总库存 208113 吨，较上年增加 4. 4%，其中商品粮总库存与上年略有下降，食油库存有所上升。

1998 年，全州混合粮库存达 352359 吨，库存粮食占有效仓容的 113%，创新中国成立以来全州粮食最高库存，仓储矛盾突出。经过各方争取，是年 7 月，国家计委和国家粮食储备局批复同意都匀国家粮食储备库扩建 5 万吨仓容项目，中央投资 2425 万元。州政府成立“州中央直属粮库建设领导小组”，州财政拿出 435. 6 万元用于项目的征地拆迁补偿，保证工程如期开工建设，于次年竣工交付使用。

1999 年，全州粮食库存较上年减少 10.27%，其中商品粮库存比上年下降 19%，国家专项储备及省、州级储备与上年相同，县级储备下降。油菜籽库存增加，增幅达 100.1%，主要是当年油菜籽丰收后执行国家敞开收购政策，以及受油菜籽市场疲软和进口油的冲击所致。是年，按照国务院、省政府处理陈化粮的要求和有关规定，州政府成立陈化粮处理联席会议，由政府领导和有关部门负责人组成，对陈化粮进行审批。当年，全州处理陈化粮 10.36 万吨，其中，州级储备有 1500 吨，县级储备 4264 吨，周转库存粮 6.4 万吨。仓容紧张矛盾得到一定缓解。

2000 年，全州粮食总库存 23.98 万吨，比上年增加 2.8%，其中，商品粮库存 14.68 万吨，增加 3.2%，国家专项储备粮 5.56 万吨，增加 4.3%，省、州级储备粮分别为 14884 吨和 19703 吨，县级储备 2844 吨。食油总库存 9387 吨，比上年减少 19.4%。是年初，省政府下达黔南州 5.5 万吨新库新粮任务（都匀国家粮食储备库 4.5 万吨、贵阳牛郎关国储库 1 万吨），州粮食部门紧急安排部署，按时完成了新库装新粮任务。是年 6 月 8 日，全州遭受特大洪水灾害，部分国有粮仓屋面漏水、墙体裂缝、围墙倒塌、仓内地坪返潮，严重威胁储粮安全，全州粮食主管部门投入抗灾救灾，省、州安排简易建设费 105 万元和 450 万元建仓贷款，迅速恢复、重建受损仓库迎接秋粮入库。

2001 年，全州粮食总库存 21.2 万吨，比上年减少 11.6%，实现促销压库的目标。其中，商品粮库存 12.51 万吨，下降 14.8%，国家专项储备粮 5.37 万吨，减少 3.5%，省、州级储备粮分别为 14884 吨和 18203 吨，县级储备 344 吨。食油总库存（籽折油）7823 吨，比上年减少 15.7%，其中国家专储食油与上年持平。是年，根据国务院的统一安排，开展粮食清仓查库工作，这次清仓查库采取互不见面的交叉方式进行，省粮食局安排黔南州清查贵阳市，铜仁地区清查黔南州。铜仁检查组通过对全州 331 个库、站、点共 215721.6 吨粮食的清查，差额为 0.226%（国家允许在 3% 以内），认定黔南州粮油库存账账相符、账实相符，没有亏库、空库、品种不符等现象。经省粮食局组织复查，结果与铜仁工作组检查的情况一致。

2002 年全州粮食总库存仅为 16.15 万吨，降幅 23.9%，其中商品粮库存下降 25.1%，国家专项储备粮 4.04 万吨，省、州级储备粮分别为 14884 吨和 12344 吨，县级储备粮仅有 206 吨。食油总库存 5578 吨，比上年减少 28.7%。其中商品油库存 2788 吨，比上年减少 30.9%；国家专储油 2000 吨，比上年减少 33.3%；地方储备油 790 吨。是年，按时完成独山 25000 吨国家粮食储备库及马场坪、惠水各 10000 吨省级粮食储备库的建设任务。

2003 年，全州各粮食收储单位按照省粮食局《关于认真做好粮食保管工作的紧急通知》要求，落实安全储粮的各项规章制度，全州 5.5 万吨国家储备粮、2 万吨省级储备粮和 2 万吨州级储备粮实现安全储存，在夏季全省粮食安全储藏检查中，全州 12 县（市）保持（一符四无）粮仓县（市）称号。都匀国家粮食储备库还完成了州政府下达的 400 吨州级储备油轮换出库任务，州粮食局直属粮食储备库完成 2 万吨州级储备粮的公开采购入库，节约采购成本 388 万元。

2004—2005 年，全州各储粮单位执行“以防为主、综合防治”的保粮方针，巩固“一符四无”粮仓，全年全州 10 多万吨各级储备和商品周转粮实现安全储存。全年全州粮食总库存 113528 吨，较上年减少 32.1%。其中商品粮库存 28506 吨，较上年大幅下降；国家专项储备粮 55022 吨，增长 18%，省级储备粮 2.3 万吨，增长 13%，州级储备粮持平。商品油库存比上年增长 3 倍，国家专储库存和地方储备油全部作了销售处理。2005 年，省粮食局组织对“一符四无”粮仓县（市）大库进行复查，复查结果全部达标。都匀国家粮食储备库连年确保储粮安全并实现轮换利润，年内先后受到国家粮食局、中储粮总公司等部门表彰。是年，全州粮食总库存 162263 吨，比上年增加 48735 吨；食油库存 2209 吨（全部为商品油），比上年减少 3460 吨。

2006—2010 年，全州各级粮食主管部门把安全储粮放在突出位置，抓各项制度措施落实，多次组织粮仓安全大检查，发现问题，及时整改，确保库存粮食账实相符、质量完好、轮换经营和管理严格按制度规范操作。并争取国家和省粮食储备专项资金，改善储粮条件。其间，2009 年，全州各级粮食储备达 24 万吨，比“十五”期增长 50%，其中中央、省级储备 20 余万吨。同时，推广农村科学储粮，帮助农户储粮减损增收。至 2009 年底，全州共为农户发放彩钢板粮仓 1215 个，可推动农村科学储粮 1.5 万吨，促进农户储粮减损增收 240 万元。都匀市粮油贸易总公司被授予贵州省农户科学储粮先进单位。

2011—2014 年，定期开展储粮安全大检查，巩固“一符四无”粮仓，落实州、县级粮食储备，全州地方（州、县级）粮食储备保持在 4.8 万吨左右，并按规定要求适时轮换，确保粮食安全。从 2014 年起，州财政每年安排不少于 1500 万元作为州级粮食风险基金。推行农户科学储粮工作，连年完成省下达的 2.6 万户科学储粮任务。新一轮粮食仓储基础设施建设中，州级及都匀市各 5 万吨储备库搬迁新建项目经州政府议定，并完成选址和规划；福泉市 5 万吨粮食储备库第一期 2 万吨粮库项目完成主体工程量的 95%；瓮安县 3.7 万吨粮食储备库和 0.5 万吨油罐建设项目上报国家发改委，粮库区工程建设完成 50%；龙里县 2.5 万吨储备粮库和 0.5 万吨油罐项目基本完成；三都县、荔波县各 2.5 万吨储备库建设全面展开；贵定县 2.5 万吨储备库项目在落实中。

二、粮油调运

1991 年，全州年度包干调入粮食计划为 58500 吨，省粮食局安排调入 56780 吨，实际完成 49811 吨；调出大米包干计划 2500 吨，省粮食局安排调出 1100 吨，实际调出 1299 吨；包干调出油脂计划 4200 吨，省安排 3000 吨，实际完成 3300 吨。州内调剂调运大米计划 8500 吨，实际完成 7380 吨；省粮食局安排调入以工代赈粮食 7950 吨，实际调入 2509 吨。

1992 年，随着粮食体制改革酝酿实施，产粮区有等待粮价放开思想，省外粮油调运难度增加。是年，全州粮食调入计划与上年持平，省粮食局安排调入 50500 吨，实际调入 32665 吨；调出大米包干计划 2500 吨，省粮食局安排调出 500 吨，实际调出 771 吨；包干调出油脂计划 1000 吨，省安排 100 吨，实际完成 106 吨。州内调剂调运大米计划 8500 吨，实际完成 9016 吨。是年，除包干调运外，全州还完成了 15500 吨省级储备粮调出计划。

1993 年，全州粮食实际调入 2723 吨，仅占调入计划的 46.5%，较上年下降 4.9%。主要原因是粮价放开后各地对调粮不积极，加之运输车皮计划紧张也影响了粮食调入，粮食调出计划 2500 吨，实际完成 826 吨。

1994 年，省外粮食调入完成年计划的 87.9%，加上各基层粮食企业议价购进部分，对稳定人心、遏制粮价上涨势头发挥积极作用。1995 年 2 月起，除军供食油外，国家取消食油收购计划和食油定量供应政策，取消食油指令性调拨计划。1995 年从省外调入粮食 32599 吨，完成年度调入计划的 85.3%。

1996 年，全州实际调入省外粮食 21925.9 吨，完成调入计划的 91.4%；省内粮食调运由于市场粮价下降，接粮地区不愿接受，仅完成省政府安排调出计划的 10.8%；州内粮食调运完成计划的 91.2%，其中独山调出 1476 吨，平塘调出 1997 吨，惠水调出 1996 吨。是年，全州调出食油（籽折油）9909 吨，较上年增长 1.5 倍，菜籽市场滞销局面得到缓解。

1997—1998 年，由于州内仓储紧张，加上市场变化原因，全州粮食调入减少、调出增加，食油调出持续下降。1997 年实际调入各种粮食 21301 吨，较上年下降 3.39%；调出粮食 7170 吨，比上年增长 52.55%；调出食油 2420 吨，同比下降 21.78%。1998 年仅调入粮食 5153 吨，其中，专储粮调入 238 吨，商品粮调入 4915 吨。调入食油 291 吨，调出食油 1799 吨。

“九五”期间，粮食调运有所控制，全州共调入粮食 40130 吨，比“八五”期少调 85024 吨，减少 67.9%；调出粮食 32901 吨，比“八五”期少调 42516 吨，减少 56.4%；调入食油（籽折油）669 吨，比“八五”少调 740 吨，减少 52.5%；调出食油（籽折油）9494 吨，比“八五”多调出 563 吨，增加 6.3%。

2004 年后，随着粮食体制改革的深化，粮食市场逐步放开，国家对粮食调运业务不再下达计划，除必要的国家储备外，全州粮食调运主要根据粮食市场需求和粮食经营市场主体自主安排。

2006—2014 年，全州先后建立 13 个粮油配送中心，保证全州粮食市场的正常调剂和城乡居民的生活需要。

第五节　粮油加工

1991 年，由于全州粮油仓储普遍存在大米积压、油脂库存量大的情况，全年稻谷加工量比上年减少 50.62%，油脂加工也明显减少，小麦加工由于面粉销量减少也下降 19.8%。是年，全州粮油工业实现产值 7581 万元，完成计划的 86.14%，较上年下降 14.01%；实现利润 200 万元，下降 33.93%。

1992 年，全州粮油工业产值完成 6530 万元，较上年下降 3.97%。粮油工业完成产值计划的有都匀、独山、荔波、长顺、罗甸、惠水 6 个县（市）和州面粉厂，其中，独山、惠水 2 个县和州面粉厂产值利润同步增长，都匀、福泉和荔波 3 个县（市）粮油加工企业出现亏损。

1993 年，粮食加工完成 15767 吨，比上年增长 68.35%；面粉加工下降 15.48%，油菜籽加工下降 34.64%。

1994 年，全州粮油加工共完成产值 4728 万元，实现利润仅 9 万元，较上年下降 28%，主要是原料不足，且长顺、福泉、罗甸、荔波、平塘等 5 个县粮油工业亏损。

1995—1997 年，全州粮油加工企业在资金紧张、设备陈旧、技术落后的情况下，通过深化内部改革，加强企业管理，因地制宜实施技术改造，积极参与市场竞争。其间，1996 年，全州粮油工业总产值 4308 万元。都匀面粉厂、瓮安油厂年内实现盈利，成为省内为数不多的粮油加工盈利企业。是年，都匀面粉厂贷款 40 余万元，引进先进的豆粉丝生产技术，建成年产 400 吨粉丝车间，产品投放市场后反响良好；都匀市、瓮安县、独山县粮食局投资引进新型大米加工设备，向深加工、精加工方向发展。1997 年全州粮油工业产值比上年增长 16.9%，利润为减亏 81 万元。

1998 年，全州粮油加工企业亏损 709 万元，较上年增亏 500 万元，其中，三都县增亏 223 万元、罗甸县增亏 147 万元、福泉市增亏 135 万元。州面粉厂年内亏损 119 万元，较上年增亏 17 万元。1999 年，全州粮油加工企业产值 4008 万元，较上年下降 21%，但经济效益有所提高，全年亏损额较上年下降 23.8%。2000 年，全州粮油加工企业减亏 194 万元，瓮安县油厂依靠县内产菜籽的优势开展代加工，研制新产品，积极占领市场，全年盈利 9 万元；福泉市油厂进行企业改制，降低各种费用，拓宽市场，全年扭亏为盈。

进入 21 世纪后，州内国有粮油加工企业陆续改组改制，私营、个体和股份制粮油加工企业逐步兴起。2001 年，全州有粮油加工及其他加工企业 21 个、职工 605 人，较上年减少 170 人，减幅近 30%。

2002—2008 年，受粮油原料和粮油市场供需变化的影响，全州粮油加工总量及实际加工的品种情况有增有减。全州主要粮油加工企业在 13～18 个之间，主要是稻谷和油脂加工企业有所增减，各年度粮油加工数量及加工企业情况如下表：（见附表 13－2－1）

2002—2008 年全州粮油加工情况统计表

表 13－2－1

年度 项目	2002 年	2003 年	2004 年	2005 年	2006 年	2007 年	2008 年
粮油加工总量（吨）	35896	26370	31981	18429	29316	29000	29000
其中稻谷加工	7046	1767	3559	6586	10087	23000	23000
小麦加工	1541	1643	942	–	–	–	–
油菜籽加工	27309	22960	27480	11843	19229	6000	6000
油脂加工厂（个）	5	5	6	6	6	7	7
稻谷加工厂（个）	7	7	7	7	6	10	10
面粉加工厂（个）	1	1	1	1	1	1	1

说明：2005 年以后对小麦加工情况未作统计

2009 年，全州有粮油加工企业 18 个，设计年加工能力 23.7 万吨，全年完成粮油工业总产值超过12000万元。福泉植物油厂、瓮安植物油厂获州级农业产业化龙头企业称号。

2010—2014年，全州粮油加工企业通过招商引资，推动企业技术改造和产品升级，向创品牌、上规模、增效益发展。独山鼎丰、惠元、鸿安米业以及瓮安阿乡食品有限公司、都匀粮贸集团总公司、都匀中伟米业有限公司、福泉金山植物油厂等具有一定规模和影响的地方本土粮油加工企业先后建立；惠水“雅晶”、瓮安“黔中”、都匀“长茅香”、独山“惠源”、独山“凤泉”、平塘“摆洗”牌大米和“福泉山”牌菜籽油等申报省级粮油品牌，瓮安黔中公司的“黔中”牌大米、福泉风味食品有限公司“万康乐”牌苦荞方便面获贵州省名牌产品称号。

第六节　粮油经营

1991年，全州粮食部门扩大粮食议价业务，全年议购粮食2.9万吨，销售议价粮7.3万吨，在上年亏损189万元的情况下实现利润236万元，提取建仓基金和风险基金后仍获利润112万元，经营效益在全省9个市（州、地）中跃居第一。此外，当年还向省外推销1.5万吨平价油菜籽。从各项财务指标执行的情况看，粮食平价企业亏损4714万元，比上年上升2237万元；粮油提价补贴下降801万元（5月1日后取消补贴）；粮油加工企业和饲料企业利润分别下降103万元和31万元；运输企业利润增加1万元；粮油调拨经营收入减少159万元；全年盈亏相抵，较上年多支出1394万元。

1992年，开展粮食多种经营，全面完成省粮食局下达的经营量、营业额和利润“三项指标”。全州新增粮油经营网点35个，改造62个，全州共投入网点建设的资金534.52万元。全年实现粮油经营量19082吨，较上年增长31.5%，月人均转化粮食4.6公斤。全年粮油经营营业额达2454.75万元，较上年增长41.3%。经营纯利润收入261.44万元，较上年增长69.6%。全州粮食议价企业实现利润190万元，较上年增加78万元；多种经营利润482万元，较上年增加318万元。工业企业和饲料企业利润比上年减少，平价企业亏损上升24.8%，产生大量新的挂账。

1993年，继续“一业为主，多种经营”，全州多种经营量完成10906吨，比上年下降42.8%，营业额完成11014万元，较上年增长69.06%，营业额总量在全省各地（州、市）中位居第三；粮食财务方面，议价企业利润、多种经营利润和加工企业利润均有所下滑，下半年粮价放开后，全年粮食平价企业的亏损减少，但由于国际补贴指标严重不足，仍产生亏损挂账，大量的政策性财务挂账而产生的巨额利息，影响全州粮食经营发展。1994年全面实施粮价放开后，全州粮食财务状况有所好转，全州粮食企业实现销售收入31521万元，实现利润355.4万元，除福泉、都匀、贵定、罗甸、荔波5个县（市）仍出现亏损外，其余7个县均实现扭亏为盈。1995年，除粮油主业外，养殖业、种植业和服务业等多种经营不断扩大，经济效益有所好转。

“九五”期间，探索开展多种经营的路子，采取宜工则工、宜商则商、宜种则种、宜养则养等方式，搞活粮食经营，全州多种经营实现利润达1499万元，但受财政补贴和政策性等因素影响，行业性亏损仍然存在。1996年，全州粮油经营量8583吨，实现净利润145.6万元，全州粮食系统亏损额得到控制，全年实际亏损1135万元，减亏34%，超额完成省下达的减亏任务目标。瓮安、龙里等县不仅完成自补应负担亏损，而且实现盈利。1997年，都匀市粮食局开办万头生猪养殖场，既发展多种经营，又进行粮食转换，还开办保龄球俱乐部。惠水、独山粮食局投资建设袋装精米生产线，三都、罗甸县粮食局动员职工入股开办万亩桐籽林基地等。全州粮食系统多种经营实现净利润234万元，但由于各级财政补贴不到位，粮食企业贷款利息负担过重等原因，全年全州粮食企业新增亏损扩大，减亏财务指标未实现。1998年，都匀市万头生猪养殖场利用人员、饲料、场地优势，在大力发展畜牧养殖的同时，解决安排富余分流人员，消化饲料、粮食，以养促销。惠水、独山生产的小包装精米在市场上销路很好。罗甸、三都的桐籽林基地和都匀市粮食局的果园种植项目取得初步效益。同时，粮油经营开始向服务、娱乐、矿产、代加工、代农储粮、品种兑换、连锁经营等多行业、多种类方面发展。是年，全州粮食系统商品销售收入15585万元，较上年下降45%；销售亏损1321万元，较上年减亏52%。1999年，全州粮食系统全行业亏损5566万元，比上年减亏782万元，减亏14.04%。其中购销企业亏损4616万元，减亏2.4%，主要原因是陈化粮处理发生价差1184万元；有关政策性补贴不足；顺价销售困难，而管理费、人员工资等刚性支出客观存在。2000年，全州粮食系统实行政企分开、购销业务与附营业务分开，同时，通过清理财务挂账、开拓市场、加强企业内部经营管理，全州粮油经营效益有所好转。全州粮食企业亏损3877万元，减亏30.36%。其中粮食购销企业亏损3229万元，减亏30.05%；经营性商业企业亏损206万元，增亏6.3%。

2001—2002年，把开展多种经营作为粮食企业生存发展以及实现扭亏增盈的渠道，向名、特、优、精、深加工方向发展，形成自己的品牌效益。其间，2001年，全州粮食企业亏损3278万元，较上年减亏579万元，其中：购销企业亏损2878万元，减亏351万元；商业企业亏损86万元，减亏79万元；工业企业亏损280万元，与上年持平；饲料企业亏损13万元，减亏94万元。是年，都匀市的生猪养殖项目实现销售收入32.5万元、饲养生猪4200头、加工饲料1829吨，创产值213.9万元；福泉市以植物油厂为龙头开发辣椒系列产品，收购辣椒400多吨；独山、平塘、龙里、长顺等县与乡镇签订优质稻谷收购合同，建立自己的优质商品粮基地。2002年全行业减亏781万元（商业企业实现扭亏为盈、盈利2万元），完成年初省粮食局下达的减亏目标。都匀、平塘、独山、惠水等县市建立精米加工厂，形成了自己的特色产品；罗甸县先后建成1000亩青枣基地、5000亩桐籽基地；福泉市年产2000吨风味辣椒和1000吨魔芋粉丝厂建成投产，福泉、龙里两个县市建的粮油批发市场也发挥了作用。

2003—2005年，全州粮食系统扭亏增盈起伏较大。其间，2003年，全州粮食企业实际亏损1475万元，比上年减亏555万元，减幅为27.3%。平塘、福泉、龙里、惠水4个县市粮食购销企业全面扭亏为盈。2004年，由于粮食收购政策和价格全面放开后，粮食购销企业对历年老账进行清理、消化，导致亏损增加。全州粮食企业实际亏损5429万元，比上年增亏3954万元。2005年，全州粮食企业亏损2299万元，比上年减亏3206万元。其中，粮食购销企业减亏3590万元，经营性商业企业减亏75万元，粮油工业企业增亏574万元，饲料企业减亏6万元，完成州政府下达的年度减亏目标任务。

2006年，全州粮食企业共亏损783万元，比上年减亏1626万元。其中，粮食购销企业减亏1091万元，经营性商业企业减亏414万元，粮油工业企业减亏351万元。福泉市率先实现全行业扭亏为盈，惠水、荔波、瓮安、龙里、罗甸、三都6个县粮食购销企业实现盈利。2007年，全州粮食企业比上年减亏215万元，减幅达39.1%。2008年，全州粮食购销企业减亏141.8万元，粮食加工及其他企业减亏减亏321万元，一些新型企业如惠水“雅晶”牌系列大米生产企业、瓮安黔中米业、福泉“福泉山”牌系列食用植物油生产企业等不断发展壮大。2009年，全州粮食企业拓展增收渠道，加强企业经营管理，国有粮食企业全面扭亏为盈，全行业实现利润86.5万元，其中，粮食购销企业盈利66.8万元，其他企业盈利19.7万元。惠水、福泉、瓮安3个县（市）粮食购销公司和福泉、瓮安植物油厂、瓮安黔中粮食工贸公司、州粮油储备库、中储粮独山直属库等8个粮食企业成为州级农业产业化龙头企业。

2011年，州粮油储备库整合都匀面粉厂和谢官冲粮库（三块牌子一套人员）、瓮安黔中粮食工贸公司争取到省发改资金扩大企业规模。2012年，扩大优质粮种植面积及规模，推进粮食产业化发展，通过发展精深加工和物流等现代产业，推动粮食流通产业形态由主要收卖原粮、储原粮向构建产业链和提高粮食资源增值效果转变。2013年，推广粮油订单种植，发展特色粮油产业。惠水县粮油购销公司实施红米基地种植10000亩，建设红米育种基地53亩。瓮安黔中公司发展紫米种植500亩。平塘县粮食购销公司发展高粱种植基地20000亩。2014年，全州完成粮食订单种植44万亩。是年9月举行的贵州省首届粮油精品展销会上，州军粮供应站、惠水雅水特色优质米产业园、瓮安黔中粮油公司、瓮安阿香食品有限公司、长顺高峰十里香有限公司、独山鼎丰米业等15家粮油企业参展。

1991—2014年全州粮油购销统计表

表13－2－2　　　　单位：吨

年　度	粮食收购	油菜籽收购	粮食销售	食用油销售
1991	66217	66222	102537	2447
1992	59940	28736		
1993	65000		149521	
1994		23159		
1995	35845	29196	122421	
1996	68231	31650	100633	
1997	80633	31950	99665	8230
1998	72356	25235	8466	6590

续表 13－2－2

年　度	粮食收购	油菜籽收购	粮食销售	食用油销售
1999	59000	28600	111300	
2000	81916	20677	134291	8771
2001	47696	17503	88935	8592
2002	46718	31438	78457	16134
2003	42000	20817	104949	8698
2004	38687	20202	92705	6950
2005	33503	11893	29874	11575
2006	33462	8689	20292	4599
2007	36078	8018	18000	1300
2008	43526	4118	22025	1097
2009	40000	22000	45000	2840
2010	35000	11891	1200	710
2011	30816	6931	15862	832
2012	19433		7000	
2013	43297	13878	16071	1742
2014			23150	

说明：上表资料部分年度数据遗失

第三章　供销合作

20 世纪 90 年代，供销合作社（以下简称供销社）仍然发挥着农业生产资料供应、城乡生活资料经营、农副产品收购的主渠道作用。期间，因市场经济逐渐形成，供销社经营进行了各种改革尝试，因未能触及体制根本，全州供销社系统从 1992 年起整体连续亏损达 9 年之久。2000 年起，州、县（市）供销社陆续改制，生活资料供应、农副产品购销和废旧物资收购的传统业务萎缩，但为“三农”服务的宗旨不变，继而转向以合作为基础的村级服务和产业参与。通过改革改制，经营网点快速恢复，经济效益逐年上升，全系统从 2001 年开始盈利，之后连续十几年没有出现过亏损。改革改制使全州供销社取得实效，走入市场经济轨道。到 2014 年底，全系统有基层供销合作社 179 个，村级综合服务站 1672 个，县以上直属企业 40 个。建成区域性配送中心 47 个，连锁经营网点发展到 2046 个，覆盖 100% 的乡镇和 98% 的村寨，化肥销售仍然占据主渠道位置，年销售量 23 万吨，市场占有率达 78% 以上。全系统 2014 年商品购进总值完成 10.47 亿元，商品销售总值完成 11.8 亿元，汇总实现利润 1110 万元。

第一节　供销体制改革

一、供销社改制

州内供销社系统改革始于1982年，龙里县供销社为全省供销社体制改革的试点单位，各县（市）供销社相应改革，主要是恢复社员代表大会制度，实行“三性”（组织上的群众性、管理上的民主性、经营上的灵活性）。1991年，州供销社成立深化供销社体制改革领导小组，全系统推行经营、价格、分配、用工“四放开”。经营放开，在搞好供销社主营业务的同时，逐步扩大经营项目，除国家明文规定的专营商品外，供销社都可以经营；价格放开，除国家规定的化肥、农药、农膜、煤油、食盐、棉花、棉絮等商品按规定执行外，其余商品价格全面放开，由企业自主定价，不再办理物价申报手续；分配放开，落实风险抵押承包经营责任制，在保证国家多得、企业多留前提下，企业有自主分配权，个人收入“上不封顶，下不保底”；用工放开，干部能上能下，职工能进能出，对在职干部实行年度考核，固定工、合同工全部实行合同制，职工可以申请停薪留职。全系统有9个县（市）57个企业推行“四放开”，占独立核算企业的47.5%。是年，独山县供销社所属9个独立核算单位实行全员风险抵押承包。1993年，在“四放开”的基础上，普遍推行“社有民营”的经营方式，将门面、柜台资产及商品作为铺底资金承包给职工经营，统一使用企业营业执照，实行税收目标交纳，利润包干上交，合同期内企业分期收回铺底资金。到是年底，全系统共有60个企业实行“社有民营”，占企业总数的49%。实行企业经济指标承包，劳动报酬同经济指标挂钩。

1995年2月，中共中央、国务院关于深化供销合作社改革的决定出台后，州委、州政府召开会议，对深化供销合作社改革作出了具体安排和部署，并决定由州委政策研究室牵头，州体改委、州政府办、州农委和州供销社参加，组成深化供销合作社改革调研组，对全州供销合作社的情况进行全面调查研究，调研工作结束后向州委、州政府写出了调研报告。是年，州供销社与黔南日报联合举办了“话供销、说改革”专题征文活动。

1996年4月15日，省委、省政府出台《关于推进供销合作社改革与发展的决定》，5月和11月，省政协领导带领省政协委员、省委农村政策研究室、省供销社等有关部门负责人两次到黔南实地调研全州供销社改革情况，考察了部分基层供销社。5月21日，州委、州政府召开全州深化供销合作社改革电话会议，紧接着召开供销合作社改革座谈会。是年12月，印发《中共黔南州委、黔南州人民政府关于加快供销社改革与发展的意见》等配套改革文件，各县（市）党委、政府把供销社改革工作纳入政府重要议事日程。到1998年，全州有8个县（市）供销社的行政经费全额或定额纳入财政预算管理。全州各县（市）供销社直属企业和基层社实行经济指标承包经营。

因改革并未根本理顺供销社的内部管理体制，在国家推行市场经济，打破计划分配体制后，供销社经济效益呈现下滑趋势，从1992年起已经连续整体亏损（是年全系统亏损

87.4 万元，亏损持续时间 9 年）。1996 年，国家相继实施了化肥和棉花的流通体制改革，彻底取消供销社在农资供应方面的国家政策保护。供销社以“分散承包经营”为主的改革，使传统的经营网络体系被打乱，经营规模和经济效益大幅下滑，业务迅速萎缩。1997 年全州供销社经营滑到最低谷，亏损达 1678.4 万元。

1999 年，根据国务院《关于解决当前供销合作社几个突出问题的通知》和省政府的贯彻通知，州政府和各县（市）政府相继成立领导小组，清理核查各级供销社财务挂账情况，摸清全系统政策性亏损和经营性亏损底数，全州供销社系统财务挂账总额为 25735.8 万元。其中：政策性亏损 8139.4 万元，经营性亏损 17596.4 万元。2000 年，省供销社提出了三年确保完成扭亏增盈的目标，州及各县（市）供销社相继成立扭亏增盈领导小组，制定了扭亏增盈目标和工作措施。是年，亏损额 295.7 万元，比上年开始减亏。

2000 年，贵定县供销社将“长期亏损，扭亏无望”的县土产公司和综合贸易公司作为改革改制的试点，并拍卖处于商业繁华地段的办公大楼（底层为门市部），拍卖所得资金首先还清银行贷款，然后用 40 万元安置全部职工。同时将两公司合并，再由县供销社出资 10 万元控股，职工自愿参股，成立新公司。不愿参股的职工自谋职业，与公司脱离关系，实际有 6 名职工参股到新组成的股份公司。到是年底，全州供销社系统有瓮安、平塘、贵定、龙里 4 个县的 7 个基层企业进行了改革改制试点。2001 年 12 月，贵定县政府出台《关于推进供销合作社改革的意见》，贵定县供销社成为全州供销社系统率先进行以产权制度为核心的改革改制单位。到 2001 年，全州供销系统整体亏损的情况得到有效遏制，经营形势开始好转。全系统汇总实现利润 5.4 万元，初步实现扭亏为盈目标，摘掉连续 9 年的亏损帽子。

2002 年，供销社开始主抓系统体制改革，把推进“四项改造”作为深化改革的重要内容。即：以参与农业产业化经营改造基层社；以实行产权多元化改造社有企业；以实现社企分开、开放办社改造联合社；以发展现代经营方式改造经营网络。州供销社先后两次组织人员到外省供销社学习考察改革改制成功经验，再结合全州供销社实际进行以产权制度为核心的改革改制工作。

2003 年 1 月，贵定县供销社直属企业和基层社全部改制结束，共转变职工身份 210 人，办理内退 36 人，保留关系待调出人员 16 人，置换变现资产 944 万元。6 月，平塘县供销社借鉴外地和贵定县供销社改革成功经验，由平塘县政府出台《深化供销社企业改革改制的意见》，从 7 月开始，县供销社对所属企业和基层社进行逐一改制，到年底基本完成全县供销社企业改制工作。9 月起，长顺县供销社针对基层企业各自为政、体制不清、管理混乱、市场反应不灵的问题，实行一县一社改革，重组全系统机构和人员，成立资产管理、业务经营和财务管理中心，统一人事管理，统一财务管理，统一经营活动，发挥系统整体合力。

2004 年 7 月，《黔南州人民政府关于推进全州供销合作社改革的实施意见》出台，州及各县（市）政府相继成立供销社改革改制领导小组，并开展清产核资等前期改革改制工作。全州各县（市）供销社改革改制采取一县一策，一企一策，不搞一刀切的方法进行。职工安置补偿标准根据企业资产状况和当地实际情况进行制定，改革改制方案制定后，通过自上而下分别召开职工代表会和职工会议反复讨论，再自下而上进行修改论证，切实可行后，再报县（市）政府审批后组织实施。从2004年下半年开始，先后有都匀、独山、荔波、福泉、瓮安、龙里、惠水、罗甸8个县（市）供销社进行了改革改制，加上前期进行改革改制的贵定县和平塘县，至2008年，全州共有10个县（市）供销社完成了改革改制工作。

2012年，三都县供销社启动改制工作。是年，周覃供销社改制；2013年，九阡酒厂和大河供销社改制；2014年，普安供销社、县土产公司、县日杂公司改制。3年间完成6个社属企业的改制工作，共安置46人，支付安置经费676万元。

2014年长顺县供销社启动改革改制工作，先后完成了资产评估、人员认定、方案送审等前期准备工作，并通过资产处置方式筹集安置资金2334万元（实际到账1400万元），于2014年7月30日、8月29日分2批对92名在册职工进行了一次性安置兑现补偿。至此，全州12个县（市）供销社企业改制工作全部完成。

二、州供销社直属企业改制

（一）捆绑改革

2004年11月12日，中国长城资产管理公司贵阳办事处在《贵州日报》上发布公告，要对黔南州土产公司、黔南州供销社运输站、黔南州果品公司独山分站的债权进行转让，其中：黔南州土产公司债务本息合计1239.95万元，黔南州供销社运输站债务本息合计195.63万元，黔南州果品公司独山分站债务本息合计51.74万元。为保全有效资产用于改制，州供销社与长城资产管理公司贵阳办事处磋商达成协议，用50万元清偿了1487.32万元（3家合计）的本金及利息。2005年12月，州政府办公室印发《关于州供销合作社直属企业改革改制实施方案的通知》，于2006年初启动州直属企业改革改制工作。州供销社成立了直属企业改革改制工作指导小组，把重要工作具体落实到每个人。各公司成立由经理、支部书记、工会、财会人员、职工代表组成的改革改制领导小组，负责该公司方案制定、工龄及改革成本测算、审核及组织实施。同时聘请有资质的资产评估事务所和财务审计事务所，对各企业的资产和财务状况进行评估和审计，评估和审计结果向职工公布。在筹集改革成本工作中，州供销社根据黔桂铁路扩能改造工程都匀新火车站需要占用州农资、土产、果品3家司片区仓库的情况，与都匀市铁建办达成拆迁补偿协议，共补偿400余万元，资金全部划入州供销社改革改制专户，用于解决职工安置费。对符合安置条件的职工，按全州2004年的社平工资每个工龄年按2个月计发安置费，对符合内退内养的职工实行内部退养，达到退休年龄的办理退休手续。至2007年3月底止，一次性安置86人，共支付安置费420.21万元；内部退养17人，长期外出无法联系尚未签字4人，留守处理后续工作3人。至此，州供销社直属企业改制工作全面完成。直属企业改制完成后，州供销社报请州编办同意，成立黔南州供销社社有资产管理中心，对各企业改制后的剩余资产和离退休及内退职工进行管理，经州政府同意，组建黔南州农业生产资料有限公司，员工全部从已改制解除劳动合同的职工中录用，按照公开、公平、公正、双向选择的原则，通过笔试、面试择优录用，有10名职工重新上岗。

（二）州供销社汽车运输站裁员

2000 年，房地产开发商以黔南州安居工程发展中心的名义向都匀市规划办申请拆除州供销社汽车运输站厂房和办公用房。2001 年，由于欠银行债务，市工商银行都匀营业部将运输站起诉至法院，该站被迫将云星大厦全部产权偿还银行 807 万元贷款本息。至此，该站失去所有土地、房产，当年亏损 440 万元，陷入绝境。2003 年，在一无资金，二无经营场地的情况下，根据《劳动法》第二十七条的规定，实行经济性裁员。全站 45 名在册职工，除 9 名距退休 5 年内、另有 3 人欠款数额较大不在裁员内，其余 33 人进行了经济性裁员补偿安置。至 2007 年 12 月止，9 名内退人员全部办理了退休手续，运输站不再存在。

第二节　社员股金与互助基金

一、社员股金

全州各级供销社从建社开始，按照合作社章程广泛吸收农民社员入社，按照“入股自愿，退股自由”的原则，发动群众入社入股，对供销社初期的经营发挥了积极作用。但股金额度小，全州股金余额最多时只有 90 余万元。根据省政府 1992 年《关于加强供销社工作的通知》和 1996 年《中共贵州省委、贵州省人民政府关于推进供销合作社改革与发展的决定》关于“除积极发动农民社员入股外，可在城市发展社员入股，供销合作社职工也可采取多种形式入股”等精神，1996 年初，州供销社行文决定在福泉、瓮安两县开展社员股金扩股工作试点。福泉县供销社组织人员到外省考察后，率先开展扩股工作，吸纳农民社员入社入股，在福泉县城和 5 个基层社建立 6 个社员股金服务部，发展社员 32560 户，吸纳股金 1114 万元。到年底，全州建立社员股金服务部 17 个，股金余额 1027 万元。1997 年，福泉市新增股金服务部 1 个，全州有股金服务部 24 个，股金余额 2204.35 万元。

1998 年，按照国务院、省州政府有关要求，部分县（市）对股金服务部进行清理整顿。全州撤销有一定风险的股金服务部，共清退社员股金 200 余万元。是年底，全州有较为规范的股金服务部 13 个，社员股金余额 2498.9 万元。1999 年，为防范和化解金融风险，根据 1998 年《国务院办公厅转发中国人民银行整顿乱集资乱批设金融机构和乱办金融业务实施方案的通知》，州供销社成立防范和化解金融风险清退股金领导小组，对全系统社员股金进行清理整顿，全州各级供销社股金服务部由上年 13 个减少到 11 个，年底，全州股金余额 2031.6 万元。此后，社员股金只清退不吸收。

2003 年，州供销社得知独山翁奇供销社可能出现社员股金挤兑风波的信息后，立即会同州人民银行前往独山县供销社，对翁奇供销社社员股金问题进行翔实的调查了解，将调查情况及时向独山县政府通报，同时向州政府书面报告，引起州政府和独山县政府高度重视，州政府拿出 40 万元财政资金借给独山县政府，不足部分由独山县政府从县财政预算里安排，先将翁奇供销社社员股金清理兑现，平息股金风波，到年底，翁奇供销社社员股金清退完毕。全州供销社系统股金余额1277万元，其中福泉市供销社1196.6万元，占全州社员股金93.7%。为此，州供销社又组织人员对福泉市供销社社员股金进面调查，就股金运行情况和存在的问题向州政府进行专题书面汇报，州政府办公室将调查报告转发给福泉市政府，要求市政府对存在的问题及时调查处理。2004年共清退社员股金1110万元。到2008年12月，福泉市供销社社员股金（1996年开始吸纳的股金）全部清退结束。至此，全州从1996年开始建立的股金服务部和吸收的社员股金全部清退完毕。1996年以前的社员股金，部分县（市）供销社在改制前也进行了清退，但没有清退完，至2012年12月，全州供销社员股金余额64.8万元。其中，都匀4万元、独山8.1万元、平塘6.1万元、荔波8.9万元、三都7.4万元、福泉6.5万元、瓮安9.3万元、贵定5万元、龙里4.5万元、惠水0.2万元、长顺4.8万元。

2014年初，州委1号文件明确“鼓励供销合作社开展农村金融服务”，州政府工作报告要求州供销社抓好福泉、独山、平塘等县（市）供销合作社资金互助合作服务试点工作。州供销社组织相关县（市）赴黔东南、金沙等供销社考察学习后，开展农村金融服务试点工作。11月，平塘县供销社经工商、税务部门注册登记，成立平塘县供销社社员股金合作社，于12月开展社员股金业务，发展社员10个，吸纳社员股金227.05万元，调剂股金128万元。是月，独山县供销社社员股金服务有限公司注册成立。

二、内部财产安全互助基金统筹

1992年，按照省政府文件精神，全系统开始实行安全互助基金统筹制度，并与省供销社联网，参加互助统筹的企业32个。1993年，参加安全统筹的单位增加到96个，占企业总数的75%。举办安全知识培训班14期，培训人员400余人次。是年，三都县都江供销社羊福分销店发生火灾，都匀市土产公司三道河仓库、农资日杂公司三道河仓库、坝固供销社绕河分销店、凯口供销社发生水灾，用安全统筹互助基金21万余元进行了损失补偿。1995年，平塘县克度供销社综合门市部发生火灾，独山县麻尾供销社化肥仓库及各门市部遭受水灾，都匀市江洲供销社摆忙分销店发生火灾，用安全统筹互助基金37万余元进行了损失补偿。1996年参加安全统筹的单位120个，占企业总数95.33%。1998年，参加安全统筹的单位112个，占企业总数91.8%，灾害事故补偿13.92万元。2000年，全州参加安全统筹的单位49个，占企业总数40%。是年6月，都匀地区发生特大暴雨，全系统受灾单位28个，直接经济损失490万元，安全统筹互助基金补偿14.63万元。2004年，全州参加安全统筹的单位39个，占企业总数36.4%。2007年，瓮安县农资公司南街仓库发生火灾，黔南州农业生产资料有限公司王家司化肥仓库发生水灾，安全统筹互助基金补偿3.5万元。2009年5月，瓮安县珠藏供销社发生水灾，安全统筹互助基金补偿1万元。2010年，全州参加安全统筹的单位46个，占企业总数53.5%。6月，黔南州农业生产资料有限公司王家司化肥仓库水灾，商品损失1万元，安全统筹互助基金补偿1万元。2012年，全州参加安全统筹的单位46个，占企业总数60.5%，安全统筹互助基金分别补偿2万余元。2013年，多次组织安全隐患排查。2014年，全州参加安全统筹单位59个，上缴安全互助统筹基金25.85万元，共支付安全互助统筹补偿金6.15万元。

第三节 生产生活资料经营

一、农业生产资料经营

化肥、农药、农膜、中小农具、农药器械的供应，是供销社农业生产资料供应主要经营品种。1991 年开始，化肥供应实行计划内和计划外双轨制，化肥分配计划分为奖售肥和林业、农业制种、茶叶、科研、烤烟等专用肥。由省供销社和省直相关部门联合下达计划，州供销社再与州计划、州农牧、粮食、林业等部门协商，将化肥计划分配给各县（市）供销社。1991 年，全年到位计划内统配化肥 11.04 万吨。其中：奖售换购肥 9.23 万吨，各种专用肥 1.24 万吨，多种经营肥 1060 吨，救灾肥 4080 吨，生猪奖售肥 500 吨，蚕茧生产肥 30 吨。是年，全州供销社除抓好计划内分配的化肥调供外，还组织计划外化肥以满足全州农业生产需要。

1992 年，全年到位计划内统配化肥 71317 吨。其中：奖售换购肥 63600 吨，各种专用肥 6917 吨。惠水县、平塘县、荔波等县制定全县化肥统一综合销售价格方案，经县政府同意，报州供销社和州物价局审批后，执行统一综合零售价格。针对全州化肥市场出现的质量价格等方面问题，州供销社系统组成检查组，对全州农资市场进行检查，未发现假冒伪劣农资产品和不按国家化肥供应价格销售的情况。

1993 年，全年化肥销售指标 23500 吨。其中：统配肥 18800 吨，温饱工程肥 2800 吨，专用肥 500 吨，救灾肥 1400 吨。1994 年，成立黔南州农业生产资料集团公司。州委、州政府决定烤烟肥交回供销社经营。

1995 年，全年计划内化肥销售指标 4.39 万吨。其中：统配肥 3.38 万吨，温饱工程肥 2300 吨，多种经营肥 800 吨，专用肥 2800 吨，救灾肥 3900 吨，损耗 300 吨。是年，由于上年库存下降，化肥供应紧张，州供销社组成工作组对全州化肥调供及市场情况进行检查，并下发紧急通知，严肃化肥供应纪律，规定统配内化肥不允许高价倒卖、不准克扣，调入州内的化肥不允许销往州外，不许将化肥经营承包到个人。

1996 年，到位计划内统配化肥 25495 吨。其中：粮挂肥 16995 吨，温饱工程肥 3200 吨，科技兴农肥 1150 吨，救灾肥 4150 吨。1997 年，省下达州供销社计划内统配化肥 12240 自然吨。其中：粮挂肥 13260 吨，温饱工程肥 3200 吨，脱贫肥 600 吨，科技兴农肥 1890 吨，救灾肥 2970 吨。因是年化肥供求关系发生根本性变化，由卖方市场变为买方市场，各级供销社采取多种促销措施，发挥主渠道作用。同时，州政府成立黔南州农业生产资料协调领导小组，由州农办、计划、工商、技术监督局和州供销社组成 3 个检查组，对全州 12 个县（市）农资市场进行检查，共清理收缴违规经营的各种化肥 663 吨，查处劣质化肥和农药。

1998 年上半年，省下达州供销社计划内统配化肥 12240 自然吨。此后，不再有统配化肥计划。年底，国务院出台《关于化肥流通体制改革的通知》，明确供销社继续发挥主渠道作用，农业局的农业“三站”（农技推广站、土服站、植保站）在工商部门办理营业执照后，可以经营化肥，可以在厂家或农资公司进货，直接销售给农民；烟草可以在工商部门办理营业执照后，经营烤烟专用肥。

1999年后，化肥、农药、农膜专营格局逐步被打破，直接进入市场，供销社化肥销售量下降。面对激烈的市场竞争，2000年，全州供销系统转变营销策略，保证供销社化肥经营业务开展。加强厂商联合、代储代运、总经销、总代理、买断经营权，部分县、市供销社与赤水天然气化肥厂、贵州化肥厂、剑江化肥厂等厂家建立了良好的厂商关系。改变复合肥主要向生产厂家进货的单一方式，自己办厂，根据用户需要组织加工，且价廉物美深受农民欢迎。改变经营方式，走县基联营的路子，由县农资公司统一贷款，基层供销社负责销售，资金实行封闭运行，上下联合，规范经营，统一价格，统一服务，统一结算，解决部分基层供销社资金困难的问题。强化服务，寓服务于竞争中，把对政策的依赖改变为对群众的依靠。福泉市供销社根据农忙时节农民资金紧缺的实际，在全市16个乡镇174个村，20143户农户中开展化肥赊销工作，共赊销化肥5374吨，赊销金额753万元。瓮安、贵定、惠水等县也开展了此项工作。全州共赊销化肥11024吨，赊销金额达1118万元。

2004年12月，省政府办公厅下发关于做好今冬明春化肥供应工作的紧急通知，各级供销社会同财政、发改等部门制定化肥淡储方案，全系统争取化肥淡储补贴资金76.4万元。

2006年，贵定县供销社与县工商局联合，在全县推行农资商品先行赔偿制度，向社会各界承诺，凡农民在供销社村级综合服务站购买到假冒伪劣农资商品，凭销售凭据到购买地的村级服务站进行索赔，如造成经济损失的按实际损坏的农作物进行赔偿，并全额退还原购买农资商品的钱款，再由县公司向厂家索赔，并由工商局追究相关责任人的制假售假行为。州供销社随即下文将农资商品先行赔偿制度向全系统推广，有效遏制了假冒伪劣农资商品流入市场。是年，全系统争取化肥淡储补贴资金160余万元。

2008年，黔南州出现凝冻灾害，给化肥调运带来困难，2月中旬州供销社根据州委、州政府的部署，组织2个调研组到各县（市）供销社了解凝冻灾害后化肥储备情况及措施，调研中发现因受凝冻灾害天气影响，各县化肥储备偏紧。3月份，经州政府与生产厂家协调，及时组织调运3000吨赤天化尿素投放各县（市）供应。

2012年，全州供销社系统销售尿素9.17万吨，磷肥1.37万吨，钾肥1416吨，复合肥5.82万吨。2014年，全系统销售氮肥13.4万吨，尿素9.89万吨，磷肥1.48万吨，钾肥2009吨，复合肥8.03万吨。

1991—2014年黔南州供销社系统主要农业生产资料供应统计表

表13-3-1

年度	化肥（吨）	农药（吨）	农膜（吨）	中小农具（万件）	农药器械（架）
1991	230621	382	486	26000	15145
1992	228585	365	564	16438	16938

续表 13-3-1

年度	化肥（吨）	农药（吨）	农膜（吨）	中小农具（万件）	农药器械（架）
1993	194978	380	475		13273
1994	222484	223	380		9358
1995	227798	243	409		12841
1996	169141	222	394		7761
1997	173028	192	329		7894
1998	172301	140	275		4018
1999	151119	78	252		5324
2000	127739	86	255		
2001	135411	96	140		
2002	155260	136	143		
2003	140458	71	151		
2004	184853	61	175		
2005	148358	276	278		
2006	142977	84	106		
2007	140278	38	203		
2008	163086	64	129		
2009	183352	38	147		
2010	185855	61	434		
2011	197817	1052	317		
2012	191306	48	473		
2013	238115	132	640		
2014	231571	26	326		

二、生活资料经营

1991 年时，全州各级供销社经营城乡生活资料有 40 多种，销售商品有铁锅、日用陶瓷、食盐、食糖、卷烟、白酒、啤酒、棉布、呢绒、绸缎、毛巾、针织内衣裤、各种服装、床褥单、毛线、胶鞋、皮鞋、塑料鞋、火柴、肥皂、洗衣粉、缝纫机、铝锅、钟、手表、照相机、化妆品、元钉、铁丝、自行车、普通灯泡、摩托车、黑白电视机、彩色电视机、半导体收音机、录音机、电风扇、家用电冰箱、洗衣机、纯碱、煤油、柴油等。为促进销售，全州各级供销社普遍召开物资交流会，12 个县（市）有 6 县（市）供销社生活资料销售额比上年增长，6 县（市）下降。黑白电视机、彩色电视机、搪瓷面盆、服装、铝锅、手表、收音机、录音机、电风扇等 10 种商品销售比上年增长，其余大部分商品销售量下降。

1993 年，随着市场经济的繁荣，经营生活资料的个体户增多，逐步取代供销社的经营，全年生活资料销售额比上年下降 21.5%，销售增长的商品有呢绒（增长 73.1%）、黑白电视机（增长 15.1%）、洗衣粉（增长 3%）、半导体收音机（增长 2%）以及录像机，其他商品均不同程度下降。1994 年，全年生活资料销售额比上年下降 10.7%，只完成全年计划 89.4%。1995 年，全州生活资料销售情况是：县以上销售 1489 万元，县以下销售 5881 万元。1996 年，只有呢绒、照相机、化妆品 3 种商品比上年分别增长 4.6 倍、25%、20.2%。1999 年，全州生活资料销售额比上年增长 14.9%，在检查的 18 个主要品种中，食盐增长 16.3%、食糖增长 7%、酒增长 16.3%、布增长 11.3%、各种服装增长 4.8%、鞋增长 11%、洗衣粉增长 32%、缝纫机增长 1%、手表增长 6.7%、自行车增长 21.5%、黑白电视机增长 13.7%、彩色电视机增长 29%。2004 年全州生活资料销售额比上年下降 9.7%。

2008 年 1 月中旬至 2 月上旬，在黔南遭受特大凝冻冰雪灾害期间，全州供销社系统干部职工克服停电、停水、通信、道路不畅的困难，坚守岗位，协助当地政府做好物资供应和抗灾救灾。贵定县供销社受县政府委托，组织照明蜡烛 500 件（10 万支）、大米 150 吨、菜油 16 吨，分送到 20 个乡（镇），通过乡（镇）综合服务站将物资送到无电灾区困难村民和特困村民家中。同时，还在县城火车站设立防冻救灾物资供应点，组织 8 人轮换，24 小时值班，组织大米、猪肉、菜油、面条、方便面等各种食品，随时保持 2 万元的储备，供应过往列车餐车，接待乘客。瓮安县供销社受县政府委托，在全县 23 个乡镇设点供应煤油 12000 升，不加收任何费用，平价供应，保证全县农民群众春节期间的照明。平塘县供销社积极协助县政府到都匀接运救灾物资并押送到全县 19 个乡镇，义务销售从广西等地调运来的蜡烛，解决了广大群众的照明问题。

2009 年，全州供销社系统生活资料（改称为消费品）零售比上年增长 34.8%。之后各年销售额都稳定过亿，2014 达到 5.72 亿元，比上年增长 66.7%。

1991—2014 年全州供销社系统商品销售统计表

表 13－3－2　　单位：万元

年度	商品销售总值	其中		年度	商品销售总值	其中	
		生活资料零售	生产资料零售			生活资料零售	生产资料零售
1991	34980	11215	8920	2003	40816	10074	14289
1992	34769	10200	10364	2004	47743	9095	19348
1993	27276	8007	8464	2005	49376	9807	20702
1994	33476	7283	13268	2006	42459	9332	19310
1995	44243	7385	19838	2007	44638	10247	20642
1996	49944	7306	23259	2008	47981	8211	26084
1997	45225	6759	21579	2009	54577	12356	31853
1998	38425	6756	17573	2010	59337	16026	34299
1999	38057	7760	15496	2011	85714	32078	38796
2000	35217	9147	13547	2012	86110	25017	47083
2001	34956	10171	13932	2013	95182	35450	47900
2002	36915	10055	15940	2014	118017	57246	50646

第四节 农副产品购销与市场建设

一、农副产品购销

进入20世纪90年代，虽然国家逐步放开农副产品经营，但一些农副产品仍由供销社经营，主要品种有：棉花、黄红麻、苎麻、木油、茶叶、棕片、生漆、蜂蜜、五倍子、桐油、木耳、香菇、干辣椒、柑橘、葵花、核桃、花生、粮食、食用植物油、生猪及猪肉、鲜蛋等。1991年，农副产品经营淡季不淡，全年购进桐油2029吨、粮食1813吨、食用植物油2103吨，销售粮食2304吨、桐油725吨、生猪342头。1992年，收购苎麻26吨、黄红麻51吨、茶叶35吨，农副产品经营开始出现萎缩的态势。部分县公司在收购工作中采取以销促购、以销订购、边购边销、薄利多销等办法，促进收购，全州共收购油菜籽1.28万吨。福泉县社收购油菜籽1867吨，全部调出售完，农民增加收入221万元。

1993年，因部分农副产品销路不畅，影响了商品购进，如蜂蜜、桐油、干辣椒，购进分别比上年同期下降68%、66.4%、68.3%。经营的品种由1991年的20余种减少到10余个品种。1994年农副产品因承包到个人、收购资金短缺，本小利微，一直处于下降趋势。是年，全系统农副产品购进完成全年计划65.4%，比上年下降29.6%，全州12个县（市）中，仅都匀、独山、惠水3个县（市）完成全年计划。购进的品种只有木油增长5.5倍、茶叶增长41%、花生增长12.9%，其他品种均比上年下降。

1997年，购进茶叶144吨，同比增长7.5%，桐油278吨，同比下降6.1%，粮食349吨，同比下降8.4%；全系统农副产品购进完成全年计划63.3%，比上年下降15.7%。2000年，全州农副产品购进除蜂蜜购进比上年同期增长外，茶叶、桐油、花生、干辣椒分别比上年同期下降100%、85.1%、60.2%、76.9%。2004年，购进茶叶792吨、桐油20吨、花生35吨，同比分别增长227.3%、90.5%、3400%；全年农副产品购进比上年增长19.5%。到2007年农副产品购进降到1991年以来最低额。

2009年起，全州供销社参与农业产业化经营和“185”工程示范园区建设，农副产品购进上升。2012年，全州供销社通过已建立的专业合作社、村级综合服务站加大农副产品购销力度，经营的主要农副土特产品有：茶叶、草莓、食用菌、香酥脆辣椒、手搓辣椒面、泡辣椒、苗姑娘油辣椒、豆腐乳、腊肉、香肠、血豆腐、刺梨干、猕猴桃果脯、绿壳鸡蛋、山核桃、金钱橘、禽蛋、松花蛋等20余个品种。2013年，农副产品购进额，比上年增长87.3%。2014年，农副产品购进额比上年下降13.1%，比1991年增长186%。

1991—2014 年全州供销社系统农副产品购销统计表

表 13－3－3　　　　单位：万元

年　度	农副产品购进	农副产品销售	年度	农副产品购进	农副产品销售
1991	3098	2481	2003	802	
1992	3725	2986	2004	958	
1993	2043	2583	2005	774	
1994	1305	858	2006	816	
1995	1339	835	2007	459	
1996	1051		2008	745	
1997	886		2009	1325	
1998	829		2010	1121	
1999	625		2011	3857	
2000	616		2012	5452	
2001	697		2013	10209	
2002	846		2014	8869	

说明：1996 年以后未进行农副产品销售统计

二、市场建设

20 世纪 90 年代初，城乡商品交易特别是农副产品交易开始活跃，为改变乡镇以路为场，堵塞交通，市场混乱的局面，解决农副产品卖难买难问题，各县（市）供销社利用闲置场地，在城市和乡镇商品集散地修建农副产品交易市场和工业品初级批发市场。1996 年，福泉马场坪供销社修建综合批发市场 1 个，面积 1500 平方米；牛场供销社集贸市场 1 个，面积 3400 平方米。至 1997 年，全系统共建成农贸市场 6 个，面积 14930 平方米。1998 年，都匀市凯口供销社利用门前空地建成占地 1800 平方米的集贸市场，设摊位 125 个；墨冲供销社利用院坝部分空闲仓库修建 1500 平方米的综合交易市场，设摊位 200 个，解决了墨冲镇长期以路为场的问题。1999 年，建成都匀江洲、瓮安珠藏、福泉地松 3 个农贸市场，是年，全系统累计建成各类市场 12 个。2000 年，龙里县供销社投资 450 万元，把县土产公司、农资公司和日杂公司在县城中心闲置的仓库改建成集贸市场，该市场占地面积 13800 平方米，设摊位 300 个、门面 102 个。全州累计建成各类市场 15 个，面积 29180 平方米，总投资 500 万元，拥有摊位 2168 个，年交易额 2390 万元。

2001 年，省扶贫办投资 240 万元建设的独山供销社辣椒综合交易市场投入使用，市场占地面积 9751 平方米，建筑面积 2155 平方米，门面 36 间，水泥地坪 6000 平方米，钢架大棚 200 平方米。2002 年新建农贸市场面积 4730 平方米，新增摊位 238 个、门市 40 个。2004 年，因城镇建设被拆除市场 2 个，有各类市场 13 个，面积 33855 平方米，年交易额 3319 万元。2006 年，都匀市王司供销社自筹资金 70 万元，建成 3000 平方米综合市场；荔波茂兰供销社投入 190 万元建成乡镇步行街，建筑面积 7000 平方米，门面 90 个、固定摊位20个。2008年底，全州供销社系统共有各类商品交易市场14个，其中：综合市场9个，农副产品市场3个，日用工业品市场2个，市场面积21115平方米，年商品交易额7500万元。随着城镇建设步伐加快，供销社建成的部分集贸市场被拆除，至2012年底，全系统有各类市场13个。其中专业农副产品市场3个（龙里供销农贸市场、罗甸供销蔬菜市场、贵定供销社农贸市场），综合性农贸市场7个，日用消费品市场2个，农资市场1个。共有摊位2921个、门面470个、市场面积47381平方米，年交易额达22172万元，其中农副产品交易额达12182万元。

2014年，独山县供销社（商务局）在县城新建北集农贸市场和百泉农贸市场，北集农贸市场面积7000平方米，摊位160个，门面60个；百泉农贸市场承接八角亭、香井、独秀3个市场的搬迁工作，由独山县供销社（商务局）下属独山海汇市场管理有限公司负责建设和运营管理，于10月15日动工修建，市场占地25亩，建设5680平方米钢架大棚1个，固定摊位758个、门面198个、临时摊位300余个，于12月8日投入运营，该市场是独山县最大的农贸市场。至2014年底，全系统有各类市场12个。其中专业农副产品市场3个（龙里供销农贸市场、独山县北集农贸市场、独山县百泉农贸市场）；综合性农贸市场6个，日用消费品市场2个，农资市场1个。市场面积124080平方米，年交易额达91149万元，其中农副产品交易额达68867万元。

第五节　社办工业与废旧物资回收

一、社办工业

20世纪90年代，供销社经营逐步退出计划经济参与市场竞争，全州各级供销社在搞好购销业务的同时，转向发展社办工业，以增强企业发展后劲。1991年，全州55个生产企业调整产品结构，生产适销对路的产品，参与市场竞争。罗甸县4个桐油加工厂加工桐籽179吨，增加产值85.92万元。福泉县供销社马场坪铸造厂的400×600的定牙板和动牙板两种产品，由贵阳第三砂轮厂包销，并远销深圳。独山县在下司、基长分别投入3万元建蜂窝煤厂、投资9万元建辣酱厂、在下司投资5万元建成容积8吨的冷库，冷冻分割牛肉加工，运销沿海地区。是年，全州社办工业总产值1140.19万元（1990不变价），比上年增长10.13%，实现利税111万元。1992年4月，在独山县召开全州供销社系统社办工业会议，对全州社办工业进行专题研究和部署。是年，全州有社办工业企业58个，共有职工2610人，工业总产值1684.3万元，产品销售收入1935.62万元，实现利税169.59万元，有流动资金915.49万元，固定资产580.24万元。1993年新建项目有砖瓦厂、炼铁厂、玻钢瓦厂、油毛毡厂、原子印章厂、自行车翻新厂，都是当年投资当年见效。全州社办工业企业增加到66个，实现产值1671万元（1990不变价）。1996年，全州社办工业有茶叶加工、再生资源综合加工、桐油加工、牛肉加工、生铁冶炼、建筑材料、磷肥、复混肥生产、农药分装、纸巾加工等32个企业，全年工业总产值实现3500万元，实现利润260万元。1997年全州有社办工业企业28个，年产值3610万元，创利润84.72万元。1998年，全州社办工业企业26个，比上年减少2个，年末职工人数390人。工业总产值（现行新规定价）2829万元，比上年下降10.6%。下降的主要原因是都匀市复合肥厂停产，福泉市建筑公司减产和铁锅厂迁址等。

1999年，社办企业25个，比上年减少1个，主要产品有复合肥、茶叶、白酒、黄酒、果脯、辣椒酱、百合粉、冻牛肉、桐油、水泥预制构件、铸铁件等，复合肥生产是社办企业的主导产业，全年实现总产值2472万元。2001年，全年生产复混肥6522吨、普钙3114吨、加工桐油420吨，实现工业产值2016万元。

2003年，荔波县供销社食品加工厂、三都县供销社九阡酒厂被转让。因资金和资源紧缺、产品销路不畅而停业等，全州社办工业企业减少到12个。2005年，社办工业企业减少到7个，完成工业总产值3140万元。2008年，社办农业产品销售405万元，社办工业产品销售720万元。2012年，社办农业产品销售2107万元，社办工业产品销售853万元。2013年，社办农业产品销售1524万元，社办工业产品销售788万元。2014年，社办农业产品销售1462万元，社办工业产品销售487万元。

二、社办经济实体

1993年，根据州关于兴办经济实体的精神，州供销社成立“政企合一”的贵州省黔南州供销社企业总公司，下设经营部、开发部和黔南名茶公司。经营部初期开展的经营业务有解放鞋联购分销、月饼代销，后因人员变动，经营业务就此结束；开发部曾与广西河池市农资公司合作在都匀市坝固镇开采铅锌矿，由于没有采到矿，造成亏损，合作采矿由此结束；名茶公司从外单位聘请1名经理，组织罗甸上隆茶果场绿茶销售，因货款被恶意拖欠，名茶公司被迫关闭。是年，成立黔南州农业生产资料集团公司，对化肥等农用物资实行联购分销。1994年，成立贵州省黔南州高科技燃料开发公司，并到广州组织一批燃料和配套炉具，因质量问题，致使产品无销路，公司就此停业。州供销合作社企业总公司所办经济实体于1996年全部歇业，总公司于2004年被注销。

三、废旧物资回收

废旧物资收购是州、县土产公司的传统业务，收购废铁、杂铜和其他废金属等。1991年，全州各级供销社废旧物资收购额完成300万元，比上年增长9.9%。1992年，全州各级供销社的废旧物资回收部门打破地域界限，向外地开辟新的经营场地，废旧物资收购额完成479万元，占计划的171.1%，比上年增长59.1%。1993年收购废钢铁4566吨，废旧物资收购完成625万元。1994年废旧物资收购额完成344万元。1995年废旧物资收购完成406万元。1996年废旧物资收购完成400万元。之后，个体私营及其他形式的废旧物资收购商户增加，供销社收购下降，1997年收购额完成184万元。

从1998年开始，州、县土产公司业务经营萎缩，出现大面积亏损，在供销社改制中，土产公司逐步改制撤销。1998年收购客只完成37万元、1999年收购额31万元。2000年，废旧物资收购不再列入统计报表。至2012年，全州唯一保留废旧物资收购业务的只有都匀市供销社废旧物资回收公司。是年，废旧物资收购额 260 万元。2013 年废旧物资收购额 309 万元。2014 年废旧物资收购额 283 万元。

第六节　服务“三农”

一、扶持农业生产

20 世纪 90 年代，国家由计划经济向市场经济过渡，供销社扶持生产也逐渐转化为加强为“三农”服务，主抓科技兴农社会化服务和兴建商品生产示范基地，发展村级服务组织，带动农民科学种田。1991 年，各级供销社以科技为先导，开展农业社会化服务工作，全州共建科技服务机构 84 个，其中：科技咨询服务站 60 个，科技服务中心 1 个，其他 23 个，配备科技人员 210 人，投入资金 49.29 万元，举办各种科技兴农技术培训班 178 期，培训人员 2.15 万人，印发资料 6.69 万份。瓮安县供销社设立科技指导科，在全县建立科技服务站 8 个，服务小组 35 个，配专职技术员 44 人，投入 7 万元作为科技兴农服务资金。州农资公司派出 3 名科技干部分别在独山县上道乡和长顺县广顺区对 2.7 万亩水稻进行测土配方施肥。各县（市）供销社主要选择桑蚕、五倍籽、黄红麻、辣椒、花生、啤大麦、棉花、蓖麻籽、芭蕉芋、茶叶、柑橘、乌梅等 17 个品种进行扶持，种植面积 6.38 万亩，投入扶持资金 144.78 万元。州农资公司与州农技部门及独山县供销社在独山拉董、平定、麻银、阳地、新街 5 个村 49 个村民组的 5345.19 亩稻田进行水稻测土配方施肥及病虫害联防联治示范种植，亩产稻谷 517 公斤。州农产品公司指导全州桑蚕生产，栽桑面积由上年 890 亩增长到 5496 亩，放养蚕种 2099 张，是年收购春茧 3.5 万公斤。龙里县供销社在摆省、民主、中排、渔洞扶持发展啤大麦生产，建成啤大麦生产基地 8100 亩，是年收购啤大麦 80 万公斤。长顺县建立五倍子生产基地 78 个，有倍林 1.12 万亩，扶持农户、社员共 706 户 2824 人，举办技术培训班 25 期，培训社员 3240 人次。

1992 年，全州供销社以点带面，引导农民向集约化商品生产方式转变，扶持发展辣椒、花生、乌梅、黄红麻、板栗、啤大麦、五倍籽、蓖麻籽、棉花、桑蚕等 40 余个品种，面积 9.62 万亩，栽桑面积由上年 5456 亩增长到 17851 亩，放养春蚕 1500 张，收春茧 2 万公斤。是年，长顺县土产公司在海马、马路等乡（镇）兴建万亩茶园生产基地。长顺县供销社人工繁殖倍蚜虫 2500 盒，在保证本县万亩倍林需要的同时，向四川、广西等省区和省内 30 多个县（市）提供提灯藓及倍蚜虫。全年五倍子产量达到 2.8 万公斤，产值 70 万元。该县 1993 年倍林面积扩大到 1.2 万亩，1994 年后，由于收购商破产，五倍子生产停止。

1994 年，全州供销社发展商品生产基地 3 万多亩。平塘县供销社开垦种植茶叶 1500 亩，罗甸县供销社发展魔芋 1000 亩。1995 年，都匀市土产公司投入 280 万元，在螺丝壳建立都匀毛尖茶基地 1200 亩。1996 年，全系统投入资金 48 万余元发展商品生产基地 3660 亩，其中辣椒 1550 亩、茶叶 1100 亩、板栗 700 亩、果园 110 亩、桐林 200 亩。是年 11 月，国务委员、国务院扶贫开发领导小组组长、全国供销合作社理事会主任陈俊生在代省长吴亦侠、副省长袁荣贵以及国家有关部委领导陪同下到罗甸县供销社视察茂井香蕉基地、灰绿岩板材加工厂以及龙坪供销社农副产品交易市场，并为罗甸县供销社题词：“扶贫开发、富民兴社”。

1997 年，全省供销社系统开展“百万亩粮食高产示范工程”活动，州供销社采取“政、技、物”相结合的方式，全系统共实施示范工程 20.15 万亩，示范区农民人均增收 147.47 元。1998 年，供销社系统参与扶贫开发、农业综合开发、民族地区开发和绿色产业开发，争取到位资金 365 万元，其中：贵定县社百合粉基地项目到位绿色产业资金 90 万元，独山县社辣椒基地到位扶贫资金 110 万元，平塘茶叶加工设备到位扶贫贷款资金 55 万元，三都辣椒基地到位扶贫资金 110 万元。

1999 年，罗甸县供销社种植麻竹 800 亩，贵定县供销社争取到 88 万元扶贫资金兴建“高新名特”经果林和扩建百合粉生产基地，并率先在全系统建成无公害大棚蔬菜基地。12 月下旬，全州供销社系统在贵定县召开参与农业产业化经营现场会。2000 年，种植百合粉 2000 亩、麻竹 14 亩、草莓 3 亩、经果林 160 亩。到年底，全系统共建成商品基地 28 个，其中种植业 23 个、养殖业 5 个。2002 年，商品基地 19 个，联结 938 户，帮助农民增加收入 43 万元。2003 年，全系统商品基地 17 个，种植面积 16512 亩，年产值 1148.3 万元，联结农户 668 户。2005 年，有商品基地 13 个，种植面积 13223 亩，年产值 845.8 万元，带动农户 2672 户，受惠农民 8917 人，为农增收 272 万元，人均增收 305 元。

2009 年，惠水县供销社投入 300 万元对龙摆尾柑橘生产基地进行改造，修建社员培训室和农业科技推广室，对基地道路进行水泥硬化，更新灌溉和供电设施，对基地内的柑橘品种进行改良，通过嫁接金钱橘“牛肉红”，品质大大提升，至 2012 年，基地内种植有各种果树 1.2 万余株，其中金钱橘“牛肉红”5000 余株，蜜橘 6500 百余株，西乡梨 500 百余株，果树已全部进入丰产期，年产量达 40 万公斤。长顺县供销社扶持农民种植红竹豆、芸豆示范基地 200 亩，收获 4 万公斤，帮助农户增收 12.8 万元，户均增收 1333 元。瓮安县供销社无偿提供水稻种子、化肥，扶持农民种植香型水稻基地 50 亩，并按订单每公斤高于市场价 0.2 元收购，每亩增收 350 元。

2012 年，州及部分县供销社成立农民合作经济组织联合会，协助系统引导的农民合作经济组织开展经营活动。至 2013 年，全州供销社系统共组建各类行业、产业协会 27 个，其中协会 21 个，农村合作经济组织联合会 6 个。有团体会员 292 个，个人会员 1188 人（其中农民会员占 60% 以上），带动农户 7983 户。

2014 年，全州供销社系统开办试验示范田 2500 亩，提供种子、种苗 12.1 万元，开展技术、咨询服务 6521 人次，发放科技资料 3.42 万份。到 2 年底，全州共有商品生产基地 14 个，其中：种植业 13 个，种植面积 10432 亩；养殖业 1 个。14 个商品生产基地联结农户 2938 户，帮助农民实现收入 396.5 万元。

二、建设农村流通服务网络

1991 年，全州进行行政区划“建、并、撤”。1992 年，全州供销社经营业务开始由中心集镇向边远村寨延伸，创办村级综合服务站，方便农民群众购买日用消费品和交售农副产品。是年，建立村级综合服务站 39 个、庄稼医院 60 个。1993 年，全州有村级综合服务站 109 个，1995 年上升到 154 个。1996 年，全州有村级综合服务站 174 个、庄稼医院 102 个。1997 年，全州有村级综合服务站 193 个、庄稼医院 101 个。1999 年，全州有庄稼医院 86 个、村级综合服务站 409 个。2000—2001 年，在供销社系统改革改制中，供销社的经营服务网络逐渐萎缩。

2002 年，贵定县供销社开始进行改革改制，为不影响全县农业生产资料供应，于 2 月组建贵定县供销社农资商贸有限责任公司，在全县设立 102 个村级综合服务站，主要经营农业生产资料、种子，还开展农副产品收购、加工、销售等业务，为“三农”服务。2006 年，各级供销社在企业改革改制后，重新组建新的农资企业，有 6 个农资企业按照连锁企业经营方式，下设 287 个连锁销售店，销售额 5904. 9 万元。

2007 年，全州供销社系统以商务部门实施的“万村千乡市场工程”为契机，把全国供销总社实施的“新农村现代流通服务网络工程”（简称“新网工程”）和省委组织部实施的农村党员远程教育综合服务站与供销社村级服务站有机结合起来，加快供销社流通网络建设，新建村级服务站 541 个，新增营业面积 19780 平方米，新增资产 1603 万元，新增销售额 7506 万元。全州共计有村级服务站 1168 个，全州农村流通服务网络基本形成。2008 年，村级服务站增加到 1281 个，区域性连锁配送企业 15 个。2009 年，各县（市）供销社围绕社会主义新农村建设，把农村流通服务网络建设作为工作重点，坚持为农服务方向和开放办社方针，利用人才、设施、经营网络等资源，把传统的经营网点改造成集日用消费品、农业生产资料、农用物资销售，茶叶、农产品加工，提供农技、邮政代办、IP 电话、娱乐等多项服务于一体的村级综合服务站，为当地农民的生产和生活提供全方位的服务。全系统新发展村级综合服务站 185 个，新建和培育区域性配送中心 25 个；全年完成巩固和新建农民专业合作经济组织 30 个，培训农民（社员）900 人次。至 2009 年底，全系统已建成“万村千乡”农资农家店、村级综合服务站 1446 个。这些网点成为当地农民日常生活、消费的主要阵地，是农村物资流通的主渠道。

2010 年，全系统共申报“新网工程”项目 9 个，到 12 月底，共改扩建农资配送中心 21 个（州级 1 个，县级 4 个，乡镇级 16 个），改造日用工业品配送中心 2 个（县级），新建农副产品配送中心 1 个（福泉黄丝江边）；新建农资仓库 2800 平方米，日用工业品仓库 2100 平方米，农副产品仓库 800 平方米。罗甸、荔波两个网络建设空白县建 6500 平方米的配送中心，改造连锁网点 130 个。新建区域性连锁企业 4 个、农村综合服务社（社区服务中心）8 个。自 2006 年起到 2014 年期间，全系统自筹资金 10368. 6 万元，获得全国总社、商务部、省供销社各类专项资金 2850. 1 万元，共建成区域性配送中心 47 个，累计建成村级综合服务站和农家店 2046 个，覆盖全州 100% 的乡镇以及 98% 的行政村，有庄稼医院 120 家。到 2014 年底，全州供销系统共建有乡村日用消费品超市 49 个，营业面积 21370 平方米。

三、领办专业合作社

1992 年，加拿大合作社到长顺县考察五倍子生产，对五倍子开发项目表示支持。是年，长顺县供销社建立五倍子生产合作社，并与加拿大合作社签订“五倍子生产项目”合作协议。参加合作社社员706户2824人，共有大小培林基地78个，总面积1.1万亩。当年产五倍子2万公斤。1996年，全州供销社共建立专业合作社5个，分别是都匀市沙寨辣椒专业合作社，荔波县甲良辣椒专业合作社，福泉县仙桥生姜专业合作社，龙里县洗马烤烟专业合作社，州农资专业合作社。至1998年，全州供销社组建的6个专业合作社，在完成各项生产发展任务后，陆续结束运营。1999年，长顺威远供销社根据当地土壤、气候等实际，组织305户农民发展生姜生产，并组建威远生姜专业合作社。2003年，瓮安珠藏供销社组建桐籽坡油菜籽专业合作社，入社社员388户，是年帮助社员销售油菜籽7.5万公斤；都匀市土产公司在王司镇石坪村组建茶叶专业合作社，入社茶农236户，入社茶园137亩。

2007年《农民专业合作社法》颁布实施后，全州供销社通过入股领办、引办、帮办等多种方式发展不同类型的专业合作社，并到工商部门正式注册登记，以适应州内农特产品的种植、养殖、加工、流通、服务等各个环节的需求。是年，都匀市供销茶叶公司指导建立都匀市坝固镇羊列村、杨柳街镇斗篷、墨冲镇新坪村3个茶叶专业合作社。2008年，组建由供销社出资并持有股权的都匀市摆忙乡河头茶叶专业合作社、独山县尧梭乡大河蔬菜产销专业合作社、长顺县种获乡养猪专业合作社等5个专业合作社。2009年，罗甸县茂井供销社组建罗甸县兴农种植专业合作社、罗甸县翔和养殖专业合作社，惠水县好花红农业发展公司组建惠水县好花红柑橘种植农民专业合作社，龙里县供销社农贸市场带动建立龙里县鑫农果蔬专业合作社、龙里县民丰生姜专业合作社。2010年，建立三都县九阡窖酒专业合作社、瓮安县茶店农资专业合作社等10个专业合作社。

2011年，供销社对领办的专业合作社进行标准化改造，重点完善专业合作社管理制度、规范合作社的运作，新建一批示范专业合作社。至2012年底，全州供销社系统共发展农民专业合作社64个，注册资金2318万元（其中供销社入股的专业合作社有55个，共出资365.5万元），入社农户5007户，辐射带动农户12170户。在64个农民专业合作中，属种植业30个、养殖业10个、加工业2个、服务业12个、综合型10个，生产经营品种有茶叶、水果、反季节蔬菜、腐乳、生猪、淡水鱼、化肥、农药等50多种。2012年，全州供销社对领办的专业合作社销售收入27986万元，交售专业合作社产品二次返利578.6万元，共实现助农增收7483.2万元。

2013年，省供销社、省财政厅批复黔南州供销社2013年农业综合开发合作示范项目实施计划，其中：独山县供销社蔬菜种植项目总投资280万元，获中央财政资金55万元，省级资金16万元；福泉市供销社500亩精品果园种植项目总投资448万元，获中央财政资金128万元，省级资金40.96万元。是年，全州供销社系统新建专业合作社14个，总数78个，入社成员5730个，其中农民成员5484人，成员出资总额2980万元，供销合作社参股金额440万元，帮助农民实现收入3834.61万元。2014年，新建专业合作社12个，全系统专业合作社总数达90个，入社成员6271个，其中农民成员5759人，成员出资总额3938万元，供销合作社参股金额710万元，帮助农民实现收入11464万元。

四、参与农业产业化经营

（一）茶产业开发

20 世纪 90 年代初，供销社在转换经营机制的同时，参与扶贫开发和农业综合开发，发展商品生产，引导农民走集约化生产发展路子。部分县（市）供销社争取扶贫开发和农业综合开发项目及资金，利用荒山荒坡发展茶产业。

1991—1993 年，长顺县土产公司利用国家扶贫资金 639 万元及部分自筹资金，建成海马茶场 3750 亩、石燕河茶场 1800 亩，两茶场总面积 5550 亩，栽种的茶树品种为福鼎大白，为密植茶园，属富硒茶产区，栽种区无厂矿、无污染源，属于无公害茶园，所采摘的茶青可做毛尖、毛峰等高档手工茶。1999 年以前海马及石燕河茶场均由县土产公司自主经营，1997 年下半年由县政府主导将海马茶场整体转让给贵阳双利有限公司经营管理，2001 年因贵阳双利公司经营不善严重亏损并私自撤资不再管理茶场，经县政府专题会议研究后又将茶场交由土产公司经营管理，土产公司因无流动资金开展生产，将茶场向外承包，2009 年，承包给贵州黔茶有限责任公司。

1994 年 1 月，平塘县供销社经县政府批准组建平塘县茶叶开发公司（为下属企业），利用扶贫、农发、以工代赈坡改梯等项目资金建成克度镇光明茶场，种茶 1500 亩。后陆续建设办公楼、加工车间和简易民工住房，安装粗、精制名茶机械各 1 套，公司成为中国茶叶流通协会理事单位，贵州省食品工业协会团体会员的理事单位，贵州省食品工业协会茶叶分会的常务理事单位。2002 年新种茶 1000 亩，茶园面积达到 2500 亩。至此，茶场可采面积 1500 亩，年产干茶 1.5 万公斤，年产值 150 万元。是年 2 月，县政府邀请中国茶叶流通协会、省、州、县相关部门领导及省茶叶专家和评委在克度光明茶场举办开园仪式，由中国茶叶流通协会秘书长吴锡端题名“贵州春茶第一壶”（仪式连续举办了 3 年）。年内，公司被评为黔南州农业产业化龙头企业。2003 年，平塘县委、政府安排 160 万元安置场区移民 30 户，建成文化活动室和职工住房。2005 年，平塘县茶叶开发公司改制，茶场 5 名职工作一次性安置，茶园实行承包经营管理。

1995 年，都匀市政府协调省水利厅有偿转让高寨水库水保茶山及荒坡给都匀市供销社，由市供销社土产公司创办螺丝壳都匀毛尖茶基地。经过多年经营，基地有机茶园达到 1200 亩，建有配套齐全的生产生活设施，资产总额 1210 万元，年产各类高档都匀毛尖 5000 公斤以上。2003 年，都匀市供销社创办石坪茶叶专业合作社。2005 年，都匀市土产公司改制后重新组建都匀供销茶叶有限公司。2006 年，成功开发机制夏秋“都匀毛尖”茶，次年将该工艺流程引入春茶加工。2007 年 11 月，省委副书记王富玉到基地调研，对基地茶产业兼顾公司、专业合作社和茶农三方共同利益，促进产业发展、企业增效、农民增收的做法给予肯定，称之为“黔南模式，可大力推广”。是年，建设茶叶苗圃基地 300 亩，育苗用于都匀市茶叶基地发展。2008 年，市政府统筹各类资金 80 余万元，用于基地道路维修，厂房改造等方面，并每年支持 10 万元的有机肥对基地茶园进行管理，优先安排生物茶虫剂试验区项目建设等。到 2012 年，共创办茶叶专业合作社 5 家，入社社员 1700

户，入社茶园6800余亩。基地发展取得了多项荣誉。基地在2002—2006年连续五年被省质监局指定为“都匀毛尖标样制作单位”，2008年获授予贵州省农产品加工示范基地，2009年获授予有机茶基地（为都匀毛尖第一批通过有机茶认证的基地），2010年获授予中国世博十大名茶都匀毛尖生产基地。产品“螺丝壳”牌都匀毛尖茶于2004年获“中绿杯”金奖（2008年、2010年再获该奖），2005年获“中茶杯”优质奖，2009年入选上海世博会十大名茶。企业（供销茶叶公司）于2009年获全国供销合作总社授予“新中国60周年茶叶功勋企业”，还先后获贵州省茶叶优秀企业、黔南州农业产业化经营龙头企业、贵州省农业产业化经营龙头企业、贵州省供销社和全国供销总社重点龙头企业等称号。

（二）农业产业示范园区建设

2009年，州委、州政府开始实施农业“185工程”。供销社参与了“185”工程的农业产业示范园区建设。

2010年初，福泉市供销社组建福江农业发展公司，在黄丝江边采用土地流转的方式流转土地500亩，建设“185”农业产业化示范园区。2011年9月，全国供销合作总社党组副书记、理事会副主任李春生到福泉市供销社黄丝镇江边“185”工程示范基地调研。至2012年，已发展到1200亩，投资2000多万元，生产建设已完成100%，基础设施建设已完成80%。种植的经济作物有大棚草莓、西瓜、葡萄、猕猴桃、核桃、茄子、豇豆、鲍鱼菇、鸡脚菇、黄背木耳等果蔬，亩产值均达1.5万元，年产量75万公斤，年产值450万元，年销售额620万元，年利润20万元。辐射带动周边群众1000余人，带动农家乐20余户，年接待观光游客15万人次以上，实现助农增收400万元。是年8月，中华供销合作总社监事会副主任王唻到福泉市福江农业发展有限公司调研“财政资金支持的农业产业化项目建设成效”。2014年，福泉供销社黄丝江边休闲农业观光园开业，整合各部门资金，打造农业服务社区、现代农业园区、乡村旅游景区“三区合一”的“农旅结合”新模式。其中，市水利局投入800万元用于河道治理、市林业局投入200万元用于绿化及长廊建设、市交通局投入100万元用于园区观光运输道路修建，市计生局、市民宗局、市农村工作局、市旅游局等多部门共计投入了1000多万元用于园区建设。

长顺县供销社根据县委、县政府关于创建“185”工程的要求，2010年4月与贵州吉泰商贸有限公司合作，在广顺镇麦路村建设100亩高效农业科技示范基地。该基地共投资460余万元，其中：县政府整合各类农业发展资金300万元负责大棚、喷灌供水系统、机耕道等基础设施建设，由供销社与贵州吉泰商贸有限公司共同投资160万元投入生产种植。县供销社（占35%股份）与贵州吉泰商贸有限公司合股成立了长顺县吉顺农业开发有限公司。2010年底建成单体大棚260个，机耕道600米，排水沟1800米，瓜棚绿色升空走廊600米，硬化场地1000平方米，板房200平方米，水池3个（40立方），供水管道1600米，于是年8月建成投入生产种植。2014年，长顺县供销社经县政府协调，以每年15万元的价格，与长顺县红樱桃公司签约1040亩水果基地生产经营权。

2010年10月，惠水县供销社好花红公司在三都镇金田村流转土地300亩建设现代生态农业园区示范基地，至2014年，园区已种植葡萄300亩、蔬菜200亩，亩产值1.5万元，年产值800万元，月解决农民用工100个，带动专业合作社2个。

第四章 盐业石油

1991—2000 年，州内盐业由州、县（市）商业局主管，盐业公司只负责市场供应，对经营户实行特许经营制度，食盐的质量检验由卫生防疫部门负责。普及加碘食盐，推行小袋食盐，销售过低钠食盐。盐品一直处于保障供应状态，在特大自然灾害发生时，能及时组织盐品应急，促进社会稳定。2000 年 11 月，全州盐业划归贵州盐业集团，设贵州盐业（集团）黔南有限责任公司（以下简称黔南公司），在独山、平塘、罗甸、三都、荔波、贵定、龙里、福泉、瓮安 9 个县设分公司，归黔南公司管辖；长顺、惠水 2 个县级分公司县划归贵盐集团直管。州、县盐业公司在经营中，盐品一直处于保障供应状态，特别是在特大自然灾害发生时，及时组织盐品应急供应，维护社会稳定。

1991 年，境内石油经营单位为贵州省石油公司黔南石油分公司。2000 年，设为中国石油化工股份有限公司贵州黔南石油分公司（以下简称中石化黔南石油分公司）。2001 年，境内增设中国石油天然气股份有限公司贵州黔南销售分公司（以下简称中石油黔南销售分公司）。石油市场放开后，逐渐开设一些社会力量加油站。到 2014 年 12 月底，全州在营加油站保有量 188 座，其中，中石化 100 座、中石油 27 座、社会加油站 61 座。

第一节 盐 业

一、市场管理

1991—2000 年，黔南州盐业公司的上级主管部门一直是黔南州商业局。盐业公司只负责市场供应，对经营户实行特许经营制度，食盐的质量检验由卫生防疫部门负责。2000 年 11 月 8 日，经省政府同意，贵州盐业集团（简称“贵盐集团”）挂牌成立。按照省、州政府的相关文件精神，全州盐业的人、财、物整体上划贵盐集团。黔南州盐业公司成为贵盐集团的 8 个地级子公司之一，称为贵州盐业（集团）黔南有限责任公司（贵盐集团黔南公司）。公司辖独山、平塘、罗甸、三都、荔波、贵定、龙里、福泉、瓮安 9 个县级分公司，长顺、惠水县盐业公司划为贵盐集团直辖的县级分公司。从是年起，全省盐业系统逐步健全从省到县的食盐质量监控网，可随时随地对食盐进行质量检测，供应市场的食盐各项技术指标应用国家食用盐 GB5461－2000 标准。

2004 年起，推行全省统一的食盐营销网络配送制，按照“便于管理，方便群众，布局合理，辐射到位”的原则，实施食盐零售网点建设，实行以特许经营授权方式下的许可证食盐代售制度。即：实行“配送、访销、宣传、稽查”为一体的市场管理，对盐政和运销人员实行市场分片包干责任制，实行定点、定员、定任务，与工资、奖金挂钩；推行“特许经营、管销合一”模式，在特许经营点建立盐政协查点，实行统一标识（挂指定食盐销售点和盐政协查点标牌）、统一货柜（托垫）、统一配送、统一规章制度、统一销售价格、统一服务和管理的“六统一”管理，明确经营户的职责和义务，督促合规经营；广泛发动群众参与市场监管，建立有奖举报制度，公布举报电话（承诺为举报者保密），部分农村盐业支局还与当地村委会签订盐业市场监管协议，负责辖区内的盐业市场监管，并由特许经营户将合格碘盐销售到村民手中；充分发挥质监体系作用，接受质监部门的监督管理。

在规范管理制度的同时，开展市场调查和经营检查，统一规划布局网点，实行定点定户销售，建立“户籍化”档案，取缔无证经营户、违规转批大户以及不具备卫生条件的经营户。全州有11个县（市）通过政府发文或与工商、物价、卫生、技监部门联合行文给予支持，治理整顿食盐零售市场，巩固特许经营。按照《贵州省盐业市场监督管理办法》，重点加强对食盐零售市场、食品加工用盐市场、工业盐市场的监管，形成了“政府领导、盐业主管、部门协同、社会参与”的盐政执法工作机制。按照《贵州省盐业系统禁止内部倾销管理办法》的规定，防止和打击恶意倾销食盐。2004—2012年，全州查获各类涉盐违法案件185起，查获各类违法盐产品70余吨，罚没款总额5436元。

至2012年，全州设立指定食盐代售点近2200个，将特许经营户的地理位置、门牌号等基本情况纳入宣传内容，通过新闻媒介发布规范和整顿食盐零售市场公告，让老百姓了解购买合格碘盐渠道，净化食盐市场。

二、盐业经营

1991年，全州盐业资产总额1000余万元，销售盐品（食盐和工业盐）2.1万吨，实现利润117.24万元。食盐供应品种为单一的加碘盐，主要为麻袋装、塑料袋装散盐，批发实行三级批发仓库提货制，零售时用秤称。后来逐步过渡到1000克装塑料袋、复合膜袋包装盐。在食盐购销中，坚持开展普及碘盐供应，防治碘缺乏病工作。从1993年起，每年5月15日开展食用合格碘盐，消除碘缺乏危害的“5·15”宣传活动。1994年起，执行国务院《食盐加碘防治碘缺乏危害管理条例》，1996年实现全民食用加碘盐。在全州设有挂牌食盐销售点1685个，形成覆盖全州城乡的碘盐销售网络并全面实施合格碘盐的配送服务，建有碘盐质量检测网。

1997年，执行国务院《食盐专营办法》和《贵州省食盐管理条例》。在供应链接中严守装卸、检测、分装、仓储、配送工作标准，做好安全卫生，最大限度地保证合格碘盐的质量安全，让群众都能吃上质优价平的合格碘盐。

2007年，全州的人均甲状腺肿患病率由1979年的13.52%降至2.8%，2008年综合考评达到国家制定的碘缺乏消除目标。

2010年起，销售绿色低钠盐。是年销售绿色低钠盐179吨。次年，绿色低钠盐销售达到1034吨。

2012年，全州盐业资产总额6516.66万元，销售盐品1.66万吨，实现利润320.01万元。食盐供应品种有精制碘盐、营养调味盐、日化系列盐、洗涤系列盐4大系列几十个品种。批发实行专门的食盐配送车送货上门服务制，已全部普及供应500克、350克、250克环保型纸塑内膜小包装袋。2012年底全州食盐零售点为1879户。

2013年1—4月，全州食盐销售持续下滑。5月，以都匀市为试点，推行零售终端食盐定额库存补货制，防止无证盐、非碘食盐进入零售终端。5月31日，在都匀市洛邦镇、大坪镇一线现场演练推行定额库存补货制的现场会，推行“服务联系卡”制度。6月，将零售终端食盐定额库存补货制推广到全州。年内，结合市场整规行动开展了市场访销工作，全州走访涉盐经营商户3359户，巡查、走访集体用盐单位223家。是年，全州盐业销售盐品1.44万吨，实现利润223.41万元，食盐销售额比上年下降16%。

2014年，全州盐业销售绿色低钠盐2800吨，是推广计划的300%。至2014年10月，全州发放“食盐零售许可证”的食盐零售点3086户。

1991—2014年全州盐业经营情况统计表

表13－4－1

年度	食盐（吨）			工业盐（吨）			主业收入（万元）
	购进	销售	库存	购进	销售	库存	
1991	22000	19309	12604	3534	1692	1842	2004.4
1992	21097	19686	12713	3533	1695	1838	1767.83
1993	21145	20063	12658	3537	1698	1839	2256.67
1994	21189	20440	12440	3552	1701	1851	1988.72
1995	21804	20817	13042	3530	1704	1826	2011.03
1996	21936	21194	12494	3548	1707	1841	2696.92
1997	21678	21196	11783	3596	1710	1886	2756.96
1998	20156	21328	14850	3464	1713	1751	3142.28
1999	17986	17328	10849	3601	1714	1887	2724.51
2000	16508	15328	9650	3737	1715	2022	2910.07
2001	17296	15161	9634	3060	1716	1344	3224.76
2002	16767	15328	8442	4849	2554	229	3527.26
2003	16463	14185	9110	7139	4711	2428	3577.44
2004	14743	15036	8217	7890	6780	3609	4076.99
2005	15614	15324	8336	8716	9034	3365	4096.28
2006	14364	14764	8292	11894	12000	3446	4461.3
2007	12256	14405	6369	14911	17478	1087	4916.07
2008	15501	14277	6440	2323	2811	1859	5024.52
2009	14384	14961	6036	2046	1689	2127	5816.36
2010	12665	14948	3488	1097	1567	519	5542.28
2011	16347	15763	4023	3589	2736	1354	7027.31
2012	14163	13571	4887	2768	3008	2378	8670.78
2013	13454	11400		2318	2995		11016.38
2014		12900					16000

三、盐业应急供应

（一）抗凝供盐

2008年1月12日至2月6日，黔南州和全国南方大多数地区一样，遭遇持续低温侵袭，造成特大凝冻灾害。黔南盐业执行中央、省、州关于抗凝冻保民生的各项指示，专题研究制定了全州盐业抗凝冻保民生的工作安排意见。凝冻期间，干部职工坚守岗位，24小时轮岗值班，以确保化雪溶冰用盐的全天候供应和食盐的正常供应。至2月15日，全州累计供应化雪溶冰用盐951吨。在抗凝冻中，黔南盐业多次受到当地政府的表扬，州公司和福泉公司被集团公司评为“抗凝冻、保民生”先进集体，共有9人受到集团公司表彰。

（二）应对食盐抢购风

2011年初，黔南州遭遇低温雪凝天气。1月2日20时，州政府召开的抗雪凝灾害天气应对工作紧急会议。会后，州盐业公司召开紧急会议，安排抗凝救灾工作，启动盐业系统应急预案。全州盐业系统实行24小时值班制度，各级领导班子成员到仓库一线现场办公，保证化雪除冻用盐和民众食用盐的及时供应。平塘公司为电信、移动公司送货上门；福泉公司克服困难，一天中发放的化凝盐最高达到了140吨；独山公司一天一夜发放化凝盐110吨。1月2—20日，全州各级盐业部门共计及时向州内高速公路管理、交通、供电、供水、电信、学校、部队、市政、厂矿等行业供应化雪除冻用盐1430.75吨，并向食盐市场投放食用盐585.33吨。

2011年3月16日19时左右，州内瓮安、福泉、罗甸、平塘等县市相继发生抢购食盐现象，接着在州府所在地都匀市也发生了抢购食盐现象。随后，抢购食盐现象迅速漫延到州内各地，一波接一波，一浪高于一浪的非理性食盐抢购，形成了全州新中国成立以来最大的食盐抢购风潮。在处于食盐抢购高潮的3月17日、18日两天里，州公司领导班子亲自到州公司营销中心现场办公，紧急启动全州食盐供应应急预案，及时向州政府应急办汇报应对情况，主动请求各地政府及其公安、工商、物价等职能部门给予大力支持配合实施食盐供应应急预案。期间，州公司主要领导紧急赶赴最先发生食盐抢购的瓮安、福泉两地，具体指导基层单位的应急工作。

州政府在接到报告的当天，就向全州下发《黔南州人民政府办公室关于做好当前食盐供应工作的紧急通知》，要求做好食盐调配和储备，确保供应，抓好食盐市场监管工作，稳定食盐价格，确保社会稳定。各有关职能部门迅速行动，应对食盐抢购风潮。州委宣传部复宣向群众发出食盐库存充足的手机短信；盐务部全员行动，到销售一线加班加点地发盐，向群众作宣传解释，大小配送车辆满载食盐全部出动，上街作宣传销售；公安部门出动多种警力配合平息食盐抢购风，巡警、治安警、交警维持盐仓现场和交通要道秩序，特警、便衣到市场巡查，防止有人乘机制造混乱和销售高价盐；工商、物价等部门到各售盐超市、商店不间断检查，防止制造食盐短缺恐慌，哄抬盐价，囤积居奇等行为；贵州都市报黔南记者站、州电台、电视台和各县电视台等新闻媒体派出记者采访，正面报道全州平息食盐抢购风潮全过程。

在罗甸、平塘、贵定、福泉、三都等县（市）公司食盐供应紧张的关键时候，州公司营销中心利用食盐库存充足的优势，及时调拨调运补充，动用社会运输力量在24小时内保证各大超市的食盐上架销售。3月19日、20日，州公司领导带队检查都匀市场和平塘、罗甸两县边境市场，安排各公司及时向各自的指定销售点进行补货。在应对这次全州食盐抢购风潮中，尽管抢购风潮造成部分县级公司一度食盐库存不足、供应紧张的局面，但全州没有向市场上投放一斤散盐，全州也未因食盐抢购发生恶性事件。

据统计，全州3月17日食盐销量为2167吨，占年销量计划的15.7%，是正常情况下日均销量的57.32倍，18日销量1220吨，占年销量计划的8.84%，是正常情况下日均销量的30.98倍。其中：都匀市3月17日销量590吨，为全州平均日销量37.8吨的156倍。

四、多种经营

2006年起，根据盐业管理体制改革、食盐放开市场化的情况，全州盐业按照集团公司关于“体制大转型、行业大调整、经营大转变”的思路，大力推进房地产、酒店旅游业的发展，着力改变经营资产落后的局面。投资250余万元扩建马场坪配送中心项目；投资242万元在都匀市商业区购置70平方米门面开设“盐天下”专卖店；支持福泉公司投资200万元建设荣和福泉宾馆；支持龙里公司在拆迁工作中，取得新安置土地的房地产开展资格；经与独山县政府协商，集团批准，投资500万元购置独山物流园区土地60亩用于物流园建设；经集团批准，对贵定盐业综合楼项目投资1000余万元，建设酒店；帮助三都获得集团100万元帮扶资金，总投资200余万元建设荣和三都宾馆；经与荔波县政府协商，得到拆迁土地补偿1537平方米，推荐荔波作为集团基本建设帮扶县获得批准；支持瓮安公司盐业综合楼拆迁，落实安置补偿办法，确定安置点，使公司资产没有流失。

2013年，独山公司新购面积28.69亩加置换地块20.07亩，购地合计成本约550万元，用作独山食盐配送中心建设。龙里公司增加全商业资产1536平方米，落实搬迁还商铺104平方米。三都公司完成荣和三都店的结构改造、电梯增设和宾馆全面装修。荔波公司获地块出让金返还200万元，拟购资产面积2300平方米。2014年，完善马场坪配送中心项目建设；对投资319万元购置的独山麻万经济开发区50亩土地进行了进一步论证；贵盐集团荣和三都店已经出租开业。

第二节　石油经营

一、经营网点

1991年，境内石油经营单位是贵州省石油公司黔南石油分公司。该公司于2000年重组上市，设为中国石油化工股份有限公司贵州黔南石油分公司（简称中石化黔南石油分公司）。2001年，境内增设中国石油天然气股份有限公司贵州黔南销售分公司（简称中石油黔南销售分公司）。到2014年12月底，黔南州在营加油站保有量为188座，其中中石化

100座、中石油27座、社会加油站61座。

（一）中石化黔南石油分公司网点

1991年，贵州省石油公司黔南石油分公司下设有县（市）级支公司，为支公司办公和油品储备地，也是地方油品供应单位，分公司油库设在都匀，称为都匀油库，分公司共有人员86人。是年公司所属网点加油站4座。为满足供油需要，与供销社和农机部门合作，在区级设立有社会加油站。一些私人也开始申办加油站。1992年8月，公司更名为贵州省石油总公司黔南石油分公司。是年公司新增加油站3座。1993年新增加油站1座。1994年新增加油站2座。是年起，在各县（市）收购了部分社会加油站，并对部分加油站进行改扩建。1995年新增加油站1座。1996年新增加油站2座。是年，农机部门的农用平价柴油供应结束，其设立的加油站陆续退出经营。

1998年6月，贵州省石油总公司划入中国石油化工集团公司。是年新增加油站7座，加油站总数达到20座，分公司共有632人。1999年新增加油站6座。

2000年，新增加油站19座。5月，根据1999年《中国石油化工集团公司关于贵州省石油总公司重组方案的批复》，对企业的组织管理结构、人员、资产进行了整体重组改制，原黔南石油分公司分设为股份公司（上市公司）和存续公司（非上市公司）两大生产经营管理板块。新组建的中国石油化工股份有限公司贵州黔南石油分公司，由原贵州黔南石油分公司系统的优良资产组成。新成立的中国石化集团贵州省石油总公司黔南石油公司（存续公司），由原贵州黔南石油分公司后勤服务保障体系组成，两个公司机关都设在都匀市。下辖都匀油库1座。按经济区划下设11个县支公司（福泉、瓮安、贵定、龙里、独山、三都、平塘、荔波、惠水、长顺、罗甸）和都匀地区营业部。其中，惠水、长顺、罗甸3个县支公司于1999年上半年划转贵阳石油分公司管辖；2010年3月，惠水、长顺、罗甸3个零售片区划回黔南石油分公司管辖。

公司重组后，陆续从私人手中收购了部分加油站，公司所属加油站增加较快。2001年新增加油站13座，加油站总数达到58座，分公司共有534人。2002年新增加油站10座。

2004年6月，存续公司整体改制分流划出，其管理职能由黔南股份公司接管（即一套人员，两块牌子）。2005年，黔南石油分公司内设综合办公室、人力资源科（政工办）、安全数质量基建科、经营管理科。2006年9月，根据中国石化集团资产经营管理有限公司《关于中国石化集团贵州石油总公司管理体制置换的通知》，中国石化集团贵州省石油总公司黔南石油公司（存续公司）注销，其原职能由省存续公司接管，日常管理工作由黔南股份公司代管。股份公司设置综合管理部、人力资源部、安全数质量基建部、零售部、商业客户部、润滑油销售部。2004—2006年，共新增加油站7座。“十一五”期间，通过与贵州省经贸委、省高速公路发展有限公司签署战略合作协议、特许经营权等方式，陆续在各主要公路主干道及高速公路服务区建设了一批功能齐全的加油站。

2008—2012年，共新增加油站23座。2012年，公司在州境共有加油站99座，主要分布在12个县（市）城区、国道、省道公路交通沿线、主要乡镇和黔南州区域内高速公路。是年，设立都匀支公司，达到每县市均设支公司。

2013—2014 年，新增加油站 2 座，因原有加油站 1 座停业，至 2014 年底，黔南石油分公司自有在营加油站 100 座，员工 134 人，另有 4 座加油站在建或在开业筹备中。是年，中国石油化工股份有限公司贵州黔南石油分公司变更为中国石化销售有限公司贵州黔南石油分公司，简称中石化黔南石油分公司。分公司在营加油站 100 座的分布情况是：都匀市境内 20 座，独山县境内 13 座，贵定县境内 13 座，福泉市境内 12 座，三都县境内 7 座，惠水县境内 7 座，龙里县境内 6 座，罗甸县境内 5 座，平塘县境内 5 座，瓮安县境内 4 座，荔波县境内 4 座，长顺县境内 4 座。

（二）中石油黔南销售分公司网点

中国石油天然气股份有限公司贵州黔南销售分公司（简称中石油黔南分公司），是中国石油贵州销售公司在黔南州的成品油销售企业，于 2001 年 8 月注册成立并正式开展成品油批零业务。内设综合办公室和财务部，机关共 5 人。在黔南境内有所属加油站 4 座，分布于贵新高速公路沿线。2002 年，加油站增加到 5 座（增加在贵定县境）。2003 年加油站增加到 6 座（增加在都匀市境），公司管辖区域包括黔南、黔东南。2005 年有加油站 8 座，分布于黔南、黔东南两地。2006 年，机关设置财务部、综合办公室、安全技术部、加油站管理部，加油站增加到 12 座。2007 年加油站增加到 15 座。2008 年，机关增设营销部，加油站增加到 18 座，公司共 198 人，其中机关 18 人、加油站 180 人。2009 年，加油站增加到 22 座，公司共 255 人，其中机关 21 人，加油站 234 人。

2010 年，黔东南成立公司，将分布于黔东南州境的 8 个加油站分离到黔东南公司，黔南公司所属加油站为 17 座，分布于都匀、福泉、贵定、惠水 4 县（市）及贵新高速公路沿线，机关设置为财务部、综合办公室、质量安全环保部、加油站管理部、营销部、投资建设管理部共 7 个部室，公司人员 207 人，其中机关 31 人、加油站 176 人。是年新投运的加油站分别是独山 A 站、独山 B 站、惠水站、胜兴站、松坪站。2011 年加油站增加 1 座，在瓮安县境。2012 年，所属加油站 21 个，分布于都匀、福泉、贵定、惠水、瓮安、罗甸 6 县（市）及贵新高速公路、麻驾高速公路。其中加油站 1 座停业、1 座整改施工。是年，精简管理人员，公司共有 167 人，其中机关 33 人、加油站 134 人。2013 年投入运行加油站 4 座。2014 年，投入运行加油站 2 座，加油站总数达到 27 座，销售网络遍布州内 10 个县（市）的主要城市、高速公路、国道、省道。机关部室调整为 4 个，公司员工总数 165 人。

二、市场营销

（一）中石化黔南石油分公司营销业务

1991 年，贵州省石油公司黔南石油分公司为独家经营，主营成品油和润滑油销售业务，营销中主要抓服务质量改进，开展优质服务活动。在加强与供销社和农机部门的合作，保证购油不出区乡的同时，对供油地域需求量大的加油站实行 24 小时对外营业，简化购油手续，设置公平秤、服务台、茶水点。是年，计划外油料销售较上年上升 70.15%，其中汽油上升 95.83%、柴油上升 49.86%，凡实行 24 小时服务的加油站，销售量均比上年提高 20% 左右。全年销售成品油 56574 吨。

1992 年，对都匀市及部分县润滑油大客户进行联合调查，广泛征求用户对油品规格、价格、服务质量等意见，组织适销对路的油品供应，提高润滑油的市场占有率。同时，加强对成品油销售信息的收集和分析研究，掌握毗邻地区油料价格信息，制定对策，采取计划内外油料综合制价的办法，适当调整调拨价格，平抑和稳定成品油市场价格。分公司专门绘制全州加油站分布图下发各站，既宣传企业、扩大影响，又为过境车辆驾驶人员提供方便。各县公司采取多种灵活措施进行营销。是年销售成品油 61376 吨，完成全年销售任务的115.08%，比上年净增4802 吨。是年 10 月 22 日，成立“贵州省石油总公司黔南分公司驻茂名办事处”，主要负责各类成品油的采调工作。

1993 年 3 月 1 日起，贵州省石油总公司系统各加油站以“升”为计量单位作价、开票、发油。因市场竞争激烈，组织召开用油大户座谈会，实行让利销售和资源紧缺时优先保证供应，签订购销合同。分公司自采成品油满足市场需要，以确保经营任务的完成。为适应市场变化，从是年起，公司对下属各加油站实行利润承包，由各加油站独立核算，自负盈亏。1994 年 1 月 5 日，分公司批复劳动服务公司关于申请经营液化气报告，同意劳动服务公司开展石油液化气经营业务。

1995 年，通过与长岭炼厂计算机联网、增强与驻茂名办事处以及国内诸多厂家的关系，最先时机获得多种第一手信息资料，掌握销售的主动权，适时调整销售价格，抓住大用户，稳住老客户，发展新用户，扩大市场供应份额。利用报纸、电视等新闻媒介宣传企业，扩大企业影响力。是年，分公司所属石油液化气销售公司挂牌营业，增加石油液化气销售业务。

1996 年，分公司下属润滑油公司以及部分县公司主动接触用户，开展售后服务，帮助用户解决一些实际困难，与用户建立良好和谐的供销关系，从中了解意见，摸清需求，打开油品销路，掌握销售主动权。

1997 年，分公司围绕信誉、品牌拓展终端销售市场。罗甸等县公司向社会承诺：凡所属加油站销售的各种油料，如有质量、数量问题，均实行包退包换。部分加油站改进服务设施，换标牌、装彩灯、拆围墙、修花坛，整修厕所等，创造良好的经营环境。龙里县公司要求职工在日常工作中使用 15 句文明用语。惠水县公司组织职工用肩挑、车拉为顾客送油上门。多数加油站开展了为过往车辆免费加水服务。一些加油站将人员收入与销量挂钩，实行吨油计酬、计奖的办法，改变分配上的平均主义，调动职工的积极性。是年，分公司制定八条促销措施：增设批发开票点；以优惠价格向外单位、个体加油站批发油料；外单位、个人的油罐车可到都匀油库装油；机动灵活营销，但不允许赊销；分公司直供县公司应在分公司进货；改坐商为行商，抽调专人上门推销；完善销售目标责任制，调动营销人员积极性；整顿工作作风，树立企业良好形象。

1998 年 6 月，国家进行成品油价格改革，黔南石油分公司执行全州一价、城乡一价的规定。是年，因成品油源头问题，社会上仍有大量油料库存，其他经营单位以低价大量销售，黔南石油分公司系统经营大幅下降，市场丢失严重。面对市场形势，积极争取物价等部门的支持，采取调低价格等措施应对。次年，针对成品油多头经营，批发市场混乱，大户流失严重的情况，从抓大户入手，对用油较为稳定的大户及经营户给予价格优惠和油源保证，并不定期走访用户，争取用油大户，仅都匀汽运公司、都匀市石油公司（系统外）、黔南州供电局、都匀水泥厂等用户在黔南石油分公司的购油量就较上年增长近 1 倍。2000 年，根据市场变化调整营销策略，采取和加油站利润分成、送货上门等促销手段扩大销售。并在年销量 500 吨以上的加油站设立润滑油门市部，配备品牌小包装油品，方便用户。

2001 年，结合集团公司销售企业广州工作会议确定的“抓好开拓市场，扩大零售配送直销，增销量，扭潜亏，促效益”销售工作目标，黔南石油分公司紧盯市场，破除重批发、轻零售思想，把营销工作着力点转移到扩大零售、抓配送直销上，到一线抓零售，开展和扩大配送直销业务。各单位相继开展定量有奖赠送、定线班车优惠、累计有效促销、大宗（桶装）购买优惠、折让送货上门、细微服务、轻油与润滑油捆绑优惠销售、协议让利销售等促销措施，为实现零售配送直销打下基础。在液化石油气销售上，与炼厂供气部门搞好采调供应，在批零价格上紧扣市场抓牢批发主导权，引导零售向促销增效发展，开展“心系广大用户，情结千家万户”上门服务活动，在营销管理上采取规范服务、增扩网点、将送气与维修配套服务挂钩、定期抽残、定期验瓶等措施遏制市场无序竞争。

2002 年，面对国际经济跌宕起伏，成品油价格跌涨不定，市场竞争激烈的形势，分公司结合实际调整营销策略，实施“限购进、减库存、稳批发、抓零售、扩配送、推价促量保利”策略。各基层单位、加油站网点持续开展各项促销业务，强化基础管理，坚持开展长溢油料效能监察、审计稽查工作，树优质、品牌形象，实施特色服务工程，消化潜亏，1—10 月共消化因库存量大值高造成的潜亏 899 万元。在加油站创新经营方式，一线推行“三联”（量、利、费挂钩）计酬责任目标管理，对边远、小型加油站分别采取不同形式的经营管理措施，激活内部经营管理要素，调动一线员工积极性。对各营销网点用户单位实行计划快报制、定期定时配送制，稳住销售市场。在润滑油销售上，到生产一线、工矿企业和施工现场抓销售，推出争创“长城之星”加油站活动，在各加油站点普遍开设以“三大润滑油品牌”为主打商品的润滑油小超市和开展免费换油业务，为加油站建设增添亮点和效益增长点。平塘石油支公司榜上加油站被中石化长城润滑油公司授予“长城之星加油站”。润滑油营业部还开展树品牌意识、润滑油知识专题讲座、业务骨干培训和各类有奖励销售活动，各支公司明确专人负责抓销售。年内，液化石油气销售仍然受到竞争对手价格、资源紧缺的冲击，批零价格在无序竞争中难以到位。液化石油气营业部采取强强联合、联手推价策略，配合公安消防等地方行业管理部门开展市场整顿、门市部业务岗技培训等活动，抓牢批零主导权，遏制市场无序竞争。全年液化石油气销售 1842. 76 吨，比上年上升 98. 6% 。

2003—2004 年，推行客户经理营销制。在成品油业务流程管理上，运用现代化计算机网络技术调控成品油进、销、存量，搜集、整理、反馈市场动态信息。在油品资源紧缺，大部分省区突发“油荒”并实行市场供应应急机制期间，分公司不惜成本扩大运力确保市场供应，启动应急机制，实行统筹平衡限量销售，力保重点用户和城区市场。2005 年，面对“油荒”带来的困难，加大成本增加跨区调运，确保重点建设工程和城区市场成品油供应。

2006—2009年，国际国内成品油市场资源紧缺，价格倒挂严重，分公司执行省公司经营决策，结合黔南市场实际，抓资源、抓市场销售，采取联手稳价、推价保供措施，打造“黄金”销售终端，扩大零售总量。同时确保重点建设工程和城区市场成品油供应，发挥主渠道作用。

2010年起，规范各项经营行为，保证销售稳定增长。在原有重点工程陆续完工造成销量急剧下滑的情况下，与社会（个人）加油站签订供油协议，使供油量逐渐提升。加大IC卡销售力度，培养客户的新的消费观念。2012年，成品油销售在黔南州的市场占有率达77.5%，保持主渠道企业地位。

2013—2014年，按照“宜零则零、宜直则直、宜送则送”的原则进行营销。开展“争创客户满意加油站”“创新创效树标杆”“加油站综合服务提升年”等活动，进行对客户的售前、售中、售后服务体系建设，开展特色推销，树立“客户需求在我心”“做客户最好的用油管家”等服务意识，获得贵州省2013—2014年度“创新创效”直销优质服务标杆单位。两年新增客户289户。

1993—2014年中石化黔南石油分公司成品油销售统计表

表13-4-2　　单位：吨

年度	汽油、柴油			煤油	润滑油
	汽油	柴油	合计		
1993	33000	23400	56400	6200	1400
1994	31000	18700	49700	5500	1300
1995	19320	20130	39450	2900	0
1996	12793	17429	30222	2954	1059
1997	18550	30100	48650	3200	1150
1998	11596	21842	33438	1454	730
1999	14232	27949	42181	1539	454
2000	15912	50150	66062	1896	799
2001	21257	61537	82794	795	848
2002	24482	63508	87992	628	819
2003	30055	75441	105496	549	1253
2004	32897	91997	124894	416	1067
2005	36714	103413	140127	416	1254
2006	42765	112946	155711	627	1474
2007	48479	122173	170652	444	1700
2008	54041	135600	189641	483.6	0
2009	60633	148392	209025	213.4	0

续表 13－4－2

年度	汽油、柴油			煤油	润滑油
	汽油	柴油	合计		
2010	75534	165089	240623	52.6	0
2011	93960	200628	294588	97.8	0
2012	117900	251689	369589	23.8	0
2013	149393	319548	468941	0	0
2014	158179	359332	518051	1	0

（二）中石油黔南销售分公司营销业务

中石油黔南销售分公司2001年8月成立后，在州境内主营成品油销售业务，但没有固定客户，批发环节时断时续，销量低。2009年，分公司上划股份公司管理，资源瓶颈问题得到解决，扩充营销队伍，对客户进行梳理，开发大型机构用户，全年开发批发客户39家，增加销量8235吨。2010年，加大对低效站的帮扶，实行“一站一策”，使两座低效站销量明显增加。开展了市场摸底调查研究，通过专项奖励进行全员营销，采取政策倾斜措施开发重点客户，与一批沙场、宾馆、物流车队、公交公司用户建立供应关系。加大站外配送力度，全年有站外配送客户35家，配送量5567吨，占全年销售量的10%。

2011年，实施“大营销”策略。面对批零价差小、资源较为紧缺的市场形势，将零售管理与客户营销结合起来，对重点客户进行集中拜访，维护供销关系，实现客户月均增量300吨以上，低效加油站增量明显上升。是年，站外配送3473吨。开展“冲刺四季度”劳动竞赛活动，实行奖惩措施。竞赛活动中，龙里站日均销量从27吨提高到32吨，交通站从18吨提高到20吨，全分公司日均销量稳定在145吨左右，超额完成零售任务。

2012年，成立客户服务中心，开展市场调查、客户普查活动，实行客户集中维护，降低客户流失率，全年开发客户77户。在6—8月销售低峰时期，开展“大干90天，全员增量增效”活动，月均销量达到700吨以上，增幅16%。福泉专区4座加油站月均环比5月增量260吨，增幅43%；独山站月均环比增量458吨，增幅175%。针对马场坪工业园区、惠水高速公路等工程施工进度，组织加油站经理主动跑工地，实现站外配送5740吨，占零售量的11.94%。在加油站开展“3·15”消费日、“喜迎十八大”和节日宣传促销活动，增加加油卡办理发放量，都匀、福泉、贵定、惠水售卡充值额达到15万元。春节、“两会”“五一”“十一”、中秋、“十八大”期间，开展汽油促销，日销售量最高达124吨。

2013年，改变营销模式，实行目标管理，层层分解年度总销售任务指标及客户开发指标，全员参与销售，并纳入每月绩效考核，对加油站员工开发成功的客户按购油数量分配效益。对辖区内潜在客户进行调查摸底后进行分类开发，全年客户总数126家，其中新增客户55家，新增贡献量12027吨，占全年客户营销总量的38.8%。开展“增量提效，大干60天加油卡业务劳动竞赛活动”，加油卡充值比上年增长328.7万元，增幅为26.3%。年内有1座加油站摆脱“双低”（低销、低效）困境。是年，实现税前利润总额1586.66

万元。

2014年，开展“红五月”“后备箱计划”“金秋送爽”主题促销活动，加油、充值赠送礼品，活动期间加油、售卡均有较大增长。全年有2座加油站摘掉了“双低”帽子、1座加油站摆脱了“低销”困境，共3座加油站摆脱了“低效”困境。在都匀片区和福泉片区推进小额配送区域管理，延伸零售服务半径，全年小额配送量2385吨，比上年增加218吨，增幅10%。以卡为媒，开展跨省物流客户开发，划分都匀、福泉等5个片区，成立领导小组，进行统筹安排和部署，开发四川万联达物流有限公司、太平洋保险公司等一批大客户，提前完成年度沉淀资金目标。与客户经理签订业绩合同，细分市场，对客户经理的业绩完成情况进行严考核硬兑现，全年，客户经理共销售油品2.09万吨。是年总销售成油品12.47万吨（纯枪零售完成8.47万吨，直销完成4万吨）。年内累计发加油卡7348张，加油卡销量占总销量的27.25%。

2007—2014年中石油黔南销售分公司成品油销售量统计表

表13-4-3　　　　单位：吨

年度	总销量			批发量		
	汽油	柴油	合计	汽油	柴油	合计
2007	11491	26662	38153	1110	6486	7596
2008	13827	29108	42935	859	3409	4268
2009			88764	6057	15738	21795
2010	21000	47000	68000	3447	10242	13689
2011	18600	45000	63700	1386	8133	9519
2012	20186	59809	79995	591	13183	13774
2013	27826	78555	106381	307	30692	30936
2014	35273	89633	124733	827	39182	40009

三、加油站管理

（一）中石化加油站管理

1991年开始，每年举办计量工作培训班，计量员的培训有利提高计量和损耗管理工作人员的专业素质。

2005年6月，根据省公司《深化地县一体化经营管理体制改革指导意见》，构建“管理层次扁平、业务专业垂直、岗位权责明晰、市场反应灵敏”的新型经营管理体制和运作模式。设立“四个管理中心”（配送中心、客户中心、零售中心、财务核算中心）；设立以销售为重心的经营管理片区9个（都匀、福泉、瓮安、贵定、龙里、独山、三都、荔波、平塘）。在岗位设置、人员定编上，按照从严控制管理岗位，从紧安排辅助管理岗位的要求，实施分类定员、定编、定职责、定薪酬。

2006年起，对质量管理每季度组织各部门开展内部控制穿行测试工作，由各流程责任人按照工作底稿中的检查方法和控制点需检查的资料进行自查，经部门负责人复核后，流程责任人对检查中存在的问题及时进行整改，编制《内部控制手册》，指定专人负责对口业务流程控制点的执行工作。

2007 年起，执行《安全生产禁令》。2009 年开始，开展 3 年“我要安全”主题活动。举办安全专题演讲 12 次，应急演练 1128 次，安全知识竞赛 3 场（次），参与人数 966 人（次）。

2012 年，对所有加油机、计量仪表、器具、设备设施进行校检，共使用检定有效计量工具 902 个，共对 40 个加油站油罐进行重新检定。制定《黔南石油分公司数质量基础工作专项检查标准》。是年 11 月，内控管理信息系统正式上线运行，通过在线接受任务、下发、检查、汇总、上报、维护等相关工作，提高工作效率。至是年底，已培训合格在岗加油站计量人员 96 人，质检人员 5 人。

2013—2014 年，加强加油站现场管理，结合“强化小站管理”活动，对 46 座小站加强风险排查、整改提高和建立管理长效机制，实现小站基础管理提升。还开展专项活动，加强加油站数量质量管理。考核站长到位率、经理到位率等。

（二）中石油加油站管理

2001 年，组织所属加油站全体员工学习管理制度规范，7 月起组成标准服务培训小分队，到各加油站开展培训工作。是年完成 15 座加油站员工培训。日常管理主要是进行稽查和检查，推动加油站基础管理。

2011 年实施加油站分片管理。开展了基础管理百日整治活动。对加油站的损耗管理情况进行效能监察，制定实施系列控制措施及考核办法，使分公司加油站整体损耗情况得到控制。

2012 年，将七星站、新元站、龙塔站作为目标管理试点站，推进降费增效，3 站吨油费用均实现较大幅度的降低。对加油站服务基础管理实行首奖末罚制度，整改习惯性的违规动作，全年整改各类问题 632 条。成立培训小分队，对加油站现场服务、规范管理、现场安全等逐站巡回培训，同时整治卫生环境。

2013 年，分公司根据贵州公司《小站目标责任管理办法》，经过 8 次集中讨论和 3 次修订，形成了分公司的《目标管理合同》。将福泉、乐岗、胜兴、大坡、都匀 A、都匀 B、福源、龙塔、新元福、麻驾、松坪等 11 座加油站纳入目标责任管理，低销、低效整治率达 92%。推行精细化管理，推进节能降耗，对加油站各项费用发生进行核定报销，严密监控各项费用支出及非生产性费用支出，与上年相比，水电费降幅 23.95%、物料消耗降幅 47.4%。

2014 年，分公司机关和加油站两个层面以 6S 管理为抓手，开展了一系列基础管理提升工作。集中培训 6S 管理相关内容 3 次，制定分公司《加油站经理常态化管理考核细则》和《加油站 6S 管理推进方案》，分步骤、分层次地帮扶加油站治理。组织加油站经理俱乐部活动 2 期，以点带面，促进加油站经理利市管理意识。对加油站的非油商品库房进行整理、整顿。在安全管理上，组织人员到消防部门接受培训，完成惠顺、码头、都匀、独山、麻万、龙里等站 14 项重大隐患的整改，及时消除加油站安全隐患。开展应急演练活动，所属各加油站参加演练共169次。

四、非油品业务

中石化黔南石油分公司从1993年起就有非油品业务开展，为顾客提供了方便。是年，黔南石油分公司和基层单位内引外联，开展多种经营，即后来推行的非油品业务。如：长顺县公司组织水泥、磁化杯、多功能应急灯销售；荔波县公司成立劳动服务公司扩大经营范围销售烟酒糖、五金交电、家副产品、建材、汽车材料等；分公司机关科室精减合并，腾出门面出租等等，增加了企业经济效益。1994年，分公司建造小型钢厂1个，开办储量200立方米的石油液化气销售公司（于1995年挂牌营业），建起汽车保养场；都匀油库筹划开展养殖业、种植业、废油回收等。2008年起，全分公司将非油品业务作为重点工作之一，利用中国石化的品牌优势、网络优势和区位优势，开展广告、洗车、修车、便利店、餐饮乃至银行提款机、通信、彩票等业务，实现非油品业务快速发展。便利店销售额从2008年的129.95万元提高到2012年末的3083.69万元；便利店数量从38个发展至98个。2011—2012年，先后制定和实施非油品业务绩效考核办法、责任追究细则，12个各县（市）公司设立非油品专职管理员岗位。2014年，重点打造沙坝加油站“易捷”标杆便利店及其餐厅的特色简餐。是年，实现非油销售收入6207.87万元。

中石油黔南分公司自2009年起开展非油品业务，有7座加油站开设非油业务，全年完成非油销售收入39.7万元。2010年有15座加油站设置便利店，销售矿泉水、饮料、香烟、地方特产品等，有9座加油站办理烟草专卖证。是年，非油销售收入20余万元。2011年，新增非油销售网点4个，总数达到20个，厦蓉高速龙里A、B站及都匀A站成为非油销售的骨干站。2012年，调整非油商品结构，部分站增加大米、食油、熟食品销售，部分站调整为机油站，增加销售机油。2013年7月，开展以商品陈列及润滑油相关知识为主的非油培训，开展“2013年便利店商品质量专项检查活动”。是年，提前两个月完成全年非油销售任务，全年非油销售收入728.07万元。2014年，非油销售收入658.29万元。

五、中石化都匀油库

都匀石油库位于都匀市谢官冲，建于1969年。1991年12月，黔南石油分公司《关于都匀油库扩建征地的报告》经省计划委员会批复同意。1995年，完成两地合一改造，都匀油库扩建竣工投入运营。2005年4月，完成西南管道扩容工程，储存93号汽油、0号普通柴油及0号车用柴油。油库占地63亩，总容量达2.55万余立方米，拥有油罐18座（其中有10座停用），管线长度7379米（含消防管线），动力泵38台，各种大小阀门51个的二级综合性油库。全库现有员工56人，业务流程有管输下载收进、公路发油出库。2012年，吞吐总量约100万吨。库内固定消防设施有：电动消防泵（90千瓦）2台，柴油消防泵（55千瓦）2台，其中柴油消防泵2台、清水供应泵2台、真空泵1台、消防水池1座（合计2250立方米），规格为DN100消防水池补水管道1条。储油区油罐均安装有固定泡沫灭火系统和环形管冷却水系统。油库有专职消防队员11名，义务消防队员45名。

第十四篇

旅 游 业

第一章 旅游资源

黔南州旅游资源丰富，主要有自然资源、民族民间文化资源、历史文化资源、文物古迹、名城古镇、革命遗址及抗战文化资源等7个大类。至2014年，全州境内拥有世界自然遗产地1处，国家级自然保护区1处，国家重点风景名胜区4个，国家地质公园1个，国家级森林公园5个，AAAA级旅游景区3个，AAA级景区9个，AA级景区6个，A级旅游景区7个，省级风景名胜区8个，省级森林公园4个，国家水利风景区2个，国家级生态示范区1个，全国农业旅游示范点2个，红色旅游点5处，省级民族保护村寨3个。

第一节 风景名胜区

2014年，黔南州有国家级喀斯特森林自然保护区1个，即国家级荔波茂兰喀斯特森林自然保护区。国家级重点风景名胜区4个，即荔波樟江国家重点风景名胜区、都匀斗篷山——剑江国家重点风景名胜区、平塘国家重点风景名胜区和瓮安江界河国家重点风景名胜区。8个省级风景名胜区，即：独山深河桥风景名胜区、三都都柳江风景名胜区、福泉洒金谷风景名胜区、贵定洛北河风景名胜区、龙里猴子沟风景名胜区、惠水涟江—燕子洞风景名胜区、长顺杜鹃湖—白云山风景名胜区、罗甸大小井风景名胜区。

一、国家级荔波茂兰喀斯特森林自然保护区

国家级茂兰喀斯特森林自然保护区（以下简称“茂兰保护区”）以保存完好的原生性森林、生态系统、生物物种、水体以及人文景观和民族文化为特征，主要体现：①茂兰喀斯特森林是世界上唯一仅存的喀斯特森林类型，在世界植被类型中占有重要地位；②茂兰喀斯特森林具有重大的科学研究价值，联合国教科文组织将其世界性意义和科研价值列为世界人与生物圈保护区和世界自然遗产地，属于全人类共有的自然遗产地，值得永久性保护；③茂兰喀斯特森林独特的水文地质二元结构，对喀斯特地区生态环境的改善具有极大的促进作用；④茂兰喀斯特森林生态系统是亚热带喀斯特地区中生物多样性保持最完整、种类最丰富的地区；⑤茂兰喀斯特森林具有极高的美学价值和感染力，拥有世界上相同纬度保存面积最大的喀斯特森林生态系统，被中外专家誉为“地球腰带上的绿宝石”。

该自然保护区地处中亚热带南部，内喀斯特地貌十分典型，形态多种多样，锥峰尖削而密集，洼地深邃而陡峭，锥峰洼地层层叠叠，呈现出罕见的峰峦叠嶂的喀斯特峰丛景观。地貌类型以峰丛漏斗和峰丛洼地为主，仅东部有小面积的峰林盆地分布。地貌形态主要有

落水洞、漏斗、洼地、槽谷、盲谷等。地面枯枝落叶垫积填充，蓄存的地表水与地下暗河、泉水并存，暗河、泉水汇集而成清澈的小池。降水和水源丰富，为森林植被的生长发育提供优越的条件，区内无论山峰、盆地，到处都有森林覆盖。

区内地下水赋存的二元结构是喀斯特森林水文的独特现象，即枯枝落叶垫积层充填的上层喀斯特裂隙水和下层喀斯特水并存，上层水流量小且动态稳定，下层水流量大，动态变化也相对较大。根据地层岩石的含水性质及含水的丰富程度，区内可分为碳酸盐强含水岩组和碎屑岩、泥灰岩弱含水岩组。喀斯特上层裂隙水又称森林滞留水，是森林植被对喀斯特作用的具体表现形式，主要是由喀斯特森林的持水作用形成。森林滞留水按其滞留的地形部位分为森林滞留泉和森林滞留沼泽湿地两大类型，前者遍及全区，凡喀斯特森林茂密的山麓坡下、漏斗洼地中、山鞍坳口上均有分布，致使区内到处是清泉淙淙、流水潺潺；后者普遍见于地势平缓或低洼的密林中，或积水成塘，或形成连片沼泽湿地，局部地段在喀斯特森林内出现类似于寒温带沼泽森林的景观。

樟江河是县境内最大的河流，发源于月亮山麓，流经 3 个乡（镇），在王蒙与方村河交汇，主河道长 53.1 公里，最大流量 3704 立方米/秒，最小流量 2.92 立方米/秒，平均流量 35.72 立方米/秒，年均总水量 11.29 亿立方米，其中县内径流量 6.82 亿立方米。樟江小七孔景区是一处融山、水、林、洞、湖、瀑于一体的天然原始奇景。小七孔流域以峰丛洼地、峰丛漏斗为主要特征，锥峰高度多在 100～200 米之间，河谷开阔，起伏有致，碧水清流，景色秀丽。樟江大七孔景区是以下湖为主体，有水神河、沾水塘、万蛇塘、二层湖等。

1984 年 4－6 月，贵州省林业厅、贵州农学院、贵阳师范学院等 16 个单位 80 余名各类专业人员对茂兰喀斯特森林区进行综合考察，涉及 19 个学科。茂兰喀斯特森林区面积 30 万亩，森林覆盖率 92%，属中亚热带常绿落叶阔叶混交林。该区地处中亚热带向南亚热带过渡的季风气候区，气候温暖、湿润，雨量充沛，形成荔波喀斯特丰富的生物多样性特征，既有许多国家珍稀濒危物种，又有新发现的众多动植物新种，成为许多模式标本的产地，是一个罕见的、巨大的生物资源基因库。

植物 保护区内有高等植物 225 科、687 属，共计 1532 种。其中，苔藓植物 45 科、94 属、144 种；蕨类植物 37 科、84 属、212 种；裸子植物 6 科、12 属、17 种；被子植物 137 科、497 属、1159 种。药用植物有 345 种。这些植物中，有些是珍稀和国家紧缺药材，如钩状石斛、半夏等。植物列入《IUCN 物种红色名录》《中国物种红色名录》的种类涉及 27 科、67 属、121 种。其中，极危 7 种，濒危 26 种，易危 50 种，近危 32 种，无危 6 种。受到严重威胁的濒危植物共计 83 种，占总数的 68.60%。这些物种的地方性极为显著，如贵州山核桃、狭叶含笑、荔波瘤果茶、白花兜兰等。列入全球红色名录的共 18 种，其中，极危 1 种（即卫矛科的十齿花），易危 9 种，近危 7 种，缺乏数据 1 种。

在森林植被中，建群植物多为耐旱喜钙的圆果化香、青冈栎、樟叶槭、黄梨木、云贵鹅耳枥、齿叶黄皮、掌叶木、圆叶乌桕、朴树、菱叶海桐、香叶树等。主要森林群落类型有青冈栎、化香林、化香、黄皮林、栲、杜英林、黄杉、化香林、黔竹林等。因地形相对高差不大，植被无明显的垂直带谱。

国家重点保护野生植物　有国家一级保护植物10种，二级保护植物150种。一级：南方红豆杉、红豆杉、单性木兰、掌叶木、硬叶兜兰、白花兜兰、小叶兜兰、带叶兜兰、麻栗坡兜兰、异形玉叶金花。二级：翠柏、福建柏、广东松、短叶黄杉、短叶穗花杉、中华猕猴桃、盾叶秋海棠、八角莲、杜仲、半枫荷、四药门花、喙核桃、油丹、香梅、闽楠、任木、鹅掌楸、香木莲、槽树、龙棕、香果树、黎橡、伞花木、榉树等24种以及兰科的135种（如春兰、墨兰、建兰、虾脊兰、鹤顶兰等）。

特有植物　保护区植物因所处的地理环境和喀斯特地貌特殊性及小生态环境多样性，生长在特殊的石灰岩和白云岩生境中，形成许多该区的特有种。已发现茂兰特有植物41种，主要有荔波大节竹、荔波鹅耳枥、荔波瘤果茶、荔波球兰、荔波唇柱苣苔、石山胡秃子、短叶穗花杉、吊丝竹、贵州悬竹、石山木莲、单性木兰、黔南厚壳桂、石山桂、岩生鼠李、石山漆、丛状桂花、石山吴茱萸、少毛唇柱苣苔、短毛唇柱苣苔、大苞短毛唇柱苣苔、箭杆竹、花黔竹、水单竹、抽筒竹、石生鼠李等。此外，还有兰花植物135种，是中国兰花科植物保存最丰富的地区之一，其中白花兜兰等兜兰属植物列为国家一级保护植物。

动物　由于保护区水文地质条件特殊，气候温暖湿润，森林保存较好，为野生动物提供了良好的生存和栖息环境。有脊椎动物近400种，其中鸟类16目47科205种，兽类8目24科61种，鸟类有15目40科137种，爬行类3目10科47种，两栖类2目8科34种，鱼类5目10科43种。另有昆虫1300余种，蜘蛛类有146种，陆生贝类有140余种，多足类十余种。主要动物种类有猕猴、黑熊、穿山甲、林麝、白鹇、蛇雕、蟒等，以猕猴和白鹇为优势种群。动物共有45种列入《中国物种红色名录》，其中极危种3种，濒危种4种，易危种38种。发现的动物新属有鞘翅目步甲科的荔波行步甲属、卵行步甲属、上野行步甲属；膜翅目长颈蜂科的杨氏长颈蜂属、叶蜂科的颊片叶蜂属；直翅目露螽科的拟鼓鸣螽属。

国家重点保护野生动物　有国家一级保护动物4种、二级保护动物31种。一级：豹、蟒、林麝、白颈长尾雉。二级：猕猴、藏酋猴、穿山甲、小灵猫、黑熊、斑灵狸、金猫、苏门羚、鸳鸯、红隼、鸢、风头鹰、赤腹鹰、风头鹃隼、褐冠鹃隼、蛇雕、普通鵟、领角鸮、红角鸮、领鸺鹠、斑头鸺鹠、草鸮、蓝翅八色鸫、白鹇、细痣疣螈、虎纹蛙、大鳞金线鲃、长须金线鲃、多斑金线鲃、狭口金线鲃、粗壮金线鲃。

动物特有种　发现动物特有种38种，其中绝大部分为昆虫种类和蜘蛛种类。爬行类：荔波壁虎。鱼类：大鳞金线鲃、长须金线鲃、小口缕鱼、荔波盲条鳅。昆虫类：茂兰新褚、中华诺褚、琥珀树、茂兰弯茎叶蝉、双带扁头叶蝉、黑带侧脊叶蝉、叉突片叶蝉、端刺丽叶蝉、锥顶带叶蝉、碎斑鱼蛉、双刺粉蛉、茂兰窗溪蛉、三带窗溪蛉、彩翼罗草蛉、茂兰蕈虻、茂兰眼蕈蚊、钩臂眼蕈蚊、丽奇眼蕈蚊、长角齿眼蕈蚊、叉刺迟眼蕈蚊、茂兰迷蚜蝇、茂兰盲目步行虫、王氏盲目步行虫、荔波盲目步行虫、西川氏荔波步行虫。蜘蛛类：黔希蛛、茂兰玛琳蛛、镰形弱蛛、董背泰莱蛛、徐氏弱蛛、茂兰阿纳蛛。软体类：荔波倍唇螺、小七孔倍唇螺。

茂兰喀斯特森林自然保护区涉及洞塘、永康、翁昂、捞村、立化、驾欧和甲良7个乡

（镇）、14个村、96个自然组。1987年4月，省政府将茂兰保护区批准为省级自然保护区。1988年5月，国务院将茂兰保护区批准为国家级自然保护区，并明确该保护区是以保护完整的综合自然生态系统为目的，兼有保护珍稀孑遗动植物资源的科研型自然保护区。1996年4月，茂兰保护区被联合国教科文组织纳入国际生物圈保护区网络（MAB）。是年，该区被中国生态旅游专业委员会列为全国22条生态旅游线之一。

茂兰自然保护区内生态旅游区位于保护区的东北部，面积19.15平方公里。其主要功能是用于开展喀斯特森林生态旅游，以良好独特的喀斯特森林景观和生态环境为主体，融合自然景观与人文景观，充分利用森林的多种功能，按照生态旅游的理论和宗旨开展旅游活动，从而使观赏游览与科普教育相结合，提高公众保护生态环境、热爱大自然的意识。旅游区的主要景点有青龙潭、金狮洞、九洞天、旺牌山漏斗森林、黄杨沟、水中林、拉滩瀑布等。区内修建简易步道供游人徒步游览。

二、荔波樟江国家重点风景名胜区

荔波樟江国家重点风景名胜区地理坐标为北纬25°12′～25°34′，东经107°39′～107°93′，总面积118.8平方公里。樟江景区以典型、丰富、集中的喀斯特地貌和水文为基础，以大片中亚热带喀斯特原始森林为特色，具有美学价值和科研价值，为世界少见。景区内具有代表性的自然景点58处。1990年8月，省政府公布荔波樟江风景名胜区为全省第二批省级风景名胜区。1994年1月，经国务院审查批准，樟江风景名胜区公布为全国第三批国家重点风景名胜区。2009年荔波樟江景区（大七孔、小七孔景区）获国家AAAA级旅游景区称号。2015年7月，樟江景区获得国家AAAAA级旅游景区称号。

景区内由于山峦起伏，河谷深，地形地势复杂，气候略有差异。年均气温18.3℃，年降水量1320.5毫米。全年无霜期308天，平均相对湿度80%。最热月为7月，月平均气温26.4℃；最冷月为1月，月平均气温8.4℃。冬无严寒，夏无酷暑。

风景名胜区在地质构造上，属于江南台降西南部的三都—荔波古陷褶断束，处在轴缘凹陷地带。由石灰岩二迭系碳酸盐岩组成的茂兰向斜，南北贯穿全区，控制着这里地层岩石的分布及其产状。保存的原生性喀斯特森林主要分布于向斜南段的石灰系碳酸盐岩上。

风景名胜区位于云贵高原向广西丘陵盆地过渡斜坡地带，景区内喀斯特地貌十分发育，喀斯特形态多种多样，锥峰尖削而密集，洼地深邃而陡峭，锥峰洼地层层叠叠，呈现出峰峦叠嶂的喀斯特峰丛景观。景区地势西北部高于东南部，景区内最高海拔1078.60米，最低海拔400米，平均海拔800米。景区河流属龙江水系，归珠江流域。

荔波樟江风景名胜区的景观类型以自然景观为主（包括地貌景观、水文景观、植被景观等），人文景观为辅（包括田园景观、民居民俗等），均具有鲜明特色。景区内的山、水、树、石无不生奇，又因地貌、水文和植被的不同组合，形成各有特色的景区。总体分为奇秀的小七孔景区、神奇的大七孔景区、奇险的水春河景区和一条恬静的樟江风光带。三大景区和一条风光带，总体上是景外有景、景中有洞，洞中有洞、洞中有景，林中有水、水中有林，山、水、洞、林、湖、石、瀑融为一体。

自然景点中，特级景点有野猪林、地峨森林、六十八级瀑布、龟背山，一级景点有水上森林、鸳鸯湖、地峨宫、天生桥（天门）、水春峡，二级景点有卧龙潭、小七孔桥、风神洞、恐怖峡、白岩、姊妹峰、樟江夜月、试胆浪、锦绣田园，三级景点有地峨洞、飞云洞、天钟洞、拉牛天坑、笑天河（二层河）、大七孔桥、龙戏九珠、涵碧潭、拉雅瀑布、苦竹滩、水甫石棺、朝阳晨曦、永济泉、马尿滩，四级景点有地峨河、夕照归途、天然图画、铜鼓桥、长滩、坡峻枫林、万鸟洞、清溪、古榕树、水神峡、龙泉洞。

（一）小七孔景区

位于县城的西面，距县城25公里。景区之名因有一座建于清道光十五年（1835年）的小七孔石桥而由此得之。在宽仅1公里、长不足10公里的狭长幽谷里，融山、水、林、石、洞、湖、瀑于一体的天然原始奇景，玲珑秀丽，令游客耳目常新，享有“超级盆景”的美誉。该景区以峰丛洼地、峰丛漏斗为主要特征，锥峰高度多在100—200米之间，河谷开阔，起伏有致，碧水清流，景色秀丽。自然景点有小七孔古桥、铜鼓桥、涵碧潭、响水河谷、龟背山原始森林、水上森林、翠谷、野猪林、飞云山瀑布、拉雅瀑布、鸳鸯湖、天钟洞、蝙蝠洞、卧龙河、卧龙潭15个。小七孔景区被誉为“地球腰带上的绿宝石”和“石头上的森林”。

1. 小七孔古桥　位于景区之首，景区之名由桥而得。这是一座小巧玲珑的七孔古石桥，桥长25米，桥面宽4米，拱高4米，昔为沟通荔波至广西的重要桥梁。桥由麻石条砌成，桥身爬满藤蔓和蕨类；古色古香的桥下是绿得令人心醉的涵碧潭。两岸古木参天，巨大的虬枝沿着桥伸臂，宛如巨伞撑在桥上。在桥的东岸立有一块“万古兴桥碑”，有一副对联为“群山岩浪千千岁，响水河桥万万年”。

2. 铜鼓桥　位于小七孔景区东大门处，横跨樟江河，始建于1993年，重建于2001年（2000年荔波境内遭遇特大洪水将原铜鼓桥冲毁）。铜鼓桥长126米，净跨60米，宽2.4米，高25米，桥身两端采用瑶山瑶族铜鼓造型，故称此桥为“铜鼓桥”。

3. 涵碧潭　位于响水河与樟江河交汇处。两河交汇前，一坝堵水汇成涵碧潭，又名七孔塘，是喀斯特潭景观。小七孔桥横跨潭腰如玉带缠身，潭头尾浪花飞溅，潭边古木森森，从两边向中间伸展迎合，水潭中的小岛上，吊竹丛生，苇草如篷，绿树成荫。清澈如镜的潭水把群山、古树、桥景、绿荫映入水中，倒影粼粼，波光烁烁，山光潭景，分外迷人，桥上人影倒立，桥下鱼儿悠游，似人鱼合欢水底，趣味无穷。潭脚坝下的滚水帘瀑与平静如璧的江水交相辉映，又呈天然美景。樟江水清，响水更洁，大雨过后樟江水浊，响水依然清澈如常，汇合处依旧泾渭分明。响水为何清如许，因自喀斯特森林来，也是喀斯特森林的特殊水文效应的奇观。月色当空，静影沉璧，渔歌晚唱，这是涵碧潭的又一绝景。

4. 响水河谷　小七孔风景名胜片区内的喀斯特暗河明流，河床为层层岩石叠积，全长1.6公里，落差110米，仅跌水瀑布达68级之多，通常又叫作“六十八级瀑布”。河谷水声隆隆，波浪滔滔，数里之外可闻水声，故有响水河之名。河谷两岸群峰耸峙，谷底河水奔流，四周古树参天，浓荫蔽日，绿色罩地。在高山深谷间，流水飞溅，涌泉飞腾，与伏流明河汇到一起，构成层层叠叠的大小瀑布、险滩、深潭。多级的瀑布群形成几段奇特的动态水景：下段河床低缓，层层跌水低瀑布，又绕平塘浅滩翻滚，如一壶壶琼浆倒入玉盘金杯，响水声如琴如瑟，好似节日盛典，奏乐燃鞭，铮铮悦耳。中段河水从乱石堆、钙化堆上跨越飞下，有如撒珠落玉，暴雨倾盆，又如铁马金戈，千军鏖战，波声震谷，响水河壮丽景观就在于此。上段河水从峡谷口往下层层泻落，形成二三十米的叠叠瀑布，仰观如银河落天际，侧赏如白练腾空，雨雾迷漫山谷，在阳光照射下呈现艳丽彩虹，蔚为奇观。上段河水的暗河伏流在密林中穿行，时隐时现，哗哗作响，不知是险滩激流还是瀑布飞奔，也说不清是森林中的流水，还是流水上的森林，天然如此奇观，岂能不使人醉迷入神。

5. 龟背山原始森林　响水河伏流出口洞就在龟背山脚下，上下龟背山，要涉一处跳蹬跨响水河。龟背山原始森林是典型的喀斯特森林奇观的缩影。森林茂密，古树参天的林里珍稀树种遍布，奇花异草，如龟背竹、虾背兰、棕竹、大血藤、白纹藤，交叉盘结丛生，还有苔藓争艳，一片碧绿。高大数人围的古乔木，竟是在严酷的悬崖峭壁和裸露的石灰岩上，或在崩塌的巨大孤石上生长出来的。还有各类树木藤萝叮咬青山繁茂生长，有的盘根错节，把发达的根系直插裂隙孔窍及微妙的石缝之中；有的大树根紧抓住一块孤立巨石挺拔生长，把巨石拱离地面几十厘米高；有的无缝可钻，把粗大的树根伸到几米远的岩坎下入石缝吸取营养，人们对此无法辨认它是杆还是根；有的顽强抗争，挤破山岩，达到石破天惊的地步；还有那枯树上寄生的蒲兰，光岩石上组成罗网的薜荔，攀附上升几米高的麒麟尾，无不显示出喀斯特森林植物顽强的生命力。在这里是不能从外貌来判定树木花草的老幼尊卑的。胸径仅几厘米小树木，已是五六十年的高龄，胸径三四十厘米的大树木，已阅历了几个世纪的沧桑。这满山的芸芸众生，乍看去貌不惊人，但它们中，有古遗的珍稀树种，有全国或全省的部分新种，有名贵的中草药材，珍奇的野生观赏植物，是一个独特植物宝库，具有珍贵的科研价值。喀斯特单一地质条件下的复杂生态环境，严酷生态环境中的顽强生存竞争，把多与少、优与劣奇妙地统一起来。这个孕育奇秀的喀斯特生态系统又像一本丰富而深刻的教科书、活标本、活材料。无怪乎人们赞誉它为“绿色的宝地”、世界上绝无仅有的奇特景观。

6. 水上森林　亦名瑶池，长约600米，分上下两段。河谷里丛生着茂密的乔木和灌木，形成一道翡翠屏障。这些树木当地群众称之为“合欢树”，学名叫“溪畔冬青”。清澈的河水从河床的杂木林中穿涌而下。年复一年、日复一日地冲刷，河床已没有了一粒泥沙，连磐石也被激流磨光了棱角而变得“圆滑”起来，但树木却像多情的汉子，死死扎根在河床妻子的怀抱里，纹丝不动，美丽的爱情之树四季常青，这种“水在石上淌，树在水中长”的奇景，人见人叹。水上森林中，石上盘根错节，枝间古藤缠绕。游人手攀拽藤、足踏盘根，沿河穿行，踩瀑践浪，有惊无险而趣味无穷。

生长在石头上的森林，已经令人惊叹不已，走过这片石上流水、水上有树的水上森林，我们该怎样去赞叹这大自然稀有的极致。这里的千百株树木，全部植根于水中顽石，又通过顽石深深扎根于河床中，水中有石，石上有树，树植水中。奔腾而来的水具有排山倒海的力量，它可以吞没和毁灭一切，但都无法动摇这里的每一棵树。这里水疾如风，浪急如火，人在水中站立不稳，树在水中纹丝不动。每一棵生命之树，也正是在这岩石与流水中，显示出生生不息、绵绵不绝的精神风采。

7. 翠谷　在响水河最上游的上几定村、下几定村，是一个封闭的峰丛洼地。群山苍翠欲滴，田野郁郁葱葱，翠谷因此得名。这里密集的峰丛耸入云天，山峰上原生性森林密布，山腰云雾缭绕，清新悦目。青峰下小桥、流水、人家，布依族人民保留着古朴淳厚的风俗。木板房、吊脚楼、土花布、银首饰、女织男耕、翻撬锄地，还有从高山上引水建起的小水电站。昼夜机声隆隆、明珠点点，给寂静的山村增添了繁华。森林、山村、电站互相协调，使游客倍感舒适。

8. 野猪林　又称野竹槽漏斗森林。是下几定东南群山中的大片喀斯特漏斗森林，从漏斗底部到天边山沿，有重重叠叠的丛林密布。漏斗底部有几百亩翠竹杂生在林木丛中。整个漏斗像一个绿色大漩涡，飘旋在林海之上。在漏斗森林西南的暗河出口，遇洪水暴发时，喷出的水柱可飞过十几米高的树梢，水消不及，很快把漏斗变成几十米深的山塘，还有部分水从东北面的山洞泻流入响水河，形成数十米高的山洪瀑布，水势凶猛，水雾漫山，水声雷动，异常壮观。在这片漏斗森林中，常有各种野兽出没，在漏斗底部的暗河、水塘里，还有娃娃鱼（大鲵，国家二类保护动物）和黄角鱼，山外村民常到这里打猎、捕鱼，只因有一次碰到一条人体粗的大蟒后，大家才不敢轻易进山。但是每遇旱灾之年，村寨里的人总要邀集一些强壮勇敢的人冒险到这里投石求雨，说只要把大石块投入喷水的暗河口，顷刻间便会乌云四起，风雨大作。

9. 拉雅瀑布　为小七孔四级电站的水渠溢水形成，水量较大，落差 30 米，坠入响水河，瀑布靠近路边，人车必须从瀑布旁边经过。由于视点低而近，给游人形成仰视观景，加大了高耸感，瀑布下落时又分三叠，水束腾空，细雾迷蒙，声如雷鸣，与响水河谷互为陪衬相得益彰。在瀑布前留影游客达十之八九。瀑宽 10 米，落差 30 米，逼近仰视，但见瀑首悬蓝天，旁缀白云，几疑天河自空而降。水量较大的时候，瀑势如山倒，吼声状雷，颇为壮观。瀑布腾空喷泻，横向坠落，同响水河纵向错落的 68 级跌水瀑布构成一幅绝妙的立体交叉瀑布群景观。瀑在路侧，人在瀑下，倍觉酣畅和亲切。瀑布溅喷的水雾飘飘洒洒，纷纷扬扬，给游客以扑面凉爽和美的享受，可一洗征尘的暑热和劳乏，顿觉轻松和振奋。

10. 鸳鸯湖　在卧龙村西南面，有两个水面相通的喀斯特盲谷湖，像镶嵌在喀斯特森林中的一双巨大光亮的碧玉。其中一个布依语称叫“王盘”，一个叫“王玛”，现称鸳鸯湖。也许确曾有鸳鸯栖息过，但是这个新的命名主要是其两湖并连相依。鸳鸯湖水面宽约 300 亩，水深处达 30 米，水色碧绿，明洁如镜。湖周围土岸、石岸相间，岸高处达七八米，低处仅一两米。也有几处坡岸长满灌木水草，一直浸入湖中。泛舟湖上，只见岸边古树参天，老干虬枝与攀附其上的藤萝、苔藓，一起低垂湖面。阳光透过林荫，树影波光交织，满湖滴翠、铺金，山风拂来，林啸声、水流声、鸟鸣声交错齐响，悦耳旷心，令人陶醉。最迷人的是湖西南区，几个岛屿之间，巷岔交织，水面纵横，迂回开合，宽窄交错；狭窄处如水上林荫巷道，宽阔处如水上森林天窗，交错处如盘里迷宫，野趣无穷，舟上回味久长，被人称为喀斯特森林的绝景。这宁静清幽的山湖景色，隔五六年也会遇上一次周期性的洪水滔天，被惊涛骇浪打破。这是因为湖下边的暗河入口受堵，泄水能力所限，山洪一时难消，而淹没整个山谷变成一片汪洋，可惜这种壮丽的景观也是难以看到一次，故被评为国家级景物景观。游人中有“不到鸳鸯湖等于没到小七孔”之说。

11．天钟洞、蝙蝠洞　天钟洞位于海拔859米的半山上。洞内有3层，总长约2000米。洞厅高大，前后相通，廊道迂回，空气新鲜流畅，钙化堆积物虽未十分发育，但形态生动，景色迷人。由石花、石树、石盘、石幔、石笋、石柱、石葡萄等组成的一幅幅溶洞景观，有的如宫殿楼阁，有的如虫鱼禽兽，有的如田园沃野、林、树、塔、屋，有的如深山飞瀑，有的如莽莽雪原，还有些小景物，如明镜高悬、天狗望月等更是栩栩如生。东部大厅中央一樽形如天钟的巨大钙化堆积物巍然屹立，犹似镇山护洞之宝，无须撞击，已给人声震寰宇的幻觉，成为天钟洞的象征。

洞内宽敞、平缓，老幼皆可行动自如，洞外石阶梯320级，游人可由此登山进入洞中，后洞直通鸳鸯湖畔，对游览起着调剂作用，是山、水、洞、林、湖融合一体成为这一绝景的组成部分。

蝙蝠洞与天钟洞相距100米。洞顶有硕大的钟乳倒悬，像只凌空飞翔的蝙蝠，故名。洞厅巨大钟乳石如柱、如塔、如花木禽兽，千姿百态，栩栩如生。洞中有暗河、阴湖、幽壑深邃，神秘莫测。洞深数公里，从贵州地进，可从广西界出。中间有钟乳巨石似雄鸡翘首，人称“鸡鸣黔桂”。

12．卧龙河　又名清溪，鸳鸯湖与卧龙潭之间一段暗河明流，因常发洪水显威，故名卧龙河。其左岸一群高峰耸矗，右岸一坝良田沃土，夹岸的古树浓荫蔽日，几乎将这段明流又重变为绿荫“暗河”。远处望去只能看见弯弯曲曲的林带，无法看见河流的真面目，只有沿溪划船，穿过那一道道绿荫深邃，一处处的澄塘、苇荡、陡岸、深潭、湍流、险滩和密林峡谷，一直穷尽水源，才能领其全貌意境。在澄塘、苇荡、溪水碧绿平静的地方，水鸟三五群集，点水雀吱吱叫唤，一派轻松欢乐，一切似乎都静悄悄，只有落叶花瓣的漂流，始觉溪的流动。在溪边陡岸，怪石排列，如象、如牛、如兽、如禽、如鬼怪妖魔各霸一程，使人毛骨悚然。深潭、水坝，鸟兽难越，人迹罕至。枯藤老树在水上交错纵横拦阻，行船到此，也只得攀藤牵枝抚树前行。在湍流险滩边，残存许多古代水车的遗迹，不得不令人回忆到古农田水利的雅风。滩为其残存水坝乱石堆造成，浪花飞溅，流水激船，不折篙摧桨，休想前行一尺。逆流而上，依旧密林峡谷岩阻林封藤拦，山重水复，只觉处处艰难，道道迷津，不知何处是尽头。船行河上，心情舒畅，景美物奇，诗情画意尽人品赏。“林尽水源”时，“天台别有路，桃洞尚存源”的诗意涌上心头。卧龙河畔布依村风情和卧龙河的卧龙桥，陪衬着溪流佳景更显得多彩迷人。

13．卧龙潭　原名翁龙潭，喀斯特暗河——卧龙河的出露口。从地表看它只是卧龙河的源头，近年又从这里筑坝引水发电后入响水河，成两河的总水源。暗河从崖底下涌出，潭面上不见踪影，只有坝上泄流的渠水形成雪崩似的滚水瀑布，才感到卧龙河在潭底翻动，潭边怪石奇树林立，古木森森，潭外水声轰鸣，雾雨蒙蒙，四周高山紧锁，水潭犹如地底深渊，即便不相信龙的存在，也感到有龙的象征和龙潭虎穴般的意境。每遇山洪暴发，涛涌浪奔，真有蛟龙显威之势，顷刻之间，十里田园被淹，千亩山林受没，一片汪洋大海，浩瀚惊人。

（二）大七孔景区

因其入口处有一座大于小七孔古桥的大七孔古桥而得名。距县城22公里，距小七孔景区3公里。景区以喀斯特原始森林、峡谷、伏流地下河湖为特色的风景区，景观峻险神奇，气势雄峻磅礴，风韵独特，别具一格，极富惊险性、神秘性、奇特性。景点有大七孔桥、山神峡、天生桥、水神河、地峨峡、地峨宫、清水塘、万蛇塘、二层湖、笑天河、龙头山、喀斯特森林、地峨宫大洞口等。

1. 大七孔桥　又名双溪桥。在王蒙乡孟塘村附近的打命河（又名孟塘河）上，有大型石桥1座，7孔，高7米，宽4.5米，长35米，横跨东西而得名“大七孔桥”。修建于清道光二十七年（1847年），落成于道光三十年（1850），为阖邑绅民捐建，称“万善桥”，后因桥被洪水冲毁一孔，交通中断。清光绪三年（1877年），重修复改名双溪桥，是中华人民共和国成立前荔波县境内第一大石拱桥，通往广西南丹县的重要桥梁。现今通向小七孔公路经过桥上，是旅游区的重要桥梁和景物之一，桥畔有“双溪桥序”石碑。

2. 山神峡　打命河两岸悬崖峭壁，形成天然峡谷，逆打命河前行1公里，左岸有座宽、高100多米峭崖直冲云霄，堆堆钟乳放异，丛丛翠林闪彩，像斑斓的彩画贴在绝壁之上，它的中央由下斜着向上排列成“一”字形的3个洞穴，深邃黝黑。其中最大的一个岩洞口，也是最高的一个洞口，从岩石缝中长出一排青翠欲滴的绿树。这里河谷深邃、岚气缭绕、危岩层叠、峭壁矗立、视线窄狭，仰望天空一线，前后远望穷目。

3. 天生桥　方村河伏流出不远，有一横跨河两岸的天然巨岩，是喀斯特地貌奇观之一，俗称天生桥，又谓仙人桥。高60米，厚10米，桥孔宽20多米，河水流过桥后，还形成2米多高的宽大瀑布。仰观桥孔下，只见巨型钟乳悬挂，桥脚、桥侧的裂隙石缝长出绿色草丛灌木，藤萝花卉缠裹桥身，真是满目琳琅、五颜六色的自然大彩桥。桥下瀑前水激浪涌，小船不能靠近，必须停船，把船扛在肩上攀登危岩，越过瀑布，又才放船逆流行舟在暗河峡谷之中。此景惊险，别具一番风险乐趣。有诗赞道：“蛟龙腾云下人间，心随白浪舞翩翩。五岳苏杭不堪恋，天生桥下做神仙。”

4. 水神河　为喀斯特地下河的一处大天窗。从河面上仰望天空，天似圆盘，真是“井下观天，天小也”。而两岸峡谷笔直耸立，阴森森令人不寒而栗。传说很久以前有个布依族青年渔郎，在一个细雨绵绵、雾霭蒙蒙的初夏，来到这段河里捕鱼，遇见一个漆黑溜光的水怪物，在河中蠕动前行，吓得他拜跪求神保佑，怪物方缓缓游去，过后无影无踪。从此谁去捕鱼都必须烧香敬神始捕到鱼，否则必空手而归。水神的传说不胫而走，水神河因而得名。

5. 地峨峡　这是方村河进入暗河道前的一段明流，是一处宽不过50米，高100多米的深幽河谷。两岸悬崖峭壁上生长各种奇树异草，涨水期河流汹涌澎湃，枯水时节，潺潺细流。人沿峡谷行，惊险又安全，因为峭壁上可进入暗河的小径旁有密密的小树挡着，行人不怕会掉下河去，步入此景情趣无穷。

6. 地峨宫　驾欧乡板潭村干引（布依语干即洞）内的地下龙宫和地下大湖。宫中神秘莫测，上有天窗，仰望如太阳当午，侧有裂隙通外，观之如一弯残月，数颗晨星。湖中有沙滩，沙滩上有根大树干直立，如定海神针。湖边暗河出水处形成高20米的大瀑布。

7. 顶天杉　在地峨宫喀斯特地表高山顶上，生长着一棵珍稀的三尖杉大树，苍劲古雅，巍然挺立，直插云霄，顶天立地，杰出挺拔。远望有擎天气派，于喀斯特森林中如鹤立鸡群，气势非凡。树高20米，冠幅20米，胸围3.5米，胸径1.2米，树皮粗厚成鳞，宛如巨虬，枝杆婆娑，如大盖伞，树脂芬芳。最奇妙处，为独其能生长在极其严酷的喀斯特山的顶峰且如此粗壮。

8. 清水塘　驾欧乡板潭村对面河有20亩水面的山塘，俗称清水塘。塘坎用块石砌成，约高3米。塘中央有地下深洞，直径2米多，清泉从洞中向上喷涌，终年不涸，清澈不浑，涨涸变化不大，最大为1.5立方米/秒，最小是0.5立方米/秒。村民在塘中增设凉亭一处，架桥直通亭阁，游人可从桥上至凉亭览胜。塘水现利用来碾米、灌田、发电。古时村民是从今喷水洞口往下20米深处，用2米多长的竹竿吊桶取阴河水饮用。清光绪年间（1875—1908年），有人发现阴河外流之洞口不大，就用几口铁锅重叠堵住出水洞，水即受阻向上升起从人进出之洞口喷出，村民甚喜，随即筑坝拦水，饮用其水，还用以碾米、灌田。现在塘中央喷水洞口仍隐约可见石梯阶往喷水洞口下去的遗迹。清水塘为喀斯特地貌形成的奇特上升大泉（龙洞水）。其水源在朝阳镇的山江村，水入洞后，复经砂石滤清，再由清水塘喷出，因此，四季水清不浑，就是大雨水涨时节，各江河塘库水均浑浊，唯此处之水清澈如故，清水塘因而得名。因道路崎岖，交通不便，游人不多。

9. 万蛇塘　驾欧乡新街村拉布龙寨边有口水塘，俗称万蛇塘，塘水终年不涸，每遇夏旱时，出现成千上万的水蛇汇聚于此塘中。当人们走近塘边，人影在水中倒映，水蛇即钻进塘边石隙或塘内巨石下藏身，不时伸出头来探察外边的动静，稍注意数数，就见每块石头下伸出数十条蛇头。但村人依然到水塘里汲水饮用，人不伤蛇，蛇也不伤人。这奇特景观形成的原因是，拉布龙寨位于六林、新街季节河的下游，这条河内夏日水蛇甚多，水蛇不能离水，当旱年河水枯竭时，散居数十里河中的水蛇汇聚于此塘中，真是名不虚传的万蛇塘。此景只能在夏旱之年出现，别时则无，实属难遇的奇景。

10. 二层湖　在笑天河上游，比笑天河高30多米，又比其上游的方村河低100多米。是方村河伏流后又出现的一个明湖，有1平方公里面积，是喀斯特峰谷中的一个湖泊。湖四周覆盖着密密的原始森林，湖水清澈透底，湖边有许多树生在湖水中，又是一水中森林奇景。

11. 笑天河　是方村河伏流后出现的一段明流，落差48米，河中银浪滔滔，涛声隆隆，震撼山谷，有如笑天，故名。水出自王蒙乡聋顶村高山岩溶地带的乱堆石中，奔流500多米后再伏流至天生桥露出。这段河床陡、流急，从高处鸟瞰，是极富有原始野趣的山村水态。

12. 龙头山　是俯瞰地峨宫片区景物的观赏点。从这里极目远眺，只见连绵起伏的山峦排山倒海般涌向天际，它们矫健的躯体上都披挂着喀斯特原始森林，使眼前望不到尽头的空间里舒展着浩瀚无垠的绿色海洋。在这里极目舒天，尽情尽兴地饱览层峦叠翠、烟云缭绕、气韵生动的壮观景致。

13. 喀斯特森林 景区是一片喀斯特森林，植被完好，森林滞留泉水叮咚。森林中的岩洞尤其显得活跃。洞顶滴水如连珠，洞里有如千百只水晶玉盘，水流涓涓，凉意沁心。常有猕猴等野生动物到此饮水。游人到此，一饮此水，有如琼浆玉液，精神为之大振。

14. 地峨宫大洞口 这是方村河（淇江）流经地峨峡进入地峨宫暗河的落水洞口，外面看去是一个高100多米的大洞口，从洞侧小路进入洞内可以看到洞内景物，有水洞、有旱洞，进洞口处如大蘑菇似的堆积物一层叠，河水一入洞穴就有一个落水洞，大部分河水翻腾而去，少部分水流又从洞底进入，形成层层暗河，天然的千姿百态景物，令人惊叹不绝。

（三）水春河景区

距县城13公里。景区以奇险奇峻为特色，长13公里，奇峰绝壁夹急流，构成“十三道浪七重滩”的奇险景观，是风景区最长、最大的峡谷。已开发的漂流项目被称为“黔桂第一漂”。“十三道浪”是13道飞湍浪卷的急流险滩，江水滚滚流淌，咆哮而下，喧闹、惊险、刺激，漂流赏景，有惊无险，让人尽尝探险取胜之乐趣。景区两岸绝壁夹峙，怪石突兀，岩壁上天然形成的奔马和绿毛龟，像凝固的浮雕。乘一叶轻舟泛流而下，但觉云在水底飘，船在山上行，人在画中游。自然景点有水春河峡谷、玉泉滩、龙王洞、万鸟洞、螺蛳山、玉屏山等23个。

1. 玉泉滩 在水春河中段，滩边巨石裂隙涌泉似玉带，故名。泉水清凉甘冽，饮之回味无穷。滩水湍急，落差甚大，激流冲浪荡舟更富于刺激性。舟过长滩进入白岩下，水平如镜，水深碧绿，河中有巨石桌一处，石上有九凹俗称九大碗，相传为龙王宴席处，自然风景和美丽的传说交融，别有一番情趣。

2. 龙王洞 白岩脚下有洞称龙王洞，洞前樟江水深，人不能涉，非舟船不能入，两边悬崖非猿类不能行，自古为人迹罕至之境。每逢乱世，城乡居民常避乱于此。清咸同乱世和民国33年（1944年）12月3日日本侵略者进犯，人们多在龙王洞一带躲避。前人有诗道：“凿空盘古来开天，龙洞临江台住仙。一叶扁舟辞热客，十分清气落冷肩。人惊赤帝行秋令，我与青山认旧缘。弹指避秦人散尽，茫茫谁与话桑田。”

3. 万鸟洞 水春布依族寨上游7公里处的河段两岸，绝壁峭岩夹峙，绿树葱茏。在名为虎刀壁的陡岩上，有个巨大的岩洞，洞里穴居成千上万只山燕子。每当阳光初照、旭日东升时，山燕子成群结队飞出洞觅食，往来不绝于洞中，像蜜蜂般有蔽日遮天之势，响声震谷，鸣声悦耳，蔚为壮观。

4. 螺蛳山 位于县城西1公里，形似田螺。山上稀疏林木中有一排排古墓。其中有明土司蒙教露之坟。山势宏伟壮观。山左侧流水清清，常年不涸。山右侧为烂田湾，土肥地沃，山前为黄泥坡，平地起伏，波浪翻滚，实称得上山川秀丽，林茂粮丰的好地方。

5. 玉屏山 拔地而起200米，屹立于荔波县城北，右侧营盘坡，左侧将军山，后靠石龙岩，前环诸黄土小坡，形状端庄，松杉成林，异草丛生，山色秀丽。山临县城，为县城之天然屏障，故称玉屏，玉屏镇因此得名。清乾隆初年（约1738），山被雨水冲刷崩裂两处。至道光二十五年（1845年），全县捐资，以土填平。每年农历五月初五（端午佳节）

承沿布依族习俗，倾城男女青少年，身着白色衬衫，手提粽子，三五成群攀登玉屏山，或游戏，或竞赛，骑马，远远望去遍山皆人。从玉屏山巅俯瞰县城如玉盘盛景，樟江如玉带环腰，大桥如飞龙跨渡，幕幕景色，使人目不暇接。

（四）樟江田园风光带

以樟江河流域两岸的田园、名胜古迹、人文景观为主要特征，风光带全长 30 公里，两岸由近及远，农田村落、低丘远山交相辉映，风光秀丽，有主要自然景点 3 个。

三、都匀斗篷山——剑江国家重点风景名胜区

都匀斗篷山——剑江风景名胜区位于自治州首府都匀市，属长江和珠江流域分水岭地带，系长江水系沅江上游清水江、珠江水系红水河支流曹渡河和都柳江支流马场河的发源地。景区由斗篷山景区、螺丝壳景区、剑江景区、都柳江景区和凤啭河景区五个部分组成，总面积 128.7 平方公里，包括高山湿地、高山草场、峡谷、飞瀑、河流，神奇的岩溶地貌、繁多的生物种群、深厚的历史文化积淀、浓郁的民族风情和城市风光自然交融，各具特色，共同构成了以斗篷山为龙头，以剑江河为纽带的都匀斗篷山——剑江风景名胜区个性特征突出的风景资源，是一个集旅游、科考、科普教育、亲历自然、挑战极限、休闲度假的胜地，也是构成中国优秀旅游城市的核心景区。1995 年 3 月，省政府公布为第三批省级风景名胜区。2004 年 1 月被国务院批准为国家重点风景名胜区。2008 年评为国家 AAA 级旅游区。

（一）斗篷山景区

位于都匀、贵定、麻江三县（市）交界处，距都匀市城区西北 22 公里，是全国距离城市中心最近的大面积原生态次森林风景区和剑江主要源头清塘河的发源地，总面积 80 平方公里。斗篷山主峰海拔高 1961 米，拔地通天，众山拱卫雄踞于苗岭之中。因其海拔在黔南境内最高，因而被誉为黔南第一山。斗篷山是个储藏地下水的盆地，源源不断地调节地表河流，使之常流不竭。山雄、谷幽、林美、水秀，良好的生态环境，形成了一座巨大的野生物基因库。

斗篷山主峰状如鸟首，昂然天外，酷似搏击长空的雄鹰。1600 米以上的山体，多数时间浮云缭绕，超出山缘二三百米，恰似老翁戴斗笠一般，从而以“斗篷直出浮云间”而得“斗篷山”之盛名。斗篷山的西面是海拔约 1700 米的罗汉山，东面由尖山和绕冲坡两山拱卫，构成了登上斗篷山主峰通道的大门。

斗篷山是东西向延伸的宽缓向斜的地质结构，地貌为向斜盆地性质的台状山地。蜿蜒的山脊排列着扁担山、旗头坡等海拔 1700 米以上的台状山峰 9 座。山峰四周陡崖峭壁，层层悬垂，靠贵定铁锁岩方向的陡岩高达 600 米～700 米“危岩摇摇欲坠，险象丛生，山峰石柱凌空，造型奇异”的景象，勾画了雄奇险峻的大山神韵。

斗篷山中心地区是一个封闭完好的高位盆地，呈东西向，椭圆形，面积约 40 平方公里。这里有数万亩连绵茂密的天然阔叶林，是科学考察和旅游观光难得的好地方。攀登斗篷山顶，无论是进古林、穿竹海、看天池、赏杜鹃，还是登上峰顶眺望四方，游人无不

叫绝。

斗篷山的动植物资源十分丰富，共有各种动植物5000余种，犹如一座天然的野生动植物标本库。有种子植物124科，其中木本植物75种，国家重点保护的一、二类树种12个，毛环方竹为世界仅中国贵州都匀特有的植物，还有世界同纬度面积最大的小红栲群落分布。国家一级重点保护植物有钟萼木、银杏、珙桐、红豆杉、南方红豆杉等，国家二级重点保护植物有三尖杉、马尾树、鹅掌楸、红花木莲等。已查明鸟类140种，兽类39种，其中国家重点保护的云豹、藏酋猴、穿山甲、黑熊、林麝、苏门羚；鸟类有红腹锦鸡、蓝翡翠、白鹭以及猴面鹰等一、二类动物16种。鱼类、两栖类、爬行类及昆虫类亦十分丰富。由于极少遭受外界破坏，斗篷山至今依然保持原始的自然风光和生态环境，是生物科研、高原探险和生态旅游的绝佳选择。

按照景物景观和美学价值，斗篷山景区划分为斗篷山主峰风光、胡广河峡谷风光、马腰河峡谷风光和谷江风光。主要景点有：天池、斗篷山日出、幽谷壶口、老鹰崖、彩虹飞瀑、犀牛瀑布、迭水瀑布群、九门迷宫、小红烤森林群落、竹海涌涛、毛环方竹、南方红豆杉、百合花杜鹃等。斗篷山景区风景资源的观赏价值、旅游价值、科研价值极高，为都匀斗篷山——剑江风景名胜区最为瑰丽的组成部分，2007年12月19日被国家旅游局授予AAA级景区。

（二）螺丝壳景区

位于都匀市西部，距市中心区15公里，由大小河流31条，10余座大型峰峦组成，平均海拔1400米以上，最高峰达1738米，是斗篷山的姊妹山，山顶尚存古堡遗址，据传为贞观三年（629年）唐王朝所置邦州治所。

螺丝壳山体雄伟，林木繁茂，植被覆盖率近100%，山顶台地平坦宽阔，有山巅草地45000余亩，原始森林、原始次生林及竹林15000余亩。其中，山巅草地莽莽苍苍，一望无际。草叶高近2米，草场幽深茂密，在喀斯特山区极为罕见。山上有香果树、鹅掌楸、杜仲、天麻、黄连等珍稀植物，以及林麝、大鲵、红腹锦鸡、穿山甲、小灵猫等珍稀动物。

螺丝壳分布苗岭山区切割最深的峡谷和黔南落差最大的瀑布，其中天落水瀑布高100余米，瀑底河谷蜿蜒一线，林木苍郁；滚猪岩及杨家冲峡谷深近300米，崖壁如刀劈斧削，为市境内切割最深的峡谷，两岸峭壁挺拔，危岩高耸，苍天一线。谷底溪流跌宕，形成无数深潭和瀑布。此外尚有金钟扑地、龙爬崖、四方滩瀑布等喀斯特奇观。

螺丝壳因地势高旷，气候变幻无常，自然景观极为壮丽。晴天丽日时会突然变成漫天浓雾，高峻的峰巅，也会在刹那间变为漂浮的岛屿。螺丝壳山下有景色秀美的高寨水库、绿茵湖水库、茶园及古朴的民族村寨，是集高山、峡谷、森林、草场、茶园为一体的喀斯特高原风景区。主要景点有：九天落水、万丈崖、高山草原、云海波涛等。

1. *九天落水* 位于螺丝壳海拔1600米南侧峡谷，在密林掩蔽中，蜿蜒穿过，从台地边缘的绝壁下跌落深谷，形成“疑是银河落九天”的瀑布景观。瀑布下是一条长约3公里的纵深峡谷，两岸壁立耸峙，山麓森林密布，谷底深不可测，伫立谷底，翘首仰望，一道银瀑从“一线天”中飞泻而下，奔流跌宕，水花飞溅，水声淙淙，在阳光折射下五彩缤纷，蔚为壮观。

2. 万丈崖　螺丝壳北岭山势险峻，绵延10余里，沿盘山公路蜿蜒上行至海拔约1400米处，在公路右侧有一道危崖绝壁似刀削斧劈，巍峨矗立，遮挡半边天，崖高数百米，崖顶突兀，由崖顶俯瞰，令人眼昏目眩。万丈崖西面的滚猪崖深300米，坡度约70度，相传曾有猎人追逐一野猪至此，野猪失足跌落谷底粉身碎骨而得名。

3. 高山草原　螺丝壳峰巅天然草场成片分布，宽阔无限的茫茫草原被几条深陷的峡谷分割成几大板块，总面积近5万余亩，可领略“天苍苍，野茫茫”的塞外风光。在平缓的丘陵地带上，草丛茂盛，清风吹拂，如浪涛起伏，绿波如绸，草地中涵养丰富的水分，溪流纵横，峡谷岩壁中常年流水潺潺，泉水叮咚。草地中还有部分草甸土和湿地，水草丰腴，土质松软，草地上生长着上百种植物，多种野生动物以此为家，在岩溶地貌山区，有如此宽阔的草场甚为少见。

4. 云海波涛　螺丝壳主峰海拔高度1738米，秀耸出群峰之峦，螺丝壳地势辽阔，山岭连绵，沟壑众多，因而气候瞬息万变，阴晴难测，登临主峰，云涛滚滚，绵延百余里，山雨来前，风起云涌，云烟浩荡，晴雨相交之际，浮云翻滚，忽聚忽散，雨过天晴，拨云见天，千峰峥嵘，万岭莽苍。云海层层叠叠，千姿百态，浩瀚苍茫，几座高峰，初露端倪，恍若海市蜃楼。

（三）剑江景区

由自然景观和人文景观结合而成，包括都匀东山、蟒山、七星山、莲花山，宛如莲瓣层层环抱。景区风光以蜿蜒曲折流过都匀市区“九溪归一”的剑江河为主干线展开组成多处景点，主要有：剑江河风光、都匀东山、西山公园、文峰公园（文峰塔）、石板古街、百子桥、蟒山、尧林溶洞、斜桥等。

1. 剑江河风光　剑江河流经市区里程达181公里，为贵州省内流经市区里程最长河流。剑江河为清水江源头，江面平均宽度100米，落差仅为4米，江水碧波粼粼，波光涟滟，支流纵横交错，将整座城市分割为若干板块，宛如各具形态的翡翠星罗棋布，分而有合、合而有分，形成匀城多桥的城市特点。

2. 东山公园　位于东山之上，占地4500亩，东山紧靠城郭矗立城东，海拔960米，有888级石阶通至山巅。山上有古树百余株，1991年后新植日本樱花、白玉兰、八月桂、红豆杉、各色杜鹃等花木2万余株，森林覆盖率达90%，游览道旁四季皆有花卉开放。《都匀县志稿》称：“东山巍峨矗立，气象端严，剑河前绕，诸山罗列，为府治镇山。”东山之巅有奎星阁，系都匀市区最高建筑，原为城郭东门，始建于明洪武二十七年（1394年）。清嘉庆五年（1800年）改为钟鼓楼，名为“奎星阁”。奎星阁为三层八角形琉璃楼亭，气势雄俊飘逸，阁内置铜铸巨钟大鼓，钟声浑厚悠扬能传数十里远，奎星阁南北两侧原有古城垣，现尚存遗迹。每当清晨日出，自城中望去，山巅流光溢彩，楼阁若隐若现，仿佛琼楼仙阁，瑰丽无比。晨钟荡响，洪亮悠扬，飘越城区上空，声震数十里。明清时期称“东山晓日”，又称“东山晓钟”，为“都匀八景”之冠。东山上有张翀摩崖等多处景点。在半山亭石壁，有明嘉靖进士、刑部主事张翀谪戍都匀时手书的“仁智之情，动静之理，栖此盘谷，饮此泉水”28 字草书石刻。1984 年东山辟为公园，为都匀名胜。

3. 西山公园　位于剑江河畔西面，始建于 1958 年，占地近 750 亩，其中动物园占地 30.12 亩，是一个以自然景观为主的游览区。园内七座突兀耸立、嶙峋多彩的石峰群，构成了公园的主景。岩峰最高 30 余米，山石嶙峋，奇异多姿。岩石峰上和岩隙中生长各类树木及藤本植物，树木葱茏，藤萝密挂，树根裸露盘曲，盘根错节，或环抱山石，或穿插于石缝间，如虬龙怪蟒令人叹为观止。园内峰壑竞秀，错落有致，树木繁茂，曲径通幽，楼台亭阁依山而建，独立成景，是我国少数位于城市中心非常奇特罕见的城区喀斯特园林，也是全国唯一位于城市中心的喀斯特岩溶地质地貌公园。因其小巧玲珑，因此被称为袖珍喀斯特公园，又被称作石头上的公园。公园由松石亭、望江亭、晨曦亭、半山亭、革命烈士纪念碑、后山九龙寺等景点，以及动物园组成。登临半山亭远眺，城市风光尽收眼底。2007 年被国家旅游局评为 AAA 级旅游景区。

4. 文峰公园（文峰塔）　位于都匀市城南龙潭西岸，剑江三面环绕，以清代石塔文峰塔为主体设计布置而成，是一座开放式休闲公园，为都匀市民休闲娱乐健身场所。

文峰塔原名文笔塔，始建于明代万历年间（1573—1620 年），为都匀总兵修建，系五层木塔。当时认为都匀东、西、北三面皆有山峰，唯独正南面缺少一峰，造成水口散漫，故在此建塔，作为水口关键，并以南应文明之相。木塔年久倾毁，仅存塔基，清道光十九年（1839 年），都匀人士、甘肃按察使陶廷杰、于任上致书于家，捐银一千两作建塔资金。都匀知府陈西桥、知县钟海门又集士绅募银二千两，于原塔基上修建石塔，并改名文峰塔。塔坐南朝北，呈六边形，为七级密檐式实心石塔。塔底直径 9.5 米，塔高 33 米，塔顶冠一钢质塔刹，各层密檐外伸翘起，中部六面中心有浮雕纹饰，象征吉祥。塔基为青石构筑平台，四周精雕石栏。塔东面并立三方石碑，为陶廷杰记《重修文峰塔》、孙嗣奎《补修文峰塔记》。塔东龙潭深不可测，每逢春夏水涨，潭水涌激，雪浪翻腾，又有石塔临波照影。明清时期称为“龙潭春涨”，又称“雁塔涵潭”，为都匀八景之一。文峰塔是贵州唯一加载《中国古塔》图册的石塔。1985 年被列为贵州省省级文物保护单位。

1999 年，州、市两级共建，在塔周边征地 85 亩，以塔为主题修建文峰公园。文峰园采用中国传统造园手法，以文峰塔为主景，分为若干景区，各景区即独立成景，总体又和谐交融。文峰园有西面和北面两个入口，为开放式公园。北面有文峰桥与市区相连。文峰桥于 2008 年 8 月改建为独具民族特色的风雨桥，该桥全长 110 米，宽 4 米，整座建筑用杉木建造，不用一钉一铆，桥上均雕刻着独具地方特色的图案和文字。西面入口处有一巨石，重约 50 吨，运自都匀西面常年云雾缭绕的螺丝壳山，名为“云石”。石壁上“文峰园”三字为前全国人大常委会副委员长田纪云所题，字体遒劲饱满。园中建有古朴雅致的长寿亭、民族特色浓郁的祥和门、仿古罗马风格的立柱露天歌舞广场、卡通式鸽苑。绕塔四周以砖石铺成平坦广场，绿色长廊与清乾隆五十一年（1786 年）修建的百子桥相连，园内碧草如茵，鲜花吐艳，树木造型优雅，绿化率达 85% 以上。

5. 石板街古建筑群　位于市区广惠中段斜坡上，始建于明洪武年间（1368—1398 年）。民国时期拆古城墙石料铺砌路面，现存路段在文明路与民族路之间，由南向北依山升高约25度，平面呈S形，长200米，宽10米，路面由10001块青石铺砌而成。街两头各配一对石狮，街口及半坡建有古式门楼88间，街道两旁房屋皆以古典风格建造，青瓦红墙，雕花门窗，整条街红楼鳞次栉比，古朴雅致。石板街北侧坡上原为古城城门，石板街路段是明清时期通往广西方向的必经之驿道。公元1638年，徐霞客到都匀游览，即从此路段入城。

石板街上经常举行布依族婚礼、芦笙铜鼓表演及对歌等民族民俗活动。随着旅游产业的发展，石板街已由政府规划建成旅游购物步行一条街。20世纪90年代初，石板街经维修改建，房屋随着街道蜿蜒上升，整条街古朴典雅，成为别具特色的仿古建筑群。

6. 百子桥　位于市区剑江中段，桥长140米，宽8米，始建于清乾隆五十一年（1786年），于清乾隆五十六年（1791年）冬季落成，历时五年，由邑人唐文升独立修建。时都匀知府孙廷相为桥落成题“功半洛阳”匾额以赠，至民国初年贵州省省长任可澄至匀题“唐家桥”三字刻于桥头。百子之名，典出《诗经》中的《大雅·思齐》：“大姒嗣徽音则百斯男”，取其子孙兴盛，永继祖业之意。百子桥曾经是黔桂两省之间的交通要道，在建桥后的一百多年间，百子桥屡遭兵火与洪水的侵扰。1944年侵华日军进逼都匀，百子桥曾被炸毁两孔。直到建桥两个世纪之后的1986年，都匀市对百子桥进行了大规模的维修，并改建为游览风景桥。桥上有两层古典楼厅，桥的两端各立石狮一对，各建有六角琉璃亭一座。亭内绘有龙、凤、八仙等精美图案，古今建筑融为一体。整座桥鲜艳夺目，雄浑古朴而又精美典雅，为都匀众桥之冠。1999年被列为贵州省省级文物保护单位。

7. 蟒山　位于市中心以西2公里，亦称龙山。蟒山山势雄奇，一脉巅高云端，为都匀城区之冠。龙山集雨面积大，雨后沿沟壑如银练飞泻，形成千姿百态的天然瀑布。常有浮云盘绕山巅，故有西峰缕云之称。龙山山麓有千年古银杏树一株，树干胸径2米，枝密叶茂、郁郁葱葱，虽经千年沧桑至今仍生机盎然。

8. 尧林溶洞　位于城南部小围寨镇尧林村境内，距市中心约5公里。小围寨镇尧林村青山如螺，溪流环绕，尧林溶洞就隐藏于村西北两山夹峙的峡谷中。溶洞有三个洞口，长约2公里，其中可供游览洞段约1600米，共有大小洞厅33个，洞景100余处，较大景观有龙洞、群龙抢宝、尧林洞天、宝盖花厅、珠宝楼、千佛殿及海底龙宫。其中龙洞洞顶有一条40余米长的龙脊，脊骨、鳞片清晰可见。千佛殿内一匹石幔从高处垂下，仿佛银河天落，洞壁钟乳石层层叠叠、千姿百态，酷似西天诸佛。珠宝楼内溶岩为乳黄色次生方解石，各种钟乳石如串串珍珠、金瓜倒挂、满楼珠玉，熠熠生辉。海底龙宫中一道银瀑自天而降，注入洞中，洞中暗河水面约2000平方公里，可供游人泛舟。洞内钟乳石栩栩如生，琳琅满目，令人目不暇接；而洞中曲折的廊道，陡峭的天梯、天桥，以及只闻其声，不见其形的暗河，又给人以幽深奇险、扑朔迷离之感。尧林溶洞离市区近在咫尺，溶洞景观独特奇巧，在喀斯特溶洞中别具一格。

9. 斜桥　位于百子桥上游，长144米，宽14米，三孔净跨40米，与江流夹角45度，是全国大中型桥梁中斜度最大的框架拱桥，曾获1981年贵州省优秀设计奖。

（四）都柳江景区

剑江下游景区距市区约30公里，为都匀市水族、苗族聚居区、主要自然景观有珍珠泉、梭水岩瀑布、阳和峡谷（归兰山景区）、龙浪瀑布、镇瀑宝塔、落水崖瀑布等。

1. 珍珠泉　位于市东10公里洛邦镇翁桃村，为长约30米，宽约15米的天然泉池，四周山峦葱绿，景色清幽，泉池水碧如玉，藻藓交错，串串水珠，由水底不断升起，宛如晶莹剔透的珍珠，争相簇拥而上，因而得名。

2. 梭水岩瀑布　位于都匀市东部，距市中心40公里，阳和峡谷上游。瀑面呈梯形，上宽约15米，下宽约30米。主瀑流宽约40米。瀑流分数股沿断层绝壁呈40～50度斜坡倾泻而下，形成近70米高白色长练，直泻潭中。枯水时节，流水潺潺，仿佛琴弦之声；洪水时节，滔滔洪流，翻滚奔泻而至，水雾濛濛，声若惊雷，实为壮观。两岸如斧劈刀削，临观仰望，绝壁森森，苍天一线。开洞处约300米，两岸重峦叠嶂，为罕见的峡谷奇观。

3. 阳和峡谷（归兰山景区）　位于都匀市东南部，阳和水族乡境内，距离市区44公里。归兰山景区深受广大徒步旅游者喜爱，2009年在中国国家地理“寻找中国十大非著名山峰”活动中入选为“贵州十大非著名山峰”。境内清溪横流，瀑群各异，奇峰怪石林立，山上坡缓草密、山谷清幽、溪水清澈宛若世外桃源。归兰山分为东、西两个片区。东片区有阳河大佛（又称鼻子岩）、背子岩、冲天柱、千丈归兰瀑布、仙人浴盆、醉翁下马、登洞瀑布等景观组成。站在观佛亭远观鼻子岩，仿若释迦牟尼正在传道授业，鼻子岩为佛头，整座山为佛身，夕阳下，一轮红日刚好在佛头上形成光晕，惟妙惟肖，让人忍不住虔诚顶礼膜拜，更是吸引周边县（市）村民在农历四月初八佛祖生日当天，带上三牲六畜前往祭拜。西片区由磻硐鹰嘴岩、一线天猪槽滩、将军请缨、将军坐帐、天生桥、张三丰时堕石、玉皇轿、万丈石坪等景观组成。在境内共有瀑布7条，其中千丈瀑布山水汇集、一线潜力，百米外震耳欲聋，瀑布下水花四溅，阳光夕照彩虹耀眼迷人，使人流连忘返。

4. 龙浪瀑布　位于阳和水族乡的阳和峡谷景区和乌卡峡谷中段。“龙浪”是水族语言的音译，意为雄奇险峻。沿乌卡峡谷前行约1公里，峡谷空间骤然缩小，形成直径约80米的圆筒形状峡谷，左右两壁危岩耸立，瀑布从筒壁上陡然奔泻而下，高约50米，巨大水流分三级跌落、水花四溢。一削岩悬于瀑布前右侧，像一扇巨大未开启的石门，掩隐着雄奇险峻的瀑布“有抱琵琶半遮面”的意境，伫立于石门前仰望蓝天，透过晶莹剔透的水花，迷迷濛濛，如神如仙。

5. 镇瀑宝塔　位于龙浪瀑布前约80米直径的圆桶形状峡谷中，一尊巨石突兀而起，高约20米，胸径近8米，笔直挺拔，如同用片状块石堆砌而成的石塔，层次分明，犹如俨然镇守龙浪瀑布的宝塔。

6. 落水崖瀑布　龙浪瀑布上游峡谷开阔，水流平缓，峡谷两岸鸟语花香，生意盎然，万绿之中，一道白练飞舞而下直捣绿潭，落水崖瀑布宽约7米，高约15米，瀑布分三级跌落，独具特色。

（五）凤啭河景区

凤啭河是凤席河流经都匀市沙寨凤啭村的一段，是都匀市第二大河。从遇仙桥至马蹄岩约13公里长的凤啭河峡谷，沿岸地名多以仙或凤命名，如遇仙桥、双仙峰、凤啭山、凤栖洲、饮凤泉、凤啭村等。凤啭河峡谷位于都匀市南部，距市区54公里，与独山、平塘两县相邻，为三县市交界处。其自然生态保持完好，山麓林木丰茂，沿河仍保留有枫杨树、红壳槲等古树千余株。河中盛产甲鱼、娃娃鱼、角鱼、麻滚鱼、青鱼、花鱼等二十多种鱼类，另有彩色海螺可供人研究和鉴赏。凤啭河峡谷山似青螺，水如碧玉，风光优美。凤啭河上游拉甲都电站至金沙滩4公里河段，可乘船游览秀丽的水光山色。下游从凤栖洲至马蹄岩，峡谷长约9公里，有7弯9滩28道冲浪险滩，是漂流探险的理想河段。近20公里的河道蜿蜒于群山之中，景点不断，主要景点有：古柳树群、水中林、五星峡谷、凤啭河漂流。

四、平塘国家重点风景名胜区

平塘国家重点风景名胜区位于贵州南缘中部、苗岭山脉南麓。2000年2月，省政府批准为省级重点风景名胜区，2009年12月国务院批准为国家重点风景名胜区。景区总面积约350平方公里，沿平舟河、横渡河集中成带状，分布在掌布、龙塘、六硐和甲茶4个片区，主要由“玉水金盆”景区、掌布景区、甲茶景区、龙塘景区、天文射电望远镜景区（又称大窝凼景区）、天坑群景区、甲青—六硐景区、拉安河景区8大景区组成。各景区风格迥异，各具特色，构成山、水、树、洞、湖、瀑、泉、竹、河滩、峡谷等峻、秀、美、奇于一身的特点。

（一）“玉水金盆”景区

“玉水金盆”（县城）景区面积为67.5平方公里，以世外桃源般的村寨田园和河谷风光为主。景点景观31个，包括“玉水金盆”、京舟风光、六硐河峡谷、打密河峡谷、神仙坝瀑布、养鹤山观日出、龙山、苗二河十里桃园、毛南族文化村等景点，独具特色。

县城东傍龙脑坡，南、西、北三面环水，玉带般的平舟河绕城而过，宛如玲珑盆景，俊秀天然，“玉水金盆”由此得名，享誉悠久。景区“步步皆风景，处处景色优”。河滨公园紧绕县城南、西、北边缘，公园绿树成荫，草坪如毯，亭阁别致；大理石栏杆沿河而建，栏杆上镶嵌着135块工艺碑刻，碑上诗赋耐人品味，风景图案赏心悦目，已成为“玉水金盆”一道亮丽的风景，是人们休闲、漫步的极佳之地。入夜，沿河两岸灯火斑斓，五颜六色的灯光和楼桥花树等倒映水中，满河灿烂，好似一道美妙绝伦的画卷。京舟风光位于平舟河上游，距县城10千米，河水从京舟坝子蜿蜒穿过，河道宽阔，水平如镜，两岸古树浓荫蔽日，青青翠竹依河傍岸，山花百态，竞芳显绿。布依村寨依山傍水，错落有致装点山间，岸边原始水车转动，动静相间，民族风情淳朴浓郁。乘船在京舟河上漫游，可以使人领略“京舟能醉客，月明更清幽”的诗情画意，贵州电视剧制作中心曾在此拍摄电视剧《古美桥·古美河》。六硐峡谷风光也称“十里画廊”，位于县城南面，距县城6千米，峡谷幽深，重峦叠嶂，峭壁凌空，悬崖绝壁上生长着各种奇木异草，垂吊于绝壁处的钟乳石，形象逼真，惟妙惟肖，河水清澈明净，游鱼历历可数。

（二）掌布“藏字石”景区

位于平塘县西北掌布乡桃坡村，距县城65公里。系平塘国家级风景名胜景区、国家地质公园、国家自然遗产的核心景区，黔南州第一批国家AAAA级旅游景区。辖区面积33.7平方公里，有景点景观30余个（其中特级景点2个，一级景点3个，二级景点6个，三级景点2个），属典型南方喀斯特河谷地貌，原生植被保存完好。景区内山清水秀，古树参天，藤竹垂吊，溶洞密布，除具有喀斯特地貌景区的“峻、秀、美”的特点以外，还以奇山、奇水、奇石、奇洞、奇竹、奇树、奇鱼为主要特色。观音壁立千仞，情切自然，惟妙惟肖；珍稀藤竹漫山垂吊、绿意婆娑；天然溶洞精致玲珑、神秘无限；“恐龙蛋”镶嵌石壁，相间有序，引人遐思；“吻人鱼”与人和谐相处，亲密无间，充分展示原始生态的魅力。若干天然神奇景点鬼斧神工，身临其境，使人流连忘返。掌布峡谷长6公里，两岸多悬崖峭壁和奇峰异石，峡谷内有多处地质奇观，其中“藏字石”景观为救星石峡谷风景区最具吸引力的景点。2006年4月，被评为国家AAA级旅游景区，2008年通过国家AAAA级旅游景区评定，2012年被评为国家AAAA景区。主要景点包括“藏字石”、漂来石、长寿泉、青龙峡、石观音、藤竹峡、躲兵洞、熬硝洞、阴阳洞、石蛋群、石蛋滩、浪马滩、夫妻留石、睡美人、玉龙飞瀑、掌布瀑布、卡腊石笋、狗鱼井、水漂石、燕子崖瀑布、螺丝井、黄龙沟瀑布、太阳石、黄龙石、龙门瀑布、风火轮、乱石潭、熊崖峡、鸳鸯滩等。

“藏字石” 此石重约170吨，宽约3.2米，高约2.6米，从悬崖上坠地后沿节理一分为二，崖石断面右边巨石石壁内侧中所含的二氧化硅结晶天然凸现文字图案，构成字体的矿物成分是方解石，其文字竟赫然显现“中国共产党”五个遒劲的凸形汉字。这五个字排列有序，大小一致，间隔相当，字体长约24厘米，宽约17厘米，字体突出约1厘米左右，文字一字排开，天然形成一幅完整的书法艺术作品。经中科院院士、国内资深地质专家考证，一致认为，掌布景区“藏字石”上五个字形成于距今2.7亿年左右的二叠统栖霞组深灰色岩中，岩层中的古生物化石及生物碎屑突出于石灰岩上，实为世界地质奇观。被中国科学院院士刘宝君、李廷栋誉为“世界地质奇观，旷代天赐珍宝”。

（三）甲茶景区

位于平塘县境内的摆茹镇甲茶村，属平舟河下游，距离县城45公里，面积45.1平方公里，海拔最低处仅402米，属贵州少见的亚热带风光，紧靠广西壮族自治区南丹县，景区内共有景物景观30多个，为平塘国家地质公园的一部分。风景区喀斯特岩溶特征明显，地质奇观独特，自然景观迷人。融山、水、瀑、洞、竹、石为一体，汇俊、秀、奇、险、幽、美于一身，以瀑布、竹林峡谷、溶洞、沙滩、河湾及亚热带南国风光为主要特色，享有“甲茶风光赛桂林”之美誉。其中以独特的瀑布令人称奇，以秀丽俊美的亚热带南国风光令人叫绝。

甲茶瀑布 位于甲茶村拉抹寨左侧，瀑布宽40米，高37米，清盈秀丽。两边植被茂密，旁有一条小路直上甲茶瀑布顶端，小路从树丛中穿过，水流又从树丛穿过，树、水、路交织，色调明快，景致分明。诗句“我疑天仙织素练，素练脱轴垂青天”正是甲茶瀑布的真实写照。

（四）龙塘景区

位于平塘县境内槽渡河中游，距县城42公里，面积50.5平方公里，共有景物景观23

个，为平塘国家级风景名胜区一部分，以喀斯特岩溶地貌为主。主要景点包括：龙塘湖、青龙洞、青龙峡、卧龙洞、松茶瀑布群、炼石峡、红岩河谷、摆浪河峡谷等。集山、水、峡、洞于一身，融林、湖、瀑、石为一体，是休闲、度假、探险、猎奇的胜地。龙塘湖是电站建于景区内而形成的人工湖，湖面宽阔，湖水清澈，湖岩曲折、幽长，两岸青山倒映水中，原生态森林茂密挺拔。湖左边岔口有一穿洞连通打贵河，从湖上荡舟逆行，可进龙塘峡谷、岔河、炼石峡等景区，还可饱览两岸的田园风光；湖右岸即是有名的红岩山，弃舟登岸即可领略红岩的奇特风采。卧龙洞是龙塘著名的穿洞，位于龙塘湖左面，打贵河进龙塘湖的入口，洞口最高处约 80 米，最低处约 30 米，最宽处约 20 米，打贵河从洞中穿过进入龙塘湖，洞长约 500 米，水深 7 ~ 15 米，洞内水势平缓，可荡舟或乘机动船游玩。洞内的钟乳石造型别致，远看如幔、如帘，近看如柱。洞中有两个天窗，第一个天窗直径约 20 余米，天窗可看见山外青山，可闻啾啾鸟鸣；第二个天窗狭小，远看如一笋斜入水中，十分奇特，阳光从天窗射入水面，或斜照岸壁，光斑闪烁，碧波幽深。第二个天窗往前不远即是洞口，出口曲折、狭长，在洞外水光的反射下，如一飞龙，形态活现。卧龙洞四周山峰高耸，雨后白雾缭绕，忽隐忽现，绿叶掩映，藤蔓交织，从洞口左岸登山，翻过一小山，即可到达第一个窗口，游人可从天窗口下洞登船，也可从此上岸。在距龙塘湖约 4 公里处又有一洞称青龙洞，青龙洞位于青龙峡河岸 150 米左右的扯草坡上，洞深约 1000 余米，高 15 ~ 20 米，宽 3 ~ 20 米，有 15 厅，各厅遍布各式各样钟乳石，洞厅中堆积着大小不等的卵石，数量之多，实属罕见，组成了奇异的“蛋厅”。有一个厅中几池碧水，清盈碧透，密布着形状各异的石球；“祖孙厅”中，有三株石笋，像三株古老的银杉，第一株高及洞顶，第二株次之，第三株更次之。在第三株的周围，又有数株更小的石笋，仿如亿万年间生息繁衍的祖孙四代。洞中还有体态优美的“观音菩萨”，笑容可掬的“如来佛”，神情肃穆的“达摩祖师”，形态各异的“八仙过海”，以及似禽、似兽、似花、似树的各种钟乳石，令人目不暇接。景区还有护龙神、卧龙潭、龙角峰、龙眼峰、龙塘峰、龙尾岩、龙乐宫、百丈飞练、岔河瀑布、女娲池、一线天、滴水崖瀑布、乐凼仙池等景观也很有观赏价值。

（五）天文射电望远镜景区（大窝凼景区）

位于平塘县克度镇大窝凼，距离平塘县城约 84 公里，距平罗高速 6 公里，距贵百高速 40 公里。2007 年 7 月，500 米口径球面射电望远镜（Five hundred meters Aperture - Spherical Telescope，简称 FAST）项目经国家发展和改革委员会批准立项，2011 年 3 月开工建设，2016 年 9 月建成投入使用。围绕“FAST”项目，平塘着力推进国际射电天文科学旅游文化园建设，于 2016 年 9 月建成星辰天缘大酒店、中轴迎宾广场、FAST 旅客中心、天文体验馆“四个一”工程以及霸王河沿河景观、FAST 观景台等配套设施。是年 10 月“国庆节”，天文射电望远镜景区对外开放。景区大窝凼四周原始森林茂密，珍稀动植物繁多，具有重要的科学考察和价值。

（六）天坑群景区

位于平塘县塘边镇打鸟村打岱河，距县城 110 公里，风景区属喀斯特地貌，是平塘国家地质公园的一部分。由大窝凼群、巨木风光、巨木瀑布、清水赛歌场、九曲回头、巨木天缘洞、白马洞、水洞、牛角洞等景点组成。

平塘天坑群主要分布在三大片区，第一片区为霸王河流域片区共21个，第二片区为平舟河下游片区共14个，第三个片区为大塘片区共4个。霸王河流域的塘边天坑群，地处贵州滩核心区，亚洲最大地下河经天坑群底部，造就了世界三大超级天坑（坑口直径和深度均超过500米）之首——打岱河天坑。打岱河天坑南北长2100米、东西宽1800米、深589米，坑底面积超过5平方公里，在打岱河天坑至克度镇大窝凼一带，还分布着安家洞（猫底）天坑、道坨天坑、夏家坨天坑、阴河天坑、八角天坑、瑶人湾天坑、中干凼天坑、螺港湾天坑、犬冒坨天坑、石膏洞天坑、打赖坨天坑、苦竹坨天坑等21个大小不一的天坑，其深度均在300～600米之间，规模数量大、天坑群地貌发育完整，凹陷深宜邃，具有稀少、奇特、险峻、壮丽、秀美的特点，被地质专家称为自然“天坑博物馆”和世界岩溶圣地”，极具科学考察和旅游价值。

（七）甲青—六硐景区

位于平塘县城南部，距县城6公里，景区面积34.5平方公里，景物景观20个，为平塘县国家级风景名胜区一部分。景区属喀斯特岩溶地貌中典型的河道冲积平原，以田园风光、碧绿河水、河滩休闲、农家乐等为主要特色。景区内六硐峡谷幽深，河水清澈，有小三峡之称，乘船游览，有“人在画中游”之感；六硐大坝，春天菜花金黄，秋天稻谷飘香，毛南民居错落有致；天生桥鬼斧神工，气势磅礴巍峨壮观，甲青大盲谷，危岩高耸，谷低深切，十分神奇；甲青干河奇石遍及整个河谷，两岸危崖铺青叠翠，十分原始神秘。景区属未开发状态。具体景点有：甲青大盲谷、甲青冰臼群、河头草坝、六硐峡、打密河峡谷、观音洞、靴滩、象鼻山、刀切岩、仙人帽、仙人像、避邪洞、观音峰、六硐风光、响水洞、银塘洞、十龙过江、钓鱼滩、桃源洞、甲青天生桥、奇石干河、龙吟洞、月亮山等。

（八）拉安河景区

位于槽渡河下游，平塘县境南部西凉乡拉抹村，长18公里，景物景观20多个，距县城54公里，景区面积38平方公里属喀斯特地貌，为平塘县国家级风景名胜区一部分。景点有拉安河峡谷、八道滩八道浪、拉安天生桥、岜令河谷、蛤蟆滩、蛤蟆问天、巨石滩、长滩、猫耳滩、汇水滩、出水洞、白马滩、龙角滩、偏坡洞、仙人碑、写字洞、张仙洞、十里仙人掌、茅草桥峡谷等。拉安河景区以滩多湍急的峡谷以及保护完美的原始森林为主要特色，两岸悬崖绝壁上，原始森林植被保存完好，古树藤竹浓密，遮天蔽日，林中猴群出没，鸟兽踪迹随处可见。绝壁上密布着大小不等的奇特溶洞，峰顶处山崖高悬，造型别致、美观，是游人探险、漂流的佳地。景区尚待开发。

拉安河峡谷两岸山势险峻，危岩叠起，绝壁直立，河水在绝壁悬崖下奔流，汹涌澎湃，河中怪石嶙峋，将河水分割成若干个险滩。第一道滩叫“蛤蟆滩”，两岸巨石丛涌，古树遮天，因其右岸的山高大嵯峨，顶上一巨石仰望苍穹，形似蛤蟆，故叫蛤蟆滩；第二道滩叫“巨石滩”，因滩边一巨石蹲坐水中安然如故，人们可攀跃到石上观浪赏景，故名巨石滩；往下依次是第三道滩称为长滩，第四道滩称为猫耳滩，第五道滩称为汇水滩，第六道滩称为白马滩，第七道滩称为龙角滩。该景点最闪光处还在于“天生桥”景观，一座长约1000米、高80米、宽50余米的石桥横跨两岸，架在沟壑之上，当地人称“天生桥”。站在桥下仰望，桥拱像隧道，桥两头的山石和旁边挺拔的绿树倒映潭中，水映青山，山置水中，恰似诗句“江流天地外，山色有无中”所描绘的景致，神神秘秘，鬼斧神工，令人称赞叫绝。茅草桥位于平里河下游西凉乡六寨村，桥是用木条、毛草捆绑搭成，桥面宽约1米左右，桥下河面宽约30米左右，河中有暗石，水流湍急。

五、瓮安江界河国家重点风景名胜区

瓮安江界河国家风景名胜区位于县城北部，乌江中游之犹家坝一段。面积311平方公里，马遵公路从此经过。景区内自然风光、名胜古迹、人文景观星罗棋布，集山、水、洞、桥、林、园、瀑于一体，以雄、奇、险、秀、幽为特色，可谓移步移景。自然风光以峡谷著称，风光美不胜收，在深深的峡谷中，乌江蜿蜒奔涌，拍岸之声震天动地，300余米的绝壁上一桥飞架，给天险又添一道奇观。2011年8月乌江流域最大水电站构皮滩电站最后一台机组发电后，水库正常蓄水位水630米，形成了近30平方公里的水面。昔日的山峰、丘陵变成星罗棋布的岛屿、峡谷、平湖融为一体，呈现出一派别样的湖光山色美景。更为壮观的是，中国工农红军在这里留下的革命足迹——红军抢渡乌江战斗遗址和猴场会议遗址等，成为黔南最负盛名的红色旅游胜地。1995年3月，省政府公布为第三批省级风景名胜区；2009年12月国务院公布为第七批国家重点风景名胜区；2015年，被列为全国30条红色精品线和100个红色旅游经典景区之一。瓮安江界河国家风景名胜区由江界河景区和草塘景区两大部分组成。

（一）江界河景区

江界河地处瓮安县境内，位于两广、湖南公路入川的必经地段，地貌复杂多样，山地、丘陵、盆地相间分布，属亚热带季风性湿润气候，雨量充沛，气候温和，雨热同季，资源丰富。贯穿于风景区的江界河，河水清澈，两岸绝壁耸峙。建于两岸绝壁之上的悬臂大跨度桁式组合拱桥江界河大桥是世界上目前跨径最大的桁式拱桥。景区主要景点有江界河大桥、江界河峡谷、震天动、香沟林、南河天梯、花龙口瀑布、鸦鸣寒谷、天下第一大黄杨等。

1. 江界河大桥　于1987年动工，1995年建成通车，是国家“八五”时期重点科研项目，曾获国家级科技进步二等奖、中国第一届詹天佑土木工程奖。江界河大桥为大跨度桁式组合桥梁，桥长461米，主孔跨径330米，桥距江面263米，桥宽13.4米，当时在同类型桥梁中位居世界第一。它的建成，沟通了四川、重庆经贵州入海通道的捷径，也为发展区域旅游提供了良好的交通条件。江界河大桥是乌江峡谷一道雄奇瑰丽的风景线，灰白的钢筋混凝土将南北青山相连，融合了天然奇景与人类奇迹。桥上驻足游览，举目眺望，江界河上下数十里峡谷风光尽收眼底；俯视渊壑，高悬绝险，撼人心魄，“人定胜天”之感油然而生。

2. *江界河峡谷* 位于江界河镇乌江流域，震天动至红军强渡乌江战斗遗址河段，距县城44公里，峡谷长10余公里，两岸峰高数百米，江面或宽或窄，最窄震天洞处仅100余米，水流湍急，水声震天。由震天动顺流而下，山峰倒映江中，或明或暗。江风习习，波澜不惊。岸边峰峦叠嶂，壁立千仞。行程2公里，眼前豁然开阔，跃出一大湖，天宽水旷，平波如镜，放眼远眺，水光天色，朦胧交融。

3. *震天动* 位于县城北44公里江界河镇（原龙塘乡）与铜锣乡交界的乌江上，民国《瓮安县志》称“浪挟风霆”。两岸笔直垂立，如天刀劈切，斧痕清晰犹存。河床在此骤缩到50米，在数百米长的河段内猛然跌落三级，每级落差3米许，激流奔腾涌进，冲击礁岸，声震天谷，如“过百万之兵车”“伐三千之战鼓”，故名“震天动”。远隔十公里，能闻其隆隆巨声，响彻不绝。构皮滩电站蓄水以后，水位上升100多米，江面增宽数倍，震天动原万马奔腾、响雷震天的景观不复存在，取而代之的是平缓静谧、鸟飞鱼跃景象。两岸古木附于青岩之上，獐猿攀玩，蝉歌蝶舞；山花缀于绿叶之间，云蒸雾绕，清幽空蒙。峡谷之巅，凌空飞架世界第一跨度桁式组合拱桥——江界河大桥，融合天然奇险与人为奇迹的奇观。桥上车辆南北穿梭，江中游船东西往来，首次行车过往莫不伸颈驻足，初始坐船游水莫不怡情悦目。

震天动下游3公里处，为江界河老渡口，有红军长征强渡乌江战斗遗址。临江而望，则水波层叠，雾花飞溅，烈日俯照，霞虹彩绸，转瞬间，尽皆付之东流。渡口北岸，峰峦叠嶂，壁立千仞，十八座山峰形似排笔，前人誉为“江天文笔”“十八学士”，山巅树木簇拥，如毛笔尖端挥洒苍穹，赞为文笔峰。红军上将杨成武曾题写“乌江天险”四字，后人将此拓刻于文笔峰上，耸峙于云雾之间，雄奇峻拔。

4. *香沟林河谷* 位于江界河大桥上游1公里处的北岸，是乌江的一条支流，长约5公里，河谷蜿蜒曲折，河道幽深，两岸山势奇绝，或翠峰巉岩，或危崖层叠，或绝壁直立，或怪石嶙峋。一条清澈的溪河，淙淙汩汩，微波潋滟，波光粼粼。整个河谷，原生态植被保存完好，古木横生，林密叶茂，枯藤盘缠错节，苔藓铺青叠翠，一派葱郁，使整个河谷绿意盎然，意境深邃。与紧邻的江界河大峡谷形成风格迥异的景观，河谷壮美而又灵秀，奇绝而又自然，古朴而又清新，雄豪而又宁静。身临其境，其趣无穷。令人思绪翱翔，遐想翩翩，给人以返璞归真之感，心智得以陶冶，灵魂得以净化，情操得以升华。

5. *南河天梯* 江界河大桥上溯1.5公里，有古渡名“南河义渡”，现存石碑三块。一为渡名碑，高1.65米，宽0.69米，厚0.2米，碑眉“南河”二字横排，正中竖排“义渡”二字，约二尺见方；二为文告碑，高1.66米，宽0.7米，与前碑并立于凹岩前，内容包括渡口性质、经费来源和渡口管理；三为筑路碑，高1.2米，宽0.62米，所载多为人名。三碑均立于清道光年间。渡口筑路4000余米，全系原石砌成的蹬道，下临河渡，上越重岗，穿云破雾，迈步磴道，如上天梯，动人心魄。

6. *花龙口瀑布* 猴跳岩下游1公里处，一座座山峦显得格外雄奇壮丽，绝壁间，绿树丛生，乱枝纵横，苍郁繁茂，一弘飞瀑，从悬崖飞泻而下。瀑水从岩崖上、石缝中、树根下喷吐而出，流入乌江。山势雄伟，山色如黛，瀑水如练，景致分明，极富层次感、美感和动感。

7. 鸦鸣寒谷　俗称老鸹岩。在平沙落日之下，江面陡然变窄，阔不过80米，两岸岩壁森然而立，浓荫蔽日，举头仅见青天一线，谷暗幽深，令人毛发耸动，偶闻鸦鸣，心惊胆寒。当地人皆集队划船而过，未敢独游。凡至此者，无不感到幽深和神秘。

8. 天下第一大黄杨　古树名木在江界河景区广为分布，距北岸约1公里处生长着一株大花黄杨树，该树高16米，胸围2.6米，树龄已逾千年。经专家鉴定和检索，该树为发现的黄杨科中最大最古老的一株大花黄杨。由于该树为中国特有树种，故为“天下第一大黄杨”。

（二）草塘景区

草塘是一个有着悠久历史的文化古镇，因有水塘四周水草丰腴而名草塘。此地文人雅士谦称居屋简陋，故名草堂；商贸发达、商贾云集，商品销售快而誉快场，及纺纱织布机杼声不绝于耳而享誉子场；因场期申日而别称猴场。中国共产党及其领导的军队长征时期和剿匪时期发生在草塘的重大历史事件和历史遗迹，形成了草塘红色文化，并留下了许多革命遗址。1934—1936年，中国工农红军第6军团第一方面军（中央红军）和第2、第6军团在长征过程中，曾三过瓮安，在草塘召开了猴场会议，在江界河成功突破乌江天险，还书写了许多红军标语，同时留下了许多红军故事。红色遗址主要有猴场会议会址、毛泽东行居（原为傅氏宗祠）、红军干部团休养连旧址、红军干部团旧址、红军抢渡乌江战斗遗址、孙家渡红军战斗遗址、江界河红军烈士陵园、桐梓坡农会遗址及红军标语、朵丁关红军战斗遗址、擦耳岩红军战斗遗址、黄泥凼红军战斗遗址、冷少农烈士故居、陈靖故居等。2014年，位于景区内的古邑旅游区被评为AAAA旅游区。主要景点有穿洞河瀑布、下司石林、老鹰洞、偏岩摩崖、后岩观、傅玉书先生故居和草塘红军村、草塘大戏院等。

1. 猴场会议会址　在草塘宋家湾，原为宋泽生私宅，始建于1912年，系木结构四合院，6米高的青砖空斗墙合围。院内正房5间，高9米，左右厢房各3间，下厅为5间单面墙。皆为两楼穿斗式歇山顶建筑，四面走廊相通，青瓦屋面，中间为石嵌天井。院后原有花园，院左有一砖石混建3层碉楼。前有一小院，为佣工间、仓房、马厩、杂物间、厨房。院外古木参天，竹丛掩映。

该建筑在解放前因诉讼争端而被折卖，1997—2003年，中共瓮安县委、县人民政府收回原房材料，恢复旧观，布展开放。楼下作红军长征过瓮安展室，楼上作复员陈列室。院外建有长征名将手书的长征碑林。2009年，被批准为全国爱国主义教育示范基地。

红军长征时，这里是红军总司令部，中央首脑人物亦住于此。在这里召开了彪炳史册的猴场会议。1934年12月31日，中央机关、红军总部长征进驻猴场（草塘）。中央机关、红军总部刚到猴场的当天，下午5时至1935年1月1日凌晨2时，中共中央即在猴场宋家湾召开政治局扩大会议（史称“猴场会议”）。出席会议的有政治局委员博古、周恩来、张闻天、毛泽东、朱德、陈云，政治局候补委员王稼祥、刘少奇、邓发等，共产国际派驻中国军事顾问李德列席会议。会议由周恩来主持。毛泽东在会上驳斥了博古、李德的错误主张，重申红军应北渡乌江，在川黔边地区以遵义为中心建立新的根据地。虽然黎平会议做出了在川黔边地区建立新根据地的决定，但中央政治局在思想认识上并未完全统一。过不过乌江关系到红军的生死存亡。为此，猴场会议再次讨论红军的战略进军方向问题，重申黎平会议精神，作出《关于渡江后新的行动方针的决定》，这次会议为遵义会议的胜利召开，实现党和红军历史上生死攸关的伟大转折，在思想上、组织上、军事上作充分准备，具有承前启后的重大历史意义。猴场会议结束之后，毛泽东欣然命笔，写下壮丽的诗篇《调寄忆秦娥》《十六字令·山》，抒发“雄关漫道真如铁，而今迈步从头越”的豪迈气概。

“猴场会议会址”匾额由国防部原部长、上将张爱萍所书。会址陈列着大量文史资料和周恩来、朱德、博古等与会者居室。会址前院建有耿飚、张爱萍、杨成武、萧克、廖汉生、王恩茂、李德生、张廷发等百余名老将军、老红军题词的“长征碑林”。

2. 毛泽东行居　位于猴场镇（原草塘镇）西北2公里处的下司街村，与猴场会议会址隔溪相望。原为傅氏宗祠，始建于康熙五十九年（1720年）。傅如砺独资修建，后毁于咸同兵燹。光绪中期，傅森荣、傅本祺、傅达源重修，正房坐北朝南、面阔3间，左右厢房各5间，南面楼下为过厅，楼上为戏楼。四面砖墙环护。南墙上呈对称式三级迭降，下开左、中、右3门，门椽由料石拱砌，拱上有垂花雨棚。1964年被火焚毁，2006年重建，并被确定为省级重点保护单位。2009年，作为猴场会议会址景点之一被授予为全国爱国主义教育基地，免费对外开放。祠堂内陈列毛泽东居室、警卫员陈昌奉等居室，复原和陈列了当时红军留下的“只有苏维埃才能救中国，红军是工农自己的军队！”等标语。

1934年12月31日至1935年1月4日，毛泽东下榻于此，在这里品尝醪糟，走访干人，并写下了千古绝唱《忆秦娥》初稿和《十六字令·山》。行居给毛泽东及其随行人员留下了很深的记忆，陈昌奉、吴吉青等警卫人员在解放初就撰文追忆了当年在此居住的情景。

3. 红军干部团修养连旧址　在草塘下司街，离毛泽东行居仅有百米。原为肖氏住宅，建于清末，穿斗式木结构、悬山顶、青瓦面。正房面洞五间，坐北朝南，东、西厢各两间。院墙为空斗青砖墙，高约3米；天井为方石铺墁。院内梨、桃数株，凤竹一丛，依然旧观。旧址内陈列有当年红军干部团主要人物肖像、简介、资料、居室实物等。

1934年12月31日至1935年1月4日，红军干部团休养连驻扎于此，并过元旦。休养连是一个特殊连队，侯某某任连长，李坚贞为指导员，董必武任党支部书记，卫生部长贺诚为管理员。连内有红军五老，又有邓元金、谢小梅、谢飞、蔡畅、刘英等三十女杰，还有一个师团级干部伤员班，包括四师师长张宗逊、五师政委钟赤兵，团长文连生、白志文、李寿轩等。他们后来都是新中国的开国元勋，乃至党和国家的领导人。旧址现已修复陈列。这是长征路上仅存的休养连旧址。2009年，作为猴场会议会址景点之一被授予全国爱国主义教育基地。

4. 红军干部团旧址　在草塘和平路杨家大院，是草塘现存最好的三进院落的民居建筑。临街房为五开间重檐硬山顶木结构，台基高2米，20余米长的通栏踏步五级，直抵街面。两山外有高大的马头墙，一直延伸至后院。房屋明间、次间均为雕花六合门，梢间安放柜台，柜台上方亦是活动六合门。挑头、瓜柱雕饰华丽。檐下为鹤颈椽，大漆金饰，海棠形方柱，大可盈尺，无廊柱，二进、三进层层递升。房为单檐，均为五间，装饰也较华丽。系清代举人杨兰亭所建。民国初年，“草塘军政府”曾设于此。

1934 年 12 月 31 日至 1935 年 1 月 4 日，红军干部团及上干队驻于此。曾在临街的地方向群众宣传红军宗旨，也曾在大院中筹备渡江用的物资。贺子珍、邓颖超、危拱之、陈赓、宋任穷、毕士梯、萧劲光等人都在这里留下足迹。

现在十来户人家居于院中，前街房只剩两间，其余 3 间被拆掉，改修为信用社营业楼，马头墙亦被拆除。1982 年被确定为县级文物保护单位。2009 年，作为猴场会议会址景点之一被授予全国爱国主义教育基地。

5. 红军突破乌江战斗遗址　位于瓮安龙塘乡犹家坝、天文镇老街一带，距县城 48 公里。北岸陡峭的山崖沿江绵延数十公里，历来为黔北天然屏障，自古为兵家必争之地。

1934 年 12 月 31 日，中央红军一军团二师四团（团长耿飚、政委杨成武）进抵乌江江界河渡口一带。1935 年 1 月 2 日夜，三连连长毛正华等 5 名勇士偷渡成功，并潜伏于敌防御阵地的陡岩之下。3 日拂晓，四团发起强渡乌江战斗。乌江天险被红军突破后，红军第五军团、军委纵队、中央机关通过浮桥，跨过乌江，直奔遵义。突破乌江为中央红军长征以来第一个大胜利，参战的将帅有刘伯承、张云逸、刘亚楼、陈光、杨成武、耿飚等。现存部分遗址在水位上升后被淹没，但其重要的历史意义使该处成为缅怀历史的重要地点。

6. 红色特工冷少农故居　位于县城南 3 公里的高庄，建于清末年间，全木结构，青瓦屋面，正房四列三间、厢房各三列两间，石砌天井，青砖围墙。故居保存完好，1985 年 11 月经省政府批准为省级重点文物保护单位，2010 年被命名为省级爱国主义示范基地。

冷少农生于 1900 年 1 月，后毕业于贵州省立法政专科学校，1925 年赴广州黄埔参加革命，被安排在周恩来办公室工作，同年加入中国共产党。1926 年，国民革命军北伐，冷少农随军转战至武汉，后受党组织派遣，打入国民党南京政府训练总监部搜集情报，秘密参与组织抗日反帝大同盟和革命互济会，策动国民党军队暴动，秘密发展共产党员，是南京地下党的主要负责人之一。1932 年 3 月不幸被捕，同年 5 月，在南京雨花台英勇就义，时年 32 岁。1952 年，中央人民政府追认冷少农为革命烈士。

7. 舒葆初烈士故居　舒葆初，字宗元，生于 1906 年 5 月 2 日，1921 年毕业于瓮安简易师范，时在梭罗小学、岩坑小学任教，后考进黔军李燊部军官讲习所、国民党陆军经理法规研究所、国民党中央党校，曾参加北伐战争，担任国民革命军四十三军军部少校参谋、任杭州警察学校总务科长、武汉国民党军政部第二被服厂会计。在国民党中央军校期间，经同乡冷少农介绍加入中国共产党，毕业后被介绍到中共华东战局，后由华东局介绍到中共长江局，委任鄂南总支部书记，拟任长江苏维埃政府主席。1931 年在地下党和红军部的配合下，成功地将国民党范揭诚一个团策反起义参加红军。1932 年在国民党八十五师实施暴动计划，被叛徒出卖，光荣牺牲，时年仅 26 岁。其故居坐落于平定营高枧坡、清源澄澈的牛渡河畔，与中山亭、高贞观遥相对应。房居为青瓦木屋，四列三间，东西厢房分列两侧，房前屋后梓木杨槐辉映，田间地头瓜果粮油飘香。屋内留存宗元部分遗物和赤子家书，阅之可感受一个农村青年为国为民、志存高远、转战南北的英雄气概和为中国革命英勇献身的壮怀豪情。2001 年 10 月，故居被瓮安县定为爱国主义教育基地。

8. 陈靖故居　位于猴场镇草塘社区陈家湾，距镇政府 1.5 公里。建于清末，正房 4 列 3 间，木结构雕花窗青瓦屋面，两楼一底。经过近一个世纪的变迁，房屋整修过 2 次，现为一楼一底，基本保持原样，陈靖参加红军前在这里居住。

陈靖（1918—2002），乳名桥生，原名陈光玉，著名的红军苗族作家、将军。1934 年 10 月参加红军，解放战争时期，先后任晋察冀军区直属炮兵政治处主任、副政委，炮兵旅政治部主任兼教导团政委、野战军第 4 纵队 10 旅政治部主任，华北军区炮兵第 2 师政治部主任，华北军区特种兵政治部主任。1955 年任防空军高级防空学校政治部主任兼科研部主任。1963 年春，任昆明军区空军指挥所政治部副主任。1980 年任南京军区炮兵顾问，军级干部。

1986—1988 年，陈靖沿红军 3 个方面军和两个独立行动军长征的 5 条路线从头到尾又走一遍，途经 17 个省（区）400 多个县（市），行程 35000 多公里，爬雪山 8 座，过草地 600 多公里。

出版作品主要有《红军不怕远征难》《金沙江畔》《猎鹰记》《贺龙毕生传略》《贺英》《往事情深》《贺龙前传》《长征路上》《离鞍赋》《重走长征路书简》《重走长征路集叶》《寻根溯源录》《诗言史》《吼声集》等，并参与编纂《苗族通史》。曾为瓮安县红军长征碑林征集老红军题字数十幅。

9. 贵州剿匪委员会东集团指挥部旧址　原址在草塘和平路（原草塘镇政府院内）。2007 年，草塘镇政府迁离，也将旧址整体迁移至镇西同知湾。旧址原为富户左国梁私宅，建于 1946 年，面阔 5 间，左右两厢各 3 间，通高 9 米，穿斗式歇山顶木结构。青石台基，石嵌天井，以高约 6 米的青砖空斗墙围护。1982 年，被确定为县级文物保护单位，2009 年布展开放。

1950 年 6 月 18 日至 7 月 20 日，贵州军区剿匪部队东集团指挥部在这里部署、指挥了贵州省剿匪首次铁壁合围——瓮、余、湄铁壁合围战役，取得重大胜利。并将此次剿匪经验推向全省，乃至整个西南。此次剿匪由贵州省军区参谋长潘焱指挥，省委组织部副部长郭超参与领导，政治工作由军区政治部宣传部长康健和科长范奎、徐挹江负责，军事工作由军区作训科某科长负责。内有作战、侦察、通信、机要参谋各 1 人，管理员、报务员各 1 人，共计 20 余人。配备有电台 1 部，报话机 2 部，汽车 10 多辆。东集团的部队有 136 团 1 个营、138 团（缺 1 营）、140 团（缺 1 营）、148 团一个营、150 团、16 军随校 1 个营。

10. 桐梓坡农会旧址　桐梓坡位于瓮安县珠藏镇东南 3 公里。1935 年 1 月 3 日，红军突破乌江后，红五军团在军团长董振堂、政委李卓然率领下，于 1 月 6 日进入珠藏。红五军团在珠藏期间，贯彻执行"猴场会议"决定，在桐梓坡、亭子坝一带发动群众、组织群众、武装群众。于 1 月 12 日在土豪施汝舟家门口大田坝召开千人大会，成立桐梓坡农会和游击队，并选出农会主席陈金榜、游击队长杨发顺。桐梓坡农会和游击队是红军长征后建立的第一个农民政权和农民武装，其政治意义极为重大，影响极为深远。桐梓坡农会遗址为木结构四合院，特异精巧，绿树掩映，保存完好。

11. *擦耳岩*　位于瓮安县永和、小河山、老坟嘴3个乡镇交界处，系猴场通往黄平旧州要道，距县城35公里，距猴场25公里。此处山势险峻，岩高数百米，岩陡如削，仅有一石级小路逶迤而上，人行其间，傍壁而行，擦身挂耳，故而得名。属红军战斗遗址，1934年12月30日，中央红军在此智取山隘，击溃猴场团丁。

12. *十八革命烈士墓*　在草塘和平路与环西路交会处的平岗上，占地约5000平方米。前有4柱3间牌楼大门、进门通道长约60余米，有供集体悼念用的小广场，左右各建六角楼攒尖顶小亭1座。拾级而上，即是烈士墓。左右分立石柱1对，镌刻“生的伟大，死的光荣”8个大字，墓碑高约3米，宽1.5米，上刻“十八革命烈士墓”等字，题字均系县书法名人江奎所书。圆形封土堆，高约2米，径约5米，用料石包砌密封。园中遍植佳木，肃穆庄重。十八烈士为1950年剿匪时先后牺牲，可知姓名者有江首翘、李清芳、汪大文、刘士林、江长义、宋发田、周光明7人。烈士墓对面100米的山顶，原有碉堡1个，青砖巨石修建，共3层。碉堡外，下环壕沟，沟旁建有6个地堡。壕上悬挂吊桥一架，桥边建有半地下式厨房一间，内置直径达3米的大木缸3只，蓄水可供守卫队半月之用。壕外又连接着一条深达2米的交通沟，直通山下宋氏土衙（当时是区政府）。整个防御系统是东集团剿匪时期修建，后因修电视塔而人为毁掉。1982年被确定为县级文物保护单位。

13. *穿洞河瀑布*　全国十大水帘洞之一，位于瓮安县城北15公里，河宽50余米。河床陡跌10余米，形成石脊横亘河中，河水从石脊上飞流而下，直泻渊潭，状如白练垂悬。水大时，气势磅礴，银浪滔天，声震山谷；水小时，平缓从容，白练飘逸，声如抚琴。民国《瓮安县志》《桑梓述闻》载为名胜，誉为“飞练泉”“飞练飘霞”。更为神奇的是在瀑布后的石脊内，有一溶洞直通两岸，形成通道。洞高、宽均为2～3米，洞若卷棚，洞壁有三个后窗般的开口，飞瀑掩窗如帘，游人可入洞观帘赏景。站在“窗口”，水帘时分时合，时淡时浓，时薄时厚，随流瀑而变幻，可谓婀娜多姿，掩映流辉，美不胜收。穿洞景区内溶洞与河谷风光巧妙结合，喀斯特种类齐全，被称为喀斯特博物馆。

14. *下司石林*　位于瓮安县猴场下司街村，距县城18公里，离草塘镇5公里。石林绵延十里，蜿蜒起伏，为聚散式分布，以小岩头、石门坎、龙洞湾三大片为主体，三片形断意连，显得起伏跌宕，异彩纷呈。小岩头石林长约1公里，呈扇形分布排列，共分6组，每一组多的有上百株，少的也有20多株，石高约在6～15米，单组结构严谨，各组间又顾盼生姿，疏密有致。石门坎距小岩头约500米，两地间偶有石笋相连，这片石林兀立平岗，为密集型布局，石高8～16米，一簇簇石林，恰似一队队整装待发的将士，气势恢宏，雄奇伟岸。龙洞湾离前景约300米，石林依山而上，傍崖而出，石柱粗大高耸，高约8～18米，石间藤萝树木，相映成趣，山地绿苗茸茸。越至山上，石林排列成谷，景象森然，幽险悉备。顾盼生姿，疏密有致，造型鬼斧神工，千奇百怪。纵观全景，整个石林构成一个自然、和谐的组合体，呈现出强烈的起伏感和节奏感，置身其间，宛若游赏大型盆景园林。

15. *老鹰洞*　老鹰洞位于瓮安县城东北14公里的新华乡红灯堡。洞深约2.5公里，洞口高3米余，入洞下20米陡坡，有浅滩，水清沙洁。攀石深入，有小溪，长120米。溯流蜿蜒而上，有一小潭，深不见底。水中鱼群嬉戏，见人不惊，取而视之，身长数厘米，通体透明，脏腑清晰可辨。乘小舟前行，有木桥横于桥上，右岸有台，形若沙发，举目远视，两厢石壁高耸，岩间石花石草，姿态各异。再荡舟前行，见巨大乳山兀立，高30余米，弃舟登岸，登临“山”顶，俯视“山”脚，见沃野千丘，村疏树密，构出“小桥流水人家”景观。这里呈现出一派仙界般的田园风光，一层层梯田，满盛着清亮亮的水，其下有一组淡黄色石钟乳，满身闪烁着点点金光，恰似一堆收获的金谷。其上丛丛钟乳，也仿佛五谷丰登，一钟乳形似琵琶，正演奏着丰收的乐章。踏过小溪上的跳蹬，便来到一水厅，荡舟其间，水面漾起轻柔的涟漪，四壁一簇簇洁白剔透的钟乳，就像一朵朵白莲，在这纯净的银白空间，给人以圣洁之感。登岸上行，是一段蜿蜒迂回的溶洞峡谷，高约30~50米，宽约5~10米，顶部和两壁均镶嵌着白玉一般的钟乳，分外夺目。穿过峡谷，又至一厅，此厅小巧玲珑，充满珠光宝气，厅中钟乳仪态万千，晶莹剔透，熠熠生辉。此洞山重水复，峰回路转，深邃神秘，步步皆景，景景殊异，令人目不暇接，观者无不感叹大自然造物的奇绝。

16. *偏岩摩崖*　在瓮安县城西北36公里的玉山镇思栗坪，为一陡峭山崖，高约40米，宽约90米。明景泰四年（1453年），明将镇压黄隆、韦保领导的苗族人民起义后在此镌下“记功碑”，记录镇压义军始末。“记功碑”刻在岩脚左侧，高1.4米，宽1米，竖排阴刻魏体，380余字，字迹多数清晰。1985年11月2日，经省政府批准，被列为省级重点文物保护单位。

17. *后岩观*　又名后崖观，位于瓮安县猴场镇（原草塘镇）北2公里，明时为土司宋氏后衙，在下司西800米处。平畴之中突兀一石山，高约30米，面积4000平方米，绿树掩隐，玲珑秀美。三面松丘，前临清流。山下洞壑可达于顶，舍此无路上山（民国时期有部队驻扎，炸岩强为通道）。此上中空，东西贯通，洞中钟乳，形态奇异，状如龙鳞，形成独特的洞天福地，从山脚上入观，需穿过20余米的飞龙洞，出洞豁然开朗，四周怪石嶙峋，如笔、如笋、如柱、如屏、如钟、如鼓、如狮、如鹤，千姿百态，蔚为奇观。山顶平缓处，元、明时期曾建有真武殿、文昌阁、三清殿、三元阁等道观，气韵不凡，盛极一时。石壁所刻“何异蓬莱”“天然钟鼓”等摩岩清晰可见。相传山中溶洞，龙潜其中，破石飞去，故民国《瓮安县志》称之为“洞蟠龙迹”。宋氏土司相中这一宝地，元初建别墅于此，虚亭高阁，回廊敞轩，盛夏纳凉，清秋赏月。亦在此接待上方官员、处理一般公务。故乡人名之曰“后衙”，以古音相近而论称后崖（后改称后岩）。明永乐年间，道教盛行，宋氏兼作道观，以其地清雅别致，常招文人流连，代代相因，多有题咏。俨如今日的诗文沙龙，形成享誉四百余年的后岩文化。

18. *傅玉书故居*　傅玉书，字素余，号竹庄，晚号�墅老人，清代瓮安草塘人，是清代乾嘉时期“黔人诗宗”、贵州文化巨擘。他自幼天资聪慧、少年能文，弱冠中举，做过江西福安知县。归乡后在贵阳、镇远、黄平等地书院主讲。他一生著作宏富，《桑梓述闻》是全国首创的私家方志，创作的《鸳鸯镜传奇》是贵州最早的戏曲剧本，他编辑著述的《汉诗笺》《黔风旧闻录》《黔风鸣盛录》等数十卷作品，不仅继承发扬贵州文化，还广泛

宣传贵州文化，“于是黔之诗始得大显于时，海内操觚之士，无不知黔人之能诗矣！”而且，他创造了贵州文化史上3个第一：第一个私家编纂地方志之人、第一个编写剧本之人、第一个收集贵州明清两代诗歌并编辑出版之人，为贵州一代文宗，“时海内学子，无不知有竹庄者”。其故居在草塘下司街村，依山临溪而建，有拱桥在其右，半亩绿竹于屋前，气韵清雅脱俗，观者络绎不绝。

六、独山深河桥省级风景名胜区

深河桥风景名胜区位于贵州南陲独山县境内，总面积约60平方公里。以典型的岩溶地貌为依托，神奇秀美自然生态资源和浓郁民族风情为特色，兼有抗日战争遗迹和深厚的历史文化积淀，是集观光游览和爱国主义教育于一体的旅游胜地。由深河峡谷、地质公园和丹林化石三个自然景观和深河桥抗日文化园、奎文阁等历史文化遗产景点组成。

（一）深河桥抗日文化园

总面积499.5亩，由黔南事变陈列馆、黔南人民抗日纪念碑、抗日战争纪念坛、国旗台、民族团结大门、入园广场，以及深河桥、仿卢沟桥、仿卢沟晓月、万魂墙、华表、烽火台、花灯山庄、人行天桥等景点组成。

1944年11月末至12月初，日本侵略军自广西分兵两路侵犯黔南，时驻独山国民党守军采取“焦土抗战”策略，先行放火，日军进入后再肆放火，大火持续7昼夜，满目疮痍，直至日军退出，这就是震惊中外的“黔南事变”。事变发生后，黔南各族人民包括国民党军队中的爱国官兵，在中国共产党抗日民族统一战线影响下，万众一心，同仇敌忾，奋起抗敌，给日军以沉重打击。“黔南事变”是贵州人民直接参加抗战的历史见证。黔南人民抗击日本侵略者作为全民族抗战的组成部分之一，谱写了抗击外辱可歌可泣的历史篇章。“黔南事变”发生地区至今仍保留着日军侵略者许多罪证和黔南各族人民抗击日寇的历史足迹、遗址、遗迹。主要抗战遗址有贵州对日本侵略者打响第一枪的荔波板寨黎明关战斗遗址、独山黑石关阻击战战斗遗址、三都石板寨抗敌战斗遗址等。2003年11月，被省政府公布为第五批省级重点风景名胜区；2004年，经中共贵州省委批准，在原修建“黔南事变”陈列馆的基础上，扩建为“深河桥抗日文化园”；2005年8月，省委将其确定为贵州省抗日文化教育基地，成为全省抗战爱国主义教育重要场所和重要红色旅游经典景区；2011年，入选全国红色旅游经典景区。

（二）奎文阁景区

距县城21公里的兔场镇翁奇村境内，奎文阁始建于清同治十二年（1873年），阁楼保留了清代建筑雕镂艺术的特色，以其清幽典雅和浓郁的文化气息而得名，是黔南唯一保护最好的古建筑。

七、福泉洒金谷省级风景名胜区

福泉洒金谷风景名胜区位于市区近郊，总面积约34平方公里，1990年8月省政府公布为第二批省级风景名胜区。2012年评为AA级旅游景区。风景名胜区包括洒金谷景区、古城垣景区和仙桥石林景区。

（一）洒金谷景区

位于福泉市城郊，距市区东南4公里处，北起犀江，南至响琴峡，东至鸭爪坝，西抵仙人洞，南北长10公里，东西宽2～4公里，总面积34平方公里。湘黔铁路和贵新高速公路经过，也是马遵公路、马遵高速公路的南起点站。洒金谷是鱼梁江、诸梁江、沙河切割形成的三道峡谷和三江汇合之后麻哈江峡谷的总名，得名于诸梁江上游的一座古石拱桥——洒金桥。沙河绕县城至千家河河段，陡然狂奔直泻于一塌陷的断崖深涧，形成多级瀑布群。沿绝壁栈道顺河而下，峡谷深处有一小石拱桥——福泉洒金谷瀑桥，桥下约20余米与诸梁江汇合处又是一道10余米高的断岩，沙河飞流直下再度跌入深潭。诸梁江两岸绝壁险峻，谷底终日不见阳光，人们称之为黑巷。出黑巷口即仙影岩，在江岸百米绝壁上俨如传说中的仙人张三丰遗影，旁有明代贵州巡抚郭子章题“神留宇宙”4个大字，迄今600多年，字迹仍清晰可辨。仙影岩斜对面有一座古石拱桥，即洒金桥，不论天晴下雨，夜里皆有铿锵之声，清晨总见桥面上布满露珠，传为张三丰夜雨洒金。鱼梁江峡谷两岸危岩高耸，绝壁上多石窟洞穴，为与沙河、诸梁江不同的另外一种峡谷景观。鱼梁江、诸梁江、沙河三水会合处称三江口，是洒金谷的中心景点，两岸岩壁，直插云霄，江心兀立一石笋高数十米，名“将军过河”，又称金鞭石。将军过河对面70余米高的江口大桥飞架南北，雄伟壮观，可谓“一桥锁三江，三江竞相来，黔中有胜景，洒金放异彩”。由此溯三水而上，南连鱼梁江古渡口响琴峡，北望沙河之滨道教圣地福泉山，西走诸梁江畔仙人洞，东临叠翠烟迷九九峰。坐船顺流而下，麻哈江两岸翠崖对峙，沿江有上倒桥遗址、青蛙跳水、牛王投江、黑熊抱美女、葛镜桥等景点。明正德三年（1508年）三月，著名哲学家、教育家王阳明贬谪贵州途经此地时亦赋诗以寄情怀。洒金谷景区三水斗奇，古石桥、古驿道、古石刻、天然形成的张三丰遗影仙影岩等文物遗迹奇观及“张三丰搭桥”“将军过河”等众多传说散布其间，融自然风光和历史人文景观为一体，以“古、幽、奇、险”而闻名，充满神话色彩，被誉为“贵州小三峡”。景点包括三江峡谷景观、国家级重点文物保护单位葛镜桥、明万历贵州巡抚郭子章在仙影岩旁所题“神留宇宙”摩崖石刻、叠翠山（俗名金鸡山、九十九个坡）、清乾隆贵州按察使德隆勒石题名的“响琴峡”、涌雪瀑、金龟戏瀑、黑巷、麻哈峡谷等。1990年，省政府首批公布其为贵州省级风景名胜区。

葛镜桥　位于福泉市城东南3公里处，横跨麻哈江上，为明代人葛镜独资所建。因砌桥石料整齐端方形似豆腐，又称“豆腐桥”。葛镜桥建造奇绝，历300余年风雨仍完好坚固，已载入《中国桥梁史》中，堪称古代名桥。

麻哈江是古代云贵通往湖广驿道上的必经之路，两岸悬崖绝壁，河中水深流急，行人渡舟往往覆没。明万历年间（1573—1620年）平越卫人葛宦游归故里，决心造桥便民，以济往来，初建桥于麻哈江上游马丫河，未成即塌，人称“上倒桥”。复修于下游鸭爪坝，仍被水圮，人称“下倒桥”，至今，两座“倒桥”遗址尚存。葛镜虽屡建屡毁却毫不动摇，表示“吾当声罄竭家产，以成此桥。如功再失败，将以身殉之耳！”遂重勘桥址，重募工匠，历尽千辛万苦，经30余载，至天启六年（1626年）终将石桥建成。时任贵州总督张鹤鸣为表彰葛镜建桥之功，撰《葛镜桥碑记》立于桥头，并以其名作为桥名。

清康熙二年（1662 年），平越新镇道徐宏业曾修葺桥面，并撰《重修葛镜桥记》。康熙九年（1670 年）建“三元阁”于桥西，在桥两端造腰墙数十米，以护行人往来。其后，乡人在桥边建葛镜庙并铸钟刻石于庙内，现仅存遗址和多处石刻。

据茅以升主编的《中国桥梁技术史》载：葛镜桥全长 51. 44 米，共 3 孔，桥面宽 8. 5 米，最高处约 30 米，3 孔跨径分别为 25. 62 米、12. 3 米和 6. 26 米，3 孔拱高分别为 9. 61 米、9. 9 米和 5. 02 米，工程之艰巨，气势之壮观，令人感慨。他在后记中说：“十六世纪贵州平越葛镜，历时 30 年，悉数家资，三毁三建，从失败中吸取经验，建成了葛镜桥。”罗英在其所著的《中国石拱桥》中，也以葛镜桥为例说明“石拱辅构件”而产生的“被动压力”的重要性。1941 年茅以升组织国立交通大学学生运用现代力学原理测算此桥结构得到结论：“葛镜桥可安全通过 10 吨重型汽车”。

1978 年，有关部门曾稍作维修。1985 年，被省政府批准为省级文物保护单位。2006 年 6 月，被国务院公布为全国重点文物保护单位。

（二）古城垣景区

主要景区由古城垣、道教圣地福泉山、羊老竹王城和竹王园等组成。

1. 古城垣　原为平越卫城，始建于明洪武十四年（1381 年），初为土城，明建文三年（1401 年）改为石城，周长 4.7 公里，高 7 米，厚 3 米，迄今东西南北四门均保存完好。城垣傍山建造，用加工成长方形的料石砌筑，整齐坚固、势若龙腾。4 道门洞各设木门，昼开夜闭，洞门外设壕沟踹吊桥，门洞上建城楼，南门（正阳门）为威武楼，北门（拱极门）为福泉楼、东门为藜峨楼、西门为秦宁楼。城楼四角翘檐、筒瓦覆盖。成化年间在西门外建水城，万历年间又在水城外建外城，崇祯年间又于城北增建敌台及望楼 12 座（已毁），城垣防御系统臻于完善。

古城垣的精华部分是小西门处的“水城”。水城是由内城、水城、外城三部分组成的一座瓮城。未建水城前，频繁的战火常造成城内兵民饮水枯竭，致使人畜渴死。成化年间（1465—1487 年）平越卫指挥张能新在小西门，另有一道城墙，先为引水入城，后又建一道围河入城，这两道城墙是为战时城内兵民饮水而建，称为水城，筑城墙直抵沙河岸边，修渠引水入城。明万历三十一年（1603 年），知府杨可陶等人又在外城增建城墙 183 米，筑 3 孔石拱桥两座，将河水直接围入城内，并在桥孔装置活动铁闸，从而确保了城内饮水不会断流。西门一带就形成了城内有城、城外有城、桥上城、城下桥，既可防守，又通水流的“里三层、外三层、石墙围水小西门”的独特风貌，现保存完好，国内罕见，具有很高的历史价值和科学价值。著名文博专家、原故宫博物院研究员单士元题词赞道：“明代石城，黔中瑰宝，亲临其境，胜读史书。”1956 年，福泉古城垣被省政府批准为省级文物保护单位，1982 年再次核定为省级文物保护单位，2001 年 6 月，被国务院公布为全国重点文物保护单位。

2. 福泉山　在福泉老县城内西南隅，山的正面高不过十数丈，大不过十数亩，山上林木葱郁，奇石林立，泉洌池清，楼台亭阁，掩映其中。有蜀中十大道场之称。600 年间，香火极盛，历代士绅百姓，求神拜佛，反复捐修。文人学士，争相题咏，慕名隐居。福泉山不算高，比起城外周围的山峰显得更低小也不相连，但奇怪的是，老县城的泉、井、地都集中在福泉山，不能不算是一大奇迹。福泉山依山傍水，交水溶溶，微风徐徐，浓荫蔽日，空气新鲜，环境优雅，曲径通幽，不愧为佳山胜水，是历代人们瞻仰游玩的道教圣地，“福泉”县（市）名也因山而得。福泉山一直为贵州著名的道教圣地，2006 年被评为全国十大道教圣地。

（三）仙桥石林景区

仙桥位于福泉城西北 32 公里的仙桥乡，有一片约 12 平方公里的“石兵阵”，距此石林百余米有条深河，两岸悬崖峭壁，有一天然巨岩横跨深河之上形成一座天生桥，当地人称为“仙桥”，桥高 130 余米，长约 100 米，宽约 50 米。桥“搭”在一深涧之上，雄伟壮观，石桥桥面有一断裂窟窿成自然天窗将仙桥分成大桥和小桥并列，一条乡间小道从大桥顶上通过，素有“过桥不见桥，回眸见双桥”之说。从桥底到桥面，有 492 级石梯。相传石王在此点兵，遇深涧阻隔，天上仙女特在此搭桥相助，仙桥名因此而得。天生石桥，两桥平行，一宽一窄，实属罕见。出桥洞顺河而下 100 余米河水潜入一条暗河，暗流从 2000 多米的龙洞奔出跌入岩下深潭，形成天然瀑布，为仙桥景区又一处奇观。过桥数十米进入一片石林，12 平方公里范围内有大小 18 座山峰，俗称“十八兵营”。远处看去，群峰耸立，千姿百态；近观，巨石林立，有的如苍松，高大挺拔，有的如披钾武士，坚毅威武。整个石林由三道门进入，一为“牧马营”，此处有石狮、石王、石马等，形象非常生动；二为“石王宫殿”，此处石林有的如宫门，有的如御帐，有的如石凳石椅，有的如文武百官；三为“御花园”，此处石林有的像石白菜，有的像牡丹、芍药，还有的如形态各异的花草，有一景恰如石王观鱼塘、游鱼以及池边的水草，栩栩如生，令人遐想。仙桥石林有一个平地而起的小山包，山包顶有一个直径 6 米余的圆坑，旁边有一座长达 4 米的大岩石，犹如一只展翅欲飞的斑鸠兀立在 3 根石柱上，头向清水江，人们称为“石斑鸠”。石斑鸠双眼紧盯着前面一个直径约 55 米、深达 6 米的大圆坑，人称“斑鸠潭”，潭中没有水，是苗家的斗牛场，每当跳月节时，苗族同胞在这里举行斗牛活动，热闹非常。

八、贵定洛北河省级风景名胜区

贵定洛北河风景名胜区，位于贵定县境，距贵阳市 67 公里，都匀市 80 公里，为贵新高等级公路、湘黔铁路和国道 320、321 线必经之地，交通便捷，区位优越。总面积 210 平方公里，以洛北河为纽带贯通全境，自然景观有洛北河漂流景区、马场河景区、杨家寨景区和音寨、晓寨、猛壤寨景区 4 个片区组成。景区以洛北河流域各水系岩溶地貌景观为主体，辅之以浓郁的民族人文历史景观，融山景、水景、洞景、林景、河谷风光、峡谷壁画、田园风光、布依风情和佛教文化、屯堡文化、土司文化为一体，分布集中，丰富多彩。2003 年 11 月，被省政府公布为省级风景名胜区。

（一）洛北河漂流景区

位于贵定县城西部。洛北河是独木河在县境内的重要河段，长 95 公里，距县城 8 公里。整个景区辖洛北河漂流、红子岛、杨家寨、穿心洞等 17 个风光景点，面积 86 平方公里。景点类别较多，有峡谷类、河谷类、植物景观类、古建筑类、民族风情类。洛北河漂流全长10公里，漂流终点距县城仅5公里，有“黔中第一漂”之称，也是贵州省四大漂流之一。全程漂流欣赏鸡龙滩、油鱼滩、大白水浪、跳陇岩、跳陇瀑布、乱石峡长浪、洛北小三峡、红子岛等景点。

（二）马场河景区

位于贵定县西部，距县城20公里。以穿心洞、天心桥为主景，雄奇磅礴，四周配套景区，奇妙多彩，是省会贵阳附近一组高品位、高质量的山水自然景观。主要景点有位于马场河乡西侧500米、由青龙山与白虎山峡峙形成的穿洞谷及穿心洞、槽谷森林，有黑白相间形似大猪的猪王山，有长约500米、石奇水急、叠瀑飞湍、木奇林茂和簸箕冲及卡门等。

穿心洞位于县城西面21公里处的马场河乡，洞宽约200米，高约300米。洞口在两山的山腰上，洞口有河水潺潺流进。进入洞口，上中部怪石高耸，藤蔓密布，青松倒垂。整个洞口就是一个天然的溶洞，跨度约100米，呈弯形。洞中有一斜坡，约500～600平方米，似一会场。穿洞河水从底部流出。洞内各种钟乳石、石笋、石幔，千姿百态。穿心洞旁的一面内斜峭壁中间有一小洞，洞口宽约20米，四周长满青苔和杂草，有泉水从峭壁上飘下来，凉爽宜人。

（三）杨家寨景区

位于洛北河漂流终点红子岛下游10公里，距县城15公里。景区为奇特的喀斯特地貌景观，异彩纷呈，自然风光恰似一轴奇美的山水画卷。主要景点有象鼻搅水、十里铁壁画廊、名木古树群、白龙洞、天下第一牛、密纳龙潭等。

（四）音寨、晓寨、猛壤寨景区

位于县城西南，距县城15公里。景区内山清水秀，花团锦簇，如诗如画，风景独好，布依风情浓郁，历史文化深厚，四季皆可赏玩。主要景点有“金海雪山”风光、鸳鸯岛、马坝河风光、独龙河相思湾、锰壤沙洲巨藤。

“金海雪山”风光　景点位于盘江镇境内，距县城11公里、距省会贵阳50公里，贵新高等级公路、国道210等公路直达景点。内辖音寨、洛海、竹林堡、麦董等14个自然村寨，居住着1263户5568人，是一个已有30代传人、民风淳朴、风情浓郁的布依民族村寨群落。其中音寨是1999年11月省政府公布的首批13个省级民族自然保护村镇之一。景区以音寨为中心、音寨、麦董、竹林堡、石头堡、上中下洛海五寨组成，形似五瓣花绽放，风光旖旎，寨头银杏、古柏遮阴，寨前水流舒缓，碧波澄澈；河边垂杨弯柳，水车悠悠。河中鸳鸯两岛，天然合璧，绿草茵茵，古树葱郁，寨后青山苍翠。景区内种植上万亩油菜花和李树，每到春分时节，漫山遍野的白色李花与田园盛开的黄色油菜花交相辉映，形成“金海雪山”美景。2005年12月获全国工农业旅游示范类评委会授予的“全国农业旅游示范点”称号，2006年3月被贵州省布依学会命名“中华布依第一寨”称号，2007年12月获贵州省旅游部门授予“国家AAA级景区”称号。

九、龙里猴子沟省级风景名胜区

龙里猴子沟省级风景名胜区，位于与贵阳市毗邻的龙里县南部，距县城13公里，贵阳机场20公里，交通便利。总面积193平方公里，中心景区75.3平方公里，有60多个独立景点。分属以喀斯特峡谷为主的猴子沟景区和最具特色的高山台地草原景区。台地草原与猴子沟峡谷交错连接在一起，构成奇特的台地——峡谷景观。1995年3月，被省政府公布为第三批省级重点风景名胜区。猴子沟风景名胜区主要包括峡谷和高山台地草原两个片区。

（一）峡谷景区

位于台地草原鹿园度假村东3公里的谷乌坪、五里坪、鸭甸坪、大坪子、坪子上、大小市坪子之间的峡谷。猴子沟岩溶发育强烈，典型长条廊道式喀斯特峡谷，造就了丰富多样的峰丛、溶沟自然景观，伏流暗河泉点出露，景观不断，如诗如画。主要有峡谷、山峰、洞穴、洼地、落水洞、飞瀑，以及各种奇山异石。其中的“孔雀开屏、猴王把关、望天洞、坐井观天、双龙飞瀑、猴王拜师”等，分别被评为国家级和省级景物景观。峡谷内森林（林灌）覆盖率达70%以上，有国家一、二级保护植物和动物，其中国家重点保护的珍稀植物有短叶黄杉、银杏、南方红豆杉、榉木、香果、紫薇、香樟、方竹等；珍稀动物有斑羚、猕猴、林麝、大鲵、石蛙等10多种。良好的生态环境，是生态旅游、探险寻幽、体育健身、科考教学的好地方。景区内主要景点有出水洞瀑布、猴子岩、飞鹰岩、十里竹溪、古茶园、八仙聚会、背崽岩、黑冲嶂谷一线天、双龙洞瀑布、望天洞、鬼洞、百文阴阳壁、知音瀑、滴水观音、龙母驯鲸、方竹箐、猴王把关、双峰絮语、天生岳飞像、碧螺跨涧等；主要名胜古迹有古法造纸作坊、古营盘、冠山、莲花洞等。

（二）高山台地草原景区

位于草原乡境内，距县城10公里的马郎坡顶部，由十几块高山台地草坪组成，小的数百亩，大的超过5000亩，总面积3万多亩。草原海拔多在1400～1700米。由于海拔较高，地势平缓，视野开阔，谷岭常年刮劲风，风速较大，多阴雨云雾，年日照时数少，气温偏低，湿度大，气候特征恶劣，土层较薄，养分贫瘠，难得的原生植被多被破坏，除部分农业用地外，台地上为草原，成为典型的贵州不可多得的高原高山台地草场。一望无际的大草原，为省内喀斯特自然景观中的奇观。其最突出的特征为“高山之巅的草原”，故有“黄果树有大瀑布，龙里有大草原”“龙里草原是座山”“贵州喀斯特桌状高山顶上的大桌面”“人在山顶走，脚踏大草原”等美誉。景区以草原风光、天象景观、苗寨风情为特色。主要景点有马郎石、马郎佛光、草原日出、高山台地草原风光、炸哨百泉、塘堡短叶黄杉林、弯弓寨古银杏等。

十、三都都柳江省级风景名胜区

都柳江风景名胜区位于三都县东北部，321国道沿途经过。距都匀市87公里，荔波支线机场110公里，黎平机场160公里。集文化、观光、旅游、探险、科考、休闲、漂流为一体的综合型风景区。总面积127.2平方公里，最佳游程约40公里。都柳江风景区共分都柳江沿江景区和巫检沟景区两处，约有36个景点，融山、水、瀑，民俗文化、历史文化为一体，地方特色浓郁，水族文化得天独厚，多彩的自然景观和人文景观牵出一片美的画廊。2003 年 11 月，被省政府公布为第五批省级重点风景名胜区。

（一）都柳江沿江景区

都柳江属珠江流域西江水系，景区自县城官塘电站经拉揽、打鱼、都江至坝街，全长 52 公里，面积为48.45 平方公里。最佳游程约40 公里，沿江山岭对峙，水流湍急，河槽随山势曲折，深藏于高山之中。景区属都柳江及其 31 条支流组成的水系网，黄金水运优势明显。景区内溪流瀑布、峡谷沙滩兼容，峰峦绵延、梯田层层、林海苍茫、云雾环绕、鸟语花香、风光旖旎，两岸居住着水、苗等少数民族，保留着百鸟衣、鸡毛裙等古老的服饰和错落有致的“干栏”式吊脚楼民居；遗存有原始粗耕方式和奇异独特的民风民俗；保存着如都江古城垣等众多历史遗迹和原始古朴的水族、苗族自然村寨。景区内不仅有丰富的历史文化，如小溪摩崖、布仰摩崖、城乡义冢之坟墓、都江古城垣、甲找水族石板墓、羊城福崖墓等文物古迹，而且有背山临水的水族、苗族民俗文化，如水族铜鼓舞、斗角舞、苗族古瓢舞、芦笙舞等。其丰富的内容都具有十分珍贵的历史、科学、艺术研究价值和令人神往的观赏价值。

1. 小溪摩崖　位于三都县拉揽乡境内，距县城 6 公里的都柳江南岸石壁上，岩高约 30 米，宽约 20 米。摩崖共两方，其一长 2.34 米，宽 0.7 米，距地高 6 余米，横向阴刻“无罣碍”三字，上款“嘉庆庚辰上日”，末署“中湘张径田□”；其二长 3.4 米，宽 1.08 米，距地高 4.6 米，从右至左阴刻楷书“山高水清”四字，上款“乾隆丙辰桂月中浣”、末署“郡守襄平孙绍武题”。摩崖大字约 0.50 厘米见方。前者为清乾隆进士张径田刻于 1820 年，后者为清独州知府孙绍武授命疏浚都柳江航道时于 1736 年所题，为研究黔桂水路交通发展史具有一定的历史价值。

2. 布仰摩崖　位于三都县都江镇上江村都柳江北岸古道旁。距地高约 3 米，距江面高约 20 余米。摩崖石质为水沉岩，崖面较光滑。楷书竖行阴刻，文为“向来王化外，今入版图中”10 个大字。摩崖长 1.2 米、宽 1 米，大字为 18 厘米见方，小字为 8 厘米见方。清雍正八年（1730 年），独山知州牧孙绍武受命沿都柳江进兵三脚屯（今三都县城）途经打略、柳叠、来牛、上江等地助行“改土归流”政策所时所书，成为清王朝推行“改土归流”政策、建立都江厅的历史佐证。

3. 城乡义冢之坟墓　位于三都县都江古城垣南门外约半公里处的驿道边，为一土包墓，坐东向西。清咸丰五年（1855 年），都江农民罗天明、罗光明等率众举行反清起义，攻陷都江厅城。此后十余年间，战争烽烟不断，农民军和城内官军及居民等死难者难以计数。同治十二年（1873 年），新任的都江通判文芳藩与士绅等将城中难者白骨收葬于“南门”外，立碑一块，高 195 厘米、宽 104 厘米、厚 12 厘米，碑眉横刻“万古流芳”4 字，碑正面刻“城乡义冢之坟墓”7 个大字，右边刻都江通判文芳藩和上江协副将张梁写的小字碑文，左边刻上江街士李莲、刘廷选等写的小字碑记，均为楷书，字迹清晰完好。碑文记述了清咸丰五年都江农民罗天明、罗光明领导起义的史实内容。

4. 羊城福崖墓　位于三都县羊福乡千家寨附近，分布在河岸峭壁间，为元、明时期的

"清江苗（炕骨苗）"墓穴。系单室墓穴，约200余座。墓穴为人为开凿，正面看大多呈不规则的长方形。一般长2.5米、宽1.2米~1.8米、高约2米。距离河面30米~40米的崖壁上，墓穴最为密集的是达洛寨西侧700米崖壁上，开凿5层墓穴，共40座，间距约0.5米左右，最上层距地面约17米高，排列整齐。棺木为长方形，横置穴中，棺箱的六面均用厚约0.1米的整块柏枋做成，以燕尾凹榫与两端挡板的凸榫斗全固定，不施一钉一铆。羊福崖墓为研究西南少数民族丧葬习俗提供可靠史料。

5. 望郎榕　位于都柳江南岸（三都县拉揽乡对面）的沙滩上，树高20余米，枝叶繁茂，遮天蔽日，形如巨型绿伞屹立江岸，覆盖面达0.1平方公里，其树龄在200年以上。相传是一位水族妇女站在江边等待丈夫的归航，而丈夫始终未归，日久天长变成了一棵榕树，即"望郎榕"。

（二）巫检沟景区

包括自县城沿都柳江顺江而下，至柳叠上寨和柳叠峡谷。面积78.75平方公里。景区内峰岭连绵，幽谷叠翠，清流潺潺，瀑布飞泻，保持完好的原始森林，滩多湍急的峡谷为其主要特色。主要景点有龙塘瀑布、来楼瀑布群、柳叠峡谷、尧人寨遗址、都江古城垣等。景区内浓郁的民族村寨主要有怎雷水族民族村、水各水族村寨、板告水族村寨、水各卯坡等。

1. 都江古城垣　位于三都县城东南35公里的都江镇镇政府驻地，始建于清雍正九年（1731年），初系土筑。次年，呈准改建石城。雍正十二年（1734年）竣工。该城垣周长约2000米，设4门城楼，周围设8炮台，另设小东门和小南门供挑水入城。城内诸般富廨齐备，居民约1800户，建有文昌阁、关帝庙、城隍庙、龙王庙、万寿宫、炎帝宫、孔子庙、观音庙、湖南会馆、江西会馆、接待馆等，"商旅出于途，汉苗杂于市"，一派繁荣景象。今存的都江古城垣即为贵州"新疆六厅"古城遗迹之一，至2010年底，有270多年，其间经历了咸丰年间（1850—1861年）都江罗光明、罗天明等领导的各族农民反清起义战火，抗日战争时期（1944年）日军的焚烧及美军飞机的轰炸等灾难，虽壮貌已毁，但雄姿尚存，保留有"东、南、西、北"城门，以及部分城墙、衙署、老街、石板路、水井和与之相关的上江协武略骑尉王芝兰墓、城乡义冢之坟墓、布仰摩崖、江西义渡碑等文物古迹。都江古城垣，为研究西南少数民族社会发展史提供可靠的资料。

2. 怎雷村　位于三都县都江镇，怎雷距县城41公里，距镇政府所在地6公里，与都江古城垣隔排常河相望，坐落在半山腰上，有4个自然寨5个村民组，共225户997人。主要聚居着水族和苗族。长期以来，怎雷村寨的水族、苗族同胞和睦相处，民族团结，呈现出人与自然和谐共生的景象。村域地貌山高坡陡，坡峰高耸入云，河沟深割削壁，坡与坡之间形成"V"形状，故有"隔山喊能听，走要一早晨"之喻。村寨保存了古老的干栏式建筑群，全木结构，屋顶作歇山式，盖小青瓦，多系五开间两楼一底，楼下为牲畜圈和堆放杂物之用，楼上为日常生活场所，楼梯设置于房屋另一端。有民居建筑200余栋，禾仓111栋。2010年12月，建设部和国家文物局在公布第五批中国历史文化名镇名村名单中，怎雷村入选其中，并被列为省级文物保护单位。该寨藏着厚重的水族、苗族文化，如水书、吊脚木屋、纺纱车、织布机、石雕、马尾绣、蜡染以及铜鼓舞、古瓢舞、古乐等，成为三都县农耕文化的一个驿站。

“怎雷”水语意为岩脚下的寨子。这里峰峦延绵，古树参天，梯田层层，云雾环绕，与民俗风情形成一道亮丽的风景线。村域内有“美女摩崖”和“冷暖风洞”、有“宗族墓群”、有龙凤石雕墓。上寨、中寨皆有天然泉井，水源长流，水质清亮。相邻景点有叫化洞、犀牛洞、崩坡寨、海马脚、仙人桥峡谷、天生桥、凉风坳、煞人湾、马鞍坡、小脑回音岩、风柳苗王洞、瓮庭山等。岁时习俗主要有粽粑节、端节、吃新节。全寨把秧种撒结束就吃粽粑，秋收结束后，水族过端节、苗族过吃新节，届时跳铜鼓舞、芦笙舞、斗牛舞、古瓢舞等祭祖活动。

3. 水各水族村　位于三都县南部樟江源头的九阡镇，距三都县城60公里，距荔波机场27公里，是三都至荔波、独山的交通要塞。全村辖9个自然寨，16个村民小组570户2252人，均为水族，耕地面积2189亩。水各水寨是该村最大的自然寨，全寨有174户648人。2009年，水各卯文化风情园基础设施投资近200万元，将情歌对唱场、石神台、树神台、如意瀑、如意潭、仙人桥、定情谷、鱼塘、水碾、水各大寨、龙凤井等景点进行了基本改造，具备了相应的规模。

村寨群山环绕，绿树成荫，风光秀丽，风情独特，是一个典型的水族村寨之一。民俗民风保留尚好，村中藏有大量的水书和水歌刊集，卯节就是水各一带水族群众的传统重大节日，影响深远。水族先民在长期的生产生活实践中创造了自己独特的文明，拥有自己的语言和文字和历法，水书在水族民间仍在使用，是水族的“圣经”和“百科全书”，被称为象形文字的“活化石”。水书内容涵盖天文、地理、宗教、哲学等，其文化内涵博大精深，成为研究水族发展和水族文化的重要史料，也是水族文化的传承密码。水族又是一个热情开放、能歌善舞的民族，形成自己原始古朴的民俗民风，端节和卯节是水族重要的传统节日。端节即是水族的大年节，水各一带的卯节是水族青年人的歌节，号称“东方情人节”。卯节蕴藏着古朴、丰厚的文化内涵，它是按“水历”每年的十月（即农历六月）择一卯日为节，即称“卯节”。节日当晚，家家户户把屋子打扫干净，用最古老神秘的仪式祭祀天祖，水书先生身着长袍，诵读“水经”，祛邪祈福，并预示来年吉祥如意，人寿年丰。席间，邀请尊贵的客人，打开自家酿造并在地下藏窖多年芳香四溢的“九阡酒”，伴着铮铮铜鼓声，饮酒作乐，尽情欢歌。“卯日”这天，青年男女着节日盛装，成群结队去“赶卯坡”。时辰到了，先是卯坡脚下的千名妇女祭稻田，九乡十八寨的水族妇女身着盛装，围聚在稻田周围，手执“草标”默默守候，当祭师念完“水经”，千名妇女便挥动“草标”，唱祈福歌。与此同时，祭师将生猪放到稻田边的水塘中，水族青年男子纷纷跳下塘内戏猪，共同祝愿秧苗战胜灾害，茁壮成长，迎来丰收。接着，四面八方的水族青年男女涌向卯坡，卯坡上人如海、歌如潮、伞如花，女青年用花伞半遮脸面，含情脉脉在注视心中的阿哥，成千上万的青年男女在卯坡用歌声传情，结识朋友，交流心事，寻找意中人，互倾爱慕之心，结成终身伴侣。节日的卯坡热闹非常，山上歌声飞扬，风情万种；山下笙歌伴舞，铜鼓声声；山腰八角亭内的“卯”字碑前双双情侣相对誓约，私订终身。水族的卯节文化在水各地区独有，已吸引了众多中外专家学者和游客的目光，越来越多的游客涌向水各，前来观光旅游，休闲度假，体验生活，了解水族的卯文化。水各的卯文化已成为该村发展旅游经济的主要来源之一。

4. 板告水族村寨　位于三都县中南部三洞乡，素有“水族马尾绣之乡”的美誉。全村共有289户口1424人，分居于7个自然寨，水族人口占全村人口的98%以上。村寨依山傍水，山清水秀。景点有仙人桥、雪花洞瀑布、雪花洞等。马尾绣是水族独有的一种传承数千年的刺绣，由聪明贤惠的水族妇女世代相传。板告村是马尾绣、银饰品及牛角雕的盛产地。民族工艺品做工精细、独特，远近闻名，成品远销海内外。

十一、惠水涟江——燕子洞省级风景名胜区

涟江——燕子洞省级风景名胜区位于惠水县境内紧邻贵阳市，省道101线、309线呈十字形贯穿景区。景区由皇上河谷、野梅岭、百鸟河生态园、天生桥、燕子洞五大景区构成，总面积141平方公里。以河谷盆地、峡谷和喀斯特地貌自然景观为特征，融布依、苗族风情及人文历史文化为一体，是观赏游览、休闲度假、科学考察、文化探秘的好处去。2000年2月，被省人民政府公布为第四批省级重点风景名胜区。

（一）皇上河谷景区

皇上河谷是涟江上游的一处风景河段，距青岩古镇约10公里、惠水县城北19公里。上起原长田乡上黄村，下至民国时期修筑的涟江灌溉坝（原县水泥厂），全长约6公里。河水清澈，河中时见嵯峨的怪石和火棘丛生的沙洲，河道时而平缓时而陡急，两岸满是绿树翠竹和芳草野花，河边还有十多架造型各异的水车。孙家寨一段河流景色尤其秀美，右岸凤尾竹风姿绰约，浓荫蔽日，组成一道绿色屏障；左岸柳枝婀娜，古树参天，树后掩映着幢幢布依木楼，远处山峦起伏，青松成林。主要景点有涟江大坝、琴山逸响和三水濛亭等。皇上河谷漂流是惠水现代旅游的发轫地。

1. 涟江大坝　涟江流域各水系、森林资源组成原生态较强的生态环境，融山、水、洞、瀑布、峡谷、森林为一体，构成极为壮观的河谷和峡谷风光。涟江大坝的冲积平原面积79平方公里，蒙江、丹水河、冷水河、鱼梁河相继汇入涟江，溪河纵横，田畴阡陌。涟江下游的河水3次入洞成伏流，雄居3座险峻的天生桥，两岸绝壁如削，河水涛声如雷。

2. 琴山逸响　在平寨与米丹寨之间的涟江东岸，有一处峡谷瀑布景观，明代以来就是惠水古十二景之一。山形远看恰如一张美丽的竖琴，古人便称之为“琴山”。“琴山”之间夹着河谷，河谷中段有一个“人”字形瀑布，瀑布下有一个高能容几人、长宽各约3米的溶洞，洞内钟乳石千姿百态，洞顶水滴如珠，叩击洞底石头，发出幽幽的声响，这声响经溶洞的共振、扩大，便有一种清远悠悠的感觉，仿佛仙人于空谷中拨动琴弦，“琴山逸响”即由此得名。

3. 三水濛亭　从米丹寨下行约500米，位于濛江汇入涟江的三岔河处，为古惠水12景之一。今亭址无存，但沙洲上开辟的农田，沿岸的垂柳和清澈的河水仍然构成了引人入胜的田园风光。

（二）野梅岭景区

主要景点有翁吟河峡谷、万亩松林和野梅岭。

1. 翁吟河峡谷　位于翁吟桥至四方塘之间，全长约 11 公里，因蒙江流水在峡谷中的回音如老翁低吟而得名。峡谷深切，峰丛耸立，恐龙壁、刀削岩，神形皆备；悬崖上怪石嶙峋，林木森森，谷中浅滩急流，逶迤绵延；情人谷幽雅恬静，狮子山雄奇险峻，野梅岭百合迎春。整个峡谷，色彩纷呈，晨昏晦暝，雨雾霁晴，景随季幻，美且迷人。

2. 万亩松林　距县城 5 公里，为一片茂密的马尾松林飞播林，成林面积 7500 亩，林相较单调。系省级森林公园。松林参天，浩瀚苍茫，松影横斜，春有刺梨花漫山遍野，烂若云霞；夏有映山红蓬勃盛开，如火如荼；秋有经霜红叶，绿丛丹缀；冬有映雪梅花，暗香浮动。一年四季，把整个林区点缀得生机盎然。

3. 野梅岭　从牛场桥沿濛江上游约 6 公里处，位于滥坝林场范围内，因林区拥有全省罕见的 300 亩野生腊梅林而得名。每到隆冬时节，百花凋零，林木萧疏，山岭岩缝之中，唯有野梅傲寒盛开，红、黄、白三个品种高雅素洁，寒冬腊月，迎风傲雪，十里香飘，玉骨冰清，幽香袭人，为省内所罕见。

4. 翁吟河支流　龙滩水流淌于山峦密林中，小三峡、公鸡岩、老鹰洞、打鼓坡等诸多景点散布其间，另有大块的草坪。景区内一块高约 20 多米的天然岩壁，已组织过 2000 多人次的攀岩活动，比较适合初学者攀岩。林中山上还藏有一个 80 多米深的天坑。

（三）百鸟河生态园景区

位于好花红村西北方向约 7 公里，由百鸟河、植物园、万亩森林 3 部分组成，拥有“中华绿色版图工程”生态示范教育基地和贵州益鸟保护区、青少年国际文化交流中心、青少年暑期环保夏令营地、西部绿色行动活动中心指定的生态旅游营地等多个称号。

1. 百鸟河　是涟江的一条支流，位于三都镇鸣钟村界碑寨，河长 4 公里，河水如一匹柔软的蓝色缎子，蜿蜒在崇山峻岭之中，两岸杨柳依依，翠竹婆娑，野花烂漫，曲径通幽，附近村寨民居保存较好。

2. 植物园　由生态园寨门处的苗圃改造而成，面积 4 万平方米，分珍稀植物园和盆景园，有红豆杉苗 18000 株，景区公路两侧种植了大量的杨梅及红果刺。

3. 万亩森林　是一片马尾松飞播林，连绵起伏，松涛阵阵，鸟语花香。

4. 波云洞　位于波云湖尽头，为水洞旱洞相连的溶洞。清康熙二十七年（1688 年）在洞前修砌高 5 米的条石墙垣和拱门，洞口两侧有康熙年间小龙长官司篆刻的“波云洞”三字。

5. 仙人洞　位于波云洞旁约 70 米的峭壁间，传为道人在此修炼成仙得名。

（四）天生桥景区

位于断杉镇与原打引乡交界的涟江的峡谷地段，即海里峡谷中段。河水在高山峡谷中奔流而下，劈山切岭，沿河两岸峭壁如削，奇石嶙峋。涟江河在此三次进洞成伏流，形成上、中、下三座天生桥。从地质地貌上讲，它是地下河三处未崩塌地段。上天生桥，桥距

40 米，高逾百米，桥宽250 米，桥面上两个耸如驼峰的溶蚀残丘，高约20~30 米，两丘间有一直径20 米的竖向天窗，直通桥底。中天生桥，桥跨30 米，呈较规范的圆拱形，桥高100 多米，桥面宽120 米。上、中天生桥之间的“盲谷”，当地人称“球岛”，四周皆绝壁，地势险恶，无路可下到河底，河水深不可测，鱼类甚多。下天生桥位于中天生桥以下800米，桥高100 米，桥面最宽处约百米，最窄处仅为5 米，此地人迹罕见，常有猴群出设，当地称猴子岭。

（五）燕子洞景区

景区内有洞12629 个，密度之大，世界罕见，故有黔南“万洞之乡”美称。2005 年被亚太环境保护协会评为“中华100 大生态美景奇观”之一。主要景点有羡塘燕子洞、燕子洞河谷、小木井（俗称桃花源）。人文景观主要有九龙山、摆金石头寨洞葬及民族文化风情布依族民歌《好花红》和布依族六月六歌节。

1. *羡塘燕子洞*　洞高216 米，宽40 米，是迄今为止发现的国内溶洞口最高的岩溶洞穴。至燕子洞口，抬头仰视，溶洞高与天接；燕子洞分水、旱两个部分，左侧为阴河，河水从幽深的洞中流来，右侧为旱洞，进口处是一个开阔空旷的大洞厅，高近200 米，宽30~40 米；沿着洞厅往里走，地上全是大小不等、层层叠叠的垮塌巨石，洞壁钟乳、石幔千姿百态；到洞厅尽头，则四处皆为石壁，阴河已成洞中伏流。每年春暖花开，数以百万计的白腰雨燕凌空飞舞，遮天蔽日，鸣声震谷，蔚为壮观。

2. *犀牛洞*　位于燕子洞左侧半山腰上，高约50 米、宽30 米、深40 米，洞内宽敞明亮，洞底平坦，洞中一尊巨石，状若犀牛；乱石中有贝壳类的生物化石。洞口高大，洞中有一状如“犀牛望月”的奇石。出洞口可见一盆地，盆地四周山岚萦绕，古木参天，绿树成荫，小木井布依寨即掩映其间。盆地内溪流弯弯、流水潺潺，良田沃土遍布两岸。以前犀牛洞是小木井村与外界相连的唯一通道，现虽已开山修路，但仍具有“世外桃源”的意境。

十二、长顺杜鹃湖——白云山省级风景名胜区

杜鹃湖——白云山省级风景名胜区，距长顺县城18 公里，距贵阳87 公里，320 国道、省道、县道、乡道交错纵横，交通便捷。总面积148 平方公里，包括杜鹃湖、白云山、乌麻河、格凸河四个景区。景区以其宁静的自然山水、凝固于空间的历史文化、原汁原味的民族文化，被誉为“人类疲惫心灵栖息的家园”。1994 年，长顺县举办首届杜鹃花节，杜鹃湖景区开始开发建设，并对外开放。2000 年2 月，被省政府公布为第四批省级重点风景名胜区。

（一）杜鹃湖景区

位于长顺县广顺镇新寨社区猛坑村，东距贵阳90 余公里，西距安顺市70 余公里，距县城18 公里，集山、水、花、鸟、林、泉、洞、寨为一体的全国唯一的水上杜鹃花海湖泊，是贵州省唯一的水上杜鹃花景区和原生态旅游休闲度假区。杜鹃湖因湖两岸自然生长大红、深红色杜鹃花绵延数十里而得名。湖长7.8 公里，湖面88 万平方米，最宽处1 公

里，水深15～40米，库容1339万立方米，湖弯港汊分支多而深幽，湖周缓丘陵冈环绕，山冈上各种杜鹃、杨梅、松杉、枫林密布，映山红、毛栗、青杠树等灌木丛生。当春暖花开时，沿湖两岸白、红、紫、粉等千姿百态的杜鹃花竞相开放，满山姹紫嫣红，好不迷人。待杜鹃花谢后，映山红又争相怒放，与毛栗树、枫叶树相交斗艳，红绿相映。夏日来临，满山杨梅绿叶荫荫，红果累累，诱人垂涎欲滴。泛舟湖中，举目观赏，满眼生辉，碧波荡漾。每年杜鹃花开都会吸引众多游客前往观赏，湖面四周群山环抱，烟波浩渺，湖水碧绿如镜，山顶烟雾缭绕，山下微波拂岸。优良的生态，宜人的气候，是杜鹃湖特色之一。景区植被覆盖率达90%以上，年均气温15℃左右。正是这样的特殊环境，滋生了猕猴桃、何首乌、天麻、杜仲、山药、金银花等植物，又保存和繁衍了穿山甲、金鸡、竹鼠、水獭等动物。湖中有山，山上有洞，洞中有泉，集山、水、泉、林、花、洞、兽于一体是杜鹃湖的另一特色。景区有溶洞数座，其中以距湖约6公里处的凤凰洞最有名气（位于长寨街道办事处种获社区生联村侯家院组）。该洞长3公里，洞内景观造型优美奇特，多姿多彩，其中滴水玉盘石、凤凰石等景观最为珍奇。2000年贵州省政府公布杜鹃湖为全省第四批省级水利风景区，2002年国家水利部将杜鹃湖景区命名为国家级水利风景区，2007年12月省旅游局批准杜鹃湖景区为国家AAA级旅游景区。主要景点有：花山、珍珠泉、杜鹃湖瀑布、黄鹂冲、杜鹃岭、龙头山、枫林湾、桃子冲、小石山、翰林墓和土桥苗族风情村及新寨布依村。

杜鹃湖入口处西侧群山，生长着茂密的常绿杜鹃，山上杜鹃花品种极多，有马缨杜鹃、炮仗杜鹃、吊钟、照山白等。花色有大红、粉红、紫红、淡红、白色、白间红等，花开季节，群芳争艳，美不胜收。珍珠泉：花山脚下天然地下泉，泉水冬夏不竭人行泉边湿地，即有串串水泡冒出，形如珍珠，为典型的草甸湿地生态。杜鹃湖瀑布：为双曲拱形拦河坝，坝高46米，长123米，湖水从坝顶直泻而下，气势宏伟。黄鹂冲：为湖东侧的第一个湖汊，因栖居众多黄鹂而得名，湖岸植被茂密，鸟语花香，景色别致。杜鹃岭：为湖区杜鹃花最多的一座半岛，可乘船观赏，岭上杜鹃花品种多，花色艳，且花期早，腊月开花，农历二月满山红遍。龙头山：湖东岸一形如龙头之小山，针阔叶混交林覆盖，以小叶白杜鹃、吊钟白杜鹃等开白花的乔木杜鹃著称。枫林湾：湖的南部东侧最深湖汊，两岸生长着众多枫树，每至金秋，红叶尽染，景致迷人。桃子冲：湖区中西侧一狭长湖汊，两岸生长着成片桃林，阳春三月，桃花、杜鹃竞相争妍，情趣盎然。小石山：湖尾部东岸，方圆几百亩皆长满杜鹃树，开花时节，姹紫嫣红，漫步其间，若置身花海。在景区小山中部，有一群但氏坟茔，系清代广顺名人但明伦家族墓，这里三面被山环抱，一面开阔，呈座椅型；葬地共有但家12座墓，均为人工凿磨、雕龙刻虎的石块砌成，碑高且宽，碑文字迹图案线条清晰，是景区重要的人文景观。

沿杜鹃湖而下有“罗温花冲”景，该景杜鹃花种类繁多，享有“村鹃花园”之称。有人曾这样说，到杜鹃湖不到罗温花冲，是一个大的遗憾，由此可见其地位。“燕泥石壁”景观，也十分引人入胜。

（二）白云山景区

白云山又名螺拥山，位于白云山镇思京村境内，海拔1462米，距县城40公里、广顺东20公里。以古寺庙建筑、明建文帝传说及徐霞客游白云山为主要特色。白云山与其他佛教名山最大的不同之处是以建文帝为中心而展开，以绚丽多彩、光怪陆离而又独具特色的魅力，引人向往，使人深思，令人感慨，耐人寻味。主要景点有紫荆潭、撑腰岩、玉屏峡道、天子洞、南京坪、徐霞客亭遗址、白云寺前殿遗址、白云寺、青龙潭、潜龙阁、神仙洞古文化遗址、来远写字崖、夜郎古城池遗址等。

白云山，相传明代建文皇帝于建文四年（1402年）的“靖难之变”中，从南京仓皇出逃，后由滇入黔，望白云遁迹于此而闻名。明代正统年间，金筑安抚司安抚史金镛下令修白云山，建罗永庵等庙宇。崇祯时，贵州巡按史胡平运曾捐银300两修葺白云山，并作《题建文帝阁碑记》。著名地理学家徐霞客崇祯十一年（1638年）古历四月十五日曾考察白云山，并写“游记”一文，对白云山作了详细记叙。

白云山经历明代整修后，古木参天，建筑宏伟，碑刻石雕，目不暇接，登山远眺，层峦叠嶂，万山环绕。自山东南起，灵宫殿、大山门、中殿、大殿（罗永庵）、玉皇阁等主要建筑共40余间。这些建筑群依山傍势，布局自然，错落有致。寺庙斗拱飞檐，雕梁画栋，蔚为壮观。各殿的窗隔，均以佛教故事为题材，精工雕刻其上，人物神态各异，栩栩如生，花鸟虫线条流畅，惟妙惟肖。白云山寺院的雕刻工艺，无论是佛像、动物及其他装饰图案，均雕工精细，造型独特，形象生动。其中有一石墩，高43厘米，直径70厘米，周长229厘米，整件呈鼓形，四周以传统浮雕手法表现“双龙戏珠”吉祥图案。但见祥云朵朵，两龙时隐时现，张牙舞爪，怒目圆睁，上下腾挪，形象生动，呼之欲出。画面上云纹、龙鳞、龙须等细微之处，刀工精细，清晰可辨，龙身与祥云之间，还用深镂空雕手法，使整个画面造型逼真，层次分明，立体感强，给人一种生动的艺术感受，堪称石雕艺术之精品。

白云山山口南，有巨杉两株，高耸入云，大可数人合抱。相传为建文帝亲手所植，其一株附枝倒插，传说建文帝从此出入，因枝叶碍道而以手托枝而上，故树枝皆俯生。大殿前，有一清泉，青条石镶砌，上端嵌刻“跪井”二楷书，此处原无水，相传建文帝至，神龙为了涌波，现出此井。数百年来，即使暴雨久注，井不溢，天久旱，井不涸，水甘冽，质尤佳，取水必屈膝下跪，方可得水。玉皇阁右侧，有一天然石穴，据传为建文帝思念京城之时，可由洞口观望到京城景物，故又名“望天洞”。洞口用条石拱之，顶端楷书“天子洞”“嘉庆甲子年仲秋”，洞高约180厘米，最宽处约300厘米，正中立有一石榻，相传为建文帝歇息之处。洞左有“漏盐窗”“流米洞”，相传建文帝至白云山居住，即流出米盐供帝膳食。后寺中有一愚僧，嫌孔小欲凿大，米盐即不复出。至今，仍有米粒盐末浮泛之状。石榻左，有一斜洞画顶，拾级而上，步出洞口，极目远眺，但见群山环绕，气象万千。

1. 紫荆潭　位于潜龙佛殿左侧，水深1.5米，四季不竭。传为建文帝沐浴之处，因曾生长紫荆树而得名。

2. 撑腰岩　位于紫荆潭上方，石壁分上下两部分，宽处相距30厘米，成一裂缝状，能以竹条或树枝竖向支撑岩壁上下，颇有情趣。

3. 玉屏峡道　上白云山的一段植被较好的峡口步道，百步石阶两侧石壁如屏，沿阶而上，可见擦耳岩一线天景观。

4. 南京坪　天子洞后往北，四周草木环绕，中有一草坪，方圆百余亩，绿草茵茵，流水淙淙，环境甚为幽静，称“南京坪”。西北有奇石两块，高约1米，天工赋异，谓之石鼓，游人至此，莫不以石轻叩，千敲万击，两石正中出现直径盈尺之石隙。

5. 大龙潭　南京坪往西约250米处，为白云山北峰山腰。此处峭石壁立，山路极狭。但见嶙峋怪石中突现一池绿水，称“大龙潭”，面积约50平方米。此潭终年碧水深蓝，并有群鱼出游，此处又称“遗壑斜晖”，系白云山八大景之一。龙潭后巨壁兀立，高约数十丈，上有五道印迹，深尺许，犹如一巨手抓后遗留。此处至今流传这样的故事：建文帝遁迹白云山后，此潭中有一青龙，化为一青衣秀士，终日陪同建文帝对弈。一日，青衣秀士归去，建文帝欲知秀士踪迹，尾随其后，至潭前，青衣秀士突然变成一条青龙，吞云吐雾，正欲腾飞，建文帝大惊，连忙斥责：“你这孽障！”一言未了，青龙上天不成，一声巨响，遂从空中掉往龙潭。巨龙坠落之际，一爪抓住岩壁而下，留下五道龙爪印迹。此潭虽处白云山山腰，但潭水深不可测，从未干涸。1978年大旱，山下生产队的社员用两台抽水机连续抽水灌田，自上午九时至下午四时，潭水仅降1米，以竹竿试之，仍不见底。更为奇异的是，潭中露一巨杉，因浸泡年久，呈绛红色。社员们费尽心力，将此木制成五口大棺，献给在中越边境自卫反击战中捐躯的革命战士。

6. 徐霞客亭遗址　明代旅行家徐霞客曾到白云山进行历时三天的旅游考察。为纪念徐霞客而建的徐霞客亭，已毁于兵火。1996年长顺县政府在原址立碑，刻记徐霞客生平及游白云山《游记》碑文。

7. 白云寺前殿遗址　位于白云山腰，今尚存《西游记》浮雕三块，人物造型逼真。

8. 白云寺　为依山错落，布局自然的白云山主建筑群。由观音殿、天井、跪井、潜龙佛殿组成。观音殿前七级石基上刻满“罗汉”“龙戏祥云”“凤舞百花”等精美浮雕。殿后为天井，左为“宾客楼”，右为“羹楼”。天井后的大殿，悬挂镀金横匾“潜龙佛殿”。殿前石基下即“跪井”。

“文化大革命”期间，白云山屡遭破坏。其寺庙、碑刻、古迹、藏书，被视为“四旧”拆毁。此后，白云山因无人看管，庙产被盗，坟地被挖，留下满目疮痍和残垣断壁。1985年11月省政府将白云山列为省级文物保护单位。1993年白云山开始修复，至1996年，修复了“潜龙阁”“观音殿”“天子洞”等。1999年白云山被省政府列为省级风景名胜区和省级重点文物保护单位。2001年长顺县政府与贵阳弘福寺就白云山寺的恢复重建达成共同开发协议，从2002年开始投入建设，至2004年，修复了大雄宝殿、东西厢房、韦驮殿等建筑。同时，由弘福寺派人至白云山主持宗教事务。2007年，长顺县投入363万元完成白云山镇至景区水泥路建设。2008年11月通过招商引资与贵州祥和瑞通投资开发有限公司签订了《白云山项目开发协议》，白云山开发和建设的步伐加快进行，先后完成了景区主公路、景区步道、厕所、白云寺前山门、围墙、佛道、寺门、极乐堂、天王殿的建设。

2014 年白云山景区被省政府批准“全省 100 个旅游景区”。随着对白云山的保护、恢复和开发，历尽 600 年沧桑的白云山寺古刹，正以崭新的面貌重振雄风，再现风采。

（三）乌麻河景区

主要由潮井间歇泉、青龙山和付家院古岩画群组成。潮井位于长寨街道办事处威远社区以西 2 公里的永增村白岩脚，井口约 4 平方米，呈凸状。潮井属间歇泉，随季节变化，夏季 1 ~ 2 小时、冬季 3 ~ 4 小时涨潮一次，涨潮时，水从泉眼汩汩而出，如银花怒放，似珍珠滚出，间有小鱼舞动，妙趣横生。一涨一落持续 5 ~ 10 分钟，最大流量 100 升/秒以上。一年四季每日不定时涨落，多时每日涨潮七八次，少时二三次，时间不定，周而复始，终年不息。无论天晴下雨涨落不止，不因久旱而断涨。井水四季清澈晶莹，冬暖夏凉，饮之清凉解渴，开胃健体提神。井口直径一米，井上方石壁篆有“潮井”两大字。水色一日三变，凌晨青色，午间蓝色，傍晚碧绿。据传，能见到井水涨潮现象奇观的人，必有好运，能见到水色三变的人，更是有缘分的贵客。

（四）格凸河景区

主要由下格凸河峡谷、下洞瀑布巴茅杉树王、交麻崖洞葬和距今 4 亿至 2.8 亿年之间的地质型剖面——睦化地质剖面组成。

十三、罗甸大小井省级风景名胜区

大小井省级风景名胜区位于罗甸县董当乡境内，县城东 25 公里，公路直达，交通方便。2007 年，被省政府公布为省级重点风景名胜区。

景区主要呈组团状分布，四周群山环绕，总面积 38.3 平方公里。其东北部以天坑、喀斯特溶洞为主要景观，西部以原生植物、悬棺、石林为代表；在景源相对集中的大、小井有大井布依寨、古屯堡等历史人文景观。

景区资源丰富独特，具有代表性的景点 26 处，其中特级景源 1 个，一级 3 个，二级 9 个。分别为芭蕉洞天坑、响水洞天坑、大井出水口、冗梨天坑群、大井峰丛、坡贡石林、穿山洞、天缝天坑、打岱河森林、董当河竹群、鸳鸯树、麻园悬棺。历史人文景观主要有三江屯堡、大青石壁碑刻、大井布依寨。

大小井省级风景名胜区，有三股清澈的暗河分别从洞中涌出，蜿蜒于田间，汇成一条优美如画的河流。水文地质学家调查发现，大小井暗流域面积约 2000 平方公里，平均流量每秒 30 ~ 40 立方米。周围有明代的“总州安山碑记”，古榕参天，翠竹繁茂，百多户布依族栏杆楼房依山傍水，山峦叠翠，孤峰挺拔，峭壁高耸，有高 70 米跨度约百米的自然“天桥”。溶洞星罗棋布，洞内巨大罕见的钟乳石千姿百态，大的洞厅可容万余人，一般可容 1000 人左右，暗河出口水浪翻涌，波光粼粼，从洞口进入“地下世界”，可见三个虹吸管状的洞穴相连，长近 5 公里。其间有喷珠吐玉的清泉，平静幽深的地下湖泊，绚丽多姿的洞厅。1985 年，中国和法国洞穴专家在考察中发现大小井风景区，两国专家称之为“东方洞穴博物馆”，可与世界著名的浏览胜地法国南部的伏克留兹泉相媲美。《人民日报》《文汇报》《贵州日报》《黔南报》分别以《涌泉喷珠山峦叠翠暗湖幽深——罗甸县发现洞穴奇观》《罗甸发现——奇特风景区》《罗甸发现“地下世界”》为题报道，先后有法国、美国、印尼、英国和加拿大五个国家的专家和学者到大小井风景区考察和游览。考察中还发现洞内有罕见奇特的“跑马石”，此石放在含酸性水里会自然游动。

罗甸大井　位于罗甸县东北部沫阳地带，距县城24公里。大井有3条地下河流，其中一条小河来自边阳的下坝，流过小井西侧。两条大河的主干为上游的摆金河，发源于贵阳花溪区高坡乡批摆附近，流经惠水县的摆金、平塘县的克度，然后汇合多条支流潜入海拔近1000米的大井山中，分别蚀通大井和小井山麓，形成两个巨大而深邃的溶洞，地下水从溶洞内奔流而出。3条河南流数百米后在坝子中间汇合，形成水深岸绿、榕竹齐茂的大井渡口风光。大井周围有星罗棋布的8大名洞：响水洞、天德洞、大敞洞、大寄洞、狮子洞、燕子洞、大硝洞、大黑洞。8大名洞既是一座座天工造化的艺术画廊，又是一个个岩溶地质水文洞穴博物馆。据1986年中、法两国洞穴科学联合考察队的专家学者考察，响水洞、大硝洞、大黑洞的总长度已达8739米。已探明8大名洞中的大黑洞面积为26000多平方米，为世界6个最大的洞厅之一，是中国已探测出的最大洞厅之一。除8大名洞外，大井山区还有许多无名的中小型洞穴，大的能容纳上千至万人，小的只能一人侧身而进，各洞均蕴藏着丰富的硝土。

第二节　森林公园及其他景点

至2014年，黔南州经国务院批准公布的国家级森林公园5个，即都匀青云湖国家森林公园、瓮安朱家山国家森林公园、龙里龙架山国家森林公园、独山紫林山国家森林公园、三都尧人山国家森林公园。

一、森林公园

（一）都匀青云湖国家级森林公园

青云湖国家级森林公园为开放式森林公园，位于都匀市区、文峰公园东面，总面积4.49万亩，是一个集森林景观、水体景观和民族风情等景观资源于一体的城市后花园，森林覆盖率达90%以上，天然次生林面积大，物种多样，有维管束植物一千余种，常绿阔叶林绿染峰岭沟谷，珍稀植物、古木名树点缀其间，山花野卉争奇斗艳，秋叶烟霞如诗如画，隆冬玉树琼枝晶莹剔透，是都匀的环城林带、绿色走廊、天然肺叶。始建于2000年2月，2005年12月23日被国家林业局批准评为国家级森林公园。由青云湖、四方潭（石门湖）二大景区组成。

1. 青云湖景区　位于市中心，青云湖四面青山环抱，湖水清澈，环境深幽，令人心旷神怡。景区内山峰陡峭险峻，峰峦小巧秀美，若剑若戟，若旗若鼓，若马鞍，若笔架，是典型的峰峦景观。因山形如马鞍状，又称马鞍山。山上建有凉亭，两峰之间修有望景台，可尽览文峰园、百子桥及市区南部景观，到了夜晚亭台上彩灯高悬山巅，探照灯射向星空，恍如天上宫阙。青云湖水库有一“龙泉”一年四季喷涌不断，流入湖中，水质清冽，每天清晨不少匀城群众前来挑水、晨练。主要景点有青云湖、马鞍峰、木栈道、笔架峰、尧山溶槽、尧林溶洞、观音岩、幻景石、林海松涛等。

2. 四方潭（石门湖）风景区　位于青云湖景区西北方向13.8公里，途经都匀甘塘万亩观光农业生态园。原属于都匀斗篷山——剑江国家重点风景名胜区，2005年青云湖申报国家级森林公园时划归青云湖国家级森林公园。以阔叶林海、竹海、系列瀑布、峡谷风光、湖面风光、奇峰异景为主要景观，奇山秀水，集云雾、湖、瀑、潭、野鸳鸯、悬崖峭壁、自然风光于一体，是一个天然的大氧吧，令人心旷神怡、神清气爽。峡谷落差高达480米，多级瀑布凌空倾泻，如玉龙腾空、竹帘垂地、飞花碎玉；奇峰奇石似神似兽，形状万千，千姿百态，惟妙惟肖；野生鸳鸯相映成趣。四方潭瀑布位于杨家冲峡谷尾端，从朗里溯源而上约5公里，坐落在峡谷之中，峡谷幽深寂静，河水清澈见底，蜿蜒于丛山峻岭之间，两岸群山苍翠，绿树成荫，微风徐来，涛声阵阵，有的山峰如孔雀开屏，有的似佛印弥勒，形象逼真，栩栩如生，山顶上小溪跌下，如涓涓银线洒落人间，瀑布高约40米，飞流奔泻，从天而降，在瀑布前形成约100平方米的深潭，深潭前有一岩溶地貌所特有的石滩。登上石滩，未见瀑影，先闻水声，如雷轰鸣，水花横逸，飞沫四溅。青山、绿水、峭壁、险滩、飞瀑、雾海构成了极为和谐的生态环境，让人领略到大自然的无限美感。景区由四方潭湖光山色、滚猪岩峡谷和杨家冲峡谷三部分组成，主要景点有石门湖、四方滩、龙洞大峡谷、金刚峰、玉玺峰、将军峰、仙猴献桃、诗圣峰、五色擎天柱、仙女瀑、仙玉潭、玉龙潭、龙洞瀑布、悬天瀑等。

（二）瓮安朱家山国家森林公园

朱家山森林公园位于黔南州北部，瓮安县境内，总面积7.33万亩，其中森林面积6.01万亩（有林地面积5.39万亩，占89.8%；灌木林地面积0.44万亩，占7.4%；未成林造林地面积0.17万亩，占2.8%），森林覆盖率82.05%。朱家山森林属原始次生林，莽莽大山中，古树参天，溪流纵横，春长雨水多，夏短日照足，垂直的气候差异，孕育了种类繁多的生物，是科学考察和森林旅游胜地。2004年12月被国家林业局批准为国家森林公园。朱家山森林公园包括朱家山景区和映山红二个景区。

1. 朱家山景区　为原始森林核心区，位于瓮安县城东35公里外，属长江流域。这里森林茂密，峰峦叠嶂，系武陵山脉的支脉，保存有一片10万亩的天然次生林，其中近37500亩为保存较好的次生林常绿阔叶林，是目前地球同纬度唯一保存完好的亚热带次生林常绿阔叶原始森林。大部分山顶海拔1200～1400米，南部马头山最高，海拔1368米，东北角下坝一带河谷最低，为820米，地形高差达565米。这里兽、鸟、鱼、两栖及爬行动物等400余种，种子植物750种，其中有珍稀濒危植物、国家重点保护野生动物斑灵狸、猕猴、穿山甲、小灵猫、水獭、猴面鹰等30余种，是黔中生物多样性最为丰富的地区。景区以朱家河为中心，群山环绕，层峦叠嶂，雾霭升腾；河西段曲流峡谷，峰峦对峙，景色幽深；东段河谷相对开朗，青山碧水，田园房舍，秀美宁静。景点有朱家山、马头山、朱家河、原始森林第一漂、滴水岩瀑布、关口岭、情人湖、六族同根、藤树恋、杜鹃王、鹤鸣曲廊等。

2．映山红景区　位于县城东5公里处。位处朱家山国家森林公园中部，面积为5359.5亩，占游览观光区面积的7.31%。整个景区的特色是以森林草地、毛栗火棘灌丛、大型溶洞群、文物古迹等自然景观和以红军长征文化为主体的人文景观交相辉映。

在映山红主景区有一片面积500多亩的火棘林（火棘在当地又叫红子，果实可以食用，因而它还有一个好听的名字——救军粮）。这里的火棘花期较长，每年的3月下旬至5月底，花开白色。每到时节，满山满岭，火棘花开，一派素雅。冬季的火棘又是另外一番景象，火棘花变成了红果子，放眼望去，遍山火红，十分壮观。主要景点有大丰洞、沉鱼湖、落雁台等。

3．大丰洞　大丰洞在县城以东5公里的映山红景点处，溶洞四周绿树掩隐，古木苍劲，洞前立一碑记。洞口宽4.5米，高3米，洞口斜而下，渐平广。洞内钟乳云集，入洞百步，有神坛、石钟、石鼓等；再进，但见怪石森立，狰狞万状，相传冰雹多从此出，每遇岁旱，莅坛祈雨，多有应验。现洞中尚存清代光绪年间有关祈雨摩崖石刻四幅，记载瓮安知县到此地求雨时的情况和许多清朝时代的古诗，共254字，是研究当地民俗文化的文字和实物依据，具有重要的考古价值。1934年12月28日，红军长征一部到此，曾在大丰洞宿营，次日清晨攻占瓮安城。大丰洞是县级文物保护单位之一。

4．沉鱼湖　位于映山红景区内，从管理处往北，沿石级下行150米，在翠峰密林的掩映下，出现一平湖，湖边一洞，水多则由洞外流。湖中有鱼，鱼沉入洞中，不见踪影，久久不回，故为沉鱼湖。湖的外形如瓜子，似少女沉鱼之容。因谷深林茂，阳光照射湖面的时间较少，夏季在此避暑，最为清爽怡人。微风由山谷拂来，林间枝叶簌簌有声，湖面细波荡漾，实为一幅清幽静谧的动画。

5．落雁台　沿映山红景区管理处西北方向一条曲折的碎石车路盘旋而上，穿越草坡矮林，行径约800米，便到山顶。整座山半壁草坪半壁森林，在山顶形成明显的分水岭。草坪的平地上，修建两层小楼房，二楼的四周为阳台，楼顶建有信号转差设备。站在二楼的阳台上围楼观景，群峰连绵尽在脚下，可谓一览众山小，使人心宽气阔，弃愁忘忧，心旷神怡，此楼被命名为瞭望台。楼边有一水井，清澈凉爽，雁鹊飞过，驻留于楼顶啼鸣，然后落地步入井边喝水，故此楼又称为落雁台。

（三）龙里龙架山国家森林公园

龙架山国家森林公园位于龙里县城西3公里的打草河边，距离县城1.5公里，总面积9.12万亩，其中林地面积8.19万亩，森林覆盖率88%。公园内延绵起伏的山脉好似群龙飞舞，因此而得名龙架山。该园具有十分优越的旅游地理优势和交通区位优势，距贵阳市区30分钟、贵阳龙洞堡机场20分钟车程，有320国道、贵龙大道、贵新高速、贵广高速、湘黔铁路、黔桂铁路相通，是贵州东线和南线旅游的第一站，贵阳市民自驾游的理想选择。其地处苗岭山脉中段，山峦连绵起伏，林木繁茂葱郁，瀑布跌水纵横，奇峰异石耸立，山势雄伟，峭壁嶙峋，谷深水急，怪石峥嵘，河水清澈透明，山泉冰凉甘洌。被誉为“林城”的贵阳百里林带，大约1/3的林带属于龙里林场的龙架山森林公园，茫茫林海，围绕在贵阳的南部和东南部，每日为贵阳输送新鲜洁净的空气和充足的氧气，调节着山城贵阳的空气湿度和温度。龙架山森林资源与龙里境内台地草原以及猴子沟喀斯特峡谷景区交相呼应，共同构成了潜力巨大的生态旅游资源。整个园区森林壮阔、林海苍翠、四季如画，素有“贵阳市的后花园”的美誉。

园内有“贵州高原濒危植物繁育中心”“贵州省中亚热带珍稀植物园”“天保工程龙里林场示范苗圃”、龙山梨和猕猴桃为主的观光果园。珍稀植物园先后引种培育珍稀植物160多种，其中国家一级保护植物银杉、珙桐、红豆杉、银杏、水杉等35种，国家二级保护植物福建柏、桫椤、鹅掌楸、凹叶厚朴等71种，省级保护植物和特有树种深山含笑、红花木莲等54种。珍稀植物众多，珍禽异兽活跃其间，是中国西南地区唯一的物种基因库。2005年龙架山森林公园开始进行旅游开发，2006年12月被评为国家级森林公园。

（四）独山紫林山国家森林公园

独山紫林山国家森林公园位于贵州高原以南向广西丘陵过渡的斜坡地带独山县境内，距城区4公里，总面积5.29万亩，森林覆盖率92.57%，天然森林植被以亚热带常绿阔叶林为主，兼有针阔混交林、青㭎纯林、油桐纯林。该森林公园以原始古朴的森林生态系统景观为主体；以直插云霄的奇峰、峥嵘诡谲的岩石、飞珠溅玉的山泉、云蒸霞蔚的飞瀑、高古幽深的峡谷为骨架；以精湛的银饰花带，多彩的民族服装，粗犷的民族歌舞，壮观的斗牛大赛等为特色，是返璞归真、回归大自然的理想场所。公园内现有动物20目45科99种，其中有国家一级保护动物金钱豹、蟒，二级保护动物大鲵、虎纹蛙、滑鼠蛇、眼镜王蛇、凤头鹰、鸢、游隼、红隼、白冠长尾雉、红腹角雉、白腹锦雉、穿山甲、猕猴、青鼬、水獭、斑灵狸、金猫、黑熊、林麝、苏门羚、贵州疣螈等39种；有植物共100科227属418种，其中有国家一级保护植物银杏、红豆杉，二级保护植物有黄杉、华南五针松、南方红豆杉、榧树、榉木、鹅掌楸、香木莲、滇楠、花榈木、掌叶木、喜树、香果树等25种。紫林山国家森林公园主要由紫林山景区、夹缝岩景区、深沟景区、翠泉景区、溶洞游览区、生态林业观光区等组成，共有308处景点，其中：地景102处，水景89处，生景97处，人文景20处。一级景点102处，二级景点117处，三级景点89处。2004年12月被国家林业局批准为国家森林公园。

1. 紫林山景区　位于公园南部甲定乡境内，峡谷长3公里，最宽处40余米，最窄处仅10余米。峡谷林青水秀、山花烂漫、鸟鸣蝶舞、溪流湍急，地质景观奇特，景区自然天成，自然风光秀美。翻天印、摇动石、一线天、秀丽的林相和丰富繁多的森林植物、野生动物是该景区的一大特色。翻天印：位于甲定乡甲定村一道山梁上，其形状酷似一枚倒立的大印，以奇特的造型而声名远扬，其照片曾被多种画报和挂历登载，1999年作为贵州省三大自然景观之一，仿制于昆明世博园。摇动石：位于甲定乡甲西村一陡峭的山崖上，石长4米，高2.5米、宽1.5米，重百余吨，游人在石上不借助任何工具可以使石头左右摆动，由于面临深渊，石头摇动起来让人心惊胆战，即刺激又惊险。一线天：位于紫林山峡谷内，在两座石灰岩地质的山体之间，驻足仰天，天成一线，两侧石壁高耸，长年雨水冲刷，使石壁似古画，像闭帘，“一线天”内上小下大，呈金字塔形，下面水流不断，这里集幽、奇、特、色、绝为一体，堪称旅游之盛景。紫林山峡谷：位于公园南部甲定乡境内，峡谷长3公里，最宽处40余米，最窄处仅仅10余米，林青水秀、山花烂漫、鸟鸣蝶舞、溪流湍急，地质景观奇特，自然风光秀美。

2. 夹缝岩景区　山势雄伟、气势磅礴、森林茂密、林相秀丽，其中以山石为主的景物景点有大坪坡、五龙山、夹缝岩峡谷、将军石、关刀岩、观音石和独特的峡谷地质景观；以水为主的景观有坛子湾、绿茵潭、观音山瀑布等；森林景观有各类植被，秀丽的林相、美丽的野花和丰富繁多的森林植物以及野生动物；天象景观有观日出、日落、雨景、雾景等。大坪坡：为园区内最高峰，高1557米，它是深沟峡谷与夹缝峡谷的分水岭，山峦起伏，除坡顶较平缓开阔外，其余部位都比较陡峭，尤其是峡谷沿河面峭壁直立，使人望而生畏，人及峰顶，一览众山皆小，万物尽置脚下，抬头能亲吻白云，伸手可摘星辰、揽日月、傲视苍穹，不禁高歌一曲，又恐惊天上仙人。五龙山：由一组连绵起伏的山峰组成，山势陡峭、层峦叠嶂、气势雄伟，有苍翠茂密的原始森林，生长着许多珍稀、奇特的树种和珍禽异兽，这里有凉爽的山地气候，盛夏凉风习习、沁人心脾，冬季积雪，银装素裹。将军石：坐落在夹缝岩景区的东部，无论从哪个角度去欣赏，它都像一位古代身披战袍临阵指挥的威武将军。关刀岩：坐落在夹缝岩景区的东部，无论从哪个角度去欣赏，它都像关羽的战刀，因此而得名。坛子湾：清澈而湍急的溪流，冲刷着溪流底部五彩的鹅卵石，两边秀丽的森林配上婉娩的鸟啼声令人如在画中。绿茵潭：潭水如一块晶莹剔透的绿宝石，令人忍不住地想触摸他。林海雪原：冬天的公园里，万籁俱静，高山上银装素裹、玉树琼枝，构成冰天雪地、林地雪原的北国风光。薄雾烟云：每当细雨如丝，雨雾、山岚使得森林公园，迷迷蒙蒙，若有若无，如一幅清淡雅致的画卷，雨过天晴，一碧如洗，山峦坡麓林木葱茏，野花盛开，到处一片生机。

3. 深沟景区　山石构型奇特、山势雄伟，森林茂密，其中以姐妹花、天外来客为代表的山石景物景点和弯曲清澈的河流、浅滩、浅潭、叠水、瀑布及河中走廊为代表的深沟峡谷地质景观为主要特色。主要景点有深沟峡谷、姐妹花、天外来客、石板滩、犀牛滩、河中走廊、溪潭、枫林醉秋、茂林跌翠等。深沟峡谷：峡谷长4公里，平均宽达5米，由于造山运动和枝状地表水深切，峡谷两侧沟壑纵横、悬壁对峙、陡峭险要，形成一道道深邃幽险的风景线。沟内溪流清澈如玉，或而激流勇进，或而闲庭信步。姐妹花：以两峰兀立、极似姐妹而得名，山峰四周树木茂密，藤萝垂挂，充满神话色彩。天外来客：位于深沟峡谷溪流中段的光滑巨石，此石基本呈方形，高3米，长2米，宽2米，两边森林茂密，关于这个石头是如何形成的，又是怎样落在溪流中的，是一个未解之谜。石板滩：溪流下河床如石板，石板平整被急流冲刷得光滑湿润，石板上五颜六色，在阳光下闪烁着七色光芒。犀牛滩：溪流下河床泛着淡淡的绿色，如一块玉石在水中静静地绽放着迷人的光彩。河中走廊：溪流两边为原始森林，植被保存良好，林中野生动物出没，漫步在溪流中，两边植被让人心旷神怡。溪潭：潭水流淌，溪中卵石或隐或现，溪岸奇花异草竞相开放，沟谷两侧天然针阔混交林、天然阔叶林和藤蔓缠绕攀缘，郁郁葱葱。枫林醉秋：原始森林春季竞发，绿得醉人，秋天枫叶变红，先是鹅黄，继而彩虹，最后红遍，令观者陶醉。茂林跌翠：

不同海拔、不同坡度坡向、不同林龄的植被组成的时空立体结构令人赏心悦目，原始林海，林木繁茂，林相苍郁古朴，完善的森林生态系统，浓郁的森林气息，具有较高的代表性、典型性和稀有性。

4. *翠泉景区* 位于休闲度假区内，绿林环抱，天然泉眼星罗棋布，水流潺潺四季奔流不息，与设计独特的游泳池亲密相拥，自成一体，和谐相依，滑草、匹克博野外生存对抗等项目惊险刺激层出不穷，游览区集休闲、度假、旅游观光、民俗体验、科普教育为一体。天然矿泉水游泳池：主要开发水域面积3000平方米，深水、中水和浅水区同时满足游客的游憩、锻炼、休闲的需要。主景游泳池，水质天然，清澈如玉，经检测，水质超过国家饮水标准。是一个独具特色的天然浴场。休闲木栈：总长5000余米，起伏穿梭于园区内，自然连接公园各功能区，休闲平台、空中天桥和亭台楼阁随处可见，现代中包含古朴，古典中不失时尚，漫步森林木栈，雅趣横生，可以尽情呼吸松涛阵阵沁人心肺的清香，是天然休闲氧吧。爱情海：天然草坪1万多平方米，绿草倚倚，四季山花漫野，正是布依青年男女私订终身、见证爱情的最佳场所。林间古道：一条由远延伸到现代文明的石阶小道，是古代“独山州”通往平塘县唯一的一条商贸、交通道路，也是当时震惊中外“黔南事变”前夕，独山城乡人民躲避日本侵略者转移的小道，弯弯曲曲，盘旋翠泉公园中心区，青石铺就的石阶路面，早已被时光磨炼得油光水滑，沉睡在岁月的沧桑里，默默地见证历史的久远，见证历史的忧伤。铁索链：由陡峭的石灰岩崖壁和茂密的森林组成，中间为窄小的山路，在山顶可俯瞰山脚的山寨、田野和水库，欣赏秀丽的充满浓郁民族风情的田园风光。垂钓池：碧波荡漾，泛舟于上，把杆垂钓，自得其乐。

5. *溶洞游览区* 位于公园西南部，溶洞星罗棋布，其间当数雪莲洞和三井溶洞最为出名。洞内石钟乳、石幔、天桥及厅堂穹顶遍布，形态各异，洞道密布，或上或下，忽左忽右，纵横交错，曲折迂回，似一座奇妙的地下迷宫，各类构型奇特的岩石，姿态万千、栩栩如生，令人叹为观止。雪莲洞：位于公园的西南部，主洞长1100米，洞高5~10米，中央洞厅宽10~20米，因洞内石钟乳类似一朵洁白盛开的雪莲而得名，洞内有流水、石笋、石幔、石柱造型各异，在抗日战争时期，此洞曾是难民的藏身之处。三井溶洞：位于册三公路边、三井寨后山，已探明主洞长2000余米，洞中石笋、石柱、石钟乳林立，白玉般的石幔洁白无瑕，响鼓石响声如鼓，还有各类构型奇特的岩石，或拟人，或状物，姿态万千，让人叹为观止。

6. *生态林业观光区* 集旅游、观光、花卉、种苗培育、科技推广为一体的现代化生态园区。区内果树林立，各种花卉争奇斗艳，现代化温室拔地而立，一派繁荣的现代生态林业景象，游人在此可尽情享受大自然秀丽风光，了解果木相关知识，品尝鲜美的水果，观赏珍稀名贵的花卉，玩在其中，学在其中，乐意融融。桃花林观光区：占地50亩，主要以培育适应本地区气候为主的优质桃品种，桃花盛开时，花压枝头，微风轻拂，花浪阵阵，身入其中，清香扑鼻，在此观花、赏花、看林海成为一道不可缺少的视觉大餐，再加上亲自品尝甘甜多汁的桃子，真是回味无穷。板栗观光区：是在板栗适应研究推广园的基础上新建起来的，以推广及培育适应独山独特气候的优质板栗为主，集观光、旅游、科普教育为一体的现代林业生态园，有玉屏大板栗等十余个品种，游客不仅可以了解更多果树栽培技术，而且可以品尝新鲜的水果。名贵花卉观光区：占地600余平方米现代化温室，以培育各种高档、名贵及珍稀花卉为主，采用先进技术精心呵护，培育各种高档名贵的花卉，温棚内四季如春，花木争奇斗艳，仿佛走进花的海洋，游客不仅可以看到许多热带、亚热带珍奇花卉，了解植物的生长特性，而且可以购买、观花、赏花、增长知识，开阔视野，培养热爱自然、热爱生活的高尚情操。

（五）三都尧人山国家森林公园

尧人山森林公园位于三都县城东南12公里，总面积7.18万亩。公园内峰岭连绵，幽谷叠翠，瀑布飞泻，原始森林浩瀚无垠，既是天然的植物基因库和空调氧吧，又是野生动物的自然乐园。园内物种资源丰富，森林覆盖率达90%以上，原始森林、天然次生林、人工松杉林、竹林、果园等形成多姿多彩的林相景观，构成了整个森林果园的绿色大基调。有木本植物431种，分属79科207属，其中有第四纪冰川后幸存的鹅掌楸和被列为国家一、二级保护的福建柏、南方红豆杉、香榧、闽楠、紫楠、小叶红豆树、钟萼木、马尾树、篦子三尖杉等，还有木莲、石笔树、南黄檀、油杉、黄绵木等珍贵树种。药用植物种类繁多，有厚朴、黄皮、川贝、三七、党参、黄连等一百余种。此外还有风流草、鸡汤树等奇特树木。园内栖息着金钱豹、黑熊、猕猴、香獐、狐狸、野猪等兽类及红腹锦鸡、白鹇、斑鸠、猫头鹰、翠鸟等鸟类和小鲵、角怪、蛴蚧、石蛙等两栖动物。2001年11月被国家林业局批准为国家森林公园。公园包括龙塘溪景区、三角塘景区、观音溪景区、水族风情园、观光花果园区、水上娱乐园、休闲度假区、生态保护区和远景区，一、二级景点多达67处。

1．龙塘溪景区　该区连接水上娱乐区、休闲度假区与水族风情园。主要景观资源是连接水族风情园与都柳江间狭长的龙塘溪峡谷，该峡谷落差300多米，主溪流跌沓起伏形成一系列的瀑布群和石滩、水潭、森林植被构成的山水风光为特色。由于地势起伏不同，瀑布各有千秋，有线状瀑布、带状瀑布、伞状瀑布等。有的如天女散花，水沫四溅；有的如万马奔腾、一泻千里；有的温顺飘逸，有的雷鸣万钧。瀑布两侧，峭壁如削，雄奇险秀。溪沟两侧植被茂密，藤萝交织，层次分明，景色诱人。在溪沟任一地点均可发现不同视角的迷人景色，一步一景，步移景异。主要景点有：龙塘瀑布、一线天瀑布、来楼瀑布、石面瀑布、龙塘溪峡谷、森林景观、水寨来楼民居、鸳鸯瀑布、黑龙渊跌瀑、三崖瀑布、古藤情绪、平溪瀑布、龙须瀑布、神龟相会、龙眼潭、黑龙潭、青龙潭、鬼门峡关等。

2．三角塘景区　该区位于公园南端，地势较高，山峦起伏大。植被垂直分布明显，在白岭一带保存有较完好的原始常绿阔叶林，其内古木参天、浓荫蔽日，有优越的森林生态环境。景观资源主要以高峰、云海、古遗址等为主要内容，游客可以登高远眺、森林远足、溶洞探秘等休闲健游。主要景观有：尧人峰、尧人遗址、良寨风情、森林景观、尧人峰日出、云海景观、森林幽径、神秘三角塘、小鲵溪、藤萝古木、白岭溪等。

3．观音溪景区　位于公园西部，以宗教朝圣、观光原始森林、人工杉木林海、瀑布、山水等自然风光为旅游内容。该区由一条观音溪峡谷组成，峡谷内森林茂密，景色秀丽，多瀑布、跌水。主要景观有：山王庙、茅寨风光、观音溪、森林景观、蓬莱仙岛、小龙瀑布、玉女潭等。

4. 水族风情园　该区位于公园核心，是连接各景区的中心枢纽，水族朝寨村落坐其中，该区地理环境优雅，四面环山，地形起伏变化，多溪沟，水源充足，交通便捷，是一块风水宝地。以水寨风情和水族朝寨民居，水族歌舞表演、篝火晚会、斗鸡、斗鱼、斗鸟、水族博弈等传统娱乐项目为主要景观。通过游客参与性、游览性、娱乐性，展现水族风情和民族文化。

5. 观光花果园　该区结合植物景观绿化改造，以观赏花木、经济果木等树种为主，建成樱桃、杨梅等特色花果园。该园分：樱桃园、杨梅园、百果园、观赏花木园、杜鹃园、竹园、纪念林。

6. 水上娱乐区　以百梓桥水电站形成的3000亩人工湖面为主，包括都柳江两岸植被在内，开展漂流、垂钓、水上冲浪和沙滩浴场等娱乐项目。

二、其他景点

（一）荔波县

1. 邓恩铭烈士故居　位于荔波县城玉屏镇向阳北路，房屋建于清光绪年间。邓恩铭，男，水族，1901年1月生于荔波县玉屏镇水浦村，是中国共产党第一次全国代表大会代表，中国共产党的创始人之一，1931年4月在山东济南牺牲。1905年，邓恩铭家从水浦村迁居此处。故居坐西南向东北，平面呈长方形，由正房、豆腐房、天井、陈列室、游客服务中心和后院空地组成，总占地面积1200平方米。

1982年2月，省政府将邓恩铭烈士故居正式公布为第一批省级重点文物保护单位。1990年年初，荔波县政府筹资对故居进行维修，并进行故居内物件复原陈列，在故居后院新建180平方米的陈列室，用汉白玉雕塑邓恩铭烈士半身像，设邓恩铭生平事迹展览，1990年7月1日正式对外开放。1995年，省政府公布邓恩铭烈士故居为贵州省爱国主义教育基地。

2005年，为弘扬邓恩铭烈士“不懈追求真理、矢志献身革命”的崇高革命精神，荔波县委、县政府筹资560万元，启动邓恩铭烈士故居保护建设一期工程，将陈列室扩建为230平方米，重新设置长73米的邓恩铭烈士生平革命事迹展览，对复原陈列和辅助展览作调整充实，用较大篇幅介绍少年邓恩铭的事迹。2006年10月，修葺布展后的邓恩铭烈士故居重新对外开放，并成为贵州省全民国防教育基地。2010年8月入选《全国红色旅游经典景区第二批名录》。

2. 板寨红七军会师旧址　中国工农红军第七军第一、第二纵队板寨会师旧址位于荔波县洞塘乡板寨村，距离县城40公里，是县内红色旅游景区的重要组成部分。1981年，荔波县政府将板寨会师旧址公布为文物保护单位。

板寨会师旧址馆舍由旧址房屋、板寨会师陈列馆及馆前广场三部分组成，占地面积3600平方米。板寨会师旧址坐北面南，为青瓦顶、穿斗式砖木结构，是典型的庭院式民居，由朝门、两厢（一楼一底）、正房（一楼一底）、天井组成，建筑面积540平方米，占地面积405.8平方米。

2003年年初，县委、县政府筹措资金300万元，对板寨会师旧址进行修缮，同时在旧址内进行复原陈列，布置展厅540平方米、展线长120米，展出红七军将士的大刀、床、桌、椅、凳、马灯等文物展品46件（套）。2004年7月正式对外开放。2006年，省政府公布板寨会师旧址为省级文物保护单位。2007年，被列为荔波县青少年学生校外活动中心德育基地。

3. 黎明关抗战遗址　黎明关位于荔波县洞塘乡板寨村。建于清道光二十五年（1845年），是清代至民国时期荔波至广西古驿道上的关隘之一。黎明关前方为百米深谷，两侧为陡山悬崖，只有一条山间小路通行，地势险要，易守难攻。黎明关历来为兵家必争之地。1930年，红七军第二纵队越过黎明关挺进荔波县境，成为第一支入黔的中国工农红军队伍。1944年11月25日，爱国军民在黎明关阻击侵黔日军，打响贵州抗日第一枪，成为抗战遗址。1950年春，中国人民解放军一三八团在此堵击残匪。

2004年，县委、县政府筹资对黎明关及步道进行维修，新建纪念牌坊、观景台、碑记、休息长廊、停车场等十多处辅助设施，开发为红色旅游景点。2005年，黎明关正式对外开放。2006年6月，省政府公布黎明关为省级文物保护单位。

4. 永康穿洞抗日遗址　位于荔波县内永康乡白岩村穿洞寨。永康穿洞是清代至20世纪70年代广西经永康进入荔波县城的必经之路。因石板路从隧洞中穿过故称穿洞。1944年11月，日本侵略者进犯荔波县境，是月27日攻陷黔桂边境重要关隘黎明关后，企图直冲荔波县城，迅速进取独山，但从黎明关到荔波县城不到40公里的山路上，受到重重阻击。日本侵略者第三十四联队于是年12月2日进抵永康，并开始进攻固守穿洞的守军部队，以密集炮火向穿洞阵地中的守军射击，守军坚守穿洞，激战两天，日本侵略者毫无进展，并死伤严重。之后日本侵略者的另一支军队向左迂回吉洞、董亥、巴灰（今朝阳）冲进荔波，穿洞守军被迫后撤，日本侵略者一部通过穿洞占领荔波。为纪念此次战斗，中共荔波县委、县人民政府于2006年筹资在穿洞抗日遗址立碑以示后人，并开辟为红色旅游景点，游客逐年增多。

（二）都匀市

1. 南沙洲绿地公园　位于都匀市中心城区，因剑江河环绕四周，俗称“海南岛”，被誉为都匀市的“肺叶”“城市会客厅”“都匀的绿岛”。公园占地115亩，建筑面积76682.7平方米，规划建设7.7万平方米绿地公园（其中，公园道路0.7万平方米，广场1.5万平方米，绿地面积5.5万平方米），配套1000平方米服务设施用房，仿古建筑5000平方米。

岛内以黔南厚重的历史文化、秀美的自然生态及独特的民族风情为主题，融入了全州具有影响力的精品景点，建设有民族舞台、民族广场、苗族、布依族和水族风情园，并将福泉古城墙、平塘“三天”（“天书”“天眼”“天坑”）奇观、惠水燕子洞、荔波大小七孔、独山翻天印等黔南州独有景点浓缩在内。逛完整个公园后，便能初步领略到黔南独特的旅游景观和民族文化魅力。此公园与文峰园、民族风情街、马鞍山、剑江河融为一体，山、水、园相得益彰。这里亭台楼阁掩映在苍松翠柏绿树红花中，一步一景，既有高地又有平台、广场，仿古建筑与现代工艺完美结合，为都匀市民提供了一个休闲、娱乐、健身、观光于一体的市政文化免费公园，是当地老百姓茶余饭后的好去处。

南沙洲绿地公园的北入口——城门楼，城墙环岛修建，它是福泉的古城墙的缩影。继续向前就是崇文阁。崇文阁布展在整体风格上重在体观古典，传统之美，按汉代、明代风格布置两间书房，让游客寻找穿越历史回归传统的感受。展厅重点突出“一圣”王阳明；二贤“盛览、尹珍”；“黔南三迁客”张翀、邹元标、陆粲。同时对黔南著名历史人物进行简明介绍。阁内还设有展馆，充分展现了水族、布依族和苗族的民族风情。继而向前走映入眼帘的便是“翻天印”，这是独山翻天印景区的缩影，翻天印位于独山县甲定水族乡甲定村东部狭窄险峻的山梁上的岩石。跟着脚步向前，眼前便出现了一个建筑，是仿造 FAST 修建的，在这里可以了解 FAST 的魅力。继续向前行走，能看到一块巨石，是罗甸彩玉石（又称花斑玉），从罗甸红水河畔而来，早期有“罗斛布依贡玉”之称，当地老百姓使用玉石历史可追溯到 3000 年前。这尊巨石呈橙红褐黄，简约的形式气宇轩昂，有喷彩镀金的富丽堂皇，有风雕雨塑的流年苍茫。

2. *石龙古树群*　位于都匀市龙乡塘榜村，距市中心 50 公里，主树为樟科楠木，树径围 9.26 米，高约 50 米，树冠覆盖面积约 800 平方米，树龄在 3000 年以上。与之相邻密布自然繁衍的楠木及银杏、榔树等 170 余株，树径围 1 ~9 米不等。为罕见的保存完好天然珍稀古树群。该村为布依族聚居的村寨，民风古朴、环境清雅、民族风情浓郁。

3. *龙山银杏古树*　龙山位于都匀市中心以西 2 公里，亦称蟒山，山势雄奇，蜿蜒如龙，主峰山巅高耸云端，为都匀城区之冠。龙山集雨面积大，雨后山水流淌沟壑如银练飞泻，形成千姿百态的天然瀑布。浮云若玉带盘绕山巅，山麓有千年古银杏树一株，树干胸径 2 米，枝密叶茂、郁郁葱葱，虽经千年沧桑，但至今仍生机盎然。

4. *小冲岩墓（小冲洞葬）*　位于都匀市石龙乡谷新村小冲寨北 1 公里马腰形南麓，有南北两个洞口。南洞口宽约 6 米，高约 7 米；北洞口宽约 27 米，高约 30 米。系苗族洞葬，始于明，原洞内有棺木数千具，现存约 100 多具，完好仅 10 具。早期棺木为长方形，长约 2.2 米，宽 0.6 米，高 0.5 米。晚期为头大尾小，长约 1.95 米，宽约 0.5 米，高约 0.5 米。所有棺木未漆染，葬式仰身直肢。

5. *柳天成墓*　位于都匀市坝固镇鸡贾村杨柳寨西约 1 公里寨后坡。始建于清同治十年，墓坐南朝北，呈椭圆形，封土高 1.5 米，墓径 4 米，墓碑高 2.6 米，宽 1.3 米，厚 0.18 米。柳天成（1818—1871）都匀坝固鸡贾人，苗族，清咸丰、同治年间苗农民起义军首领，史称“柳大王”，带义军转战都匀及附近市县长达十年之久，1871 年被清军杀害。墓内所葬无头尸身。

6. *明永历皇帝陵*　位于都匀市城东 15 公里的大坪镇普龙村高塘山东北麓，墓坐西朝东，石块包砌，呈圆形，包石高 1.55 米，封土高约 1.9 米，墓径 9.6 米，碑高 2.98 米，宽 1.1 米，厚 0.21 米，碑额、碑座各有浮雕龙一条，主碑高 1.62 米、宽 0.81 米、厚 0.13

米，碑中竖幅阴刻楷书“明永历皇帝陵”，字径0.2米。原碑柱上有对联：“三百年始经章表，亿万世共凛懋昭；一水湾环钟吉壤，万山罗列侍王侯。”1661年南明永历皇帝被吴三桂杀于昆明后，都匀大坪人原南明重臣扶纲“在原部属的帮助下，在昆明携永历帝残骸归葬于故里高塘山上”（《中国文物报》1996年11月17日）。当时未敢修墓、立碑，民国10年（1921年），编复《贵州省志》，通访名胜古迹，始垒为石墓，并立有《都匀县志》总纂陈矩、贵州省省长任可登、都匀知县窦全曾所撰三方碑化。1996年都匀市人民政府拨款维修，用青石包墓，高1.6米、直径9米，修墓台二级1300平方米，从山下至落台建有宽6米的石梯99极，十分宏伟壮观。永历墓的左右置从臣邬节愍昌期、涂编修敷功二墓。

7. 张翀摩崖　位于都匀东山公园内东山西麓，摩崖面朝西，距地高1.8米，长1.5米，宽0.7米，为竖幅阴刻草书。张翀，字子仪，号鹤楼。明嘉靖三十二年（公元1553年）进士，任刑部主事，因弹劾严嵩父子专权乱政，嘉靖三十七年（公元1558年）被贬都匀，为当地民众讲学达8年之久，并始建鹤楼书院。嘉靖四十年（公元1561年）张翀在东山石壁上阴刻草书“仁智之情、动静之理、栖此盘谷、饮此泉水、大明嘉靖四十年鹤楼张翀书”大字一尺，小字三寸，字体潇洒豪放，神采飞扬，遒劲刚健，落拓不羁。明隆庆元年（公元1567年）正月，张翀右侍郎等职。摩崖已被收入《中国名胜志》。民国三年都匀知府孙嗣奎在摩崖上建亭，名为鹤戏亭，具有艺术价值、历史价值。

8. 半山亭摩崖　位于都匀东山西北面。民国二十六年，驻匀桂军在东山西北半山腰修建亭，于亭后崖壁刻“半山亭”三字，字径约4厘米，为横排楷书阴刻。刻面向西偏南，长1.3米，宽0.62米，离地高2.5米，有39个小字，竖书“陆军第九师第五三五团第一营全体官兵共建”“监修人连长梁英杰”“民国二六年元旦落成”“李标题”。该摩崖是国民党军队在都匀地区驻防的见证，字体刚劲有力，有一定观赏价值。

9. 拉竿龙井　位于都匀市平浪镇平浪村岩寨脚，青石结构。水井长1.4米、宽0.9米，小水池长2.4米、宽1.2米，中水池长2.3米、宽1.8米，大水池长4.5米、宽1.4米。石碑高0.7米，宽0.55米，厚0.2米，立于清乾隆五十一年（1785年），碑文记叙井水滋润一沃土，民众辛劳。

10. 遇仙桥　位于都匀市沙寨乡凤啭村凤啭河上，拉甲都电站上游约2.6公里。南北向横跨凤啭河，为五孔青石拱桥，长74米、宽8米、高14米，桥北石阶21级，桥南石阶7级，桥正中孔壁上嵌有石雕龙头龙尾，雕刻精美，整座桥古朴雅致，为都匀市古桥之一。桥北有桥名碑、记事碑四通，桥南有功德碑一组，由9块石碑组成，其中有清光绪二十三年（1897年）立石碑一块，正面竖行阴刻楷体“遇仙桥”三个大家，字迹圆润，醒目雄劲，为都匀府事区维瀚题。清光绪二十年（1894年）独山监生李芳森、徐学成集资兴建，耗银6813两7钱，历时四年竣工。据传建桥合拢时石料用尽，恰有一老翁负石而来，疑为仙人相助，故名为遇仙桥。遇仙桥造型别致，建筑考究，刻工细腻，结构坚固，在都匀桥梁史中独具一格。百年来，石桥虽饱经风雨剥蚀，但桥碑依然如故。1983年10月，都匀市人民政府列为市级文物保护单位。

11. 继善桥　位于都匀市平浪镇平浪村东出口处，始建于清乾隆三十五年（1770年），南北向，平面呈长方形，为三孔青石拱桥，孔距 8 米，桥长 41 米，宽 6.1 米，高 11.5 米，矢高 5 米。2004 年列为市级文物保护单位。该桥大气，沉重力强，至今仍是乡镇公路交通桥，见证了都匀市乡镇桥梁建设的发展。

12. 扶纲墓　扶纲，字允常，贵州省都匀人，明万历辛丑年（1602 年）生，明末时期（1639－1644 年）在崇祯朝先后担任吏部员外郎、大理寺观政、光禄大夫、兵部、礼部尚书直至文渊阁大学士，史称扶阁学。公元 1644 年李自成率农民起义军攻陷北京，明崇祯自缢于景山。吴三桂引清兵入关后，扶纲即归故里都匀。主要从事讲学、史学和地方志的编纂工作。清康熙十六年（1687 年）扶纲病逝，享年 85 岁，扶纲死后安葬于都匀城北 5 公里处的七星山下。七星山千峰竞争立，万壑峥嵘，七座山峰宛如莲瓣簇拥、青翠如黛。扶纲墓前立一阴刻楷书石碑，上书：明故光禄大夫，上柱国太子太保、文渊阁大学士、兵部、礼兵尚书扶纲之墓。

13. 荷包寨畲族风情　居住在都匀市谷江乡的畲族，自称东家人，其祖先是明初从江西迁徙而至，畲族多聚族而居，一寨一姓，村寨依山而建，住宅建筑形式一般为平房，木或砖木结构，三开间，堂屋设神龛。

畲族服饰多用青色花布，领缘上锦，女主人盘髻插以长簪，妇女盛装头搭蜡染布巾，未婚者独辫，已婚者盘子簪，将头巾中段挽底团花覆盖头顶，两端分缠，垂于脑后。上衣为土布衣无领右衽藏青色，下摆过臀，系花腰带，佩耳环、项圈、手镯、戒指等银饰。

“四月八”为畲族岁首节，相传“四月八”是畲族先人“药王”脱难的日子。多用枫叶、苦李皮、杨梅皮染花糯米饭祭奉祖先。

14. 清塘布依寨　位于都匀市斗篷山景区附近，距离市区 22 公里。依山傍水而建，聚族而居，村前竹木环绕，寨中古木参天，在弯曲幽静的乡村小道旁有多株古银杏树，其中三株胸径均 100 厘米有余，树冠婆娑、婀娜多姿、隐天蔽日，是村民休闲纳凉之胜地。银杏树龄已逾千年，至今仍生机盎然，显示顽强的生命力，春华秋实，金秋时节果实累累、丰硕的银杏曾将树枝压弯压断，村民不得不搭棚架支撑。与之相邻的数株枫香、香樟树、南方红豆伟岸挺拔，相映成趣，夕阳西下，牧童晚归，一幅古朴宁静的杉山村景色。

清塘布依族衣着服饰便装基本汉化，节日女子盛装较有特色，为青蓝色棉布缝制无领右衽花边衣，衣长至膝，下穿镶边长裤，系用蓝黑二色土布作底，再用红、白、绿、黑等色丝线绣上花鸟鱼虫图案的围腰，用青色丝绸帕、白帕或毛巾作头饰，佩戴银质手镯、戒指、项圈等饰品。

世居清塘布依族，建筑、服饰具有该民族特点，每逢传统节日，均要开展活动。主要有赛马、跳芦笙、对歌、杀牲祭奉、清扫尘土等，祈佑丰收、祭祖、祭神等愿望。

15. 绕家寨　位于都匀市洛邦镇境内的绕河两岸，距都匀市区 18 公里。绕河美丽宁静、清澈碧绿，绵延 10 多公里，河湾上散落着 10 多个绕家自然村寨，一栋栋造型古朴别致的吊脚楼掩映在绿荫之中。绕家人是个古老的民族，具有悠久的历史。绕家人自称“育”，史称“夭家”“夭苗”“绕家”等。绕家有语言无文字，普遍使用绕家语，在与其他民族交流时使用汉语。明朝时期，被称为“绕家”的群体已出现在贵州境内。清代时，

“绕家”主要分布在都匀府管辖范围之内。

绕家村寨全部依山面水而居，建在茂密的竹影树荫掩映的绕河两岸，主要村寨有：河口、丫口寨、平寨。绕家一般不修庭院，住房为“吊脚楼”，多为土木结构，以瓦盖顶，以黄土夯筑墙。开间允许多数，有三、四、五、六等几种开间形式。楼下层为畜圈、厨房，有的也作住房用，楼上堂屋设神龛，其余房间作卧室和膳室。村寨房屋多以横队或纵队排列，一个村寨一个屋向，房屋瓦檐相连，十分密集。寨中多有银杏、松柏、杉树。沿河两岸重峦叠嶂，原始森林覆盖群山，同时互生高大针叶林与阔叶林，天然植被保存完好。河中数以百计的大小水车骈列两岸，水车转动，咿呀有声，恍如童话境界。水车群、古树群、吊脚楼与特有的绕家大歌（“呃嘣”）、过冬祭祖等民俗融汇一起，组成绕家村寨原始古朴的民族风情。

在绕家寨，游客可观赏到独具特色的绕家板凳舞、芦笙舞、酒席舞，以及绕家民族服饰。绕家的各种节日也很具有特色，其中，“闹鱼节”是在稻谷孕穗扬花时节所有村寨村民们都放下手中的农活，高高兴兴地分河段用药闹鱼，男女老少一齐下河捕鱼捞虾，热闹非凡，然后大家一起聚餐。男女青年在这个欢快的节日里，可以寻机挑选自己心仪的对象。绕家人很少有离婚的现象，若发生婚姻纠纷，就到一棵古老的“离婚树”下请寨老裁决。在绕家过节别有一番风味。

绕家“呃嘣”是绕家世代相传的民谣，在婚嫁、造屋喜庆时唱的一种无伴奏、一人或两人领唱、众人和音的古老演唱形式。“呃嘣”唱腔独特，语音浑厚、凝重、深沉、苍劲而富于活力，旋律古朴，节奏富于动感，具有很高的历史价值和欣赏价值。“呃嘣”展示了绕家人古老婚俗及其礼俗歌唱特征。其特征是：讲究歌唱的程序性和内容的延续性，同时也展现“呃嘣”寓教于乐的社会文化功能。从现存的活体承传分析，它的曲调应源于古代协力劳动的和唱及舞蹈的踏歌，是古代民族音乐的留存，具有民俗、民族研究价值，更具有民族音乐研究价值。2007 年绕家“呃嘣”被列入省级非物质文化遗产代表作名录。

“绕家”有一个独具特色、隆重的民族节日——冬节。冬节也称“绕家年”。绕家以农历十一月（子月）第一寅日为岁首过冬节。节日活动除祭祖、跳月、踢毽、斗牛、斗鸟外，最引人注目的还是板凳舞。板凳舞就地取材，用凳面互相碰击，节拍明快，二人对跳、四人对跳、八人对跳均可，客人也可即兴参与。踏着节拍碰击凳面翩翩起舞，有谁凳面碰错或者脚步错乱，便要罚酒一杯。

16. *奉合水族乡榔木寨* 榔木寨是典型的水族聚居村寨，也是都匀水族聚居第一寨，被誉为水族的“龙头老大”，每年一度的水族“端节”要从这里开始。

榔木水寨地处都匀市城区东南部，奉合乡东北部，距乡政府所在地 2 公里，距都匀城区 40 公里。“都三”公路穿境而过，交通便利。榔木寨虽然仅是 80 多户 400 多人的村寨，但她以优美的自然风貌、古朴的民族习俗及丰厚的文化底蕴，吸引了来自世界各地的游客。身着盛装的水族妇女满脸朴实，一幢幢依山而建、别具一格的“吊脚楼”上，坠满了金黄的玉米、火红的辣椒，让你感受到深厚浓郁的少数民族农家气息。迎宾、祭祀、水书、剪纸、刺绣、歌舞、水族婚俗等体现出来的深厚的水族文化底蕴，使人难以忘怀。从 2002 年第一届都匀国际摄影博览会起，榔木寨已接待国内外游客朋友380批15000人（次）。国家领导人吴官正、刘延东等也曾到榔木寨慰问。

水族一年中最隆重的节日是农历八月第一个亥日。从这天起各地分批过“端节”（相当于汉族春节），水语称“借端”。“端”即一年的开头。“端节”是按水族特有的历法以农历九月为岁首，辞旧迎新、欢庆丰收的年节。节日期间，水族村寨铜鼓、皮鼓、芦笙等乐声终日不绝，并举行盛大的赛马会，优胜骑手和坐骑披红挂彩，赛马结束后即取消忌荤，正式迎客。榔木水寨所在的奉合水族自治乡及邻近地区，是水族第一批过端的村寨。水族同胞过端前要赶端场，购买节日所需的物品。大年除夕前要打扫、洗刷，干干净净迎接新年。端节清晨家家户户必须用鱼类食品祭祖，这一天人们走亲访友，祝贺新年、庆祝丰收，下午人们穿上节日盛装到“端坡”赛马、对歌，场面非常热闹，同时各家各户都要设宴款待亲朋好友。

17．坝固坡脚寨　位于都匀市东部坝固镇境内，距市区36公里，因位于坡脚而得名。坡脚寨苗族聚族而居，全寨民居一律采用“干栏式”建筑——吊脚楼样式，房屋依山而建，整个寨子高低错落，屋宇重叠。寨中道路以石块铺砌而成，曲曲折折，寨中建筑皆为一色小青瓦杆栏式结构的吊脚木楼。依山势升高，楼上住人，楼下用作厨房和圈养牲畜，楼上的栏杆样式精美，有文笔式、芦笙式、八仙式等类型，鳞次栉比，颇为别致。坡脚寨苗族妇女头发髻于头顶，上插银璨簪和银梳，已婚妇女佩戴银链，银花盘等饰物，盛装着裙佩以银饰。坡脚寨仍保留古朴浓郁的苗族风情。客人进寨前，有三道“拦门酒”迎客；进寨后，可领略芦笙舞、铜鼓舞、情侣对歌等民族歌舞，品尝原汁原味的苗族农家饭菜，还可购买“连心带”、背带、围腰、鞋垫、毽子、银饰等做工精美、风格独特的苗族工艺品。1993年5月，坡脚寨被确定为黔南州民族风情旅游村寨之一，曾接待多个国家的友人和游客。

18．河阳小堡布依族寨　位于都匀市南部约25公里处的河阳乡，距贵新高等级公路1.5公里，有74户人家，全部是布依族。一条清澈的小河绕寨缓缓流淌，山青水绿，风光秀丽。河阳小堡仍保留着古老的布依族风俗——“扫寨”，它以浓烈、古朴、神秘的方式表达布依族人民驱妖魔、渴望平安、崇尚美好的心愿。自1994年以后，小堡“扫寨”仪式以其浓烈、古朴的民族风情吸引了众多游客。1998年4月，中央电视台海外摄制组《民族风情》栏目，把小堡“扫寨”仪式搬上了荧屏，中外游客纷至沓来。

19．黔南州民族博物馆　坐落于都匀市人民广场东侧。收集了黔南州各少数民族服饰、生活起居用品，同时成列展示了各少数民族的房屋建筑模型、婚俗习惯等，走进黔南州博物馆，丰富多彩的实物和图片，让人了解到苗族文化的多样性、水族文化的唯一性，以及瑶族文化的神秘性。

20．水族博物馆　位于黔南州民族师范学院内，馆内成列了水族的服饰、银饰、生活用品、马尾绣、水书等实物，同时通过大量的文字、图片向广大游客展示水族的风俗习惯及独具特色的节庆活动。

21．都匀银狮桥　位于港龙酒店的银狮桥为混凝土双曲拱桥，仿卢沟桥风格建造，桥长30米，宽12米，桥头两端各置一对高近3米的汉白玉石狮，桥栏亦用汉白玉建造，桥栏顶端共有18对精美的形态不一的汉白玉石狮，桥壁刻有30余幅龙、凤、双面浮雕，栩栩如生，做工极为精美，融桥梁与艺术为一体，堪称桥中精品。

22. 九龙寺　位于西山公园后山，是都匀唯一的佛教寺院，有山门、大雄宝殿、厢房等建筑。由于寺庙建在绿荫掩映之中，因而显得清幽典雅，宝相庄严。这座山门供奉的是韦驮护法，造型生动威武，给人以一种森严肃穆之感。香鼎炉高3.6米，重约4吨，三层翘檐，为铸铁式古鼎，矗立在庭院中间，显得十分壮观。

（三）福泉市

1. 福泉古镇　距省会贵阳111公里，南临都匀57公里，1992年，省政府批准其城关镇为省级历史文化名镇。

福泉是贵州开发较早的地区之一，春秋时为且兰国首邑，秦汉置且兰县，隋唐为宾化县，元设平月司，明洪武十四年（1381年）建平越卫，继后或卫，或道，或府，或州，或县，1953年平越县更名为福泉县。

福泉历来文教发达，明清两代，平越先后设卫学、府学、州学、道学、县学等各类官学，以及书院、试院等，进士、举人之多居全省前茅。抗日战争期间，现代文化大量涌入，1938年，国立交通大学唐山工程学院和北平铁道管理学院合并后迁入福泉办学，由著名桥梁专家茅以升任院长。1944年，交大迁往四川后，桂林师范学院又迁来原交大校址，县城一度形成从幼稚儿童教育、小学、中学至大学的教育体系。

福泉古镇历史上长期为府、州驻地，城内外古迹甚多。兴建于明洪武十四年（1381年）的古城垣，初为土城后为石城，有城门4个、城楼4座，历经数百年，基本保存完好，1956年被省政府批准为省级文物保护单位，1982年再被核定为省级文物保护单位，2001年6月被国务院公布为全国重点文物保护单位。城垣的小西门水城依山围水而建，里三层外三层，形成了城内有城、城外套城的奇特建筑格局，为国内所罕见，被文博专家称为“世所稀有”的“黔中瑰宝”。1989年，“贵州古城屯堡博物馆”建于城内。

2. 鱼梁江峡谷　位于福泉县城南面，源自麻江县坝芒水头寨，流经县内15个乡镇，全长84公里。沿江两岸有岩溶洞穴、奇山异峰、古桥栈道、摩崖石刻、民族村寨等。从罗家岔布依山寨入县境，经姊妹滩、和善桥，与平堡河汇于响琴峡。这里两岸壁削，大铁桥悬空飞渡，历代文人墨客题咏甚多赞美响琴峡。自响琴峡下游数十里多是峡谷险滩，过了“仙人堵水”，便进入洒金谷风景区，与诸梁江、沙河汇合于三江口。三江汇合折东5公里即到豆腐桥，往东15公里便是杨老驿站和竹王城遗址。往下经过团滩河等深切峡谷地段，在沈家渡下游与乌湄河汇合入重安江。鱼梁江有明清古石桥20多座，因此被誉为“石桥之乡”。

3. 十万千峡谷　位于福泉市王卡乡，原名十万溪，风景区以断陷峡谷为主体骨架，占地约40平方公里，景区山高壑深，峰峦叠嶂。十万千山槽沟壑千万条，均被植被覆盖着，可说是十万堑。景区内有狮子岩、牛角石、擂鼓岩、天桥山、仙女峰等景点。天桥山下有座十万千大桥，是通往王卡乡的唯一公路通道。

4. 飞水岩 距福泉市区27公里，浪波河波光碧影，幽深恬静，往前百余米的河床下跌处陆坪大桥横跨两岸。桥下，河床急剧陡降，两岸悬岩断壁鳞次栉比，犬牙交错，岸边灌木丛生，岸上松杉葱郁，谷中河水奔腾。距大桥0.5公里的河道处，天工造化一块巨石被横切成为天然石坝，高约4米，河水沿堤坝下跌，水浪击石形成的蒙蒙雨丝，在阳光照射下成为道道彩虹，当地称之为小飞水瀑布。距小飞水约1公里便是飞水岩瀑布，又称大飞水瀑布，瀑高23米。

5. 麻秧洞 位于福泉市岔河乡瓮赏村格庄独青山上，洞最高达70余米，宽50余米，一般高15米，宽20米。洞中钟乳绚丽，进入洞口约50米，钟乳排列顶壁，形若罗汉，故有“八百罗汉”之称，前为“观音垂帘”，观音坐台，状如莲花顶端半卷半开垂下石幔纱帐。该洞分成数岔，深不可测，据说此洞通至干坝，离仙桥石林不远。洞外左面山上挺立3根巨大石笋形似鲤鱼，俗称“鲤鱼奔江”。

6. 神仙洞 位于福泉市城北32公里牛场镇朵郎坪，洞居半山腰，洞口高4米，宽3米，有一条约12米的岩溶阶梯倾斜洞底，洞内平坦，分东西两条岔洞延伸，现可供游览段长100余米，面积约700平方米，有6片百余处景点。

7. 七星关溶洞群 位于福泉市城东5公里城厢镇七星关村，溶洞群由青洞、观留洞、盘龙洞、牛鼻洞、老猫洞组成。青洞顶形如水壶的钟乳终年往下滴水，下有“金盒”“银碗”；观留洞分左右两岔，尽头为一深潭，洞内钟乳奇景有擎天大柱、狮头回抱、竹笋丛生、雪山村寨、水上荷叶、情人幽会等；盘龙洞为圆鼓形，洞口有一石凳可供行人小憩，洞底一潭清泉四季不枯不竭；牛鼻洞因其山似牛头，洞似牛的两个鼻孔，故得名，两个“鼻孔”内各有一座坟，右坟石头堆砌，左坟石灰包成，其坟来历有许多动人传说；老猫洞四出四进互相串通，内堵一块石板似铜墙铁壁将洞隔开，洞口古藤倒挂，情趣盎然。

8. 凤山镇“竹王城遗址” 距福泉城东23公里的凤山镇，该遗址曾是明、清时代的重要驿站，至今残留着许多摩崖石刻，并长期流传着关于竹王与夜郎侯的民间故事，已收入《中国名胜大词典》。此景是省级文物保护单位。

9. 蛤蚌河自然风景区 位于福泉市仙桥乡与高坪镇交界处，距市区26公里，由蛤蚌河河谷及多条支流峡谷组成，面积40余平方公里。景区内原始植被保存完好，珍稀动、植物品种繁多，被誉为“动植物的科普园”和“中药材的宝库”。景区里处处洒绿滴翠、花草峥嵘、鸟鸣幽谷，河岸林竹密布，藤蔓横生，山泉飞泻、景色旖旎，野趣盎然。良好的自然生态环境是许多野生动物栖息的理想之地，沿途溪流峡谷中蛤蚌繁衍，蛤蚌河因此而得名。蛤蚌河是一处集漂流、自然生态休闲观光为一体的天然旅游胜地。

10. 乐邦千年古银杏 位于福泉市黄丝乐邦村，树高50米、胸径4.79米、胸围15.2米、冠覆600余平方米，需13名成人手拉手才能将其围抱，远大于曾被誉为“天下第一”的山东省莒县古银杏，2001年被收入上海吉尼斯大全。

11. 龙井奇树异泉 位于福泉市龙昌镇龙井村。村前有一古樟树参天挺拔，树上寄生多种植物，树藤相绞、相抱，形成一片独树成林的奇特景观。树的根部有一间歇泉，名曰“龙井”。古樟属云南樟，树高35米、胸径1.5米。相传200多年前被雷击为3枝：一枝向东横卧地面，一枝向西北顺坡倾斜，一枝向上参天挺拔。主干倒卧井上，体围6米余，横达50米，整体形如巨龙，井水从树下涌出，人称“龙王护井”。树上寄生、附生植物近40种，其中有木本植物10多种、藤本植物10多种、草本植物6种、苔藓植物10多种，形成长60米、宽32米，面积约2000平方米的樟树群。龙井泉水为不规则间歇泉，停流无一定规则，最短为两三个小时，最长为十余天，每年发生的间歇次数也不一样，充满神秘色彩。井与树相得益彰，被誉为“龙井双奇”，堪称一大奇观。

12. 大花水　位于清水河中游的福泉市仙桥乡与开阳县境交界处，是由修建大花水电站大坝而形成的高峡平湖景观，乘船上可达贵定县、龙里县和贵阳市，沿湖风景奇特，悬崖绝壁，高山矗立，美不胜收。景区内新发现有古驿道、岩画、岩洞葬及史前洞穴遗址等人文景观。

13. 麒麟山苗寨　位于福泉市仙桥乡西部，寨内古树参天，环境优美，风景迷人，农舍房屋古朴大方，具有民族特色。村寨距蛤蚌河景区出口4公里，离大花水景区茅草坪码头仅2公里，地理条件和区位优势得天独厚，每年正月初九、二十及六月二十四，当地苗族群众都要举行跳月、斗牛、斗鸟等活动，民族风情浓郁，民风淳朴。

14. 江边布依寨　位于福泉市黄丝镇黄丝村，面积3平方公里，由上、中、下三个自然村寨所组成，居住有布依、苗、水等少数民族，以布依族为主。村寨依山傍水而建，风光旖旎，清澈的鱼梁江穿寨而过，四周青山翠绿，寨前平畴千亩，长亭古桥，别具一格。2006年3月，福泉市政府将江边布依寨作为社会主义新农村建设试点打造，寨容寨貌焕然一新，是集农家乐、休闲度假、田园风光、民族风情和自然景观为一体的乡村旅游区。

15. “金谷福梨”农业观光园　位于福泉市城厢镇双谷村，平均海拔960米，创建于1985年，水果种植面积达1.52万亩，其中“金谷福梨”1.07万亩，葡萄3000亩，杨梅1500亩，年产水果达0.9万吨。水果特产“金谷福梨”品质独特、名扬省内外，2001年获“贵州省优质农产品”称号。园区春可赏花、夏可纳凉、秋可摘果、冬可踏雪，是集水果生产、销售、旅游休闲为一体的综合农业生态观光园，2005年被评为全国农业旅游示范点。从2005年起，每年梨花开放时节在此举办“金谷春雪梨花节”活动。

（四）瓮安县

1. 仙桥山　位于瓮安县城西南4.5公里的望洞村。雄峙于南北伸展的长岭之巅。山顶有一长方形穿洞，远望似一面中天明镜，又若仕女发髻上的一匹玉簪。因其是山峰顶上的透光穿洞，与一般低处的“天生桥”不同，故旧志称“石巩仙桥”。站在“桥”下仰望“桥”顶，如巨梁横亘天际，青崖黛壁，辉映云天。天衣无缝的“桥身”和两边的“桥墩”，浑然一体，构成跨约40米，宽约25米，高约35米的“桥拱”。“桥拱”北面的“桥墩”脚有形状各异的石洞，曲径相通。洞壁有形似人脚印石凹，传说是仙人到此云游留下的足迹。“桥”东西两面坡形迥然各异，东面坡度平缓，野竹遍插，荆棘丛生，石级小路蜿蜒其间；西面石岩陡峭如斧劈，悬崖深谷，飞鸟绝迹，令人毛骨悚然。桥畔不远，一株直径2.2米的古银杏，迎日揽月，古意幽然。攀岩上桥，狂风扑面，桥身似动，惊惧顿生。桥顶上原建有二层六角尖顶亭阁，每当雾岭初晴，虚实相映，有如海市蜃楼，令人遐想。

明万历年间，贵州巡抚郭子章曾游于此，题书誉为“播南首景”。

2. 玉华山 位于瓮安县瓮雍中心城区西南部，距县城24公里的银盏岩根河村白溪。玉华山主峰高1166米，西有长安营，北有二坡营，东有大平山，南有高白溪，数个山头互为犄角。玉华山周围悬崖绝壁，犬牙交错，以深沟、峡谷与各山相隔。人于山下仰望，奇峰高耸，似在云际；岩畔古木苍郁，藤缠崖壁，成片的刺竹郁郁葱葱；春夏野花竞放，风光甚美。山顶开阔，方圆数亩，奇石遍布，绿草如茵，古树迎风枝展，山顶有一古井，名曰“言池”，泉水喷涌不绝。明代贵州巡抚郭子章游览此山，题“玉华捧月”，属明清瓮安八景之一。傅亿《游玉华山记》日“言池如月，而上气之佳如玉之华也”。玉华之名源于此。山顶原建有玉华寺，现仅存遗址。山之西面有一蜿蜒石级小路，可通山顶玉华寺，小路窄陡险，颇有“自古华山一条路”之势。清咸丰五年（1855年）至同治七年（1868年），农民起义军首领何德胜（人称何二王）、王廷英（人称杀人王）等率众起义，于此安营扎寨，凭险据守，与清廷抗衡达13年之久，可见玉华山之巍峨险峻。《贵州名胜古迹概说》载之为名胜。山的西、北皆被河流环绕，河水从西向北流淌，形成高低错落的大小瀑布群，涨水时节，犹如一条条的白飘带将玉华山缠绕，形成一条亮丽景观，是旅游绝佳去处。山的周围眺望处，均是险峰密林，仅有1条小路上山，也是攀岩拾级和打造过山车的游览胜地。已有乡村公路通往玉华山附近的麻池坝。

3. 石笋对石鹅 距离瓮安县城10公里的玉华乡岩根河村。石笋生在小山上，犹如倒悬之笔，直指青天，写意山水，更似初出之笋，石头上的几株灌木就是笋尖嫩叶，苍翠欲滴。石鹅生在地开的半山间，它与石笋两两相对，脉脉含情。石鹅由一截石山和一只石鹅构成，石柱像石笋一样大，顶端平整，石鹅就安然立于石头顶端，嘴向上从村，尾向飞练坝。当地民谣曰：“脚踏岩根河，石笋对石鹅，谁能识得破，金银用马驮。”石笋石鹅驻地岩根河境域蕴藏有丰富的磷矿资源。1978年改革开放后，经逐步开发和利用，由该地磷矿资源产生的磷矿业和磷化工业已逐渐成为全县支柱产业，2012年已探明储量达36亿吨。

4. 羊岩关 位于瓮安县城北55公里的珠藏镇羊关村，此关下临湘江（乌江支流）羊岩河渡口，上盘千仞峭壁，雄奇险峻，自古为兵家必争之地，有石墙踞岭锁隘，故名羊岩关。经此直通遵义、四川。1935年红军突破乌江天险，攻占羊岩关后挥师遵义。羊岩关一带原有的许多碑刻仅存路碑2块，残碑2段，摩岩1处，其年代为清至民国初年。摩岩刻有33个盐行商家字号，反映出清中期珠藏一带的盐业商业状况，当地俗称“盐巴路”。此关融古隘口、古渡口、古驿道、摩崖石刻等人文景观与峡谷江流的自然景观于一体，集古代军事设施、交通设施、商业设施为一体，具有较高的旅游考察价值。

5. 席子河峡谷 位于瓮县木老坪乡，距县城20余公里。瓮安河进入席子河段后，两岸危岩高耸，河床突然变窄，宽不过10米，但河水并未因此而变急，仍然平平缓缓，从东蜿蜒向西。在5公里长的河谷间，因水涨水枯，河水便在如席如毡般的岩石河床上冲淘出数以千计的石凼，石凼如坛子一般，肚大口小，终年坛中清水满盈，河风吹过，石坛便发出款款轻声。整个河谷山环水绕，两岸古树藤萝，盘根错节，鸟语花香，构成席子河别具一格的峡谷风光。

6. 封神洞　瓮安席子河上游以东1.5公里处有一溶洞，传说很久以前，凡当地农家有婚丧之事，均向洞内投贴求借杯碟桌凳等器具物品，每每应验，故而得名。此洞洞口高13米，宽3米，洞深无底，未究其终。壑谷间吞云吐雾，云飞雾卷，洞口随雾的浓淡时隐时现，若有若无，平添几分神秘。洞中峭壁高悬，石色殊异，钟乳石像，多似民间使用之物，如碓、磨、翕、桌、凳、金钟、石鼓、糍粑、嫩笋、牛马等。此间，暗河涛声阵阵，回声不绝于耳，身临其境，有别于他。

7. 文峰塔　位于瓮安县城东1公里，瓮雍中心城区文峰大道中段东侧山峦之巅，有石阶800多级。从河西居高远眺，但见塔身高耸，巍峨入云，掩映于葱茏、茂密的草木与苍老、遒劲的松柏之中，有若一杆斗毫巨锤，写着风雨沧桑。文峰塔，原名“文笔塔”，始建于清道光十四年（1834年），咸丰中毁于兵燹。1945—1949年重加修葺，更名为抗战胜利纪念塔。1978年毁于雷雨，1982年重建。塔上阴刻李奇谋书“文峰塔”三字，每字0.6米见方。坐东向西，为六边形翘角七层楼阁式石塔。塔高15米，平面正六边形，底层边长1.5米，周长9米。有1982年《重修文峰塔记》石碑1块。半山建有烈士陵园和革命烈士纪念碑。峰、塔、墓、亭、树组合，使“文峰塔”成为朱家山森林公园景区的一大胜景。

8. 红岩温泉　位于瓮安县老坟嘴乡的河坝村，日涌水量约2000吨，水温42℃，经省地矿局专家鉴定，认为水质有关指标已达饮用矿泉水标准，属低矿化度，含有多种有益人体健康的微量元素，且该温泉水量巨大，水质良好，具有较大的综合开发利用价值。该地山清水秀，自然风光优美，有优质温泉，为发展田园观光、体验、康体、娱乐休闲等农家乐旅游奠定基础。

9. 红栲林奇观　在乌江北岸的铜锣乡龙家寨，生长着以小红栲为主的古树名木30多株，形成一片古木森森的古树群落，其中最大的一株小红栲树高25米，胸围6.7米，蓄积34.1立方米，树龄千余年。

10. 龙耳朵　位于瓮安县城北面75公里的高水乡高龙村。龙耳朵呈马蹄状，马蹄崖高万仞，崖逢间古木盘虬，蹄顶两端各有1个高耸的山峰，人称龙的耳朵（或称双乳峰）。蹄内左边清泉淙淙流淌，中间有莲花池，池深3米，每隔10多分钟，清泉上涌，如莲花开屏，声如雷鸣，蹄下又有一高10多米的悬崖绝壁，春雨时节构成宽4～6米的水帘，宏伟壮观。

11. 瓮水蛮夷长官司遗址　遗址位于瓮安县珠藏镇瓮水司村高屋基村民组，距县城49公里，占地约150亩，坐落在飞凤形山丘上，坐南朝北，背靠青山，前临田畴，阡陌纵横，溪流带绕，井泉四布。一条青石板铺成的古道穿寨而过，遗址规模宏伟，气势磅礴。现存遗址是宋、元两代署址，瓮水司作为高屋基一带的地名，一直沿袭至今。

12. 草塘安抚司署　位于瓮安县草塘猴场红色文化新村内。草塘安抚司署现存全木结构房屋大堂一间配以抱厦，厢房各两间，前厅三间。雕梁画栋，木雕门窗，配以雕花挂落和斜撑，青石板天井，石料雕刻栏杆。整个建筑庄严肃穆、气势非凡。

13. 中山阁　位于瓮安县平定营镇街坝中央，距县城18公里。占地100多平方米，木结构瓦房，高约十五六米，两重屋面。上层为六角钻顶盖筒瓦，下层为四面滴水盖青瓦。

屋面的十角上下方位交错，角边端塑有鳌头昂首，角脊有英姿武士持械站立。上层屋面六根木柱四根通地，两根则立在下层屋架的台担上，两层共有十根柱子落脚，均有鼓形石蹲底。二楼按南北分为两半，南半为舞台，供文艺演出和集会演讲之用；北半类似房间，供演讲、演出化妆之用。中壁正中有孙中山画像，像上端书写“总理遗像”四字，右侧竖行书“革命尚未成功”，左侧竖行书“同志仍须努力”，像下方书“总理遗嘱”全文。

14. 高真观　在距瓮安县城13公里处的平定营镇，平地一峰拔起，周围溪流环绕，山上古木参天。上建有寺观阁楼，有较多的文人题咏。

15. 宋钦故居　宋钦，瓮安草塘人，为明代贵州宣慰同知。其宅第与傅玉书故居相邻。现存正房五间、厢房二间。青瓦屋面，木雕门窗，院内青石板铺就，古色古香，已有六百多年历史。

16. 动物群化石发现地　主要分布在瓮安北斗山磷矿的“五·四”采区、南堡采区和白沙坎采区，距县城13公里。1998年2月5日，美国华盛顿、英国伦敦、中国南京三个地方同时举行发布会，公布生命科学的重大发现成果：“在中国贵州省瓮安县发现距今5.8亿年前的动物群化石!”当日，中央电视台《新闻联播》及时报道了这一震惊世界的消息。2004年，《科学》杂志公布和发表陈均远教授在瓮安动物群化石中对两侧对称动物（小春虫）的发现，再次在生命科学界激起惊涛巨浪，被列为2004年国际重大科学发现之一。

动物群化石的发现，使瓮安乃至中国成为世界生物学研究的热点地区，具有前所未有的科研价值和科普价值。2009年，瓮安成功申报动物群化石产地为国家级特级景点，并开展保护工作，明确核心保护范围，竖立了保护牌。

17. 草塘龙狮艺术　瓮安草塘在20世纪30年代就是贵州四大名镇之一。草塘龙狮灯会是当地群众一项重要的民俗活动。每逢阴历正月初九至十四开展盛大的龙狮灯会活动。

草塘龙狮灯会规模盛大，最多时每年有龙48条、狮24对之多。草塘龙灯造型别致多样，有双手龙（两人合舞）、大弯龙（多人合舞）、三截龙（头、身、尾分开）、彩龙、草龙等。每条龙的舞者又按各自身所在的方位，依五行八卦系统，分青、黄、赤、白、黑。每年龙狮灯会时，还辅以仪仗灯、舞狮、旱船、鹤、虾兵蟹将舞等。猴场镇（原草塘镇）被文化部命名为“龙狮艺术之乡”。

（五）贵定县

1. 阳宝山佛教文化风光景区　位于贵定县城北8公里的德新镇境内。明万历二十四年（1596年）在主峰莲花山顶建著名的莲花寺。莲花寺香火鼎盛时，僧众达200余人。在后山建有飞凤寺等宏大建筑群，有塔林200余座，其中保存完好的128座，其年代自康熙初（1662年）至光绪末（1908年），最高塔坟逾4米。明代翰林院检讨丘禾实、辽东巡抚丘禾嘉，曾在此秉烛夜读，留下不少珍贵墨宝。

2. 斗篷山自然风光景区　位于贵定、都匀交界处的斗篷山风光景区，已被命名为国家级风景名胜区，其主峰和“天池”位于贵定县境内，海拔1961米，蕴藏着丰富的生物资源，保存着原始生态环境。主要景点：原始森林，莽莽苍苍，规模宏大；天池宝鉴，生于顶峰，宛若明镜，如临仙境，迂回曲折；绝岩峭壁，刀削斧劈；怪谷野花，称为“六月雪”，十分壮丽；斗篷杜鹃，品种繁多，别具一格；宝石寨古树参天，浓荫密布，巧石怪木，一路花瀑；斗篷山巍峨雄峻，大气磅礴，竹林苍莽，万野深幽，苔藓裹树，树根缠石，天池绝妙，景观奇特，是贵州的名山之一。

3. 黄龙山高原平湖大草原风光景区　位于贵定县新铺乡境内，距县城25公里。主峰黄龙山海拔1715米，坐落在四寨水库上游，蚣蟆塘、燕子洞之上，耸立在数千公顷自然草场之上，巍峨、雄峻。黄龙山有壮丽奇特的旅游、医药、食品、生物生态、高原大草原风光、纯朴和厚重的民族文化资源，如浓郁的花苗风情和精美的花苗传统蜡染、挑花刺绣服饰。黄龙山春暖夏凉，是避暑的胜地。游人在此观光旅游，赏民族风情，观看原生态花苗芦笙舞蹈；品尝民族美食：羊肉烧烤、清炖羊肉和原汁原味的酸汤豆腐。游高原平湖，仁者乐山，智者乐水，各有所乐。以高原平湖为中心，方圆20公里独具民族文化特色的高原花苗风情区，可开展赛马、斗牛、射弩、狩猎等活动。

4. 独木河峡谷平湖风光景区　独木河是贵定县内第一大河，全长95.6公里，位于贵定县境北部，距县城22公里。从洛北河风光景区的杨家寨风景区顺流而下，便进入独木河峡谷平湖风光区。独木河地处河谷冲击槽谷区，槽状河谷相间出现，河床深切割，多呈“V”形，“U”形峡谷，相对高差200至300米，岩溶地貌十分明显。两岸山峰耸立，有的陡峭笔直，似刀削斧劈；有的山形奇特，任人浮想联翩。峡谷水流清澈见底，涟瀑相间出现，怪石嶙峋，激流险滩，浪花飞溅。时而瀑布咆哮，声震山谷，气势雄壮；时而长滩秀水，风平浪静，空谷幽深。山水风光交相辉映，呈现出千姿百态的自然景观，是黔中瑰玮奇丽的原生态江河峡谷自然美景。独木河的下游两岔河处，贵州省重点工程大花水电站的雄伟大坝已经建成。作为库区的独木河与南明河水面整体提升，“高峡出平湖”壮丽的黔中大峡谷平湖新景观呈现在世人面前。从贵定杨家寨沿独木河而下至南明河而达贵阳。

5. 云雾山茶文化风光景区　云雾山位于贵定县南部，历代贡茶和屡获金奖的贵定云雾贡茶产于此地。每年，都有数以万计的人从四面八方汇集于此，铁炮震山响，长鼓动地舞，苗女采春芽，猛牛争霸主，气派恢宏的茶山风光，独领风骚。云雾山北坡之水，汇聚流至山脚距云雾镇1公里处，被拦截形成云雾湖，面积约1.5平方公里，整个湖区山环水绕，四周是茂密的松林和绕山环坡梯坎层层茶园，湖面宽阔，碧山秀水，湖水涟漪，情趣妙然，湖中小岛，林木荣茂。

6. 沿山镇独龙河旅游景区　沿山镇星溪村晓寨、高寨、马坝等寨是布依族聚居村寨，寨前是独龙河（盘江音寨河段上游），河两岸绿树成荫，河面宽阔，水流平缓，河水清澈，是避暑纳凉划船游泳的极佳地。从独龙潭至洄水湾（又名“相思湾”）2公里，潭后是青松翠竹、绿树成荫的龙塘坡、摆浪坡，潭前一片大沙滩，是日光浴极佳之地。离沙滩稍远的河岸上有森林覆盖，地上绿草成茵，洁净如毯，是嬉戏玩耍之佳地，从独龙潭至洄水湾之间的河段，流水清澈见底、水质洁净、无污染、碧波荡漾，划船荡舟、游泳潜水任自由。1984年，晓寨被贵定县命名为第一个文明村寨。寨子里的布依族人民保持着传统的文明礼貌、热情好客的习俗。进入寨子可享受到布依酒歌、情歌等民歌的浓浓氛围。贵阳等地游客常到此游玩。贵阳有的旅行社还组织游客到独龙河“相思湾”野营度假，在岸边的沙滩、草坪上举行篝火晚会等。

7. 巩固摆龙河景区　巩固乡摆龙河，两岸竹木掩映、景色宜人。在乡境内长10余公里，自古两岸流传有“三十六道坝，七十二驾车（水车）”之美传。至今，这条河上有冗山桥坝、栗木寨坝、月亮寨坝、平寨坝、上革佬坝等10多道水轮泵堤坝；有栗木寨磩、月亮寨磩、平寨磩等古老石磩；有冗山桥、梓木桩桥、石板桥、河背桥等古桥。两岸有栗木寨、月亮寨、小湾、石板寨等20多个布依村寨，至今布依族语言、服饰、民族风俗等仍然保持着独有特色。在巩固布依族聚居境内，有清代咸丰（1851—1861年）、同治（1862—1874年）年间建在龙山的“龙山营”，有清咸丰三年（1853年）建在河背寨后山顶上的“威远营”，这两个古营保护较好。

巩固布依族聚居的巩固寨脚，有一道清咸丰元年（1851年）建立的“巩固牌坊”。牌坊为4柱3孔2楼石牌坊。牌坊匾词一面为“贞心一点”，另一面为“庆溢双支”。现已重新修复完整，字迹清楚。在司头寨头，有清乾隆三十三年（1768年）建立的“司头牌坊”，牌坊为4柱3孔牌坊，保护完整。

8. 沿山底至营盘溶洞景区　沿山底至村是布依族聚居地区，有1个营盘溶洞，该溶洞因其坐落在营盘坡而得名。营盘坡有3层洞：第一层洞在坡脚，洞门和城墙主体完整，洞内面积3000余平方米。第二层洞在山坡中部，面积约400平方米。第三层洞在山坡的上部，仍保存城门和城墙等，洞内有1个“天门”与山顶上的营盘相通。山顶上营盘仍保存有城门和城墙。洞中有“天门”“地门”，溶洞旁有猪羊厅、水帘洞、回音洞、神仙洞等7个溶洞。溶洞内金星闪烁，似用星星编织的美丽夜空；洞内钟乳，似人非人，似兽非兽，千奇百怪；洞内景物颜色或“纯白”或“金黄”或“淡红”，如“黄金”，似“白银”。景区内有上、下两座营盘，大、小两座“神仙桥”，形象奇特的“将军岩”“背崽岩”“狮子岩”“姐妹岩”“亮石岩”，以及岩壁画等。景区内布依族村寨，青松翠竹、群山环绕，寨中有狮子山、古井、千年红木古树，还保存有“人栖其上，牛羊犬畜豕其下”的“干阑”式住房20多栋，住房堂屋保存有古老的“木雕神桌”“汉文桌椅”，还有盛典时布依族妇女穿的古朴典雅盛装，祭祀、喜庆节日吊打的“布依族三棒鼓”（铜鼓、木鼓），古代西南少数民族丧葬习俗——“瓮一葬坛棺”，以及清政府拨银为其修石墓的武都尉王安邦墓等。黔桂铁路改线和厦蓉高速公路经过这一景区，并在这里修建火车站，汽车直达这一景区。景区周围，还有大山深处的望山、茶山，被誉为“黔南民族奇葩”的白苗服饰和其谈情说爱时坐的“花场”等。

9. 牟珠洞　位于贵定县城西10公里盘江镇清定桥村，洞前原为明清古道。牟珠洞原名母猪洞，因洞内有钟乳石形如母猪而得名。后人认为“母猪”欠雅，以洞中有圆石如珠故改称“牟珠洞”。牟珠洞前有1组建筑群。建于明嘉靖，竣工于明万历年间。有山门、回廊、大殿、观音台、韦陀台、厢房、对厅、提阁等建筑物，均为砖、木、石结构。清初又于山门前建过街楼。大殿前院中央，种1株牡丹花树，树脚群花围之，精致淡雅。大殿内塑释迦、燃灯、弥勒3尊高约3.3米的佛像，两旁排列18罗汉，造型生动，形态各异。殿后小径直至牟珠洞口。洞有石笋1株，高约7米，玲珑奇巧。石笋左右有钟乳盘香。此外，有石龙、石狮，千丘田、仙人奶诸异形。洞前有碑两块。洞左有雷鸣洞，有瀑若匹练。清光绪末年，贵定知县朱延励摩崖刻“听瀑窝”三字于雷鸣洞侧。牟珠洞内，骚人墨客于洞壁上留有不少墨迹。牟珠洞建筑群，20 世纪 60 年代被破坏。庙宇已不存在，仅有残基，钟乳石部分被敲毁外，大部分尚好。1982 年被县政府公布为重点文物保护单位。

10．燕子洞　位于贵定县城北 15 公里处的德新镇风景村。因秋季燕子群集其中而得名。该洞由上、中、下 3 个洞组成。3 个洞相隔不过 100 米但不相通。上洞又称双龙洞，由两个相通的地下溶洞组成。上洞相对较小，洞中奇景，数不胜数。中洞蔚为壮观，下洞实为一条地下河。该洞集雄、奇、状、美为一身，激起游人无限的好奇。

11．桂香洞　位于贵定县铁厂乡甘塘，距县城 60 公里。桂香洞高 50 米，宛如桥形。西边洞壁奇形怪状。洞左侧下方是 1 个绿莹莹的深潭。右边上方则是 1 个洞中之洞。洞中石柱竖立，其形险峻。洞中 300 米处是 1 个可容 1000 人的大厅，各种石花、石条，壮观有趣。整个洞长约 3 公里。因入口处有 2 棵桂花树而得名。

12．九门龙洞　位于贵定县巩固乡龙山村，距县城 48 公里。该洞有前洞和后洞，中间有 1 个通口连接，通风干燥，无深潭暗河。洞的最高处 30 米，最宽处 50 米，长约 1500 米。洞壁和洞厅内石笋、石钟乳树立，千姿百态。洞内分长廊厅、长龙厅、歌舞厅、壁画厅、楼上厅、楼下厅、黑白厅、石幔厅、钟乳林厅 9 个厅室。洞内景观令人流连忘返。

13．旧治古镇　位于县城 25 公里，是贵定建县初期的县城，距今 400 年。明万历三十六年（1608 年），析新贵县、定番州置县，取新贵县之贵，定番州之定，合称贵定县。治所设在今日旧治镇。清康熙二十六年（1687 年）治所迁至今贵定县城，原来的治所改名旧治。

旧治古城因历史沧桑，未完整保存下来。现保存下来只是一段城墙和建设城墙的碑记。这段城墙 600 多米，依山而立，高 3 米，墙体厚 70 厘米。原古城有 4 个城门，现保留的有南门城楼和西门洞。南门城楼阔 5 米，进深 4 米，高 4 米。城墙外原修有 3 米宽 2 米深的护城墙壕沟。由明末贵定籍人丘禾实撰写的《建设贵定县碑记》，详尽记述了城墙修建的时间（1612 年）、修墙的必要、修建人、修建经费、修成后的壮观、城墙所起的作用等。2005 年，县文物部门复刻此碑立于旧治古城。

14．沿山晓寨　具有布依族民族特色的古寨。距贵定县沿山镇 2.5 公里，距县城 30 公里。寨的两侧为小山，山外分别为新寨和高寨，古寨形成 1 个自然的开口。此地从前曾建有寨门。现此地有 8 株百年翠柏，形成一道藏青色的屏幕，树下用砖砌了一堵墙，上书“晓寨”2 个大字。晓寨原名小寨，后因人口增多寨子变大，加之开阔的寨子面迎旭日，故改名晓寨。2008 年有 150 多户人家，均为布依族，且几乎为甘氏人家，至今已有 300 年的历史。

从寨门口进入寨子，是一条近 3 米宽，长约 500 米的石板街道直达毓秀峰宝塔。老宅沿着街道两边顺山势一层层地往上建筑。所有老宅均为三合院的建造格局。中间大房、两边厢房均高于院坝 1 米左右，由錾有筛纹的条石镶砌，堂屋前一段都有 3 或 5 间同样精细的长条石砌就的台阶，整个建筑庄重。大房多为 5 间，所有房柱均立于屋基的条石上，穿枋板壁门窗装修完好。檐前还有大小长短不一的镂空花板。厢房略高于院坝，亦有基础条石，房子小于大房。院墙内面多以石灰粉糊，上书“读书便佳”“为善最乐”等治家格言或警世之语。朝门多建在院墙一角，朝门内为2扇大门，外为两扇腰门，门外两侧为连接院墙或厢房呈“八”字张的门。走进晓寨，仿佛走进了江南的某个古朴、儒雅，浸透着厚重历史的古村落。

15. 平伐九龙营古堡　坐落在贵定县南端云雾镇所在地，距县城60公里。平坝之中，一山凸出。山与平坝结合，浑然一体，在云雾坝子上形成一道天然屏障。这就是九龙营。据史料记载，九龙营始建于清咸丰五年（1855年），距今150多年，为古代御敌之用。城墙顺山势而建，把山顶围成一个大圆圈，有4.5平方公里。城墙由大小相当的条石堆砌而成，每块石头都有均匀的纹路，由石匠精细加工而成，城墙宽2米，高约6米。城门是典型的中国式建筑，由巨大条石拱拢而成。清咸丰八年（1858年），进行扩建，成为扩守营堡。

16. 龙山营古堡　位于贵定县城西南约48公里的巩固乡大龙山。在清咸丰、同治年间，平伐土司庭中壁，偕巩固罗忠达、杨筱斋为防匪盗而修建的营堡。该营堡城墙3层，南北城的子石拱城墙经錾石料堆砌，依山而建，占地300亩。营堡内建有住房，分苗族、布依族、汉族3条街。街道约2~3米宽，最高建筑为巨石堆砌的碉堡。龙山营古堡遗址今天仍然存在，而且城门完好。

17. 巩固威远营古堡　位于贵定县城西南面约48公里的巩固乡河背村。清咸丰三年（1853年），由当地团首吴大椿修建。该营盘建在河背村高1400米的牛磐山上。分内外墙，有东、南、西3个城门。城墙为巨石砌筑，依山而建，最高处有10余米，低处3~5米，厚2米，占地面积105亩。营中建有忠烈、观音2庙及房舍。内墙沿有2~3米宽的通道。东南面悬岩陡壁，似刀劈斧削。西面仅1条独路上营盘。现今该古堡城墙保存完好。

18. 南门古营盘　位于贵定县城南门外2.5公里处。营盘南北长1.5公里，东西宽0.5公里。有练兵场、伙房等，可驻兵400余人。清咸丰六年（1856年），农民起义军占领贵定县城后，便在南门营盘开作坊，制造兵器。至今当年作坊遗址尚在。

19. 鸟王贡茶碑　该碑立于贵定县云雾镇鸟王村关口，距县城60公里。该碑主要是清政府为安抚云雾山区以“贡茶”代交皇粮的苗族人民、暂时停止贡茶并规定不准地方官府差人加码敲诈百姓、允许苗民举报违规加码摊派者而立，还拨银420两支持苗民发展贡茶生产，以利来年购办云雾贡茶，因而深得苗民欢迎，并在碑眉刻上了“万古留芳”4个大字。此碑立于清乾隆五十五年（1790年）。1982年省政府将此碑列为省级重点文物保护单位。

20. 新巴镇甘塘乡规碑　此碑为甘塘寨布依族所立，立于清道光三十年（1850年），位于贵定县城北20公里。此碑竖于寨前道旁1株100年古树下。碑高1.1米，碑眉“乡规”2字，阴刻楷书，除4字模糊外，其余清晰可辨。当地布依人民立此碑的宗旨主要是教化子女安分守己、尊老爱幼、禁止赌博、保护山林、爱护庄稼等，以达“风清俗美”之目的。1985年11月，被省政府列为省级重点文物保护单位。

21. 丘氏墓志铭　墓高0.9米，宽1米，厚0.1米，青石料。铭盖为明万历太子太保兵部尚书济南王象乾所撰，礼部尚书东阁大学士方从哲书。字迹如桃仁，楷书，端正隽秀，由云南一位法号为续灯的高僧镌刻，镌刻精细，共1400余字。太仆寺卿，川、粤、豫巡按，山西道监察御史贵阳李时华书丹。1982年8月被县政府列为县级重点文物保护单位。

22. 旧治征粮碑　立于清光绪五年（1879年）八月二十日。此碑位于贵定县城南25公里之旧治镇内文庙山门右侧（今旧治小学），高1.2米，碑文阴刻楷书。此碑系光绪年贵州巡抚衙门颁发的布告，虽经百余年，碑文仍清晰可辨。1982年8月，被县政府列为县级重点文物保护单位。

23. 新场丁粮定章碑　清光绪六年（1880年）三月十二日立于距贵定县城北8公里的祖庙山门右侧，碑高1.3米，碑文阴刻楷书，碑眉阴刻“丁粮定章”4字。1982年8月，被县政府列为县级文物重点保护单位。

24. 良田征粮碑　在贵定县城东南50公里处的都六乡栗木寨对面山丫口上，立有4块连在一起的碑，这是4块内容基本相同布告。立碑时间为清光绪二十二年（1896年）八月初六。碑高1.8米，碑文阴刻楷书。当地群众称之为“免粮碑”。现4块碑完好无损，字迹清晰可辨。1982年8月，被县政府列为县级文物重点保护单位。

25. 桃花寨护河碑　反映民国10年（1921年）贵定县政府及庆熙镇团首对贵定河的保护，在上至林家坝，下至闻江寺河段，不准水老鸦下河，不许用网、用毒等手段打鱼，只许执竿垂钓，如有违反扭送报官重罚白银四两。

26. 抱管禁止赌博碑　立于清道光三十年（1840年），该碑文历数赌博造成的危害性，劝恶扬善，弘扬正气，有深远的历史意义和现实意义。

27. 窑上乡摩崖群　主要由“大佛山”“观音洞”石刻和“贞节旌表”等组成，系清光绪年间布依族人李春山提写的。“大佛山”在距窑上场坝1000米处的一块陡峭石壁上，字大如斗，气势磅礴。观音洞内有观音庵。洞壁及洞口处两边有摩崖文字，主要记述观音庵的修建过程及捐资者姓名。在观音洞左侧约0.5公里处，有一块拔地而起的丰园岩石，上面刻有簸箕大小的圆圈，圈内刻有皇清旌表一贞女名字。

28. 瓮城桥　又名惠政桥，全长55.9米，高20米，宽5.6米，系石拱5孔桥。位于贵定县城西11公里的瓮城河上。明弘治六年（公元1488年），由都御史邓廷瓒、宣慰使安贵荣集资修建，御使钱钺撰写碑记，碑文载入《图经新志》。该桥历经数百年风雨仍完好。1949年11月12日凌晨，国民党89军溃逃时将桥炸塌2孔，企图阻止解放军西进解放贵阳。但解放军一夜之间于桥侧50米处架1浮桥，迫使89军起义。1989年底，县政府和盘江镇政府将桥修复。1982年8月，被县政府列为县级文物保护单位。

29. 冗山桥　又名光辉桥，在距贵定县城西南48公里处的巩固河上。桥长50米，宽7米，高8米，全部由青料石砌筑，该桥修建于乾隆三十二年（1767年），由平伐土司庭光乾向各寨群众募资白银1000余两、历时2年、于乾隆三十四年（1769年）建成。因该处山峰重叠，故名冗山桥。庭光乾为了炫耀其功德，遂更名“光辉桥”。民国初，被洪水冲塌1孔，后由乡政府集资修复。该桥头有冗山桥碑和维修碑。

30. 把朗桥　建于道光年间（1821—1850年）。在贵定县铁厂与云雾镇之间，贵惠公路必经之地。全桥长20米，高5米，桥面宽4米。青石砌筑，3孔每孔跨径5米。解放后，此桥保存完好。但汽车通过时因弯度过大，易出事故，于是新建一座现代桥梁于旧桥侧，仍命名为“把朗桥”。1982年8月，该桥被县政府列入重点文物保护单位。

31. 了迷河桥　又名顺天桥。建在贵定县铁厂至窑上的了迷河上。建于清光绪年间，桥长96米，高7.2米，为5孔石拱桥。系窑上乡人李春山集资于光绪十二年（1894年）修建。他一生修建了荣生桥、一品桥、飞云桥、贞女桥等5座桥。为了缅怀他的业绩，光绪二十七年（1901年），由当时县知事撰文刻碑，立于窑上乡伏虎寺。

32. 旧治大桥　公元1911年由旧治人集资修建。全桥长112.7米，桥面净宽7米，桥高7米。全桥分7孔，每孔跨径7米。桥上部为石拱，下部为台墩台。桥两头均塑有石龟石像，两边有护栏杆，每边石栏上各塑9个石狮。整个桥体建筑仿卢沟桥式样，是解放前县内最完善的桥梁，也是当时都匀通往贵阳驿道必经桥梁之一。解放后，该桥仍在使用。2007年县交通部门进行了维修。

33. 城隍庙　始建于明洪武二十五年（1392年），距今已有600多年的历史。该庙平面呈长方形，原为三进院落，依次是牌楼大门、戏楼、前厅、南北厢房、正殿、后殿、斋房、观音阁楼等。大体中轴对称，坐东向西，占地10000余平方米。大殿系单檐硬山顶式建筑，采用抬梁式结构，青瓦层面，布局为四合院式。殿内4棵特大圆柱，直径约1米，至今无虫眼。大殿各种装饰为挑檐、斗拱、屋脊、硬山、线条都是仿竹装饰图案，实为木雕艺术之精品。嵌在大殿后墙的清道光时维修庙的石碑和集资功德碑依然存在。在正殿后门有一幅石刻对联：“规模继创承先远，佛刹宏开启后长”，横额为“其成矣乎”，说明了该庙规模及体量之大。1998年城隍庙被列为省级重点保护文物单位。

34. 云雾镇寿福寺阁楼　位于云雾镇场坝，距贵定县城60公里，为贵惠公路必经之地。始建于清道光年间（1821—1850年）。寿福寺阁楼由山门、戏楼、正殿、配殿、阁楼等建筑物组成。阁楼二重檐歇山顶，四角飞檐，形式古朴大方，呈现地方民族建筑的特色，有较高历史、艺术价值，为黔南仅存的古建筑之一。现阁楼原貌依旧，但正殿、厢房、配殿已被损毁。戏楼改为云雾小学教师宿舍，楼下层用作教室。1982年被县政府公布为重点文物保护单位。

35. 旧治黑神庙　位于旧治镇，建于明代末年（1644年前）至清代初年（1646年）。规模宏大，有山门、戏楼、前殿、大殿、厢房、回廊、后院等，保存较为完好。1982年被县政府列为县级文物保护单位。

36. 红军长征贵定革命遗址　1935年4月初和1936年1月6—7日，中央红军和红二、六军团在长征途中先后分别经过贵定的新巴、洛北河、马场河3乡的32个村寨。每到一地没收地主财物，分给农民，发动群众，开展革命活动。并留下大量的标语和宣传漫画。如“中国共产党万岁”“红军是乾人的队伍”“白军弟兄联合红军抗日”“红军绝对不拉伕”等近100条标语和宣传漫画。新巴地区是黔南境内红军标语和漫画最多的区域，是革命传统教育的基地。

37. 中共贵州省临时工委活动遗址　1940年9月，中共贵州省临时工委书记邓止戈到福泉视察工作被捕脱逃后，通过地下组织安排到都六新民小学，以教师身份开展工作，省临时工委的其他同志也多次到新民小学汇报工作。邓止戈以新民小学为据点，将龙里、平越（福泉）、都匀、丹寨、惠水等地下党组织连成一片，指导全省地下党工作。1941年1月，邓止戈离开新民小学，辗转赴重庆南方局汇报工作，后赴延安。新民小学即今日都六小学，是革命传统教育场所。

（六）龙里县

1. 金龙谷风景区　坐落于鱼洞河上游，东支流发源于醒狮镇境内流经贵阳市乌当区永乐乡的石笋沟、羊角桥、石板塘，北支流发源于醒狮镇与贵阳市乌当区偏坡乡境内，流经醒狮镇大岩村，穿过小岩布依寨。上述两条支流在小岩的轿子山脚下汇入鱼洞河，穿过鱼洞峡，在贵阳市乌当区东风镇头堡村与鱼梁河相汇后，注入南明河；属长江流域，乌江水系。景区属亚热带季风湿润性气候，年平均气温14℃左右；年平均降雨量1220毫米左右，雨量充沛，气候温和，冬无严寒，夏无酷暑。

金龙谷景区北支流为山间小溪，蜿蜒曲折，是醒狮镇大岩村和小岩布依寨农田灌溉的主要水源，东南支流流量大于北支流，在石笋沟大白岩、石板塘切割较深，形成较宽阔的湾塘、河滩、阶地，是贵阳市永乐乡的主要农田灌溉水源。南北两支流在小岩轿子山脚下相汇，形成深切蜿蜒、深幽曲折的峡谷。景区内最高点为大横坡山，海拔1335.6米。最低点为贵阳市东风镇来仙阁，海拔970米，属于苗岭山脉，其地形地貌属黔中山原，表现为岩溶谷地，岩溶洼地，岩溶峡谷，称为中山岩溶地貌。

金龙谷景区的主要岩层为薄层碳酸盐岩，以典型的人字形（金字塔型）折曲构造为特色，是折曲地质构造中的一个特例，金龙谷由此而得名。在金龙谷这块喀斯特地段中，有正在演化的喀斯特河谷相互袭夺与被袭夺，可以实地观察到喀斯特峡谷的过去、现在与将来，喀斯特地块的溶蚀、侵蚀、淘蚀、冲蚀、溶洞的形成与堆积等，充分显示了喀斯特奇观的伟大“雕刻家”——水的活力。

景区内主要植被以灌木为主，间有青杠林、竹林、果园，鱼洞峡两岸的大关口、文笔硐、二锅山万亩森林，是鱼洞峡金龙谷景区的重要依托。金龙谷中心景区的大岩、小岩村寨达百年以上的古樟树32株、古柏11株、古沙棠等杂树40余株。在这些百年以上的古树中，有五大奇树奇观：位于小岩布依寨中的孪生古柏，至今还是未解之谜；位于金龙谷悬壁上的仙女树，惟妙惟肖；位于山坡布依寨旁的古香樟群落，命名为香樟园，是急待保护、可利用的有价值的好资源；位于小岩轿子山白岩悬壁上的龙爪古樟，是小岩布依寨的最佳风景树；位于小岩布依寨的铃铛花树，又称马安树，这种树开花时表现为青——淡黄——大红——土黄的变化，花期为每年6—10月，冬季花呈土黄色，每逢风吹动就发出铃铛声，由此而得名，7—9月花呈红色，色彩鲜艳。

金龙谷为州级风景名胜区，占地约5平方公里，是典型的峡谷、山水风光，因紧邻贵阳市，既是龙里人民的理想休闲去处，更是贵阳市及周边群众的周末度假胜地。景区交通便利，已建有满足需求的餐饮、购物等接待条件。

2. 十里刺梨沟景区　位于龙里县谷脚镇北部，紧邻贵州省双龙航空港经济区，距贵阳市区30公里，924县道从境内穿过，交通方便。该旅游区所处的经纬度适宜、气候良好，山地自然环境无污染，尤其适合种植“维C之王”——刺梨。十里刺梨沟最典型的是茶香村，是长达十余里漫山遍野鲜红刺梨花海的中心，“2010年贵州乡村旅游年”61个主题活动地。谷脚镇茶香村刺梨花开，红白相间，人工种植刺梨近万亩，连绵长达10余里。“十里刺梨沟”刺梨面积2万余亩，是全国集中连片最大的人工刺梨基地。走进“刺梨花走廊”，两山郁郁葱葱的松林、杉木林和青冈林交互相映，炊烟袅袅的农家在林中若隐若现。“十里刺梨沟”的刺梨花，比野生刺梨花更加红艳不俗、鲜美夺目，花开时节，周边山寨喜爱唱歌的布依族群众总会邀约到这里赏花，唱情歌，为美丽诱人的“刺梨花走廊”增色不少。“刺梨赏花（品果）节”系列乡村生态旅游活动，带动当地农家乐餐饮、住宿、娱乐蓬勃发展，年接待观光自驾游游客30万余人，旅游收入3000万元，大大提升了“十里刺梨沟”的知名度。2016年新增投入1000万元对“十里刺梨沟”景区进行提质改造，建成了山地自行车主题公园，修建国家级赛道5公里，引入全国山地自行车户外运动赛事。2017年6月29日，黔南州旅游发展委员会对龙里县十里刺梨沟旅游景区成为国家AAA级旅游景区的情况进行了公示。根据国家、省旅游景区质量等级评定管理有关规定，经黔南州旅游景区质量等级评定委员会评定，龙里县十里刺梨沟旅游景区为国家AAA级旅游景区。

（七）独山县

1. 独秀峰　又名独山，位于独山县城东南13公里处的平坝之中，原为独山县十二景之第一景，有“独山晓翠”之称。《方舆纪要》载：“山尖圆高峻，无他山联属，因名”《独山州志》中：“……层峦叠嶂中陡开生面，四维平阳，一山独立高数百丈许……登峰远眺周遭数十里村落密布，阡陌绵延，秀木乔林苍翠欲滴，恍置身武陵桃园也。”

2. 神仙洞　位于独山县城东南15公里处。据地质勘测，洞初成于3.7亿年前的泥盆纪，早期系地下河通道，在漫长岁月中，逐渐演化为绝妙的溶洞奇观。洞长5公里多，分5个层次，最高层与最低层相差80余米。洞内有两条主通道，平行伸展，有8个支洞纵横交错于主通道上，形成蛛网般的地下迷宫。

3. 本寨羊场温泉　又名“热水井”，位于县城东南50公里的亮洞河边。泉水从山石缝隙中流泻出来，常温40℃，出口处稍高约45℃，日流量100多立方米，泉水宜浴沐净肤，且去毒，可作矿泉饮水。

4. 丫丫大草原　位于独山县东南部打羊乡，为中国南方最大的自然生态草原。1984年，中国与新西兰合作，在荒山、荒坡上一年四季种植不同的草种，采用新西兰全天然放牧模式放养奶牛，打造怡人的高原草场风光。胡锦涛在任贵州省委书记期间曾两次考察独山高原新西兰草场，并把其定为省重点发展项目。依托独特的项目发展优势，经多年发展，丫丫大草原现已有自然草场5万亩，人工草地4万亩，项目开发总面积10万亩。

（八）平塘县

1. 卡蒲毛南族风情园　位于平塘县东大门的卡蒲毛南族乡境内，介于平塘至独山之间

17 公里处，册三公路（S312 线）旁，位于卡蒲河畔之滨，建筑面积 28.8 亩，2005 年始建，总投资 1000 多万元，景区游览面积 6.5 平方公里。上游地接国家小Ⅱ水库（390 万立方的卡蒲桐林水库），卡蒲河东西向、南北向两条小河交汇环绕，毛南第一渠——卡蒲渡槽灌渠跨越于两山村寨之间，风情园选址坐落其间。

风情园整个建筑为伏势斗牛造型，分牛头、牛脖子、牛身、牛蹄、牛尾五部分，牛头建筑为牛鼻子、牛角木架盖瓦飞椽结构，下为走廊，牛角环抱圆形表演场 1 个，表演场中间建有圆喷水池 1 个，表演场北面有毛南议郎木坊、议郎牌各 1 块，议郎牌书写“毛南族议郎”原始的村民自治、民法法律条文的内容，表演场北面为民族工艺产品的生产加工房。第二建筑为牛脖子，由三部石阶梯从下往上构成，中部石级南北两侧各 1 个双龙喷水池（蝴蝶泉），石级正中为土地供奉菩萨加盖屋顶石牌位组成。从下往上是第三建筑部分为牛身，是毛南人家四合院布局，东厢房陈列室为毛南族起源文物：起源历史、贵州人口分布等史籍图文资料、门头牌匾、毛南土布床单的生产染缸、织布机、纱线、土布、打鱼渔网、溪笼、黄鳝夹、狩猎的鸟枪、火药角、山羊网、麻雀网，堂屋祭祀春凳；西厢房陈列物为风簸、竹磨、石磨、石碓、石擂钵、桐油笼、木制照明灯盏、祭祀铁炮、铁鼎罐、簸箕、打谷桶、皮鼓、木犁、水耙、磨耙、火镰刀、柴刀、斧头、锛锄等生产生活用品；步石级向正东方向为南北对称两厢房结构，正中为毛南族祭祀神龛结构，北厢房陈列物为毛南族的生产生活、婚丧嫁娶、语言、毛南山歌、够鼓舞、火把节、迎新节、女儿节、老年节、儿童服饰、文化活动图片、服饰、头巾、绣花鞋、鞋垫、八角帽、围巾、围腰、褙带、参加建州 50 周年庆典 3 米长一只绣花鞋、土布床单，铜质烟斗、烟盒、医药书籍、毛南米酒酒曲配制植物和木制雕刻神龛图片等；南厢房为播放展厅，陈列物为中央、省、州、县各级领导到卡蒲毛南族乡慰问、检查指导、参加劳动等工作图片。从下向上步石级再往东为第四建筑乃牛蹄，为南西北“山”字形正东朝向木架盖瓦飞檐长廊，中间广场为歌舞体育竞技表演场，树立毛南族图腾柱，广场两侧长廊南北各建有两木屋，存放表演器材、物质库房和贵宾、演员休息室。第五建筑是牛尾，也是风情园的后寨门，连接交懂民族村寨步道。

园内的交懂民族自然村寨，住户 100 多户，有 16 户“农家乐”旅游服务接待处。风情园景区与卡蒲集镇、毛南风情一条街、毛南风情岛、出水洞沿河风景、卡蒲库区生态、下寨田园风光构成一个整体。

2. 聚胜塔　位于平塘县城西面莲花坡顶，塔有 8 层，呈六角形，高 18.8 米。塔内有圆桌圆凳，供游人休闲、娱乐。塔下不远处有一石碑，传说碑上是明朝道人张三丰手迹——“玉水金盆”拓刻。塔下 100 米处是望城阁，崇檐庑殿建筑，周围有两层仿古石栏杆，是观县城“玉水金盆”的最佳位置。

3. 河边寨　位于平塘县掌布“藏字石”景区上游 5 公里处，是一个典型的布依族聚居村寨。村寨依山傍水，植被原始茂密，百鸟鸣叫其间，河水清澈碧透，鱼欢游翔浅底，环境十分优美。村寨民风民俗淳朴浓郁，至今仍然保留着古老的布依族风格的杆栏式民居建筑，还保留着布依族服饰的传统特色，古寨古风十分浓厚。

4. 营上古道　位于平塘县掌布“藏字石”景区河边寨西南400米处。根据当地寨老介绍，营上古道修建于清朝道光十年（1858年），至今已有170多年的历史，是当年河边寨布依族村民为了防御外来者入侵而修建通往营上碉头的一条通道。此古道长2公里左右，均为石板铺垫而成，古道曲折幽深，道路两侧原生植被茂密，古道幽静、原始。

5. 贵山古道　位于平塘县通州打贵河上游。古道至今已有三百多年的历史，是克度、通州一带商人外出经商，通往平舟、独山、都匀的必经之路。此道长3公里，道面均为青石板铺成，古道曲径幽深，道路两旁原生植被深浓，潺潺流水，原始野味浓郁。

6. 安家洞　位于平塘县塘边镇易里寨打界坡峭壁之上。洞长68.5米，洞内有水池、居室等，容量628立方米，全为手工凿成。洞分上中下三厅，仿梯式排列，洞门侧一壁，书刻建洞碑文，为阴刻。洞中各池清水，皆从洞顶缝隙中渗出滴入，长年不断。属县级文物保护单位。

7. 整岩石碾　位于平塘县克度镇天生桥。是古人因地制宜，在崖腔内整岩上刻凿了4个水碾，直径3米，上有岩层遮雨，下有河水冲击木轮，带动上面石碾旋转，碾轧稻谷。

8. 泰合桥　位于平塘县者密易然村附近两山之间，为六硐、者密两地行人来往必经之地。建桥前，仅有几根木棒作便桥通行，每当春夏季节，山洪暴发，桥被冲毁，交通便中断。清道光十五年（1863年），村民石成章立意修桥，捐白银117两5钱，并多方募捐，共得白银300余两，历时两年竣工。

9. 通州古屯堡　位于平塘县通州镇高星村的一座山上，地形呈椭圆形，面积约693平方米，四周全是石砌围墙。有东、南、西三个城门，南门和东门分别建有凸出城外的两个炮楼，是考古的最好去处。

10. 塘边古屯　分布于平塘县塘边镇沿河村一带10余座高山顶上。古屯四周砌有高墙，有大门1个、小门2个、窗口多个，许多古屯至今还留下土灶、石碓、石水缸等物。据专家考证，古宅距今有千年历史，何人所建，至今还是个谜。

11. 况九洞葬　位于平塘县谷硐乡基场村况九组。洞内宽广幽深，规模较大，构造复杂，景观奇秀。洞内存近千口棺木，阴森可怕。此洞是研究布依族洞葬的理想之处。

12. 养鹤山摩崖　养鹤山原名羊角山，海拔1100米，位于平塘县城西北约8公里处。此山崖石陡峭，松柏葱茏，寺院静雅，摩崖苍劲，明清以来被列为“平舟八景”之一。明代初期于山上始建寺庙，六百年间，庙宇之兴圮已无可考，民国19年（1930年）被毁则起因于山火。民国28年（1939年），平舟县城绅民捐资，于旧址上重新修建。20世纪60、70年代后，因年久失修，寺庙垮塌，昔日的胜景已不复存在。

山上有摩崖两处，一在山门左侧约百米处。崖壁高2.5米，宽2米，刻七言诗一首。诗云：“东山晓日照烟云，仆地犀牛迴出群，莘野南洲波浪静，关风北斗起人文。”另一处在山门右侧，沿小路前行约500米处，崖壁较宽大，亦刻七言诗一首。诗云：“石龙昼夜转流沙，玉水金盆发客膳，峻岭丛中留古迹，青钱洞里现光华。”两处石刻落款皆为“外四京金银锋题”。相传明代道人张三丰云游至此，以指代笔，凿划而成。养鹤山摩崖属县级文物保护单位。

13. 黄土坝民族村寨　位于平塘县掌布乡“藏字石”景区，是布依族聚居村寨，依山傍水，房屋仍保留古老的杆栏式建筑，房屋呈长形，楼上住人，楼下喂养牲畜和堆放杂物，门前有楼梯直达楼上，楼上房间有火坑间（客厅）、灶房和居室，火坑间砌有一方形火坑，火坑上吊一铁丝弯钩（有的人家是一棕绳吊一带钩木棒），用来钩锅煮东西，火坑间还放置纺车、织布机等。黄土坝布依族至今仍保留着织布、染布、碾布等民族传统工艺和布依族习俗。女服饰上衣较宽松，长过膝，袖口滚镶；裤子为宽腰长线裤，裤脚用花线布滚镶花边。节日主要有“三月三”“四月八”“六月六”“小年”“腊月二十九”。

14. 西凉民族村寨　平塘县西凉乡拉抹村是布依族聚居村寨，木屋建筑一楼一底，房屋依山傍水，房前屋后芭蕉片片，楠竹蓬蓬，是典型亚热带民族聚居村落。至今仍保留有古老的石磨、碾子、石碓、虚笼、框箩、纺车等，仍保持有独特的手工艺——人工造纸。

15. 茂村石桥　又称“寿星桥”，位于平塘县者密镇茂村寨边，是者密通往四寨必经之路。茂村石桥为单孔桥，长 6 米，桥面宽 2 米，两侧有方条石栏，桥北头有两座用整石雕成的像，形态可掬，桥南头有几株合抱大的松柏树，树旁有石碑一块，铭刻建桥始末。桥距今虽有 150 多年的历史，仍屹立无恙，其碑文仍清晰可见。

16. 乐康风雨桥　位于白龙乡乐康村，是平塘县境内最大最长的风雨桥，已有 180 多年历史，为白龙通往都匀凯口的必经之地。此桥高 10 米，长 25 米，桥面宽 6 米。水中两座桥墩呈四方形，全用青石砌成，桥面铺木板，两边各有三根木围栏，一根供人歇息的木柱横于围栏内侧。桥面上用木柱搭竖屋架，顶上盖瓦，中间有一飞檐，形如天窗。桥两头植被密集、浓郁。桥头立有石碑，铭刻建桥始末。

17. 课寨民族村寨　平塘县卡蒲毛南族乡课寨民族村寨属典型的佯僙人（毛南族）聚居村寨，仍讲佯僙语，全寨 130 户左右人家。至今还保持着古老的竖架木柱楼房建筑风格，两楼一底，地基较高，房前一小院，进院处有一门楼，门可开关，门楼上盖瓦，进入院子再上一个台阶可进屋。屋门前两边各有 1 雕花石墩，人住一楼（称地楼），楼下喂养牲畜，二楼用来堆放东西。有两栋保存完好的古建筑，已有 150 多年的历史。

（九）三都县

1. 姑鲁寨产蛋崖景区　中国·原生态村落·世界之谜姑鲁寨产蛋崖国家 AAA 旅游景区，位于三都县三合镇姑挂村境内，距三都县城 10 公里。2009 年，景区基础设施建设投资近 300 万元，景区公路、旅游步道、售票房、景点文化包装、公路沿线绿化、旅游接待农户房屋包装、游客接待服务中心、表演场、停车场等各项基建工作已基本完成。2010 年 8 月 19 日经贵州省旅游区质量等级评定委员会评定，该景区符合国家标准，被评为国家 AAA 级旅游景区。姑鲁寨共 258 户 1093 人，是三都水族自治县典型的水族村寨之一，自然生态好，森林郁郁葱葱，民族风情浓郁。景区内水寨依山而居，村落朗朗，屋舍俨然，“人楼居，梯而上”，古越人茆椎“干栏”式建筑，再现百年民居古屋村庄；当地民众写水书、说水语、着水衣、唱水歌、跳水舞传承水族风习，地质奇观“产蛋崖”与民俗风情相得益彰，尽显民族生态旅游的奇异风采。

位于三都县三合镇姑挂村姑鲁上寨东南面约 0.5 公里的山麓上姑鲁产蛋崖，崖长约

100 米，崖高约 5 米。崖壁上有或圆或扁圆的大小不同形状的石蛋，有的已脱落被当地老百姓拿回家作装饰，有的脱落后静躺山地下，有的还镶嵌在崖壁上，多的则是孕育在崖腹里等待出世。当地人用水语称这道崖为“努给岜”，汉语“产蛋崖”之意。产蛋崖掉落的石蛋直径一般 30～50 厘米，呈青赤色，石蛋坚硬，比重大，不易风化，石蛋上有明显的与树木年轮相似的圆纹。据当地老百姓说 30 年左右脱落一次。不完全统计，已脱落下来被村民收藏在家中的有 100 多枚。截至 2010 年，壁上显露尚未落地的石蛋有 60 枚。1987 年 9 月，产蛋崖被《奥秘》画报首次向外界展现，之后《贵州日报》、香港凤凰电视台等媒体作了相关报道，1988 年，中央电视台专题播出产蛋崖的消息。

2. 闻歌起舞“风流草”　风流草是一种似树非树、似草非草的植物，其株高 60～120 厘米，多长出偶数羽毛形状的复叶，单叶宽 1～2 厘米、长 3～6 厘米，呈嫩绿色。这种植物有灵性，每当水族青年男女在其旁边唱着情歌时，其株上嫩叶便会慢慢地跳动起来，先是各片嫩叶自己缓慢向外舒展，随着歌声的不断深情激扬，相邻之间的叶片就慢慢缠绕，恰似一对热恋中人相拥相吻，歌声终了，相缠的叶片也缓缓舒展开来，渐渐恢复原状。于是，用水语称为“杠怀拥”，意译是“风流草”。

3. 通天测地“晴雨石”　坐落在三都县九阡镇甲才村姑右寨的月亮山腹地，当地水族人称之为“丁窦”，意译是“影石”。因其能预报天气晴雨，故名曰“晴雨石”。此石坐立在 45 度的斜坡上，高约 5 米，宽 4 米，厚 3 米，前正面中有 3 米见方的垂直平面，上边宽厚约 30 厘米的石檐与屏幕间天衣无缝，浑然一体，堪称鬼斧神工。当地百姓能以此石面颜色预知天气晴雨，如石面呈现白色可推断为晴天，呈现暗色则为风雨即临，久雨中石面由黑转白，即阴雨转晴。

4. 中和瀑布　距三都县城南 27 公里，位于中和镇河寨村东外的山谷中，距三都至周覃公路段 1.4 公里。为一个三级台阶式瀑布，每级间距 30 米，总高度 80 余米。河水奔泻而下如白帘飞挂，冲击而腾飞的水珠似云雾弥漫，配上两岸青翠的树林，构成一幅瑰丽多姿的画面。《人民画报》记者曾摄下此景作为该画报封底展出。

5. 雪花洞　位于三都县塘州与三洞地区交界的雪花河上，有座雄伟壮丽的仙人桥和瑰丽多彩的雪花瀑布。桥长 20 米左右，宽 6 米许，高约 10 米。桥面怪石嶙峋，拱下钟乳悬吊，桥脚是潭。桥体如熔铸而成，雄伟浑然。南端到伏流的溶洞口的二三十米间，是直立坡顶的绝壁。因为地壳运动引起的沧桑巨变，地形跌宕显著，所以河溪多瀑布，是发育最典型的喀斯特地貌。由于流水，浪花的冲击和石岩中碳钙被雨水浸蚀溶解，形成了仙人桥一带壮丽多桥的河山。绝壁上被穿空成大小不同，深浅不一的石洞。洞中景致奇特，有的像依山修筑的亭台楼阁，有的像高燃神烛列满罗汉的佛殿，有的又像缩小了千万倍的假山公园。在这一带，那结状若悬冰、吊蛇、海马、羊角的乳石，形如网衣、鱼鳞、帘幕的石幔，举目可见比比皆是。除了这些琳琅满目的岩溶体之外，还有绝罅长着奇形小树，四周丰茂的草坡，构成了一幅水绿、山青、洞奇、桥美的画卷。叮咚的流水在洞中产生的共鸣和从绝壁反响的回声，交织成一曲悠扬动听的乐曲。

从仙人桥下穿过的雪花河水，倾入 50 余米落差的岩溶洞中，伏流 60 多米之后，从东南面断岩的裂缝中喷出，又沿着20米高的陡峭岩面，冲到乱石嶙峋的谷底，飞溅的浪花水珠，恰似洁白雪花。每当暮春盛夏，溪水高涨，水声如雷，空谷轰鸣，震耳欲聋。瀑布冲击怪石激起三米多高的飞花碎玉，雾珠水气弥漫山谷上空，如遇阳光照射，常常出现五彩斑斓的长虹。

因为雪白的浪花给河山增添秀色，所以这喷出浪花的石缝名为雪花洞瀑布，这条河称作雪花河。传说仙女阿密在这里拴住蛟龙，拦河筑坝引水为百姓灌田，却遭到蛟龙的好友冰雹粒的破坏。它用娇物将坝脚炸垮，蛟龙仓皇穿山破壁逃命，河水随之流淌形成了雪花瀑布，残存的坝面变成了雄伟的仙人桥。

6. 三江溶洞　位于三都县周覃镇三江犀牛潭崖石壁上，相传为古寨所用，保存有登山石阶及寨门、寨墙。洞内有天然形成造型奇特的钟乳石景观，且洞中有洞，洞下有洞，洞内空间蜿蜒曲折，有开阔空敞的洞中大厅，也有只容一人穿行的窄道。

7. 三江犀牛潭　位于三都县周覃镇三江村境内，距县城58公里，是一口奇特的间歇潭，当地布依族百姓称之为“旺保”。潭口面积100余平方米，一年四季，每天都有规律的三涨三落，涨水时间分别为9点、15点和20点，一般持续为20分钟左右。涨水时，清水由潭底急剧涌出，波浪翻腾，水泡成串，恰似暴开的水锅涨势，甚是奇特。

8. 月亮山　位于三都县九阡镇甲才村姑又组屋背山脊，当地称之为“姑又山”。顶峰海拔1322.4米，坡岭长约10公里，面积近10000公顷，是县境东南的天然屏障，又是都柳江和漳江的分水岭之一。这里有无数峰峦各具形态，层层迭起，犹如万马奔腾，涌向天际，气势雄伟壮观。沿主峰各山谷，有大小溪沟18条，其中15条汇入漳江，3条流经牙得河汇入都柳江。森林覆盖率高，生态植被良好，山谷有成片杂树，种类繁多，山中有茂密野草，一派草原风光，山上遍布嶙峋怪石，向一方倾倒，极像从天上掉下斜插于地上的，极富神奇色彩，被誉为“天石”。产有林麝、红腹锦鸡、大鼯鼠、黑熊等珍贵动物。通天测地的“晴雨石”也位于该腹地。

9. 月亮树　在三都县境内的尧人山自然保护区的深山老林里，生长着一种珍奇的会发光的阔叶乔木树种。这种树干粗、枝多、叶茂，每当夜晚来临时，它的叶片边缘发出小半圈荧光，好似上弦月的弧影，因此当地的水族人民叫它“月亮树”。据科学家考证，这种树是第四冰川之后世界上几乎绝迹的稀有树种。月亮树在瑶人山古林带中也为数不多，属珍稀保护植物，也是研究植物进化的宝贵材料。

10. 芒勇湖（明碧湖）　芒勇湖即是芒勇水库位于三都县南部，其湖区处于恒丰乡、廷牌镇及独山县本寨乡之间，距县城60公里，距独山37公里、距荔波48公里。属珠江流域都柳江水系打狗河上游漳江支流芒勇河上。工程始建于1978年，至1979因国民经济调整，芒勇水库被列入为缓建项目，之后于1989年恢复续建，1999年该项目工程全部完工并交付使用，工程历时21年，有效建设期11年，总投资3520万元。坝顶弧长169.5米，坝顶宽4米，坝顶高程852米，总库容量2049万立方米，湖区集雨面积85平方公里，湖长27公里。湖面狭长，四面青山延绵起伏，群山环抱。湖中数岛，岛上千绿竞秀。湖水清澈碧绿，波光粼粼。湖区绿水映青山，湖光山色，交相辉映，风光旖旎，景色万千，泛舟湖上，清风徐徐，碧波荡漾，心旷神怡，流连忘返。

11. *石板寨抗日旧址*　石板寨抗日旧址位于三都县南部的九阡镇石板村石板寨，距县城约69公里。民国时期，该寨筑起了高3.5米、厚1米多的石砌护寨墙。开东、南、西、北四个寨门洞供出入。1944年秋，日本侵略军数千人，由广西宜北入荔波至九阡水族地区，企图攻陷三都后攻独山。11月28日黄昏，一股日军抵达石板寨，受到了水族村民潘秀辉、潘神、潘老发、潘晓等50余人自发组织的抗击，村民以寨墙作屏障抗敌入寨，战斗一直坚持至夜幕降临，日军被迫退到距离寨外100多米的田埂上对峙。入夜，村民又组织了偷袭行动，再次打击日寇。第二天拂晓，日军使用火炮攻击，村民终因寡不敌众，退到后山，石板寨被攻陷。日寇进村后，烧毁房屋60栋，粮仓80余个。石板寨战斗，水族村民打死日寇8名，缴获防毒面具、钢帽、弹药等军需物资，有4名群众牺牲。今存防御墙和被日军炮击的禾仓木板等（上有弹片，已收藏在黔南州民族博物馆）遗迹，是水族人民不畏强暴抗击侵略的见证。

12. *九阡水族起义遗址*　位于三都县九阡镇梅采寨东北2.5公里的岜丢山上，距县城约68公里。东西北三面为陡坡与悬崖，惟南面山梁与其他山岭相连，易守难攻。始建于清代咸丰五年（1855）7月，面积约10000平方米。毛石砌筑，原貌早毁。今存残墙及四道卡门遗迹。残墙为梯形，高1.55米，底厚1.1米，上厚0.95米。当年，梅采寨水族农民潘新简在九阡地区领导当地民众举行了水族历史上最大的一次农民起义。义军以九阡地域为根据地，垒石为营，以都江、都匀、榕江等地各路义军及太平军余城义部互相声援、配合，转战于荔波、独山、都匀、南丹等地，攻克荔波县城五次，围攻十余次，潘新简被太平天国封为“辅德王”。义军所到之处，得到各族民众的拥护，纷纷加入，起义烽火长达十余年之久。其间为加强和巩固九阡根据地，在各重要路口、关隘修筑了关卡、营盘等。今存的岜丢山遗址既是其中之一。为水族人民反封建、反压迫的历史见证。

13. *引朗石板墓*　位于三都县城南面的水龙乡政府驻地水龙村引朗寨南侧，共12座。该墓坐南朝北，以整块石板、石柱砌成，长2米、宽0.90米、高1.90米左右，呈古代“干栏”房屋形式。墓室分上、中、下三层。底层入土，作安葬亡人；上、中层露出地表，作存放殉葬品，外壁雕刻着各式图案，有狮、麒麟、象、牛、羊、凤凰、仙鹤、花草、人物等，形象生动，想象丰富，展示了水族人民对美好生活的向往和精湛的雕刻技艺。石板墓是水族古墓的一种形式，有着浓厚的民族色彩和地方特点，是研究水族古代葬俗和社会发展史的重要实物。

14. *水书摩崖*　2010年，三都县境内都江镇大坝村银子坡发现一处水书摩崖石刻。都江大坝水书摩崖石刻的发现，是继三都塘州乡拉下水文墓碑、周覃镇的查水文墓碑、都江镇怎雷水文墓碑、榕江县计划乡的水文墓碑之后的水书文化古迹的又一重大发现。

摩崖高于地面约7米，崖面长7.5米、宽2.8米，刻字分布面积约3平方米，崖上的水书石刻虽然布满了青苔和石斑，但字迹清晰易辨，总29个字，最小的字为3厘米×3厘米，最大的字为12厘米×11厘米，最明显的字是“卯”字为10厘米×8厘米。崖上分为三幅竖排，顺崖斜铺的水书石刻，三幅间距均20厘米。上幅为（高）28厘米×（宽）16

厘米，刻有“子、巳、卯、酉”等5个字符。中幅为80厘米×40厘米，刻有“辰、寅”等16个字符。下幅为32厘米×26厘米，刻有“子、丑、申（甲）、辰、寅、癸、申”等8个字符，共29个字符。摩崖所在的坡段，因2006年、2007年长时间下雨，坡段整体下滑10多米，崖板错开成几大块，看势摇摇欲坠。

15. 水族古文字碑林　也称“天下第一水族古文字碑林”，2008年，由三都籍新疆建设兵团82岁的原副师级干部潘国慎提供资助，修建在境内三洞乡水根村的怡心园中。由9块碑、18面组成，石碑尺寸高为137～165厘米，宽为66～86厘米。主碑镌刻“勒睢碑”三个大字及序言，第2～9块为水族古文字1500余个。碑的背面，镌刻古今中外莫友芝、岑家梧、潘一志、王品魁、何耀华、曾晓渝，以及法国、美国、日本等著名专家学者对水书的论述，由中、英、日、法、西班牙文组合。

16. 巴茅水族旅游村　坐落三都县三合镇境内，距县城6公里，是一座始建于清朝的水族自然村寨。至今寨中依然保持着写水书，说水语，着水衣的古朴民风，是水族文化的一个重要缩影。巴茅古寨有78户人家依山而建，木楼鳞次栉比，一气连横。寨前阡陌纵横，十里稻香，碧水河滩水牛嬉戏、骏马悠闲。寨中古木林立，碑刻层梁随处可见的精雕花纹与象形水书一起，承载了水族悠久的文化历史。而水族独特的祭祖仪式，也为巴茅古寨三百余年的历史增添了一抹神秘。此外，祭祖仪式前的水寨水歌迎宾，铜鼓斗角舞，祭祖仪式后的赛马大会都成为巴茅古寨端节必备的节日项目。

（十）惠水县

1. 濛涟寨与“文笔塔”　沿原惠水水泥厂顺流而下约10公里即到达濛涟寨。寨子位于县城东北面，距县城约7公里，分濛涟和濛根两个苑落，全寨211户1150人，濛涟寨已有700多年历史，属于惠水县布依族大寨之一。涟江水由寨北拐西再往南绕田坝而过，寨后高山绿树，不远处有一条小河由东而下灌溉寨前良田。清朝雍正年间（1723—1735年），为防止匪患，寨民在小河流径的油井坡巅修筑了一个屯，名曰：油井坡屯，屯内有个溶洞，进入洞后，近的约40米，远的约600米，可分别由东、东南和北面三个出口洞。洞中的山、水、石花、石钟、石柱等千姿百态，是个天然的地下公园，具有旅游开发价值。

文笔塔最早建于1624年，是濛涟寨民集资而建。道光十四年（1834年）涟江涨大水冲毁文笔塔。民国4年（1915年），寨民又集资在原塔址处复建“文笔塔”。1967年“文化大革命”中这一古建筑又被作为“四旧”被摧毁。2009年7月濛涟寨民又再次集资在旧址上重建文笔塔。塔座每方2.4米，高21.9米，六面七层，密檐式。

2. 山后龙塘寨　从濛涟寨沿涟江顺流而下约6公里的江东岸为平寨。从平寨往东约4公里就是龙塘寨，这里是惠水县的饮用水源保护区之一。这是一个汉族陈姓小山村，有二三十户人家。村子青山环抱，山形优美，森林茂密，溪水潺潺，生态极好，只有一条小路与外界相通，宛如世外桃源。村前的小河从村左侧山中的地下溶洞流出，清澈无比。村里有两幢200年以上的老屋，保存有老家具，其中雕花床雍容华贵；还有保存较为完好的陈氏祠堂，已有100多年的历史。寨门口小河边，修建有一陈氏长廊，长廊内壁上画有朱子治家图案及文字说明，还有陈氏族人撰写的诗词和楹联。村子新房虽多，但山村风貌犹存。

3. 牛场桥 沿涟江的主要支流——濛江逆流而上约1.5公里即到牛场桥。牛场桥原名“迎恩桥”位于县城北0.5公里处，横跨濛江，为七孔石拱桥，全长66米，高7米，桥面宽6米，砌条石栏杆。牛场桥始建于明嘉靖二十五年（1546年）秋天。当地苗族喜爱斗牛活动，将斗牛场所取名牛场；明万历年间，苗族群众曾牵百余头牛进城斗牛三天，进城路过的迎恩桥因此被称为牛场桥，牵牛经过的街被称为牛场街。名称沿袭至今。

4. 十二楼台 三水濛亭下游约800米的涟江东岸，是惠水著名的风景胜地十二楼台山，它巍然矗立在“望城关”山的右侧。登上十二楼台山顶远眺，整个惠水县城尽收眼底，使人心旷神怡，傍晚的万家灯火，更使人浮想联翩。1970年末，惠水县人民政府将“革命烈士纪念碑”从园台边移建到十二楼台上，并把为解放惠水而牺牲的革命烈士的遗骸忠骨安葬在纪念碑下侧，为各位先烈树碑立传，每年前往十二楼台上凭吊、游玩的群众络绎不绝。

5. 涟江公园 三水濛亭下游约500米的右岸即是涟江公园，该园修建于2008年，占地72亩，长750米，宽250米，是县城居民休闲娱乐的重要场所。公园集中众多的珍稀名木，园中设立茶园、舞池等休闲娱乐场所。

在涟江公园中部的对岸，原有一个小寨子叫对门河寨，共有29户人家，大部分为程姓。1980年以前，这里家家都养有用来帮助捕鱼的鸬鹚（本地称水老蛙），有一至二条柳叶小船。寨民农忙时务农，农闲时则以打鱼为主。过去，河水能饮用，三岔河一带还能经常捕捉到狗鱼、大鲵（又称娃娃鱼）等珍稀鱼类。你若赤脚站在河里，成群的小鱼会轮番亲吻你的脚背；站在河边用簸箕向河里弯腰一舀，簸箕里即有许多小虾，河里鱼儿成群，岸上稻花飘香，令人流连忘返。因县城建设需要，对门河寨整体搬迁，原址建成现在的护河堤和好花红休闲广场。

6. 惠民桥 过去一直称“南门大桥”，位于惠水涟江广场南入口处，建成于民国35年（1946年），全长100米、高11米、宽6.5米，为五孔石拱桥，横跨涟江，宛如一条凌空彩虹，桥面两边有条石拦护，是320国道由惠水通往都匀、独山、平塘等地的咽喉，又是县城通往县境东部各乡村的主要通道。原立于大桥西岸的纪念碑，上有蒋介石题写的桥名和时任贵州省主席杨森所作的碑记，解放后碑记已不知所踪。南门桥已于2009年拓宽为11.8米，拓展后改名为“惠民桥”。

“南门大桥”在惠水家喻户晓。每年端午节人们都要到此桥上“游百病”（据说只要端午节到桥上一游，就不会得各种疾病，这个习俗在惠水已延续了半个世纪以上）。每年这一天，从桥上至现在的商贸街可谓车水马龙，摩肩接踵，热闹非凡，俨然一幅惠水的“清明上河图”。惠民桥下游东岸约100米处为杨家寨，过去有上百户人家，生活方式和对门河寨一样，主要靠打鱼为主，现在大部分已搬迁。

7. 金蟾礼斗 惠民桥下游约3公里的地方，是观惠水涟江大坝最佳处。在县城南郊涟江河畔有一状似“蟾蜍”的山峰，“金蟾”的嘴部正对着北斗星的方向，呈“礼拜”之态。登至峰顶，涟江大坝尽收眼底。远处的群山、平整的田坝、绿树掩映中的村寨、静静流淌的涟江河、河岸依依的垂柳，组成一幅美丽的乡村图画。现山顶已建成金蟾阁等景观建筑。

8. 涟江太极园　从金蟾礼斗沿涟江下游约8公里，有一处形似太极图的休闲园林，位于惠水金田村的涟江河东岸，园内集休闲、娱乐、餐饮、住宿为一体，竹林滴翠，小河潺潺，踏着落日的余晖，徜徉在青山绿水之间让人感叹。美丽的涟江把太极园度假中心轻轻地拥入环抱当中，身处其中，可感到天人合一的意境，远离喧嚣的城市，亲近大自然，触摸大自然，体会心灵的释放。

9. 波云湖　位于惠水县城南13公里处，是惠水的饮用水源保护区，是波云洞脚流出的地下阴河水形成的巨大人工湖，湖水水质清澈，波平如镜，左岸绿竹丛生，右岸山峰连绵，青松成林。水流到小龙村形成小龙河，古称玉带河。小龙河湾，清澈见底，河面平宽，水流平缓，似一条玉带环绕着小龙村。波云湖周边有众多奇趣的洞穴，如波云洞、仙人洞和和尚洞。波云洞分为两个小洞，左洞宽敞，犹如大厅，长75米，宽10米，高15～20米，洞底平坦，两个石厅高约8～10米。右洞曲折，窄处仅可容1人通行，石笋石柱浑然天成，洞顶有两个蹄形石孔，阳光从石孔中泻入洞内形成光柱，洞中烟云缭绕，形成一幅虚幻景象。仙人洞位于波云洞旁约70米的峭壁间，清代对洞门作过维护，至今尚存拱门和石墙，洞分四厅。从波云洞向北约1.3公里处的和尚洞，是一蜂窝状的小洞穴，洞与洞之间相连。

10. 滴水崖峡谷　位于摆金大桥上游两公里处，全长约5公里，两岸耸峙着500米以上的高山，中间是20来米宽的摆朗河。山腰自然形成双鼻洞、朝阳洞、新洞、上洞等溶洞景观。这些溶洞都曾用作避难的场所，因此洞口周围有石墙、石楼等防卫设施。其中朝阳洞最深、最宽。峡谷两岸最秀美的景观是位于东岸的滴水崖，这是一块如刀削斧砍出来的悬崖峭壁，宽约180米，高约60米，因一年四季滴水不断而得名。从滴水崖沿盘山小路上行1公里，就看见雄踞于海拔1170米的杨梅坡顶的“文笔峰”。文笔峰是一个高约60米，直径约30米的突兀山峰，像笔架上插上一支毛笔，又像一个高入云天的武将，常年守卫着杨梅坡苗寨的东大门。文笔峰上有清朝咸丰同治年间修建的石墙屯堡。

11. 孔庙　位于惠水县城中心的县委，县政府大院左侧。始建于清康熙年间，1937年续修，是惠水现存规模最大的古建筑。孔庙建在条石砌成的高台上，为砖木结构，整个建筑气势古朴而雄伟，庙宇空跨三间。大殿上的十多根柱子都是经过精心挑选的百年杉木，至今仍完好无损。庙顶飞檐翘角，雕梁画栋。1938年5月，抗日战争时期，“华北乡政学院”南迁到定番（今惠水），把孔庙及毗连的凤山书院作为校址，许多专家教授曾来此讲学授课，宣传抗日救亡的主张，培育了许多来自全国各地的爱国青年，对惠水的文化教育产生一定影响。

12. 九龙山、九龙寺　位于惠水县城西9公里处，以9座峭峰连接成弧形状，原名九炉山。清康熙年间，高僧古源来此，见9峰环抱间又耸起一小峰，高50余米，呈“九龙抢宝”之势，遂改名为九龙山。佛家称此小山峰为太子佛，意为九龙护宝出太子，是全国唯一的太子佛道场。群峰间的谷地开阔平坦，直抵谷口，在峡谷对面约300米处，两侧各有高耸的峰峦，如蹲伏在地的一对巨狮，雄踞山门，确有汇山川灵气于一山，龙盘虎踞于一地的灵山胜境之势。古源在此建九龙山寺，以殿宇辉煌、风光秀美而著称，成为历史上与黔中贵阳黔灵山、长顺白云山齐名的佛教三大圣地之一，香火盛极一时，故又有“九岚拥寺”之称。后寺庙毁于两次大火之中。目前大雄宝殿前尚存一摩崖，横向阴刻楷书“水不在深”四个大字，相传为开山建寺的古源禅师所题。寺前有两株古杉和一株银杏，古杉已枯死，谷口有一古井。2005 年 3 月 17 日举行九龙山寺重建奠基典礼，2007 年 10 月 19 日，“太子佛道场全堂佛像开光典礼”在这里举行。主峰后山腰有一天然石洞，称“古源洞”，还留有浮雕石像，高 2 米，宽 1 米，形态栩栩如生。相传为古源募修九龙山寺时暂栖之处。此景为惠水县胜景之一。

13. 天坑　距好花红村涟江河左侧 7 ~8 公里，位于惠水县城约 20 公里的翁金村。坑口周长约 1500 多米，深约 300 多米，体积巨大，总容积贵州排名第一，世界排名第二。坑壁如刀削般直插坑底，形成近 90 度的直角，奇险无比。坑底有一条阴河，坑右侧有一座奇特古朴的天生桥。天坑四周草木丛生，虫鸣鸟叫，空气清新凉爽宜人，生态环境极好。天坑集雄、奇、险、秀、幽于一体，景观较好，区位较好，并且可乘车到达坑边，近距离观看。

14. 甲戎青河风光　在惠水县原甲戎乡政府西南方的青河村旁，距 101 省道 1.5 公里。自然生态好，风光秀丽。河段上有造型独特的悬索桥、将军脆水、犀牛戏水等景观，尤其是在河流的大拐弯处时常出现的鲤鱼蹦滩的奇异场面，成为青河最吸引人的景观。此外青河周围还有保存完好的原始造纸作坊、古朴的布依族村寨青河村和秀美的父母山等。

15. 甲烈河风光　在这一段约 4 公里长的河段中，两岸山势多有变化，或高峻或平缓，一年四季山花烂漫，不时有奇峰异树，山脚则是一派田园风光，河水清澈，有古朴的小桥连接两岸。这一线景观具有小家碧玉般的美，被称为“小九寨沟”。

16. 长安喀斯特省级自然保护区　保护区属惠水县羡塘镇和断杉镇二镇的交界处，总面积 443.1 平方公里。以原抵季乡长安村为中心的五个行政村自然森林保存较完整，约 20 平方公里，其他地方仅存疏林、灌木，多数地区已出现石漠化现象。保护区以森林和珍稀动植物为主要保护内容，有国家一、二类保护动物狗熊、红腹角雉、红腹锦鸡、穿山甲、獐子等，有黑色、金黄色、白色的猕猴十来群上千只，有国家一、二类保护树种桫椤、萃柏等。

17. 令当石抱树　位于惠水县令当村令当小学右侧路边的农田里，整体高度 6.4 米，远远望去，造型犹如一朵蘑菇。这是一株千年古榕，高约 10 米，从一块锥形巨石缝中长出，树干下分上合形成“人”字形，这“人”被巨石紧紧拥抱，历经千年的结合，不仅石树一体，而且树石一色，要不是树干优美的曲线和巨石刚直的线条，很难分清哪是树哪是石。

18. 马鞍井森林　位于惠水县摆金镇孔引村马鞍井寨，离镇政府约 1 公里，是一片约 1 平方公里的低矮山坡，生长着香樟、丝栎、枫香、糙叶树、鼻涕果和金叶含笑（俗称凌花树）等百十种树种，以香樟树为主，林木茂密，地面有草本野花点缀，色彩较丰富。山脚的路边可看到两人合抱粗的老枫树和裸露在外的树根，树根有的长达一两米，有的树根上寄生了别的树种，较奇特。森林北侧边缘有一井名马鞍井（现在井口已被封），井旁边有一棵红豆杉，长在路边一个自然形成的酷似上大下小的梯形的石柱上，石柱纹理清晰，由一层一层的岩石组成，形同人砌。这棵红豆杉没有主树干，几乎是平行长出三棵树木，直径都约10厘米，枝丫多，树冠大，其中一棵在凌空的树根上长出，凌空的树根在长树的剩余部分分成两根并同时向下弯曲，好像龙口，造型奇异。作为一级保护野生植物，堪称“红豆杉王”，极具观赏价值和科研价值。

19. 冗章古树　在马鞍井森林附近的苗族村寨冗章寨，生长着一棵大银杏树，被称为“银杏王”。这棵银杏高40余米，胸径4.07米，胸围12.8米，冠幅直径25米，枝干屈曲盘旋，千姿百态，仿佛是经过人工雕琢，树干上长出若干“气根”，犹如一个个倒悬的钟乳石。经专家鉴定，这棵古银杏树龄已达4000多年，主干部分已空，可容一人上下，但仍充满生机，枝繁叶茂，长势旺盛，且年年结果，多达1500公斤左右。这棵银杏由于大、古、奇，被当地苗族群众当作神树奉祀。可惜近年被雷电连根劈掉一叉，从根部往上2米左右有被烧过的黑乎乎的痕迹。树冠下有新旧坟60多座，最早的有清道光年间。在距大银杏树10余米处，有一棵300多年树龄的银杏伴生，只开花不结果，花为浅蓝色，与大银杏树只结果不开花形成鲜明的对比。

20. 清水苑大洞　位于惠水清水苑村左侧山腰，是一处距今约一万年前的古人类遗址。洞口高约10米，洞厅面积三四十平方米。1998年9月省文物考古队在洞口及洞内采集到大量打制石器、骨制品和动物化石，还发现了用火遗迹。2000年4月被列为县级重点文物保护单位。

21. 石头寨洞葬　位于惠水县摆金镇东约4公里处，距离石头寨约500米的雾虎冲天生仙人桥下，有一个东西向的穿洞，高约50米，宽约20米，深约120米。洞内南壁上部自然形成两级台阶，第一级台阶离河面约30米，宽约3米，高约15米，长约20米；第二级台阶距第一级台阶约3米，宽约5米，高约12米，长约80米。在两级台阶之上数百具棺木分层摆放在“井”字形全木框上，少则二层，多则八九层。这里是石头寨赵姓苗家的祖坟，墓葬始于唐代，终止于晚清，原有千余具，因失火，大部分被焚，现存百余具。每年春节，寨子要举行送鬼仪式，缅怀洞中的1000多名祖先，历时两个多钟头。这里是石头寨的圣地，无人敢攀爬，以免打扰先人。由于年代久远，部分井架和棺木已朽蚀垮塌，但其神奇壮观的景象仍可看到。洞底下有一条小河，叫石头河，河水从洞中流出，长年不断。洞葬周围有山有水有洞有桥有天坑，植被茂密秀丽，自然景色丰富。1991年6月列为县级重点文物保护单位。

22. 太阳八角庙　位于惠水县原太阳乡硐口村冷水组摆郎河边的菠萝山顶上。菠萝山相对高度约500米，山形奇特，酷似陀螺，头大颈小，四周悬崖峭壁，无路可登。清康熙年间，有人不畏艰险在山顶上修建了威武壮观的八角庙。300多年来，八角庙仍安然无恙，外墙壁依旧鲜红。20世纪80年代初，县文化站青年攀登该庙考察，发现庙内墙上绘有许多精美的图画，却没有供奉菩萨，颇为奇特。

23. 芦山商贸古镇　惠水县芦山镇为明朝芦山长官司所在地，位于一个奇峰环绕的谷地之中。现仍保留正宗的戏楼，以及屯脚、屯上民居等古建筑。当地常见的山顶民居，即在山墙上开有拱券门窗，很有特色。芦山以豆腐皮为代表的豆制品加工和手工纸在贵阳市场很有影响。竹器加工远近闻名。

24. 古法造纸作坊　惠水县芦山的造纸历史悠久，始于明末清初，兴旺于清乾隆年间，所造土纸多作冥钞或入殓时铺垫亡人。造纸的原料是竹子，舂竹、浸泡、蒸煮、漂洗、碾压、抄晒等工序都是人工，这种古老的造纸工艺一代传一代延续到现在。芦山河岸到硐口、羊马一带，至今保存有众多的造纸作坊，牛拉碾坊、水车碾坊、浸泡用的土坑石灰坑和蒸煮用的大窑仍在发挥功用，造纸人信奉的各种仪式，如每年农历五月二十九日、十一月二十九日供奉造纸先师蔡伦、纸钱先师邓通，大年三十到大窑边敬神等都保留了下来，由此芦山被人称为露天造纸博物馆。

25. 披弓上寨、中寨、下寨、小寨　距离惠水县原大坝乡政府约 40 分钟车程，是基本相连的 4 个布依族寨子，寨子间水泥路相通，若即若离。几个寨子群山环抱，寨后山林茂密，寨前较开阔，有水渠田坝。寨子建筑传统、古朴，或为木质结构，或灰砖砌成，不少院落各成体系，有完整的朝门，门簪、堂屋的神龛古朴完好。还有几户百年老屋，后代仍在居住，其中陈家木屋已有 240 年历史，门楣上有双龙等避邪物。从原大坝乡政府到披弓沿途有山有水有田坝有村庄，乡村气息浓郁，由于有山阻隔和纯朴的民风民俗，给人世外桃源之感，保留了较多布依族风俗，如迎宾仪式、布依山歌等。

26. 鸭绒苗乡　惠水县原鸭绒乡苗族人口超过总人口的 93%，是惠水苗族人口比例最高的乡，至今仍保留了较浓郁的民族风情。保留的节日有三月三、四月八、赶秋坡，节日的活动主要有对歌、跳芦笙舞、摔跤、赛马等，其中以赶秋坡在惠水影响最大。鸭绒苗族喜爱唱歌跳舞，被誉为民族歌舞之乡，其中以办丧事时跳的粑棒舞最有名。苗族妇女传统服饰繁复，穿百褶裙，戴银饰，盛装雍容华贵。

27. 长安布依之乡　惠水长安（原打引乡）是布依族的聚居地，人口 100% 的布依族，布依族风情浓郁。有布依村寨把两、拉若、冉告等，其中以把两为代表。把两村寨坐落于山脚，山上树林茂密，寨子前为开阔的田坝，环境优美。房屋是布依族传统的三层建筑，第一层关牲畜，第二层居住，第三层作仓库，色调灰、黑、白为主。这里民风淳朴，热情好客，妇女穿民族服饰，上为右衽短衣，下为宽腿九分裤，包头巾，多为藏青色，有花饰点缀，从颜色到款式都很漂亮。长安保留了传统的扎染技术，在把两、冉告村民家中仍有染缸和织布机。长安民族节日繁多，四月八吃花糯米饭，最热闹的是六月六，有祭祀活动、跳舞、唱山歌、吹唢呐调。

（十一）长顺县

1. 中华银杏王　位于长顺县广顺镇天台山，距县城 17 公里，距国家 AAA 级旅游景区杜鹃湖 6 公里，距帝王佛教圣地白云山 19 公里，距神奇潮井景区 25 公里。景区内有 7 棵上千年树龄的古银杏树，主树高 50 余米，树围 16.8 米，树干胸径 5.4 米，冠幅 101.4 平方米，树龄 4760 余年，是目前国内外已知最长寿的古银杏。

古银杏树历经千年风霜，依旧枝繁叶茂，果实累累，立春则豆蔻含苞，至夏则葱绿欲滴，仲秋尤金黄可掬、璀璨炫目，冬季则玉骨琼枝，一季一景，四季四美，被誉为“生命艺雕”。电影《轩辕大帝》的拍摄基地。

2010年上海世博会期间，联合国开发计划署执行机构——国际信息发展组织总干事长丹尼尔·巴瑞奥先生等国际友人对千年银杏见证华夏文明给予了高度的评价，将4760年树龄的银杏捐献给世界种子库，为长顺县人民政府有效保护千年古银杏树颁发了“千年发展贡献奖”，并将主银杏树命名为“中华银杏王”。

2. 潮井间歇泉　潮井位于长寨街道办事处威远社区以西2公里的永增村白岩脚，井口约4平方米，呈凸状。潮井属间歇泉，随季节变化，夏季1—2小时、冬季3—4小时涨潮一次，涨潮时，水从泉眼汩汩而出，如银花怒放，似珍珠滚出，间有小鱼舞动，妙趣横生。一涨一落持续5—10分钟，最大流量100升/秒以上。一年四季每日不定时涨落，多时每日涨潮七八次，少时二三次，时间不定，周而复始，终年不息。无论天晴下雨涨落不止，不因久旱而断涨。井水四季清澈晶莹，冬暖夏凉，饮之清凉解渴，开胃健体提神。井口直径一米，井上方石壁篆有“潮井”两大字。水色一日三变，凌晨青色，午间蓝色，傍晚碧绿。据传能见到井水涨潮现象奇观的人，必有好运，能见到水色三变的人，更是有缘分的贵客。

3. 长顺青龙山　位于长顺县威远镇东南郊，远观如青龙翘首、头角峥嵘，故此得名。青龙山原为黔中佛教圣地，山上有寺庙建筑群，今已荡然无存，唯原玉皇阁仍存，天然石壁兀然耸立，上有民国元年（1912年）李静生所写“青龙山”三字，字大逾斗。

（十二）罗甸县

1. 高原千岛湖风景区　浩浩荡荡的红水河发源于云南省沾益县马雄山，从云南流入贵州，流经罗甸境内65公里，它是黔桂两省布依族、壮族儿女赖以生存的母亲河。沿岸不仅风光秀丽，而且物产丰富，现已开发出中国五大名石之一的“红河石”，享誉海内外；猫眼石和玉石的发现与开发，填补了中国地质的空白，成为国内唯一猫眼宝石与新疆和田玉相媲美的罗甸玉产地。

高原千岛湖的形成得益于红水河下游龙滩水电工程的下闸蓄水，龙滩电站坝址虽不在罗甸境内，但电站蓄水后所形成的库区水域近80平方公里的水库资源，在罗甸境内形成的继浙江淳安之后的又一个“高原千岛湖”，该湖呈现千岛星罗棋布、湖光山色、相映成趣，泛舟游览，可赏亚热带美景、观布依民族风情、品山珍水产、尝农家佳肴。高原千岛湖的形成，使罗甸成为中国西部“高原泽国”中一颗璀璨夺目的“水上明珠”。

红水河两岸布依族、壮族儿女勤劳智慧、淳朴善良，能歌善舞，热情好客，他们用勤劳的双手绘就了沿河两岸更加光彩秀丽的风光。春夏雨季，河水猛涨，惊涛骇浪，声震霄汉；秋冬时节，水波平静，碧水如蓝，清澈甘洌。一年四季，山山香蕉林硕果累累，片片甘蔗林宛如绿色绸缎。江边，水柳摇曳，古榕树盘根错节，凤尾竹随风起舞，婀娜多姿。江面，渔舟轻曳，山歌悠悠，风光秀丽迷人。

2. “三叠纪”板庚滩景区（“大贵州滩”）　位于距罗甸县城西北部23公里处的板庚乡境内，东起烂田湾，北至兴隆村，方圆数十平方公里范围的高山峻岭、田园、小溪、地上及地下溶洞都属“大贵州滩”，由地下湖泊和地上的喀斯特地貌组成，以板庚为中心，沿惠罗公路，呈三角形约8平方公里的范围最具代表性。1988—1991年，中美地质专家经过三年多联合考察发现，“大贵州滩”是距今二亿多年前的古代环境沉积。几亿年前，板庚一带是一片汪洋，由于地壳运动，海水消退，海底的山峦得以露出水面。从“大贵州滩”可以观察到二亿多年前古代环境沉积，研究地壳地层运动的发生、侧向扩展、垂向增生、收缩和最终被淹没消亡的过程，比北美洲墨西哥湾号称研究现代碳酸盐岩，“经典圣地”的二叠纪巴哈马海滩规模更大、更为理想。国际著名沉积地质学家保罗·伊诺斯教授认为，“大贵州滩”是当今世界绝无仅有的，具有十分重要的科研价值。1992年3月16日《人民日报》以《贵州发现世界罕见三叠纪“大贵州滩”》为题向世人报道。

“大贵州滩”的核心构成主要有板庚滩、葫芦寨、观音洞、金钟山、美女山、马脑山、斧头山、鳄鱼山、卧龙石、马灵桥－古驿道－马槽洞等。这里恬然宁静，景色宜人，每一座山丘都有一个动人的传说。

3．蒙江国家湿地公园　地处北纬25°15′4″～25°25′34″，东经106°34′29″～106°55′33″之间。湿地公园涉及逢亭镇、龙坪镇、罗悃镇、茂井镇、凤亭乡等5个乡镇和国有林场，总面积为52035亩，湿地率48.01%，其中：库塘型人工湿地面积46454亩，永久性河流湿地916亩，洪泛平原湿地（滩涂）1087亩，稻田人工湿地面积3578亩。公园独特的亚热带河谷季雨林气候，众多的库湾、库汊、消落区等生境，为野生的陆生和水生动植物提供良好的生存环境。据调查，公园内浮游植物共29科65属77种，维管束植物共146科389属635种（蕨类植物12科12属12种，裸子植物8科11属15种，双子叶植物107科296属512种，单子叶植物19科70属96种），有国家保护珍稀植物13种，其中：掌叶木为国家Ⅰ级保护野生植物，特有的贵州金花茶为濒临灭绝的珍稀植物。项目区内浮游动物计6目19科59种，水生节肢动物、环节动物、软体动物计3目10科19种，鱼类、两栖类动物、爬行动物类、鸟类和兽类31目105科411种，国家Ⅰ级保护野生动物2种，包括蟒、林麝；国家Ⅱ级保护野生动物26种，包括大鲵、猕猴、红腹锦鸡等。斑鳠、倒刺鲃、白甲鱼、鳗鲡等25种水生动物列于国家重点保护经济水生动植物资源名录。2013年12月31日，罗甸蒙江湿地公园被列为国家级湿地公园的131个试点之一。

2015年完成河岸生态恢复工程230亩，生态浮床100平方米，湿地植物培育试验基地2亩，枯木（废弃物）清理100亩，界碑设置5块，界桩360个，固定监测样地20个，设置大型宣传牌6块，制作各类宣传资料1套。

4．打黛河天坑景点　位于罗甸东北数平方公里群山中，数百个天坑峰丛簇拥，打岱河天坑与五行天坑为之翘楚。打黛河天坑由九座险峰合围而成，从天坑底部环视，其形状像非常规则的巨桶；周围悬崖峭壁的群山编排，错落有致。在天坑的西南有瑶人坨天坑，东南面有天落天坑，三座天坑连成一体，宛如金鱼的脑袋一般。打黛河天坑与瑶人坨天坑和天落天坑相连，形成天坑群。两道清泉在天坑里蜿蜒流出，向东流去，穿行于一片翠绿之中，消失在天坑东面巨峰脚下消水洞中。整个天坑景色在蓝天、薄雾、青岩、绿树的映衬下，可谓鬼斧神工。在距离打黛河天坑东面约5公里处，还有两个以中厂洞为间界遥相呼应的大天坑和小天坑。世人因其形状相似且毗邻而居，故又称“姊妹天坑”。

5. *五行天坑景点* 位于罗甸县董架乡白龙村力毛坪组境内，由落魂洞与半边洞两个大小约等的天坑组成，两个天坑分别坐落于毛坪组的左右两侧，其深度和宽度均分别为300米左右，坑底面积约为7万平方米。落魂洞天坑与半边洞天坑四周悬崖绝壁，犹如神功石器；坑顶紧密相连，犹如一对鸳鸯情侣；坑底呈圆周形状，犹如两只直桶，属罕见的地质遗址。天坑四面雄奇险峻，青藤翠蔓，古树参天，浓荫蔽日，奇花异草，鸟语花香，坑底原始森林茂盛，树木品种繁多，生态保护完好，森林覆盖率达80%以上，萦绕着清新的混凝土气息，置身其中，让人感受大自然惬意之美，享受世外桃源闲适之乐。

6. *大关景点* 自然景观和人文景观水乳交融，组合性强，观赏价值、科考价值极高。大关是喀斯特岩溶地貌王国里的绿色长廊，也是一片未被污染、很少受破坏的旅游净土，景区内风光秀丽，岩层走向及坍塌千姿百态，珍稀植物物种较为丰富，田园风光秀美如画，充分体现了宏、险、峻、奇、美、幽的特点。

第三节　旅游线路

黔南州旅游资源开发始于20世纪80年代中期。进入“十五”后，全州旅游发展贯彻执行“严格保护，统一管理，合理开发，永续利用”的方针，按照“加快南线旅游发展，重点以都匀为中心，荔波为龙头，独山为二线，平塘、三都为两翼”的战略思路，坚持以规划指导建设和管理，采取多种措施和多种形式引资融资，打造景区景点，兴建各种配套设施和服务设施，把景区景点建设与解决“三农”问题结合起来，走“政府主导，群众参与，农民受益”的新路子。经过20年的精心打造，境内景区景点的游览设施、交通设施、通信设施、接待设施得到显著改善，风景名胜区的知名度不断提高。

在20世纪90年代至21世纪初期，黔南州的旅游线路建设围绕以游览和考察喀斯特自然生态景观为主，兼赏地质奇观，民族风情、休闲度假、乡村旅游和历史文化体验等旅游产品开发打造，主要建成了4条常规旅游线、8条特殊专项旅游线、3条精品线、7条特色旅游线和4条向内旅游线。

一、常规旅游线

1. 独山—平塘旅游线：独山深河桥—独秀峰—神仙洞—紫泉洞—温泉—甲定紫林山—奎文阁—莫友芝故居—塘边镇白马洞、水洞、牛角洞—平塘—平舟河风光—藏字石。

2. 三都—福泉旅游线：三都都柳江—冷热洞—雪花洞—仙人桥—中和瀑布—都江古城垣—羊福岩墓—引朗石棺墓—欣赏珍稀植物夜光树、风流草—福泉洒金谷—水上古城垣—福泉山—竹王城—仙人洞—仙桥石林—葛镜桥—仙影岩。

3. 龙里—贵定—瓮安旅游线：龙里猴子沟—冠山—三元桥—莲花洞—龙里玛格诺吉草原—贵定洛北河—牟珠洞—瓮城桥—小花溪—云雾湖—东山苗寨—瓮安江界河—穿洞河瀑布—下司石林—朱家山原始森林保护区—震天动瀑布—冷少农烈士故居—玉华山苗族起义

遗址。

4. 惠水—长顺—罗甸旅游线：惠水涟江燕子洞—断杉天星桥—董朗桥丹霞地貌—长顺杜鹃湖—白云山—威远青龙山—付家院石壁画—写字崖—罗甸大小井溶洞群—羊里沟谷季雨林保护区—摆落溶洞—边阳文昌阁—麻墓苗族岩葬—板庚滩。

二、专项旅游线

1. 喀斯特岩溶地貌考察旅游线：荔波樟江大七孔—小七孔—鸳鸯湖—水春河—茂兰喀斯特原始森林。都匀斗篷山—剑江—尧林溶洞—墨冲凯口溶洞群。瓮安江界河峡谷—穿洞河瀑布—下司石林—朱家山原始森林保护区—震天动瀑布。

2. 少数民族风情旅游线：荔波瑶族风情旅游线—三都水族风情旅游线。

3. 龙里玛格诺吉大草原旅游线。

4. 惠水燕子洞探秘旅游线。

5. 龙里猴子沟旅游线。

6. 福泉古城垣旅游线。

7. 三都羊福岩墓、引朗石棺墓旅游线。

8. 罗甸麻墓苗族岩葬旅游线。

三、精品旅游线

1. 南北线：贵阳—贵定音寨布依风情旅游区—福泉古城文化旅游区—独山文化休闲带—荔波南方喀斯特世界自然遗产公园。

2. 东西线：三都水族风情旅游区—荔波南方喀斯特世界自然遗产公园—邓恩铭故居—平塘掌布景区—大射电“宇宙之眼”天文旅游区。

3. “金三角”线：三都水族风情旅游区—瑶人山国家级森林公园—荔波南方喀斯特世界自然遗产公园—玉水金盆旅游区—平塘掌布景区—大射电“宇宙之眼”天文旅游区—都匀剑江休闲旅游带—斗篷山国家级风景名胜区。

四、特色旅游线路

1. 绿宝石观光游线：荔波南方喀斯特世界遗产公园—独山翠泉休闲度假区—平塘掌布景区—大窝凼天文旅游—塘边天坑群—大贵州滩地质公园。

2. 民族风情体验游线：都匀榔木寨——三都水族风情旅游区（姑噜水寨、水各水寨、怎雷水寨）—茂兰国家级自然保护区（瑶麓瑶寨）—平塘卡蒲毛南民族村寨—贵定音寨民族风情旅游区（音寨、杨家寨）—龙里大草原（草原王寨、塘堡、长田寨等）。

3. 神秘黔南搜奇游线：三都姑噜水寨—平塘掌布景区—大射电“宇宙之眼”天文旅游中心—长顺夜郎古镇—福泉市宏福磷矿工业观光园—“瓮安动物群化石”科普园。

4. 绿色黔南养生游线：龙里苗药养生保健旅游城—龙里高山大草原—贵定阳宝山佛教文化旅游区—都匀毛尖茶文化体验园—茂兰国际养生度假旅游基地—独山羊场温泉度假区—惠水九龙山生态旅游度假区—长顺白云山佛教文化旅游区——长顺杜鹃湖景区。

5. 红色黔南体验游线：瓮安江界河风景区—瓮安猴场红色文化旅游景区—独山深河桥

抗日文化园—荔波邓恩铭故居—荔波板寨红七军会师旧址。

6. 自然黔南乡村游线：贵阳—龙里苗族寨（大草原、猴子沟）—贵定布依族音寨（连接景点：洛北河、阳宝山）—福泉江边寨（蛤蚌河）—独山阳地花灯艺术之乡（连接景点：深河桥抗日文化园、奎文阁）—平塘卡蒲毛南族村、掌布布依村（连接景点：掌布地质公园、甲茶、玉水不夜天、毛南族风情园）—荔波瑶族瑶山村、布依族尧古村—三都水族水各村寨。

7. 印象黔南购物游线：平塘牙舟陶旅游商品加工基地—三都马尾绣旅游商品加工基地—独山“黔南总汇”旅游商品城—都匀石板街—贵定音寨布依风情旅游区—都匀毛尖文化体验园—福泉双谷农业观光园。

五、向内旅游线路

1. 贵阳方向：龙里龙架山国家级森林公园—贵定金海雪山—都匀剑江文化休闲带—都匀毛尖茶文化体验园—三都水族民族风情园—南方喀斯特世界自然遗产公园—独山文化休闲带—平塘掌布景区—大射电“宇宙之眼”天文旅游中心—惠水好花红民歌村寨群—长顺白云山佛教文化旅游区。

2. 广西河池方向：荔波南方喀斯特世界自然遗产公园—三都水族风情旅游区——都匀剑江文化休闲带—福泉古城文化旅游区—贵定音寨布依风情旅游区—龙里龙架山国家级森林公园—龙里大草原—长顺杜鹃湖景区—罗甸大贵州滩地质公园—平塘大射电“宇宙之眼”天文旅游中心—平塘掌布景区—独山文化休闲带。

3. 广东黔东南方向：三都水族风情旅游区—都匀剑江文化休闲带—都匀毛尖茶文化体验园—贵定音寨布依风情旅游区—龙架山国家级森林公园—龙里大草原—杜鹃湖景区—大贵州滩地质公园—大射电“宇宙之眼”天文旅游中心—平塘掌布景区—独山文化休闲带—荔波南方喀斯特世界自然遗产公园。

4. 遵义方向：瓮安江界河风景区—瓮安猴场红色文化旅游景区—瓮安朱家山国家级森林公园—福泉古城文化旅游区—都匀斗篷山国家风景名胜区—都匀市剑江文化休闲带—三都水族风情旅游区—荔波南方喀斯特世界自然遗产公园—荔波邓恩铭故居—独山文化休闲带。

第二章　旅游市场开发

黔南州重视旅游资源的开发，在荔波、瓮安、独山县建立了一批红色旅游景点，成为贵州省爱国主义教育的重要场所。独山深河桥抗日文化园是贵州省境内第一座抗日纪念馆。为更好地宣传推广黔南旅游资源，2008—2014 年，黔南州举办了 6 次旅游发展大会。各县（市）利用自身资源开展特色鲜明的节庆旅游，成为境内旅游的一大特点。

第一节　景区景点建设

一、荔波县红色旅游景区景点建设

荔波县是中共一大代表邓恩铭的故乡，又是革命老区，红色旅游景点有邓恩铭故居、板寨红七军会师旧址、黎明关抗战遗址、永康穿洞等，是开展革命传统教育和爱国主义教育之地。2004 年 12 月，根据国家《2004—2010 年全国红色旅游发展规划纲要》，荔波县委编制《荔波红色旅游发展规划》，同时请专家对邓恩铭烈士故居、板寨红七军会师旧址、黎明关抗战遗址、永康穿洞等线路进行评审，报省批准，被列为贵州省七条红色旅游精品线路之一。

邓恩铭烈士故居　邓恩铭，男，水族，1901 年 1 月生于荔波县玉屏镇水浦村，是中国共产党第一次全国代表大会代表，中国共产党的创始人之一，1931 年 4 月在山东济南牺牲。邓恩铭烈士故居位于县城玉屏镇向阳北路，房屋建于清光绪年间。1905 年，邓恩铭家从水浦村迁居此处。故居坐西南向东北，平面呈长方形，由正房、豆腐房、天井、陈列室、游客服务中心和后院空地组成，总占地面积 1200 平方米。

1982 年 2 月，省政府将邓恩铭烈士故居正式公布为第一批省级重点文物保护单位。1990 年初，县政府筹资对故居进行维修，并进行故居内物件复原陈列，在故居后院新建 180 平方米的陈列室，用汉白玉雕塑邓恩铭烈士半身像，设邓恩铭生平事迹展览，1990 年 7 月 1 日正式对外开放。1995 年，省政府公布邓恩铭烈士故居为贵州省爱国主义教育基地。

2005 年，为弘扬邓恩铭烈士“不懈追求真理、矢志献身革命”的崇高革命精神，县委、县政府筹资 560 万元，启动邓恩铭烈士故居保护建设一期工程，将陈列室扩建为 230 平方米，重新设置长 73 米的邓恩铭烈士生平革命事迹展览，对复原陈列和辅助展览作调整充实，用较大篇幅介绍少年邓恩铭的事迹。2006 年 10 月，修葺布展后的邓恩铭烈士故居重新对外开放，并成为贵州省全民国防教育基地。

板寨红七军会师旧址　中国工农红军第七军第一、第二纵队板寨会师旧址位于荔波县洞塘乡板寨村，距离县城 40 公里，是县内红色旅游景区的重要组成部分。板寨会师旧址馆舍由旧址房屋、板寨会师陈列馆及馆前广场三部分组成，占地面积 3600 平方米。

板寨会师旧址坐北面南，为青瓦顶、穿斗式砖木结构，是典型的庭院式民居，由朝门、两厢（一楼一底）、正房（一楼一底）、天井组成，建筑面积 540 平方米，占地面积 405.8 平方米。1981 年，荔波县政府将板寨会师旧址公布为文物保护单位。

2003 年初，县委、县政府筹措资金 300 万元，对板寨会师旧址进行修缮，同时在旧址内进行复原陈列，布置展厅 540 平方米、展线长 120 米，展出红七军将士的大刀、床、桌、椅、凳、马灯等文物展品 46 件（套）。2004 年 7 月正式对外开放。2006 年，省政府公布板寨会师旧址为省级文物保护单位。2007 年，被列为荔波县青少年学生校外活动中心德育基地。

黎明关抗战遗址　黎明关位于荔波县洞塘乡板寨村。建于清道光二十五年（1845），是清代至民国时期荔波至广西古驿道上的关隘之一。黎明关前方为百米深谷，两侧为陡山悬崖，只有一条山间小路通行，地势险要，易守难攻。黎明关历来为兵家必争之地。1930年，红七军第二纵队越过黎明关挺进荔波县境，成为第一支入黔的中国工农红军队伍。1944年11月25日，爱国军民在黎明关阻击侵黔日军，打响贵州抗日第一枪，成为抗战遗址。1950年春，中国人民解放军一三八团在此堵击残匪。

2004年，县委、县政府筹资对黎明关及步道进行维修，新建纪念牌坊、观景台、碑记、休息长廊、停车场等十多处辅助设施，开发为红色旅游景点。2005年，黎明关正式对外开放。2006年6月，省政府公布黎明关为省级文物保护单位。

永康穿洞抗日遗址　位于县内永康乡白岩村穿洞寨。永康穿洞是清代至20世纪70年代广西经永康进入荔波县城的必经之路。因石板路从隧洞中穿过故称穿洞。1944年11月，日本侵略者进犯荔波县境，是月27日攻陷黔桂边境重要关隘黎明关后，企图直冲荔波县城，迅速进取独山。但从黎明关到荔波县城不到40公里的山路上，受到重重阻击。日本侵略者第三十四联队于是年12月2日进抵永康，并开始进攻固守穿洞的守军部队，以密集炮火向穿洞阵地中的守军射击，守军坚守穿洞，激战两天，日本侵略者毫无进展，并死伤严重，日本侵略者的另一支军队向左迂回吉洞、董亥、巴灰（今朝阳）冲进荔波。穿洞守军被迫后撤，日本侵略者一部通过穿洞占领荔波。为纪念此次战斗，中共荔波县委、县人民政府于2006年筹资在穿洞抗日遗址立碑以示后人，并开辟为红色旅游景点，游客逐年增多。

二、瓮安县红色旅游景区建设

2005年，中宣部、国家发改委等13个委部局将瓮安县乌江景区列入全国30条红色精品线和100个红色旅游经典景区之一，并编入《全国红色旅游发展规划纲要》。瓮安红色旅游精品线启动打造。

2008年12月，瓮安县开工建设全国红色旅游经典景区乌江景区基础设施建设项目，项目总投资3000多万元，明确着力打造以旅游业为龙头的第三产业，重点打造“中国革命历史转折地”红色旅游品牌。此后，瓮安县投入资金200余万元完成“猴场会议会址”恢复工程及布展工作，投入1500余万元倾力打造“猴场会议会址”景区——红色文化新村，恢复了毛泽东行居、红军干部团旧址，修建了红色文化广场、长征长廊等景点，完善了新村内道路、水电、消防、餐饮等配套设施。

2009年，瓮安猴场会议会址景区通过国家AAA级旅游景区评定。评审通过瓮安映山红森林公园景区上报为国家AA级旅游景区。12月28日，瓮安江界河风景名胜区被国务院公布为第七批国家级风景名胜区。

2011年起，瓮安县投资130多万元，兴建了红军强渡乌江战斗遗址——“乌江天险”巨型摩岩；完成了乌江南岸4公里栈道修建；启动了红军强渡乌江纪念馆建设。

三、独山县红色旅游景区建设

2003年，独山县依托深河桥抗日战斗遗址，启动建设独山抗日文化园。2005年，抗日战争胜利60周年前夕，贵州省境内第一座抗日纪念馆——“独山深河桥抗日文化园”开园。园区建筑面积6万平方米，保护范围33.35万平方米，园区地处深河桥省级风景名胜区内。主要建筑有广场、小桥、民族门、卵石墙、贵州省抗战陈列馆、烽火台、断桥遗址等组成，以自然生态、绿化空间和水体作为景观背景，主干路和次干路两条步行路作为整个景区骨架，沿主干布置有广场、雕塑，园内融合了历史文化景观和自然景观，特色鲜明，是贵州省抗战爱国主义教育的重要场所和红色旅游重点景区之一。2011年，入选全国红色旅游经典景区。

2005年8月27日，省委在独山深河桥抗日文化园举办“贵州省纪念抗日战争胜利60周年陈列展览”，展厅面积达700余平方米，展出图片400余幅，文史资料40多件，实物500多件。

第二节　旅游宣传

黔南州国内旅游展销起步于1994年。通过加大对外宣传力度，共有国内外数10家报纸杂志、电视台、电台分别报道黔南州旅游资源及诱人前景。同年编辑幻灯片《神秘的大西南之门——黔南》，与贵铁旅行社合拍电视片《情系黔南山水间》分别获贵州省对外宣传二等奖和优秀奖。

1995年，推出千年古歌、产蛋岩、风流草、冷热洞、空中怪车、图腾柱“黔南六大之谜”悬赏破译，此后，连续两年在国内外引起强烈轰动。“黔南六大之谜”已载入《中国旅游年鉴》（1996）和《贵州旅游年鉴》（1996），使黔南旅游增添了传奇神秘的色彩。

1996年，继续向外界推出黔南旅游“黔南六大之谜”，并将这六种怪异现象向新闻界公布，再次公开悬赏破译。《贵州日报》《中国旅游报》《旅游天地》《奥秘》《世界之秘》丛书、新华社、香港翡翠电视台等400多家媒体纷纷刊载和播出，数以千计的旅游爱好者和科学工作者慕名而至，争睹黔南神秘的面纱。此次策划成为1996年中国旅游界最具创意的策划之一。

1997年，全州旅游以“97中国旅游年”为契机宣传黔南，提高知名度。《人民画报》出版“水族风情”专页；香港《文汇报》以半个版面介绍黔南旅游；科普杂志《奥秘》第9期将“黔南六大之谜”制作成卡通画，以6个页码两个彩页的篇幅介绍黔南旅游。

1998年3月，中央电视台《中国旅游》栏目组拍摄黔南山水风光、民族风情电视专题片，并在中央电视台陆续播出；《深圳特区报》《深圳商报》《旅游导报》《旅游学》《贵州日报》《贵州都市报》等报纸杂志上刊出黔南旅游专版。并赴贵阳、上海、北京、柳州、桂林、南宁、深圳等主要客源市场进行宣传。

1999年，香港组稿的《中国旅游画册》120页彩页中黔南占14页，发表30多幅图片和文字说明。同年，协助香港旅游出版社出版大型画册“黔南部分”和贵州电视台“走遍公园省”黔南部分的拍摄工作。

2002 年，全州旅游系统参加全国大型宣传促销活动 4 次。之后到 2014 年，每年采取“请进来”或“走出去”的方式，组织开展不同主题、不同形式的旅游推荐和展销活动。

第三节　旅游产业发展大会

黔南州旅游产业发展大会始于 2008 年，至 2014 年共召开六届。

一、首届黔南州旅游产业发展大会

2008 年 9 月 12 日，首届旅游产业发展大会暨中国·平塘地质奇观旅游节在平塘县掌布藏字石国家地质公园举行。省人大常委会副主任唐世礼、省政协副主席陈海峰，部分省直部门领导，州四家班子主要领导，州有关部门负责人，各县（市）党政代表团，有关旅游企业负责人以及来自北京、上海、广东、广西、湖南、浙江、江苏等地的客商和旅游观光人员参加大会。会议期间举行了旅游招商推介会，签约引进项目 32 个，资金 29 亿元。平塘县举行中国·平塘世界地质奇观旅游节和“玉水不夜天”大型文艺晚会以及奇石展、“玉水金盆”摄影大赛。

此届旅发大会，平塘整合各类资金近 2 亿元投入基础设施建设。主要项目有：迎宾大道街景整治工程；掌布主会场基础设施建设、玉水不夜天剧场观众席座位；县城老城区可视范围内屋顶清理整治装饰工程；新老城区可视范围内的建筑垃圾清运及文化装饰墙砌筑工程；县城受损路面改造建设工程等。工程建设项目 2008 年 6 月动工，9 月 10 日全部完工。

二、第二届黔南州旅游产业发展大会

2009 年 11 月 6 日，第二届旅游产业发展大会暨都匀剑江民族风情旅游节在都匀召开。中共贵州省委副书记王富玉发至贺电，省人大常委会副主任唐世礼，省政协副主席吴嘉甫，省政协原副主席王录生，州四大班子主要领导部分省直部门负责人出席大会。大会还收到土耳其华商会发至的贺电。

大会召开期间，举办了丰富多彩的系列活动，主要有：石板街布依族婚俗表演和“民族风情满都匀”摄影展；椰木寨民族斗牛大赛；民族小吃及名特优旅游商品展；州体育馆民族风情旅游节开幕式及文艺演出；斗篷山旅游，品特色农家菜，赏秀美风光。

此届旅游发展大会，都匀市共投入 6158 万元对承办地相关旅游基础设施进行建设。主要项目有：投入 380 万元将石板街片区改造为民族特色旅游商品购物街区；投入 140 万元对贵新高速都匀北匝道口进行改造；投入 140 万元改造西山公园出口道路；投入 530 万打造城区主要道路和剑江河亮丽工程；投入 40 万元建设民族村寨基础设施；投入 4300 万元治理剑江河；投入 50 万元用于活动场馆建设；投入 98 万元对剑江河两岸景观规划进行评审。

此次旅游产业发展大会结束后，州委、州政府印发《关于支持第二届黔南州旅游产业

发展大会承办地都匀市加快旅游产业发展的意见》（黔党发〔2009〕8号）。意见从8个方面对都匀市加快旅游产业发展给予支持：一是加强都匀市区旅游基础设施建设，优化旅游硬件及环境；二是加强旅游景区交通建设，提高可进入性、打造都匀“中国优秀山水桥城”；三是加强旅游景区开发建设，开发旅游新产品，增强旅游新亮点；四是加强旅游综合服务体系建设，提高接待能力和服务水平；五是加强民族旅游文化建设，发展民族文化旅游；六是加强旅游宣传策划工作，全方位提高知名度和美誉度；七是加强旅游人才队伍建设，提高旅游从业人员素质；八是加强生态环境建设，发展生态旅游，提升旅游环境质量。

三、第三届黔南州旅游产业发展大会

2010年11月27日，第三届旅游产业发展大会暨中国水族文化旅游节在三都水族自治县城城区都柳江上拉开帷幕。中共贵州省委副书记王富玉发来贺信，省委常委、副省长黄康生向大会表示祝贺。省人大常委会副主任陈华祥、副省长谢庆生、省政协副主席武鸿麟，州四家班子主要领导出席开幕式。中国入世谈判首席代表、原博鳌亚洲论坛秘书长龙永图、中央电视台著名电视主持人倪萍等经济界、文化界名人到会祝贺。中国地质专家科学考察团、深圳市有关部门、河南省睢县及省、州有关部门负责人、全州各县（市）代表团出席大会。新华社、《人民日报》、中央电视台、中央人民广播电台、《光明日报》《经济日报》《香港大公报》《商报》《文汇报》《贵州日报》、贵州电视台、《黔南日报》、黔南电视台等多家媒体记者对大会进行采访报道。

11月28日上午，三都水族自治县姑鲁产蛋崖景区揭牌开园和旅游招商引资推介暨项目签约仪式同时举行。州、县相关人员及中国入世谈判首席代表、原博鳌亚洲论坛秘书长、G20论坛秘书长龙永图，著名影星刘晓庆，美籍华人歌唱家、联合国绿色歌唱使者、中国水族文化旅游形象大使尤雁子，地质学家、北京大学教授于洸等中国地质专家科学考察团成员出席开园仪式，姑噜产蛋崖景区正式对游客开放。活动期间，先后举办神秘水族、魅力三都网络歌手大赛总决赛暨颁奖、民族文化旅游专题报告会，大型原生态歌舞表演暨水族服饰展演，中国摄影家大型原生态采风活动图片展，水族马尾绣技艺大赛及水书大赛暨作品展，水族文化保护与继承高峰论坛、走进水族村寨体验神秘祭祀活动，欢度水族端节以及商品展销等系列活动。此届旅发大会，旅游环境投资推介共签约项目23个，总投资额43.96亿元。

此届旅游产业发展大会召开前举行了系列活动。2010年2月28日至3月3日，在上海举行神秘水族·魅力三都中国水族文化旅游节暨水族九阡酒上海世博会唯一指定黄酒新闻发布会，突出3项活动启动仪式，即神秘水族·魅力三都中国水族文化旅游形象大使颁证仪式；中国水族卯文化最浪漫成人爱情故事征文活动启动仪式和全国青年歌手唱响三都网络选拔赛启动仪式。6月在深圳市举办神秘水族·魅力三都深圳锦绣中华中国水族文化宣月系列活动，主要活动内容有：水族歌舞艺术表演、水书——象形文字的活化石展示；水族端节、卯节节庆仪式展示；马尾绣、水家布等水族民间工艺展示及水族文化暨隽秀山水摄影图片展。7月，在三都本土举办神秘水族·魅力三都水族卯节，活动内容：举行中国

作家协会水族文学创作基地挂牌仪式；中国百名摄影家水族文化大型采风活动；中国水族卯文化最浪漫成人爱情故事征文颁奖；百家旅行社三都旅游踩线考察及三都民间情歌对唱。9月23日，在贵阳召开神秘水族·魅力三都第三届黔南州旅游产业发展大会暨中国水族文化旅游节新闻发布会，推介旅发大会节前及会议期间开展的系列活动内容。10月16日，第三届旅游产业发展大会系列活动之一的中国·贵州·罗甸第二届“高原千岛湖”旅游文化节在该县体育中心开幕，中共贵州省委副书记王富玉发来贺信。省人大常委会副主任唐世礼，州领导出席开幕式。新华社、《人民日报》《贵州日报》贵州电视台、《黔南日报》、黔南电视台等中央、省、州主要媒体对节会进行了报道。

此届旅发大会，共投入旅游基础设施建设资金6000多万元，主要工程项目有：凤凰公园一期工程、赛马城广场建设工程、县城重点区域亮丽工程、县城街道景观建设及主干道两侧建筑外立面民族建筑风格改造工程、风情街拆迁改造工程、县城至部分景区景点道路维修工程及景区景点设施建设等。

四、第四届黔南州旅游产业发展大会

2011年11月12日，第四届黔南州旅游产业发展大会暨中国·贵定乡村旅游文化节在国家农业旅游示范点、国家AAA级旅游景区、中华布依第一寨——贵定音寨“金海雪山”景区开幕。本届旅发大会的主题为“金海雪山美·布依风情浓”，旨在营造“布依风情浓”，打造“布依风情游”品牌，充分体现“中华布依第一寨”内涵。全国政协常委、省政协原常务副主席吴嘉甫，省政协副主席班程农，全国政协常委、中国文联副主席、中国影协主席张化勇、省政府办公厅、省发展改革委、省旅游局部门负责人出席，州四大班子领导及州直相关部门负责人和全州12县（市）代表团出席开幕式。新华社、《人民日报》、中央电视台、《光明日报》《经济日报》《香港大公报》《商报》《文汇报》《贵州日报》、贵州电视台、金黔在线等近百家媒体记者对大会进行采访报道。

旅游文化节期间，先后举行了“观民族风情满贵定”摄影图片展及民族民俗展示，布依婚俗表演，布依山歌表演赛及民族民歌迎宾歌舞表演，第三届新农村电视艺术节——魅力新农村颁奖晚会，各地名特优旅游商品展，篝火歌舞狂风暴雨欢乐夜，品贵定云雾茶，观茶艺表演等系列活动。

此届旅发大会举行了招商引资推介会暨项目签约仪式，来自北京、上海、香港、深圳、佛山、四川、重庆等地100多位企业家参加推介会，黔南州、县（市）党政领导、招商局长及新闻界朋友180余人参加活动。此次招商引资推介会共成功签约项目15个，签约项目总投资19.2亿元。

以此届旅发大会召开为契机，贵定县着力推进景区及县城旅游基础设施建设。项目涉及景区民居包装，美食街街面改造、标牌更换、标志性牌坊大门工程、景区主干道拓宽及美化、亮化、绿化工程、人行道路硬化、布依文化长廊修缮、河堤河道清理、停车场、公厕等。

五、第五届黔南州旅游产业发展大会

2013年9月24日—27日在瓮安县草塘千年古邑旅游区举办黔南州第五届旅游产业发

展大会，主题为“千年古邑，红色瓮安”。出席旅游发展大会的有贵州省人大常委会原副主任顾久、陈华祥，贵州省政协原副主席吴嘉甫、何永康，中国辞赋学会会长许结，中国摄影协会副会长李伟昆，上海大世界吉尼斯总部首席营运官陈海龙，州四大班子领导，省旅游局等省直部门负责人，黔南籍和在黔南工作过的省直部门副厅长以上领导，贵州省8个市州代表团，黔南州各县（市）及州直部门负责人；特邀贵阳市花溪区、开阳县，黔东南州镇远、黄平县，遵义市的遵义县领导，省内旅游专家和企业代表到会。国内外88家媒体对本届大会进行采访宣传报道。

24日晚8时，大会以“千年古邑风·瓮水长歌情”本土精品文化节目展演拉开序幕。节目演出前，举行“和美瓮安·生态家园”全国摄影大赛和中国辞赋大赛颁奖；进行“中国辞赋之乡”和双面大戏楼评为上海吉尼斯世界纪录授牌仪式。25日上午9时，在古邑区旗山书院举行国学成人礼，500名学生、20名正宾、20名执行、60名学生家长、3名学生代表、1名司仪参加仪式。大会期间，在双面大戏楼为嘉宾展演京剧《穆桂英挂帅》、昆曲《鸳鸯镜传奇》、评剧《花为媒》、越剧《新梁山伯与祝英台》、黄梅戏《天仙配》、秦腔《夜逃走雪》、豫剧《花木兰》、河北梆子《大登殿》、川剧《变脸》戏曲串演，黔剧《奢香夫人》十大名剧；举办龙腾盛世·中国·瓮安第四届龙狮文化艺术节；举办黔南州农特产品展销会，省外及州内263家企业（商户）分别在草塘千年古邑旅游区和县城分会场参展。举行黔南州文化旅游招商活动，共有21家企业在黔南州旅游开发建设签约，签约资金103亿元。

此届旅发大会，瓮安县共投入旅游基础设施建设资金15.7亿元。主要项目有：县城至猴场15公里文化旅游大道工程；格泰国际大酒店一期和盛金通源大酒店建设工程；涉旅行业技能培训；建成草塘大戏楼、旗山书院、黔山进士楼，瓮水长歌广场，草塘安抚司及古邑核心区河道整治，核心区绿化工程等。

六、第六届黔南州旅游产业发展大会

2014年11月8日—9日，黔南州第六届旅游产业发展大会在惠水县好花红镇好花红村举行。贵州省政协副主席班程农，省人大常委会原党组书记、副主任肖永安，全国人大常委会委员、省人大常委会原副主任唐世礼，省直有关部门负责人，省内社会各界代表及专家学者应邀到会。州四家班子主要领导，州直有关部门负责人及黔南州12个县（市）代表团出席大会。

此届旅发大会以“涟江好花红·美丽乡村游”为主题，按照政府引导、部门协作、全民参与、市场运作模式办节。大会期间，与会嘉宾集中参加了千户布依寨落成仪式、祭橘仪式、游布依水寨、观布依八大堂屋等系列文化活动，同时为与会嘉宾举办《好花红》大型实景演出和特色旅游产品展销。大会共签约项目21个，签约资金194.4亿元。会上，好花红村被授予国家3A级旅游景区和全国首批少数民族村寨两块牌子。此届旅发大会，惠水县整合各类资金，建成好花红互通至辉岩桥3.6公里二级公路，对好花红镇境内101省道1.8公里道路及好花红村主干道污水管网实施改造，统一打造好花红镇101省道过境街道民居，同期建成好花红旅客中心，景区停车场，景区卫生间等设施。

第四节　旅游节庆活动

黔南州旅游资源丰富、民族历史文化厚淀多彩，各县（市）利用资源和民族风情开展特色鲜明的旅游节庆，成为境内旅游的一大亮点。

都匀市剑江旅游欢乐节　2001—2014年每年春节黄金周举行，共举办14届。活动内容：组织大型“桥城贺春灯会”“剑江龙舟大赛”以及丰富多彩的文体活动，愉悦都匀广大群众、吸引八方宾客。在项目安排上，以灯展及龙舟赛为主，辅之以集地方特色、群众喜闻乐见并积极参与的群体群艺项目，以及独具民族特色的布依婚俗表演，通过欢乐节的举办，充分展示“山水桥城·魅力都匀”积极向上的精神风貌，营造欢乐、喜庆、祥和的春节氛围。

都匀“西部茶都”茶文化节　2007—2008年“五一”黄金周举办；2009—2014年每年清明节前后举行，已举办7届。活动内容：

1. 组织都匀地区房地产开发企业、装饰装修企业、物业管理企业、汽车销售企业参加房车展示展销活动；举办房地产企业、物管企业论坛及经验交流会；评选最受欢迎的楼盘，举办颁奖晚会等。2. 举办茶文化系列活动。组织市内外茶叶生产销售企业及个人茶叶加工者现场加工表演，并进行茶叶销售活动；组织开展茶艺表演；举办名茶展示评比及拍卖活动；组织茶山旅游观光活动，游茶山、品毛尖活动以协会为主，专门选择一个地方举行茶歌对唱活动。3. 系列文体活动。民族民间山歌比赛、布依婚俗表演、独竹漂表演等。

都匀“西部猛牛”挑战赛暨民族民间技艺大赛　“十一”黄金周举办。活动内容：1. 邀请各地的猛牛，采取竞相打擂的形式，争夺“牛王”和“最猛斗牛队”桂冠。2. 以专场演唱会的形式组织都匀地区专业、业余歌手演唱反映都匀市的歌曲。以歌唱都匀山、水、桥、城，唱响都匀，热爱都匀，通过颂唱逐步推出都匀“市歌”。3. 系列文体活动。民族民间山歌比赛、布依婚俗表演、独竹漂表演等。

都匀国际摄影博览会　每两年国庆期间举办，2002—2014年已举办6届。活动内容：1. 举办中外摄影展、主题摄影展。2. 开展一系列学术交流、摄影讲座与论坛。3. 开展采风创作。4. 布依婚俗表演、民族民间歌舞表演、名特优产品旅游商品展示交易会。

贵定“金海雪山”旅游文化节　每年3月末4月初举办，2005—2014已举办7届。

贵定“金海雪山”冰脆酥李节　每年6月末7月初举办，2005—2014年已举办6届。

贵定“云雾春茶开采祭祖仪式”　每年清明节前后，2007—2014年已举办6届。

长顺杜鹃湖·白云山旅游文化节　每两年举行1次，3月末4月初举行，2007—2014年已举办4届。活动内容：以“访白云古刹，游杜鹃花海”为主题，向外推介以杜鹃湖秀丽景色为重点的风景名胜，展示佛教圣地白云山文化以及长顺独特的“屯堡文化”和当地浓郁的民族风情。同时举行招商引资活动。

中国·贵州·三都水族卯文化风情之旅　2005年7月举办首届，至2014年共举办9

届。活动内容：水族迎宾仪式、卯坡歌会开幕式、水族祭祖仪式、贵州民族服饰大演示、民族民间原生态歌手大比拼、民族之花选秀大赛、参观水族卯文化陈列馆、游卯坡、旅游推介以及工艺品展示展销等系列活动。

中国·三都水族端节活动　2004年11月举办首届，至2014年共举办10届。活动内容：龙舟赛、耍水龙、挤马、斗牛、舞龙、舞狮、花灯、芦笙、扭扁担、抢鸭子、祭祖、民间歌舞等一系列异彩纷呈的民间文娱活动；有独特的水书、民族服饰、马尾绣、剪纸艺术、特色产品等展演展销以及尧人山国家森林公园和都柳江省级风景名胜区旅游推介等。

平塘“春茶第一壶”　2006年2月举办首届。活动内容：旨在打造平塘“春茶第一壶”品牌，弘扬地方民族文化传统，做大旅游产业。

中国·平塘“玉水不夜天”山水剧场演出　2006年4月举办首场演出，至2014年共演出6场。活动内容：演出分山地人和、山水情新、大地献宝、玉水腾龙四场，另有境内主要少数民族歌舞表演、吹奏乐曲、民歌对唱、龙舟表演等。

贵州·平塘“玉水腾龙”水龙节　2004年9月举办。活动内容：借助水龙节进行旅游推介，全力突出掌布神奇之旅和甲茶、县城“玉水金盆”等秀美风光，展现独特丰富的旅游资源，塑造景区形象，激发游客入境探奇访胜的浓厚兴趣。

中国·平塘“全民健身与奥运同行”贵州精英赛　2007年10月举办。活动内容：举行全省龙舟精英赛、舞狮、水龙表演、水上彩船表演、“玉水不夜天”山水实景演出。

中国·平塘国际障碍单车锦标赛　2009年8月举办。活动内容：以赛事为平台，整合各种资源推出水龙节，国家AAAA级掌布旅游景区揭牌盛典，大型文艺演出等活动，提高平塘旅游景区知名度。

中国·平塘中秋山水音乐节　2010年举办。活动内容：树立贵州第一民谣摇滚音乐节品牌，成为一年一度的音乐盛会，打造贵州第一山水实景演出剧，贵州第一露营目的地。

荔波绿宝石之旅暨贵州少数民族服饰展示　2003年8月8—11日举行。活动内容：旨在打造和推介贵州南部旅游精品线。同时举行招商引资新闻信息发布及洽谈会。

中国·荔波万亩梅花报春节　每年1—2月举行，时间1个月，2006—2014年共举办9届。活动内容：民族山歌梅原激情对唱，“冬之荔波”摄影赛，梅原书法献艺，水族文化展演，陀螺斗鸡斗鸟比赛，美食及旅游商品展销等。旨在吸引游赏万亩梅花斗艳，游大小七孔山水，探茂兰喀斯特秘境，在遗产地梅原过大年。

贵州·惠水“好花红艺术节”　2001年11月17日举办首届，至2014年共举办4届。

中国·贵州·惠水好花红艺术节暨首届金钱橘节　2006年11月举办首届，至2014年共举办8届。

中国·独山花灯艺术节　2002年8月23日举办首届，至2014年共举办4届。

中国·福泉“金谷春雪”梨花节　2006年4月初举办首届，至2014年共举办9届。活动内容：以境内双谷万亩梨园场“金谷福梨观光园”成功申报“全国农业旅游示范点”为契机，以花为媒，吸引八方游客欣赏体验福泉“古城文化生态”。先后举办的活动有：“梨园清音”大型演奏、“十佳仙子”选拔赛、大型篝火晚会、“古城文化生态”自助旅游等。节庆期间，让游客充分体验“金后春雪”梨园风光，农家美食和民风风俗。

贵州·福泉古城文化节　2004年农历六月二十四举办首届，至2007年共举办4届。活动内容：借助境内农历六月二十四民族传统节日——二郎歌会，以“文化搭台，经贸唱戏”为主旨，举办大型歌舞晚会，古城文化研讨会，山歌大赛，古城摄影、书画展、民族民间文化展演及古城经贸活动，力推福泉古城文化神韵。

中国·贵州罗甸高原千岛湖旅游文化节　2007年5月举办首届。活动内容：以“迎客之艳”“生命之绿”“风情之红”“和谐之蓝”“希望之金”等乡土节目，尽显全国无公害蔬菜基地和湖滨城生态之美、和谐之美、神秘之美，国内外来宾充分享受到航湖之游、参观大小井三叠纪地质公园、东方最密集的喀斯特洞穴博物馆、阳戏等民族生态旅游大餐。同时开展招商引资推介、经济论坛等活动，宣传、推介罗甸资源优势、区位优势和产业优势。

贵州龙里生态游“十里刺梨沟”赏花节　2009年5月末举行首届启动仪式，至2013年共举办4届。活动内容：借助茶香村十里刺梨沟的生态、美景，举办布依族民歌会、画眉争霸赛，十里刺梨沟自驾游、徒步游、金秋刺梨酒开坛、寻找“刺梨花王”“果王”、刺梨产品展销等活动，助推十里刺梨沟乡村旅游品牌。

龙里湾滩河镇走马村孔雀寨“七夕孔雀布依情歌节”　2007年8月举办首届，至2014年共举办6届。活动内容：首届“七夕布依情歌节”，省布依学会为“龙里羊场布依歌谣生态研究基地”挂牌为基础，以此为契机，先后以“激情湾滩、浪漫七夕”“醉美孔雀布依寨、消夏南阳湾滩河”“七夕布依情歌节、浪漫消夏湾滩河”等为主题，通过原生态情歌比赛，斗鸡、斗鸟、抓鱼民间工艺展示，风情园露营、布依寨篝火狂欢等活动，打造龙里原生态康体休闲避暑旅游品牌，展示民族风情和乡村美景，推动民俗文化旅游和乡村旅游发展。

瓮安龙狮文化艺术节　2007年春节期间，由县委、县政府牵头主办首届，之后每两年一届，至2014年共举办4届。活动内容：组织农民和民族民间爱好者自愿参加舞龙舞狮队伍，通过踩街游行——文艺表演——舞龙、舞狮比赛——“名、特、优”农产品展销等活动，丰富农民的精神文化生活。

瓮安“瓮水长歌”文化艺术节　2012年4月举办首届，至2014年共举办2届。活动内容：以大型音乐舞蹈诗的艺术形式，展现瓮安的悠久历史、灿烂文化和丰富的资源，通过文化艺术节，致力打造“瓮水长歌”系列文化品牌。节庆期间，举办“瓮水翰墨”书画展和摄影展等活动。

第五节　乡村旅游开发

黔南州乡村生态旅游，经过多年开发，初步形成了以民族文化观光旅游和农家乐为主，兼有深度文化体验和生态农业观光四种典型的乡村旅游发展模式。乡村旅游成为农村经济发展的又一个新的增长点。至2014年底，全州有各类乡村旅游点1580个，2014年接待各类旅游者387万人（次），创旅游综合收入15.43亿元，直接吸纳就业人员15000多人。全州各地乡村旅游发展对带动农民脱贫致富、增加收入以及促进当地社会发展都起到了促进作用。典型范例有：

贵定县盘江镇音寨村　2009年接待游客和来宾80余万人（次），旅游综合收入超过6300万元。游客人均停留天数为1.1天，人均花费60元。当地村民在参与旅游服务中获得了实惠。2010年，景区内直接从事旅游业服务的农民702人，主要经营的旅游项目有："农家乐"接待、土特产销售、住宿接待等。间接提供劳动就业岗位975个，其中旅游商品零售业岗位25个。整个音寨旅游为该村群众年人均创收800多元，占人均年纯收入的30%以上。

荔波县朝阳寨莪花海　寨莪花海是荔波县朝阳镇精品美丽乡村建设项目，规划面积870亩，花海面积达220亩，在原有100亩花海的基础上，结合民居特色、周边田园风光种植玫瑰、马鞭草、鼠尾草、格桑花、油葵等花卉，花海每年从5月开花一直持续到10月。盛开的紫色花卉是马鞭草和鼠尾草，而玫瑰花的花期则分为两季，第一季的花期为4—5月，第二季的花期为9—10月，点播在两边山坡的格桑花花期为6—10月，格桑花的花朵轻盈如蝴蝶，油葵每天都用笑脸追逐着太阳，就如调皮的孩子一般，而鼠尾草和马鞭草的花朵犹如紫色的精灵降落人间，玫瑰花的热情奔放随时感染着过往的游客。花海栈道全长1100米，栈道尽头的摄影台可以让游客休息和观赏美丽的景色。

寨莪民族自然寨居住着83户336人，均为布依族，房屋依山而建，错落有致，有精品旅游客栈，一次可承接30人团队的用餐和住宿。为了开发漳江沿河风光带，打造了木屋及帐篷营地功能区，该功能区共建有8栋木屋和100顶帐篷，所有建筑全部临河而建，游客在此即可一览沿河风光，又可亲身下水嬉戏，是夏天避暑游玩的好去处。木屋区距离花海和寨莪布依族自然寨不到一公里，三个功能区互相映衬，有机结合，旅游接待服务中心、旅游公厕、停车场的修建让整个景点的旅游接待能力得到进一步提升。除了具有原始、古朴、幽静、野趣之外，更有一种灵动和秀丽之美。在自然中巧妙地融休闲、度假、娱乐于一体，成为人们远离车马喧嚣、回归自然，享受宁静、放松身心的乡村旅游好去处。

荔波县瑶山拉片民族村寨　瑶山拉片民族村寨地处黔桂边缘，是贵州高原向广西丘陵过渡地带，属南方喀斯特地区岩溶地貌，紧靠荔波大七孔、小七孔景区，全寨122户631人，是一个纯瑶族聚居的少数民族村寨。这里瑶族风情古朴浓郁，他们由于长期生活在边远大山深处，交通落后，偏僻、闭塞，与外界交往少，保存着一些古老习俗。瑶族独特的服饰，传统的蜡染刺绣，狂劲的歌舞，奇妙的婚俗，神秘的丧葬以及恢宏的瑶王宴等令人惊叹。村内至今仍然完整保存"白裤瑶"丰富多彩的民风民俗，拥有自己独具一格的建筑文化（禾仓、吊脚楼）、服饰文化（蜡染、刺绣已列为国家级非物质文化遗产）、铜鼓文化（猴鼓舞已列为省非物质文化保护）、陀螺文化、瑶族风情演出等，特殊的地貌与周围美丽迷人的田园景观融为一体，气候宜人，环境幽静，置身其间，心旷神怡，瑶山因此成为荔波民族风情旅游胜地，受游客青睐，是度假避暑的好去处，更是乡村民族旅游、体验少数民族风情的理想之地。2001 年，国家补助 653.92 万元、县投入 54.88 万元，建设瑶山新村、瑶族文化展示厅、瑶族风情演艺场、瑶王府、标志性雕塑、村景步道、石水景观、景区绿化、旅游标牌等，旅游基础设施不断完善，瑶山民族村建设初具规模。2012 年，瑶族古寨旅游人数达 3 万人（次），总收入 500 多万元，已成为国家 AAA 级景点。在贵州日报报业集团、贵州省民委、贵州省住建厅、贵州省文化厅、贵州省旅游局等共同承办，展现贵州独特的民族民间传统文化和丰富的乡村旅游资源的活动中，瑶山乡拉片村凭借幽美迷人的环境及独特的民族文化成功入围“贵州最具魅力民族村寨”。2014 年，国家民委授予其“中国少数民族特色村寨”。瑶山民族旅游填补了樟江景区人文景观的空白。

荔波县驾欧乡联山村（联山湾）　联山湾位于荔波县驾欧乡，是依山傍水式的布依族群居区，以闻名天下的小七孔景区和大七孔景区为依托，以山秀水美的乡村田园风光和布依族农耕文化为特色，以山水景观为灵魂，联山湾风光秀丽，水洁风清，水面平静，视野宽阔，两岸青山翠绿，村庄错落有致，仿佛是一首田园山水诗，被许多游客称为“世外桃源”。由于自然风光优美、民族风情浓郁，通过专家、游客、网友的综合评定，联山湾先后获得了“中华民族文化名牌景区”“中国最佳文体休闲旅游品牌景区”称号。2010 年 5 月 22 日，在贵州日报报业集团首届新闻作品奖表彰大会上，由莫雄亮、韦开典两位作者以联山湾为素材写的《荔波农民自创民谣唱火家乡旅游》的文章获二等奖。浓郁的布依民族风情和山水农耕文化色彩的乡村民谣——《联山湾》使其成为热门的乡村旅游点。

水葩古寨　是荔波农业休闲观光旅游的新亮点，水葩古寨旅居庄园投入 150 万元进行建设。水葩古寨旅居庄园拥有展示厅 1 栋，游客接待中心 1 栋，KTV 房 1 栋，客栈 4 栋，住宿木屋 9 栋共 111 个床位，餐饮木屋 2 栋可同时容纳 200 人就餐。旅居庄园后续还将投入资金进一步增加庄园服务等设施，使这座庄园打造成生态环境优美，旅游和休闲功能完善的精品美丽乡村旅游目的地。

江风布依村　位于荔波县东南部翁昂乡境内，地处世界自然遗产地茂兰世界级自然保护区腹地，距荔波县城 28 公里，距茂兰保护区重点科考景区——凉水井“石上森林”5 公里，属于荔波旅游景区环线，交通十分便利。江风村寨四面环山，到处田园铺展，古树参天，溪水常流；村庄、田园和山水交相辉映；溶洞神秘莫测，有着得天独厚的山水田园风光。村寨较为完整地保留着古香古色的布依居民、古塔、古桥、古法造纸坊、天然神峰等古迹。这里建筑的规划布局也很有考究，房屋做工精细，建设样式优美，很有布依民居特色。每栋建筑正面基本上都朝一个方向，外表相似，分散布局，小巷连接家家户户，户与户道路纵横交错，宛如网状，如同迷宫。这里的布依风情更为浓厚。每逢春节、农历三月三、四月八、六月六、九月九等传统佳节或遇上婚丧嫁娶重大活动，村民都会自发组织在一起，表演布依傩戏、矮人舞和唱布依古歌、花灯戏等欢度节日。布依古歌悠扬委婉，声调中带着浓浓的乡音，浓厚的和声宛如天籁，让人回味无穷。

都匀市奉合水族乡椰木水寨　椰木水寨是一个水族人口占 99% 的山寨，共有 84 户共计 392 人，从 2002 年第一届都匀国际摄影博览会开始，椰木寨已接待游客朋友 10 万多人（次），旅游收入近 80 万元，人均年收入从旅游开发前的不到 400 元增加到 2500 元。

瓮安县草塘镇猴场红色文化新村 该村于2006年建成，是以发展红色旅游及乡土文化为主的乡村旅游型新农村建设试点。2006年10月15日正式对外开放接待游客，截至2010年，已经接待游客达4万余人（次）。2006年新村4家农家乐饭庄开业仅两个多月，营业收入达7万多元，新村建成前的经济来源主要是以水稻、玉米、油菜等种植为主，养殖业、外出务工为辅的经济结构，现在已经逐步转变为旅游业为主的一、二、三产业互动模式，农民的现金收入得到明显增加。

平塘县掌布乡掌布村 全村均为布依族，至今仍然保存着古朴浓郁的布依族风情。掌布村依托“藏字石”风景区所在地，从2003—2010年发展乡村旅游以来，共接待游客32万人（次），旅游总收入7200万元，直接解决60多人就业问题，有400余人参与了旅游接待，直接从业人员年人均收入8580元，间接从业人员年人均收入从原来的850元增加到现在的2800元，农家乐接待收入占总收入的60%。

独山县翁奇村 该村依托秀丽的自然风光和奎文阁深厚的文化底蕴，被列为省、州、县重点打造的“乡村旅游示范村”，共投入480多万元对奎文阁乡村旅游景区进行一期工程开发。景区成功举办了“多彩贵州旅游形象大使黔南赛区选拔复赛”“黔南州唱响社会主义新农村山歌擂台赛”“独山奎文阁杯民族山歌邀请赛”等重大赛事。至2010年，接待游客19.79万余人（次），旅游总收入近500万元。为更好打造翁奇奎文阁景区乡村旅游，独山县在景区实施了四季挂果项目，以增加农民群众的收入，仅草莓一项种植，收入达12万元。该村正在形成“春赏花、夏游泳、秋品果、冬尝农家饭、休闲饮贡茶”的和谐乡村旅游特色。

三都县水各卯坡 该旅游项目自2006年7月开发以来，发展乡村民宿98个，接待游客8万多人（次），旅游收入1800多万元，旅游商品收入500多万元。参加旅游接待服务的农户占全村总农户数的98%，从事旅游接待服务的人数占全乡劳动力的65%；从事旅游接待的农户，户均旅游收入6800元左右，最高的超过7900元，最低的也有3500多元，人均旅游收入达到2500元。

惠水县好花红村 好花红村（原辉岩村）距惠水县城18公里，是一个以布依族为主体的民族村，是著名布依族民歌《好花红》的发源为地，也是著名的“中国金钱橘之乡”和“中华布依第一堂屋”所在地。全村7.6平方公里，辖14个村民小组，15个自然村738户，总人口3139人，贫困人口207人，其中布依族人口3024人，占全村总人口的95%。现有耕地面积2128.8亩，其中田1277.28亩、土851.52亩。这里布依族文化厚重，村民仍保留了以歌言志、以歌迎宾、以歌传情的习俗。寨内以第一堂屋为代表的众多老建筑引人注目。寨子处于涟江大坝，涟江河从寨前缓缓流过，河水清澈，两岸绿柳成行，河上风雨桥古朴典雅，自然环境秀美，平整的稻田和连片的金钱橘，构成了涟江大坝标志性田园风光，体现了典型的农耕文化。远处青山相依，有众多小巧的溶洞。从2006年以来，该村先后被列为州级、县级新农村、美丽乡村，四在农家、村庄旅游建设示范点，2014年，申报省级和国家级美丽乡村，四在农家示范点，好花红村按照总体规划，进行各项村内基础设施建设，全力打造布依民族文化，调整农业产业结构，发展村庄旅游业，带动村域经济的发展。2014 年 11 月，好花红村被授予国家 AAA 级旅游景区和全国首批少数民族村寨两块牌子。

第三章　旅游行业管理

1988 年，为加快全州旅游资源的开发，州政府以黔南政通〔1988〕97 号文件宣布成立黔南州旅游局，与州政府外事办公室合署办公，实行两块牌子，一套人员，负责全州境内景区的开发建设。1990 年，荔波县旅游局成立，此后至 1996 年党政机构改革，先后有都匀、三都、独山、福泉等县（市）建立旅游事业管理机构，或单独设立，或与外事办公室合署办公。1997 年 8 月，州政府办公室以黔南政办〔1997〕111 号文印发《黔南州旅游事业局职能配置、内设机构和人员编制方案》，对州旅游事业局的职能转变和主要职责作了新的明确，设办公室、综合科和接待科 3 个科室，核定事业编制 10 名，由财政全额预算管理，其中局长 1 名，副局长 2 名，正副科长（主任）4 名，工作人员 3 名。1998 年 4 月，经州委、州政府研究决定，州编制委员会以黔南编〔1998〕6 号文下发《关于州旅游事业局和州政府接待处分设的通知》，黔南州旅游事业局单独设立。至 2001 年党政机构改革，先后有福泉、惠水、长顺、龙里县（市）相继成立旅游事业局。

2001 年，根据《中共黔南州委、黔南州人民政府关于黔南州州级党政机构改革的实施意见》（州发〔2001〕24 号），州政府办公室印发《黔南州旅游事业局职能配置内设机构和人员编制规定》（黔南政办〔2001〕109 号），保留黔南州旅游事业局，为州政府委托行使部分行政管理职能的直属事业单位。同时对州旅游事业局的职能进行了调整，内设办公室、业务科和旅游质量监督管理所，事业编制 7 名，其中局长 1 名、副局长 1 名，正副科长（所长、主任）3 名，列入依照试行国家公务员制度范围，由财政全额预算管理。2008 年 5 月，黔南州机构编制委员会以黔南编〔2008〕14 号文件批复增加黔南州旅游局副局长职数 1 名。

2010 年 11 月，根据《中共黔南州委、黔南州人民政府关于黔南州人民政府机构改革的实施意见》精神，州政府办公室印发《黔南州旅游局主要职责内设机构和人员编制规定》，明确黔南州旅游局为州政府组成部门，并对旅游局的职责作了新的调整，内设机构调整为办公室、市场开发和行业管理 3 个科（室），局机关行政编制 7 名，其中：局长 1 名，副局长 1 名，纪检组长 1 名；正副科长（主任）3 名；并明确组建黔南州旅游执法支队和黔南州旅游服务信息中心，为州旅游局管理的正科级事业单位。州旅游执法支队加挂质量监督管理所，实行两块牌子，一套人员，合署办公。支队核定事业编制 5 名，均为管理人员，由财政全额预算管理，其中：所长（支队长）或副所长（支队长）1名；组建的旅游服务信息中心核定事业编制5名，由财政全额预算管理，其中：主任1名，副主任1名，专业技术人员3名。

2014年底，州旅游局有局长1名，副局长2名，纪检组长1名，正副科长（主任、所长、支队长）4名，工作人员22名。

第一节 旅游服务业

一、旅游酒店

1994年，黔南州仅有都匀龙潭宾馆被评为2星级旅游涉外饭店，1995年，都匀云星大厦、都匀昌顺酒店评为1星级酒店。1996年，新建都匀桥城宾馆评为1星级饭店，1997年升为2星级饭店。期间，龙潭宾馆、港龙大酒店经过改造装修，分别升为2星和准3星涉外宾馆，州政府招待所经改造装修后更名文峰大酒店，被评为准2星等级酒店。

“十五”期间，州旅游部门对星级饭店坚持管理与升级建设相结合，支持具备升级达标条件的宾馆饭店开展上星工作。

2014年全州星级酒店一览表

表14-3-1　　单位：个

序号	酒店名称	星级	星级酒店批准时间	所在县市	备注
四星级酒店		6家			
1	荔波县三力酒店	4	2007.09	荔波县	荔波1家
2	贵侯苑商务大酒店	4	2009.04.01	都匀市	都匀2家
3	伯爵花园酒店	4	2009.10.15	都匀	
4	三都福丰假日酒店	4	2010.06	三都县	三都1家
5	福泉大酒店	4	2012.08.05	福泉市	福泉1家
6	长顺浩瀚酒店	4	2013.06.26	长顺县	长顺1家
三星级酒店		20家			
1	都匀港龙大酒店	3	2002.08.15	都匀市	都匀5家
2	五月花景山酒店	3	2005.10.26	都匀市	
3	西苑假日酒店	3	2007.09	都匀市	
4	都匀桥城宾馆	3	2007.09	都匀市	
5	桂花园度假酒店	3	2010.08	都匀市	

续表 14－3－1

序号	酒店名称	星级	星级酒店批准时间	所在县市	备注
6	荔波县大鹏商务酒店	3	2008. 03	荔波县	荔波 6 家
7	荔波县金谷宾馆	3	2007. 09	荔波县	
8	顺庆大酒店	3	2005. 03	荔波县	
9	荔波吉妮丽吉大酒店	3	2006. 11	荔波县	
10	金利源大酒店	3	2010	荔波县	
11	荔波怡景苑	3	2011	荔波县	
12	独山县翠泉宾馆	3	2008. 03	独山县	独山 2 家
13	独山县南方大酒店	3	2007. 09	独山县	
14	锦绣宾馆	3	2005. 09	龙里县	龙里 2 家
15	纪龙大酒店	3	2005. 09	龙里县	
16	贵定县环岛大酒店	3	2009. 01	贵定县	贵定 1 家
17	神泉大酒店	3	2005. 03	罗甸县	罗甸 1 家
18	瓮安灵江大酒店	3	2012. 06. 29	瓮安县	瓮安 1 家
19	夜郎大酒店	3	2010. 12	惠水县	惠水 1 家
20	长顺九九酒店	3	2011. 12. 26	长顺县	长顺 1 家
二星级酒店		43 家			
1	西苑宾馆	2	2006. 04	都匀市	都匀 3 家
2	都匀丽都酒店	2	2005. 09	都匀市	
3	乐喜商务宾馆	2	2012. 09. 17	都匀市	
4	樟江大厦	2	2003. 04	荔波县	荔波 16 家
5	荔波宾馆	2	2003. 04	荔波县	
6	鲁黔宾馆	2	2003. 04	荔波县	
7	锦源宾馆	2	2004. 01	荔波县	
8	水上人间	2	2003. 12	荔波县	
9	东方宾馆	2	2003. 04	荔波县	
10	青旅大酒店	2	2006. 05	荔波县	
11	蓝天宾馆	2	2003. 04	荔波县	
12	前锦宾馆	2	2006. 09	荔波县	
13	富源宾馆	2	2008. 12	荔波县	
14	金容宾馆	2	2008. 12	荔波县	
15	祥和宾馆	2	2008. 12	荔波县	
16	东篱宾馆	2	2008. 12	荔波县	
17	齐鲁宾馆	2	2009. 12	荔波县	
18	溪桥宾馆	2	2009. 12	荔波县	
19	育才宾馆	2	2011	荔波县	

续表 14－3－1

序号	酒店名称	星级	星级酒店批准时间	所在县市	备注
20	怡心宾馆	2	2005.09	三都县	三都4家
21	凤凰宾馆	2	2008.12	三都县	
22	地中海宾馆	2	2010.07	三都县	
23	润丰宾馆	2	2010.07	三都县	
24	腾龙宾馆	2	2006.09	平塘县	平塘5家
25	银河大酒店	2	2008.12	平塘县	
26	金胜宾馆	2	2008.12	平塘县	
27	虹泰宾馆	2	2010.09	平塘县	
28	聚丰园宾馆	2	2010.09	平塘县	
29	名豪大酒店	2	2008.12	瓮安县	瓮安5家
30	东利酒店	2	2008.12	瓮安县	
31	水电宾馆	2	2008.12	瓮安县	
32	天琦宾馆	2	2013.05.19	瓮安县	
33	阳光宾馆	2	2013.05.19	瓮安县	
34	贵储酒店	2	2010.06	贵定县	贵定2家
35	贵定飞龙大酒店	2	2010.06	贵定县	
36	祥华酒店	2	2010.08	龙里县	龙里4家
37	馨豪酒店	2	2010.08	龙里县	
38	黔海酒店	2	2013.11.18	龙里县	
39	龙架山宾馆	2	2013.11.18	龙里县	
40	杜鹃苑宾馆	2	2008.12	长顺县	长顺1家
41	惠水县百联商务酒店	2	2009.12	惠水县	惠水2家
42	惠水惠馨时尚酒店	2	2011.12.28	惠水县	
43	望月宾馆	2	2006.04	罗甸县	罗甸1家
一星级酒店		5家			
1	亲情宾馆	1	2006.09	平塘县	平塘3家
2	玖玖宾馆	1	2006.09	平塘县	
3	紫金大酒店	1	2006.09	平塘县	
4	青松宾馆	1	2010.12	罗甸县	罗甸2家
5	麒麟大酒店	1	2012.12	罗甸县	
共计	星级酒店共74家，其中：四星6家、三星20家、二星43家、一星5家	74			

二、旅行社

“九五”初期，全州仅有中国旅行社1家在都匀市开办旅游业务。到“十五”期末，先后有贵州山水旅行社、中国青年旅行社、中国国际旅行社、中国铁路旅行社、海外旅游总公司有5家。2007年，又有黔信旅行社、黔南中国旅行社、四季旅行社、高原旅行社、欢乐旅行社、黔视山水旅行社、荔波深黔山水旅行社共7家旅行社成立。2008—2014年，先后增加旅行社19家，注销1家。至此，全州共有旅行社25家。

2014年黔南州旅行社一览表

表14-3-2

序号	旅行社名称	批准建立时间	许可证号	所在县市
1	南方旅行社	2009.02	L-GZ00140	都匀市
2	方宏旅行社	2009.04	L-GZ00143	都匀市
3	黔信青旅	2007.06	L-GZ00116	都匀市
4	四季旅行社	2007.09	L-GZ00171	都匀市
5	黔南中国旅行社	2007.08	L-GZ00147	都匀市
6	新源旅行社	2008.03	L-GZ00042	都匀市
7	高原旅行社	2007.04	L-GZ00213	都匀市
8	欢乐旅行社	2007.04	L-GZ00195	都匀市
9	黔视山水旅行社	2007.09	L-GZ00237	都匀市
10	天宇阳光旅行社	2008.05	L-GZ00236	都匀市
11	新海旅行社	2008.07	L-GZ00301	都匀市
12	荔波深黔山水旅行社	2007.08	L-GZ00233	荔波县
13	福泉阳光旅行社	2009.05	L-GZ00239	福泉市
14	绿色风情旅行社	2009.03	L-GZ00286	荔波县
15	瓮安信诚旅行社	2009.08	L-GZ00184	瓮安县
16	荔波机场空港旅行社	2012.02	L-GZ00337	荔波县
17	三都山水益嘉旅行社	2012.02	L-GZ00339	三都县
18	瓮安县世纪旅行社	2012.11	L-GZ00351	瓮安县
19	贵州城康旅行社	2013.01	L-GZ00358	荔波县
20	荔波黔诚旅行社	2013.01	L-GZ00361	荔波县
21	瓮安长歌旅行社	2013.03	L-GZ00096	瓮安县
22	荔波县峰水旅行社	2013.08	L-GZ00366	荔波县
23	荔波鼎宏旅行社	2013.09	L-GZ00379	荔波县
24	荔波阳光假期旅行社	2013.10	L-GZ00382	荔波县
25	贵州锦绣旅行社有限公司			

第二节 创优活动

2001 年 8 月 26 日，国家旅游局创优验收组到都匀，对都匀创建中国优秀旅游城市进行创优验收。同年 10 月 1 日，都匀市获国家旅游局授予“中国优秀旅游城市”称号。2005 年 10 月，荔波县创建“国家级生态示范县”建设通过国家环保总局验收。2013 年，荔波樟江旅游区入选“国家生态旅游示范区”，被评选为“美丽中国 · 十佳旅游县（区）”。

从 2006 年开始，黔南州各县（市）加强对景区质量等级创建工作，到 2014 年，黔南州境内拥有世界自然遗产地 1 处，即：中国南方喀斯特——荔波世界自然遗产地；国家级自然保护区 1 处，即荔波茂兰喀斯特原始森林自然保护区；国家重点风景名胜区 4 个，即荔波樟江风景名胜区、都匀斗篷山——剑江风景名胜区、平塘风景名胜区、瓮安江界河风景名胜区；国家地质公园 1 个，即平塘掌布地质公园；国家级森林公园 5 个，即三都瑶人山森林公园、瓮安朱家山森林公园、独山紫林山森林公园、都匀青云湖森林公园、龙里龙架山森林公园。全州拥有 A 级旅游景区 7 个；AA 级旅游景区 6 个，即都匀东山公园、独山深河桥、独山奎文阁、瓮安朱家山、瓮安映山红、福泉洒金谷；AAA 级旅游景区 9 个，即都匀西山公园、都匀文峰公园、都匀斗篷山景区、贵定金海雪山、长顺杜鹃湖、独山翠泉森林公园、龙里龙架山森林公园、三都姑鲁产蛋崖、荔波瑶山古寨；AAAA 级旅游景区 3 个，即荔波樟江风景名胜区、平塘风景名胜区、瓮安古邑景区。8 个省级风景名胜区，即福泉洒金谷、贵定洛北河、长顺杜鹃湖—白云山、龙里猴子沟、惠水涟江—燕子洞、三都都柳江、独山深河桥、罗甸大小井；省级森林公园 4 个，即惠水野梅岭、罗甸翠潭、福泉云雾山、荔波蓝鼎山。国家水利风景区 2 个，即长顺县杜鹃湖、龙里生态园；国家级生态旅游示范区 1 个，即荔波县；全国农业旅游示范点 2 个，即贵定金海雪山，福泉双谷果园场。省级民族保护村寨 3 个，即荔波瑶山懂蒙瑶族村寨、三都怎雷水族民族村、贵定音寨布依族村。

第三节 旅游法规与规划

黔南州为了保护和合理开发利用旅游资源，促进旅游业持续健康发展，先后于 2001 年 4 月、2004 年 1 月、2004 年 7 月和 2011 年 8 月出台《荔波樟江风景名胜区管理条例》《都匀斗篷山——剑江风景名胜区管理办法》《黔南州旅游产业振兴发展纲要》《黔南布依族苗族自治州旅游发展条例》4 个法规性文件。

黔南州级旅游发展规划编制始于 2000 年。是年 8 月，编制了《黔南布依族苗族自治州旅游发展规划》，12 月规划通过专家评审，2001 年 3 月定稿。

根据当时旅游业发展状况，2004 年，州政府委托上海福卡经济预测研究所相继编制

《贵州省黔南布依族苗族自治州旅游发展战略策划研究》《黔南布依族苗族自治州关于贵州南部荔波综合旅游区五年行动方案》《黔南州旅游发展十一五规划》。以上成果，对黔南州旅游产业发展的战略目标、旅游产品建设、旅游区域划分、旅游市场开发、旅游基础设施建设提出相应的定位，并就实现规划的政策措施作出建设性意见。

《黔南州旅游发展“十一五”规划》运营两年中，同样由于旅游业的内外部环境发生了较明显的变化，规划无论从旅游的发展定位、市场走向、产品的打造等方面都难以适应黔南旅游业的发展需要。2005 年底，州政府对外发出修编《黔南州旅游发展总体规划》公告，对原旅游发展规划进行招标修改。2006 年初，选定浙江宁波远见旅游规划研究院承担修编工作。年内，该研究院先后组织 10 余名专家两次深入黔南州各县（市）实地调研，于当年 10 月完成总规修编初稿。之后通过多稿完善，于 2010 年初提交州政府组织有关专家终审，当年颁布实施。总规对黔南州旅游业发展的现状进行了全面分析，对全州旅游发展的客观背景及趋势、旅游市场的定位及旅游资源的构成进行客观的评价和定位，以此为基础，提出了未来黔南州旅游发展的战略目标。总规还就旅游市场营销、旅游产业要素、旅游服务中心、旅游发展保障体系、专项旅游作出详细发展规划。

附：

《黔南州旅游发展总体规划》摘要

一、旅游产品主要特征定位

黔南州生态环境优美、民族风情浓郁，经过多年开发建设已经形成了生态观光为主体、民族文化体验为特色、乡村休闲度假、红色旅游等为补充的产品体系。已开发小七孔景区、大七孔景区、水春河漂流、掌布藏字石景区、音寨民族风情区、洛北河漂流等具有代表性的景区；形成了荔波大小七孔——瑶山二日游、掌布藏字石景区——甲茶景区——卡蒲毛南族风情园二日游和掌布藏字石景区——荔波大小七孔三日游、荔波大小七孔——水春河漂流——瑶山三日游等黄金旅游线路；打造了以“都匀国际摄影博览会”“西部蒙牛挑战赛暨民族民间技艺大赛”“金海雪山旅游文化节”“金谷春雪梨花节”“长顺杜鹃花节”“荔波绿宝石暨贵州少数民族服饰展演”为代表的旅游节庆。这是黔南州旅游业发展的最显著的特征。

二、旅游业发展战略思路

黔南州旅游产业发展的战略思路是：以黔南州独特的地质生态特别是荔波世界自然遗产和丰富的少数民族文化为基础，抓住贵州省“贵广快速通道”沿线产业规划建设的机遇，重点开拓包括东盟——泛珠三角地区、中东部地区在内的国内外市场，通过黔南州道路交通及社会经济的发展，有机整合、有序推进、形象突出、功能优化等措施，积极开发高品位的旅游景区与旅游产业带，培育持续的旅游吸引力，树立黔南州的品牌旅游形象，旅游与区域经济协调可持续发展的旅游格局，将黔南州建设成集观光、休闲、度假、会议、运动、娱乐、科考等为一体的、具有国际影响力的、国内著名的地质奇观旅游和特色民族风情的旅游目的地。具体战略方式包括：政府主导的市场战略、规划先行的引领战略、资本集聚战略、精品驱动战略、一体化协调发展战略、竞争与合作战略和文化提升战略。

三、旅游产业战略目标

总体目标定位：

面对世界：打造国际喀斯特世界自然奇观与多民族风情旅游目的地。面对全国：打造国内著名的地质生态旅游和少数民族风情旅游目的地；大西南旅游圈与大珠三角旅游圈的连接枢纽和大西南旅游圈的南门户区域。

面对贵州：打造贵州“贵广快速通道”沿线知名旅游品牌和贵州南部旅游的核心增长极。

面对黔南州：形成战略支柱产业与三产业的龙头产业；推动全州社会经济发展的重要引擎。

围绕总体目标，未来25年的旅游发展目标分为阶段目标、社会目标、文化目标和环境目标。

（一）阶段目标（近期、中期、远期）

1. 近期（2010—2015年）：以大整合、泛资源、区域旅游协作同发展理念全面盘存资源，抓住大交通发展机遇，建设新景区、提升完善原有景区，形成大品牌，夯实旅游发展基础。发展重点以优势旅游资源开发和旅游基础设施建设为主，同时逐步完善市场要素，实现黔南州旅游业快速发展。主要目标：打造2个5A级景区，即：平塘掌布“藏字石”景区、荔波樟江风景名胜区；打造3个4A级景区，即：都匀斗篷山风景名胜区、贵定音寨、长顺杜鹃湖；打造2大旅游集散中心，即：都匀、荔波；打造2个旅游集镇，即独山、龙里。

2. 中期（2016－2020年）：全面铸造旅游品牌，增强产业竞争优势，把旅游业培育建设成黔南州第三产业的龙头产业。主要目标：打造1个5A级景区；打造2个4A级景区；2个旅游集镇，即：三都、长顺。

3. 远期（2021—2025年）：旅游产业全面提升，进入数量质量同步增长阶段，形成较为完善的旅游产业体系，完成旅游和区域经济结构的优化，巩固旅游业在国民经济与社会发展中的重要产业地位。主要目标：建设1个5A级景区；打造2个4A级景区；2个旅游集镇，即福泉、罗甸。

（二）社会目标

一是充分发挥旅游业的社会作用，扩大就业。到2010年黔南州旅游业将提供直接岗位5000～8000人，间接岗位1万～2万人；到2015年提供直接岗位1万～1.5万人，间接岗位3万～4万人；到2020年提供直接岗位1.5万～2.5万人，间接岗位4万～6万人。到2025年提供直接岗位2万～4万人，间接岗位5万～8万人。

二是旅游扶贫。通过发展旅游业显著提高农民收入，带动乡村走上稳定致富的道路。

三是提高生活质量，提高公民生活质量与自身素质，全面构建和谐社会。

（三）文化目标

努力挖掘区域文化、历史文化，整合文化资源，展现地域独特文化品位；同时充分挖掘黔南州丰富的民族文化底蕴，铸就可持续发展的灵魂。促进文化产业发展和精神文明建设，提升黔南州的品牌与知名度，促进高度国际化的开放格局。发展重点是：保护开发利用水族文化、瑶族文化、布依族文化等民族文化的风俗、文艺、手工艺、舞蹈、音乐、传统节日等，通过挖掘、提炼、保护等措施，把民族文化与旅游相结合，发扬民族文化，让游客感受到原生态的黔南民族文化的精髓内涵。

（四）环境目标

通过发展旅游促进环境保护，提高生态环境质量，加强自然保护区、森林公园和风景区的保护，提高森林覆盖率。以旅游业发展促进生态环境的优美，促进生态经济的繁荣，促进生态人居的和谐，实现生态型旅游州的目标，实现经济循环式发展。遵循开发、利用、保护相结合的原则，通过旅游开发建设，促进生态环境优化，更好地保护历史文化资源，实现经济效益、社会效益和生态效益。

四、旅游区域划分

根据总体布局思路，结合贵阳城市经济圈、荔波综合旅游区的贵州省旅游发展格局，黔南州旅游空间布局为两个中心，即：南部以荔波为中心，北部以贵阳为中心，形成北部环贵阳城市经济圈旅游片区和南部综合旅游片区。其中：北部环贵阳城市经济圈旅游片区包括惠水县、龙里县、长顺县、贵定县、福泉市、瓮安县6个县（市）；南部综合旅游片区包括荔波县、三都县、都匀市、独山县、平塘县、罗甸县6个县（市）。

五、旅游产品开发

未来25年，黔南州旅游业的重点是构建都匀城市休闲和荔波世界自然遗产旅游两大核心区；培育贵广、厦蓉快速通道和贵新、马遵高速旅游发展轴，建设龙里、三都、罗甸、福泉、独山、长顺6个次级旅游服务中心。同时重点打造五大产品体系，一是地质旅游产品，即绿宝石世界遗产观光游、山水黔南探险游、世界黔南科普游、神奇黔南搜奇游；二是民族风情旅游产品，即多彩黔南村寨游、好客黔南节日游、印象黔南购物游；三是休闲度假旅游产品，即绿色黔南养生游、自在黔南自驾游、清凉黔南亲水游、生态黔南度假游；四是乡村旅游产品，即自然黔南乡村游、好看黔南节庆游；五是历史文化体验旅游产品，即红色黔南体验游、魅力黔南城市游、净土黔南宗教游。

第四节　旅游经济收入

1995—2014年，随着黔南州旅游业的发展，旅游设施不断完善，人民生活水平不断提高，老百姓精神需求不断增强，全州、全省，乃至国内外旅游爱好者纷纷来到黔南观光旅游，进一步带动了全州旅游业发展和人民群众的经济收入。据不完全统计，近20年来，黔南州旅游接待人数和经济收入逐年递增，接待总人数达21280万人次，经济总收入达1503亿元。

1995—2014年全州旅游接待情况统计表

表14－3－3

年份	旅游人数总计（万人次）	国内旅游人数（万人次）	接待境外旅游者人数	外国人（人次）	港澳台同　胞（人次）	旅游总收　入（亿元）	国内旅游总收入（亿元）	旅游外汇收入总额（万美元）
1995	50	49.8	1900			0.75		
1996	91	90.75	2500			0.85		
1997	100.1	98	21000					
1998	152.1	149.75	23500					
1999	133.85	132	18500			2.5		
2000	146.98	145	19800			2.7		
2001	134	132	20000			2.8		
2002	170					3.0		
2003	181.30	180.11	5971	203	5768	11.45	11.22	272.61
2004	222.42	221.18	6205	219	5986	14.59	14.35	287.16
2005	291.72	291.07	6497	240	6257	19.45	19.2	306.69
2006	812.57	811.63	9368	909	8459	47.33	46.97	441.25
2007	1137.90	1136.33	15713	5802	9911	62.16	61.74	530.38
2008	1579.86	1578.21	16511	6529	9982	82.29	81.83	575.04
2009	1930.67	1928.77	19004			106	105.64	527.93
2010	2324.4	2322.05	23300			135.38	134.86	652.71
2011	2190.26	2187.48	27755			166.46	165.95	806.42
2012	2650.12	2645.82	42946			219.96	219.16	1275.1
2013	3180.16	3186.33	38311			280.24	279.26	1223.63
2014	3800	3794.79	52037			345	344.13	1373.34
合计		21081.07	370818	13902	46363	1502.91	1484.31	8272.26

QIAN NAN BU YI ZU MIAO ZU ZI ZHI ZHOU ZHI

黔南布依族苗族自治州志

（1991—2014）

（下）

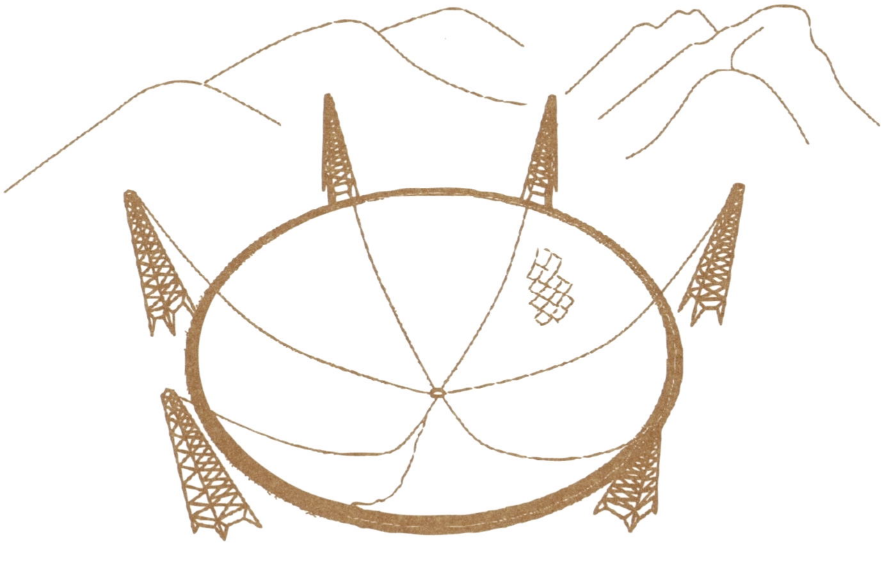

贵州省黔南布依族苗族自治州史志编纂委员会　编

方志出版社
Publishing House of Local Records

目　录

第十五篇　财政　税务　金融

第十六篇　城乡建设　环境保护

第十七篇 交通 邮政

第十八篇 教育 科学技术

第十九篇　医疗　卫生

第二十篇　文化　广电　新闻出版　体育

第二十一篇　人力资源管理与社会保险

第二十二篇 社会事务与社会生活

人　物

附 录

第十五篇

财政　税务　金融

第一章　财　政

1991 年，州、县（市）设有财政局，负责同级财政工作。国家颁布实施《中华人民共和国预算条例》《中华人民共和国预算法》后，各级财政部门依法健全管理制度，强化预算分配和监督职能，对部门（单位）分别实行“基数加增长”预算、“包干制”改革。1992 年，建立乡（镇）财政体制，成立乡（镇）财政所。至此，黔南州财政机构分州级、县级、乡级财政。1994 年，进行分税制财政体制改革，乡（镇）实行统收统支财政政策。1999 年，推行农村税费改革。1998 年成立黔南州会计管理局。2002 年，成立黔南州会计核算中心，分批取消单位账户，推行统一核算制度。2005 年，推行部门预算。2006 年，全州取消农业税。2014 年，全州财政总收入 151. 11 亿元，是 1990 年的 6. 15 倍。

第一节　财政管理体制改革

一、预算包干，以奖代补

1991 年，在全州县（市）行政区划“建并撤”中，根据一级政府一级财政的规定，各乡（镇）组建财政所，配备乡镇财政所干部 1084 名。1992 年，全州制定乡（镇）财政管理的体制，州财政局对乡（镇）预算管理体制进行调整。各县（市）政府与乡（镇）政府签订预算包干责任书，认定基数，明确职责。一些县还落实扶持乡镇财政经济发展的各种措施。1994 年，黔南州进行分税制财政体制改革，确立了中央与地方之间规范的事权与财力划分关系。实行分税制后，各级财政部门根据分税制原则，对分配制方案进行测算，完成省对州、州对县（市）1993 年地方收入基数的确定。实行分税制财政管理体制，重点进行两个方面配套改革，将省、州财政对较困难财政县的经济扶持补助改为“以奖代补”的扶持方式；实施财政收入台阶规划。是年，平塘、三都、龙里、惠水、长顺、罗甸等 6 个财政困难县与省、州财政签订“以奖代补”借款合同，借入省级财政资金 2775 万元，州财政配套资金 724 万元；瓮安、荔波、惠水、独山等县与省财政厅签订县级财政上台阶扶持协议，借入省级财政周转金 1750 万元，州级财政同时扶持贵定、三都、长顺、罗甸 4 个县上台阶资金 700 万元。此项改革措施从 1995 年起，一直延续到 2000 年。5 年中，被列为财政上台阶扶持的县共获资金 3200 万元。到 2000 年底，全州财政收入实现 10. 71 亿元，财政支出完成 13. 66 亿元，占预算的 96. 12%。

2002 年，税费改革工作在贵定县试点的基础上进行，11 个县（市）税费改革结束。2003 年，福泉、瓮安、龙里 3 个县（市）财政收入上亿元。2004 年，财政收入上亿元的县又增加荔波、惠水2县。到2008年底，除平塘、三都、长顺县外，全州9个县（市）财政收入均上亿元。其中都匀市达4.54亿元，福泉市达到3.1亿元。

二、“收支两条线”管理

1996年，开始全州对预算外资金实行“收支两条线”管理。

1997—1998年，“收支两条线”管理办法在全州推行。全州预算外资金收入2.75亿元（不含社会保障基金收入）。不定期开展落实“收支两条线”管理专项检查，清理收费项目、银行账户和收费票据，收缴应交未交财政专户和国库的资金154万元。2000年，全州各县（市）均设立收费中心、预算外资金管理局、会计局等预算外资金专门管理机构，完善有关制度，使预算外资金管理更加规范。至2014年，一直实行“收支两条线”管理制度。

三、政府采购制度

1999年初，全州财政工作会议把政府采购制度改革列为年度财政改革的重要目标。9月1日，州政府颁布《黔南布依族苗族自治州人民政府采购管理暂行办法》。当年在州级和部分县（市）小范围试行政府采购。2000年起，单位自行采购的制度全部改为政府统一采购制度，由财政部门设立采购办公室，按照《黔南布依族苗族自治州人民政府采购管理暂行办法》组织实施。

2000年，实行政府采购制度，全州采购办共组织采购活动34次，完成采购项目89项，累计支出采购金额772.8万元。2001年，采购范围扩大、品目增多，采购活动次数增加，采购支出节约率比上年高出6.4个百分点。2002年，共实施政府采购145次，完成采购资金5924.07万元；2003年，政府采购品目增加到80多个，累计支出采购金额1.01亿元，比上年增长141%，资金节约率为13.61%；2004年，政府采购品目近百个，实施政府采购659次，支出采购资金1.3亿元，比上年增长26%，资金节约率为12.07%，2005年，共实施政府采购活动595次，支出采购资金1.47亿元，资金节约率为12.74%。2006年，支出采购资金1.53亿元，资金节约率为11.84%，2007年支出采购资金204亿元。2008年支出采购资金2.86亿元，资金节约率为17.31%。2009年支出采购资金3.82亿元；2012年支出采购资金上升到24.91亿元。至2014年，全州一直实行政府采购制度。

四、部门预算改革

2001年，在州级机关全面推行部门预算改革。从9月份起，在138个州直单位启动2002年部门预算编制。首先开展单位“三清理”（清理国有资产、清理预算外资金、清理支出项目）工作。通过清理，对州直部门财务管理状况有了比较全面的了解。从12月6日起，进入“一上”（部门和单位编制上报预算建议数）阶段，州财政局部门预算办公室组织5个工作小组到138个单位指导开展工作，了解部门和单位对预算表的填报口径、各项经费定额及预算外资金处理办法的意见，防止隐瞒收入和虚报支出等行为的出现。实行部门预算改革后，将一个部门所有的收入和支出都按照统一的编报内容和形式在一本预算中完整的反映出来。到2002年，州财政局在做好138个州直单位“三清理”工作的基础上，按照“综合、零基、细化、早编、透明”的总体要求，坚持“量入为出，以收定支、收支平衡、留有余地”的原则，建立起部门预算基本框架，完成了由“基数法预算”向“零基预算”的转变，实现预算内外资金为一体的综合预算。2003年，全州各县（市）开始进行部门预算改革试点，重点放在细化资金用途和综合编制预算内外资金两个方面。到2005年，全州推行部门预算改革工作全部完成，全州财政资金向财源建设、向基层和困难群体、向公共财政应该覆盖的薄弱环节倾斜，加大对社会事业和“三农”的投入。

五、会计事务改革

2001年，黔南州开始对会计事务进行改革。以平塘县为改革试点，率先建立会计结算中心，凡行政事业单位的会计事务全部纳入会计结算中心集中核算，单位的财务室只负责出纳工作。2002年10月，建州级会计结算中心设在州财政局，首批纳入会计集中核算管理的州直行政事业单位共有70个，已设立会计核算中心的县（市）有6个，统一纳入核算的单位有305个。2003年，州级96个全额拨款单位（不含学校）全部纳入会计结算中心集中核算管理，建立会计结算中心的县（市）扩大到8个。是年5月1日，福泉市财政局会计结算中心按照财政部《会计电算化工作规范》要求，率先实行计算机替代手工进行会计核算。到2005年，全州会计集中核算改革工作完成。

2003年1月1日，根据国务院《财政国库管理制度改革方案》，黔南州启动行政事业单位预算外收入直缴财政账户改革工作，各行政事业单位原有收入过渡账户一律取消，由州级财政部门在银行开设的专户进行收支决算，实现对预算外资金全面监控，从制度上解决由于各单位自行收取款项造成资金上缴财政不及时、坐收坐支等问题。是年，全州预算外资金决算单位753户，预算外资金收入2.80亿元。同时，完成各单位职工工资银行代发改革。2004年，州政府下发《黔南州财政国库管理制度改革试点实施方案》及资金支付、会计核算、银行支付清算暂行办法以及划拨单位预算内、外资金程序等配套文件，决定2005年在部分州直单位进行试点，逐步实施以国库集中收付为主要形式的财政国库管理制度。2005年8月1日，国库集中支付制度改革试点工作正式实施。州财政局、州科技局等9个州直部门被列为首批改革试点单位。年内，州级国库集中支付中心共受理试点单位报账510次，审核票据12475张，累计支付资金0.19亿元。对非税收入实行“单位开票，银行代收，财政统管，以票控费”的管理模式，2006年，州直部门全部实行国库集中收付制度并逐步扩大到全州范围。

2013年，全州纳入国库集中支付改革的单位910家，比上年增加113家，其中州直114家预算单位实行了国库集中支付改革，比上年增加了5家。州直进入国库集中支付改革的单位全部进行网上资金申请、审核、拨付，增强了财政支出的规范性和透明度。12月31日，全年批复纳入国库集中支付管理资金14.7亿元，占州本级支出和下划县（市）资金17.9亿元的82.02%，纳入国库集中支付实际支出资金13.74亿元，比上年增长63.32%，其中财政直接支付资金11.09亿元，占总支出额度的80.71%，实现了直接支付比例达60%以上的目标要求。是年，黔南州全面推行公务卡改革制度，对预算执行实施动态监管，州本级纳入公务卡改革的单位由上年的12家扩大到117家，至年底，进入公务卡系统管理的州直单位公务卡共有1302张，公务卡报销金额171万元。

2014年，州财政局印发了《黔南州财政局关于进一步规范和完善报账手续的通知》，把职工工资和津补贴、医疗保险费、车辆保险费、印刷费和办公耗材、大型会议费、差旅费、公务接待费等纳入财政直接支付。至12月底，州级实行国库集中支付改革单位117家，直接支付占比达85%以上。是年，州财政对州直预算单位银行账户进行清理，重点撤并预算单位的专项资金存款账户，共清理银行账户172个，存款余额19.7亿元，单位申请保留133个，共撤销账户74个，保留103个，新增周转资金支出账户7个，共归集账户资金12.1亿元。

第二节　财政收入与支出

一、财政收入

（一）农业税收入

1991年，全州农业“四税”（农业税、农林特产税、耕地占用税和契税）收入2353万元。1992年，全省粮食定购价提高，根据省规定，农业税每公斤稻谷新增差价0.06元，新增差价收入全部留县，原分留办法不变。年底决算，全州农业税平均税率7.96%，农业“四税”收入完成0.27亿元。

1993年，根据财政部《关于组织开展耕地占用税检查工作的通知》，对1990—1992年耕地占用税征收情况进行自查。经查，全州1990—1992年累计占地53330亩，减免耕地占用税0.14亿元，税款应征收0.25亿元，实征0.12亿元，按时解库0.12亿元，尾欠0.14亿元。是年，全州耕地占用税共计征收入库0.04亿元，提取5%的征收经费后，余额为0.04亿元，按“倒三七”的比例分成办法，省财政厅返回黔南州0.03亿元。全年农业“四税”征收完成0.33亿元。

1994年，实行分税制，农业税以征实物为主。各县（市）将农业税稻谷任务数及调整后的收入任务（折款数）逐级分配，落实到户。落实到户的农业税任务与集体提留严格分开，任何单位和个人都不许借农业税名义向农民摊派负担。农业税征收实物部分也实行“实物征收，货币结算”方法，即对农户按公粮数量和计税价格计算其应纳税款，农户生产粮缴税，依质论价，以完成金额任务为准，鼓励农民生产和交纳优质粮，并贯彻“先征后购”的原则。因粮价调整而增加的农业税收入，省、州不参与分成，全部留归县级财政。是年，耕地占用税划为地方预算固定收入，中央和省不再参与分成，征收的耕地占用税不再解缴省金库，直接缴入县金库。农林牧水产品税与农林特产税合并为农业特产税，由财政部门征收。烤烟税列入农业特产税征收。是年，农业“四税”征收完成8897万元。其中农业特产税任务4300万元，实际完成农业特产税4118万元，占任务的95.77%。征收的农业特产税，财政部门按实征税额的5%提取征收经费。其中，20%上交省财政厅，地方附加全部归县级管理使用。农业“四税”征收：1995 年完成 0.94 亿元，占预算 102.96%；1996 年 1.35 亿元，占预算 113.2%；1997 年 1.52 亿元，占预算 105.48%，1998 年 1.3 亿元，占预算 97.89%。

1999 年，国家实行农业税费改革，调整农业税计税价格。因国家下调粮食收购价格，农业税收入相应减少。是年，农业“四税”征收完成 1.13 亿元，占年初预算 87.63%，占调整数预算 100.58%，比上年减收 0.16 亿元，下降 12.6%。其中，农业税减收 0.11 亿元，农业特产税减收 0.10 亿元。2000 年农业“四税”征收完成 1.05 亿元，占预算 97.5%，比上年减少 0.08 亿元。2001 年，州内农业税费改革由全面推行改为个别试点。财政部门配合有关部门协调农业税二次结算，及时解决粮食收购资金和 100% 结算农业税问题。

是年，全州农业“四税”完成 0.92 亿元，比上年减收 1295 万元，其中农业税减收 270 万元，农业特产税减少 1019 万元。2002 年，农业税费改革按照“减轻、规范、稳定”的要求，财政部门通过核定计税面积和常年产量等前期工作，制定出符合黔南州实际的税收实施方案，得到省级财政的认同及批复。税改后，农民负担明显减轻，政策内人均减负 23.5 元，减负率 45.79%。是年，农业“四税”征收完成 1.1854 万元，比上年增收 2644 万元。当年，农业税征收完成预算的 91.99%，原因是部分县（市）受灾减产。2003 年，全州财政部门共完成农业“四税”征收 1.45 亿元，占调整后任务的 110.01%。较上年增收 2640 万元。

是年，全州减免农业税指标 0.14 亿元，并按规定兑现到困难农户手中。全州农村税费改革试点工作实现“减轻、规范、稳定”目标，贯彻“少取、多予、放活”方针，落实对“三农”的各项补贴政策，实现“村村减负，户户受益”。2004 年 4 月，省财政厅印发《关于降低农业税税率，取消除烟叶以外的农业特产税和对农户直接补贴的公告》后，全州从 2004 年 1 月 1 日起，除烟叶外对原农业特产税应税产品取消农业特产税。是年，农业“四税”征收完成 1.34 亿元，占预算 117.61%，比上年减收 1142 万元，下降 7.88%。超额完成预算的主要原因是烤烟特产税、耕地占用税分别超收 809 万元和 205 万元；减少原因主要是全省农业税税率降低 1 个百分点，降低农业税率后收入减少。

2005 年后，执行国家免征农业税政策，对州内从事农业生产、有农业收入的单位和个人免征农业税。全州农业税 8501 万元全部免除，农业负担比 2004 年人均减少 21.68 元，加上 2004 年农业税税率降低 1 个百分点后，全州减少 0.12 亿元农业税。与税改前的 1999 年相比，全州农民共减轻负担 2.55 亿元，人均减负 77.71 元。是年起，全州农业“四税”改征耕地占用税（费）、契税（费）、烟叶税（费），简称农业“三税”。2005—2012 年，各年农业“三税”征收情况为：2005 年 1.03 亿元；2006 年 1.1 亿元；2007 年 1.08 亿元；2008 年 1.18 亿元；2009 年 2.14 亿元；2010 年 2.15 亿元；2011 年 2.39 亿元；2012 年 9.61 亿元；2013 年 14.39 亿元；2014 年 18.49 亿元。

（二）工商税收

1991 年，在预算执行过程中，省财政厅先后对黔南州收支预算进行追加追减，年终执行结果，财政收入完成3.55亿元，比上年增收9065万元，增长34.32%：当年增收的部分在扣除专项上交中央、省分成后，则低于当年增支数，全年收支相抵，比上年略有减少。

1992年，州政府批准州财政、税务部门在全州重点工商企业试行税收目标管理，凡调整产品结构，技改任务重，增添营企设施，商品压库重的，各县（市）根据实际情况，实行确定基数，全额征税，财政返还的税收目标管理办法，一年一定。

是年，省财政厅继续对黔南州收支预算进行追加追减，加上各县（市）、州级对预算进行了部分调整。执行结果，财政收入完成4.14亿元（已剔除粮食企业计划亏损退库0.17亿元），比上年完成数增收0.59亿元，增长16.82%。

1993年，全年完成收入5.06亿元，比上年增收0.91亿元，增长21.97%；是年，全州财政收入预算最终执行结果，全州财政收入突破5亿元；历年财政收入在1000万元以下的平塘、三都、长顺、罗甸4县均突破1000万元。

1994年，实行分税制后，增值税和消费税按比例上划中央、省财政部门，财政收入体现为总收入含地方财政收入。是年，中央财政返还黔南州税收额2.82亿元，1995年增加到2.93亿元，增长4.3%。

1995年，全州地方财政收入由于省级财政追加部分专款、下达粮食企业亏损补贴指标等原因，收支预算相应变动。

1996年，全州财政收入在执行过程中，由于省追加粮食、外贸企业亏损补贴和各项专款支出指标，执行结果：全州地方财政收入累计完成3.45亿元，为变动后预算数的109.31%，比上年增加7028万元，增长25.59%；是年，全州工商税收入完成1.48亿元，占预算106.45%，比1995年增加2442万元。

1997年，全州地方财政收入完成4.41亿元，占预算109.30%，比上年增加9650万元，增长27.98%。加上划中央和省的收入，全州财政收入完成8.79亿元，比上年增加1.12亿元，增长14.66%；1998年，全年地方财政收入完成4.82亿元，占预算106.03%，比上年增加4108万元，增长9.31%。加上划中央和省级的收入，全州财政收入完成9.27亿元，占任务98.55%，比上年增加4690万元，增长5.33%。

1999年，全州地方财政收入由于政策性减收增支、省追加专款等因素，执行结果：全州地方财政收入完成5.32亿元，占调整预算107.31%，比上年增收4925万元，增长10.21%，其中州本级收入978万元，占预算168.91%，比上年减收204万元，下降17.26%；加上上级财政税收返还收入3.1亿元、专项补助收入3.87亿元及其他各项结算补助收入4665万元，全州财政收入总计12.75亿元。

2000年，全州地方财政收入由于政策性减收增支、省追加专款等因素，全州地方财政收入5.54亿元，加上级财政税收返还收入3.15亿元、专项收入2.83亿元、其他各项结算补助3.58亿元，全年财政收入总计15.09亿元。

2001年，省追加专款和一次性补助，全州地方财政收入完成6.03亿元，占调整预算的102.37%，比上年实际完成数增收0.49亿元，增长8.91%。是年，全州财政收入总计

（可用财力）20.22 亿元。其中：上级补助收入 12.19 亿元，上级财政税收返还收入 3.1 亿元，原体制补助 657 万元，专项补助 3.49 亿元，农业税减免补助 0.11 亿元，工资性转移支付补助 3.40 亿元。

2002 年，省“以奖代补”预下达补助 1.32 亿元，2001 年民族地区转移支付补助预下达 5592 万元，其他各项结算补助 1426 万元；调入资金 640 万元；上年滚存结余 1.93 亿元（含 2000 年民族地区转移支付补助 0.45 亿元，2001 年省“以奖代补”补助预下达 0.94 亿元）全年财政总支出 18.07 亿元。是年，全州地方财政收入在执行过程中，经过政策调整、省追加专款和一次性补助等因素，执行结果为：全州地方财政收入完成 6.35 亿元，占调整预算的 105.31%，比上年（同口径）增加 0.87 亿元，增长 15.83%。

是年，财政收入总计（可用财力）22.44 亿元，分为地方财政收入 6.35 亿元；上级财政补助收入 14.04 亿元，其中：税收返还补助 3.1 亿元，所得税基数返还补助 0.52 亿元，原体制补助 657 万元，中央、省专项补助 3.86 亿元，一般性转移支付补助 3010 万元，民族地区转移支付补助 5532 万元，农村税费改革转移支付补助 1.29 亿元，工资性转移支付补助 4.23 亿元（含艰苦边远地区津贴、年终一次性奖金），调整收入任务（农业税）增加补助 0.06 亿元，其他各项结算补助 0.06 亿元（含天然林保护工程对地方减收补助、固定资产投资方向调节税停征补助、退耕还林补助等）。

2003 年，全年全州财政收入执行结果为：全州地方财政收入完成 6.93 亿元，占年初预算的 101.44%，比上年（同口径）增加 0.68 亿元，增长 11.04%。全州财政收入总计（可用财力）25.97 亿元。其中：地方财政收入 6.93 亿元；上级财政补助收入 17.75 亿元（含税收返还补助 3.21 亿元，所得税基数返还补助 0.65 亿元，原体制补助 0.65 亿元，中央、省专项补助 4.52 亿元，一般性转移支付补助 2.49 亿元，民族地区转移支付补助 0.79 亿元，农村税费改革转移支付补助 1.33 亿元，工资性转移支付补助 4.56 亿元，调整收入任务（农业税）增加补助 0.34 亿元，天然林保护工程对地方减收补助、固定资产投资方向调节税停征补助、退耕还林补助等其他各项预算补助 902 万元）；上年滚存结余 0.87 亿元；调入其他资金 0.07 亿元；国债转贷资金收入 0.31 亿元（按省要求列收列支）。

2004 年，全州财政总收入完成 18.01 亿元，比上年（同口径，下同）增长 22.62%，地方财政收入完成 8.03 亿元（含出口退增值税转为财力补助 0.10 亿元；与年初预算同口径），占年初预算 103.54%，比上年增加 1.103 亿元，增长 15.93%。上划中央增消两税 8.87 亿元，超预算 0.69 亿元，比上年增加 2 亿元；上划中央所得税 1.1 亿元，超预算 0.24 亿元，比上年增加 0.22 亿元。全州财政收入总计（可用财力）3.08 亿元。其中：地方财政收入 8.03 亿元；上级财政补助收入 20.99 亿元（含税收返还补助 3.67 亿元，所得税基数返还补助 0.65 亿元，一般性转移支付补助 3.89 亿元，民族地区转移支付补助 1.14 亿元，农村税费改革转移支付补助 1.31 亿元，取消农特税降低农业税率转移支付补助 0.40 亿元，调整工资转移支付补助 4.89 亿元，调整收入任务（农业税）增加补助 0.07 亿元，天然林保护工程对地方减收补助、固定资产投资方向调节税停征补助、退耕还林补助等其他各项结算补助317万元；上年滚存结余1.31亿元；调入其他资金587万元；国债转贷资金收入0.36亿元（按省要求列收列支）。

2005年，全州财政总收入完成22.23亿元，比上年（同口径，下同）增加4.22亿元，增长23.43%，其中，地方财政收入完成9.55亿元，占年初预算107.77%，比上年增加1.52亿元，增长18.87%。上划中央“增消”两税11.41亿元，超预算9495万元，比上年增加2.54亿元；上划中央所得税1.26亿元，比上年增加1592万元。

是年，全州财政收入总计（可用财力）39.26亿元。其中：地方财政收入9.55亿元；上级财政补助收入26.73亿元；上年滚存结余2.97亿元；调入其他资金193万元。

2006年，全州财政总收入完成25.28亿元，比上年（同口径，下同）增收30508万元，增长13.73%，地方财政收入完成11.33亿元，占年初预算107.49%，比上年增加1.78亿元，增长18.63%。上划中央“增消”两税12.35亿元，比上年增加0.93亿元；上划中央所得税1.59亿元，比上年增加0.33亿元。

是年，全州财政收入总计完成（可用财力）46.6亿元。其中：地方财政收入11.32亿元；上级财政补助收入32.85亿元（含税收返还补助4.1亿元，所得税基数返还补助0.65亿元，原体制补助0.65亿元，中央、省专项补助7.87亿元，一般性转移支付补助8.12元，民族地区转移支付补助1.88亿元，农村税费改革转移支付补助1.31亿元，取消农业税及除烤烟以外农特税转支付补助0.95亿元，调整工资转移支付补助7.19亿元，农村义务教育转移支付补助0.58亿元，其他各项结算补助0.11亿元）；当年国债转贷收入100万元；上年滚存结余2.42亿元。

2007年，全州财政总收入完成29.67亿元，比上年增加4.39亿元，增长17.38%，上年结余1.93亿元，当年滚存结余2.88亿元（包括各级财政专项结转）。全年州本级基金收入完成0.4亿元（主要是省下拨专款增加），比上年增加0.32亿元，增长400%。

2008年，全州财政总收入完成35.16亿元，比上年增加5.50亿元，增长18.53%。全年州本级政府性基金收入完成0.25亿元，比上年减少0.15亿元（主要是省下拨专款减少），下降36.59%。

2009年，全州财政总收入完成43.99亿元，比上年增加8.83亿元，增长25.10%；全年实际完成20.85亿元，为调整预算的117.78%，比上年增加5.44亿元，增长35.30%，一般预算收入加上税收返还和省各项转移支付补助77.18亿元，财政部代理发行地方政府债券收入0.74亿元，收入合计98.77亿元。

2010年，全州财政总收入完成54.47亿元，为预算的102.77%，比上年增加10.48亿，增长23.82%；一般预算收入完成27.15亿元，为预算的113.14%，比上年增加6.30亿，增长30.22%。全年州本级完成财政总收入11.86亿元，为预算的110.84%，比上年增加1.78亿元，增长17.65%；一般预算收入完成2.86亿元，为预算的129.41%，比上年增加0.32亿元，增长12.67%。州本级一般预算收入2.86亿元，加上省各项转移支付补助11.81亿元、财政部代理发行地方政府债券收入0.39亿元、调入资金0.07亿元，各项结算收入 0.64 亿元，州本级收入合计 15.77 亿元。

2011 年，全州财政总收入完成 71.41 亿元，为预算的 105.74%，比上年增加 16.95 亿元，增长 31.11%；一般预算收入完成 39.20 亿元，为预算的 116.18%，比上年增加 12.04 亿元，增长 44.36%。是年全州一般预算收支加上省各项补助 123.57 亿元、财政部代理地方政府发行债券收入 0.75 亿元，上年滚存结余收入 8.02 亿元，当年收入合计 171.54 亿元。州本级基金预算收入完成 1.25 亿元，为预算的 122.54%，比上年增加 0.51 亿元，增长 68.92%；基金收入 1.25 亿元，加上省各项转移支付补助 0.37 亿元，州本级收入合计 1.62 亿元。

2012 年，全州财政总收入完成 94.79 亿元，为预算的 102.10%，比上年增加 23.37 亿元，增长 32.73%；全州公共财政预算收入完成 57.87 亿元，为预算的 111.00%，比上年增加 18.67 亿元，增长 47.63%。其中，税收收入完成 37.34 亿元，比上年增加 10.28 亿元，增长 37.99%；非税收入完成 20.53 亿元（含教育费附加收入 1.36 亿元），比上年增加 8.39 亿元，增长 69.11%。

是年，全州公共财政预算收入完成 57.87 亿元，加上省各项补助 141.98 亿元、财政部代理地方政府发行债券收入 0.88 亿元，上年滚存结余收入 7.86 亿元和调入资金 0.07 亿元（州本级调入预算稳定调节基金 713 万元），当年收入合计 208.66 亿元。是年公共财政预算收入 4.34 亿元，加上省各项转移支付补助 11.68 亿元、财政部代理发行地方政府债券收入 0.14 亿元，各项结算上解收入 0.72 亿元、上年结余收入 0.43 亿元和调入资金 0.07 亿元，州本级收入合计 17.38 亿元。

2013 年，财政总收入突破 120 亿元，提前实现年初预定的工作目标。截至 12 月 31 日，全州财政总收入累计完成 122.02 亿元，为年初任务的 100.56%，同比增长 25.85%，增收 25.06 亿元。全州共财政收入累计完成 73.22 亿元，为年初任务的 97.33%，同比增长 29.06%，增收 16.49 亿元（按老体制统计完成 75.71 亿元，为年初任务的 100.64%，同比增长 30.83%）。分部门完成情况：国税部门完成 43.64 亿元，为年初任务的 88.78%，同比增长 18.58%；地税部门完成 57.07 亿元，为年初任务的 108.89%，同比增长 40.20%；财政部门完成 21.30 亿元，为年初任务的 107.79%，同比增长 9.58%。

2014 年，全州财政总收入突破 150 亿元，财政总收入累计完成 151.11 亿元，是 1990 年的 6.15 倍，为年初任务的 100.68%，同比增长 23.85%，增收 29.10 亿元。全州公共财政收入累计完成 84.47 亿元，为年初任务的 92.29%，同比增长 15.37%，增收 11.25 亿元。全州非税收入占公共财政收入的比重为 25.42%，比 2013 年降低了 5.43 个百分点。

分部门完成情况：国税部门完成 58.19 亿元，为年初任务的 100.71%，同比增长 32.12%；地税部门完成 73.28 亿元，为年初任务的 100.96%，同比增长 32.54%；财政部门完成 19.65 亿元，为年初任务的 99.54%，同比下降 5.89%。

全州人均公共财政收入 2620 元；全州税收收入占公共财政收入的比重为 74.80%；全州税收收入累计完成 129.26 亿元；全州税收收入同比增长 21.00%。

1991—2014 年黔南州财政总收入统计表

表 15－1－1　　　　单位：万元

年度	财政总收入	地方财政收入											
		合计	各项税收						非税收入			
			小计	增值税	营业税	企业所得税	个人所得税	其他类收入	小计	行政性收费	罚没收入	其他
1991	36950	36950	35670	2493	4430	836		27911	1280		600	680
1992	41444	41444	41654	3285	5217	832		32320	－210		648	－858
1993	50550	50550	48721	5526	6629	893	7	35666	1828		879	950
1994	56558	22639	20955	2983	2664	2564	765	11979	1684	86	948	650
1995	66000	27463	25008	3353	3672	3199	1309	13475	25455	178	1378	900
1996	76713	34480	30999	3468	4870	2659	1811	18191	3482	277	1758	1447
1997	85135	38681	36102	3945	6748	3209	2520	19680	2579	363	1590	626
1998	90558	46158	37574	4290	8053	2306	3441	19484	8584	1968	2812	3804
1999	96862	50862	40386	4689	9772	3026	3470	19429	10476	3351	2444	4681
2000	103658	55368	42622	5057	12752	3209	4580	17024	12746	3609	3178	5959
2001	112168	60304	45739	5954	12651	5279	5731	16124	14565	4638	3375	6552
2002	126256	63476	49155	7817	15855	2352	3048	20083	14321	3703	3929	6689
2003	146856	69285	54191	7463	17525	2752	3168	23283	15094	4972	3602	6520
2004	180068	79278	60633	9486	19652	2996	4374	24125	18645	5284	5011	8350
2005	222258	95468	72757	13910	26425	3324	5108	23990	22711	5454	5389	11868
2006	252766	113257	84663	14785	32180	4778	5870	27050	28594	8782	5900	13912
2007	296685	132133	98645	17109	33461	8285	8089	31701	33488	7976	8633	16879
2008	351648	154134	118953	19878	36908	9976	11931	40260	35181	6066	7255	21860
2009	439903	439903	402509	151233	51693	27046	35528	137009	37394	7125	10908	19361
2010	544687	544687	481383	176280	65038	32440	44313	164312	63304	15741	12646	34917
2011	709897	709897	600244	175727	89812	59776	41440	233489	109653	25991	13986	69676
2012	947879	947879	756159	195360	123071	83343	43125	311260	191720	47201	12970	131549
2013	1220152	732205	506337	44576	160882	42808	13572	244499	225868	40561	14750	170557
2014	1501000	844736	630027	59785	193821	44811	12274	319336	214709	53616	15617	145476

说明：1. 1994 年实行分税制体制改革，财政总收入含上划中央、省有关税收。2. 2002 年，所得税因上划中央（2002 年上划中央 50%，2003 年起上划中央 60%）而有所减少

二、财政支出

1991 年，财政支出比上年增支 0.60 亿元，增长 16.86%。收支相抵，全州年终滚存结余 0.05 亿元，比 1990 年的 0.23 亿元减少 0.18 亿元，其中专项结转 0.04 亿元（不含 7 个赤字县市应结转不允许结转的 0.09 亿元）。

1992 年，财政支出完成 52644 万元（其中省追加专款 7879.5 万元），占调整预算的 99.08%，比上年增支 1.09 亿元，增长 26.20%。

1993 年，全年完成财政支出 5.58 亿元，占调整预算的 95.05%，比上年增支 3223 万元，增长 6.12%。

1994 年，全州财政支出 5.79 亿元，比上年执行数增长 3.78%。占最后调整预算 6.39 亿元的 90.72%，比上年执行数增长 3.78%。

1995—1996 年，全州财政支出完成 6.9 亿元和 8.29 亿元，占预算 92% 和 99.42%，比上年增长 19.02% 和 20.24%。

1997 年，占预算 99.81%，是年财政支出结构有所调整，支出增幅继续低于收入增幅。除工资、机构运转经费和政权建设经费得到保证外，支农、教育、科技等重点支出预算也完成了任务。

1998 年，财政支出支持了国有企业下岗职工基本生活保障和再就业工程，推进了粮食流通体制改革的实施。

1999 年，州本级支出 2.88 亿元，占预算 97.83%，比上年增支 0.48 亿元，增长 20.445%。

2000 年，调整支出结构，重点控制人、车、会和电话费等支出，适度压缩公用经费，严格审核接待费、会议费，降低机动车辆定额标准；推动资金零基预算管理，以集中有限财力保证下半年兑现调资政策。

2001 年，全州财政支出占预算 96.67%，全州财政总支出 18.07 亿元中，上解省支出 0.05 亿元，增设预算周转金 0.10 亿元。

2002 年，州、县两级坚持“一要吃饭二要建设”的原则，支出次序进一步规范。工资发放、社会保障等重点支出得到保证，与此同时，增加农业、教育等重点事业支出，履行公共财政的职能。全年全州财政总支出完成 21.68 亿元，其中，地方财政支出 21.52 亿元，上解省支出 0.13 亿元，增设预算周转金 300 万元。

2003 年，全州财政支出中，上解省支出 0.16 亿元中。2004 年，其中，地方财政支出 28.57 亿元，上解省支出 1791 万元。

2006 年，上解省支出 4054 万元，主要是划转的地税经费和地税系统代扣代征手续费。调出资金 107 万元，拨付国债转贷资金 100 万元。

2007—2008 年，财政支出完成 57.08 亿元和 77.47 亿元，比上年增加 12.88 亿元和 20.39 亿元，增长 29.14% 和 35.72%。

2009 年，财政支出完成 97.41 亿元，比上年增加 19.94 亿元，增长 25.74%，重点保障了人民群众最关心的“三农”（农村、农业、农民）、教育、医疗卫生、社会保障等一系列改善民生政策的落实。全州财政总支出完成 97.41 亿元（含预算执行中省追加专款支出），为预算的 158.91%，比上年增加 19.94 亿元，增长 25.74%；上解省支出等 0.70 亿元、建立预算稳定调节基金 0.4 亿元（福泉市）、调出资金 0.01 亿元（都匀市调出作水利建设基金使用），当年支出合计 98.52 亿元。

2010 年，全州一般预算支出完成 129.36 亿元，比上年增加 31.95 亿元，增长 32.8%。州本级一般预算支出 14.48 亿元，加州对下补助支出 1.37 亿元，上解省支出 0.08 亿元，支出合计 15.93 亿元。同期，以村级公益事业“一事一议”财政奖补试点工作为重点，推进农村综合改革。截至 12 月底，省财政厅将种粮直补和农资综合补贴资金 3.57 亿元，通过农民直补网直接汇入 12 个县（市）76.8 万户/337.2 万人的涉农补贴“一折通”账户，户均 464.84 元。2010 年已实施的 8 个试点县共申请实施“一事一议”建设项目 1027 个，项目总投资 1.68 亿元。建设项目涉及 138 个乡镇 381 个村 1342 个村民组，惠及农业人口 83.73 万人。

2011—2012 年，全州公共财政预算支出完成 162.4 亿元和 199.86 亿元，比上年增加 33.04 亿元和 37.46 亿元，增长 25.54% 和 23.07%。在保工资、保运转、保民生的同时，应急了持续半年以上的特大旱灾。

2013 年，全州财政支出一般预算累计完成 230.26 亿元，为年初预算的 156.83%，同比增长 15.21%，增支 30.4 亿元。其中，一般公共服务支出 51.2 亿元，同比增长 14.72%；农林水事务支出 34.82 亿元，同比增长 20.19%；教育支出 45.03 亿元，同比增长 12.84%；医疗卫生支出 20.48 亿元，同比增长 14.01%；社会保障和就业支出 20.85 亿元，同比增长 11.11%；保障性住房支出 16.09 亿元，同比增长 50.33%。财政支出坚持围绕“保工资、保运转、保民生、促发展”各项要求，支持了“三化同步”（在工业化、城镇化深入发展中同步推进农业现代化）战略、“5 个 20 工程”。

财政支出主要有三个方面的投入，首先围绕“一圈两翼”区域经济发展战略，支持“三化同步”战略和“5 个 20 工程”建设。州级安排项目前期工作经费、规划 0.50 亿元，安排“三化同步”建设资金 0.90 亿元，即工业发展专项资金 0.30 亿元、农业产业化专项资金 0.30 亿元和城镇化战略专项资金 0.30 亿元（含扶持微型企业发展资金 0.10 亿元）。同时，州级通过向上争取、归集各县（市）和整合各类资金 13 亿元，用于支持“大都匀”建设、“5 个 20 工程”和“美丽乡村·四在农家”建设，推动城镇化建设。还通过调整支出结构，落实民生工程项目配套资金 0.16 亿元，其中：生态扶贫移民工程配套资金 0.10 亿元，农村危房改造配套资金 0.05 亿元，广播电视村村通工程配套资金 64 万元，广播电视户户通工程配套资金 97 万元。

其次，围绕“十件民生实事”，保障和改善民生，促进社会和谐稳定。全州财政部门优化支出结构，增加对“三农”、教育的投入，全州农林水事务支出完成 33.46 亿元，同比增长 15.47%，其中财政支农资金比上年增加 1.4 亿元，增长 150%；教育支出完成 43.61 亿元，同比增长 9.30%。73 个州直预算部门压缩行政经费 99.23 万元，用于保障“9+3”义务教育及免费中等职业教育计划的实施。为给全州跨越发展提供人才保障和智力支持，州本级财政 2013 年共安排 700 万元，用于投资和鼓励黔南州企业、高等及中职学校、科研院所人才资源开发。

是年，全州推进“一事一议”财政奖补项目为重点的农村综合改革。共实施“一事一议”财政奖补项目 823 个，项目总投资 2.41 亿元（其中：中央和省补助 1.33 亿元、县级配套 0.55 亿元、整合资金 0.55 亿元），项目涉及 219 个乡镇、548 个行政村，惠及人口 47.71 万人。至年底，完成投资 2.41 亿元，占总投资的 100%。

是年，落实城镇居民医疗保险和新型农村合作医疗政府补助政策，全州拨付社会保障和医疗卫生资金39.99亿元，同比增长9.62%。其中拨付各类社会保障和就业资金20.10亿元，同比增长7.15%，确保了全州53.2万城乡困难群众基本生活实现“应保尽保”；拨付新型农村合作医疗补助资金8.53亿元，其中州级下达配套资金1281.64万元，较上年增加安排190.43万元，增长17.45%，新型农村合作医疗政府补助标准由每人每年240元提高为280元，解决了农村群众“因病致贫”“因病返贫”问题；拨付城镇居民基本医疗保险专项资金0.33亿元，其中州级下达配套资金186.45万元，较上年增加安排14.11万元，增长8.19%，城镇居民基本医疗保险筹资标准由每人每年240元提高为280元；拨付城乡养老保险金2.73亿元。

2014年，全州公共财政支出累计完成261.94亿元，为年初预算的156.55%，同比增长13.76%，增支31.68亿元。全州公共安全支出、教育支出、科学技术支出、文化体育与传媒支出、社会保障和就业支出、医疗卫生与计划生育支出、节能环保支出、住房保障支出、农林水支出等9项重点民生支出累计支出204.19亿元，较2013年增加43.97亿元，增长27.44%。

财政投入，州级专门安排基本建设及项目前期工作经费0.22亿元，安排“三化同步”建设资金0.90亿元。州级还通过调整支出结构，安排民生工程项目刚性配套资金1.65亿元，用于支持微型企业、教育“9+3”、生态扶贫移民、农村危房改造、广播电视村村通等建设。同时，州级融资到位资金47.67亿元，安排使用45.83亿元。

是年，全州共争取到一事一议示范村寨建设项目44个，获得中央和省项目建设补助资金0.64亿元。共实施“一事一议”财政奖补项目989个，项目总投资2.35亿元（其中：中央和省补助1.32亿元、县级配套0.57亿元、整合资金0.45亿元），项目涉及178个乡镇、478个行政村，惠及人口42.47万人。至12月底，全州“一事一议”财政奖补项目完成投资2.35亿元，占总投资的100%。至12月底，全州“四在农家·美丽乡村”小康寨建设累计完成投资2.74亿元，占年度总投资任务2.02亿元的136.13%。是年荔波和贵定两县入围了全省小康寨行动计划“十县百乡千村”示范工程重点县，分别获得省级补助资金0.30亿元。同时，黔南州还获得2014年农村综合改革转移支付建制镇示范试点补助资金0.20亿元。

是年，全州完成年初计划的新建、改造通组路、串户路、人行步道900公里，项目个数728个，截至12月底，完成投资2.09亿元，占年度总投资任务的126.67%。

另外，州财政部门优化支出结构，增加对“三农”、教育的投入，全州农林水事务支出完成39.94亿元，同比增长12.99%，其中向上争取到财政涉农资金24.31亿元，比上年增加4.63亿元，增长23.54%；教育支出完成53.10亿元，同比增长18.75%。是年，州直78个预算部门继续压缩5%的行政经费共393.31万元，用于支持“9+3”教育计划的实施。同时，落实城镇居民医疗保险和新型农村合作医疗政府补助政策。截至12月31日，全州拨付社会保障和医疗卫生资金48.78亿元，同比增长21.98%。其中拨付各类社会保障和就业资金22.79亿元，比上年增长13.38%，确保了全州43.37万城乡困难群众基本生活实现“应保尽保”；拨付新型农村合作医疗补助资金 9.97 亿元，新型农村合作医疗政府补助标准由每人每年 280 元提高为 320 元，解决了农村群众“因病致贫”“因病返贫”问题；拨付城镇居民基本医疗保险专项资金 0.26 亿元，实现了基本养老保险制度的全覆盖，确保了城乡居民老有所养。

1991—2014 年黔南州财政支出统计表

表 15－1－2　　单位：万元

年度	合计	基本建设支出	科技三项费	科学支出	农林水事务支出（含扶贫）	农业综合开发支出	文体广支出	教育支出	医疗卫生支出	环保（城维）支出	社会保障补助和就业支出	支援不发达地区支出（民族工作经费）	专项支出（含教育附加、排污支出）	其他类支出
1991	42817	1342	133	170	665		1521	7674	3118	1675	1070	521	437	24511
1992	52643	2106	102	195	8938		14311	9825	4002	3071	1279	655	550	7608
1993	55866	1815	120	213	9244		15861	11216	4146	2132	1534	374	896	8317
1994	57976	1277	96	238	9312		19651	14350	3359	1537	1540	383	835	5398
1995	69002	1304	116	256	9715	949	22388	16403	3834	1585	1706	604	1103	9039
1996	82966	1370	114	293	14221	1467	2562	18182	6328	2257	2420	713	1345	31695
1997	95539	862	247	320	17433	1322	2957	19774	7014	3258	2313	510		39530
1998	102657	1581	289	324	17918	1500	3340	22896	7193	2623	2993	1071	1029	39900
1999	123032	2559	426	368	12964	1808	3706	27598	8170	4949	5162	350	1209	53763
2000	134146	1359	384	408	20296	2144	4582	31858	9278	4566	7499	403	1620	49749
2001	180056	1456	318	487	27838	2245	7150	46919	12302	4941	9309	438	1907	64746
2002	215267	1518	570	525	31653	2709	8756	54860	11588	5617	16559	460	3448	78004
2003	243532	3490	1050	534	32213	3270	9994	59548	12694	6360	19474	469	2864	91572
2004	285731	3218	1433	626	37533	3439	13157	72833	13550	7066	19110	517	2959	110290
2005	371780	6380	1552	864	50773	3631	16672	91823	16561	7722	25795	484	3243	146280
2006	422268	9055	2300	996	61052	3838	18688	112305	23500	8913	32624	814	3714	164469
2007	570829	144169	2753	562	74153	4789	9531	149304	38358	4261	51865	1633	5051	84400
2008	774669	193104	4769	445	107438	4528	9024	202250	5749	13473	86751	816	10998	135324
2009	974148		6976	526	138742	6201	11913	216228	79093	32671	120839			360959
2010	1293593		8561	728	226465	10750	12991	268604	109581	43348	111312			501253
2011	1624026		10104	675	245496	7501	16664	308292	163357	52577	152481			666879
2012	1998559		12098	896	282407	7332	22719	399022	179603	52229	187601			854652
2013	2302587		17591	1527	337388	10846	29248	450266	204768	68713	208452			973788
2014	2619398		24451	3002	429500	13090	44114	546085	276649	80183	242575			959749

说明：2007 年起，基建支出含中央、省安排的支出（之前不含中央、省安排的支出）

第三节　财政管理与监督

一、财政管理

1991年，州委、州政府提出“抓农业稳州”的工作思路，在加大财政支农资金投入的管理上，重点加强支农资金使用管理，确保支农资金的效益作用有效发挥。年内，对全州80个区118个乡进行调查研究，督促检查，支农资金做到专款专用。

1992年，全州共清理49户预算内国营工业企业库存产品，产品损失净额0.27亿元。全州共计74户企业中，潜亏企业52户，潜亏面达70.27%，潜亏额0.18亿元。对亏损企业，州财政安排100万元作为企业扭亏增盈基金，同时筹备财政使用资金290万元，用于企业生产启动，解开企业“债务链”。企业生产环境得到改善。对亏损企业实行职工利益同企业减亏、扭亏额挂钩，兑现扭亏奖惩措施。全年清算企业工效挂钩户57户，清理兑现企业承包合同37户。

1993年，全州企业财务管理重点配合有关部门开展企业第三轮承包，对全州30户工业企业、5户供销企业、10户物资企业、州级6户商业企业实行承包；配合劳动部门完成1992年挂钩企业的工资清算，对1993年新挂钩企业效益进行测算，确定合理的挂钩方案。年底，全州工业企业实行工效挂钩33户，物资企业12户，供销企业14户，城市公用企业3户，商业企业15户。全年全州69户预算内国有工业完成总产值3.38亿元，比上年增长3.21%；完成销售收入3.25亿元，比上年增长18.01%；实现利润0.14亿元，比上年增长310.76%。至年底，全州财政信用资金积累达0.84亿元，其中州级0.32亿元，财政信用资金成为经济建设资金来源的重要组成部分。是年，开展预算外资金专户储存管理。到年末，全州实现财政专户储存的单位共计588户，比上年增加266户，专户储存资金0.31亿元，比上年增长150.16%。州级财政预算外资金专户储存166户，储存资金0.12亿元。

1994年，全州财政部门围绕“两个确保”（确保财税改革取得成功，确保全年预算的圆满实现）开展工作，全年向省申报信用资金借款项目22个，借款0.29亿元，实际批准项目10个，借入资金0.08亿元。是年，全州共发放财政信用资金0.04亿元，择优扶持工农业生产、商业外贸、乡镇企业等项目19个，发放资金0.02亿元。年末，州级财政信用基金为0.42亿元，比上年增加0.09亿元，增长31%。全年共收回到期财政信用资金0.12亿元。

是年，签订1994年工效挂钩方案，并清理兑现企业承包合同，办理企业调资升级的审批手续。全年接收了省下放管理的三资企业、集体企业、交通公路企业并理顺了企业财务管理关系；是年，安排投入专款0.60亿元，比上年执行数增加0.16亿元，增长37.29%；年内开展行政事业单位职工借欠公款清理，州级105个财务独立单位共清理1994年前预算暂付款147万元。是年，对赤字县（市）和拖欠职工行政事业工资单位，实行禁购专控商品；对亏损企业及欠税企业，禁购小汽车或高档专控商品。

1997 年，征收突出“两烟”税、农业税等主体税种，加大督促检查和清欠力度，强化入库。全年除企业所得税因企业经济效益滑坡未完成预算外，地方工商各税、农业税、农业特产税等主体税种均超额完成预算任务。

1998 年，坚持“控制规模，量入为出，优化结构，确保重点”的原则，切实加强支出管理，优化支出结构。州级财政按照压缩行政事业单位公用经费 15% 的方案，共压缩 646 万元，用于弥补社会保障基金预算缺口、补充粮食风险基金等。坚持“收支两条线”，切实整顿，依法清缴，全年专户储存资金 10874 万元，比上年增加 0.55 亿元，增长 103.79%。

是年，财政部门收回原委托建设银行代行的基本建设财务管理职能，本着管好基建财务，节约财政开支的原则，加强工程预（结）算审查，着重审查有财政预算内投资的基建项目，全年挽回基建投资损失 190 万元。全年社会保障机构收入 2.30 亿元，支出 20885 万元，当年结余 2115 万元。

1999 年，支农支出比上年增长 5.31%，教育支出比上年增长 20.54%，科技支出比上年增长 47.40%。重点基础设施建设项目财政配套资金、贴息资金等均得到较好落实。全年转贷中央财政国债专项资金 0.27 亿元，拨付国债无偿补助资金 0.15 亿元。9 月 1 日，州政府发布《黔南布依族苗族自治州人民政府采购管理暂行办法》，试行政府采购，达到节约财政支出的目的。是年州公医办收缴州直单位及省驻匀单位职工医疗保险基金 421 万元，支出医疗保险金 353 万元，基本做到收支平衡，略有结余。年内，坚持预算内、外资金统筹安排使用的原则，通过加强宣传、积极清理、严格执行“收支两条线”、实施罚缴分离、规范收费行为和银行账户管理等措施，预算外资金管理力度加大。是年，查缴应交未交财政专户和国库的资金 154 万余元。纳入财政专户的预算外资金 1.41 亿元，占预算外资金收入的 57.99%，比上年增长 29.7%。

2000 年，在机关事业单位推行工资统一发放制度改革。从 10 月份起，对州直行政、事业单位实行工资统一由银行发放制度，纳入统一发放范围的单位 117 个，人员 6420 人。全州有一半的县（市）在年底前实施了工资统一发放办法。进一步加强医疗保险金专户管理，全年州级医疗保险基金支出 574 万元，比上年下降 18.23%。

是年，州财政部门共审查工程预（决）算项目 27 个，送审金额 0.35 亿元，审定金额 0.31 亿元，核减支出 0.03 亿元，核减率为 10.34%。以编代审工程预算项目 6 个，编审金额 0.12 亿元。按照财政部《基本建设财务管理若干规定》，加强基本建设专户的管理与监督，促进各建设单位的资金拨付，项目管理逐步规范和完善。切实管好国债专项资金，搞好项目跟踪检查和效益分析。年底，全州累计到位国债专项资金 1.48 亿元，及时拨付到项目。是年，《黔南州人民政府采购管理暂行办法》出台。

2001 年，财政管理致力改善收入进度不均衡的状况，确保全年财政收入任务的完成。年内，财政、国税、地税 3 个征收部门配合，落实征管责任制，层层分解任务，落实到户，责任到人，形成齐抓共管的财税征管格局。协调农业税二次结算，及时解决粮食收购资金和 100% 结算农业税问题。加大对耕地占用税、契税的清欠力度，以丰补歉，帮助企业协调资金、促进销售、催收货款，支持企业正常生产和经营，保证了税收正常稳定地入库。

改“年终奖”为“进度奖”、促进了均衡入库。是年，采取项目追踪、专项检查等措施，加大专项资金管理力度，督促资金到位和使用，保证项目按计划组织实施。

是年，农发项目资金、财政扶贫资金、天然林保护工程资金、水利建设资金等支农专项资金使用情况事前、事中、事后得到有效跟踪，资金使用不规范得到纠正。到年底，全州累计到位国债专项资金3.56亿元。全州12个县（市）中有6个县（市）实施了政府采购。是年，对2000年下达县（市）的各项粮食财务补贴指标拔补到位情况以及粮食企业实际收到并列入补贴收入的数额进行专项清理。在管好粮食风险基金的同时，强化对县（市）制止和消化粮食企业政策性财务挂账责任书的落实，督促资金如数缴入州级粮食风险基金专户。

2002年，财政管理从票据使用源头抓起，认真落实“收支两条线”管理，全州政府性基金收支管理进一步规范化。按照财政部《政府性基金预算管理办法》的规定，对纳入预算内管理的财政基金实行专款专用。在预算上单独编列，自求平衡。对纳入预算外的政府性基金，实行“收支两条线”，收入全额上缴财政专户，先收后支，支出由同级财政部门按预算外资金收支计划，从财政专户中拨出，专款专用。

是年，对单位预算外资金进行了“三清理”。年内做好“两个确保”工作，实现对国有企业下岗职工基本生活费、养老金、失业金及城市居民最低生活保障资金的按时、足额发放。全年全州累计发放离退休职工基本养老金及其他待遇金1.28亿元；失业金及其他待遇金806万元；基本生活费和经济补偿0.10亿元；城市居民最低生活保障资金0.19亿元。

是年，对社会保障基金监督管理，采取在国库开设“财政社会保障补助资金专户”，将上级财政补助和本级财政预算安排的社会保障资金纳入专户，实行专项核算、专户管理，并建立补助专户季度报表制度。同时，在国有商业银行开设“社会保险基金财政专户”，对社会保险基金实行财政专户管理，按险种建账，分账管理，规范了社会保障资金的缴存和划拨程序，实现对养老保险基金和失业保险基金“收支两条线”管理，形成社保、财政部门在社会保险基金征收管理上相互监督、相互制约的良性运行机制。

2003年，州财政制定出台《关于加强财政性资金管理的意见》《州本级预算内资金拨款内部管理暂行办法》《州本级预算外资金财政专户拨款管理暂行办法》《黔南州财政扶贫资金报账制管理实施细则》《关于进一步加强黔南州利用国际金融组织和外国政府贷款管理工作的意见》《关于加强计划生育行政事业性收费及罚没收入管理的意见》《黔南州州级政府采购资金财务管理制度》以及《州级会计结算单位备用金管理暂行办法》等一系列规章制度。

是年，支出管理以保稳定、促发展作为调整优化支出结构的原则，继续扩大会计集中核算范围，州级96个全额拨款单位（学校除外）全部纳入会计集中核算管理，有8个县（市）建立会计结算中心。部分县（市）在乡镇推行“零户统管”，乡镇财务比较混乱的状况得到控制，新的管理形式在探索中形成。是年，政府采购规模和范围扩大，政府采购项目已发展到80多个。全年全州完成政府采购资金1.01亿元，同上年相比增长141%。资金节约率为13.16%。同时州级制定和完善18项州政府采购“管理工作制度”和“执行工作制度”，为政府采购管理机构和执行机构分离，做好组织准备和制度准备。

2004年，全州财政管理注重强化服务、完善措施、健全各项规章制度，推动财政改革不断深入。针对部门预算“早编、细化、综合、零基”四项要求，重点放在“细化”资金用途和“综合”编制预算内、外资金两个方面，注意跟踪资金使用方向和结果，侧重点是加大资金捆绑使用力度。

是年，会计集中核算进一步完善，州直单位纳入会计集中核算管理达96个。会计集中结算中心注意听取各方意见，规范和简化业务程序。年内，全州政府采购项目及品目近百种，实施政府采购659次，采购资金1.3亿元，比上年增长26%，资金节约率为12.07%。是年，出台《黔南州财政国库管理制度改革试点实施方案》及相关配套资金支付、会计核算、银行支付清算等暂行办法以及划拨单位预算内、外资金程序等，于次年实施，并选择7个州直单位进行试点。

是年，州县（市）、乡（镇）财政部门各项涉农优惠政策得到落实。当年粮食直补，兑现补贴资金701万元，受益农民310万人，落实农业税减免政策，兑现减免款402万元，占应兑现数的100%。

2005年，按照州委、州政府提出的“431”（四门三带一区）经济发展格局，建立和完善投入分配机制，加大财政扶持力度。年初，州政府出台《黔南州促进财政收入上台阶奖励试行办法》，进一步激励各县（市）狠抓财源建设，促进财政增收。到年底，已实现财政收入3年翻一番的龙里、福泉、瓮安3个县（市）获得州政府奖励资金500万元。州级财政每年还新增安排500万元用于农村“带民致富”贷款贴息，把财源建设的基地由县城下伸到乡村。州本级共安排龙里、惠水、独山工业园区和都匀经济聚集区财源建设投资2048万元，为州本级年初预算总支出4.02亿元的5.1%。同期继续抓好创建“州县共建”体制，推进州、县两级财源建设。龙里、惠水、独山3个县共建工业项目聚集区初具规模，形成具有较强活力的经济增长点。是年，历时4年的财政部门预算、会计集中核算、国库集中支付等项改革经过不断探索，财政支出管理法制化、科学化水平得到提高，财政资金分配公开、公正度得到提高。年内，全州有8个县（市）和州本级推行会计集中核算，加强了财政资金使用过程和使用结果的监督，各基层单位会计基础工作逐步规范，国库支付在州级9个单位进行试点。年内，州级政府采购的管理和执行实现机构和职能分离，围绕政府采购的管理、监督和执行3个主要环节，制定了多项规章制度。

2006年，全州财政管理坚持一手抓收入，一手抓支出。财政总收入过亿的县（市）9个（都匀、贵定、福泉、瓮安、龙里、荔波、惠水、独山、罗甸）。是年，州级国库集中支付中心共受理试点单位报账510次，审核票据12475张，累计支付资金0.19亿元。制定《黔南州政府收支分类改革工作方案》，至年底，已全面完成全州政府收支分类改革培训、新旧科目数据转换、新旧科目对应衔接等工作。

是年，下发《黔南州工伤保险暂行办法》《黔南州扶持城镇士兵自谋职业优惠政策实施意见》，加大社会保障资金支持力度。全年，州级累计拨付城乡居民最低生活保障资金0.47亿元、企业职工养老保险补助资金0.70亿元、抚恤和社会福利救济补助0.29亿元、就业补助0.41亿元、农村特困群众救助0.21亿元、自然灾害救济补助0.22亿元。全年共安排各类疾病防治、妇幼保健、县级医院建设配套补助及乡镇卫生服务能力建设补助资金0.27亿元；安排福泉、独山、都匀、荔波等4个新型农村合作医疗试点县（市）配套资金及管理人员培训经费0.19亿元。

2007年，开始进行会计集中核算向国库集中收付转轨的准备工作，次年启动运行。都匀、福泉、罗甸等县（市）相继启动国库集中收付制度改革。年内全州执行政府采购2.4亿元，与同期市场价相比节约资金0.30亿元，资金节约率12.53%。推进农民“直补网”建设为重点的基层财政管理改革工作，全州12县（市）建成以“一折通”涉农补贴兑现方式为主要内容的农民直补网。“一折通”发放涉农补贴覆盖78万农户，332万人，发放补贴费包括退耕还林补贴、种粮直补、良种补贴、综合直补、大中型水库后期扶持补贴和能繁母猪补贴等共7项，资金2.75亿元，农民人均受益100元以上，国家扶农惠民的财政政策得到兑现落实。“乡财县管”改革工作年内在都匀、瓮安、福泉、独山、平塘、惠水等县（市）全面铺开，“村财乡代管”改革试点工作正在部分县（市）逐步试行。

2008年，全州财政管理重点是推动会计集中核算向国库集中收付的转轨、政府集中采购和以农民“直补网”建设为重点的基础财政管理改革。是年，州级预算外统筹金额比上年提高42.7%，全州实行预算的单位503个，占全州998个部门单位的50.4%。会计集中核算向国库集中收付改革的转轨试点单位由原来的9个扩大到21个。试点单位与财政、人民银行、代理银行实现网络系统操作。农民“直补网”建设在全州12个县（市）、157个乡镇、1572个行政村实施。“乡财县管乡用”和“村财乡代管”改革试点工作在都匀、福泉、独山、瓮安、平塘、罗甸、龙里、惠水等县（市）全面铺开。全州通过“一折通”发放退耕还林、种粮直补、农村低保等9项涉农补贴资金4亿余元，兑现率为98%，全州有78万户农户331.72万人受益，人均受益126元。

是年，共安排“三农”建设资金14.03亿元，比上年增长8%，支农投入为农业发展和农村社会稳定提供了财力支持；医疗卫生共支出5.48亿元，为年初预算的199.11%；农村合作医疗在全州全面铺开，参合人数由2005年的3.16万人增加到295万人，参合率达94.41%，参合资金由2005年的10.76万元增加到2.66亿元，增长246.8倍；全州社会保障和就业支出8.66亿元，为年初预算的300.01%，比上年增长71.87%，增加3.62亿元；全年共筹集城乡低保资金2.6亿元，其中农村低保资金1.58亿元，较上年增长213.9%，增加1.17亿元，确保了全州37万农村低保对象应保尽保；城市低保资金1.03亿元，比上年增长67.93%，增加0.41亿元；全年共统筹到养老保险资金1.1亿元，比上年增长46.76%，增加0.35亿元。

2009年，全州12个县（市）全部实行部门预算改革，部门预算编制按照精细化、科学化的要求，以保重点领域投入和增强政府统筹调控能力为着力点，整合预算内外资金和部门年终结余，州级启动了预算执行管理信息系统。当年有9个县（市）和州级实施国库集中支付改革，完善了财、库、行电子信息平台，初步实现了国库集中支付直接支付方式的无纸化改革，确保了资金拨付的安全和自动对账，财政对资金的调控统筹能力得到增强。

州级和瓮安等县开展了行政事业单位经营性国有资产的清理登记工作。在州直5个部门和龙里县开展了非税收入改革试点工作。是年，印发了《黔南州人民政府关于政府非税收入管理改革的实施意见》。州财政局制订并印发《黔南州政府采购资金管理暂行办法》，启动了“公车采购公示制”。全州以“一事一议”财政奖补试点工作作为农村综合改革的重点，进一步加大工作力度，瓮安、都匀、罗甸、长顺4个县（市）列为全省“一事一议”财政奖补试点县（市）。“乡财县管乡用”和“村财乡代管村用”改革工作继续扩大和深入，初步建立了集管理、分配、监督和核算为一体的县乡财政管理机制。全州纳入“一折通”涉农补贴项目9项，惠及农户76.8万户共331.72万人。通过“一折通”发放涉农补贴资金近7.1亿元，农民人均受益210.56元。

2010年，州级部门预算编制以优化财政支出结构增强政府调控能力为着力点，强化综合预算管理，专项经费安排严格轻重缓急支出顺序和资金整合的原则，突出以解决和改善民生问题为重点，使重点支出得到较好保证。是年，州级预算执行单位全面启动预算指标网络管理系统。同期，全州12县（市）全部推行财政国库集中支付改革。州本级财政国库集中支付改革加大对部门支出国库直接支付的工作力度，所有纳入财政国库集中支付管理改革的单位向财政申请预算内、外资金，从资金审核、批复、支付到清算等所有环节全部通过财政国库集中支付联网系统进行。是年，全面启动非税收入管理改革工作。至12月底，全州12县（市）及都匀经济开发区非税收入管理改革全面启动并上线运行，全州纳入非税收入管理改革上线运行的单位达1120家（其中州级118家），收缴非税收入1.7亿元，非税收入比上年增长69.29%。

2011年，州级和各县（市）财政国库集中支付改革加大工作力度，州本级全年共受理和审核财政直接支付业务5657笔，直接支付财政资金3.68亿元，使财政支出的监督和约束得以进一步加强。同期，非税收入管理与改革工作稳步推进，全州基本实现非税收入执收执罚单位的全覆盖，纳入非税收入管理改革的单位达2385个（州级211个）。通过非税收入收缴管理系统收缴的非税收入共计4.99亿元（州级1.42亿元）。截至12月底，全州非税收入累计完成10.96亿元，同比增长73.21%，非税收入收支管理进一步规范，为财政收入规范征收探索了新的管理模式。

2012年，全州继续推进非税收入改革。年末，应纳入非税收入管理改革的单位全部纳入系统管理，上线率达100%。全州进入非税收入收缴系统管理的单位达到2445个，其中一级单位967个，二级单位1478个（州本级进入系统管理的单位216个，其中一级单位74个，二级单位142个）。全州全口径非税收入累计完成66.46亿元，增长73.4%，其中州本级完成4.35亿元，增长14.5%。是年，国库集中支付改革面进一步扩大，全州12个县（市）全部实施财政国库集中支付改革。其中11个县（市）在本级预算单位全面推开，全州改革单位累计达855个，并将所有预算内、外资金全部纳入集中支付。州级在上年93家单位纳入国库集中支付改革的基础上，是年扩大到110家，全部使用网络进行财政资金直接支付。截至12月底，州本级共发生集中支付8.27亿元，其中共受理单位直接支付10676笔，发生直接支付资金5.51亿元，直接支付达总支付的66.6%，实现了直接支付比例达

50%以上的目标管理要求。

是年，农村综合改革成果进一步巩固，至12月底，省财政厅涉农补贴资金6.59亿元，通过农民直补网直接补助到12个县（市）76.8万户/348.36万人的涉农补贴“一折通”账户，户均859.06元，惠民政策得到较好的落实。全年全州12县（市）共计申报村级公益事业“一事一议”财政奖补建设项目904个，项目总投资2.32亿元（其中中央和省补助资金1.28亿元、县级配套5208万元、整合资金5137万元），项目涉及224个乡镇、558个行政村，惠及人口38.72万人。至2012年底，全州共争取到中央和省“一事一议”建设项目补助资金1.36亿元，比上年净增861万元；争取到一事一议示范村寨建设补助资金5403万元，比上年净增2853万元，项目42个，比上年增加29个。

2013年，全州财政管理工作强化财政监督职能，提升依法理财水平。主要是对各项涉农补贴资金进行监督检查，州级组织对8个县（市）上年度小型农田水利建设项目和全州2012年度现代农业生产发展项目进行检查和绩效考评，对7个县（市）上年度农发项目进行州级验收督查，对3个县5个病险水库治理项目进行检查，对全州2012年度一事一议项目、执行国家家电下乡政策情况、粮食综合直补等五项涉农资金、农业综合开发项目、州级5个部门单位上年度会计信息质量进行了检查，同时配合州扶贫局对2010至2012年度财政扶贫资金项目管理使用情况进行了交叉检查。对检查发现问题提出了整改意见，确保各项惠农政策部署落到实处和涉农资金安全有效使用。

是年，组织开展厉行节约、制止奢侈浪费检查工作。与州纪委监察局组织对州委、政府两办、旅游局、文广局及10家州直部门开展厉行节约、制止奢侈浪费情况进行检查，检查结果表明，被查单位会议费、公务接待费和外出学习考察费较上年同期都有不同程度的减少，未发现公款旅游的情况，厉行节约初见成效，促进了党风廉政建设和惩防体系建设。是年，开展财政专户及银行账户清理工作，对全州财政专户和州直138个预算单位491个银行账户财政性资金、结转结余资金进行了全面、彻底的清理，并对相关预算单位的账户进行了撤销和归并，共撤并银行账户164个，特设专户归集财政资金2.14亿元。

2014年，继续强化财政管理，联合州审计局对全州贯彻执行中央八项规定，严肃财经纪律和“小金库”进行专项治理，责成州本级共130个行政事业单位开展自查自纠，并对14个单位进行了重点检查；与州审计、人社部门共同组织力量对差额补助、文化改革、高校、医院及国有企业共18家单位2012—2013年度经费收支情况进行了清理，对有关单位存在的绩效工资分配执行政策不好、二次分配不够规范等问题提出了解决方案；对州级基建项目的资金监管实行项目跟踪管理，把好二次放行审核关，严格按基建预算、用款计划、管理程序及工程进度拨付经费进行跟踪监管。共对州级基建项目二次放行审查68次，审核资金0.59亿元。重点对都匀军分区战士公寓楼工程进行审核；组织三个清理工作组于3月份对州文化体制改革单位、差补单位、高校、医院及国有企业2012—2013年经费收支情况进行清理；在州直部门组织开展了专项资金清理工作，对多年形成的结转结余或没有使用的专项资金予以收回，共清收沉淀专项资金0.13亿元；组织有关专家对相关县（市）2011—2013年的农发项目资金使用管理情况进行了专项检查，对检查中发现的项目资金拨付不及时、报账手续不规范、超范围违规使用项目资金等问题提出了整改意见，督促有关县市和单位进行整改。

二、预算管理

财政预算编审工作以《中华人民共和国预算法》及其实施细则为依据，各级各部门各单位按照规定时间，采用“基数加增长”的模式，参照上年度预算执行情况和本年收支测算编制预算，提请州级人民代表大会审查批准预算草案、预算执行情况及预算调整方案。

1991 年，全州财政收入预算安排 0. 30 亿元，较上年增加 0. 37 亿元，增长 14. 04%；财政支出预算安排 3. 01 亿元，与上年同口径比，较上年增加 0. 43 亿元，增长 16. 66%。

1992 年，全州地方财政收入预算安排为 3. 84 亿元，比上年执行数增加 0. 29 亿元，增长 8. 32%；1993 年，全年预算安排支出 4. 89 亿元，比上年（与上年初预算比）增加 0. 58 亿元，增长 13. 58%。1994 年全州地方财政收入预算安排为 2. 34 亿元，比省安排数 2. 32 亿元增加 144 万元。全州财政预算支出安排 5. 58 亿元，同口径比上年初预算安排数增加 0. 68 亿元，增长 14. 09%。

1994 年，州政府将能源交通重点建设基金和预算调节基金征收任务列入州、县级财政预算。全州当年“两金”（能源交通重点建设基金、预算调节基金）任务 350 万元。从 1995 年起，对 1988 年以来新建的州属工商企业征收地方税和共享收入的分成部分纳入州级财政预算。预算级次按体制规定分别直接划入中央级、省级和州级国库。划归州级征管的企业，其属于地方收入部分以 1994 年为基数，由州财政与都匀市财政年终单独决算，增量部分归州级财政。1994 年后所建州属企业，亦按上述征管范围和预算级次执行，属地方收入部分归州财政。

1995 年，全州地方财政收入预算安排 2. 63 亿元，比上年初预算安排数增加 0. 29 亿元，增长 12. 48%。全州财政支出预算安排 6. 63 亿元，比上年增加 1. 05 亿元，增长 18. 78%。1996 年，全州地方财政收入预算安排为 3. 16 亿元，比上年执行数增加 4157 万元，增长 15. 14%。全州财政支出预算安排 6. 7 亿元（不含省追加专款），比上年初预算安排数增加 1285 万元，增长 1. 95%。1997 年，州级财政一般预算支出和基金预算支出安排共计 1. 91 亿元，与上年持平。

是年，全州工商税收入完成 10. 23 亿元，占预算 109. 15%，比上年增加 0. 28 亿元，增长 30. 46%；企业所得税收入完成 0. 31 亿元，占预算 125. 42%，比上年增加 635 万元，增长 24. 77%。工资发放和机构运转得到保障，农业、教育等重点投入有所增加，生产建设性支出占总财政支出比上升 2. 55 个百分点。

1996 年，在预算安排上，贯彻适度从紧财政政策，坚持量力而行和支出有序原则，集中财力保工资、保运转、保稳定，适当调整支出结构，增加对农业、教育、科技及宣传文化的投入；在预算执行过程中，严格执行预算法，对车辆费、邮电费、公医费、会议费、接待费等实行从严控制，采取严格审查、超标不予拨付等手段，压缩不必要支出。对专项资金，推行零基预算、管住源头、跟踪监督，确保使用效益，支持各项事业的发展；严格社会集团购买力审批，对直接用于生产、经营、科研、教学的专控商品优先审批，对欠税企业和发不出工资的县（市）行政事业单位申购高档专控商品一律不予审批。是年，全州预算外资金专户储存资金0.33亿元，比上年增加0.13亿元，专户储存面达78%。

1998年，全州财政一般预算和基金预算收支安排为：地方财政一般预算收入安排4.75亿元，比上年执行数增加0.48亿元，增长11.45%。全州财政一般预算支出安排8.39亿元，比上年预算安排数（不含省追加专款）增加0.75亿元，增长9.92%。1999年，全州财政一般预算支出和基金预算支出安排共计8.83亿元，比上年增加3012万元，增长3.53%。

2000年，全州财政一般预算收入安排5.52亿元，比上年执行数增加0.43亿元，增长8.49%。基金预算收入安排0.25亿元，比上年增加253万元，增长10.94%。地方财政一般预算收入和基金预算收入安排共计5.77亿元，比上年增加0.45亿元，增长8.60%；2001年，全州财政一般预算支出和基金预算支出安排共计11.85亿元，比上年增加1.87亿元，增长18.73%。2002年，全州地方财政收入安排6.64亿元，比上年完成数增加0.61亿元，增长10.17%。全州财政一般预算支出安排15.65亿元，比上年预算数增加4.04亿元，增长34.80%。

2003年，全州地方财政收入安排6.77亿元，比上年增加0.42亿元，增长6.67%。全州财政支出汇总预算，全州财政一般预算支出安排17.78亿元，比上年预算数增加2.13亿元，增长13.63%。2004年，全州财政总收入安排16.8亿元（力争17亿元），比上年完成数增加2.11亿元，增长14.40%。州级支出安排3.08亿元，比上年预算数增加2798万元，增长10.01%。2005年，汇总全州财政支出预算数为23.63亿元，比上年预算数增加3.32亿元，增长16.37%。全年州级支出安排4.02亿元，比上年预算数增加0.93亿元，增长30.54%。

2006年，全州财政总收入预算安排25.22亿元，比上年完成数增长13.50%，汇总全州财政支出预算数为29.69亿元，比上年预算数增加4.06亿元，增长17.18%。州本级收支预算安排为：地方财政收入安排1.18亿元，比上年完成数增加843万。2007年，全州财政总收入预安排28.35亿元，比上年完成数增长12.16%。汇总各县（市）上报的预算收支计划，全州地方财政收入预算为12.66亿元，比上年增加1.34亿元，增长11.83%。全州财政支出预算数为41.12亿元，比上年预算数增加12.03亿元，增长41.35%。

2008年，全州财政总收入安排33.52亿元，比上年（与完成数比）增长13%，全州安排的一般预算支出为48.62亿元（含省各项专项补助相对固定部分预计数），比上年年初预算增加7.5亿元，增长18.24%。2009年，全州财政总收入安排39.08万元，比上年实际完成数增长11.13%全州安排的一般预算支出为61.30亿元（含省相对固定的各项专补助），比上年年初预算增加12.68亿元，增长26.08%。2010年，全州财政总收入安排53亿元，比上年完成数增长20.48%；一般预算收入安排24亿元，比上年完成数增长15.11%；全州一般预算支出安排71.54亿元（含省相对固定的各项专项补助），比上年年初预算增加10.24亿元，增长16.70%。

2011年，全州财政总收入预算安排67.54亿元，比上年完成数增长24.00%；按照财政收入结构计算，一般预算收入为33.74亿元，比上年完成数增长24.25%；全州一般预算支出安排96.66亿元（含省相对固定的各项专项补助），比上年年初预算增加25.12亿元，增长35.11%。2012年，全州财政总收入预算安排92.48亿元，比上年增长30.00%。安排一般预算收入52.14亿元，比上年增长33.00%；全州一般预算支出安排130.76亿元（含省相对固定的各项专项补助），比上年预算增加34.10亿元，增长35.28%。

2013年，全州财政总收入完成122.02亿元，为预算的100.56%，比上年增加27.23亿元，增长28.73%；全州公共财政预算支出完成229亿元，比上年增加29.53亿元，增长14.77%。2014年全州财政总收入安排150.10亿元，完成151.11亿元，占预算100.67%，同比增加29.10亿元，增长23.85%；全州一般公共预算支出完成262.44亿元，同比增加33.06亿元，增长14.41%。

三、财政监督

1991年，黔南州财政监督重点开展“三乱”治理和一年一度税收、财务、物价大检查。全年全州抽调807人组织219个工作组，共检查789个单位，查出有违纪问题单位484户，共查出违纪金额0.07亿元，应入库金额0.45亿元。当年入库金额0.42亿元，占应入库金额的92.65%。

1992年，全州应自查户数2428户，全部进行了自查，重点检查户数801户，重点检查面32.99%。同期重点检查了1325户私营企业和个体工商户6402户，占全州应自查私营企业和个体工商户的20.70%。全州共查出违纪金额0.05亿元，比上年下降29.88%，其中：应入库金额0.04亿元，比上年下降4.21%；已入库金额0.03亿元，比上年下降5.20%。

1993年，全州集中精力检查财政收入流失问题。各级政府和财政部门共抽调896名检查人员组成227个检查组，重点检查了1802户各类企业和单位，占自查的42.95%。查出违纪金额0.11亿元，应入库0.09亿元，已入库913.99万元，入库率达96.32%。对检查出的违纪违规问题，坚持按“实事求是，宽严适度”的原则进行处理，规范企业和单位的财务行为，严肃财经纪律。

1994年，全州开展税收、财务、物价大检查。全年共查出违纪金额0.17亿元，其中：偷漏工商各税0.13亿元，占违纪金额的75.23%。违纪金额中，应入库金额0.15亿元，已入库0.15亿元，入库率96.91%。

1995年，黔南州税收、财务、物价大检查，历时4个月，参加自查企业和单位5827户，自查面100%。在自查基础上，全州抽调检查人员1258人，组成262个检查组，对2592户企业和单位进行了重点检查，重点检查面44.48%，达到了中央提出的重要检查面不低于40%的要求。查出有违纪问题的单位1108户，为应查户数的19.57%，占重点检查单位数的42.75%。共查出违纪金额1323万元。查出的违纪金额中：偷漏工商各税799万元；偷漏企业所得税及侵占应缴利润185万元；不按规定用途支用各项财政资金62万元；违反国家价格监审法规137万元；乱收费乱罚款及截留挪用罚没收入24万元；私设“小金库”7万元；其他107万元。大检查发现存在的问题，主要是部分企业偷漏税严重，查出的偷漏工商各税799万元，偷漏企业所得税及侵占应缴利润185万元，两项合计984万元，占查出违法金额的74.38%；个别企业不按国家规定，违反价格签审法规。

1996年，开展全州财政、审计、物价、监察、人民银行等部门共抽调检查人员273人组成58个检查组，对全州范围内开展了预算外资金清理检查工作。共对414个单位和部门进行重点检查和自查，发现有违纪问题的单位661户，占应自查单位51.16%，查出违纪资金0.77亿元。其中：违规收取资金203.87万元，应缴未缴财政预算资金341.46万元，应缴未缴财政专户资金0.68亿元，违规支用资金333.01万元；清查出“小金库”资金39.22万元。通过清查已收缴应交财政预算资金184.38万元，处罚资金17万元，缴存财政专户资金632.69万元。

是年，整顿会计秩序工作从8月下旬开始至12月底结束。全州自查出有违纪行为的单位190户，占自查单位2052户的9.3%，违纪金额444.22万元，其中：国有企业78户，违纪金额421.22万元。重点检查822个单位，检查面达40%，共查出在1995年的财务活动中，虚增收入187万元、虚增费用18.94万元、虚增利润73.8万元，虚减收入2万元、虚减费用51.46万元、虚减利润23.8万元，擅自冲减资本金50万元，私设“小金库”37.22万元。对查出的问题，责成有关单位限期进行整改，依法建账，健全财会制度。年度税收财务物价大检查工作，对2197户企业和单位（含个体工商业户）进行了重点检查，检查面达42.6%，全州共查出有违纪问题的单位1129户（含个体工商业户520户），占被检查单位的51.39%，共查出违纪资金0.12亿元。通过检查，已收缴入库资金0.11亿元，是应入库金额的95.12%。

1997年，全州通过预算外资金的监督管理，全年上缴财政专户资金0.53亿元，占当年预算外资金收入的19.16%，比上年增加0.20亿元，增长59.97%。预算外资金清理，重点抽查311个单位，占全部单位户数的30%，发现有问题的单位123户，共查出违纪资金0.22亿元。其中：隐瞒漏报预算外资金8万元，应缴未缴财政预算资金622万元，应缴未缴财政预算外专户资金0.14亿元；违规支用资金173万元；“小金库”资金3万元。全年纳入预算管理的行政事业性收入为508.4万元，占任务数的140.22%。

是年，全州税收财务物价大检查，共查3444户企业、单位和个体工商业户进行重点检查，检查面为43.6%，共查出有违纪问题的单位1281户，违纪金额0.15亿元。收缴入库资金0.13亿元，占应入库金额的96.44%。

1998年，完成1997年度税收财务物价大检查后期扫尾工作，全州3444户行政、企事业单位重点检查，查出违纪金额0.15亿元，应入库金额0.14亿元，已入库金额0.13亿元，入库率96.44%；对通信工具进行清理处置，全州清理处置住宅电话3819部、移动电话1083部、寻呼机3923部，共收回资金225.6万元，对各种行政性收费和罚没收入入库及使用的情况进行检查，主要对公、检、法、工商行政管理部门的行政性收费和罚没收入，实行“收支两条线”情况清理检查，并对部分行政事业单位财务收支情况进行重点检查，查出违纪金额250万元；对州直29个单位进行行政性收费和罚没收入专项检查，清缴入库资金30万元；对民政救灾资金、劳动部门“两金”及“渴望工程”资金使用情况进行专项检查，查出违纪使用资金400万元；清理财政周转金，州级财政周转金“只收不放”，采取限期催收、预算抵扣等方式，收回财政周转金借款176万元。

1999年，对国有企业下岗职工基本生活费进行专门检查，共查出违纪使用资金228万元，并督促纠正；对“义教”工程、扶贫、粮食自给工程、农业综合开发、以工代赈和“渴望工程”等项目资金使用情况进行专项检查，促进项目实施和按期完工；对州烟草公司1996—1998年财政投入的烤烟扶持费使用情况、州气象局1997—1999年财政拨入专项资金使用情况进行检查，纠正了违反规定的行为；根据《财政部整顿财政周转金方案》，对财政资金的清理收回进行监督。年内，全面停止财政周转金发放，对财政周转金只收不借，全年州级财政共回收财政周转金56万元。全年共回收到期农发有偿资金760万元，回收到期农业产业化资金120万元，收回贵定卷烟厂借款640万元，州烟草公司借款200万元。同期，对部分干部职工拖欠公款问题进行清理，共清理干部职工拖欠公款888.69万元，清理回收262.54万元，回收额占欠款总额的29.54%。

2000年，会同农口部门多次对农发项目资金、粮食自给工程资金、扶贫资金、以工代赈资金、冬修水利建设资金等支农专项资金使用情况进行检查，纠正挤占挪用专项资金行为，对个别问题严重的进行处理；全年共收回到期农发有偿资金364.8万元，农业产业化有偿资金51万元；对1999年度州级财政安排的100万元州直党建扶贫专项资金的使用情况进行专项检查，各贫困县对此项资金的使用均设有专账，实行项目“报账制”，21个项目已有20个竣工投入使用。是年，对全州财政性资金使用、预算外资金财政专户管理以及会计核算、内部控制制度建设等进行重点检查，各县（市）财政性资金管理总预算内资金拨款手续和程序规范，大部分县（市）有专门管理人员，内部控制制度得到加强。是年，州财政部门制定并颁发内部监督管理办法，对部分业务科室1999年度的资金管理进行内部审计，促进依法理财。县（市）财政部门联系实际开展内部监督检查工作，对所属财政所进行全面检查，并针对存在问题进一步建立健全内部监督制度。全年共审批各种专控商品419辆（台、部、套），金额0.35亿元，为省下达专控指标的100%，同时征收社控商品教育费附加168.6万元。州、县两级财政部门全部建立社保资金专户，并有专人管理。

2001年，全州财政监督工作重点是财政预算内基建投资项目概、预（决）算审查。州级财政全年共审查项目31项，原报金额0.34亿元，审定金额0.30亿元，审减427万元，审减率为12.3%；以编代审项目6项，编审金额0.15亿元。是年，州级财政建立政府外债还贷准备金制度，保证每年预算安排不低于300万元。为维护转贷协议、外债担保的严肃性，财政部门采取积极催交、抵扣往来资金、硬扣预算单位资金等措施，进行外债清偿。州级财政全年共收回应交国际金融组织贷款利息和承诺费203万元，占应收回息费的80.88%。

2002年，当年检查了州直行政事业单位2000年至2002年财政专项资金和政府性基金的管理使用情况，并重点检查了州环保局的排污费和2002年纳入预算管理的散装水泥专项资金、残疾人就业保障金等管理使用情况。同期，州财政部门会同监察、计划等部门，对全州12县（市）国债资金管理使用情况进行检查，并处理了未实行专户管理和挪用国债资金的单位。是年，对全州1230个行政事业单位的4484个银行账户进行清理整顿。经审批，保留账户3264个，合并撤销账户1220个。其中，州直127个行政事业单位（含二级单位）的713个银行账户经审核，保留账户829个，合并撤销账户184个。开展医疗卫生机构2001年会计信息质量检查，共检查31个单位，查出资产、损益不实等问题资金1914万元，并督促其整改。

2003年，全州预算外资金决算单位753户，预算外资金收入2.80亿元，比上年减少207万元，同上年相比减少0.37%；预算外资金支出2.50亿元，比上年减少0.20亿元，同上年相比减支7.56%。及时催收、足额上缴2003年黔南州到期外债本息0.17亿元（其中，州级到期外债本息123.4万元），实现偿债率100%。对新的贷款项目严格把关，坚持没有政府批复文件，没有偿还能力，没有还款计划和还本付息承诺的项目，财政不予担保，不向上申报。回收到期农发财政有偿资金746万元，及时足额归还到期省级财政有偿资金996.2万元，确保州农发项目投资信誉。

2004年，州、县两级财政部门围绕资金的安全和绩效，组织力量对全州近3年的财政扶贫资金和其他各类专项资金使用管理情况进行全面清理检查。针对清理出来的情况和问题，州政府下发《关于进一步改进和加强全州专项资金管理的通知》，提出了加强管理的对策措施。是年，各级财政部门开展内部监督检查，对系统内170多个所（科）进行检查40多次，预防跑冒滴漏和职务犯罪。全州组成17个检查组对重点单位进行财务和会计信息质量检查，对违规单位依法下达处理决定。州、县两级会计结算中心认真把好审核报账关，加大会计稽核力度，州级会计结算中心抽调专人对纳入中心的56个单位的会计核算情况进行内部稽核。

2005—2007年，全州财政监督重点立足打造部门预算“阳光财政”，同时通过会计集中核算和国库集中支付，加强财政监督。期间，会计集中核算向国库集中收付改革的转轨在州级稳定推进。会计集中核算改革在加强财政资金使用监督、提高会计核算质量、遏制违规违纪使用资金的问题等方面取得积极效果。州级国库集中收付改革试点自2005年8月启动后，都匀、福泉、罗甸等县（市）相继启动国库集中收付制度改革。2006年全州国库支付中心共受理试点单位报账510次，审核票据12475张，累计支付资金0.19亿元。3年间，不断完善政府采购管理与执行的相关制度和工作程序，加强过程管理和监督，加大采购信息公开力度。全州共实施政府采购活动595次，累计完成采购资金1.46亿元，与市场同期价相比，节约采购资金0.21亿元，资金节约率为12.74%。

2008年，针对支农资金使用管理中存在的问题，州财政部门下发《关于切实加强财政支农资金全程监督管理的通知》，明确财政支农资金事前、事中和事后的管理事项。为管好用好救灾资金，确保救灾资金专款专用，财政部门组成检查组，分别对全州12个县（市）及州级16个部门雪凝期间抗灾救灾和灾后重建资金管理使用情况进行了专项检查。检查发现部分救灾资金存在管理不够规范、拨付不及时、兑现不合规等问题，对此责成各县（市）和州直各有关部门限期进行整改，并向相关单位提出加大资金监管的意见。年内，对固定资产投资进行监督，全年共审查基建资金0.65亿元。同时将财政性基建资金纳入州级财政基建项目管理中，严格实行资金二次放行制度，堵塞基建项目资金管理漏洞。

是年，在州级开展“小金库”、人员“吃空饷”和行政事业单位国有资产经营收入等专项清理检查，至12月底止，共清理出私设“小金库”单位8个，余额181.69万元，清理出人员“吃空饷”单位19个68人，涉及金额235.6万元，清理工作进行政策对照给予处理纠正。

2009年，开展项目开工、工程进度、执行“四制”资金使用情况的专项检查，专项检查覆盖面达全州项目总数的80%以上。开展“小金库”专项治理，州、县财政和纪检、审计等部门，通过自查自纠和重点检查，全州共发现有101个单位设立“小金库”126个，涉及金额0.18亿元。对存在的问题依法进行了查处，及时纠正，撤销违规设立账户84个，有关责任人受到相应处理。州、县财政及纪检、监察、组织、人事、编办等部门开展了财政供养人员在编不在岗清理工作。州级针对2008年已查明的68名在编不在岗人员再次进行清理核查，对18人停发工资，有40人被停拨各项经费，减少财政资金流失浪费200多万元。

2010年，财政监督侧重检查确保抗旱救灾资金物资专款专用，对12个县（市和开发区）及6个部门的抗旱救灾资金、物资管理使用情况进行专项检查，结果证明，抗旱救灾资金和物资基本做到安全运行，专款专用。是年，开展“小金库”治理“回头看”和社团、国有及国有控股企业“小金库”治理。全州参与开展重点检查单位292个，重点检查面22.56%。通过自查自纠和重点检查，发现违纪违规单位26个，依法对违规账户进行处理。

2011年4月开始，全州财政系统开展账户资金安全性、拨款手续完备性、账务处理及时性和制度执行等为主要内容的检查活动，组4个检查组对各县（市）进行重点督查。针对部分县（市）存在票据使用、预算管理和会计基础工作不够规范等问题，督促相关单位进行了整改，在总结2009—2010年开展“小金库”专项治理工作取得经验的基础上，对1650户单位的“小金库”专项治理工作进行了全面复查，复查面100%，复查发现有4户单位“小金库”，涉及结余金额149.51万元，纠正处理账户2个，金额6.28万元；纪委收缴撤销账户1个，金额142.53万元；待处理账户1个，金额0.7万元。年内，组织财政、农业、畜牧等方面的专家分别对12个县（市）2009年度29个中央财政支农项目进行州级检查验收。财政部门对农口专项资金（扶贫开发以工代赈资金、水利资金、农业产业化资金等）进行专项检查。

2012年，州、县财政部门抽调113人，组成26个检查组，对66个单位的会计管理进行检查。其中国有及国有控股企业7户，行政事业单位58户，其他1户。检查发现有违规问题的27户，违规资金604.97万元；补缴税款1户，金额1.46万元；处以罚款6户，金额17.53万元。对检查中发现的问题要求相关单位限期进行整改，对违纪资金进行处罚，对州级5家被查单位首次在新闻媒体上进行检查前的公示和检查结果的公告。州级组织各县（市）对2009—2011年的家电下乡、农资综合补贴、粮食直补等23项涉农补贴资金共30.92亿元进行清理和检查，所有涉农资金均通过“一折通”发放，未发现违纪违规现象。对全州行政事业性收入项目、收费标准、收费金额、收费依据、票据使用等情况进行了清理和检查，全州共清理出行政事业性收费项目2002项，其中1659项收费项目与国家、省有关法律法规及省公布的2011年收费项目相符，有343项收费项目存在不规范行为。对不规范的收费项目按不同情况提出了整改措施和建议，并将相关清理整顿情况上报省物价、财政部门。

是年，在继州级办公设备、公务用车、办公用品、办公印刷等实行定点采购的基础上，建立了办公家具协议供货制度，对10万元以内的办公家具实行协议供货监督，并通过招标确定政府采购供应商。是年，全州执行政府采购项目预算资金26.48亿元，比上年增长255%；实施政府采购资金24.91亿元，比上年增加18.18亿元，节约资金1.57亿元，资金节约率为6%。其中：州本级执行政府采购项目预算资金19.93亿元，实施政府采购资金18.94亿元，节约资金0.99亿元，资金节约率为5%。

2013年，州级组织对8个县（市）2012年度小型农田水利建设项目和全州2012年度现代农业生产发展项目进行检查和绩效考评；对7个县（市）2012年度农发项目进行州级验收督查；对3个县5个病险水库治理项目、全州2012年度“一事一议”项目、执行国家家电下乡政策情况、粮食综合直补等5项涉农资金、农业综合开发项目、州级5个部门单位2012年度会计信息质量进行检查。同时，配合州扶贫局对2010—2012年度财政扶贫资金项目管理使用情况进行了交叉检查。对检查发现问题提出了整改意见，确保各项惠农政策落到实处和涉农资金安全有效使用。

是年，州财政与州纪委、监察局组织对州委、州政府两办、旅游局、文广局等10家州直部门开展厉行节约、制止奢侈浪费情况进行检查，结果表明，被查单位会议费、公务接待费和外出学习考察费较上年同期都有不同程度的减少，未发现公款旅游的情况。州财政局对全州财政专户和州直138个预算单位491个银行账户财政性资金、结转结余资金进行全面清理，并对相关预算单位的账户进行了撤销和归并，共撤并银行账户164个，特设专户归集财政资金2.14亿元。“三公”经费管理，在部门财政预算实行“零增长”的基础上，扣减单位5%的公用经费，加大对教育的投入。在部门预算安排上，要求各预算单位“三公”经费支出不能高于上年的实际执行数，实行源头管控。为严格控制公务接待开支范围和接待费用支出，州政府制定了《黔南州州级机关会议费管理办法》《黔南州州级机关接待费管理办法》。为严格控制车辆购置及运行费用支出，州本级相继出台了《黔南州州直党政机关一般公务用车编制》《黔南州党政机关事业单位公务用车配备管理实施办法（试行）》《黔南州党政机关公务公车问题专项治理工作实施方案》等管理制度，确保车辆购置及运行费用得到控制。至12月底，州级会议活动费共支出1673.45万元，比上年下降24.43%；公务接待费共支出2653.64万元，比上年下降17.32%；公务车购置共支出1101.88万元，比上年增长268.26%，公车购置费较上年增长的主要原因是2011—2012年10月全国开展公车治理，车辆购置一直未开展；车辆运行费共支出2560.39万元，比上年下降18.68%；因公出国（境）费用共支出65.96万元，比上年增长52.12%，因公出国（境）费用较上年增长的主要原因是州政协、州旅游局2012年随团参加学习，费用在2013年结账。同时，州级将财政预决算和39个部门单位的“三公”经费预算和执行情况在州政府门户网站进行公开，接受社会和群众的监督。

2014年，根据《党政机关厉行节约反对浪费条例》及其《实施细则》，州财政局修订《黔南州州级党政机关差旅费管理办法》《黔南州州级党政机关会议费管理办法》《黔南州州级党政机关培训费管理办法》等管理制度。在2014年部门预算中，州直各预算单位的“三公”经费预算按照比上年决算数降低10%来安排，并细化单列“三公”经费预算，把降低政府行政开支的重点放在会议费、公务接待费、出国（境）经费、车辆购置及运行费的增长上，切实控制政府运行成本。同时，加强对州直单位会议活动费和“三公”经费的预算约束和执行监督。是年，州直部门单位“三公”经费开支0.50亿元，比上年减少0.18亿元，下降26.34%。其中公务接待费支出0.16亿元，比上年减少0.14亿元，下降46.92%；公务车辆购置及运行维护费支出0.33亿元，比上年减少406.28万元，下降12.19%；会议活动费支出0.11亿元，比上年减少0.06亿元，下降34.69%。

四、国有资产管理

1990年，国务院下发《关于加强国有资产管理的通知》后，经州编制委员会批准，在州财政局内设国有资产管理科，都匀、独山、瓮安、惠水、长顺、三都6个县（市）成立县级国有资产管理股。

1991年，州财政局先期对行政事业单位的国有资产进行摸底清查，于1992年上半年完成国有资产清查登记，并建立管理制度。是年，全州各县（市）建立国有资产管理机构，建立相应制度。1992年，对全州586户企业进行首次国有资产产权登记，登记资产总额为17.76亿元，国有资产总额6.03亿元。全州2123个行政事业单位进行国有资产清理，国有资产总额为4.80亿元。

1993年，全州共登记国有资产总额6.40亿元，国有资本金总额5.83亿元；利润总额0.11亿元，实有资金6.28亿元；共核实全州1714户行政事业单位占有国有资产8.07亿元，较1992年度全州国有资产决算5.37亿元净增2.70亿元，增长5.03%，促使全州2.70亿元账外国有资产纳入国资管理范畴，防止国有资产的流失。1994—1995年。着重对企业进行清产投资、产权登记、资产评估等工作。1995年底，全州553户国有企业资产总额核定为32.79亿元，其中国有资产10.05亿元。

1996年，对全州553户国有企业和行政事业单位开办的经济实体进行一年一度的产权年检登记。共登记国家资本及其权益9.27亿元（其中国家资本7.36亿元，占79.42%），法人资本及其权益0.54亿元（其中国有法人资本0.29亿元，占65.09%）；对全州489户国有企业进行国有资产统计，资产总额31.68亿元，长期投资0.51亿元，所有者权益9.31亿元，实收资本7.26亿元，未分配1.75亿元，利润总额563万元。开展全州行政事业单位产权登记工作，共登记1208户，资产总额13.60亿元，负债总额1.87亿元，其中国有资产总额为11.73亿元。

1997年，开展全州企业、行政事业单位国有资产统计和产权登记年检，摸清了全州国有资产分布、存量等状况，建立了全州产权登记数据库。全州国有资产决算统计单位1661户，（企业511户，行政事业单位1160户），资产总额54.82亿元，（企业37.70亿元，占资产总额的68.78%，行政事业单位17.11亿元，占资产总额的31.22%）。负债总额30.44亿元，（企业占27.15亿元，占89.2%，行政事业单位3.28亿元，占10.8%）。国有资产总额24.42亿元，占资产总额的44.56%，（企业10.59亿元，占43.38%；行政事业单位13.83亿元，占56.62%）。在资产报废、划转、出售过程中，办理评估、处置审批手续，减少国有资产流失。全年共办理资产处置50余项，其中州级21项，处置资产0.13亿元。全年规范评估资产67项，评估值达2.7亿元。是年，列入国有资产保值增值考核范围的企业共507户，占决算统计企业户数的99.2%。其中：盈利企业286户，保值增值额6.62亿元，增值率5.76%；亏损企业221户，保值增值额1.63亿元，增值率32.72%。对独山锑矿资源、三都森林资源的开发、利用和管理等情况进行了摸底调查。在企业转制、重组、破产过程中，切实加强国有产权监管。州级国资部门直接参加3户州直企业的转制、破产清算工作摸索国资管理经验。

1998年，开展城镇集体企业清产核资工作。对1150户行政事业单位、478户国有企业的资产进行统计，资产总额为56.14亿元，（企业372889万元，占66.42%；行政事业单位18.85亿元，占33.58%）。负债总额318250万元，（企业281640万元，占88.50%；行政事业单位3.66亿元，占11.50%）。国有资产总额25.08亿元，占资产总额的44.68%，（企业0.24亿元，占36.84%；行政事业单位15.84亿元，占63.16%）。在1997年扩大城镇集体企业资产核资试点时完成344户集体企业清产核资工作，当年对75户企业开展清产核资，总计419户城镇集体企业，资产总额14.85亿元，负债总额12.70亿元，所有者权益2.14元。是年，完成全州494户企业上年度国有资产保值增值考核及州级企业国有资产保值增值与工效挂钩考核，并在参与国有小型企业改制过程中，加强对国有资产监管。全年规范审批州级行政事业单位资产划转、变卖、报损报废等处置事项40项，资产值209万元。

1999年，完成全州1998年度国有资产年报、国有资产产权登记年检、国有资产保值增值考核、集体企事业年度报表汇总等基础管理工作。全州国有资产统计年报户数共计1628户，国有资产总额53.13亿元，其中经营性资产37.29亿元，占70.18%。全州产权登记年检共计1704户，其中：行政事业单位1223户，资产总额20.34亿元（国有资产总额14.59亿元，占81.57%）；企业481户，国有资产7.47亿元，占实收资产95.89%。上半年，全州第一次开展城镇集体企业1998年度资产统计工作，统计共有373户，资产总额23.05亿元。完成450户国有企业国有资本金保值增值考核工作。通过清理统计，摸清了全州企业技改资金、基建拨款、商网和粮网资金、各类借款余额以及州直各类企业生产、负债、净资产等情况。

是年4—5月，配合省国资局资产评估行业清理整顿检查组对黔南会计师事务所、黔南州财务咨询公司、黔南黔诚会计师事务所、都信会计师事务所、黔福会计师事务所5家资产评估机构进行检查整顿，并对其脱钩改制中的资产划转、重组等进行了评审监督。检查组确认全州5家中介服务机构符合执业条件，人员配备、软硬件建设、执业操作、报务质量等达到基本要求，有中介服务能力。年内，州国资部门审批州直单位资产转让6项，报废9项，总额43万元；产权界定1项，总额33万元；资产评估立项13项，确认8项。

2000—2001年，完成州1999年度行政事业单位、国有企业和集体企业的资产统计。共统计行政事业单位1172户，资产总额21.7亿元（国有资产总额17.95亿元，占82.72%）；国有企业404户，资产总额40.04亿元；集体企业202户，资产总额7.22亿元；集体金融企业147户，资产总额13.17亿元。同时，对408户国有企业进行产权登记年检，为368户国有企业进行重新登记换证，完成州级40户国有企业工效挂钩考核。参与黔大公司、州锻压厂、州五钠厂等3户大中型企业的改制工作。为探索国有资本管理、监督和营运的有效形式，黔南州国有资本营运有限责任公司正式挂牌成立，初步建立国有资本管理、监督和营运机制。对黔南师专、黔南教育学院、都匀民师三校合并的资产进行立项评估，评估值为0.53亿元。对州直行政事业单位国有资产处置进行严格审批，全年共审批处置资产17项，期中：报废15项，资产值139万元；划转2项，资产值40万元。

2002年，全州2001年度行政事业单位、国有建设单位、国有企业的资产及国有资本保值增值考核统计。全州行政事业单位115户，资产总额25.84亿元，国有建设单位143户，完成投资总额3.68亿元；国有企业359户，资产总额40.08亿元。开展产权登记年检，完成全州357户企业产权登记，完成54户州级行政事业单位产权登记年检。开展企业效绩评价试点工作。州财政部门对都匀市汽车运输公司进行效绩评价，为企业下一步发展提供可靠资料，同时也为企业实行年薪制提供有关基础数据。开展资产评估备案、固定资产清理工作，严格资产处置审批，全州行政事业、企业单位共9户开展资产评估备案。其中，行政事业单位5户，资产账面价值59.25万元，评估价值21.54万元，增值率61.29%；国有企业2户，资产账面价值811万元，评估价值1983万元，增值率144.51%；有限责任公司2户，资产账面价值65万元，评估价值33.96万元，增值率45.15%。全年共审批处置州级行政事业单位国有资产19项，其中，报废13项，资产价值101.19万元；划转2项，资产价值164.68万元；转让4项，资产价值20.44万元。参与国有企业改革改制及“政策性”破产企业的破产清算工作。

2003年，对2000—2002年州直全额拨款行政事业单位新增固定资产（除房屋、建筑物、土地外）进行全面清理，摸清州直行政事业单位购置固定资产的家底，并针对清理中发现的问题提出改进意见。州级国有企业改革改制工作，审批中介机构提供的资产评估报告，严格执行国有资产评估报告备案制，对改制企业清理出的不良资产，严格按照有关文件规定提出处理意见报批。同期，抓好国有企业、行政事业单位资产处置（包括无偿转让、出售、报废、报损等），有效防止国有资产流失。对全州381户国有及国有控股企业、州本级127户行政事业单位的产权登记年检；对全州24户外商投资企业进行联检，及时为企业更换新的财政登记证；完成州级35户工效挂钩企业2002年度效益工资结算和2003年度工效挂钩方案审批。全年全州国有企业共申报退税0.24亿元，经审核剔除134.68万元，同意申报退税0.22亿元，以上年度申报982.22万元，实际退库1458.06万元。

2004—2005年，组织和指导企业开展清产核资，做好企业国有资产转让中有关资产评估备案，坚持企业国有产权转让“公平、公正、公开”原则；安排专项资金解决必须支付的改革成本，支持企业改革改制。是年，全州400户企业改革改制面达三分之二以上。做好产权登记年检，严把国有资产报损报废关（包括无偿、转让、出售、报废、报损），注重防止国有资产流失及财政风险。全年全州申报退税0.28亿元，经审查办理退税0.30亿元。2005年，全州完成改制企业343户。

2006年，州级实行财政“备案”制，要求行政事业单位在处置资产时，首先要求占有单位到中介机构进行评估，然后到财政部门进行备案，最后到拍卖机构进行公开拍卖，进行阳光操作，从制度上、程序上规范运作，提高资产的处置效益，防止国有资产流失。是年，州级行政事业单位128户完成产权登记年检工作。

2007年，开展全州行政事业单位资产清查。州委、州政府成立资产清查领导小组，由分管财政的常务副州长任组长，相关单位负责人为成员，资产清查领导小组下设办公室在州财政局，州财政局采取层层分解落实任务的办法进行资产清查工作。是年6月底，全州行政事业单位资产清查工作完成。

2008年，为探索州级行政事业单位国有资产管理改革的新路子，分管财政的常务副州长率领财政局、监察局、审计局、资本运营公司等单位负责人，到广西壮族自治区南宁市考察学习行政事业单位国有资产管理改革的经验。考察学习后，提出了州级行政事业单位国有资产管理体制改革的意见和建议，并得到了州委、州政府的认可。2009年，州级对96个行政事业单位经营性国有资产进行清理，研究制定了行政事业单位国有资产的处置、报废管理办法。

2010年，州财政局正式成立州级行政事业单位国有资产管理办公室。是年受理29户州级行政事业单位的国有资产处置申请，审批处置资产0.20亿元（其中，拍卖资产362万元、报废资产0.15亿元、无偿划转州剑化社区管理局资产0.13亿元），处置资产收入22.4万元。

2011年，州财政局制定《黔南州州级行政事业单位国有资产管理暂行办法》，并印发州级各主管部门、各行政事业单位执行。2012年，开展2011年度国有资产信息统计上报工作；开展全州事业单位公务用车清查。

2013年，州财政局对州级143个行政事业单位的土地、房屋资产进行清理，将州农委、都匀二中等权属明确的州级47家单位的房屋和土地资产划转到州国有资产营运公司，整合固定资产，充实融资平台。对州级236个事业单位的公务用车进行清理，清理公务用车248辆，核定公务用车编制352辆，并印发了《黔南州州级事业单位公务用车配备使用管理暂行规定》。年底，全州行政事业资产总计123.67亿元，其中固定资产66.75亿元。州级资产合计15.3亿元，其中固定资产11.4亿元。同时，建立了州级单位资产处置台账，对单位处置国有资产进行监督。是年，州级共处置公务用车53辆，其中拍卖37辆，报废16辆。报废办公用具、电子设备等固定资产2188件（套）。全年共计核销处置固定资产原值2107.1万元。

2014年7月，州财政局印发《黔南州州级行政事业单位国有资产配置管理暂行办法》《黔南州州级行政事业单位国有资产处置管理暂行办法》，制定州国资委工作规则和州国资局“三定”方案、国有企业负责人绩效考核暂行办法、国有企业负责人薪酬管理暂行办法等。

第四节　国有资本营运

2000年，州政府决定成立州国有资本营运公司，注册资本1亿元，资本金主要由州财政原发放的信用资金的债权和州级控股企业的股权组成，州国有资本营运公司为独立核算、自负盈亏的国有独资企业法人实体。

州国有资本公司实行董事会、监事会管理体制，董事会成员由州政府确定。公司组建经营班子，总经理由州政府任命。公司内部机构设行政部、投资开发部、资产管理部、财务部、离退休人员管理部、物业管理服务部6个职能部门。营运公司直接经营州级企业国有资产产权，通过市场机制，以参股、控股等资产连接纽带经营全州范围内的国有资本和州级财政每年新增的专项资金等。公司主要营运收入由投资收益、股权红利、债权利息收入、担保业务收入、国有企业产权转让收入、国有资本置换差价和授权范围内的其他国有资产经营收入组成。

一、国有企业改革改制及企业改制后托管

2000年8月，州资本营运公司参与州级国有企业改革改制。按市场机制运作国企改革中的资产变现、资本营运、职工安置，配合相关部门制定企业改制方案，介入企业改制成本测算，清理各类资产、债权债务，理顺平衡各方利益，预审改制方案。营运公司运作以国有企业资产的产权为经营对象，以保证国有企业资产的保值增值和谋取资本金的最大收益为目的，对国有企业改革改制进行先期清产核资与财务审计。资产处置方案由专门的中介机构负责挂牌出售。州级改制企业的资产评估、财务审计工作由州国企办指定有资质的中介机构承担。州国有资本营运公司先期收购企业债权、土地和资产，筹集资金用于安置职工。在操作中严把清产核资、资产评估、中介机构委托、产权出售和职工安置关。出售的资产收益主要用于职工安置和债务清偿。通过改制、转换机制，公司在资本的流动中盘活一批中小国企。同时，捆绑“打包”处置金融机构的债务，以0.16亿元买断金融部门的0.97亿元的债务，在企业改制中通过存量资产的运作，逐步收回垫付的资金。公司成立离退休人员管理部，加强对托管人员的管理服务，同时对托管人员按原所属单位分片区设工作组进行管理。公司年支付托管人员各项开支0.15亿元，对原企业多年拖欠的医药费、养老失业保险进行清理补交，并办理医疗保险，按规定及时为退休人员调整基本养老金，按年最低标准提高内部退休生活费。每逢中秋、春节，公司均对托管人员进行慰问，对生活困难人员给予经济补助，把对托管人员的关心具体化、制度化。

2005年，投资454万元，为原锻压机床厂部分住房条件差的职工及照顾低收入购房困难家庭修建一栋总建筑面积为8260平方米（102户）经济适用房，以成本价转让给员工；筹资1700万元修建小围寨20100平方米廉租房，一期工程4000平方米廉租房完工，60户

困难职工于2012年春节前入住，二期工程16100平方米340套廉租房于2012年底完工。

2010年，投资250万元对托管的原企业职工居住区进行水电设施维护管理、房屋修缮和宿舍区综合治理，严防各种不安定因素发生。筹资96万元用于苎麻纺织厂生活区的水改工程并竣工交付使用，解决苎麻纺织公司片区2000多名职工家属的饮水问题。

2012年，公司通过招商引资建设剑江新城经济适用房一期和贵定石牛水泥厂经济适用房项目。剑江新城经济适用房一期项目建筑总面积21300平方米，投资总额3800万元。是年，项目完成工程规划设计、地勘、施工设计、土地变更，两个经济适用房项目的建设解决450户无房职工的住房问题。年底，公司共操作完成39户企业的改革改制工作，接收资产1.88亿元。改制总成本6.11亿元（未含新增因素），改制资金缺口4.23亿元。现托管人员2974人，其中：退休人员2593人，内养人员145人，遗属277人，离休老干部13人。

是年，帮助改制破产企业职工解决实际困难，39户州属国有改制破产企业一次性安置人员1756人。企业改制破产前因各种原因解除劳动关系2000人、各时期长期临时工1200人、三类人员5000人。年底，共接待各类上访人员2480批16850人（次）。对上访问题，及时处理各类上访诉求，主动化解矛盾，州政府分管领导及诉求涉及部门负责人进行各类诉求答复处理，为下岗失业人员开展就业扶持、社保参保及缴费、失业保险办理、低保申办、医疗社会救助、子女助学、公益性岗位安排等服务。帮助下岗职工解决就业困难，重点对下岗职工中困难对象开展帮扶工作。在公益性岗位安排上优先考虑国有改制破产企业下岗失业人员。从2009年开始，分批次聘用州属改制破产企业下岗失业人员以及部分上访人员代表共823人。至2012年底，公司共计发放改制破产企业39户1000余人的存量补贴765.62万元。

二、资本营运项目

2001年，州国有资本营运公司通过制度建设、产权管理、资产评估、综合评价、产权交易等手段，初步形成国有资产营运体系；通过推进市场化运作，项目评估、公示、招标等程序，规范州级企业经营性资产的处置行为。公司累计实现经营收入4874万元，实现投资收益0.20亿元，实现利润总额0.54亿元，实现税收0.19亿元，国有资产增值0.44亿元，公司资产总值达5亿元。

2002年6月，州中小企业信用担保中心在州资本营运公司挂牌成立，采取两块牌子一套人员的方式运作。公司寻求合作组建融资担保公司，在政府基础设施建设、中小企业发展、下岗失业人员就业等方面提供信用担保。

2003年，通过招商引资，对蒙江流域水能资源进行开发。州政府与蒙江干流流经的长顺、惠水、罗甸3县政府作为甲方和贵州中水能源发展公司等对蒙江流域水电资源进行整体开发和经营管理。开发装机66万千瓦的水能资源，共同出资组建贵州中水蒙江水电开发有限公司，首期注册资本金为2亿元，其中：州资本营运公司出资0.15亿元，占资本总额的7.5%。是年，经营收入309.35万元，实现利润总额286.86万元，实现各项税收51.22万元。国有资产保值增率2.14%。

2004年，荔波大七孔电站经过8年的修建，在银行贷款1.6亿仍未产生经济效益的情况下，经州政府批准，州资本营运公司与广西电力局共同投资5000万元（公司出资1500万元，股比30%），组建朝阳发电公司，收购荔波大七孔电站。通过技改和整修，完成站区基建建设，两台机组（3.2万千瓦）发电，2005年实施并完成大七孔二期工程第三台机组（1.6万千瓦）安装，电站实现总装机4.8万千瓦时。

州资本营运公司会同中国国电集团公司、广州电力发展公司在福泉市共同投资建设、经营都匀电厂2台60万千瓦发电项目，总投资50亿，公司先期投入250万元，占5%的股权。

10月28日，州资本营运公司作为剑峰化工股份公司国股持股人（52.69%），将部分股权转让，促成剑峰公司与贵州宏福公司的资产重组。重组后的贵州宏福剑峰化工股份有限公司正式挂牌成立，注册总股本5150.1万股。是年，参与龙里县谷脚、都匀经济开发区、惠水县长田、独山县麻尾和贵定县等工业园区投资建设管理。公司作为政府授权的出资管理部门，派出领导分别担任各园区的董事，协助惠水县、龙里县工业园区建立中小企业担保中心，解决融资困难问题。与国家开发银行贵州分行、建设银行建立银企合作关系，为州级重点工程争取国家开发银行落实全州城市基础设施长期贷款2.86亿元。同时，公司与州相关职能部门配合，对国家开发银行贷款资金实行严格管理审核，建立专项资金拨付制度，确保项目建设需要。

是年，公司实现利税376.38万元，其中利润312.99万元，完成计划的104.33%，比上年增长9.1%；税金63.39万元，完成计划的115.25%，比上年增长23.76%；清理清收不良资产和财政信用资金502.12万元，完成计划的100.4%；国有资产增值率2.15%。2005年，公司实现利税457.47万元，其中利润377.22万元，完成计划107.78%，比上年增长20.52%，增加64.23万元；税金80.25万元，完成计划的123.46%，比上年增长26.6%；清理清收财政信用资金354.3万元，完成计划的118.1%；国有资产总量增加251.25万元，增值率2.35%，完成计划的117.5%。

2007年，州政府文化行政中心建设项目启动，公司向银行贷款0.20亿元作为前期的准备资金。对州体育中心资金建设筹集，州资本营运公司会同州体育局对建设工程进度进行管理，核定工程款项，前期通过银行贷款500万元，确保州体育中心各项建设按期完工，并于黔南州建州50周年庆典日开馆。12月，向建设银行黔南州分行融资0.10亿元，解决黔南民族师范学院的偿债资金。

2010年，将对外投资州水利水电公司（0.22亿元）、黔南朝阳发电公司（0.15亿元）、黔南蒙江公司（1500万元）、国电都匀发电公司（250万元）共计0.54亿元股权全部转移给黔南州投资公司，支持州政府搭建融资平台。

2011年，实现利税0.11亿元，完成年计划的214.27%。其中利润830.20万元，完成年计划的207.55%；实现税收283.99万元，完成年计划的236.66%，国有资产增值率5.41%，完成年计划的360.67%。是年，实现利税804.36万元，完成年计划的137.5%；其中利润518.38万元，完成年计划的115.19%；实现税收285.98万元，完成年计划的176.53%，国有资产增值率2.97%，完成年计划的198%。

2012年，以国有企业资产的产权为经营对象，通过对生产经营企业的参股、控股、投资，对授权经营的资产建立经营责任和资产监控制度。是年，对参股企业的股权，实行投资和财务监督，派出人员担任参股企业的董事、监事等职务，参与企业董事会，了解企业的生产经营情况，按公司法进行监管。公司投资参股的项目有宏福剑峰化工股份有限公司、黔南水利水电开发有限公司、朝阳发电公司、蒙江水电公司、黔南州中小企业信用担保中心、龙里工业园区担保公司等。

牵头运作项目有州歌舞团、州民贸公司、州体育局原址资本置换，文峰大酒店（都匀军供站）、都匀三中、州教育局片区、原州建公司（马踏飞燕、观澜轩）土地挂牌出让等18个项目。为州级重大经济项目及公益性基础设施建设、中小企业筹集资金提供贷款担保、策划融资、银行举债及下岗失业人员小额贷款等方面履行承贷主体职责，建立金融服务平台。向金融部门累计融资5.10亿元，累计担保融资贷款0.32亿元，担保余额0.79亿元。

至2012年，资金业务担保主要有：政府基础设施建设。共提供责任担保1.94亿元。主要为荔波机场、黔南师院、州档案馆的建设和黔南州交通资本营运公司公路建设等提供贷款担保，保证工程的进度和经济建设的需要。

中小企业发展贷款担保；先后为州烟叶调拨站担保贷款0.58亿元、贵定卷烟厂担保贷款0.52亿元，剑峰化工公司贷款担保3380万元。

下岗失业人员再就业小额贷款担保；2003年，州政府明确全州下岗失业人员小额担保贷款工作由州担保中心负责。7月，中心启动下岗失业人员小额担保贷款工作。10年来，担保中心共受理下岗失业人员个人小额担保贷款咨询千余人（次），为800余名下岗人员提供小额贷款担保0.25亿元。

债卷发行前期准备；州资本营运公司作为黔南州级融资平台，2012年向国家发改委申请发行企业债券20亿元，主要用于州级和都匀市设施建设。公司做好发债的前期基础工作，确保发债工作顺利推进。

财政信用资金；财政信用资金及剥离的不良资产进行清理，采取行政、经济、法律等措施，组织人员清收落实还款计划，总计收回改制企业剥离的不良债权和财政信用资金3458.92万元，减少了公司资产的风险。

是年，实现利税901.42元，完成年计划的128.78%，其中实现利润589.57万元，完成年计划的“117.91%；实现税收311.85万元，完成年计划的155.93%，国有资产增值率3.28%，完成年计划的164%。

三、引资项目

2001年，共引进项目4个，引进州外、省外资金0.95亿元。2003年，引进建设现代城，当年完成投资额0.22亿元；广东进达公司投资0.50亿元，建成2万立方米石油库；与贵州华宇房屋开发有限公司共同开发云都广场，当年完成投资额0.15亿元；引资500万元，对州棉纺织厂进行租赁。

2004年，招商引进项目3个，实际到位的资金1.48亿元（其中续建项目到位资金5367万元）。2005—2006年，在安顺“2005中国贵州黄果树瀑布节”经贸洽谈招商项目会上与福建房开商签订“利恒名苑”土地开发项目协议，引进福建利恒房地产“利恒名苑”土地开发招商引资项目，合同引资0.48亿元。是年，公司招商引资实际到位资金0.52亿元，加上上年度招商的续建项目，是年实际引资到位资金0.60亿元。

2007年，招商引资到位资金5771万元。2008年，招商引进工业项目2个，总投资1500万元。2009年，招商引资项目10个，项目总投资5.07亿元，实际到位资金4.5亿元，解决就业人数2000余人。2010年，引资项目3个，总投资1.06亿元，解决就业人数780人。2011年，引资项目5个，投资总额1.85亿元，解决就业人数1000人。2012年，引进项目4个，投资总额3亿元。

12年间，州资本营运公司通过资本运作、收购储备土地等方式吸引外资项目22个，引进项目资金10.98亿元，解决就业人员5000余人。

第二章 税 务

1991年，州、县（市）税务局负责同级税收工作。1994年，实行分税制改革，黔南州税务局分设为黔南州国家税务局（以下简称州国税局）和黔南州地方税务局（以下简称州地税局）。

州国税局成立后，内设办公室、计会科、人事科、税政一科、税政二科、税政三科、征管科、监察科、宣教科、税务报编辑部、研究室、稽查大队，下辖12个县（市）国家税务局，全系统设112个征收单位，在职干部职工1053人。2001年，州国税局实施机构改革，内设科室由13个精简为8个，基层税务分局撤并为30个。是年，征管和稽查分设，成立征收分局、管理分局和稽查分局，实行公开办税，申报纳税制度。2006年，实现申报纳税“一窗式”管理。2013年，实行营业税改征增值税。2014年，全州国税收入是1994年的12倍，年均增长14%。其间，2004年税收首次突破10亿元，2008年突破20亿元，2011年突破30亿元，2013—2014年分别迈上40亿元、50亿元台阶。

州地方税务局成立后，全州12个县（市）地税局也随同成立。1995年，州地税局内设机构有科（室）7个和直属分局2个。县（市）地税局内设人秘股、税收股、征收管理股、计会征收股、稽查队等5个股（队）。州、县（市）两级地方税务机构共有税务人员412人。2001年，地税机构改革，州地税局内设机构调整为8个科（室），县（市）地税局内设6个股室，州、县（市）分别设置稽查局、直属征收分局26个，州地税局设直属事业机构机关服务中心和信息中心各1个，县（市）按经济区划设置税务所（分局）65个所。全州地方税务局不断加强税源监控和征收管理，税收逐年递增。2014年，全州各地方税种收入72.41亿元。

第一节 税务体制改革

一、国家税务体制改革

1991—1994 年 8 月，黔南州税务局隶属贵州省税务局垂直管理，并受贵州省税务局和黔南州政府双重领导。1994 年 9 月，实施税收制度和财政管理体制改革后，国家税务局系统实行中央、省、市、县垂直领导的管理体制，负责中央与地方共享税的征收和管理。州国税局隶属国家税务总局垂直管理，贵州省国家税务局领导。

1997—1998 年，为适应税收工作向征管转移、向基层转移的需要，对州国税局和县（市）局征管机构进行调整，基层征收单位采取“留所建分局”的形式，将 112 个征收单位合并组建为 34 个。1998 年 4 月，州国税局制定了竞聘上岗实施方案，将 19 个领导职位向干部公开，有 22 人参加竞聘，通过竞聘有 16 人被聘用为科级领导。

2001 年 5 月，州国税局与都匀市国税局实行一级稽查，将都匀市国税局的国税稽查职能划归州国税局，由州国税局稽查局统一行使稽查职能。2008 年，州国税局明确州国税局稽查局为州国税局的直属机构，级别为副处级。各县（市）国税局稽查局为县（市）国税局的直属机构，级别为副科级。2011 年，州国税局设立都匀经济开发区国家税务局，机构级别为正科级。同时，撤销都匀市国家税务局经济开发区税务分局、大坪税务分局，管辖范围分别划入都匀经济开发区国家税务局和都匀市国家税务局城郊税务分局。

二、地方税务体制改革

1994 年 8 月，州政府下发《关于设置黔南州地方税务局的通知》，决定成立黔南州地方税务局，为州政府直属正县级机构。9 月 28 日，黔南州地方税务局正式成立。州、县（市）两级地方税务机构实行同级政府和上一级地方税务机构双重领导，以同级政府为主的管理体制。1995 年，州地税局内设办公室、人事教育科、税政科、税收管理科、计划会计科和直属征收分局、稽查分局。县（市）地税局内设人秘股、税收股、征收管理股、计会征收股、稽查队等 5 个股（队）。1997 年机构改革，州委、州政府下文明确黔南州地方税务局为州政府工作部门。州地税局内设 6 个职能机构和 2 个直属分局：办公室、税政一科、税政二科、税政三科、征收管理科、计划财务科、直属征收分局、税务稽查分局。

1998 年，实行上级地方税务机构和同级人民政府双重领导，以上级地方税务机构垂直领导为主的管理体制。是年，黔南州地方税务稽查分局改称州地税局稽查局。8 月，省委组织部、省机构编制委员会办公室、省人事厅、省地方税务局明确从全省地方税务系统实行省以下垂直管理。1999 年 5 月，省地税局批复同意黔南州地方税务系统设置监察室。是年底，州、县（市）两级地税局共建 13 个监察室。

2001 年，地税机构改革，州地税局内设办公室、政策法规科、地方税管理科、所得税管理科、监察室、征收管理科、计划财务管理科、人事教育科 8 个科室；县（市）地税局内6个股室。州及县（市）分别设置稽查局、直属征收分局26个；州地税局设直属事业机构机关服务中心和信息中心各1个；县（市）、乡（镇）税务所（分局）按经济区划设置65个所（分局）。

2002年，各县市地税局对所属内设机构、直属机构进行了部分调整。2006年6月，都匀经济开发区地方税务局成立，属正科级单位，受州地税局和都匀市政府共同领导，以州地税局领导为主。2009年，州委、州政府决定都匀经济开发区作为正县级机构单列，并重新明确了其行政辖区。据此，都匀经济开发区地税局改为黔南州地税局和都匀经济开发区管理委员会共同领导，以黔南州地税局领导为主。2012年，县市区地税机构改革，都匀经济开发区地方税务局更名为黔南州地方税务局都匀经济开发区分局，其税收征管辖区亦随行政辖区的调整而改变。

2014年，州地税局增设督察内审科。是年，州地税局制定下发机构职能和深化税收征管改革实施方案，对州及各县市地税局内设机构、直属机构职能作了调整，县（市）地税分局着重加强纳税服务、纳税评估和基础税源管理工作。

第二节　国家税征收

一、国税征收管理

（一）征收管理

1991年，黔南州国税局税收管理的主要有：按行业管理、条块结合管理、区域管理、重点税源集中管理、驻厂征收管理，以及“征、管、查”三分离的征管模式。在全州区乡“建、并、撤”工作中，州税务局根据本州实际情况以及征管工作改革的需要，采取“一不变”“四到位”（现行征管模式和税务所管辖的经济区域不变；新建乡镇税务征收组、税务干部、乡镇工商税收收入以及办公经费到位）实施改革。同时，为了适应行政区域和经济改革的需要，州税务局出台《黔南州税务局征管查三分离实施办法补充规定》，从根本上解决三分离在实际运转中如何相互衔接、协调配合的问题。

1992年，黔南州税务局实施“1345工程”（一个目标、三项成果、四项建设、五条措施），是年，全州税收突破4亿元，入库工商税收4.02亿元，为年度计划的109.48%。

1993年，黔南州税务局发布《黔南州税务局税务登记证办理制度》，对全州纳税人办理税务登记证及税务机关办证程序作了详细规定，为规范办证流程，都匀市税务局在此次换证工作中，率先采用计算机为纳税人进行换证及证件打印工作，并将纳税人信息纳入计算机中进行管理。

1995年，黔南州国税局提出征管改革规划。明确：税收做到征管法制健全、申报纳税自觉、税务代理普及、征管纳税现代化、征管组织形式科学、征管监控有力的科学、严密、规范、高效的税收征管体系。同时进行了以纳税申报、税务代理、税务稽查为重点的征管改革，在全省率先对具备条件的企业逐步推行自行申报、自行开票、自行缴款的“三自纳税”。

1996年，以计算机网络为依托，“集中征收、重点稽查”的新型税收征管模式。同时推行国税征管工作质量“十项指标”考核制度；开展全州个体工商户定额和税负调查，强化个体、零散税收征管。当年，共计调查纳税户4706户，调整3631户，调高月营业额1197万元，增加月税额7.4万元。是年5月，黔南州国税局正式出台《黔南州国税征管改革八年规划暨实施方案》，明确提出了全州国税部门税收征管改革的目标、任务、配套措施和实施步骤。

是年，全州各县、市国税局办税服务厅全部建成运行，当年运转的16个办税服务厅，负责征收的固定纳税户共计12073户，占全州所有纳税户总数的44.14%。各县、市国税局全面推行个体户划账缴税，实施“银税一体化”（由税务机关受理纳税人纳税申报成功后，根据纳税人纳税申报的应纳税款打印出税收缴款书，再由银行部门根据税务机关传递的税收缴款书对应内容，自动从纳税人账户上扣缴当期税款，税务机关直接到国库领取税收缴款书回执联，据以入库销号，从而实现税款征缴）征收、解库工作；在都匀、荔波、平塘、独山建立企业预缴税款试点工作；全州换发税务登记证，全部实现计算机录入打印、统计。是年底，都匀市国税局作为全省试点单位开始对纳税人纳税申报工作实行计算机管理，并逐步实现申报数据由县、市国税局到州国税局最后到省国税局的集中。

1997—1998年，全州国税系统征管改革取得突破性进展，具体是：普遍建立申报纳税制度，全州固定业户上门申报率，城区达98.7%，农村达99%；强化办税服务厅建设，逐步改善税收服务环境，1997年，通过办税服务厅征收的税款达90%以上，分散零星税收向集中征收转变；对征管机构按“精简、效能、适当集中”的原则进行调整，全面推行“留所建分局”，基层征收单位由112个减少到34个；推行个体私营经济建账试点工作。是年，全州个体私营业户建账达295户；征管电子化水平提高，建成14个计算机局域网，统一运行税收征管软件，实施“银税一体化”服务，全州绝大多数纳税户纳入计算机管理。

1999年，在全州国税务系统推行分类管理，实行“月税月清”制度，有效清欠压欠，提高税款及时、足额、均衡入库。同时，对全州“双定户”重新核定调整定额，达到进一步公平税负的目的。2000年，推行和完善“月税月清”制度，提高税款入库的及时性和税款均衡入库水平；是年，全州国税系统与3000多户纳税户签订《月税月清责任书》，明确征纳双方的权力、责任、义务。同时，进一步严格控制缓缴税款的审批工作，重申税款缓缴的审批程序和审批权限，实行“三关”（登记关、政策辅导关、审核关）审批程序。基层征收单位把好第一关，认真调查核实，县级局把好第二关，州局向省国税局提出建议作出审批决定。

2001年，《中华人民共和国税收征收管理法》（以下简称征管法）实施；是年10月，州国税局成立了执法检查领导小组，对州国税局机关科室及全州各县（市）国税局进行全面税收执法检查，重点对惠水县局、罗甸县局、长顺县局、贵定县局、独山县局、瓮安县局、都匀市开发区分局等就2001年制定的涉税文件及会议纪要、擅自改变税款入库级次、违规批准缓缴税款等内容进行检查，清理与新征管法相抵触的规范性文件共计400多份，对现行的20多种税务文书进行清查。

2002年，州国税局把征管质量建设列入州局、县、市国税局和基层分局三级“一把手”工程，相继制定《黔南州国税系统征管质量建设纲要》《征管质量评估办法》《征管质量建设责任追究制》及有关配套文件，实行州、县、分局三级层层追究，把征管质量建设达标情况作为对各县、市国税局及基层分局、征管职能部门的主要考评内容。是年，全州所有征收管理单位的征收、管理质量均达良好以上，其中一半的单位达优秀标准。

是年，州国税局发布《黔南州国家税务局关于在全州国税系统推广应用城市综合版税收征管软件的通知》，开始在全州推广使用州国税局自行开发的税务登记软件，该软件实现了登记数据全州集中。同时，在全州12个县（市）国税局全面推行以电话语音申报为主，银行网点划账缴税为辅的多元化申报纳税方式。是年，全州通过电话语音申报纳税的个体工商户达12764户，通过银行网点划账缴税的个体工商户达2000余户。

2003年，经省国税局批准，黔南州国税局作为推行升级后的数据集中版征管软件的试点单位，实现了征管数据在地市级集中的目标。2004年，为提高税收征管效率，州国税局自行开发国税、地税、工商信息共享系统，并在全省作为试点单位运行该系统，实现了国税、地税、工商登记信息资源共享。在龙里县国税局试点推行煤矿远程电子计量税控系统。惠水县国税局自行开发的“个体定额评估软件”实现人工定税向计算机定税的转变。同时，积极推行税收管理员制度，全面强化税源管理。

是年8月，州国税局在全州国税系统推广运用国家税务总局开发的“中国税收征管信息系统”（以下简称：综合征管软件）。

2005年1月，综合征管软件正式在全州国税系统上线运行，运行时共进行数据初始化的纳税户为27681户，其中：个体纳税人24785户，企业纳税人2844户，其他纳税人52户。是年，州国税局按照《国家税务总局关于车辆购置税税收政策及征收管理有关问题的通知》要求，明确车辆购置税从2005年1月1日起由国税系统进行征收管理，州国税局于2006年12月13日起，在全州国税系统推行新版车辆购置税征收管理系统。

2006年，为进一步强化分类管理，黔南州国税局结合工作实际制定并实施了税收征管工作“十一五”规划，按照规划要求采取了以下管理办法：根据行业分布特点，选择建材（水泥产品）、电力产品生产、药品生产、磷化工产品生产等17个行业实施行业分类管理。制定《黔南州国家税务局煤炭产品税收征收管理办法》，加强对煤炭行业的税收管理和治理。开展房地产、饮食、旅游、娱乐以及煤炭行业税收征管情况的清理核查及对边远辖区纳税人漏征漏管的清理整顿工作；完善和落实税收管理员制度，积极探索人机结合的评估办法，分别对水泥生产企业、制药行业、冶炼行业等共731户企业进行了纳税评估，约谈121人次，通过评估补税289.13万元；利用车辆上牌的准确信息控管车辆各环节、各税种的信息，强化车辆各税种的征收，实现车辆税收“一条龙”（即：加强机动车辆税收在生产、销售、购置、使用各个征收环节的信息沟通，实现上下各环节协调配合管理。以下简称“一条龙”管理）管理；制定《综合征管软件数据质量保障机制》，在全州国税系统开展综合征管软件数据质量帮扶工作，有效提高综合征管软件的数据质量。同年12月，全州纳税申报率为99.93%，准期纳税申报率为99.84%，税款入库率为99.43%，税款准期入库率为98.68%，均比当年1月份有了较大的提升；在全州国税系统统一服务窗口的设置，实现申报纳税“一窗式”管理（即：指原来分为三个环节或三个窗口操作的抄报税、认证和纳税申报工作放在“一个窗口”内进行，将这些工作结合起来，成为审核申报的有机整体），有效提升了服务效率和质量，并同地税部门采取联合办（换）证，为纳税人提供方便，共为纳税人节约费用约111.95万元。

2007年，黔南州国税局对部分县（市）国税局进行了征管资源的整合，全面实行税源监控管理互动工作机制：建立税收分析、纳税评估、税源监控、税务稽查信息双向反馈机制，形成税政、征管、计统、稽查环环相扣、协作配合的良好工作格局；改进纳税申报工作流程，推行“一窗受理、平行服务”办税方式，试行银税库一体化缴税方式；制定并实施税收征管质量建设工作管理办法，自主研发并成功试运行“纳税信用等级评定管理系统”，率先在全省国税系统推广应用“加油机税控初始化管理系统”；将全州重点行业纳入实时监控，制定并实施煤炭、电力、磷化工、桐油加工等4个行业的征管办法，并对全州范围内所得税纳税企业进行分类管理；落实车辆购置税“一条龙”管理办法，车辆购置税征管基本实行了“先完税，后挂牌”。同时对食品加工、制药、冶炼等行业的459户企业进行了纳税评估，共评估补税909.36万元。

2008年，推进行业分类管理，完善、细化和落实行业分类管理办法，制定磷化工、木材加工、铁合金等21个重点行业税源管理办法。实施财税库银横向联网推行工作。是年，有11户纳税人实行电子扣税。落实税收管理员制度，开展纳税评估，评估补税185.96万元。同时在全省国税系统率先运用纳税信用等级评定管理软件开展纳税信用等级评定工作。

2009年，州国税局在全州国税系统推行机制砖行业“以电定产、以产核销、以销控税”的税源管理模式，全州157户机制砖厂全面推广了该模式，全年共征收机制砖行业税收900万元；同时开展卷筒式发票的推广应用工作，当年全州共推广260户，涉及医药销售、超市、加油站等多个行业，推广户数在全省名列第一。

是年，改进征管服务手段和方式，在全州国税系统推行“一人一窗一机”办税模式和POS机银行划卡缴税方式，利用互联网QQ平台等形式及时进行税收政策的解答；取消涉税业务表证单书及发票领购簿工本费，开展国税、地税联合办证业务，仅此两项为纳税人节约办税成本近百万元。在全省率先试行国税、地税联合办税，有效解决了纳税人在国税、地税间来回跑的问题；同时推广税收业务“同城通办”（即：在同一县、市范围内，在税务机关规范设置的办税服务厅以及各税务分局设立的办税服务场所，均可办理所有涉税事宜的纳税服务方式。简称“同城通办”），将办税功能延伸到农村分局，为地处偏远的纳税人提供方便，减少纳税人办税成本；推广网上办税试点工作，全州形成了以都匀市国税局为重点，其他县、市国税局共同参与的试点局面，当年共计92户纳税人纳入试点，试点面与户数名列全省前列。

2010年，州国税局进一步拓展税收管理员工平台，加强纳税人户籍管理，截至12月

31 日，全州征管户数为 36926 户；在全省率先开展机关基层一体化、税源管理专业化试点，同时加强综合征管数据的分析利用，构建州、县两级联动的专业化评估网络和团队，强化纳税评估。2005—2010 年，共评估 14 个行业，评估入库税款 6000 万元；在全州范围内建设标准化办税服务厅，全面推行“一人一窗一机”的办税服务模式，贵定等 5 个县（市）国税局开展办税服务厅，国税、地税联合办税。全州国税系统实现税收业务“同城通办”，实施多元化纳税申报，全州 70% 的纳税人实行财税库银横向联网缴税，63% 的纳税人实施网上办税，全部实现了 POS 机划款缴税。

2011 年，不断深化国税、地税联合办税工作。是年，全州联合办税服务厅 18 个；探索联合开展纳税评估、走访纳税信用 A 级企业的做法，使国税、地税征管信息得到及时沟通，提升了办税效率；在试点的基础上，所有办税服务厅增设“管理服务功能区”，对所有涉税事项流转环节、审批程序及审批时限进行梳理整合，将 9 大类 17 项管理业务前移；是年 10 月 1 日起，按上级规定开征教育费附加和地方教育费附加；拓展网上认证、网上抄报税、网上申报纳税等多种办税方式，有 2993 户纳税人申请办理了“网上办税业务”，9551 户纳税人申请开通银税库联网电子扣税业务，逐步实现了申报纳税缴税方式的多元化、电子化、网络化。

是年，按照“设置专门的机构，培养专门的人才，采用专门的方法，完成专门的事项”的专业化管理理念，以实施税源专业化管理为重点，加强风险管理，推进信息管税，夯实管理基础，征管质量和效率不断提高。同时根据 13 个县、市、区税源结构及特点，按照纳税人规模、行业或事项，将职能统一调整为税源管理、纳税服务、税务稽查、行政后勤 4 个系列，上收县、市、区局监察案件调查和信访初核、税收执法检查等职能。建立了以管事为主、管事与管户相结合的“团队式”税源管理模式；建立专业的纳税评估团队，对 417 户企业进行纳税评估，评估入库税款 5706 万元，比 2010 年增加 1114 万元，增长 25%；构建信息数据分析平台，强化信息采集，提高信息的及时性和准确率；不断优化税收征管流程，对 63 个涉税业务流程、28 个文书进行优化，减少了 13 个文书的流转审批环节及审批日期，提高了工作效率。

2012 年，州国税局按照决策保障、纳税服务、税源管理、监督考核 4 个系列，整合州、县、市、区国税局管理层级，打造基层局征管实体，打破区域限制，将信用社及房地产企业的所得税、水泥制造、烟草、电力等重点行业企业集中到州国税局实行集约化管理。加强税收风险监控，对 2011 年以来全州登记、申报及发票数据进行分析，发布 3 期风险预警提示，梳理出发票、一般纳税人管理等 5 大类税收流失风险指标，涉及纳税人 8000 余户。规范纳税评估，建立州、县、市两级专业评估团队，评估砂石、汽贸经销等行业纳税人 565 户，入库税款 4039 万元。夯实税源管理基础，制定了农村信用合作社、砂石行业等 4 个税源管理指南和评估模型；自行研发并启用“林业系统代征税款开票软件”规范代征税款开票行为；推广应用“普通发票网络管理系统”，实现纳税人销售额与申报额的准确比对。通过社会综合治税管理数据交换平台，对全州医药和医疗器械配送企业税收情况进行专项整治，入库税款 1293 万元；优化纳税服务，全面推行“以纳税人为中心的前台服务、后台支撑”的办税服务模式，优化、梳理办税流程63个，增加办税服务厅工作职责15项，在办理税务登记实行“免填单”服务基础上，扩大5大类27种表单免填写服务，实现了“一窗受理，内部流转，限时办结、窗口出件”的办税效果。

2013年8月，州国税局对929户交通运输业和部分现代服务业纳税人实施“营改增”试点工作，全年入库改征增值税0.32亿元，其中：交通运输0.18亿元，现代服务业0.14亿元。并于2014年1月1日，实施铁路运输和邮政业“营改增”试点工作，地税部门共向州内各级国税部门传递铁路运输和邮政业“营改增”纳税人55户，其中：铁路运输4户、邮政业51户，经调查核实全部录入综合征管软件纳入管理。

2014年2月，州国税局按照国家税务总局提出的到2020年基本建立税收现代化六大目标体系（即：完备规范的税法体系、成熟定型的税制体系、优质便捷的服务体系、科学严密的征管体系、稳固强大的信息体系和高效清廉的组织体系）的要求，配合省国税局制订、修订《深化税收专业化管理改革总体方案》，明确了以深化税收专业化管理改革为突破口，逐步建立科学严密的征管体系，形成分类分级的税源管理、监控严密的风险管理、优质便捷的纳税服务和威慑有力的税务稽查“四大管理格局”，以及与专业化管理相适应的组织保障、支撑保障和监督评价“三大保障体系”。

是年3月，为提高全州国税系统干部对综合征管软件的应用水平，落实好征管“五率”（税务登记信息完整率、税务登记信息差错率、财务报表采集率、未申报催报率、未缴纳税款催缴率）的绩效考核工作，全州国税系统建立了“征管软件操作运维团队”“征管五率指标监控团队”，采取分级、分类、全方位监控等有效措施，规范税收执法行为，强化征管绩效考核指标的监控管理。是年6月，州国税局在全州开展电信业“营改增”试点工作，全州电信行业四大运营商纳税人实现税制平稳转换，地税部门共向州内各级国税部门传递电信行业“营改增”纳税人73户，调查核实后录入综合征管软件纳入管理的“营改增”纳税人65户，认定增值税一般纳税人16户。

是年7月，在都匀市国税局开展小规模纳税人按季申报纳税工作试点；是年12月，州国税局会同州地税局制定《黔南州国家税务局黔南州地方税务局推行小规模纳税人按季申报纳税工作实施方案》。方案规定：从2015年1月1日起对全州小规模纳税人全面推行按季申报纳税在全省首家实现了小规模纳税人国税、地税联合按季申报，减轻了征纳双方负担。是年9月，由州国税局征管部门与都匀市国税局牵头，以“联动部门、规范市场、双向控管”为思路，重新梳理代征税收范围，明确了税收监管措施，制定了《都匀市二手车交易市场税收管理指南》，有效堵塞了二手车市场税收漏洞，强化了行业管理，税收收入大幅上升。是年，二手车交易市场共代征增值税145.67万元，与2013年相比增收129.15万元，增幅达781.78%。

是年12月，为适应注册资本登记制度改革的需要，荔波县国税局在州国税局的指导下，探索试行工商、质监、税务“三证合一”（不再单独发放税务登记证、组织机构代码证，发放的营业执照上注明组织机构代码、税务登记证号）办证模式，改变原来先办照后办证的模式。实行“三证合一”，提高了办理税务登记、发票领用、申报纳税等事项的工作效率。

（二）税源管理

1. 重点税源监控管理

1991 年，黔南州税务局将年纳税额在 100 万元以上的大户纳入州级重点企业管理，要求各县（市）局抓好年纳税额在 10 万元以上的大企业管理，税务所抓好年纳税额在 5 万元以上的大户，实行按月监测、按季统计分析，采取一季一次召开税源分析调度会，重点解决企业资金、物资、原材料以及执行政策中出现的问题，采取一定的倾斜政策为企业排忧解难，改善外部环境。并对纳入州级监管的 15 户重点企业，实行在企业开户银行建立“税款过渡账户”，按月定期向开户银行提出划分资金比例，转入过渡账户，保证税款及时入库。

1993 年 2 月，州制定下发《黔南州税务局重点企业征收管理实施办法》，进一步统一规范了州、县重点企业的划分标准、管理流程等。是年 5 月，黔南州协税护税领导小组办公室下发《关于对贡献大的重点企业、协税护税单位、部门给予重奖鼓励的试行办法》。

1994 年 5 月，州税务局下发《黔南州税务局关于贵定卷烟厂、贵定卷烟分厂申报、纳税制度的通知》，根据《中华人民共和国税收征收管理法》及其实施细则，对贵定卷烟厂、贵定卷烟分厂应纳税事项作了专门规定。是年，全州纳入州级监控企业 23 户、县级监控企业 60 户，合计入库税款 2.75 亿元，占当年入库税款比重 61%。

1997 年，纳入州级监控的重点企业 27 户，较 1994 年增加 4 户，入库税款 3.15 亿元，较 1994 年增收 0.4 亿元。1998 年，全州年纳税额 500 万元以上的企业有 4 户，完成工商税收 2.5 亿元，占全州国税收入 51%。

2003 年，州国税局将年纳税额 100 万元以上的 36 户重点企业纳入州级重点企业进行管理，贵定卷烟厂和贵定卷烟分厂，共入库增值税、消费税 3.14 亿元，首次突破 3 亿元大关，占全州国税收入 39%。

2005 年，全州年纳税额 30 万元以上的企业达 176 户，实现税收 10.53 亿元，占全州国税收入 76%。

2006 年，为适应税源管理建设的要求，加强重点税源数据的分析应用，国家税务总局对重点税源企业报表及数据采集等方面做了适当调整，统一采用重点税源监管系统（TRAS）软件上报。同时，国家税务总局、省国税局对重点税源的监控标准进行了调整，将上年度缴纳增值税和消费税“两税”300 万元以上的纳税户和缴纳所得税 300 万元以上的纳税户纳入省以上重点税源监控。是年，全州达到以上标准并纳入监控的重点监控企业 40 户，比 1998 年增加 12 户，入库增值税 4.84 亿元、企业所得税 0.52 亿元（含地税），较 1998 年增收 2.54 亿元。

2012—2013 年，纳入省以上重点税源监控企业分别为 75 户、121 户，其中：纳入总局监控 33 户、75 户；纳入省级监控 42 户、46 户。共缴纳增值税、消费税和企业所得税共计 9.32 亿元、16.48 亿元。

2014 年，纳入省以上重点税源监控企业 142 户，比上年增加 21 户，其中：纳入总局监控73户、省级监控69户。共缴纳增值税、消费税和企业所得税共22.56亿元，增长28%，增幅大于全部税收收入10个百分点。

是年，根据省国税局要求，州国税局每季度在填报重点税源监控企业表的基础上，增加报送一篇重点税源专题分析报告。从分行业、分税种、分企业类型等多角度，对重点税源数据进行深加工利用，为税收征管提供数据信息支撑。

1991—2014年黔南州纳入重点税源监控企业税收入库情况一览表

表15－2－1　　单位：万元

年　度	户　数	入库全部税收	备　注
1991	16	16808	
1992	–	–	
1993	19	24094	
1994	83	27536	纳入州级监控23户、县级监控60户
1995	–	–	
1996	29	26132	纳入州以上监控
1997	27	31493	
1998	28	31233	
1999	34	33967	
2000	34	35803	
2001	35	38610	
2002	33	39582	
2003	36	47779	
2004	137	85888	30万元以上企业
2005	176	105284	
2006	40	99335	纳入省以上监控
2007	40	113464	
2008	46	125489	
2009	46	159851	
2010	65	186296	
2011	101	238684	
2012	75	242294	
2013	121	257302	含地税征收税种，不含贵定烟厂
2014	142	321485	含地税征收税种，不含贵定烟厂

2. 个体税收征收管理

1991年，黔南州税务局系统对个体税收征管，采取坚持完善上门申报纳税制度，恢复全额征收堵塞征管漏洞。同时加强对特殊行业的征管，当年，都匀市税务局派出520人次，对全市578辆客货车进行清理检查，追补税款2.1万元。瓮安县税务局与县法院联合发布《关于依法收缴个体车辆应缴税款的通知》并采取多种措施，对该县747辆各种机动车进行认真清理，入库税款达35万元。

1992年，按照"抓住大户，管好中户、稳定小户"的原则，全州税务系统对个体工商大户的标准由月营业额3000元调整为4000元后，个体大户由473户增加到769户。同时，巩固对个体工商户的建账工作。当年，全州个体工商户税收完成3087.8万元，为年计划的106%。

1994年10月，省国税局、省地税局联合下发《贵州省国家税务局贵州省地方税务局关于国家税务局、地方税务局划分税收征收管理暂行规定的通知》。通知规定：集贸市场和个体工商户缴纳的各项税收和管理（包括税务登记、发票管理、税务稽查）由国家税务局负责（按税种分别入中央库和地方库）。集贸市场税收提取后国税局、地税局按7∶3的比例分配，应上缴的分别上缴。1996年3月26日，贵省政府办公厅下发《省人民政府办公厅贯彻执行国务院办公厅转发国家税务总局关于调整国家税务局地方税务局税收征管范围意见的通知》，规定：个体工商户税收征管范围的划分，按照收入归属原则，由国家税务局和地方税务局分别征收管理。即增值税、消费税由国家税务局负责征收管理，营业税、个人所得税和其他税收由地方税务局负责征收管理。

2003—2004年，全州国税系统分两次将个体工商业户起征点提高到最高限额，2004年7月1日，将销售货物的起征点调整为月销售额5000元，销售应税劳务的起征点调整为月销售额3000元，按次纳税的起征点调整为每次（日）销售额200元。起征点的提高为扶持个体经济的发展起到了积极的促进作用。州国税局就增值税起征点调整后，对个体税收征管，提出具体要求：一是强化税务登记管理，防止漏征漏管现象的发生；二是突出重点，加强动态监控管理；三是实行分段管理，提高管理效能。到2004年底，全州有个体工商户24785户。

2005年5月，州国税局根据《黔南州国税系统税收征管业务岗责体系（试行）》中涉及"税收管理岗"的工作流程，结合企业、个体税收管理员的具体职责，建立健全税收管理员工作制度、考核激励机制等一系列办法和措施。2006年6月，州国税局印发《黔南州国家税务局关于进一步加强边远辖区个体工商业户税收征管工作的通知》，针对边远辖区个体税收征管难点，要求各主管税务机关加强对边远辖区的税收征管工作，堵塞税收漏洞，加强税收征管。

2007年4月，州国税局要求各县（市）国税局须对本辖区内个体工商户经营规模展开一次全面清查，并按国家税务总局制定的《个体工商户建账管理办法》设置复式账或简易账。同时，建立工作联系制度，定期沟通信息，将个体工商户建账管理工作纳入征管质量绩效考核和目标管理考核。是年，全州纳入建账的个体工商户共计318户（其中252户属于消费税纳税人）。

2008年10月，州国税局出台《关于规范集贸市场个体工商户有关申报资料及采集资料的通知》，统一制作《集贸市场未达起征点个体工商户基本情况申报表》和《集贸市场纳税户信息采集与纳税评估表》，建立对个体大户和重点集贸市场的监控管理制度。2009年10月，州国税局决定在全州国税系统推广应用自主研发的《个体工商户开具发票超定额信息自动比对分析处理平台》，以提高税收征管工作质量和效率。

2011年，全州国税系统按照财政部、国家税务总局《关于调整增值税起征点的通知》要求，将销售货物和应税劳务的起征点分别从5000元、3000元调整为20000元；将按次纳税的起征点从每次（日）销售额200元，调整为每次（日）500元。全州有7982户个体工商户受惠，占2010年度全部个体工商户的71.83%，年均减少增值税2082万元。

2012年，结合税收管理员制度的实施，全州国税系统推行科学定税方式，完善定额管理，推广使用“个体定额评估系统”和“个体税收定额公示牌”。坚持“强化建账、统筹规划、积极稳妥、全面推进”的原则，推进个体建账建制工作。当年，全州建账的个体工商户达738户，比2007年增加420户，实现税收1441.11万元。

2013年7月，为实现“营改增”政策的平稳过渡，解决试点后起征点以下以及临时经营的个体交通运输业纳税人不能申请代开货物运输业增值税专用发票问题，州国税局对全州起征点以下以及临时经营的个体交通运输业纳税人代开货运专票问题进行明确：从事交通运输的个体工商户按照定期定额管理，但定额核定低于起征点，符合以下两种情形之一的，可申请代开货运专票；临时经营的个体交通运输业纳税人，取得本辖区主管国税机关核发的“临时税务登记证”，且提供货物运输服务的起运地或者目的地为本辖区的，可申请代开货运专票。是年11月，州国税局要求：各县（市）和都匀经济开放区国税局正确应对岗位职责面临的执法和廉政风险，引导执法人员增强对制度规定的敬畏意识和责任意识，做到把握界限、守住底线、规范执法、确保安全。

2014年9月，州国税系统在全州范围内自2014年10月1日起至2015年12月31日止，对月销售额在2万元~3万元的增值税小规模纳税人，免征增值税。截至11月底，全州未达起征点纳税人共计32495户，减免税额875.87万元。

是年10月，国家税务总局下发《关于小微企业免征增值税和营业税有关问题的公告》规定：自10月1日起，增值税小规模纳税人和营业税纳税人，月销售额或营业额不超过3万元的，免征增值税或营业税。其中，以1个季度为纳税期限的增值税小规模纳税人和营业税纳税人，季度销售额或营业额不超过9万元的，免征增值税或营业税；若增值税小规模纳税人兼营业税应税项目的，应当分别核算增值税应税项目的销售额和营业税应税项目的营业额，月销售额不超过3万元（按季纳税9万元）的，免征增值税；月营业额不超过3万元（按季纳税9万元）的，免征营业税。截至11月底，全州小微企业1532户，减免税额225.55万元。

3. 出口货物退（免）税管理

1994年1月1日，全国实施新税制，对进口货物由征收产品税、增值税、工商统一税和特别消费税改为征收增值税、消费税。全州国税系统按照国家税务总局制定的《出口货物退（免）税管理办法》执行。按照国际惯例对出口货物全面实行了零税率政策，出口退税由中央财政统一负担。

1996—2000年，出口退税开始实行计算机管理，初步实现出口退税电子化审核。期间，全州国税系统申请办理出口退税金额达10万元以上。

2001 年 10 月，省国税局下发《贵州省国家税务局关于出口企业增值税一般纳税人认定有关问题的通知》，解决了全州具有进出口经营权的出口企业增值税一般纳税人认定的有关问题。是年 11 月，省国税局下发《关于认定我省进出口企业 2001 年度管理类别的通知》，对进出口企业分 A、B、C 三类进行认定。当年，贵州瓮福磷矿进出口公司被认定为 B 类企业名单。2002 年，对生产型企业的自营、委托出口货物和没有进出口经营权的生产企业委托出口的货物实行“免、抵、退”税办法。同年 1 月 1 日，贵州省国家税务局转发国家税务总局《生产企业出口货物“免、抵、退”税管理操作规定（试行）》的通知，全州全面实行生产企业出口货物“免、抵、退”税管理办法。

2003 年 1 月 1 日，全州国税系统开始使用国家税务总局生产企业出口货物“免、抵、退”税管理软件，对生产企业出口货物实行电子化管理。正式启用“口岸电子执法系统”出口退税子系统，并依据该系统报关单“证明联”电子数据申报办理出口退（免）税。

2004 年 2 月，省国税局下发《贵州省国家税务局关于对出口企业分类管理进行调整的通知》。州国税局提出了具体要求：对州内出口企业分类管理进行重新核定，并分为 A、B、C、D 四类；对出口企业分类管理的核定标准严格遵照国家税务总局下发的有关规定执行；对出口企业的分类管理实行 1 年 1 审制。是年 3 月，州国税局依据省国税局下发的《关于下达我省解决累计欠退税出口退税计划的通知》，将黔南的限期内全部为出口企业 2003 年 12 月 31 日以前报关出口货物应退未退增值税办理退税。

2005 年 1 月 1 日，国家对出口退税机制进行了改革，规定：出口货物退增值税（含出口货物“免、抵”增值税税额）中属于基数部分的退税额，继续由中央财政负担；超基数部分的退税额，由中央和地方原按 75:25 比例分担改按 92.5:7.5 的比例负担。是年，全州办理出口退税 4504 万元。

2009 年 5 月，国家税务总局将瓮福（集团）有限责任公司纳入生产企业外购产品试行免、抵、退税试点范围，对其外购设备试行免、抵、退税政策。2010 年 2 月，全州国税系统出口退税审核系统实现省级集中。

2012 年 5 月，财政部、国家税务总局出台《关于出口货物劳务增值税和消费税政策的通知》，全州国税系统按照新的出口货物劳务增值税和消费税管理办法，执行新的出口货物劳务增值税和消费税政策。

2002—2012 年，全州国税系统共办理出口退（免）税 4.72 亿元。

2013 年，黔南州有 3 户企业属于六部委要求应重点监管的出口货物贸易人民币结算企业，分别是：邦泰（贵州）铁合金有限公司、贵州福泉华鑫化工有限责任公司、贵州华晖磷化工有限责任公司。是年，全州共办理出口货物退（免）税 0.14 亿元。其中：免抵税额 422.40 万元，增值税退税 0.10 亿元。

2014 年 3 月，根据《贵州省国家税务局关于报送 2014 年出口货物贸易人民币结算重点监管企业名单的通知》要求，全州有 2 户出口货物贸易人民币结算重点监管企业，分别是：贵州华晖磷化工有限责任公司、邦泰（贵州）铁合金有限公司。是年，全州共审核出口退税 0.25 亿元。其中：免抵税额 0.13 亿元，增值税退税 1303.22 万元。

4. 大企业税收管理

2010 年 3 月，州国税局对大企业税收管理与服务工作明确了“三不变”的原则，即：日常税收征管事项属地管理不变，税款归属和入库级次不变，国税、地税分工不变。是年 4 月，州国税局分别对贵州豪龙水泥有限公司开展纳税评估工作，通过评估，补缴企业所得税 481.38 万元。对贵州省烟草公司黔南州分公司 2009 年的纳税情况进行评估，通过评估补缴企业所得税 134.22 万元，补缴增值税 0.94 万元。

2011 年 5 月，建立全州定点联系企业 QQ 群服务平台。同年 6 月，制定《黔南州国家税务局大企业税收专业化管理试点实施意见》，将定点联系企业调整到 14 户，分别是：贵州省烟草公司黔南州公司、都匀供电局、贵州天福化工有限责任公司、贵州豪龙水泥有限公司、贵州都匀豪龙水泥有限公司、贵州川恒化工有限责任公司、邦泰（贵州）铁合金有限公司、福泉利森水泥有限公司、贵定海螺盘江水泥有限责任公司、瓮安县玉山水泥（厂）有限公司、贵州中诚水泥有限公司、龙里红狮水泥有限公司、贵州三都润基水泥有限公司和黔南州惠水泰安水泥有限公司。同时建立了定点联系企业电子档案。

是年 7 月，对贵州都匀豪龙水泥有限公司和贵州川恒有限责任公司开展税务风险评估工作。通过评估，调整贵州都匀豪龙水泥有限公司 2010 年应纳税所得额为 117.36 万元，补缴企业所得税 29.34 万元。贵州川恒有限责任公司通过移送稽查，查补税款 151.18 万元。是年 12 月，为进一步对定点企业提供个性化服务，经税企双方协商，为明晰税企双方权利与义务，黔南州国家税务局与贵州川恒化工有限责任公司、贵定海螺盘江水泥有限责任公司签订 2012 年度《税收服务与遵从协议》。

2012 年 3 月，州国税局下发《黔南州国家税务局关于调整定点联系企业的通知》，将定点联系企业调整为 20 户，新增企业分别是：龙滩水电开发有限公司、贵州信邦制药股份有限公司、贵州青利集团股份有限公司荔波分公司、贵州省瓮安煤矿有限公司、贵州神奇药业股份有限公司龙里分厂、瓮福（集团）有限责任公司、贵州中烟工业有限责任公司（贵定卷烟厂）。同时要求各县、市、区国税局结合本地区税源情况，明确 2～5 户重点企业为本县、市、区大企业，按照《贵州省国家税务局大企业税收管理办法》及州国税局有关大企业税收管理工作要求开展税收管理工作。是年，州国税系统对大企业的管理主要是对联系企业实施了税务风险管理，组织开展对烟草、制药、水泥等行业 7 户定点联系企业实施了税务风险管理工作，共查找企业存在涉税风险点 37 个，企业自查补税 1209 万元。

是年，州国税局对省烟草公司在黔南 3 户成员企业开展针对性服务和管理工作，共查找企业存在涉税风险点 19 个，企业补税 227 万元，加收滞纳金 83 万元。同时，按照《贵州省国家税务局大企业税收管理处关于对中石化集团公司部分企业下一阶段自查督导工作安排的通知》要求，进驻中石化黔南石油分公司实施蹲点督导工作。通过对九类重要事项涉及的相关账簿、凭证进行了全面核查，共计补缴增值税 10.04 万元。是年，为强化定点联系企业税源监控管理工作，州国税局按月编写《定点联系企业税收收入及风险分析报告》，累计发布、核查风险点 128 个，增强了对企业事中风险的防范和监控力度。

2013 年 4 月，黔南州国税局组织开展对全州水泥生产企业税收自查工作，通过自查全州水泥生产企业发现问题 19 个，企业进项税额转出 648 万元，补缴企业所得税 221 万元，调增应纳税所得额 3335 万元。

是年 7 月 10 日，州国税局下发《黔南州国家税务局大企业税收专业化团队管理暂行办法》，组建起跨层级、跨部门的大企业税收专业化管理队伍，明确了团队工作原则、工作目标和人员组成等具体内容。州国税局、州地税局成立了国税、地税联合协调工作组，对中国烟草总公司 3 户企业集团在黔南的 6 户成员企业查找风险点 18 个，自查补缴增值税 2.95 万元，补缴企业所得税 296.94 万元。

2013 年，州国税局通过对定点联系企业近 2 年来纳税申报及财务报表开展项目分析，对 4 户疑点较多、风险较高的企业开展了税务风险管理工作，共发现企业存在问题 23 个，补缴增值税 323 万元，补缴所得税 342 万元，调增应纳税所得额 4928 万元。

2014 年 6 月，州国税局对国家税务总局定点联系企业，湖南中粮可口可乐饮料有限公司贵州都匀营业所进行了重点风险评估分析工作。是年 7 月，黔南州国税局组建专业化团队，对中国石油天然气集团公司、中国农业银行、中国建设银行、中国银行、中建材等企业集团在黔南成员企业多税种、跨年度、综合性进行税务审计，通过信息收集与风险评估、企业风险自查、全面案头审计等步骤的实施，当年共补缴税款 147.01 万元，加收滞纳金 33.07 万元。同时，州国税局对贵州青利集团股份有限公司荔波分公司、福泉西南水泥公司、三都润基水泥公司和全州信用社等企业开展了税务风险管理工作，共补税款 1621 万元，入库税款 1534 万元（其中：信用社入库企业所得税 830 万元），加收滞纳金 25.23 万元。并对企业涉税风险内控机制进行调查与测试，提出风险防控建议 20 个，引导帮助贵定海螺盘江水泥有限责任公司、贵州川恒磷化工有限公司建立和完善税务风险内部控制机制。全州选择 3 户水泥企业和 2 户信用社进行税收风险管理典型示范和成果推广应用工作。是年 8 月，州国税局对辖区内 39 户外商投资企业 2012 年度和 2013 年度向境外股东分配股息、红利扣缴所得税情况进行专项检查。

是年 11—12 月，黔南州独山县国税局借助反避税专家团队力量，从日常管理中发现蛛丝马迹，成功办结一起转让定价反避税案件，调增企业所得税应纳税所得额 941 万元，补缴企业所得税 194.58 万元，利息 49.18 万元，共计入库 243.76 万元。该案的办结，强化了跨国税源监控，为推动和加强全州乃至全省反避税工作积累了实践经验。

（三）税种征收

1. 流转税类

（1）产品税

1991—1993 年，黔南州税务局依据国务院发布的《中华人民共和国产品税条例》和财政部公布的实施细则进行征收管理。

1991 年 7 月，经贵州省税务局批复，对都匀剑江化肥厂工业硝铵纳产品税问题作出规定，对工业企业生产销售的硝铵产品，区别其用途，分别按照工业用硝铵按 10%、农业用硝铵按 3% 征税。1991—1992 年，对都匀剑江化肥厂销售的工业用硝铵应纳产品税给予减免 50% 的照顾。1991 年，全州征收产品税 2.28 亿元，为年度计划的 130.15%，同比增收

7466 万元，增长 45.91%。

1992 年 3 月，根据国务院《1991 年度国家级新产品减免税名单》，对州内国营南华仪器仪厂生产的新产品 NH4448 型 100MH2 智能数字存储示波器减税 2 年；对贵州永安电机厂生产的新产品塔机绕线转子三相异步电动机 180L－4 免税 3 年；对国营长洲无线电厂生产的新产品卫星通信 MCPC 群路设备免税 1 年。同年 4 月，根据国家税务局的精神，在 1992 年内对乳胶制品给予暂减按 10% 的税率；对涂料、颜料给予暂减按 12% 的税率征收产品税的照顾；对染料产品减按 16% 的税率征收产品税。是年全州产品税减免税额为 3295.7 万元。1992 年全州产品税入库 2.54 亿元，同比增收 2646 万元，增长 11.62%。至 1993 年，全州产品税入库 2.74 亿元，同比增收 2006 万元。

1991—1993 年，国务院对部分征收产品税的产品逐步改征增值税，到 1994 年 1 月 1 日全面实行增值税，开征消费税，取消产品税。

（2）营业税

1991 年，黔南州税务局，依据国务院和财政部公布的《中华人民共和国营业税条例（草案）》和实施细则征收营业税。

1992 年 7 月 8 日，贵州省税务局作出决定，对黔南州三都水族自治县、荔波县、罗甸县、独山县、平塘县、长顺县 6 个贫困县农村信用社金融业务收入，暂免征营业税。是年，全州共征收入库营业税 0.58 亿元，减免营业税税额 144.8 万元，其中：属于政策性减免 70 万元，属于临时困难减免 74.8 万元。

1993 年 12 月 13 日，国务院第 136 号令发布《中华人民共和国营业税暂行条例》，同年 12 月 25 日，发布《中华人民共和国营业税暂行条例实施细则》，是年，全州共征收营业税 0.79 亿元，为年度计划的 134.84%，同比增收 0.20 亿元，下降 34.93%。

1994 年 1 月 1 日起，新的营业税在黔南州开征。

（3）增值税

1991 年 1 月 1 日起，州内增值税征收的产品逐渐扩大，涉及 13 个税目，7 个税率，42 项产品。

1992 年，全州增值税纳税户 259 户，缴纳增值税 3571.6 万元。是年，全州增值税减免税额 473.7 万元。

1993 年 12 月 13 日，国务院发布《中华人民共和国增值税暂行条例》，规定从 1994 年 1 月 1 日起在工业、商业等领域全面推行增值税。新的增值税将纳税人划分为一般纳税人和小规模纳税人，对一般纳税人分别不同情况按 17% 和 13% 的税率征税，并按照规定抵扣进项税额，对小规模纳税人按征收率 6% 征税。1993—1994 年，全州分别征收增值税 0.55 万元、2.02 万元。

1994 年 1 月 1 日起，为确保新旧税制平稳过渡，规范增值税的日常征管，国家税务总局、省国税局先后制定出台《增值税一般纳税人认定管理办法》《增值税一般纳税人年审管理办法》《增值税专用发票内部管理办法》《增值税一般纳税人等级分类管理办法》《增值税一般纳税人纳税申报“一窗式”管理流程》等制度。根据相关制度，黔南州国税局制定推行《重点税源管理办法》《增值税纳税评估及行业纳税评估指导》《废旧物资增值税管理办法》，并制定对电力、石化、煤炭、卷烟、福利、水泥等行业的一系列管理办法。

1997 年 1 月 1 日起，对建筑安装企业制销铝合金门窗征收增值税。同年 12 月，对企业收购的石英块、长石块经水洗、石磨磨碎、过滤晒干后进行分级包装的石英粉，按 13% 的税率征收增值税。

1998 年 8 月 1 日起，根据国家税务总局《关于调整部分按简易办法征收增值税的特定货物销售行为征收率的通知》规定，全州将寄售商店代销寄售物品（包括居民个人寄售的物品在内）、典当业销售死当物品、销售旧货增值税征收率由 6% 降为 4%。

2002 年 6 月，根据省国税局通知，对贵州都匀水泥厂生产企业生产销售的掺渣量达到 30% 的水泥产品，给予享受增值税即征即退的税收优惠政策。

2003 年 7 月，全州国税系统推行申报纳税“一窗式”管理，加强表票比对实行“一四六小”（“一”是指全面推行增值税申报纳税“一窗式”管理，将纳税申报审核与发票交叉稽核统一起来，加强票表审核比对，实现增值税管理信息系统与综合征管信息系统之间的工作联系和信息共享，充分发挥增值税专用发票“防伪控税”的作用；“四”是指加强对海关完税凭证、货物运输发票、废旧物资发票、农副产品发票等“四小票”抵扣的管理，实行清单申报，强化稽核比对，切实防止骗取抵扣税款；“六”是指以“一窗式”管理为突破口，实现增值税管理中防伪税控系统、认证系统、交叉稽核系统、协查系统、申报纳税系统和发票、会计、统计、评估系统等六个信息系统之间的工作联系和信息共享；“小”即是要加强对小规模纳税人的管理，简称：“一四六小”）管理思路，将海关完税凭证、货物运输发票、废旧物资发票和代开增值税专用发票纳入“一窗式”比对范围，强化增值税各种凭证的审核检查，堵塞了税收漏洞，加强了税收征管，增值税管理逐步实现“以票控税、网络比对、税源监控、综合管理”。

2005 年，省国税局决定从是年 1 月 1 日起，黔南石油分公司所属各分公司、加油站增值税预征额为 1.3%。

2005—2012 年，全州国税系统每年定期组织开展连续三个月以上零、负申报增值税一般纳税人的清理检查工作，查找分析零、负申报原因，控制一般纳税人零、负申报率，强化增值税管理，实现了一般纳税人零、负申报户数从清查之初的 1000 多户下降到 753 户。

2005 年 8 月，按省国税局要求，对成品油零售单位开展增值税纳税评估工作。全州成品油零售企业登记户数 88 户，其中：注销 3 户，停业 3 户，汇总纳税 21 户，1 户财务制度不健全，实际开展评估户数 60 户，通过与国家税务总局下传的成品油批发单位增值税专用发票信息进行认真比对，计算各项评估指标后，评估当期有 44 户出现指标异常，经约谈与实地调查，排除异常。

2006 年 2 月至 2011 年，州国税局按年开展有重点的分类、分行业纳税评估，行业涉及木材加工、煤炭采选和洗选、造纸、食品加工、制造、橡胶、水泥生产、非金属矿物制品、磷矿采选、专用设备制造、电力热力的生产和供应、金属制品、砂石、化工、汽车经销、摩托车经销、汽车生产、铁合金、成品油零售单位和增值税进销异常及其他行业 1478 户，评估补税 0.66 亿元，移送稽查查处 25 户，查补入库增值税 102.19 万元，加收滞纳金 148.79 万元，罚款 10.14 万元。

2006 年 9 月，全州国税系统统一“一窗式”管理模式，规范“一窗式”工作流程，加强数据分析，提高增值税管理质量。全州 12 县、市国税局办税服务厅窗口统一实行“一人一窗一机”模式，即：在一个窗口统一办理认证、报税、纳税申报和票表比对。

2007 年，为切实加强“四小票”采集、传输、比对、核查各环节的管理，州国税局采取多项措施提高“四小票”稽核比对相符率，严格按照《增值税一般纳税人纳税申报“一窗式”管理操作规程》的要求，对纳税人的增值税其他抵扣凭证《清单》，进行“一窗式”比对，审核无误的电子信息读入汇总上传。

是年 1 月，根据省国税局与省民政厅、省残联联合下发的《关于进一步加强社会福利企业管理的通知》，全州统一了社会福利企业的审批管理等事宜。全州共有福利企业 4 户，减免增值税 369.56 万元。是年 7 月，根据国家税务总局《关于进一步做好增值税纳税评估工作的通知》，州国税局建立了增值税纳税评估审议制度、移送反馈制度、工作汇报制度。

2008—2012 年，国家对增值税陆续出台了一系列优惠政策，4 年间，全州国税系统依法减免增值税 18.1 亿元。其中：对农业产品及相关农业生产资料减免增值税优惠占比 82.29%，宣传文化减免增值税优惠占比 0.95%，民政福利减免增值税优惠占比 0.33%，资源综合利用产品减免增值税优惠占比 5.48%，军工企业减免增值税优惠占比 6.62%，国有粮食购销企业减免增值税优惠占比 2.19%。

2008 年，省国税局对州内中石化贵州分公司和中石油贵州分公司黔南分公司、加油站增值税预征率调整为 1.25%。调整后预征率比原来减少 0.05 个百分点。

2009 年 1 月起，省国税局将中石化贵州分公司和中石油贵州分公司下属黔南分公司、加油站增值税的预征率统一核定为 1.1%；将贵州电网公司下属都匀供电局电力产品增值税的预征率统一调整为 2%。是年 9 月，财政部、国家税务总局下发《关于固定资产进项税额抵扣问题的通知》，全州国税系统按照《通知》精神，组织开展对纳税人 2009 年 1 月—10 月申报抵扣的固定资产进项税额情况逐户进行清理，当年全州涉及固定资产抵扣企业 310 户，申报抵扣进项税额 1.49 亿元，实际抵扣固定资产进项税额 5280.22 万元，转出固定资产进项税额 451.01 万元，留抵固定资产进项税额为 9256.84 万元，确保了增值税转型政策的顺利实施。

2010 年 5 月，省国税局组织对开阳县格里桥水电站建设涉及的淹没耕地面积、移民人数、电站所在地贡献等方面数据进行调查核实，经核实确定该水电站预征环节缴纳的增值税在开阳县、福泉市、瓮安县之间的分配比例分别为 64.13%、25.87%、10%。2011 年，全州国税系统落实供电部门在收取电价时一并向用户收取的农村电网维护费免征增值税的税收优惠政策，全州涉及 13 户纳税人，是年，减免增值税 801.83 万元。是年 7 月，州国税局开展增值税一般纳税人资格认定及纳税申报清理工作。贵州瓮福天纵建材有限公司利用磷石膏生产的石膏砌块适用增值税税收优惠政策。是年 9 月，州国家税务局继续落实增值税转型政策，顺利完成增值税起征点调整，调整前全州个体纳税人 8629 户，调整增值税起征点后，全州达起征点个体纳税人647户，受惠户数7982户，占调整前个体工商户的92.5%。同时，继续跟踪分析固定资产进项额抵扣，降低小规模纳税人征收率，矿产品增值税税率恢复到17%，增值税一般纳税人认定、软件产品增值税、宣传文化事业增值税和增值税起征点调整等政策执行情况，全年共减免增值税6.7亿元。

2012年，全州国税系统继续做好增值税一般纳税人的认定管理工作，年末全州增值税一般纳税人有2488户，同比增长20%，其中：新认定一般纳税人415户。进一步加强固定资产进项抵扣管理，全年抵扣固定资产进项税4307.52万元，促进企业发展壮大。是年，为分析实施营业税改增值税对黔南经济、税收的影响。州国税局结合中央出台的“营改增”试点税收政策，开展调研、评估、预测试点工作及对黔南经济社会发展的影响等，并形成专题调研报告分别向省国税局、黔南州委、州政府报送。

2013年，为做好扩大增值税防伪税控系统汉字防伪项目在部分行业的推行调查工作，州国税局组织完成了增值税防伪税控系统汉字防伪项目专用发票认证情况的调研。同时，在全州推行增值税防伪税控系统加解密服务器，提升了增值税防伪税控系统运行的技术水平。是年4月，国家税务总局下发《国家税务总局关于做好扩大营业税改征增值税试点工作的意见》，黔南州国税局制定了具体方案，正式在全州拉开了营业税改征增值税试点工作。是年7月底，全州地税部门移交纳入“营改增”范围的纳税户936户，其中：一般纳税人24户，占2.56%；小规模纳税人912户，占97.44%。并于8月1日，顺利实现了新旧税制平稳转换。是年7月29日，财政部、国家税务总局下发《关于暂免征收部分小微企业增值税和营业税的通知》，规定：自2013年8月1日起，对增值税小规模纳税人中月销售额不超过2万元的企业或非企业性单位，暂免征收增值税。截止12月31日，全州共有1166户小微企业免征增值税。

是年8月，州国税局组织开展对农产品增值税进项税额核定扣除试点行业成效调查和扩大农产品增值税进项税额核定扣除试点行业基本信息采集、测算上报，为下年扩大农产品增值税进项税额核定扣除试点方式做准备。是年12月，财政部、国家税务总局联合下发《关于将铁路运输和邮政业纳入营业税改征增值税试点的通知》，规定：从2014年1月1日起，将铁路运输和邮政业纳入“营改增”试点范围。同时就“营改增”有关试点实施办法、有关事项、过渡政策、适用增值税零税率和免税政策作出了具体规定。是年，全州国税系统从地税部门接收铁路运输4户、邮政业45户。是年，全州交通运输业、部分现代服务业实行营业税改征增值税，共有1711户纳税人经确认纳入“营改增”试点范围，其中：一般纳税人81户，占全州试点纳税人的4.73%；小规模纳税人1630户，占全州试点纳税人的95.27%；交通运输业、现代服务业分别为1019户、692户，分别占全州试点纳税人的59.56%、40.44%。当年，累计入库“营改增”增值税1022.46万元。

2014年1月，铁路运输、邮政业正式改征增值税。是年3月，财政部发布《关于大型水电企业增值税政策的通知》，规定：装机容量超过100万千瓦的水力发电站（含抽水蓄能电站）销售自产电力产品，自2013年1月1日—2015年12月31日，对其增值税实际税负超过8%的部分实行即征即退政策；自2016年1月1日—2017年12月31日，对其增值税实际税负超过12%的部分实行即征即退政策。当年，全州减少增值税近9000万元。

是年4月1日，根据省国税局的统一布置，州国税局分别对平塘县牙舟陶、三都县马尾绣少数民族特色产业开展扶持，将牙舟陶、马尾绣纳入“营改增”试点政策，对增值税一般纳税人的认定标准从50万元提升到500万元，税负从17%降至6%，有效地促进了少数民族文化产品的保护和传承。

是年4月30日，财政部、国家税务总局下发《关于将电信业纳入营业税改征增值税试点的通知》规定：从2014年6月1日起，将电信业纳入“营改增”试点范围，实行差异化税率，对基础电信服务和增值电信服务分别适用11%和6%的税率，为境外单位提供电信业服务免征增值税。全州共有4户电信企业纳入“营改增”试点，分别是：中国铁通集团有限公司黔南分公司、中国联合网络通信有限公司黔南州分公司、中国电信股份有限公司黔南分公司、中国移动通信集团贵州有限公司黔南分公司，并于7月1日申报入库增值税288.95万元（其中：基础电信服务税额199.50万元、增值电信服务63.29万元、终端销售26.16万元）。中国铁通集团有限公司黔南分公司通过“税库银”划缴税款入库2.47万元。是年7月，根据《国家税务总局关于成品油生产企业开具的增值税发票纳入防伪税控系统汉字防伪项目管理的公告》要求，全州国税系统完成了成品油企业的汉字防伪税系统升级工作。是年9月25日，财政部、税务总局下发《关于进一步支持小微企业的增值税和营业税政策的通知》规定：从2014年10月1日—2015年12月31日，对月销售额2万至3万元的增值税小规模纳税人和营业税纳税人，暂免征收增值税和营业税。全州共有12482户免征收增值税，对稳增长、促就业、保民生起到了积极的推动作用。

是年，新增“营改增”试点纳税人1234户，入库增值税1.1亿元；按照行业税负口径统计，全年累计减免增值税10亿多元。为推进税制改革落实释放改革红利做出了新贡献。截止2014年底，全州累计“营改增”试点纳税人2868户，其中：一般纳税人173户，小规模纳税人2695户。

（4）消费税

1993年12月13日，中华人民共和国国务院发布《中华人民共和国消费税暂行条例》，是年12月25日，财政部发布《中华人民共和国消费税暂行条例实施细则》，从1994年1月1日起征收消费税。消费税是对特定的消费品和消费行为在特定的环节征收的一种税。征税范围有烟、酒及酒精、化妆品、护肤护发品、贵重首饰及珠宝玉石、鞭炮焰火、汽油、柴油、汽车轮胎、摩托车、小汽车11种。消费税实行从价定率或者从量定额的办法计算应纳税额，最高比例税率为45%，最低为3%；定额税率为：黄酒240元/吨，啤酒220元/吨，汽油0.2元/升，柴油0.1元/升。纳税人生产的应税消费品，于销售时纳税。

1995年1月，根据国家税务总局的通知，全州国税系统对所有金、银和金基、银基合金首饰，以及金、银和金基、银基合金的镶嵌首饰（简称“金银首饰”）的消费税由生产销售环节改为零售环节征收。并对金银首饰消费税实行查账征收方法。1996年4月，根据国家税务总局的通知，在全州范围内对生产经营金银首饰企业消费税政策执行和征收管理情况开展检查。

1996 年 1 月 1 日—1997 年 12 月 31 日，财政部、国家税务总局对摩托车胎税率暂减按 5% 的税率征收消费税。1999 年 1 月，为减少机动车辆排气污染，根据财政部、国家税务总局规定，对含铅汽油（指含铅量每升超过 0.013 克的汽油）按 0.28 元/升的税率征收消费税，无铅汽油按 0.20 元/升的税率征收消费税。同年，除对香皂仍按 5% 的税率征收消费税以外，其他护肤护发品的消费税税率统一由 17% 降为 8%。

2000 年 1 月—2001 年 6 月，国家先后对消费税的有关政策作了进一步调整：对低污染排放小汽车减征 30% 的消费税；对香皂停征消费税；对翻新轮胎停止征收消费税，其余轮胎继续按 10% 税率征收；调整粮食白酒、薯类白酒消费税税率和消费税计税办法，调整啤酒消费税单位税额，停止执行对小酒厂定额、定率的双定征税办法，一律实行查实征收；对酒类企业外购或委托加工的酒及酒精产品，无论其是否生产领用均不得抵扣其已纳消费税税款。

2003 年 7 月，黔南州国税局批复三都九阡酒酒厂生产的九阡酒按黄酒征收消费税。由原白酒类实施从价定率和从量定额混合征收消费税模式，改为黄酒实施从量定额征收消费税，切实减轻企业负担，扶持三都九阡酒的产业发展。

2004 年，黔南州国税局在深入调查的基础上，向省国税局反映，对卷烟和白酒的计税价格进行了提高，保护了消费税税基，促进了消费税收入的稳定增长。同时，在全州范围内对白酒行业消费税有关情况开展全面调查。

2005—2012 年，根据市场变化情况，州内征收消费税的产品主要是卷烟、白酒和啤酒。

2006 年 4 月，全州国税系统开展了调整和完善消费税政策执行情况的调查。经过调查，全州只有粮食白酒、其他酒、卷烟、贵重首饰及珠宝玉石、鞭炮焰火等税目。卷烟由于贵定卷烟厂已并入贵黄集团，在贵阳市国税局申报，税款直接开税票入黔南金库。全州涉及调整的税目消费税纳税人有企业 6 户，是年 4—8 月已缴纳消费税 4.28 万元；个体工商户 162 户，已缴纳消费税 8.72 万元。

是年 1—9 月征期累计入库消费税 2.51 亿元，比上年同期增收 5115 万元，增幅为 25.59%。其中：贵黄集团贵定卷烟厂根据国家烟草总局的计划和市场情况，提升一类品卷烟。一类品卷烟实现销售收入比上年同期增加 3.15 亿元，比上年同期增长 3.91%。1—8 月累计入库消费税 2.49 亿元，比上年同期增收 5022 万元，增幅为 25.24%；龙里县神奇啤酒厂 2005 年底投产，至 2006 年 8 月底，累计入库消费税 120 万元，比上年同期增收 115 万元，增幅为 2300%。

2007—2008 年，根据《国家税务局关于加强消费税收收入分析工作的通知》要求，全州国税系统及时开展辖区消费税税收收入分析工作，通过分析全州消费税税源除卷烟外，只涉及白酒、啤酒、其他酒、贵重首饰加工、鞭炮焰火行业。其中：白酒行业 6 户；啤酒行业 3 户。2007 年，全州共入库除卷烟外的消费税 623 万元，比上年同期增加 112 万元，其中：白酒制造业入库 26 万元，比上年同期减少 10 万元，啤酒制造业入库 381 万元，比上年同期增加 140 万元，其他行业入库 216 万元，比上年同期减少 18 万元。

2008—2012 年，白酒生产企业只有贵州都匀市酒厂有限责任公司和福泉市福酒酒业有限公司两户企业；啤酒行业申报有消费税的纳税人有 4 户，企业分布在都匀市、龙里县、福泉市。2012 年，全州共入库消费税 12.72 亿元，比上年同期增长 1.87 亿元，增幅 17.2%。其中：卷烟生产企业划拨入库 11.33 亿元，比上年同期增长 1.52 亿元；卷烟批发入库 1.09 亿元，比上年同期增长 2020 万元；白酒生产企业入库消费税为 440.28 万元，比上年同期 234 万元增加 206.28 万元；啤酒生产企业入库 1855.03 万元，比上年同期 1276 万元，增加 579.03 万元。

2013 年，全州国税系统开展了对卷烟消费税计税价格核定和申报信息采集管理，落实白酒消费税计税价格核定管理办法，做好细化后消费税涉税信息采集上报工作。2014 年 3 月，州国税局下发《黔南州国家税务局货物和劳务税科关于 2014 年消费税涉税采集方案的通知》，要求全州国税机关对年缴纳消费税 5 万元以上、年申报 2 次以上的烟草、酒两个行业共 9 户纳税人，开展了相关数据采集、分析和上报工作。

至 2014 年底，全州消费税累计入库 1.8 亿元（不含中烟公司），其中：卷烟批发 1.4 亿元，龙里华润 3780 万元，其他 120 万元。

2. 所得税类

1991—1993 年，黔南州税务局分别按照 1984 年、1985 年、1988 年、1991 年国务院和第七届全国人民代表大会颁布的《中华人民共和国国营企业所得税条例实施细则》《中华人民共和国集体企业所得税暂行条例》《私营企业所得税暂行条例》《中华人民共和国外商投资企业和外国企业所得税法》分别征收国营企业所得税、集体企业所得税、私营企业所得税、外商投资企业和外国企业所得税。

（1）企业所得税

1991 年，州内各级税务机关，按国务院和财政部 1984 年颁布的《国营企业第二步利改税试行办法》和《中华人民共和国国营企业所得税条例》规定，征收国营企业所得税。是年，全州纳入汇算清缴的利改税国营企业共 279 户，全州国营企业实现销售收入 10.75 亿元，实现利润总额 2207 万元，应交所得税 950 万元，欠缴所得税 447 万元，企业共留利润 1206 万元。

是年，全州纳入集体企业所得税汇算清缴的企业共 741 户，其中：盈利企业 471 户，亏损企业 270 户，共实现销售收入 5.99 亿元，盈利企业实现利润 2843 万元，应纳税所得额 2554 万元，减免所得税 84 万元。是年，私营企业所得税的汇算清缴工作，要求凡未按规定建账的私营企业，在汇算中比照同行业已建账户最高盈利水平，从严核实其应纳税所得额，依 35% 税率征收所得税，当年，纳入私营企业所得税汇算清缴的企业共 74 户，实现销售收入 2083 万元；实现利润 54 万元。

1992 年，全州将骨干企业纳入重点管理，纳入汇算清缴的利改税国营企业共 288 户，比上年增加 9 户。全州国营企业实现销售收入 12.71 亿元，比上年增加 1.96 亿元；实现利润总额 3076 万元，比上年增加 869 万元；应交所得税 1193 万元，比上年增加 243 万元。是年，全州办理营业执照及税务登记的集体企业共 932 户，除 189 户按综合税率征收或停业外，纳入当年度汇算清缴的集体企业共743户，比上年增加2户，当年实际缴纳所得税1117万元。是年，办理营业执照及税务登记的私营企业共139户，除61户账务不健全或停业外，纳入私营企业所得税汇算清缴的企业共78户，比上年增加4户，汇算面为56.12%。其中：盈利企业60户，实现销售收入2060万元，比上年减少23万元；实现利润142万元，比上年增加88万元。惠水县永红食品厂、长顺县威远水泥厂，销售收入分别比上年增加746万元、149万元；应纳税所得额141万元，应纳所得税49万元。

1993年，国务院整合制定了《中华人民共和国企业所得税暂行条例》，要求国营、集体、私营企业按新颁布的条例自1994年1月1日起征收所得税。是年，全州纳入企业所得税汇算的集体企业共762户，当年入库所得税1088万元。全州纳入所得税汇算清缴的私营企业共83户，盈利企业52户，实现销售收入3109万元，实现利润176万元，应纳所得税62万元，入库所得税37万元。

1994年，国家税务总局下发《关于企业所得税征收和管理范围的通知》和《关于调整国家税务局地方税务局税收征管范围若干具体问题的通知》对国税、地税企业所得税征管范围予以界定。州国家税务局，按照分税制的要求，征收国营企业、集体企业和私营企业所得税。

是年，全州国税系统纳入企业所得税汇算清缴的企业共189户，实现销售收入38435万元，其中：贵定卷烟厂实现销售收入7676万元；实现利润904万元，实现应纳税所得额861万元，应交企业所得税284万元。通过汇算清缴调增应纳税所得额33.6万元，补缴企业所得税11.4万元。

1995年，根据省国税局《关于企业所得税汇算清缴改革试点的意见》，全州将惠水、平塘、贵定、都匀四县、市的烟草公司作为改革试点，采取自核自缴、自行申报的办法，增强其依法纳税的主动性。同年，全州纳入汇算清缴的企业共215户，比上年增加26户，应交企业所得税445万元，比上年增加161万元，增长57%。税后利润919万元，比上年增加326万元。

1996—1998年，全州纳入所得税汇算企业分别为197户、196户、193户，应纳企业所得税分别为469万元、320万元、645.7万元。1999年，州国税局要求各县（市）国税局摸准纳税户数，建立纳税分户账，搞好征管，及时准确报送各类报表及税源分析。当年，全州企业所得税征管户数199户，其中：国有企业40户，集体企业159户；监管企业所得税户119户。全年组织企业所得税入库264.8万元。

2000年，州国税局对13个征收单位进行“优质快报”评比，同时要求做好企业所得税优惠政策审批及国产投资抵免所得税审批工作。是年，全州企业所得税征管户数189户，比上年减少10户，应纳所得税794.6万元，比上年减少347.5万元。

2001年，全州企业所得税征管户数182户，比上年减少7户。实现应纳税所得额2028万元，比上年减少459万元；共计应交企业所得税642万元，比上年减少152.6万元。查补所得税45万元，比上年增加12万元。

2002年1月1日，国务院决定实施所得税收入分享改革。对所得税收入（铁路运输、邮政、银行以及海洋石油天然气企业所得税收入除外）以2001年为基数，基数内部分由中央返还地方，超过基数部分由中央与地方按比例分享，是年中央与地方各分享50%，2003年以后中央分享60%，地方分享40%。同年1月24日，国家税务总局下发《国家税务总局关于所得税收入分享体制改革后税收征管范围的通知》规定：按国家工商行政管理总局的有关规定，在各级工商行政管理部门办理设立（开业）登记的企业，其企业所得税由国家税务局负责征收管理。

2002—2006年，全州企业所得税征管户数、实现的利润总额、应交企业所得税均比上年有较大增长。到2006年底，全州共有企业所得税征管户数1223户，比2001年的182户增加1041户。应纳税所得额为3.78亿元，实交所得税额1.25亿元。

2007年，企业所得税工作处于“两法合并”交汇期，是执行老企业所得税法的最后一年。是年，全州共有企业所得税征管户数1514户，比上年增加291户，应纳税所得额为7.35亿元，实交所得税额2.42亿元。

2008年，全州国税系统企业所得税征管户数为1934户，实际参加汇算清缴户数为1824户。其中：盈利企业627户，占征管户数的34.38%；共实现销售（营业）收入102.71亿元，比2007年度增加35.7亿元，增长53%，增长的主要原因是：2007年汇算清缴软件数据为内资企业数据，而2008年汇算清缴数据为原内、外资企业数据；制造业、建筑业、商业等部分行业销售收入增加。是年，全州通过汇算清缴，企业自行纳税调整增加额5.31亿元，纳税调减额2.1亿元，全州实际应纳所得税额1.17亿元，已预缴企业所得税1.24亿元，应退企业所得税792万元，全州所得税税收负担率为14.05%，预缴率为106%。

2009年，黔南州国税局印发了《黔南州国家税务局企业所得税分类管理办法（试行）》《黔南州国家税务局关于加强企业所得税管理台账建设工作的通知》，进一步强化企业所得税管理工作。同时，与黔南州地方税务局研究决定，从2009年7月1日起，对全州企业所得税核定征收应税所得率作适当调整，调整的主要行业是：农、林、牧、渔业，制造业，批发和零售贸易业，交通运输业，建筑业，其他行业，饮食业，房地产业、娱乐业，煤炭行业，其应税所得率分别调整为3%、7%、6%、10%、12%、15%、25%和30%。

是年，全州企业所得税登记户数2090户，开业户数2069户，开业面达99%，实际参加汇算清缴的企业2087户，参加汇算清缴的国有企业52户、集体企业41户、股份有限公司5户、其他有限责任公司1430户、私营企业442户、其他企业44户、股份合作企业42户、联营企业2户、外商投资企业29户。全州实际缴纳企业所得税1.88亿元。是年，企业所得税年纳税额上百万元的企业27户，其中：3户企业利润总额达千万元，分别是：威顿（中国）化工有限责任公司、贵州川恒化工有限责任公司、黔南吉星烟叶有限责任公司，实际应纳所得税分别为1341万元、1383万元、640.6万元。

2010年1月，黔南州国税局共对638户所得税纳税人进行核定征收，加上上年度核定的233户，全州总计对871户所得税纳税人进行了核定征收。截至是年10月，全州所得税核定纳税人共入库税款520余万元，比未核定前多征税款410余万元。同年1—3月，重点开展了针对农村信用社企业所得税申报缴纳情况的纳税评估，全州农村信用社共补征企业所得税 2162 万元。是年，应参加所得税汇算清缴的企业 1919 户，实际应纳所得税 2.51 亿元。企业所得税年纳税额上千万元的企业有 2 户，分别是：贵州省烟草公司黔南州公司、中建四局第五建筑工程有限公司，应纳所得税额为 7287.88 万元和 1.12 亿元。

2011 年 1 月，在全州开展使用所得税电子管理台账工作，进一步核实税基。当年，参加企业所得税汇算清缴纳税人共 2293 户，实际应纳企业所得税 3.14 亿元。企业所得税年纳税额上千万元的企业有 6 户，比 2009 年增加 4 户。

2012 年，州国税局进一步加强纳税评估工作，各县、市、区国税局当年评估入库企业所得税 2023 万元。参加企业所得税汇算清缴纳税人共 2884 户，汇算户数比 2011 年增加 591 户，增幅为 25.8%。实际应纳所得税额 4.18 亿元。有 8 户企业所得税年纳税额上千万元，主要集中在商业、建筑业、金融业、制造业几大行业。其中：贵州省烟草公司黔南州公司是年实际应纳所得税额 7901.6 万元，比 2011 年度增收 5212.42 万元，增长比例为 193.83%；贵州瓮福贸易有限责任公司实现应纳所得税额 2033.5 万元；中建四局第五建筑工程有限公司是年实际应纳所得税额 5793.8 万元，同比增长 803.6 万元，增长比例为 16.1%；华润雪花啤酒（黔南）有限公司实现应纳税所得额 7286 万元，实现并入库企业所得税 1821.4 万元，同比增长 1541.7 万元，增长比例为 551.2%；龙里红狮水泥有限公司实际应纳所得税额 1284.5 万元，同比增加 952.9 万元，增幅为 287.4%；都匀市农村信用合作联社实际应纳所得税额 1538 万元，同比增加 42.7 万元，增幅为 2.85%；福泉市农村信用合作联社实现应纳所得税额 1132.5 万元，同比增长 282.1 万元，增长比例为 33.2%。

2013 年 1 月 7 日，贵州省国家税务局下发《贵州省国家税务局关于全省农村信用社享受西部大开发税收优惠政策有关问题的通知》，全州国税系统审核确认，申请享受 2012 年度西部大开发企业所得税优惠政策的农村信用社企业共有 4 家。

是年，全州国税系统共组织入库企业所得税 7.88 亿元，比上年增收 3.52 亿元，增幅 80.7%。

2014 年 4 月，财政部、国家税务总局下发的《关于小型微利企业所得税优惠政策有关问题的通知》明确：自 2014 年 1 月 1 日—2016 年 12 月 31 日，对年应纳税所得额低于 10 万元（含 10 万元）的小型微利企业，其所得减按 50% 计入应纳税所得额，按 20% 的税率缴纳企业所得税。全州国税系统共有小型微利企业 6073 户，剔除零申报（即：企业处于筹备、停产、转制等状态，未发生生产经营行为）企业、亏损企业和选择享受其他税收优惠政策的企业外，应享受小型微利企业所得税优惠政策的 1494 户企业，已全部享受小型微利企业所得税优惠政策，占小型微利企业总户数的 24.60%，受惠面达 100%，共计减免企业所得税税额 539.18 万元，减免税比例达 41.52%。小型微利企业所得税优惠政策受惠面超过省国税局规定的 80%。是年，全州国税系统共组织入库企业所得税 8.74 亿元，比上年增收 8567 万元，增幅 10.9%。

（2）外商投资企业和外国企业所得税

1991 年，国家对企业所得税税制进行改革，将原来征收的中外合资经营企业所得税和外国企业所得税合并统一征收外商投资企业和外国企业所得税。税制改革后，统一了税率（企业所得税税率为30%，地方所得税税率为3%，合计为33%），统一了税收优惠，统一了管辖权。

1994年，依据《国家税务总局关于企业所得税征收和管理范围的通知》，将外商投资企业和外国企业所得税划归国家税务局征管。是年，全州对外商投资企业和外国企业所得税实行“季度初审，年终汇算清缴”制度。当年，全州共有外商投资企业和外国企业18户，应交企业所得税81.2万元，享受所得税减免74.3万元，实际入库企业所得税6.9万元。1995年，全州共有涉外企业26户（含分支机构1户），企业所得税入库1.5万元。

1999年，国家税务总局下发《关于实施对设在中西部地区的外商投资企业给予三年减按15%税率征收企业所得税的优惠的通知》后，州国税局于11月制定相应的认定审批办法。是年，全州组织入库外商投资企业所得税13.6万元。

2000年，全州国税系统严格按照国家税务总局新修订的《外商投资企业和外国企业所得税汇算清缴管理办法》和《外商投资企业和外国企业所得税汇算清缴工作规程》开展工作。是年，全州外资企业登记户数33户，比1999年增加3户，实际应纳企业所得税15.7万元。

2001年，全州共有外商投资企业37户，比上年增加4户，实现应纳税所得额2439.91万元，比上年增加1053.23万元，实际应纳所得税186.4万元。2003年，全州外商投资企业税务登记户数40户，实际应纳企业所得税169.41万元。

2004年，全州共有外商投资企业和外国企业税务登记户数47户，比上年增加7户，应纳所得税1636.65万元，减免所得税1618.8万元（不含地方所得税），实际应纳企业所得税17.85万元。2005年，全州共办理外商投资企业和外国企业税务登记户数为45户，比上年减少2户，实际应纳企业所得税63.18万元。

2006年，全州办理税务登记的涉外企业共有38户（包括分支机构15户），是年，参加所得税汇算的涉外企业23户，汇算清缴面为100%，其中：盈利企业6户，零申报企业3户，亏损企业14户，亏损企业比2005年减少5户，亏损面超过60%。

2007年，全州共有外商投资企业和外国企业税务登记户数47户，比上年增加9户，实际应纳企业所得税699.48万元，与2006年同期相比增加54.30万元，全年已预缴企业所得税额631.26万元，与2006年同期相比增加90.58万元，全年实际应补缴企业所得税额68.22万元。

（3）个人储蓄存款利息所得税

1999年8月30日，第九届全国人大常务委员会第11次会议通过《关于修改〈中华人民共和国个人所得税法〉的决定》，开征了《个人储蓄存款利息所得税》，授权国务院恢复对个人储蓄存款利息征收个人所得税。

1999年10月，国家税务总局发布《关于做好储蓄存款利息所得个人所得税代扣代缴义务人登记工作的紧急通知》，规定：决定恢复开征个人存款利息收入征收个人所得税，自1999年11月1日施行，税率为20%。至同年11月底，全州储蓄存款利息所得税扣缴义务人为212户，当年12月7日已全部申报缴税，共计缴纳税款4.61万元。

2000年，省国税局下达黔南州储蓄存款利息所得税任务1680万元，截至12月20日，全州完成储蓄存款利息所得税1123.9万元，占任务的66.9%。

2002年1月1日起，个人所得税收入实行中央与地方按比例分享。2005年9月14日，国家税务总局、中国人民银行、教育部印发《教育储蓄存款利息所得免征个人所得税实施办法》的通知，加强和规范教育储蓄利息所得免税管理，堵塞征管漏洞。

2007年6月29日，为配合国家宏观调控政策需要，全国人大常委会批准授权国务院可停减征收利息税。是年7月20日，国务院决定自8月15日起，将储蓄存款利息所得个人所得税的适用税率由现行的20%调减为5%。2008年10月，财政部、国家税务总局下发《关于储蓄存款利息所得有关个人所得税政策的通知》，规定：自2008年10月9日起，对储蓄存款利息所得暂免征收个人所得税。但对1999年11月1日—2008年10月8日孳生的利息所得，规定按时间段分别按不同税率进行征收，即：储蓄存款在1999年10月31日前孳生的利息所得，不征收个人所得税；储蓄存款在1999年11月1日—2007年8月14日孳生的利息所得，按照20%的比例税率征收个人所得税；储蓄存款在2007年8月15日—2008年10月8日孳生的利息所得，按照5%的比例税率征收个人所得税；储蓄存款在2008年10月9日后（含10月9日）孳生的利息所得，暂免征收个人所得税。为此，按照规定，2008年10月8日前、2009年、2012年、2013年、2014年，全州分别征收利息所得税1415.56万元、780万元、34万元、13万元和3万元。

（4）所得税减免

1991年，黔南州税务局从1991年3月起，对州内民族用品定点生产的14户企业的所得税，按国家税务局规定减半征收集体企业所得税。

1992年7月8日，对处于亏损状况的都匀市轮胎翻新厂减半征收1992年集体企业所得税。同时，对都匀制革厂1990年所欠的集体企业所得税和对纳税困难的都匀火车站城市信用社、都匀民联城市信用社免征1992年度集体企业所得税。1994年，黔南州国税局根据《财政部国家税务总局关于企业所得税若干优惠政策的通知》和《财政部国家税务总局关于部分行业、企业继续执行企业所得税优惠政策的通知》，对国家确定为贫困县的农村信用社继续免征所得税。

1994—1997年，全州对贫困县农村信用社减免所得税共计41.1万元。1996年，全州有59户农村信用社享受所得税减免；1997年，有63户农村信用社享受所得税减免。

1998—1999年，黔南州国税局依据《财政部国家税务总局关于贫困县农村信用社继续免征企业所得税的通知》精神，全州国税系统对贫困县农村信用社分别减免所得税额4.3万元和13万元。

2001—2004年，依据《财政部国家税务总局关于试点地区农村信用社税收政策的通知》精神，对西部地区农村信用社暂免征收企业所得税优惠政策延长至2008年底。黔南州国税局对国家确定为贫困县的农村信用社继续免征企业所得税。

2001年12月30日，财政部、国家税务总局、海关总署联合发布《关于西部大开发税收优惠政策问题的通知》，自2001年1月1日起执行。2003年5月，贵州省人民政府发布《省人民政府关于西部大开发若干政策措施的实施意见》，除《通知》规定的优惠政策外，对民族自治州、县内除国家明令禁止、关闭和限制的企业外，内资企业在2003年至2010年内，第一年至第三年免征企业所得税，第四年至第五年减半征收企业所得税。对已享受减免企业所得税不满3年免征2年减半征收的，可再延长至期满。

2001—2003年，全州共减免所得税242.86万元。其中：2001年，全州实际享受所得税减免共有6户，减免所得税12万元；2002年全州实际享受所得税减免共有13户，减免所得税50.86万元；2003年，享受西部大开发政策减免4户，新办第三产业减免2户，农村信用社政策性减免143户，共计减免所得税180万元。

2004年，全州所得税征管企业中有151户享受企业所得税的减免政策，其中：享受西部大开发政策减免20户、其他政策减免1户、农村信用社政策性减免130户，全州共计减免企业所得税3260万元，减免企业所得税额比上年增加3080万元，增长1711%。2005年6月，全州享受企业所得税减免税户数及减免税额均大幅度增加，全年享受企业所得税减免税户数155户，共计减免企业所得税12210万元，减免企业所得税额比上年增加8950万元，增长274.5%。

2006—2007年，全州享受企业所得税减免税户数283户，其中：农村信用社减免46户；民族自治地区“三免两减半”优惠减免233户，共计减免企业所得税21889万元。

2008年，全州享受企业所得税优惠政策的户数为298户，减免税面为40.5%，其中：农村信用社减免12户、民族自治地区享受“三免两减半”政策113户、西部大开发企业2户、小型微利企业151户、畜牧业8户、享受其他优惠政策12户。全州共计减免企业所得税8571万元。2009年，享受企业所得税优惠政策273户，减免税面32.92%，享受减免税优惠政策230户，共享受减免税2980.73万元。

2010年根据《财政部国家税务总局关于小型微利企业有关企业所得税政策的通知》规定：自2010年1月1日—2010年12月31日，对年应纳税所得额低于3万元（含3万元）的小型微利企业，其所得税减免按50%计入应纳税所得额，按20%的税率缴纳企业所得税。据此，2010年全州享受小型微利企业减免优惠的有143户，共减免所得税22.98万元。

2011年，根据《财政部国家税务总局关于继续实施小型微利企业所得税优惠政策的通知》规定：自2011年1月1日—2011年12月31日，继续执行小型微利企业所得税优惠政策。全州享受小型微利企业减免优惠的有158户，共减免所得税32.69万元，比上年增加15户，减免所得税增加9.71万元。2012年，经国务院批准，自2012年1月1日—2015年12月31日，对年应纳税所得额低于6万元（含6万元）的小型微利企业，其所得减按50%计入应纳税所得额，按20%的税率缴纳企业所得税。

是年4月，国家税务总局出台《关于深入实施西部大开发战略有关企业所得税问题的公告》，自2011年1月1日—2020年12月31日，对设在西部地区以《西部地区鼓励类产业目录》中规定的产业项目为主营业务，其当年度主营业务收入占企业收入总额70%以上的企业，经企业申请，主管税务机关审核确认后，可减按15%税率缴纳企业所得税。当年，全州享受西部大开发减免优惠22户，共减免所得税8498.95万元，比上年增加15户，减免所得税增加7364.41万元。

1994—2012年，全州共减免企业所得税7.25亿元，以上所得税优惠政策的落实对全州实施西部大开发战略，支持小型微利企业发展、优化产业结构、国有企业改革和金融体制改革、就业和再就业等，发挥了重要的作用。

2013年，全州享受企业所得税优惠政策的纳税人470户，优惠面为22.64%。其中：享受免税收入优惠政策的15户，免税收入1212.73万元；享受减计收入优惠政策的17户，减计收入6768.37万元；享受涉农利息收入减计部分优惠的13户，减免4234.48万元；享受加计扣除优惠政策的13户，加计扣除1292.86万元；享受安置残疾人员所支付的工资加计扣除优惠的11户，加计扣除288.48万元；享受减免所得额优惠政策的110户，减免所得额7504.62万元；享受减免税优惠政策的313户，减免税2.24亿元，减免税比率为23.41%；享受抵免所得税额优惠2户，税额抵免640.87万元。

2014年，全州享受所得税税收优惠的企业共计1600户，优惠金额29.62亿元，优惠税额3.25亿元，其中：小型微利企业占优惠企业的93.4%，优惠税额539.18万元。

2013—2014年，全州国税系统优惠税覆盖三次产业，优惠税结构与黔南经济、税收结构基本协调，二、三产业比重高、受益大，有力助推了经济发展方式转变、经济结构调整优化和产业升级。

3. 车辆购置税

2000年10月，国务院颁布《中华人民共和国车辆购置税暂行条例》，税种从2001年1月1日起征收。征税范围为汽车、摩托车、电车、挂车、农用运输车等。车辆购置税实行从价定率办法计算应纳税额，税率为10%。

2001年，黔南州国税局委托黔南州车辆购置附加费办公室代征代缴车辆购置税。

从2005年1月1日起，车辆购置税划归国税局征收。同年7月1日，省国税局规定，对机动车辆的生产、销售、注册实施“一条龙”的税收管理办法，达到“以票控税、信息共享、协同管理”的目的。当年，全州共征收车辆购置税5600万元。

2008年4月11日，黔南州国税局下发《黔南州国家税务局推广应用车辆购置税申报电子信息采集系统工作实施方案》，是年5月20日，对都匀市区内52家机动车经销商推广应用车辆购置税申报电子信息采集系统，同年6月在全州推广，实现了经销商销售车辆信息快速转入车辆购置税征收管理系统，为车辆购置税纳税提供了更为便捷的服务。

2009年1月16日，财政部、国家税务总局下发《关于减征1.6升及以下排量乘用车辆购置税的通知》规定：从2009年1月20日—12月31日购置1.6升及以下排量乘用车，减按5%的税率征收车购税。是年，按5%的税率共减征车辆7270辆，减征车辆购置税1688万元。是年3月，省国税局推行车辆购置税二维条形码申报信息采集系统。为防止利用“购车退税”系列虚假信息进行诈骗行为，全州国税系统根据省国税局紧急通知精神，开展自查梳理，全州未发现利用“购车退税”系列虚假信息进行诈骗行为。

2010年，根据《财政部、国家税务总局关于减征1.6升及以下排量乘用车辆购置税的通知》要求，黔南州国税局对2010年1月1日—12月31日购置1.6升及以下排量乘用车，暂减按7.5%的税率征收。是年，按5%的税率共减征车辆61辆，减征车购税15万元，按7.5%的税率共减征车辆7759辆，减征车辆购置税949万元。

2011年7月1日，全州实现汽车、农用运输车、挂车、电车，车辆购置税征管资料以电子档案形式保存，提高了工作效率和工作质量。

2012年5月10日，黔南州国税局下发《关于进一步加强农用运输车车辆购置税征收管理的通知》，是年，农用运输车购置税入库127万元，同比增长126%。是年6月25日，根据国家税务总局、交通运输部联合发布《关于城市公交企业购置公共汽电车辆免征车辆购置税有关问题的通知》，对城市公交企业自2012年1月1日起至2015年12月31日止购置的公共汽电车辆免征车辆购置税。是年，全州按规定为黔南公交企业办理免征车辆购置税57.31万元。

2013年7月，根据《贵州省国家税务局转发〈国家税务总局关于开展车辆购置税专项检查的通知〉的通知》要求，黔南州国税局车辆购置税征收管理分局开展了专项检查自查工作，共核查2010年以来的免税档案194户、退税档案35户、相关票证656份，抽查补建档案528户、征收档案1842户。

是年8月，根据国家税务总局《关于设有固定装置非运输车辆免征车辆购置税有关问题的公告》，是年，全州国税系统共办理免税车辆263辆，免征税款961.69万元，其中：免征设有固定装置的非运输车辆119辆、免征车辆购置税727.37万元；免征国务院或国务院税务主管部门批准的其他车辆142辆、免征车辆购置税229.83万元。共为14户符合退税条件的纳税人办理退税手续，退税总额为19.01万元。

2014年5月，黔南州国税局印发《黔南州国家税务局车辆购置税征管方式改革实施方案》，于6月1日起，将黔南州国税局车辆购置税征收管理分局征收的车辆购置税和二手车交易增值税下放到各县、市、区国税局征收。是年5月16日，全州国税系统于7月1日起，启用新版机动车销售统一发票。

1991—2014年黔南州国税系统税收收入分税种入库情况一览表

表15-2-2　　　　单位：万元

年度	产品税	营业税	增值税	消费税	企业所得税	个人利息所得税	车辆购置税
1991	22776	5010	2382	—	—	—	—
1992	25400	5896	3205	—	764	—	—
1993	27428	7956	5526	—	894	—	—
1994	—	4271	20287	17238	2548	—	—
1995	—	—	22795	19532	217	—	—
1996	—	—	23233	22570	355	—	—
1997	—	—	26383	21732	135	—	—
1998	—	—	30084	20092	344	—	—

续表 15－2－2

年度	产品税	营业税	增值税	消费税	企业所得税	个人利息所得税	车辆购置税
1999	—	—	33206	19422	255	5	—
2000	—	—	36638	19629	1322	896	1517
2001	—	787	41567	18130	226	1536	1972
2002	—	372	54203	13089	666	1605	2987
2003	—	52	51802	26401	1434	1611	3350
2004	—	—	73168	29077	3204	1805	4345
2005	—	—	94787	35319	1178	2071	5600
2006	—	—	102641	39755	4136	2742	5835
2007	—	—	118518	43028	8867	3154	6622
2008	—	—	138936	52007	15418	1877	7743
2009	—	—	154195	65278	16941	780	9972
2010	—	—	179997	77252	21933	215	13400
2011	—	—	181100	108560	36674	91	17584
2012	—	—	196043	127246	43630	34	25092
2013	—	—	213813	152585	78846	13	35296
2014	—	—	266033	167380	87413	3	47864

注：企业所得税包括国营企业所得税、集体企业所得税、私营企业所得税、外资企业所得税

4. 附加及基金类

（1）教育费附加

1994—2011 年 9 月，教育费附加依照 1986 年财政部发布的《征收教育费附加的暂行规定》由地方税务局进行征收。从 2005 年 10 月 1 日起，一律按实际缴纳的增值税、消费税税额征收 3% 的教育费附加。

2011 年 8 月 29 日，贵州省国家税务局发布第 12 号公告明确规定：贵州省国家税务局各级国税机关自 2011 年 10 月 1 日起，开始征收随增值税、消费税附征的教育费附加和地方教育费附加。教育费附加按增值税、消费税税额的 3% 征收，地方教育费附加按增值税、消费税税额的 2% 征收。教育费附加和地方教育费附加应当在缴纳增值税、消费税时一并缴纳。是年 9 月 7 日，黔南州国税局转发《贵州省国家税务局关于做好征收教育费附加和地方教育费附加有关准备工作的通知》明确：教育费附加和地方教育费附加从 2011 年 10 月 1 日起，国税部门按办法进行征收。全州国税局系统于同年 10 月 1 日起，按省国税局要求开始征收随增值税、消费税附征的教育费附加和地方教育费附加，附加率分别为 3% 和 2% 。是年 12 月 26 日，州国税局转发《关于明确地方教育费附加征免政策的通知》要求全州国税系统严格按通知精神执行。同时完成网上缴纳教育费附加和地方教育费附加补丁升级。

2014 年 1 月，贵州省财政厅下发《关于规范教育费附加和地方教育费附加分享比例的

通知》要求：完善省以下分税制财政管理体制改革，税收实行属地征管，国家税务机关和地方税务机关分税种按增值税、消费税、营业税税额3%、2%分别征收教育费附加和地方教育费附加。是年3月，贵州省国家税务局下发《关于规范教育费附加和地方教育费附加入库级次的通知》规定：从2014年4月1日起，随增值税和消费税征收的教育费附加和地方教育费附加除经省政府批准的市州以下特殊体制外，教育费附加和地方教育费附加统一按省、市、县2:2:6比例分享，入库级次为省20%，市20%，县60%。对贵定烟厂缴入的教育费附加和地方教育费附加，按省、市、区2:6.4:1.6比例分享，入库级次为省20%，市64%，县16%。

2011—2014年，全州国税系统共征收教育费附加和地方教育费附加，分别为3.58亿元、2.43亿元。

（2）价格调节基金

2010年10月1日，全州国税系统按照《黔南州价格调节基金征集使用管理办法》，征收价格调节基金。《办法》规定：凡在本州行政区域从事生产经营，依法缴纳或享受减免增值税、消费税、营业税的各类企业、事业单位、个体工商户和其他有经营收入的单位，均应缴纳价格调节基金。缴纳标准为：销售收入或营业收入的1‰。月销售收入或营业收入少于5000元的，按5元缴纳。国税系统负责征收增值税、消费税纳税人的价格调节基金。

2011年，完成了网上缴纳价格调节基金补丁升级，实现价格调节基金通过财税库银系统电子缴库和网上缴纳价格调节基金，同时实现了在征收增值税、消费税时同步计算价格调节基金。

2012年1月5日，州国税局转发《黔南州价格调节基金征集使用管理办法实施细则（试行）》，并要求全州国税部门按细则规定征收价格调节基金，建立了全州价格调节基金征管制度，规范了价格调节基金征管流程。2013年8月，全州国税系统按照贵州省煤炭价格调节调节基金管理委员会下发的《关于调整煤炭价格调节基金征收标准的通知》精神，从8月23日起，调整煤炭价格调节基金征收标准为每吨10元从量计征。

2014年12月，按照财政部《关于停止征收成品油价格调节基金有关问题的通知》及省财政厅、省发改委《关于涉及煤炭天然气收费基金有关问题的通知》精神，全州国税系统从2014年12月1日起，停止征收成品油批发、销售环节征收价格调节基金和停止征收煤炭、天然气价格调节基金。2010年10月至2014年，全州国税系统共征收价格调节基金1.44亿元。

（四）发票管理

1. 普通发票管理

1990年，根据《贵州省发票管理实施办法》的规定，黔南州税务局制定了《黔南州税务局发票管理补充规定》，明确了发票的用途、适用范围、领、用、存管理以及检查考核机制，同时在黔南州税务局设票管所作为内设机构，负责全州发票印制、领发、保存、缴销和使用的管理。

1992 年 1 月 21 日，州税务局在全州范围内按行业特点和特定的经营场所，共设置 36 种统一（专用）发票，由税务机关直接印制发售，同时明确了各类统一（专用）发票的名称及使用范围 1993 年 12 月 23 日，财政部颁布《中华人民共和国发票管理办法》及其实施细则施行。新颁布的发票管理办法把发票分为增值税专用发票和普通发票两大类，并对发票的印制、领购、开具、取得、保管、缴销作了严格的规定。

1995 年，为进一步强化对发票的管理，达到“以票控税”，防止偷税漏税，保证税收收入。是年对 3033 户纳税人使用过的 212216 张发票进行了检查，查补税款 6.4 万元。1996 年 7 月 8 日，为强化对非增值税一般纳税人的生产经营管理，黔南州国税局明确从 1996 年 7 月 1 日起，凡使用电子计算机开具普通发票的单位，必须使用税务机关监制的普通机外发票。是年 10 月 7 日，贵州省国家税务局、贵州省地方税务局印发《全省统一换发新版普通发票的通告》，全州国税系统从 1997 年 1 月 1 日起，在全州国税系统更换使用具有统一防伪措施的新版普通发票。

1998 年，全州国税机关开展发票大检查，自查 3380 户，重点检查 2010 户，查处发票违章 358 户，31192 份，罚款 10.66 万元，补税 13.73 万元。

是年 3 月，对都匀市国税局征管的 271 户机动车修理、汽车配件销售、五交化、家电销售等行业的个体户、租赁承包户、集体企业中试行“分离式”发票；当年 7 月又对该市查账征收的个体户、私营企业、租赁承包户和集体企业试行“剪贴式”发票。

1999 年 1 月 1 日，在全州范围内全面启用统一式样的“机动车销售统一发票”。通过利用现有信息资源和管理手段，对条件具备的纳税人按规定统一使用由省国税局监制的电脑版机动车销售统一发票。是年 3 月，全州国税部门继续在部分行业中全面推行“剪贴式”和“分离式”两种发票，加强以票管税、以票控税。至 2000 年 2 月底，全州使用“剪贴式”发票的纳税户达 1007 户，使用“分离式”发票的有 379 户。

2000 年 7 月，州国税局在都匀市组织开展发票抽奖活动试点，每两个月一期。通过发票抽奖活动第一期，都匀市国税局发票用票户增加 258 户，增幅达 20.67%，用票户缴税月均上升 28.54%。

2001 年，各县（市）国税局在机动车维修、机动车零配件销售行业全面推行使用《分离式发票》和《剪贴式发票》。2002 年结合整顿和规范税收秩序工作，在加油站推行税控加油机。

2003 年，结合全面推行增值税申报纳税“一窗式”管理，强化对票表审核比对，实现增值税管理信息系统与综合征管信息系统之间的工作联系和信息共享。根据国家税务总局和省国税局的要求，黔南州国税局于同年 8 月 1 日起，对所有增值税一般纳税人停止开具手写版增值税专用发票。2004 年 2 月 14 日，州国税局于当年 5 月 1 日起，统一使用贵州省国家税务局新版《剪贴式货物销售发票》。是年 6 月 23 日，州国税局明确凡在州境内从事旧机动车购销业务的单位及个人，在进行旧机动车交易时，必须使用由国税部门监制的“贵州省旧机动车销售专用发票”。

2005 年 2 月 6 日，黔南州国税局印发《黔南州国家税务局农产品收购发票管理暂行办法》规定：在全州县、市境内领购、开具、取得和保管农产品收购发票的增值税纳税人，必须领购农产品收购发票的对象、程序及开具的范围和要求。

2006年7月26日，州国税局逐步将机动车销售统一发票纳入税控装置管理，是年，全州使用领取新版机动车销售统一发票的纳税人共计267户。2008年8月21日，全州国税系统分别在医药、超市、加油站等行业。

2009年，黔南州国税局明确各县、市国税局综合业务科（股）汇同信息中心为发票发售岗位，在增值税专用发票稽核系统中赋予机动车销售统一发票的发售功能权限，并从2月23日起投入运行。是年，决定从6月15日起，在全州国税系统启用新版《发票领购簿》，旧版《发票领购簿》同时作废。2011年1月1日，全州国税系统全面启用统一式样的新版普通发票。将发票联次纳入编码范围，除机动车销售统一发票、二手车销售统一发票、企业冠名机打发票代码编码规则不变外，其余发票第11位调整为联次代码，第12位为批次代码。

2012年，全州国税系统初步实现从发票领购、开具、缴销、查询的闭环式管理。

2013年7月15日，对“营改增”试点纳税人凭税务登记证件申请领购国税发票。为配合搞好“营改增”工作，领用“贵州省国家税务局通用机打发票”的“营改增”试点纳税人，全部统一使用单机版开票软件。是年，州国税局下发《黔南州国家税务局关于代开普通发票有关业务处理问题的通知》规定：申请代开普通发票的纳税人，提供应税劳务或服务金额在10000元以下（不含10000元）的，可不提供付款方（或接受劳务服务方）对所购物品品名（或劳务服务项目）、单价、金额等出具的书面确认证明；其个人小额销售自产自销农产品在10000元以下（不含10000元）的，可不提供村委会出具的证明。

2014年7月，全州国税系统对2013年1月1日—2014年6月30日，该行业纳税人普通发票使用情况进行专项检查，重点核查353户，发现开具“大头小尾”现象40户，共涉及575份发票，18户转评估，20户转稽查，共补征税款53.7万元。

是年9月，根据《贵州省国家税务局办公室关于试点运行贵州国税网上纳税服务平台网络发票子系统的通知》，州国税局分别在都匀市国税局、都匀开发区国税局推行运用网络发票子系统工作。

2. 增值税专用发票管理

1993年12月27日，国家税务总局发布《增值税专用发票使用规定（试行）》。同时，规定专用发票只限于增值税一般纳税人领购使用，增值税小规模纳税人和非增值税纳税人不得领购使用。1994年，实行分税制改革后，国税部门负责增值税专用发票的管理。

1999年5月1日，全州停止发售使用手写十万元版增值税专用发票。一般纳税人开具每笔销售额在10万元（含）以上的专用发票，须申请纳入增值税专用发票防伪税控系统，并一律通过防伪税控系统自行开具。

2000年10月，全州国税系统全面启动金税工程二期建设的各项业务和技术准备工作，金税二期工程于2001年7月1日如期开通运行，增值税防伪税控系统、认证报税系统、稽核系统、协查系统等四个子系统全部正式投入使用。全州781户增值税一般纳税人全部纳入该系统。

2003年8月，全州国税系统全面推行“一窗式”管理模式，从最初的“二窗三人”“三窗四人”“一窗一人”模式，逐步过渡到统一的“一窗一人一机”模式。全州国税系统按照国家税务总局和省国税局关于“一四六小”管理工作的要求，不断巩固和拓展其应用范围，逐步将海关完税凭证、货物运输发票、废旧物资发票和代开增值税专用发票纳入“一窗式”比对范围，强化增值税各项凭证的申报检查，实现四小票“人工采集、网络传输、电脑比对”。

2005年，黔南州国税局开展了对增值税抵扣凭证审核检查和对废旧物质回收经营单位进行全面清理检查。共检查享受减免税的废旧物资回收经营企业37户，其中：一般纳税人26户，小规模纳税人11户，检查面达100%。针对检查存在的问题，开展纳税评估，实施重点监控管理，进一步规范行业管理。

2006年6月，州国税制定下发《黔南州国家税务局增值税防伪税控一机多票系统推行方案》，并于同年12月，完成了一机多票系统的加载、升级、安装、调试，正式在全州国税系统应用一机多票系统。

2007年2月，全州国税系统完成了销货方税务机关协查；同年4月27日完成了购货方税务机关核查，共核查发票21张，涉及4个县（市）国税局管辖的5户企业。其中：销货方核查5张发票均属于正常开具；购货方核查发票共16张，均属于贵州省新华书店荔波县支店收受。是年5月，根据国家税务总局《关于加强防伪税控一机多票系统开具增值税普通发票管理有关问题的通知》规定，全州国税系统，对使用一机多票企业从2007年7月1日以后不得利用其他方式开具普通发票。是年9月，全州国税系统开展了增值税发票专项检查，重点检查，通过检查未发现违规现象。

2008年6月，根据国家税务总局和省国税局的要求，统计上报全州因凝冻灾害导致逾期未认证增值税专用发票及四小票，经统计共上报增值税专用发票5份，金额29.49万元，税额5.01万元，公路内河运输发票1份，金额9.95万元，税额6970.7元。经国家税务总局认证后进行了抵扣。

是年9月，根据国家税务总局《关于红字增值税专用发票通知单管理系统推行工作的通知》，全州国税系统对红字增值税专用发票的开具，要求必须通过红字增值税专用发票管理系统。

2010年4月1日，国家税务总局下发《关于新认定增值税一般纳税人使用增值税防伪税控系统有关问题的通知》，全州国税系统对不符合编码要求的，新认定的增值税一般纳税人及时通知到国税机关办理税务登记代码变更。

2012年2月9日，省国税局对2011年增值税专用发票存根联滞留票专项核查工作情况进行通报，黔南州国税局共核查存根联滞留票信息1017份，涉及发票金额6218.96万元，税额1020.48万元，补税、加收滞纳金、罚款共计57.51万元。

（五）税收收入

州国税收入主要由增值税、消费税、车辆购置税、中央营业税、企业所得税、个人储蓄存款利息所得税等税种构成。全州主要税源为卷烟、化工化学产品、商业、电力、煤炭、铁合金、医药制造、烤烟、建材、有色金属等。

1991—1993 年，州国税局在组织收入工作中坚持“求实、合法、适度、科学”的原则，不断加强对税收收入分析。采取“自下而上，上下结合”的办法，坚持“既积极可靠，又留有余地”的指导思想，对年度计划进行督促和考核，并帮助县、市国税局找出完不成计划的原因，有针对性地制定措施，完成年度计划。

1994—2012 年，州国税局认真落实“依法征税，应收尽收，坚决不收过头税，坚决防止和制止越权减免税，坚决落实各项税收优惠政策”的组织收入原则，抓好组织收入执行过程的监控和管理；建立收入分析范式，完善分析工作机制，强化数据分析利用，深化经济税收分析，不断改进税收计划管理，积极稳妥、实事求是地分解落实税收计划，增强与经济发展和税源实际的吻合度。同时，不断完善组织收入考核办法，不仅考核税收计划的完成情况，更注重考核税收分析预测的准确性，税收与相关经济指标的协调程度、行业税负和税收征收率，增强考核的科学性、系统性，使全州国税系统组织收入实现了“好”（依法征税，应收尽收，无税禁收，税收收入工作质量好）、“大”（扩大组织收入总量，税收收入有台阶性、标志性增长）、“快”（收入进度快于时间进度，高于 GDP 增长）的目标。

2013—2014 年，全州国税系统在坚持组织收入原则的基础上，扎实做好“有税必收、有税可收、有税减免”三篇文章，坚持向管理要收入，向服务要收入，向改革要收入，向打击税收违法要收入；以税收风险管理为导向，围绕省国税局“三级内控风控管理机制”强化税源监控，充分发挥税务稽查“以查促收、以查促管”的作用，推进社会综合治税，税收收入实现了增比进位。

2013 年，根据《贵州省国家税务局完善分税制财政体制管理改革工作实施方案通知》，全州国税系统完成了州内 42000 户纳税人的预算级次调整，以及已入库税款对账和调库等前期准备工作，于 7 月 1 日起正式按新的财税体制分享办法征缴入库税收。

是年，全州国税系统共组织各项收入 50.28 亿元，增长 22.4%；其中：税收收入 48.06 亿元，增长 23%，增幅列全省第一位。

2014 年，州国税局结合计量经济模型和“税收收入实时监控分析平台”开展税收预测和税收分析，全州国税系统税收收入年度预测偏差率在 5‰以内。

是年，“一圈两翼”（“一圈”包括都匀市、福泉市、瓮安县、都匀经济开发区和独山县城以北地区，以及贵定昌明镇；“两翼”分为“北翼”“南翼”，“北翼”包括贵定县、龙里县、惠水县和长顺县等 4 个县，“南翼”包括三都县、荔波县、平塘县、罗甸县等 4 个县和独山县城以南的地区）三个经济带完成收入任务为分别：“北翼”完成 31.69 亿元，增长 21%，占当年税收收入 56%；“一圈”完成 20.34 亿元，增长 18%，占当年税收收入 36%；“南翼”完成 4.83 亿元，增长 6%，占当年税收收入 9%。是年，州国税局自行研发的“税收收入实时监控分析平台”，被省国税局正式立项并在全省国税系统推广运行，并作为贵州省国税系统参加全国税务系统创新项目评选，获得全国税务系统二等奖。

至年末，全州国税系统共组织各项收入59.52亿元，增长18%。其中，税收收入56.87亿元，增长18%，增幅仍列全省第一位。完成“营改增”增值税1.15亿元，占全州税收收入的2%，其中：交通运输业、现代服务业、邮政电讯业，分别完成0.43亿元、0.54亿元和0.17亿元。全州国税税收总量升至全省第4位，列全省3个自治州首位。

1994—2014年，全州国税收入翻了三番，2014年为1994年的12倍，年均增长14%，与地区生产总值增长基本同步。2004年，税收首次突破10亿元大关，2008年突破20亿元，2011年突破30亿元，2013—2014年分别迈上40亿元、50亿元台阶，跨上10亿元台阶的年份逐步缩短。

1991—2014年黔南州国税收入统计表

表15－2－3　　单位：万元

年度	年度税收计划	税收收入	占年计划%	同比增（减）额（＋－）
1991	30600	35024	114.45	7100
1992	36800	40283	109.47	5259
1993	44030	46593	105.82	6310
1994	47200	47440	100.51	847
1995	42700	45282	106.05	2582
1996	45200	47413	104.9	2131
1997	47600	49092	103.13	1679
1998	52300	51569	98.6	2477
1999	52700	54011	102.49	2442
2000	56420	58597	103.85	4586
2001	60580	62246	102.75	3649
2002	62550	69754	111.52	7508
2003	75500	81303	107.69	11549
2004	86700	107255	123.71	25951
2005	123000	138955	112.97	31700
2006	151000	155109	102.73	16154
2007	165000	180189	112.5	25080
2008	190000	215981	113.68	35792
2009	230000	247166	107.48	31185
2010	272000	292831	107.65	45665
2011	320650	344009	107.3	51178
2012	378410	392045	103.4	48036
2013	423300	480553	113.5%	88508
2014	533600	568693	106.6%	88140

（六）国税稽查

1991—1994 年，黔南州税务稽查部门通过开展税收检查，共检查税务违章案件 4678 起，查补税款 3884 万元，严厉打击了各类税收违章行为，整顿和规范了黔南州的税收秩序。其中：1991 年共查处税务违章案件 771 起，查补税款 328 万元；1992 年共查税务违章案件 753 起，查补税款 1455 万元；1993 年共查处税务违章案件 1798 起，查补税款 853 万元；1994 年共查处税务违章案件 1356 起，查补税款 1248 万元。

1994 年，为整顿和规范黔南州加油站（户）的税收秩序，黔南州税务稽查部门开展了对辖区内所有加油站（户）的税务专项检查，共检查 149 户，检查出有问题户数 72 户，查补税款 18 万元。

1995—2012 年，黔南州国税稽查部门开展了包括日常选案稽查、受理举报、转办、交办案件稽查、案件协查、税收专项检查等各类税务稽查。共查补税款 5.34 亿元，依法受理并查实举报案件 81 件；其中：开展专项检查共涉及房地产、石油、烟草、煤炭等 30 多个行业，查补税收收入 1.75 亿元。发挥了税务稽查以查促收、以查促管、以查促查的职能作用，不断整顿、规范了税收秩序。

2001 年，全州国税系统组织开展“打击骗取出口退税专项斗争”和“严厉查处和打击以虚开增值税专用发票为主的各类涉税违法活动”及“以增值税专用发票为重点的各种发票使用管理检查”等三大战役专项检查，全州国税机关投入稽查力量达 300 余人次，检查纳税人 500 余户，查补各税 600 万元。

是年，黔南州国税局制定了《稽查局岗位责任制考核办法》《稽查报告制度》《案件复查制度》《增值税专用发票协查子系统运行管理办法》《税务违法案件公告制度》《稽查档案管理办法》《黔南州国税稽查查后分析建议制度》《黔南州国税稽查税务违法违章案件公告制度》《黔南州国税稽查业务公开制度》《稽查纳税人例会制度》等制度，通过这些制度的制定和实施，形成了一套规范、高效的稽查工作运行管理机制。

2002 年，黔南州国税局对纳税正常、财务管理核算健全的企业，采取“查前告知”，由纳税人先自查申报，税务机关再核实检查的“阳光稽查”方式。当年，全州共推行“阳光稽查”企业 65 户，企业自查补税 768.87 万元。

是年 10 月，黔南州国税局、黔南州地税局联合办案 5 件，查补税款 50 多万元。

2005 年，黔南州国税局稽查局建立了综合选案科，实行全州稽查集中选案，统一案源管理，统一下达稽查计划，提高了稽查选案的准确性和稽查工作的针对性。

2011 年，黔南州国税局稽查局成功查办了“11·16”虚开增值税专用发票案，共计查获虚开增值税专用发票 953 份，涉及金额 1.37 亿元，税额 2335 万元，此案被国家税务总局列为 2011 年第 1 号督办案件。在 2012 年全国税务稽查工作会议上，“11·16”专案被选为进行经验交流。

是年，黔南州国税局稽查局开展了以房地产及建筑安装业、磷化工、煤炭等为重点的税收专项检查，重点查处了部分服装纺织加工行业虚开增值税专用发票行为，查处发票违法案件 74 起，查获涉案发票 165996 份。全年共查补入库税收 6370 万元。

2012 年，黔南州国税局稽查局重点开展了对成品油购销企业、资本交易项目、煤炭生产及经销业、商业批发零售业、出口退（免）税企业、房地产业、建筑安装业、连续多年亏损企业的专项检查，共检查纳税户 69 户，查补收入 469 万元，查处发票违法案件 28 件，全州移送公安处理的发票违法案件 2 件。全年共检查纳税户 107 户，查结 103 户，查补收入 3849 万元。

2013 年 8 月，黔南州国税局稽查局组织开展对全州铁合金行业税收专项整治，分别对独山县、福泉市、龙里县、惠水县、长顺县等 5 个县（市）所辖的 5 户铁合金生产企业的纳税情况进行了检查，累计查补收入 1656 万元。截至是年 12 月底，州国税稽查部门共检查纳税户 104 户，查结 103 户，查补收入 4404 万元。全年查补 100 万元以上的大要案 12 件，共入库税款 3066 万元，其中 500 万元以上 1 件，入库税款 799 万元，查处发票违法案 36 件，非法发票 1058 份，移送公安处理的发票违法案件 1 件，曝光案件 7 件。

2014 年，州国税稽查部门，开展了以组织收入为中心的堵漏增收工作，从以责促收、以查促收、以管促收三个方面着手，五措（案件查处突出“快”、税收评查突出“透”、案件执行突出“前”、督导工作突出“实”、部门协作突出“合”）并举，开展项目化检查及六项税收专项清理。同时，加强与管理部门的配合协调，突出稽查、评估与征管的相互促进、评查统筹、一体联动、整体推进。

至年 12 月底，共检查纳税户 134 户，查结 127 户，查补收入 1.3 亿元，查补收入占国税收入的比例为 2.28%，创历史新高。全年查补 100 万元以上的大要案 14 件，共入库税款 5642 万元，其中 500 至 1000 万元 3 件，入库税款 1559 万元；1000 万元以上 2 件，入库税款 2193 万元。开展房地产及建筑安装业、办理出口退（免）税企业、股权转让交易的企业、建材生产及经销行业、医药制造及经销业的税收专项检查工作，共检查 74 户，查补收入 4745 万元。当年共查处发票违法案 26 件，非法发票 419 份，移送公安处理的发票违法案件 4 件，曝光案件 2 件。

1991—2014 年全州国税稽查部门查补收入统计表

表 15 –2 –4　　单位：万元

年度	检查户数	查补收入	其中专项检查		举报案件	
			检查户数	查补收入	案件数（件）	查补收入
1991	771	328				
1992	753	1455				
1993	1798	853				
1994	1356	1248				
1995	5175	1957	82	83		
1996	9582	2103	377	762		
1997	7800	1000	虚开增值税发票案 5 件			
1998	15785	2856		1498		

续表 15-2-4

年度	检查户数	查补收入	其中专项检查		举报案件	
			检查户数	查补收入	案件数（件）	查补收入
1999		2014	134	500		
2000	27558	762				
2001	8005	983				
2002	8654	2148	224	549		
2003		1408		150		
2004	325	1933	178	464	31	115.25
2005	292	4638	207	461	16	66.19
2006	365	2700		725		
2007	381	2093		786	11	67.27
2008	356	3571	153	2586	1	200
2009	401	5113	391	3701	8	992.6
2010	203	7850	95	2639	14	29
2011	171	6432	70	2121	9	
2012	107	3849	69	469	12	
2013	104	4404	54	734	3	0
2014	134	13007	74	4745	5	342
合计		74705		22973		1812.31

（七）电子化建设

1. 信息化基础建设

1997 年，全州 31 个办税服务厅和 3 个办税服务室均使用了计算机，并全部按《税务管理信息系统》的 4 个模块运行，确保各种数据及时、准确、完整地录入。

1998 年，州国税局，制定并实施《黔南州国家税务局关于明确征管软件操作人员岗位设置及岗位职责权限的通知》等规定与制度，严格按照各项制度和技术要求规范操作；经过严格的理论和专业考试，择优选调网管人员 24 人；配置硬件设备，增加设备总量。全州国税系统有各型计算机 241 台；开展培训，采取集中授课，提高运用水平，全州 45 岁以下税干，全部参加计算机“双基”基础知识、基本操作技能知识培训。

2001—2002 年，全州国税系统初步建立办公自动化体系，基本实现“网上办公”。至 2002 年底，全州国税系统共有计算机 548 台，其中小型机 1 台，PC 服务器 39 台，便携机 21 台，PⅣ45 台，PⅢ171 台，PⅡ45 台，奔腾 132 台，赛扬 64 台，全州国税系统 IBM 稽核服务器阵列硬盘全部更换结束。

2003 年 9 月，黔南州国税局正式启用税务系统设备管理软件，提高了国税系统信息化建设部门的设备管理工作效率和管理水平。2004 年 5 月，正式启用第二版税务系统设备管理软件。2005—2007 年，全州国税系统办税服务厅共购置了计算机 103 台，打印机 93 台，扫描仪 25 台，UPS6 台，触摸屏 4 台。2008—2011 年，黔南州国税系统不断优化办税服务厅信息化设备。2009 年全州国税系统办税服务厅共有计算机 109 台，打印机 106 台，扫描仪 41 台，UPS13 台，宣传设备（液晶电视）13 台，发电机 12 台。实现了一人一窗一机，有力地提高办事效率和服务质量。

2012 年，全州国税系统共有 PC 服务器 34 台，PC 台式计算机 1162 台，便携式计算机 132 台，路由器 15 台，交换机 80 台（其中三层交换机 19 台），磁盘阵列容量 3TB，打印机 586 台，防火墙 1 台，入侵检测 1 台，漏洞扫描 1 台。确保了各类信息系统持续稳定运转。2013—2014 年，黔南州国税局信息中心运用新的软件技术，将现有设备进行优化组合，充分挖掘每一台设备的性能，合理利用现有资源，有效解决了设备老化问题，提高了信息系统的运行效率和稳定性，为后续信息系统不断扩展打下了技术基础。至 2014 年底，全州国税系统共有 PC 台式计算机 1189 台，便携式计算机 161 台，路由器 32 台，磁盘阵列容量 3TB，打印机 612 台，防火墙 28 台，入侵检测 1 台。

2. 信息系统开发与应用

（1）公文处理系统。2001 年 6 月 1 日起，公文处理系统正式运行。各县（市）国税局内部一律取消纸质文件，公文运转全部在网上运行；黔南州国税局与各县、市国税局的文书往来全部通过远程收发解决，除特殊情况外，州国税局不再受理各县、市国税局纸质文件。同年 7 月，金税工程稽核协查系统正式运行。全州共有 227 户企业纳入防伪税控系统管理，在规定的时限完成了 682 户增值税一般纳税人基础资料采集、整理和录入“金税工程”，认证率、报税率、采集率、协查回复率、报表完整率、网络资料畅通率等 6 个指标达到 100%。是年，增值税专用发票存根联采集率达到 99.9%。2002—2005 年，信息化建设步伐加快。黔南州国税局在都匀、福泉、贵定、荔波 4 县，市国税局推行城市综合版软件获得成功；“金税工程”网络畅通，各系统运行正常；多种纳税申报方式并存的格局初步形成。全州通过电话语音申报纳税的个体工商户有 12764 户，银行网点划账缴税的个体工商户达 2000 余户；如期完成公文处理系统软件升级，全州全面实现“网上办公”；银行、税务互联申报缴税，12366 纳税服务热线、电话语音申报、银行缴纳、税收会计统一核算 4 个重点创新项目成功运行。2003 年与全国同步正式启用“电子口岸执法系统”出口退税子系统；完善了金税二期工程，全州国税系统从 8 月 1 日起，全面停止手写版增税专用发票；在全州全面运行综合版征管软件，实现征管数据在黔南州国税局逐步集中和统一处理；全州国税系统全面应用出口退税电子审核系统审批出口退税；惠水县国税局自行开发的“个体定额评估软件”，实现了人工定额向计算机定额的转变。实现了国税、地税、工商登记信息共享系统，登记资源共享。

与此同时，在全州国税系统正式启用网络版防伪税控系统，所有的单机版防伪税控系统停止使用；在黔南州国税局内部网站增开了“国税论坛”栏目；防伪税控系统网络版软件监控平台正式启用，实现了上级税务机关对下级税务机关发行、发售、报税、认证等系统运行情况的有效监控；实现了综合征管、增值税管理、出口退税三大系统之间的数据交换、同步和比对，三大应用主体数据的整合。解决了增值税一般纳税人基本档案信息重复、增值税专用发票可重复发售、纳税申报表和免抵退汇总表未能有效衔接、认证信息只能以单户导出到出口退税系统四个难题。

2006—2011 年，启用新版车辆购置税征管软件及“一条龙”比对系统，出口货物税收函调系统正式投入运行，开通了出口退税网上预审系统，减少了纳税人往返税务机关的次数。

2012—2013 年，国税系统基本建设管理软件正式在全州国税系统上线运行，信息应用已必覆盖征收、管理、稽查、发票、行政后勤，实现了各项涉税数据的集中管理。税务综合办公信息系统、公文处理系统、信息采编系统和档案管理系统等办公软件推广运用，实现办公流程有效跟踪和监控，规范了全州国税系统业务处理流程，带动了电子政务的发展。

（2）税务信息网。在税务信息网络应用中，黔南州国税局制定下发《黔南州国家税务局网络与信息安全防范处置预案》，完成临时网络到正式网络的调整。在省、地两级分别租用中国电信和中国联通两家公司线路各一条，两条线路同时运行，互为备份，并由一条线路承担原来两条线路的所有业务。2004 年 12 月 12 日，黔南州国税局与全省国税系统首期网络与信息安全防护体系建设项目同步实施。2007 年 3 月 30 日，全州国税系统二期网络与信息安全防护体系建设项目启动实施，黔南州国税局部署一套安全审计系统，实现对网络安全状况的审计和对安全行为的审计，做到安全风险可预测、安全事件可追查。在全州国税系统业务专网全网所有终端上安装桌面管理系统客户端，实现对内部风险的管理和控制，完善安全域边界的防护，加强对计算机系统的资产管理。

2010 年 1 月 5 日，全州国税系统根据国家税务总局关于《税务系统网络与信息安全体系运行维护管理办法（试行）》要求，规范税务系统首期、二期网络与信息安全防护体系运行管理工作，提高税务系统网络与信息安全管理水平。2012 年 4—10 月，完成了金税三期工程网络项目建设，在原国税系统现有税务专网的基础上进行扩容改造，解决网络带宽低、设备陈旧和网络规范性差等问题，共更换了 19 台路由器、18 台交换机、2 台防火墙和 1 台入侵检测预警系统。2013 年，完成了全州国税系统高清视频会议系统改造项目。同时，对州国税局机关办公大楼的光纤进行了改造，使网络资源的利用更加合理高效。2014 年 7 月，黔南州国税局对全州国税系统网络进行了升级改造。共更换路由器 15 台、交换机 15 台、防火墙 13 台，将原有的 13 + 13 条州国税局到县、市、区国税局的 4M 线路扩容到 10M。

（3）数据分析与应用

在数据分析处理与应用工作中，黔南州国税局的数据分析与应用 1997 年起步，成立之初就承担数据处理分析工作，仅限于完成一些简单统计工作，到以推广“税务登记”软件为标志，实现了初期的单机版软件和中后期的县级数据集中处理，完成了税收业务的信息化处理，逐步用计算机编制报表取代人工统计工作。

2001 年，黔南州国税局开始在全州国税系统推行省国税局开发的“城综版”征管软件，要求各县（市）国家税局将征管业务数据、金税工程数据、公文系统数据和其他相关业务数据定时上传到州国税局服务器，实现了各项涉税数据的集中管理。

2005—2006 年，以“综合征管软件”的成功上线运行为标志，实现了业务数据的全省集中存储和处理，数据分析应用开始应用到税收征管工作中。2006 年，依托涉税数据集中的优势，对综合征管软件中提取的各项数据按照准期申报率、逾期申报惩罚率（按户）、增值税零、负申报率、企业所得税有税申报率、入库率、滞纳金加收率等 14 项指标分别进行整理、分析，并按月发布涵盖各征收单位、督办事项、反馈要求在内的反应全州国税系统征管状况的报告。同年 6 月，“执法考核系统”上线运行，该系统通过自动分析“综合征管软件”数据，查找税收执法中的不规范行为，通过考核等手段自上而下地督促各级税务机关规范执法。

2011 年 5 月，黔南州国税局与成员单位充分利用第三方涉税信息，对全州范围内的基建工程项目、股权转让及耕地占用税、财政返还补偿款项等六大行业税收情况开展检查，六大行业共组织清理入库税款 948 万元。2009—2012 年，依据国家税务总局提出的“创建以风险管理为导向、以信息化为支撑”的新型征管模式，为强化税收风险监控，黔南州国税局将税收风险监控主要工作职责划归票证中心，由中心负责收集税收相关业务数据，对相关业务数据进行分析和综合数据处理工作；定期发布相关业务数据异常指标及预警信息。并对风险管理过程中的各项指标进行科学的分析归类，初步确立了以税收执法风险和税收流失风险为核心的风险指标库（包含税收执法风险指标 24 个，税收流失风险指标 35 个）。同年 8 月，黔南州国税局确立了税收征管督办事项的责任机制，并明确由票证中心负责督办事项的考核和通报。

2012 年 8 月 28 日，黔南州国税局第一期税收风险预警提示发布，全州既领用增值税专用发票又领用普通发票的纳税人 137 户（次）；“双定户”认定及管理风险，全州达起征点纳税人开具发票超定额的双定户有 473 户，计 1668 次；开票金额长期在 2 万以下可能存在问题的纳税人 257 户，计 991 次；核定为未达起征点但开票金额大于 2 万元起征点的纳税人 116 户；增值税一般纳税人申报资料逻辑错误风险，发现主表与附表逻辑错误合计 875 条。通过对前三期风险预警的处置应对，全州国税系统共计补缴税款 113.46 万元、补缴滞纳金 10.06 万元、罚款 1.99 万元；补充申报增值税销售收入 1038.78 万元；调整个体工商户定额 1591 户；认定一般纳税人 195 户；到 2012 年 12 月底，全州个体工商户定额达起征点的双定户，占比已由原来的 5.51% 上升到 6.92%。同时，对尚未结束的所得税连续三年亏损企业的专项评估工作中，已有两户企业调增应纳税所得额 3255.77 万元，补缴所得税 10.92 万元、增值税 2.16 万元及相应的滞纳金。

2013 年 10 月，州国税局高度重视“涉税违法风险纳税人名录库”数据应用工作，及时将省国税局下发的数据清单，分到各县、市、区国税局进行核实。截至 11 月底，共核实非正常户 1185 户，其中：非正常户属实 1155 户，纳入正常管理 30 户，已注销 240 户，通过核实进一步加强了对非正常户税收风险管理。

2014 年 5 月，州国税局与州财政局、州地税局进行协调，将州综合治税办公室迁移到州国税局，进一步推进“政府主导、税务负责、部门配合、社会参与、信息支撑”的社会综合治税工作。是年 6 月，州国税局与州林业部门、州地税部门建立长期联动机制，实现数据共享，以行业税源管理方法为主导，共同抓好木材加工行业地方税收的源泉控管。

第三节 地方税征收

一、地税征收管理

1994年，黔南州各级地税机关按照规定权限，负责征管的税种有营业税、企业所得税、个人所得税、资源税、城镇土地使用税、城市维护建设税、印花税、土地增值税、房产税、车船使用税（后改为车船税）、烟叶税、耕地占用税、固定资产投资方向调节税、契税、屠宰税、教育费附加、地方教育费附加、文化事业建设费、煤炭价格调节基金等。此后20年，随着改革开放的深入和国家税收政策的调整，明确由地税机关征管税种亦相应有所增减。全州各级地税机关按照《中华人民共和国税收征收管理法》《税收征收管理法实施细则》的规定，依法征税，依法治税。

（一）税收征管

1. 征管改革

1994年，州地税局理顺征管范围，建立相应工作制度和办法。1995年，开始探索“征管在所、检查在局”的征管模式，1996年着力加强重点税源的征收管理，在全系统推行“剪口发票”。1997—1999年，由于管理体制的理顺，州、县（市）税务局的各项基础建设工作逐步铺开。2000—2002年，连续开展“征管质量年”“队伍建设年”“依法治税年”活动，通过主题活动年的形式，促进全州地税水平，税收保持了两位数以上的增幅，年年超额完成省、州下达的收入任务。

2003年，州地税局决定全系统的工作重点转移到综合治理、全面推进上，提出“巩固成果、提高完善、夯实基础、深化改革、突出重点、整体推进”的24字工作要求，2004年又明确为“夯实管理基础，规范税收执法，提高队伍素质，实现整体推进”的工作目标，探索“以申报纳税和优化服务为基础，以计算机网络为依托，集中征收，重点稽查，强化管理”的新征管格局。

通过对征管体制的理顺和征管业务的提升，黔南州地税局的管户从1994年近19000户递增到2005年底42923户，增长近2.26倍，地方税收收入任务从9000万元递增至2006年79300万元，递增了近9倍。通过“个体税收定额评估”软件上线，推进了国、地税部门协作配合，州地税局与州国税局丰富和延伸联合办理税务登记的内容，堵塞税收漏洞，联合开发了符合征管法、《个体工商户定期定额管理暂行办法》规定的“个体税收定额评估”软件。从2005年5月起，在惠水县地税局和惠水县国税局进行定税试点。同年9月在惠水县召开了全州国税、地税个体税收定额评估软件联合应用推广会议。州国、地税局对全州各县（市）的个体工商户样本资料进行了分行抽样调查、审核，10月份在全州“个体税收定额评估”软件上线运行。州国税、地税两家联合开发征管应用软件，共同建立两家在个体户定额管理上标准操作的平台，防止定额不一情况发生。

2002年初，州地税局开始推行“银税一体化”的探索。一方面组织相关人员到广西壮族自治区河池市地税局学习“城区银税一体化”先进经验；另一方面选择荔波县局、福泉市地税局为州“银税一体化”试点单位，对全州金融系统进行调查，寻找适合的合作伙伴，决定与信用联社联合开展“银税一体化”建设。荔波县于2002年11月、福泉市于2003年4月份起在全县（市）范围内逐步开展“银税一体化”建设工作。州地税局从2003年6月份开始，将“银税一体化”在全州铺开。

在实现“银税一体化”之前，77个征收单位需200个征收人员进行税款征收，89人进行会计核算。实施“银税一体化”之后，收缩基层征收单位，34个分局（所），只需50人进行税款征收，12人进行会计核算，节约227人。实行“银税一体化”后，精减43个征收单位，每年节约办公费200万元以上，节约网络运行费40万元，建房费500万元，可节约原来因税收工作需要，聘用的人员、助征员的费用，总共节约资金近1000万元。

州地税局按照《全州税收业务操作规程》，结合MIS的运行情况和全州地税征管工作实际，推行“一站式”服务。“一站式”服务是对办税服务厅再次进行资源整合，依托计算机网络与“银税一体化”，将征收、管理的服务进一步提升；将税款征收、多元化申报、涉税事项受理、传递、呈送（包括法律救济）等集于一个窗口，将原管理系列的一些权力划到征收系列中，使管理人员有更多的时间进行外勤管理。如，将纳税申请受理、政策咨询和征管档案管理等由管理分局承担的职责剥离出来，最大限度地发挥了税款征收和综合服务的功能，提高了工作效率，降低了征纳成本。

2. 税源管理

1994年11月，州地税局发文要求各县（市）地税局对营业税这一主要税源实行监控管理。1995年上半年，州地税局与州国税局呈报《关于调整黔南州国家税务局、地方税务局税收征管范围的报告》，经州政府批准，从1995年7月1日起在全州施行。

1995—2000年，全州各级地税机关坚持一年一度对营业税进行普查，调查不同经济类型的纳税户50户，并一一做好分析、填表、审核、报盘等工作。同时，对资源税、印花税、车船使用税、固定资产投资方向调节税、房产税、土地使用税等进行调查，详细了解税源的分布情况、经营情况和税负变化情况。其间，1997年，州地税局制定针对运输业税收征管的办法。1998年8月，州地税局派出7个工作组到各县（市）调查了解税源情况；2000年，州地税局组织开展了为期4个月的全州城镇土地使用税税源情况普查，普查结果，全州应缴土地使用税有9158户，其中漏征管户26户，土地使用总面积为11717.7万平方米，应税面积806.57万平方米，税额合计1162.65万元，共查补各税71.39万元。

2001年后，黔南州地方税源发生变化，企业所得税实行分享改革后，新办企业部分由国税征收；实施西部大开发税收优惠政策后，全州医药、电力、供水等行业的所得税大为减少。从2002年起，国家停征固定资产投资方向调节税，取消屠宰税。对出口退税实行免抵退政策。2002年，下发《黔南州地方税务局关于建立个人所得税“重点纳税人”纳税档案的通知》，同时出台沙石砖瓦税收征收管理办法、室内装饰装修税收管理办法，2003年1月1日开始实施。

2003 年，下发《黔南州地方税务局关于加强重点税源监控工作的通知》，对 87 个重点建设项目进展情况，由各县（市）地税局做好跟踪服务，加强税源管理。2004 年，对全州 20 户重点监控企业的税收，实行逐月分解、层层落实制度，全年保持均衡入库。2005 年，全州重点监控年纳税超过 100 万元的 81 户企业，当年共缴纳各项地方税收 2.43 亿元，占当年全州地税总收入的 36.62%。

2006 年，开展营业税、房产税、资源税和煤炭税收等税源的调查分析，进行好税源监控管理。针对烟叶税划归地税征管的实际，各级地税机关与当地烟草部门联系，掌握税源状况，掌握区域内烟叶生产的布局和收购情况，加强烟叶税税源管理。

2007 年，全州初步建立土地增值税税源监控制度，在 12 个县（市）和州直属分局确定对 20 户重点税源户实行长期监控。对资源税应税矿产品进行调查摸底，建立了资源税动态数据库和管理方案。对年所得达到 12 万元的纳税人进行调查摸底，了解高收入人群的税源分布情况。是年，全州还选择 14 户为省级重点税源监控企业。

2008 年，在全州 4874 户企业中，将年纳税额在 100 万元以上的 160 户企业纳入州地局税的监控管理范围。为加强支柱税源的专管，瓮安县成立了矿产品管理分局，专门管理矿产品税收；福泉市成立交通运输管理分局，专门管理运输行业税收。2009 年国家将耕地占用税和契税从财政部门划归地税部门征收管理，全州各级地税机关主动对接，搞好税源摸底调查，清收欠税，“两税”顺利交接、快速增长。

2012 年，州地税局组建重点税源管理分局，主要承担州地税局重点税源管理、纳税评估和风险监控工作。2014 年，根据税收征管改革的需要，对各县市地税分局的设置进行调整，强化基层地税机关税源监控管理的职能。

3. 税务登记

1994 年，全州地税机关在摸清缴纳地税户数情况的基础上，全面开展税务登记，建立户籍管理制度，掌握地方税源状况。

1995 年，州地税局对有缴纳地方税义务的单位和个人进行地方税务登记，做到边登记、边清理、边补税、边建档。是年，全州办理地方税务登记证 9993 户，其中，国有企业 1249 户，集体企业 1305 户，个体工商业户 7235 户，私营企业 106 户，联营企业 55 户，其他 43 户，占原税务登记 10250 户的 97.5%。通过办证，全州清理出漏征漏管户 502 户，查补税款 17.93 万元，罚款 0.51 万元。1996 年，在全州范围内开展地方税务登记工作，全州新办理地方税务登记证 8376 户，其中，国有企业 88 户、集体企业 100 户，个体工商业户 8159 户，股份制企业 6 户，联营企业 4 户，其他 19 户。占原办理地方税务登记 10105 户的 32.89%。清理漏征漏管户 93 户，查补税款 4.01 万元。1997 年，全州办理地方税务登记证 30061 户，其中，国有企业 1580 户，集体企业 1727 户，私营企业 250 户，个体工商业户 26210 户，股份制企业 64 户，联营企业 98 户，其他 132 户。

1998 年，全州开展以清理交通运输行业为主，统筹兼顾其他行业漏征漏管户的清查工作，共查出漏管户 896 户，应补缴税款 194.8 万元，加收滞纳金 1.23 万元，罚款 4.37 万元。清查后实际补交税款 170.04 万元，滞纳金 1.23 万元，罚款 4.37 万元。1999 年，在全州范围内开展换发税务登记证的工作，共换发地方税务登记证26965户。2000年，全州共办（换）税务登记36196户，其中新办（换）税务登记证6615户，清理漏征漏管户3452户。

2006年，全州换证，共清理出漏征漏管户305户，补缴税款近8万元。之后，州国税局、地税局联合制定相关措施，加强税务登记换证的后续管理。2007年，州地税局在全州范围内开展税收征管工作的“五清五查”（清理漏管户，查户籍管理；清理漏征户，查税款征收；清理定期定额户，查定额核定；清理发票领用，查申报缴税情况；清理纳税人档案，查资料是否真实准确完整）活动，并进行检查验收。参加清查的税务干部300多人（次），清查面包括全州所有城区和乡镇，共查出漏管户10883户。2008年以后，主要抓好“五清五查”的后续整改工作，完善纳税人户籍管理，减少漏征漏管。2014年底，全州地税系统税务登记户数为75538户，其中：内资企业17437户，港澳台投资企业41户，外商投资企业和外国企业45户，非企业性单位742户，个体经营户57437户。

4. 发票管理

1995年，州地税局下发《黔南州地方税务局关于加强发票管理有关规定的通知》，发票购领实行按月限量发放，交旧换新，由用户单位和个人签订《发票使用保管责任书》及建立发票管理制度和发票总账、分户账，按发票管理规定使用发票，每月向主管税务机关填报《发票报验申报表》或《发票使用月报表》；发票实行专人管理、专账记载、专柜存放、专库保管；实施发票“两审”（征收单位专管员初审，票管所或征管股票管员复审）制度，同时，定期不定期地对用票户进行检查或抽查。1995—2000年，全州各级地税机关发票管理普遍推行“剪口发票”、做好新版发票换版工作和全面开展发票专项检查。此期间，州地税局与州国税局、州财政局联合下发《关于行政事业单位接受非法发票入账责任追究制度》《关于对拒开、违规开具普通发票行为处罚标准的通知》，明确了纳税人拒开和违规开具普通发票应承担的责任和应受的处罚，也规定了行政、企事业单位应入账合法票据的种类和具体内容，并对违章处罚的标准、财务人员和单位领导的具体责任作出明确规定。

2001年起，州地税局和国税局联合在都匀地区开展“发票抽奖”和“举报发票违规行为”活动，对全州饮食、停车、洗车等定额发票推行使用“定额发票发售单”实行监控，并将其与税票实行“双对号”，同时开展发票检查和打假活动。2003年，共对1051户进行发票抽查，查出问题235户，其中违法发票328份，发现丢失发票2333份，涉及查补入库税款4.3万元，处以罚款2.6万元。2003—2004年6月底止，共检查清理代开普通发票100.66万份，征收税款4364万元。此期间，州地税、国税机关，继续加强对货物运输业的税收管理严把“宣传关”“认定关”“服务关”“协调关”。全州共认定1837户纳税户，其中自开票6户，代开票1831户。对全州260多户营利性医疗机构的收费票据纳入发票管理范围。同时，共摸清全州各种协会、学会性质的民间组织144个，除其收取的会员费和上级拨款、捐赠、赞助费外，其他收入一律纳入发票管理。2005年，在都匀市开展定额发票“刮刮乐”活动，当年1—11月，市地税局共发放各类面额定额发票159万份，征收税款 550 万元，与上年同期相比，发票填用量增长 48.6%，税款增长 40.31%。

2006 年，州地税局在都匀市持续开展有奖定额发票“刮刮乐”活动，调动消费者索要发票的积极性，有效监控税源，减少税收收入流失。至 2006 年 5 月底，全州共兑现奖金 36.4 万元，使用各类面额定额发票 88.83 万份，比上年同期增加 20.42%；征收税款 311.8 万元，比上年同期增加 26.51%。2007 年，州地税局组织检查组，对全州征管工作情况及“五清五查”情况进行考核和验收，检查中发现普遍存在发票领购审批资料不够规范、对购票户实行的定额管理模式各异等问题，及时提出整改意见。

2011 年以后，州地税局在全州开展普通发票兼并票种换版工作，推广网络发票、机打发票，压缩定额发票，逐步取消手工发票。2014 年底，全州已使用网络发票的企业 1049 户，推广面为 85.28%；实际使用网络发票的个体纳税人为 3463 户，推广面为 98.24%。

5. 征管质量考核

1997 年，黔南州地税局开始进行征管综合考核，考核内容包括征管业务规程、建档工作、发票管理制度、“以票管税”的办法与措施、税务登记工本费、发票工本费、信息反馈、上报数据及资料等。

1999 年，国家税务总局明确征管质量考核的指标为：登记率、申报率、入库率、滞纳金加收率、欠税增减率、申报准确率、立案率、结案率、处罚率、复议变更撤销率等共 10 个指标，称为“十率”考核。当年，州地税局组成两个交叉检查组，分别对全州 12 个县（市）局 24 个征收单位的征管工作进行质量检查。

2000 年，针对上年征管质量检查发现全州征管“三率”（登记率、申报率、入库率）均未达到省地税局标准的情况，州地税局决定在全州范围内开展“征管质量年”活动，要求针对薄弱环节，强化有效整改，夯实征管基础，提高征管质量，以质量促收入，向质量要税源，并制定了相关具体措施，征管档案的收集、整理日趋规范，征管档案的存储逐步向“一户式”方式转变，全州多数县（市）地税局的征管质量与税收收入得到“双促进”，全年增加税收 2000 余万元。是年，国家税务总局将质量考核指标由原来的“十率”减少为“七率”。在省地税局有关征管质量考核工作中，州地税局均名列前茅。

2003 年，州地税局组成检查组，对全州征管质量登记率、申报率、入库率、滞纳金加收率、欠税增减率、申报准确率和处罚率等进行考核检查。考核检查结果向各县（市）作出通报。之后，各县（市）制定措施进行整改。是年，国家税务总局又将原“七率”考核改为“六率”考核，即登记率、申报率、入库率、滞纳金加收率、欠税增减率、处罚率。根据国家税务总局和省地方税务局的新规定，州地税局制定了相应的考核措施。

2007 年，州地税局对 12 个县（市）及开发区地税局当期年度征管工作情况及“五清五查”情况进行考核验收，并决定从 2008 年起，全州实行基层分局、县局、州局三级征管质量考核办法。2008 年，州地税局修订全州征管质量考核标准，把全州征管基础建设工作各环节均纳入量化考核，进行综合评比，严格兑现奖惩。检查考核中查出个体漏管户超过 2% 的县（市），将实行年终考核评优一票否决；对检查考核中查出个体漏管户超过 2%（不含本数）又比较严重的县（市），除对其实行年终考核评优一票否决外，还将给予“黄牌警告”。全州建立了三级征管质量考核机制，实行逐级进行检查、考核、验收，兑现奖惩。是年11月24日—12月10日，州局抽调业务骨干组成2个工作组，到各县（市）及基层征收单位，完成三级考核工作。

2009—2014年，州地税局将征管质量考核列入全州目标管理内容进行检查考核，不再单独进行征管质量考核。

（二）税种征收

1994—2014年，州地税局负责征管的地方税种主要包括流转税类的营业税，所得税类的企业所得税和个人所得税、财产及行为税类的资源税、城镇土地使用税、房产税、城市维护建设税、固定资产投资方向调节税、土地增值税、车船税、印花税、屠宰税、烟叶税、耕地占用税和契税。其中，营业税是地方税收体系的主要税种，税目包括金融保险、交通运输与邮电通讯、建筑业、服务业和其他。全州各级地税机关按照税法的规定和主管部门的要求，根据各地方税种的不同特点，采取措施加强征管、堵塞漏洞，力求应收尽收。

营业税方面：地税机构建立之初及“九五”时期，每年开展对营业税税源的普查，“十五”“十一五”时期，开展全州营业税“双定户”（每月要报国税和地税的户主）的调查和核实，进行定额调整。在实际征管中，地税机关针对营业税所属各税目的特点采取措施强化征管，如1998年出台《个体交通运输行业税收管理试行办法》，2002年制发《黔南州住宅室内装修管理办法（试行）》，2011年下发《关于加强交通运输综合治税的通知》等。对重点建设项目的建安营业税实行源头控管、跟踪落实，力求应收尽收。2014年，根据国家实施“营改增”方案，逐步将铁路运输和邮政业等的营业税征管资料移交国税部门。

所得税方面：对企业所得税的征管主要开展一年一度的企业所得税汇算清缴和组建初期的企业清产清资，加强企业所得抵扣管理，落实企业所得税优惠政策等，着力强化重点税源管理，提高征管绩效。个人所得税主要抓好个体工商户建账、落实代扣代缴和申报纳税制度、开展个人所得税专项检查和强化高收入个人所得税征管等。全州地税受理年所得12万元以上自行纳税申报人数逐年增加，2014年达1659人，比上年净增368人。

财产及行为税方面：逐步加强对资源税的征管，认真落实城镇土地使用税征税范围和税额标准，房产税专项检查和清理，抓好城市维护建设税、固定资产投资方向调节税、土地增值税、车船使用税（2007年起改为车船税）、印花税、屠宰税和烟叶税、耕地占用税、契税的征管，不断提高征管绩效。

城市维护建设税方面：1994—2005年，全州地税机关共征收城市维护建设税4.13亿元，其中2005年全州征收城建税7659万元，为1994年（301万元）的25.45倍；

印花税方面：1994—2005年，全州共征收印花税1943万元。其中，2005年征收入库456万元，是1994年入库41万元的11.12倍。

土地增值税方面：1994年1月1日起，按国务院颁布的《中华人民共和国土地增值税暂行条例》征收土地增值税。2002年7月31日，根据国家税务总局《关于认真做好土地增值税征收管理工作的通知》规定，土地增值税预征率统一按1%执行。1994—2005年，全州共征收土地增值税1517万元，其中，2005年征收入库658万元。

房产税方面；1994—2005年全州地税共征收房产税1.61亿元，2005年底全州共征收房产税2364万元，为1995年征收库633万元的3.74倍。

屠宰税方面；1994年税制改革后，屠宰税下放地方管理。2002年5月省地税局发布《关于取消屠宰税的通知》规定，从2002年5月17日起，在全省范围内取消屠宰环节和收购环节征收的屠宰税。1994—2002年全州地税共征收屠宰税3753万元。

教育费附加方面：1994年2月按《国务院关于教育费附加征收的紧急通知》规定，教育费附加以各单位和个人实际缴纳的增值税、营业税、消费税为计征依据，附加率为3%，分与增值税、营业税、消费税同时缴纳，对从事生产卷烟和烟叶生产的单位，减半征收。

2005年，按《财政部、国家税务总局关于对从事生产卷烟的单位征收教育费附加有关问题的通知》规定，自2005年10月1日起，对从事生产卷烟的单位全额征收教育费附加，2005年10月1日以后的，一律按实际缴纳增值税、消费税税额的3%征收教育费附加。

1994—2005年，全州共征收入库教育费附加1.76亿元。

1994—2014 年黔南州地税局地方税种征收入库情况统计表

表 15-2-5　　单位:万元

年度	营业税	企业所得税	个人所得税	城市维护建设税	固定资产投资方向调节税	资源税	城镇土地使用税	房产税	土地增值税	车船税	印花税	屠宰税	烟叶税	耕地占用税	契税
1994	4120	2548	611	98	299		84	223		13	41	19			
1995	5129	3190	844	523	447	302	302	603	1	75	50	64			
1996	6889	2659	1811	2468	689	360	433	701	12	97	65	195			
1997	9123	2285	2503	2975	784	367	485	838	6	101	82	283			
1998	10104	2412	3442	2755	1539	747	532	905	109	112	82	429			
1999	11445	3014	3468	3000	2485	880	562	1069	89	117	102	551			
2000	14444	3201	4580	3515	259	641	615	1270	40	120	118	610			
2001	14684	5279	5729	3147	47	1068	952	1947	81	130	114	478			
2002	18066	4472	6098	4411	197	1438	749	1930	79	115	162	278			
2003	19663	5841	7920	4798		1554	900	2188	154	122	310				
2004	21857	6252	10937	5893		1742	289	2211	443	127	327				
2005	29448	7855	12772	7659		2466	658	2364	658	125	456				
2006	35635	10055	14675	9073		2921	996	2585	734	134	736		4651		
2007	37703	15791	20221	11575		3600	1504	2827	1163	310	969		5075		
2008	42076	15620	29832	12361		3713	6461	3108	3381	1214	1311		6606		
2009	58534	18818	35527	15259		12989	6775	4819	4534	1747	1808		11944	2620	5817
2010	88227	17268	44311	17851		15927	9365	5466	7320	2123	1998		7387	8724	7804
2011	108700	26240	41440	20865		15230	9190	5104	12016	2762	2651		7974	28010	16966
2012	153561	48992	43125	24476		16876	9646	5988	18074	3406	3828		13269	66345	16489
2013	220270	73719	42412	30208		21927	11225	10706	23121	4142	5892		14644	93511	35751
2014	283274	75500	38357	36809		24875	13282	12088	40750	5091	9147		13208	126225	45489
合计	1192952	195951	345170	370615	6746	129623	75005	68940	112765	22183	30249	2907	84785	325435	128316

说明:投调税、屠宰税 2002 年后停征,烟叶税 2006 年开征,耕地占用税和契税 2009 年开征

（三）规费及基金征收

1994—2014 年，按照国家有关规定和地方政府的授权委托，州地税局开展各项规费及基金征收管理，征管的规费基金项目有：教育费附加、地方教育费附加、文化事业建设费、煤炭开发基金和煤炭价格调节基金、残疾人就业保障金、工会经费（筹备金）等。

1994—2014 年黔南州地税局各项规费基金征收情况统计表

表 15－2－6　　单位：万元

年度	教育费附加	地方教育费附加	文化事业费	煤炭基金	残保金	工会经费
1994	840					
1995	824					
1996	1035					
1997	1070					
1998	1034					
1999	1233					
2000	1382					
2001	1502					
2002	1924					
2003	2174					
2004	2656					
2005	3394			4045		
2006	4698	1150	56	4823	100	
2007	6001	1428	90	3146	232	257
2008	6927	1789	96	6507	319	354
2009	8517	2167	116	3306	356	300
2010	9880	2606	164	4388	449	532
2011	9813	5776	264	3804	504	442
2012	4622	3055	319	661	571	805
2013	6656	4315	295	8	735	1012
2014	8646	5465	207		951	1069

说明：除教育费附加外其他规费基金在 2006 年以前未列入规范统计 . 2014 年未征收煤炭价格调节基金

（四）涉外税收

1994—1995 年，各级地税机构没有涉外税收征管职能。从 1996 年起，国家税务总局明确地方涉外税收由各级地方税务局征管，州地税局与国税局协作配合，建立资料交换制度，通过有关途径掌握外国企业机构、场所情况，对征管及日常管理中发现的问题及时交换意见、分析比较。每年按时收集州内涉外税收重点税源情况上报省地税局。制订全州涉外税收计划指标，分解落实到各县（市）地税局和州直属分局。由于黔南州涉外地方税收规模较小，1998 年全州涉外税收指标共计 20 万元，其中，州直属分局 5 万元，都匀市 6 万元，福泉市 3 万元，惠水、罗甸、长顺、贵定、瓮安、龙里等 6 个县各 1 万元。1999 年，涉外税收指标共计 80 万元，其中，州直属分局 8 万元，都匀市 40 万元，龙里县 24 万元，福泉市和惠水县各 2 万元，瓮安、贵定、长顺、罗甸 4 个县各 1 万元。2001—2005 年，全州地税涉外税收收入增长不明显，在地税收入总量中所占比重仍然较小。

进入“十一五”时期，全州涉外经济呈增长趋势，2006 年 1233 万元，2007 年 1544 万元，2008 年 2699 万元，2009 年 3218 万元，2010 年 3439 万元。2011 年，完成 4772 万元，2012 年下降为 4753 万元，2013 年完成 6848 万元，2014 年实际入库 7687 万元。

二、地税稽查

1995 年，黔南地税稽查部门组建并开始独立运作，全年检查纳税户 1715 户，查补税款 127.4 万元，滞纳金和罚款 6.56 万元。1994 年 2 月—1996 年 10 月，都匀有线电视台经营承包人李某采取未按规定取得发票和虚假申报纳税的行为，偷税金额为 5.17 万元。经州人民检察院和州地税局 1997 年 4 月联合查处，应纳税款如数缴纳。

1997 年，州、县（市）地税局开始建立稽查联网工作办法和考核制度，完善和健全各种规章制度，严格执行税务稽查工作规程，规范执法行为，实现依法稽查。是年，全州地税稽查查补 704 万元，占税收收入的 6.76%。1999 年 9 月，对罗甸县贵州信邦制药有限责任公司涉税问题进行调查处理。是年，查补收入 1281 万元，其中查补税款 1197 万元，罚款 49 万元，滞纳金 35 万元，入库金额 1081 万元，入库率 84.39%。

2000 年上半年，全州查补收入 553 万元，其中税款 538 万元，罚款 11 万元，滞纳金 4 万元，入库金额 420 万元，入库率 25.95%。

2001—2005 年，地税稽查工作由收入型转为执法型，“一级稽查”工作全面推行。此时期，州地税局稽查局共检查纳税户 2169 户，发现有问题的 1433 户，结案 1372 户，结案率达 96%；查补金额 9503.79 万元，其中税款 8487.24 万元，罚款 748.99 万元，滞纳金 267.56 万元，入库金额 8775.91 万元，入库率达 92%。其间，2002 年 6 月，对都匀金榕房地产开发公司进行稽查，发现该公司 1999—2001 年度计少申报缴纳地方各税、费 320.4 万元，州地税局对都匀金榕房地产开发公司下达《税务行政处理决定书》，限其在 15 日一次性解缴入库；2002 年 3 月，对都匀进达房地产开发公司进行稽查，发现该公司 2000 年度少申报缴纳地方各税费 167.13 万元，2001 年度少申报缴纳地方各税、费 11.51 万元，根据该公司上述违法、违规、违章事实，地税机关依法追缴其少申报缴纳的地方各税费计 178.41 万元；2002 年 8 月，对长顺县电力公司进行稽查，对其处以罚款 9.51 万元，于当年全部解缴入库；11 月，对贵州神奇第二制药有限责任公司 1999 年 1 月—2001 年 12 月纳税情况进行检查，发现其少申报缴纳地方各税、费 796.2 万元，州地税局依法责令其一次性解缴入库；2002 年，对荔波县个体运输户张某案进行查处，认定其采取暴力手段拒缴税费属违法行为，并查证其在 2001 年 11 月—2002 年 2 月从事运输业期间未办理纳税申报手续，责令其补缴税款 540.60 元，滞纳金 12.70 元，罚款 2207 元，合计 2760.2 元。

2003 年，对平塘县供电局 1999 年度至 2002 年度涉嫌偷税情况进行查处，发现其违法、违规少缴地方各税、费计74.21万元，责令其一次性解缴入库，并加收滞纳金1564.81元。是年，对都匀市第三建筑工程公司进行检查，发现该公司欠缴土地使用税5796.59元，少缴印花税1768.78元等，合计9803.60元，依法责令其限期解缴入库。对黔南州移动通信公司履行扣缴义务情况进行检查，发现该公司在支付职工工资、薪金时少代扣代缴个人所得税29.54万元，依法责令其限期解缴入库。

2006—2010年，全州地税稽查部门共检查纳税户504户，结案422户，查补税收合计2.07亿元，实际入库2.06亿元。其中，2008年检查纳税户109户，查补金额2338.78万元，入库2313.74万元；2009年检查87户，查补地方各税3598.42万元，实际入库4003万元；2010年检查65户，累计查补各项税收7393.49万元，入库6797.18万元。

2011年，先后查办信邦制药公司、贵定供电局、黔南都能开发公司、都匀金盛房开公司、都匀东方机床厂等25件涉税违法案件，查补入库税收1625.98万元。是年，检查纳税户67户，结案59户，查补合计3782.4万元。2012年，稽查检查47户，结案47户，稽查查补合计4782万元，入库4411万元。2013年，检查30户，有问题29户，查补税收合计2226.89万元。组织企业自查入库1987.75万元。2014年，立案检查30户，结案24户，查补收入合计3550.53万元，同时组织企业自查9户，自查入库437.44万元。是年，对房地产开发、建筑安装行业立案检查18户，结案16户，查补收入合计1763.53万元。

三、电子化建设

（一）设备配置和网络建设

黔南州地税局在机构设立之初，全州地税系统仅州局有一台286型计算机，基础薄弱。1997年，州政府从财政资金中安排30万元给各县（市）地税局配置计算机，到年底，全州地税系统四县一市地税局实现计算机征收，初步实现电子化征收和新征管模式的转换。是年，都匀、荔波、瓮安三个县（市）局率先建立小型计算机局域网。都匀市地税局与农行进行税银联网，实行“税款预储”，采用“单卡”纳税，实现电子化征收和新征管模式的转换。

1999—2000年，有条件的县（市）已在税务所配置了计算机。全州地税共建成县（市）局级8个局域网，103个工作站。6个县（市）的工作站已覆盖至乡（镇）所。

2003年，完成了州地税系统稽查信息管理远程点对点传输网络建设的规划、安装、调试和运行，实现了全州联网。是年底，全州12个县（市）局的县级局域网全部建成，累计投入资金200余万元。

2004年，州局机关计算机设备的采购和配置，实现人手一台计算机，并增加了笔记本电脑的配置。同时，还购置29台计算机在新办公楼内专门设置了电化教学室，供计算机知识的学习培训用。“十五”期间，荔波、福泉等县（市）地税局通过与有关金融机构的联网，实施“银税一体化”，收到税务机关、纳税人和金融部门“三赢”的效果。部分县市地税局与国税、银行、财政、工商等有关职能部门信息互联互通，实现数据交换、数据共享、综合利用，实现“刷卡缴税”“同城通办”。

2005 年，租用电信光纤宽带，连通了全州 12 个县（市）局域网。是年，制定《全州地方税务系统信息化建设五年规划方案》。2008 年，全州地税广域网和全省地税广域网顺利实现连通。

2009 年，实现州级数据大集中。2011 年，全州各级地税机关集中抓好税收征管信息系统等网络的运行维护管理，开展税务行政管理系统的推广应用工作。2010—2012 年，州局机关开始运行办公自动化（OA）系统，开发运用目标绩效管理系统。

（二）税收征管软件应用

2003 年，州地税局组织开发一套适合全州地税系统业务需要的信息化管理软件，外挂在各县（市）局正在使用的“征管软件”上，覆盖所辖各税务所和分局，使全州各级地税机关能够及时全面地沟通了各种管理信息，掌握到各个税收环节，了解各种税收指标。2003 年，全州地税系统开始上线运行由贵阳市地税局牵头组织开发的“税收征管业务管理系统”（简称 MIS 系统）。

2004 年，采取措施统一规划各县（市）局数据库，保证了 MIS 系统的正常运行。是年，全州纳入 MIS 系统管理的纳税户 34852 户，其中通过“银税一体化”申报纳税的有 22028 户，月扣缴税款 116.6 万元。2005 年，州地税局和州国税局联合开发了“个体税收定额评估”软件，并在地税机关进行了试点运用。2009 年，省地税局组织力量开发 2009 版 MIS 系统，全州各级地税机关采取有力措施加强计算机网络的运行管理，为州级数据大集中做准备。是年底，全州地税纳入计算机管理的纳税户达到 53100 户。

2010 年，全州地税实现州级数据大集中，实现新老 MIS 系统过渡和数据迁移过程中的“无缝链接”，全州地税税收信息化建设迈上新的台阶。2011—2014 年，开发运用“黔南州数据质量监控分析平台”应用系统，并适时进行全系统广域网的升级改造和网络安全建设。

第三章　银行业

1991 年，州境内有人民银行、工商银行、农业银行、建设银行、农村信用合作联社、邮政储蓄等为主体的银行业金融机构。1993 年，人民银行黔南州中心支行工作重点转向金融监管、金融调控和金融服务，工商银行由专业银行向商业银行转变。1996 年，农村信用社与农业银行脱离领导关系，归人民银行管理指导。2004 年，成立中国银行业监督管理委员会黔南州监管分局，履行银行业监督职能。2014 年，全州有管理性银行 1 家、监督机构 1 家、商业银行 8 家、其他银行机构 1 家，全州银行业金融机构、民营信贷机构共有营业网点 551 个。

第一节 中国人民银行

1991—1993 年，中国人民银行黔南州中心支行的工作重点转向金融监管、金融调控和金融服务，不再办理政策性银行和商业银行业务。1995 年 5 月 18 日，中国人民银行贵州省分行撤销人民银行都匀市支行，成立人民银行黔南州分行营业部，所有人员，财产和各项工作对口移交到人行黔南州分行。1999 年 2 月 1 日，“中国人民银行黔南布依族苗族自治州分行”更名为“中国人民银行黔南布依族苗族自治州中心支行”，“国家外汇管理局都匀分局”更名为“国家外汇管理局黔南布依族苗族自治州中心支行”。是年，人行黔南州中心支行确定为中等规模中心支行。2000 年，同意辖内独山、平塘、三都、荔波、福泉、瓮安、贵定、龙里、惠水、长顺、罗甸县支行为小规模支行。2004 年 1 月 9 日，人行黔南州中心支行与中国银行业监督管理委员会黔银监分局正式成立。2014 年 12 月 15 日，人行黔南州中心支行辖内县（市）支行内设机构调整为：无发行库的县支行，即平塘、龙里、三都、长顺 4 个县支行；有发行库的县支行，即独山、荔波、贵定、福泉、瓮安、惠水、罗甸 7 个县（市）支行。是年 12 月 30 日，人民银行黔南州中心支行内设机构调整为 16 个科（室）。

一、经理国库

1991 年，黔南州辖内各级国库共计 13 个，设置各类账户 1517 个，办理同级财政开户 74 个。1993 年，州内 90% 的银行支库实现预算收入核算电算化。1995 年，都匀市支行撤销后，国家金库都匀市支库业务由黔南州中心支行营业部办理。1997—1998 年，对各商业银行国库经收处加强检查和监督。人民银行管理体制于 1999 年进行改革后，国库核算业务从营业部收回国库科办理，州和都匀市两级国库合署办公。

2001 年，各级国库推广全国统一的国库核算系统 TBS，加强国库内控制度建设，落实安全责任制。各级国库启用国库会计核算 TBS2.0 版程序运用，参与同城票据交换，于 2005 年成功接入大额支付系统。2008 年，财税库银横向联网工作在全州推广，全辖国税部门实现联网上线。推行集中国库事后监督，辖内县支行国库事后监督工作全部集中到中心支行的事后监督中心进行持续监督。

2009—2010 年，国库管理信息系统正式上线，国库统计分析工作推广至全辖各级国库。2011 年，推动政府非税收入的收缴，价调基金纳入国库管理，当年共计征收 5250 万元。全辖地税部门实现财税库银横向联网上线。2012 年，开展沉淀国债收款单催兑工作，至年底完成兑付占比 93.75%，各级国库上线国库会计数据集中系统。是年，国家金库黔南州中心支库采取发行期巡视、现场及非现场检查等多种方式对国债承销机构进行监督管理，同时利用媒体、国债下乡等方式推进国债发行、兑付宣传。1981 年、1989 年、1997 年发行的实物国债、保值公债改由人民银行国库部门直接办理兑付。2013 年，黔南州各级国库代收工会经费，负责工会经费收缴和支拨。7 月在辖内 276 份沉淀收款单全部兑付完毕，在全省率先完成国债收款单兑付。2014 年，开展国债消费者权益保护工作，推动国债下乡，实现国债发行县域全覆盖。推进横向联网电子扣税，全年累计完成电子扣税 26 万笔，完成税额 30 亿元。8 月，TCBS 接入二代支付系统。

二、金融监管

1991 年，人行黔南州中心支行担负对全州金融机构的监督管理职能。是年，对辖内未经批准建立的 24 个金融机构进行了清理，按规定撤销 7 个，其余的分别作并、留处理。1992 年，金融监管工作主要以加强金融机构市场准入的发展规划。批准撤销了荔波办公楼内的储蓄专柜，新准入建立荔波县工商银行西门储蓄所和惠水县和平镇营业所；批准增设都匀市电讯大楼营业室、瓮安县草塘、北斗山、中坪、永和、珠藏、玉山、天文、鱼斗、玉华、夹山、和平、贵定汽车站等邮政网点，开办邮政储蓄业务，批准保险公司在贵定县城关镇设立代办点。

1993 年，人行黔南州中心支行停止了黔南州资金拆借市场的活动，9 月底收回拆出资金 7070 万元。制止 1560 万元的社会非法集资，撤销了黔南州人行系统自办的经济实体 13 个，对全州 456 个金融机构进行了年检。“建并撤”后，撤销了农村信用社 217 个，全年新批准入银行业机构 5 个，非银行业金融机构 1 个，同时开展非金融机构非法经营金融业务、典当行调查清理工作。

1995—1996 年，人行黔南州中心支行加强非现场检查分析，及时报送分析材料；严格金融机构建、并、撤以及市场准入和退出；清理商业银行国际业务部、房地产信贷部、信用卡业务部对外营业的行为；对保险业不良资产进行调查；依法制止和查处社会乱集资、乱发彩票和变相彩票等违规行为。

1997 年，对辖内 5 家城市信用社开展了资产清理，整章建制，增资扩股等工作；完成全州人行核发许可证的年检工作，参加年检的金融机构 534 个。通过年检，合格机构 422 个，基本合格机构 112 个；完成了证券代办点的清理，撤销了违规设立的证券代办点；制止贵定、三都、平塘、荔波、长顺非法销售电影奖票的违法行为；依法取缔都匀金利公司、福泉金泉公司擅自办理金融期货业务的行为；参与订立黔南州《金融同业公约》《保险同业公约》。

1998—1999 年，根据人民银行总行制定的《中国人民银行金融监管责任制》，制定了辖区的金融监管责任制，把商业银行、政策性银行、邮政储蓄、保险业以及企业债券和彩票发行的监管责任分类别、分地区落实到每个监管岗位和监管人员，并赋予一定的监管权，使金融机构的市场准入、市场运作到市场退出的全过程都在人民银行的监管下。是年，按管理权限和程序，依法审检、审批金融机构的设立、撤销、变更等事宜。完成全州银行类金融机构 321 个，保险类机构 27 个的年检公告工作；完成对银行类、保险类机构主要负责人的任职资格审查。审批辖内金融机构重要事项 290 人次，其中：高级管理人员资格审查 155 人次；审批营业地址变更 24 个；审批变更机构 30 个；审批法人机构增资扩股 5 个；审批增加业务范围 73 个，新增金融机构 3 个。期间，撤销未经人民银行批准的非法金融机构 13 个。1999 年完成全州 338 个金融机构的年检，认定合格的 267 个，基本合格的 66 个，年检不合格的5个；批准建行储蓄所开业1个，撤销农行营业所1个；审批撤销了工行三都县支行、长顺县支行和建行罗甸县支行；对129个金融机构高级管理人员进行了年度考核，合格的109人，占84.5%，基本合格的20人，占15.5%。

2000—2003年，成立金融风险监管工作机构，落实金融监管责任，开展创建金融安全区工作，建立政府、银行联手共创的工作格局。对高风险农村信用社采取“一社一策”进行整改，对可能出现风险的机构及时发出预警通知书（告诫书）共23份；共审批金融机构变更事项57个，撤并机构50个。通过年检，认定合格的金融机构516个，基本合格的机构31个，准予登记限期整改10个；对国有商业银行二级分行及分支机构的主要负责人实行任职资格动态考核，完成了国有商业银行分、支行39个高级管理人员及其分支机构102个第一责任人任职资格审查工作。2003年，开展2002年金融风险测评，辖内国有商业银行不良贷款余额169970万元，占比26.89%。

2004年1月，黔南银监分局成立，人行黔南州中心支行的银行业金融机构监管职能正式划转黔南银监分局。

三、存款和贷款

（一）存款

银行存款包括全州各金融机构的单位存款和个人存款，主要有财政性存款、企业存款、商业存款、农业存款、储蓄存款和其他存款。

1998年，根据人总行关于严肃查处高息揽储的紧急通知，组织稽核、监察、农合、金管成立利率执行情况检查组，对全辖金融机构进行检查，检查158个机构，对检查出的违反规定高息揽储的金融机构进行通报，并给予处罚。

2007年，人行黔南州中心支行运用特种存款工具，收回农村信用社的流动性资金，办理特种存款共计8373万元。

至2014年末，全州金融机构各项存款总额为867.43亿元。其中：中国工商银行存款总额128.45亿元；中国农业银行存款总额115.91亿元；中国建设银行存款总额101.96亿元；中国银行存款总额32.35亿元；农村信用社存款总额323.26亿元；邮政储蓄银行存款总额91.54亿元；中国农业发展银行存款总额11.4亿元；村镇银行存款总额5.29亿元；贵阳银行存款总额13.1亿元；贵州银行存款总额20.47亿元；交通银行存款总额3.11亿元。

1991—2014年全州金融机构存款统计表

表15-3-1　　单位：万元

年度	年末余额	企业存款	农业存款	财政存款	储蓄存款	其他存款
1991	137209	49593	12078	402	60632	14505
1992	173165	61172	22195	5570	78692	
1993	185139	73404	16161	7761	87765	
1994	232322	85210	19663	14152	118475	

续表 15－3－1

年度	年末余额	企业存款	农业存款	财政存款	储蓄存款	其他存款
1995	311199	118323	3832	9124	177823	125
1996	456000	151929	12210	13537	276729	1595
1997	528474	170249	13686	9998	321242	13299
1998	585190	165279	12383	15922	367336	24270
1999	615210	184532	20907	13362	403940	22049
2000	661019	193675	13912		447265	37997
2001	787074	201270			516050	78212
2002	883939	204798			585403	102172
2003	1068261	268552			673980	134197
2004	1322538	367513			805959	157213
2005	1674937	413889			1000028	260908
2006	2020883	424026			1189868	406711
2007	2330178	464725			1347053	518096
2008	2959198	493857			1681808	768322
2009	3560973	548975			1990678	1010180
2010	4318841	589283			2355813	978532
2011	5250396	2059775			2931637	258984
2012	6277584	2369723			3624601	283260
2013	7831230	2960806		141998	4681520	6347
2014	8674264	3183947		205927	5259771	7101

（二）贷款

1993 年，人行黔南州中心支行直接发放地方经济开发贷款和老少边穷贷款 333 万元，该项目一直办理到 1996 年，余额达到 1.01 亿元，1997 年将此业务全部划转到中国农业发展银行。

1996 年，全州收回专项贷款 844 万元，完成任务的 121%。是年，执行省分行下发的《关于积极采取措施支持搞活我省国有企业的通知》，组织资金，对企业效益好的单项产品生产发放“剥离”贷款 1200 万元，贴息贷款 1640 万元，特困企业工资贷款 1200 万元；办理再贴现 1.34 亿元；发放短期融通资金 4.26 亿元。

1997 年，对州亏损企业中有市场、有效益的产品生产需求进行调查，投放“封闭贷款”，办理再贴现业务 1.8 亿元，为振华集团公司和东方机床厂等特困企业发放工资贷款 787.2 万元，解决 5830 名职工生活困难；为五钠厂、锻压厂、水泥厂等发放贴息贷款 1640 万元，帮助企业恢复生产。

1999 年，对商业银行累计发放再贷款 5.4 亿元；再贴现 1800 万元；向农村信用社累计发放支农再贷款 1.19 亿元。

2006 年 2 月，根据国家产业政策，制定了《中国人民银行黔南州中心支行关于金融支持社会主义新农村建设的指导意见》，引导金融机构加强信贷政策与产业政策的协调配合。是年，推动独山县“奖补资金”小额贷款试点工作，加强信贷政策对“三农”经济的扶持力度，支持社会主义新农村建设。

2008 年，结合物权法实施后动产抵押发展变化，与黔南州工商局联合制定了《黔南州关于开展动产抵押贷款试点工作的实施意见》，将长顺县作为试点县开展此项工作。

2009 年 9 月，与州劳动和社会保障局、州财政局、州担保中心共同制定《黔南州小额担保贷款实施方案》，经州政府常务会议审定后实施，使停办两年的小额担保贷款得以重新开办。推动国家助学贷款、下岗失业人员小额担保贷款的开展。是年 11 月，与人民银行广西河池中心支行两行签署《黔南·河池中支货币信贷暨金融稳定工作信息交流共享协议》。

2010 年，会同相关部门修订了《黔南州促进就业小额担保贷款实施办法》。

2011 年，出台《黔南州信贷支持农村危房改造工作指导意见》，加大对农村危房改造的信贷支持力度，农村危房改造贷款金额达到 1.95 亿元，帮助危改户 6779 户。是年，支持黔南州林权抵押贷款试点县瓮安县明确了林权抵押的贴息政策、利率定价、保险方式以及市场建立等工作。是年，黔南州有 5 县开展林权抵押贷款业务，累计发放林权抵押贷款 16 笔，金额 700.5 万元，实现了林权抵押贷款在黔南州的零突破。

2011 年 12 月，贵州省农村土地承包经营权和宅基地使用权抵押贷款首发仪式在荔波县举行。到 2014 年末，黔南州“两权”抵押贷款金额 7605 万元。

2013 年，瓮安县在全省率先启动创建农村金融产品和服务方式创新示范县。到年末，全州已累计发放促就业小额担保贷款 3863 笔，金额 3.23 亿元；累计发放妇女小额担保贷款 3017 笔，金额 2.46 亿元。

2014 年，瓮安县创新和推广实施“农村集体产权”类、“农业产业化和农业现代化”类、“中小微试点企业池”类、“民生小额信贷超市”类、“城镇化建设”五大类共 19 种信贷产品，发放贷款 3.57 亿元，惠及借款主体 1433 个；率先在全州实现助农取款“村村通”全覆盖；助推当地政府出台了一系列优惠扶持政策，增扩小微企业担保基金，建立小微试点企业池和信贷风险分担补偿机制。

是年，创新支农再贷款运作模式，建立扶贫项目库实施精准扶贫。在全国首创“人民银行支农再贷款 + 金融机构自有信贷资金 + 地方财政利差补贴”的支农再贷款“双加”运作模式。出台了《黔南州支农再贷款“双加”运作模式操作指引》，指导各县市支行分别牵头组织有关部门建立《金融扶贫项目库》，实现了金融扶贫资源的信息共享。至 12 月末，黔南州共发放“双加”惠农定向贷款 1740 笔、金额 6.55 亿元。其中支持农业企业 58 家、3.86 亿元；农民专业合作社 17 家，7465 万元；农民专业合作社成员 40 户，447 万元；种养大户 678 户，12629 万元；家庭农场 1 户，20 万元。其执行的贷款利率比同类同档次加权平均利率下降了 2.97 个百分点，最多的下降了 6.40 个百分点，为借款主体共节省当年利息支出 1783 万元，带动了农业产业化的发展及贫困农户增收致富。

至 2014 年末，全州金融机构各项贷款总额为 604.52 亿元，较 1991 年末的 19.67 亿元增长了30.73倍。其中：中国工商银行贷款总额112.74亿元；中国农业银行贷款总额8.19亿元；中国建设银行贷款总额70.04亿元；农村信用联社贷款总额257.95亿元；邮政储蓄银行贷款总额9.05亿元；中国农业发展银行贷款总额35.49亿元；村镇银行贷款总额5.78亿元；贵阳银行贷款总额10.9亿元；贵州银行贷款总额4.3亿元；交通银行贷款总额3.08亿元。

1991—2014年黔南州金融机构贷款统计表

表15-3-2　　单位：万元

年度	年末余额	短期贷款					中长期贷款			
		工业	商业	农业	其他	合计	基本建设	技术改造	其他	合计
1991	196699	54920	68987	18076	27790	169773	4618	15096	7212	26926
1992	222677	62150	73303	25697	17235	178385	2940	16258	25094	44292
1993	277954	79665	79154	21448	6415	195135	39090	17650	10134	76771
1994	340589	94406	100257	9296	25193	229152	45866	20491	11253	102265
1995	387966	102429	125994	12052	27973	268448	49380	23764	43421	116564
1996	500780	114792	163610	14892	30600	347478	51850	23200	54891	130487
1997	632355	129090	204176	47672	56474	437412	57284	25352	78910	161546
1998	691268	131246	214395	57365	72309	475315	60503	31791	87976	180270
1999	688634	124881	216348	62028	73667	477127	70145	28052	107897	206096
2000	730113	114905	195366	58727	80614	471968	71330	20659	151089	243078
2001	758184					448878				309194
2002	813652					484966				326917
2003	870919					417333				444407
2004	887895					426185				456000
2005	905012					395874				488270
2006	1060763					465729				582272
2007	1209773					452579				714793
2008	1319925					431866				872293
2009	1828778					612916				1205950
2010	2356145					335124				2009874
2011	2965719					522738				2440573
2012	3803110					713818				3079699
2013	4852564					996662				3842946
2014	6045248					1346630				4684454

四、货币发行

（一）人民币流通管理

1996年，人行黔南州中心支行组织召开各金融机构领导及州政府领导参加的联席会议2次，布置严格控制现金投放工作。1997—2001年，要求各金融机构按计划提取现金，不得突破。将现金管理纳入人民银行系统行长责任制的考核目标；以条块结合双线控制的方式，分别下达各行（社）现金计划；核定开户单位的库存定额，严禁非基本账户提现，严禁坐支现金等违法行为；开展现金大检查，及时纠正违法行为；督促金融机构禁止公款私存套取现金行为。2002 年 4 月，人民银行黔南州中心支行明确大额现金支取，5 万元以上要登记，50 万元以上的要向支行（社）和人民银行备案。2007 年以后，人民银行每年度均组织对辖内金融机构人民币流通管理情况检查。

（二）基金管理

1991 年底，为发行基金，设州发行支库 1 个，辖内 12 个县（市）共设置县支库发行库 12 个。1995 年，都匀市支行发行库并入黔南州中心支行中心支库。2003 年后开始对业务量较小交通便利的县支库进行撤并。2004—2005 年，先后对长顺县支库、三都县支库、平塘县支库、龙里县支库进行了撤并，其中，长顺支库并到惠水县支库、三都支库并到独山县支库和中支支库、平塘县支库并到独山县支库和中支支库，龙里县支库并到贵定县支库。截至 2005 年底，黔南州内保留中心支库 1 个，县支库 7 个。2010 年，发行库被人总行认定为一级库，成为全省首家一级库。

（三）金银收兑

1994 年 8 月 24 日，执行中国人民银行发布的《关于调整白银经济政策问题的通知》。2001 年 5 月 29 日，执行中国人民银行发布《关于实行黄金周报价制度有关问题的通知》，决定自 2001 年 6 月 11 日起，对企业收购、配售黄金原料的价格实行周报制度。中国人民银行每周公布按照人民币兑美元汇率折算黄金收购、配售价格，实行挂牌收购、配售黄金，跟踪国际黄金市场价格波动，与国际金价接轨。2002 年 1 月 8 日，中国人民银行关于做好当前金银管理工作的通知规定：从 2002 年起，人民银行收购黄金不再下达收购计划，各分支行应取消收购计划考核办法。是年底，辖内各支行将收兑的金银以及金银比对牌等直接上交贵阳中支。至此，金银收兑业务在黔南州人民银行范围内不再开展。

（四）反假货币

1991 年，人民银行黔南州中心支行与相关部门配合协调，加大假币犯罪打击力度，全州共破获假钞案 5 起，抓获犯罪嫌疑人 11 人，收缴各种面额假钞 257 张，金额 14730 元。1993 年，全州共破获假币案件 17 起，收缴假币 43330 元。1994 年 11 月，国务院首次反假货币工作联席会议在北京召开后，黔南州相应建立反假币工作联席会议制度，在人民银行黔南州中心支行下设办公室。此后，每年开展反假币宣传活动。从 2005 年 5 月起，每年 5—10 月的“反假币宣传活动月”，开展各种形式的反假币宣传活动。2013 年，组织金融机构从业人员进行反假币资格上岗考试。

五、账户管理

1991 年 7 月 1 日，人行黔南州中心支行转发人民银行贵州省分行《关于核发开户许可证的有关事项的通知》，要求统一制作开户许可证。许可证由开户行填写盖章后，报经人民银行审查盖章；人民银行直接审查后核发给开户行。此后，人民银行对账户实行年审、年检制度。

1997年7月，对全辖内各种账户实行开户许可证管理和实施银行账户管理卡（即开户印鉴卡）制度。对基本账户采取清理程序进行监督管理，所有各种账户统一由计算机账户管理程序核打出开户许可证。定期或不定期地对各类账户进行检查。12月底完成基本户的录入4738户，非基本户录入1895户。

1998年7月，加强基本账户监督管理，对州内基本账户进行全面检查。各县（市）支行也对县域基本账户进行全面的检查工作，对因手工操作造成多头开立基本账户的，责令进行销户处理，对未按规定进行年审的基本账户和过期失效户进行处理。是年共开立各类账户13573户，其中：基本户8922户，非基本户4651户，撤销账户1481户（基本户1140户，非基本户341户）。共年审账户3340户，撤销多头开户8户，不动户9户，变更账户类别11户。

1999年6月，按照《银行账户管理办法》《贵阳银行账户管理及结算质量考核实施细则》规定，对金融机构结算和账户管理进行检查，查出开立账户不申报、违规使用账户支现等，处罚15家金融机构共11.2万元。

2000年4月1日起，黔南州金融系统根据国务院《个人存款账户实行实名制度规定》，对所有个人存款账户实行实名制，并严格遵守为储户保密的规定。

2001年6月，人行黔南州中心支行对都匀市、平塘县16家金融机构进行结算纪律大检查，发现中国工商银行都匀分行剑江分理处违反账户管理开立账本未向人民银行申报1户，中国建设银行黔南州分行大十字办事处违反结算纪律50万元大额汇划未通过人民银行转汇，对两家金融机构进行通报并按规定进行处罚。

2005年，人民银行州中心支行共办理单位银行结算账户8451户，其中：开立单位银行结算账户8157户（基本存款账户5140户，专用存款账户2598户，临时存款账户142户，一般存款账户277户）；撤销单位银行结算账户294户（撤销基本存款账户168户，撤销专用存款账户96户，撤销临时存款账户1户，撤销一般存款账户29户）。2006年，人民银行州中心支行共办理单位银行结算账户4200户，其中：开立单位银行结算账户3452户（其中开立基本存款账户1634户，专用存款账户1437户，临时存款账户171户，一般存款账户210户）；撤销单位银行结算账户748户（其中撤销基本存款账户502户，撤销专用存款账户182户，撤销临时存款账户31户，撤销一般存款账户33户）。

2007年，共办理单位银行结算账户4797户，其中：开立单位银行结算账户3357户（开立基本存款账户1497户，专用存款账户1455户，临时存款账户232户，一般存款账户173户）；撤销单位银行结算账户1197户（撤销基本存款账户575户，撤销专用存款账户489户，撤销临时存款账户87户，撤销一般存款账户46户）；变更单位银行结算账户243户。

2008年，共办理单位银行结算账户5766户，其中：开立单位银行结算账户3577户（开立基本存款账户1634户，专用存款账户1490户，临时存款账户250户，一般存款账户203户）；撤销单位银行结算账户1617户（撤销基本存款账户573户，撤销专用存款账户

755 户，撤销临时存款账户 209 户，撤销一般存款账户 80 户）；变更单位银行结算账户 572 户。

2009 年，对中国建设银行股份有限公司黔南州分行所辖城中支行和大十字支行实施人民币银行结算账户管理现场检查，针对检查出的违规问题，经人行黔南州中心支行行政处罚委员会研究决定，分别对城中支行和大十字支行处以 10000 元和 15000 元的罚款。

2010 年，共办理单位银行结算账户 6143 户，其中：开立单位银行结算账户 3868 户（开立基本存款账户 2023 户，专用存款账户 1416 户，临时存款账户 189 户，一般存款账户 240 户）；撤销单位银行结算账户 1508 户（撤销基本存款账户 622 户，撤销专用存款账户 584 户，撤销临时存款账户 185 户，撤销一般存款账户 117 户）；变更单位银行结算账户 767 户。

是年，开展对农行福泉市支行的账户管理业务的现场检查工作。

2011 年，共办理单位银行结算账户 8957 户，其中：开立单位银行结算账户 5646 户（开立基本存款账户 3220 户，专用存款账户 1857 户，临时存款账户 143 户，一般存款账户 426 户）；撤销单位银行结算账户 2353 户（撤销基本存款账户 1092 户，撤销专用存款账户 838 户，撤销临时存款账户 231 户，撤销一般存款账户 192 户）；变更单位银行结算账户 958 户。

是年，人民银行州中心支行制定了《中国人民银行黔南州中心支行 2011 年支付结算执法检查实施方案》，成立了支付结算执法检查组，同时根据贵阳中支支付结算执法检查小组办公室授权，按 30% 的检查面完成工行都匀分行和 6 个支行的现场检查。

是年，对中国银行股份有限公司都匀分行及所辖 9 个支行的单位银行结算账户账号共 603 户（其中：核准类银行结算账户 387 户，备案类银行结算账户 216 户）的批量变更工作。

2012 年，人行州中心支行制定了《中国人民银行黔南州中心支行 2012 年支付结算执法检查实施方案》，成立支付结算执法检查组，完成对农发行黔南州分行营业部、中国农业银行股份有限公司黔南分行及所辖支行 6 个支行的支付结算现场检查。是年，办理单位银行结算账户 11943 户，其中：开立单位银行结算账户 7486 户（其中开立基本存款账户 4806 户，专用存款账户 1690 户，临时存款账户 171 户，一般存款账户 819 户）；撤销单位银行结算账户 2821 户（其中撤销基本存款账户 1183 户，撤销专用存款账户 1132 户，撤销临时存款账户 214 户，撤销一般存款账户 292 户）；变更单位银行结算账户 1636 户。

2013 年，对黔南州建行、贵阳银行都匀分行、中国银行都匀分行等机构开展支付结算综合执法检查、预算单位银行结算账户业务专项检查和银行卡收单业务专项检查。对农行黔南州分行上年支付结算执法检查情况开展“回头看”活动。是年，共办理单位银行结算账户 3494 户，其中：开立单位银行结算账户 2361 户（其中开立基本存款账户 1190 户，专用存款账户 445 户，临时存款账户 44 户，一般存款账户 682 户）；撤销单位银行结算账户 1133 户（其中撤销基本存款账户 425 户，撤销专用存款账户 513 户，撤销临时存款账户 49 户，撤销一般存款账户 146 户）；变更单位银行结算账户 513 户。

2014年，人民银行州中心支行组织全州开展ACS业务操作培训。4月28日，组织辖内12个网点成功上线“ACS系统”。统一规范“黔南州农村金融服务综合平台”立牌式样。配合人民银行贵阳中心支行开展支付结算执法检查，对3家第三方支付机构开展现场核查工作。开展全州银行卡，农村取款网点的专项检查。是年，共办理单位银行结算账户3811户，其中：开立单位银行结算账户2831户（其中开立基本存款账户1487户，专用存款账户533户，临时存款账户44户，一般存款账户767户）；撤销单位银行结算账户980户（其中撤销基本存款账户357户，撤销专用存款账户372户，撤销临时存款账户38户，撤销一般存款账户213户）；变更单位银行结算账户489户。

六、外汇管理

1989年，国家外汇管理局黔南布依族苗族自治州支局经人民银行贵州省分行和贵州省外汇管理局批准成立，正式挂牌对外办公。办公地址设在中国人民银行黔南州中心支行楼内。

1997年，辖内获准经营外汇业务的金融机构网点发展到9个，其中分行级2个，办事处2个，分理处2个，储蓄所3个，从业人员32人。

是年，累计发放出口核销单87份，收单80份，累计核销出口收汇795.76万美元，较上年增加518.76万美元。外汇管理电子化建设快速发展。为适应外汇管理业务发展的需要，都匀分局外汇管理电子化建设在1997年得到较快发展，外汇管理业务专用微机室建设完成并投入使用，并配置了586微机3台，服务器1台。

是年，辖内外汇金融机构各项外汇存款余额309万美元，其中，对公单位外汇存款余额109万美元，个人外汇存款余额200万美元。辖内外汇指定银行累计结汇267万美元，累计售汇39万美元，较上年增长78%；累计申报国际收支147笔，金额183.19万美元，其中对公49笔，金额163万美元，对私98笔，金额20.19万美元。

1999年2月1日，国家外汇管理局都匀分局更名为国家外汇管理局黔南布依族苗族自治州中心支局。是年2月，对进出口核销管理工作，制定和完善内部控制机制，实施双人复核等进出口核销操作规程，对进出口企业实施出口收汇考核制度，强化出口收汇监督管理，全年实现出口收汇353万美元，出口收汇核考核收回率97.1%，收单率89.29%，核销率100%。

是年，辖内外汇指定银行累计结汇417万美元（其中贸易项下353万美元，非贸易项下64万美元），售汇61万美元（其中购汇偿还银行外汇贷款利息50万美元，其他11万美元）。年末，辖内金融机构各项外汇存款余额348万美元（其中个人外汇存款285万美元，外商投资企业外汇存款63万美元）。辖内办理外汇登记外商投资企业共计14户，其中，中外合资企业11户，合作企业1户，外商独资企业2户。外商累计实投资本1718.5万美元。

2000年，辖内外汇指定银行累计结汇340万美元，较上年下降22%，售汇117万美元，较上年增长92%。辖内金融机构年末各项外汇存款余额349万美元，比上年增长0.3%，其中个人外汇存款余额334万美元、外商投资企业外汇存款余额15万美元。实际办理外汇登记外商投资企业共计18户，较上年增加4户，外商实际出资累计1766.08万美元。全年实现出口收汇262万美元，较上年下降26%，收单率96%，收汇率97%，核销率100%。全年完成申报外汇收入282笔，累计金额252万美元，申报率达100%。

2001年，全州金融机构年末各项外汇存款余额412万美元，较上年增长18%。其中，个人外汇存款余额403万美元，较上年增长21%，对公外汇存款余额9万美元，比上年下降40%。外汇指定银行累计结汇610万美元，较上年增长79%，其中贸易项下结汇472万美元，非贸易项下结汇92万美元；累计售汇64万美元（含企业偿还银行外汇贷款购汇56万美元、非贸易购汇8万美元），较上年增长14%，完成国际收支申报398笔，累计申报金额534万美元。其中对公单位涉外收入142笔，累计金额501万美元，对私涉外收入申报64笔，累计25万美元。

2002年1月，集中开展外商投资企业联合年检。辖内22户外商投资企业通过了联合年检。参检外商投资企业累计实际出资2315万美元，其中，中方实际出资661万美元，占28.6%，外方实际出资1654万美元，占71.4%。

2005年9月—2006年9月，根据出口收汇和结汇的计算结果，对辖内出口企业进行分类核定，全年共申报涉外收入619笔，累计金额2162万美元，申报对外付款42笔，对外付款总额589万美元。首次推行外商投资企业网上联合年检，24户外商投资企业通过互联网参加并通过了联合年检。是年，外汇指定银行累计结汇2454万美元，比上年增长32.5%，售汇662万美元，增长31.4%。为提升出口核销管理和工作效率，2008年7月开始着手准备在辖内推广运行“电子口岸执法系统”，帮助出口企业解决“电子口岸执法系统”上线运行工作中遇到的各种困难和问题。

2008年，外汇指定银行累计结汇46万美元，比上年减少1474万美元，其中居民个人结汇561万美元，比上年增加112万美元；资本金结汇988万美元。累计售汇235万美元。是年，出口核销累计金额8962万美元，比上年增加5159万美元，核销率99.94%；办理进口核销业务30笔，金额3883万美元，比上年增加1840万美元，核销率90%；进口异地备案业务15笔，金额1755万美元，同比增加1004万美元；外债和应付股利转增资837万美元，非贸易（含资本）对外付款239万美元，同比增加239万美元。完成国际收支间接申报766笔，金额239万美元，比上年减少146万美元，其中，涉外收入申报654笔，金额4918万美元；涉外之处申报112笔，金额358万美元，实际办理完成外汇登记的外商投资企业23户。

2009年，人行黔南州中心支行先后对工行匀城支行、中行剑江支行、邦泰（贵州）铁合金有限公司开展外汇检查。对邦泰（贵州）铁合金有限公司未按规定进行贸易信贷登记和国际收支统计申报的行为进行立案查处。是年，辖内21家外商投资企业参加了2009年度联合年检，参检率和年检通过率均为91.3%。

是年，外汇指定银行累计办理结售汇2560万美元，比上年减少2086万美元，其中企业结售汇1970万美元，比上年减少800万美元。办理个人购汇268万美元，增加80万美元；个人结汇237.67万美元，减少135.1万美元。完成国际收支统计间接申报517笔、2657万美元，其中：涉外收入申报323笔、1836万美元；涉外支出申报194笔、821万美元。自营进出口2080万美元，比上年减少6073万美元，其中出口1460万美元，比上年减少6462万美元；进口620万美元，比上年增加389万美元。全年累计发放出口收汇核销单186份，共核销208份（含2008年），核销金额1973美元，比上年减少6790美元，核销率为99.73%。进口付汇共计620万美元，比上年增加389万美元；到货核销1267万美元，同比减少488万美元，核销率达到133.33%。经常项目外汇账户共计33户，同比增加7户。

2010年，外汇指定银行累计办理结售汇2548万美元，比上年减少11万美元，其中企业结售汇1775万美元，比上年增加134万美元。办理个人购汇314万美元，比上年增加46万美元；个人结汇264万美元，增加27万美元。完成国际收支统计间接申报515笔、2363万美元，其中：涉外收入申报284笔、2136万美元；涉外支出申报231笔、227万美元。办理本级验资询证业务205万美元，资本金结汇204万美元，转股收汇登记230万美元，购付汇6.8万美元。全年自营进出口1714万美元，比上年减少700万美元，其中出口1682万美元，比上年减少160万美元；进口32万美元，比上年减少567万美元。

2011年，辖内外汇指定银行累计办理结售汇1667美元，比上年减少468万美元，其中企业结售汇999万美元，比上年减少665万美元，自营进出口仅为1070万美元，比上年减少25万美元，其中出口1015万美元，减少274万美元；进口55万美元，增加23万美元。完成国际收支统计间接申报538笔、248万美元，增加236万美元，其中：涉外收入申报231笔、2025万美元，同比增加236万美元；涉外支出申报307笔、461万美元，增加176万美元。办理本级验资询证业务2213万美元，资本金结汇176万美元。办理出口收汇核销128笔925万美元，同比减少501万美元，办理外汇账户核准、备案13户。为3家外商投资企业办理资本金账户开户核准、增资、变更及验资询证等业务，协助企业引进外资2213万美元，增加2008万美元。外商投资企业年检质量，当年应检企业15户，实检15户，参检率100%。是年10月末，结售汇大规模减少主要原因是上年收汇大户嘉禾公司未发生业务（上年同期该企业收汇762万美元），而且资本项目结汇较少，虽然流入资金2213万美元，但仍有2037万美元未结汇。

2012年，外汇银行累计结售汇3658万美元，其中累计结汇2641万美元，比上年增加59.19%，累计售汇1017万美元，增加77%。完成国际收支统计申报663笔，金额6732万美元，比上年增长63%，其中：涉外收入226笔，金额3521万美元，比上年增长42%；对外支出438笔，金额3210万美元，比上年增长86%。实际引进外资3040万美元，比上年增加46%，资本金结汇1442万美元，比上年增加121%；进口货物5394万美元，比上年增加135%，出口货物1010万美元，比上年增加23%，出口收汇7374万美元，比上年增加627%，进口付汇4910万美元，比上年增加226%；个人外汇收入133万美元，比上年增加4.7%，支出462万美元，比上年增加68%；服务贸易收入0.6万美元，比上年减少98%，支出451万美元，比上年增加92%。平塘县实现外商投资企业零的突破，县域外商投资企业新增7户，比上年增加75%，投资总额40297万美元，注册资本17874万美元，实际到位资金1833万美元，园区涉外经济发展平稳。

2013 年，进行资本项目改革，4 月，县域联络办挂牌工作，联络点全部挂牌。对银行执行外汇管理规定进行考核，确定工行都匀分行、中行都匀分行、建行黔南州分行为 A 等，农行黔南州分行为 B 等，并将考核情况通报各行。

是年，外汇收支总量比上年继续上升，涉外收支总计 8192 万美元，比上年增加 5.7%，其中涉外收入 5816 万美元，比上年增加 45.82%，涉外支出 2376 万美元，比上年减少 36.83%。国际收支顺差 3440 万美元。银行办理结售汇总计 7248 万美元。结汇 5211 万美元，比上年增加 63.87%，其中经常项目结汇 2095 万美元，资本及金融项目结汇 3116 万美元；售汇 2037 万美元，比上年增加 83.35%，其中经常项目售汇 1886 万美元（货物贸易售汇 297 万美元，服务贸易售汇 1279 万美元，投资收益售汇 308 万美元），资本项目售汇 151 万美元。结售汇顺差 3174 万美元，比上年增加 53.41%。全年新设外资企业 11 户，实际引进外资 3852 万美元，比上年增加 58%。

2014 年，经银行执行外汇管理规定考核，确定中国银行都匀分行、中国农业银行黔南州分行为 A 等，中国建设银行黔南分行、中国银行都匀分行为 B 等。建立湘黔桂五市州外汇管理工作交流机制。是年，外汇收支总量同比大幅上升，涉外收支总计 15984.37 万美元，比上年增加 90.30%，其中涉外收入 8959.96 万美元，比上年增加 47.98%，涉外支出 7024.41 万美元，比上年增加 199.57%。国际收支顺差 1935.55 万美元。银行结汇 5543 万美元，比上年增加 6.37%，售汇 1789 万美元，比上年减少 12.17%，结售汇顺差 3745 万美元。招商引资工作成效明显，全年新设外资企业 7 户，实际引进外资 4700 万美元，比上年增加 13.58%。

七、征信管理

1999 年起，每年组织开展“征信知识宣传周”和“6·14 信用记录关爱日”活动。各金融机构统一行动，采取金融机构柜台宣传与标语宣传相结合，各金融机构、广播电视台、政府相关部门参与的方式，面向高校学生、社区群众、农村居民、公务人员的宣传活动；同时通过抢答竞赛、宣传讲座等多种形式，借助多种渠道，加强征信及相关金融知识的宣传教育，建立征信宣传教育工作长效机制。

2002 年，人行黔南州支行、州农村信用合作联社筹建办制定《黔南州农民小额信用贷款管理实施细则》，在全州各县（市）部分乡镇启动农户小额信用款“信用工程”建设，平定信用农户，信用组，信用村。之后开展信用乡政平定。

2007—2012 年，以信用评级为重点推动征信市场的业务发展。与黔南银监分局、省农村信用联社黔南办事处联合发文培育征信市场环境，明确各银行业金融机构推动借款企业信用评级工作任务，引导银行业金融机构参与社会信用评级，结果纳入信贷决策流程，全州有 120 家企业参与了信用评级工作。

2009 年 10 月，与州法院联合下文，将辖内企业和个人依法诉讼信息纳入人民银行征信系统。

2010 年，人民银行黔南州中心支行邀请州发改局、州政府办、州税务、州工商、中小企业局、州国土局等单位召开关于黔南州社会信用体系建设的研讨会，讨论社会信用体系建设的规划和实施方案。黔南州人民政府于是年12月6日印发了《黔南州社会信用体系建设指导意见》和《黔南州企业信用评级工作指导意见》，深化“诚信黔南州”建设。

2006—2012年，黔南州对评级户发放信用贷款金额累计172.07亿元。黔南州农户总数783369户，不符合评级农户57746户，建立农户信用档案725623户，调查建档面达100%；已评定信用农户658859户，评级面达90.50%。共创建信用乡镇3个，信用村264个，信用村民组2445个，涉农项目贷款违约率为2.6%。

2012年12月，黔南州收录企业和其他组织6035户，非银行信息的公积金数据采集151073条，入库131071条；各商业银行共开设个人信用信息基础数据系统实际用户516名，全部成功将《中小企业信用档案》信息录入全国征信系统中小企业子系统，并按时进行了信息更新，对企业和个体工商户进行信用分类监管。

2013年，《征信业管理条例》出台，人民银行黔南州中心支行围绕《条例》的学习及落实对各银行业金融机构开展了培训及专项检查，并借助媒体，到工业园区及乡镇开展征信宣传，创新农村金融产品和服务方式，提高公众诚信意识。是年，黔南州辖内共接受个人信用报告查询6096笔，企业信用报告查询299笔，建立农户经济档案调查建档户数714814户，评定信用农户699782户，创建信用乡镇63个，信用村680个。

2014年，将推进农村信用体系建设作为主要措施，改善金融生态环境，将助农取款点打造成为农村征信综合服务站，规范农户信用信息采集机制，保护农户合法权益。全州12个县（市）中有8个县（市）在全省排位居中。为拓宽中小微企业融资渠道，推出应收账款融资服务平台，全州共42家机构注册成为平台用户。

八、反洗钱

2004年，反洗钱工作职责由保卫科移交会计财务科负责。2007年6—7月，分别对农业银行都匀分行和工商银行都匀分行反洗钱工作和可疑账户交易执行情况进行现场检查。

2008年4月，举办黔南州建行、工行辖内各网点相关人员反洗钱知识讲座1次。5月，对县支行人员进行反洗钱现场检查培训。是年5—10月，对建设银行黔南州分行和人寿保险公司黔南分公司反洗钱工作执行情况进行现场检查。制定反洗钱、信息监测等管理规定，督促、指导辖内金融机构执行《反洗钱法》《金融机构反洗钱规定》，及时报送大额和可疑交易信息。共接收金融可疑交易493份。

2009—2011年，对农行黔南州分行、工商银行都匀分行、桥城支行、匀城支行、文峰支行、都匀市支行、都匀市农村信用社、福泉支行反洗钱工作执行情况进行现场检查。对黔南州19家金融机构开展反洗钱风险等级评估，并将评估结果进行通报。开展全州金融机构反洗钱业务培训。共有20家金融机构参加，参训人员40余人次。组织人民银行黔南州中心支行反洗钱业务知识百人竞赛。同时，州中支举办黔南州金融机构反洗钱百人赛表彰会，辖内含银行、保险和证券20家机构的分管领导和主管共50余人参加会议。组织各金融机构以“警惕网络陷阱增强反洗钱意识”为主题，在都匀市人民广场进行反洗钱知识宣传。

2013年4—5月，人民银行黔南州中心支行综合执法反洗钱工作检查小组对建行黔南州分行及其所属大十字支行、城中支行反洗钱内控制度建设、反洗钱宣传培训、可疑交易报告、客户尽职调查等情况进行现场检查。6 月 26 日，人民银行州中心支行召开洗钱类型分析会议，州公安局经侦队科长向各家金融机构介绍常见的洗钱上游犯罪类型和监控资金流向情况。

2014 年 5 月，印发《中国人民银行黔南州中心支行金融机构反洗钱现场走访制度实施细则》。5 月 28 日，对州人寿保险公司开展反洗钱现场检查。9 月，对都匀市、福泉市农商行反洗钱工作情况开展调研。11 月，对全州各县（市）支行进行反洗钱风险等级评估标准解析培训。对建行黔南州分行、邮储银行黔南州分行、太平洋财产保险黔南分公司进行反洗钱工作趋势及 5C 标准培训；与工商银行都匀桥城支行联合开展反洗钱宣传活动。

第二节　中国农业发展银行

1996 年，从农行黔南州分行划转 19 人，组建中国农业发展银行黔南布依族苗族自治州分行（以下简称州农发行）。是年，州农发行存款业务范围主要是：中央和省级财政支农资金代理拨付，粮食风险基金开立代理拨付；业务范围内企事业单位存款；开户企事业单位结算。1997 年 5 月 7 日，州农发行成立，内设办公室、计划信贷处、财务会计处、稽核监察处、人事教育处。同时，组建州农发行营业部。是年，建立独山、平塘、三都、罗甸、长顺 5 个县支行，成立荔波信贷组，瓮安、贵定、惠水、龙里、福泉等 5 个县（市）实行业务委托代理。

2001 年，取消农发行无机构县（市）业务委托代理，由州农发行营业部负责瓮安、福泉、贵定、龙里等 4 个县的业务，长顺支行负责惠水县的业务，三都支行负责荔波县的业务。2010 年 7 月，新建中国农业发展银行龙里县支行并对外营业。撤销州农发行营业部，设营业室，州农发行营业部业务由龙里县支行和州农发行机关承接。2012 年 4 月，建立州农发行福泉市支行。

至 2014 年底，州农发行内设办公室、计划与客户服务部、信贷与风险管理部、财务会计部、人力资源部、信息科技部、内部审计部、监察室等 8 个部（室）。下辖龙里、福泉、独山、平塘、三都、长顺、罗甸 7 个县（市）支行。

一、存款

2005 年，获准开办单位通知存款、单位协定存款、代理商业银行存款业务。是年，罗甸县支行办理半年期定期存款 1 笔 100 万元。2006 年 11 月，农发行获准开办金融机构同业存款业务。全年吸收同业存款 4250 万元，年末同业存款余额 1750 万元。2007 年 7 月，获准开办定期保证金存款业务。11 月，总行《关于增加同业存款业务品种的通知》，增加 1 至 3 个月期限的同业定期存款业务品种。同业存款由 7 个期限档次增加为 9 个期限档次。2008 年，全州营销和续存同业存款 28 笔，存入资金累计 3.45 亿元，有 5 个县支行开办同业存款业务。

2009 年 6 月，根据中国银监会《关于中国农业发展银行扩大县域存款业务范围和开办县域城镇建设贷款业务的批复》，农发行开办除居民储蓄存款之外的所有公众存款业务。

2013 年，在长顺、平塘、龙里等 3 个县支行开展存款客户经理试点，试点的支行存款余额分别增长 4530 万元、1274 万元、2. 89 亿元。全州公众存款余额 2. 45 亿元，同业活期存款余额 2. 71 亿元。

二、贷款

1996 年底，根据人行贵州省分行《关于中国农业发展银行贵州省分行营业部等十个机构开业的批文》，农发行黔南州分行贷款业务范围界定为：财政贴息粮、棉、油、肉、糖、烟、羊毛等国家专项储备贷款；粮、棉、油、肉的收购、调销、批发贷款，国家粮、油等加工企业贷款，棉麻、棉花初加工企业贷款；国务院、省级确定的扶贫贴息、老少边穷地区发展经济贷款，贫困县办工企业贷款，农业综合开发、其他财政贴息的农业方面的贷款；国家、省级确定小型农、林、牧、水利基地建设和技术改造贷款。

1997 年，发放农副产品贷款 6. 41 亿元，年末贷款余额 6. 04 亿元；发放粮棉油加工贷款 4958 万元，年末贷款余额 4122 万元；发放开发性综合贷款 7. 03 亿元，年末开发性贷款余额 6. 33 亿元。支持兴办种植业、养殖业、加工业等项目 362 个。

1998 年，根据国务院《关于进一步深化粮食流通体制改革的决定》，将农发行黔南州分行粮食收储企业的附营业贷款业务划归农业银行。是年 4 月，州农发行将扶贫贷款、开发性贷款及其他专项贷款划归州农行，全州农发行向全州农行划转扶贫开发贷款累计 7. 03 亿元。

2004 年 9 月，获准开办粮棉油产业化龙头企业贷款业务。2005 年 6 月，获准开办国家化肥储备和地方化肥、糖、肉储备信贷业务。12 月，获准开办粮油种子贷款业务。2006 年 7 月，获准开办农业科技贷款业务。发放产业化龙头企业贷款 1. 1 亿元，发放粮油种子贷款 710 万元。

2007 年 2 月，获准开办农村基础设施建设贷款、农业综合开发贷款和农业生产资料贷款业务。是年 4 月，获准开办农业小企业贷款业务。2008 年，发放农村基础设施建设贷款 2. 13 亿元，发放农业小企业贷款 300 万元，办理票据贴现 1 笔 1000 万元。2009 年，发放农业生产资料贷款 600 万元，发放农业综合开发贷款 3960 万元。2012 年，发放农业科技贷款 270 万元。

1997—2014 年，全州农发行发放传统粮油贷款累计 37. 81 亿元，发放仓储设施建设贷款 6430 万元，发放新开办业务贷款累计 49. 55 亿元。

1997—2014 黔南州农发行年存贷款余额统计表

表 15 – 3 – 3　　　　单位：万元

年度	存款余额	贷款余额	年度	存款余额	贷款余额
1997	24648	128540	2006	24283	64322
1998	3227	64737	2007	36535	80401

续表 15－3－3

年度	存款余额	贷款余额	年度	存款余额	贷款余额
1999	4871	65061	2008	48519	105320
2000	3322	69292	2009	109559	136517
2001	4961	64833	2010	137863	160843
2002	5296	55981	2011	195741	195741
2003	5124	55793	2012	112600	300006
2004	5416	47978	2013	156056	322713
2005	6551	51838	2014	138048	354865

第三节　商业银行

一、工商银行

1991 年，工商银行黔南州中心支行内设 11 科 2 室。下辖县（市）支行 12 个，城镇办事处 17 个，储蓄所 37 个。1993—1996 年，州中心支行由专业银行向商业银行转变调整。1996 年 9 月，工行州中心支行与都匀市支行合并。1997 年 6 月 29 日，中国工商银行黔南布依族苗族自治州中心支行更名为中国工商银行贵州省都匀分行。1998 年 9 月 3 日，工行都匀分行与都匀市支行正式合并，原中国工商银行都匀市支行更名为中国工商银行贵州省都匀分行营业部。

2000 年 8 月底，工行都匀分行撤销罗甸县支行，平塘县支行降格为分理处，全年共撤销处、所 17 个，代办所 5 个，比年初减少 31%。2001 年，全行撤销网点机构 3 个。2007 年 5 月，经黔南银监分局核准，颁发金融许可证，中国工商银行贵州省都匀分行更名为中国工商银行股份有限公司都匀分行。2011 年，都匀分行在网点服务覆盖薄弱的区域新增了 7 个离行式自助银行服务区，在没有网点的罗甸县恢复增设营业机构。2012 年，县支行 6 个自助银行服务区及城区 1 个自助银行服务区开业，新设 3 个自助银行服务区。2013 年，新建都匀城区庆云宫、福泉马场坪、瓮安、龙里、惠水、罗甸 6 个自助银行，城区 4 个分理处升格为二级支行。2014 年，成立渠道管理部。对都匀城区文化路支行低效网点迁址改造，对 5 个离行式自助银行验收并投入运营。

（一）存款

1993 年，工行都匀分行开始由专业银行向商业银行转变，按商业银行的相关规定吸收存款。1999 年组建中心储蓄所，办理全行储蓄通存通兑工作。2009 年，立足全州个人金融服务需求，推进个人业务发展，巩固“第一零售银行”地位。2012 年，实施拓户揽存工程，实现“增比进位”的发展目标。2014 年，拓展新客户，优化产品销售结构，推进理财、基金、私人银行产品等与储蓄存款的良性互动，带动日均储蓄存款的稳定增长。

1996—2014 年工行都匀分行存款统计表

表 15 －3 －4　　　　单位：万元

年份	存款余额	其中：储蓄存款余额	其中：对公存款余额（含同业存款）
1996	123767	76405	47362
1997	139824	85829	53995
1998	163910	94020	69890
1999	181071	100471	80598
2000	174114	104862	69252
2001	187616	114701	72915
2002	208449	12793	195656
2003	244016	8595	235421
2004	291702	9595	282107
2005	338611	10877	327734
2006	376964	206134	170830
2007	393750	212288	181462
2008	481813	263905	217908
2009	546520	304211	242309
2010	649742	355921	293821
2011	814866	426812	388054
2012	1012200	495900	516300
2013	1180071	589700	590371
2014	1284520	42200	1242320

说明：1991—1995 年数据遗失

（二）贷款

1996—1997 年，贷款资金主要集中支持重点地区、重点行业、重点企业和重点项目，同时也发放非公有制企业贷款，稳定贷款和解困贷款。

1998 年，对贷款投向、投量上进行较大调整。同年 3 月 31 日，黔南州人民政府批准工商银行办理政策性房地产信用贷款业务，同年 6 月 25 日，11 个县（市）人民政府先后同意其所在地工商银行开办房地产信用贷款业务，工商银行都匀分行房地产信贷业务在全州全面展开。

1999 年 12 月 2 日，工行银行都匀分行 1999 年剥离不良资产 2033 万元。2000 年，调整信贷结构，加强信贷管理，注重对 BBB 级以下的贷款压缩和退出企业的贷款清收，全年共收回 BB 级以下贷款企业清户 13 户，收回贷款本息 1132. 58 万元（其中物质抵贷 61. 7 万元）。2001 年，长期贷款中的工业贷款、商业贷款及其他贷款以及中长期贷款中的技改贷款、基本建设贷款、科技开发贷款出现下降，长期贷款中的中期流动贷款上升。A 级以下企业收回再贷移位 1. 06 亿元，BBB 级以下企业 6560 万元，均超额完成省分行下达的任务。

2006年，办理2900万元国内保理业务，实现该业务零的突破。2008年，把磷化工、交通运输、房地产、中小企业等作为信贷营销重点，加大信贷投入力度。

2010年，加强服务创新，支持小企业融资，把“创新小企业金融服务，支持黔南经济发展”作为一项重要发展战略，助推小企业发展壮大。全年累计向小企业投放各类贷款3.27亿元，并荣获“2010年度黔南州银行业金融机构小企业服务先进单位”称号。2011年，全年累计发放公司贷款20.66亿元，较上年同期增长3.28亿元。2012年，全年累计投放贷款40.45亿元。2013年，把“大公司金融”业务作为全行业务发展的核心业务来打造，各项贷款余额、增量均排名全州银行业第一。2014年，全年成功实现债务融资工具承销发行和全省首批理财直接融资工具业务的突破。全年小企业贷款增量和计划完成率在全省排名第一。

1996—2014年工行都匀分行贷款统计表

表15-3-5　　单位：万元

年度	贷款余额	其中
1996	129423	流动资金贷款年末余额111165.8万元，固定资产贷款年末余额18257.6万元。
1997	139741	流动资金贷款年末余额119015.1万元，固定资产贷款年末余额20726.3万元。
1998	155475	短期贷款余额117514万元，中长期贷款余额37961万元
1999	142987	短期贷款余额97858万元，中长期贷款余额45129万元。
2000	141073	流动资金贷款余额94046万元，消费贷款余额423万元，住房贷款余额14486万元。
2001	159701	短期贷款余额96780万元，中长期贷款余额62921万元。
2002	160493	短期贷款余额9522万元，中长期贷款余额3167万元。
2003	169763	短期贷款余额6969万元，中长期贷款余额4741万元
2004	173725	短期贷款余额6746万元，中长期贷款余额4726万元。
2005	148912	短期贷款余额2656万元，中长期贷款余额5357万元。
2006	151924	项目贷款余额63045万元，流动资金贷款余额37846万元，个人贷款余额43938万元，票据融资1250万元。
2007	160243	流动资金贷款余额30089万元；项目贷款余额6399万元，房地产开发贷款余额13032万元；个人住房贷款余额24578万元；个人消费及经营性贷款23218万元。
2008	229989	流动资金贷款余额为85058万元；项目贷款余额为73860万元；住房贷款余额40398万元；个人消费及个人经营性贷款余额为25078万元
2009	268920	住房贷款余额60218万元；个人贷款余额为86500.5万元。
2010	395671	公司贷款余额251961万元，个人贷款余额142646万元
2011	519987	公司贷款余额294689万元，小企业贷款余额29366万元，个人贷款余额195931万元。
2012	680146	公司贷款余额381000万元；小企业贷款余额55600万元，个人贷款余额239400万元。
2013	904802	公司贷款余额597039万元，个人贷款余额307574万元。
2014	1127378	公司贷款余额744912万元，个人贷款余额378534万元。

说明：1991—1995年数据遗失

（三）新兴业务

1991—1993年，开办信用卡业务、国际业务等新兴业务，发放政策性贷款，统管国营企业流动资金，承担监督企业现金管理政策性任务。1996年，作为省分行营业部牡丹信用卡延伸行，工行都匀分行营业部开办牡丹信用卡办卡和受理业务。

1997年，代理太平洋保险公司的保险业务，办理代收水费、电费、税款、电视管理费、零整代收保险、代发工资、代收交警违章罚没款及代保管业务。

1998年8月起，推出新的银行卡业务品种——牡丹储蓄灵通卡。1999年，11个县（市）支行的55个储蓄网点全部受理银行卡业务，共新增发行大机系统牡丹灵通卡13003张，交易额0.23亿元，新增发行牡丹信用卡511张，交易额0.15亿元，新增发展特约单位11家。

2000年，经工行都匀分行牵头，中国银行、工商银行、农业银行、建设银行等4行信用卡合作正式启动。2001年，开办代理业务品种达20多个品种，全年代理业务量200多万笔，代理金额50多亿元。2005年，推出网上银行、电话银行、手机银行、自助银行等电子产品和“95588”“金融e通道”等电子银行业务，创新开办理财金账户、汇款直通车、集团理财等高技术含量业务。

2007年，电子银行业务逐步扩大，全年共新增企业电子银行客户数169户，新增个人电子银行客户数21154户，电话银行企业客户新增43户，手机银行个人客户新增2844户，电子银行交易额达到118亿元。2008年，全年累计新增发行灵通卡44635张，信用卡新增发卡5440张，新增企业电子银行客户249户；新增网上银行企业客户186户，新增网上银行个人客户11408户，网上银行交易额达148.65亿元。2009年，信用卡业务市场份额稳步扩大，信用卡消费量实现2.49亿元，新增信用卡发卡量8250张；实现电子银行交易额370.78亿元；实现对公结算账户新开960户，对公理财产品销售29.8亿元；代理保险业务成效显著，实现代理保险保费4349万元。

至2010年12月底，拥有电子银行企业和个人客户15.75万余户；电子银行交易额从2006年的56个亿，增长到425.95亿元，成为黔南州内首家电子银行年交易额超过400亿元的银行。2012年，电子银行业务全年净增企业网上银行证书版465户，净增个人网银证书客户27439户，净增WAP手机银行34294户，电子银行收入1262.41万元，网银交易额762.64万元，柜面可分流率34.10%，银行卡业务持续发展，全年实现信用卡业务总收入2126万元，新增信用卡发卡12306张，信用卡消费额12.6亿元，新办理分期付款1.44亿元，新增信用卡特约商户420户。

2013年，银行卡业务实现信用卡业务总收入2036万元；新增信用卡发卡9297张，信用卡消费额16.6亿元；新增信用卡特约商户526户；实现分期付款业务收入962万元。对公结算账户实现净增1392户，新开对公结算账户日均存款10.09亿元；结算与现金专业实现收入1077万元；实现法人理财产品销售13.3亿元；实现法人理财业务收入229.5万元；贵金属业务实现中间业务收入99.5万元；新增现金管理客户50户。净增企业网上银行证书版709户；净增个人网银证书客户38054户；净增WAP手机银行56368户，电子银行收入 1768 万元；电子银行交易额 1436 亿元；电子银行客户渗透率 28. 1%。

二、中国农业银行

1991 年，中国农业银行贵州省黔南布依族苗族自治州中心支行，州境内设立 13 家一级支行，1 家二级分行营业部，41 个基础营业网点。管理全州农村信用合作社。二级分行机关内设 15 个部室，中心支行在全州共有各级营业机构 110 个。1993 年，中国农业银行黔南州中心支行设金融超市、金穗信用卡业务部。1994 年 4 月，组建中国农业发展银行，农行州中心支行部分业务和人员划转黔南州农业发展银行。1996 年 8 月，农村信用社脱离农业银行领导关系，农村信用社业务管理和金融监管分别由农村信用社县联社和中国人民银行承担。1997 年，中国农业银行黔南州中心支行更名为中国农业银行黔南分行，更名后的主营业务不变。2003 年，农行黔南分行开办外汇存款、外汇贷款、外汇汇款、外币兑换等外汇业务。2004 年，农行黔南分行开展银行结售汇业务，开办境内居民个人购汇业务。是年 7 月，实行扁平化管理，将原农业银行都匀市支行各网点收为农业银行黔南分行直管营业机构。2008 年 7 月 24 日，成立《中国农业银行黔南分行现金管理中心》。9 月 1 日，州农行金融超市更名为中国农业银行黔南分行营业部。2009 年 1 月，中国农业银行黔南分行更名为中国农业银行股份有限公司黔南分行，所辖机构同时更名。至 2014 年，农行黔南分行服务对象为全州机关团体、企事业单位、实体经济、城乡居民等客户。

（一）存款

1991—1992 年，搞好行、社内部综合治理，坚持农村与城市业务、对公存款与储蓄存款一起抓，大力组织企、事业单位存款，开办代收代办等业务，组织储蓄存款。1993 年，中国农业银行黔南分行开始向国有商业银行转轨，大力组织各项存款。1994 年以后每年开展业务营销活动，开发存款资源，存款业绩连年上升。2008 年，农行黔南分行以改革机制、严控风险、强化营销为目标，提升金融服务质量，以优质服务吸收存款。

2009—2010 年，农行黔南分行利用信邦制药公司上市大额募集资金回流和州烟草公司业务款回笼有利时机，进行“二次营销”，吸纳黔南州高速公路开发公司、惠兴高速公路长顺段指挥部等优良客户和优质项目资金。

2012 年，向财政、社保、烟草等优势行业和优质客户进行营销，抓好个人存款等业务。2013 年，为州烟草公司办理了摆图水库援建项目资金托管；瞄准各地产业园区新客户、新项目，对客户的账户管理和资金归集、划拨实行跟踪服务，主动和客户上下游产业链落地行做好对接，开展第三方存管、本外币理财产品、信用卡、转账电话、网上银行、电话银行、手机银行等关联产品综合营销，多渠道拓宽储源。2014 年，维护财政、社保、烟草等系统重点客户，优质对公客户、集团性客户，发展代发工资业务。

（二）贷款

1991—1993 年，农行黔南分行利用组织盘活资金，加速资金周转，压缩非正常贷款资金占用，调整信贷结构，发挥农业贷款支持农业发展主渠道作用，支持农业生产、养殖业发展，支持农村商品流通、农村发展多种经营，支持国营企业和乡镇企业发展，提高资金使用效益。1994—1997年，加强资金管理，调整信贷结构，支持农业生产、烤烟产业、国有大中型企业和效益与发展前景较好企业发展，支持城镇开发、城市交通、通讯等基础设施建设和乡镇企业发展。开办房改信贷业务，1998年，以市场为导向，以效益为目标，围绕地方经济发展规划，按照资产、负债业务、中间业务、理财业务并重综合化经营模式，针对全州农行实际情况，制定各项业务经营工作措施与管理方案，增加有效贷款投放。1999—2007年，信贷投向为，支持全州重点项目建设；支持城乡基础设施建设、烟草行业发展，加大农业产业化企业信贷投入；支持医疗、卫生、教育、文化事业发展，支持农户改善生活、发展生产、开展多种经营。

2008年，农行黔南分行制定服务“三农”业务发展措施、工作目标、细化服务实施方案，加快涉农贷款投放，发展“三农”业务，发展重点类，拓展贴现类、鼓励引导类、合理优化自主类和专项类，确保各项贷款实现均衡、有效增长。累计投放贷款10.3亿元，其中发放“三农”贷款4.71亿元、小企业贷款1亿元、个人贷款5935万元。2009年，累计发放贷款14.83亿元，其中法人客户贷款11.59亿元、发放个人贷款3.23亿元。

2010年，农行黔南分行参与地方政府重点推介与建设的项目，重点支持集团性客户和水利、电力、公路、房地产、化工和医药等行业客户。全年累计发放法人贷款9.13亿元，其中，发放个人贷款5.28亿元，全行信贷经济资本占用减少。2011年，向基础设施行业、基础能源行业以及有市场、效益好、成长性好的中小企业客户投放信贷，择优扶持农业产业化龙头企业和小额农户的发展。全年累计发放法人客户贷款13.61亿元，投放小企业贷款2.89亿元，个贷较年初增加3.77亿元。

2012年，重点支持信用等级高、期限短、存款贡献度大、能够带来中间业务收入等综合回报率高的优质客户和项目。拓展重点项目、中小企业客户，以个贷中心为平台，营销个人住房贷款、随薪贷、房抵贷等产品，发展个贷业务。全年累计发放法人客户贷款14.99亿元，发放小微企业贷款4.73亿元，个人贷款比年初增加5.38亿元。

2013年，以省“5个100工程”创建和州“5个20工程”项目营销为契机，创新对公项目营销机制，制定客户金融服务方案，对公贷款投放实现放量增长。以个人住房贷款为重点开展“扫街”服务行动，以随薪贷、房抵贷等新产品开展“进机关、进社区、进学校”专项营销活动，加大个人贷款的辐射范围。全年累计发放法人客户贷款23.8亿元，投放小微企业贷款9.4亿元，个人贷款较年初增加7.83亿元。2014年，围绕黔南州“一圈两翼”发展战略，抢抓全省“5个100工程”、黔南州“5个20工程”创建，加强房地产项目贷款和个人按揭贷款联动营销，拓展个人助业贷款、综合消费贷款等业务。全年累计投放各类贷款47.69亿元，其中法人客户贷款36.44亿元，个贷11.25亿元。按照“服务到位、风险可控、发展可持续”的原则，持续做好服务“三农”工作，累计发放小微企业贷款12.65亿元，惠农卡存量32.67万张，在全州设立“惠农通”服务点1979个，当年新增服务点1039个，覆盖全州166个乡镇和1330个行政村，行政村覆盖率达90%。

1991—2014 年农行黔南分行存、贷款情况统计表

表 15－3－6　　　　单位：万元

年度	余额	比年初	其中：个人存款	比年初	各项贷款	比年初
1991	49183	13435	17798	3976	79211	19824
1992	66217	17034	22616	4818	89265	10054
1993	62793	－3424	27225	4609	106821	17568
1994	74052	11259	36737	9512	91597	－15224
1995	92351	18299	47124	10387	113618	22021
1996	98323	5972	61707	14583	142037	28419
1997	106584	8261	72156	10449	183017	40980
1998	135584	29000	86578	14422	202685	19668
1999	170663	35079	97483	10905	314412	111727
2000	196099	25436	107962	10479	322600	8188
2001	220606	24507	126205	18243	197643	－124957
2002	221070	464	131208	5003	203607	65964
2003	269136	48066	150286	20878	339250	135643
2004	330000	60864	176246	25960	325700	－13550
2005	380000	50000	210000	33754	290000	－35700
2006	469735	89735	224931	14931	311887	21887
2007	489962	20227	238877	13946	359285	47398
2008	562846	72884	283611	44734	227666	－131619
2009	645209	82363	323150	39539	299891	72225
2010	773500	128291	366300	43150	349000	49109
2011	916000	142500	421900	55600	442900	93900
2012	1034500	118500	478300	56400	570500	127600
2013	1110600	76100	547200	68900	667800	97300
2014	1163400	52800	577500	30300	819800	152000

三、中国建设银行

1991—1994 年，建行黔南州分行内设科室 16 个，下属机构 45 个。1994—2000 年，内设机构 17 个科室，下属机构 45 个。2006—2010 年，内设机构为 14 个科室。外设机构 17 个。2011—2014 年，内设人事教育部、监察室、办公室、工会、营运管理部、信用卡部、个贷中心、公司部、风险管理部、小企业部、科技部、保卫部、后勤服务中心等 13 个科室，内设机构 17 个。

（一）存款

1993 年 7 月，建行黔南州分行开展“储蓄百日增存百亿元”竞赛活动，百日增存 1271 万元。

1995年1月，在全行储蓄所（柜）全面实行承包责任制，按月（旬）平均考核，所（柜）主任为承包责任人，业绩与职工的个人收入挂钩。通过承包，产生余额突破2000万元的高产所（柜）1个、1000万元4个。储蓄存款月平均增长率高出上年同期23个百分点。全年储蓄新增6329万元，平均增长率32.51%。企业存款全年新增1.33亿元，增幅52.69%。1996年，全面推行“万元工资含量”储蓄承包责任制，将存款任务与基层一线员工权力、责任和利益挂钩。全年储蓄存款新增9562万元，比上年增加3233万元。产生余额突破3000万元的高产所（柜）1个，1000万元的所9个，800万元5个，500万元的所17个。全行57.14%所（柜）储蓄余额比上年高出4.56个百分点。

1997年，建行黔南州分行主抓中心城市存款，扩大市场份额。年末，都匀地区的储蓄存款余额1.49亿元，占全州建行储蓄存款的34.86%，储蓄存款新增2948万元，占全行新增的39.85%，高出上年新增率9.39个百分点。

1998年，抓住国家开发西部交通，建设铁路“株六复线”“贵新高速公路”的战略契机，搞好金融服务。全年铁路建设资金到位6.62亿元，较上年增加2218万元。其中：铁路运营资金3.02亿元，较上年增加1496万元，吸收存款1182万元。至12月底，全行发行国库券800万元，储蓄存款过亿元。都匀、贵定、福泉、独山4个县（市）完成新增7357万元，占全州新增额的69.94。贵定和独山支行，存款首次突破亿元。全州44个储蓄所（柜），有3000万元高产所1个、2000万元以上的3个、1000万元以上的22个。是年，率先在都匀市和贵定县发行银行卡业务，12月底，全州建行系统发行各种卡31020张，卡均余额2029万元。

2001年，产生存款余额5000万元储蓄所（柜）2个，4000万元以上储蓄所（柜）1个，3000万元以上储蓄所1个，2000万元以上储蓄所6个，1000万元以下15个。

2005年，在全辖范围内推出交费“一卡通”业务（包括移动、电信、联通、铁通资费、电费、税务机关的税费等），全行新发展VIP客户392人。电子银行业务中增加自助设备投入，新增自动取款机11台、存取款一体机1台，加快了传统柜台业务向电子银行转移。是年，建行配合企业理财，营销了天福、广电等优质项目，并一次性收回10多年债转股挂账利息1800万元，全年新增对公对私基本结算户222个。

2007年，成立专门的营销团队，全年营销厦蓉高速公路拆迁户、都新公路拆迁户、黔南武警支队基本存款账户、天福大项目的3个中标单位、瓮福公司子公司户全部落户；取得都匀市财政国库集中支付的代理业务，一次性开立各类存款账户90多个，代发工资户48个，新开账户476户，年结算量5000万元以上的公司客户基本结算户新增8户。全行企业存款余额占全州商业银行总额的31.7%，新增占73.64%，与其他一致，新增居全州首位。是年，电子银行客户较年初新增17498户，完成计划的121.39，网上银行客户新增6768户，电话银行新增3966户，手机银行新增366户，短信银行新增6398户，白金卡客户新增109户，个人高端客户新增470户，信用卡新增742户。

2010年，全行所辖支行均取得代理行资格，实现财政资金体内循环。是年，开展企业网上银行、百易安、保证、银行承兑汇票、贴现、保理、现金管理系统、代理财险、国内信用证、电子商业汇票共十大类产品营销活动。其中企业高端网银客户新增 185 户，完成计划的 168%；企业普通网银客户新增 172 户，完成计划的 101%；企业短信银行新增 232 户，完成计划的 136%。办理保理业务 2 笔，管理应收账款 798 万元，保理预付款 590 万元，实现中间业务收入 2.48 万元；百易安业务实现所辖支行覆盖率 100%，全年累计办理 21 笔，托管资金 5452 万元；新增现金管理系统客户 7 户。是年，利用城市网络和产品的综合优势，以柜面结算业务为基础，以卡业务发展为核心，开展营销活动，至 12 月 30 日，理财产品销售 7.12 亿元；客户募集资金总量新增达 10.8 亿元；代理保险销售 4340 万元，账户金交易 63753 克，实物金交易 5782 克。信用卡新增 3902 户，完成 KPI 计划的 105%；网上银行新增 13746 户、手机银行新增 4645 户、短信新增 24622 户。拓展高端客户，通过对存量客户的回访和宣传理财知识、高端产品，了解客户需求，及时做好后续服务和追踪工作。全年 VIP 个人高端客户新增 684 户，AUM 值新增 3.09 亿元，其中：金级 472 户，AUM 值新增 0.80 亿元；白金级 195 户，AUM 值新增 1.44 亿元；钻石级 17 户，AUM 值新增 0.85 亿元。

2011 年，制定了《2011 年小企业业务工作安排及措施》，选取旅游、磷化工、茶叶、药材、农副产品等当地优势项目作重点支持对象和突破口，全州新增账户 554 户，其中开立账户 838 户，销户 284 户。

2012 年，全年共新增信用卡客户 7693 户，提前完成计划任务 5800 户的 132.63%；账户活动率达 70.52%；个人网上银行新增 23403 户，计划完成率 78.80%；短信银行新增 49965 户，计划完成率为 93.04%；手机银行客户新增 28368 户，计划完成率 92.71%；建行个人条线电子银行账务性交易占比达 55.01%，较年初提高 19.90%。

企业高级网银客户新增 494 户，完成全年计划的 102.92%；企业普通网银客户新增 93 户，完成全年计划的 53.76%；企业短信银行客户新增 523 户，完成全年计划的 87.9%，对公账务性交易量占比为 72.62%。全年办理贴现 9 笔，金额累计 1050 万元，实现贴现利息收入 35.15 万元。办理银行承兑汇票 62 笔，累计签发金额 4168 万元。大中型客户办理国内保理业务 3 笔，管理保理预付款共计 2634.4 万元，实现中间业务收入 18.76 万元。

2013 年，制定《对公存款账户激励考核办法》，动员全行员工深挖客户资源，采取按月考核，次月兑现的方式，对新开对公账户进行激励，建立相互激励的营销氛围，为黔南州水电水利工程移民局、黔南州建设局、黔南州工商局、“惠罗”高速“2+3”标段等开立账户。至 12 月底，全州公司机构有效客户数 2142 户，净增 397 户，完成计划的 264.67%。2014 年，为提升客户质量和普适性产品覆盖率，将客户及产品营销拓展工作精细化、目标化、常态化，至 2014 年末，实现公司机构客户产品覆盖率 3.48%；个人客户（AUM2000 元以上）产品覆盖率 3.31%。

（二）贷款

1992 年，根据瓮福磷矿矿山建设的特点，建行黔南分行及时向国家相关部委建议，调增建设概算，在原概算 7.27 亿元基础上，调增 359.17 亿元。并建议保证国家重点磷化工建设项目的正常实施。

1993年，针对瓮福磷矿基建投资资金缺口7600万元的计划，先后6次以《投资落实报告》《专户报告》等书面形式，向上级行和相关部委请示，尽快落实解决缺口资金问题。上级行将5000万元的债券资金贷款改为6000万元基建贷款，解决了瓮福磷矿建设资金。同时，及时发放基建储备贷款3000万元、中央设备储备贷款3000万元、临时周转贷款2000万元，促进了工程进度，缓解了国家工程建设要求与资金不到位的矛盾。是年，向黔南州“两烟”、州五钠厂、都匀市药用玻璃厂等州市重点项目发放技改贷款、技改专项贷款和工业流动资金贷款共1870万元。

1994年，瓮福磷矿基建投资计划资金缺口1.55亿元，为保证瓮福磷矿和瓮福磷肥厂工程的顺利建成投产，建行黔南分行及时发放基建年度周转贷款1000万元，确保项目工期的正常建设。同时，针对省州财政自筹资金不到位情况，建行仅收当期应收利息的三分之一，其余1000万元利息挂账。是年，先后向贵定“两烟”、黔南州五钠厂、都匀市药用玻璃瓶厂、中国振华电子集团等企业，发放技改贷款、建贷和流动资金贷款3136万元。解决贵定卷烟分厂290万美元设备外汇。支持贵定、惠水、长顺等县110千伏安输变电线路工程建设，发放贷款280万元。

1995年，为保证瓮福磷肥厂工程的顺利建设，建行黔南分行及时发放基建储备贷款2000万元。同时，向荔波大七孔电站发放流动资金贷款100万元，借贷1300万元，缓解了项目建设资金困难，确保工程施工进度。

1996年，一次性向瓮福磷矿基建储备贷款7000万元、地方电力系统投资2665万元；支持惠水海里电站、荔波大七孔电站、长顺和平塘110千伏安输变电线路等建设；向利税大户贵定卷烟厂、平塘电力公司等发放技术改造贷款715万元；向都匀桥梁厂、104地质大队发放流动资金贷款1600万元；向平塘、三都、惠水等烟草公司发放专项流动资金周转贷款2450万元。

1997年，建行黔南分行先后集中1.85亿元资金，重点支持平塘、三都、惠水3个县的烟叶收购；解决黔南州五钠厂、都匀水泥厂、瓮福磷肥厂、都匀桥梁厂、贵定烟叶复烤厂等重点企业利税大户的流动资金贷款。固定资产贷款主要投向荔波大七孔电站、惠水海里电站等能源项目。是年，对长期拖欠贷款本息，信誉极低的客户，依法收贷。全年累计收回贷款1.7亿元，其中逾期贷款800万元，“两呆”（呆滞、呆账）贷款443万元。1998年，全年贷款规模比上年减少1853万元，累计发放贷款2.11亿元，比上年多投放2535万元。

1999年，共申报剥离项目48户，申报剥离本金和利息1.04亿元，批准剥离本息8000余万元，占申报总额的80%。是年，在新增贷款指标29401万元中，投入流动资金贷款的占84.69%。全年盘活收回贷款2.37亿元，其中不良贷款3000余万元。

2000年，抓住西部大开发战略契机，开拓电信、通信、能源、交通等国家基础产业、科技含量高、技术创新能力强，效益好的优质客户的信贷投放，全年新增贷款2亿元。用足新增、盘活存量，累计发放贷款5.23亿元。其中城乡居民住房消费贷款新增7000万元。是年，剥离不良贷款本息8687万元，其中本金1818万元，核销呆坏账6650万元。不良贷款率由21.54%下降到17.99%。2001年，建行黔南分行全年盘活回收不良贷款3216万元，其中："两呆"贷款1289万元，收回欠息270万元，为省分行下达计划的717.7%。

2005年，向重点行业投放贷款3.5亿元，AA级以上客户信贷余额占比10%；房地产开发贷款重点选择资金实力雄厚、资质等级高、社会和银行信誉高的房地产开发商，全年对房地产业累计发放贷款8620万元。是年，多渠道发展业务：住房贷款余额2.15亿元，净投放6053万元，新增1100万元，贷款投放和新增均居同业首位；协助国际结算量8458.51亿美元，同比新增1965.51万美元，居全省建行二级分行首位；贷记卡新增发卡量全年达506张，发行"乐当家"理财卡392张；电子银行客户数新增4432户，交易额累计4.9亿元。是年末，全行共回收不良资产5200万元，累计现金回收公司类不良贷款5100万元，个人类不良贷款95万元，实现不良资产现金超值回收3312万元，完成计划1850%。

2007年，对重点行业投放贷款共1.42亿元，占纯新发放贷款总量的63.68%。对风险较大的房地产行业，按优先支持"大楼盘、大项目"的指导思想，对抗风险能力较弱的楼盘，采取逐步退出的信贷政策。是年，通过采取诉讼、催收、核销、代理、现金回收，减免表外利息政策、以物抵债、委托代理等措施，共清理、回收不良资产1.39亿元，累计现金回收不良贷款本息6143.8万元（本金5834.62万元，利息309.18万元），为分行不良贷款现金回收计划的118.12%。

2008年，新投放贷款9.65亿元，主要投向能源、交通等基础设施建设、化工行业。取得贵州天福化工股份有限公司"银团贷款"的主办行资格，实现银团贷款业务收入200多万元。是年，注重新兴的中小企业，向中小企业发放"速贷通"贷款550万元，纳入优质小企业客户10户。全年不良贷款累计现金回收6315.18万元，超值现金回收2449.67万元。其中进达项目通过委托拍卖回收800多万元。

2009年，累计核销呆坏账本金5202.37万元，利息3246.23万元，个人贷款项目（助学贷款）上报589户，贷款本金369.77万元。批准核销项目584户，本金367.19万元。至12月底，全行不良贷款比年初减少1.26亿元；累计处置不良贷款本金1.25亿元，累计现金回收不良资产本金6860.6（含个贷）万元。其中：处置公司类不良贷款本金1.15亿元，累计现金回收本金6599（含个贷）万元；处置个人类不良贷款本金1013万元，累计现金回收不良资产本金261.42万元。

2010年，将电力、交通、城市基础设施等行业和项目列为重点营销对象，全年共向大中型客户累计发放贷款6.69亿元，其中新增固定资产贷款5.19亿元，占85%；新增流动资金贷款5000万元，占15%。是年，注重地方的特色优势产业制造、批发、加工等行业。同时结合黔南旅游、茶叶、药材、农副产品等资源优势，将都匀地区、惠水长田工业园区、龙里药业工业区、荔波生态旅游区作为建行重点支持发展区域。将茶叶及其他饮料作物的种植、精制茶加工饮料、茶叶批发等列为重点，通过"银行+企业+担保机构"模式，为黔南州一家生猪养殖的股份制民营企业办理了第一笔500万元涉农贷款，全年累计投放小企业非贴现贷款1813万元。是年，累计处置不良贷款本金1.11亿元，利息198.67万元，其中公司累计处置1.07亿元，利息198.67万元；个人累计处置325.06万元；累计现金回收不良资产本金2931.1万元；累计处置非信贷资产148.49万元，其中：现金回收77.83万元、净损益8.05万元、核销62.6万元。

2011年，向大中型客户累计新发放贷款7.73亿元，其中固定资产贷款占比100%。全年投放贷款大部分投向了公路建设、化工行业、城市基础设施等领域。

2012年，新发放大中型客户贷款7.94亿元，收回再贷大中型客户贷款1.45亿元，回收大中型客户贷款3.97亿元。全年累计发放贷款1077笔，金额2.31亿元，回收贷款0.86亿元。全年公积金个人住房贷款累计发放1168笔，金额2.26亿元，回收贷款0.87亿元。全行个人助（创）业贷款投放8笔、金额735万元。办理全省首笔“助保贷”业务3笔，发放金额670万元。办理全省首笔小企业“网银循环贷”业务，创新了信贷经营模式。向都匀开发区通达建设有限公司投放2亿元贷款；为瓮福（集团）有限责任公司办理1亿元流动资金收回再贷业务；为国电都匀发电有限公司异地改建工程投放5080万元贷款。至12月末，全州公司客户3232户，比年初增加422户，完成下达计划的116%，增幅15.01%。其中基本户客户2078户，比年初增加269户，完成下达计划117%，增幅14.87%。

2013年，建行黔南分行抓住全州推进工业化和城镇化建设的契机，一个月内完成了发放城镇化建设项目贷款2亿元，成为全国建行系统内首笔城镇化建设项目贷款。是年，搭建3个“助保贷”平台，1个“供应贷”平台，与福泉市、龙里县、独山县签订助保贷协议，累计投放“助保贷”5210万元。全年累计处置公司类不良贷款1730.86万元，收回已核销贵州中油黔南进达石油化工有限公司贷款5115.52万元。全年拓展11家善融商务客户。累计发放2笔国内保理预付款2000万元。围绕茶叶、辣椒等特色优势行业，推出网银循环贷、助保贷、善融贷等信贷产品，支持农业产业化项目13户，发放贷款3500余万元。

2014年，开展存贷款一体化营销，撬动有贷户开立基本户，向独山高中分别投放5500万以及5000万元固定资产贷款，完成教职工工资代发。年末，全州公司机构有效客户1894户，净增94户；加权客户数10107户，净增1049户，全州单位结算账户5778户，净增854户。小企业贷款累计发放4.16亿元，贷款余额4.21亿元，较年初增长1.74亿元，授信基本户较年初新增32户。

（三）委托代理业务

1. 基本建设投资

1991年，建行黔南分行经办国家和地方政府基本建设项目313个，总投资规模2.8亿元，实际完成基建投资2.64亿元，占年计划的94%。比上年多完成1.14亿元，其中：基建拨款计划6187.62万元，实际完成拨款5038.38万元，占年计划的81.4%。基本建设贷款计划2.18亿元，实际完成2.13亿元，占年计划的97.6%。

1992年，经办基本建设项目411个，较上年增加98个；投资计划2.79亿元，实际完成投资2.62亿元，占计划的94%。其中，基建拨款实际完成7092万元，占计划的81%；基建贷款实际完成1.91亿元，为计划的100%。

1993年，经办基本建设项目326个，较上年减少85个；投资计划3.69亿元，实际完成投资3.61亿元，较上年增加9901万元，占计划的97.99%。其中：基建拨款实际完成7412万元，占计划的76.17%；基建贷款实际完成2.87亿元，为计划的105.81%。

1994年，共经办基建项目287个；投资计划3.13亿元，拨贷款实际完成投资1.3亿元，较上年减少23212万元，占计划的41.25%。其中：基建拨款实际完成6187万元，占计划的31.75%；基建贷款实际完成6710万元，为计划的56.95%。

1995—1996年，共经办基本建设委托项目分别为3个、4个；投资计划4.58亿元、8.16亿元，实际到位资金4.58亿元、8.16亿元，较上年增加1.45亿、3.58亿元元。实际完成投资6.32亿元、7.48亿元，较上年增加5.03亿元、1.15亿元，分别占计划的137.99%、91.61%。1995年代理财政委托贷款项目26个（含省经委技改基金），实际到位950万元，完成投资665万元，占投资计划的70%。1996年各类委托拨（贷）款余额18.53亿元，比上年增加8.13亿元。替国家开发银行收划贷款利息1.08亿元。

1997年，经办国家开发银行委托贷款项目1个，到位资金80000万元，较上年减少1605万元。实际完成投资11.19亿元，较上年增加3.71亿元，占计划的139.83%。各类预算委托拨（贷）款余额27.78亿元，比上年增加14.25亿元。累计办理财政资金拨付270万元，收回财政委托贷款50万元。

1998年，代国家开发银行收利息3003万元，全部上划。办理中央各类预算拨改贷转资本金项目4个，余额1.34亿元；省财政委托贷款转资本金项目1个，金额250万元；代管省、州财政基建拨款4310万元；代理省投资公司委托贷款项目4个，余额435万元；收回基建基金贷款140万元，省财政委托贷款20万元。签订代理养老保险业务，累计存入资金912万元，年末实际存款余额608万元。代理国家发行国债800万元。

1999年，经办和代理中央预算内及各种委托贷款余额3.79亿元。代理国家开行发银项目3个，贷款余额21.52亿元。代收和上划利息1805万元。

2000年，经办国家预算内委托和其他委托业务资金余额3.43亿元。

2. 其他代理业务

1991年，建行黔南分行受地方政府委托，协助州财政资金管理，经办财政资金贷款353万元，收回省财政委托贷款利息51.87万元；收回州财政委托贷款利息38.4万元。

1993年，分行参与完成黔南州项目调查和评价7个，总投资概算2.42亿元。当年实施建设项目5个，发放贷款3120万元，引资646万元。

1994年，共参与完成了瓮安110千伏安输变电线路工程、贵定卷烟厂烟叶库等9个项目的调查评估，总投资概算1.71亿元，当年实施项目6个，发放贷款4370万元。

1997年，分别与黔南州中保财产险、人寿保险公司签订了代理协议。组织保险业务培训，参加培训的人员还通过了保险代理业务资格考试。开办代收税、费、代售奖票、代发工资、代保管贵重物品等业务，金额达2501.1万元，代保管收入1.4万元。

1998年，与黔南州劳动局签订了养老保险代理业务协议。全州除荔波县支行外，其余11个支行均与当地劳动部门签订养老保险代理业务协议。年末劳动部门存入养老保险资金700余万元。全年代发工资、代收税、费、基金、罚款、捐款、代保管、代理保险等业务，累计金额1.36亿元。

1999年，代理地方政府养老保险业务，累计存入资金3925万元，完成计划的39.25%。当年代理业务存款余额1257万元，完成任务的26.74%。代理保险收费148万元，完成任务的98.89%。经办铁路建设资金，月平均存款余额788万元，完成任务的114.53%；铁路其他资金月平均存款余额3134万元，完成任务的103.31%。上划铁路运营资金1.61亿元，比上年增加6.37%，完成任务的104.15%。

2000年，代理养老保险业务累计存入资金2500万元，完成任务的36.76%，年末余额1878万元。代理商业保险18.4万元，完成任务的12.26%。经办铁路建设资金月平均存款余额1186万元，完成任务的118.6%；铁路其他资金月平均存款余额1537万元，完成任务的43.91%；上划铁路运营资金1.86亿元，完成任务的109.49%。

2001年，代理中央财政资金项目有：都匀国家粮食储备库、独山粮食储备库，林业和水利建设；代理地方财政资金、省基建投资公司，大七孔电站投保代理等，中间业务收入106.16万元，增长50.16万元。各项代收费业务资金月均沉淀1600万元。

2003年，建行黔南分行率先完成宝康、博时、富裕、长城基金销售代理任务712万元。

2008年，实现百易安资金托管业务收入30万元。全年新增代理保险存款3200万元，“利得盈”资金存款9300万元。

2011年，建行黔南分行制定下发了《关于2011年重点资金结算产品营销预安排的通知》，通过多次组织支行人员重点对企业网上银行、百易安等十大类产品的宣讲培训，国内保理、百易安、银行承兑汇票、贴现、代收代扣等产品，在各行的推广取得成效，特别是国内信用证业务的办理，填补了该业务的空白。是年，成立产品营销团队，以产品绑定客户，深化银企合作关系，全年共办理“国内保理”业务1笔、管理应收账款677万元、办理国内信用证和电子银行承兑汇票业务各1笔，实现该项业务零的突破。百易安产品取得较快发展，产品覆盖率实现100%，共计办理百易安业务44笔，托管资金累计3404万元，实现中间收入64万元。

2012年，代发社保卡共计3.23万张。百子桥支行签订《财政国库集中支付委托代理协议》，稳定了财政存款业务收入。是年，拓宽中间业务，无论重点产品还是基础产品，公司类产品还是个人类产品，收入丰厚的产品还是收入微薄的产品，确保应收尽收。全行结算类及服务类产品，实现中收100万元。另外，协助省分行为4家客户完成工程造价咨询服务，实现中间业务收入1021.5万元；全年办理百易安业务50笔，中间业务收入200万元。

2013年，开办都匀供电公司、黔南有线电视台、黔南燃气公司等代收费项目。通过与各代理寿险公司合作。实现结算类及服务类产品中间业务收入427万元；协助省分行为7家客户完成工程造价咨询服务，实现中间业务收入2444.5万元。全年共实现中间业务收入7287万元。

2014年，创新营销模式，多方式、多渠道拓展中间业务收入渠道。宣传和营销“建行善融商务”平台。是年，善融商务商户新增9户（低档），完成省分行下达计划的180%；协助省分行为3家客户完成工程造价咨询服务，实现该类中间业务收入1440万元；营销“百易安”业务，全年实现该类中间业务收入560万元。

至2014年末，信用卡客户净新增6624户，实现信用卡中间业务净收入767.65万元，完成计划的101.14%；开展保险、基金、贵重金属、住房贷款等产品营销，拓展中间业务收入领域。是年，个人中间业务收入4040.97万元。

3. 房改金融业务

国家全面实行住房制度改革后，建行黔南分行成为承担房改金融业务的专业银行，成立房地产信贷部，承办全州政策性房改金融业务。1992年，全州存入建行的房改资金2500万元，发放房改贷款1200万元，全州新建住房面积达3.5万平方米。

1993年末，建行黔南分行房地产信贷部的房改资金存款6100万元，较上年增加3600万元，增长率144%；发放房改贷款3950万元，较上年增加2750万元，增长率329%；全州新建住房面积5万平方米，较上年增加1.5万平方米，增长率42.66%。

1994年末，全州存入建行房信部的房改资金余额11787万元，较上年增加5687万元，增长率93.23%；发放各类住房贷款6072万元，较上年增加2122万元，增长率53.72%；全州新建住房面积3万平方米。房信部全年实现利润241万元。

1995年末，存入建行房信部的房改资金余额1.26亿元，较上年增加895万元，增长率7.6%；发放各类住房贷款7232万元，较上年增加1160万元，增长率19.10%；其中：政策性贷款2732万元，经营性贷款4500万元。实现利润280万元，其中经营性利润45万元。贷款利息实收率占81.88%。

1996年末，存入建行房信部的房改资金余额1.5亿元，较上年增加2396万元，增长率19.01%；发放各类住房贷款7870万元，较上年增加630万元，增长率19.10%；其中：政策性贷款3381.2万元，经营性贷款4488.8万元。实现利润100余万元，其中：经营性利润60万元。其余40余万元划入政府财政。

1997年末，存入建行房信部的政策性房改资金余额1.26亿元，较上年增加2900万元，增长率23.2%；公积金存款余额2979万元，新增999万元，增长率33.53%；经营性存款余额1716万元，比上年下降655万元；发放各类住房贷款7102万元，较上年增加808万元，增长率12.84%；其中：政策性贷款4578万元，实现利润344万元；经营性贷款2524万元，比上年下降626万元，实现利润38万元。

1998年末，建行房改资金存款余额1.48亿元，较上年增加2200万元，增长率14.86%；公积金存款余额3313万元，新增334万元；政策性贷款5559万元，比上年增加981万元；实现政策性利润347.42万元，比上年增加3.42万元；经营性存款余额5019.6万元，比上年增加3303.6万元；发放各类经营性贷款2886万元，较上年增加362万元，实现经营性利润166万元；比上年增加128万元。

1999年，全州房改金融业务存款2.01亿元，比上年增加274万元。其中公积金存款4205万元，比年初增加892万元；经营性存款7486万元，新增2466万元。各类贷款余额

9985 万元，新增 1540 万元；其中住房贷款余额 1889. 8 万元，新增 648 万元。全年累计发放个人住房贷款 1270 万元。

2000 年末，建行房改资金存款余额 2. 36 亿元，比上年增加 3460 万元。其中：政策性存款 12367 万元，比上年减少 2000 万元；经营性存款 11186 万元，较上年增加 3700 万元。各类贷款余额 1. 59 亿元，较上年增加 5981 万元。其中：政策性贷款余额 2926 万元，比上年减少 2598 万元；经营性贷款余额 1. 3 亿元，较上年增加 8579 万元。个人住房贷款余额 3552 万元，比上年增加 1662 万元。实现经营性利润 419 万元，比上年增加 214 万元，政策性利润 214 万元，比上年减少 66 万元。

2001 年，建行房改资金存款余额 2. 38 亿元，较年初增长 1. 16 亿元。个人住房贷款余额 1. 05 亿元，占贷款余额的 44. 12%。

2002 年，建行房改资金存款余额 2. 36 亿元，比上年增加 3460 万元。其中政策性存款 1. 24 亿元，比上年减少 2000 万元；经营性存款 1. 12 亿元，较上年增加 3700 万元。各类贷款余额 2. 41 亿元，较上年增加 1. 14 亿元。其中：政策性贷款余额 2926 万元，比上年减少 2598 万元；经营性贷款余额 1. 3 亿元，较上年增加 8579 万元。个人住房贷款余额 1. 45 亿元，比上年增加 3962 万元。

2006 年，建行黔南分行受地方公积金管理部门委托，共发放委托性个人住房贷款 8326 万元，回收 4357 万元；全行个人住房贷款新增 6509 万元，完成计划的 108%，个人消费贷款新增 2684 万元。委托性统筹住房资金存款（含住房基金存款）新增 3902 万元，完成计划的 243%，委托性住房公积金贷款新增 3969 万元，完成计划的 79%，实现中间业务收入 14. 49 万元，完成计划的 161%。住房公积金归集额市场占比 58%，新增占比 114%。

至 2007 年 12 月 31 日，全州自营性个人类贷款共发放 1. 9 亿元，回收 1. 31 亿元，贷款余额为 4. 98 亿元，新增 5905. 06 万元。完成年度新增计划 6500 万元的 101. 58%（新增 6603 万元），其中：个人住房贷款新增 1. 16 亿元，个人消费贷款下降 5671. 4 万元。

2008 年，抓住各项住房资金归集的源头，争取住房资金在建行体内循环，政策性住房金融业务继续保持较高市场份额。全州政策性住房资金存款市场占比 58%。住房公积金贷款余额 1. 2 亿元，新增 7000 万元，完成计划 154. 8%。2009 年，做好房改资金业务战略转型，推进个人住房贷款、公积金贷款、房改金融业务与信用卡、网银等相关产品的联动销售，全年实现了房改金融中间业务收入 283. 09 万元，完成率达 416. 31%；发放信用卡 2700 张，完成全年计划新增 2500 张的 108%。

2010 年，发挥建行房改金融优势，开展优质楼盘营销，全年共营销 24 个优质楼盘按揭项目。同时，利用个贷差别化定价能力，挖掘个贷产品链的潜在价值，提高个贷客户的产品覆盖率和综合收益水平，将个人住房贷款、公积金贷款、房改金融业务与信用卡、网银、个金等相关产品进行联动捆绑销售，做到发放公积金贷款捆绑 3 个金融产品以上、发放自营性贷款捆绑 4 个金融产品以上的金融产品覆盖率。年末，全州自营性个人类贷款新增 1228. 81 万元，公积金贷款新增 5295. 06 万元，统筹住房资金存款新增 10667. 88 万元，完成计划数的 1066. 79%。住房资金归集新增 1. 6 亿元，完成计划数的 145. 12%。实现房改金融中间业务收入 202.11 万元。

四、中国银行

中国银行都匀支行成立于 1988 年 12 月 8 日。1991 年，中国银行都匀支行储蓄机构主要设置在都匀市，只有 1 个分理处、8 个储蓄所、9 个营业网点。7 月，剑江中路储蓄所开业。1992 年，大西门分理处、平桥十字路口储蓄所、小围寨新路口储蓄所开业。是年，分别在贵定、福泉两县设立办事处，都匀分行共有 16 个营业机构。1993 年 11 月，贵定办事处、福泉办事处开业。1997 年 8 月 14 日，中国银行都匀支行更名为中国银行都匀分行。2000—2001 年，都匀支行对内部机构进行调整，贵定办事处、福泉办事处撤销回迁都匀，石板街储蓄所、胜利路储蓄所、七街储蓄所、云都分理处等营业机构陆续撤并。2002 年 2 月，成立小十字分理处。冒沙储蓄所迁至文峰园，升格成立文峰园分理处。

2004—2006 年，剑江中路分理处由州五交化公司迁至小十字，成立新华分理处。期间，胜利路分理处迁址至平桥，更名为云都分理处。2006 年 5 月，中国银行上市，中行都匀分行更名为中国银行股份有限公司都匀分行。2007 年 4 月撤销云都分理处。2011—2014 年，新华分理处升格为支行并移至瓮安县，成立瓮安县支行。至 2014 年底，都匀分行下设机构为营业部 1 个、支行 8 个。

一、存款

（一）人民币存款

1991 年，开办密码储蓄、国库券转存和老年人、儿童储蓄等业务，满足顾客的不同需求。1993 年 5 月，在黔南州银行业中第一家发行长城信用卡。利用长城卡为都匀有线电视台等单位代发工资。1994—1995 年，都匀支行开展创建达标储蓄所工作，经省行验收，有 10 个营业网点获达标储蓄所资格。民族路储蓄所获全省中行系统“十佳储蓄所”称号。1998—2000 年，人民币活期储蓄实现都匀市全城通存通兑。

（二）外币存款

外币存款分活期存款、定期存款。活期存款以 20 美元为起存点，定期存款以 100 美元为起存点。港币、日元等外币，活期以折合 20 美元为起存点，定期以折合 100 美元为起存点。存款对象为因公、因私出境后的剩余外币。都匀墨冲镇、独山县、荔波县等地居民有台湾、香港的亲属从境外汇入外汇。

1991 年，开立外汇账户的主要是外事部门、出口创汇企业。在都匀分行开立外汇账户的有：龙潭宾馆外汇人民币、港币、美元账户各 1 户，匀昌针织厂港币账户 1 户，振华电子进出口公司账户 1 户，毛麻纺织厂美元账户 1 户，国营长虹机器厂美元账户 1 户，贵定卷烟厂美元账户 1 户，州外事办外汇人民币账户 1 户，共 9 户。计划经济时期，出口创汇企业实行外汇留成。企业出口创汇后，可留成外汇 20%。因此，毛麻纺织厂、肉联厂、内衣厂等企业创汇留成，在都匀中行形成外汇存款。

1997 年 12 月，国家外汇管制适度放松，个人因出国探亲、购买治疗用药品，可购一定外汇。个人按 1 万元人民币购汇等值 1200 美元，比价 8.31 元。2000 年，加入 WTO 后，个人一年可购汇1万美元或等值外币。2007年，国家进一步放宽外汇管制，个人凭身份证一年可购汇5万美元或等值外币。都匀分行金库外币现钞储备一般为美元、港币、日元等。外币现钞兑换完毕，向省分行调运。

2008年6月，都匀分行在营业部、剑江支行、开发区支行办理个人结售汇业务，其他6个营业网点均开办个人结汇业务。

1991—2014年中国银行都匀分行存款统计表

表15－3－7　　单位：万元

年度	人民币各项存款	人民币公司存款	人民币储蓄存款	各项外币存款	外币公司存款	外币储蓄存款
1991	3630.00	1521.00	2109.00	90.00	34.00	56.00
1992	6225.00	2054.00	4171.00	173.00		
1993	9973.00	2564.00	7409.00	183.00		
1994	15269.00	3739.00	11530.00	150.00		
1995	22359.00	5198.00	17161.00	183.00	12.00	171.00
1996	26236.00	5331.00	20905.00	175.00	7.00	168.00
1997	30953.00	6480.00	24473.00	184.00	10.00	174.00
1998	33644.00	7386.00	26258.00	237.00	27.00	210.00
1999	34907.00	8057.00	26849.00	254.00	20.00	234.00
2000	35966.00	8907.00	27059.00	281.00		
2001	32904.54	7241.07	25663.47	323.00		
2002	34490.42	7506.36	26984.06	351.00		
2003	38694.00	10247.78	28440.26	353.73		
2004	54607.73	19426.72	35181.01	294.95		
2005	65858.15	24480.93	41377.22	252.89		
2006	106541.32	57514.48	49026.84	252.06	0.53	251.53
2007	114560.39	67014.05	47546.34	224.57	1.63	222.94
2008	147170.03	86276.90	60893.12	255.74	40.54	215.20
2009	181932.65	104166.82	77765.83	253.43	25.72	227.70
2010	207121.43	119862.28	87259.16	220.93	5.35	215.57
2011	254735.51	149958.68	104776.83	225.07	9.30	215.77
2012	250416.62	144913.48	105503.14	364.32	151.84	212.48
2013	309045.47	187004.52	122040.94	338		
2014	323804.49	186539.27	137265.22	380		

二、贷款

中行都匀分行贷款主要投向符合国家经济政策的产业。外汇贷款唯一对象是贵定卷烟厂。1989年，贵定烟厂实行技改，向中国银行申请美元外汇贷款100万美元，当年折价人民币472万元，1990年折人民币522万元，进口德国普洛托斯包装机。1991—1995年，向贵定烟厂发放外汇贷款共721.5万美元，引进德国虹霓公司PROTOS－7000型卷接机、斯慕门公司B1－8000型包装机、意大利GDX－8000型硬盒包装机等先进设备。贵定烟厂外汇贷款，每年均以人民币购汇还本付息。

1995年，开办个人消费贷款。

1991—2014年中国银行都匀分行贷款统计表

表15－3－8　　　　单位：万元

年度	各项贷款余额	公司贷款（含贴现）余额	个人消费贷款余额	外币贷款余额
1991	4165.00			158
1992	5108.00			338
1993	6624.00			
1994	7324.00			519
1995	8581.00	8581.00	0.00	
1996	9681.00	9681.00	0.00	
1997	9977.00	9977.00	0.00	
1998	9941.00	9941.00	0.00	
1999	13655.00	13655.00	0.00	
2000	12231.82	12129.82	102.00	
2001	9268.69	8621.00	646.00	
2002	5384.42	3369.42	2015.00	
2003	6910.40	3558.40	3352.00	
2004	6621.00	1968.00	4653.00	
2005	6286.00	1554.00	4732.00	
2006	42683.96	36786.50	5897.46	
2007	61373.85	50447.99	10925.86	
2008	63840.24	48671.52	15168.72	
2009	80578.34	51767.99	28810.35	
2010	103751.97	60275.37	43476.60	
2011	121613.36	73736.46	47876.90	
2012	125005.90	75694.74	49311.16	
2013	142919	90310	49143	
2014	132243	77436	47847	

三、外汇业务

外汇业务是中国银行主要业务之一，也是中国银行的传统特色业务。转型为国有商业银行后，外汇业务仍为主要业务。都匀支行外汇业务范围为外汇存款、外汇贷款、外币兑换、侨汇。都匀支行以营业部、剑江支行为外币兑换窗口，美元、港币、英镑、日元、新加坡元、澳大利亚元、澳门元、瑞士法郎、瑞典克朗、德国马克、丹麦克朗，用现钞、现汇兑换人民币。

四、国际结算与跨境结算

20世纪90年代，都匀分行为黔南州外贸局下属五矿公司、轻工公司、进出口公司等5家公司办理结汇，为贸易项下的都匀麻纺厂、制革厂、内衣厂等企业办理结汇。每年结汇量200万美元。出口创汇企业结汇后，企业有20%的外汇留成。企业进口设备、商品等，由黔南州计委批给购汇额度后，到都匀分行购买外汇。非贸易项下，为居民个人境外汇入汇款、文化交流、出国劳务办理个人结汇。

2013年，经省分行、州外管局批准，都匀分行开始办理跨境人民币结算业务。10月份，独山建溢经济发展有限责任公司办理由香港汇入1650万元人民币，这是都匀分行办理的第一笔跨境人民币结算业务。

第四节　其他银行

一、中国邮政储蓄

中国邮政于1986年开办储蓄业务，发挥网点网络优势聚集资金吸收公众存款。2007年，中国银监会正式批准中国邮政储蓄银行有限责任公司成立后。2008年，成立中国邮政储蓄黔南州分行。是年5月，邮政储蓄黔南州分行贵定县支行、瓮安县支行挂牌成立。至年末，代理金融网点有各级营业网点86个，其中一类网点6个，二类网点24个，代理网点56个；一级支行3个，二级支行3个。2010年，组建邮政储蓄黔南州分行直属支行。2011年，相继成立独山县支行和罗甸县支行；在都匀城区设置了民族路支行、剑江中路支行、小围寨支行3个信贷营业部；是年7月18日，独山县支行挂牌成立。

2012年7月，中国邮政储蓄银行变更为中国邮政储蓄银行股份有限公司黔南布依族苗族自治州分行。是年，平塘县、惠水县支行正式对外营业。至年末，自营网点增加至10个。到2013年，中国邮政储蓄银行黔南州分行已建成覆盖城乡网点面最广、交易额最多的个人金融服务网络，拥有储蓄营业网点118处，其中一类网点10个，二类网点14个，代理网点94个；一类网点中，一级支行7个，二级支行3个。2014年，三都县支行、福泉市支行、龙里县支行、长顺县支行、荔波县支行相继正式对外营业。

（一）存款

中国邮政储蓄银行黔南州分行存款的种类有单位活期存款、单位定期存款、单位协定存款、单位通知存款等对公存款业务。2008年，个人储蓄余额为4.82亿元，当年活期净增5638万元，定期净增3845万元，定活比例从2007年末的48:52，调整到2008年底的47:53，活期占比提高了1个百分点。其中州直属支行累计净增储蓄余额3625.9万元，贵定县支行净增储蓄余额1250万元，瓮安县支行净增余额4577.1万元。

2009—2011年，全州“自营+代理”个人储蓄余额新增储蓄存款15.16亿元。其中邮储银行（自营）余额达13.24亿元。2012年，全州“自营+代理”个人储蓄余额达68.92亿元，是年全州新增余额14.07亿元，自营网点余额达8.77亿元，占全州总额12.6%，全年新增1.4亿元；当年公司存款余额2.74亿元。2013年，全行储蓄余额新增1.18亿元，余额规模达9.88亿元。

2014年，全州个人金融业务收入达2540万元，比上年增加349.34万元，全行储蓄余额新增达1.17亿元。

（二）贷款

中国邮政储蓄银行黔南州分行2009年开办信贷业务，贷款品种有小额（小额贷款、再就业贷款、质押贷款）、消费（一手房贷款、二手房贷款、综合消费贷款）、个商（商务贷款）、小企业贷款、公司贷款等。

2009—2011年，中国邮政储蓄银行黔南州分行累计发放贷款金额54.09亿元。其中，小额贷款发放金额23.96亿元，商务贷款发放金额25.89亿元。

2012年，贷款结余比上年增加1.79亿元，达到4.6亿元，增幅63.7%。其中：小额贷款余额1.05亿元，比年初增加1391.22万元，增幅13.23%；商务贷款余额3.25亿元，较年初增加1.6亿元，增幅49.34%；二手房贷款余额2893.37万元，比年初增加361.77万元，增幅12.5%。

2013年，零售信贷余额达7.14亿元，较年初增加2.51亿元，增幅56.86%。年底，全州当年累计发放贷款6.76亿元，各项贷款结余6.82亿元，较上年的4.6亿元增加2.21亿元，增幅48.08%。

2014年，全年发放个人消费贷款684笔，放款金额1.52亿元，个人消费贷款结余2.18亿元，结余较上年净增金额1.28亿元，个人消费贷款放款、新增和结余均比2013年翻番。全年发放个人商务贷款838笔，放款金额3.13亿元，结余5.56亿元。

二、贵阳银行

2012年6月14日，贵阳银行股份有限公司在都匀设立贵阳银行股份有限公司都匀支行，是年9月，都匀支行正式开业。

2013年，都匀支行升格为都匀分行。年末，各项存款余额12.05亿元，其中：对公存款余额10.06亿元，储蓄存款余额1.99亿元，各项贷款余额为16.18亿元，实现营业收入3128.10万元，为支持地方经济发展做出贡献。获得州政府颁发的2013年度支持地方经济发展一等奖；2013年度黔南州小微企业金融服务工作先进单位。

2014年，贵阳银行都匀分行第一家县域支行瓮安支行成立；都匀市西南特产城自助银行正式运营。年末，各项存款13.4亿元，其中：对公存款余额10.14亿元，储蓄存款余额3.26亿元，表内贷款余额10.9亿元，表外授信余额22.1亿元。直接融资余额20.4亿元，直接融资增量占比居同业第一。实现利润4048.96万元。获得黔南州银行业“小微企业金融服务”知识竞赛优秀奖、独山县2014年金融机构支持地方经济发展先进单位。

三、贵州银行

2013年7月，成立贵州银行都匀剑江支行，是贵州银行在黔南州的直属分支机构。是年，剑江支行融资余额为38.37亿元，各项存款余额23.90亿元，其中对公存款余额21.52亿元；个人存款余额2.32亿元。支行开业后，累计投放48.09亿元资金支持黔南州经济社会发展，其中对公投放44.17亿元，主要集中在通村油路、土储、市政基础设施等政府关注领域，贷款余额为35.82亿元。小微贷款累计发放313笔，累计发放3.92亿元，贷款余额2.66亿元；“银政通”投放23笔，累计投放金额2740万元。2014年，荣获黔南州人民政府年度金融保险机构支持地方经济发展一等奖，荣获惠水、独山、贵定等县政府授予的“金融工作先进单位”和“支持地方经济建设突出贡献奖”。

四、交通银行

2014年10月16日，交通银行黔南分行开始试营业。交通银行黔南分行拥有营业网点1个，自助服务机11台，分行加快机构建设速度，为黔南人民提供更加方便快捷优质的服务。

第五节　农村信用合作社

20世纪80年代至90年代中期，存、贷款业务是农村信用合作社业务经营的主要内容。1990年，黔南州有467个农村信用社，存款余额为1.07亿元。1991—2014年，不断建立和完善各项制度，制定考核奖惩办法，建立激励机制，增设营业网点，加强电子化建设，理顺结算渠道，扩展业务范围，发展存、贷款业务，存款余额逐年递增。

一、县（市）联社

黔南州各县（市）农村信用社联合社，以下简称“县（市）联社”；1985—1995年，都匀市联社、福泉县联社、独山县联社、平塘县联社、龙里县联社、贵定县联社、瓮安县联社、罗甸县联社、三都县联社、惠水县联社、荔波县联社、长顺县联社相继先后成立，全州12个县（市）联社成立了从县到乡、镇的基层组织信用社机构网点。从1991年到2014年，黔南州各县（市）联社经历农业银行托管、人民银行监管、省联社直管三个发展阶段。2009年，不断优化机构网点布局结构，全州各县市实现农信社网点全覆盖。至2014年底，全州各县（市）联社机构网点334个，无金融服务空白点。

（一）存款

存款业务是信用联社业务经营的主要内容，农村信用社的存款主要有个人储蓄存款和集体存款两种类型。

至1996年末，全州农村信用社各项存款余额增至5.13亿元，比1991年末存款余额增加3.47亿元，是1991年末存款余额的3.08倍。1998年，由各级政府牵头组织对金融“三乱”（乱集资、乱批设金融机构、乱办金融业务）开展清理整顿，规范农村金融市场。经过清理整顿，其他商业银行调整规模、收缩基层营业机构，促进了农村信用社存款的不断增长。至2001年底，全州农村信用社各项存款余额突破10亿元。

2003 年 12 月，贵州省联社挂牌成立后，全州信用社贯彻省联社“两个确保，三个突破”（确保农民存款到社，确保贷款户资金归社，对公存款、外出务工人员存款和黄金客户存款有所突破）的组织资金的指导思想，加强存款业务的开展。至年底，农信社单位存款逐渐增长。

2006 年 3 月末，全州农村信用社各项存款余额增达 32.4 亿元，较 2003 年末增加 16.3 亿元。是年底，全州农信社各项存款余额突破 40 亿元。

2007 年 11 月 30 日，全州农村信用社储蓄存款 42.41 亿元，占 78.9%，对公存款 11.3 亿元，占存款金额的 21.1%。12 月底，各项存款市场份额在黔南州金融机构占比 22.82%，位居全州 7 家金融机构首位。

2008 年，各县市联社按照省联社提出的“抢抓机遇，奋力拼搏，实现跨越式发展”的要求，在城市区较集中地，增加便民服务设施，设立自助银行，自动柜员机。至是年 11 月末，全州农村信用社各项存款余额 72.79 亿元，较年初增加 15.73 亿元，完成年初计划任务的 157.3%，各项存款余额市场份额占比继续保持全州 7 家金融机构首位。2010 年末，全州农村信用社各项存款余额突破百亿元。

2012 年，全州农村信用社加大网点建设，全年新开设固定网点 8 个，安装 ATM 机 82 台、POS 机 549 台，农信银客户终端 148 台，服务能力进一步提高，促进了存款的不断增长。是年末，全州农村信用社各项存款余额突破 200 亿元，成为全州首家存款规模超过 200 亿元的银行业机构，存款市场份额达 33.36%，较年初上升 1.69 个百分点；各项存款高于全省农信社平均增速 2.5 个百分点、高于全州金融机构平均增速 6.4 个百分点。2013 年末，各项存款余额、市场份额上升至 35%。至 2014 年末，全州农信社存款市场份额占全州金融机构的 37.27%，是全州首家存款规模突破 300 亿元的银行业机构。

（二）贷款

全州农村信用社的贷款按照国家产业政策和农村经济发展的需要，坚持效益性、安全性、流动性的经营原则，建有规范的贷款审批制度和监控制度，严格执行国家利率政策，按期收回贷款的本金和利息，并接受金融管理机关及有关部门的监管。农村信用社贷款资金主要来自社员股金和组织的存款，部分贷款为人民银行支农再贷款。1990 年底，黔南州农村信用社各项贷款余额 8927 万元。

1991—1996 年，信贷投放向农业倾斜，贷款发放的主要对象是入股社员、集体和村镇集体企业，由于资金规模小，贷款实行计划指标管理，投放额度较小，主要以支持农业生产和农民生活急需为主。

1997 年，全州农村信用社各项贷款余额 4.73 亿元，其中，涉农贷款余额 4.09 亿元。1999 年 7 月，州农信社各项贷款余额增至 6.61 亿元，其中，涉农贷款余额增至 5.65 亿元。2002 年，全州农信社各项贷款余额增至 13.12 亿元，其中涉农贷款余额增至 10.58 亿元。

2002 年，全州各县（市）信用合作社联合社启动“信用工程”建设，评定信用农户，信用组，信用村。

2006 年，全州农村信用社全面推行贷款五级分类管理，开始试行商业银行标准监管。

是年3月，全州各项贷款余额25.7亿元，其中：农业贷款16亿元，占全州金融机构农业贷款余额的96%。2007年，全州农村信用社根据农民不同层次的资金需求，建立立体交叉的支农网络体系，各种贷款方式均简化办理手续。是年11月末，全州共创建了16个信用村、119个信用组。2008年初，黔南州遭受严重凝冻灾害，全州685名信贷员深入村寨走访调查受灾户，为无不良记录的受灾群众给予100%信贷支持，为受灾群众恢复生产、重建家园争取时间，降低损失。截至是年11月末，累计发放各项灾后恢复生产贷款4.8亿元。

2008年末，州农信社农业贷款余额30.6亿元，占各项贷款的67.8%，农业贷款余额占全州金融机构农业贷款总额的91.8%；为地方6528户个体工商户提供贷款支持，贷款余额累计3.6亿元；全州支持贷款100万元以上的企业共192家，贷款余额4.1亿元；建立全州农户经济档案67万户，占农户总数90%，评定信用贷款授信54万户，创建信用组404个、信用村32个、信用镇1个、信用社区1个，授信额度最高达到5万元；全州农信社累计发放新农村建设各项贷款14.1亿元，其中，支持贵定音寨打造“金海雪山”乡村旅游品牌；支持建设福泉“金谷福梨观光园”等，实现社会效益和经济效益“双赢”。

2010年，黔南州遭遇严重旱灾，州农村信用社组织信贷员协同包村干部深入村、组全面调查灾情，了解受灾农户需求，及时发放抗旱救灾资金，同时，支持农村危房改造、“家电下乡”等活动，满足相关信贷需求。是年6月荔波联社推出林权抵押贷款，开发的“专业合作社贷款”获“2010年度全省创新联社奖”。年末，涉农贷款占全部增加贷款的89.5%，较年初上升4.5个百分点。

2011年，州农村信用社着力解决老百姓“贷款难”“难贷款”的问题，开发信贷产品。平塘联社推出“诚易通”大额授信贷款、“诚信达”企业信用贷款、“聚宝源”农户住房抵押贷款等业务产品；独山联社推出“四在农家·美丽乡村农户住房贷款”等产品；荔波成功推出“农耕乐”农村土地承包经营权抵押贷款、“宅易贷”农村宅基地使用权抵押贷款（简称“两权”抵押贷款）难题。至2012年6月末，荔波县农村信用社累计发放“两权”抵押贷款77户，金额3130万元，其中：“农耕乐”土地承包经营权抵押贷款2740万元，33户；“宅易贷”宅基地使用权抵押贷款390万元，44户，均无不良贷款。“两权”抵押贷款为荔波县农村产业结构调整提供资金来源，让荔波血桃、樟江蜜柚、“碧华园”原生态猪肉、瑶山鸡和“天然牧咯”虫草鸡形成优势品牌。

2012年，全州农村信用社支持新农村建设、民生工程建设。全年累计发放贷款36.13亿元支持新农村建设，惠及7.5万农户；累计发放贷款5420万元，支持危房改造，惠及2015农户；累计发放妇女小额贷款1.1亿元，惠及3165户，带动2479人创业就业。是年3月，都匀市联社等11家县级联社小微企业金融服务中心授牌成立，落实省政府“3个15万”微企扶持政策，涉及资金8亿元，新增信贷1.5亿元，共计1000户微型企业在州内12家联社开户。是年12月末，小微企业贷款余额105.32亿元。全州农村信用社发放小额信用贷款余额农户数15.65万户、余额45.1亿元，全年累计为25.22万户农户发放小额信用贷款27.97亿元。

年末，黔南州农村信用社各项贷款余额市场份额42.11%，各项贷款增速高于全省农信社平均7个百分点、高于全州金融机构平均4.4个百分点，贷款增量和存量在全州银行机构中继续保持首位。

2013年，全州农村信用社全年累计发放涉农贷款109.48亿元，12月末涉农贷款余额较年初上升46.58亿元，占贷款总额的93.90%；累计发放“5个100工程”贷款21.26亿元，贷款余额45.18亿元；累计为州内49户民贸民品企业投放资金1.53亿元；将“信用工程”与“阳光信贷”相结合，信用户持证可直接到柜面办理贷款。是年，全州农村信用社全年累计投放信贷资金116亿元，全年信贷新增47亿元，比人行下达规模24亿元，超出23亿元。年末，各项贷款余额市场份额上升至43%，各项收入20亿元。

2014年1月，在全州启动“诚者信合春天助农行动”，集中筹措资金，支持春耕生产，至3月28日，全州农村信用社共投放春耕资金13.79亿元，惠及农户10.98万户。年末，全州农户建档面98.2%，评定信用等级农户数71.32万户，评级面99.07%，信用农户授信总额达295.78亿元，创建信用组10335个、信用村984个、信用乡（镇、街道办事处）48个。支持中小微企业22729户，累放贷款达48.72亿元；创新开发“惠农居”“居安乐”“领头雁”“绿丝贷”“党带富”“支园贷”等新型系列信贷产品20多种；各项贷款余额257.94亿元，较年初增长51.48亿元，增长24.93%，贷款市场份额占全州金融机构的42.67%，市场份额、增量均居全州金融机构首位，发挥农村金融主力军的作用。

1991—2014年黔南州农村信用社存款、贷款及股本金情况统计表

表15-3-9　　单位：万元

年　度	各项存款余额	各项贷款余额	涉农贷款余额	股本金总额	股金分红金额	便民服务网点个数
1991	16671	11698	11523	971	1	0
1992	21011	16034	15786	1200	2	0
1993	25445	21163	20849	952	4	0
1994	31377	24229	22048	1003	15	0
1995	40933	31854	27868	1308	14	0
1996	51351	39561	33748	1418	16	0
1997	62975	47307	40950	1407	17	0
1998	71284	55656	48113	1967	12	0
1999	78865	66146	56485	2079	14	1
2000	88018	77136	62182	2300	17	2
2001	152891	98425	75444	2980	21	3
2002	137407	131170	105820	4464	29	4
2003	160561	148883	119089	6095	41	4

续表 15－3－9

年　度	各项存款余额	各项贷款余额	涉农贷款余额	股本金总额	股金分红金额	便民服务网点个数
2004	211805	172959	138887	15996	1672	4
2005	306080	236297	182149	21774	2310	4
2006	433307	308050	232208	25564	2562	12
2007	570564	370760	290045	27576	3027	14
2008	773994	451296	377691	30849	3465	19
2009	998550	702621	589162	36521	3848	88
2010	1280964	958149	854068	70216	7352	88
2011	1562588	1204605	1099871	83769	11997	75
2012	2091777	1601389	1477670	106392	15544	70
2013	2901248	2064657	1940613	140645	14008	
2014	3232564	2579465	2454645	151776	18474	

第四章　保险业

1991 年，全州有保险机构 1 个。经 20 多年发展，州级有保险机构 16 个，其中财产险公司 9 个、人寿险公司 7 个。在县（市）设分支机构 72 个，其中财产险 40 个、寿险 32 个。共有员工人数 3300 人。州内保险业向个人及团体提供财产和人寿健康意外伤害保险，涵盖生存、理财、养老、疾病、医疗、身故、残疾等范围。

第一节　财产保险

1991 年，州内仅有中国人民保险公司黔南州中心支公司经营财产保险业务。2014 年，州境内财产保险公司发展到 9 家。

一、中国人民财产保险股份有限公司黔南分公司

1996 年，根据国务院关于人民保险公司机构体制改革的重要批示和人民银行、省保险公司关于人保系统机构体改的精神，撤销中国人民保险公司黔南州中心支公司，分设产、寿险分公司，同时撤销各县（市）人保公司机构，分设产、寿险县（市）支公司和营业部。中国人民财产保险股份有限公司黔南分公司通过调查发现，全州各地大中小学校、婚

嫁险和简易人身险活力大，随即开展此项业务宣传。是年上述3个险种比上年增长15%～200%。是年，全州投保农户239161户，占全州农户总数的38.9%，共收农房保险金559.9万元。罗甸、三都试办了1500亩杂交水稻制种保险；都匀试办了生猪保险；荔波开办了12500亩的森林保险。

1998年，中国人民财产保险股份有限公司黔南分公司先后在惠水、平塘、长顺等县开辟了“大牲畜保险”，是年11月又在全州推出了家庭保险单列有线电视雷击保险，受电视用户欢迎。

2010年，黔南分公司电子商务营业部成立，当日签单22笔，保费收入5.09万元。截至12月31日，签单车辆共计5030台，实现保费收入1812.04万元。2013年11月，分公司微信出单实收保费排名全省第一。至2014年11月，全州系统电子商务渠道实现保费收入7448万元，增速31.49%，提前31天完成省公司下达的全年保费计划。至2014年12月，全州开设政策性农业保险险种8个，分别是森林、水稻、玉米、甘蔗、烤烟、能繁母猪、育肥猪、奶牛保险等，全州建镇并乡撤区后有5个农网服务部，117个服务站实现产能。

1991—2014年中保黔南州分公司理赔情况一览表

表15－4－1　　　　单位：万元

年　度	赔款支出	比上年增（＋）减（－）	年　度	赔款支出	比上年增（＋）减（－）
1991	760.1	＋168.81	2004	3769	＋235.2
1992	1033	＋272.9	2005	4490	＋721
1993	1125	＋92	2006	5746	1256
1994	1869.6	＋744.6	2007	6705	＋959
1995	1634.41	－235.19	2008	21477	＋14771
1996	1359.3	－275.11	2009	5354	－16121
1997	1477	＋117.7	2010	7242	1888
1998	2027.98	＋550.98	2011	8685.36	1443.19
1999	2106.3	＋78.32	2012	11762.36	＋3077.00
2000	2827.1	＋720.8	2013	13907.05	＋2145.69
2001	2663	－164.1	2014	15850.12	＋1943.07
2002	2696.6	＋33.6	合计	130101.08	
2003	3533.8	＋837.2			

二、中国人寿财产保险股份有限公司黔南州中心支公司

2008年7月正式挂牌营业。中国人寿财产保险股份有限公司黔南州中心支公司开展的业务范围主要有：企业财产保险、家庭财产保险、机动车辆保险、农业保险、工程保险、

货物运输保险、短期健康保险和意外伤害保险等。州中心支公司坚持以业务发展为中心，充分依托中国人寿保险股份有限公司黔南分公司在全州的机构网络，在全州12个县（市）互动服务点开展互动业务。同时，根据业务规模先后成立了4家县级支公司。2008年7月经黔南州工商局注册正式挂牌营业，至2014年12月31日，保费收入从2008年的1042.9万元增至2014年的5471.39万元，7年累计共收入保费1.69亿元。

根据业务规模先后成立了四家县级支公司。其中：福泉市支公司2012年5月18日正式挂牌营业，至2014年12月底，公司累计保费收入2088.38万元。瓮安县支公司2013年11月正式挂牌营业。2014年5月惠水、平塘支公司正式挂牌营业。是年12月31日，惠水县支公司累计保费收入146.72万元；平塘县支公司累计保费收入305.78万元。2014年10月，在中心支公司机关增设农业保险部，至2014年12月31日，该公司累计保费收入555.90万元。

三、中国太平洋财产保险股份有限公司黔南中心支公司

1997年9月，成立中国太平洋保险公司黔南支公司并挂牌营业。业务范围为财产损失保险、健康保险。财产保险与人寿保险一起经营。人寿险类有“太平洋”养老保险、“老来福”“福禄寿”增额寿险、“小福星”终身保险、“步步高”增额寿险、“少儿乐”幸福成长综合保险、“太平盛世”综合系列寿险、“太平洋”终身还本保险、“老有所养”增额养老保险、“幸福伉俪”终身寿险、“学有所成”教育星保险、“幸福人生”递增型终身寿险。人身意外险类有团体、个体、人身意外综合保险、医疗手术平安保险，航空、铁路、公路旅客人身保险，旅游、平安保险。健康险类有重大疾病住院医疗保险、住院医疗补贴保险，“长乐”健康保险，女性、母婴安康保险。财产险类有企业财产保险、机动车辆保险、建筑安装工程保险、货物运输保险、家庭财产保险。

2001年11月，中国太平洋保险公司将财产险、人寿险分设，成立中国太平洋财产保险股份有限公司黔南中心支公司，业务范围为：财产保险、信用保险、意外健康保险、责任保险。中国太平洋财产保险股份有限公司黔南中心支公司内设办公室、计财部、业务管理部、营销服务部、理赔部等职能部门。2003年3月，瓮安县、福泉市分别设立瓮安营销服务部、福泉营销服务部。2007年4月，分别设立独山营销服务部、贵定营销服务部、罗甸营销服务部。2007年11月，设立中国太平洋财产保险股份有限公司瓮安支公司、福泉支公司、独山支公司、贵定支公司、罗甸支公司。2009年，荔波支公司、平塘支公司、龙里支公司、三都支公司批准开业。

2002—2014年，经营的主要产品有财产一切险、财产基本险、财产综合险、机器损坏险、现金综合险、工程机械设备综合险、中小企业财产险、建筑安装工程保险、建筑工程一切险。

1997—2014 年太平洋财产保险黔南中心支公司业务统计表

表 15 -4 -2　　　　单位：万元

年　度	保费收入	赔款支出	经营利润	缴纳税费
1997	1174469. 26	92918. 77	552552. 92	85415. 8
1998	4691217. 72	2189916. 60	96292. 55	36345887
1999	3928904. 01	2631870. 15	1087382. 49	374160. 03
2000	4087336. 55	3109391. 38	26966. 38	331092. 8
2001	7876279. 68	3613257. 05	1593831. 41	587606. 24
2002	8423322. 14	4613584. 04	1550611. 28	587606. 24
2003	7100081. 54	4518441. 05	381657. 67	467955. 4
2004	10974237. 34	4608168. 48	1139252. 25	550458. 42
2005	14060902. 28	6738039. 68	1381800. 94	802157. 68
2006	23653610. 06	8517441. 44	7852092. 63	1214968. 42
2007	34. 130386. 42	1305995. 03	10991403. 39	2447244. 02
2008	46624533. 53	24001761. 01	9437651. 96	5840009. 74
2009	67267132. 32	28674305. 12	5037790. 63	8614381. 25
2010	80033173. 93	32144341. 03	11703138. 74	11447554. 12
2011	92981986. 77	4089980814.	13649310. 4 - 7	12988331. 68
2012	116855266. 20	56470400. 02	15001229. 10	16330919. 39
2013	146084609. 40	63468504. 79	20957629. 43	20177779. 58
2014	204932343. 20	88070862. 71	23528690. 5	27845335. 71

四、天安财产保险股份有限公司黔南中心支公司

黔南中心支公司成立于 2006 年 11 月，是天安财产保险股份有限公司下属的三级分支机构。天安财产保险股份有限公司黔南中心支公司主要险种有：企业财产保险、责任保险、信用保险、机动车辆险、水（陆）运输险、人身意外伤害险、投资型保险等。2007—2014 年，保费收入为 6020. 01 万元，年均收入 752. 50 万元。其中，2008 年收入最低为 106. 44 万元，2013 年收入最高为 1338. 67 万元。

五、中国大地财产保险股份有限公司黔南中心支公司

2011 年 8 月，中国大地财产保险股份有限公司黔南中心支公司成立。承担保险种共 19 个，主要险种有：拓展企业财产损失保险、家庭财产损失保险、建筑工程保险、安装工程保险、货物运输保险、机动车辆保险、船舶保险、飞机保险、航天保险、核电保险、能源保险、法定责任保险、一般责任保险、保证保险、信用保险、种植保险、养殖保险、短期健康保险、意外伤害保险。先后推出品种有机动车辆保险、综合机动车辆保险、安全生产责任保险、大地矿工团体意外伤害保险、雇主责任保险、客运承运人责任保险、大地团体人身意外伤害保险、摩托车农用拖拉机定额保险、职业院校学生实习责任保险、财产一切保险、财产保险综合保险、驾驶员培训学校责任保险等。2014 年，公司保费收入 1816. 81 亿元。

六、安邦财产保险股份有限公司黔南中心支公司

2006 年 6 月，安邦财产保险股份有限公司黔南中心支公司成立。经营的主要险种有企业财产险、家庭财产保险、机动车辆保险、运输货物保险、人身意外伤害保险及短期健康保险等。2014 年，保费收入 560 万元。

七、阳光财产保险股份有限公司黔南中心支公司

2008 年 6 月 2 日，阳光财产保险股份有限公司黔南中心支公司成立。经营范围有财产损失保险、责任保险、信用保险和保证保险、短期健康保险和意外伤害保险、长期寿险、健康险、人身意外险，以及经保监会批准的其他业务。

八、中国大地财产保险股份有限公司黔南中心支公司

2011 年 8 月 16 日，成立中国大地财产保险股份有限公司黔南中心支公司。主要经营的产品有企业财产损失保险、家庭财产损失保险、建筑工程保险、安装工程保险、货物运输保险、机动车辆保险、船舶保险、飞机保险、航天保险、核电站保险、能源保险、法定类责任保险、一般责任保险、保证保险、信用保险、种植业保险、养殖业保险、短期健康保险、意外伤害保险、上述保险业务的再保险等。

九、中国鼎和财产保险股份有限公司黔南中心支公司

成立于 2012 年 8 月，主要经营财产保险业务和短期健康保险业务。推出的主要险种有：拓展企业财产损失保险、家庭财产保险损失保险、建筑工程保险、安装工程保险、货物运输保险、机动车辆保险、船舶保险、飞机保险、航天保险、核电保险、能源保险、法定责任保险、一般责任保险、保证保险、信用保险、种植保险、养殖保险、短期健康保险、意外伤害保险等保险业务。先后推出多个品种，承保险种共 19 个，即机动车辆保险、综合机动车辆保险、安全生产责任保险、雇主责任保险、客运承运人责任保险、团体人身意外伤害保险、摩托车农用拖拉机定额保险、职业院校学生实习责任保险、财产一切保险、财产保险综合保险、驾驶员培训学校责任保险等。从 2012 年发展至 2014 年底，公司保费收入 800 万元。

第二节　人寿保险

人寿保险服务作为中国人寿的主营业务，经营范围涵盖寿险、人身意外险、健康险、年金等人身保险的全部领域。从 1991—2014 年，在黔南州辖区开展人寿保险业务的机构先后有 7 家公司：中国人寿保险股份有限公司黔南分公司、中国人民人寿保险股份有限公司黔南中心支公司、中国平安人寿保险股份有限公司黔南州中心支公司、泰康人寿保险股份有限公司黔南中心支公司、中国太平洋人寿保险股份有限公司黔南中心支公司、新华人寿保险股份有限公司黔南中心支公司、太平人寿保险有限公司黔南中心支公司等。各家人寿保险公司从客户的需求出发，向客户提供更加方便、快捷的理赔服务，平均理赔时效 1.95

天，3000 元以下的小额赔付 1 小时内办理完毕，复杂重大的赔案 30 天之内处理妥当。

一、中国人寿保险股份有限公司黔南分公司

中国人寿保险股份有限公司黔南分公司，成立于 1990 年。中国人寿保险股份有限公司黔南分公司向个人及团体提供人寿、年金、健康和意外伤害保险产品，涵盖生存、养老、疾病、医疗、身故、残疾等多种保障范围。公司拥有长期个人和团体人寿保险单、年金合同及长期健康险保单，同时提供个人、团体意外险和短期健康险保单和服务。1996—2014 年，全州系统共实现保费收入累计 2.28 亿元。其中：意外险完成 4217.83 万元，其他业务完成 200.26 万元。在 2008 年雪凝凌冻期间贵定支公司为参加抢险救灾的 135 名预备役官兵在抢险的数日里无偿提供意外险和医疗险，总保额 54 万元。

二、中国人民人寿保险股份有限公司黔南中心支公司

人保寿险黔南中支于 2011 年 9 月挂牌营业。下辖福泉、瓮安、龙里 3 个支公司。公司推出的主要险种有：畅享人生年金保险、附加豁免保险费重大疾病保险、附加定期寿险、附加投保人豁免保险费定期寿险、金色朝阳少儿定期寿险等 66 类。2011—2014 年保费收入共计 3.37 亿元，2012—2014 年理赔支出 5841.76 万元。

2008—2014 年人保支公司业务情况统计表

表 15－4－3

年　度	保费收入（万元）	市场份额（%）	理赔金额（万元）	增长率（%）
2008	1042.9	4.78	278.54	
2009	1287.8	4.41	558.45	111.26
2010	1424	4.49	600.72	2.08
2011	1442.25	3.78	757.41	26.08
2012	2332.49	5.95	1112.20	46.84
2013	3917.43	6.54	1877.53	68.81
2014		6.81	2305.34	22.76
累计	5471.39		7520.19	

三、中国平安人寿保险股份有限公司黔南州中心支公司

2004 年 11 月，中国平安人寿保险股份有限公司黔南州中心支公司注册成立。2008 年 4 月，公司更名为中国平安人寿保险股份有限公司黔南州中心支公司。2014 年 12 月，中心支公司下辖瓮安、惠水、长顺 3 个县级支公司。2013 年实现标准保费收入 1210 万元，2014 年，完成全年任务 1500 万元标准保费。2008—2014 年各项理赔款累计 100 万元，为黔南州都匀市包括周边县域近万个家庭送去三亿元的高额保障。

四、泰康人寿保险股份有限公司黔南中心支公司

泰康人寿保险股份有限公司黔南中心支公司成立于 2008 年 6 月。下设有营销服务部、收展支公司、福泉支公司、独山支公司、瓮安支公司、惠水支公司、贵定支公司、罗甸支

公司共8个四级机构。中心支公司主要经营的险种有：人寿保险、健康保险、意外伤害保险等各类人身保险，2011年实现年保费收入过亿元，2012—2014年公司保费收入共完成1.54亿元。中心支公司2012—2014年共理赔649.82万元。

五、中国太平洋人寿保险股份有限公司黔南中心支公司

太保黔南支公司于1997年10月在都匀成立。随着业务扩大，内设机构有都匀本部、瓮安支公司、福泉支公司、贵定支公司、平塘支公司、独山支公司和龙里支公司。太保黔南支公司经营的主要险种：共有安贷宝意外伤害险、矿业职工团体意外伤害保险、建筑工程施工人员团体短期意外伤害险、乘客人身意外伤害险、个人意外伤害险、交通工具意外伤害险、学生幼儿短期意外伤害险、安心住院费用医疗险、家庭人身意外伤害险等739个险种。从2003年至2014年，共实现保费收入8.12亿元。2003—2014年共计理赔4124.52万元。

2003—2014年太平洋人寿保险黔南支公司历年收入统计表

表15-4-4　　　　单位：万元

年　度	保费收入	理赔支出	年　度	保费收入	理赔支出
2003	1552	23	2009	6700.4	191.48
2004	2233	32	2010	8254.96	139.58
2005	1841.3	78.74	2011	9812.96	507
2006	2433	153	2012	11384	185
2007	3724.3	235.1	2013	12038.12	923
2008	6479.5	230.62	2014	14737.63	1426

六、新华人寿保险股份有限公司黔南中心支公司

2012年5月，新华人寿保险股份有限公司黔南中心支公司成立。新华人保黔南支公司建立承保、理赔、保全的安全体系，经营人身保险、健康保险、意外伤害保险等各类人身保险业务，针对客户的不同需求，充分满足各个年龄阶段客户在意外伤害、医疗、养老、子女教育、家庭理财等方面的产品。推出吉祥至尊两全保险（分红型）；祥瑞一生终身寿险（分红型）；尊尚人生两全保险（分红型）等保险险种，2012保费收入203.7万元。

七、太平人寿保险有限公司黔南中心支公司

中心支公司于2010年5月成立，内设机构有人事行政部、财务部、运营服务部、个人业务部、银行保险部2012年底，下辖有贵定支公司1个。2010年，有员工17人，营销在职人力134人，2012年底人员增至273人。经营的险种有：太平盛世龙腾终身年金保险（分红型）、太平康金生B款终身寿险（分红型）、太平一诺千金终身寿险（分红型）、太平一世终身寿险、平康金生款终身寿险（分红型）、太平福祥一生终身寿险（分红型）太平意外伤害保险、太平综合意外保险2006、太平财富定投两全保险、太平卓越人生定期寿险2010等10余险种。这些险种满足客户养老、教育、疾病、生存、身故、残疾等多方面的保障需求。至2012年底，公司保费收入1288.42万元，理赔支出15.8万元。

第三节　保险行业协会

一、组织建设

2009年7月8日，黔南州保险行业协会成立。会员公司有中国人民财产保险股份有限公司黔南分公司、中国人寿保险股份有限公司黔南分公司、中国太平洋财产保险股份有限公司黔南中心支公司、中国太平洋人寿保险股份有限公司黔南中心支公司、中国平安财产保险股份有限公司黔南中心支公司、中国平安人寿保险股份有限公司黔南州中心支公司，泰康人寿保险股份有限公司黔南中心支公司，中国人寿财产保险股份有限公司黔南州中心支公司，安邦财产保险股份有限公司黔南中心支公司，天安财产保险股份有限公司黔南中心支公司，阳光财产保险股份有限公司黔南中心支公司等11家。2011年增补太平人寿保险有限公司黔南中心支公司、中国人民人寿保险股份有限公司黔南中心支公司两家会员公司；2012年增补新华人寿保险股份有限公司黔南中心支公司，中国大地财产保险股份有限公司黔南中心支公司两家会员公司；2013年增补中国鼎和财产保险股份有限公司黔南中心支公司一家会员公司。是年，共有9家财产险公司，7家寿险公司。县级分支机构72个，其中财产险40个，寿险32个。2014年共有会员16家。全行业保费收入由2009年的6.2亿元增至2014年的14亿元。

黔南州保险行业协会，是经中国保险监督管理委员会贵州监管局审查同意并在黔南州民政局登记注册的黔南州保险业自律组织，是自愿结成的非营利性、具有法人资格的社会团体。协会的主管单位是贵州保监局，同时接受贵州省保险行业协会的业务指导，接受社团登记管理机关黔南州民政局的组织监督和管理。

黔南州保险行业协会的最高权力机构是会员代表大会。理事会是会员代表大会的执行机构，理事会选举产生会长、副会长、常务理事（兼职）。选举产生秘书长。协会下设财产保险工作委员会、人身保险工作委员会、宣传培训及诚信建设工作委员会、法律工作委员会四个分支机构。协会通过每年度召开理事会形式共同商讨协会工作，协会还通过定期轮流召开地（州、市）协会秘书长联席会议交流情况，协调工作。

2009—2014年黔南州保险行业保费收入、理赔支出情况统计表

表15-4-5　　单位：万元

年度	保费收入		保费支出		行业合计	
	产险	寿险	产险	寿险	保费收入	赔款支出
2009	29203.97	37028.77	22174.5	3604.63	66232.74	25779.13
2010	31703.06	46500.95	12780.73	5171.79	78204.01	17952.52
2011	38170.22	52001.4	16332.71	4861.45	90171.62	21194.16
2012	47429.22	57486.21	23395.4	4256.86	104915.43	27652.26
2013	59889.2	62299.6	28162.29	5411.36	122188.8	33573.65
2014	80074.86	61875.09	33930.73	11961.49	141949.95	45892.22

二、业务管理

（一）自律管理

2009 年 8 月 4 日，召开第一届理事会第一次会议，签发行业自律、合规经营和规范手续费会议纪要。

2012 年 4 月，在创办的刊物《保险窗》分两期全文印发《贵州省保险行业服务公约》《贵州省保险行业机动车辆保险理赔服务标准》《贵州省人身保险公司服务标准》《贵州保险业理赔人员基本行为准则》《保险销售人员“四必须”“四不准”》等公约准则，加强社会监督，促进行业服务水平提升。是年 8 月，在全州范围内采用量化考核评分，开展人身保险业务销售误导行为自律检查；开展财产险承保规定执行情况及机动车辆理赔服务标准检查，检查标准均在《保险窗》公示。之后每年组织会员公司进行产、寿险业务自律检查，对检查中发现的违规问题及时进行经济处罚和敦促整改，维护全州保险市场经营秩序。

2014 年 12 月，黔南州保险行业协会严格按照贵州省保监局《关于在全省范围内定期开展车险理赔服务测评工作的通知》要求，对全州 9 家财产保险公司的行业规范、服务质量、理赔合理等各项服务指标进行了机动车辆保险理赔服务测评。

（二）维权

2009 至 2014 年协会成立 5 年，接待客户电话投诉 30 件，其中产险 11 件，寿险 19 件。根据投诉件数分析，财产险以拒赔、拖赔、现场慢；寿险以银邮业务市场不规范引起争议居多。对投诉分别进行了处理，处理率 100%。

（三）服务

2010 年 9 月，州保险行业协会与州公安局、州司法局联合下发了《关于推行人民调解委员会调解道路交通事故损害赔偿纠纷工作的意见》，成立领导小组，进行了两期的培训，利用法律武器，维护会员公司利益。2011 年 7 月成立代理人资格电子化考试中心，至 2014 年，共组织考试 666 场，报考人数 17385 人，及格人数 6438 人，及格率 37.03%。少数民族考生中有 1785 名考生得到了考试政策优惠，为行业增员提供了便利，为地方解决失业人员的就业和再就业提供了条件。2012 年 11 月，州保险行业协会牵头，由公安交警、驻匀 9 家财产保险公司为主体的都匀市城市道路机动车交通事故快速处理、保险快速理赔中心在沙坝清太坡车站举行挂牌启动仪式。中心的成立，实行车辆定损理赔、事故处理“一站式”服务。

第五章 证券业

第一节 证券公司及业务

2001 年，州内证券业机构有汉唐证券贵阳北京路证券营业部都匀剑江中路证券服务部。2012 年 1 月，经中国证监会批准成立华创证券公司。证券公司注册资本金 15.79 亿元。经营范围：承销发行、资产管理、证券代理买卖、基金代销、代理还本付息、分红派息、证券代保管、鉴证、代理证券开户。是年，汉唐证券贵阳北京路证券营业部都匀剑江中路证券服务部更名为华创证券经纪有限责任公司贵阳北京路证券营业部都匀剑江中路证券服务部。

2009 年，华创证券都匀剑江中路服务部银监会贵州监管局批准成立的批复成为是黔南州内第一个拥有独立经营的证券营业部。是年，华创证券经纪有限责任公司贵阳北京路都匀剑江中路服务部变更为华创证券有限责任公司都匀剑江中路营业部，营业部托管资产 8000 余万元，投资者人数 6000 余人。

2010 年 3 月，华创证券有限责任公司剑江中路证券营业部正式搬迁到都匀广惠路证券营业部。是年 4 月 21 日，华创证券有限责任公司都匀斗篷山路证券营业部正式开业。至此华创证券有限责任公司在都匀有营业部 2 个，客户共计 1.4 万人，托管资产 5.6 亿元。

2012 年 5 月，经贵州证监局批准，福泉洒金路证券营业部正式开业。

2013 年，黔南州内 3 个营业部根据公司的业务发展规划，开展 IB 代理业务、理财产品销售、融资融券、开放式基金等新业务，同时利用公司平台，参与黔南经济发展，做好黔南企业上市储备、企业债、政府债的竞标与发行等。

2014 年 12 月，推荐都匀经济开发区、罗甸县、长顺县、福泉市在贵州股权金融资产交易中心发行银杏私募债券 3.75 亿元。

第二节 客户服务

2009 年 1 月，华创都匀营销部成立，通过驻点和走点在银行网点的模式对黔南各县证券投资者进行服务。服务内容包括投资咨询、客户日常服务、召开大型沙龙报告会等。3 月，为给黔南广大投资者提供服务平台，客户服务部由 3 名工作人员组成接听投资者咨询电话，对存量以及核心客户提供专业的投资服务。5 月，客服部组织了第一场股民培训，参会投资者 67 名。7 月，证监会颁布实施《创业板市场投资者适当性管理暂行规定》，当月为配合创业板正式上市，公司人员分赴黔南各县向投资者宣传创业板知识、介绍创业板风险，并预约创业板权限的开通。以保证在创业板正式上线后，黔南投资者能够准时参与创业板投资；为近 5000 名投资者完成创业板的配套服务。至年底，客服部接听咨询电话 4000 多个，组织投资者教育活动 3 场，回访核心及存量客户 800 余户。

2010 年 9 月，华创证券公司将营销部转型成为“销售中心”，共有正式员工 30 人，实习员工 10 人，共计开立证券账户 5000 户。是年，公司在黔南各县（市）举办多期大中型投资报告会，由都匀两个营业部主办，华创证券研究所博士后分析师主讲，服务黔南地区投资者，为投资者资产保值增值进行专业服务。

2011 年 3 月，由客服部主办、邀请华创研究所行业专家在五月花酒店举行大型投资者报告会，参会投资者 200 余人。

2012 年，客服服务部改为财富中心，为广大的投资者提供增值保值服务。

2014 年，公司转型，财富中心利用电话和微信对所有客户的风险承受能力推荐相适应的产品，为投资者提供更好的服务更适应的证券投资。是年在黔南共开立证券账户 3000 户，销售理财产品 1.2 亿元。

第六章　金融监管

2004 年 1 月 9 日，中国银行业监督管理委员会黔南监管分局（以下简称黔南银监分局）挂牌成立，内设办公室、人事科、统计信息科、监管一科、监管二科、监管三科等 6 个科室，下辖独山、三都、荔波、平塘、罗甸、福泉、瓮安、贵定、龙里、惠水、长顺等 11 个县（市）监管办事处。5 月，设监察室，与办公室合署办公。2005 年 7 月设财务会计科。2008 年 12 月，撤销统计信息科、监管一科、监管二科、监管三科，设非现场监管统计信息科、现场检查一科、现场检查二科、现场检查三科。2009 年 12 月，设监管科。2013 年 3 月，对监管科室职能进行了调整，撤销非现场监管统计科、现场检查一、二、三科，新设统计信息科、监管一、二、三科。

黔南银监分局对黔南州内银行业金融机构的业务活动及其风险状况进行现场监管检查；对银行业金融机构的董事和高级管理人员实行任职资格管理；依照法律、行政法规，制定银行业金融机构的审慎经营规则；对银行业金融机构违纪违法责任进行稽查处理。2014 年末，全州监管银行业网点 489 个。

第一节　非现场监管

黔南银监分局依照法律、行政法规规定的条件和程序，审查批准黔南辖内银行业金融机构的设立、变更、终止以及业务范围；对银行业金融机构的业务活动及其风险状况进行非现场监管和现场监管检查，制定现场检查程序，规范现场检查行为对银行业金融机构的董事和高级管理人员实行任职资格管理；依照法律、行政法规制定银行业金融机构的审慎经营规则；对银行业金融机构的业务活动及其风险状况进行非现场监管，建立银行业金融机构监督管理信息系统，分析、评价银行业金融机构的风险状况；黔南银监分局通过分析辖区银行业金融机构报送的各种经营管理和财务数据、报表和报告，发现银行业风险管理中存在的问题，评价银行金融机构的风险状况，采取相应的监管措施，监督全州金融机构依法合规经营。

2004 年，建立健全非现场监管责任制，层层签订目标责任书，实行 AB 角监管，建立非现场监管工作制度；完成各类机构 2003 年度及 2004 年第一、二、三季度监管报告及非现场监管数据。实行按月监测按季考核不良贷款变化情况，一季度向不良贷款不降反升的农行黔南分行发出预警通知书 1 份。开展高风险机构监控、预警和处置工作，对辖区 51 个高风险农村信用社逐一建立风险处置预案，发出预警通知书 59 份。至年末，高风险社 41 个，比年初减少 62 个。

2005 年，完成各类机构 2004 年度监管报告上报工作；将市场风险和操作风险等纳入到整体风险监管评价范畴，督促辖区银行业金融机构从根本上改变“重业务轻管理，重外延扩张轻内控建设”的状况。按照全面建立不良贷款监管新模式和实行“同质同类银行比较法”的要求，对不良贷款变化情况进行按月分析、按季监测。推行数据质量考核评比，将考核结果予以全州通报。制定了《黔南银监分局统计信息披露暂行办法》，首次在《黔南日报》对黔南州银行业金融机构 2005 年上半年的部分指标进行了信息披露。

2006 年，按照银监会贵州监管局的要求，实行“月分析、季考核”，与各银行业金融机构签订不良资产“双降”（即绝对额、占比下降）责任书，对不良贷款不降反升的机构高度关注，调查分析原因，及时发出预警通知书。至年末，国有商业银行不良贷款率下降 3.53 个百分点，绝对额下降 2480 万元。针对非现场监管中发现经营管理、内部控制等方面存在问题，发出预警通知书 11 份，监管意见书 7 份，督促限期整改。按时向贵州监管局报送被监管机构非现场监管报告和风险分析报告。

2007 年，抓不良贷款“双降”，按月监测，按季考核，与被监管机构签订“双降”目标责任书，加大监测考核预警力度。至年末，全州银行业金融机构不良贷款率比年初下降 2.83 个百分点，分别对辖内 4 家国有商业银行二级分行、12 家农村信用合作联社 2006 年度经营管理情况进行了风险评级，评级结果为：12 个县（市）联社中 4A 级 1 个、5A 级 2 个、5B 级 9 个；工行都匀分行、中行都匀分行、农行黔南分行风险综合评级为二级，建行黔南州分行综合评级为三级。

2008年，按照银监会机构监管向功能性监管转变的新要求，建立非现场监管与现场检查适当分离又有效衔接的监管工作新机制。与被监管机构签订“双降”目标责任书，加强监测分析、风险提示和预警，建立重点客户监控制度，加强重点客户授信风险的跟踪监测和分析；建立大额不良贷款双向监测台账，对1000万元以上不良贷款实施重点监测。年末，全州银行业金融机构不良贷款余额（五级分类）比年初减少11.16亿元，不良贷款率比年初下降10.5个百分点，主要原因是农行不良资产剥离。对12家农村信用联社开展了2007年度监管风险评级工作，评级结果为：4A级1个、4B级1个、5A级5个、5B级5个，并将评级靠后的龙里联社、平塘联社和罗甸联社列为重点监管对象。

2009年，按季开展风险监测分析，及时提示风险，下达监管意见书或作出现场检查决定，并实施持续跟踪监管。全年累计向各银行业金融机构发出监管意见书11份，风险提示4份。同时根据非现场监管情况，对风险和问题突出的机构提出现场检查立项建议书2份。按照农村信用社风险监管评价标准，对辖内12家联社开展了2008年度风险监管评级，评级结果为：4A级1个，4B级1个，5A级10个，并根据监管评级结果，将评级靠后的龙里、三都、罗甸等3家联社作为重点监管对象，并多次重点监管机构，开展调查分析，提示存在问题及风险，提出有针对性的监管措施。

2010年，创新非现场监管手段，改进监管方式，实施年度审慎监管会谈，通报存在的问题和风险，提出监管意见；建立完善机构“三盯”制度（盯会、盯网、盯制度），增强了监管的针对性和有效性。对全州12家农村信用合作联社进行风险监管评级，评级结果为：4A级1家，4B级11个，并根据风险监管评级结果，将评级靠后的4家联社列为重点监管对象，加强重点监测和指导。针对长顺县农村信用合作联社一季度不良贷款异常变动问题，作出了现场检查决定，彻底查清了异常变动的原因，提出了监管意见；针对荔波农村信用合作联社一季度流动性比例低于监管指标25%的问题，进行了实地监管走访，约见该联社高管层、中层干部，并召开座谈会，分析原因，提示风险；对全州水泥行业产能过剩问题深入调研，揭示水泥行业信贷风险；建立了政府融资平台、公司贷款按季监测制度。

2011年，对全州13家法人机构实施2010年度审慎监管会谈，通报经营中存在的问题和风险，提出监管要求和改进意见，促进机构持续向好发展；进一步明确了银监办非现场监管职责，确定专门履行主监管员职责的监管人员，发挥上下联动作用；建立了银行业间数据共享机制，为全辖银行业金融机构搭建了一个全面、多向、多级的互动平台。全年共发出《监管意见书》2份，《风险提示书》10份。完成全州12家信用联社风险监管评级的初评、复评工作，并将评级情况报告上报贵州监管局。经复评结果为：3C级1家，4A级9家，4B级2家。

2012年，全年共发出《监管意见书》28份，《风险提示书》16份。开展中小法人机构审慎监管会谈，及时传达监管政策及要求，通报经营中的风险及问题，提出有针对性的监管意见，并将监管走访向分支机构延伸，增加走访频度。对12家信用联社开展风险监管评级工作，评级结果为：3A级4家，4A级6家，4B级1家，5A级1家。将评级结果靠后的罗甸信用联社作为重点监管对象。

2013年，全年累计发出《风险提示书》28份，约见高管人员谈话11次。如对不良贷款反弹金额超过1000万元的贵定联社、惠水联社、都匀联社、独山联社、罗甸联社高管进行告诫谈话，要求制定不良贷款清收方案和清收措施。12家信用联社风险监管，评级结果为：5A级1家、4B级1家、4A级2家、3C级8家。将评级结果靠后的罗甸信用联社、资产质量严重下滑的贵定联社以及当年4月出现流动性缺口的长顺联社作为重点监管对象，督促加快风险处置进度。

2014年，按月监测、按季通报。运用“四单”制度，促使各机构加强数据质量管理，提高数据质量。全年共发出提示单4份；召开监管统计工作表彰会，交流工作经验，对表现优秀的机构和个人进行了表彰。全年共发出风险通报4份、风险提示书36份、监管意见书6份，约见高管谈话11次，开展监管走访7次。按照要求完成农村中小金融机构2013年度监管评级工作。评级结果为：3A级机构1家，3B级机构7家（包括两家农商行），3C级机构2家，4A级机构3家，4B级机构1家。按照“分类监管，区别对待”的原则对5家农商行和5家村镇银行设置了差异化风险监测指标，动态调整考核频度、目标值和触发值监测。

第二节　现场监管

2004年，黔南银监分局对中行、农行、工行、建行和农村信用社钢铁、水泥、房地产等行业贷款情况进行检查；对辖内国有商业银行票据业务、内控制度建设情况进行检查；对州农业发展银行开展全面检查；对邮政储蓄机构新增资金调拨运用管理和内控制度进行检查；对独山县农村信用社的序时性检查；对都匀市农村信用社非信贷资产和财务收支情况等7个项目进行检查。共投入2477个工作日，检查发现部分机构违规授信、签发票据无真实贸易背景、内控制度不健全不完善、财务管理不严等问题191个，并针对存在的问题提出69条监管意见，及时督促限期整改。黔南银监分局自行组织对全州农村信用社内控制度、增资扩股合规性和不良贷款下降的真实性等进行5次大型现场检查，投入589个工作日，查处贷款“三查”（贷前调查、贷中审查、贷时审查）制度执行不严、违规发放贷款、以贷还贷、以贷结息、贷款占用形态不真实等违规问题132个，下发监管意见书19份，当年落实整改达90%以上，责成被查机构对部分违规人员进行处罚。

2005年，注重现场检查问题的整改和责任追究，实施持续监管。年内开展对国有商业银行2004年末贷款五级分类偏离度检查，辖内农行、建行两家国有商业银行个人消费贷款检查，农发行信贷管理和五级分类检查、辖内都匀市、福泉市25个邮政储蓄机构的中间业务检查，福泉市、荔波县农村信用社序时性检查，“增资扩股真实性、法人治理状况、信息披露情况”检查，2004年现场检查发现问题整改情况的后续跟踪检查，龙里县农村信用社大额贷款质量等检查项目8个，检查金融机构85个，查处未严格执行分类标准、未及时审批认定分类结果、分类调整不及时、贷款“三查”制度执行不到位、借新还旧掩盖贷款质量、超授权发放贷款、以个人名义或通过个人贷款科目发放公司（经营）类贷款，贷款“三查”制度执行不严，违规办理贷款展期，部分贷款五级分类不够准确，属于审批制、报告制的金融业务没有报备授权手续，未与代发职工工资单位签订代理协议，代理资金有被挤占挪用，部分大额贷款投向不符合国家的产业政策等违规问题152个，提出监管意见112条。后经核查，2004年度现场检查发现的问题已全部整改落实。

2006年，重点开展邮政储蓄现金业务管理及内控状况专项检查，工行、农行贷款分类偏离度检查，建行、农行集团授信客户情况专项检查；建行、工行部分业务操作风险检查，建行房地产贷款检查，建行、工行2004年以来现场检查整改情况的持续跟踪检查，农发行新业务的信贷管理和五级分类情况检查，都匀、三都、贵定、瓮安联社的序时性现场检查，都匀、三都、平塘联社的股金和资产质量真实性专项检查，对平塘联社后续跟踪检查等12个项目检查。检查发现贷款分类不准确、违规授信、内控管理不严、个别机构操作风险突出、贷款入股、违规退股、资产质量反映不真实等问题482个，提出整改意见206条。同时做好2003年以来各项现场检查整改情况的跟踪检查，督促有关银行落实整改措施，对相关责任人进行严肃处理，共责成处理相关责任人35人。是年，参与贵州监管局组织的对中行都匀分行个人住房贷款和汽车消费贷款联合专项检查。

2007年，开展工行关注类贷款检查，工行、中行内部控制管理情况、主营业务合规、风险管理情况等方面的检查，邮政储蓄操作风险及案件治理情况检查，都匀、罗甸、龙里、福泉联社不良贷款真实性检查，惠水联社冒名贷款专项检查，瓮安、三都、长顺联社2006年度新发放贷款投向及合规情况检查，独山、龙里、平塘联社财务利润真实性检查，独山、平塘联社减免税专项管理及用途、拨备充足程度、呆账核销应付利息计提合规性检查，都匀联社社团贷款发放及管理情况检查，农发行商业性贷款业务信贷管理及风险状况检查，4家国有商业银行及三都、瓮安、贵定、都匀联社进行后续跟踪检查等检查项目11个。检查发现违规操作、案件风险隐患大、冒名贷款问题突出、不良贷款反映不真实、财务利润反映不真实、社团贷款管理制度缺失等问题565个，问题主要集中在农村信用社，占问题总数的58%，针对存在的问题提出了243条监管意见，要求被检查机构认真制定整改方案，成立整改工作领导小组，拟定具体的整改措，当年落实整改率达到95%以上。

2008年，重点开展国有商业银行高管人员履职评价检查，工行都匀分行2007年信贷资产分类准确性检查，瓮安联社2007年度监管评级主要指标真实性专项检查，农行常规业务检查、邮政储蓄银行操作风险检查等13个项目检查，累计投入180人次。检查发现违规支出、利润反映不真实、贷款审查不严、办理股金转让不规范、贷款利率执行错误、资本充足率计算错误等问题596个，提出整改意见175条。同时督促被监管机构针对查处的问题，分析原因，采取治本之策，整改落实，堵塞制度漏洞，提高制度执行力。至年底，90%以上的问题已整改落实到位。

2009年，开展农行、中行、建行新增贷款检查，对中行票据业务、大额贷款检查，邮政储蓄银行、都匀市、瓮安县、贵定县27个分支机构及其代理网点进行代理保险、代销基金及理财产品业务检查，农行黔南分行、邮行黔南州分行信息系统、客户风险预警系统制度及数据检查，都匀等联社社团贷款检查，都匀联社票据业务合规性及风险状况检查、长顺联社序时性检查以及后续跟踪检查等检查项目12个。检查发现部分机构票据业务内控制度不健全，违规办理票据业务，贷款“三查”制度执行不严，信贷资金监控不力，社团贷款管理不规范，违规列支费用、监管统计制度不健全等问题265个，提出整改意见121条，当年全部落实整改。

2010年，重点开展工行、农行、中行、建行、邮行、都匀联社、惠水联社贷款新规执行情况检查，建行、农发行开展政府融资平台贷款检查，农发行商业性中长期贷款检查，瓮安、独山、三都、长顺县政府平台公司授信及风险状况以及信贷情况“回头看”检查，对瓮安等4家联社房地产贷款风险情况检查，龙里县国丰村镇银行内控、业务发展及风险状况检查，龙里、惠水联社监管指标真实性检查，长顺不良贷款真实性检查，中国银行、福泉市联社非现场监管信息系统、客户风险预警信息系统制度、数据检查，2009年及以前年度现场检查的后续跟踪检查等18个检查项目，检查业务金额88.67亿元，发现部分机构贷款新规执行不到位，国丰村镇银行公司治理不完善、内控不健全、信贷管理薄弱，长顺信用联社人为调整贷款结息导致贷款质量反映不真实，龙里信用联社股金管理不真实，惠水信用联社资本充足率计算错误、费用列支不规范，信用社政府融资平台贷款贷后管理不到位、信贷资金监控不力导致改革贷款用途等问题235个，问题涉及违规金额26.74亿元，提出整改意见139条。经后续跟踪检查，上年度现场检查发现的问题均已整改落实到位。

2011年，重点开展工行、农行、中行、建行票据业务检查，工行、农行、中行、建行、邮行代理保险业务检查，农发行新增平台贷款检查，邮行、农发行以及都匀、福泉、荔波、长顺联社执行贷款新规情况检查，建行信贷合规检查，邮行民族路支行内控管理情况检查，罗甸县设监管指标真实性、贷款五级分类偏离度检查，贵定、长顺部分服务收费情况检查等现场检查项目18个，累计投入3910个工作日，检查业务金额110.58亿元。检查发现部分机构违规收费，贷款风险分类不准，信贷档案管理不规范，违规贷款入股，贷款“三查”不尽职等方面的问题284个，提出监管意见240条。通过现场检查，揭示风险和存在的突出问题，提出监管意见。同时对现场检查中发现的同质同类、屡查屡犯的问题，约见行（社）领导进行监管谈话，提出明确的监管要求，并责令对相关责任人进行严肃处理。

2012年，重点开展工行、农行、中行、建行整治不规范经营情况检查，对中行、邮行贷款五级分类检查，农发行新增最大户平台贷款检查，瓮安、三都社团贷款合规性、风险状况检查，长顺联社监管指标真实性检查等现场检查项目14个，开展现场检查23次，检查业务金额91.95亿元。检查发现部分机构社团贷款展期不合规、违规借新还旧，贷后管理薄弱，“三查”制度执行不严，内控制度不健全，变相违规收费等方面的问题191个，提出监管意见142条。

2013年，重点开展辖区银行业小微企业金融服务专项检查，农村中小金融机构操作风险检查，都匀融通村镇银行公司治理情况专项检查，农行贷款风险五级分类检查，邮储银行信贷及理财业务检查，工行、农行、中行、建行等机构开展票据业务专项检查等检查项目共计19个，开展现场检查48次，检查业务金额514.2亿元。检查发现部分机构金融服务收费质价不符、收费协议不规范、成本转嫁借款人；部分机构内控制度不健全、不完善、执行不到位，内部审计监督薄弱，个别机构贷款风险分类不准确，未能充分暴露贷款风险状况；部分机构贷款审查不严，向不符合贷款条件的借款主体发放贷款或越权授信等问题共计458个，针对存在的问题发出现场意见书22份，提出按照“七不准”“四公开”要求，规范收费行为；建立健全内控制度，强化内部审计监督；严格加强信贷管理，强化“三查”力度；加强票据业务真实性审查，切实防范票据业务风险等监管意见。进行查处。

2014 年，重点开展同业执行情况检查、农村中小金融机构操作风险检查、贵阳银行黔南分行信息科技风险现场检查、贵州银行剑江支行全面检查等现场检查项目 20 个，派出检查组 28 个，检查发现部分机构同业业务内部控制不健全；个别机构内控管理薄弱，现金尾箱管理不规范，未执行双人卡把关制度；个别机构重要空白凭证管理薄弱；个别机构信息科技治理结构不健全，存在一定信息科技风险隐患等问题 303 个，问题涉及金额 25.06 亿元，提出强化同业业务治理，健全同业业务制度体系；强化内部控制，健全内控体系，增强制度执行力，有效防控操作风险；加强信息科技风险防控等现场检查意见 103 条，增强现场检查的针对性和有效性。

第三节　案件查处与防范

2005 年，黔南银监分局按照银监会防范操作风险十三条措施，开展严肃查处已发大案、要案、防范操作风险专项检查、规章制度专项清理活动。通过排查，查出授权授信、信贷资产管理、柜面业务、资金管理、会计财务管理、计算机系统管理、内部审计等方面的问题共计 1119 条，农行黔南分行成功堵截“克隆”存折诈骗案，抓获犯罪嫌疑人 2 名，投案自首 1 名。

2006 年 1 月，案件专项治理启动，全面开展案件排查，重点排查内控制度的有效性、风险隐患和近年来案件多发机构，重点排查借冒名贷款、大额贷款、存款、票据、结算等业务，排查“黄赌毒”、经商、炒股等 9 种人。分局成立督导组，到机构、12 个县（市）银行业县（市）联社开展现场督导，实施现场检查，对违规人员进行处罚。是年，挖出陈案 2 起，涉案金额 51.4 万元。

2007 年，落实案件责任追究制度，查结已发案件，落实案件责任追究制度，共开除作案人员 5 人并移送司法机关处理，追究相关责任人员 38 人。2008 年开展案件治理“回头看”活动，启动“查、防、堵、惩、教”相结合的长效机制建设。至年末，农村信用社三年共处理涉案及违规违纪责任人员 84 人。

2009 年，黔南银监分局主要开展案件防范工作，进行风险深度排查，落实责任，严格问责，落实整改，健全完善各项规章制度，堵塞制度漏洞。

2010—2014 年，构建流程体系和内部治理长效机制，初步实现案件防控工作的规范化、制度化，提升制度流程体系和案件防控机制建设层次，督促各金融机构贯彻落实《黔南银监分局关于进一步加强案件风险防控工作长效机制建设的指导意见》，建立起“治理完善、制度健全、内控严密、执行有力、持续有效”的内部控制体系，建立“查、防、堵、惩、教”相结合的案件防控机制，基本达到银监会提出的案件防控治理规划的目标。

第十六篇

城乡建设　环境保护

第一章　城乡规划与建设

20 世纪 90 年代以后，黔南州城市建设以旧城改造、完善设施、提升功能为重点，规划、建设、管理逐步走上法制化、规范化轨道。20 世纪 90 年代中期，全州 12 个县（市）全面完成城区总体规划制订、修改和调整。同时，加大城市公用建设资金投入，每年有亿元左右的资金用于城市道路新建、改造，城市自来水改造、供水管网改造、城市路灯、园林绿化、河道治理、排水防洪等设施建设。进入 21 世纪后，随着各项改革的深入和全州经济社会的持续快速发展，城乡建设投入持续大幅增加，到 2014 年，全州城乡建设呈现出多轮驱动、全面推进的局面，各项基础设施不断改进和完善，城乡面貌发生巨大变化，城乡居民的生产生活条件明显改善。

第一节　城乡规划

一、规划编制

1991 年，黔南州城乡规划编制工作由州城建局规划设计室承担。1992 年，州编委批复同意州规划设计室更名为州规划设计院，明确为事业单位，其中从事规划工作的事业编制 10 人。2005 年，州编委批复同意将州建筑设计院从州规划设计院中分离，州城乡规划设计院的经济渠道和人员编制不变，由财政全额预算管理。

（一）县城规划

1991—1999 年，修编完成龙里县城总体规划和长顺、惠水、平塘县总体规划，修编完成荔波县城总体规划。2001 年，修编完成罗甸县城总体规划。2003 年编制完成罗甸县城近期建设规划。2006 年，完成惠水县城近期建设规划、罗甸县城西南片区控制性详细规划、龙里县城中心城区控制性详细规划。是年，完成贵定城关北部经济功能区控规、独山县城北部片区控规等。2007 年，完成长顺县县城南部新区修建性详细规划、龙里县北部工业聚集区控制性详细规划。2008 年，编制完成独山县三桥片区控制性详细规划、三都县城中南片区控制性详细规划、三都县城老城片区控制性详细规划等。2009 年，完成独山县县城路网规划、中共黔南州委党校及黔南州行政学院修建性详细规划、罗甸中心片区控制性详细规划。2011 年，完成《罗甸县城市总体规划（2011—2030）》修编，完成《独山县城市总体规划（2011—2030）》修编。2012 年，完成《瓮安县城市总体规划（2012—2030）》修编、《贵定县县城总体规划（2012—2030）》修编和《福泉市城市总体规划（2011—

2030）》修编。2013 年，完成《惠水县县城总体规划（2012—2030）》修编和《长顺县县城总体规划（2009—2030）》修编。2014 年，完成《都匀市城市总体规划（2014—2030）》纲要编制和《黔南州城镇体系规划（2014—2030）》纲要编制。是年，组织完成都匀市老城区排水（雨水）防涝综合规划、独山县城中心城区控制性详细规划。

（二）乡镇规划和村庄整治规划

1991—1999 年，编制完成龙里县羊场、洗马、三元等 7 个乡镇总体规划，完成都匀市墨冲镇总体规划、平塘县大塘镇总体规划等。2000 年，完成三都县都江镇总体规划、都匀市王司镇总体规划、墨冲镇新区详细规划、贵定县盘江镇总体规划等。是年《长顺县威远镇总体规划》获贵州省建设系统优秀村镇规划设计二等奖、《惠水县摆金镇总体规划》获贵州省建设系统优秀村镇规划设计三等奖。2001 年，完成长顺县马路乡总体规划、都匀市奉合乡总体规划、荔波县立化镇总体规划、荔波甲良镇总体规划等。2003 年，编制惠水县三都镇总体规划、平塘县牙舟镇总体规划、福泉市地松镇总体规划、三都县塘州乡总体规划。2005 年，完成平塘县卡蒲毛南族乡建镇总体规划。2007 年，完成瓮安县天文镇村镇规划、都匀市基场乡总体规划。2009 年，完成三都大和镇镇区控制性详细规划。2011 年，完成镇乡规划 59 个，其中，贵定县完成 1 镇 11 乡，龙里县完成 4 镇 2 乡，罗甸县完成 2 镇 8 乡，长顺县完成 6 乡，荔波县完成 4 镇 8 乡，独山县完成 1 镇 8 乡，瓮安县完成 2 乡。2013 年，完成三都县周覃镇总体规划、周覃镇镇区控制性详细规划；瓮安县城七星片区详细规划；三都县都江镇总体规划、都江镇镇区控制性详细规划；罗甸县罗悃镇镇区控制性详细规划；瓮安县珠藏镇镇区消防规划；瓮安县猴场镇傅家祠堂“四在农家．美丽乡村”规划。是年，还完成全州 20 个示范小城镇的规划编制，其中 10 个镇的规划通过了省级审查，9 个镇的规划通过了州级审查，只有都匀经济开发区大坪镇的建设规划因纳入都匀城市总规尚在修编中。2014 年，组织完成都匀市归兰水族乡规划和归兰乡驻地控制性详细规划。

村庄整治规划工作于 2011—2012 年进行。全州 2011 年完成 334 个，2012 年完成 401 个。其中：都匀市 2011 年完成 34 个，2012 年完成 35 个；福泉市 2011 年完成 15 个，2012 年完成 27 个；贵定县 2011 年完成 30 个，2012 年完成 33 个；瓮安县 2011 年完成 29 个，2012 年完成 37 个；长顺县 2011 年完成 15 个，2012 年完成 30 个；惠水县 2011 年完成 35 个，2012 年完成 80 个；罗甸县 2011 年完成 25 个，2012 年完成 30 个；平塘县 2011 年完成 25 个，2012 年完成 30 个；荔波县 2011 年完成 44 个，2012 年完成 27 个；独山县 2011 年完成 35 个，2012 年完成 11 个；龙里县 2011 年完成 30 个，2012 年完成 30 个；三都县 2011 年完成 22 个，2012 年完成 31 个；都匀经济开发区 2011 年完成 10 个。

（三）其他规划

2000 年，完成都匀市体育中心区规划。2002 年，完成贵定县沿山镇河滨西路—集贸市场详细规划、都匀斗篷山—剑江风景名胜区旅游接待基地详细规划、独山县城区消防规划、三都县城区消防规划、贵州龙里医药工业园控制性详细规划等。是年编制的《贵州龙里医药工业园控制性详细规划》和《独山深河桥抗日文化园修建性详细规划》获贵州省第七次优秀规划设计三等奖。2003 年编制完成龙里县城区消防规划等。2004 年完成都匀市阳河乡富裕村小康村规划、罗甸县城莲花小区详细规划、贵州广顺监狱规划、长顺广顺新城区控制性详细规划、罗甸县边阳镇区移民新区修建性详细规划等。是年编制的《麻尾镇新区控制性详细规划》获贵州省第七次优秀规划设计表扬奖。2005 年编制完成贵定体育中心规划、独山奎文阁景区规划、三都中国水族卯文化景区详细规划、贵定昌明工业聚集区 A 区控制性详细规划、都匀一中校园规划等。其中《贵州·三都——中国水族卯文化景区详细规划》获贵州省优秀规划设计三等奖。2006 年，完成贵定县盘江镇音寨村保护与建设（整治）规划。是年编制《荔波县瑶山瑶族乡村拉村庄整治规划》获贵州省优秀规划设计三等奖。2007 年，完成都匀市经济开发区王家坝至绿荫段竖向规划。2008 年，完成都匀市城市公共交通专项规划。

2010 年，完成贵定县城市公共交通专项规划、独山县城市公共交通专项规划、贵州省龙里水场工业园区规划、贵州龙里工业园资源深加工新型材料产业区规划等。2011 年，完成平塘县城市公共交通专项规划、惠水县城市公共交通专项规划、贵定县盘江镇音寨省级历史文化民族村保护规划、长顺县城市公共交通专项规划等。是年，完成村庄整治规划 352 个（见附表 2）。2012 年，组织编制完成三都县城市公共交通专项规划、荔波县城市综合防灾规划、荔波县县城近期建设规划、惠水清河景区总体规划等。是年，完成村庄整治规划 401 个（见附表）。编制完成《黔南州少数民族村寨保护与发展规划》，同时下发各县（市），指导编制村庄规划。2013 年，完成三都县都江镇怎雷历史文化名村保护规划编制并获省政府批准实施，完成“四在农家·美丽乡村”12 个州级示范点规划编制。2014 年，组织完成罗甸县龙坪镇板庚社区美丽乡村生态旅游区详细规划、都匀市归兰乡水族风情园详细规划和福泉市双龙工业园区总体规划等。完成贵定县盘江镇音寨历史文化名村保护规划编制并获省政府批准实施。完成福泉历史文化名城和荔波县董蒙历史文化名村保护规划编制。

二、规划管理

1991—2010 年，黔南州城乡规划管理工作统一由州建设主管部门承担，主要负责国家有关城乡规划方针政策的落实，督促指导全州城乡规划的编制、调整和修订。期间，2004 年，州政府成立黔南州城市规划委员会，办公室设在州建设局，加强城市规划工作的领导。2008 年，省政府批准都匀市总体规划。

2007—2009 年，州城乡规划管理部门开展全州房地产开发中违规变更规划、调整容积率问题的专项治理工作。全州共有 127 项，自查 127 项，实查数 127 项，自查率为 100%。经过检查，发现有 25 个项目存在问题，其中：调整用地性质 1 项，超规划许可面积建设 1 项，调整容积率 23 项。均责令进行了整改。

2011 年继续开展相关问题的专项检查，要求进行整改的有 9 项，通过整改补交土地出让金 1724.8 万元，配套费 176 万元，罚款 19.6 万元。2012 年，专项检查治理共补交有关规费等款项 6183 万元，罚款 20 万元，36 个整改项目继续追缴规费 315.92 万元。

根据《中华人民共和国城乡规划法》《贵州省城乡规划条例》《国务院办公厅关于加强和规范新开工项目管理的通知》及省住房和城乡建设厅《关于委托办理建设项目选址意见书等有关事项的通知》的规定，由州城乡规划局核发相关重大项目选址意见书和初审意见。2011—2014 年州城乡规划局共办理重大项目选址 90 份（2011 年 21 份，2012 年 21 份，2013 年 24 份、2014 年 24 份）。

第二节 县城建设

20 世纪 90 年代以后，黔南州的城市建设以旧城改造、完善设施、提升功能为重点，不断加大城市建设资金投入，重点抓好城市道路新建和改造及城市自来水改造，供水管网改造、城市照明、园林绿化、环卫设施、河道治理、排水防洪等城市公用设施建设。全州 12 县（市）先后成立了城市管理监察大队，城市建设与管理逐步走上科学决策化、管理法制化、秩序规范化轨道。

1991 年，围绕改善州内县城自来水供应和达到饮用水标准的目标，采取抓重点，逐步解决的办法，重点抓瓮安县城自来水扩建工程，该项目采取县自筹为主，省、州补助为辅的办法，省、州两级共补助 55 万元，于当年 10 月 27 日竣工验收，解决了瓮安县城饮用水难的问题。同年，完成了贵定县、荔波县自来水扩建工程的扩初设计的论证并立项。贵定、荔波、龙里等县筹资共 1000 多万元进行道路、河道治理。是年，总投资 1600 多万元的贵定县月亮山公园全面动工，总投资 460 多万元的荔波漳江大道动工修建。

1992 年，以城市小区综合开发建设为重点，将城市建设从分散状态逐步向综合开发过渡。是年，都匀市庆云宫开发区、瓮安县西北路小区和贵定县新城区等地小区，采取基础设施与地面建筑同时配套进行，以减少重复建设，节约投资。针对原有城市基础设施道路狭窄、给排水设施老化、环卫设施严重不足等问题，都匀、贵定、独山、荔波等县（市）多形式、多渠道筹集资金，在道路、环卫、自来水、河道整治等方面进行大规模建设，改善城市面貌，改善投资环境。都匀市开始按仿古双重瞻吊瓜小青瓦仿木结构民居形式对石板街进行改造。总投资 1270 万元的都匀剑江南路拓宽工程竣工通车。

1993 年，鼓励各县（市）在国家政策允许范围内，多形式、全方位地开展基础设施建设。是年，都匀、独山、贵定、瓮安等县（市）通过各种渠道筹集 4000 多万元，进行自来水、道路、河道整治、排水设施、环卫设施、城市防洪工程等项目大规模建设。都匀市在开展“花园式单位”竞赛活动的同时，市政府投资 25 万元进行绿化建设，城区绿化覆盖率由 26% 上升至 27.2%。是年，总投资 2800 多万元、配套设施齐全的都匀经济开发区龙山大道破土动工。

1994 年，都匀、独山、三都、贵定、平塘、龙里、瓮安等县（市）通过各种渠道筹集 1800 多万元，进行旧城改造、小区开发和城市道路、排水设施、公共交通、环卫设施、自来水、园林绿化、风景区等方面的建设。都匀市为改变乘公交车难、车况差的状况，筹措资金和向银行申请贷款，购置40台公共交通车，全部投入营运。并新开辟了12、13、14路公共汽车线路，解决市民乘车难和无车可乘的问题；龙里县拨出专款完善人民路的建设工程，栽种行道树，购置专用垃圾车1台，划拨30亩荒坡筹建垃圾场。

1995年，龙里县投资100多万元，完成西环线过境公路的改造；平塘、独山、贵定等县多方筹集资金，组织实施旧城道路拓宽改造工程建设。都匀市投资442万元建成的育英巷市场投入使用；瓮安、罗甸新建的文峰大道和罗斛大道相继建成通车；独山、福泉、龙里建成水冲式公共厕所5座；独山、荔波、平塘、都匀等县（市）完成自来水改造扩容工程；完成长顺县城下水道改造工程等等。是年，州委、州政府在瓮安召开全州城市建设工作会议，总结交流全州城市建设“八五”时期取得的成就和经验，表彰“八五”城市建设先进县（市），提出“九五”时期全州城市建设工作的指导原则、工作重点和主要目标。

1996年，全州12个县（市）共投入城市建设资金8661万元，省建设厅补助资金119.5万元，支持城建基金贷款80万元，主要用于城市道路的新建和改造、城市自来水改造和供水管网改造、城市路灯建设、园林绿化、环卫设施、河道治理、排水设施等方面的建设，改变城市面貌，改善投资环境，增强城市载体功能。龙里、贵定、独山等县引进外地、外省、外商的协议资金5950万元，直接投入县城的道路、商城、商场和房地产开发建设。

1996年，独山、贵定、罗甸、荔波、龙里、平塘、三都等7个县在实施旧城改造中，共拆迁864户（栋），拆迁面积46982平方米。通过实施旧城改造，城市道路得以拓宽，新建了一批街心花园，城市绿地广场，装配广场照明系统，丰富了城市景观和色彩。4月，在福泉市召开全州城市执法检查工作会议，部署城市建设执法检查工作，治理城市“脏、乱、差”。

1997年，全州城市建设工作以市政公用基础设施为重点，全年共投入1.08亿元资金，主要用于道路、供水、市场、园林绿化和环卫等设施建设。年内新建城市道路12.3公里，城市道路总长达230.7公里，人均道路面积6.8平方米；新增城市日供水量2.16万吨，使城市人均日用水量突破180升；各类商场、市场建设投入4200万元，促进了商品流通和市场繁荣。当年全州城市园林建成区绿化覆盖率达到18%，城市人均拥有公共绿地面积4.3平方米。为了改变县城脏、乱、差的现象，各县（市）新增和改造了大批水冲式公厕、垃圾池和果皮箱，同时加大排水、路灯、燃气等公用设施的建设，城市下水道普及率达70%，路灯亮灯率达97%，燃气气化率达32%；城市人均居住面积达10.8平方米，高于全省平均水平，荔波、瓮安“创卫”工作通过州级和省级验收。当年全州完成旧城改造房屋拆迁81794平方米。

1998年，都匀市提出以“资本置换”理念和方式进行城市建设，对州内各地的城市建设起到了辐射带动作用。是年，全州城市中心区实施“亮丽工程”、拆墙还绿等举措，城市建设进入加速发展阶段。全州12个县（市）市政公用基础设施建设和旧城改造完成投资超过亿元。贵定中山路改造全面竣工，总投资1895万元的都匀小围寨公路铁路立交桥竣工通车、剑江中路一期工程完成，二期工程正紧张进行，瓮安、长顺等已基本完成拆迁工作，部分地段正动工和完成。是年，全州旧城改造共拆迁房屋面积10.28万平方米；新建或改造城市道路15公里，投资4650万元；城市绿化覆盖率提高2个百分点，达到26%，园林绿化投资达350万元；新增城市供水3.1万吨/日，投资2500万元；城市道路完好率、燃气气化率、路灯亮灯率等都已达到或超过省建设厅下达的目标。根据国家加大基础设施建设投入，扩大内需的政策上报15个市政公用基础设施项目，其中都匀市供水工程争取到国家无偿补助1000万元。

1999年，全州城市建设以创优美环境为重点，主要包括城镇绿化、亮化、美化工程的建设。各县（市）按突出特色、因地制宜，先易后难、分步实施的原则，以县（市）城区为重点，种植树木、花卉、绿草，特别是州、县、市党政机关庭院绿化、美化工作起到了率先垂范作用。州委、州政府大院的绿化近3万平方米，以植物造景为主，乔、灌、花、草相结合，实施绿化、美化工程。全州12县（市）共植绿化树8.08万棵，绿篱和盆栽花卉近80万株（盆），草坪11.6万平方米，全州城市新增绿化面积35.67万平方米；绿化工程投入2834万元。各县（市）的亮化工程主要由各单位、各部门及临街门面各负其责，采取彩灯装饰、公益广告、灯箱标志等形式美化夜景，亮化城市。是年2月，都匀文峰园动工建设，10月正式向游人开放，完成投资840万元，成为匀城一道亮丽的风景。在大力实施城市美化、绿化、亮化工程的同时，州委、州政府下发《关于坚持不懈地开展创建文明卫生城镇的决定》。为解决环境“脏”、交通“堵”、摊位“乱”、市容“差”问题，各县（市）建管并重，全年共完成城市道路新建、改造19.7公里，约45万平方米，完成投资5857.1万元，超额完成全年15公里的目标任务；旧城改造完成拆迁11.5万平方米，完成投资1600万元。同时开展综合治理，各县（市）采取措施，取缔烟煤饮食摊点、清理占道经营等影响城市文明形象的行为。都匀市查处取缔占道216起，独山查处取缔270多起，瓮安取缔各种报废公交客运车300多辆。各县（市）主要路段的果皮箱、垃圾池等均按规范标准设置，城市保洁工作形成制度化，实行社会监督、群众监督、舆论监督相结合。福泉、贵定、惠水、长顺、罗甸、龙里、独山等7县（市）创卫工作成效显著，城市生活、工作环境得到较大改善。是年，全州城市基础设施建设共完成投资1.6亿元，是1998年的1.5倍。

进入21世纪，州委、州政府以“西部大开发、黔南要大干”为指导思想，把城市基础建设作为主要内容来抓，制定全州城镇基础设施建设的战略目标、发展思路和政策措施，结合城市基础设施建设“十五”计划和2015年中长期规划，开展项目可行性研究和项目库建设，保证项目实施的前期工作落到实处。2000年共筛选出全州大项目、好项目79个，其中完成项目可行性研究的占20%，同时与省建设厅做好项目对接。为贵定、福泉、荔波争取国家建设部城市供水补助资金额达900万元；为惠水、平塘、罗甸、独山、三都等县争取到省建设厅城市供水、道路、环卫、市场设施建设补助资金402万元。

2000年，全州完成城市道路新建、改造12.99公里，旧城改造拆迁房屋14.62万平方米，新建房屋近80万平方米，整个城市建设和新区开发完成投资近7亿元，上交各种税收、规费约6100万元。州委、州政府出台《关于加快实施城乡绿化工作的意见》，并在年初召开全州城市绿化工作会议，将城市绿化纳入2000年重要工作内容，突出抓好城区绿化和城市广场建设。都匀、福泉、荔波、惠水、独山、平塘等大多数县（市）兴建城市绿化广场；全州城市共植绿化树20050棵，草坪36255平方米，绿篱花卉9.9万株，城市新增公共绿地18.6万平方米，城市绿化覆盖率达30.1%，绿化工程投入达2000多万元。

2001年，全州城市基础设施建设投入8000多万元，新建和改造城市道路13.2公里；贵定、独山、三都、瓮安、平塘5县共11.2万吨规模的供水工程项目开工；都匀市10万吨供水工程正在进行；全州新增城市公共绿地面积7.6万平方米，新建城市水冲式公厕28座；在旧城改造中共拆迁房屋面积达5.9万平方米，开发建商品房面积25万平方米，当年全州城市人均住房面积达11.6平方米，高于全省平均水平。2002年，列入州政府“十件实事”之一的都匀市垃圾处理场和剑江河治理项目开始实施。都匀市、龙里县、独山县、平塘县供水工程进入调试运行阶段。全州城市道路新建或改造完成25.3公里，为省、州目标任务的3.5倍。是年，全州城市绿化覆盖率达到32.8%，人均公共绿地面积达6.6平方米；“亮丽工程”在全州普遍实施；都匀、荔波组织实施创建最佳人居环境城市和省级园林城市工作；都匀、独山、惠水、瓮安、龙里等县（市）加大城市拆迁改造力度，全州共拆迁危旧房屋面积11万平方米。全年全州城镇市政公用基础设施建设投入达3亿5千万元，全州城镇化水平已达到23.6%。

2003年，全州城镇（含乡镇）市政公用基础设施建设投入突破3.5亿，其中城市（含县城）新建和改造道路20余公里，新建或扩建城市供水工程4个以及城市供水管网改造；完成简易垃圾填埋场建设4个，垃圾中转站3座；都匀、荔波创建省级园林城市成效突出，都匀市获贵州省“省级园林城市”称号。全州城市绿化覆盖率已达33%，城市人均公共绿地面积达6.8平方米。向省建设厅申报的46个城镇基础设施项目，总投资1.07亿元，其中省补助资金788万元全部到位，完成38个项目建设并投入使用，占申报项目的82.6%，城市市政公用基础设施建设的投资和项目实施均突破省、州下达的目标任务。全州全年通过多形式、多渠道投入城镇建设与开发的资金突破10亿元，带动相关行业消费15亿元。全州城镇化水平已达25.1%，比上年增长1.5个百分点。

2005年，全州向省建设厅申报城镇基础设施建设项目60个，资金补助800多万元。12个县（市）新建或改造市政道路达20公里以上；都匀市垃圾处理项目已于2005年12月28日正式运行，日处理城市生活垃圾250吨，垃圾无害化处理率达100%。剑江河治理及污水处理厂项目在建设中。全州城市人均公共绿地面积达7平方米，城市绿化覆盖率达35%，城市燃气普及率达到60%。荔波、都匀等县（市）开展最具魅力城市、全国卫生城市、全国文化先进城市以及文明城市的创建活动。是年底，全州城镇化水平达到28.3%，比上年提高1.6个百分点。

2006年是黔南建州50周年，结合州庆活动，围绕“民心工程”实施，全州新建或改造市政道路达21公里以上，新建或改造公厕68座，城市人均公共绿地面积达7.1平方米，城市绿化覆盖率达36%，城市燃气普及率达到60%，向公交企业和私营业主发放燃油补贴共403万元。是年，全州城镇化水平达到29.8%，比2005年提高1.5个百分点。

2007年，全州共开工建设城镇基础设施项目68个，总投资1.45亿元，其中：省建设厅补助资金1600万元。总投资1.3亿元的惠水、福泉、龙里3个县（市）污水处理项目开工建设；总投资1.1亿元的都匀污水处理厂基本建成，于次年初投入使用。是年，州客运管理局正式成立，各县（市）将城市客运交通管理职能划入建设部门管理，并成立了专门机构，明确职责。对都匀、瓮安、独山、龙里、荔波的出租车经营权拍卖方案进行了审查并报省建设厅审批。开展全州范围内严查“黑车”的专项治理工作，核发公共客运交通营运车专用号牌，规范行业管理。省建设厅对州内的城市公共客运车辆共发放燃油补贴665.49万元。开展各燃气站（点）、燃气经营部安全隐患排查，对发现出来的问题及时督促相关单位进行整改。

2008年，全州城市建设投资规模10.5亿元。全州城市道路总长度达428.4公里，人均道路面积达到6.36平方米。完善城市照明设施，全州城市路灯达到18794盏。

是年末，全州平均每万人拥有公共交通车辆1.2标台，城市公共汽车运营线路网长度达到89公里，发送旅客5528万人（次）。全州城市排水管道长度达到423公里，城市防洪堤长度达到34公里。全州污水处理能力累计达到15万吨/日，总投资达到47052万元；全州燃气供气管道长度44公里，液化气供应量7727吨，用气人口达44.56万人，燃气普及率达到54.23%。城市供水量达到7916万吨/年，其中生活用水3942.1万吨/年，供水管道总长达到678.5公里，用水人口达到78.86万人，供水普及率达95.97%。

是年，12个县（市）建成区面积已达99.25平方公里，城镇化率达32.5%。全州建成区绿化覆盖率达34.19%，人均公共（公园）绿地面积达到6.23平方米。城市公园数26个，面积5265亩。城市桥梁总数99座。在城内，开展了以道路绿化为骨干，包括公园、广场、游园景点、单位、小区等在内的点、线、面全面推进的城市园林绿化建设，绿化建设实行以地方品种为主，做到乔、灌、花、草相配置，并因地制宜规划建设城市生态广场，形成城在绿中、绿在城中的格局，提升了城市品位。

2009年，12个县（市）污水处理工程全面启动；11个县（市）垃圾处理项目启动，垃圾处理设施建设总库容577.24万立方米，总投资26571.69万元，日处理垃圾909吨，到位资金4204.8万元，累计完成投资1598.11万元。全州投入城镇基础设施建设资金近10亿元，其中，各县（市）污水、垃圾处理项目完成投资6亿多元；城镇道路新建、改建投资近2亿元；争取省建设厅补助资金近8000万元。以路网建设为重点的城镇道路新建、改建、扩建，共完成城镇道路新建或改扩建210公里；都匀等县（市）实施了供电、通讯、燃气等城市地下管网工程，完成综合管沟修建8.7公里，完成投资近3000万元；园林绿化严格执行“绿线”强制管理制度，建成一批绿化广场、绿篱、绿岛，新增公共绿地人均在0.1平方米以上。2010年，全州城镇化率达35%。

2011年，都匀173煤田大队至厦蓉高速都匀东匝道口城市快速干道、都匀市纬八路至厦蓉高速都匀西匝道口城市道路、贵龙城市经济主干道、惠水至贵阳城市快速干道等一批城市骨干交通相继开工建设，贵定、福泉等部分县（市）城市外环道路建设启动实施，都匀“白改黑”城市道路改造工程启动。都匀、惠水、贵定、瓮安、三都等县（市）建成火车站广场、城市休闲广场和城市公园；都匀、瓮安、荔波等县（市）垃圾场建成投入使用。是年，全州投入城镇基础设施建设资金 15.2 亿元，城镇化率 36.5%。

2012 年是全州“城镇建设年”，重点抓城镇基础设施及城市路网工程，总投资 213.03 亿元。是年，相继开工建设了一批城市主干道，完成了都匀城市道路“白改黑”工程、荔波官塘大桥等工程建设，建成都匀、惠水、瓮安、独山等县（市）产业园区主干道，开展都匀剑江两岸景观整治、三都水族风情街等一批城市形象工程建设。全州城镇市政公用基础设施建设实施项目 291 个，完成投资 142.71 亿元，占省下达任务的 317%。全州城镇化率达到 38.7%。8 个县（市）垃圾填埋场建设全部建成并投入使用，共完成投资 4.1 亿元。推进都匀市数字化城市管理系统建设，进行数字化城市管理项目可行性研究编制。

2013 年，全州围绕“一圈两翼”发展战略部署，以“城镇建设三年行动计划”为工作重心，实施城镇基础设施、城市路网等城镇建设“六大工程”，都匀市、都匀经济开发区按照“一江带三城”的总要求对“大都匀”建设重新规划布局。都匀纬八西路等一批城市主干道全线贯通，环西大道、黔南大道、大龙大道等连接都匀市与开发区城市快速干道建设加快推进，马鞍山棚户区、观澜棚户区、城西棚户区等一批城市棚户区改造项目全面启动，都匀经济开发区都匀东部新城区城市综合体等项目开工建设，促进以“大都匀”为中心的“泛都匀”经济圈加快发展。贵龙大道、惠高大道等城市主干道项目加快建设，龙里中铁国际旅游休闲度假项目等一批大投资、大项目加快推进，一批城镇污水、垃圾、燃气、公园等市政基础设施项目相继开工建设。全年实施城镇建设项目 648 个、总投资 757 亿元，完成投资 250.94 亿元，占年计划的 106.79%，比 2012 年同期增长 85%。全州城市建成区面积达到 146.4 平方公里。

2014 年，制定《黔南州城镇建设三年行动计划》，以“大都匀”为重点的城市（县城）建设快速推进。都匀市成为全国首批新型城镇化建设试点城市。都匀市和都匀经济开发区发挥黔南中心城市的引领作用，实施新区拓展、旧城改造和路网构建工程，都匀马鞍山、观澜等十大棚户区改造工程全面实施，都凯、都独等城市快速干道启动建设，都匀经济开发区黔南医专、黔南州医院、都匀一中和匀东新区“一场三馆”（体育场，博物馆、图书馆、档案馆）、茶博园等重点项目建设全面启动，都匀南沙洲公园建成，高铁都匀东站建成投入使用，都匀经济开发区与都匀市老城区互补共促、相互拉动的城市辐射效应进一步显现。贵龙大道、贵惠大道等城市快速干道和骨干路网建成通车，龙里中铁国际生态城等一批城市新区建设初具规模，全州城镇建成区面积年内增加 10.74 平方公里，全州城镇建成区面积已近 170 平方公里。

是年，以城镇污水处理和湿地公园建设为重点的市政基础设施建设得到加强，全州在建城镇污水处理项目 10 个，完成管网建设长度 121.49 公里，占省定目标的 151.86%，占州定目标的 119.11%，全州城镇污水处理率达到 75.96%。都匀“雨花湖”湿地公园建成投入使用，为市民又增添了一个旅游景点和休闲娱乐场所，其余县市湿地公园建设均进入实质施工阶段，共完成投资近 5 亿元。全州共实施城镇建设项目 649 个，总投资 923 亿元，完成城建投资 335.66 亿元，占省目标任务 80 亿元的 418%，占州目标任务 325 亿元的 103%，开创了黔南州城镇投资历史新高。

1991—2014 年黔南州城市建设情况统计表

表 16－1－1

年度	城市建成区面积（平方公里）	供水管道长度（公里）	供水总量（万吨）	生活用水（万吨）	用水人口（万人）	液化石油气供气量（吨）	生活用（吨）	污水排放量（万吨	排水管道长度（公里）	生活垃圾清运量（万吨）	生活垃圾处理量（万吨）	公园面积（公顷）	建成区绿化覆盖率（%）	城市人均使用面积（平方米）
1991		273.7	1321	1929	35.65			2014	108.00			75.5		
1992		276.7	1456	1038	37.54			2030	109.08			75.7		
1993		285.3	1944	1167	40.71			2014	109.80			75.7		
1994		297.6	2200	1259	42.23			2364	114.73			75.7		
1995		310.2	2822	1322	44.35			2567	130.47			141.4		
1996		325.8	2910	1411	45.75			2960	145.93			141.4		
1997		328.9	3123	1651	47.50			3120	150.60			162.8		
1998		341.2	4120	1864	49.31			3378	167.23			179.1		
1999		353.3	4567	2130	51.80			3452	180.10			210.3		
2000	85.30	375.4	4710	2360	53.08	4010	3514	3588	192.70	50.0	32..0	261.4	30.10	19.35
2001	89.70	395.1	5120	2678	54.89	4041	3529	3920	210.36	51.5	34.0	263.0	30.12	19.71
2002	92.50	412.5	6710	2954	56.62	13573	10765	4056	235.98	51.8	35.1	296.7	30.80	20.96
2003	95.77	442.6	5851	3236	64.35	15955	12395	3524	296.08	52.0	36.4	326.1	33.30	23.29
2004	97.52	481.4	6059	3529	64.961	15040	11062	3970	354.56	54.0	36.9	345.7	33.54	23.36
2005	97.63	503.7	6095	3861	67.39	13182	10697	4000	405.96	55.0	37.0	364.5	33.97	25.69
2006	98.86	644.0	7030	3909	68.11	16548	11774	4600	431.00	57.2	46.0	434.0	34.22	2690
2007	98.95	647.0	7365	4087	73.20	169.06	11856	4650	452.00	62.0	59.0	476.0	34.30	27.23
2008	99.25	678.5	7916	3942	77.86	171.03	11923	4670	460.0	63.5	61.0	476.0	34.40	29.98
2009	101.50	688.44	8025	4156	79.1	17110	12034	4750	488.00	64.3	61.5	476.0	34.50	31.87
2010	111.41	772.93	8489	4484	86.21	17210	12301	5058	507	67.4	67.4	476	33.19	
2011	126.41	852.63	6401	3568	85.25	9545.1	8691	5422	517	52.2	50.3	339	33.42	
2012	136.08	985.03	6406	3605	98.25	10065	8397	6112	620	53.0	51..3	332	33.36	
2013	141.45	1323.6	6057	4510	98.48	10086	8523	4561	542	54.0	52.3	336	34.45	
2014	141.66	1354.5	6149	4581	99.0	8916.5	7743	4592	810.6	56.8	54.3	361	35.5	

2010—2014 年黔南州城市建设基本情况统计表

表 16－1－2 单位：个

指标	单位	2010 年	2011 年	2012 年	2013 年	2014 年
城市人口	万人	144.2	145.02	143.56	149.8	152.39
城区非农业人口	万人	85.7	89.64	92.99	92.5	96.94
城市化	%	35	36.5	37.54	40.73	45.82
建成区面积	平方公里	111.41	126.41	136.08	141.45	141.66
建成区绿化覆盖率	%	33.19	33.42	33.36	34.8	35.5
供水管道长度	公里	772.93	852.63	985.03	889.83	1354.52
供水总量	万吨	8489.14	6401.89	6405.9	5580.49	6149.28
生活用水	万吨	4484	3567.67	3604.59	3223.34	3532.15
用水人口	万人	86.21	85.25	99.25	98.48	99.01
人均生活用水	公斤	52013	45811.15	43018.9	3981.5	4526
用水普及率	%	99.57	95.1	96.94	98.7	98.7
液化石油气供气量	万立方米、吨	17210	9545.1	10065.22	8725.19	8916.5
生活用气	万立方米、吨	12301	8691	8397.18	7559.3	7743
公共（电）汽车	辆	352	378	406		
出租汽车数	辆	880	1131	1354		
每万人拥有公交车	辆	2.2	2.8	1.26		
实有铺装道路面积	万平方米	976	638.5	754.85	837.4	1228.19
平均拥有道路面积	平方米	7.76	7.12	7.31	8.9	10.13
排水管道长度	公里	507	517	620.2	578.2	810.56
公共绿地面积	亩	13800	21855	25755	19275	23130
人均公共绿地面积	平方米	7.08	9.88	11.84	9.88	11.2
公园数	个	26	26	26	26	26
公园面积	亩	7140	5085	4980	5025	5415
生活垃圾清运量	万吨	67.4	52.12	53.02	49.72	56.8
生活垃圾处理量	万吨	67.4	50.34	51.28	40.23	50.39
生活垃圾无害化处理率	%	19.43	21.45	21.89	41.3	44.36
公共厕所	座	221	159	147	164	134
每万人有厕所	座	1.26	1.71	1.6	1.09	0.87
城市人均住宅建筑面积	平方米	25.88	27.82	28.4	28.5	29.87
城市污水集中处理率	%	65.3	70.67	71.25	72.09	75.96
污水排放量	万吨	5058	5422	6112.52	4774	4509.55
污水处理量	万吨	3303	4069	4355	3442	3426

第三节　小城镇建设

历史上，黔南州的小城镇规模小、设施缺、不配套、功能弱、无特色，虽在不同时期均进行了一些建设，但进展缓慢，发展不平衡。

进入20世纪90年代，随着改革开放的深入，黔南州农村经济开始向产业化、商品化方向发展，农业人口转向小城镇进行工商活动的逐渐增多，小城镇规模逐步扩大。针对全州小城镇大多以街为市、以路为场、场路不分的普遍现象，各级政府及其主管部门将改变这种状况作为小城镇建设重点逐步加以实施。1991年，全州12个县（市）均成立延伸至乡镇的建设管理机构，配备了管理人员。是年，全州共投资178.85万元对集镇农贸市场、道路进行改造与扩建。

1992年，对全州参加贵州省集镇建设试点的13个建制镇进行检查、验收、评比，福泉县马场坪镇获二等奖，惠水县雅水镇、独山县麻尾镇、都匀市墨冲镇、龙里县洗马镇获三等奖。

1995年，州政府出台《关于加强小城镇建设的决定》，提出以小城镇建设为重点，发挥其在农村经济流通流域中的主导作用。当年，全州66个建制镇完成了总体规划，集镇规划51个，占全州集镇总数的49.35%。乡镇道路面积比1990年增加66.34平方公里，村镇通电89.15%；排水系统从无到有，仅1995年新建排水沟渠108公里；新增绿化面积1407亩，乡镇道路行道树种增多，出现了都匀墨冲镇桂花街、甘塘镇冬青街等绿树成荫的集镇街道。其间，各县（市）均成立乡镇建设管理站。有71个乡镇建立村镇建设管理所，乡镇建设进入规划实施的轨道，开始推行单位和个人在乡镇建房或其他建设必须持有村镇规划建设许可证和准建证制度。

是年，全州确定小城镇建设试点30个，约占全州集镇总数的13%，其中部、省级试点4个，州级6个，县（市）级20个，州政府在福泉县召开全州村镇试点工作会议，部署小城镇建设试点。是年，全州村镇住宅建设完成约90万平方米，约有7500户农户迁入新居。马场坪、谷脚、麻尾、高镇、草塘等建制镇参加全国小城镇建设成就展览获得好评。

1996年，全州用于小城镇各项基础设施建设的总投入为3.15亿元，其中住宅投资占2.3亿元，小城镇人均居住面积11.5平方米；自来水受益面积为建制镇的100%；建设小城镇集镇道路300多公里。

1997年，全州共计投资2176.2万元，建设小城镇市政道路42条，面积38.9万平方米，21.96公里；投资小城镇市场建设资金2458.75万元，建筑面积7.9万平方米，市场占地面积18.4万平方米，试点的20个小城镇实现了场路分开，超过当时贵州省下达目标任务的40%。场路分开使得乡镇区面积得以拓宽，有的增加两三倍之多。

在试点集镇实施场路分开取得明显成效的基础上，根据州境内公路主骨框架结构情况，州政府提出“三纵二横干线”，即谷大、册三两条东西干线和黔桂、马遵、贵罗三条南北干线上主要小城镇实现场路分开的“保畅方案”，将具体任务目标分解到各县（市）。

1998 年，全州有 18 个重点小城镇实施“场路分开”工程，超过省建设厅下达的目标任务的 40%。共投资 2052 万元，新建改建扩建小城镇道路 17.1 公里，投资 1357 万元建设农贸市场 18 个。

1999 年，州政府召开加快城镇化发展工作会议，并下发《关于进一步加强小城镇建设的决定》，要求加大规划、建设管理力度，高质量地建设具有特色的新型小城镇。决定提出，要深化小城镇建设投资融资体制改革，推进小城镇土地使用制度、户籍制度改革，建立健全乡镇、村镇建设管理机构等。同时，下发全州小城镇建设工作考核奖励实施办法和小城镇建设评分标准，按每个县（市）3 个乡镇的比率，确定全州 36 个重点建设的小城镇为：都匀市的墨冲、杨柳街、甘塘；福泉市的马场坪、龙昌、牛场；瓮安县的珠藏、天文、草塘；贵定县的昌明、盘江、平伐；龙里县的猫场、洗马、谷脚；惠水县的摆金、高镇、三都；长顺县的威远、广顺、摆所；罗甸县的边阳、沫阳、红水河；平塘县的通州、塘边、大塘；独山县的麻尾、基长、麻万；荔波县的立化、佳荣、茂兰；三都县的丰乐、大河、周覃。

随着全州小城镇建设的快速发展，各小城镇环境的改善，一些境外工商企业主到州内小城镇投资办企业，出现一些颇具特色的小城镇工业区。如，都匀墨冲、杨柳街、洛邦；惠水长田；独山麻尾；福泉洒金、牛场；贵定盘江；龙里谷脚、龙山；惠水长田工业开发区或商贸开发区。出现一些像龙里谷脚镇工业开发区那样的明星小城镇。1999 年，全州完成小城镇道路新建和改造 14.75 公里约 18 万平方米，完成投资 1500 万元；12 个小城镇新建和改造农贸市场 2.3 万平方米；全州已有 222 个乡开通程控电话；自来水用水人口达 40 余万人，共有 85 个小城镇完成了场路分开。各小城镇电信、通信、电视网络形成，文化、教育、卫生设施配套。

进入 21 世纪后，全州小城镇建设以“扩容提质”为发展思路，小城镇建设与以“工代赈”异地扶贫开发相结合，通过移民搬迁，将位于落后偏远山区的“能人”先期移出进入小城镇，形成规模人口聚集，产生规模效应，增强小城镇的聚集能力。

2001 年，全州小城镇市政道路新建和改造 14.5 公里，比上年提高 19.6%，投入 1100 万元；市场建设向综合性多功能发展，投入 700 万元，新增农贸市场面积 4.6 万平方米；小城镇绿化，投入超过 100 万元，体现出“扩容提质”的小城镇建设指导思想。

2003 年，惠水县断杉镇采取优惠政策，征拨 13965 平方米的土地，用“以工代赈”资金 100 万元，以及移民户自筹资金每户 1 万元的方式，在镇政府所在地新建移民安置房 50 套，并完善移民新村内的水、电、路等基础设施。同时，采取资本置换的方式，拆迁镇政府大楼，镇属有关部门办公旧房及 15 户民房，腾出建设用地 12203 平方米，进行招商引资，引进资金 450 万元，带动民间直接投资 800 万元，修建了一个 8000 平方米的集贸市场，并新修 1 公里的市政道路。通过人口的聚集和商贸产业的集群，可以增加城镇人口 600 余人（占该镇一、二类贫困村贫困人口的 66.9%），而移民户的年人均纯收入增加 800 元以上。断杉镇的实践，为全州小城镇建设和发展起到了一个示范作用。瓮安县草塘镇利用其商贸重镇的有利条件，加快小城镇建设步伐，基础设施得到加强，农贸市场、商品房市场、畜牧市场进一步繁荣，因城镇聚集能力的增强，扩大了人流，壮大了物流，财政税收年均增加100多万元，乡镇企业年产值保持以25%的速度稳步增长，镇区人口以每年1000余人的速度增加，实现有效吸引农民进镇居住的目的。通过小城镇建设，带动农业产业结构的调整，促进农村经济发展，实现农民增收，商贸兴镇。是年，全州建设村镇集贸市场40个，配套建设油路311.7公里，修建移民住房2638栋169144平方米，易地扶贫移民搬迁2800户、1.2万人。

2005年，多方筹集资金共建设和改造农贸市场18个，新建和改造小城镇市政道路10余公里。通过州市（县）共建，龙里谷脚工业区、惠水长田工业区，独山麻尾工业区初具规模，都匀洛邦经济工业区建设起步。全州镇区人口每年增加千人左右。

2008年，在小城镇建设中道路、绿化、供水、环卫以及市场、通信文化娱乐等设施基本配套。独山县麻尾镇、瓮安县草塘镇、福泉市牛场镇、长顺县广顺镇、龙里县谷脚镇、荔波县茂兰镇、贵定县昌明镇等优先发展的小城镇，实现以路兴镇、以镇促“带”，增强小城镇的辐射带动作用，镇区人口超过了1万人，基本形成了规模等级适当，职能类型较丰富的城镇体系。是年，全州开工建设小城镇道路12.5公里，新建乡镇水厂2座。

2010年，全州完成乡镇道路改建扩建95.38公里，绿化公共场地4平方公里，完成排污沟17公里，以及污水、垃圾、供水管道、地下管网、燃气、公共服务等基础设施建设。2011年全州县城以下建制镇88个，占223个乡镇的39.46%，小城镇实现农贸市场与道路分开，所有小城镇全部开通移动电话，通信条件得到改善，公共客运、燃气以及各种文化娱乐设施得到发展，农村生活水平和生活方式发生巨大变化。独山县麻尾镇、瓮安县猴场镇、福泉市牛场镇、长顺县广顺镇、龙里县谷脚镇、都匀市墨冲镇、贵定县昌明镇等被列为全省重点优先发展的小城镇。

2012年，省委、省政府下发《关于加快推进小城镇建设的意见》，要求按照“小而精、小而美、小而富、小而特”的“四小”原则，重点完善示范小城镇基础设施和公共服务设施，实施市（州）示范小城镇“8个1”工程、省级示范小城镇“8+3”工程。最终建成100个交通枢纽型、旅游景观型、绿色产业型、工矿园区型、商贸集散型、移民安置型等各具特色的示范小城镇，其中，省级示范小城镇30个，市（州）及示范小城镇70个。按照省的安排，黔南州有独山县麻尾镇、贵定县昌明镇、平塘县卡蒲乡等3个镇（乡）被列为省级示范小城镇。都匀市墨冲镇、福泉市牛场镇、瓮安县猴场镇、龙里县醒狮镇、长顺县广顺镇、惠水县好花红乡、荔波县甲良镇、三都县周覃镇、罗甸县边阳镇等9个镇（乡）被列为全省市（州）级示范小城镇。根据省委、省政府的工作部署，州委、州政府作出全州重点打造20个示范小城镇的决定，在省定全州12个示范小城镇的基础上，增加8个镇（乡），即：都匀市杨柳街镇、瓮安县珠藏镇、贵定县盘江镇、惠水县摆金镇、独山县基长镇、平塘县通州镇、荔波县驾欧乡（小七孔镇）、都匀开发区大坪镇，共同组成20个全州重点示范小城镇。通过对这20个基础条件好、有一定产业支撑、发展前景较好的示范小城镇作重点打造，以点带面，推动全州小城镇建设加快发展。

2013年，全州20个重点示范小城镇建设全面实施，州委、州政府出台加快小城镇建设发展的部门帮扶、以奖代补、跟踪督查等相关政策措施。各示范小城镇对已编制的规划进行修编，做到“先规划、后建设，无规划、不建设”。20个示范小城镇总体规划编制完成，其中，12个省、州示范小城镇总体规划通过评审，部分镇（乡）控制性详细规划已通过评审。按照“小而精、小而美、小而富、小而特”的“四小”原则，20个示范小城镇重点进行市政基础设施和公共服务设施建设，在完成省“8个1”和“8+3”工程的基础上，另增加了文化站、幼儿园2个实施项目。20个重点示范小城镇实施基础设施建设项目127个，总投资61亿元，已完成投资36.76亿元。重点示范小城镇共签约招商引资项目191个，签约金额159.68亿元，落地项目35个，到位资金近40亿元。一批工业项目、房地产开发项目等落户小城镇。

2014年，瓮安县猴场镇由市（州）级示范小城镇晋升为省级示范小城镇，并评为全省100个示范小城镇10个样板示范点；平塘县通州镇由州县共建示范小城镇晋升为市（州）级示范小城镇。全州省定示范小城镇由12个增加为13个（其中省级示范小城镇4个、市（州）级示范小城镇9个）。全州20个重点示范小城镇按省委省政府《关于加快100个示范小城镇改革发展的十条意见》及州委、州政府关于贯彻落实省委省政府《关于加快100个示范小城镇改革发展的十条意见的实施方案》开展“10个1”“10+3”以及“10+X”工程在内的基础设施项目和产业发展项目建设，在建设中注重特色发展，彰显自然景观、建筑风格、民族风情和文化品位特色。通过示范建设，20个示范小城镇面积得到扩展，小城镇骨干路网基本连通，小城镇水、电、通讯、消防、环卫等市政公用设施覆盖率得到提高，教育、卫生、科技、文化、体育等公共服务体系吸引农村人口向小城镇聚集，小城镇公共服务功能不断完善。是年，州、县两级财政投入示范小城镇专项引导资金4.89亿元；完成招商引资签约资金248.23亿元，招商引资到位资金68.41亿元；示范小城镇融资43.51亿元；全州重点示范小城镇共实施建设项目327个，总投资189亿元，完成投资87亿元，占年度计划的200%；新增企业520个，新增城镇人口16594人，新增城镇就业人口10163人。

第四节　村寨建设

一、村寨建设

进入20世纪90年代，黔南州提出按抓小城镇建设的要求抓好村寨建设，普遍建立村镇管理站，具体承担村寨建设工作的落实。在村寨建设中，逐步推行村寨规划建设许可证和准建证制度，要求单位和个人在村寨建房或其他建设必须持有村寨规划建设许可证和准建证，并开始在全州进行小康村建设试点。

1994年，确定龙里吴家庄等村作为全州第一批小康村建设试点。是年，龙里、福泉、独山、瓮安4个县对农民发放小康住宅贷款210万元。瓮安县率先设计出“依山式、平地式、乡企式、高低式”等各类新型、功能齐全、占地面积少、适用性广的小康住宅，在草塘、中坪、鱼河等村镇进行试点建设。1996 年，全州用于村镇各项基础设施建设的总投入为 3.15 亿元，其中住宅投资 2.3 亿元，是年，全州村镇人均居住面积达 11.5 平方米。

结合小康村建设和社会主义新农村建设的要求，针对不同类型、不同经济基础、不同资源条件等因素，全州选择贵定音寨、平塘掌布、三都水阁、独山翁奇、惠水九龙、荔波板寨、瓮安尖坡、都匀联芒、福泉江边、长顺中院、龙里大岩和罗甸大小井等 12 个村作为州级社会主义新村建设试点村。各县（市）也根据实际情况，选择确定了自己的建设试点，做到突出重点、以点带面、分类指导、层层推进、整体提高。

21 世纪初，州政府提出：新农村建设既要做到因地制宜，因势利导，又要做到设施配套，功能较齐，优势互补；既要体现地方特色，民族特色，又要体现现代文明。要求通过旧村规划改造，达到增加农民收入、促进农村经济发展的目标，并同时考虑农民的收入水平对旧村改造的经济承受能力；通过旧村改造，促进当地产业发展和产业结构调整。力求减少新农村建设对土地资源的浪费，有利于农村生产和农民群众的生活。搞好村寨建设规划，全州投资 30 万元，进行不同功能、不同民族的民居建筑与农房改造通用图集的设计，做到既有民族特色，又有利于可持续发展；在新农村的规划建设中尊重地域的自然环境与人文环境，利用当地的地形地貌，同时注重民族文化的传承与人文环境的营造。对新农村建设进行重点倾斜扶持，利用当地的自然资源、人文资源等条件，合理调整产业结构，对具有自然景观、人文景观资源和游览观光价值的村寨，实行重点扶持，按规划进行基础设施建设，特别是对当地发展具有重要意义和作用的建设项目，集中扶持，突出效果，提高效益。通过扶持打造民族乡村旅游、生态观光旅游、休闲度假旅游等，调整产业结构，促进当地经济发展，增加农民收入，以产业发展支撑村寨建设。

2006 年，全州投入 100 万元用于 12 个新农村试点村的规划设计，按照“生产发展、生活宽裕、乡风文明、村容整治、管理民主”的要求，突出重点，以点带面完善村寨基础设施配套建设。发挥示范带动作用。贵定音寨、三都卯坡、平塘掌布、独山深河园、翁奇、荔波“十里梅园”等明星村寨，建设总投入近千万元，成为具有地方特色、民族特色、环境卫生整洁的文明村寨。

2007 年，全州结合村庄整治启动了 120 个县级文明生态小康村建设。2009 年，全州实施村庄整治 164 个，投入资金 2.41 亿元。实施村庄整治项目 9 个，补助项目资金共 145 万元。加强整治规划、重点倾斜扶持、政府引导等方法，做到了村庄发展治散、基础设施治缺、旧村改造治差、村容环境治脏、农民建房治乱，打造出平塘县卡蒲毛南族乡河中村、三都县三合镇姑挂村等一批社会主义新农村的典型。

2010 年，黔南州以编制村庄规划为龙头，以配套建设农村交通、文体、环境卫生等公共设施为重点，进行村庄整治。全年投入村庄整治的资金共 1.7 亿元，完成 86 个村的村庄整治规划，实施了 428 个村寨村庄整治，新建改建 12903 户农住宅，完成通村公路 936 公里。

2011 年，以配套建设农村交通、文体、环境卫生等公共设施为重点，以治理农村“脏乱差”为关键环节，逐步改善农村生产、生活环境。全州投入村庄整治资金共28828.46万元，其中省级财政投入3612万元，州、县、乡镇共投入11059.3万元，农民自筹12636.15万元，整合部门资金1521.01万元，完成了3个省级示范村，7个省州共建示范村，2个州县共建示范村，以及贵新、厦蓉高速公路沿线330个村庄整治工作。其中，州政府当年补助村庄整治资金1000多万元，各县（市）及开发区共配套资金1.2亿元；全年投入新农村建设整治规划经费450多万元；结合地方、民族特色，针对不同的整治房屋，投入40万元编制了村庄整治设计图集，为整治工程的实施提供设计参考；利用财政部门的“一事一议”、扶贫办的“整村推进”、卫生部门的“农村改厕”、农办的“村庄整治”、林业部门的“退耕还林”等涉农资金，进行整治，都匀等县（市）还采取个人、单位和社会捐资的方式筹集资金，解决资金不足的困难；州政府针对前期整治工作进展较慢的情况，下半年起采取每月轮流到一个县召开一次现场会的方式，通过现场参观，总结经验、发扬成绩、查找问题，督促进度。惠水县采取村庄整治与工业园区结合的方式，通过企业支持、工业反哺，既解决了整治资金压力问题，也建立起了企业与当地群众的融洽关系，帮助企业发展。

是年，完成贵新高速、厦蓉高速公路沿线200米可视范围内81个行政村、330个村民组，以及3个省级示范村、7个省州共建示范村和2个州县共建示范村的村庄整治。编制10个省级、省州示范村村庄整治规划，并上报省住建厅评审。高速公路沿线村庄整治进行入村、组调查摸底、宣传发动和地形测绘工作。

2012年，全州安排13个示范村村庄整治和公路沿线125个村村庄整治任务。全年投入村庄整治资金共3.62亿元，其中省级财政投入150万元，州、县、乡镇共投入36097.72万元；完成了3个省级示范村（荔波县福利村、贵定县清定桥村、长顺县冗雷村）基础设施建设、13个示范点村庄整治，以及高速公路、国道、省道沿线200米可视范围内、风景名胜区周边125个村的村庄整治工作。通过整治，村容村貌，生产生活条件得到改善。

2013年，州委、州政府决定在全州推进以“富、乐、学、美”为主要内容的“四在农家·美丽乡村”建设，坚持“一寨一景观，一村一特色”，按照“集中为主，适当分散，依山傍水，错落有致”的要求，对全州137个村寨进行打造。

2014年，根据国家、省实施美丽乡村建设和州政府《关于全州“四在农家·美丽乡村”六项行动计划的实施意见》的要求，在全州实施“四在农家·美丽乡村”基础设施建设——小康路、小康水、小康房、小康电、小康讯、小康寨六项行动计划，州住建部门牵头实施完成全州2500户小康房建设工作。是年，为迎接贵广高铁的开通，启动实施高铁沿线所有村庄整治，共涉及4个县（市（区）及都匀经济开发区、36个村民组、2238户。经过2个月，高铁沿线黔南段36个村组的村庄整治工作完成，投入整治资金10349万元，高铁沿线农村脏、乱、差的面貌全面改善，以新农村良好形象迎接黔南高铁时代的到来。（注：农村危房改造见本志农业农村农民篇）

二、传统村落保护

为保护和弘扬优秀传统文化，黔南州对具有保护价值的传统村落进行保护。2012年，决定将具有传统民居保存、生态保存良好及非物质文化传承的村落申报列入中国传统村落名录。是年，住建部、财政部、文化部、国家文物局等部委联合组织开展传统村落推荐申报工作。全州有3个县7个村进入第一批中国传统村落名录。即：荔波县瑶山民族乡董蒙村、荔波县永康民族乡太吉村、荔波县永康民族乡尧古村、平塘县卡蒲毛南族乡场河村交懂组、三都水族自治县坝街乡坝辉村、三都水族自治县都江镇怎雷村、三都水族自治县拉揽乡排烧村。

2013年，全州有平塘县掌布镇掌布村进入第二批中国传统村落名录，占全国915个的0.11%，占全省202个的0.49%。

2014年，全州3个县8个村进入第三批中国传统村落名录，即：都匀经济开发区匀东镇洛邦社区绕河村、都匀经济开发区匀东镇王司社区新场村、荔波县玉屏街道办事处水甫村、荔波县方村乡丙花村者吕组、平塘县平舟镇乐康村、平塘县塘边镇新建村打鸟组、平塘县塘边镇新街村落辉大寨、平塘县新塘乡新营村摆仗组，占全国994个的0.8%，占全省134个的5.97%。截至2014年底，全州有8个县（市）及开发区网上录入传统村落数95个，其中自然村数74个，行政村数21个，非物质文化遗产数96个。已列入国家传统村落名录16个，其中4个传统村落规划编制通过审查并已获得中央资金支持，其余的12个正在按照评审意见进行规划修编和报批。

第二章　建筑业

1991年，全州有13个建筑设计单位，先后建成一批设计新颖、造型独特的高层民用建筑和城市桥梁等。是年起，全州各县（市）先后成立建筑管理站，分别负责各县（市）的建筑市场管理。进入21世纪以后，全州的城市房屋建筑8层以上的高层建筑越来越多，20多层的电梯房开始兴建。在建筑施工装备方面从没有机械设备发展到能施工高层建设及各种结构所需的各类机械。同时，贯彻“安全第一、预防为主、综合治理”的方针，各级政府管理建筑业的职能部门制定各项规章制度，加强建筑企业管理，鼓励建筑施工企业争创安全文明施工样板工地，推动安全质量标准化，推进全州建筑安全管理总体水平提升，全州建筑行业管理逐步规范。

第一节　建筑设计

20世纪90年代初，黔南州建筑设计的层次和结构发生较大变化。建筑楼层县城一般为3～5层，都匀为5～8层，最高达14层；结构上大量采用钢筋混凝土现浇或预制装配式框架结构，并设计了简仓、水塔、高位水池等特殊结构。在结构设计上还采用了一些新技术、新工艺和新结构，同时，逐步强化政府对工程设计工作监督职能，建立设计质量责任制，以保证图纸质量。

1991 年，黔南州第一次举办以“商品住宅”为主题的设计竞赛，共收到 9 个设计单位送交的 12 份施工图。此次活动的开展，促进了全州工程设计人员的相互学习和交流，提高了设计水平。1992 年，州设计院设计的建筑面积达 31115 平方米，产值 23.4 万元。1993 年，对全州各县（市）设计单位进行资质审查，结果全部为合格。是年，州设计院经省建设厅考核，由丙级设计单位晋升为乙级设计单位。1994 年，针对州内建筑勘察设计市场出现的一些混乱现象，州建设局下发《关于加强全州勘察设计市场管理的通知》。是年，州建设局查处了省侨谊建筑勘察设计院在贵定私设分院、私揽设计任务的事件，并会同贵定县工商局吊销了其营业执照。对全州 14 个设计单位的 28 名工程设计人员的设计质量进行了检查，及格以上的占 84.16%。

1995 年以后，随着外来设计队伍不断进入和私人设计不断增多，州设计院发挥技术及设备的优势，在建筑设计市场竞争激烈的情况下，抓内部管理，提高服务质量和水平，强调从设计到施工的全过程和全方位服务。1997 年，完成 25 个项目的施工图设计，完成年产值 25 万元。是年，州设计院开展多种经营，完成施工产值 400 万元，实现利税 30 万元，闯出了一条创收之路。1998 年，州政府出台《黔南州勘察设计市场管理办法》，要求全州各级勘察设计部门在建筑设计市场竞争激烈的情况下，严把工程设计质量关。是年，在全州设计质量大检查中，共检查 16 个设计单位的 32 项设计图纸，其中：良好的占 9.4%，合格的占 81.3%，不合格的占 9.2%。州设计院的三都鹏程希望学校建筑设计项目参加全省评优，获得二等奖。州设计院全年完成 31 个项目的设计任务，创产值 38 万元。1991—2000 年，都匀市的建筑设计人员普遍都经过了省、州组织的技术培训。到 2000 年，都匀市建筑设计已全面实现 CAD 制图，微机出图率达 90% 以上。

1999 年，批准 11 家勘察设计单位入境。1999 年以后，强化设计市场管理，杜绝无证勘察设计，对外来队伍入境资质进行把关，开展勘察设计单位资质年审工作，有针对性地进行实地检查和抽查，排除设计隐患。

进入 21 世纪以后，全州城市房屋建设多系 8 层以上的高层建筑，20 多层的电梯房开始兴建。楼房设计中，注意消防、采暖、通风、水电等专业设计及其配套工作。2000 年，全州完成 15 家勘察设计单位资质年审和换证工作。2001 年，完成州工程设计质量监督站资质认证（获乙级资质），全州全面开展施工图设计文件的审查，从源头上确保设计水平和建筑质量。2001 年以后，全州严格执行施工图审查制度。在勘察设计市场管理上，严禁无证设计，严禁无图施工。凡在黔南州从事勘察、设计的单位或个人，必须持有相关的资质证书，取得相关执业资格方可准许设计。凡没有相应注册建筑师，注册结构工程师签字的设计图一律不准使用。2002 年，全州完成了勘察设计单位资质换证及新资质申报工作。2003 年，全州完成施工图审查项目 155 个。2004 年，州组织开展民族民居建筑设计方案竞赛活动，共收到勘察设计方案 27 个，经省、州专家认真评选，共有 16 项设计方案获奖。

2007年，州建设局转发贵州省建设厅、省经贸委、省发改委制定的《贵州省新型墙体材料发展应用与建筑节能管理规定》，在全州逐步推开建筑节能管理工作，要求全州建筑勘察设计人员在建筑设计过程中注重节能设计。2008年，全州12个县（市）相继设立建筑节能和墙体改革办公室，开展建筑节能和墙体材料革新工作。是年11月，在龙里召开建筑节能工作会议，就如何进一步落实科技、节能、墙体材料革新等系列工作作了安排部署，要求全州各级各有关部门制定政策、标准，规范实施的监督力度，确保全州的建设科技发展墙体材料革新和节能工作得以全面推进。是年，超额完成了省建设厅下达的50万平方米建筑节能设计目标任务。

2009年，全州执行节能标准的民用建筑面积达到180万平方米。2010年，全州在建工地节能保温执行率达到82.13%，执行节能标准的民用建筑面积295.4万平方米，建筑节能量5.3万吨标准煤。年底，全州所有城市禁止使用实心黏土砖和实心页岩砖。自2010年以后，全州集镇和农村也逐步限时禁止使用实心黏土砖和实心页岩砖建筑房屋。2010年，全州各设计质量监督站、勘察设计企业进行自查自纠，检查情况表明：全州大多数地区建设主管部门和勘察设计企业的市场行为、设计质量均较好，大多数勘察设计企业都能按规定换发了新的设计资质证书；办公场所、资金、注册技术人员到位；建立了企业内部质量管理体系；能够及时地了解国家、地方有关法律法规及方针政策，并能较好地执行；工程勘察设计文件基本符合强制性条文和一般性条文，设计深度基本达到要求。

2011年，全年执行节能标准的民用建筑面积610.1万平方米；2012年，全州新建民用建筑勘察设计施工图审查307项，设计阶段节能执行率100%；在建（竣工）民用建筑工程项目339项，建筑面积329.5万平方米，施工阶段节能执行率达97%，超过省下达目标2个百分点。是年，州住建局分别对境内具有丙级及以上勘察、设计、施工图审查资格的机构，在其自查的基础上进行抽查，被抽查单位未发生勘察、设计质量事故及违法违规行为，熟悉建设部建设网和标准化网及省建设厅建设网。是年，全州申请获得3个省级可再生能源建筑应用示范项目。

2012年，全州具有丙级及以上的施工图审查机构和勘察、设计单位共6个（乙级施工图审查机构1个，丙级、乙级勘察单位各1个，丙级设计单位3个，乙级设计单位1个，其中黔南州建筑设计研究院同时具有乙级设计、丙级勘察资质）。是年，州工程设计质量监督站共承接保障性住房73项、公共建筑42项、学校130项，全州丙级及以上的设计单位共承接保障性住房48项、公共建筑40项、学校86项；勘察单位承接保障性住房17项、公共建筑9项、学校15项。

2013年，全州新建民用建筑施工图设计审查193项，设计阶段节能执行率100%，在建（竣工）民用建筑工程项目349项，建筑面积为654.6万平方米，施工阶段节能执行率达97%。完成绿色建筑评价标识备案项目95万平方米，申报“贵州省绿色建筑评价标识（设计标识）项目”2个，绿色建筑正在逐步推进。全州申报HRB500级高强钢筋推广应用示范项目2个，在建工程以400MPa钢筋取代335MPa钢筋比例比上年提高，500MPa钢筋的使用量也比上年提高，在部分项目上500钢筋的使用量占39%以上。

2014年，全州新建民用建筑施工图设计审查187项，设计阶段节能执行率100%，在建（竣工）民用建筑工程项目296项，建筑面积为716.1万平方米，施工阶段节能执行率达100%。完成绿色建筑评价标识备案项目50.17万平方米。申报“贵州省绿色建筑评价标识（设计标识）项目”2个。全州“100个城市综合体”“100个示范小城镇”建设均按照绿色建筑要求进行设计，其中瓮安县麒龙物流园城市综合体正在申报“贵州省绿色建筑评价标识（设计标识）项目”。完成20栋国家机关办公建筑和大型公共建筑的能耗统计。

至2014年，黔南州建筑设计研究院、贵州地矿黔南地质工程勘察公司有勘察设计乙级资质；丙级资质单位有都匀市建筑设计院、福泉市建筑设计院、瓮安县建筑咨询设计公司；丁级资质单位有贵定县规划设计室、龙里县规划设计室、惠水县规划设计室、平塘县规划设计室、独山县规划设计室、罗甸县规划设计室。

2000—2012年黔南州勘察设计项目获奖情况一览表

表16－2－1　　单位：个

获奖项目名称	项目类别	获奖时间（年）	获奖情况
黔南州人民医院门诊大楼	勘察	2000	2000年度“贵州省地矿局优秀工程勘察奖”三等奖
都匀华欣大厦	勘察	2004	贵州省第十次优秀工程勘察评选三等奖
荔波县三力大酒店	勘察	2005	2005年度贵州省优秀工程勘察设计奖（二级）二等奖
都匀中心现代城	勘察	2005	2005年贵州省优秀工程勘察设计奖（二级）三等奖
黔南民族师范学院9#学生公寓	勘察	2005	2005年贵州省优秀工程勘察设计奖（二级）三等奖
福泉中学逸夫楼	勘察	2005	2005年贵州省优秀工程勘察设计奖（二级）三等奖
黔南民族医专教学楼实验楼	勘察	2005	2005年贵州省优秀工程勘察设计奖（二级）三等奖
平塘县少年活动中心	设计	2005	2005年贵州省优秀工程勘察设计奖（二级）一等奖
荔波机场公路二期工程一号大桥	设计	2005	2005年贵州省优秀工程勘察设计奖（二级）二等奖
瓮安县实验学校综合楼	设计	2005	2005年贵州省优秀工程勘察设计奖（二级）二等奖
福泉中学茅以升科技馆	设计	2005	2005年贵州省优秀工程勘察设计奖（二级）二等奖
福泉市教育局教场小学综合楼	设计	2005	2005年贵州省优秀工程勘察设计奖（二级）二等奖
都匀市郊杨柳街110KV输变电工程	设计	2005	2005年贵州省优秀工程勘察设计奖（二级）二等奖
枣园小区地下锅炉房设计	设计	2005	2005年贵州省优秀工程勘察设计奖（二级）三等奖
惠水县人民医院门诊综合楼	设计	2005	2005年贵州省优秀工程勘察设计奖（二级）三等奖
惠水县摆榜农民培训中心	设计	2005	2005年贵州省优秀工程勘察设计奖（二级）三等奖
福泉市图书馆	设计	2005	2005年贵州省优秀工程勘察设计奖（二级）三等奖
福泉中学逸夫楼	设计	2005	2005年贵州省优秀工程勘察设计奖（二级）三等奖
龙里县工商办公楼	设计	2005	2005年贵州省优秀工程勘察设计奖（二级）三等奖

续表 16－2－1

获奖项目名称	项目类别	获奖时间（年）	获奖情况
瓮安县汽车站	设计	2005	2005 年贵州省优秀工程勘察设计奖（二级）三等奖
西苑大世界迦南地公寓	设计	2005	2005 年贵州省优秀工程勘察设计奖（二级）三等奖
黔南州中心血站	设计	2005	2005 年贵州省优秀工程勘察设计奖（二级）三等奖
都匀市阳和乡富裕村办公楼	设计	2005	2005 年贵州省优秀工程勘察设计奖（二级）三等奖
黔南州档案馆	设计	2005	2005 年贵州省优秀工程勘察设计奖（二级）三等奖
罗甸县双河口电站库区复建公路董王大桥	设计	2005	2005 年贵州省优秀工程勘察设计奖（二级）三等奖
三都九阡水族文化馆	设计	2005	2005 年贵州省优秀工程勘察设计奖（二级）三等奖
荔波县法院办公楼	设计	2005	2005 年贵州省优秀工程勘察设计奖（二级）三等奖
独山县深河桥抗战纪念馆	设计	2005	2005 年贵州省优秀工程勘察设计奖（二级）三等奖
惠水县人民医院门诊综合楼	设计	2005	2005 年贵州省优秀工程勘察设计奖（二级）三等奖
惠水县摆榜农民培训中心	设计	2005	2005 年贵州省优秀工程勘察设计奖（二级）三等奖
荔波县三力大酒店	勘察	2006	贵州省第十一次优秀工程评选三等奖
都匀嘉和·水岸 1 号商住楼	勘察	2010	2010 年度“贵州省地矿局优秀工程勘察奖”二等奖
都匀银湖星城（银湖 3 号商住楼）	勘察	2012	2012 年度“贵州省地矿局优秀工程勘察奖”二等奖

第二节　建筑施工

一、建筑施工装备

20 世纪 90 年代初，黔南州建筑施工装备有了巨大的变化，从没有机械设备发展到能施工高层建设及各种结构所需的各类机械。1991 年，据不完全统计，全州施工单位土石方工程机械设备有：挖掘机 2 台，推土机 6 台，自卸铲机运载机 2 台，压路机 3 台，空压机 16 台，凿岩机 32 台，粉碎机 61 台；水平运输机械有：平板、自卸汽车 88 辆，2 吨以下翻斗车，自卸柴油车、拖拉机等共 73 辆，大客车 1 辆、小轿车、面包车 15 辆；垂直运输机械有：大型腹带吊、轮胎吊 2 辆、龙门吊 2 台、汽车吊 7 辆，45 吨米以上高层用大型塔吊 4 台，一般塔吊 59 台，卷扬机 280 台；钢筋、钢材加工机械；调直、弯曲、切断机共 85 台；液压对焊机 8 台，点焊、对焊机 14 台、电弧焊机 107 台、预应力张拉机 32 台；混凝土、砂浆搅拌机 90 台；设备加工机械有：大型龙门刨床 2 台、各种车床、铣床、钻床、空气锤等共 45 台；大型木材加工机械：全州共有带锯 7 台（套）；柴油发电机组 12 套；还有数量更多的打夯机、洗灰机、振动台（棒），内燃手扶压路机、制砖机、喷浆机、潜水泵等小型机械，工程质量检测用的材料试验机7台及相应的试验室设备。钢管脚手架在全州各施工工地仍广泛应用，钢模板也大面积在城市和部分县城推广，各施工单位还有水平仪、经纬仪，有的单位还有激光经纬仪等仪器。全州上述机械设备的总功率已达2.8万千瓦，设备原值1620万元，净值1190万元。中建四局五公司和黔南州建筑公司是全州装备先进、齐全的两个大型施工单位。其中，中建四局五公司拥有各种较大型的机械设备355台(件)，设备原值达300万元。州建筑公司拥有较大型机械250台（件)，原值达200万元。

二、建筑安装产值

1991年，全州完成建筑安装产值7952.84万元，比上年增加24.26%。都匀市有大小建筑施工企业12个。1992年，全州施工企业完成建筑安装产值9349万元，比上年增长24.66%，实现利税314.8万元，施工面积292156平方米。是年，对全州建筑施工企业进行资质年检，全州96个施工企业，合格91个，其中晋升等级1个，基本合格5个。1993年，全州加强施工企业管理，对1992年后新成立的施工企业进行清理，属于党政机关办的施工企业，首先要求政企分开，然后按照资质等级的要求逐个审核，该降级的降级，该撤销的坚决撤销。是年，完成89个施工企业的资质年检，其中合格81个，晋升等级5个，基本合格3个。全州施工企业完成建筑安装产值9652万元，比上年增长3.24%，实现利税409.24万元。

1992年以后，严格控制县以上所在地的施工企业总量的增加，积极扶持乡镇建筑企业的发展，特别是边远乡镇建筑企业列为优先发展对象，同时，引导有条件的企业发展装修、装潢业，鼓励以一业为主，多种经营。1992—1993年，每年都新批准成立乡镇建筑企业8家。1994—1996年，州内建筑企业每年完成的建筑安装产值逐年上升，完成建筑面积均在30万平方米左右。其间，1994年，为完善施工管理，州建设局与州建设银行联合举办为期15天的施工企业会计培训班，重点培训建筑施工企业的会计人员，全州施工企业完成建安产值1.4亿元，比1993年增长4%，实现利税453.6万元。1995年，全部完成施工企业资质就位审查申报工作，全州四级以上建筑企业资质就位的有45家，完成建筑安装产值1.5亿元，比1994年增长3.5%，实现利税612万元。1996年，全州施工企业完成建安产值1.8亿元，比1995年增长2.4%。

1997年，州属开工项目在200个左右，建筑施工企业职工总数22350人。是年，全州上等级建筑施工企业完成建筑安装总产值2.35亿元，比上年增长4.3%。1998年，全州建筑施工企业完成建筑安装产值20781.5万元，实现利税930.95万元。1998年以后，都匀市政府实施“资本置换”运作方式，推动城乡建设发展，外地施工队伍进入都匀建筑市场。较大的有：贵州省发展建设公司、铁五局建筑公司、福建永泰十建公司等20余家，其资质等级均在二级企业以上。

1999年，针对建筑市场出现的新问题，制定《加强外省外地施工企业进入黔南施工管理规定》，对资质审查入境条件、申办程序及罚款等作出规定。是年，批准21家施工企业入境。完成施工单位资质年审和换证，对80多家施工企业资质和290名项目经理资格进行年检和复查。全州建筑施工企业共完成建筑安装产值3.2亿元，实现利税1368万元，分别比1998年增长54.5%和46.9%；开工项目585个，建筑面积104.77万平方米，其中，住宅358个，面积104.2万平方米，为20世纪90年代末期增长最快的一年。2000年，全州新批建筑施工企业3个，装饰装修企业6个。是年，未办理施工许可证擅自开工或开工后再补办施工许可证等违反规定的项目减少。

2001年，全州共有在建项目252个，其中，新开工项目176个，建筑面积70.1万平方米，总造价2.89亿元，州内建筑施工企业完成总产值2.1亿元。2002年，全州施工企业完成总产值4.5亿元，施工面积41万平方米，竣工面积近32万平方米。2002年，州内138家施工企业，通过重组、联合等形式减为39家。全州共举办各类培训班15期，共培训人员达2524人，其中初级工职业技能培训770余人，施工企业安全生产教育培训850余人。2003年，全州房屋建筑工程项目367个，全州施工企业实现建筑业总产值5.1亿元，比上年增长11.7%。2004年，全州建筑施工项目共253个，总投资6.2亿元，其中州属项目25个，总投资6400万元。是年，全州建筑业完成总产值8.5亿元。2005年，全州建筑施工项目共328个，总投资超过10亿元。共完成建筑业总产值近8亿元。2006年，全州建筑施工项目共285个，总投资超过8.3亿元，完成建筑业总产值近8亿元。2007—2010年，全州新开工项目平均每年200个左右；完成施工总面积每年平均达170万平方米左右。4年共完成总投资51亿元。2011年，全州在建房地产开发项目103个，施工面积近800万平方米，完成房地产投资51.8亿元，比上年增长22%。2012年，全州在建项目196个，建筑安装产值达28.2亿元。

三、清理拖欠工程款

自2004年以后，清理拖欠工程款和农民工工资的工作逐步得到重视。2004年，全州共清理拖欠工程款5672.78万元，其中，农民工工资达1509.94万元。至年底，全州共偿还工程款1627.53万元，兑现农民工工资1465.25万元，其中，2003年拖欠农民工工资508.4万元已全部兑现；2003年以前拖欠农民工工资1001.5万元，已兑现947.81万元。是年，全州组织施工企业“五大员”（预算员、施工员、质检员、安全员、材料员）继续教育培训，共有1510人参加。随着建筑业的发展，为农村富余劳动力提供了大量就业岗位，解决约5万农民工就业。2005年，全州建立了报告制度和农民工工资保证金制度，在全部清理偿还农民工工资1509.94万元的基础上，2005年，全州没有发生新的拖欠农民工工资问题。

2006年初，全州有41个工程，拖欠工程款4499.83万元，其中政府拖欠项目21个，拖欠工程款2205.55万元，至年底，总计拖欠工程1个，尚拖欠工程款97万元，偿还比例为97.84%，其中政府拖欠项目1个，拖欠工程款97万元，偿还比例达95.6%。2007—2012年，州建设局协助劳动监察部门，加大清理拖欠建设工程款工作的力度，从源头治理拖欠，把防止新的拖欠作为治理的重点，争取全州建设工程项目不拖欠工程款和农民工工资。全州执行农民工工资保障金制度，凡不按规定缴纳农民工工资保证金的建设工程项目，不予发放施工许可证，保农民工的合法权益不受侵犯。

四、劳动技能培训及建筑业企业

2006年，成立州建筑劳动技能培训中心，是年全州免费培训1050名农民工，经鉴定合格的912名，合格率96%，推荐就业866名，就业率90%以上。自2006年起，州建筑劳动技能培训中心每年举办农民工技能培训，每年培训乡村农民工1000多人，所有学员经过考核合格，获得了“职业技能岗位证书”，合格率95%以上，就业率也达95%以上。

2010年以后，针对全州建筑施工企业大多数资质等级比较低，专业比较单一，在激烈的市场竞争中处于不利的地位的现状，州建设局积极引导和帮助企业提高整体素质，督促企业提高专业技术人员（包括“三类人员”）的自有率，提高企业的自律能力和市场竞争力，对基本符合国家资质标准的企业，鼓励和帮助其申请升级或增项，积极拓宽业务承包范围，从而获得更多生存发展的机会，使企业走出困境。2011年，全州有在建项目的房地产开发企业101家。

2014年，全州有资质的建筑业企业共计81家。其中：总承包企业47家，房屋建筑工程总承包二级7家、三级34家，水利水电工程总承包二级1家、三级2家，公路工程总承包二级2家，市政公用工程总承包三级1家、专业承包企业24家，建筑装修装饰工程三级4家，金属门窗工程二级2家、三级2家，机电设备安装三级1家，预拌商品混凝土三级12家，钢结构工程三级2家，爆破与拆除工程三级1家，劳务分包企业10家。

第三节 建筑行业管理

一、施工质量安全监督管理

20世纪90年代初，州建筑主管部门要求各施工单位按施工验收规范、质量标准和设计图纸施工，不得随意修改图纸，如发现图纸设计有错误或局部不合理时，及时与有关单位协商修改。成立州建筑工程质量监督站，对全州建筑质量管理作出规定：工程承包必须按照预算定额把关，价格太低以致使工程直接费用不能保证工程质量的，一律不予发包；强化施工企业内部的质量保证体系，三级企业必须设技安、技检机构；四、五级企业必须设1名专职质量安全检查员。等外级企业必须设一名兼职质量安全检查员负责企业所承接工程项目的质量和安全生产检查工作；机构和人员未确定的，不准承包工程；技术资料与施工进度同步，凡技术资料经判定不合格的，则视为该项工程质量不合格，不准交付使用；对不按施工要求，出现质量问题，必须返工或给予罚款。

在1991年全省工程质量大检查中，黔南州名列全省第一。是年，全州工程质量的合格率比上年提高了12个百分点。1992年，在工程质量监督上，实行监督项目责任到人制度，谁监督谁负责，按验评标准严格把关，投资大的项目按基础、主体两个部分检验，最后按单位工程验收的步骤进行，防患于未然。在全州工程质量和安全生产大检查中，工程质量合格率为95%，优良率为10%。在全省的工程质量评比中，黔南州建筑公司承建的黔南师专图书馆被评为省优质工程，使黔南州在全省的工程质量评比中连续获优。1993 年，全州工程质量合格率仍保持在 95% 以上，优品率达 12. 1% 。在全省的工程质量评比中，由中建四局五公司施工，州工程质量监督站质量监督的州人大办公楼被评为省优质工程。至此，黔南州在全省的工程质量评比中连续三年获优。

1994 年，全州加强工程质量监督力度，避免了 5 起施工质量责任事故。全年全州施工质量合格率仍保持在 96% 以上，优良率达 14. 2% 。1995 年，对隐蔽工程、分项工程和原材料严格把关，对不合格的原材料禁止进场，重要部位的隐蔽工程必须经检查后才准隐蔽，有效消除质量事故隐患。是年，全州受监督的工程 471 个，总面积达 55. 02 万平方米，其中，竣工工程有 232 个，优良的 25 个，占 11%；合格的 202 个，占 87%。全州施工质量合格率达 98%。

1996 年，全州各县（市）及州直管工程更加注重抓工程质量及施工安全。为吸取遵义发生空心板断塌事故的教训，开展砼构件生产的检查，并对砼构件做到两次把关——砼预制构件出厂前和吊装前的两次质量检查把关，消除隐患。是年，全州未发生重大的安全事故和工程质量事故，工程合格率达到 100%。1997 年，在全州自查自纠的 427 项工程项目中，重点抽查项目 134 个，占总数的 31. 38%。全州受质量监督的工程项目合格率 100%，优良率保持 10% 左右，其中州质监工程优良率达 22%。

1997 年起，对工程的安全意识和质量坚持“两个覆盖”（工程质量监督覆盖到每一个工地，每一个主要工序）；“四步到位”（坚持并严格执行主要隐蔽工程、基础、主体和单位工程竣工验收）。1998 年，在全省住宅质量大检查中，黔南州综合排名居全省第二位。全州工程竣工面积 44. 43 万平方米，工程质量合格率为 100%，优良率为 22%。其中，州质监站监督工程质量优良率达到 32%。

1999 年，在建设部工程质量大检查中，黔南州建设工程质量管理通过专家组检查，州电讯枢纽大楼成为全省唯一受表扬的受检工程项目。是年，全州经质量监督检验的工程项目 585 个，面积 104. 77 万平方米，合格率 100%，优良率 22%，全州施工安全生产达到重大伤亡事故不超过万分之四的目标责任。1991—2000 年，都匀市建设局工程质量监督站负责对市属建筑工程质量监督和安全生产检查，共监督工程项目 356 个，总建筑面积 26. 71 万平方米。其中优良工程 28 个，合格工程 328 个，优良率 7. 92%，合格率 100%。2000 年，全州工程项目质监率、合格率均为 100%，优良率达 24. 7%，高于省建设厅规定 20% 的目标。

2001 年，建立州建设工程质量检测中心。是年，对全州 252 个在建工程项目从规划、报建、设计、招标、施工、质监、监理等方面进行大检查，检查率 52. 2%，高于建设部和省政府 40% 的规定。是年，省建设厅推荐都匀市、福泉市列为全国安全生产大检查被检单位。建设部、建设建材工会全国委员会联合检查组对都匀市、福泉市在建工程建筑安全生产进行检查，在 6 个受检项目中，有 4 个被评为优良，2 个被评为合格。

2002 年，全州施工现场事故率为万分之二。是年，按照省、州人民政府关于整顿经济秩序的工作部署和要求，开展施工现场检查活动8次，其中专项整治和联合检查各1次，共检查在建项目412个，其中，义教工程和中小学教学楼104个。全州对施工现场质量及安全生产状况进行检查，共下发整改通知372份，提出整改意见2230条。

2003年，开展整顿规范建筑市场专项整治活动。主要是：专项整治业主的市场行为，重点规范政府投资工程的业主和房地产企业的开发建设行为；专项整治拖欠工程款和拖欠农民工工资问题；专项整治转包、违法分包和挂靠行为；专项整治地区封锁的问题；专项整治不执行强制性标准、偷工减料的问题。是年，全州施工图审查项目155个，工程竣工验收备案项目220个，工程质量监督覆盖率100%。全年开展质量大检查3次，安全生产大检查4次。其中，对高处坠落、起重机械、施工坍塌专项治理大检查1次。共检查在建项目89个，涉及施工企业38家，共下发质量安全整改通知147份。全州程质量监督覆盖率为100%。全州未发生勘察设计质量和工程质量事故，未发生在建工程局部或整体倒塌事故。

2004年，在安全生产大检查活动中，全州共检查在建工程项目118个，棚架工程4个，起重设备57个，发出停工通知、整改通知15份，提出整改意见57条。在执行施工图审查制度中，共收审建筑项目93个，共查出违反规范标准条文632条，强制性条文344条，全州严格执行未经审查的施工图项目不得进入招标与施工程序的规定，经审查不合格的一律不予批准出图。是年，全州未发生四级以上安全事故。

2005—2009年，全州未发生工程质量事故。自2009年以后，州建设局坚持每季度召开一次全州安全生产联络员会议制度、质监员交流学习和考评制度，加大安全生产和工程质量的检查力度。2010年1月，福泉市发生一起较大建筑安全事故，州建设局及时召开事故现场会，进行安全生产警示教育。是年，共检查在建工程93个，对存在问题的工程下发停工整改，挂黄牌督办，打击“黑工地”，遏制和预防安全生产事故的发生。2011年至2012年，对保障性住房、学校等建筑进行安全检查。2011年，共开展安全检查6次，检查工地、项目178个，下发整改通知书67个，停工整改6个。2012年，全年共开展建筑安全质量巡查20余次，专项安全督查4次，抽查在建工程83项，对存在质量和安全隐患的51个工程下发了《建筑工程质量安全执法建议书》，责令停工整改的工程10个。两年中，州属建设工程项目未发生质量或安全事故。

2013年，全州开展专项督查6次，抽查在建工程147项，责令停工整改工程57项。启动建筑施工企业安全生产标准化达标工作，组织全州建筑施工企业近300人到贵阳参观学习建筑施工质量安全标准化建设，对州内一级施工企业中建四局五公司开展安全生产标准化达标考核。加强安全生产宣传，组织开展“安全生产月”活动，开展建筑施工安全应急演练，增强施工单位、人员应对突发重大事故的能力和应急意识。全年采集、整理黔南州建设工程材料市场价格信息72份，完成6期《黔南州工程造价信息》的组稿、编辑和发行，组织全州200余名造价人员开展2013版《建设工程工程量清单计价规范》学习。

2014年，组织专项督查6次，抽查在建工程120个，责令停工整改工程5个。全年采集、整理并上报黔南州建设工程材料市场价格信息12份，编辑和发行造价信息6期。开展“送教进工地、进企业”活动，全年培训建筑农民工1588人，发放上岗证1503人，提高建筑劳务用工主要工种及建筑业农民工持证上岗比例。

2009—2010年，全州建筑行业开展文明样板工地创建工作，全州共表彰安全文明施工样板工地32个。2011—2012年，全州共表彰安全文明施工样板工地60个。2014年，开展建筑施工质量安全标准化建设，举办全州文明样板工地评选，对5个省级、29个州级文明样板工地进行表彰。

二、建筑市场管理

20世纪90年代初，全州建筑市场管理以市场治“乱”、企业管理治“散”为重点，把好施工企业资质关，严禁无证、无照、无图和越级施工，严禁转包、违法分包以及无证承包、越级承包。严禁挂靠、出卖图签等行为。1991年，全州各县（市）均先后成立建筑管理站，分别负责各县（市）的建筑市场管理。州建管站对县（市）建管站负有业务指导职责。1992年以后，州建设局按照省建设厅有关规定，结合黔南地区的实际情况，对建筑安装工程造价适时调整，并定期发布主要建筑材料指导价格。1993年，独山县建筑一公司通过改革，增强了竞争能力，到广东湛江参与市场竞争，获得工程承建资格，为全州施工队伍到外省参加竞争进入建筑市场作出榜样。1994—1995年，选择贵定县建筑二公司、荔波县建筑公司、州建筑二公司、罗甸县边阳建筑公司等4家公司作为股份合作制的试点单位进行改革改制，为全州建筑企业向股份合作制转变提供借鉴。自1994起，全州建筑企业外向型经济起步。州内一些企业通过各种途径到省外承接工程，如：惠水、独山、平塘等县的建筑公司及州建筑二公司在广西、湖南、湖北、四川、云南等省承揽施工任务，开创立足本地，走向外地施工的局面。

1996年以后，全州执行《贵州省建筑市场管理条例》，以条例规范市场行为，全面推行项目登记制度和施工许可证制度，理顺各县（市）招投标管理机构，严格建设程序，依法管理建筑市场。

1998年，州建设局定期发布《黔南州工程造价信息》，服务并指导各县（市）搞好定额管理。这项工作得到省建设厅的肯定，并向全省推广。是年，州出台《工程建设监理暂行规定》，实行工程监理制度，成立州工程建设监理有限责任公司，依据有关法律法规和技术标准、规范开展监理工作。1999年，州工程建设监理有限责任公司都匀市分公司成立，开始承接工程建设监理业务。此后，全州各县（市）相继成立工程监理机构，完善工程监理工作，严格执行国家《建设工程监理规范》规定。1999年，州建设局制定《黔南州建设工程（住宅）初装修验评暂行办法》，对住宅工程全面推行《住户使用说明书》和《建筑工程质量保修书》，规范全州的建筑市场管理。

2000年，州建设局对全州12县（市）建设项目开展执法检查，依法查处违法违章建筑488起，依法强行拆除违反规划乱搭乱建的建筑物7229平方米。2001年，整顿和规范建筑市场，对252个在建工程项目从规划、报建、设计、招标、施工、质监、监理进行全方位大检查，对查出的17个违法违规项目进行严格的处理。

2004年，成立州级政府投资项目代建中心，标志全州政府投资工程项目建设进入规范化、专业化管理的阶段。2005年以后，全州建筑市场依法管理，依法治业，重点是严格执行施工图审查制度、招标投标制度、施工许可制度、工程监理制度、质量监督与安全制度，严格建设程序，不断整顿和规范建筑市场秩序，促进建筑业健康发展。2007年，州建设局开展全州建设系统“综合治理，保障平安”“以人为本，安全第一”专项活动，增强全系统“安全责任重于泰山”的管理意识。2010年，开展工程建设领域突出问题专项治理排查，成立专项治理工作领导小组，制定了工作方案，对2008年后的房屋建筑开展全面检查。在工程招投标方面检查中，共抽查项目53个；在对工程质量和安全方面检查中，共抽查在建项目28个。检查发现的问题主要是：未按规定进行公开招标、个别招商引资项目没有按照国家基本建设程序办理相关手续等问题。针对检查中发现的问题，州建设局要求县（市）在规定的时间内进行整改，加强监管，对部分工程项目下发停工通知和黄牌警告，并将检查情况全州通报。

2012年2月，新的《招标投标法实施条例》颁布实施，全州建设系统学习新的《招标投标法实施条例》，并安排人员参加建设部组织的《招标投标实施方案》宣传培训。是年，全州开展工程建设中挂靠借用资质投标违规出借资质问题专项清理工作，成立专项清理检查组，对2011年以来新开工、投资额500万元以上的政府投资和使用国有资金的在建工程项目进行逐个排查，共排查州属项目8个，涉及企业23家。

2013年，全州在建项目（已办理开工手续）471个，建筑安装产值177.5亿元。

2014年，州政府出台《加快我州建筑业发展的实施意见》，提出要把建筑业培育成为全州支柱产业。是年，将安全许可资质等部分行政审批权限下放县市，给予放宽三级企业办理资质条件，州建筑工程有限公司整合资源申报一级总承包企业已上报住建部待审批。全年全州完成建筑业总产值157亿元，同比增长63%；完成建筑安装产值139亿元，同比增长45%。

三、建筑工程招标投标管理

1991年，根据省城乡建设环境保护厅发布的《贵州省建设工程招标投标管理暂行办法》，开展建设工程招标投标。都匀、独山、平塘、三都、瓮安、福泉6个县（市）成立招标投标管理办公室，配备工作人员开展具体业务工作。按照规定，投资额在10万元以上的建设工程都应通过招标选择施工队伍；各县（市）凡总投资在100万元以上的生产性项目和50万元以上的非生产性项目，招标时邀请州招标办公室参加。是年，全州共招标、议标28个项目，面积46146.28平方米，基建投资1380.08万元。

1992年，全州共招标、议标47个项目，面积95180平方米，基建投资1338.8万元。1993年，全州经州招投标办发包的建设工程有37个，建筑面积达53695平方米，投资2274.6万元。1994年，各县（市）建筑安装工程招标投标办公室相继成立。1995年，全州各县（市）各项目业主都主动到各地的招投标管理办公室办理工程建设招投标事宜，改变了建筑市场混乱的局面，施工企业有了平等竞争的机会，全州建筑市场“乱”的现象逐步好转。是年，州属项目开工16个，总投资1884.4万元，建筑面积38666平方米全部纳入招投标管理范围。

1996年，州属项目开工40个，建筑面积65431平方米，投资额4128万元，其中，招投标工程21个，建筑面积20030平方米，投资3752万元，限额以下直接发包的工程8个，自营工程3个，招投标覆盖率达72%。1997年，全州20万元以上工程190个，建筑面积39.6万平方米，投资1.64亿元，招投标覆盖率为92.96%，高于全省平均水平7个百分点。

1998年，全州限额以上新开工建设工程项目203个，其中，通过招投标发包的工程193个，招投标覆盖率达95.07%。高于省建设厅75%的要求；州属项目43个，招投标率达到100%。1998年以后，全州建筑工程项目的招投标覆盖率都保持在95%以上。1999年，国家对公开招标的项目限额作了调整，即50万元（含50万元）以上的工程项目实施公开招标，50万元（不含50万元）以下的项目实施邀请招标。

2000年《中华人民共和国招标投标法》颁布实施后，黔南州举办《招投标法》培训班。建设工程依法招标投标，是年，都匀市建筑安装工程招标投标领导小组组织投标工程项目486项，议标工程39项，中标工程总计造价5.74亿元。市属工程招投标率达到省建设厅的要求，占在建工程的96%以上。

是年，州建设局成立都匀地区建设工程交易中心，限额以上工程必须实行公开招投标，工程承发包市场行为得到规范，应招标工程招标率一直保持在100%，公开招标率比1999年上升近35个百分点。自2001年以后，都匀地区建设工程交易中心建立健全各项管理制度，建立起评标专家库，实行专家评标制度，成为覆盖全州工程交易的专业市场，真正实现了招标投标公开、公正、公平进行。2002年，全州限额以上进入交易中心有形市场公开交易的项目有30多个，通过交易中心公开招标，为国家节约投资1141万元。2003年，全州进入交易中心依法交易的项目共57个，工程预算价为1.74亿元，通过公开、公正、公平交易，工程交易价平均下浮16.57%，为政府节约资金2886万元，2004年，全州进入交易中心公开招标的项目43个，交易额超过1亿元。2005年以后，州委、州政府执行中央实施扩大内需政策，全州建设工程数量、规模均逐步增大，建设工程交易数量和金额均大幅度提高。2008年，全州建设工程项目共222个，项目总投资11.24亿元。2009年，全州共完成建设工程交易242宗，交易额达12亿元。2010年，全州共完成建设工程交易222宗，交易额达12亿元。2011年，全州共完成房屋建筑和市政工程招投标项目174项，其中公开招标170项，邀请招标4项，交易额达13.4亿元。2012年，全年共完成招标投标交易项目191个，交易额25.96亿元。2013年，全年完成招投标项目555个，招投标总值92亿元。受理并办结招投标投诉事件4起，完成建筑施工合同备案14份，监理合同备案9份。2001—2014年，全州工程项目招投标率均达到100%。

1999—2014年黔南州建筑业发展情况统计表

表16-2-2

年度	建筑企业数	建筑从业人员数（人）	建筑业总产值（亿元）	房屋建筑面积（万平方米）
1999	45	9529	2.13	95.36
2000	53	9313	2.29	119.42
2001	51	8683	2.61	109.65
2002	51	9477	3.16	125.35
2003	37	8955	3.85	125.09
2004	39	9415	4.74	160.63
2005	43	10206	6.40	180.15
2006	43	11387	8.06	193.54
2007	41	9911	9.89	201.10
2008	44	11749	12.16	267.66
2009	39	11159	19.07	234.98
2010	37	11868	34.21	508.41
2011	36	1872	53.98	444.45
2012	40	6321	52.62	690.98
2013	45	11289	98.02	1715.05
2014	61		139.49	2128.61

附：

2014年黔南州部分重点建筑物简介

都匀市委市政府办公大楼　位于都匀市委原办公楼旧址，坐南向北。占地面积3000平方米，建筑面积1.22万平方米。高7层，西侧设回廊，呈弧形，集欧式与现代建筑风格为一体，造型美观，端庄肃穆，气势雄伟，色调和谐，楼前设同心广场，绿茵似锦，意为四大班子同心同德、一往无前。大楼为框架结构，由贵州省轻纺设计院设计，都匀市建三公司施工，都匀市建筑工程监理公司监理。1998年11月26日开工，2000年11月26日竣工，经都匀市建设工程质量监督站检查验收，被评定为优良工程。

黔南州青少年宫　坐落在文峰园入口北侧，占地面积3858平方米，建筑面积7455平方米，主体工程3层，局部4层，内部功能较为齐全，有教育室5个，活动室5个，爱国主义教育厅、黔南民族风情厅、青少年素质教育厅及书法、美术、手工制作、陶艺制作、舞蹈、钢琴、英语、电脑等活动训练厅，门类齐全，工程由团州委建设，州建筑设计院设计，州建总公司第四建筑公司施工。被评定为优良工程。

筑匀大厦　位于都匀市中心区，人民广场西侧，西临广惠路步行街，南邻工人路，由都匀日月房地产开发公司开发建设，占地面积7500平方米，建筑总面积5.62万平方米，层数为7层、22层、24多层组合式现代化建筑群楼，功能较为齐全，有住宅、写字楼、大型商场、娱乐城和地下停车场，1层～2层为大型商场、写字楼和多功能厅，地下有54个小型车辆停车位和500平方米的娱乐城。大厦设5台直升电梯和2台观光电梯。由铁五局第二建筑工程公司施工，贵州省机电设计院设计，1998年12月开工，2000年7月筑匀大厦商场交付使用。

匀中大厦　位于都匀市大十字东北角，南靠民族路，西临剑江中路，由中房都匀分公司开发兴建，为17层综合商住楼，1层～3层及地下室为商场，4层～5层为写字楼，以上为平面和复式综合住宅，设3台扶手电梯，2台直升电梯。占地面积1500平方米，建筑总面积2.08万平方米，地下商场1078平方米。由贵州省机电设计院设计，州建总公司施工，贵州省轻纺德克工程监理公司进行工程监理，都匀市建筑工程质量监督站负责质量监督。1998年12月开工.2000年12月商场交付使用。

金源大厦　是都匀市重点“资本置换”项目之一。由都匀市金源房地产开发公司开发建设。位于都匀市剑江中路原市政府大院，占地面积3200平方米，建筑面积3.80万平方米。高度为21层，集商住、办公、娱乐为一体的综合性建筑，群体设计集民族与古典风格，结合现代化色彩，淳朴庄重。该大厦由贵州省轻纺设计院设计，贵州省第八建筑公司四处施工，都匀市建筑工程监理公司进行工程监理，都匀市建筑工程质量监督站进行工程质量监督，主体工程评定为优良工程。该工程1999年8月开工，2001年7月交付使用。

兴亚1号综合楼　位于都匀市经济开发区入口交通广场转盘东侧，由都匀市康黔房地产开发公司开发建设，占地面积1552平方米，总建筑面积1.47万平方米。局部复式住宅部分16层，其他为9层，1层～2层为商业用房。整个建筑高低错落，线条明快，造型美观。由贵州省机电设计院设计，都匀市第一建筑公司施工，都匀市建筑工程质量监督站负责工程质量监督。1998年10月18日开工建设，2000年1月8日交付使用。

剑江大桥（又名彩虹桥）　是都匀市主要“资本置换”建设项目之一，由四川源流房地产开发公司开发建设。位于都匀市渡船堡附近，黑桥下游100米左右。正南北向与剑江河流走向成24度夹角，跨越剑江两岸，全长146.60米，宽30米。车行道2×10米，人行道2×2.50米，由绿化带分隔。设计荷载为汽车（20吨），挂车（100吨），人群荷载3.50千牛/平方米，主桥采用单跨90米中承式钢筋混凝土3肋拱。拱高20米，主拱台采用组合式桥台，前座采用承台加群桩基础，后座采用“U”形桥台，整体造型新颖美观，远眺如一道彩虹，故名彩虹桥。该工程由重庆交通设计院工程设计所设计，四川省华西建筑集团公司跨桥四处施工；总投资1300万元。1999年8月7日开工建设，2001年3月竣工通车。

都匀人民广场　位于都匀市中心，将原都匀大会场进行改造，占地面积1.34万平方米。新建地下停车场2000平方米。地下商场8600平方米．地面小区建筑及南侧商场总面积2500平方米，其功能集休闲、娱乐、购物、观景为一体的游乐广场。该工程为“资本置换”项目之一，由广东进达房地产开发公司开发建设。广东茂名石化设计院设计，都匀市城市建筑公司施工。2000年1月20日开工，2000年12月30日投入使用。广场西侧已策划为全长100米、高5米的黔南少数民族风情文化长廊大型浮雕，是西南最大的民族浮雕，

2001年建成。

都匀西苑大世界　西苑大世界是建在原西菜园和都匀酒厂、剑江河沙滩及零乱的菜农居住点上，经规划治理、搬迁后修建。1999年初全面启动小区建设，小区总占地14公顷，16个组团，共38栋，最高8层，最低3层，有幼儿园，大小商场等综合用房，总建筑面积24.6万平方米，约1500户，总容量近6000人。

都匀现代城　现代城位于都匀市区繁华闹市中心，民族路人民广场东侧，占地面积11805平方米，建筑面积74728平方米，最高层为14层，住户数369户，决造价1.2亿元，主要功能商住楼，框架结构，由进达房地产开发公司开发建设，都匀市三联建筑工程有限公司、都匀市第三建筑工程公司施工，州监理公司都匀分公司监理，2002年2月开工，2003年12月竣工。

都匀庆云宫小区　位于龙潭宾馆南面，占地面积6650平方米，建筑面积16596.8平方米，住户数116户，最高层为6+1，主要功能为住宅小区，砖混结构，总造价663.8万元，由佳城房地产开发公司开发，州建筑设计院设计，州中大建筑工程有限公司施工，州监理公司进行监理，2004年开工建设。

都匀金鹏花园　位于都匀市三街与晓街交叉处，原匀城电影院片区，占地面积11637平方米，建筑面积71128.8平方米，最高层为18+1，住房数554户，总容量约3000人，总造价7000万左右，由金鹏房地产开发公司开发，框架及砖混结构，主要功能商住为一体，由贵州中建筑设计院设计，州建筑工程公司、都匀市第一建筑工程公司施工，州监理公司都匀分公司监理，2004年开工，2005年竣工。

都匀东坡花园　位于都匀市环东中路东侧，占地面积4842.932平方米，建筑面积32184.716平方米，最高层7层，住房数261户，总容量326人，总造价2413.85万元，主要功能为商住综合楼，砖混结构，由鸿基伟业房地产开发公司开发建设，市建筑设计院设计，都匀市匀城建筑有限责任公司施工，2001年开工建设，2004年竣工。

都匀剑峰小区　位于都匀市环城东路剑峰生态小区，占地面积163871.76平方米，建筑面积197140平方米，最高层11+1F，住户数1800户，总造价7880万元，框混、砖混结构，主要功能绿色环保生态小区，由剑峰房地产开发公司开发，贵州省机电设计院设计，州中大建筑工程公司施工，州监理公司都匀分公司监理，2003年开工，2006年竣工。

都匀兴隆花园　位于小围寨老菜场，占地面积4147.5平方米，建筑面积12036平方米，最高层6层，住户数114户，总容量436人，总造价580.18万元，框混结构，主要功能为商住楼，由长城房地产开发公司开发建设，重庆世庭建筑设计院设计，都匀市匀城建筑工程公司施工，州监理公司都匀分公司监理，2004年开工建设，2006年竣工。

福泉马场坪艺苑小区商住楼　建筑面积27000平方米，总造价800万元，砖混结构，共7层，由贵州省协同设计院设计，福泉市供销建筑公司施工，地址在金山南路西。2001年动工，2002年竣工。

福泉市天利佳园　建筑面积13560平方米，总造价500万元。砖混结构，共7层。主要功能为住宅楼。由市规划设计院设计，市供销建筑公司施工。地址在洒金北路东。2003

年动工，2004 年竣工。

惠水好花红商贸街 位于惠民西路。由惠水县昶鑫房地产开发公司建设的商住楼。20 幢6 层，结构形式：底框上部为砖混结构，建筑面积51000 平方米，投资2920 万元。由贵州八普地质勘察基础工程公司作地质勘测，中国机械部第一设计院、中国五环化学工程公司设计，都匀市二公司、中建四局五公司施工建设，州监理公司惠水县分公司作施工监理，惠水县质监站作质量监督。该工程于2002 年动工，2005 年竣工。房屋底层为门面，2 层以上为商品房住宅楼。

罗甸县青少年活动中心 是由州建筑设计院设计，施工单位是中国振华集团建筑公司都匀分公司，贵州八普地质勘察基础工程公司进行岩土工程勘察。该工程2004 年12 月29日在州建设工程交易中心开标，中标价是590 万元。2005 年开工；2006 年完工；建筑面积6428 平方米；建筑占地面3785 平方米；总投资是722.62 万元，工程内容为多功能厅、棋艺室、科技教育、体操训练房、摄影室、乒乓球馆、羽毛球馆、航模室、健身房等。投资由国家开发投资公司捐资。

荔波县官塘大桥 位于在县城东面，樟江大桥下游约800 米处，是连接县城时来新区与南门坝和老城区的重要通道，官塘大桥项目规模即引道和桥梁总长407.071 米，其中，引道长227.071 米，大桥长180 米，桥面宽30 米，跨径为85 +85 米双拱式独塔斜拉桥，是目前西南第一座、国内第二座大桥该类型桥梁（第一座建在辽宁），项目概算总投资7019 万元，该工程于2010 年开工建设，2012 年正式竣工通车。

荔波县“盛世广场” 集购物、娱乐、商住综合体为一身的“盛世广场”位于荔波县樟江中路，占地面积2318.40 平方米，建筑面积25211.08 平方米总层数为12 层，工程总投资3800 万元，由都匀市瑞祥房地产开发有限责任公司开发，贵阳市建筑设计院有限公司设计。工程于2010 年开工，2012 年竣工。

第三章　住房制度改革与房地产业

实施住房制度改革前，黔南州职工住房分配体制一直沿袭以国家统包、统管、无偿分配、低租金、高补贴、福利性、供给性、非商品性、无限期使用为特点的实物福利性住房制度。1992 年，开始实施住房制度改革及试点。1993 年，住房制度改革全面铺开，住房商品化。随着全州经济持续增长和城乡居民收入不断增加，在国家住房制度改革及相关政策措施的推动下，全州城乡居民的居住状况明显改善，全州城镇人均住房面积1990 年为8.7平方米，到2014 年为29.87 平方米。

此期间，随着全州农村经济的发展、农民收入的增加和国家扶持农村危房改造等政策的落实，全州农村住房建设得到较快发展，广大农民群众的居住条件有较大改善。

第一节 住房制度改革

一、住房实物分配

1991年11月，国务院办公厅下发《关于全面进行城镇住房制度改革的意见》，明确了城镇住房制度改革的指导思想和根本目的，制定了城镇住房制度改革的总体目标和分阶段目标，住房制度改革从探索和试点阶段进入全面推进和综合配套改革阶段。

1992年初，《贵州省城镇住房制度改革实施方案》颁布，黔南州开始在州直机关的一些部门和都匀市的一些企业试行债券、集资建房以及合作建房等单项改革，并在小范围内作一些数据测算和社会调查活动，为在全州面上铺开住房制度改革作好思想上、理论上和舆论上的准备。是年，确定福泉市为住房制度改革试点县，主要进行住房实物分配的改革和探索，即由国家或单位对职工工资中的住房消费因素作出统一扣除后，用于建设、购买住房，再把住房分配给职工，职工以低于该住房的成本价值或商品价值的租金、售价租赁、购买住房。

1993年，在福泉市的试点取得成功后，全州12个县（市）的城镇住房制度改革全面铺开。州政府组建了住房制度改革领导小组和住房资金管理委员会，下设房改办和房资办，各县（市）也相应建立领导机构，按照《贵州省住房制度改革实施方案》所确定的基本原则，拟定、报批该县（市）的实施方案，改革按照“以售房起步，租售并举，租房买债券，推行公积金，适度提租”的方法进行。

1994年上半年，全州共出售公有住房32757套，面积21272平方米，归集住房资金13235万元，出售住房成套率达70%，发证率达80%以上。

1995年，集资建房、合作建房在都匀、福泉、独山、贵定等县（市）起步，开工面积38万平方米，投资7500多万元，增加住房6000余套。是年，针对在住房制度改革过程中个别地方出现不按经济规律和价值规律办事低价售房问题，州政府批转州房改办《关于深化城镇住房制度改革的意见》，强调城镇住房制度改革，是把住房建设投资由国家、单位统包的体制改变为国家、单位、个人三者合理负担的体制；把各单位建设、分配、维修、管理的住房体制改变为社会化、专业化运行体制，把住房实物福利分配的方式改变为按劳分配为主的货币工资分配方式；建立以中低收入家庭为对象、具备社会保障性质的经济适用房供应体系和以高收入家庭为对象的商品房供应体系；建立住房公积金制度；发展住房金融和社会保险，建立政策性和商品性并存的住房信贷体系；建立规范的房地产交易市场和发展社会化的房屋维修、管理市场，实现住房资金的投入产出良性循环，促进房地产业和相关产业的发展。

1995年以后，黔南州逐步建立起一套适应社会主义市场经济的房改方案和措施。至1997年10月，全州集资建房957641平方米，总投资3.83亿元，新增住房13628套。

1993—1997 年，全州新增住房面积和套数分别占 1993 年房改前可出售公有住房的 45% 和 40. 3%，均是配套齐全的单元标准套房，其中福泉、独山两县（市）新增住房面积已超过房改前可出售公有住房面积；改造住房 509 套 3715 平方米；租金水平已达到双职工家庭年平均工资收入的 5% ~7%，每平方米使用面积租金 0. 5 ~0. 8 元。由于省公布的标准价高于州内各县（市）的成本价，经州政府同意，从 1994 年 1 月起实行以工龄为主的优惠办法，按成本价出售公有住房和各种形式的集资建房，让购房者获得全部产权，此政策推进了住房商品化、社会化，明晰了产权比例，使 95% 以上的《房屋所有权证》发到了购房人手中；福泉、都匀、贵定等县（市）和州直机关 13000 多户，完成了由部分产权向全部产权过渡，占全州可过渡户数的 38. 53%。至 1997 年底，全州出售公有住房收入 13659 万元，经批准用于住房建设、住房大修改造和住房制度改革的资金共 8574 万元，占售房收入的 62. 77%，尚存 4559 万元。

1992—1998 年 12 月底，全州集资建房 1. 8 万套，建筑面积 135 万平方米，总投资 5. 8 亿元。新增住房面积和套数分别占 1993 年房改前可出售公有住房的 65% 和 60. 3%，职工出资部分占总投资额的 55. 23%；房屋租金已达到双职工平均工资收入的 8. 5%。至 1998 年底，全州按成本价补足产权工作已基本完成，共收回住房售房款 21783 万元。

二、住房分配货币化

1998 年，国务院下发《关于进一步深化城镇住房制度改革，加快住房建设的通知》，决定自当年起停止住房实物分配，建立住房分配货币化、住房供给商品化、社会化的住房新体制。1999 年 1 月，贵州省出台以存量补贴为核心内容的住房制度改革方案，这个方案将存量住房资产按当时的重置价格评估后，按职工的工龄和职级计算出应得的一次性补贴兑现给职工。是年，黔南州根据省有关文件精神，明确要求全州各县（市）：存量补贴只能用于购、租房和补交土地收益金使用，不能提取。

2000 年 3 月，都匀市政府制定出台《都匀市住房分配货币化改革方案》，全市停止住房实物分配，实行住房分配货币化。州、市房改办共同制定《都匀市住房分配货币化改革方案实施细则》，对该市实施住房分配货币化改革的有关具体问题进行明确。其他 11 个县（市）相继出台住房分配货币化改革方案。全州停止住房实物分配，实行住房分配货币化。至年底，都匀市累计出售公有住房 82. 90 万平方米，13681 套，回收资金 15840 万元；归集住房公积金 5057 万元；兑现职工住房存量补贴 961. 73 万元（其中，用现金兑现 31. 19 万元），职工购房补缴土地收益金 996. 57 万元（其中，用现金缴纳 66. 15 万元）。

2002 年，全州各县（市）相继实行存量补贴兑现，用于补交土地收益金，增强职工的购房能力，提高职工住房消费水平。是年，都匀市审核兑现职工住房存量补贴 8656. 68 万元，其中，兑现存量补贴补交土地公益金 6120 户，总金额 8560. 38 万元；兑现存量补贴职工购买自住房 235 户，金额 96. 3 万元。

2004 年，根据省政府《关于进一步推进我省住房分配货币化改革的补充意见》，住房增量补贴的发放，由各地按规定合理制定住房增量补贴的发放范围和标准。州、县（市）

各级房改部门规范住房增量补贴发放工作，以提高单位住房公积金缴交比例的过渡办法代替发放住房增量补贴的，要从公积金专户中将已归集的增量补贴分离出来，对已归集的增量补贴资金实行专户管理，职工所购住房土地收益未补交清前，住房存量补贴及增量补贴不得另作他用或发放给职工个人。是年，全州对公有住房的出售管理实施加收利息措施，即2004年10月1日以后再补交土地收益金的，其应补土地收益金差额加计利息；2004年10月1日以后申请购买第一套公有住房的职工，购房价格在原来规定的价格基础上加计利息。出售公有住房收回的资金和职工补交的土地收益用于住房分配货币化，兑现职工住房存量补贴。在州政府办公室转发州住房公积金管理中心《关于进一步加强住房公积金归集和管理工作的意见》中，要求全州各县（市）按照分级管理的原则，在坚持原《住房分配货币化改革方案》有关规定的基础上，职工住房存量补贴的兑现以“一个房改单位为计算单位”执行存量补贴政策。年底，都匀市累计出售公有住房126.28万平方米，19402套。审核办理公有住房上市许可9914户。

2005年，都匀市全年办理公有住房出售1316套，累计出售公有住房20673套；审核办理公有住房上市许可1134户，累计11031户。全年兑现职工住房存量补贴1384.22万元，累计12533.92万元；用住房资金兑现职工住房存量补贴用于购买住房83人/户，共计58.80万元，累计金额210.61万元。职工补交土地收益归集资金385.17万元。单位职工集资合作建设经济适用住房26754平方米；全年公有住房上市350套，累计上市交易2524套。

2005年以后，全州在实行住房货币化的过程中，实施职工住房增量补贴，即对所购住房已交土地收益取得“房地产交易市场准入许可证”的职工及未享受房改政策购买房改房（公有住房、集资建房、经济适用房）的职工（含离、退休）按月发放增量补贴。住房增量补贴的核算办法：在职职工为工资基数的30%，离退休人员为工资基数的40%。2007年，全州各县（市）加大住房分配货币化改革实施力度，加快土地收益金核算，积极筹集资金，逐步兑现住房补贴。

2008年5月，全州房改及城市住房保障工作会议强调推进住房分配货币化改革工作，加强与规范住房增量补贴、住房保障资金管理等。2009—2014年，全州一直实行住房分配货币化制度。

三、城镇保障性住房

根据国家和省的部署安排，黔南州于1996年开始启动住房安居工程建设，并将此项工作作为全州房改和房产主管部门的重点事项抓好落实。1997年，全州安居工程及经济适用住房共投资7534.5万元，面积21.5万平方米，其中，安居工程投资1626万元，面积3.5万平方米，共457套。

1998年，省下达黔南州经济适用住房（含安居工程、集资建房）建设面积21.3万平方米（含国家安居工程6.37万平方米），总投资1.28亿元，新增住房2800套。至年底，全州经济适用住房（含安居工程、集资建房）实际开工面积49万平方米（竣工交付使用

24.53 万平方米），总投资 2.08 亿元。1999 年，全部竣工后新增住房 6237 套，分别超省下达计划的 130%、63% 和 122%。1999 年起国家统一将安居工程与经济适用住房建设并轨。2000 年以后，按照中央、省有关文件精神，严格经济适用住房管理，从严控制各单位集资建经济适用房，原则上不再批准各行政、事业单位进行集资建经济适用房。经核查对职工住房确实困难且有自有闲置土地的单位，可视情况特殊处理。建房单位不得另行购地用于职工集资建经济适用房，更不得利用集资建经济适用房形式进行商品房开发经营。坚持一户职工只能享受一次房改优惠政策的原则，各单位不得以住房面积补差的方式为职工分配住房。据统计，到 2004 年 12 月底，都匀市的集资、合作建设经济适用住房 2.92 万平方米，7 个单位 314 户。

2005 年 4 月，根据省政府下发《关于加强经济适用住房建设管理的意见》，对经济适用房市场的管理进行规范。同年，国家开始建立廉租房保障制度，进一步解决城市特困人口的住房问题。与经济适用房相比，廉租房房源多样化，包括新建住房、空置楼盘、改造危房、老旧公房等，专门面向城市特困人口，只收取象征性的房租，只租不售。是年 10 月，建设部出台的《城镇最低收入家庭廉租住房申请、审核及退出管理办法》正式实施。

2008 年，省政府下发《贵州省人民政府贯彻落实国务院关于解决城市低收入家庭住房困难若干意见的实施意见》《贵州省城市低收入家庭廉租住房管理试行办法》，省住房城乡建设厅出台《关于廉租住房出售的指导意见》等配套文件，黔南州大部分县（市）根据省的文件精神出台当地廉租住房出售办法。全州各县（市）在 2008 年底前均建立了“廉租房”制度。自 2006 年开始启动廉租房建设工作以来，到 2008 年底，都匀市斥资 1000 万元修建 3 期廉租房，建成 16290 平方米共计 296 套。2008 年，黔南州从公积金增值收益中计提廉租住房建设补充资金共计 5169.44 万元。从土地出让收入中提取保障性住房建设补充资金 15625 万元。全州城镇保障住房逐步形成了以廉租住房、公共租赁住房、经济适用住房、城市棚户区改造、林区、垦区危旧房改造相结合的保障性住房供应体系。

2011 年，州委、州政府将保障性住房建设列为当年要办的十大民生工程之一。州政府在全州城乡建设工作会议上，对保障性住房建设作出安排部署，将工作任务进行分解落实。全州各县（市）在加快工程进度和落实建设用地、配套资金等方面均作安排部署，保证保障性住房建设工作的有效推进。至年底，全州 2007—2009 年的项目 4119 套全部竣工并分配入住；2010 年的廉租住房项目有 9972 套，竣工 1646 套，剩余的项目 90% 进入装修收尾阶段。2011 年的保障性住房项目当年 8 月底前全部开工。其中，新建 1789 套廉租房进入主体施工 1170 套，基础施工 619 套，购买、改建或租赁 600 套落实房源。1524 套公共租赁住房竣工 173 套，265 套进入装修、647 套进入主体施工、439 套进行基础施工。1000 套经济适用房建设任务，开工 1054 套，竣工 566 套，主体施工 354 套，基础施工 80 套。2854 户城市棚户区改造任务已经实施并全部签订拆迁安置协议。

2014 年，全州开工各类建设保障性住房任务 89975 套（户），建成 57280 套（户），棚户区改造 28524 户、分配入住 32609 套；累计发放廉租住房租赁补贴 87094 户、12059.39

万元。每个项目建设均按照“四个一”（1名现场代表、1名设计人员、1名质检人员、1名监理人员）现场管理。城区项目均要求按照省级文明样板工地进行建设；乡镇保障房均要求按照州级文明样板工地进行建设。在保障性安居工程后续管理方面，龙里县推行人人参与、自主管理，成立廉租住房小区物业管理办，推举组长、楼长，提倡大家事大家管，一家有事大家帮忙，促进小区、社区的和谐发展。完善社区管理体系。都匀市、瓮安县协调房管、车管、工商、公积金、民政等8部门联合对申请对象进行审查，提高审查准确性。瓮安县、福泉市保障性住房基本建成后，在完善配套设施的同时，开展保障对象资格审核工作，使房源和保障对象在项目竣工前完成对接，竣工后即实现100%分配入住。

全州各县（市）对后期分配入住和管理，成立住房保障机构，配备专职人员，并出台有关保障性住房建设、分配、退出及收入线标准等方面的管理办法或实施细则。严格执行国家和省关于住房保障的相关政策，补贴发放实行“三审二公示”制度，将年度住房保障建设的信息在网上进行公开，相关信息录入《贵州省城镇保障性安居工程信息管理系统》，确保管理规范、公开透明。

第二节　房地产开发与管理

“八五”至“十二五”时期，全州的房地产开发主要有3种形式：一是以新建和改造城市道路、桥梁等市政基础设施置换开发建设用地；二是将存量用地经过评估出让；三是结合旧城改造，按照规划要求在城市中心地段上竞标拍卖改造建设用地。

一、房地产开发

1992年，结合住房制度改革，州在都匀市进行商品房建设试点，依托市属国有企业组建中国房地产开发集团都匀房地产开发公司，成为全州首家注册的房开企业。试点以实行资本置换模式，由房开商修建城市基础设施，政府提供土地，建设商品住宅，改善居民环境，互利互惠。

1993年，全州城镇住房制度改革方案实施后，房地产作为支柱产业，成为全州新的经济增长点。是年，全州出售公房69.5万平方米，收回售房资金9357.41万元，收取公积金34.32万元，发行住房建设债券84.5万元，新增租金1.24万元。同时，实行集资建房，共集资建房1479套。

1994年，实施《中华人民共和国城市房地产管理法》。至1995年，全州共注册房地产开发企业12家。1991—1995年，全州房地产开发建设总面积28万平方米，总投资1.5亿元。全州城镇人均住房面积也由1990年的8.7平方米，提高到1995年的12.9平方米。

1997年至1998年，全州房地产开发共完成商品房屋开发投资10050余万元，施工面积34万余平方米。建成商品住宅2000余套，面积15余万平方米，交易建筑面积11万余平方米，成交金额6000余万元，实现利润200余万元。

1998 年，都匀市委、市政府率先采用“资本置换”运作方式，招商引资，加快旧城改造步伐，发展房地产业。2000 年后，全州各级政府相继禁止单位集资建房和停止向私人供土地建房，都采取以“资本置换”方式，提供一系列优惠政策，引进外商在各县（市）开发建设房屋。全州房开企业发展到以民营为主导，各县（市）开始进行旧城改造项目，逐步发展商品房市场，但大部分房地产开发仍主要集中在都匀市。1996—2000 年，全州每年开发建设的房地产面积都在 20 万平方米以上，城市人均住房面积逐年提升。2001 年，全州开发建商品房面积达 25 万平方米，城市人均住房面积达 11. 6 平方米，高于贵州省的平均水平。

2002 年，州委、州政府提出房地产开发“扩容提质”的要求。是年，都匀市竣工的商品房面积 75532 平方米。都匀市房屋开发由原来零星建设到成片建设，由成片建设到多种功能多种服务及配套不断齐全的住宅小区建设，住宅小区不断向生态化、智能化、现代化迈进，涌现出了西苑大世界、东坡花园、云宫花城、金鹏花园、长江花园等环境良好的住宅小区。城市房地产开发房屋建筑面积达 23 万平方米，占新开工工程建筑面积的 65%。

2003 年，黔南州开始实施城镇化带动战略，加大以住房为重点的城镇建设，福建、上海、广东、四川、湖南、重庆等省市及省内贵阳、遵义等地的开发商到黔南参与建设。州建设局按照“高标准规划、高质量建设、高速度发展、高水平突破”的要求，对房地产开发进行调控指导。是年，全州城市旧城改造共拆迁危旧房屋面积 9. 8 万平方米；房地产开发投入 7. 7 亿元，比 2002 年增长 48. 5%；城市房地产开发房屋建筑面积达 101. 2 万平方米，竣工面积 76. 87 万平方米，价值 7. 42 亿元，其中，住宅 54. 86 万平方米，价值 3. 8 亿元；商业经营用房 12. 8 万平方米，价值 2. 3 亿元；其他 9. 15 万平方米，价值 1. 32 亿元。实际销售面积 53. 13 万平方米，商品房销售金额 5. 3 亿元。土地开发面积 54. 88 万平方米。中心城市都匀市通过房地产开发改变城市面貌，辐射带动了福泉、独山、惠水、瓮安、贵定、龙里等县（市）的房地产市场。全州房地产开发项目从单体建筑向住宅小区、从中低层向多层建筑发展，做到了综合配套、设施齐全、功能完善，居住环境得到提高，物业管理也随之起步。

2004 年，全州房地产开发完成投资 8. 63 亿元，其中住宅建设投资近 4 亿元，商品住宅销售面积 53 万平方米，销售收入 4. 7 亿元左右，均比上年有所下降，主要原因是：土地使用权获取成本增加；房屋拆迁难度大，拆迁成本高；基本建设宏观调控力度加大，金融部门对房地产开发的支持更为慎重；商品房预售管理进一步规范严格，只有在完成项目投资的 35% 以上才能发放预售许可证等。

2005 年，全州房地产开发完成投资 9 亿元。其中，住宅建设投资近 6. 98 亿元，商品住宅销售面积 50 万平方米，销售收入近达 4. 5 亿元。商品房空置面积仅为 5. 98 万平方米，较上年同期的 16. 47 万平方米下降 10. 76 万平方米，下降幅度为 64%。

2006 年，全州房地产开发完成投资 9. 5 亿元，其中住宅建设投资近 6. 3 亿元，商品住宅销售面积 48 万平方米，销售收入达到 6. 5 亿元左右。商品房空置面积仅为 4. 3 万平方米，较上年同期的5.9万平方米下降1.6万平方米，下降幅度为27%。

2007年，州开始推行房地产开发项目手册制度，改变以前房地产开发行业主管部门对房地产开发只是了解几个节点，对项目没有跟踪机制，相关信息难以及时、全面地收集了解，不利于政府及相关职能部门对房地产市场的监督与调控的状况，全州城市房地产开发经营活动的监督管理得到规范。是年，全州房地产开发投资共计完成9亿元，批准预售面积约60万平方米，实际预售面积52万平方米，预售金额为7.5亿元，预售商品房平均价格约为1460元/平方米；比上年略有增长。

2008年，全州房地产开发投资完成14亿元，新开工房开建筑面积120万平方米，商品房竣工60万平方米。商品房销售80万平方米。2009年，全州房地产开发完成投资20亿元，施工面积250万平方米，其中，新开工面积150万平方米，商品房竣工面积100万平方米，商品房销售面积120万平方米，商品房销售金额26.8亿元。房地产开发投资、商品房销售等均比上年同期增长44%以上。是年，实施《贵州省城镇房地产开发经营管理条例》。

到2010年底，全州拥有注册房开企业158家，其中，国有控股或参股企业8家，其余均为民营企业。全州共计新建商品住宅近2000万平方米，完成房地产投资约350亿元。全年房地产投资25亿元，比上年增长65.6%；商品房销售面积达100万平方米，比上年增长23.4%。房地产业成为拉动全州固定资产投资的主要增长点。

2011年，省下达黔南州年内房地产投资任务39亿元，州政府提出42亿元的目标任务。是年，全州有在建项目的房地产开发企业101家，在建房地产开发项目103个，施工面积近800万平方米，完成房地产投资51.8亿元，比上年增长22%，超额完成全年目标任务。

2012年，州住建局除了采取加快行政审批、推进拆迁等加快项目进度的措施外，还积极组织龙里、荔波、都匀、独山等县（市）20多个房开项目到贵阳、广州、深圳、重庆、广西进行商品房推介，推动商品房销售增长。是年全州商品房现房含期房销售面积170万平方米，较上年增长30%，全州共完成房地产开发投资71.59亿元，占目标任务的102.27%，比上年增长36%。是年，全州城镇人均住房面积达27.2平方米；全州房地产开发企业数达到205家，较上年增加38家；加入州房地产协会的有157家；在建房地产开发项目规模703万平方米，比上年增长30.24%。是年，全州房地产销售含预售金额656702万元，同比增长48.25%；销售（含预售）面积191万平方米，比上年增长32%。全州住宅平均房价2778元/平方米，较上年同期增加7%。

2013年，完成商品房现房含期房销售总面积256万平方米，比上年增长72%；商品房总销售金额78亿元，比上年增长76%，城市人均住房面积达到28.5平方米。

2014年，商品房销售含预售面积373.36万平方米，比上年增加67.8%，城市人均住房面积达到29.87平方米。

1992—2014 年黔南州房地产开发投资情况统计表

表 16－3－1　　单位：万元

年度	投资额	年度	投资额	年度	投资额
1992	1230	2000	28748	2008	170728
1993	1399	2001	30449	2009	256493
1994	2501	2002	45870	2010	375892
1995	3257	2003	83729	2011	583291
1996	3906	2004	76659	2012	715865
1997	4009	2005	76748	2013	1156000
1998	4102	2006	89681	2014	1951500
1999	15232	2007	117734		

二、房地产交易和权属登记管理

（一）房地产交易管理

20 世纪 90 年代初，全州各县（市）逐步开始规范房地产管理工作。1994 年 4 月，建设部《城市公有房屋管理规定》对房屋所有权的登记、使用、租赁、买卖、维修等作出明确规定。同年 4 月，全州房地产管理工作会议提出了 4 个统一（即统一规划、统一征地、统一建设、统一管理）。是年，都匀市房产局率先设立房屋经营管理处，对直管公房进行常年维修养护，收缴租金。设立房屋维修登记制度，及时维修房屋和处理纠纷，为住户服务。

1995 年 1 月，《城市房地产管理法》正式施行。全州范围内通过上街游行、讲解、咨询等活动以及州、市、县政府分管领导在新闻媒体上发表宣传房地产法的讲话等方式进行宣传。11 月底，全州对已出售的公有住房进行审核，已发放产权证的占 80%。年内，州有关主管部门先后对全州 12 个县（市）房改工作进行调查、测算，做好与新的房改政策的衔接工作，完成了 12 个房地产开发企业的年检和换证、发证工作，并建立了企业档案。

是年，根据建设部《城市房屋租赁管理办法》启动商品房租赁市场。按照规定实行租赁备案登记管理，由各县（市）房地产主管部门颁发“房屋租赁证”，但由于法律规定尚不明晰，全州流动人口数量又不断加大，此项工作主要由公安部门结合流动人口进行动态化管理。

1996 年，建设部出台《城市房地产中介服务管理规定》，黔南州第一家房地产估价机构成立。

20 世纪 90 年代后期，全州房地产交易以满足不同收入阶层自住性的住房需求为建设目标，重点发展中小套型、中低价位的普通商品房，逐步提高经济适用房和廉租住房的建设规模，改善住房供给结构，控制房价过快增长，合理利用土地，有序推进旧区、新区及各重点城镇建设，发展小城镇、工业区建设。按照《中华人民共和国城市房地产管理法》

《商品房销售管理办法》，全州各县（市）加强了商品房预、销售的管理。加强市场监管力度，规范商品房交易行为，调解购房纠纷、合同纠纷，保障商品房买卖双方的合法权益。并监督商品房的工程进度、竣工交付时间，凡经审查批准上市的预售商品房都向社会公布，接受社会监督。与此同时，加强房地产开发项目竣工验收工作，确保房地产开发项目保质、保量按期完成。根据《商品房屋登记注册管理规定》，对商品房开发项目实行注册登记。全州按照国家建设部关于《商品房实行住宅质量保证书和住宅说明书的规定》，对新建商品住宅实行“两书”制度。1995 年，都匀市房地产管理局、市公安局、市工商行政管理局联合下发《关于加强城市房屋租赁管理的通告》；1997 年都匀市房地产管理局下发了关于《都匀市房地产交易中心管理暂行规定》；1998 年都匀市政府批转市房产局《关于进一步加强都匀市商品房预售管理工作的请示》，加强房地产交易市场的管理。1991—2000 年，都匀市办理房屋买卖交易的共 2908 期，面积 15 万平方米，成交金额 1. 40 亿元。商品房销售的面积 76. 87 万平方米，销售金额 9. 50 亿元。

2000 年 5 月，为规范房地产交易行为，都匀市成立房地产交易中心，是融政策咨询、房产交易、房屋评估、贷款抵押、信息发布、税费缴纳、司法公证、产权办证、中介服务为一体的一条龙服务体系机构。是年，都匀市房地产管理局和市物价局下发《都匀市商品房价格最低限价的通知》，抑制商品房交易活动中不合法竞争行为。此后，各县（市）均相继建立房地产交易中心，由各县（市）提供交易平台、法律咨询、办事指南及房产测绘等服务，以供有交易需求的居民对房产进行合法交易。

2001 年 6 月，都匀市委、市政府，州建设局，都匀市房地产管理局联合在州博物馆举办都匀地区首届房地产交易展示会。参加这次房地产交易会的房开企业有 22 家，有近 3 万平方米的商品房供购房者选择，约有 6 万多人次参观、咨询，有贵阳、遵义、安顺、毕节、黔西南、黔东南等地（州、市）和全州各县（市）的房地产管理人员、房开企业人员约 450 人参观。此次房交会共订购和销售商品住宅和经营门面 482 套（间），总面积 45897 平方米，金额 4550 万余元。之后每年在都匀市举办一次。

2002 年起，按照《房产开发经营管理条例》，对房地产开发企业严把资质审核关，每年对房开企业提交的资料是否齐全真实、是否有开发项目和业绩和是否有违规、违纪行为进行审查。2004 年起，全州贯彻国务院《关于促进房地产业持续健康发展的通知》，发展住宅与房地产业，推动和促进城镇经济建设，重点是整顿规范市场，搞活扩大市场。

2007—2010 年，在全州范围内开展房地产市场秩序专项整治，规范房地产市场秩序的管理。2009 年，针对房地产开发建设和交易中容易发生违法违规、权钱交易的环节和重点部位，对在建并已进入商品房预售环节的项目进行全面清理，规范房地产市场秩序。是年，开展房地产市场秩序专项检查、房地产经纪机构备案清理专项检查和房地产《项目手册》巡查和验核工作，规范、整顿全州房地产市场。成立州房地产协会，促进行业自律。是年，州房地产开发建设主管部门组织全州 127 家房地产开发企业和各县（市）房管部门人员 400 余人进行学习培训。2010 年，召开全州房地产工作会议、开展房地产市场检查，对房地产市场进行监管和调控，开展商品房销售项目的清理，对都匀市 18 家房地产企业进行检查，严厉打击无证销售、捂盘惜售、囤积房源等扰乱市场秩序的违法违规行为。

2011 年，中央关于加强房地产市场宏观调控、抑制房价过快上涨等政策措施出台后，州住房和城乡建设局立即提出贯彻落实意见，都匀市和福泉市政府制定 2011 年新建住房价格控制目标并向社会公布，严格控制房价的涨幅；各县（市）认真按照调控政策要求，落实调控措施，控制房价涨幅，全州没有出现房价过快上涨和违反调控政策的现象。是年，对房地产经纪机构和房地产经纪人员市场行为进行监督检查，对商品房预（销）售行为、住房租赁市场等进行管理。开展城市危险房屋及白蚁防治管理、房地产经纪机构清理备案、房屋交易与登记、物业管理等工作，开展新出台的《国有土地上房屋征收与补偿条例》的宣传贯彻工作，组织州、县房地产主管部门人员参加培训。是年，全州有瓮安、龙里、独山等县成立了房屋征收机构。

2012 年，州出台《黔南州商品住宅交付使用指导意见》，对商品房交付的标准等提出明确要求，完善商品房交付备案制度。各县（市）建立商品房预售资金监管办法。是年，全州加快房屋权属登记规范化管理，制定房屋维修资金监管办法。全年共批准办理新申办企业 56 家、资质延续 47 家，对全州 205 家房地产开发企业市场行为进行监督检查。是年，全州有黔南拓创房地产评估有限责任公司、黔南致诚房地产评估有限责任公司、黔南州恒信评估事务所有限公司、黔南州众诚房地产评估有限公司等 4 家房地产估价企业，有注册房地产估价师 13 人。至 2014 年，全州共有备案中介服务机构 56 家，备案分支机构 1 家，从业人员 184 人。

（二）房地产权属登记管理

1990 年以前对产权产籍登记一直按国务院颁布的《城市私有房屋管理条例》进行所有权登记，居民对房屋权属登记制度也没有一个明确的概念。1990 年，建设部颁布《城市房屋产权产籍管理暂行办法》，明确产权产籍登记制度。1991 年，全州实施完成房屋所有权登记发证工作，累计完成房屋产权登记 1105 户，登记房屋总面积 457271 万平方米，建立了房屋产权档案。

20 世纪 90 年代初，全州各单位直管公房除部分住宅出售给私人外，剩余办公用房、工商经营用房以及其他用房由各单位自己管理使用。房管部门只是按照国家的方针、政策、法令及地方政府的具体规定进行监督和业务指导，并按国家规定对全州直管公房全面调查，掌握全州直管公房的数据及完好情况，每年进行统计将直管公房建设及发展情况上报，为国家和当地政府制定城市经济发展和房产建设决策提供依据。全州各县（市）对各单位的直管公房进行实际测绘、制图、立卡、建档，建立其房屋的档案资料，发放产业、产权、产籍证书，实行房屋产权统一管理。随着城市建设的加快，旧房被拆除和搬迁，直管公房逐年减少。全州各县（市）房产管理部门每年均划拨资金对直管危旧房进行修缮。实施住房制度改革后，随着住房商品化，产权私有化，私房占全市房屋面积的比重逐年上升。私房的管理，房管部门按照国务院发布的《城市私有房屋管理条例》的规定和政策进行监督管理。

1993 年后，全州各县（市）逐步加强对房屋产权产籍管理工作。各地房产部门均明确专人管理，逐步清理装订建档。

1997 年，根据建设部《城市房屋权属登记管理办法》，规范和房屋权属管理。是年，都匀市房地产管理局对产权产籍管理人员进行《房屋权属管理办法》培训，并通过报刊、电台、广播、开会等多种形式进行广泛宣传，提高公众的产权意识，制止非房地产管理部门发放房屋权属证书，房屋产权的发放按规定归属了行业管理。都匀市住房制度改革领导小组对公有住房租金进行调整。租金调整后对离休干部、社会救济户和特等、一等伤残军人及烈属给予部分租金减免。对超出住房标准面积，加收一定的租金。新增租金用于住房维修管理和房屋的更新改造。为明确出租人与承租人双方的权利与义务，房屋由原来统一分配制改为租赁合同制。在管理的过程中还进行立卡建租、测绘等，记录房屋情况。

1998 年，国务院出台《关于进一步深化城镇住房制度改革，加快住房建设的通知》，停止住房的实物分配，取消福利分房，建立住房分配货币化、住房供给商品化和社会化的住房新体制。政策发布实施后，全州房屋确权登记数据开始大量增加。至 2000 年，都匀市整理入柜的房屋产权档案 6852 卷；发放公有房屋所有权证 9143 个，建筑面积 72. 96 万平方米；发放私有房屋所有权证 23882 个，建筑面积 168. 08 万平方米；发放其他所有制房屋所有权证 90 个，建筑面积 4033 平方米。

进入 21 世纪，全州各县（市）相继建立了房地产信息管理系统。通过网络协议及网络服务器实现资源共享，扩展网络使用功能，主要管理内容包括房地产综合管理和房地产产权业务管理。其中，房地产综合管理主要业务有商品房预售及登记备案管理、商品房竣工验收注册登记管理、房地产开发企业资源管理、物业管理等；房地产产权业务管理包括房屋产权证重号管理和房屋所有权初始登记、转移、变更、注销、抵押登记管理等。

2003 年，根据省建设厅《关于开展房地产交易与权属登记规范化管理考核的通知》精神，全州各县（市）房管部门按照《贵州省房地产交易与权属登记规范化管理先进单位考核暂行标准》进行房地产交易与权属登记规范化管理。2005 年 11 月，经省建设厅组织专家验收，都匀市房地产交易与权属登记规范化管理在 2000 年 12 月经省建设厅验收达标并授予“房地产产权产籍管理创先达标单位”的基础上又获得省建设厅权属规范化管理复核达标优秀单位。

2005 年，全州开始开展房地产信用档案体系的建设。在房地产二级市场培育工作中，各县（市）清理影响已购公有住房上市交易的政策性障碍，并提改进措施和办法，全州的二级市场较往年更为活跃，二手房私下交易的情况得到初步遏制。全州各县（市）开展规范化管理达标工作。都匀、瓮安、独山、贵定、惠水、罗甸等县（市）规范房地产交易与权属登记管理，并达到省级标准。随后，长顺、龙里等县房地产交易与权属登记管理达省级标准。2010 年底，全州已登记国有土地上的住宅总套数为 17. 28 万套，国有土地上的房屋总建筑面积 1893 万平方米。2011—2014 年，全州各县（市）房管部门实行房地产交易与权属登记管理工作一体化服务，简化办事程序，提高办事效率。

三、住房物业管理

1998 年，按照《城市房地产开发经营管理条例》《城市新建住宅小区管理办法》的规定，都匀市房产局多次组织都匀各房地产开发公司开会，规定新建的大厦及住宅小区必须纳入物业管理，强调各开发公司工程开工和商品房预售前必须有物业管理工作措施。同时利用电视、广播、报刊等多种形式向公众宣传物业管理的有关文件规定，提高市民对物业管理的认识。是年，都匀市政府下发《都匀市城镇住宅区物业管理办法（暂行)》，明确和规定业主大会的职权和管理委员会的职责，物业管理公司的权利和义务，物业管理内容，物业管理服务事项和收费标准等。都匀市成为全州最早发展物业管理行业的城市。都匀市房产局成立综合管理处，负责物业管理工作。都匀市房地产局成立直属的物业管理公司，承接文明路住宅小区、金榕大厦、筑匀大厦、海文大厦、兴亚大厦等5个（区）点的物业管理业务，管理住宅共665套（户），面积8.23万平方米，写字楼面积3.80万平方米。在总结取得经验的基础上，都匀市召开各房地产开发公司的会议，规定凡新建的商品房一律要进入物业管理。此后，都匀地区各房产开发企业都相应建立了物业管理机构，对新建房屋进行物业管理。1999年，《都匀市城镇住宅区物业管理暂行办法》颁布施行，使物业管理工作走上了有章可循的道路，全州的物业管理由最初的摸索起步阶段发展到逐步规范管理阶段。

2000年，经过资质审查，都匀市成立并具备条件开展物业管理工作的有黔南州物业管理公司、都匀市物业管理公司、中房集团都匀物业管理公司、匀城物业管理有限责任公司、昌盛物业管理有限责任公司、东方物业管理公司、黔南州桥城物业管理有限公司、进达物业管理有限公司、都匀源流物业开发有限公司、都匀中建物业管理有限责任公司、黔南尧鑫物业管理有限公司等11家物业管理企业。州内其他县市借鉴都匀市的成功经验，也相继开展物业管理工作。2000年，福泉市、三都县、龙里县开始实行物业管理。2001年以后，荔波、独山、惠水、贵定、瓮安、长顺、平塘、罗甸等县的物业管理工作也陆续起步。

进入21世纪，根据国务院《物业管理条例》《住宅小区物业管理服务等级标准》，全州开始对物业管理服务实行分等定级，优质优价，规范收费标准，促进物业管理企业的服务质量和服务水平。

2003年7月，都匀市制定《新建住宅共用设施、设备维修基金暂行管理办法》，到年底，该市相继成立23家物业管理企业。其中三级资质有5家，四级资质有3家，临时资质有15家，注册资金共计1500万元，从业人数600多人，其中有管理人员156人。物业管理面积（包括已签订的合同面积）共176.88万平方米。其中住宅144.53.99万平方米（含规模在5万平方米以上的住宅小区46.45万平方米）；商业用房24.41万平方米；写字楼3.30万平方米；其他用房4.64万平方米。户数近6000户。物业管理面积在1万平方米以上的企业有13家。

随着全州物业管理的覆盖面逐步扩展，都匀市新竣工的商品房纳入物业管理的达到100%。综合大厦、办公楼、工业厂房等各种物业按照建设部有关文件规定，结合管理对象的不同特点而实施物业管理。有的大中型、国家机关的住宅小区管理开始走向社会化。都匀市选择试点小区组建成立了业主委员会。2001年，西苑物管小区以优美的小区环境，规范化的物业管理及“以人为本”的服务模式，在小区的卫生保洁，保安，绿化及综合治理和社区服务等诸多方面取得很多的成绩，物业管理费交缴率基本达到 90%，成为都匀市物业管理中的典范，通过国家 ISO 9000 质量标准认证，被评为贵州省的物业管理示范小区。2003 年，物业管理公司被批准注册成立保安中队。是年，物业管理公司所管理的金鹏小区获得了“贵州省示范住宅小区试点单位”的称号。是年，都匀市西苑大世界物业小区、金鹏物业小区在其原有的业主代表的基础上完成业主委员会的组建。

2005 年，在都匀市进行物业管理服务的企业有 21 家，管理面积 210 万平方米。是年，根据省政府《关于加强经济适用住房建设管理的意见》，经济适用住房建成后一律实行物业管理，维护业主和物业管理企业的合法权益。全州 1 万平方米以上的住宅小区全部实行物业管理或落实物业管理措施。

2006 年 12 月，《都匀市住房共用部位共用设施设备专项维修基金实施细则（暂行）》正式施行。是年底，全州共有物管企业 35 家，物业管理覆盖面和物管水平有了提高。

2007 年 8 月，国务院修改“物业管理条例”颁布实施，全州各县（市）开展新物管条例宣传活动，召开物管经理工作会议，组织物管经理进行培训。2008 年，都匀市组织 43 人参加建设部举办的物业管理经理、物业管理从业人员培训班。是年，全市物业管理公司从业人员持证上岗率达 80% 以上。至 2008 年底，在都匀市进行物业管理服务的企业有 28 家，从业人员达 1400 余人。

2011 年 1 月，《贵州省物业管理条例》开始施行。2011—2012 年，全州各县（市）采取多种形式，利用报纸、电视、广播电台、网络、召开物业服务企业、业主委员会、业主座谈会等形式对《贵州省物业管理条例》主要内容及要点进行宣传和解答，多层面宣传贯彻。此期间，州住建局还组织了全州在岗位的未取得“全国物业管理从业人员岗位证书”的管理人员进行培训。至 2014 年底，全州共有 142 人取得全国物业管理从业人员岗位证书。

第三节　住房公积金管理

一、管理机构及制度建设

黔南州住房公积金制度从 1993 年开始在州直单位和各县（市）推行。1993—2003 年，州本级及各县（市）住房公积金与其他住房资金一道，按照“房委会决策、银行专户、财政监督”以及财政体制分级管理的原则，由州及各县（市）实行分级管理，管理机构是州级住房制度改革领导小组内设的住房资金管理委员会。管委会下设办公室，与住房制度改革领导小组办公室（即房改办）合署办公，因此住房公积金实际也由房改办管理。1995 年，福泉市率先推行职工住房公积金制度，开展公积金缴存工作，职工个人缴存的住房公积金和职工所在单位为职工缴存的住房公积金，属职工个人所有。是年，部分有条件的单位和职工各交工资总额 5%，随着房改的深入，缴存单位和人数、缴存比例逐渐增加。都匀、独山、惠水、瓮安、三都等县（市）相继建立公积金制度和发售住房建设债券，归集住房公积金和住房建设债券近 300 万元。1995 年，全州归集住房公积金 800 多万元，解决住房6000多户，缓解住房难的问题。至1997年10月，全州已归集住房公积金3118万元。

2003年1月，州政府行文成立黔南州第一届住房公积金管理委员会，由25名委员组成，一名副州长任主任。同年6月，州机构编制委员会下发《关于黔南州住房公积金管理中心宗旨和业务范围内设机构人员编制规定》，正式组建州住房公积金管理中心（以下简称州公积金中心），并明确该中心为直属于州人民政府的不以营利为目的的独立的正县级事业单位。是年，除都匀地区以外的其他各县（市）住房公积金管理，由州公积金中心委托各县（市）房改办暂时代为管理。

是年10月，州第一届住房公积金管理委员会第一次全体会议讨论通过了《黔南州住房公积金管理委员会章程》《黔南州住房公积金管理暂行办法》《黔南州住房公积金归集管理暂行办法》《黔南州住房公积金提取管理暂行办法》和《黔南州个人住房公积金贷款管理暂行办法》，并决定除《黔南州住房公积金管理暂行办法》报州政府审定批准外，其他几个办法按照规定以州管委会名义印发全州遵照执行。会议还审议并批准了州公积金中心请示的几个问题：同意建设银行黔南分行和工商银行都匀分行为本州受委托办理住房公积金金融业务的商业银行；明确全州住房公积金单位和职工个人的具体缴存比例均不得低于职工上一年度月平均工资的5%，有条件的单位经批准可适当提高缴存比例，但最高不得超过职工上一年度月平均工资的15%；确定了住房公积金贷款的最高比例、最高额度以及最长年限，即购、建自住住房贷款最高比例不超过房屋总价的70%，最高额度不超过10万元，最长年限不超过20年；翻建、大修自住住房贷款最高额度不超过5万元，最长年限不超过10年；同意州公积金中心当年清理、移交、接收全州住房公积金的意见，并于当年10月31日正式接手管理全州住房公积金。是年10月，全州有1200个单位建立了住房公积金制度，参缴职工6.4万多名，制度覆盖率约为42.33%。已建住房公积金制度的单位，绝大多数为中央、省属垂管单位，州内的单位主要有州直属机关和都匀市直属机关单位，一部分单位虽建立了住房公积金账户但实际没有缴存，账户中没有资金。

2004年2月，州政府办公室下发《关于进一步加强住房公积金归集和管理工作的意见的通知》，要求各级政府高度重视，从关心和维护人民群众切身利益的高度，切实建立和完善住房公积金制度，并确保这一制度的实行落到实处。州政府督查室于当年专门下发督办通知，督促住房公积金制度的落实。当年全州新建住房公积金制度单位420个，较上年增长33.5%。是年6月前，瓮安、福泉、龙里、平塘、罗甸、三都、独山、荔波8个县市管理部相继成立。11月长顺管理部建立，12月贵定、惠水管理部建立。至此，州公积金中心下辖12个管理部除宏福公司管理部外，县（市）11个管理部于2004年12月底前组建完毕，并陆续接手管理行政区域内住房公积金各项业务。是年起，州第一届住房公积金管理委员会每年均召开一次全体会议，审议决定全州住房公积金管理工作中的具体问题，包括建立、完善有关管理制度，明确有关政策规定。

2005年4月，州人大财经委组织调研组，对建立和实施住房公积金制度情况进行专题调研。州十一届人大常委会第30次会议专题听取了《关于我州建立和实行住房公积金制度情况的报告》，针对实行住房公积金制度存在的问题作出了审议意见。随后，州政府专门下发《关于落实州人大常委会审议意见进一步执行好住房公积金制度的通知》，要求“全州凡属财政预算管理的单位要全部实行住房公积金制度，单位缴存部分要按规定的工资基数和缴交比例纳入财政预算安排”。当年10月，又下发《在全州开展住房公积金制度执行情况自查督查的通知》。各县（市）检查和该县市建立和实行住房公积金制度情况。是年底，全州12个县（市）和州级财政拨款单位都为职工匹配缴交了住房公积金，其中7个县（市）财政为职工缴交的住房公积金达到了5%的最低比例标准。

2006年，瓮安县率先在全州实现了全县所有行政机关、事业单位、省州垂管单位和县属企业全部建立了住房公积金制度，单位覆盖率达到了100%。贵定县民营企业金象实业总公司在全州非公有制经济领域率先建立了住房公积金制度，实现州内非公有制经济领域实行住房公积金制度零的突破。是年，贵州省审计厅对黔南州住房公积金管理使用情况进行审计，指出了存在的问题，州和各有关县市积极进行整改。

2009年，在全州开展住房公积金缴存“控高保低”专项治理工作，通过清理，规范缴存比例和缴存基数。

2010年，新修订的《黔南州住房公积金管理办法》《黔南州住房公积金贷款管理实施办法》《黔南州住房公积金归集管理实施办法》和《黔南州住房公积金提取管理实施办法》经州政府和州管委会审核批准后向社会公布实施。

2012年，州政府办公室印发《关于调整州住房公积金管理委员会组成人员的通知》，组成新一届州住房公积金管理委员会，有25名委员组成。

2013年，州公积金中心制定《黔南州住房公积金信息管理系统操作规程》，将新增缴存单位和新增缴存人数作为重要指标，列入年度目标考核内容，确保各管理部、直属业务部按序时进度完成目标任务。年底，全州12个县（市）和都匀经济开发区财政供养人员缴存住房公积金的比例实现了全州统一，全部按12%的比例缴存。是年，州机构编制委员会《关于明确黔南州住房公积金管理中心主要职责内设机构和人员编制的批复》，重新明确中心主要职责、内设机构和人员编制。内设机构为：综合科、计划统计与会计核算科、信贷管理科、信息技术科、审计监察科、直属业务部，11个县（市）管理部，即：福泉市、独山县、平塘县、荔波县、三都县、瓮安县、贵定县、龙里县、惠水县、长顺县、罗甸县管理部。

2014年，州公积金中心联合州财政局共同下发《关于进一步加强州直行政事业单位职工住房公积金管理的通知》，将州直行政事业单位发放的贵州省规定的改革性津贴（不含通信费）、年终一次性奖金和目标考核奖（人均值）纳入住房公积金缴存基数。各县（市）和都匀经济开发区也对缴存基数进行规范。是年，全州新增缴存单位125个、缴存人数12293人，其中当年新增民营缴存单位53家、812人。

二、公积金缴存及支取

2003年，州公积金中心成立以前，全州12个县市及州直单位、在匀的中央和省属企事业单位共有1293个、约6.4万名职工建立了住房公积金账户，累计缴存住房公积金1.82亿元，累计支取5800万元，公积金存款余额为12397万元。

（一）缴存

2003年10月，州政府颁布《黔南州住房公积金管理暂行办法》，明确规定了住房公积金的缴存基数为职工本人上一年度月平均工资，缴存比例为5%－15%。2004年初，州人民政府办公室印发《关于进一步加强住房公积金归集和管理工作的意见的通知》，要求凡由财政供养的在职人员，单位缴纳住房公积金部分，全部列入财政预算。是年，全州新增缴存单位420个，达到1673个；新增缴交人数18870人，达到85055人；全年共归集住房公积金9135.28万元（贵定、惠水、长顺3个县因管理部成立较晚，未进入正常归集行列）。

2005年，随着全州住房公积金制度覆盖面的扩大，全州住房公积金当年归集额首次突破亿元，实现归集额达14780万元。瓮安县财政预算管理单位100%实行住房公积金制度，财政匹配在职职工的公积金由工资的2%提高到了5%。贵定县管理部重点针对贵定卷烟厂进行宣传，促成该厂1360多名在职职工补缴了5年的住房公积金700余万元。

2006年，州政府办公室印发《关于进一步加强全州财政预算管理单位住房公积金归集工作的意见》，全年实现归集额18723万元。

2009年，全州开展住房公积金"控高保低"专项治理工作，对500余个单位近3万名缴存职工的缴存比例或缴存工资基数进行清理、调整和规范。全州住房公积金归集工作每年一个新台阶，至2012年末，全州住房公积金归集总额为40.81亿元。自1993年实行住房公积金制度到2012年20年中，前10年全州归集1.82亿元，后10年全州归集39亿元。2013年，全州住房公积金归集首次突破10亿元。

2014年，州直行政事业单位发放的改革性津贴（不含通信费）、年终一次性奖金和目标考核奖（人均值）纳入住房公积金缴存基数，各县（市）和都匀经济开发区也不同程度地对缴存基数进行规范。是年，全州住房公积金归集金额为14.05亿元。

（二）支取

2003年10月制定《黔南州住房公积金提取管理暂行办法》，明确规定了缴存职工支取本人账户住房公积金必须符合10个方面的条件和用途，并对每个支取条件和用途，规定了必须提供的证明材料等。由此，全州住房公积金管理机构建立了统一、规范审核办理公积金支取业务的标准和依据。2004年，全州共为10197名职工办理公积金支取3978.04万元，为全州推行住房公积金制度以来年平均支取额的6.8倍，也是2003年全年支取898.7万元的4.3倍，支取用途多数为职工补缴土地收益金。

2005年，针对部分国有企业改制，下岗内退人员增多，重新就业难度较大的实际，经州管委会批准，将缴存职工与单位终止劳动关系5年以上并未建立新的劳动关系方可提取个人账户公积金的规定，调整为职工与单位终止劳动关系一年以上并未建立新的劳动关系的，可以提取个人账户的公积金存储余额。

2008年初，黔南遭遇特大雨雪凝冻自然灾害，部分职工尤其是居住在乡镇的职工住房出现被毁损情况。为此，州公积金管理中心制定《黔南州住房公积金提取业务操作规程补充规定》《关于办理公积金支取业务相关问题的补充通知》，在国家政策规定范围内，对职工提取公积金的有关具体事项作出明确规定，当年，全州共为14490名职工办理住房公积金支取业务，支取金额9233.72万元，其中住房消费支取金额5905.61万元。

2009年，州公积金中心印发《关于规范住房公积金提取审批权限的补充规定》和《关于进一步规范提取审批的通知》，明确职工个人住房公积金提取严格执行两级审批制度，实行经办与审批分离，杜绝骗提和挪用现象发生。是年，全州共为18701名职工办理住房公积金支取1.45亿元，较上年增长57%，其中住房消费支取金额9824.66万元。

2010年，修订完善后的《黔南州住房公积金提取管理实施办法》开始实行，全年共为24240名职工办理住房公积金支取金额2.03亿元，其中住房消费支取1.37亿元。2011年共为3.3万多名职工办理了公积金支取业务，支取公积金2.98亿元。

2012年5月，州公积金中心印发《关于明确和补充有关住房公积金提取规定的通知》，对职工个人账户内公积金的提取和使用范围作了适当的扩大和补充。同年8月，州公积金管理管委会决定再次调整全州住房公积金使用政策：放宽职工提取公积金支付房租的范围，对于享受廉租住房（实物配租、发放租赁补贴）及租住公共租赁住房、自主租赁自住住房的缴存职工，可以提取其个人账户的住房公积金支付房租；适度放宽购房或还贷可提取住房公积金的家庭成员范围，子女与父母共同购买一套共有产权住房时，可以提取各自个人账户内的住房公积金，用于补付该套住房的购房款或偿还该套住房贷款。

2014年，经管委会审议批准，对全州住房公积金提取和使用政策进行调整，实施特定指向的倾斜政策。主要是：支持符合条件的缴存职工在购置保障性住房时提取个人账户公积金用于支付购房款；对因城镇规划建设需要实施旧城改造、棚户区改造、城镇基础设施建设等对缴存职工原有住房进行拆迁的，在安置还房时，需要补差价款和土地收益金等的职工，可提取住房公积金进行补差。2014年末，全州住房公积金累计支取金额为27.38亿元。

三、公积金贷款

2003年11月，州住房公积金管理中心按照《黔南州个人住房公积金贷款管理暂行办法》以及管委会审议批准的个人住房公积金贷款最高比例、最高资金额度、贷款最长年限，开始审批办理公积金贷款发放业务。当年共发放个人住房贷款3笔，共计12.6万元。

2004年，全州共为1159户职工发放个人住房公积金贷款7536.49万元，其中都匀地区发放835户6386.3万元，县市管理部发放324户1150.19万元。个贷余额占全州公积金归集余额之比（也称为个贷率）40.28%，高出当年贵州省公积金平均使用率21.87%的18.41个百分点。全年共收回贷款本金520.78万元，利息111.39万元，逾期率为零。

2005年，州住房公积金管理中心先后下发《关于办理商业银行住房贷款转住房公积金贷款业务相关问题的通知》《关于规范运作住房公积金有关问题的通知》以及《关于规范办理个人住房公积金贷款业务有关问题的通知》，规范和指导全州公积金贷款业务工作。全年共为2200户职工发放个人住房公积金贷款15176万元，收回贷款本金1613万元，贷款余额20993万元，个贷率为71.2%，较上年上升31个百分点，超过全国住房公积金个贷率平均水平，居全省首位。

2006 年，州住房公积金管理中心制定《黔南州住房公积金贷款业务操作规程》，并开展了住房公积金贷款的抵押房屋综合保险。是年，州住房公积金管理中心主任在全国住房公积金管理工作经验交流会上作《积极稳妥发放个人住房公积金贷款、切实发挥住房公积金应有作用》的发言。当年，全州共收回贷款本金 5027.11 万元，贷款逾期率为 0.38‰，低于 1‰的控制指标。

2008—2011 年，州住房公积金管理中心先后下发《关于规范办理住房公积金贷款业务及相关问题的通知》《关于调整贷款审批权限及额度的通知》《关于加强对贷款抵押物进行核实的通知》和《关于调整住房公积金贷款审批权限及相关规定的通知》，完善公积金贷款审批流程和个人信用审核制度，强化贷后管理和资金回收工作，防范公积金贷款风险，确保资金安全。

2012 年，州住房公积金管委会将全州个人住房公积金贷款最高额度调整为 40 万元，贷款期限最长调整为 30 年。全州共为 3704 户职工发放住房公积金贷款 6.83 亿元，为年度目标任务的 130.03%，比上年多发放贷款 6462 万元，增长 10.46%；全年共收回贷款本金 2.2 亿元，比上年多收回 4347 万元，增长 25.85%；年末逾期贷款额 1 万元，逾期率为 0.004‰。

2014 年，州住房公积金管委会对因城镇规划建设需要进行拆迁安置的缴存职工申请住房公积金贷款的，在政策上有条件地适度予以放宽。同时适当放宽州内引进的高层次人才住房公积金贷款最高额度。职工连续足额缴存住房公积金 6 个月（含）以上，可申请住房公积金个人住房贷款。

至 2014 年末，全州累计为 35925 户职工发放住房公积金贷款 52.25 亿元，帮助职工解决住房 433.40 万平方米。贷款余额 38.26 亿元，住房公积金个贷率为 93.15%。

2003—2014 年黔南州住房公积金业务情况统计表

表 16－3－2

年度	归集（万元）	提取（万元）	个人贷款发放			个人贷款率（%）
			户数（户）	金额（万元）	住房面积（万平方米）	
2003 年以前	18200.00	5885.04				
2003	3274.00	898.70	3	12.60	34.30	
2004	9135.28	3978.04	1159	7536.49		40.28
2005	14780.00	3963.00	2200	15175.97		71.20
2006	18723.06	4429.84	2093	15208.67	21.07	74.87
2007	26481.87	10542.87	2642	23066.38	37.86	80.39
2008	35351.79	9233.72	3475	33783.53	49.94	87.09
2009	39802.62	14527.93	3305	37260.56	40.15	90.90

续表 16－3－2

年度	归集（万元）	提取（万元）	个人贷款发放			个人贷款率（%）
			户数（户）	金额（万元）	住房面积（万平方米）	
2010	63912.66	20300.80	3314	41107.10	33.48	83.06
2011	82074.64	29801.19	3885	61801.34	39.25	82.77
2012	96318.37	49860.10	3704	68264.00	36.60	83.31
2013	122814.89	52429.62	4919	103478.3	56.83	88.65
2014	140517.95	67968.30	5226	115788.40	62.20	93.15
合计	671387.13	273819.15	35925	522483.34	433.40	

2003—2014 年黔南州住房公积金增值收益情况统计表

表 16－3－3　　单位：万元

年度	业务收入	业务支出	增值收益	住房公积金贷款风险准备金	上缴财政的公积金中心管理费用	城市廉租住房建设补充资金
2003	22.27	87.16	－64.9	0	0	0
2004	323.4	174.1	149.3	17.02	67.38	0
2005	714.13	353.53	360.6	141.75	210	0
2006	1343.66	571.97	771.69	397.3	335.89	38.5
2007	2092.71	1480.23	612.48	180.48	370	62
2008	3523.03	2138.31	1384.72	41.13	784.68	558.91
2009	3672.80	1390.31	2282.49	264.23	750.66	1267.6
2010	4697.23	2488.18	2209.06	271.66	1274.38	663.01
2011	7217.27	5619.70	1597.57	449.84	1091.17	56.56
2012	10741.17	5936.55	4804.62	470.99	929.29	3404.34
2013	12716.58	7576.72	5139.86	763.26	1052.39	3324.2
2014	15901.08	8863.60	7037.48	827.86	1055.74	5153.9
合计	62965.33	36680.36	26284.97	3825.52	7921.58	14529.02

说明：1. 2004 年实现的增值收益数应弥补 2003 年亏损后的 64.9 万元，实际收益数为 84.41 万元。2. 2005 年实现的增值收益数应弥补 2004 年部分管理部亏损的 8.85 万元，实际收益数为 351.75 万元

第四章　环境保护

20 世纪 90 年代中期以前，黔南州环境保护工作职能主要由州城乡建设环境保护局承担。1996 年设立州环境保护局，为州政府组成部门。2001 年后，州环保局陆续增设环境工程评估中心、环境应急中心和核辐射站。县（市）环境保护机构的设置基本与州级同步或稍后。1991—2014 年，随着全州经济社会的快速发展，环境保护提到州委、州政府的重要工作日程，全州各级政府和有关职能部门加强环保知识和环保政策法规宣传，不断加大环境监测监督、环境治理、生态保护和环保执法力度，全州环境保护取得成效。

第一节　环境质量

一、水环境质量

进入 20 世纪 90 年代后，全州环境监控监测网络初步形成体系，除了完成指定性常规重点污染源的监督监测外，还常规性环境的监控监测。1995 年，对剑江、蒙江、都柳江 3 条河流 9 个断面的丰、枯、平三期水质进行监测，共获得数据 3301 个。1996 年，完成辖区内都匀剑江、惠水涟江、三都都柳江 4 个河段的 10 个断面 13 个采样点的地面水丰、枯、平期常规水质监测。1998 年，全州完成清水江、都柳江、蒙江 3 条河 19 个断面 10 个采样点丰、枯、平 3 水期水质监测，取得监测数据 2120 个。2002 年，根据省环保局《关于贵州省环境保护中心城市实施集中饮用水源地水质月报的通知》，为保证城市居民的饮水安全，加强饮用水源的保护，都匀市决定从 2003 年 11 月起，由都匀市环境监测站每月对九龙湖、老罗坪、姬家院、青云湖等集中水源地进行水质监测。2003 年，全州对清水江、榕江、都柳江、红水河、边外河 11 个段面、11 个监测点开展丰、枯平三期监测，取得各类监测数据 1188 个。2005 年，州环境监测工作完成省下达对清水江、樟江、都柳江、江水河、边外河 9 个段面 11 个监测点的常规监测，取得数据 1188 个。

2006 年以后，州环境保护部门对全州水环境的监测逐步规范化，根据有关标准和要求对全州各主要河流水质进行监测。据检测，2011—2012 年，都匀市、福泉市城市地表水水质达标率、饮用水源水质达标率均保持在 99% 以上。

2013 年，全州县级以上城镇集中式饮用水源地 22 个，经检测，2013 年水质状况达标率为 82.2%。2014 年为 23 个，2014 年水质状况达标率为 97.8%。其中都匀市茶园水库为中心城市集中式饮用水源地，水质状况良好且稳定，2013、2014 年水质达标率均为 100%，水质年达标量 1488 万吨。2013 年县级集中式饮用水源地福泉市的卫阻河、螺丝冲、黑塘桥取水点，贵定县的水爬岩、瓮安县水冲河水库取水点、瓮安县西门河取水点、惠水县渔梁水库取水点、三都县官塘水库（2013 年 5 月起水源地增加甲晒河，两水源地根据水量交叉使用）取水点等 8 个饮用水源地水质状况良好且稳定，水质达标率为 100%；2014 年福泉市黑塘桥、平堡河、岔河水源地；贵定县水爬岩、打龙潭水源地；瓮安县水冲河水库、朵云水库、梅花堰水库水源地；荔波县水厂饮用水源水源地；独山高岩水库、甲摆河水源地；平塘县龙洞水源地；惠水县渔梁水库、程番、龙塘山水源地；罗甸县饮用水源地；长顺县转拐龙潭水源地；三都县饮用水源地等 18 个饮用水源地水质状况良好且稳定，水质达标率为 100%。

2006—2012 年黔南州内各主要河流水质情况一览表

表 16－4－1　　单位：个

河流名称	断面名称	规定类别	实际达到水质类别						
			2006 年	2007 年	2008 年	2009 年	2010 年	2011 年	2012 年
剑江	茶园	Ⅱ	Ⅰ	Ⅰ	Ⅱ	Ⅱ	Ⅰ	Ⅰ	Ⅰ
	营盘	Ⅲ	劣Ⅴ	Ⅳ	Ⅳ	劣Ⅴ	Ⅴ	劣Ⅴ	Ⅱ
都柳江	三都桥	Ⅲ	Ⅱ	Ⅰ	Ⅱ	Ⅳ	Ⅲ	Ⅱ	Ⅱ
	交梨河	Ⅲ	Ⅱ	Ⅱ	Ⅱ	Ⅳ	Ⅱ	Ⅱ	Ⅱ
樟江	回龙角	Ⅲ	Ⅱ	Ⅱ	Ⅰ	Ⅱ	Ⅱ	Ⅰ	Ⅰ
	洗布河	Ⅱ	Ⅰ	Ⅰ	Ⅰ	Ⅱ	Ⅱ	Ⅱ	Ⅱ
蒙江	边外河	Ⅲ	Ⅰ	Ⅰ	Ⅱ	Ⅱ	Ⅱ	Ⅱ	Ⅱ
红水河	罗阳	Ⅲ	Ⅱ	Ⅱ	Ⅱ	Ⅱ			
鱼梁河	凤山新桥	Ⅲ				劣Ⅴ	劣Ⅴ	劣Ⅴ	劣Ⅴ
	天文	Ⅲ				Ⅲ	Ⅴ	劣Ⅴ	劣Ⅴ

2013—2014 年黔南州内各主要河流水质情况一览表

表 16－4－2

城市	流域	水系	河流	断面	规定水质类别	实达类别	
						2013 年	2014 年
都匀市	长江流域	沅水水系	清水江	茶园	Ⅱ	Ⅰ	Ⅰ
				营盘	Ⅲ	Ⅳ	Ⅱ
福泉市				凤山新桥	Ⅲ	劣Ⅴ	劣Ⅴ
贵定县		乌江水系	西门河	定南大桥	Ⅲ	Ⅱ	Ⅱ
				化肥厂	Ⅴ	劣Ⅴ	Ⅳ
龙里县			三元河	六〇二	Ⅲ	Ⅰ	Ⅲ
				3537 厂	Ⅲ	Ⅱ	Ⅱ
瓮安县			瓮安河	天文	Ⅲ	劣Ⅴ	劣Ⅴ
			西门河	自来水公司	Ⅲ	Ⅲ	Ⅰ
				县农机厂	Ⅴ	Ⅲ	Ⅲ

续表 16－4－2

城市	流域	水系	河流	断面	规定水质类别	实达类别	
						2013 年	2014 年
三都县	珠江流域	柳江水系	都柳江	三都桥	Ⅲ	Ⅱ	Ⅱ
			交梨河	交梨	Ⅲ	Ⅱ	Ⅱ
荔波县		红水河水系	樟江	回龙角	Ⅲ	Ⅱ	Ⅱ
				洗布河	Ⅱ	Ⅱ	Ⅰ
独山县			黑神河	石家桥	Ⅲ	Ⅲ	Ⅱ
				凉亭村	Ⅲ	劣Ⅴ	劣Ⅴ
罗甸县			蒙江	边外河	Ⅲ	Ⅱ	Ⅰ
			坝王河	取水渠道	Ⅲ	Ⅱ	Ⅰ
				大亚铁合金	Ⅲ	Ⅱ	Ⅰ
				八总大桥	Ⅲ	Ⅲ	Ⅱ
平塘县			平舟河	龙洞	Ⅲ	Ⅱ	Ⅰ
				梭沙坡	Ⅲ	Ⅱ	Ⅱ
				狮子口	Ⅲ	Ⅱ	Ⅰ
惠水县			涟江	抵门	Ⅲ	Ⅱ	Ⅱ
				羡田	Ⅲ	Ⅱ	Ⅱ
长顺县			洗布河	三岔河	Ⅲ	Ⅳ	Ⅲ
				麻铁泵房	Ⅲ	Ⅳ	劣Ⅴ

2013—2014 年各县（市）集中式饮用水源地水质达标情况一览表

表 16－4－3

城　市	水源地名称	水质达标率	
		2013 年	2014 年
都　匀	茶园水库	100%	100%
福　泉	黑塘桥	100%	100%
	平堡河	100%	100%
	岔　河	100%	100%
荔　波	荔波县水厂饮用水源	91.7%	100%
贵　定	水爬岩	100%	100%
	打龙潭	83.3%	100%

续表 16－4－3

城 市	水源地名称	水质达标率	
		2013 年	2014 年
瓮 安	水冲河水库	100%	100%
	落马塘水库	50.0%	91.7%
	朵云水库	91.7%	100%
	梅花堰水库	100%	100%
独 山	高岩水库	91.7%	100%
	甲摆河	——	100%
平 塘	龙洞	50.0%	100%
罗甸	罗甸县饮用水源	83.3%	100%
龙 里	猴子沟水库	75.0%	91.7%
	小西堡	83.3%	100%
惠 水	渔梁水库	100.0%	100%
	程番	83.3%	100%
	龙塘	75.0%	100%
三 都	三都县饮用水源	100%	100%
	甲晒河水库	——	91.7%
长 顺	转拐龙潭	41.7%	100%

二、大气环境质量

1995—2005 年，州环境保护监测机构开展对大气环境进行监测。

2006 年以后，州环境保护部门根据有关标准和要求，对全州各县（市）县城大气环境质量进行监测。

2006—2012 年黔南州各县（市）空气质量监测情况一览表

表 16－4－4　　　　单位：个

城市	空气质量情况						
	2006 年	2007 年	2008 年	2009 年	2010 年	2011 年	2012 年
龙里	三级	二级	二级	二级	三级	二级	二级
瓮安	四级	二级	二级	二级	二级	二级	一级
贵定	三级	二级	三级	二级	二级	二级	一级
荔波	二级	二级	二级	二级	一级	一级	一级
罗甸	二级	三级	二级	三级	二级	一级	一级
平塘	二级	二级	二级	二级	一级	二级	一级
三都	三级	二级	二级	二级	二级	一级	一级
长顺	二级	二级	二级	二级	二级	二级	一级
独山	二级	三级	二级	二级	二级	一级	二级
惠水		二级	三级	二级		二级	一级
都匀	超三级	超三级	三级	三级	三级	二级	二级
福泉	三级	二级	二级	三级	三级	二级	三级

全州仅都匀市、福泉市进行常规空气自动监测（三个指标：二氧化硫、二氧化氮、可吸入颗粒物 PM10），有较为完整的空气常规监测数据。其他 10 个县因受客观条件限制，一直采用 5 日法进行手工监测，监测频率为上、下半年各一次，监测三个指标：二氧化硫、二氧化氮、可吸入颗粒物。2014 年起，全州开展系统全面的常规空气自动监测。

都匀市环境空气质量中：2008 年市区空气总悬浮颗粒物、二氧化硫、二氧化氮年日均值分别为 0. 035 毫克/立方米、0. 065 毫克/立方米和 0. 014 毫克/立方米，稳定保持在国家空气环境质量二级标准以内。2013 年和 2014 年有明显好转（见下表）。

福泉市 2012 年空气总悬浮颗粒物、二氧化硫、二氧化氮年日均值分别为 0. 115 毫克/立方米、0. 035 毫克/立方米和 0. 020 毫克/立方米，同样稳定在国家空气环境质量二级标准以内。2013 年和 2014 年的情况有好转。

2013—2014 年都匀市、福泉市环境空气质量情况一览表

表 16 - 4 - 5

项 目	都 匀		福 泉	
	2013 年	2014 年	2013 年	2014 年
检测天数	365	365	361	365
API 指标	62	52	70	57
首要污染物	PM10	PM10	PM10	PM10
优良天数	349	353	326	351
轻微污染天数	15	11	35	14
轻度污染天数	1	1	0	0
中度污染天数	0	0	0	0
优良频率	95. 6%	96. 7%	90. 3%	96. 2%
轻微污染频率	4. 1%	3. 0%	9. 7%	3. 8%
轻度污染频率	0. 3%	0. 3%		
PM10 作为首要污染物出现频率	95. 0%	96. 7%	80. 9%	79. 1%
SO2 作为首要污染物出现频率	5. 0%	3. 3%	19. 1%	20. 9%

2013 年，全州除都匀、福泉两市以外的 10 县进行了手工监测，二氧化硫、二氧化氮、可吸入颗粒物均达到《环境空气质量标准》（GB3095 - 1996）二级标准要求。

2013—2014 年黔南州 10 个县城环境空气质量状况一览表

表 16 - 4 - 6

城 市	2013 年		2014 年							
	空气质量	首要污染物	检测天数	API 指标数	首要污染物	优良天数	轻微污染（天）	轻度污染（天）	中度污染（天）	优良频率%
龙里	优		365	35	无	365	0	0	0	100
瓮安	优		364	53	PM10	361	0	0	0	100
贵定	良	PM10	365	45	无	365	0	0	0	100
荔波	优		365	35. 5	PM10	365	0	0	0	100

续表 16－4－6

城市	2013 年		2014 年							
	空气质量	首要污染物	检测天数	API 指标数	首要污染物	优良天数	轻微污染（天）	轻度污染（天）	中度污染（天）	优良频率%
罗甸	良	PM10	363	38	PM10	363	0	0	0	100
平塘	优		365	18	无	365	0	0	0	100
三都	优		365	38	SO2	361	3	1	0	98.9
长顺	优		365	45	PM10	365	0	0	0	100
独山	良	PM10	365	28	SO2	360	5	0	0	98.6
惠水	优		365	35	PM10	365	0	0	0	100

三、酸雨状况

黔南州对酸雨情况的监测仅在都匀市进行，分别在城区、郊区各设一个酸雨监测点，其中城区监测点采用自动采样器进行降水收集，郊区监测点为人工采样器采样。

1998 年起，各地采取有力措施整治城区主要街道经营性燃煤污染，全州空气质量均有所提高。2005 年以后，都匀市酸雨频率呈波动状态，但总的趋势向好。

1996—2014 年都匀市年度酸雨情况一览表

表 16－4－7

年度	酸雨频率%	PH 范围	年度	酸雨频率%	PH 范围
1996	80	3.61－8.0	2006	4.4	4.04－7.64
1997	80	3.98－6.52	2007	2.7	4.91－8.02
1998	90	3.82－6.0	2008	39.8	3.96－7.86
1999	70	3.82－6.60	2009	60	3.97－8.00
2000	70	4.00－7.10	2010	16	4.91－8.42
2001	71	3.45－7.10	2011	4.3	4.73－8.26
2002	83	3.43－6.20	2012	21.8	4.29－7.68
2003	50.9	3.82－7.61	2013	26.3	4.48－7.82
2004	45.3	3.72－7.70	2014	11.8	4.36－8.13
2005	44.8	4.55－7.48			

四、声环境质量

1991—2014 年，黔南州对声环境的检测工作开展不多，且资料不全。除都匀市区和福泉市区有 4 到 5 个年度的资料外，其余县仅有 2005 年度的检测资料。

（一）都匀市城区噪声检测

2004 年，昼间情况为 70 分贝以上的区域有 1 个，66－70 分贝的区域有 4 个，61－65 分贝的区域有 40 个，56－60 分贝的区域有 59 个，50－55 分贝的区域有 64 个，50 分贝以下的区域有 30 个。符合 0 类区标准的区域为 15%，符合 1 类区标准的区域为 32%，符合 2 类区标准的区域为 30%，符合 3 类区标准的区域为 20%，符合 4 类区标准的区域为 2%，超过4类区标准的区域为1%。

2010年，昼间情况为66－70分贝的区域有3个，61－65分贝的区域有34个，56－60分贝的区域有61个，50－55分贝的区域有75个，50分贝以下的区域有25个。符合0类区标准的区域占13%，符合1类区标准的区域占38%，符合2类区标准的区域占31%，符合3类区标准的区域占17%，符合4类区标准的区域占2%。

2011年，都匀市区域环境噪声平均值、交通干线噪声平均值分别从2008年的55.7分贝、65.7分贝下降到当年的55.1分贝和65.2分贝。

2013年，都匀市中心城区区域环境噪声共布设240×240米监测网格198个，城区道路交通噪声监测路段道路总长40858米，设24个噪声监测点。2013年都匀市中心城区区域环境噪声等效声级范围：45.1－75.0分贝（A），平均等效声级为55.2分贝（A），低于《声环境质量标准》（3096－2008）2类区标准4.8分贝（A）。

2014年：都匀市中心城区区域环境噪声等效声级范围：44.1－73.1分贝（A），平均等效声级为55.2分贝（A），低于《声环境质量标准》（3096－2008）2类区标准4.8分贝（A）。道路交通噪声2013年等效声级范围：64.1－72.0分贝（A），平均等效声级为66.9分贝（A），低于《声环境质量标准》（3096－2008）4a类区标准3.1分贝（A）。2014年等效声级范围：60.1－77.5分贝（A），平均等效声级为67.5分贝（A），低于《声环境质量标准》（3096－2008）4a类区标准2.5分贝（A）。

（二）福泉市城区噪声检测

2005年，昼间超过75分贝的区域有1个，超过70分贝的区域有11个，超过65分贝的区域有13个，超过60分贝的区域有18个，符合2类区标准的区域有38个，占总数的47%，超过2类区标准的区域为53%。夜间超过70分贝的区域为1个，超过65分贝的区域有6个，超过60分贝的区域有13个，超过55分贝的区域有10个，超过50分贝的区域有14个；符合2类区标准的区域有36个，占总数的44%，超过2类区标准的区域占总数的56%。

2012年，福泉市区域环境噪声平均值、交通干线噪声平均值分别从2009年的58.11分贝、64.94分贝下降到当年的57.35分贝和64.06分贝。

2013年，福泉市中心城区区域环境噪声共布设100×100米监测网格176个，城区道路交通噪声监测路段道路总长19800m。2013年中心城区区域环境噪声平均等效声级为57.7分贝（A），低于《声环境质量标准》（3096－2008）2类区标准2.3分贝（A），城区道路交通噪声平均等效声级为64.2分贝（A），低于《声环境质量标准》（3096－2008）4a类区标准5.8分贝（A）。

2014年，中心城区区域环境噪声平均等效声级为54.8分贝（A），低于《声环境质量标准》（3096－2008）2类区标准5.2分贝（A），城区道路交通噪声平均等效声级为64.1分贝（A），低于《声环境质量标准》（3096－2008）4a类区标准5.9分贝（A）。

（三）龙里县城2006年区域噪声检测

昼间等效声级最小值为44.1分贝，最大值为72.5分贝；昼间超过4类区标准的区域有3个，占总面积的14%。超过3类区标准的区域有10个，占总面积的45%，超过2类区标准的区域14个，占总面积的64%。夜间等效声级最小值为36.8分贝，最大值为65.6分贝，超过4类区标准的区域有10个，占总面积的45%，超过2类区标准的区域有14个，占总面积的64%。

（四）贵定县城2005年区域噪声检测

昼间情况：超过80分贝的区域有1个，超过75分贝的区域有4个，超过70分贝的区域有5个，超过65分贝的区域有9个，超过60分贝的区域有7个，超过55分贝的区域有6个。符合2类区标准的区域有20个，为总面积的43%，超过2类区标准的区域为57%。

夜间情况：超过80分贝的点1个，超过75分贝的点4个，超过70分贝的点5个，超过65分贝的点9个，超过60分贝的点7个，超过55分贝的区域有6个，50－54.9分贝的点有9个。符合2类区标准的区域有5个，只占11%，超过2类区标准的区域为89%。

（五）瓮安县城2005年的区域噪声检测

昼间情况：85分贝以上的区域有2个，80～85分贝的区域有10个，75－80分贝的区域有6个，70～74.9分贝的区域有11个，65～70分贝的区域有10个，60～65分贝的区域有7个，55～60分贝的区域有10个，55分贝以下的区域有24个；符合1类区标准的区域占30%，符合2类区标准的区域为13%，符合3类区标准的区域为9%，符合4类区标准的区域为13%，超过4类区标准的区域占36%。

夜间情况：75分贝以上的区域有2个，70～75分贝的区域有8个，65～70分贝的区域有12个，60～65分贝的区域有17个，55～60分贝的区域有20个，50～55分贝的区域有8个，45～50分贝的区域有12个，45分贝以下的区域只有一个。符合1类区标准的区域为1%，符合2类区标准的区域为15%，符合3类区标准的区域为10%，超过3类区标准的区域占74%。

（六）独山县城2005年区域噪声检测

昼间情况：75分贝以上的区域有5个，70～75分贝的区域有12个，65～70分贝的区域有12个，60～65分贝的区域有17个，55～60分贝的区域有7个，50～55分贝的区域有2个，50分贝以下的区域只有2个。该县城符合1类区标准的区域有7%，符合2类区标准的区域有12%，符合3类区标准的区域有30%，超过3类区标准的区域为51%。

夜间情况：70分贝以上的区域有1个65～70分贝的区域有7个，60～65分贝的区域有15个，55～60分贝的区域有15个，50～55分贝的区域有4个，45～50分贝的区域有10个，45分贝以下的区域有5个。符合1类区标准的区域为9%，符合2类区标准的区域有18%，符合3类区标准的区域有7%，超过3类区标准的区域有67%。

（七）荔波县城2005年区域噪声检测

昼间情况：70分贝以上的区域有5个，65～70分贝的区域有7个，60～65分贝的区域有10个，55～60分贝的区域有5个，55分贝以下的区域有5个；符合1类区标准的区域有16%，符合2类区标准的区域有16%，符合3类区标准的区域有31%，超过3类区标准的区域有 38%。

夜间情况：65 分贝以上的区域有 1 个，60～65 分贝的区域有 9 个，55～60 分贝的区域有 7 个，50～55 分贝的区域有 2 个，45～50 分贝的区域有 6 个，45 分贝以下的区域有 7 个；符合 1 类区标准的区域为 22%，符合 2 类区标准的区域为 19%，符合 3 类区标准的区域有 6%，超过 3 类区标准的区域为 53%。

（八）三都县城 2005 年区域噪声检测

昼间情况：大于 70 分贝的有 5 个区域，65～70 分贝的有 8 个区域，60～65 分贝的有 9 个区域，55～60 分贝的有 3 个区域，50～55 分贝的有 7 个区域，小于 50 分贝的有 3 个区域；达到 0 类区标准的区域占 9%，达到 1 类区标准的占 20%，达到 2 类区标准的占 9%，达到 3 类区标准的区域占 26%，超过 3 类区标准的占 37%。

夜间情况：大于 60 分贝的区域 1 个，50～55 分贝的区域 1 个，45～50 分贝的区域 4 个，45～40 分贝的区域 16 个，小于 40 分贝的区域 13 个；符合 0 类区标准的区域占 37%，符合 1 类区标准的区域占 46%，符合 2 类区标准的区域占 11%，符合 3 类区标准的区域占 3%，超过 3 类区标准的区域占 3%。

（九）平塘县城 2005 年区域噪声检测

昼间情况：超过 80 分贝的区域 1 个，75～80 分贝的区域 2 个，70～75 分贝的区域有 3 个，65～70 分贝的区域有 3 个，60～65 分贝的区域有 5 个，55～60 分贝的区域有 7 个，50～55 分贝的区域有 5 个，小于 50 分贝的区域有 2 个；符合 0 类区标准的区域占 7%，符合 1 类区标准的区域占 18%，符合 2 类区标准的区域占 25%，符合 3 类区标准的区域占 18%，超过 3 类区标准的区域占 32%。

夜间情况：大于 65 分贝的区域有 2 个，60～65 分贝的区域有 1 个，55～60 分贝的区域有 2 个，50～55 分贝的区域有 3 个，45～50 分贝的区域有 4 个，40～45 分贝的区域有 9 个，小于 40 分贝的区域有 7 个；符合 0 类区标准的区域占 25%，符合 1 类区标准的区域占 32%，符合 2 类区标准的区域占 14%，符合 3 类区标准的区域占 11%，超过 3 类区标准的区域占 18。

（十）惠水县城 2005 年区域噪声检测

昼间情况：大于 75 分贝的区域 1 个，70～75 分贝的区域 2 个，65～70 分贝的区域 15 个，60～65 分贝的区域 9 个，55～60 分贝的区域 8 个，50～55 分贝的区域 10 个，小于 50 分贝的区域 7 个；符合 0 类区标准的区域占 14%，符合 1 类区标准的区域占 20%，符合 2 类区标准的区域占 16%，符合 3 类区标准的区域占 18%，超过 3 类区标准的区域占 35%。

夜间情况：65 分贝以上的区域有 3 个，60～65 分贝的区域有 7 个，55～60 分贝的区域有 13 个，50～55 分贝的区域有 4 个，45～50 分贝的区域有 13 个，40～45 分贝的区域有 11 个，40 分贝以下的区域有 1 个；符合 0 类区标准的区域占 2%，符合 1 类区标准的区域占 22%，符合 2 类区标准的区域占 25%，符合 3 类区标准的区域占 8%，超过 3 类区标准的区域占 45%。

（十一）罗甸县城2005年区域噪声检测

昼间情况：大于75分贝的区域有4个，70～75分贝的区域有7个，65～70分贝的区域有8个，60～65分贝的区域有7个，55～60分贝的区域有6个，50～55分贝的区域有1个，50分贝以下的区域有1个；符合0类区标准的区域占3%，符合1类区标准的区域占3%，符合2类区标准的区域占18%，符合3类区标准的区域占21%，超过3类区标准的区域占56%。

夜间情况：大于70分贝的区域有3个，65～70分贝的区域有4个，60～65分贝的区域有4个，55～60分贝的区域有7个，50～55分贝的区域有4个，45～50分贝的区域有7个，40～45分贝的区域有4个，小于40分贝的区域有1个；符合0类区标准的区域占3%，符合1类区标准的区域占12%，符合2类区标准的区域占21%，符合3类区标准的区域占12%，超过3类区标准的区域占53%。

（十二）长顺县城2005年区域噪声检测

昼间情况：70分贝以上的区域1个，65～70分贝的区域5个，60～65分贝的区域9个，55～60分贝的区域有7个，50～55分贝的区域有12个，50分贝以下的区域有8个；符合0类区标准的区域占19%，符合1类区标准的区域占29%，符合2类区标准的区域占17%，符合3类区标准的区域占21%，超过3类区标准的区域占14%。

夜间情况：60分贝以上的区域有2个，55～60分贝的区域有1个，50～55分贝的区域有7个，45～50分贝的区域有5个，40～45分贝的区域有16个，小于40分贝的区域有11个；符合0类区标准的区域占26%，符合1类区标准的区域占38%，符合2类区标准的区域占12%，符合3类区标准的区域占17%，超过3类区标准的区域占7%。

五、辐射环境质量

黔南州辐射环境总体良好，州境内的通信行业（移动、联通、电信）及其他通讯基站辐射背景值达标，全州各生产、销售、使用放射性同位素与射线装置单位100%办理了辐射安全许可证，人员持证上岗率达98%以上。

由于州环境监测站尚不具备辐射环境监测能力，2013年州境内的辐射环境质量出自贵州省辐射环境监理站编写的《贵州省2013年度辐射环境质量报告书》。根据监测数据，2013年都匀市的辐射环境质量稳定维持在天然本底值范围内。都匀市陆地γ辐射、大气中的氡浓度、土壤监测点位均为西山公园，城市饮用水源地饮用水中天然放射性核素监测点位为茶园水库。至2014年底，全州未发生一起因辐射引起的安全事故。

2013年都匀市陆地γ辐射空气吸收剂量率、γ辐射空气吸收累积剂量一览表

表16－4－8　　单位：nGy/h

城市	测点名称	频次	γ辐射空气吸收剂量率			γ辐射空气吸收累积剂量		
			范围	平均值	标准差	范围	平均值	标准差
都匀市	西山公园	2	66.4～78.0	72.2	8.2	77.2－81.5	79.4	3.0

2013 年都匀市空气中氡浓度一览表

表 16－4－9　　单位：Bq/m³

地区（市）	频次	点位数	监测项目	测值范围	平均值	标准差	备注
都匀市	2/年	1	氡浓度	19～22	21	2.3	室外

2013 年都匀市生活饮用水源地放射性核素浓度统计表

表 16－4－10

湖泊（水库）名称	采样点名称	频次	监测项目	测值范围	平均值	标准差	2012 年平均值
茶园水库	大坝	2/年	U（μg/L）	0.15～0.36	0.26	0.15	0.22
			Th（μg/L）	0.03～0.03	0.03	0.0	0.12
			226Ra（mBq/L）	7.1～19.9	14	9.0	5.5
			40K（mBq/L）	18～22	20	2.8	17.0
			总α（mBq/L）	8～68	38	42	10.8

2013 年都匀市土壤放射性核素含量一览表

表 16－4－11　　单位：Bq/kg

地区（市）	测点名称	频次	点位数	监测项目	测量值
都匀市	西山公园	1/年	1	238U	73.9
				232Th	51.3
				226Ra	64.1
				40K	234

第二节　环境污染

一、工业“三废”排放

（一）工业废水

1990 年，全州废水排放总量为 3437.83 万吨；1997 年，全州年排工业废水 4067.98 万吨；2007 年全州废水中各污染物产生量为 9099.45 吨，排放量为 2292.24 吨，主要是化学需氧量、生化需氧量和氨氮。2010 年全州年废水排放量 2408.05 万吨，其中化学需氧量排放量 4183.06 吨，氨氮排放量 187.32 吨；2011 年全州年废水排放量 2156.1975 万吨，其中化学需氧量排放量 4966.751 吨，氨氮排放量 216.887 吨；2012 年全州年废水排放量 1900.2825 万吨，其中化学需氧量排放量 5453.7549 吨，氨氮排放量 270.641 吨；2013 年全州年废水排放量 1773.03 万吨，其中化学需氧量排放量 6280.08 吨，氨氮排放量 278.47

吨；2014 年全州年废水排放量 5656.09 万吨，其中化学需氧量排放量 6141.66 吨，氨氮排放量 261.06 吨。

（二）工业废气

1990 年，废气排放总量为 1105829.56 万标立方米，工业粉尘排放量为 1.74 万吨；1997 年，全年排工业废气 962962 万标立方米；2007 年全州排放工业废气 5058741.534 万立方米，工业废气污染物有烟尘、二氧化硫、氮氧化物、工业粉尘和氟化物，产生量分别为 189926.429 吨、26631.984 吨、3580.571 吨、101378.519 吨和 1153.257 吨；2010 年工业废气排放量 7464455.02 万立方米，其中烟尘排放量 16249.5 吨，二氧化硫 29930.88 吨，氮氧化物 10513.16 吨，工业粉尘 39230.59 吨；2011 年工业废气排放量 708.4715 亿立方米，其中二氧化硫 31354.259 吨，氮氧化物 17974.116 吨，烟粉尘 1148025.123 吨；2012 年工业废气排放量 1246.111087 亿立方米，其中二氧化硫 29042.977 吨，氮氧化物 26609.062 吨，烟粉尘 37007.841 吨。2013 年工业废气排放量 1133.27 亿立方米，其中二氧化硫 39815.02 吨，氮氧化物 16892.94 吨，烟粉尘 33249.17 吨。2014 年工业废气排放量 2486.01 亿立方米，其中二氧化硫 68439.28 吨，氮氧化物 19741.38 吨，烟粉尘 65394.63 吨。

（三）工业固体废物

1990 年，全州工业固体废物产生量为 69.69 万吨。1997 年，工业固体废弃物 80.6 万吨。2010 年全州工业固体废物产生量 682.61 万吨，瓮福（集团）有限责任公司在工业固体废物产生量中排名第一为 326.72 万吨，占总量的 47.86%。2011 年全州一般工业固体废物产生量 645.1053 万吨。2012 年全州一般工业固体废物产生量 686.84 万吨，综合利用率 37.97%；2013 年全州一般工业固体废物产生量 686.98 万吨，综合利用率 39.73%；2014 年全州一般工业固体废物产生量 750.50 万吨，综合利用率 45.17%；瓮福（集团）有限责任公司在工业固体废物产生量中排名第一，年均产生量为 338.00 万吨。

全州工业污染源排放的主要污染物：二氧化硫、工业烟（粉）尘、化学需氧量（COD）2007 年分别为 2.66 万吨、29.13 万吨、0.17 万吨，2012 年 2.9 万吨、3.7 万吨、2.78 万吨，全面控制在省下达的主要污染物排放总量控制指标内。

二、污染源调查

2007 年 11 月，州政府制定《第一次全州污染源普查工作方案》，成立以分管副州长为组长、14 个州直部门为成员的污染源普查工作领导小组，负责普查的组织和实施，领导小组办公室设在州环保局。污染普查工作聘用普查人员 370 名，普查指导员 58 名，普查工作分为准备阶段（2006 年 10 月至 2007 年 12 月）和全面普查阶段（2008 年 1 月至 2009 年 3 月）两个阶段。普查对象范围包括黔南州境内所有排放污染物的工业源、农业源、生活源和集中式污染治理设施。工业源包括《国民经济行业分类》第二产业中除建筑业外 39 个行业中的所有产业活动单位。农业源包括第一产业中的种植业、畜牧业和渔业。生活源包括第三产业中有污染排放的单位和城镇居民生活污染。集中式污染治理设施包括城镇污水处理厂和垃圾处理厂。是年，全州共有国控、省控重点污染源 10 个（国控 6 个，省控 4 个）。

工业污染源方面，此次普查共普查工业源 919 户（其中重点工业源 677 户，一般工业源 242 户），生活源 2504 户，集中式污染治理设施 1 户。普查数据于 2008 年分两次直接上报国家普查办。普查情况为：

废气：全州共有 526 家企业排放工业废气 5058741. 534 万立方米，其中，燃烧过程排放的废气量为 1447655. 996 万立方米，占总排放量 28. 62%；工艺过程排放的废气量为 3611085. 539 万立方米，占总排放量 71. 38%。工业废气污染物有烟尘、二氧化硫、氮氧化物、工业粉尘和氟化物，产生量分别为 189926. 429 吨、26631. 984 吨、3580. 571 吨、101378. 519 吨和 1153. 257 吨，其中燃烧过程烟尘、二氧化硫和氮氧化物分别产生 189926. 429 吨、17232. 173 吨、3256. 262 吨；工艺过程中二氧化硫、氮氧化物、工业粉尘和氟化物分别产生 9381. 811 吨、324. 309 吨、101378. 519 吨和 1153. 257 吨。

废水：全州废水中各污染物产生量为 9099. 45 吨，排放量为 2292. 24 吨，主要是化学需氧量、生化需氧量和氨氮。化学需氧量产生量为 6362. 49 吨，占工业污染源废水污染物产生量的 69. 92%。工业废水经过废水处理设施处理后，污染物总量比处理前减少 74. 81%，化学需氧量排放量为 1778. 89 吨，削减 72. 04%。

工业固体废物：全州工业源有 550 家产生固体废物，产生量为 806. 68 万吨，其中 21. 48%综合利用，为 173. 47 万吨；3. 2%处置，为 25. 82 万吨；75. 22%贮存，为 606. 81 万吨；倾倒丢弃（排放）1. 06 万吨。

乡镇工业污染源的调查从 1996 年 9 月开始进行，共调查乡镇工业企业 11049 个，占全州乡镇企业总数的 57. 4%，汇总乡镇工业总产值 16. 5 亿元，占全州乡镇企业工业总产值 85. 67%，调查覆盖率 85. 68%。1997 年 6 月，全州乡镇工业污染源调查工作通过省级验收。

2010 年，根据国家的统一部署安排，全州开展污染源普查动态更新调查和环境统计。经统计，全州年废水排放量 2408. 05 万吨，其中化学需氧量排放量 4183. 06 吨，氨氮排放量 187. 32 吨；年工业废气排放量 7464455. 02 万立方米，其中烟尘排放量 16249. 5 吨，二氧化硫 29930. 88 吨，氮氧化物 10513. 16，工业粉尘 39230. 59 吨。

第三节　环境治理

一、工业污染治理

1997 年，开始在全州进行排污申报登记工作，是年共完成 517 户企事业单位的排污申报登记。

2001 年，全州建成区共完成 125 户燃煤锅炉的拆除、取缔和治理，消减了烟尘和二氧化硫污染排放量。

1998—2001 年，全州累计投入治理资金 9138 万元，完成治理达标企业 180 户，达标率 99.45%。

2002 年，全州开始推行排污许可证制度，是年向有关企业单位发放排污许可证 341 户。全州全年累计投入治理资金 2906 万元，完成达标企业 18 户。重点行业中铁合金、水泥行业投入治理资金 1617.5 万元，重点区域贵新高等级公路黔南段投入治理资金 2610 万元开展治理。2003 年全州发放排污许可证 275 户。2004 年州、县（市）环保部门共对 526 户污染源进行了排污申报登记，全年共发放排污许可证 611 户；

2005 年发放排污许可证 359 户；2006 年完成 197 户排污企事业单位申报登记工作，全年共发放排污许可证 463 户。是年，全州共治理、关闭、取缔和搬迁燃煤锅炉 62 台。全年投入污染治理资金 9122 万元，完成 50 户重点行业、重点区域、重点流域的污染治理。是年起，瓮福集团加强与国内科研院所开展产学研联合后，废渣综合利用率逐年提升。2009 年以后该企业产生的煤粉灰、黄磷炉渣综合利用达 100%，选矿尾矿综合利用率达 88% 以上，磷石膏的综合利用项目也在推进中。

2007 年，全州完成 230 户排污企事业单位申报登记，全年共发放排污许可证 497 户。

2009 年，州环保局请省环科院编制《黔南州工业污染源远程视频监控工程可行性研究报告》。是年 11 月，全州重点污染源企业自动监控系统全部安装完毕，实现对全州 11 家重点工业污染源企业的“三废”排放和处理情况实时在线监控。2009 年起，瓮安县对 29 家技改整合煤矿和玉华 3 家磷矿开展矿坑废水限期治理工作，关停先明纸厂等落后产能企业 47 户，其中炼焦企业 41 户，产能 87 万吨；生铁冶炼企业 4 户，产能 14.5 万吨；硫酸生产企业 1 户，产能 4000 吨；水泥生产企业 2 户，产能 21.8 万吨，涉及资产 35617 万元。

2010 年，全州工业固体废物产生量 682.61 万吨，综合利用量为 240.22 万吨，储存量为 337.20 万吨，处置量为 84.29 万吨。瓮福（集团）有限责任公司在工业固体废物产生量中排名第一为 326.72 万吨，占总量的 47.86%。是年，全州危险废物产生量为 4278 吨，综合利用量为 4259 吨，处置量为 19 吨。

2011 年，全州一般工业固体废物产生量 645.1053 万吨，综合利用量为 324.7302 万吨（其中综合利用往年贮存量 0.2 万吨），处置量为 5.4121 万吨，储存量为 300.1449 万吨，倾倒丢弃量 10.008 万吨。

2011 年底，全州关闭重金属企业 3 家（其中有 2 家未办理环保手续，也不符合产业政策），限期治理重金属企业 5 家。是年，完成《黔南州“十二五”重金属污染综合防治规划》编制，并制定《黔南州环境保护局重金属污染综合防治“十二五”规划年度实施方案》。

2011 年，全州共获得 3100 万元的中央资金支持，用于都柳江流域（独山、三都段）锑污染治理工程，主要对独山东峰锑矿主平硐矿井水、半坡锑矿尾砂矿矿渣、独山巴年废弃矿渣、三都县五坳坡姑脑沟含锑矿渣进行综合治理。

2012 年，荔波开展饮用水源地重金属矿渣污染治理。贵定县投资 480 万元，淘汰贵定县化肥有限责任公司硫铁矿制酸生产线，削减砷排放 24.8 公斤。是年，全州共有重金属排放企业36家。

2013年，编制《清水江流域（福泉段）污染综合防治十年行动计划》和《马场坪地区产城一体化环境支撑条件研究》，推进磷化工企业污染治理工作。

2014年底，开始对全州40余家重点工业污染源企业的“三废”排放和处理情况实施实时在线监控。

1996—2008年全州工业“三废”排放利用情况统计表

表16－4－12

年度	工业废水排放量（万吨）	工业废水排放达标率（%）	工业用水重复利用率（%）	工业废气排放总量（万标立方米）	工业固体废物排放量（万吨）	工业固体废物综合利用率（%）	“三废”综合利用产品产值（万元）
1996	4493037	80.8	40.29	1097228	24.86	25.07	1437.90
1997	6700.00	4.40		1870000			
1998	5600.00	3.60		3280000			
1999	2449.36	8.43	40.40	1357804	201.39	11.29	921.80
2000	995.54	17.43	61.25	1379535	205.08	9.26	895.70
2001	920.17	22.73	64.81	1477948	153.34	10.12	0.11
2002	905.36	24.56	63.41	1816837	95.17	10.11	1303.00
2003	934.60	24.14	66.54	2131227	106.63	10.01	2763.40
2004	963.76	34.29	62.55	2081240	110.63	11.18	1792.60
2005	855.74	42.51	60.71	2193381	77.02	12.36	2141.40
2006	707.53	43.83	73.37	2480839	52.35	12.83	4371.30
2007	696.51	23.23	72.31	2439546	42.04	13.49	6929.20
2008	806.01	34.92	63.93	2518316	29.16	21.82	6761.50

说明：2009—2014年未作统计

二、综合污染治理

1996年，编制《都匀市城市烟尘控制区规划方案》。

1997年，编制《都匀市辖区环境空气质量功能区划》，为全省第一家。

1998年，全州12个县（市）城区实行禁止饮食服务行业燃烧原煤，共取缔燃煤营业性炉灶3400多眼，改善城区大气环境质量。

2000年，州政府召开都匀市区内燃煤锅炉限期治理专题会议，要求都匀市区（沙包堡至小围寨范围内）所有燃煤锅炉单位要做好改用电热锅炉准备工作，都匀市政府尽快组建配煤中心，杜绝高硫煤进入市区。8月28日，州政府批准执行州环保局《关于在全州城市规划区内限制安装燃煤锅炉、推广使用清洁能源的报告》，决定在都匀、荔波县城区内限期取缔燃煤锅炉，改用电热锅炉或其他清洁能源。

2003年，全州共取缔7户1吨以下燃煤锅炉、1356户经营性燃煤炉灶，治理11户1吨以上燃煤锅炉。组织37户餐饮业开展油烟治理。是年，开始进行机动车尾气治理工作，当年共年检机动车7406辆，合格6748辆，合格率91%；不合格856辆。同年，全州各县市对交通干线实施禁鸣喇叭，对建筑施工规定施工时限。全州城市垃圾清运率达98%，平塘县医院首家使用焚烧炉处置医疗废弃物。贵州宏福公司瓮福磷肥厂自备电厂改变燃煤结构方式，将水磨除尘改成电除尘，将排渣方式由湿法转变干法，提高废渣综合利用率。

2004年，全州机动车尾气排放治理共年检2815辆，合格2533辆，合格率90%，不合格282辆。

2007年，州国土资源局、财政局、环境保护局共同制定《黔南布依族苗族自治州矿山环境治理恢复保证金专户监管办法》。

2008年，都匀市开始开展“煤改气”“油改气”工作。开始实行生活污水通过排污管道输送到污水处理厂处理，都匀市第一座污水处理厂建成并投入使用。

2009年7月开始，省政府在福泉市开展清水江流域水污染生态补偿试点，福泉市严格按照《清水江流域水污染补偿机制（试行）》的规定，结合“谁污染谁治理，谁污染谁补偿”的原则，开展水污染补偿工作。2009—2010年征收水污染补偿费701.85万元。

2009年，全州共缴存矿山环境治理恢复保证金2.27亿元，有3家企业申请使用110万元进行污染治理。到2010年底，全州缴存矿山环境治理恢复保证金累计3.06亿元，当年有5家矿山企业申请使用530万元进行矿山地质环境治理。全州12个县（市）城镇污水处理厂共13家，于上半年全部建成投入运营。污水管网完成长度301.43公里，污水处理能力达到14.3万吨/日，解决了80%以上城市生活污水排入河道污染河流水质问题。

2011年初，《贵州省清水江流域水污染补偿办法》正式施行，当年收缴水污染补偿金约400万元。是年，州环保局投资34.8万元，建立机动车排气污染在线监控管理系统。都匀市境内的黔南州运通机动车尾气检测有限公司和黔南州环通机动车尾气检测有限公司建成并于2011年8月1日正式营运。

2011年，全州开始建立危险固体废物管理检查考核制度，开展汞污染、持久性有机物、锰污染物的统计调查。当年全州危险废物产生量为0.0608万吨，综合利用量为0.0288万吨（其中综合利用往年贮存量0.0032万吨，送外单位综合利用量0.0150万吨），处置量为0.0142万吨，贮存量为0.0028万吨。

2011年底，全州累计缴存矿山环境治理恢复保证金3.64亿元，有3家矿山企业申请使用460万元进行矿山地质环境治理。

2012年，全州产生医疗固废978.51吨。贵定利用水泥窑协同焚烧处理生活垃圾项目建成并获得省环保厅批复开始试运行。独山、惠水、荔波、瓮安、长顺、福泉、龙里、三都、平塘、罗甸场等10个县（市）生活垃圾填埋场项目获得省环保厅试运行批复，开始试运行。

2012年5月起，全州机动车尾气检测工作实行强制性检测制度。黔南运通和环通两家检测站共检测了14020辆机动车，机动车尾气检测率为82%。福泉、贵定、荔波、惠水、龙里、瓮安、平塘有7家检测机构符合要求获得建站批复，

至2012年底，都匀市天然气签约用户达到25653户，累计完成燃气管道铺设165.78

公里，完成出租车油改气200辆，燃气销售量达560万立方米，城区空气质量从三类区标准提升为二类区标准，都匀市荣获“全国优秀旅游城市”“全球绿色城市”称号。是年，编制《贵新高等级公路黔南段环境保护规划》，明确贵新高等级公路黔南段的47户污染源为治理目标。到2012年底，全州累计缴存矿山环境治理恢复保证金4.308亿元，当年有8家矿山企业申请使用598万元进行矿山地质环境治理。

瓮安县自2009年起投入4000余万元建设完成县城污水处理厂和瓮安县县城生活垃圾填埋场，改善了乌江流域水质。实施了朵云水库农村综合整治工程，建立污水处理站2座，项目总投资59.48万元，设计处理能力40吨/日，解决了朵云组68户，340人的生活污水排放问题。

第四节　环境保护管理

一、环境目标责任制

1998年，全州开始推行环境目标责任制。是年，按照省的统一部署，州政府在都匀、福泉两个重点城市开展城市环境综合整治定量考核。贵州省省长与黔南州州长签订《1998—2002环境保护目标责任书》。州长与12个县（市）长及省、州5家重点污染源企业主要负责人，州直21个部门主要负责人签订《黔南州环境保护目标责任书》。《环境目标责任书》主要内容包括环境管理、污染防治、城市环境综合整治、生态环境保护和建设、执法监督和应急管理、环境宣传教育六大板块，共26项指标任务。

2003年，在全省第三届环境目标责任书届末考核中，按环境保护目标26项内容对照考核，黔南州环境保护目标工作荣获一等奖，受到省人民政府表彰。

在2008年进行的全省第四届《环境目标责任书（2003—2007年）》对照考核中，黔南州在9个地（州、市）中位居第四。

第五届环境目标责任制考核执行情况（2008—2012年）通过省政府环考办的考核，结果未通报。

二、环境总量控制及污染物减排

2007年，全州开始进行污染减排工作。2008年州环保局成立污染减排办公室具体负责污染减排管理。

2009年，污染减排工作全面展开，州政府提出全州2010年主要污染物化学需氧量和二氧化硫排放量要在2005年的基础上分别削减8.3%和13%的目标任务。州政府分管副州长在全州环境保护工作会议上，与12个县（市）和州直相关部门负责人签订了2009年主要污染物总量减排目标责任书。年内，经州政府专题会议研究批准，出台《黔南州减排督查工作方案》和《黔南州贯彻落实〈贵州省主要污染物总量减排攻坚战行动方案〉的实施意见》。是年，全州淘汰落后产能企业10户：其中炼铁企业1户，淘汰产能6万吨；铁合金4户，淘汰产能5.8万吨；水泥2户，淘汰产能24.8万吨；其他行业3户。是年，根据国家和省的有关要求，经州政府批准，州环保主管部门先后制定印发《黔南州主要污染物总量减排统计办法》《黔南州主要污染物总量减排监测办法》《黔南州主要污染物总量减排考核办法》和《黔南州主要污染物减排考核评分标准》，同年还制订《主要污染物总量减排信息报送制度》，将信息报送情况纳入考核体系。

是年，全州11个县（市）污水处理厂建设统一实行BOT经营模式，即由政府规划，交由民间投资兴建并经营一段时间后，再由政府回收经营。采取打捆招商的形式，由投资商上海同济建设有限责任公司与各县市签订《BOT特许经营协议》。当年7月，都匀市污水处理厂正常投入运行，实际平均进水化学需氧量浓度达到194.5mg/L，平均出水化学需氧量浓度25mg/L，处理水量达到4万吨/日；10月初，惠水县污水处理厂正常投入运行，实际平均进水化学需氧量浓度达到125.76mg/L，平均出水COD浓度23.49mg/L，处理水量达到0.322万吨/日。全州全年污水处理厂实际化学需氧量削减1043.34吨。

2010年，州人民政府州长与全州各县（市）政府和都匀经济开发区、州直有关部门主要负责人签订《2010年主要污染物总量减排目标责任书》，制定《黔南州减排督查工作方案》，加强对污水处理厂建设运行进行指导服务和执法监督。从4月30日开始，每10天开展一次对管网和污水处理厂水质的取样监测，6月举办污水处理厂化验人员培训班，对21名化验人员进行培训。上半年，全州13家污水处理厂全部建成投运，实现了“县县建成污水处理厂”的目标，经国家考核，全州2010年二氧化硫排放量为12.386万吨，比2005年下降13%；化学需氧量排放1.649万吨，比2005年下降8.3%，完成“十一五”主要污染物总量减排任务。

“十二五”期间，污染减排指标变为4项，增加氨氮和氮氧化物，畜禽养殖和机动车污染防治被首次纳入减排管理。州政府提出，到2015年，全州化学需氧量排放总量控制在2.58万吨以内，比2010年减少10.07%；氨氮排放总量控制在2971吨以内，比2010年减少16.42%；二氧化硫排放总量控制在4.81万吨，比2010年增加12%（其中除新建电厂总量增加外，其他排放量减少12%）；氮氧化物排放总量控制在1.76万吨以内，比2010年减少18%。需完成的重点减排项目共37个，涉及水泥、造纸、污水处理厂、规模化畜禽养殖场和煤矿等行业。

2011年，州环保局召开“十二五”总量控制规划工作会议，安排各县（市）和各有关部门开展规划编制工作，州环保局制定《黔南州“十二五”主要污染物总量控制规划》，完成全州2011年环境统计数据的审核、上报工作，并通过省环保厅审查。经国家环保部核定，当年黔南州化学需氧量削减2.56%，氨氮削减2.32%，二氧化硫增加0.12%，氮氧化物增加39.65%，实现两升两降（增长比例在允许范围内），完成年度减排目标任务。

2012年，根据与省签订的目标责任书，全州主要污染物总量减排目标是：化学需氧量控制在27986吨、氨氮控制在3472.6吨，与2011年持平，不能增加；二氧化硫排放量控制在4.26万吨，比2011年下降0.8%；氮氧化物排放量控制在3.06万吨，比2011年可上升 2.08%；必须建成并投运的重点减排工程项目有都匀市恒丰纸业有限公司和贵定县宝达纸业有限公司废水治理，惠水豪龙水泥有限公司、三都润基水泥有限公司、惠水泰安水泥有限责任公司低氮燃烧技术改造及脱硝设施建设共 5 个项目。为此，州政府及时与 12 个县（市）、都匀经济开发区和 9 个州直有关部门签订《黔南州“十二五”主要污染物总量减排目标责任书》，制定《黔南州 2012 年度污染物总量减排专项督查方案》，并召开 9 个州直部门减排工作协调会和 2012 年度减排工作推进会，研究制定《黔南州污水处理项目减排方案》《黔南州水泥、造纸、铁合金减排方案》《黔南州机动车减排方案》《黔南州规模化畜禽养殖减排方案》《黔南州屠宰项目减排方案》。强调从新建项目入手，在招商引资和项目审批过程中，将环境保护作为前置条件，充分考虑环境与资源的承载能力，行使“环保第一审批权”，真正使环境影响评价制度成为宏观经济管理的“调节器”，避免重大环境保护决策失误，使环境保护工作在项目建设全过程都得到加强。经环保部核定，2012 年全州重点减排项目全面建成投运，化学需氧量、氨氮和二氧化硫三项减排指标完成了年度减排目标任务，但氮氧化物增幅较大，未能完成年度减排目标任务。监测情况为：2012 年全州环境质量得到有了明显提高，大部分城区空气质量与 2010 年相比都有较大改善，部分县（市）环境空气质量还上了一个新台阶。9 个省控地表水监测断面中，6 个断面水质符合或优于规定类别，总体水质较 2010 年明显好转。环保能力也得到加强，全州环保系统共有人员 311 人，比“十一五”增长 58.6%。省、州共投入环保能力建设资金 6000 多万元。

2013 年全州减排 4 项指标目标是在上年排放量的基础上氮氧化物削减 12%，其他 3 项持平。

2014 年全州排放控制目标为：COD28379 吨，氨氮 3402 吨，二氧化硫 50760 吨，氮氧化物 25992 吨。

三、建设项目环境保护管理

建设项目环境管理包括建设项目环境影响评价（以下简称环评）和建设项目实行环保“三同时”（即建设项目需要配套建设的环境保护设施，必须与主体工程同时设计、同时施工、同时投产使用），是《中华人民共和国环境保护法》作为强制性的法律制度确定的建设项目必须遵守的两项制度。

1991 年起特别是 1996 年州环保局建立后，全州环保系统贯彻执行国家、省有关环境保护法律法规，加强建设项目环境管理，严把建设项目环境保护审批关，坚决控制新污染源的产生。2000 年，州环保局被国家环境保护总局表彰为“全国建设项目环境管理先进单位”。

2009 年，州环保局率先在全省州级环保部门取消《建设项目环境保护业务咨询登记表》登记程序，简化手续，缩短审批时间。2001 年，州环保局制定《建设项目环境保护管理程序实施方法》，2011 年制定《建设项目审批制度》和《建设项目环境保护竣工验收制度》。2012 年，州人民政府下发《关于进一步加强产业园区环境保护工作的意见》，对州级审批建设项目实行评估、审批“零库存”管理，为项目提供精细化、保姆式服务。2013

年，州环保局根据州人民政府令，将行政许可项目7项、非行政许可审批项目4项，调整为行政许可项目2项、非行政许可审批项目2项。实行政务公开，提高审批效率，对项目实行零库存管理和公示制度。是年，州环保局对建设项目环评手续进行简化，将报告书、报告表、登记表的审批时限由国家规定的60、30、15个工作日分别缩短为10、5、1个工作日。2014年，将建设项目试生产申请批准由法定的30个工作日缩短为10个工作日。

此期间，州环保局执行建设项目环境影响评价制度和“三同时”制度，行使“环保第一审批权”，全过程加强项目建设环保管理。每年组织开展全州建设项目环境管理专项执法检查，指导、督促提高县级部门加强项目管理质量和水平，提高建设项目环评审批质量和“三同时”制度执行率。同时，开展规划环评工作。《罗甸县循环经济型高载能生态工业基地》《龙里医药工业园区》《瓮安磷化工工业园区》等21个园区规划通过省、州环保部门的环境影响评价。

1997—2014年黔南州建设项目环境保护管理审批情况一览表

表16－4－13

年　度	建设项目环境管理审批数（个）	验收项目数（个）	环评执行率（%）	“三同时”执行率（%）
1997	29	95		
1998	29	12	93	94
1999	123	7	96	95
2000	75	9	95	95
2001	61	6	97	96
2002	82	17	95	98
2003	283	15	98	92
2004	294	17	99	98
2005	196	18	94	97
2006	52	13	98	94
2007	471	14	100	98
2008	440	18	99	99
2009	119	16	98	97
2010	165	8	100	100
2011	99	30	100	100
2012	51	28	100	100
2013	16	28	100	100
2014	13	7	100	100

附：

违反“三同时”制度典型案例

都匀伊势农业有限公司违法建设造成环境污染被政府关闭事件：都匀伊势农业有限公司是都匀市2004年招商引资项目（以下简称“伊势公司”），建设规模为建存栏30万羽蛋鸡规模的蛋鸡养殖企业。伊势公司位于摆忙乡谷坪村（螺丝壳），属都匀市划定的水源涵养林保护区，又是都匀市国家级风景名胜区—四方滩和摆忙乡高寨水库上游。该地海拔较高，生态系统脆弱，植被破坏后难以恢复，属环境敏感区。通过环保部门的现场检查，该公司未办理相关环保审批手续，属未批先建，违法生产。州、市两级环境监察部门多次下达执法通知书，要求其补办“环评”手续，并执行“三同时”制度。2006年伊势公司委托有资质单位编制了环评文件，但由于其所处环境的敏感性，此项目一直未得到环保部门批准。该公司在未建设相关的环境保护设施，废水仅经沉淀后外排，且在未采取雨污分流的情况下擅自投入生产，每天产生鸡粪随意堆放，产生的恶臭污染了周边空气，同时粪便经雨水冲刷进入土壤，造成土壤营养富集，地面径流沿沟渠进入石门坎水库，造成水体污染。2008年1月凝冻期间伊势公司死亡蛋鸡11.6万羽，未经有关部门批准，擅自将死鸡掩埋在公司办公楼前，造成严重污染隐患。针对该公司存在的问题，环保部门采取的措施：一是要求伊势公司在其环境影响评价文件未获批准前，停止生产，同时将依法对其环境违法行为进行处罚；二是根据《中华人民共和国水污染防治法》第六十五规定，要求该项目搬迁或不得设置排污口。如不能搬迁，应将水冲式清洁鸡舍改为高压气冲刷，减少废水产生量，并修建雨水沟，实现雨污分流；同时根据鸡禽排泄量与造肥外销量，制定可行的综合利用和治理方案，使之达到无害化、资源化，减少对环境的影响。

通过前期的大量工作，2010年2月26日，州政府办下发《关于贵州伊势农业有限公司关闭问题的复函》，原则同意州环保局关于贵州伊势农业有限公司进行关闭的请示意见，要求有关部门按照政策规定办理相关手续，彻底解决影响都匀市国家级风景名胜区——四方滩和摆忙乡高寨水库的污染源。

惠水县金芳畜革贸易有限责任公司长田生猪定点屠宰场违反环保“三同时”规定导致污染纠纷事件：金芳公司位于惠水县长田工业园区（A区）黄标，该项目经黔南州商务局于2006年批复同意建设，主要经营生猪宰杀，日宰杀生猪200～300头。

该项目环评报告表于2007年4月获得州环保局批复，项目于2008年建成投产，配套建成一套日处理120吨废水的厌氧+生物处理系统。因未及时申请竣工环保验收，且未经同意擅自投入生产，2008年被州环保局行政处罚2万元。2010年12月，金芳公司向州环保局申请环保验收，但由于凝冻天气气温下降，导致污水处理厂系统厌氧段中细菌不能起到相应的功能，处理效果不佳，未能通过现场检查验收。2011年1月，春节期间屠宰量加大而增大了废水产生量，且由于天气寒冷，污水生化处理系统处理效果不佳，排放的污水给贵阳市青岩镇思潜村水井造成了污染，被思潜村村民围堵。事件发生后，经贵州省环境监察总队协调，黔南州、贵阳市环境环保部门，青岩镇政府、长田乡政府组成联合调查组，一方面做好当地群众思想工作，制止厂方的过激行为，阻止不良事态的发生；另一方面迅速排查污染源，对该公司下达了环境监察执法通知书，要求该公司立即停产整改。事后，该公司及时整改结束后，向州环保局提出验收申请，经州环保局现场检查，同意该项目通过环保“三同时”竣工验收，同时企业改变废水排向，污水处理达标后排入惠水县长田乡方向，避免造成跨界污染纠纷。

四、环境监察

（一）排污费征收管理

全州排污收费工作1980年开始试行，都匀市率先开征。1981年惠水县开征。1982年国务院发布《征收排污费暂行办法》后，荔波、福泉等县陆续开征。1988年实现全面开征，当年全州共征收排污费118.61万元，征收单位188个。

1996年，州环境保护局要求全州的环境监管工作做到：“严格环保执法，规范执法行为，完善执法程序，提高执法水平，排污费上新台阶”。将全州排污费征收指标进行分解，明确各县市征首次突破1000万元。

为加强排污费征收和使用管理，各县市都设立了排污费征收专户，建立排污费征收档案，严格执行“收支两条线”制度，接受审计部门的专项审计，并针对存在问题进行认真整改。2003年1月国务院颁布《排污费征收使用管理条例》后，州环保局按照排污费征收使用及专用票据管理的有关规定，每年12县市征收排污费专用收款收据情况进行审核，严格执行票据管理核查制度，堵塞可能出现的管理漏洞。

到2014年底，全州12个县（市）共征收排污费2.84亿元，用于污染治理资金2.41亿元，用于发展环境保护事业资金0.45亿元。

1991—2014年黔南州排污费征收情况一览表

表16-4-14

年度	征收额（万元）	征收单位（个）	年度	征收额（万元）	征收单位（个）
1991	160.18	328	2003	1276.71	2560
1992	180.60	345	2004	1204.2	1889
1993	167.30	368	2005	1792.3	1774
1994	180.40	455	2006	1278.30	1658
1995	240.74	627	2007	1978.50	709
1996	284.88	421	2008	1872.10	578
1997	351.20	653	2009	1598.99	586
1998	489.64	843	2010	1661.35	612
1999	581.78	1220	2011	1908.00	642
2000	714.43	1556	2012	1879.09	635
2001	964.27	1556	2013	2211.55	498
2002	1178.88	3678	2014	2933.44	481

（二）现场执法

1996 年，州环保局组织 37 人参加贵州省第一期环境监察干部培训班，为开展环保现场执法奠定基础。是年，全州开展乡镇工业污染源调查，得到国家验收组的肯定。

1997 年，环保现场执法的重点是检查已关停的“十五小”企业死灰复燃的情况。经过检查，发现一些被责令关停的企业又恢复了生产，针对这种情况，州环保局及时下达整改建议，并向省环保局呈送书面报告。

1998 年，按照省环保局要求，在全州范围内开展以关停取缔“十五小”、建设项目执行环保法规、限期治理项目为重点的现场执法检查工作，共取缔、关停企业 264 家，其中，土法炼焦 212 家、小制革 3 家、小造纸 6 家、土法炼砷 18 家、土法炼锌 18 家、土法选金 4 家、小电镀 3 家。

1999 年，州和都匀市环保局联合行动，开展都匀市城区取缔经营性燃煤炉灶的行动。同时，开展全州 273 个排污口规范化整治；处理宏福公司新龙坝矿浆外溢污染事件；完成土法炼焦和土法炼锌整治工作。

2000 年，开展都匀市城区内燃煤锅炉整治取缔工作，共整治城区内 11 台锅炉。处理贵州正大公司硫酸厂二氧化硫污染事件。

2001 年，根据国家环保总局等四部委关于打击违法行为专项行动的要求，在全州范围内开展环境执法大检查活动，共检查企业 162 户，现场执法检查 1106 人次，对 58 个环境违法行业进行立案查处。处罚款 27.8 万元。是年，州政府成立严查环境违法行为领导小组，在全州开展严查环境违法行为、遏制污染反弹专项行动和生态环境执法检查工作。2002 年，开展公路沿线重点污染企业整治工作。

2003—2007 年，开展五年环保专项行动，全州共检查污染源 4821 家，出动执法人员 16778 人次，查处违法排污企业 416 家，对 120 家违法企业实施了行政处罚，罚款 104 万元，取缔关停污染严重企业 76 家，对 71 家污染较为严重的企业实施了挂牌督办。全州共召开了部门联席会议 99 次，利用广播、电视、报纸和召开企业座谈会等形式开展了环保专项行动宣传工作，共编发简报 543 期，及时报送各阶段的工作情况及报表。通过五年环保专项行动工作的开展，切实解决了一批影响群众健康的突出环境问题，保障了群众环境权益。

2008 年，处理瓮福公司尾矿库溢坝事件和独山麻球河砷污染事件。

2009 年，全州共出动执法人员 3432 人（次），对污染源单位 1818 家（次）、集中式饮用水源地 19 个进行现场检查，查处有环境违法行为的排污单位 78 家，视其违法行为关停 5 家，限期治理 49 家，行政处罚 40 家，罚款 97 万元；对 12 家污染较为严重的企业实施了挂牌督办。开展了饮用水源保护区环境监管工作。

2010 年，开展全州 31 家重金属企业检查，对瓮安县福乐工贸有限公司、长顺县长兴水泥厂、贵州龙里物产龙腾铁合金有限责任公司、贵州剑江水泥有限公司 28 万吨湿法水泥生产线、开磷集团都匀剑江化肥有限公司合成氨生产线等 9 家落后产能进行关停和拆除工作。对 51 家规模化畜禽养殖业专项环境执法检查。开展环境监督执法年重点污染防治设施

运行管理专项行动

2011 年，开展了医药制造业、涉重金属污染企业，畜禽养殖业专项整治，开展清水江（黔南段）企业排查整治，对全州 13 家污水处理厂派驻 23 名驻厂监察员。

2012 年，开展重点减排设施运行规范化管理专项活动、湖库型集中式饮用水水源地专项执法检查活动、清水江和江流域专项执法行动、都柳江流域专项执法、“两高一小”（高污染、高耗能、小产能）企业专项整治行动等，整治涉及高污染、高耗能小产能企业有 57 家（生产线），检查范围包括重金属排放企业、污水处理厂、铅蓄电池生产、组装及回收企业，涉及重金属矿采选冶炼企业、危险废物产生企业。全州共出动执法人员 6084 人次，检查企业 2190 家次。查处违法企业 12 家，其中立案查处 20 家，责令挂牌督办 10 家，已完成督办 6 家，4 家申请延期，行政处罚 12 家。

2013 年，全州共出动执法人员 2300 余人（次），检查企业（单位）600 多家，发现环境违法行为 10 起，立案调查处理 7 起，下达执法通知书 20 余份。煤矿污水治理工作根据省环保局《关于进一步推动煤矿污水治理工作的通知》文件要求，由州环境监察支队牵头，组织全州 12 个县（市）和都匀经济开发区环保工作人员，对全州煤矿企业进行排查，全州共有 39 家再生产或在建设的煤矿，其中瓮安 17 家（2 家在建）、福泉 11 家、荔波 9 家、龙里 1 家、都匀 1 家。对检查发现存在问题的煤矿，采取限期治理等措施，并跟踪企业的整改进度，按时向省环保厅报告进展情况。是年，州环境监察支队共出动检查 200 余人次，检查企业 60 余家，发现环境违法违规问题 8 个，下达执法通知书 8 份，发现问题及时纠正。环境违法立案查处 4 起，所有案件及时移交有关部门处理。开展及参与减排项目监察 7 次，提出监察及整改意见 7 项。对基层环境监察队伍环境监察专项稽查 5 次，提出整改意见 10 条。

2014 年的环保专项检查，共出动检查执法人员 846 人（次），检查企业 409 家，查处环境违法行为 85 起，涉及重金属企业、化工企业、建筑行业、污水处理厂等，分别对有关企业“未批先建”“超标排污”“不正常使用污染防治设施”等环境违法行为作出依法查处，处罚金额 216 万元。是年，州环保局根据州政府要求，针对人工水晶加工行业组织专项检查，成立督查组以明察和暗访的方式，赴独山、贵定、惠水、龙里、长顺、平塘、都匀经济开发区、罗甸进行了 4 次督查，发现各类环境违法行为 41 起，下达执法通知 27 份，立案调查处理 5 起，罚款总金额 11 万元。现场责令改正环境违法行为 9 家，停产整顿 7 家；共排查饮用水源地 21 个。

（三）应急管理

2008 年，全州初步建立突发污染事件处理机制。贯彻落实环保部关于“第一时间赶到现场、第一时间开展监测、第一时间进行处置”的要求，切实保我州境内发生环境污染事故时能够快速有效地进行处置，州环保局成立了环境污染事故应急监测和调处组、事故应急分析组、事故现场应急处置组、事故应急后勤保障和信息报送组等 4 个小组。确保在州境内发生环境污染事故时，各小组各司其职、相互配合，协同处置，将事故的影响化解到最小，并及时、准确地将事故情况上报州政府和省环保局。

（四）辐射监管

2012 年，州环保局制定放射性同位素与射线装置安全和防护状况年度评估工作方案，向各县（市）环保局宣传辐射安全防护年度评估规定，开展企业前期辐射安全许可证及验收手续核查行动，摸清现阶段辖区内的监管对象数量、类型，为年度评估工作提供数据支撑。

（五）环境信访

1991—2001 年，环境信访工作未专门纳入系统化管理，没有相关数据资料反映。2002 年以后，州环保局建立环境信访处理制度，对收（接）到的环保来信来访进行处理。由于环保宣传的逐步普及，广大民众的环保意识逐步增强，环保方面的来信来访总体上逐年增多，略有波动。至 2014 年，全州共接待处理涉及环保方面的来信来访 1572 件。其中，2014 年 375 件（来信 310 件，来访 65 件）。已处理 375 件，办结 373 件。信访问题中，涉及水污染 97 件，大气污染 112 件，固体污染 5 件，噪声污染 146 件，电磁辐射污染 5 件，三产污染 4 件，其他类污染 6 件。是年信访的特点：电话投诉多，主要是噪声类、大气污染类，存在反复投诉、多方投诉、诉求不合理的情况。多年来，全州没有因环境污染纠纷造成群体性上访事件。

2002—2014 年黔南州环保信访情况一览表

表 16－4－15　　　　单位：件

年度	来信来访总量	其中				
		废气污染	废水污染	噪声污染	固体废物污染	备注
2002	17	9	5	2	1	
2003	30	21	9			
2004						
2005	38	17	14	5	2	
2006	12	6	6			
2007	13	4	7	2		
2008	24	17	4	3		
2009	21	12	5	3		
2010	34	17	13	2	2	
2011	299					来信 177、来电 48、来访 181
2012	299					来信 109、来电 144、来访 46
2013	410					来信 343、来访 67
2014	375	112	97	5	146	电磁辐射污染 5
合计	1572					

（六）在线监控

2006 年，黔南州污染源自动监控系统开始建设，2010 年建成州监控中心。2012 年底，全州共有国控企业 31 家，除都匀恒丰纸业有限公司、都匀市纸板厂、贵定德鑫纸业有限公司、贵定宝达纸业有限公司 4 家企业因废水循环使用不外排，未安装污染源自动监控系统外，其他 27 家国控企业均已安装污染源自动监控系统。省控企业共 14 家，其中邦泰（贵州）铁合金有限公司、施秉县成功磷化有限公司瓮安分公司、贵州成黔冶金辅料有限公司、贵州宏福剑峰化工有限公司、贵州信邦制药股份有限公司、贵定县通达纸业有限公司、都匀东升稀散金属科技有限公司、贵州长龙金属加工有限公司 8 家省控企业未安装污染源自动监控系统，其他 6 家省控企业已安装污染源自动监控系统，及时有效掌握各企业单位的排污情况。

“十二五”期间，全州各级环保部门每年按期完成对国控重点污染源企业实施污染源自动监控工作，自动监控数据真实、可靠、有效。

2014 年，全州环境污染源自动监控系统中，有国控企业 35 家、省控企业 14 家，环保部门通过自动监控系统，及时掌握各企业单位的排污情况。是年，全州在线监控数据传输有效率 90.9%，传输率 96.3%，达到和超过省环保厅要求的指标。

第五节　自然生态环境保护

一、自然保护区划定

黔南州自然保护区建设工作自 20 世纪 80 年代开始起步，1982 年成立螺丝壳水源涵养林自然保护区，1987 年成立三都县尧人山自然保护区，1988 年成立荔波茂兰国家级自然保护区，1990 年成立罗甸罗羊南亚热带河谷季雨林自然保护区。

1995 年，成立瓮安朱家山自然保护区和江界河风景林自然保护区。至此，全州有自然保护区 6 个，其中国家级保护区 1 个，县级保护区 5 个。

2001 年，开始实施天然林保护工程和森林生态效益补偿基金制度，全州自然保护区建设力度加大“九五”“十五”“十一五”“十二五”期间，全州新增省级保护区 1 个、县级自然保护区 18 个。至 2014 年，全州有自然保护区 24 个（国家级 1 个、省级 1 个、县级 22 个），面积 201628.6 平方公里，占全州国土面积的 7.7%。

2014 年黔南州自然保护区基本情况统计表

表 16–4–16

级别	序号	保护区名称	批准文号	管理机构	建立时间	地点	地理位置	面积（亩）	主要保护对象
国家级	1＊	茂兰国家级自然保护区	国发〔1988〕30 号	保护区管理局	1988	荔波茂兰镇	东经 107°52′10″～108°45′40″ 北纬 25°9′20″～25°20′50″	319275	喀斯特森林生态系统和珍稀动植物资源
省级	1	贵州都柳江源湿地自然保护区	黔府函〔2013〕201 号	省林业厅	2013	独山县	东经 107°34′5.36″～107°45′12.06″ 北纬 25°47′26.56″～26°1′5.50″	318985.8	原生性泥炭藓沼泽湿地生物资源、森林资源与生态环境
县级	1＊	都匀螺丝壳水源涵养林自然保护区	都匀县八届人大第二次会议（1982.6.24）决议，无文号	都匀市林业局	1982	都市摆芒乡	东经 107°20′10″～107°24′30″ 北纬 26°13′31″～26°16′30″	67500	野生动物
	2＊	三都尧人山自然保护区	三都水族自治县人民政府三府〔1987〕48 号	三都县林业局	1987	三都拉揽乡	东经 107°53′～107°58′ 北纬 25°54′～25°59′	30000	森林生态系统
	3＊	罗甸罗羊南亚热带河谷季雨林自然保护区	罗甸县人民政府罗府发复〔1990〕13 号	保护区管理所	1990	罗甸红水河镇	东经 106°37′30″ 北纬 25°10′18″	40830	森林生态系统
	4＊	瓮安朱家山自然保护区	瓮安县人民政府瓮府发〔1995〕27 号	瓮安县林业局	1995	瓮安岚关乡	东经 107°34′～107°40′ 北纬 26°53′30″～27°01′05″	114570	森林生态系统
	5	瓮安江界河风景林自然保护区	瓮安县人民政府瓮府发〔1995〕45 号	瓮安县林业局	1995	瓮安铜锣乡	东经 107°18′～107°26′ 北纬 27°16′～27°20′	165000	森林生态系统
	6＊	贵定斗蓬山自然保护区	贵定县人民政府贵政发（1998）117 号	贵定县林业局	1998	贵定岩下乡	东经 107°17′34″～107°24′08″ 北纬 26°20′08″～26°25′23″	36570	野生植物

续表 16－4－16

级别	序号	保护区名称	批准文号	管理机构	建立时间	地点	地理位置	面积（亩）	主要保护对象
县级	7＊	独山深沟天然林自然保护区	独山县人民政府独政〔1999〕2号	独山县林业局	1999	独山兔场镇	东经107°35′～107°43′ 北纬25°48′～26°01′	124999. 5	森林生态系统
	8＊	都匀斗篷山水源涵养林自然保护区	都匀市人民政府办公室匀府办〔1999〕52号	都匀市林业局	1999	都匀杨柳街镇	东经107°19′18″～107°26′31″ 北纬26°12′36″～26°24′15″	131049	野生植物
	9＊	长顺斗麻喀斯特森林自然保护区	长顺县人民政府长政字〔2000〕49号	长顺县林业局	2000	长顺敦操乡	东经106°24′45″～106°27′22″ 北纬25°39′2″～25°42′18″	49999. 5	森林生态系统
	10＊	惠水长安喀斯特自然保护区	惠水县人民政府惠政复〔2000〕36号	惠水县林业局	2000	惠水抵季乡	东经106°30′～106°49′ 北纬25°41′～25°53′	664650	野生动物
	11	长顺白云山自然保护区	长顺县人民政府长政字〔2000〕49号	长顺县旅游局	2000	长顺改尧镇	东经106°31′3″～106°35′38″ 北纬26°12′23″～26°14′13″	25000. 5	地质遗迹
	12＊	独山琴阳天然林自然保护区	独山县人民政府独政通〔2001〕63号	独山县政府	2001	独山打羊乡	东经 107° 34′ 52. 5″ ～ 107°37′37. 2″ 北纬25°29′9. 8″～25°33′12. 3″	34999. 5	森林生态系统
	13＊	独山高岩天然林水源涵养林自然保护区	独山县人民政府独政通〔2001〕63号	独山县政府	2001	独山麻万镇	东经107°35′14. 9″～107°39′9″ 北纬 25° 51′ 42. 2″ ～ 25°54′20. 2″	7000. 5	森林生态系统
	14	福泉岔河自然保护区	批准文件未查到	福泉市林业局	2001	福泉岔河乡	东经107°21′39″～107°22′29″ 北纬26°39′21″～26°39′52″	79999. 5	野生植物
	15	福泉十万千自然保护区	批准文件未查到	福泉市林业局	2001	福泉高坪镇	东经107°18′00″～107°18′56″ 北纬26°51′31″～26°52′10″	19999. 5	森林生态系统
	16＊	荔波兰鼎山自然保护区	荔波县人民政府办公室荔府办函〔2004〕75号	荔波县林业局	2004	荔波玉屏镇	东经107°50′41″～107°56′53″ 北纬25°27′2″～25°31′55″	82000. 5	野生植物

续表 16－4－16

级别	序号	保护区名称	批准文号	管理机构	建立时间	地点	地理位置	面积（亩）	主要保护对象
县级	17 *	荔波岜岭五针松自然保护区	荔波县人民政府办公室荔府办函〔2005〕3号	荔波县林业局	2005	荔波水利乡	东经 107°45′47″～107°49′17″ 北纬 25°24′30″～25°28′32″	61000.5	野生植物
	18 *	荔波樟江源头涵养林自然保护区	荔波县人民政府办公室荔府办函〔2005〕3号	荔波县林业局	2005	荔波佳荣镇	东经 108°4′26″～108°17′55″ 北纬 25°25′56″～25°37′55″	339000	森林生态系统
	19 *	荔波瑶麓单性木兰自然保护区	荔波县人民政府办公室荔府办函〔2005〕3号	荔波县林业局	2005	荔波瑶麓乡	东经 108°0′24″～108°8′11″ 北纬 25°24′50″～25°30′0″	97999.5	野生植物
	20 *	荔波甲良三层洞自然保护区	荔波县人民政府办公室荔府办函〔2005〕3号	荔波县林业局	2005	荔波甲良镇	东经 107°37′34″～107°42′36″ 北纬 25°30′7″～25°34′28″	63000	森林生态系统
	21 *	荔波捞村河谷自然保护区	荔波县人民政府办公室荔府办函〔2005〕3号	荔波县林业局	2005	荔波捞村乡	东经 107°45′22″～107°51′43″ 北纬 25°7′6″～25°12′15″	91000.5	森林生态系统
	22	龙里猴子沟水源涵养及天然林自然保护区	批准文件未查到	龙里县林业局		龙里草原乡（原民主乡）	东经 106°48′36″～107°03′36″ 北纬 26°17′35″～26°26′56″	60000	森林生态系统

说明：序号后有“*”的入选《贵州省林业系统自然保护区名录（2011）》

二、农村环境综合整治及生态区建设

“十五”及之前，由于受客观经济条件局限，全州环境保护工作主要集中在城市污染和工业污染的防治上，农村环保工作开展缓慢。“十一五”后由于国家政策向农村倾斜，对农村的经济支持和环保投入增加，农村环境综合整治逐步引起重视。2009—2012 年，全州共争取中央、省、州各级农村环保专项资金 2000 多万元开展农村环境综合整治工作，实施农村环境综合治理项目 53 个。通过农村环境综合整治，整治范围内农村环境基础设施得以逐步完善，得到全面改善，2 万余人直接受益，4 万农民群众间接受益。

全州生态示范区建设从 1998 年起步，至 2014 年，全州有国家级生态示范区 1 个、国家级生态村 1 个，省级生态乡镇 6 个，省级生态村 20 个。

1998—2014 年黔南州生态示范区建设统计表

表 16－4－17

序号	生态区	类别	地理位置	级别	批次	时间（年）
1	荔波县	生态示范区	荔波县	国家级	第四批	1998
2	音寨村	生态村	贵定县盘江镇	国家级	第一批	2010
3	观音村	生态村	龙里县谷脚镇	省级	第二批	2011
4	大井村	生态村	罗甸县董当乡	省级	第二批	2011
5	板庚村	生态村	罗甸县板庚乡	省级	第三批	2012
6	黄丝村	生态村	福泉市黄丝镇	省级	第三批	2012
7	下司社区	生态村	瓮安县猴场镇	省级	第三批	2012
8	掌布村	生态村	平塘县掌布乡	省级	第三批	2012
9	龙场村	生态村	三都县大河镇	省级	第三批	2012
10	怀所村	生态村	三都县大河镇	省级	第四批	2013
11	前进村	生态村	三都县交梨乡	省级	第四批	2013
12	清定桥村	生态村	贵定县盘江镇	省级	第四批	2013
13	翁奇村	生态村	独山县兔场镇	省级	第四批	2013
14	双谷村	生态村	福泉市城厢镇	省级	第四批	2013
15	水利村	生态村	荔波县水利乡	省级	第四批	2013
16	拉片村	生态村	荔波县瑶山乡	省级	第四批	2013
17	掌布乡	生态乡镇	平塘县	省级	第四批	2013
18	大河镇	生态乡镇	三都县	省级	第四批	2013
19	卡蒲毛南族乡	生态乡镇	平塘县	省级	第五批	2014
20	通州镇	生态乡镇	平塘县	省级	第五批	2014
21	九阡镇	生态乡镇	三都县	省级	第五批	2014
22	周覃镇	生态乡镇	三都县	省级	第五批	2014
23	松江村	生态村	福泉县陆坪镇	省级	第五批	2014
24	卡罗村	生态村	平塘县牙舟镇	省级	第五批	2014
25	九阡村	生态村	三都县九阡镇	省级	第五批	2014
26	庞寨村	生态村	三都县中和镇	省级	第五批	2014
27	中和村	生态村	三都县中和镇	省级	第五批	2014
28	油海村	生态村	罗甸县边阳镇	省级	第五批	2014

三、绿色学校和绿色社区创建

根据环境保护部（总局）、中央宣传部、国家教育委员会（部）联合制定《全国环境宣传教育行动纲要》和省环保厅、教育厅联合下发的《贵州省创建绿色学校的通知和考核标准》，黔南州从2002年开始创建绿色学校活动。2002年建18所绿色学校，其中省级绿色学校3所、州级绿色学校7所、县级绿色学校8所；2003年创建3所省级绿色学校、验收5所州级绿色学校和8所县级绿色学校；2006年验收17所绿色学校，占计划的170%，其中省级绿色学校3所、州级绿色学校12所；2007年验收州、县级绿色学校2所，都匀二中获得“全国创建绿色学校先进单位”和“全国绿色学校”荣誉称号。向国家环保局申报1所国家级绿色学校；2008年全州共验收州级绿色学校6所；2011年建州级“绿色学校”13所、省级“绿色学校”2所。

至2014年，全州共创建绿色学校215所。其中：国家级1所（都匀市第二中学），省级40所，州级85所，县级89所。

2005年，州环保局开始在全州范围内开展“绿色社区”创建活动，从2005年开始申报创建，2006年完成5户“绿色社区”申报，2007年向省申报2户“绿色社区”，2008年向省申报2户“绿色社区”。至2014年，全州共创建绿色社区5家，其中省级2家，州级3家。

附：

国家生态示范区试点荔波县生态环境保护

荔波县对自然生态环境的保护利用，突出体现在以下几个方面：

一是建设自然保护区筑牢生态屏障。茂兰喀斯特森林自然保护区于1986年建立，1988年被批准为国家级自然保护区，1990年加入联合国教科文组织“国际人与生物圈保护区网络”，1998年国家环保总局批准黔南州荔波县为国家级生态示范区建设试点，到2004年底，在做好国家级樟江风景名胜区和茂兰自然保护区工作的基础上，荔波相继建立了兰顶山自然保护区、樟江水源涵养林自然保护区、岜岭五针松自然保护区，瑶麓单性木兰自然保护区、甲良三层洞自然保护区和捞村河谷自然保护区等6个县级自然保护区，全县自然保护区面积达684.5平方公里。

二是争创国家级生态示范区探索生态建设之路。1996年荔波就开始推广保护喀斯特森林的措施：制订“一保护、两禁止、三关闭、严治理”（即保护自然保护区，禁止砍伐天然林，禁止放火烧山；关闭乡镇林工商公司、关闭杂木市场、关闭木炭市场；严格治理水土流失）的保护生态环境政策，在全县上下各行各业形成了齐抓共管生态建设和维护生态环境的良好氛围和工作态势。2002年该县全面启动国家级生态示范区创建工作，通过各种努力大力发展生态农业、生态移民、生态旅游等，截至2012年底，全县共有特色水果经济林基地面积8.3万亩，覆盖带动8个乡镇37个村6.6万人发展经果林经济，年产精品优质水果1.8万吨，产值达5400万元。2008年顺利通过国家环保总局组织的专家验收并正式命名挂牌：国家级生态示范区，从国家层面肯定了荔波生态建设的成果。2012年4月，国家发改委、财务部、林业局批复同意荔波开展生态文明示范工程试点，创建国家级生态区工作正在有序推进之中。

三是生态农业点绿成金。2010年以来，由于荔波县城扩建，部分农用地被征用，为解决失地农民的长久生计问题，在县政府的引导和县直各部门的大力扶持下，鼓励农民开发荒山、荒坡发展种植经果林、新建的驼背树经果林基地成为荔波县失地农民发展经济转型的一个亮点。已开发建成经果林总面积1.5万亩，种植品种以荔波血桃为主其中已有0.5万亩进入盛果期。如今的驼背树不再是石漠化突出的山区，二、三月桃花争艳，五、六月鲜桃满枝，十二月柑橘满山坡的优美景色。到2012年，樟江精品水果及休闲观光农业示范园完成投资2.16亿元。建成拉岜山蜜柚、驼背树血桃、新寨琵琶万亩精品水果示范园3个，经果林种植面积9.1万亩，蔬菜种植6.1万亩。

四是生态移民开创新生活。荔波瑶山，曾经是贵州贫困的代名词。由于地处深山喀斯特地貌地区，土地贫瘠，水源匮乏，瑶山人不得不砍伐树木木炭、作薪柴，上山打猎获取食物，长期乱砍滥伐导致森林资源的严重破坏。为此，县政府在2000年先后3次鼓励瑶山农民迁出山寨，但由于对环境和生活方式不适应，移民尚未成功。之后，县政府通过旅游增收，瑶族文化包装等方式，大力发展乡村、民族文化、餐桌文化等旅游项目，由县政府投资1210万元。于2010年4月动工建设的荔波县瑶山乡拉懂吉移民新村，村内铺设水管1200米、铺设电线3000米、路面硬化4400平方米，共安置移民群众共150户771人。2012年4月，瑶山乡被评为国家AAA级旅游景区，该乡的拉片新村，已成为民族文化旅游、乡村旅游和体验民族风情的旅游地。

第六节　环境保护宣传及重大污染事件

一、环境保护宣传

自1996年州环保局组建起，每年投入经费和人力，依托每年一度的“六五”世界环境日宣传活动等载体，与州级各主流媒体配合，多形式、多渠道扎实开展环境保护宣传教育。

2001年的环境保护宣传，紧紧围绕“世界万物，生命之网”世界环境日主题，共召开环境保护座谈会18场，参加人数786人次；悬挂、张贴环保标语500多条幅；设置咨询点10个，受咨询人数45000余人次；编发各类环保宣传资料41000余份；在中小学、企业举办环保宣传专栏60期；开展环保知识演讲赛5场；省、州、县（市）电视播放环保宣传节目24次，报道环保工作50余次，播放公益广告33条；在州县（市）报刊上登载环保宣传文章58篇。是年，惠水县创建百所环保学校，开展“中华绿色版图”百校传递活动，建立全省第一个生态教育示范基地，有2所学校聘请环保工作者为环保辅导员，“同唱环保歌”的活动在惠水县城乡学校开展。龙里县在15个部门的配合下，开展了形式多样地环保宣传。独山环保局与团县委倡议并组织青少年开展黑神河白色污染清理、垃圾清理义务劳动，会同教育局等部门组织县城4所小学3000多名学生举行“庆‘六一’保护环境、爱我家园”游行活动。贵定县环保局召开了社会各界人士座谈会。瓮安县环保局在县委宣传部主办的瓮安报上专版宣传环保知识。都匀市环保局举办中小学生环保科普知识竞赛。罗甸县环保局开展生态环境宣传教育，完成了美孚中国环境教育基金项目的实施验收工作。三都县环保局召开乡镇领导干部座谈会，提高基层决策层对环境保护工作的再认识。荔波县环保局到3个边远贫困乡镇开展“三区一园”环境保护教育。长顺县环保局在10个部门的配合下，在县城广场举办了“保护环境，珍惜生命”为主题的演讲赛。平塘县环保局制作宣传画展，上街咨询、宣传环保知识。福泉市环保局在市委、市政府的直接带领下，开展“母亲河—沙河”清淤活动。

2002年，全州环境保护宣传以“水——20亿人生命之所系”和“让人民喝上清洁的水”及“非典”防控为主题，在全州范围内开展形式多样、内容丰富的宣教活动。活动中，全州共发放宣传资料6万余份；展出宣传展板40块；悬挂标语240幅，永久性标语12幅；播出公益广告29条；州、县（市）长电视讲话13人次；为25所党校、中小学校宣讲环保知识教育；购买自行设计的纸杯5万个作为开展消除白色污染宣传；与幼儿园、民族师范学院共同举办1次“童语、童心、童画”广场文艺演出宣传活动，塑45名环保小卫士；上街开展咨询活动24次，接待群众2.5万人次；征订200份环保宣传挂图；征订《中国环境报》300份，在《黔南日报》、县市报上辟《环保专版》，登载120篇环保宣传文章，开展中小学生环保作文竞赛，收到参赛作品91件，其中：中学组25件，小学组66件。

2003年，都匀、福泉、瓮安、罗甸、长顺开展创建省级、州级绿色学校，增加青少年绿色理念。

2004年的环境保护宣传，共发放宣传资料29700份，征订环保宣传挂图339份，展出宣传展板36块，召开环保座谈会19次，聘请21位环保义务监督员，在州、县市报登载环保宣传文章76篇。

2005年，全州环境保护宣传围绕“营造绿色城市，呵护地球家园”世界环境日主题，共投入宣教资金45万元，购买《人人参与，创建绿色家园》宣传挂图128套，《环境保护ABC》41本，《绿色社区创建小百科》54本；印发《中华人民共和国固体废弃物污染防治法》单行本3000本；开展形式多样的宣传活动15次，在《黔南日报》和县市报纸上开办环保宣传专刊5期，刊登宣传文章32篇；在黔南电视台、县市电视台播放全州环保专项行动和环保科教片7次，播放公益广告20条，利用电信公司平台发送环保主题短信3000条；在中小学开展环保征文、演讲等活动4次，组织上街宣传12次，发放宣传资料28900份，张贴宣传图片1200张，悬挂宣传布标111幅，永久性标语13幅，参加人数25000人次；举办培训班4期，即与州教育配合举办1期“加拿大基金参与式农村环境教育培训班”，有30名教师和环保工作者参加培训；举办1期《中华人民共和国固体废物污染防治法》和2

期“环境保护专项资金申报程序”培训班，有135名企业环保人员、环保工作者、企业财务人员参加培训。审查、启动活动小项目8个，2200名教师、学生直接参与农村生态保护工作。

2006年的环境保护宣传围绕“防止沙漠化和荒漠化”世界环境日主题，投入宣教资金35万元，购买环保宣传挂图320套，开展形式多样的宣传活动18次，在《黔南日报》开设环保宣传专刊1期，刊登宣传文章11篇；在黔南电视台、县市电视台播放全州环保专项行动和环保科教片26次，播放公益广告50条，利用电信公司平台发送环保主题短信3000条；在中小学开展环保征文、演讲等活动20次，组织上街宣传18次，发放宣传资料30000份，张贴、悬挂宣传标语165条（幅），参加人数26000人次；召开“加拿大基金农村参与式环境教育”师资培训项目总结表彰会，对12所学校、36名教师进行表彰。

2007年的环境保护宣传围绕“冰川消融，后果堪忧”和“污染减排与环境友好型社会”主题，开展讲座、座谈、电视讲话、电影、演出、征文等形式多样的宣传活动，全州投入宣传教育资金35万元，购买环保宣传挂图320套，征订《中国环境报》150多份，共挂标语500多条，制作长期性语150多条，出环保专刊700多期，发放宣传资料8万多份（册）。

2008年，州环保局组织开展“环保杯”摄影大赛、黔南环保有奖征文比赛、保护都匀剑江和荔波樟江对策措施研讨会等系列活动各县市也组织开展了各具特色的环保宣传活动。

2009年，绕世界环境日主题和我国环境主题开展宣传教育活动。是年，州环保局在《黔南日报》、黔南电视台、黔南人民广播电台和《西部开发报》4家媒体开设环保专栏，宣传环保工作、环保知识、环保法律法规，提高公众对环保工作的知情权和参与权。州环保局主要负责人还带领有关部门负责人走进黔南人民广播电台“和谐之风热线”直播间，接受记者现场专访，解答市民关心的环境热点问题，并当场向市民公布24小时环境污染举报热线和监督电话。

2010年的环境保护宣传围绕当年世界环境日主题，利用报刊、网络等媒体宣传环保知识，在《黔南日报》、黔南电视台、黔南人民广播电台和《西部开发报》四4家媒体的环保专栏刊发信息270条（幅），编发环境信息简报32期，在国家、省环保网站刊发信息66篇，在省环保网站刊发的信息数位居全省前列。

2011年，在“六五”世界环境日先后展黔南环保志愿者行动、“环保之夜”广场文艺演出等宣传活动。并与黔南日报社、黔南电视台、黔南人民广播电台和西部开发报社4家媒体签署合作协议，宣传环保知识、播报环境事件。是年，州环保局会同有关单位，在全州开展以“展现环保风采、倡导低碳生活、保护绿色文明、弘扬环保美德”为主题的“生态卫士、环保使者”黔南州首届环保人物评选活动，并举办“黔南州首届环保人物评选活动颁奖晚会”。全州有71位报名者符合条件，经层层筛选并经过全社会网络、电话及短信投票，得票最高的前10候选人当选“黔南州首届环保十大人物”，他们是：宋东方（际华三五三七制鞋有限责任公司部长）、段仕东（贵州省瓮安县瓮福黄磷有限公司总经理）、莫春祥（独山县城关镇中学教师）、张琦慧（龙里县环境保护局副局长）、董忠远（瓮安县林业局局长）、徐德昌（黔南州环境科学学会会长）、文勇（都匀新闻中心新闻记者）、冉景丞（贵州茂兰国家级自然保护区管理局局长）、邓孔安（瓮安县希望中学后勤主任）、江竹山（贵州绿卡能科技实业有限公司总经理）。

2012 年，继续利用报刊、网络等媒体报道环境新闻事件、宣传先进典型人物和事迹，曝光环境违法事件，提高全民环保意识，营造人人关心环保、支持参与环保的良好氛围。通过播放环保公益广告、开展“绿色学校”等拓宽宣传渠道，加强舆论引导，提高全民环保意识。

2013 年，在黔南电视台、黔南人民广播电台、《黔南日报》播放和刊登世界环境日宣传主题、相关宣传咨询活动及黔南州近年来环保工作开展情况。在省环保厅环境宣教中心购置环保宣传小册子分别发放给重点排污企业、绿色学校及社区；在主要街道、学校、企业悬挂环保宣传大幅标语；在都匀市人民广场开展环保咨询活动，为群众解决环保方面的疑难问题。与中国移动、中国电信公司合作，在世界环境日期间分别向全州 20 万手机用户编发环保宣传短信息，普及环境保护知识，增强公众的环保意识。

2014 年，邀请贵州电视台、黔南电视台、黔南广播电台等新闻媒体进行现场采访报道，扩大宣传面。继续利用环保资料、环保标语和环保咨询活动等开展宣传。同时，跟踪宣传都匀市开展环保利剑执法系列活动，公布处罚 3 家违法排污企业、规范排污行为等所取得的阶段性成绩，宣传开展环境保护工作以来成果，提高市民对创建国家环境保护模范城市重要性以及给生活环境带来多项益处的认识。

二、重大污染事件

龙里 2002 年液氨“12·22 事件”　2002 年 12 月 22 日上午八点零五分，龙里县环境保护局接 110 转报：一罐车在贵新高等级公路 38 公里距离龙里收费站 3 公里吴家庄处侧翻，驾驶员当场死亡，无货物押送人员，运输物资不明。环保人员第一时间赶到现场，高速行驶的罐车冲毁高速路护栏翻至坡下，罐车阀门损坏，罐车内货物溢出，事故地点约 1 平方公里范围内弥漫着气味刺鼻白色气体，有浓烈的氨味。龙里县环境保护局凭气味判断是液氨气体，随即向龙里县人民政府、黔南州环境保护局、贵州省环境保护厅报告：贵新公路龙里段吴家庄处发生一起交通事故，驾驶员当场死亡，无法获知运输货物信息，现罐车里面的货物因阀门损坏溢出，有刺鼻浓烈的氨味，初步判断是液氨，事故发生地点附近下风向 200 米左右吴家庄有 200 多户人家，下风向 1 公里多处是龙里三元河，请示县政府启动应急预案和上级环保部门组织专业队伍应急支援。上午 9 时，龙里县人民政府组织事故发生地龙山镇政府，龙里县消防大队、龙里县安监局等相关部门到场，开始疏散事故地点吴家庄村民和先期救援。中午 10 时，贵州省消防大队、贵州省安监局、贵州省环境保护厅、贵州省环境监测站、黔南州消防大队、黔南州环境保护局、黔南州安监局、贵州宏福危险化学品专业救援队等单位到达现场，组成现场应急指挥小组，开始有组织的施救和应急处置。

先期施救非常艰难，消防队伍、专业救援队伍放弃最初封堵阀门、降温倒罐的施救方案，只能利用高压水枪降温控制事件态势，22 吨液氨全部进入环境。事故地点，空气中弥漫着刺鼻的氨气，贵州省环境保护厅、黔南州环境保护局、龙里县人民政府组织龙里县环境保护局、龙山镇等部门在事故地点低处设置引流渠、围堰，从距离事故地点三公里的贵州正大集团调集磷酸，将溢流的氨水引流至围堰，用磷酸综合后排入三元河红旗坝河段。

先期施救完成，已是下午4时，启动应急监测。当时，事故中心区域空气中氨指标超标600多倍，吴家庄超标260多倍，三元河地表水氨超标7000多倍，吴家庄饮用水井氨超标50多倍，省环保厅应急处置小组决定对事故区域制定加密监测方案，随时跟踪监测数据，龙里县政府紧急决定发布信息：事故区域监测指标未达标前，吴家庄群众当日暂时不得返家，不得取水34小时后，经监测，空气指标正常，应急消除。

此次事故处置，省环保局到场进行现场指挥，省环境监测站、省环境监察总队给予大力支持。现场出动人员700余人次，调集磷酸17吨、疏散群众300多人次、共设置地表水监测断面3个，地下水监测点1个，大气监测点位3个。

独山县砷污染事件　2007年12月2日至12月24日，独山县基长镇林盘村和水岩乡建群村部分群众相继出现呕吐、恶心、头昏、浮肿等症状，有5人到基长镇卫生院就诊。经当地卫生部门调查，所有病例均为使用麻球河河水的家庭成员。12月11日，独山县环保局对麻球河上游排污企业进行排查时发现独山县瑞丰公司有废水外排，监测人员对该公司排口下游150米处的老虎冲及下游麻球河两地进行了布点监测，监测数据显示水中砷含量最高为每升14.2毫克，超标283倍（地表水环境质量标准为每升0.05毫克），对下游57公里处的三都县饮用水源地构成威胁。黔南州政府于12月25日晚停止了三都县水厂（供应县城城区2万多人生活饮用水）取水。

事件发生后，黔南州、独山县、三都县政府启动了突发环境事件应急处置预案，采取有效措施防止污染事态的进一步扩大。一是立即通知下游各村镇，所有人畜立即停止饮用河水，采用消防车、洒水车运水保障当地生产生活用水和人畜饮水。二是依法关闭了该企业，将现有原料和废渣封存，并对事件进行深入调查。三是开展环境应急监测工作。黔南州环境监测站对独山境内老虎冲、麻球河、三都县水厂上游和榕江县县城上下游约20公里范围的河流水质进行了跟踪监测。四是采用专家意见，用石灰石对污染河水进行中和处理，并用当地铁矿石过滤吸附污染物。五是对三都县水厂进行紧急改造。聘请有关专家研究水厂深度处理工艺，确保水厂出水水质达标。12月27日，三都水厂恢复正常供水，当地群众情绪稳定。在依法关闭该企业基础上，警方对瑞丰公司法人依法实施刑事拘留。

瓮福集团磷石膏渣场溃坝事件　磷石膏渣场位于福泉市马场坪办事处瓮福磷肥厂东约2公里，为三面靠山一面谷口的汤匙形谷尘地形，在冲口塘谷口处筑一道初期坝，形成一座完全封闭的谷盆形渣库。渣场东西长约1.2公里，南北宽约0.8公里，谷底最低标高884～886米，周边山脊标高除冲口塘分水岭处只有945米，其余均在1000米标高左右，断面呈U形和锅底形。渣库为一座半封闭剥蚀——溶蚀山间谷地，库区内无河潭等天然水体，库区北、东、南西大部分地区主要以泥（页）岩为主，西南以灰岩为主。由原化四院1992年选址、1995年设计和施工，1999年投用，根据渣库高程与库容关系曲线，现堆积标高940米处，库容量为1495.04万立方米；在最终960米标高处，库容量为3154.47万

立方米。

2007 年 8 月 7 日 21 时 5 分，宏福总公司磷石膏渣场发生溢坝事故，事故发生的主要原因是该公司磷石膏渣场部分坝区（大坝分隔区一号坝区、二号坝区）发生决堤，形成宽 20 米左右缺口。一号坝区内渣场积水冲入二号坝区，导致二号坝区库满，约 9 万立方米渣场积水溢出主坝，冲入坝下，冲毁部分农田后流入鱼梁江、重安江、清水江，最终汇入三板溪水库。

第十七篇

交通　邮政

第一章　公　路

20 世纪 90 年代，国家加大对县乡公路建设的投入，对原建公路进行提级改造，工程项目验收合格率 100%，其中优良率 58%。2000 年 10 月 10 日，黔南州实现 240 个乡（镇）100% 通等级公路。是年 12 月 30 日，贵新高等级公路一级路贵阳至都匀段竣工验收并通车运行。2001 年 6 月 25 日，都匀至新寨段全封闭二级汽车专用公路通车。2007 年 11 月，荔波机场建成通航，先后开通荔波至深圳、广州、贵阳、重庆等航线。2008 年 12 月 31 日，黔桂铁路电气化改造工程竣工通车。2009 年 9 月 29 日，都匀至新寨汽车专用二级公路扩建工程竣工通车运行，至此，贵新公路全线均为高速公路正式通车运行。此后，厦蓉、榕麻、惠兴、银百、瓮马等高速公路相继建成通车。2012 年底，全州实现 100% 的行政村“村村通公路”的目标，县乡村公路总里程 14144. 57 公里。2014 年 12 月，贵阳至广州高速铁路正式开通，黔南在全省率先进入“高铁时代”。至年底，州境内高速公路里程 587. 91 公里。普通国道、省道干线公路里程 1320. 33 公里，其中国道 359. 27 公里，省道 950. 44 公里，县道 10. 62 公里。农村公路里程 14849 公里，其中县道 1668 公里，乡道 1671 公里，村道 11457 公里，专用公路 53 公里。

第一节　公路建设

一、高速公路

从 1997 年 11 月 28 日开工建设黔南境内第一条贵新高速公路，至 2014 年末，州境内总里程（含匝道连接线）587. 91 公里，其中贵新高速公路沪昆高速 G60 段 66. 39 公里、兰海高速公路 G75 段 141. 98 公里；厦蓉高速公路 G76 格都段 90. 47 公里、贵都段 80 公里；榕麻高速公路 S88 麻架段 28. 77 公里、架荔段 26. 20 公里，S35 瓮马高速公路 53. 66 公里，S50 惠兴高速公路 46. 42 公里（含 S50 惠兴连接线 3. 44 公里）；银百高速公路 G69 贵惠段 23. 02 公里、惠罗段 31 公里。

（一）贵新高等级公路

1997 年初，国家交通部批准建设贵阳至独山县麻尾镇与广西南丹县交界处的新寨村高等级公路（贵新高等级公路）建设项目。批准建设工期为 5 年，项目建设投资为 48. 46 亿元。同年 11 月 28 日，正式动工修建。

贵阳至都匀段为全封闭双向四车道高速公路，全立交高速公路。起自贵阳市花溪区下坝，与贵阳东出口公路终点处衔接，经龙里、贵定、马场坪、都匀北，止于都匀南。接续都匀至独山麻尾新寨高等级公路，与广西南丹县北端的六寨镇相连。路面为混凝土沥青泥结路面。设计互通式立交8处，与区域内路网各交通源点连接。全线设有标志、标线、护栏轮廓线、隔离栅、减速带等交通安全保障设施和光缆传输线路，程控交换及紧急电话系统。通讯、监控系统设施完备。沿线设龙里、盘江、贵定、黄丝、马场坪、都匀北（沙坝）、都匀南（白岩）等7个匝道口和通行收费站，全长143公里。2000年12月30日15时，贵新公路一级路贵阳至都匀段正式竣工验收并通车运行。

都匀至新寨为全封闭二级汽车专用公路，全长117公里，起于都匀南（白岩）收费站匝道口，终至独山县麻尾镇新寨、接广西六寨。设互通立交5座，隧道（大坪）1座，明洞（打桃、新和）2座。设匝道收费站5个，即墨冲、独山、上司、下司、麻尾收费站。主线拦截式征费站1个，即新寨征费站。2001年6月25日全线段正式通车运行。

2007年初，规划实施都匀至新寨汽车专用二级公路扩建工程都新公路工程。该公路扩建工程起自都匀白岩，连接已建成运行的贵阳至都匀高速公路，经墨冲、独山、上司、下司、麻尾、止于麻尾镇新寨，接广西界南丹县至河池高速公路，全长118公里，全线改扩建5处互通式立交，总投25亿元，于2007年3月正式开工建设。建设期间，墨冲至新寨沿线6个收费站暂停收费。为保证贵阳至都匀高速公路的正常通行收费，在都匀北站至都匀南站之间的K137、138两处设立临时性主道收费站。

2009年9月29日零点，都新公路改扩建工程竣工通车运行，沿线墨冲、独山、上司、下司、麻尾匝道收费站及新寨主线拦截式收费站恢复通行费征收。同时K137、138临时主道收费站撤销。

至此，贵新公路全线均为高速公路正式通车运行。

（二）厦蓉高速公路

2007年12月28日，厦蓉高速公路开工建设。厦蓉高速公路水口至都匀段全长208公里，其中黔南州境内90.47公里。起点位于黎平县水口乡与广西交界处，终点位于都匀市火石坡，连接黎平、从江、榕江、丹寨、三都、都匀等6个县（市）。投资概算199亿元。项目设计工期4年，由贵州高速公路开发总公司承建。全线有特大桥、大中桥183座；隧道58座，桥隧总长度占总里程的66.54%；匝道立交11处；停车区3处；服务区5个；监控通信中心1个。黔南州境内路段设有都匀东、三都收费站2个。2011年3月31日正式开通运行。三都收费站因选址等原因滞后于2011年6月11日开通收费。

贵阳至都匀段全长80公里，起点在贵阳市花溪区小碧乡，连接贵阳环城高速公路，经龙里、贵定县昌明镇，在都匀市百鸟坡隧道与厦蓉高速水口至都匀段点相接连。总投资概算为67.89亿元。由贵州中交贵都高速公路建设有限公司承建。全线有中、特大桥4座，中隧道9座，桥隧长度占线路总里程的63.75%。设有匝道式立交4处。

（三）榕麻高速公路

榕麻高速公路在黔南境内有麻驾段、驾荔段。

麻驾段全线路均在黔南州境内，该线路起点位于独山县麻尾镇与兰海高速公路连接处，终点止于荔波县驾欧乡。全长28.77公里。总投资15亿元，设秧寨、小七孔2个收费站。2009年开工建设，2011年12月底建成通车。

驾荔段全线路均在黔南州境内，该线路起点荔波县驾欧乡董扎，终点止于荔波县坡田。全长26.20公里。总投资25亿元，设有荔波东1个收费站。2011年11月11日开工建设，2014年12月底建成通车。

（四）惠兴高速公路

惠兴高速公路即由黔南州惠水县城至黔西南州兴义市的州际高速公路，是贵州省地方高速公路骨架网络干线。2012年底建成通车运行。该公路线在黔南州境内S50段为惠水县城至长顺县与黔西南州境交界处止，全长46.42公里。惠兴高速公路有桥梁62座，其中惠水特大桥全长2400米。有隧道16座、涵洞99座，采用双向四车道高速公路标准。S50黔南境段设威远、长顺、摆所匝道收费站3个。2009年12月26日开工建设，2012年12月20日建成通车。

（五）银百高速公路

银百高速公路在黔南境内有贵惠段、惠罗段。

贵惠段建设项目为贵州桥梁建设集团独资建设的BOT项目，主线全长37.22公里，黔南境内23.02公里，项目总投资36.86亿元。全线设贵阳南、青岩、惠水、惠水北4个收费站，其中黔南境内有惠水、惠水北2个收费站，互通立交5处，服务区与停车区合建1处。全线共有桥梁9246.74米/42座，其中特大桥1座、大桥22座、中小桥19座，涵洞7688米/175道。2012年12月开工建设，2013年10月9日建成通车。

惠罗段起于惠水县城南龙田寨贵阳至惠水高速公路终点处，止于罗甸县与广西乐业县交界的峨坝处，总长112.91公里。于2012年4月开工建设，2014年11月30日建成通车K0+000－K31+000段，全长31公里，该段共有桥梁22座、隧道6座、涵洞108座，采用双向四车道高速公路标准。开通路段设有惠水南、断杉2个收费站。

（六）瓮马高速公路

瓮马高速公路起于瓮安县城西南的陆家寨，止于麻江县马岩，是贯通瓮安、福泉两地沿线城镇连接黔南州府都匀和省会贵阳的快速大通道，路线全长55.48公里，其中黔南境内53.66公路。共有桥梁46座，涵洞199座，无隧道，全线采用双向四车道高速公路标准建设。全线设有瓮安南、平定营、牛场、福泉南、福泉北、福泉东6个收费站，于2013年8月全面开工建设，2014年12月30日建成通车。

2014 年黔南州境内高速公路桥梁、隧道、涵洞统计表

表 17－1－1

项　目	路　线	总数（座）	最长（米）	备　注
桥　梁	G60 沪昆高速	71 座	1949（观音阁特大桥）	沪昆高速都匀高管处管段的统计数据为至盘江收费站止
	G75 兰海高速	198 座	851.6（牌坊碑大桥）	
	G76 厦蓉高速	71	1766（交梨河特大桥）	
	S88 榕麻高速（麻驾段）	17	302（麻尾纽立交匝 C 桥）	
	S88 榕麻高速（驾荔段）	27	620.61（樟江大桥）	
	S50 惠兴高速	58	2400（惠水特大桥）	
	G69 银百高速（惠罗段）	22	459（下坝大桥）	
	G69 银百高速（贵惠）段	18	420（洛凳河大桥）	
	S35 瓮马高速	46	630（浪坝河特大桥）	
隧　道	G60 沪昆高速	无	无	
	G75 兰海高速	15	765.5（塘打隧道）	
	G76 厦蓉高速	56	4378（排洞隧道）	
	S88 榕麻高速（麻驾段）	2	1712（小七孔隧道）	
	S88 榕麻高速（驾荔段）	12	1135（拉岜隧道）	
	S50 惠兴高速	16	1825（长冲隧道）	
	G69 银百高速（惠罗段）	6	695（黄泥堡隧道）	
	G69 银百高速（贵惠段）	无	无	
	S35 瓮马高速	无	无	
涵　洞	G60 沪昆高速	196		
	G75 兰海高速	846		
	G76 厦蓉高速	66		
	S88 榕麻高速（麻驾段）	8		
	S88 榕麻高速（驾荔段）	12		
	S50 惠兴高速	99		
	G69 银百高速（惠罗段）	108		
	G69 银百高速（贵惠段）	45		
	S35 瓮马高速	199		

二、国道、省道干线公路

从 1991 年开始，对州境内国道、省干线公路泥结路面进行路网油路改造建设，公路线型、路容路貌升级换代，达到 100% 沥青铺陈高级、次高级路面。至 2012 年，全州累计完

成国道、省道干线公路新建，改（扩）建工程项目42项，总里程1007.39公里，总投资97876.6万元。新建大中小各类型公路桥梁74座，桥梁总长度4207.09米。

2014年，黔南州境内国道、省道干线公路有9条。其中，国道公路2条：G210包南线，里程长度262.56公里；G321广成线，里程长度96.71公里。省道公路7条：S101贵红线，里程长度195.65公里；S205遵马线，里程长度129.29公里；S206三麻线，里程长度152.77公里；S305铜修线，里程长度56.97公里；S306五甘线，里程长度20.06公里；S309麻兴线，里程长度160公里；S312荔八线，里程长度235.71公里。另划有县道X914福香线，里程长度10.62公里，归属都匀公路公路局养护。公路养护里程1320.33公里，按技术等级划分：一级公路47.39公里，二级公路372.69公里，三级公路840.89公里，四级公路59.36公里。按路面铺装类型分：高级路面444.31公里，次高级路面876.02公里，路面铺装率达到100%。

（一）路网改造

州境内国道、省道干线公路因建设年代久远，路况标准达不到现代运输需求。从1991年起，进行持续不断的路网改造，州境内国省干线的路容路貌、基础设施得到改善。1991至1995年，完成路网改造里程100.20公里，投资1582.50万元。1996至2000年，完成公路改造233.13公里，投资44015万元；完成油路大修里程203.90公里，投资5255万元。2001至2005年，完成公路改造里程514.72公里，投资39364万元；完成油路大修里程124.10公里，投资3223万元。2006至2010年，完成公路改造里程128.94公里，投资11087万元；完成油路大修里程37.50公里，投资1844万元。2011至2012年，完成公路改造里程41.86公里，投资20396万元；油路大修里程110.68公里，投资7820.48万元。

2012至2014年，公路改建里程99公里，投资267543万元。其中G210包南线19公里，投资63687万元；G321广成线25公里，投资142255万元；S206三麻线47公里，投资38960万元；S309麻兴线7公里，投资20541万元；S312荔八线投资2100万元。新建大小各类公路桥梁27座，桥梁总长度达到2072.32米。完成油路大修里程121.8公里，投入资金9376万元，油路中修里程209.80公里，投入资金7019万元。

（二）车辆通行费征收

1997年，确定改建福泉市至牛场镇公路为收费公路。1998年8月，开始实施收费公路试点。之后，将牛场镇延长至瓮安县银盏乡，龙昌镇延长至马场坪镇。2001年，独山县至荔波县公路在独山基长镇、荔波水利乡设站收费。2003年，惠水县高镇至三都段设姚峭、大坡收费站收费。至2008年12月底，都匀公路管理局征收车辆通行费1.94亿元。并全部上交省公路管理局，再由省公路管理局按照规定下发工作经费。

2011年5月7日，收费公路停止征收车辆通行费。

2014 年黔南州境内国道、省道、公路桥梁、隧道、涵洞统计表

表 17－1－2

项　目	路　线	总数（座）	最长（米）	备　注
桥　梁	G210 包南线	15	114.8（桥头堡大桥）	
	G321 广成线	28	140.66（坝固桥）	
	S101 贵红线	26	375.08（濛江大桥）	
	S205 遵马线	21	461（江界河大桥）	
	S206 三麻线	15	70（水角中桥）	
	S305 铜修线	8	39.1（石家寨桥）	
	S306 五甘线	2	53.5（杨老桥）	
	S309 麻兴线	17	367.5（关脚Ⅲ号大桥右桥）	
	S312 荔八线	25	221.06（水坝王大桥）	
隧　道	G210 包南线	1	160（马尾坡隧道）	除这两条线外，其他路段均无隧道。
	S205 遵马线	1	96.2（江界河隧道）	
涵　洞	G210 包南线	363		
	G321 广成线	340		
	S101 贵红线	217		
	S205 遵马线	178		
	S206 三麻线	184		
	S305 铜修线	68		
	S306 五甘线	14		
	S309 麻兴线	158		
	S312 荔八线	311		
	X914 福香线	11		

2014 年黔南州境内国道、省道干线过境线路统计表

表 17－1－3　　单位：公里

序号	线路名称	过境线起讫桩号	过境地名称	过境线里程
1	G210 包南线	K2358.75～K2363	龙里县城	4.25
2	G210 包南线	K2401.28～K2404	贵定县城	2.72
3	G210 包南线	K2439～K2441.5	福泉市马场坪镇	2.5
4	G210 包南线	K2487.8～K2490.2	都匀市区	2.4
5	G210 包南线	K2490.2～K2494.4	都匀市区	4.2
6	G210 包南线	K2494.4～K2504.3	都匀市区	9.9
7	G210 包南线	K2556.8～K2563	独山县城	6.2
8	G321 广成线	K1062～K1064	三都县城	2

续表 17－1－3

序号	线路名称	过境线起讫桩号	过境地名称	过境线里程（公里）
9	S101 贵红线	K37～K39	惠水县城	2
10	S101 贵红线	K42～K48.3	惠水县城	6.3
11	S101 贵红线	K155.9～K160	罗甸县城	4.1
12	S205 遵马线	K133.869～K141.9	瓮安县城	8.03
13	S205 遵马线	K183.3～K195.285	福泉市区	11.98
14	S206 三麻线	K0～K1.4	三都县城	1.4
15	S206 三麻线	K81.1～K84.9	荔波县城	3.8
16	S206 三麻线	K109.8～K121.7	荔波县小七孔景区	11.9
17	S305 铜修线	K271～K273	瓮安县草塘镇	2
18	S305 铜修线	K287～K287.927	瓮安县城	0.93
19	S309 麻兴线	K64～K69	贵定县昌明镇	5
20	S309 麻兴线	K145.45～K147.05	惠水县城	1.6
21	S309 麻兴线	K178.5～K181.5	长顺县城	3
22	S312 荔八线	K69～K73.5	独山县城	4.5
23	S312 荔八线	K109.1～K112	平塘县城	2.9
24	S312 荔八线	K230～K234.4	罗甸县城	4.4

三、县乡公路

1991 年，国家动用库存中低档工业品（粮棉布）开展以工代赈、民工建勤的方式补助续建黔南州老、少、边、贫地区县乡公路。5 月，修建独山县基长镇至三都打香公路，全长 19.2 公里，总投资 120 万元（其中工业券 100 万元，配套资金 20 万元）；荔波县城至永康乡公路全长 12 公里，投资 20.8 万元，其中工业券 17.8 万元、配套资金 3 万元。是年，全州修建县乡公路建设项目 18 项计 146.03 公里，其中新建公路 80.85 公里，改建 65.18 公里。总投资 1075.4 万元，当年完成投资 748.7 万元。全州县乡公路里程 3428.17 公里，等级路 1559.06 公里。

至 1993 年，全州完成用库存中低档工业品补助建成的县乡公路 12 条 122.3 公里，其中改建 2 条 24 公里，新建 10 条 74.3 公里。经验收，黔南州所建工程合格率达到 100%，工程优良率达到 75%。是年，完成其他新（改）建公路项目 5 项，新增公路工程 70.7 公里。县乡公路里程 3559.87 公里。

1994—1995 年，完成县乡公路新（改）建工程 23 项 169.76 公里，新增 80.85 公里。至 1999 年，全州县乡公路里程 3805.25 公里。

2000 年 10 月 10 日，独山县翁奇乡至翁台乡 25 公里，白鸡坡至甲定乡的 13 公里通乡公路工程竣工验收。至此，黔南州实现 100% 乡乡通等级公路的目标。是年，全州完成新建通乡公路 4 条 70.4 公里，以工代赈项目新建公路工程 7 项 58.06 公里，合计新增四级通乡公路128.46公里。县乡公路里程3933.71公里。

至“九五”期末，全州建成公路683.32公里，其中新建公路374.64公里，改造公路308.68公里，建成三级公路54.1公里，四级公路629.22公里，修建通村公路106条，87.5%的行政建制村通达机动车辆。

2001年年初，省委、省政府向社会公布承诺完成十件实事，其中之一是在年底前全面改善全省公路交通的畅通状况，完成实施5000公里公路的改造任务。随之，黔南州实施272.5公里各等级公路镶边改造工程在全州9个县（市）铺开，301.5公里县乡公路新（改）建工程任务在12个县（市）启动。至年底，全州完成新（改）建公路341.6公里，超计划数40.1公里。

2003年，实施公路新（改）建工程920.9公里，总投资12089.6万元。其中：实施油路改造工程3项146.6公里，总投资8562万元；实施县乡公路镶边改造工程21项，总投资1597.6万元；通村公路74项500公里，总投资2000万元。完成2002年的续建项目7项172.28公里。至年底，完成2002年度实施的油路改造项目、油路续建项目、镶边改造项目任务。18个项目经省公路局验收，16项工程获优良工程，2项工程为合格工程。在全省乡公路镶边改造工程和交通扶贫工程中，2项获省公路局授予“十佳工程”称号。

2004年，完成国债资金县际公路油路新（改）建任务199公里，总投资10945万元。是年，黔南州在全省5000公里公路改建项目中的建设规模407.08公里，投资11003万元。其中，中央补助3780万元，以工代赈资金126万元，省交通厅拨1880万元，超限费600万元，省公路局拨款15万元，贷款190万元计205万元，地方配套资金4412万元。

2005年，完成县际油路改建项目2个，通乡油路（水泥路）建设项目4个，206.29公里，总投资9181.9万元。

2006—2007年，完成通乡油路建设项目23个572.18公里，总投资14493万元。其中，中央投资22968万元，地方自筹3911万元。

2008年，新增县乡公路里程67.52公里，公路里程10574.81公里，其中县公路1684公里，乡公路1842.1公里。沥青混凝土路面48.93公里，水泥路面52.92公里，简易铺装次高级路面635.3公里，未铺装路面（中低级无铺装）983.15公里。

2012年，黔南州通乡油路工程项目16个，总里程320公里，总投资29145万元。其中，中央投资11964万元、地方配套1781万元。是年，新增79个乡（镇）通达沥青油路或水泥混凝土路。全州乡（镇）通达油路（水泥路）的比率达93.78%。余15个乡（镇）未通达油路（水泥路）。

2013年，实施县乡道改造项目19个203.9公里，总投资40780万元，全州乡（镇）通达油路（水泥路）的比率达到100%。

2014年，续建2013年县乡道改造项目19个，新增县乡三级公路203.9公里。

四、通村公路

20世纪90年代，国家实施动用国家库存粮棉布民办公助、库存中低档工业品民工建勤、民办公助、交通扶贫等政策措施，支持西部地区发展建设交通事业，在各级政府重点加快对县乡公路的建设力度的同时，部分农村通村公路也相应得到新（改）建扩展。

2000年10月，《黔南州2000年至2020年县乡公路发展规划》将新建4000公里通村公路的发展规划列入其内。至年末，全州修建成新增通村公路100多条，公路里程100多公里，达到贵州省农村公路技术标准，87.5%的行政村基本可通行机动车辆。黔南州有行政村2827个，通汽车的有2407个，占85.14%，未通车的有420个，占14.86%，未通车公路里程5000余公里。

2003年，州政府下发《关于加快全州通村公路建设的通知》，正式拉开黔南通村公路建设的序幕。是年7月21日，黔南州公路处制订《黔南州通村公路技术标准》。至2004年3月，完成新建通村公路工程项目78项，总长500公里，覆盖128个村。合格工程50项合格率64.1%，优良工程28项，优良率35.9%；78项工程，路基宽度4.5米，路面宽度3.5米，每公里加设不少于3处以上错车道，全部达到贵州省农村公路技术标准，少数地形条件较好的工程项目，采用部颁四级公路技术标准施工验收。所建通村公路均采用土路肩，挡土墙、涵洞等构造物，坚持水泥砂浆灌砌，对土方挖方及高填土石方路段严格压实填置达到15厘米以上厚度，并用片石予以补强。总投资2000万元，其中，交通部和省补助共1500万元，地方配套500万元，不足部分为群众投工投劳及政府各项优惠政策予以投资补偿。

2004年初，黔南州通村公路建设工程项目76个941公里，总投资3764万元。至年底，工程项目大部分完工待验收。

2005年，黔南州通村公路项目141项1375.3公里，总投资8418.2万元（含2004年追加的54个工程项目514公里，投资2056万元），其中2005年完成项目87项861.3公里，总投资6362.2万元。至12月末，除个别工程量特别大及公路桥梁工程工期延长外，其余均竣工待验收。2005年11月、2006年2月分别对2004年76个项目组织验收，合格工程项目46个，合格率60.5%，优良工程30项，优良率39.5%。

2006年3月，对上年通村计划项目87项861.3公里中60项635公里进行验收，合格工程27项，合格率44.07%，优良工程33项，优良率55.93%。余12项117公里工程未完工。是年，通村公路项目72个635.6公里，总投资2542万元。

2007年11月，上年通村公路追加计划38个249公里，正式计划72项635.6公里，全部实施完工并通过州级验收。优良工程19项，优良率占项目总数17.3%，余为合格工程。是年，通村公路正式计划建设项目254个1833公里，总投资14335万元。通村公路路面硬化项目15个91公里，工程总投资1840万元（省投资1365万元、地方自筹475万元）。深圳对口帮扶通村公路硬化项目6个17.13公里，投资224.39万元，年内先后完工。三都、荔波、罗甸、长顺、都匀、贵定、瓮安等7个县（市）财政扶贫通村公路项目56个149.95公里；通村公路路面硬化项目5个12.08万平方米，总投资784.67万元，年内相继竣工。

2008年11月，全州2006年追加计划及2007年正式计划实施通达工程2082公里，除41.97公里因工程艰巨等原因正处施工之中外，2040.03公里均通过州级验收。优良工程

63 项，占总项目数的 21.6%。是年，全州通村公路建设项目 274 个 2168.5 公里，其中 2007 年通村公路追加计划 78 项 583.5 公里。总投资 4393 万元（中央投资 4085 万元、地方自筹 308 万元）。通村油路建设计划 12 个 98.1 公里，其中 2007 年通村油路追加计划 7 个 48.1 公里，工程总投资 962 万元（中央投资 481 万元，地方自筹 240.5 万元，省补助 240.5 万元），2007 年通村公路追加计划全部竣工。农村公路通达工程验收项目 183 个，里程 1310.97 公里，完成通村公路建设投资（含 2007 年投资）18780 万元。

2009 年，通村公路正式项目计划 243 项工程 1932 公里，总投资 17065 万元，其中：中央投资 16055 万元，地方自筹 1010 万元。年末，实施通村油路建设项目 12 个 98.1 公里，其中 2007 年通村油路追加计划项目 7 个 48.1 公里，2008 年计划项目 5 个 50 公里，竣工验收。

2010 年 11 月，农村公路“建管养运”一体化试点建设通村水泥路改造工程 73.83 公里，投资 1800.2 万元，均为贵州省农村公路技术标准，验收评为合格工程。是年，2006—2008 年未竣工及 2009 年实施的通村公路计划项目相继竣工并通过州级验收，共计 420 项工程，里程 2614.72 公里。

2011 年，完成 2010 年通村公路计划项目 67 个 404.5 公里的项目建设扫尾工作，并组织完成竣工项目的州级验收和省公路局的抽验工作。工程合格率达到 100%。实施 2011 年的通村计划项目 31 个 182.4 公里，工程总投资 2006 万元（中央投资 1824 万元、地方自筹 182 万元），工程总体形象进度 57.8%。是年，对相继完工的通村公路验收，合计 81 项公路工程 487.9 公里。经评审，均为合格工程。

2012 年，实施黔南州行政村通达工程计划项目 31 个 182.4 公里，投资 2006 万元。涉及贵定县 9.4 公里、龙里县 22 公里、惠水县 59 公里、罗甸县 35 公里、平塘县 39 公里、三都县 18 公里。罗甸县另安排 2010 年结余里程 3 个项目 42.25 公里，投资 316.88 万元。合计 34 个项目 224.7 公里。总投资 2322.88 万元。至 12 月初，全部完成建设任务。34 个项目中，验收评定合格工程 27 个 152.04 公里；7 个项目 72.66 公里通过里程验收，按验收组要求整改合格后再进行评定验收。是年，黔南州通村公路里程达 9809.6 公里，总投资 66309.55 万元。至此，黔南州实现 100% 建制行政村村通公路的初级目标。

2013 年，实施通村油路项目 94 个 730.2 公里，总投资 43812 万元，新增通畅建制村 128 个，建制村通畅率达 53%。

2014 年，实施通村油路项目 252 个 1702.5 公里，总投资 114082 万元，新增通畅建制村 303 个，建制村通畅率达 65.8%。

五、专用公路

1991 年，黔南境内专用公路有都匀市周边地区绿荫桥—鲁家寨公路、花椒地—113 厂公路、王家司—排田公路、陆家桥—305 厂公路、小围寨镇—增塑剂厂公路、石粉厂—116 厂公路、雷钵寨—水泥厂公路、平浪瓦厂—沙锅厂公路、墨冲桥—燕子窝公路、花椒地—26 所公路等 10 条线路，总长 39 公里；龙里县周边区域的龙里县城—化工厂公路、龙里县城—铁厂公路 2 条线路总长 3.5 公里；贵定县区域有冒沙井—3737 厂公路 2 公里；荔波县境茂兰—沙坡（茂兰至广西环江公路）公路23.7公里；贵定县盘江3535工厂公路5公里等。全州专用公路共计72.9公里。

随着国家经济建设的发展，公路交通建设网络渐趋扩大和发展，这类公路逐渐融入社会交通网络，改建成为其中的公共交通部分而消减。2014年末，州境内列入养护部门的专用公路仍有53.01公里。

第二节 公路运输

一、运输载体

（一）非机动车运输

州境内非机动车运输主要有人力运输、畜驮运输、畜力车运输三大类。非机动车运输因速度低、道路条件相对要求也低，运输过程危险性不高，客、货运输分类亦无严格的界限，人货混杂运输的现象较为普遍。

人力运输：人力肩挑背负是民间最为普遍的一样运输形成。人们借助扁担、绳索、箩筐及人力轮车等工具、凭借自身力量运输各类能量范围以内的物资。进入21世纪后，肩挑背负的人们被俗称为“棒棒军”，从事短距离物资转运。

畜驮运输：牛马等牲畜曾是黔南广大山区主要的道路运输载体。随着公路交通建设的快速发展，畜驮运输仅在黔南极偏远山区仍有一定的需求。

畜力车运输：利用畜力铺以胶木轮板车等从事道路运输。1991年，全州畜力车约2530辆，货运量占全州总运量的11%。2012年，畜力车运输有部分仍存在于少数县、乡、村短距离，零散运输需求活动之中。虽有少量营运性收费运输存在，大多数还是民众自身生活需求或互助需求的运输行动。至2014年，畜力车运输仅在农村有少数农户使用。

（二）机动车运输

伴随工业文明时代的进步，公路建设的快速发展，公路技术等级的提升，由发动机驱动的道路运输机动车辆为载体的道路运输行业兴起，客、货运输从载体到业务均产生了鲜明而严谨的分类。

1. 客运车辆。道路旅客运输车辆主要为客车。1991年，全州有客车总量705辆。其中：都匀汽运公司421辆，州内各县（市）9个专业汽车队42辆，都匀市公共汽车公司45辆，机关事业单位及厂矿兼营客车36辆，个体客运车161辆。至2014年末，全州境内拥有各类型营运客车2849辆，客位28677个，其中：旅游客车180辆，客位6972个。

2. 货运车辆。1991年，全州有大型货车1969辆，其中：都匀汽运公司320辆，州交通系统地方国营车队168辆，集体专业企业36辆，个体货运1406辆。至2014年末，全州公路货物营运车辆拥有总量27995辆，吨位112315吨。其中，个体运营车辆26191辆100780吨位，其余为非营运车辆，载货汽车总数27995辆112315吨。

（三）搬运装卸

城市集镇的搬运装卸是沟通车站、码头、货场、仓库、铺店之间的短途转运作业，是交通运输物流流转过程中必不可少的重要环节。1991 年，全州有装卸队伍户，从业人员人。其中：国营户人，集体户人，个体户人，年搬运量 200 万吨左右。此后，历经经济体制改革，经工商注册的专业搬运装卸企业已不复存在。代之而起的是各股份制或个体物流企业配备一定数量的装卸机械设备，采取劳动合同制的方式聘用部分多工种兼容的工人实施货物装卸业务。遇到业务繁重时，临时雇用分散性流动工人，或商请重型吊机工人、连人带设备雇用作业。进入 21 世纪后，由于国家建设所需，农村土地被征用或流转，外出务工的农民逐年增多。除外出务工的年轻人外，大部分无法远离家乡的中年人则自备人力板车等，就近聚集在主要的交通路口、车站、货场、仓储企业附近待机从事货物装卸等服务，由于工作效率高，普遍受到雇主的欢迎与依赖。工作报酬一般按件、按量或按时计价，双方均能接受。2012 年，全州年搬运量达到 3650 万吨左右。至 2014 年，全州年搬运量达到 4026 万吨左右。

（四）站点建设

1991 年，全州 12 个县（市）有普通县级汽车站 12 个。均隶属都匀汽车运输公司管理。各县（市）汽车站在开行客运班车的乡（镇）设立简易客运汽车停靠站点，由县站派出或酌情选聘少量工作人员驻点开展客运车辆停靠、夜宿、售票、发班等基础性工作。各县级道路旅客运输客运汽车站，总体等级较低，设施不足，规模不大，场地封闭、狭小。

1992 年后，国家逐年加大西部地区交通基础设施建设投资。省交通厅要求各地区设立道路旅客运输站点建设办公室（工作站），对该地区站场建设进行规划与建设实施。投资采取交通厅计划拨付与地方自筹配套资金相结合，在用地等各方面给予特殊优惠政策，启动客运站场建设。

1997 年 5 月，荔波县公用型汽车客运站竣工验收，投入使用。1998 年 10 月，福泉市汽车站投入使用。2010 年 1 月 26 日，都匀公路枢纽客车中心站建成竣工验收，为公路客运一级车站，用地面积 29625 平方米，建筑面积 7730 平方米，投资 1946 万元。“十一五”期内，全州完成道路旅客运输站点建设投资 2707 万元，其中政府投资 756 万元。

至 2014 年末，全州有等级客运站 82 个。其中：一级客运站 1 个（都匀汽车客运总站）；二级客运站 12 个（12 个县、市汽车客运站）；三级客运站 2 个；四级客运站 40 个；简易站及招呼站 897 个。在 82 个等级客运站中，配备危险品安全检测仪的 16 个。是年，都匀汽车客运总站平均日发送旅客量 13834 人（次），12 个二级客运站平均日发送旅客量 76802 人（次），其他客运站平均日发送旅客量 4588 人（次）。全州客运站平均日旅客发送量达 95224 人（次）。

二、旅客运输

（一）客运方式

20 世纪 90 年代后，黔南州客运市场发生了较大的变化，其原有的交通系统各汽车队客运经营业务及厂矿机关经营的剩余运力经营客运相继解体，逐渐转变为车辆承包式挂靠经营与个体经营。都匀汽车运输公司隶属的汽车站亦相应改革开放，允许其他车辆进站停靠，统一接受规范的站务运行管理。

1991年开始，都匀汽车运输公司运力承担辖区及跨省跨县运输，县（市）境内运力主要承担本县（市）境内乡（镇）班车线路和部分跨县线路运输。新开线路原则上对开客运车辆投放。直达快车主要在州、县间线路行驶；普通客车在州境内县、县（市）间线路行驶；乡（镇）班车一般在运行线路上的乡（镇）所在地设点停靠。客运车辆经济成分有国营、股份制、个体，从业人员大幅度增加。实行定线、定点、定范围、定班次进行道路旅客运输经营。客运车辆基本采取随车售票的方式，随车售票员须经培训合格，取得合格证方能持证上岗。

1992年11月，国营都匀汽运公司隶属瓮安县汽车站实施对社会车辆全面开放，成为全省第一家对外开放的国营企业汽车站。

2001年5月，福泉市个体客货运输经营户商议筹组福泉市交通运输有限责任公司。至年底，吸纳挂靠各类型客车200余辆，经营市际客运班线3条，县际客运班线5条，县（市）内客运班线15条，成为黔南第二家以挂靠方式从事客运经营业务的股份制民营企业。9月，以货物运输为主的股份制民营企业——黔南交运有限责任公司（1993年注册成立），与州内贵定县、惠水县、长顺县、罗甸县、荔波县、平塘县、三都县、龙里县等9家专业运输企业实行联合重组，成为黔南州实力最强的股份制民营企业。10月，以都匀汽运公司为主，投资540万元组建第一家黔南快速客运有限公司，引进高级客运车辆，经营都匀至省会贵阳等地直达客运班线。

是年，推行集约化、公司化经营的道路旅客运输转变模式。道路旅客运输班线的审批转向组建达到资质条件的各级国营、股份制民营客运企业，基本中止个体经营客运班线的审批。2004年7月1日《中华人民共和国道路运输条例》公布施行。黔南亦由此迈上了道路旅客运输更加规范化管理的轨道。

（二）客运线路

1991年，已开通运行州内、跨州的黔南道路旅客运输经营班线，以及各地（州、市）运输公司、贵阳客车站经营线路，州内地方交通车队、机关车辆经营线路，个体客运经营线路。2012年，黔南道路旅客运输营运线路841条。其中：高速公路客运线路89条，跨省线路42条，跨地（州、市）线路81条，跨县线路146条，县内线路565条。境内客运营运线路每日平均派发班次6162.3班。其中：小于200公里的班次4030班次/日，大于200公里且小于400公里的104班次/日，大于400公里且小于800公里的6班次/日，大于800公里的22.3班次/日。高速公路778班次/日，跨省线路151.3班次/日，跨地（州、市）线路473班次/日，跨县线路958班次/日，县内线路4580班次/日。

是年，全州开行的道路旅客客运班线696条，客运营运车辆2782辆。其中：省际班线52条，客运营运班车150辆。分别通往广东、广西、重庆、湖南、上海、江苏、浙江、福建等省（市、自治区）。其中：广东客运车78辆、4114个客位，广西31辆、777个客位。

州、市际班线113条，客运营运班车366辆。分别通往贵阳、凯里、安顺、毕节、六盘水、铜仁、兴义、遵义等全省9个地（州、市）。州内县际班线93条，分别通往州内12个县（市），运行的营运班车519辆。县内农村客运班线438条，客运营运车辆1653辆。

至2014年末，全州开行的道路旅客客运班线895条。其中，省际班线60条，平均日发班次172次；州、市际班线97条，平均日发班次97次，分别通往贵阳、凯里、安顺、毕节、六盘水、铜仁、兴义、遵义；州内县际班线169条，分别通往州内12个县（市），平均日发班次1016次；县内班线569条，平均日发班次5279次，其中农村客运班线527条，平均日发班次3797次。

（三）农村客运

2005年9月14日，省交通厅印发《关于加快我省农村客运发展工作的措施意见》。是年末，未通客车行政村585个。全州拥有农村客运车辆1250辆，客位19000个，日发农村客运班次4000辆次，日疏运旅客5万人次。2006年7月19日，省交通厅印发《关于开展制定全省农村客运规划工作的通知》，黔南州通过对全州通村公路通行现状的调研，组织制定《黔南州农村客运发展总体规划》。

在发展农村客运工作上，黔南州公路运输管理处克服因经济发展水平有限、自然条件制约等因素，依靠各级政府给予的优惠条件，对农村班车实行片区式循环运行，向区域内各行政村辐射，逐步稳定农村客车班车的运行常态化、经济可行化。至2012年，全州县、乡（镇）两级人民政府所在地全部开通客运班车。1957个行政村中，有1486个行政村通客运车辆，通行率75.93%；有803个建制村开通客运班车，通班车率达到37.38%，开行客车班线696条。在瓮安县、平塘县、都匀市墨冲镇等，开展以较大乡（镇）为中心的农村区域性客运运营，并逐步向全州推行。

至2014年末，全州206个乡镇全部通达客运班车，通达率100%；2153个行政村中，有1687个行政村通客运班车，通行率78.36%；农村客运车辆1649辆，客位24063座；开行客运线527条，平均日发班次3799次；农村旅客客运量3114万人，客运周转量175970万人公里。

（四）城镇公共交通运输

1991年，黔南州仅有州府都匀市拥有公共汽车228辆，出租小轿车7辆。其余11个县（市）均无城镇公共交通行业运营。各县（市）主要由客运机动三轮车或人力三轮车解决城市居民出行的问题。

1999年3月，独山县首次开通公交线路1条，投放公共汽车14辆营运。

2001年年初，惠水县首次投放出租汽车33辆营运；7月，贵定县投放80出租车首开营运。

2002年4月，瓮安县投放30辆出租车首开营运。

2003年，惠水县投放4辆公共汽车首开营运；7月，荔波县投放10辆出租汽车首开营运，罗甸县投放4辆公共汽车、17辆出租车首开营运。

2005 年 9 月 30 日前，全州城市公共交通经营权主要通过招商引资、行政审批、拍卖等方式出让取得。同年 10 月 1 日《贵州省城市公共客运交通特许经营权管理条例》正式实施。城市公共交通经营权须要通过招标、拍卖、客运三轮车按比例置换等方式获得。同时对条例施行前招商引资、行政审批、拍卖的运营车辆逐步纳入有偿有期限管理。

2006 年，瓮安县通过拍卖的方式出让 46 辆出租车辆经营权时，最高价 18 万元，最低价 15.05 万元。是年 11 月，长顺县投放 35 辆出租车首开营运。

2007 年 12 月 20 日，黔南州城市客运交通管理局挂牌成立。之后，州内各县（市）亦相继成立城市公共客运交通管理局。城镇公共交通行业管理职能至此走上了规范化管理的轨道。

2009 年初，开始采用对经营权、财产权、服务权实行聚集（统）、分散（分）、协同的办法（即“三权统分协同”），将出租车、公交车经营权出让，改革为对出租车、公交车运输权的出让。从而形成了瓮安县“政府主导、场（站）分离”，惠水县“市场主导，两权（财产权、服务权）分离”等发展公共交通“统分协同”的运营模式，在全州推广。这一管理模式的改革，得到中央相关媒体的高度关注。《中国交通报》《运输管理世界》《交通运输企业》《人民公交》等报刊多次刊发报道，扩大和推动了黔南州城市公共交通行业在全国同行业内的影响。同年 10 月，福泉市投放 18 辆公共汽车，开通 3 条公共汽车线路首开营运。

2010 年 1 月，三都县投放 60 辆出租车首开营运，采取“经营者就服务权，运营权自行分别报价，取两项之和的最终平均值”的方式，对 30 辆出租汽车收取经营有偿使用费每辆 180550 元。6 月，龙里县投放 60 辆出租车首开营运；10 月，瓮安县首次开通公共汽车线路 3 条，投放公共汽车 24 辆首开营运。

至 2012 年底，州内各县（市）开通城镇公共汽车线路 45 条，里程全长 517 公里。运行公共汽车 406 辆，年客运量达到 6782.5 万人次，从业人员 1159 人，运营收入 6405.3 万元，运营里程 1967.2 万公里。运营出租汽车 1354 辆，年客运量 6782.5 万人次，运营收入 7245.1 万元，运营里程 13263.8 万公里。平塘、罗甸、长顺等县仍有少量三轮车继续运营。

2013 年 6 月，平塘县投放 9 辆公共汽车试营运，开通线路 2 条；12 月，投放 71 辆出租车首开营运。至此，全州 12 个县（市）均有公共汽车、出租车投入营运。

2014 年，全州公共交通经营权模式主要为公交车行业“公私合营”混合股份运营、公营、私营模式，出租车行业产权明晰的“委托代理”模式。至年末，黔南州各县（市）开通城市公共汽车线路 77 条，里程全长 988.3 公里。有运行公共汽车 534 辆，年客运量达到 8473.2 万人次，公交运营补贴补偿 2018.5 万元。其中，公交车辆购置与更新补贴 260.8 万元。运营出租汽车 1901 辆，年客运量达 11159.8 万人次，运营里程达 15664.1 万公里，载客里程 11846.2 万公里。仅长顺县还有少量三轮车运营。

（五）客运价格

自 1991 年以来，黔南道路旅客运输客运运价进行多次调整，根据车型的不同，幅度分别在人公里 0.10～0.30 元内浮动，未超过政府指导价上限范围。

2009 年 1 月 9 日，黔南州物价局、黔南州交通局《关于调整公路客运价格的通知》中明确规定：从 2009 年 1 月 11 日起，黔南州非农村公路客运价格按《黔南州非农村公路客运价格表》中核定的标准执行，此标准根据车型的不同，幅度限定在 0.12～0.50 元范围内。企业可在政府指导价内浮动，严禁超过政府指导价；农村公路客运价不作调整，价格要保持稳定，不得提高。2009 年春运期间公路客运价格不实行上浮，对非固定线路临时包车运输，实行市场调节价。10 月 13 日，黔南州物价局、黔南州交通局《关于疏导非农村公路客运价格的通知》中，对疏导州内非农村客运价格作出规定：从 2010 年 1 月 1 日起，黔南州非农村公路燃油附加费收取标准从人公里 0.036 元提高为人公里 0.044 元，客运价格按《黔南州 2010 年非农村客运价格表》中核定的标准执行。企业可在政府指导价内浮动，严禁超过政府指导价，农村公路客运价格不作调整，价格要保持稳定，不得提高。

2009 年，根据交通运输部、国家发改委《汽车运价规则》规定：成人及身高超过 1.5 米的儿童乘车购买全票。身高 1.2 米以下，不单独占用座位的儿童乘车免费；身高 1.2～1.5 米的儿童购买儿童票；革命残废军人，因公致残的人民警察乘车分别凭《中华人民共和国残疾军人证》《中华人民共和国伤残人民警察证》购买优等票。儿童票和优待票按照具体执行票价的 50% 计算。

至 2014 年底，州内道路旅客运输企业均按照上述规定执行。

1991—2014 年全州旅客运输定力运量统计表

表 17－1－4

年度	客运车辆（辆）	客运量（万人次）	客运量转量（万人公里）
1991	3016	1131.25	44317.2
1992	3118	1308.7	54397.8
1993	3411	2437.9	66467.8
1994	3145	1349.12	63364.61
1995	3548	3609	96819
1996	4122	3390	108957
1997	4728	3200	91943
1998	3610	3338	96037
1999	4102	3867	101504
2000	4078	4108	123160
2001	3741	3881	121444
2002	4111	3835	121444
2003	3862	3622	150105
2004	3571	3871	144922
2005	2373	4158	155720

续表 17－1－4

年度	客运车辆（辆）	客运量（万人次）	客运量转量（万人公里）
2006	2199	4534	174907
2007	2363	3647	158734
2008	2283	5037	203626
2009	2533	5369	244351
2010	2684	5930	329903
2011	2762	6895	499844
2012	2782	8790	726106
2013	2782	11907	1162208
2014	2849	16887	1818235

三、货物运输

（一）运输方式

道路货物运输方式主要分为普通货物运输和国际道路货物运输两大类。黔南州境内仅有普通货物道路运输业务的经营。1991 年，全州有从事道路货运营运车辆 3440 辆，13288 吨位载重量。在车辆总数中，有普通载货汽车 21 辆，170 吨位。州内尚无零担运输网。

2012 年末，全州从事道路货物运输的经营业户 19110 户。其中：企业型道路运输经营业户 178 户，个体道路货物运输经营业户 18932 户。从事道路普通货运企业型经营业户 5 户，从事道路货物专用运输个体型经营业户 12 户。从事危险货物运输的企业型经营业户 21 户。道路运输兼营客货运输营业户 3 户。全州仅有从事道路货物运输的专业货运站（场）1 个，有从业人员 10 人。全州道路货物运输从业人员总数有 27367 人，其中持证上岗人员有 26508 人。有道路货物运输驾驶员 24458 人，可持证上岗人员 24770 人。道路运输危险货物运输驾驶员 647 人。有危险货物运输押运人员 572 人，可持证上岗押运人员 435 人。全州有从事道路货物营运车辆 22442 辆，85012 吨位载重量。其中：道路货物企业型经营户有载货车 1575 辆；个体型经营户有 20867 辆。在车辆总数中，有载重汽车数 22361 辆，载重吨位 83165 吨，有其他机动载货车 81 辆。有普通载货汽车 21965 辆，77285 吨位；专用载货汽车 396 辆，5880 吨位；危险货物运输车 368 辆，5474 吨位。州内零担运输网络仅有州府都匀市至贵阳往返 1 条线路，约日发 6 个班次。尚无跨省零担及集装箱、大件货物专业道路运输经营业户。

至 2014 年末，全州从事道路货物运输的经营业户有 21862 户。其中：企业型道路货物运输的经营业户有 249 户，个体道路货物运输的经营业户有 21613 户。从事道路普通货运业经营业户 21773 户，从事道路货物专用运输个体型经营业户 76 户。从事危险货物运输的企业型经营业户有 17 户。道路运输兼营客货运输营业户 2 户。全州从事道路货物运输的专业货运站（场）1 个，有从业人员 60 人。全州道路货物运输从业人员总数有 32606 人。有道路货物运输驾驶员 27299 人，其中，道路运输危险货物运输驾驶员 4232 人，有危险货物运输押运人员309人。全州有从事道路货物营运车辆27995辆，112315吨位载重量。其中，道路货物企业型经营户有载货车1804辆；个体型经营户有26191辆。有普通载货汽车27332辆，100914吨位；专用载货汽车471辆，8253吨位，其中，危险货物运输车391辆，7207吨位。州内零担运输网仅有州府都匀市至贵阳往返1条线路，日发6个班次。尚无跨省零担及集装箱、大件货物专业道路运输经营业户。

（二）货运量与货运周转量

1991年，全州完成货运量683.96万吨，货物周转量22752.73万吨公里。其中，交通部门完成货运量38.64万吨，货物周转量4917.2万吨公里。1995年，完成货运量954万吨，完成货物周转量69992万吨公里。其中，交通部门完成货运量8万吨，货物周转量2226万吨公里。2000年，完成货运量1091万吨，完成货物周转量92156万吨公里。其中，交通部门完成1.3万吨，货物周转量443万吨公里。2005年，完成货运量1816万吨，完成货物周转量118812万吨公里。其中，交通部门完成货运量0.4万吨，货物周转量229万吨公里。有营运货车辆9015辆，23258吨位。

2007年，属交通部门国有企业的货运车辆全部转为其他经济成分企业或个人经营户营运。2010年，有营运货车19018辆，74492吨位。2012年，有营运货车22442辆，85012吨位。2014年，有营运货车27995辆，112315吨位。

1991—2014年全州公路货物运输运力运量统计表

表17－1－5

年度	货运车辆（辆）	货运量（万吨）	货运周转量（万吨公里）
1991	6989	683.96	22752.73
1992	7123	715.71	33571.3
1993	7511	836.1	63701.7
1994	7812	691.26	88343.33
1995	7852	954	69992
1996	10886	908.6	81481.6
1997	8638	907.6	73466
1998	8550	984	107904
1999	7458	1076	91443
2000	8111	1091	92156
2001	7619	1181	102963
2002	7990	1232	94736
2003	8709	1505	104277
2004	7749	1611	109483
2005	9015	1816	118812
2006	8371	1774	118250

续表 17－1－5

年度	货运车辆（辆）	货运量（万吨）	货运周转量（万吨公里）
2007	8956	1943	129506
2008	9746	2497	169704
2009	18003	2490	252244
2010	19018	2759	340664
2011	20450	3316	516897
2012	22442	5170	756068
2013	24035	6751	1206362
2014	27995	13524	2274051

（三）货运价格

1991 年后，黔南道路货物运输市场逐渐向社会放开。货运运价亦由计划经济时期的吨公里 0.30 元上下浮动价，演变为货运方与承运方根据双方各自成本核算后协商一致的运价。

2000 年后，社会物价总水平逐年上升，道路货运价格亦上涨。随着全州货运运力的大幅攀升，货运市场竞争激烈，总体货运价格相对保持比较平缓的上升幅度。至 2010 年，普通货物运价在吨公里 0.4～0.6 元之间，危险品等特殊货物运价在吨公司 0.5～0.7 元之间。2010 年后，普通货物在 0.6～0.8 元之间，危险品等特殊货物运价在 0.9～1.10 元之间波动。大批量、常期内的货物运输，由货运方与承运方签订货运合同后成运；小批量零散货物运输则双方临时口头约定即可成运。

每年新兵运输、大中小学课本运输、抗洪抢险运输、交通战备运输等政府指令性计划运输，则由政府物价部门根据当时的社会货运价格平均水平拟定相应的货运协议予以执行，或予以政府性补偿。

四、运输执法检查

1991 年末，黔南州道路运输稽查大队成立。实行“两放宽、三限制”的办法，即专业运输企业新增车辆放宽，运力不足的县和边远山区放宽；适当限制无客源单位和党政机关、企事业单位发展营运车辆，限制破旧报废汽车易地流入黔南道路运输营运市场，限制普通型客运车辆盲目发展。

1992 年，全面放开黔南道路货物运输市场，试行有货大家运。管理上着重规范经营户行为，引导业户按章纳税，依法经营。除关系国计民生、交通战备抢险救灾等指令性计划外，实行市场指导性和调节性相结合，鼓励推行合同化货物运输，构建开放有序、活而不乱的运输市场。

1995 年 8 月，改建黔南公路运输管理稽查大队，各县（市）运管所稽查中队也挂牌运作。

2000 年后，全州无证经营的“黑车风”兴起，扰乱道路运输市场的正常秩序。州、县（市）运管稽查执法人员开展依法查处工作。10 余年间，每年清理打击黑车达到千余辆次，会同有关部门打击车匪路霸数起。

2009年，与交警部门建立长期打击和遏制“黑车”等非法经营行为的联合工作机制，抓住社会反映强烈的热点问题，在全州展开不定期打击非法营运专项整治行动。全年查处非法营运辆860辆，予以重处。

2012年，州、县稽查大队及各中队查处群众反映和举报的大小违规运输行为数百起。一年内，出动上路稽查人员12067人次，检查车辆26184辆次，检查站场、企业412个。

2014年，全州道路运输管理机构查处道路运输非法营运车辆942辆，出动上路稽查人员41481人次，检查车辆92215辆次，设检查站（场）、企业332个。

五、运输行业管理

（一）客货运输管理

1991年，随着运输市场逐步放开，个体经营户车辆大幅度增加，为平抑运力盲目增长，开展引导新增车辆向边远山区投放，力求运力运量基本平衡工作。1992年，全面放开黔南道路客货运输市场。1994年，全州道路客货运输市场由被动性管理转化为主动性管理。1995年，以优惠政策鼓励个体经营户向农村营运，通乡过村线路优先审批经营资格，随到随批、扶持发展，促进农村出行难、物流难状况的改变。1996年，黔南农村剩余劳动力到沿海发达地区打工形成潮流，应出行形势需求，优先发展省际长途客运。在车型配置上选用超舒适、豪华型卧铺客车；在发车点上，选择农民工出行较集中，并且远离铁路线的偏远县、乡（镇）。做好农民工在家门口就近能乘车出行，年末返乡的服务工作。

1998年，在客运市场上着力规范业户经营行为。从源头抓起，按照“三定”（定路线、定班次、定站点）、“四统一”（统一票据、统一售票、统一发车、统一结算）的原则，做到“车进站、人归点”，挂牌服务。在货运市场上，坚持多种经济形式并存、协调发展、有序竞争的方针，促进国有企业复兴，实行联合经营，既发挥国有企业规范管理的特长，又发挥个体业户灵活应对市场变化的长处。

2000年，全州开展“道路运输活动年”活动，宣传《贵州省道路运输管理条例》的颁布施行。全州清理挂靠车1805辆，将其组织起来，实行规模化经营。

2004年，根据《贵州省道路旅客运输班线经营权招投标管理暂行办法》，在州内实施旅客运输班线经营权招投标工作。是年，全州运政管理推行政务公开“阳光工程”，对道路审批、核准、审核、备案事项名称、审批依据、对象、程序、时限、结果、收费依据、收费范围、道路客运线路经营权合标、行政许可程序等集中上墙，向社会公开，接受监督。

2005年，贯彻《行政许可法》《道路运输条例》，对各运输企业申报的200辆跨县客运班车进行审查，行政许可87辆。对5家危险货物运输企业的资质条件、247名从业人员资格进行复查审核，取消福泉宏福汽运公司危险货物运输资格，其余4家予以规范完善整改。年末，全州有危险货物运输车130辆，驾驶员198人，押运员297人。

2009年，开展农村客运试点工作，选择平塘县作为全州农村客运试点县。试点打破常规发展模式，初步形成区域性经营与定线班车共存与互补的农村客运发展模式。

2010 年，完成全州 1764 辆农村客运车辆燃油补贴资金网上数据录入工作。考核评出企业信誉 AAA 级企业 7 家，AA 级企业 1 家。

2011 年，对全州 22 家危险货物企业资质、车辆技术状况、从业人员等条件进行清理排查，危险货物运输管理进一步强化。发放农村客运车辆计 1529 辆燃油补贴 155.59 万元。

2012 年，发放农村客运车辆 1862 辆，燃油补贴 6716.78 万元。新办道路运输驾驶员从业资格证 706 个，换发新证 1161 个。在全州开展道路客货运输驾驶员诚信考核工作。

2014 年末，发放农村客运车辆 1649 辆，燃油补贴 5948.4 万元。

（二）车辆维修

1991 年初，全州有汽车维修业户 413 户，从业人员 2967 人。其中：国营维修企业 41 户，1834 人，占总人数的 61.81%；集体性质维修业户 41 户，559 人，占总人数 18.84%；个体维修业户 329 户，559 人，占总人数 18.84%；合资维修企业 3 户，15 人，占总人数 0.51%。从管理层次分：属州管的一类大修企业 6 户，866 人；属县（市）管的维修业户 407 户，2101 人。从人员构成分：有专业维修工程师 28 人，助理工程师 28 人，技术员 40 人，八级技师及技工 146 人，检测员 126 人。主要维修设备有：维修机电设备 1880 台，检测设备 238 台，仪表量具 1521 件（台）。按维修类别分：有大修企业 6 户，维修企业 65 户（含三保作业户），专项维修业户 342 户。年维修能力：大修 3500 辆，专项维修 3 万余辆次。

1992 年，汽车维修业户 421 户，其中一类大修企业 6 户，二类 70 户，三类 345 户。在道路运输治理整顿工作中，查出经营行为不端的 31 户，受举报其经营行为不满意的有 6 户，占应审验总户数的 8.79%。均立案进行查处，予以整改。至 1994 年，汽车维修业户 513 户，从业人员 3070 人，其中：一类业户 6 户、二类业户 96 户，三类业户 411 户。

1995 年，州、县（市）建立车辆技术维修管理办公室，开展强制营运车辆定期维护，建立车辆单车技术档案，实行规范化管理。

1996 年，注重车辆维修厂、站的规划布局。以城镇为依托，沿公路路线布点。以一类维修厂为骨干中心，二类维修厂为主体，开展车辆技术维修质量年活动。于年末进行经营类别检定。

1997 年，首次在全州建立车辆施救维修网络。通过对车辆技术综合性能检测，建立起黔南州畅通灵便的车辆维修、使用全过程管理体系。

2000 年，对汽车维修业进行全面清理整顿，取缔无证照经营和超类别越级修理行为，清理取缔无证照、无条件经营业户 200 余户。接受综合性能检测的车辆 7279 辆，培训技工 1632 人。从业人员持证上岗率 96% 以上。

2002 年，统一制定客运车辆每日发班前的例检项目和标准。配合环保部门开展汽车尾气检测。以都匀市为重点，确定 4 家维修企业为汽车尾气净化装置、调校、检测的重点厂。

2003 年，全州整顿一、二、三类汽车维修业户 1043 户。其中：非法经营 209 户，占道经营 105 户，超类经营 77 户，不具备开业条件的 18 户。整顿合格 298 户，取缔 130 户，重新颁发统一的“汽车维修业标志牌”758 户。

2004 年，对营运车辆严格按照国家标准 GB18565《营运车辆综合性能要求和检验方法》进行综合性能检测，确定车辆技术等级，核定经营范围。指导都匀市等 11 家二级维护企业建成 11 条二级维护检测线。

2006 年，首次统一全州车辆检测价格。建立起检测站与运管部门的信息交换机制。通过核发 IC 卡，培训维护人员 306 人、质检员 98 人，停业整顿三类维修业户 98 户。

2009 年，贯彻落实国家节能减排和以旧换新补贴政策，报废老旧高能耗客车 72 辆。

2010 年，全州综合性能检测及二级维护联网抓拍工作全面展开。仅上半年即检测车辆 6400 辆，完成二级维护作业 14052 辆次。开展电喷、柴油共轨、四轮定位、全身修复等新技术培训推广工作。年内，各县（市）维修技工培训考核发证工作逐步采取委托职业学校培训的方式开展。

2012 年，将检测站的管理由服务能力认定转变为公告认可管理。三都、平塘、贵定 3 个县新建检测站通过公告认可，开始检测工作。年末，全州综合性能检测站达到 10 家，车辆维修业户 1245 户。至 2014 年末，全州综合性能检测站 10 家，维修企业 1392 户。

（三）营运驾驶员培训

1997 年前，黔南州驾驶员学习方式主要是师傅带徒弟模式，后由交警部门开办培训班集中培训，无行业资格标准检定，培训质量不达标准，以致道路行车安全事故时有发生。

1998 年 3 月 26 日，州运管处经批准设立驾驶员培训科、编制暂定 2 人。自此，州营运驾驶员培训工作走上规范化管理轨道。年内，开始对营运驾驶员进行上岗培训考核。全年组织营业性驾驶员考核合格 7103 人，并核发上岗证。开展驾驶员培训业户清理整顿，年末整顿结束 1 户，新申报 1 户，经省运管局检查验收合格，达到开业条件，颁发许可证准予挂牌。

1999 年年初，汽车驾驶员培训工作由公安部门正式移交交通运管部门管理。引导黔南汽车驾驶员培训向正规化学校式教学方向发展。是年，州内有国营驾校黔南驾校、民营驾校兴鑫驾校 2 所，培训合格汽车驾驶员 823 名。组织全州汽车驾驶员上岗培训，换发营运驾驶员上岗证 3070 个（人）。

2000 年，进行驾驶员培训行业专项稽查，重点检查收费标准、教学大纲、教学计划、教学学时保障、统编教材发放等情况。鼓励引进先进教学设施，改进教学方法，确保培训质量。2001—2003 年，黔南、兴鑫两驾校培训人数 2750 人，颁发培训合格证 5890 人，从业资格证 1452 人。2004—2005 年，全州先后新增驾校 5 所，州内驾校总数达 7 所。2005 年，率先在全省建立驾驶员安全经历核查制度，实现驾驶业的联动管理。是年 10 月，州运管处与州交警支队联合在黔南驾校教练场举办全州第一届驾驶员培训教练员技能比武大赛，促进各驾校教练员加强学习、提高技能、保证教学质量。

2006 年，严格执行学员持卡培训。培训营运驾驶员 2461 人，考核发证 2389 人。行政许可设立福泉锦程、罗甸吉兴县级驾校 2 所。全州驾校上升到 9 所。至 2009 年初，全州有驾校 13 所，全州驾培服务覆盖率 67%。教练车 400 多辆，硬化教练场地 10 万平方米，训练科目设置齐全，场地规范，教学设备先进，教练车型由单一的解放牌大货车、北京吉普发展到大客、中客、轿车、皮卡、普通大货车、9米大货车、摩托车等门类齐全的车型和高中低档车型结构。有多媒体教学设备13套，电脑驾培模拟器18台，教练员400多人。年培训能力2万多人，年产值5000多万元。是年，查处非法价格竞争、异地培训的“黑驾校”教练场1个，责令违规培训停业整顿驾校1所。

2010年，各驾校加大高科技培训设备设施的投入，优化教练车型结构，增加高、中档次教练车型。实现培训教学电脑化、结业考核电子化，提高学习考核的公平、公正与严格性。年末，驾培学校增至17所，全州12个县（市）均设立驾校，累计教练车达到509辆，从业人员1302人。年均培训人数25000人。

2011—2012年，新增驾校9所，全州驾校达26所，教练员1000余人，教练车1000余辆。依据省物价局、省交通厅相关规定对全州驾驶培训服务收费价格调整和规范。2013—2014年，新增驾校6所，全州驾校达到32所，持证教练员在岗1300余人，教练车近1300辆。并按照有关标准，建设机动车训练场地和设施。

第三节　公路养护

黔南州公路养护实行省、州分级养护管理。高速公路由都匀高速公路管理处（都匀高速公路营运管理中心）负责养护管理；国道、省道干线公路由都匀公路管理局负责养护管理；县、乡、村公路由州交通运输局属州公路处及12个县（市）交通局公路管理局（所）负责养护管理。各县（市）公路管理局（所）负责辖区境内的县、乡、村公路养护管理。

一、养护

（一）高速公路养护管理

2000年12月，组建都匀高速公路管理处，负责黔南境内开通运行的高速公路的养护管理。2009年7月，移交给划转成立的都匀高速公路营运管理中心。

1. 高速公路小修保养

2000年12月，都匀高速公路管理处管养里程为贵新高等级公路管段193公里。其中：一级线路76公里，二级线路117公里。

2001年，完成清理边沟累计785公里，清理占道土石方2777立方米，抢修水毁路段68处次，自理泄水孔积水20余公里，恢复安装中分带道牙495块，路缘块14块，修复水毁涵洞5座，修补路面坑槽189处200余立方米，清理平台、挡土墙泥沙3000余立方米。是年，小修保养经费耗资117.17万元。

2002年，完成清理桥梁伸缩缝161处，修补87处，处理桥面污清砼推移506平方米，清理涵洞421座，清运涵洞淤泥3456立方米，修补路面明坑789处，平整弃料场3.2万平方米。日常清理中分带维护各类构造物，路面保洁，绿化整理，标示牌除锈刷漆，维护隧道照明，边沟通畅等小修养护。是年，日常道路小修保养经费耗资185.81万元。

2003 年，除日常性小修保养外，完成安装刺铁丝隔离网 290 处，完成联网横穿公路管线破路施工 5 处等维修项目。是年，维修、保养经费耗资 231.97 万元。

2004 年，清运保洁垃圾 0.9 万立方米，修补路面明坑槽 4 处次，清运水毁塌方 3 万余立方米，恢复水毁构造物 0.4 万立方米，水毁涵洞 9 座。是年，小修保养耗资 244.31 万元。

2006 年，公路遭受水毁灾害较为严重。灾后修复截排水沟 536 延米，挡墙、护面墙 44 处 0.3 万立方米，清除滚落碎石，混杂淤泥 3.6 万立方米，修补路面坑槽 0.96 万平方米，修补桥面、隧道瓷砖、隧道伸缩缝 300 余平方米。是年，小修保养资金耗资 618.47 万元。

2009 年，水毁塌方出现频率较高，清除塌方淤泥土石方 0.3 万立方米，修补路面坑槽 0.74 万平方米，沥青路面拥包处理 13.1 平方米，修补桥面护栏、隧道水泥混凝土、桥梁伸缩缝等隐患。是年，小修保养资金支出 540.36 万元。

2011—2012 年，开展季度道路综合检查 8 次，督促都匀营运管理中心下达整改通知 13 份。

2013—2014 年，开展季度道路综合检查 8 次，印发检查通报 8 份。累计发生维护费用 3464.23 万元，其中：用于小修保养 1818.65 万元，日常维护 990.32 万元，抗凝保畅 508.30 万元，水毁抢修 130.57 万元，高速公路绿化治理 16.39 万元。

2. 高速公路大中修工程

2001 年汛期中，贵新公路 K58、K87、K138、K228 等处出现较大水毁坍塌，凹偏积水。路政大队巡查发现后，进行上报并及时抢修，确保了道路畅通。

2002 年 8 月 20 日，K106 处发生特大塌方，道路中断，高管处抢修队与所需大型抢修机械及时赶赴现场，在最短时间内排除险情，顺利通车。11 月 29 日，贵新公路 K67－K260 段出现桥面推移及软基沉陷，高管处立即制订紧急处置方案实施，险情及时排除。是年，水毁工程抢修资金 20 余万元。

2003 年 10 月，贵新公路 K168＋500 上行边坡减载水毁抢修工程，耗资 12.91 万元；K114＋500－K121＋600 水毁抢修工程 9.11 万元；K148＋250 水毁排水沟工程 5.39 万元。是月，贵新路 K130＋240－K130＋360，K131＋640－K131＋760 段发生严重滑坡。在抢险施工中又塌方 4 次，工期自 2003 年 10 月 28 日开工，至 2004 年 2 月 28 日竣工。耗资 464 万元。12 月，完成贵新路伸缩缝改造工程型钢伸缩缝 262.7 米，桥隧伸缩缝 95 米，耗资 47.69 万元。是月，K26－K143 环保场地平整及土石方回填工程，场地平整 4.71 万平方米，浆砌块片石圬工 94.49 立方米，干砌片石圬工 17.6 立方米，耗资 37.75 万元。

2004 年 4 月，贵新路 K65＋650－K65＋918 段边坡稳定性治理。完成挂网喷射 C20 混凝土 628 立方米，清土石方 0.84 万立方米，建挡土墙 0.21 万立方米，排水沟 423 立方米。耗资 215.7 万元。是月，贵新路 K86＋970，K87＋200，K79＋700 水毁整治工程。完成挡墙 0.12 万立方米，浆砌边沟 118.2 立方米，耗资 14.2 万元。是月 29 日，贵新路盘江车道加宽改造工程，K66＋150、K121＋600、K148＋250 段危石减载、水毁整治工程。耗资 13.79 万元。8 月，贵新路 K64＋721－K64＋811 段声屏工程决算 9.55 万元。11 月 9 日，贵新路K250+050处，紧急求助电话亭被肇事车辆撞击、整体损坏，11月24日予以修复。

2005年1月17日，贵新路K77+620+700水毁边坡抢修，清运土石方102立方米，石方44立方米，耗资7.12万元。5月30日，对贵新路K182+700-K184+000段护栏改造及增设减速带8处，对K183+000-K183+4000增设水泥防护墙竣工。耗资47万元。9月6日，完成K68+550-K124+710桥梁伸缩缝修复工程。耗资29.96万元。12月31日，贵新路中修工程竣工验收，标线敷设2276.36平方米。耗资11.5万元。

2006年1月31日，K44+000-K106+000交通肇事维修工程耗资7.61万元；是月，都匀南匝道K1+870左边坡水毁抢险工程2.86万元。3月31日，贵新路交通安全设施维修工程完工，耗资145.1万元。上半年，清除贵新线零星坍方土石方6610.42立方米，沥青路面修补3301立方米，清除涵洞淤泥374立方米，构造物体恢复1950.74立方米，修补道牙64个，沥青灌缝3950米，各征费站厕所改造12个，防雷检测12个。12月11日，贵新路K55+280-K84+860，K86+860-K116+110，K117+960-K132+610段桥梁伸缩缝维修工程，耗资25.5万元；25日，K68+68-K142+900路段标线维修工程竣工，耗资12.1万元；都匀高管处报K44-K260路段挖补调平维修工程决算面积9802.59平方米，耗资218.53万元；26日，贵新路K55+800-K71+100、K78+230-K88+250、K82+350-K243+48段桥梁伸缩缝维修工程验收，耗资27.58万元。29日，贵新路K48+310处涵洞出口严重堵塞治理完工。

2007年开始，大中修工程维修工程项目须经高管处实地调查后，行文向省高管局申报予以及时安排处治。3月5—13日，都匀高管处先后向省局申报项目，K55+820增加钢筋混凝土护栏30米；K71+150处交通事故撞击护栏错位外移200米。贵新路桥梁伸缩缝破损12条，桥面连续缝裂15条维修；K136+200下行路堤边坡滑坍，危及行车安全需及时治理。12月29日，K44-K260+800段因交通事故毁损维修工程57.95万元。是月，K36+100-K89+400右幅沥青砼路（桥）面微表处工程821.72万元。

2008年初，黔南遭受罕见雪凝灾害，贵新公路全幅K44-K143路面，桥面严重受损，塌方、坑槽、推移、沉陷病害严重。都匀高管处全力投入灾后抢险应急工程，抢险工程资金221.39万元。各收费站灾后恢复重建耗资10.13万元。2月24日，贵新路K120+000-K140+000段右幅沥青砼路（桥）面微表处工程耗资282.53万元。4月8日，贵新路K183+050-K183+395右侧钢筋混凝土防撞护栏改造恢复工程耗资7.86万元。5月29日，因连日普降大雨，贵新路K231+000-231+180段路基右侧边坡严重坍方约6万余立方米，路面被挤压抬高约10米左右，贵新二级公路交通完全阻断。都匀高管处立即启动应急预案抢险，5日后，完全恢复交通。12月10日，K44+000-K160+000安保工程重建完工，完成路侧预埋式波形梁护栏269档1076米，震荡标线321.6平方米，耗资34.42万元。12月15日，K78+400-K78+800水毁坍方抢险恢复工程：挖基土石方94.25立方米，清淤泥538.3立方米，浆砌圬工191.5立方米，清淤泥538.3立方米，浆砌圬工191.5立方米，耗资7.76万元。

2009年1月29日，贵新路K110+300-K109+500段，K110+100-K110+20右幅沥

青砼路面维修，路基补强工程，耗资 36.29 万元；贵新路 K110 +140 - K110 +394 段右幅沥青砼路面维修工程耗资 47.67 万元。3 月 20 日，贵新路 K36 - K89 +400 上行沥青路面基层补强维修工程，耗资 285.27 万元；贵新路 K98 - K120 段右幅路面维修工程，改性沥青微表处 140425 平方米，车辙填补 495 立方米，耗资 344.95 万元。5 月 21 日，2008 年雪凝灾害导致贵新路 K91 +240 - K95 +000 上行段路面维修工程通过验收，耗资 162.65 万元。6 月 23 日，贵新路 K63 +000 - K89 +400 上行沥青砼路面维修工程，耗资 205.54 万元。9 月 10，贵新路 K70 +000 - K93 +000 段右幅路面维修工程，改性沥青微表处 151426 平方米，车辙填补 554 立方米，水泥混凝土桥面微表处 1247 平方米，喷砂打毛 1247 平方米，耗资 443.19 万元。

2010 年后，公路大中修工程项目由省高管局直接安排，都匀高速公路管理处对工程项目负责审核上报，由省局实施工程项目招投标，竣工验收工作。2 月 23 日，贵新路路面维修工程 A、C 合同段项目耗资 1817.1 万元，B 合同段 1561.81 万元；24 日，K91 +240 - K95 +000 上行段 2008 年灾后重建路面维修工程完工，维修沥青混凝土路面（14 厘米厚）3217.18 平方米，耗资 73 万元。

2010—2012 年，先后实施的主要大中修工程项目有：对贵新路剑江、桐州、半边街、东山、裕民大桥的病害进行加固维修；对 K1749 +700 边坡治理；对 K1581 +05 - K1583 +800 段路肩墙体开裂抢救维修；对 K1580 +500 下行线塌方抢险施工；对 K1504 路面维修施工；对沿线边坡，路缘外，中分带边沟，截水沟存在问题整治；对观音阁大桥，酉阳大桥桥面坑槽、破损、拥包、麻面、龟裂、翻浆及时整治等。

2013—2014 年，先后实施的大中修工程项目有：G60 沪昆高速（贵新段）K1722 +100 - K1700 +000、K1730 +000 - K1826 +000，G75 兰海高速（都新段）K11472 +743 - K1510 +598 沥青混凝土路面维修，维修费用为 2.187 亿元。

3. 高速公路公路养护施工

2001—2004 年，都匀高速公路管理处辖段公路的养护施工管理方式为签订合同实施。2005—2009 年，都匀高管处成立贵定、都匀两个公路养护中心，主要负责日常公路的小修保养，大中修工程项目由省高速公路管理局直接安排，都匀高管处负责工程的审核上报，省高管局实施工程的招投标，工程竣工验收工作。两个养护中心仅购备少量小型常用公路小修保养设备。

都匀高管处成立抢险工程队 4 个，平时按划分路段进行公路小修保养工作，公路出现险情时，快速到位排除；与沿线拥有大型土石方机械设备施工单位协议建立协作关系，有大中修工程时，保障各种抢险机械，人员能及时到位。既满足抢险工程的急需，又免去大型设备购置，日常保养成本高、使用率不高的缺陷。

（二）国道、省道养护

1. 国道、省道小修保养

1991—2012 年，都匀公路管理局属 10 个管理段 39 个公路养护站（道班）。所辖管段 188 座大中小公路桥梁小修保养。

1991—1995 年，都匀公路管理局管养里程均为 1304.5 公里，小修保养资金 3771 万元。年均好路率达到 77% 左右，差路率平均为 1.08%，综合值 72.98。

1996—2000 年，都匀公路管理局管养里程均为 1304.64 公里，小修保养资金 6101 余万元。年均好路率达到 69%，差路率 1.68%，综合值 70.1。

2001—2005 年，都匀公路管理局管养里程均为 1294.2 公里，小修保养资金 7610 余万元。年均好路率上升到 83% 以上，差路率下降为 0.72%，综合值 74.72。

2006—2010 年，都匀公路管理局管养里程均 1308.81 公里，小修保养资金 10374 余万元。年均好路率达 81%，差路率 0.2%。

2011—2012 年，都匀公路管理局管养里程均为 1325.03 公里，小修保养资金 3799 余万元，年均好路率 61.8%，差路率 0.3%。

2013—2014 年，都匀公路管理局管养里程均 1320.33 公里，小修保养资金 5700 余万元。年均好路率 71.75%，差路率 0%。

2. 国道、省道大中修工程

黔南州境内国道、省道干线公路的线形设置多为沿山而行，遇到雨季，多发山体滑坡、泥石流、路基坍塌、洪水淹没等地质灾害，形成境段公路线易发大中修工程的主要因素。黔南国道、省道干线公路易发生灾害路段主要有 7 段：G210K2490－2515 段沿河路基沉陷；G321K1016－1067 段上边坡、路基坍方；S101K120－150 段上边坡、路基坍方；S206K31－50 段路基沉陷；S306K175－186 段路基沉陷、边坡坍方；S309K175－200 上边坡坍方；S312K150－180 路基沉陷、边坡坍方。

1991—2014 年全州国道、省道水毁路段修复工程投资情况一览表

表 17－1－6

年度	水毁项目名称	单位	数量	金额（万元）
1991	挡墙	立方米	5941	35.5
	路面	平方米	12200	
1993	塌方	立方米	5000	43.1
	挡墙	立方米	1820	
	路基	立方米	200	
	涵洞	米	8	
	桥梁	米/座	13/1	
1994	塌方	立方米	2709	42.1
	挡墙	立方米	3359	
	路面	平方米	2050	
	涵洞	米	35	
1995	恢复路基	米	1380	15
	挡墙	立方米	120	

续表 17－1－6

年度	水毁项目名称	单位	数量	金额（万元）
1996	塌方	立方米	6100	36
	挡墙	立方米	1628	
	路面	平方米	2367	
	涵洞	道	3	
	桥梁	米/座	20/1	
1997	挡墙	立方米	2836	30
	涵洞	道	1	
1998	塌方	立方米	2500	68.3
	挡墙	立方米	3994.8	
	路基	立方米	9972	
	涵洞	道	13	
	桥梁（桥基冲毁）	座	1	
1999	挡墙	立方米	4280	60.1
	路基沉陷	公里	7	
	涵洞	道	3	
	桥梁	米/座	231/1	
2000	塌方	立方米	32300	247
	挡墙及桥基	立方米	19639.8	
2001	塌方	立方米	6550	82
	挡墙	立方米	5501	
	路面	平方米	1300	
	桥梁（基础）	座	1	
2002	路基	立方米	10670	98
	路面	平方米	18000	
	涵洞	米	7.5	
2003	路基路面	米	320	61
	挡墙	立方米	1690	
	涵洞	米	24	
2004	塌方	立方米	30711	109
	挡墙	立方米	5201	
	路面	平方米	9109	
	涵洞	米	14	

续表 17－1－6

年度	水毁项目名称	单位	数量	金额（万元）
2005	塌方	立方米	4428	38
	挡墙	立方米	819.6	
	路面	平方米	1885	
	涵洞	米	30	
2006	S321 线 K1016 － K1066 全线路基、路面、坍塌	公里	55	1025
2007	坍塌	立方米	21600	1089.3
	路基	立方米	220.6	
	挡墙	立方米	1296.3	
	路面	平方米	375	
	涵洞	米	41.5	
	S321 线 K1044 ＋700 抢建设打鱼大桥及抢修临时便道、便桥	米/座	111/1	
2008	塌方	立方米	82000	303.74
	挡墙	立方米	3788.45	
	路面	平方米	870	
	涵洞	米	8.5	
	路基	立方米	5358.2	
2009	清坍方	立方米	56868	189.866
	路基缺口及挡墙	立方米	19382	
	路面	平方米	4349	
	涵洞	道	10	
2010	清坍方	立方米	27284	224
	路基缺口及挡墙	立方米	5333	
	边沟	立方米	395	
	涵洞	道	11	
2011	清坍方	立方米	17519	222.51
	路基缺口及挡墙	立方米	7256	
	涵洞	道	9	
2012	清坍方	立方米	34573	399
	路基缺口及挡墙	立方米	8331	
	涵洞	道	13	
	路面	平方米	21858	

续表 17－1－6

年度	水毁项目名称	单位	数量	金额（万元）
2013	清坍方	立方米	1463	107
	路基缺口及挡墙	立方米	3417	
	涵洞	道	7	
	路面	平方米	760	
2014	清坍方	立方米	37461.86	188.36
	路基缺口及挡墙	立方米	3177.97	
	涵洞	道	6	
	路面	平方米	6207.75	

3. 公路养护施工设备

1991 年后，为公路保畅工程和路网改造工程服务的养护管理、施工设备不断更新换代。运输车辆由手扶拖拉机、盘式拖拉机、贵路一吨车向方圆、遂州、川路车过渡。为使车辆更新速度加快，都匀公路养护总段推出“三个一点”，即总段、养护段、道班各出一点共同购车的经验。1998 年，施工机械 97 台，105.33 万元；运输设备 173 辆，184.05 万元；生产及动力设备 167 台，60.90 万元；渡口设备 2 艘，22.25 万元。2005 年后，施工设备逐步过渡到双排座运输车，CA25 振动式压路机，LT6A 筑路设备、装载机、挖掘机、沥青拌和机、洒水车、洒布机、压路机等各式性能先进、科技含量高的设备得到大量配置，国道、省道干线公路养护、施工管理向现代化迈进。

2009 年，施工机械 254 台，价值 3210.37 万元；运输设备 123 辆，价值 691.38 万元；生产及动力设备 520 台，价值 757.98 万元。

（三）县乡村公路养护

1. 县乡村公路小修保养

黔南州县乡农村公路养护管理由州交通运输局所属州公路处统筹开展技术业务指导，全州 12 个县（市）交通局公路管理局（所）具体负责县域辖区县乡村公路的养护管理，依据辖区范围内养护管理的公路线路状态和里程，具实设置公路养护管理道班，实施具体的养护管理作业。

1991 年，黔南州县乡公路州管群养里程 2410.6 公里，其中国道公路 74.9 公里，省道公路 42.2 公里，县道公路 1079.3 公里，乡道公路 1150.6 公里，专用公路 63.6 公里。固定养路工养护管理 1204.1 公里，临时性质亦工亦农群养工养护管理（县、市养护工区负责技术业务指导）1136.8 公里，各厂矿、乡（镇）等自修自建自养专用公路 69.7 公里。是年，计划下达综合好路率 52%，年末检查 54%。因群养部分每公里平均小修保养费用偏低，行车密度逐年增大，尤其是交通量集中偏大的线路，路面砂、石养护补贴费加上计划护养经费仍存在较大缺口，综合好路率难有较大的提高。

1992 年，群养里程 2418.3 公里，县道养公路 1270.1 公里，乡道公路 1148.2 公里，相较比上年增加列养里程 6.7 公里。是年，计划综合好路率 53%，年末检查 57.1%。为解决养护经费偏低问题，乡道未列养的纳入财政预算，列养的由乡（镇）共同落实村民作为代表工（农业户口、低工资）兼职常年养护。专用公路由各厂矿集资，乡（镇）予以补助，统一移交给工区养护道班养护管理。年末，经省公路局年度大检查，平塘县、惠水县、长顺县获省公路局授以养护先进单位表彰。

1993 年，县乡公里列养里程 2418. 3 公里。年末检查县公路好路率上升到 68%，无差等路，乡公路常年保持晴雨畅通。是年，黔南州公路处公路养护获全省 9 个地（州、市）县乡公路养护交叉大检查第一名；平塘县养护工区获全省先进县第一名；都匀市、龙里县、三都县养护工区获先进县（市），平塘县续获保持“好路工区”称号。

1994 年，公路好路率为 70. 7%，乡公路继续保持晴雨畅通的状态。各县（市）养护工区年度自改超标弯道 10 处 1. 5 公里，自修挡土墙 70 立方米，自修整涵洞 15 道，自备料场数十处，砂石 2 万余立方米。是年，新增管养里程 69. 6 公里，达到 2487. 9 公里。其中县公路 1335. 5 公里，乡公路 1152. 4 公里。

1995 年，完成自改弯道 48 处 1695 立方米，自修挡土墙 71 处 229 立方米，自修涵洞 44 道 187 延米，自备砂石 41238. 00 立方米。节省投资 40 多万元。年末检查，管养的县公路好路率上升到 86. 7%，无差等路；乡公路好路率 35. 5%，保持晴雨畅通。是年，管养里程达到 2557. 7 公里，其中县公路 1400. 8 公里，乡公路 1156. 9 公里。新增接（列）养里程 69. 8 公里。

1996 年，全州管养的县乡公路好路率为 52%，超过省公路局下达的年度指标年均 45% 的要求，继续保持无差等路的畅通状态。是年，管养里程 2601. 7 公里，县公路 1400. 8 公里，乡公路 1200. 9 公里。

1997 年，自改弯道 40 处，挡土墙 2000 立方米，涵洞 58 道，备砂、石 4 万立方米，节约资金 40 余万元。是年，新增接（列）养里程 84. 6 公里，达到 2686. 3 公里。县公路 1410. 9 公里，乡公路 1275. 4 公里。

1998 年，黔南州新接（列）养乡公路 5 条：三都县高丛至羊福乡 14. 8 公里，三都县塘州乡 11. 8 公里；龙里县羊场至摆主乡 17. 2 公里（按县公路列养）；独山县三板桥至泗亭乡公路 11. 2 公里；福泉市仙桥至高寨乡公路 12. 1 公里。共计新增接（列）养公路里程 67. 1 公里。州县乡公路管养里程增至 2753. 4 公里。其中县公路里程 1428. 1 公里，乡公路里程 1325. 3 公里。年均公路好路率 67. 05%。

1999 年，县乡公路年均好路率提升至 79. 5%。公路养护质量获 1998 年至 1999 年度全省县乡公路养护质量评比第二名、公路保畅工程评比第二名，通乡公路建设评比第二名。获全省以工代赈建设工程评比一等奖。平塘、长顺、都匀、瓮安公路养护管理所获 1995 年至 1999 年度“好路工区（所）”称号。是年，县乡公路管养里程 2822. 1 公里，其中县乡公路 1428. 1 公里，乡公路 1394 公里。

2000 年，接（列）养县乡村公路有：瓮安县黄瓮线 K62 +000 – K71 +000 计 9. 9 公里县公路，曾桂线 K0 +000 – K7 +000（拜寨至江界河渡口）7 公里乡公路移交瓮安县公路管理所接养。广顺县广顺至三棵树 25. 3 公里，按一般县公路由长顺县公路管理所接养。平塘县西凉至中堡 10. 3 公里，按一般乡公路由县公路管理所列养。罗甸县沫阳至董当 8. 35 公里，上隆至纳平 19. 1 公里；母王贤至董当 16. 4 公里乡公路，由县公路管理所按乡公路列养。独山县翁奇至翁台 25. 3 公里，白鸡坡至甲定 10. 7 公里等 4 条通乡公路，由县公路管理所按乡公路列养。都匀市岔河桥至黄河村 12. 3 公里村公路，由市农村公路管理局按乡公路列养。三都县大河至烂土公路 10 公里，原为在养乡公路，由三都县公路管理所改按一般县公路列养。瓮安县曾桂线 K7 +000 – K16 +000（即江界河渡口至桂花坪铜锣岸）按村公路移交当地村民管养。

至此，2000 年，全州县乡公路管养里程增加到 2960. 35 公里，其中县公路 1448. 4 公里，新增 20. 3 公里；乡公路 1511. 95 公里，新增 117. 95 公里。完成县公路好路率年均 69. 3%，无差等路。乡公路保持晴雨畅通。

2001 年，县乡公路接（列）养有：荔波县至洞塘乡 9 公里、瑶山乡至捞村 19 公里，按省农村公路技术标准达标验收；荔波县永康至翁昂 14. 6 公里、四级路，都匀市小围寨镇至马寨 12 公里、三级路，4 条路 54. 6 公里均按乡公路由所在公路管理局（所）列养。是年，管养里程 3069. 55 公里，其中县公路 1448. 4 公里，乡公路 1566. 55 公里。新增接（列）养里程 54. 6 公里。

2002 年，州政府发出《关于加强县乡公路养护工作的通知》，规定：县乡公路养护由州、县两级政府按照养护里程每年予以划拨配套补助资金每年 360 万元，列入州县两级财政年度预算。同时县乡公路养护所需的砂、石料场由各县（市）政府无偿划拨。2002 年至 2003 年，州、县两级财政补助资金 608 万元，其中州级财政配套 204 万元，12 个县（市）级财政配套 404 万元。是年，管养县乡公路里程 3159. 8 公里，新增管养里程 144. 85 公里。其中县公路里程 1569. 1 公里，新增 120. 7 公里；乡公路里程 1590. 7 公里，新增 24. 15 公里。县公路年终平均好路率 85. 42%，全年平均好路率 75. 1%。

2004 年，全州县乡公路管养护里程 3558. 4 公里，其中：国道 48. 7 公里，省道 153. 3 公里，县道 1414 公里，乡道 1892. 1 公里，专用公路 50. 3 公里。比上年新增列养里程 324. 5 公里。是年，县公路综合好路率 85. 4%，乡公路综合好路率 62. 16%。

2006 年，农村公路养护资金 4041. 27 万元，包含公路日常小修保养、灾害抢修、公路绿化、砂石补贴、工程预备费、机具设备购置、道班房维修、养护承包费及科研经费等。是年，州管养里程 3390. 84 公里，其中县道公路 1706. 7 公里，乡道公路 1684. 14 公里。比上年减少 167. 56 公里。

2007 年，实施农村公路养护管理体制改革，省停拨养护补助资金，州财政局未将养护资金列入预算安排的情况，州公路处筹措资金 460 万元，保障县乡农村公路的正常养护生产未受到影响。年末通过全省检查，所养县乡公路均达到安全畅通的要求。县公路综合好路率 87. 6%，乡公路综合好路率达到 63. 7%。是年州管养里程 3521. 653 公里。其中：县公路 1665. 5 公里，乡公路 1809. 7 公里，专用公路 46. 46 公里。比上年增加 130. 81 列养里程。

2009 年，各县乡（镇）与承包养护村公路的农民工签订公路养护承包合同后，再转报省公路局按每公里500元补助标准，予以拨付通村公路养护经费。是年，全州管养农村公路11231.5公里。其中，县道公路1657.5公里，乡道公路1658.3公里，村道7868.3公里，专用公路47.4公里。县公路综合好路率80.8%，乡公路综合好路率66.4%，村公路好路率42.1%。

2010年，州管养农村公路13202.42公里。其中：县道1679.36公里，乡道1659.54公里，专用公路47.33公里，通村道9816.19公里。比上年增加列养里程1970.97公里。按照技术等级分：等级公路6536.91公里，二级公路28.29公里，三级公路82.46公里，四级公路6426.17公里，等外公路6665.56公里。是年，县公路综合好路率81.16%，乡公路综合好路率67.4%，乡泥结路综合好路率57.3%，村公路综合好路率47.1%。

2011年，州管养县乡村公路总里程13576.7公里。其中县道1657.7公里，乡道1659.5公里，专用公路47.4公里，村道10212.1公里。新增列养里程374.13公里。全州农村公路小修保养资金3181万元，资金到位率112.7%。县公路综合好路率84.1%，乡泥路面公路综合合格路率64.6%，村公路好路率57.7%。是年，在县乡村公路上设立永久性养护责任公示牌，公布管理养护责任单位、监督单位、养护里程、养护内容、养护承包人姓名和质量监督举报电话、接受群众监督。

2012年，全州管养农村公路总里程14144.57公里。其中：县道165.51公里，乡道1659.99公里，专用公路53.01公里，村道10774.07公里，比上年增加列养里程567.97公里。全年全州完成县道沥青（水泥）路PQI中等路率57.8%，超计划5.8个百分点，乡道沥青（水泥）路PQI中等路率56.3%，超计划5.2个百分点；无铺装路面县、乡、村公路年均好路率65.2%。

2013年，全州管养农村公路总里程14144.57公里。其中：县道1657.51公里，乡道1659.99公里，专用公路53.01公里，村道10774.07公里，比上年增加列养里程342.86公里。全年全州完成县道沥青（水泥）路PQI中等路率57.8%，超计划5.8个百分点，乡道沥青（水泥）路PQI中等路率56.3%，超计划5.2个百分点，无铺装路面县、乡、村公路年均好路率65.2%。

2014年，全州管养农村公路总里程14408.445公里。其中：县道1657.495公里，乡道1661.25公里，专用公路53.01公里，村道11036.69公里，比上年增加列养里程263.88公里。全年全州完成县道沥青（水泥）路PQI中等路率63.3%，超计划5.3个百分点，乡道沥青（水泥）路PQI中等路率59.2%，超计划5.2个百分点，无铺装路面县、乡、村公路年均好路率66.7%。

2. 县乡村公路大中修工程

1991年雨季，州境内连续暴雨，造成县乡公路路基水毁138处5.7万立方米，路面毁损2.51公里43.87万平方米，公路桥梁毁损4座74延米，挡土墙垮塌197处2.3万立方米，边坡坍塌197处11.3万立方米，养护工区道班房毁损6幢242平方米，灾害损失245.5万多元。抢修资金30.7万元。

1992年，水毁灾害致使县乡公路49条线路受到严重损害，18条线路中断交通。抢修资金100多万元。

1993年7月，连降暴雨，全州1000余条线路路面被冲刷形成大面积坑槽，350多公里路面毁损，边坡坍塌8.5万立方米，挡土墙冲垮114处0.3万立方米，冲毁小桥2座，涵洞211道。经济损失50多万元。水毁工程资金140.2万元。

1997年，水毁次数多，损坏路基4.6万立方米，路面30万平方米，小桥2座，涵洞55道，挡墙74处8700多立方米，塌方10多万立方米，经济损失300多万元。经组织反复抢修，保证了县乡公路的畅通。

1999年7月，全州各县（市）连续4次遭受特大暴雨，县乡公路27条线路中断交通，冲毁路基1.2万立方米，路面4万平方米，公路桥梁7座131.4延米，涵洞全毁27道，局部毁17道，坍塌挡土墙319处2.7万立方米，坍方1.2万立方米439处。修复资金117.8万元。完成保畅中修工程5项11.6公里。

2000年6月以来，州境内普降大暴雨，降雨达到百年一遇大洪水，州内48条县乡公路断交。毁坏路基21万立方米，路面143万立方米，局部毁坏公路桥梁10座237延米，全毁公路桥梁1座13延米，全毁涵洞12道，局毁涵洞181道，挡土墙坍塌314处7万多立方米，边坡塌方463处22万立方米，直接经济损失4000多万元。各县（市）交通局及管理所组织交通战备队伍开展抗洪抢险，短期内48条断交公路全部恢复畅通。

2004年4月后，全州连续多次大范围强降雨。全州冲毁桥梁1座，涵洞52道，挡土墙150处10458立方米，路基堤坝78641立方米，冲毁砂石路面262693平方米，公路直接损失245.9万元。抢险资金150.3万元。

2005年，投入水毁修复资金290万元。修复涵洞27道，修复挡土墙17947立方米，修复路基18699立方米，清理公路塌方216994立方米，处理沥青路面771平方米，砂石路面57945平方米。水毁路段全部修复完工。

2009年，开工实施危桥改造项目5个320.96延米，投资521万元。年内农村公路遭受洪灾严重，处先后派出26个工作组深入一线查验灾情，编制水毁恢复实施方案。第一期投入资金382万元进行抢修和恢复工程。

2011年，农村公路水毁损失达到2117万元，投入抢险修复资金3000万元。实施危桥改建项目4座18延米，投资280万元。实施油路改造工程7个61.52公里，投资4305万元。并启动油路中、小修保养工程，全面对油路进行保修养护。

2012年完成公路大修工程23.802公里，投入资金1665.545万元。油路大修工程项目5个37.7公里，投资2674万元。是年，全数完成省公路局下达的农村公路危桥改造工程任务12座198延米。

2013年，完成油路大修工程项目6个33.8公里，投资2433万元；完成农村公路危桥改造工程9座509.6延米，投入资金4099万元。

2014年，完成油路大修工程项目11个49.54公里，投资3796万元；完成农村公路危桥改造工程4座365延米，投入资金4612万元。

3. 县乡村公路养护施工设备

1991 年，全州各县（市）养护工区养护生产设备有载重汽车 12 台，自卸汽车 20 台，小型拖拉机 9 台，大型拖拉机 3 台，碎石机 32 台，抽水机 12 台，道班马拉板车 30 余部。

2003 年始，黔南州率先建立“黔南州农村公路养护管理数据库”。并根据各年度养护管理工作的需要适时更新库存数据。

至 2012 年，全州各县（市）县乡公路养护管理局（所）用于养护的主要机械设备有：各式装载运输车、综合养路车、液压挖掘机、液压冲击夯机、平板夯机、压路机、路面切割机、碎石机、空压机系统机、液压动力站及破碎镐机、沥青综合养路车、沥青摊铺机、沥青混凝土搅拌机、各式沥青储油罐、沥青乳化机等。主要办公设备有：CIS 数据库系统、数据录入软件、电脑打（录）机、黑白、彩色各式打（复）印机及各式电信通信设备等，基本实现了信息化管理。

二、绿化

（一）高速公路绿化

高速公路的绿化管理，专项绿化工程费用不包含在日常绿化维护管理费用之中。由省高管局根据路况实际，另行立项实施。2001—2009 年，用于贵新公路专项绿化工程的费用分别为：2002 年 21.5 万元；2003 年 63.5 万元；2004 年 60 万元；2006 年 7949 元。其余年份均维持正常的日常维护管理费用。

2009 年 7 月，全省高速公路养护管理体制改革，都匀高管处划转公路通行费征收、日常养护管理部分，成立都匀高速公路运营管理中心，实行企业化管理运作。都匀高管处履行行业监管职责，2010—2014 年黔南境段高速公路绿化工作列入都匀高速公路营运管理中心业务管辖范围。

（二）国道、省道干线公路绿化

1991 后，都匀公路管理局负责管养国道、省道干线公路改造和养护。1993 年，长顺公路管理段获全国绿化委员会、林业部授予全国 300 佳绿化先进集体。1998 年，独山公路管理段在黔南州龙波绿化带建设中，获先进集体。至 2012 年末，可绿化里程达到 1011.36 公里，占总管养里程的 78%。在可绿化里程中，已绿化 645.83 公里，占可绿化里程的 64%。栽植保存的乔木等行道树 19.62 万株，平均每公里 304 株。其中，绿化国道线 171.49 公里，保存树木 7.67 万株，国道线绿化率 66%，平均每公里行道树 447 株；绿化省道 471.78 公里，保存树木 11.92 万株，省道线绿化率达 63%，平均每公里 253 株。绿化县道 2.57 公里，保存树木 399 株，绿化率每公里 83%，平均每公里 50 株。另建成苗圃 40 亩，育苗 8 万株。

（三）县乡村公路绿化

1991 年，有黔南交通苗圃场（位于独山县上司镇墨寨）1 个，苗木基地 223 亩，年可提供交通行道树苗 20 到 30 万株。是年，群众养护公路里程 2410.6 公里，公路绿化里程 912 公里，占宜绿化里程数的 67.9% 以上，绿化资金支出 30.2 万元。

1992 年，采取与公路沿线群众、农户签订承包合同的方式，先荒山、草地，再水田的办法，植种公路行道树。承包合同议定谁栽谁管谁受益，一年验收一次，按成活株数量，第一年每株 0.3 元，第二年每株 0.7 元，第三年每株 0.7 元核算，满三年后移交公路养护工区入册管理。当年新增绿化里程 47.9 公里。

1993 年，新增绿化里程 67.7 公里。路树保存率 85%。平塘县、长顺县县乡公路宜绿公路里程实现绿化 100%。

1995 年，黔南交通苗圃场培训中心综合用房落成。分期安排各县（市）养护工区派职工进行公路行道树苗木适应选择、栽种管理等基本科技知识培训。是年，新增公路绿化里程 75 公里。路树保存率 90.1%。

1999 年，新植、补植行道树 91.7 公里，成活率 43%，实际绿化里程 28 公里。

2006 年，增加投入 350 万元，植行道树 190.3 万株，绿化面积 1427.24 平方米，绿化保存率 90%。完善 100 多亩苗圃场建设，培训植树公路养护干部工人 380 人次。开展公路绿化宣传 208 次，发放宣传资料 38 万份，制作宣传标语 216 幅。

2009 年，州管养的农村公路里程 11563 公里中，宜绿化公路里程 9250.4 公里，不宜绿化公路（农田、石漠荒山等）里程 2312.6 公里。在宜绿化公路里程中，绿化公路里程 4757.48 公里，占宜绿化公路里程面积的 51.43%。绿化面积 1427.24 万平方米。

2010—2012 年，全州用于公路绿化资金 133.50 万元，新绿化里程 184.4 公里，路树保存率 76%。

第四节　路政管理

一、高速公路路政管理

2000 年 12 月 19 日，成立都匀高速公路管理处路政大队。下设路政中队 2 个、救援站 2 个，共有职工 29 人。辖管段公路 193 公里，其中：一级路 76 公里，二级公路（不含匝道）117 公里。

2001 年，路政立案建档案件 228 件，结案率 100%。年内拆除违章建筑 11 处，实施路上车辆救援 504 次。收取设施赔偿费、污染费 130.77 万元，罚款 249.56 万元。收取救援费 37.88 万元。年内配合公路部门侦破盗窃高速公路设施团伙 3 个，逮捕 4 人。实施水毁抢险 32 次。160 人保洁工长年保持辖段公路的路容整洁。

2002 年，路政立案建档 370 件，结案 366 起，结案率 99%。收取路产占用费 3.2 万元，设施赔偿费 228.43 万元，污染费 36.62 万元。实施路上交通救援 957 次，总收入 339.93 万元。封堵路口 25 处，抢险 10 次，查处违章建筑 36 处。完成 K208、K210、600 水毁修复工程的质量监督。

2003 年，路政案件立案建档 581 件，结案 563 起，结案率 97%。收取设施赔偿费

382.4 万元，污染费 50.1 万元，路产占用费 6.26 万元，超限运输费 6.25 万元，罚款 10.68 万元，救援收入 96.68 万元。总收入 539.6 万元。封堵路口 73 处，抢险 111 次，查处违章建筑 9 处。

2004 年，路政案件立案建档 741 件，结案 712 件，结案率 96%。封堵路口 33 处，查处违章建筑 14 处，取缔违法加水点 16 处，抓获偷盗标牌 5 人。查处肇事逃逸车辆 20 次，换回路产损失 12.23 万元。救援车出车 1574 辆次，收入 81.09 万元。

2005 年，路政案件立案建档 1220 件，结案 1150 起，结案率 95%。收取设施赔偿、污染、路产占用费等 950 万元。全年出动救援车辆 1760 辆次，收取救援费 129.87 万元，支出费用 106.02 万元，救援盈利 23.85 万元。封堵路口 24 处，查处违章建筑 8 处，取缔违章加水点 32 处，查处肇事逃逸车辆 17 辆。检测超限车辆 14989 辆，查处超限车辆 9282 辆，收取公路赔（补）偿费 204.67 万元。

2006 年，全年路政立案建档 896 起，结案 854 起，结案率 95%。收取设施赔偿、污染、路产占用费 664.22 万元。路政大队全年对水毁塌方、防冻防滑等抢险 21 次，封堵开口 29 处，取缔违法加水点 23 处，查处违章建筑 13 处，其中自行拆除 9 处，强制拆除 4 处。检测超限车辆 24026 辆、查处超限车辆 14060 辆、卸载 164 吨，收取超限运输赔偿补偿费 326.95 万元。恶性超限运输车辆控制在 4% 以内。

2007 年，全年路政立案案件 712 起，结案 701 起，结案率 98%。收取设施赔（补）偿费 306.15 万元。

2008 年，全年路政案件立案建档 649 起，结案 599 起，结案率 92%。收设施赔偿费 335.24 万元，污染费 37.79 万元，路产占用补偿费 2.5 万元，合计 375.53 万元。办理行政处罚案件 31 起，行政罚款 8.42 万元。救援车辆出动 1404 辆次，收取救援费 113.76 万元。查处超限运输车辆 1702 车次，卸载 104 吨，收取超限运输补偿费 79.95 万元。是年，因都新路段二级路改造工程施工，路政管理难度大大增加。全年对路段巡查达到 3434 次，出动巡查人员 8011 人次，巡查里程累达 196.03 公里。封堵开口 182 处，取缔违法加水点 197 处，查处肇事逃逸案件 9 起，拆除违章广告牌 26 块，查处违章建筑 23 处。对水毁、防冻、防滑等抢险 573 次。

2009 年，路政案件立案 653 起，结案 535 起，结案率 82%。收取路政赔补偿费 349.79 万元。救援车辆出动 1374 车次，收取救援费 119.12 万元。财政罚没收入 7.69 万元。超限运输治理：查处超限车辆 1142 辆次、卸载 75 吨，收取公路赔（补）偿费 64.13 万元。全年公路巡查 3870 次，出动巡查人员 7537 人次，巡查里程 241，250 公里。防冻防滑抢险 73 次。封堵开口 232 处，取缔违法加水点 175 处，拆除违章广告牌 52 块。查处违章建筑 11 处，行政许可 25 件，全年无行政复议案件。

2010 年，路政发案数 915 起，结案 784 起，结案率 80%。收取路政赔（补）偿费 694.74 万元。其中：设施赔偿费 629.02 万元；污染费 33.68 万元；路产占用费 32.04 万元。行政处罚 63 起，罚款 13.48 万元。出动救援车辆 1514 次，其中事故救援车辆 978 台次，故障车 536 台次。收取救援费 131.66 元。进行公路巡查 5419 次，出动人员共 10736

人次，巡查里程 1159624 公里。查处超限运输车辆 971 车次，收取赔（补）偿费 32.42 万元。

2011 年，路政案件立案建档 828 起，结案 752 起，结案率 87.6%。收取路政赔（补）偿费 635.29 万元。救援车辆出动 1620 次，收取救援费 132.77 万元。办理行政处罚案件 11 件，财政罚设 20.26 万元。查处超限车辆 1620 车次，收取公路赔（补）偿费 185.58 万元。全年计取缔违法加水点 142 处，拆除违章广告牌 19 块，查处违章建筑 11 处。

2012 年，路政案件立案建档 999 件，结案 964 件，结案率 96%。收取路政赔（补）偿费 759.22 万元。索赔率 93%。收取路政罚款 32.40 万元。办理行政许可 29 件。拆除违法广告牌 21 块，制止违章建筑 11 处，取缔违法加水点 203 处。巡查车辆 3260 台次，出勤人员 7693 人次。协助业主单位处理纠纷 273 起，对业主单位进行监管考核 4 次，文明服务检查 102 人次。出动救援车 1947 车次，收取救援费 118.74 万元。

二、国道、省道干线公路路政管理

1991 年，州境内国道、省道路政管理工作由黔南州路政管理大队及各县（市）路政管理中队负责。1991—1995 年，查处路政案件 390 起，拆除违法建筑 67 处，清理堆积物 2806 处，收取赔偿费 35.28 万元。2001—2007 年，查处路政案件 573 起，拆除违法建筑 53 处，清理堆积物 1587 处，收取赔偿费 233.9 万元，收取超限费 1611.7 万元。

2011 年 10 月，集中开展对车货总重超过 55 吨的超限货运车辆进行专项整治工作，遏制国省干线恶性超限车辆行驶公路，保护公路桥梁安全。全年查处赔补偿案件 196 件，查处路面损害 578 平方米，查处路基损害 585 立方米，查处边沟损害 751 米，查处警示桩损坏 262 个，查处损坏护栏 956 米，查处损坏标志 19 块，查处损坏绿化 213 株，查处污染公路 987 平方米，查处公路堆积物 1708 处，制止违法建筑 1785 平方米，查处非公路标志 143 块，上路巡查累计 1967 天，收取路产赔补偿费 158.45 万元。

2012 年，查处赔补偿案件 203 件，维护标志杆（牌）1664 根，查处路面损害 756 平方米，查处路基损害 864 立方米，查处边沟损害 804 米，查处警示桩损坏 391 个，查处损坏护栏 628 米，查处损坏标志 50 块，查处损坏绿化 70 株，查处污染公路 4880 平方米，查处公路堆积物 1861 处，制止违法建筑 4618 平方米，查处非公路标志 138 块，撤除违法建筑 304 平方米，上路巡查累计 2216 天。

2013 年，查处赔补偿案件 225 件，查处路面损害 772 平方米，查处路基损害 607 立方米，查处边沟损害 642 米，查处警示桩损坏 267 个，查处损坏护栏 1258 米，查处损坏绿化 64 株，查处污染公路 2884 平方米，查处公路堆积物 1792 处，制止违法建筑 1356 平方米，查处非公路标志 269 块，上路巡查累计 2208 天，收取路产赔补偿费 300 余万元。

2014 年，查处赔补偿案件 111 件，查处路面损害 884 平方米，查处路基损害 309 立方米，查处边沟损害 389 米，查处警示桩损坏 129 个，查处损坏护栏 789 米，查处损坏绿化 32 株，查处污染公路 2489 平方米，上路巡查累计 2073 天，收取路产赔补偿费 400 余万元。

1991—2014 年全州国道、省道路政管理情况一览表

表 17－1－7

年份	路政案件（起）	拆除违法建筑（处）	清理堆积物（处）	迁出电杆（根）	清理洗车加水（处）	取缔砖瓦窑（个）	收取赔偿费（万元）	收取超限费（万元）
1991	183	56	450	6	3	6	7.01	
1992	192	125	430	2	3	1	8.35	
1993	123	28	1628	3	2	4	26	
1994	186	9	2531	5	2	15	27.5	
1995	207	11	2356	3	3	6	28.27	
1996	289	65	167	12	21	1	26	
1997	238	155	358	26	11	11	39.8	
1998	389	98	865	11	8	1	48.5	
1999	98	28	1296	6	7	9	110	
2000	234	54	1359	35	9	12	56.2	299.5
2001	126	40	107	27	18	21	58.2	323.1
2002	135	28	157	12	17	25	59	340
2003	367	12	1465	51	19	33	57.8	1287.2
2004	372	32	939	66	25		68.9	1185
2005	416	38	1	23	7		106.5	1335.9
2006	486	45	896	11	3		150.5	1577.9
2007	447	13	1480		2		175.7	1288.6
2008	446	15	1880	15	5		243.8	1105
2009	411	164	2131				218.7	1499
2010	203	82	2718				258.7	1409.2
2011	158	369	1948				156.7	1078.2
2012	177	304	1861				278.7	1228.6
2013	225		1792				300	2686
2014	111						400	4148

三、县乡村公路路政管理

1993 年 5 月，建立黔南州公路处，内设路政科。隶属黔南州交通局领导。8 月，全州各县（市）养护工区相继建立公路路政管理中队 12 个，明确专职或兼职路政管理人员。6 个县（市）建立法院驻公路路政管理中队执行室。州、县（市）路政管理机构调整充实后，立即加强开展公路路政管理工作。利用赶场天，在各乡（镇）集市和公路沿线持续开展公路路政法规宣讲活动。清除公路路面堆积物，红线内违章建筑，土地开垦，排除路障，

保持公路合法的路产路权，依法管理。

1994 年，全州召开路政大型宣传会议 41 次，上路宣传 519 次，刷写路标 333 条，出简报 8 期。拆除违章建筑 77 处 1，514 平方米，制止红线内建筑 16 处 710 平方米，清除路障，恢复路面 11280 平方米，边沟 1586 米，公路路障 38 处，护栏 42 个，迁出电杆 12 根，划定料场 12 个 11410 平方米，取缔石灰、砖、瓦、煤窑 47 个，收取绿化赔偿费 2312 元。

1996 年，召开宣传会议 23 次，参会 1200 余人次，查处案件 14 起，拆除违章建筑 11 处，制止红线内建筑 81 处，取缔石灰、砖瓦、煤窑 8 个，料场 8 个，清除占道摊位 17 处，路障 193 处，恢复路面 6210 平方米。收取赔（补）偿费 6 万元。

1997 年，召开宣传会议 25 次，出简报 5 期，刷写路政标语 252 条，处理损坏路产案件 35 起，拆除违章建筑 14 处，围墙 142 米，制止红线内建筑 61 处，取缔各种土窑 11 个，料场 17 处，路边洗车场 11 处，清除故障 419 处，迁出电杆 5 根，恢复公里桩 16 个，护栏 21 个，罚栽树 26 株。收赔（补）偿费 8 万元。

1998 年，《公路法》颁布施行。组织宣传车到乡（镇）集市、公路沿线宣传 185 车次，张贴宣传标语 556 幅，发放宣传资料 1.5 万份，出宣传栏 33 期，沿线农户宣传咨询 308 次。强化执法力度，以法治路，依法办案。办结损坏路产案件 78 起，拆除违章建筑、围墙、红线内建筑、砖、瓦、煤窑、料场 125 处，罚栽树 42 人 280 株，收取赔（补）偿费 157649 元。6 月 10 日惠水县摆西公路因南昆光缆线施工，未按公路技术标准要求实施，严重损坏公路边沟、涵洞、六寨公路桥设施。11 月，大七孔电站擅自运输超限超载设备，损坏麻尾至大七孔公路部分路基、桥涵。州路政大队会同惠水、荔波、独山 3 个县路政中队进行联合调查，依法予以处理。

1999 年，办理案件 145 起，拆除违章建筑 16 处，红线内建筑 90 处，料、窑场 45 个，清除路障 402 处，迁出电杆 40 根，划定料场 18 个，罚栽树 42 人 315 株。收赔（补）偿费 137737 元。

2000 年，办理损坏路产案件 95 起，拆除违章建筑 35 处，制止红线内建筑 38 处，取缔窑料场 57 个，罚栽树 35 人 265 株，规范临时摊点 185 个，收取赔（补）偿费、超限运输费 40 余万元。为省委、省政府下达的 3000 公里保畅路网作出了贡献。

2001 年，州公路处加强规范路政队伍建设加大对路政案件查处力度。依法维护路产路权。全年办理损坏路产案件 135 起，拆除违章建筑 41 处，制止红线内建筑 35 处，取缔占路窑、料场 49 个，罚栽树 35 人 263 株，规范临时摊点 321 个，收取赔（补）偿费 45.36 万元。

2002 年 6 月、11 月，州交通局、州建设局、州国土局联合发出《关于加强公路两侧建筑物和地面构筑物建设管理的通知》，州交通局、州交警支队联合发出《关于交通路政大队、交警大队配合行使暂扣车辆证执照的通知》，州交通局《关于使用公路路政管理暂扣凭证的通知》，对公路两侧违法建筑和超限运输车辆严重损坏公路进行治理。至 12 月，查处各种损坏路产案件 186 起，拆除违章建筑 57 处，地面构筑物 18 处，制止红线内建筑 57 处，取缔公路窑、料场 40 个、罚栽树 42 人 315 株、规范临时占路地摊点 376 个收取赔

（补）偿费 80 万元。

2003 年，制定乡镇过境公路管理整治试点方案，在都匀市王司镇进行试点，整治以路为市，乱搭乱建乱停乱堆，占道经营等危及公路交通行为。6 月，全州设置固定的超限运输检测点 8 个，配置检测器 9 台，与流动稽查相配合，有效制止超限车辆。货车超载率由 80%，下降到 9%，公路保畅、路产损害降低。全年查处办理各种违法违章案件 195 起。

2004 年，利用新闻媒体等各种载体开展维护路产路权及治理超限运输宣传。全年查办损害路产路权案件 205 起。超限运输固定检测站增至 12 个。全年检测车辆 14.45 万台，其中超过卸载标准车辆 7644 台，占检测车辆 5.2%，占货运车辆 4.6%，卸载货物 1175 吨。

2005 年，查处各种损坏路产案件 205 起。投入资金 130 余万元，配置检测稽查设备、便携式 10 台、固定式 2 台、通讯电话及路政工作车 7 台，完善超限检测设备，提高检测能力和效率。

2006 年，处理违规案件 78 起。投入资金 100 万元，完善福泉市、都匀市、独山县、罗甸县、龙里县、瓮安县、贵定县治理站（点）建设。

2009 年，查处损害路产案件 98 起，投入 40 万元对各县（市）治理站（点）进行规范性建设。检测超限车辆 51198 辆次，恶性超限运输车辆显著下降。

2010 年，办理路政行政审批许可 62 件，其中公路平交道口 35 件，跨越公路架设光（电）缆 8 件，其他许可项目 7 件。完成平塘县四寨、荔波县立化治超检测站建设。查处超限运输车辆 5543 辆（次），卸载 2316 辆（次）。超限运输车辆占货运车辆比例有效控制在 3.9% 以内。制定《黔南州农村公路路政管理票据管理内控制度》《黔南州农村公路路政规费财务管理内控制度》。全面启用路政票据软件管理系统。

2011 年，筹资 120 万元，在卜家院、白水河、绿茵湖、景云关、四寨、立化、十字路口等超限检测站安装电子监控器和电子显示屏设备，加强行政执法督察检查行为的规范管理。查办损害路产案件 85 起。

2012 年，查办损害路产案件 91 起，查处超限运输车辆 5612 次，卸载 2415 次，卸载货物 8125 吨。全州农村公路交通运输秩序规范畅通。

2013 年，全州办理路政行政审批许可证 48 件，其中，办理公路搭接 23 件，埋架管线 9 件，砍伐行道树 135 根/1 件，占用（挖掘）公路 6 件，其他公路行政审批许可 9 件。查处办理各种损坏路产案件 948 件，其中违法建筑 58 件，公路搭接 49 件，公路堆积物 5019 立方米/750 件，砍伐行道树 30 根/6 件，埋架设光电缆 2314 米/9 件，其他 76 件，案件结案率 100%。

2014 年，全州办理路政行政审批许可证 109 件，其中，办理公路搭接 87 件，埋架管线 4 件，砍伐行道树 7 根/2 件，占用（挖掘）公路 7 件，其他公路行政审批许可 9 件。查处办理各种损坏路产案件 700 件，其中违法建筑 25 件，公路搭接 19 件，公路堆积物 4669.3 立方米/564 件，砍伐行道树 40 根/7 件，埋架设光电缆 2139.5 米/7 件，其他 78 件，案件结案率 100%。

四、超限运输治理

由于公路上超限超载车辆对公路的损害日益严重，2000 年初，将整治超限超载车辆，维护路产路权提上公路路政管理的重要议事日程。

2003 年 4 月 23 日，省物价局、省财政厅印发《关于增补超限运输车辆行驶公路赔（补）偿费收费项目和标准的通知》。同年 7 月 21 日，黔南州政府办公室发出《关于转发州交通局黔南州公路超限运输综合整治预案的通知》，在全州开展公路超限运输综合整治工作。

2012 年末，黔南州负责国道、省道干线公路管理的都匀公路管理局设置固定式公路超限运输检测站 7 个；负责县乡村公路管理的黔南州公路处设置固定式超限运输检测站 12 个。

都匀公路管理局路政支队检测车辆 1713452 辆，强制卸载超限货物 250540 吨，自行转运货物车辆 1139 辆，收取赔（补）偿费 13666 万元，处理抗法事件 12 起，查处假军车 24 起，国道、省道干线公路恶性超限车辆的比例下降到 3. 5% 以内。黔南州公路处 12 个路政中队共查处县乡公路超限运输车辆 5612 辆，卸载超限车辆 2415 辆，卸载超限货物 8125 吨，查处损害路产案件 91 起。

2013 年，启动新建都匀市摆忙超限检测站、贵定县铜宝超限检测站，共计投入资金 70 余万元。开展公路超限运输集中整治工作，投入超限运输治理稽查人员 16339 人次，检测超限运输车辆 161075 辆次，阻止、劝返、查处恶性超限运输车辆 134 辆次，卸载货物 1361 吨。农村公路恶性超限运输率为 0. 08% 。

2014 年，全州农村公路开展公路超限运输集中整治工作，投入超限运输治理稽查人员 11113 人次，检测超限运输车辆 45643 辆次，阻止、劝返、查处恶性超限运输车辆 85 辆次，卸载货物 1290 吨。农村公路恶性超限运输率为 0. 19% ，比目标任务（农村公路恶性超限运输率控制在 3. 5% 以内）降低 3. 3 个百分点。

第二章　铁　路

1991 年，黔南境段铁路系统管理机构有都匀车务段、都匀工务段、都匀电务段、麻尾机务段。都匀车务段管辖黔桂铁路线麻尾至观音阁火车站，铁路里程 210 公里。都匀机务段设有整备车间、运转车间、监控车间。有柴油动力机车 80 台，担负贵阳至柳州客货运输的牵引任务。都匀电务段下辖贵定、都匀、独山、麻尾 4 个电务领工区，4 个电话所和都匀电报所，负责黔南境内 35 个大小火车站的通讯、讯号畅通保养维护工作。2006 年 3 月 20 日，撤销都匀车务段，划交凯里车务段管辖；将原由贵阳车务段管辖的贵定车站划交凯里车务段。撤销麻尾机务段，划交贵阳机务段管辖。牵引机车由柴油机车升级改为电力机车。2008 年 9 月，将原都匀工务段划交贵阳工务管辖，设立都匀线路车间、独山线路车间、龙里线路车间、都匀桥路车间。都匀线路车间辖墨冲、都匀、绿茵湖、贵定南、沿山 5 个线路工区；独山线路车间辖麻尾、峰洞、学庄、独山 4 个线路工区；龙里线路车间辖龙里、老罗堡、大土、小碧 4 个线路工区；都匀桥路车间辖独山桥路工区、都匀桥路工区、都匀危石工区、龙里桥路工区共 4 个工区。

2010 年 1 月以后，凯里车务段采用站段、车间、班组三级管理模式，黔南境段铁路线设立福泉车站、贵定车站、贵定南站、都匀车站、独山车站、麻尾车站、都匀乘务车间等 7 个车间及主办都匀劳动服务公司集体企业 1 个。

第一节　铁路建设

一、运营铁路线

（一）黔桂铁路

黔桂铁路自广西柳州市至贵阳市，全程 608 公里。2004 年 12 月，国家对该线进行扩能改造建设。改造后的黔桂铁路柳州至贵阳全长 489 公里，比原线路缩短 119 公里，总投资为 91.7 亿元。铁路为国铁一级单线，预留复线。限制坡度 6‰，加力坡度 13‰，最小曲线半径 2000 米，困难地段 1600 米。牵引种类由原柴油机车升级为电力机车，最大牵引质量达到 3800 吨。闭塞类型为自动站间闭塞。新建和改建桥梁 163 座，总长 3376 米；新建和改建框架桥 16 座，280 米；新建隧道 138 座，其中最长的定水坝隧道总长 8540 米；新建及改建涵渠 1993 道；新建和改建车站 47 个。设计时速：柳州至金城江段 160 公里/小时，金城江至龙里段 140 公里/小时。近期单线平图通过能力 45 对，年输送能力 1500 万吨。2008 年 7 月 31 日，黔南境线段独山县星朗站至独山站 4 个区间 43 公里新建路段开通，8 月 15 日，广西段洛满至洛东段 28.8 公里新线开通。10 月 25 日，黔南境孟孔至都匀间线路和 5 个新车站开通。12 月 31 日，黔桂铁路全线开通运营。黔桂铁路线在黔南境内有隧道 83 个，桥梁 92 座，涵洞 424 道，境内线段 187 公里。

（二）湘黔铁路

湘黔铁路东起湖南省株洲市，向西经湘潭、娄底、新化、怀化，在大龙进入贵州境内后，经玉屏、镇远、施秉、黄平、凯里、麻江进入黔南州境，经福泉市接至贵定县城与黔桂铁路联机，全长 820 公里，通过黔南州境内 50 公里。

（三）株六复线

株六（株洲—六枝）复线于 1998 年开工建设，2000 年 12 月 30 日，沪昆铁路株六复线电气化铁路建成通车，途经黔南州境内 102 公里，设有福泉、贵定、龙里 3 个主要车站，设计时速 100 公里/小时。2005 年 12 月 31 日，该区段车站减至 21 个，全线为双线双向自动闭塞区段，日均办理列车 60 对，其中货车 40 对，客车 20 对，7 个车站办理货运业务，

5个车站办理客运业务。大龙站至贵定县麻芝铺站等22个车站归属凯里车务段管辖。

（四）贵广高速铁路

贵阳至广州高速铁路于2008年10月动工建设，全长857公里，贵州境内里程301公里，黔南境段总长152.05公里，其中：三都段44.8公里、都匀段52公里、贵定段23公里、龙里段32.25公里，设计时速250公里/小时。实施进程：2014年12月，贵阳至广州高速铁路运营通车。黔南境内设龙里北站、贵定县站、都匀东站、三都县站。为国家铁路五射线之一。

二、非路产专用铁路线

至2010年12月31日，非路产专用铁路线6条：都匀站出岔2条，即贵州开磷剑江化肥厂有限责任公司专线，总延长米12+0，坡度12‰，曲线半径20+0，股道2条，股道延长米750；中国电子物资云贵公司储运处专线，总延长米50+7、坡度0，曲线半径20+0，股道1条，股道延长米140。墨冲车站出岔1条，为贵州储备物资管理局550处专用线，总延长米18+86，坡度5‰+8‰，股道2条，总延长米557。福泉站连接电厂瓮福专用线。贵定站连接贵州储备物资管理局专用线。龙里站连接334专用线。

三、在建铁路线

（一）沪昆客运专线

2010年6月启动建设，总长里程1158公里，黔南境段里程64公里，其中：贵定段24公里、福泉段18公里，设计时速250公里/小时。黔南境内设贵定北站1个。为国家铁路三横线之一。

（二）贵阳铁路枢纽白云至龙里北联络线

白龙联络线自渝黔铁路白云站引出，向东经贵阳东站向南，经龙洞堡高铁站、小碧，再引入龙里北站。2009年9月开工建设，计划于2014年12月建成，总长58公里，黔南境内里程11.2公里，设计时速250公里/小时。

第二节　站点设置

1991年，黔桂铁路在黔南州境内管辖黔桂铁路线麻尾至观音阁火车站共29个车站。2008年12月31日，改建后的黔桂铁路全线开通运营。境内线段187公里。设麻尾、独山、都匀、贵定等大小火车站19个。湘黔铁路在黔南州境内820公里，设有福泉、黄丝、半边街、贵定、高坪铺、麻芝铺、龙里等火车站7个。

2014 年黔南州境内火车站设置一览表

表 17－2－1

线别	站名	所处里程	所处县市	股道数	车站等级	备注
沪昆线	福泉	下行线 1871 公里 666 米	福泉市	到发线 10 股，货物线 5 股	2 等站	连接福泉电厂、瓮福专用线
沪昆线	黄丝	下行线 1885 公里 741 米	福泉市	到发线 4 股	5 等站	
沪昆线	半边街	下行线 1900 公里 785 米	贵定县	到发线 4 股	5 等站	
沪昆线	贵定	下行线 1910 公里 795 米	贵定县	到发线 8 股、货物线 2 股、调车线 4 股	4 等站	
沪昆线	高坪铺	下行线 1926 公里 361 米	贵定县	到发线 8 股、货物线 2 股、调车线 4 股	4 等站	连接贵州储备物资管理局专用线
沪昆线	麻芝铺	下行线 1942 公里 619 米	龙里县	到发线 5 股	5 等站	连接中石油专用线（废弃）
沪昆线	龙里	下行线 1949 公里	龙里县	到发线 6 股、货物线 9 股	3 等站	沪昆、黔桂共用站，连接 334 专用线
黔桂线	龙里	568 公里 316 米	龙里县	到发线 6 股、货物线 9 股	3 等站	
黔桂线	沿山	551 公里 690 米	贵定县	到发线 3 股	5 等站	
黔桂线	贵定南	542 公里 701 米	贵定县	到发线 4 股、货物线 2 股	4 等站	
黔桂线	摆梭	530 公里 367 米	贵定县	到发线 2 股	5 等站	
黔桂线	胡家寨	519 公里 286 米	都匀市	到发线 3 股	5 等站	
黔桂线	绿荫湖	513 公里 175 米	都匀市	到发线 3 股	5 等站	
黔桂线	都匀	458 公里 00 米	都匀市	到发线 6 股、货物线 7 股、调车线 3 股	3 等站	连接化工厂专用线
黔桂线	下寨	413 公里 720 米	都匀市	到发线 2 股	5 等站	
黔桂线	河阳	405 公里 421 米	都匀市	到发线 3 股	5 等站	
黔桂线	墨冲	398 公里 871 米	都匀市	到发线 3 股	4 等站	连接 505 专用线
黔桂线	甲猫	387 公里 398 米	都匀市	到发线 3 股	5 等站	
黔桂线	独山	376 公里 598 米	都匀市	到发线 5 股、货物线 2 股	4 等站	
黔桂线	孟孔	367 公里 628 米	独山县	到发线 5 股、货物线 2 股	4 等站	
黔桂线	学庄	356 公里 329 米	独山县	到发线 3 股	5 等站	
黔桂线	打羊	346 公里 799 米	独山县	到发线 3 股	5 等站	
黔桂线	峰洞	336 公里 976 米	独山县	到发线 3 股	5 等站	
黔桂线	星朗	327 公里 941 米	独山县	到发线 3 股	5 等站	
黔桂线	朱石寨	319 公里 721 米	独山县	到发线 3 股	5 等站	
黔桂线	麻尾	309 公里 626 米	独山县	到发线 5 股、货物线 2 股	3 等站	

第三节　客货运输

一、旅客运输

1991 年，州内各站点实行窗口售票。2005 年，铁路与州政府建立联系协调机构，并逐步完善联系机制，确保铁路春运、新兵运输等临时性、阶段性运输顺利进行。每年度的春节运输，以各年度的春节时间为节点，经铁道部核定起始时间后，向社会公布，一般时间为 40 天。每年军运工作均设立新老兵运输办公室昼夜值班电话，确保各年度新老兵运输。

在春运、暑运、节假日前，由各车站对吸引区进行客流调查，根据调查情况，拟定运能需求量、向铁路局上报。利用客运营销辅助决策系统分析车票预售情况，及时提出运能、限售区段调整建议，确保运能利用最大化。铁路局根据客车站客流实际情况，采取加挂车辆，预留车厢等措施至运能需求站。

2005 年后，列车运行图编逐年优化。具有调整及时、旅客列车开行灵活、增加重点车站办理客车对数、优化次要车站客车办理方案的特点。都匀、福泉等客运办理站办理方便旅客时间安排、满足旅客需求的客车到发。各时段采取相应的客流营销策略，根据季节性运输特点、增加临客、旅游专列，确保铁路客运逐年增长。

2009 年 1 月 1 日，都匀新建火车站启用，站房设施大幅度改善，客运服务得到很大提升，售票方式多样化。在市内原老车站、大十字、市北开发区等增设代售点，减轻窗口售票压力、方便旅客购票。

2010 年 1 月 1 日，电话订票车站正式启用，成都铁路局统一接入电话号码为 96006。电话订票实行全局电话订票通订通取，管内所有车站和代售点均可办理旅客取票业务。是年，开行都匀至贵阳快速旅客列车“蓝箭号”“先锋号”动车组，客运运输得到优化。

2011 年，开通互联网购票，通过中国铁路客户服务中心网站 www. 12306. cn 办理铁路电子客票的销售、改签、退票等业务，满足不同层次旅客的购票需求。1 月 14 日，都匀火车站安装 POS 机；6 月 10 日，贵定、福泉、独山、麻尾、贵定南站安装 POS 机，先后开办电子支付售票业务，增设自动取票机。旅客在互联网上购票后，可直接在自动取票机上办理换票业务。9 月底，实施动车组互联网售票。11 月 20 日全路所有直达特快列车（Z 字头）实现互联网售票。12 月 10 日，所有特快列车（T 字头）实现互联网售票。

从 2012 年 1 月 1 日起，启用 95105105 订票电话，实现 96006 和 95105105 双号码接入电话订票系统，实行全程电话订票通订通取。1 月 8 日起，动车组（C、D、G 字头）列车中的直通旅客快速在所有客运业务办理站，其余旅客列车在始发站实行车票实名制发售。

2006—2012 年都匀站客运发送量统计表

表 17－2－2　　　　单位：人

年度	年发送量			春运发送量		暑运发送量		黄金周发送量	
	直通	管内	合计	直通	管内	直通	管内	直通	管内
2006	159523	307355	466878	22539	23859	22402	67909	2813	13917
2007	162487	295798	458285	22315	24439	21824	72392	2774	14257
2008	160434	404841	565275	20721	23386	27105	83340	4487	21232
2009	180522	649975	830497	27653	59873	32940	128439	3922	22867
2010	184845	763042	947887	36063	58595	33712	154983	3895	33505
2011	226727	787567	1014294	29839	99430	31653	153962	6402	32368
2012	168315	724374	892689	23710	77592	30525	131128	7427	35851

二、货物运输

2000 年前，铁路货物运输的计划提报根据各需运企业填记的纸质《要车计划表》进行安排。2000 年后，铁路系统投入使用货运计划提报 FMOS 系统。货主可在装车车站直接填《货物订单》提报运输计划，车站受理后，通过计算机系统上报。由传统的手工填制货票转变实行计算机填制货票。货物运输计划从受理到组织装车，时间压缩到 3 天以内即可完成。

2001 年，推出开行福泉到北海港、防城港“五定班列”（定点、定线、定车次、定时、定价），实现福泉瓮福磷矿集团的主要产品磷矿砂、磷肥与生产原料硫磺的对流运输。同时，为稳定福泉站瓮福集团集装箱货源，根据福泉站集装箱运量情况，铁路推出一口价运价下浮产品，即根据年运量，实行一定百分比的运价下浮。

每逢节假日前，车务段货运营销小组均到各大厂矿企业开展货运营销工作，摸清节假日期间具体货源情况，并根据企业实际存在的运输困难，拟定节日期间装车货源的运输方案。

2005 年后，为地方重要物资、救援物品开通绿色通道，简化运输办理程序。根据季节性运输特点，增加货物直达列车。

2007 年，福泉站开行“五定班列”，固定福泉—州直达货物列车每班一列，金昌站磷矿直达班列，实现货物不经过编组站解编直接到达终点站的直通运输，压缩货物途中运输时间，减少铁路区编站作业。

2009 年黔桂新线开通后，取消都匀麻尾站列检作业，提高了区段通过的能力。重点组织福泉站、都匀站等管内电煤直达列车，组织成组、成列装车，减少解编作业，提高运输效率，同时打造列车开行品牌。

2012 年后，随着铁路货运电子商务网上受理平台的建立，货主提报运输需求更为方便快捷，在家就可完成用户注册、运输订单、请求车皮提报，查看提报运输信息审核通过情况、全国各货运营业站信息、运力情况等。

第三章　内河航运　航空

20 世纪 90 年代，随着省内水上通道战略的实施，州内航道逐年得到治理与发展。2012 年，全州航道总里程 617.1 公里，实际航程 421.3 公里。其中，长江水系航道 99.65 公里，珠江水系航道 71.7 公里。有水运港口 3 个、港区 4 座、码头泊位 7 个、乡镇渡口 105 道。

1999 年，黔南州启动荔波机场建设前期准备工作。2000 年，广州军区空军与省政府达成协议，同意修建荔波民用机场。2001 年 6 月，国务院同意建荔波民用机场，11 月开工建设。2008 年 8 月 1 日，荔波机场正式通航。

第一节　内河航运

一、河流水域

2014 年底，黔南州 12 个县（市）河流、水域情况为：

都匀市有河流 2 条，即剑江、凤啭河。境内河流里程 57.6 公里，水域面积 101.19 平方公里。有大型水库 2 座，面积 25.74 平方公里。

福泉市有河流 2 条，即重安江、鱼梁江。境内河流里程 58.7 公里，通航里程 28.7 公里，水域面积 95.51 平方公里。有大型水库 2 座，面积 49.24 平方公里。

瓮安县有河流 1 条，即乌江过境段。河流里程 137 公里，通航里程 137 公里，水域面积 235.08 平方公里。有大型水库 1 座，面积 97.8 平方公里。

贵定县有河流 2 条，即洛北河、南明河。境内河流里程 41 公里，通航里程 16 公里，水域面积 75.29 平方公里。有大型水库 1 座，面积 49.24 平方公里。

龙里县有河流 1 条，即清水江。境内河流里程 21 公里，通航里程 18 公里，水域面积 31.83 平方公里。有大型水库 1 座，面积 30.68 平方公里。

惠水县有河流 1 条，即涟江，境内河流里程 8 公里，水域面积 18.93 平方公里。

长顺县有河流 1 条，即格凸河，境内河长 17.1 公里，通航里程 17.1 公里，水域面积 24.12 平方公里。有大型水库 1 座，面积 29.33 平方公里。

罗甸县有河流 1 条，即红水河。境内有 18 条支流与红水河相连通。有特大型水库 1 座，通航里程 242.6 公里，水域面积 377 平方公里。

平塘县有河流 2 条，即平舟河、槽渡河，境内河长 67.8 公里，通航里程 12 公里，水域面积 114.49 平方公里。有大型水库 1 座，面积 12.01 平方公里。

独山县有河流2条，即大河、谭尧河，河流里程11公里，水域面积13.67平方公里。有中型水库2座，面积18.87平方公里。

荔波县有河流2条，即樟江河、方村河，境内河流里程71公里，通航里程6公里，水域面积128.58平方公里。有水库1座，面积8.58平方公里。

三都县有河流1条，即都柳江，境内河流里程58公里，通航里程58公里，水域面积96.04平方公里。有中型水型1座，面积12.01平方公里。

二、内河航线

1991年，黔南州境内有大小河流117条，其中主要河流有6条，分属于长江与珠江两大水系。

都柳江（都江）源于独山县境内拉林乡磨石湾，干流经三都县大河镇、三都县城、都江镇、坝街乡八濛处下流出州境。航道7级，航程58公里。

清水江（清水河、清江河）源出州内最高峰斗篷山南麓贵定县摆洗附近的青冈坡脚。干流经都匀市茶园河（谷江河），向东至都匀市区南段后称剑江、向东转北至都匀经济开发区匀东镇地界流出州境。通航河段56.2公里，航道7级的27.2公里，等外级29公里。

红水河为西江上游、以南盘江为正源，源头自云南省曲靖市乌蒙山脉马雄山东北麓。流经黔西南州望谟县桑郎河口进入黔南州罗甸县境内，至曹渡河口出州境，河流全长63.6公里。

六洞河（平舟河）源出独山县翁奇乡八坝坡，流经独山、平塘及广西南丹、天峨等县后，转至罗甸县播告村注入红水支流漕渡河。主河段平舟河、漕渡河流长68.7公里，通航里程12公里航道等外级。流程中形成甲茶水库，面积12.01平方公里。

樟江（打狗河）源出三都、荔波、榕江、从江四县交界处的月亮山，流经三都、荔波两县。流入荔波县境至王蒙乡段称为樟江，于王蒙乡与荔波县方村河汇合后称为打狗河，流至与广西境交界处的界排村出州镜。樟江河、方村河流长71公里，通航里程19公里，流程形成水库1座，面积8.58平方公里，航道等外级。

乌江系长江最大支流。流经瓮安县北段全长48公里，河宽50~250米，水深3~35米，落差达58.4米，河流蜿蜒曲折，险滩暗礁多，水流湍急，巨壑深川，两岸峭壁指天，自古难通舟楫。2011年构皮滩水电站修建完成后，形成航道58公里，达到4级航道。航线由鲤鱼塘起至江界河止。

是年，贵定县独木河有等外级航道19公里。福泉市境内重安江航线小岩至手爬岩、狗窝河7.6公里；清水河航线有茅草坪、两岔口、谷汪深、王卡等小型乡村渡口等外级航道1.5公里。航道总里程350公里，实际通航里程105.6公里。

1992年，长顺县建成杜鹃湖水库，形成7级航道7.8公里。1999年10月，福泉市取缔狗窝河渡口，重安江航道里程缩减为7.1公里，7级航道。是年，航道总里程500公里，实际通航里程123.6公里。

2004年，长顺县增加干伐渡口至燕子洞航道8公里，航线里程达15.8公里。

2007年8月，贵定县大花水电站建成，航道等级提升为7级，清水河航线增至10.3公里。2009 年 11 月，格里桥水库建成，清水河航线又增至 21.6 公里。均为五级、六级（库区）航道。是年，航道总里程 525.6 公里，实际通航里程 217.2 公里。

2011 年，罗甸龙滩水电站建成蓄水后，罗甸境内有 18 条支流与红水河相贯通，形成面积 377 平方公里水库库区，四级航道达到 242.6 公里。

2012 年，全州航道总里程增至 617.1 公里，实际航程 421.3 公里，其中：长江水系航道 99.65 公里、珠江水系 517.45 公里，四级航道 370 公里、6 级航道 176 公里、等外航道 71.7 公里。

1991—2012 年全州航道里程表

表 17－3－1　　单位：公里

年度	航道总里程	实际通航里程	年度	航道总里程	实际通航里程
1991	350	105.6	2002	500	105
1992	350	105.6	2003	278.20	124.6
1993	350	115.6	2004	311.75	249
1994	500	123.6	2005	311.75	249
1995	500	123.6	2006	349.5	217.2
1996	500	123.6	2007	525.6	217.2
1997	500	123.6	2008	529	240
1998	500	123.6	2009	617.1	421.3
1999	500	123.6	2010	617.1	421.3
2000	500	123.6	2011	617.1	421.3
2001	500	105	2012	617.1	421.3

三、港口码头渡口

（一）港口码头

罗甸港是黔南境内珠江水系的重要门户港，有码头作业区 2 座。2010 年 10 月，罗甸港羊里码头竣工。羊里码头位于红水河罗甸县境内的中段红水河镇（原羊里乡），距县城 75 公里，上距两江口 64 公里，下距省界槽渡河口 43 公里，有 500 吨级客货综合泊位 1 个，设计货物吞吐量 29 万吨，客运量 60 万人（次）。八总第一作业区因龙滩水库经霸王河回水至城区的龙坪镇五星厂而建，距县城约 2 公里，2011 年 8 月竣工，设置 500 吨级货运泊位 1 个，200 人次客运泊位 1 个，设计年吞吐能力分别为货运 73 万吨，客运 120 万人次。

瓮安港江界河客货综合码头位于乌江右岸的龙塘乡江界河村，处于构皮滩枢纽水库常年回水区，距上游江界河大桥约 3 公里。遵义至瓮安二级公路 S205 线从码头后方 4 公里附近经过。码头至县城约 44 公里，距遵义市约 75 公里。2013 年 12 月竣工，设有客运泊位 2 个，货运泊位 1 个，设计年吞吐量分别为货运 71.93 万吨，客运 15 万人次。

三都港（天然河道）因公路、铁路的修建与延伸，逐渐削弱其地位和作用。至 2014 年，三都港只有一座修建于 20 世纪 90 年代末期的三都客运码头。港址位于城东新区河滨路外侧，距 321 国道公路约 500 米，有按照 7 级航道标准设计修建的客货综合泊位 1 个，可停靠50吨级以上船舶。三都码头以客运为主，年客运量10万人次。

2014年，荔波樟江旅游航道开工建设，冯家渡、清水江、联山湾、梦幻岛4座便民码头启动建设。是年，黔南州有水运港口3个、港区4座、码头泊位7个。

（二）渡口

1994年，全州有乡镇渡口112个。1996年，完成全州渡口建设3处。2006年，完成全州乡镇渡口建设10道，总投资53.47万元。2007年9月，全州乡镇渡口105道。其中，经政府批准的92道，未经批准的13道。年内完成乡镇渡口建设11道，投资91.33万元。2008年，完成乡镇渡口改造10道，总投资94.5万元。

2011年，完成乡镇渡口建设9道，投资88.54万元。2012年，完成乡镇渡口建设11道，投资119.25万元。2014年，完成乡镇渡口建设16道。

四、船舶运输

黔南州内河旅客运输主要以短途区间及旅游为主，平均运距约70公里。其中各县（市）乡镇渡口主要旅客为赶集、村镇联络或生产耕作的当地居民群众。货运主要以煤炭、化肥、矿石、木材、粮食为大宗货物。由于航闸坝的影响，均为区间性通航，船型混杂，无统一标准，呈现小、杂、乱的状况。较大型标准客、货运船舶主要集中在红水河龙滩库区和乌江构皮滩库区。1994年，有渡船54艘，各类船舶2662艘。

2012年，全州经许可注册营运的主要客货运输船舶有165艘（12客位以上客船和货船，不包含漂流船、游乐船和过渡船），3080客位，836.48载重吨位，主机功率7953.55千瓦。货运船舶的年均增长率较为平稳，客运船舶的年均增长率较高，并且逐步向舒适化、快速化方向发展。州内从事船舶运输业以个体业户为主，船型以尖瘦为主。客货船舶均具有机动、灵活、速度快和较好的操纵性能，基本能满足州境内适航水域客货运输市场发展的需要。

12个县（市）船舶客货运输情况：

罗甸县有客船42艘，货船24艘，功率达4017.2千瓦。年均客运量20万人次，货运量51万吨。红水河流域航道242.6公里（龙滩库区），四级航道，有渡口10道。

瓮安县有客船13艘、485客位，货船44艘，平均客运量15万人次，货运量37万吨。乌江流域航道57公里，四级航道，有渡口11道。

平塘县有客船17艘，324客位，年均客运量20万人次。航道148公里，全部为等外航道，实际通航里程只有甲茶航道7公里，有渡口2道。

龙里县有客船1艘，20客位，功率28千瓦。有6级航道9.2公里，渡口11道。

福泉市有客船8艘、261客位，年均客运量10.2万人次。有航道35.2公里，其中大花水库6级，航道21.6公里，重安江等外航道13.6公里。

贵定县有客船3艘，90客位，洛北河航道9公里，渡口10道。平均客运量4.5万人次。

荔波县有客船11艘，272客位，功率262.46千瓦，年均客运量20万人次。

三都县县境内有等外航道 58 公里，有渡口 10 道。

独山县有谭尧水库等外航道 8 公里，大河水库 3 公里，渡口 4 道。

长顺县境内有等外航道 32 公里。客运船舶 4 艘，81 客位，功率 68 千瓦，年均客运量 10 万人次。

都匀市境内有清水江等外航道 18 公里，渡口 8 道。

惠水县境内有涟江流域等外航道 89.5 公里，渡口 7 道。

1991—2012 年全州内河航运量统计表

表 17－3－2

年　度	客运量（万人次）	客运周转量（万人公里）	货运量（万吨）	货运周转量（万吨公里）
1991	15	1050	4.26	1050
1992	13	1000	2.7	81
1993	10	950	3.5	1500
1994	15	1100	3.2	204.14
1995	15	1100	2.28	29.1
1996	14.5	1010	4.01	505.7
1997	25	158.6	3.6	350
1998	25.6	168.5	2.5	200
1999	30.8	178.64	4.9	408.2
2000	33	191.4	5	123.6
2001	30	180	4.5	405
2002	40	224	5.9	420
2003	35	220	7.8	468
2004	47.7	362.7	12.2	732.1
2005	51	450	13.1	755
2006	51	472.6	15.2	936
2007	61	701.5	25	2675
2008	63	2520	35	2800
2009	75	3500	50	3800
2010	81	2489	51	3923
2011	85	4220	53	3000
2012	86	4220	51	3100

五、监督管理

1991 年，设立贵州港航监督处都匀港航监督所，在罗甸、三都 2 县设港航监督站。1992 年，设立黔南州航运管理中心站；是年，建立贵州省都匀港航监督所、船舶检验所，实行两块牌子、一套人员（含罗甸、三都港航监督所各 1 人）合署办公。1997 年，黔南航运管理中心站更名为黔南州航务管理处；贵州省港航监督处都匀监督所更名为黔南州港航监督处；贵州省船舶检验处更名为黔南州船舶检验处。州内各县（市）亦相应更名。实行三块牌子，一套人员办公。2000 年，设立三都、罗甸 2 个县航务管理所，主管部门为属地县交通局。2003 年 2 月，将黔南州港航监督处（船舶检验处）合并更名为贵州省黔南州地方海事局。2005 年，都匀市、独山县、平塘县、惠水县、龙里县、福泉市、长顺县设立的港航监督所、航务管理所、船舶检验所合并更名为各县（市）的地方海事处。

1991 年，都匀港航监督处举办第二期小机动船驾驶培训班，培训船员 35 人。年度审批发证运输经营船舶 77 艘，占运输船舶总数 106 艘的 72.6%。年内发生水上交通事故 1 起，死亡 2 人，占年度控制指标的 28.57%。1993 年，对罗甸羊里航运码头，瓮安、罗甸公路车渡渡口及全州 116 处乡镇人行渡口各类船舶 2556 艘进行排查登记。对分散在 12 个县（市）74 个乡镇，173 个行政村的涉航从业人员组织宣传教育，逐一记录建档。1994 年，举办机动船员培训班 3 期，培训船员，渡工 147 人。占全州机动船员 269 人的 54.65%。1996 年，黔南州地方海事局完成全州航道选级工作，罗甸羊里码头工程竣工验收；完成三都航道整治及码头配套工程前期工作。1997 年，重点对都柳江、红水河及部分区间航道的客货水上运输进行全面检查。结合清理“三无”（无船名船号、无船舶证书、无船籍港）船舶，进行综合治理，保护全州水运经营者和消费者的合法权益，解决码头、渡口船舶乱停乱靠等长期存在的一些矛盾和问题。

1998 年，州地方海事局强化水上交通安全目标责任制的落实；进行船舶登记，将非营运船舶的管理纳入各县（市）政府的管理。全州船舶登记 1913 艘、1882.9 总吨，占全州船舶总数的 93.9%、96.8%。5 月，开展“反三违月”和“安全生产周”活动，对 308 名船员进行年度审验学习。1999 年，在春运、5 月“安全月”，7、8 月汛期防洪，11、12 月水上安全期开展安全运输大检查 4 次，查处“三无”船舶和各类事故隐患。开展船舶审验及换证工作，举办船员培训班 6 期，参培人员 286 人次。年末罗甸港监所获州文明委授予“文明执法窗口”称号。2000 年 4 月，召开全州水上交通安全工作会议、州县（市）交通局与有船乡镇和单位、乡镇与村、村与船主 4 级层层签订安全目标管理责任书。州、县港监建立对管理员工的考核制度，乡镇自用船登录造册并发放使用证书，进一步建立健全全州港航监督管理体系。年度水上交通安全四项指标保持零纪录。2007 年 9 月，全州进行乡镇渡口专项整治。经政府批准的 92 道渡口中，验收达标 88 道，限期整治 4 道。2008 年，省海事局给州海事局配备执法车辆 7 台，资金 49 万元。年末，省海事局评定福泉市、贵定县、平塘县、龙里县地方海事处为省级海事系统“文明执法单位”。2011 年，先后对州内港口船进行更新改造 18 艘。其中，机动渡船 9 艘、人力渡船 9 艘，投资 149 万元。省海事局计划配置平塘县甲茶景区 10 米巡航船 1 艘，价 18 万元；荔波县海事处救生艇 1 艘，执法车 1 辆。

2012 年，渡口更新改造机动船 7 艘，人力船 4 艘，投资 98 万元。开展船员安全培训 3 期 145 人次，机动船员培训 2 期培训 94 人。

2014 年，出动海事（航务）人员 6432 人次，开展巡航（查）检查 2133 次，巡查里程 43142 公里，监督执法艇巡航时间 739.8 小时，巡航里程 8869.4 公里，检查船舶 6202 艘次

（含渡口船舶），检查渡口742道次。实施航道清理和沿岸违章建筑整治，清理过河抬网21具，碍航过河绳14根、渔网11具。

第二节 航 空

荔波机场场址在贵州省黔南州南部，与广西壮族自治区交界，位于荔波县城东偏北约28度，距县城中心直线距离约9公里，公路距离约12公里，距国家级荔波樟江风景名胜区景点最近处9公里。

2001年9月21日，州政府组建荔波机场建设开发有限责任公司。2006年2月，成立黔南州民航事业管理局，为州政府管理的副县级事业单位，与黔南州荔波机场建设开发有限责任公司实行两块牌子一套人员，以企业管理为主的事企合一的管理体制。2007年成立黔南州荔波机场有限责任公司，设综合部、运行保障部、航务管理部、指挥中心、安检站。2010年增设经营管理部、航安办。

一、机场建设

1999年10月，州政府向国家民航总局申请，将荔波机场纳入国家民航机场建设计划。2000年民航总局复函国家计委同意新建荔波机场。2001年6月21日，国务院以国函〔2001〕69号文件同意新建荔波民用机场；9月27日，贵州省发改委向国家计委报送《贵州省黔南州荔波机场工程可行性研究报告》；12月3日，民航总局在荔波主持召开荔波机场环境影响报告书预审会。2002年5月20日，国家环保总局以《关于贵州省黔南自治州荔波机场建设项目环境影响报告书审查意见的复函》通过荔波机场环境影响评价；6月6日，中国国际工程咨询公司以《关于贵州省黔南州荔波机场工程可行性研究报告的评估报告》通过预可研评估；9月3日，荔波民用机场利用飞行程序评价处理障碍物论证会在荔波县召开；12月11日，国家发改委同意贵州省黔南州荔波机场工程可行性研究报告。2003年3月28日，在机场现场举行荔波机场工程建设开工典礼仪式；7月，荔波机场工程正式动工。2005年10月28日，荔波飞行区场道土石方工程全部竣工，通过民航西南管理局组织的验收；2006年4月28日，航站区工程正式动工；5月12日，民航西南管理局会同贵州省发改委组织有关单位对下滑台新增保护区工程方案进行审查；5月28日机场道面水稳基层完成，同年8月2日通过西南管理局行业验收；11月14日，由广空、成空司令部组织的就荔波机场飞行程序召开的军民协调会在贵阳举行。会议明确荔波机场进离场划设和飞行程序设计。2007年5月16日，荔波机场空域开口协调会在荔波召开；5月22日，荔波机场飞行区工程初步验收；6月19日至7月14日，民航总局校飞中心对荔波机场通信导航及目视助航飞行校验，完成所有校验科目；9月29日，贵州航空有限公司对荔波机场进行试飞，试飞结果确定荔波机场可以投入使用。

2012年3月，荔波机场改扩建前期工作启动；9月14日，荔波机场总体规划在成都通过评审；12月26日，民航西南地区管理局对《荔波机场总体规划》作出批复，同意荔波机场总体规划。2013 年 5 月，州发改委将荔波机场改扩建预可行性研究报告上报省发改委。本期建设规模占地面积场区内 998.4 亩、场区外 1366.65 亩，本期按 4C 级建设，跑道长 2300 米、宽 45 米，主要满足新舟 60、CRJ—200 等同类飞机起降，同时考虑 B737－700 型飞机限制航程减载使用要求，停机坪长 100 米、宽 80 米，设置停机位 2 个。航站楼建筑面积为 3400 平方米，按满足年旅客吞吐量 22 万人次、典型高峰每小时可接待 150 人次设计。机场建设总投资为 3.96 亿元。

二、航线航班

2008 年 8 月 1 日，开通深圳—荔波往返航班，由深圳航空公司使用空客 A319 执飞。全年航班起降 90 架次，运送旅客 7891 人次。2009 年 8 月 1 日开通广州—荔波往返航班，由南方航空公司使用空客 A319 执飞；8 月 15 日开通贵阳—荔波往返航班，执飞这一航线的有鲲鹏航空公司和华夏航空公司。全年航班起降 174 架次，运送旅客 8320 人次。2010—2011 年，运行贵阳至荔波航线，起降 512 架次，运送旅客 9278 人次。

2012 年，恢复广州至荔波航线，开通重庆至荔波航线，全年起降航班 110 架次，运送旅客 3311 人次。2013 年运行广州至荔波、重庆至荔波航线，全年起降航班 334 架次，运送旅客 17661 人次。2014 年 4 月，云南英安航空公司入驻荔波机场，设立飞机过夜基地，并恢复贵阳、重庆等航线，荔波机场成为贵州省内首家设立飞机过夜基地的支线机场。全年起降航班 1084 架次，旅客吞吐量 46882 人次。

第四章　邮　政

20 世纪 90 年代中后期，邮政逐步推广电子化支局，邮政运输在汽车特快直达的基础上发展航空班次，黔南邮政得到长足发展，逐步满足群众日趋增长的用邮需求。1998 年 10 月 29 日，黔南州邮政、电信分营，成立黔南州邮政局。全州 11 个县（市）相应成立分支机构。2005 年，全州开通电子汇兑联网网点 23 个，联网网点达 81 个。2008 年 3 月，贵州省邮政速递物流公司黔南分公司成立，并完成县（市）级分支机构组建。黔南邮政至此形成邮政基础类、速递物流类等业务板块。

2012 年，全州邮政总收入超过独立运营初期的 5.28 倍。141 个邮政局、所遍布城乡，拥有邮政车辆 116 辆，汽车邮路 49 条，总长 2352 公里，邮政服务覆盖全州 233 个乡镇，1793 个行政村。

2013 年，全州邮政"转方式""优结构""抓效益"增强网点服务功能，提高服务质量。2014 年，全州邮政业务总量 26150 万元，总收入 27427 万元。

第一节　邮政网络

一、机构及网点

（一）机构

1991年，全州有邮电局12个，即黔南州邮电局和独山、平塘、荔波、福泉、瓮安、贵定、龙里、惠水、长顺、罗甸、三都县邮电局。1993年9月，设立邮件运输科，负责全州邮件转运转趟。是年底，黔南州邮电局下设26个科室，各科室下辖单位63个，其中邮政设有营储科、邮政科（转运组、封发组、投递组、报刊发行组、报刊分发组）；邮票公司（集邮门市部）；邮件运输科（驾驶组、修理组）；机要通信科（业务组、押运组）。局、科、班组三级管理。

1995年1月，在邮政科设置速递组。10月，设报刊发行投递公司。1996年1月，州邮电局调整内设机构，其中邮政设有邮政运营部、邮运科、邮件处理科、机要科、邮票公司、营业储汇科、发投公司等。1997年4月，设置黔南州邮电局邮政速递公司；是年9月，发投公司、邮票公司、速递公司实行专业化经营。

1998年10月28日，州级邮政、电信分营，正式成立黔南州邮政局，内设储汇科、投发科、速递公司、邮购公司、广告信函公司、邮件分拣科、集邮公司、邮件运输局、机要科、营销服务科，下设独山县、平塘县、荔波县、三都县、福泉市、瓮安县、贵定县、龙里县、惠水县、长顺县、罗甸县邮政局等县级分支机构11个。

1999年3月，成立黔南邮政通信行业管理办公室（设在经营服务部）；8月16日，撤销速递公司，设立商业信函广告速递科。9月，成立邮政信息技术中心、机要通信科。

2001年8月，成立贵州邮政信息技术局黔南分局，撤销信息技术科。8月29日，成立州邮政局速递局，挂靠投递局。9月19日，成立大客户服务中心，挂靠经营服务部。10月15日，成立代理业务机构。2002年3月，成立物流业务管理科（与运行维护部合署办公）。3月14日，撤销集邮公司，更名为邮资票品局，撤销邮购公司，更名为贵州黔邮邮购有限公司黔南分公司。9月13日，撤销大客户服务中心，成立大客户营销服务部。12月13日，撤销物流业务管理科，成立中邮物流贵州省公司黔南分公司。2003年3月，成立物流业务管理科；10月8日，邮购公司与物流公司合并。2004年2月，撤销报刊发行局、投递局，分别成立报刊零售局、投递发行局。9月30日，撤销运行维护部。2007年5月，黔南邮政速递专业化经营改革正式启动。设置市场部、运营部、县速递物流营业部等内设机构。2008年，完成速递局和物流公司，函件局和集邮公司，代理业务局、电子商务局、包裹业务局和信息技术局的整合；县局撤销储汇部，成立代理业务部，与市场部合署办公。同时，州邮政局现业11185话务班、集邮营业班、机要业务组、报刊零售组和报刊发行组整合，不设班组长，由部门综合管理员直接管理。

2009 年 1 月，成立黔南州邮政速递物流公司。3 月，成立都匀市邮政局。11 月，成立黔南州邮政局分销业务局，挂靠电子商务局。2010 年 1 月，全州邮政代理速递、物流业务划入分销业务局管理。10 月，州邮政局下设函件局、集邮公司、电子商务局、报刊投递发行局、营业局（都匀市邮政局）及邮件处理中心。2012 年 6 月，成立代理金融业务局，同时撤销代理业务局。

2014 年 5 月 1 日，黔南州邮政局改为贵州省邮政公司黔南州分公司。

（二）营业网点

自 1992 年起，加大邮政网点建设投入，全州各县（市）服务覆盖面不断延伸。1993 年，全州有邮电支局 68 个，邮电所 58 个，报刊零售 18 处，其中 10 处为个人承包经营，仅三都县没有报刊零售点；集邮门市 24 处。

1994 年 5 月 5 日，龙里县邮电局增设湾子街邮电所。7 月 31 日，独山县增设南门邮电所、三都县增设丁字路口邮电所。9 月 6 日，惠水县邮电局增设上马路邮电支局；9 月 15 日，都匀恢复原凤凰坝邮电所、汽车站邮电支局，并在龙潭宾馆门口、州政府门口、广惠路、薛家村处设置邮政服务点（邮电所）。10 月 18 日，三都县邮电局将原自办的打鱼邮电所改为邮电代办所；24 日，贵定县邮电局增设汽车站、桃花邮电所；26 日，荔波县邮电局增设更班邮电所。12 月 13 日，都匀增设火车站、斗篷山邮电所。是年，增设瓮安白沙、岚关电信代办所及龙里湾寨、千家卡邮政代办所。撤销都匀一所及瓮安平定营电信代办所，邮电局所总数 154 个，其中自办邮电局所为 145 个。

1998 年 8 月 31 日，福泉市的马场坪、牛场、龙昌，贵定县的盘江、昌明，惠水县的高镇，独山县的麻尾，长顺县的广顺，平塘县的通州，龙里县的谷脚等 10 个邮电支局实行邮电分营；是年 9 月 14 日瓮安县邮电局的草塘支局和珠藏支局实行邮电分营。至年底，全州有邮电支局 86 个，邮电所 54 个，委办机构 17 个。

2000 年 2 月，开始对全州农村邮政支局分别采取承包、代办、委办等多种方式进行改制。改制后，全州有邮电支局 83 个，邮电所 51 个，委办机构 11 个。6 月 6 日，设置都匀市开发区龙山大道龙山邮政支局。2004 年 6 月 1 日，撤销黔南州邮政局第七邮政所，邮政服务改为代办模式。2007 年 5 月 27 日，郊区都匀杨柳街、长顺威远、独山改尧等 19 个农村支局改成委代办模式。

2008 年 12 月 16 日，在都匀市、福泉市等具备条件的城市进行社区试点。是年，黔南州第一个邮政社区服务站——西苑社区服务站正式营业。

2009 年 3 月 20 日，将江州支局等 23 个支局所划归都匀市邮政局进行经营管理。9 月 4 日，瓮安县白沙乡、高水乡邮政代办变更为邮政支局。

2010 年，在全州城镇全面开展邮政进社区工作。社区服务站主要开办出售邮票、邮政贺年有奖明信片，收寄国内函件、包裹，投递邮件等业务。

2011 年 9 月 14 日，瓮安县草塘邮政支局更名为猴场邮政支局；30 日，都匀市江州、凯口、王司等 17 个邮电支局、邮电所正式更名为邮政支局。10 月 10 日，三都县丰乐、廷牌、合江 3 个代办网点恢复自办。11 月 16 日，独山县下司、兔场，贵定县盘江，龙里县谷脚，三都县丰乐5个邮政代办所变更为邮政支局，经营方式由原来的代办变更为自办。

2012年，全州省邮政支局111个，自办邮政所1个，代办邮政所29个，报刊零售点72个，集邮品销售点13个，邮政储蓄点108个。邮政电子汇兑点118个，便民服务站64个。2013年，全州报刊零售点新增17个，便民服务站392个，新增营业面积2000多平方米。2014年，全州有代办邮政所150个，报刊销售点88个，集邮品销售点13个，邮政储蓄点108个，邮政电子汇兑点115个，便民服务站225个。

二、邮政服务

1993年，自办邮电机构的平均服务人口为2.45万人；全州人均使用邮电业务总量达到7.12元；全州乡、镇农村自办分支机构设置235个，设置比例为53.6%；全州乡镇报刊、邮件农村亲投面为100%，行政村亲投面为86.7%。全州乡、镇235个，行政村2826个。全州乡镇农村投递频次每天投递一次及一次以上的占45%；每两天投递一次的占37%；每三天投递一次的占18%。行政村每天投递一次及一次以上的占18%；每两天投递一次的占48%；每三天及三天以上投递一次的占21%；社会力量捎转的为13.3%。

2012年，自办邮电机构的平均服务人口为2.29万人。全州人均使用邮政业务总量达到56.45元；全州乡镇自办邮电分支机构219个，设置比例为52.05%。全州乡镇报刊、邮件农村亲投面为100%，行政村亲投面为47.43%。全州乡镇农村投递频次每周投递一次的占15.52%；每周投递二次的占20.55%；每周投递三次及三次以上的占63.93%。行政村每周投递一次的占7.68%；每周投递二次的占12.28%；每周投递三次及三次以上的占27.47%；社会力量捎转的为52.57%。

2014年，撤销干线火车邮路2条，组开一级干线汽车邮路4条，完成一级干线“火改汽”工作，全面取消市州接卸干线火车邮路功能。重新规划和调整省内干线邮路，对全省36条干线邮路和部分速递邮路进行调整优化，重点党报党刊当日见报的县（市）增加8个；市州之间“次日递”率从61.73%提交到100%；县以上城市之间“三日递”率从69.88%提高到88.19%。全面推行网运KPI考核，关键质量运行指标全面达到集团公司的要求。干线邮路发车准点率90.44%，到达准点率88.67%，分拣封发及时率99.88%，标特、国内小包24小时发运率稳定在99%以上，扩大散件外走范围，发运环节散件化处理率58.55%。

第二节　邮政设施

一、运递设备

1991年，运递设备主要有汽车、摩托车、自行车。1993年，全州有邮运汽车19辆，其中：州邮电局8辆，独山、荔波、福泉、龙里各2辆，瓮安、贵定、惠水各1辆，主要用于自办汽车邮路；邮运用摩托车19辆，其中：州9辆，独山、福泉、瓮安、惠水各2辆，龙里、罗甸各1辆；自行车235辆，其中：州42辆，主要用于农村邮件投递。

1995年，由于邮件量日增，摩托车邮运成本高、载运量小、劳动保护能力弱，邮运用摩托车逐步缩减而用于其他邮政工种。是年，全州有各种邮运、投递汽车30辆。

1996年，购置押款专用车辆13辆，调配至各县使用。1998年，邮、电分营后，有邮运汽车58辆。

1999年，邮政生产用摩托车仅4辆。2012年，城市及乡村道路优化，摩托车因其机动、灵活又再次用于邮件投递，城区、农村投递路线大都使用摩托车运递邮件。是年，全州有邮政汽车128辆，其中投递车辆39台；投递用摩托车120辆；投递用电动自行车20辆，用于投递的自行车仅剩46台。

2014年，对营业网、投递网进行改造，增加投递、机要车辆等各类运递设备。

二、邮件处理设备

1991年，在都匀火车站邮件处理中心有载货用2.5吨电梯1台，专供升降邮件发运火车之用，转运部门与封发部门的邮件交接，均用电梯载运。1993年起，陆续添置信函捆把捆扎机，用于邮件封发部门的信函捆把捆扎。1998年，更换都匀火车站邮件处理中心货梯。是年，全州有信函捆把捆扎机6台、过戳机5台。2000年，开始使用邮资机，用于平常信函的邮资戳记，是年，邮资机1台、信函制作系统1套。2009年1月，都匀火车站搬迁新址，都匀火车站邮件处理中心货梯仅用于邮件转运。并使用至2012年邮件处理中心搬离老火车站。2012年，全州有邮资机20台，信函制作系统7套。2014年，新增投递终端46台、手持智能终端38台。

三、邮政营业设备

1991年，购置多功能电子秤2台，用于邮政营业收寄邮件。10月起，开始使用报刊发行汇兑计算机处理系统处理业务，为黔南邮政生产应用计算机。2004年起，计算机用于日常办公，全州实现联网。2013—2014年，新增多功能自助服务终端8台，电子秤10台，GWI逸动终端11台，电视机71台，复印机68台，计算机104台，打印机248台，EPOS59台，排队机56台，LED显示屏59台，空调136台。

四、办公楼建设

1992年，全州邮电局综合楼陆续动工、建成，验收后多数为优良工程。1998年邮电分营后，除独山县邮政局有独立的办公大楼外，各县级邮政局、电信局共用一栋办公大楼。1999年7月，都匀经济开发区转运楼建成投入使用。2003年，邮政实现扭亏后，逐年投入资金用于县级邮政局办公楼建设。2004年8月，都匀市民族路小十字邮政综合楼建成投入使用。2005年12月，都匀经济开发区纬四路物流仓储货运站建成投入使用。至2012年，惠水、三都、长顺、罗甸等县邮政局建成独立的邮政办公大楼。2014年，新建成荔波县邮政局邮政办公大楼。

五、网络平台建设

1996年5月10日，黔南州邮电局出资340万元对邮政基础设施进行更新、配置。其中：建设邮政商函处理系统工程24万元，建设邮件处理系统资金12万元。

1997 年，建成电子化支局 10 余个，州局自行研制的邮件封发、转运处理系统投入使用，实现邮件抄登微机化。1998 年，投资 80 余万元在都匀市建设“户箱工程”6000 组；投入资金 80 万元建设的商函广告制作系统建成并投入使用；总投资 600 万元的邮政综合计算机网的前期（机房）建设按时完成。

2001 年，投资建成“185”客户服务中心，全面提供电话订报、集邮、购物、代售飞机票、业务查询等服务；开能全国电子汇兑业务，用户在 24 小时内即可收到汇款。

2006 年 9 月，全州建设完成 117 个电子化支局，至此，全州自办邮政网点均实现联网。2012 年，全州 138 个空白乡镇邮政局所补建计划任务有 136 个动工；是年，信息技术部门相继完成代办交警证照平台、警邮号牌寄递、新领驾照寄递、全州邮政网点订购火车票项目等新业务管理系统开发，“代办交警证照平台”在全省开创警邮合作通过影像传输和“车驾管业务一站清”模式，受到省公司专业局嘉奖。

2013 年 10 月至 2014 年 9 月，对全州邮政金融网点网络进行改造升级。是年，开通火车票代售点 15 个。至 2014 年，全州 120 多个邮政网点开通“全网火车票订票系统。”

1998—2014 年全州邮政主要生产设备统计表

表 17 – 4 – 1

年度	邮政汽车（辆）	其中邮运汽车（辆）	其中邮政储蓄专用汽车（辆）	其中速递业务专用汽车（辆）	投递业务专用汽车（辆）	物流专用汽车（辆）	其他生产用车（辆）	其他非生产用汽车（辆）	邮政摩托车	投递用电动自行车（辆）	邮政牵引车（台）	邮政装卸用车（套）	商业信函制作系统（套）	邮资机（台）	过戳机（台）
1998	58											6			5
1999	60	31	12	4				13	7		2	4			4
2000	61	22	13		10		7	9	4		2	4	1	3	3
2001	60	14	13	2	10		13	8	5		2	4	1	3	3
2002	67	13	16	2	12		16	8	5		2	4	1	3	3
2003	74	15	16	4	8	5	12	12	8		2	4	1	6	3
2004	75	14	15	5	12	5	24	12	8		2	4	1	6	3
2005	77	14	13	5	11	7	17	10	8		2	4	1	6	3
2006	94	15	16	8	11	8	20	16	8		2	4	1	6	3
2007	96	15	18	9	11	8	19	16	10		2	4	1	8	5
2008	103	16	16	23	11	4	16	17	17		2	4	6	8	5
2009	100	19	19	16	12	4	19	11	8		2	4	7	4	2
2010	108	15	24	14	23		32		16		2	4	6	7	2
2011	121	14	25	15	35		32		33		2	4	6	12	2
2012	128	17	26	13	39		33		120	20	2	4	7	20	2
2013	133	17	31	12	38		35		135	20	2	4	1	11	2
2014	129	11	32	12	38		36		143	19	2	4	1	11	2

第三节　邮政业务

黔南州邮政业务除邮政函件、包件、汇兑、报刊发行、集邮等业务外，还相继开办特快专递、商函、广告、音像租赁、鲜花礼仪、邮购等多项业务。同时，发展代办保险、代发工资、代收业务费等中间业务，不断满足市场经济发展和社会用邮需要。

1994 年，全州邮政业务收入 1247 万元，比上年增长 39.6%，接近全国和全省的平均增长速度。1997 年，全州邮政采取灵活主动的经营方针和手段，保证集邮、商函等新轻型业务的发展，完成邮政业务总量 10245 万元。1998 年，邮政、电信完成分营，全年完成邮政业务总量 2004.6 万元。1999 年，实现减亏 1806.44 万元，业务收入 4621.60 万元。2002 年，全州邮政完成业务总量 3710 万元，完成业务收入 3573 万元，实现收差 53 万元，整体扭亏为赢。2014 年，全州邮政行业业务收入完成 27427 万元，完成邮政行业业务量 26150 万元，其中，邮政企业业务总量为 23308 万元，快递企业业务总量为 2842 万元。比上年增长 24.97%。

一、函件

（一）国内函件

自 1991 年 10 月邮政首次发行有奖明信片至 1992 年春节，全州各邮电局发行猴年贺年明信片 24 万张。是年，国内普通函件业务只有信函、明信片、印刷品和盲人读物 4 种。1995 年 11 月 1 日，开办“中国邮政回音卡”业务。1996 年，资费由本埠 0.1 元、外埠 0.2 元调整为不分本外埠一律 0.5 元。

1999 年，随着社会的调整发展，民间传统的通信逐步萎缩，其衍生出来的数据库商函、账单业务和邮政贺卡等商业信函日渐融入百姓生活当中。4 月，在全州联网开办“中邮专送广告”业务。5 月 1 日，取消“邮电公事”业务种类，增加“邮政公事”业务种类。是年，资费由不分本外埠 0.5 元调整为本埠 0.6 元、外埠 0.8 元。

2000 年 1 月，全省账单商函业务全面启动，与州移动公司签订账单协议。2002 年，函件业务发展重心向广告明信片、商业信函、邮送广告等商函业务转移。2003 年 4 月 1 日起，邮政系统全部停止使用“邮资已付”戳。是年，国内邮件挂号费从原来的每件 2 元上调为每件 3 元。

2004 年，州邮政局函件局及商函广告公司成立。该种从传统邮政业务中延伸出来的新型广告媒体——商业信函业务，以其针对性强、费用低廉、实用、可靠、方便等特点逐步被客户接受，并成为函件业务收入的主要来源。是年，开发荔波小七孔和都匀斗篷山风光门票明信片双联张门票，首批制作量分别达到 5 万枚和 10 万枚。并开发制作“都匀风光明信片”3400 套，印量 4.08 万枚。

2006 年 11 月 15 日起，信函资费首重 100 克以内，每重 20 克本埠由 0.6 元调整为 0.8

元，外埠由0.8元调整为1.2元，明信片资费由每件0.6元调整为0.8元。

2009年，各县（市）邮政局相继开发“家电下乡”宣传手册、甲流感宣传手册、惠农宣传手册、DM中邮专送广告等函件营销项目。是年，瓮安县邮政局在贵州邮政县域函件业务争先竞赛中获全省第一。

2010年9月，黔南州数据库商函制作直复营销中心正式运行。年底，对全州11.5万公积金个人用户进行账单明细寄递。是年，州邮政局运用邮政用房、报刊亭、邮编牌等资源，建设邮政户外广告媒体，在4个县（市）邮政局建立户外广告发布媒体。

2011年，加大商函设计制作设备的投入，为全州12个县（市）邮政局配置邮资机、专业相机和设计打印设备，部分重点县（市）还配备苹果一体机，满足业务发展的各种需求，提高商函业务设计制作能力；建设外出务工人员库、科级干部库、毕业生库、教师库、白衣天使库、中高收入群体库等精品特色名址库12个，有效名址40余万条。与12家金融单位创办金融信息中邮DM专刊，于8月开始发行，每月发行1期，每期发行1万份，内容主要涉及黔南金融相关的新闻、热点等，实现年收入24万元。运用“同心圆”商圈营销理念，在“五一”“十一”等节假日开发房开、建材、超市、商城、家电等据库商函，实现收入20余万元。

2012年1月17日，全州对部分信函协议客户试办约投挂号业务，对函件实行挂号寄递、全网优先处理、短信通知、电话预约、按址上门投递签收的寄递服务。单程寄递标准资费：普通信函资费+挂号费3元+约投服务费2元，分本外埠、按重量区间计费。是年，州邮政局自行开发、设计的“背篼干部”系列邮品3个品种6000册。同时，开发“金融信息报”“黔南献血”等数据库商函项目，分别实现收入24万元、36万元。

2013年，按照集团公司“多元化规模发展商业化媒体经营”的发展思路，推进函件业务向商务、媒体、文化和技术结合的方向转型发展。3月，协办黔南州“3·15”消费者维权日活动；5月，开办电商小包业务，签订协议客户20余家。

2014年，全州结合“3·15”“毕业生纪念册”等主题，开展专项营销活动。5月，开通国内小包业务（全省邮政开通此项业务的有贵阳、遵义、黔南），累计实现收寄量6324件。

（二）国际及港、澳、台函件

1991年，调整寄往香港、澳门地区和台湾省的邮件资费，信函20克及20克以下，收费0.4元；印刷品20克及20克以下，邮资0.2元。航空邮件附加费为：信函、印刷品、小包每重10克或其零数收费0.15元。同时，对国际信函资费进行调整，国际水陆路信函20克及20克以下收费0.15元，航空邮简每件收费1.9元。

1994年9月1日，由于国家对汇制的改革和人民币汇率的变动，邮电部对国际及港、澳、台邮件资费再作调整。国际水陆路信函20克及20克以下提高至2.2元；印刷品20克及20克以下提高至1.5元；明信片调至每件1.60元。港、澳、台信函20克以及20克以下由0.4元提高至0.6元明信片每件由0.3元调至0.4元。

2004年1月1日起，航空函件按“邻近国家”“其他亚洲国家”“欧洲、北美、澳大利亚和新西兰”“非洲、拉丁美洲及大洋洲其他国家和地区”4组计费。空运水陆路函件也以韩国、日本为第一组，塞浦路斯为第二组，其他国家分别为第三、四组计费；水陆路函件则以普通国际资费和亚太地区减低资费计算。收费标准将中国内地寄往国外信函的最低重量级别调整为20克及20克以内，资费划分为5至7元不等的4组，小包最低重量级别从10克调整到100克，印刷品专袋最低重量级别由10克调整为5000克。水陆路函件方面，普通国际资费的20克及20克以内的信函，收费从4.4元降低为4元，明信片每件3.2元降低为3元。

2008年12月15日起，开办海峡两岸平常和挂号信函、明信片等邮政业务，核定大陆至台湾相关邮政业务资费试行标准。至2014年，国际及港、澳、台函件执行国家核定的资费标准。

二、包件

1991年，收寄的包裹主要由个人和单位交寄的零星物品及厂商交寄的商品两部分组成，包裹全部保价交寄。

1993年后，各企事业单位、个体户交寄的大宗纸质品包裹、商品包裹增多，全州的包件业务仍有小幅增长。是年，普通包裹邮件专运费：民用包裹0.50元/件/公里、商品包裹1元/件/公里、大宗印刷品件/公里0.3元、大宗纸质品包裹0.3元/件/公里；逾期保管费：民用包裹5000克以下0.3元/件/天、商品包裹5000克以上0.3元/件/天。

1998年7月1日，都匀邮区中心局对包裹的处理改用计算机进行处理，各收件单位在详情单及包裹号码上使用条形码。是年，开办邮政直递包裹业务。1999年8月5日，恢复国内包裹存局候领业务，每件3元。

2000年7月1日，根据《关于部分调整国际及港澳包裹业务资费的通知》，降低寄往东南亚部分国家及香港地区的包裹业务资费，资费平均下调幅度为30%。10月1日起，州邮政局投入150多万元购置邮运、投递车辆，以适应投递体制改革、县（市）城区包裹直投到户的需要。对城区范围内邮购包裹实行按址投递到户，县以上城市城区全部实行包裹投递到户。

2001年8月1日起，开办国内快递包裹业务，主要服务于工商企业、电子商务公司、邮购公司及部分居民。快递包裹实行分区计费方式，其计费区与普通包裹计费区相同。计费标准：按照不同的计费区，首重1000克以内5～20元，5000克以内每续重500克2～9元，5001克以上续重每500克1～6元。

2002年，通过争取校方支持进驻校园收寄毕业生包裹、发展快递商包等措施，促进业务增长。2003年，把发展当地土特产品、药材、药品包裹作为创收的途径，把包裹业务与物流业务相结合，开发同城或异地的商品配送服务。2006年11月，贵州省内普通包裹资费实行分区计费方式，包裹计费区按每公斤0.6～1.5元的资费标准执行。

2007年，实施家乡包裹项目，校园、军营包裹项目，启动电子商务包裹项目，抓好国际包裹和快递包裹两项重点业务，推动整体包裹业务发展，包裹业务收入达206万元。

2008年12月，调整大陆至台湾地区包裹邮件资费，航空包裹起重1000克及1000克以下，资费标准 99.5 元；1000 克以上续重每 1000 克或其零数，资费标准 21 元，最高限重 30 公斤。水陆路包裹起重 1000 克及 1000 克以下 89.5 元，最高限重 30 公斤，1000 克以上续重每 1000 克或其零数，资费标准 5 元，最高限重 30 公斤。

2009 年，开展“爱心包裹”活动，发起和组织社会各界向地震灾区的中、小学校和学生捐赠礼物的主题活动，全州通过邮政渠道向全国捐赠包裹件。2010 年起，将邮政“爱心包裹”业务作为常态业务发展，捐赠范围扩大到主要灾区及贫困地区。

从 2010 年 1 月 1 日起，中国邮政集团公司对国内快递包裹业务作整体部署，将其纳入速递物流专业范围，由速递物流专业对该业务进行统一经营和管理。是年，随着商品流通的日益发达、交通运输业的快速发展和邮政业务种类的日益丰富，实物传递逐年萎缩。2012 年，包裹业务量 27.12 万件，收入 117.82 万元。2013 年，全州收寄包裹 24.5 万件，收入 157.19 万元。2014 年，全州收寄包裹 29.5 万件，收入 125.61 万元。

三、汇兑

自 1993 年起，全州各个邮电局、邮电所逐步开始对窗口营业、内部生产作业等开始使用计算机，但各支局间、支局与各专业局间、全国各省局间还没有实现数据通信及数据共享，邮政汇款传递还是以实物为主。进入 90 年代后期，各银行个人汇款业务市场及邮政储蓄实行全国联网，以个人汇款为主要对象的邮政汇兑业务市场迅速缩小。1997 年后，全州邮政汇兑业务的发展呈明显下降趋势。1997 年 7 月底，在全州开展本地网的通存通兑系统建设，全国通存通兑待省中心建设完成后由都匀接入省中心实现。

1999 年 2 月 26 日，开办国内邮政礼仪汇款业务，使用专用的礼仪汇款通知和礼仪卡（吉祥卡），吉祥卡服务费每笔 1 元。是年 8 月 1 日，开办电报入账汇款业务，可汇入汇款人指定的邮政储蓄开户账号。从是年 10 月 9 日起，开办省内邮政特快汇款，每笔限额 1 万元。1 万元 ~5 万元之间的按超限额汇款办法，每笔除按电报汇款资费标准收取资费外，加收特快专递费 15 元。收款人要求递交现金的，由投递局按汇款金额 5000 元以下 10 元、5000 元以上 20 元的标准向收款人加收送汇费。

从 2001 年 2 月 1 日起，特快汇款的业务范围由地（州、市）邮政局之间互汇扩大为地（州、市）、县（市、特区）邮政局之间互汇，原定特快汇款专递费由每笔 15 元调整为 10 元。

从 2002 年 1 月 1 日起，与全国范围内邮政联网电子汇兑，县以上城市之间邮政汇款取消实物汇款，改变传统汇票传递方式。3 月 27 日，开通内地与香港的邮政汇兑业务。从 5 月 1 日起，在全省范围内开办邮政特快送款业务，为距当地邮政局所较远、到邮政局所取款不方便的客户提供服务便利。送款 1500 元以下的每件 10 元，1500 ~3000 元的每件 15 元，3000 元以上的每件 20 元。7 月，利用邮政汇款采取邮政入账汇款的业务方式，满足客户需要。

2003 年 5 月 10 日，汇兑业务开办“回音卡”业务，每笔加收 3 元回执费。

2004 年，汇兑业务拓展为 2 小时到账、实时汇款、汇款回执等 3 项增值业务，营业网点受理业务后，3 ~5 分钟即可到达客户指定邮局。是年 9 月，州邮政局向州人民银行申请开办国际汇兑业务，都匀小十字营业网点可办理此项业务。

2005 年 3 月 31 日，都匀王司邮政支局电子汇兑联网，全州邮政电子汇兑联网网点达到 78 个，全州邮政电子汇兑网点联网工作全面完成。

2008 年 5 月 23 日，全州所有汇兑网点免收汇往汶川地震灾区抗震救灾捐款汇费及相关费用。12 月 15 日起，全面开办海峡两岸邮政汇兑业务。2014 年 8 月 8 日，全州所有汇兑网点免收昭通地震灾区救灾捐款汇费及相关费用。

四、报刊发行

1992 年，全州报刊流转额比 1991 年增长了 16.61%。都匀市较大单位及中、小学校建有发行站 31 个，完成报刊流转额 40 万元，占全州报刊流转额的 23.37%。是年，省邮电局投资 3 万元，州邮电局自筹资金 2 万元，配置报刊发行计算机处理系统。

1993 年，报刊发行计算机处理系统投入使用并运行正常，是全省率先使用微机处理报刊发行业务的地区级单位。报刊大收订期间，城区报刊的收订和内部处理工作均使用计算机处理，且报刊零售在县城开展，全州农村分支机构未办理此项业务。是年，黔南各局发行报纸 527 种、杂志 2355 种，占国内已交邮发报刊 80% 以上；全州发行业务收入 167.98 万元，报刊流转额 755.64 万元。《黔南报》改为周三报，期发数 1.6 万份。

1994 年，全州 6 个县（市）邮电局用于发行的计算机全部投入使用，州邮电局计算机和省发行局计算机联网，在全省地区级邮电局评比中获第一名。

1995 年 10 月 23 日，州邮电局设置报刊发行投递公司，公司下设报刊发行组、报刊分发组、投递组。

1997 年 5 月 19 日，州邮电局在都匀市市水厂大门旁、州农机公司旁、市粮食局二仓库新大楼前、州医院旁、实验学校前建临时报刊亭 5 个，面积均为 6 平方米。

1999 年，《贵州广播电视报 · 黔南版》的征订发行工作交由各级邮政局向全州公开征订。是年，全州信报箱工程完成安装信报箱 6000 户。

2000 年，全省邮政改革投递体制，建立融营销为一体的投递局，全面调整投递段道，推出县以上城区包裹直投到户，邮件报刊、特快、包裹三网合一，通过上楼投递、建立信报箱群、发展农村委办投递点等措施提高报刊妥投率。是年，成立报刊零售公司。以《贵州都市报》《贵阳晚报》为主，两报销售由原来每天 1000 多份上升到 3000 多份，超过了个体销售。

2001 年，州邮政局在都匀市繁华路段、学校、火车站申请设置报刊亭 26 个。

2002 年，加大对揽收私费订阅的奖励力度，通过公布各段道、区域上年报刊收订流转额的方式，鼓励下部职工承包，私费订阅较上年有了较大的增长。是年，报刊流转额达 1384.72 万元。2003 年，全州新增报刊零售网点 29 个，零售点达到 50 个。是年，加强与出版部门的沟通配合，协调关系，解决运递时限问题，在《贵州都市报》《贵阳晚报》的批销工作上，全州各级邮政部门协作配合，快速寄递，使两报早于二渠道上市批销。

2004 年，州邮政局实施报刊零售专业化经营体制改革。新增报刊零售亭（点）2 个，全州达 80 个。

2009 年，抓好“服务三农”项目、校园报刊和日常收订三个项目，拓宽教辅图书领域，报刊发行实现突破。2010 年，邮政报刊发行特别是零售业务实施新的会计核算办法。

2011 年，教辅项目完成流转额 35.26 万元，实现进销差 7.29 万元。是年 8 月 1 日起，《住宅信报箱工程技术规范》正式实施，信报箱工程纳入建筑工程统一规划、设计、施工和验收，与建筑工程同时投入使用。住宅信报箱按住宅套数设置，每套住宅设置一个格口。是年 12 月 7 日，经都匀市城乡规划局同意，在都匀市平桥客车总站、州物资大厦各设置报刊亭 1 个。

2012 年，年度畅销报刊流转额同比增长 43.5%，名列全省第一。创新推出报刊文化礼盒项目取得突破，同比增幅达 643%。《中国教育报》完成份数占全省 33%，收订进度和比重均位居全省第一。

2013 年，开展校园报刊室宣传活动，举办“校园爱心公益大讲堂”，推介校园报刊及教育辅导刊物《英才》系列，《课堂内外》《幼儿画报》等。是年，全州有报刊亭点 92 个。其中新式报刊亭 81 个，新增报刊亭 10 个。

2014 年，部分县（市）开展图书巡展活动，与宣传部，妇联，教育局等单位联合行文，开展图书捐赠倡议活动，邀请大客户现场选购图书，捐赠给乡镇学校，选赠的图书达 5 万册。全年开展《课堂内外》爱心公益大讲堂 12 场。

五、增值业务

2002 年，州邮政局成立代理业务部，挂靠市场部，重点开展代理电信业务。11 月 12 日，州邮政局与州移动公司正式签订《业务全面合作协议》。

2003 年，全州邮政系统开通移动合作营业厅 11 个，同时发展村级代办点，开展二级代办业务。全州代办电信业务快速发展。是年，以代放号、代售卡、代收费等业务收入 135.32 万元，放号 13492 户，销售充值卡 765 万元，收取话费 1453 万元。各县邮政局实现代收费的“零”突破。

2004 年，均与电信、移动、联通运营商看好邮政的营业网点，开展全面合作，开通代收电信、联通资费的子系统，为业务发展提供支撑。6 月，州邮政局与州电信公司达成代收电信话费协议；11 月，与都匀联通公司联合开办邮政储蓄存单质押租机活动，一个月内发展联通用户 230 户；12 月 27 日起，在都匀城区开办铁路客票邮政订送业务，为邮资票品局小十字营业厅柜台指定受理点，每张售票向客户收取 20 元订票费。是年，全州代放移动号 17200 户，销售充值卡 1658.6 万元，代收话费 3033 万元，累计完成业务收入 236.83 万元。其中移动话费 2591 万元，电信话费 346 万元，联通话费 96 万元，完成业务收入 236.83 万元。

2005 年 1 月 21 日，铁路客票邮政订送业务在全州开办。是年 12 月 20 日，在全州范围内开办春节期间农村外出务工人员通过邮政渠道订送火车票业务。是年，与移动公司及电信公司签订第二期业务合作协议。全年实现代办业务收入 233.36 万元，其中代办电信业务收入 232.49 万元；全州代放号 17814 户，销售充值卡 1998.3 万元；代收话费 3475.3 万元，其中：移动 2735 万元、电信 611.6 万元、联通 128.7 万元。

2006年，发展综合平台代收费业务，开办业务的网点（含储蓄网点、电子汇兑网点和电子化支局）从年初的66个增加到97个，月收费额从130多万元增加到270多万元。自5月起，都匀市区13个邮政网点均可办理代收电费业务。

2007年，宣传推广邮储短信业务，发展综合代办网点，全州新增代收费加盟网点15个，开办代收费业务的网点达到166个。是年，代收业务项目增加代收话费、代收电费、代收烟草款、代收交通处罚等10多个项目。全州实现业务收入375.69万元，代收费项目完成1.2亿元，其中代收通信费1.06亿元，代收电费及交警罚款1500万元；发展邮储短信包月用户40478户；代放号16037户。

2008年5月24日，恢复邮政网点短信受理功能。是年，代理类业务拥有代理和信息业务（代收话费、邮储短信、收移动营业款、代收其他费业务）、电子商务业务（票务类业务、包裹类业务）。是年，邮储短信业务快速发展，年末短信收入124.84万元。

2009年，全州布放商易通147台；10月21日，全州第一个社区服务站——都匀市西苑社区服务站正式开业，办理邮政业务和代理业务；12月7日起，全州开办邮政集邮短信业务；至12月31日，全州发展储蓄短信业务220399户，实现收入24.77万元。是年，商易通项目交易笔数12008笔，交易额10622.85万元，产生手续费收入6.46万元，户均余额0.88万元；

2010年，全州电子商务打造“自邮一族”业务的核心服务产品——警邮交通管理服务站。是年7月10日，州邮政局与州交警支队合作，都匀市小十字邮政营业厅、汽车站代办点和电信巷（鸿雁）邮政代办点正式受理非现场罚款业务。是年，全州开通现场罚款邮政代理机构182个。是年，受电信运营商的政策调整影响，代收话费业务量处于逐年下降趋势，州邮政局开发新代发项目，电力、广电和烟草新项目弥补了收入缺口。

2011年1月1日起，在全州邮政开办“邮乐卡”代理销售业务。是年，三都县邮政局拓展代收新项目，在全州率先开通代收电费、广电费业务，代收类项目完成58.24万元，较上年增长28.46%，增幅排名全州第一。全州代理保险13.18万元，代理国债450万元，代发养老金1538.6万元，代发工资3983万元，代收电信资费133.8万元。

2012年，全州启动代收烤烟款项目和代付烤烟款项目。全州新建“缴费一站通”网点36个，投放EPOS缴费通网点新建240台。是年，全州邮储短信（不含银行）在网用户58万户，年新增邮储短信用户26万户，收入突破1300万元，收入、加办率、年成功扣款率等重要指标均在全省名列前茅。全州邮政航空机票累计出票1.3万张，实现收入35万元。通过赠送样刊试读营销、报刊名址数据库营销等措施，新增储蓄短信用户25000户，代售航空机票销售1000张。至年末，短信收入实现1247.04万元，为2008年收入的近10倍，短信业务成为邮政增值业务中的支柱业务。

2013年，在11个县（市）邮政局开展便民服务站，服务能力提升活动，非现场业务量达24760笔，比上年增长126%。同时，推进代收类、票务类、警邮类业务。

六、集邮

1991年1月1日成立邮票公司，负责全州集邮业务的经营指导。1992年末，都匀集邮门市部办理“预订卡”（含集体预订）1580份。至1993年末，州邮电局邮票公司印制发行各种首日封、纪念封15种22700枚，其中“贵州少数民族自治州集邮联展”“都匀万门程控电话开通纪念”纪念封发行3000枚。

2000年来，随着集团调控政策的实施，集邮市场逐渐升温，全州集邮业务也逐步向着健康、良性的方向发展，集邮业务收入呈逐年递增趋势，规模逐渐做大。2000年，国家邮政局加大常用面值（0.8元、0.6元）纪特零枚和单枚套票的发行数量，全州各邮政营业窗口均有销售。

2001年6月，邓恩铭烈士邮票和“七一”建党80周年邮票发行，制作邓恩铭烈士纪念封1枚和邮资明信片1套（5枚）、邓恩铭系列邮品3种各5000套。2001年，开发“贵新高等级公路全线开通纪念封”“贵新高等级公路沿线主要城镇邮戳”“贵新公路开通纪念戳”等邮品。

从2002年5月起，黔南邮政结合地方旅游资源、重大事件等，中国邮政正式开办个性化邮票。推出的有统一主图案、邮资，副票则由各制作单位根据自身特点确定宣传主题的个性化服务的邮票及邮品等。

2005年，开发三都县的《中国三都水族之乡》，瓮安县宏福公司的《前进中的宏福公司》，长顺县的《青春拥抱世界》，州庆50周年《绿色黔南》4500册。

2006年3月18日，开发贵定县《金海雪山》；8月3日，发行《绿色黔南》个性化服务专用邮票，邮票面值80分，整版售价28.8元。

2007年，开发《读报大王》《三都县建县五十周年》《人保财险个性化邮票年册》《贵定一中校庆个性化邮票册》《劳模风采》《金色少年》等定向邮品和个性化邮票。

2008年1月5日，国家邮政局发行“戊子年”生肖邮票，贵州省邮政局和州集邮协会在长顺县举行首发仪式。是年，开展的大项目主要是奥运项目、多彩贵州项目和形象年册项目，其中《奥运大全册》完成71.5万元、《放飞奥运梦想》专题个性化邮票完成开发15569版，实现收入74.73万元；《多彩贵州》集邮册销售1141册，实现收入31.78万元，名列全省第三；形象年册完成4290册，收入108万元，名列全省第三。

2009年，开发《黔南州集邮协会第六次代表大会》纪念邮折、《黔南州建设银行》纪念邮册、《黔南州人寿保险公司》纪念邮册、《黔南环保》宣传纪念邮折、《贵新高速开通》纪念邮册、《多彩贵州—绿色黔南养生天堂》邮册。建国60周年主题邮品项目：开展建国60周年邮品销售竞赛活动，召开建国60周年邮品鉴赏会，邀请到党委政府、企事业单位、私营企业主等大客户70多人参加活动，重点推介中国集邮第一套邮票金砖等集邮产品，完成项目收入208万元。

2010年，开发《龙里人大》纪念邮折、《好花红故乡—惠水》邮册、《第四届都匀毛尖茶节》纪念封。是年，以“畅游世博”主题营销活动为主要项目，重点组织《精彩世博世界珍邮》邮册、世博贵金属等中高端邮品销售，累计完成销售收入153万元。

2011年1月5日，国家邮政局发行“辛卯年”生肖邮票，州邮政局和集邮协会在独山县举办首发仪式和贵州省2011年珍邮展览。是年，开发《多彩贵州独山篇》邮册、《都匀一中同学纪念册》《黔南州农业发展银行》邮册、《地球绿宝石风情黔南州》邮册1000册、《平塘印象》邮册、《荔波旅游纪念》邮折、《龙里县医院“护士节”》纪念邮折、《背篼干部》系列邮品（邮册、卡书、笔记本）各2000套、《光明征程四十年》都匀供电局成立40周年纪念邮册。重点开展“生肖贺岁项目”和“建党90周年”项目。是年完成项目收入287万元，名列全省第一。

2012年6月30日，发行《红色足迹》特种邮票1套6枚。2012年，完成1229万元，比上年增长15.5%。

2013年3月16日，发行《桃花》邮票1套12枚，在贵定县音寨金湾雪山风景区举办首发式，县领导出席首发式；9月29日，首发中国梦系列邮票《中国梦—国家富强》1套4枚、小金张1枚；2013年是毛泽东诞辰120周年，11月26日发行纪念邮票。是年，开发《绿色磷都，幸福福泉》邮折、《千年古邑，红色瓮安》邮册，得到当地政府的好评。

2014年1月26日，首次发行《拜年》系列邮票，此后每年1月10日发行《拜年》邮票；9月20日，发行中国梦系列邮票第二套《中国梦——民族振兴》。是年，在全州开发《生日经典》项目，共开发950册，收入120万元；与荔波小七孔景区管理部门开发《地球之花山水天堂》个性化邮票500版；与州医院合作开发《快乐成长》宝宝纪念邮折。

七、邮政快件与邮购业务

（一）邮政快件

1991年，全州所有支局、所均开办邮政快件业务，邮政快件受到用户的普遍欢迎，业务发展较快。邮政快件实行全国统一资费，一律按给据邮件处理，凡符合邮件准寄范围的各类书信、文件、资料和物品等，均可作邮政快件交寄。此外，邮政快件可作保价交寄，对装寄照相机、手表、怀表、金银饰品，凡价值在300元以上的，必须作保价快件交寄，每件最高保价金额为1万元。是年，国内邮政快件资费起价为20克0.8元。

1992年7月1日，邮政快件资费起价调整为20克1元。1993年，全州各局邮政快件业务量129.93万件。1996年12月1日，邮政快件资费起价调整为20克2元。1998年，随着特快专递业务的发展，用户用邮时首选特快专递，邮政快件业务需求逐年下降。国内邮政快件业务从开办至1998年7月1日停办，历时10年。

（二）邮购业务

1997年7月12日，第一个邮政音像租赁服务部在都匀挂牌营业。1998年，除音像租赁、鲜花礼仪等业务外，还开办邮购商场。当年完成邮购收入59.8万元。同时，并向支局延伸，都匀小围寨、沙包堡、甘塘等支局开办音像租赁业务。

1998年3月31日，州邮电局开展纽海尔斯公司系列产品（阿拉斯加深海鱼油）邮购业务。

2001年，采取集中采购、统一配送，降低采购成本，简化采购程序，获取最优惠的商品价格，逐步实现邮购连锁经营。2002年，邮购业务抓住假日，仅“中秋月饼”一项，全州实现销售收入70多万元，利润19万多元。2003年后，各县局邮购超市相继撤销；是年

10 月 8 日，邮购公司与物流公司合并，邮购的相关业务并入物流公司。

八、特快专递

1991 年，开办特快专递邮件业务，分为国际（含港、澳、台地区）和国内两种，按内件性质不同，特快专递又分为“信函”“文件资料”“特品”三种。州邮电局开办特快专递业务，利用专车上门揽收，专车投递，赶发有效车次运递。国内、国际及港澳台特快业务发展较快，业务量和业务收入逐年大幅度增长。

1992 年 7 月 1 日起，调整特快专递邮件起重 200 克以内每件收取 12 元，续重 200 克或其零数加收 3 元。9 月 20 日，全州正式开办特快专递业务。是年，收寄国内、国际特快邮件 612 件，收入 1.04 万元。

1993 年 7 月 15 日，正式开办国际、国内特快专递业务，并于 8 月 1 日成立邮件特快专递站。是年，州邮电局配备专人专车投递进口特快专递邮件。

1994 年 4 月，全州 11 个县邮电局、12 邮电个支局及邮电所均开办特快专递业务，州局开通速递传真查询系统。

1995 年 1 月 9 日，州邮电局在邮政科设置速递组。至 1995 年底，国内特快专递可通达 600 多个城市，国际特快专递通达 200 多个国家和地区。1995 年，开办特快专递鲜花礼仪服务，服务费用由三部分组成：基本业务资费 + 礼品费 + 投递服务费。基本投递服务费为 20 ~ 30 元，礼品有鲜花、花篮、蛋糕等价值在 40 ~ 288 元之间不等。

1996 年，邮电部把“185”定为全国邮政特快专递业务电话特种服务台的专用号码。

1998 年 10 月 10 日起试办国内特快专递收件人付费业务。

1999 年 8 月，为适应特快专递业务市场发展需要，满足用户需求，在中秋期间开办“特快月饼传亲情”活动。1999 年 10 月，特快专递业务新增异地邮政礼仪业务，通过 185 特服号为客户提供专人、专车、专递的方式，提供鲜花、礼品等礼仪专递服务。

2000 年 4 月 1 日起，寄往香港、澳门的特快专递邮件资费调整为：文件类起重 500 克 90 元，续重每 500 克 30 元；物品类起重 500 克 150 元，续重每 500 克 30 元。7 月 24 日，省邮政局准许特快专递业务开展社会代办。10 月 20 日，开办邮寄特快专递出国出境证件业务。

2001 年 1 月起，在全州范围内利用邮政特快专递寄递居民身份证快证，每证收取往返费 30 元。是年 7 月 1 日起，开始为北京安必信科技发展有限公司办理邮政特快专递配送商品和代收货款业务。

2002 年 4 月 1 日，开办邮政特快送款业务，送款额在 1500 元以下的每件 10 元；1500 ~ 3000 元的每件 15 元，3000 元以上的每件 20 元。是年，速递业务在稳定国内异地特快专递业务的同时，加大同城快递及国际特快业务的发展力度，到年底，全州完成速递业务收入 221 万元，其中：完成同城快递业务收入 15.31 万元，完成国际特快专递业务收入 3.2 万元。

2003 年，重点开拓农资产品和农村日用消费品市，采取“配送 + 分销”的模式，市场重点和在县及县以下的邮政机构，主要开展的分销项目有日化用品、饲料、种子、月饼等。

是年2月18日起，发展“三流合一”（物流、资金流、信息流）的一体化物流，与都匀利都公司合作，初步形成以零担运输为主，仓储、配送综合发展的业务模式；与都匀联通公司达成对全州的手机、卡类等业务的配送；与黔南种子公司合作，开发种子邮购试点业务；与重庆金华饲料有限公司签订“E·M催猪神”饲料添加剂代销业务在全州铺开为试点，开展种子、饲料等农资配送，推动农村邮政物流发展。是年8月30日起，国内特快专递邮件资费起重、续重计费单位由200克调整为500克，扩大了1.5倍，起重收费标准仍维持20元不变，并且对续重部分由每个计费单位6元，调整为按空间距离分区计费对国内邮政汇兑附言6个汉字（12个字节）以内免费，超过6个汉字的部分，按每字0.10元收费。是年10月8日，邮购公司与物流公司合并，邮购业务也随之并入。是年，配送业务逐步发展，完成手机配送2278件，雅芳化妆品配送2120件，零担运输19129件，运输零担6757.25吨，完成业务收入85.06万元。开展中秋月饼销售，实现进销差26.4万元，列全省第二。

自2004年起，开展直递、零担业务、一体化物流配送业务、农资分销业务，全州特快业务收入完成445.29万元，其中邮政送款业务实现收入154万元。在物流业务上发展零担运输、种子分销配送、邮购月饼等物流业务，三都、荔波、独山等县相继开展零担配送业务。1月5日，全州开办邮政速递车证照业务。与州交警队达成车辆新证邮寄协议，州邮政局派驻人员在交警队服务大厅进行现场收寄，每天业务量在10件以上；是月，开发中邮特流贵州神奇药业全国一体化物流配送项目。是年，州邮政局成立的“邮政礼仪”队伍上门营销，为企事业单位开业庆典提供邮政礼仪服务，先后与州级多家单位签订职工生日、婚嫁礼仪服务协议；农资分销业务中的种子销售，与地方种子公司进行代销，年度计划销售水稻种子25吨，玉米种子5吨；全州物流业务完成收入127万元。

2005年7月28日，全州中邮物流西南集散网开通，黔南州范围内收寄的物流货物通过集散网可通达全国27个省、直辖市的县级以上城市。全州各县（市）陆续开办车证照业务，每月业务量超过1000件。

2007年5月14日，黔南邮政速递专业化经营改革正式启动。设置市场部、运营部、县速递物流营业部等内设机构。8月30日，黔南州中邮物流仓储货运站工程项目竣工投入使用。是年，全面开办第二代身份证快递业务和车证照、法律文书寄递，推广签证特快专递和银行票据交接业务，代售南航机票业务等，高考录取通知书“思乡月”专递项目也渐成传统业务。是年，全州配送神奇“安康”药品756750包；开展种子分销业务，销售种子45.53吨，销售额102万元，进销差25.3万元；中秋“思乡月”项目订货额实现83.27万元，速递类月饼订货额实现25.77万元，全州突破百万元大关，其中瓮安局实现销售收入40多万元、罗甸局实现21.78万元。全州特快业务收入完成724万元，业务量完成40.5万件。

2008年3月26日，西南四省（四川、云南、贵州、重庆）内，省会实现EMS“次晨达”，成都到都匀，德阳、绵阳、资阳、遂宁到都匀实现单向“次日递”。4月16日，结合当地春茶市场，全州邮政开办“春茶寄递项目”，以普通包裹、快递包裹、中邮货代等方式进行寄递。9 月 1 日，出口 EMS 邮件纳入全国“全夜航”交换网，首次实现省际间特快邮件“次晨达”“次日递”。

2009 年 1 月 20 日，黔南州邮政速递物流公司正式成立，设置瓮安、独山、贵定、福泉 4 个县级营业部。

2010 年 4 月 10 日起，国内标准型邮政特快专递邮件、国际及台港澳邮政特快专递邮件和中速快件资费分区和标准进行重新调整。国内特快专递续重计费区调整为 5 个，分别为 500 公里以内、500 公里以上至 1500 公里、1500 公里以上至 2000 公里、2000 公里以上至 2500 公里、2500 公里以上。起重资费 20 元不变，续重资费适当调整，其中 500 公里以内由每 500 克 6 元调整为 4 元，2000 公里以上至 2500 公里由每 500 克 9 元调整为 10 元，2500 公里以上由每 500 克 15 元调整为 17 元，其他计费区资费标准不变。

九、分销业务

2009 年 11 月，成立分销业务局，挂靠电子商务局，负责全州分销业务工作。各县（市）未设立分销专门机构，在县（市）邮政局市场部下设分销业务项目经理负责分销业务相关工作。

2010 年，与都匀毛茶企业联合打造邮政“黔茶飘香”品牌，设计制作“黔茶飘香”都匀毛尖茶国礼礼盒，制定相关宣传计划和营销奖励政策。全州分销酒类 44.27 万元，实现收入 10.37 万元；分销种子 74.11 万元，实现收入 21.4 万元。

2011 年，全州分销业务完成业务收入 48.98 万元。在网点渠道建设中，重点推广“自营加代理”的建设模式。分销产品有国台酒、祁连红酒、都匀毛尖茶等系列产品。

2012 年，各县（市）把酒水类项目作为分销业务的龙头项目，重点以“国台酒新春邮礼”“五节联送”等项目，做好春节、端午节、中秋节等传统佳节的特色产品营销工作，并结合当地实际情况开发地方特色礼品，发挥邮政寄递优势，通过多样化的产品满足礼仪及福利市场的需求。是年，全州分销业务累计完成收入 241.09 万元。

2013 年，开展“邮礼天下——福至新春”“邮礼天下——粽情端午”“邮礼天下——月满中秋”等活动，重点销售白酒、红酒、礼品春茶等产品，1—11 月，全州分销业务累计收入 170 万元。2014 年，全州分销业务收入 65.7 万元。完成省公司下达计划的 245 万元的 26.81%。

十、机要通信

1993 年 1 月，申请第一辆微型汽车用于投递机要通信。1996 年 1 月 1 日起，执行新的《机要通信业务处理规则》。是年，农村支局改制，改成委办邮路的，依旧采取机要员驾押机要文件的方式投递。是年，进行资费调整，机要文件比照挂号信函收费，分别按件回收取保密费；机要刊物比照挂号印刷品收费，另按件加收保密费。

邮电分营后，各级机要通信机构维持原状，未作调整。1999 年 7 月 1 日，机要通信业务按照新的业务处理规定执行。2000 年，瓮安、惠水、福泉、平塘、荔波县更换机要业务员，占全州总数的 40%。

2004 年，完成业务收入 10.20 万元，完成产品量 40219 件，投递机要文件 27414 件，押运机要袋 1850 个。至年底，全州机要通信连续 18 年保持质量全红，受到省邮政局表彰，其中，瓮安保持质量 18 年，其他县（市）连续保持质量 46 年。

2007—2008 年，机要业务并入州邮政局处理中心，组建机要班办理机要业务。2009 年 1 月，组建都匀市邮政局并代管邮件处理中心，机要业务由都匀市邮政局代管。2009 年 9 月至 2011 年 10 月，机要通信业务划入州邮政局市场经营部管理。2011 年 11 月，州邮政局邮件处理中心从都匀市邮政局剥离，设置邮件处理中心，网运中心，投递局。2012 年 5 月至 2013 年 7 月，机要业务日常检查工作由州邮政公司监督保障部业务视察员履行职能。2013 年 8 月至 2014 年 12 月，机要业务检查由州分公司监督保障部业务视察员负责履行职能。2014 年 5 月，全州 11 个县（市）全部实现汽车专车投递机要邮件。

1992—2014 年全州邮政业务量统计表

表 17－4－2

年度	函件（万件）		包件（万件）		汇兑	报刊（万份）		集邮（万枚、册）	特快专递（万份）		机要通信（万张）
	国内	国际及港澳台	国内	国际及港澳台		报纸	杂志		国内	国际、港澳台	
1992								178.75			
1993								211.31	0.25	10	3.16
1994								166.39	5.13	58	3.04
1995								179.26	10.98	84	2.57
1996								301.36	16.54	112	1.03
1997								712.81	8.16	85	1.25
1998	465.01	0.88	9.61	52	36.2	1987.36	184.04	846.34	13.49	129	3.31
1999	722.88	0.34	18.91	38	39.4	1810.7	170.02	820.62	23.02	131	1.68
2000	586.94	0.33	15	52	40.11	1756.85	149.34	634.36	24.63	195	1.58
2001	499.49	0.48	8.96	60	25.26	1689.39	122.19	314.64	7.41	112	1.25
2002	844.84	0.16	9.97	115	22.07	1756.77	152.12	245.67	11.1	104	1.39
2003	1065.11	0.3	9.97	77	19.66	1938.09	168.43	42.26	28.29	182	1.08
2004	578.44	0.33	9.65	126	15.3	2076.67	142.54	65.51	39.72	126	0.92
2005	314.79	0.11	9.29	160	13.42	2147.83	140.96	25.71	39.16	169	0.87
2006	334.53	0.19	8.82	120	18.38	2144.78	135.08	26.71	36.24	291	0.85
2007	295.97	0.13	8.41	138	29.54	2078.48	128.92	17.6	40.09	298	0.96
2008	255.59	0.18	6.99	199	38.08	2260.1	178.11	38.64	37.78	390	0.84
2009	240.31	0.04	5.58	96	47.56	2304.56	190.39	83.66	36.7	409	1.34
2010	333.45	0.02	5.14	90	27.12	2434.01	219.03	162.37	27.71	280	0.91
2011	280.59	0.12	3.49		41.01	2583	152.76	237.46			0.94
2012	396.35	0.06	2.6		40.69	2904.56	198.02	324.38			0.95
2013	577.3	0.12	5.76	54	35.13	3148	174.9	348.5	22.81	187	0.94
2014	136.8	0.10	1.07	77	28.88	3234	153.8	266.24	28.35	221	0.99

1993—2014 年全州邮政各项业务收入统计表

表 17－4－3　　　　单位：万元

年度	函件	包件	汇兑	报刊发行	代理金融业务	增值业务	集邮	特快专递	机要通信
1993	202.52	75.79	115.6	168.02	245.4		130.27	3.44	15.8
1994	236.95	79.58	127.15	228	447		101.5	64.2	15.2
1995	277.23	83.56	139.87	237.72	701.2		109.35	92.67	12.85
1996	324.36	87.74	160.85	225.86	869.04		183.83	198.56	5.17
1997	380.95	32.89	59.97	294.15	1198		434.82	98.19	6.25
1998	581.95	96.91	218.19	360.38	1072.78		558.84	381.26	19.16
1999	615.09	236.97	262.67	440.07	1352.1		820.32	583.34	18.68
2000	522.89	222.37	262.1	388.79	1300.39		555.97	640.58	16.08
2001	486.89	199.35	212.82	452.92	1397.89	7	430.75	328.57	14
2002	332.72	168.71	135.92	490.98	1657.56	63	347.41	223.34	10.07
2003	370.62	183.43	131.2	532.08	1854.89	137	237.22	352.45	11.01
2004	287.26	187.98	112.95	524.77	2190.14	237	144.67	445.29	11.57
2005	297.64	197.47	89.06	540.16	2778.49	233	125.08	493.9	10.72
2006	358.7	205.95	144.42	550.02	3736.48	253	130.03	564.64	11.4
2007	456.88	206.33	213.53	577.75	4556.37	376	189.46	728.47	10.79
2008	589.44	182.24	196.35	639.75	5543.35	394	382.7	960.85	7.18
2009	785.84	165.18	261.36	707.61	6186.94	974	414.71	1304.36	8.91
2010	1012.66	50.84	265.2	649.53	7287.05	1345	606.64	1242.92	9.13
2011	948.03	70.89	245.32	725.17	9221.5	1883	1064.52		9.07
2012	1072.99	59.74	208.08	828.91	10932.42	2125	1220.35		9.58
2013	1040.07	55.6	157.95	958.38	13732.44	2772	1270.00	1015.96	10.45
2014	642.6	30.25	81.92	1026	15778.20	3425	961.83	819.33	10.41

1993—2014 年全州邮政业务总量和总收入表

表 17－4－4　　　　单位：万元

年　度	业务总量	总收入	年度	业务总量	总收入
1993	759.28	893.27	2004	5103.77	4438.7
1994	1059.95	1247	2005	6206.61	5027.78
1995	1530.03	1800.04	2006	6807.37	6274.69
1996	1949.19	2293.17	2007	8852.33	7727.36
1997	2741.16	3224.89	2008	10635.81	9165.14
1998	2017.2	3284.47	2009	11478.12	10031.91
1999	2522.8	4621.6	2010	15149.09	11701.55
2000	2628.2	5390.43	2011	14531.51	14971.2
2001	3531.51	5075.53	2012	18232.54	17341.06
2002	4189.81	4018.37	2013	23400.00	22300
2003	4430.29	4022.19	2014	26150.00	27427

第四节　邮　路

黔南邮政运输因运输方式不同，大致分为步班邮路、汽车邮路、铁道邮路。以都匀为中心在全州形成邮政网络：二级干线邮路，联系省会城市及各县（市）之间；三级为市内、县内邮路，或以邮政自办汽车，或以委办汽车承运，并以摩托车、自行车、步班相补充。

20 世纪 90 年代以后，国营汽运公司的客车先后承包给个人，运行路线和开车时间难以确保，致使一些邮路，如都匀至三都邮件运递时效受限。

1993 年 4 月 1 日，州邮电局向省邮电局申请撤销独山至平塘、都匀至凯口 2 条委办汽车邮路，开通都匀至平塘县二级干线自办汽车邮路，当天往返，邮路 145 公里；撤销都匀至三都、都匀至王司 2 条委办汽车邮路，开通都匀至三都二级干线自办汽车邮路，当日往返，邮路 210 公里；龙里县邮电局开办龙里局至三七邮电所自办邮路，每天一班，路线经龙里、麻芝铺、高坪铺、三七邮电所，往返路程 56 公里。7 月，将都匀至三都邮路延伸至荔波县邮电局，邮路 386 公里。使 2 县邮电局、18 个支局、所的邮件提快一天的运递时限。夏季火车改点，铁路沿途分支机构（除麻尾、马场坪支局）不再接发邮件。年末，独山至荔波 94 公里为委办汽车。是年，全州邮路总长 13540 公里，其中，干线邮路 460 公里，市内线路 7 条 15 公里，农村邮路 48 条 1423 公里，农村投递路线 348 条 11642 公里。承包给私人 6 条、117 公里。州邮电局有投递段道 13 个。

1994 年 10 月，开通都匀至三都到荔波、都匀至平塘两条邮客兼营邮路，撤销独山到荔波委办汽车邮路。都匀经三都至荔波客运邮路，全长 176 公里，路线经过都匀、牛场、大坪、王司、坝固、普安、交梨、三都、中和、三洞、周覃、九阡、廷牌、荔波等，邮车逐日上午 8：00 从都匀发车，下午在荔波停宿，次日上午 8：00 从荔波返回都匀。都匀至平塘经独山客运邮路，全长 178 公里，路线经过都匀、墨冲、平浪、凯口、沙寨、平塘、独山、兔场等，邮车逐日上午 8：00 从都匀发车，到平塘后经独山当日返回都匀。撤销独山至荔波二级干线委办邮路，贵阳发荔波火车邮件由都匀局接转。是年，全州邮路总长 13508 公里，其中，二级干线邮路 6 条 564 公里，农村邮路 48 条 1405 公里，市内线路 8 条 14 公里，农村投递路线 331 条 11525 公里。州邮电局转运组被西南区推荐参加全国文明站车的先进评比，该组连续三年被邮电部评为文明站车先进单位。

1995 年 2 月 24 日，开办都匀至瓮安邮客兼营邮路，解决都匀至福泉、瓮安邮件量大、运量不对流等问题，经营旅客运送并兼顾邮路沿途邮件交接。是年，全州邮路总长 13338 公里，其中，二级干线邮路 4 条 402 公里，农村邮路 46 条 1397 公里，市内邮路 7 条 15 公里，农村投递路线 327 条 11524 公里。城市投递段道 57 条。

1996 年 6 月 14 日，开通都匀至江洲、王司、基场邮客兼营快速自办邮路。8 月 1 日，开通都匀至贵阳邮客兼运快速邮路，沿途经马场坪、贵定、龙里、贵阳。主要以运送邮政快件、特快专递邮件为主。至年末，都匀邮件运输科有自办邮路5条。

1997年4月8日，增加都匀至贵阳货运汽车邮路，由都匀、贵阳早上分别对开，都匀早上7：30分发车，13：00到贵阳，贵阳早上7：30发车，13：00到都匀，邮路单程行程200公里，都匀发西面、北面、东面各类邮件由贵阳经转，南面各类邮件发588次火车，贵阳转发都匀的各类邮件用汽车运。

1999年7月1日，增开马场坪至瓮安二级干线邮路，单程62公里，逐日班，邮车当日往返。是年，全州邮路61条，邮路总长度2197公里，农村投递线路总长度10539公里。

2000年，新增都匀至瓮安二级干线邮路1条。

2001年4月28日起，撤销原由黔南州邮政局派押的都匀至贵阳二级干线汽车邮路。新开由贵阳经马场坪、都匀、麻江至凯里的快速邮路，全程496公里，逐日班。

2005年1月1日，邮运网络实现联网，全州一级干线火车、汽车、航空邮路及省内二级干线火车、汽车邮路全部实现总包邮件互联互通、交接无纸化、信息网上发送。

2012年，都匀至三都、荔波二级干线邮路1条，单里程162公里，负责运输三都、荔波邮政局的进、出口各类邮件。是年，全州自办汽车邮路17条，1346公里，覆盖全州7个县（市）；委办汽车邮路45条，1329公里，覆盖全州5个县（市）。全州农村邮路62条，总长2675公里。州邮政局投递段道18个。全州农村投递路线311条，总长10749公里。其中：都匀31条，1625公里；独山31条，626公里；平塘21条，1319公里；荔波51条，1217公里；三都17条，1164公里；福泉22条，1003公里；瓮安22条，1013公里；贵定16条，740公里；龙里20条，902公里；惠水32条，487公里；长顺20条，235公里；罗甸28条，418公里。

1993—2014年全州邮路统计表

表17–4–5　　单位：公里

年　度	邮路总长度	其　中			
		干线邮路	市内邮路	农村邮路	农村投递路线长度
1993	13540	460	15	1423	12065
1994	13508	564	14	1405	11525
1995	13338	402	15	1397	11524
1996	13338	402	15	1397	11524
1997	13338	402	15	1397	11524
1998	2179	649	32	1534	11143
1999	2197	649	41	1507	10539
2000	2088	523	41	1524	10522
2001	1933	348	41	1524	9787
2002	1883	278	41	1524	9787

续表 17－4－5

年度	邮路总长度	其中			
		干线邮路	市内邮路	农村邮路	农村投递路线长度
2003	1875	278	65	1524	9789
2004	1875	278	65	1524	9789
2005	1875	278	65	1524	9664
2006	1875	278	65	1524	9865
2007	1849	242	65	1524	10525
2008	1849	242	65	1607	3704
2009	1849	242	65	1453	3555
2010	2001	176	65	1607	3555
2011	2062	176	65	1880	3412
2012	2352	176	65	2675	10749
2013	3278	176	73	2815	11500
2014	3116	176	73	2815	11216

第十八篇

教育　科学技术

第一章 学前教育与九年义务教育

1991年以后，黔南州教育事业发展迅速，经历了20多年的“普六”（普及小学六年义务教育）和“两基”（基本普及九年义务教育、基本扫除青壮年文盲）攻坚，学前教育和义务教育从普及走向均衡。至2014年，全州义务教育巩固率提高到93%，荔波县已通过国家义务教育基本均衡验收，独山、福泉、都匀、长顺、瓮安5个县（市）通过义务教育初步均衡验收。全州有初中学校数190所，在校生166112人；小学937所，在校学生277379人。幼儿园475所，在园（班）幼儿113247人。全州学前教育幼儿入园率81.6%（全省60%），小学寄宿率25%（全省25%）、初中寄宿率69.63%（全省65%）、九年义务教育巩固率91.73%（全省85%），教育发展指标高于全省平均水平。

第一节 学前教育

一、教育规模

1991年，黔南州12个县（市）有幼儿园96所，班级数630个（其中学前班294个），在园（班）幼儿24131人（其中学前班12006人）。1995年11月，全州幼儿园发展到209所，在园幼儿43266人，入园率上升到29.6%，接近全国平均水平。

2000年，全州幼儿园发展到1190所，在园幼儿56354人。2006年，全州有幼儿园205所，学前班1335个，比上年增加27所和225个，在园（班）幼儿7.33万人，比上年增加9300人，幼儿入园（班）率38%。2009年，全州有幼儿园218所，学前班1222个，在园（班）幼儿数73339人，入园（班）率49.35%。2010年，全州幼儿园222所，学前班1142个，在园（班）幼儿数73992人，人园（班）率49.79%。2011年，全州有各级幼儿园262所。学前班1161个，在园（班）幼儿数81434人，入园（班）率53.05%。2012年，全州幼儿园291所，学前班1161个，在园（班）幼儿数85781人，入园（班）率55.05%。

2011—2013年，实施学前教育三年行动计划，全州幼儿园从2011年的262所增加到2014年的475所，其中公办幼儿园从104所增加到256所，民办幼儿园从158所增加到219所。适龄幼儿入园（班）率达72.2%，处于全省领先地位。

2014 年全州学前教育办学情况一览表

表 18－1－1

县（市）	幼儿园（所）	班数（个）	入园（班）人数（人）	在园（班）人数（人）	离园（班）人数（人）	教职工数（人）	
						合计	其中专任教师
全　州	475	3038	72493	113247	42439	5873	4186
都　匀	62	377	6287	13367	3910	853	461
福　泉	71	379	11620	12220	5068	848	581
荔　波	21	142	3503	5011	2071	270	216
贵　定	48	225	4060	9730	3160	545	347
瓮　安	43	326	7436	12255	4781	639	473
独　山	34	231	4078	7806	2966	523	326
平　塘	20	225	5322	8692	3447	338	311
罗　甸	42	255	6365	9627	4377	543	428
长　顺	21	183	3990	7029	3141	175	142
龙　里	24	173	4660	6802	2626	309	241
惠　水	50	276	7340	10837	3363	515	450
三　都	39	246	7832	9871	3529	315	210

截至 2014 年末，全州有幼儿园 475 所，比 2010 年增加 253 所。在园（所）人数 136079 人（其中公办在园幼儿人数 78762 人，民办在园幼儿人数 34485 人，普惠性民办园就读幼儿 22832 人），公办和民办及普惠性民办幼儿园覆盖率 89.70%，离园（班）人数 42439 人，学前三年毛入学率 72.20%。

二、幼儿园评估

1992 年 3 月，贵定县第一幼儿园被省教委确定为“贵州省农村学前教育资源培训中心”。

1993 年，州教委对都匀、独山、贵定、福泉、瓮安等县（市）县级示范幼儿园进行评估，贵定县一幼达省一类幼儿园标准，都匀一幼、瓮安县幼儿园达省二类幼儿园标准，独山县幼儿园、福泉城厢幼儿园达省三类幼儿园标准。

1995 年 11 月，州机关幼儿园经州教委评估，评定为省一类幼儿园和县级示范幼儿园。

1998 年 6 月，州、县（市）分别对公办和私立幼儿园进行评估。经评估，达不到办学条件的，限期整改和停办。

2001 年，州机关幼儿园被全国妇联表彰为全国“巾帼文明”示范岗，同年被评为全国科技活动优秀实验基地。2005 年 12 月，州机关幼儿园被省教育厅评定为贵州省省级示范幼儿园。

2002 年 11 月，州教育局对独山县城关幼儿园和都匀市第二幼儿园进行复查评估，两所幼儿园均被评为省一类幼儿园。为提高幼儿园领导的管理水平和业务素质，州教育局又组织全州幼儿园园长、保教主任和骨干教师 100 多名参加《幼儿园教育指导纲要》培训，开展幼儿园等级评估，督促全州幼儿园上等级、上类别，同时，对学前班进行整顿。通过整顿，至2005年，全州幼儿园减少为178所，学前班减少为1110个。

2013年，黔南州推行幼儿教育集团化，采取以优质园带动薄弱园发展，扩大优质园覆盖面，建立覆盖城乡的幼教网络，推动幼儿园升级升类、自我提升、自我发展，以及引入品牌社会资本，鼓励、支持办学规范、质量好的民办幼儿园牵头组建幼教集团等措施，鼓励举办混合所有制办园和组建幼教集团，以新的体制机制激活办园活力。至2014年年末，全州组建幼儿园集团38个。其中，都匀4个、福泉4个、荔波2个、贵定5个、瓮安4个、独山4个、平塘1个、罗甸2个、长顺2个、龙里3个、惠水4个、三都2个、州级1个。州机关幼儿园采取联合型组合方式，与独山县第二幼儿园、惠水县第一幼儿园、长顺县第一幼儿园、长顺县威远镇中心幼儿园共同组建黔南州星晖幼教集团，并于10月15日在州机关幼儿园举行星晖幼教集团授牌仪式。

2014年7月，根据省教育厅下发的《贵州省省级示范幼儿园评估方案（试行）》《贵州省省级示范幼儿园评估细则（试行）》《3～6岁儿童学习与发展指南》，开展州级示范幼儿园评估工作，以评促建，以评促发展，规范办园行为，提升管理水平，提高保教质量。

第二节　小学教育

一、教育规模

1991年，全州有小学2094所，小学在校生443282人，比上年增加11906人。1992年，有8个县（市）基本普及初等教育，占县（市）总数的75%。

1993年，州教委根据《中国教育改革发展纲要》，制定《黔南州实施九年义务教育规划》，提出实施九年义务教育的奋斗目标。1995年，州政府召开全州教育工作会议，对基础教育实行目标管理，州政府、州教育局分别与各县（市）政府、教育局签订“目标责任书”，各县（市）政府、教育局分别与乡（镇）政府和教育辅导站签订“目标责任书”，层层抓落实。小学增加到2123所，教学点增加到1290个，在校学生452883人，适龄儿童入学率由上年的89.88%上升到98.85%，除罗甸、三都两个边远贫困县外，均实现基本普及初等教育。

1996年，全州推行“义务教育入学通知书”制度，开展“义务教育证书”发行试点。

1997年，完善“双线目标责任书”管理，将“普九”（普及九年义务教育）各项任务指标层层落实，以乡（镇）为重点推动“普九”验收，学校与教师签订责任书，教师的考核考评与学生巩固率挂钩。

1998年，独山、平塘、长顺、三都、荔波、罗甸6个国家级贫困县及龙里县实施“义务教育工程”，为“普九”奠定基础。

2000年，小学在校生增加到462826人，适龄儿童入学率上升到98.56%。2001年，对中小学布局进行调整。同时，开展全州义务教育阶段课程改革，按照贵州省新课程改革的总体部署，改革课程结构，整体设置九年义务教育的课程门类和课时比例，设置综合课程，体现课程结构均衡性、综合性和选择性。小学阶段的新课程以综合课程为主。小学低年级开设品德与生活、语文、数学、体育、艺术（或音乐、美术）等课程；小学中高年级开设品德与社会、语文、数学、科学、英语、综合实践活动、体育、艺术（或音乐、美术）等课程。初中阶段设置分科与综合相结合的课程，主要包括思想品德、语文、数学、英语、科学（或物理、化学、生物）、历史与社会（或历史、地理）、体育与健康、艺术（或音乐、美术）以及综合实践活动。义务教育阶段的语文、艺术、美术课加强写字教学。2004年，黔南州正式启动农村中小学寄宿制建设工程，加快农村中学的发展。2005年，全州有普通初中发展到165所，比1990年增加81所，九年制学校53所，初中在校生20万人，比1990年增加125646人，初中阶段毛入学率96.68%，比上年上升3个百分点，初中年辍学率2.6%，比上年下降0.16个百分点。

2006年，全州有普通小学1522所，教学点652个，在校生43.24万人，适龄儿童入学率99.74%，比上年上升0.85个百分点，小学年辍学率0.04%，比上年下降0.86个百分点。2009年，全州有普通小学1361所，教学点564个，在校生373790人，适龄儿童入学率98.04%，小学在校生年辍学率0.29%。2010年，全州有小学1263所，教学点544个，在校学生347232人，适龄儿童入学率99.43%。2011年，全州有小学1208所，教学点465个，在校学生323709人，适龄儿童入学率99.21%。

2013年，全州有小学1013所，教学点461个，在校学生283701人，适龄儿童入学率99.9%，比上年提高0.9个百分点；有初中201所，比上年减少9所，在校学生171402人，比上年减少7428人，在校适龄少年入学率94%。九年义务教育巩固率89.80%，比上年提高4.78个百分点。全州有小学教职工17360人，专任教师16830人，学历合格率99.43%；初中教职工10240人，初中专任教师9677人，学历合格率99.59%。2013年全年累计完成固定资产投资9.4亿元，占省下达任务数的122%，固定资产完成率在全省排名第一。

2014年，全州有小学937所，比上年减少76所，教学点455个，比上年减少6个百分点，在校学生275921人，比上年减少7780人，适龄儿童入学率99.6%，比上年下降0.3个百分点；有初中190所（其中九年一贯制学校44所），比上年减少11所，在校学生166112人，比上年减少5290人，在校适龄少年入学率97.3%；九年义务教育巩固率达91.73%。

二、“9+3”教育

2013年，按省委、省政府的要求，全州实施教育“9+3”计划（九年义务教育加三年免费中职教育）。成立以州长为组长的工作领导小组，出台《黔南州人民政府关于实施教育“9+3”计划的意见》《黔南州教育“9+3”计划实施方案》。是年，全州压缩党政机关行政经费1712.01万元用于教育“9+3”计划，从土地出让收益中计提10%的资金835.55万元，城市教育费附加12847.9万元，全部用于改善办学条件。是年，全州小学辍学率为0.16%、初中辍学率为1.79%，分别低于省控制指标1.64和1.21个百分点。2014年，全州中小学辍学率下降，小学为0.08%，初中为1.47%，低于省控辍指标小学1.8%以内和初中2.8%以内的要求。

三、留守儿童教育

全州农村留守儿童教育工作起步于2000年，经过十多年的发展，到2014年全州建成“留守儿童之家”231所。全州有留守儿童87333人，其中，女生42325人、男生45008人，在校就读79502人。

四、小学生“营养改善计划”

2011年3月27日，中央电视台报道罗甸县班仁乡班仁小学“露天厨房”已持续近十年的新闻，引起社会反响。班仁乡中心小学共有在校生670名。由于财力困难，学校没有学生宿舍和食堂，409名学生租住在附近农民家中，放学后学生在屋檐下、操场上自己生火做饭。经罗甸县政府对全县24个中心小学进行全面调查，实有9000名学生需要解决就餐问题。罗甸县通过各种渠道筹资1000万元，并在2011年秋季开学前完成全部食堂的建设，让每个孩子都能吃上热饭菜。

2012年2月，教育部开始实施全国农村义务教育学生营养改善计划，中央财政为试点地区农村义务教育阶段学生提供营养膳食补助，标准为每生每天3元（全年按照学生在校时间200天计算）所需资金全部由中央财政承担。9月，都匀、福泉两市开始实行试点。2014年3月，都匀经济开发区实施试点。三年中，惠及229所学校5.1万名农村学生。中央和省级财政通过奖补的形式共下达营养改善计划资金3803.54万元。其中，中央财政补助资金2976.52万元，省财政补资金827.02万元。从2014年11月开始，营养改善计划标准提到每生每天4元。

2011—2014年，全州共有55.9万人（次）学生享受到农村义务教育家庭经济困难寄宿生生活补助，补助资金54627.7万元。

2014年全州普通小学基本情况一览表

表18－1－2

单位	学校数（所）	教学点（个）	毕业生数	招生数	在校生数	适龄儿童入学率（%）	教职工数（人）	
							合计	专任教师
黔南州	961	1365	53566	45919	275921	99.6	17112	15688
都匀市	76	62	5170	4898	26786	99.7	1763	1729
福泉市	76	30	3372	3678	19068	99.2	1302	1183
荔波县	39	43	2322	1891	12162	99.9	773	728
贵定县	86	21	3723	3172	18774	99.9	1306	1206
瓮安县	81	16	5170	6000	31010	99.9	1615	1495
独山县	41	72	3256	3362	18985	99.7	1408	1279
平塘县	96	44	4528	3318	24498	99.9	1326	1203
罗甸县	85	25	5884	4186	27591	99.2	1450	1363
长顺县	77	11	3987	2675	17028	99.00	1200	1075
龙里县	85	41	2928	2841	15579	99.8	1069	991
惠水县	108	39	6982	5128	32288	99.8	2333	1891
三都县	111	961	6244	4770	32152	99.6	1567	1545

第三节　初中教育

一、教育规模

1991年，全州普通中学发展到127所，其中，初中86所，完全中学41所，在校生总数87583人。1993年，初中在巩固中有发展，全州有98所乡（镇）初中，当年招收新生30721人。

1995年，州、县（市）、乡（镇）分级签订教育目标管理双线责任书，明确任务，落在实处，坚持义务教育证书发放制度、开学检查制度、流失生报告制度、学籍管理及升留级制度。是年，全州初中发展到121所，初中招生40651人。

1996年，新建一批上规模初级中学，新增初中35所，扩建初中13所，在特别边远特别贫困的地区中心小学改制开办九年制学校。采取上述措施后，初中在校生增加11817人。在改善初中办学条件，扩大初中办学规模的同时，深化学校内部管理和教学改革。农村初级中学开展“三教”（普通教育、职业教育、农民教育统筹）统筹，实行农科教结合。瓮安、福泉等县（市）结合农村生产实际，开设职业技术课，实行“3+1”（三年初中文化课加一门农村实用技术课），试行“双证制”（普通教育毕业证加职业教育毕业证）。

2006年，全州有普通初中169所、九年一贯制学校51所，初中在校生20.16万人，初中毛入学率100.76%，比上年上升4.08个百分点，完成招生6.92万人，初中年辍学率2.81%。

2009年，全州有普通初中164所、九年一贯制学校50所，初中在校生208317人，初中毛入学率108.9%，初中在校生年辍学率2.17%。2010年，全州有初中167所、九年一贯制学校47所，初中在校学生204778人，初中毛入学率108.1%。2011年，全州有初中学校208所，在校学生191814人，初中毛入学率105.49%。

2014年，全州有初中学校44所，在校学166112人。

二、课程设置

全州普通初级中学学制三年。九年制学校一至六年级为小学阶段教育，学制六年，七、八、九年级为初中阶段教育，学制三年。

1991—2001年，初中一、二年级开设思想政治、语文、数学、英语、历史、地理、生物、物理、音乐、体育、美术11门课程，初中三年级开设思想政治、语文、数学、英语、生物（1995年前为植物、动物）、物理、化学、音乐、体育、美术10门课程。从2001年秋季开始，全州所有县（市）城镇及以上的全日制普通初级中学开设英语。2003年秋季开始，所有农村初级中学开设英语，县（市）城镇初中开设信息技术课。2001年，贵定县进入国家级基础教育课程改革实验区开始进行课改实验，后按省教育厅的统一部署，都匀、福泉、瓮安、龙里、独山等县（市）相继开展该项试验。2002—2005年，初中一年级开设思想政治、语文、数学、英语、历史、地理、生物、音乐、体育、美术 10 门课程，初二开设思想政治、语文、数学、英语、历史、地理、物理、生物、音乐、美术 10 门课程，初三开设思想政治、语文、数学、英语、历史、地理、物理、化学、音乐、体育、美术 11 门课程。此外，各年级还开设地方课程和学校课程，地方课程主要开设信息技术课、综合实践活动课、健康教育课、实用技术教育课、人口教育课、时事教育课、青春期教育课 7 门，学校课程开设国防教育、禁毒教育、消防教育、交通安全教育、减灾教育、民族团结教育 6 门。2005 年秋季开始，所有初级中学和高中均开设信息技术课。

从 2005 年起，初中各科实验教材由州教育局按省教育厅下发的中学教学用书目录，统一订购。未进入课改的，由各中学每学期将定书单统一报县（市）教育局主要负责人审查签字后，交新华书店征订，并报州教育局备案。

2006—2014 年，全州初中课程设置按照国家教育部义务教育新课程标准开设，教材征订由州教育局基础教育科负责，各初中每学期将定书单统一报县（市）教育局主要负责人审查签字后，交新华书店征订，并报州教育局备案。

第二章　普通高中与中等专业教育

1991 年，州内各县（市）完全中学包含初中、高中教育。随着教育体制改革的深化，部分完全中学逐步办成独立高级中学。至 2014 年，全州有高中 33 所。在各类学校的教育评估中，全州有 2 所中学被评为贵州省二类示范性高中，有 7 所中学被评为贵州省三类示范性高中。2013 年、2014 年，全州高考二本以上上线率和录取率均超过全省平均值。

1991—2000 年，州内有中等专业（以下简称中专）学校 8 所。2001 年，州政府将黔南民族行政管理学校、黔南民族财政学校、黔南民族工业学校、黔南民族农业学校合并组建黔南民族职业技术学院。2003 年，将黔南民族卫生学校并入黔南民族医学高等专科学校，2009 年又恢复其建制。2014 年，州内有中专学校 2 所。

第一节　普通高中教育

一、教育规模

1991 年，州内各县（市）设有完全中学 1 ~ 2 所。一些国营大中型企业如铁路、083 基地等建有完全中学，企业自管，招收企业内部职工子弟入学。此后，在教育体制改革中，企业办的学校改归地方管理。

1996 年 12 月起，都匀一中、都匀二中由原来的都匀市管改为州管。

2000 年，通过布局调整，初中逐步从完全中学剥离出来，实行初、高中分离办学。都匀一中、都匀二中、瓮安中学、瓮安二中于 6 月经州政府批准办成独立高中，填补全州没有独立高中的空白。同时，开展高中扩招工作，全州高中招生 9002 人，超额完成省下达任务 1002 人。

2002 年，根据省教育厅关于扩大普通高中招生规模的要求和下达黔南州普通高中教育招生 13150 人的指标，全州高中扩大招生规模，新生入学注册 14056 人。

2003 年，开启试办综合性高中和普高、职高双向选择办学模式，龙里中等职业技术学校教师和龙里中学教师组合联办高中，实现资源共享、优势互补，增强综合性高中办学的实效性。是年，州政府决定对独山民族中学、惠水民族中学、平塘民族中学、荔波民族中学、长顺民族中学、罗甸民族中学、三都民族中学 7 所学校进行办学水平督导评估。都匀一中接受省教育厅普通高中示范性评估，被认定为省级二类示范性高中。都匀一中成为省级二类示范性高中后，从 2003 年秋季起，面向全省招收高中一年级新生。惠水民族中学、独山民族中学、龙里中学、贵定一中停招初中，实行初、高中分离办学，向独立高中迈进。同时，鼓励社会力量以各种形式举办普通高中，全年全州创办普通民办高中 4 所。2004 年，都匀二中被评为省级二类示范性高中，瓮安中学、荔波中学被评为省级三类示范性高中。

2005 年，全州有普通独立高中 9 所（其中省级示范性独立高中 6 所），完全中学 33 所。在校高中生 44900 人，比 1990 年增加 33931 人。2006 年，有普通独立高中 10 所，完全中学 30 所，高中在校生 4.76 万人，比上年增加 2700 人，完成招生 1.73 万人。

2009 年，普通高中招生 19282 人，高中在校生 51578 人，高中毛入学率 48.67%。2010 年，全州有完全中学 24 所，普通独立高中 11 所，高中在校学生 54966 人。2011 年，全州有高（完）中 34 所，普通高中在校学生 64072 人。

2013 年，全州普通高中学校占地面积总计 2508297.5 平方米，校舍面积总计 1282144.2 平方米，绿化用地总计 654330.5 平方米，运动场地总计 538378 平方米，图书总计 2363545 册；实验室、微机室、图书阅览室、体育场馆等各种功能性教室、场地完全具备。瓮安中学、荔波民族中学、龙里中学、贵定一中、瓮安二中、独山民族中学、福泉中学、罗甸民族中学、惠水民族中学、长顺民族中学、三都民族中学等，每所学校占地均达到 150 亩以上，建设投入资金在 2 亿元左右，教学设施设备争创一流，布局功能科学合理。是年，全州有高（完）中 32 所，其中高级中学 12 所，完全中学 19 所，十二年一贯制学校 1 所，教学班 1370 个；省级二类示范性高中 2 所，省级三类示范性高中 4 所；在校生 79268 人，高中阶段毛入学率 70.82%（含中职在校生）。

2014 年，福泉中学经州政府批准为独立高中，罗甸县边阳镇、瓮安县珠藏镇的初中试办普通高中部。截至 2014 年 12 月，全州有高中 33 所，其中，高级中学 12 所，完全中学 19 所，十二年一贯制学校 1 所，在校学生共 8.3 万人；高中阶段（含中职）毛入学率 86.5%；有省级二类示范性高中 2 所（都匀一中、都匀二中），省级三类示范性高中 7 所（瓮安中学、福泉中学、荔波高级中学、龙里中学、贵定中学、惠水民族中学、独山高级中学）。

二、课程设置

普通高中从 1990 年秋季入学的新生起，按国家教委印发的《现行普通高中教学计划的调整意见》，课程结构由学科课程和活动两部分组成，学科课程采取必修课和选修课两种形式，活动包括课外活动和社会实践活动。必修课程开设政治、语文、数学、英语、物理、化学、生物、历史、地理、体育和劳动技术 11 科。选修课分两类，一种是单科性选修，在高一、高二年级开设；另一种是分科性选修，分文科、理科、英语、艺术、职业技术 5 类课程，在高三年级开设。政治、语文、数学、体育、劳动技术 5 科在高中各年级均为必修。英语、物理、化学、生物、历史、地理等科在高一、高二年级为必修课。除开设上述课程外，还增设时事教育课、人口教育课、劳动技术课、国防教育、环保教育、计算机课等。

1994 年，实行新工时后，对全日制高中教学计划进行调整，从 9 月 1 日起施行。在普通高中一、二年级开设艺术学科，作为必修课。

1996 年，执行普通高级中学课程计划（试行），课程由学科类课程和活动类课程组成。学科类课程分为必修、限定选修和任意选修三种。必修学科设有思想政治、语文、数学、外语（英语、俄语、日语等语种）、物理、化学、生物、历史、地理、体育、艺术和劳动技术 12 门。限定选修学科设有语文、数学、外语、物理、化学、生物、历史、地理、劳动技术 9 门。学生根据自己爱好和需要，在教师指导下，选择修习。活动类课程包括校会、班会、社会实践、体育锻炼、科技、艺术等活动，校会、班会、社会实践和体育锻炼，全体学生必须参加，科技、艺术等活动学生自愿选择参加。此外，各普通高中还安排有地方课和学校课。地方课主要有健康教育、综合实践活动、实用技术教育、人口教育、青春期教育、心理咨询 6 门。学校课有国防教育、禁毒教育、消防教育、交通安全教育、减灾教育、民族团结教育 6 门。地方课和学校课教育内容按一定课时比例有的开展专题讲座，有的利用选修课或活动课时间上课，有的结合有关学科教学渗透相关知识。

2002—2005 年，高一开设有思想政治、语文、数学、英语、生物、物理、化学、历史、地理、音乐、体育、美术、计算机 13 门，高二、高三文科班开设有思想政治、语文、数学、英语、历史、地理、体育、美术、计算机 9 门，理科班开设有语文、数学、英语、生物、物理、化学、体育、美术、计算机 9 门。

三、毕业生会考

从 1991 年起，实行高中毕业生会考制度。会考采取考试和考查两种方式进行，考试学科为必修学科中的思想政治、语文、数学、英语、物理、化学、生物、历史、地理 9 门课程，考查学科为必修学科中的体育、艺术、劳动技术和全部选修学科，以及物理、化学、生物中的实验操作，活动类课程只进行考评。考试每学期举行一次，考试、考查由学校命题。会考成绩实行省、州、县（市）三级管理。高中的物理、化学、生物，除参加全省、全州的文化基础知识会考外，还要参加实验考查，考查方式是让学生在规定时间内进行实验演示操作，并对实验情况进行分析，在此基础上写出实验报告，由相关学科组教师共同考评，集体评出 A、B、C、D 或优秀、良好、合格、不合格等次。从 1998 年起，英语除参加笔试会考外，还增加听力考核。

实行高中毕业会考制度以后，凡取得正式学籍的普通高中生，在三年修业期内，必须参加国家规定的思想政治、语文、数学、英语、物理、化学、生物、历史、地理 9 科会考考试、考查各科及格（含补考及格），由州教育局发给省教育厅统一印制的会考证书。2010 年 3 月，贵州省招生考试院公布了全省普通高中新课程改革高考方案，该方案自 2013 年开始实施。从 2010 年秋季普通高中新生入学开始，全面实施普通高中课程改革与高考方案相适应。高考报考科类和科目设置不变，继续采用文史、理工、体育、艺术科类和“3＋文科综合/理科综合”科目设置。

第二节　中等专业教育

1991 年，州内有 8 所中等专业（以下简称中专）学校，即黔南民族农业学校、黔南民族工业学校、黔南民族卫生学校、都匀供销学校（贵州省内贸学校）、黔南民族财政学校、黔南民族行政管理学校、贵定师范学校、都匀民族师范学校。其中，属国家级重点中专学校的有黔南民族行政管理学校、贵州省内贸学校、贵定师范学校、都匀民族师范学校，属省级重点中专学校的有黔南民族行政管理学校、贵州省内贸学校、黔南民族财政学校、黔南民族卫生学校、贵定师范学校。黔南民族行政管理学校是贵州省仅有的 3 所民族行政管理学校之一。

1991 年 9 月 29 日，州政府规定，除都匀供销学校（贵州省内贸学校）外，其余各中专学校的招生计划、专业设置及调整意见等均须报主管局（委）签署意见后报州教委审核再转报省、州有关部门，州教委负责指导一般的教育行政工作。

1999 年秋季起，州内中等专业学校实行“并轨”招生。“并轨”前招收的学生毕业执行国家“统招统分”政策，由政府分配工作。“并轨”后招收的学生毕业，执行国家“双向选择”就业政策，州政府不再包分配工作，由毕业生和用人单位实行“双向”选择就业。为搞好转轨后的毕业生就业工作，各学校成立校招生就业办公室，专门负责毕业生的就业工作，解决毕业生的就业出路。

1991—2000 年，全州 8 所中专学校为各行各业培养、输送各类中等专业毕业生 11665 名。

2000 年 5 月，州教育局根据教育部 1999 年颁布的《关于调整中等职业学校布局结构的意见》，向州政府呈送《关于将黔南民族行政管理学校、黔南民族财政学校、黔南民族工业学校、黔南民族农业学校合并组建黔南民族职业技术学院的请示》《关于将黔南州四所中专学校合并组建黔南民族职业技术学院初步方案》，经过省高校设置委员会专家组论证、评估并获通过。2001 年 10 月 30 日，州委、州政府在原黔南民族行政管理学校讲学厅召开黔南民族职业技术学院成立大会并举行挂牌仪式。

2002 年 4 月 18 日，州教育局下发《关于黔南州中等专业学校学生学籍学历管理工作的通知》，决定从 2002 年起，所属中专学校学生学籍、学历管理工作由州教育局负责。

2003 年，黔南民族卫生学校并入黔南民族医学高等专科学校。2009 年又恢复黔南民族卫生学校建制，归黔南民族医学高等专科学校管理。2014 年，州内中专学校有黔南民族卫生学校、贵州省内贸学校。

附：

黔南民族卫生学校　前身为贵州省都匀卫生学校，创建于 1958 年，1981 年更名为黔南州卫生学校，1985 年更名为黔南民族卫生学校，并将黔南州卫生职工中专学校并入黔南州民族卫生学校。2000 年该校被评为省级重点中专学校。2003 年 9 月，并入黔南民族医学高等专科学校。2009 年 5 月，经州政府批准，恢复黔南民族卫生学校建制，为黔南民族医学高等专科学校管理的全日制中等职业学校。

黔南民族行政管理学校　成立于 1983 年，是年 11 月按中专学校开始招生，设置行政管理专业，招收高中毕业生，学制二年，招收初中毕业生，学制三年，学校规模为 800 人。学校由州政府和省民委双重领导，以州政府领导为主，办学经费由州列入财政预算。学校坚持“面向农村、面向基层、面向山区、面向少数民族”的办学宗旨，以培养德、智、体全面发展的少数民族地区的乡（镇）基层行政管理干部为目标，坚持全部招收农业人口学生，少数民族学生占学生总数的 90% 以上，其中女生不低于 20%。学校占地面积 279 亩，在校生 1604 人，教职工 105 人，教职工中本科学历 46 人，专科学历 21 人；高级讲师 11 人，讲师 30 人；文化课教师 28 人，专业课教师 27 人。2001 年，与黔南民族财政学校、黔南民族农业学校、黔南民族工业学校合并建立黔南民族职业技术学院。截止 2001 年，已面向省内 30 多个县（市）招收 6087 名各族学生，并直接为乡（镇）输送 16 个民族的 5662 名中专毕业生，少数民族毕业生占毕业生总数的 95% 以上。

黔南民族财政学校　学校创建于 1959 年，是黔南州最早建立的 3 所中等专业学校（州卫校、州农校、州财校）之一。学校原校址在都匀小围寨 506 厂旁边，1997 年迁入都匀莽山脚下殡仪馆旁。1997 年 2 月迁入新校址后，学校配备计算机 140 多台、多媒体语言室 1 间、财会专业模拟实习室 1 间及电教室、电子阅览室，建有校园网络和同时播放 8 套节目的闭路电视系统。先后开设以财会为主的财经类专业 21 个。其中会计电算化、财政与税务、财政与审计、统计、房地产开发与管理、企业管理、国有资产管理、企业财务会计是学校的骨干专业、品牌专业。学校培养的 5000 多名毕业生，分布在全州各条战线，部分毕业生走上各级领导岗位。学校占地面积 125 亩，在校学生 1157 人，教职工 94 人。教职工中，研究生学历 1 人、本科学历 42 人、专科学历 18 人；高级讲师 6 人、讲师 24 人；文化课老师 24 人、专业课教师 23 人。2001 年，与黔南民族卫生学校、黔南民族农业学校、黔南民族工业学校合并建立黔南民族职业技术学院。

黔南民族农业学校　学校是黔南州中等农牧技术人员的基地，是全州最早建立的三所中等专业学校之一。1993 年，经国家教委办学条件评估组评估为 B 等良好学校，位列全省 10 所农牧中专学校第四名。从 1993 年开始，学校面向市场，先后与都匀市供销社、黔南州国土局、州技术监督局、州民政局、州乡镇企业局、州扶贫办、州茶叶公司、黔西南州国土局等单位联合办学，开设国土、乡企、果茶、桑蚕、加工、经济作物、养蜂、牧草、果蔬、电算化会计等专业。2001 年，与黔南民族行政管理学校、黔南民族财政学校、黔南民族工业学校合并建立黔南民族职业技术学院。合并前学校占地面积 600 亩。在校生 1148 人。教职工 124 人，其中，本科学历 42 人、专科学历 37 人；高级讲师 15 人、讲师 36 人；文化课教师 28 人、专业课教师 41 人，专业课教师在专任教师中的比例居全州 8 所中专之首。农学、牧医两个专业为学校的特色专业，土肥、农业水利、林业、农业会计、农业经济为其骨干专业。

黔南民族工业学校　学校前身系黔南农业机械化学校，建于 1978 年 9 月。1994 年，经省政府批准成立黔南民族工业学校，隶属州经委。1997 年 7 月，经省劳动厅批该学校成立“贵州省第 63 职业技能鉴定站”，并对全州申请初、中级电工证的毕业生、社会生进行考核，共有 525 人获得初、中级电工证书。2001 年，与黔南民族行政管理学校、黔南民族财政学校、黔南民族农业学校合并建立黔南民族职业技术学院。合并前学校占地面积 46 亩。在校生 654 人。教职工 66 人，其中，本科学历 40 人、专科 11 人；高级讲师 8 人、讲师 20 人；文化课教师 20 人、专业课教师 19 人。开设的专业课有工业企业管理、农业机械化、机械电器、机械制造、汽车拖拉机维修与应用、机械冷加工、机械热加工、无机化学、工业与民用建筑等专业。学校有设备齐全的钳、汽修两个实习车间。金工车间有车床、铣床、刨床、钻床、钳工台、电焊等设备，面积 400 平方米。汽修车间有各种型号的实习用车、各种汽车、拖拉机检修工具。两个实习车间总价值 122 万元。学校还建有物理、化学、电工、内燃机拆装、机电修理、电力拖动、电器测量等实验室。

贵州省内贸学校　建于 1966 年，校名为贵州省黔南供销合作学校，校址在贵定县昌明区。1967 年 9 月因“文革”影响停办。1980 年复建，校址设在都匀市，校名为贵州省都匀供销学校，1980 年秋季开始招生，招应届高中毕业生，通过高考录取。1994 年 12 月学校更名为贵州省内贸学校。2002 年 5 月，学校被中华供销合作总社授予“部级重点中专学校”称号，2005 年 1 月被教育部确认为“国家级重点中等职业学校”，2010 年 3 月被省政府批准为首批建设的“全省示范性中职学校”。学校占地面积 269 亩，总建筑面积近 10 万平方米，是省政府投资建设、省供销社管理的省直属事业单位，也是黔南地区唯一一所省直属中专学校。

贵定师范学校　建于 1952 年 11 月，位于贵定县城。1978 年，被省政府确定为贵州省重点示范学校。1988 年，被教育部评为全国百强师范学校。1997 年，通过省政府专家组评估，省政府授予“全省中师办学水平和办学条件双合格学校”。学校近 60 年的发展中，积累了一定的办学经验，形成一定的办学特色和办学优势。2014 年 3 月，经省政府批准，在该校基础上建立黔南民族幼儿师范高等专科学校。

都匀民族师范学校　学校于 1978 年 10 月经省政府批准成立，当时校名为都匀县师范学校，校址在都匀市沙坝七星山下。1982 年更名为都匀县民族师范学校。1983 年 12 月，都匀市和都匀县合并为都匀市，学校更名为都匀民族师范学校。1986 年，共有 11 个教学班（其中中师 8 个班，幼师、体育和教师进修班各 1 个班），在校生 535 人，教职员工 58 人。2000 年，有在校生 997 人。教职工 132 人，专任教师 79 人。学校占地面积 4.5（51074 平方米）万平方米，教学仪器设备价值 159 万元，藏书 2.1 万册，该校除开设普通中学师范教育专业外，还开设了体育、音乐、美术教育等专业。该校自成立以来，已为黔南地区培养小学教师 4132 人，培训在职幼儿教师、小学教师和小学校长 5000 余人。2000 年 3 月 28 日，与黔南民族师范学院合并为黔南民族师范学院。

第三章　普通高等教育与职业技术教育

1991—1999 年，州内普通高等教育学校有黔南民族师范高等专科学校、黔南民族医学高等专科学校、黔南教育学院。2000 年，将黔南民族师范高等专科学校、黔南教育学院、都匀民族师范学校合并建立本科院校——黔南民族师范学院。2001 年，建立黔南民族职业技术学院。2014 年，建立黔南民族幼儿师范高等专科学校。至此，州内有普通高等教育学校 4 所。

在职业技术教育发展过程中，黔南州重视职业技术教育，在加强公立职业技术学校建设的同时，鼓励社会力量开办职业学校，形成公办职业教育与民办职业教育优势互补。2014 年，全州有中等职业学校 14 所。

第一节　普通高等教育

一、本科学校教育

1999 年 9 月，州政府下发《关于将黔南民族师范高等专科学校、黔南教育学院、都匀民族师范学校合并组建黔南民族师范学院的决定》《关于支持创建黔南民族师范学院的决定》。是年，州政府向省政府呈报《关于将黔南民族师范高等专科学校、黔南教育学院、都匀民族师范学校合并组建黔南民族师范学院的请示》及论证报告、学院章程、建设和发展规划三个附件。9 月 26 日，创建黔南民族师范学院论证会在贵州省教委会议室举行。论证会形成《创建黔南民族师范学院论证会纪要》，一致同意以三校为基础，创建一所以本科教育为主，培养培训专科教育师资为主要任务，且能促进黔南民族地区社会发展的黔南民族师范学院。9 月 29 日，省政府同意三校合并组建黔南民族师范学院，并转报教育部。11 月 17 日，教育部高校设置评议委员会组织的专家考察组到达都匀考察评议三校合并组建黔南民族师范学院工作。

2000年3月，教育部批准成立黔南民族师范学院，学校实行“省、州共建共管，以省为主的办学体制；学院办学投资仍以州为主，省给予支持；省政府委托州政府负责管理学院日常工作”的管理体制。学院以师范教育为主，适当发展非师范专业，尤其是专科层次的高等职业教育，同时承担中小学教师培训任务。实行本、专科教育并重，逐步过渡到以本科教育为主，普通、成人学历教育并举的格局。黔南民族师范学院本科学制四年，高中起点的专科学制二至三年，初中起点的专科学制五年，高中起点的中专班学制二年。从2001年起面向全国招生。2005年，学院有14个系，23个本科专业、2个专科专业，在校生已由建院初的3000余人增加到10000余人。学生来自全国24个省（区），本、专科在校生6000余人，成人在校生4000余人。

黔南民族师范学院接收外国留学生就读。2001—2014年，来自美国、英国、日本、泰国、柬埔寨、印度尼西亚、吉尔吉斯斯坦、加纳等国家和中国港澳台地区的留学生到黔南民族师范学院学习100余人。

2014年，黔南民族师范学院在校生15420人，招生4266人，毕业生3036人。是年，有研究生在校生71人，本科在校生11710人，专科2423人，成人本科584人，成人专科632人。有教职工930人，其中专任教师796人。

二、专科学校教育

1991年，州内专科学校有黔南民族师范专科学校、黔南民族医学专科学校、黔南教育学院。1992年，经国家教委批准，黔南民族师范专科学校更名为黔南民族师范高等专科学校。1993年，黔南民族医学专科学校更名为黔南民族医学高等专科学校。2000年，黔南民族师范高等专科学校与黔南教育学院、都匀民族师范学校合并建立黔南民族师范学院。

黔南民族医学高等专科学校在1998年之前开设高中起点全日制二年制专科班，设临床医学1个专业（含外科方向和妇产方向），1999年增设护理学专业，2000年增设全科医学专业，2001年增设药学和医学检验专业，2002年增设信息管理与信息系统（医学）专业。从2002年开始，黔南民族医学高等专科学校面向全国招生，并开办初中起点五年制专科班，开设临床医学、全科医学和护理学等3个专业。同时，与北京大学医学部合作，引进北京大学优质医学教育资源，开展成人网络远程教育，设立北京大学医学网络学院黔南教学站，开设三年制临床医学和护理学专业，开展成人“专升本”医学教育，为在职卫生技术人员接受继续教育创造条件；与上海第二医科大学卫生技术学院缔结为友好院校，得到上海第二医科大学援助，办学效益和质量不断提高。2003年9月，黔南民族卫生学校并入黔南民族医学高等专科学校，学校规模扩大。到2005年，开设专业有临床医学、护理学、药学、全科医学、医学检验、信息管理与信息系统（医学）、卫生事业管理、中西医结合、妇幼医士等9个，在校生由原来的不足300人增加到6000余人。学校占地面积由原来的120.9亩扩大到1861.5亩，校舍建筑面积由原来的18281.75平方米，扩大到9万平方米。学制以三年专科为主，另设有初中起点的五年制专科、高中起点的预科和成人教育专科。2014年，黔南民族医学高等专科学校招录新生2860人，有在校生8444人，学生毕业2127

人；有教职工 608 人，其中专任教师 507 人。

2014 年 3 月，经省政府批准，教育部备案，在贵定师范学校基础上建立黔南民族幼儿师范高等专科学校。该校为公立全日制普通高等专科学校，以全日制普通高等教育为主，中等教育为辅，同时举办非学历教育。学校有新校区和老校区，有 1 所附属小学、1 所幼儿园，在州内有 15 所幼儿园和 5 所初级中学作为固定教育实习基地。

黔南教育学院始建于 1984 年 11 月 12 日，该校是一所以培训初中教师和教育行政干部为主的成人高等师范学校。学校校址在都匀市东山北麓。校园占地面积 30 亩，总建筑面积 2.2 万平方米，教学仪器设备价值 226.9 万元，藏书 10 万册。1990 年，黔南教育学院有 8 个班，开设有中文、政史、教育行政管理、英语、数学、生物、小教文科和小教理科 6 个师范专科专业，以及行政管理 1 个非师范专业，在校生 347 人。1999 年，黔南教育学院招生 475 人，毕业生 626 人，在校生 1301 人。教职员工 139 人（其中专任教师 86 人），专任教师中有福利教授 21 人，讲师 38 人，教员 4 人，助教 23 人，是当时贵州省规模最大的地（市）级教育学院。自成立以来，黔南教育学院已为黔南地区培训在职中学教师 7000 多人，培训中学校长 426 人。2000 年 3 月 28 日，与黔南民族师范学院合并为黔南民族师范学院。

第二节　职业技术教育

一、中等职业技术教育

1991 年，州内中等职业技术学校有都匀市第一高级职业中学、都匀市第二高级职业中学、罗甸县中等职业技术学校、荔波县职业高级中学、龙里县中等职业学校、瓮安县中等职业学校、福泉市中等职业学校、贵定县中等职业学校、惠水县民族中等职业技术学校、长顺县职业高级中学、独山县中等职业学校、三都县中等职业学校、平塘县中等职业学校。13 所中等职业技术学校中，龙里县中等职业学校、罗甸县中等职业学校、福泉市职业技术学校、荔波县中等职业学校、瓮安县中等职业学校为省级重点职业学校。

1992 年 8 月，州政府批准设立都匀市关协民族职业中专学校、黔南永红职业技术学校。1993 年 6 月，又批准黔南民族师范高等专科学校、黔南教育学院、州林业局分别成立黔南民族师范高等专科学校附属高等职业学校、黔南教育学院附属中等职业学校、黔南州林业中等职业学校。1996 年 10 月，州教育局批准黔南州老年大学和振华一中设立黔南州老年大学计算机中等职业技术学校。20 世纪 90 年代，黔南民族医学高等专科学校、黔南教育学院、黔南民族行政管理学校、黔南民族财政学校、黔南民族卫生学校、黔南民族农业学校、黔南民族工业学校、贵州省内贸学校、都匀民族师范学校、贵定师范学校等大中专院校利用学校的教育资源，办起附属中等职业技术学校（班），州卫生局、州农业局等单位也结合自身的业务特点建立中等职业技术学校（班），州内民主党派、工商联、厂矿及个人也开办中等职业学校（班），仅1998年8月到1999年4月，全州社会力量办职业学（班）20余个。

2003年2月，省教育厅批准荔波县职业高中为贵州省第一批合格中等职业学校。2004年2月，省教育厅确定三都县职业教育培训中心、都匀市第二职业高级中学、瓮安县中学职业学校、独山县中等职业学校为合格中等职业学校。12月9日，省教育厅确定贵定县中等职业学校为合格中等职业学校。

2004年，全州职业学校招生3917人（职业高中招生2653人，职业初中招生1264人），中职学历在校生6451人。民进黔南育才职业学校、九三学社黔南职业学校、民革中山职业学校、黔南计算机中等职业技术学校、乔城电脑学校、剑江英语学校等职业学校办学效果好，在社会上有一定影响。育才职业学校建校仅两年多，为黔南、黔东南培养乡土专业人才170名，毕业生安排就业157人，就业率为92.35%，受到好评。黔南州计算机职业技术学校（黔南计算机培训中心）从1993年成立到2004年，为黔南州各行各业培训电脑技术应用人才，培养二年制职业中专生2000余人，成为全州第一家实力较强的民办电脑专业中等职业技术学校。

2005年底，罗甸县中等职业技术学校通过教育部“国家级重点中等职业技术学校”评估，列为全国重点中等职业技术学校。是年，全州13所职业高中招生6605人，在校生7657人，有教职工466人，其中专任文化课教师178人、专业课教师97人、实习指导教师30人。文化课专任教师本科学历占45%，专业课教师本科学历占31%。全州中等职业技术学校开设的专业近40个，主要有计算机应用、民族旅游、民族服饰、烟叶种植、茶叶种植、农用机电修理、家用电器修理、畜牧兽医、生物技术制药、幼师、医士、护士、种植、养殖、家政服务、酒店服务等，每所学校基本有1~2个具有地方特色、学校特点的专业。

2006年，全州有各类中等职业学校22所，中职学历在校生26425人。其中，中专（中专部）、中师4所，在校生9222人；中等职业学校（含民办）8所，在校生4915人；职业高中13所，在校生12288人。中职招生14465人，超省下达计划465人，比上年增加6962人。其中，职业高中招生7469人，比上年增加864人。

2009年，全州有中等职业高中19所，在校生29274人。2010年，全州职业教育经费投入10185.64万元，建设和维修项目18个，建筑面积60000平方米，新建实验室245个，新征土地360亩，开展创建省级示范校和国家重点职业学校活动，龙里职高申报“国家重点中等职业学校”顺利通过评审，荔波县中等职业学校和瓮安县中等职业学校开展创建省级示范校工作。2011年，全州有中等职业学校18所，在校学生32191人。

2014年，根据《贵州省人民政府关于实施教育“9+3”计划的意见》《贵州省教育“9+3”计划实施方案》，在2013年基础上，继续发展三年免费中职教育。是年，黔南州获省政府列入中等职业教育“百校大战”项目的中等职业学校11所，即都匀市中等职业学校、独山县中等职业学校、平塘县中等职业学校、荔波县中等职业学校、三都县中等职业学校、福泉市中等职业学校、瓮安县中等职业学校、龙里县中等职业学校、惠水县中等职业学校、长顺县中等职业学校、罗甸县中等职业学校。是年，省下达黔南州中职招生任务25400人，全州完成招生26747人。中职学校学生流失率为7.5%，低于省控制指标15%。列入省“百校大战”项目的11所中等职业学校，完成校舍建设面积25万平方米，使用资金4.09亿元，占省下达计划投资的110%。是年，全州有中等职业技术学校14所、附设中职班3个，在校生48346人，教职工1773人。教职工中专任教师1606人。专任教师中，正高级6人、副高级211人、中级518人、初级663人，未定级375人。中等职业学校校园占地总面积1480452平方米，校舍总面积523341平方米，其中教学及辅助用房279259平方米。

二、高等职业技术教育

2000年，州政府向省政府呈报将黔南民族行政管理学校、黔南民族财政学校、黔南民族农业学校、黔南民族工业学校合并组建黔南民族职业技术学院的请示和方案，经省高校设置委员会论证评估并获通过。2001年8月10日，省政府批复，同意黔南州政府将黔南民族行政管理学校、黔南民族财政学校、黔南民族工业学校、黔南民族农业学校合并组建黔南民族职业技术学院，明确学院实行省州共管，以州为主的管理体制，办学经费由州自筹。10月30日，在原黔南民族行政管理学校召开黔南民族职业技术学院成立大会并举行挂牌仪式，黔南民族职业技术学院正式成立，成为贵州省第一批高等职业院校。学院以全日制高等职业技术教育为主，同时开办中等职业技术教育。学制以两年制为主，部分专业为三年制。开设专业分为大专和中专两个层次，大专层次设置19专业，中专层次设置16个专业。设五年制大专、三年制中专、综合高中班、成人函授班。办学规模为11000人，其中，高职在校生规模8000人以上，中职在校生规模3000人。学院设有第25国家职业技能鉴定所、计算机信息高新技术考试站、国家职业资格全国统一鉴定考试点等职业技能鉴定、考证机构，同时又是贵州省外派劳务培训基地和黔南州会计电算化人员培训基地。2005年，学院占地1400亩，校舍建筑面积744876平方米；在校生近7000人；有教职工300余人，其中专兼职教师200余人，教师获高级职称78人。是年，学院与湖南大学网络学院联办法律、工商管理、会计学、计算机信息与管理、保险本科专业，与贵州商专联办财务会计、市场营销、经营与管理、经济信息与计算机应用、保险、物业管理大专班，与黔南州妇联联办“春蕾”中专学历班，与州内组织部门举办村级后备干部中专学历班，与烟草公司、各类企业联合办“订单式”学习班等。学院还设立学生提高学历“中升专”“专升本”机制。2008年，学院通过教育部人才培养工作水平评估。2010年、2012年，先后通过贵州省高职、高专思想政治教育工作评估。截至2014年，学院已培养毕业生12000余名。是年，学院招录新生1031人，毕业生437人，有在校生2045人；有教职工268人，其中专任教师185人。

2009年，台湾人士王雪红捐资2.4亿元人民币，在惠水县百鸟河村建立全国第一所非盈利性公益慈善大学——贵州盛华职业学院，以“公益兴学，扶农助教”为办学宗旨。学校经省教育厅批准为民办高等职业技术学院，大学专科层次。主要招收贵州农村贫困家庭的学生入学，2011 年招收新生 171 名，贫困生占 82.91%。截至 2014 年 12 月，共招收学生 2434 人，应收学费 1430.9 万元，资助金额累计 951.72 万元。贵州盛华职业学院率先在全国盲人学校实施现代化教学，为所有盲人学生配备笔记本电脑，以电脑替代盲文，以录音替代记笔记，听课、查资料、做作业、发信息、上网、考试等全部用笔记本电脑完成。美国、英国等十多个国家的志愿者先后到贵州盛华职业学院服务。

第四章　少数民族学校教育

黔南州历来重视少数民族教育，采取独立设置民族学校、开办寄宿制民族班和女子班（女童班、春蕾班）、开设少数民族预科班和五年制大专（初中起点）班等多种形式发展少数民族教育。

1991 年，全州小学少数民族在校生占在校生总数的 51.01%，中学少数民族在校生占在校生总数的 48.4%。录取中等专业学校的少数民族考生的比例，高中起点占 38.2%、初中起点占 53%，录取中等师范学校的少数民族考生占录取总数的 61.98%。

1993 年 10 月，州政府做出《关于加快发展民族教育的决定》。1995 年 3 月，州政府又做出《关于加快发展“麻山、瑶山”地区教育事业的决定》，促进全州少数民族教育发展。2000 年，全州已设置独立民族小学、中学、中等、高等学校 78 所，部分民族学校在办学规模、办学条件、办学水平上达到省规定标准，成为“省级示范性学校”以及“办学条件、办学水平”双合格学校。

2014 年，全州有独立设置的少数民族中学 23 所，少数民族在校初中生 108037 人、高中学生 481998 人，少数民族教职工 9733 人，其中专职教师 9018 人；独立设置的少数民族小学 33 所，少数民族在校小学生 181969 人，少数民族小学教职工 10741 人。其中专任教师 9648 人。

第一节　民族教育办学形式

一、民族学校

1991 年，全州有民族中小学校 48 所。1998 年 3 月，经州政府批准，都匀一中加挂“民族高中”牌子，面向全州招生，特别招收边远民族贫困乡村的应届初中少数民族优秀学生。

2001 年 1 月，将都匀二中（黔南田家炳中学）建为黔南州民族寄宿制学校。2003 年 4

月，全省民族寄宿制教育现场会在都匀二中召开。2004 年，在推进中小学布局调整中，重点加强边远少数民族地区寄宿制学校、寄宿制班、民族高中和薄弱民族学校建设。在招生工作中，坚持对少数民族学生的照顾政策，每年州招生指标预分到县（市），降分录取，特别是对全州 128 个边远、贫困乡（镇）的少数民族学生和贫困县的少数民族学校给予破格录取。对在校的少数民族特困生，除享受奖学金、少数民族生补贴外，另发给定额的生活困难补助费，确保完成学业。在教学上，编写、使用民族乡土教材，开设民族语言课，将民族的语言、文字、文学、艺术、历史、服饰、风土人情及民族理论、民族政策列入教学内容。

2005 年，全州独立设置的民族学校共 71 所，其中，民族小学 37 所，民族中学 22 所，民族中等职业学校 9 所，民族高等学校 3 所。是年起至 2014 年，全州民族寄宿制学校按照属地管理原则，分别由州、县（市）教育主管部门管理。

2014 年，全州有民族本科学校 1 所、民族高等专科学校 3 所，独立设置的民族中小学 23 所，在校少数民族初中生 108037 人、高中生 49198 人。

2014 年全州普通中小学民族学校基本情况一览表

表 18－4－1　　单位：人

单位	普通中学					小学			
	独立设置少数民族学校	在校少数民族学生数		少数民族教职工数		独立设置少数民族学校	在校少数民族学生数	少数民族教职工数	
		初中	高中	合计	其中：专任教师数			合计	其中：专任教师数
黔南州	23	108037	49198	9733	9108	33	181969	10741	9648
都匀市	3	13873	9333	1302	1222	1	22287	1429	1407
福泉市	1	3899	1783	385	370	2	6495	389	357
荔波县	1	7189	4424	668	592	3	11525	733	691
贵定县	0	7011	2331	539	509	2	11797	752	731
瓮安县	0	1297	992	210	203	1	2307	111	106
独山县	0	10454	5908	1063	953	3	16555	1209	1092
平塘县	0	8478	3473	793	763	3	15198	884	808
罗甸县	1	10791	4098	1145	1102	5	20293	1050	999
长顺县	2	8017	3239	740	710	2	12323	783	398
龙里县	2	4608	1412	305	287	2	8713	391	363
惠水县	3	14865	5546	1251	1120	3	22817	1479	1185
三都县	10	17555	6659	1332	1277	6	31659	1531	1511

二、民族班

三都县政府为解决边远贫困乡村少数民族女童入学难，尤其是升入中学难的问题，于 1986 年 8 月决定在都江、九阡、廷牌、三洞、中和等边远水族聚居乡（镇）开设小学寄宿制民族女子班，在三都民族中学开设初中寄宿制民族女子班。

1993年2月，州教委、州民委联合发出《关于都匀一中、都匀二中在全州范围内面向农村招收高中一年级新生的意见》，决定从1993年起，两校各办一个民族班，每班招生50名，共100名。经费由州教委按每生每年300元，州民委按每生每年200元拨给学校。

1994年9月，贵定县政府实施“春蕾”计划，县教育局、县妇联在拉东小学开办“春蕾女子班”，招收三乡一镇（铁厂乡、抱管乡、窑上乡、云雾镇）的40名辍学少数民族女童入学。女子班实行寄宿制，全免学杂费、书本费，由政府和社会捐助解决学生生活和学习困难，保证少数民族贫困家庭的女孩能安心学习，直至初中毕业。1996年10月，中央电视台“半边天”栏目对“春雷”班的开班情况进行报道，在中央电视台一、二、三、四套节目中播出后引起社会强烈反响。“春蕾”班7名学生的《竹竿舞》赴北京中南海怀仁堂为中央领导表演，并与时任中央党校校长胡锦涛合影。1997年7月，中国科学院30名女科学家专程到贵定看望“春蕾”班女童，并捐助钱物。是年7月，40名“春蕾”班女童均以优异成绩小学毕业，其中学生王丽由于在北京人民大会堂演讲《我要读书》，被推荐到北京市和平里中学读书，其余39名女学生全部升入云雾初级职业中学“春蕾”女子班就读，于2000年7月修完初中阶段所有课程，全部毕业。贵定县“春蕾”女子班完成九年义务教育。

1997年，龙里县在边远、贫困民族乡摆省民族小学、大谷小学、塘堡小学开办4个民族“春蕾”女童班，150名失学女童重返校园。大谷小学、塘堡小学女童班共100人，全部是苗族女童，摆省民族小学的女童班苗族占85.8%。女童班学生杨玉英品学兼优，教师杨光翠教学成绩突出，被省妇儿工委分别评为“优秀春蕾女童”“优秀春蕾园丁”。

1998年，全州开办女子班的学校有30所，在校女子班学生1350人。截至1999年，三都全县有中小学女子班18个，覆盖全县13个乡（镇），在校生500余人。三都民族中学民族女子班的开设，对全州少数民族女童教育起到很好的示范作用。三都县寄宿制民族女子班分别得到国家民委和全国人大民委的肯定，先后在中央电视台、中国教育电视台、贵州电视台、黔南电视台节目中播出。女子班的学生毕业后，有的当上了乡（镇）干部，有的成为农村小学教师，还有的成为乡（镇）农机站、畜牧站、计生站、广播站、农技站的工作人员和技术人员，填补一些乡（镇）无妇女干部、女技术员、女教师、女医生、女护士的空白。有的回到家乡创业，成为农村脱贫致富奔小康的带头人。三都县对民族女子班实行师资、经费上优先，在教学内容上结合少数民族地区经济、社会发展需求，增设民族刺绣、编织、缝纫、烹饪、家政、种植、养殖课程，提高少数民族女生在校巩固率。罗甸、荔波两县为解决农村女童入学难的问题，先后在条件较好的学校开设民族女子班。荔波县在瑶山民族小学三年级以上的女学生中开设手工刺绣课，激发学生的学习兴趣，该校无一女学生流失。

2001年，黔南民族职业技术学院刚建立就举办民族女童班、水族女子班。前者主要招收农村由于家庭经济困难小学毕业后无力再继续升入初中学习的少数民族女孩，后者招收初中毕业因家境贫困无力再上学的水族女生。学院为民族女童班、水族女子班免收学费和书费。2001—2005 年，该院共开办 5 个民族女童班和 2 个水族女子班，共招生少数民族女生 320 人。

截至 2003 年，都匀一中民族班共培养高中毕业生 1015 人。都匀一中民族班毕业考入高等学校的学生获得博士、硕士学位超过 150 人。都匀一中因办民族班成绩突出，多次受教育部、全国人大民委、省民委、省教委的表彰和肯定。新疆、西藏、内蒙古、广西等自治区教育部门多次组团到黔南参观、考察办民族班的经验。2003 年 10 月，省委、省政府授予都匀一中 1999 — 2003 年度“贵州省民族团结进步先进集体”称号。

2004—2014 年，州内设置高中民族班的学校，坚持办民族班，招收少数民族子女就读。

三、民族专科班、预科班

1994 年 7 月，省教委批准黔南民族师范高等专科学校开办五年制英语教育专科班。按照省、州的要求，该校试办初中起点的五年制少数民族大专班，实行定点招生、定向分配，为边远、贫困地区的农村初级中学培养少数民族师资。90% 招收少数民族初中应届毕业生，70% 招收边远、贫困地区的学生，女学生不少于 1/3。黔南民族师范高等专科学校还开办经济管理专科的少数民族妇女干部专修班，学制二年，80% 招收乡（镇）少数民族妇女干部，为乡（镇）培养少数民族妇女管理人才。

黔南民族师范学院、黔南民族医学高等专科学校坚持开办少数民族预科班，招收少数民族学生，让部分未达到高考分数线的少数民族学生有机会读大学。预科班的少数民族学生占 85%，边远、贫困地区的学生占 70%。民族预科班用一年的时间补习高中语文、数学、英语、物理、化学等基础课程，为一年后分系分专业学习打下基础。

第二节　“双语”教学与“复式”教学

一、“双语”教学

“双语”教学是针对民族中小学学生实际，同时使用汉语和当地少数民族语言进行教学的方法。根据全州少数民族人口及分布，开展“布依语、汉语”“苗语、汉语”“水语、汉语”三种形式的“双语”教学。州内少数民族聚居村寨，成年男人大部分会讲汉语，妇女儿童会讲汉话的较少，家庭内部、邻里、村寨之间交际都使用本民族语言，这些地区的学龄前儿童，尤其是女童不会说汉语，造成小学低年级教学语言上的障碍。为减少这些少数民族聚居区农村小学教学中的语言障碍，提高教学质量，促进九年义务教育发展，州教育局决定从 1996 年开始在三都、荔波两县开展“双语”教学。三都、荔波两县教育局为保证双语教学质量，考试均由两县教育局统一命题印制试卷，荔波县命制语文试卷，三都县命制数学试卷，两县统一考试时间。经过多次检测，“双语”教学班的成绩明显高于对比班学生的成绩。

1999 年，三都县有“双语”教师 231 人，开展水语与汉语、苗语与汉语“双语”教学的学校及教学点共 101 个，有在校生 17960 人。通过“双语”教学，学生对学校有感情，乐意上学，按时到校，学习努力，不再出现流失现象，班学额巩固率基本达 100%。

都匀市坝固民族小学从 1983 年 10 月开始一直坚持开设苗文课，进行“双语”教学，从四年级起开设苗文课。该校使用一家创立的苗族文字编写苗文课本第一、二册，让学生学习苗文的字母、声母和声调等，由专职苗文教师执教。通过教学，学生会读写本民族语言文字。

截至 2005 年，全州培训布依文、苗文、水文教师 400 余人，开办布依文、苗文、水文农村班 200 余个，学员 7000 多人，办“双语”教学班 600 多个，少数民族在校生 2 万余人。

二、复式教学

复式教学相对单式学教而言（单式学教学把同一年级的学生合成一班，在一个教室内由一名教师执教），复式教学是把两个或两个以上年级的学生编成一班，由一名教师用不同的教材，在同一节课里对不同年级的学生进行教学的形式。具体编班的形式有单班学校制、二级复式制、三级复式制。

州内许多农村和少数民族地区地处边远，居住分散，交通不便，学校设置少，年级多为单班而且班学额少，多数教学点一个年级仅有几名学生，给农村小学的教学带来困难。1997 年，三都、荔波等县开展“双语复式教学”试点。之后，州教育局多次在三都、荔波两县举办复式教学师资培训，开展复式教学改革实验，总结经验，向全州推广。1999 年 11 月 30 日—12 月 1 日，三都县“双语复式教学实验”通过省专家组评估。

随着教育改革深化，学校、教学点设置调整，2005 年以后，全州小学复式教学点逐渐减少。

第三节　民族文化进校园

2007 年，全州各县（市）按照省教育厅、省民宗委《关于在全省各级各类学校开展民族民间文化教育的决定》，开始实施民族文化进校园工作，创建示范项目学校。民族文化进校园的项目包括民族民间音乐、体育、文学、语言、文字、美术、曲艺、舞蹈、戏剧、技艺、习俗、风情及民族知识等方面。各地各学校还结合自己的实际，制定具体实施方案，形成各具特色行动路径，为传承和弘扬民族文化奠定基础。民族文化进校园活动把各民族优秀文化纳入学校教育范畴，学校的民族特色、办学特色日趋明显，民族民间文化教育与音乐、体育、美术等课程相结合，与劳动技术课程及课外兴趣小组相结合，与综合实践活动课相结合，与校园文化建设相结合，拓宽地方课程和校本课程建设的渠道，丰富校园文化建设内容，促进课程改革和教育教学方式改革，许多学校还以此为基础开发校本课程。

三都县编写《水书水语十课时》作为项目学校的校本教材，荔波县编写的《可爱的荔波》收集100多篇民族民间故事作为全县地方教材。2010年，全州已有30余所民族学校参加民族文化进校园活动。是年，州教育局授予都匀市坝固民族小学“黔南州民族民间文化教育示范学校”称号。

2012年11月3日，州委宣传部、州教育局、州民宗委共同举办“2012年黔南州少数民族原生态校园歌曲大赛”，全州各县（市）组织32支代表队参赛。所有参赛队都着本民族服饰、用本民族语言演唱本民族歌曲。比赛结果为：三都县打渔民族学校、都匀坝固中学、独山塘立中学获中学组一等奖，三都县高硐小学、城关小学获小学组一等奖。

2012年，三都县申报“《水语水书十课时》地方教材开发与研究”州级课题，经课题专家审定为黔南州重点课题。经课题组实地调查研究，采集水族古文字和原生态经典水歌，于2013年2月编撰成书。

2013年，州教育局根据省教育厅、省民宗委《关于在全省各级各类学校开展民族民间文化教育的实施意见》《关于大力推进各级各类学校民族民间文化教育的意见》，全面推进全州各级各类学校民族文化进校园活动。截至2014年，全州有近100所学校开展民族民间文化进校园活动。州教育局、州民宗局命名12个县（市）民族民间文化进校园示范学校41所，全州列入省级民族民间文化进校园示范项目学校8所。

在民族民间文化进校园活动中，培养出民族音乐、体育、美术、传统技艺等特长的民族民间文化人才。通过苗歌、布依歌、水歌进入校园活动，师生传唱民族歌曲，使优秀的民族歌曲得到推广和普及。都匀市坝固民族中学芦笙队员王娇用苗语演唱的《苗岭谣》获都匀地区民族民间文艺展演民歌唱法一等奖，都匀民族中学学生吴辉林成为贵州民族学院芦笙专业录取的第一人。许多学校的民族文化进校园节目已成为当地旅游的品牌节目。荔波县的荔波民族中学、职业中学、瑶山中小学等学校将瑶山瑶族乡群众喜爱的传统体育运动项目陀螺列入学校的教学内容，推广和普及陀螺运动，提高陀螺运动竞技水平，在全国、全省少数民族传统体育运动会上获得金牌。荔波县在坚持开展瑶族传统体育项目的同时，综合整理、编写并推出《竹竿舞》《猴鼓舞》《青瑶情韵》《布依织韵》《铜钱娃娃》等舞曲，受观众喜爱。瑶山民族中学的瑶族陀螺已成为荔波县民族运动会的比赛项目。贵定县新铺乡新铺中学开办以舞蹈《长衫龙》发源地为载体的苗族芦笙舞培训班，组建百人《长衫龙》舞蹈队。福泉市沙坪中心小学把当地有较大影响的民族民间文化——刺绣引进课堂，办起刺绣班，从苗族群众中请刺绣能手作辅导，激发师生的学习兴趣；仙桥片区将阳戏引入民间文化传承范畴。龙里县将农民绘画、苗族服饰、布依族歌舞等特色文化引进校园和社区。都匀市民族中学开展校园内体艺大课间活动，初中开设美术课，高中开设美术特长课、芦笙舞、民族舞蹈、民族歌曲及演奏、民族风情画展等，丰富学校民族艺术特色内容，该校已成为市委、市政府指定的民族演出接待点。独山县狮山民族小学组建花灯乐器组，由懂花灯艺术和花灯器乐的老师作指导，选拔有艺术天赋的学生组成花灯乐器团，编写花灯曲谱，训练花灯鼓点，吟唱花灯歌曲，学跳花灯舞蹈，既陶冶学生的情操，又传承民族传统文化艺术。

2014 年州级民族民间文化教育示范项目学校一览表

表 18－4－2

县（市）	学校名称	备　注
都匀市	都匀市坝固民族小学	第一批
	都匀市阳和水族乡中心学校	第一批
	都匀市民族中学	第一批
	都匀市第九小学	第二批
福泉市	福泉市陆坪中学	第一批
	福泉市沙坪中心小学	第一批
	福泉市第四中学	第二批
独山县	独山县城关一小	第一批
	独山县麻万镇中心小学	第一批
	独山县狮山民族小学	第一批
	独山县温泉中心小学	第二批
平塘县	平塘县牙舟中学	第一批
	平塘县新塘乡中心学校	第一批
	平塘县卡蒲民族中学	第一批
	平塘县掌布民族中心	第二批
荔波县	荔波县瑶山民族中学	第一批
	荔波县瑶麓民族小学	第一批
	荔波瓮昂小学	第一批
	荔波县佳荣中学	第一批
	荔波县水尧小学	第二批
三都县	二都县九阡中学	第一批
	三都县水龙民族小学	第一批
	三都县三洞中学	第一批
	三都县打渔民族学校	第二批
	三都县中和小学	第二批
瓮安县	瓮安县桃子冲民族小学	第一批
贵定县	贵定县新铺中学	第一批
	贵定县盘江镇音寨小学	第一批
	贵定县盘江中学	第二批

续表 18－4－2

县（市）	学校名称	备　注
龙里县	龙里县巴江中学	第一批
	龙里县摆省民族小学	第一批
	龙里县卫华民族中学	第二批
	龙里县平坡小学	第二批
惠水县	惠水县辉岩小学	第一批
	惠水县鸭绒民族小学	第一批
	惠水县雅水中学	第一批
长顺县	长顺县马路中学	第一批
	长顺县摆雅小学	第一批
	长顺县第二中学	第二批
罗甸县	罗甸县板庚中学	第一批
	罗甸县栗木中学	第二批
合　计	41 所	

第五章　成人教育　特殊教育

黔南州成人教育以广播电视大学（以下简称电大）教育、农村成人文化技术教育为主，另有部分成人通过自学考试提高学历。2003 年之前，全州成人教育工作由州教育局管理，设教育科具体负责，州、县（市）、乡（镇）层层建立成人教育培训中心，开展成人教育培训。2004 年，州、县（市）教育局先后成立农村劳动力转移培训工作领导小组及其办公室，州教育局和都匀市教育局将该办公室与成人教育科合署办公，荔波县将办公室设在县政府教育督导室，瓮安、福泉、贵定、龙里、惠水、长顺、罗甸、平塘、独山、三都等县（市）将办公室与基础教育股合署办公。

州内特殊学校教育有特殊教育学校、中小学校附设特殊教育班（以下简称“特教班”）、随班就读三种形式。城市以特殊学校和特教班为主，县城及农村地区以随班就读为主，形成以特殊学校为龙头，特教班为骨干，随班就读为基础的特殊教育格局。

第一节　成人教育

一、广播电视大学教育

20 世纪 90 年代，州内国家承认学历的成人高等教育学校有黔南州广播电视大学。该校主要招收在职人员就读，学生毕业获专科学历。1997 年，黔南州电大被中央电大评为贵州省唯一一个全国“信得过考区”。2000 年，经中央电大、省教育厅、省电大批准，黔南电大进行试点，开办本科会计学专业，结束黔南州成人高校不能招收本科学生的历史。

2006 年，经省教育厅备案，教育部奥鹏学习中心批准，黔南州电大设立全国远程教育公共服务体系（奥鹏）学习中心，利用全国知名高校的优秀教育资源联合举办网络教育。是年，学校网络教育毕业生 1500 余人，在读生 3670 人。2007 年，黔南州电大开设本科专业 26 个。2010 年，黔南州电大建立黔南州中等职业学校，并于 2013 年秋季开始招生 281 人。

2013 年，学校老校区拆迁，投入 1.2 亿元进行新校区建设。开设理、工、农、医、文、经、艺术 7 个大类 50 多个本、专科专业，开放教育及普通专科、成人专科毕业学生 19278 名，毕业普通中专、成人中专毕业生 1612 人。2014 年，黔南州电大被评为全国“信得过考区”，成为全省电大系统仅有的两个获得全国“信得过考区”学校。是年，学校有开放教育在校本科生 1873 人、专科生 4812 人、成人专科生 321 人。

二、农村成人教育

（一）扫盲教育

黔南州农村成人教育主要是扫除文盲和农业技术培训。1991 年，全州举办扫盲班 10130 个，参加扫盲班学习的青壮年文盲 211686 人，验收脱盲 135532 人，15～40 周岁人口中的非文盲率由 1990 年的 85.78% 上升到 87.9%。都匀市、福泉县、瓮安县、贵定县、惠水县、独山县、平塘县、长顺县、龙里县实现基本无文盲。1995 年，全州有扫盲班 1476 个，参加扫盲班学习 49025 人，脱盲 38464 人，文盲人数分别比 1991 年减少 97068 人，文盲率由 1990 年的 13.15% 下降为 7.8%。

“八五”期间，全州办扫盲班 18181 个，参加扫盲班学习的文盲 376047 人，脱盲 251638 人，除三都、罗甸两县外，其余 10 个县（市）实现基本无盲目标。都匀、福泉、瓮安、贵定、龙里 5 个县（市）成为实现高标准扫盲验收合格单位。

“九五”期间，共举办扫盲班 14143 个，参加扫盲学习 205653 人，脱盲 193554 人。全州青壮年文盲率由 1995 年的 7.8% 下降到 2000 年的 2%。惠水县、平塘县 1997 年实现基本无盲单位目标。

“十五”期间，全州举办扫盲班 14177 个，参加扫盲学习 217672 人，验收脱盲 136913 人，比“九五”期间分别增加 34 班、12019 人。

（二）技术培训

“八五”期间，全州开办乡（镇）、村级农民技术班2452个，培训各种实用技术人员801752人（次）。“九五”期间，全州举办农村成人技术班8579个，培训各种实用技术人员1220626人（次）。“十五”期间，采取长班和短班结合，学历培训和非学历培训结合，普教和农教、职教结合等多种形式开展农村成人技术教育。全州举办农村成人技术培训班2175个，培训各种实用人才2145194人（次），比“九五”时期增加924568人（次）。农村成人技术教育的学制长班有一年制、二年制、三年制不等，短班有几天、十几天、几十天甚至几个小时不等，一般根据需要，结合务工和农事季节确定教学内容和教学时间。课程设置主要有农作、果蔬、烤烟、建筑、财会、机电、化工、畜牧兽医、林业、文秘等专业。

2003—2005年，黔南州通过远程教育培训农民577150人（次）。通过农村劳动力转移培训后，农村劳动力转移就业人数由2003年的6.63%增加到2005年的15.75%。农民通过远程教育，学会科学种田，推广良种，粮食产量逐年有所提高，农民现金收入逐年增加。

第二节 特殊教育

1990年，都匀市在都匀四小举办盲目儿童随班就读实验获得成功后，在该市的杨柳街、沙寨、平坝、凤蘼、阳河、良亩等乡（镇）中心小学校开办“三残”（智残、体残、肢残）儿童随班就读特教点。

1993年11月30日，黔南州第一所特殊教育学校——黔南州贵定聋哑学校成立（1999年9月更名为贵定特殊教育学校），担负全州12个县（市）7～15周岁的三残儿童少年教育任务。接着，在都匀、福泉、瓮安、贵定、龙里、惠水等县（市）发展特殊教育，并逐渐向边远贫困、少数民族聚居的地区延伸发展到与“普六”“普九”同步。1997年8月，黔南州举办三类残疾儿童启智随班就读师资培训，共培训教师60名。

1999年3月1日，成立都匀市培智学校，附设于都匀市五小，是都匀市的一所特殊教育学校，首届招收残疾儿童20名。为便于教学和管理，编为两个教学班开课。都匀市政府为发展特殊教育，下发《都匀市义务教育阶段特困生收费减免办法》，规定学生系三类残疾人、学生的父母或监护人员系无劳动力的残疾人均可减免杂费。是年，黔南州在贵定师范学校首次开办特师专业，首届招收学生40名。都匀市每年从教育经费中专门划拨出一定补贴乡（镇）残疾儿童少年随班就读。2005年，都匀市人大开展贯彻执行《残疾人保障法》专项检查，保障残疾人受教育的权利。2000—2003年，全州选派105名青年骨干教师到外地进行特教专业培训。之后，每年选派教师到贵阳、安顺等参加特教师资培训，或选派热爱残疾儿童教育的青年教师到南京特殊教育师范学校、安顺师范学校特教部接受学历教育。

2013—2014年，全州特殊教育发展较快，福泉、贵定、瓮安、独山、罗甸、惠水、三都分别新建一所特殊教育学校。2014年，全州有特殊教育学校9所，有民办康复训练机构1个，全州实现按国家规定在30万人口以上县（市）建一所特殊教育学校的目标。各特殊教育学校的教学设备设施由国家按标准配发，能够满足教学的需要。按照国家对特殊教育学校学生公用经费采取特殊政策的规定，各县（市）财政按每生每年4000～5000元的标准拨到学校，州级实现特殊学生预算内生均公用经费每生每年6000元的标准。是年，全州特殊教育开设教学班60个，招生328人（含特殊教育学校、特教班、随班就读），有在校学生563人；有教职工160人，其中专任教师150人，教师学历合格率100%；“三残”儿童少年入学率94.79%。

2014年全州特殊学校基本情况一览表

表18－5－1

地区	学校数（所）	招生数（人）	在校学生数（人）				教职工数（人）		学校占地总面积（平方米）	校舍建筑总面积（平方米）
			总计	其中			总计	其中专任教师		
				视力残疾	听力残疾	智力残疾				
都匀市	1	39	51	0	11	40	9	8	10147	3301
福泉市	1	12	57	0	10	47	14	13	5150	3100
瓮安县	1	6	56	3	11	42	18	16	8368	3086
贵定县	1	10	71	0	46	25	26	25	2368	3156
龙里县	0	0	0	0	0	0	0	0	0	0
惠水县	1	20	41	0	27	14	15	15	9712	1744
长顺县	0	0	0	0	0	0	0	0	0	0
罗甸县	1	35	34	0	6	28	9	9	2200	3000
平塘县	0	0	0	0	0	0	0	0	0	0
独山县	1	0	110	0	61	49	26	22	14458	3648
荔波县	0	0	0	0	0	0	0	0	0	0
三都县	1	11	63	1	32	30	18	18	4477	3100
都匀经济开发区	0	0	0	0	0	0	0	0	0	0
州级校	1	24	80	27	29	24	25	24	50491	8136
合计	9	157	563	31	233	299	160	150	107371	32271

说明：龙里、长顺、平塘、荔波及都匀经济开发区尚无特殊教育学校

第六章 教师队伍

随着黔南州教育事业的发展，教师队伍在教育改革中发展壮大。特别是实施《中华人民共和国教师法》后，全州教师的社会地位、福利待遇等各方面得到提高。同时，州、县（市）加强各级各类师资培训和继续教育，提升教师综合素质。全州教育队伍从1991年的26017人发展到2014年的39287人。

第一节 师 资

一、公办教师

1991年，全州有幼儿园教师855人，小学教师19011人，中学教师、中等专业学校教师5886人，高等学校教师265人。

2005年底，全州幼儿园教师增加到1104人，小学教师增加到19230人，中学教师增加到11247人，高等学校教师增加到830人。

2005年与1990年相比，高中教师大学本科以上学历占84.16%，提高22.75个百分点；初中教师专科以上学历占94.92%，提高36.08个百分点；小学教师中师、高中以上学历的占96.02%，提高26.06个百分点；幼儿园教师高中以上学历毕业的占96.58%，提高35.39个百分点。农村（县、乡镇）中学专任教师专科以上学历毕业的占96.92%，提高53.7个百分点，本科及以上占36.67%；农村小学专任教师中师、高中及以上学历占94.84%，提高25.94个百分点。在专业技术职务方面，中学专任教师中，具有高级专业技术职务795人，占6.74%；具有一级专业技术职务的2740人，占23.26%；具有二级专业技术职务的5890人，占50%；具有三级专业技术职务的1240人，占10.53%；未评专业技能的1115人，占9.47%。小学教师中，具有高级专业技术职务的5403人，占27.58%；具有一级专业技术职务的11492人，占58.65%；具有二级专业技术职务的2196人，占11.21%；具有三级专业技术职务的23人，占0.12%，未评专业技术职务的477人，占2.43%。

2014年，全州教职工44041人中，有专任教师39287人。其中，幼儿园学前教育教职工5875人，专任教师4211人，聘有保育员741人、保健医生59人，代课教师604人，教职工与在园（班）幼儿比例为1∶17；小学教职工17112人，专任教师15742人；初中教职工10886人，专任教师10138人；高中教职工6382人、专任教师5857人；中等职业学校有教职工 1778 人，专任教师 1606 人。全州高等学校教职工 2008 人、专任教师 1584 人。学历合格率分别为：幼儿园 98.2%（专科以上学历 73%）、小学教师 99.4%（大专以上学历 85.2%）、初中教师 99.6%（本科以上学历 67.9%）、高中教师 97.1%（研究生以上学历 2.6%）。

二、民办教师

1991 年，全州在册民办教师共有 6410 人。1992 年，按照省教委《关于加强中小学民办教师队伍建设若干意见的报告》，对全州民办教师队伍进行考核。考核的内容有：政治思想表现、文化程度、业务能力、教学效果、工作态度和健康状况，以政治思想表现和业务能力考核为重点。文化考试科目有小学教师考语文、数学两科，中学教师考所教学科。全省统一命题、制卷，州评卷，以县（市）为单位组织考试。在全面考核和文化考试的基础上，考核小组对民办教师逐个评审。通过评审，对合格和基本合格的，由县（市）教育局分别发给“贵州省民办教师任用证书”“贵州省民办教师试用证书”，对不合格的，经县（市）教育局批准，予以辞退。

截至 2001 年，全州民办教师选招工作结束，先后有 4226 名民办教师通过考核选招为公办教师。

三、教师聘任

按省政府 1991 年颁布的《贵州省基础教育实行分级办学分级管理的暂行规定》，黔南州直属学校由州政府考核、管理教职工队伍，县（市）政府考核管理县（市）教职工队伍，乡（镇）政府协助县（市）教育行政部门管理好本乡（镇）学校和教职工队伍。教师聘任和调配由各级教育行政部门会同人事部门负责。

1993 年，全州教师职务实行聘任和任命制，以就地聘任为主，按学校分级管理权限，由学校或县以上教育行政部门领导聘任和任命，任期 3 ~5 年，可视教师工作态度和教育教学成绩续聘连任。

按照省政府有关规定，凡在教育行政部门依法批准举办的各级各类学校和其他教育机构从事教学工作的教师，必须依法取得相应的教师资格。没有相应教师资格的人员，不能聘为教师。

2003 年，对在职教师进行首次资格认定。州教育局负责全州教师资格认定的组织、指导和监督工作，并负责高级中学教师、中等职业学校教师（包括实习指导教师）资格的认定、管理，县（市）教育局负责幼儿园、小学、初级中学教师的认定、管理，并负责审查所在地高级中学、中等职业学校教师（包括实习指导教师）资格，报州教育局认定。2004—2014 年，教师资格的认定根据属地管理原则，按原有认定程序完成。

专记

全国师德标兵——

陆永康

陆永康，男，三都县羊福民族学校教师。在他出生9个月时，因患小儿麻痹症导致双膝以下肌肉萎缩，从此只能跪着行走。家境贫寒，身患残疾，并没有磨灭他对幸福人生的追求，对美好生活的向往。陆永康克服常人难以想象的困难，坚持跪着辗转在家乡几所小学求学。后来因各种原因，小学毕业就辍学回家刻苦自学，成为当时村里为数不多的“文化人”。1968年年底，陆永康所在的孔荣村组织办学，因为条件艰苦，教师待遇低，不久最后一名教师也离开了。为了不让贫困夺走孩子受教育的权力，陆永康鼓起勇气跪行找到村干部说，让他试试看能不能胜任。经试教几节课，领导觉得还行，就这样当上了老师。

羊福乡是一个以水族、苗族、布依族、汉族等多民族杂居的边远山区，山高坡陡，道路崎岖，交通便利，经济落后，村里大多数孩子因贫困等原因经常辍学在家。白天，陆永康跪着为孩子上课，晚上，他又要跪着去孩子家里辅导，为方便出行，陆永康用树干、旧篮球皮、废轮胎、铁丝做成一双足有2公斤重的“船鞋”缚在双膝上。从此，在羊福乡险峻的道路上，经常出现他拄着棍棒跪着行走的身影。每次“跪行”都充满着危险和艰辛，每次都是他对自我极限的不断超越，他在家访的路上，曾经被冰雹砸伤，曾经被蛇虫攻击，曾经掉进沟渠，别人一小时走的路，他得用几小时才能走完。

2004年3月，中共黔南州委书记林明达到羊福乡调研时，目睹陆永康跪着为孩子上课的感人场景后，在现场给黔南州中医院院长打电话。询问陆永康还有没有通过手术治疗站立起来的可能，经过检查，陆永康的双腿膝关节纤维强直屈节90度，严重畸形。陆永康被送到州中医院后，先后经过11次手术，2005年4月，他终于平生第一次能站起来，这时他留下感激的泪水，他说，他要用毕生的精力，为家乡、为人民、为国家培养更多的有用之才。很快他又拄着双拐上了讲台。

几十年间，他未曾行走，但在人们眼里，比谁都走得更为铿锵有力；他“跪行”“跪教”，在人们匆匆的脚步里，他双膝留下了时代的最强音，显示一位高尚者所具有的生活深度和精神高度。2006年3月，中宣部决定将他作为全国重大先进典型进行集中宣传报道。新华社、《人民日报》《光明日报》、中央电视台、《贵州都市报》等主流媒体相继在显著位置、重要栏目全面报道陆永康的先进事迹，在全国各地引起强烈反响。陆永康“跪教”36年的催人泪下感人事迹，感动了黔南，感动了贵州乃至感动了全国，被评为2005年中央电视台感动中国年度人物候选人、感动中国教育十大平凡人物。2006年，陆永康获贵州省“五一”劳动奖章、全国优秀共产党员、全国师德标兵、第二届贵州都市年度人物等称号。在2007年1月2日中央电视台第七套农业节目主办的2006年年度“三农”人物颁奖典礼上出现了感人的一幕；当来自遥远大山深处的教师陆永康拄着拐杖、脚穿军绿色的解放鞋，一拄一拐地走上北京的颁奖台时，著名相声表演艺术家侯耀华“咚”的一声给他跪了下来，这个动作被称为“史上最感人的颁奖动作”。2008 年 6 月 12 日，北京奥运火炬传到贵州，贵州的奥运火炬传递活动在贵阳举行，乡村教师陆永康成为奥运火炬手。2009 年，以陆永康跪地教学的故事为原型创作拍摄的电影《水凤凰》在全国上映。

第二节　教师培训

全州教师队伍培训分为高等学校教师、中等学校及高中教师、初中和小学及幼儿园教师培训。高等学校由学校根据《高等学校教师培训规章》进行，主要采取选送到高等院校进修的形式，提高师资整体水平。中等专业学校和高中教师由省统筹安排培训提高。州培训对象主要是初中和小学教师，重点是农村初中和小学教师。

1991—1995 年，对部分中小学教师进行学历培训的同时，重点转向全员岗位培训。培训对象除普通中小学、幼儿园教师外，还包括中等师范学校、教师进修学校和农村职业中学教师。培训分为教师岗位培训、新任教师试用期上岗培训、合格学历培训、“专业合格证书”文化专业知识培训四类。

1996 年，师资培训工作在进行学历补偿教育培训的同时，重点转向继续教育培训。到 1997 年，全州小学教师 18795 人，学历达标 1635 人，占 87.00%；初中教师 6521 人，学历达标 4829 人，占 74.05%。从 2003 年起，州教育局每年安排 5000 名学历未达标的中小学教师到黔南民族师范学院学习进修。2003—2005 年，已有 15000 名教师通过学习获得相应学历。

1999 年，黔南州启动中学教师继续教育。1999—2003 年，开展初中教师全员培训，以提高教师道德素养和教育教学实际能力为目标。教师思想政治教育与职业道德修养培训以教育法律法规和《中学教师职业道德修养》《邓小平理论概论》为主要内容，基本职业技能培训以口语表达、写字、简笔画、使用和制作教具、计算机应用基础为主要内容，教育教学理论和业务培训以九年义务教育课程计划简介、教学设计原理与技术、中学德育研究、班主任工作的理论与实践、教学优秀案例分析、中学教师的成长与发展、素质教育的理论与实践为主要内容。2001 年，州教育局制定《黔南州中小学教师继续教育工程方案》，提出《黔南州贯彻落实〈贵州省中小学教师继续教育工程方案〉的实施意见》。2001—2005 年，通过新任教师培训、教师岗位培训、提高学历层次培训等，对中小学教师轮训，培训分为全体教师参加的全员培训和不同类别教师参加的专项培训两类。培训的重点是教师职业道德、教师思想教育观念的更新、信息技术教育、基础教育阶段新课程计划、教学大纲、新教材等。全员培训内容包括思想政治和师德修养、现代教育思想与理论、基本职业技能（教育教学技能、普通话、计算机与信息技术）、英语四项，专项培训内容包括新任教师培训、教师岗位培训、骨干教师培训，提高学历层次培训四项。2005—2014 年，各项培训以新课程新理念为主要内容，以集中短训的方式，对中小学教师进行培训。

第七章　教育管理

1991年，黔南州教育委员会（以下简称州教委）管理全州教育工作，其内设机构有政治处（副县级机构）、办公室、普通教育科、成人教育科、高等教育科、师范教育科、职业技术教育科、幼儿教育科和督导室，人员编制共40名，其中行政编制26名，事业编制14名。实有人员34名。下属事业单位有教研室、教学仪器站（与教研室合署办公，两块牌子，一套人员）、普通招生办公室、成人招生办公室、自学考试办公室、贵州省中等师范函授广播学校黔南工作站、电化教育馆。其中，州招生办、州成人招生办、州自学考试办实行合署办公。成人招生办归州委组织部、州教委双重领导。贵州省中等师范函授广播学校黔南工作站与师范教育科合署办公，两块牌子，一套人员。事业单位人员编制共35名。各县（市）管理教育工作的职能机构为县（市）教育局。是年，各县（市）行政区划“建并撤”后，建立乡（镇）教育行政机构，但称谓不一，有的称教育视导组，有的称教育办公室，有的称教育辅导站，设视导员3~5名，负责该乡（镇）教育行政事务。全州238个乡、镇（办事处）设教育行政机构的有235个，工作人员总计1048人。1994年8月，设立黔南州大中专毕业生就业指导中心（科级事业单位），与州学生分配办公室两块牌子一套人员，挂靠政治处。1995年10月，建立黔南州教师培训活动中心（科级事业单位），人员编制15名，归州教委管理。1996年7月，州教委改为州教育局，内设机构仍保留原州教委建制；1997年，州教育局职能科室由9个调为8个，下属事业单位和人员编制不变。2001年，州教育局职能科室由8个调整为6个，调整后的科室为办公室、政治处、计划财务科、基础教育科、师资教育培训科、职业教育与成人教育科，人员编制为行政编制23名、事业编制3名，下属事业单位、人员及实有人数不变。2004年，瓮安、贵定、龙里、长顺等5个县撤销乡（镇）教育辅导站（视导组、办公室）100个，裁减原机构人员335人。2005年，州教育局内设机构增加到11个，黔南教师培训中心改为教育质量监测中心，中等函授教学站改为学生资助中心，撤销学前教育科、高等教育科。2010年，在州政府行政机构改革中，州教育局内设机构调整为办公室、计划财务科、基础教育科、师资教育培训课、职业教育与成人教育科、政策法规科、政治处。2014年，州委、州政府调整州教育局的职能，根据职能内设办公室（离退休干部管理科）、计划财务科、基础教育科（学前教育科）、职业教育与成人教育科（高等教育科）、教师工作科、州政府督导办公室、政策法规科、政治处、纪检监察室。截止2014年，乡（镇）教育辅导站等教育工作机构全部撤销，实行中心学校校长负责该乡（镇）小学教育工作管理体制。

1991—2014年，州、县（市）依法依规管理各项教育工作，通过增加教育资金投入，加强基层设施建设，壮大教师队伍，提高教师队伍综合素质，开展教学科研，实施“两基”（基本普及九年义务教育、基本扫除青壮年文盲）等，不断加强教育事业管理，促进全州教育事业健康发展。

第一节　教育经费

1991—2014 年，全州教育经费来源主要是州、县（市）国家财政预算拨款和征收用于教育的税费。另外，少部分来源于学经费、校办产业、勤工俭学和社会服务用于教育的经费，社会团体和公民个人办学经费，社会捐（集）资办学经费、事业费收入和其他收入。

一、财政拨款

“八五”期间，全州教育经费从 1991 年的 9411.3 万元增加到 1995 年的 21686.3 万元，增长 130.4%。“九五”期间，从 1996 年的 26987.5 万元增加到 2000 年的 44208 万元，增长 63.8%。“十五”期间，从 2001 年的 44979.8 万元增加到 2005 年的 91823.2 万元，增长 104.14%。

2013 年，全州压缩党政机关行政经费 1712.01 万元用于教育“9 + 3”计划，比例达 5.5%。同时，从土地出让收益中计提 10% 的资金 835.55 万元和城市教育费附加 12847.9 万元，全部用于教育改善办学条件。

二、教育税费征收

根据省政府 1988 年 12 月《关于征收农村教育费附加的通知》，州、县（市）征收农村教育事业费附加。征收的范围是农、林、牧、副、渔以及乡镇企业、服务性农村集体经济组织等收入，征收额原则不低于本地农村人均收入的 1%。1995 年 3 月，州委、州政府在《关于多渠道筹措“普及九年义务教育”教育经费的决定》明确规定，执行省政府的按上一年农民人均纯收入的 1.5% ~2% 的比例计征九年义务教育费。1996 年规定，按上一年农民人均纯收入的 1.5% 的比例征收，有条件的地区可按 2% 的比例征收（包括在农民负担的 5% 之内）。

三、其他经费

黔南州的教育事业，还获得中央、省的部分补助资金。一些学校获得社会团体或个人资助。

国家实施农村义务教育阶段贫困家庭学生“免杂费、免书本费、逐步补助寄宿生生活费”的“两免一补”政策以后，2013 年，全州落实中央和地方“两免一补”资金 17689.58 万元，为 45.51 万名学生免除学杂费和提供免费教科书。农村义务教育学生营养改善计划获中央补助资金 16625 万元，惠及学生 34.45 万人。

第二节 教育基础设施建设

20世纪90年代以后，随着黔南州国民经济快速发展，各级政府对教育的投入也逐年加大，一部分教育经费用于校园、校舍建设和教学设施配置，实施中小学校舍安全工程、西部农村初中校舍改造工程、特殊教育和校建设工程、教育突破工程等基础设施重点工程，改善各校的办学条件和学生学习环境。2013年，全州累计完成固定资产投资9.4亿元，占省下达任务数的122%，固定资产完成率在全省排名第一。

一、校园建设与教学设施配置

1991年以后，州和县（市）政府逐步实施中小学校园建设，按照国家规定的标准配置教学设施，改善办学条件。1993年，州教育局制定《黔南州学校教学仪器配备改革方案》，实行“坚持谁先投资谁先受益的原则，县、校出一点，州补助一点”的办法，奖筹结合，共投入教学仪器经费510万元。其中，县、校自筹72万元，州教育局拨专项经费230万元，“贫一”（第一批贫困项目校）。项目经费210万元、按国家教委颁发的“93标准”新配和填补中学75所（含九年贯制学校，下同）、小学（含教学下同）607所（其中“贫一”项目小学434所至1995年，全州有30所初中、74所小学利用教室改建成实验室共150余间。

1996—2000年，在“两基”复查和“普实”验收中推进实验室建设，部分初中、小学新建综合实验楼。到2000年，全州有小学自然实验室813间，面积32603平方米；有中学物理实验室205间、化学实验室195间、生物实验室114间，总面积37266平方米。“九五”期间，州教委拨专款230万元，县、校自筹248万元，“贫四”项目（第四批贫困项目校）投入美元28.22万元和人民币169万元，一期“义教工程”项目投入352.7万元，总计投入人民币999.7万元、美元28.22万元，按“93标准”新配和填补中学143所（其中“贫四”项目39所、“义教工程”项目校4所），小学1605所（其中“贫四”项目校336所、“义教工程一项目校206所。）

2001—2005年，全州有18所高（完）中学新建、重建实验楼，建设标准化实验室，装备国内较为先进的实验室内部设备。18所初中、5所小学新建专门综合实验楼，建设标准化实验室。其他配备教育仪器的中小学均有基本能满足实验教学的专用实验室，到2005年，全州有小学自然（科学）实验室1161间，面积4.87万平方米；中学物理实验室281间、化学实验室273间、生物实验室207间，总面积6.06万平方米。“十五”期间，州教育局拨专项经费175万元，县、校和州“两基”“普实”投入686万元，国家第二期“义教工程”项目投入376万元，总投入共1237万元，按“2000标准”，新配和填补中学151所（“义教工程”项目校64所）、小学984所（“义教工程”项目校56所）。截止2005年，全州由省、州统一采购和县、校采购的中小学普教仪器总额3216.7万元（中学2062.7万元、小学1135.6万元、其他18.4万元）。按各类标准配备中小学校2072所，其中中学242所、小学1830所。

2005年，全州小学占地897.28万平方米，生均占地面积20.4平方米，校舍建筑面积163.81万平方米，生均建筑面积3.7平方米；体育运动馆达标校819所，体育器材配备达标校573所，音乐器材配备达标校580所，美术器材配备达标校503所，数学、自然实验仪器配备达标校1298所，建立校园网的小校14所，计算机配台数7883台，有图书814.45万册、电子图书4.98万册。

2006—2010年"十一五"期间，在开展"两基""普实"迎接国家检查验收过程中，新配和填补仪器投入共1767.3万元（中学705.7万元、小学1061.6万元）。全州有144所中学、161所小学建设标准化实验室，共有小学自然（科学）实验室1167间，面积5.40万平方米；中学物理实验室288间、化学实验室277间、生物实验室226间，总面积7.07万平方米。截止2010年，全州中小学普教仪器总额4965.6万元（中学2768.4万元、小学2197.2万元），全州中小学普教仪器配备达到"2000标准"，有46所初中、86所小学达到"2006标准"全州小学校舍建筑面积184.45万平方米，生均校舍面积4.93平方米。

2011—2014年，推进"义务教育均衡发展"和新"两基"工作，加大教学仪器经费投入，全州中小学标准化实验室投入3479.8万元，有243所学校新建标准化实验室。截止2014年底，全州有548所中小学配备标准化实验室，荔波、瓮安、福泉、长顺、平塘、都匀经济开发区的所有中学和部分小学（瓮安是100人以上学校）都建标准化实验室。全州有小学科学实验室6.77万平方米、中学实验室16.18万平方米。期间，2013年，黔南州采取"政府投入，学校自筹，社会捐赠，校企合作"模式推进教育信息化基础设施建设，建成义务教育阶段计算机多媒体网络教室1395间、"班班通"1740间，接入互联网的学校982所（光纤接入446所），建成校园网的学校150所，30人以上的教学点114个完成接收安装，乡（镇）以上中小学，基本开设信息技术必修课。全州中小学教学仪器投入经费979.73万元、图书222.89万元、实验室设备912.19万元、音体美器材2181万元。2013年，全州中小学、幼儿园占地总面积1402.82万平方米，校舍总面积474.05万平方米，分别比上年新增63.08万平方米和47.61万平方米；小学生均占地面积23.39平方米、生均校舍面积6.71平方米，初中生均占地面积27.98平方米、生均校舍面积9.35平方米，普通高中生均占地面积24.37平方米、生均校舍面积达到11.39平方米。

"十二五"期末，全州中小学教育仪器总值11349.9万元，高（完）中、初中、小学仪器配备（高中"2010标准"，小学、初中"2006标准"）基本达标27所、113所、485所，达标率为84.4%、76.9%、63.1%，荔波、福泉、瓮安、长顺、都匀经济开发区基本达到新"两基"标准。高中通用技术和初中、小学综合实践实验室（含设施）总值1563.35万元，比"十一五"期末的72.97万元增加1491.35万元，增幅为20.43倍。有初中小学综合实践实验室186所，高中通用技术实验室和设施从零发展到16所。

2014 年全州学前教育办学条件基本情况一览表

表 18－7－1

县（市）	学校占地面积总计（平方米）	校舍建筑面积（平方米）					图书（册）
		总计	教学及辅助用房	行政办公用房	生活用房	其他用房	
全　州	838808	442760	322462	289. 34	40533	50759	724405
都匀市	83000	46695	36653	2858	3496	3688	57892
福泉市	78135	55410	39712	3763	6156	5779	56723
荔波县	60430	32128	22126	1419	2834	5677	9888
贵定县	60180	29733	21215	2175	3043	3300	38165
瓮安县	115642	58594	38418	4061	5403	10712	395461
独山县	79732	34496	25107	2439	3945	3005	33099
平塘县	53983	17951	13728	1405	1517	1301	18890
罗甸县	72055	37253	26799	2239	2292	5923	19973
长顺县	41533	19006	13246	1537	1974	2249	16794
龙里县	56384	23074	14835	1901	2606	3732	36133
惠水县	87322	53731	42127	3493	5039	3072	31147
三都县	50412	34689	28496	1644	2228	2321	10240

2014 年全州小学办学条件基本情况一览表

表 18－7－2

县（市）	学校占地总面积（平方米）	校舍建筑面积（平方米）					图书（册）	固定资产总值（万元）	
		总计	教学及辅助用房	行政办公用房	生活用房	其他用房		总计	其中仪器设备总值
全　州	7127146	2049446	1072880	136672	714994	124882	4873070	157976. 26	11817. 815
都匀市	605256	194888	97178	14294	55765	27651	584357	15809. 73	176. 185
福泉市	500383	151225	79774	12333	46046	13054	584332	14273. 06	1873. 06
荔波县	444823	141511	62S85	9148	53652	15826	339110	11959. 04	2255. 77
贵定县	697751	160243	88020	12666	46129	13428	351854	10218. 06	858. 88
瓮安县	748367	187174	99523	10173	71015	5563	335600	17545. 34	2265. 52
独山县	671867	186530	95596	11489	70902	2543	507834	17436. 34	547. 2
平塘县	605580	174250	103640	10946	56933	2731	409186	15265. 36	775. 89
罗甸县	552875	170948	84372	11440	52543	22593	352254	14890. 75	442. 54
长顺县	503771	136440	75834	10511	45502	4593	224054	10587. 77	527. 35
龙里县	428901	129283	68650	8932	44934	6767	194593	7665. 8	778. 89
惠水县	698067	203279	111568	14615	69640	7456	578340	9846. 72	830. 78
三都县	669505	213675	105840	10125	95033	2677	411556	12478. 29	485. 75

2014 年全州初中办学条件基本情况一览表

表 18－7－3

县（市）	学校占地面积（平方米）	校舍建筑面积（平方米）					图书（册）	固定资产总值(万元)	
		总计	教学及辅助用房	行政办公用房	生活用房	其他用房		总计	其中仪器设备总值
全　州	4571530	1620362	619915	81837	839720	65451	3807177	128135.81	13172.3
都匀市	282537	143986	33658	7051	79110	17628	312690	12792.11	1272.67
福泉市	279406	121822	38486	7244	64388	11704	456816	8519.34	1086.86
荔波县	113390	58389	22043	4004	32342	0	59173	3052.37	493
贵定县	429466	121836	47308	9785	61086	3657	269135	9121	667.6
瓮安县	562116	208934	78427	8924	112461	9122	286761	15395.56	3747.93
独山县	325381	127343	51496	7122	67188	1537	343274	16415.73	625.54
平塘县	418946	134794	60448	6456	67032	858	337001	14463.77	2472.58
罗甸县	384176	128067	54555	7051	59409	7052	373131	11722.75	618.82
长顺县	295566	121077	47180	4540	60994	1503	307849	6545.36	575.45
龙里县	316952	101154	47001	5227	47305	1621	180276	9943.52	517.75
惠水县	496870	177480	83218	8421	77708	8093	498710	9185.5	623.48
三都县	666724	175480	56095	6012	110697	2676	382361	10978.8	470.62

二、基础设施建设项目

（一）“世行贷款”项目

“世行贷款”项目资金主要是用于校舍建设、教学设施购置及师资培训。全州 1992 年 7 月开始全面启动“世行贷款”项目，至 1998 年 6 月全面完成。在这期间，全州获得“世行贷款”项目的有独山、荔波、罗甸、三都、瓮安、平塘、惠水、长顺县，获“世行贷款”资金总计 591.98 万美元（约合当时比价人民币 4900 万元）、国内配套资金总计 4939.01 万元（人民币），新建、改扩建学校校舍总面积 22.49 万平方米，购置课桌凳单人 65872 套、图书 952919 册、教学仪器 845 套，培训校长、教师及管理人员共 15388 人（次）。

（二）中小学校舍安全工程

2009—2010 年，全州 12 个县（市）获得国家拉动内需新增“中央预算内投资”项目和“薄弱学校改造工程”项目支持，共计投入中央、地方资金 15407 万元，改造校舍面积 12.84 万平方米，将存在一定安全隐患的 119 所中小学校纳入“中小学校舍安全工程”管理实施范围，消除学校因地灾威胁带来的安全隐患。

2009 年初，罗甸县率先获得国家支持，实施为期三年的“中小学校舍安全工程”。2009－2012 年，罗甸县共计投入中小学校舍安全工程资金 16240 万元。其中，中央资金 10307 万元，省级资金 4450 万元，县级资金 1483 万元。改造中小学 106 所，校舍单体 290 栋，校舍面积 24.72 万平方米。其中，加固 204 栋 16.20 万平方米，重建 86 栋 8.52 万平方米。

（三）西部农村初中校舍改造工程

2007 年国家启动实施“西部农村初中校舍改造工程”后，黔南州启动“西部农村初中校舍改造工程”，分两期建设，第一期为 2007—2010 年，第二期为 2011—2015 年。项目覆盖全州 12 个县（市）所有乡（镇）所在地的初级中学。主要建设学生宿舍、食堂、浴室、开水房等生活用房以及生活设备。通过 8 年的项目实施（2008—2015 年），全州投入中央预算内资金 28306 万元，建设初级中学项目校 103 所，建设生活用房面积 29. 49 万平方米，投入生活设备购置资金 2500 万元。

（四）特殊教育学校建设工程

2008—2011 年，按照国家《中西部地区特殊教育学校建设规划》的总体安排，黔南州 30 万人口以上的 9 个县（市）及州级学校纳入国家“中西部地区特殊教育学校建设”实施范围，即黔南州州级特殊教育学校、都匀市特殊教育学校、三都县特殊教育学校、独山县特殊教育学校、罗甸县特殊教育学校、贵定县特殊教育学校、福泉市特殊教育学校、瓮安县特殊教育学校、惠水县特殊教育学校、平塘县特殊教育学校。共计投入建设资金 5098 万元，新建和改扩建特殊教育学校校舍面积 3. 12 万平方米，购置康复设备 928 套（件）。2011—2014 年，全州投入 44631 万元，建成学生宿舍项目 272 个，建设面积 340993 平方米；投入 18898 万元，建成学生食堂项目 1312 个，建设面积 16. 76 万平方米；投入 46360 万元，建成教师周转宿舍（教师公租房）项目校 289 所 9320 套，建设面积 32. 62 万平方米。

（五）“4 +2”教育突破工程

2011 年，按省教育厅的统一部署，启动“4 +2”教育突破工程建设，即义务教育均衡发展突破、学前教育突破、高中（中职）阶段突破、花溪大学城建设工程突破 + 优美教室建设、校园安全围墙建设。

2011 -2014 年，黔南州幼儿园建设项目投入资金总计 58717 万元，新建、改扩建园舍面积 45. 76 万平方米，已全部竣工交付使用。至 2014 年，已实现每个乡（镇）至少有一所公办中心幼儿园的目标。全州投入 18898 万元，新建、改扩建义务教育中小学校食堂 1312 个，建筑面积 16. 76 万平方米，实现“校校有食堂，人人有午餐”的目标，为“贵州模式”营养改善计划全覆盖创造条件。全州投入 44631 万元，新建学生宿舍 34. 10 万平方米，新增寄宿生 6 万人，小学寄宿率由 2011 年的 61. 57% 增长至 2014 年的 80. 4%；初中寄宿率由 2011 年的 61. 57% 增长至 2014 年的 70%。全州投入 46360 万元，新建教师公租房 9320 套（32. 65 万平方米），解决近万名农村教师工作、生活、住宿的后顾之忧，稳定教师队伍。2014 年，全州 12 个县（市）城区共计完成新建、改扩建“城镇义务教育学校建设”项目 23 所，投入资金 6. 6 亿元，建设校舍总面积 43 万平方米，可增加城镇中小学校学位人数近 3 万人。

第三节　教育科研

一、教学实验改革

（一）教学目标改革

1993 年秋季，黔南州在中心完小推行教学目标改革，而后从小学到初中各学科全面开展。为配合该项实验，州教育局教研室于是年 11 月组织近百名教研员和教师到目标教学开展较好的四川省南充市学习，同时邀请南充市有关教师到黔南作讲座、上示范课，介绍经验。这一实验至 2001 年结束，经全州统一测试，教学质量均有不同程度提高。

（二）快速作文实验

州教育局教研室从 1992 年秋季开始，在荔波、独山、贵定等县的部分中学开办“初中快速作文法”实验班（有的小学也在高年级进行“快速作文”教学实验），取得经验后逐步推广到全州。1996 年 3 月，部分实验教师参加贵州省快速作文教学研讨会，所提供的教学论文和在会上的发言，均受到好评。

（三）中学英语“十字”教学法实验

中学英语“十字”（情意、情景、结构、规则、功能）教学实验，主要将英语教学中由传统的教师语法灌输向交际化运用教学过渡，使中学英语教学更加结合实际，达到学以致用的目的。1996 年先在都匀、平塘等县（市）部分中学实验，而后在全州推广。

（四）边远民族地区农村小学双语复式教学及提高复式班女童汉语水平教改实验

边远民族地区农村小学双语复式教学及提高复式班女童汉语水平教改实验由黔南州教育局教研室和贵州省教科所共同组织实施。实验采取自然实验法，运用“三程序双语教学法”“三程序双语教学法”即根据少数民族学生掌握汉语的程度不同，分三个程序、三个阶段进行教学：程序Ⅰ是本族语言表达——本族语言理解——汉语翻译，程序Ⅱ是本族语言表达——汉语翻译——本族语言理解，程序Ⅲ是汉语表达——本族语言翻译——汉语教学。施教，在控制无关因子的前提下比较“三程序双语教学法”与传统双语教学法的效果。课题在原文化教育教学的基础上提出“三程序双语教学法”，是理论上的一个新的突破，符合少数民族大分散小聚居地区儿童学习汉语的认知规律，具有较强的科学性，在省内和国内都是首创。

（五）分项考试教改实验

福泉二小通过传统考试的利弊分析，从 1998 年开始进行分项考试实验。至 2004 年，实验取得较好的效果。在 2001 年、2002 年、2003 年全市小学毕业升级统一考试中，福泉二小总成绩均位居全市前列，而且每年均有一定数量的学生在州、市举办的征文、数学、美术、体育等竞赛中获奖。

（六）张思中“十六字”教改实验

张思中“十六字”（适当集中、反复循环、阅读原著、因材施教）教改实验是上海华东师大一附中张思中创建的。1999年3月，福泉二中引进该项实验，选定两个2001届初中班、两个2002届高中班为实验班，2002年实验结束，取得好成绩。

（七）“数学五环递进教学法”实验

“数学五环递进教学法”实验是福泉二中在引进湖南汨罗“数学四环递进教学法”的基础上，结合该校实际进行的实验。全校共有初一年级5个班和高一年级3个班共450余人同时参加实验，由4名教师于2000年9月组织实施。

（八）基础教育英语教学评价试验

基础教育英语教学评价试验是教育部试验课题，旨在通过试验，探索英语形成性评价的有效途径，为基础教育英语教学水平的整体提高提供理论及实践基础，使教师的教育观念、教学方法以及学生的学习观念、学习方法有所改变，学生的创新和实践能力得到提高，该实验在都匀二中、都匀三中、荔波民中、平塘民中等校实施。

（九）基础教育课程改革实验

2001年，贵定县进入国家级基础教育课程改革试验区，开始进行基础教育课程改革试验。后由省教育厅统一部署，相继有都匀、福泉、瓮安、龙里、独山等县（市）进行该项实验。

（十）“315”高效课堂教学模式构建

2010年，惠水第二中学实施“315”高效课堂教学改革，即把一堂45分钟的课分割为3个15分钟，前15分钟为教师导入，学生自主学习，第二个15分钟为小组合作学习，第三个15分钟为当堂训练。

（十一）“51035”教学模式的改革

2011年9月，州教育局和荔波县教育局借鉴山东杜郎口教学模式，在荔波第二中学试行“51035”教学模式改革。“5”即“导、学、展、归、练”教学程序，“10”即教师教学时间，“35”即学生自主学习时间。

（十二）“173”教学模式构建

2012年3月，州教育局和福泉市教育局推行福泉高石中学“173”课堂教学模式。“1”即确立一个目标，向课堂45分钟要质量；“7”是课堂教学的7个环节，“3”是导学三案。推行这一教学模式的目的在于提高农村初中的教学质量。

二、课题研究

（一）布依族水族学生体质健康状况调研检测

黔南州从1985年开始，每五年一次对少数民族学生体质健康状况进行调研检测，分别在1985年、1990年、1995年、2000年、2005年组织实施。前两次在罗甸县进行，调查检测对象主要是苗族学生，后三次在三都县进行，调查检测的主要对象是水族学生。

（二）民族地区基础英语教学策略研究

民族地区基础英语教学策略研究课题是由州教育局教研室、黔南民族师范专科学校英语系及州中小学英语教学研究会向国家基础教育实验中心外语教育研究中心申报，并经教育部基础教育厅基础教育实验中心组织专家审核批准，列为《全国基础教育外语教学研究资助金项目（1999—2000 年）》课题。2002 年 1 月，国家基础教育实验中心外语教育研究中心委托贵州省专家评审组对该课题实验进行考核验收后同意结题，并颁发结题证书。结题后，课题组将实验教师在实验过程中发表的 43 篇优秀论文汇集成《民族山区基础英语教学策略研究》一书，由贵州人民出版社出版发行。后该书作为黔南州培训英语教师和黔南民族师范学院英语系的教材。

（三）创新写作教学研究与实验

创新写作教学研究与实验课题是由中国教育学会中学语文教学专业委员会立项的国家“十五”重点科研课题，由贵州省教科所、黔南州教研室、独山县教研室组织，在都匀三中、独山民族中学、独山二中、独山望城中学分别实施。该课题从 2001 年底开题到 2005 年 5 月结题。课题组获省教育厅教科所颁发的课题成果一等奖证书，都匀三中获全国“中语会”课题成果一等奖和贵州省教科所课题成果一等奖，独山县教研室、独山二中、独山望城中学分别获贵州省教科所课题成果二等奖。

（四）远程教育规划研究

2003 年 12 月 8 日，由州教育局承担的“黔南州远程教育规划研究”正式启动，到 2006 年 12 月完成。主要内容是利用现代远程教育接收平台（中国教育卫星宽带网、因特网及部分高校远程教育网等教育资源和多媒体软件）为全州教育、经济、社会发展服务。

（五）全面提高学生素质实验

全面提高学生素质实验课题是中央电化教育馆“十五”期间教育技术研究课题。2003 年在州内 13 所中小学启动。参加实验研究的学校有都匀一中、都匀三小、都匀四中、都匀二小、都匀三中、都匀六小、长顺民中、荔波民中、三都民中、惠水民中、龙里民中、荔波玉屏一小、福泉市一小。由州教育局电教馆组织实施，2005 年 9 月结题。

（六）中国水族地区化学普及现状调查及对策研究

中国水族地区化学普及现状调查及对策研究课题是全国教育科学研究“十五”规划课题。该课题主要研究水族地区政治、经济、文化、教育的发展沿革，研究水族地区化学教育的发展进程。课题组将课题分为 5 大块 36 个子课题，分别由黔南民族师院化学系、黔南州教研室、都匀一中、都匀二中、荔波县的民族中学、二中、职业中学、甲良中学、茂兰中学，三都县的民族中学、鹏城希望学校、周覃中学、二中、三洞中学等单位的教师承担。课题于 2005 年 10 月参加全省“基础教育教学科学研究、教育教学改革实验优秀成果”评比，获一等奖。

（七）边远少数民族地区中学历史创新教育研究

边远少数民族地区中学历史创新教育研究课题为全国教育科学“十五”规划课题。课题由州教育局教研室负责指导，课题组成员由都匀一中、都匀市民族中学、荔波县民族中学的历史教研组长及骨干教师共 13 人组成。于 2002 年 9 月开始分三个学校片区组操作实施。课题产生 18 篇研究论文，其中有 4 篇获省一等奖，1 篇获全国三等奖。课题获 2005 年贵州省基础教育科研、教育教学改革实验优秀成果一等奖。

（八）民族地区中学“问题探究与自主创新”数学教学模式探索与实践

民族地区中学“问题探究与自主创新”数学教学模式探索与实践课题是全国教育科学“十五”规划课题，于 2002 年 6 月立项，项目由都匀二中、黔南师院数学系、黔南州教研室的 4 名教师承担。通过三年的研究，撰写出《民族地区中学“问题探究与自主创新”数学教学模式的探索与实践》研究报告等系列论文。

（九）实验教学研究

2000 年初，基础教育课程改革在贵州全省实施，实验教学面临新的挑战，黔南州教育局以实验教学和教研为重点，在全州各县（市）各校开展实验教学研究论文、探究实验教学方案设计、自制教（学）具创新等实验教学教研活动，并参加省教育部门开展的活动。

2004—2014 年，先后开展“全州中学理科探究实验教学方案设计和实验教学研究论文”评选，推荐参加“贵州省自制教具”评选，获一等奖 10 个；参加“贵州省优秀自制教具评选和展示”，获“贵州省自制教具能手”2 个；在贵州选送作品参加“全国第六届自制教具”评选活动的自制教具中，黔南州获全国一等奖 1 名；参加“贵州省优秀自制教具评选和展示”，有 4 件作品获奖，1 人获“贵州省自制教具能手”称号。

2014 年，推荐幼儿园自制玩教具参加“贵州省第三届幼儿园优秀自制玩教具”评选，获一等奖 2 件、二等奖 4 件（全省一等奖 6 件、二等奖 11 件）、贵州省“幼儿园自制玩教具能手”3 名（全省共 5 名），获奖作品和“制玩教具能手”总数均位居全省第一，州教育局获团体总分第一和组织奖；参加“全国三届幼儿园优秀自制玩教具”评选，黔南获奖作品 8 件，获全国“幼儿园自制玩教具能手”2 名（贵州省 4 名）。

（十）其他课题研究

2008 年，全州先后获准立项的国家课题《黔南水族地区中学化学教学研究》《黔南水族地区中学数学研究》立项，并于 2010 年完成鉴定结题。

2010 年，州教育科学研究所周崇启完成国家规划课题《水族教育史》，课题获得贵州省基础教育科学研究、教学实验课题成果一等奖。

2011 年，州教育科学研究所周崇启申报《当代教育环境下水族文化进校园研究》课题获教育部全国教育科学规划办立项，于 2014 年结题。

2010 年 11 月，州教育科学研究所申报的《明清黔南民族教育史略研究》及福泉实验中学申报的《初中生行为习惯养成研究》、平塘二中申报的《突出德育时间，提高德育实效性的行动研究》课题被列入贵州省基础教育科学研究、教育实验重点课题，结题后，分别获贵州省首届、第二届教育科研优秀成果奖。

2013年，惠水民族中学蒋建军申报的课题《苗族、布依族聚居区中学课程社会化研究》获国家社会科学基金批准立项，国家匹配资金15万元，成为获得国家匹配科研经费的全省为数不多项目，实现黔南州内中学获准国家课题立项零的突破。是年，全州有27项教育科研课题获首届贵州省教育科学规划立项，其中，平塘县教育局教研室的《贫困地区中学英语课堂自主、合作学习有效模式的实践研究》、都匀民族中学的《信息化环境下贵州民族地区中学历史课堂有效教学研究》、《贵州南部山水风情诗研究》、都匀一中胡立军承担的《中学校园体育文化与校外体育文化优势互补和谐发展的新模式探究》、罗甸四小的《廉政文化生态环境下的大学生廉洁教育研究》、都匀二中的《民族民间技艺校本课程开发与实践研究》等6项课题获省级重点课题立项，立项数位列全省第一。年内，全州有13项教育教学成果获首届贵州省中小学（幼儿园）教学优秀成果奖。其中，二等奖42项、三等奖92项，获奖成果数位列全省第二。

2014年，全州有29项教育科研课题获贵州省教育科学规划立项，其中，都匀十中的《培养进城务工子女的自学策略，提高自学能力的实验研究》、都匀三中万昱承担的《少数民族乡镇中学教师研修培训模式研究》、福泉市龙昌中学《拼音法学英语的应用与研究》等3项课题获省级重点课题。

是年，全州有13项教育科研成果获首届贵州省教育科学研究优秀成果奖。其中，获一等奖1项（都匀二中罗绍良承担的《新课程理念下思想政治课生态课堂的构建》），二等奖4项，三等奖8项，获奖成果数位列全省第二。

第四节 “两基”攻坚

1994年，黔南州启动“两基”工作，按照“分区规划、分类指导、以乡推进、分步实施”的原则实施。至1999年，有福泉、贵定、都匀、瓮安、龙里5个县（市）先后通过省政府“两基”评估验收。2000年，罗甸县最后通过“普六”评估验收。2001年，黔南贯彻落实全国和全省基础教育工作会议精神，制定《黔南州2001—2005年“两基”调整规划》，将“两基”目标任务规划到2005年完成，并组织实施全州“两基”攻坚。2001年，州教育局获教育部授予“九五”期间全国“两基”先进单位。2001—2005年，荔波、独山、三都、平塘、惠水、罗甸、长顺7个县先后通过省政府“两基”评估验收。

2006年底，全州全面启动实施“两基”巩固提高工作。2007年，黔南州被教育部授予“西部地区‘两基’攻坚先进地区”。2009年6月17—19日，以国家总督学顾问陶西平为组长的国家“两基”督导检查组对州及荔波县（代表贵州省接受国家“两基”督导检查县）进行“两基”督导检查，荔波县的“两基”工作得到国家检查组的高度评价，通过“两基”国检。

第五节　教育对口帮扶与捐资助学

一、对口帮扶

（一）福清市援建“福清楼”

1993 年，国家民委和教育部联合下文，指定沿海发达地区对内地欠发达地区进行教育对口帮扶，安排福建对口帮扶贵州，福建省的福州市帮扶黔南州，福州市的福清市（县级市）与罗甸县结对子进行教育帮扶，由福州市发动福清市中小学全体师生捐款，每一学年为罗甸县建一栋希望教学楼。先后建成罗甸二中、罗甸职业中学、罗甸一小、罗甸三小、边阳一小“福清楼”，捐赠资金达 300 万元。此外，福清市赠送罗甸县政府桑塔纳汽车 1 辆。

（二）深圳市援建希望学校

国家实施东部发达地区对口帮扶西部欠发达地区后，从 1995 年起，深圳市对口帮扶黔南州。1995—1997 年，深圳市属企业工委发动全体职工捐资兴建三都县鹏城希望学校等中小学 20 余所，总投资 2000 万元。三都县鹏城希望学校是深圳市属企业工委帮扶三都县的重点项目，1995 年底动工，1997 年 5 月竣工，总投 3525 万元，并成立“心连心”教育发展基金，这是深圳市在黔南实施教育扶智的“开篇之作”。截止 2013 年，深圳市投入扶持黔南州教育事业累计 6503 万元，新建或改建“希望小学”131 所，新增校舍建筑面积 10. 3 万平方米，解决 5. 69 万名学生就近入学问题。

（三）广州市对口帮扶

2013 年 7 月起，广州市对口帮扶黔南州，广州市政府与黔南州政府签订《2013—2015 年广州市——黔南州对口帮扶合作框架协议》。之后，经与广州市教育局协商，于是年 8 月 23 日黔南州教育局与广州市教育局签订《广州市教育局——黔南州教育局对口帮扶协议书》。

（四）学校结对帮扶

2010 年，北京大学医学院对口帮扶黔南民族医学高等专科学校，深圳职业技术学院、广州番禺职业技术学院对口帮扶黔南民族职业技术学院。

2012 年 11 月 28 日，在都匀举行黔南州高中阶段学校对口帮扶集体签约仪式，中东部地区 20 所优质高中、中等职业学校与黔南州部分中学签约进行结对帮扶。结对帮扶与合作的学校有：都匀一中与柳州高中，都匀四中与武汉市青山中学，都匀民族中学与上海五十四中，荔波民族中学深圳布吉中学，瓮安一中与湖南湘乡一中，罗甸民族中学与北京八十中，罗甸边阳中学与深圳龙城中学，独山民族中学与江苏省海安中学，独山麻万民族中学与广东大学附中，长顺民族中学与河北衡水中学，瓮安职校与浙江交通技师学校，福泉职校与上海工程技术管理学校，荔波职校与上海城市工程管理学校，三都职校与重庆渝北职教中心，龙里职校与北京门头沟中等职业学校，平塘职校与深圳携创职业技术学校，独山职校与江苏海安职教中心，罗甸职校与重庆工业高级技工学校，长顺职校与四川化工工程学校，都匀第二职业高中与上海江南造船厂中等职业学校。

二、捐资助学

1991 年后，黔南州教育事业得到社会各界人士和团体的资助。

1998 年，香港实业家邵逸夫捐助都匀一中建逸夫教学楼，1999 年 12 月竣工验收并被评定为优良工程。该楼总建筑面积 2700 平方米，总投资 240. 9 万元（含内部装修）。其中，邵逸夫捐赠 80 万元港币，地方政府及教育主管部门配套 110 万元，学校自筹经费 48. 9 万元。之后，邵逸夫又陆续捐资在部分乡（镇）建逸夫希望学校教学楼。2014 年 5 月，逸夫希望工程新增荔波县方村乡逸夫希望小学古天乐第 62 教学楼。

2001 年，香港商人（皮革大王）田家炳捐助都匀二中建田家炳科技楼，建筑面积 8900 平方米，集图书馆、天文馆、篮球馆、学术交流厅、会议中心及语音室、多媒体教室于一体，其中图书馆藏书 15 万册，其设备的先进性及功能的综合性都居全省一流。大楼建成后，都匀二中又名黔南田家炳中学。

2006—2008 年，资助黔南教育的社会团体和个人有 226 人（次），捐资总额 7131. 32 万元，建成教学楼 378 栋（室）。

1991 —2014 年，华为集团总裁任正非向都匀一中捐资 300 万元，用于改善都匀一中电化教学设备。2015 年初，任正非捐赠黔南州中小学钢琴 100 台，价值 100 多万元。

2005—2014 年，联想控股集团先后为都匀二中设立奖学金，为边远贫困农村孩子开办“联想班”，每年投入资金 72 万元。

截至 2014 年，都匀市先后接受 84 家单位和个人的捐助，受助资金 91390. 92 万元，修建中小学校舍 1309207 平方米（含逸夫教学楼和田家炳科技楼捐助）。

第六节　社会力量办学

1995 年以后，随着教育体制改革的深入和教育事业发展的需要，州内先后兴办黔南中山职校、黔南兴华学校、都匀剑江中学、都匀新世纪学校等民办、私立学校。2009 年，全州有各类民办学校和民办教育机构 123 个，在校生 17602 人，专兼职教职工 879 人。是年，州教育局对州级 15 所民办学校和民办教育机构的办学条件、常规管理、师资队伍建设、办学成效、经费及财务管理、校园安全等方面进行年检，对不具备办学条件并长期不整改的都匀新世纪高考预备学校、贵定秋泓女子中学、贵州新东方外国语学校、黔南励志高考补习班 4 所民办学校（民办教育机构）下发停办通知书，对办学存在问题的都匀剑江中学、瓮安贵真学校、福泉龙门中学、都匀桥城电脑学校、黔南州民族艺术学校、黔南理工中等职业学校 6 所民办学校下发整改通知书，查处都匀桥城电脑学校惠水分校非法招生宣传广告。

2014 年，州内民办各级各类学校有贵州盛华职业技术学校、黔南兴华学校、瓮安县贵真学校、都匀剑江中学、福泉市龙门中学、黔南理工中等职业技术学校、都匀乔城电脑中等职业学校、瓮安鸿翔中等职业技术学校，星河学校、福星学校、瓮安草塘镇育才小学等。

第八章　科学技术

1991 年，黔南州科学技术工作管理机构是州科学技术委员会（以下简称州科委）。州科委人员编制 33 人，实有人数 31 人。12 个县（市）均设有科委，实有人数除都匀市 21 人、独山县 13 人外，其他县为 4～10 人。1996 年，州科委更名州科学技术局（以下简称州科技局）。2001 年 12 月，在州级党政机构改革中，保留黔南州科学技术局，加挂黔南州知识产权局牌子，划入知识产权管理工作职能和防震减灾工作职能。2010 年 11 月，在州政府机构改革中，设立黔南州科学技术与知识产权局（以下简称州科技产权局），内设办公室、发展计划科、新技术发展与科技成果管理科（州科技保密办公室）、重大专项办公室（中药现代化办公室）、农村科技科、知识产权协调科（州品牌建强创优办公室）等 6 个职能科（室），行政编制 12 名，工勤人员编制 2 名。2012 年 7 月，各县（市）科技局为县（市）发展和改革局的正科级事业单位，受县（市）发展和改革局委托行使科技服务与管理职能，县（市）科技局事业编制 7～10 名（含工勤）。2014 年，全州有州属科学研究与技术开发机构 3 个（州农业机械研究所、州农业科学研究所、州林业科学研究所），共有科研人员 44 人（其中中级以上职称 29 人，大专以上学历 36 人）；有县属研究与开发机构 1 个（平塘县农业科学研究所），有科技人员 7 人。

黔南州在国家“科教兴国”战略的指引下，州委、州政府实施“科技兴州”战略，下发《关于进一步发挥知识分子、科技人员重要作用的意见》，加快科技体制改革步伐，加大科技经费投入，加强科学技术推广与普及，扩大科技合作与交流范围，注重科技人才培养，创办“3·15”科技活动日，表彰和鼓励科技人员开展科研工作，保护知识产权。1999 年颁布《黔南布依族苗族自治州科学进步条例》，依法开展科技工作。至 2005 年，全州形成由州科技局、州级综合部门的科技管理科（室）、各县（市）科技部门、厂矿科技部门组成的科技管理体系，以及以科技情报所为中心的科技成果推广体系。2011 年，黔南州首次完成对 2011 年全省、市（州）、县（市）等科技进步水平监测和综合评价。全省 9 个市（州）的综合科技进步水平指数平均水平为 25.58%，黔南州为 22.65%，在全省排名第四位。2012 年、2013 年，黔南州综合科技进步水平指数平均水平分别为 27.93%、32.07%。截至 2014 年，黔南州综合科技进步水平指数一直居于全省 9 个市（州）第四位。

第一节　科技体制改革

一、科技制度

1991 年以后，州委、州政府实施“科教兴州”战略，并纳入全州国民经济和社会发展规划。12 个县（市）先后提出“科教兴县”“科教兴市”战略，大多数厂矿企业做出“科技兴厂”“科技兴企”的决策。州政府领导班子配备科技副州长，全州 12 个县（市）政府选派科技副县长，部分县（市）的乡（镇）也配备科技副乡（镇）长，厂矿企业基本配备技术副厂长、总工程师。全州形成以科技副职和以各级政府科技行政管理综合职能部门为主，加上有关业务部门、厂矿企业科技管理科（室）组成的科技工作管理体系。

1993 年，为适应市场经济发展，全州科技体制改革重点是技术市场建设，州编委批准成立黔南州技术市场管理办公室。是年，全州有技术贸易机构 31 个、178 人，其中全民所有制 28 个，集体所有制、民办、联办各 1 个。此后，州委、州政府先后出台《关于鼓励科技人员到城乡办企业、从事开发性生产的暂行规定》《关于进一步发挥知识分子、科技人员重要作用的意见》《科学技术进步奖励办法》。

1996 年，全州启动创建科技工作先进县（市）试点工作，罗甸、瓮安两县列为省级试点县。瓮安县于 1999 年 4 月成为贵州省首批全国科技工作先进县。

1999 年 7 月，贵州省第九届人大常委会第十次会议批准《黔南布依族苗族自治州科学技术进步条例》，由州人大常委会公布施。1998—2000 年，州委、州政府先后出台《关于进一步发挥知识分子、科技人员重要作用的意见》《科学技术进步奖励办法》《关于开展创建科技工作先进县市工作的意见》。2002 年，制定《黔南州县（市）党政领导科技进步和人才工作目标责任制考核实施办法》。

2003 年 3 月，首次设立黔南州最高科学技术奖。是年，州政府发出《关于开展创建科技进步乡镇的通知》，州科技局组织开展全州乡（镇）科技进步考核工作，获州政府授予“科技进步先进乡镇”称号的乡（镇）6 个（都匀市大坪镇、河阳乡，瓮安县草塘镇、雍阳镇，贵定县城关镇，龙里县龙山镇）。2005 年，在全州参加 2003—2004 年度国家级、省级科技进步县（市）考核中，都匀市通过国家级科技进步先进县（市）考核验收，罗甸、龙里两县通过省级科技进步先进县（市）考核验收。

2001—2005 年，州科技局起草并经州政府审定正式施行《关于国有及国有控股企业技术要素参与收益分配的工作意见（试行）》；州政府出台《黔南州人民政府关于进一步加快民营科技企业发展的意见》《黔南州中药材规范化生产优惠扶持政策的规定（试行）》《关于加快黔南州中药材规范化生产与基地建设的意见》，鼓励民营科技企业和产业科技发展。

2006 年 6 月，在黔南州科学技术大会上讨论通过《黔南州关于加强科技创新促进经济社会发展实现历史性跨越的决定》《黔南州中长期科技技术发展规划纲要（2006—2020）》。是年，州委、州政府出台《关于推行科技特派员制度的实施意见》，州委办、州政府办印发《黔南州科技特派员管理暂行办法》《黔南州科技特派员专项资金管理办法》《黔南州“一县一业”科技特派员促进新农村建设示范工程实施方案》。2007 年，州科技局制定《黔南州科技特派员管理暂行办法实施细则》。结合省科技厅“黔南州‘一县一业’科技特派员促进新农村建设示范工程”项目，州政府聘请 12 名专家为黔南州首席科技特派员，并与专家达成科技合作协议。同时，州选派 67 名州级科技特派员分赴县（市）和乡（镇）开展科技工作，瓮安、独山、福泉、罗甸、都匀、惠水、三都、长顺等县（市）选派 237 名科技特派员都到乡（镇）开展工作。通过推行科技特派员制度，全州建立农业科技服务体系 57 个，培训科技特派员、农技人员和科技二传手共 52870 人（次）。至 2008 年，全州科技特派员服务的区域重点涉及县（市）的主导产业、特色产业、农业科技园区、乡镇的骨干企业。科技特派员以独资创业、技术资金入股技术服务等方式与需求方形成利益共同体。

2008 年 1 月 1 日，《黔南州重点实验室建设与管理办法（试行）》施行，明确提出实验室实行“开放、流动、合作”的运行管理机制。

2009 年，州政府聘请首席科技特派员 12 名，州、县（市）选聘、选派科技特派员 1296 名服务农业生产第一线，创办公司 63 个，组建协会、合作社 105 个，推广新技术 217 项，引进新品种 373 个，培训农民 17.7 万人（次）。

2012—2013 年，贵州与宁夏两省区建立科技特派员技术交流与合作机制，在平塘县建立“宁夏贵州科技特派员优质高产葡萄种植示范基地”，培养一批葡萄种植科技示范户。

2013 年，全州科技特派员从上年 1290 人增加到 1548 人。其中，企业科技特派员服务企业 34 个，帮助企业解决技术问题 40 项，提供技术咨询 120 次，培训技术人员 3663 人（次），解决技术难题为企业年新增产值 12000 万元；农村科技特派员参与实施农业项目中，推广新技术 106 项，引进新品种 150 个，培训农民 19.97 万人（次），农户参与创业项目 8153 户，辐射带动 12.39 万人。由科技特派员参与申报的国家和省科技项目共 68 项，获得省星火计划项目立项 9 项、省农业攻关项目立项 6 项、省农业科技园区立项 2 项、节水抗旱基地建设项目立项 3 项、省科普类项目立项 1 项、科技特派员项目 1 项，共 22 项，到位经费 583 万元。

二、科研与开发机构

1995—1997 年，州农科所打破“大锅饭”，从工人到干部实行承包责任制，按经济指标任务开展，取得国内领先水平的“籼型两用核不育系紫标 S－1”、“S－2 强优组合选育”等科研成果。

1997 年，州科技局审查批准设立 29 家民营科技企业，分布于农业、轻纺、医疗、电子、电器、冶炼、化工、机械、水产、生物、食品等行业的研究与生产。1998 年，州科技局成立了黔南州星火技术科技开发公司，长顺、平塘、独山荔波等县科技局也相应成立科技开发公司或科技开发中心，这些科技开发公司都承担一定的科技扶贫项目。2000 年，州科技局与州人事局共同起草报州政府审批下发《黔南州州属自然科研机构体制改革的建议》。

2003年，州政府出台《黔南州人民政府关于进一步加快民营科技企业发展的意见（试行）》，明确民营科技企业的地位和作用、发展的方针和目标，以及降低门槛、鼓励创办科技企业、享受政府补助优惠政策等16条政策措施，同时要求州、县（市）政府及其职能部门要优化民营科技企业的发展环境。2005年，州科技局、州工商局、州民政局联合制定《关于民营科技企业和民办科研所技术市场行为的规范》，对民营科技企业和民办科研所的申请设立、资格认定、业务范围、经营行为、法律责任、资格变更手续等作出相应规范。

2007年7月，经州政府批准和省科技厅批复，成立黔南州生产力促进中心，在州科技开发交流中心加挂黔南州生产力促进中心的牌子，由州科技局归口管理。2011年，黔南州生产力促进中心正式组建，是经工商部门注册的独立法人机构，实行企业化管理，业务范围包括技术服务、咨询服务、信息服务、培训服务等。罗甸、福泉等县（市）也先后成立生产力促进中心。

三、科技合作与交流

1997年，黔南州抓住国家政策向中西部倾斜的机遇，根据东西部科技项目对接的原则，重点与深圳市开展科技项目对接，还与广西、云南、四川、湖南、湖北、山东、上海、天津等省（市、区）的科技项目进行对接。1998年，长顺、贵定、瓮安、福泉、罗甸等县携带项目，参加贵州省“3·28”第三届东西部科技项目对接会，会上争取到青岛市科委无偿支持实施3000亩新技术产品“农乐一号”浸种剂并进行试验示范。

“十五”期间，黔南州与上海科技开发交流中心建立科技合作关系，开展科技、卫生、教育等多方面的合作，上海科技开发交流中心支持黔南州科技局和3个县科技局的可视信息系统建成开通，为两地间的信息交流和科技咨询服务提供便捷途径。州科技局和州委组织部联合承担科技部《西部地、县科技经济发展人才综合开发示范项目》，分别在上海和黔南举办培训班2期，得到科技部、省科技厅以及上海市科委、浙江省科技厅、江苏省科技厅的支持，构建黔南州与浙江、江苏和上海2省1市有关部门开展科技经济合作的平台，拓宽合作与交流的领域和空间，先后在上海、杭州、南京和都匀市召开了4次科技经济项目合作洽谈会，签订科技经济项目合作协议130项，引资15.38亿元，成立上海——黔南科技合作促进中心。州科技局与贵阳市科技局签订《黔南—贵阳科技合作战略协议》。依托上海科技开发交流中心的支持，建成开通“上海黔南网络远程视频系统”，拓展信息交流渠道，并邀请上海专家针对黔南州新农村建设、创业服务与孵化器建设科技支撑问题进行视频讲座和现场答疑。州科技局与遵义市科技局签订《贵州省南北区域科技合作协议书》，黔南州科技开发交流中心与遵义市生产力促进中心签订资源共享合作协议书，州科技局还与重庆市知识产权局、贵阳市科技局、铜仁地区科技局开展工作交流。州科技局与上海、深圳、贵阳、遵义等地进行科技合作与交流，在科学研究、技术开发、风险投资、创业孵化、技术经纪人培训、科技评估、科技咨询、科技招商等领域开展交流合作。

2010年，州政府、都匀市政府与省科技厅签订《联合设立都匀装备制造业科技产业化示范基地合作计划协议》；州科技产权局与北京科技大学签订产学研科技合作战略协议，双方在与贵州金麟矿业开发有限公司和三都县锦鸿矿业开发有限公司合作开发贵州省高磷鲕状赤铁矿的基础上，就校、地间的科技合作与交流达成战略协议。

2012 年，州政府与省科技厅签订框架科技合作协议，合作内容包括：搭建科技创新平台，培育科技人才团队；实施一批重点科技项目，做大做强优势特色产业，快速推进高新技术产业整合；合力引智引技，促进科技成果产业化，带动区域经济发展。州政府与贵州大学签订政产学研战略合作协议，双方就黔南州经济社会发展的决策咨询、重大科技项目开发与推广、人才培训和技术支持、特色优势产业研究与开发、生态环境建设等方面开展政产学研战略合作。是年，全州列入国家、省级科技计划项目 70 项，获经费支持 2828.5 万元，其中，《贵州科学技术厅、黔南州人民政府科技合作协议》的科技合作专项资金每年落实 800 万元。

2013 年 12 月，黔南州与广州市签署《科技交流合作协议》。贵定县与广东省农业科学院饮用植物研究所签订合作协议，州林业科学研究所与广州市园林科学研究所达成合作意向，瓮安县科技局与广州市花都区科信局达成科技帮扶合作意向。

2014 年，在 2014 中国西安国际科学技术产业博览会上，黔南州现场签约项目 2 个，协议总投资 2.1 亿元；罗甸县与西安中国西部国际教育集团合作建设“罗甸城西医药产业园区”项目，签约总投资 1.5 亿元。

四、区域创新体系

2014 年，黔南州科技体制改革的内容是：着力整合资源，推进区域创新体系建设，推动州级高新技术产业园区建设，包括推进科技园区创新共享系统、工程技术中心、工程技术研究中心、重点实验室、企业技术中心、产业技术创新联盟等创新平台建设，促进各类创新要素和创新资源有机结合。是年，创建瓮福磷煤化工高新技术产业开发区，该开发区发展定位为：中国磷煤电铝一体化循环经济产业示范基地及资源型经济转型综合配套改革试验区；成为黔中经济区中参与国家及国际竞争的重要平台；将瓮福高新区打造成国家级高新技术产业开发区，成为黔南州以创新驱动助推和发展高新技术产业的示范基地。是年，瓮安县成立瓮安县产业园科技孵化服务公司，与广州市花都区联合共建跨省区创业创新科技孵化园。

第二节　科技推广与普及

一、科技推广

“八五”期间，黔南州重点安排一批科技推广项目。科技兴农方面，以推广良种良法为中心，围绕三大计划（丰收计划、星火计划、燎原计划）和“三大工程”（双三工程、三五工程、高产示范工程），重点推广水稻、玉米、烤烟、水果、养鱼、茶叶、药材等科技兴农重点科技成果 28 项，12 个县（市）90% 的农户受益，受益人口占总人口的 90% 以上。1991 年获黔南州科技进步一等奖的“百万亩杂交水稻高产综合技术的推广”项目，在全州12个县（市）推广面积达到112.53万亩，亩产粮食增加45.66公斤，增产11.6%，新增总产量5.14万吨，新增产值2991.08万元。“七五”科技攻关项目“柑橘溃疡病根治技术研究”的科技成果达到国际领先水平，被全国植保总站安排在南方8个省区推广应用，该项目获1992年度黔南州科技进步一等奖，课题主持人高级农艺师罗禄怡1991年应邀到马来西亚参加国际学术会议。科技兴工方面，主要抓内涵技改为主，对重点行业进行优化产业、产品结构技改，“八五”计划期间获得省以上优秀新产品奖的新产品近30项。1991年推广10项新产品成果，投入81.84万元，增加产值1343.68万元，增创利税350.55万元。东方机床厂1991年获省科技进步一等奖的“数控火焰切割机”产品，达到20世纪80年代国际先进水平，可以替代进口产品，每台设备创产值120万元、利税14.18万元，为国家节约大量外汇。

“九五”期间，全州科技推广以成果转化、先进适用技术应用为重点，推广新经济增长点项目和形成高效产业链项目。全州奖励的农业类科技成果72项，占奖励科技成果的34.78%；采取科学研究同成果推广相结合，实验、示范推广先进实用技术等方式，促进传统农业向现代农业转变。获黔南州科技进步二等奖的“黔南州稻瘟病综合防治协作攻关”成果，经过全州范围三年联合攻关，有效控制稻瘟病危害，全州挽回稻谷损失118058吨。全州奖励工业类科技成果29项，占奖励科技成果的14.01%，这些成果均有较好的经济效益、社会效益和环保效益。获黔南州科技进步二等奖的“三聚磷酸钠由年产5万吨增加到8万吨技改工程”成果，1999年实现销售产值35416.95万元、利税2436.88万元，产品名列全国第一。1999年1月至2000年12月，由黔南州科技局、黔南州农业局牵头实施的黔南州政府重大科技试验示范项目和贵州省科委重大科技成果推广项目“发展优质蛋白玉米，实施粮、猪、沼良性循环”生态农业项目，在全州12个县（市）试验示范种植优质蛋白玉米3万亩、示范养猪6万头、建立示范沼气池133个，实现农业生态良性循环的目标任务。2001年7月该项目通过省科技厅组织的专家验收，评价为“项目总体水平在国内属先进水平”，并被确定为“通过种植、养殖、沼气建设三个方面的良性循环发展生态农业”的“黔南模式”。

“十五”期间，重点开展抓农业良种良法推广、农业科技成果转化、农业标准化示范建设、农业和农产品加工企业培育、农村科技服务体系建设、生态村示范建设六大农业科技行动，通过农业科技“三下乡”活动和农村星火计划的实施，将政策科技送下乡，专家能人请进村，让农民既“富口袋”又“富脑袋”。2001年，州科技局争取到省科技厅重大科技成果推广项目“黔南州农业生态示范村建设与推广”，五年内在全州推广建设生态村1000个。2002年2月，“金优404”杂稻品种新组合经过黔南州农科所近十年的研制取得成功，该品种具有耐寒性和高产稳产性，经过高海拔贫困山区试种推广亩产达500公斤，比其他品种每亩增产150公斤以上，获得省农作物品种审定委员会对该品种的最终审定，这是黔南州第一个通过省审定的杂稻新组合。2004年，省州共建星火计划项目“贵州省贵定县水苔种植项目”，经技术攻关和种植试验示范，产品30%达到国际超级标准，70%达到国际特级标准，产品出口价从原每吨2000美元提高到3500～5000美元，是年种植面积扩大到1186亩，年产值15万美元，年税金1.35万美元。是年，州科技局承担的科技部、省科技厅重点科技成果推广计划项目“贵州喀斯特山区生态村示范建设与推广”项目，经过三年多推广，建成100个生态示范村，州级、县级样板村的农民人均纯收入分别高于全州和该县农民人均纯收入。2005年，由州农科所承担的科技部农业科技成果转化资金项目“强抗寒性杂交稻新组合金优404的选育与应用”项目，科技部委托省科技厅组织专家验收，该组合具备的强耐寒性达到国内先进水平，自成果转化三年中，在全省65个县（市）推广35万亩，增产稻谷3.5万吨，农民增收4900万元，解决贫困高寒山区的温饱问题，取得重大经济和社会效益，项目获得2005年度州科技进步一等奖。“十五”期末，通过中药现代化科技产业科技项目实施，初步形成研发、种植、生产、销售的产业链，全州有中药材种植基地34个，种植品种27个，种植面积95199亩，产值2819.57万元，农民人均纯收入增加106元。

2010年，州政府决定在荔波、长顺、福泉、瓮安、三都5个县（市）建设州、县共建“185工程”科技示范点，总面积1000亩，州科技局与各示范点责任人即项目承担人签订“185工程”科技示范项目合同并核定各项技术经济指标。年底，对5个科技示范点检查验收，完成项目实施面积1645亩，超目标任务164.5%，除荔波县示范点因遭受罕见水灾以外，其他4个示范点经测产验收，平均亩产值1.86万元，超额完成项目技术经济指标。

2012年，州科技局制定《黔南州中药材种植产业发展规划2012—2015年》。年底，全州中药材人工种植总面积164582亩，种植中药材品种69种；全州中药材生产基地面积53521.2亩，涉及农户35941户，中药材种植总产值4.9亿元以上，品种规模相对集中，形成中药材产业规模发展的雏形。

2013年、2014年，全州获省级科技推广类项目分别为9项和14项，项目经费共637万元，项目实施相应带动社会总投入7513.28万元。2014年，实施的科技推广项目主要有“葡萄优质高产安全生产集成技术与模式示范推广”“供粤港澳蔬菜标准化生产与产业化示范”“高海拔都匀毛尖茶技术优化与加工示范”等，实现年总产值共9161万元，项目实施地点覆盖6个县（市）12个乡（镇），项目促进覆盖区域农民人均增收1725元。

二、科技普及

“八五”期间，州委、州政府出台《关于贯彻中共中央国务院〈关于进一步加强科学技术普及工作的若干意见〉的意见》，州、县科技部门按照“实际、实用、实效”的原则，面向群众，面向基层、面向贫困山区开展科技普及（以下简称科普）工作，全州成立各类专业研究会、协会达80余个，初步形成科学技术普及和社会化科技服务网络。全州开展的科技普及和科技宣传工作形式多样、内容丰富，初步建立起以培训、信息、技术、科普等为主要内容，涉及农业、畜牧、农机、林业、水利、供销、粮食、蔬菜等8个专业的科技服务网络体系；初步建立以科技情报研究所为中心的科技信息网络，利用计算机可以检索全国每年的最新科技成果有关信息，以此对全州开展信息服务。全州科技部门还与新闻媒体等互相配合，在《黔南日报》开辟“科技是第一生产力”专栏，拍摄《黔南英才》电视专题片，举办“3·18”科技活动日活动等，在全州范围内开展以科技进步为核心的科技宣传工作，宣传“科教兴州”战略，通过科普宣传提高全社会的科技意识。12 个县（市）实施“科教兴县”“科教兴市”战略，一些厂矿企业也做出“科技兴企”的决策。1991 年，州、县（市）科技情报所（室）在完成经常性业务的同时，配合开展科技赶场 9 次，出售或赠阅科技图书资料近 1000 册，拍摄的《水稻半旱式栽培》科教录像片在 12 个县（市）放映 63 场。1993 年，州科技情报所向全州发行《西南科技报》500 多份、《科技日报》200 多份，传递适用技术和科技信息 780 多条；与 300 多个单位进行资料交流；到都匀、独山、三都、荔波、贵定 5 个县（市）11 个乡（镇）进行科技赶场，开展专项服务 1800 多人（次）。

1996 年 3 月 18 日是贵州省第一个科技活动日暨黔南州第四个科技活动日，州科委、州委组织部、州科协牵头在州民族展览馆举办“黔南州科技成果产品及技术人才交流交易会”，展出科技成果 234 项，新产品、新技术 150 余项，科技成果及新产品新技术实物展品 500 余种，科技成果项目简介图板 100 余幅，接待观看交流交易的人数 5 万余人（次），发放宣传资料 30000 余份。由州委组织部、州科委、州科协联合组织的“黔南州科教兴州宣讲团”到部分县（市）进行为期一周的巡回演讲，直接听众 3000 人（次）。1997 年 2 月 19 日，州科技局在都匀市与独山县交界处的匀独关民族歌会上开展首次送科技文化下乡大篷车活动，接待咨询的农民群众 2000 余人（次），发放赠送科技图书资料 400 余册。同年，州科技局先后在独山县兔场、龙里县毛栗寨、贵定县盘江镇、福泉市马场坪、都匀市小围寨举办计划生育“三结合”帮扶技术培训班，培训帮扶户 150 户、250 人（次），赠送实用技术丛书 300 套共 2400 册。1998 年 3 月 18 日黔南州第六个科技活动日期间，州、县科技部门开展系列科普活动，瓮安县、龙里县科技局参加“州科教兴州宣讲团”活动，赴平塘、独山、罗甸、长顺、三都、荔波、都匀 7 县（市），分别作瓮安县创建科技先进县、龙里县毛栗寨科技扶贫典型经验介绍。是年，开展科普宣传和科技文化卫生“三下乡”活动，科技赶场 16 场，送科技图书资料 4.5 万份（册），送播科技录像和科教电影片 95 盒（部），组织各类科技培训 8 次，培训农民 3500 人（次）；开展科技咨询服务 26000 人（次）。1999—2000 年，每年开展科技赶场、送科技图书资料、播放科技片和举办各类科技培训班等科普活动。2000 年，12 个县（市）开展“中日合作青少年科普电视周”活动，观看的青少年 4.5 万人（次）。

2003 年“非典”时期，州科技局利用《黔南日报》刊登“依靠科学、战胜非典”的文章，开展科技普宣传。根据国务院确定每年 5 月第三周全国统一举办科技活动周的部署和科技部、省科技厅的相关通知，州科技局、州委宣传部、州科协联合在都匀市步行街开展黔南州科技活动周活动，12 个县（市）以“依靠科学、战胜非典”为主题，开展科技宣传，举办科技培训班发放宣传资料 3 万份（本、册）。2004 年，州科技局邀请省内有关专家到都匀二中举办“黔南州科普知识讲座”2 场；开展青少年预防艾滋病科普知识展览 2 场；开展科普活动周活动共播放科技电影、科技录像 25 场（次），组织科技下乡 12 场（次），共发放科技资料 2.86 万份（册）。“十五”期间，全州科技部门利用科技活动周、“3·18”科技活动日、全国“4·26”知识产权活动日，开展送科技下乡等一系列科普宣传活动，举办各种新技术专题讲座18次，发放科普资料8万余份（册），开展咨询服务3万人（次）。

2008年5月，州、县（市）科技局开展主题为“携手建设创新型国家”科技活动周期间，正值四川汶川发生特大地震，全州科技部门把科技活动周工作重点和宣传重点转向抗震救灾、地震科普知识宣传、地震预防、地震灾害处置上，州科技局共编制65期《震情简报》上报州政府、省地震局。龙里县科技局将收集整理并汇编的《防震减灾知识手册》发放到机关、学校、企业和农村，利用“科技下乡”开展科普知识宣传和防震减灾知识宣传。荔波县科技局利用各乡（镇）赶场天的机会，会同农业等部门组织科技人员到各乡（镇）、街道、机关、学校、厂矿开展为期10天的“关注四川汶川特大地震、避震基本知识宣传”活动6场，参加宣传群众1.2万人（次），发放地震科普宣传资料1.8万份。贵定、福泉、平塘、三都、独山等县（市）科技部门开展各类科技培训和防震减灾宣传活动。

“十一五”期间，全州科技部门开展科技下乡（镇）进社区活动，宣传有关科技、知识产权、防震减灾等方面的法律法规及科技适用技术，举办各种新技术、新知识专题讲座及培训共76场（次），发放科普资料69.8万余份（册），开展咨询服务10.4万人（次）。2011年，州科技局利用“3·18”科技活动日、“4·26”知识产权活动日、“5·12”防震减灾日、“5·15”科技活动周和“三下乡”等活动，开展科技、知识产权和防震减灾知识等宣传普及活动，全州各县（市）、各单位发放宣传资料共100万份（册），开展咨询、义诊服务10万人（次）。5月15—21日，由州科技局牵头组织28家单位在都匀市人民广场开展全国科技活动周，展出宣传展板300多块，接受咨询人数8000余人，发放各类资料3万份（册）。福泉市组织10名科技特派员集中开展科普咨询宣传和乡土人才等技术培训11期；瓮安县在23个乡（镇）开展科普知识、防震减灾等宣传活动；其他县（市）也开展相关的科技活动周系列活动。

2012年1月14日，4月22日，由州科技局牵头开展以“培育知识产权文化，促进社会创新发展”为主题的“4·26”知识产权宣传周活动，发放宣传资料2万份，接受咨询200余人。5月19—25日，黔南州科技活动周科普宣传活动在全州各县（市）同时展开。由州科技局承办的黔南州科技活动周科普宣传活动在都匀市人民广场举行，参加活动的州直及都匀市单位共计25个，开展科技、文化、卫生、法律宣传、咨询、义诊等活动，咨询群众1000余人，发放《中华人民共和国科学技术普及法》《中华人民共和国防震减灾法》《贵州省防震减灾条例》及农村实用技术等宣传资料1万份；州科技局在都匀二小和龙里、惠水等县组织地震应急疏散演练，宣传防震减灾知识。是年，在“3·18”科技活动日、“4·26”知识产权活动日、“5·12”防震减灾日、“科技活动周”“三下乡”等活动发放宣传资料共4万份（册），开展咨询、义诊服务1万余人（次）。

2014年，在“黔南州2014年‘德润黔南·文化科技卫生三下乡’集中示范活动”中州科技局在三都县开展知识产权日宣传，在瓮安县开展科技活动周宣传，在黔南电视台展播2014年全国优秀科普影片。

第三节　科技培训

1991年，州、县（市）科技系统组织各类技术培训80多次，培训项目40多项，参加培训人员5500多人（次）。1993年，围绕全州实施星火计划项目，州科委开展星火计划培训，培养农村青年星火带头人，培训项目18项，共培训人员2450人（次）。“八五”期间，全州参加各类科技培训班人数140余万人（次），发展科技示范户3120户，共评定农民技术员以上职称5648人，培训农村青年星火带头人1500余人（次）。其中，有11人获国家科委、团中央授予“国家级农村青年星火带头人及标兵”称号，138人受到省、州两级科委和团委表彰。

1998年，州科技局在培训方式上首次将培训工作与科技项目交流对接相结合。“九五”期间，州科技局开展系统内科技管理与经济管理知识讲座及培训班，同时开展面向贫困地区农民的科技培训、科技下乡活动，举办各类科技实用技术培训班90余期，培训农民15900人（次）。其中，在各贫困乡（镇）共培训农民1200人（次），发放科技图书资料1.3万份。

“十五”期间，在对内培训方面，州科技局举办全州县（市）科技局（知产局）专利信息运用培训班，参训人数447人（次）；送出16名干部到省内、省外进行专业业务培训；组织12个县（市）科技局局长参加科技部上海培训中心为西部地区举办的科技管理干部高级培训班；在州科技系统内举办资源信息网络管理、知识产权培训、科技成果管理、科技计划管理、防震减灾等业务培训，参加培训人员761人（次）。在对外培训方面，州科技局和州委组织部联合承办科技部第三期“西部地、县（贵州黔南）科技经济发展人才综合开发示范项目”培训班，在上海和黔南共举办3期。在都匀市举办民营科技知识产权和企业管理培训班上，邀请到贵州工业大学、省知识产权局的专家和教授对企业如何投资理财及企业知识产权问题进行讲授，参加培训人员有各县（市）民营科技企业和其他企业、各科研所的管理人员和技术人员。举办的“无公害蔬菜规模生产技术开发”项目培训，共培训技术人员150人（次），培训农民科技示范户6500户（次），以会代训现场培训农民6.3万人（次）。

“十一五”期间，在对内培训方面，州科技局在贵阳举办黔南州科技管理工作能力提高培训班，参加培训的人员有州科技局领导及各科室负责人、12个县（市）科技局局长及分管业务副局长和业务股长等，省科技厅领导及处室负责人进行业务讲授。组织全州科技管理干部职工参加科技部、省科技厅、省知识产权局、省地震局等单位举办的管理培训及业务培训班190余人（次）。州科技局还在上海市科技党校举办全州科技管理干部培训班，参加培训人员有州直有关单位负责科技管理工作干部、州科技产权局机关及州属科研所部分干部及科技人员、12个县（市）分管科技工作的副县长及科技局负责人等。在对外培训方面，由省科技厅、都匀军分区主办，州科技局、福泉市科技局、福泉市武装部承办黔南州星火技术培训班在福泉市武装部举办，参加培训的学员有福泉市城厢镇、黄丝镇、高石乡的农村致富能手、科技示范户、退伍军人及市水果生产营销协会会员共70余人，由贵州大学农学院的专家和教授讲授梨的高接换种技术、梨套袋栽培技术和梨病虫害防治技术等，培训会上福泉市政府还聘请贵州大学农学院院长樊卫国等7名专家作为福泉市政府首席科技特派员和科技特派员。州科技局结合省重大专项黔南州“一县一业”科技特派员促进农村建设示范工程，举办4期黔南州特色优质农业产业发展培训会，培训内容包括茶产业生产加工与管理、特色蔬果的种植与管理、优质肉牛肉猪养殖与管理、科技特派员制度管理人员综合素质培训等，参加人员为12个县（市）相关产业种植养殖大户、科技特派员、相关业务技术人员、相关部门管理人员等380人。州科技局在贵州大学农学院举办黔南州科技特派员骨干培训班，请贵州大学农学院的专家讲授优质蘑菇高产栽培技术、水果种植区域化布局、稻田免耕种植技术，参观贵阳乌当农业科技园区，培训对象为12个县（市）科技局分管领导及科技特派员骨干共50人。由州政府主持、州科技局承办的黔南州中药现代化产业发展工作座谈会暨培训会在龙里县召开，以会代训方式，邀请中国中医科学院、南京农业大学的专家就中药新药研发及中药材GAP发展思路等进行讲课。参加会议和培训的人员有全州12个县（市）分管的副县（市）长、州科技局、州食品药品监督局、州发改局、州农办、州农业局、黔南民族医专等单位领导，各县（市）科技局、食品药品监督局、经贸局、农业局等单位负责人，州内24家涉药企业负责人。

2008年初，黔南出现罕见的低温雨雪天气，造成全州农作物大面积受灾，州科技局配合省农科院校开展以“抗凝冻保民生”为主题的科技减灾培训，组织科技人员在5个县（市）的重灾区进行现场技术指导和相关技术培训，培训人员500余人。

2009年，围绕全州中药材种植面积新增3万亩的计划任务，在全州范围内开展中药材规范化种植培训，重点选择都匀、龙里、罗甸、独山、瓮安、贵定6个县（市）举办培训班共92期，培训农民7897人（次）。是年，还举办以农民为主要培训对象的种养殖技术、防震减灾科技知识等科学素质和实用技术培训班2297场（次），培训农民190319人（次）。培训科技特派员、农技人员和科技二传手共52870人（次）；其中，培训科技特派员77期共2400人（次），科技特派员培训农民1898期共251761人（次）。

2011年，黔南州遭受严重旱灾，州科技局组织300余名州、县（市）科技特派员到农村开展技术培训，独山县基长镇科技特派员工作站派出17名科技特派员到田间地头开展培训20余次，指导培训农民3000多人，抗旱救灾面积12000多亩。

2012年，州科技局、州生产力促进中心成立星火培训领导小组，州生产力促进中心承担省科技厅星火计划黔南州农业实用技术培训项目，与州农科所、州农委、州扶贫办、州果蔬中心、都匀毛尖茶工程中心及各县（市）科技局等部门合作，开展全州畜牧、茶叶、蔬菜、果树、中药材等农作物防冰雪灾害、抗旱保民生、防病虫害、科学种植管理等方面农业实用技术培训班共20期，培训对象为科技特派员、农户、致富能手、科技示范户、农村妇女等共3050人（次），发放实用性强的各类技术资料2万余份。州科技局还多次邀请州内外专家到福泉、瓮安、平塘、长顺、都匀等县（市）开展农业实用技术培训，共培训农民1000余人（次）。与都匀市康富林民族科技开发有限公司在都匀市大坪镇共同举办中药材种植技术培训班，邀请中药材种植专家对大坪镇农民群众100余人进行为期3天技术培训，在中药材种植基地现场传授有关何首乌、太子参等中药材种植与病虫害防治等综合技术。

2013年8月，在龙里县举办全州高新技术企业和科技计划项目申报工作培训会，参会人员100余人。2014年2月，州科技产权局在惠水县举办全州高新技术企业申报工作培训会，50余家高新技术企业负责人和财务人员参加培训。8月21日，在惠水县举办全州大数据产业发展培训班。

第四节　科研成果

一、科研机构及其研究成果

黔南州科研机构有黔南州农业科学研究所（以下简称州农科所）、黔南州林业科学研究所（以下简称州林科所）、黔南州农业机械研究所（以下简称州农机所）。县属科研机构有都匀市蔬菜科研所、平塘县农业科学研究所、贵定县农业科学研究所。此外，州内一些工业企业、农业技术推广单位、医疗机构等也开展科研工作，并取得较多成果。

黔南州农业科学研究所　该所前身是黔南州农业试验站，1960年更名为州农科所。1991—2014年，州农科所主要开展水稻品种选育与栽培技术，推广玉米品种选育与栽培技术，推广植物保护等科研工作。（1）水稻品种选育与栽培技术推广方面。1991年，继续开展水稻籼粳亚种间强优组合选育研究、粳型黑糯新品种选育研究、优质粳（香）糯新品种选育研究、水稻旱种配套技术研究、水稻半旱式稻田综合利用试验等项目研究。该所育种的黔南粘1号、4号、5号、8号、黔花458号被收入公开出版的《中国水稻品种及其系谱》一书。1995年，已经育成的“一个紫标籼型两用核不育系”经省科委组织专家鉴定，认定为全国同类研究领先水平，该项成果为国内两系法杂交稻选育工作做出较大贡献，《贵州日报》在头版进行报道。1996年，该所历经8年攻关和重点研究的“籼粳亚种间杂交水稻强优势组合选育”项目育成两个新组合，即马协1010，亩产584公斤，比汕优63增产2.9%；紫标S－2/QN17，亩产516公斤。是年，选育的红富糯和试验品种“胜优2号”通过品种审定，其中红富糯在省内种植面积1600余亩，增产160吨，次年在全省推广3万多亩，效益显著。1999年，选育的糯稻新品种黔南糯3号、黔南糯4号、黑糯93、红富糯通过省品种审定。2002年，历经14年选育的籼粳亚种间三系杂交水稻组合金优404和K优2020同时通过省品种审定。申报的《强抗寒杂交稻新组合金优404和K优2020的中试与转化》项目通过科技部审批立项，这是贵州省自育水稻品种首次获得科技部农业科技成果转化项目支持，也是州农科所首次获得的国家级项目。2004年，申报《强抗寒性杂交稻新组合金优404的产业化开发》获贵州省星火计划项目立项。2005年，科技部委托省科技厅组织专家组对《强抗寒性杂稻新组合金优404和K优2020的中试与示范》进行验收，验收意见认为该项目自 2003 年实施以来已在全省各地示范推广 25. 1 万亩，两组合大面积平均亩产 595. 9 公斤，实现稻谷产值 2. 01 亿元，超合同指标 8000 万元，项目实施取得显著的经济和社会效益，发挥科技扶贫的示范效应，有效实现成果转化的目标，通过专家组验收并评为“重大”一级，该项目于 2006 年获黔南州科技进步一等奖。2006 年，州农科所所长鹿占黔被评为享受国务院特殊津贴的青年专家，同时获得贵州省省管专家称号。2005 年，超高产水稻新品种“黔南优 2058”通过贵州省品种审定，这是贵州省自育的第一个超高产水稻新组合，是在省区（市）中唯一一个连续两年平均产量突破亩产 600 公斤的贵州省自育杂交稻组合，被列入 2005 年度科技部农业科研成果转化资金项目。2006 年 8 月，“黔南优 2058”被农业部确认为超级稻，成为贵州省第一个被农业部认定的超级稻组合，填补了贵州省在该领域的空白。“黔南优 2058 的中试与转化”被列入科技部农业科研成果转化资金项目后于 2008 年通过专家组验收。是年，选育的水稻良种“香早优 2017”通过省品种审定并在省级试验中获得“三连冠”，“优质高产早熟强抗寒杂交水稻组合香早优 2017 的选育与示范”获省科技厅立项，同时被列入省动植物育种专项和省“十一五”攻关计划项目。2007 年，“优质早熟杂交水稻新品种香早优 2017 的中试与示范”获科技部农业科研成果转化资金项目立项；“优质高产早熟强抗寒杂交水稻组合香早优 2017 在贵州山区推广”获省科技厅立项，当年在全省推广面积 10 万亩。2010 年，“高海拔冷凉山区优质水稻、玉米及反季节蔬菜示范项目”得到省科技厅星火计划立项支持。是年，贵州省遭受罕见大旱，印发《抗旱保春耕旱育秧技术》2 万余份，发放给农民并指导抗旱育秧。该所在惠水县实施的水稻高产科技示范项目，经验收核心区亩产 826 公斤。同时，完成国家水稻技术体系长江中上游地区 24 个新组合筛选和适应性比较试验。2013 一 2014 年，完成三亚南繁育种的恢复系、不育系的选育加代、自育新组合及部分育种材料繁殖，共完成 14 亩试验材料加代选育；完成国家水稻产业体系安排的 2013 年长江上游品种筛选试验和香稻品种筛选试验及承担国家水稻产业体系贵州综合试验站水稻稻瘟病抗性筛选试验基地建设等工作。（2）玉米品种选育与栽培技术推广方面。1998 年开始玉米试验示范工作。1999—2000 年，完成黔南州优质蛋白玉米中单 9404、农大 3138、农大 108、黔 2609 等品种的丰产栽培试验示范，示范面积产量每亩 400 ~ 500 公斤。2000 年，州农科所获黔南州“发展优质蛋白玉米实施粮、猪、沼良性循环”试验示范项目实施先进单位称号并受到州政府通报表彰。2002 年，州农科所正式成立玉米研究室。2004 年，参加贵州省鲜食玉米区试组合“贵甜 1 号”，因产量高、品质优获省品种审定，是首个以黔南农科所名义审定的玉米品种。2006 年，申报“贵甜 1 号鲜食甜玉米转化推广”项目获省科技成果重点推广计划项目立项，同时获州科技特派员项目资金支助。2012 年，“贵甜 1 号鲜食甜玉米开发转化”通过省项目结题验收。2013—2014 年，完成贵州省杂交玉米区域试验 A、C、E、糯玉米共 4 组及贵州省杂交玉米新组合预备试验 151 个组合试验任务。（3）动植物保护研究方面：2010 年，长顺县首次发生稻水象甲入侵危害，由州农科所实施防治灭害，经测产，轻发田亩产 661. 76 公斤，中发田亩产 607. 27 公斤，重发田亩产 569. 91 公斤，对照未发生区亩产 622. 8 公斤，达到预期效果。2011 年，开展省科技厅农业项目“黔南州稻水象甲虫害防治技术集成应用与示范”和州科技局项目“黔南州稻水象甲疫病防控技术研究”，并在长顺县、龙里县实施防治，取得较好效果。是年，在贵定县定东乡裕民村选址建立黔南州大鲵研究所。“十五”期间，承担各类课题共21项，其中国家级2项、省级5项、州级10项、横向及自选课题4项；发表科技论文4篇；科技成果通过鉴定9项，获准知识产权4项，获准专有产品证书5项；获奖的科技成果省级二等奖1项，州级一等奖1项、二等奖1项；被评选为重大贡献人员2人；鉴定成果应用8项；科学技术培训2万人（次），新增社会经济效益1000万元。“十一五”期间，州农科所拥有国家级中试基地1个，承担各类课题14项，其中国家级2项、省级9项、州级3项；发表科技论文4篇；科技成果通过鉴定的成果数2项；获准知识产权11项；获奖科技成果省级一等奖1项，州级一等奖1项及三等奖1项；被评为有重大贡献人员3人，省级学术带头人1人；有示范基地6个，发表科普文章63篇；推广应用成果12项；科学技术培训11951人（次），推广应用成果效益4990万元。杂优技术应用研究，育成国内外第一个具紫叶隐性遗传标记性状的籼型两用核不育系“紫标S－1、S－2”，自育的水稻品种三次获科技部农转项目资助。

黔南州林业科学研究所　该所成立于1978年12月。1991—2014年，主要开展飞机播种造林、乡土阔叶树种培育、珍贵用材树种培育、林木资源调查、地方特色森林食品与森林药材等方面科研试验与示范推广工作，同时为黔南州林业建设项目规划设计及其他经济社会发展项目提供技术支撑。（1）飞机播种造林技术研究方面：“八五”期间，开展飞机播种造林技术推广与研究，其成果在全国推广面积700多万亩。1993年，完成黔西南州普安县、晴隆县20万亩飞播造林技术指导。1995年，完成“飞播种子丸衣试验研究”，通过鉴定达到国内同类研究先进水平，获省政府科技进步三等奖；完成“GPS图示导航飞播系统研究”，通过省级鉴定达到国内同类研究领先水平，该成果在贵州省普遍采用，还推广到云南、内蒙古等省（区）；主持完成“飞播造林固定地标导航法765万亩推广应用”，通过鉴定达到国内同类推广项目领先水平，获州政府科技进步一等奖，次年获省政府星火计划二等奖。此外还有“贵州省马尾松飞播林密度管理图编制”“扩大飞播造林树种营造混交林试验”等。1996年，国家计委、林业部等五部门授予州林科所“全国飞机播种造林先进单位”。（2）乡土阔叶树种培育及栽培技术研究方面：1993年，完成省林业厅“南酸枣驯化栽培”100亩造林工作。1998—2001年，“南酸枣栽培技术推广”项目获省科技厅立项；“南酸枣丰产栽培技术研究”获省林业厅立项，在三都、瓮安、都匀、长顺、荔波、惠水、龙里等县（市）全面推广，完成示范造林300亩。2003年，“南酸枣丰产栽培技术研究”通过省林业厅验收，当年在全州推广面积4000亩，是年该课题获州科技进步二等奖。2005年，实施省重点科技攻关课题子课题“南酸枣人造板原料林培育技术研究”项目，在三都县和黔东南州镇远县营造核心试验林77亩。“九五”“十五”期间，以南酸枣种源试验及丰产栽培技术为主的技术与推广研究，提供乡土阔叶树种及栽培技术，在全州推广面积近5万亩。2006—2014年，开展乡土阔叶树种南酸枣用材林配套培育技术、马蓝快繁及栽培技术等研究与示范。其中，2010年《南酸枣育苗技术规程及苗木质量分级》通过省质监局审查并颁布实施。（3）地方特色森林食品与森林药材组织培养与栽培技术研究

方面。2006—2014 年，开展马蓝、石斛、都匀毛尖茶、七叶一枝花等植物的组织培养试验，并建立马蓝、石斛组培体系；开展特色森林蔬菜水蕨菜产业化栽培技术研究并建立水蕨菜集约化高产栽培体系，开展项目标准制订工作。2005 年，完成州科技局课题“森林蔬菜珍品——菜蕨人工栽培试验”并通过验收鉴定，该成果填补菜蕨国内人工栽培的空白。2007 年，主持省林业厅、州科技局课题“水蕨菜丰产栽培技术研究”，在都匀市和荔波县建立栽培试验园 10 亩。是年，承担州科技推广项目和科技特派员专项“水蕨菜无公害栽培技术推广”，在荔波县朝阳镇建立 3 亩示范园，亩产值 0.9 万元，并与 22 户农民签订科技服务协议。2008 年，开展州科技局立项的“都匀毛尖茶优良无性系选择及快繁技术研究”；主持的省林业厅、州科技局课题“水蕨菜生态生物学特性及产业化栽培技术研究与示范”通过专家组验收鉴定，专家组认为该项目首次在国内对天然水蕨菜生态群落学进行调查研究并取得丰富成果，项目在国内同类研究中居于领先水平，项目于 2009 年获州科技进步二等奖。2009 年，承担省林业厅课题“水蕨菜产业化开发技术研究”，历时三年，通过省林业厅验收。2010 年，主持省林业厅项目“马蓝组织培养技术及是否栽培技术研究”和州科技产权局项目“马蓝快繁技术研究”，分别通过省、州验收，成果达到省内同类研究领先水平。2011 年，《水蕨菜仿生栽培技术规程》通过省质监局审查并发布实施。2012 年，“水蕨菜生态生物学特性及产业化栽培技术研究与示范”项目获全国林业产业创新奖。（4）珍贵用材树种培育推广、林木资源调查研究方面。1991 年，实施推广项目“杉木速生丰产示范林”“马尾松母树林示范林”；开展“化学除草剂在杉木苗圃幼林除草上应用研究”，在三都县打鱼乡打略村进行中间试验，除草率达到 74% ~85%；开展黔南山仓子资源调查。1995 年，完成黔南州古大珍稀树种调查、黔南州直杆桉引种状况和直杆桉立地类型划分野外调查。调查显示，全州现存古大珍稀树种 161 株，隶 24 科 40 属 48 种。其中，福泉县鱼西乡乐邦村一株银杏树龄 4400 年，树高 42 米，胸径 479 厘米。龙里县民主乡有短叶黄杉的新分布，改写了关于这一树种水平分布范围、垂直分布高度和气候适宜区域的文献记载，具有重要研究价值。1996 年，“黔南州古大珍稀树种调查研究”项目通过省验收鉴定。2005 年，抓好省林业厅、州科技局课题“珍稀树种大果马蹄荷驯化栽培技术”80 亩试验林的营造工作。2008 年，完成国家林业局项目“黔南州林木种质资源基因库建设”子项目“黔南州林木种质资源调查及繁殖材料采集”。2011 年，州林科所与中国林科院林业科技信息研究所合作完成黔南州森林资产与生态服务评估，成果通过专家组鉴定，该项目从资产和生态两个方面评估黔南州 1995—2009 年森林资源的成果和森林的效益，动态量化森林资源建设的成就，包括森林传统产品、生态服务和社会效益三个方面各种贡献的增长，专家组认为该研究成果居于国内领先水平。2013 年，“黔南州森林资产与生态服务评估”获黔南州科技进步奖二等奖。（5）林业建设项目规划设计及其他经济社会发展项目技术方面。1991 年，完成三都县规划建立 2 万亩直杆桉树林基地委托培育的 40 万株直杆桉商品苗任务，并为三都县林业局撰写《三都县林产品综合加工厂可行性研究报告》，解决建设单位难以解决的问题，得到省、州主管部门的肯定。1995 年，“三都县森资二类清查”项目通过省、州验收总评级为优。2001 年，完成《三都瑶人山森林公园可行性研究报告》

《三都瑶人山森林公园总体规划设计》并通过省级评审，该公园已列为省级森林公园。2003年，实施黔南州林业局荔波麻竹示范基地造林工程。2005年，参与全州林业工程建设，开展桉树在黔南州的生长适应性调查。“十五”期间，州林科所在参与林业建设，累计编写15个项目建议书、可行性研究报告、总体规划、总体设计或实施方案等，实施完成造林工程建设项目1个。2006年，受托开展福泉市森林旅游资源调查，编制《福泉市森林植被恢复项目建设实施方案》等。2008年，参与严重冰灾后林业恢复重建工作，编制《受冻经果林灾后恢复技术要点》及其他受冻果树恢复技术资料，向12个县（市）林业局及林农发放，累计发放资料7340份，并开展技术培训和现场示范；主持完成《黔南州林木种质资源基因库建设项目初步设计》《黔桂铁路扩容110KV线路工程使用林可行性研究报告》等8个有关林业建设项目。2009年，《荔波民用机场建设工程使用林地现场查验报告》等项目规划、使用林地可行性研究。“十一五”期间，州林科所组建林业调查规划设计队，资质由丁级升为丙级。先后完成省级森林公园项目可行性研究1个，林木种质资源收集保存库项目可行性研究1个，林木种质资源收集保存库项目总体设计及单项设计各1个，使用林地可行性报告及现场查验报告18个。2001年，州林科所被省政府评为“贵州省农业科技工作先进集体”，2003年被评为“黔南州林业科技推广先进单位”。1991—2012年，获批的各类科技项目共61项，其中“荔波县林下特色森林蔬菜水蕨菜栽培示范”获中央财政林业科技示范资金项目立项，“黔南州林木种质资源基因收集库建设资源调查与科技支撑”获国家林业局种苗项目立项。此外，获省科技、林业、农业科技攻关项目23项，获州科技、林业及其他项目36项，获各级各类科技成果奖共17项。2013年，“黔南州森林资产与生态服务评估”获黔南州科技进步奖二等奖。

黔南州农业机械研究所　该所于1968年由州农具科学研究所更名成立。1991—2014年州农机研究所主要开展农机科研工作。（1）温室大棚设施研究开发。2001年，为福泉市设计建造504型机械化无土育秧温室6座，为贵州省烟科所福泉基地设计安装全钢架结构温室大棚2座，为州林业局和都匀市平浪林场设计建造三跨连栋塑料大棚温室1座，为都匀市农机局设计制造单跨多功能塑料大棚温室1座。是年，完成省农机局课题“IS50－50－150型农用水泵”研制并通过技术鉴定，完成州课题“XKSJ—110型家用单相颗粒饲料机”研制和试制生产样3台。2002年，为都匀、福泉、清镇市农业、水利、林业、园林等部门设计、研制和建造13座多功能温室及塑料大棚，总面积0.54万平米；完成“温室塑料大棚自动化节水技术的研究”课题。2003年，为都匀市园林处、清镇市农业局等研制建造温室及塑料大棚共6座，总面积0.19万平方米。是年，改制的植树挖坑机提高效率达3倍。2005年，为惠水县和平镇、福泉市牛场镇分别建造多功能机械化育秧温室和蔬菜大棚温室4座。2007年，为独山县基长镇农业科技示范园改进、维修蔬菜大棚温室10座，为都匀市西山公园设计建造温室大棚2座和贵州神奇制药集团设计建造蔬菜花卉温室8座。2008年，为福泉市消防大队、省烟科所福泉基地、独山县基长科技示范园区、州农科所贵定基地、都匀市等设计建造大棚温室25座。（2）农机化新技术、新机具的开发、示范和推广。2001年，引进推广农机化新技术10多项，推广先进适用农机具3500台，新增技术

推广应用面积4万平方米。2002年，把实施农业工程示范推广列为农机化技术推广重点，全方位开展农机技术推广工作，引进、示范推广农机化新技术10多项，推广先进适用农机具5010台。是年，增加各类新型农机具6种共3745台，新增技术推广应用面积4.31万平方米。2005年，为福泉市、贵定县引进农机共40台。2007年，按照“立足推广办实体，办好实体促服务”的原则，成立黔南州农机推广服务中心，该中心与事业单位分开，实行企业化管理，列为农机购置补贴产品经销商，成为连接农民用户与农机生产厂家之间的桥梁和纽带。2009年，开展“都匀毛尖茶专用生产加工设备引进、研制和推广”项目重新设计，并订制研发都匀毛尖专用机械化生产设备所需试验样机。2013年，州农机研究所联合三都县农工局向省农委申报省级农民农机专业合作社发展资金项目“三都县交梨乡现代高效农业园区老王山农机合作社建设”获准立项。2014年，州农机研究所组织各县农工局向省农委申报省级农民农机专业合作社建设项目获批34项，获下达项目资金838万元。

二、其他科研成果

“八五”期间，“SD2815CD高原型1.5吨级农用运输车”新产品开发项目试制出山地农用运输车的主要结构参数、技术特性参数、动力性、经济性均符合国家规定和要求，其经济效益和社会效益显著，当年生产1062台，产值达5000余万元，销售收入近4000万元，创利税200余万元，纯利润15万元，该产品获1994年星火精品展示会精品奖，获州科技进步一等奖。

1996年12月，省政府委托省科委组织有关专家对1988年国家科委批准成立的黔南星火计划密集试验区建设进行检查验收，历时8年的星火计划实施项目57项通过验收，其中国家级6项、省级17项、州级34项，总投资3697.31万元，共创产值累计2.81亿元，创利税1880.37万元，建立“一大基地”（即机电仪一体化基地）、“三个集团”（即家禽集团、水产集团和黔南农用运输车联合制造厂），为全州培育发展地方支柱产业奠定基础。

罗甸县蔬菜技术推广站自1981年起研究“罗甸县早熟蔬菜商品生产基地”项目，通过引进优良蔬菜品种的试验示范，鉴选出适宜罗甸县早熟丰产栽培又适于西南大市场消费的蔬菜良种，进行栽培技术试验推广，应用地膜栽培比露地栽培提早7～15天上市，增产30%～210%，增收25%～220%；地膜加小拱棚比单膜栽培提早20～30天上市，增产2.3%～11.7%，增收50.1%～83.8%；17年累计推广地膜覆盖栽培18万亩，地膜加小拱棚栽培12万亩，农民收入净增5000多万元。项目实施17年，累计向贵州、四川、湖南、广西、云南等省区100多个大中城市提供商品蔬菜3亿公斤，为农民增加直接经济收入3亿元，实现14800户5万人口稳定脱贫。该项目经验收达到国内同类地区先进水平，1990年获省政府星火科技二等奖，1997年获州科技进步二等奖。

1999年，州科技局实施州政府重大科技试验示范项目和省科委重大科技成果推广项目，即“发展优质蛋白玉米，实施粮、猪、沼良性循环”项目，超计划完成全州12个县（市）试验示范种植优质蛋白玉米3万亩、示范养猪6万头、建立示范沼气池133个和实现农业生态良性循环的目标任务，通过示范种植、病虫害发生规律调查与防治、品种试验，全面掌握了优质蛋白玉米的生长特性、种植技术、病虫害防治技术，筛选出适应黔南州生长特点的优质蛋白玉米新品种。

“十五”期间，“湿法磷酸溶剂萃取净化技术”项目在国内首先完成符合国内磷矿资源特点的湿法磷酸净化技术的开发与中试工作，技术上取得重大创新并拥有自主知识产权，各项技术指标接近国际先进水平，项目已经建成3000吨/年的中试装置，产品投入市场受到客户欢迎，2005年获州科技进步一等奖。

2013年，贵州川恒化工有限公司自主研发并具有自主知识产权的“CH半水湿法磷酸成套技术开发及产业化”项目，填补半水湿法磷酸工艺技术在国内大型化、国产化为零的空白，项目总体技术达到国际同类技术先进水平，标志中国湿法磷酸生产技术步入世界前列，该项目被评为2013年黔南州科技进步一等奖，获2014年贵州省科技进步二等奖。贵州绿卡能科技实业公司完成科技部科技型中小企业技术创新基金项目“低日照地区多功能太阳能路灯”自主研发，实现低日照地区太阳能的有效利用，并获相关专利技术7项，该项成果在遵义、水城、铜仁、黔南、黔东南等地推广应用，并被评为2013年黔南州科技进步二等奖。

三、科研成果管理与奖励

1992年，为鼓励发明创造，调动科技人员积极性，修订《黔南州科学技术奖励办法》及其实施细则。州委、州政府还出台《关于鼓励科技人员到城乡承办企业、从事开发性生产的暂行规定》。“八五”期间，全州评出州科技进步奖255项，其中一等奖6项、二等奖35项、三等奖90项、四等奖124项。全州获科教兴州奖20人，享受国务院特殊津贴15人，享受省政府津贴36人，获州优秀科技人才奖160人。

1993年3月，州委、州政府决定将每年3月18日确定为黔南州科技活动日，设立科教兴州奖、州政府特殊津贴、优秀科技人才奖等奖项。“3·18”黔南州科技活动日为黔南州首创。首次黔南州“3·18”科技活动日表彰全州优秀知识分子和科技人员共180人。其中，享受国务院特殊津贴14人，获黔南科教兴州奖9人，获黔南州政府特殊津贴53人，获黔南州优秀科技人才奖104人。此后，黔南州每年3月18日均开展科技活动日活动。

“九五”期间，全州评审出州科技进步奖成果216项，其中重点推广的种植、养殖科技成果36项。

2002年7月1日，州政府颁布施行新修订的《黔南州科学技术奖励办法》及其实施细则，对全州科技奖励制度进行改革，将原“黔南州科技进步奖”改为“黔南州科学技术奖”，包括“州最高科学技术奖”“州科学技术进步奖”“州科学技术合作奖”，取消原州科技进步四等奖。新设立的州最高科学技术奖授奖人数每年不超过1名，奖金10万元；州科学技术进步奖每年不超过25项，奖金额度由原来一等奖0.4万元、二等奖0.2万元、三等奖0.1万元，调整为一等奖2万元、二等奖1万元、三等奖0.5万元。奖励工作注重以人为本，对杰出科技工作者实行重奖。

“十五”期间，州政府先后出台《技术要素参与收益分配的工作意见》《关于进一步加快民营科技企业发展的意见》，颁布实施《黔南州科学技术进步条例》，科技成果的鉴定、评审、奖励、交流和推广应用，以及科技成果的转化、认定等已经初步形成一整套较为规范的管理制度，全州科技成果管理逐步走向制度化、规范化。5 年中，全州申报科技成果奖 157 项，通过评审获奖励 107 项，包括州最高科学技术奖 1 项，州科技合作奖 5 项，州科技进步奖 101 项（其中一等奖 3 项、二等奖 36 项、三等奖 53 项、四等奖 9 项）。按行业分，农业 28 项，工业 20 项，社会发展 53 项。推荐申报并获批省科技进步奖 4 项，其中工业 2 项（三等奖 2 项）、农业 2 项（二等奖 1 项、三等奖 1 项）。州级科技计划项目申报评奖 52 项，获奖 36 项，其中工业 2 项、农业 11 项、社会发展 23 项（卫生 23 项）获奖率 69%。2003 年，黔南州医院主任医师王宪华的腹腔镜手术临床应用研究项目，其心包开窗、椎旁神经鞘膜瘤、胸内状腺的胸腔镜手术术式处于国内领先水平，在腹腔镜为主的微创外科领域取得创新型成果，为黔南州卫生事业做出特殊贡献，获首个黔南州最高科学技术奖。是年，州科技局建立黔南州专家咨询系统、黔南州科技项目库、黔南州科技成果库，启动黔南州专家人才数据库。同时，制定并实施《全州县（市）科技局科技进步目标责任制考核实施办法》。2004 年，州科技局编制《黔南州中药现代化科技产业发展规划》，经州政府研究同意，下发执行《关于加快黔南州中药材规范化生产与基本建设的意见》。

2007 年 11 月，根据国家、省重点实验室建设管理办法，经州法制办审查，州政府常务会议研究颁布实施《黔南州重点实验室建设与管理办法（试行）》。2008 年，州政府审议通过并印发《关于加快中药现代化产业发展的实施意见》；州科技局制定《黔南州中药产业发展行动纲领》。是年，州政府召开全州科技工作会议，与县（市）签订《黔南州各县（市）推动科技进步与创新发展责任书》，转换工作模式，提升科技管理水平。

2009 年 3 月，黔南州举办第十七个科技活动日，表彰优秀科技成果、科技人员。是年 12 月，州政府颁布实施新修订的《黔南州科学技术奖励办法》及其实施细则，自 2010 年 2 月 1 日起施行。修订的主要内容为：将黔南州科学技术奖由原一年一评审一奖励改为两年一评审一奖励，以提高评审成果的质量和水平；每次奖励项目总数由每年不超过 25 项提高到两年奖励不超过 40 项，州科学技术合作奖由每年不超过 5 项提高到两年奖励不超过 10 项；州科技进步奖奖金额度调整为一等奖由 2 万元提高到 4 万元、二等奖由 1 万元提高到 2 万元、三等奖由 0.5 万元提高到 1 万元；简化社会力量在州内设立科学技术奖的相关审批和登记程序，即取消原来的行政审批程序。“十·一五”期间，全州评审奖励的州科技进步奖共 93 项，其中一等奖 8 项、二等奖 26 项、三等奖 59 项，发放奖励经费共 102.5 万元。获奖单位性质分布为：企业获奖 26 项，高校科研获奖 4 项，事业单位获奖 63 项；获奖项目产业分布为：工业 26 项，农业 26 项，医疗卫生 38 项，其他 3 项；后续转化应用 93 项。此后，每两年举行一次“3·18”科技活动日活动，评选表彰全州优秀科技成果、科技人员。

2011 年 3 月第十八个科技活动日，全州评审表彰州科技进步奖 39 项，获黔南州最高科学技术奖 1 人。

2012 年 11 月，州政府授予瓮福（集团）有限责任公司、都匀贵航东方机床有限责任公司、贵州苗姑娘饮品有限责任公司、贵州弘康药业有限公司、贵州永红食品有限公司、贵州成黔冶金辅料有限公司、贵州信邦制药股份有限公司、贵州（长顺）高矿重工有限公司 8 家企业“黔南州企业科技创新奖”。

2013 年 3 月 18 日黔南州第十九个科技活动日，围绕优势资源开发、传统产业技术更新、特色农牧业发展和生态环境保护建设项目，奖励一批经济效益、社会效益和生态效益好、推广前景广阔的科研成果。全州评审表彰州科技进步奖 40 项，其中一等奖 1 项、二等奖 13 项、三等奖 26 项。黔南州中医医院主任医师胡建山带领创新团队突破骨伤科发展的一系列技术瓶颈，多项成果达到国内领先水平，创造显著的经济和社会效益，获黔南州最高科学技术奖。

1991—2014 年黔南州获贵州省科学技术奖项目一览表

表 18－8－1

年度	获奖类别及等级	获奖项目名称	完成单位
2001	科技进步二等奖	龙里县旱坡地农作区农牧业综合开发模式推广	龙里县科技局、贵州省水利科学研究院
	科技进步三等奖	发展优质蛋白玉米，实施粮、猪、沼良性循环	黔南州科学技术局、黔南州农业局
2002	科技进步三等奖	贵州省旱地喷灌模式试验示范	贵州省水利科学研究院、龙里县科技局
2006	科技进步二等奖	湿法磷酸浓缩热交换器除垢技术	贵州宏福实业开发有限总公司、贵州大学
2007	科技进步三等奖	钙镁磷钾肥开发与应用	贵州省瓮安兴农磷化工有限责任公司、瓮安县农业局土肥站、贵州省农业科学院
2008	科技进步三等奖	贵州省县域农业生态资源环境 GIS 设计与应用研究	贵州师范大学中国南方喀斯特研究院、贵州省农业资源区划研究中心、黔南州农业资源区划办公室
2009	科技进步三等奖	湿热结合浓缩净化湿法磷酸生产饲料级磷酸二氢钙	贵州川恒化工有限责任公司
		黔茄 1、2、3 号茄子新品种选育及示范推广	贵州省园艺研究所、罗甸县政府蔬菜开发办公室
		提闻母猪繁殖力关键技术研究与推广	贵州省畜牧技术推广站、黔南州畜禽品种改良站
		BKM2016—S/6M 精密型双向切削数控龙门刨床研制	都匀贵航东方机床有限公司
	科技成果转化一等奖	贵州农村综合经济信息网创建与推广应用	贵州省农村综合经济信息中心、贵阳市气象局、黔西南布依族苗族自治州气象局、遵义市气象局农村综合经济信息分中心、黔东南州农村综合经济信息中心、毕节地区农村综合经济信息中心、六盘水市农村综合信息中心、安顺市农村综合经济信息中心、黔南州农村综合经济信息分中心、铜仁地区农村综合经济信息中心

续表 18－8－1

年度	获奖类别及等级	获奖项目名称	完成单位
2009	科技成果转化二等奖	碳酸盐型磷块岩反浮选新工艺开发及产业化	瓮福（集团）有限责任公司
		农田鼠害综合防治配套技术应用推广	贵州省植保植检站、余庆县植保植检站、兴义市植保植检站、遵义市植保植检站、二都县植保植检站、八盘水市植保植检站、贵阳市植保植检站、铜仁地区植保植检站
		贵州省百万亩优质油菜产业化示范工程	贵州省农业技术推广总站、遵义市农业技术推广站、毕节地区农业技术推广站、铜仁地区农业技术推广站、黔南州农业技术推广站、黔东南州农业技术推广站、安顺市农业技术推广站、贵阳市农业技术推广站
		贵州省粮食（水稻、玉米）综合增产技术成果转化	贵州省农业技术推广总站、遵义市农业技术推广站、铜仁地区农业技术推广站、黔南州农业技术推广站、黔东南州农业技术推广站、毕节地区种子站、黔西南州农业技术推广站、贵阳市农业技术推广站
2010	科技进步一等奖	磷矿伴生碘资源回收新技术产业化	贵州大学、瓮福（集团）有限责任公司
	科技进步三等奖	马铃薯免耕覆盖高效栽培技术研究与应用	贵州省农业技术推广总站、黔东南州农业技术推广站、黔南州农业技术推广站
2011	科技进步二等奖	应用气血理论建立颈性心绞痛动物模型的实验研究	贵阳中医学院、黔南民族师范学院
		黔南山地烤烟质量特征和区域定位研究	黔南州烟草公司、中国科学技术大学
		哮喘片等 26 个贵州中药、民族药质量标准研究	贵州省生物技术研究开发基地、贵州省科晖制药厂、贵州弘康药业有限公司
		高硅钡合金的生产与开发	惠水铁合金厂
		磷酸二铵浆体改性与造粒质量研究	瓮福（集团）有限责任公司、贵州大学
	科技成果转化一等奖	贵州夏秋反季节无公害蔬菜产业化技术集成应用	贵州省园艺研究所、贵州省果树蔬菜工作站、大方县农牧局、黔南州蔬菜果树中心、威宁县果树蔬菜工作站贵阳市蔬菜技术推广站、毕节市果蔬技术推广站、遵义市果蔬工作站、纳雍县科技办公室、黔东南州经作技术推广站

续表 18－8－1

年度	获奖类别及等级	获奖项目名称	完成单位
2012	科技进步二等奖	贵州“早果菜——水稻——秋冬果菜”高效栽培技术研究及应用	贵州省园艺研究所、黔南州蔬菜果树中心、罗甸县政府蔬菜开发办公室、三都县果蔬开发办公室
		中低品位磷矿高效综合利用系列技术及装备的研发与集成应用	瓮福（集团）有限责任公司
	科技进步三等奖	贵州长顺绿壳蛋鸡选育及推广应用	贵州省畜牧技术推广站、贵州大学动物科学学院、黔南州畜禽品种改良站
2013	科技进步二等奖	脉冲动力系统与生物资源控制模型研究	贵州财经大学、贵州省经济系统仿真重点实验室、黔南民族师范学院
	科技成果转化一等奖	贵州超级稻高产高效关键栽培技术集成与应用	贵州省农作物技术推广总站、遵义市农业技术推广站、余庆县农业技术推广站、遵义县农业技术推广站、平塘县农业技术推广站、黔南州农业技术推广站、黔东南州农业技术推广站
	科技成果转化二等奖	贵州漂浮育苗技术推广应用	中国烟草总公司贵州省公司、贵州省烟草科学研究院、贵州省果树蔬菜工作站、贵州省烟草公司遵义市公司、贵州省烟草公司黔南州公司、贵州省烟草公司黔东南州公司、贵州省烟草公司铜仁市公司、贵州省烟草公司黔西南州公司
2014	科技进步二等奖	CH 半水湿法磷酸成套技术开发及产业化	贵州川恒化工有限责任公司
	科技进步三等奖	贵州乡土树种猴樟栽培生理生态与培育技术研究	贵州大学、都匀市林业局
	科技成果转化一等奖	电网抵御低温冰冻灾害关键技术的推广应用	贵州电网公司、贵州电力试验研究院、贵州电网公司输电运行检修分公司、南方电网科学研究院有限责任公司、贵州电网公司电力调度控制中心、都匀供电局、六盘水供电局、毕节供电局
	科技成果转化二等奖	提闻母猪繁殖能力关键技术集成推广与应用	贵州省畜禽遗传资源管理站、黔南州畜禽品种改良站、遵义市畜牧站、凯里市畜牧兽医管理办公室、铜仁市畜牧技术推广站、遵义县畜禽品种改良站
		贵州红薯产业化技术集成与推广	铜仁市农业技术推广站、铜仁市种子管理站、铜仁市植保植检站、铜仁市农业科学研究所、贵州华力农化工程有限公司、思南华丰果蔬专业合作社、遵义市种子管理站、黔南州农业技术推广站
		总计 34 项	

第五节 科技情报

黔南州科技情报工作主要是由全州各级科技情报所（室）开展科技文献资料的收集、整理、编目和为社会科技情报检索提供利用服务，以及通过开展情报调研工作为领导机关提供决策服务。

1991 年，州、县（市）科技情报所（室）在完成经常性业务的同时，配合开展科技赶场 9 次，出售或赠阅科技图书资料近 1000 册，引进实物情报——烤烟壮苗素、EF 生长促进剂、喷施宝等在各地试验示范推广；拍摄的《水稻半旱式栽培》科教录像片在全州 12 个县（市）放映 63 场。是年，计算机开发应用与省科技情报所联机并网，可以检索全国有关科技情报，并引进和自建数据库 5 个。由于科技情报工作成绩突出，1992 年州科技情报所受到国家科委的表彰，并在"全国科技系统喷施宝推广工作交流会"上作交流发言。1993—1998 年，州科技情报研究所先后投入专款 10 万元，配置中国科技期刊数据库、中国科技经济新闻数据库、全国科技成果交易数据库及州科技情报研究所的"邮局发行现刊、内部交换科技期刊管理和科技文献摘要数据库"，适应社会对技术、经济和市场信息的需求和对科技文献检索、课题立项查新及成果鉴定的需要。1995 年，州科技情报所对历年的报纸杂志、文献资料进行全面清理和归类，对此前订购的报刊图书随收随摘录随输入计算机、建卡并开展书刊借阅等日常工作。同时，为用户检索各种科技信息及技术资料 3000 多条（件），为工农业生产和科技发展提供声像服务 5 次，为都匀市基长乡拍摄《五倍子生产技术》专题片，向 5 个县（市）出租（借）录像带 60 盒，把科技赶场延伸到全州 12 个县（市）的一批乡场，开展科技咨询服务 1800 多人（次），编辑出版《黔南科技》1 期并与全国 300 家情报单位交流（《黔南科技》创刊于 1972 年），编印《科技情报》3 期发给州内用户进行科技推广应用，每年还不定期编印《科技工作情况》《科技成果通报》等情报资料。1998 年，州科技局为各单位查询项目 25 项、技术资料 36 条。1999 年，州科技局建立全州科技工作信息网，州科技情报所与省内外 300 多家单位进行科技情报资料交换，接待资料检索、查询、咨询、查新用户 130 人（次），共检中 900 余条，内容含工业、农业、医疗、科研等方面的科技成果、科研论文等。2000 年，州科技局完成了州政府安排的"州地理信息系统"项目申请书的调研、编写工作；接待科技人员查询科技成果信息 250 人（次）。

2003 年，州科技情报研究所对全州工农业、医疗卫生、社会发展、科研机构等单位和个人进行项目申报、成果评审的查新和检索近 100 项。2005 年，完成黔南资源信息网站和黔南州科技信息网站的网管、日常维护、信息发布、资料检索查询等工作；完成网站接入方式由一线通 ISDN 更换为 ADSL 宽带设备改造和网速升级；完成瓮安县科技局、瓮安县兴农磷化工有限责任公司委托的两个科技项目的查新和检索工作。"十五"期间，建成并正式开通省科技厅计算机中心列题的"贵州区域资源信息网——黔南网站"，同时加入火星

863 网站中国技术联播。建成并正式开通黔南州科技局局域网，实现全局网络资源共享。

2010 年 11 月，州科技情报所与州地震办公室分设，情报所编制 3 人，实际在岗 1 人。

2006—2012 年，对全州工农业、医疗卫生、社会发展、科研机构等单位和个人进行了项目申报、成果评审的查新和检索 123 项。

2013—2014 年，州科技情报所建贵州省科技文献共享服务平台黔南网络体系——黔南分中心，黔南分中心在各县（市）及部分县（市）园区建立服务站 20 个，并与服务站及部分企业签订使用平台资源协议。至 2014 年末，州内大部分县（市）无专门科技情报工作机构，科技情报工作由县（市）科技局负责。

第六节 科技经费

1991 年以后，黔南州逐步建立以财政投入为引导，金融科技专项贷款为支撑，企业自筹为基础，社会扶持为辅助的多渠道科技投入体系。地方财政科技拨款主要包括科技事业费、科技“三项”费（新产品试制费、中间试验费、重大科研项目补助费）、科技基建费。银行科技开发贷款主要是星火项目贷款、火炬项目贷款。1991 年，州级拨科学事业费 113 万元、科技“三项”经费 72 万元，科技总支出 199 万元。“八五”期间，全州投入科技“三项”费累计 532.22 万元、科技专项贷款 2538 万元、自筹 1510 万元。

2002 年 2 月，州政府办批转实施《黔南州科技经费投入运行管理方案》，该方案规范科技“三项”经费来源、安排和运行管理，同时首次设立黔南州科技型中小企业技术创新基金。根据《黔南州科技进步条例》的有关要求，以州本级财政一般预算支出的 1% 计算州级统筹的科技“三项”经费。州科技“三项”经费主要用于安排全州的科技计划，具体包括两个方面：年度科技计划经费占总金额的 30%；重大科技项目招标投标经费占总金额的 70%。2003 年，采取专家论证和政府决策相结合方式，有重点地安排创新性较强，技术含量高，产业化发展前景好，对经济发展贡献较大的科技项目 44 项，下达科技“三项”经费 130 万元。是年，获省科技厅项目 23 项，经费 193.5 万元。

2005 年，制定《黔南州应用技术研究与开发资金管理暂行办法》。2006 年，制定《黔南州知识产权专项资金使用管理办法》《黔南州科技特派员专项资金管理暂行办法》。2009 年制定《黔南州中药材规范化种植与基地建设专项资金管理使用办法》，修订《黔南州知识产权专项资金使用管理办法》。

2013 年，全州财政拨科学事业经费 802 万元，技术研究与开发经费 9376 万元；全州科学技术总支出 10178 万元。2014 年，州、县（市）两级共有科技管理机构 13 个，地方财政科学技术拨款 27453 万元。其中，科学技术管理事务 1686 万元，基础研究 169 万元，应用研究 243 万元，技术研究与开发 15556 万元，科技条件与服务 2628 万元，社会科学 50 万元，科学技术普及 3002 万元，其他科学技术支出 4119 万。州农业机械研究所、州农业科学研究所、州林业科学研究所 3 家科研所除州农业科学研究所为州级财政差额拨款外，其余两个所均为州级财政全额拨款。3 所全年经费总收入 1539.6 万元，其中财政拨款 582.8 万元（含科学事业费、科技专项经费），总支出 1623.6 万元。平塘县农业科学研究所经费总收入 56.4 万元，全年总支出 56.4 万元。是年，应用技术研究与开发资金 300 万元。

第七节　知识产权

一、知识产权管理

20 世纪 90 年代，专科技术管理属州科技部门的主要职能之一，由内设的技术市场管理办公室兼管，州专利事务所开展专利代理工作。2001 年 12 月州科技局（知识产权局）成立后，知识产权工作职能由技术市场管理办公室履行。2003 年，州编委批准州科技局（知识产权局）在综合管理科加挂知识产权科牌子，并与技术市场管理办公室合署办公。2007 年，州科技局（知识产权局）重点抓好县（市）知识产权管理机构建设，福泉市、都匀市、三都县科技局相继挂牌成立知识产权局。州科技局（知识产权局）设立品牌建强创优办公室。是年，州政府建立州知识产权办公会议制度，负责领导和协调全州知识产权有关工作，研究确定全州知识产权管理的重大政策与对策等。2010 年 11 月，黔南州科学技术知识产权局，内设机构增设知识产权管理协调科及品牌建强创优办公室，履行协调、指导、开展全州知识产权工作职能。同时，设立黔南州科学技术和知识产权综合执法支队。

2007 年，《黔南州知识产权专项资金管理规定》《黔南州知识产权资助申请程序》《黔南州专利实施及产业化项目申报、立项和验收程序》，正式启动知识产权专项资金并明确专项资金使用范围及资助方式和途径，同时对授权后前三年的专利维持费分别给予 70%、60%、50% 补助。2008 年 12 月，州政府出台《黔南州重大经济活动知识产权特别审查机制》，成立州知识产权特别审查机制专门委员会，负责组织全州知识产权特别审查工作，专门委员会的日常工作由州知识产权局负责。

2009 年，州对拥有自主知识产权的科技计划立项项目给予倾斜，次年在科技计划项目立项上对拥有自主知识产权的项目兑现倾斜政策，并将项目承担单位在实施、鉴定验收、奖励、成果管理及转换环节中是否建立相应的知识产权管理制度作为重要评价指标，促进创新项目管理与知识产权的有机结合。州政府办公室印发文件明确运用知识产权制度促进全州旅游产业发展的工作目标和重点领域等。

2009 年修订《黔南州知识产权专项资金管理规定》，对授权的发明专利、实用新型专利、外观设计专利的权利人给予相应资助。2010 年修订《黔南州科学技术奖励办法》中，明确“州最高科学技术奖”应具有自主知识产权，“科技合作奖”应具备拥有专利、品牌等条件。

2011 年 6 月，州科技产权局出台专利申请工作促进方案，实施企业专利申请“灭零行动”。11 月，制定《黔南州知识产权事业“十二五”规划》，经州政府知识产权办公室议讨论通过印发实施。

2014 年，州科技产权局制定《黔南州实施知识产权战略 2014 年度推进计划》《2014 年黔南州实施知识产权战略考核细则》，实行知识产权考核制度。是年，实施《黔南州专利资助办法》，瓮安、福泉、三都、荔波 4 县（市）也出台专利资金奖励办法。

二、知识产权宣传

（一）专题宣传

“十五”期间，全州每年开展“4・26”知识产权宣传日、入世纪念日、消费者权益保护日、“3・18”科技活动日等活动，州政府召开知识产权协调会，州知识产权局、工商局、文化局、质监局、公安局、电视台、报社等单位联合开展知识产权专题宣传活动，共发放宣传资料 40 多万份。“十一五”期间，利用“4・26”知识产权宣传日、法制宣传日、“3・18”科技活动日，向社会开展规模较大的知识产权宣传活动 10 多次，发放宣传资料 22 万份，接受咨询 6000 多人（次）。2009 年，州知识产权局牵头组织工商、文化、质检等部门，在“3・15”消费者权益保护日、“3・18”科技活动日、“4・26”知识产权宣传日联合开展形式多样的宣传咨询活动，展示挂图、展板，展示专利产品、商品、音像制品及假冒伪劣药品，发放《知识产权基础知识》《专利申报常识》《商标法》《地理标志》等宣传资料 3 万份，接受群众咨询 1000 多人（次），开展媒体宣传报道 8 次；各县（市）知识产权职能部门相应在城镇开展《专利法》《商标法》等宣传咨询活动；州和各县（市）知识产权职能部门还开展了知识产权进企业、进校园宣传活动。

2011 年，全州各有关知识产权职能部门利用“4・26”知识产权日和科技、文化、卫生、法律“四下乡”等平台，集中开展知识产权专题宣传活动，联合开展大型宣传活动 4 次，部门宣传活动 32 次，发放宣传资料 10 万册，制作宣传展板 200 多块，宣传企业专利产品 2 次，接受咨询 412 人（次）。2012 年，州科技产权局以“培育知识产权文化，促进社会创新发展”为主题，开展“3・15”消费者权益保护日、“4・26”知识产权宣传周、9 月“质量月”等专题宣传活动。4 月 22 日，由州科技产权局牵头，州（市）工商、文化、质监、公安等 26 个单位，以及黔南科技塑业、长江通讯实业、绿卡能科技公司等拥有自主知识产权的部分企业，在都匀市人民广场开展知识产权宣传活动，以向市民发放宣传资料、咨询服务、企业专利产品展示等方式，宣传专利、商标、版权等知识产权法律和政策，共发放宣传资料 1 万余份，接受咨询 200 余人。宣传周期间，各部门还到企业开展知识产权宣传和培训活动。各县（市）知识产权职能部门按照州的要求开展宣传。

（二）日常宣传

州知识产权部门通过电视台、报刊、网络等新闻媒体开展知识产权的日常宣传报道。2002 年，州知识产权局扶持指导民营科技企业运用专利保护和促进企业发展，其中典型的 4 个企业被中央电视台 12 频道专题报道。2005 年，在宏福公司开展的“保护知识产权——我们在行动”大型联合采访报道活动中，对宏福公司运用知识产权制度促进企业发展的事例进行全面报道。2011 年，州知识产权部门在省、州媒体进行宣传报道 14 次。2012 年，全州知识产权职能部门利用新闻媒体等做好“实施知识产权战略”宣传，黔南电视台的

《黔南新闻联播》《都市报道》《12 在线》等栏目，成立“打假”报道组，全年播出相关报道 24 条；州知识产权部门在黔南科技信息网站发布知识产权新闻 30 多条，其中 21 条被省知识产权网站采用。

2013 年 4 月，全州 12 个县（市）、州直有关部门以“实施知识产权战略，支撑创新驱动发展”为主题，开展了多形式的知识产权宣传周活动，发放宣传资料 8 万份，咨询 3000 余人。

2014 年，在“黔南州 2014 年‘德润黔南·文化科技卫生三下乡’集中示范活动”中，州科技产权局开展科普和知识产权宣传，在三都县开展知识产权日宣传，在瓮安县开展科技活动周宣传，在黔南电视台展播 2014 年全国优秀科普影片。

三、知识产权业务培训

2001 年，州科技局（知识产权局）举办专利信息运用培训班，各县（市）科技局分管领导和专业人员 47 人参加培训；分批组织州、县科技局（知识产权局）领导及工作人员参加省知识产权执法工作和行政复议等业务培训，州科技（知识产权）系统有 10 人通过培训取得知识产权行政执法资格，2 人获得行政复议资格。2003 年，举办知识产权培训班，参训人员有企业管理人员 47 人、县（市）科技局工作人员 10 人。2004 年，组织 13 家企业参加省知识产权局在黔南州举办的军工系统知识产权培训。2005 年，都匀市部分企业参加国防工办举办的培训，参训 34 人。是年，开展知识产权培训进校园活动，在都匀市举办中小学生科技创新活动，向参与活动的学校发放《专利文献图解》《知识产权 ABC》等宣传册及挂图，培训中小学生 2000 余名。

2007 年、2008 年，州科技局（知识产权局）对龙里县、惠水县工业园区企业进行知识产权知识培训 2 次，参加培训 200 余人；利用讲座、以会代训等方式到三都县、福泉市、贵州川恒公司等开展知识产权座谈和培训。2008 年，举办 4 期大型专项培训班，参训人员 530 人；承办全省农业知识产权（地理标志）培训班，全省 150 余人参加培训，在都匀的州四家班子领导参加听课。2009 年，全州知识产权部门参加省级举办的业务培训和外出学习培训等 30 次，参训 200 多人（次）；举办各类培训 10 次。州科技局（知识产权局）在都匀承办第三批全省企事业知识产权试点示范单位专题培训班，全省 65 人参加培训。2010 年，州科技产权局在州委办举办“知识产权与经济发展”专题讲座，参加人员共 50 人；到黔南师院中文系作“知识产权基础知识”专题讲座，参加的师生 200 人；应邀到“全州农业系统知识更新培训会”作知识产权和科技成果申报专题讲座，听课 50 人。荔波县举办“旅游产业知识产权保护”专题讲座，参加人员 120 人；三都县政府举办“党政领导干部知识产权专题培训会”，参会人员 80 人；福泉市召开“农产品商标注册暨使用”座谈会，参训人员 60 人；州委组织部、州人社局、黔南师院、都匀市委组织部、平塘县委组织部分别对高级技术人员举办“知识产权司法保护制度”专题培训会 4 次，共培训人员 550 人。是年，州科技产权局获全国知识产权系统“培训工作先进集体”称号。

2011 年，独山县、龙里县、黔南州委党校分别对副科级以上干部举办“实施知识产权战略促进县域经济发展”的专题培训，参训人员共 470 人。是年，州人社部门将知识产权法律知识列入专业技术人员继续教育培训，共培训专业技术人员20000人。2012年，贵定县委组织部举办知识产权专题讲座，惠水县政府举办“知识产权与经济发展”专题讲座，惠水县长田工业园区管委会举办“知识产权实务培训班”，福泉天福公司举办“企业发展与知识产权”“专利信息与专利申请”讲座，州委党校举办“知识产权专题讲座”，州知识产权局在独山县承办全省专利执法培训暨经验交流会。是年，州知识产权部门还实施知识产权人才梯次培训计划，从工业园区、县域、大专院校、党校、政府机关五个层面开展以部门领导和管理人员为主要对象的知识产权培训。

2013年，12个县（市）科技局共选派72人参加省知识产权局举办的知识产权业务培训班和专利行政执法培训班学习。州科技产权局在12个县（市）分别举办副科级以上乡（镇）级机关领导干部、企业负责人知识产权培训班12期，共培训1500人；在州内3所高等院校举办知识产权培训班3期，共培训700人。

2014年，按照州政府知识产权办公会议制度办公室《关于开展2014年全省知识产权宣传周活动的通知》，利用赶场天搭台宣传，开展知识产权宣传进城镇活动。瓮安县、罗甸县、福泉市等县（市）科技局等开展知识产权培训进党政机关工作；长顺县科技局为34家企业开展知识产权专题培训；州知识产权局和都匀市科技局为贵州省内贸学校和20余家民营企业举办知识产权专题讲座，参加培训近200人。

四、知识产权申报

1991年，全州专利申请代理申办共9项，其中审查合格6项，授权2项。1992年，承办专利代理4件。“十五”期间，全州专利申请209项，授权121件。

“十一五”初期，通过对全州地方企业的专利实施情况进行调查，有23家企业通过自主创新取得38项专利，专利技术产值60143万元，实现销售额59354万元。但企业知识产权管理水平还不能适应企业的发展要求，仅有1个企业建立知识产权管理机构，引导企业成为创新主体并成为全州“十一五”期间知识产权工作的重点。

2011年，州科技产权局制定《专利申请工作促进方案》，推动企业专利申请“灭零行动”，把无专利企业纳入工作重点目标，对有潜力企业进行指导和扶持，振华久达机械厂、长江通讯实业有限公司、龙里邓氏辣子鸡等一批企业实现专利申请“零”的突破。是年，全州有8家企业列入省、州知识产权推进工程项目。

2012年，州科技产权局向各县（市）知识产权部门下达专利申请和授权目标任务，采取知识产权部门指导企业申请专利，中介机构入驻企业帮助申请专利，专利申请、专利授权、发明专利申请等指标超额完成省下达的目标任务。2013年，黔南民族师范学院申请专利5件，实现专利申请“零”的突破。

2014年，全州发明专利申请量超额完成省下达175件的任务，比上年127件增长200%，增幅排全省第二位；实用新型专利申请量为462件，外观设计专利申请量为200件。全州有效发明专利总量102件，每万人口发明专利拥有量为0.32件，全省排名第四位。60家企业实现专利申请“零”突破。

1997—2014 年全州知识产权申报情况统计表

表 18－8－2　　　　单位：件

年度	专利申请数				专利授权数			
	发明专利	实用新型专利	外观设计专利	合计	发明专利	实用新型专利	外观设计专利	合计
1997				29				
1998				13				
1999				26				
2000				30				
2001				28				
2002				28				
2003				41				
2004				38				
2005	20	46	8	74	7	22	8	37
2006	15	38	26	79	6	31	3	40
2007	54	90	86	230	4	28	15	47
2008	17	47	30	94	6	66	16	88
2009	32	61	27	120	9	33	32	74
2010	32	51	26	109	12	50	21	83
2011	101	96	194	391	5	51	43	99
2012	90	167	302	559	20	115	171	306
2013	128			1124				341
2014	382			1044		462	200	662

五、知识产权运用

（一）自主知识产权

2002 年，都匀缘叶绿色食品公司自主开发的姜汁茶申请发明专利。是年，该企业年产值 1000 多万元，缴税 40 万元。2004 年，针对如何加快全州自主知识产权的产生和科技成果的转化问题，州科技（知识产权）局到企业、农村调查，向州政府提交《关于创建技术创新体系加快经济发展步伐的决定（草案）》。

2006—2010 年，州科技计划项目申报指南明确：优先支持进行自主创新、获取知识产权保护的科技项目；重点支持引进符合市场需求，拥有自主知识产权的科技成果的转移与扩散。三都特色生物科技有限公司以发明专利“一种活性甜茶糖及其制造方法”为生产核心，2007—2009 年实现销售收入 1485.6 万元，创税 102.5 万元，实现净利润 134.2 万元，并在中试生产中通过创新申请发明专利 2 项，完成专利技术转化中试过程的各项指标。2008—2010 年，全州实施专利转化项目 8 项，其中，省级 2 项、州级 6 项。如贵州绿卡能科技实业有限公司的“整合式工程型太阳能空气源全自动热水供水系统”项目实现了太阳能、空气源的互补利用，达到全自动热水供应，从 2008 年试产至 2009 年投放市场，已销售200台，实现产值120万元，缴税12万元，在项目实施中企业又新申请专利2项。宏洋橡胶公司“汽车悬架用橡胶空气弹簧”项目于2010年1—8月完成产品销售收入60万元，在项目实施中企业又新申请专利3项。2010年，贵州川恒化工公司在承担省级专利实施项目及试点企业中，实施专利4项，新申请发明专利10项。

2011年，以都匀市作为专利转化实施率测算样本点，对贵州绿卡能科技实业有限公司、都匀贵航东方机床有限公司、贵州山之韵绿色食品公司、都匀高寨水库茶场有限公司、贵州都云毛尖茶叶有限公司5家企业进行样本测算，获得发明专利1项、实用新型专利5项、外观设计专利8项，已全部投入生产和使用，授权专利转化实施率达到100%。是年，州科技产权局以辖区近三年（2009—2011年）授权专利较多的企业为样本，加强授权专利转化实施工作。

2009—2011年，贵州金象实业有限公司授权专利9件，运用7件；独山盐酸菜有限公司授权专利8件，运用8件；贵定锦江娃娃鱼开发有限公司授权专利9件，运用9件；贵州长江通讯实业有限公司授权专利6件，运用6件；贵州瓮福蓝天氟化工股份有限公司授权专利4件，运用4件。5家企业专利运用实施率达94%。

2012年，以辖区近三年（2010—2012年）授权专利较多的企业，包括贵州天福化工有限公司、都云毛尖茶有限公司、贵州长江通讯实业有限公司、贵州绿卡能科技实业有限公司、黔南科技塑业有限公司5家企业为测算样本，贵州天福化工有限公司授权专利15件，运用15件；都云毛尖茶有限公司授权专利26件，运用26件；贵州长江通讯实业有限公司专利授权9件，运用8件；贵州绿卡能科技实业有限公司专利授权14件，运用14件；黔南科技塑业有限公司授权专利7件，运用7件。5家企业近三年专利转化率达到98%。

（二）地理标志运用

2010年，都匀毛尖集团以“都匀毛尖”向国家工商总局申请注册的地理标志投入使用。是年，省工商局认定“都匀毛尖”为贵州省第三届十佳著名商标；黔南州制定《都匀毛尖茶综合标准体系》，茶园种植面积由2008年的18.1万亩扩大到2010年的47.97万亩。贵定云雾贡茶地理标志保护申请单位是贵定县茶叶协会，该协会2010年有27家加工企业和28家专卖店，涉及茶农6万人，茶园面积7万亩。为推进贵定云雾贡茶地理标志产业化，按照《贵定云雾贡茶共用品牌使用准入制度》的规定，贵定县与苗岭主峰云雾山脉相连的龙里、惠水、平塘3个县联合，共同打造以云雾山脉为核心的贵定云雾贡茶品牌区域战略合作，拟定贵定云雾贡茶质量管理规定和地理标志管理办法。

2011年1月，贵定县茶办启动“贵定云雾贡茶”地理标志标识使用工作，有9家企业及经营户使用地理标志标识，实行统一设计、统一包装、统一建立“贵定云雾贡茶”生产加工的“三统一”标准体系，并对相关企业及茶农进行地理标志管理和使用培训。是年，“都匀毛尖茶”列入州级地理标志保护产品产业化项目，“贵定云雾贡茶”列入省级地理标志保护产品产业化项目。8月，国家质检总局对黔南州都匀毛尖茶有限责任公司等第一批10家企业予以注册登记，核准其使用“都匀毛尖茶”地理标志产品保护专用标志；州茶办出资定制100万枚专用标志防伪标签免费提供给企业使用。

2012 年，全州有 14 家“都匀毛尖茶”生产企业获准使用都匀毛尖茶地理标志产品保护专用标志，州茶办为企业免费发放 150 万枚专用标识袋，质监部门对 1 家违规使用地理标志保护产品防伪标签的企业进行处罚。是年，贵定县制定“贵定云雾贡茶”地理标志授权经营一系列规章制度，执行“统一印标、规范粘贴、建立台账”的规定，保证“贵定云雾贡茶”产业发展有规可循，使用“贵定云雾贡茶”地理标志的企业由 2 家发展到 7 家，发放地理标志 30.6 万枚。经过两年的地理标志管理，全州茶叶企业数量从 2010 年的 97 家发展到 2012 年的 143 家，州级茶叶龙头企业发展到 21 家，省级龙头企业发展到 8 家。全州茶叶总产量 5213.59 吨，产值 9.14 亿元。

2014 年，州知识产权、质监、工商部门开展“贵定益肝草”“三都马尾绣”地理标志新增申报工作，组织“龙里刺梨”地理标志申报并列入省知识产权地理标志产品产业化推进工程。

（三）知识产权试点示范与推进工程

1. 发明专利申报试点。2003 年，全州启动专利试点企业工作，都匀缘叶绿色食品公司被列为州专利试点企业，该公司两年共开发 10 种新产品，80% 的新产品已批量上市，获专利 4 项，公司年产值 1000 万元。

2006 年，全省启动企业知识产权试点工作，黔南州推荐的瑞康食品有限公司（原都匀缘叶绿色食品公司）被省知识产权局列入知识产权试点单位，该企业成立知识产权部，实施发明专利 1 件、商标 2 件，累计实现产值 4000 万元、利税 100 万元。2007 年，贵州川恒化工公司被省知识产权局列为省第二批知识产权试点企业，企业上缴地方税 2000 万元，同时获贵州省优秀专利奖，获奖金 3 万元。2008 年，贵州川恒化工公司被列为州级试点单位，获支持经费 2 万元，该公司被认定为省高新技术企业。通过两年的试点，建立知识产权制度，新申请发明专利 10 项，是试点前的 5 倍，实施专利 4 件、商标 2 件，实现销售收入 5.54 亿元，是试点前 2006 年 2.3 亿元的 2.4 倍。

2009 年，全州新增贵航都匀东方机床有限公司、三都健康茶有限公司、惠水永红食品有限公司 3 家省级知识产权工作试点企业；新增贵州金象实业总公司为州级知识产权工作试点企业。贵州金象实业总公司的各个系列产品均有自己的注册专利和商标，“苗姑娘”商标和“纯露”商标于 2006 年 9 月被评为贵州省著名商标。到 2009 年 8 月，贵州金象实业总公司已有专利 13 个、商标 23 个、技术秘密 1 项。都匀东方机床有限公司首次实现“零”专利申请突破，申请专利 2 件，授权 1 件；三都健康茶有限公司在原有 2 件专利基础上，新申请发明专利 2 件；惠水永红食品有限公司新申请发明专利 2 件，新申请商标 3 件；贵州金象实业总公司新申请专利 4 件，新注册商标 12 件，版权登记 1 件。2010 年，州科技产权局引导企业实施“中小企业知识产权战略推进工程”，贵州川恒化工公司、贵州绿卡能科技实业有限公司列入首批省中小企业知识产权战略推进工程实施单位。

2011 年，全州培育州级试点企业 4 家；列入省级企业知识产权战略推进工程 4 家。至年底，全州试点企业专利申请占同期全州职务申请量的 80%。2012 年，推荐 22 家企业申报不同级别的知识产权试点项目，有 17 家企业列入知识产权工作试点。其中，州级知识产权试点企业6家，省级知识产权试点企业4家，省级中小企业知识产权战略推进工程5家，省级知识产权优势企业培育工程2家。贵州珏石屋矿业投资开发有限公司、贵州绿卡能科技实业有限公司列入省级专利实施及产业化项目。

2014年，州内有4家企业参加2014年国家高新技术企业申报，其中贵州润生制药有限公司、贵州良济药业有限公司、贵州盛峰药用包装有限公司3家企业获得国家级高新技术企业认定，至此全州高新技术企业达13家。瓮福（集团）有限责任公司被确定为贵州省首批创新型领军企业，获得省科技厅1000万元无偿资助经费。州知识产权局对列为省级中小企业知识产权战略推进工程的8家企业进行项目实施中期检查；组织4家企业列入省级中小企业知识产权战略推进工程，获项目资金20万元。在继续推进6家优势企业培育工作的同时，推荐金象实业总公司、良济药业有限公司、金正大生态工程有限公司3家企业列入省优势企业培育工程，获30万元项目资金支持。

2. 省级产业园区知识产权试点。2012年5月，省知识产权局与惠水县政府签订《共建知识产权试点园区战略合作协议》，成为全省第一个达成省、县知识产权试点园区战略框架合作协议的园区，省知识产权局把惠水长田工业园区列为全省实施知识产权战略的重点区域，对黔南州推进工业园区知识产权工作和加快企业发展具有重要指导作用。共建试点园区第一年，惠水长田工业园区拥有知识产权的企业从原来的16家提高到43家。此外，贵州昌明经济开发区列为省级知识产权试点园区。

3. 县域经济知识产权试点。2007年，省、州知识产权局将三都县列为省、州共建的县域经济知识产权试点县，是年三都县申请专利31件，其中发明专利6件、外观设计专利25件。2008年，三都县被列为国家、省、州共建的县域经济知识产权试点县。到2009年，三都县三都县建立知识产权办公会议制度，成立县知识产权战略制定工作领导小组和地理标志产品保护工作领导小组；县政府先后出台《关于大力推进知识产权制度促进全县经济发展的意见》《三都县知识产权保护与发展规划》。县政府每年安排10万元知识产权专项经费，对“水书”“九阡酒”等承载民族文化价值的名称和景区景点名称在商标相关类别中进行申请注册。在2008年之前，三都县有22家企业注册商标35件，申请专利17件，专利授权12件，著作权登记1件。在列入试点县后的2009—2011年，全县有20家企业申请注册商标37件，比试点前历年累计35件增长6%；专利申请50件，比试点前历年累计17件增长194%，专利授权14件，比试点前历年累计12件增长16%；马尾绣作品著作权登记23件。三都县作为国家第一批3个传统知识产权保护试点县之一、贵州省首批10个县域经济知识产权试点县之一和省州共建知识产权试点县，2011年8月，三都县域经济知识产权试点县工作通过省知识产权局验收，被评为首批全省经济知识产权试点工作先进集体。

2011年，都匀市被列入省第二批县域经济知识产权试点县。2012年，州知识产权局对都匀市知识产权试点工作进行督察，组织15家企业负责人召开企业知识产权座谈会，指导帮助企业建立知识产权规章制度。同时，指导福泉市申报2012年省第三批县域经济知识产权试点县（市）。

2012 年，州知识产权局创新性开展高校知识产权推进工程，先后到黔南民族师范学院、黔南民族职业技术学院举办两期高校知识产权工作培训，共有 250 余名教职工参加培训。全州高校知识产权推进工程以黔南职院作为试点，从知识产权管理及奖励制度建立、专利申请、知识产权教学等方面开展知识产权工作。

2014 年，州知识产权局分别指导都匀市科技局、福泉市科技局完成省知识产权局县域知识产权试点工作验收。瓮安县被省知识产权局列入第二批县域经济知识产权战略推进工程。

六、知识产权保护

州知识产权局将知识产权宣传与执法检查工作相结合、专项执法检查与日常执法检查相结合，利用每年的“4·26”知识产权宣传日、消费者权益保护日、“3·18”科技活动日等活动，与其他单位开展联合执法行动。2001—2005 年共开展市场执法检查 21 次，其中联合执法检查 6 次，出动 432 人（次）；部门独立检查 15 次，抽查食品、药品等产品 2326 个，立案 4 件，结案 4 件，调解 1 件。特别是 2004 年龙里县磷肥厂尾气回收侵权案纠纷，通过现场调解，保护专利权人的利益，促成双方达成技术指导协议，使专利技术得到推广。

2006—2007 年，加强商业流通领域专利标识商品管理，重点检查食品、药品、日用生活品的假冒他人专利和冒充专利的“两冒”违法行为。其中，2006 年开展知识产权市场执法检查 14 次，立案 11 件，结案 11 件；2007 年开展知识产权市场执法检查 11 次，抽查商品 2000 多件，现场整改 5 件。2008—2009 年，针对超市、药店开展“雷雨”“天网”知识产权专项行动。2008 年检查超市、药店专利 11 次，抽查商品 2000 余件，现场整改 3 件；向省知识产权局申请立案处理专利纠纷案件 2 件；协助省知识产权局处理专利纠纷案件 1 件。2009 年，针对超市、药店开展市场执法检查 10 次，抽查商品 1216 件，现场整改 8 件。

2010 年，按照国家、省“双打”（打击侵犯知识产权、打击制售假冒伪劣商品）部署，组织州直 16 个部门在都匀市步行街开展“双打”执法宣传。在专利保护方面，采取专项行动和日常检查相结合方式，对超市、药店等开展专利产品市场执法检查，共抽查商品 1532 件，登记 95 件，申请专利纠纷案件立案 1 件。

2011 年，在专项执法检查中，对药房、超市等商业经营场所进行专利行政执法市场检查 45 次，立案查处涉嫌假冒专利商品 11 件，结案 11 件。在日常执法检查中，将全州 12 个县（市）分成三个片区，采取现场执法检查带培训的方式开展专利产品市场执法检查，查处涉嫌假冒专利商品 9 件。

2012 年，开展送法进商场“护航”行动，配合省知识产权局在都匀市举办全省知识产权普法行——送法进商场活动启动仪式暨黔南州商贸企业知识产权法规培训会。全州专利执法维权“护航”行动在都匀市、福泉市、独山县、贵定县和惠水县相继开展，省、州、县三级知识产权执法人员联合进行“护航”专项行动 3 次。知识产权部门日常检查超市、药店 100 余家（次），检查各类商品 2000 余件，立案 30 件，结案 9 件，调解专利纠纷 1 件。

2014年，州科技产权局制定《黔南州知识产权执法维权“护航”专项行动工作计划》《黔南州电子商务领域专利执法维权专项行动工作方案》，与全州12个县（市）科技局签订《专利行政执法委托书》，采取市场检查与现场办案的模式，对各县（市）专利行政执法人员进行现场培训10余次；与各县（市）利用“4·26”“5·26”“2013年第七届中国专利周”和各类展会，开展行政执法维权检查，以县（市）区域医药超市、农资等专业市场为重点，以企业和商家为载体，开展“送法进市场”活动15次；检查商业场所40余家，检查各类商品15000余件，查处涉嫌假冒专利案件202件，查处专利案件数量名列全省第一。

第十九篇

医疗　卫生

第一章 医 疗

1991年以后，全州医疗事业经过20多年的改革发展，各级公立医疗机构规模不断扩大，病床、医疗设备不断增加，医疗技术队伍不断壮大，医院等级提升，整体诊疗水平得到提高，就医环境得到改善。同时，民营医疗机构也不断增加。至2014年，州内有省属医疗机构1个，州属医疗机构3个，县（市）医疗机构23个，乡（镇）卫生院230个，村卫生室2045个，民营医疗机构55个，形成以公立医疗机构为主体，民营医疗机构为补充，州、县（市）、乡（镇）、村四级综合医疗服务网络，城乡人民群众能就近获得基本医疗服务。

第一节 医疗机构

一、公办医疗机构

（一）州属医疗机构

州属医疗机构有黔南州人民医院（以下简称州医院）、黔南州中医院（以下简称州中医院）、黔南州精神病医院。1993年8月，建黔南州口腔疾病防治所，是全省首家地（州、市）级口腔病专科防治机构，编制人员30人，实有职工25人。

州医院建于1952年，经过38年的发展，至1991年，全院有病床500张，医务人员714人。1994年，经省卫生厅评审，定为二级甲等医院。1995年，获“爱婴医院”称号。1996年11月，接管原都匀市毛麻纺织印染总厂职工医院，开设小围寨分院。2000年6月，黔南州口腔病防治所并入州医院口腔科。2006年10月，成立黔南州紧急救援中心，由州医院代建代管，编制30人。2008年，州医院被省卫生厅评为三级合格医院。2010年，州政府批复床位编制800张，实际开放床位800张。2011年12月，经省卫生厅三级综合医院评审专家组评审，省医院评审委员会审定后，省卫生厅于2012年3月批复，州医院评为国家三级甲等综合医院。至2014年12月，医院占地面积24266平方米，业务用房面积76614平方米；实际开放床位1000张；共有职工1906人。州医院已发展成为黔南州集医疗、教学、科研和预防为一体的三级甲等综合医院，是黔南民族医学高等专科学校附属医院、贵阳医学院教学医院、遵义医学院教学医院、卫生部国际紧急救援中心网络医院、爱婴医院、全国执业医师实践技能考试基地、全国首批住院医师规范化临床培训基地医院、黔南州红十字急救中心、黔南州残疾人康复医疗中心。医院设中共基层委员会，行政级别为正县

（处）级。

州中医院建于1960年10月，是全州第一所中医医院。1992年，州中医院获国家中医药管理局批准为全国百家示范中医医院建设单位。1995年4月6日，经省卫生厅、省中医药管理局组织评审达标，成为国家二级甲等中医医院。2012年7月，通过国家中医药管理局三级甲等中医医院评审，成为省内市（州）级首家“三甲”中医院。至2014年，医院设24个临床科室，床位编制800张，实际开放1000张。全院有职工955人。其中，在编440人、聘用545人；正高职称10人，副高职称51人；硕士研究生24人；中医类别执业医师128人，占医师总数64%。州中医院已发展成为广州中医药大学教学医院、贵阳中医学院第三附属医院和骨伤系硕士研究生培训基地、贵州省全科医生转岗培训基地、中医住院医师规范化培训基地。

州精神病医院原名为黔南州精神病院，1999年，更名为黔南州精神病医院，并加挂黔南州优抚医院牌子。（详见第二十二篇第一章第九节）

（二）县（市）医疗机构

1991年，全州12个县（市）均有综合性医疗机构，即县（市）人民医院。独山、荔波、贵定、惠水、罗甸、瓮安6个县有中医院，在瓮安县设有瓮安县精神病医院。此后，福泉、龙里、平塘、长顺等县（市）先后建立中医院。

1998年7月，成立荔波县口腔病防治中心（2011年12月划入荔波县疾病预防控制中心，继续开展口腔病防治工作）。

2009年后，国家施行医药卫生体制改革政策，县（市）公立医院得到发展，医院规模扩大，床位、人员成倍增加，医疗设备配置与配套服务设施逐步完善，医疗技术水平明显提高，各县（市）人民医院成为医疗技术指导中心和当地骨干医疗机构。在黔南州第二周期医院分级管理评审中，福泉、独山、惠水、龙里、长顺、罗甸、三都、贵定、荔波、瓮安10个县（市）人民医院通过二级甲等综合医院评审。

2012年，启动县（市）二级中医医院评审工作，各中医院开展整体诊疗水平和就医环境建设，独山、荔波、贵定、惠水、罗甸、瓮安、福泉7个县（市）公立中医医院先后通过二级甲等中医医院评审。

2014年，全州县（市）人民医院院均占地面积24856.92平方米，院均建筑面积23449.25平方米；院均开放床位361.33张；院均在岗人员330.92人。其中，院均在编人员213.08人，院均自聘人员117.83人。与1991年相比，医院占地面积增加2.5倍，建筑面积增加2.7倍，开放床位增加2.61倍，工作人员增加2.17倍。全州有县（市）公立中医医院10所。

（三）乡（镇）医疗机构

在1991年县（市）行政区划“建并撤”前，全州有80个区（镇）、446个乡（镇）设全民所有制区（镇）卫生院68个、集体所有制乡（镇）卫生院449个。“建并撤”后，全州有乡（镇）235个，设立全民所有制乡（镇）卫生院235个。在235个乡（镇）卫生院中，划定41个中心卫生院。新的乡（镇）建立后，不在乡（镇）政府所在地的原小乡（镇）卫生院，就地改为村卫生室，财产纳入新乡（镇）卫生院统一管理，按照甲级村卫生室的标准进行整顿建设，明确负责原来片区（一村或数村）的预防保健任务。按此办法，全州新增甲级村卫生室222个。新乡（镇）卫生院的规模及人员编制，原则上按乡（镇）服务人口每1000人口设1张病床，编制1.3名工作人员，卫生院机构级别为股级。2006年国务院印发《关于发展城市社区卫生服务的指导意见》后，州内逐步建立社区卫生服务中心、服务站等机构。

2014年，县（市）开展乡（镇）整合撤并后，全州有乡（镇）卫生院230个。其中，中心乡（镇）卫生院54个，一般乡镇卫生院176个。有业务用房23.56万平方米，病床2527张，万元以上设备517件，其中10万元以上设备23件。在岗在编人员2811人，其中，大学本科学历180人、大专学历1543人、中专学历993人、无中专学历95人；执业（助理）医师1407人，注册护士427人；专业防保人员305人；有高级职称3人、中级职称270人、初级职称1955人。全州有社区卫生服务机构33个。其中，社区卫生服务中心18个、社区卫生服务站15个，有社区卫生人员236人。全州有村卫生室2020个，应建村卫生室覆盖率100%。有执业医师、执业助理医师、注册护士、乡村医生、卫生员共2995人。其中，取得执业医师资格42人，执业助理医师资格95人；注册护士21人。

（四）村卫生室

1991年，全州有村卫生室473个，各卫生室分别配医务人员1名。2008年起，对村卫生室实行标准化建设，建设规模为60平方米，实行“三室”（药房、治疗室、诊室）分设，并统一配置办公用品及医疗设备。到2013年，全州行政村应设村卫生室覆盖率达100%，村卫生室房屋、设备实现标准化。2014年，全州有村卫生室2045个。

（五）省属医疗机构

州内属于省卫生厅管理的医疗机构有贵阳医学院第三附属医院。该院建于1971年，当时为电子工业部三二〇职工医院，归属〇八三基地。1995年，该院评为二级甲等医院。2001年，被评为三级合格医院。2002年，该院由〇八三基地划归省卫生厅直管，并更名为贵州省四一四医院。2004年，贵州省四一四医院加挂黔南州传染病医院牌子。2005年，经省卫生厅同意，医院作为贵阳医学院第二附属医院都匀分院建设。2008年，经省卫生厅、省机关编制委员会办公室批准，将贵州省四一四医院划归贵阳医学院作为第三附属医院，医院为贵阳医学院直接管理的正县级事业单位，在医疗业务上接受省卫生厅统一领导，在教学业务与行政上接受贵阳医学院领导。2012年3月，贵阳医学院第三附属医院通过三级甲等综合医院评审。至2014年，实际开放床位850张，有在职职工总数936人（含聘用）。其中，博士后1人、博士2人、硕士13人；高级职称61人、中级职称161人。医院总占地面积84501平方米，有平桥和沙坝两个院区，开设了40多个临床医技科室。是黔南州内集医疗、教学、科研、预防保健和康复医疗于一体的三级甲等综合医院，以及国际紧急救援定点医院、国家级“爱婴医院”。

除上述公立医疗机构外，州内还有铁道部都匀铁路职工医院，以及其他大型企业职工医院。

二、民营医疗机构

1991 年 3 月，黔南州卫生局制定《黔南州个体开业行医和个体售药人员管理暂行办法》，允许非公经济进入医疗服务领域。1998 年，全州社会办医疗机构评审委员会组织对个体开业人员培训，并对全州申报的 300 多家个体开业医疗机构进行资格评审，共有 212 家基本达标，颁发许可证。2004 年，州卫生局制定鼓励非公经济进入医疗服务领域的相关规定，并审批在都匀、瓮安设立一级私立医院 5 家，黔南民营医院实现“零”的突破。至 2014 年，全州有州批准设置的民营医院 55 家。其中，二级医院 2 家，其余为一级医院。私立医院开放床位 2118 张，占全州病床比例的 18%。

第二节　医疗技术

1991 年，州、县医疗机构年诊疗总量为 109.66 万人（次）。其中，门急诊总量 104.48 万人（次），住院 5.18 万人（次），出院病人量 4.10 万人（次）。按医疗机构类别分：州、县级医疗机构诊疗总量分别为 30.64 万人（次）、79.02 万人（次）；门诊总量州、县分别为 29.37 万人（次）、75.11 万人（次）；出院病人州、县分别为 1.07 万人（次）和 3.03 万人（次）。

2011 年，全州医疗机构总诊疗 956.6 万人（次）。其中，医院诊疗 299.1 万人（次），基层医疗卫生机构诊疗 657.5 万人（次）；按管理类别分，公立医疗机构诊疗 249.7 万人（次），营利性医疗机构诊疗 49.4 万人（次）；按医院等级分，三级医院诊疗 62.4 万人（次），二级医院诊疗 148.0 万人（次），一级医院诊疗 50.1 万人（次），未评级医院诊疗 38.6 万人（次）。

2014 年，全州医疗卫生机构诊疗总量达到 1216.79 万人（次），其中，门诊 1158.50 万人（次），住院出院 58.29 万人（次）。按医疗机构分，医院门诊 398.80 万人（次），基层医疗卫生机构（乡镇、社区）733.90 万人（次），专业公共卫生机构 25.80 万；出院病人数医院为 41.62 万人（次），基层医疗卫生机构 14.75 万人（次），专业公共卫生机构 1.9 万人（次）。

一、西医

在州内各级各类医疗机构中，州医院、州中医院、贵阳医学院第三附属医院的医疗技术达到三级甲等医院水平。

州医院在 1994 年以后开展的腹腔镜系列手术已成为省内先进优势专科。除应用于普通外科的胆囊切除、阑尾切除、肝囊肿开窗术外，还开创性的扩展到结肠癌、直肠癌切除、肺叶、纵隔食道肿瘤切除、妇科的卵巢、子宫切除。1996 年，该院组建全省首家介入治疗中心，开展主动脉瓣、二尖瓣、肾动脉狭窄经皮导管球囊扩张术、冠状动脉造影术、急性心肌梗塞冠状动脉内急诊溶栓术及脑、胸、肺、肝、肠、子宫、膀胱等各部位恶性肿瘤进行局部药物灌注及肿瘤动脉栓塞术。1991—2000 年，该院先后获省、州科技进步奖 80 多项，获国家专利 3 项，推广应用先进实用新技术 400 多项。医技人员在各级各类医疗刊物上发表论文 1000 多篇。同种异体肾移植术、人工关节置换术、断肢（趾）再植术、脊柱侧弯矫形术、肾上腺肿瘤切除术、肝叶切除术、膀胱全切术、胆管瘤根治切除术、胰腺十二指肠切除术、卵巢及外阴根治术、人工晶体植入术、人工种植牙等，达到三级医院专科水平。2000—2008 年，医院获州级以上科研奖 40 项，其中，获省医学会一等奖 2 项，黔南州最高科技奖 1 项。医技人员发表学术论文 650 篇，其中，在国家级刊物发表 123 篇，省级刊物发表 487 篇。2009 年，成功申报国家自然科学基金依托单位，获贵州省医学会科技奖三等奖 1 项、黔南州科技进步奖 6 项，获 2009 年贵州省卫生厅优秀医学青年科技人才专项科研基金、科学技术基金项目立项 1 项；获黔南州年度社会发展（扶贫）科技计划项目 4 项，科研经费 1. 6 万元；申报 2009 年黔南州民委下达的第一批少数民族发展资金科研项目 1 项。开展院内新技术项目 45 项。2010 年以后，医院大幅度提高院内新技术奖励标准，推进科研、鼓励创新，促进全院医疗技术和科研项目发展，至 2013 年，开展新技术项目 158 项，在省级以上医学刊物发表学术论文 195 篇，申报省卫生厅科研立项 6 项，获黔南州科技局发展社会攻关项目立项 10 项。2014 年，医院申报科研项目 33 项，获黔南州科技局立项 9 项，获黔南医专校级立项 13 项，院内申请新技术立项 74 项，在省级以上医学刊物发表学术论文 38 篇。

贵阳医学院第三附属医院在 1991 年已开展永远性起搏器安装、异体肾移植、自体肾移植、各种儿麻矫形手术、体外震波治疗泌尿性结石等手术。1993 年，开展改良式贲门黏膜下环形缝扎静脉断流术，膀胱全切，可控制回肠膀胱成形术，经膀胱修补膀胱子宫印道，胎儿股骨移植术。光量子治疗，尿八项检查，巨大血管瘤切除术等。1995 年，开展阴茎再造术、全膀胱切除、前列腺切除，体外震波碎石、肾上腺切除。胸外科的肺叶切除术、二尖瓣闭式分流术；神经外科的癫痫病灶清除术、脑贴合术、脊髓肿瘤切除术；骨科的胎儿骨移植术、骨髓移植术、断指断掌再植术、全关节置换术，一次性骨延长术，带蒂血管皮辨移植术；妇产科的外阴 ca 根治、腹膜外剖腹产，输卵管吻合；眼科的视网膜剥离，活动性义眼安装；口腔科的腮腺全叶摘除；传染科的腹水回收；内科的肾移植后的内科治疗、血透、腹透、放射科介入治疗。1996 年，2 例拇指完全离断再植成功，脑外科 1 例第四脑室占位性病变肿瘤切除成功。是年，被省政府、省残联指定为全省儿麻矫治中心，并正式挂牌。2000 年，开展心导管治疗技术、血液透析、心脏起搏器的安装、气管支架的安装、妇科腹腔镜手术、前列腺气化电切、胆道镜的应用等新技术新项目。2003 年，开展外科腹腔镜手术，已进行甲亢甲状腺瘤切除、胃大部切除、肝囊肿切除、腹疝修补术；神经外科如颅内出血、颅内血肿微创手术以及较大难度的颞枕深部脉络膜乳头状瘤切除术；妇科腹腔镜技术应用和宫腔镜手术应用；内科开展纤支镜下肺活检术、食道支气管支架安置、周围血管内支架安置、心脏起搏器安装、二尖瓣球囊扩张等具有省内先进水平的技术项目；

护理操作技术上，开展深静脉留置穿刺术、自制三通管临床、浅静脉套管针临床应用等新技术应用；眼科完成80多例白内障手术和晶体植入手术。2009年，消化内科开展ERCP手术，填补黔南州内技术空白；介入科开展经皮穿刺房间隔缺损封堵术、颅内动脉瘤栓塞术等。2010年，检验科开展人绒毛膜促性腺激素（HCG）、甲胎蛋白（AFP）、糖化血红蛋白（Balk）检测；心内科开展心血管造影冠状动脉硬化支架安装；眼科开展翼状胬肉切除术加自体角膜干细胞带经膜瓣特征术；普外科开展经脐单孔腹腔镜胆囊切除术、吻合器痣上黏膜环切术（PPH）；儿科开展高压氧舱治疗术，妇产科开展经阴道子宫肌瘤剜除术。2011年，肾内科开展了动—静脉造瘘术、肾穿刺活检术；检验科开展甲状腺球蛋白抗体（TG—Abs）、促甲状腺激素（TSH）、同型半胱氨酸检测、胱抑素C检测；妇产科经阴道子宫全切术；骨科关节镜监视下微创复位接骨板内固定术、封闭负压吸引持续冲流术；医学影像科CT引导下高难度肺门肿块穿刺。2012年，骨科成功施行黔南州首例严重青少年特发性脊柱侧凸畸形矫形术；神经外科开展后颅凹占位切除、窦旁脑膜瘤、新生儿脑出血；骨科开展经后路脊柱侧凸畸形矫正钉棒系统内固定椎板后棘突旁植骨融合术；检验科开展幽门螺杆菌鉴定、药敏试验、游离甲状腺素、游离三点甲状腺原氨酸、癌胚抗原检测；麻醉科开展术中唤醒麻醉技术；医学影像科开展B超、CT引导下卵巢巧克力囊肿穿刺硬模化治疗、宫外孕介入治疗等。ICU开展黔南州首例床旁经皮气管切开术成功，并开展黔南州首次床旁血液净化治疗（CRRT）技术，该技术填补黔南州内床旁血液净化治疗的空白，标志黔南州对危重病的综合治疗水平跨入国内先进行列。2013年，开展的新技术、新项目主要有呼吸道系列核酸检测、性病（含其他病毒微生物）系列核酸检测、肝炎系列核酸检测，干细胞组织工程大动物试验。此外，该院获贵州省第三批心血管疾病介入治疗资质；开展人工膝关节表面型置换术；开展全市首例心脏三腔起搏器（CRTD）植入术，此手术在黔南州属首例，在国内处于领先地位，为充血性心力衰竭患者的心功能改善提供新的有效治疗方法。2014年，开展肺癌系统性纵隔淋巴清扫术，腹腔镜下超低位直肠癌根治术、吻合保肛手术，分子靶向治疗，过继性免疫细胞治疗（adoptivecellularimmuno－therapy，ACI），陀螺旋转式钴60立体定向放射外科治疗。

州中医医院坚持以“中医为主，中西医结合”的治疗方法治疗疾病。

中医方面，先后建立具有中医药特色的各种临床科室。2007年8月，成立中医堂。2008年，中医堂门诊量达28694人（次），同时开设呼吸病专科门诊。2009年，中医堂更名为国医堂。2011年，国医堂发展中医特色，以中药治疗疾病为主，采用中医中药辨证施治结合针灸推拿、穴位注射、局部敷贴和现代医学治疗内、外、妇、儿各种疾病，形成完善、有效的综合治疗模式，特别对带状疱疹、面神经麻痹、坐骨神经痛、中风、斑秃、尿路结石、哮喘、小儿发热、三叉神经痛、颈椎病、腰椎病、风湿病、肝炎、肝硬化、黄疸、急慢性支气管炎、胃肠疾病、月经不调、痛经等具有独特疗效。

西医方面，不断引进先进医疗设备，应用医疗新技术，医疗技术水平不断提高。2004年8月15日，黔南州首例断肢再植手术在州中医院骨伤科获得成功。11月7日，断指12小时再植术获得成功。2005年，三都县跪教36年的水族教师陆永康在州中医院经过8次大小手术后站起来，步行走上讲台，在全国属首例，中央电视台一套栏目、二套夕阳红栏目、《家庭》杂志等进行了报道。至2014年，相继开展颅内血管支架植入术，完全腹腔镜下结直肠癌根治术、肿瘤的三维适形放疗、后腹腔镜下肾癌根治切除术及肾上腺肿瘤切除术、椎间孔镜治疗腰椎间盘突出、胸腔镜下治疗食道癌，纵隔肿瘤、胸腹主动脉瘤切除术，肺动脉瓣狭窄球囊扩张术，肺减容及气胸术，嗜络细胞手术、重症肌无力手术、内镜下胆管金属支架植入手术，肾移植术，心脏起搏器安置，以及微创外科，断手（指）、断肢（趾）再植术、复杂脊柱手术及各种关节置换术等复杂、疑难手术等。

州中医院还拥有中药内服剂生产车间和中药外用制剂生产车间，配备有软膏均质机、软膏灌装机、胶囊填充机等一套制剂设备，自主研发7个具有专科特色的中药制剂，并获准投入生产，应用于临床，取得良好的临床疗效。2010—2014年，完成《中医医院中药制剂能力建设项目》《国家“十一五”重点专科专病中医药骨伤科》《苗药鸡胚地龙膏对急性腰痛镇痛作用的随机对照研究》《苗药清热解毒丸治疗带状疱疹神经疼痛的临床研究》等国家级科研项目。

二、中医

1991年以后，黔南州中医发展较快。在县（市）中医医院中，罗甸县中医院针灸理疗科、骨伤科，独山县中医院针灸理疗科、骨伤科、脾胃病科、康复科均为省级重点中医专科；福泉市中医院针灸科、骨伤科，荔波县中医院针灸科、妇科均为州级重点中医专科；瓮安县中医院中西医结合治疗盆腔炎、烧烫伤、胆囊炎、心肌炎、肛肠病、泌尿系疾病、颈肩腰腿痛、中风、代谢性疾病等常见病独具特色；惠水县中医院用于主治不孕和卵巢囊肿的“穴敏化灸”，福泉市中医院引进总后八院的“颈腰椎病治疗”成套技术受患者欢迎，福泉市中医院使用中医体质识别仪器，开展高血压、中风、女性更年期综合征等疾病干预和亚健康干预等取得很好效果；惠水县中医院从1994年起自制中药粉剂、散剂，“黄金散”治疗颈椎骨质增生、肩周炎、痔疮等取得较好疗效，“强力散”治脾胃不和，治愈率达95%，神灯加草药外敷接骨，治愈率达98%，“骨刺粉”治骨质增生、“续断理伤粉”治疗跌打损伤及骨折，“益神胶囊”主治神经衰弱、“活络止痛胶囊”治疗腰腿痛、“排石胶囊”治胆结石等疗效满意，1998年研制成功的“愈肝宝”治乙肝在30天内阳性转阴率达85%以上。贵定县中医院实施20多项中医适宜技术，2011年6月在国家中医药管理年活动中，代表贵州省县级中医院接受国家中医药管理局评审检查，获一致好评。州中医院设置特色中医门诊，有自制中药车间，生产自行研制的内服、外用中药运用于临床，效果得到患者认可。

州、县中医医院护理技术向整体护理、优质护理发展并体现中医特色，每个临床科室均能开展中医护理八项操作技术（针灸、推拿、拔罐、中药熏洗、中药药治、水针、穴位注射、穴位按摩、贴敷等）和中医药急诊急救。

2013年，黔南州实施基层中医药服务能力提升工程项目，开展中医基本现状调查，推广中医药适宜技术，组织全州医疗机构从事中医工作医护人员共计500余人参加中医医学继续教育培训，发放宣传资料、手册、书籍共计2000本，促进全州基层医疗单位中医诊疗水平提升。

至2014年，全州有中医医院10所（州级1所、县级9所），县以上综合医院均设有中医科。全州中医医院病床总数增至2655张，为1991年的5.9倍，中医药医技人员总计2032名，为1991年的3.5倍。

第三节　医疗基础设施建设

一、医疗机构建设

1991年，全州卫生费用投入渠道仅是各级财政拨入卫生事业费、国家预算内及地方财政投入基本建设投资、各级医疗单位业务收入等，用于基本建设的资金极少，特别是县及县以下卫生机构设备购置费仅占卫生经费的0.95%，修缮费占2.4%，房屋破旧，卫生用房有7万多平方米为危房，其中乡（镇）卫生院占4万多平方米，全州235个乡（镇）卫生院有19个乡卫生院无房屋。

2003年，国内“非典”疫情发生以后，中央财政加大疾病预防控制中心建设，是年全州获疾病预防控制中心建设项目13个，建设项目总规模21040平方米，总投资1465万元，其中，中央投资1270万元，县级配套195万元。2004年，全州获县级医院传染病区建设项目13个，州级紧急救援中心建设项目1个，乡（镇）卫生院建设项目23个，共计37个，总项目规模26374平方米，总投资2540万元，其中中央资金2301万元。2005年，全州获县级医院门诊综合楼建设项目2个，乡（镇）卫生院建设54个，共计56个，项目总规模37300平方米，总投资2625万元，其中中央资金1925万元。2006年，全州获县级医院门诊综合楼建设项目2个、县级中医院门诊综合楼建设1个、县妇幼保健院建设2个、乡镇卫生院建设50个，共计55个，建设总规模37200平方米，总投资2208万元，其中中央投资1740万元。2007年，全州获县级医院门诊综合楼建设项目2个、县级中医院门诊综合楼建设1个、县级妇幼保健院建设1个、乡（镇）卫生院建设25个，共计项目29个，建设总规模27740平方米，总投资1501万元，其中中央资金1005万元。2008年，全州获县级医院标准化建设项目4个、州中医院住院楼建设1个、乡（镇）卫生院建设79个、村卫生室建设497个，共计584个，建设总规模43200平方米，总投资9510万元，其中中央补助9160万元。2009年，全州获县级医院标准化建设项目4个、县级中医院标准化建设1个、社区卫生服务中心建设3个、乡（镇）卫生院建设16个、村卫生室建设460个，总计484个，项目基建总规模89040平方米，总投资14410万元，其中中央资金13980万元。2010年，获县级医院标准化建设项目3个、社区卫生服务中心3个、乡（镇）卫生院8个、村卫生室481个，共计495个。项目总规模98160平方米，总投资17220万元，其中中央资金9310万元。2011年，获县级医院标准化建设项目5个、乡（镇）卫生院3个、县卫生监督所9个、县级急救中心3个、村卫生室394个，共计414个，项目总规模119770平方米，总投资23984万元，其中中央资金14132万元。

至2011年，全州行政村完成村卫生室规范化建设，建成规范的村卫生室1850个（含援建12个）。完成12县（市）县级医院规范化项目建设投入，除都匀市、贵定县、荔波县、平塘县4县（市）规范化医院建设在建外，其余均已完成建设并投入使用。13个县级急救中心完成投资正在建设中，13个县级卫生监督所中除都匀经济开发区、荔波县、龙里县已竣工投入使用外，其余10个正在建设中。完成县级规范化中医院建设1个并已投入使用。

2012年，获县级中医院标准化建设项目2个、县级卫生监督所建设4个、县级急救中心建设2个、乡（镇）卫生院建设54个，项目总规模85875平方米，总投资19981万元，其中中央资金10294万元。2013年，全州获中央、省卫生建设项目118个，其中有县（市）医院规范化建设4个、县级中医院建设3个、中心乡（镇）卫生院标准化建设54个、卫生监督所业务用房建设13个、县（市）急救中心建设项目14个，建设总规模67270平方米，总投资18586万元。是年，建立黔南州卫生项目建设储备库，全州入库各类卫生待建项目478个。

2014年，获卫生建设项目99个，建设总规模140100平方米，总投资4.25亿元，包括州医院全科医生临床培训基地、州医院儿科建设，罗甸县疾控中心、惠水县妇幼保健院，瓮安、独山、贵定等3个县中医院，瓮安瓮水社区卫生服务中心，17个乡（镇）卫生院，52个村卫生室，22个乡（镇）卫生院职工周转房（104套）。是年完成23所中心乡（镇）卫生院达标建设工程，建成乡（镇）计生服务站10个和村级计生服务室60个。这些建设项目中，属于2010年以前的卫生项目已全部建成并投入使用，2011年以后的建设项目有部分属续建工程。

二、医疗设备配置

1991年，黔南州的医疗设备装备主要依靠省卫生厅、州卫生局调配。村卫生室一般配有体温表、血压计、听诊器、接生包、手提消毒锅、注射器等；乡卫生院一般配有立式或手提式消毒锅，部分配有普通显微镜；乡（镇）中心卫生院配有30毫安～100毫安X光机，少数卫生院配有牙科诊疗设备、简易手术床、电动吸引器、下腹部手术刀包、显微镜、生化检验设备、心电图机等。县级医院配置200毫安～300毫安X光机、呼吸机、麻醉机、黑白B超、纤维胃镜、膀胱镜、721分光光度计。荔波县医院得到县财政投资5万元，州卫生局补助2万元，购置一台日产500毫安X光机，是当时全州县级最高档次的一台X光机。州级医院已有800毫安X光机、心电监护仪、血气分析仪、纤支镜、纤维胃镜、血液透析机等。随着医疗卫生改革的不断深化，医院得到发展，各医院的医疗设备除州级两所医院的腹腔镜由州财政拨款补助外，基本上是医院自行购置，CT、磁共振、彩超、全自动生化分析仪等大型现代医疗设备逐步进入县及县以上医院。至2014年，黔南州医疗卫生系统有1万元以上设备6710台，其中，50万元以下6437台，50万元～99万元167台，100万元及以上106台。万元以上设备总值82059万元，其中医院占68371万元（综合医院50307万元，中医医院17814万元）。

1991—2014年全州拥有病床及医务人员统计表

表19－1－1

年度	总人口（千人）	病床（张）		卫生人员（人）		卫生人员（人）		执业（助理）医师（人）				注册护士（人）	
		总数	千人拥有	总数	千人拥有	总数	千人拥有	总数	千人拥有	其中执业医师		总数	千人拥有
1991	3310	6425	1.63	11364	3.43	9558	2.89	4223	1.27	2564	0.77	2172	0.66
1992	3350	6115	1.83	10992	3.28	9188	2.74	4097	1.22	2452	0.73	2079	0.62
1993	3379	5985	1.77	10681	3.16	8819	2.61	3972	1.18	2340	0.69	1987	0.59
1994	3415	5901	1.73	10783	3.16	9032	4.64	4145	1.21	2511	0.74	2019	0.59
1995	3457	5817	1.68	10886	3.15	9245	2.67	4391	1.27	2683	0.78	2051	0.59
1996	3493	5283	1.51	9685	2.77	8116	2.32	3982	1.14	2398	0.69	1908	0.55
1997	3525	5936	1.68	10166	2.87	8531	2.42	4680	1.33	3252	0.92	2119	0.60
1998	3572	5980	1.67	10186	2.85	8562	2.40	4678	1.31	3327	0.93	2192	0.61
1999	3601	5891	1.64	10409	2.88	8716	2.42	4677	0.81	3107	0.86	2116	0.57
2000	3701	5936	1.62	10166	2.75	8531	2.31	4666	1.26	3252	0.88	2119	0.55
2001	3732	5980	1.60	10186	2.72	8551	2.29	4639	0.89	3292	0.88	2226	0.59
2002	3757	6068	1.61	8211	2.18	7046	1.87	3793	1.01	2745	0.72	1865	0.49
2003	3790	5745	1.52	8199	2.16	7088	1.87	3818	1.01	2888	0.76	1781	0.47
2004	3817	5362	1.41	7435	1.98	6392	1.70	3237	0.87	2474	0.74	1805	0.47
2005	3828	5638	1.61	8034	2.19	7025	1.91	3539	0.95	2774	0.73	1973	0.53
2006	3876	6178	1.59	8398	2.17	7319	1.89	3653	0.94	2777	0.72	2033	0.52
2007	3915	9082	2.32	9130	2.33	8012	2.05	3738	0.95	2881	0.74	2264	0.58
2008	3950	7469	1.89	9305	2.37	8147	2.07	3834	0.97	2962	0.75	2265	0.58
2009	3973	8754	2.20	9495	2.39	8408	2.17	3910	0.98	3018	0.76	2345	0.59
2010	4038	8913	2.21	12528	2.52	9042	2.23	4103	1.02	3176	0.79	2681	0.66
2011	4049	9275	2.29	13581	3.35	9701	2.40	4243	1.05	3232	0.80	3110	0.77
2012	4050	11380	2.81	15992	3.94	11402	2.82	4800	1.19	3684	0.91	3863	0.95
2013	4051	13834	2.92	18703	4.61	13687	3.35	5587	1.37	4049	1.00	4501	1.11
2014	4061	15695	3.86	19438	4.78	14367	3.54	5650	1.39	4137	1.02	4859	1.20

说明：1. 断限期间历年人口数使用黔南州统计局提供的户籍人数；2. 1997年及其以前的执业（助理）医师数使用当时的“医师＋医士数”，其中的执业医师数为“医师”数

第四节 民族民间医药

1991 年，经州政府批准，在州中医院草医科基础上建立民族医药研究所，黔南州民族医药研究所利用州内民族、民间医药优势，开展皮肤、胃痛、骨伤等专科门诊，增设内科、妇科、儿科、腰腿痛等诊室，以秘方、药方、单方和独特诊疗技术为主的诊治方法治疗各种疑难病症。1992 年，民族医药研究所共有主治医师 2 人、草医医师 3 人、按摩师 1 人、药剂师 1 人、药剂师 1 人。是年，民族医药研究所研制的大黄冰片酊和白癜风丸参加北京医学博览会，得到与会代表的好评，受 4 个国家邀请参加有关科技成果展示会。大黄冰片酊获黔南州科技成果四等奖。2001 年，设有专病专科诊室：皮肤病专科、风湿病专科、胃脘病专科，设立民族医药病房，开设病床 15 张，中草药熏蒸室 1 个。是年，收集各种验方 70 个，完成黔南州科研项目 1 个。2003 年 10 月，州中医院民族医药研究所被选为全国重点专科（苗医专科）建设单位。2006 年 4 月 11 日，苗医皮肤病重点专科通过国家中医药管理局民族医药专家组验收。

2007 年，三都县编撰《中国水族医药宝典》，由贵州民族出版社出版发行；荔波县中医院成立水族医药骨伤科，聘请水族骨伤医生姚炳春、姚炳召长期坐诊。

2008 年，民族医药研究所开展的科研项目有《苗医药治疗牛皮癣临床研究》《苗医药治疗缠腰火丹临床研究》《苗医药治疗白癜风临床研究》，被国家中医药管理局列为“十一五”重点专科项目。是年，州民族医药研究所教授文明昌撰写《黔南苗医药》专著由中国文化出版社出版后，作为省、州民族医药临床、教学、科研、基层卫生人员学习苗医药的教材，获州科技进步二等奖，文明昌被评为“贵州省名中医”。2009 年，民族医药研究所发展到 7 个专病科室，以全国重点民族医、苗医、皮肤病专科为主，运用中医药和民族医药治疗内科、儿科、妇科及跌打损伤等常见病。民族医药研究所带教贵阳中医学院毕业实习生、黔南医专实习生 60 余人（次）。门诊诊治各类患者 3 万余人（次），参加各病区会诊 100 余人次，到外院和外地会诊 6 人次。

2011 年 2 月，在州中医院门诊大楼恢复民族医药科病房床位 30 张。10 月 18—19 日，中国民族医药学会专家到该所考察调研苗医执业医师开考工作。2012 年，民族医药研究所为贵州争取到 7 个品种药物进入国家基本药物目录。

2013 年 7 月 18 日，文明昌参加全国民族医重点专科会议，大会交流苗医药治疗银屑病临床特色研究，受专家好评。8 月 15—17 日，由州民族医药研究所主持召开全国苗医药学术研讨会，来自全国的 80 多名代表参加会议，会议对苗医药在临床、科研、教学、专科特色等给予较好评价。8 月，该所有 5 篇论文参加中国第十五届科协民族医药论坛大会。12 月 5 日，省卫生厅、省中医药管理局、省民族医药学会推荐文明昌教授为全国苗医大师、全国第二届中医药大师候选人。2014 年 5 月 16 日，国家中医药管理局副局长吴刚到黔南州民族医药研究所视察苗医皮肤病专科特色情况，给予疗效奇特、成果较多、很有优势，发挥苗医药治病很有独到的评价。是年，州中医院骨科专家胡建山通过多年临床实践并广泛收集资料，写成《水族骨伤医药》一书，由科学技术文献出版社出版发行。

第二章　疾病预防控制

1991 年，全州卫生防疫工作的职能机构有黔南州卫生防疫站（副县级卫生事业单位）和县（市）卫生防疫站。在农村则由乡（镇）卫生院和村卫生室承担卫生防疫任务。1992 年，黔南州卫生防疫站被定为卫生部、联合国儿童基金会卫生防疫培训合作项目培训基地。2002 年 12 月，撤销黔南州卫生防疫站，建立黔南州卫生监督所、黔南州疾病预防控制中心（以下简称州疾控中心）。2003 年，各县（市）撤销卫生防疫站，成立县（市）疾病预防控制中心。2005 年，州疾控中心由副县级机构升格为正县级机构。2014 年，州疾控中心内设机构有流行病、慢性病、寄生虫防治、劳动卫生、宣传教育、卫生监测、免疫规划、结核病防治、艾滋病防治、麻风病防治、应急管理、门诊、综合办公室，人员编制 88 人，实有 82 人，其中卫生技术人员 71 人、管理人员 5 人、工勤技能人员 6 人。卫生技术人员中，执业医师 37 人，执业助理医师 15 人；具有高级专业技术职务人员 23 人。全州县（市）有疾控中心 12 个，共有人员 479 人。其中，卫生技术人员 411 人；执业医师 201 人，执业助理医师 58 人；正高级职称 3 人、副高级职称 29 人、中级职称 147 人、初级职称279 人。

州、县（市）疾控中心始终履行疾病预防控制的职责，开展传染病、地方病等各种疾病防治，实施计划免疫和卫生监测，及时控制和消除各种疫情，各种传染病、地方病等疾病发病率逐年下降，特别是实现消灭丝虫病、消除碘缺乏病目标，全州人民群众的健康得到保障。

第一节　疾病防控

一、传染病

（一）甲类传染病

1991—2014 年，州内无甲类传染病鼠疫、霍乱病例发生。

（二）乙类传染病

细菌性痢疾　州内细菌性痢疾（简称痢疾）与疟疾、麻疹并列为黔南三大主要传染病。经过长期防治，全州每 10 万人口痢疾发病率连年下降。2004 年发病 4008 例，发病率为105.5/10万人。到2010年，发病率下降到36.27/10万人。2014年发病414例，发病率为12.71/10万人。

病毒性肝炎　病毒性肝炎是州内常见传染病之一。2003年起，按国家要求，黔南州将乙肝疫苗免疫纳入儿童基础免疫，不定期开展甲肝疫苗普种，但肝炎发病率仍高。2009年3月，平塘县卫生局报告关于平塘县医院1998—2002年因输血感染丙肝病毒事件，州卫生局组织调查处置，平塘县医院开展丙肝患者后续治疗及一次性赔偿工作。

2001—2014年全州甲、乙型肝炎发病统计表

表19-2-1

年　度	甲型肝炎		乙型肝炎	
	病例数（例）	发病率（/10万人）	病例数（例）	发病率（/10万人）
2001	244	6.32	892	23.35
2002	246	6.64	1081	29.16
2003	398	10.67	1336	35.8
2004	497	13.11	1886	49.76
2005	235	6.26	1603	42.68
2006	394	10.41	2416	63.83
2007	388	10.17	2577	67.56
2008	209	5.47	2221	58.14
2009	176	4.57	2821	73.24
2010	91	2.36	3036	78.7
2011	85	2.63	2866	88.7
2012	55	1.7	2450	75.87
2013	30	0.92	2255	69.47
2014	36	1.11	2252	69.18

流行性脑脊髓膜炎　2005—2009年，全州发病30例，死亡1例，均为散发病。2010—2013年，无病例报告。2014年，报告临床诊断病例1例。

流行性乙型脑炎　州内流行性乙型脑炎发病呈下降趋势。2002—2012年，发病542例，死亡55例，发病率由最高的4.49/10万人下降至2012年的0.59/10万人。2013年发病3例，发病率0.09/10万人。2014年报告6例。

伤寒和副伤寒　州内伤寒、副伤寒属于常见、多发疾病，发生率在肠道传染病类别中仅次于细菌性痢疾，被列入黔南州重点控制的急性传染病之一。2000—2012年，发病6105例，死亡11例，各县（市）均有发病，发病呈现高度散发，少有聚集性疫情发生，发病率呈逐年下降趋势。惠水县2007年、2008年发生暴发疫情2次，共发病37例，无死亡，分别由饮用水污染、食物污染所致。2013年发病76例，无死亡病例。

钩端螺旋体病　2002—2012年发病35例，死亡6例。2013年、2014年无病例报告。

麻疹　1996年，由于麻疹疫苗接种率下降，麻疹发病率回升到33.75/10万人。1997年10月，州卫生防疫站在都匀市开展“麻疹疫苗强化免疫控制麻疹流行的效果观察”课

题研究，对都匀市辖区内4.8万名8个月至8岁儿童加强普种麻疹疫苗，接种率达92.9%，1998年，都匀市麻疹发病率下降了96.7%。2003年，世界卫生组织、联合国儿童基金会援助贵州省的“麻疹控制与麻疹疫苗补充免疫活动”项目，将黔南州作为全省试点，对12个县（市）8个月至12岁儿童进行麻疹疫苗强化普种，共接种81.97万人，黔南州麻疹总发病率下降99%。2005—2012年共发病78例，无死亡，发病率控制在0.1038/10万人～0.1858/10万人之间。2013年发病1例，死亡1例，发病率0.03/10万人。2014年，实验室诊断麻疹10例，本地户籍发病率为0.31/10万人。

狂犬病 2000—2009年共发病425例，死亡425例，全州各县（市）均有病例，平均每年发病48例，发病率呈逐年上升趋势。2007年起，黔南州实施狂犬病中央转移支付项目，规范狂犬病暴露后的预防处置，加大疫情监测。2009年后，全州逐步提高新农村合作医疗中狂犬疫苗支付比例，加强暴露后处置的应急免疫工作，发病率有所下降。2010年发病41例，死亡38例。2011年发病22例，死亡22例。2012年发病18例，死亡15例。2013年发病20例，死亡18例。2014年12例。

炭疽病 1993年，全州除瓮安、贵定两县外，其他10个县（市）有数百个炭疽病疫点发生流行。自发生首例炭疽病报告以后，采取人群与家畜注射炭疽菌苗，使用漂白粉对病死牲畜的栏圈、宰割场地进行消毒处理，死畜深埋或焚毁等措施，控制疫情，对高危人群进行针对性预防接种。同时，开展动物间炭疽疫情监测和畜产品检疫，提高群众的健康保护意识。1994年后，疫点逐渐减少，病例持续下降。2005年，报告36例，死亡1例。2006年发病12例，2007年发病23例，2008年发病4例，2009年发病12例死亡1例，2010年发病1例，2011年发病3例，2012年发病1例，2013年发病7例，2014年无病例报告。

流行性出血热 流行性出血热是重点防治疾病。2002—2012年，全州报告病例2例，均为输入性感染。2013年3例，2014年1例。

流行性感冒 流行性感冒疫情暴发多发生在学校等人口较集中的场所。2004—2006年发病200例。2007年10月24日，惠水县甲烈中心小学发生流感，发病162例，重症23例，B型阳性1例。是年，全州发病194例。2008年，全州发病355例，无死亡。其中，5月22日，三都县大河镇苗草小学发生流感暴发流行，波及1124人，发病48例；8月24日，罗甸县罗悃镇中学发生流感爆发流行，波及1189人，发病123例，为乙型；25日，罗暮乡中心小学发生流感，波及1198人，发病49例，为乙型。2009—2012年，每年都有病例发生。4年中，2009年全州发病1007例，为最多的年份；2010年发病38例，为最少的年份。2013年10月25日，三都县合江镇尧吕小学乙型流感流行34人发病；11月15日，都匀市石龙乡中心小学乙型流感爆发，66人发病，均按突发公共卫生事件报告和处置，及时控制了疫情。2014年132例。

人感染猪链球菌病 2005年8月12日，罗甸县逢亭镇播吉村发生1例剖食病死猪后发病死亡病例，经国家疾控中心尸检培养，鉴定为人感染猪链球菌病，属贵州省首例确诊病例。2006年8月27日，罗甸县沫阳镇里落村发生1例剖食病死猪后发病死亡病例，采集标

本经省疾控中心培养，检出猪链球菌，国家疾控中心鉴定确认为人感染猪链球菌病，该病例为贵州省第二例病人。

病因未明疾病　20 世纪 90 年代初，发生一种下肢水肿、麻木、疼痛、行走乏力，严重者出现下肢瘫痪、肌肉萎缩等临床表现的不明原因疾病。此病何时在黔南开始发生和流行，尚不易断定。据黔南州卫生防疫站多年的监测，这种病因未明疾病最早发生在 1992 年，继后又陆续发生数起。至 2002 年，全州共有 15 起，发病 1000 余例。资料显示出此病流行有一定的季节性，即 3—6 月为发生高峰期；罹患对象多为青壮年男性，病程长短不一，通常为 1 ~2 个月；在无特殊治疗情况下，多数患者病情可以逆转并恢复正常。流行点多为半封闭或封闭单位，在 15 起流行中，学校 4 起，监狱 5 起，偏僻村落 6 起。三都、惠水、罗甸、平塘、荔波等县均有报告。通过与深圳市疾病预防控制中心协作研究，初步认为维生素 B1、B2 的摄入不足是可能致病因素，应用维生素 B 加抗病毒药物治疗患者收到一定效果。

甲型 H1N1 流感　2009 年 4 月下旬，全球爆发大规模的甲型 H1N1 流感疫情，6 月 11 日，州内出现首例输入性病例。9 月 28 日，州流感网络实验室检测出疑似病人 1 例，29 日，经省疾病预防控制中心确诊为甲型 H1N1 流感病人。至 12 月 31 日，全州报甲型 H1N1 流感病例 601 例，其中实验室确诊 187 例、疑似病例 387 例、临床诊断病例 27 例；重症 2 例；无死亡病例。共报告甲型 H1N1 流感确诊病例 219 例，其中本地病例 214 例、输入性病例 5 例，疫情涉及 102 个学校和单位，确诊病例分布于除长顺县外的 11 个县（市）。自 2009 年大流行后，甲型 H1N1 流感在黔南州呈散发状态，在局部地区偶有暴发疫情，疾控部门进行常规监测和防控。

手足口病　自 2008 年卫生部将手足口病纳入丙类传染病进行管理后，全州 2008—2012 年发病 9628 例，死亡 15 例，发病率由 2008 年的 8. 79/10 万人上升到 2012 年的 136. 05/10 万人，疫情上升较快，局部地区出现聚集性或爆发，个别地方发生死亡，防控形势严峻。2013 年发病 130 例，发病率 19/10 万人。2014 年共报告 3511 例，重症 30 例，死亡 1 例。

登革热　从 2008 年起，罗甸县作为全省 5 个登革热监测哨点之一，开展蚊媒密度监测、登革热蚊虫带病毒监测、人群感染监测。至 2014 年，黔南州无登革热病例报告。

传染性非典型肺炎　2003 年 2 月起，国内发生传染性非典型肺炎（以下简称“非典”或 SARS）疫情，根据中共中央、国务院的指示和省委、省政府的要求与部署，黔南州采取一系列有效措施，防止“非典”在州内发生和传播。至 5 月 30 日，全州直接参加“非典”防控的行政人员共 27. 43 万人（次），卫生技术人员 17. 20 万人（次），公共场所消毒 8. 15 万个点，消毒车辆 15. 36 万辆，检疫入境客车 6. 27 万辆、货车 9. 35 万辆，检疫人数 76. 42 万人（次），检出发热总人数 857 人，全部留在医院观察，其中重点医学临床观察 32 人，通过留院观察均被排除。州级财政投入防控经费 360 万元，其中，州级疫情处理物资储备 20 万元，医疗救治药品储备 30 万元，下拨县市医疗设备专款 130 万元，州级收治医院病房改造及污水处理 60 万元，州级定点医院医疗设备 90 万元，防控“非典”办公室经费 10 万元，隔离点 10 万元，新寨检疫站 10 万元。

结核病　1993 年，在全国结核病流行病学调查中，中国结核病防治研究中心选取瓮安县平定营镇罗家村，惠水县播脚、播哨两村，三都县地祥村为黔南州的调查点。3 个点实查 4652 人，受检率 97. 22%，查出活动性肺结核 17 例，患病率 365. 43/10 万人，其中痰菌阳性 4 人，菌阳率 85. 98/10 万人，涂痰检查阳性仅 3 人，涂阳患病率 64. 49/10 万人；肺结核死亡率 42. 99/10 万人。在瓮安调查点进行人群结核菌自然感染率调查，其中 15 岁以下儿童自然感染率 24%，全人口自然感染率 23. 37%。

从 1996 年起州内结核病列为传染病疫情报告以后，报告发病率逐年上升。1996—2004 年，肺结核年均报告发病率 98. 9/10 万人，发病率居传染病报告第二位，2005 年跃居第一位。

2000 年，第四次全国结核病流行病学调查中，抽取贵定县盘江镇清定桥村为调查点。实查 1304 人，受检率 95. 60%。结核菌素试验（PPD）检查 1304 人，复验 1274 人，复验率 97. 70%。15 岁以上人口 X 光透视 964 人，胸透率 95. 20%。结果：结核病患病率 537/10 万人，其中小于 15 岁儿童结核病患病率为 1140/10 万人，15 岁以上人群患病率 296/10 万人。PPD 阳性率 15 岁以下为 7. 30%，15 以上为 48. 60%。痰涂片阳性 3 人，涂阳率 230/10 万人。

自 2002 年起，根据卫生部结核病防治指标与项目划定 DOTS（直接督导下的短程疗法）覆盖率达 100%、肺结核病人发现率 70% 以上、涂阳病人率 85% 以上的规定，各县（市）逐步实施以 DOTS 为核心的现代结核病控制措施。2002—2006 年，共检查因症就诊可疑病人 20529 人，发现肺结核新涂阳病人 4404 例，平均涂阳指标完成率为 101. 20%。上年度登记治疗管理结核病人 3776 例，其中新涂阳病人治疗 4890 例，治愈 3528 例，平均治愈率 72. 10%，重症涂阳病人治疗 806 例，完成任务指标 86. 80%。

2003 年起，全州 12 个县（市）相继实施全球基金结核控制项目。2005 年—2013 年，黔南州实施中央资金转移支付结核病控制项目，项目资金用于结核病的发现、治疗、管理、宣传、督导、追踪等工作。2006 年，12 个县（市）获得达米恩结核控制项目援助。

2010 年，全国第五次结核病流行病学调查中，随机抽样选定罗甸县马草村为调查点，抽样调查 1262 人中，检出活动性肺结核 45 人（其中两人为胸膜炎），男性 28 人、女性 17 人，年龄最小 17 岁、最大 82 岁，平均年龄 56 岁。活动性肺结核病患病率 3565. 76/10 万人，其中已知 7 人（其中已知在治 1 人）、新发现 38 人。菌阳 28 人（单纯涂阳 1 人、涂片培养双阳 11 人、仅培阳 16 人），菌阳患病率 2218. 7/10 万人，涂片阳性 12 人（新发现 8 人、已知未在治 4 人），涂阳率 950. 87/10 万人。

2012 年 6 月，罗甸县、福泉市启动并实施“三位一体”（结核病防治服务模式，各级各类医疗机构负责肺结核患者疫情报告和转诊工作，定点医疗机构负责对肺结核患者进行诊断、治疗和登记报告，基层医疗卫生机构负责转诊、协助追踪、管理肺结核患者，疾病预防控制机构负责结核病防治规划管理、疫情监测与处置、实验室质量控制、防控技术指导、宣传教育、绩效评估等工作。）新型结核病防治体系定点医院肺结核病诊疗试点。2013 年 6 月，贵定县、独山县、荔波县启动“三位一体”新型结核病防治体系定点医院肺结核病诊疗工作。

2011—2013 年，开展在结核病患者中筛查艾滋病，在艾滋病病毒阳性者中筛查结核病的“双感筛查”工作，对 2369 例 HIV 阳性者通过问卷筛查、胸部摄片或痰涂片检查，检出肺结核 34 例。3 年检出数分别为 16 例、8 例、10 例。对 11144 例门诊登记肺结核病患者进行 HIV 筛查，检出 HIV 阳性者 22 例，三年检出数分别为 1 例、7 例、14 例。3 年“双感筛查”合计检出双感染患者 56 例。

2013 年，州疾控中心开展结核菌耐药监测工作。2014 年，罗甸、福泉、贵定等县（市）开展结核菌耐药监测。2014 年，检出双感染患者 7 例。

麻风病　1991 年之前，州内麻风病临床治愈 1113 例，治愈率在 70% 以上。1992 年、1993 年，美国麻风防治协会和 WHO 两次派专家到黔南州考察评估和指导防治工作，对全州麻风健康教育、现症病人治疗管理，给予肯定并对麻风康复等工作提出指导意见。

随着潜伏期短的少菌型病例逐渐得到控制，新发现病例中潜伏期长的多菌型比率呈上升趋势。为加强早期病例的发现工作，降低畸残发生率，采取主动与被动相结合的方式发现病例。1993 年，将报病奖励升至 100 元。1996 年，州卫生局制定《黔南州 1996—2005 年麻风病防治规划》。2001 年在麻风流行强度较高的荔波县开展了“消除麻风运动”。2005 年底，全州累计发现麻风病人 3871 例，累计治愈病人 3001 例，累计死亡 608 例，累计复发 52 例，全州有现症病人 126 例，年患病率 0. 04‰。按病区划分标准已由流调时的中流行区下降为低流行区，全州麻风病流行得到有效控制。其中，罗甸县和惠水县于 1996 年、长顺县于 1998 年、都匀市于 2002 年先后通过省级基本消灭麻风病考核验收（患病率≤0. 01‰）。2008—2009 年，采用现况调查对黔南州历年所有登记在册的麻风病人，按照《麻风病人现况调查表》《麻风患者畸残记录表》进行逐一调查。至 2009 年 4 月，全州登记在册的麻风病人 2958 例，其中死亡 1186 人，外迁 220 例，失访 220 例，现存活 1332 人。2011 年 11 月 14 日，州政府启动实施《卫生部、贵州省人民政府关于共同加强贵州省麻风病防治工作的合作协议》，成立黔南州消除麻风病危害领导小组，州政府下发《黔南州消除麻风病危害五年行动计划（2010—2015 年）》，与各县（市）政府签订《黔南州 2011—2015 年麻风病防治工作目标责任书》，对消除麻风病危害行动进行安排部署，督促相关部门履行相应职责与义务。各县（市）政府落实存活麻风病人的社会保障。2013 年，发现病例 84 例，麻风病发现率 0. 46/10 万人，患病率 0. 02‰。2014 年，通过家属体检、疫点调查和健康教育等工作，全州报告麻风病人 11 例。

艾滋病　1995 年，州内开始实施艾滋病病毒（HIV）检测，艾滋病监测对象最早为戒毒所吸毒人员。1997 年 10 月，对黔南州戒毒所 174 名强制戒毒人员采血进行艾滋病监测，采集的血清经分离后送贵州省疾病预防控制中心艾滋病实验室检测，初筛阳性血清由省送北京确认结果，有 7 人 HIV 阳性。1998 年，黔南州戒毒所（含都匀市戒毒所）确定为艾滋病国家级监测哨点，每年对在所的强制戒毒人员开展常规艾滋病监测。1999 年，由深圳疾控中心帮助建设黔南州艾滋病初筛实验室，并于 2000 年通过贵州省卫生厅验收，开展全州艾滋病病毒初筛检测。1997—2001 年累计发现 HIV 感染者 22 例。2002 年，在贵定、瓮安、独山、平塘、龙里5县开展吸毒人群艾滋病感染调查，检测1307人，检出HIV阳性17人。是年，全州发现艾滋病患者59例，超过前5年的总和。2003年，新发现HIV感染者53例。是年，检测都匀、瓮安、三都吸毒人员302名，检出HIV阳性34人，阳性率11.25%。其中瓮安调查57人，检出HIV阳性23人，阳性率40.35%，感染率位居贵州省之首。2004年，11个县（市）发现HIV感染者87例。在HIV感染者中，以都匀市为最高，占HIV总阳性数的57.37%，瓮安次之，占阳性人数的28.69%。

2005年，州疾控中心建艾滋病确认实验室。年内，新发现HIV感染者101例。2002—2005年发现的感染者累计数是前5年累计数的10倍，疫情由局部地区向全州蔓延，感染呈几何级数增加。感染者以静脉吸毒感染为主，占80.90%，经性途径感染占5.10%，采供血占1.40%，感染途径不详占12.20%，母婴传播占0.40%。HIV感染者以青壮年男性较多。在艾滋病感染者中，15~40岁的占89.42%，感染者最小年龄为15岁，最大71岁，平均年龄29.44岁，男女比例为3.4∶1。2006年底，各县（市）均建成艾滋病初筛实验室并通过验收。是年，在全州开展既往有偿采供血及劳教所收教人员艾滋病病毒筛查，调查既往采供血人员5636名，未检出HIV阳性；劳教人员检测332人，确认31人为HIV感染者；对全州各县（市）监狱服刑人员进行艾滋病筛查，共监测10179人，查出HIV阳性27人。至2014年12月，州内累计发现艾滋病病毒感染者及艾滋病病人2770例。

疟疾　黔南州境内在历史上曾为“瘴疠之区”，疟疾居各种传染病之首。经过新中国成立后几十年的防治，疟疾发病率大幅度下降，1991年，发病率降至2.57/万人。贵定、福泉、瓮安、都匀、龙里、长顺、惠水等县（市）经卫生部和省考核，先后达到国家规定的基本消灭疟疾标准；平塘、罗甸2县从高度疟区降为低疟区；三都、荔波、独山县、从高度疟区降为中度疟区。1991—2000年，黔南州开展“北联防”（位于州境北部的贵定、福泉、瓮安、都匀、龙里、长顺、惠水7个县市）、“南联防”（位于州境南部的独山、平塘、荔波、三都、罗甸5个县）和“小联防”（独山、荔波、三都）三个灭疟联防区，每年制订年度联防协议，统一组织各成员县（市）间的灭疟质量交叉检查，每年召开年会，交流经验，评比先进。2001年，全州疟疾年发病率降至0.67/万人。此后坚持实施城乡大面积4种发热病人居民血检和流动人口血检等综合灭疟措施，2011年，全州仅发现7例阳性病例，疟疾发病率降至0.19/万人。2012年，全州仅发现1例输入性疟疾病例。2013年，全州无疟疾病例发现。2014年，报告输入恶性疟疾病例1例，无本地疟疾病例发生。

丝虫病　丝虫病在历史上曾是严重危害黔南人民健康的常见多发病之一，各县（市）均有病例发生。经过大面积的防治以后，于1984年8月经卫生部考核后确认，宣布黔南州已基本消灭丝虫病。此后，州内设置动态监测点，加强流动人口管理，根除残存传染源，灭蚊防蚊。监测10年，证实丝虫病已在全州各县（市）阻断传播，完全净化。1995年，经卫生部再次考核后，宣布黔南州实现消灭丝虫病。至2014年仍保持净化状态。

肠道寄生虫病　1990年，黔南州按照全国人体寄生虫调查实施细则的要求和方法，选择独山县、贵定县的9个点4812人进行寄生虫感染情况调查，检出寄生虫感染者3656人，感染率为76.97%，查出寄生虫12种，其中肠道原虫6种、绦虫2种。调查显示，黔南州人体寄生虫感染情况较为严重，特别是蛔虫、钩虫、鞭虫的感染率较高。州、县（市）开展肠道寄生虫防治工作。1992 年 10 月，全州进行学生集体驱蛔，服药 233694 人，覆盖率 43.8%。1993 年，全州服药 192034 人，覆盖率 36.8%。肠道蠕虫感染监测学生 6682 人，蛔虫感染率为 61.41%。1994 年，全州服药 169791 人，总服药覆盖率 32.52%。1999 年，全州服药 51000 人，监测 655 人。至 2005 年，驱虫服药近 50 万人（次）。2013 年，按照《贵州省土源性线虫监测方案》，以都匀市为监测点，调查 500 人，土源性线虫感染者 123 人，总感染率为 24.6%。其中，蛔虫感染者 119 人，感染率为 23.9%；鞭虫感染者 2 人，感染率为 0.4%；钩虫感染者 4 人，感染率为 0.9%；蛔虫与鞭虫混合感染 2 人。

二、地方病

（一）碘缺乏病

黔南州属于环境碘缺乏地区，各地均有碘缺乏病发生。州、县（市）卫生防疫部门建立后，坚持开展碘缺乏病防治工作，碘缺乏病发病率得到控制。1991 年 12 月，黔南州地方病防治领导小组召开全州地方病防治表彰大会，表彰州卫生防疫站、盐业公司、供销社等先进单位 16 个、先进工作者 111 人。

1993 年 8 月，《光明日报》《科技日报》《经济日报》《消费日报》、中国医学基金会联合到都匀市凯口乡采访碘缺乏病防治成果。11 月美国哈佛大学医学院神经内科、碘缺乏病专家狄隆博士、世界防治碘缺乏病理事天津医学院教授马泰来黔南州考察碘缺乏病并讲学。

1994 年 6 月，根据国务院确定的“中国 2000 年消除碘缺乏病”的目标，州地方病防治办公室制定并实施《黔南州 2000 年消除碘缺乏病防治规划》。1995 年 5 月，州卫生防疫站编辑出版《1988—1994 年黔南州碘缺乏病防治资料汇编》。是年，省地方病防治所按新的碘缺乏病病情监测标准，对都匀、荔波、三都、贵定、瓮安、惠水 6 个县（市）进行抽样调查。1998 年，省、州卫生防疫站联合对福泉市 3 所城乡小学进行碘营养状况调查。1999 年 8 月，按照卫生部《实现消除碘缺乏病阶段目标评估方案》，开展历时 51 天的评估工作。评估结果：共检查 60 所小学 8 ~ 10 岁学生 4800 名，甲状腺肿大率 9.58%。除三都、都匀肿大率 >10.00% 外，其他县（市）均≤10.00%。测定盐碘 3000 份，其中盐库盐 300 份，含碘量均值 44.17 毫克/千克，合格率 66.17%；零售点盐 300 份，均值 41.98 毫克/千克，合格率 86.00%；居民户 2400 份，均值 41.22 毫克/千克。合格率 93.70%。测定学生尿碘 2400 份，中位数 409.75 微克/升，其中小于 50 微克/升占 1.70%、小于 20 微克/升占 0.06%。除三都、都匀外，其余县（市）达到国家规定基本实现消除碘缺乏病阶段目标。

2001 年 4 月，中国地方病防治研究中心联合黔南州卫生防疫站在都匀市凯口镇和石龙乡开展碘缺乏病调查，共查 8 ~ 10 岁学生 275 名，甲状腺肿大率 10.40%，尿碘中位数 398.20 微克/升，56 户居民碘盐均值 33.70 毫克/公斤，认为可能存在某种碘外致甲肿因素。是年，州卫生防疫站向州科委申请“黔南州地方性甲状腺肿与蛋白质缺乏相关性研究”课题获准立项，2003 年研究完成。研究结果认为：黔南地区高尿碘、高甲肿率的主要原因为贫困地区经济水平、生活条件低下，动物性食物摄入较少，蛋白质主要来源于植物蛋白且摄入明显不足，三大营养物质摄入不足特别是蛋白质长期摄入不足，使组织内酪氨酸分配比例减少，使机体摄入的碘，碘化不足而不能被机体充分利用，导致人群机体碘营养相对缺乏。所表现的高尿碘、高甲肿率、低智商等一系列相关联的临床症状与体征，应为多因素共同作用的结果，在碘营养补给充足的条件下，生活水平低下，机体营养不良、蛋白质摄入不足应是加重碘缺乏病病情的重要相关因素。2000—2004 年，对 4 个县（市）进行动态监测。监测结果：7～14 岁肿大率从 11.60% 降至 8.66%；居民户碘盐 25.16～32.03 毫克/千克（平均 28.16 毫克/千克）；尿碘中位数 281.25～378.32 微克/升（平均 327.14 微克/升）。

2002 年，开展孕妇碘营养监测，育龄妇女监测。监测结果显示，州内各民族孕妇尿碘中位数为 221.82 微克/升，孕妇碘营养总体水平维持在国家推荐的最佳范围 150～250 微克/升，总体碘营养状况良好。但有 9.86% 的孕妇的尿碘中位数〈100 微克/升，表现出少部分孕妇机体存在碘缺乏，影响胎儿发育。在育龄妇女监测中尿碘低于 100 微克/升占 6.6%。

2005 年，开展全省第五次碘缺乏病病情考核，省地方病防治所选定都匀、三都、瓮安、龙里 4 个县（市）为黔南州的调查点。调查结果：8～10 岁学生肿大率中，都匀、三都均为 2.50%，龙里 5.00%，瓮安 7.50%；居民户碘盐 34.20～39.30 毫克/千克，均值 35.73 毫克/千克；尿碘中位数 267.0～324.6 微克/升，均值 299.78 微克/升。2007 年 3 月，经省专家组考核，黔南州 8～10 岁儿童平均甲肿率 4.37%，尿碘值 299.77 微克/升，食用盐含碘量为 35.75 毫克/千克，食用碘盐合格率为 95.5%。综合考评结果为黔南州达到国家消除碘缺乏病目标。2007 年 5 月，国际控制碘缺乏病（ICCIDD）理事会副主席依斯特曼和国际控制碘缺乏病理事会东亚地区协调员、中国碘缺乏病专家咨询组组长陈祖培来到黔南州视察当地居民食用碘盐情况、新出生的儿童健康状况。

2009 年，抽样调查全州 31 个乡（镇）的人群碘营养状况，调查 8～10 岁儿童平均甲肿率为 4.53%，尿碘值 352.29 微克/升，食用盐含碘量为 30.03 毫克/千克，食用碘盐合格率为 96.48%，IQ 平均值为 100.28，IQ≤69 为 5.68%。结果表明，黔南地区人群的碘缺乏状况已经得到纠正，各类人群的碘营养需求得到满足。

2014 年，全州各县（市）抽检居民户食用盐 3600 户，检出合格碘盐 3424 份，碘盐合格率 95.1%，检出非碘盐 2 份，非碘盐检出率 0.1%。

（二）地方性氟中毒

按国家规定，氟斑牙患病率≥30.00% 即为地氟病病区。2001 年，州卫生防疫站按照省统一布置，组织专业调查组，对惠水、长顺、贵定、龙里 4 个县的 76 所乡（镇）中心小学 8～12 岁学生氟斑牙患病率情况进行调查。共查 29540 人，平均氟牙率 53.80%，其中龙里 59.91%、长顺 47.07%、贵定 46.88%、惠水 41.63%，4 县氟斑牙总患病率 49.07%，总氟斑牙指数为 0.91，龙里县病情属中等流行强度，贵定、惠水、长顺 3 个县属轻度流行，4 个县燃煤污染型地方性氟中毒属轻度流行，病情呈下降趋势。同时，每县按东西南北中五个方位采集 5 所学校学生尿样共 1025 份，尿含氟量 0.94 微克/升，贵定县最低 0.7

微克/升，龙里县最高 1.4 微克/升；采集煤样 6 份，鲜玉米、稻谷、辣椒各 29 份，测定含氟量，结果煤含氟量 689.59 毫克/千克、玉米含氟量 3.62 毫克/千克、稻谷含氟量 3.58 毫克/千克、辣椒含氟量 33.01 毫克/千克。是年，州卫生防疫站检查贵定县已德新镇裸寨村完成炉灶改良情况，发现绝大多数改良的炉灶不符合要求，烟囱没有出屋，室内依然煤烟迷漫，有的烟囱过短火力不旺，农户不愿使用。炉灶改良工作难以完成，实际效果不佳。

2002 年，完成临床氟骨症症状与体征调查 14392 人，其中贵定县 3541 人、龙里县 3601 人、惠水县 3650 人、长顺县 3600 人；氟骨症临床症状与体征检出率 21.57%，其中男性 20.71%、女性 22.53%。完成重病区（边缘区）村小学 8 ~12 岁学生氟斑牙调查 4356 人，其中贵定县 1207 人、龙里县 2111 人、长顺县 1038 人。3 个县氟牙指数 1.34，其中贵定县 0.82、龙里县 1.71、长顺县 1.18；采集玉米 173 份，辣椒 180 份，含氟量分别为 11.14 毫克/千克，77.88 毫克/千克；对 512 户炉灶使用情况进行调查，拥有炉、灶数分别为 348 个、481 个，家庭氟中毒平均人数 2.66 人，烟囱出屋率 47.07%，各种原因造成室内有煤烟气味 257 户；调查村级一般情况 3547 户。

2003 年，由世界银行赠款，国家、省、州、县疾病预防控制中心组织实施的《中国农村贫困地区室内空气污染干预项目》在贵定县启动。项目设置干预点、半干预点、对照点。在干预点实施健康教育配合改炉改灶进行地氟病防制，改炉改灶经费由世界银行提供；半干预点采取通过实施健康教育干预，促进村民自发进行改炉改灶防制地氟病；对照点则不实施任何干预措施。项目实施三年的结果：干预点（新铺）干预前空气中可吸入颗粒（PM4）为 3.5 毫克/立方米、CO 为 18 毫克/立方米、CO2 为 4 毫克/立方米，干预后 PM4 为 0.42 毫克/立方米、CO 为 6 毫克/立方米、CO2 为 2 毫克/立方米；妇女尿氟干预前为 0.22 ~8.94 微克/升，干预后为 0.28 ~3.75 微克/升；儿童尿氟干预前为 0.11 ~7.39 微克/升，干预后为 0.30 ~3.89 微克/升。半干预点（德新）妇女尿氟干预前为 0.30 ~6.3 微克/升，干预后为 0.33 ~4.91 微克/升，儿童尿氟干预前为 0.25 ~5.05 微克/升，干预后为 0.22 ~5.31 微克/升。对照点（乐邦）妇女尿氟干预前为 0.34 ~8.94 微克/升，干预后为 0.24 ~4.20 微克/升，儿童尿氟干预前为 0.25 ~15.22 微克/升，干预后为 0.20 ~4.91 微克/升。是年，州疾控中心在贵定、龙里、惠水、长顺四县开展 16 岁以上人群氟骨症患病情况调查，调查结果：贵定 154 人，阳性 75 人，阳性率 48.70%；龙里 156 人，阳性 59 人，阳性率 37.82%；惠水 150 人，阳性 78 人，阳性率 52.00%；长顺 129 人，阳性 53 人，阳性率 41.09%。

是年，龙里县疾控中心在民主乡实施健康教育干预促进地氟病防治试点。2004 年 7 月，卫生部、中国疾病预防控制中心在龙里县召开现场经验交流会，陕西省、甘肃省、内蒙古自治区、四川大学华西公卫学院，贵州省卫生厅、贵州省地病所以及毕节、织金、六枝、贵定等县（市）疾病预防控制中心派员参加，卫生部国外贷款办卫焕章处长介绍贵州省健康教育干预防制燃煤污染型地氟病的科研成果。此后，龙里县被列为“贵州省利用中央财政专项资金防治地氟病项目县”。2005—2006 年，谷脚、麻芝、醒狮、摆省、民主、谷龙、巴江、洗马、哪旁等 9 个乡（镇）列为“贵州省利用中央财政资金防治地氟病项目”乡（镇）。项目乡（镇）采取以健康教育、改良炉灶为主，辅以其他有效阻断氟污染途径的综合措施防治地氟病。项目乡（镇）小学三年级至初中三年级普遍开设地氟病防治知识课程，通过健康教育学生知晓率达91.00%，户主知晓率达80.00%以上，都能正确掌握粮食、辣椒干燥保管方法，能正确使用改良炉灶防止煤烟污染，家庭居厨分开率从项目实施前的86.10%上升至95.80%。

2005年，州疾病预防控制中心历时20年的《燃煤污染型地方性氟中毒综合防治效果观察》课题完成。研究结果认为：在地氟病区开展改炉改灶配合健康教育综合防制地氟病，是切实可行、行之有效的综合防治措施，提高病区人群健康意识、卫生防病意识，提高病区人民的经济收入，由被动的专业防制转变为群众积极主动、自觉参与，是提高防制效果、加快防制进程的重要措施。

2005—2008年，先后在龙里、长顺、贵定实施中央财政专项资金防治地氟病项目，采取以健康教育为主配合改炉改灶的综合防治措施防治地氟病，共完成改良炉灶39130户，其中龙里26130户、长顺8000户、贵定5000户，病区改灶率达100%。

2009年10—11月，按照《贵州省燃煤污染型氟中毒防治工作考核验收工作方案》，对完成县级自评工作的龙里、惠水、长顺进行州级考核验收，8～12岁学生氟斑牙检出率：龙里县氟斑牙检出率7.9%，惠水县、长顺县氟斑牙检出率分别为11.53%、16.8%。对照考核验收标准，龙里、惠水、长顺达到消除地氟病危害考核验收标准，报请省级考核验收。2010年6月，省抽取龙里县进行省级考核，达到消除地氟病危害标准。2013年6月，惠水县通过省级复核，代表贵州省接受国家级考核验收。

三、慢性非传染病

州内慢性非传染性疾病主要有重性精神疾病。2005年，都匀市被卫生部指定为贵州省农村重性精神疾病防治队伍建设示范区，根据卫生部和省卫生厅的要求，都匀市卫生局、公安局制定《都匀市2005年中央转移支付地方重性精神疾病防治队伍建设项目实施方案》，指定四一四医院和黔南州精神病院承担全市重性精神疾病防治队伍建设培训任务。2005—2006年，都匀市开展5期重性精神疾病防治队伍建设业务知识培训班，共培训308人，其中管理人员6人、专业防治医务人员14人、个案管理人员80人、乡（镇）管理办事处、社区民警18人、病人家属195人。至2014年，州内有黔南州精神病院、贵阳医学院第三附属医院精神科、瓮安县精神病院、黔南安康精神病专科医院等4家医院开展重性精神疾病诊断与治疗工作，共设置床位330张，每万人口拥有病床0.76张。共有医生30名，每10万人口拥有医生0.74名，其中精神科执业医师23人。

第二节　计划免疫

1991年，开展计划免疫第二个85%目标考核，瓮安县代表黔南州接受国家考评。经考评，黔南州通过国内国际评审，以县为单位，都匀等10县（市）儿童12月龄“四苗”

（卡介苗、百白破疫苗、脊髓灰质炎疫苗、麻疹疫苗）接种率超过85%，罗甸县、三都县18月龄达标。州政府于5月13日召开表彰大会，表彰达标先进县3个和12月龄达标县7个、先进集体53个、先进个人51名。

1992年后，全州开展计免保偿工作，实行一年一度各县（市）计划免疫工作交叉大检查和设立计免单项奖，每年表彰计免工作先进县（市）制度。

根据国家提出限期消灭脊髓灰质炎病（以下简称“脊灰”）的目标，从1993年冬起，每年1月5日和12月5日，开展两轮儿童“脊灰强化免疫”活动。1993年，黔南州计划免疫工作连续第八年被评为全省先进地（州、市）。

1996年，开展计划免疫第三个85%目标考核，福泉市、罗甸县代表黔南州接受国家评审。经考评，黔南州通过评审，以乡（镇）为单位，儿童计划免疫“四苗”接种率达85%以上，受到省表彰。全州开展计免保偿工作，期间仍坚持一年一度的各县（市）计划免疫工作交叉大检查和设立计免单项奖，年表彰计免工作先进县（市）的制度。

1996年计免工作第三个85%目标实现后，停止每年计免工作交叉大检查，全州计免工作出现“滑坡”，麻疹发病率回升。1997年10月，州卫生防疫站在都匀市开展“麻疹疫苗强化免疫控制麻疹流行的效果观察”课题研究，组织人员对都匀市辖区内4.8万名8个月~8岁儿童普种麻疹疫苗，接种率达92.9%，次年都匀市麻疹发病率下降96.7%。

2001年，黔南州实现消灭脊灰病目标。此后，开展维持无脊灰状态脊灰疫苗强化免疫活动，至2004年，累计强化服苗571.95万人（次），平均每年47.66万人（次），每年由州、县对集市和入户儿童服苗情况进行考核，考核服苗率平均达94.96%。

2003年起，按国家要求，全州将乙肝疫苗免疫纳入儿童基础免疫，由“四苗”接种防“六病”（结核病、麻疹、脊髓灰质炎、百日咳、破伤风、白喉）转向“五苗”（卡介苗、麻疹、脊灰、百白破、乙肝）接种防“七病”（结核病、麻疹、脊髓灰质炎、百日咳、破伤风、白喉、乙肝），扩大免疫范围。

是年，世界卫生组织、联合国儿童基金会援助贵州省的“麻疹控制与麻疹疫苗补充免疫活动项目”将黔南州作为全省试点，对全州8月龄~12岁儿童进行麻疹疫苗普种，共接种81.97万人，接种率达98.57%，当年通过世界卫生组织验收，为全省实施该项目提供成功经验，世界卫生组织将此经验作为“黔南模式”向第三世界国家推广介绍。同时，该项目还补充全州冰箱222台、冷藏背包1313个、冰排12330块，促进冷链运转和儿童基础免疫接种工作。2004年，黔南州麻疹总发病率下降99%。

根据新《传染病防治法》，2005年1月1日起，全州儿童基础免疫全部实行免费接种。

2006年10月，州疾控中心增设免疫规划科后，开展新入学入托儿童查验接种证、补种证工作，对常规免疫工作进行督导检查，推行定点接种，强化安全接种，提高接种率和接种质量，巩固计免成果。

2007年起，按省的要求，将流行性脑脊髓膜炎菌苗（以下简称“流脑菌苗”）和乙型脑炎疫苗（以下简称“乙脑疫苗”）纳入免疫规划常规接种范畴。是年，对全州8月龄~6岁儿童开展乙脑疫苗强化免疫，实种18.65万人（次）。2008年，在贵定、惠水两县对7~

10 岁儿童进行乙脑疫苗强化免疫，实种 5.06 万人（次），接种率为 96%。

2008 年，对 6 个县 2000 年 1 月 1 日—2007 年 12 月 31 日出生的儿童开展乙肝疫苗查漏补种工作，实种 5.72 万人（次），接种率为 92.45%。2009 年，对全州 1994 年 1 月 1 日以后出生的儿童开展乙肝疫苗补种工作，实种 31.57 万人（次），接种率达 98.46%。是年起，用无细胞百白破三联制剂或白破二联制剂替代百白破疫苗，用麻腮风疫苗替代麻疹疫苗。2010—2012 年，用麻腮风疫苗替代麻疹疫苗进行 18 月龄儿童加强免疫。2006—2012 年维持无脊灰状态脊灰疫苗强化免疫累计服苗 106.22 万人（次）。

至 2013 年，免疫规划达到“11 苗”（卡介苗、乙肝、百白破、脊灰、麻风、麻腮风、A 群流脑、A + C 流脑、甲肝、白破、乙脑）接种防“12 病”（结核病、麻疹、脊髓灰质炎、百日咳、破伤风、白喉、乙肝、风疹、腮腺炎、流脑、甲肝、乙脑）。是年，全州规范化免疫完成 101.799 万人（次），综合接种率 99.58%，发生疑似预防接种异常反应 17 例，调查处理率 100%。独山、荔波两县代表黔南州接受省级检查，各项工作全面达标。2013 年与 1984 年计免工作起步时相比，传染病发病率麻疹下降 99.98%、百日咳下降 99.95%、钩体病下降 99.76%、乙脑下降 98.52%，白喉、流脑无病例报告。2014 年，完成 106.7819 万剂（次）疫苗接种，接种率达 99.73%，乙肝疫苗首针及时接种率 89.12%。全州 2002—2014 年保持无脊灰状态。

第三节　卫生监测

1993 年起，全州职业卫生工作实行州、县分级管理，州卫生防疫站除指导各县（市）职业卫生工作外，负责州管企业和单位的职业病危害因素监测及健康检查工作。20 世纪 90 年代中后期，由于各种原因县级职业卫生工作有所放松，部分县（市）甚至中断。2002 年 5 月《中华人民共和国职业病防治法》正式实施后，全州各县（市）职业卫生工作逐步恢复。按职业病防治法规定的职业技术服务机构实行资质认证制的要求，州疾控中心于 2005 年 12 月通过省卫生厅的资质考核审查认证，取得建设项目职业病评价乙 B 级资质、职业病危害因素检测与评价资质、放射卫生防护检测与评价资质、职业卫生技术服务职业健康检查机构批准证书。是年，福泉市、瓮安县疾控中心取得职业病危害因素检测评价和职业健康检查资质。

一、食品营养与安全监测

2002 年，卫生部和国家科技局到龙里县开展居民营养与健康状况调查，调查 1800 人，调查内容包括营养不良、高血压、糖尿病等。

2003 年 8 月，州疾控中心在平塘县汤锅营村和么村村民中进行膳食调查，结果为膳食中营养素特别是蛋白质的摄入量均低于 1988 年 10 月中国营养学会修订的《推荐的每日膳食中营养素供给量》标准。

2011—2012 年，州卫生局根据《贵州省食品安全风险监测方案》，制定《黔南州食品安全风险监测安排意见》《黔南州疑似食源性异常病例/异常健康事件监测工作实施方案》，对全州食品安全风险监测和黔南州疑似食源性异常病例/异常健康事件监测工作进行安排，确定都匀市、独山县、福泉市为黔南州食品安全风险监测点。州卫生局成立黔南州食品安全风险监测工作领导小组和黔南州食源性疾病监测工作专家组，举办全州食品安全风险监测培训会，培训全州县（市）疾控中心分管主任、监测检验科科长、信息录入员以及州疾控中心相关人员共100人。确定黔南州食源性疾病监测的定点医院为黔南州中医院，州卫生局每年主持召开黔南州（都匀地区）食源性疾病监测工作会。2007—2014年，全州发生食物中毒143起，州、县（市）疾控中心在规定时间内按照要求报告各项内容，及时将事件信息报告到国家食源性疾病（包括食物中毒）报告系统。州、县疾控中心卫生监测科或其他相关科室及时到现场调查处置。

二、作业场所有害因素监测

1993年起，州防疫站负责州管企业和单位的职业病有害因素监测评价，每年对16个州管企业进行经常性监测，监测项目涉及粉尘、毒物、噪声、放射线等项目。1999—2005年，共监测94个单位1920点，其中，粉尘点808个、毒物点119个、噪声点993个，Si02样88份。粉尘点合格率60.15%，噪声点格率75.43%，毒物监测点合格率80.67%，监测项目有氨、黄磷、氟化物、五氧化二磷、硫化氢、磷化氢、苯、甲苯、二甲苯、一氧化碳、二氧化碳、甲醛、铅、锰、砷、酸雾及碱雾等。

2006年，开展有害作业场所职业病危害因素检测，共监测3家企业101个点。其中，粉尘39个点，合格率63%；噪声51个点，合格率81%；毒物11个点，合格率100%。2007年，监测7家企业702个点，其中粉尘230个点、噪声380个点、毒物92个点。2008年，监测2家企业44个点，其中粉尘22个点，噪声22个点。2009年，监测3家企业，其中，粉尘作业岗位41个，检测粉尘样品79份，合格率82%；检测噪音作业岗位45个样品78份，合格率75%；照度检测32个岗位，合格率100%。2010年，监测5家企业，监测采样570个点，其中粉尘183个点、毒物112个点、噪声275个点。

2011年，按照省安监局的要求，州疾控中心在省安监局进行职业卫生技术服务机构备案，并进行机构续展及换证等各项工作，送达建设项目职业病危害评价乙B级、职业病危害检测与评价、放射卫生防护监测与评价等续展及换证资料。是年，对3家企业开展作业场所职业危害因素检测，检测粉尘作业岗位32个，合格率78%；检测毒物作业岗位4个，合格率100%；检测噪音作业岗位32个，合格率85%。

2012年，监测3家企业的粉尘、噪音、照度、氨、黄磷、氟化物、五氧化二磷、硫化氢、苯、甲苯、二甲苯、一氧化碳、二氧化碳、甲醛、铅、锰、酸雾等。其中，检测粉尘作业岗位51个，检测粉尘样品99份，合格率87%；检测噪音作业岗位50个样品98份，合格率75%；照度检测42个岗位，合格率100%。

三、职业健康体检与职业病诊断

（一）职业健康体检

2000—2005年，州疾控中心对16家州管企业单位的职工进行职业性体检，在职职工体检4884人（次），其中接尘人员3204人、接触化学毒物972人、接触物理因素488人，其他职业病危害因素220人。体检发现新尘肺病人14例，观察对象123人，职业禁忌证489人；对每个体检对象均建立个人健康档案。进行尘肺病患者复查260人（次），建尘肺病人档案160份。2005年3月，对平塘县外出务工的9名农民工进行职业性健康体检，确诊矽肺病2例。

2006—2014年，每年分别对化工、水泥、石化、建筑、烟叶复烤、电力、橡胶等企业从事接触职业病危害作业的工人进行职业健康体检，并开展临床复查、尘肺患者复查。

2006—2014年黔南州职业健康体检情况一览表

表19－2－2

年度	体检企业（个）	体检人数（人）	确诊病例（例）	尘肺观察对象（人）	职业禁忌证（人）	临床复查（人）	尘肺患者复查（人）
2006	5	2382	1	16	4	9	56
2007	6	809	4	8	2	7	51
2008	6	1502	7	18	12	17	66
2009	4	1880	15	25	35	24	65
2010	16	1573	14	22	58	21	41
2011	3	599	14	18	6	11	94
2012	9	1029	47	23	16	17	50
2013	25	953	23	60	22	12	55
2014	12	636	21	45	22	9	83

（二）职业病诊断

1975—2004年，全州累计确诊职业病（均为尘肺病）155例，其中，现症患者68例，死亡患者87例。患者中，矽肺患者60例，煤工尘肺患者94例，水泥尘肺患者1例，分别占患病人数的38.71%、60.64%和0.65%。另外，委托管理的贵州省劳改系统尘肺病人26例，均为煤工尘肺病患者。全州仅三都县未发现尘肺病患者。患者行业分布为煤炭65例、地质矿产业15例、建材10例、其他行业65例，分别占发病人数的41.94%、9.68%、6.44%和41.94%。患者的工种分布以煤矿混合工和凿岩工为主，分别为93例和45例，占发病人数的60.00%和29.03%。

2006年4—6月，对罗甸县在广西横县金矿打工的农民工进行调查，摄X胸片检查128人，发现尘肺患者34人（贵州省职业病诊断组确诊），尘肺病发现率26.56%。34例患者中，Ⅰ期尘肺17例、Ⅱ期尘肺11例、Ⅲ期尘肺6例；尘肺合并肺结核2例。另发现肺结核患者18例。是年，黔南州职业病诊断组5人赴扬州、兰州参加全国职业病医师资格培训考核，均取得尘肺病诊断鉴定医师资格；1人参加全国职业病医师培训，取得职业病医师资格。是年起，州职业病诊断组每年开展阅片诊断活动，确诊病例，接待群众咨询。

2007年，启动黔南州职业病网络直报工作。全年报告职业病6例，其中，新增病例4

例，晋级患者1例，死亡1例。2008年，全州报告职业病15例，其中，新增病例7例，晋级患者1例，死亡7例。2009年，报告职业病15例，晋级1例。2010年，全年报告职业病14例。2011年，报告职业病26例，其中，新增病例14例，晋级患者2例，死亡10例。2012年，网络直报153份，其中，报告尘肺病新病例患者47例，晋级患者3例，死亡3例。审核境外报告新病23例。

2006—2014年全州职业病诊断和职业病咨询情况统计表

表19－2－3

年度	职业病诊断							职业病咨询人数（人）
	州诊断组阅片诊断活动次数（次）	阅片数量（人份）	确诊职业病（例）	晋级患者（例）	复查待诊（例）	观察对象（人）	职业禁忌证人数（人）	
2006	15	2175	1		1	20		265
2007	13	928	4	1	1	16		65
2008	20	2386	7	2	65	85		265
2009	24	2165	15	1			35	465
2010	35	2693	14				58	455
2011	24	1478	14	2		18	6	550
2012	35	2550	47	3		23	16	715
2013	52	4457	23	1		60	22	850
2014	15	2450	13					570

四、放射卫生监测

从1993年起，每2～3年对放射工作人员进行一次健康体检，均建立放射人员个人职业健康档案。

1993—2005年，开展全州新、改、扩建放射工作场所的预防性卫生监督监测以及全州医用X线、放射工作场所的监督监测及发证、核证、换证等工作，建立全州放射工作场所档案。2006年，对全州医疗机构X线机房的放射卫生防护监测，对全州州级医疗单位、县（市）人民医院、疾控中心、乡镇卫生院、厂矿职工医院及私立医院X光机房放射卫生防护进行监测，共监测X光机51台、CT机3台、胃肠机1台，放射卫生防护设备合格54台，总合格率为98.18%。

2007—2014年，监测医疗机构X线机房的放射卫生防护设备X光机150台、CT机36台，放射卫生防护设备合格51台；密封源仪表的卫生防护监测29台，均合格。

五、学校卫生监测

（一）学生健康监测

1991年，黔南州首次开展三都水族学生体质调研工作。此后，每5年进行1次三都水族学生体质调研。1992年，全州学生健康监测58708人（次）。1993年，监测中小学生

50515 人，健康监测结果显示学生常见病患病率以视力低下为最高，平均为 58.3%，龋齿次之，为 47.8%。1994 年，全州学生健康监测 64080 人（次）。

1995 年，对三都水族学生进行体质调查 1500 人。1996 年，对都匀地区民干校、工业学校、财校、农校等中专新生 1127 人进行健康体检，检查结果：视力低下占 35.8%，营养不良占 25.4%，沙眼占 11.0%，龋齿占 5.9%，甲状腺肿大占 9.1%，肥胖占 0.8%；贫血抽查 785 人，阳性率为 19.4%，贫血检出率 19.36%。

1998 年，检测都匀一中、都匀二中及大中专学校新生 3418 人，结核菌素试验查出强阳性 567 人，强阳率 16.58%，乙肝表面抗原阳性 5.26%。对都匀一中学生体检 2006 名，贫血检出率 22.62%；民师学生体检 612 人，贫血检出率 28.10%。随机抽查一中学生 271 名、电大学生 165 名，查出蛔虫感染率分别为 5.16%、14.54%。

1999 年，全州有学校 2148 所，在校生 630329 人，体检学生 26464 人。监测学校 4 所，监测学生 6561 人，监测点中小学生因病缺课 283 天，因患传染病休退学 2 人，疾病死亡 1 人。2000 年，三都县水族学生体质调研 1500 人。2005 年，在全国学生体质调研活动中开展三都水族学生体质调研，检查学生 2970 人。

此外，1998 年和 2002 年，对都匀二中学生进行营养状况、龋齿、沙眼调查。调查结果：营养不良率分别为 39.4%、35.2%，各年度以轻度营养不良为主，分别为 31.8%、28.8%；肥胖率分别为 4.4%、7.0%；龋齿患病率分别为 30.8%、11.7%；沙眼患病率分别为 7.5%、4.0%。五年间营养不良率下降 10.6%，肥胖率增长 59.5%，龋齿和沙眼患病呈下降趋势。生长发育水平等级为：1998 年，上等高 9.6%、下等高 12.8%、上等重 15.2%、下等重 10.0%；2002 年，上等高 10.9%、下等高 13.4%、上等重 20.7%、下等重 10.5%。

（二）学生营养改善计划监测

2012 年，根据州卫生局、教育局《关于转发部、省农村义务教育学生营养改善计划营养健康状况监测评估工作方案（试行）的通知》，三都、平塘、独山、罗甸、荔波、瓮安、贵定、龙里、长顺、惠水 10 个县作为学生营养改善计划常规监测县。每个监测县对参加“营养改善计划”的学校，按不同供餐模式，抽取 30% 的学校作为监测点，共抽取监测点 392 所学校，其中荔波 29 所、长顺 30 所、独山 46 所、贵定 40 所、罗甸 48 所、平塘 34 所、瓮安 40 所、龙里 35 所、惠水 48 所、三都 42 所。10 个监测县疾控中心将常规监测学校的联系方式上报省疾控中心，9 月开始收集学校基础信息。2013 年 3 月，正式启动健康监测及数据直报工作。

（三）学习环境监测

1997 年，州卫生防疫站对都匀一中、都匀二中进行经常性卫生监测，项目有学生学习时间、教室人均面积、课桌椅、黑板、教室采光、教室照明等 16 项指标。都匀一中除教室人均面积、课桌椅符合率、教室采光、厕所 5 项指标不合格外，其余 11 项指标均合格。都匀二中除教室人均面积、课桌椅符合率、环境噪声 3 项指标不合格外，其余 13 项指标均合格。2014 年，全州对 22 所学校的教学环境卫生进行监督检查，教学环境卫生基本符合要求。

六、环境卫生监测

（一）水质监测

2009 年，开始实施“国家重大公共卫生项目”，改善农村饮水卫生，全州 12 个县（市）列为监测县。州疾控中心成立技术小组，每年举办一次农村饮水安全工程水质卫生监测培训班，全州 12 个县（市）疾控中心分管主任、监测检验科（股）长、信息录入员参加培训，至 2012 年，共培训 200 人。

州疾控中心每年开展 12 个县（市）疾控中心农村饮用水水质卫生监测工作督导检查，对存在的问题提出整改意见。省疾控中心开展实验室质量控制工作，对各县（市）疾控中心开展农村饮水水质卫生学监测实验室质控盲样考核，对结果可疑的县（市）疾控中心按要求分析报告。2009—2012 年，黔南州农村饮用水水质卫生监测总合格率为：2009 年为 15.45%，2010 年为 27.72%，2011 年为 37.61%，2012 年为 33.45%。农村水质卫生监测合格率低的主要原因是微生物和色度、浑浊度结果超标。

（二）室内空气质量检测

自 2001 年卫生部颁布《室内空气质量卫生规范》以后，州疾控中心派员参加规范培训学习。2003 年起，实施《室内空气质量标准》（GB/T18883～2002）。2004 年，州疾控中心首次开展家居装修室内空气质量检测。2004—2005 年，家庭装修检测 28 户，苯、甲苯、二甲苯各监测 141 个点，合格率分别为 97.16%、99.29%、100%；甲醛检测 108 个点，合格率 82.41%。2006—2011 年，监测 41 户家庭共 497 个点，其中，甲醛 252 个点，合格率为 98.41%；苯、甲苯、二甲苯 245 个点，无超标。

七、消毒杀虫灭鼠

1994 年 9 月，州卫生防疫站对都匀地区医疗单位的消毒质量进行监测，监测医疗单位 14 家，监测采样 593 份，总合格率 68.09%，其中空气样合格率 39.26%、物体表面合格率为 88.89%、医护人员手样合格率 75.00%、医疗器械合格率为 49.23%、化学消毒液合格率 95.35%、紫外线灯强度合格率 77.28%、压力蒸汽灭菌器合格率 75.00%，最低的一家医疗机构消毒总合格率仅 18.78%。

1995 年，州防疫站监测 24 家医疗单位 413 份样品、8 所托幼机构 156 份样品的消毒质量，总合格率分别为 67.80%、49.36%。检测一次性医疗卫生用品 9 份，合格率 100%。

1996 年，州卫生防疫站设立消杀科，配备专业人员 3 名，当年对 48 家医疗单位监测采样 677 份，总合格率 78.29%，对 9 家托幼和机构消毒监测采样 238 份，总合格率 71.85%。是年，首次对 11 所大中专院校医务室消毒质量进行监测，采样 71 份，合格 46 份，总合格率 64.78%，其中空气样合格率 84.12%、物体表面 36.36%、医疗器械 44.44%、医护人员手样 61.54%、使用中消毒液 92.31%、紫外线灯管强度合格率 100%、压力灭菌器合格率60%。

1997年，对49家医疗单位监测采样842份，总合格率85.99%，对11所托幼机构监测采样208份，总合格率80.29%；对一次性医疗用品采样监测11套，结果符合标准；检测一次性卫生用品3份，医院污水2份；对都匀地区2家宾馆开展灭鼠服务，采用抗凝血性灭鼠剂溴敌隆灭鼠，灭鼠前后开展鼠密度调查，鼠密度分别由灭鼠前的72.38%和78.33%下降至4.60%和4.83%。

1998年，监测41家医疗单位消毒质量，采样618份，总合格率91.91%；对11所托幼机构监测采样173份，总合格率87.86%。

1999年，对都匀地区4家皮肤性病防治机构的消毒质量进行监测，采样18份，总合格率72.22%。年内监测42家医疗单位，采样577份，总合格率94.63%；对8所托幼机构监测采样119份，总合格率94.96%；在夏秋季节对都匀地区19家宾馆、饭店开展灭蚊蝇、灭蟑螂服务，采用高效低毒卫生杀虫剂奋斗呐滞留喷洒，消杀面积达1.8万平方米。

2000年6月8日，都匀地区遭遇特大洪灾，州卫生防疫站承担了半个城区的消杀工作，10天对36个单位1268户居民环境进行消杀，消杀面积864900平方米，其中垃圾52处、公厕40处，确保大灾之后无大疫。10月，对龙潭宾馆、云星大厦开展灭鼠工作，采用溴敌隆灭鼠剂连续投药3天，鼠密度由灭鼠前的74.6%和78.82%分别下降至6.41%和6.46%。对黔南州资本营运公司开展灭螨虫消杀工作，消杀面积达1600平方米。是年，对都匀地区州属38家医疗单位和10家托幼机构进行消毒质量监测，共采样717份，合格657份，总合格率91.63%。其中，医疗单位38家，采样553份，合格率90.96%；托幼机构10家，采样164份，合格率93.90%；抽检一次性医疗用品16份，检测合格。

2001—2006年，对医疗单位和托幼机构进行消毒质量监测。对医疗单位共监测空气样508份，平均合格率66.54%；物体表面采样506份，平均合格率87.50%；医护人员手样465份，平均合格率86.23%；医疗器械258份，平均合格率98.06%。使用中消毒液428份，平均合格率95.12%；紫外线灯管248支，平均合格率81.05%。对托幼机构共监测采样空气104份，平均合格率64.42%；物体表面采样128份，平均合格率85.94%；保育人员采样108份，平均合格率78.70%；图书66本，平均合格率83.33%；玩具64份，平均合格率76.56%；餐饮具86份，平均合格率87.21%。抽检一次性医疗用品63份，合格率均为100.00%。监测一次性卫生用品（卫生纸）9份，合格率67.00%。2002年，首次对都匀地区4家医院污水进行监测，抽检污水4份，合格率为75.00%。

2003年“非典”发生期间，州疾控中心制定防治“非典”消毒方案，组织多个消毒组赴独山新寨检查站和都匀留置观察站指导消毒工作，指导12个县（市）开展预防性消毒，同时对都匀城区113家单位进行消毒，消毒面积518万平方米；举办黔南州防治“非典”消毒技术培训班，培训12个县（市）人员65人；编写《黔南州传染性非典型性肺炎消毒指南》《公路道口消毒工作流程》《新寨检查站消毒工作流程》《公安干警在“防非”执勤中如何做好自我防护》《109医学观察站消毒工作流程图》；对州医院等4家医院的消毒液有效氯含量进行抽样监测，共检样品11份，均为合格；对都匀织布厂生产的卫生口罩生产环境进行卫生学监测，采样 13 份，均为合格；对公共场所空气消毒质量监测采样 16 份，合格率 87.51%；对大中专学校食堂的餐饮具采样监测 52 份，合格率 88.46%。

2002—2014 年，每年都对医院污水进行监测，合格率均为 100%。

第三章 妇幼保健与卫生保健

1991 年，州妇幼保健所有业务用房 340 平方米，设病床 6 张，人员编制 35 人，实有专业技术人员 28 人、行政工勤人员 5 人。经州卫生局审验合格，颁发《医疗机构执业许可证》，开展婚前检查、妇女、儿童等医疗保健服务。县（市）统一设有妇幼保健站，开展辖区孕产期保健、婴幼儿保健、婚前保健及生殖健康等基本公共卫生医疗保健服务，隶属各县（市）卫生行政管理部门。1997 年，州妇幼保健所病床增至 9 张。

2001 年 10 月，州妇幼保健所搬迁至都匀市大兴街新华巷业务综合楼办公，拥有业务用房 2372 平方米，病床增至 25 张，有职工 50 人，增加医疗设备，设办公室、财务科、基妇科、医护科、妇女保健科、儿童保健科、婚检科、门诊部、妇产科门诊、儿科门诊、药剂科、检验科、B 超室、护理部、宣教室。

2003 年 8 月，都匀市妇幼保健站与都匀市计划生育服务指导站合并为都匀市计划生育妇幼保健服务中心，隶属于市人口和计划生育局。2004 年，荔波县妇幼保健站与县计划生育指导站整合，组建荔波县计划生育妇幼保健服务中心，隶属县人口和计划生育局；瓮安县妇幼保健院与县计生技术服务站合并组建瓮安县妇幼保健生殖健康服务中心，隶属瓮安县人口计划生育局；罗甸县妇幼保健站与县计划生育服务站合并，组建计划生育妇幼保健服务中心，为县人口和计划生育局管理的副科级事业单位。2006 年，龙里县妇幼保健院与县人口和计划生育服务站合并，组建龙里县人口和计划生育妇幼保健中心，隶属县人口和计划生育局。

2008 年，州妇幼保健所增加儿童计划免疫工作。2009 年 4 月，贵定县妇幼保健院与县计划生育服务站合并组建贵定县计划生育妇幼保健中心，隶属贵定县人口和计划生育局。2010 年 12 月，重建瓮安县妇幼保健院，隶属瓮安县卫生和食品药品监督管理局。

2012 年，州妇幼保健所开设病床 25 张。同时，承担全州“孕产妇死亡、五岁以下儿童死亡、出生缺陷监测”、降低孕产妇死亡和消除新生儿破伤风项目、“艾滋病、梅毒、乙肝母婴阻断”、新生儿疾病筛查、农村适龄妇女宫颈癌和乳腺癌检查、补服叶酸预防神经管缺陷、农村妇女住院分娩补助等项目管理工作，负责全州基本公共卫生均等化服务和妇幼卫生业务技术指导和业务技术培训、考核、妇幼卫生信息审核上报及网络直报工作。

2012 年，荔波、贵定、龙里 3 个县妇幼保健机构从原机构中分离出来，单独建立县妇幼保健院，分别隶属该县卫生和食品药品监督管理局。

至2014年，州、县（市）妇幼保健机构有床位485张，有医务人员343人，其中有高级职称的29人、中级职称120人、初级职称的194人。各妇幼保健机构开展孕产妇保健、妇女常见病防治、母婴保健、儿童保健、婚前保健等各项妇幼保健临床服务。

第一节　妇女保健

一、妇女常见疾病防治

1991年后，黔南州针对20～64岁妇女进行妇女常见疾病筛查，防治妇女常见病、多发病，调查分析其发病因素，制定防治措施，降低发病率，提高治愈率。

2009年，制定《黔南州农村妇女宫颈癌检查项目实施方案》，于10月在都匀市、瓮安县实施35～59岁农村妇女宫颈癌免费检查项目，项目以3年为一周期（2009—2011）。2009—2011年，全州完成农村妇女宫颈癌检查134516例，检出宫颈上皮内瘤病变（简称CIN）259例，其中，CIN1型163例、2型56例、3型40例，微小浸润癌2例，宫颈浸润癌8例，子宫肌瘤209例，生殖道疾病19874例。

2012年，根据《黔南州2012农村妇女宫颈癌检查项目实施方案》，启动2012—2014年宫颈癌项目，在都匀、瓮安两个项目县（市）的基础上，增加福泉、独山、平塘3个县实施35～64岁农村妇女进行宫颈癌免费检查项目，福泉还开展乳腺癌免费检查项目。是年，全州完成农村妇女宫颈癌检查60000例，检出CIN1型35例、2型14例、3型37例，微小浸润癌3例，宫颈浸润癌3例，子宫肌瘤73例，生殖道疾病17121例。

2013年，都匀市、瓮安县、福泉市、独山县及平塘县作为宫颈癌、乳腺癌检查项目县（市）继续开展工作，新增荔波县作为宫颈癌检查项目县。是年，全州完成农村妇女宫颈癌检查60000例，检出CIN1型94例、2型54例、3型16例，原位癌4例，微小浸润癌1例，宫颈浸润癌3例，子宫肌瘤81例，生殖道疾病14307例。

2014年，都匀市、瓮安县、福泉市、独山县、平塘县及荔波县作为宫颈癌、乳腺癌检查项目县继续开展工作。是年，全州完成农村妇女宫颈癌检查60250例，检出CIN1型45例、2型21例、3型11例，原位癌2例，宫颈浸润癌2例，子宫肌瘤84例，其他生殖道疾病12406例。项目县召开农村妇女进行乳腺检查，检出乳腺纤维瘤7例，其他乳腺良性疾病503例，检出乳腺纤维瘤84例，其他生殖道疾病12406例。项目县召开农村妇女乳腺癌检查项目工作启动会，在福泉市对2000例35～64岁农村妇女进行乳腺检查，检出乳腺纤维瘤7例，其他乳腺良性疾病503例，检出乳腺钼靶可疑阳性6例，确诊乳腺浸润性导管癌1例。

二、孕产妇保健

1991年，农村仍以普及新法接生为主，推行孕产妇高危管理办法，全州开展孕产妇死亡监测，提倡住院分娩，加强产时保健，主攻产后出血，降低孕产妇死亡率。开展育龄妇女与孕产妇破伤风类毒素免疫接种，预防新生儿破伤风发生。是年，全州新法接生率在1990年的基础上有所上升，福泉县、龙里县已普及新法接生，州要求瓮安县、贵定县在年内普及新法接生，惠水、长顺、三都、独山4县新法接生率要在1990年责任状指标基础上升5%，其余各县（市）维持1990年责任状指标，要求县城所在地孕产妇系统管理建卡率达40%，42天母子健康检查率达20%。

1992年，州卫生局制定《黔南州孕产妇系统保健管理实施办法》等8个妇幼保健工作规章制度，全州推行妇幼保健保偿责任制，福泉县、瓮安县、都匀市、龙里县工作开展走在前列，福泉县牛场镇制定和下发一系列有关母子一条龙保健保偿制度和规定。是年，全州母子保健保偿1500余对。1993年，贵定县通过省、州考核，成为普及新法接生县。

1994年，全州推行农村围产保健"三·十"（江西省创立的农村围产保健技术规范模式——"三·十"措施，由卫生部列为1992年面向全国推广的10项科技成果之首）措施，列入重要工作目标，每县（市）都安排1～2个乡（镇）进行"三·十"措施试点，试点乡（镇）高危孕产妇筛查管理率达60%以上。全州母子保健保偿1127对。

1995年，围绕贯彻实施《母婴保健法》，健全"以保健为中心，农村为重点，保健与临床相结合"的妇幼卫生服务体系，成立黔南州州母婴保健医学技术鉴定小组。从7月起，对全州新婚育龄妇女实施强化补碘工作。是年，瓮安县普及新法接生达标。全州母子保健保偿1931对。

1996年4月1日起，使用全国统一的出生医学证明，原"出生医学证明书"停止使用，由州妇保所统一管理。对从事母婴保健工作的技术人员进行技术考核发证。是年，全州有高危产妇1116人，高危产妇住院分娩1014人。

1997年，长顺县普及新法接生达标。福泉市、贵定县、龙里县开展"三·十"措施试点，在独山、贵定和龙里3县试点工作中，对筛查出的高危孕产妇进行监测管理，无一例死亡。

1998年，都匀、福泉、瓮安、贵定、龙里、独山、荔波7个县（市）的孕产妇系统管理覆盖到所有乡（镇），开展高危孕产妇住院监护分娩，其余县仅在中心乡（镇）及有条件的乡（镇）开展高危孕产妇住院监护。是年，全州有高危产妇1474人，高危产妇住院分娩1177人。

1999年，全州所有乡（镇）推广使用出生医学证明。都匀、福泉、瓮安、龙里、贵定、长顺、惠水、荔波、独山9个县（市）的乡（镇）均开展孕产妇系统管理。荔波县通过普及新法接生验收。

21世纪初，随着婚前医学检查由强制转为自愿的同时，开展孕前、后3个月免费补服叶酸片以防新生儿神经管脊裂，在围绕着孕产期保健的实行均等化服务的同时，由中央转移支付对患有"艾滋病、梅毒、乙肝"的孕产妇实行免费咨询检测、治疗及母婴阻断，实行住院分娩补助以及免费对农村妇女进行宫颈癌、乳腺癌的检查并逐步在全州铺开。

2000年，都匀市及惠水县通过普及新法接生验收，三都县、罗甸县、平塘县的三分之一乡（镇）开展孕产妇系统管理。是年，黔南州"降低孕产妇死亡率和消除新生儿破伤风”项目（以下简称“降消”项目）启动。全州有高危产妇2798人，高危产妇住院分娩2528人。

2001年，“降消”项目实施第一年，三都、荔波、平塘、罗甸、长顺、独山6个项目县，共培训基层妇保人员5566人，配置医疗设备24种共1249件。乡（镇）卫生院提高产科技术质量，县级成立孕产妇急救中心，及时抢救高危孕产妇。部分县（市）的新法接生逐步以住院分娩和科学接生替代，群众被动转为主动接受住院分娩，确保母子平安。是年，全州有高危产妇3182人，高危产妇住院分娩2809人；新生儿破伤风发病率由上年的0.93‰降至0.74‰。

2002年，全州有9个县（市）普及新法接生，都匀、福泉、瓮安、龙里、贵定、独山等6个县（市）农村孕产妇住院分娩率达35%以上，三都、荔波、罗甸、平塘、长顺、惠水6个县农村孕产妇住院分娩率达30%以上。全州有高危产妇3831人，高危产妇住院分娩3519人。2003年，全州有高危产妇4010人，高危孕产妇管理3824人，高危产妇住院分娩3585人。2004年，各县（市）农村住院分娩率达30%以上。全州有高危产妇3861人，高危孕产妇管理3754人，高危产妇住院分娩3434人。

2005年，通过县、乡两级产科设备的配备，县、乡、村产科人员培训，孕产妇住院贫困救助，专家驻县督导，建立孕产妇急救通道及健康教育宣传等，提高住院分娩率及消毒接生率，要求“降消”项目县住院分娩率达50%，非项目县达45%。是年，全州有高危产妇3726人，高危孕产妇管理3604人，高危产妇住院分娩3303人。

2006年，实施“母婴健康快车”项目，为全州12个县（市）妇幼保健机构及综合医院配备救护车，改善农村因交通不便抢救孕产妇不及时的状况。根据《贵州省孕产妇死亡评审实施细则》，州、县每年进行孕产妇死亡评审2次。是年，全州有高危产妇3807人，高危孕产妇管理3659人，高危产妇住院分娩3508人。2007年，全州有高危产妇4048人，高危孕产妇管理3913人，高危产妇住院分娩3870人。

2008年，按照《黔南州2008年“降消”项目实施方案》，提倡住院分娩，实施孕产妇住院分娩补助。全州有高危产妇4214人，高危孕产妇管理4131人，高危产妇住院分娩4102人。孕产妇艾滋病检测1840人，检测率5.51%，发现HIV阳性病例5例。

2009年4月，黔南州“预防艾滋病母婴传播”项目的9个非项目县（市）也全部启动该项目工作。是年，根据州卫生局《关于转发省卫生厅关于停止征收“母婴三证”工本费有关事宜的通知》，在全州统一取消和停止收取“母婴保健技术服务执业许可证”“母婴保健技术服务考核合格证”“出生医学证明”工本费。严禁非医学需要的人工性别鉴定和选择性别终止妊娠。全州有高危产妇5251人，高危孕产妇管理5179人，高危产妇住院分娩5125人。孕产妇艾滋病检测17047人，检测率47%，发现HIV阳性病例9例。

2010年，根据“降消”项目中全州孕产妇死亡率控制在60/10万人以下的要求，和《黔南州2010年农村孕产妇住院分娩补助项目实施方案》，以州为单位，要求住院分娩率达80%以上。按照《黔南州增补叶酸预防神经管缺陷项目实施方案》，在全州开展农村孕产妇孕前和孕早期免费补服叶酸工作，确保增补叶酸知识知晓率、叶酸服用率及依从率达标。全州有高危产妇 5535 人，高危孕产妇管理 5469 人，高危产妇住院分娩 5426 人。孕产妇艾滋病检测 26538 人，检测率 56%，发现 HIV 阳性病例 13 例。

2011 年，州、县（市）全面启动预防艾滋病、梅毒、乙肝母婴传播项目工作，要求艾滋病、梅毒、乙肝检测率达 80% 以上。全州有高危产妇 5362 人，高危孕产妇管理 5329 人，高危产妇住院分娩 5223 人。孕产妇艾滋病检测 34429 人，检测率 85.18%，检出阳性病例 25 例；梅毒检测 32362 人，检测率 80.06%，检测阳性病例 38 例；乙肝检测 33444 人，检测率 82.74%，乙肝表面抗原阳性 1178 例。2012 年，全州有高危产妇 6287 人，高危孕产妇管理 6270 人，高危产妇住院分娩 6237 人。孕产妇艾滋病检测 40924 人，检测率 95%，检出阳性病例 30 例，干预率 78%；梅毒检测 40941 人，检测率 95%，检测阳性病例 68 例，干预率 85%；乙肝检测 40789 人，检测率 95%，乙肝表面抗原阳性 2100 例，乙肝免疫球蛋白接种率 93%。

2014 年，孕妇产前检查≥5 次人数 37079 人。全州有高危产妇 5273 人，高危筛查率 12.48%；高危产妇管理 4920 人，高危住院分娩 4920 人。孕产妇艾滋病检测 42499 人，检测率 98%，检出阳性病例 26 例，抗病毒治疗率 53%；梅毒检测 42550 例，检测率 98%；乙肝检测 42556 人，检测率 98%，检出乙肝感染孕产妇 2175 例，乙肝免疫球蛋白接种 1704 例。

1991—2014 年全州孕产妇保健情况一览表

表 19－3－1

年度	活产数（人）	新法接生		住院分娩		产前检查		产后访视		孕产妇死亡		系统管理	
		人数（人）	接生率（%）	人数（人）	分娩率（%）	人数（人）	检查率（%）	人数（人）	访视率（%）	人数（人）	死亡率(/10万人)	人数（人）	系统管理建卡率（%）
1991	52809	38719	74.56	8407	15.91	36805	69.6	36485	69	96	182.55		72.54
1992	51314	38212	74.46	7706	15.02	36700	71.52	35970	70	75	146.16		70.9
1993	50933	39445	77.4	7441	14.6	39158	88	37915	85.3	90	176.7		73
1994	51601	40829	79.12	8487	16.44	40279	78	41880	81.6	65	125.97		70.65
1995	53996	45204	83.72	5863	10.86	40456	81.1	39844	79.8	61	112.7		86.05
1996	55548	47025	85.61	8768	15.96	35768	64.39	34314	61.77	85	153	8139	14.65
1997	53315	47189	88.5	9067	17	43223	81.07	42114	79	72	135	11264	21.13
1998	54379	49248	90.56	10353	19	48156	88.4	46928	86.3	62	114	18693	34.3
1999	49967	46108	90	10555	21	44367	88.79	43854	87.76	67	134	22662	45.35
2000	49435	46399	94	12977	26.25	44698	90.48	44085	89.24	66	133.5	23010	46.58
2001	49299	46460	94.3	14092	28.58	44774	90.82	44024	89.3	55	111.6	25416	51.55
2002	45298	42793	94.47	14536	32.09	32303	71.31	30905	68.23	64	141.3	20764	45.84

续表 19－3－1

年度	活产数（人）	新法接生		住院分娩		产前检查		产后访视		孕产妇死亡		系统管理	
		人数（人）	接生率（%）	人数（人）	分娩率（%）	人数（人）	检查率（%）	人数（人）	访视率（%）	人数（人）	死亡率(/10万人)	人数（人）	系统管理建卡率（%）
2003	43283	40747	94.14	13733	31.73	36677	84.74	35105	81.11	60	138.62	15549	35.92
2004	39174	37160	94.86	14114	36.03	35333	90.2	34311	87.59	43	109.77	16830	42.96
2005	36575	34733	94.96	14883	40.96	32670	89.32	31211	85.33	48	131.24	17790	48.64
2006	36546	35132	96.13	19160	52.43	32821	89.81	31371	85.84	43	117.66	18657	51.05
2007	36074	34611	95.94	21766	60.34	30268	83.91	30163	83.61	31	86	19421	53.84
2008	39017	37717	96.67	25287	64.81	30838	79.04	30725	78.75	25	64	20727	53.12
2009	45150	44440	98.43	33710	74.66	36029	79.8	35381	78.36	34	75.3	26706	59.15
2010	48359	47757	98.76	41916	86.68	41667	86.16	41359	85.52	24	49.6	35419	73.24
2011	46433	46247	99.6	44273	95.35	42793	92.16	42385	91.28	19	40.91	37223	80.18
2012	45749	45647	99.78	44498	97.27	43604	95.31	43114	94.24	15	32，79	39872	87.15
2013	45070	44945	99.72	43973	97.57	42983	95.37	42465	9	19.97	39457	87.55	
2014	42487	42369	99.72	41652	98.03	40747	95.90	40140	94.48	15	35.3	37622	88.55

三、母婴保健监督

1994—2003 年，州卫生局和州妇幼保健所具体落实和监督母婴保健工作。2003 年 10 月，州卫生局授权州卫生监督所行使母婴保健行政执法权。州卫生监督所每年开展各县（市）母婴保健执法工作业务指导和督查 2 次以上，并抽查持有母婴保健技术服务资质的医疗机构 2 个以上，其中二级医疗机构抽查 2 户（次）以上。

2003—2014 年，全州有母婴保健技术服务机构 260 家，开展监督检查 6246 户（次），下达卫生监督意见书 6147 户（次）。

第二节　儿童保健与爱婴医院建设

一、儿童保健

1991 年，全州贯彻实施《全国儿童急性呼吸道感染防治计划》，推行小儿肺炎、腹泻标准病例的管理办法，推广儿童生长发育监测图的使用。要求各县（市）城镇所在地儿童系统管理率与生长发育监测率达 20%，都匀地区达 60%，要求儿童系统管理与生长发育监测同步进行。是年，全州儿童系统管理 11678 人，管理率 7.29%；生长发育监测 8941 人，监测率 5.58%；查出佝偻病患儿 949 人，贫血病患儿 1185 人；新生儿实访人数 36485 人，访视率 69.38%。通过 5 万人群监测，5 岁以下儿童死亡 2688 人，死亡率 51.09‰；婴儿死亡 2165 人，死亡率 41.16‰；新生儿破伤风死亡 82 人，死亡率 1.56‰。

1992 年，全州贯彻执行国家颁布的《九十年代中国儿童发展规划纲要》，推行和巩固儿童系统管理、生长发育监测以及小儿“四病”（肺炎、腹泻、佝偻病、缺铁性贫血）防治。全州儿童系统管理 4726 人，管理率 3.27%；生长发育监测 5394 人，监测率为 3.73%；查出佝偻病患儿 288 人，贫血病患儿 1010 人；新生儿实访人数 10724 人，访视率为 21.07%。通过 5 万人群监测，5 岁以下儿童死亡 2474 人，死亡率为 48.61‰；婴儿死亡 1986 人，死亡率为 39.02‰；新生儿破伤风死亡 64 人，死亡率为 1.26‰。

1996 年，全州 3 岁以下儿童系统管理人数 24838 人，系统管理率 14.51%。其中，城镇 3 岁以下儿童 4:2:1 系统管理人数 13317 人，系统管理率 81.17%；7 岁以下儿童保健管理人数 41678 人，保健管理率 10.39%；新生儿访视人数 39766 人，访视率 71.59%。查出 5 岁以下儿童中重度营养不良（体重 < 中位数 ~2SD）人数 908 人；部分县开展 7 岁以下儿童眼保健、听力保健、口腔保健工作。是年起后，5 岁以下儿童死亡监测工作在 12 县（市）各乡（镇）全面铺开。全年全州 5 岁以下儿童死亡 2316 人，死亡率 41.69‰；婴儿死亡 1917 人，死亡率 34.51‰；新生儿破伤风发病 47 人，发病率 0.85‰；新生儿破伤风死亡 47 人，死亡率 0.85‰。

1997 年，全州 3 岁以下儿童系统管理人数 26868 人，系统管理率 15.52%。其中，城镇 3 岁以下儿童 4:2:1 系统管理人数 8161 人，系统管理率 56.12%；7 岁以下儿童保健管理人数 50237 人，保健管理率 12.26%；新生儿访视人数 41843 人，访视率 78.48%。查出 5 岁以下儿童中重度营养不良人数 848 人。5 岁以下儿童死亡数 2098 人，死亡率 39.35‰；婴儿死亡数 1719 人，死亡率 32.24‰；新生儿破伤风发病 30 人，发病率 0.56‰；新生儿破伤风死亡 30 人，死亡率 0.56‰。部分县开展 7 岁以下儿童眼保健、听力保健、口腔保健工作。

2002 年，全州 3 岁以下儿童系统管理人数 49262 人，系统管理率 31.67%；7 岁以下儿童保健管理人数 111207 人，保健管理率 29.13%；新生儿访视人数 40553 人，访视率 89.52%。查出 5 岁以下儿童中重度营养不良人数 2209 人。5 岁以下儿童死亡数 2237 人，死亡率 48.38‰；婴儿死亡数 1850 人，死亡率 40.84‰；新生儿破伤风发病数 9 例，发病率为 0.20‰；新生儿破伤风死亡数 8 例，死亡率 0.18‰。

2003 年，州卫生局、州残联联合制定《黔南州贯彻〈中国提高出生人口素质减少出生缺陷和残疾行动计划（2002—2010）〉实施方案》。州卫生局、州公安局联合行文转发省卫生厅、省公安厅《关于转发卫生部、公安部关于加强“出生医学证明”管理有关问题的通知》，全州自 2003 年 7 月 1 日起，统一启用具有新防伪标识的“出生医学证明”。是年，全州 3 岁以下儿童系统管理人数 36351 人，系统管理率 24.73%；7 岁以下儿童保健管理人数 100192 人，保健管理率 27.11%；新生儿访视人数 34090 人，访视率 78.76%；4 个月母乳喂养人数 22936 人，母乳喂养率 96.26%；纯母乳喂养人数 14784 人，纯母乳喂养率 62.05%。查出 5 岁以下儿童中重度营养不良人数 1806 人。5 岁以下儿童死亡数 2147 人，死亡率 49.60‰；婴儿死亡人数 1815 人，死亡率 41.93‰；新生儿破伤风发病数 8 例，发病率 0.19‰；新生儿破伤风死亡数 7 例，死亡率 0.16‰。

2007 年，根据省卫生厅《关于在全省开展新生儿疾病筛查工作的通知》，从是年 1 月 1 日起，在全州具有助产资格的医疗机构开展新生儿疾病筛查（即苯丙酮尿症和先天性甲状腺功能低下症筛查）。是年，全州 3 岁以下儿童系统管理人数 46465 人，系统管理率 37.23%；7 岁以下儿童保健管理人数 105815 人，保健管理率 34.42%；新生儿访视人数 29998 人，访视率 83.26%；4 个月母乳喂养人数 24399 人，母乳喂养率 95.99%；纯母乳喂养人数 18147 人，纯母乳喂养率 71.40%。查出 5 岁以下儿童中重度营养不良人数 1113 人。5 岁以下儿童死亡数 1230 人，死亡率 34.14‰；婴儿死亡人数 1031 人，死亡率 28.61‰；新生儿破伤风发病数 5 例，发病率 0.14‰；新生儿破伤风死亡数 4 例，死亡率 0.11‰。

2011 年开始，按省卫生厅要求，根据《新生儿死亡评审规范》开展新生儿死亡评审工作。是年，全州 3 岁以下儿童系统管理人数 103833 人，系统管理率 65.79%；7 岁以下儿童保健覆盖人数 204204 人，覆盖率 68.70%；新生儿访视人数 42442 人，访视率 91.40%；新生儿疾病筛查 22605 人，筛查率 48.68%。6 个月母乳喂养人数 37620 人，母乳喂养率为 95.32%；纯母乳喂养 25659 人，纯母乳喂养率 65.01%。查出 5 岁以下儿童中重度营养不良人数 13489 人；5 岁以下儿童中重度贫血患病 681 人。5 岁以下儿童死亡 695 人，死亡率 14.97‰；婴儿死亡 533 人，死亡率 11.48‰；新生儿破伤风发病 8 例，发病率 0.17‰；新生儿破伤风死亡 5 例，死亡率 0.11‰。

2012 年，制定并实施《黔南州 2011—2020 年儿童发展规划纲要》，以县（市）为单位，州政府与县（市）政府签订考核目标，规定：5 岁以下儿童死亡率控制在 18‰以下，婴儿死亡率控制在 15‰以下，新生儿破伤风发病率控制在 1‰以下，新生儿疾病筛查率≥36%。是年，全州 3 岁以下儿童系统管理人数 122400 人，系统管理率 75.32%；7 岁以下儿童保健覆盖人数 247611 人，覆盖率 72.05%；新生儿访视人数 42967 人，访视率 93.92%；新生儿疾病筛查人数 26369 人，筛查率 57.64%。6 个月内母乳喂养人数 35846 人，母乳喂养率 95.45%；纯母乳喂养人数 24361 人，纯母乳喂养率为 64.87%。查出 5 岁以下儿童中重度营养不良人数 1943 人；5 岁以下儿童中重度贫血患病人数 724 人。5 岁以下儿童死亡数 713 人，死亡率 15.59‰；婴儿死亡 520 人，死亡率 11.37‰；新生儿破伤风发病 6 例，发病率 0.13‰；新生儿破伤风死亡数 3 例，死亡率 0.07‰。

2014 年，全州 3 岁以下儿童系统管理 125119 人，系统管理率 81.23%；7 岁以下儿童保健管理 283427 人，保健覆盖率 82.21%；新生儿访视 39695 人，访视率 93.43%；全年婴儿死亡率 8.61‰，5 岁以下儿童死亡率 12.71‰，新生儿破伤风发病 3 例，发病率 0.07‰；新生儿疾病筛查单位 44 家，实际筛查 33012 人，筛查率 77.69%。全年筛查先天性甲状腺功能低下症可疑阳性病例 112 例，确诊病例 11 例；苯丙酮尿症可疑阳性病例 35 例，无确诊病例。

二、爱婴医院建设

黔南州创建爱婴医院工作从 1993 年起步。1994 年底，州卫生局决定在两年内，县以上医院及妇幼保健机构要普遍争创爱婴医院，凡是二级乙等医院、二级甲等医院必须是爱婴医院。是年，全州创建爱婴医院经省级评审、卫生部确认，达到国际标准的单位10家，成为黔南州首批爱婴医院，爱婴医院工作实现“零”的突破，黔南州成为当年全省创建爱婴医院最多的地（州、市）。

1996年，全州迎接卫生部、省复查的10家爱婴医院全部复查达标。同时，又有8家县以上医院和妇幼保健机构创建爱婴医院达标。7月26日，经省级培训考核和资格考查，州卫生局聘请黔南州母婴保健监督员8人。

1997年，州中医院和惠水县医院创建爱婴医院，福泉市牛场镇卫生院通过省、州爱婴医院达标验收，成为贵州省首家乡（镇）级爱婴医院。1998年，乡（镇）卫生院创建爱婴医院工作全面推开，平塘县医院，平塘、瓮安两县妇幼保健院（站），独山县中医院，瓮安的草塘，都匀的墨冲，贵定的昌明、云雾，福泉的龙昌，独山的麻尾、长顺的威远、惠水的三都等12家医院（卫生院）的创建工作通过省、州级专家评估。是年，全州县以上综合医院、中医院和妇幼保健机构基本上通过创建达标评审，成为爱婴医院。1999年，荔波朝阳镇卫生院、三都周覃镇卫生院通过州级爱婴考核小组评审，达标验收。2000年，福泉市第二人民医院、瓮安县玉山镇卫生院通过州级爱婴考核小组评审达标。凡创建爱婴医院达标的单位，纯母乳喂养率都在95%以上。爱婴医院取消婴儿室，实行24小时母婴同室、早开奶、按需哺乳。至2014年，全州有爱婴医院47家。

第三节 婚前保健服务

1991年，州和各县（市）均已开展婚前医学检查（以下简称婚检）工作，主要是在县城所在地实施。1993年，都匀市、惠水县将婚检工作推向部分乡（镇）。

1995年，省卫生厅《关于进一步加强贵州省婚前保健工作的通知》规定，凡从事婚检的医务人员必须经省培训考核合格并取得合格证才能从事该项工作。1998年7月、9月，全州妇幼保健机构从事婚检工作的医务人员参加省卫生厅妇幼处举办的婚检人员培训班学习，获结业证书。2000年，都匀市婚检率达100%，瓮安县97%，惠水县、荔波县比上年提高，分别为84.4%、64.51%。

2002年，执行新修订的《婚前保健工作规范》，原《婚前保健工作规范》废止，使用全省统一印制的《婚前医学检查表》《婚前医学检查证明》《婚前医学转诊记录》《婚前医学检查登记本》《婚前保健业务学习、讨论记录本》。全州婚检工作人员均参加省级业务培训。全州妇幼保健机构经评审均获得开展婚前医学检查资格。2003年，以县城所在地为中心，婚检工作向有条件的乡（镇）延伸，扩大婚检覆盖面。

2004年，实施新的《婚姻登记管理条例》，强制婚前医学检查改为自愿选择检查，婚检率大幅下降，全年全州婚检仅68人。

2005年，州妇幼保健所与州妇联妇儿工委利用各种节假日，开展婚检知识宣传活动。

是年，婚检率为 0.36%。2006 年以后，选择婚检的人数越来越少，婚检工作处于停止状态。

1991—2004 年全州婚前医学检查统计表

表 19－3－2

年度	受检人数（人）	检出各种疾病（人）					医学建议（人）		
		传染病	遗传病	生殖系疾病	内科系疾病	其他疾病	暂缓结婚	不宜结婚	限制性育性别
1991	4061	131	14	115	56	183	120	14	4
1992	3111	83	1	46	107	84	54	2	2
1993	3721	79	15	65	46	51	39	16	2
1994	2968	51	3	13	25	67	21	0	3
1995	2486	49	0	26	36	11	54	1	0
1996	4224	12	14	50	29	1（精神）	37	1	0
1997	3535	81	2	94	30	0	14	3	0
1998	3541	6	0	59	28	0	26	0	0
1999	3776	56	0	102	61	0	26	0	0
2000	4212	69	0	277	137	0	66	0	0
2001	4364	110	1	259	71	0	81	0	0
2002	5076	96	2	198	113	0	79	3	0
2003	4982	104	9	202	130	2（精神）	43	2	0
2004	68						6		

第四章　爱国卫生运动　采供血

黔南州爱国卫生运动委员会（以下简称爱卫会）是州政府主管爱国卫生工作的综合协调组织，挂靠在州卫生局。州爱卫会办公室为副县级机构，归口州政府。各县（市）相应设有县（市）爱卫会。1992 年，多数县（市）爱卫办级别明确为科级或副县级，单列设置，做到体制、机构、人员、经费、任务“五落实”。1993 年机构改革后，除都匀、荔波、独山 3 个县（市）爱卫办单列外，州和其余县（市）爱卫办合并为州、县（市）卫生局的一个科室，对外继续行使爱卫会办事机构职责。2011 年，州政府办下发《关于印发黔南州卫生局主要职责内设机构和人员编制规定的通知》，设立黔南州爱卫和农村卫生技术指导中心，为州卫生局所属正科级全额预算管理事业单位，核定事业编制 5 名。2014 年 12 月

31 日，州政府办下发《关于印发黔南州卫生和计划生育委员会主要职责内设机构和人员编制规定的通知》，明确州卫计委疾病预防控制科（含爱国卫生运动委员会办公室）承担州爱国卫生运动委员会的日常工作。

1994 年 12 月，成立黔南州中心血站，为科级事业单位，与州医院检验科为一套人员两块牌子。是年，建龙里县单采血浆站。至 1996 年，全州先后创建都匀市、惠水县、罗甸县、独山县、瓮安县、长顺县等 7 家单采血浆站。按属地管理原则，都匀市与州中心血站为一套人员归州卫生局管理，其余均为当地县卫生局下属的股级卫生事业单位，人员均由各县医院及其他卫生部门调配加外聘。2000 年 8 月，州中心血站与州医院分离，成为独立的法人单位，隶属州卫生局管理，人员编制 25 名。至 2014 年，州中心血站按照省卫生厅划定的采供血区域，负责都匀、独山、平塘、三都、瓮安、福泉、贵定、荔波、罗甸 9 个县（市）无偿献血者招募、血液采集与制备、临床用血供应以及医疗用血业务指导，承担以上供血区域范围内血液储存质量控制。龙里、惠水、长顺 3 个县只担任原料血浆采集工作，临床用血由省血液中心提供。

第一节　爱国卫生运动

一、爱国卫生活动

黔南州在每年 4 月爱国卫生月、9 月 17—23 日全国爱国卫生突击周活动期间，分别开展爱国卫生月和爱国卫生突击周活动，重点开展环境、公厕、街道、河道、集市、进出城路口、公共场所、宿舍、院落的卫生清扫和垃圾、污泥清运，主要采取分片包干、分段承包的办法，组织机关、学校、企事业单位和城镇居民参与疏通沟渠、铲除蚊蝇孳生地等活动。

除“四害”（灭鼠、灭蚊、灭蝇、灭蟑螂）是爱卫会一项经常性工作，每年开展以灭鼠为重点的除“四害”活动，并将除“四害”作为创建卫生县城、乡镇的重要指标。

1991 年，除罗甸县外，其他 11 个县（市）的鼠密度均达到国家规定标准，都匀市开展夏季灭蟑螂试点。1992 年，全州参加卫生运动的人民群众达 83.6 万人（次），卫生基础设施建设总投资 344.35 万元，清除垃圾 3898 吨，清理河道 1450 米，疏通沟渠 9.6 万米、下水道 7.2 万米，硬化街道路面 6.9 万平方米。在灭鼠、灭蟑螂的除害活动中，贵定县城鼠密度由 18.26% 下降至 0.2%。

1993 年，全州参加爱国卫生运动的群众达 45.98 万人（次）。12 月 28—29 日，全省爱国卫生工作总结表彰会在都匀龙潭宾馆召开，黔南州被评为 1993 年全省爱国卫生目标管理竞赛第一名，都匀市为城市组第二名。1994 年、1995 年，州爱卫工作连续两年获全省爱国卫生目标管理第二名。1995 年，全州开展大面积灭鼠活动 13 次。此后，随着全州创卫工作的深入，“四害”密度大幅度下降，县以上城镇鼠害控制先后达标。1996—2014 年，开始创建省级卫生县城和乡镇村，依托卫生创建和卫生月活动，工作重点按照卫生标准要求开展工作。

二、农村改水改厕

（一）农村改水

1991 年，全州农村改水在上年底受益人口已达 67.4 万人，占农村人口的 25.33%，其中自来水普及率达 15.20%。1994 年 4 月，建立黔南州农村自来水厂管理中心站。

2007 年以后，根据农村改水工作的推进情况，卫生部门不再承担改水工程的建设任务，省将用于改水工程建设的经费改用于农村供水水源水质监测，改水工程建设任务由水利部门实施，卫生部门主要承担水质监测任务和农村改水统计年报数据的收集和填报。

至 2014 年，全州农村改水受益人口达 339.18 万人，占农村总人口的 97.09%。其中，兴建简易水厂 4108 个，受益人口 271.54 万人，占农村总人口的 77.73%；分散式改水建水窖 28302 个，其他形式受益人口共计 67.64 万人，占农村总人口的 19.36%。

（二）农村改厕

1992 年起，各县（市）开始农村改厕试点工作，州爱卫办举办全州农村改厕技术培训会，重点介绍瓮安县金竹乡石板坪村农民户户修建“三结合”（沼气池、猪圈、厕所）的卫生厕所，推广瓮安县 10 个乡（镇）修建沼气卫生厕所及福泉县农村修建双瓮式或单瓮式卫生厕所的经验。是年，全州农村改建厕所 750 个，其中“三结合”沼气卫生厕所 108 个。此后，各县（市）每年举办改厕技术现场会，技术人员和卫生防疫人员参与技术指导，设置改厕教育宣传栏进行改厕宣传。通过试点，改厕逐渐为群众接受。

1993 年，全州开展农村改厕及粪便处理背景调查，省爱卫办制定背景调查考核验收方案，州爱卫办组织县（市）按方案开展抽样调查，每县（市）抽一个乡（镇），每乡（镇）抽一个村 30 户，逐户查看户厕情况并填表登记，基本摸清全州农村改厕及粪便处理情况的底数。全州农村改厕 250 户，其中沼气卫生厕所 105 个。1994 年，省爱卫会下拨黔南州改厕补助资金 4.8 万元，州匹配相应经费，全年完成改厕 460 户（其中沼气式 160 户、三格式 290 户、双瓮漏斗户 10 户）。省爱卫办无偿下拨黔南州农村改厕 120 套（双瓮式）材料模具，安排在 12 个县（市）农村改厕试点村寨。1995 年，全州投资改厕经费 6.4 万元，完成改厕 1235 户，其中无害化厕所 185 个。1996 年，全州新增改厕户 33041 户。1997 年全州改厕总投资 27.89 万元，完成改厕 402 户，其中沼气式、三格式、双瓮式等无害化厕所 241 户。1999 年，全州农村改厕完成 442 户，均为无害化厕所。全州累计卫生厕所普及率为 6.98%。2000 年，全州 76.24 万农户改厕 11.2373 万户，占 14.75%。

2000—2001 年，省拨改厕资金 50.2 万元，州级匹配 22.55 万元。2002—2005 年，省拨资金分别为 28.8 万元、27.40 万元、29.40 万元、29.40 万元。2005 年，全州累计卫生厕所普及率升至 38.58%。

2006 年，制定《黔南州农村改厕项目实施方案》，于 4 月举办 50 人参加的项目培训班，推进农村改厕工作。是年起中央财政对农村每座卫生厕所的补助经费标准逐年提高，2006 年为 250 元，2007—2008 年为 350 元，2009—2010 年为 400 元，2011—2012 年为 500

元。2006—2012 年，黔南州获中央财政补助农村改厕专项经费累计 2629 万元，省补助经费 196.37 万元，全州农村共改厕 7.915 万户，超额完成省下达黔南州农村改厕任务，每年的建设任务均通过省爱卫会专家组检查验收，至 2012 年底，全州卫生厕所普及率上升至 49.46%，其中无害化厕所普及率 25.56%。2013 年，中央补助资金 800 万元，省补助经费 41.60 万元，共实施改厕任务 1.6 万座（500 元/座），改厕项目至2014 年上半年全部完成。

三、卫生城市（县城）与卫生乡镇村创建

（一）卫生城市（县城）创建

1991 年起，黔南州参加全省城市爱卫目标管理竞赛和创建省级卫生城市（县城）活动，州和各县（市）将创卫工作作为“两个文明”建设，改善投资环境，树立形象和改善城乡环境卫生面貌的重要工作抓落实。1995 年 12 月 20 日，都匀市经省考核验收，获省政府授予“省级卫生城市”称号，12 月 30 日，获全国爱卫会授予“全国先进卫生城市”称号。1997 年 12 月 24 日，瓮安、荔波 2 县获省政府授予“省级卫生县城”称号。1998 年 8 月 15 日，州委、州政府下发《在全州坚持不懈地抓好创建文明卫生城镇活动的通知》，推进全州创建省级卫生城市（县城）活动。2000 年 6 月，在省政府召开的全省爱卫工作会议上，黔南有 7 县（市）受到表彰，其中，都匀市获“全国先进卫生城市”称号，福泉市获“省级卫生城市”称号，长顺、惠水、龙里、贵定 4 个县获“省级卫生县城”称号，罗甸县获“省级卫生先进县”称号。在全省受表彰的县（市）中，黔南州占 46.67%。2002 年 6 月，省政府命名三都县为“省级卫生县城”。2004 年 5 月，省政府命名罗甸、平塘、独山 3 个县为“省级卫生县城”。至此，黔南州 12 个县（市）全部成为省级卫生城市（县城），成为全省 9 个市（地、州）中首家全部完成省级卫生城市（县城）创建的地区。

荔波县在 1997 年完成创建省级卫生县城后，结合打造国家级优秀旅游城市活动，制定创建国家级卫生县城计划，成立创建国家级卫生县城领导小组及其办公室开展创建国家卫生县城工作，召开万人签名大会进行宣传发动，县各级党政主要领导负总责，层层抓落实，建章立制，按照《国家卫生镇（县城）标准》逐条分解任务，在规定时间内抓出成效。2004 年 6 月，经县、州、省考核评审后报全国爱卫会。8 月，全国爱卫办专家组对荔波县进行国家级考核评审达标验收。12 月 24 日，全国爱卫会下发《全国爱卫会关于命名北京市窦店镇等 55 个镇为“国家卫生镇（县城）”的决定》，授予荔波县“国家卫生县城”称号，荔波县成为全省第一个达到国家级卫生县城标准的县。

按照省有关文件规定，各县（市）在创建省级卫生城市（县城）达标后，要定期接受省的复审。2006 年 7 月，全国爱卫会专家组到荔波县进行国家卫生县城复审，复审结果为继续保持荔波县“国家卫生县城”称号。2011 年，经省暗查复审，都匀市、贵定县达标，龙里县整改。2012 年上半年，经州、省两级评审团、专家组对荔波县复评后，全国爱卫办专家组于 8 月对荔波县国家级卫生县城进行暗查复审通过验收。是年，惠水、罗甸、平塘、荔波、龙里 5 个县接受省爱卫会专家组暗查复审，全部达标巩固。2013 年，长顺、福泉、独山、瓮安、三都 5 个县（市）接受省爱卫会专家组暗查复审，除独山县被要求整改外，

其他4个县（市）达标巩固。

2014年，瓮安县政府正式申报创建国家级卫生县城，成立瓮安县创建国家卫生县城工作领导小组及其办公室，县政府制定《瓮安县2014—2016年创建国家卫生县城规划》《瓮安县创建国家卫生县城实施方案》。

（二）卫生乡（镇）村创建

1997年，州爱卫会组织专家按照《贵州省卫生乡镇标准》评审，都匀市墨冲镇、福泉市牛场镇、独山县尧梭乡、荔波县佳荣镇、平塘县通州镇、长顺县广顺镇6个乡（镇）达标，成为黔南州首批州级卫生乡（镇），其中墨冲镇、牛场镇同时成为省级卫生调研评审镇。1999年，全州有12个乡（镇）通过州级卫生乡（镇）评审达标验收。

按照《国家卫生镇（县城）标准》规定，创建国家卫生城市（县城）必须有30%的村建成省级卫生村。荔波县在争创国家级卫生县城活动中，按照《贵州省卫生村标准》，组织县城玉屏镇所辖村开展省级卫生村创建工作。2004年8月，经省爱卫会和国家爱卫办考核验收，荔波县玉屏镇的板旺村、板吉村、拉鱼村、和平村、建设村5个村成为黔南州首批省级卫生村。

第二节　采供血

一、采供血服务

1995年4月26日，州卫生局成立黔南州血液质量管理委员会，负责辖区内的采供血机构和血液质量的监督管理、监测及技术指导，下设办公室在州卫生局医教科。8月16日，经州政府批准，州卫生局印发《都匀地区公民义务献血管理暂行办法》，在州内建立公民义务献血制度和实行区域性统一管理血源、统一采血、统一供血的“三统一”医疗用血制度，即由州献血办统一管理血源，州中心血站统一采血、统一供血，任何医院或组织非经州献血办批准不得自行组织血源、采血、供血以及向外地血站和医院联系供血。1996年起，由州中心血站与都匀地区的医疗用血单位签订《供血协议》，州卫生局监督执行。1997年1月，州卫生局下发《关于加强黔南州临床用血管理的通知》，明确：县及县以上医院要成立院长直接领导的临床输血管理委员会（或小组），对院内的临床用血进行技术指导及管理；凡未按规定对献血员进行体检检验的不得采血用于临床；各县在县直医疗单位中创造条件实行临床采供血“三统一”；州医院、州中医院、四一四医院的临床用血中，成分输血比例要达到或接近50%，县级医院达到20%以上。1998年8月18日，州政府印发《黔南州实施〈中华人民共和国献血法〉暂行办法》。11月，州献血办成立都匀地区公民无偿献血办公室，并制定《都匀地区医疗用血管理办法（试行）》。1998年，龙里、惠水、长顺3个县按省卫生厅划定的采供血区域，只担任原料血浆的采集工作，原承担的临床用血采供工作划归贵州省血液中心。1999年6月，对上述暂行办法、管理办法进行修改补充后重新印发执行。至年底，辖区内临床用血来自无偿献血比例从23%上升至80%。

2000年，福泉等县（市）实行血液“三统一”。2001年7月起，州内除罗甸县因供血半径远，临床用血的采供由罗甸县医院成立中心血库承担外，其他县（市）临床用血采供工作划归黔南州中心血站。州中心血站与都匀、独山、平塘、三都、瓮安、福泉、贵定、荔波等8个县（市）的县及县以上医院签订《供血协议》，开始全面实施辖区内采供血“三统一”管理，负责辖区8个县（市）医疗机构临床用血采供，州中心血站结束单采血浆工作。

2002年7月，州中心血站获得国债配置的2辆采血车正式投入使用，辖区内临床用血达到100%来自无偿献血。

2004年6月，荔波县无偿献血工作正式启动。州中心血站全年外出采血296次，无偿献血7572人。

2005年，实行无偿献血工作“四个转移，一个延伸”，即：由指令性计划指标向无指标的自愿无偿献血转移，一次献血向多次献血转移，一次献血200毫升向400毫升转移，临床用全血向成分输血、自体输血转移，无偿献血工作从城市向农村延伸。2006年8月，罗甸县中心血库撤销，罗甸县即日起与州中心血站签订《供血协议》，临床用血采供由州中心血站承担。至此，州中心血站采供血区域增加至9个县（市）。

根据2006年12月国家卫生部等9个部（委）《关于联合印发〈关于单采血浆站转制的工作方案〉的通知》和省卫生厅等10厅（局）《关于全省单采血浆站转制工作的实施意见》，州内6个县单采血浆站于2007年上半年完成整体转制，由华兰生物工程股份有限公司全资收购并全权管理，更名为华兰生物（龙里、独山、惠水、瓮安、罗甸、长顺）单采血浆有限公司，省、州、县卫生行政部门将该公司的监督管理纳入全程监控目标，对采浆全过程进行监督检查，确保采供血浆质量与安全。6月，州中心血站正式加入中国输血协会。

2010年12月1日，承办全省血液安全督导检查预备会。会后，省卫生厅在州中心血站召开现场工作会。2011年8月1日，按照《贵州省采供血机构设置规划（2011—2014）》，华兰生物（龙里、惠水、瓮安、罗甸、长顺）单采血浆有限公司全面停止该血浆站的采浆工作，只保留华兰生物独山单采血浆有限公司的原料血浆采集。

2013年11月11日，黔南州造血干细胞志愿者田明力成功捐献227毫升造血干细胞，输给一名配对成功的血液病患者，成为全州第二位捐献造血干细胞者。

2014年，州中心血站购进帝肯酶免检测设备（使血液检测达国家双套设备要求）1套及国产第四代和进口丙肝试剂等，还增加血液成分采集、制备等先进设备，提高服务能力。至年末，州中心血站有1万元以上采供血设备105套，总价值2000万元。

2000—2014 年黔南州中心血站年采供血统计表

表 19－4－1

年度	采血量（吨）	供血量（吨）	成分血占比（%）	年度	采血量（吨）	供血量（吨）	成分血占比（%）
2000	0.89	0.89	5.8	2008	3.19	2.76	98.7
2001	0.99	1.02	33.8	2009	3.41	3.05	99.4
2002	1.40	1.49	44.9	2010	3.67	3.25	99.8
2003	1.74	1.81	61.9	2011	4.26	3.80	99.9
2004	1.86	1.83	87.5	2012	4.90	4.40	99.99
2005	2.60	2.33	86.7	2013	5.39	5.03	99.99
2006	2.66	2.44	94.6	2014	5.75	5.42	99.92
2007	3.21	3.19	97.0				

二、血液监督管理

1999 年以前，全州有州中心血站和福泉、长顺、罗甸、荔波、瓮安、平塘 6 个县（市）中心血库，但都附属于州医院和这 6 家县（市）人民医院内，在供应医院临床用血同时也采供血浆。2001 年，全州设州中心血站和罗甸县中心血库以及瓮安、长顺、惠水、龙里、罗甸、独山 6 个单采血浆站。1999 年，对州中医院、四一四医院私自采血给予责令整改。2001—2002 年，州卫生局对贵定县医院、平塘县医院、福泉市医院和福泉市牛场镇中心卫生院私自非法采供血行为立案查处，予以重罚并责令限期整改。

2003 年起，州、县两级卫生监督机构承担血液监督管理职责。2004—2006 年，在全州开展非法采供血液和单采血浆专项整治，由州纪委、宣传部、卫生、药监、公安等单位组成专项整治工作小组，全州各级卫生监督机构共出动人员 384 人（次），检查州中心血站、罗甸中心血库、6 个单采血浆站，检查各级各类医疗机构 398 户（次）。经过专项整治，全州临床用血做到统一管理血源、统一采供血和合理用血，在采血过程中，按规范做好无偿献血员体检，血源的检测化验，血液采集、保存、供应及血液报废等记录。对惠水县出现冒名顶替供浆员供血浆的问题，责令停业整顿。对严重违反医疗废物管理的龙里县单采血浆站、独山县单采血浆站立案查处，作出责令整改及罚款的行政处罚。2007—2009 年，全州各级卫生监督机构出动人员 376 人（次），检查州中心血站 12 次、罗甸中心血库 6 次、6 个单采血浆站 87 次，检查各级各类医疗机构 161 户次。期间，瓮安、长顺、惠水、龙里、罗甸、独山 6 个单采血浆站于 2008 年安装视频监控系统，对采浆过程中的关键岗位进行现场监控。2009 年，对独山单采血浆站违反供血浆前健康检查规定的行为进行立案查处，责令立即改正违法行为，并处以罚款。

2010 年，对全州医院临床用血实行“临床用血许可证”。龙里、惠水、长顺 3 个县的 4 家医疗机构临床用血由省血液中心采供，都匀、福泉、三都、荔波、瓮安、贵定、平塘、罗甸、独山等县（市）的 17 家医疗机构临床用血由州中心血站提供。全州有 21 家医疗机构取得“临床用血许可证”。

2010—2014 年，全州各级卫生监督机构共出动人员 586 人（次），检查黔南州中心血站 23 次，检查瓮安、长顺、惠水、龙里、罗甸县单采血浆站 20 户（次），检查独山县单采血浆站 29 次，检查各级各类医疗机构 482 户（次）。

三、无偿献血宣传

1998 年《献血法》实施之初，州委、州政府领导带头献血，启动全州无偿献血宣传工作。2000 年 9 月，州中心血站与州献血办、都匀有线电视台联合制作 10 期“无偿献血知多少”专题讲座在“都匀新视线”栏目作系列报道。2002 年，与州电视台联合开办“无偿献血·关爱社会”专栏节目。10 月，州中心血站率先在省内开通采供血信息网站，创办内部刊物《黔南献血信息》（后改为《黔南献血》季刊）。2003 年，与黔南电视台合办“无偿献血·关爱社会”电视专栏，推出报道 60 次，其中有 3 次报道在贵州卫视播出。是年，在《黔南日报》开辟“无偿献血·关爱生命”专栏，共刊登 30 篇无偿献血知识文稿。9—12 月，为州医学会举办“2003 年黔南州执业医师、执业护士卫生法律法规培训班”11 期，讲解《献血法》《贵州省献血条例》。开通献血者语音查询电话，向献血者发放感谢信与生日贺卡，促进捐血者召回成功率。引进“深圳模式”宣传无偿献血，利用各种媒体定期、不定期开展宣传活动，在街头设置流动和固定采血点，重大节日组织人员到闹市区、采血点进行宣传，每月到各县（市）巡回采血和宣传，推动无偿献血工作，全州无偿献血率快速提升，到 2002 年已 100% 满足临床用血需要。

2004 年 6 月 14 日是首个“世界献血者日”，分别在都匀、瓮安、荔波 3 县（市）开展大型无偿献血宣传活动，发放宣传资料 1000 余份，采血 600 余人（次），活动先后在当天的中央电视台《新闻联播》、贵州电视台的《贵州新闻》、黔南电视台的《黔南新闻》时段及《黔南日报》《贵州都市报》上作全方位报道。

2005 年，将下辖区县（市）巡回采血宣传由一天改为连续一周或半月。8 月 14 日，配合州、都匀市红十字会在都匀步行街首次举行以“捐献造血干细胞挽救他人生命、爱心升华你我人生”为主题的大型宣传活动，现场发放相关宣传资料 15000 余份。12 月 5—9 日，与黔南师院联合开展“黔南师院无偿献血宣传周暨签名仪式启动活动”，宣传周期间，师生无偿献血共计 522 人次，累计血量 10.48 万毫升，黔南师院还将每年 12 月的第一周定为该院的“无偿献血宣传周”。

2006 年 12 月 30 日，州中心血站站长带业务人员 3 人走进黔南人民广播电台《政风行风热线》直播间，首次与听众就无偿献血知识以问答形式直接进行交流，向社会公布无偿献血咨询热线电话和投诉电话号码。

2007 年，被誉为“中国徒步走神州宣传无偿献血第一人”的杨顺德与首届“中华慈善奖”“全国无偿献血第一人”获奖者高永华，分别于 3 月 26—31 日和 10 月 24—29 日应邀到都匀宣传无偿献血，介绍他们多年志愿宣传无偿献血的心得体会，并到都匀市区及乡（镇）人群密集地带展示自己历年获得的无偿献血证和自制无偿献血宣传图片。

2010 年 1 月 22 日，州中心血站首次召开全州稀有血型捐血者座谈会，就无偿献血及稀有血型相关知识作专题讲解。

2011 年 6 月 14 日，开展以“捐献更多血液，挽救更多生命”为主题的宣传活动。活动现场，州政府表彰黔南州 2001—2010 年度“无偿献血奉献奖”银奖获得者 3 名、铜奖获得者 38 名，“无偿献血先进单位”黔南医专、黔南师院，“无偿献血促进奖”单位 8 个及个人 3 名。

2012 年 5 月 10 日，州中心血站举办首个公众“开放日”活动，政府机关、民建、民革、民盟、民进、九三学社等单位参加。

2014 年，先后到州内各高等院校进行无偿献血知识宣教、有奖问答，在黔南医专、贵州省职业技术信息学院、黔南师院、黔南职院等进行现场采血宣传。在《黔南日报》作专版宣传 1 期，州中心血站有关人员走进黔南广播电台“午间零距离”直播间，向听众解读社会关注的血液热点问题，并与听众互动，答疑释惑。

四、信息化建设

2002 年 10 月，州中心血站开通贵州省首家中心血站静态网站，宣传无偿献血知识，发布工作信息。2009 年，网站变为动态，网址 www. qnxz. com，内容包括血站概况、新闻中心、公益视频、服务指南、法律法规、血液知识、党群建设等 7 个板块内容，支持在线查询采供血信息及献血者献血后回告等服务。

2003 年 8 月，州中心血站正式使用血站系统管理软件。2005 年 6 月 1 日，启用卫生部新版《采供血情况调查工作软件》。2014 年 1 月，血站系统管理软件换代升级为《现代血站标准化管理信息系统 9. 0》（简称 SHINOW9. 0），投入配套资金 160 余万元，管理系统涵盖血液从进到出的各环节，均处于受控，降低差错、事故发生率，用血安全得到进一步保障。

2011 年初，搭建省内首家全州血液管理网，分步与辖区医疗机构联网，于 2012 年在辖区全面铺开，实现供需双方网上用血预约和审批，实时监测全州临床用血动态库存并进行网上调拨，实时监测储血设备温度，实现储血质量全程监控和预警，确保临床用血质量与安全。

2014 年 1 月，血站系统管理软件换代升级为《现代血站标准化管理信息系统 9. 0》（简称 SHINOW9. 0），投入配套资金 160 余万元，管理系统涵盖血液从进到出的各环节，均处于受控，降低差错事故发生率，用血安全得到进一步保障。10 月，应用新媒体平台—微信，发送献血相关信息，申请微信订阅号官方网站，并将其与 www. qnxz. com 网址内容直接关联，方便公众了解全州无偿献血相关信息。

第五章 红十字会及其他医药卫生组织

1991 年，州及 12 个县（市）红十字会分别隶属州、县（市）卫生局领导。1994 年 8 月 30 日，州红十字会在都匀市召开第二届理事会，选举理事 51 人，其中会长 1 人、常务副会长 1 人、副会长 5 人、秘书长 1 人。2001 年 12 月，州政府办下文明确黔南州红十字会单列，事业编制 3 名，列入参照国家公务员制度管理范围，财政全额预算管理。2009 年 10 月 16 日，州红十字会从州卫生局分离出来，为正县级群团机构，参照公务员管理。2011 年 4 月 7 日，州红十字会在都匀召开第三届理事会，选举理事 86 人，其中会长 1 人、专职副会长 1 人、副会长 8 人。2013 年 3 月，州编办下文明确州红十字会核定机关事业编制 6 名。2014 年，12 个县（市）红十字会均从卫生局分离出来，为正科级群团组织，事业单位，参公管理。州、县（市）红十字会围绕救灾、救助、救护，开展以保护群众生命和健康为宗旨的人道救助工作。

州内还成立有黔南州医学会、黔南州护理学会、黔南州预防医学会、黔南州麻风病病防治协会、黔南州癌症康复协会等学会、协会组织。

第一节 红十字会

1991 年，黔南州遭受洪涝灾害，省红十字会先后下拨黔南州两批救灾物资，第一批从中国红十字总会下拨救灾款 0.4 万元、衣服 200 件，第二批下拨香港红十字会捐赠的救灾款 10 万元、棉被 2000 床，台湾红十字会捐赠大米 200 吨。是年，发放省红十字会和其他省（区）捐赠的药品、医疗器械价值 25.47 万元。独山县红十字会发出抗洪救灾倡议书，收到募捐款 3.48 万元、粮食 8050.9 公斤、衣物 375 件。

1992 年，台湾红十字会捐赠 4 万元，香港红十字会捐赠黔南州红十字会日本产丰田海狮牌救护车 1 辆，用于红十字的卫生救护、救灾、抢险、备灾以及开展红十字活动。2 月 28 日，中国红十字总会表彰 1991 年抗洪救灾先进集体、先进个人，独山县红十字会获先进集体，刘国培、王林森、李清、李必寿等人获先进个人。

1994 年 1 月，长顺县教育红十字会制定《长顺县教育红十字会补助细则》，对青少年会员和家庭遇水灾、火灾、干旱、疾疫等致使生活极度困难影响上学者给予补助。

1995 年 4 月 12 日，都匀马尾坡发生一起大客车爆炸燃烧事故，致 1 人当场死亡，35 人被烧伤送进州医院，州红十字会立即联合州公民义务献血委员会，发出向“4·12 事故”伤员献爱心活动，共收到社会募捐款 148.06 万元，贵州神奇制药有限公司为烧伤病员捐赠价值2.55万元的药品，伤者经州医院治愈出院。1999年10月15日，都匀市畜牧水产局退休职工谢兴荣将遗体捐献给黔南医专作医学研究，成为黔南州第一例捐献遗体的老人。是年，中国红十字总会“红十字在行动”摄制组到都匀市公安局广惠路派出所，现场拍摄长期坚持对辖区鳏、寡、孤、独老人开展“红十字”人道主义社会服务活动。中央电视台、中国人民解放军新闻部驻成都记者站记者与中国人民解放军四十四医院人员，到平塘县四寨镇福荣村满雅寨对四十四医院免费治愈“巨舌症”患者进行专题采访。

2003年，台湾红十字会汇集台湾人道力量，认养都匀市阳和乡光荣小学儿童127名，给予每人每年书杂费170元（其中45名特困生另加每人每月生活费85元）的形式进行帮助。12月12日，收到第一笔款项3.34万元。该活动一直持续到2006年，共收善款14.04万元。

2005年12月9日，中国红十字总会、国家民委到平塘县卡蒲乡开展“博爱送万家”活动，捐赠价值20万元物资，受益群众1000户3000余人，活动还惠及独山县羊凤乡、惠水县高镇镇等地的毛南族聚集乡（镇）。

2008年初，黔南州遭遇罕见雪凝灾害。2月13日，州红十字会收到浙江省宁波市署名为“风调雨顺”的捐款3万元，善款转拨州医院用于抗灾救护。雪凝灾害期间，还收到捐赠物资折款约60万元。四川汶川“5·12”8级特大地震发生后，州红十字会开展抗震救灾募捐活动，至6月10日，共收到社会爱心善款37.87万元，全部汇至地震重灾区都江堰市，帮助该市聚源中学和市中医院灾后重建。是年，河南三鹿毒奶粉（三聚氰胺超标）事件发生后，州卫生局组织县以上医院对全州食用三鹿毒奶粉的婴幼儿进行免费诊查治疗，共查37472名，确认奶粉损伤儿童881例。按照《贵州省婴幼儿奶事故赔偿实施方案》，全州红十字对符合赔偿条件的患儿发放赔偿金，赔偿标准为重症患儿每人1万元、一般性治疗患儿每人0.2万元，全州共赔偿患儿723人（份）。

2003—2009年，全州红十字救护培训工作由省红十字会救护培训中心黔南培训站负责初级救护培训，采取“以训养训，以训促训”的方式培训救护人员129699人，其中，公益性培训117076人，持证培训12623人。

2010年，贵州省发生特大旱灾，州红十字会争取到灾后重建项目389.3万元，共接收捐赠款物总值1619.01万元，其中国内捐款744.51万元、国内捐赠物资折款848.5万元、外援款物总值26万元。

2011年4月7日，召开州红十字会第三次会员代表大会。

1991—2012年，全州红十字会募集善款总计274.37万元，接受捐赠2992.56万元，受益群众达50.52万人（次）。

2013年6月17—18日，香港善施慈善基金会主席黄业俊、副主席黄玉送等一行到瓮安县银盏、永和、岚关、老坟嘴、玉山、天文、江界河、珠藏镇、猴场镇、平定营镇、瓮水办事处、雍阳办事处等乡（镇）发放价值13万元的轮椅200台；在瓮安四中与100名困难学生座谈，并发放助学金1万元；捐赠银盏中心卫生院救护车1辆，价值5万元。8月14日，荔波县玉屏街道办事处水利村获广州市红十字会援助资金45万元；三都县打鱼乡来术村、大河镇怀所村获香港红十字会援助45万元；贵定县马场河乡获中国红十字总会、贵州省红十字会“绿色家园行动——健康新村（博爱家园）”项目资金45万元。

第二节 学会 协会

一、学会

（一）黔南州医学会

1991年，黔南州医学学会组织有中华医学会贵州省黔南州分会（成立于1963年，以下简称州医学分会），挂靠州卫生局。州医学分会有医药卫生类学（协）会11个、会员2332人，内设专业委员会有内、外、儿、妇产、麻醉、检验、妇幼保健、肾病风湿病、医院感染、骨外科、神经精神、疾病防控、医学影像等13个。1991年9月，在州卫生局内成立州医学分会办公室，负责管理、指导医药卫生类学（协）会工作。1997年4月，州政府办公室行文明确州医学分会办公室为州卫生局挂靠事业单位，编制人员在卫生局事业编制4名中使用。2001年12月，州政府办《关于印发黔南州卫生局职能配置、内设机构和人员编制的通知》中明确州医学分会单列事业编制1名，由财政全额预算管理，列入参照国家公务员制度管理范围。

2002年4月，按国务院《医疗事故处理条例》规定，州医学分会依法组织医疗事故技术鉴定工作。2002年7月，州医学分会在州民政局重新注册登记，名称变更为黔南布依族苗族自治州医学会（以下简称州医学会）。州医学会参加黔南州科学技术协会，挂靠在州卫生局，受州科学技术协会和州卫生局领导以及州民政局监管。是年，州卫生局决定由州医学会办公室承担州继续医学教育管理任务。

2003—2014年，按照国务院、卫生部出台的行政法规及部门规章，先后将职业病技术鉴定、医疗损害责任技术鉴定、预防接种异常反应技术鉴定等医药卫生鉴定工作交由州医学会负责。2014年12月，州政府下发的州卫生计生委机构人员“三定”方案，无州医学会办公室的机构及编制。

1. *学术活动*

1991—1994年，州医学分会先后邀请美狄隆博士、陕西省人民医院主任医师李增烈、上海医科大学骨科主任张光健、贵州省中心血站张华副主任医师、遵义医学院吴国文副教授等到都匀作碘缺乏病、消化病及纤维胃镜、骨科、成分输血、卫生管理等专题讲座；组织大型学术交流9次；开办专业技术学习班7期；科学支边活动2次。编辑学术期刊《黔南卫生》10期，内部出版。

1995—2001年，州医学会组织学术讲座6次；学术交流10次；专业技术学习班11期；科学支边活动3次；编辑《黔南卫生》12期后停刊。

2002—2007年，州医学会邀请国内外、省内外专家到黔南州举办大型学术讲座与学术活动30次，全州医学科技工作者4552人参加活动；各专业委员会、团体会员单位及基层医学会举办了各类学术活动127次，参加活动人员达9208人。

2008—2014年，州医学会邀请国内外、省内外专家到黔南州举办大型学术讲座与学术活动38次，参加活动会员4952人；各专业委员会、各团体会员单位及基层医学会举办各类学术活动和培训193次14554人。

2. 继续医学教育

2002年，州卫生局将黔南州继续医学教育领导小组办公室设在州医学会，开展全州继续医学教育培训工作。2003年，制定《黔南州医师、护士继教培训考核实施办法（试行）》。是年，组织培训11期，全州医学科技工作者及学会会员3308人参加学习。

2004年，开展在职卫生技术人员传染病防治知识教育培训10期，全州在职卫技人员3820人参加培训。2005年，根据1999年以来黔南州执业医师、护士准入考试和卫生专业技术职称考试成绩合格率低的现状（全国为33%，省为25%，黔南州16%），举办基础医学理论知识为内容的继续培训，共举办8期，全州医师、护士和学会会员3308人参加培训。

2006年，根据省卫生厅《关于开展医疗机构医务人员重点传染病防治知识全员培训的通知》，组织全州医务人员和学会会员进行重点传染病防治知识及相关法规培训，采取分级形式进行，州直医疗预防保健机构共有1491人参加培训考试，12个县（市）共有2373人参加培训考试，全州培训考试3864人。2007年，组织卫生应急法规的教育培训9期，全州3600人参加培训。2008年，举办母婴保健服务技术继教培训2期，全州相关专业技术人员448人参加培训。举办采供血管理和临床输血新进展继教培训3期，全州医疗预防保健机构相关专业技术人员522人参加。2010年，举办《中华人民共和国侵权责任法》《病历书写基本规范》《妇产科临床技术操作规范》继教培训9期，共有3722人参加培训。2011年，组织传染病防控和突发公共卫生事件应对全员培训、母婴保健服务技术岗位培训、外科临床技术操作规范3个项目继续医学教育培训，全州2878人参加学习。2012年，组织骨外科临床技术操作规范和医院感染管理8个技术规范为内容的继续教育培训，全州3363人参加学习。2013年，组织母婴保健服务技术岗位、神经外科临床技术操作规范、急诊医学3个项目继教医学教育培训，全州各级医疗和计生服务机构的卫生专业技术人员和会员3408人参加学习。2014年，组织小儿内科临床技术操作规范、中医临床技术操作规范和依法行医执业法规3个项目继续医学教育培训9期，全州各级医疗预防单位及计生服务机构3440人参加了学习。

3. 医疗事故技术鉴定

1991—2002年，按照国务院1987年发布的《医疗事故处理办法》规定，医疗事故争议由各级卫生行政部门组织鉴定并调处。州、县两级卫生行政部门建有卫生管理人员及各专业技术专家组成的医疗事故鉴定委员会，负责医疗事故技术鉴定工作。2002年9月1日，按国务院颁布的《医疗事故处理条例》规定，全州医疗事故技术鉴定由州医学会承担。州医学会建立鉴定工作办公室及各专业专家库，依鉴定程序，独立开展医疗事故技术鉴定。之后，又增加医疗损害责任技术鉴定以及预防接种异常反应等技术鉴定工作。

至2014年12月，州医学会受理医患双方、各级卫生行政部门以及人民法院委托的医疗事故或医疗损害责任技术鉴定案例301例，接待医疗事故争议上访354例，受卫生行政部门委托到州直医疗机构及全州各县（市）调处医疗纠纷50例。

（二）黔南州护理学会

中华护理学会贵州省黔南州分会（以下简称护理学会州分会）成立于1981年，既是独立学术团体，也是黔南州医学会的一个专业委员会。1991年3月28日—4月11日，选派6名理事前往广州南方医院、中山医学院附属一院、佛山市第一人民医院、深圳市人民医院学习。6月，在会员单位中选派5名理事到成都有关医疗单位学习。是年，配合州卫生局举办主题为“爱的奉献”的全州护士职业道德演讲比赛，获奖人员在全州12个县（市）进行巡回演讲。1992年，配合州卫生局举办全州护理技术操作竞赛，促进全州护理技术操作规范化。

1997年6月23日—7月2日，组织会员单位的9名护理管理人员到济南市第三人民医院参观学习整体护理模式病房，推动和促进黔南州此项工作的开展。1999年，首次组织都匀地区7家医疗单位35名护士及1名医生在都匀市人民广场开展护理健康知识科普宣传活动，展示专栏16块，接受群众疾病咨询、简易体检600人（次），发放健康知识宣传资料2860份。此后每年“3·18”黔南州科技日，州护理学会组织会员单位人员以多种形式在医院门诊、社区、街道开展护理健康咨询活动。

1991年12月—1999年7月，先后举办护理论文竞赛、征文5次，累计收到论文396篇。

2000年5月25日—6月18日，学会理事长受香港护士训练教育基金会邀请，在香港进行考察学习后，多次在护理学习班上传授香港护理发展的经验。

2006年5月，护理学会州分会更名为黔南州护理学会。

2008年5月12日，国务院颁布《护士条例》，学会组织都匀地区各家医院的护士开展宣传，举办学习班，邀请省、州专家对《护士条例》进行解读。是年，协助州卫生局举办“全州卫生系统护士岗位技能竞赛”活动，包括理论知识和操作技能竞赛（规定有7项护理操作），以县（市）为单位组织12支队伍共56人参赛，龙里县代表队获第一名，独山县、都匀市代表队获第二名，罗甸县、长顺县、瓮安县代表队获第三名。

2010年，根据中华护理学会举办歌唱《中国护士之歌》比赛活动的通知，组织全州医院开展歌唱《中国护士之歌》活动，推选州医院、州中医院、贵定县中医院、福泉市中医院4家单位制作歌唱光碟参加全省护理学会比赛。

1991—2014年，学会共召开会员代表大会4次，进行理事会、理事长、副理事长及秘书长换届选举。2014年末，有会员单位27个，会员2065人，会员代表96人，理事会理事30人。

1993—2014年，州护理学会举办各类专业培训班18次，参训2747人（次）；举办学术讲座6次，听众1818人（次）。期间，2000年、2002年、2004年、2010年参加州科协举办的第一届至第四届黔南州自然科学优秀论文评选，共选送稿件 21 篇，获二等奖 5 篇、三等奖 4 篇、优秀奖 1 篇。

（三）黔南州预防医学会

黔南州预防医学会成立于 1985 年。1991 年，学会成员单位为 12 个县（市）卫生防疫站。防病体制改革后，州预防医学会以疾控机构为主要成员单位。2005 年 10 月 16 日，州预防医学会召开换届选举大会，各县疾控中心主任被选为理事，组成理事会。理事会选举产生常务理事和理事长。黔南州预防医学会主要开展卫生防病工作的学术交流，结合工作举办各类防病技术知识培训班，普及和宣传健康教育知识，参与各地科协组织的学术活动，提高成员单位和会员的专业技术水平。

二、协会

（一）黔南州麻风病防治协会

1991 年，州内有贵州省麻风病防治协会黔南州分会（成立于 1986 年 6 月 15 日）。2005 年，进行协会换届选举，将贵州省麻风病防治协会黔南州分会更名为黔南州麻风病防治协会。2003—2004 年，协会与澳门利玛窦社会服务慈善机构为都匀、三都、瓮安、惠水、龙里、平塘县的麻风病患者子女提供助学金。协会坚持在每年“国际麻风节”开展消除麻风病健康宣传及慰问病人活动，到病区麻风村寨开展宣传和义诊。2009 年，举办麻风病防治知识及麻风病康复技能短程培训 2 期，培训学员 50 人（次）。2010 年后，麻风病防治协会工作处于停滞状态，工作开展均由疾控中心负责。

（二）黔南州癌症康复协会

2005 年 4 月 22 日，经州民政局批准，在州医院成立具有法人资格的民间组织——黔南州癌症康复协会，有会员 30 人。协会按照卫生部颁布的《中国癌症预防控制规划纲要（2004—2010）》，结合癌症预防、治疗、康复，以降低癌症的发病率和死亡率为工作目标，采取走进病房、跨入社区、会议宣传、发放调查问卷等形式发展会员。2007 年 6 月，协会参加在成都召开的中西部 19 个省（区）癌症康复协会交流会。2009 年，协会参加贵州省康复协会 15 周年庆典、湖南长沙召开的中西部 19 个省（区）癌症康复协会交流会、广州市康复协会举办的“惠及癌友、春暖阳光工程”等活动。2010 年 9 月，协会秘书长参加在贵阳召开的全国性“群体抗癌、科学康复”交流研讨会，并在会上作《笑斗病魔获新生，康复不忘党的恩》的发言。协会每年开展日常不定期慰问和春节前夕送温暖活动，对会员进行慰问。每年对康复期满 5 年、10 年的会员举办“祝贺生日”活动，树立抗癌典型。至 2014 年末，有注册会员 204 人，遍分布在州内 8 个县（市），主要为抗癌专业医务人员及癌症康复期病员。

第六章 医学教育

黔南州的医学教育包括医学高等、中等学校教育和继续医学教育。高等医学学校有黔南民族医学高等专科学校，中等医学学校有黔南民族卫生学校。在推进学校教育的同时，发展继续医学教育，提高全州医疗卫生技术人员的专业素质。

第一节 医学学校教育

一、医学高等学校

1991年，州内医学高等教育学校为黔南民族医学专科学校，该校建于1985年11月，1986年，州政府明确州医院为该校的附属医院第一附属医院，之后又明确州中医医院为第二附属医院，临床课程教学、学生见习、实习由第一附属医院承担。1993年6月2日，黔南民族医学专科学校更名为黔南民族医学高等专科学校（以下简称黔南医专）。学校实行双重领导，主管单位为州政府，学校的专业设置、招生、教学业务及制定年度计划和长远规划等，受省教委的管理和指导。

1991—1995年，学校设马克思列宁主义、体育、外语、数学、物理、化学等6个公共基础课教研室和人体解剖、组织胚胎、微生物、寄生虫、生物化学、生理学、病理学、药理学等8个基础医学教研室。需要开设实验课的教研室均设相应的实验室。此外，临床课中的外科总论、诊断学基础、中医学基础等实验室也设于校内，主要临床课教学机构仍设在第一附属医院（州医院）内，下设医教科，具体管理学校临床教学工作。临床各教研室设于附属医院相应业务科室，科室主任兼教研室主任，并明确教学秘书，协助教研室主任实施相应学科专业的理论讲授、实验、临床见习以及毕业实习的带教工作。

2003年2月，黔南民族卫生学校并入黔南民族医学高等专科学校。2006年3月，省编委办《关于黔南民族医学高等专科学校领导职数的批复》明确该校为副厅级事业单位。4月，黔南州编委下发《关于黔南民族医学高等专科学校内设机构人员编制领导职数的批复》，确定学校内设副处级机构21个，副处级、正科级领导44名。5月，经州政府同意，恢复黔南民族卫生学校（以下简称黔南卫校），恢复后的黔南卫校开展中等职业教育，人员编制在黔南医专内部调整。2009年5月，州编委办批复，明确恢复后的黔南民族卫生学校为黔南医专管理的全日制中等专业学校，为副县级事业机构。2013年11月，州编委下发《关于黔南民族医学高等专科学校各系设党总支书记的批复》，学校的副县（处）级内设机构增加15个，总计达到36个。

（一）基本建设

1991 年，黔南医专占地面积 102 亩，其中校舍建筑面积 2.2 万平方米，拥有固定资产总值 484.1 万元（1986 年核价并不含土地），教学仪器设备总值 153.5 万元，有纸质图书 4 万册。

2002 年，黔南医专占地面积 162 亩，其中校舍建筑面积 3.6 万平方米（教学行政用房 2.1 万平方米，学生宿舍 1.3 万平方米，其他用房 0.2 万平方米）；固定资产总值 3000 万元（不含土地），其中，教学仪器设备值 600 万元、纸质图书 13.8 万册。2003 年黔南卫校并入后，学校办学资源重组，分云宫、东山两个校区，校园占地共 202 亩，其中校舍建筑面积 5.7 万平方米（教学行政用房 3.3 万平方米，学生宿舍 1.7 万平方米，其他 0.7 万平方米）；固定资产总值 5000 万元（不含土地），其中，教学仪器设备总值 1200 万元，图书 17.8 万册。

2005—2009 年，学校自筹资金 2000 多万元，先后征收云宫校区周边土地 190 多亩，拆迁赔偿民房 43 户，扩建学校。2013—2014 年，学校利用中央财政支持项目资金 400 万元和教育实训基地资金 3000 多万元，投入学校教学科研设备设施及办公设备配置。

2013 年，州委、州政府决定黔南医专整体迁建。学校新校区位于都匀经济开发区科教城，占地 1350 亩，总投资约 15 亿元，建设资金来源于校区置换、国内外贷款、中央扶持资金及学校自筹资金，按在校学生规模 1 万人规划建设，总建筑面积 36.75 万平方米。其中，地上面积 33.52 万平方米，地上及架空面积 3.23 万平方米。总建设内容为教室、图书馆、实验室、风雨操场、校行政用房、系行政用房、礼堂、学生宿舍、学生食堂、教工宿舍、教工食堂、生活福利及其他用房、科研用房等。采取整体规划，分两期建设。一期工程建图书馆及信息中心 2.095 万平方米，行政办公用房 0.92 万平方米，食堂 0.53 万平方米，公共教学及实验 1 号楼 0.37 万平方米，学科组团 3.6 万平方米，1 号学生食堂及附属用房 0.85 万平方米，学生宿舍 0.49 万平方米，体育看台 0.1 万平方米，校门 350 平方米，总投资 8.3 亿元，可容纳学生 5000 人。2013 年 10 月开工建设。至 2014 年 12 月，黔南医专老校区校园占地 354.33 亩，分云宫、东山、小围寨 3 个校区办学，校舍建筑面积 7 万平方米，其中教学科研行政用房 4 万平方米。固定资产总值 5 亿元（含土地）；教学科研仪器设备总值 3000 多万元；有纸质图书 36 万册、电子图书 41 万册；有州医院、州中医医院 2 所附属医院。新校区一期整工程完成工程量的 60%。

（二）师资力量

1991 年，黔南医专有教职工 142 人，其中，专任教师 56 人、兼职教师 22 人、实验教师 12 人，行政人员 25 人，工勤人员 27 人。教学人员中，副高级以上专业技术职务（副教授及副主任医师）9 人，中级专业技术职务（讲师及主治医师）28 人，初级专业技术职务（助教）53 人，另有附属医院兼职临床课教师 74 人。2002 年，有教职工 168 人，其中，专任教师 59 人，行政兼职教师 19 人，实验教师 12 人。专兼职教师中，正高级专业技术职务 1 人、副高级专业技术职务 13 人、中级专业技术职务 57 人、初级专业技术职务 19 人；临床课兼职教师 97 人均为中级以上专业技术职务。2003 年，黔南卫校合并后，有教职工 310 人。其中，专任教师 127 人，兼职教师 30 人，实验教师 27 人。教师中，具有高级专业技术职务 36 人，中级专业技术职务 102 人，初级专业技术职务 46 人。2013 年，签约中国工程院院士付小兵、李连达、林瑞超为学校客座教授。

至 2014 年 12 月，学校在编教职工 331 人。其中，专任教师 238 人；实验教师 28 人；高级专业技术职务 74 人；硕士及以上学位人员 46 人；附属医院兼职教师 117 人。

（三）办学形式

黔南医专办学形式有普通全日制三年制专科、初中起点五年一贯制专科、成人三年制专科。同时，与北京大学医学教育网络学院合办医学网络教育本科班，与遵义医学院合办医学本科班，开展本科成人教育。1999—2001 年，学校招收全日制专科少数民族预科班。2001 年始，开展学生“中期选拔”（专升本）工作。2007 年，开设临床医学、护理两个专业，开始招收全日制普通专科少数民族班。

2012 年初，与深圳第二高级技工学校开展联合办学，联合招黔南籍农村高中文化程度应、往届毕业生，并按每名学生每年 6000 元标准补助 3 年，在黔南州招收 200 名农村贫困家庭学生，分阶段在两校完成学业，毕业后根据个人意愿，由深圳第二高级技工学校在深圳推荐就业或自主择业。7 月，考察学习广西中医药大学升格办学的经验与做法，两校开展交流合作。是年，“中期选拔”改称“专升本”（专科升本科）。同时，开通“中职单报高职”“中职推优”招生渠道，搭建中职教育和高职教育人才培养“立交桥”。2013 年，学校签约广州中医药大学、广西中医药大学为该校对口帮扶院校。

（四）招生

1991—1995 年，根据州卫生主管部门及州政府的要求，面向全州招生，将每年的招生计划分解到 12 个县（市），向卫生技术人员特别紧缺的三都、荔波、罗甸、平塘、长顺等国家扶贫开发重点县倾斜，实行“定向招生，定向安排就业”政策。1991 年，开办在职卫生人员大专班，按卫生机构需要开设临床医学的外科、妇产科、内科，儿科以及护理学、药学、预防医学、卫生事业管理等专科班，招收县（市）、乡（镇）卫生人员就读，先后有 787 名县（市）、乡（镇）卫生机构的中专学历人员提高到大专学历，州内承认学历，享受大专待遇。1992 年，学校面向全州招收计划外自费生，毕业后国家承认学历，毕业生不包分配、自谋职业。1993 年，面向全省招收计划内自费生。

1996—1998 年，学校除定向招收黔南州考生外，还面向黔东南州、黔西南州招录自费委培生。1999 年，国家开始实行收费入学政策，学校扩大招生范围及规模。2000 年，面向全省招生，不再实行定向招生。2002 年，开始面向广东、广西、湖北、湖南、重庆、四川等省（市）招生。2003 年，增加云南、宁夏、江西、陕西、甘肃、海南、河北、内蒙古、山东、青海、河南、新疆等省（区）招生。至此，学校面向全国 25 个省（市、自治区）招生。至 2014 年，普通专科招生累计 28089 人，其中在校学生 8031 人，加上成人教育及中职教育等其他招生，培养学生累计 39230 人，各类在校生 9428 人。

（五）专业设置

1991 年，开设的专业课有临床医学。1998 年，设置护理专业。2000 年，开设全科医学（该专业后改为临床医学全科专业方向）、医学检验技术、药学专业。2002 年，设医学方向的计算机信息管理专业。2005 年，设置助产专业。

2011 年，开设医学影像技术、中药学专业。是年，临床医学、药学专业被省教育厅列为中央财政重点支持提升专业建设项目；临床医学全科方向适宜贵州农村乡镇卫生院需求，被省教育厅评为贵州省高等院校教学改革与教学质量工程省级特色专业；护理专业课程体系改革被省教育厅列为贵州省教学改革与教学质量工程省级立项项目。

2012 年，开设中草药栽培技术、中药制药技术、口腔医学技术、卫生检验与检疫专业。2013 年，设卫生信息管理、药品经营管理专业。至 2014 年，开设的专业由 1991 年医药卫生类的临床医学 1 个专业增加到涵盖医药卫生、电子信息、农林牧渔和制药技术等大类中的 15 个专业和专业方向。

（六）教学活动

1991 年以后，学校秉承“德载医学、民为根本”的育人理念，对学生开展“全员育人、全过程育人和全方位育人”教育。注重培养学生的专业能力和综合素质，在课程体系中融入职业道德、职业态度、职业心理素质和职业精神的培养，探索“专业教育、社会实践、科研活动与思想政治教育有机结合”的教育工作途径，形成以教室、实验室和实习基地传授理论知识和专业技能的第一课堂，以强化专业技能为目标，打造富有专业特色的精品校园文化的第二课堂和以科技、文化、卫生“三下乡”为主要内容的社会实践活动的第三课堂。实习基地有州医院、都匀四一四医院（贵医三附院）、黔东南州医院、凯里 418 医院（贵医二附院）。1994 年，增加铜仁地区医院为实习基地，此后逐年开拓到全省。与上海第二医科大学卫生职业技术学院（今上海医高专）合办检验专业，由黔南医专招生到上海学习，1994—1999 年培养该专业学生 150 名。1999 年扩大招生后，学校为解决学生毕业实习问题，与省内各三级医院、深圳各大医院、省内外制药企业联系，安排相应专业学生实习。2003 年，州政府牵线搭桥，上海九三学社、上海第二医科大学、上海第二医科大学卫生职业技术学院对口帮扶黔南医专培养师资，黔南医专先后派出 30 多人到上海学习。2004 年，与深圳市卫生局达成帮扶协议，帮助黔南医专培养全科医学师资，深圳市的 18 所医院免费接收黔南医专的黔南籍学生毕业实习，并对实习学生给予生活补贴。

2000—2005 年，学校先后通过省教育厅组织的教务处工作、图书馆工作、基础课（公共基础课和专业基础课）实验室、高职高专教学工作等合格评估。至 2010 年，学校优质实习基地有 60 多个，每年可安排 3000～4000 名学生实习。2010 年 5 月、2013 年 4 月，学校在教育厅组织的第一轮和第二轮思想政治教育工作评估中获得优秀等次。2013 年，完成教育部、卫生部、省教育厅、省卫生厅提升专业服务能力建设项目“临床医学、中药学”专业建设，并通过验收。2014 年 5 月 8 日，学校获贵州省第九届“多彩校园闪亮青春”全省大学生校园文化月活动先进集体荣誉称号。至 2014 年，深圳各医院帮助黔南医专培养学生

848 名（以全科医学专业方向学生为主）。

（七）信息化建设

1993 年，学校开始使用计算机进行文书办公工作及教学考试工作。1998 年，开设计算机应用课，并建立拥有当时较为先进的 486 计算机实验室，之后实验室规模不断扩大。2001 年，学校建立校园网，实现办公、教学网络化，并于是年实现高考招生网上远程录取。2003 年，开始通过网络媒体向社会宣传学校。2004 年，建立图书馆借还书管理系统，实现图书馆借阅工作的计算机管理。是年，建立图书馆电子阅览室。2008 年，建立教务处学籍学历管理系统，推进学校教学管理现代化。2014 年，全校拥有教学用计算机 300 台。

二、中等医学学校

州内中等医学学校有黔南民族卫生学校（以下简称黔南卫校），成立于 1958 年。

1991 年，黔南卫校为一个机构、一套人员、三块牌子的中等专业医学学校，即黔南卫校、黔南州卫生职工中等专业学校、黔南州中等卫生职业技术学校合为一体，后两个学校实际上是应对当时招生需要而设立，并加挂相应牌子，承担相应任务。黔南卫校为正县（处）级单位，内设机构有党办、校办、政工科、宣传科、共青团委、教务科、学生科、总务科、膳食科、保卫科、离退休干部科等 11 个行政机构和普通学科、基础学科、检验学科、临床学科等 4 个教学机构。设置的专业有医士、中医士、妇幼医士、公共卫生医士、护士、助产士、检验士、卫生财会统计等 8 个专业。学校在 1991 年、1992 年先后经省教育厅中等专业学校办学评估，分别达到“合格”和“优良”标准。

1993 年，黔南卫校被卫生部确定为卫Ⅳ项目（世界银行贷款“农村卫生人力资源开发项目”）实施学校，学校新建一栋教学楼，建筑面积 0.43 万平方米，同时补充近 200 万元的仪器设备，并利用项目资金培训一批教师。是年，增设药剂专业。1995 年，增设计划生育、社区医学专业。是年，被卫生部确定为“卫Ⅳ项目教学改革试点联系学校”。

1999 年，经省教育厅、卫生厅审查，重新认定黔南卫校开设社区医学、护理、药剂、检验、助产、妇幼卫生等 6 个专业，其他专业不再设置。

2000 年，黔南卫校被省政府确定为“省级重点中等专业学校”。2001 年，将内设行政机构调整为校办、党群办、教务科、学保科、后勤服务实体、共青团委。2003 年 2 月 20 日，省政府批复同意将黔南卫校并入黔南医专。并入黔南医专时，校园占地 40 亩，其中，校舍建筑面积 1.7 万平方米；学生宿舍 0.4 万平方米。在校学生 1223 人。在职教职工 158 人，其中教学人员 103 人、行政人员 44 人、工勤人员 8 人。教学人员中，专任教师 62 人，兼职教师 19 人，实验指导教师 17 人，教学辅助人员 11 人；副高级以上专业技术职务（高级讲师）18 人，中级职务（讲师、主管技师）42 人。

1991—2002 年，黔南卫校办学形式有学历教育与非学历教育两大类。学历教育由计划、教育行政部门下达招生计划，主要招收初中毕业生，学制 3 年。根据专业与人才培养的需要，招收部分高中毕业生，其中招高中毕业生的护士专业有两届两个班，学制 2 年。非学历教育由卫生行政部门或其他相关部门委托举办，时间长根据需要确定，但不超过

1 年。在 20 世纪 80 年代至 90 年代中期，举办少数民族班，单独招生。黔南卫校主要为全州特别是农村培养应用型卫生人才。

三、初级卫生学校

1991 年，州内 12 个县（市）中有 11 个县建有县卫生学校，为该县（市）培养非国民教育学历的初级卫生员或乡村医生。县（市）初级卫生学校属卫生事业机构，有简易校舍及教学设备，编配 3 ~5 名管理人员及教师，大部分教师由县级医院及其他县级卫生机构人员兼职，因陋就简办学。11 所县卫生学校专职人员共 44 人，其中卫生技术人员 17 人，其他均为管理及工勤人员。1991 年后，贵定、独山、福泉、三都、长顺、罗甸等县卫生学校经州政府批准，更名为县中等卫生职业技术学校，独立或在黔南医专、黔南卫校的协作帮扶下开办中等卫生职业教育，培养当地乡村医生及卫生员。到 2014 年，仅有罗甸、长顺两所学校仍在继续办学并更名为县卫生在职培训学校，共有在岗职工 6 名，其他县（市）卫校均被撤销。

第二节　继续医学教育

继续医学教育是医疗卫生机构的评审，医务人员的专业技术职务晋升，执业资格再注册等的必备条件。州卫生局、全州各级各类医疗卫生单位通过多种渠道开展继续医学教育，提升医疗技术人员的素质和技术水平。

一、继续医学教育专题培训

2002 年，州卫生局将黔南州继续医学教育领导小组办公室设在州医学会，自此黔南州医学会依照《教育法》《执业医师法》《护士管理办法》《护士条例》《全国专业技术人员继续教育暂行规定》《卫生部继续医学教育规定〈试行〉》等法规和医学会章程开展继续医学教育培训。（详见第十九篇第五章第二节）

二、成人学历教育与进修学习

1991 年以后，州卫生局实施成人大、中专学历教育计划，在黔南医专、黔南卫校及四一四医院分别举办职工中专班，分期分批将未经中专毕业的在职卫生人员全部安排学习，取得相应专业中专学历。同时，在黔南医专举办成人大专班，将具有中专学历的在职卫生人员安排到大专班学习，取相应专业专科学历。在职卫生人员接受大、中专学历教育者达 3000 余人，青年医务人员基本上具有中专及中专以上学历。专业卫生技术岗位不再有未经正规训练的人员从事卫生技术工作。

1991 年后，州医院每年选派医护人员到省内外进修学习。2001 年，州医院开始重点培养研究生，选送专业技术人员到省内外医学院校攻读硕士、博士学位。2000—2009 年共派出学习 1700 人（次）。2010 年，选送赴高等医学院校攻读硕士、博士的年轻医师 26 名。2010—2014 年，该院选送专业技术人员到省内外进修学习 1502 人（次）。到 2014 年，州医院共培养和引进研究生46名。

1992—2006年，州疾控中心参加成人学历教育取得学历学位28人（次），其中取得硕士学位1人。其间，1998年，州疾控中心与深圳市疾控中心结为帮扶后，每年派出2—3人到深圳市疾控中心免费进行为期1～2个月的进修学习，深圳市疾控中心也不定期派员到黔南州疾控中心开展学术讲座或业务指导。

州妇幼保健所于2000年5月—2001年9月选派两批共7人赴深圳市宝安区妇幼保健院免费进修培训，2006年3月—2009年12月选派11人赴深圳市妇幼保健院免费进修培训，前后共培训妇产科4人、儿科4人、护理1人、B超1人、麻醉2人，新生儿科1人、检验4人、宣教1人。

州中心血站在编在册职工21人中，通过继续医学教育，先后有10人获大专学历、8人获本科学历。该站与深圳市血液中心结成帮扶，2000—2012年，深圳市血液中心免费接受黔南州中心血站18批共35人（次）进修培训。

县（市）级医疗单位中，通过派出医技人员外出进修学习，组织院内在岗学习，个人自学后医院考核检查方式，进行医学继续教育。如，要求2007年—2012年，专业技术人员每年短期培训不少于10人、长期进修不少于3人，临床各科（室）每月组织业务学习不少于2次；由医务科、护理部定期对全院专业技术人员进行基本理论和技能考核，确保医疗安全；2011年，先后在门诊综合楼大小会议室安装投影仪，为临床教学提供方便；2012年9月22日启用“中国医疗资源管理”培训学习系统，全院60余台计算机均安装该系统，医务人员可随时进入系统学习。

第七章　卫生监督

1991年，黔南州食品卫生监督检验所设在州卫生防疫站食品卫生科，承担黔南州内食品卫生巡回监督检查和食品样品检验监测任务。各县（市）卫生局委托该县（市）卫生防疫站为卫生监督监测机构，承担卫生监督和监测工作。全州有州、县（市）卫生监督机构13个，有专职食品卫生监督员70人、兼职监督员14人。各县（市）在乡（镇）卫生院和部分有集市的乡卫生所设置兼职食品卫生检查员294名。药品日常监督管理工作主要委托州、县（市）两级药品检验所人员承担，由同级政府任命药品监督员，并颁发“药品监督员证书”，实施药品监督执法工作。州药品检验所有职工24人，其中专业技术人员20人。12个县（市）药品检验所共有职工45人。全州由州、县（市）政府任命、报省卫生厅备案的药品监督员共54人，其中，州级14人、县（市）级40人。

1992年4月，州卫生局委托州卫生防疫站为全州食品卫生、劳动卫生、环境卫生、学校卫生、放射卫生监督监测机构。5月，全州卫生监督监测工作实行分级管理。

1998 年 5 月，州卫生局筹建黔南州卫生局公共卫生监督所，承担卫生局公共卫生监督执法工作。是年，在独山县麻尾镇卫生院设立卫生监督站，在都匀市墨冲镇、甘塘镇卫生院开展试点，为全州乡（镇）卫生监督提供借鉴经验。1999 年 5 月—2002 年 8 月，该所划归州防疫站代管。1998 年 6 月，州卫生局报州政府同意，任命黔南州州级卫生监督员共 30 人（含传染病、药品监督员在内）。2002 年 8 月 30 日，成立黔南州卫生监督所，为州卫生局所属副县级事业机构，列入参照国家公务员管理，核定事业编制 22 名，其中行政管理人员 3 名、专业技术人员 16 名、工勤人员 3 名。12 个县（市）建卫生监督所，将卫生监督与监测工作分开，卫生监督所承担辖区内各项卫生监督任务，卫生监测工作由疾病预防控制机构承担。

2001 年，建立州、县（市）两级药品监督管理局，州、县（市）药品检验所相应划归药品监督管理局。

2003 年 12 月，州卫生局授权州卫生监督所为全州范围内行使卫生行政监督执法单位，依据卫生法律法规，进行卫生行政监督执法，并对卫生局负责。

2007 年 6 月 26 日，州卫生监督所升格为正县级单位。2008 年 8 月，州卫生监督所更名为黔南州卫生监督局。至 2014 年 12 月，州卫生监督局设办公室、政策法规科、综合科、卫生科、计划规划科，实有在职职工 22 名。县（市）卫生监督所人员总计 182 名，其中卫生监督员 145 名。

1991—2014 年，全州卫生监督机构根据职责范围，履行卫生监督职责，开展公共场所卫生、学校卫生、生活饮用水、职业卫生、传染病卫生、消毒卫生、放射卫生、等方面卫生行政监督，对违法违规行为作出行政处罚。（由于行政管理体制的变化，食品、药品监督工作划归食品药品监督管理部门，具体内容详见经济综合管理篇食品药品监督管理章）

第一节　公共场所卫生监督

公共场所卫生包括空气卫生、饮水卫生、居室与微小气候卫生、采光与照明卫生，以及通风、采暖、噪音、公共用具和物品卫生等，能依法进行卫生监督的公共场所有住宿场所、洗浴与美容场所、文化娱乐场所、体育与游乐场所、文化交流场所、购物场所、就诊场所与交通场所。

一、卫生监督管理

20 世纪 90 年代初，黔南州公共场所卫生监督工作开始起步。1992 年，全州监管各类公共场所单位 593 户，建档 463 户，发放各种卫生许可证 402 个，发证率为 67.8%。州卫生防疫站发放卫生许可证 189 个，建档 180 个。是年，全州培训公共场所从业人员 427 人，培训率 70%。1993 年，发放各类卫生场所卫生许可证 450 个，发证率为 53.7%，开展卫生监督 692 户，监督率 82.6%。全年培训公共场所从业人员 881 人，培训率 36.5%。1994 年，全州有各类公共场所单位 648 户，建档 404 个，发放各种卫生许可证 394 户，监督 533

户，从业人员培训670人（次）。1995年，全州有公共场所单位709户，审发卫生许可证506户，审发率71.4%，建档460户，建档率90.9%，卫生监督656户，卫生监督率92.5%。培训公共场所从业人员709人，培训率58.3%。

1996年，全州12个县（市）有公共场所卫生监督员48人，其中，专职30人、兼职18人。有各类公共场所单位1007户，其中，旅店业249户，文化娱乐场所149户，公共浴室41户，理发美容店489户，游泳场所5户，图书馆、美术馆、博物馆、展览馆6户，商场、书店64户，公共交通等候室4户。建档共计656户，发放卫生许可证730户。对公共场所开展卫生监督856户，监督率85%。培训从业人员数775人。

1999年，全州有公共场所1286户。发证总计1230户，发证率95.7%；卫生监督1230户，覆盖率95.7%；州卫生监督所对州属公共场所单位监督275户。全州处罚255户（次），其中，警告225户（次），停业20户（次），罚款10户（次）共0.12万元。培训从业人员1746人，培训率81.6%。

2002年，全州有10类公共场所经营单位1572户。发证总计1516户，发证率96.4%；卫生监督1362户，监督覆盖率86.6%；卫生行政处罚184户（次），其中，警告182户（次），罚款2户（次）、金额共0.8万元。是年，从业人员应培训2207人，实培训1841人，培训率83.4%。

2003年以后，不再单独聘任公共场所卫生监督员。采取不同形式，对公共场所从业人员进行卫生知识和法律法规培训。

2005年6月，州卫生监督所开展美容美发业卫生监督检查，共检查单位8家，行政处罚4家。7月，开展都匀市3家游泳池池水温度、pH值、浑浊度、尿素、游离性余氯、细菌总数、大肠菌群等项目监测，结果均有监测项目未达标。9月，开展都匀市大、中型超市空气质量细菌总数项目抽检5家，结果均符合卫生标准。由于州疾控中心无相关检测条件，未开展PM10（可吸入颗粒物）、真菌总数、军团菌、CO_2均值等项目抽检。

2006年，开展国家卫生重点监督检查，全州检查公共场所578家，卫生许可符合要求562家，合格率97.2%，从业人员1463人，持有有效健康检查合格证明1454人，持证率99.4%。对存在问题提出警告的单位22家，进行罚款处罚11家，共罚款3100元。全州开展游泳池卫生监督检查9家，并对6家游泳池池水浑浊度、尿素、游离性余氯、细菌总数、大肠菌群等项目进行了检测，检测28份，合格25份，处罚1家，罚款50元。全州重点监督检查设有集中空调通风系统的公共场所单位16家，对存在问题的单位下达《卫生监督意见书》，责令限期整改。因州内检测机构无相关检测条件，卫生监督抽检工作未开展。

2008年，共检查住宿场所经营单位574户，其中三星级宾馆饭店10户，经济型商务酒店87户，普通旅店、招待所449户，其他住宿场所28户。住宿场所持有卫生许可证的有561户，持证率为97.7%。在岗从业人员1412人，持有健康体检合格证人员1353人，持证率为95.8%。持有卫生知识培训合格人员826人，持证率为61.1%。游泳场所9家全部持有卫生许可证。荔波县在美容美发店统一设置有明显标志的头癣专用工具箱。都匀市采取主动上门方式对多家公共场所管理人员、从业人员进行法律法规培训。

2009年，开始对全州公共场所卫生监督实行量化分级管理，根据被监督单位的情况，分别评定为A、B、C三个等级。2010年，全州有住宿单位759家，实施量化监督管理613家，量化分级管理率80.8%，评定A级单位13家、B级单位61家、C级单位351家。州内有游泳场所9家，全部实施量化分级管理，但未进行量化等级评定。在上述基础上逐步开展美容美发场所、淋浴场所量化分级管理。是年，全州各级卫生监督机构对辖区内的公共场所集中空调通风系统开展专项监督检查，共检查大中型公共场所38家，有集中空调通风系统的15家。检查结果显示，州内公共场所集中空调通风系统存在的主要问题有：清洗消毒次数和频率不足；未进行洗消效果评价报告和监测，清洗消毒部门不完善，多为自洗，清洗人员无资质。是年，全州检查游泳场（馆）8家，均持有有效卫生许可证，部分从业人员持有有效健康证明。卫生监督抽检时只有6家单位开放，因此仅进行泳池水水质监测，其中监测指标全部合格的单位1家，另外5家均有监测指标未达到标准。

2011年，通过电视、广播、报纸等媒体及现场宣传等方式，向管理相对人和消费者进行公共场所量化分级管理工作宣传，发放宣传资料及宣传画1000余份。以住宿业和游泳池为重点，对2264家公共场所经营单位中的1365家进行卫生监督量化管理，量化率60.3%。对审核符合量化等级标准的单位进行评定，其中A级9家、B级51家、C级139家。其中，住宿场所有766户，开展量化分级管理666户，量化分级管理率87.0%，旅游景区住宿场所有22户，全部实施量化分级管理；对现场审核符合标准的143户进行评定，其中A级9户、B级35户、C级99户。至此，公共场所量化等级单位有A级22家，B级112家，C级490家。是年，全州公共场所经营单位共计2264家，从业人员数11282人，持有健康合格证明人数11282人，有效卫生许可证2264个。年内，对全州开放使用的8家游泳场所开展泳池水水质卫生监督抽检，检测项目及监测数为：细菌总数5份、合格3份；大肠菌群5份、合格4份；尿素5份、合格3份；浑浊度5份、合格5份；泳池水余氯5份、合格2份。

2012年，对住宿场所公共用品用具消毒效果进行抽检149家，检测项目及监测数为：床上卧具监测226件、合格175件；毛巾监测67件、合格66件；茶具监测59件、合格57件；拖鞋监测121件、合格97件；脸（脚）盆监测25件、合格25件；垫7件，均合格；浴盆1件，合格。针对监测项目结果不符合卫生要求的单位，下达卫生监督意见书，责令其整改。

2013年，对全州776户住宿业和10家游泳场所开展量化工作，量化率100%；沐浴场所65户，量化管理61户，量化率93.8%；美容美发738户，量化率100%。是年，全州检查公共场所1560家，其中，住宿业776家，KTV酒吧120家，洗浴中心65家，游泳场馆10家，美容美发596家，集中式空调通风系统13家。

2014年，全州有公共场所卫生监督户1990户，监督3691户（次）。其中，重点监督检查338个单位（含住宿场所89家、沐浴场所22家、游泳场所6家、美容美发场所121家、商场或超市5家、影剧院3家、饭馆92家），检查项目合格的单位193个，占57.10%。州及县（市）卫生监督部门对不合格单位进行卫生行政处罚或下达卫生监督意见书责令限期整改。是年，对8个公共场所作空气质量抽检，全部合格6个。其中，抽检空气细菌数13份，均合格；抽检CO8份，均合格；抽检CO23份，均合格；抽检甲醛13份，合格11份。集中空调通风系统抽检3个单位，抽检项目全部合格。

二、卫生质量监测

1992年，监测公共场所单位176户，监测率76.1%，监测项目406项（次），合格率97.4%。1993年，对282户公共场所单位监测，监测率33.7%。1994年，监测144户，监测项目为细菌总数、气温、气湿、照度、噪声、风速等7项，监测率22.2%。1995年，卫生监测306户，监测率43.2%，监测1962项，合格1784项（次），合格率90.9%，其中，体育馆和公共交通候车室监测率100%，商城50%；监测项（次）合格率为理发美容店96.5%、商城为84.5%；监测公共场所茶具22份，合格率为100%。1996年，进行卫生监测231户，监测率22.9%。1999年，全州共监测1222项（次），合格1069项（次），合格率87.5%。

2002年监测336户，监测2211项（次），合格2017项（次），合格率91.2%。2008年对住宿场所的床上用品、毛巾、茶具、拖鞋、浴盆、脸（脚）盆监测检查总件数269件，合格236件，合格率87.7%。

第二节　学校卫生监督

1991—1999年，学校卫生工作由点到面逐渐推开，重点在开展学生常见病的防治、健康教育和学生的健康监测以及经常性监督工作。1999年8月底，省政府将学校卫生疾病防治列入乱收费项目后，全州大多数县（市）卫生防疫站未再开展学生体检与传染病预防工作。

2003年以后，学校卫生监督和监测工作分开，由州、县（市）卫生监督所负责学校卫生监督，以学校食品卫生、生活饮用水卫生、学校传染病防控和突发公共卫生事件处置为监管重点，指导学校做好饮用水卫生管理工作，对辖区内学校特别是农村学校饮用水卫生进行监督检查，防范介水传染病的发生；督促指导学校建立和完善传染病防控制度，落实各项防控措施，确保发生疫情能做到早发现、早报告、早处置；开展学校应急体系机制建设、学校突发公共卫生事件应急处置及应急知识、技能宣教等工作监督检查。

2007年，全州有学校1853所，卫生监督机构检查学校511所，其中食品卫生检查合格学校80所。511所学校中，使用市政集中式供水170所，使用自备水97所，分散式供水使用地面水155所，使用地下水89所，提供开水的53所，有传染病疫情报告制度59所，有晨检记录42所，有因病缺勤病因追查与登记制度78所，有病因排查结果登记记录7所，有新生入学接种证查验登记记录179所，有学生健康档案的62所，传染病疫情报告渠道畅通111所。

2008年4月，对托幼机构开展手足口病卫生指导，全年检查学校食堂661家，周边饮食（摊）点、副食店237家，下达卫生监督意见书94份，限期整改29家，没收过期变质食品和“三无”产品122公斤，销毁过期、标识不全食品120公斤。惠水、龙里、瓮安3个县在学校食物中毒事件中处置及时，对3起学校食物中毒事件责任人分别处以1.2万元、0.4万元和0.3万元处罚。

2009年，对全州学校及其周边餐饮、饮水等卫生状况、学校传染病防控进行全面检查，并以农村中小学为重点，开展学校食堂和校园周边餐饮消费环节食品安全专项整治行动。共检查学校食堂229家、校园周边饮食店（摊）842个。取缔校园周边无证饮食店（摊）48户，罚款6户，共计5450元。

2010年，全州卫生监督部门对各级各类学校食品进行监督检查，共检查学校食堂424个，其中，采用县或乡（镇）集中式供水学校71所，自备水源44所，为学生提供桶装饮用水学校65所，学校建立饮用水安全管理制度33所，建立传染病管理组织机构42所，开展晨检46所，有传染病疫情报告登记及因病缺勤日志30所。

2011年，全州检查学校725所，其中，制定学校传染病突发事件应急预案学校数375所，健康教育纳入教学学校数354所，按要求配备卫生专业技术人员或专兼职保健教师学校数131所，配备疫情报告人员和建立制度学校322所，有晨（午）检记录的学校309所，有因病缺勤病因追查与登记制度288所，有新生入学接种证查验登记记录学校242所，有学生健康档案的学校139所，市政供水饮水设施设备定期消毒学校236所，自备供水水源卫生防护合格学校52所，蓄水设施定期清洗消毒和定期进行水质监测学校11所，提供开水供学生饮用的学校194所。2012年，全州对725所大中专院校、中小学及幼儿园开展饮用水卫生管理特别是农村学校饮用水的卫生监督检查，防范介水传染病的发生。

2013年，全州有大、中、小学校1525所，卫生监督部门共出动卫生监督员1247人（次）、卫生监督协管员756人（次），检查学校1471所，监督覆盖率达96%。

2014年全年，全州监督检查学校750家，监督1410户（次）。有校医院或卫生室62个，卫生专业人员72人；有保健室311个、保健师62个；建立传染病报告、登记及管理制度学校526所，制定传染病突发事件应急预案学校503所，有专人负责疫情报告学校数526所，有晨检记录的学校418所，有因病缺勤病因追查与登记记录学校210所，有新生入学接种证查验登记记录学校276所；饮用水卫生共查学校721所，其中有自建设施集中供水学校49所，二次供水学校2所，分散式供水学校58所，其他学校均为市政或乡镇集中式供水。

第三节　生活饮用水卫生监督

1994年，开展供水单位预防性卫生监督项目1个，并竣工验收。

2006年，州卫生监督所对县（市）市政供水单位和都匀地区自建集中式供水单位11个、二次供水设施38个开展卫生管理情况监督检查，并对水质卫生安全进行检测。共抽检水源水、出厂水、管网末梢水样品 84 份，做细菌总数、总大肠菌群和粪大肠菌群检测，合格 70 份，合格率 83. 3%；抽检市政供水单位 10 家，合格 8 家，合格率 80%；抽检自建水厂 8 家，合格 6 家，合格率 75%；抽检二次供水 38 份，合格 30 份，合格率 79%。

2007 年，监督检查市政集中式供水单位 14 家、二次供水单位 23 家、自备供水单位 22 家，抽检市政集中式供水单位水样 54 份，合格 49 份，合格率 90. 7%。

2008 年，监督检查市政集中式供水单位 14 家、乡（镇）集中式供水单位 37 家。抽检市政集中式供水单位 14 家，取水样 58 份，合格 53 份，合格率 91. 4%。是年，全州市政集中式供水单位和桶（瓶）装饮用水生产单位交由各县（市）卫生行政部门监管。

2009 年，监督检查县（市）政府所在地市政集中式供水单位 18 家、农村乡镇水厂 63 家、自建水厂 9 家、二次供水单位和学校自备供水 17 家，共 107 家 435 次。监测县（市）政府所在地市政水厂 18 家、乡（镇）水厂 33 家、学校自备供水单位 1 家，检测样品 758 份，合格 613 份，合格率 80. 9%。

2010 年，州、县卫生监督机构与疾控中心共设置市政集中式供水水质监测点 165 个，检测水样 402 份，合格水样 335 份，合格率 83. 3%；确定卫生部农村改水项目乡（镇）集中式供水、农村分散式供水饮用水监测点 268 个，饮用水监测点 268 个，抽检生活饮用水出厂水、末梢水样品 446 份，合格 214 份，合格率 48%。在抗旱救灾期间，州疾控中心对 7 个县（市）的集中式供水单位 8 家共 36 份生活饮用水样品进行检验，合格 29 份，合格率 80. 6%。是年，全州检查供水单位 363 家，其中，市政集中式供水单位 16 家，乡（镇）集中式供水单位 110 家，农村分散式供水点 237 个。

2011 年，独山、三都两县纳入国家饮用水卫生监测网络。全年监督检查供水单位 397 家，其中，市政集中式供水单位 13 家，乡（镇）集中式供水单位 112 家，自备供水单位 3 家，农村简易供水点 65 个，分散式供水点 206 个。共监测出厂水样品 431 份，合格 311 份，合格率 72. 2%；监测管网末梢水样品 560 份，合格 285 份，合格率 50. 9%；监测二次供水样品 6 份，合格 6 份；学校自备供水样品 26 份，合格 23 份，合格率 88. 5%。

2012 年，都匀、福泉、贵定、惠水 4 个县（市）纳入国家饮用水卫生监测网络，按照相关要求，设置饮用水监测点共 239 个。其中，市政供水单位出厂水监测点 9 个，末梢水监测点 51 个；城市自建供水单位出厂水监测点 7 个，末梢水监测点 7 个；城市二次供水设施仅都匀市有 9 个，设置监测点 9 个（学校二次供水监测点 1 个）；农村集中式供水单位出厂水监测点 70 个，末梢水监测点 70 个；农村学校自建供水监测点 3 个；农村分散式供水监测点 4 个。共监测水样 459 份，其中，市政集中式供水单位出厂水样品 90 份，末梢水样品 234 份；城市自建供水单位出厂水样品 18 份，末梢水样品 18 份；农村集中式供水单位出厂水样品 49 份，末梢水样品 49 份；农村分散式供水 1 份。监测合格水样 429 份，合格率 93. 5%。是年，检查供水单位 274 家，其中，市政集中式供水单位 14 家，市政水厂 19 个，乡（镇）集中式供水单位 206 家，自备供水单位 25 家，农村简易供水 86 个，分散式供水点 203 个。

2013 年，纳入国家饮用水卫生监测网络的都匀、龙里、三都、惠水、长顺、荔波 6 个县（市）共设监测点107个，监测样品数214个，合格186份，合格率86.92%。全年全州检查供水单位352家，其中，市政集中式供水单位14家，市政水厂19家，乡镇集中式供水单位206家，自备供水单位25家，农村简易供水86个，分散式供水点203个。

2014年，对全州20家市政水厂进行卫生监督检查和量化分级管理，评定B级单位3家、C级单位13家、不予评级4家，并对这些供水单位的出厂水进行采样，共采集样品230份，其中抽检18家市政水厂，16家合格，合格率88.9%。各县（市）抽检饮用水194份，合格119份，合格率74.7%，其中，城市供水抽检167份，合格119份，合格率71.26%；乡（镇）公共供水抽检22份，合格21份，合格率95.45%。全年检查州内市政集中式供水单位20家、52户（次）；乡（镇）集中式供水单位28家、33户（次）；自备供水单位1家。

第四节　职业卫生监督传染病与消毒卫生监督

2002年以前，职业卫生称为劳动卫生，2002年5月1日改称职业卫生。2005年后，卫生行政部门承担的作业场所职业病危害现场监督、职业病危害项目申报、职业危害事故处理、职业技术服务资质审定等卫生工作职能划归安全生产监督管理局。

2004年以前，全州仅州疾控中心具有职业健康体检、放射防护检测和作业场所检测资质。2012年，全州12个县（市）医疗单位具有健康体检资质共15家，有职业病诊断资质1家，职业健康体检不出县，职业病诊断不出州，职业性体检项目由原来的普通胸片发展到高仟伏胸片，提高了体检质量。

一、职业卫生监督

1992年4月，由黔南州劳动卫生职业病防治所承担企事业单位的尘肺病防治监督、工业企业劳动卫生监督和监测管理工作。开展厂矿企业分级管理，厂矿企业接触有毒有害作业工人上岗前必须接受劳动卫生防护知识培训，经考试合格后方能上岗，全州培训6708人，发放培训合格证5730个。开展“工业企业注册登记证”发证工作，共发放743个登记证。开展驾驶员职业性体检，体检1108人，发放机动车驾驶员健康证1100个。1993年，经州卫生局审核批准，聘任黔南州首批劳动卫生监督员31名。

2002年，开展有毒有害化学品专项整治摸底调查，全州有有毒有害用人单位870户，巡回检查用人单位528户（次），下达卫生监督意见书175份，开展有毒有害监测37户，进行健康监护单位9户。开展全州职业病危害项目申报管理培训工作，共计培训109人（次）；全州职业病危害项目应申报399户，已申报206户，责令限期申报57户。开展《职业病防治法》《职业病危害警示标识（GBZ58～2003）标准》宣传和相应卫生监督管理培训46人。全州张贴宣传标语35条，发放宣传资料1320份，接受咨询职业卫生知识533人。

2003年，国家职业病危害专项整治督查组对黔南州职业病防治工作进行督查，抽查都匀、龙里、贵定3个县（市）10家用人单位，针对违反职业病防治法的龙里县里峰水泥厂现场提出整改意见，州卫生局组织专家现场督导整改，完成该厂作业工人健康体检120人。是年，对职业卫生第一、第二阶段危害行业进行抽检，用人单位抽检223户，职业性体检应检12554人，实际体检1682人；职业卫生重点监督检查200户，上岗前应进行职业健康检查1625人，实际检查463人。

2006年，监督检查用人单位227户，职业健康岗前检查应检435人，实检147人，在岗应检14405人，实检5469人，应建职业健康监护档案15043个，实建5723个。

2007年，启动黔南州职业病危害行业专项整治工作，全州有职业病危害用人单位607户，对298户进行职业卫生培训，下达卫生监督意见书268份，接触职业病危害人数5600人，进行职业健康检查3987人，建立职业健康监护档案3987个。

2008年，开展全州卫生监督机构职业卫生工作现状、职业技术服务的仪器设备和人员资质的调查，全州没有独立的职业卫生科室，只有兼职的职业卫生监督员。全州职业技术服务机构中，有建设项目评价资质1家、作业场所危害因素检测5家、放射防护检测1家、职业健康检查5家、职业病诊断1家。完成重点危害企业专项整治检查验收。完成全州整治非法用工专项工作，出动监督员150人（次），监督检查205户，警告105户，下达卫生监督意见书105份。

2010年，完成职业病防治项目暨职业健康主检医师和职业病报告信息管理培训工作，培训72学时，共计培训140人，经考试合格140人。2011年，到企业开展职业病防治项目宣传活动129次，发放宣传资料34530份，张贴宣传画标语196条，接受咨询4552人（次），新闻媒体报道26次。2012年，对职业技术服务机构进行监督检查，全州有职业健康检查机构15家、职业病诊断机构1家，每个县（市）至少有1家职业健康检查机构。

2014年，全州体检接触职业危害因素的劳动者21086人，职业病诊断机构组织阅片诊断活动26次，阅片2146人份；发现疑似职业病人45例，职业禁忌22例，确诊职业病（尘肺病）21例。

截至2014年12月，卫生监督部门依据《职业病防治法》《职业健康监护技术规范》，每年定期对职业健康检查机构18家、职业病诊断机构1家进行监督检查，全州职业健康体检机构在资质批准项目范围内开展工作，并依法履行职业病、疑似职业病报告职责，建立规范的职业健康监护档案。

二、传染病与消毒卫生监督

1991年，经贵州省卫生厅批准，全州聘任传染病卫生监督员62名。在乡（镇）以上医疗保健单位聘任传染病卫生检查员215名，初步建立传染病卫生监督队伍。1992年，州卫生局开展全州传染病卫生宣传活动，出动300余人、宣传车12辆，印发宣传手册5000多册，培训卫生人员889人（次）。同时，启动医疗机构消毒监督、监测工作，聘任卫生监督员4名开展工作。

2002年，州卫生防疫站开展在传染病、消毒监测，2002年12月后，州卫生局授予州卫生监督所行使传染病、消毒卫生监督和行政执法权。各县（市）卫生监督所相应行使辖区内传染病、消毒卫生监督职责。

2003 年，在抗击“非典”疫情中，全州各卫生监督机构成立应对紧急重大卫生事件应急领导小组，组织开展全州各级卫生行政、医疗机构和留验站监督检查，共检查 660 户（次），行政处罚 29 户。

2004 年，开展传染病防治专项检查，共检查 437 个单位（其中县级以上卫生医疗机构 30 家，乡镇卫生院、村卫生室 230 家，个体医疗诊所 177 家）。监督检查内容有传染病防治制度、疫情报告、消毒制度规范执行、医疗废物处置等级。其中，责令改正并通报批评 85 家，警告 11 家，处罚 6 家，暂停执业 3 家。6 月，开展 11 个县（市）传染病病区及州传染病院建设项目预防性卫生监督审查工作。8—9 月，举办全州医疗卫生机构医疗废物管理培训班 2 期，对医疗废物进行专项治理，参加培训人员包括各县（市）医院、工矿医院的院长、分管院长、相关科室负责人，各县（市）疾病预防控制中心、采供血机构、计生指导站、妇保所、卫生监督所等单位的负责人 183 人。

2005 年 9 月，州人大常委会、人大代表组成执法检查组，对福泉、贵定、龙里、惠水、荔波、三都 6 个县（市）贯彻执行《传染病防治法》情况进行专项执法检查。2006 年起，将学校、幼儿园传染病防治纳入卫生监督检查范围。

2005—2007 年，为应对人感染高致病性禽流感防控工作，共出动人员 3282 人（次），检查各类医疗卫生机构 2828 户（次），责令整改 191 户，行政处罚 65 户。对全州消毒产品经营和使用单位进行检查，全州检查经营单位 142 户、使用单位 133 户，对经营和使用的消毒产品名称、生产地址、生产企业卫生许可证及批件、产品使用范围、有效期等进行逐一登记。2006—2007 年，开展全州消毒产品生产企业情况调查，已在省卫生厅申办许可证的企业 10 家，已停产企业 6 家，暂停生产企业 3 家，尚未生产企业 1 家，在建生产企业 1 家。2006—2012 年，检查各类学校 938 户（次），督促学校建立传染病防治预案、疫情报告制度和晨检、因病缺勤病因追查与登记制度。2008—2012 年，开展各类传染病卫生监督执法检查，全州卫生监督机构出动监督员 5012 人（次），检查各类医疗机构 4786 家，责令整改 59 户，行政处罚 23 户。

2008—2014 年，州内在产消毒产品企业有都匀煜晨纸业有限责任公司、贵州省惠水县长田工业园 C 区、贵州卡布国际（惠水）卫生用品有限公司、荔波玉屏镇佳和纸品分装厂、龙里顺伍纸品厂、龙里县梅迪纸品厂、四川华天科技实业有限公司贵州分公司（龙里）、长顺金竹纸业厂。

2013—2014 年，开展全州医疗机构传染病防控卫生监督专项执法检查行动，出动卫生监督员 11510 人（次），检查医疗机构 4470 家，下达卫生监督意见书 830 份，行政处罚 554 户，罚款金额 122.228 万元。

第五节 放射卫生与医疗安全监督

一、放射卫生监督

黔南州于1989年11月被卫生部确定为全国首批放射卫生综合监督管理示范地（州、市），开展放射工作场所放射防护监测评价及放射工作人员健康监护工作。州卫生防疫站劳动卫生职业病防治所开展的放射卫生监督管理仅限于监督、监测、审查和发证，同时开展放射工作人员放射防护知识培训和健康检查，未开展执法工作。1991年，开展放射卫生基础调查，全州有射线装置单位58家，审核发证54个，射线装置总数116台，有放射工作人员190人，培训放射工作人员188人，体检178人，个人剂量监测43人，发放《放射工作人员证》178人。是年，经卫生部考核，黔南州成为贵州省首个将放射卫生工作纳入日常监督管理的地（州、市）。1992年，黔南州获卫生部卫生监督司授予“全国放射卫生工作先进单位”称号。此后，每年对已发证单位进行一次日常监督检查和防护监测，对新、改、扩建的放射工作场所进行预防性卫生监督审查；每2~3年对放射工作人员进行放射防护知识培训，同时开展放射工作人员健康检查，共开展了三个健康监护周期（1991年、1994年、1997年）体检。因不具备个人剂量监测工作条件，未开展个人剂量监测。

1998年，全州有开展放射工作的单位114家（开展射线装置工作单位98家，从事放射性同位素工作16家），持证108个（其中“射线装置工作许可证”95个、“放射性同位素工作许可证”13个），射线装置总数181台，有放射工作人员212人，开展放射防护知识培训和体检143人。1998—2000年，每年对全州放射工作单位进行抽检，并对新、改、扩建放射工作单位进行预防性卫生监督审查和发证，州防疫站对放射工作单位每年开展放射防护监测，并开展两个健康监护周期（1999年、2000年）体检。

2001年以后，“放射工作卫生许可证”由省级卫生行政部门发证，州级承担放射卫生工作许可前的预防性卫生监督现场审查，县级负责日常监管。

从2002年底开始，放射卫生监管工作由州卫生监督所卫生科承担，实施监督执法。至2006年，每年开展全州放射诊疗工作单位监督抽检和执法检查，共对8家违反放射卫生法律法规的放射工作单位进行卫生行政处罚。

2006年起，国家放射诊疗监管工作分三级（省、市、县）四类（放射治疗、核医学、介入放射学、X线影像诊断）管理。由于从1991年黔南州开展放射卫生监督工作以来一直由州级监管，为符合国家放射卫生分级分类监管要求和规范放射卫生监管工作，2009年起，不再由州级负责各县（市）放射卫生监督工作，县（市）放射诊疗工作监督检查、执法、许可审核发证等均由县（市）实施。

2014年，全州监督检查各类放射诊疗单位95家，持有“放射诊疗许可证”85家，有放射工作人员229人，健康体检165人，持有“放射工作人员证”165人，开展个人剂量监测140人；有放射诊疗设备153台，检测76台；放射工作场所检测149家，配备并使用放射防护用品 82 家。查处案件数 33 件，罚款金额共计 10.98 万元。

二、医疗安全监督

2003 年 10 月，州卫生局授权州卫生监督所行使医疗安全执法权，负责对全州县（市）卫生监督所开展的医疗机构卫生监督进行业务指导和督查。州卫生监督所每年开展医疗机构医疗安全监督 2 次以上，抽查医疗机构 3 个以上，其中二级以上医疗机构抽查 2 户（次）以上。

2003—2014 年，打击商业欺诈、非法行医，共召开卫生、公安等 7 个部门参加的联席会议 131 次，开展联合检查 415 次，联合办案 82 次，检查医疗机构 18529 家，下发卫生监督意见书 17189 份。

第六节　化妆品卫生监督

随着人民生活水平的日益提高，化妆品成为增进人们身心健康的生活必需品，与此同时化妆品的卫生安全也逐渐引起人们的重视。黔南州内无化妆品生产厂家，卫生监督主要针对化妆品经营单位、化妆品的广告宣传、特殊用途化妆品和进口化妆品销售活动。

1992 年，开展州内部分在售化妆品卫生调查，共调查各类化妆品 1490 种，其中有卫生许可证 654 种，占调查数的 43.9%，有生产日期 394 种，占调查数的 26.4%，有保质期 563 种，占调查数的 37.8%，有使用说明书 621 种，占调查数的 41.7%。

1993 年，开展化妆品市场调查，对化妆品市场销售进行监督管理。三都县调查各类化妆品 68 种，合格 24 种，合格率 35.3%。州卫生防疫站卫生科于 8 月对都匀市销售化妆品进行摸底调查，共调查各类化妆品 381 种，包括发用类、护肤类（膏霜类）、美容修饰类、香水类及特殊用途化妆品，其中，有生产企业卫生许可证 136 种，占 35.7%，有生产日期的 72 种，占 18.9%，有保质期的 78 种，占 20.5%，有产品说明书 103 种，占 27.03%，调查结果显示部分化妆品存在很多卫生问题。

1998 年，对辖区内销售的外埠化妆品、保健用品等产品进行卫生监督检查，检查化妆品经营单位 572 户，其中美容单位 179 户、超市 63 户、批发商店和化妆品专卖店 330 户。

2007 年，检查化妆品经营单位 1024 户，其中美容美发单位 508 户、批发或零售市场 473 户、化妆品专卖店 43 户。存在问题的单位共计 44 户，其中美容美发单位 38 户，批发或零售市场 1 户，专卖店 5 户。检查品种共 1078 种，其中美容美发单位 392 种、批发或零售市场 385 户、专卖店 301 户。不合格品种 8 种，其中，无生产企业卫生许可证号 1 个，无有效卫生许可证批号 6 个，无生产日期及保质期 1 个。共查处经营单位 3 户，罚款金额共计 0.03 万元，没收产品 10 公斤。各县（市）卫生监督所还在辖区内开展了查处不合格发胶类化妆品和“宝比珊”系列化妆品专项整治行动，出动卫生监督员 195 人（次），检查化妆品经营或使用单位 504 户。2009 年，化妆品生产经营行政许可和日常监督职能移交各级食品药品监督管理部门。

第七节　卫生稽查与行政处罚卫生协管

一、卫生监督稽查与行政处罚

1992—2002 年，州和各县（市）卫生防疫站依据卫生法律法规，主要开展辖区内的食品卫生、公共场所等卫生违法行为行政处罚，共开展卫生行政处罚 6287 户（次），行政罚款 16.3 万元。其中，食品卫生行政处罚 5434 户（次），行政罚款 15.24 万元，公共场所卫生行政处罚 853 户（次），行政罚款 1.06 万元。

2002 年起，州卫生监督所行使卫生监督稽查职能，依法监督检查，依法行政许可，依法实施行政处罚。2006 年，将卫生监督稽查工作作为加强卫生监督队伍建设、强化内部制约机制、规范卫生行政执法行为的重要手段，在明确卫生监督稽查职责的同时，建立和完善稽查工作机制，使卫生监督稽查工作与行风建设、宣传教育有机结合。

2003—2004 年，在全州卫生监督体制改革中，州及 12 个县（市）建立独立的卫生监督机构，全州配备县以上监督机构卫生监督人员 152 名，全部经培训及资格认定后在省卫生厅备案。从此，各级机构受当地卫生行政部门委托，依据相关法律法规，承担辖区内公共卫生领域的卫生行政执法工作。2009 年 6 月 1 日起，全州各级卫生监督机构不再承担食品卫生监管职能。2012 年起，不再承担工矿企业用人单位的职业卫生监管职能。

2003—2014 年 6 月，全州查处食品卫生、公共场所卫生、饮用水卫生、放射卫生、职业卫生、医疗卫生机构等违法案件 1681 起，行政罚款 255.53 万元。

2007—2014 年，开展县（市）卫生监督机构和同级机构卫生监督执法稽查 37 次，专项稽查 6 次，抽查卫生行政许可档案 290 份。全省交叉稽查 5 次，举办各类卫生行政执法培训班 44 期，培训执法人员 2116 人（次），开展卫生监督执法约谈 1932 家，开展卫生行政案卷评查 6 次。

二、卫生监督协管

卫生监督协管服务主要是由城乡基层医疗卫生机构协助基层卫生监督机构开展食品安全、职业卫生、饮用水卫生、学校卫生、非法行医和非法采供血等方面的巡查、信息收集、信息报告并协助调查，通过及时发现违反卫生法律法规的行为，保障广大群众公共卫生安全。同时，通过对广大居民的宣传、教育，不断提高城乡基层群众健康知识和卫生法律政策的知晓率，提升人民群众食品安全风险和疾病防控意识，为群众提供卫生健康保障。

2012 年 4 月，制定《黔南州卫生监督协管服务工作实施方案》，确定在 2012 年底前全州 12 个县（市）开展卫生监督协管服务。黔南州卫生监督局负责辖区内卫生监督协管服务工作的具体实施，指导县级卫生监督机构做好协管员教育培训工作；县级卫生监督机构负责辖区内卫生监督协管服务工作的具体实施，制定建立辖区内卫生监督协管员培训规划及协管员档案，开展辖区卫生监督协管员招聘，结合辖区实际情况指导协管员开展工作，对协管员的工作绩效进行考核，强化协管员使用和管理；乡（镇）卫生院、社区卫生服务中心对聘用卫生监督协管员和社区卫生服务站及行政村卫生室卫生监督信息员的日常工作进行管理，对卫生监督协管员的履职、遵纪、出勤情况经行考核。卫生监督协管服务工作实行目标管理纳入年度目标考核，卫生监督协管员工作上接受当地县级卫生监督机构的业务指导和工作考核，考核结果作为人员奖惩及核定工作绩效的依据并与经费补助挂钩。

2012 年，举办协管员培训班 32 期（州级 2 期、县级 30 期），培训卫生监督协管员、卫生监督信息员 2938 人，经考核合格，聘用卫生监督协管员 622 人、卫生监督信息员 1822 人。全州 12 个县（市）235 个乡（镇）挂牌成立卫生监督工作站 221 个，全面开展卫生监督协管服务工作。

2013—2014 年，各县（市）乡（镇）撤并，撤并后全州有 16 个办事处、80 个镇、12 个乡（含 4 个民族乡），全部开展卫生监督协管服务工作。共卫生监督协管员 651 人，取得卫生监督协管员证 641 人，有村级卫生监督信息员 1862 人。卫生监督工作站基本配备卫生监督协管服务办公设备，建立卫生监督协管服务相关工作制度、工作程序，按规定配发卫生监督协管服务、胸牌。各卫生监督协管工作站按照卫生监督协管服务工作要求开展工作。2014 年，全州各乡（镇）协助县级开展各项卫生执法检查 1528 次，自行开展各项卫生监督检查 8715 次，报送各类信息 9520 条。

第八章　行政管理

1991 年—2014 年 9 月，州和各县（市）均设有卫生局，是政府主管卫生工作的职能机构。按照分级负责、分级管理的原则，各级政府对辖区卫生工作全面负责，纳入年度工作计划和年度考核目标，实行各级政府和卫生行政部门双向负责的卫生工作目标管理责任制。2014 年 9 月，根据中共贵州省委办公厅、贵州省人民政府办公厅《关于印发〈黔南州人民政府职能转变和机构改革方案〉的通知》，组建黔南州卫生和计划生育委员会，不再保留州卫生局、州人口和计划生育委员会。

州卫生局是州政府管理全州医疗卫生工作的行政机构。1991 年，黔南州卫生局设秘书科、医教科、防保科、政工科、老干科和州爱卫会办公室、州红十字会办公室、州医学会办公室、州公费医疗管理办公室等 5 科 4 室，另设有州纪委派驻州卫生局纪检组，共有在职人员 34 人。1994 年 12 月 19 日，州编委批复建立黔南州农村自来水厂管理中心站，属州爱卫会领导下的全民所有制事业单位，暂定人员编制 2 名。1997 年 4 月，在州政府行政机构改革中明确州卫生局内设 6 个职能科室（局办公室、政工科、防保科、医政科、科研教育药政管理科、卫生监督科），明确州公费医疗管理办公室、州红十字会办公室、州医学会办公室为州卫生局挂靠事业单位，确定州卫生局机关行政编制 24 名、事业编制 4 名。

2001年12月，黔南州政府办公室下发《黔南州人民政府办公室关于印发黔南州卫生局职能配置、内设机构和人员编制规定的通知》，明确将药政、药检工作职能移交由黔南州药品监督管理局承担，将卫生监督职能委托黔南州卫生监督所承担，同时明确州卫生局主要职责14项，内设5个职能科室：局办公室（含爱卫）、政工科（含离退休干部管理工作）、规划财务统计科、医政科、疾病控制与基层卫生妇幼保健科；明确局机关行政编制14名，机关后勤服务人员事业编制3名；另明确中华医学会黔南分会办公室单列事业编制1名，由财政全额预算管理，列入参照试行国家公务员制度管理范围；单列黔南自治州红十字会办公室事业编制3名，由财政全额预算管理，列入参照试行国家公务员制度管理范围。2005年6月22日黔南州编办下文《关于成立黔南州干部保健委员会办公室的批复》，明确黔南州干部保健委员会办公室是保健委员会的日常办事机构，设在州卫生局，为州卫生局管理正科级事业单位，核定事业编制3名。2005年12月7日，设置州纪委监察局派驻州卫生局纪检组监察室。2006年9月21日，州编办批复设立黔南州新型农村合作医疗办公室，为州卫生局下属正科级事业单位，核定事业编制3名（其中主任或副主任1名），财政全额预算管理。2009年10月，州红十字会办公室脱离州卫生局成为独立法人机构。2010年，根据州委、州政府关于机构改革实施意见，州卫生局机构改革，局机关设10个科室，编制26名。2011年4月，州政府办《关于印发黔南州卫生局主要职责内设机构和人员编制规定的通知》明确将卫生许可、餐饮业、食堂等消费环节食品安全监管和保健食品、化妆品卫生监督管理的职责划给州食品药品监督管理局，将综合协调食品安全、组织查处食品安全重大事故的职责划入州卫生局；明确州卫生局内设局办公室（含突发公共卫生应急指挥中心）、规划财务科、卫生法规与监督科、食品安全综合协调科、疾病预防控制科、基层卫生与妇幼卫生科、医政科、中医科教科、政工科等9个科（室），行政编制19名、机关工勤人员编制3名；另设立州爱卫和农村卫生技术指导中心，为州卫生局所属正科级全额预算管理事业单位，核定事业编制5名。2014年4月，州政府决定，将州卫生局承担的黔南州食品安全协调委员会办公室的职责移交州食品药品监督管理局。9月，州卫生局设局办公室（含应急办）、规划财务科、政工科（含离退休干部管理工作）、医政科（含中医科教科）、疾控与基妇科（含疾病预防控制科、基层卫生与妇幼卫生科）、纪检监察室、黔南州食品安全协调委员会办公室、中共黔南州委干部保健委员会办公室、黔南州新型农村合作医疗领导小组办公室、黔南州爱卫和农村卫生技术指导中心、黔南州医学会办公室等11个机构，在职职工28名（行政编制18名、事业编制8名、工勤人员2名）。12月31日，州政府下发州卫生和计划生育委员会职能、机构、人员“三定”方案，与省卫生计生委职责、机构保持衔接对应，明确机关行政编制37名，内设办公室、政工人事科、财务科、目标监督管理科、规划与信息科、医政药政医管科、疾病预防控制科、妇幼健康服务科、基层指导科、宣教法制信访科、计生家庭发展科、计生流动人口管理科等12个科（室）。

12个县（市）卫生局是同级政府管理卫生工作的行政机构。2001—2002年，各县（市）先后组建县（市）药品监督管理局。2004年后，各县（市）药品监督管理局统一改称县（市）食品药品监督管理局。2009—2012年，12个县（市）卫生局先后与同级县

（市）食品药品监督管理局合并，组建县（市）卫生和食品药品监督管理局。2014 年 10—12 月，各县（市）先后组建县（市）卫生和计划生育局，同时另设县（市）食品药品监督管理局。

第一节　医药卫生体制改革

1991 年，全州有国家、集体以及个体举办的医疗机构 526 个，开设床位 4468 张，卫生技术人员有 5808 人，村卫生室有 473 个，有乡村医生和卫生员 662 人。1996 年，全州有各类医疗卫生机构 344 个，病床 5283 张，有卫生技术人员 8116 人。

1997 年 6 月，根据《中共中央、国务院关于卫生改革与发展的决定》《中共贵州省委、贵州省人民政府关于加快卫生改革与发展的决定》，州委、州政府召开全州卫生工作会，部署全州卫生改革与发展工作。1998 年 3 月 27 日，州委下发《中共黔南州委、黔南州人民政府关于卫生改革与发展的决定》，明确黔南州卫生改革与发展的目标、任务和主要政策措施。主要改革内容有：改革城镇职工与居民医疗保障制度；改革卫生管理体制；改革县以上城镇卫生服务体系，发展社区卫生服务；改革卫生机构运行机制，普遍实行和完善院（站、所、局、校）长负责制，扩大卫生机构经营管理自主权，深化事业单位岗位设置、人员聘用上岗、实行绩效工资等人事制度、分配制度改革，建立起五有（有责任、有激励、有约束、有竞争、有活力）的运行机制。

1998 年 4 月 1 日起，首先在州级行政事业单位改革公费医疗制度，建立社会统筹与个人账户相结合的医疗保险制度。

2009 年，州政府成立医改工作领导小组，领导小组成员由州发改委、州卫生局、州委宣传部、州财政局、州人力资源和社会保障局、州食品药品监管局、州编委办等 19 个部门（单位）负责人组成。同时，成立黔南州公立医院改革试点工作领导小组，由分管副州长任组长，领导小组在州卫生局设办公室；成立医改领导小组成员单位参加的黔南州药品集中招标采购工作领导小组，制定实施基本药物制度政府补助政策。12 月，州医改领导小组制定《黔南州深化医药卫生体制改革近期重点实施方案（2009—2011 年）》。全州抽调科级干部 238 名，负责 238 个乡（镇）卫生院（社区卫生服务中心）综合配套改革工作。州医改领导小组和州医改办同时建立医改工作部门联系会议制度，定期通报工作进展情况，协调解决改革中遇到的困难和问题，形成全州各级各部门各负其责、密切配合、统一协调、分工协作、齐抓共管、有序推进的运行机制。州政府建立医改工作督查制度，定期或不定期开展医改工作督查，各县（市）、各相关部门也相应组织开展相关专项督查。

2000 年以后，公费医疗保险制度逐步扩大至全州所有城镇职工。2002 年，编制并实施《黔南州区域卫生规划》，对辖区内卫生资源实行统筹管理、合理配置，提高卫生资源利用率。

2009—2012 年，州政府、州医改领导小组及州直有关部门先后出台《黔南州建立国家基本药物制度实施方案（试行）》《黔南州建立国家基本药物制度实施细则（试行）》《黔南州关于加强乡村医疗队伍建设的实施方案》《黔南州关于乡村卫生服务一体化管理的实施方案》《黔南州村卫生室实施国家基本药物制度工作方案》《黔南州清理化解基层医疗卫生机构债务实施方案》《黔南州城镇居民基本医疗保险试点实施方案》《黔南州城镇职工基本医疗保险试行办法的通知》《关于调整黔南州城镇居民基本医疗保险待遇的通知》等20多个相关配套文件，其中包括为基本公共卫生服务项目的实施和运转管理制度而制发的相关配套文件6个。在这期间，2010年，州政府安排医改工作补助经费33万元。年初，州政府与各县（市）政府及都匀经济开发区管委会签订2010年度医改工作任务责任书，将各项医改工作列为政府工作目标，并作为考核各级领导干部政绩的重要指标。同时将任务逐项分解落实到州级相关部门，明确每项任务的责任部门及责任人，细化责任分工，抓好责任落实。年终组织对县（市）、都匀经济开发区及州直相关部门各项医改工作目标完成情况年度考核。此后，州政府每年与各县（市、区）政府签订年度医改及卫生工作目标责任书，进行年度考核。州卫生局与各县（市）卫生局和都匀经济开发区卫生管理部门签订各年度《公共卫生目标责任书》《重大传染病防治目标责任书》，并作为卫生系统年终考核的重要内容。是年，成立黔南州实施国家基本公共卫生服务项目工作领导小组，在州卫生局设办公室，负责辖区公共卫生服务项目实施的组织领导工作。各县（市）政府及都匀经济开发区管委会也成立相应领导小组和工作机构，制定具体工作方案，开展医改工作。2011年启动城镇居民医疗保险制度全州覆盖工作。

2013年，州政府先后下发《黔南州人民政府关于深化医药卫生体制改革进一步促进医疗卫生事业发展的意见》《黔南州深化医药卫生体制改革2013年主要工作安排》，对加强基层卫生队伍建设、巩固实施基本药物制度、加强卫生基础设施建设、落实经费保障、提高公共卫生人员和医务人员待遇等提出具体要求和措施。

2009—2014年，州政府及州医改领导小组先后6次组织100多人（次），分别到各县（市）开展医改工作督查，州政府督查室先后下发6期医改工作通报；州医改领导小组相关成员单位开展专项督查25次，深入各县（市）及部分乡镇卫生院开展督查。县以上城镇卫生服务体系改革到2014年底，全州建城镇社区卫生服务中心（站）35个。

全州医药卫生体制经过17年改革，取得六方面成果：国家、省、州、县（市）四级对卫生事业的投入进一步加大；基本医疗保障面大幅扩大，新型农村合作医疗、城镇居民医疗保险、城镇职工医疗保险三项制度不断健全，全民医保惠及全州95%以上人口；全州基层医疗卫生服务能力增强，县级医院、乡（镇）卫生院、村卫生室建设得到改善，以全科医生为重点的基层医疗卫生队伍培训力度加大；在全州范围内开展10类国家基本公共卫生服务项目、7项重大公共卫生服务行动；基本药物制度在全州公立基层医疗卫生机构实施，基层机构药品价格平均下降30%；实施公立医院改革试点。至2014年末，全州有各级各类卫生机构2827个，设置床位15695张，拥有卫生人员19438人，其中卫生技术人员14367人（执业医师3667人；注册护士4859人；正高级职称106人、副高级职称964人），村卫生室发展到2045个，有乡村医生和卫生员2917人，实现行政村设卫生室全覆盖。

第二节　卫生经费

州、县两级财政每年预算一定卫生事业经费，拨到医疗卫生全额拨款和差额拨款单位。医疗机构执行国家物价政策，按照政府确定的付费方式和付费标准收费。医疗收入包括开展医疗服务和其他活动依法取得的非偿还性资金，即门诊收入、住院收入、财政补助收入、科教项目收入和其他收入等。

1991 年，州、县（市）卫生局、疾控中心、妇幼保健所、卫生监督局（所）属全额预算拨款单位，州、县（市）人民医院、中医医院、妇幼保健院、乡（镇）卫生院属于差额预算拨款单位，中心血站属自收自支单位，有部分的乡（镇）卫生院属全额预算拨款单位。

从 1997 年起，州政府决定采取多种方式筹集卫生资金，在全州范围内开征卫生附加费，烟草、酒类、药品生产经营企业按税后利润的 1% 用于发展卫生事业。建立农村卫生基金，在乡镇按人均 1 ~2 元筹集，城镇每人 2 ~3 元筹集。实行税费优惠政策，规定对卫生机构进口的救护车、医疗和防疫保健专用车免收市场管理费；卫生机构举办符合国家规定的相关产业，享受国家相关的优惠税收政策；乡（镇）卫生院和村卫生室基建征地按行政划拨执行，并免收水电增容费，基础设施配套费。

2009 年起，实施医药卫生体制改革后的乡（镇）卫生院不再实行差额拨款，全部改为全额预算拨款，稳定基层卫生队伍，加强公共卫生服务。是年，全州投入卫生专项资金 37839 万元。

2010 年 8 月，州发改委印发《2010 年农村医疗卫生服务体系建设项目投资计划》，全州农村医疗卫生服务总投资 14085 万元（包括中央投资 8928 万元，各级地方投资 5157 万元）。是年，州、县两级财政医疗经费总支出 109581 万元。是年，实施医药卫生体制改革，乡（镇）卫生院实行药品零差率核算。2011 年 3 月，按照《医院财务制度》的规定，各级各类独立核算的公立医院包括综合医院、中医院、社区卫生服务中心、乡（镇）卫生院，所有收支全部纳入预算管理，国家对医院实行"核定收支、定额补助、超支不补、结余按规定使用"的预算管理办法，乡（镇）卫生院不再有药品收入。是年，全州财政卫生事业费支出 162230 万元，与 2010 年比增长 48. 05% ，占财政支出总额的 9. 97% 。

1991—2014 年，州级、县级财政对卫生事业投入总计 564060. 18 万元。其中，1991—2012 年投入 333384. 9 万元；2013 年投入 109645. 9835 万元（含新农合政府补贴 4569. 46 万元）；2014 年投入 121029. 3 万元（含新农合政府补贴）。24 年中，全州医疗总收入 932336. 97 万元，总支出 1453773. 97 万元。

（以上数据未含省级财政直管的贵医三附院。）

第三节　执业资格准入与专业技术职务晋升

一、执业资格准入

（一）医师执业资格准入

1999年，执行《中华人民共和国执业医师法》，开始实行医师执业资格准入制度。根据7月卫生部颁布的《医师资格考试暂行办法》的规定，在各省建立考区，地（州、市）设考点。是年，州卫生局组织首次全国执业医师、执业助理医师资格考试，考试科目有临床、中医（包括中医、民族医、中西结合）及传统医学师承人员、口腔、公共卫生资格等，报名人数共计1242人。

2010年起，卫生部决定，在贵州等省区试点设“乡镇执业助理医师”，适当降低“合格”分数线，黔南州每年均有一部分乡镇卫生院卫生人员参加执业医师资格考试定为“乡镇执业助理医师”。至2014年，全州各类医疗卫生专业技术人员中有执业（助理）医师资格的5650人，其中执业医师4137人、执业助理医师1513人。

在实行执业医师准入制度的同时，全州各县（市）执行国务院颁布的《乡村医生从业管理条例》《贵州省乡村医生执业注册暂行办法》，开展辖区内乡村医生执业注册、发证及管理工作。至2014年，全州村一级卫生机构按规定取得乡村医生资格并注册的乡村医生共2011人。

（二）护士执业资格准入

1993年，根据卫生部颁布的《中华人民共和国护士管理办法》和省卫生厅制定的《贵州省实施〈中华人民共和国护士管理办法〉细则》，全州实行护士执业资格准入制度，凡申请护士执业者必须通过卫生部统一执业考试，取得“中华人民共和国护士执业证书”并在执业地县以上卫生行政部门注册后方可从事护士工作。护士执业考试每年举行一次，考试时间为6月，考试由省卫生行政部门统一组织，各地（州、市）卫生局具体实施。2009年，实施国务院颁布的护士条例。2010年，人事部、卫生部共同发布，护士执业资格考试与护士专业技术职务晋升考试“合二为一”。通过考试既取得执业护士资格，又取得护士专业技术职务任职资格。至2014年，全州执业护士注册4859人。

二、专业技术职务晋升

1991—2000年，专业技术职务任职资格晋升工作为省、州、县分别组织评审，即高级卫生专业技术职务晋升工作由省人事厅和省卫生厅共同组建的高级卫生专业技术职务评审委员会评审，中级卫生专业技术职务晋升工作由州人事局和州卫生局共同组建的中级卫生专业技术职务评审委员会评审，初级卫生专业技术职务晋升工作由县（市）人事局、卫生局共同组建的初级卫生专业技术职务评审委员会评审。10年中，州评审的中级卫生专业技术职务晋升数每年平均60人。

2001年起，按人事部、卫生部和省人事厅、卫生厅2001年的文件规定，高级卫生专业技术职务晋升工作仍由省高级评审委员会评审；中、初级卫生专业技术职务晋升，由评审改为全国统一考试，考试合格后方可取得相应卫生专业技术职务任职资格，由人事部（后改为人社部）、卫生部根据考试成绩评定发证。州内设全国统考黔南考点，州人社局、卫生局共同承担考务工作。2003 年起，护士执业资格考试并入卫生专业技术职务任职资格全国统考。2008 年起，全国卫生专业技术职务统一考试方法改为机考（人机对话）和统一笔试。

2012 年，全州在职卫技人员中，有正高级职务（含医、护、药、技）46 人、副高级职务（含医、护、药、技）417 人、中级职务 2237 人、初级职务中师级（含医、护、药、技）4561 人。2013 年，首次增加高级职务人机对话考试科目，全州参加卫生技术资格考试 4635 人，专业技术考试通过率 28.97%，护士资格考试通过率 63.18%。是年，开始实行省内降分合格线政策，即在县级工作的卫技人员合格分数线降 5 分，在乡（镇）级工作的卫技人员合格分数线降 10 分。

至 2014 年，全州参考人数累计 34481 人，最多的为 2014 年 5057 人，最少的为 2002 年 934 人。黔南考点每年设置考场最多 138 个，最少 50 个。各年度通过全国统考的中、初级卫生专业技术职务卫技人员数占参考总人数的 26.55%～48.85%。年末，全州有高级卫生技术人员 1113 名（含当年退休），其中正高 106 名、副高 1007 名。

第四节　医院等级评审

1991 年初，省卫生厅举办全省县以上医院院长学习班，提出开展医院等级评审的要求。是年，州卫生局组织全州县以上医院院长到河北省唐山医院分级管理试点市参观学习。1993 年，黔南州成立医院分级管理评审委员会，开展评审工作，将医院分为一级、二级、三级，每个级别又分为甲、乙两个等级。1994 年 8 月，印发《黔南州实施医院分级管理概略规划》，规划州医院、州中医院、四一四医院为三级医院，规划二级医院 18 所、一级医院 75 所（分布在 12 个县市），其中“一甲”（一级甲等）医院 32 所、“一乙”（一级乙等）医院 43 所。州卫生局负责“二乙”（二级乙等）、“一甲”评审和“二甲”（二级甲等）医院初评工作；各县（市）卫生局负责区域内“一乙”医院评审及“一甲”医院初评。各级医院建立医院评审自评小组，开展自评自查。1994 年 5 月，经州卫生局组织评审，福泉牛场中心卫生院、贵定昌明中心卫生院先后评定为一级甲等医院。6 月 29 日—7 月 1 日，对罗甸县医院申报“二乙”医院按照《贵州省医院分级管理实施细则（试行）》《贵州省二级医院评审标准》，进行评审，达到“二乙”医院标准，由州卫生局批准罗甸县医院为二级乙等医院。12 月，州医院通过省级评审，成为二级甲等医院。

1995 年，独山、瓮安、贵定、都匀、福泉 5 个县（市）医院通过“二乙”医院评审，基长、麻尾、墨冲、马场坪、龙昌、陆坪 6 个乡（镇）卫生院达“一甲”或“一乙”医院标准。1996 年，长顺、荔波、三都、惠水等 4 个县医院通过“二乙”医院评审，罗甸县中医院达中医“二乙”标准，瓮安草塘、贵定云雾两个中心卫生院达“一甲”标准，龙里谷脚、猫场乡卫生院达"一乙"医院标准。1997年，全州已有"一甲"9个、"一乙"医院17个。

1998年6月，州卫生局发出黔南州二级医院确认名单，州医院、电子工业部四一四医院、州中医院、总后勤部第八职工医院为二级甲等医院，州精神病院、都匀市医院、电子工业部四一四分院、福泉市第一医院、惠水县医院、贵定县医院、龙里县医院、瓮安县医院、三都县医院、独山县医院、罗甸县医院、荔波县医院、长顺县医院、平塘县医院、都匀铁路医院、罗甸县中医院、独山县中医院、惠水县中医院、瓮安县中医院、荔波县中医院为二级乙等医院。

2010年4月13日，州卫生局下发《黔南州卫生局关于医院等级评审（复审）实施方案（试行)》，明确凡在全州范围内依法取得"医疗机构执业许可证"的一级以上医疗机构参加等级评审（复审)，一级医院由各县（市）卫生局组织评审，报州卫生局备案，州卫生局根据情况进行抽查；二级乙等医院由州卫生局组织专家评审，评审结果报省卫生厅备案；二级甲等以上医院由州卫生局申请省卫生厅组织评审。2010年12月，省卫生厅下发文件明确二级甲等医院由地（州、市）组织评审。

福泉市第一人民医院为省卫生厅重点联系医院，是黔南州首家创"二甲"申报评审的医院，2011年8月25—26日，省卫生厅、州卫生局领导及黔南州二级综合医院评审专家一行27人对福泉市第一人民医院进行"二甲"医院评审，评审专家按照《贵州省二级综合性医院评审标准》，通过听取汇报、查阅资料、实地考察、考试、提问及操作考核等方式对福泉市第一人民医院评审项目中一类指标、二类指标、三类指标中的医院管理、医疗质量管理和持续改进、医院安全、医院服务、教学科研管理与水平、统计指标等方面进行全面评审，福泉市第一人民医院通过"二甲"医院评审。2011年12月7日，经过省卫生厅、省三级甲等医院专家评审组评审，州医院通过"三甲"（三级甲等）综合医院评审。2012年3月20日，省卫生厅下发《贵州省卫生厅关于同意黔南州人民医院通过三级甲等综合医院评审的批复》。是年底，全州12个县（市）的综合医院中除都匀市、平塘县未评审外，其他10家县级医院通过"二甲"综合医院评审；贵阳医学院第三附属医院（原四一四医院）通过省卫生厅"三甲"医院评审；州中医院通过国家中医药管理局三级甲等中医医院评审，成为省内市（州）级首家也是唯一一家"三甲"中医院。

2013年，省中医药管理局组织评审组，先后对贵定、罗甸、福泉、瓮安、独山、荔波、惠水等7个县（市）县级中医医院进行复核评审，评审结果全部达国家"二甲"中医医院标准，省中医药管理局2014年1月20日印发《关于公布第一批二级中医医院复核评审结论的通知》进行确认。

第五节　公共卫生服务

基本公共卫生服务主要是开展11项国家基本公共卫生服务项目和6项重大公共卫生服务项目。基本公共卫生服务项目包括：为辖区城乡居民建立健康档案；开展健康教育；预防接种服务；0～6岁儿童及孕产妇保健服务；传染病、突发公共卫生事件报告及处理；65岁以上老年人健康管理；高血压、Ⅱ型糖尿病患者管理；重性精神疾病患者管理；卫生监督协管。重大公共卫生服务项目包括：15岁以下的人群补种乙肝疫苗，降低该人群乙肝病毒感染率和乙肝表面抗原携带率；实施消除燃煤型氟中毒防治项目；开展农村育龄妇女宫颈癌、乳腺癌检查项目；为农村育龄妇女孕前和孕早期免费补服叶酸，预防出生缺陷；贫困白内障患者免费开展复明手术；农村改水改厕项目。

2009年，州卫生局下发《黔南州2009年基本公共卫生服务慢性病管理和重性精神疾病管理项目实施方案》。2010年起，按省卫生厅统一安排，黔南州全面实施国家基本公共卫生服务项目。州和各县（市）均成立实施国家基本公共卫生服务项目工作领导小组，领导小组下设办公室负责项目实施具体工作。各乡镇（社区）也成立相应领导小组，负责乡镇（社区）公共卫生服务项目的实施和对村卫生室（社区卫生服务站）执行项目进行监督管理，村卫生室（社区卫生服务站）为居民提供各项公共卫生服务，形成州、县（市）、乡镇（社区）、村卫生室四级公共卫生服务组织管理全覆盖网络体系。是年，人均基本公共卫生服务经费标准为15元，全州到位资金5539.67万元，其中，中央到位资金4499.88万元，省到位资金374.99万元，县级配套资金464.8万元。2011年，人均基本公共卫生服务经费标准为25元，全州到位资金9296.8万元，其中，中央到位资金7504万元，省到位资金863万元，州到位资金84.8万元，县级配套资金845万元。

2010—2012年，州政府于每年年初与各县（市）政府签订有关实施公共卫生服务项目工作的目标责任书，州卫生局也与县（市）卫生局签订该项工作目标责任书，纳入年终考核。州卫生局先后下发《黔南州卫生局关于〈贵州省促进基本公共卫生服务逐步均等化实施方案〉的实施意见》《黔南州卫生局关于建立基本公共卫生服务项目资金信息季报制度的通知》《黔南州卫生局关于做好2011年基本公共卫生服务项目工作的通知》《黔南州卫生局关于成立基本公共卫生服务项目技术指导中心的通知》《黔南州卫生局关于2012年基本公共卫生服务项目实施方案》。2012年，成立州卫生局、州疾病预防控制中心、州卫生监督局、州妇幼保健所组成的技术指导中心，下设办公室，负责全州公共卫生服务项目的指导、培训、资料收集、督导、考核等工作。是年，人均基本公共卫生服务经费标准为25元，全州到位资金9359.24万元，其中，中央到位资金7503万元，省到位资金864万元，州到位资金90万元，县级配套资金902.24万元。2013年，人均基本公共卫生服务经费标准为30元，全州到位资金9684万元，其中，中央到位资金7743.4万元，省到位资金761.5万元，州到位资金71万元，县级配套资金1069.7万元。全年全州项目总支出8629.3万元，资金使用率为89.1%。州、县（市）两级财政与卫生部门对基本公共卫生服务项目专项资金使用进行监督检查，每年开展专项资金督查2次以上，各县（市）成立财务核算中心，加强乡镇卫生院（社区卫生服务中心）基本公共卫生服务项目专项资金管理。

至2014年12月，全州完成居民电子健康档案规范化建档313.2万份，建档率达到89.4%；高血压患者规范管理15.92万人，规范管理率达70.99%；糖尿病患者管理3.62

万人，管理率58.66%；老年人健康管理30.23万人，健康管理率达86.05%；重性精神疾病患者管理9370人；孕产妇系统管理4.1万人，孕产妇系统管理率达90.31%；7岁以下儿童健康管理38.79万人；适龄儿童国家免疫规划疫苗接种率达到99.73%；传染病报告及时率100%；基层医疗卫生机构均开展卫生监督协管；中医药健康管理服务工作已按要求逐步开展。

第六节　突发公共卫生事件处置

一、突发公共卫生事件应急机制

突发公共卫生事件处置工作涵盖突发传染病疫情和食物中毒事件的调查处置以及自然灾害、事故灾难、社会安全等突发公共事件的医疗救援与卫生防病工作，在2000年前未制定统一的处理规范，2001年，制定《黔南州突发公共事件医疗卫生救援应急预案》。2003年，“非典”防控后，州、县（市）卫生局均建立突发公共卫生事件应急工作领导小组和卫生应急救治专家组。是年，国务院颁布《突发公共卫生事件应急条例》，全州公共卫生应急工作开始建立应对突发公共卫生事件应急机制。2005年，州政府印发《黔南州突发公共事件应急预案》，州卫生局制定《黔南州突发传染病疫情应急预案》《黔南州食物中毒应急预案》《黔南州群体性不明原因疾病应急处理方案》《黔南州口蹄疫防治应急预案》《黔南州人感染高致病性禽流感应急预案》等突发公共卫生事件应急预案。同时，建立州、县（市）、乡（镇）疫情网络直报系统，充实调整卫生应急救治专家队伍，完善各类应急物品、药品储备。从是年起，州、县（市）卫生系统开展针对重大卫生突发事件的演练工作。

2006年以后，全州各级卫生行政、疾控中心、卫生监督部门实行应对突发事件24小时值班责任制度，保证突发应急公共卫生事件处置中的信息及时性及事件处置及时性；建成以州紧急救援中心、县（市）医院急诊科组成的医疗应急救治体系；建成以州传染病院及县（市）医院传染病区组成的突发疫情应急治疗体系；建成州疾控中心及县（市）疾控中心组成的传染病疫情预防处置体系。2007年，州卫生局下发《突发公共卫生事件应急工作文件法规汇编》，同时印发《黔南州卫生局突发公共卫生事件疫情应急演练指导方案》《黔南州卫生局突发公共卫生事件医疗救治演练指导方案》。2008年，建立黔南州对突发公共卫生事件进行事后评估制度。

2014年，修订《黔南州突发公共事件医疗卫生救援应急预案》《黔南州突发公共卫生事件应急预案》《黔南州突发急性传染病疫情应急预案》，制定《流感大流行应急预案》《人感染H7N9禽流感应急预案》《防汛抗旱抗灾应急预案》等专项应急预案。

二、突发卫生事件处置

2007年，全州突发公共卫生事件54起，其中，突发疫情44起，发病1962人，乙类传染病死亡1人，不明原因疾病死亡2人；突发食物中毒事件9起，中毒人数145人，经及时处置救治，无人死亡。

2008年1月，贵州省出现50年一遇的大范围雪凝冰冻天气，黔南州12县（市）全部受灾，停水停电。面对灾害，启动突发灾害应急预案，所有工作人员投入到抗灾医疗救治工作中，组织巡回医疗队，设立临时医疗点，开展群众和滞留旅客伤病员医治工作，做好凝冻灾害期间药品储备。州直医疗卫生单位成立相应医疗救护领导小组，及时采购医院供电及照明设备、病员防寒取暖物资，州紧急救援中心及医院急诊科确保24小时待命，组织专家救援组随时投入医疗急救工作。在整个抗凝冻救灾期间，全州卫生系统共派出医疗队421支，医疗卫生人员1590人，巡回覆盖全州12个县（市）253个乡（镇）的2025个行政村，免费救治病人47.45万人，免费发放药品163.55万元；全州卫生系统接待因凝冻灾害滞留就医门诊41886人（次），住院5138人（次），抢救危重病人842人，手术566台，组织无偿献血139人（次），采血3.64万毫升；全州医疗机构无偿诊疗病人18642人（次），无偿支付诊疗费用35.6万元，无偿资助滞留病人10977人（次），资助金额24.1万元；医疗机构购置供电、照明设备73台1054千瓦，共计131万元，提供滞留病人取暖物资支出34.87万元，全州未发生一起因凝冻及停水停电造成的诊治延误和事故。

2008年5月12日，四川汶川发生特大地震后，根据卫生部、省卫生厅的统一安排，从5月23日起，黔南州向四川地震灾区彭州市龙门山镇宝山村派出医疗卫生防疫工作队两批，第一批19人、第二批20人。至6月20日，共出动工作人员405人（次）、车辆81辆（次），消杀30.93万平方米，使用消杀药品451公斤，向灾区群众做工作宣教8490人（次），健康心理咨询832人（次），食品卫生监督服务456处，饮用水卫生监督服务（消毒）117处。

2008年，全州发生突发公共卫生事件46起，经各级卫生部门及时处理，疫情得到有效控制，患者得到及时救治。其中，传染病疫情30起，发病983人，死亡1人；食物中毒15起，发病255人，死亡1人。

2009年，全州共报告突发公共卫生事件68起（传染性疫情58起，食物中毒10起），发病1539人，死亡8例，均及时进行了现场调查处置，病人得到及时救治。针对2009年突发公共卫生事件，州卫生局编印各类信息通报16期，举办卫生应急培训班2期共培训3985人。

2010年，全州报告突发公共卫生事件28起（传染病疫情15起、食物中毒12起、环境污染1起），发病292人，死亡6例。是年，州级3类4支卫生应急队伍中，紧急医学救援队伍2支共30人，突发急性传染病防控队伍1支15人，突发中毒事件处置队伍1支10人。有州级卫生应急救治医疗机构2家，床位80张，制定州级各类突发公共卫生事件应急预案32个。

2011年，全州报告突发公共卫生事件17起（传染病疫情14起、食物中毒3起），发病176人，死亡7人。在平塘牛棚、荔波安平煤矿透水、长顺水泥厂料场崩塌、福泉马场坪“11·1”爆炸等事故中，州卫生应急队伍第一时间到达现场，密切配合，及时处置，转运伤员，最大限度挽救伤员生命。2012 年，全州发生突发公共卫生事件 16 起（包括较大事件 2 起），其中，传染病疫情事件 13 起，报告发病数 83 例，死亡 3 例；食物中毒事件 3 起，报告发病 31 例，死亡 2 例。2013 年，全年报告 12 起突发公共卫生事件，突发事件网络报告及时率为 91.7%，发生的各类突发公共卫生事件均得到成功处理。

2014 年 8 月 27 日，福泉市道坪镇英坪村发生山体滑坡事件，州卫生局第一时间启动突发事件医疗卫生救援应急预案，组织有关人员赶赴灾区指导伤员救治工作，派出 100 余名医疗卫生人员、15 辆救护车赶赴现场，州市医疗机构共收治受伤群众 22 人，经抢救治疗全部康复出院。疾控部门对灾区临时厕所、生活垃圾堆放点、临时住户外环境及污水等地进行消杀 2600 平方米，消毒处理尸体 2 具，疾病监测未发现发热、腹泻病人。卫生监督部门对灾区临时安置点、就餐点、生活饮用水集中供水点和供水水源开展全面卫生监督检查，确保灾后无传染病疫情和突发公共卫生事件报告。是年，全州报告突发公共卫生事件共 6 起，报告发病 42 例，死亡 3 人。

第七节　医疗卫生对口帮扶

自 1996 年 7 月国务院决定开展东西部对口扶贫协作以后，深圳市对口帮扶黔南州，黔南州的医疗卫生机构得到深圳市卫生部门和相关单位的对口帮扶。同时，得到上海市、宁波市部分医疗单位的扶持。帮扶项目主要有捐赠资金、医疗设备和培训医疗技术人员等。州内二级以上医院开展乡（镇）卫生院对口帮扶。2013 年 2 月，国务院确定广州市对口帮扶黔南州。

一、医疗卫生机构对口帮扶

（一）州医疗卫生单位对口帮扶

州医院　1998—2001 年，深圳市政府捐赠州医院帮扶资金 300 万元，新建门诊大楼；捐赠价值 98.8 万元的 ICU 设备 1 套（美国惠普 MII65A 型中央心电监护系统），建立 ICU 重症监护室。2000—2014 年，深圳市人民医院每年接收州医院医疗技术人员进修学习累计 133 人，先后捐赠总价 1 万元的 ICU 抢救床 4 张，总价 8.76 万元的多参数监护仪 2 台；北京大学深圳医院捐赠价值 35 万元的远程会诊中心电脑等成套设备，开展远程会诊 35 例，培训进修人员 4 人；深圳市卫生局捐赠进口听力检测成套设备 5 台，价值 61.2 万元；深圳市眼科医院培训进修人员 2 人。

1999 年，上海市卫生局开始对口帮扶州医院，为州医院培训护理管理干部 2 人。2000—2002 年，上海中山医院接收州医院医生、护士进修学习累计 17 人。2003—2013 年，上海新华医院接收州医院医生、护士进修学习累计 127 人，捐赠总价值 22.5 万元的医用设备多参数监护仪、微量液泵、墙式血压计、高速离心机等 9 台和病床 50 张；上海华山医院、上海浦南医院、上海长海医院、上海复旦大学等单位分别为州医院培训进修人员 1 ~ 2

人。在这期间，2007 年 9 月，上海市第五人民医院骨科副主任医师、博士黄汉伟作为中组部、团中央第八批赴黔博士服务团成员，到黔南州医院挂职 1 年，任副院长，指导州医院骨科提升医疗技术。

此外，上海新华医院、深圳市人民医院等医疗单位派出临床硕士、博士等医疗技术骨干，到州医院传授技术、进修专项业务培训 50 多人（次）。

2013 年，广州市开始对口帮扶黔南州，州委组织部于 9 月选派州医院医师 1 名到广州中医药大学第三附院进行为期 1 年的挂职锻炼，跟班研修。

州中医院　2002 年 4 月 26 日，以深圳市中医院党委书记为团长的对口帮扶考察团一行 8 人到州中医院考察。6 月 13 日，州中医院考察团 11 人到深圳市中医院考察学习。2004 年 5 月 13 日，深圳中医院副院长、主任医师、教授、医学博士生导师李顺民率专家组一行到黔南州中医院指导工作。至 2006 年 8 月，州中医院获深圳有关单位捐助的医疗设备总价值 230.57 万元。2007 年 9 月，获深圳对口帮扶资金 200 万元建民族医药大楼（深援楼）。2008 年 2 月，获深圳中医院捐赠抗凝冻救灾款 2 万元。2010 年，省慈善总会向州中医院捐赠多普勒超声诊断仪 3 台总价值 372 万元、黑白 B 超 1 台价值 16 万元、多功能心电监护仪 9 台总价值 37.5 万元。2011 年，深圳中医院捐赠 4T 燃气锅炉 1 台价值 63.77 万元。

州疾控中心　1998 年 9 月，深圳市卫生局、深圳市卫生防疫站对口帮扶州卫生防疫站。帮扶协议签订后，即为州卫生防疫站购置办公家具 120 套。1999 年 10 月，州卫生防疫站派出中层干部、专业骨干到深圳市卫生防疫站进修学习。深圳市卫生防疫站不定期到州卫生防疫站开展学术讲座活动，两单位每年进行互访。同时，深圳市卫生防疫站将退出使用的旧电脑 30 台和日产面包车 1 辆赠送州卫生防疫站。上海复旦大学 8 名在校学生赴黔南志愿服务，为该站培训第一批电脑操作员。2001 年 3 月 25 日—5 月 29 日，三都县周覃中学学生发生不明原因下肢水肿 38 例，深圳市卫生防疫站站长带 3 名博士生导师、2 名硕士生到三都开展调查和研究。2004 年、2008 年、2010 年，深圳市疾控中心主任庄仕雄、程锦泉等先后 3 次带领专家到州疾控中心进行帮扶讲学，并捐赠继续教育培训经费 28 万元。

州妇幼保健所　2000 年 5 月—2001 年 9 月，州妇幼保健所分两批选派妇产科 2 人、儿科 1 人、护理 1 人、检验 1 人、麻醉 1 人、新生儿科 1 人到深圳市宝安区妇幼保健院免费进修学习，该院为进修人员提供住宿和生活费补助每人每月 150 元。2006 年 3 月—2009 年 12 月，深圳市妇幼保健院援助州妇幼保健所基本建设资金 21.08 万元，援助空调、电视、办公桌椅等办公设备 102 件总价值 6.92 万元，援助产床、麻醉机、手术台、手术无影灯、多参数监护仪、空气消毒机、新生儿辐射保温台、多普勒胎心仪等医疗设备 62 件总价值 45.62 万元，培训进修人员 11 人（妇产科 2 人、儿科 3 人、B 超 1 人、麻醉 1 人、检验 3 人、宣教 1 人）并提供住宿和生活补助费每人每月 500 元。

州中心血站　2000 年 10 月，州中心血站通过州卫生局调配，得到深圳市人民医院捐赠的大客车 1 辆，将其改装为流动采血车。2000 年 9 月—2003 年 8 月，深圳市血液中心捐赠电脑、显微镜、大型低温离心机、32 孔台式离心机、瑞典产全自动酶联免疫加样仪等设备价值总计 85.19 万元。州中心血站与深圳市血液中心协商拟定培养计划，每年接收州中心血站1～2批2～4名卫生技术人员进修学习。至2014年，深圳市血液中心先后在血液成分制备、无偿献血招募、无偿献血志愿者招募、血液检测、质量控制与管理、疑难血型鉴定、输血新技术与血液储存等方面免费接收州中心血站共计18批35人（次）进修。深圳市血液中心主要领导和技术人员多次州中心血站指导工作，提升州中心血站业务管理水平。

州红十字会　2012年6月5日，州红十字会与广东省深圳市红十字会签订荔波县甲良镇卫生院援建工作捐赠协议，援建项目资金10万元。2013年12月9—12日，根据中国红十字会总会《关于开展对口帮扶贵州红十字会工作的通知》，广东省红十字会副会长莫益勇带领广东省红十字会、广州市红十字会有关人员一行4人到长顺县、荔波县就对口帮扶项目进行考察评估，于12月12日在都匀与州红十字会签订对口帮扶框架协议。

黔南医专　2004年初，黔南医专全科医学专业学生社区卫生服务毕业实习遇到困难，黔南医专领导带领有关人员到深圳市考察联系实习基地，深圳市卫生局当即同意在系统内18所医疗机构及其管辖的社区卫生服务中心（社康中心）安排全科医学服务轮转实习，从2004年5月开始，每年接收一批实习生，每批实习1年。实习单位除为学生安排优质带教外，对学生免除实习费用，并给予学生生活补贴。到2014年，深圳市卫生局为黔南医专安排学生毕业实习总计848名。

（二）县（市）医疗单位对口帮扶

1997年9月22日，深圳市投资管理公司党委副书记刘全伟一行15人，代表公司到三都县捐赠780万元，主要用于医疗卫生等基础设施建设；投入390万元，建三都鹏程民族医院；投入100万元，建乡（镇）卫生院9个；捐资30万元，设立卫生基金奖励医务人员。

2010年起，浙江省宁波市、舟山市医疗机构开始对黔南州各县（市）人民医院对口帮扶，捐赠医疗设备，培训进修人员等。2013年，宁波市、舟山市医疗机构对黔南州开展第二轮帮扶，对口帮扶都匀、福泉、惠水、三都、罗甸、贵定、龙里、瓮安8个县（市）人民医院，帮扶医院派专家到受援医院开展手术及教学查房指导，举办学术讲座27场（次）等，8个县（市）受援医院向对方医院派送进修学习55人（次），获赠各类医疗设备8台（套），总价100余万元。2013年12月，省中医药管理局明确贵阳中医学院第一附属医院对口支援惠水县中医院。2013—2014年，开展州内卫生系统对口帮扶，州医院对口帮扶独山、荔波、平塘等3个县人民医院，贵阳医学院第三附属医院对口帮扶三都、罗甸、长顺3个县人民医院。

2010—2014年，舟山市人民医院捐赠都匀市人民医院设备4件（套），总价值562.5万元，接受进修21人；宁波余姚市人民医院帮扶福泉市人民医院资金50.5万元，接受进修23人，远程会诊6例；宁波市李惠利医院捐赠惠水县人民医院设备5件（套），总价值98.4万元，接受进修38人；宁波市第一医院帮扶三都县人民医院资金155万元，接受进修31人，远程会诊5例；宁波市第二医院帮扶罗甸县人民医院资金73.18万元，接受进修26人，远程会诊2例；宁波鄞州区人民医院接受贵定县人民医院进修22人，远程会诊4例；宁波慈溪市人民医院帮扶龙里县人民医院资金147万元，接受进修40人，远程会诊1例；

宁波大学医学院附属医院帮扶瓮安县人民医院资金 10 万元，接受进修 18 人；深圳盐田港集团帮扶荔波县人民医院资金 350 万元。

（三）乡（镇）卫生院对口帮扶

2013 年 10 月，根据省卫生厅办公室印发的《贵州省 2013 年二级以上医疗卫生机构对口支援乡镇卫生院项目实施方案》，确定州内 11 所二级以上医院对口支援三都、平塘、长顺、罗甸、荔波、独山 6 个县的 36 所乡（镇）卫生院。即：州医院对口帮扶平塘县牙舟镇卫生院、大塘镇卫生院；州中医院对口帮扶三都县大河镇卫生院、交黎乡卫生院、塘州乡卫生院、合江镇卫生院；贵医三附院对口帮扶长顺县的白云山镇卫生院、代化镇卫生院、威远镇卫生院、睦化乡卫生院，帮扶荔波县的佳荣镇卫生院、播尧乡卫生院、瑶山乡卫生院；平塘县人民医院对口帮扶县内的通州镇中心卫生院、者密镇中心卫生院、塘边镇中心卫生院、摆茹镇中心卫生院；三都县人民医院对口帮扶县内的都江镇卫生院、三洞乡卫生院；长顺县人民医院对口帮扶县内鼓扬镇卫生院、摆所镇卫生院；荔波县人民医院对口帮扶县内的驾欧乡卫生院、洞塘乡卫生院、甲良镇卫生院；罗甸县人民医院对口帮扶县内的边阳镇卫生院、董架乡卫生院、逢亭镇卫生院、云干乡卫生院；罗甸县中医院对口帮扶县内的板庚乡卫生院、木引乡卫生院；独山县人民医院对口帮扶独山县麻尾镇卫生院、下司镇卫生院、上司镇卫生院、基长镇卫生院；独山县中医院对口帮扶县内的麻万镇卫生院、兔场镇卫生院。州卫生局成立工作领导小组，开展协调工作。2013 年 11 月—2014 年 11 月，支援医院向受援卫生院派驻 3 名从事不同临床专业且具有主治医师以上职称的卫技人员工作一年，为受援医院培养人才，提高技术水平。

二、卫生监督系统对口帮扶

2014 年 12 月 4—7 日，应黔南州卫计委、州卫生监督局邀请，广州市卫生监督所带领所辖 12 个市区卫生监督系统 15 名所长到黔南州及 12 个县（市），就两地对口帮扶事项开展调研，12 月 5 日，举办首期广州市卫生监督系统对口帮扶黔南州卫生监督员专业培训班，培训黔南州卫生监督员 83 名。

第二十篇

文化　广电
新闻出版　体育

第一章 文化体制改革与管理

1991—2012 年，州和各县（市）文化事业财政支出占同级财政支出的比例大多在 0.60% ~1.29% 之间。2013 年，全州级文化事业支出占州同级公共财政支出的比例为 0.60%，2014 年占 0.63%。1991—2014 年，是黔南州文化领域各项改革持续推进、文化管理体制发生较大变化的时期。此期间，全州文化管理机构历经多次整合重组；文化领域的市场化改革逐步向纵深发展；各项文化工程建设不断推出；适应新体制、新形势的文化市场管理得到加强，全州文化事业呈现繁荣景象。

第一节 文化体制改革

一、机构体制改革

（一）行政机构改革

1991 年，州文化局内设人秘、业务、文物、新闻出版文化市场管理 4 个科室及文学艺术研究室和《夜郎文学》编辑部（1997 年为州文联内设机构），下属企事业单位有新华书店、电影公司、图书馆和歌舞剧团。

2000 年，文物科改升文物局，增设新闻出版版权局；2008 年，增设非物质文化遗产保护科；2012 年，州文化局与州广播电影电视局合并，组建黔南州文化和广播电影电视局（以下简称州文广电局），内设办公室、社会文化科、文化艺术科、文化市场法规科、文化产业（文化遗产管理）科、宣传管理科、事业建设管理科、电影管理科、技术管理科、传媒机构和网络视听节目管理科等 12 个科室；2014 年，内设科室设置调整为办公室、社会文化事业科、文物科、文化市场管理科和文化市场稽查队。

12 个县（市）的文化机构体制改革与州级有所不同，经历了 4 次合、分、合过程。1994—1995 年，在全州县级机构改革中，各县（市）文化、体育、广播电视部门合并为文化体育广播电视局（其中惠水县体育局仍单列）。1997—1998 年第二次机构改革中，荔波、福泉、独山进行第二次机构改革，荔波县和独山县将文化体育局与广播电视局单列，福泉市将文化广播电视局和体育局单列。2001—2002 年第三次机构改革，都匀市体育局从文体广电局中单列，惠水县体育局则合并入文化广播电视局为文体广电局，平塘县将 1995 年就单列的文化、体育、广播电视局再度合并；2011—2013 年第四次机构改革中，多数县（市）将旅游局并入，合称为文化体育广播电视旅游局，其中荔波、龙里县旅游局仍单列，福泉市旅游局、体育局单列。

（二）企事业机构改革

2011年10月8日，将成立于2000年6月的黔南州群众艺术馆从州文学艺术研究所分设出来，新建成立黔南州文化馆，为副县级事业单位。同年11月17日，撤销黔南州歌舞剧团事业单位建制，核销事业编制，业务及人员并入州文化馆，都匀市歌舞剧团并入都匀市文化馆。至此，全州仅有的两个专业文艺团体全部合组进文化馆。同时，荔波、平塘、三都、瓮安、贵定、独山6县（市）组建了文工团（队）。2014年，全州有文化馆13个，乡镇综合文化站233个。

黔南州文学艺术研究室于1995年5月更名为黔南州文学艺术研究所，2006年，该所从州文化局所属科室分离出来，成为独立法人资格事业机构。2012年7月，原黔南州文物保护管理研究所与黔南州文学艺术研究所合并成立黔南州非物质文化遗产保护中心，由文学艺术研究所原班人员组成，保留该所牌子。

1993—1999年，黔南州电影公司处于电影体制向市场经济全面转轨时期，由“统购统销”过渡到市场调节。贵州省电影公司不再组织计划供片。因无新的节目来源，州电影公司濒临倒闭。21世纪初到2014年，以广场电影、农村电影和校园、军营、政治教育电影放映勉强维持，业务处于半停滞状态。2014年，全州没有一家电影公司有电影院，有7个县（市）开设了私营数字影院。

新华书店在20世纪90年代开始，推行全员合同制和全额风险承包。

二、市场化改革

进入20世纪90年代后，随着社会主义市场经济体系逐渐建立，文化事业体制进行一系列与社会主义市场经济体系相适应的改革举措，经历了“以文补文”有偿服务、市场化、产业化变革。

1993年3月12日，州政府颁布《黔南州实施〈贵州省文化市场管理办法（试行）〉细则》。细则规定：“经州社会文化管理委员会批准，州、县（市）及乡（镇）文化、广播、电视部门，可以按规定经营国家出版、公开发行的录像出品。”全州县以上工会可以经营录像放映业务。全州各文化部门开始使用临街的办公房屋从事“以文补文”的录像放映活动。随着文化市场的进一步开放，本着“多业助文”思路，兴办游艺、舞会、台球、电子游戏机、工艺创作等多项有偿服务，逐步形成国办、集体办、民办一齐兴文化局面。实现“小文化”向“大文化”拓展，无偿服务向无偿与有偿服务兼有的方向转变。

“以文补文”有偿服务产生的经济效益，用于社会文化事业，改善硬件、软件设施，以弥补财政经费不足。州、县（市）两级文化馆通过这一管理体制改革，其办公环境和办公条件均有不同程度的改善。

商业性培训、演出的有偿服务也开始增多，主要由文艺团体、群众组织、民主党派开办。培训内容有声乐、舞蹈、器乐、美术、书法等10余门课。商业性演出以现代歌舞、港台、国内外流行歌曲和“迪斯科”“摇滚”“霹雳舞”等为主要内容。1993年5月8日，瓮安县民族文化工作队赴深圳进行商业性演出，创下州内民族文工队第一次到省外进行商演的纪录。到20世纪90年代中后期，州内各县（市）文艺团队外出商演很快兴起，组织颇具黔南州特色的布依、苗、水、瑶等民族歌舞北上沈阳、北京，南下广州、深圳等地商业性演出。

1995年12月26—29日，全州文化经济工作现场会在平塘县召开，会议对“以文补文”有偿服务、“多业助文”开展以来的经验进行探讨。肯定了这一文化管理体制变革给全州文化环境带来的变化。1997—1999年，全州“以文补文”有偿服务的市场领域进一步扩大，不仅局限在文化项目上。许多县（市）因地制宜地搞起了门面出租、餐厅、旅社（店）等，甚至一些文化站（馆）利用有偿服务创收所得购买中巴车参与客运。1999年9月，创办贵州省首家地区级中等职业艺术学校，面向社会开展有偿服务，培养了300多名群众文化管理和舞蹈专业学生。

2000年10月，中共十五届五中全会通过的《关于制定国民经济和社会发展第十个五年计划的建议》指出“完善文化产业政策，加快文化市场建设和管理，推动有关文化产业发展”。翌年，提出文化事业和文化产业“两分法”改革思路。黔南州文化产业进入“创新体制，转换机制，面向市场，壮大实力”的探索发展阶段。

黔南州最早在文化产业化方面探索的是黔南电视台。2002年，黔南电视台与都匀有线广播电视台合并，开始传媒产业化办台的探索。为兼顾宣传事业和传媒产业两个方面的工作，划分出宣传事业和经营产业两个板块。通过转换机制、改善服务等手段以增强公益性事业活动；同时将经营性产业剥离出来，按照现代产权制度现代企业制度组建专业化企业公司，实行市场化运行。形成以电视为主体、网络、报刊、传媒公司、旅行社为支撑，公益性宣传与产业性经营并举的局面。2004年，黔南电视台将自办报纸《黔南周刊》完全剥离，按市场化运营，实行财务独立、人事独立、自收自支、自负盈亏。

2006年7月6日，州委办公室、州政府办公室印发《黔南州文化体制改革工作方案》，对全州文化产业发展，从指导思想、目标任务、实施步骤、政策措施、领导体制和工作机构等方面作了安排部署。成立黔南州文化体制改革工作领导小组，在州委宣传部内增设文化体制改革和文化产业发展办公室。是年，都匀市成为贵州省文化体制改革工作综合试点县。州内部分公益性文化事业单位开始转企改制，成立经营性文化单位，形成文化产业。文化产业由文化产业自主兴起到政府以及全社会推进阶段。

2007年3月28日，州委、州政府出台《关于加快文化体制改革和文化发展的意见》，对全州文化体制改革和文化产业发展作出部署。要求按照“因地制宜、分类指导、以点带面、统筹兼顾”的方针，实行先易后难，先熟一个改一个。对不同行业、不同单位、不同所有制的企业采取不同的改革方案和对策，不搞一刀切。有序推进经营性文化事业单位转企改制，使之成为自主经营、自负盈亏、自我发展、自我约束的市场主体。在科学划分宣传业务和经营业务的基础上，新闻媒体的广告、印刷、发行、传输网络部分以及影视剧、体育、综艺、娱乐等节目制作与销售部门，从事业体制中逐步剥离出来，转制为企业，进行市场运作，为主业服务。政府兴办的体现民族特色和代表地区水准，以承担政治性、公益性演出为主要任务的艺术表演团体，属公益性文化、艺术事业单位在不具备推向市场条件阶段，继续实行事业体制，由政府扶持。积极创造条件加快推进劳动人事、分配和社会保障等制度改革，转换机制、整合资源、转变方式，面向市场、增强活力，降低服务成本，提高服务质量。

2007 年 5 月，注册资本 200 万元的黔视传媒公司成立。是年 10 月，黔视山水旅行社有限公司成立，通过与全国众多旅游热点城市的电视台广告互动，改变其他旅行社原来销售模式，把旅行社与媒体结合起来。此期间，其他传媒亦利用自身行业特色，利用专业和技术优势拓展市场，做强产业。黔南日报社创办以新闻为主体，兼具文化宣传、旅游服务、互动交流、广告发布等多种功能的综合性网站。网站除即时发布原版样《黔南日报》电子报外，还提供记者采写的大量稿件和图片，丰富的信息量和党报的权威性，使黔南日报网站成为宣传黔南、展示黔南的重要窗口。

2008 年 3 月，黔南日报社创办《黔南手机报》，这是全省地级报业中第一家开办的手机报。《黔南手机报》每天分发早报与晚报两期；栏目设有国内新闻、黔南新闻、环球风云、社会广角、财经报道、今日股市、天气预报等。作为新兴舆论阵地，黔南手机报把信息产业和平面媒体结合起来，并对平面媒体信息进行延伸，承载了先进文化、主流文化传播。在报纸、网站和手机报三块阵地上，报纸是依托，网络是平台，手机报是触角。报纸新闻源泉赋予了网站和手机报的核心竞争力；《黔南日报》借助黔南日报网站和手机报，对新闻资源进行二次开发，从而使新闻的内容增值。三种媒体相互补充、相得益彰。随着市场的拓展和读者需求，黔南手机报又创办了快读天下、民生关注、文体娱乐、财经资讯、彩票信息等栏目，精细化地开发手机报内容，让读者在第一时间看到新闻。

2007 年 4 月，平塘县成立牙舟工艺美术陶瓷厂，次年初即与香港签订 2 万件工艺美术陶瓷产品。以生产布老虎、壁桂、肚兜和背带等民族刺绣手工艺为主的独山县刺绣厂，由私业主承包后成立独山县宏芸水族套绣全手工工艺坊，2007 年 9 月，该企业产品“水族祥云神虎”获联合国教科文组织“世界杰出手工艺品徽章认证”，是中国刺绣类唯一获此殊荣的手工艺品。该企业生产的套绣“水族祥云神虎”，采用真丝面料做成祥云图案，加上应用水族精湛的套绣工艺，经过画、锥、印、剪、贴、包、套、绣、缝多道工序加工而成，极富黔南民族特色。其套绣工艺已于 2008 年 4 月获国家专利，产品被国家知识产权局收藏。其全手工工艺品开发项目，已被列为贵州省 12 个重点文化项目之一，是黔南唯一一家。“水族祥云神虎”四大类产品（工艺类、玩具类、动画类、动漫类）已注册商标。2008 年 5 月，第四届中国（深圳）国际文化产业博览交易会上，该企业已与深圳市世纪工艺品文化市场有限公司工艺品协会签订了套绣“水族祥云神虎”的意向投资协议书、投资方将实地考察企业的年产量和熟练工人情况并进行投资。

2008 年，仅以文化娱乐服务业统计，州内有歌舞娱乐业（含卡拉 OK 厅）142 家，资产总额 3797 万元，年均营业收入 1.2 亿元；网络服务业 172 家，总资产 3140 万元，年均营业收入 4500 万元；出版物音像、图书、报刊发行、零售、出租经营单位 569 家，从业人员 1308 人，资产总额 1416 万元，年均营业收入 1566 万元。是年，全州共有文化产业经营单位1668户，固定资产3.5亿元，年创利税2500余万元。2011年，全州有文化产业从业人员5297人，其中事业单位从业人员866人。2013年，黔南州文化产业服务单位共计350个，文化产业单位1364家，个体户数4188户，文化产业从业人员近3万人，全州文化产业实现增加值18.33亿元，占全州GDP比重为2.84%，高于全省平均值0.22个百分点，在全省9各地（州）中位列第三。2014年，全州文化产业增加值38亿多元，占全州国内生产总值4%以上，文化产业收入58亿多元，位列贵州省第一。

第二节　文化市场管理

一、文化经营户

20世纪90年代，随着社会文化市场发展，市场进一步开放，其文化经营种类、规模也相应增多和扩大，且遍布全州的城镇、乡村。

1991年，全州有营业性歌舞厅35户，每个县（市）均有歌舞厅1个以上，其中最多的是都匀达11户，贵定县也有4户。这些歌舞厅均装配有彩灯、站灯、转盘灯等照明设备，有乐队伴奏及声乐演员伴唱，许多歌舞厅配有保安、服务人员。另外的文化经营还有音像制品、书报刊亭、打字复印、印刷和一些商业性演出等。除社会经营外，文化事业机构也可参与。1993年3月12日，州政府发布《黔南州实施贵州省文化市场管理办法（试行）细则》，放开文化经营主体。1996年，州内各类形式的文化经营单位（经营户）有1543户，从业人员3868人，参与文化娱乐活动人数达250万人次。是年8月，州文化局成立黔南文化音像发行中心，专业从事正版音像制品经营。

进入21世纪后，文化市场更趋多元，尤其是网吧，成为新的文化经营种类，州内形成网络文化市场、文化娱乐市场、音像制品市场、图书报刊市场、艺术演出市场、电影放映市场、工艺美术市场等。2000年，全州共有各类文化经营户1689户，从业人员6988人。2008年，全州有各类文化产业经营单位（经营户）1688户，其中音像制品零售、出租户433户，电影放映13户，图书报刊发行、零售、出租134户，网络172户，歌舞厅63户，卡拉OK厅79户，电子游戏厅151户，台球室91户，棋牌娱乐室364户，保龄球馆1户，复打印131户，印刷企业43户（其中省管4户）。从事各项文化产业人员4529人。

2014年，全州各类文化产业经营单位（含经营户）有：网络195户、歌舞娱乐场所140户、游艺娱乐142户、文艺表演团体6户、电影放映单位2户、艺术品经营单位4户、音像制品销售单位141户、出版物（图书）销售单位122户、复印打印单位187户，以及印刷企业39户。

二、执法监管

（一）监管机构

20世纪80年代中期，州、县（市）相继成立社会文化管理委员会，代行州、县（市）

政府协调、处理主管范围内的文化市场问题；乡（镇）和街道办事处则建立社会文化管理领导小组，代行乡（镇）政府和街道办事处组织领导和协调处理主管范围内的相关事务。

1990 年 12 月，成立州文化（市场）稽查队，担负州内文化市场的执法监督职责。2010 年 4 月 12 日，州文化市场管理工作领导小组成立，负责对全州文化市场综合执法进行协调领导；8 月 25 日将原文化市场稽查队更名组建为文化市场综合执法支队，时有事业编制 9 人；当年 11 月，全州 12 县（市）相继成立文化市场综合执法大队。到 2014 年 10 月，全州组建州、县（市）两级文化市场执法队 13 支，成员 153 人。

全州的文化市场执法监管，依据《著作权法》《文物保护法》《非物质文化遗产法》《娱乐场所管理条例》《互联网上网服务营业场所管理条例》《出版管理条例》《广播电视管理条例》等相关法规进行。其监管范围包括：网吧、各类营业性的文艺演出、文化艺术展览、时装和健美艺术表演及比赛；电影和电视拍摄、录音带唱片的制作、发行、销售、租赁、放映等活动；图书、报刊和字画的印刷销售及租赁活动；民间游艺、舞（歌）厅、音乐茶座、电子游戏、台球、汽（电）枪射击、麻将、牌类和棋类等经营活动；艺术摄影、影印、复印、打字、缩微、图书装订、书画艺术裱糊、招牌广告、玻璃制镜、锦旗、奖状、装潢、灯箱、乐器维修、美容和美发、工艺美术品等经营活动；书法、美术、摄影、摄像、音乐、舞蹈、演技、播音、文学等文化艺术的有偿培训、讲座活动；经国家允许出售的文物经营活动等。

（二）市场检查

1991 年 12 月，州社会文化管理委员会办公室代州政府起草《黔南州实施〈贵州省文化市场管理办法（试行）〉实则》，经过 5 次讨论修改，州政府 1993 年 3 月 12 日正式发布施行。实施细则明确了全州文化市场管理原则、管理机构经营项目的审批程序、奖惩办法等。实施细则发布施行当年，州内举办了一期稽查队员培训班，有 39 人参加。

1993 年，全州参加"扫黄打非"活动人员达 205 组次、1459 人（次），出勤车辆 320 台次，收缴夹杂色情内容和非法出版书刊 443 册、塑膜年画 328 张、人体裸体画册 37 本、封建迷信书刊 273 册；收缴非法走私录像带 1278 盒、夹杂色情和淫秽录像带 15 盒、非法录音带 355 盒，没收录像机、彩色电视机 4 台、罚款 3000 元；取缔无证照经营台球 21 户、无证照和违章经营录像放映室 1 户、录音带销售 14 户、涉赌棋牌室 36 户。另批评教育违法违章人员 236 人，分别以 50—300 元不等罚款，收审 18 人，送劳动教养 2 人。1993 年，因文化市场管理业绩突出，瓮安县被文化部授予"全国文化市场管理先进集体"称号。

20 世纪 90 年代中后期，"扫黄打非"仍系文化市场整顿治理的主要内容。1998 年，黔南州开展"文化市场法制宣传年"活动，重点宣传文化市场相关法规，培训文化市场稽查人员。是年春季，全州共出动人员 543 人次，检查文化市场经营户 765 户，收缴非法翻录、盗版、走私录像带 356 盘，非法走私、盗版 VCD 故事碟 898 盘、色情带 100 盘，淫秽带 31 盘；非法录音带 506 盒，非法盗版图书 489 册，期刊 428 册，色情书刊 31 册，宣传封建迷信画 500 张，年画 4320 张，淫秽挂历 4 本；取缔放映淫秽录像经营户 3 户，罚款 8100 元，扣缴影碟机 5 台，功放机和彩色电视机各 1 台；取缔无证经营户 7 户及有奖电子游戏经营户 29 户；收缴有奖游戏机 14 台，电脑版 8 块。全州有各类文化经营户 1488 户，开办项目有音像出品租赁、放映、歌舞厅等 16 项。

21 世纪初，整顿治理净化文化市场虽取得阶段性成果，但未能完全禁止其违法违规现象发生。在整顿治理同时，培育健康有序的文化市场。2000 年，州内组织 12150 盘正版音像制品上架销售，抵制盗版。同时抬高文化市场准入门槛，严格证照办理。全州电子游戏经营场所由原来的 344 户压减为 150 户；取缔非法经营户 177 户，行政处罚违规经营户 100 户，查缴非法图书 13 万余册，查封有奖电子游戏机经营户 45 户。2001 年，全州音像制品经营户由 405 户减到 261 户，压减 36%；电子游戏经营户由上一年的 150 户减为 90 户，压减 40%。

随着网络文化市场兴起，一些涉及黄色、暴力与网络侵权盗版现象泛滥。州内文化、公安、电信等部门联合开展专项治理。采取身份证验证、义务监督员监督等措施，重点查处接纳未成年人进入网吧行为和推广使用正版软件。专项治理还包括文化娱乐场所、图书招标、内资报刊印刷出版、中小学教材、教师读物采购经营等。重点放在城市中心区市场、城乡接合部和乡镇集贸市场的流动商贩摊点。每年的“4·26”世界知识产权保护日，都集中销毁一批查没的盗版出版物。

2007 年，全州出动行政执法人员 2300 人，出动执法车辆 1160 辆，开展执法检查行动 3500 次。检查文化娱乐、图书、音像、网络、电子出版物等经营单位（经营户）4218 户；检查印刷、复打印企业 528 户；查处出版物违法违规经营户 20 户，印刷厂 2 户；查处网吧 60 户，取缔“黑网吧”12 户，取缔非法兜售出版物地摊窝点 28 个，取缔查处非法从事印刷经营活动印刷厂 1 户，收缴盗版图书、报刊 6.2 万张（盒）、盗版电脑软件 1.1 万张；销毁盗版音像制品、非法图书、报刊 5.3 万张（册、盒）；收缴赌博游戏机 240 台、电脑板 158 块。

2010 年 12 月 31 日，州委办公室、州政府办公室印发《关于进一步加强文化市场管理工作的意见》。是年，惠水县报送的“吊销阿里巴巴网吧网络文化经营许可证”案卷，获“2008—2009 年度全国文化市场综合执法案卷”三等奖。2010—2012 年，重点开展网吧、歌舞、游艺娱乐场所等专项整治，遏制网吧违规接纳未成年人，歌舞、游艺娱乐场所超经营范围经营现象。

同时，通过开展行业和群众评议以及聘请文化市场监督员等措施，加强对文化市场监管。2013 年，全州聘请社会文化市场监督员 350 人，开辟 13 家以服务未成年人为对象的电子阅览室，成立网吧行业自律协会。

2014 年，全州文化市场执法检查共出动执法人员 23449 人（次），出动车辆 4500 余车（次），发放宣传资料 8000 多份，设立“12318”投诉电话号码牌 500 多块。检查乡镇 82 个（次）、城乡接合部 34 个次、演出市场 54 场（次）、艺术品市场 87 场（次）、歌舞娱乐场 1877 家（次）、游艺娱乐场所 822 户（次）、互联网上网服务场所 5004 户（次）、电影发行放映单位 246 场（次）、广播电视地面卫星接收设施 686 户（次）、书报刊经营单位 1464 户（次）、音像制品经营单位 1160 户（次）、印刷经营单位 1377 户（次）、文物单位 133 户（次）、其他单位 182 户（次）。吊销“网络文化经营许可证”1 个，责令改正 180

户（次），受理举报16件，立案调查11件，移交案件1件，办结案件5件，警告23户（次），罚款5万元，责令停业整顿13家（次）；收缴非法出版物44090件，取缔无证出版摊点83个；各级文化部门联合工商、公安等部门取缔黑网吧13户，收缴电话250余台；取缔黑游戏机室4户，收缴游戏机及主板110多台块，摸查出无证歌舞娱乐场所21户。

第三节　文艺评奖与文化艺术节

一、黔南州文艺奖

2004年11月29日，州委办公室、州政府办公室印发《黔南州文艺奖评定奖励办法（试行）》的通知，黔南州首次设立政府文艺奖。

“黔南州文艺奖”评选、表彰每两年举行一次。按文学艺术门类设文学、文艺理论、民间文艺、音乐、戏剧、电视（影）、广播、曲艺、舞蹈、美术、书法、摄影等奖项。设特等奖、一等奖、二等奖、三等奖四个等次。获得国家认定的全国性文艺奖一等奖以上作品，授予“黔南州文艺奖”特等奖。每两年申报一次，给予奖励。

在评奖规定时限内，凡是州内作者或单位在州级以上公开刊物、媒体发表、出版、播放、公开演出展览的文艺作品，均可申报评奖。与州外作者或单位共同创作的文艺作品可以申报；调出黔南州的作者，其在黔南州工作期间创作的作品，如符合评奖规定的时限也可以参加评选。个人在一个文艺门类中申报作品不能超过两件（单位申报的数目不限），允许作者在不同文艺门类中同时申报。已授予“黔南州文艺奖”特等奖的作品不再申报。

“黔南州文艺奖”实行二级评审制度。具体程序是：初评组按评奖标准和评审委员会下达的初选作品数额进行初评，向评审委员会报送初选意见及有关资料；评审委员会对初选作品进行评审，评审结果报州委、州政府审定。

“黔南州文艺奖”评审委员会由州委、州政府有关领导及有关部门负责人和专家组成，决定奖项设立、评奖数额、奖金额度、评奖时间、评审结果等有关重要事宜。具体组成人员由州委宣传部提出建议名单，报州委、州政府审批。评奖工作在评审委员会的领导下进行，评审委员会下设办公室在州文联，负责评奖的日常工作。各设奖项目的初评工作由州文联、州文化局、州广播电视局负责。提出初评组成员名单，制定初评实施细则，报州评审委员会审定后组织实施。

参加评奖的作品，由作品完成的集体或个人认真填写“黔南州文艺奖申报表”，连同规定的材料，按文艺门类分别通过县（市）文联、文体广局和州直各文艺家协（学）会，再报各初评组。实行评选回避制度。凡涉及评委的作品，评选本人作品时一律回避。经评选产生的“黔南州文艺奖”获奖作品，报州委、州政府之前，在《黔南日报》予以公示。如有异议，由评审委员会办公室提出处理意见，报评审委员会裁决。

“黔南州文艺术奖”由州政府召开颁奖大会授奖。评奖工作及奖励所需经费由州财政列入当年预算。凡获奖者（集体或个人）由州政府授予“黔南州文艺奖”获奖证书和奖金。获奖者的情况，记入本人档案，作为考核、晋级和评定专业职称的重要依据。

2005年3月18日，黔南州首届“黔南州文艺奖”征评工作启动。有文学、文艺理论、民间艺术、美术、书法、摄影、戏曲、音乐、舞蹈、电视（影）、广播共12个门类作品分别在州文联、文化、广播电视等部门进行申报。5月，申报工作结束，共收到作品150余件。12月，首届“黔南州文艺奖”正式揭晓，并召开颁奖会。认定首届“黔南州文艺奖”特等奖2项，评出一、二、三等奖78项。其中一等奖11项，二等奖27项，三等奖40项。

2008年12月5日，第二届“黔南州文艺奖”颁奖，评出10个文艺门类的获奖作品77项。其中一等奖10项、二等奖28项、三等奖39项。

第三届“黔南州文艺奖”于2012年3月揭晓，评审委员会对10个文艺门类申报的176件作品进行了初评和终评，共评出获奖作品82项。其中一等奖8个（文艺理论、音乐各空缺1个），二等奖28个（民间文艺、广播电视电影各空缺1个）、三等奖作品44个（广播电视电影空缺3个，文艺理论空缺2个，民间文艺空缺1个）。

继州内创办“黔南州文艺奖”后，部分县（市）亦创办县（市）政府级文艺奖。都匀市于2007年5月21日揭晓首届“都匀市文艺奖”，评奖出文学、音乐、舞蹈、戏剧、曲艺、美术、书法、摄影、民间文艺等。类别经评选，从487件作品中评出获奖作品47项，其中一等奖9项，二等奖17项，三等奖21项。

至2014年，“黔南州文艺奖”已举办三届。

二、文化艺术节（会）

自21世纪90年代末期起，黔南州创办文化艺术节（会），除州级综合性艺术节外，县（市）也先后创办具地域特色的各类艺术节。这些艺术节（会）或依托当地的民族民间文艺，或依托当地的古朴文化资源，或依托当地的民俗风物乡情。艺术节期间，均邀请州内外甚至国内外的文化艺术界人士或团体开展文化交流，举办论坛、展览和文艺演出，以提升地域文化品位。许多艺术节连续分届次固定举办，成为当地的文化品牌，在国内外具有一定的影响。

艺术节主要有：黔南州“好花红”艺术节、都匀国际摄影博览会、中国·独山花灯艺术节、黔南州少儿艺术节、都匀茶文化节、平塘龙舟节、贵州·福泉古城文化节、贵州“云雾山民族歌会”和“六月六”艺术节、瓮安“龙狮文化”艺术节、龙里苗医药文化博览会、三都水族“卯”文化节和惠水“好花红”艺术节等。其中较有影响的艺术节有黔南州“好花红”艺术节、都匀国际摄影博览会和中国·独山花灯艺术节。

黔南州“好花红”艺术节创办于1999年8月，两年一届，系全州性文艺活动中创作节目最多、艺术性最高的综合性艺术节。届时，来自全州各县（市）的文化艺术表演团体汇聚都匀，多种艺术门类登台表演，为一大文化盛事。每一届艺术节都有一个相对主题。其中2004年的第三届“好花红”艺术节重在挖掘民族民间文化资源，以黔南原生态民族歌舞和新创民族歌舞、戏剧曲艺、小品节目为主；2008年举办的第五届“好花红”艺术节配合贵州“多彩贵州”歌唱大赛，选送了12个节目参加大赛。

都匀国际摄影博览会于2002年8月创办，是经文化部批准，由中国摄影家协会、中国艺术摄影学会、都匀市委、都匀市政府主办的国际性摄影盛会。两年一届，届时，中外摄影艺术家云聚匀城采风创作、讲座交流、举办影展。为此，中国摄影家协会授予都匀创作基地牌匾，已成为贵州乃至全国摄影界主要的文化品牌之一。在业内，都匀被誉为“西部高原影城”。到2014年，都匀国际摄影博览会已举办五届。

中国·独山花灯艺术节2002年在独山创办。独山花灯形式多样、有愿灯、地灯、台灯、灯夹戏、花灯戏曲、花灯歌舞等。通过艺术节，开展花灯进校园、进机关、进社区、进农村活动，普及传统的独山花灯艺术。到2014年，中国·独山花灯艺术节共举办4届。

第二章　文化带工程

黔南州“文化带工程”建设始于20世纪90年代初，为落实州委、州政府南下通道经济发展战略而提出的一项文化建设工程。1996年6月，州政府批转《黔南州“文化带建设工程”总体规划》，对文化带建设指导思想、总体布局、目标和文化带建设的步骤及重点等方面作了明确规划。此后近20年，全州文化带工程建设随着社会经济文化发展，其内涵、外延得及以深化拓展，内容包括文化先进县（市）、文化艺术之乡（镇）、“蒲公英”计划、民族文化村寨创建、“幸福进万家·文化精品乡村行”“农村儿童文化园”等。

第一节　文化先进县创建

1996年，全州开始文化先进县（市）的创建工作，重点放在独山县和都匀市。独山县凭借花灯文化、影山文化和抗战文化的独特优势，于1997年1月在黔南率先被评为“贵州省文化先进县”。1998年，贵州省文化带建设经验交流会在都匀市召开。会上，文化部向独山县颁发“全国先进文化县”牌匾。《贵州日报》编发12个专版分期集中介绍了黔南州创建“南下通道文化带”的经验。1999年，福泉市、贵定县分别获得“贵州省文化先进市”“贵州省文化先进县”。2000年，全州创建“文化先进县（市）”活动经验交流会在福泉市召开。会上，独山等5个全国、省、州文化先进县（市）作经验交流。2001年，平塘县获“贵州省文化先进县”。2004年，都匀市凭借地域文化资源优势、民族民间文化和茶文化等，被贵州省命名为“贵州省文化先进市”；2005年，被文化部命名为“全国文化先进市”。2013年初，瓮安县把文化事业发展经费提升到2000余万元。是年，瓮安县依托古邑文化、红色文化、商贾文化等文化资源，被贵州省命名为“文化先进县”，2014年，又获文化部“全国文化先进县”命名。至2014年底，全州共有3个全国文化先进县（市），分别是独山县、都匀市、瓮安县。

第二节　文化艺术之乡

1992 年，州有关部门在瓮安、福泉、三都、独山、平塘等地进行创建“艺术之乡”调查，形成调查报告、申报材料等图文资料上报贵州省文化厅。1993 年 12 月，在都匀市召开黔南州艺术之乡命名暨表彰会，有 4 个乡（镇）获首批贵州省艺术之乡命名，3 个乡（镇）获州级艺术之乡命名。其中获省文化厅首批命名的是：惠水县摆金镇苗族歌舞之乡、独山县基长镇花灯之乡、贵定县平伐镇高寨村苗族芦笙之乡、三都县上江镇水族歌舞之乡。1996 年底，全州有 23 个乡镇获贵州省“艺术之乡”命名。1999 年，截止 2008 年，全州有 9 个乡镇获国家级“艺术之乡”，9 个乡镇获省级“艺术之乡”。此后，国家和省未开展此项命名工作。

黔南州省级以上文艺之乡（镇）名录

表 20－2－1

序号	地点	称号	级别	时间（年）	文化艺术优势
1	独山县基长镇	民间艺术之乡	国家	2003	花灯艺术
2	独山县基长镇	花灯艺术之乡	国家	2005	花灯艺术
3	福泉市牛场镇	民间艺术之乡	国家	2008	阔龙村花灯艺术
4	瓮安县草塘镇	民间艺术之乡	国家	2008	龙狮艺术
5	独山县本寨水族乡	民间艺术之乡	国家	2008	响篙舞艺术
6	独山县兔场镇	民间艺术之乡	国家	2008	民族民间山歌艺术
7	荔波县佳荣镇	民间艺术之乡	国家	2008	芦笙舞艺术
8	荔波县瑶山乡	民间艺术之乡	国家	2008	瑶族打猎舞艺术
9	贵定县新埔乡	民间艺术之乡	国家	2008	芦笙舞艺术
10	惠水县雅水镇	布依族工艺美术之乡	省级	1993	
11	三都县上江镇	水族歌舞艺术之乡	省级	1993	
12	惠水县摆金镇	民族歌舞艺术之乡	省级	1993	
13	贵定县云雾镇	苗族芦笙舞艺术之乡	省级	1993	
14	长顺县马路乡	地戏艺术之乡	省级	1993	
15	都匀市奉合乡	桃花艺术之乡	省级	1994	
16	龙里县中排乡	苗族芦笙舞艺术之乡	省级	1994	
17	荔波县甲良镇	文化先进乡（镇）	省级	1996	
18	贵定县城关镇	文化先进乡（镇）	省级	2001	

附：

"艺术之乡"选介

独山县基长镇花灯艺术之乡　独山县基长镇辖30个行政村，村村有花灯队，寨寨有民间艺人，全镇30人以上的花灯戏班子18个，15岁以下的小戏班子80多个，开办业务花灯学校3所，花灯戏院2个，演员排练专用室3个，能排"折子"戏的"土导演"100余人。花灯艺术已成为该镇群众喜闻乐见的大众文化。1993年，该镇被省文化厅命名为"花灯艺术之乡"。1999年中央电视台"九州戏苑"到基长镇专程录制了基高村的传统花灯《采新台》《打头台》节目，并在中央电视台进行播放。贵州电视台栏自组曾到该镇拍摄东升、解放两村花灯队表演的传统节目《踩新台》《打头台》，并将节目搬上荧屏为省内外观众播出。

福泉市阔龙水花灯艺术之乡　阔龙水村位于福泉北部，距市区34公里，有7个自然村寨。阔龙水花灯起源于清代光绪年间，至今已有百年的历史。百年来，该村花灯队先后编演了传统古装和现代花灯剧目40多个、花灯舞10余个、花灯调60多曲，参加正式登台演唱的队员137人。其中有自幼研习花灯的老艺人、有热爱花灯活动的骨干演员、还有以唱花灯为荣的花灯世家，演员年轻者15岁、年老者75岁。在花灯队带动下，全村绝大多数群众都会唱花灯。阔龙水花灯队先后参加省、州、县举办的民间文艺会演，并多次获奖。每逢春节等传统佳节和重大节日，该村花灯队常跋山涉水，到境内及瓮安、黄平等县的村寨演出花灯。1993年，阔龙水村被黔南州命名为"阔龙水花灯艺术之乡"。

龙里县巴江乡平坡苗族农民画之乡　龙里巴江乡平坡村苗族群众擅长蜡染、刺绣和农民画创作，1995年，该村被黔南州文化局命名为"黔南苗族农民画艺术之乡"。2006年1月，平坡村苗族农民画协会成立，系贵州省首家村级农民画协会。有会员100余人，其中90多名为女性。平坡村苗族农民年创作农民画2000幅左右，"画山画水画自己，画日画月画天地"，充满浓郁的乡土气息，体现了苗胞热情奔放的性格和对生活的热爱，其作品色彩艳丽、凝重，构图丰满、奇妙，造型夸张、不拘一格，被美术界誉为"东方的毕加索和马蒂斯"。新华社、中央电视台、中央人民广播电台、贵州电视台、广西电视台、《深圳特区报》《贵州日报》等10余家媒体先后对平坡苗族农民画进行了专题报道。

第三节　民族文化保护村寨

黔南州境内的少数民族村寨大都依山傍水、竹树成荫、风景优美、历史久远、文化积淀浑厚，不但保存着风格各异的民族建筑和民族服饰以及特有的生活习惯，而且多是歌舞之地、戏剧之地和民族节庆活动集会之地。民族文化保护村寨是全州文化带建设的重要部分。至2014年，州内投资保护并已成为旅游景点的民族文化村寨有3个。

一、荔波瑶山懂蒙瑶族民族文化村

瑶山是白裤瑶聚居地，由于历史的原因，瑶山瑶族的社会经济发展滞后，直到现代仍保留着“刀耕火种”的原始耕作方式和原始粗犷的远古遗风，被誉为原始社会遗存的活化石，这里的白裤瑶也被称为“东方印第安人”。瑶山懂蒙瑶族村寨是贵州省20个重点保护建设的民族村寨之一。该村寨四面环山，绿树成荫，风景秀丽。瑶族民居建筑楼下养畜，楼上住人，一般为两排两厢，堂屋设火坑炊饮之用，建筑走向为向阳依山而建，不规则排列。瑶族禾仓建筑最为原始独特，禾仓外观为圆锥形，仓顶盖草，仓体以竹篾笆合围，貌似简陋，却通风干燥、防虫、防霉。仓内存放全家的粮食和贵重的衣物。瑶族的服饰特别，既开放又前卫。瑶族女子的上衣由两块布料松散地绊联在一起，以前不穿内衣，侧视胸部一览无余。描绣有图案花纹的背牌一反常态，不是挂在胸前炫耀，而是漫不经心地搭在背面，透着都市人的俏皮与幽默。瑶族男子所穿裤子为清一色白色短裤，黑带束口，并垂直绣上几条红色瑶锦，俨然都市小伙流行的“马裤”。瑶族未婚女子一律短发，已婚男子侧蓄长发。

二、三都怎雷水族民族文化村寨

位于都江镇7公里处，村寨北负青山、前临深涧。层层梯田由山脚累级而上，气势恢宏。民居随山势建于青松翠柏之间，巧妙地组成一幅“入村不见山，进山不见寨”的山野村居图。村龄300余年，至今仍保留和传承着本民族的图腾崇拜、宗教信仰、民族习俗、生活习惯和文化艺术。存有百余年的“干栏”式民居，百褶围裙式的古装；留有崇拜鱼、龙、石、树铜鼓的习俗和跳铜鼓舞、斗角舞、刺绣、剪纸、马尾绣等民间艺术和工艺。2002年被列为贵州省重点民族文化保护村寨。现有乡村旅舍35个，乡村游定点接待单位8家，是体验水族风情的理想之地。2002年12月，怎雷村入选建设部和国家文物局公布的第五批中国历史文化名镇名村名单。

三、贵定音寨布依族自然保护村寨

位于贵定县盘江镇，是一个有600多年历史、30代传人、民风淳朴、风情浓郁的布依族村落，全村1263户，5586人，其布依族文化、民风民俗、饮食习惯基本保留下来。村寨大多依山傍水，依势缘地，聚族而居，单家庭户很少见。民居多为干栏式建筑，大多是砖木结构小院，青砖青瓦、封火墙、硬山顶、木结构、石院坝、古朝门，构成了布依民居的显著特色，布局合理，风格古朴，建筑与周围自然环境极其融洽，给人一种清新自然的感觉。房屋一般为三开间结构，也有五间的。民居就地取材，门窗做工精良，设置讲究，简洁明快，大门设在正中，门槛向内缩近2米，大门前还设有腰门，以石阶通向大门进屋。一般为木楼，分为二层，一层住人，二层住人或储存粮食，民居朝门、屋檐雕刻的花草书画以及文字诗书可反映出布依人家深厚的文化底蕴。1999年，省政府公布音寨为首批13个省级民族自然保护村寨之一，有“中华布依第一寨”美誉。音寨为贵定洛北河省级风景名胜区重点景区之一，是省级乡村旅游示范点。

第四节　其他文化带工程

1996 年，贵定实施“蒲公英”计划，8 月，文化部对贵定农村儿童文化工作进行考察，9 月中旬，贵定出席在新疆乌鲁木齐召开的“全国蒲公英农村儿童文化园第四次工作研讨会”。是年底，贵定县被正式命名为贵州省首批国家级“农村儿童文化园”。

2000 年，在创建先进文化县（市）、艺术乡（镇）的同时，黔南州根据社区文化的特点，开展文化进社区活动。2004 年，独山县城关镇白集社区获文化“四进”（进社区、进校园、进军营、进企业）社区，全国“文化先进社区”命名；福泉市金山办事处藜峨居委会、马场坪办事处分别获2006 年度和2008 年度全国文化四进社区“文化先进社区”命名。

2013 年 8 月，黔南州文化工程重点项目公共文化服务体系示范项目“幸福进万家·文化精品乡村行”通过国家公共文化服务体系建设专家委员会评审。此后两年，州政府将“幸福进万家·文化精品乡村行”写入政府工作报告，在全州范围内部署实施此项工作，活动经费纳入财政预算。

至 2014 年，经过 20 余年的文化带工程建设，全州形成以都匀市为中心，以 3 线（铁路、公路、旅游线）一大（大集镇）为依托，点线交织的 7 条特色文化带，也称“两南”“五线”文化带。“两南”，指南下通道和南部边缘；“五线”，指以都匀为中心，向东、西、南、北及西南延伸的 5 条公路线。

南下“黄金”通道文化带　从龙里县的谷脚到贵定、福泉、都匀、独山、麻尾，主要是突出沿途的民族歌舞、文物古迹和与 5 个城市、12 个工业小区社会经济发展相交融的市场文化、企业文化、机关文化和校园文化。

南部边缘经贸文化带　从荔波县的佳荣沿着广西边缘往西延伸到立化、瑶山、独山的黄后、麻尾、平塘的四寨、罗甸的凤亭、罗羊，主要突出沿边的企业文化，经贸文化和与之相配套的市场文化。

东线民俗文化带　从都匀往东到王司、奉合、大河、三都、上江、中和、周覃、九阡，主要突出沿途水族的民俗文化、村落文化、社区文化和马尾刺绣工艺。

南线旅游文化带　从都匀往南到独山的深河桥、独秀峰、仙人洞，荔波的甲良、水春河、大小七孔，主要突出独山的花灯艺术，甲良的耍龙舞狮和独山、荔波的旅游文化。

西线科技文化带　从都匀往西到摆忙、贵定的昌明、龙里的羊场、平伐、岱林、惠水的岗度、摆金、长顺的威远、长寨、广顺、马路，主要是围绕沿途的茶园文化、村寨文化、家庭文化积极开展科技兴农活动。

北线经济文化带　从都匀往北到福泉的马场坪、牛场和瓮安的草塘、珠藏，主要突出沿途的科技文化、旅游文化、企业文化和福泉古城垣及江界河大桥的人文景观。

西南线扶贫文化带　从都匀往西南到平塘的牙舟、通州、克度、塘边和罗甸的董架、沫阳、罗悃、逢亭，围绕麻山扶贫的攻坚计划，突出村落文化、科普教育。

2014 年，全州博物、文化中心、图书馆、文化馆和乡镇综合文化站实现全覆盖，乡镇综合文化站 233 个，农村文化信息资源共享工程村级点 1898 个，“农民文化家园”310 人。境内县县有图书馆、文化馆，乡乡有综合文化站，村村有文化资源共享工程。

第五节　文化产业发展

黔南州有计划有步骤地推进文化产业发展始于 2006 年。是年 3 月，成立黔南州文化产业发展协调领导小组；4 月，组织召开全州文化产业统计工作培训会；5 月，编印《黔南州文化产业投融资项目手册》；5 月，组织全州部分县（市）和州直有关单位参加第二届中国（深圳）国际文化产业博览交易会，宣传推介全州文化产业项目。

2007 年 4 月，组织申报“贵州省文化产业发展专项资金”，其中平塘的“玉水不夜天”大型山水实景剧场建设和旅游文化商品市场建设两个项目获省资助；5 月建立黔南自治州文化产业项目库，组织全州部分县（市）和州直有关单位参加第三届中国（深圳）国际文化产业博览交易会，长顺白云山帝王文化开发项目在会上成功签约。

2008 年，瓮安猴场会议会址、独山深河桥抗战纪念馆等红色公共文化服务设施获省、州财政资金的共同资助，建成并投入使用。州、县共同打造的大型实景《玉水不夜天》、大型花灯歌舞音诗《风景这边独好》以及大型山水实景剧《荔波荡漾》编排完成并正式演出。5 月，组织开展黔南州第二届政府文艺奖评选，10 个类别 77 件优秀文艺作品在黔南州第二届文艺奖颁奖暨多彩贵州获奖集体表彰会上分获一等奖和优秀奖等各奖次。8 月，孟学祥的散文集《山中那一个家园》获全国少数民族文学创作“骏马奖”特别奖；老艺术家范禹获“中国民间文艺山花奖民间文艺成就奖”及“贵州省文联突出贡献奖”；11 月，独山的《独山花灯》《古游》两个节目在广东首届中国民歌大赛中，分别获金奖和银奖，并被邀请参加维也纳 2009 春季音乐节。

2009 年，启动黔南州文化产业发展规划编制工作。打造《远古走来的贵族》水族大型歌舞剧、《刺梨花红》布依族大型歌舞剧和《风景这边独好》花灯歌舞剧，其中《风景这边独好》花灯歌舞剧 3 月在维也纳金色大厅演出。筹建黔南自治州民族文化艺术发展中心，推动三都水族咕噜寨原始村落旅游景区、罗甸高原千岛湖文化旅游等一批民族文化旅游园区的提升建设。开展三都水族马尾绣民族工艺刺绣、福泉福仁堂手工艺品等民族手工艺品加工生产项目。5 月，组织参加第五届深圳文博会，龙里县民族石雕、电视剧《欲海血涯》拍摄等两个项目在文博会上成功签约。与省巨日公司联合投资 120 万元，拍摄布依族数字电影《好花红》。

2010 年，组织申报黔南“好花红”艺术中心建设、水族非物质文化开发推广、平塘县民间艺术团建设、平塘县航龙非物质文化旅游商品购物街建设、平塘县非物质文化旅游商品牙舟工艺陶扩建、中国花灯展演基地建设 6 个项目；组织申报瓮安县“阿乡”牌黄粑加工扩建项目、瓮安县冬秀嬢酸辣泡椒系列产品生产线、瓮安县老满富硒血灌粑扩建工程和三都水族文化开发推广项目。黔南“好花红”艺术中心建设项目获省文产发展资金补助20万元。

2011年，贵州广电网络黔南分公司、平塘牙舟工艺美术陶瓷厂、黔南黔视传媒文化有限责任公司、三都县凤之羽文化传播有限公司等骨干文化企业初步形成；荔波大剧院、龙里“创意产业园”“欢乐水世界”“国际体育休闲度假中心”等一批文化产业项目开工建设；完成《黔南州文化产业发展规划》编制工作。是年，全州文化产业增加值达9.67亿元，较2010年的8.72亿元增长10.9%，文化产业增加值占GDP比重2.18%。

2012年5月，在深圳文博会上黔南签约11个文化产业项目，签约金额67.42亿元，占全省签约金额180.04亿元的37.4%；组织26个文化产业项目参加贵州省文化产业招商引资宣传推介，项目金额达332.72亿元。深圳香云莎文化创意有限公司与三都县签署非遗文化旅游商品开合作开发协议。推动文博会签约项目落地实施，到位资金3.99亿元，占签约金额的5.92%，包括独山紫林山紫泉文化休闲中心、福泉市文化体育活动中心、独山县阳地民族文化村旅游建设、福泉市时代今典影城、福泉市联晟互联网上网服务连锁营业、中华银杏王旅游及养生基地、罗甸玉开发、贵州·荔波国际生态文化产业园等项目。组织申报《水韵樟江》《荔波喀斯特国际音乐节》《荔波大剧院》《三都福丰酒店》《水族马尾绣》《枫香染基地及精品展示厅建设》六个文化产业项目。组织报送荔波《瑶山古寨》、三都《凤之羽马尾绣公司》、福泉《时代经典影城》三个文化企业申报省级文化产业示范基地；组织报送“惠水好花红文艺广场建设”“罗甸县红水河民族风情园建设”等27个项目。

2013年，《独山建设文化旅游创新区先行试验区规划》成为全省第一个针对文化旅游创新区的规划。平塘县大塘镇茶叶农民专业合作社获省文产专项资金扶持40万元。是年，全州文化产业增加值达18.33亿元，占全州GDP总量的2.84%。

2014年，组织开展第一阶段“中国梦”主题文艺创作，完成作品创作104件，13件作品获第二届贵州省专业文艺奖。电影《近距离击杀》获全国“五个一”工程奖，实现黔南州在该奖项零的突破。电影《突破乌江》《夜郎侠之一路危途》《山那边有匹马》《苗山花》等进入后期制作，微电影《夏日朵朵》《邂逅都匀》等摄制完成。是年，围绕国家重点科技工程平塘大射电项目的建设，注入科普文化内涵，完成平塘国际射电天文科普文化园规划编制工作。

第三章　社会文化与文学艺术

1991—2014年，全州各类文化艺术活动紧跟时代发展，注重突出地方和民族特色，在保持传统的同时进行创新，社会文化活动丰富多彩。文学艺术创作持续活跃，涌现出一批有影响的作家、艺术家和优秀作品。与此同时，民族民间文艺研究发掘工作不断深入，优秀的民族民间艺术得到传承。全州文化艺术事业呈现繁荣局面。

第一节　社会文化活动

全州社会文化活动主要由各级文化部门主办或协办，结合各县（市）文化特色和优势，在节庆期间及国家、州内重大时事庆祝，牵头组织城镇、军营、校园、社区、乡镇开展舞龙、舞狮、赛马、斗牛、球赛、猜灯谜、山歌赛以及广场文娱活动。“节节有活动，月月有演出”在黔南已成为社会文化常态。

随着旅游业逐渐成为地区新兴产业，多种配合旅游业举办的文化节日丰富了社会文化内容，提升各县（市）的知名度。其中较为成功的有：贵定县“金海雪山”旅游文化节、冰脆酥李节；独山县“花灯艺术节”；都匀市“剑江欢乐旅游文化节”；福泉市“古城文化节”；惠水县“好花红艺术节”；龙里县“中国苗医药文化博览会”；三都水族自治县“水族卯文化节”以及平塘县“玉水不夜天”大型山水实景演出等。

一、演出活动

1992 年，为纪念毛泽东《在延安文艺座谈会上的讲话》发表 50 周年，“全州第三届民族文工队调演”5 月 21—23 日在都匀市举行。来自全州 6 个民族文工队和 3 个县（市）演出队的 200 多名演员参加，演出 5 台共 46 个节目。是年，选拔、推荐三名水族女青年参加“全国民族之花”评选活动。经过评选，韦益荣获金花、练宗英获银花、潘祥芬获宝石花。1993 年，州文化部门牵头联合有关单位在匀城宾馆举办黔南州首届“十佳礼仪文化小姐评选”和“群众仪表美大赛”。瓮安县文工队到深圳中国民俗文化村演出 3 个月。州歌舞团代表贵州于 10 月参加了“第三届北海国际珍珠节”演出。

1994 年 5 月 22—23 日，黔南州第三届“好花红”弦音乐节在都匀举行。7 月 31 日至 8 月 28 日，受国家民委指派由黔南歌舞团组成的“中国贵州黔南民间艺术团”25 人先后赴意大利、瑞士两国参加国际民间艺术节，共演出 29 场，观众达 9 万多人（次）。9 月 29 日晚，庆祝建国 45 周年文艺晚会在市人民剧场举行，参加演出的有都匀供电局合唱团、州歌舞团、市歌舞团和都匀市丑小鸭艺术团。1996 年“六一”期间，选送贵定县平伐镇拉东小学的布依族“竹标舞”和三都县中和镇小学的水族民歌演唱进京表演，并到怀仁堂为党和国家领导人演出。创作大型布依族歌舞乐《茨藜花红》，12 月，《茨藜花红》参加“贵州省 96 民族歌舞新节（剧）目交流演出”，被新闻媒体誉为是“一出洋益着浓郁的布依族民俗风情”的剧目。经过评选，该剧获得优秀创作奖和优秀表演奖。举办第五届“好花红”音乐节。组织州庆民族民间歌舞晚会《绚丽的山花》。这台晚会由来自全州 12 个县（市）的民族民间歌舞节目组成，节目具有浓郁的民族特色。

1997 年，贵定县城关镇农村儿童文化园被文化部命名为国家级农村儿童文化园。此外，全州各级文化部门结合“庆七一”“喜迎香港回归”两大主题，精心策划、精心协调、精心组织，推动了全年的群众文化活动。呈现几个特点：一是规模大。由于各级文化部门的策划、组织，在“庆七一迎香港回归”活动中，全州 12 个县（市）235 个乡（镇），处处举行相当规模庆典活动。二是形式多。各级文化部门精心组织，全州各地开展的群众文化活动内容丰富、艺术形式异彩纷呈。各地相继举办了歌咏大赛、耍龙舞狮、广场文化庆典、万人长跑签名、百米书画长卷、专题征文、焰火晚会等。三是参与者广。据不完全统计，全州各地开展的群众文娱活动 120 余场，参加人数近百万人（次）；富有特色的文娱晚会 200 余场，观众 70 余万人（次）。同时，各地还举办了各种歌咏比赛、卡拉 OK 比赛 50 余场，各种书面、影展 20 余次，参与者创建州以来之最。1998 年，黔南州歌舞剧团创作、编排的大型歌舞综艺节目《石榴花红》，在参加全省 98 文艺调演中获二等奖 1 个，三等奖 6 个。都匀市歌舞剧团编排的州内作者张文钧创作的大型话剧《古美情仇》，在参加全省 98 文艺术调演中获三等奖 4 个。州、市歌舞团协助完成的以歌舞为主的综艺节目“山海情韵”赴深圳对口帮扶区龙岗演出 21 场，观众 13 万人。据 1999 年统计，全州大型社会文化活动达 50 余场，贵定县举办了历时 2 个半月丰富多彩的 12 项系列庆祝活动；荔波县举办了“荔波 50 年成就艺术展”“迎国庆 99 樟江金秋”文艺晚会；福泉市举办“新华杯卡拉 OK 大赛”；独山县举办了“贺新春文艺会演”“广场歌舞大联欢”“十佳歌手卡拉 OK 大赛”“歌咏比赛”等系列活动。各级组织各门类文艺节目参加全国全省的各种文艺赛事，并取得了优异成绩。在第六届全国少数民族传统体育运动会上，三都县、平塘县表演的舞蹈《刀沙沙》《粑棒乐》均获表演二等奖。在全省第五届少儿艺术节上，共获二等奖 1 个、三等奖 6 个、优秀奖 1 个。器乐《贺新房》入围全国群星奖评比。由 14 个节目组成的一台综艺晚会参加全省群文调演。与此同时，独山花灯首次在全国媒体中央电视台《九州戏苑》亮相。

2000 年，都匀市、独山县定期的广场文化活动，长顺县“烟草杯”系列文化活动，罗甸县首届民族民间艺术节，福泉市“六二四”民族民间艺术节活动，贵定县组织的“山歌节”，平塘、荔波、龙里、惠水等县规模不等的广场文化活动异彩纷呈。据不完全统计，全州各地组织的有一定规模的群众文化活动达 250 余场，参加群众达 100 万人次。

2001 年，加强与有关部门联动合作，在都匀市举行的广场文化、社区文化活动频繁。共举办“建党 80 周年”“福泉古银杏喜入吉尼斯大全”“福泉古城墙荣获国家级保护文物”“第三届文峰中秋音乐会”“都匀金秋民族民间文化旅游节”“军民鱼水情”等各类型文艺晚会 25 场。进达集团和州文化局联办、州电影公司协办的“庆申奥成功广场电影节 2001—2008”在都匀人民广场举行。该电影节从 2001 年 7 月 14 日起至北京奥运会开幕止，共放映电影 64 场，观众达 6 万多人（次）。州文化局与团州委共同举办“都匀地区校园文化艺术月”活动，10 个学校的近千名学生参加，在社会和校园间引起反响。福泉、荔波、惠水、独山、长顺等县（市）分别举办大型广场文艺演出。

2002 年，以都匀文峰园广场文艺展演和都匀人民广场电影节为引导，以各县（市）特有的地方戏种为拉动，在全州县市城镇和乡村广泛地开展群众性广场文化活动。5 月底，为隆重纪念毛泽东《在延安文艺座谈会上的讲话》发表 60 周年，组织州艺校进行专场汇报演出，观众近 4000 人（次）。组织推荐部分少儿书画、舞蹈、器乐、声乐、小品等节目参加全省第六届少儿艺术比赛，共有19人获奖。获奖总数名列全省市、地、州前列。8月20日，举办黔南州第二届《好花红》艺术节——《土风奇葩》民族民间文艺展演。8月23日，协助独山县委、县政府举办首届“中国·独山”花灯艺术节。与都匀进达房地产开发有限公司联合举办“从此走进现代城·首届广场文化节”，拓展了以企业资本拉动社区文化活动的空间，不断以文化促进社区稳定和健康发展。2003年，元旦、春节期间，全州送文化下乡演出85场，观众近80万人。都匀市和独山县联合举办“匀独关布依歌会”。其他县（市）在元旦、春节期间也举办了丰富多彩的文化活动。全州第三届农民电影节和元旦、春节送电影三下乡共放映1150场，观众达10万余人次。3月25日，黔南州农林科教影片汇映首映仪式在都匀市墨冲镇举行。州电影公司放映广场电影17场，观众达10200人次；组织爱教片《下辈子还做父母》放映，取得了一定的经济效益。大型现代花灯歌舞剧《好花红》申报省“五个一工程”奖。应澳门特别行政区民政总署的邀请，由黔南州歌舞团和都匀市歌舞团组成的贵州民族民间艺术团1月30日至2月5日赴澳门参加“万家喜庆贺羊年”春节文艺演出，受到澳门民政总署官员和市民称赞。

2004年，为凸显本地特色，推动经济发展，各县（市）依托当地丰富的文化旅游资源，举办了丰富多彩的节庆活动。州及县（市）文化部门积极参与、出谋划策，配合当地政府开展好各项活动。较大型的有：“五一”黄金周期间，都匀市的第四届剑江旅游欢乐节。9月28—29日，第二届中国·独山花灯艺术节。10月1—5日，第六届中国摄影艺术节暨第二届都匀国际摄影博览会，11月3—4日，“中国·贵州三都水族端节”等。广场文化全面开展，城乡文化氛围活跃。很多县（市）都推出了各具特色的文化活动。荔波、平塘把文化活动与旅游推介结合，在旅游旺季推出旅游风情文艺演出；龙里、罗甸、贵定文化活动则与地区产业相结合，在“苗药节”“蔬菜博览会”“春茶交易会”期间举办民族民间文艺会演；各类节日是广场文化活动的大舞台，都匀、福泉、长顺、瓮安、三都的节日文化活动有声有色，异彩纷呈。据统计，2004年全州共举办各类广场文化活动300多场，参与群众达32万多人（次）。年初，何仕霞参加“CCTV杯西部民歌电视大赛”，获原生态民歌独唱组“铜奖”，并参加中央电视台音乐频道《民歌·中国》演出。3月，都匀市歌舞团应邀赴香港参加国际花卉展览文艺会演，在港期间的2场演出中，独特的民族歌舞、服饰表演，深受市民和外国游客赞誉。5月，该团的舞蹈《苗山节拍》，作为贵州唯一的参赛节目，参加了由文化部主办、福建省文化厅和厦门市政府承办的第六届全国舞蹈比赛（舞蹈专业全国最高赛事），获优秀编导奖的优秀表演奖。8月，州歌舞团参加贵阳市“花溪之夏”艺术节，获1个三等奖，3个优秀奖。9月，该团赴山西参加第六届中国民间艺术节，获银奖。

2005年，都匀市举办的第三届“剑江旅游欢乐节”；都匀市、独山县共同举办的“匀独关”布依歌会；独山县举办的“纪念抗日胜利60周年”文艺演出；福泉市举办的“家庭才艺大赛”等深受群众欢迎。许多乡（镇）还举办了村寨文艺调演、山歌比赛等文艺活动。贵定县的音寨“金海雪山”旅游文化节，“冰脆酥李节”、三都水族自治县的“卯文化风情之旅”、龙里县的第二届“中国苗药文化博览会”等。2006年，是建州50周年庆典。州直和12个县（市）最具特色、最具魅力的人文精华一一呈现，《千人花灯歌舞》《千人水歌》《千人长衫龙》和万人齐唱《好花红》的大型文艺表演，16个板块，40个方阵踩街队伍阵容庞大，风采各异，服饰多彩。大型文化招商旅游精彩纷呈，贵定举办第二届“金海雪山”旅游文化节、冰脆酥李节；独山县举办第三届“花灯艺术节”，福泉市举办第三届“古城文化节”，惠水县举办的第三届“好花红艺术节”，龙里举办的第二届“中国苗药文化博览会”，三都水族自治县举办的“水族卯节”，平塘县的“玉水不夜天”山水实景演出等，提升了各县（市）知名度，带动了旅游及相关产业发展。成功举办文化系统第四届“好花红”艺术节暨“舞动黔南”群文舞蹈大赛，共有9个县（市）32个节目竞争少儿组、青年组和老年组的一、二、三等奖和原创节目奖。创编布依族男女群舞《饶钹舞》、水族女子舞蹈《水姑娘》参加黄果树瀑布节。在贵州省首届花灯大赛中，独山县的《灯乡情》获金扇奖，《灯乡欢歌》获彩扇奖，《扇仔扇丫》获优秀奖，《竞争》获银灯奖；独山花灯老艺人杨宏书获“花灯王”称号。州、县（市）两级文化部门，在元旦、春节、五一、六一、七一、八一、十一等节日和国家、州内重大政治活动期间，牵头组织开展大型文化活动81次；组织专业文艺团体演出200多场；在城镇、军营、校园、社区组织开展“节庆”文化活动3000多场。独山县“风景这边独好”民族歌舞剧、三都县大型水族叙事歌舞剧《远古走来的贵族》，打造了群众文化活动的品牌和精品。

2008年，全州举办广场、专场文艺演出2860多场，送文化下乡190多场，少年儿童专场文艺演出比赛50多场。6—10月，黔南州文化局组织举办了3次全州性的大型文化艺术表演比赛活动。“黔南州首届少儿艺术节”，全州21300多名少年儿童参加表演和比赛。“黔南州第五届好花红艺术节”，全州有8345名专业和业余演员参加演出和比赛。参赛的节目有3366个。选送70个节目和作品参加“贵州省第八届少儿艺术节”，获省级一等奖6个，二等奖15个，三等奖22个，优秀奖15个。获奖率占选送数的82.7%。2009年，组织国庆系列文艺演出有150多场；县（市）文化局组织的2090多场，县（市）文化馆指导社区、学校、机关、部队、乡镇群众文艺演出和文化活动2900多次；州县送文化下乡800多场；同时，承担黔南州首届体育运动会闭幕式文艺演出，组织4000多业余演员排练。另外，在都匀百子桥头、文峰园，以及各县（市）街心花园、灯塔、街道、学校、单位卡拉OK赛、民族民间山歌赛，少儿器乐赛、家庭才艺赛、书画展、花灯赛、篝火晚会、民族器乐展演、舞狮、赛马、跳月、民族刺绣工艺赛等文化文艺活动等；全州12县（市）共打造具有地方特色鲜明、民族特色浓郁，传承非物质文化遗产元素突出的歌舞剧和地方剧16台。

是年，文化部门组织开展2008“多彩贵州”歌唱大赛，全州12县（市）8345报名参赛，参赛节目3366个。推荐的《绕家呃嘣》获原生态唱法金黔奖，《古游》《独山开财门》获铜鼓奖，李贵红美声唱法获优秀奖。8月，组织开展“歌唱祖国、歌唱家乡”大型团队演出活动，州直208个单位、州四大班子、各单位负责人积极带头上台演唱，演出7场次，观看群众7万余人。

2010年，全州文化系统组织、指导和参与的专题文艺演出和节庆系列文艺演出有5600多次。其中：春节演出600多次，广场演出3480多场，社区、学校、机关、部队、乡镇群众文艺演出和文化活动1480多场。普及推广群众文化活动的要求，创作编导11支具有独特元素的“黔南民族广场舞、民族健身舞”在全州培训推广普及，“唱响本土音乐，舞出黔南特色”。组织创编黔南州民族歌舞剧《风情黔南州》赴上海在世博会期间演出。2010年，文化部门策划、组织开展黔南州2010年“抗旱魔、献爱心、保民生”抗旱救灾捐赠文艺晚会，现场捐款两万余元，前后捐款共计380余万元；协调开展“伟大祖国我的家”都匀地区广场文艺展演活动，共有180个参演单位2360名演员为广大群众奉献130个节目，共有30多个代表队、176个单位、2000多名干部职工和群众参加展演。

2011年，全州各级文化部门以中国共产党成立90周年、“多彩贵州”歌唱大赛等活动为契机，各县（市）开展各类群众文化活动918次（场），参与人员60万人（次），观众达90万人（次）。组织、指导、协调举办各级各类庆典、慰问、节庆、旅游推荐、招商宣传、主题宣传等文艺演出7000多场，送文化下乡360场。是年，全州已形成近20个规模文化旅游节庆活动。有黔南州“好花红”民族文化艺术节、黔南州“好花红”少儿艺术节、都匀国际摄影博览会、都匀国际毛尖茶节、剑江旅游欢乐节；贵定“金海雪山”文化旅游艺术节；荔波万亩梅林报春节；中国·三都水族“端节”“卯节”；独山花灯艺术节；福泉古城文化节；平塘“玉水不夜天”文化旅游艺术节；罗甸高原千岛湖文化旅游节等文化节庆等。独具黔南州民族风情特色文化节庆，传承弘扬了民族民间文化，取得了凸显的经济效益和社会效益；共新编民族歌舞节目92个，平塘的《玉水金盆情依依》、荔波的《水韵樟江》、长顺的《夜郎杜鹃》、龙里的《丽湾依水》等；采风创编黔南民歌近20首。获各级各类文化文艺奖10多个。其中：水族《苗乡团圆鼓》获第八届中国舞蹈荷花奖“十佳作品”奖、水族原生态节目《金秋端节》在“多彩贵州”歌唱大赛中获原生态组铜鼓奖；贵州省第九届少儿艺术节，黔南州获省级奖项8个。

2012年，全州举办各级各类广场文化活动、联欢文艺演出、书画展、少儿才艺展、广场文艺演出、舞龙舞狮、山歌聚会、灯会、民族民间文化活动8700次（场）；迎接中共“十八大”胜利召开，展示经济社会发展硕果文艺演出500多场。2013年，完成黔南州首届“好花正红”民族文艺展演，全州有44个舞蹈作品参赛，获奖作品25个。三都县水族风情歌舞《水家人》参加第五届贵州省少数民族文艺会演，荣获5项等次奖的好成绩（创作金奖、最佳编剧奖、最佳人气奖、最佳演员、优秀组织奖）。全州举办各级各类节庆文艺演出、书画展、少儿才艺展、广场文艺演出、舞龙舞狮、山歌聚会、灯会、民族民间文化活动1000余次，各级文化部门开展节庆活动、广场文艺展演等专场文艺晚会260场，送文化下乡380多场（次），参演群众达4万余人，观众达40万余人次。8月10—18日，黔南州第三届体育运动会在福泉成功举办，开幕式举行大型文艺演出。瓮安县“瓮水之歌”乡村行获文化部全国公共文化服务体系示范项目。

2014年，全州文化部门结合地方特色，以“我的中国梦·文化进万家”“我们的节日”为主题，在“春节”“元宵节”“三八”妇女节“清明节”“五一劳动节”“端午节”和“四月八”“六月六”等主要节庆，开展了歌舞展演、书画摄影展览、民族山歌赛等群众喜闻乐见的文化活动。开展了2014年“春天的祝福”摄影作品展、庆“五一同心共筑中国梦”摄影展、送春联、送演出、送文艺辅导等文化活动350余场（次），参与人数4万余人，观众达50万人（次）。围绕“明礼知耻·崇德向善”主题开展系列文化展演活动，5月5日组织全州12个县（市）及州政务中心在瓮安县大戏楼广场举行“明礼知耻·崇德向善”主题文艺精品会演，活动参演精品节目18个、参加演员280名。5月7日，各县（市）都围绕该主题进行了大型广场群众文化活动。成功举办黔南州第二届“好花正红”民族文艺展演歌唱大赛。全州各县（市）的82个乡镇146个行政村（社区）组织了228场选拔赛，近3000名歌手参与，创作歌曲上千首，观众近50万人（次）。是年，经层层选拔387名歌手在都匀市参加州级总决赛。2014年，各级文化部门开展节庆活动、广场文艺展演等专场文艺晚会260场，送文化下乡380多场（次）。

二、广场舞

进入21世纪，在城镇化进程中，各县（市）均在城市中心区建有公共广场、公园和建筑门前广场，一些住宅小区亦有花园式广场，这些面积大小不一，功能设计有别的广场，已成为公共文化展示平台，其中最为典型的当属广场舞。自发组织，长年不断。广场舞的参与者多为中老年女性，亦有少许男性参加。起舞时间一般在早晨7—8点和晚上7—8点左右，在这两个时间段，整个广场几乎成了广场舞展演舞台。广场舞以方队为阵，服装是区分阵营的标识，大的方队为五十左右人，小的一二十人。舞姿迥异，有国际标准舞、一般交谊舞，更多的是酷似健身操之类的程式化动作。伴奏舞曲自选，风格不一，形成混响，但大多曲目节奏明快，旋律悠扬。伴奏舞曲除经典歌曲外，还有一些时下流行歌曲，主要有《最炫民族风》《荷塘月色》《小苹果》等。因广场舞不同程度地给周围居民带来噪音，经文化部门协调，公众之间协商，广场舞音量和时间都有所降低、缩短，以缓解噪音喧哗给群众生活带来的干扰。2006年，文化部门开展州庆踩街文艺演出工作，成立州庆踩街文艺演出指挥部，万人大型花灯舞蹈；千人水族歌舞；千人舞蹈“长衫龙”；万人同唱《好花红》及尾声——万人古乐风（游行队伍、表演队伍及所有观众互动，鼓乐齐鸣，欢天喜地，载歌载舞）。2010年，文化部门组织开展“三八”广场民族健身舞比赛。

三、社区演出分队

在城镇各社区经常活跃一支支文化演出小分队，多由退休老人自发组织，也有社区管理部门牵头组织的。这些小分队成员根据自己的文艺特长，选送站队。有“夕阳红”管弦乐队、秧歌队、合唱队、鼓乐队、舞蹈队和京剧票友。各文艺小分队常年出演不断，节庆假日、颁奖典礼、公共设施竣工，甚至商家开业庆典、产品促销活动和百姓家的红白喜事等场所都能看到他们的身影。这种形式灵活、随请随到的社区文化形式既丰富了社会文化氛围，老人们又能老有所为、自得其乐。

第二节　文学艺术创作

一、州文联主要活动

1991 年，主办“庆祝建党 70 周年美术·书法·摄影作品联展”“黔南州第一届京剧清唱交流赛”“马克思列宁主义文艺理论读书班”“华天谷、徐进、赵乃喜、石山辉老画家作品联展”“夜郎文学”短报告文学征文活动”。

1992 年，主办“纪念毛泽东在延安文艺座谈会上的讲话发表 50 周年摄影作品展”“纪念毛泽东在延安文艺座谈会上的讲话发表 50 周年全州书法作品展”“黔南籍著名布依族画家蒙绍华作品展”。联办“第一届“好花红”音乐节”。

1993 年，主办“纪念毛泽东百年诞辰书画展”“李慧君书法贵阳展”“第二届‘唱黔南’征歌”；联办“第二届好花红音乐节”。

1994 年，主办“贵州省三个自治州民族摄影艺术作品展”；联办“第三届好花红音乐节”。

1995 年，主办“黔南州首届妇女剪纸艺术展”；联办“李慧君书法北京展”“第四届好花红音乐节”。

1996 年，主办“庆祝建州 40 周年摄影·书法·美术展览”；联办“第五届好花红音乐节”。

1997 年，主办全州小说创作改稿班、“97 香港回归暨大关精神美术·书法·摄影作品展”“都匀地区迎接香港回归老少百米书画表演”。

1998 年，主办“黔南州改革开放 20 周年美术·书法·摄影作品展”“黔南籍布依族画家谭兴渠彩墨画展”“颂祖国、唱家乡征歌”。

1999 年，主办“黔南州庆祝澳门回归祖国美术书法作品展”“黔南州新千年 10 佳京剧票友选拔赛”、编辑出版“黔南文艺丛书”（含小说选、散文选、诗歌选、报告文学选、曲艺选、歌曲选）。

2000 年，主办“都匀地区 6·8 抗洪抢险救灾纪实摄影展”；承办召开全省第七届文学创作笔会；联办“第一届文峰中秋音乐会”。

2001 年，主办“黔南州纪念中国共产党成立 80 周年美术、书法作品展”；联办“都匀地区庆一颂歌献给党歌咏比赛”“第二届文峰中秋音乐会”；承办首届全国音乐考级活动。

2002 年，主办“纪念延安文艺座谈会发表 60 周年‘文艺与生活’大型采风活动”“黔南州中短篇小说征文大赛”“喜迎党的十六大美术书法作品展”；联办“庆‘七一’与时俱进创辉煌诗歌朗诵比赛”“第三届文峰中秋音乐会”；承办第二届全国音乐考级活动。

2003 年，主办“坚持‘三贴近，艺术献人民’采风活动”“全省歌曲创作研讨会”“庆祝建党 82 周年及万众一心抗非典激情广场演唱会”“黔南州中短篇小说改稿会”“全州青年作家创作研讨会”；联办“第四届文峰中秋音乐会”；承办第三届全国音乐考级活动。

2004 年，主办“纪念邓小平诞辰 100 周年‘金鹏杯’电视舞蹈大赛及大型文艺晚会”“首届贵州黔南‘睡宝杯’西部城市国标舞公开赛”“小戏小品改稿班”“绿色黔南征歌征文活动”、第一届“剑江水泥杯”美术作品展；联办“第五届文峰中秋音乐会”；承办第四届全国音乐考级活动。

2005 年，主办“首届平坡苗族农民画展”“首届全州少儿美术、书法作品展”“第一届黔南州文艺奖征集评奖活动”“首届全州‘少儿之星’音乐比赛”；联办“第六届文峰中秋音乐会”；承办第五届全国音乐考级活动。

2006 年，主办“庆祝建州 50 周年第二届‘剑江水泥杯’美术、书法、摄影展暨民族民间工艺品展”“黔南文艺界庆祝建州 50 周年座谈会”“州庆 50 周年会徽征集评选活动”“诗词、戏剧进校园活动”“‘瓮福杯’黔南本土歌曲演唱比赛”；联办“第七届文峰中秋音乐会”；承办第六届全国音乐考级活动。

2007 年，主办“贵州省第二届旅游产业发展大会美术书法摄影展”‘瓮福杯’贵州省第二届旅游产业发展大会本土歌曲演唱会”“平坡农民画展”；联办“第八届文峰中秋音乐会”；承办第七届全国音乐考级活动。

2008 年，主办“黔南州抗凝救灾纪实摄影展”“朝霞工程”水族文化少儿培训班”“纪念改革开放 30 周年文学征文活动”“第二届黔南州文艺奖征集评奖活动”；联办“黔南州教职工迎奥运美术书法作品展”、第三届“剑江水泥杯”美术作品展、“第九届文峰中秋音乐会”；承办第八届全国音乐考级活动；内部编辑出版“战胜冰雪”黔南州抗凝救灾纪实。

2009 年，主办“‘交通杯’全国书法篆刻展”“贵州省第十三届文学创作交流年会暨百名作家看平塘活动”“庆祝新中国成立 60 周年“颂祖国、唱黔南征歌”活动”“放歌六十年文学征文活动”“杨远志书画作品展”“庆祝新中国成立 60 周年 60 米诗词书画长卷展览”；联办“庆祝建国 60 周年全州文艺调演”“第十届文峰中秋音乐会”；承办第九届全国音乐、舞蹈考级活动。

2010 年，主办“抗旱救灾征文活动”“第二届平坡苗族农民画展”；承办全州抗旱救灾捐赠晚会，第十届全国音乐、舞蹈考级活动。

2011 年，主办“‘中核杯’贵州省第十一届杜鹃曲艺节”“纪念建党 90 周年文学征文活动”“庆祝中国共产党成立 90 周年‘福丰杯’黔南州摄影大赛”“歌颂党、赞中华、扬国学”中华诗词大赛”“第三届黔南州文艺奖征集评奖活动”；承办第十一届全国音乐、舞蹈考级活动。

2012 年，主办“纪念延安文艺座谈会上的讲话发表 70 周年、贯彻落实贵州省第十一次党代会精神专题研讨会”；联办“‘生态之州·幸福黔南·歌唱祖国迎盛会’合唱比赛”；承办第十二届全国音乐、舞蹈考级活动。

2013 年，主办贵州省首届“保利杯”健康舞蹈大赛黔南赛区选拔赛，“金秋广场”音乐会，“国庆中秋诗词经典朗诵大赛”，“瓮安商城杯”诗歌创作朗诵邀请大赛，著名作家姚晓英“文学创作、文化产业”专题讲座，“黔之爱”中国名家书画现场义卖公益活动，著名作家赵宏兴“文学创作、编辑专题讲座”。

2014 年，主办“黔南州首届艺术摄影展”，作家刘兴汉长篇小说《浴火重生》首发式，“广州市文联艺术家到黔南采风创作调研”，“少儿迎新音乐会”，“文艺志愿系列活动”，黔南州“首届文学骨干培训班”，黔南州“戏剧小品创作、表导演培训班”，黔南州“祖国好、家乡美”中小学生诗文书画比赛，“首届中国民族美术发展论坛”，“莫友之书法集”出版发行座谈会，黔南州文艺界“学习贯彻习近平总书记在全国文艺座谈会上的讲话精神”座谈会，中国文联、中国曲协“送欢乐下基层走进黔南”慰问演出，“广州·黔南两地书画家”交流笔会，“广州·黔南两地书画艺术交流联展”，中韩联合拍摄电影“情逝”项目启动会，苗族电影“苗山花”开机仪式。

二、文学艺术刊物

《福泉山》，福泉市文联主办、内部交流季刊。1979 年创刊，已出版 50 期。

《云雾山》，贵定县文联主办、内部交流不定期。1982 年创刊，已出版 45 期。

《夜郎文学》，黔南州文联主办、公开发行月刊，1988 年 6 月创刊，已出版 208 期。根据国家整顿压缩公开出版物精神，从 2012 年 10 月起《夜郎文学》改为内部发行刊物。

《独山文苑》，独山县文联主办、内部交流季刊。1995 年创刊，已出版 43 期。

《都匀摄影报》，都匀市摄影家协会主办、内部交流月刊。2001 年创刊，已出版 159 期。

《高原千岛湖文艺》，罗甸县文联主办、内部交流季刊。2006 年创刊，已出版 31 期。

《平塘作家》，平塘县文联主办、内部交流年刊。2007 年创刊，已出版 8 期。

《都柳江》，三都县文联主办、内部交流季刊。2008 年创刊，已出版 22 期。

《杜鹃红》，长顺县文联主办、内部交流不定期。2011 年创刊，已出版 6 期。

《剑江潮》，都匀市文联主办、内部交流不定期。2012 年创刊，已出版 4 期。

《瓮水长歌》，瓮安县文联主办、内部交流季刊。2012 年创刊，已出版 9 期。

《好花红》，惠水县委宣传部主办、县文联承办、内部交流季刊。2013 年创刊，已出版 4 期。

三、艺术创作

（一）文学创作

1991—1996 年，作家协会会员公开出版个人文学专集 20 部，王巩汉、罗文亮、王万铭、崔晓勇、张显华、曾雁平、张申瑜、刘映春、陈启栋、钟成智、彭世庄、石尚竹、韦丽娟、杨路塔、胥忠国、龚炜、杨启刚、孟学祥等的文学作品分别在省级文学刊物发表或在省级获奖。其中，周隆渊的散文集《明珠撒遍月亮山》获全国少儿文学读物三等奖；罗文亮的散文诗集《神州拾韵》获贵州省政府首届文学三等奖，《碰蛋》获全国散文诗大赛三等奖；任菊生的短篇小说《杨梅成熟的时候》获全国第三届少数民族文学创作特别奖；周双林的散文《飞出山凹》获全国各族青年团结进步征文一等奖；卢有斌的散文《木叶情话》《骂尽昏贪“俗雅蝈”》分获全国报纸副刊优秀作品二等奖和三等奖；彭荣生的散文

《苗乡一日行》获全国民族团结征文三等奖；潘殿勤的散文《水族素装白头巾》获全国当代文学征文二等奖；唐世林散文《茨藜》获全国财税文学大赛一等奖。

1997—2001 年，公开出版李华的长篇小说《歌缘》，欧骁的中短篇小说集《魔谷》，卢有斌的报告文学集《写在大地上的诗篇》，黄鹏先的文艺随笔集《寻梦集》等 17 部文艺专集，内部出版胡荣权的散文集《自然与人生》，刘世彬散文集《喀斯特的灵魂》，陈昌槐的长篇小说《风韵》等 26 部文艺专集。内部编辑出版一套《黔南文艺丛书》，丛书包括《小说选》《诗歌选》《散文选》《歌曲选》《曲艺选》《小戏选》《大关大土大地报告文学集》。孟学祥的短篇小说《麻风村的传说》，尹卫巍的短篇小说《红色情话》，李国清的散文《干居民》，杨启刚的散文诗组《农历：乡土的寓意》等 22 篇作品在省级以上刊物发表。卢有斌的报告文学《当代愚公》获“中华大地之光”征文一等奖；欧骁的报告文学《不沉的高原》获“世纪之光”征文一等奖；陆大庆的散文诗《铁质的心》获中国作家世纪论坛作品评选三等奖；唐世林的诗歌《洋钉与钢铁王国》获“华龙杯”全国诗歌大赛三等奖，《西部听涛》《端节》获中华诗歌征文大赛优秀奖。

2002—2006 年，李国清的散文《树后边是太阳》获首届真情人生全国纪实散文征文一等奖；卢有斌的短篇小说《葫关七里香》获首届“黄河口杯文学征文大赛”三等奖；黎明轩的长篇报告文学《中国远征军——半岛往事》，胡凤林的组诗《花开在你不知道的地方》，黎玉松的短篇小说《一九四四年的火车》获“贵州省第六届、第七届新长征职工文艺创作评奖”一等奖，唐世林的诗歌集《情系西部》获三等奖；祖岱年的纪实长篇《血路》，罗文亮的长篇小说《夜郎春秋》，张文钧的长篇小说《石门劫》《孽种》，卢有斌的散文集《今生有约》、孟学祥的中短篇小说集《山路不到头》、散文集《山中那一个家园》，杨启刚的诗歌集《遥望家园》、散文集《一城灯火》，黎玉松的小说集《唱比说好》，潘国会的小说《月亮树》，胡嵘权散文集《天高路远》，张显华的诗词散文集《霜叶晚唱》，陈昌槐的诗歌集《松林诗集》，黄鹏先的儿歌集《山青青、水清清》，冯举高的长篇传记《弯路直走》，张笑寒的玄幻长篇《神欲轮回》（四部），韦昌国的散文集《另眼观潮》，钟元贵的诗歌、散文诗集《蓝色雨季》，黎明轩的长篇小说《风雨桥畔未了情》，州文联、州作协主编的散文集《锦绣黔南旅游散文集》等公开出版；《黔南文学艺术作品选》内部出版；杨启刚的长诗，陆大庆的摄影诗，孟学祥的散文，罗世槐的微型小说，尹卫巍的散文等在《民族文学》《文艺报》《散文诗世界》《文汇报》等刊物发表；州文联、州作家协会、州美术家协会、州摄影家协会、州诗词楹联学会完成《贵州旅游文化集萃·黔南卷》的编纂工作。

2007—2012 年，出版《夜郎文学——黔南州抗凝救灾纪实》（增刊），《夜郎文学——庆祝建国 60 周年专辑》《夜郎文学——抗旱救灾作品专辑》；罗文亮的长篇历史小说《明代三说》公开出版；孟学祥的散文集《山中那一个家园》获全国少数民族文学创作“骏马奖”、人口较少民族特别奖和贵州省政府文艺奖荣誉奖；杨启刚的短篇小说《鸿福茶楼》获“《小说选刊》第二届全国小说笔会”一等奖；徐必常的组诗《献给查干湖》获《诗刊》主办的全国诗歌大奖赛一等奖，诗歌《让我对世界说》获《民族文学》和《人民文学》主办的“象山杯我看奥运”征文二等奖；杨启刚的长诗《血凝·热血》、短诗《家宝总理，您来了》（外一首）先后获“全国鲁黎诗歌奖”和“全国抗旱救灾诗歌大奖赛”一等奖；韦昌国的短篇小说《城市灯光》在《收获》发表并获第二届贵州“尹珍杯”文学创作奖；唐世林的诗歌《杂交水稻之父》获中国作家作品赛一等奖；卢有斌的中篇小说《七里香》、孟学祥的中篇小说《拉郎村的摇钱树》在《章回小说》发表；李启发的中篇小说《草伯》在《芳草》发表；韦昌国、潘国会、李启发、罗菲菲、张彪、徐必常、黎玉松等创作的短篇小说先后在《民族文学》《时代文学》《山花》《朔方》《厦门文学》《北方作家》《剑南文学》《贵州作家》《天津文学》发表；都匀市文联的6人诗歌集《在时间之水中漂流》，黎明轩的长篇小说《生死大行军》《红担架》，徐必常、杨启刚、朱朝访、李继刚、陈德根、吴治由、吴英文的诗歌集，罗文亮、祖岱年、杨启刚、尹卫巍、王智源的散文集等公开出版；张文钧的中篇小说《古美山迷案》在《中华传奇》2008第4期发表、长篇小说《迷情姐妹》2011年武汉出版社出版；李国清的散文《冯骥才赠我的六件宝物》收入陈建功主编的文学集《文人的另一种交往》（2008年1月文化艺术出版社出版），《白日梦》2008年《山花》第18期发表，《干居民》收入《新世纪贵州作家作品精选·散文卷》（2009年9月作家出版社出版），《仰视天马》2009年《山花》第10期（下半月）发表，《梦中的门》2010年《山花》第10期（下半月）发表，短篇小说《伤心的酥糖》2012年《山花》第9期（下半月）发表；吴治由的诗歌《水乡》在《诗刊》发表；吴英文的诗歌《一些事物被我看见》在《民族文学》发表；孟学祥的散文集《守望》、徐必常的诗歌集《毕兹卡长歌》、黎明轩的电影文学剧本《红旗漫卷》等2010年获中国作家协会重点扶持作品，其中，孟学祥的散文集《守望》2012年由大众出版社出版发行。是年，孟学祥的中篇小说《无处容身》在《章回小说》发表，短篇小说《失真》《山谷》《弯河》《咒语》《夭折》分别在《山东文学》《山花》《雪莲》《北方作家》上发表。蒙泽敏的报告文学《赤子情深》在《中国报告文学》发表并作为要目示于杂志封面。

2013年，在第一届贵州专业文艺奖评奖中，孟学祥的散文《守望》获文学类三等奖；丁玉辉的散文《绿色在喀斯特高原流淌》、杨启刚的散文《三听古坝》、顾先福的散文《归去来兮》入选《中国散文大系》（抒情卷），杨启刚的散文《在凤凰的路上》、顾先福的散文《夕照坡脚寨》入选《中国散文大系》（旅游卷），杨启刚的散文《茶一样的女子》、沈雪的散文《河里，那只忧郁的白鹤》入选《中国散文大系》（女性卷）；蒙泽敏的报告文学《大道独山》在2013年《中国报告文学》第1期发表；王万民的中篇小说《好梦难圆》、李启发的短篇小说《望远镜》在2013年《贵州作家》第1期发表；瞿远伏的散文集《红尘摆渡》由中国文联出版社公开出版；韦昌国文论《不必过度美化“乡土田园”》在2013年《文艺报》8月7日6版发表；孟学祥的散文《复活生命的梦想》在2013年《文艺报》8月7日7版发表；胡炜的短篇小说《围巾》在2013年《小说选刊》第9期发表，周雁翔的短篇小说《风铃》在2013年《小说选刊》第11期发表；伍亚霖的诗歌《贵州高原的酒》在2013年《贵州民族报》10月11日《诗歌中国》栏目发表；吴治由的诗歌《被两只鸟吵醒的早晨》在2013年《贵州都市报》9月16日《文化周刊诗天下》栏目发表；朱朝昉的诗歌《在云冈石窟看日全食》在2013年《世界诗人》（季刊）总第72期发表；杨启刚的诗歌《远方的怀念》在2013年《中国文学》第10期发表；王万铭的散文《我的第二个母亲》在2013年《山花》第9期发表；耿文福的短篇小说《蓝莹莹的天》、李金福的散文《丹江河，一首古老的长诗》、吴治由的诗歌《冰雪凝冻不住的日子》入选2013年12月作家出版社出版的《新时期中国少数民族文学作品选集·苗族卷》（上下册）；熊生祥主编的《福泉文艺成果荟萃》2013年由中国文联出版社出版；冯举高的长篇小说《七孔唢呐》2013年由团结出版社出版；杨启刚的组诗《诗意长安》在2013年11月台湾《葡萄园诗刊》冬季号总第200期发表。

2014年，黎玉松的纪实散文《烙在钢轨上的记忆》、刘功明的纪实散文《贵州路，永远的缘分》分获2014年4月贵州省作家协会等主办的“纪念贵州建省六百周年征文大赛”一等奖和三等奖；丁玉辉的散文集《绿色在喀斯特高原流淌》2014年由中国言实出版社公开出版；文勇、孟忠恒、罗治良、吴登良主编的纪实文学集《援朝烽火》2014年由中国文化出版社公开出版；尹卫巍的纪实散文《铸造一流民族教育品牌》在2014年《当代贵州》第17期发表；杨启刚散文诗集《低吟或晚唱》2014年由河南文艺出版社公开出版；孟学祥的报告文学《瑶山伙计》、韦昌国的中篇小说《渡河》2014年9月获由中共贵州省委宣传部、贵州省文联主办的第二届贵州专业文艺奖“中国梦”主题文艺创作评选特等奖，陆大庆的诗歌《中国马》、朱朝访的诗歌《闪烁着磷火的吟唱》、李晓妮的散文《蚩尤之光》获该奖项优秀奖。

（二）戏剧曲艺影视创作

1991—1996年，州文联《黔南新剧作》结集内部出版（1992年）；潘茂金、覃烺的大型水族话剧《乌卡》在国家级刊物《剧本》发表并获第三届“全国少数民族题材剧本创作金奖”，之后改编为六场黔剧公演；周世雄的大型话剧《官儿·头儿·弟兄伙》、大型花灯剧《我的老婆是县长》分获第二届与第四届“全国少数民族题材剧本创作铜奖”；周世雄的电视连续剧《布依女》获中宣部“五个一工程”提名奖；张文钧的大型布依族话剧《古美情仇》获第四届“全国少数民族题材剧本创作铜奖”“贵州省政府1985—1995年剧本评奖大戏二等奖”并参加西南艺术节演出成功；1993年常本贵获全国京剧票友大赛三等奖。石文龙、沈复华的花灯戏，张显华、宗锦平、尹国凯、宋欣、常本贵、孟建中、罗文亮、张文钧、杨宝书等的小品、曲艺等获省级创作奖，鞠华荣、石连元等获省级导演奖，王秋芳、李光祥等获省级表演奖；袁浪的电影剧本《血溅秋风楼》《无名三侠客》，由长春电影制片厂拍摄公映；潘茂金、覃烺的电影剧本《烽烟鼓角情》获贵州省首届电影剧本创作三等奖；潘茂金六集电视剧《茂兰故事不外传》1995年在中央电视台1频道播出；宋健的电视剧本《人性的毁灭》《小七孔迷雾》，刘如权的电视剧本《山坳里的钟声》，杨胜勇、熊志坚的电视剧本《布依儿女》，彭荣生的电视剧本《这里有座红军墓》等，先后由北京、上海、江苏等电视制作中心录制，在中央、贵州省等电视台播放；1994年“贵州剧作”编辑部为黔南作品出版专集；1995年，潘茂金的六集电视连续剧《茂兰故事不外传》，由林业部等单位主持，湖南电视台拍摄，在中央电视台第一套节目中首播。

1997—2001年，张文钧的电视连续剧《古美河，古美桥》、刘如权的电视连续剧《邓恩铭》在中央、省、州电视台播出；张文钧的大型剧本《黄绸带》《红尘情未了》，潘茂金、易玉林的大型剧本《落日红》在《贵州剧作》发表；潘茂金的独幕话剧《木楼古歌》获“第二届贵州戏剧文学·小品小戏奖”一等奖和“1998中国曹禺戏剧文学奖·小品小戏奖”二等奖；尹国凯的戏剧小品《童心》获全国“蒲公英”创作一等奖；陈营章的小品《号码警察》获全国“群星奖”戏剧比赛一等奖；石文龙的花灯说唱《残汤宴》获“中国西部地区曲艺比赛”优秀奖；汪洋的群口快板《说大关》获1997“贵州省第五届杜鹃书会”创作一等奖；孟建忠的曲艺方言诗《网恋》获2001“第六届贵州省杜鹃书会曲艺大赛三等奖”；公开出版李玉池的电影剧本集《延伸的血脉》1部，内部出版《张文钧剧本集》3部。

2002—2006年，周世雄编剧的大型花灯歌舞剧《好花红》获贵州省“五个一工程作品奖”；石文龙编剧的花灯说唱《残汤宴》获贵州省文艺奖二等奖；杨宝书获“贵州省花灯王”称号；杨胜超编剧的水族旭早（曲艺）《朝霞情缘》获中央电视台校园节目二等奖；唐世林的花灯剧《收费风波》获全省农村调演三等奖；宗锦平的小戏《水家女》获2003“贵州省农村小戏调演三等奖”；王思民、谭三的曲艺表演唱《茶园飘香》获2005“第二届贵州省文艺奖”三等奖；孟建忠、谭三的花棍说唱《赞桥城》获2005“第七届贵州省杜鹃曲艺节大赛”表演三等奖和2006“第三届贵州省文艺奖”三等奖。

2007—2012年，丁浩创作的两集电影《姊妹花》在贵州电视台播放；汪洋等创作的水族曲艺《水寨除魔》、布依族曲艺《桥城新韵》、布依族花灯说唱《贺灯乐》在“第四届全国少数民族曲艺展演”中分获一、二、三等奖，其中，《水寨除魔》还荣获“第六届中国曲艺牡丹奖节目奖”和2012第五届“贵州省文艺奖”荣誉奖，《桥城新韵》获2012第五届“贵州省文艺奖”三等奖；龙毓虎创作的小品《竞争》获2010“多彩贵州”小品大赛金黔奖；黎明轩电影文学剧本《乌江天险》获第三届遵义“尹珍杯”文学奖；汪洋、莫红燕等编导的大型歌舞剧《刺梨花红》获贵州省第四届少数民族文艺调演剧目三等奖；孟建中创作，章建国、张莉表演的小品《山寨钟声》获贵州省第九届杜鹃曲艺节二等奖；宗锦平、章建国、覃云创作表演的小品《撞枪口》获贵州省戏剧比赛小品类二等奖；汪洋创作，章建国、覃云表演的小品《后继有人》，宗锦平创作，蒲军、安平、宗锦平、吴长举表演的小品《血凝南网》获贵州省“抓重建、保民生、颂英雄”文艺调演二等奖；莫红燕的舞蹈小品《水书·爱的表情》获2010“多彩贵州”小品大赛二等奖和2012第五届“贵州省文艺奖”三等奖；王思民、汪洋、莫红燕的布依族花灯风情剧《拦门敬茶》获2010“多彩贵州”小品大赛三等奖；王思民、段春林、杨远承、汪洋、莫红燕的布依族分彭绕《唱清风》获2011贵州省第十一届杜鹃曲艺节一等奖；汪凯、刘玉峰、马晓东编剧的电影《一乡之长》由八一电影制片厂拍摄，于2012年11月14日晚在中央电视台电影频道黄金时段播出；潘茂金、冯举高的文献汇编《轸念民生志未酬》、潘茂金的诗评专著《潘一志诗词解析》公开出版；黎明轩的《乌江天险》《雪溅困牛山》《女兵魂断野人山》《侗家妹》4个电影文学剧本在全国核心期刊《电影文学》2010年第8、14、17、20期发表。

2013—2014 年，在 2013 第一届贵州专业文艺奖评选中，汪洋创作的小品《盗种》获剧本类三等奖，曹海玲等编创的花灯说唱《心门》获曲艺类作品一等奖，表演二等奖；汪洋等创编的曲艺作品布依族分彭饶《唱清风》，2013 年 4 月获中国曲艺家协会主办的“全国优秀曲艺作品”铜奖；杨胜勇的爱情题材电影剧本《姑鲁之恋》，广向阳的战争题材电视剧本《日暮深河》，黎明轩的红色题材的 30 集电视剧本《苗疆往事》2013 年 10 月获“第二届全国少数民族题材”入围奖；黎明轩参加编剧的 30 集电视连续剧《黎平 1934》，2013 年 10 月由贵州省文联、贵州景森文化传媒、贵州电视剧制作中心联合开拍；在 2014 年 9 月由中共贵州省委宣传部、省文联主办的第二届贵州专业文艺奖·“中国梦”主题文艺创作评选中，都匀市文化馆集体创编的音乐小话剧《三十二座青山》获特等奖；双福、谭三、大海等编创的花灯说唱《茶乡春梦》、瓮安县文化馆集体编创的小品《驻村干部》获优秀奖。是年，花灯说唱《茶乡春梦》获首届中国西部曲艺家优秀曲艺节目展演三等奖；小品《一封遗书》、小戏《乌江魂》获长江流域小戏小品展演剧目推荐奖；花灯说唱《英模赞》获第八届中国曲艺牡丹奖大赛节目入围奖；小品《三十二座青山》《驻村干部》获第二届贵州省专业文艺奖。

（三）美术创作

1991—1996 年，陈莩、陈晓光、龙康华、何艺贵、丁朝北、柴端伟、王永忠、徐进、徐飞、黄慧忠、周庆、彭文清、高健、陈光荣、杨刚、石玉虎等新老画家的作品在省级以上报刊发表或参展，其中，龙康华的《新编增广贤文插图之一》入选第七届“全国美术作品展览”；何艺贵的《腊香时节》，陈晓光的《上山的路》，龙康华的《正午无风》入选第八届“全国美术作品展览”；陈晓光的《高原奏鸣》获中国风俗画大赛二等奖；陈莩的《石乡》《银色家居》分获中国水彩画展金马奖和佳作奖；陈中和的《邓恩铭》获贵州省首届人物画展一等奖；杨俊的《年酒》获全国旅游剪纸精品展铜奖；周庆的油画《老家》入选第二届全国教师优秀美术作品展、版画《鸡》入选中国美术家协会主办的全国第十二届版画作品展；陈莩的《菊与蟹》、周庆的《买花女》、韦雪平的《向日葵》入选中国美术家协会主办的第三届全国水彩粉画画展并在中国美术馆展出；周庆、韦雪萍的《即拆老屋》获第十三届“全国版画展铜奖”；韦帮粉、黄国祥、杨俊的剪纸作品获省级奖并送日本展出。

1997—2001 年，公开出版《陈莩画集》1 部，内部出版《龙康华人物画专辑》《黔南州首届油画大展作品选》等 2 部；陈莩的《秋色赋》、周庆的《奔》水彩画入选第七届中国水彩画大展；彭文清的工笔画《清》获首届中国重彩画大展优秀奖；何艺贵的工笔人物画《清江水碧浣纱女》，徐飞的工笔花鸟画《秋风》等获贵州、浙江两省联合举办的画展一等奖；徐飞的《野山醉秋》、龙康华的《老墙》入选第九届“全国美术作品展览”；王永忠的《飞鸟入林》获欧洲巡展佳作奖，《苗山之夏》获全国诗书画大赛佳作奖；杨俊的油画《造田婚约》入选 2000 贵州油画新作展。

2002—2006 年，龙康华的美术作品入展第二届“中国画精品展”；马预其、杨坤、刘荣坤油画作品入选第三届（上海）中国油画展；王永忠的国画《芦笙舞》入编《全国中师教师范作精品集》；曹本健的油画作品《斗鸟乐》获第三届“西部大地情——中国画、油画作品展”优秀奖；郭芬的国画获“移动通讯杯”贵州省中国画、油画展二等奖；徐飞的《野山醉秋》等10幅工笔画和写意花鸟画入展“2005年中国画研究院年度提名展”；周庆的版画《状态过程》、马预其的油画《号角》《错位》、何艺贵的国画《苗乡三月》入选“纪念毛泽东同志在延安文艺座谈会上的讲话发表60周年全国美术作品展”。

2007—2012年，《黔南美术作品集》公开出版；龙康华的《守望家园》《千年花场》获第六届中国美术家协会会员精品展优秀奖，《三口之家》入选第七届中国美术家协会会员精品展，《布依乡场》获中国画年度展二等奖；梁练方的版画作品《老家系列》入选第十一届“全国美术作品展”；周庆的版画《太极》、张涛松的中国画《黔山辉映》、吴昌文的水彩画《三月山》获第十一届“全国美术作品贵州选拔展”优秀奖；曹本健的油画《乡场上的午餐》获第五届“西部大地情中国画、油画作品展”优秀奖；兰廷英的农民画《牛王争霸赛》获“2010年全国农民画展”优秀奖；兰群的作品入选第七届“全国工笔画展览”；龙里平坡苗族农民画12幅作品在中国美术馆“贵州视觉艺术展”展出；平坡苗族农民画《苗山放歌》60米长卷被贵州省民族文化宫收藏；韦雪平的版画《建设中的家园》、周庆的版画《记忆中的鞋》、吴昌文的水彩画《秋实》、王永忠的国画《黔中英烈》分获贵州省庆祝建党90周年美术展银奖、铜奖、和优秀奖；梁练方版画《芭蕉》入选“2010中国民族美术百花奖展”和获“贵州省第二届美术专业大赛”一等奖，《晚秋》《新叶》《新生》《窗系列》等获省和全国奖并在中国美术馆展出；肖荣成、马胜利、朱瑞、陈忠和、冯果、文桂海、马预其、肖升阳、吴昌文、黄慧忠、朱明高、顾德先、杨卫民、邹伟、曾祥斌、龙俊、龙慧敏、李永超、肖兴华、肖建华、任伟、王科本、伍国春、李京候、彭正翔的多个美术作品获省级以上奖；饶爱君陶艺作品《微风》获2007至2008年中国第二届新秀陶艺家作品双年展优秀奖。

2013—2014年，周庆的版画作品、冯果的版画作品入展2013贵州省版画精品展；杨卫民的油画作品、黄慧忠的油画作品入展2013“吾土吾民”贵州省油画作品展；杨俊、杨正勇的专著《贵州牙舟陶：牙舟陶的文化价值及产业化进程》2014年由四川美术出版社公开出版；梁练方的版画《摇一摇·2014》获2014年9月中共贵州省委宣传部、省文联主办的第二届贵州专业文艺奖·“中国梦”主题文艺创作评选优秀奖；在《2014美丽中国梦·多彩贵州风，庆祝建国65周年贵州省美术大展》中，吴昌文的国画《田园曲》、梁练方的版画《摇一摇·贵阳2014》金奖，马胜利的国画《天边的古土》、王锋的国画《巍巍家园》、马预其的国画《苗乡禾晾》获银奖，曹本健、周庆、冯果、张仁艳、潘蕾的作品获铜奖；王锋的国画《山水》获2014贵州省青年美术作品展银奖；吴昌文的水彩作品《地里南瓜》获2014第五届庐山国际水彩艺术节大赛一等奖；在2014第八届民族百花奖中国画作品展中，朱瑞的国画《风起茨花送幽香》获铜奖，陈忠和的国画《惊梦》入展；在2014第十二届全国美术作品展中，曹本健的油画《赶集日》、梁练方的版画《摇一摇·贵阳2014》、马胜利的水彩画《天边的故土》、吴昌文的水彩画《田园曲》入展；在2014第三届全国少数民族美术作品展中，肖蓉成的国画《旅》获银奖，张仁燕的国画《晨韵》获优秀作品奖。

（四）音乐创作

1991—1996 年，在第二届“唱黔南”征歌活动的推动下，一批具有时代气息、富于民族和地方特色的新歌曲问世，1993 年结集内部出版的 24 首新创优秀歌曲中，《杨梅红在六月六》等多首优秀歌曲，深受群众的喜爱。刘晓民、范禹、李继昌、王庆祝、潘国强、吴庆、郑慕贞、徐强、李国忠、蓝自耕、熊生祥、罗世槐等一批作者的歌曲，在省级以上发表和获奖。李继昌创作的《小竹桥》获中国少儿歌舞会演音乐创作奖；潘国强创作的《金河湾》（罗晓航作词）获全国少儿歌曲评选优秀奖；李贵红 1992 年获“中华大家唱（卡拉OK）曲库群众歌唱比赛”优秀奖和贵州省“茅台杯”歌唱大赛一等奖；赵淑英、刘桂兰、何灵芝 1993 年获省级声乐比赛三等奖。

1997—2001 年，罗文亮、沈复华词，李继昌曲的歌曲《好花红》被文化部主办的全国“世纪之声”民族歌曲征集活动组委会评选为布依族代表歌曲；李继昌的《贵州省民间音乐集成》获全国文艺志书编纂成果一等奖，完成《贵州民族器乐集成黔南卷》撰写，完成并公开出版《布依族音乐史》《水族音乐史》；内部出版陈京昇的声乐讲座《歌唱辅导百题》和熊生祥的歌曲集《故土情深》。

2002—2006 年，熊生祥作曲的少儿歌曲《竹笋娃娃》获全国少儿歌曲创作比赛提名奖；杨俊作词、李继昌作曲的歌曲《月亮山的木鼓声》，胥忠国作词、吴庆作曲的《好花红在布依人的心窝》获贵州省“五个一工程作品奖”；唐贵云作曲的《贵州雨》获“贵州省第六届新长征职工文艺创作评奖”二等奖；熊生祥的歌曲集《遥远的故乡》公开出版；州文联、州音乐家协会编辑出版《绿色黔南好花红歌曲集萃 CD》；唐世林的歌曲集《西部放歌》公开出版；潘国强作曲的歌曲《中华你好》，唐世林作词的歌曲《所有的美丽源于太阳》在《歌曲》月刊发表；潘国强作曲的歌曲《梵净山》获多彩贵州征歌三等奖；韦祖雄作曲的歌曲《苗家迎着幸福来》入选“多彩贵州”歌唱大赛推荐歌曲；在“中国西部民歌大赛”中，何世霞获演唱银奖，袁文丽、黎复丹获演唱铜奖，李继昌获创作二等奖；在 2005“多彩贵州”歌唱大赛中，孟先锋获特别奖，何世霞、徐成林获三等奖，龙腾江、周萍、舒友毅获优秀奖。

2007—2012 年，李忠辉策划的两台黔南州民族歌舞品牌节目先后在中央电视台民歌栏目播出；庆祝建党 90 周年黔南征歌 51 首优秀歌曲在贵州《音乐时空》结集发表；潘兴周获第十四届 CCTV 歌手大赛原生态唱法三等奖；唐世林的 10 首歌曲在《歌曲》发表；姚铜的歌曲获“多彩贵州”征歌一等奖和三等奖；州音协推荐的李继昌、葛焕扬、吴庆、韦祖雄、王伟、熊生祥、邓元新、姚铜、陈京昇、唐世林、廖臻贤、蓝自耕、程文晰等的 130 首歌曲先后入选《多彩贵州优秀歌曲选》或在《歌曲》《音乐周报》《音乐时空》、中央广播电台、贵州广播电台等发表；熊生祥的歌集《亲亲泥土》《跟着太阳走》公开出版；唐世林的歌曲光碟《和谐家园》、歌词集《心灵的歌唱》、歌曲集《世林歌曲选》公开出版；张华恒、张帆获东盟国际民乐大赛金奖和组织奖；州芦笙学会、州吉他学会、都匀博雅艺术学校、都匀琴之声音乐学校以及宋晓华、舒友毅、魏芳、周敏、游豫、潘兴周、潘勇、杨芳、钱东伟、李伟杰、傅爱华、韩秋梅、张华恒、吴晓峰等获省音协表彰。

2013—2014 年，在 2013 第一届贵州专业文艺奖评奖中，姚铜作词作曲的歌曲《盘州村庄》获音乐类一等奖；黔南州选送的三都苗族原生态组合《赶场边边好唱歌》获 2013“多彩贵州”歌唱大赛三等奖；唐世林作词作曲的歌曲《多彩贵州》《美丽黔南我的家》、分别在 2013 贵州《音乐时空》第 1 期、第 2 期发表；邬大为、魏宝贵作词、唐世林作曲的歌曲《保卫祖国进行曲》在 2013《音乐生活报》第 1 期发表；唐世林作词、金国安作曲的歌曲《圆一个民族的梦想》在 2013《歌曲》第 3 期发表；刘志毅作词、熊生祥作曲《人民富了更爱党》，徐安国作词、熊生祥作曲《老百姓就认这个理》，张申瑜作词、熊生祥作曲《山水贵州、醉美家乡》等歌曲在 2013《音乐时空》第 1、2、17 期发表；姚铜作词作曲的歌曲《幸福花儿大土开》，徐安国作词、熊生祥作曲的歌曲《老百姓就认这个理》在《贵州广播电台》2013 年 7 月 25 日“音乐风景线”专栏展播；熊生祥歌曲集《一路走来》2013 年由中国文联出版社公开出版；李继昌编著的《贵州少数民族音乐文化集萃》（水族篇、布依族篇）2014 年 1 月获第九届中国音乐“金钟奖”理论评论奖金奖；陈洁明作词、熊生祥作曲《中国喜》，陈平作词、熊生祥作曲《中国梦》，李黎作词、熊生祥作曲《年年有余》，华也作词、熊生祥作曲《故乡常在我梦里》等歌曲在 2014《音乐时空》第 7、9、22 期发表；陈雅婕作词、熊生祥作曲的歌曲《精彩你我》在 2014《广州文艺家》第 3 期发表；韦龙冬的歌词《盛会草原》在 2014《轻音乐 · 歌词》第 1 期发表；姚铜作词作曲的歌曲《奴乖乖》在第二届贵州专业文艺奖 ·“中国梦”主题文艺创作评奖中获优秀奖；熊生祥作曲的歌曲《别让小草再哭》获 2014“童声嘹亮”全国首届少儿环保歌曲评选最佳创作奖。州文联选送的“朗格里”组合芦笙合奏《迁徙乐舞》获第五届全国青少年民族乐器演奏比赛——少数民族特色乐器独奏及传统器乐合奏比赛特别奖；竹笛独奏《春到湘江》，葫芦丝独奏《打跳欢歌》获全国“蒲公英”第十四届总决赛少年组金奖。

（五）摄影创作

1991—1996 年，龙子荣、赵天恒、黄达武、李振川、田纪三、杨秀昌、雷鸣的作品在国家级刊物《大众摄影》发表；龙子荣、申军、陶开文、张文黎的作品入选第三届、第四届中国贵州与新加坡摄影联展及亚太地区摄影比赛；龙子荣的《送亲》获“桑塔纳摄影大赛”二等奖，《端午》在新加坡获三等奖；内部编辑出版《锦绣黔南》摄影集。

1997—2001 年，内部编辑出版《6 · 8 壮歌——都匀地区抗洪救灾纪实摄影图片集》；龙子荣的《经商》、申军的《背新娘》、张文黎的《人桥》入选第十八届“全国摄影作品展览”；周锦溪的《奉献》获全国乐凯杯大赛一等奖；戢刚的《水之韵》获贵州高原明珠全国摄影艺术大赛二等奖；赵天恒的《铜鼓声声》获浙江、贵州两省跨世纪群众艺术精品展一等奖。

2002—2006 年，王先宁的《赶芦笙会上》获“建设社会主义新农村暨纪念中国共产党成立 85 周年全国摄影艺术展”三等奖；柏时鸣的《水族人家》、吴建成的《马耕水田》《欢乐儿童》获“第二十一届全国摄影艺术展”优秀奖；龙子荣的摄影作品获“贵州省第七届新长征职工文艺创作评奖”一等奖；王先宁的《送亲》获“花溪杯”贵州风光风情摄影大赛二等奖；内部编辑出版《雪凝·血热》摄影集。

2007—2012年，在2009第二届“多彩贵州”中国原生态国际摄影大展中，卢庆文的作品《苗家酿酒》获民族物产类一等奖，王先宁的作品《俯拍高速路》获交通环境类三等奖，龙子荣的作品《高原明珠——都匀》获城市建设类三等奖，周锦溪的作品《冰臼石》获自然风光类三等奖，王先宁的作品《芦笙悠悠——长衫龙》获民族节日类优秀奖，周锦溪的作品《阳戏脸谱》获民族文化类优秀奖；2009年，王先宁获省摄影家协会授予的“摄影贡献奖”、龙子荣获“摄影终身成就奖”、申军获“摄影组织奖”；龙子荣的作品集《无语》出版；周庆的作品《N天后》获2011年第8届美国佛罗里达州国际摄影展PSD金奖，《雨中作画》获第20届奥地利特伦伯超级摄影巡回展铜奖、《古街雨意》入选第23届全国摄影艺术展，《家园》《雨中印象》《时间印象》《午后五点半》《雪山下的男孩》《穿百鸟衣的男孩》《家》《后天》《忆》《高原人》《木人—太极》《纸飞机》等分获“2010中国·承德第三届国际摄影艺术展”“首届中国国际网络摄影大赛”“德国梅尔希韦勒2010国际摄影展”“影像亚洲国际摄影双年展”等大奖；在中国摄影家协会举办的“辉煌50年魅力新都匀全国摄影大赛”中，王先宁、申军、王建军、黄驿伦等4人的作品获最高奖——收藏奖。

2013—2014年，在2013第一届贵州专业文艺奖评选中，赵天恒摄影作品《火红的日子》获艺术类三等奖，周庆的摄影作品《造型》获创意类三等奖；在2013中国第15届国际摄影艺术展中，周锦溪的《雪急人更急》、周庆的《造型》、冯涛的《苗族古歌——跳洞》获入围奖。

（六）书法创作

1991—1996年，李慧君、陈国清、卢如萍、王道生、路剑、田景益、李惕生、邓开应、冉金平、赵传新、李慧林、陶开文、陈汝益、彭世伦等的作品在省级参展、发表或获奖。其中，路剑的作品获中国国际文艺作品博览会书法二等奖；王时选获第二届书圣杯国际书画印赛书法三等奖；在州委、州政府以及州文联、州民族宗教委、州教委、州妇联的支持下，省书法家协会1993年在贵阳举办李慧君书法展，中国美术馆1995年在北京举办李慧君书法展，参展的作品结集公开出版。

1997—2001年，内部出版《赵传兴书法作品选》；陈国清的书法作品获庆祝建国50周年全国书画大展二等奖；黄仁龙的书法作品获全国楹联书法作品展三等奖。

2002—2006年，冯泽松的书法作品两次入展“中国书法兰亭奖”，行书（扇面）获第三届贵州省文艺奖二等奖；冉金平的书法作品获“贵州省第七届新长征职工文艺创作评奖”一等奖；王国磊、王河云、冯泽松的书法作品获“贵州省第二届行草书大展”和首届“茫父杯”书法双年展二等奖；冯泽松的《冯泽松书法作品集》公开出版。

2007—2012年，冯泽松的作品连续第三次入展全国最高书法奖“中国书法兰亭奖”，另三件作品分别获“邓石如杯”全国书法展一等奖和入选“全国第九届书法篆刻作品展”及“全国第二届青年书法篆刻展”；徐明春的作品获“全国大学生书法大赛”一等奖和“贵州省杜鹃杯书法展”一等奖；王河云的作品入展“全国第六届楹联书法展”；夏仕勇的作品获“首届中国千字文书法大赛”三等奖；在“贵州省第二届楹联书法展”中，李代宏获一等奖，黄仁龙获二等奖，冯泽松、王河云、王永明获三等奖；王河云代表白族受邀参加“中国56个民族书法家同写福字为奥运祈福”书法展；州书法家协会在都匀举办徐明春个人书法印展；在“同龢杯”全国书法展中，徐明春获一等奖，夏仕勇获二等奖，吴应祥、王河云获三等奖；徐明春、夏仕勇的作品入选“第十届全国书法作品展”；在“全国交通运输职工书法展”中，贝娟获二等奖，唐中富获三等奖。

2013—2014年，在2013第一届贵州专业文艺奖评选中，冯泽松的行书《黄庭坚煎茶赋》获书法类三等奖；在2013贵州第五届“茫父杯”书法双年展中，张先念的作品获一等奖，徐明春、申学军的作品获二等奖；黄仁龙作品获第三届贵州专业美术书法比赛一等奖，作品入展第六届全国书法精英展，“石台哂茶”全国书法名家邀请展，全国新闻界“纪念毛泽东诞辰120周年”书法展；2014年，黄仁龙、申学军、徐明春被北京水墨公益基金委员会提名为“贵州十大青年书法家”。徐明春在北京恭王府举办个人书法展并接受中央电视台财经频道专访。在第二届贵州专业文艺奖·“中国梦”主题文艺创作评奖中，夏仕勇获二等奖，申学军获优秀奖；吴应祥的作品入展“金山岭长城杯”“陶渊明杯”等全国书法展；葛明义收集、整理、编辑的《莫友芝书法集》由贵州人民出版社公开出版。

（七）舞蹈创作

1991—1996年，由李光怡、余红、李继昌等集体创作的大型瑶族舞剧《婚碑》，1992年参加首届“全国舞剧观摩演出”获文化部颁发的“集体演出奖”“男女主角优秀表演奖”“舞美设计奖”；由沈复华、王思民编导，李继昌作曲的大型布依族歌舞乐《刺黎花红》获贵州省优秀创作奖；王思民编导的《打猎舞》《香花舞》获第十届亚运会艺术节和沈阳演出优秀奖，《矮人舞》《花架舞》获贵州省首届民族民间艺术节和羊城中华博览会优秀奖；宋晓君编导的《角鼓舞》获全国第四届少数民族体育运动会表演三等奖。

1997—2001年，沈复华的《贵州省民间舞蹈集成》获全国文艺志书编纂成果二等奖；莫红燕、安平编导的舞蹈《糍粑乐》获全国少数民族孔雀杯舞蹈大赛三等奖；莫红燕编导的《看灯》1999年获全省少儿艺术节比赛三等奖，《斗蟋蟀》2000年获全国蒲公英奖铜奖。

2002—2006年，莫红燕编导的《苗山节拍》获“第六届全国舞蹈比赛”和“CCTV舞蹈大赛”优秀创作奖及优秀表演奖；杨燕芹、曹晖编导的《筛》获第六届中国民族民间艺术节歌舞类节目银奖；王丁编导的《醇酒飘香》获全国首届职工艺术节金奖；莫红燕编导的《苗山节拍》，杨燕芹、曹晖编导的《水书印象》获第二届贵州省文艺奖二等奖；王丁编导的《灯乡情》获首届全省花灯大赛金扇奖；莫红燕编导的《山寨女孩》，黄薇编导的《童趣》获全省少儿文艺调演二等奖。

2007—2012年，雷增、陈静编导的《幂灵》获“全国第八届少数民族运动会展演”二等奖；岑光礼编导的《编》获中国文联与中国秦皇岛·南戴河联办的第五届荷花艺术节“金荷花奖”；王丁编导的《苗乡团圆鼓》获中国舞协第八届荷花奖“10佳节目表演奖”；莫红燕编导的《水书、爱的表情》获“多彩贵州”舞蹈大赛二等奖；王思民编导的《奔腾的足音》《端节欢歌》《花球飞扬》获全国中老年健身球操大赛编导和表演金奖。

2013—2014 年，在 2013 贵州专业文艺奖评选中，都匀市文化馆集体表演的舞蹈《清清河边》《水人鼓》分获表演类二等奖；林明璋、马文静、雷增、王丁等改编的歌舞乐《水家人》获贵州省第五届少数民族会演创作金奖，莫红燕获民族团结进步奖；汪洋、莫红燕等创编的舞蹈小品《桥城新韵》获贵州省群星奖三等奖；王思民、朱勇康创编的舞蹈《追梦长衫龙》获贵州省残疾人会演银奖；杨再清创编的苗族舞蹈《踩月亮》获“第九届中国舞蹈荷花奖”银奖；都匀市文化馆集体创编的舞蹈《踩的旋律》获 2014 年 9 月中共贵州省委宣传部、省文联主办的第二届贵州专业文艺奖·“中国梦”主题文艺创作评选优秀奖。

（八）诗词楹联创作

1997—2001 年，内部出版《中国对联集成·黔南卷》1 部、《会员作品选》1 集、《黔南诗联》1 ~ 8 期；王巩汉编著的《黔南山水情》《黔南纪行》《荔波风光天下奇》公开出版；梁正吟、徐明仁、季德新作品入编中国楹联学会《喜迎香港回归对联集》专集。

2002—2006 年，徐明仁对联作品获“沈阳世博会征联活动”二等奖；柯健、梁正吟、雷雄杰、杜正尧、李瑞利、陈昌槐、刘崇信的作品入编中国楹联学会《中国楹联二十年作品精选》专集；柯健、梁正吟、徐明仁、林昌华、杜正尧、李瑞利、罗方友、杨胜华作品入编《中国楹联年鉴（2001—2006）》；柯健、梁正吟、杜正尧、季德新、陈治中、杨胜华作品入编《中国楹联学会会员大典》；州文联、州诗词楹联学会编辑的《黔南古今风情名胜诗词选》公开出版；与州文联等编辑出版《贵州旅游文化集萃·黔南卷》；内部编辑出版《黔南诗联》9 ~ 18 期。

2007—2012 年，雷雄杰、伍明坤、王光义、陈昌槐、杨光涛、张忠明、谭培元、杨昌盛的多首作品在《当代中华诗词丛书》《中华诗词》发表；丁伟华等 87 人的 147 首诗词作品入选《中华诗词文库·贵州卷》；葛明义的《黔南赋》在《光明日报·百城赋》专栏发表；梁正吟的《水调歌头·纪念辛亥革命一百周年》入编《第四届华夏诗词奖获奖作品集》；梁正吟、杜正尧、颜登荣、杨荣亮、何玉琨的作品入编《中国十二生肖楹联大典》；罗方友、颜登荣的作品入选 2011 年中央电视台兔年春节晚会征联并获优秀作品奖；唐国运、何玉琨、吴忠祥、韦启碧、王光义、杨富钧的作品在省级比赛中分获一等奖、三等奖和优秀奖；学会在“贵州省第三届大中（专）学生诗词大赛”中，组织、辅导的黔南州 90 名大中（专）学生分获一、二、三等奖和优秀奖，辅导推荐的都匀一中学生 8 首作品在《中华诗词》发表；孙其智的诗词《布依木叶》《北京奥运圆舞曲》《瑶家新歌》等获“中国民族民间歌曲演创高端选萃”一、二、三等奖；内部编辑出版《黔南当代格律诗词选》，其中，两首在卷首语中评为佳作；编辑出版《科学发展唱新歌》；王巩汉的《黔南旅游景观诗词三百首》公开出版；陈昌槐的《荔波旅游风光诗词集》内部出版；王光义的《跟随圣火看神州画册》内部出版。

2013—2014 年，孟良所词《长相思·军民鱼水情》获 2013 中央组织部等主办的“诗书画影抒情怀，喜迎党的十八大”主题创作活动一等奖；颜登荣诗词获“纪念毛泽东诞辰120周年全国诗词大赛”二等奖；罗忠祥、罗方友、王小毛对联获“中国楹联报”比赛三等奖；颜登荣、罗方友、唐定兴的诗联作品入选《中国百诗百联优秀作品集》。王建珍的诗词楹联集《心灵之旅》2013年由中国诗词楹联出版社公开出版。

四、文学艺术研究

1991—1996年，李国清的论文集《在他们中穿行》、黄鹏先的《名作赏析与儿童文学创作谈》公开发行；《谈苗族剪纸的形象构成》在《剪纸艺术报》发表；丁匀的《抽象与抽象美》在《中国青年报》发表；乔德珑的《中国文人画与西方现代派绘画中自我表现因素的偶合》省级发表。

1997—2001年，李继昌的《布依族情歌的传统形态及其民族婚姻的渊源关系》发表在美国《音乐中国》；李国清的《“好女”为何有“二夫”》获中国西部学术交流成果一等奖；伍强力的《开发民俗，发展民俗文化旅游》获贵州省社科优秀成果四等奖；刘权的《评“夜郎文学”散文诗创作》获省职工文艺评奖三等奖。

2002—2006年，罗文亮的文学理论文集《古诗艺术谈》公开出版；李国清的文学评论《精短，或意味深长》在《散文世界》2004年第3期发表，《历史的再现》在《贵州民族报》2004年10月11日发表，《局内人乡土经验的结晶》在《今日文坛》2005年春之卷总第52期发表，《历史性与本土性和当代性的结合——读罗文亮历史长篇小说“夜郎春秋”》在《今日文坛》2005年冬之卷发表，《跃过“龙门”后的“鲤鱼”》在《贵州政协报》2006年7月28日发表，美术评论《一支弘扬正气和鞭挞腐恶的奇葩》在《贵州日报》2005年10月7日第2版发表，文学评论集《独特的审视》公开出版。

2007—2012年，李国清的文学评论《从岔路走出的奇异》在《贵州作家》2007年1期发表，文学评论《生命关怀与形式创新的小说佳作》、美术评论《对现实生活与本土文化的提炼和升华》在《今日文坛》2007年夏之卷发表，文学评论《在先锋与写实的天空飞翔——读谢挺中短篇小说有感》在《今日文坛》2009年（贵州人民出版社出版）第五辑发表；吴正彪专著《乡村口承叙事与地方乡民的历史文化空间》公开出版；王思民的《黔南州文研所46年工作回顾》在《采风论坛》2009年第10期发表；莫红燕、王思民、汪洋的《水族舞蹈风起黔南——水族舞新舞蹈类水书舞蹈探微》在《人大论坛》2012年第5期发表、《水族舞蹈现代重构浅析》在《今日论坛》2012年夏之卷总节第80期发表；杨殿斛的论文《音乐民族志；音乐学研究的人类学路径——兼论我国民族音乐学研究从方志到民族志的历史进路》在《黄钟——武汉音乐学院学报》2010第1期头版发表；2011年至2012年，聂堂英、邓元新、彭雪萍、贺薇、潘利红、杨光白、潘甫、潘昱蓉等，也有多篇论文或文化调查在省级以上刊物发表。

2013—2014年，杨俊、杨正勇合著的《贵州牙舟陶》由四川美术出版社公开出版。

第三节　民族民间文艺

一、民族民间音乐

黔南境内各民族都有自己传统的、各具特色的民间艺术，内容和形式丰富多彩，又常常呈现出你中有我、我中有你的特点。

境内世居民族都有自己独具风格的民间音乐，尽管音乐的品类多，但曲调的主体网络，都与各民族的历史文化、生活环境密切相关，同时又具同中有异、异中有同的特点。各民族在宗教祭祀活动中的音乐，大多神秘滞重而较少乐感。而民俗礼仪类的歌曲，即使是包含着伤感内容的“哭嫁歌”“伴嫁歌”之类，则都是以欢畅的曲调为主。曲目很多的情歌以温馨为特质，很少应用高声度。被称为“古都调”的古歌调，内容庄重而音调深沉厚重。与此同时，各民族的音乐在风格上又有着明显的差异。苗族和瑶族音乐以粗犷、豪放，甚而近似于呼喊为风格，苗族的“飞歌”、瑶族的“喊山歌”，以及他们的芦笙曲，都表现出这一典型风格。布依族、毛南族的音乐虽不乏昂扬，却总是展示着恬静的情感。其中：

苗族音乐主要有飞歌、酒歌、游方歌（或叫“马郎歌”）、理俗歌、祭祀歌、儿歌等各类，歌声高亢，热情奔放。其音乐既有见效、率真、粗犷、豪放的一类（以飞歌为代表），又有柔情、委婉、细腻、深沉的一类（以游方歌为代表）。苗族民间乐器，有各种型制的芦笙、芒筒、地筒、唢呐、大号、直箫、姊妹箫、高中音笛、低音芒笛、口弦、木叶、古瓢琴、二胡、四胡、铜鼓、木鼓、皮鼓、大筛锣、大锣、包包锣、大擦、小擦、竹等。在风俗仪式活动中演奏乐曲时多为组合演奏，而在日常生活中娱乐时则多为独奏，芦笙和鼓类演奏时一般都以舞蹈结合，形成传统的乐舞形式。

布依族音乐的特点是在使用和演唱时常按民俗性分类，为宗教音乐、嘉庆音乐、友情音乐、曲艺戏剧音乐等。主要山歌调有“大调”“大歌”（多用于酒宴、婚嫁、建房等隆重场合）“小调”“小歌”（多用于青年男女谈情说爱时细声轻唱）；笔管歌、勒尤歌、姊妹歌、四弦胡琴歌；浪哨（玩表）歌、布摩歌、古歌、酒歌；种棉歌、种麻歌、立房歌、染织歌等。伴奏的乐器有锣、鼓、铜锣、擦、月琴、牛骨琴、二胡、箫笛、嘲尤、笔管、长号、唢呐等。

水族音乐主要以传统的民歌演唱及器乐演奏为主。水族民歌以单歌、蔸歌、双歌较为突出，三都、荔波、独山等县流传。水族地区的乐器主要有铜鼓、大革鼓、芦笙、胡琴、唢呐等。铜鼓不仅是水族最重要的乐器，还是水家财富的象征和镇邪的神器，在节庆及祭典中敲击铜鼓时，有用共鸣桶和不用共鸣桶两种方式。铜鼓调式有 10 余种，技艺好的演奏者能用铜鼓表现出抒情、典雅、热烈、奔放、哀怨、悲伤等丰富的情感。大革鼓是以大圆木刨空后在两端蒙上硝制的牛皮制成，为演奏铜鼓时必不可少的乐器。当好鼓手在一起合奏铜鼓、大革鼓时，乐曲浑然一体，激动人心。芦笙是水族传统乐器之一，有大笙、中笙、小笙 3 种，为 5 声音阶，音色明亮浑厚。

二、民族民间舞蹈

黔南州境内各民族传统的民间舞蹈凝聚着各民族的精神，保留着人类从野蛮到文明进化的痕迹，铭刻着社会发展的历程，体现着各个时期各民族的生产、生活、风土人情和各民族的传承习惯，是了解各民族历史和社会发展的宝贵财富。由于各民族大杂居、小聚居的特点，不少民间舞蹈均流行在不同民族中。芦笙舞主要流行于苗族中，鼓舞（铜鼓、木鼓、大小鼓等）则流行于苗、布依、水、瑶、毛南和汉族中。

苗族凡节日或婚丧大事都离不开歌舞，故苗谚有“芦笙响，脚板痒”之说，苗族舞蹈有固定的名称，并配有芦笙和鼓类乐器，自有传统乐舞形式。苗舞起源于古老的祭祀活动，以群起舞之蹈之的威势驱徐瘟疫恶鬼，保护善神求逸消灾。境内苗族舞蹈主要有芦笙舞、铜鼓舞、木鼓舞和粑棒舞等。

布依族舞蹈可分为宗教舞和娱乐舞两种，其最大特点是比较生活化，原始古朴，易于理解和接受，深受本民族喜爱。布依族民间舞多与祭祀有关。《铙铁舞》最早是人亡入棺后绕棺奠灵而跳的舞；《响篙舞》《刷把舞》是守灵时跳的舞；《粑棒舞》《粑槽舞》《舞》《编织舞》《做饭舞》等，均是送别亡灵至极乐世界前，特为饯行备办饮食衣物而跳的舞；《香花舞》则是在灵堂之夜熄去灯火，祈先灵保佑子孙，燃着香跳的舞；《散花舞》则是为超度亡灵、祭祀先祖而跳的舞。宗教舞包括转场舞、绕坛舞、铜鼓刷把舞、驱虫舞等，这些宗教舞蹈平时不可随意表演。

水族舞蹈历史悠久，在《宋史·南蛮传》及水家古文字水书典籍中均有记载，在荔波、三都等地的画像石棺墓中相有刻画记载。水族舞蹈主要有铜鼓舞、芦笙舞、斗角舞、达极舞（角鼓舞）等。铜鼓舞，水语称“丢卓”，有“男子铜鼓舞”（水语称“丢压”）、“女子铜鼓舞”（水语称“丢压女”），都是敲击铜鼓为主要伴奏。水族铜鼓舞最早多是巫师用于丧葬祭祖，后来普遍用于水族“端节”活动中，成为水族民间传统舞蹈之一。

瑶族民间流行打猎舞、铜鼓舞、猴鼓舞等。打猎舞：瑶语称“猎凶”，是一种原始狩猎舞，除用于自娱性活动外，还用于祭祀祖宗的活动。每当族中有老人亡故全赛人守灵之夜，都由男性跳打猎舞，虔诚地用打猎舞撵跑冥冥中的野兽，让祖宗之灵在九泉之下有一个清平安静之地，使亡灵在异界不致空腹。打猎舞将打猎时的动作形象化，舞姿雄壮、富有气魄，反映了瑶族人民的勇敢机智。

三、民族民间戏剧

境内戏剧主要有布依戏、摊戏、地戏、阳戏和花灯等剧种。

四、民族民间文学

黔南的民族民间文学主要以口头文化形式来表现，分为民间故事、民间诗歌和民间谚语。

（一）民间故事

黔南州民间故事大致包括神话传说、人物传说、史事传说、地方传说、动植物传说、土特产传说、生产传说、民俗典故、爱情故事、机智人物故事、善恶故事、幻想故事、斗争故事、寓言、风俗传说、精怪传说、民间工艺传说、农业传说、起义故事、对联故事、教育故事、语言文字故事等种类，形式多样，内容丰富。

黔南各民族神话大致可分为：洪水、人类再繁衍神话、开天辟地神话、图腾祖先神话、自然及其变化神话、神性英雄神话、动植物神话、文化起源神话7类。如布依族《洪水朝天》《兄妹成亲》；苗族的《女娲作媒》《摆金贵人山》；水族的《人类再生》《人类起源》《兄妹种瓜》；瑶族的《兄妹成婚》《七蛋造人烟》等。而布依族的《力嘎撑天》《十二个太阳》《月亮和太阳》《迪姜兄妹造人烟》；苗族的《舜祖请太阳》《伏哥羲妹播人烟》；水族的《恩公开凡间》《人·虎·龙之争》；瑶族的《盘古王》《射神树》等，反映了人类童年时代天真幼稚的幻想，以及当时人们企图征服大自然的积极要求和美好愿望。布依族的《人·雷公·龙和群兽》；苗族的《人龙虎之争》《高坡社》；水族的《铜鼓战孽龙》；毛南族的《岂精》；瑶族的《不吃狗肉》即是图腾祖先神话的代表。在自然及其变化神话中，布依族的《珍珠米与冰雹》《公鸡和太阳》；苗族的《消水洞来历》《勒审阿》；水族的《九仙与九降》；瑶族的《瑶王勾洼射日月》等均是流传广泛的神话。而布依族的《雷公战孽龙》《张三丰造海》《捉雷公》；苗族的《公鸡请太阳》《张三丰兄妹搭桥》；水族的《化石娘》《旺虽射日》《瓮王》《凤尾竹》《阿波取谷种》《宋兰飞天》；瑶族的《邦诺与龙女》等，都是歌颂神性英雄敢同恶神展开斗争的大无畏精神。动植物神话中如布依族的《茯荃》《拱屎石是怎样来的》《人眼和鸡眼》《牛毛大王和玉皇大帝》；苗族的《关龙放虎的来历》《雷为什么要打四脚蛇》；水族的《石牛与耕牛》；瑶族的《螺蛳》等，都是富于哲理性的动植物神话。而水族《拱陆铎》神话则是水族文字《水书》起源传说，与此神话同类的传说还有《天皇烧锄虽》《借书奔月》，均富有神话色彩。

黔南的民间传说故事可分为：人物传说、地方传说、风俗传说、精怪传说、动植物传说、土特产传说、民间工艺传说、生产传说、生活故事、幻想故事、爱情故事、机智人物故事、起义故事、对联故事、渔猎故事、教育故事、语言文字故事、善恶故事等20余种。

人物传说　如布依族的《大力士王瓜瓢》《杨六郎》《张三丰之死》《芝麻官的来历》《孔夫子的笔筒》《罗光明、罗天明传说》《鲁班的传说》《莫友芝的故事》《徐霞客在独山》《赶山鞭》《狄奈》等；苗族的《建文和建武》《包拯和仁宗》《智降旺义甲禄》《派医救百姓》《苗王黑人庆》《田中捉鱼》《清水桥的故事》《无坟寨》等；水族的《孔明改铜鼓》《潘公金与阳鼓井》《杨岭勇拒清兵》《散公的传说》《简大王的传说》《审石头》《石牛坡和猴二山》等；瑶族的《罗二与罗三》等。

史事传说　布依族的《白业保的故事》《十二楼台山》《永历帝墓的传说》《唐三公与百子桥》；苗族的《苗王的故事》《陈五王起义》《骨肉情深》《红军的草鞋》等；水族的《定居的传说》《陆铎传水书》《白虎堂的传说》《水族潘姓为何多》等；瑶族《盘王的传说》等。

地方传说　在黔南各民族中流传广泛，如布依族的《蚂蚁坟》《九银坡》《石虎》《石牛》《鸡冠坡》《莲花姑娘石》《石将军与马鞍山》《龙潭口》《尹王和都云》《一对石笋》等；苗族的《丢银洞》《宝马与地名》《摆金名的来历》《都匀的由来》《鸡贾桥与张果老》

《早几与罩子山》；水族的《蛤瘫井》《牛角崖》《漂洞传奇》《三脚屯怎么成了县城》《苗龙的传说》《都柳江传说》等；瑶族的《瑶族住山的来由》《侯姓的来历》《小七孔的传说》《瑶麓石碑》《绿海子的传享锐剧天葬改洞葬》等。

风俗传说　如布依族的《四月八吃黑饭的来历》《天地君亲师的来历》《供桌拴围腰的来历》《坝坝舞的来历》《妇女怎么跳花灯》《斗牛节来历》等；苗族的《祭米魂》《花带的来历》《花场摔跤的来历》《踩月亮的来历》《第一支芦笙》《芦笙资和芦笙舞的来历》等；水族的《鼠为何排在生肖首位》《端节的由来》《卯节的传说》等；瑶族的《猴鼓舞来历》《白裤瑶的由来》《谈婚洞的故事》《一恤剑》等，都追溯了民族节日、风俗习惯形成的原因和山川风物的来历。

精怪传说　如布依族的《大妹二妹智斗老变妈》《麻拐和毛虫争》《杨柳井》《卡卡》《七殊和蛇郎》《孤儿和土地公公》等；苗族的《榕仙》《螺狮精》《樟树精》《掘虎藤的传说》等；水族的《扁杉郎与葡萄娘》《青蛙鬼》《阿华治猴》《榔木精》等，都通过朦胧怪诞的形式反映出各族民众对现实的褒贬。

动植物传说　如布依族的《百兽争王》《猴子与蟆螂》《黄鳝告状》《布谷鸟嘴角为啥是红的》等；苗族的《竹耗子为啥啃竹子》《老鹰和鸡》《老虎为啥怕山羊》《风流草》等；瑶族的《鹅鸽和乌鸦》《猩猩追斑鸿》《虎和猫》《鱼死不闭眼》等，都把动植物看成具有人性的东西，或者是超乎人之上的精灵，赋予人的外貌和性格。

土特产传说　如布依族《盐酸菜的来历》《绿仙雀和毛尖茶》《天麻和依纳姑娘》《霉豆腐的来历》《晕酒的传说》《棉姑娘》等；苗族的《白皮纸的由来》《金钱橘的传说》《牙舟陶的故事》等；水族的《九仙酒》《九阡李》《香菌》等；瑶族的《凉席的故事》《风猪的由来》等。

民间工艺传说　如布依族《围腰的来历》《蜡染的故事》《姊妹井水造牙舟陶》《铜鼓的传说》等；苗族的《唢呐的由来》、水族的《墨斗与罗盘的传说》、瑶族的《牛角号的来历》等。

此外，在黔南的民间传说中，还包含有生产传说、生活故事、幻想故事、爱情故事、机智任务故事、起义故事、对联及成语故事等。

（二）民间诗歌

州内民间诗歌大致可分为古歌（创世诗、英雄史诗）、长篇抒情或叙事诗和歌谣三类。

1. 创世和英雄史诗。如布依族的《开天辟地》《十二层天、十二层海》《十二个太阳》《造万物歌》《洪水朝天》《殡凡经》《赛胡细妹造人烟》《酒歌》；苗族的《开天辟地》《造日月》《打柱撑天》《枫木歌》；水族的《古双歌》《开天立地》《造人歌》等；瑶族的《创造歌》《源流歌》《盘王歌》等。

2. 长篇抒情诗、叙事诗。长篇叙事诗以抒发感情为主线，不着重叙事和铺排情节，往往通过对一件象征性物品的多层次反复咏唱，表达出某种特定的感情和愿望。如布依族的《月亮歌》《囊荷班》《王仙姑》《罗华先》等，苗族的《张秀眉之歌》《仰阿莎》《妹榜妹留》；水族的《调布控》《端节歌》；瑶族的《重逢歌》《蝴蝶歌》等。

3. 民族歌谣。多为短小的民歌、民谣，以抒情为主，一般不叙事。按内容有：生产歌道接用呼声表现劳动情绪，或通过具体形象歌咏劳动，介绍生产知识；有道旧社会苦情，赞反抗斗争或歌咏新社会好；有礼仪生活歌，反映民族民间习俗、生活清趣、如婚礼喜歌、丧葬祭歌、席间酒歌、立房子歌、各种节日咏歌等。有情歌表白爱情与思念愉欢、男女交友，或反抗封建婚姻，诉说内心痛苦；有儿歌童谣，多为游戏性或简单知识；有新民歌和革命歌谣。

其中，布依族歌谣多数为五字或七字一句，四句或六句一首，短小精悍、抒情色彩强烈，例如流传很广的惠水布依族民歌《好花红》“好花红来好花红，好花生在刺梨蓬，好花生在刺梨树，哪朵向阳哪朵红”。唱起来朗朗上口。布依族民歌，有用布依语演唱，也有用汉语演唱。一首歌谣单独存在的称《花调》；两首合成的叫《双调》；两首以上组成的叫《长篇歌》。苗族民歌大多与音乐曲调结合在一起，有自由体、七言体和五言体，多讲押调而不求押韵，也有押调押韵交替使用。其形式大体也包括古歌、反歌、苦歌、情歌、礼仪歌、儿歌和新民歌等。如罗甸县苗族的苦歌《苦啊苦》等。水族民歌内容丰富，最大特点是句型分节、注重押韵，以七言句居多。瑶族的民歌有谈情说爱的《爱情歌》、叙述本民族重大史实的《立传歌》等，其歌谣特点一是声音很细，有“细话歌”之称；二是没有固定的句数，也不求押韵。

（三）民间谚语

黔南州各民族的民间谚语极为丰富，从内容上看，可划分为时政类、事理类、修养类、社交类、生活类、工商业类、生产类、其他等类型。其中关于训教内容的有：耗子钻牛角，得进不得脱，积善逢善，积恶遇恶；宁劝人吃饭，不压人挑担；甘蔗断了难补，竹笋断节难接。有关婚恋的内容有：不建房屋无住处，不结亲家儿无妻；树断不成桥，女浪不成妻；菜酸不倒，命妻不丢；树大有藤缠，花艳有蜂采，等等。

五、民间文艺创作和研究推广

1991 年，州民间文艺家协会选举产生第二届理事会，组织会员及和社会各界有识之士开展民族民间文艺的挖掘、整理和研究。至 1996 年，一批论文和著作发表。其中，丁朝北的《民间美术与现代意识》《民族民间美术会因现代艺术的兴起而消亡吗》《水族民间剪纸流派及发展脉络》等在全国剪纸理论研讨会上被评为优秀论文，《黔南民间剪纸初探》在《美术史论》发表；王思民的《民族·民俗·民舞》获全国首届“舞蹈研究论文奖”三等奖；沈复华、王思民的民族舞蹈论文获省级奖。黎汝标、蔡中运、杨路塔、伍强力、吴正彪、罗文亮、祖岱年等，不断有整理的民族民间文艺作品或研究文章在省级报刊发表，其中，祖岱年整理的故事《三月三》入选国家级丛书《中国新文艺大系》；范禹、周隆渊、潘朝霖主编的《水族文学史》获省政府颁发的社科著作三等奖；伍强力的论文《开发民俗资源发展民俗文化旅游》获省社科著作四等奖；唐世林的论文《傩戏与宗教意识》获全国民族宗教舞蹈研讨会二等奖；黎汝标、黄义仁译著的《布依族古歌》，彭松荣、祖岱年整理的《邋遢道人张三丰传奇》，杨路塔主编的《小七孔风物传说》，祖岱年、熊志彪主编的

《水·瑶·毛南·壮族故事选》等，均在省级出版社公开发行。国家文艺工程重点项目之一的民族民间文艺集成志书工作，作为省卷本的主编之一，李继昌完成《贵州省民间音乐集成》，沈复华完成《贵州省民间舞蹈集成》；王思民主编的《黔南舞蹈集成》，李继昌主编的《黔南戏曲音乐》，罗文亮主编的《黔南曲艺志》，祖岱年主编的《黔南民间故事集成》等完成出书。其间，州文联率州民间文艺家协会于1992年主办《黔南籍著名布依族画家蒙绍华作品展》；1995年主办《黔南州首届妇女剪纸艺术展》。

1997年，州民间文艺家协会召开第三次会员代表大会。1998年，州文联主办《黔南籍布依族画家谭兴渠彩墨画展》。至2001年，黔南州公开出版《中国民族百科全书苗族篇》2部，内部出版刘世彬的《黔南碑刻录》1部，欧德仙的苗族立体刺绣获中国新技术新产品博览会一等奖。

2002年，州民间文艺家协会举行第四次会员代表大会，是年至2006年，欧德仙、韦帮粉被评为“贵州省十大民间工艺大师”；丁朝北的民间美术专著《生命意识》获第五届中国民间文艺“山花奖”第二届学术著作奖二等奖；吴正彪的论文获西南民族研究学会论文三等奖；王思民的论文《黔南白裤瑶“猴鼓舞”的艺术内涵与价值》于2006年7月入选作家出版社出版的《守护精神的家园——文化与田野在黔南》一书；范禹翻译的民俗专著《中国传承曼荼罗——中国神话传说的世界》，丁朝北的美术专著《生命的意识——民间美术的永恒主题》，刘世彬的民间文化专著《中国水族文化散论》，州文联、州民间文艺家协会组织编印的民间文化论文集《守护精神的家园——文化与田野在黔南》等公开出版。

2007年，州民间文艺家协会召开第五次会员代表大会，推动全州民族民间文艺整理研究工作上水平、上台阶。是年，范禹因多年来从事民族民间文艺工作成绩斐然，荣获中国民间文艺最高奖“中国民间文艺山花奖民间文艺成就奖”并获得“贵州省文联突出贡献奖”；欧德仙的苗族刺绣作品获中国文联、中国民间文艺家协会主办的“全国七夕女红手工艺大赛”银奖；吴正彪的《民族文化进校园与发挥学校教育在传承非物质文化遗产保护中的作用》，韦章炳的《刍议水书、连山与含山玉版之谜》，文毅的《论水族水书文献的保护与利用》，屠旭云的《贵州南部土著民族的江西血统探源》，祖明的《荔波苗族民间“武教”绝技调查记述》，卢延庆的《生态文明建设呼唤少数民族在场》，覃敬念的《喀斯特文化多样性与生物多样性可持续发展建设初探》，吴文定的《人类学视野下的布依族丧葬习俗》，张兴雄的《水族端节祭祖仪式与“忌油圈”》在《西南民族大学学报》《贵州民族研究》《江汉论坛》等发表；王思民的论文《虎踞龙盘长衫龙——长衫龙舞起源叙事的传承和阐释》在《采风论坛》2007年第7期发表、《水族石刻浮雕集体舞象初探》在《采风论坛》2008年第9期发表、《水族战器舞初探》在《采风论坛》2010年第11期发表、《凝固的永恒——黔南荔波瑶族蜡染印象初探》在《采风论坛》2011年第12期发表。2008年10月，黔南州水族学者韦章炳应邀到清华大学作《水书是值得人们关注的民族古籍》专题演讲。此期间，公开出版的民族民间文艺研究专著有：杨俊、蒙锡彭、王思民的2011年国家社科基金艺术学项目《贵州水族艺术研究》；吴正彪的《苗年》《乡村口承叙事与地方乡民的文化生活空间》；韦章炳的《水书初探》《水书与水族历史研究》；樊敏的《贵州毛南族传统文化及其发展研究》；耿文福的《桂花开放幸福来》；卢延庆的《水族马尾绣》；祖明的《牙舟陶制作技艺》；熊生祥、杨光华的《福泉花灯》。完成的科研课题有：吴正彪完成的教育部课题《民族传统文化核心价值体系的构建》；陈显勋、王思民等完成的国家社科基金艺术课题《中国水族舞蹈的历史传承与现代重构研究》；陆永昌、卢延庆、祖明、陈显勋完成的文化部课题《中国节日志·布依族六月六》；吴正彪、祖明完成的文化部课题《中国节日志·苗族姊妹节》；吴正彪、祖明、平立豪完成的文化部课题《中国节日志·苗族鼓藏节》；文毅完成的省长基金课题《贵州苗族芦笙文化研究》；卢延庆完成的省长基金课题《贵州毛南族服饰》；孟学华完成的省教育厅科研课题《毛南族研究》；文毅、蒙耀远、张兴雄完成的省教育厅科研课题《水书阴阳五行卷文化内涵破解研究》和《贵州苗族民间艺术进中小学的实践研究》；吴文定完成的省教育厅科研课题《布依族舅权习俗研究》等等。内部出版专著有：刘世彬的《黔南民族文化论丛》《傅玉书资料初编》；覃敬念的《荔波县民间文学丛书》之《山乡之魂——神话传说》《山乡之魂——传说故事》《山乡之魂——歌谣谚语》。2010 年，州文联率州民间文艺家协会在都匀主办《第二届平坡苗族农民画展》。

2012 年，州民间文艺家协会举行第六次会员代表大会，全州民族民间文艺研究工作继续向纵深发展。水族学者韦章炳所著《水书文化与中华断代文明》（35 万字）由光明日报出版社出版；其独著的《水书与水族历史研究》获黔南州民间文艺三等奖。在 2013 贵州专业文艺奖评选中，樊敏的《瑶族打猎舞研究》获民间文学类三等奖；耿文福的时政山歌集《春风吹火慢慢燃》由作家出版社公开出版；孟学华的民族文化专著《火影石灵·毛南族》2014 年由贵州人民出版社公开出版；陆青剑编著的《镶嵌在时光里的秘境——平塘卡蒲毛南族风情叙事》由贵州人民出版社公开出版。

2014 年，黔南州群众路线教育活动办公室和州委组织部、州委宣传部、州民宗委、州财政局、州文广局于 5 月初联合组织开展了黔南州“好花正红·党的群众路线教育实践活动民族山歌大赛”，全州各县（市）和都匀经济开发的 82 个乡镇、146 个行政村（社区）共组织了 228 场选拔赛，近 3000 名民间山歌选手积极参与，观众近 50 万人（次）。6 月 30 日，经层层选拔出来的 341 名民间优秀歌手在都匀市文峰园参加总决赛。总决赛分独唱、组合唱和对唱等类别，决出一等奖 4 个、二等奖 6 个、三等奖 8 个、创作奖 3 个、组织奖 6 个。是年，黔南州布依族作家韦昌国根据久已流传于贵州民间的布依族机智人物甲金的故事，创作 60 集儿童电视动漫片《聪明的甲金》，经贵州省作家协会遴选推荐，列为 2014 年中国作家协会少数民族文学重点作品扶持项目的唯一剧本。甲金的故事数百年来一直以口头形式流传于贵州各地，读过甲金故事的人，都会自然将其与维吾尔族阿凡提、蒙古族巴拉根仓、苗族反江山等民族机智任务并论。《聪明的甲金》面向 16 周岁以下及学龄前儿童，人物造型活泼可爱，民族风格鲜明，故事生动感人，语言幽默风趣，地域特色鲜明。为此，经州委州政府同意，以黔南报业文化传媒有限公司作为投资方，与监制方浙江杭州山哈文化创意有限公司、制作方浙江杭州美盛动漫公司共同打造，使其成为贵州文化产业新作品，中国动漫新精品。是年，水族学者韦章炳的《浅议贵州水书与中华古文明的亲缘关系》在《贵州大学学报》2014 第 1 期发表。

第四章　文物与非物质文化遗产

20 世纪 90 年代，黔南州从做好文物普查着手，不断加强文物保护工作，多方争取资金，加大对文物保护及维修的投入，州内一大批文物先后被列为各级文物保护单位。至 2014 年，全州列入省级以上重点文物保护的单位有 40 处，其中国家级 4 处、省级 36 处。

黔南州非物质文化遗产分布面广，具有地域和民族特色，州、县（市）重视非物质文化遗产的发掘、整理和保护，至 2014 年，共有非物质文化遗产名录项目 466 项，非遗项目传承人 1400 名，非物质文化遗产资源总量居全省第二。

第一节　文物保护

一、文物普查

1986 年下半年到 1987 年，全州曾进行一次大规模的文物普查，并编撰了《贵州省文物概况一览表》黔南部分。此次普查称为第二次境内全面文物普查。

20 世纪 90 年代至 21 世纪初，全州又多次进行各种类文物专题普查，主要有铜鼓、摩崖石刻、古代遗迹、革命文物等的专题普查。1990 年，全州有省级文物保护单位 25 处，县级文物保护单位 145 处。1999 年，州内有 7 处文物新增为省级文物保护单位。2001 年，全州有国家级文物保护单位 1 处。2005 年，全州共有各级文物保护单位 188 处，其中国家级 1 处，省级 31 处，县（市）级 156 处。到 2006 年，黔南州有依法认定的文物保护单位 257 处，其中国家级 2 处，省级 38 处，县（市）级 217 处。

2007 年，根据国务院《关于开展第三次全国文物普查的通知》精神，为全面掌握州内不可移动文物的数量、类别、分布、特征、环境状况以及馆藏文物现状等数据信息，进行了第三次全州文物普查（以下简称“三普”）。此次“三普”工作有不可移动文物田野实地调查和馆藏可移动文物调查两个部分。是年 9 月，成立由分管副州长为组长，以及其他相关部门为成员的黔南州“三普”工作领导小组，同时设立“三普”办公室，制定《黔南州第三次全国文物普查实施方案》，召开“三普”工作动员会进行具体部署，选派人员即赴贵阳参加全省文物“三普”业务培训。

2008 年初，参加贵州省在贵阳市花溪区开展的“三普”工作试点。下半年，州内各县

（市）先后成立“三普”工作组。采取培训与实践相结合的方式开展工作。全州共组织培训10次，参训人员300余人（次），合格者颁发“普查员资格证”。同时，对各县（市）“三普”工作进行针对性指导30余（次），参加人员500余人（次）。

根据黔南州“三普”工作实施方案，将都匀市文峰社区作为“三普”试点单位。2008—2010年，在全州开展实地普查。采取重点调查与全面普查相结合方法，按文物本体信息与背景信息相结合原则，尽可能多的搜集文物信息，除保证野外到达率与区域覆盖率外，行政村到达率为100%。此次文物普查在田野调查阶段共计投入经费160万元，全州文物管理所和36位专（兼）职人员参加。普查不可移动文物共2062处，其中新发现1416处，复查646处，消失202处。普查97个镇、7个街道办事处、124个乡、12个民族乡、74个社区、72个居委会、2022个村民委员会。普查资料经过修正补充，进行了信息登记和录入、数据整合和汇总，其档案资料设备专人专柜保管。

2010年3月，贵州省“三普”田野调查阶段验收组到黔南州对“三普”阶段的田野实地普查调查数据进行验收，电子数据录入校验通过率100%，黔南州12县（市）第三次全国文物普查实地文物调查阶段为合格，基本达到国家标准。从2008年开始的“三普”到2010年州内“三普”登录数据上报省验收，全州共落实“三普”经费180余万元，参与普查工作人员266人。

2011年，州内有国家级文物保护单位2处，省级38处，县（市）级212处。

2013年3月，黔南州“三普”中的可移动文物普查第一阶段工作启动。当年完成全州国有单位梳理工作，其中符合普查规范的5038个，经普查有文物收藏品的单位67个。2014年，全州国有可移动文物普查摸底及国有单位文物收藏情况调查复核和查遗补漏工作结束。当年，各县（市）报送的国有文博单位12个，文物数量3383件（套）、国家非文博单位41个，已认定文物361件套。是年，黔南州有国家级文物保护单位4处，省级36处（有两处由省级升为国家级），县级217处。

二、文物保护及维修

1992年3月，黔南州组成文物工作核查组，对全州文物保护情况进行一次核查。10月19日，在都匀召开了纪念《文物保护法》颁布实施10周年座谈会；1993年9月，全州对境内文物保护单位进行了资料核实增补。并对独山奎文阁、影山、草堂，罗甸大罗亭，瓮安冷少农故居，三都都江古城垣，龙里冠山，惠水摆金百世恩碑、云星桥棺材洞葬附近建筑等文物进行了维修保护，投入资金30余万元。

1995年，贵州省和黔南州安排了一批维修项目，有7个在当年竣工，即瓮安县冷少农烈士故居，独山县莫友芝“影山草堂”、贵广公路交界处摩崖，长顺县白云山，贵定县仰望抗贡碑，罗发先墓、甘塘乡规碑。

1997年，黔南州建立省级文物保护单位记录档案。完成25处省级文物保护单位和8处县级文物保护单位记录档案，同时将邓恩铭烈士故居等9处文物保护单位列为全州爱国主义教育基地。1998年，省文化厅拨款55万元，州县（市）投入60余万元，用于文物维修保护金，重点对贵定城隍庙，都匀百子桥、明永历皇帝陵，福泉古城墙、大西门、福泉山碑林二期工程和瓮安猴场会议旧址等文物保护单位进行抢救性维修保护。1999 年，提前一年完成贵州省政府下达的 25 处省级文物保护单位保护范围划定以及 74 处县（市）级文物保护单位保护范围划定。是年，向省提交州内文物旅游资源开发利用调研报告以及全州文物与旅游资源、民族村寨相结合的文化旅游规划框架。同时投入 53. 8 万元资金抢救维修文物点 6 处。

2000 年，省、州、县共投入 31 万元对贵定城隍庙、独山“影山草堂”、瓮安平定营中山阁、罗甸边阳文昌阁等 5 处文物保护单位进行抢救维修，其中的贵定城隍庙及独山“影山草堂”等进行多次维修保护。同时完成上一年启动的福泉山张仙祠、观音殿、财神庙的修复工作。有三都怎雷水族寨、荔波县懂蒙瑶族寨、三都达便水族寨、平塘六硐毛南族寨、惠水清水苑布依族寨 5 处民族保护村寨完成申报，2001 年获贵州省政府批准，并作为贵州省第一批省级民族保护村寨公布。2001 年，福泉古城墙被国务院批准公布为国家重点文物保护单位，此系州内第一个国家级文物保护单位。同年，福泉古银杏载入上海《吉尼斯大全》。

2002 年，针对境内部分古墓被盗情况，在全州范围内进行文物安全大检查。对全州文物、博物馆等文物馆藏单位管理安全、文物现状等基本情况进行普查。2006 年，国家拨款 40 万元，州和福泉市投入 23 万元，对境内国家级文物保护单位福泉古城墙进行维修保护，共抢救性修复 115 米古城墙，当年 7 月维修竣工。是年 5 月，独山县投入 20 余万元用于维修奎文阁，同时整治修建周围环境设施和布展。10 月，瓮安县修复毛泽东长征时在瓮安草塘（猴场）的行居。当年出版《黔南文物大观》，系贵州省出版的唯一一本文物图片集，该书收录文物图片 200 余幅，集中反映州内国家、省、县三级文物保护单位概貌。

2007 年，配合贵州省考古队对荔波水浦石板寨进行抢救性考古勘探发掘，勘探面积 1 万多平方米，保护性清理古墓葬 300 余处，出土部分文物。因境内厦蓉高速公路工程，黔南州配合贵州省考古队对都匀沿线的小围寨、大坪、王司、基长等乡镇文物分布情况进行考古勘探，以免因公路施工对文物造成影响。

2012 年，全州通过多种渠道投入文物保护和开发利用经费 600 万元，开发利用收入达 683 万元。2013 年，投入资金 290 万元，开展文物维修项目 5 个。

2014 年，完成了全国重点文物保护单位黔南水族墓群之三都线性文物点引朗石板墓群、水达石板墓群、水懂石板墓保护标志碑建立及保护范围和建设控制地带划定工作。开展全州文物保护单位、民族村寨安全检查工作。安排 12 县（市）检查文保单位 174 处，进行消防安全培训、演练 15 次，培训人员 300 余人（次）。制定了首批州级文物保护单位评审命名工作方案，并上报州政府审批。是年，获得国家、省各项专项资金 650. 88 万元。其中：福泉城墙小西门至雄镇楼段修缮工程获国家重点文物保护专项补助资金 300 万元；邓恩铭故居、荔波县红七军旧址、瓮安县猴场会议会址等三馆获博物馆、纪念馆免费开放中央补助资金 290. 88 万元。

2014 年全州国家级、省级文物保护单位一览表

表 20－4－1

序号	名称	地点	保护级别	类别	批准时间	批　次
1	福泉古城墙	福泉	国家重点文物保护单位	古建筑	2001. 6. 25	省级第一批 国家第五批
2	葛镜桥	福泉	国家重点文物保护单位	古建筑	2006. 5. 25	省级第二批 国家第六批
3	水浦石板墓（黔南水族墓群）	荔波	国家级重点文物保护单位	古墓葬	2013. 3. 8	省级第一批 国家第七批
4	仙人桥洞葬	惠水	国家级重点文物保护单位	古建筑	2013. 3. 8	省级第三批 国家第七批
5	羊福崖墓	三都	省级重点文物保护单位	古墓葬	1985. 11. 2	省级第二批
6	竹王城遗址	福泉	省级重点文物保护单位	古遗址	1985. 11. 2	省级第二批
7	来远写字崖	长顺	省级重点文物保护单位	摩崖石刻	1982. 2. 23	省级第一批
8	肖国宝烈士墓	长顺	省级重点文物保护单位	革命遗址	1982. 2. 23	省级第一批
9	仰望抗贡碑	贵定	省级重点文物保护单位	摩崖石刻	1982. 2. 23	省级第一批
10	邓恩铭故居	荔波	省级重点文物保护单位	革命遗址	1982. 2. 23	省级第一批
11	九阡水族起义遗址	三都	省级重点文物保护单位	革命遗址	1982. 2. 23	省级第一批
12	江界河红军抢渡乌江遗址	瓮安	省级重点文物保护单位	革命遗址	1982. 2. 23	省级第一批
13	玉华山咸同起义遗址	瓮安	省级重点文物保护单位	革命遗址	1982. 2. 23	省级第一批
14	交麻崖墓	长顺	省级重点文物保护单位	古墓葬	1982. 2. 23	省级第一批
15	睦化地层剖面	长顺	省级重点文物保护单位	其他	1985. 11. 2	省级第二批
16	白云山	长顺	省级重点文物保护单位	古建筑	1982. 2. 23	省级第二批
17	文峰塔	都匀	省级重点文物保护单位	古建筑	1985. 11. 2	省级第二批
18	高石头摩崖	福泉	省级重点文物保护单位	摩崖石刻	1985. 11. 2	省级第二批
19	罗发先墓	贵定	省级重点文物保护单位	革命遗址	1985. 11. 2	省级第二批
20	瑶麓乡规碑	荔波	省级重点文物保护单位	摩崖石刻	1985. 11. 2	省级第二批
21	甘塘乡规碑	贵定	省级重点文物保护单位	摩崖石刻	1985. 11. 2	省级第二批
22	拉来寨崖墓	罗甸	省级重点文物保护单位	古墓葬	1985. 11. 2	省级第二批
23	引朗石板墓	三都	省级重点文物保护单位	古墓葬	1985. 11. 2	省级第二批
24	偏岩摩崖	瓮安	省级重点文物保护单位	摩崖石刻	1985. 11. 2	省级第二批
25	石板寨抗日旧址	三都	省级重点文物保护单位	革命遗址	1985. 11. 2	省级第二批
26	冷少农故居	瓮安	省级重点文物保护单位	革命遗址	1985. 11. 2	省级第二批
27	来远神仙洞遗址	长顺	省级重点文物保护单位	古遗址	1999. 12. 21	省级第三批
28	龙家院岩画	长顺	省级重点文物保护单位	其他	1999. 12. 21	省级第三批
29	百子桥	都匀	省级重点文物保护单位	古建筑	1999. 12. 21	省级第三批
30	城隍庙	贵定	省级重点文物保护单位	古建筑	1999. 12. 21	省级第三批
31	永济泉	荔波	省级重点文物保护单位	古建筑	1999. 12. 21	省级第三批

续表 20－4－1

序号	名称	地点	保护级别	类别	批准时间	批　次
32	冠山	龙里	省级重点文物保护单位	古建筑	1999.12.21	省级第三批
33	麻翁古城墙	平塘	省级重点文物保护单位	古建筑	2006.6.6	省级第四批
34	翁奇奎文阁	独山	省级重点文物保护单位	古建筑	2006.6.6	省级第四批
35	瑶麓岩洞葬	荔波	省级重点文物保护单位	古墓葬	2006.6.6	省级第四批
36	猴场会议会址	瓮安	省级重点文物保护单位	革命遗址	2006.6.6	省级第四批
37	黎明关和板寨红七军会师旧址	荔波	省级重点文物保护单位	革命遗址	2006.6.6	省级第四批
38	水庆小学旧址	荔波	省级重点文物保护单位	古建筑	2006.6.6	省级第四批
39	阳宝山古建筑群	贵定	省级重点文物保护单位	古建筑	2006.6.6	省级第四批
40	荔波水浦古建筑群	荔波	省级重点文物保护单位	古建筑	2006.6.6	省级第四批

附：

国家级重点文物保护单位简介

福泉古城墙　福泉古城墙位于贵州省福泉市城区，城墙依山而建南北狭长，呈椭圆状，周设四门，筑月城3座，设警铺45处。并在城西北隅建水称城，水城河道桥孔上设制铁闸的闸槽，适时可以开闸放水御敌，在水城外又筑外城，将河水括入城内，以解决战时人畜饮水的需要，构思十分巧妙，城垣走向也灵活多变。2001年被列入国家第五批重点文物保护单位。

葛镜桥　俗称豆腐桥，位于福泉市金山办事处双桥村黎明村民组的麻哈江上，为明万历年间（1617—1619年）平越（今福泉）人葛镜独资修建的三孔石拱桥，桥长52.7米，宽8.5米，高23米。被中国著名桥梁专家茅以升收录其专著《中国桥梁技术史》和罗瑛专著《中国石拱桥》中，均对该桥的建造有极高的评价，称葛镜桥是变截面圆弧尖拱石拱桥的典型代表。2005年5月25日国务院公布为第六批国家级重点文物保护单位。

仙人桥洞葬　仙人桥洞葬位于惠水县摆金镇长新村石头寨一溶洞内，溶洞为河谷间喀斯特峰丛穿洞，分别为上洞和下洞。当地老百姓称上洞为棺材洞，下洞因洞顶山体似天然桥梁，老百姓称仙人桥。仙人洞为东西向，洞口高约50米，宽约25米，洞顶岩层厚约10米，洞深约100米。紧靠洞口的河谷两岸石壁陡峭，涟阳河自洞下暗河流出。洞内崖壁如屏，北壁约30米高处，岩层向内凹陷，形成长约80米，宽8米，高约20米的石台，棺木就此排列有序地放置在石台上，多顺崖壁走向层层叠放，少则1层，多则达7层。洞南壁的缝隙处亦有少量棺木残留，总的棺材数量约为650余具。仙人桥洞葬保留了贵州古代苗瑶民族的主要葬俗形式，对于研究苗瑶民族的历史、文化具有重要价值。2013年，被列入国家第七批重点文物保护单位。

黔南水族墓群　黔南水族墓群主要集中分布在三都县南部至荔波北部水族聚集区，重要的墓葬包括三都县水龙乡引朗石刻画像墓12座、九阡镇水懂村大寨石刻画像墓1座、九阡镇水板村水达古墓群55座和荔波县玉屏镇水浦水族古墓群400余座，墓葬年代主要在明清时期。其中水浦古墓群于2006年清理并复原墓葬9座。几处墓地虽然分属两个县，但集中在一个南北约50公里，东西约30公里范围内，形成一个不可分割的统一整体。黔南水族墓葬分地下和地上两部分，以地上部分最具民族特色，从墓葬形制看，可将水族墓葬分为四类：1. 地面建长条形仿杆栏式石棺形，一至三层不等，以一层者为多，瓦屋顶。部分石棺顶端、侧壁有雕刻图案，内容有神兽、牛马、人物、花草、战争、民族舞蹈、秘戏、铜鼓、阴阳等，有的墓葬后面还刻有石立人；2. 地面仍建长条形石棺，但墓前建有门楼式墓碑，石棺上的雕刻则基本不见，部分墓葬甚至不用石板盖顶，棺内填土；3. 薄石板叠砌墓，主要分布在水达和水浦两地，地面用大小不一的薄石板砌成长方形坟堆，少数墓后有石立人；4. 墓葬圆形封土并用修整规则的条石围砌，墓前建有门楼式墓碑，墓碑上刻墓主姓名、生卒年等，少数墓葬碑文还使用了水文、汉文两种语言文字。有纪年的墓葬主要是清代道光咸丰年间，因而墓葬主要以清墓为主，少数墓葬可早到明代，晚到民国初年。黔南水族墓群被称为水族百科全书式实物遗存，既是水族独特传统文化的载体，又反映出其与汉族、布依族、瑶族等不同民族文化相互吸收，相互融合的过程，是古墓葬中极具民族特色的葬式，具有重要历史、科研艺术价值。2013年被列入全国第七批重点文物保护单位。

第二节　非物质文化遗产

一、分布与现状

黔南州非物质文化遗产资源涉及民间知识、民间文学、民间医药、民间技艺、民间舞蹈等14大门类。

民族语言3项，主要包括语言和方言，有福泉的《苗族语言》等。黔南作为布依族苗族自治州，布依族、苗族广泛分布于全州各县（市），水族主要聚居于三都县及与其接壤的都匀市、独山县、荔波县等县（市），毛南族主要聚居于平塘县和惠水县等地，民族的分布状况基本上决定语言的分布状况，此外同种民族中因支系不同也存在着语言上的差异。随着社会发展，黔南境内的各民族语言正逐步消失，虽然许多偏远的村寨还完整保存，但在城市以及经济较发达的农村，民族语言受到汉语言影响，尤其年轻人大量外出打工，使用普通话交流，民族语言的消亡速度正在加快。

民间文学14项，主要包括神话、传说、故事、歌谣、史诗、长诗、谚语、谜语等，有惠水县的《神话〈太阳和月亮〉》，福泉市的张三丰在福泉的传说、诗词、故事等口述文学等。作为民间文学类的非物质文化遗产资源，在黔南州各民族中均广泛流传，但存在着民族和地域上的差异。以苗族为例，苗族有着丰富的民族文化和历史，口头文学一直是民族文化传承的重要方式，因此对于同种故事，在不同的苗族支系，甚至不同地域环境下的同种民族，其内容均有着一定的差异，加之民族地区与外界文化信息的交流日益频繁，老一辈民间文学的传承者因年龄原因相继离世，民间文学已处于濒危状态。

民间音乐32项，主要包括民间歌曲、器乐曲、舞蹈音乐、戏曲音乐、曲艺音乐、部分民间祭祀仪式音乐等，代表性的有惠水县《布依族民歌“好花红”》、贵定县《布依族山歌〈九板十三腔十八调〉》、都匀市《绕家“呃嘣”》。作为民间音乐类的非物质文化遗产资源，在黔南境内藏量丰富，其主要以山歌和古歌等形式出现，因没有记谱工具，民间音乐一直以口耳传承的方式相传。如今生活方式的巨大改变，许多民族活动和节日已逐渐淡化，部分民族音乐因失去原有的功能而无人再学。如情歌最大的功能是谈情说爱，但现在谈恋爱已不再需要会对歌，青年人愿学者已越来越少，且随着老艺人相继离世，民间音乐也已到了濒危的境地。

民间舞蹈58项，主要包括生活习俗舞蹈、岁时节令习俗舞蹈、人生礼仪舞蹈、宗教信仰舞蹈、生产习俗舞蹈等，贵定县《苗族芦笙长鼓舞》、平塘县《毛南族打猴鼓舞》、三都县《水族斗角舞》等有一定代表性。作为民间舞蹈类的非物质文化遗产资源，在黔南州各县（市）境内藏量丰富，但这类民间艺术多掌握在老艺人手中，而年轻人因为价值观念不同，对民族传统文化普遍存在认识不足的问题。虽然部分民间舞蹈因其社会影响较大（如《鼓龙鼓虎・长衫龙》），受到关注较多，得到政府的扶持和帮助，该舞蹈保存较为完好，还成立专门表演队。但因为经济等方面原因，其他舞蹈项目普遍面临失传的危险。

曲艺戏剧11项，有少数民族的戏曲剧种、民间小戏剧种、傩及祭祀仪式性的戏曲剧种、傀儡戏曲剧种等，独山县《独山花灯》、福泉市《福泉阳戏》等有代表性。作为曲艺戏剧类非物质文化遗产资源，其发展存在着区域性的不均衡，一般以受汉文化影响较早的地区相对成熟，而在偏远的民族聚居区，曲艺戏剧大多仍处于萌芽状态，三都县的“旭草”就是典型，这类曲艺戏剧还未完全具备形成戏剧的要素。至2014年，这类非物质文化遗产在黔南仍以独山花灯为代表，不仅拥有较好的群众基础，而且还得到政府大力扶持，因此《独山花灯》呈现出良好的发展态势。

传统体育与竞技10项，主要包括体育、杂技、杂要等，有荔波县的《瑶族打陀螺》、平塘县的《布依族民间绝技》等。州内各民族都有自己传统的体育竞技活动，而民间杂技主要为带有宗教祭祀性质的特技表演，且主要以上刀山下火海之类的表演为主，具有神秘色彩，这类表演在黔南的大部分民族中广泛存在。但随着社会的发展，这类宗教性质的艺术形式在乡间地头已逐渐减少，转而成为许多演艺公司重要表演节目，而深藏其中的文化意蕴往往被绝技学习者所忽视，前景令人担忧。

民间美术8项，主要包括绘画、雕塑、工艺、建筑等，以都匀市《水族剪纸》、惠水县《布依族灵堂画》、龙里县《苗族农民画》等为代表。民间美术类非物质文化遗产在黔南具有明显的民族色彩和地域色彩。龙里平坡的苗族农民画是在蜡染的基础上发展而来，秉承了苗族蜡染工艺一贯大胆夸张的特点。由于缺乏有效的营销网络，平坡农民画仍依靠群众自身的热情传承，而其经济价值仍未得到合理体现，随着年轻人大量外出打工，不再重视学习这项技艺，该项技艺亦面临着传承危机。

民间手工技艺 62 项，主要包括工具和机械制作、农畜产品加工、烧造、织染缝纫、金属工艺、编织扎制、髹漆、造纸、印刷和装帧等。以三都县《水族马尾绣》、独山县《龙凤背带制作艺》、长顺县《布依族豆浆染》等为代表。在黔南地区，传统手工技艺广泛运用于各民族生产生活中，尤其妇女掌握者众。但是随着社会的变化，新的物资不仅价廉物美，而且还可以节约大量的劳动力和劳动时间，因此这项技艺多在民族认同感较强的少数民族地区流传，且随着年轻人外出打工者增多，其中愿意学习并能够熟练掌握者已越来越少。

人生礼仪 14 项，主要包括妊娠习俗、分娩习俗、诞生和命名习俗、满月礼、百日礼和周岁礼、成年礼、婚礼、离婚习俗、寿诞礼、葬礼习俗禁忌等，三都县《水族婚俗》、惠水县《苗族婚俗》等有一定代表性。在黔南州各民族间均保存着形式不同的人生礼仪，广泛流传。随着各民族间交往的不断深入，人生礼仪也在逐渐发生变化，礼仪的简化，以及礼仪形式的汉文化色彩越来越重等等，削弱了该民族礼仪文化的特点。

岁时节令 29 项，主要包括节气与习俗、传统节日习俗，有都匀市苗族“六月六”、惠水县布依族“七月半”、平塘县清水“六月六”等。岁时节令在黔南各民族文化中均占据着重要地位，该资源在黔南的分布广泛。节日方面，各民族多以“四月八”“六月六”“七月半”和春节为主，其中水族还有“端节”和“卯节”等。但随着文化意识形态的变化，这些节日因其社会功能被大大削弱均开始慢慢简化。以惠水县董朗桥为例，过去每年的“六月六”，四乡八寨的布依族村民均会齐聚于河两岸进行对歌，年轻人多借此找对象，已婚者则借此过亲访友，节日人数达数万人。现“六月六”如果政府不组织，该地在节日当天也如平常般冷清。

民间信仰 5 项，主要包括原始信仰、俗神信仰、庙会、祖先信仰、生殖信仰、商业信仰、精灵信仰等，有都匀市布依族“扫寨”、独山县“独山愿灯”、福泉市“观音会”等。民间信仰在黔南各民族中广泛存在，因其多以宗教信仰形式出现，曾被冠以封建迷信而受到打击。加之年轻一辈受教育程度日益提高，对民间信仰再没有祖辈的虔诚，导致民间信仰的传承面临严重危机。

传统医药 4 项，主要包括养生、诊法、疗法、针灸、方剂、药物等，有贵定县“防治肝病的益肝草秘方”“月子汤制作技艺”等。黔南自然资源丰富，各民族在生产生活中形成了一整套民族医药知识。而且民族不同，区域不同也决定了民族医药的病理观及诊疗方式不同。但民族医药多不是独立存在的，其掌握者多为巫师，这导致打击封建迷信时受殃及。虽部分传统医药已开始引起关注，但药材资源，传统医药理论并未真正受到重视，乡村的民间医生因没有行医资格，仅能在周边村寨间私自行医，传统医药面临生存危机。

二、非物质文化遗产普查

黔南州非物质文化遗产普查工作始于2000年底，由州文化局文物科、社会文化科、州文学艺术研究所、州民族研究所和黔南民族师范学院民族研究所等部门协调进行，无专司其职的专业机构。调查内容主要是民族语言、文学、习俗、民间歌舞等。2005年，按照国务院颁发的《关于加强我国非物质文化遗产保护工作的意见》和省非物质文化遗产普查工作要求，成立州民族民间文化保护委员会，组建黔南州非物质文化遗产保护普查工作专家指导组，负责对全州非物质文化遗产普查进行指导、督促和验收。是年，州文化局社会文化科有专职人员负责此项工作。针对全州非物质文化遗产资源的种类、数量、分布状况、生存环境、保护情况及存在问题，州文化局制定《黔南州非物质文化遗产普查工作方案》及相关文件。各县（市）陆续成立普查工作领导小组，制定本地普查实施方案，编拟普查提纲。并按照分级负责原则，进行普查试点。试点前，在派人参加贵州省非物质文化遗产普查培训的同时，举办多期同类培训班培训普查人员。

黔南州的非物质文化遗产普查结合地域和民族特色，普查工作遵循五条原则：坚持全面性、代表性、真实性原则；坚持濒危项目、濒危艺人优先原则；坚持技艺和实物（作品）相结合，以普查技艺为主原则；坚持用文字（图表）、摄影、摄像（重点）等全面记录原则；坚持规范化、属地化和突出重点原则。普查中及时对普查资料进行规范分类、登记和整理。随着普查全面展开，普查采取普查和名录申报相结合的方法进行，组织专家对各县（市）普查出来的项目进行评审与科学认定，同时筛选其中有重要历史和科学价值的项目进行非物质文化遗产州级以上名录申报工作。

此次普查包括布依、苗、水、瑶、毛南等少数民族以及汉族的节日庆典、婚丧嫁娶、宗教祭祀、民间歌舞、戏剧、曲艺、雕刻、绘刻、绘画、剪纸、泥塑、刺绣、蜡染、民间乐器、民族民间生态文化区等项目258个。到2007年，基本完成全州非物质文化遗产普查摸底，并建立档案资料数据库；抢救保护一批珍贵、濒危的具有历史文化价值的非物质文化遗产；建立国家级、省级、州级和县级非物质文化遗产保护名录体系。其中，都匀市14个，瓮安县12个，荔波县9个，独山县16个，长顺县43个，三都水族自治县45个，惠水县51个，贵定县5个，福泉市12个，龙里县23个，平塘县25个，罗甸县3个；同时命名了一批非物质文化遗产传承人。2009年，州内进行第二次非物质文化遗产普查，此后，每年进行一次规模大小不等的非物质文化遗产遗普查。2011年，全州有国家级国家非物质文遗产11项，省级57项。

至2014年，黔南州共普查出非物质文化遗产资源线索400项，其中国家级名录14个，省级名录58个，州级名录46个，县级名录141个。

三、申报与保护

根据国务院《关于加强我国非物质文化遗产保护工作的意见》，2005年8月，全州报送了57个项目，经贵州省相关部门及民族民间专家的多层筛选，《水族水书》《水族端节》《水族卯节》《水族马尾绣》《清水江杀鱼节》《福泉阳戏》《鼓龙鼓舞——长衫龙》《独山花灯》《牙舟陶器制作技艺》《布依族土布制作扎染工艺》10 个项目，初步作为第一批全省重点名录并作为贵州省申报国家级非物质文化遗产代表作名录项目。

2006 年，黔南州出台《黔南州文化体制改革工作方案》，强调对民族民间文化遗产的系统发掘、整理和保护。针对非物质文化遗产工作多头归属、分工细化、职责不明确的现状，州文化局社会文化科指定专人专司此项工作。

是年，全州非物质文化遗产保护工作以“保护为主，抢救第一，合理利用，继承发展”的工作方针为指导，下发《黔南州非物质文化遗产保护的通知》，对全州“非物”普查、建立名录、项目申报等工作进行全面安排部署。1 月，黔南州《水书习俗》《水族端节》《鼓龙鼓虎·长衫龙》《水族马尾绣》4 个项目被文化部公布为首批国家级非物质文化遗产代表作名录；2 月，《清水江杀鱼节》等 14 个项目被省政府公布为省级非物质文化遗产代表作名录；8 月，完成了第一批国家非物质文化遗产《水书习俗》等 4 个项目 2007—2010 年保护专项经费预算；12 月，完成申报第二批省级、国家级保护名录的准备工作。

2007 年，黔南州文化局申报的 4 个民间文化艺术之乡获省文化厅正式命名；申报的苗族《古歌》等 25 个项目被省政府公布为第二批省级非物质文化遗产名录；布依族民歌《好花红》等 10 个项目经省政府同意申报为国家级非物质文化遗产代表作名录。黔南州文研所编辑出版《录遗黔南—黔南非物质文化遗产》一书。在全省“文化遗产日”宣传活动中，黔南州文化局组织全州国家级、省级 72 项非物质文化遗产成果代表作名录图片参展。另有 4 个原生态舞蹈节目参加全省“文化遗产日”专场宣传晚会。

2008 年，黔南州申报的苗族《古歌》等 25 个项目被省政府公布为第二批省级非物质文化遗产名录；申报的布依族民歌《好花红》等 6 个项目已被命名为国家级非物质文化遗产代表作名录。是年，起草《黔南布依族苗族自治州非物质文化遗产保护条例（草案）》。全州举办各级各类非物质文化遗产保护培训班 68 期，培训 3100 多人（次）；命名传承人 200 多人，其中州级 32 人。全州文化系统组织开展非物质文化遗传和文化遗产保护活动 60 多次。选送 72 项非物质文化遗产成果代表作名录图片参加国家级、省级展览；选送原生态舞蹈节目，参加奥运会期间文化部非物质遗产保护宣传晚会。召开了黔南州首批国家级文化遗产代表性传承人命名大会，宋水仙、韦桃花、潘老平、杨光成等获得命名。

2009 年，组织全州非物质文化遗产代表作名录普查和申报。完成 259 个县级普查项目的审查和申报。评出州级项目 26 个，传承人 48 人。上报的 27 个省级非物质文化遗产代表作名录，获省政府批准 18 个。

2010 年，黔南州共获得省级和中央专项补助资金 210.1 万元投入保护工作。其中：国家级名录 4 项，获中央专项补助资金 115 万元，国家级名录代表性传承人 2 人，获传承活动补助资金 1.6 万元；省级名录 10 项，获省级专项补助资金 85 万元，省级名录代表性传承人 17 人，获传承活动补助资金 8.5 万元。名录申报中，黔南州《布依族傩戏》进入了国家级名录；有 10 人获公布为省级名录项目代表性传承人；有 1 个集体和 3 名个人得到全省非物质文化遗产普查工作先进集体和先进个人表彰。全年共举办各级各类非物质文化遗产传承人培训班68期，培训12326多人（次）；全州文化系统组织开展非物质文化遗产和文化遗产保护宣传、展演活动96次。

2011年，全州获中央、省级补助资金256.5万元用于非物质文化遗产相关保护工作；组织全州12县（市）开展“6·11”第六个文化遗产日宣传活动，全州共组织集中展示活动16场，制作展示宣传牌450多块，编印发放《非物质文化遗产法》等宣传资料5万多份，举办专题文艺展演6场。开展国家级水族文化生态保护区申报工作，并完成文本编制和州级专家论证。开展各级各类传承人培训活动30多次，培训传承接班人3000多人；完成《黔南非物质文化遗产名录图集》宣传画册收录工作；开展非物质文化遗产艺术展示。组织全州非物质文化遗产项目参加第九届全国民运会和贵阳酒类博览会等大型展示展销活动。

2012年7月，成立黔南州非物质文化遗产保护中心。继续组织省级、国家级非物质文化遗产保护项目补助地方专项资金和传承人补助经费申报工作，全年共获得省级和中央专项补助资金322.5万元投入保护工作；经三次修改完善，完成黔南国家级水族文化生态保护实验区项目申报文本及各种附件材料编制工作，通过了州级专家论证和州政府审定，相关申报材料通过省文化厅组织的省级专家论证，正式提交省政府审定后上报国家文化部；组织开展第七个中国文化遗产日活动，全州共开展集中宣传展示活动50多次，电视专栏节目宣传累计30多个小时，制作各类非物质文化遗产宣传展示牌3000多块，展示宣传图片3万多幅，发放《非物质文化遗产法》等宣传资料6万多份，参与观众达20多万人（次），接受群众咨询15000余人（次），举办专题文艺展演6场。

2014年，州非物质文化遗产保护主管部门制定《黔南民族文化立体传承行动计划》《关于加强非物质文化遗产保护工作的通知》《黔南州非物质文化遗产传承人管理办法》，同时，加强非物质文化遗产项目申报，年内获国务院公布国家级名录3项，分别是都匀毛尖茶制作技艺、水族剪纸、布依族医药（益肝草秘方）；获省级名录项目14项、公布州级名录45项。全年获得中央、省级专项保护资金483.5万元，其中：中央专项资金340万元、省级专项资金143.5万元。举办“爱家乡·晒家底”大型非物质文化遗产宣传展示活动，共展出国家级、省级、州级以上非物质文化遗产项目宣传展板75幅，国家级、省级文物保护单位宣传展板60幅，专题摄影作品100组（幅）；展示展销非物质文化遗产项目工艺产品21项；举办专场演出4场，展演歌舞类非物质文化遗产项目13项、民族民间习俗类节目12项。参加展示展演人员共计300多人，观众累计超过5万人。此外，启动非物质文化遗产数字化建设工作，完成了省安排的6个国家级名录数字化建设任务；出台了州级传承人保护管理办法，建立了州级非物质文化遗产传承人补助专项资金10万元。

2014年11月，国务院公布第四期国家级非物质文化遗产项目名录，黔南州的都匀毛尖茶制作技艺、水族剪纸、布依族医药（乙肝草秘方）3个项目名列其中。建立10个类别涉及259个项目的国家、省、州、县四级非物质文化遗产名录体系。共有非物质文化遗产化名录项目466项，非遗项目传承人1400名，非物质文化遗产资源总量居全省第二。

2014 年全州国家级、省级、州级非物质文化遗产名录

表 20－4－2

序号	名称	类别	民族	级　别	批准时间	申报地
1	水书习俗	民俗	水族	国家级（首批）	2006.5	黔南州
2	水族端节	民俗	水族	国家级（首批）	2006.5	三都县
3	水族马尾绣	民间美术	水族	国家级（首批）	2006.5	三都县
4	鼓龙鼓虎·长衫龙	民间舞蹈	苗族	国家级（首批）	2006.5	贵定县
5	瑶族猴鼓舞	民间舞蹈	瑶族	国家级（二批）	2008.6	荔波县
6	牙舟陶器制作技艺	手工技艺	布依	国家级（二批）	2008.6	平塘县
7	毛南族打猴鼓	民间舞蹈	毛南	国家级（二批）	2008.6	平塘县
8	枫香染制作技艺	手工技艺	布依	国家级（二批）	2008.6	惠水县
9	好花红	民间音乐	布依	国家级（二批）	2008.6	惠水县
10	独山花灯	传统戏剧	布依	国家级（二批）	2008.6	独山县
11	布依族傩戏	传统戏剧	布依	国家级（三批）	2011.5	荔波县
12	布依族医药（益肝草秘方）	传统医药	布依	国家级（四批）	2014.11	贵定县
13	都匀毛尖茶制作技艺	传统技艺	布依	国家级（四批）	2014.11	都匀市
14	水族剪纸	传统美术	水族	国家级（四批）	2014.11	黔南州
15	布依族扫寨	民间信仰	布依	省级（首批）	2005.12	都匀市
16	水族婚俗	人生礼俗	水族	省级（首批）	2005.12	都匀市
17	雯当姆	民间舞蹈	布依	省级（首批）	2005.12	荔波县
18	瑶族打腊舞	民间舞蹈	瑶族	省级（首批）	2005.12	荔波县
19	布依族土布制作扎染工艺	手工技艺	布依	省级（首批）	2005.12	罗甸县
20	清水江杀鱼节	岁时节令	苗族	省级（首批）	2005.12	福泉市
21	福泉阳戏	传统戏剧	汉族	省级（首批）	2005.12	福泉市
22	独山愿灯	民间信仰	布依	省级（首批）	2005.12	独山县
23	水族卯节	岁时节令	水族	省级（首批）	2005.12	三都县
24	新场苗族祭天神	民俗	苗族	省级（二批）	2007.5	都匀市
25	绕家“呃嘣”大歌	民间音乐	绕家	省级（二批）	2007.5	都匀市
26	苗族芦笙长鼓舞	民间舞蹈	苗族	省级（二批）	2007.5	贵定县
27	布依山歌十八调	民间音乐	布依	省级（二批）	2007.5	贵定县
28	水族婚礼	民俗	水族	省级（二批）	2007.5	三都县
29	水族祭祖	民俗	水族	省级（二批）	2007.5	三都县
30	水族服饰	民俗	水族	省级（二批）	2007.5	三都县
31	水族双歌	民间音乐	水族	省级（二批）	2007.5	三都县
32	水族医药	传统医药	水族	省级（二批）	2007.5	三都县
33	布依族响篙舞	民间舞蹈	布依	省级（二批）	2007.5	独山县
34	瑶族陀螺竞技	竞技	瑶族	省级（二批）	2007.5	荔波县
35	长安土布扎染手工制作工艺	手工技艺	布依	省级（二批）	2007.5	惠水县
36	芦山手工土纸制作工艺	手工技艺	布依	省级（二批）	2007.5	惠水县

续表 20－4－2

序号	名称	类别	民族	级 别	批准时间	申报地
37	瓮贵造纸	手工技艺	布依	省级（二批）	2007. 5	长顺县
38	马路屯堡地戏	传统戏剧	布依	省级（二批）	2007. 5	长顺县
39	拉来寨苗族夜乐舞	民间舞蹈	苗族	省级（二批）	2007. 5	罗甸县
40	苗族果乐（古歌）	民间音乐	苗族	省级（二批）	2007. 5	龙里县
41	6. 24 民族传统节日	民俗	布依	省级（二批）	2007. 5	福泉市
42	阔龙水花灯	传统戏剧	汉族	省级（二批）	2007. 5	福泉市
43	布依族器乐演奏	民间技艺	布依	省级（三批）	2009. 9	平塘县
44	独山县盐酸菜制作技艺	民间技艺	布依	省级（三批）	2009. 9	独山县
45	水族剪纸艺术	民间技艺	水族	省级（三批）	2009. 9	都匀市
46	水族九阡酒酿造技艺	民间技艺	水族	省级（三批）	2009. 9	三都县
47	水族民间酿酒工艺	民间技艺	水族	省级（三批）	2009. 9	荔波县
48	云雾贡茶手工制作技艺	民间技艺	苗族	省级（三批）	2009. 9	贵定县
49	布依族糯食制作技艺	民间技艺	布依	省级（三批）	2009. 9	贵定县
50	董架阳戏	传统戏剧	布依	省级（三批）	2009. 9	罗甸县
51	苗族芦笙舞	传统舞蹈	苗族	省级（三批）	2009. 9	罗甸县
52	水族铜鼓舞	传统舞蹈	水族	省级（三批）	2009. 9	三都县
53	水族弦鼓舞	传统舞蹈	水族	省级（三批）	2009. 9	三都县
54	长顺姊妹萧	传统音乐	布依	省级（三批）	2009. 9	长顺县
55	布依八音	传统音乐	布依	省级（三批）	2009. 9	平塘县
56	布依族吹打乐	传统音乐	布依	省级（三批）	2009. 9	惠水县
57	水族敬霞节	岁时节令	水族	省级（三批）	2009. 9	三都县
58	布依族三月三	岁时节令	布依	省级（三批）	2009. 9	惠水县
59	水族“夺咚”	传统音乐	水族	省级（四批）	2015. 1	都匀市
60	布依族莫歌	传统音乐	布依	省级（四批）	2015. 1	独山县
61	苗族雷公舞	传统舞蹈	苗族	省级（四批）	2015. 1	贵定县
62	苗族搓梗仔采阿诗舞	传统舞蹈	苗族	省级（四批）	2015. 1	瓮安县
63	灯夹戏	传统戏剧		省级（四批）	2015. 1	瓮安县
64	胡三贴	传统医药	布依	省级（四批）	2015. 1	贵定县
65	苗族跳洞——数邑	民俗	苗族	省级（四批）	2015. 1	龙里县
66	草塘火龙	民俗		省级（四批）	2015. 1	瓮安县
67	苗族服饰	民俗	苗族	省级（四批）	2015. 1	龙里县
68	水族银饰制作技艺	民间技艺	水族	省级（四批）	2015. 1	都匀市
69	水族豆浆染制作技艺	民间技艺	水族	省级（四批）	2015. 1	三都县
70	苗族谷蔺布制作技艺	民间技艺	苗族	省级（四批）	2015. 1	惠水县
71	水族石雕	民间技艺	水族	省级（四批）	2015. 1	荔波县
72	水族历法		水族	省级（四批）	2015. 1	三都县
73	白家坡苗族服饰	手工技艺	苗族	州级	2005. 10	罗甸县

续表 20－4－2

序号	名称	类别	民族	级　别	批准时间	申报地
74	张三丰在福泉的传说	民间故事	汉族	州级	2005. 10	福泉市
75	民间纸扎工艺技术	手工技艺	汉族	州级	2005. 10	瓮安县
76	瓮安傩戏	传统戏剧	汉族	州级	2005. 10	瓮安县
77	孔明灯制作技艺	手工技艺	汉族	州级	2005. 10	瓮安县
78	布依族古歌	民间音乐	汉族	州级	2005. 10	都匀市
79	月子汤制作技艺	传统医药	布依	州级	2005. 10	贵定县
80	独山背带制作技艺	民间美术	布依	州级	2005. 10	独山县
81	白云山帝王佛教文化	民间民俗	汉族	州级	2009. 8	长顺县
82	巴江平坡农民画	传统美术	苗族	州级	2009. 8	龙里县
83	龙山草纸原始制作技艺	民间技艺	布依	州级	2009. 8	龙里县
84	大坝批弓苗族斗牛节	岁时节令	苗族	州级	2009. 8	惠水县
85	左定若定溜（粑棒舞）	传统舞蹈	布依	州级	2009. 8	惠水县
86	桐木寨唢呐制作技艺	民间技艺	布依	州级	2009. 8	惠水县
87	引思鼓	传统音乐	苗族	州级	2009. 8	贵定县
88	仁安堂葫芦工艺	民间技艺	汉族	州级	2009. 8	福泉市
89	平塘布依族水龙节	民俗	布依	州级	2013. 8	平塘县
90	广顺中元盛会	民俗	布依	州级	2013. 8	长顺县
91	布依族祭祖习俗	民俗	布依	州级	2013. 8	贵定县
92	布依族“各桩”——砍典例	民俗	布依	州级	2013. 8	龙里县
93	甚碧让（跳月）	民俗	苗族	州级	2013. 8	龙里县
94	海葩苗“呈罡”（情语）	民俗	苗族	州级	2013. 8	龙里县
95	苗族“四月八”	民俗	苗族	州级	2013. 8	黔南州
96	布依族“六月六”	民俗	布依	州级	2013. 8	黔南州
97	苗族“牯葬”节	民俗	苗族	州级	2013. 8	黔南州
98	布依族端午节习俗	民俗	布依	州级	2013. 8	惠水县
99	独山基长迎龙习俗	民俗	布依	州级	2013. 8	独山县
100	匀酒酿造技艺	传统技艺		州级	2013. 8	都匀市
101	益肝草凉茶	传统技艺	布依	州级	2013. 8	贵定县
102	松花皮蛋制作技艺	传统技艺		州级	2013. 8	瓮安县
103	豌豆凉粉制作技艺	传统技艺		州级	2013. 8	瓮安县
104	黄粑制作技艺	传统技艺		州级	2013. 8	瓮安县
105	漤菜制作技艺	传统技艺		州级	2013. 8	瓮安县
106	黔南酸系列食品制作技艺	传统技艺		州级	2013. 8	黔南州
107	水族辣糟酸制作技艺	传统技艺	水族	州级	2013. 8	三都县
108	独山猪猫童鞋制作工艺	传统技艺	布依	州级	2013. 8	独山县
109	独山拉钵土法制香技艺	传统技艺	布依	州级	2013. 8	独山县
110	麻尾布依山歌	传统音乐	布依族	州级	2013. 8	独山县

续表 20－4－2

序号	名称	类别	民族	级　别	批准时间	申报地
111	苗族牵羊舞	传统舞蹈	苗族	州级	2013.8	长顺县
112	苗族拦凶舞	传统舞蹈	苗族	州级	2013.8	长顺县
113	苗族花棍舞	传统舞蹈	苗族	州级	2013.8	罗甸县
114	苗族跳月	传统舞蹈	苗族	州级	2013.8	三都县
115	高台舞狮	体育竞技		州级	2013.8	瓮安县
116	水族赛马	体育竞技	水族	州级	2013.8	黔南州
117	白苗古歌	民间文学	苗族	州级	2013.8	贵定县
118	布依族甲金的故事	民间文学	布依	州级	2013.8	黔南州

说明：首批国家级名录国务院 2006 年 5 月公布，第二批 2008 年 6 月公布，第三批 2011 年 5 月公布，第四批 2014 年 11 月 11 日公布。省级名录第一批 2005 年 12 月省政府公布，第二批 2007 年 5 月公布，第三批 2009 年 9 月公布

2014 年全州国家级、省级非物质文化遗产代表性传承人名单

表 20－4－3

序号	项目名称	项目代表性传承人	公布批次	公布时间	传承人所在县（市）	级别
1	水书习俗	欧海金	第三批	2009.5	荔波县	国家级
2	水书习俗	潘老平	第三批	2009.5	荔波县	国家级
3	水族马尾绣	宋水仙	第四批	2012.12	三都县	国家级
4	水族马尾绣	韦桃花	第四批	2012.12	三都县	国家级
5	枫香染制作工艺	杨光成	第四批	2012.12	惠水县	国家级
6	水书习俗	谢朝海	第一批	2007.10	荔波县	省级
7	瑶族打腊舞	卢付连	第二批	2010.8	荔波县	省级
8	瑶族猴鼓舞	何永国	第三批	2012.12	荔波县	省级
9	瑶族民间陀螺竞技	谢友明	第三批	2012.12	荔波县	省级
10	水书习俗	韦佩君	第一批	2007.10	都匀市	省级
11	饶家“呃嘣”	许德武	第二批	2010.8	都匀市	省级
12	饶家“呃嘣”	许化明	第三批	2012.12	都匀市	省级
13	水族剪纸	韦邦粉	第三批	2012.12	都匀市	省级
14	都匀毛尖茶制作技艺	张子全	第三批	2012.12	都匀市	省级
15	鼓龙鼓虎·长衫龙	兰廷华	第一批	2007.10	贵定县	省级
16	鼓龙鼓虎·长衫龙	兰衡	第三批	2012.12	贵定县	省级
17	布依族防治肝病乙肝草秘方	何庆洪	第三批	2012.12	贵定县	省级
18	阳戏	周昌志	第二批	2010.8	福泉市	省级
19	牙舟陶制作技艺	张禄麒	第二批	2010.8	平塘县	省级
20	布依族器乐演奏绝技	杨宗培	第二批	2010.8	平塘县	省级
21	毛南族打猴鼓舞	石治禹	第二批	2010.8	平塘县	省级

续表 20－4－3

序号	项目名称	项目代表性传承人	公布批次	公布时间	传承人所在县（市）	级别
22	布依八音	杨通怀	第三批	2012. 12	平塘县	省级
23	东舟陶制作技艺	钟成雄	第三批	2012. 12	平塘县	省级
24	水书习俗	韦光荣	第一批	2007. 10	独山县	省级
25	花灯戏	罗济群	第二批	2010. 8	独山县	省级
26	水书习俗	杨胜帆	第一批	2007. 10	三都县	省级
27	水族马尾绣	韦引妹	第二批	2010. 8	三都县	省级
28	水族马尾绣	潘小艾	第三批	2012. 12	三都县	省级
29	布依民歌《好花红》调	杨光英	第二批	2010. 8	惠水县	省级
30	布依民歌《好花红》调	王科国	第三批	2012. 12	惠水县	省级
31	枫香染制作工艺	杨鸿昌	第三批	2012. 12	惠水县	省级
32	土法造纸工艺	李田发	第三批	2012. 12	长顺县	省级
33	苗族《古歌》	吴倍鑫	第三批	2012. 12	龙里县	省级

附：

国家级非物质文化遗产项目选介

一、布依族医药——益肝草秘方

“益肝草”是保存在贵州布依族民间的一种解毒茶，由几种中草药配制而成，源于贵州省贵定县。贵定县位于黔南腹地，属亚热带季风湿热气候，复杂的地形地貌适应于多种植物生长。在这些茂密的森林和植被中，蕴藏着种类繁多，产量丰富的天然中药材资源。“益肝草”就是其中之一。

布依族为贵定的世居民族，在长期的治病以草药为基础的历史环境中，为了治疗肝疾病，药师对地耳草、酸汤杆、客蚂叶等自然产物的治病效果予以注意并加以利用，综合中国“阴阳”理论学说，布依族药师赵氏祖先研制出由地耳草、酸汤杆、黄栀子、客蚂叶等配制的“益肝草”。

贵定布依族医师赵国霖继承和发扬布依族八代名医世家的祖传秘方，并依据中医理论，经20余年的临床研究，配制成为医药产品。益肝草较好地吸取了中、西两种医学体系的特点和优势，在防病治疾病，保护人民群众健康方面取得满意的效果。现主要传承人有：赵宝银、赵起贵、赵元龙、赵风清、赵芝恩、赵思荣、赵德元、赵国霖等。

2014年，布依族医药益肝草秘方入选第四批国家级非物质文化遗产保护性项目名录。

二、都匀毛尖茶制作技艺

都匀毛尖茶，俗称“都匀毛尖”，以生长在都匀市境内的团山、牛场、大定、螺丝壳一带的“中叶型苔茶”为原料。明崇祯年间（1628—1644年）已为贡茶。清乾隆四十五年（1780年）镌刻的《重修西岳庙碑记》载，都匀府时有官办茶园，由知府宋文型“兼理”，以为如此可“上裕国课，下佑工商”。1925年编纂的《都匀县志稿》记载：“茶，四乡多产之，产水箐山者尤佳，以有密林防护也。在民国4年（1915年）巴拿马赛会曾得优质奖。输销边粤各县，远近争购，惜产少耳。自清明节至立秋并可采，谷雨前采者曰‘毛尖茶’。”

都匀毛尖茶，外形卷曲，色泽鲜绿，白毫显露，气香味浓，回味甘甜，色香味俱佳。制作关键在于采摘、加工。以清明节前后初展的一芽一叶、色泽深绿或浅绿、长度不超过2厘米、形似雀舌者为上乘。采摘时，用拇指和食指夹住芽叶根部向上提拉，不可用指甲掐断留下痕印。采摘回的原料，摊在阴凉通风的木板上，让嫩叶失去表面水分。然后精加工。先在灶台架上铁锅，再用干柴生火加温，白天锅底微白，夜晚锅底微红，即将原料倒入锅内，双手迅速抛炒，使每一片芽叶均匀受热，谓之“高温杀青”。当水汽散发、茶叶柔软、折梗不断时，开始揉捻，至茶叶半干，即用双手搓团，不时加温、降温，适时整形、提毫、提香。干至八成、白毫显露时，即用白皮纸包裹，每包0.5公斤左右，置于底部装有木炭的陶瓷土缸内干燥，半个月后，“收青”取出，方为成品。整个加工过程，全凭手感、目测、鼻闻。《都匀毛尖茶制作技艺》2009年被列入贵州省非物质文化遗产代表名录，2014年被公布为国家级非物质文化遗产代表作名录。

三、水族剪纸艺术

都匀市奉合水族乡位于都匀市东南部，水族人口占全乡的39.2%，多数聚居在各个水族寨子。在长期、相对封闭的社会形态中，水族人民始终保持着本民族的语言、服饰、民居和生活习俗。

水族剪纸历史悠久，流传广泛，世代相传。小女孩十一二岁便拿起剪刀，跟着大人学习剪纸。剪纸内容主要是自然界中的花、鸟、雀、虫以及各种装饰性图案。主要用于水族盛装、便装的领边、衣边、脚边，花、鸟、雀、虫图案主要用于水族的围腰牌和脚上穿的船形鞋。水族剪纸大多在农闲或劳作之余，水族妇女相邀几人或一二十人共同剪纸，以相互交流的方式进行。在奉合水族乡，大部分水族妇女可不需要先绘画，用剪刀直接剪出各式花样和几何图案。参加过市、乡两级剪纸艺术赛的水族剪纸能手有60余人。该乡能凭剪刀在纸上剪出花样图案的有160余人。

奉合剪纸艺术在传统剪纸（装饰服饰用）的基础上，突破传统构思（花、鸟、图案），大胆创新，使实用性剪纸向艺术剪纸过渡。

省级传承人、水族剪纸艺术家韦帮粉的剪纸作品《农民劳动图》《鸟兽》《背带花》1989年参加中国首届剪纸大赛获三等奖；作品《神话人物》《青龙和白龙》被天津博物馆收藏并入选“中国民间艺术展”送往瑞典玛尔摩市展出。2004年，中国剪纸学会在湖南岳阳市举办剪纸大赛，韦帮粉作品《农民劳动图》获金奖，个人获大赛组委会评选的全国“十把金剪刀”之一，成为贵州省剪纸“金剪刀”称号唯一获得者。

奉合水族乡在1994年被贵州省文化厅命名为剪纸艺术之乡。《水族剪纸艺术》2009年被列入贵州省非物质文化遗产代表作品录，2014 年被公布为国家级非物质文化遗产代表作名录。

第五章　民族民间文化传承

黔南州通过民族民间文化进校园，评选传承人、各县（市）独特的民族节日化，征集展览民族文物和整理出版民族古籍等；弘扬民族文化，提升黔南知名度。同时，举办“双语”（少数民族语文、汉语文）班、编写“双语”教材，开办“双语”教学点，开展发挥民族语言在全州民族文化旅游建设中特殊作用。

第一节　民族民间文化进校园

2014 年全州省级民族民间文化教育项目学校一览表

表 20－5－1

序　号	学校名称	备　注
1	三都水族自治县鹏城学校	第一批
2	三都水族自治县九阡中学	第二批
3	三都水族自治县三洞中学	第三批
4	荔波县瑶山民族中学	第三批
5	龙里县巴江中学	第三批
6	龙里县摆省乡中心学校	第三批
7	福泉市陆坪中学	第四批
8	长顺县摆雅小学	第四批

第二节　传承人评审与民族文化活动

一、传承人评审

2007 年起，黔南州开始对少数民族匠人、艺人、歌师进行职称评审工作，共对 567 名传承人进行评审，评选出一批高、中、初级工匠师，高、中、初级工艺师，高、中、初级歌师。2008 年，黔南州命名了一批水书、马尾绣、长衫龙等非物质文化遗产项目代表性传承人，申报参加省级和国家级传承人评选。至 2014 年，全州共有国家级传承人 5 名，省级传承人 33 名，州级传承人 120 多名，县级传承人 1200 多名。

二、民族节日、节会

黔南州具有其独特的民族节日文化，是促进区域经济发展的优势和依托。在都匀市举办“都匀国际摄影博览会”“剑江旅游欢乐节”，龙里县举办“龙里苗医药博览会”，贵定县举办“金海雪山”旅游文化节、“冰脆酥李节”，惠水县举办“好花红”艺术节，福泉市举办“古城文化节”，平塘县举办“玉水腾龙水龙节”，独山县举办“花灯艺术节”，长顺县举办杜鹃湖文化旅游节，荔波县举办“万亩梅园旅游文化节”。每年组织开展布依族的“六月六”“小年”，苗族的“四月八”“吃新节”，水族的端节和卯节等民族节日文化活动，弘扬民族文化，增强人民群众对民族文化的认同感和自豪感，促进民族民间文化的保护，提升了黔南州知名度，节庆活动带动消费增长，吸引旅游者，带动旅游业及相关产业发展。

三、民族文艺会演和展览

（一）民族文艺会演

2001 年以来，黔南州先后组织一批剧目参加历届贵州省少数民族文艺会演并获奖。其中，2001 年 11 月，《黔南沃土好花红》获第二届会演表演金奖；2005 年 11 月，《绿色黔南好花红》获第三届会演表演金奖；2009 年 12 月，《刺梨花红》获第四届会演舞美金奖；2013 年 10 月，《水家人》获第五届会演创作金奖。

（二）民族文化展览

1990 年，组织《黔南布依族自织布展览》《黔南民族风情图片展》到北京参加国家文化部组办的“中国首届民族文化博览会”。组织 71 幅少数民族农民画参加贵州省首届少数民族农民画展，获一等奖 1 个，二等奖 3 个，三等奖 6 个，鼓励奖 20 个，入选作品名列全省第二。之后，先后组织布依族《响篙舞》、水族《芦笙舞》、毛南族《猴鼓舞》和独山花灯歌舞《打头台》，以及州内布依族、苗族、水族、瑶族服饰等少数民族服饰参加首届沈阳秧歌节大赛、贵州省首届村寨文艺调演、贵州省布依族“六月六”歌节演出、首届中国少数民族服饰博览会、中国凤凰·海峡少数民族服饰文化节、全国第九届少数民族传统体育运动会民族大联欢活动、黔南民族歌舞文化和非物质文化展示等。1996 年 12 月，黔南州少数民族服饰表演团获得“贵州省首届民族服饰表演”一等奖。举办“中国荔波绿宝石之旅暨贵州少数民族服饰展演活动”“西部猛牛争霸赛暨民族民间技艺大赛”等文化活动，对外宣传展示黔南州丰富多彩的少数民族传统文化和民族团结、和谐、幸福的精神风貌。

第三节 民族博物馆

一、黔南州民族博物馆建设

随着改革开放的不断深入，社会的发展变革，许多具有代表性的民族文物逐渐消失或遭到毁坏，濒于失传。为抢救和保护黔南州民族文化遗存，1983 年 4 月 21 日州委常委会议研究决定，建立黔南州民族博物馆，隶属州民委。1985 年 8 月 8 日，黔南州民族博物馆奠基。1986 年 12 月 6 日，总投资 214 万元的黔南州民族博物馆大楼竣工，是年 12 月 16 日黔南州民族博物馆开馆。

2002 年，州委专题会议、州政府专题会议和常务会议研究决定，以资本置换方式将博物馆移址至都匀人民广场东侧重建。新博物馆大楼由都匀进达集团房地产开发有限责任公司建设，明确博物馆于 2002 年 10 月 1 日前建成。建设期间，博物馆搬迁至筑匀大厦办公。2002 年 10 月，新博物馆大楼建成，为一栋 6 层单体建筑，总建筑面积 7700 平方米。2003 年 1 月，博物馆搬迁入新馆。

为更有效地保护馆藏文物，2014 年，州委、州政府决定，在都匀经济开发区易地兴建黔南州民族博物馆。经贵州省发展和改革委员会审批，黔南州博物馆工程建设投资 3000 万元（中央投资 2100 万元，黔南州 900 万元）。

二、文物征集

1991 年，州民族博物馆征集到以民族服饰、生活用具、银饰、傩戏地戏面具等民族文物为主的各类文物 778 件。是年，博物馆代文化部征集黔南州内布依族、苗族、水族、瑶族等少数民族服装 648 件、银饰 150 件，并于当年 5 月送文化部外联局。1994 年，征集铜鼓等文物 20 多件。

至 2012 年，馆藏文物 4689 件，有民族文物、革命文物及历史文物，以民族文物为主。民族文物主要有少数民族服饰、银饰、铜鼓、乐器、傩戏地戏面具、傩堂画、生产工具、生活用具以及各种工艺品，革命文物主要有贵州咸同农民起义用的各种兵器，如大刀、三尖叉、掌叉、护手刀、火铳，还有红军经过黔南时写下的标语和党的一大代表邓恩铭烈士用过的相机、书桌、家谱等。

三、文物展览

1991 年 2 月，博物馆开始筹办基本陈列——黔南民族风情展览，进行内容设计、征集文物、资料整理、编写说明等工作。1992 年，黔南民族风情展正式展出，展线长 150 米，展出图片 226 幅，拓片 19 张，图表 2 个，模特 20 个，文物 902 件，沙盘模型 8 个，集中展示了黔南州的风光、名胜古迹以及居住在黔南州境内的布依、苗、水、毛南、瑶五个少数民族的房屋建筑、生产生活用具、服饰、宗教信仰、礼仪习俗等。通过图片、实物、文字记述等形式，集中展示了黔南的美丽风光、名胜古迹以及世居境内的布依、苗、水、毛南、瑶五个民族的风文化习俗。

1996 年 8 月，举办黔南州建州四十周年成就展，分综合馆（由博物馆承担，展线长 70 米，展出图片 289 张、图表 71 个、实物 218 件）、资源馆（由州计委牵头，展线长 50 米，展出图片 129 张、图表 6 个、实物 150 件）、农业馆（由州农委牵头，展线长 58 米，展出图片 259 张、图表 107 个）、工业馆（由州计委牵头，展线长 80 米，展出图片 375 张、图表 27 个、实物 200 件）、财贸馆（由州政府财贸科牵头，展线长 80 米，展出图片 361 张、图表 19 个、实物 200 件）、科教文卫馆（由州委宣传部牵头，展线长 98 米，展出图片 457

张、图表41个、实物400件)，总展线长436米，展出图片1870张、图表271个、实物1400件，展示了黔南州建州40年来特别是改革开放以来各项事业取得的巨大成就，展览期间，接待观众40000余人次。

1999年，是中华人民共和国50华诞、贵州解放50周年及澳门祖国回归祖国喜庆之年，博物馆承办由黔南州民族事务局和中共黔南州委宣传部主办的《黔南杰出人物展》，经5个月筹备，展览于1999年9月28日公开展出，共展出黔南历史上杰出人物77名，图片142幅，文物及资料132件，文字说明1.5万字。

2000年12月，州博物馆举办“黔南民族风情图片展”，展出世居黔南州内的布依族、苗族、水族、毛南族、瑶族等少数民族的风情习俗及黔南州风光图片170幅。是年，还举办“黔南经济林苗木展”“黔南12家书法展”“黔南奇石艺术展”等展览。

2003年，博物馆搬迁重建后，重新举办基本陈列《黔南民族风情展》。博物馆拟定《黔南民族风情展》陈列大纲后，于2003年11月26日召开《黔南民族风情展》内容设计论证会，邀请黔南州布依学会、黔南州苗学会、贵州省水家学会；以及贵州省博物馆、贵州省社科院、贵州省地方志办公室、贵州省考古研究所的有关专家对《黔南民族风情展》陈列内容进行论证。展览的版面设计与制作，经政府采购，由贵州建工集团装饰装潢有限责任公司承担。2006年7月，完成展览布展。1991—2014年，博物馆还主办、承办或联办系列专题性展览。

1991—2014年，通过参观展览的形式，接待国内外观众80万人（次）。其中，有原国务院总理朱镕基（2006年7月24日）、原国家体育局局长伍绍祖（2006年9月11日）、原成都军区政委张海洋中将（2007年4月16日），国家民委副主任江家福、吴仕民、丹珠昂奔，中央党校省部级干部研修班领导、中国乡村游国际论坛专家学者等。

第四节　民族古籍整理

一、规划和培训

1996年，州民宗委古籍整理办公室制定《1996—2006年全州民族古籍整理出版规划》，对民族古籍整理工作作出安排，明确了民族古籍整理工作的基本任务和需要遵循的原则，部署实施全州民族古籍整理工作。

1998年5月12—19日，由国家民委主办的《中国少数民族古籍总目栏要》培训班在桂林举办，州民族事务局古籍办负责人参加培训学习。2003年，全州民宗局分管少数民族古籍工作的部分负责人、业务骨干及州编撰总目提要委员会成员20余人参加《中国少数民族古籍总目·贵州民族卷》编撰培训会，学习编目的普查、编目的范围、编写的方法、编排的方法等。省民族古籍整理办公室负责人到会指导和讲解。

2007年6月6日，召开全州少数民族古籍编目工作培训会，贯彻落实省民委民族古籍办工作会议精神，安排全州少数民族古籍总目提要的编目工作，12个县（市）分管民族古籍工作的副局长、从事民族古籍工作的专（兼）职人员、州布依族学会的专家及热爱民族古籍工作的人员30余人参加培训。

2012年，全州12县（市）民宗局和都匀经济开发区社会事务局的分管领导及民族古籍业务骨干、州博物馆、民研所的管理人员和专业技术人员；部分民族乡的领导和专业人士；文化部门专业人员及社会支持和热爱民族古籍工作的相关人员参加培训。

二、古籍整理和出版

1994年8月，州民委资助出版《中国文艺集成志书贵州省黔南布依族苗族自治州民间故事卷》，全书39万字。是年12月，整理出版《水书》，推进水族文字、历法、历史的研究；州文化局、州民委等单位将经过7年搜集整理编辑而成的《黔南州戏曲音乐》《黔南州民间故事卷》各印刷了1000册。

1996年，州民委与省民委古籍办合编出版《布依族古歌》70万字；配合州文联在《民族文学》杂志编辑出版州庆专栏，补助经费出版《中国苗族文学丛书·中部方言民间文学作品选》，收集整理《黔南民族饮食文化荟萃》，收编了《黔南州民族乡、极贫乡调查报告专集》。

1998年，开展《黔南苗族叙事长诗选》的筛选整理。

2000年，为贵州省民族古籍论文集撰稿共组织稿件共3万字，与有关业务部门配合出版《黔南民族调查》（古籍部分）。

2001年，完成全州民族古籍的调查、整理工作，撰写汉藏语系古文献研究论文《“水书”探析》，并在第34届国际汉藏语组织委员会上讨论通过。对三都、荔波、平塘、罗甸等县古籍记载的民族活动、生产、生活习俗、村寨开展走访调查，收集整理20卷水书资料目次。文物征集工作共征集民族服饰等民族文件20件（套）。2002年，做好少数民族古籍编目25个；对龙里巫山岩画、三都水族石板墓、荔波水尧古文字及州内布依、苗、毛南、侗等民族的古籍进行调研；开展少数民族古籍的学术研究和对外交流；编辑出版《水书古籍》第二期，争取到国家民委古籍办资助出版《水族专刊》。

2003年，组织各县（市）民族宗教局人员深入边远民族地区，对少数民族古籍进行调查、了解、搜集、登录，做到对户籍资源底数清、登录明，共登录卡片1112张；参与三都县开展水书抢救工作。

2005年，黔南州成立水书抢救、翻译、研究专家组。2008年，组织全州民族工作部门和相关部门开展民间少数民族古籍人才的调查，指导相关单位做好水书卡片的登录工作，已登录的水书卡片近5000条。

2009年，按照国家民委、文化部《关于进一步加强少数民族古籍保护工作的实施意见》，启动“少数民族古籍文献资料”抢救工程。

2010年12月，出版《中国少数民族总目提要·苗族卷》。2011年，开展民族古籍资料抢救保护工作，抢救布依族口碑古籍917条，水族口碑古籍1000条，并分别登录在《中国少数民族古籍总目提要·布依族卷》《中国少数民族古籍总目提要·水族卷》；公开出版

《水书婚嫁卷》等5卷6本。组织民族研究所、文学研究所、三都县民研所专业人员对水书传承人进行登记建档，年度申报高级水书师4名。

2012年，完成《中国少数民族古籍总目提要·布依族卷》修改工作，待出版；《中国少数民族古籍总目提要·水族卷》正在修改，待报。同年，组织专家对《水书·八山卷》《水书·姑底卷》等5本水书原件进行审稿，并由贵州人民出版社正式出版。根据省民委下发的《关于有关高校共建贵州省民族古籍研究基地的通知》。是年9月10日在黔南民族师范学院民族研究所正式挂牌建立“贵州省民族古籍研究基地”。重点整理、审定和出版一批民族古籍——《水书正七卷壬辰卷》《布依族古歌》《水族丧葬卷》《布依族民间故事》《甲金的故事》《水族民间故事》《水族民间故事选》《射箭岩》《布依族民歌选》《布依族酒歌》《水族情歌选》《布依族民俗志》《布依族史》《水族民俗探幽》《水族社会历资料稿》《水族源流考》《岛岱瓦》《水族曲艺旭早研究》等。《水书正七卷壬辰卷》《布依族古歌》分别获得第三四届中国少数民族图书奖二等奖。

2002年“水书”被列入中央档案文献遗产名录，2006年“水书”入选第一批国家非物质文化遗产名录，2008年制定了《三都水族自治县水书文化保护条例》。黔南州及三都、荔波、独山、都匀4县（市）分别成立了水书抢救工作领导小组。征集到水书文本原件16133册，其中，出自明朝弘治年间即距今500多年的木刻版水书1册。4县（市）整理出版了《日历卷》（上中下）、《金堂卷》《寿寅卷》《时辰卷》《祈福卷》《祭祖卷》《营造卷》《九宫飞拳卷》《九神煞》《介甲卷》《丧葬卷》中的《子卷》《丑卷》《寅卷》《亥子丑卷》《陆道根源卷》《春寅卷》等46卷水书译稿，初审10卷，出版水书文化丛书6本，制作光盘478张。

2001—2014年，州民宗委古籍办把编辑出版《黔南民族古籍》列入工作目标，出版了1~9册，计200余万字。其中《黔南民族古籍（三）——黔南碑刻研究》开始由“个例”收集、整理进入在一定范围内系统的研究阶段，补充了黔南州碑刻研究方面的空白。

附：

水书研究

水族是中国西南一个古老的少数民族，关于水族的族源学术界的意见不统一，但是从广东经广西，几经迁徙定居于贵州、广西间的都柳江、龙江上游高原山区，则是比较一致的结论。水族自称“睢〔suǐ〕”，汉语音译为“水”。2014年有人口45万人，80%集中分布在三都县和相邻的荔波县、独山县、都匀市，是水族文化的核心区。

水族在迁徙、定居形成的过程中，克服自然的艰险，突破人类能力的局限，形成了该民族独特的万物有灵的“泛神”宗教信仰，敬畏山、敬畏水、敬畏祖先，日常生产、生活、社会交往各个方面信奉多，忌讳多。水书就是水族原始宗教的典籍，从古至今对水族的民间信仰、生产、生活一直发挥着重大的影响。

水书作为一种少数民族的记忆形式，主要由水族语言文字、用水族文字撰写在多种介质载体上的水书文献典籍组成。

水族文字，水族人自称为“泐濉”（lelsuǐ）。水族文字体系的形成晚于水语的产生和水族文字的创制，具体何时形成，在中国学术界尚未形成统一的认识，比较一致的看法是最迟不晚于明代就已经形成水族的文字体系。依此，水族文字体系迄今至少已有800年历史。水族文字由单体字、异形字、符号、图画象形组成，可以用水语读诵并有实际的历史文化记忆内涵。已整理出来的水族文字近3000个，其中能够识别读诵的单体字有500多个。中外语言学家认为水族文字不是成熟的文字体系，不能完整地记录水族语言所表达的内容，因此借用了汉字的形和音来表达，而借用汉字的音和义与汉字不存在对应关系，是水族本民族的音、义。

水书，是使用水族文字撰写的文献典籍，它书写在多种介质载体上，主要有纸（棉纸、草纸）、石材、陶瓷、木材、动物骨骼、青铜、纺织物和葫芦等。书写工具最早是使用自制的竹笔和墨，后来用毛笔，民国时期开始使用钢笔、铅笔。

全州收藏保存的水书文献有17067册（件）。水书文献典籍全部为手抄本，最早的抄本为明代初年，已近800年。清朝的水书数量在整体水书文献典籍中居第二位。民国时期的水书数量最多。也有少部分水书是1949年新中国建立之后的抄本。由于水书是水书师手中使用多年破损后重新抄写的记录，因此每本水书的成书年代只代表抄本形成的时间，不是水书文献初生的时间定位。

水书文献由条目组成，属于用语段文字书写的典籍，每个条目少则10～20字，多则100余字。其卷本的题名或以开篇条目的头两字读音或三四字读音命名，或以篇目的中心含义命名，或以植物特征命名，或以动物名称命名，或以数字组合命名，或以器物类命名，或以信仰的感觉命名，或以重大的恶疾命名，这些文献编辑体例、编辑习惯、归纳方法等反映了水族先民对自然、对信仰、对社会的认识水平。

水书文献典籍的内容主要记录水族的创世纪、原始信仰、天文历法、建筑营造、婚丧嫁娶、农耕节庆等种种有关水族的历史、哲学、天文、历法、政治、经济、军事、文化、生产、生活的特殊知识，是至今维系水族发展的精神支柱，为文字学、人类学、民族学、语言学、宗教学、民俗学、社会学、历史学、哲学、天文学、动植物学等学科提供样本。

水书卷本繁多，主要分为诵读卷本、应用卷本两大类。诵读卷是启蒙读本或基本读本，主要有《正七卷》《亥子丑卷》《春寅午戌卷》《正马二丑卷》《所春龙劳朗卷》《寅亥戊卷》《祝词卷》。应用卷本是对狩猎、农耕、历象、婚嫁、丧葬、营造、命相、出行、进攻占领、抵挡防卫等水族社会生产生活各个层面的避凶趋吉择日，有《金银卷》《陆道根源》《六十龙备要》《吉星》《万年经镜》《诵读卷》《二十八宿卷》《时辰卷》《方位卷》《六十甲子分年卷》《六十甲子解读卷》《六十甲子时象卷》《年历卷》《秘籍卷（巫术卷）》《挡卷》《掌宫卷》《丧葬卷》《追悼开控卷》《起造卷》《婚嫁卷》《贪巨卷》《壬辰卷》《祭祖卷》《杀牛卷》《生辰卷》《解厄卷》《招魂卷》《蛋卜卷》《阴阳卷》《九星卷》《五行卷》等数十种，是水族古老历史文化的积淀与升华。

水书必须依靠水书师才可使用。水族人家的生老病死、婚丧嫁娶、建房、出行、农耕、节庆等一切有关生产、生活的活动，无不请水书师运用水语口诀和水族习俗，推遁演绎水书条目内容，进行避凶趋吉的择日解说。水书师推演的原则和解说内容被称为水书解释运用的“秘籍”“心书”，水书师的这种“择日”仪式，将水书和水书师的“秘籍”合而为一，形成完整的水族记忆表达形式。

水书依靠水书师师徒口耳相授传承，历史上形成了传内不传外，传男不传女的传统。水书师平时务农务商，生活在民间，他们掌握着水书的解释话语权，因而成为水族的精神导师、文化的引领者，在水族民众中享有很高的声望。至2014年，在世的水书师有370多人，州档案局和三都县、荔波县档案局启动了抢救水书师“秘籍”工作，对部分水书师的“秘籍”进行录音、录像和文字记录抢救。

水书记载着水族历史文化的基因，记录了水族人民对自然、对社会、对生命、对生产、对生活独特的自然观、宇宙观、历史观、宗教观、文化观和与自然和谐共处的民族智慧，是历代水族民众共同的创造物和共同的记忆，成为水族发展的精神动力，这种独特的记忆形式、观念和仪式仍然在水族民众的水族社会中传承，是他们区别于其他民族的根本标识特征。水书不成熟的文字体系和它记载的水族敬山、敬水、敬树、敬祖的“泛神”原始宗教特征，跨民族地展现了人类幼年记忆形式的创造性和文化形态的原始性。更难得的是，历经千百年来汉文化的影响和当今全球化大潮的冲击，水书一直保持着自古以来的民族传统，保持着源于历史的民族脐带血，体现了人类记忆形式的历史性、坚韧性和多样性，成为当今人类记忆体系中不可替代的一块基石，成就了世界记忆的完整，因而具有突出的世界意义。

第五节　民族语言教育

一、少数民族语言使用情况

按照省民委《关于对少数民族语言使用情况调查统计进行监督和抽样调查的通知》，2006年，黔南州对世居少数民族语言的使用情况进行详细调查，全州总人口3876003人，少数民族人口为2196651人，占全州总人口数的56.67%。布依族、苗族、水族、瑶族的本民族语言使用情况为：布依族人口1296639人，占全州总人口数的33.45%。布依族分布于全州12个县（市），城镇乡村均有居住。分布特点是北稀南密，北少南多，独山、都匀、罗甸、惠水、平塘、荔波、贵定、长顺的布依族居多。布依族使用本民族语言664084人，占布依族人口数的51.2%，主要分布在罗甸、惠水、荔波、平塘、长顺、独山。半掌握本民族语言的有206063人，占15.9%，分布在各县（市）的城乡接合部，以及较早离开母语环境的人群。不掌握本民族语言的有426546人，占32.9%，主要分布在都匀、独山、贵定、龙里、福泉、三都等县（市）的城区以及距县城较近的乡镇。通晓汉语的有1093701人，占84.3%，分布在全州各县（市）的城区、乡镇。半通晓汉语的有137219人，占10.6%，分布在都匀、平塘、罗甸、惠水、荔波、三都、贵定、长顺等县（市），主要是住在边远乡镇的小孩和中老年人。不通晓汉语的有65710人，占5.1%，主要分布在罗甸、惠水、平塘、长顺的边远乡镇的学前儿童、老年人，主要是与外界接触较少。

苗族人口494176人，占全州人口总数的12.75%，主要分布在惠水、都匀、罗甸、龙里、平塘等县（市）。苗族使用本民族语言的有324780人，占苗族人口数的65.6%，分布在惠水、都匀、三都、长顺、贵定、福泉、瓮安、罗甸、龙里、平塘的苗族聚居乡镇。半使用本民族语言的有85381人，占17.3%，主要分布在贵定、都匀、惠水、长顺、平塘、瓮安、等县（市），主要是较早离开所生活的语言环境。不掌握本民族语言的有84708人，占17.1%，分布在州内12个县（市）城区，这部分群体主要是从小生长在城市，没有母语环境。通晓汉语的有367029人，占74.3%，分布在各县（市）城区乡镇。半通晓汉语的有68316人，占13.7%，分布在贵定、都匀、惠水、长顺、平塘、龙里等县（市），主要是居住在边远乡镇的小孩、中老年人。不通晓汉语的有58831人，占12%，主要分布在三都、惠水、长顺、龙里、平塘、荔波等县的边远乡镇，苗族聚居区中的学前儿童，与外界交流少的老年人。

水族人口309486人，占全州人口数为7.89%。主要分布在三都县、都匀市的基场水族乡、阳和水族乡、奉合水族乡，荔波县的水利水族乡、水尧水族乡、永康水族箱，独山县的翁台水族乡、甲定水族乡、本寨水族乡。水族使用本民族语言的有225668人，占73%，主要分布在三都县及荔波县、都匀市、独山县的水族乡。半使用本民族语言的有57608人，占18.6%，主要分布在三都、荔波、都匀、独山等县（市）的城区，这部分人从小在县城长大，缺少一定的母语环境。不掌握本民族语言的有26210人，占8.4%，分布在州内各县（市）城区，虽然民族成分是水族，但从小在生长在城市中，没有母语环境。通晓汉语的104293人，占33.7%，分布在州内各县（市）以及三都、荔波、都匀、独山的水族聚居区。随着社会的发展，文化的交流，广播、电视的传播，从小生活在城市中读书、工作、外出务工使这部分群体通晓汉语。半通晓汉语的有94770人，占30.6%，分布在三都、都匀、荔波、独山的水族聚居乡镇，与外界交流较少。不通晓汉语的有110423人，占35%，分布在三都县及都匀市、荔波县、独山县较边远的水族聚居乡镇，主要群体为学前儿童、妇女、中老年人，由于缺少文化交流和外界的交流，使这部分人不通晓汉语。

瑶族人口7519人，占全州总人口数的0.19%，主要聚居在荔波县的瑶山瑶族乡、瑶麓瑶族乡，散居罗甸、都匀等县（市）。瑶族使用本民族语言的有7104人，占本族人口的94.4%，主要分布在荔波县的两个瑶族乡，以及散居在罗甸、三都县的瑶族。半使用本民族语言的有362人，占5.1%，分布在都匀市、罗甸县、三都县。这部分人离开母语环境较早，或生长在城市中没有母语环境。不掌握本民族语言的有253人，占3.4%。这部分人主要是都匀市的“瑶家人”认定为瑶族中的青少年。通晓汉语的有 2626 人，占 35%，分布在荔波、都匀市、罗甸县、三都县，这部分人主要是在校学生以及读书后参加工作的人群。半通晓汉语的有 1597 人，占 21%，分布在荔波县两个瑶族乡以及移民新村，由于外出务工，与外界有一定的文化交流。不通晓汉语的 3296 人，占 44%，主要是聚居在荔波县两个瑶族乡的学前儿童、老年人，因生活环境较为封闭，对外交流少，不通晓汉语。

毛南族人口 30523 人，占全州总人口数的 0.97%。主要分布在平塘县卡蒲毛南族乡、者密镇、大唐镇羊坊村，惠水县和平镇，独山县羊凤乡。毛南族使用本民族语言的有 16981 人，占 56%，分布在平塘县的卡蒲毛南族乡、者密镇、大唐镇羊芳村。半使用本民族语言的有 6103 人，占 20%，主要分布在平塘县的 3 个乡镇，这部分人较早离开母语环境，对外界有较多的文化交流。不掌握本民族语言的有 7439 人，占 24%，主要分布在惠水县和平镇，独山县羊凤乡，平塘的县城和 3 个乡镇，这部分人在县城和乡镇工作、生活、学习，已经失去母语生活环境。通晓汉语的有 22462 人，占 74%，分布在平塘、惠水、独山等三个县的毛南族聚居区，由于交通方便，与外界的交流较多，电视、广播等新闻媒体的传播，通晓汉语的毛南族越来越多。半通晓汉语的有 5393 人，占 18%，分布在平塘县卡蒲毛南族乡、者密镇一些边远的村寨，主要是一些中老年人，与外界交流不多。不通晓汉语的有 2668 人，占 8%，主要是居住在平塘县卡蒲毛南族乡、者密镇边远村寨的老年人。

二、双语教学

自 1993 年 4 月 8—10 日全省民族语文工作暨贵州省少数民族语言文学会成立大会在贵阳召开后，黔南州根据会议的安排部署，开展民族语文工作。2006 年修改的《黔南布依族苗族自治州自治条例》第九条第二款、第十九条、第三十六条第四款、第五款都对民族语言文字的使用及民族语言文字工作进行规定，为规范民族语言文字管理工作提供法律保障。2008 年，安排省、州民族教育经费 9 万元，补助都匀市、独山县、惠水县、平塘县、罗甸县开展“双语”（少数民族语文、汉语文）教育工作，将省民委语文办编印的布依文送到相关县（市），并对相关县（市）的“双语”教学进行调研和指导。2009 年，加大“双语”人才培养和培训。开展“双语和谐”环境示范建设工作，发挥民族语言在全州民族文化旅游建设中的特殊作用。2012 年，将都匀市坝固民族小学列为州民宗委“双语”教育联系点（苗文），将惠水县长安乡（布依语）、龙里县摆省乡（苗语）、三都县三合镇姑挂村（水语）、平塘县卡蒲毛南族乡亮寨村课寨（毛南语）、荔波县窑炉瑶族乡列为州民宗委的“双语和谐”示范点。

（一）师资培训

1994 年 9 月，经州政府同意，州民委、州教委和州计委决定在黔南民族行政管理学校举办“双语文”师资班，招收在岗的双语民办教师（民族语文工作者）50 人，学制两年，学习期满，成绩合格，获中专文凭。1995—1998 年，全州开设布依文师资培训点 3 个、6 个班共 338 人，设苗文师资培训点 1 个、3 个班共有 141 人。2011 年 8 月，州民宗委选派在职布依文、苗文骨干干部各1名到贵州民族大学参加省民委举办的“贵州省民汉业务骨干培训班”学习培训。10月，州民宗委与教育部门举办布依语、苗语教师培训班各1期，培训教师140人。

（二）双语教材编写

2006年9月，罗甸县民宗局、教育局合编《布依文乡土语文教材》，共印500册。2009年春，坝固民族小学编印《坝固苗文课本》，共印1000册。8月，黔南民族师范学院、平塘县民宗局、平塘县卡蒲毛南族乡政府合编《贵州毛南族（佯僙人）日常用语读本（试用本）》。2010年9月，平塘县西凉乡拉抹小学编《布依文课本》，共印1000册。2012年4月，都匀市苗汉双语教学教材编写组编《苗汉双语教学课本》第三版，供中部方言都匀地区使用，共印2000册；福泉市民宗局和福泉市王卡民族小学印编《苗汉双语启蒙读本（试用本）》，共印1000册。

（三）教学点

1991—2010年，开办布依文学校双语教学班807个2448人（次），公办教师承担布依文教学71人，布依文农村班5个点5个班，学员148人（次），布依文夜校班192个点361个班，学员9684人，1998年以后不再开设布依文夜校班。开办苗文学校双语教学291个班10728人（次），公办教师任苗文教师56人，苗文农村班1个点1个班，学员40人（次），苗文夜校班82个点125个班，学员4579人，1998年以后不再开设苗文夜校班。期间，1995年2月，为迎接国家民委和中国社会科学院9月对布依文进行验收，在岱林民族小学、木马小学、藕寨小学、中坝民校开设布依文、苗文班，并在4个点开办民族文字扫盲班。2011年，黔南州有10所学校开办布依文班21个，学生792人；3个学校开办苗语班7个，学生240人。2012年，黔南州只有都匀市坝固镇民族小学开设苗语双语教学班2个和惠水县雅羊、花鱼小学开设布依文双语教学班各1个。

三、布依文论证验收

1995年7月11日，黔南州迎接论证布依文筹备工作会议在都匀召开，参加会议的有12个县（市）分管民族工作的县（市）长、民委主任、民族语文专业人员、州直民族工作部门以及论证验收布依文筹备领导小组成员共59人。会上听取《奋战五十天做好准备工作迎接国对黔南州布依文的论证验收》的报告。9月17—25日，国家民委语文办公室、中国社科院民研所、贵州省民委对黔南州布依文试行工作进行论证验收。期间，18日上午召开迎接国家民委及中国社科院对黔南州试行布依文论证验收会议，州委、州政府、州政协、州民委、州教委等单位负责人出席会议，会上作《广大干部群众盼望布依文正式推行——黔南州试行布依文情况专题总结汇报》。19日上午，召开州直机关有关单位领导座谈，会后与会人员前往罗甸、龙里两县考察。

第六章 图书 新闻出版

1991年，全州12个县（市）都建有县图书馆。各级各类图书馆开展多种形式的读者服务工作。2012年，全州建成农家书屋2058个，投入农家书屋更新资金累计1500万元，全州农家书屋累计藏书300万册，每个书屋配送上万元的图书、音像制品和报刊等。到2014年，全州共有州县级图书馆13个，馆藏书量达118万册。

20世纪90年代初，全州图书发行的主渠道仍沿袭原有体制，由各级新华书店承担。“九五”到“十五”时期，全州图书市场逐步活跃，除新华书店系统作为图书发行主渠道外，各类个体、私营图书发行单位大量涌现，满足社会各方面、各层次对图书阅读和使用的需求。

1991年，新闻出版管理工作沿袭原有体制，由州文化局新闻出版科负责。

是年，成立州新闻出版局。2004年，全州各县（市）新闻出版局全部挂牌成立。2012年，整顿出版物市场，压缩公开出版物。至2014年，全州有公开发行报刊3家，在州新闻出版管理部门登记备案的连续性内刊27家。

第一节 图书馆

1991年，州级和所属12个县（市）均设有图书馆。州图书馆内设流通部、采编部、文献部、辅导部及办公室，职工人数31名。其中正式职工24人，借、聘用临时人员7名。县（市）图书馆人员编制分别为4～12人。其中都匀市图书馆编制最多，为12人；龙里、平塘、三都为4人。县（市）图书馆内设图书外借处、地方文献室、报刊阅览室、儿童阅览室等服务窗口。其中都匀市图书馆设施较为完备，设有阅览座位300多席，累计藏书17万册。

1992年，独山县图书馆杨琼仙被评为全国少儿校外教育先进工作者。

1993年，州图书馆新设少儿借阅中心，进一步完善该馆的服务功能，扩大服务范围，提升服务水平。

1994年6月，在文化部第一次公共图书馆评估定级中，州图书馆被评定为二级图书馆，都匀市、独山县图书馆评定为三级图书馆。是年，州图书馆职工总人数增至33人，正式职工26人，临时聘用人员7人。机构设置发展为外借部、期刊部、采编部、文献部、咨询辅导部及办公室，开设了社会科学图书外借室、自然科学图书外借室、民族文献室、过刊室、工具书室、办证处及咨询室等7个服务窗口。

1996 年，全州图书总馆藏量达 70 万册，发放借书证 17560 个，读者总流通量达 24.7 万人（次）。

1998 年，全州图书总馆藏 72.6 万册，读者总流通量 6.3 万人（次）。是年，州图书馆新书库投入使用。

1999 年，州图书馆成为全省首家“全国百家期刊阅览室”赠阅点，荔波县实现了村村有图书室的目标。是年，全州图书总馆藏达 73 万册。

2000 年，州图书馆被文化部评为“读者喜爱的图书馆”，同年还被中国期刊协会等评为“读者满意的阅览室”。

2004 年，州图书馆获州“全国文化信息资源共享工程”专项资金 15 万元，自筹资金 10 万元，建设全国文化信息资源共享工程——黔南地区分中心，建立有 20 台读者使用终端的电子阅览室、“全国文化信息资源共享工程”演示点及相应的多功能演示厅。是年，州图书馆在文化部第三次县级以上公共图书馆评估定级中再度被评为二级图书馆。

2006 年，全州图书总馆藏突破百万册，达 101.8 万册。是年，州图书馆建设完成全国文化信息资源共享工程——黔南地区分中心，开设有 28 台工作终端的电子阅览室。都匀市被确定为全国文化信息资源共享工程试点县。

2007 年，国家开始实施由“中央和地方政府主导建设、农民自主管理、全国统一推进、服务农村群众”的文化惠民工程——农家书屋工程。黔南州作为首批建设地区当年启动了 28 个农家书屋的建设。2008 年新建 320 个，至当年底，全州共有农家书屋 348 个，国家固定投资 756 万元。

2008 年，都匀市获文化部授予“全国文化信息资源共享工程示范县”称号，该市沙包堡办事处获“全国文化信息资源共享工程优秀基层服务点”。都匀市文化局被省文化厅表彰为“全省文化信息资源共享工程先进集体”。是年，福泉市、惠水县、独山县分别获得国家资助的文化信息资源共享工程经费 68 万元，于当年 11 月建设安装完毕并通过了文化部组织的验收。同年，全州有 1898 个村级点被列入国家文化信息资源共享工程建设项目，共得到中央扶助资金 949 万元，推动了全州广大农村文化信息资源共享工作。

2001—2006 年，全州图书馆建设获“中央、省补助，地方匹配”项目 5 个，项目资金 750 万余元。2007 年，全州公共图书馆藏书 65 万册；2008 年，黔南州图书馆盲文及盲人有声读物阅览室正式对外开放，填补了都匀地区无盲人阅览室的空白，也使州图书馆对弱势群体的服务得到加强。是年举行的第四次县级以上公共图书馆评估定级中，州图书馆被评为三级图书馆。全州公共图书馆藏书量 66.1 万册；2009 年，州和各县（市）图书馆共外借书刊 425.6 万册，接待读者 561.4 万人（次）。全州建成村级文化资源共享工程 1898 个，农家书屋 400 个，图书馆改造点和援建点 90 个。

2011 年，贯彻落实文化部、财政部关于推进公共图书馆免费开放意见及全省公共文化馆、图书馆免费开放工作会议精神，州图书馆实行免费开放。是年，贵州省开始推行“数字图书进农家”活动，并于 10 月 13 日在三都县举行贵州省“数字图书进农家”设备资源首发仪式，省文化厅、省图书馆、贵州电视台等单位向三都县 9 个乡镇 50 户农民朋友捐赠了50台联想电脑、50套农业技术视频和50套农村实用电子技术图书。首发仪式结束后，贵阳金利沅科技有限公司技术人员对50名农户进行“数字图书进农家”设备使用现场培训。

2012年，全州共建成农民文化园完81个，农家书屋196个，数字农家书屋38个，数字图书进农家30户，乡镇公共电子阅览室61个。长顺县摆所镇坪上村农家书屋管理员陈剑被评为“全国优秀农家书屋管理员”，获国家新闻出版总署表彰。

2013年，全州完成公共图书馆评估13个、申报国家一级馆2个、二级馆5个、三级馆6个。各县（市）图书馆利用“新书专栏”“读者园地”等多种形式，提供藏书目录、新书介绍，以便读者借阅。此外还开展流动图书室建设、送书到校园、送书到军营等活动，扩展服务范围。是年9月，州图书馆举办“中国梦读书小状元活动”，旨在提高中小学生的阅读兴趣，第一期读书小状元活动于年底结束，共评出一等奖1名，二等奖2名，三等奖3名，优秀奖10名。

2014年，全州共有州县级图书馆13个，馆藏书量达118万册；公共图书馆从业人员102人，较上年增加11人。是年，全州各级图书馆书刊文献外借22万余册（次），开展培训28期，举办展览16次，共接待读者15万人（次）。

是年，全州图书馆全部向市民免费开放，图书馆书刊文献外借22余万册（次），开展培训28余期，举办展览16次，共接待读者15万人（次）。在全州开展的“书香黔南”系列阅读活动，共送书下乡50余次、开设各类特色讲坛11个、开展读书小状元活动15次、举办“国学新知”演讲和朗读比赛13次，全州有3个家庭被国家新闻出版广电总局授予“书香之家”称号。年底，全州累计投入农家书屋更新资金1500余万元，全州农家书屋累计藏书300余万册。

近20年来，州图书馆积极参加每年开展的送文化下乡活动，年均赠送图书2000册左右，并有针对性地在农村建立实用方便的各类图书室，如荔波县“瑶山瑶族乡图书室”等。

第二节 图书发行

20世纪90年代初，全州图书发行的主渠道仍沿袭原有体制，由各级新华书店承担。

“九五”到“十五”时期，全州图书市场逐步开放，除新华书店系统作为图书发行主渠道外，各类个体、私营图书发行单位参与图书销售经营。2005年，全州国有新华书店（含分店）共46家，而各类私营书店已达162家。

2008年，全州共有包括新华书店在内的各种出版物音像、图书、报刊发行、零售、出租经营单位569家，从业人员1308人，资产总额1416万元。

2013年，全州有各类出版物发行单位239家，零售单位238家，批发单位1家，销售总额3524.4万元，其中零售3506.4万元，批发18万元；从业人员369人，乡镇发行网点

59个，县级发行网点179个。全年图书销售280.56万册、2985万元，报刊销售38.7万件、124.4万元，音像销售142.102万盒、416万元。

2014年，州内个体私营书店中，规模和实力较大的有西西弗书店、学府书店、行知书店、贵阳行知图书有限公司都匀分店和云浩书店等。个体私营书店（摊铺）与新华书店系统共同促进了全州图书发行市场的繁荣。

第三节　新闻出版

一、出版物管理

1991年，全州新闻出版管理工作沿袭原有体制，由州文化局新闻出版科负责。

是年，全州新闻出版局挂牌成立。2004年，全州各县（市）新闻出版局全部挂牌成立。

“九五”时期以后，根据国家统一安排部署，全州各级新闻出版管理部门重点对出版物各流通渠道进行日常监管。全州每年出动行政执法人员2000余人（次），开展执法检查行动1000余次。其中，2007年出动行政执法人员2300人（次），开展执法检查行动3500次，检查文化娱乐、图书、音像、网络、电子出版物等经营单位（经营户）4218家（次）；检查印刷、复打印企业528家（次）；查处出版物违法违规经营户20家（次），印刷厂2家；取缔非法兜售出版物地摊窝点28个，取缔查处非法从事印刷经营活动印刷厂1家，查获收缴“法轮功”邪教组织宣传品1357件，收缴盗版图书、报刊6.2万张（盒）、盗版电脑软件1.1万张。全州销毁盗版音像制品、非法图书、报刊5.3万张（册、盒）。2008年，州新闻出版局祝迎生获全国“扫黄打非”先进个人。2009年，州、县（市）新闻出版管理部门依法依规监管印刷企业，开展印刷行业各项整治，违法违规经营活动得到遏制。2010年，龙里县徐艳慧获全国“扫黄打非”先进个人。2011年，州新闻出版局韩应获2011年全国“扫黄打非”先进个人。是年，罗甸县新闻出版局被人力资源和社会保障部和新闻出版总署评为新闻出版系统先进集体。

2014年，全州各地继续开展“扫黄打非”集中行动、专项治理和日常监管工作，各级监管部门共出动执法人员3526人（次），开展执法检查行动1000多次，检查出版物经营单位1721家（次）、检查印刷企业122家（次），检查复打印单位826家（次），查处出版物违法违规经营户25家（次），责令改正25家（次），警告2家（次），取缔出版物非法经营摊点83个，收缴非法出版物总数53585件，其中淫秽色情出版物515件、侵权盗版出版物44512件，收缴非法报纸期刊4711件。此外还通过查堵反制香港反动出版活动、扫除淫秽色情等文化垃圾、打击侵权盗版出版物和非法报刊等专项整治行动，有力打击了文化市场和新闻出版行业中的违法违规经营活动，净化了文化市场、出版物市场环境。

二、出版物

1996年，黔南学者陈天银编著的《中国篆刻大字典》获贵州省优秀图书一等奖，该书共收录汉字单字字根15000个，篆刻字字体25万多个，计500余万字，2008年由贵州教育出版社第三次印刷，国家版权局为此发行了一套8枚专用藏书票。

2004年，全州公开出版发行的报刊有《黔南日报》《夜郎文学》《黔南民族师范学院学报》《黔南民族医学专科学校学报》，连续性内部资料出版物有《黔南工作》《黔南教育》《黔南宣传》《黔南民族》《黔南州委党校学报》《黔南民族职业技术学院学报》《黔南民族师范学院报》《黔南地税》《都匀摄影》等。2004年，有各类出版物经营单位（业户）862家，其中图书、报刊168家，音像制品498家，复制业154家，印刷业42家，全州共印刷（发行）内资书刊等出版物30种，5.5万余册。

2008年底，全州有公开发行报刊4家，即《黔南日报》《夜郎文学》《黔南民族师范学院学报》《黔南民族医学专科学校学报》，总发行量5万多份；连续性内资报刊12家，内部发行量3.5万份。

2009年，全州有各类出版印刷企业43家，其中出版物印刷企业（省管）4家，出版物（内资）企业3家，包装装潢印刷品企业8家，其他印刷品企业28家。

2010年，全州公开发行的报刊仍维持上述4家。连续性内刊有《黔南工作》《州政府公报》《黔南民族职业技术学院学报》《黔南宣传》等36种。

2012年，国家加强出版物市场整顿、严格控制并大力压缩公开发行的出版物，全州公开出版发行的报刊仅保留《黔南日报》《黔南民族师范学院学报》《黔南民族医学专科学校学报》3家。

2014年，全州公开发行的报刊有《黔南日报》《黔南民族师范学院学报》（双月刊）《黔南民族医学专科学校学报》（季刊）。在州新闻出版管理部门登记备案的连续性内部发行报刊有27家。其中报型3家，分别是《都匀供电局》《黔南民族师范学院报》《都匀时讯》；刊型24家，分别是：《今日黔南》《州政府公报》《黔南人大》《黔南宣传》《黔南调研》《夜郎文学》《黔南州委党校学报》《黔南州委党校理论与实践》《黔南民族》《黔南教育》《黔南地税》《黔南审判》《黔南检察》《黔南农村经济》《都匀市政府公报》《都匀摄影》《贵州平塘》《罗甸教育》《龙里冠山文化讲坛》《平塘平水河》《瓮安监狱》《瓮水长歌》《黔南报业文化传媒》等。

第七章　广播　电视　电影

1991年，州、县（市）广播电视局是州内广播电视事业管理机构。1994—1995年，在县级机构改革中，将县（市）广播电视局与文化、体育部门合并为文化体育广播电视局。此后，部分县将广播电视局单列。2012年，州广播电影电视局与州文化局合并，组建黔南州文化和广播电影电视局。

1991—2014 年，全州广播电视事业建设投入逐年增加，广播电视基础设施逐步改善，广播质量提高，电视节目由转播中央、省电视台节目为主发展到自办节目、有线电视、数字电视、网络电视。全州广播、电视覆盖率分别由 1991 年的 60.15%、58.63% 提高到 2014 年的 92.84%、95.61%。电影行业在经历转型后得到发展，2014 年，全州有 7 个县（市）建成数字影院，全州院线有 105 套电影放映设备。电影摄制开始起步并有作品获奖。

第一节　广　播

一、广播电台

1991 年，黔南州内建于 1987 年 7 月的都匀人民广播电台。调频频率 98.0，单声道，发射功率 100W；中波频率 882KHZ，发射功率 1000W。播出和录音设备有：L602 开盘机、LY653 开盘机、LY221 开盘机，节目覆盖整个都匀市区。

1992 年，经国家广播电影电视总局批准，贵定县、福泉县成立人民广播电台。

1994 年 5 月，由省、州广播电视局拨付专项资金，对都匀人民广播电台设备进行技术改造，录播设备升级为专业双卡卡座录音机，发射机调频功率增加到 300W，立体声发射，节目全天拉通，信号可以覆盖到都匀南北工区；1995 年，都匀市广播局为扩大广播电台信号覆盖区，在海拔 1700 多米的螺丝壳山上修建了一座广播差转台，用 103MHZ 的频率向都匀市周边乡镇转播都匀人民广播电台的节目；1996 年 4 月，都匀人民广播电台为提高节目的收听率，在市区的几条主要街道上，安装了 1.5W 的锁频室外音箱，在电台的几个自办节目时段由发射机房控制室外音箱的开启和闭合。

1998 年 1 月，根据广播电影电视部《关于县（市）广播电视播出机构合并的意见》，都匀人民广播电台、都匀有线电视台合并为都匀广播电视台，在播出自办广播电视节目时分别使用都匀人民广播电台和都匀有线电视台的呼号，合并后原来隶属关系不变。是年，经国家广播电影电视总局批准，福泉、瓮安、贵定、龙里、惠水、长顺、罗甸、平塘、独山、荔波、三都等县（市）建立广播电视台。至此，全州各县（市）的广播电视台全部设立。各县（市）广播电视台的广播节目主要是围绕县（市）委、政府的中心工作，制作播出新闻类节目和报纸摘要，以及围绕人民群众生产生活开办的知识性、趣味性、实用性的专栏栏目。如：《本地新闻》《报纸摘要》《卫生与健康》《生活小常识》《农业科技》《养殖技术》等。

1999 年 10 月，都匀人民广播电台将发射塔由电台山顶位置迁到都匀市委大楼楼顶，双层垂直极化天线，调频发射机功率提高到 500W。播出时间从早上 6：25 开始，一直到晚上 00：00 结束，全天播音 17 个半小时。

2001 年 12 月，根据国家广播电视总局“一城一台”的原则，黔南州电视台与都匀广播电视台合并，合并后的台名为“黔南布依族苗族自治州电视台”，隶属黔南州广播电视局管理。黔南电视台内设广播节目部，播出呼号仍沿用都匀广播电视台时的“都市广播”，以综合新闻为主，贴近经济生活，满足广播听众对政治、经济、文化信息的需求。

2004年8月，为保证黔南州广播和电视的正常工作和持续发展。经黔南州广播电视局报请黔南州委、州政府同意，将广播电台业务从黔南电视台中独立出来。黔南州编委《关于黔南电视台与黔南人民广播电台机构分开独立设置的批复》，成立黔南人民广播电台。

是年，黔南人民广播电台为改善节目播出质量，将卡座式录播方式升级为电脑播控的音频工作站录播系统，发射机房由都匀市委大楼楼顶迁至海拔980米的黔南电视台东山发射台，与电视共用铁塔，双层垂直极化天线，发射功率500W；节目信号经过调制后通过黔南电视台网络中心的光纤网络传输到黔南州的其他县（市）。调频频率98.0，单声道，发射功率100W；中波频率882KHZ，发射功率1000W。播出和录音设备有：0602开盘机、LY653开盘机、LY221开盘机，节目覆盖整个都匀市区，市区有线广播由于设备故障停止工作。

2006年8月8日，黔南人民广播电台连线中央人民广播电台报道黔南建州50周年庆典盛况，并同步连线贵阳、遵义、六盘水、安顺等地电台做现场直播，扩大了黔南影响。

2008年初，黔南州发生严重的凝冻灾害，都匀市和州内多数县城长时间停水停电，州广播电台自购发电机发电广播，开通了《爱心传递风雪同行》大型直播特别节目，每天不间断播出，对稳定社会、推动抗凝救灾发挥了积极作用。黔南人民广播电台荣获省广播电视系统抗凝冻先进集体奖，主持人闻蓉荣获省委省政府颁发的抗凝冻一等功臣奖。在同年州内发生的瓮安“6·28”事件中，州、县广播电台及时发声，正确引导社会舆论，促进社会稳定，收到较好效果。

2009年初，黔南人民广播电台联合中央人民广播电台、中国国际广播电台等，采制系列报道《寻访春天》，共发稿8篇，在中央人民广播电台、中国国际广播电台播出；同年9月，黔南人民广播电台联合湖南广播电台制作专题节目《贵州荔波瑶族同胞载歌载舞庆祝祖国六十华诞》，在湖南等8家省级广播电台播出。

2010年，黔南遭受特大旱灾，黔南人民广播电台向全国各地广播电台发起“抗旱献爱心广播在行动”的倡议，得到广泛响应，活动累计接受的现金和物质共50万元。

2011年6月，黔南人民广播电台与山东淄博人民广播电台并机直播的建党90周年特别报道“追寻”特别节目，讲述中国共产党的早期缔造者之一，参加过中共一大唯一一位少数民族代表邓恩铭的事迹。

2011年10月，根据中央、省委、州委相关文件精神，黔南州编委下发《关于将黔南电视台和黔南人民广播电台合并为黔南广播电视台批复》，黔南人民广播电台与黔南电视台合并，组建黔南布依族苗族自治州广播电视台。在台内设“广播节目部”，呼号为“黔南广播电视台综合新闻广播”。

是年，州广播电视台投入116万元对广播节目部播控设备进行升级改造，升级后的播控系统按全台网格式配置，集数字录音、非线性编辑、节目储存、自动播出、监测分析、自动控制、现代管理于一体，实现了广播电台录制、编辑、播出、储存、管理和控制全程数字化、网络化、信息化、自动化。节目信号一路通过光纤送到都匀东山发射台，发射功率1000W，三层四面垂直极化天线；一路调制后通过贵州广电网络光缆送到全州其他县（市）解调后发射。

2013年，黔南人民广播电台成为中国广播联盟成员单位，从而拥有了更为广阔的对外宣传平台。

2014年，全州广播发稿4737条（篇），被中央媒体采用68条（篇）、省级媒体采用213条（篇）。2010—2014年，黔南州广播电台的稿件被上级台采用的情况是：2010年中央台35条（篇）、省台127条（篇）；2011年中央台28条（篇）、省台118条（篇）；2012年中央台10条（篇）、省台83条（篇）；2013年中央台8条（篇）、省台71条（篇）；2014年中央台4条（篇）、省台60条（篇）。

2014年，全州广播人口覆盖率为92.84%，较1991年上升了32.69%。历年覆盖率增长变化的情况是：1991年60.15%、1992年67.89%、1993年65.85%、1994年65.75%、1995年65.94%、1996年64.68%、1997年69.69%、1998年72.98%、1999年78.65%、2000年80.08%、2001年81.03%、2002年82.31%、2003年83.11%、2004年83.23%、2005年83.78%、2006年83.82%、2007年83.87%、2008年83.88%、2009年83.92%、2010年90.17%、2011年92.14%、2012年92.50%、2013年92.66%、2014年92.84%。

在组织广告收入方面，黔南州广播电台基本实现逐年增长。历年广告收入的情况是：2004年10万元，2005年20万元，2006年25万元，2007年28万元，2008年30万元，2009年35万元，2010年40万元，2011年25万元，2012年48万元，2013年68万元，2014年115万元。

二、有线广播

有线广播是县级广播电台的前身，早期主要转播中央台和省台节目，播发县里一些重要通知，有少量本地新闻。

1991年，国家广播电视部授予都匀市阳和乡广播站蒙家科同志“全国广播电视先进个人”称号。次年该同志获全省广播电视先进个人。

1992年，全州各县市在建立乡镇广播电视卫星地面站时，给部分乡镇配备小调频发射机，部分乡镇配备了2×250W有线广播扩大机。全州约130个乡镇配备了有线广播扩大机，有的线路架通乡镇附近村寨，有的在电视发射塔上挂4个25W大喇叭。20世纪90年代后期，开展村村通广播电视建设，每套设备配置了1台50W扩音机，2个25W高音喇叭，能够保持正常使用。

1998年，国家广播电视部授予都匀市广播电视局“全国广播电视先进县（市）”称号。

随着时代的发展，各种通信工具陆续投入使用，全州各地的有线广播逐步走向衰落。

2012年底，都匀市农村还有5个乡镇（基场、奉合、王司、江洲、沙包堡）保留有线广播。有线广播设备（2×250W）完好，线路因2008年凝冻，杆倒线断，买不到镀锌铁丝和没有杆子修复，只在乡镇政府所在地分别带动2～4只25W高音喇叭进行播音。

三、乡镇地波调频广播

针对农村有线广播线路专杆专线建设建了垮、垮了建的状况，黔南州各级广播事业主管部门积极探索农村广播网巩固和发展多、快、好、省的路子，在全省率先建设农村无线广播。

1997 年底，黔南州广播电视局开始在都匀市凯口镇建设地波调频广播，1998 年初建成。这是黔南州乃至全省第一家乡镇无线广播，使用重庆大地公司生产的地波广播产品。其特点是发射的电波在大地与本乡镇内电网之间传播，具有不受地形影响，电网覆盖到哪里广播即可覆盖到哪里，利用自控无线接收机加挂 25W 大喇叭传播的优势。在各村寨挂职了 100 多只大喇叭，基本覆盖了全乡镇人口。

凯口镇地波广播主试播成功后，1998—2004 年先后在都匀墨冲，瓮安龙塘、老坟嘴，平塘新塘、谷洞，独山兔场、甲定，龙里摆省，惠水摆榜等乡镇完成了 10 个点建设。全州共建设地波广播站 11 座。

2000 年，国家广播电视部授予都匀市广播电视局“全国广播电视‘村村通’工程先进集体”称号。

2004 年 7 月 18 日夜间，都匀市凯口镇骤降暴雨，凌晨 3 时山洪暴发，镇政府紧急开通广播，沉睡中的人们被高音喇叭惊醒，迅速向高处转移。由于有了广播的呼唤，凯口镇没有人员伤亡和牲畜损失。

地波广播虽然发射好覆盖好效益好，但由于其接收机都挂在户外，雷雨天容易受雷击，厂家又不供给配件，最后导致其有效覆盖不断地收缩。2005 年，黔南州开始探索使用无线调频广播方式进行覆盖。首先在三都县巫不乡进行试点，选用的是西安蓝田公司的产品。机房建在巫不乡政府办公楼，在楼顶架设 20M 铁塔天线 20M，发射机功率 100W，由于乡政府地势低洼，同时还在距乡政府最近的山头进行了中继补点覆盖的试验，效果好，全乡村寨基本覆盖。

在总结试点经验对比后，改用了无锡新时空广播电视设备厂（原无锡广播电视设备厂）的生产的新一代调频广播自动收扩系统。2006—2008 年 3 年时间，在全州 6 个乡镇党建扶贫工作联系点建设了调频广播网（独山甲里、基场；平塘大塘、卡蒲；长顺广顺；瓮安草塘）。另外平塘县通过自筹资金完成了县城区、苗二河、甘寨、者密等乡镇调频广播网建设，瓮安县在牛场坝乡，惠水县在三都镇建调频广播。

2008 年瓮安“6·28”事件期间，瓮安县牛场坝乡利用广播网不停地反复宣传，及时让群众了解事实真相，并号召群众要坚决和黑恶势力作斗争。由于宣传到位，群众及时了解到事实真相，牛场坝乡没有一个人参与到事件中去。

2009 年 3 月，全省广电工作会暨调频广播现场会在瓮安召开，省广播电视局对黔南州乡镇调频广播网建设给予高度评价。4 月 28 日，黔南州农村广播工作培训暨现场会在惠水县召开，研究并明确了全州农村广播建设的措施。是年，全州共建设了 11 个乡镇（都匀市凯口镇、罗甸县边阳镇、荔波县方村乡、瓮安县中坪镇、鱼河乡，三都县城关镇、长顺县白云山镇、惠水县羡塘乡、龙里县谷脚镇、贵定县都六乡、福泉市岔河乡）调频广播示范点，州、县共投入资金 100.15 万元。

2014 年黔南州乡镇调频广播建设情况一览表

表 20－7－1

序号	县（市）	乡镇名称	数量（个）	备　注
1	都匀	凯口、大坪、小围寨、沙寨、阳和、平浪	6	
2	福泉	岔河、黄丝、凤山、地松、龙昌、道坪	6	
3	瓮安	白沙、猴场、岚关、龙塘、木老坪、木引槽、牛场坝、平定营、松坪、天文、小河山、银盏、雍阳、永和、鱼河、中坪、珠藏	17	
4	贵定	都六、岩下	2	
5	龙里	龙山、麻芝、三元、草原、摆省、湾寨、羊场、谷脚、醒狮、水场、洗马、哪旁、谷龙、巴江	14	所有乡镇建完
6	惠水	三都、羡塘、岗度、鸭绒、芦山、甲戎	6	
7	长顺	广顺、白云山、中坝	3	
8	罗甸	边阳	1	
9	平塘	者密、甘寨、苗二河、大塘、卡蒲、谷硐	6	
10	独山	基场、甲里、城关镇、甲定、翁台、兔场、羊凤、本寨	8	
11	荔波	方村、玉屏、甲良、朝阳	4	
12	三都	三合镇、打鱼乡、普安、丰乐、周覃	5	

四、都匀中波台

1991 年 1 月 26 日，都匀中波台建成播出，隶属州广播电视局。主要转播中央人民广播电台第一套节目，贵州人民广播电台第一套节目，发射黔南人民广播电台节目和承担指令性实验广播。覆盖都匀市全境及周边的贵定、福泉、麻江、丹寨、三都、独山、平塘等县（市）的部分地区，广播覆盖人口 100 万人。发射台位于都匀市小围寨镇新城办事处剑水村 5 组，占地面积 3330 平方米，总建筑面积 831.48 平方米。建成 5 层拉线发射铁塔 2 座，配置中波广播发射机 5 部。年内，该台购置安装 1 套口径 2 米的卫星广播电视地面接收站，在贵州省第一家中波广播发射台使用卫星单路节目解调机，解决了优质收转中央人民广播电台第一套节目信号源的问题。

1993 年 1 月起，用卫星广播电视地面接收站收转贵州人民广播电台节目。

2000 年 7 月，贵州省广播电视局为该台购置 PDM 全固态中波广播发射机 1 部，标称功率 10KW。该机于 2001 年 5 月 21 日投入使用，转播贵州人民广播电台节目，取代 GZ10－3B 板调中波广播发射机转播贵州人民广播电台节目，降低了播出成本。

2002 年 1 月 1 日，根据贵州省人民政府省长办公会议的决定，黔南州都匀中波台成建制上划贵州省广播电视局管理。同年 4 月，贵州省机构编制委员会办公室下文明确，黔南布依族苗族自治州都匀中波台更名为贵州省广播电视局 854 台，为县级事业单位。该台上划省管后，仍服务于黔南。

2003 年 12 月 23 日，贵州省发展改革和计划委员会批复，同意 854 台从原台址搬迁。

2004 年 7 月 3 日开工建设发射机房和值班用房，2005 年 4 月 24 日新台正式播出，台址位于都匀市沙包堡办事处茶园村黑龙寨。8 月发射台行政办公室迁至都匀经济开发区红旗新村，面积 408 平方米（自购房）。新发射台占地面积 8714.44 平方米，总建筑面积 914 平方米，搬迁总投资 500 万元。

2008 年贵州省广播电视局为 854 台购置 DAM 数字中波广播发射机 1 部，标称功率 10KW。3 月该机正式作为转播贵州人民广播电台节目的备机。

2010 年末，854 台投入使用的中波广播发射机共 6 部，其中：PDM 全固态中波广播发射机（主机）1 部，标称功率 10KW，DAM 中波广播发射机（备用机）1 部，标称功率 10KW；GZ1 –2B 板调中波广播发射机 2 部，标称功率均为 1KW；GZ –1KW –2 脉宽调制中波广播发射机 2 部，标称功率均为 1KW。卫星广播电视地面接收站 4 座，音频控制前端 1 套，350 米 10KV 输电线路 1 条，250KVA 变压器 1 台，低压配电柜 1 套，100KVA 稳压电源 1 台，自立式 102 米中波广播发射塔 2 座，半径 100m 的发射地网 2 个，中波发射机输出馈管 800 米等设施设备。

1992—2014 年都匀中波台（贵州省 854 台）播出及设备运行一览表

表 20 –7 –2

年度	全年播出时间（小时）	全年停播时间（时、分、秒）	总停播率（秒/百小时）	台内停播率（秒/百小时）	机器技术指标
1992	12279.65	88 时 32 分	2596	410	甲级
1993	14167.1	206 时 29 分	5247	26	甲级
1994	14245.6	91 时 13 分	2305	152	甲级
1995	19737.93	171 时 04 分	3120	1159	甲级
1996	18007.07	3216 时 58 分	64314	2491	甲级
1997	22337.4	739 时 45 分	11922	1056	甲级
1998	21984.4	119 时 15 分	1953	457	甲级
1999	21045.3	33 时 05 分	566	78	甲级
2000	21051.1	63 时 23 分	1084	25	甲级
2001	18919.2	130 时 17 分	2479	1243	甲级
2002	18968	63 时 26 分	1204	89	甲级
2003	21352.03	143 时 27 分	2419	47	甲级
2004	21546.21	147 时 47 分	2469	887	甲级
2005	19327.13	73 时 27 分	1368	81	甲级
2006	18947.47	268 时 21 分	5098	0	甲级
2007	18947.55	47 时 52 分	909	0	甲级
2008	19064.95	941 时 19 分	17775	2	甲级
2009	20079.14	70 时 28 分	1263	0	甲级
2010	20964.82	32 时 09 分	552	0	甲级

续表 20－7－2

年度	全年播出时间（小时）	全年停播时间（时、分、秒）	总停播率（秒/百小时）	台内停播率（秒/百小时）	机器技术指标
2011	20954.82	38 时 28 分	661	0	甲级
2012	21009.66	62 时 57 分	1079	0	甲级
2013	19887.67	152 时 44 分	2765	0	甲级
2014	19148.31	19 时 41 分	370	0	甲级

第二节　电　视

一、黔南州电视台

黔南电视台的前身是黔南州都匀电视转播台，经国家广播电视局行文批准于 1985 年 1 月 1 日成立并开播自办节目。建台初期，明确编制 32 人。

1991 年，黔南电视台平均每天播出 1 档新闻节目，4 个专栏节目。

1992 年，开办《荧屏歌声》《动画世界》《点歌台》《环球掠影》《时事漫谈》《荧屏大观》《影视博览》《锦绣中华》《一周体坛》《下周影视》十个专栏栏目。是年下半年起，《黔南新闻》每周 6 次，星期六如无重大新闻就播出一周要闻。

1993 年，黔南电视台摄制电视小品短剧《补鞋》。同年，黔南电视台与上海电影制片厂联合拍摄电视剧《布依儿女》（上、下集）。

1995 年，州编委下文将黔南电视台的编制扩充为 68 人。

2001 年 12 月，黔南电视台与都匀有线电视台合并为新的黔南电视台。栏目设置为：《黔南新闻联播》《都市报道》《12 在线》《国际报道》《七日新周刊》《警方特别报道》《休闲特区》《安居漫话》《绿色黔南》《综艺大看台》。

2003 年开办《经济信息播报》栏目，设有《经济前沿》《产业窗》《金融快讯》《经济与法》《新旅游》《房产信息》等版块节目。《12 在线》是黔南州第一档民生新闻栏目，开播后受观众的喜爱，连年收视率居黔南电视台前列。获得 2004 年度贵州省唯一一个优秀电视栏目奖，《12 在线》节目覆盖黔南 12 县（市）。2005 年，《都市报道》改版，增设了《DV 故事》《杨婕说事》《亮相》等子栏目，增加了栏目“亲近、平民、时尚”的元素，栏目更具可视性。

2004 年 5 月 24 日，省编办文件明确黔南电视台为正县级事业单位，原隶属关系不变。8 月，黔南州编委下发《关于黔南电视台与黔南人民广播电台机构分开独立设置的批复》，明确黔南电视台为州广播电视局管理的自收自支正县级事业单位。是年，黔南电视台获“2004 年度中央电视台西部频道最佳创意奖”称号。2006 年，中共贵州团省委授予黔南电视台团委“贵州省先进团组织”称号。2007 年，中宣部授予黔南电视台新闻中心“全国新闻工作先进集体”称号。同年，国家广电总局授予黔南电视台肖家华“全国广播电视技术能手”称号。2008 年，贵州省委宣传部授予黔南电视台新闻中心“贵州省宣传文化系统抗凝冻先进集体”称号；中央电视台授予黔南电视台新闻中心“抗凝冻中央电视台最佳合作伙伴”称号。同年，黔南电视台梅伟在中记协、中残联举办的“全国第二届十大爱心记者”活动中获得提名奖。

2009 年，黔南电视台新闻中心摄制的《农民工刘石桥》获得中央电视台“2009 年度十佳直播节目奖”；同年，中宣部授予黔南电视台王先宁“全国优秀新闻工作者”称号。

2010 年，国家广电总局授予黔南电视台王先宁“2010 年度十大广电改革创新人物”称号；国家广电总局授予黔南电视台“2010 年度十大广电改革创新示范单位”称号；中共贵州省委宣传部授予黔南电视台王友军“贵州省宣传文化系统第三批‘四个一批’人才”称号；国家广播电视安全播出调度中心授予黔南电视台东山发射台“2010 年度移动多媒体广播电视安全播出先进台站”称号；中央电视台授予黔南电视台新闻中心“全国电视新闻先进协作奖”称号；国家广电总局授予黔南电视台李正东“全国广播影视系统 2006 - 2010 年法制宣传教育先进工作者”称号。

2011 年 11 月，根据中央、省委、州委关于深化文化体制改革，推动文化事业、产业发展相关文件精神，黔南州编委行文批复，确定黔南电视台与黔南人民广播电台合并，组建黔南布依族苗族自治州广播电视台。内设机构为：办公室、人力资源部、新闻中心、社会评论部、社教文艺部、频道管理部、总编室、广告管理部、技术中心、广播节目部和东山发射台。核定事业编制 102 名，所需经费纳入财政预算管理。是年，黔南州广播电视台年获全国改革创新先进单位称号。

2013 年，黔南广播电视台实施“黔之爱”中国名家书画作品义卖公益活动，取得良好的社会效果。是年，中国电视艺术家协会授予黔南电视台《12 在线》“2013 全国十大名专栏”称号；黔南电视台组织拍摄的专题片《双肩背出鱼水情》荣获第二十三届中国新闻奖二等奖，《水书：世界仍然“存活”的象形文字》获得第十四届中国新闻奖三等奖，《水族卯节》获得第九届中国民俗文艺奖“百花奖”金奖、第一届中国·东南亚·南亚电视艺术周“电视纪录片山茶花奖”，《树和路》获得第四届中国民族语言、民族题材电视节目“金鹏展翅”奖一等奖及最佳编导奖等。是年，中国电视艺术家协会授予黔南电视台王友军“第八届全国德艺双馨电视艺术工作者”称号；国家新闻出版广电总局授予黔南广播电视台罗昆“2012 年度全国广播电视安全播出先进个人”称号；黔南广播电视台杨世友在 2013 年“贵人善行——颂最美精神做最美贵州人”主题活动中被中共贵州省委宣传部、贵州省贵人善行主题活动组委会推选为百名“最美贵州人”。

2014 年，国家卫生和计划生育委员会授予黔南电视台“全国无偿献血促进奖”称号；大城市电视联盟体授予黔南州“全国大城市联盟台创意专题片拍摄基地”“全国大城市电视台纪录片、旅游风光片电视拍摄基地”称号；中国电视艺术家协会授予黔南广播电视台广告管理部《一起出发》旅游电视栏目“优秀栏目”称号；国家卫生和计划生育委员会授予黔南电视台陈锡健“全国无偿献血宣传先进个人”称号。

2014 年，黔南广播电视台共拥有新闻综合、都市、电视剧、电影、纪录 5 个频道，

1 个新闻综合广播频率、“黔视界”视频网站和“智慧黔南”手机客户端和官方微信公众平台。开设的主要栏目有《黔南新闻联播》《都匀新闻》《12 在线》《黔南纪录》《黔南骄傲》《匀城警视》《一起出发》《98 早新闻》《午间零距离》等，初步形成了电视、广播、网站、新媒体等产业经营多位一体的现代传媒新格局。其中，《黔南新闻联播》以展示发展中的黔南、与时代同行为宗旨，聚焦时政要闻、关注州情民意、报道大事要事、见证社会发展；《都匀新闻》以时政兼有民生新闻为主，看社会万象、话百姓故事、听百姓心声；《12 在线》以说新闻、话家常的风格，报道黔南大事小事，贴近实际、贴近生活、贴近群众。此外，还开设有《黔南骄傲》《记录黔南》《法案评说》《平安黔南》等专题栏目，同时还创办了《智慧黔南 APP》《掌上 V 黔南》等电视新媒体，内容丰富、形式多样，深受观众喜爱，影响较好。是年，全州各级广播电视台共播出自办电视新闻 3300 期，播出电视新闻 25050 条、专题及系列报道 465 期，制作播出各类公益广告、公告、标语 7000 多条，在中央媒体用稿 202 条，省级媒体用稿 1100 余条。是年由黔南广播电视台摄制《干部也“召回”》获得中国广播影视大奖；在第六届中国民族语言、民族题材节目“金鹏展翅”评奖中，黔南广播电视台选送的《大山里的夫妻学校》获记录短片二等奖，《水族卯节》获记录短片三等奖，《咕噜跳月》获“人文中国第三季——传承中国”全国电视片、专题片评选三等奖，黔南广播电视台获国家新闻出版广电总局 2013—2014 年度广播电视公益广告优秀传播机构二类扶持项目。

2001—2014 年，黔南广播电视台年均在央视播出新闻 170 余条，送贵州省广播电视台播出新闻 500 余条，连续 13 年获贵州省地级电视台上中央新闻总量、上贵州广播电视台新闻总质量、年度获奖节目总量三项第一的好成绩。连续 11 年春节除夕都有新闻在中央电视台中播出。

二、县（市）广播电视台

1991 年，全州县市电视台中仅有都匀市有线电视台一家（1989 年经省广播电视厅批准成立），其他部分县市则为有线电视网，主要转播中央、省电视台的节目，同时播出一些本地新闻。

1992 年，都匀有线电视台拍摄的广告《茶》《华电 999》《90 啤酒》获第三届全国广告作品评比优秀奖。其中，《茶》《90 啤酒》分获全省优秀广告二、三等奖。

1998 年 1 月，根据广播电影电视部《关于县（市）广播电视播出机构合并的意见》，都匀人民广播电台、都匀有线电视台合并为“都匀广播电视台”。同年，经国家广播电影电视总局批准，成立了福泉市广播电视台、瓮安县广播电视台、贵定县广播电视台、龙里县广播电视台、惠水县广播电视台、长顺县广播电视台、罗甸县广播电视台、平塘县广播电视台、独山县广播电视台、荔波县广播电视台、三都县广播电视台。至此，全州各县（市）均建立了广播电视台。

2001 年 12 月，黔南电视台与都匀有线电视台合并。

2006 年，国家广播电影电视总局、国家发展和改革委员会、财政部分别授予荔波县文体广播电视局莫远景、惠水县文体广电旅游局王保健“村村通广播电视建设工程先进工作者”称号。

2008年11月，贵州省广播电视台开通省级《新闻荟萃》节目，传输各地、州、市节目，每天滚动播出，各地节目可在此频道中覆盖全省。黔南州广播电视局下发《关于办好〈新闻荟萃〉节目的通知》，要求各县（市）广播电视（文体）局、黔南电视台、黔南人民广播电台精办节目，多出精品，把《新闻荟萃》中的《黔南新闻》办成全省有影响的节目。2009年起，州广播电视局将此项工作纳入县（市）广播电视工作年度考核。

黔南州级《新闻荟萃》节目从2010年8月31日开始创办并开播，所需经费由州、县（市）分担。黔南版《新闻荟萃》用201频道，流动播出黔南广播电视台和除都匀市外的11县（市）广播电视台的电视节目。

2012年，国家广播电影电视总局、国家发展和改革委员会、财政部授予福泉市文体广电旅游局董必富获“村村通广播电视建设工程先进工作者”称号。

三、广播电视报

1994年11月，经州委、州政府同意并报经贵州省新闻出版局以及贵州省广播电视厅批准，黔南州广播电视局正式创办《黔南广播电视报》（刊号：黔05－B006），四开四版，每周三出版。创办初期，由黔南州广播电视局与都匀市文体广播电视局联合主办，委托都匀人民广播电视台承办。1995年1月，黔南州广播电视局收回主办权，由州广播电视局抽调5人，独立编辑、发行。1995年第12期后扩大为四开八版。是年7月，因扩版手续不完备，该报恢复为四开四版，一版为影视新闻信息，二、三版为节目预告，四版为影视剧情和明星世界等。

2000年，《黔南广播电视报》改由黔南电视台承办，主要以预告一周电视节目和电影电视剧情介绍为主。2002年，更名为《贵州广播电视报黔南版》，四开十六版，改为彩色印刷，主要设置《新闻聚焦》《社会经纬》《文化视野》《娱情快讯》《台前幕后》《影视星空》《佳片有约》《节目预告》等版面。2003年，更名为《黔南电视报》，四开二十版，主要设置《新闻七日》《热点聚焦》《社会透视》《广电资讯》《体育看台》《衣食住行》《佳片推荐》《娱乐前线》《娱情快讯》《文化视野》《节目预告》等版面。2005年，更名为《贵州广播电视报黔南版周刊》，四开二十四版。2006年，更名为《黔南周刊》，四开三十二版，彩色印刷，版面设置有：《黔南新闻》《聚焦透视》《综合消息》《社会广角》《文化教育》《消费维权》《体育看台》《汽车资讯》《黔南旅游》《娱情在线》《娱乐星闻》《房产资讯》《家居资讯》《健康生活》《老年生活》《女性健康》《两性情感》《休闲时光》《节目预告》等版面。2007年，更名为《黔南电视周刊》，为四开四十八版，彩色印刷，版面设置有：《新视线》《新视点》《社会传真》《黔南人物》《生活社会》《生活聚焦》《文化教育》《生活理财》《生活消费》《时尚消费》《文摘精粹》《史海钩沉》《交警平台》《时尚潮流》《荧屏资讯》《科技博览》《明星故事》《娱情在线》《台前幕后》《健康》《美丽生活》《美食天地》《老年生活》《两性》《房产周刊》《汽车》《家居装饰》《旅游》《生活休闲》《轻松驿站》《剧情介绍》《节目预告》等。

2009年，更名为《黔南周刊》，四开三十二版。

2000—2011 年，更名为《黔南电视周刊》，报纸版面为四开三十二版，彩色印刷，版面设置有：《新视线》《社会生活》《文摘》《文化教育》《科技》《消费》《理财》《房产》《健康》《老年健康》《女性健康》《两性》《休闲生活》《轻松驿站》《汽车》《文摘》《影视》《美食》《时尚》《幽默》《剧情介绍》《节目预告》等。

2012 年起，《黔南电视周刊》由于没有属于自己独立的刊号，经报省新闻出版局批准同意休刊。

四、广播电视基础设施建设

20 世纪 90 年代初至中期，由于科技进步，卫星电视信号作为电视地面接收的信号源技术和设备条件已成熟，原来建设于高山上的电视差转台，由于不便维护管理和易遭雷击，各县（市）除县级发射台外，乡镇差转台都从高山上拆迁到便于维护管理和不易遭受雷击的平地或房屋平顶上设置。卫星地面站的发展伴随着高山差转台的消亡。

1992—1995 年，黔南州对农村地面卫星接收站建设实施国家、省、州分级配套补助政策，促进了这一民生工程的建设。期间，1992 年贵州省广播电视厅下达黔南州建站任务 66 座，当年完成建站任务 55 座，次年完成 13 座，超任务 2 座；1993 年，贵州省广播电视厅下达黔南州建站任务 83 座，当年完成建站任务 50 座，次年完成 33 座。1995 年底，全州有卫星地面接收站 513 座，其中：系统内 364 座，系统外 149 座。

随着电子技术进步和社会发展，人们需求收看多套节目，卫星地面接收转发单一的节目不能满足要求，1996 年以后，电视发展由单一的无线传输伴随着有线传输方式发展。

1998 年，国家开始启动广播电视村村通工程。黔南州第一阶段为 1998—2003 年，实施已通电行政村的村村通建设，共建设卫星广播电视接收站 1634 座，覆盖 40850 户。2000 年，都匀市广播电视局被评为“全国村村通工程先进集体”；第二阶段从 2004 年开始，实施 50 户以上已通电自然村“村村通”工程，建设卫星广播电视接收站 2040 座，其中：小片网 404 座，覆盖 10100 户，共用天线 4908 座，覆盖 29448 户。第三阶段为 2009—2010 年，实施 20 户以上已通电自然村建设工程，2009 年建站 46551 座，覆盖 46551 户，2010 年建站 293475 座，覆盖 293475 户。2011 年后，实施户户通工程，安装调试 340026 户、套直播卫星设备。

2007 年 6 月，黔南州启动农村广播电视无线覆盖工程，即对全州 12 个广播电视发射台进行改造更新，形成以 12 个县（市）城区为主的广播电视无线覆盖网，满足该区域内居民群众免费听广播、看电视的需求。此项工程由中央、省和州三级共同投资建设。其中：中央投入 1431 万元，省投入 259.8 万元。利用这些资金，由中央和省招标购置发射机 56 台共 384.6 万元。新建 9 座铁塔，维修 3 座铁塔共 338 万元。由州广播电视局招标附属设施和附属设备共 405 万元。工程监理费 22 万元。由县（市）招标的基础设施维修费共 541.2 万元。包括：新建机房 5 栋 650 平方米，维修机房 7 栋 2150 平方米；新修水泵房 9 个，铺设水管 1 万多米；架设高压输电线路 12 条 23 公里，安装变压器 12 台；维修道路 20 余公里；平整硬化场地 2500 平方米。是年，州政府投入 36.5 万元解决州“两台”节目覆盖问题，并从州财政专项资金中安排 23 万元购买工程用车，确保全州无线覆盖工程的顺利实施。

2008 年初，黔南州遭受罕见的冰雪凝冻灾害，许多正在建设中的农村广播电视无线覆盖工程项目受到损失。部分原有铁塔不堪冰块负重被压倾斜需进行较正；部分刚打好水泥路面被冻裂，需返工重来；部分铁塔混凝土基础被冻坏，需要炸掉重新浇筑。各建设和施工单位克服重重困难，全州广播电视无线覆盖工程于 2008 年 7 月全部建成投入使用。

2009 年 12 月，由中广传播有限公司出资牵头，黔南人民广播电台入股筹建的主要服务对象为手机、GPS、MP4 等 8 寸以下屏幕的电子产品的 CMMB 手持电视建成开播，发射机房建在黔南电视台东山发射台上，发射功率 1kW，播出中 1、中 7、睛彩影视、睛彩电影、少儿节目、新闻频道、贵电视台 1 套和 2 套共八套电视节目，两套调频广播节目，信号覆盖都匀市区。2012 年，福泉市 CMMB 手持电视建成开播，发射功率 1kW。是年，完成 2116 个 46551 套广播电视村村通建设工程。

2014 年，全州广播、电视的人口覆盖率分别为 92.84% 和 95.61%，分别较 1991 年上升了 32.69% 和 36.98%。

五、广播电视行业管理

20 世纪 90 年代，全州广播电视行业管理除了对节目内容的审查外，还包括播出频道管理以及督促遵循国家关于无线电管理方面的制度规定等。

2003 年，全州各地非法销售、安装和使用卫星电视广播地面接收设施出现抬头的趋势，大量能够收看境外节目的卫星电视广播接收设施流向农村。根据《广播电视管理条例》《卫星电视广播地面接收设施管理规定》《关于进一步加强电视广播地面接收设施管理的意见》《黔南州人民政府办公室关于印发〈黔南州集中清理卫星电视广播地面接收设施实施方案〉的通知》，州广播电视局制定措施，加强全州卫星地面接收设施管理，对安装卫星电视广播地面接收设施实行“五统一”（统一供货渠道、统一安装渠道、统一收视频道、统一价格、统一管理），对不按规定进货、不办理许可证、不锁死境外频道以及其他违反法律和有关法规及相关规定的安装单位，第一次予以通报批评及按法律、法规及规定处罚，第二次即上报省广播电视局审批，取消其卫星电视广播地面接收设施安装资格。

2007 年 8 月，根据国家的安排部署，黔南州进行广播电视节目转星调整工作。将原通过亚洲 3S、亚洲 4 号、亚太 6 号、亚太 2R、中卫 1 号和鑫诺 1 号共 6 颗卫星 36 个转发器传输的中央和地方卫星电视节目共 152 套、广播节目共 155 路，全部转移到鑫诺 3 号和中星 6B 两颗专用卫星传输。全州有 1 个州级广播电视台、11 个县级广播电视台和 235 个乡镇（办事处）以及事业单位、学校、工矿企业、宾馆饭店接收 6 颗卫星广播电视节目的共 280632 座地面接收设施，需要调整到接收两颗专用卫星。为此，黔南州由各级广电部门牵头，成立转星调整工作领导小组，各乡镇人民政府（办事处）及安装有卫星接收设施的部门负责具体实施，州、县（市）广电部门提供技术培训和指导，于是年 8 月 31 日下午 5 时全面完成全州 280632 座卫星广播电视节目地面接收设施的调整工作。

2008 年 5 月，黔南州广播电视局遵照贵州省广播电视局《关于对未批准传播视听节目且节目内容涉嫌违规的网站依法实施行政处罚的通知》，对全州互联网站的视听节目进行检查，发现都匀、罗甸、惠水、荔波、瓮安、三都6个县（市）开办的13个网站都是链接其他上线网站，均有违规传播视听节目行为，由当地公安、电信等部门协助，以上网站于当年6月底全部关闭。

1991—2014年黔南州广播电视人口覆盖情况一览表

表20－7－3

年度	广播覆盖率（%）	电视覆盖率（%）	年度	广播覆盖率（%）	电视覆盖率（%）
1991	60.15	58.63	2003	83.11	87.54
1992	67.89	60.20	2004	83.23	87.80
1993	65.85	64.54	2005	83.78	88.33
1994	65.75	70.26	2006	83.82	88.41
1995	65.94	74.11	2007	83.87	88.43
1996	64.68	76.19	2008	83.88	88.46
1997	69.69	77.53	2009	83.92	88.51
1998	72.98	79.47	2010	90.17	92.52
1999	78.65	81.14	2011	92.14	94.16
2000	80.08	85.50	2012	92.50	95.35
2001	81.03	86.47	2013	92.66	95.55
2002	82.31	87.08	2014	92.84	95.61

第三节　电影放映

20世纪90年代，全州电影放映行业和全国的形势一样，处于转型时期。1991年，州电影公司在册职工33名，其中在职27名，离退休6名。设经理室、计财科、统计科、器材科、发行科（内设35毫米发行及检片室、库房和16毫米发行及检片室、库房）、宣传科。由于受到全国电影业普遍滑坡的影响，全州电影发行放映片源紧缺，针对全州各县（市）对新电影节目的需要不断增大，录像市场发展迅速，对电影发行放映形成冲击的情况，各电影放映单位在营业的范围内，增添录像发行放映项目，加大电影宣传。

1992年，随着录像业占领市场，各县（市）电影公司放映的电影与市场上的录像放映几乎相同。是年，州电影公司从贵州省电影公司处协调到专供片《大决战》三部曲投放市场。

1993年起，全国电影业进入全面改革期，电影放映体制逐步向市场经济全面转轨，由计划经济中电影制品“统购统销”逐步过渡到市场调节，将国产故事片由中影公司统一发行改为各制片单位直接与地方发行单位自行购销（进口影片仍统一由中影公司向各省、市、自治区公司发行），贵州省电影公司不再组织计划供片。因为没有新的节目源，各县（市）电影公司面临“无米下锅”而倒闭的境地。为解决这一处境，黔南州电影公司向周边一些地区和省、市电影公司联系协调，引进了部分香港“特供片”节目投放市场，但由于需求量较大，仍受录像带节目携带方便、价格低廉，节目源丰富的影响，电影放映行业没有摆脱困境。1994 年，州电影公司出资 10 万元，入股新组建的贵州省影业有限责任公司。

1995 年开始，各地片商与影院方直接联系放映，不需要再经过省、州电影公司的许可。因缺乏片源，各乡镇、厂矿企业放映队倒闭，全州几百个农村放映队建成的农村放映网消失。

1996 年，针对全州电影市场日益萎缩的情况，州电影公司制定《经营目标管理责任制实施方案》并进行改制。是年，全州有影剧院 20 个，乡镇电影院 32 个，全年放映电影 5412 场，观众 29. 6 万人（次），放映收入 56 万元，发行收入 29 万元

为解决电影业市场化改革后广大农村农民看电影难的问题，1998 年文化部、国家广播电影电视总局实施农村电影放映“2131”工程目标，即在 21 世纪初，在广大农村实现一村一月放映一场电影的目标。1999 年，荔波、福泉两县（市）获 1998－1999 年度全省农村电影“2131”目标实施组织奖，福泉市获“全国农村电影工作荣誉奖”。荔波甲良乡文化站全修鑫获“全国农村电影工作先进个人”称号。

2000 年，全州有 8 个县（市）启动“2131”工程，是年举办的农民电影节，免费为农民放电影 200 场次；实施“百强企业送科技电影下乡”活动，免费放电影 250 场。

2001—2002 年，全州各县（市）组织参加贵州省农民电影节活动，免费为农民放映电影，活跃农村电影市场。其中 2001 年有贵定等 8 个县（市）参加，共放映电影 1010 场。2001 年 7 月，由进达集团和州文化局联办、州电影公司协办，在都匀人民广场举办“庆申奥成功广场电影节”，共放映电影 64 场、观众 6 万多人（次）。

2002 年，全州有都匀等 10 县（市）参加贵州省第三届农民电影节，放映电影 1121 场，观众 60 余万人（次）。

2003 年，开展全州第三届农民电影节和元旦、春节送电影下乡活动，共放映电影 1150 场，观众 10 余万人（次）。是年 3 月，州电影公司牵头组织全州农林科教影片汇映，共放映电影 17 场，观众 10200 人（次）。是年组织放映的《下辈子还做父母》，取得一定的经济社会效益。

2005 年起，国家实施文化惠民工程，全州农村电影事业得到发展。2005 年，全州有农村电影放映队 13 支，共到农村为广大农民放映电影 3753 场；2006 年，全州农村电影放映队扩大到 117 支，放映电影 3040 场；2007 年，完成 780 场“国产新片进农村”和 600 场农民电影节放映任务和 1553 场“优秀国产影片金秋展映”等；是年，州文化局与贵州省黔南万丰公司达成协议，以企业出资支持农村电影放映的形式，在福泉、贵定、惠水、瓮安、龙里、长顺等县（市）进行试点，共完成 1200 场放映任务。2007 年全年全州共放映农村电影 5000 余场，观众达 150 万人（次）。2008 年，全州农村电影放映活动继续广泛深入地开展，全年共完成 19000 场农村电影放映任务。福泉市电影公司陈仕祥获“全国农村电影放映先进个人”、贵定县农村数字放映一队被评为全省“优秀农村电影放映队”。

2009 年 12 月 8 日，州广播电影电视局根据国务院办公厅《关于做好农村电影工作意见》、国家广电总局《农村数字电影发行放映实施细则》《农村数字电影放映工作指南》等相关文件精神，经州委、州政府批准，组建黔南州农村数字电影院线有限公司，负责对全州农村电影实行院线制管理。州农村数字电影院线有限公司内注册资金为 10 万元。主要经营范围包括数字电影、胶片电影放映、发行，影院投资、营运，电影放映配套衍生的其他商业服务开发。州农村数字电影院线有限公司在州内各县（市）设立 12 个县（市）工作站，面向社会招募了 98 支流动放映队于 2010 年全面更换放映设备，实现了黔南州整体农村电影数字化放映，至 2012 年 12 月 31 日，该院线共有 104 套（黄卡 104 张）数字电影放映设备，其中国家资助 101 套、自购 3 套。

2009—2012 年，省下达黔南州电影公益放映任务 96672 场。12 县（市）工作站共放映公益电影 10. 11 万场，超额完成 4410 场，观影人数 1361. 05 万人次。

2010 年，州电影公司由原州文化局管辖划为州广播电影电视局管辖，仍属事业性质，企业管理。

2012 年底，黔南州农村数字电影院线有限公司数字电影节目库存量达到 1481 部（其中故事片 1276 部，科教片 205 部）。自主研制流动电影商业产品及价格体系，填补国内同行业空白。开通“黔南电影网”，结合下属各个工作站的计算机节目订购管理平台，完成了企业内部计算机管理体系建设。

2012 年，全州原国有电影放映单位的业务开展处于半停滞状态。

在传统影院衰落的同时，私营性质数字影院逐步兴起。至 2012 年底，全州共建有数字影院 4 个，分布在都匀市和惠水、瓮安、龙里县城。数字影院由私人业主投资兴建，共有 12 块银幕（其中 4 块为 3D 银幕），座位 1000 余个，投资额达 2000 余万元，可以覆盖县城及周边乡镇。2012 年底，全州完成农村电影放映 24165 场，超出计划 21 场，发放农村电影放映补助资金 461. 11 万元。

2014 年，全州完成农村电影公益放映民生工程 20197 场，为省下达任务的 101. 33%，年内先后组织开展了“电影迎新春、好戏送祝福”“送气象科普电影进乡村”“农村数字电影传递森林防火知识”以及公益电影放映进军营、进机关、进学校、进村寨、进社区、进企业等活动和迎“七一”主题电影展映、中小学生爱国主义教育宣传等放映活动，全州电影事业健康发展。是年，都匀及瓮安、福泉、龙里、独山、惠水、荔波等 7 县（市）均建设完成了数字化影院。是年，全州院线共有 105 套（黄卡 105 张）数字电影放映设备，其中，国家资助 101 套，自购 3 套，上海永乐院线赠送流动放映播放器一台。全州共有 98 支农村电影放映队，全年院线农村流动电影订购总场次为 22227 场〔其中故事片 16583 场、长纪录片 1540 场、长科教片 640、短科教片 1166 场（折后）、农村专用商业片 2298 场〕。

是年，有关单位组织拍摄了《山那边有匹马》《烽火苗山花》《夏日朵朵》《邂逅都匀》等电影、微电影 7 部。在独山拍摄的电影《近距离击杀》获全国“五个一”（一部好的戏剧作品，一部好的电视剧或电影作品，一部好的图书，一篇好的理论文章，一首好歌）工程奖。

第八章　体　育

1991 年，黔南州体育工作机构为黔南州体育运动委员会。1996 年 7 月，州级党政机构改革，将州体育运动委员会更名为黔南州体育事业局，为州政府直属事业单位。2010 年 1 月，州体育事业局在机构改革中更名为州体育局，由州政府直属事业单位调整为州政府组成部门，下设办公室、群体科、竞训科、法规产业场地科 4 个内设机构，机关行政编制 10 名，工勤人员编制 1 名，由财政全额预算管理。

第一节　体育场地

一、州级体育场地

20 世纪 50 年代开始，黔南州在位于都匀市中心建成一个开放式的 400 米田径场（内含足球场），成为都匀市民的主要健身场地。到 1991 年，建成占地 1976 平方米、2150 个座位的黔南州体育馆，还建成乒乓球场、举重房、排球场等场地。也因这里是都匀召开群众大会的地方，都匀市民称之为“大会场”。特别是这个足球场位于市中心，很多市民、青少年学生到这里踢足球，带动都匀足球的普及，都匀也因此有“高原足球城”的美誉。

21 世纪初，州委、州政府根据都匀城市建设发展的需要，决定撤除位于市中心的这个体育场，在都匀市龙山大道（斗篷山路 90 号）划地 147 亩建设黔南州民族体育运动中心，规划在体育中心建设体育场、体育馆等设施。2006 年 7 月，投资 4600 多万元的黔南州民族体育运动中心体育场竣工。该体育场总建筑面积 2. 5 万平方米，座位数 16000 个，为 400 米标准塑胶跑道田径场、标准草坪足球场。2010 年，因黔南师院体育馆与体育运动中心距离较近，州政府决定整合资源，与黔南师院共同投资建设黔南师院体育馆，加挂黔南州民族体育馆牌子。黔南州民族体育馆（黔南师院体育馆）于 2014 年竣工投入使用，场馆面积 0. 85 万平方米，1200 个固定座位、1000 个活动座位。2011 年，黔南州青少年体育训练中心（黔南民族师院附中体育训练馆）建成。

二、县（市）公共体育场地

1991 年，县（市）的公共体育场地还比较少。21 世纪以后，各县（市）随着城市建设的需要，拆除一些比较陈旧的体育场地，新建一批公共体育场馆。到 2014 年，全州建成都匀市水上体育中心、都匀市南郊体育场、都匀市全民健身中心（都匀三中体育馆）、贵定县体育中心体育场、福泉市体育场和体育馆、瓮安县体育场和体育馆、龙里县体育中心体育场、罗甸县体育中心体育场、平塘县体育中心体育场、三都县体育场和体育馆、惠水县藤毽球馆、荔波县体育场和体育馆。

三、乡（镇）、社区体育场地

1991 年以后，国家、省、州三级通过体育彩票公益金，不断投入基层体育场地建设，各地通过地方匹配资金、群众投工投劳等方式，建设了一批体育场地。2002 年以后，实施国家和省投资建设的全民健身路径工程（每个点匹配 3 万元健身器材）、农民体育健身工程（每个点 3 万元资金，1 副篮球架，1 张乒乓球桌）、乡镇农民健身体育工程（每个工程 25 万元资金，建设 1 个灯光篮球场，2 张乒乓球桌）等项目，建设乡村、社区体育场地。至 2014 年，全州开辟晨、晚锻炼点 365 个，建设 198 个文体活动站，先后建设“雪炭工程”9 个，乡镇级农民体育健身工程 73 个，村级农民体育健身工程 676 个（村级农体工程覆盖率达 41%），全民健身路径 257 条。

四、学校体育场地

青少年是全民健身的重点，学校体育设施是学校建设的必要条件。到 2014 年，全州各类学校（高等院校、中专中技、中小学）体育设施主要有：体育场 4 个、田径场 14 个、小运动场 151 个、体育馆 4 个、综合房（馆）1 个、篮球房（馆）2 个、羽毛球房（馆）3 个、乒乓球房（馆）4 个、足球场 6 个、室外五人制足球场 4 个、室外七人制足球场 10 个、篮球场 1130 个、排球场 26 个、室外网球场 9 个、室外羽毛球场 78 个、室外乒乓球场 691 个、室外人工攀岩场 1 个、其他类体育场地 234 个。

五、老年人体育场地

1990 年，全州共有各种老年活动场所 126 个，其中门球场 84 个，棋牌室 23 个，台球室 12 个，乒乓球室 6 个，网球场 1 个。

2000 年，建成州老年体育活动室。2003 年，广东省南海市国资局帮扶资金 30 万元，将州委大楼后面的州老体网球场，改建为室内灯光塑胶场。修建余款 7 万元，加上由州老体协自筹资金 3 万元，修建网球场配套的活动用房 300 余平方米。从 2009 年开始，州民政局每年从福利彩票公益金出资 8 万元、州体育局从体育彩票公益金出资 4 万元，每年在村级建设 6 个老年体育活动室。2013 年，省体育局下达老年体育活动场地建设项目资金 30 万元，在平塘县修建了老年体育活动中心，这是省体育局第一次安排在县级建设老年体育活动中心。到 2014 年，全州有各种老年活动场所 174 个。其中，老年体育活动中心 8 个，门球场 10 个、棋牌室 78 个、台球室 6 个、乒乓球室 56 个、网球场 16 个。

六、体育场地普查

国家每 10 年进行一次全国体育场地普查，对体育场地现状进行一次全面的调查统计。1993 年、2003 年、2013 年分别进行了第四次、第五次、第六次全国体育场地普查。

2013 年第六次全国体育场地普查，全州共有体育场 9 个，田径场 17 个，小运动场 153 个，体育馆 5 个，游泳馆 1 个，室外游泳池 7 个，综合房（馆）12 个，篮球房（馆）5 个，乒乓球房（馆）5 个，摔跤柔道拳击空手道房（馆）7 个，健身房（馆）8 个，台球房（馆）3 个，网球房（馆）4 个，足球场 7 个，室外五人制足球场 7 个，室外 7 个制足球场 10 个，篮球场 1762 个，三人制篮球场 5 个，排球场 27 个，室外网球场 31 个，羽毛球场 101 个，室外轮滑场 1 个，水上运动场 1 个，天然游泳场 2 个，室外人工攀岩场 2 个，登山健身步道 31 条，其他类体育场地 340 个。全州体育用地面积 663.50 万平方米，体育场地面积 332.22 万平方米，体育场地面积比 2003 年第五次全国体育场地普查的 157.31 万平方米增加 174.92 万平方米，增长 111.19%。

第二节　群众体育

一、群众体育团体

1991 年以来，随着国家体育改革，体育部门的职能不再是包办一切体育事务，从直接管理向间接管理转变，社会体育组织被赋予了管体育办体育的职能，黔南州社会群众体育团体逐渐增多，在全民健身中的作用也逐渐增强。

（一）黔南州体育总会

黔南州体育总会成立于 1981 年 6 月。按《黔南州体育总会章程》规定，州体育总会是全州群众性体育组织，是依法成立的非营利性团体。州体育总会由单位会员和个人会员组成，县（市）体育总会、全州性单项体育协会、行业（系统）体育协会可申请加入州体育总会。根据工作需要，州体育部门主要负责人兼任州体育总会主席，州直有关部门领导为副主席，副主席人数一般为 20 多人，州体育部门一名业务骨干兼任秘书长，负责体育总会的日常工作。州体育总会任期五年一届，第三届、第四届、第五届州体育总会分别于 1994 年、2010 年、2015 年完成换届选举工作。

（二）单项体育协会

1991 年前，黔南州先后成立了黔南州足球协会、篮球协会、乒乓球协会、武术协会等 13 个单项体育协会。1991 年成立州钓鱼协会，2003 年成立州健身气功协会，2008 年成立州体育舞蹈协会，2009 年后成立州网球协会等多个单项体育协会。至 2014 年，全州有单项体育协会 121 个。

（三）老年人体育组织

黔南州老年人体育协会成立于 1984 年。协会的主要任务是组织老年人参加体育活动，动员老年人参加健身锻炼。老年体育协会由一名离退休的原州领导任主席，州体育部门一名县级干部兼任常务副主席、秘书长。州老年体育协会有专门的事业编制 3 人，在州体育部门办公。

1994 年 11 月 10 日，召开第三届老年人体协代表会议，选举产生第三届委员会，州政府一名原副州长当选州老年体协主席，州体委一名副主任当选秘书长。2010 年 10 月 13 日召开黔南州老年体协第四次代表大会，州政府一名原副州长连任州老年体协主席，州体育局一名党组成员当选常务副主席兼秘书长。各县（市）、州直机关、瓮福磷矿、都匀铁路、都匀供电局相继成立了老年体协。

2001 年，老年人体育组织开始向乡（镇）发展，福泉市马场坪镇建成全州第一个乡（镇）老年体协。2014 年，全州有 137 个乡、94 个镇、104 个社区建立健全了老年体协，约 1/5 的行政村也建立了老年体协组织。

二、群众体育活动

1991—1992 年，全州体育部门利用元旦、春节、“三八”妇女节、“五一”劳动节、“五四”青年节、“十一”国庆节、端午节等节假日，以及一些重大的纪念活动节点，因地制宜开展群众体育活动。活动主要有篮球、拔河、乒乓球、赛马、斗牛、舞狮、象棋等群众喜闻乐见的项目。

1993 年，全州群众体育活动围绕支持北京申办奥运会来展开。都匀市体委与有关部门联合发起全国城市亿万人民签名支持北京申办 2000 年奥运会的活动，分五路走遍了全国除西藏和台湾省外各省会及重点城市，历时 18 天，最后在万里长城上将 28 幅近 2000 米长的各地群众签名的白布交给了北京奥申委。是年，全国第七届全运会期间，都匀一中、都匀三中、都匀汽运附属厂、都匀市墨冲镇、贵定县音寨村、州少体校等单位，李玉培、吴正伦、谢腾华、张友仁、张豫鹏等人分别被评为全国群众体育先进单位和先进工作者，受到了国家体育总局的表彰。1994 年，全州乡级以上举办的各类体育健身活动达 176 次，直接参与人数 5 万多人（次）。

1995 年 6 月，国务院颁布实施首个《全民健身计划纲要》。8 月，《中华人民共和国体育法》颁布施行。州政府成立了全民健身指导委员会（以下简称州健指委），福泉县委、县政府举办第五届工矿职工运动会，罗甸县利用广播电视宣传体育法，州直机关工委、州税务局、州水电局、州粮食局、州教委等举办职工体育健身活动。组队参加贵州省第三届工人运动会，获得金牌 2 枚、铜牌 2 枚。

1996 年 6 月，全州利用“全民健身活动宣传周”对体育法、全民健身计划纲要进行宣传。是月 10 日题词，州体育局和都匀市体育局举行庆祝毛泽东“发展体育运动，增强人民体质”题词发表 44 周年纪念日的游行和体育表演。是年，福泉市马场坪镇被评为全国“亿万农民健身活动”乡镇，受到国家体委等部门的表彰。

1997 年，州健指委发文对全州全民健身宣传月活动作出具体安排。从 5 月 1 日开始，全州各县（市）的机关、厂矿、学校、乡镇共举办各类活动 200 余次，直接参与人数 18 万人。是年，龙里中学、州老年体育协会等 6 个单位，刘廷福、黄俊贤等 6 人被国家体委分别授予全国群众体育先进单位和全国群众体育先进工作者称号。州体育局、州健指委授予州财政局等 89 个单位为全民健身先进集体，孔繁英等 119 个家庭为全民健身先进家庭。在迎接香港回归和民族节日活动中，以乡镇为主开展体育活动，福泉市的黄丝乡、陆坪镇、马场坪镇分别举办举行庆香港回归千人长跑活动和民族团结全民健身运动会，贵定县的旧治镇、平伐镇、音寨村分别举办民族运动会。

1998 年，州体育局、州健指委相继印发了《关于在春节期间开展群众性体育活动的通知》《关于开展1998年全民健身宣传月活动的通知》。春节期间，全州参加各类活动的人数达120万人次（含观众），投入经费50多万元。

1999年，全州以中华人民共和国成立五十周年和迎澳门回归为节点，开展群众性体育活动。全州共举办各种大型的群众体育活动90多次，参加活动人数达20多万人。贵定县举办“百队千人”拔河赛，瓮安县举办30个队参赛、观众达5万余人的“庆国庆、迎回归”篮球运动会，福泉市举办8000多人参加的“五四”长跑比赛等。

2000年，举办都匀地区“元旦”迎新环城赛跑及州四家班子迎春运动会、“三八”节都匀地区趣味接力赛、全州第三届钓鱼比赛、都匀“日月杯”西部猛牛挑战赛等。

2001年，州健指委下发了《关于在全州开展2001年全民健身周活动的通知》，并举办了州直机关职工迎“七一”登山和射击比赛。全州共开展大型群众体育竞赛活动250多次，参加人数11万余人（次），观众达200多万人（次）。是年，州人大常委会组成人员及州机关部门人大代表组成6个视察组，分赴瓮安、贵定、长顺、惠水、平塘、荔波6个县，对各县人民政府贯彻实施体育法和全民健身运动开展情况进行视察。视察组发现：各县存在群众体育活动场所被拆占、群众体育活动经费投入不足等问题。通过州人大常委的监督，多数县积极规划恢复体育场地，经费投入也相应到位。

2002年春节期间，举办黔南州、都匀市四大班子迎春拔河赛。组队参加省体育局、省妇联联合举办的“千万妇女健身活动”展示大赛，参赛的5个项目中共获一等奖3项、二等奖1项、体育道德风尚奖和优秀组织奖各1个。6月9日，举办都匀地区纪念毛泽东同志“发展体育运动，增强人民体质”题词50周年全民健身活动周体育展示大会。9月举办一期社会体育指导员培训班，40人被授予国家二级体育指导员称号。

2003年，全州组织开展“全民健身周”和“四进社区”（科教、文体、法律、卫生进社区）活动，全民健身活动向乡镇延伸。如都匀市在墨冲镇举办了有30多人参加的农村三级社体指导员培训班，福泉、贵定、惠水、罗甸、长顺、三都等县（市）都在民族传统节日期间开展了形式多样的体育竞赛活动。

2004年元旦期间，黔南州、都匀市共同举办元旦迎新环城赛跑，近万人参加比赛。春节期间，举办龙舟邀请赛、抢鸭子和冬泳比赛。是年，三都县举办大型“水族端节”的赛马和龙舟赛，共有118匹马和骑手参赛，33支龙舟队伍参加角逐，观众达4万人次，是该县历史以来规模最大的群众性体育赛事活动。都匀市在水上体育中心举办社区运动会，近500人参赛。马场坪办事处被省体育局评为“贵州省城市体育先进社区”。

2005年，黔南州和都匀市举办元旦迎新长跑活动和春节龙舟邀请赛。参加全省健身气功展示和表演，并获得一等奖。3月，参加全国第二次国民体质监测，于6月底前完成3000多人的样本监测工作。12月中旬举办“黔南州第七期二级社会体育指导员培训班”，有50人参加培训。福泉市马场坪办事处被评为全国群众体育先进单位。

2006年，举办元旦迎春健身跑，春节剑江欢乐游篮球比赛、龙舟比赛系列健身活动，荔波县组织举办了荔波县梅花节黔桂两省陀螺邀请赛、猛牛争霸赛。5月举办了全州中学生体传校田径运动会，有300多名运动员参赛。在州庆50周年期间，举办了国际足球邀请赛和2006年黔南州“消防杯”中国女足超霸赛、2006年黔南州全国部分省市中国麻将邀请赛、2006年“绿色移动通信杯”少数民族邀请赛。11月，组队参加“贵州省‘体彩杯’第五届太极拳展示会”，荣获一等奖。健身气功全国展演获易筋经项目一等奖。

2007年，全州以“全民健身与奥运同行”为主题开展群众体育活动。2月，举办中俄女足对抗赛。“三八”节期间，州体育局与州妇联共同举办都匀地区庆“三八”迎奥运妇女健身展示活动，选拔组队参加贵州省第二届妇女健身展示大赛获8个二等奖。5月，举办中国青年队VS乌拉圭国奥队足球赛。6月，举办全民健身与奥运同行2007年全国龙舟闭幕式暨多彩贵州“嘉和城市风景杯”中国贵州都匀国际龙舟邀请赛。龙里县举办2007年全国滑翔伞优秀选手赛。8月8日，北京奥运会倒计时一周年，全州举行了“全民健身与奥运同行”主题活动启动仪式系列活动。9月27日，黔南州首届社会主义新农村运动会在福泉市黄丝镇江边布依寨举行，这次比赛被贵州体育记者协会评为“2007年贵州十大体育新闻”。11月16日，贵定县成功举办2007年华赛全国卡丁车锦标赛第六站总决赛。

2008年，全州各级各部门围绕“全民健身与奥运同行”主题，开展丰富多彩的群众性体育活动。州级举办了都匀地区迎奥运迎新健身跑活动、“三八”妇女节趣味体育比赛活动、“五一”都匀地区首届职工运动会。4月30日，举办都匀地区迎奥运倒计时100天庆祝活动。5月，都匀二中代表黔南参加全省啦啦操比赛获第一名。5月14—18日，在都匀举办全国部分城市竞技麻将邀请赛。6月，全州第二届新农村运动会在贵定县盘江镇音寨村举行。7月4—10日，黔南州代表团参加全省首届农民运动会，获得金牌6枚，银牌15枚，铜牌13枚。9月23—27日，举办了“体彩杯”州直机关职工运动会。10月5—7日，全国公路摩托车贵定站（总决赛）比赛在贵定举办。

2009年，州县两级适应北京奥运会调动起来的体育积极性，大力开展全民健身活动。州体育局为了搞好春节期间体育活动，丰富全州群众的节日文化体育生活，对每个县（市）补助活动经费1万元，并从2009年起形成惯例。各县（市）开展体育活动的积极性提高，都举办大型系列的活动。如都匀市举办第九届剑江旅游欢乐节活动，分别开展了舞龙舞狮大赛、迎新竞技麻将、象棋围棋赛、迎新独竹漂、冬泳表演赛等项目，吸引了广大市民的参与。“三八”期间，州体育部门与州妇联共同举办迎奥运庆“三八”妇女节趣味体育比赛活动，60多个单位组队参赛。

2010年，在都匀市、福泉市、贵定县、龙里县组织3000多人参加全国第三次国民体质监测。随着全州运动会的举办，都匀、贵定等县（市）也举办了县级综合运动会。

2011年，龙里县代表黔南参加贵州省妇女迎新第九届全国民族运动会庆“三八”暨“体育彩票杯”拔河比赛，获一等奖。黔南组队参加全国民运会2001年全国健身气功百城交流展示系列活动暨贵州省“体育彩杯”第七届健身气功交流展示活动，获得一等奖、二等奖各1个。5月，贵州省第十八届体育舞蹈锦标赛暨黔南州第三届体育舞蹈锦标赛（西南地区体育舞蹈邀请赛）在都匀举办，来自省内外的2000多名选手参赛。9月3日，第九届全国民运会暨黔南站火炬传递仪式在都匀举行，省委常委、省委统战部长龙超云等省、州领导，全州选拔出的25名火炬手参加了传递活动。

2012年5月，龙里县华武龙狮团以“狮跃黔中”为参赛主题，代表贵州参加“黄飞鸿杯”第六届中国南北狮王争霸赛获得高桩狮银奖。是年，州体育局获贵州省2012年度全民健身活动优秀组织奖。是年，“龙腾虎跃闹元宵”获全国龙狮大联动民族传统推广优秀奖。

2013年，开展社会体育指导员培训班2期，培训指导员313人（其中一级136人、二级177人）。州体育局获国家体育总局颁发的全国群众体育先进单位荣誉称号。

2014年，共组织开展社会体育指导员培训班4期，培训指导员386人（其中一级185人、二级201人），审批二级社体指导员201人。到2014年，全州共有各级社体指导员2000多人。

三、老年人体育活动

1993年，州直老年体协举办了黔桂两省地州10县（市）第十一届老年人“友谊杯”门球联赛。举办黔南、黔东南两州、凯里市、都匀市老年人门球、网球联赛。组队参加全省网球、门球、中国象棋、乒乓球、迪斯科等项目的比赛，州直老年人门球队在全省比赛中获得第一名，并代表贵州省参加在山西榆次市举行的全国老年门球赛。举办庆祝贵州省老年体协成立十周年纪念活动，开展乒乓球、中国象棋等8个项目的老年人体育活动。

1994年，举办庆祝州老年体协成立十周年座谈会，并举办登东山活动。1996年，组织开展都匀地区宣传体育法、全民健身计划纲要实施一周年庆祝活动，全年举办13项州级老年体育比赛。1997年，举办14项全州老年体育比赛。

1998年，在都匀市举办了省交通厅、铜仁地区、黔南州三单位老年人网球邀请赛。刘廷福、裴连弟荣获全国老年体育先进个人，州老年体协被评为全省老年体育先进集体。

1999年4—10月，黔南州首届老年人运动会举办，竞赛项目为门球、网球、台球、乒乓球、健身球操、中国象棋等7项。是年，组队参加贵州省老年人网球、钓鱼、桥牌、羽毛球、健身球操五个项目的比赛，荣获两个项目团体第二名，两个项目团体第三名，一个项目团体第四名。

2000年，举办了14项老年人体育比赛。2001年，组织州直各大系统体育竞赛7次，全州性的体育比赛5项。组队参加在昆明举办的全国老年人健身球操比赛，荣获三等奖。组队参加全省比赛4项（门球、网球、健身球操、钓鱼），其中网球荣获女子双打冠军。

2002年，组队参加在六盘水举办的全省老年人网球比赛，荣获团体第一名，并获男子70岁以上组双打、女子双打两项第一名；参加在贵阳举行的全省钓鱼比寒，荣获团体第一名。州直、都匀市老年体协组队参加在云南昆明市举办的全国西南片区老年门球赛，获得团体第五名。

2003年，共组织全州和都匀地区老年人体育比赛17项（次）。3—7月举办黔南州第二届老年人运动会，设门球、中国象棋、太极拳（剑）、网球、柔力球、乒乓球6个项目的比赛。9月承办贵州省第四届老年人运动会网球比赛暨贵州省第四届老年人运动会闭幕式。组队参加全省老年人5个项目的比赛。参加全国健身球操比赛获团体优胜奖、编排奖。

2004年，组队参加六个项目的全省比赛，获门球第四名，钓鱼团体第二名，抛竿个人第一名，太极拳（剑）、健身球操、柔力球团体优胜奖，网球男子甲组第二名、女子组第二名。组队代表贵州参加在山西省举办的全国健身球操比赛，荣获优胜奖、创编奖。

2005年，承办了全省老年人钓鱼比赛。组织都匀地区8个系统老体协1万多名老年人参加“迎奥运、健步行”活动。组队参加全省老年人比赛，获门球第一名，网球团体五名、女子组第三名，柔力球优胜奖，钓鱼男子乙组第二名，乒乓球女子乙组第二名、女子团体第二名。参加在贵阳举办的全国门球冠军赛，州直队荣获第二名、都匀铁路队获第三名、罗甸队获第六名，组队代表贵州省参加在浙江举行的全国老年人门球赛获第八名，参加全国健身球操比赛获优胜奖。

2006年3—7月，黔南州第三届老年人运动会举办，设门球、网球、钓鱼、乒乓球、健身球操、中国象棋等6个项目。11月代表贵州省参加全国中老年人健身球操比赛中，荣获优胜奖、动作完成质量奖。组队参加全省老年人门球、柔力球、钓鱼比赛。

2007年，组队参加贵州省第五届老年人运动会，荣获中国象棋团体第一名，并获第二名1项、第三名2项，黔南州代表团获最佳组织奖。

2008年，举办了都匀地区“全民健身与奥运同行”迎新健身跑步登山活动。在2008年度中国老年体协组织的“全民健身与奥运同行·全国亿万老年人健步走向北京奥运会”活动中，州老体协、罗甸县和惠水县老体协获全国先进集体，田炳兰、李玉培、花向荣、李再成获全国先进个人。在“第七届全国和全省健康老人”的评比活动中，周国珍、李学亭被评为第七届全国健康老人，韦茂文、周围珍、李学亭被评为第七届全省健康老人。组队参加贵州省老年人健身球操、钓鱼、门球、网球、柔力球比赛均取得较好成绩。

2009年，组队代表贵州省参加全国比赛获健身球操女子组金牌，柔力球男子个人自选套路金牌，网球女子双打金牌（半块），黔南州老年体协获全国先进集体和全省先进集体。组队参加全省中、老年人柔力球比赛，获农村组最佳表演奖，最佳编排奖、老年组最佳表演奖，完成质量奖，组队参加全省中老年人健身球比赛，荣获老年组最佳表演奖，最佳编排奖。承办了2009年贵州省老年人钓鱼比赛、乒乓球比赛。

2010年3—11月，举办黔南州第四届老年人运动会。在开幕式上举行黔南州体育爱好者抗旱救灾捐赠仪式，共捐助善款27509.80元。

2011年，举办老年健身体育活动20余项。组团参加贵州省第六届老年人运动会，取得团体9个金奖、3个银奖、2个铜奖，单项比赛2个第二名、1个第三名。黔南州代表团获得团体总分第一名，最佳组织奖，“十一五”贵州省老年体工作突出贡献奖。

2012年，组队参加全国比赛2次，全省比赛5次，举办全州各种赛事22项次。组队参加贵州省柔力球交流活动、贵州省老年人健身球操的比赛、健身秧歌比赛取得好成绩。举办首届黔南州乡镇老年人象棋比赛，以推动农村老年体育活动的开展。

2013年，组队代表贵州省参加在深圳举行的第二届老年人健身展示大会，获健身秧歌规定套路优秀奖、自编套路优秀奖、体育道德风尚奖，与全国同步组织老年人健步走大联动活动。

2014年，组队参加全省老年人气排球、柔力球交流活动，全省老年人健身球操比赛。举办了全州第五届老年人运动会，历时7个月，设9个大项22个小项，全州16个代表团共计1000余人参赛。

四、残疾人体育

2006 年 5 月 25—27 日，组队参加在贵阳举办的贵州省第三届残疾人运动会，获得金牌 14 枚、银牌 14 枚、铜牌 5 枚，7 个第四名、7 个第五名、3 个第六名，有 6 人获体育道德风尚奖，团体总分第二、奖牌总数第三。是年，黔南运动员参加第九届远南运动会，获得金牌 1 枚，银牌 2 枚；参加第四届全国特奥会，夺得乒乓球项目金牌 1 枚、银牌 1 枚，游泳项目金牌 1 枚、铜牌 1 枚。

2007 年，在云南昆明举行的全国第七届残疾人运动会上，黔南运动员获 1 枚金牌、1 枚铜牌、1 个第四名，打破一项全国纪录。参加在上海举行的 2007 年世界夏季特殊奥林匹克运动会，取得 2 枚银牌。黔南州残联被中国残联、国家体育总局授予“2003－2006 年全国残疾人体育先进单位”称号。

2008 年，在贵阳举行的 2008 年全省残疾人游泳锦标赛上，黔南运动员获得金牌 28 枚、银牌 21 枚、铜牌 18 枚、第三名 18 个、第四名 17 个、第五名 6 个，1 个运动队和 5 名运动员获体育道德风尚奖，金牌总数第一、奖牌总数第二、团体总分第三。11 月上旬，在浙江 2008 年全国聋人羽毛球锦标赛上，黔南运动员获男子双打第二名。

2009 年，参加全国残疾人游泳锦标赛获得金牌 4 枚、银牌 2 枚、铜牌 2 枚。

2010 年，在浙江绍兴全国残疾人特奥赛上，黔南运动员获得 2 块金牌、2 块银牌、3 块铜牌；在贵州省第四届残疾人运动会上，获得金牌总数第五名，奖牌总数第六名，团体总分第七名，并获体育道德风尚奖；在 2010 年亚洲残疾人运动会上获银牌 1 枚。

2011 年，在第八届全国残疾人运动会上取得金牌 2 枚，银牌 5 枚。

2012 年 8 月，参加贵州省残疾人田径锦标赛，黔南代表团共获得金牌 13 枚、银牌 9 枚、铜牌 7 枚，取得了团体总分第二、奖牌总数第二、金牌总数第三，6 人获体育道德风尚奖，州残联获组织奖。在 10 月 16—20 日举行的贵州省残疾人游泳锦标赛上，共夺得金牌 22 枚、银牌 10 枚、铜牌 1 枚，18 人（次）打破省记录，团体总分、奖牌总数、金牌总数均名列第一，并获组织奖和 5 个体育道德风尚奖。

2013 年在吉隆坡亚洲青年残疾人运动会上，黔南运动员获得了上肢残组羽毛球女子单打亚军，在北京 2013 年全国残疾人（22 周岁以下）游泳锦标赛上，黔南运动员取得金牌 6 枚、银牌 3 枚、铜牌 3 枚。

2014 年，在贵州省第五届残疾人运动会全部 8 个项目的比赛上，黔南代表团共获得 28 枚金牌、17 枚银牌、8 枚铜牌、9 个第四名、4 个第五名、1 个第六名，团体总分、金牌总数、奖牌总数都位列全省第三，黔南州代表团获得优秀组织奖和体育道德风尚奖。

第三节　体育竞赛

1991 年 2 月，参加贵州省第八届运动会，黔南运动员朱杰、黄波各获得一枚射击比赛金牌。

1992 年，以备战贵州省第八届运动会为重点，全州 12 个项目的运动员分别在独山、荔波、平塘、都匀 4 个训练点进行训练，选拔 153 名运动员（其中男 99 名、女 54 名），参加贵州省第八届运动会。共获金牌 3 枚、银牌 15 枚、铜牌 18 枚，有 5 人次打破省纪录，向省运动队输送 5 名运动员。参加成都全国拳击锦标赛，黄叶谷获 48 公斤级第一名，马佳获 51 公斤级第一名，陈跃先获 71 公斤级第一名。

1994 年，黔南州根据贵州省运动会停办的情况，按照“缩短战线、突出重点、扬长避短、量力而行”的方针，对原来开展的 12 个训练项目进行适当调整，暂停了 7 个项目的训练，保留了射击、拳击、举重、游泳、田径 5 个训练项目。组织 52 名运动员参加了全省 4 个项目的比赛，共获得金牌 9 枚，银牌 7 枚，铜牌 11 枚。6 名黔南运动员代表贵州省参加第七届全国运动会，赵奕获得气手枪第八名。在全国射击锦标赛和全国成拳击锦标赛上，黔南州射击运动员黄波获得个人第六名，拳击运动员刘文考获得个人第三名。

1995 年，组织 34 名运动员参加全省的田径、游泳、射击、拳击、举重、射箭六项年度比赛，共获得金牌 4 枚、银牌 7 枚、铜牌 8 枚。举重运动员刘勇在全国少年分龄赛中获得 42 公斤级抓举第三名、挺举第二名，并打破全国纪录。在全国拳击锦标赛中，何天祥、罗朝进分别获得了第四名。

1996 年，组织 50 名运动员参加了省年度比赛，共获得金牌 4 枚、银牌 3 枚、铜牌 11 枚，有 9 人被评为全省优秀苗子。黔南 8 名拳击运动员参加全国冠军赛、锦标赛、青年锦标赛、青少年锦标赛，获 1 枚铜牌和两个第四名。组织参加贵州省青少年举重锦标赛，共获得金牌 2 枚、铜牌 1 枚，11 人（次）破省纪录，有 2 人被评为省优秀举重苗子。

1997 年，组织 38 名运动员参加贵州省拳击、举重、游泳、田径、射击项比赛，共获得金牌 16 枚、银牌 11 枚、铜牌 4 枚。举重队员刘勇参加全国少年举重分龄赛获得抓举、挺举和总成绩第一名，拳击队员李明勇在全国青年锦标赛中夺得金牌 1 枚。5 个运动员被省体委评为最佳优秀苗子。

1998 年，黔南运动员陈开红、何天祥、李明勇分别在全国拳击锦标赛、冠军赛中获第二、第三、第五名，武家财在少年分龄赛中获第五名。举重队员王昆成在全国举重分龄赛中获抓举第六名和挺举第六名，总成绩排名第六位。射箭队员谭德丽在全国比赛中获团体总分第四及两个第七名。2 人被省体委评为最佳优秀苗子。

1999 年，在西安全国拳击精英赛上，黔南运动员何天祥获 48 公斤级第一名，在上海全国拳击锦标赛上，何天祥获 48 公斤级第三名，在山东全国少年拳击锦标赛上，曾健获 45 公斤级第一名，杨文贵获 45 公斤级第三名。在贵阳全国拳击锦标赛上，何天祥获 48 公斤级第三名。组团参加贵州省青运会，在七个项目比赛中共夺得金牌 10 枚、银牌 9 枚、铜牌 12 枚，向省输送优秀队员 1 人。12 人被省体委评为最佳优秀苗子。

2002 年，黔南参加 5 个项目的全省青少年锦标赛，获金牌 16 枚、银牌 9 枚、铜牌 10 枚，获拳击团体总分第一名、举重团体总分第三名、田径女子团体总分第三名。有 5 人被评为省最佳优秀苗子。拳击运动员李明勇、何天祥入选国家队，2 名运动员在全国拳击锦标赛中分别获第二名、第三名。

2004 年，全国拳击青年锦标赛在都匀铁路俱乐部举行，黔南运动员吴荣国获 48 公斤级第一名。

2006 年贵州省第一届青少年运动会上，黔南代表团获金牌 47.5 枚，金牌总数居全省第三，团体总分第六名。2010 年贵州省第二届青少年运动会，黔南代表团获金牌 22 枚，团体总分第五名。

2007 年华赛全国卡丁车锦标赛第六站总决赛在贵定县举行，全国山地户外运动锦标赛在荔波县举行。

2008 年，组队参加全省冠军赛、青少年锦标赛，共获得拳击、跆拳道、举重等项目金牌 33 枚、银牌 13 枚、铜牌 32 枚。黔南动员曾健获全国拳击锦标赛 67 公斤级第一名，莫涛获 48 公斤级第一名，危善流获全国青年举重锦标赛 56 公斤级抓举第一名，挺举第三名，总成绩第三名，何家华获全国青少年举重锦标赛抓举第四名，尹天营获全国跆拳道锦标赛 84 公斤第五名。贵定县承办全国公路摩托车贵定站（总决赛）比赛。福泉市承办全省青少年举重锦标赛和全省青少年拳击锦标赛。

2009 年，黔南运动员何家华在湖南全国青少年举重锦标赛上，夺得青少年组 69 公斤级抓举、挺举、总成绩三项第一名，黔南州输送的拳击运动员吴荣国、曾健通过预赛后参加第十一届全国运动会，吴荣国获男子 48 公斤级第五名。在全国青年拳击锦标赛上，黔南州运动员许柏祥获 54 公斤级第一名并入选国家青年队，罗少方获 60 公斤级第五名。

2010 年，在陕西宝鸡全国举重锦标赛中，黔南运动员何家华荣获青年组 69 公斤级抓举、挺举和总成绩第三名。在海南全国拳击锦标赛中，黔南运动员吴荣国荣、莫维涛、吴忠林并列 48 公斤级第五名。在中国国际拳击公赛上，黔南运动员吴荣国获 48 公斤级冠军。在菲律宾国际拳击邀请赛 MVP 杯赛上，吴忠林荣获 48 公斤级冠军。

2011 年，黔南运动员吴忠林在第二届中国拳击公开赛中获 49 公斤级银牌，吴荣国在贵阳国际拳击邀请赛中获得冠军，刘屹在全国跆拳道锦标赛上获女子组 53 公斤级第三名，马骏在全国少年跆拳道锦标赛上获男子组 45 公斤第二名，段立荣、贺显龙分别获女子组 52 公斤、男子组 45 公斤第三名。福泉承办 2011 年“利森杯”全国山地自行车联赛（福泉站）。贵州省第十八届体育舞蹈锦标赛暨黔南州第三届体育舞蹈锦标赛（西南地区体育舞蹈邀请赛）在都匀举办。全国青少年（中学生）毽球锦标赛在惠水县举办。

2012 年，黔南运动员何家华在全国青少年举锦标赛和全国举重冠军赛上获 69 公斤级抓举、挺举和总成绩第一名，许柏祥在全国青少年拳击锦标赛上获 54 公斤级第一名，尹天营在全国跆拳道锦标赛上获男子团体第一名，刘屹获全国跆拳道锦标赛暨伦敦奥运会热身赛第三名。承办“川恒杯”全国山地自行车冠军赛（福泉站）暨全国联赛（福泉站）、“中国联通杯”中国乒乓球协会会员联赛贵州都匀站、贵州省第二十一届体育舞蹈锦标赛暨全国体育舞蹈邀请赛 3 个全国赛事，还承办省级赛事 7 个。

2013 年，陈鹏远荣获全国公路摩托车锦标赛改装 150CC 公开组个人亚军；李琴荣获第十二届全运会女子马拉松团体赛第六名；杨康荣获全国青少年举重锦标赛男子 56 公斤级挺举第一名，抓举第七名，总成绩第一名；在全省的举重、拳击、游泳、篮球、田径、体操、跆拳道、羽毛球、乒乓球、足球、健美操等项目的比赛中，黔南运动员共获得金牌24枚、银牌25枚、铜牌37枚。承办全国山地户外运动锦标赛、全国定向锦标赛暨“寻找美丽中华”全国城市定向活动比赛、“贝蒂杯”贵州省第二十届体育舞蹈锦标赛暨全国部分城市体育舞蹈邀请赛、贵州（三都）全国赛马邀请赛4个国家级赛，还承办4个省级赛事。

2014年7月12—13日，惠水县青少年藤球队代表贵州参加在黑龙江省齐齐哈尔市举行的全国青少年藤球锦标赛，获得女子双人赛冠军，女子单组赛亚军，男子双人赛和男子单组赛季军，该项目运动员崔永辉代表国家队参加亚运会，并获女子单组铜牌。3月—8月，参加全省青少年锦标赛，共取得金牌17枚、银牌23枚、铜牌38枚。承办全国山地自行车冠军赛（第三站）暨全国联赛、贵州省第二十一届体育舞蹈锦标赛暨全国体育舞蹈邀请赛、惠水全国民族民间传统龙舟大赛、惠水全国定向越野锦标赛、2014年“多彩贵州”生态体育休闲运动节——龙里户外嘉年华活动、中国·瓮安全国山地户外锦标赛、荔波全国陀螺邀请赛、三都全国赛马邀请赛等8个国家级赛事。

至2014年底，全州共有专兼职教练员54人，其中高级教练1人，一级教练员10人，二级教练员15人，三级教练员29人，各级各类裁判员1300余人。共有在册注册运动员758人，向省体工队输送队员9人（次），向省体校输送22人（次），向大中专院校输送体育人才85人（次）。

第四节　少数民族体育

一、少数民族传统体育项目基地

2004—2014年，贵州省命名两批少数民族传统体育项目训练基地，黔南州有荔波县瑶山民族中学陀螺基地、三都县赛马基地、平塘县龙舟基地、黔南民族师院高脚竞速和蹴球基地4个省少数民族传统体育项目训练基地，命名了都匀一中蹴球和高脚竞速训练基地、独山县武术训练基地、三都水族自治县高级中学板鞋竞速训练基地、三都水族自治县周覃中学陀螺训练基地、惠水县毽球和龙舟训练基地、贵定县体育馆民族射弩训练基地、龙里县武术龙狮协会舞龙舞狮和武术训练基地、福泉市龙昌中学押加和陀螺训练基地等8个少数民族传统体育项目训练基地，省级民族、体育、财政部门每年拨出专项资金对项目基地进行支持。

二、竞赛成绩

1994年贵州省第三届少数民族传统体育运动会，黔南运动员获得竞赛项目陀螺队获团体金牌、龙舟比赛获三名铜牌，表演项目贵定苗族《长鼓舞》获二等奖。

1998年贵州省第四届少数民族传统体育运动会，获竞赛项目4个第一名、4个第二名、3个第三名，表演项目布依族《粑棒乐》、水族《戌垛卡》分别获一等奖。

1999年黔南运动员代表贵州（以下均为代表贵州省）参加全国第六届少数民族传统体

育运动会，获得3000米竞速赛马金牌，1000米竞速赛马银牌，5000米速度赛马铜牌。表演项目布依族《粑棒乐》获一等奖，水族《刀莎莎》获二等奖。

2002年贵州省第五届少数民族传统体育运动会，获竞赛项目2枚金牌、3枚银牌、4枚铜牌，表演项目水族《弦鼓乐》一等奖、布依族《德莎呱》二等奖。

2003年黔南运动员参加全国第七届少数民族传统体育运动会，竞赛项目获得陀螺男子团体第三名、个人第三名。表演项目水族《弦鼓乐》获三等奖。

2005年，参加全省少数民族传统体育训练基地比赛，获龙舟500米竞速第二名，600米竞速和250米竞速分别获得第三名。陀螺男子团体第一名、男子个人第一名、蹴球男单第二名，高脚竞速男子200米第二名，男子2×200米第二名，男子200米第三名。

2006年贵州省第六届少数民族传统体育运动会，获竞赛项目8枚金牌、7枚银牌、3枚铜牌，表演项目水族《幂炅》获金奖，布依族《凉嘎》（意：《舂碓》）获奖，苗族健身操《蔺当》（意：《甩花》）获奖。荔波县举办"梅花节"黔桂两省陀螺邀请赛和猛牛争霸赛。

2007年黔南运动员参加全国第八届少数民族传统体育运动会，竞赛项目获得陀螺男子团体第一名、女子团体第五名、男子个人第三名、第六名，女子个人第八名，男子押架55公斤级第三名、76公斤级第五名。表演项目水族《幂炅》获二等奖。

2010年贵州省第七届少数民族传统体育运动会，获竞赛项目7枚金牌、19枚银牌、3枚铜牌，表演项目瑶族《但戈沙》金奖、苗族《长衫龙》铜奖、水族《斗牛》铜奖。

2011年黔南运动员参加全国第九届少数民族传统体育运动会，竞赛项目获得陀螺男子团体一等奖、个人2个三等奖，武术个人项目1个一等奖、1个二等奖，赛马项目3个三等奖。表演项目水族《摇马玲》、瑶族《但戈沙》获二等奖，苗族《长衫龙》、毛南族《打猴鼓》获三等奖。

2014年，在省第八届少数民族传统体育运动会上，获竞赛项目一等奖4个、二等奖14个、三等奖3个，表演项目水族《骑草马》获一等奖、布依族《舂碓》获二等奖。

第五节 学校体育

1991年5月，都匀一中被国家体委、国家教委评为1990年度全国先进体育传统项目学校。6月，在都匀举办全州中学生"三好杯"男子足球赛。

1992年3月19日，州教委、州体委召开"全州农村优秀体育教师表彰会"，向受全国表彰的4名农村优秀体育教师、受省表彰的11名优秀体育教师颁奖，同时州级命名表彰优秀体育教师23名。先后在州内学校举办了100米、200米、400米、800米、1500米、3000米、4×100米接力、全能、跳高、跳远、铅球等田径项目的竞赛。是年，通过省级检查评估，都匀一中、都匀三中、三都民中、罗甸民中、福泉中学被评为省级体育传统项目学校。

1993年，州体委与州教委联合举办了全州中学生田径运动会，选拔运动员组队参加了全省中学生田径运动会，获得了金牌1枚、银牌8枚、铜牌9枚。举办全州小学传统体育项目学校田径运动会。组队参加全省青少年田径赛，获得金牌1枚、银牌3枚、铜牌4枚。经省、州两级体育和教育部门联合检查，施行国家体育锻炼标准（以下简称“施标”）试点都匀市，在校中学生15271人中，有12523人在达标测验中达标，达标率占应测试人数的82%，比1992年增长45%；在校小学生42549人，参加测验有12765人达标，达标率占应测人数的30%，比1992增长60%。

1994年4月，州体委、州教委联合举办全州中学生暨传统校田径比赛。6月，州体委、州教委联合在都匀市召开全州中小学体育达标工作会议，对中小学体育达标工作进行了安排部署。

1995年，在独山县召开全州“达标”现场会，交流经验，培训骨干，把“施标”工作向农村中小学延伸。经过当年省级检查，全州“施标面”42.3%，比上年的16.8个百分点。与州教委联合举办了全州中学生田径运动会暨中学传统学校田径比赛，另外还组织了一次小学传统项目学校田径比赛。经检查评估，都匀一中、独山民中、独山二小都获得了好评。与州教委举办一次中小学《爱我中华》北洋水师航海模型比赛，对学生进行爱国主义教育，同时庆祝反法西斯胜利50周年。1996年，黔南州施行《国家体育锻炼标准》工作从城市向农村辐射，从普及向提高方面发展。当年全州应开展学校2049所，已开展施校学校为1313所，施标面为64%，共有施标适龄学生356187人，参加施标的284844人，达标率为78%，其中良好率为27.23%，优秀率为7.2%，超额完成了省体委、省教委下达的“施标面”45%、达标率75%的目标。

1997年，分别批准龙里中学、瓮安一小为州级传统项目学校。都匀二中、都匀市大坪中学通过州级传统校验收。施行《国家体育锻炼标准》的学校达1451所，比1996年增加138所，施标面达69.24%，达标及格以上人数为262424人，比1996年增加27828人，达标率83.06%。超额完成省“两委”（体委、教委）下达的任务。1999年，施行学校增加到1702所，比上年增加3所，施行面比上年增加到80.5%，增加学生人数34193人，达标率为84.60%。2000年，施行《国家体育锻炼标准》的学校增加至1875所，比上年增加155所，施行面上升到82%，实际参加达标锻炼的学生总人数增加支430778人，有366893人达到及格以上标准，达标率提高到85.2%，当年体育传统项目学校共有24所（省级11所、州级13所），州体育局、州教育局联合举办了“黔南州中学体传校田径比赛”，共有18所学校300多名运动员参赛。

至2014年12月，全州有6个国家青少年体育俱乐部和26所各级体育传统项目学校（其中国家级体传校2所、省级重点体传校2所）；2009年都匀被确定为“开展全国青少年校园足球活动”44个城市之一。

第六节　黔南州历届运动会

2009年，州委、州政府决定从2009年起，每两年举办一届全州综合性运动会。

黔南州第一届“瓮福杯”运动会于2009年8月26—31日在都匀举行。运动会共设12个比赛项目，分青少年组和成人组。青少年组的比赛有田径、五人制足球、乒乓球、篮球和陀螺、押架、板鞋竞速3个少数民族传统体育项目；成人组比赛项目有田径、篮球、乒乓球、羽毛球、围棋、中国象棋、混合团体拔河、民兵军事三项赛。全州12个县（市）、州直8个系统组团，2750名运动员参加运动会，比赛共设93块金牌。

黔南州第二届“匀酒杯”运动会于2011年9月22日在都匀举行，全州12个县（市）、都匀经济开发区、州直系统、各州属中学共组成22个代表团，2100多名运动员和教练员参加运动会开幕式。运动会设置县（市）和州直部门两大组，分青少年组与成年组，设田径、足球、乒乓球、陀螺、押加、板鞋竞速、篮球等比赛项目。

黔南州第三届运动会于2013年8月3—17日在福泉举办。运动会共设17个大项，产生122块金牌。共有21个代表团，2443名运动员参赛。福泉市获得了青少年组团体、县（市）成人组团体、县（市）代表团总分第一名，州政法军警队获得州直机关团体总分第一名。

第七节 体育彩票

黔南州体育彩票于1995年起步，当时只有即开型体育彩票一种玩法。通过筹备，在都匀市大会场（人民广场）启动销售，群众逐渐了解体育彩票。随后，州体委在办公室门前设置即开型彩票销售专卖点，由州体委职工进行销售，接着利用赶场天到一些乡镇的集市进行户外销售。在都匀市的坝固镇销售中，彩民中了5000元大奖。

1996—2004年，贵州省体育彩票管理中心转变了销售模式，由商家承担风险，体委部门配合协调操作运行。在此期间，分别在利用春节和国庆两个节日，在除平塘外的11个县（市）开展了近20场次的户外销售工作。销量最高的1998年春节，都匀市10天共计销售了500多万元，福泉、三都、贵定销量也突破100万元。

2000年9月，贵州省体育彩票管理中心黔南工作站成立，电脑型体育彩票开始在黔南布点。首批上市终端机有只30台，布点在都匀市和交通便利的县城。为了降低销售成本，体育彩票终端机选择在烟酒商店内搭售，或者在路边支起帐篷进行销售。上市初期，电脑型彩票只有七星彩一种玩法。2000年，体育彩票销售了350万元。

2001年10月，传统足球彩票在黔南州上市。2001—2003年，黔南体育彩票销售发展较快，连续三年超过1000万元。2004年出现一定程度的下降，全年销售752万元。2004年11月，体彩排列三游戏在黔南上市。2005年，黔南传统足球彩票随着中国足球联赛的改革销售有一定上升，6月排列五游戏在黔南上市，全年共销售了980万元。

2006年，体育彩票网点覆盖了全州12个县（市），全州体彩年销量2142万元，比上年增长了一倍多。2007年5月大乐透在黔南上市售卖，全州体彩网点达到99个（其中包括61个彩票专卖店），销量达到3989万元，比上一年将近翻了一番。

2008 年 6 月，黔南州开始发行国家体彩中心推出的“北京奥运会”主题彩票，到年底主题彩票共销售 944 万元。全年电脑型彩票销售了 3716 万元。总销量 4660 万元。

2009 年，黔南体彩工作站招聘专管员 2 名，将全州 160 个网点按片划分给专管员，将销售任务分解给每个网点和专管员，任务到网点、责任到人。在各县（市）配备销售代表，负责对县级市场进行即开型彩票物流配送。当年即开型销售 2335 万元，电脑型彩票销售了 4580 万元，年销售 6915 万元。

2010 年，国家体彩中心推出了中国体育彩票竞彩足球游戏和中国体育彩票竞彩篮球游戏。黔南体彩站在都匀市、福泉市、惠水县、平塘县、龙里县、荔波县开设中国体育彩票竞彩标准店，在南非足球世界杯比赛月黔南竞彩共计销售了 115 万元，2010 年竞彩累计销售 684 万元。是年高频“11 选 5”上市，黔南共安装了 48 个高频网点，高频游戏销量 1733 万。全年共销售 8773 万元。

2012 年 6 月，黔南在欧洲足球锦标赛举办后，重点推介竞彩游戏，竞彩销售了 316 万元。12 月 18 日，竞彩混合过关玩法上市，全年体彩总销量 10566 万元，销量首次突破亿元。

2014 年，全州共有电脑体育彩票网点 300 个，体彩销售网点覆盖 12 个县（市）的 63 个乡镇。全年体育彩票销售总计 18935 万元，其中乐透型销售 13464 万元，竞猜型 3497 万元，即开型 1974 万元。

第二十一篇

人力资源管理与社会保险

第一章　人力资源管理

1991 年初，州内人事、劳动工作机构是州、县（市）劳动人事局。是年 8 月，撤销黔南州劳动人事局，恢复黔南州人事局、黔南州劳动局。2010 年 1 月，州委、州政府印发《关于黔南州人民政府机构改革的实施意见》，撤销黔南州人事局、黔南州劳动局，组建黔南州人力资源和社会保障局（以下简称州人社局）。2014 年，州人社局下属财政全额预算管理事业单位 9 个，差额预算管理事业单位 1 个。其中，副县级事业单位有黔南州就业局（1991 年 12 月建立）、黔南州社会保险事业局（2000 年 5 月建立）、黔南州劳动人事争议仲裁院（2010 年 11 月建立）；正科级事业单位有黔南州人才交流中心（1988 年 10 月建立）、黔南州考试指导中心（1989 年建立）、黔南州退役军官管理服务中心（2002 年 3 月建立）、黔南人力资源市场（2003 年 6 月，差额预算管理）、黔南州劳动监察支队（2004 年 1 月建立）、黔南州劳动保障信息管理中心（2005 年 12 月建立）、黔南州劳动能力鉴定委员会办公室（2005 年 12 月建立）。

1994 年，按照中共中央、国务院工资制度改革的部署，全州完成国家机关、事业单位工资制度改革，行政机关、事业单位分别实行职级工资、专业技术职务岗位工资制度。1997 年，完成公务员过渡工作，全州过渡为公务员 1.3 万人。此后，严把公务员队伍“入口”关，坚持“凡进必考”原则录用公务员。按照《中华人民共和国公务员法》的规定和要求，建立工资正常增长机制，并逐渐规范津贴、补贴。1991—2014 年，人事管理体制经不断改革，促进传统人事管理向现代人力资源管理转变。

第一节　人事制度改革

2003 年 8 月，州委办公室、州政府办公室印发《关于黔南州事业单位人事制度改革试点工作意见》，全州事业单位人事制度改革试点工作正式启动。州级选择都匀一中、州中医院、州广播电视台、州水利水电勘测设计院作为改革试点单位，同时要求各县（市）选择 1 ~2 家事业单位作为试点。2004 年 6 月，将州中医院、州广播电视台、州水利水电勘测设计院改为“零编制”管理的事业单位，即不设编制，由单位自主聘用人员。

2007 年，州委、州政府出台《黔南州事业单位新增人员公开招聘实施意见（试行）》。从 2007 年 9 月 1 日起，全州事业单位新增人员一律实行公开招聘。2008 年 10 月 17 日，召开全州事业单位人事制度改革工作会议，黔南州成立事业单位人事制度改革工作领导小组。同时，首次组织州直事业单位新增人员公开招聘工作。根据省人事厅相关文件的规定，对未进行人事制度改革的事业单位停止招考人员、停止工资审批、停止人员调动、停止职称申报。

2008 年，开展事业单位参照公务员法管理申报工作。全州共有 1140 家事业单位申报参照公务员法管理，经审核，并报州政府同意，向省人事厅报送 389 家事业单位。2011 年 9 月，全州事业单位人事制度改革工作基本完成。此次改革应参加事业单位 3279 个，完成 3279 个；全州事业单位编制总数 70117 个，完成备案核准岗位 70117 个，占应完成备案核准的 100%；应参加事业单位制度改革人数 58882 人，完成聘用工作 58882 人，占应完成聘用人员数的 100%，合同签订率 99%；落聘 2701 人，占应参加改革人数的 2%；因岗位职数少高职低聘专业技术人员 351 人。

2012 年，先后对 12 县（市）、都匀经济开发区和州直事业单位人事制度改革工作进行验收，全部达标。下半年，为搞好事业单位聘后管理工作，全州人力资源管理机构建立事业单位人事制度改革工作文书档案和信息库，行文明确对全州事业单位招考、遴选、调配等实行岗位审核准入。

第二节　公务员管理

一、公务员录用

1991—2002 年，黔南州录用干部主要是根据省有关规定和下达的增加干部指标进行，特殊情况需要增加干部而又不能从在职干部中调剂补充时，用人单位事先提出计划，报人事部门同意并呈请上级主管部门批准后录用。党委机关及群众团体录用干部主要由组织部门负责办理；国家机关及企事业单位录用干部，由人事部门与用人单位共同办理。1991 年，全州农业银行系统录用干部 36 人，建设银行系统录用干部 46 人，税务系统录用干部 52 人。同时，根据省委组织部、省人事局的有关规定，录用区（镇）长（副区级以上聘用干部）90 人，机关事业单位录用 88 人。1992 年，全州共录用干部 934 人。其中，国家机关、事业单位录用 831 人，乡镇选聘干部 103 人。1993 年，全州录用国家机关、事业单位在干部岗位上的工人为干部 256 人。其中：国家机关、事业单位 214 人，公安系统 28 人（林业派出所 5 人）、检察系统 8 人、法院系统 6 人。

1997 年，全州开展公务员过渡工作，共有 1.3 万人过渡为公务员，暂缓过渡 3571 人，实现转轨并入公务员管理制度。2002 年 6 月 1 日黔南州与全省同步启动面向社会公开招考录用公务员工作。1994 年—2002 年，全州每年录用干部 777 人，其中：国家机关、事业单位 672 人，乡镇干部 105 人。2003 年以后，按照省人事厅每年组织的省、地、县、乡四级面向社会统一招考录用公务员的工作部署，全州统一招考录用公务员。是年，全州招考录用公务员 206 人。2005—2014 年，全州每年招考录用公务员分别为 247 人、35 人、355 人、135 人、189 人、33 人、445 人、353 人、437 人、291 人。

二、干部聘用

1991 年，全州选聘、招聘干部 206 人，其中：招聘乡镇农业技术干部 156 人、选聘基层税务干部 50 人。1992 年，全州招考聘用干部 691 人，其中：林业系统 138 人、乡镇广播电视站 153 人、计划生育专干 179 人、农牧系统 155 人、卫生系统 66 人。1993—2001 年，全州每年招考聘用干部 917 人，其中：聘用乡镇卫生干部 263 人、计划生育专干 310 人、银行系统 136 人、林业系统 90 人、其他部门 118 人。2002 年，全州共招考聘用干部 917 人，其中：聘用乡镇卫生干部 263 人、计划生育专干 310 人、银行系统 136 人、林业系统 90 人、其他部门 118 人。年底，黔南州人事局报经州政府同意，印发了《黔南州关于停止聘用干部的通知》，明确从 2003 年 1 月 1 日起，全面停止招聘、选聘聘用制干部。

三、"以工代干"人员转为干部

1992 年，全州"以工代干"人员转为干部 934 人，其中：机关、事业单位 831 人，乡镇长 103 人。1994 年全州办理"以工代干"人员转为干部 197 人。1996 年、1997 年按照州委、州政府的安排，办理州直机关、事业单位"以工代干"人员转为干部共 476 人。1999 年、2000 年，根据省人事厅、省计划生育局的通知要求，组织全州 517 名计生专干转为干部。自 2001 年起，州内全面停止"以工代干"人员转为干部工作。

四、公务员考核、任免

（一）考核

1994 年 3 月，人事部颁布《国家公务员考核暂行规定》后，省人事厅印发《贵州省国家公务员考核实施细则（试行）》。全州自 1994 年起全面实施公务员年度考核制度。2006 年《中华人民共和国公务员法》实施后，取消连续 3 年考核优秀晋升一级工资的奖励政策，改为三等功奖励。1994—2012 年，全州共有 261975 人次参加考核，其中，获优秀等次 34005 人次。全州先后有 1356 人获三等功。同时，因连续两年不称职被辞退人员 437 人。

2013 年，行政机关（参照公务员法管理事业单位）应参加考核 14530 人，实际参加考核 14514 人，评为优秀等次 2276 人、称职等次 11331、基本称职 5 人、不称职 11 人、未定等次 891 人、未参加考核 16 人。事业单位应参加考核 66169 人，实际参加考核 66031 人，被评为优秀等次 9135 人、合格等次 51759 人、基本合格 13 人、不合格 3 人，未定等次 5085 人，未参加考核 138 人。

2014 年，行政机关（参照公务员法管理事业单位）应参加考核 15461 人，实际参加考核 15400 人，被评为优秀等次 2452 人、称职等次 12403、基本称职 7 人、不称职 7 人，未定等次 531 人，未参加考核 61 人。事业单位应参加考核 69421 人，实际参加考核 69314 人，被评为优秀等次 10494 人、合格等次 54642 人、基本合格 16 人、不合格 50 人，未定等次 4112 人，未参加考核 107 人。

（二）任免

1992 年 4 月，州委组织部印发《关于明确州直机关、事业单位干部任免权限的通知》，规定州直机关、事业单位副科级干部由人事部门任免。同年，州人事局考核任免州直机关、事业单位副科级干部 86 人。

1993 年任免州直机关、事业单位副科级干部 120 人，1994 年任免 107 名。1995—2001 年每年任免州直机关、事业单位副科级干部 120 人，共计任免 840 人。

2001 年，州委组织部、州人事局转发《贵州省公务员竞争上岗办法（试行）》，在全州各级机关中推行竞争上岗工作。2002 年，州直 18 家单位开展干部竞争上岗工作，任免副科级干部 71 人。2003—2010 年，州直共任免副科级干部 386 人。

2010 年，州人事局印发《关于简化干部任免程序的通知》，将副科级领导职务、科级及以下非领导职务任免权下放各行政主管部门，并实行备案制。2011—2013 年，州直机关、事业单位共报送任免干部备案 166 人。2014 年对州政府工作部门 62 名副科级领导职务及非领导职务进行任职备案。

五、公务员调配

1991—1995 年，州直机关、事业单位共调配干部 943 人，其中，调入 367 人、调出 435 人。1996—2000 年，州直机关事业单位共调配干部 1449 人，其中：调入 603 人、调出 676 人。2001—2005 年，州直机关、事业单位共调配干部 1695 人，其中：调入 805 人、调出 890 人。2006—2010 年，州直机关、事业单位共调配干部 1695 人，其中：调入 805 人、调出 890 人。

从 2011 年起全州采取遴选的方式调配干部。是年，州直机关、事业单位面向全州范围公开遴选工作人员，共遴选机关、事业单位工作人员 160 余名。2012—2014 年，面向全州公开遴选州直机关（参照公务员法管理事业单位）、事业单位工作人员 262 名。

六、公务员培训

按照《国家公务员培训暂行规定》和省人事厅的要求，自 2001 年起，全州将新录用公务员初任培训纳入每年的培训计划，开展正规化培训。另外，结合不同时期的需要，有针对性举办领导干部、公务员业务知识培训。2001—2005 年，共举办新录用公务员初任培训班 32 期，培训 1692 人。此外，还举办公务员继续教育培训班 9 期，培训 556 人。

2006—2010 年，共举办新录用公务员初任培训班 42 期，培训 22162 人。此外，先后举办在职公务员继续培训班 6 期，培训 320 人；与上海大学联合举办人事政工干部培训班 1 期，培训 60 人；公务员通用能力培训班 21 期，培训 2140 人；与上海大学联合举办人力资源管理培训班 1 期 50 人；与西南政法大学联合举办人力资源管理培训班 60 人；选派干部参加人社部、省人社厅举办的培训班 15 期 68 人。2011—2014 年，共举办新录用公务员初任培训班 41 期，培训 2381 人。期间，先后选派 75 人参加人社部、省人社厅举办的培训班 16 期；选派 313 名县处级、科级干部赴香港参加“贵州千人赴港计划”培训；选派 56 人参加人社部、省人社厅举办的更新知识培训；组织参加东西对口培训班 26 期，培训 123 人次；在江苏、扬州举办应对突发事件培训班 3 期，培训 150 人；选派 126 人参加省公务员局举办的人社干部业务知识培训；举办州、县（市）科级干部培训班 5 期 750 人；与复旦大学联合举办公务员培训班 2 期，共 100 人参加培训。

第三节　专业技术人员管理

一、职称评审

1990 年 5 月，人事部印发《企事业单位评聘专业技术职务若干问题暂行规定》等系列文件后，全州职称评审工作按规定要求逐步转入制度化轨道。1992 年，根据贵州省职称改革工作领导小组印发的《贵州省专业技术职务评聘工作转入经常化的实施意见（试行）》，州职称改革工作领导小组办公室将省分配给黔南州的专业技术高、中级岗位指标分配落实到 12 县（市）及州直相关单位。职称评审工作经常化后，省要求所有职称评审系列都要纳入人事部门进行管理并组织评审。省批准黔南州正式组建工程系列中级、农业系列中级、卫生系列中级、中小学系列中级、中学系列高级的职称评审委员会，黔南州职称改革工作领导小组办公室批准各县（市）及州直有关部门组建初级评审委员会。1993 年 11 月，全州开始职称经常化后的第一次职称评审工作，对全州不能开评的系列职称委托省相关系列进行评审。此后，全州每年均按省、州当年的要求组织开展职称申报评审工作，完成年度评审任务。1997 年后，在职称评审过程中增加了申报对象答辩环节。2005 年，全州推行职称评审“评聘分开”制度。2007 年后，在职称申报评审过程中推行“三公示”制度，即在单位推荐环节公示、在人社部门初审材料环节公示、在评委评审已有结果后公示。

至 2014 年，全州高级职称人数从 1990 年的 796 人增加到 5157 人，中级职称人数从 6770 人增加到 24480 人，初级职称人数从 30000 人增加到 31851 人。上述均不含历年已退休的高、中、初级职称人员。

二、专业技术人员继续教育

2008 年，根据贵州省人民政府令《贵州省专业技术人员继续教育规定》，按照省人事厅印发的《贵州省专业技术人员继续教育学时授予与管理办法（试行）》，州人社局围绕全州“十一五”时期国民经济和社会发展规划，制定《黔南州 2010—2015 年专业技术人员继续教育培训规划》，报州政府批转各县市执行。2008—2014 年，全州共举办各类培训班 1388 期，培训 111050 人（次）。期间，完成全州专业技术人员继续教育培训工作，共培训专业技术人员 68000 余人次；举办专业技术人员计算机应用能力提高班 9 期，培训 600 余人次；举办事业单位新进人员初聘培训 10 期，培训 1000 余人次；其他专业技术人员培训 200 人次。通过开展专业技术人员继续教育培训，提高了专业技术人员的素质和能力。

三、民办教师转为公办教师

1979 年，按照吸收录用干部的有关规定，全州开始将部分民办教师转为公办教师。

1991 年，全州民办教师转为公办教师 195 人。1992 年，根据省教委、省人事厅《关于整顿“以公代干”人员的通知》要求，对全州民办教师进行清理整顿，至 1993 年底整顿结束。期间，组织全州民办教师 2054 人参加学习，经政治审查、体检合格、业务文化考核、各县（市）批准，州教育局审查合格 2000 人。1993 年、1994 年全州教育系统民办教师转为公办教师分别为 118 人、800 人。

为解决遗留问题，1999—2001 年全省通过考试、考核，择优将部分民办教师转为公办教师，全州共有 1035 名民办教师转为公办教师。

第四节　工资　福利

一、工资

（一）工资制度改革

1993 年 10 月，国家机关、事业单位进行第三次工资制度改革，根据国务院制定的改革方案，1994 年初，全州对现行的工资制度进行改革，即国家机关工作人员（除工勤人员外）实行职级工资制，由职务、级别、基础、工龄工资 4 项组成；事业单位根据不同类型，实行不同的工资管理，管理人员实行职员职务工资制，专业技术人员实行专业技术职务工资制，分别由职员职务等级工资、专业技术职务岗位工资和活津贴两部分组成；机关、事业单位的工人工资，按技术工人和普工分列，技术工人实行岗位技术等级工资制，由岗位工资、技术等级工资和奖金三部分组成；普工实行岗位工资制，由岗位工资和奖金组成。技术工人分高级技师、技师、高级工、中级工、初级工五个等级（职务）。此次工资制度改革（以下简称“工改”）于 1994 年 8 月结束。全州国家机关、事业单位 1993 年 9 月 30 日在职工作人员 65075 人，月增资 4601097 元，人均增资 70. 70 元，其中：国家机关 21094 人，月增资 1528038 元，人均增资 72. 44 元；事业单位 43981 人，月增资 3073059 元，人均增资 69. 87 元。离退休退职人员 11703 人，月增离退休退职费 1206357 元，人均月增离退休退职费 103. 80 元。

《中华人民共和国公务员法》实施后，2006 年 10 月，按照中央、省的部署，全州开展第四次工资改革，与以往历次工资制度改革相比，这次改革涉及内容较多，主要有四个方面：一是机关公务员实行职务与级别相结合的工资制度；二是事业单位实行岗位绩效工资制度；三是完善机关事业单位的津贴补贴制度；四是调整机关事业单位离退休人员待遇。此次工改于 2007 年 1 月底完成，全州机关事业单位共有 101526 人参加。其中：在职人员 78710 人，离退休人员 22816 人。在职职工中，机关 20633 人，事业单位 58077 人。

全州机关事业单位在职人员人均月基本工资在此次工改前为 770 元，工改后为 1056 元，人均月增资 286 元（未含事业单位高出活津贴比例 30% 的部分），比工改前增长 37% 。其中，机关工作人员人均月基本工资工改前为 748 元，工改后 1075 元，人均月增资为 327 元，比工改前增长 44% ；事业单位工作人员人均月基本工资工改前为 778 元，工改后 1049 元，人均月增资为 271 元，比工改前增长 35% 。州直单位人均月基本工资工改前为 887 元，工改后 1184 元，人均月增资为 297 元，比工改前增长 34% ；各县市人均月基本工资工改前为758元，工改后1043元，人均月增资为285元，比工改前增长38%。全州机关事业单位离退休人员人均月基本离退休费为923元，工改后为1208元，人均月增资为286元，比工改前增长31%。其中，离休人员月增资548元，退休人员月增资274元。

（二）工资调整

1997年7月至2003年6月，按照国家和省州的文件精神和要求，全州先后5次调整机关、事业单位工作人员和机关、事业单位新参加工作人员的工资标准，同时增加离退休人员离退休费。

从1997年7月1日起，将机关行政人员基础工资标准由每人每月90元提高到每人每月110元。根据事业单位各类工作人员和机关工人工资制度的特点及其工资构成比例，相应调整工资标准，即在原职务（岗位）工资标准的基础上，各档相应增加工资，津贴、奖金（活工资）部分按照其在工资构成中的原比例相应提高。相应提高机关、事业单位新录用、新参加工作人员试用期（见习期）、初期和学徒期、熟练期及期满后的工资标准。对1997年6月30日前已办理离休、退休、退职手续和已达到离退休年龄的人员（按国家有关规定经批准留任的除外），按每人每月20元增加离休、退休费和退职生活费。

根据《国务院办公厅转发人事部财政部关于调整机关事业单位工作人员工资标准和增加离退休人员离退休费三个实施方案的通知》（国办发〔1999〕78号）文件精神，从1999年7月1日起，将机关行政人员基础工资标准由每人每月110元提高到180元，级别工资标准由十五级至一级每人每月55元~470元提高到85元~720元。调整事业单位工作人员和机关工人工资构成中的固定部分，固定部分调整后，活的部分按国家和省规定的工资构成比例相应提高。相应提高机关、事业单位新录用、新参加工作人员试用期（见习期）、初期和学徒期、熟练期及期满后的工资标准。机关、事业单位1999年6月30日前已办理离退休手续和已到达离退休年龄的人员（按国家有关规定经批准留任的除外），从1999年7月1日起增加离退休费。具体办法是：离休人员按照同职务在职人员的增资额增加离休费（机关离休人员按同职务同条件在职人员的增资额增加离休费），每人每月增加数额不足120元，按120元增加。退休人员按下列标准增加退休费：行政人员，省（部）级及以上职务210元、厅（局）级170元、处级140元、科级110元、科员及办事员90元；专业技术人员，教授及相当职务170元、副教授及相当职务140元、讲师及相当职务110元、助教及以下职务90元；工人、高级技师和技师110元、高级工以下（含高级工）及普通工90元；依照国家规定退职的人员，每人每月增加80元退职生活费。

从2001年1月1日起，机关行政人员基础工资标准由每人每月180元提高到230元，级别工资标准由十五级至一级每人每月85元~720元提高到115元~1116元。

调整事业单位工作人员和机关工人工资构成中的固定部分，固定部分调整后，活的部分按国家和省规定的工资构成比例相应提高。相应提高机关、事业单位新录用、新参加工作人员试用期（见习期）、初期和学徒期、熟练期及期满后的工资标准。机关、事业单位2000年12月31日前已办理离退休手续和已到达离退休年龄的人员（按国家有关规定经批准留任的除外），从2001年1月1日起增加离退休费。具体办法是：离休人员按照同职务同条件在职人员的增资额增加离休费，每人每月增加数额不足100元，按100元增加。退休人员按下列标准增加退休费：行政人员，省（部）级及以上职务270元、厅（局）级180元、处级130元、科级100元、科员及办事员80元；专业技术人员，教授及相当职务180元、副教授及相当职务130元、讲师及相当职务100元、助教（含相当职务）及以下职务80元；工人，高级技师和技师100元，高级工以下（含高级工）及普通工80元；依照国家规定退职的人员，按每人每月70元增加退职生活费。

从2001年10月1日起，机关行政人员职务工资标准由最低50元最高480元提高到100元～850元。调整事业单位工作人员和机关工人工资构成中的固定部分，固定部分调整后，活的部分按国家和省规定的工资构成比例相应提高。相应提高机关、事业单位新录用、新参加工作人员试用期（见习期）、初期和学徒期、熟练期及期满后的工资标准。机关、事业单位2001年10月1日前已办理离退休手续和已到达离退休年龄的人员（按国家有关规定经组织批准留任的除外），从2001年10月1日起增加离退休费。具体办法是：离休人员按照同职务在职人员的增资额增加离休费。每人每月增加数额不足80元的，按80元增加。退休人员按下列标准增加退休费：行政管理人员，省（部）级及以上职务280元、厅（局）级185元、处级125元、科级80元、科员及办事员55元；专业技术人员，教授及相当职务180元，副教授及相当职务120元、讲师及相当职务80元、助教（含相当职务）及以下职务55元；工人，高级技师和技师80元、高级工以下（含高级工）及普通工55元；依照国家规定退职的人员，按每人每月50元增加退职生活费。

从2003年7月1日起，调整机关行政人员职务工资标准。各职务起点工资标准由100元～850元分别提高到130元～1150元，其他各职务工资档次标准相应提高。

适当调整机关工人的岗位工资标准。机关工人的奖金部分按照其在工资构成中的比例相应提高。调整事业单位工作人员工资构成中的固定部分，固定部分调整后，活的部分按国家规定的工资构成比例相应提高。适当提高机关、事业单位新参加工作人员见习期、初期的工资待遇。机关事业单位2003年6月30日前已办理离退休手续和已到达离退休年龄的人员（按国家有关规定经组织批准留任的除外），从2003年7月1日起增加离退休费。具体办法是：离休人员按照同职务同条件在职人员的增资额增加离休费。每人每月增加数额不足50元的，按50元增加。退休人员按下列标准增加退休费：行政管理人员，省（部）级及以上职务165元、厅（局）级120元、处级80元、科级50元、科员及办事员35元；专业技术人员，教授及相当职务115元、副教授及相当职务75元、讲师及相当职务50元、助教（含相当职务）及以下职务35元；工人，高级技师和技师50元、高级工以下（含高级工）及普通工35元；依照国家规定退职的人员，按每人每月30元增加退职生活费。

（三）事业单位绩效工资

实施绩效工资是事业单位收入分配制度改革的重要内容。国家机关规范津贴补贴后，为统筹兼顾机关和事业单位之间的分配关系，按照国家、省的统一部署，在全州义务教育学校、公共卫生与基层医疗卫生和其他事业单位先后于2009年1月、2009年10月、2010年1月分别实施了绩效工资制度。

根据国家机关实施第二步规范津贴补贴情况，2011 年 10 月起调整州直事业单位绩效工资。调整的水平按不低于同职级公务员的人均年水平，核定绩效工资标准、离退休人员的生活补贴。

（四）工资管理信息化

2005 年 9 月启动全州工资管理信息化建设。按照贵州省人事厅制定的《贵州省人事工资管理系统》的规范要求，至 2006 年 3 月，初步建立了全州人员的人事工资信息数据库，并运用该系统对日常工资业务进行审批和管理。

结合 2006 年的工资制度改革需要，进行 2007 年版本的系统升级，工资改革数据通过系统进行审核，减轻了劳动强度，提高了工资审批的准确性和工作效率。

为提高人事工资信息化、自动化的管理水平，2011 年 6 月底至 8 月中旬，组织全州各县（市）及州直部门等 1500 多个单位进行了《贵州省人事工资管理系统》的升级、培训，提高受训人员工资政策水平和软件操作能力。

二、福利

（一）津贴、补贴

未实施规范津贴补贴前，州级执行的各项津贴补贴主要有国家统一规定的津贴补贴和省、州、县统一规定的津贴补贴两大类。对州内不同岗位的工作人员分别发放不同的津贴补贴。规范津贴补贴后，按照规范要求，全州对清理的津贴补贴项目进行了认真的调研分析，对原有的津贴补贴分别采取保留、归并或取消。保留的津贴补贴项目：经人事部、财政部批准建立的机关工作人员岗位津贴；省出台的离休、退休人员部分补贴；改革性补贴（即住房增量补贴、住房公积金、公务固定和移动通讯话费）；省、州、县根据工作绩效统一发放的奖励性补贴，即目标管理奖。归并的津贴补贴项目：对取消违规津贴补贴后的其他津贴补贴项目（不包括改革性补贴）进行归并。归并后的津贴补贴项目，原则上划分为工作性津贴和生活性补贴两大类，由各县（市）根据财力自行确定各职级标准和执行时间。自 2007 年 10 月起至 2013 年 1 月止，全州已完成第二步津贴补贴改革。规范津贴补贴后，各县（市）、各部门、各单位原自行设立的各种津贴补贴项目一律取消，严禁在归并时借机提高津贴补贴标准和另行设置津贴补贴项目。取消违规项目：取消通过摊派向企业集中收入、违反规定利用政府非税收入等发放的津贴补贴；取消各部门和单位在国家规定的特殊岗位津贴之外自行扩大发放范围和提高标准的部分；取消各部门和单位超过规定范围和标准发放的改革性补贴部分；取消各部门和单位在清理规范津贴补贴中未按要求如实上报的津贴补贴。

（二）带薪年休假制度

在原休假制度基础上，根据国务院《职工带薪年休假条例》和人事部《机关事业单位工作人员带薪年休假实施办法》《贵州省机关事业单位工作人员带薪年休假实施办法》，全州从 2008 年起实施带薪年休假制度，工作人员累计工作已满 1 年不满 10 年的，年休假 5 天；已满 10 年不满 20 年的，年休假 10 天；已满 20 年的，年休假 15 天。对未休假的工作人员给予经济补偿。机关、事业单位应当根据工作人员应休而未休的年休假天数，对其支付年休假工资报酬。年休假工资报酬的支付标准是：每应休未休 1 天，按照本人应休年休假当年日工资收入的 300% 支付。

第二章　劳动就业管理

1991—2014 年，黔南州进行企业职工劳动就业全方位改革，落实就业政策，加强就业引导和就业培训，促进创业带动就业。至 2014 年，全州累计城镇新增就业 308751 人。自 2011 年开始实施创业培训工程至 2014 年底，累计培训 23 万人（次）。开展劳务输出，推动农村富余劳动力转移，至 2014 年，全州常年在外务工人数 84.5 万人，劳务年收入 85 亿元。加大人力资源市场管理，拓宽服务平台，至 2014 年，全州近万人通过就业服务平台实现就业、再就业。同时，加强劳动保护，制止和纠正用人单位的违法行为，保护劳动者的合法权益。

第一节　劳动就业与培训

一、就业

2009 年 5 月，州政府出台《贯彻国务院、省政府关于做好促进就业工作通知实施意见的通知》，以解决高校毕业生、城镇下岗失业人员特别是就业困难人员、外出务工人员和返乡创业人员四类群体就业为重点，改变以往就业政策三年一轮的做法，形成了不设定政策审批截止期限的促进就业长效机制，促进就业政策的覆盖面扩大。降低享受政策扶持的门槛，为全州就业工作提供了政策和资金保障。自 2003 年对城镇新增就业进行统计，至 2014 年，全州累计城镇新增就业 308751 人，其中失业人员实现再就业 99856 人，就业困难人员实现就业 61429 人。2014 年全州城镇登记失业率为 3.21%，控制在省下达的 4.2% 之内。

（一）就业援助

1. 零就业动态管理。根据贵州省劳动和社会保障厅《关于认真做好“零就业家庭”就业工作的通知》和州人民政府办公室关于“零就业家庭”就业援助工作的相关要求，全州从 2007 年起，每年开展“零就业家庭”就业援助活动，及时为新增“零就业家庭”提供援助，做到“出现一户、认定一户、帮扶一户、稳定一户”，实现“动态为零”。至 2014 年底，全州累计消除“零就业家庭”3609 户。

2. 公益性岗位开发。2011 年，制定印发《黔南州公益性岗位管理办法》，规范全州公益性岗位管理。工作中，做到公益性岗位人员信息清、工作地点清、工作状况清。年内，按照省政府办公厅《关于加大就业资金投入开发公益性岗位促进困难人员就业的通知》要求，黔南州人民政府办公室印发《关于加大就业资金投入开发公益性岗位促进困难人员就业的通知》，重点对“不符合身份条件、在册不在岗、岗位设置不合理、不遵守用人单位工作纪律和管理规定、达到法定退休年龄以及 3 年聘期满”公益性岗位人员进行清理。从 2011 年起，将公益性岗位总量控制在省下达的 7000 人指标内，落实公益性岗位分级管理制、实名登记制、承诺制、回访制，推行末位淘汰制，全州公岗管理工作逐步走上科学化、规范化轨道。

3. “就业援助月”活动。从 2005 年起至 2014 年，按照人力资源和社会保障部、中国残疾人联合会的要求，每年年初在全州上下组织开展为期 1 个月的“黔南州就业援助月”活动。以“送政策、送岗位、送服务、送温暖”为活动主题，对就业困难群体开展专项就业活动，通过“一对一”帮扶、召开专场招聘会等形式，对就业困难人员和零就业家庭进行专访，登记认定未就业困难人员、未就业残疾人、零就业家庭人员等情况，实施针对性服务，有效帮助就业困难人员实现就业。

（二）创业带动就业

1. 创业带动就业。2011 年，在全州 12 个县（市）成立小额担保贷款机构，推行由妇联、财政、经办银行现场联合审查“一站式”服务机制。至 2014 年 12 月底，全州累计发放小额担保贷款 76569. 8 万元，扶持创业 11294 人，直接带动就业 48383 人。通过小额担保贷款资金的扶持，涌现了创业带动就业先进典型 700 余人。如：贵州金象实业总公司总经理何庆洪、贵州盛世龙方制药股份有限公司总经理张沛成为全国创业之星；都匀市返乡创业者鹏达木业有限公司总经理孟兴义、贵州永红食品有限公司获全国创业先进个人、先进单位。

2. 创业孵化园建设。2012 年，相继制定《黔南州推进创业带动就业工作实施方案》《黔南州推进创业孵化基地建设的实施意见》《黔南州就业创业“四个一”工程创建工作实施方案》等，为创业提供政策支撑。工作中，对返乡农民工创业孵化园基地建设及特色项目进行扶持，至 2014 年，先后建立了瓮安县经济开发区创业园孵化中心、都匀贵州灵智农业集团置业有限公司、龙里县北部工业园区创业孵化园、瓮安银盏返乡农民工创业园、独山县打羊乡农民工返乡创业孵化园等 9 个创业孵化基地，就近吸纳农村富余劳动力 15000 余人就业。其中瓮安县经济开发区创业园孵化中心被认定为贵州省 2014 年度创业孵化示范基地。

3. 就业示范社区创建。从 2006 年起，各县（市）按省人社厅关于开展创建“充分就业社区”活动的部署和要求，以城镇社区为创建对象，以促进各类下岗失业人员充分就业为目标，以帮助下岗失业人员特别是“4050”（40 岁至 50 岁）人员和“零就业”家庭成员等困难对象就业再就业为重点，开展创建“充分就业社区”活动。2009 年 5 月，州政府出台《贯彻国务院、省政府关于做好促进就业工作通知实施意见的通知》后，黔南州人力资源和社会保障局会同民政、工商、税务等部门落实吸纳就业困难人员和灵活性就业人员的税费减免以及培训补贴、职介补贴、社保补贴、岗位补贴等各种政策性补贴措施。之后，州人力资源和社会保障局围绕社区管理服务、家政服务，开发服务性岗位；围绕特色产品、餐饮，打造社区就业创业一条街。以都匀市为重点，结合就业创业工程建设，在各县（市）打造1个就业充分示范社区。将都匀市平桥、百子桥2个社区作为州、市共建示范社区重点打造。通过亮点打造，都匀市百子桥社区、平桥社区、龙里县冠山街道社区被评为贵州省第二批省级充分就业星级社区，填补了本州无省级就业星级社区的空白。2011年，制定《黔南州全面创建充分就业社区工作实施方案》，进一步落实就业创业优惠政策，促进辖区内各类就业困难人员实现充分就业，2012年，开始在乡（镇、街道办）设立劳动保障工作站，配备劳动保障工作人员。至2014年，全州104个乡镇、街道、办事处均设立了劳动保障工作站，1533个行政村均配备劳动保障协理员，基层就业平台覆盖率达100%。全州127个社区有65个社区完成充分就业社区创建工作，充分就业社区平均覆盖率达51%。

（三）高校毕业生就业

2005年6月，根据中央和省委提出“引导和鼓励高校毕业生到村任职，实施一村一名大学生计划”的相关要求，全州开展了选聘高校毕业生到村工作。州委办公室、州政府办公室、州委组织部先后印发《黔南州关于引导和鼓励高校毕业生面向基层就业的实施细则》《关于做好普通高等学校毕业生就业创业工作的通知》《关于进一步做好高等学校毕业生就业工作的通知》《关于进一步做好选聘到村工作高校毕业生管理服务工作的通知》，鼓励和引导高校毕业生到农村到基层工作。2006—2014年，实施“一村一名大学生工程”，全州共选聘1044名高校毕业生到基层任职，744名高校毕业生到村一级组织服务。至2014年底，全州到村任职人员有79人，“一村一大”人员有11人。2012—2014年，聘用74名连续两年考核优秀的基层服务人员在编制内直接聘用到乡（镇）事业单位工作。

2011年，全州推行高校毕业生到企事业单位见习制度，建立高校毕业生就业见习示范基地23个，至2014年，共选聘3053名高校毕业生到事业单位见习。

二、就业培训

1991—1998年，全州就业培训的主要对象是城镇人口劳动者（非农户口人员），如回城知青、城镇新增待业青年和国有企业减员增效下岗的富余人员。培训课程设置根据各行各业对劳动者的技能要求进行。为了促进劳动者尽快实现就业，一般开展为期15～30天不等的城镇经济组织需要的实用技能培训。期间，全州每年培训4000余人，8年间共培训城镇各类劳动者3.512万人，促进就业3.3万人。

1999—2003年，就业培训主要为国有企业改革改制服务，培训对象主要是下岗失业人员，课程设置重点是再就业技能培训和转岗转业培训。期间，全州每年培训下岗失业人员5000多人，共培训2.6万人，培训后实现就业的人员2.35万人。

2004年后，国家劳动就业方针从原来“劳动部门介绍就业、组织起来就业和自谋职业三结合”的就业方针，调整为“劳动者自主择业、市场调节就业和政府促进就业”的就业方针。因此，就业培训紧跟适应劳动力市场的需要，调整培训方式和范围。2010 年国务院下发《关于加强职业培训促进就业的意见》后，全州就业培训对象范围进一步扩大，培训的专业工种增多。培训对象包括城乡全体劳动者，培训专业工种涉及第一、二、三产业各个领域。特别是为了适应非公有制经济小微企业创业发展的需要，促进高校毕业生的创业就业工作，2011 年下半年，州人社局会同州委组织部、州财政局、州教育局等联合印发了《黔南州关于实施大学生创业引领计划的实施方案》，从 2011 年开始实施创业培训工程以来，至 2014 年底，组织开展大学生自主创业培训和就业能力培训 4200 多人。至 2014 年底，全州累计培训 23 万余人。

第二节　劳务输出

随着改革开放的深入，州内富余劳动力逐步向城镇转移，通过在外务工获得报酬，增加家庭经济收入。

1999 年以前，全州劳务输出多数以亲戚朋友相互介绍结伴外出找活干为主。1999—2000 年，贯彻省劳务输出工作会议精神，结合黔南实际，将劳务输出目标任务量化分解到各县（市）。各县（市）再量化到乡镇，层层落实。为确保目标的实现，全州基本建立乡镇、街道办事处劳动服务站。州、县（市）两级劳务输出机构采取发函、致电、走出去、请进来、与本系统驻外劳务管理机构联系等方式，收集用工信息，联系劳务输出事宜。各级劳务机构多次派员到沿海经济发达地区考察或请厂家派员到本州考察劳动力资源情况，结成劳务协作伙伴，建立劳务输出基地。至 2000 年底，全州建立劳务协作安置基地 12 个。罗甸县实施“劳务输出，借地育才”战略成为全州借鉴的经验。都匀市、平塘县的劳务输出工作各具特色，在全州推广。抓好外出务工人员有序流动，采取多种形式进行春运宣传，突出抓好外出务工人员多、容量大县（市）管理调控。2000 年全州共劳务输出 128162 人，其中有组织输出 12817 人。外出务工人员汇回劳务收入 2 亿多元，劳务输出为全州节省粮食 3200 万公斤。

2001 年，黔南州完成劳务输出 100180 人，完成省任务数的 501%，完成州任务数的 200%，其中有组织输出 13521 人。外出务工人员汇回劳务收入约 3.2 亿元。2002 年，全州完成劳务输出 108501 人，其中有组织输出 12491 人。外出务工人员汇回劳务收入约 3.6 亿元。是年，都匀市、罗甸县按国家和省的要求，围绕农村经济结构调整，整合劳动力资源，开展实用技能培训。都匀市开展了汽车驾驶、农机修理、商品营业员、烹调、电脑、混凝土砌筑工、发供电及运行、种养植业、绿色证书等专业的培训，培训 13220 人。通过培训，有 211 人通过了职业技能鉴定考核获商品营业员、电脑、烹调、汽车驾驶等工种的国家职业技能等级证书，有 1316 人获得绿色证书。罗甸县 2 期培训 221 人，经过培训后输送到广东等地就业，基本实现培训一人就业一人脱贫一户。2003 年，全州新增农村劳动力外出就业9.55万人，到省外就业人数67736人，其中，劳动保障部门有组织输出1.32万人。年末全州在外流动就业的人数40.06万人，其中，跨省就业人数31.61万人。全州外出农民工通过邮局汇回劳务收入9.37亿元，节约粮食5540万公斤，外出务工收入已成为农民增加收入的重要来源。

2004年，全州推行劳动预备制度和就业准入制度，开展职业技能鉴定，在未开展职业技能鉴定的长顺、平塘、罗甸3个县分别开展1~3批职业技能鉴定工作。分期对都匀市沙包堡等1804名失业农民进行无线电装接、电焊、中式烹调等专业培训和鉴定，174人取得职业资格；对都匀水泥厂的服刑人员开展了3期计算机文字录入、烹调、电工、焊工培训和鉴定，有58名服刑人员获得初级或中级资格证书。全州组织残疾人员参加保健按摩、家电、摩托车维修、计算机文字录入等技能培训和鉴定2期，有114人获得职业资格证书。是年，全州建立3个劳务输出基地县。年末全州共指导劳务输出63430人。年末在外流动就业的人数440555人。2005年，新增农村劳动力外出流动就业169641人。年末长期在外流动就业的人数达到491532人，其中，跨省就业人数400231人。2006年，全州农村劳动力技能培训10377人（次），新增农村劳动力外出流动就业115255人。年末，在外流动就业的人数573504人，其中，跨省就业人数453526人。

2007年，随着海峡西岸经济区建设纳入国家“十一五”发展纲要，以厦门为龙头的闽南地区经济社会迅猛发展，大批生产企业出现用工不足现象。黔南州抓住这一机遇，自2007年起，州人社局先后组织各县（市）人社部门、大中专职业院（校）等单位到厦门、福州、泉州、漳州、莆田洽谈劳务协作和校企对接，考察企业用工情况，实行“订单培训、定向输出”，与当地人社部门和福建近百家用工企业达成培训输出意向性协议。黔南州劳务输出工作的创新做法，得到省委主要领导的充分肯定，并作出“要推广黔南做法，劳务输出应有新突破”的重要批示，省委专门下发文件，要求全省推广黔南做法。至2014年，黔南州向海峡西岸经济区劳务输出6.2万人。黔南州采取校企挂钩教育培训与劳务扶贫相结合的多元化新型劳务输出模式，调动了学校、企业办学用工的积极性；实行引导培训与技能培训、学历教育与职业培训相结合，拓宽了就业渠道，促进就业。

至2014年，全州常年在外务工人数84.5万人，劳务年收入85亿元。劳务输出累计达到106万人（次），其中：有组织输出15万人（次），自发输出91万人（次）。

第三节　劳动保护

一、劳动监察

1995年1月1日，《中华人民共和国劳动法》颁布施行。赋予县级以上地方人民政府劳动行政部门主管本行政区域内的劳动工作。1996年，黔南州劳动和社会保障局内设劳动监察科，县（市）劳动和社会保障部门内设劳动监察科（室），主要负责用人单位的劳动用工年检、日常巡查、专项检查和受理处理投诉的劳动侵权案件等。

2004 年 1 月设立黔南州劳动监察支队，为州劳动和社会保障局下属事业单位，与劳动和社会保障局劳动监察科合署办公，全面开展执法工作。2010 年，黔南州机构改革，新组建人力资源和社会保障局，原劳动监察科更名为综合监察科，同时将原与劳动监察科合署办公的黔南州劳动监察支队单列设置，为州人力资源和社会保障局管理的正科级事业单位。2011 年，各县（市）分别设立了副科级劳动监察大队，为各县（市）人力资源和社会保障局管理事业单位。

2011 年，根据人力资源和社会保障部《关于进一步推进劳动保障监察两网化管理工作的意见》，黔南州全面推开劳动保障监察两网化管理，全州划分一级网络 1 个、二级网络 13 个、三级网络 208 个、四级网络若干。提出将劳动保障监察工作由城市向乡镇、社区延伸，制定了监管范围从以城镇为主向统筹城乡转变，监管模式从被动反应型向主动预防型转变的中长期目标。2013 年 10 月底，黔南州劳动监察支队和各县（市）劳动监察大队经省公务员局批准列为参公管理事业单位。

全州劳动保障监察以劳动保障法律法规为依据，制止和纠正用人单位的违法行为，查处侵害劳动者合法权益的违法案件。2006—2014 年，全州劳动监察处理违法侵权案件 7215 件，为 172906 名劳动者追讨工资 55258. 28 万元；处理欠缴社会保险金案件 216 件，为 5309 名劳动者补缴社会保险金 903. 73 万元；对 14779 户用人单位开展劳动用工年度审查，涉及劳动者 725960 人；审查用人单位管理规章制度 317600 条，纠正违法违规条款 38112 条；完成对用人单位网络用工备案 1779 户，涉及劳动者 60303 人；处理因劳动纠纷引发的群体性事件 172 件，涉及劳动者 10906 人。开展法律法规宣传咨询 266 场（次），发放宣传资料 172459 份，咨询答疑 44395 人（次）；开展用人单位法律法规培训 58 期，受训 4863 人。

二、劳动争议仲裁

为加快推进全州仲裁机构实体化建设步伐，2010 年，州政府与各县（市）政府签订工作目标责任状，将劳动人事争议仲裁建设、调解组织建设、劳动人事争议案件结案率三项任务列入年度工作目标任务，当年完成了州级和 12 县（市）劳动、人事争议仲裁委员会调整合并和仲裁院的设立工作，共核定编制 108 名。

2010—2014 年，全州劳动人事争议仲裁机构共处理劳动人事争议案件 2813 件。其中，调解结案 1373 件，调解率达 48. 8%，涉及劳动者 3400 人，维权金额 1 亿多元。

第四节　人才市场

一、人力资源市场管理

2005 年 5 月 27 日《贵州省人才市场条例》颁布，自 7 月 1 日起施行。按照条例规定，各级人事部门开展包括民营人才中介机构在内的各类人才中介机构业务行政许可证办理，并会同工商部门进行监管。2011 年 11 月，州人力资源和社会保障局利用原州劳动就业培训中心12间门面建立都匀地区人力资源市场，并采取免缴3年租金的方式，吸引都匀地区12家民营人力资源中介组织入驻经营。至2012年底，全州共审批经营性人力资源服务机构22家，其中：国有性质3家、民营经济性质19家，州级人社局审批6家，各县（市）人社局审批16家。

二、人力资源市场建设

黔南人力资源市场围绕就业服务开设就业服务窗口，为广大求职者提供政策咨询、求职登记、失业登记、职业指导、就业推荐等服务。1992年11月，黔南州首届人才技术交流会在州博物馆举办，中央、省在匀部分企业和州内部分国营企业、集体企业、乡镇企业、三资企业等76家到会布设平台，开展人才交流活动。随后，"黔南州人才技术信息市场"挂牌开放，成为全省首家人才技术信息市场。

2005年8月6日黔南州人才市场开业运行。2007年，黔南州人才市场先后投入15万余元完成了"黔南人事人才网"的升级改版，更名为"黔南人力资源网"。该网站可向社会提供网上人事考试成绩查询、流动人员人事档案查询、网上求职、网上招聘、网上报名、网上缴费、机构介绍、人事人才工作政策宣传、信息发布、局长信箱等服务。利用搭建的网上便利服务平台，黔南州人力资源市场首创了贵州省第一家全新的招聘模式——网上人才招聘会。2008年5月，黔南人力资源市场自筹资金50万元注册成立了黔南人力资源开发有限责任公司。至2014年，该公司与30余家用人单位建立了人才派遣合作关系，派遣各类劳务人员近1千余人次。与贵州烟叶复烤有限责任公司黔南复烤厂达成劳务外包协议。2010年机构改革，将黔南州人才市场、州劳动力市场及高校毕业生就业市场整合组建黔南人力资源市场，内设综合部、财务部、市场部、代理部、信息发展部、培训部、人才派遣部等。新组建的黔南人力资源市场位于黔南州人才市场旧址（都匀市商业步行街广惠大厦三楼），面积1600平方米，内设信息发布大厅（配备大型电子信息发布大屏）、人才招聘区（设有招聘展位36个）、办公区及综合业务服务区、人事代理区（人事档案接收制作保管室及档案查阅室）、培训区（有多功能厅2间、培训机房1间）。另设有人才测评室、高级人才交流洽谈室。建有黔南人力资源网站、内部局域网系统、公共广播系统。2012年，黔南州推开劳务输出基地前移，在江苏苏州建立了农民工外出服务工作站，输出100多名农民工和大学生到苏州工作和见习。福建省就业服务中心与黔南州签订了劳务合作协议，并无偿赞助黔南州一套远程面试系统。

黔南人力资源市场自开展就业服务平台以来至2014年，共接待招聘企（事）业单位2000余家，提供就业岗位3000余个，推荐各类人才2万余人。同时，为5000余人进行求职登记，为300余人进行失业登记，提供政策咨询上万余人次。拥有各类人才信息资源（人才库入库量）近5000余人，其中本科学历以上2000余人、大专2000余人、中专以下的1000余人。以市场需求为导向，组织开展各类"公益性现场招聘会""公益性网络招聘会"20余次，提供就业岗位3万余个，近1万人通过市场实现了就业与再就业。健全供求信息发布制度，2005—2014年，发布《黔南人才供求信息》《分析报告和人才供求信息统计表》《就业服务统计报表》100余期。累计接待人事代理咨询近万人次，办理代理业务近

3000 余人次，接收流动人员人事档案 8133 份，代办非公经济组织职称评审 30 余人。

2014 年，黔南人力资源市场完成国家投资的 150 万元公共就业服务网络平台项目建设，拓展了黔南人力资源网各项服务功能。是年，网上人才库达 12000 余人，提供职位 3000 余个；有 8500 名求职者通过网络递交了求职简历，访问量突破 2000 余万次。

三、职业技能鉴定

1991 年黔南州启动开展职业技能鉴定工作。全州先后建立国家职业技能鉴定所（站）12 个，涉及鉴定工种有电工、焊工等 150 多个。1991—2012 年，全州共组织职业技能鉴定 100832 人次，获得职业资格证书 94375 人，其中：初级工 42362 人、中级工 40286 人、高级工 11508 人，技师 181 人、高级技师 38 人。至 2014 年，全州有考评员 800 余人。全州共组织职业技能鉴定累计 132786 人次，获得职业资格证书 125028 人，其中：初级工 60797 人、中级工 47974 人、高级工 15743 人；技师 428 人、高级技师 86 人。

第三章　社会保险

1997 年，黔南州根据国家社会保障政策，开始实行企业职工基本养老保险制度，并按照“广覆盖、保基本、多层次、可持续”的基本原则和统筹城乡发展、缩小城乡社会保险差别的要求，建立社会保险制度。至 2014 年，基本建立涵盖基本养老、医疗、失业、工伤和生育保险在内的覆盖城乡的社会保障体系，社会保险覆盖范围不断扩大，保障水平稳步提高。社会养老保险参保人数达 173 万人。老有所养、老有所医、失有所得的社会保障体制基本形成，为全州改革、发展、稳定发挥了重要作用。

第一节　养老保险

一、城镇养老保险

1997 年，开始推行养老保险制度，采取基本养老保险、企业补充养老保险和个人储蓄性养老保险相结合的方式，初步建立起多层次、三方负担的养老保险制度。

2000 年，州内全面推行机关、事业单位养老保险制度。1992—2008 年，全州基金征缴收入累计 177373 万元，累计发放养老金 190215 万元。历年基金滚存结余 40786 万元。自 2000 年企业养老金实行社会化发放以来，养老保险待遇经历了 6 次大的调整，从 2000 年全州月人均养老金 348 元调整到 2008 年的 906 元，增加 558 元。2008 年，全州城镇职工基本养老保险实现州级统筹和调剂金制度，养老金按时足额发放率和社会化发放率均为 100%。21 世纪初至 2014 年，对用人单位初步形成“基本养老保险费由企业和个人共同负担，实行社会统筹和个人账户相结合”的征缴模式，参保范围由企业职工扩展到城镇个体工商户、灵活就业人员等各类从业人员。全州参加企业职工基本养老保险人数达11679人。

从2010年起先后在全州12县（市）分四批试点启动实施城乡居民社会养老保险制度。至2012年底，全州实现城乡居民社会养老保险制度全覆盖，参保人数达109万人，参保覆盖率为78%。全州城镇职工基本养老保险参保16.7万人，覆盖率达80%。至2014年底，全州城镇职工基本养老保险参保20.8万人，城乡居民参保人数173万人。

2002—2014年全州城镇职工保险费征缴及发放统计表

表21-3-1

年　度	参保人数（人）	保险费征缴总额（万元）	保险费发放人数（人）	保险费发放总额（万元）
2002				
2003				
2004				
2005	116275	6814		5224
2006	124609	7673		6286
2007	142411	9799		7745
2008	164639	16157		10220
2009	180993	20518		15897
2010	195775	35397		21306
2011	217411	41926		30505
2012	235190	51821	203932	44708
2013	246632	57130	215687	55676
2014	256637	64843	237462	70945

说明：（1）2002—2004年，无综合统计数据。（2）职工保险费发放，因2005年到2011年使用的是老版本系统经办，无待遇享受人数统计

2008—2014年全州城镇居民保险费征缴及发放统计表

表21-3-2

年度	参保人数（人）	保险费征缴总额（万元）	保险费发放人（人数）	保险费发放总额（万元）
2008	65496	515		
2009	257707	2879	2676	731
2010	269213	1516	42264	1532
2011	273994	3643	12607	2547
2012	267457	7367	23209	3885
2013	271538	5508	52991	6248
2014	274360	5367	70911	8928

二、农村社会养老保险

“八五”期间，党中央、国务院决定在农村建立社会养老保险制度，全州贯彻落实国

家相关政策，逐步推行农村社会养老保险。2004 年，全州农村社会养老保险工作移交社会保障部门。

1992—2014 年全州养老保险费征缴及发放统计表

表 21－3－3

年度	城镇				农村			
	参保人数（人）	保险费征缴总额（万元）	离退休人数（人）	保险费发放总额（万元）	参保人数（人）	保险费征缴总额（万元）	领取待遇人数（人）	保险费发放总额（万元）
1992	83320	1443	13674	1050				
1993	79636	2705	14263	2069				
1994	89036	2594	16848	2013				
1995	90185	3506	17263	2597				
1996	84817	4244	18352	3387				
1997	62043	3439	14809	3687				
1998	68880	4948	16800	4517				
1999	81053	7572	21349	8408				
2000	70742	8131	19750	9387				
2001	69899	7588	20581	9719				
2002	72295	10179	22172	12836				
2003	80499	12898	24189	13957				
2004	86518	13387	25626	15247				
2005	91790	16193	27053	19235				
2006	98893	21736	28060	23627				
2007	106864	26278	29301	27680				
2008	117958	41355	32229	35887				
2009	127880	45130	34762	44885				
2010	136450	55895	36556	54313	11075		28136	
2011	152615	87443	41806	65478	642665	5873	224041	9762
2012	166626	111248	50719	80992	1089596	11094	400335	25969
2013	186455	110912	56866	99779	1461844	14050	415702	27574
2014	207765	134936	67450	122840	1730545	15293	421485	28850

第二节　医疗保险与生育保险

一、医疗保险

黔南州城镇职工基本医疗保险 2002 年启动实施。2005 年制定《黔南州城镇职工基本医疗保险暂行办法》，城镇基本医疗保险制度基本建立。

2010 年印发《黔南州城镇职工基本医疗保险试行办法》，并实现全州医疗保险州级统筹。2012 年 2 月实施《黔南州医疗保险单病种医疗费用结算办法（试行）》，正式启动州内医疗保险单病种医疗费用结算办法，完善全州医疗保险结算体系。至 2012 年底，全州城镇职工基本医疗保险参保 50.2 万人，覆盖率 90%。2013 年 1 月 1 日起实施《黔南州城镇居民大病医疗保险办法》，率先在全省推行大额医疗保险制度，城镇居民年度最高支付限额提高到 24 万元，城镇职工提高到 42 万元。9 月 1 日起，全州参保人员在贵阳市、铜仁市、黔东南州实现异地住院即时办理和结算。至 2014 年底，全州城镇职工基本医疗保险参保 53.1 万人。

2007—2014 年全州新农村合作医疗保险费征缴及发放统计表

表 21－3－4

年度	参保人数（人）	覆盖率（%）	保险费征缴总额（万元）	保险费发放人数（万人）	保险费发放总额（万元）
2007	266.48	81.82	13138.44	119.10	7485.42
2008	295.05	94.41	25957.07	250.64	18645.15
2009	300.06	91.36	31240.32	415.87	34462.65
2010	312.24	94.24	43641.69	433.12	38789.12
2011	314.41	97.32	72142.04	453.03	56714.28
2012	311.77	96.62	90195.88	493.55	87523.66
2013	322.32	97.81	107270.41	584.03	108931.19
2014	324.83	97.83	127065.39	695.13	127443.81

二、生育保险

2007 年制定《黔南州职工生育保险暂行办法》并启动实施，实行州级统筹管理。生育保险制度推行至 2012 年底，全州参保人数 10.7 万人。至 2014 年底，全州参保人数 13.3 万人。

第三节　失业保险与工伤保险

一、失业保险

1999 年，失业保险制度在全州国有企业和事业单位全面推行，参保人数从 2000 年末的 87676 人扩展到 2005 年末的 99317 人。2001—2005 年共征收失业保险费 8606.19 万元，为 10261 名下岗失业人员支付失业保险待遇 1580.27 万元。由于国有企业关闭破产和体制机制改革，参保人数 2005 年较 2004 年减少 2272 人。2008 年实行州级统筹和调剂金制度。至 2014 年，全州有失业保险基金滚存结余 8400 万元，全州参保人数达 14.6 万人。

1999—2014 年全州失业保险费征缴及发放统计表

表 21 - 3 - 5

年度	参保人数（人）	保险费征缴总额（万元）	待遇发放人数（人）	保险费发放总额（万元）
1999	78220			
2000	87676			
2001	99015	1180		202
2002	99663	1462		353
2003	100602	2151		475
2004	101752	2330		343
2005	99317	2827		207
2006	98129	2433	1804	386
2007	99715	2891	2278	637
2008	105138	3486	2538	794
2009	105856	4474	2327	1340
2010	108698	3804	3115	1229
2011	112102	6849	2531	954
2012	123130	9360	3068	1412
2013	136048	11230	3901	2098
2014	145809	12591	3810	2309

二、工伤保险

2005 年，《黔南州工伤保险暂行办法》公布施行，全州推行工伤保险制度，工伤保险实行州级统筹管理。年末，全州工伤保险参保人数 33491 人，征收工伤保险费 342 万元，为参保的 39 名（37 名伤残，2 名死亡）工伤职工和 2 名遗属支付工伤待遇 42 万元，基金结余 300 万元。经过多年扩面征缴，至 2012 年底参保人数 15.9 万人，覆盖率 72%。2014 年 7 月，全州启动工伤保险省级统筹，解决了统筹层次低、抗风险能力差的突出问题。至年底累计参保人数 18.7 万人。

2005—2014 年全州工伤保险费征缴及发放统计表

表 21 - 3 - 6

年度	参保人数（人）	保险费征缴总额（万元）	享受工伤待遇人数（人）	保险费发放总额（万元）
2005	33491	351	41	39
2006	51814	542	96	132
2007	60759	835	216	214
2008	68804	1411	380	499
2009	80079	1564	542	927
2010	98455	2173	558	1662
2011	131093	3203	992	3461
2012	159081	4260	875	3357
2013	173639	4901	967	4309
2014	188119	5638	1178	4965

第四节　最低生活保障

一、城市最低生活保障

根据国务院《关于在全国建立城市居民最低生活保障制度的通知》精神，1997 年，黔南州启动城镇低收入困难家庭人员、下岗困难职工最低生活保障工作。明确城市最低生活保障对象为：无生活来源、无劳动能力、无法定赡养人或抚养人的居民；领取失业救济金期间或失业救济期满仍未能重新就业，家庭人均收入低于最低生活保障标准的居民；在职人员和下岗人员在领取工资或最低工资基本生活费后以及退休人员领取退休金后，其家庭人均收入仍低于最低生活保障标准的居民。1998 年，州、县两级建立城乡居民最低生活保障制度。3 月，州直及都匀、福泉、贵定、龙里、独山、荔波 6 县（市）相关工作人员参加全省最低生活保障工作业务培训。随后州级和 12 个县（市）建立城市居民最低生活保障工作领导小组 13 个，办公室设在民政部门，负责组织实施城市居民最低生活保障工作。5 月，全州组织工作组深入城镇企事业单位对城镇居民、特困职工状况逐户走访、登记、调查摸底、反复核实，全州核定城镇居民低保对象为 2566 户 7072 人，占城镇居民的 1. 68%。其中，12 个县（市）的保障对象 5618 人，州属企业保障对象 113 人，中央、省属企业保障对象 1349 人。全州城镇居民低保标准：都匀市每人每月 85 元，其他县（市）政府所在地的镇每人每月 80 元，乡（镇）每人每月 75 元。全州年需保障金 362. 16 万元。10 月，在福泉、都匀、贵定 3 县（市）开展试点工作，为探索低保工作经验，从 12 个县（市）抽 13 人到贵阳市民政局学习。福泉市人大常委会审议通过《福泉市实施城乡居民最低生活保障制度暂行办法》，将城市居民最低生活保障金列入财政预算，低保工作纳入法制轨道。1999 年，按照政策要求对城镇低保对象保障标准提高 30%，全州实施城镇低保对象救助 1646 户 3178 人，兑现保障金 130. 71 万元。2000 年，按“小范围，低标准起步，重在建立制度”的基本原则，对低保对象实行动态管理，一年一定。是年，经复查，全州有低保对象 0. 45 万户 1. 2 万人，占总人口的 0. 32%，占非农业人口数的 2. 65%，其中列入低保对象 0. 17 万户 0. 42 万人，兑现低保金 210 万元。

2001 年 9 月，开始对低保提标扩面，全州组织人员开展低保对象全面调查核实，全州有在保障标准以下的城市贫困居民 1. 4 万户 3. 6 万人，占非农业人口的 7. 1%。经测算，人均月补差保障标准 51 元，全年兑现保障金 267. 6 万元（中央 120 万元，省 35 万元，州 18. 36 万元，县级 94. 24 万元），兑现低保对象 0. 79 万户 1. 9 万人。2002 年，对低保对象开展全面排查，全州有城市低保对象 1. 7 万户 4. 4 万人，比上年增加 0. 3 万户 0. 8 万人，分别增长 21. 42%、22. 22%。共投入城市低保资金 1791. 4 万元，其中，中央拨款 1452 万元、省拨款 113 万元、州政府匹配 50 万元、县（市）政府匹配 176. 4 万元。2003 年，全州有城市居民最低生活保障对象 5. 39 万人，共筹集和发放保障金 2393. 2 万元。2004 年，全州共有城市居民最低生活保障对象 5. 05 万人，发放低保金 3356. 3 万元，比上年增加

963.10 万元，增长 40.24%，人均月补差 55.8 元，比上年增加 7.75 元，增长 15%。对特困低保对象家庭成员 3500 人实行分类施保，增发 10%～30% 的低保金，共增发低保金 250 万元。是年，全州有 11 个县（市）提高保障标准，最高保障标准是龙里县人月 150 元。在实行动态管理方面，全州取消不符合城市居民最低生活保障条件对象 351 户 876 人，将符合条件的 472 户 986 人纳入保障范围，全面实现应保尽保。2005 年，对全州城市低保保障对象进行提标扩面增补差，有 7 个县（市）提标，平均保障标准 130 元以上，有 5 个县为 140 元，2 个县为 150 元，人均补差 69 元。全州共发放城市低保资金 4134 万元，保障人数 61 万人（次）。

2006 年，对"三无"（无生活来源、无劳动能力、无法定赡养人或抚养人）人员、患重大疾病、残疾、70 岁以上老年人、单亲有子女上学的困难家庭等 10432 人实施分类施保，在原享受金额的基础上增发 10%～30% 保障金，实现属地管理和动态管理下的应保尽保。全州发放保障金 4828.84 万元，保障人数 59.8 万余人（次）。完成低保对象家庭基本情况信息的收集工作，将 2.5 万户 5.3 万人基本情况全部录入信息系统。是年 3 月起，实行低保信息化管理。2007 年，全州累计发放保障金 7076.83 万元，共保障 66.11 万人次，累计月人均补助水平 107 元。对特殊困难低保对象 1.53 万人实施分类施保。此外，对残疾人、农垦企业人员、国有森工、非农水库移民、高校毕业生、退役军人城市低保特定救助对象 3838 人进行保障，累计发放保障金 364 万元。是年，累计新增低保对象 0.36 万户 0.69 万人，退出低保对象 0.09 万户 0.19 万人。2009 年，全州有保障对象 3.27 万户 6.77 万人，发放低保金 1.24 亿元，累计保障人数 80.47 人（次）。新增城市低保对象 6157 人，退出低保对象 3005 人。

2011 年，根据省政府府办公厅下发的《关于深入开展城市低收入家庭认定工作的通知》要求，各县（市）政府组织力量开展城市低收入家庭认定调查摸底工作。经调查核实认定，全州有城市低保对象 3.19 万户 6.60 万人，发放低保金 1.62 亿元。新增低保 0.43 万人，退保 0.54 万人。

2012 年 5 月，州政府印发《黔南州城市低收入家庭认定操作规程（试行）》，各县（市）政府分别制定《城市低收入家庭认定操作规程》或《城市低收入家庭认定实施办法》，实现全州城市低收入家庭认定工作规章制度全覆盖。将福泉、罗甸、荔波 3 个县（市）作为示范点。全州共受理 1.7 万户 4.3 万人的城市低收入家庭认定申请。其中：申请住房救助 0.57 万户 1.8 万人，申请医疗救助 0.8 万户 1.96 万人，申请教育救助 0.11 万户 0.12 万人，申请司法救助 15 户 15 人，申请其他救助 0.2 万户 0.45 万人。经审查复核认定，符合救助的共 0.8 万户 3.56 万人，其中：住房救助 0.46 万户 1.3 万人，医疗救助的 0.74 万户 1.8 万人，教育救助的 0.1 万户 0.1 万人，司法救助的 12 户 12 人，其他救助的 0.2 万户 0.42 万人。是年分解下达城市低保资金：都匀市 2887 万元、福泉市 717 万元、荔波县 252 万元、贵定县 1266 万元、瓮安县 1520 万元、独山县 1526 万元、平塘县 702 万元、罗甸县 512 万元、长顺县 1144 万元、龙里县 11797 万元、惠水县 1093 万元、三都县 1148 万元、都匀经济开发区 133 万元。

2013 年，根据省民政厅《关于城乡低保提标工作有关问题的紧急通知》，州民政局制定《城乡低保提标核查工作方案》，以县为单位，在原保障标准基础上按不低于 10% 的要求提高保障标准，全州城市低保月平均保障标准从上年的 306 元/月提高到 345 元/月，增幅 12.8%。2014 年，全州开展城乡低保核查工作，组织 1.16 万名工作人员入户核查，召开居民代表会议，对低保对象开展民主评议、张榜公示、审核审批等工作。经核查，全州有城市低保对象 2.78 万户 5.17 万人，城市低保对象比上年减少 0.73 万人，新增 0.28 万人，全州平均城市居民保障标准 386 元/月，比上年提高 41 元/月，增幅 11.9%。此间，省民政厅印发《贵州省“急难救助”试点工作方案》，随后，县（市）政府均制定《城乡临时救助实施办法》，按照属地管理原则，对符合临时救助政策的城市困难居民给予 1～2 次临时救助，救助金额 100 元～5000 元不等。全州累计救助 0.21 万人（次），累计支出 88.84 万元。

二、农村最低生活保障

农村低保是由农村特困救助过渡而来，救助对象是农村因病因残导致家庭相对长期困难，年人均收入在 425 元以下的农村常年困难群众，之后将年人均收入提高到 700 元、800 元至 820 元以下的农村常年困难群众列入农村最低生活保障线。

2007 年，国务院印发《关于在全国建立农村最低生活保障制度的通知》，随后，黔南州结合本州实际出台《关于全面建立实施农村居民最低生活保障制度的意见》，并下发《关于全面建立农村居民最低生活保障制度有关问题的通知》。

1998—2014 年黔南州城乡最低生活保障救助情况一览表

表 21－3－7

年度	城市低保				农村低保			
	户数（户）	人数（人）	兑现总金额（元）	人均标准（元）	户数（户）	人数（人）	兑现总金额（元）	人均标准（元）
1998	2566	7072	362.16	512				
1999	1646	3178	130.71	411				
2000	1747	4201	232.81	554				
2001	7875	18718	580	310				
2002	17269	44278	1744	394				
2003	8203	35275	2393	678	3533	10354	51.77	50
2004	11744	50500	3356	665	5116	22000	350	200
2005	13953	60000	4134	689	2255	97000	1946	220
2006	26133	56438	4829	855	3487	97464	2144	220
2007	28863	61681	5555	900	65203	280376	2429	86
2008	30916	64531	9410	1458	108314	279940	14882	532

续表 21－3－7

年度	城市低保				农村低保			
	户数（户）	人数（人）	兑现总金额（元）	人均标准（元）	户数（户）	人数（人）	兑现总金额（元）	人均标准（元）
2009	32662	67740	12436	1836	153830	371710	24906	580
2010	33228	67876	12107	1783	216741	571150	31265	636
2011	31950	66003	16178	2451	229671	571242	52597	920
2012	31893	63090	17734	2811	233707	549800	54789	996
2013	36060	58694	16722	2849	207186	465623	56188	1206
2014	27800	51700	23947	4632	166500	387800	77095	1988

第五节　社会保险信息化

2005 年，黔南州劳动保障信息管理中心成立，统一管理全州城镇职工基本医疗保险信息系统，规范医疗保险业务。2008 年，建立黔南州城镇居民医疗保险信息系统，同年 11 月正式上线运行。2011 年，对全州业务专网进行升级改造，全州 240 个乡（镇、街道办事处）全部接通“金保工程”业务专网。同年被列为全省统一社会保险信息系统首批试点地区之一，2012 年 1 月 1 日正式上线运行。至 2014 年，该信息系统正常运行。

第二十二篇

社会事务与社会生活

第一章　社会事务

1991 年，州级、12 个县（市）设有民政局，为政府的组成部门，负责社会事务工作。乡（镇、街道）设民政股（办），配备专职民政助理员。2003 年，乡（镇、街道）机构调整，撤销乡（镇、街道）民政股（办），建立社会事务办，承担乡（镇、街道）社会事务管理与服务工作。2014 年，州民政局内设事业机构有综合执法监察支队、社会救助服务中心、社会救助局、军休干部服务中心、慈善总会办公室、减灾中心、社会福利彩票发行中心，管理的直属事业单位有黔南州精神病医院、都匀茶场、社会福利院、收容遣送站、都匀军供站、军干所等单位。全州乡（镇）政府和街道办事处有专职民政干部 312 人、兼职民政干部 27 人。

1991—2014 年，州、县（市）民政部门以“上为政府分忧，下为百姓解愁”为宗旨，围绕民生这一要务开展工作。此间，社会救助体系不断完善，建立了城乡低保、医疗救助制度，至 2014 年，基本建立完善州、县、乡三级灾害救助体系，规范灾害救助制度，实行救灾分级负责制。拥军优属、拥政爱民活动深入开展，复员退伍军人均得到妥善安置，优抚对象的抚恤标准不断提高，2014 年的优抚费户均 5582 元。婚姻登记、殡葬管理得到加强，社会团体登记、收容遣送工作有序开展，地名、勘界得到规范管理。基层政权建设不断加强，实施乡（镇）政务公开，推行村务公开、民主管理制度，村民自治不断增强。社会福利事业稳步推进，2014 年，全州有敬老院 50 所，集中供养五保 3907 户 4002 人。2014 年，县（市）行政区划调整后，全州设镇 80 个，乡、民族乡 8 个，街道办事处 16 个。

第一节　基层政权建设

一、区划调整

1991 年，全州开展建镇并乡撤区工作，在区所在地建镇。调整后，全州设 97 个镇、124 个乡、12 个民族乡。

之后，在建镇并乡撤区区划调整的基础上，依据《中华人民共和国村民委员会组织法》《中华人民共和国城市居民委员会组织法》《贵州省实施细则》的规定，结合村民居住状况、人口多少，按照便于群众自治、有利于经济发展和社会管理的原则，由县级人民政府批准，设立村民委员会、居民委员会。

1994 年，省政府批准同意撤销独山县兔场、麻万、上司、甲里乡，分别建立兔场、麻万、上司、甲里镇；撤销贵定县新巴乡，建立新巴镇。

1996年12月，经国务院批准撤销福泉县建立福泉市。

1998年，撤销罗甸县罗羊乡，建立红水河镇；贵定县平伐镇更名为云雾镇。1999年，撤销荔波县佳荣水族乡，建立佳荣镇；从贵定县洛北河乡中分8个村设立马场河乡；撤销长顺县鼓扬、改尧乡，建立鼓扬、改尧镇；撤销瓮安县建中乡，建立建中镇。2000年，撤销福泉市黄丝乡，设立黄丝镇。之后，又撤销福泉市高坪、地松乡，分别设高坪、地松镇。2001年，撤销三都水族自治县丰乐乡、烂土乡、廷牌乡，建立丰乐镇、廷牌镇，将烂土乡更名为合江镇。将福泉市城厢镇所辖的马鞍、谷顶、可龙村划归黄丝镇管辖；将城厢镇所辖的甘巴哨村、阿里堡村、毛栗树村划归凤山镇管辖。福泉市设置金山办事处、马场坪办事处，两个办事处属市人民政府派出机关，行政级别为正科级单位。龙里县猫场镇更名为醒狮镇。2002年，撤销都匀市小围寨镇、沙包堡镇，设置小围寨、沙包堡街道办事处。

2004年，全州有6个县（市）实施并村工作，此间，全州村委会由2826个整合为2022个村，减少804个，减幅28.54%。

2012年，撤销瓮安县雍阳镇，分设瓮水、雍阳2个街道办事处；撤销荔波县玉屏镇、播尧乡、驾欧乡，分别设立玉屏街道办事处、播尧镇、小七孔镇；撤销平塘县掌布乡，设立掌布镇。

2013年，撤销都匀市新华街道办事处，将原新华街道办事处管辖的新华社区居委会、石板街社区居委会、民族路以南的部分区域划归文峰街道办事处管辖；新华社区居委会、石板街社区居委会、民族路以北的部分区域和剑北、西苑、环西社区居委会划归广惠街道办事处管辖。瓮安县对乡镇进行整合，撤销猴场镇、小河山乡建制，设置新的猴场镇，以原猴场镇、小河山乡地域为新设置的猴场镇行政区域，镇人民政府驻草塘社区；撤销永和镇、老坟嘴乡建制，设置新的永和镇，以原永和镇、老坟嘴乡地域为新设置的永和镇行政区域，镇人民政府驻垛丁村；撤销建中镇、白沙乡建制，设置新的建中镇，以原建中镇、白沙乡和玉华乡太文村（除白溪组、民寨组、下朵良组、高白溪组、酸枣坪组外）地域为新设置的建中镇行政区域，镇人民政府驻凤凰村；撤销珠藏镇、牛场坝乡和高水乡建制，设置新的珠藏镇，以原珠藏镇、牛场坝乡、高水乡和木引槽乡新兴村地域为新设置的珠藏镇行政区域，镇人民政府驻珠藏村；撤销木引槽乡建制，将原木引槽乡新兴村划入新设置的珠藏镇，沿江村划入江界河镇；撤销玉华乡建制，将原玉华乡岩根河村和太文村白溪组、民寨组、下朵良组、高白溪组、酸枣坪组划入银盏镇，将太文村（除白溪组、民寨组、下朵良组、高白溪组、酸枣坪组外）划入新设置的建中镇；撤销鱼河乡建制，将原鱼河乡深溪村划入玉山镇，高枧村划入中坪镇，新场村划入银盏镇。

是年，独山县对乡镇进行整合，撤销城关镇、尧棱乡、羊凤乡建制，设置百泉镇，以原城关镇、尧棱乡、羊凤乡地域为百泉镇行政区域，镇人民政府驻中南社区；撤销麻尾镇、尧棒乡、黄后乡、董岭乡建制，设置新的麻尾镇，以原麻尾镇、尧棒乡、黄后乡、董岭乡地域为新设置的麻尾镇行政区域，镇人民政府驻麻尾村；撤销兔场镇、甲定水族乡、翁台水族乡建制，设置影山镇，以原兔场镇、甲定水族乡、翁台水族乡地域为影山镇行政区域，镇人民政府驻友芝村；撤销基长镇、水岩乡建制，设置新的基长镇，以原基长镇、水岩乡地域为新设置的基长镇行政区域，镇人民政府驻基长村；撤销本寨水族乡建制，设置玉水镇，以原本寨水族乡地域为玉水镇行政区域，镇人民政府驻新和村；撤销上司镇、打羊乡建制，设置新的上司镇，以原上司镇、打羊乡及原甲里镇的甲里村、峰洞村、角寨村地域为新设置的上司镇行政区域，镇人民政府驻上司村；撤销甲里镇建制，将原甲里镇四九村、星朗村划入下司镇；将原甲里镇甲里村、峰洞村、角寨村划入新设置的上司镇；将星朗村划入下司镇；将原甲里镇甲里村、峰洞村、角寨村划入新设置的上司镇。

2014 年，其他县（市）进行乡镇整合，整合后全州有 88 个乡镇，其中有 4 个民族乡，16 个街道办事处。

1991—2014 年黔南州行政区划统计表

表 22－1－1　　　　单位：个

年度	县（市）				乡（镇、街道办事处）					村（居）委会		村（居）小组	
	合计	市	县	自治县	合计	镇	乡	民族乡	街道办事处	居委会	村委会	村民小组	居民小组
1991	12		11	1	238	84	138	13	3	196	2825	23849	1635
1992	12	1	11	1	238	84	138	13	3	202	2826	23849	1635
1993	12	1	11	1	238	84	138	13	3	205	2826	23849	1635
1994	12	1	11	1	238	89	133	13	3	205	2826	23849	1635
1995	12	1	11	1	238	89	133	13	3	205	2825	23849	1635
1996	12	2	10	1	238	88	134	13	3	206	2825	23849	1635
1997	12	2	9	1	238	88	134	13	3	201	2825	23849	1635
1998	12	2	9	1	238	89	133	13	3	206	2826	23849	1635
1999	12	2	9	1	238	90	133	12	3	202	2826	23849	1635
2000	12	2	9	1	240	96	129	12	3	204	2826	23849	1635
2001	12	2	9	1	240	99	124	12	5	203	2826	23849	1635
2002	12	2	9	1	240	97	124	12	7	197	2599	23849	1635
2003	12	2	9	1	240	97	124	12	7	206	2599	23849	1635
2004	12	2	9	1	240	97	124	12	7	146	2022	23849	1635
2005	12	2	9	1	240	97	124	12	7	146	2022	23849	1635
2006	12	2	9	1	240	97	124	12	7	145	2022	23849	1635
2007	12	2	9	1	240	97	124	12	7	145	1905	23849	1635
2008	12	2	9	1	240	97	124	12	7	130	1830	23849	1635
2009	12	2	9	1	240	97	124	12	7	126	1830	23849	1635
2010	12	2	9	1	240	97	124	12	7	126	1830	23849	1635
2011	12	2	9	1	240	97	124	12	7	127	1675	23849	1635
2012	12	2	9	1	238	101	116	12	9	133	1661	23849	1635
2013	12	2	9	1	238	101	116	12	9	146	1533	23849	1635
2014	12	2	9	1	104	80	4	4	16	146	1533	23849	1635

2014 年全州乡（镇、街道办事处）名称一览表

表 22－1－2

县（市）名称	镇名称	乡名称	街道办事处名称	合计（个）
都匀市	墨冲镇、平浪镇、毛尖镇、匀东镇	归兰水族自治乡	绿茵湖街道办事处、文峰街道办事处、沙包堡街道办事处、小围寨街道办事处、广惠街道办事处	10
福泉市	凤山镇、牛场镇、龙昌镇、陆坪镇、道坪镇	仙桥乡	金山街道办事处 马场坪街道办事处	8
荔波县	甲良镇、朝阳镇、佳荣镇、小七孔镇、茂兰镇	黎明关水族自治乡 瑶山瑶族自治乡	玉屏街道办事处	8
贵定县	云雾镇、昌明镇、盘江镇、沿山镇、德新镇、新巴镇		宝山街道办事处 金南街道办事处	8
瓮安县	天文镇、平定营镇、银盏镇、中坪镇、玉山镇、建中镇、珠藏镇、猴场镇、永和镇、江界河镇	岚关乡	瓮水街道办事处 雍阳街道办事处	13
独山县	百泉镇、基长镇、玉水镇、下司镇、麻尾镇、上司镇、麻万镇、影山镇			8
平塘县	平舟镇、大塘镇、塘边镇、掌布镇、牙舟镇、者密镇、通州镇、甲茶镇、克度镇	卡蒲毛南族自治乡		10
罗甸县	龙坪镇、逢亭镇、红水河镇、沫阳镇、边阳镇、木引镇、茂井镇、罗悃镇	凤亭乡		9
长顺县	鼓扬镇、摆所镇、代化镇、广顺镇、白云山镇、长寨镇	敦操乡		7
龙里县	龙山镇、醒狮镇、洗马镇、湾滩河镇、谷脚镇		冠山街道办事处	6
惠水县	好花红镇、王佑镇、芦山镇、羡塘镇、断杉镇、雅水镇、岗度镇、摆金镇		涟江街道办事处 濛江街道办事处	10
三都县	普安镇、中和镇、都江镇、九阡镇、大河镇、周覃镇		三合街道办事处	7
合　计	80 个	8 个	16 个	104 个

二、村（居）委会选举

全州依照《中华人民共和国村民委员会组织法》《中华人民共和国居民委员会组织法》《贵州省村（居）民委员会组织法实施细则》，依法对村民委员会、居民委员会（以下简称村委会、居委会）进行换届选举。

在实施村（居）委会换届选举工作中，候选人的产生方式为：由村（居）民委员会党支部推荐；由村民组推荐；村民 10 人以上选民联名推荐。推荐的候选人经选举委员会进行资格审查，无犯罪行为、无违反计划生育、无吸毒史，审查合格进行公示，群众无举报，方能作为候选人。村（居）民委员会主任实行等额选举，副主任和委员实行差额选举。投票方式，分为召开选民大会、设投票站、流动票箱 3 种方式进行，候选人获参选选民过半数选票当选。

村委会由主任、副主任和委员 3 ~7 人组成，依法选举产生，每届任期 3 年；村民委员会成员中有妇女和少数民族成员；居委员会由主任、副主任和委员共 5 ~9 人组成，依法选举产生，每届任期 3 年。

（一）第二届村（居）委会换届选举

1993 年，全州开展村（居）委会换届选举工作，全州成立村（居）委会换届选举指导小组 253 个，成立村（居）委会换届选举委员会 3030 个，抽调工作人员 8080 人，培训选举骨干 15150 人，投入选举经费 158 万元，其中：州补助 18 万元、县（市）补助 140 万元。全州应依法进行换届选举的村民委员会 2825 个，应参选选民 151 万人，实参选 139 万人，占选民总数的 91.89%。依法选举村委会成员 11762 人，平均每村 4.56 人。一次性选举成功的村民委员会 2578 个，选举成功率 91.25%。全州应依法进行换届选举的居民委员会 205 个，应参选居民代表 4.69 万人，实参选 4.31 万人，参选率 91.7%。依法选举产生居委会成员 782 人，平均每个居委会 4.85 人。一次性选举成功的居民委员会 161 个，选举成功率 80%。

（二）第三届村（居）委会换届选举

1996 年，全州开展第三届村（居）委会换届选举工作，全州成立村（居）民委员会换届选举指导小组 253 个，成立村（居）换届选举委员会 2793 个，抽调工作人员 1.4 万人，培训骨干 4.1 万人，安排专项经费 250 万元，其中：州补助 10 万元，县（市）安排 240 万元。全州应依法进行换届选举的村民委员会 2825 个，共登记 18 周岁以上选民 153 万人，参加投票选举 145 万人，参选率达 95%。依法选举产生村民委员会成员 12941 人，其中：主任 2785 人，副主任和委员 10156 人，平均年龄 41.5 岁。一次性选举成功的村民委员会 2785 个，选举成功率 98.58%。全州应依法进行换届选举的居民委员会 202 个，经选民推选应参加投票选举代表 5.45 万人，实参加投票代表 5.2 万人，参选率 95.41%。依法选举产生居委会成员 866 人，其中：主任 178 人、副主任 175 人、委员 513 人。都匀、福泉、贵定 3 个县（市）在基础条件较好的村（居）民委员会开展换届演讲竞选试点。

（三）第四届村（居）委会换届选举

1999 年，全州开展第四届村（居）委会换届选举工作，全州成立村（居）民委员会换届选举指导小组 250 个，抽调工作人员 8475 人，培训选举骨干 35325 人，投入换届选举经费 350 万元。全州应依法进行换届选举的村民委员会 2825 个，共登记 18 周岁以上选民 197 万人，参加投票选举的选民 182 万人，参选率 92.38%。选举产生村民委员会成员 13413 人，其中：主任 2790 人，副主任和委员 10623 人。一次性选举成功 2519 个村，成功率 89.16%。全州应依法进行换届选举的居民委员会 195 个，经选民推选参选代表 6.2 万人，参加投票代表 6.1 万人，参选率 98.38%。依法选举产生居民委员会成员 820 人，其中：主任 195 人，副主任和委员 625 人，居委会选举成功率达 100%。

（四）第五届村（居）委会换届选举

2002 年，全州开展第五届村（居）委会换届选举工作，全州成立村（居）民委员会换届选举指导小组 253 个，成立村（居）民委员会换届选举委员会 2598 个，抽调工作人员 14698 人，培训选举骨干 7794 人。安排专项经费 255 万元，其中：州级 15 万元，县（市）安排 240 万元。全州应依法进行换届选举的村民委员会 2598 个，共依法登记 18 周岁以上选民 198 万人，参加投票选举的选民 182 万人，参选率 92.59%。共选举产生村委会成员 12163 人，其中：主任 2598 人，副主任和委员 9565 人。应依法进行换届选举的居民委员会 151 个，依法选举产生居民委员会成员 668 人，其中：主任 151 人，副主任和委员 517 人。

（五）第六届村（居）委会换届选举

2005 年，全州开展第六届村（居）委会换届选举工作，全州成立村（居）民委员会换届选举指导小组 253 个，成立村（居）民委员会换届选举委员会 2149 个，抽调和培训选举骨干 1257 人，乡镇培训 1.2 万人（次）。投入选举经费 221.41 万元，其中：省补助 5.7 万元，州级 8 万元，县（市）补助 98.56 万元，乡（镇）补助 109.15 万元。张贴宣传标语 5054 条。全州应依法进行换届选举的村民委员会 2022 个，参加投票选民 206 万人，参选率 96.28%。选举产生村民委会成员 9781 人，平均每个村委会 4.83 人，其中：主任 1997 人，副主任和委员 7784 人；妇女 1754 人；大专以上文化 85 人。一次性选举成功 1944 个村，成功率 96.4%，二次选举成功 73 个村，成功率 3.6%，选举合格率达 100%。全州应依法进行换届选举的城市社区居民委员会 70 个，居民委员会 57 个。应参加投票的选民 37 万人，实参加投票选民 33 万人，参选率 90.4%。选举产生居民委员会成员 627 人，其中：主任 127 人（社区居委会主任 70 人），主任中妇女 63 人（社区居委会主任 36 人）；副主任和委员 500 人（社区居委会 310 人），女性 376 人（社区居委会 236 人），占 60%；大专以上文化 65 人（社区居委会 43 人），占 10.4%。均一次性选举成功，合格率达 100%。

（六）第七届村（居）委会换届选举

2008 年，全州开展第七届村（居）委会换届选举工作，全州成立村（居）民委员会换届选举指导机构 253 个，成立村（居）民委员会换届选举委员会 1961 个，抽调并培训骨干 9805 人，投入选举经费 253 万元，张贴宣传标语 29415 条。

全州应依法进行换届选举的村民委员会 1832 个。依法登记选民 243 万人，实际参加投票选举选民 221 万人，参选率 91.7%。选举产生村民委员会成员 9202 人。其中：村委会主任 1821 人。一次性选举成功 1646 个村，成功率 90%。期间，推选产生新一届村民代表 67898 人，平均每村 37 人，对全州 19518 个村民小组也进行换届选举。

全州应依法进行换届选举的居民委员会 129 个。依法登记选民 25.66 万人，实际参加投票选举的选民 19.86 万人，参选率 77.4%。选举产生居民委员会成员 712 人，平均每个居民委员会 5.5 人，其中：主任 129 人，副主任和委员 583 人。一次性选举成功率达 100%。

福泉市作为全州“海选”试点，州组织 128 名选举工作骨干到该市陆坪镇的福兴村、黄丝镇沙坪村的“海选”试点村进行观摩学习。按照福泉“海选”试点经验，全州有 216 个村实施“海选”，占总村数的 14%。福泉市“自荐海选”面达 100%。

此后，在实施村（居）民委员会换届选举工作中，将村（居）民委员会换届选举工作与乡镇人大换届同步进行，统一部署、统一安排、统一指导、统一检查、统一宣传发动、统一安排选举经费。选举经费由各级财政按选民人均 0.3 元安排，由县级财政统一拨给乡（镇）使用，主要用于印制选民证、选民登记表、选票、宣传标语、骨干培训等，确保村（居）民委员会换届选举工作顺利进行。

（七）第八届村（居）委会换届选举

2011 年，全州开展第八届村（居）委会换届选举工作，全州成立村（居）民委员会换届选举指导机构 253 个，成立村（居）民委员会换届选举委员会 1770 个。抽调 331 名县级领导干部和 4843 名科级干部分片包干，包乡蹲村，指导重点村、难点村的选举工作。共投入选举经费 811.74 万元。印发宣传资料 477 万份，张贴宣传标语 4.56 万份，办宣传栏 3993 期，编发简报 360 余期。

全州应依法进行换届选举村民委员会 1643 个。共登记选民 235.63 万人，参加选举投票 213.4 万人，参选率 90.5%。共选举产生村民委员会成员 8550 人，其中，主任 1628 人，副主任和委员 1519 人，委员 5403 人。

全州应依法进行换届选举居民委员会 127 个。登记选民 19.81 万人，参加投票选举人数 13.67 万人，参选率 69%。24 个居委会、103 个社区居委会均一次性选举成功，合格率 100%。共选举产生居委会成员 702 人，其中：主任委员 127 人，副主任委员 138 人，委员 437 人。选举合格达 100%。

全州有 238 个村委会和 15 个居委会开展“海选”。荔波县 47 个村开展“自荐海选”，自荐海选率占 50%。

（八）第九届村（居）委会换届选举

2014 年，全州开展第九届村（居）委会换届选举工作，全州成立村（居）民委员会换届选举委员会 1679 个，抽调 135 名县级领导干部和 1123 名科级干部分片包干，包乡蹲村，指导重点村、难点村的选举工作。印发宣传资料 67892 份，张贴宣传标语 25.87 万份，出宣传栏 245 期，编发简报 263 期；发放提醒卡 153 万张；签订各类承诺书 13.8 万余份；培训骨干 1087 场次 56497 人次。全州应依法进行换届选举村民委员会 1533 个。参加投票人数 203 万人，投票率 81.93%。选举产生村民委员会成员 7729 人，其中，女性委员 1593 人。开展“海选”的村有 983 个，“海选率”64.12%。全州应依法进行换届选举居民委员会 146 个。参加投票 22.76 万人，投票率 86.76%。选举产生居委会成员 785 人，其中，妇女成员 435 人，占 55.41%。实行直选的居委会 103 个，直选率 70.54%。

三、村干部培训

依据《中华人民共和国村（居）民委员会组织法》的规定，村（居）民委员会换届后，对选出的村（居）民委员会干部进行业务培训，促使村（居）干部尽快进入角色，开展工作。

1993 年，全州投入 68 万元培训经费，培训村（居）委员会成员 13620 人。1994 年，以农业实用技术及在社会主义市场经济条件下如何带领群众脱贫致富为培训内容，投入培训经费 78 万元，共培训村（居）委会干部 4132 人。1996 年，投入培训经费 85.49 万元，先后对 13387 名村（居）民委员会干部进行普遍培训，对新当选的村主任进行专业培训。2000 年，都匀、罗甸、贵定、平塘、独山、三都、龙里、惠水 8 个县（市），由组织、民政部门联合对村（居）民委员会党支部书记主任、进行培训，共培训 1.34 万人次，参培率达 100%。

2001 年 10 月，全州投入培训经费 30 万元，对 3035 名村（居）委会后备干部进行为期 3～5 天培训，为全州第五届村（居）委会换届选举奠定基础。2002 年，县（市）投入经费 85.49 万元，先后对 13387 名村（居）民委员会干部进行专业培训。2003 年，采取民政与组织部门合办、委托党校承办、各乡镇自办和外出考察学习等形式对全州 1.15 万名村（居）民委员会干部进行培训。2005 年，组织村（居）民委员会干部外出参观考察学习 1560 人次。2006 年，全州采用集中培训、外出考察学习和经验交流等形式，共培训 1.48 万人（次）。2014 年，州民政局与州委组织部联合编写《黔南州乡镇、村（社区）干部群众服务手册》，在州委党校、福泉市委党校举办村（居）干部专题培训会 5 次，受训人员达 450 余人次。县（市）结合自身实际开展专题培训，受训人员超过 5000 人（次）。

四、村民自治

“八五”初期，民政部为实施好《中华人民共和国村委会组织法》，在全国农村开展村民自治示范活动，要求省级民政部门抓示范（市）、地级民政部门抓示范乡（镇）、县级民政部门抓示范村。1994 年，省、州联合在都匀、惠水、福泉、长顺 4 个县的 5 个乡镇 5 个村，城镇 3 个办事处 7 个居委会进行组织建设调查，调查结果显示，基层组织在贯彻执行“两法”（《中华人民共和国村民委员会组织法》《中华人民共和国居民委员会组织法》）中，经村（居）委会换届选举，90% 的村（居）班子得到加强，村民自治作用进一步体现，起到了稳定社会、促进农村经济发展、带领村民科技兴农致富的作用。期间，全州有

206个村开展村民自治示范活动，经组织验收，有24个村达到村民自治示范活动标准。1995年，全州有644个村开展村民自治示范达标活动，经验收有458个村达标，达标率71.1%。1996年，省将村民自治示范活动作为工作目标考核内容，下达全州村民自治示范活动达标村60个，年底组织验收，全州有166个村达标，超省下达任务106个。1998年，福泉市、独山县被省命名为“村民自治模范县（市）”，都匀市小围寨镇等38个乡镇获州政府命名为“村民自治示范乡镇”。1999年3月，黔南州获省政府表彰的村民自治先进乡镇5个、先进街道1个、模范村民委员会9个、模范居民委员会1个，优秀村民委员会主任13个、优秀居民委员会主任2个；瓮安县、罗甸县获省命名为“村民自治模范县”。4月，福泉市获民政部命名为“全国村民自治模范市”。

按照村民自治示范活动的要求，2005年全州各县（市）开展村民自治示范活动，经州村务公开协调小组评比，表彰村民自治先进县（市）2个、村民自治先进乡（镇）12个、村民自治先进村（居）民委员会42个。州政府命名村民自治模范乡（镇）132个，占全州乡镇数的55.46%。2008年全州有1831个村建立村规民约或村民自治章程，有1822个村对村干部进行民主评议。至2014年，全州各县（市）村（居）民委员会普遍建立村（居）民代表会议制度，重大事项交村民代表会议讨论决定；村（居）办公场所基本解决；村民自我管理、自我教育、自我服务意识增强。

五、村务公开

1997年，根据民政部下发的《关于进一步建立健全村务公开制度，深化农村村民自治工作的通知》，全州开始推行村务公开制度，制定村务公开方案，并在福泉市开展村务公开试点。1998年，州、县两级成立村务公开民主管理实施领导小组，制定规范村务公开内容15项，制定管理制度12项，制作规范村务公开专栏3300多块，召开村务公开民主管理现场经验交流会5次，建立村级财务审计、理财、监督小组8000多个。1999年，全州有24个乡镇推行政务公开试点工作，2826个村全面推行村务公开，建立村务公开栏3000块，公开次数达36384次。2000年8月，全省推行乡镇政务公开工作，并明确乡镇政务公开工作由民政部门负责，相关部门参与。在推行政务公开工作中，州、县、乡三级政府建立政务公开领导小组252个。全州238个乡镇和街道办事处、3525个政府部门站、所全面推行政务公开，占应公开的45.61%。建政务公开栏2036块，占应建数的54.1%，投入政务公开资金43万元，实施政务公开18400期，收集群众意见3000余条，建立政务监督小组238个。全州建立村（居）民委员会政务公开栏3125块，进行政务公开16500多次。

2004年，中央办公厅印发《关于健全和完善村务公开和民主管理制度的意见》，要求政务公开要做到公开程序规范、公开内容规范、公开时间规范、公开阵地规范。在施行中，全州建立和完善村务公开运行机制和保障监督机制，规范、约束干部和群众的行为，使村务公开工作有章可循。10月，州政务公开工作领导小组开展督查，全州共设置政务、村务公开栏6970块，比上年增加3850块，增长123%；政务公开14463期，比上年增长1.03%。2005年实施《贵州省村务公开民主管理示范单位管理暂行办法》，全州村级普遍建立《村民会议制度》《村民代表会议制度》《村委会工作制度》《村务公开制度》《村财务管理制度》等。将农村土地补偿及分配、农村机动地和“四荒地”发包、村集体债权债务、税费改革和农业税减免政策、村内“一事一议”筹资筹劳、种粮直接补贴、退耕还林还草款物兑现，以及国家其他补贴农民、资助村集体的政策落实等涉及农民群众切身利益的问题作为村务公开范畴，并将集体企业改制、集体举债、集体资产处置、村干部报酬、村内“一事一议”筹资筹劳等事项作为审计监督内容。将村干部、民主理财小组成员和村民代表作为党员会、村民代表会、议事会、村民大会民主评议测评对象，对群众评议不合格的村“两委”成员按照程序调整和依法罢免。2008 年，州政府出台《村务公开和民主管理实施意见》，把村务公开和民主管理列入政府综合工作目标考核内容。2012 年，福泉市获“全国村务公开民主管理示范单位”，全州 20 个乡镇获“全省村务公开民主管理示范乡镇”，1204 个村获“全州村务公开民主管理示范村”。2013 年，村务公开在内容、形式、范围、监督机制、制度等方面逐步完善、健全、拓展。除继续公开宅基地使用、村集体经济所得收益使用等内容外，各村还根据需要，公开土地征用补偿及分配、税费改革和农业税减免政策、农村低保、种粮直接补贴等政策落实情况。2014 年，全州获民政部命名为“全国村务公开民主管理示范单位”1 个，州命名“全州居务公开民主管理先进单位”5 个，县（市）命名“农村社区建设实验全覆盖示范村”1020 个，表彰村务公开民主管理先进村 1078 个。

六、社区建设

（一）城镇社区建设管理

1991 年，全州建立城镇社区 2 个、老年服务设施 1 个，街道安置残疾人就业 116 人。1994 年，全州建立城镇社区服务设施 32 个、便民利民服务网点 6 个，分散安置“四残”（盲、聋、哑、肢体残疾）人员就业 422 人。1996 年，全州建立城镇社区服务设施 85 个、社区服务中心 5 个、便民利民服务网点 47 个，分散安置“四残”人员就业 1030 人。1999 年，建城镇社区服务设施 130 个、便民利民服务网点 144 个、社区服务志愿者组织 16 个、社区服务单位 5 个，参加社区活动 3.5 万人次。

2000 年，中共中央办公厅转发民政部《关于在全国推进城市社区建设的意见》。黔南州从发展社区服务过渡到全面推行社区建设。州政府成立社区建设领导小组，将都匀、福泉、惠水 3 县（市）作为城市社区建设试点率先启动。2001 年，全州建立社区服务中心 84 个，其中：市级中心 12 个、街道中心 3 个、居委会服务站 62 个、其他服务点 7 个。建立老年服务设施 66 个，其中：老人公寓 1 个、老年人活动站 30 个、老年人康复站 6 个、老年人寄托站 8 个、老年大学（分校）10 所、装救助门铃（电话）3 部、家庭敬老室（病床）5 张、其他服务项目 3 个。建立优抚服务站 93 个，其中：双拥活动站 80 个、军人家庭服务站 13 个。建立残疾人服务设施 66 个，其中：残障病护理院 1 个，盲人按摩诊所 16 个，残疾儿寄托所 1 个，精神病人工疗站 2 个，残疾人活动站 5 个，聋儿语训中心 2 个，弱智学校（特教班）11 个，残疾人康复站 6 个，残障家庭康复病床 19 张，其他服务项目 3 个。建立婚姻殡葬服务项目 663 个，其中：婚庆服务中心 15 个、红白理事会 286 个、婚姻介绍所3个、社会治安小组357个、其他服务项目2个。建立便民利民服务设施15125个，其中：家务劳动服务中心53个、文化活动服务中心167个、卫生医疗保健中心314个、青少年教育活动中心96个、托幼园所119个、餐饮服务网点2359个，老年人、儿童餐桌356张，商业零售网点8217个，各类维修服务网点1261个，服装制作、缝纫网点798个，各类咨询服务站780个，其他服务605个。各类服务设施达15689个，其中：国家举办824个，集体举办279个，个体、私营兴办14297个，合资、合作兴办245个，其他形式举办44个。社区服务队伍6个，其中：社区服务志愿者组织12个，专职管理人员4043人，专职服务人员5392人，专业技术人员2214人，兼职服务人员3776人，社区服务志愿者8386人。举办各类培训班275期，培训40616人。社区服务资金2114.89万元，其中：各级政府资助1080万元，社会捐助31.45万元，社区自筹1002万元，引进外资1.44万元。

2002年，省委办公厅、省政府办公厅转发省民政厅《关于加强全省城市社区建设的意见》后，黔南州建立社区建设工作联席会议制度，明确州委为第一召集人，州政府为第二召集人，州直30个相关职能部门负责人为成员。2004年，国家14个部委印发《关于加快社区服务业的意见》，随后，全州有61个镇、街道办事处，201个居（家）委会整合为75个社区。2005年，全州有城镇社区服务设施70个，其中，星光老年之家30个。社区从业人员1584人（安排下岗人员1522人）。有社区服务志愿者2783人，城镇便民利民服务网点908个，社区服务中心9个。有活动项目38个，其中，老年人活动项目20个，残疾人活动项目2个，家务劳动服务项目1个，其他社区服务项目2个。参加活动3万人次，其中，老年人1.3万人次。2007年，全州对74个社区居委会进行整合，整合后的社区居委会普遍建立党支部或党总支，依法选举产生社区居委会成员，社区建立各项制度。全州625个社区居委会、居（家）委会干部中，有党员283人，占社区居委会、居（家）委会干部总数的45.14%。大专以上文化程度65人，占干部总数10.4%。

2011年，州委办公室、州政府办公室印发《关于加强和改进城市社区居民委员会建设工作的实施意见》，以转变政府职能为重点，理顺基层政府与社区组织的关系，基层政府本着工作重心下移、权随责走、费随事转的原则，增强指导意识、服务意识和责任意识，推动政府行政功能和社区自治功能的协调互动。在贯彻实施中，全州普遍建立指导、协商、互补、监督机制，按照条块结合、资源共享、优势互补、共驻共建的原则，推进社区建设。2012年，州委办公室、州政府办公室印发《关于加强城乡社区建设的意见》，州将125个社区居委会、21个居委会辖区由100户扩大为3000户。社区居委会成员生活补贴从每月800元提高到2000元，并为他们办理社保和养老保险，解决其后顾之忧。

（二）农村社区创建管理

2003年，在《黔南州社区建设示范活动实施方案》中，将镇所在地的居民委员会和村民委员会整合为农村社区居委会。明确提出社区基础设施：每个农村实验社区建有300平方米的办公用房，建有综合服务站、计生室、农技站等；社区保障体系：建有农低保制度、敬老院、幼儿园、医疗救助、便民超市；社区安全体系：实施“一区一警”“平安村寨”，建有警务室、调解室；社区生产服务：建有商业中介服务网络、农情信息站、民间经济合作组织、公益事业服务站、志愿服务队；社区文体教育：建有远程教育站、文化站、图书室、农民学校、老年活动室、文化娱乐室、体育运动队、文化娱乐队、球类活动场所。

2009 年，全州对村的建制情况进行调查，全州有建制村 1831 个、村民小组 21012 个，建有办公活动场所的村 1301 个，占总村数的 71%。2011 年，根据省民政厅下发的《关于开展“农村社区建设实验全覆盖示范单位”创建活动的通知》要求，全州有 270 个村开展社区实验示范村创建活动，其中，福泉市 60 个村全面开展农村社区建设实验工作。2012 年，全州有农村社区服务机构 296 个、职工 1986 人。2014 年，省资助社区建设项目 20 个、小城镇建设 100 个。全州完成社区服务中心建设 129 个、社区服务站 945 个（城镇 97 个、农村 848 个）。是年，在州委、州政府印发《关于深化管理体制改革促进乡镇加快发展的指导意见》中要求“加快社区综合服务中心（群众工作中心）和村、社区服务站（便民代办点）建设，积极开展便民利民服务，增强服务群众能力”。全州在乡镇、街道办事处所在地建立社区服务中心，为科级事业单位；村（居）社区服务站按一村一社区设置；乡镇、街道办事处所在地的村（居）民委员会与服务中心合并设立，主要功能为代办、代理等服务功能。精简社区承担的行政性事务后，建立统一规范的社区工作标准体系和评估制度，明确基层政府和基层群众自治组织职能边界。此间，福泉、都匀、瓮安、惠水、龙里 5 个县（市）获“省级农村社区建设实验全覆盖示范单位”。

1991—2014 年全州基层政权组织建设情况一览表

表 22－1－3

年度	社区居委会（个）	居委会委员人数（人）	村民委员会（个）	村委会委员人数（人）	村（居）民自治示范单位（个）		
					县	乡镇	示范村数
1991	196	1068	2824	13251	1	3	25
1992	202	982	2826	12181	1	5	31
1993	205	993	2826	12391	1	6	0. 38
1994	205	928	2826	12824	2	12	45
1995	205	928	2825	13036	3	19	56
1996	206	1009	2825	13036	4	20	63
1997	201	1002	2825	12320	5	23	534
1998	206	926	2826	12140	6	78	1163
1999	202	847	2826	13256	7	111	1942
2000	204	851	2826	13280	8	151	2117
2001	203	875	2826	11907	9	175	2223
2002	197	1033	2599	12063	9	185	2245
2003	206	994	2599	12060	9	190	2331
2004	146	682	2022	10509	10	200	2356
2005	146	572	2022	8959	10	203	2413
2006	145	655	2022	9760	10	205	2425

续表 22-1-3

年度	社区居委会（个）	居委会委员人数（人）	村民委员会（个）	村委会委员人数（人）	村（居）民自治示范单位（个）		
					县	乡镇	示范村数
2007	145	644	1905	8988	10	215	2536
2008	130	703	1830	9062	11	230	1830
2009	126	717	1836	9102	11	233	1836
2010	126	717	1832	9106	12	240	1832
2011	127	716	1675	8417	12	240	1675
2012	133	718	1661	8462	12	238	1661
2013	146	785	1533	7729	12	238	1533
2014	146	785	1533	7729	12	104	1533

第二节 救灾救济

黔南州是自然灾害发生较为频繁的地区，灾害种类多、分布广、强度大，小灾不断，大灾时有发生，自古就是一个“无灾不成年”的地区。因此，抗灾救灾工作任务较为繁重。1991—2014 年，在全州抗灾救灾工作中，建立和完善州、县、乡三级灾害救助体系，规范灾害救助制度。

一、重大自然灾害

1995 年，遭受自然灾害，农作物受灾 252.9 万亩，成灾 147.15 万亩，因灾减产粮食 13.97 万吨；因灾倒塌房屋 1206 间，因灾死亡 28 人，死亡大牲畜 61 头。灾害期间，各级党委、政府组织人员深入灾区查看灾情，安抚慰问受灾群众，组织灾区干部群众抗灾救灾。民政部门及时到灾区查灾、核灾、报灾。年间，州下拨自然灾害救济款 814 万元，购买粮食 5397.7 吨，保障受灾群众生活，促进生产发展和社会稳定。

1996 年，全州遭受较为严重的洪涝灾害，降雨量达 277 毫米，降雨时间长，为历年罕见。灾害造成全州 238 个乡镇、2760 个村、22365 个村民组受灾，受灾农户 56.44 万户 248.71 万人。因灾造成饮水困难 21.75 万人，伤病 0.27 万人，死亡 49 人；农作物成灾面积 187.35 万亩，其中粮食作物 134.7 万亩，经济作物 52.65 万亩，绝收面积 34.35 万亩。泥石流滑坡 699 处，毁坏耕地 17.55 万亩、渠坝 84.49 万米，公路、铁路 0.13 万公里、工矿企业 385 个、小水电站 69 座、提灌站水轮泵 104 座，损坏公益设施 134 处；因灾倒塌房屋 0.95 万间，损坏 1.48 万间，死亡大牲畜 0.12 万头，损失粮食 0.42 万吨，减产粮食 23.50 万吨。面对严重的自然灾害，全州各级党委、政府把救灾列为工作的重中之重，多次召开专题会议，研究部署抗灾救灾工作。全州下拨自然灾害救济款 1762 万元，购买粮食 4166 吨，分发到受灾群众手中。

2000 年 6 月 7 日下午 20 时至 8 日上午 8 时，都匀境内连续 12 小时普降特大暴雨，降雨量达310毫米，沙包堡镇达349毫米，是都匀有降雨量记载以来最大的一次。据文峰塔水文站实测，剑江河洪水最大流量为1700立方米/秒，水位769.75米。暴雨后洪水涌入市区，近100个单位的办公楼房、办公设施和职工住房被水淹；21所中学1.2万名学生被迫停课。港龙大酒店、中建四局五公司等85家企业、厂矿和1000余家大小商场、商店、生产车间、生产设备、生产原料、经营场所、办公设备设施、仓库物资被洪水浸泡。洪灾造成交通、通讯、供电、供水中断。全市23个乡（镇、街道办事处）351个村（居）委会2841个村（居）民小组6.8万户29.5万人受灾，成灾人口2.1万人，因灾死亡20人，失踪15人，伤病96人。全市115个村庄19.5万人被洪水围困，紧急转移安置2300人，造成20万人和2.5万头大牲畜饮水困难。农作物受灾130.5万亩，成灾9.45万亩，绝收6万亩，毁损耕地1.8万亩；因灾损失粮食0.15万吨，减产粮食0.8万吨，减产烤烟30吨；倒塌房屋1200间。农业直接经济损失1.1亿元，州直机关单位和直属企业、厂矿等经济损失1亿元。

是年6月20—21日，荔波县境内普降大暴雨，降雨量达141毫米，上游的独山县降雨量159毫米、三都降雨量185毫米，致使下游樟江河水猛涨，水位超警戒线3.25米，县城内南门被水淹达2.5米，造成全城停电、停水，交通、通讯中断，工厂停工，学校停课。全县17个乡（镇）169个村1230个村民组2.8万户12.5万人受灾。直接经济损失1.95亿元，其中农业经济损失0.71亿元。三都县全县21个乡（镇）、270个村、2144个村民组、5.2万户24万人受灾，造成全县直接经济损失2.8亿元，其中农业经济损失1.2亿元。8月7—8日，平塘县降雨量为190毫米，导致境内3条河流洪水猛涨，山体滑坡，田土被淹，房屋倒塌，部分交通、通信、电力中断，学校停课。全县有153个村、897个村民小组、13.8万人受灾，直接经济损失1.1亿元。灾情发生后，州委、州政府召开紧急会议，成立抗灾抢险指挥部，部署救灾工作，及时抽调部门人员，奔赴灾区组织抗洪抢险工作。全州各级干部、职工、解放军指战员、武警官兵、公安干警参加抗洪抢险。面对大灾，各级民政部门建立24小时值班制，查灾、核灾、报灾，转移安置受灾群众，安抚群众，发放救灾款物。

2002年，黔南境内发生历史罕见的低温秋风灾，造成境内水稻、玉米等大季农作物大面积大幅度减产，水稻减产幅度经州政府核定为44.5%。灾害造成全州农作物受灾382.5万亩，成灾237万亩，减产粮食49.39万吨。重灾有瓮安、福泉、贵定、龙里、长顺等5个县（市），重灾乡（镇）151个，2598个村23849个组受灾，全州受灾人口达321万人，成灾220万人。为核实“秋风”灾害造成大季农作物的减产情况，州组织3个组分赴全州重灾乡镇实地查看灾情，瓮安草塘丰产坝水稻颗粒无收，福泉道坪、高坪、龙昌、牛场水稻大面积绝收减产。

2007年，都匀、三都、平塘、贵定发生“6·25”“7·26”“7·31”特大洪灾，造成全州155个乡（镇）1927个村19045个组40.03万户172.22万人受灾，被困人口15.3万人。4个县（市）发生的特大洪灾，雨量大、持续时间长、受灾面大、损失严重，为黔南罕见。省委书记石宗源、省长林树森作出重要批示，安排部署救灾工作。省委、省政府派出工作组，到重灾的平塘、三都、都匀察看灾情，指导抗洪抢险救灾工作。省武警总队170名武警官兵携带冲锋舟等器械到平塘帮助抗洪抢险和灾后重建。国家减灾委、民政部为黔南州启动灾害三级响应，并派工作组到平塘、三都、都匀3个县（市）实地查看灾情，安抚慰问受灾群众。中央电视台对黔南受灾十分关注，连续数日在《新闻联播》播放黔南灾情和救灾情况。州政府启动《黔南州重大突发性自然灾害应急救助预案》，灾害应急一级响应。

2008年1月12日—2月5日，全州境内遭受历史以来的时间最长、凝冻最大、范围最广、损失最重的凝冻灾害，为80年一遇。全州受灾乡（镇、街道办事处）222个、村1656个、85.93万户368.31万人，占人口数的91%。冰冻灾害造成全州饮水困难人口达90.05万人，伤病0.40万人，因灾紧急转移安置人口9.42万人。灾害造成全州经济损失达96.6亿元（直接经济损失59.43亿元，间接经济损失37.2亿元）。其中：农业经济损失9.39亿元，林业经济损失10.46亿元，电力经济损失7.75亿元，通讯经济损失2.28亿元，水利直接经济损失3.35亿元，交通经济损失3.78亿元，工业企业经济损失14.83亿元，教育、广播、电视等设备设施经济损失0.72亿元，环卫设施设备经济损失2.6亿元，其他直接经济损失9.34亿元。凝冻灾害致贵新高等级公路、州内国道线、省道线、县乡公路大部分中断，境内滞留人员达49.7万人。灾情发生后，中共中央、国务院十分关心灾区，胡锦涛、习近平、温家宝、曾培炎等党和国家领导人对灾情作出重要指示和到灾区视察灾情。

1月25日晚，中共中央总书记胡锦涛专门打电话询问贵州灾情，并作重要指示。国务院总理温家宝，中共中央政治局常委、中央书记处书记习近平，国务院副总理曾培炎亲临贵州，深入一线，指导抗灾救灾工作。民政部派出工作组，赴平塘县新塘、大塘等高寒山区乡镇，实地了解农作物、住房损失情况，查看救灾资金、口粮、衣被等发放情况。走访慰问五保户、低保户和受灾群众，每户发放慰问金500元。

1月16日，州委、州政府成立黔南州抗凝冻灾害应急指挥部，指挥部下设社会稳定组、医疗救护组、应急施救组、宣传报道组、生活物资保障组、生产救灾生活救助组。2月2日，州委成立黔南州抗凝冻促稳定领导小组，明确州抗凝冻灾害应急指挥部在州抗凝冻促稳定领导小组的领导下开展工作。各县（市）党委也成立领导小组和工作机构，各级领导干部也深入第一线组织和指挥抗凝救灾战斗。2月1日晚，州委召开常委（扩大）会议，传达中共中央、国务院，省委、省政府主要领导人关于切实加强抗灾救灾工作的重要讲话、指示、批示精神，进一步研究全州抗凝冻促稳定工作。州委、州政府多次召开会议专题研究抗凝救灾工作。州委办、州政府办相继下发《关于进一步做好抗凝冻促稳定工作的紧急通知》《关于切实抓好凝冻灾害后森林防火工作的紧急通知》，对抗凝冻救灾工作做出了具体安排部署，按照“五保五抓”的要求（保大局、保畅通、保民生、保稳定、保运转和抓好电水煤气供给、抓好交通安全畅通、抓好市场供给保障、抓好民生稳定、抓好恢复重建），全力以赴“抗凝冻、保民生”。

2月2日，贵州省赴黔南慰问团在贵定县城举行现场“抗灾救灾”捐赠仪式，省慈善总会向黔南捐赠100万元救灾款及100顶帐篷、500床棉被等救灾物资，省人大常委会机关干部向贵定县捐赠5万元。遵义市向黔南州捐赠50万元的救灾物资。全州接收上级部门和社会各界的捐款23483.81万元，贵州省慈善总会、省民政厅、遵义等地、上海医药公司等捐赠了药品、化肥、食品、衣物。

2月5日，中央政治局常委、国务院总理温家宝带着党中央、国务院对凝冻灾区广大人民群众的亲切关怀和新春的问候，到黔南州指导抗灾救灾工作，并看望和慰问受灾群众。2月6日，经过全体抗冰复电抢险突击队的连续奋战，断电13天之久的都匀市民在大年除夕傍晚恢复供电供水，确保都匀市民过好春节。2月9日，南方电网公司董事长袁懋振深入黔南500千伏一回线227号杆塔倒塌现场，了解抗冰抢险修复工作，指挥电力抢修，并传达中共中央总书记胡锦涛、国务院总理温家宝对南方电网作出的重要指示。2月12日，成都军区援黔部队灾后电网修复誓师大会在都匀举行，即日官兵奔赴抢修复电第一线，在黔南各地的数百条输、配电线路上开展重建电网大会战。灾害发生后，黔南州迅速启动复电应急预案，紧急调动武警、民兵参与抗冰复电工作，都匀供电局每天调集2700余人在电网内进行巡查、维护和抢修，南方电网紧急调集广东、广西、云南等省电网公司精兵强将会战都匀电网各事故点，电网内部分地区很快复电。人民解放军、武警部队、消防部队和预备役部队官兵在抗凝救灾中作出重大贡献。成都军区派出红军团到黔南参加抗凝救灾战斗，都匀军分区共出动现役官兵和职工14500人（次）、民兵预备役人员60000多人（次），武警黔南支队在抗凝救灾中共出动兵力3329人（次），贵州预师步兵二团出动官兵5890多人（次）参与救灾。

2月14日上午，州委召开黔南州抗灾救灾重建与发展动员大会，对一个多月抗凝救灾取得阶段性胜利进行总结，对灾后重建与发展进行安排部署。4月3日，州委、州政府在都匀召开黔南州抗凝救灾总结表彰大会，授予黔南州公安局、武警黔南支队、武警黔南消防支队等3个单位记集体二等功，授予中共都匀市委等198个部门（单位）“抗凝救灾先进集体”光荣称号，授予杨文等206人“抗凝救灾先进个人”光荣称号。

2009年7月中旬至2010年5月中旬全州遭受特大旱灾，持续秋、冬、春三季连旱，时间长达10个月，全州233个乡镇1675个村65.61万户293.3万人受灾。农作物受灾313.5万亩，损失粮食5.77万吨；182.59万人和103.55万头牲畜饮水困难，死亡牲畜3.62万只（头）。

2011年，全州再次遭受特大旱灾，旱灾从6月下旬开始到9月底近3个月。瓮安、荔波、福泉、贵定、都匀、独山、三都、龙里8个县（市）受特旱；平塘、惠水、罗甸、长顺4个县受重旱。全州农业人口受灾达260万人，占全州农业人口的75.14%。

2012年7月13—19日，全州2个乡（镇）降特大暴雨，都匀市凯口镇降雨量达242毫米，三都县大河镇降雨量209毫米；26个乡（镇）降大暴雨，42个乡（镇）降暴雨。暴雨导致福泉、都匀、惠水、平塘、贵定、三都、龙里、荔波8个县（市）69个乡（镇）238个村1142个组6.42万户29.94万人受灾。

2014年8月27日，福泉市道坪镇英坪村发生山体滑坡，2个村民组、4个自然寨、176户675人受灾，因灾受伤住院22人。灾害造成70户661间房屋倒塌，紧急转移安置675人。

1991—2014 年黔南州自然灾害人口受灾因灾损失情况统计表

表 22 - 1 - 4

年度	人口受灾情况				损失情况				
	受灾人口（万人）	成灾人口（万人）	死亡人口（人）	伤病人口（人）	直接经济损失（万元）	其中农业经济损失（万元）	倒塌房屋间数（万间）	损坏房屋间数（万间）	死亡大牲畜（头）
1991	158. 23	66. 84	66	42	32154	101. 9	0. 3	5. 3	233
1992	231. 07	150. 75	38	23	43103. 56	263. 3	0. 28	4. 01	322
1993	187. 2	100. 8	56	56	34297. 1	124264	0. 092	2. 09	431
1994	143. 4	82. 79	34	76	36588. 2	142171	0. 031	2. 11	151
1995	197. 6	100. 6	26	48	46264. 4	145603	0. 18	1. 24	261
1996	268. 71	168. 94	49	2747	145815	92572	9460	14795	1222
1997	216. 95	112. 72	37	53	74876	59047	0. 264	1. 273	154
1998	2208116	1371986	17	1055	64. 02	54633	2. 63	49. 91	105
1999	307. 44	228. 22	28	3647	106345	94772	5810	26210	990
2000	240. 53	144. 57	60	1055	156622	96576	8492	54460	1406
2001	259. 32	154. 02	22	707	60975	47372	4023	23324	77
2002	260. 31	150. 49	25	359	105758	98214	4345	59198	887
2003	272. 57	141. 43	8	49	43701	40674	2553	32681	171
2004	183. 71	153	11	518	23981	22041	907	59006	347
2005	275. 61	163	27	269	24113	20742	1755	8722	326
2006	208. 15	145	11	156	35501	25680	5753	22927	63
2007	182. 18	156	32	582	131561. 4	53663. 7	178	3. 0133	92
2008	374. 46	187		3966	653971. 1	248201. 7	27631	37670	9469
2009	196. 27	165	10	0. 0005	58110. 1	38931. 6	1751	15661	1874
2010	323. 72	185	14	0. 0016	266728. 48	158760. 27	1950	4453	20895
2011	328. 83	197	4	0. 01	289539. 9	237073. 5	1913	24277	1626?
2012	112. 85	79	4	0. 0026	81377. 4	38545. 96	1972	7841	1585
2013	177. 1128	531338	2	0. 023	149904. 3	133269. 58	712	56135	17
2014	128. 1012	384303	25	0. 0026	105733. 9	36453. 26	1891	39503	151

二、灾害救助

1991 年，结合灾情全州下拨自然灾害款 400 万元，救灾捐赠款 232 万元，加上历年结转 121 万元，共计 753 万元。实行有偿借助和无偿救济相结合的方式对受灾群众实施救济，其中有偿借助 145. 3 万元。发放救济粮 614. 7 万公斤，救济农户 9. 13 万户 38. 88 万人，其中无偿救济粮 402. 7 万公斤，无偿救济 6. 63 万户 28. 50 万人，分别占 72. 56%、73. 30%；有偿借助粮 212 万公斤，有偿救济 2. 5 万户 10. 75 万人，分别占 27. 30%、27. 64%。有偿借助款全部用于受灾群众发展生产增加收入，提高受灾群众自救能力。

按照灾害救助实行有偿与无偿相结合的原则，1994 年全州共下拨自然灾害救济款 895.5 万元，购买粮食 266.3 万公斤，无偿救济 4.32 万户 27.12 万人，有偿救济 1.8 万户 8.25 万人次。

1995 年，全州将救灾款重点解决受灾群众的食、衣、住、医方面，在保障受灾群众基本生活的前提下，适当扶持受灾群众发展生产增强抗灾自救能力。1997 年，国家对贵州救灾经费不实行包干的新管理体制，黔南州在贯彻工作中，实行救灾经费分级承担责任制，全州安排 119 万元救灾资金及部分粮差款，填补县级救灾“217”科目空白。1999 年，按照救灾分级管理、经费分级负担的财政体制和“依靠群众、依靠集体、生产自救、互助互济，辅之以国家必要的救济和扶持”的救灾工作方针，黔南州救灾款使用范围增加受灾群众倒塌房屋恢复重建、加工及储运救灾物资项目。

2002 年，按照民政部、财政部的规定，对国家救灾资金的使用范围为新救灾资金用于特大自然灾害受灾群众紧急抢救、转移安置，解决受灾群众的临时吃、穿、住、医等生活困难，以及因灾倒塌房屋的恢复重建和损坏房屋的修缮补助。春荒、冬令受灾群众生活救济资金，用于补助春荒（3 月至 5 月）和冬令（12 月至下年 2 月底）期间的受灾群众口粮以及衣被和治病救济。是年，全州遭受特大“秋风灾”，为保障受灾群众生活，共安排救灾资金 1526.6 万元，其中：省以上 1148 万元，州政府匹配 40 万元，县（市）安排 243.6 万元，州级上年结转 95 万元。救灾资金用于购买救济粮 2814 吨，救济 8.72 万户 41.14 万人；发放棉被 4676 床，救济 8811 户；发放衣服 10.9 万件，救济 1.43 万户 5.9 万人。对受灾群众的救助，凡因自然灾害转移安置的受灾群众，在转移安置期间按人均一天 10 元给予救助，直至转移安置停止；对因自然灾害造成粮食损失、生活困难的受灾群众每人每天按 0.5 公斤粮食救助，火灾也列入救助范围，直至粮食作物收成为止。缺衣少被的给予衣被救助，无房居住的受灾群众给予房屋新建、维修补助，根据受灾群众的自救能力分别给予 3000 元、5000 元、8000 元、10000 元不等补助。对因自然灾害伤病的给予医疗救助，救助标准由县（市）民政部门视情况确定。

2007 年，全州共安排救灾资金 5460.026 万元，其中：省以上 4002.135 万元（救灾应急资金 2483 万元，建房资金 1350 万元，省直机关捐款 169.135 万元），州级 292.56 万元（救灾应急资金 127 万元，建房资金 100 万元，捐款 65.56 万元），县级 1165.331 万元（匹配救灾经费 616 万元，救灾应急资金 200 万元，建房资金 60 万元，捐赠款 289.331 万元）。购买和发放救济粮 3288 吨，有 2.55 万户 10.86 万人受灾群众得到口粮救济；购买和发放救灾棉被 1.1 万床，救济 0.55 万户 2.35 万人；发放救灾御寒衣服 10.27 万件，救济受灾群众 1.19 万户 5.13 万人。

2008 年，全州遭受罕见特大冰冻灾害，全州共筹集救灾资金 15518 万元，其中：用于受灾群众和困难群众生活救助 3195 万元，安排救灾粮 2739 吨、棉被 5.14 万床、棉衣 5.32 万件、单衣 10.39 万件、鞋 15.12 万双、食品 63.37 吨、食用油 135.2 吨、燃煤 2802 吨、柴油 1257 吨、汽油 787.45 吨，发放现金 967.4 万元，调用帐篷 167 顶、矿泉水 3.5 万件、药品 76 箱，设立救助站点 214 个，紧急转移安置 9.42 万人，共有 153.021 万人得到生活和物资救助，其中：救助滞留 105.6 万人次，滞留车辆 2.37 万台次。

2010 年，黔南州遭受特大旱灾，全州共投入抗旱救灾资金 1.35 亿元，其中：省以上资金 7220 万元，州级 584.8 万元，县级 5678 万元。救助饮水困难人口 165.74 万人次，其中：救助特殊困难群体 8927.21 万人次，发放救助资金 1282 万元，发放救济粮 3732.5 吨，发放救济衣物 44121 件（床），有 35.1 万人得到口粮救助，43337 人得到衣被救助，发放救助卡 7.64 万张。

2012 年，全州共投入灾害救助资金 5138 万元，其中：中央、省灾害救助资金 4158 万元，州级 170 万元，县级 810 万元。向灾区调运救灾帐篷 1120 顶、救灾棉被 4095 床、衣服 4145 套（件）、鞋 4165 双。

2014 年，制定《黔南州自然灾害救助管理办法》。省、州两级共投入灾害救助资金 3658.9 万元，其中：争取中央、省灾害救助资金 3440 万元，州级 218.9 万元。向灾区调运救灾帐篷 235 顶、救灾棉被 4370 床、衣服 1325 套（件）、鞋 2175 双、救灾应急包 60 个。在灾害期间全州共有 8.2 万受灾群众得到救助，确保受灾群众的基本生活。

三、救灾扶贫

救灾扶贫基金构成为救灾款的有偿使用回收部分、社会救济款的有偿使用部分、地方拨付的其他资金及社会捐赠资金。救灾扶贫周转金的使用坚持有灾救灾、无灾扶贫的宗旨，用于单户扶持、创办救灾扶贫经济实体、开设受灾群众、贫困户服务组织（公司、中心、站），实行有偿使用、投资分红、借助等。

1991 年，全州收回到期双扶资金 58.80 万元，占到期应收回 352 万元的 16.7%。1992 年，州、县两级建立“救灾基金”管委会，积累基金 1325 万元。1993 年，龙里县中排乡借用救灾扶贫基金 6.9 万元，扶持受灾群众发展生产，助推粮食增收，人均占有粮 450 公斤，由缺粮乡变成余粮乡。“八五”初期，州内国家级贫困县和省级贫困县争取到救灾扶贫资金 80 万元～100 万元不等，专项用于受灾群众和贫困户发展生产。

1995 年，按民政部关于救灾款“在切实保障受灾群众基本生活的前提下，适当扶持受灾群众开展生产自救”的要求，州选取荔波县瑶山乡拉董吉村（极贫乡）为扶贫济困示范点，投入有偿借助资金 3.5 万元，扶持 19 户 105 人，以发展庭院经济为主要示范项目，用于养母猪 38 头、肥猪 139 头、鸡 718 只、羊 87 只、兔 29 只，年人均纯收入增加 300 元，示范户谢雄志、何志才两户年纯收入分别为 1.5 万元、1.2 万元。1996 年，在罗甸、荔波、长顺、龙里 4 个县落实定向有偿扶贫点 12 个，投放救灾扶贫基金 101.27 万元，在罗甸县 7 个乡镇扶持贫困户发展黑山羊饲养基地 8 个，养羊 1800 只；在荔波县瑶山乡拉片村发展庭院经济投入 8.5 万元，扶持农户 59 户 289 人，养猪 236 头、养鸡 1475 只、从事运输业 5 户、种香菇 6 户，获收入 16.52 万元，年户均纯收入 2800 元。

1997 年，根据省民政厅《人口与计划生育计生困难户帮扶工作实施意见》，全州将人口与计划生育困难户作为扶贫户，凡符合政策的计划生育困难对象，在同等条件给予 20% 的政策优惠。是年，州民政部门对口定向帮扶荔波县瑶山、长顺县交麻、罗甸县木引乡的

6个村26个村民组789户，帮助建房21间、发展庭院经济79户、科技兴农698户，累计投入资金21.47万元。通过帮扶瑶山乡发展庭院经济79户，户均养猪7头，年收入39.8万元；户均养鸡45只，年创收8.9万元，人均纯收入由帮扶前的215元提高到750元，有395人越过温饱线；长顺县交麻乡530户越过温饱线；罗甸县木引乡腊钵村168户765人年人均纯收入达990元，年人均吃粮由原来的200公斤提高到280公斤。全年全州帮扶计划生育困难户277户，投入帮扶资金43.2万元。其中，补助建房款3.72万元，建房99间；补助养老保险金2.28万元，投保182人；投入无偿化肥15吨，有偿借助款16.7万元。通过帮扶，人均吃粮由原来的173公斤增加到260公斤，人均纯收入由原来的278元增加到575元。

1999年，全州建立救灾工作分级管理、救灾粮款分级负担责任制，推行乡镇实施“斤粮”救灾储备制度。罗甸、三都、龙里等县以乡镇为单位建立互助互济筹集救灾储备粮“斤粮”储备制度，筹集救灾储备粮44.3万公斤，其中：罗甸县储备救灾粮17.78万公斤、三都县储备救灾粮15.6万公斤、龙里县储备救灾粮11万公斤。罗甸县动用储备救灾粮7.95万公斤，解决受灾群众、特困户、五保户共5300户23000人生活救济；三都县廷牌乡阳安、塘州乡安塘发生特大火灾，两乡从“斤粮”储备粮中各拿6000公斤解决受灾群众生活。全州救灾救济工作走向社会化、多元化，基本达到小灾不出乡、中灾不出县的要求。

2000—2012年，州民政部门在党建扶贫和帮扶计生困难户扶持活动中，共帮扶5.37万户35.55万人，投入资金1925.35万元，发放救济粮197.07万公斤，发放化肥3.49万公斤，救济衣被21.45万件（床）。2014年，州民政部门投入帮扶资金4万元，帮扶计生困难对象80户，投入资金3.2万，开展党建扶贫80户。通过扶持，户均年收入1.5万元，脱贫率达95%。

四、受灾户建房救助

1991年以后，州内农村民房因自然灾害倒塌损坏，对民房倒塌户每户给3000元作为建房补助资金，对民房损坏按间计算，每间补助200元；对因地质灾害搬迁连片建房户每户补助5000元作建房资金，因灾建房的宅基地由政府无偿划拨；对火灾户给予生活救助和适当建房补助。1991年，州民政部门帮助受灾群众建房641户，建房2277间，建筑面积35872平方米。

1998年，全州投入125万元，帮助受灾群众恢复住房50077间，新建221间；修建安居工程3处，搬迁100户450人。之后，受灾群众建房补助标准提高，倒房户每户补助标准5000~10000元，损房补助标准每间补助500~1000元，火灾户也列入大救灾范围。

2005年，全州有9个县（市）规划“民政安居”示范工程11个点共384户，投入建房资金805.1万元。2006年，州民政局在龙里、三都、长顺、惠水、罗甸、独山、瓮安、荔波8个县的13个乡镇15个点规划410户受灾群众连片建房，投入建房资金388.8万元，户均补助0.91万元。2008年，特大冰冻灾害造成需建房0.7万户2.48万间，投入建房资金4374.96万元，户均补助6275元。

2012年，全州共投入1223万元，帮助2316户建房9264间，共有10.36万受灾群众得到房屋救助。2000—2012 年，全州累计投入帮扶资金 1356.74 万元，帮助计划生育困难户 1706 户建房 8246 间，建筑面积 15.86 万平方米，户均投入 0.8 万元。2014 年，全州因灾倒塌农房需重建 1009 户 4686 间，共投入救灾资金 1598.86 万元。开展政策性农房灾害保险，全州参加政策性农房灾害保险共 85.97 万户，州级配套农房灾害保险经费 85.97 万元。州财政为农房保险户承担每户 1 元保险费，纳入财政预算。省、州、县三级保险保额为每户 11000 元。

1991—2014 年黔南州受灾群众建房情况统计表

表 22－1－5

年度	建房户数（户）	建房间数（间）	建房面积（平方米）	修复间数（间）	经费投入（万元）
1991	641	2277	35872	25449	192.3
1992	536	2678	48984	1345	95
1993	175	875	11375	123	78
1994	93	280	5500	85	55
1995	227	1134	13620	103	80
1996	2650	13250	79500	1562	130
1997	36	216	2160	362	34.5
1998	100	221	6000	5077	125
1999	1644	4883	49320	23211	493.2
2000	823	2469	35860	3027	110.3
2001	531	1986	43267	5260	241.82
2002	490	2450	14700	345	83
2003	327	1632	19620	248	105
2004	176	876	10560	192	75
2005	384	1920	23040	1695	805.1
2006	410	2050	24600	1796	388.8
2007	854	3485	31601	2536	3049
2008	6972	24787	592620	3765	4626
2009	5495	17060	467075	15368	1064.3
2010	427	1836	36295	5393	1500
2011	438	1882	37230	7216	1456
2012	2316	9264	196860	7148	1223
2013	678	3390	57630	1241	1324
2014	995	4605	84575	21011	1598.86

五、救灾物资接收与发放

1991 年，在全州开展救灾赈灾捐赠活动，州、县两级建立救灾捐赠接收办公室，统一负责救灾捐赠款物的接收发放工作。年间，州级接收 33 个单位 9473 人捐款 413678.4 元，粮票 78221.25 公斤及物品；县（市）接收 817 个单位 52754 人捐赠款 25 万余元及物品，对捐 1000 元以上捐赠者发给证书。1994 年，接收北京西城区对口捐赠衣被 43.99 万件（床），接收贵州省直机关单位和个人向长顺县麻山、荔波县瑶山捐赠衣被 29.89 万件（床），发放 2619 个村，救济 15.7 万户 65.89 万人。

1996 年，黔南境内遭受洪涝灾害，全州各行各业共捐款 96.466 万元。接收深圳、东莞两市人民向黔南灾区捐赠衣物 145 万多件（套）、资金 50 万元。此间，州、县两级政府在民政部门建立接收捐赠办公室，负责救灾捐赠接收和发放工作。1997 年，深圳市投资公司、商贸控股公司、罗湖区、建设集团、口岸工委对口捐赠黔南州 6 个贫困县衣物 69 万件，解决 48.75 万人的衣被困难。1998 年 8 月，长江、松花江、嫩江流域遭受特大洪涝灾害，州委、州政府向全州发出《关于开展扶贫济困、支援灾区捐赠活动的通知》，由州民政局牵头，成立接收捐赠办公室。8 月 19 日，州委、州政府举行向灾区人民献爱心捐赠仪式，现场接收捐款 17.81 万元。全州接收捐款 283 万元。

2001 年，台湾佛教慈善事业基金援建罗甸县麻山贫困群众移民搬迁项目，移民安置无生存条件的贫困群众 96 户 432 人。2004 年，州、县（市）开展“社会捐助月”活动，共接收捐赠款 105.28 万元、衣被 69.7 万件（床），其中：接收深圳市民政局捐款 20 万元、衣物 64.78 万件。长顺县种获乡种获村受灾群众蒋家琪、石荣芬夫妇将儿女给他们去北京旅游的 4000 元人民币捐献给受灾群众，还捐赠价值 800 元的玻璃给灾区学校。

2006 年，州委、州政府开展向边远贫困山区“送温暖、献爱心”活动，接收捐款 42.78 万元、衣被 2 万件（床）。深圳市对口捐赠衣被 70 万件（床）。中国太平洋保险公司向黔南灾区捐款 20 万元，分别用于罗甸县罗妥乡俄村村和独山县甲里镇团结村建房，共解决 54 户 138 人住房困难。

2008 年，黔南普遭百年罕见冰冻灾害，黔西南州向黔南灾区捐款 50 万元，深圳市捐款 1000 万元，遵义市人民政府捐赠方便面 6000 箱、大米 4000 公斤、面粉 2500 公斤、猪肉 1250 公斤，总计价值 50 万元。大米、猪肉、面粉分发给受灾群众，方便面分发给供电、公安执勤民警、师院学生。蒙牛乳业向黔南捐赠牛奶 194 件价值 8 万元，分发给抗灾一线人员和部分受灾群众。是年 2 月 20 日晚，黔南州举办“迎新春献爱心”大型赈灾文艺晚会，现场收到捐款 36676.2 元。4 月 1 日，中石油集团向黔南州捐赠 70 万元，用于冰冻灾害恢复重建，5 月 12 日，全州人民刚度过冰冻灾害困难时期，四川汶川发生大地震，黔南各族人民踊跃献爱心向灾区捐款捐物，共收捐款（含食物折款）2676.45 万元，其中：现金 2553.31 万元，物折款 124.16 万元。黔南捐资定点援建阿坝州茂县南新小学，总捐资 2037.7 万元，加挂“贵州黔南爱心学校”牌名。

2010 年，青海玉树和甘肃舟曲发生地震灾害，黔南各族人民踊跃向灾区捐款，共接收向青海玉树地震灾区捐款 57.69 万元，向甘肃舟曲灾区捐款 38.4 万元，全部定向汇到灾区。2014 年，全州接收捐赠款 1592.8 万元。

六、农村互助储金会

1991 年，全州建立农村互助储金会（群众性经济组织）314 个，占全州 2823 个村的 11.12%，入会农户 48589 户，占全州农业户的 7.4%，筹集储金 300 万元，群众入会资金占 80%，民政垫底资金占 20%，筹集储粮 22.04 万公斤。互助储金会资金筹集以村自蓄和群众参与积蓄为主，民政部门出垫底资金，实行有偿借助，待储金会储金壮大后，收回民政垫底资金。每培育发展一个储金会，民政部门借助有偿资金 2000—3000 元不等，作为储金会开办垫底资金，其余股金由村民入股，每户入股 10—20 元不等，入股会员按股分红，垫底资金作为股份参与分红，红利作为储金会积累滚动资金。储金会的宗旨是救灾扶贫、应急解难、发展生产、保障生活。储金会实行会员借贷优先，采取民主选举、民主管理、民主监督的办法进行管理。储金会建立专户专账，建立完善财务管理制度和储金会章程。随后，储金会从储金扩展到储粮（简称“双储会”）。至 1993 年，全州储金会发展到 499 个，入会农户 56108 户，共集资 203.46 万元，其中股金 117.35 万元，储粮 32.01 万公斤。1995 年，新增“双储会”306 个，累计建立“双储会”1117 个，占全州 2823 个村的 39.56%，积累资金 452 万元，粮食 24 万公斤。至 1997 年，全州累计建立“双储会”1655 个，占村级数的 59%，累计储金 1071.9 万元，储粮 58.99 万公斤。

1998 年，国务院办公厅转发《中国人民银行整顿乱集资乱批设金融机构和乱办金融业务实施方案的通知》，全州年检“双储会”1515 个，其中年检合格 1131 个、整改合格 93 个、整改不合格取缔 291 个。是年全州储金投放 1518.8 万元，其中用于发展生产 889.4 万元、用于公益事业 73.6 万元、用于其他有偿借助 89 万元。1999 年，对全州建立的 1714 个“双储会”进行全面清理整顿，对社会效益好的 647 个“双储金”予以保留，注册登记；对名存实亡的 1067 个“双储会”进行债务清偿，清退会员股金，限期收回国家补助金，并予以撤销。

2003 年，按照“谁主管，谁整顿；谁批准，谁负责；谁用钱，谁还债；谁担保，谁负相应责任”的原则，做好会员债务清偿工作，农村储金会、储粮会撤销。至此，农村“双储金”不复存在。

七、灾害应急机制与防灾宣传

“八五”期间，灾害应急管理较单一，灾害发生后，由民政部门开展查灾、核灾、报灾、救灾工作，未制定灾害应急救助预案、灾害应急响应、救灾工作制度、工作规程、救济标准、救济程序，工作不够规范。

1994 年，民政部为州、县两级装备救灾电台，每个县（市）配备一辆车并装备接收呼叫器，灾情发生后，用电台呼叫调度统计和汇报灾情。1996 年，为增强广大人民群众的防灾减灾意识，确定利用每年 10 月第二个星期的星期三开展“国际减灾日”宣传活动，普及防灾减灾知识。1998 年，省民政厅为州、县（市）配备电脑，开始网上报灾。

2002 年，在强化救灾工作分级负责、救灾经费分级承担责任制工作中，州明确将救灾款列入各级财政预算，纳入年度工作目标考核，实行下级政府与上级政府签订责任状，救灾经费匹配有30万元～100万元不等。

2005年，州政府成立减轻自然灾害委员会（以下简称减灾委），减灾委办公室设在州民政局。随后，制定《黔南州重大突发性自然灾害应急救助预案》，明确部门职责，规范灾害应急救助工作。2006年，全州12个县（市）成立减轻自然灾害委员会。依照国家减灾委和民政部关于重大突发性自然灾害应急救助预案的建立要达到“横向到边、纵向到底”的要求，全州共制定自然灾害应急救助预案240个。福泉市17个乡镇和街道办事处制定有重点灾害监控示意图和受灾群众避难场所及受灾群众转移线路图悬挂在墙上，一旦突发灾情，受灾群众按指定线路和位置迅速转移。2008年，国务院为纪念四川汶川地震发生，将每年的5月12日定为全国“防灾减灾日”。2009年，全州开展第一个“防灾减灾日”宣传活动，印发各种防灾减灾宣传资料35万余份，创办宣传专栏25块，制作宣传展板36块，张贴大小宣传标语3500条（幅），通过移动公司发防灾减灾信息3.5万条，组织集中性宣传15次，投入宣传经费11.3万元。全州确定减灾示范社区、学校共33个，设置自然灾害应急避灾场所35个。2010年，国务院颁布《自然灾害救助条例》后，州、县（市）将灾害应急资金和救灾工作经费纳入财政预算，救灾经费投入从300万元增加到1200万元，救灾工作经费从85万元增加到280万元。

至2010年，州级存储有150万元救灾物资，主要有棉被5000床以上、衣服30000件（套）、鞋30000余双、救灾帐篷1000顶以上等，确保救灾应急物资供给。各县（市）均存储有20万元救灾物资，主要有棉被1000床以上、衣物15000件（套）、大米10万公斤以上、食用油1000公斤以上、救灾帐篷100顶以上等。各乡镇存储有3万元价值的救灾物资，主要有棉被200床以上、衣物500件以上、粮食2500公斤以上等。救灾物资在灾情发生6小时内运达灾区救助受灾群众。

2010年，开展第二个“防灾减灾日”宣传活动，全州印发宣传资料55万余份，制作宣传专栏76块，制作宣传展板75块，张贴大小宣传标语6782条（幅），通过移动公司发防灾减灾信息800万条。确定减灾示范社区、学校63个，自然灾害应急避灾场所增加到65个。宣传活动期间，平塘县开展抗洪救灾演练，罗甸县开展防震演练，都匀市在校园开展防火演练。在防灾减灾工作中，都匀市新华路剑北社区、罗甸县龙坪镇城西社区、龙坪镇河滨社区被国家减灾委、民政部命名为“全国综合减灾示范社区”。

2011年，举办全州灾害信息员培训班，300余人参加培训。经培训考试合格者，由国家减灾委、民政部评审委员会发给四级灾害信息员证书。随后，全州落实灾害信息员2038人，其中，州、县两级31人，乡级238人、村级1769人。都匀市沙包堡街道观澜轩社区、福泉市牛场镇双龙社区、荔波县玉屏镇城西社区、平塘县平湖镇玉池社区被国家减灾委、民政部命名为“全国综合减灾示范社区”。都匀市广惠办西苑社区、都匀经济开发区大坪镇大坪居委会、龙里县龙山镇水桥社区、龙里县龙山镇西门社区、长顺县威远镇威远社区、长顺县长寨镇磨谢社区、惠水县长田乡桥洞社区、惠水县大龙乡甘昌社区、贵定县城关镇迎宾社区、贵定县城关镇中山社区、荔波县玉屏办事处城东社区、荔波县玉屏办事处城北社区、福泉市地松镇松江村、罗甸县沫阳大桥居委会、罗甸县龙坪镇城东社区、三都水族自治县凤凰社区、三都水族自治县都柳江社区、独山县百泉镇中南社区，平塘县通州镇荷花社区、平塘县平湖镇金龙社区等获省减灾委、省民政厅命名为“全省综合减灾示范社区”。2012 年，州、县成立减灾中心 13 个。全州修改完善《重大突发性自然灾害应急救助预案》250 个，其中县级 12 个、乡级 238 个。1769 个村（居）委会均建有灾害应急救助体系，利用学校、厂矿、广场等设避灾场所 740 个，全部挂牌标识。都匀市文峰街道文峰社区、福泉市黄丝镇黄丝社区、荔波县玉屏街道城南社区、贵定县盘江镇新街社区获国家减灾委、民政部命名“全国综合减灾示范社区”。2014 年，全州建立灾害应急志愿者服务队 14 支。举办全州灾害信息员培训班，有 200 名灾情信息员参加网络报灾业务培训，并启动乡镇网络报灾工作。年内，开展防灾减灾知识宣传活动 12 场（次），应急演练 7 场（次），悬挂防灾减灾标语、横幅 80 多幅，制作宣传展板 90 余块，印发宣传画册 5250 本，宣传资料 123400 份，发送防灾减灾信息、手机短信 200 多万条，全州受教育知晓面达 90% 以上。

第三节　社会救助

20 世纪 90 年代，实施农村特困群众、在 20 世纪 60 年代精减退职老职工、农村“五保”供养、受灾困难群众冬春生活救助。“十五”期末，建立城市居民最低生活保障制度。“十一五”期间，建立城乡医疗救助、农村低保制度。“十二五”期间，全州建立以临时救助为补充，与廉租住房、教育、司法救助等专项救助制度和配套优惠政策相衔接的覆盖城乡的社会救助体系。

一、农村特困救助与季节性缺粮救助

“十一五”期间，全州开始对农村因病因残导致家庭相对长期困难、年人均收入在 425 元以下的农村常年救助对象的家庭成员实施特困救助。同时，实施季节性缺粮救助，主要针对农村低保对象家庭中粮食收成低或因灾造成粮食歉收、绝收，除领取低保金外，给予季节性缺粮救助，确保低保对象正常生活。

二、老职工救助

1991 年起，对 20 世纪 60 年代初精简退职老职工实行定期定量救济，人月救济标准 6 元、15 元、20 元不等。1991 年，全州有精减退职老职工 3064 人，享受 40% 救济 997 人，享受定期定量救济 2067 人；非农业人口精减退职老职工 1430 人，享受 40% 救济 502 人，享受定期定量救济 928 人。1993 年，全州有精减退职老职工 3012 人，享受 40% 救济 935 人，享受定期定量救济 2077 人；非农业人口精减退职老职工 1350 人，享受 40% 救济 418 人，享受定期定量救济 932 人，年人均救济 231. 75 元。此外，对 1957 年底以前参加工作生活有困难的精减退职人员 2007 人发放定期救济金额 25. 9 万元，年人均救济 129 元。

1995 年，全州有精减退职老职工 2966 人，享受 40% 救济 901 人，享受定期定量救济 2065 人；精减回农村退职老职工 253 人，其中享受 40% 救济 97 人，享受定期定量救济 156 人。对 875 名 20 世纪 60 年代精减退职享受原工资 40% 人员按月发给生活费 21.6 万元，年人均救济 246.85 元；对 2060 名 20 世纪 60 年代精减退老职工不符合享受 40% 生活困难人员，发放定期定量救济费 26.7 万元，年人均 130 元。1998 年，全州有精减退职老职工 2872 人，享受 40% 救济 927 人，享受定期定量救济 1945 人。全州建立城乡低保制度后，将 20 世纪 60 年代精减退职老职工列入城乡低保保障范围，除享受原工资 40% 救济外，还享受城乡低保待遇，精减退职老职工的基本生活得到保障。2011 年 7 月，全省开展 20 世纪 60 年代精减退职老职工摸底排查工作，通过排查，全州将符合救济条件的 1492 名 20 世纪 60 年代精减退职老职工纳入救济范围进行登记造册。2012—2014 年，省下拨精简退职老职工定期定量救济费 637.86 万元，州级安排 42 万元，共救济 4524 人，人均年救济费 2400 元，基本解决了上述精减退职老职工的后顾之忧。

三、冬春救助

1991 年开始推行冬春救助，救助对象以受灾群众为主，农村“五保”户、贫困残疾人、贫困优抚对象、“三无”人员列入救济范围。救助时段分为冬令、春荒、夏荒 3 个时段，保证受灾群众和困难群众生活不受影响。是年，全州冬春因灾缺粮 4.98 万人，发放救济粮 1.6 万吨，共救济 3.75 万人，占缺粮人口 75.30%。1995 年，全州冬春生活困难救济对象 48.41 万人，发放救济粮 212.6 万吨，共救济 46.29 万人，占缺粮人口 95.62%。1997 年，全州冬春生活困难救济对象 36.16 万人，发放救济粮 332.11 吨，共救济 34.22 万人，占缺粮人口 94.63%。2001 年，全州春荒缺粮 53.53 万人，需救济粮 123.12 万吨；需衣被救济 14.32 万人，安排衣被救济款 53.7 万元，救济 3.07 万人；需伤病救济 0.15 万人，安排伤病救济款 12.7 万元，救济伤病 0.14 万人。

2005 年，按照民政部、财政部的规定，国家救灾资金的使用范围为冬令、春荒、夏荒 3 个时段。以一季农作物损失计算，即春荒为 3 月至 5 月，夏荒为 5 月至 7 月，冬令 12 月至次年 2 月底。是年，全州共安排救灾救济款 840 万元，发放救助卡 4.94 万张，春荒困难群众每人每月获 15 公斤粮，救助对象从挂牌救济变为持卡救助。同时，建立州包县（市）和重灾乡镇，县（市）包重灾乡镇、村，乡镇包重灾村、组、户的责任制。2007 年春节期间，州四家班子领导深入基层开展以“进万家门，知万家情，解万家难，暖万家心”为主题的走访慰问活动，共派出慰问组 424 个，慰问 2.46 万户，其中：“五保” 0.29 万户、军烈属 0.31 万户、老复员军人 0.29 万人、伤残军人 792 人、农村特困 1 万户、重灾户 0.16 万户、特老村干 0.11 万人、老党员 0.12 万人、计生户 1208 户，农村敬老院 30 个、城市福利院 7 个、麻风村病人 293 人，发放慰问金 401.59 万元、棉被 5784 床、棉衣 6047 件。2008 年，冰冻灾害造成需救济人口 69 万人，其中，受灾群众缺口粮 41 万人，受灾群众缺衣被 27.6 万人。全州共筹措冬春救助资金 2440 万元，安排救济粮 5617.5 吨，发放救济衣服 2325 件、棉被 675 床，调运救灾帐篷 7 顶，发放药品 76 箱。共有 5.1 万户 21.25 万人得到口粮、衣被、药品救助。之后，冬春救济改称救助，州内每年救助人数达 50 万人左右，占全州总人口的9% ~10%，最高年份达13%。

2010年，州境内遭受三季连旱，加上洪涝、风雹等自然灾害，造成全州冬春期间受灾困难群众需救助达73.69万人，需救助资金1.25亿元，州及时下拨救助款物到各县（市）。2011年，国务院颁布《自然灾害救助条例》，规定冬春受灾群众和困难群众救助标准仍按需救助人数每天0.5公斤粮给予救助，国家财政对贵州承担救助资金70%，省级财政承担15%，州、县两级财政承担15%，给予核定和拨付，专项用于冬春受灾群众和困难群众吃饭、穿衣、取暖等基本生活困难。是年，全州因特大旱灾，大季农作物大面积减产歉收，省核定全州受灾困难群众冬春生活救助人数55.71万人，救助时段2011年11月至2012年5月31日止，时间长达7个月，共投入冬令资金1.38亿元。

2011—2012年，州委、州政府将受灾困难群众冬春生活救助工作列入重点督查督办内容，成立4个督查小组，分赴县（市）开展督查。全州共安排冬春救助资金1.37亿元，实际支出1.39亿元。2013—2014年，全州冬春受灾困难群众需生活救助44.48万人，投入救助资金0.18亿元。

四、"五保"供养

依据《农村五保供养工作条例》规定，将农村年满60周岁以上老年、残疾人、未满16周岁以下的孤儿、无劳动能力、无生活来源、无法定赡养抚养扶养人纳入"五保"供养范畴。

五、城市医疗救助

开展城市医疗救助，是针对在城市低保对象中因患大病无钱治疗的，由本人申请，经调查核实后，进行张榜公布，群众无意见，国家给予大病救助。

按照国务院办公厅转发民政部等部门《关于建立城市医疗救助试点工作意见的通知》和省政府办公厅转发省民政厅等部门《关于建立城市医疗救助制度试点工作实施方案的通知》要求，2005年，贵州省将黔南州都匀市、福泉市、独山县列为城市医疗救助试点县（市）。随后，3县（市）对城市低保对象患病类别、患病程度、家庭每月用于治病开支、借贷情况和城市低保对象患病需救助的基本情况进行调查摸底后，3县（市）分别制定《城市医疗救助实施细则》。2006年，3县（市）在试点工作中，共将2.29万人纳入城市医疗救助范围，其中，患重大疾病0.17万人。共筹集城市医疗救助资金156万元，其中，省129万元、州2万元、县（市）25万元，共救助117人，其中，都匀市救助34人、福泉市救助16人、独山县救助67人，累计支出25.39万元，平均救助水平人年达2170元。2007年，城市医疗救助试点扩展到惠水、罗甸、龙里，共救助71人（次），支出13.8万元。是年，州分别下达城市医疗救助资金，都匀市14万元、福泉市31万元、荔波县25万元、贵定县27万元、瓮安县61万元、独山县27万元、平塘县25万元、罗甸县34万元、长顺县15万元、龙里县27万元、惠水县29万元、三都县22万元。2008年，全州有三都、荔波、平塘、贵定、瓮安、长顺6个县制定本区域《城市医疗救助实施办法》或《城市医疗救助实施细则》，省下拨黔南州城市医疗救助资金1361万元，县（市）财政预算安排城市医疗救助资金120万元，共救助712人（次），支出97.82万元。2009年，民政部、卫生部、财政部和人力资源与社会保障部联合下发《关于进一步完善城乡医疗救助制度的意见》，全州各县（市）修改完善城乡医疗救助制度，规范医疗救助范围，降低救助门槛。年间全州累计救助3.11万人，其中，救助住院0.10万人、门诊148人次。2010年，省民政厅、财政厅、卫生厅、人力资源和社会保障厅印发《关于进一步规范完善城乡医疗救助制度的实施意见》，黔南州在贯彻施行中，明确了定点医疗机构职责；分类城乡医疗救助对象及救助标准；提高医疗救助效率，实行零起付救助，提高年救助封顶线；强化便民救助，简化救助操作程序。年内累计发放城市医疗救助资金630.2万元，救助3.72万人（次），其中，资助参保2.95万人（次），资助资金60万元。

2011年，全州城市医疗救助资金支出1376.71万元，救助4.98万人（次），其中，资助参保人数2.15万人，资助参保资金46.07万元。2014年，印发《黔南州城乡医疗救助实施方案（试行）》，对医疗救助标准、救助对象类别、救助方式等进行统筹和规范。全州医疗救助工作形成以资助参合参保、门诊医疗救助、住院医疗救助、临时性医疗救助和慈善援助等五位一体的救助机制。

六、农村医疗救助

根据民政部、卫生部、财政部联合下发的《关于实施农村医疗救助的意见》，2003年，全州开始启动农村医疗救助。对农村低保对象中因患大病无钱治疗的，由本人申请，经调查核实后，进行张榜公布，群众无意见，给予大病救助。

2004—2014黔南州城乡医疗救助情况一览表

表22－1－6

年度	城市医疗救助				农村医疗救助			
	救助户（户）	救助人（人次）	救助资金（万元）	人均救助（元）	救助户（户）	救助人（人次）	救助资金（万元）	人均救助（元）
2004					15644	67271	466	69
2005					1234	5310	246	463
2006	5341	22967	156	2170	4156	17875	181	101
2007		165	28	1713	30201	129868	227	101
2008	158	712	120	1376	51003	219317	2413	11
2009	7235	31111	460	147	93467	401909	1934	48
2010	8654	37215	630	169	99919	429653	3423	80
2011	11594	49857	1376	276	100429	461848	4207	91
2012	13023	56000	2824	504	144372	620800	7371	118
2013	6027	25920	9452	3646	132558	570000	2356	46
2014	城乡低保资金合并共用支出8806.2万元，共救助37782人次，人均救助2330.8元。							

第四节　优抚　安置　军供接待

1991年，州、县和驻军均建有拥军优属、拥政爱民领导小组（以下简称“双拥”），在民政部门下设办公室（简称“双拥办”），负责“双拥”日常工作。建立有退伍军人安置办公室，接待安置复员退伍军人。在民政部门设有优抚机构，负责伤残军人国家抚恤金、军烈属优待金、在乡老复员军人定期补助金、带病回乡退伍军人补助金的发放及烈士评定审核呈报、烈士陵园保护维修管理等工作。

一、优抚

（一）拥军优属、拥政爱民

1991年以后，州内地方组织和驻军每年联合开展“双拥”活动。每逢“春节”“八一”建军节等节日，州、县（市）政府组织慰问团走访慰问驻军官兵，送去慰问金和慰问物资。通过慰问和开展联谊活动，密切军地、军民关系。

1992年，全州建立“双拥”领导小组39个，大型企业也相应成立“双拥”领导小组。在“双拥”活动中，全州涌现军地共建精神文明单位54个、示范点30个，组建群众性拥军优属服务组织1529个61170人，开展服务项目89个。乡村建立的群众性拥军优属服务组织为优抚对象帮耕、帮种、帮收、修房补漏、送柴送煤，包户服务。州内部分县、市政府还组织慰问团分赴云南、西藏、广东等驻军部队慰问黔南籍战士。

1993年，按照“关于穷不能穷子弟兵，苦不能苦烈军属，亏不能亏转业军人、复退军人”的总体要求，在全州开展国防教育、“双拥”教育和争创“双拥”模范城（县）活动。“八一”、元旦、春节期间成立慰问团13个，慰问组3271个，走访慰问驻军部队、军队离退休干部、优抚对象。是年，瓮安县政府拨款11万元为部队修建营房，三都县政府拨款5万元为驻军修厨房、浴室和娱乐室，平塘县在县直单位集资7500元，为驻军购买钢丝床30张，福泉县政府在“八一”前夕为福泉籍的1名一等功、6名二等功、159名三等功的部队战士发500元～1000元奖金。

1996年，在纪念红军长征60周年活动中，全州建立扶贫帮困组织14个、文明单位40个、文明街道1个、文明点48个；组织军民联谊晚会和篝火晚会78次，宣传报道169次，开展国防教育178次，受教育面达80%以上；驻军参加地方公益事业72项，出动9308人次、车辆138辆次，参加抢险救灾7716次，挽回经济损失3835万元；地方各级政府向部队写慰问信1400封，送鞋垫1200双，写家信3400封，赠送电冰箱、电视机等，投入资金129.4万元。

1997年，在纪念中国人民解放军建军70周年活动中，全州成立服务小组358个，慰问驻军、武警、消防官兵、烈军属、老复员军人，共发放慰问金51万元，召开座谈会254次，参加人数14205人。年间，全州新增文明共建单位12个。“八一”建军节期间为部队送去猪肉1600公斤、鸡蛋80公斤、白糖300公斤、西瓜3000多公斤、香烟120条、纪念衣服6000多件，累计慰问费31万元。

2001年，全州对重点优抚对象“三难”（生活难、住房难、就医难）问题开展调查，有“三难”优抚对象13396户，其中生活难4861户、住房难1861户、就医难6674人。对生活难的重点优抚对象按照政策给予定期定量补助和临时补助。2002年，对住房难的重点优抚对象采取国家、社会、群众相结合帮扶办法，为重点优抚对象建新房288间，投入经费23.8万元；对就医难问题采取由国家扶助、社会捐资、医疗机构减免等办法解决看病难510人次，减免医疗费10万元。2003年，在全州开展“爱心献功臣”活动，为139户重点优抚对象建房386间；多方争取资金64万元，解决优抚对象看病难；组织优抚医疗队到乡村为优抚对象巡诊316人次，发放药品20余件；组织36名在二、三等革命伤残军人到州优抚医院疗养。2004年，州内地方组织与驻军联合举办“双拥”先进事迹报告会，组织大型文艺晚会，军民同台以唱响火红国旗、军旗为主旋律的民族山区“双拥”曲。在全州军民共建的242个服务点中，被县以上评为先进单位67个，出动车辆907台（次），支援地方建设项目45个，参加地方公益事业建设项目69个，参加人数9852人（次）。组织优抚医院医师到乡（镇）、村寨为210名优抚对象进行身体检查，为148名优抚对象建病历档案。2009年，制定《黔南州优抚医疗保障实施办法》，在福泉、贵定两县（市）开展优抚医疗保障试点工作。

2012年，州、县（市）政府将“双拥”工作经费纳入财政预算。2014年，制定《黔南州优抚对象医疗巡诊暨疗养制度》，州优抚医院赴罗甸、长顺两县为110名重点优抚对象进行身体检查。在贯彻实施《光荣院管理办法》中，全州有9个县（市）在敬老院、福利院挂光荣院牌子，实行两院结合，组织155名伤残军人参加省级短期疗养。全年拨优抚事业单位补助资金1299.5万元。全州建立优抚医疗定点机构137个，9543名优抚对象纳入合医保险。为1644名优抚对象提供医疗“一站式”服务，累计报销医疗费228.97万元。组织对优抚对象住房情况进行摸底调查，全州有296户优抚对象住房困难，投入建房资金229.15万元。

（二）军烈属优待

1991—2000年，按照国家相关政策规定，全州军烈属优待金的筹集以县为单位统筹。期间，1991年，全州优待优抚对象5675户，其中，优待军属5209户，兑现优待金94.82万元，户均优待167.08元。1992年，州、县（市）政府把扶持优抚对象发展生产纳入扶贫工作的总体规划，共扶持优抚对象1830名，脱贫1343户，占扶持总数的73.39%。1993年，全州除都匀市、平塘县外，其余10个县（市）实现以县统筹优待金。全州共兑现义务兵家属4591户优待金90.8万元，户均优待197.77元，优待面达100%。1994年，对优待金统筹兑现做到“四个统一”（统一筹集、统一管理、统一标准、统一兑现），都匀、贵定、独山、瓮安、荔波、龙里、罗甸、平塘、福泉9个县（市）对军烈属的优待标准由上年人均200元提高到300元。城镇义务兵家属优待由上年100提高到250元，城乡军烈属优待面达100%。1996年，全州实现以县统筹优待金，优待面达100%，年人均优待363

元，占上年农民人均纯收入的70%。1999年，福泉市、瓮安县、独山县对优待金的筹集办法、优待标准、优待金管理、军人立功奖励作出规定，农村义务兵家属优待户均达963元，比上年增加193元，占上年农民人均纯收入的69%。

2001年，州、县（市）政府制定优待金统筹办法，并纳入工作目标考核。从2002年起，在农村税费改革中，将义务兵家属优待金列入财政费改税征收。2003年，全州2317户农村义务兵家属优待标准年户均1215元，比上年净增266元。福泉、都匀、瓮安、贵定、独山、荔波6个县（市）优待金达到上年农民人均收入的100%，平塘、罗甸、三都、长顺4个县达90%，龙里、惠水达70%。

自2007年起，全州农村义务兵家属优待标准为：都匀市3088元、福泉市2455元、荔波县2159元、贵定县2396元、瓮安县2550元、独山县2210元、平塘县2160元、罗甸县2177元、长顺县2210元、龙里县2552元、惠水县2432元、三都县2186元。2010年以后，全州军烈属优待金列入各级财政预算。2014年，全州义务兵家属优待金发放标准达到上年农民人均纯收入的100%，户均优待5582元。

（三）优抚对象定期补助

1991年，全州实施在乡老复员军人、带病回乡退伍军人、烈士军人家属生活定期补助。是年，全州共有7898名在乡复员军人得到定期定量补助，占在乡复员军人12203人的64.72%，对在乡退伍军人家庭有困难的实施定期补助434人。1993年，全州优抚对象定补面达80.14%，罗甸、贵定、惠水县定补面达100%。1994年，福泉、贵定、罗甸、瓮安、惠水、三都、都匀7个县（市）定补面达100%，人均定补190元。1999年，根据财政部、民政部下发的《关于提高部分优抚对象抚恤补助标准的通知》，全州从7月1日起提高补助标准，定补标准年人均565元，老复退军人定补面达100%。

2001年，按照民政部《关于开展对优抚、安置对象进行全面普查，建立优抚、安置对象信息化管理系统的通知》要求，州、县成立普查工作小组，制定出台普查工作方案，举办培训班等，经过3个多月普查，全州有在乡老复员军人8519人，红军失散人员5人，带病回乡退伍军人775人，逐一进行登记建卡、输入计算机、建立信息台账。自2004年起，全州建立优抚对象生活补助自然增长机制，每年每人在原定补标准的基础上自然增长3元，由各级财政列入预算，并列入当年工作目标考核内容。是年，在乡老复员军人定期定量补助年人均定补标准达1152元，超出省规定标准72元。

2010年，全州在乡复员军人定期生活补助全部纳入当地财政预算，年人均达4391元。2013年，省民政厅下发《关于调整部分优抚对象等人员抚恤和生活补助标准的通知》规定：带病回乡退伍军人生活补助每人每月不低于320元；农村和城镇无工作单位生活困难家庭的参战退役人员320元；新中国成立前加入中国共产党的农村共产党员和未享受离退休待遇的城镇老党员每人每月提高35元，其中：1937年7月6日前入党的每人每月490元，1937年7月7日至1945年9月2日入党的每人每月430元，1945年9月3日至1949年9月30日入党的每人每月350元。

2014年，按照《军人抚恤优待条例》规定，在乡老复员军人生活补助每人每年6662元；带病回乡退伍军人和参战退役人员每人每月生活补助360元；1937年7月6日前入党的每人每月提高到530元；1937年7月7日至1945年9月2日入党的每人每月提高到470元；1945年9月3日至1949年9月30日入党的每人每月提高到390元。开展优抚对象身份证扫描认证工作，认可优抚对象总人数为25756人，身份证扫描认证率95.51%。全州享受定期补助人员有在乡老复员军人4028人、两参退役人员9009人、60周岁农村籍退役士兵9526人。

（四）伤残抚恤

全州贯彻国家对伤残军人、烈士家属、伤残人民警察、国家机关工作人员、民兵、民工实施抚恤政策。

1992年，全州有革命伤残军人1409名，革命烈属、因公牺牲、病故军人家属684名，均享受定期抚恤。1995年，各县（市）分别制定《军人抚恤优待条例实施办法》，全州优抚对象的抚恤和定补按政策调整提高。1996年，首次在州优抚光荣院举办疗养班，有5名在乡二、三等革命伤残军人参加疗养。1999年，根据财政部、民政部下发《关于提高部分优抚对象抚恤补助标准的通知》，全州从7月1日起提高补助标准。革命伤残人员保健标准为：二等甲级因战455元、因公435元、因病415元，二等乙级因战360元、因公340元、因病330元，三等甲级因战260元、因公240元，三等乙级因战205元、因公195元。是年，全州开展入户核查工作，经核查，在全州各类优抚对象11130人中，烈属395人、因公牺牲军人家属50人、病故军人家属128人、革命伤残军人1227人、国家机关伤残人员23人、伤残人民警察5人、伤残民兵民工3人、红军失散人员5人、带病回乡的退伍军人775人，逐一进行登记建卡，将重点优抚对象输入计算机，建立信息台账。全州部分乡镇设优抚医院、站、所，免优抚对象挂号费，减免特重病人的医疗费。2000年，民政部印发《关于提高部分优抚对象抚恤补助标准的通知》，特等伤残军人每人每年提高660元、一等600元、二等360元、三等150元；在职特等、一等伤残军人每人每年提高180元，二等、三等每人每年提高60元。2002年，全州按政策规定对589名烈士家属给予定期定量补助，定补面达100%，定补金额高的年人均800元，低的年人均520元。对优抚对象的医疗费采取国家补助、社会捐资、医疗机构减免等办法解决。

2008年，协调金融网点，为优抚对象办理银行卡，按时足额发放抚恤费；建立数据库，按数据核拨抚恤金。是年，组织28名5至10级伤残军人到昆明、大理进行为期10天的疗养。

2012年，全州有红军失散人员2人（抗日）、在乡退伍军人2576人、60岁以上农村退伍军人8031人、参战退伍人员8453人、其他人员70人，有伤残人员1474人，其中一级6人（因战1人、因公5人）。结合各县（市）情况分别下达抚恤经费：都匀市1149.09万元、福泉市746.19万元、荔波县427.34万元、贵定县783.14万元、瓮安县1346.67万元、独山县1077.71万元、平塘县918.93万元、罗甸县722.15万元、长顺县714.98万元、龙里县518.84万元、惠水县1064.68万元、三都县736.13万元、都匀经济开发区85.87

万元。

2014 年，调整残疾军人、伤残人民警察、伤残国家机关工作人员、伤残民兵民工残疾抚恤金标准：一级因战 52360 元、因公 50700 元、因病 49040 元；二级因战 47380 元、因公 44890 元、因病 43210 元；三级因战 41570 元、因公 39070 元、因病 36590 元；四级因战 34070 元、因公 30760 元、因病 28260 元；五级因战 26620 元、因公 23270 元、因病 21610 元；六级因战 20800 元、因公 19680 元、因病 16630 元；七级因战 15800 元、因公 14140 元；八级因战 9970 元、因公 9130 元；九级因战 8290 元、因公 6650 元；十级因战 5820 元、因公 4980 元。年内，全州享受国家定期的抚恤“三属”（革命烈属、因公牺牲人员家属、病故军人家属）人员 360 人、伤残人员 1167 人、带病回乡退伍军人 1644 人、老烈士子女 22 人，下拨抚恤补助资金总计 11218.17 万元。开展残疾军人证换工作，全州有残疾军人 1167 人，身份证扫描认证 901 人，认证率 77.2%。

（五）烈士追认与烈士陵园保护

1991—2014 年，全州因公牺牲被省人民政府批准为革命烈士的有 19 人。2014 年，全州完成对 297 名烈士换（补）证工作。依据《中华人民共和国烈士褒扬条例》的规定，对烈士陵园进行保护和维修；各县（市）政府投入资金建烈士陵园并对零散烈士墓进行整合集中管理。

1991 年，贵定县人民政府投资 480 万元，建贵定县烈士陵园，占地 155 亩，安葬革命烈士 34 名。1998 年，瓮安县人民政府投资 40 万元修建珠藏烈士陵园，占地 19 亩，安葬革命烈士 13 名；投资 837.8 万元修建江界河镇烈士陵园，占地 67 亩，安葬革命烈士 28 名。荔波县人民政府投资 134 万元修建荔波县烈士陵园，占地 42 亩，安葬革命烈士 19 名。2003 年，惠水县人民政府投资 45 万元，改扩建县烈士陵园，重建烈士纪念碑，绿化周围环境，扩建后面积达 30 亩，建烈士坟墓 101 座。2004 年，罗甸县人民政府投资 1500 元修建罗甸县烈士陵园，占地 5.2 亩，安葬革命烈士 51 名，并列为县级爱国主义教育基地。2006 年，贵定县烈士陵园经省人民政府批准列为省级第二批烈士纪念建筑物保护单位。瓮安县、福泉市、长顺县等县（市）投入资金先后修建、整修烈士陵园。长顺县革命烈士陵园获省人民政府批准为“贵州省爱国主义教育基地”，属省级文物保护单位。2009 年，惠水县人民政府投资 72 万元，重建和维修三都镇、断杉镇和王佑镇烈士陵园。2010 年，独山县人民政府投资 667 万元，将位于县城黄浦路旁县级烈士陵园搬迁至深河桥抗战园旁，命名为独山县深河桥烈士陵园。

2011 年，根据国务院修订的《中华人民共和国烈士褒扬条例》和民政部、财政部下发的《关于加强零散烈士纪念设施建设管理保护工作的通知》，都匀市人民政府投资 1960 万元，新建都匀市烈士陵园，将原东山散葬 123 座烈士墓和 9 个乡镇 45 名零散烈士墓整合，共安放 168 名革命烈士。

2014 年，全州实施 575 座烈士墓的抢救保护工作，其中迁移 340 座，旧地改造 7 座，修缮 52 座，维修 178 座。完成 12 处烈士纪念设施抢救保护工作。下拨烈士纪念设施补助资金 3571 万元。同时，安排资金 3580 万元专项用于修缮 591 座烈士墓地和 283 名散葬烈士集中迁葬。

二、安置

（一）退伍安置

全州对退伍军人按《退伍军人安置条例》的规定进行安置。

2002年，随着改革开放的深入，安置政策变动，对城市户口入伍退役的士兵采取有偿转移、自谋职业、工作安排相结合进行安置。2002年，制定《黔南州城镇退役士兵安置任务有偿转移和自谋职业试行办法》。福泉、龙里、瓮安、惠水4县（市）对退伍军人实行有偿转移安置。2004年，州政府出台《黔南州人民政府扶持城镇退役士兵自谋职业优惠政策实施意见》。是年，落实安置岗位144人（省计划安置58人），自谋职业102人，自谋职业达40%。投入培训经费13.6万元，举办自谋职业技能培训班，培训221人，培训率达86%。有7个县（市）自谋职业率达50%以上，其中，惠水、罗甸100%。2008年，举办退伍军人技能培训班，有213名退伍军人参加技能培训，培训率92.6%，自谋职业率60.9%。

2011年，按照国务院、中央军委颁布的《退役士兵安置条例》规定，对符合安置政策的退役士兵进行妥善安置。

（二）军队转业干部安置

从2001年起，根据《中共中央、国务院、中央军委关于印发〈军队转业干部安置暂行办法〉的通知》和国务院军队转业干部安置工作小组等13个部门《关于自主择业的军队转业干部安置管理若干问题的意见》，全州开始接受管理自主择业转业军官。

（三）军地两用人才管理

依据《退伍义务兵安置条例》，对部队培养的军地两用人才，回到地方后，有一定专长的，向有关部门推荐录用；或用人单位向农村招收工人时，在同等条件下优先录用。

1998年，全州有军地两用人才372人，开发使用356名，占两用人才的94%。2006年，回农村安置的退伍军人中，作为军地两用人才开发使用462人，占回农村安置数80%。

2014年，全州有537名退役士兵参加职业教育和技能培训，培训项目有电工、焊工、汽车维修、汽车驾驶等。其中，短期培训441人，中期培训86人，长期培训10人。经培训获取职业等级证书446人，参加职业教育和技能培训后，退役士兵就业率达90%。

三、军供接待

中国人民解放军贵州军分区为解决部队经常性输送兵员途中的饮食问题，在都匀市、独山县的麻尾设立军用饮食供应站，省民政厅在福泉市马场坪设军供站，接待转运过往部队、退伍军人和过往军人，为部队和军人提供服务。

1991—1993年，州境内军供站接待转运保障部队官兵29910人（次），1992年都匀军供站获贵州省人防战备委员会授予“人防战备工作先进单位”“贵州省军供站正规化建设一等奖”。1993 年 3 月，根据《黔南州人民政府关于理顺都匀军供站管理关系的通知》，都匀军供站仍实行一套人员、两块牌子，由州政府办公室管理，军供业务由州人防战备办负责。

1997 年 4 月，都匀军供站军供业务由州人防办公室移交州民政局管理。1994—1997 年，保障部队官兵 7238 人（次）。1994 年 9 月都匀军供站获贵州省人防战备委员会授予“贵州省军供站正规化建设十周年一等奖”。1997 年 4 月，都匀军供站、独山麻尾军供站分别移交州民政局和独山县民政局管理，隶属关系变更后，均属民政部门管理的事业单位。1999 年 8 月，都匀军供站获贵州省民政厅授予“军供站正规化建设十五周年检查评比特等奖”。

2004 年 10 月，军供站获民政部、总后勤部授予“军供工作正规化建设先进单位”，站长冷安智作为全国军供站代表赴北京出席国务院、中央军委召开的全国军事交通运输正规化建设会议。是年，中国人民解放军总后勤部、成都军区为适应国防和军队建设需要，提出将都匀军供站迁建至都匀新火车站。随后，州政府和都匀市政府批准都匀军供站新站建设项目用地 13 亩。

2005 年 1 月，根据州政府办《关于都匀军供站使用编制有关问题的批复》，都匀军供站恢复纳入州级财政全额预算管理。2006 年，都匀军供站升格为副县级事业单位，内设办公室、军供管理科、综合科。6 月，军供站站长冷安智被成都军区联勤部军事交通运输部表彰为“军供站正规化建设 20 周年先进个人”。2008 年 6 月，都匀军供站列入参照《公务员法》管理事业单位。

2000—2009 年，州内军供站保障部队官兵 100300 人（次）。在 2008 年抗击冰冻灾害期间，都匀、麻尾军供站组织车辆 100 台（次），人力 600 人次，投入资金 20 万元，为市民送饮用水 40 余吨；熬煮红糖姜汤供应武警、公安、铁路职工、滞留旅客等 28600 人（次）；免费提供滞留旅客住宿 4800 人（次）；无偿为分布在平塘、独山、三都、福泉、瓮安及黔东南州的麻江、丹寨等县市抢险救灾的成都军区红军团、洛阳英雄连等 12 个救灾点部队官兵提供饮食保障，共运送大米 8200 公斤、面粉 5510 公斤、食用油 4500 公斤、猪肉 1200 公斤、水果 2000 公斤、矿泉水 200 件等生活必需品，受到成都军区第十三集团军表彰。

2012 年，成都军区将都匀军供站列为军区军供干部培训基地。2013 年 4 月，州编委《关于明确黔南州都匀军供站内设机构规格等有关事项的批复》中将黔南州都匀军供站的内设机构（办公室、军供保障科、战备资产管理科）由副科级规格调整为正科级规格。8 月，民政部、总后勤部印发《关于公布全国重点军用饮食供应站的通知》，将都匀军供站列为全国重点军供站。

第五节　社会组织管理

1991 年，社会组织称为社会团体、民间组织。2001—2005 年，州民政部门设民间组织管理科，负责社会团体、民间组织的登记管理工作。2008 年后，社会团体、民间组织改称为社会组织。

1991 年，全州开展社团清理整顿工作。通过宣传发动、摸底调查，登记并公告的社团 268 个。其中：协会 131 个，占 49%；学会 92 个，占 34.2%；研究会 16 个，占 6%；其他 29 个，占 10.85%。

1992 年，州境内理顺社团与登记管理机关、社团业务主管部门与登记管理机关、社团与社团业务主管部门的关系。凡保留的原有社团或新成立的社团须经县以上民政部门复核登记，批准成立后方取得合法性。同时规定：州级社会团体法人注册资金不得少于 5000 元，县级社会团体法人注册资金不得少于 3000 元，由金融部门验资、证明，经过登记的社团须在指定的报刊上公告。州内将社会团体管理作为民政部门的一项重要工作目标考核，严格执行社团申报、主管部门审查、登记机关核准的审批制度，每年进行年检，严格把关，重点检查，引导社团向“三自”（工作自主、经费自筹、人员自聘）方向发展。

1998 年，国务院颁布《社团登记管理条例》《民办非企业单位登记管理暂行条例》。黔南州在贯彻实施中，规范社会团体和民办非企业单位的登记管理，保障民办非企业单位的合法权益。全州组织工作组对境内 373 个社团（州级 116 个、县级 257 个）进行清理整顿。通过清理整顿，对合格的社团予以换发证书，不合格的限期整改，整改后符合规定要求的予以换发证书，不符合的予以撤销。1999 年，对民办非企业单位进行复查登记和社团清理整顿。全州有民办非企业 1300 个，分布在教育、卫生、文化、法律、社会中介、劳动和社会保障等行业，在民政部门办理登记的仅 26 家。经清理整顿取缔非法社团，对不符合要求的社团进行整合撤并。全州保留社团 80 个、合并社团 112 个、撤销社团 17 个。

2012 年 6 月，对黔南州浙江商会、福建商会、保险行业协会、房地产协会、道路运输协会、交通安全协会开展评估工作，围绕基础条件、组织建设、工作绩效、社会评价 4 大类 48 小类进行评估，基本达标。

2013 年，在全州社会组织中建立党组织 434 个（党委 1 个、党总支 1 个、独立支部 124 个、联合支部 71 个、挂靠 237 个），党员总数 816 人，党组织覆盖率达 100%，党的工作覆盖率达 100%。此间，行业协会、商会组织党员深入基层开展爱心捐赠活动，为偏远地区 20 个乡村学校贫困学生捐资达 300 多万元。2014 年，省发展和改革委员会等 6 部门印发《贵州省行业协会与行政机关脱钩试点方案》，全州在组织实施中，坚持社会化、市场化的原则，理顺政府与行业协会、商会的关系，改革政府对行业协会、商会行政化管理方式，创新行业协会、商会内部治理机制，鼓励行业协会、商会之间合理有序竞争。按照政会分开的方向，明确权责，依法自治，发挥作用，分步分类推行行业协会、商会与行政机关脱钩。全州有行业协会 515 个、民办非企业 153 个、商会 25 个，全部与行政机关脱钩。同时，依照《关于开展四类社会组织直接登记工作的通知》，从 4 月 1 日起，直接对行业协会商会类、科技类、公益慈善类、城乡社区服务类进行登记，直接登记 28 个。

1991—2014年黔南州社会组织情况表

表22-1-7

年度	单位数（个）	年末职工人数（人）	民间组织负责人（人）	按活动区域划分		应建立党组织的民间组织（个）	年检单位数（个）
				地级社团（个）	县级社团（个）		
1991	268	615	268	105	163		258
1992	237	541	474	74	163		225
1993	352	1760	704	108	244		348
1994	352	1789	704	110	242		348
1995	360	1800	720	110	250		255
1996	365	1825	730	114	251		356
1997	373	1850	746	116	257		370
1998	373	1850	746	116	257		370
1999	208	1045	416	80	128		199
2000	370	1010	740	113	257		369
2001	178	890	360	79	99		175
2002	164	940	328	43	121		159
2003	167	835	334	52	115	19	163
2004	229	1145	229	56	173	125	190
2005	401	2050	431	54	347	163	388
2006	447	14250	504	54	393	211	439
2007	643	16085	702	71	592	235	541
2008	667	14083	732	77	590	188	30
2009	673	13183	754	80	593	188	577
2010	636	16513	721	83	553	46	495
2011	505	16691	656	87	418	65	492
2012	531	13795	531	76	455	25	434
2013	638	12230	654	76	562	434	434
2014	881	14320	996	76	805	515	789

第六节 婚姻登记

一、婚姻登记机构设置

1991—1995年，全州婚姻登记设在乡（镇）人民政府和街道办事处，婚姻登记证书盖乡（镇）人民政府和街道办事处印章，全州设婚姻登记处241个。1996—2002年，婚姻登记处设在乡（镇）人民政府和街道办事处民政办公室，婚姻登记证书盖乡（镇）人民政府和街道办事处婚姻证书专用印章，证书打上钢印，全州设婚姻登记处240个。2003年，按照便民利民和适度集中的原则，全州将240个乡（镇）和街道办事处婚姻登记处合并为169个点。同时将都匀、独山婚姻服务中心列为计算机印制结婚证试点县（市）。2004年，按照省民政厅印发的《贵州省婚姻登记机关设置方案》，全州12个县（市）婚姻登记处调整设为206个，分别设在各县（市）民政局和乡（镇）。其中，都匀市19个、瓮安县23个、荔波县12个、三都县21个、平塘县19个、龙全县14个、贵定县20个、福泉市15个、罗甸县26个、长顺县17个、独山县15个、惠水县5个。

2007年，根据民政部《关于“十一五”期间深入推进婚姻登记规范化建设的意见》，全州开展规范化建设，惠水县民政局婚姻登记处、平塘县民政局婚姻登记处率先达到规范化建设标准，并通过民政部检查验收，成为民政部门为民办事的窗口形象，获民政部授予“2007—2009年度全国婚姻登记规范化单位”，同时，都匀市民政局婚姻登记处获“全国婚姻登记规范划化单位”称号。

2009年，根据民政部《关于开展婚姻登记工作规范化建设活动的通知》，开展婚姻集中登记工作，经省民政厅批准，撤销整合部分婚姻登记处，全州设婚姻登记点182个，有婚姻登记人员229人。独山县婚姻登记实现全县集中办理。

2010—2012年，继续开展婚姻登记机关规范化建设，都匀、惠水、平塘、福泉、三都、罗甸6个县（市）婚姻登记处获民政部“婚姻登记规范化建设合格单位”。此外，有条件的县（市）实行由县级婚姻登记机关集中或相对集中办理婚姻登记工作，独山、龙里、荔波3个县经省民政厅批准由县级婚姻登记机关集中办理婚姻登记。自此，全州有都匀、荔波、罗甸、独山、惠水、龙里6县（市）婚姻登记工作由县（市）民政局婚姻登记处集中办理。全州实现网上婚姻登记的有77个乡镇，其中：福泉市11个、瓮安县11个、三都县10个、平塘县10个、长顺县16个、贵定县19个。

2014年，全州设婚姻登记处70个，其中：县级12个、乡级58个，全部实现联网登记。

二、业务培训

1991年，婚姻登记由乡镇人民政府和街道办事处秘书办理。1994年后由乡（镇）政府和街道办事处民政办民政助理员办理。

1998年，在龙里举办全州首批婚姻登记管理人员培训班，学习新的《婚姻登记管理条例》《贵州省婚姻登记管理办法》。各县（市）对乡（镇）和街道办事处婚姻登管理人员进行培训，投入培训经费45万元，培训253人，经考试合格发给上岗证223人。

2000年，全州建立婚姻登记持证上岗制度，凡未经培训，未持有上岗证人员一律不准办理婚姻登记工作。年内全州投入培训经费60万元，培训婚姻登记员258人，经考试合格发给上岗证252人。2003年，全州投入培训经费120万元，州、县、乡三级共培训婚姻登记员426人，均取得合格证书。2004年，州、县、乡三级共投入培训资金145万元，举办培训班20期，培训婚姻登记人员500余人（次），经考试有267人领取合格证书。2012年6月，全州县（市）婚姻登记实现与省联网登记。

三、婚姻登记与清理

全州按照《中华人民共和国婚姻法》《中华人民共和国婚姻登记条例》的规定开展婚姻登记工作。同时施行《黔南布依族苗族自治州执行〈中华人民共和国婚姻法〉的变更规定修正案》。其间，各级政府虽加大婚姻法的宣传力度，但在边远山区、少数民族聚居地区，仍有极少数近亲婚姻、未达到婚龄同居的现象。1998 年，全州清理违法婚姻 1329 对，结婚登记率 83.7%。

2001 年，依法对违法婚姻进行全面清理。在清理工作中，对结婚人员进行逐一核查，并对领取的证件进行真假识别，特别对边远山区结婚人员进行重点核查。全州派出工作组 485 个，共抽调人员 1455 人，共清理出违法婚姻 1200 对，办理未婚证 12000 人。2005 年，经检查无违法婚姻登记行为。

2011 年 3 月 30 日，省十一届人大常委会批准废止黔南州执行婚姻法的变更规定后，全州停止施行该变更规定。全州补领（发）结婚登记 7921 对，补领（发）离婚登记 181 对，出具婚姻登记记录证明 9550 份，查档出具证明 916 份，没有发现违法登记、使用假证、自购证件、毁损证件的现象。至 2014 年，全州无违法婚姻登记行为。

1991—2014 年全州婚姻登记情况统计表

表 22－1－8

年度	婚姻登记总数（对）	结婚登记（对）	其中港澳台居民结婚登记（对）	离婚登记数（对）	设婚姻登记处（个）
1991	22086	21607	36	479	241
1992	22853	22345	38	508	241
1993	21778	21422	40	356	241
1994	19326	18641	56	685	241
1995	19108	18588	42	520	241
1996	16344	15884	44	460	241
1997	31970	31572	24	398	240
1998	28080	27312	34	768	240
1999	35246	34567	62	679	240
2000	25746	24981	60	765	240
2001	35800	35000	64	800	240
2002	24196	23334	60	862	240
2003	23698	22469	42	1229	169
2004	22492	20666	26	1826	189
2005	24370	22085	34	2285	189
2006	24118	21777	22	2341	189
2007	24937	22216		2721	189

续表 22－1－8

年度	婚姻登记总数（对）	结婚登记（对）	其中港澳台居民结婚登记（对）	离婚登记数（对）	设婚姻登记处（个）
2008	25495	22362		3133	189
2009	31202	28283		2919	182
2010	33879	30100		3779	182
2011	40166	34732		5434	182
2012	70773	66152		4621	182
2013	72000	67766		4234	77
2014	75467	71214		4253	70

四、婚姻法规宣传

1991—1995 年，全州普遍开展《中华人民共和国婚姻法》《贵州省婚姻登记管理办法》宣传活动，采取印发宣传标语、宣传图、展板、电视、广播、公告、宣传车等形式，发放宣传资料 100 余万份，张贴宣传标语 100 余万幅，办宣传栏 5000 多期，广播宣传 150 余次，投入宣传经费 100 余万元。通过广泛宣传，促使结婚当事人知法、懂法、守法，依法办理结婚登记手续。同时对违法婚姻进行了清理，对未办结婚登记手续成为事实婚姻符合结婚年龄的责令其到婚登记机关补办结婚登记手续；未达到结婚年龄的责令其分居，待双方达到婚龄后，到婚登记机关补办结婚登记手续；对假婚姻证件当众销毁，维护婚姻证件的严肃性和婚姻当事人的合法权益，提高婚姻登记率、合格率。1998 年，全州各县（市）利用场天开展学习宣传《中华人民共和国婚姻法》《贵州省婚姻登记办法》。2004 年，抓好新《婚姻登记条例》的宣传，全州投入宣传经费 30 余万元，共发放宣传资料 70 余万份。2014 年，利用法制宣传周，全州广泛开展婚姻法规宣传活动，共印发宣传资料 13 万份，办宣传栏 54 期，投入宣传经费 24 万元。

第七节　殡葬管理

一、殡葬改革

1991 年，全州仅都匀市建有殡仪馆和火葬场，州直干部职工去世后实行火化。此外，在殡葬改革中，省将福泉、独山两县列为火化区。是年，根据国务院《关于党政机关县团级以上干部丧事从简的实施意见》，全州县级领导干部去世后实行火化，骨灰盒送往公墓安葬或存放于殡仪馆。

2000 年，省将都匀、惠水、龙里 3 个县（市）城区划为火化区。5 月 1 日，都匀市正式启用殡仪馆，市政府跟进印发《都匀市殡葬管理暂行规定》。2001 年，都匀市以“建强、创优”为契机，进行殡葬执法督查和依法治理，禁止尸体乱停、乱放、乱葬、乱经营丧葬品行为。1月，正式挂牌成立殡葬服务有限公司，将火葬场、殡仪馆统一管理，实行事业编制、企业管理。2002年，《贵州殡葬管理条例》颁布实施，全州举办“殡葬法规知识竞赛”活动，12个县（市）共18支代表队参加。此间，都匀市政府投资300多万元，对殡仪馆进行改扩建，新建办公楼、餐厅、悼念厅等服务设施。长顺县把殡仪馆建设项目列为政府“10件实事”来抓，投资160万元，于2006年建成投入使用。2006年，瓮安县经审定批准，划定全县为火化范围。2011年，根据省民政厅《关于进一步推进全省殡葬改革示范活动的意见》，推进殡葬改革。

2012年，以县（市）城区实行集中规范治丧为突破口，规范群众丧葬行为，龙里、荔波两县开工建设殡仪服务馆（站），瓮安县制定《瓮安惠民殡葬实施办法》，都匀市、瓮安县、荔波县建立困难对象殡葬救助保障制度。全州有殡仪服务单位8个，职工176人，其中，都匀市3个，荔波、贵定、瓮安、长顺、龙里县各1个。

2013年，福泉市推行火化，荔波县建成殡仪服务馆（站），龙里县投资1.5亿元，建成一体化殡葬服务设施，长顺县正式实行集中治丧和火化制度，独山县启动建设集中治丧服务点并推行集中治丧，惠水县8月中旬开工建设殡仪馆，12月20日开始集中治丧。年内全州火化遗体1897具。都匀、瓮安、荔波、福泉、龙里、长顺县分别制定惠民殡葬实施办法。是年，全省殡葬改革推进会暨现场观摩会分别在龙里县、福泉市召开。

2014年，州委、州政府印发《党员干部带头推动殡葬工作的通知》，将殡葬改革工作纳入对县（市）党委、政府目标重点督查考核内容，实行“党政线”“业务线”双向考核。惠水、贵定、三都、平塘、罗甸、独山6个县实现城区集中治丧，都匀、瓮安、福泉、龙里、荔波、长顺6个县（市）建有殡仪馆，都匀、瓮安、福泉、龙里4个县（市）建有火化设施，推行火化制度。

二、公墓建设

1993年，根据国家和省关于制止丧葬滥占土地私建坟墓的规定，福泉、都匀、惠水3个县（市）政府将公墓建设列入主要实施项目，着手规划、采点、征地。1997年，龙里、都匀2个县（市）经营性公墓建成投入使用，基本遏制乱埋乱葬现象。2000年，惠水县“龙王山陵园”经营性公墓经省民政厅批准建设，占地630亩。2001年，都匀市对公墓实行企业统一管理。2004年，龙里县龙归园公墓、都匀市绿茵湖公墓、长顺县天河陵园公墓建成投入使用。贵定、福泉、龙里、罗甸、独山5个县（市）建成公益性公墓19处。2005年，全州3个经营性公墓建墓穴8445个，安葬1156具。全州新建村级公益性公墓27个。

2006年，都匀市投入38万元对绿茵湖公墓部分设施进行改造；瓮安县采取与县资本营运公司融资的办法，投入1000万元，建设杜仲河经营性公墓；长顺县新建农村公益性公墓45个；贵定县修建青舟园公墓并投入使用。2007年，全州4个经营性公墓建墓穴6660个，累计安葬3640具，当年安葬616具，并对经营性公墓实施年检。是年，全州新增公益性公墓47处。惠水县制定政策措施鼓励农村公益性公墓建设，每新建一个农村公益性公墓县补助资金1000元。2009年，全州对个别经营性公墓存在的墓穴占地面积超标、擅自扩大规模建墓进行治理，限期整改。省民政厅对都匀绿茵湖公墓、龙里龙归园公墓、贵定县青舟陵园公墓、长顺县天河陵园公墓进行年检，全部通过。至2012年，全州4个经营性公墓建墓穴26500个，安葬骨灰盒14671个。2014年，省批准荔波县修建长宁山公墓。全州有都匀、瓮安、福泉、龙里、长顺、贵定6个县（市）建成集中安葬经营性公墓。

三、坟墓治理

2003年，州政府下发《关于对贵新高等级公路主干线和重要旅游景区公路沿线坟墓进行治理整顿的通知》，所涉及的县（市）成立领导小组，开展治理整顿工作。2004年，按照属地管理原则和分级管理办法，对贵新公路两侧可视范围内的墓地实施搬迁，不能搬迁的实行绿色覆盖，严禁在公路两侧再建新的墓地。贵定、龙里、福泉、都匀、独山等县（市）民政局成立墓地综合整治工作领导小组或执法队，利用报纸、广播、电视、宣传标语、公告等形式开展宣传，发放宣传资料13000余份。整治工作采取县（市）包乡（镇）、乡（镇）包村、村包组、组包户的办法，层层签订墓地治理整顿责任书或绿化治坟协议书，所治坟墓绿化任务落实到户到人。贵定县制定《文明大道坟头绿化治理方案》，确定对每座坟墓绿化所需的苗木种类及数量等。都匀市实行“政府统管，部门配合，村组负责，坟主包干”的绿化责任制，由市林业局无偿提供树苗，坟主自行栽种并负责“三包”（包栽培、包养护、包成活），达到能搬迁的尽量搬迁，不能搬迁的采取深埋不留坟头和绿化遮盖的效果。贵新高速公路黔南境内路段两旁的坟墓治理4896座，植树44989株，其中：龙里510座2040株，贵定2533座22038株，都匀市1553座4811株，独山300座100株。福泉市结合绿化造林实施治坟种树16000株。为此，贵新高等级公路被省政府评为“文明大道”。

2005年，全州继续开展贵新高等级公路和风景旅游区可视范围内坟墓治理，共治理坟墓4896座，累计植树44989株。其中：龙里县治理510座，种树2040株；贵定县治理2533座，种树22038株；都匀市治理1553座，种树4811株；独山县治理300座，种树100株。至2014年，全州高等级公路沿线和重要风景旅游区可视范围内的坟墓全部得到治理。

第八节　收容救助

20世纪90年代，州内设有黔南州收容遣送站和独山县收容遣送站。黔南州收容遣送站位于都匀市，占地面积约4.5，建有收容人员住宿楼，可容纳60人。独山县收容遣送站设在县城内，建有收容人员住宿房，设床位20张。1991年，以设站和不设站收容相结合，收容对象扩大到“三无”（无合法证件、无固定住所、无稳定收入）人员，即无身份证、暂住证和务工证的流动人员。是年，全州收容358人，其中，不设站收容遣送345人，遣送回原籍332人。1997年收容2786人，其中，不设站收容遣送2785人，遣送回原籍2785人。

2003年6月，国务院颁布《城市生活无着落的流浪乞讨人员救助管理办法》，将收容遣送人员从强制性收容改为关爱性救助。年内，全州共救助358人，其中：从其他救助站转入6人，儿童75人，送回原籍344人。是年9月，州收容遣送站更名为黔南布依族苗族自治州救助管理站。2004年，全州有11个县（市）设立救助管理机构，落实人员编制17人。全年实施社会救助966人，比上年增加360人，增长59%。其中：省内328人、省外638人。为受助人员返家购买各类车票586人（次）。州和独山县救助管理站各配备有救助专用车。2006年7月，州在救助管理站内设置流浪未成年人救助保护中心，落实管理人员。是年，全州共救助1956人，送回原籍1943人。2008年，福泉市救助站在抗凝冻救灾中，被评为“全国优秀救助站”。2009年，州流浪未成年人救助保护中心建设项目启动。是年，全州共救助3808人，送回原籍3794人。2006—2010年，按民政部关于40万以上人口的县（市）应建救助管理站的要求，瓮安、惠水、福泉3个县（市）建救助管理站。2011年，依照都匀城市规划建设，将州救助管理站迁至都匀市沙子坝，投资300万元（国家投资195万元、自筹105万元）建设新的救助管理站，建筑面积1600平方米，设床位50张。2012年，州政府下发《关于做好流浪失学辍学未成年人排查和救助保护工作的通知》《黔南州救助城市流浪乞讨人员工作实施方案》，开展“接送流浪孩子回家”专项行动，全州累计出动救助车辆2356次，开展临时救助13581人次，对流浪人员中的未成年人，救助累计384人（次），经排查搜救，基本实现城市街面无流浪未成年人。2011—2015年，民政部将县（市）建救助管理站人口降到30万人口以上，全州有都匀、贵定、长顺、平塘、罗甸、三都6个县（市）建救助管理站。

2014年，全州有10个县（市）建救助管理站并配备管理人员，龙里、荔波县未达到建救助站人口要求而未建站。是年，开展“接送流浪孩子回家、回校园”专项行动，出动救助车辆1356次，救助流浪人员19683人。

1991—2014年黔南州收容救助情况统计表

表22-1-9

年度	单位数（个）	年末职工人数（人）	床位数（张）	不设站收容人数（人次）	本年救助					年末在站人数（人）
					总人数（人次）	其他站转入（人）	救治危重人、精神病人（人）	自主返乡（人）	跨省接送（人）	
1991	2	31	80	365	444	3	1	431	1	13
1992	2	29	80	362	457	2	1	446	1	11
1993	2	28	80	983	234	3	2	218	2	16
1994	2	31	80	873	244	5	1	225	3	19
1995	2	32	80	1750	379	7	3	374	2	5
1996	2	30	80	2628	392	4	1	389	1	3
1997	2	28	80	2786	445	3	1	444	1	1
1998	2	30	110	2365	388	7	2	387	2	1
1999	2	25	110	2089	380	5	1	379	1	1

续表 22－1－9

年度	单位数（个）	年末职工人数（人）	床位数（张）	不设站收容人数（人次）	本年救助					年末在站人数（人）
					总人数（人次）	其他站转　入（人）	救治危重人、精神病人（人）	自主返乡（人）	跨省接送（人）	
2000	2	40	110	477	440	3	1	399	3	1
2001	2	40	110	561	463	4	1	462	1	1
2002	2	25	110	634	471	6	2	470	2	1
2003	2	35	110	753	358	6	3	344	3	5
2004	2	35	110	645	596	18	7	595	2	1
2005	2	35	110	782	1077	25	17	1043	9	31
2006	7	43	220	975	1956	13	5	1943	5	13
2007	9	45	240	821	3020	6	16	3005	8	15
2008	9	46	240	1345	3215	34	14	3198	7	17
2009	9	45	240	982	3808	33	39	3794	4	14
2010	9	45	240	1035	4718	66	50	4715	9	3
2011	10	48	260	1121	11868	58	54	11865	3	3
2012	10	51	260	897	13581	1005	139	13571	92	10
2013	10	51	280	152	19533	1234	132	19520	88	13
2014	10	51	280	182	19683	1321	157	19659	102	

第九节　福利事业

一、社会福利院

1991 年，州内建有黔南州社会福利院、贵定县社会福利院、福泉县社会福利院、瓮安县社会福利院、独山县社会福利院、惠水县社会福利院、三都水族自治县社会福利院、荔波县社会福利院 8 个，收养社会孤、老、残、幼人员，并为其提供服务。全州 8 个社会福利院除州福利院运转正常外，其余因基础设施简陋，供养经费不落实，服务质量和管理水平滞后，入住率低。是年，全州 8 个社会福利院固定资产 125.44 万元，床位 177 张，收养 43 人，全年创收 22.67 万元。

1993 年，社会福利院开始实施改革，改变封闭、半封闭的管理模式，面向社会开放，拓宽经营项目，增收创收，对基础设施、技术设备改造更新，强化服务人员培训，提升服务质量。1997 年，8 个社会福利院全年创收 50.4 万元。

2000 年，全国社会福利工作会议后，全州社会福利院走社会福利社会化道路，坚持合理布局、突出重点、力争创新的原则，将老年公寓和社会福利院建设项目纳入国民经济和社会发展规划。2004 年，全州 8 个社会福利院建立健全规章制度。福泉市福利院多方争取落实孤儿就医入学等问题，因地制宜发展“院办经济”，每年养猪 20 余头，养鸡 200 多羽，种植各种时令蔬菜，实现自给，改善院民生活，增加福利院经济收入。2005 年，政府将社会福利院建设纳入民生工程，采取政府投入、引资、社会支持等方式加大对社会福利院投入。管理服务方面，政府解决人员编制、工资待遇。2006 年，落实社会福利优惠政策，支持和引导社会力量兴办福利院，如惠水县建民办养老公寓、都匀市建夕阳红养老院等，按照“五化”（投资主体多元化、服务对象公众化、运行机制市场化、服务方式多样化、服务队伍专业化）要求，面向社会开展服务。2008 年，全州社会福利院有床位 300 张，在院供养 251 人，床位利用率 83%。2009 年，全州有社会福利院 10 个，有床位 555 张，康复和医疗门诊 80 人次，收养 390 人。

2012 年，州政府制定《黔南州加强孤儿保障工作实施办法》《黔南州孤儿基本生活费发放工作规程》。全州建有城市综合性福利院 11 个，设养老床位 450 张，在院供养 352 人，床位利用率 78%。2013 年，全州有城市综合性福利机构 9 个，有床位 1394 张，在院供养人数 960 人，床位利用率 68.8%。是年，州社会福利院从荔波县甲良镇梅桃村迁入都匀福利小区，设养老床位 180 张，儿童床位 100 张。2014 年，全州城市综合性福利机构有床位 2000 张，在院供养人数达 1460 人。建成州儿童福利院、罗甸县儿童福利院、三都县儿童福利院，启动荔波县、福泉市儿童福利院建设。至年末，全州有养老机构 74 家，其中：政府投资建设城市养老机构 9 家，设置床位 2000 张；农村敬老院 48 家，设置床位 6400 张；民办养老机构 17 家，设置床位 990 张。建立城镇社区居家养老服务中心（站）96 个，132 个社区（居）开展居家养老服务，建成农村幸福院 141 个，设床位 739 张。

1991—2014 年黔南州社会福利院情况统计表

表 22－1－10

年度	单位数（个）	年末职工人数（人）	资产合计（万元）	年末床位数（张）	年在院总人天数（人·天）	年末在院人数（人）	康复和医疗门诊人数（人次）
1991	7	30	12544	177	15660	43	98
1992	7	32	10501	177	15016	43	124
1993	7	38	105.4	177	14035	37	136
1994	7	33	105.4	177	13780	38	150
1995	7	30	105.8	177	13870	39	150
1996	7	45	105.8	225	20210	58	530
1997	7	31	189.5	210	18200	50	432
1998	7	33	189.5	210	22375	53	350
1999	7	37	242.2	252	19983	43	421
2000	7	36	265.2	252	17745	57	231
2001	7	34	269.1	314	25020	69	126

续表 22－1－10

年度	单位数（个）	年末职工人数（人）	资产合计（万元）	年末床位数（张）	年在院总人天数（人．天）	年末在院人数（人）	康复和医疗门诊人数（人次）
2002	7	34	271.4	197	24980	68	235
2003	7	35	271.4	217	30488	108	241
2004	7	31	215.2	166	45086	133	251
2005	8	39	580.5	213	42475	174	632
2006	2	70	139.0	146	35480	107	2500
2007	9	50	159.2	298	80065	217	414
2008	10	51	159.3	321	87210	387	97
2009	10	57	245	555	79900	390	80
2010	10	61	360	613	130010	457	85
2011	10	59	421	676	143440	501	110
2012	10	60	450	604	132175	478	110
2013	12	70	2987	1394	345600	960	366
2014	12	95	2987	2000	525600	1460	563

二、福利项目

2001 年，国务院转发 11 个部委《关于加快实现社会福利社会化的意见》后，州民政局制定社区福利“星光计划”3 年发展规划和 2001 年“星光计划”实施方案，开始实施“星光计划”福利项目。选定都匀市新建和改扩建“星光计划”项目 2 个，投资 211.7 万元。2002 年，全州启动第二批“星光计划”项目，经选点论证、呈报审批，投资 938 万元，其中，中央、省级资助 360 万元，地方政府投入 178 万元，建成“星光老年之家”24 个。2004 年，都匀、福泉、罗甸、惠水等县（市）先后开展“星光之家”管理示范试点工作，都匀、福泉两市实现规范化服务管理，基本实现政府、社会、入住老人“三满意”。至 2006 年，“星光计划”实施项目发展到 29 个，累计投入资金 1350.7 万元。其中：地方政府投入 218 万元，社会投入 38 万元，地方福利资金投入 41.7 万元，中央、省资助 545 万元，为县（市）建设一批老年之家和社区服务站。至此，“星光计划”福利项目建设完成。

2004 年，开始实施“明天计划”福利项目，为城乡各类社会福利院中 0—18 岁具有手术适应症的残疾孤儿进行手术康复。年内经筛查，有 13 名符合手术适应症的残疾孤儿进行手术，成为全州首批“明天计划”受益者。2005 年，对符合手术适应症 17 人进行康复手术。2006 年，对符合手术适应症的残疾孤儿 11 人实施手术，为 30 名孤残儿童配置假肢、轮椅、手杖等器材。同时实行“明天计划”项目孤残儿童术后康复营养补助，促使受术残疾孤儿尽快康复。至 2008 年，该项目终止，实施 5 年来，共为 544 名符合手术适应症的残疾孤儿进行手术。

2009 年，省民政厅利用福利彩票公益金 200 万元作为“蓝天计划”福利项目，分解下达给州儿童福利院 90 万元、都匀市社会福利院 80 万元、惠水县社会福利院 30 万元，项目实施完成后终止。

2010 年，实施“重生行动”福利项目，全州投入“重生行动”福利项目资金 11.7 万元，资助治疗 39 名残疾孤儿，人均资助 0.3 万元，项目实施完成后终止。

三、福利企业

“八五”期间，全州建有福泉县福利公司、福泉双扶建材厂、福泉马场坪机砖厂、福泉马场坪编织厂、独山县福利公司、都匀铁路福利公司、都匀市匀星纸厂、都匀福利印刷所、都匀强力纸袋厂、都匀节能炉具厂等不同类型的社会福利企业，为残疾人拓宽就业门路。

1994 年，全州有福利企业 13 家，职工 812 人，其中残疾职工 85 人，销售收入 660.6 万元，利税 76.65 万元。1998 年，在经济体制转轨时期，州内福利企业由于缺乏管理人员，设备陈旧，技术落后，面临挑战。为适应经济社会发展需要，福利企业开发新产品，是年创收利税 98.45 万元。2001 年，全州社会福利企业销售收入 530 万元，为国家创利税 50 万元。

2014 年，全州有社会福利企业 4 个（州级 1 个，福泉市、贵定县、龙里县各 1 个），共有职工 478 人，其中残疾职工 213 人，占职工人数的 44.56%。

四、孤儿管理

（一）孤儿收养

1992 年 4 月 1 日起施行《中华人民共和国收养法》，实施孤儿和弃婴收养。全州收养孤儿 13 人。

1999 年 4 月 1 日起按照修订收养法的规定，放宽收养条件，完善收养程序。全州收养孤儿 15 人。2008 年 9 月，制定《黔南州收养登记工作规范》，全州收养孤儿 34 人。2009 年，建立孤儿信息系统，全州共录入散居孤儿 4781 人。全州累计办理收养登记 89 名，其中：事实性收养补办登记 56 名，直接接收弃婴 49 名。至 2014 年 10 月，全州累计孤儿信息动态录入审核 2900 条。

（二）孤儿救助

1991 年，全州民政部门依据收养法的规定，对收养孤儿和弃婴实施生活、衣被、伤病、上学等方面的救助；对城乡父母双亡无抚养人的孤儿给予生活救助，对抚养人家庭生活困难的给予生活补助。是年，全州共救助孤儿 25 人，发放生活费 1500 元、棉被 15 床、衣服 25 套、鞋 25 双。1993 年，对农村孤儿实行挂牌救助，救助标准按人月 15 公斤口粮，由乡镇民政办负责发放。是年全州救助孤儿 33 人，发放救助资金 4800 元。1995 年，社会福利院收养的孤儿救助生活费列入财政预算，零散收养的孤儿由民政救助，按抚养人实际支出实报实销。全州收养孤儿 28 人，支出生活救助费 3500 元。1998 年，将城市孤儿救助列入城市居民最低生活保障范畴，除人月 15 公斤口粮外，月发保障金 80 元；农村孤儿实行口粮、衣被救助，共发放救助资金 4800 元。2000 年，对城乡父母双亡无抚养人的孤儿，实行送到敬老院列为“五保”供养范畴，孤儿的衣、食、住、行、治病、上学全部由敬老院供养到 18 岁。年内全州共救助孤儿 55 人，供养救助标准每人每年 625 元。2004 年，将在农村敬老院和社会福利院救助的孤儿全部纳入城市最低生活保障范畴，孤儿享受“五保”供养标准的同时，享受城市低保待遇。全州救助孤儿103人，救助标准每人每年950元。2010年，根据国家、省关于做好发放孤儿基本生活费的要求，州政府把县（市）落实孤儿生活费匹配经费列为“双向”考核内容。确定孤儿救助标准：集中供养1000元/人年，分散养育600元/人年，列入财政预算，年内核拨孤儿救助金1789万元，其中：省补助785万元，依照台账数据兑现到（县）市社会福利机构或签订孤儿生活保障协议的监护人，专项用于孤儿生活补助。2011年，全州分解下达12个县（市）和都匀经济开发区及州福利院孤儿基本生活保障补助资金785万元，享受补助孤儿1816人。2014年，全州核定孤儿享受补助2900人，共发放补助资金2313余万元。并组织人员对孤儿基本生活费发放情况进行明察暗访，确保政策兑现落实。

五、福利彩票

（一）彩票销售

1991年，州、县（市）建有社会福利有奖募捐办公室，负责社会福利有奖募捐券的发行、销售和福利公益金的投入使用及管理工作。

1995年，都匀市7天销售社会福利彩票400万元，荔波县9小时销售120万元，福泉市2天销售200万元，三都县2天半销售160万元，共积累公益金564万元。1998年，全国“98洪灾专项募集”，黔南州承担700万元的彩票发行销售任务，完成销售后，全部划拨灾区。2000年，全州建成“贵州风采”电脑社会福利彩票投注站53个。是年，都匀、荔波两县（市）在春节、国庆节期间，销售即开型社会福利彩票229万元，筹集福利基金68.7万元。2001年，黔南州社会福利有奖募捐办公室更名为黔南州社会福利彩票中心，承担全州福利彩票发行销售及管理工作。2002年，成立黔南州电脑福利彩票发行管理站，由省福彩中心直接管理。2003年，成立黔南州福利彩票发行工作领导小组，负责协调处理福利彩票发行、销售中出现的重大问题。至是年全州设电脑彩票投注点82个，投入宣传资金5万元，发放宣传资料5万余份，悬挂布标60余幅，并在50辆出租车上印制车体广告。2003年2月16日，福利彩票“双色球”上市。全州销售各类社会福利彩票1450万元，超任务280万元。2004年2月16日，云、贵、川三省联合销售“天天乐”福利彩票，积累公益金232.7万元。2005年1月1日，福利彩票“3D”上市。2007年，全州举办销售人员培训班8期，培训700余人（次）。2009年，根据省民政厅《关于改革福利彩票发行工作管理体制的通知》，电脑福利彩票网点管理交由属地民政部门管理。至2012年，全州共设福利彩票投注站点348个，覆盖全州119个乡镇，覆盖率49.58%。是年，省福彩中心下达黔南年度销售任务1.67亿元，全州共发行各类福利彩票1.67亿元，积累公益金5381.46万元。至2013年，全州共设投注站点375个，其中：乡镇站点111个，占乡镇数的46.25%；设专营专卖店364个，占站点总数的92.26%，从业人员450人。至2014年，全州共有投注站378个，其中：乡镇站点116个，覆盖率50.21%。同时做好“快3”站点建设，新增“快3”站点70个，累计“快3”站点300个。是年，省福彩中心下达黔南年度销售任务1.95亿元，全州共发行各类福利彩票1.86亿元。

1991—2014 年黔南州福利彩票销售情况统计表

表 22－1－11

年度	销售额			筹集公益金（含中央、省、州、县公益金）（万元）
	总销售额（万元）	电脑票（万张）	即开票（万元）	
1991	35		35	10.5
1992	121		121	36.3
1993	480		480	144
1994	440		440	132
1995	1880		1880	564
1996	1925.76		1925.76	577.73
1997	660		660	198
1998	434.8		434.8	130.4
1999	1110		1110	333
2000	400		400	120
2001	665	552	113	232.7
2002	514.13	440	74.125	179.9
2003	1450	1194	256	507.5
2004	2796	2735	61	978
2005	4109.23	3907	202.23	1438
2006	6329.01	5984.41	344.6	2163
2007	8958.12	7531.18	1426.94	3100
2008	9645.17	8135.69	1509.48	3149.39
2009	13326.85	1133.10	1995.86	4365.02
2010	13919.15	11873.26	2045.89	4564.82
2011	14847.72	12760.21	2087.51	4883.58
2012	16658.49	14279.72	2378.77	5381.46
2013	18753.11	18126.69	626.42	6034.46
2014	18646.21	16272.21	2374	5848.33

（二）公益金使用

公益金主要用于资助社会福利院、敬老院、社区服务中心、残疾人事业、“星光计划”“蓝天计划”等项目，以改善社会福利设施，弥补政府对社会福利事业投入的不足，实现福利彩票“取之于民、用之于民、造福社会、利国利民”的目的，体现福利彩票“扶老、助残、救孤、济困”的发行宗旨。

1993 年，全州积累福利基金 144 万元，投放福利项目 5 个，投放资金 34.2 万元。1994 年，积累福利基金投放福利项目 6 个，投放资金 22 万元。2008 年，全州分解下达福利彩票公益金：都匀市 143.99 万元、福泉市 47.31 万元、贵定县 28.13 万元、龙里县 22.41 万元、独山县 29.99 万元、荔波县 13.87 万元、三都县 10.64 万元、平塘县 20.53 万元、罗甸县 15.47 万元、惠水县 31.36 万元、长顺县 10.67 万元、瓮安县 34.57、州民政局 408.96 万元，专项用于社会福利基础设施建设和生活补助。

2009 年，全州福利彩票公益金支出预算 776.6 万元，专项用于社会福利院、农村敬老院基础设施建设和孤、老、残、幼人员生活补助。2010 年将社会福利彩票公益金 1340.6 万元分解下拨各县（市），用于社会福利公益事业发展。

2013 年，配合省肢体康复中心分别在贵定、惠水、独山、瓮安等县启动“黔南州福彩助残活动”，实施“福音工程”摸底调查，共调查摸底 253 人次，有 173 人配置安装助听器。

六、慈善事业

（一）慈善机构

1991 –2009 年，全州尚未建立有慈善机构，慈善捐赠由民政部门负责接收管理和发放。

2009 年 12 月，黔南布依族苗族自治州慈善总会成立，第一届会员代表大会选举会长 1 人，副会长 5 人中 1 人兼任秘书长，大会选举产生常务理事 49 人、理事 85 人。大会表决通过《黔南布依族苗族自治州慈善总会章程》《黔南布依族苗族自治州慈善总会基金管理办法》，并收到慈善创始基金 63 万元，其中，州政府注入 20 万元。州慈善总会办公室设在州民政局，核定事业编制 2 人。

2010 年，县（市）慈善总会全部成立，办公室设在民政部门。除荔波、贵定、三都、惠水 4 个县未有人员编制外，其余 8 个县（市）均争取事业编制 2 至 3 人，负责慈善总会日常工作。全州县级慈善总会成立时积累慈善创始基金 897 万元，其中：福泉慈善总会 240 万元（政府注入 50 万元），瓮安慈善总会 150 万元（政府注入 20 万元），荔波慈善总会 108 万元（政府注入 50 万元），都匀慈善总会 79 万元（政府注入 50 万元），罗甸慈善总会 72 万元（政府注入 50 万元），独山慈善总会 60 万元（政府注入 50 万元），惠水慈善总会 54 万元（政府注入 27 万元），龙里慈善总会 36 万元（政府注入 10 万元），长顺慈善总会 34 万元（政府注入 8 万元），平塘慈善总会 30 万元（政府注入 10 万元），三都慈善总会 24 万元（政府注入 10 万元），贵定慈善总会 10 万元。县（市）慈善总会有在编人员 18 人，兼职人员 8 人。此后，州慈善总会将乡镇和街道办事处慈善会组建每年不少于 5 至 10 个列入考核。2010 年，都匀、独山 2 个县（市）利用县级慈善总会成立之际同时挂牌组建乡级慈善会 38 个，明确兼职人员 45 人。2012 年，福泉、荔波、贵定、瓮安、平塘、罗甸、长顺、惠水等 8 个县（市）实现乡镇和街道办事处慈善机构全覆盖，并在乡（镇）和街道办事处设立慈善办公室负责日常工作，明确兼职人员 135 人。2013 年，除龙里、三都 2 个县乡镇未建慈善会外，其余 10 个县（市）均成立乡镇慈善机构，明确兼职人员 173 人。2014 年，全州乡镇撤并为 104 个，乡镇慈善会由 238 个减少至 104 个，明确兼职人员114 人。

（二）慈善活动

2010 年 1 月 20 日，贵州省慈善总会、黔南州慈善总会在贵定县定东乡启动“慈善情暖万家”慰问活动，活动由贵州省湖南商会捐助 10 万元作为启动发放资金，随后，1 月 25

日，1 月 28 日分别在惠水县高镇镇、罗甸县板庚乡开展慰问活动，本次活动共慰问城乡困难群众 150 户。期间，银联励志助学基金会资助考入贵州大学的 6 名大学生每年每人 5000 元，直至大学毕业。

2010 年州境内遭受特大旱灾期间，省慈善总会捐赠 541.278 万元支持抗旱救灾，州慈善总会分解安排到各县市及都匀经济开发区，帮助抗旱救灾。同时，州慈善总会安排救灾捐赠款 283 万元，分解下拨到各县市及都匀经济开发区。2011 年，州境内又遭特大旱灾，全州筹集慈善资金 1305 万元，物资折款 113 万元，用于抗旱救灾。2012 年，州慈善机构引进中国建设银行捐款 75 万元，主要解决人畜饮水工程，在平塘县谷硐乡基长村打井 1 口，解决 3 个组 116 户 370 人和 1000 多头牲畜饮水困难；在长顺县长寨镇磨谢村赖麻组打井 1 口，解决 96 户 585 人和 492 头牲畜饮水困难；在睦化乡麻响村麻响组打井 1 口，解决 99 户 610 人和 538 头牲畜饮水困难。长顺县政府建立“慈善一日捐”制度，明确机关、事业单位干部职工捐出一天工资，厂矿企业捐出一天利润，学生捐出一日早餐钱。是年春节期间，州慈善总会与都匀市慈善总会在墨冲镇开展“慈善情暖万家”慰问活动，慰问困难群众 150 户，每户发放大米 50 公斤、食用油 5 公斤、慰问金 300 元，户均慰问价值 650 元。7 月 29 日，由中华社会救助基金会、贵州省慈善总会、深圳市慈善总会联合主办的关爱劳务工大型公益活动“幸福列车”在贵阳火车站正式启动，参加首列“幸福列车”活动的有黔南州龙里、长顺、罗甸 3 个县 19 名留守儿童，“幸福列车”于 7 月 30 日到达深圳，19 名孩子与父母团聚。

2013 年，全州 12 个县（市）均建立慈善工作联席会议制度。都匀市建立广惠社区慈善超市；荔波县开展“圣秀衣恋”捐资助学 30 万元，资助 50 名困难学生完成 3 年高中学业，人均资助 6000 元；长顺县建立留守儿童亲情交流室。是年，四川雅安发生大地震，全州开展向灾区献爱心捐款活动，共接收捐赠 412.31 万元，其中州级接收 157.651 万元，县（市）接收 254.69 万元，全部划拨灾区。2014 年，州委、州政府行文明确，将每年 10 月定为“慈善一日捐”活动月。

（三）慈善款物捐赠

2010 年，海南省委、省政府向黔南灾区捐赠 100 吨纯净水，价值 40 万元，分别安排独山县 33 吨、平塘县 33 吨、荔波县 34 吨。世界宣明会资助黔南考取贵州民族学院贫困大学生 5 名，每人资助 0.5 万元，直至大学毕业。山东省美晨科技有限公司定向三都水族自治县水龙乡捐赠纯净水 400 吨，价值 73 万元。省慈善总会向独山县捐赠价值 12 万元运水车 1 辆，专项用于灾区人畜饮水困难。2011 年，北京慈善协会定向长顺县交麻乡捐款 71.3 万元，按捐助方要求，修建水窖、水池 123 口，解决 123 户 600 多人及 2000 多头大牲畜的饮水困难。中国石化集团定向福泉、惠水 2 个县（市）各捐款 30 万元用于饮水工程建设。中国石化天然气公司定向瓮安县抗旱救灾捐款 50 万元，专项解决人畜饮水困难。山东红色旅游集团资助都匀二中 25 名贫困学生，每人资助 800 元。2012 年，中国太平洋保险公司黔南分公司定向资助独山县兔场镇小学学生白血病患者杨鹏飞 3 万元、中国太平洋保险公司捐助 1.5 万元，共 4.5 万元用于该学生医疗救助。2010—2012 年，全州有 22 名贫困大学生得到各类慈善机构资助，资助资金 11 万元，人均资助 0.5 万元。

2013 年，接收衣恋公司捐赠衣物 481 箱，接收广州市民政局捐赠衣物 1.7 万件，价值 103.2 万元。2014 年，接收广州市民政局捐赠资金 120 万元，物资折款 82.9 万元，共计 202.9 万元。

七、精神病医院

1991 年，州内设有黔南州精神病院、瓮安县精神病院，配有行政管理人员、医务人员、工勤人员。州精神病院设在都匀市，州财政每年拨包干经费。是年，财政拨给包干经费 16.56 万元，面向社会开放创收 10.23 万元。全年收治病人 188 人次，出院 134 人次，治愈率 70%，显效率 79.7%。1992 年，州精神病院实行目标管理，开展争创“二级精神病专科医院”工作，经州卫生局组织专家考核，争创“二级精神病专科医院”达标。此外，该院实施“星光计划”，投资建设改造敬老康乐中心，有 13 位老人入住。1993 年，州精神病院收治住院病人 218 人次，出院病人 171 人次，病人治愈率 62%。1995 年，依照《贵州省城市福利事业单位分级管理标准》，州精神病院以创“省一级福利事业单位”为目标，加强基础设施建设，不断完善和创新管理体制机制。是年，收治病人 199 人（次），收治自愿戒毒人员 26 人次。1996 年，州精神病院被省民政厅评为“一级福利事业单位”。1998 年，经州卫生局、州民政局批准建立优抚医院。1999 年，黔南州精神病院更名为黔南州精神病医院，并加挂黔南州优抚医院牌子，全年财政拨给包干经费 61.8 万元，面向社会创收 38.99 万元，收治病人 234 人次。

随着改革开放的不断深入，州精神病医院从封闭型向社会福利型转变，从单纯的供养型向康复型转变。2000 年，针对都匀市 845 名有明显症状精神病人，派出医务人员深入市区 23 个乡镇培训精神卫生技术人员 365 人次，建立都匀市文峰办事处精防康复站，依托三都、独山两县医院设精神病咨询门诊。2001 年，州精神病医院被卫生部评为“二级乙等医院”。2003 年，投资 30 万元，实施“星光计划”项目，添置敬老康乐中心服务设施，设床位 110 张，收养老人 38 人次，收治住院精神病人 275 人次，出院 224 人次，被评为“贵州省模范职工之家”。2004 年，州精神病医院全年收治精神病患者 234 人次，出院 169 人次，年创收 62.87 万元。是年，全州两所精神病医院共有床位 146 张，累计收治精神病人 455 人，床位利用率为 80%。2005 年，由中央预算内投资 100 万元，省民政厅补助 30 万元，院自筹 20 万元，共 150 万元，建州精神病医院设门诊医技楼。是年，该院收治精神病患者 315 人次，出院 238 人次，年创收 71.68 万元。代州福利院收养弃婴 71 人。为特困城乡病员减免各种住院费 12.15 万元。投资 12 万元建成住院结算、门诊挂号收费、院长查询等 10 个管理系统，基本实现办公自动化。投资 16.5 万元建成医院污水处理系统，经监测符合国家“二级处理 + 消毒”的要求，经验收，污水排放达标。投资 9 万元建成病区闭路电视监控系统，保护病人，避免和及时发现意外伤害，减少医疗纠纷。投资 5 万元购置心理 CT 设备和软件，开展心理测定、智力测定和精神科辅助诊断等业务。该院履行社会责任显著，获全国总工会授予“模范职工之家”。

2011 年，省发展和改革委员会同意黔南州精神病医院建设，项目总投资 3000 万元，

（其中黔南州政府配套500万元），除基础建设外，增添全自动生化分析仪、心电图机、彩色B超机、脑功能治疗仪、X光机等医疗设施。全年门诊接诊病人2331例，收治住院病人618人次，出院474人次，病床使用率109%，治愈好转率97.6%。2012年，明确州精神病院为州民政局管理的正科级事业单位，核定人员编制67名。年内，该院列为黔南州城镇职工基本医疗保险定点医疗机构、黔南州新型农村合作医疗定点医疗机构、黔南州城镇居民基本医疗保险定点医疗机构。州精神病医院、瓮安精神病医院全年接诊病人2661人次，其中，收治342人次，治愈好转率97.6%。2013年，实施重性精神疾病管理治疗项目和福利彩票救助项目，重性精神病诊断复核730人、残联福利彩票救助17人。2014年接诊1924人次，收治职工医保、城镇居民医保、农村合作医疗、医疗救助各类患者住院288人次，接收110巡警及救助站送治的救助对象7人次，开展精神残疾评定13人次，治愈好转率达95%以上。是年，投资3300万元改扩建州精神病医院，投资780万元改扩建瓮安精神病医院。

第十节 地名与勘界

一、地名管理

1992年6月，国务院将地名委员会办公室由城乡建设环境保护部划归民政部，地方地名工作机构并入民政部门。是年，实施《贵州省地名管理实施办法》。1994年7月，召开全州地名工作会议，安排部署地名普查工作。之后，全州6个县完成地名登记，其中3个县地名登记率达80%。

1996年，都匀、福泉2个县（市）分别投入5万元对街、巷、门、楼牌进行规划设置，制作安装门、楼牌各65块，街、巷牌各55块，初步改变市内无牌无号现象。1997年，独山、贵定2个县各投入3万元，在主要街、巷、路设置标牌和地名标志。1998年8月，民政部、交通部、公安部、建设部联合印发《关于做好国道两侧的地名标志和城市路、街、巷、门、楼牌设置工作的通知》，随后，都匀、罗甸、长顺、惠水、三都5个县（市）全面完成320国道、321国道两侧的地名设置工作，并经省组织验收合格。经州境内的7条国道线中320国道81公里、321国道271.9公里、201国道152公里，共504.9公里，设地名标牌211块。瓮安县投入4万元，制作地名标牌48块；贵定县投入资金0.4万元，制作安装新光村、同心村、黄土村等11处地名标志，县政府印发《关于加强地名标志管理的通知》，明确提出做好地名标志的管护工作。2000年，龙里县投入7.2万元制作标牌45块，安装县城26条街、路、巷。

2001年，都匀市投入50万元，制作标牌400多块，安装32条街、路、巷。2003年，都匀和福泉2市地名标志设置接受省检查验收，两市有街、路、巷牌93块，设置地名标志285块，所设置的地名标志全部符合民政部颁布的GB177733.——1999《地名标牌·城乡》标准，合格率达100%。2006年，贯彻实施民政部颁布的《地名管理条例实施细则》，全州136个建制乡（含民族乡）中，有62个乡完成地名标志设置。2008年，全州有93个镇、85个乡完成地名标志设置，共安装标牌220块，投入资金440万元。2009年，全州投入513.67万元，全面实施乡镇标准地名标志设置，97个镇、124个乡共安装地名标志牌2615块，其中，单立柱1520块、双立柱1095块，路牌935条1947块、街牌160条298块、巷牌274条370块。都匀市对107条街、路、巷的地名进行论证并形成规范性文件向社会公告；福泉市召开座谈会、听证会和论证会，广泛听取和征求意见，做到科学规划、合理布局、群众知晓、政府满意。2010年，全州12个县（市）240个乡（镇、办事处）共有街、路、巷1273条，标牌设置2593块，完成率100%。2014年，全州乡镇和街道办事处调整为106个，全部安装地名标牌。

二、勘界工作

1996年，国务院印发《关于开展勘定省、县两级行政区域界线工作有关问题的通知》，随后，省政府印发《关于开展勘定省内行政区域界线工作的通知》。为搞好勘界工作，州、县（市）政府分别成立勘界工作领导小组，在州、县（市）民政局下设办公室（简称勘界办），从民政、信访、国土、林业、水利、档案等部门抽调人员，负责勘界日常工作，州级财政拨勘界工作经费125万元，并将勘界工作纳入目标考核内容。

1997年，正式开展勘界工作。全州有行政区域界线51条2804公里，其中，省界4条368公里、州界27条1267公里、县界20条1169公里，三交点40个，其中：省5个、州26个、县9个。经勘定，完成省内县级界线43条1994.8公里，其中贯通30条1487公里；完成州级界线23条931.2公里，其中贯通15条630公里；完成州内县界线20条1063.6公里，其中贯通15条857公里。1998年，全部核通桂黔线与广西接边线7条，全长466.95公里，埋设省界界桩6颗，核定州界线119.9公里和三交点2个，埋设界桩31颗。2000年，全面完成省际界线7段433.4公里，确定三交点5个，涉及州境4个县和广西壮族自治区2个县。完成州、市、县界共28条，约1269公里，确定三交点26个，涉及州内10个县（市）88个乡（镇）267个村和黔西南、安顺、贵阳、遵义、黔东南等地（州、市）17个县市区87个乡（镇）246个村。勘定省际界线1条七段466、95公里，埋设界桩6颗，标绘1∶1万工作图59幅；勘定州际界线27条1525、235公里，埋设界桩51颗，标绘1∶1万工作图260幅；完成州内县界20条1446、62公里，确定三交点9个，涉及12个县市151乡镇525村，埋设界桩33颗，标绘1∶1万工作图239幅；勘定县级行政区域界线54条3438.805公里，标绘1∶1万工作图558幅，在边界线上埋设署名国务院的界碑90座，确定3县市交会点40个，完成48条省、县两级相邻2县市边界协议书签署，并标绘与协议书相配套1∶5万边界线地形图（协议书附图）430幅。全州行政区域勘界结束后，行政区域界线管理工作移交民政部门，并建立毗邻行政区域界线联合检查制度，每5年联合开展1次区域界线检查。

2002年，国务院颁布《行政区域界线管理条例》。在区域界线管理工作中，州民政部门参与调解处理独山县与荔波县边界自然资源争议案，独山县与广西南丹边界纠纷案，与贵阳市签订边界管理协议。2004年，完成桂黔线省界和20条县界联检并签订边界管理协议。2005 年，由州民政部门牵头对全州 12 县（市）共 20 条行政区域界线 1446.56 公里和 33 颗界桩进行联合检查，完成州际 27 条接边县界和州内剩余的 20 条县界的联检，并签订边界管理协议。2006 年，与遵义市、安顺市联合制定《县级行政区域界线联检实施方案》，完成境内县界 20 条边界线 1446.6 公里埋设 33 颗界桩联检任务。并对省际间南丹县与荔波县接壤的 5 号界桩进行恢复。2007 年，根据省民政厅印发《关于开展〈行政区域界线管理条例〉宣传创建平安边界活动的通知》安排部署，利用电视、广播、报纸、展板、小册子等形式开展宣传。2008 年，与遵义、安顺、贵阳、黔东南、黔西南相邻地（市）及州内县界签订边界管理协议。2009 年，完成黔南与广西接边界 7 条线段第二轮联检工作。2010 年，黔南州与贵阳市、黔东南州、黔西南州等涉及毗邻 20 个县（市、区）27 条行政区域界线共 1525.235 公里和 51 颗界桩的联合检查，并在荔波县召开总结会议，加大边界纠纷调处工作，构建平安边界。

2014 年 4 月，广西壮族自治区民政厅、贵州省民政厅联合印发《广西壮族自治区与贵州省行政区域界线第三轮联合检查工作方案的通知》，两省区共同组织对河池—黔南线涉及河池市的环江、南丹、天峨 3 县（自治县）与黔南州的平塘、罗甸、独山、荔波 4 个县的 6 条界线（南丹—罗甸 18.47 公里，南丹—平塘 76.17 公里，南丹—荔波 63.6 公里，南丹—独山 96.2 公里，天峨—罗甸 107.88 公里，环江—荔波 118.86 公里）全长 481.18 公里开展踏勘联检，河池—黔南线两侧地貌、地物无明显变化，边界线实地走向清晰可辨；河池—黔南线 6 颗界桩及其方位物均完好无损、无变化。在联检中对每个界桩均清除周围的杂草、遮挡物并用红漆对界桩面上的文字进行重新描绘，对年检的每一颗界桩均填写现场记录，拍摄照片，作为年检资料存档。联检过程中，明确界线毗邻双方对界桩及其边界线的管理维护责任。

第二章　城乡居民生活

1991—2014 年，随着改革开放的深入，经济社会的发展，全州各族人民物质生活水平显著提高，城镇居民、农村居民的衣装、饮食、居住、出行等发生极大变化。农村居民收入不断增加，从温饱向小康迈进，消费水平也不断提高，从吃饱、穿暖的实用型逐步向美观时尚的享受型转变。

第一节　衣、食、住、行与通信

一、衣装

20 世纪 80 年代初期，国家对布匹实行定量供应，每人每年凭定量布票购买布匹，制作衣服，或购买床单、被面、被单等用品，家庭所需棉被、棉花也要凭棉花票购买，一般家庭过年时才置办新衣服。城镇居民服装流行以蓝、黑、灰、草绿色为主，当时的“的确良”衬衫是城镇年轻人时尚的服装。农村居民买布需要布票，只有经济条件好的农民家过年才会买一段新布，给孩子做套新衣服。一件衣服，大孩子穿小了，小的孩子接着穿，衣服“新三年，旧三年，缝缝补补又三年”成为农村居民衣着的真实写照。农村很多贫困家庭都是先顾吃后顾穿，衣衫打补丁非常普遍。20 世纪 80 年代中后期，布料、服装款式越来越多，城镇一般家庭的服装布料开始由低中档的化纤布料向毛料等中高档次转变，服装的花色、款式更加多样化，面料、质量也发生很大变化。20 世纪 90 年代后，布票、棉花票退出历史舞台，商品市场进一步放开，个体商户发展，市场繁荣，城镇居民的生活从温饱开始向小康过渡，人们开始追求穿衣打扮，讲究个性和时尚，各种服装店、鞋店、化妆品店遍布城镇，城镇居民特别是青年人服装种类繁多，款式新颖。青年人追求服饰新款式和追逐新潮流，一部分人衣着讲究品牌、名牌、国内外一些著名品牌服装，如“七匹狼”“杉杉西服”“花花公子”“老人头”等在州内城镇有专卖店销售。农村居民经济条件的改善，农村居民由购买布料裁缝衣服向购买成衣消费转变，衣着质量档次不断提高，与城镇居民差距逐渐缩小。农村的少数民族服饰也发生变化，布依族、苗族自织布料、自制衣服逐渐减少，传统民族服饰也有变化和创新，具有时尚元素。

进入 21 世纪，随着互联网的发展，网上购物在州内逐渐普及，人们从网上购买新款服饰，丰富自己的穿着。

二、饮食

州内城乡居民的主食为大米，辅以玉米、薯类及其他杂粮。

20 世纪 90 年代初期，城镇居民的粮食仍然凭购粮证供应，按年龄、职业、劳动强度等分别定量。在农村，特别是边远乡村，一部分农户没有解决温饱问题。

1993 年国家逐渐开放粮食市场，取消粮食凭证供应后，城镇居民在市场上自由购买粮食，所需粮、油市场供给稳定。随着食品市场的开放，肉类、禽类、蛋类、水产品类、蔬菜类等市场供应充足，城乡居民的饮食结构逐步多样化，人们从吃饱到追求吃好、营养均衡，粗细搭配，家庭餐桌菜品丰富，崇尚绿色食品。饮食行业的酒店、餐馆遍及全州城乡。在城镇，便餐、自助餐随居民选用；在乡村，有多种形式的农家乐饭店，供人们休闲游玩时就餐。

农村经过改水，90% 以上农村居民用上清洁卫生的水，其中 80% 的人口饮用自来水。城镇部分居民除用自来水外，还购买桶装矿泉水饮用。农村贫困地区经过多年扶贫开发，大多数家庭生活越过温饱线。

州内各民族有饮酒习俗，以酒待客，无酒不成礼，以种种理由劝客人饮酒，让客人尽兴。

三、住房

（一）城镇居民住房

20 世纪 80 年代末 90 年代初，城镇居民自建住房由砖木结构和土木结构瓦房向砖混结构转变。职工住房多以单位计划分配为主，职工家庭住房面积大多数在50平方米左右，新参加工作的职工多数住集体宿舍。1993年，州内开始实施住房制度改革，将公房优惠出售给职工。同时，一些有条件的单位集资建房，改善职工住房条件。城镇居民自建房屋采用钢筋水泥混凝土砖木结构，房屋由一层增至两层、三层，安装铝合金窗户、防盗门，屋内设施配以各种新式家具，电视机、洗衣机、电冰箱等家用电器在城镇居民家庭中普及。

随着住房制度改革的深入，城镇房屋开发建设发展迅速，房地产开发商修建商品住房出售，政府修建经济适用房分配给部分生活特别困难的家庭。城镇居民住宅档次、配套设施不断提升，住房有多层步梯房、高层电梯房，住宅小区有道路、路灯、绿化、环境卫生、车库等配套设施，商品房住宅小区实行物业化管理。一些富裕家庭还购买第二套甚至多套商品住宅。

（二）农村农户住房

20世纪80年代末90年代初，农村农户住自建房屋，大多是土木草结构或土木瓦结构，砖木结构房屋较少。在交通不便的贫困山区，一些农户居住草房，甚至还居住草木搭建的简易“叉叉房”。大部分地区农村家庭的住房保留传统的“干栏式”“吊脚楼”建筑，土木瓦结构或土木草结构的平房居多。屋内设施，一般有木制桌、椅、凳、木床、木柜等。

随着改革开放的深入，农村经济发展加快，农民生活水平不断提高，部分富裕起来的农户，特别是临近县城的乡村和居住在公路沿线的农户修建二至三层钢筋水泥砖混结构小楼房。市场上销售的新款式家具和各种电器进入农户家庭。对居住茅草房的贫困农户，各级政府实施茅草房改造工程，农村草木结构住房逐步消失。在扶贫开发中，各级党委政府对生存条件极差的贫困地区群众实行整体搬迁，住进政府修建的钢筋水泥砖混结构房屋。

随着社会主义新农村建设的推进，改水、改厕和沼气池建设，农村住房配套设施不断改善。一些乡村旅游景点的农户修建庭院式住房，兼营“农家乐”饮食服务。一些村寨还修建亭廊，种花草、树木，设置体育健身器材，供村民休闲。

四、出行

20世纪90年代，州内县、乡通公路，龙里、贵定、福泉、都匀、独山等县（市）有铁路过境，城乡居民远行有客运汽车、客运火车等交通工具，在城内出行可乘坐公共汽车。城镇部分家庭有自行车或摩托车代步。随着交通运输市场的开放，城镇出现人力三轮车载客，继而被机动三轮车代替。

2000年以后，随着州内过境铁路扩能改造完成，贵新高等级公路建成通车，乡村公路建设和改造，荔波机场建成通航，农村实施公路“村村通”工程，客运班车延伸营运线路，私营客运汽车参与运营，改善了城乡居民的出行条件，城乡居民出行更加方便、快捷。为方便出行和运输，城镇部分家庭购置小型汽车、货车，农村部分家庭购置摩托车。居民出行可选择乘坐汽车、乘坐火车、乘坐飞机，或者自驾出行。2014年，境内高速公路通车里程突破600公里，路网密度排全省第一。过境的贵广高速铁路建成通车，黔南城乡居民出行迈入“高铁时代”。

五、通信

20 世纪 90 年代初，州内城乡居民通讯方式以书信往来为主，居民遇急事或重要事情，可到当地邮电部门打电话、发电报。固定电话主要是机关事业单位和厂矿企业单位及乡（镇）拥有，主要用于公务。20 世纪 90 年代中期以后，固定电话逐步进入城镇居民家庭，邮电部门在城镇街道安装公用电话，方便群众使用。随着通讯工具的发展，城镇部分居民购置 BP 机（寻呼机）、移动电话（俗称大哥大），纸质书信仍然是城乡居民的通信方式之一。

进入 21 世纪后，全州通信基础设施建设不断加强，小灵通被移动电话（手机）取代，移动电话在城镇居民中普及，部分农户拥有移动电话，互联网通信进入城镇居民家庭，公用电话、电报逐渐消失，纸质书信越来越少。至 2014 年，移动电话、互联网遍及城镇和部分乡村，城乡居民进入现代化通信时代。

第二节　城乡居民收入与消费

一、城镇居民收入及消费

城镇居民中，一部分是机关、事业、企业单位职工，工资为他们的主要收入来源。一部分为无工作人员，自主创业经营或打工，拥有经营性收入或打工工资收入。城镇居民的消费，除生活、文化教育外，购买住房是大部分家庭中的一项重大开支，休闲娱乐、旅游也是家庭消费支出的一部分。

1991 年，城镇居民人均可支配收入 1574 元，人均消费性支出 1381 元。公职人员的工资，随着国家进行工资改革，调高工资，职工收入逐步提高。2000 年，城镇居民人均可支配收入达到 4922 元，人均消费性支出 3922 元。2014 年，城镇居民人均可支配收入上升到 21698 元，人均消费性支出 13899 元。

二、农村居民收入及消费

1991 年，全州农村居民家庭人均纯收入 504 元，农村居民家庭人均生活消费支出 468 元。2000 年，农村居民人均纯收入达到 1416 元，农村居民家庭人均生活消费支出 1026 元。2014 年，农村居民人均纯收入已提高到 7265 元，农村居民家庭人均生活消费支出上升到 6887 元。2014 年全州农村常住居民人均可支配收入达到 7265 元，排全省第三。（详见第十篇第七章）

第三节　节　日

州内各族人民共同的节日有元旦、春节、清明、端午、五一、中秋、国庆等，机关、事业、企业单位按照国家的统一规定放假休息。一些单位在元旦、春节、五一、国庆等节日前开展文体活动，丰富职工文化生活。

根据《黔南布依族苗族自治州条例》规定，8 月 8 日为黔南州的法定建州纪念日，每年 8 月 8 日前后，州、县（市）开展各种形式庆祝活动，并放假 1 天。2011 年，经省人大常委会同意，州政府决定，将苗族的传统节日“四月八”和布依族的传统节日“六月六”定为黔南州法定节日，“四月八”“六月六”全州分别放假 1 天，州庆纪念日放假由原 1 天改为 2 天。

农历九月九日重阳节也是老人节，每逢老人节，一些单位开展慰问退休职工活动。

州内各少数民族也有自己的传统节日，主要为境内布依族、苗族、水族、瑶族和毛南族 5 个世居少数民族一年中的节日。

布依族节日有春节、跳花场（农历正月间）、更建节（农历冬月初一至十五、腊月初一至十五）、猴节（农历二月除夕）、三月三、四月八、端午节（农历五月初五、十五）、赶祭节（农历五月初四）、更宿节（农历五月十三）、六月六、打保符节（农历六月初六）、七月半、祭祖节（农历七月初九至十三）、秋坡节（农历立秋）、尝新节（稻谷成熟）、中秋节（农历八月十五）。

苗族节日有鼓社节（13 年过 1 次）、牛打场（属祭祀性节日，传统为 7 年小祭、13 年中祭、60 年大祭）、吃新节（秋末冬初，视水稻成熟时间而定，为苗族隆重节日）、赶“姨妈坡”（或“鬼坡”“踩鬼坡”，农历二月第一个狗戊日始）、社节（立春之日起，逢“戊”停止生产一天，与“戊”为社）、三月三、杀鱼节（春夏季节）、四月八、吃鸭节（农历六月后逢“兔”或“狗”日过节）、六月六、米花节（农历七月水稻扬花期过后）、赶秋节（立秋日过节）、过冬节（立冬日过节）、春节、端午节（农历五月初五、十五，初五为小端午，十五为大端午）、七月半（苗族喜过农历七月十三，忌过七月十五）、中秋节（农历八月十五）、重阳节。

水族节日有端节（以农历九月为首，共分五大批、两小批过节，首批为“端头”，末批为“端尾”，2006 年 5 月，水族端节被国务院批准为第一批国家级非物质文化遗产）、卯节（农历六月第一个卯日，分地区过 4 个卯节）、苏念喜（农历十二月第一个丑日）、洗澡节（农历六月初六），额节（水历正月酉亥日）。

瑶族节日有分年节（农历初一至十五）、六月卯（农历六月第一个“夕口”日）、七月半（农历七月十三）、赏新节（秋收开镰时），其他节日如清明节、端午节等与布依族基本相同。

毛南族节日有火把节（农历除夕之夜）、迎春节（立春之日下午）、桥节（每年桃花盛开时节，农历三月前后）、端午节（农历五月初五）、小年（农历十一月最后一日晚上）、春节。

（少数民族节日详见第二篇第二章）

第三章　思想道德建设

1995 年之前，全州各项精神文明建设活动由相关单位共同组织开展。1996 年，成立黔南州精神文明建设指导委员会（以下简称州文明委），含 38 个成员单位，主任由州委的分管副书记兼任，下设办公室。2001 年，州文明委办公室改设于州委宣传部，由州委宣传部代管，文明办主任由州委宣传部副部长兼任。2012 年 5 月，成立精神文明创建活动指导中心。在精神文明建设的思想道德建设和教育科学文化建设两方面中，全州思想道德建设以中共中央颁布的《公民道德建设实施纲要》为指导，开展各项文明创建活动和学习教育活动，提高公民思想道德水平，弘扬民族精神和时代精神，形成良好的社会道德风尚。促进全州物质文明和精神文明协调发展。

第一节　思想道德教育

一、教育活动

1996 年 11 月，州委、州政府作出向罗甸大关村学习的决定，宣传“自力更生、艰苦奋斗、坚韧不拔、苦干实干”的“大关精神”。12 月，省委、省政府作出《关于向罗甸县大关村学习的决定》，全州掀起学习大关精神的热潮。2000 年 7 月，州文明办与州关心下一代工作委员会在全州中小学开展“社会公德知识竞赛”，与都匀供电局举办“文明供电杯”知识竞赛等活动。2002 年，发放《公民道德建设学习材料》等资料 7000 份，出版《黔南州公民道德建设理论研讨论文集》。2003 年 5 月，州文明办印发《关于认真开展创建“诚信黔南”活动的通知》；6 月，组织州财政局、都匀一中、都匀市工商局等单位开展“共铸诚信”活动。全州发放《公民道德建设实施纲要》宣传资料 9800 份，图片展览 1600 多幅，悬挂宣传标语 250 多条（幅）。

2004 年 3 月，州文明委将进一步加强和改进未成年人思想道德建设的目标任务进行分工，落实到相关单位。州民族博物馆及独山、瓮安等县（市）10 个陈列室从 5 月 1 日起免费向未成年人开放。2005 年 6 月、7 月，州委宣传部、州文明办、州精神文明建设协会、《黔南日报社》联合举办全州精神文明建设百题知识竞赛，收到 5000 余份有效答题卡，评出 5 名一等奖、10 名二等奖和 30 名三等奖。2006 年 4 月 21 日，会同州委宣传部、州文明办、州教育局、团州委、黔南日报社联合开展面向中小学生的“知荣明耻、从我做起”——黔南州学习“八荣八耻”征文活动，收到 800 余份征文稿件。2009 年，州文明委办组织开展形势政策教育、爱国主义教育、社会主义核心价值体系建设等各类主题教育宣讲160余场（次），举办骨干培训班8期，培训基层领导干部2000多人（次）。2011年，州文明办公室开展以“迎九运、讲文明、树新风”为主题的文明礼仪活动，在全州普发《文明礼仪手册》5000册。2012年，成立黔南州青年志愿者艺术团，3月4日举办“3·5”学习雷锋纪念日活动启动暨艺术团成立仪式。

2014年，州委、州政府将志愿服务工作纳入《中共黔南州委黔南州人民政府关于深入实施“5531工程”扎实推进治理体系和治理能力现代化的意见》。4月27日，在全省9个市（州）中率先成立黔南州志愿者联合会，各县（市）、部门相继成立志愿者组织。5月4日，州委、州政府主办的黔南州“明礼知耻·崇德向善”主题实践活动周启动仪式在瓮安县举办。是年，开展“积德榜”建设活动，建成“积德榜”493个。全州建道德讲堂3055个，其中，道德讲堂总堂14个，机关道德讲堂535个，学校道德讲堂1295个，乡（镇）（村、社区）道德讲堂1174个。开展“我们的节日”主题活动。5—6月，在庆祝中国共产党诞辰93周年之际，结合群众路线教育实践活动，开展黔南州“好花正红·党的群众路线教育实践活动民族山歌大赛”，各县（市）的146个行政村（社区）、82个乡（镇）共组织228场选拔赛，近3000名民间山歌选手参与，观众近50万人（次）。

二、道德模范

2006年6月，全州开展向罗甸县代课教师李兹喜学习践行社会主义荣辱观活动。2007年，开展全国道德模范推荐活动，都匀市夕阳红敬老院院长叶文玉（女，苗族）、三都县羊福乡民族学校教师陆永康（水族）获全省道德模范奖、全国首届道德模范提名奖。2008年4月，将全国劳模、三都水族教师陆永康先进事迹拍成电影《水凤凰》，9月在全国上映。在“大山的脊梁——感动贵州的教师们”评选中，黔南州获“十佳”奖1名、优秀奖2名。2009年4月，组织开展第二届全国道德模范评选活动，惠水县高镇镇山后村村民李泽英当选“全国诚实守信模范”，都匀市新华办事处剑北社区党支部书记、居委会主任曹嘉萍获全国道德模范提名奖。2010年4月，组织推荐全州参加全省第二届道德模范评选工作，武警黔南支队二大队大队长赵成、长顺县马路乡马路小学教师胡芳秀、都匀市贡献摩托修理部贡天玺三人获全省第二届道德模范称号，另有4人获全省道德模范提名奖。12月11日，省文明委对在台湾考察遭遇泥石流时勇救同行15人的贵定青年李庆丰增补为第二届全省见义勇为道德模范。

2011年3月，开展道德模范评选，全州推荐全国第三届道德模范候选人4名，其中贵定县李庆丰获全国第三届道德模范见义勇为提名奖。2012年，开展道德之星、道德模范评选表彰活动，5人获全省道德模范称号，5人获全省道德模范提名奖，18人获黔南首届“道德之星”称号，5人入选“贵州好人榜”。3月29日，“大力弘扬雷锋精神，构筑贵州精神高地”——2012贵州省道德模范先进事迹报告会在都匀会展中心举行。

2013年1月，开展“黔南骄傲”十大年度人物评选活动，并在都匀举行颁奖典礼。获“黔南骄傲”人物为：坚守大山20年的夫妻教师黎永清、唐乔英；乐于助人不求回报的真汉子贡天喜；爱岗敬业的独脚警察许胜武；育人树木20多年的“园丁”赖兆铭；让原生态文化从小山村走向大舞台的杨再清；离家千里情注苗寨的大学生村干部胡一茂；爱心接力温暖万家的张雁泉；与布依群众亲如一家的乡村医生岑敏；免费撑船护送学生过河的池老春；为群众排忧解难的好警官陈振明、长顺县敦操乡获“黔南骄傲”评选活动特别奖，获“黔南骄傲”年度人物提名奖18人。

是年，开展“贵人善行——颂最美精神、做最美贵州人”主题活动。贡天玺、胡荣忠获第四届全国道德模范提名奖，独山县黎龙飞、荔波县莫朝居、瓮安县刘蓉入选“中国好人榜”，贵定县周荣辉、都匀市令狐小超、惠水县方启涛、福泉市邓良近、罗甸县马廷科等21人入选“贵州好人榜”。12月，省文明办、省教育厅等单位从全省6～17岁在校中小学中评选出30名“美德少年”，黔南州有吴兴池、宋璇池、罗占烨三人获2012年贵州省“美德少年”称号。年内建成道德讲堂68个。

2014年，在全省第四届“明礼知耻·崇德向善”道德模范评选活动中，荔波县茂兰国家级自然保护区管理局职工张雁泉、罗甸县交通运输公司驾驶员龙志华、福泉市高坪镇王卡村党支部书记胡一茂、都匀高速公路工程集团有限公司路政员朱文博、贵州省电子信息高级技工学校教师杨晓理、独山县木制品厂原工人肖绍珍等6人获道德模范称号，三都县民政局麻风村管理员王胜林、独山县尧梭乡里腊村甲猛组村民黎龙飞、独山县闽乐建材有限公司陈毅、贵州金力塑胶有限公司总经理王金生、福泉市马场坪办事处原纪工委书记杨刚、龙里县洗马镇大厂村村民陈忠祥等6人获提名资格。推荐身边好人147人（次），长顺县龚仁兴、都匀市杨国清、独山县石宏珍、贵定县罗海香、荔波县莫玉美、龙里县唐青、罗甸县龙志华、瓮安县瞿生菊等26人入选“贵州好人榜”，长顺县弋良碧、都匀市莫红燕和王金生和贵定杨国祥、罗甸班世义以及都匀市的黔南980V车队入选“中国好人榜”。

第二节　“整脏治乱”活动

2004年，黔南州开展“卫生与秩序”创建活动。荔波县通过国家级卫生县城验收。

2006年5月23日，黔南州“整脏治乱”和州市共建共创“文明城市”动员大会在都匀召开。是月，成立黔南州“整脏治乱”专项行动领导小组，州委办、州政府办印发《黔南州“整脏治乱”专项行动纲要（2006—2010）》《黔南州2006年“整脏治乱”专项行动实施方案》，从加强宣传教育、营造良好氛围，开展专项整治、确保工作实效、深入了解督查，巩固整治成果三个方面进行部署。7月7日，召开全州“整脏治乱”专项行动严格执法、文明执法与保护执法专题会议，对全州“整脏治乱”专项行动执法工作提出要求。20日，黔南州“整脏治乱”领导小组制订领导责任制度、领导小组会议制度、举报公示制度、属地责任制度、督查通报制度、办公室工作例会制度等六项制度。8月17日，“整脏治乱”专项行动领导小组印发《关于进一步加强“整脏治乱”专项行动的意见》。11月21—24日，从州直各部门抽调工作人员组成6个“整脏治乱”考核组，对全州12个县（市）“整脏治乱”工作进行年终考核。

2007年，出台《黔南州“整脏治乱”专项行动奖励与惩处暂行办法》《黔南州“整脏治乱”专项行动宣传工作奖励暂行办法》《黔南州“整脏治乱”专项行动督察工作暂行办法》。全年全州投入基础设施建设经费近3亿元，新增垃圾箱1513个，新建垃圾池185个，维修道路22公里，改造厕所250余个，规划停车场1870个，清运垃圾40万吨，取缔和规范违章占道经营摊点2.8万个，拆除违章建筑382处，绿化、美化环境470万平方米。

2008年初，召开黔南州精神文明建设暨“整脏治乱”大会，与12个县（市）签订整治工作目标责任状。4月，组织12个县（市）“整脏治乱”领导小组及办公室负责人到贵阳、遵义等地考察学习城市精细化（数字化）管理、“整脏治乱”及文明城市创建工作。5月，在荔波召开“满意在黔南”主题活动暨“整脏治乱”工作现场会，对荔波县推行的风险责任金制度进行推广。8月，召开州委、州人大常委会、州政府、州政协领导“整脏治乱”工作专题会议、“州市共建”动员大会。10月，召开中央、省、州驻匀单位“州市共建”暨“整脏治乱”工作会议，专门研究部署州市共建、推进都匀“整脏治乱”和城市建设工作，推动都匀市切实抓好“整脏治乱”专项行动。

2010年3月，州、都匀市“整脏治乱”领导小组及办公室联合开展“关爱母亲河”——都匀市剑江河活动，州、市万名干部参加义务清淤劳动。

2011年，州政府与各县（市）政府分管领导签订2011年“整脏治乱”工作责任状。调整州“整脏治乱”活动领导小组，由州委主要领导任组长、州四家班子分管、联系领导任副组长。推行片区督查责任制，加强督查考核，每季度州分管领导带队到县（市）城区、村镇、交通沿线进行明察暗访。3月，下发《黔南州“整脏治乱”专项行动纲要（2011—2015年）》及其实施方案。4月，制定《黔南州“整脏治乱”专项行动双向考核办法（试行）》，在全州推行“整脏治乱”双向考核。

2012年2月28日，州委、州政府召开全州“整脏治乱”工作会议。州政府与各县（市、区）签订“整脏治乱”工作目标责任书。5月17日，会同团州委启动绿丝带青年志愿者“整脏治乱”行动。是年，将“整脏治乱”工作纳入对州直机关和12个县（市）年度工作目标考核内容，纳入领导班子和领导干部政绩考核内容。2013年，在全省检查考核中，黔南州列全省第五名。荔波县位列全省一类县（市）第五名，福泉市位列全省二类县（市）第四名，平塘县位列第十名，均获全省综合考核奖励。

2014年，开展“多彩贵州文明行动”。全州城市基础设施建设投入165.93亿元。依托黔南州民心热线12345平台，建成覆盖州、县两级的不文明行为、不满意问题收集、分发、处置、反馈评价平台12345“多彩贵州文明行动”处理反馈平台。新闻志愿者服务队在全州媒体开辟专题专栏15个，全州全年媒体报道1326篇（条），州级媒体报道83篇（条）。在2014年全省综合考评中，黔南州居全省9个市（州）第七名，贵定县名列全省二类县（市、区）第三名，平塘县名列全省二类县（市、区）第九名，福泉市名列全省二类县（市、区）第十二名，龙里县名列全省二类县（市、区）第十四名，均获全省综合考核奖励。

第三节　“满意在黔南”创建

2005 年，在全州开展窗口服务行业“文明诚信单位”创建活动，2006 年 1 月，对州直窗口服务行业 2005 年创建“文明诚信单位”进行评比，州水利局、国税局、中国联通公司都匀分公司、文化局、州医院、检察院、建设局、广播电视局、质监局、农业局、农业银行、公安局、中医院、劳动和社保局、林业局、中国银行都匀分行、物价局、发改局、地税局、中国电信黔南分公司、粮食局、国土资源局、工商银行、财政局、教育局、运输管理处、商务局、人民银行黔南州中心支行、都匀二中、司法局获“文明诚信单位”称号。2017 年 1 月，州委、州政府对 2006 年度全州 36 个“文明诚信单位”进行表彰。

2008 年初，成立以州委书记任组长、州四大班子分管领导任副组长的“满意在黔南”主题活动领导小组及其办公室，制定《公民道德建设工程——“满意在黔南”主题活动纲要（2008—2010 年）》和 2008 年活动实施方案，于 3 月 19 日召开全州动员会，明确主题活动的内容、措施、工作要求和各部门、单位的工作职责，并与州直 100 多个部门（单位）签订“满意在黔南”目标管理责任书。在全州党政机关、宣传文化系统和窗口服务行业开展“机关创事业讲奉献、窗口创服务讲和谐、企业创市场讲诚信、基层创效益讲质量、社会创文明讲公德”的“五创五讲”活动，解决各级机关、单位“门难进、脸难看、话难听、事难办”等问题。4 月，开展“十大感动税收人物”评选活动。7 月，举办联通杯“青年在行动——满意在黔南”演讲比赛、全州“重师德、树师风”演讲活动。9 月，开展“州级交通安全文明单位”评选活动。

2009 年 4 月，全州开展“三爱五创”（爱党、爱国、爱家和创事业、创学业、创服务、创诚信、创文明）主题实践活动。5 月，与黔南热线网站联合开展“满意在黔南”群众满意度调查，每半年通报一次全州各县（市）的综合满意度。

2010 年，在贵州金黔在线上开展的“不满意问题征集”栏目中，黔南州各县（市）及时解决群众反映的突出问题，回复率达 100%。在全省“整脏治乱”专项行动暗访督查考评中全州排名由第六位进升第四位。

2011 年年初，州与各县（市）委书记签订 2011 年“满意在黔南”工作责任状。年初出台《黔南州“满意在黔南”主题活动纲要（2011—2015 年）》及其年度实施方案。

2012 年 2 月 28 日，州委、州政府召开全州“满意在黔南”工作会议，州政府领导与各县（市、区）签订“整脏治乱”和“满意在黔南”工作目标责任书。2013 年、2014 年，黔南州持续开展“满意在黔南活动”。

第四节　“农民文化家园”建设

2006 年 11 月，全州启动“农民文化家园”建设点 21 个，每个建设点获省补助 3 万元。2010年，州委、州政府组织申报2010年“农民文化家园”建设项目，全州有6个县获得“农民文化家园”建设项目40个，获补助资金120万元。2011年，建成独山县兔场镇翁奇村第一个省级“四在农家”创建示范点，省下达的“农民文化家园”建设42个项目全面完成建设任务。2012年，申报获得2012年度省级“四在农家”示范点7个（贵定县盘江镇音寨村、都匀市墨冲镇新坪村、福泉市黄丝镇黄丝村、荔波县瑶山乡拉片村、平塘县克度镇前进村、平塘县通州镇平里河村、平塘县掌布乡掌布村）、农村精神文明活动中心4个、“农民文化家园”项目81个。6月25日，在荔波县捞村乡举行黔桂两省、区3个县的十个乡（镇）第五届创新社会管理协作会暨文明和谐创建活动，两省、区边界10个乡（镇）共同签订《创新社会管理协作公约》《和谐文明示范带共创工作协议》。2013年，获得2013年度省级“四在农家·美丽乡村”示范点13个（都匀市甘塘镇邦水村、福泉市牛场镇桂花村、贵定县盘江镇清定桥村、独山县基长镇阳地村、荔波县翁昂乡拉内村、龙里县麻芝乡五里村、罗甸县板庚乡板庚村、平塘县牙舟镇五宋村、平塘县大塘镇新光村、惠水县好花红乡好花红村、瓮安县平定营镇营定街村、三都县大河镇龙场村、长顺县敦操乡敦操村）、“农民文化家园”项目70个（惠水县鸭绒乡谷把村、岗度乡火洋村，都匀市甘塘镇林荫村、墨冲镇罗马村、王司镇王司村等）。举办首届“德润黔南·讲文明树新风”公益广告创作大赛，评选出获奖作品49件。其中，视频类6件，平面类10件，音频类3件，文字信息类30件。2014年，“农民文化家园”27个（都匀市小围寨办事处沙井街村、福泉市藜山乡新桥营村、贵定县定东乡高原村、瓮安县岚关乡岚关村、荔波县小七孔镇联山村等）。

第五节　文明创建活动与先进单位

一、文明创建活动

1998年，全州开展“讲文明·树新风”活动，其中都匀地区大、中、小学校文明创建活动的主题为“创文明学校，做文明师生”。2000年，开展州级文明行业、文明示范窗口创建活动；在农村开展星级文明户创建，州级评选表彰农村“五星级文明户”34319户。2005年，在都匀市大坪镇、甘塘镇、墨冲镇开展创建“文明生态小康村”试点，之后在其他县（市）开展创建工作。2008年，开展“迎奥运、讲文明、树新风”礼仪知识竞赛活动，全州有5万余人参加网络答题和书面答题。

2013年，开展“四在农家·美丽乡村”创建活动，都匀市甘塘镇邦水村、福泉市牛场镇桂花村、贵定县盘江镇清定桥村、独山县基长镇阳地村、荔波县翁昂乡拉内村、龙里县麻芝乡五里村、罗甸县板庚乡板庚村、平塘县牙舟镇五宋村、平塘县大塘镇新光村、惠水县好花红乡好花红村、瓮安县平定营镇营定街村、三都县大河镇龙场村、长顺县敦操乡敦操村列为2013年度省级“四在农家·美丽乡村”示范点。

二、先进单位

1990—1991 年度，在贵州省命名和表彰的文明村和文明单位中，黔南州有 17 个文明村和文明单位获省命名和表彰。其中，长顺县公路养护段、蒸波县电影院、贵定县检察院、惠水县城关一小被评为文明单位，瓮安县永和镇悦来村、瓮安县平定营三合村、惠水县摆金乡高寨村、长顺县广顺镇来远村、独山县兔场乡黄桥村、平塘县摆茹镇猫寨村、贵定县城关镇桃花村、三都县丰乐乡沃吨村、龙里县龙山镇莲花村、罗甸县板庚乡五星村、福泉县马场坪镇小寨村、都匀县小围寨镇剑水村、都匀市大坪镇八寨村被评为文明村寨。

1998 年，州委、州政府表彰 1995—1997 年度文明单位州地税局、州财政局、州中医院等 50 个。

1999 年 2 月，罗甸县大关村、龙里县龙山镇、黔南州邮政局、都匀供电局客户服务中心被中央文明委评为 1995—1998 年度先进单位。

2002 年，中国电信黔南分公司、贵定县盘江镇等 4 个单位获中央文明委表彰。州委、州政府命名表彰 241 个单位为 2000—2001 年度州级文明单位，其中 4 个为“卫生与秩序”先进县（市）。全州有 7 个省级红旗文明单位、63 个省级文明单位受省委、省政府表彰，有 10 个先进集体、21 名先进个人受省文明委表彰。

2005 年，州委、州政府表彰都匀等 7 个县（市）的县城为首批州级文明城市。全州获得全国文明单位 1 个、全国精神文明建设先进单位 4 个、全国文明村镇 2 个、全国文明村镇创建先进村镇 4 个，获得全省文明单位 19 个、全省精神文明创建先进单位 50 个、全省文明村镇 3 个、全省精神文明创建先进村镇 11 个，获州级文明单位 210 个、文明乡镇 41 个、文明村 50 个。11 月，中央文明委授予贵定县盘江镇“全国文明乡镇”称号。

2006 年 9 月，州委、州政府发出《关于表彰 2005 年度在全州开展创优升位活动中荣获命名的乡（镇）的决定》，对 32 个乡（镇、街道办）进行表彰。

2007 年，出台《黔南州文明城市、文明乡镇、文明村、文明行业、文明单位、文明诚信单位、文明窗口评选表彰办法》。对 2006—2007 年度黔南州文明城市、文明乡镇、文明村、文明行业、文明单位、文明窗口和 2007 年度文明诚信单位创建进行评选表彰，全州评选出文明城市（县城）9 个、文明乡镇 57 个、文明村 79 个，授予 9 个行业“文明行业”称号，授予 215 个单位“文明单位”称号，授予 183 个窗口“文明窗口”称号。

在 2006—2008 年度全省文明城市、文明单位、文明村镇评比中，黔南州获省委、省政府表彰的先进集体 112 个。都匀剑江一斗蓬山风景区、平塘掌布风景区被评为省级文明风景旅游区，都匀市广惠社区、剑北社区被评为全省文明社区。

在 2006—2008 度全国文明城市、文明单位、文明村镇评比中，黔南州受中央文明委表彰的先进集体 13 个，其中荔波县获首批全国文明县城称号。

2011 年，全州推荐全国文明村镇 2 个、文明单位 3 个，推荐全省文明县城 1 个、先进县城 3 个、文明村镇 4 个、先进村镇 9 个、文明单位 30 个、先进单位 61 个。全州申报创建州级文明城市（县城）1 个、文明单位 49 个、文明村镇 34 个、文明窗口 41 个，复查上一届文明城市（县城）、文明单位、文明村镇、文明窗口共 237 个。

第四章　关爱老年人和关心下一代

黔南州将优待老年人，居家养老服务作为党委和政府的重要工作来抓。2011 年，全州除瓮安、长顺县外，其余 10 个县（市）实现了城镇社区居家养老服务工作全覆盖。同时，注重未成年人的思想道德建设，经常性的配合学校和家庭开展各项有益未成年人的思想道德教育的活动。

第一节　关爱老年人

一、老龄工作组织

黔南州老龄工作委员会前身是“州老龄问题委员会”“州老龄委员会”，后更名为“黔南州老龄工作委员会”，下设办公室，负责全州老龄日常工作。1997 年，州老龄委办公室由州民政局代管，财政全额预算管理。2001 年，州老龄委员会更名为“黔南州老龄工作委员会”，办公室仍设在州民政局，至 2014 年，州老龄工作机构名称不变。

1991 年，全州 12 个县（市）均建有老龄委员会，下设办公室，配备专职人员。1992 年，全州建立老年人协会 1270 个，建立各种老年群众组织 530 个。1994 年，在机构改革中，仅独山、平塘 2 个县保留老龄委办公室。至 2004 年，全州除长顺县外，其余 11 县（市）均建立老龄工作委员会，下设办公室，负责老龄工作。至 2014 年，县（市）老龄工作机构名称不变。

1991 年，全州开展撤区并乡建镇工作，乡镇老龄工作由乡镇党政办负责。是年，全州 238 个乡镇和街道办事处建立老龄委 98 个。1992 年，全州 238 个乡镇（办）建立老龄委 221 个，占应建数的 92. 85% 。1994 年，全州 238 个乡（镇、街道、办事处）全部建立老龄委，实现全覆盖。是年，全州有 1912 个村建立老年人协会。1996 年，乡镇老龄工作由民政办负责。2001 年后，由社会事务办负责。2003 年，全州建有城乡老年协会 2306 个，其中，有办公场所的 1202 个，有活动经费的 172 个，能够经常开展活动的 927 个。

2014 年，全州乡镇撤并建，乡镇老龄委整合为 104 个，减少 134 个，减幅 56. 30% ，有兼职人员 104 人。

二、老龄调查

1995 年，州老龄办组织调查组对独山县城关镇、瓮安县玉山镇，荔波县朝阳镇、立化镇、瑶麓乡、捞村乡、佳荣镇，平塘县卡蒲乡，罗甸县栗木乡，长顺县睦化乡，惠水县大龙乡，龙里县谷龙乡，贵定县定东乡，福泉县黄丝乡等14个乡镇和3个企业开展老年人情况调查，调查结果显示，在老年人口中，男性8472人，女性7984人，共16456人。年龄结构：60～69岁的0.98万人，占老年人口的59.3%；70～79岁的0.47万人，占老年人口的28.85%；80～89岁的0.17万人，占老年人的10.41%；90～99岁的233人，占老年人口的1.41%；100岁以上5人，占老年人口的0.03%。生活方面：能自理的1.37万人，不能自理的0.28万人，与子女同住的1.32万人，有配偶的1.1万人，“五保”老人195人。从14个乡镇调查情况看，城镇老年人多、比例大，边远乡村老年人少、比例小。在调查城镇16.34万人中，60岁以上1.64万人；在调查农村158.8万人中，60岁以上1.55万人；在调查企业0.48万人中，60岁以上0.15万人。

1997年，州老龄办对州内1个镇和11个村开展调查。调查结果显示，在调查的3.38万人中，60岁以上老年人0.35万人。年龄结构：60～69岁的2211人，占老年人口的63.21%；70～79岁的925万人，占老年人口的26.44%；80～89岁的336万人，占老年人的9.61%；90岁以上的26人，占老年人口的0.74%。

2002年，对全州60岁以上老年人口进行摸底调查，全州有老年人37.55万人，占总人口377.24万人的9.95%。

2012年，对全州老年人开展普查和调研，调查结果，全州有老年人口52.33万人，其中，百岁老人128人。2014年，对百岁老人开展普查工作，经普查核实，全州有百岁老人155人（男性32人、女性123人），比上年增加5人，年龄最大111岁。

三、养老服务

2005年，根据《贵州省老年人优待办法》，全州增加老年人部分优待项目，如免费为70周岁以上特困老人办老年证；对非财政供养的95岁～99岁的老年人，每人每月发给30元生活补助费；为60～69周岁的老年人办理“贵州省老年人优待证”。全州共办理70周岁以上老年证2250个，办理老年人救助卡648个。老年人优待除给以生活补助外，普遍对老年人提供进公厕、公园和风景名胜区减免费服务。

2007年，全州将人均纯收入在700元以下的农村贫困老人纳入农村低保范围。2008年，全州有712位老人享受城市医疗救助，救助资金97.82万元。期间，福泉市政府首开为藜峨社区符合条件的老年人购买居家养老服务。2009年，全州12个县（市）在16个社区开展居家养老服务试点工作，成立居家养老服务中心8个、社区服务站16个，建立居家养老服务队伍25个，有专职服务人员58人、志愿者92人，享受政府购买服务的老年人129人。

2010年，全州有60周岁以上老年人口49.79万人，其中：有12.7万困难老人领取低保金。非财政供养90～94岁老年人每人每年发给生活补贴600元，95～99岁老年人每人每年发给1200元，百岁以上老人每人每年发给2400元。在实施城乡医疗救助中，对80～99周岁老年人给予医疗救助资金20%补助，100岁以上老人全额补助。

2011年，全州村级建立老年协会1085个，城镇社区建立老年协会83个，103个城镇社区建立居家养老服务中心（站）98个，占社区总数的95%。都匀、福泉、瓮安、惠水、罗甸城市社区居家养老服务工作覆盖率达100%。2012年，全州城镇社区（居委会）建有老年协会121个，有活动场所的83个，经常开展活动的88个，有经费来源的53个，制度建立健全的95个。有107个城镇社区（居委会）建立居家养老服务站，有公益性岗位服务人员159人，享受政府购买服务老年人444人。农村建有老年协会1438个，有活动场地的668个，经常开展活动的644个，有经费来源的82个，建立健全制度的824个。87个村开展居家养老服务工作，有服务人员240人，志愿者服务人员177人，享受政府购买服务老年人450人。在城镇社区（居委会）居家养老享受政府购买服务的894名老年人中，空巢老年人374人，高龄老年人289人，失能老年人115人，特困老年人447人，共投入经费214.55余万元。都匀、福泉、贵定、罗甸、惠水、平塘、独山、荔波、三都、龙里10个县（市）城镇社区居家养老服务工作实现全覆盖。

2014年，全州将居家养老服务、老年协会建设、老龄事业发展经费列入党委、政府目标管理考核。年内，农村幸福院项目建设完成143个，其中新建幸福院3个，幸福院与敬老院整合10个，利用农村闲置房建幸福院52个，与老年协会、居家养老服务站整合78个。是年，全州建立城镇社区（居委会）居家养老服务中心（站）99个，132个社区（居委会）开展居家养老服务工作，服务对象5983人，其中，享受政府购买服务276人，无偿服务3747人，低偿、有偿服务1960人；服务人员1007人，其中，公益性岗位103人，专职人员72人，兼职人员81人，志愿者751人。农村有705个村开展居家养老服务工作，有服务对象4434人（享受政府购买服务1491人），服务人员3300人，其中，专职服务人员1121人、志愿者2001人、其他人员178人。全州城乡居家养老服务工作投入经费305.78万元，其中，农村投入201.33万元，争取中央专项彩票公益金429万元，地方财政匹配资金230万元，支持农村幸福院项目143个。对农村幸福院建设中，采取“五个统一”（统一建设标准、统一制作牌子、统一制度上墙、统一建立资产台账、统一创建管理模式）。

2014年，全省开展基层老年协会规范化建设年活动，在活动中，制定《黔南州进一步加强基层老年协会建设实施方案》，依据省老龄办《关于开展争创星级村（居）老年协会活动的通知》《贵州省村（居）老年协会工作考核与评估试行办法》，全州采取县（市）评审推荐申报程序，评为州级星级老年协会19个，其中三星级7个、二星级12个，并授牌。投入彩票公益金40万元，帮助39个基层老年协会购置文体器材和办公用品等。开展老年协会摸底调查工作，全州城镇社区（居委会）建立老年协会136个，制度健全的95个，有活动场地的98个，经常开展活动的97个，有经费来源的56个；农村建立老年协会1378个，制度健全的857个，有活动场地的501个，经常开展活动的628个，有经费来源的131个。邀请电视台拍摄《美丽夕阳·幸福黔南》纪实片，先后在省基层老年协会观摩会和黔南电视台播放。重点打造基层老年协会规范化建设示范点，投入70万元，建立示范点37个。降低准入门槛发展老年协会，本州印发《关于进一步加强基层老年协会建设的实施意见》，明确规定对经济条件困难的基层老年协会实行零准入。抓好“1+X”或“1+N”老年协会建设示范（即协会+幸福院+敬老院+村委会+居家服务站）等，探索推动多元化、多渠道发展老年协会模式。

四、老年关爱

1991 年春节期间，都匀市召开老红军、老干部、工人、居民 80 岁以上 100 名老寿星座谈会。州委、州政府开展对县级以上离退休老干部、百岁老人走访慰问活动。龙里县为 347 位老人赠送袖珍收音机和手拉车。1992 年，在梧州举办广西第七届老年“健康杯”桥牌友谊赛，州组织 8 个队参赛。在开展第二个国际老人节和省第五个老年节庆祝活动中，州委、州政府在《黔南报》发表《致全州老年人慰问信》，并拨款 3 万元开展庆祝活动。1999 年，州民政、卫生部门联合为 21 名百岁老人进行身体检查，赠送“世纪老人”百寿匾。2000 年，独山县老龄委组队参加“中国北戴河第二届中老年民间秧歌艺术节”，荣获一等奖和特等奖。随后，中央电视台夕阳红栏目到该县进行民间艺术老年活动采访。2006 年，州老龄办组队参加第三届贵州“福彩杯”老年艺术节，独唱《玛依位变奏曲》获金奖，重唱《好花红》获银奖，舞蹈《欢乐秧歌》获优秀奖。平塘县开展“万人签名”活动，宣传尊老敬老美德。

2012 年，全州在开展“敬老月”活动中，走访慰问老年人 4200 人，发放慰问金 120 万元。州四家班子领导慰问都匀市温馨托老所、独山县基长镇五保供养中心、福泉市皮拢河敬老院、贵定县云雾敬老院和部分百岁、高龄、贫困、空巢老年人，为每个敬老院送慰问金 3000 元，赠送每个老年人棉被一床。

2014 年 9 月，州组织 9 个慰问组走访慰问牛场供养中心、龙昌镇仓盈湾社区老年协会、都匀市夕阳红敬老院、平塘县通州敬老院和 30 名百岁、高龄、贫困、空巢老年人。在“敬老月”期间，全州共走访慰问老年人 4860 多人，发放慰问金 137 万元。

五、老年维权

1996 年 8 月《中华人民共和国老年法》（下简称《老年法》）颁布实施，全州采取多种形式开展宣传，州老龄办购买《老年法》单行本 1 万余册、宣传画 500 套分发乡镇、村和各部门学习。1997 年，全州共调解侵犯老年人合法权益案件 136 件。协调 380 位老人的子女签订赡养老人协议书。2001 年，对《老年法》贯彻落实情况进行调研和执法普法检查。福泉市发放《老年法》1000 多册，接待群众咨询 56 次；惠水县在老年节、春节期间，组织老年人到乡村宣传《老年法》，发放宣传资料 800 余份；期间，州、县（市）老龄委接待来信来访 210 人次，其中涉及侵权案件 100 余件。2003 年，全州老龄工作机构接待老年人来信来访 660 多人（件次），协调签订赡养协议 60 多份，审结侵权案件 294 件，提供法律援助 200 件。2004 年 10 月 19 日，州和都匀市联合召开都匀地区青少年敬老爱老助老主题教育活动动员大会，18 所大中专院校、中小学校负责人和学生代表 960 余人参加；惠水、福泉、罗甸等县（市）组织开展《老年法》宣传活动，发放《老年法》小册子和宣传资料 1.2 万余份。全州签订赡养老人协议 1721 户，接待老年人来信来访 1560 人次。2005 年，全州老龄工作系统接待和处理老年人来信来访 1022 人次，老年人法律服务工作站给予老年人法律援助 343 人。2006 年，在纪念《老年法》颁布实施 10 周年活动中，州、县老龄办接待老年人信访702件（次）；州“12348”法律服务专线免费接待老年人法律咨询50人次；民政部门和政法部门共同配合处理涉老纠纷470件，其中给予法律援助356件，减免各种费用5万余元。2010年，瓮安县配合中央电视台“夕阳红”栏目组对百岁老人高明书、周应科进行采访，制作“百岁老人传奇故事”节目，在中央电视台第二套栏目播放。2013年，州老龄办订购《贵州老年报》《中华人民共和国老年人权益保障法（特刊）》3.5万份，翻印《中华人民共和国老年人权益保障法》1万册，分发到县、市老龄办和基层老年协会、机关单位，供老年人学习。2014年，全州开展送法律送文化下乡活动，召开座谈会，宣传新修订的《老年人权益保障法》，发放各种宣传资料2.5万份。

第二节　关心下一代

2005年7—9月，全州举办“百部爱国主义教育影片”展播和“爱国主义教育与我的成长”征文竞赛，按照青年组、少年组两个组别，各评出一等奖3名、二等奖5名、三等奖10名，评出青年组优秀奖44名、少年组优秀奖62名。2008年6月，州关心下一代工作委员会组织开展全州青少年爱国主义读书教育活动，全州图书发行达到34万册，50万名学生参加，收到征文1250余篇、绘画300余幅，全州推荐读书征文21篇、绘画7幅报省组委会参评并获奖。2009年4月，州关心下一代工作委员会组织开展“祖国好·家乡美”诗文大赛和“向国旗敬礼、做一个有道德的人”网上签名寄语活动，全州30万名学生参加。10月，在“祖国好·家乡美”诗文大赛中，黔南州获得省级优秀组织奖3名、一等奖4名、二等奖7名、三等奖6名。是月，在“向国旗敬礼，做一个有道德的人”“中华历代名篇诵读”“爱国主义教育读书”等主题活动中，组织演讲、征文、诗歌朗诵、书画大赛、歌咏等比赛活动。全州组织老干部、老战士、老专家、老教师、老模范250余人到256所中小学校开展以爱国主义、革命传统、法制教育为主要内容的报告会264场（次），受教育学生15万人（次）。

2010年，州委宣传部、州文明办组织开展“做一件礼物感恩父母”活动，全州有685所学校，11.1万名学生制作爱心礼物，选送24件送省参评。5月，开展“传唱优秀童谣、做有道德的人”网上签名寄语活动，州委宣传部、州文明办、团州委、州教育局、州妇联等单位负责人及都匀二小师生参加启动仪式。是月，州委宣传部、州文明办、团州委、州妇联等部门联合，启动“和谐贵州·三关爱”绿丝带志愿服务行动。6月，州文明委下发《关于组织为空巢老人、留守儿童、残疾人开展抗旱救灾志愿服务活动的紧急通知》。

2011年5月，州文明委下发《关于在全州中小学校开展“祖国好·家乡美”主题系列活动的通知》，结合“做一个有道德的人”“我们的节日”“中小学弘扬和培育民族精神月”等活动，开展“祖国好·家乡美”主题系列活动。是年全州获中央专项彩票公益金支持乡村学校少年宫项目建设10个，获省级专项彩票公益金支持乡村学校少年宫项目建设7个。2012年5月30日，由省委宣传部、省文明办等七个部门共同举办的贵州省2012年

“祖国好·家乡美”暨都匀地区庆“六一”主题活动在都匀三小举行。2013 年，在全省“祖国好·家乡美”系列活动中，16 名学生的书法绘画作品荣获省一、二、三等奖，州文明办、州文联、都匀三小等七个单位获省级组织奖。在“德润黔南·寻找家乡的美丽”系列活动中，全州有3.6 万名学生参与，收到中小学生征文809 篇，评选出优秀征文作品252 篇并进行奖励；收到学生书画作品 530 幅，评选出并奖励优秀作品 170 幅。成功申报乡村学校少年宫 19 所，争取到 36 所乡村学校少年宫项目运行资金共 580 万元。

2014 年，开展“学习雷锋，做美德少年”“童心向党”歌咏活动、“中国梦·我的梦”诗文书画大赛、“明礼知耻在校园”“向国旗敬礼”等活动。都匀六小、惠水县城关三小、长顺县罗湖希望小学、独山县高级中学等四所学校选送的“童心向党”歌咏活动作品参加全国展播。全州有独山县一中华天一、惠水县抵季中学杨灿敏、福泉市实验学校陈惟葳、罗甸县板庚中学王金赛、荔波县甲良中学莫念米、长顺县三小刘小崇等少年入选 2014 年贵州省美德少年。在省“多彩贵州美丽家乡”诗文书画大赛中，黔南州有 26 个作品获奖，其中一等奖6 个、二等奖8 个、三等奖12 个。在全省“明礼知耻在校园”读书活动文明礼仪知识竞赛中，小学组获集体二等奖 1 个、个人二等奖 3 个，中学组获集体一等奖 1 个（全省 1 个）、个人一等奖 3 个。成功申报乡村学校少年宫 21 所，争取到 76 所乡村学校少年宫项目建设、运行等补助资金共 701 万元。

人物

人 物

一、人物传略

王根培（1908—1998 年） 1908 年生，男，四川宣汉县人。1933 年，王根培参加中国工农红军，同年加入中国共产党，先后在红四方面军、红一方面军担任班长、排长、政治指导员，参加二万五千里长征，经过艰难的岁月，到达陕北。1938 年，为抗击日军侵略，他随部队东渡黄河到达山东、河北、河南三省交界的冀鲁豫大平原，在八路军 115 师担任连长、教导员、团政委、团长等职。他曾参加过多次战役、战斗，参加过著名的平型关大战。在八路军 115 师特务团任政委时，与团长吴安石奉命创建湖西抗日根据地，在山东枣庄西南地段组建枣庄游击队（开始叫情报站），后来改称铁道游击队；又是铁道游击队的组织者，苦战八年，创建冀鲁豫三分区，任司令员，并坚持带病抗战 8 年。解放战争时期，王根培领导的三分区遭受国民党军队的重点进攻，他与国民党进行坚决的斗争。1949 年 2 月，王根培任 2 野 5 兵团 17 军 51 师副师长。是年 4 月，参加百万雄师横渡长江的战役，王根培率师猛追残敌，解放闽西北，又立即转入剿匪斗争。是年 8 月，他奉命率师返回江西，在东乡地区休整，进行山地战术训练。9 月奉命解放大西南，他率 115 团为前卫团，在湖南晃县（今新晃侗族自治县）打响解放贵州第一枪。贵州解放后，王根培任独山军分区司令员，率部进行剿匪。1951 年 1 月，指挥 152 团、153 团、138 团，对荔波县土匪进行铁壁合围。接着，又率 138 团和 153 团对长期盘踞在黔桂边境的平塘、天峨、南丹三县交界的土匪进行合围进剿，至 1951 年 8 月，贵州全境剿匪胜利结束。1955 年，王根培任贵州省兵役局局长兼民政厅副厅长、党组书记。是年，被授予中国人民解放军大校军衔。1958 年任贵州省军区副参谋长，1964 年为正军职，离职退养。曾荣获三级“八一”勋章、二级独立自由勋章、二级解放勋章，1988 年获中国人民解放军二级红星功勋荣誉章。1998 年 3 月 31 日，王根培病故于中国人民解放军 44 医院，终年 90 岁。

金风（1917—2004 年） 1917 年生，男，原名赵晋丰，汉族，山东省昌乐县人。金风青年时代，受进步思想影响，1936 年秋加入中国共产党并参加革命工作。金风在山东省济南高中开展学联和民先工作，历任鲁西区党校学员、秘书，郓鄄、郓城县委书记，鲁西二地委宣传部长，鲁西七地委宣传部长，七地委实验区委书记，鄄城县委书记，冀鲁豫二地委宣传部长、二专署专员，南下支队二大队政委，江西上饶地委副书记兼市委书记，五兵团西进支队二大队副政委。在郓鄄、郓城县委和鲁西二、七地委、冀鲁豫二地委、二专署工作期间，处于极其艰苦恶劣的战争环境中，舍生忘死，深入发动群众，宣传党的政策主张，积极开展抗日救亡工作和对敌斗争。解放战争后期，积极响应党的号召，南下江西，西进贵州。1949年底贵州解放后，金风历任贵州省独山地委、都匀地委副书记、书记，黔南州委第一书记，贵州省经委主任、党组书记，遵义地委书记。此期间，团结带领广大党员、干部和群众，积极组织清匪、反霸斗争，开展土地改革，进行社会主义建设；大力培养少数民族干部，妥善处理好民族问题，增进民族团结，促进各民族共同繁荣和进步；深入基层调查研究，理论联系实际，创造性地开展工作。“文化大革命”（1966—1976年）期间，金风虽遭受迫害，身处逆境，被下放到“五七”干校遵义板桥区劳动，但他仍坚持学习马克思列宁主义、毛泽东思想，始终关注党和国家的前途命运，同“左”的错误和林彪江青反革命集团的倒行逆施进行坚决的斗争。1972年11月后，先后担任贵阳市委第一书记、第二书记，贵州省政协副主席，贵州省委常委、贵阳市委第一书记，贵州省委常委、组织部部长，贵州省纪委书记，贵州省顾委副主任。他担任贵州省政协副主席、省委常委、组织部部长、省纪委书记期间，深入研究统战工作方法，认真履行职责，为贵州政协事业的发展做了大量工作；贯彻干部队伍“四化”方针和德才兼备原则，积极探索，勇于改革，在加强组织建设、领导班子和干部队伍建设以及落实干部政策等方面做了大量富有成效的工作；按照中央、中纪委和省委的要求，积极参加整党工作，抓好纪律检查工作和党风廉政建设，搞好监督。在贵州省顾委工作期间，积极支持省委工作，做了大量调查研究，向省委、省政府提出了许多建设性意见和建议。1993年3月，金风在贵州省纪委离休。离开领导岗位后，他仍十分关心贵州的改革开放和各项建设事业，关心群众生产、生活和下一代的成长；他仍勤奋学习，始终保持艰苦朴素的优良作风，不计较个人得失，严于律己，严格要求家属、子女。金风是中国共产党第十三次全国代表大会代表、中纪委委员，中国共产党贵州省第一、第二、第四、第五次代表大会代表，中国共产党贵州省委第二、第五届委员。2004年9月25日，金风因病在贵阳逝世，终年88岁。

李超（1921—2001年）　1921年生，男，山东阳谷县人。1939年8月参加革命工作并加入中国共产党，中学文化。1939—1945年任本村农民协会会长，阳谷县第三区交通站站长，阳谷县大队政治处书记兼直属党支部书记、大队供给股股长。1945—1949年，任冀鲁豫军区一分区基干六团供给处副主任，冀鲁豫军区一分区一团供给处副主任，独一旅一团供给处长，十七军五十一师一五一团供给处长，十七军后勤部任供给科长。1950年3月至1965年，任贵州省盐务局会计科长，毕节地区财委副主任、中共毕节地委委员，中共毕节地委财贸部副部长，毕节专署副专员，中共织金县委第二书记，中共威宁县委第一书记。1965—1980年，任中共都匀市委副书记兼市长，都匀市革委副主任，黔南州财办主任，中共黔南州委、州革委副主任，中共黔南州委书记兼都匀军分区第一政委、党委第一书记。1980年4月，任中共六盘水市委第一书记兼水城军分区第一政委、党委第一书记。1981年3月，到中央党校学习。1983年8月至1991年任贵州省建设厅顾问、贵州省经委顾问，贵州省第六届政协常务委员。曾荣立团三等功、旅一等功、后勤部二等功，获冀鲁豫军区

“人民功臣”银质奖章一枚。中共贵州省第四届委员会委员，中共第十二次代表大会代表。1991 年离休。2001 年 12 月 7 日，李超因病逝世，终年 81 岁。

罗尚才（1929—2008 年）　布依族，男，1929 年 2 月生，贵州省镇宁县人。1954 年 9 月加入中国共产党。1949 年 9 月参加革命工作。1949 年任贵州省关岭县盘北游击第 7 支队八德独立大队 4 中队队长，贵州省镇宁县烈山乡烈山村农会主席。1950 年任镇宁县募役区公所民政助理、土改工作组组长、募役区副区长。1954 年任镇宁县副县长、县长、县委副书记、镇宁县委书记，贵州省安顺地区行署农办副主任。1966—1972 年“文化大革命”中受冲击，被下放“五七”干校劳动。1972 年任安顺地区革委会农办副主任，中共镇宁县委第一书记、镇宁县革委会主任。1978 年任中共贵州省委组织部副部长。1980 年任中共贵州省黔南布依族苗族自治州州委第一书记。1982 年 11 月任贵州省副省长。1988 年 1 月－1993 年 1 月任贵州省第七届人大常委会副主任兼法制委员会主任。是中共第十二、十三届中央候补委员，第六届全国人大代表。1993 年 3 月、1998 年 3 月相继当选为第八、九届全国人大常委会委员、民族委员会委员。2008 年 10 月 28 日，罗尚才在贵阳逝世，终年 80 岁。

邱耀国（1934—2000 年）　1934 年 1 月生，男，1951 年 10 月参加工作。1952 年 5 月加入中国共产主义青年团，1954 年 8 月加入中国共产党。参加工作后，邱耀国到都匀专区干校学习，后历任独山县下司区土改工作队副队长，独山县委办公室秘书、财委工作员、农工部干事，中共黔南州委农工部、政策研究室、农业办公室干事。1966 年后，任中共龙里县麻芝公社党委书记、羊场区委书记、区革委会主任。1975 年 1 月后，任中共惠水县委第二书记、第一书记、县革委会主任。1978 年 10 月后，任中共黔南州委副书记兼惠水县委书记，中共黔南州委副书记、书记。1992 年 3 月后，任贵州省政协第六届、第七届副主席，是中共十三大代表。2000 年 7 月 30 日，邱耀国在贵阳病逝，终年 67 岁。

何元亮（1939—2014 年）　1939 年生于罗甸县栗木乡摆共村，男，汉族，小学文化，1956 年前在猴场乡务农。1958 年 11 月加入中国共产党，1963 年，任罗甸县城关区云干乡猴场公社畜牧场场长、武装干事。1965 年，任城关区云干乡猴场公社五一（现名大关）生产队小队长，1983 年 1 月年任五一村党支部副书记，是年 4 月任云干乡大关村支部书记，1998 年参加工作，是年 4 月任云干乡党委副书记、罗甸县云干乡大关村支部书记，2003 年 12 月任中共贵州省罗甸县委第九届委员会委员、云干乡大关村支部书记。

大关村属“泥土贵如银、泉水贵如油，开门见山，出门爬山，劳动钻山”的喀斯特地貌贫困山区。1983 年兴修云干公路，他从修路中得到启示。1985 年秋，他带领大关村群众拉开劈石造田的序幕，党员和村干部带头苦干，逐步形成支部委员包组，党员包户，支书管全部的局面。至 1997 年累计出劳 550800 个，投资 455900 元，翻石 734400 立方米，填土 137700 平方米，修建蓄水池 255 个，硬是从石旮旯里造出千亩良田，十余年如一日的拼搏和血汗换来了大关村的新面貌：全村人均田面积由原来0.13亩上升到0.8亩，过去种苞谷的山坡退耕种植了杜仲87万株，户均2900株，种植椿树60万株、黄柏30万株、泡桐1万株、桃子26800株，其他树木25万株，人均口粮400余公斤，人均收入800余元，解决了大关村人的温饱问题。同时，发挥党支部的战斗作用，发动群众集资14.4万元架设6500米输电线路，集体投劳安装卫星地面接收站，改善大关村群众生产生活条件。由于成绩显著，他多次被罗甸县评为优秀共产党员。1991年12月21日，总书记江泽民视察贵州时在遵义接见了何元亮，1991年7月和1995年6月分别被评为黔南州优秀共产党员，1995年6月被评为“全国劳动模范”。1996年11月国务委员陈俊生自己到大关村看望何元亮。1997年，当选为中共十五大代表。是中共罗甸县第六届代表大会代表，中共黔南州第七次、第八次代表大会代表，2000年获省政府授予“劳动模范”称号。

1998年他任云干乡党委副书记后，主抓猴场片区全面工作，继续率领群众修小水窖、建沼气池、坡改梯（长冲、上耐、上湾）、修公路（通猴场至从阳湾村级路），完成大关与边阳镇大文片区断头公路接头工程，实施大关至嘎聋、冗江、长冲至屯上组级公路以及村组串户路硬化，猴场农贸市场管理及改造扩建项目工程，进行新农村建设，任劳任怨。2014年6月，何元亮因病医治无效去世，终年75岁。

二、首轮《黔南布依族苗族自治州志》人物传补遗

宋钦（？—1381年）　原名宋蒙古歹，水东草塘司（今瓮安县草塘）人，出生年不详。其祖父宋阿重为元朝靖江路总管。宋钦袭草塘平夷宣抚司宣抚使。元至正年间（1341—1370年），以平寇功为八番、顺元等处沿边宣抚使。明洪武年间（1368—1398年），与顺元等处军民宣抚使、八番沿边宣慰使霭翠相率内附。洪武五年（1372年）正月，明改顺元为贵州，赐宋蒙古歹名为宋钦，升贵州宣抚司为宣慰司，钦升宣慰同知。领水东贵竹等十长官司，红边、陈湖等十二马头，设治贵州（今贵阳）城内。明洪武十四年（1381年），宋钦去世。

莫与俦（1763—1841年）　字犹人，号杰夫、寿民，布依族，独山县兔场人，清乾隆二十八年（1763年）生。清嘉庆二年（1797年），莫与俦考中举人，次年中进士。清嘉庆六年（1801年），由庶吉士出任四川盐源县知县。莫与俦到任，力改其弊，上奏裁税。离境时，当地群众集队送行。清嘉庆九年（1804年），莫与俦任四川甲子科乡试同考官。不久，父亲病故，回家奔丧。因母亲年过古稀，在家侍奉。清嘉庆十三年（1808年），在八寨厅（今丹寨）王氏家设馆教学。次年，受聘独山紫泉书院，任主讲。莫与俦在独山12年，创建“影山草堂”，教育乡里子弟。其母逝世后，他不愿再去四川任官。清道光二年（1822年），被选为遵义府学教授。次年，全家迁往遵义。莫与俦在遵义教授19年，是

“影山文化”的奠基者。莫与俦著作有《贵州置省以来治学记》《都匀府自南齐以上地理考》《牂牁考》《毋敛贵州先贤考》《二南近说》4 卷、《仁本事韵》2 卷、《喇吗记闻》2 卷，诗文收在《贞定遗集》，另有《示诸生教》4 卷。其子莫友芝遵父言行，作《过庭碎录》12 卷。清道光二十一年（1841 年），莫与俦因病逝世，终年 79 岁，葬于遵义城东青田山。

乔弟旺（1874—1944 年）　苗族，龙里县岱林乡人，清同治十三年（1874 年）生。人们通称他“老银匠公”。其后代以汉族姓氏改为杨姓。乔弟旺自幼读私塾，并跟随父亲学习银饰手艺，长大后到省城拜师学艺。他虚心好学，深得师傅青睐，因而能熟练掌握炼银火候、小模型制作、含银比例、工具使用等技术技巧。他使用小巧的锤、钻、凿、钳将冶炼后的红铜制成雅朴、彩纹细微美观的手镯、戒指等首饰；将较重的苗家耳坠银钩改制成小巧玲珑的灯笼形耳坠；苗家姑娘绸锦衣上装饰和银泡花，正面琢有花、草、虫、鱼、龙、凤图案；为婴儿帽檐、帽边、帽尾制作的“银老爷”有八仙、寿星、麒麟、龙、凤、鱼、虾，还有三棱形、四棱形银链双钩和单钩环链、银链吊钩响铃和百家锁等，都是乔弟旺的拿手技艺。乔弟旺的精巧手艺为世代相传，他传子桑乔，后因桑乔有病，又传孙春银桑。乔弟旺随身携带工具，带着他的孙子春银桑走村串寨，方便群众，仅取劳金报酬，收费合理。他精工巧艺，为人慷慨乐观，生活俭朴，不以金钱为重，而以技艺为荣。乔弟旺乐于助人，凡寨上有遭灾难的人家，他尽力帮助，为人传颂。1944 年，乔弟旺逝世，终年 71 岁。

戴戡（1879—1917 年）　字锡九，号循若，贵定县人，清光绪五年（1879 年）生于贵定县昌明区猴场堡一农民家庭。1890 年，戴家搬到旧治，他拜当地名塾师郎方程为师。1904 年春，戴戡得到郎方程及乡绅资助，以县学附生赴日本留学。戴戡在日本结识了梁启超、蔡锷等人，并加入梁启超在日本组织的“政闻社”。1907 年 10 月，戴戡在日本宏文学院高等理化科毕业。回国后在河南省法政学校任庶务。1910 年，在云南省经办锡业矿务，任云南个旧锡务公司总经理。1911 年，时值辛亥革命，戴戡因与云南省蔡锷等关系密切，又是宪政派的骨干成员，被聘为枢密员兼军政股副主任。1912 年 3 月 2 日，蔡锷命唐继尧带兵攻占贵阳，推翻贵州军政府，唐继尧为贵州都督，戴戡为左参赞。1913 年 11 月 1 日，北洋政府任命戴戡为贵州民政长，后改为巡按使。1914 年，戴戡又调赴北京，任北京政府参政院参政。其间，与梁启超、蔡锷的关系更加亲密，成为进步党的活跃分子。1915 年，袁世凯复辟帝制，梁启超、蔡锷、戴戡等人在天津召开秘密会议，决定蔡锷、戴戡摆脱袁世凯监视尽快回到昆明，起兵讨袁。12 月 19 日，戴戡等人到达昆明，在都督府召开讨袁会。戴戡与蔡锷、唐继尧、任可澄等人联合通电全国，先后发出《通告全国共同劝告之漾电》《为声讨袁世凯宣布独立致电各省通电》《誓告全国声明护国宗旨书》等，号召全国人民行动起来，讨伐袁世凯。1915 年 12 月 25 日，云南宣布独立，成立护国军总司令部，戴戡任护国军右翼军司令。1916 年 1 月 3 日，戴戡率护国右翼军由滇入黔。1 月 24 日，戴戡率队抵达贵阳，对贵州决策者刘显世形成巨大的军事压力，积极向各界群众宣传，次日，贵州宣布脱离袁世凯政府独立，并参加武装讨袁。1916 年 2 月，戴戡亲自指挥护国军右翼军（第一军）北路军，向綦江前沿阵地发动进攻，经过一个多月的鏖战，重创北洋军。1916 年 7 月 7 日，北京政府任戴戡为贵州省省长，后又改任川东巡阅使。1916 年 9 月 13 日，北京政府任命戴戡暂署四川省省长兼军务会办。10 月 7 日，北京政府任命戴戡为四川省省长。1917 年 7 月 5 日，川、黔两军在成都发生战斗，7 月 20 日，戴戡退出成都，沿途遭川军伏击，7 月 21 日，被川军四面包围，戴戡自杀身亡，终年 39 岁。1917 年 8 月 17 日，北京政府追认戴戡为陆军上将，其生平事迹由国史馆立传，并由财政部拨银 1 万两治丧，灵柩运回原籍，葬于贵定县旧治镇大学坡。

拓滨（1886—1950 年） 原名拓泽滨，号鲁生，平越（今福泉市）人，清光绪十二年（1886 年）生于贵州省平越县龙昌镇团阳村农民家庭。拓滨自幼勤奋学习，后留学日本，结识平刚等人，加入同盟会。清宣统元年（1909 年）参加陈去病、柳亚子等组织的进步文学团体“南社”。民国初年任国民政府中央赈济委员会委员，旋任国民党交通部名誉交际干事。1913 年 3 月 20 日，陪送国民党理事长宋教仁赴上海车站，宋教仁被袁世凯亲信所害，拓滨自此无意政治，浪迹京、沪间，进而遁世绝俗进入佛门。1932 年 10 月，拓滨在北京参加张学良、朱庆澜发起，九世班禅主持的“金刚法会”，受灌顶，后入西藏修习藏密。1937 年返黔，住贵阳大乘寺，传授藏密，有双清、刘越凡等百余人从习。1945 年，拓滨与兼任中国佛教会贵州省分会理事长的平刚等邀请云南丽江普济寺（属噶举派）著名活佛圣露来筑，在黔明寺传授“密乘教法”。圣露圆寂后，拓滨等迎其灵骨建塔于东山。1950 年，拓滨逝世于贵阳，终年 65 岁，葬于东山。

朱学范（1889—1983 年） 瓮安县人，清光绪十五年（1889 年）生。朱学范早年赴日本求学，1922 年毕业于日本帝国大学化工科，回国后一直从事化工技术教育工作，曾任天津高等工业学校和瓮安中学教员。新中国成立后，朱学范历任贵州省工矿处研究员、工程师，工业厅技术室工程师，工业综合研究所副所长兼化验室主任。1958 年，他调到贵州工学院任化工系副主任。1961 年经教育部批准定为教授，1963 年被选为贵州省第三届人大代表。朱学范从事分析化验工作近 30 年，在学术上有很高造诣，对矿物分析有丰富的实际经验，特别是对铝、铁、锰等矿物做过系统分析研究，同时对稀有金属锗、镓、铟等的提取也做过很多的研究工作，在贵州省化工界有很大的影响。在贵州工学院化工系工作期间，他解决了不少有关分析化学教学和科研方面的难题，同时严格要求学生，培养和帮助青年教师提高业务水平。1960 年被评为学院先进工作者。1964 年，朱学范退休。1983 年，朱学范去世，终年 95 岁。

宋思一（1894—1984 年） 贵定县昌明区都六乡宋家寨人，清光绪二十年（1894 年）生。宋思一少年时在贵阳时敏小学读书，后入贵州省立南明中学，又转入省立模范中学就读。1920年，他留学日本学习军事两年，因经济困难被迫回国，在上海大同大学读书。1924年6月，他考入黄埔军校第一期，毕业后任军校教导一团中尉副官兼军需，曾参加平定广州商团陈廉伯叛乱。东征结束后，他在何应钦教导团任连长。黄埔军校潮汕分校成立后，在校任学生队长。1926年北伐战争时期，宋思一在北伐军东路军何应钦总指挥部工作，随军出师福建，任福州公安局局长、独立师政治部主任，后调陆、海、空军总司令部任上校侍从参谋。1928年春，宋思一在黄埔军校任管理处处长。1929年初，任武汉行营管理处处长，之后，调任中央陆军军官学校武汉分校政治训练处少将处长。1930年任第十师副师长，次年调任38师副师长，1933年到陆军大学特别培训班第二期学习。1937年7月，抗日战争爆发，8月，宋思一从陆军大学毕业，到保定卫立煌部任后方办事处处长，负责办理前敌总司令部的物资运输及后方各项事宜。次年春，他调任渭南第八补训处处长，共训练6个团的官兵补充卫立煌部。同年夏，宋思一任140师师长，参加台儿庄战役，打击日本侵略军。后宋思一又参加保卫武汉战斗。武汉失守，140师又退居桃林布阵，为掩护关军团的撤退，宋思一指挥140师与日军一个加强联队激战，打退日军的多次进攻，双方死伤三百多人，胜利完成掩护撤退任务。1939年7月，他辞去140师师长职务，于10月回到贵阳。1940年夏，宋思一被卫立煌起用到第一战区长官部工作，又被派任张家口地区部队司令，督训刚整编过的原伪军新七军。年底，调任胡宗南西北游击干部训练班副教育长。1944年4月，因老母跌伤，宋思一辞职留居贵阳。7月，陆军部任命宋思一为贵阳警备司令兼省防空司令。11月下旬，日军分三路侵犯黔境时，贵阳进行戒严，宋思一兼戒严司令。1945年，接陆军部通知，宋思一作为中方代表到芷江参加日军投降典礼。抗日战争胜利后，宋思一不愿意再参加内战，于1948年8月向汤恩伯辞去上海职务转回贵阳。此后，宋思一办铁厂，筹资兴办私立都六新民小学。1948年秋，谷正伦任贵州省主席兼绥靖主任，宋思一为副主任。1949年11月，贵阳解放，宋思一携家赴昆明。12月9日，云南卢汉起义，宋思一与贵州省代主席何朝东弃暗投明，宣布脱离国民党返筑。在新中国，宋思一通过广播、书信不断地与台湾同学联系，为祖国统一做贡献。1984年11月14日，宋思一在贵阳病逝，终年91岁。

胡羽高（1895—1957年） 原名承翯，后改名翯，三都县三合镇人。清光绪二十一年（1895年）生。1917年，胡羽高毕业于北京高等师范学校国文专修科。次年，出任贵州省天柱县县长，时年23岁。后历任遵义、镇远、镇宁等县县长。1927年任贵州省参议员。1928年任贵南马路总监工委员，力争把修筑三合支路纳入贵南路修建计划。是年，县内三合至羊勇关段17公里竣工，1940年三合至麻江陆家桥段105公里全线通车。1933年胡羽高出任湖南何键部队少将参议员，后任驻四川万县物资专员。曾出资修建一幢九间三楼木瓦结构房屋为义舍，一、二层以低廉租金供贫民手工业者和寄宿学生居住，三楼无偿供过往难民及乞丐留宿。继又捐献城郊上坝稻田数丘为筹建三都初级造纸职业学校（今三都民中）的基金。1943年修建黔桂铁路，抽调三都民工过多，胡羽高联名致函省政府核准减免。1948年他当选国大代表。胡羽高酷爱读书、藏书和著书。20世纪40年代，在县城旧居建有“德金图书馆”，藏书 5 万多册，并为筹建县民教馆赠书 1 万余册。曾主持编印《三合县志略》《镇宁县志》，参与续修民国《贵州通志》。个人著作有《牂牁丛考》《胡忠公简公年谱》《三都乙酉水灾纪实》及 1935 年前后有关贵州军事的一些资料汇编。为便于出版发行，专门在贵阳开设“羽高书店”。1957 年 8 月 28 日，胡羽高病逝于贵阳太慈桥，终年 63 岁。

毛景周（1897—1952 年） 龙里县羊场镇人，清光绪二十三年（1897 年）生。毛景周在贵州讲武学堂毕业，留学日本士官学校，回国后任广州第三军官学校教官。北伐时在张发奎部队任职。1926 年初，曾参加西南军人联合会和西南革命同志会，任国民革命军第一师教官。是年 5 月，周恩来离开广州时，指定周逸群负责成立西南革命同志会，在召开成立大会当天，毛景周（黄埔军校大队长）负责会场保卫工作，左派官兵学员佩带手枪，按序定位就座，孙文主义学会人员也先后到会，朱培德、周逸群、李侠公、熊雄等应邀上主席台就座。会议开始不久，孙文主义学会骨干分子谭南杰跑上主席台辱骂周逸群，王惠生在台下配合大骂，并拔出手枪指着周逸群、李侠公二人，当即被毛景周缴械，王惠生在挣扎中扣动扳机，子弹射到主席台墙壁上，李侠公在混乱中眼角受伤。在周逸群的怒斥下，对立分子逃离会场。会后，毛景周派卫士开车送周逸群、李侠公安全回到住所。后毛景周到贺龙部任教导团团长。1927 年，贺龙、周逸群派毛景周到国民革命军第六军程潜部任参谋长，后任十六军赖兴辉部少将参谋长。1936 年，毛景周在黔、桂边境组织抗日救国军第四纵队，任司令。民国 25 年（1936 年）4 月，中共党员秦天真从上海回到贵州，正处国民党白色恐怖时期，秦天真经人介绍，化名余汉生在毛景周的部队隐藏，两人相处甚好。“七七”事变后，毛景周部队编入李宗仁部，应平刚邀请回贵州任省参议员。毛景周在贵阳时，家居王家巷，其住宅便是中共贵州省地下组织领导人的秘密集中处所。1949 年 11 月贵阳解放后，毛景周到贵州军区报到，并奉命到贵定县争取陈化纯投诚。1951 年土地改革时，毛景周回乡。1952 年 1 月，毛景周因病逝世，终年 55 岁。

罗士彬（1897—1965 年） 独山县城关镇人，清光绪二十三年（1897 年）生。罗士彬早年加入黔军，历经护国护法战争。1926 年，他加入国民革命军，所在第十军为北伐军左翼前锋，后转战安徽、江苏一带。在夺取安庆、合肥、徐州的战役中，罗士彬任团长，屡立战功。北伐后期，蒋介石排斥异己，第十军缩编，罗士彬去四川闲居。1934 年，罗士彬回到独山，购房置田，广种花木，弈棋品茶，吟诗写字，息影家园。1944 年，日本侵略军逼近贵州，为捍卫家乡，罗士彬出任独山县抗日自卫团副司令兼一支队长，负责独山上司以北地区的防务，率自卫队一部在城北 10 公里拉林一带活动。日本侵略军撤走后，罗士彬被专员周希廉扣押，后脱逃四川。1945 年，罗士彬任四川雷波复兴垦殖公司总经理。1946 年，公司被中央军围攻。1949 年初，罗士彬改任四川雷马屏边区守备司令部少将参谋长。1949 年 11 月，解放军解放重庆、泸州。在中共地下人员联络下，罗士彬所在部队起义，配合解放军 18 军沿大渡河截击宋希濂部，歼敌近万人。1952 年，罗士彬转业回独山，参加改建黔桂公路和修建黎家寨水库，任城关和平街民工队长。1960 年、1963 年先后当选为独山县政协驻会常务委员。1965 年，罗士彬病逝，终年 68 岁。

史维新（1897—1979 年） 字铭孟，贵定县沿山区人，清光绪二十三年（1897 年）出生在一个较富裕家庭。史维新 8 岁开始在本地上小学，1901—1916 年，他转入贵阳时敏小学和南明中学续学，中学毕业后，1917 年到日本，在其大哥史维焕的辅导和帮助下，1919 年考进日本福岗明治学校采矿系。1924 年，他学成回国，到汉冶萍公司属下的鄱东煤矿担任技术员，后升任工程师。1931 年，史维新调南京国民政府建设委员会任技正（即工程师），其间，他曾主编建设委员会主办的《建设》期刊第一、二期和矿冶工程师学会主办的《矿冶》期刊第一、二期，同时兼任中国矿冶工程师学会干事。1938 年春，史维新调到资源委员会作技正，在此期间，正值国民贵州省政府准备开发贵州的汞矿急需技术人才，国民政府资源委员会派史维新到贵州，筹办贵州矿务局，任贵州矿务局局长。在开发贵州汞矿时，同时开采四川、湖南汞矿。1941 年，史维新调任四川矿业公司总经理，负责筹办该公司的业务工作。1946 年，他调任威远煤矿经理，还兼任近两年的私办煤矿经理。

新中国成立后，史维新在四川大学从事教学工作。1952 年 4 月，史维新调到重庆大学冶矿系任教授。1956 年，被任命为采矿系采煤方法教研室主任。他对采煤学科进行系统研究，1959 年选择《采场地压》课题研究，克服种种困难取得了较好的科研成果，1960 年被选为校务委员。“文化大革命”（1966—1976 年）中，史维新受到错误批判。1977 年，他离开教学岗位在家休养时，还时时惦记着采矿的教学工作，向领导献计献策。1979 年 4 月 23 日，中共重庆大学党委给史维新落实政策，撤销了强加的不实之词。1979 年 11 月 3 日，史维新在重庆大学因病去世，终年 82 岁。

陈泰运（1898—1951 年） 字化谆，贵定县昌明区旧治乡人，清光绪二十四年（1898 年）生。陈泰运少年时，先后在“三育学堂”和贵阳时敏小学读书，后升入南明中学，1920 年考入南京高等师范学校。1924 年 6 月，陈泰运考入黄埔军校一期，在第三队学习，毕业后在军校教导团任排长。1925 年 10 月随教导团参加第二次东征，经过两天的激战，一举攻下惠州城，他升为连长，后再升为营长。1926 年，率部队参加北伐，因战功卓著，晋升为上校团长。1927 年，陈泰运调到蒋介石侍从室工作。次年，他调到钱大钧部任上校参谋处长。黄埔军校移到南京，更名为陆军军官学校，陈泰运被派到校任中队长兼教官。1929 年，他升任 51 师 152 旅少将旅长，驻防湖北省襄阳至老河口一带，当时贺龙的红军第六军在这一带活动，两军处于相安无事的默契中。1934 年 8 月，中国工农红军长征，国民党令陈泰运部进行堵截，陈泰运巧妙运用“明进攻，暗放行”的办法，让红军离开湖北境内，然后尾随追击，朝天放枪。1937 年，陈泰运调汤恩伯部任高级参谋，在保卫武汉的战役中，被任命为八十八师副师长，驻守武汉市郊花园镇，指挥一个团在花园镇与日军展开殊死决战，日军遭重创，该团伤亡惨重，战后，陈泰运受到嘉奖。1939 年，陈泰运参加将官集训，晋升中将，被任命为国民党长江下游挺进军总指挥兼淮南行署主任，并负责管理两淮盐务，后又被军政部、财政部任命为两淮税警总团长。此间，部队驻守曲塘一带，与新四军对峙。在陈毅等人的教育和说服下，从未出击过新四军，并背着韩德勤部队调离曲塘，让新四军通过。陈泰运率部队积极主动对日作战，在新安镇战役中，彻底摧毁了日军的一个重要后勤基地，消灭了日军三个中队，缴获大量武器弹药和军用物资，受到嘉奖。苏北人民为此赠给陈部锦旗一面。韩德勤多次密告陈泰运通共，陈泰运因此被蒋介石怀疑，调回南京，解除兵权，后来何应钦及黄埔几名同学力保才幸免于难。此后，他一直闲居在家。1946 年，经杜聿明推荐，陈泰运重返军中，任 74 军中将副军长，驻守东北四平。四平解放后，陈随部分人员经大连乘轮船到上海转赴南京。南京解放前夕，陈泰运逃往台湾，后经贵阳子女多次函电劝说，于 1949 年秋只身回到贵阳，被黄埔同学（当时任贵州省军管区司令）刘汉祯推荐为贵定专区专员。1949 年 11 月贵定解放后，陈泰运携家眷逃到掌布躲避，后经解放军写信招回贵阳，贵州省人民政府负责人指示：稍后可给他（陈泰运）安排适当工作。1951 年 3 月 6 日，陈泰运携妻李秀清乘车回贵定到贵阳龙洞堡处翻车身亡。终年 53 岁。

何兆清（1898—1969 年） 贵定县云务区营上村人，清光绪二十四年（1898 年）生。何兆清 3 岁丧母，少时勤学苦读，后考取贵州省立师范学校，1919 年毕业，以优异成绩考入国立南京高等师范学校（1921 年改为东南大学）数理化科学习，1923 年毕业，留东南大学附属中学任教。不久被选派到法国里昂大学哲学专业深造。1926 年毕业，获哲学硕士学位。第二年回国，在北伐军总司令部任高级秘书，后应聘到南京国立中央大学任教授。1937 年抗日战争爆发，随中央大学迁到重庆。1941 年贵阳文通书局编辑所聘其为编审委员会委员。抗日战争胜利后，在北京大学任哲学、逻辑学教授。何兆清从事教育期间，主要讲授《逻辑学》《哲学概论》《西方哲学史》等课程。出版的著述有《伦理学大纲》《逻辑学史讲义》《科学概论》等。在北京大学任教期间，指导西方逻辑学名著《思维与思维述》的研究工作，担任多届研究生导师。“文化大革命”（1966—1976 年）中，何兆清被迫害批斗。1979 年获平反昭雪。1969 年 1 月，何兆清在北京逝世，终年 71 岁，葬于北京八宝山革命公墓。

晏玉琮（1901—1982 年） 号瑞林，龙里县谷龙乡人，清光绪二十七年（1901 年）出生在一个农商兼营之家。晏玉琮少年时在谷龙崇德小学校读书。贵阳师范毕业后，1921 年考入云南航校第一期，毕业后，任唐继尧部空军飞行员。继后，在孙中山革命政府领导下参加了北伐战争，并任航空队长，曾多次率机配合地面战斗，为北伐立下功劳。国民政府中央航空学校在杭州笕桥建立，晏玉琮首任教育处长，担任训练飞行员的重任。1933 年，晏玉琮奉命前往德、意、英、法等国考察航空教育事业。1936 年，被调任重型轰炸机第八大队长，在南昌进行空军训练，晏玉琮对学员进行操纵马丁重轰炸机的驾驶飞行和投弹技术的教学。1937 年，晏玉琮被调任航空委员会第二厅处长，负责空军各部门的管理和教育，扩大空军建设，以及空军各类技术人员的培训工作。抗日战争爆发后，他任空军前敌指挥部参谋长，先后在上海、南京、武汉等保卫战中参加指挥空战，5个月中，总计炸沉日军军舰23艘、炸伤67艘、炸毁日机16架、击伤9架。1939年，晏玉琮奉命在成都创办空军军士学校，任教育长。1941年，进陆军大学五期学习，毕业后任空军第五路司令官。是年12月，任云南防空副司令和边防副司令。抗日战争胜利后，晏玉琮任空军第五军区少将司令，辖西南各省空军，司令部驻重庆。1949年，蒋介石离开重庆时，曾指示晏玉琮炸毁白市驿机场重要设施，晏玉琮未执行。重庆解放前夕，晏玉琮在宪兵司令张镇的陪同下飞往台湾，后升为空军中将兼任台湾省警备司令。他退休后，一直居住在美国。1982年2月14日，晏玉琮在纽约病逝，终年81岁。

徐幼常（1902—1984年）　原名伦叙，别号觉，独山县人，清光绪二十八年（1902年）生。光绪三十年（1904年），父亲去世，随母迁居黄平县。1912年，其母去世，徐幼常给地主放牛，给人当书童，到锡铺学徒。后他到黔军李晓炎部当勤务兵，在广州编入滇军朱培德部队。1925年，徐幼常考入黄埔军校，为第五期学员。他参加北伐，攻打汀泗桥，一个排打垮敌军两个连，转战江苏，打败孙传芳一个营。1932年，在古北口战役中，他带一个营打败日本侵略军一个大队。参加台儿庄战役后，转战湘鄂，抗击日本侵略军。他历任连长、营长、旅长、少将副师长。1942年，徐幼常在国民党重庆陆军大学特别班五期毕业，任北平（今北京）军官训练班少将主任、成都军校学生总队少将总队长。其间，徐幼常倾向共产党，1945年，他协助国民党军15师师长孔从周脱险投奔解放区。1948年，徐幼常任北平第一军事学校主任，暗中派人与解放军渤海军区联系，参与策划北平和平解放，后率部38人到渤海军区学习。1949年初，以“徐觉”名义秘密率队在四川和贵州策反起义。6月，组织“徐觉纵队”策动刘树成起义。新中国成立后，1949年12月，徐幼常策动国民党陆军军官学校学生在四川大邑县起义。1956年，在成都参事室工作，1978年任参事室副主任。他当选政协成都市委第六、八届常委，成都市第五、八、九届人民代表，民革成都市委常委、民革中央团结委员。晚年，在病中协助落实统战政策，整理科技资料，撰写对台稿件，促进祖国统一大业。1984年，徐幼常病逝，终年82岁。

凌光亚（1903—1966年）　字公陆，贵定县城关镇人，清光绪二十九年（1903年）生。凌光亚青少年时，曾先后在贵定县城关高初二等小学、山西省立模范中学读书。1924年6月，考入黄埔军校第一期炮科，编为学生四队，毕业后分配在教导二团重机枪排任排长。1925年，凌光亚随教导团东征（已晋升为连长），奉命攻打惠州，在进攻前，凌光亚赴前沿观察，了解敌情，选定重机枪阵地。在战斗中，凌光亚腰部受重伤，战后，因功升任营长。1926年7月，凌光亚参加北伐，进驻南京。凌光亚率部抗击北洋军阀孙传芳部守住南京，因战功卓著晋升为二团上校副团长。1928年，凌光亚调任南京卫戍司令部参谋，后任中央陆军军官学校军官研究班大队长，后又任第七期中队长，第八期升副团长，次年调第30师79团任团长，驻防上海。1932年8月，凌光亚任宪兵教导总队总队长，总队改为宪兵6团，任团长，驻防苏州，负责京沪线治安任务，历时五年。1933年，中共党员、贵州遵义人陈沂因参加反帝大同盟被捕，陈沂的堂兄与凌光欧是中央军校第十期同学，通过凌光欧请凌光亚从宪兵司令部监狱中将陈沂保释出狱。1935 年，凌光亚又暗中保护中共地下党员张执一。1937 年初，凌光亚升调 83 师任少将旅长，驻守上海。8 月 13 日，日军进攻上海，凌光亚率部参加保卫大上海之战。上海失守后，率部退居晋北一带对日作战，在赵城战役中负重伤。因战绩卓著，升任 27 军副军长兼豫西师管区司令。1945 年 8 月，抗日战争胜利，凌光亚任滇、黔警监，后又调到贵州军管区任参谋长兼安顺警备司令，1948 年，任贵州绥靖公署高级参谋。1949 年 11 月 15 日，贵阳解放，凌光亚随国民党第五后勤部起义，被任命为贵州省中苏友好协会干事。1950 年，省政府分配他到贵州文史馆工作。1967 年，凌光亚在贵阳病逝，终年 64 岁。

熊正诗（1903—1978 年）　瓮安县银盏宋家坝人，清光绪二十九年（1903 年）生。1927 年，熊正诗考入黄埔军校，先学步科，后学骑科，1929 年毕业后任排长、连长。“一·二八”事变时，在吴淞一带与日军作战。1935 年，熊正诗任国民党 36 师营长，在苏州、无锡一带修筑江防工事抵御日军。“七七”事变爆发后，参加上海保卫战，在大场负伤送入英租界医院治疗，伤愈归队。1938 年，熊正诗升任团长，参加武汉保卫战。后调重庆修筑江防工事。1941 年，调西康警备乐西公路。1942 年，熊正诗奉命增援滇西，5 月 5 日凌晨到达怒江东岸惠通桥头，日军绕道鞋婆山偷渡 300 余人，熊正诗指挥部队隐蔽，引敌进入伏击圈全歼，对巩固惠通桥阵，保障云南腹地安全起到重要作用。1943 年，熊正诗升任少将副师长，后随军在云南高黎贡山、腾冲一带阻击日军，参加滇西大反攻，追击敌人到达缅甸密支那。1947 年，熊正诗考入国民党陆军大学乙级将官班，毕业后任宋希濂部高参。后任 122 军 346 师师长，不久调任 122 军参谋长。1949 年 9 月，熊正诗到四川黔江接兵，122 军在湖南大庸、桑植被解放军歼灭，熊正诗遂脱离部队到四川泸州以小贩为生。1951 年，熊正诗迁居遵义，在市建筑公司当工人，因工作积极，成绩突出，5 次被评为先进生产者。1956 年，熊正诗任民革遵义市委候补委员。1957 年 6 月以后，任政协遵义市委第二、三、四、五届委员。1963 年 4 月起，任驻会委员。1978 年 10 月，熊正诗因病逝世，终年 75 岁。

熊弼（1906—1958 年）　字俊义，又名绍诠，瓮安县城人，清光绪三十二年（1906 年）生。1922 年，熊弼毕业于瓮安简易师范。1924 年，到黔军第 4 师当兵，后选入贵州讲武堂第 6 期。1925 年后，历任排长、连长、参谋等职。1930—1933 年，先后就读于中央军校第 8 期和步兵学校。毕业后，历任 21 军教导团教官、新 8 师参谋主任、步兵团长、遵义步兵学校教官、93 军副参谋长、44 军参谋长、中央训练团监察官、贵州绥靖公署监察官、贵州省保安司令部少将高级参谋等职。1949 年 3 月，熊弼在贵阳结识中共地下党员杨一平、张凤鸣。经与杨一平、张凤鸣多次交谈，思想转变很快，愿为人民办事。不久，贵阳大中学校师生举行反饥饿示威游行，省主席谷正伦秘密部署镇压，熊弼速告杨一平、张凤鸣，采取必要措施，避免了流血牺牲。1949 年 11 月上旬，熊弼随保安部队在兴仁起义。

1950 年 3 月，作为解放军第 17 军联络员，带着军长兼政治委员赵健民的亲笔信，前往雷山争取原国民党黔东南绥靖区司令佘辉庭部起义。经反复开导，佘辉庭表示愿在适当时机率部起义。1950 年 11 月，熊弼奉命到西南军政大学高级研究班学习。1951 年 8 月任第 2 高级步兵学校战术教员。1952 年 5 月转业回瓮安，先后任雍阳小学教师、副校长、瓮安县第二届人民委员会委员。1957 年反右派斗争中熊弼受到错误批判。1958 年 2 月，熊弼逝世，终年 52 岁。1986 年，中共瓮安县委宣传部给予恢复名誉。

罗瑞林（1909—1988 年）　四川省永川县人，清宣统元年（1909 年）生。罗瑞林于 18 岁时，拜邓厚堂为师，学嵌花漆工艺、绘画及泥塑。随师十年中，曾为重庆、江津等地的大王庙、庄华山、王华冠等几个大庙塑过十殿菩萨、罗汉、神王。曾为一些有钱大户漆嵌花家具、画门神。罗瑞林 28 岁时，逢四川大旱，为求生计，他离开家乡迁到贵州瓮安县落户，并继承师艺，靠画神案、搞纸扎、塑神像及为富贵门第漆家具为生。他在求生路上练就了一手好技艺，尤其是他的嵌花漆工艺，更为人们称道。

新中国成立后，罗瑞林的漆艺得到发挥和提高。1957 年，黔南州工艺美术厂曾聘他专门制作嵌花漆工艺品，如花盘、花瓶、茶具、烟盒等。他制作的工艺品，有不少远销国外市场。罗瑞林所漆的用具，其特点是光洁如镜，经久耐用。所嵌绘的花草虫鱼、飞禽走兽均栩栩如生，色彩瑰丽。他的绘画题材也十分广泛，分为人物、花卉、虫鸟三类。其人物线描归系于吴道子派，运笔娴熟，画人物时，衣冠及佩戴比例准确，且无须临仿就能画出人物动态和多种性格的人物形象。罗瑞林在五六十年的漆工生涯里，制作了成百件嵌花漆器和上千件绘画及泥塑作品，积累了丰富的经验，其超高的嵌花漆技艺，深得人们赞扬。

1988 年，罗瑞林逝世，终年 80 岁。

全正熹（1911—1937 年）　荔波县洞塘乡尧所村人，1911 年生。

全正熹 5 岁入本乡私塾，8 岁读完“四书”“五经”，14 岁进入县城小学高小班读书，16 岁考入贵州省立都匀第五中学，他每次考试均获前三名，并获得跳级资格。全正熹 18 岁中学毕业，回到家乡，立志尚武，专心研习。后考入贵州军事教导团，中央陆军军官学校武汉分校招生，他被选中深造。1931 年，“九一八”事变后，又以高才生被选送中央航空学校飞行科学习。由于他钻研飞行理论，苦练飞行技术，成绩优异，毕业后留校任飞行科教官，提拔为中央空军第九队队长，率队前往杭州训练。1937 年，“七七”卢沟桥事变后，全正熹走上抗日战争前线，被调任空军第十四队队长，率队进驻安徽广德机场，以阻击敌机进犯，截断日军军事物资支援的空军航道，与地面陆军密切配合作战，协同保卫江浙皖赣一带。他率队与敌空战多次，屡战皆捷，多次击伤击毁敌机，沉重地打击了这一带日军空军的力量，打击日军的嚣张气焰。1937 年 11 月 24 日，全正熹由济南飞回南京途中，遭到日机袭击，由于众寡悬殊，被日机群围攻，全正熹与敌机开展一场激烈的空战，击伤日机一架，他驾驶的飞机不幸中弹坠毁。全正熹遇难，终年 26 岁。全正熹遇难后，国民党中央电告贵州省荔波县政府，追认他为抗日阵亡烈士，葬在南京航空烈士陵园 111 号墓地。

宋仕和（1913—1984 年）　仫佬族，平塘县牙舟乡冗平村人，1913 年生。宋仕和 18 岁起学陶瓷手艺，20 岁已能独立谋生，生产技术从踩泥、制坯、上釉到焙烧等工序，产品从日常生活器皿到各种玩具，都能全面制作。生产的陶器，保持着牙舟陶古朴敦厚的传统造型特点，却又不失机智灵巧，自有个性。他还擅长玩具和工艺品的制作，其泥坯全凭手捏，不经模式脱型。宋仕和从小就酷爱画画，对飞禽走兽有认真的观察，心中早有形象，因此随手拈泥，一捏就成，所捏出的鸡、鸭、鹅、鹰及狮、虎、牛、马等，活灵活现，其瓶、壶、盘、杯等，又神韵别具。1955 年，牙舟陶器手工业生产合作社成立，宋仕和被选举为理事会主任，担任这一职务至 1966 年“文化大革命”开始。在这十几年间，牙舟陶的生产有了较大发展，除日常生活器皿、玩具之外，还生产供摆设、装饰用的美术陶，品种从原有的 20 多个发展到 80 多个，釉色除原有的黄色、血色、绿色外，增加灰、棕、褐和紫色为基调的多种颜色。不仅生产规模扩大，产量增加，而且质量也有较大提高。生产的数千件产品，曾送往日本、丹麦、芬兰、法国等国家和香港地区展出，饮誉海外。1984 年，宋仕和逝世，终年 71 岁。

邓照德（1913—1990 年）　号昱滋，独山县城关镇人。1913 年，邓照德出生在一个中医世家，高祖春华、父亲郅烜（仲炎）都是有名的中医。

1928—1938 年，邓照德随父学习中医。1938 年，在贵州省国医研究所学习，学成后受聘于贵阳同苍药房和济生药房。1942 年，邓照德回独山，任黔桂铁路土方工程征总处中医诊所总所长。1944 年，他当选独山县中医师公会理事长。1947 年 6 月，获国民政府卫生部颁发的中医师证书。

1951 年，邓照德参加独山县土地改革工作组。是年，参加消灭天花的种痘工作，当选为县卫生工作者协会副主任委员。县政府保送他到省政府预防医学师资训练班学习。1952—1955 年，任县联合诊所副所长，兼县巡回医疗队组长，两次带队到边远村寨，防治疟疾、痢疾等病。1956 年 9 月，邓照德调贵州省干部医院（今省人民医院）任中医师。1965—1973 年，他先后 4 次参加省医院巡回医疗队，奔赴兴义、印江、从江、平塘等地，为山区培训卫生员，防治疾病。邓照德擅长内、妇、儿科，对医术求精，每有病例，总要求根索源，参考古代文献，理论结合实际。1990 年，他晋升为主任医师。邓照德先后著有《格林——巴利氏综合病治愈纪实》《中药改进剂型刍议》《气功疗法简介》《独山县医药卫生的发展情况》《独山名中医邓仲炎先生传略》《治验集》2 册、《温病源流辑要》1 册、《昱滋治钥》3 册、《昱滋诗词》2 册。1982 年，邓照德退休，晚年是全国中医学会贵州分会会员、中国科协自然专门学会会员、贵州省气功科学研究会理事，《爱晚诗社》社友，黔灵诗词书画篆记得研究社社员，贵州省诗词学会、贵阳市楹联学会会员，黔风诗社社员。他推敲写成的诗词，经常刊登在《爱晚诗刊》等省内刊物上。1986 年 12 月，被聘为独山乡友支乡协会贵阳分会顾问。1990 年，邓照德病逝，终年 77 岁。

晏文庄（1914—1937 年）　字超群，龙里县谷龙乡人，1914 年出生在一个农商兼营的大家庭。晏文庄在黄埔军校第十期毕业，后又在杭州笕桥中央航空学校第六期毕业。抗日战争爆发后，晏文庄被分配到沈崇海机队任飞行驾驶侦察员，沈崇海受命率机队远征东海，轰炸鹿儿岛日本军舰，晏文庄负责高空侦察及通讯联络，当沈崇海的轰炸机队在日军军舰“出云号”上空盘旋投弹时，日军驱逐机、战斗机迅速升空与沈崇海机队展开激烈空战，沈崇海命令其他飞机立即返航，而晏文城的飞机被日军紧紧追击，返航后，察其机翼、机尾中弹50余处。1937年10月15日，晏文庄受命与恽逸安（江苏武进人）驾机前往山西忻县侦察，拍摄日军军事设施，完成任务返航中，因遇大雾弥漫而迷航，不幸撞山失事牺牲，终年23岁。国民政府航空委员会发证追赠晏文庄为烈士，并给其亲属抚恤费。晏文庄母亲沈氏在贵阳永乐堡购置田土及房舍院落一座。时为贵阳市长的何辑五手书“文庄”金字红匾一块，两旁有木刻字联“先烈之血，革命之花”，外围墙嵌有一块长0.7米、宽0.4米石刻，上有仿岳飞题字书体“还我河山”4个大字。在1940年《中国空军抗战三周年纪念册》上记载着晏文庄的名字。《中国的空军》1938年第十一期刊登了王莹撰写的文章《悼念韩师愈、晏文庄》。

谭兆雄（1919—1951年）　1919年生于贵定县城关镇一个木匠家庭。谭兆雄8岁时，在贵定第一、二级小学读书，后考入贵阳达德中学。高中肄业后，他先后在贵阳烂泥沟小学、贵定庆熙标准中心学校、都六新民小学和章赣小学任教。1937年，在中共党员张恒的带领下，谭兆雄等进步青年利用壁报、专刊、宣传画在贵定县宣传抗日战争。1938年秋，白刃剧社筹资创办《抗日周报》，谭兆雄担任主编，刊物散发到全县各地。1939年初，国民党贵定县当局查封白刃剧社。是年秋，为转移国民党当局的视线，谭兆雄与剧团几名骨干商量，决定将“白刃话剧社”改为“抗日救国话剧团”，上演《收复失地》等剧目，使抗日宣传活动出现新的生气。不久，国民党当局又查封了“抗日救国话剧团”，谭兆雄等骨干被迫离开贵定。1940年春，谭兆雄受聘于贵州省警备司令宋思一的宋家私立都六新民小学校任校长。1940年9月，中共贵州省工委负责人邓止戈到唐山交通大学巡视工作时，被国民党当局逮捕，由于邓止戈当时没有暴露身份，逃出后到新民小学隐蔽，谭兆雄接待了邓止戈。邓止戈培养谭兆雄，同意接收他为中国共产党党员，并命交通员廖彬按组织程序负责办理入党手续。1947年8月，中共地下组织决定在郎岱、关岭一带开展武装斗争，张恒推荐谭兆雄参加，中共地下组织分配谭兆雄筹资和军需工作。郎岱暴动失败后，为保存革命力量，中共地下组织通知暴动人员撤离。1949年4月，谭兆雄等人在平伐地区开展迎接解放的工作。1949年11月12日，贵定解放，谭兆雄出面成立贵定城关人民办事处，后改为庆熙镇支前委员会，谭兆雄任主任，组织人员在县城中街供应过往部队粮食，并积极开展宣传工作，稳定社会秩序。1951年4月，谭兆雄被贵定县政府以反革命判决。1978年，中共十一届三中全会后，有关部门对谭兆雄进行了复查。1983年6月，经贵定县人民法院复查，澄清了谭兆雄蒙受的不白之冤，宣告谭兆雄无罪，为谭兆雄平反。是年，中共贵定县委对谭兆雄的党籍问题作了深入、细致的调查研究。1984年，中共贵州省委组织部决定承认谭兆雄是中国共产党党员，党龄从1940年算起，给予平反昭雪。

龙在江（1922—1989 年） 贵定县新场区人，1922 年生于德新乡沙坝村六豆坪一户农民家庭，以后又迁移到新铺乡晓村晓丰堂定居。龙在江 12 岁时，为了谋生，离家给张姓地主当童工放牛，后来，父母劳累多病，早年双故，靠姐姐和姐夫抚养长大。1939 年，烤烟传入家乡种植后，学种烤烟，对种烟产生浓厚兴趣。

1951 年后，在组织农业互助组和发展农业合作社的高潮中，龙在江被选任互助组长、初级社主任和高级社主任。1956 年，龙在江加入中国共产党，先后任新铺公社副社长、晓丰大队党支部书记、乡党委委员、新铺乡政府干部等职。在长期的生产实践中，龙在江积累和摸索了一套种植烤烟的经验，对烤烟选种、栽培管理、烟叶烘烤等方面有独到的经验。1952 年，他自己种的烤烟平均亩产达 186 公斤，创造了全省烤烟单产的最高纪录，获西南区授予“模范互助组”称号，被评为西南区农业爱国烤烟丰产模范。1953—1954 年，龙在江率领社员夺得烤烟丰收，县政府授予“烤烟模范”“一等烤烟丰产模范”各一次，授奖大水牯牛一头。龙在江任党支部书记的 20 年生涯中，深入村寨，联系群众，同群众一起劳动，为群众排忧解难，成为群众的知心朋友。他带领社员群众发展粮食生产和烤烟生产，曾连续三年被县授予粮烟双丰收的先进大队。1980 年，龙在江受省政府嘉奖。龙在江创造了用客土防治烤烟根腐病，用牛粪分层施肥疏松土壤，用大麦糖、耗子脑壳防治土蚕等农业防治方法，解决了长期烤烟生产难以解决的问题，促进了烤烟生产发展。他还改造烤房，缩短了烘烤时间，节约了燃料，提高了质量，受到广大烟农的欢迎和好评，被领导和群众誉为烤烟土专家。龙在江的种烟经验和烤烟生产技术，曾先后被邀请到西南区科学技术研究会、贵州农学院、安顺地区等地讲授。1957 年，赴北京参加烤烟生产技术座谈会，会议期间，受毛泽东、刘少奇、朱德、周恩来等国家领导人接见，并合影留念。龙在江还任过政协贵定县第一、二、三、四、五届委员，贵定县第二届人民代表大会代表，中共贵定县第五次代表大会代表，贵州省烟草学会理事，贵州省农学会会员，贵定县科学技术委员会委员，新铺乡烤烟研究会副理事长。1989 年 2 月 18 日，龙在江因病逝世。终年 68 岁。

朱学文（1924—1986 年） 瓮安县平定营梭罗人，1924 年出生。1948 年，朱学文考入清华大学土木工程系。在校期间，参加马克思列宁主义读书会和北平学生反抗国民党统治的示威游行。1949 年 11 月加入中国共产党。1951 年毕业后，历任东北公路总局技术员、公路设计第四分院材料试验室副主任、交通部公路科学研究院工程师、副研究员和中国交通运输协会投资效果评价学组成员等职。

20 世纪 50 年代朱学文从事筑路材料、道路翻浆和石灰土的研究。首次在严寒的黑龙江地区进行石灰土筑路试验成功，被东北交通局评为工作模范。20 世纪 60 年代初期，朱学文从事无砂石地区筑路材料和渣油路面研究推广工作，因成绩显著被评为交通部公路科学研究院先进工作者。1973 年，国家决定将青藏公路改建成二级公路，交通部决定将此科研任务交给朱学文，此时朱学文已年过半百，并患有高血压、心脏病，但他毫不畏缩，迅即率领科研人员赶到昆仑山口与唐古拉山口之间的五道梁安营，开展试验。五道梁海拔高达 4700 米，气候恶劣，地质复杂，是多年冻土层的腹地，恶劣的生活环境，艰苦的工作条件对朱学文的身体有着严重威胁。领导叫他离开营地“遥控”指挥，被他拒绝，仍坚持夜以继日地工作，顽强地往来于格尔木与拉萨之间进行勘测、考察，与科研组一起，取得数以万计的数据，整理出20多万字的研究报告，提出带规律性适合国情的方案，为指导青藏公路铺设沥青路面施工提供科学依据，使2680米试验路获得成功。此时朱学文胃溃疡大出血，经医院抢救脱险，在北京短期休养后不顾领导的劝阻，又踏上青藏高原。朱学文等完成的《青藏公路多年冻土层地区黑色路面的修筑技术》这一科研成果，使青藏公路改进工程节约工程费8257万元，改建后的青藏公路由于路面质量高，距离缩短，每年可为国家节约运输成本费5000万元。该成果被评为国家科技进步一等奖，朱学文受到国家计委、经委、科委和交通部的表彰。1983年，朱学文向第四届世界冻土会议提交学术论文，引起国内外专家的关注和赞赏。之后，他参与国家重要领域技术政策研究工作，主持完成国家公路交通发展技术政策研究，其成果获1986年国家科技进步一等奖。又参与公路建设投资的研究，为公路运输事业做出突出贡献，受到国务院、交通部嘉奖。

1986年4月，朱学文因病逝世，终年62岁。1986年6月16日，中共交通部党委追认其为优秀共产党员，并号召全体党员、职工学习朱学文将毕生精力献给国家公路交通事业的高尚品质。

颜光荣（1930—1984年） 贵定县新场区人，1930年出生在一个贫苦的苗族农民家庭。新中国成立前，颜光荣帮人打雇。新中国成立后，他加入中国共产党，曾任过生产队长、大队长、大队党支书、乡党委委员等职务。1966年，颜光荣被农业部派往坦桑尼亚指导种植烤烟。英专家断言说：坦桑尼亚不能种植（生长）烤烟。1964年，周恩来总理访问坦桑尼亚，坦桑尼亚总统尼雷尔抱着一线希望向周总理提出：恳求中国能派专家到坦桑尼亚帮助种植烤烟，周总理根据各方面情况，决定与坦桑尼亚总统签订《中国帮助坦种植烤烟的合同》（合同期五年）。在这种情况下，颜光荣等人在坦桑尼亚经过两年零六个月的努力，共种了11季烤烟，为坦桑尼亚培训了数百名种烟能手，坦桑尼亚总统三次到工地参观，与中国专家们握手，并竖起大拇指说：“中国人，伟大!”为中国赢得了信誉。1968年，颜光荣带领本大队建五百亩烤烟丰产坝，平均亩产150公斤，最高亩产达175公斤。1975年，颜光荣在科研部门支持下，大胆创新，试验成功了“麦套烟”耕作法，使麦地种烟提前10多天，解决历来麦地种烟晚、产量低、质量差的问题，这一经验曾被推广到全县乃至全省。1971年，他当选为中共贵定县第三届委员会委员。1980年，他被选为贵定县第五届政协委员。颜光荣被群众誉为“烤烟土专家”，带头实行农业生产联产承包责任制，是勤劳致富的带头人。1984年10月26日，颜光荣因病逝世，终年54岁。

三、人物名录

1991—2014 年黔南州获省部级以上表彰人员名录

姓名	性别	民族	工作单位	获奖称号	颁奖单位	颁奖时间
刘福智	男	汉	福泉市教育局	国家优秀教育工作者	人事部、教育部	1991
丁锡伟	男	汉	瓮安残联	全国助残先进个人	中央宣传部、人事部、民政部	1991
吴兴文	男	布依	荔波县人民法院	“严打”先进个人	省政府	1991
王显哲	男	汉	州粮食局	优秀财会人员	商业部	1991
胡如刚	男	汉	州粮食局	粮食保管先进个人	商业部	1991
吴万才	男	汉	瓮安县公安局	先进工作者	公安部	1991. 1
牟大才	男	汉	瓮安县公安局	全国颁发居民身份证先进工作者	公安部	1991. 1
徐惠民	女	汉	州检察院	为检察事业做出贡献	最高人民检察院	1991. 1
刘一中	男	汉	州物价检查所	1990 年物价大检查工作先进个人	国家物价局	1991. 1
潘德荣	男	水	州人大常委会	计划生育优秀工作者	省委、省政府	1991. 2
唐学杰	男	汉	州计生委	贵州省计划生育优秀工作者	省委、省政府	1991. 2
申　玮	男	汉	黔南民族职业技术学院	贵州省未成年人保护先进工作者	省政府	1991. 3
				安全生产先进工作者	省政府	1995. 3
杨志明	女	汉	荔波县科协	先进工作者	中国科协	1991. 4
王小华	男	水	州检察院	“严打”斗争先进工作者	省委、省政府	1991. 4
潘玉贵	男	汉	瓮安县摄影个体户	全国先进个体劳动者	国家工商局	1991. 4
蔡先文	男	汉	瓮安县法院	先进工作者	省委、省政府	1991. 4
邓杰峰	男	苗	独山县检察院	先进工作者	省委、省政府	1991. 4
李富明	男	布依	独山县政法委	“严打”先进工作者	省政府	1991. 4
张一枝	男	汉	长顺县检察院	先进工作者	省委、省政府	1991. 4
苏易明	男	汉	州司法局	1990 年度“严打”斗争先进工作者	省委、省政府	1991. 4
桂来忠	男	汉	都匀二小	全国优秀教师	国家教委、人事部	1991. 9
石平举	男	水	荔波县公安局	先进工作者	公安部	1991. 10
蒙家科	男	水	都匀市阳和乡文广站	全国广播电影电视系统先进工作者	广播电影电视部	1991. 12

续表

姓名	性别	民族	工作单位	获奖称号	颁奖单位	颁奖时间
邵跃生	男	汉	州体育局青少年业余体校	全国业余体育训练先进工作者	国家体委	1992. 11
王宪宗	男	汉	州住房和城乡建设局	1991 年全省抗洪抢险救灾先进个人	省委、省政府	1991. 12
				全国优秀村镇建设工作者	建设部	1996. 12
张正良	男	布依	龙里县谷脚镇煤厂	全国尊师重教先进个人	教育部	1992. 10
翁学斌	男	汉	州卫生监督局	全国优秀卫生监督员	卫生部	1992
刘世民	男	汉	东方机床厂	贵州省劳动模范	省政府	1992
				全国机械工业劳动模范	国家机械工业部	1995
韦茂隆	男	布依	荔波县检察院	先进工作者	最高人民检察院	1992
陈树方	男	汉	州保密局	全国保密先进工作者	国家保密局	1992. 3
犹家龙	男	汉	瓮安县龙塘乡政府	先进个人	国家综治委	1992. 12
仲跻平	男	汉	福泉市人大常委会	国家优秀教育工作者	人事部、教育部	1993
刘永州	男	汉	瓮安县公安局	全国优秀民警	公安部	1993. 4
李碧芝	女	汉	州检察院	全省核查工作先进工作者	省委	1993. 5
欧阳生忠	男	汉	州司法局	司法行政二级金星荣誉章	司法部	1993. 9
谢腾华	女	汉	州体育局	全国群众体育先进工作者	国家体委	1993. 9
袁仁威	男	汉	黔南医专	全国优秀教师	人事部、国家教委	1993. 9
曾佐藩	男	汉	瓮安中学	全国优秀教师	人事部	1993. 9
肖忠义	男	汉	龙里县播箕桥小学	全国优秀教师	国家教委、人事部	1993. 9
唐维民	男	汉	州农委农技站	全国省柴节煤工作先进工作者	国家计划委、农业部	1993. 10
				2008 年度全国粮食生产先进工作者	农业部	2008. 12
陈敏仪	女	汉	州卫生防疫站	全国卫生防疫防治工作先进个人	卫生部、铁道部、解放军总后勤部	1993. 11
王忠华	男	汉	州第二建筑工程公司	全国集体建筑企业家	建设部	1993
唐开选	男	汉	州集体施工企业管理站	全国集体建筑企业协会先进工作者	建设部	1993

续表

姓名	性别	民族	工作单位	获奖称号	颁奖单位	颁奖时间
杜志清	男	汉	州定额管理站	全国定额管理工作荣誉奖	建设部	1993
陆育义	男	布依	州法院	全国优秀人民警察	公安部	1993
黄正刚	男		平塘县通州粮食管理所	粮食收购先进个人	国家粮食储备局	1993
谢永湘	男	汉	都匀一中	全国优秀教师	教育部	1993
徐银芳	男	汉	瓮安县政府办	先进工作者	国家烟草专卖局	1994
吴凤武	男	布依	独山县政法委	县级土地利用现状调查二等奖	国家土地管理局	1994. 4
				安全生产监管、煤矿安全监察先进个人	国家安监总局	2007. 1
贡天玺	男	苗	都匀市汽车摩托车修理部	全国优秀社区服务志愿者	民政部	1994. 5
				全国诚实守信模范	中央宣传部　中央文明办	2013. 7
邓诚云	男	汉	黔南职院	优秀教育工作者	农业部	1994. 8
张玉荣	男	汉	龙里县环境卫生管理处	全国建设系统劳动模范	建设部、中国建设建材工会	1994. 10
				全国城市市容环境卫生先进工作者	建设部	2002. 7
赵福林	男	布依	贵州长顺建材集团总裁	全国第一届“创业之星”	国务院发展研究中心	1994. 8
莫运春	男	土家	州教育局	全国扫盲先进工作者	国家教委、国家计委、财政部、人事部、劳动部	1994. 11
江登智	男	苗	瓮安县供销社	全国内贸系统劳动模范、贵州省劳动模范	国内贸易部、人事部、省政府	1994. 12
王成凯	男	布依	都匀国家粮食储备库	粮食调运先进个人	国内贸易部、国家粮食储备局	1994
犹兴明	男	汉	瓮安县计生局	全国妇幼卫生先进工作者	卫生部	1995
石昌明	男	毛南	平塘县信访局	全国信访系统优秀工作者	中央办公厅、国务院办公厅	1995. 1
夏献禹	男	汉	龙里县中学	贵州省先进工作者；全国先进工作者	省委、省政府；国务院	1995. 4
何元亮	男	汉	罗甸县云干乡大关村	全国劳模	国务院	1995. 4
熊运嘉	女	汉	州检察院	贵州省先进工作者	省委省政府	1995. 4
				安全生产先进工作者	省政府	1995. 3

续表

姓名	性别	民族	工作单位	获奖称号	颁奖单位	颁奖时间
杨文勇	男	布依	独山麻万红峰爆竹厂	贵州省劳动模范	省政府	1995.5
胡智勇	男	布依	州政协	先进工作者	中央办公厅秘书局	1995.6
莫灿轩	男	布依	荔波县科协	扶贫工作先进个人	科技部、中科院、中国科协	1995.6
龙贵雄	男	苗	荔波县佳荣镇大土村	全国劳动模范；先进工作者	国务院	1995.6
何明交	男	布依	荔波县教育局	全国中等职业学校德育工作先进个人	教育部、人力资源和社会保障部	1995.7
张礼和	男	汉	州科协	全国农村科普先进工作者	中国科协	1995.8
王鼎昌	男	汉	州科协	全国农村科普先进工作者	中国科协	1995.8
梁作霞	女	布依	黔南民族职业技术学院	全国优秀教育工作者	国家教育委员会	1995.9
刘延龄	男	汉	州教育局	全国优秀教育工作者	国家教委、人事部	1995.9
陈星显	男	布依	瓮安县汽车站	全国道路运输先进工作者	交通部	1995.9
刘正邦	男	汉	龙里县洗马中学	全国优秀教师	国家教委、人事部	1995.9
兰昌福	男	汉	州体育局	计划生育先进个人	国家计生委	1995.10
陆兴繁	男	汉	瓮安县水利局	冬春农田水利基本建设先进工作者	省政府	1995.10
				全国第二批农村水电初级电气化县建设先进工作者	水利部、国家计委、中国水利电力工会	1996.5
				冬春农田水利基本建设先进工作者	省政府	1996.10
杨秀模	男		都匀市牛场粮店	粮食收购先进个人	国家粮食储备局	1995
胡建山	男	汉	州医院	全国先进工作者	卫生部、人事部	1995
吴玉华	女	汉	都匀一中	全国优秀教师	教育部	1995
谭义勇	男	布依	荔波县检察院	政法系统先进个人	省委、省政府	1995
汪汝华	男	汉	武警黔南支队	全国优秀带兵干部	武警总部	1995
包世泽	男	汉	瓮安县总工会	全国工会先进工作者	全国总工会	1996
张录湘	男	汉	4110厂	全国电子工业系统劳动模范	电子工业部	1996.1
张远军	男	汉	瓮安县人大常委会	全国乡镇企业系统优秀企业管理工作者	农业部	1996.6
				安全生产监管监察先进个人	国家安监总局	2010.1

续表

姓名	性别	民族	工作单位	获奖称号	颁奖单位	颁奖时间
周秋林	男	汉	黔南民族职业技术学院	全国农牧渔业丰收二等奖	农业部	1996. 9
邓　超	男	汉	瓮安中学	全国体育先进工作者	国家体委	1996. 12
李风奇	男	汉	瓮安中学	有突出贡献的优秀知识分子	国务院	1996. 12
袁小云	男	汉	瓮安县卫生和食品药品监督管理局	全国妇幼先进工作者	国家计生委、卫生部	1996. 12
李合忠	男	布依	三都县发改局	全国林业行业思想政治工作优秀工作者	林业部	1996. 12
胡朝映	男	汉	黔南民族职业技术学院	国家民族政策研究优秀成果二等奖	国家民委	1996. 12
彭文华	男	汉	福泉市工商局	优秀工商行政管理人员	国家工商局	1996. 12
伍声贤	男	汉	州国土资源局	武警部队优秀带兵干部	中国人民武装警察部队	1996. 12
				优秀基层干部标兵	武警贵州省总队	1997
汪水君	女	水	州医院	全国民族地区杰出青年	国家民宗委、团中央	1996
何喜贵	男	汉	都匀一中	全国有突出贡献知识分子，享受国务院津贴	国务院	1996
胡立军	男	汉	都匀一中	全国“三育人”先进个人	全国教育总工会	1996
王宪忠	男	汉	州建设局	全国优秀村镇建设工作者	建设部	1996
侯永发	男	汉	瓮安县草塘镇党委	全国优秀乡镇长	建设部	1996
罗开凤	女	汉	州建设局	全国建设系统纪检监察先进工作者	建设部	1996
				全国建设系统“九五”时期职工教育先进工作者	建设部	2000
陈忠欣	男	汉	州林业科学研究所	省科技进步四等奖	省政府	1996
邓贻金	男	汉	州退耕护林工程管理中心	促进科技贡献者奖	省政府	1996
张　季	女	汉	州森林病虫防治检疫站	省科技进步四等奖	省政府	1996
李瑞昌	男	苗	州林业局	全国飞播造林先进个人	林业部、中国民航总局、解放军空军、国家计委、财政部	1996

续表

姓名	性别	民族	工作单位	获奖称号	颁奖单位	颁奖时间
何志星	男	汉	州林业局	省星火科技二等奖	省政府	1996
				省科技进步三等奖	省政府	1996
				全省绿化先进工作者	省政府	2006
				贵州省绿化先进工作者	省政府	2006
				“五一”劳动奖章	全国总工会	2003
王德智	男	水	州天然林保护工程管理中心	省科技进步三等奖	省政府	1996
				全国保护森林和野生动植物资源先进个人	国家林业局	2011
				全国绿化奖章	全国绿化委	2013
古志谋	男		州营林总站	全国飞播造林先进个人	林业部、民航总局、解放军空军、国家计委、财政部	1996
吕忠才	男		州林勘队	全国飞播造林先进个人	林业部、民航总局、解放军空军、国家计委、财政部	1996
郑茂笙	男	汉	州卫生局	全国妇幼卫生先进工作者	卫生部	1996
				全国计划免疫工作先进个人	卫生部	1997
				全国消灭脊髓灰质炎工作先进个人	卫生部	2001
朱　西	男	汉	州林业局	全国飞播造林先进个人	林业部、民航总局、解放军空军、国家计委、财政部	1996
				全省绿化先进工作者	省政府	2006
				全国绿化奖章	全国绿化委	2008
杨光型	男	苗	都匀市疾控中心	全国地方病防治先进个人	卫生部、经贸委、农业部、水利部	1997
赵　敏	女	汉	州交通运输局	全国交通系统档案工作先进个人	交通运输部	1997. 3
颜昌光	男	汉	荔波县司法局	全国优秀司法局长	司法部	1997. 3
				人民满意公务员	省政府	1999. 1
刘坤兰	女	布依	惠水县农村工作局	农业基点先进调查员	农业部	1997. 3
						2000. 3
覃家平	男	布依	荔波县花堤小学	全国辛勤园丁	国家教委	1997. 3
吴德贵	男	汉	龙里县农村工作局	科技扶贫先进工作者	国家科委	1997. 4
吴明先	男	苗	都匀市坝固供销社	全国供销合作社系统劳动模范	人事部、供销合作总社	1997. 5

续表

姓名	性别	民族	工作单位	获奖称号	颁奖单位	颁奖时间
毛国庆	男	汉	都匀市环卫处	“五一”劳动奖章	全国总工会	1997.5
章明兵	男	汉	州环境保护监测站	先进个人	国家环保局	1997.8
朱臣国	男	汉	州政协	全国轻工集体经济联社先进工作者	手工业合作总社	1997.10
潘士杨	男	侗	州体育局	全国群众体育先进个人	国家体委	1997.10
黄家懿	女	壮	州计划局	全国农田水利基本建设先进工作者	省政府	1997.10
黄家懿	女	壮	州计划局	1991—1996 年度全省以工代赈坡改梯先进工作者	省政府	1998.2
田　文	男	汉	州进出口公司	全国外经贸系统劳动模范	人事部、外贸部	1998.2
陈长秀	男	布依	州人大常委会	全省优秀乡镇党委书记	省委	1998.3
陈长秀	男	布依	州人大常委会	贵州省人口和计划生育先进工作者	省委、省政府	2005.11
陈长秀	男	布依	州人大常委会	《人口和计划生育》杂志 2006 年度全国基层宣传优秀个人	国家人口计生委	2006.7
袁子进	男	汉	瓮安中学	全国优秀教师	教育部	1998.9
陈永寿	男	苗	龙里县羊场镇木马中学	全国模范教师	教育部、人事部	1998.9
覃仲怀	男	布依	荔波县教育局	全国教育督导先进工作者	教育部	1998.12
潘廷旺	男	水	州人大常委会	民族团结进步模范	国家民委、省委、省政府	1998.12
徐宝林	女	汉	都匀二中	全国优秀教师	教育部	1998.9
徐宝林	女	汉	都匀二中	贵州省特级教师	省政府	1999.2
赵国霖	男	苗	贵州特色药业公司	全国抗洪救灾模范	全国政协	1998.10
王玉珍	女	汉	都匀一中	全国优秀教师	教育部	1998
於根生	女	汉	州政协	先进工作者	全国总工会	1999.3
於根生	女	汉	州政协	先进工作者	中央统战部	2006
冷安智	男	汉	都匀军供站	军供工作先进个人	民政部、解放军总后勤部	1999.6
冷安智	男	汉	都匀军供站	全国军供工作正规化建设先进个人	民政部、解放军总后勤部	2004.6

续表

姓名	性别	民族	工作单位	获奖称号	颁奖单位	颁奖时间
冷安智	男	汉	都匀军供站	抗灾救灾一等功	省委、省政府	2008.8
				全国军供工作先进个人	民政部、解放军总后勤部	2010.6
				“十一五”全国交通战备工作先进个人	国家国防动员委员会	2012.11
韦族琼	女	水	三都县政府	民族团结进步模范	国务院	1999.9
				全国各族青年团结进步优秀奖	国家民委、团中央、全国青联	2003.12
汪　涛	男	汉	龙里中学	全国学校体育卫生工作先进个人	教育部、国家体育总局	1999.10
刘建民	男	汉	州政府	全国科技进步考核先进个人	省政府	1999
				中国旅游突出贡献奖	国家旅游局	2007
杨荣辉	男	彝	州工商局	1998—1999年粮食市场监督管理先进个人	国家工商局	1999.12
罗世欢	男	布依	罗甸县工商局	1998—1999年粮食市场监督管理先进个人	国家工商局	1999.12
赵　劲	男	汉	州住建局	全国村镇建设先进工作者	建设部	1999
肖忠武	男	苗	州林业局	全国绿化奖章	全国绿化委员会	1999
				全国绿化奖章	全国绿化委员会	2000
				全国绿化先进工作者	全国绿化委员会	2001
黄云霞	女	布依	州医院	全省优秀共产党员	省委	1999
				贵州省“抗凝冻保民生”工作先进个人一等功	省委、省政府	2008
				全国“三八”红旗手	全国妇联	2009
				全国先进工作者	国务院	2010
康先妮	女	布依	都匀市环卫处	全国先进工作者	国务院	2000
董忠远	男	汉	瓮安县江界河风景名胜区管理处	全省先进工作者	省政府、省总工会	2000
				全国森林防火先进个人	国家森林防火指挥部、国家林业局	2007.2
				全省勤政廉政先进个人	省委、省政府	2007.11
				贵州省“抗凝冻、保民生”工作先进个人	省委、省政府	2008.4
冯关芳	男	汉	荔波县风景区管理处	先进个人	建设部	2000
陆兴华	男	布依	荔波县建设局	先进个人	建设部	2000

续表

姓名	性别	民族	工作单位	获奖称号	颁奖单位	颁奖时间
杨昌齐	男	布依	州人大常委会	希望工程攻坚奖	中国青少年发展基金会	2000. 1
俸才军	男	回	州农委能源办	1999 年度农业统计先进工作者	农业部	2000. 3
				第一次全国污染普查先进个人		2010. 3
钟清明	男	汉	州公安局	全国先进工作者	国务院	2000. 4
李永祥	男	汉	贵定县公安局	全省先进工作者	省政府	2000. 6
				全国先进工作者	国务院	2005. 5
孙丽华	女	满	都匀二中	全国“三八”红旗手	全国妇联	2000. 9
				全国优秀教育工作者	教育部	2004. 9
				全国总工会妇女建功标兵	全国总工会	2006. 9
				贵州省特级教师	省政府	2010. 1
邱跃萍	女	汉	瓮安二小	推进素质教育先进工作者	国家教委、人事部	2000. 12
黄　挺	男	壮	州体育局青少年业余体校	全国青少年体育工作先进工作者	国家体育总局、教育部	2000. 12
				2009—2012 年度全国群众体育先进个人	国家体育总局	2012
刘维芬	女	汉	贵定县工商局	优秀工商行政管理人员	国家工商局	2000. 12
韦祖宏	男	水	福泉市法院	人民满意的好法官	最高人民法院	2000
				全国十大杰出青年法官	最高人民法院团中央	2001. 5
程全洪	男	汉	州建设局	全国建设系统先进工作者	人事部、建设部	2000
				全国建设系统纪检监察先进工作者	建设部	2003
王宪华	男	汉	州医院	贵州省先进工作者	省政府	2000
				全国“五一”劳动奖章	全国总工会	2002
李兴旺	男	汉	州森林公安局	全国林业系统“三五”普法依法治理先进个人	国家林业局	2000
				1998—2000 年全国森林防火工作先进个人	国家林业局	2002
				全国林业法制工作先进个人	国家林业局	2004
				全国林业系统“四五”普法先进个人	国家林业局	2005

续表

姓名	性别	民族	工作单位	获奖称号	颁奖单位	颁奖时间
蔡卫东	男	汉	州林业科学研究所	全国森林病虫害防治先进工作者	国家林业局	2000
				全国森林病虫害防治工作先进个人	国家林业局	2004
杨来雄	男	侗	福泉市福泉中学	贵州省劳动模范	人事部、全国教委	2001
张祥开	男	汉	都匀市政法委	先进个人	中央组织部、中央宣传部、中央政法委、公安部、民政部、人事部、国务院防范和处理邪教问题办公室	2001. 2
陈胜学	男	汉	州公安局瓮安经济开发区分局	全国优秀人民警察	公安部	2001. 3
王雯洁	女	布依	州政协	全国法制宣传教育先进个人	中宣部、司法部	2001. 5
				2001—2005 年全国法制宣传教育模范个人		2006. 5
石明光	男	彝	州教育局	全国“两基”工作先进个人	教育部、财政部、国家计委	2001. 6
顾永刚	男	苗	都匀市国土资源局	贵州省都匀市土地利用总体规划一等奖	国土资源部	2001. 6
邓忠俭	男	汉	都匀市国土资源局	贵州省都匀市土地利用总体规划一等奖	国土资源部	2001. 6
王廷举	男	汉	州政协	全国党史系统先进工作者	中央党史研究室	2001. 7
				贵州省地方志系统先进工作者	省政府	2002. 1
蒙明洲	男	水	黔南民族职业技术学院	全国各族青年团结进步优秀奖	团中央、国家民委、中国青年联合会	2001. 7
金　焱	男	汉	黔南民族职业技术学院	全国优秀教师	教育部、人事部	2001. 9
闫　宏	男	汉	州计生委	全国婚育新风进万家活动先进个人	中宣部、国家计生委	2001. 10
黄　芬	女	汉	州国土资源局	全国土地资产管理工作先进个人	国土资源部	2001. 11
张校贤	男	汉	州体育局青少年业余体校	1996—2000 年度全国群众体育先进个人	国家体育总局	2001. 11
明再模	男	汉	州体育局	1996—2000 年度全国群众体育先进个人	国家体育总局	2001. 11

续表

姓名	性别	民族	工作单位	获奖称号	颁奖单位	颁奖时间
潘忠黎	男	水	州民宗委	全国第三批农村初级电气化先进工作者	水利部	2001. 11
吴荣祥	男	布依	荔波县水利局	农村水利电力初级电气化建设先进个人	水利部	2001. 11
何瑞武	男	布依	荔波县水利局	农村水利电力初级电气化建设先进个人	水利部	2001. 11
陈　军	男	汉	荔波县水利局	农村水利电力初级电气化建设先进个人	水利部	2001. 11
刘乾武	男	汉	都匀一中	全国优秀教师	教育部	2001
宋华平	男	汉	武警黔南支队	第四届武警十大忠诚卫士	武警总部	2001
石国惠	女	布依	州卫生监督局	全国卫生监督先进个人	卫生部	2002
温同安	男	汉	龙里县疾控中心	全国地方病防治先进个人	卫生部、农业部、水利部、国家经贸委	2002
李芳琦	女	汉	州史志办	全省地方志先进工作者	省政府	2002. 1
				全国地方志先进工作者	全国地方志指导小组	2005. 12
马文理	男	汉	都匀市水产站	全国农牧渔业丰收奖二等奖	农业部	2002. 1
				全国农牧渔业丰收奖三等奖	农业部	2010. 1
杨建林	女	汉	州级国库支付中心	先进个人	国务院第五次全国人口普查领导小组	2002. 1
刘国富	男	汉	州纪委监察局	在纪检监察工作中取得优异成绩，特予嘉奖	中共中央纪委、监察部	2002. 1
				全国纪检监察系统先进工作者	中纪委、人事部、监察部	2007. 1
雷书法	男	汉	州卫生局	实用新型专利证书	国家知识产权局	2002. 2
				“九五”期间农村改水改厕先进工作者	全国爱卫会	2002. 4
吴　锐	男	苗	州公路处	第二次全国公路普查工作先进个人	交通部、国家统计局	2002. 6
				全国农村公路通达情况专项调查先进个人		2007. 6
江东海	男	布依	州农委	全国动物防疫工作先进个人	农业部	2002. 7
胡黔明	男	汉	瓮安县文化市场综合执法大队	全国文化市场管理先进个人	文化部	2002. 8

续表

姓名	性别	民族	工作单位	获奖称号	颁奖单位	颁奖时间
叶运昌	男	汉	都匀市疾控中心	全国地方病防治先进个人	卫生部、国家经贸委、农业部、水利部	2002.9
陈昌远	男	布依	州规划局	全国先进工程质量监督工作者	建设部	2002
张玉荣	男	汉	龙里县环卫站	全国城市市容环境卫生先进工作者	建设部	2002
付永利	女	汉	州林业种苗站	全省兴农人才奖	省政府	2002
刘洪斗	男	汉	州林业调查规划院	全省兴农人才奖	省政府	2002
刘晓燕	女	汉	州工商局	全国个协、私协系统先进工作者	中国个体劳动者协会	2002.12
姜新建	男	汉	州检察院	“严打”斗争先进工作者	中央政法委、中央综治委	2003.4
白加龙	男	布依	州司法局	全国司法行政系统信息工作先进个人	司法部	2003.4
刘治邦	男	汉	黔南民族职业技术学院	贵州省科技进步三等奖	省政府	2003.8
龙　武	男	苗	州体育局	全国民族体育先进个人	国家民委、国家体育总局	2003.9
张爱华	男	汉	州检察院	检察教育工作先进个人	最高人民检察院	2003.9
王幼石	男	汉	瓮安县教育局	教育督导先进工作者	教育部	2003.9
李良学	男	汉	州体育局青少年业余体校	全国优秀社会体育指导员	国家体育总局	2003.11
李瑞军	男	汉	平塘县检察院	检察荣誉勋章	最高人民检察院	2003.11
刘　翔	男	汉	瓮安县国土资源局	全国矿产资源补偿费征管工作先进工作者	国土资源部	2003.12
陈士凤	女	布依	州档案局	全国档案系统先进工作者	人事部、国家档案局	2003.12
罗秋萍	女	汉	惠水县建设局	创建园林城市先进个人	建设部	2003
陈振明	男	汉	武警黔南支队	武警部队十大标兵士官	武警总部	2003
白　岗	男	汉	州住建局	全国建筑市场管理先进个人	建设部	2003
				全国建筑安全生产先进个人	建设部	2004
陈守国	男	汉	州卫生局	“降消”项目（2000—2001）工作先进个人	卫生部	2004.3

续表

姓名	性别	民族	工作单位	获奖称号	颁奖单位	颁奖时间
李新林	女	汉	都匀二中	全国“三八”红旗手	全国妇联	2004. 3
				贵州省特级教师	省政府	2006. 1
周庆岚	男	汉	州农委	2003 年度全国农业科技年活动先进工作者	农业部	2004. 2
				2009 年度全国粮食生产先进工作者		2009. 12
孙丽华	女	满	都匀二中	全国优秀教育工作者	教育部	2004
				全国女职工建功立业标兵	全国总工会	2006
				全国“三八”红旗手	全国妇联	2009
邬培祥	男	汉	瓮安中学	全国模范教师、全国中小学优秀班主任	人事部、教育部	2004. 9
洪其强	男	汉	龙里中学	全国优秀教师	教育部	2004. 9
罗天祥	男	汉	惠水县特殊教育学校	全国模范教师	教育部、人事部	2004. 9
汪　健	男	汉	贵州经典云雾茶叶有限公司	全国第六届“创业之星”	国务院发展研究中心	2004. 6
				全国第八届“创业之星”	国务院发展研究中心	2008. 5
王洪昌	男	汉	州科协	2002—2004 年全国“科教进社区”活动先进个人	中国科协、中央文明办	2004. 11
伍贵方	男	汉	州农委动物卫生监督检验所	2004 年度“服务农村青年增收成才先进个人”	团中央、农业部	2004. 12
石正燕	女	汉	瓮安县工商局	优秀工商行政管理人员	国家工商总局	2004. 12
丁爱民	男	汉	州检察院	贵州省勤政廉政先进工作者	省委、省政府	2004. 9
金大城	男	汉	都匀一中	全国优秀教师	教育部	2004
屈　健	男	布依	黔南州建筑工程质量监督站	全国工程质量监督先进工作者	中国建筑业协会	2004
姜　亮	男	汉	独山县建设局	全国建设系统先进工作者	人事部、建设部	2004
覃华章	女	汉	州人防办	全国人民防空先进个人	国家人防办	2005
陈　曦	男	汉	都匀市国土资源局	普法先进个人	国土资源部	2005
洪瑞禄	男	汉	惠水县农村工作局	全国跨区机收工作先进工作者	农业部	2005. 1

续表

姓名	性别	民族	工作单位	获奖称号	颁奖单位	颁奖时间
钟小蓉	女	汉	州特殊教育学校	贵州省中小学特级教师	省政府	2005. 1
白贤荣	男	布依	独山县法院	全国优秀法官	最高人民法院	2005. 3
黄培豪	男	汉	龙里龙腾铁合金有限责任公司	贵州省劳动模范	省政府	2005. 4
刘忠英	女	布依	贵州永红食品有限公司	贵州省劳动模范	省政府	2005. 4
李　卓	男	汉	威顿（中国）化工有限责任公司	贵州省劳动模范	省政府	2005. 4
陈远芳	男	布依	瓮安县辉磷矿化工有限责任公司	贵州省劳动模范	省政府	2005. 4
罗　谋	男	布依	贵州信邦制药股份有限公司	贵州省劳动模范	省政府	2005. 4
覃红建	男	瑶	荔波佳源建材商贸有限公司	贵州省劳动模范	省政府	2005. 4
赵启发	男	汉	福泉市城厢镇双谷村水果协会	贵州省劳动模范	省政府	2005. 4
汪财发	男	汉	罗甸县董架乡东跃村	全国劳动模范	国务院	2005. 4
李海仙	女	布依	三都县财政局	贵州省先进工作者	省政府	2005. 4
				全省 2001—2005 年度农村税费改革试点工作先进工作者	省委、省政府	2005. 8
				全国“巾帼建功”标兵	全国妇联、全国妇女“巾帼建功”活动领导小组	2007. 2
				第二次全国农业普查先进个人	国家统计局、国务院第二次全国农业普查领导小组	2008. 4
李　华	女	汉	都匀市民政局	“双学双比”先进工作者	全国妇联	2005. 5
蒙应平	男	布依	荔波县发改局	全国模范个人	国务院	2005. 5
韦　娅	女	布依	都匀市政法委	全国社会治安综合治理先进工作者	中央政法委、综治委	2005. 5
兰芳艳	女	彝	州教育局	全国语言文字工作先进个人	国家语委办	2005. 7
黄承瑞	女	彝	州体育局	2001—2005 年农村税费改革试点工作先进工作者	省委、省政府	2005. 8

续表

姓名	性别	民族	工作单位	获奖称号	颁奖单位	颁奖时间
张　蓉	女	汉	州妇联	贵州省人口和计划生育先进工作者	省委、省政府	2005.9
				全国“三八”红旗手	全国妇联	2012.3
周汉方	男	苗	龙里县法院	全国法院司法警察工作先进个人	最高人民法院	2005.10
李文茂	男	汉	荔波县瑶麓族乡党委	科普先进个人	中国科协	2005.10
高黔生	男	汉	州体育局青少年业余体校	全国群众体育先进个人	国家体育总局	2005.10
逄焕华	男	汉	州人大常委会	贵州省人口和计划生育先进工作者	省委、省政府	2005.11
胡经学	男	汉	都匀市工商局	全国“2005红盾护农”先进个人	国家工商总局	2005.12
郑　松	男	布依	州农委植保站	全国农业植物有害生物普查工作先进个人	农业部	2005.12
胡晓陆	男	汉	荔波县林业局	全国人事系统先进工作者	人事部	2005.12
杨颐宗	男	汉	州林业局	全国农业产业化先进工作者	农业部、国家发改委、财政部、商务部、中国人民银行、国家税务总局、中国证监会、全国供销合作总社	2005
刘言生	男	汉	州林业局	全国打击破坏森林资源专项行动先进个人	国家林业局	2005
				贵州省绿化奖章	省政府	2007
李爱芬	女	汉	州医院	全国卫生系统护理专业“巾帼建功”标兵	卫生部、全国妇联	2005
周玉凤	女	汉	州卫生监督局	全国卫生系统“四五”法制教育宣传先进个人	卫生部	2006
陈稠彪	男		州林业局	国家级生态示范建设先进个人	国家环保局	2006
				民族团结进步模范个人	省政府	2013
龙海燕	女	苗	瓮安县平定营镇政府	全国林业工作先进工作者	国家林业局	2006.3
龙沿成	男	汉	龙里县农村工作局	“双学双比”先进工作者	全国妇联	2006.3
骆紫光	男	汉	州司法局	全省“两基”攻坚工作先进个人	省委、省政府	2006.6

续表

姓名	性别	民族	工作单位	获奖称号	颁奖单位	颁奖时间
陆维勋	男	布依	都匀市疾控中心	全国结核病防治先进个人	卫生部	2006.6
高付全	男	汉	瓮安县银盏中学	“两基”攻坚工作先进个人	省委、省政府	2006.6
				“两基”工作先进个人	国务院	2012.9
陈永琼	女	布依	贵定县人大常委会	全国人口和计划生育科技先进个人	国家人口和计生委	2006.6
王　燕	女	苗	州委组织部	全国干部统计先进工作者	中组部	2006.6
陆永康	男	水	三都县羊福民族学校	中华人民共和国成立六十周年最具影响的劳动模范提名奖	全国总工会	2006.9
				全国“五一”劳动奖章	全国总工会	2009.9
王国忠	男	汉	州农科所	星火科技先进工作者	科技部	2006.10
陈盛根	男	汉	龙里县离退休干部局	全国先进老干部工作者	中组部、人事部	2006.10
于　宏	男	汉	州民政局	全国民间组织登记管理工作先进个人	民政部	2006.12
龙继章	男	汉	长顺县广顺镇财政所	全国财政系统先进工作者	人事部、财政部	2006.12
陆　杰	男	布依	平塘县司法局	全国司法行政系统先进工作者	人事部、司法局	2006.12
喻　速	男	汉	州物价检查所	全国价格监督检查先进个人	国家发改委	2006.12
曹志昂	男	汉	州司法局	优秀旅团主官	省军区	2006.12
				“十一五”期间计划生育工作先进工作者	省军区	2011.3
				优秀领导干部	省军区	2009.12
				全国“六五”普法中期先进工作者	全国普法办	2014.3
苟惠荣	女	汉	州林业科技推广站	全国优秀林业科技工作者	国家林业局	2006
张　平	女	汉	州商务和粮食局	全国商务系统先进工作者	人事部、商务部	2007
陈向东	男	侗	荔波县安监局	先进个人	国家安监总局	2007.1
陈大凯	男	布依	长顺县司法局	全国安全生产监督、煤矿安全生产监管先进个人	国家安监总局	2007.1

续表

姓名	性别	民族	工作单位	获奖称号	颁奖单位	颁奖时间
李家贵	男	汉	瓮安县农村工作局	全国测土配方施肥工作先进个人	农业部	2007. 2
蒙强炳	男	水	州信访局	先进工作者	国家信访局	2007. 3
秦雪飞	女	侗	州委宣传部	中宣部2006年度舆情信息工作先进个人	中宣部	2007. 3
王　岚	男	汉	龙里县森林公安局	全国优秀人民警察	公安部	2007. 5
胡仁强	男	汉	瓮安县公安局	全国优秀人民警察	公安部	2007. 6
王　敬	男	汉	都匀市国土资源局	全国测绘系统法制工作先进个人	国家测绘局	2007. 7
岑桂莲	女	布依	州教育局	全国模范教师、全国教育系统巾帼建功标兵	人事部、教育部	2007. 9
艾华林	男	汉	州农委	全国农机化信息宣传工作先进个人	农业部	2007. 10
万　亿	男	汉	瓮安县工商局	流通环节产品质量和食品安全生产专项整治工作先进个人	国家工商总局	2007. 11
黄淑珍	女	壮	都匀市园林管理处	全国建设系统先进工作者	人事部、建设部	2007. 12
刘元林	男	汉	瓮安县林业局	全国林政案件管理先进个人	国家林业局	2007. 12
廖贵秀	女	汉	平塘县国有林场	全国林业系统劳动模范	人事部、国家林业局	2007. 12
胡海燕	男	汉	预师二团政治处	爱军精武标兵	成都军区	2007
王　华	男	布依	州检察院	荣誉勋章	最高人民检察院	2008
胡晓剑	男	汉	州政府	“抗凝冻、保民生”先进个人	省委、省政府	2008
				2007—2008年度科技进步工作先进个人	科技部	2009
李应祥	男	汉	州茶办	2007年度“服务农村青年增收成才”先进个人	团中央、农业部	2008. 1
杨选华	男	汉	州交通运输局	全国交通行业保通先进个人	交通运输部	2008. 2
陈晓鹏	女	壮	州司法局	法律援助工作先进个人	省政府	2008. 5
王　春	男	汉	贵定县工商局	全国工商行政管理机关治理商业贿赂先进个人	国家工商总局	2008. 5

续表

姓名	性别	民族	工作单位	获奖称号	颁奖单位	颁奖时间
徐卓熙	男	布依	独山县司法局	全省法律援助工作先进个人	省政府	2008. 5
贾沛祥	男	汉	惠水县工商局	优秀工商行政管理人员	国家工商总局	2008. 9
叶　青	女	壮	龙里县工商局	优秀工商行政管理人员	国家工商总局	2008. 9
张　钊	男	苗	贵州长通集团	抗震救灾先进个人	全国工商联	2008. 12
				全国民族团结进步模范个人	国务院	2009. 9
李明健	男	汉	都匀一中	贵州省民族团结先进个人	省委、省政府	2008
张天鹏	男	汉	预师二团	抗震救灾先进个人	解放军四总部	2008
王伟超	男	汉	州建筑工程质量安全生产监督管理站	全国解决建设领域拖欠工程款工作先进个人	住建部	2008
李　刚	男	汉	都匀市政法委	全省民族团结先进个人	省委、省政府	2008
黄胤松	男	布依	独山县园林苗圃示范基地	全国科普惠农兴村带头人	中国科协、财政部	2009. 7
徐　彬	男	汉	龙里县政法委	嘉奖	省委	2009. 7
吴　俊	男	汉	龙里县政府	嘉奖	省委	2009. 7
罗　俊	男	布依	龙里县委	嘉奖	省委	2009. 7
林卫国	男	汉	龙里县政法委	嘉奖	省委	2009. 7
汪　安	男	汉	惠水县安监局	先进个人	国家安监总局	2009
石延富	男	布依	独山县东峰集团	全国“五一”劳动奖章	全国总工会	2009
胡连祖	女	汉	福泉市牛场中心小学	全国教育系统“巾帼建功”标兵	教育部、全国妇联	2009. 9
				全国模范教师	教育部、人事部	
				全国中小学优秀班主任	教育部、全国妇联	
田　戈	女	汉	惠水县民族中学	全国教育系统“巾帼建功”标兵	教育部、全国妇联	2009. 9
				全国模范教师	人社部、教育部	
韦　薇	女	水	三都县检察院	全国民族团结进步模范	国务院	2009. 9
				贵州省先进工作者	省政府	2010. 4
李彦琏	男	汉	州公路运管处	全国公路水路运输量专项调查先进个人	交通运输部	2009. 10

续表

姓名	性别	民族	工作单位	获奖称号	颁奖单位	颁奖时间
何玉平	男	布依	州公路运管处	全国交通运输系统先进工作者	人社部、交通运输部	2009. 12
文贤智	男	苗	福泉市环保局	全国排污费征收先进个人	国家环保局	2009. 12
卢光金	男	汉	瓮安县国土资源局	全国“十有”县地质灾害优秀群策群防员	国土资源部	2009. 12
吴启迪	男	苗	都匀市国土资源局	优秀群测群防员	国土资源部	2009. 12
				全国建设系统先进工作者	人社部、住建部	2012. 12
陈国本	男	布依	平塘县司法局	全省优秀人民调解员	省政府	2009. 12
				全国模范人民调解员	司法部	2010. 5
				全国模范人民调解员	司法部	2013. 1
吴智昌	男	布依	独山县司法局	全省优秀人民调解员	省政府	2009. 11
陈露霞	女	汉	都匀一中	全国“三八”红旗手	全国妇联	2009
姚明富	男	布依	都匀一中	全国优秀教师	教育部	2009
赵　成	男	汉	武警黔南支队	第十二届中国武警十大忠诚卫士候选人提名	武警总部	2009
张　琦	男	汉	农行福泉市支行	全国金融“五一”劳动奖章	全国总工会	2009
何荔楼	男	布依	农行黔南州分行	农行综合改革先进个人重大贡献奖	农行总行	2009
郭饶昆	男	汉	农行黔南州分行	农行综合改革先进个人贡献奖	农行总行	2009
雷永忠	男	汉	农行平塘县支行	农行综合改革先进个人贡献奖	农行总行	2009
潘仕祥	男	侗	预师二团	爱军精武标兵	成都军区	2009
莫廷昌	男	布依	都匀市环保局	第一次全国污染源普查先进工作者	环保部	2010
葛一飞	女	汉	州中医院	全国医院卫生系统先进个人	卫生部、国家食品药品监督管理局、国家中医药管理局	2010. 1
陈明照	男	布依	州农委	第一次全国污染源普查工作先进个人	国务院第一次全国污染领导小组办公室、环保部、国家统计局、农业部	2010. 3
李华忠	男	汉	福泉市政法委	先进个人	环保部、国家统计局、农业部	2010. 3
					省政府	2012. 5
谢学丽	女	汉	惠水县环保局	第一次全国污染源普查工作先进个人	环保部、国家统计局、农业部	2010. 3

续表

姓名	性别	民族	工作单位	获奖称号	颁奖单位	颁奖时间
王国娇	女	布依	州粮油储备库	劳动模范	省政府	2010.4
陈文良	男	苗	惠水县农工局	先进工作者	省政府	2010.4
				全国粮食生产突出贡献农业科技人员	国务院	2011.12
李慈喜	男	汉	罗甸县班仁乡小学	全国劳动模范	国务院	2010.4
罗　谋	男	布依	罗甸县信邦公司	全国劳动模范	国务院	2010.4
陈廷友	男	汉	瓮安县国土资源局	国土资源执法先进个人	国土资源部	2010.5
潘风敏	女	苗	州检察院	“五好”文明家庭	全国妇联	2010.5
汪永峰	男	汉	贵州龙里亚冶铁合金有限责任公司	贵州省劳动模范	省政府	2010.5
方　燎	男	汉	贵州柏强药业龙里分厂	贵州省劳动模范	省政府	2010.5
何庆洪	男	汉	贵州金象总公司	全国第九届“创业之星”	国务院发展研究中心	2010.6
				全国第十届“创业之星”	国务院发展研究中心	2012.5
张跃民	男	汉	都匀劳教所	全国监狱劳教工作先进个人	司法部	2010.7
刘　毅	男	汉	州体育局青少年业余体校	国民体质监测先进个人	国家体育总局	2010.10
罗　谋	男	布依	贵州信邦药业股份有限公司	全国劳动模范	国务院	2010.10
吴凤武	男	布依	独山县政法委	安全生产监管监察先进个人	国家安监总局、国家煤矿安全监察局	2010.10
陈建华	女	汉	州医院	全国卫生系统先进工作者	人社部、卫生部、国家中医药管理局	2010.12
邢　燕	女	布依	州交通运输局	全国交通运输依法行政先进个人	交通运输部	2010.12
金鲁林	男	汉	州农委	2010年度全国粮食生产先进工作者	农业部	2010.12
吴大鸿	男	苗	州医院	九三学社全国优秀社员	九三学社中央委员会	2010
刘丽君	女	汉	州森林病虫防治检疫站	全国森林病虫害防治先进工作者	国家林业局	2010
侯险峰	男	汉	预师二团	抗旱救灾先进个人	省军区	2010
				“十一五”期间计划生育先进工作者	省军区	2011

续表

姓名	性别	民族	工作单位	获奖称号	颁奖单位	颁奖时间
余明莉	女	布依	独山县邦力达农资有限公司	全国妇女“巾帼建功”先进工作者	全国妇联	2011.2
朱　琦	女	汉	都匀三中	全国“三八”红旗手	全国妇联	2011.2
莫　勤	女	布依	都匀市水表公司	全国“五一”巾帼标兵	全国总工会	2011.3
张　奎	男	汉	瓮安县公安局	2010年度打击假币犯罪突出个人	公安部	2011.3
李文忠	男	彝	州国土资源局	推进依法行政先进个人	国土资源部	2011.4
吴兰富	男	仡佬	州物价局	全国价格监督检查办案能手	国家发改委	2011.5
王佳才	男	汉	贵州川恒化工有限责任公司	全国“五一”劳动奖章	全国总工会	2011.5
谢善芳	女	汉	州物价局	全国价格监督检查统计工作先进个人	国家发改委	2011.5
李青梅	女	彝	都匀市环保局	全国排污申报核定工作先进个人	国家环保部	2011.6
樊启和	男	汉	瓮安县国土资源局	矿业权实地核查先进个人	国土资源部	2011.6
何　端	女	汉	州委离退休干部局	全国青少年普法教育先进个人	司法部、中央综治委、中国关工委	2011.7
林裕辉	男	汉	黔南民族职业技术学院	全省优秀党务工作者	省委	2011.7
王继江	男	布依	州工商局	全国工商行政管理系统打击侵犯知识产权和制售假冒伪劣商品专项行动先进个人	国家工商总局	2011.7
邹学永	男	汉	贵定县消防大队	全国训练标兵	公安部	2011.8
王波尧	男	布依	都匀市农机监理站	全国粮食生产突出贡献农业科技人员	国务院	2011.12
朱　涛	女	苗	惠水县农工局	病虫害测报技术与预报发布创新先进工作者	农业部	2011.12
姚炳烈	男	水	荔波县档案局	全国档案系统先进个人	人力资源和社会保障局、国家档案局	2011.12
高丽霞	女	汉	都匀市工商局	2010—2011年全国消协组织消费维权先进工作者	中国消费者协会	2011.12
姬晋黔	男	汉	州工商局	全国工商系统合同监管先进工作者	国家工商总局	2011.12

续表

姓名	性别	民族	工作单位	获奖称号	颁奖单位	颁奖时间
韩　应	男	汉	州文广局	2006—2011 年度全国文化系统法制宣传教育先进个人	文化部	2011
史德胜	男	汉	都匀市国土资源局	优秀群测群防员	国土资源部	2011
李　华	男	汉	天福公司	全国“五一”劳动模范	全国总工会	2011
刘大勇	男	汉	预师二团	爱军精武标兵	省军区	2011
任　苏	男	汉	预师二团	爱军精武标兵	省军区	2011
熊丽霞	女	汉	州林业局	贵州省绿化先进工作者	省政府	2011
罗贤荣	男	布依	都匀经济开发区	2010 年度军事训练先进个人	省军区	2011
刘仁斌	男	汉	瓮安县安监局	安全生产监管监察先进个人	国家安监总局、国家煤矿总局	2012. 1
张春生	男	汉	贵定县住建局	安全生产监管监察先进个人	国家安监总局	2012. 1
潘红艳	女	苗	龙里县安监局	安全生产监管监察先进个人	国家安监总局、国家煤矿总局	2012. 1
莫文霞	女	布依	州军粮供应站	全国军粮供应管理工作先进个人	国家粮食局、财政部、解放军总后勤部	2012. 2
吴道松	男	汉	平塘县法院	全国法院先进个人	最高人民法院	2012. 2
刘运龙	男	汉	州交通运输局	全国交通行业保通先进个人	交通运输部	2012. 3
刘　耕	男	汉	瓮安县文体广电旅游局	“村村通”先进工作者	国家广电总局	2012. 3
王天奇	男	布依	龙里县公安局	全国优秀人民警察	公安部	2012. 5
唐兴萍	女	布依	州社会救助局	全国民政系统窗口单位为民服务创先争优“优秀服务标兵”	民政部	2012. 6
李庆丰	男	汉	贵定县投资促进局	全国见义勇为模范	中宣部等	2012. 7
蔡明刚	男	汉	州民政局	“明天计划”爱心奉献先进个人	民政部	2012. 7
赵忠华	男	汉	瓮安县瓮水司法所	全国人民调解能手	司法部	2012. 9
陈静云	男	汉	都匀市教育局	全国“两基”工作先进个人	国务院	2012. 9
李洪波	男	汉	州合医办	全国新型农村合作医疗工作先进个人	卫生部	2012. 12
吕雅丽	女	汉	州政协	全国优秀会员	中国民主建国会	2012. 12

续表

姓名	性别	民族	工作单位	获奖称号	颁奖单位	颁奖时间
左秀德	男	水	三都县拉揽林场	全国林业系统劳动模范	人社部、国家林业局	2012. 12
覃洪耀	男	布依	荔波县人社局	全国人力资源社会保障系统先进工作者	人社部	2012. 12
杨红纲	男	苗	平塘县工商局	全国工商系统整治利用合同条款侵害消费者权益专项行动先进个人	国家工商总局	2012. 12
罗　毅	男	汉	州工商局	2011—2012 年度全国广告协会先进工作者	中国广告协会	2012. 12
张　雷	男	汉	贵定县消防大队	全国优秀消防监督员	公安部	2012. 12
彭和全	男	布依	惠水县青云家电	全国先进个体工商户	国家工商总局	2012. 12
文立新	男	汉	州物价局	全国价格监测工作先进个人	国家发改委	2012. 12
				全国价格工作先进工作者	人社部、国家发改委	2014. 1
方启涛	男	汉	川东化工公司	全国“五一”劳动奖章	全国总工会	2012
侯险峰	男	汉	预师二团	个人优胜奖	解放军报	2012
邹德忍 侯险峰	男	仡佬汉	预师二团	一对好主官	省军区	2012
钟　耿	男	汉	州工程建设监理公司	全国住房和城乡建设系统劳动模范	人社部、住建部	2012
黄淑珍	女	壮	都匀市园林管理处	全国住房和城乡建设系统先进工作者	人社部、住建部	2012
陈建华	女	汉	州医院	全国卫生系统先进工作者	人社部、卫生部、国家中医药管理局	2012
王忠远	男	汉	州医院	全国卫生系统创先争优活动先进个人	全国医药卫生系统创先争优活动领导小组、卫生部党组	2012
顾　红	女	汉	州国土资源局	国家版图意识宣传和地图市场监督工作先进个人	国家测绘地理信息局	2013. 1
卢方丽	女	布依	平塘县法院	全国法院机关后勤服务工作先进个人	最高人民法院	2013. 2
欧伟玲	女	汉	州司法局	全国维护妇女儿童权益先进个人	全国妇联	2013. 3
吴智贤	男	汉	瓮安县政法委	全国平安建设先进县有关领导干部	中央综治委、中央组织部	2013. 5
王登华	男	汉	瓮安县政法委	全国平安建设先进县有关领导干部	中央综治委、中央组织部	2013. 5

续表

姓名	性别	民族	工作单位	获奖称号	颁奖单位	颁奖时间
刘　蓉	女	汉	瓮安县司法局	“敬业奉献类”中国好人	中央文明办	2013.8
王国胜	男	汉	瓮安县司法局	模范人民调解员	司法部	2013.9
陈明莉	女	苗	州水利水电移民局	全省民族团结进步模范个人	省委	2013.10
梅良峰	男	水	罗甸县消防大队	全省民族团结进步模范个人	省委、省政府	2013.12
罗家周	男	布依	贵州金力塑胶有限公司	全国“五一劳动奖章”	全国总工会	2013.12
徐建峰	男	汉	预师二团	军事训练先进个人	省军区	2013
罗天兰	女	布依	州公积金中心	第九届全国五好文明家庭荣誉称号	全国妇联	2014.5
邓迎香	女	汉	罗甸县沫阳镇麻怀村主任	全国“三八”红旗手	全国妇联	2014.8
杨斯芝	女	侗	三都县工商局	优秀工商行政管理人员	国家工商总局	2014.12
盛　怡	女	汉	都匀一中	全国优秀共青团干部	共青团中央	2014
林　松	男	汉	都匀一中	全国优秀教师	教育部	2014
王昌勇	男	汉	武警黔南支队	社会扶贫先进个人	贵州省	2014
				五好文明家庭	贵州省	2014

1991—2014年黔南州一等功人员名录

姓名	性别	民族	工作单位	立功等次	记功单位	颁奖时间
熊运嘉	女	汉	州检察院	一等功	最高人民检察院	1995.1
颜昌光	男	汉	州司法局	一等功	省政府	1999.3
王小华	男	水	州检察院	一等功	最高人民检察院	2002.2
陈振明	男	汉	武警黔南支队	一等功	武警总部	2002
施永强	男	汉	武警黔南支队	一等功	武警总部	2002
罗登奎	男	汉	黔南州都匀市江洲镇武装部	一等功	省委、省政府、省军区	2003
邓朝芳	男	汉	瓮安县公安局	全国抗雪凝一等功	公安部	2008.3
杨德珍			福泉市黄丝镇黄丝村	一等功	省委、省政府	2008.4
赵　成	男	汉	武警黔南支队	一等功	武警总部	2008
韦　义	男	水	三都县公安局普安派出所	一等功	省公安厅	2013.3

1991—2014 年黔南州获国务院、省政府特殊津贴人员名录

姓名	工作单位	津贴名称	颁发单位	颁发时间
徐国华	瓮安县经贸委	省政府特殊津贴	省委、省政府	1991
钟尚康	瓮安县经贸委	省政府特殊津贴	省委、省政府	1991
黄仙贵	瓮安县医院	省政府特殊津贴	省委、省政府	1991
向业勋	州植保站	国务院特殊津贴	国务院	1992
石忠权	州农技站	国务院特殊津贴	国务院	1992
雷雄杰	州土肥站	国务院特殊津贴	国务院	1992
熊守仁	州医院	国务院特殊津贴	国务院	1992
张正芬	都匀市农村工作局	国务院特殊津贴	国务院	1992
李载堂	东方机床厂	国务院特殊津贴	国务院	1992
史曾虎	东方机床厂	国务院特殊津贴	国务院	1992
潘连吉	东方机床厂	国务院特殊津贴	国务院	1992
肖兴坦	东方机床厂	国务院特殊津贴	国务院	1992
王宪华	州医院	国务院特殊津贴	国务院	1993
		国务院特殊津贴	国务院	2004
杨伟烈	州区划办	国务院特殊津贴	国务院	1993
谭协和	州农科所	国务院特殊津贴	国务院	1993
王坚定	黔南民族师范学院	国务院特殊津贴	国务院	1993
卫身贤	长顺县扶贫开发局	国务院特殊津贴	国务院	1993
张善之	贵定县医院	国务院特殊津贴	国务院	1993
胡建山	州医院	国务院特殊津贴	国务院	1994
		贵州省省管专家	省委、省政府	1998
陈　琦	州政府	省政府特殊津贴	省委、省政府	1993
伏正华	黔南民族师专	省政府特殊津贴	省委、省政府	1993
倪绍梁	州财政局	省政府特殊津贴	省委、省政府	1993
石圭华	贵州瓮福剑峰化工有限公司	省政府特殊津贴	省委、省政府	1993
曹永兰	州财政局	省政府特殊津贴	省委、省政府	1993
江经梅	州农技站	省政府特殊津贴	省委、省政府	1993
蒋永贵	州农技站	省政府特殊津贴	省委、省政府	1993
李金石	贵定县农村工作局	省政府特殊津贴	省委、省政府	1993
李光伟	独山县东峰锑矿	省政府特殊津贴	省委、省政府	1993
颜亨权	罗甸县医院	省政府特殊津贴	省委、省政府	1993
刘淑芬	贵定县农村工作局	省政府特殊津贴	省委、省政府	1993
高祺民	州医院	省政府特殊津贴	省委、省政府	1994
王邦成	州医院	省政府特殊津贴	省委、省政府	1994

续表

姓名	工作单位	津贴名称	颁发单位	颁发时间
戎聚全	黔南民族医专	省政府特殊津贴	省委、省政府	1994
罗仁周	州林业调查规划院	省政府特殊津贴	省委、省政府	1994
胡德尊	黔南民族师专	省政府特殊津贴	省委、省政府	1994
吴光财	州卫生局防疫站	省政府特殊津贴	省委、省政府	1994
吕跃基	州交通局	省政府特殊津贴	省委、省政府	1994
孙传铎	州财政局	省政府特殊津贴	省委、省政府	1994
曾世家	州农技站	省政府特殊津贴	省委、省政府	1994
卢兴芝	都匀市农村工作局	省政府特殊津贴	省委、省政府	1994
邱育星	惠水县农村工作局	省政府特殊津贴	省委、省政府	1994
温国灿	州交通运输局	省政府特殊津贴	省委、省政府	1994
张锡伟	州粮食局	省政府特殊津贴	省委、省政府	1994
王德智	黔南州天然林保护工程管理中心	省政府特殊津贴	省委、省政府	1996
毛萍章	都匀一中	全国有突出贡献知识分子，享受国务院津贴	国务院	1997
刘三都	州医院	省政府特殊津贴	省委、省政府	2000
王玉珍	都匀一中	全国有突出贡献知识分子，享受国务院津贴	国务院	2001
陈建华	州医院	省政府特殊津贴	省委、省政府	2002
黄云霞	州医院	省政府特殊津贴	省委、省政府	2007
唐维民	州农委	国务院特殊津贴	国务院	2008

黔南州1991—2014年烈士名录

序号	姓名	性别	籍贯	民族	年龄（岁）	工作单位及职务	牺牲时间及地点	授予称号	批准单位	批准时间	备注
1	张勇	男	贵州惠水	汉	22	惠水县公安局三都镇派出所驻乡民警	1990年12月26日牺牲	革命烈士	省政府	1991.11	
2	胡祥元	男	贵州福泉	汉	27	福泉县马场坪镇闭路电视站工作员	1991年11月12日在马场坪牺牲	革命烈士	省政府	1991.12	
3	陈国祥	男	贵州惠水	布依	22	贵州省武警总队盘县中队班长	1991年7月12日在六盘水盘县牺牲	革命烈士	武警贵州总队盘县中队	1992.10	
4	田应高	男	贵州福泉	汉	25	福泉县公安局地松派出所	1995年11月4日在地松乡牺牲	革命烈士	省政府	1995.12	
5	邹彦刚	男	贵州福泉	汉	39	福泉县地松乡派出所民警	1995年11月4日在地松乡牺牲	革命烈士	省政府	1995.12	
6	罗先忠	男	贵州惠水	布依	30	惠水县断杉镇派出所副所长	1996年8月在抵季乡拔高村牺牲	革命烈士	省政府	1997.11	
7	王永学	男	贵州长顺	汉	52	长顺县国税局工作员	1999年12月21日在长顺县新寨乡牺牲	革命烈士	省政府	2000.12	
8	李安俊	男	贵州长顺	汉	18	武警西藏山南中队战士	2002年4月1日在西藏山南牺牲	革命烈士	省政府	2002.04	
9	邓庆敏	男	贵州三都	汉	57	三都县国有拉揽林场职工	2003年1月13日在马鞍坡护林点守护国有山林牺牲	革命烈士	省政府	2003.01	
10	卢　洪	男	贵州纳雍	汉	19	原中国人民解放军第13集团军高炮旅双37高炮2营4连战士	2003年3月12日在龙里县野鸭塘牺牲	革命烈士	原成都军区政治部	2003.04	2003年4月原成都军区联勤部追记一等功

续表

序号	姓名	性别	籍贯	民族	年龄（岁）	工作单位及职务	牺牲时间及地点	授予称号	批准单位	批准时间	备注
11	赵文玖	男	四川荣县	汉	51	省龙里林场大土工区副主任兼护林站站长	1998 年 3 月 19 日在省龙里林场大土工区牺牲	革命烈士	省政府	2003. 05	1998 年省总工会追授贵州省“五一”劳动奖章，1999 年省林业厅追记二等功。葬于贵阳凤凰山公墓烈士陵园
12	罗登奎	男	贵州都匀	布依	28	都匀市江洲镇武装部部长	2003 年 6 月因工作劳累突发脑溢血牺牲	革命烈士	贵州省军区	2003	
13	唐正坤	男	贵州惠水	布依	36	惠水县三都镇预备役一连一排三班班长	2005 年 2 月 2 日在惠水县三都镇柴马冲国有林场牺牲	革命烈士	民政部	2006. 03	
14	罗玉书	男	贵州长顺	汉	27	长顺县种获乡派出所（协勤）	2004 年 1 月 29 日在长顺县种获乡牺牲	革命烈士	省政府	2006. 09	
15	黄祥珍	男	独山县林场	汉	49	独山县国有林场学庄护林站站长	2006 年 5 月 20 日在独山县尧梭乡发扬村新寨组与打羊乡学庄村尧仁坡组交界处扑救森林火灾中牺牲	革命烈士	独山县人民政府	2006	
16	商正兴	男	贵州瓮安	汉	30	瓮安县汽车站（安保）	2004 年 11 月在瓮安县汽车站牺牲	革命烈士	省政府	2009. 04	
17	安作成	男	贵州罗甸	汉	52	罗甸县国营林场护林防火队职工	2010 年 3 月 2 日在罗甸县国营林场森林火灾抢险救灾中牺牲	革命烈士	省政府	2010. 09	
18	何建荣	男	贵州三都	布依	52	客运驾驶员	2014 年 8 月 6 日在三都县同心桥抢救落水群众牺牲	革命烈士	省政府	2014. 08	

续表

序号	姓名	性别	籍贯	民族	年龄（岁）	工作单位及职务	牺牲时间及地点	授予称号	批准单位	批准时间	备注
19	杨　刚	男	贵州福泉	汉	46	福泉市马场坪办事处纪委书记	2014年1月23日在福泉市马场坪牺牲	革命烈士	省政府	2014. 11	
20	张长军	男	贵州福泉	汉	43	福泉市华元林业绿化有限责任公司	2014年1月23日在福泉市马场坪牺牲	革命烈士	省政府	2014. 11	
21	廖和军	男	贵州福泉	汉	44	福泉市华元林业绿化有限责任公司	2014年1月23日在福泉市马场坪牺牲	革命烈士	省政府	2014. 11	
22	帅家龙	男	贵州福泉	汉	49	福泉市马场坪街道办事处平堡村护林员	2014年1月23日在福泉市马场坪牺牲	革命烈士	省政府	2014. 11	
23	帅家平	男	贵州福泉	汉	45	福泉市马场坪街道办事处平堡村护林员	2014年1月23日在福泉市马场坪牺牲	革命烈士	省政府	2014. 11	
24	张祖贵	男	贵州福泉	布依	41	福泉市马场坪办事处安监站站长	2014年1月23日在福泉市马场坪牺牲	革命烈士	省政府	2014. 11	

注：本表只填写1991－2014年牺牲的烈士

附 录

一、法　规

黔南布依族苗族自治州自治条例

（1985 年 4 月 7 日黔南布依族苗族自治州第七届人民代表大会第五次会议通过 1986 年 7 月 11 日贵州省第六届人民代表大会常务委员会第十九次会议批准根据 1989 年 7 月 26 日贵州省第七届人民代表大会常务委员会第八次会议批准的《黔南布依族苗族自治州自治条例修正案》第一次修正根据 2006 年 3 月 30 日贵州省第十届人民代表大会常务委员会第二十次会议批准的《关于修改〈黔南布依族苗族自治州自治条例〉的决定》第二次修正）

第一章　总　则

第一条　根据《中华人民共和国宪法》和《中华人民共和国民族区域自治法》的规定，结合黔南布依族苗族自治州民族的政治、经济、文化的特点，制定本条例。

第二条　黔南布依族苗族自治州（以下简称自治州）是贵州省南部地区布依族、苗族人民实行区域自治的地方。

自治州辖都匀市、福泉市、荔波县、独山县、平塘县、罗甸县、惠水县、长顺县、贵定县、龙里县、瓮安县和三都水族自治县。

自治州的自治机关设在都匀市。

第三条　自治州的自治机关是自治州人民代表大会和自治州人民政府，是国家的一级地方政权机关。

自治州的自治机关实行民主集中制的原则。

第四条　自治州的自治机关带领全州各族人民，在中国共产党领导下，以马克思列宁主义、毛泽东思想、邓小平理论和“三个代表”重要思想为指导，坚持以科学发展观统领经济社会发展全局。围绕各民族共同团结奋斗、共同繁荣发展的主题，以经济建设为中心，发展社会主义市场经济。坚持改革开放，自力更生，艰苦奋斗，推动社会主义物质文明、政治文明、精神文明建设与和谐社会建设全面发展，为建设经济发展、文化繁荣、科技进步、民族团结、社会稳定、人民幸福的自治州而奋斗。

第五条　自治州的自治机关维护国家的统一，保证宪法和法律在自治州的遵守和执行，实行依法治州。

自治州的自治机关把国家的整体利益放在首位，积极完成上级国家机关交给的各项任务。

第六条 自治州的自治机关行使下设区、县的市的地方国家机关的职权，同时行使自治权。

自治州的自治机关根据自治州的实际情况，贯彻执行国家的法律和政策。在不违背宪法和法律的原则下，采取特殊政策和灵活措施，加快自治州经济、文化建设事业的发展。

自治州的自治机关对上级国家机关的决议、决定、命令和指示，如有不适合自治州实际情况的，报经该上级国家机关批准，变通执行或者停止执行。

第七条 自治州的自治机关坚持公有制为主体、多种所有制经济共同发展的基本经济制度，鼓励、支持和引导非公有制经济的发展。

第八条 自治州的自治机关继承和发扬民族文化的优良传统，提倡爱祖国、爱人民、爱劳动、爱科学、爱社会主义的公德。对各族人民进行爱国主义、集体主义和国际主义、共产主义的教育，进行民族政策、社会主义民主和社会主义法制以及科学文化的教育，建设具有民族特点的社会主义精神文明，不断提高各民族人民的社会主义觉悟和科学文化水平。

第九条 自治州的自治机关保障各民族人民的合法权益，维护和发展平等、团结、互助、和谐的社会主义民族关系。禁止对任何民族的歧视和压迫，禁止破坏民族团结和制造民族分裂的行为。

自治州的自治机关保障各民族都有使用和发展自己的语言文字的自由，都有保持或者改革自己的风俗习惯的自由。

第十条 自治州的自治机关保护华侨、归侨、侨眷，香港特别行政区居民、澳门特别行政区居民和台湾同胞在自治州内的合法权益。

第十一条 自治州的自治机关保障各民族公民的宗教信仰自由。

任何国家机关、社会团体和个人不得强制公民信仰宗教或者不信仰宗教，不得歧视信仰宗教和不信仰宗教的公民。

自治州的自治机关保护正常的宗教活动。任何人不得利用宗教进行破坏社会秩序、损害公民身体健康、妨碍国家教育制度的活动。

宗教团体和宗教事务不受外国势力的支配。

第二章 自治机关

第十二条 自治州人民代表大会是自治州的地方国家权力机关，它的常设机关是自治州人民代表大会常务委员会。

自治州人民代表大会中，除布依族、苗族代表外，其他聚居在州内的民族都应当有适当名额的代表。各民族代表的名额和比例，按照贵州省人民代表大会常务委员会的有关决定确定。

自治州的人民代表大会常务委员会组成人员中，布依族、苗族人员所占比例可以略高于其人口的比例。

自治州人民代表大会常务委员会中应当有布依族、苗族的公民担任主任或者副主任。

自治州的人民代表大会根据需要设立专门委员会；其常务委员会根据工作需要设立办事机构和其他工作机构。

第十三条　自治州人民政府是自治州人民代表大会的执行机关，是贵州省人民政府直接领导下的一级地方国家行政机关。自治州人民政府对自治州人民代表大会和贵州省人民政府负责并报告工作。在自治州人民代表大会闭会期间，对自治州人民代表大会常务委员会负责并报告工作。

自治州州长由布依族或者苗族公民担任。自治州人民政府的组成人员中，布依族、苗族人员所占比例应当与其人口比例相适应，并尽量配备其他少数民族人员。

自治州人民政府实行州长负责制。自治州州长主持本级人民政府的工作。

第十四条　自治州的自治机关所属各工作部门的领导成员中，应当至少配备1名布依族、苗族或者其他少数民族人员。其他工作人员中，逐步做到少数民族人员与其人口比例相适应。

第十五条　自治州所属各县、市的人民代表大会常务委员会和人民政府组成人员中，应当根据当地的民族结构合理配备少数民族领导干部。

三都水族自治县的自治机关的组织和工作，由该县的自治条例或者单行条例规定。

第十六条　自治州人民代表大会依照自治州民族的政治、经济和文化的特点，制定自治条例和单行条例。

自治条例的制定和修改，由自治州人民代表大会常务委员会或者自治州人民代表大会五分之一以上的代表联名提出，自治州人民代表大会全体代表三分之二以上的多数通过。

单行条例的制定和修改，由自治州人民代表大会常务委员会、自治州人民代表大会专门委员会、自治州人民政府或者自治州人民代表大会常务委员会组成人员5人以上、自治州人民代表大会代表10人以上联名提出，自治州人民代表大会全体代表的过半数通过。

第十七条　自治州的自治机关根据工作需要，在上级国家机关核定的总编制内，确定和调整自治州国家机关的机构设置和编制员额，报经贵州省人民政府批准后执行。

第十八条　自治州的自治机关重视人才资源开发和人才市场建设；采取各种措施，加大干部培训力度，注重从少数民族中培养各级干部和各类专业技术人才；重视在少数民族妇女中培养各级干部和各类专业技术人才。

自治州在公开选拔、竞争上岗配备领导干部时，可以划出相应的名额和岗位，定向选拔布依族、苗族和其他少数民族干部。

自治州录用、聘用国家工作人员时，在报考条件、录用标准等方面对布依族、苗族和其他少数民族人员予以照顾。

自治州的事业、企业单位招考、聘用人员时，优先招聘当地少数民族人员，并且可以从农村少数民族人口中招收。

第十九条　自治州的自治机关在执行职务时使用汉语言文字和布依语、苗语；并积极创造条件，使布依文、苗文同汉文都成为执行职务时使用的文字。

自治州的自治机关设立少数民族文字推行、翻译、研究和指导机构。

自治州的州级国家机关牌匾，应当同时使用布依文、苗文和汉文制作。

第二十条 自治州的自治机关采取特殊政策，引进各类人才为自治州的经济建设和社会事业服务。鼓励、支持各类专业技术人员和大中专毕业生到州内边远、贫困地区和非公有制经济组织工作。对到边远、贫困地区长期工作的汉族和其他民族人才的家属、子女，在就业、就学等方面给予适当照顾。

第二十一条 自治州的各级国家机关实行工作责任制，实行工作人员的培训和考核制度，不断提高工作质量和工作效率，反对官僚主义。

自治州的国家机关和工作人员，要经常保持同各民族人民的联系，倾听他们的意见，接受他们的监督，尽职尽责，努力为人民服务。

自治州的国家机关充分发扬民主，各民族公民对国家机关和工作人员有提出批评和建议的权利。对国家机关和工作人员的违法失职行为，各民族公民有向有关国家机关提出申诉、控告或者检举的权利；但不得捏造或者歪曲事实进行诬告陷害。

第二十二条 自治州的自治机关加强国防教育，依法做好征兵、优抚和安置工作，开展拥军优属活动，加强民兵、预备役部队和人防战备建设。

第三章 人民法院和人民检察院

第二十三条 自治州中级人民法院是自治州的国家审判机关。自治州人民检察院是自治州的国家法律监督机关。

自治州中级人民法院和自治州人民检察院对自治州人民代表大会及其常务委员会负责并报告工作。自治州人民检察院同时对贵州省人民检察院负责并报告工作。

自治州中级人民法院的审判工作，受最高人民法院和贵州省高级人民法院的监督，并监督下级人民法院的审判工作。自治州人民检察院的工作，受最高人民检察院和贵州省人民检察院的领导，并领导下级人民检察院的工作。

第二十四条 自治州中级人民法院、自治州人民检察院应当有布依族、苗族公民担任院长或者副院长、检察长或者副检察长；在审判委员会委员、审判员，检察委员会委员、检察员以及工作人员中，应当合理配备布依族、苗族和其他少数民族公民。

自治州所属各县（市）人民法院和人民检察院的领导成员和工作人员中应当尽量配备当地少数民族公民。

三都水族自治县人民法院和人民检察院的领导成员和工作人员的配备，由该县自治条例规定。

第二十五条 自治州各级人民法院和人民检察院应当用当地通用的语言审理案件和检察案件，保障各民族公民有使用本民族语言文字进行诉讼的权利。对于不通晓当地通用汉语言文字的诉讼参与人，应当为他们提供翻译。法律文书统一使用规范汉字。

第四章　民族关系

第二十六条　自治州的自治机关保障自治州内各民族的平等权利和尊重各民族的风俗习惯。

自治州的自治机关团结各民族的干部和群众，充分调动和发挥他们的积极性，共同为自治州的社会主义现代化建设作出贡献。

第二十七条　自治州的自治机关保障三都水族自治县的自治机关依法行使自治权。

自治州内的民族乡的上级国家机关，保障民族乡依照法律规定的权限，采取适合当地民族特点的具体措施加快经济发展和社会进步。

民族乡乡长由该民族的公民担任。

自治州的各级国家机关照顾自治州内散居的少数民族的特点和需要。

第二十八条　自治州人民政府从人力、物力、财力、技术等方面扶持和帮助三都水族自治县、民族乡和散居的少数民族发展经济、文化建设事业。

自治州的自治机关采取特殊措施帮助人口较少的民族加快经济社会发展。

第二十九条　自治州的自治机关教育各民族干部和群众互相尊重、互相学习、互相合作、互相帮助、增强团结、共同进步。鼓励各民族干部互相学习语言文字，除本民族语言文字外，对能熟练使用两种以上当地语言文字开展工作的干部给予表彰。

自治州推广全国通用的普通话和规范汉字。

第三十条　自治州的自治机关在处理各民族内部和民族之间的特殊问题时，必须与他们的代表充分协商，尊重他们的意见。

第三十一条　每年 8 月为自治州的民族团结月，在全州开展民族团结宣传教育活动。定期表彰为民族团结进步作出突出贡献的先进单位和先进个人。

自治州的各级国家机关尊重各民族的传统节日。民族节日期间，各地可以开展民间纪念活动。

第五章　经济建设

第三十二条　自治州的自治机关在国家宏观经济政策指导下，从实际出发，制定经济建设的方针、政策和发展规划，自主安排和管理经济建设事业。

自治州坚持和完善社会主义市场经济体制，深化经济体制改革，努力转变经济增长方式，实现全面、协调、可持续发展。

自治州巩固和加强农业，调整优化工业，加快发展第三产业。依托资源优势培育区域特色产业，提高经济发展的质量和效益。

第三十三条　自治州的自治机关稳定并完善以家庭承包经营为基础、统分结合的双层经营体制，依法保障农民对土地承包经营的各项权利。在承包期内，可以根据自愿、有偿的原则依法流转土地承包经营权。

自治州的自治机关维护土地公有制，禁止侵占、买卖或者以其他形式非法转让土地。加强对土地资源的规划、管理和监督，实行严格的耕地保护制度、土地用途管制制度、土地有偿使用制度。

自治州享受上级国家机关安排耕地开垦费、新增建设用地有偿使用费的照顾，专项用于土地开发整理。

第三十四条 自治州按照生产发展、生活宽裕、乡风文明、村容整洁、管理民主的要求，统一规划，循序渐进，节约土地，集约发展，合理布局，扎实稳步推进新阶段扶贫开发和社会主义新农村建设。

自治州的自治机关加强农业基础地位，调整农业产业结构，发展农村经济，增加农民收入。

自治州的自治机关不断加大对农业的投入，加强农村和农业基础设施建设；坚持科技兴农，建立健全农业生产服务体系，提高粮食综合生产能力；发展特色农业、生态农业和农产品加工业；支持农民建立各种形式的农村专业合作经济组织，培育农产品市场，推进农业产业化经营。

自治州开展农业适用技术普及培训和劳动力转移培训，引导和帮助富余劳动力向非农产业和城镇转移。

第三十五条 自治州大力发展畜牧养殖业，加强对草场资源的保护、管理和建设，发展优质牧草和饲料生产。以生态畜牧业为重点，推广畜禽良种，改良品种，重视疫病防治，发展畜禽产品加工，推进畜牧养殖业的产业化经营。

第三十六条 自治州依法保护森林资源，实施天然林保护工程，封山育林，退耕还林，植树造林。加强石漠化治理、森林防火和病虫害防治。依法保护野生动植物。禁止破坏森林和草场。

自治州鼓励各种经济组织和个人承包宜林荒山、林地造林护林，依法保护营林者的合法权益。

自治州实行森林采伐限额管理，禁止乱砍滥伐。在非天然林保护工程范围内营造的商品林，按照国家规定安排采伐指标给营林者进行人工间伐。

自治州征收的育林基金、森林植被恢复费等，专项用于恢复森林植被，发展林业。

第三十七条 自治州的自治机关鼓励和扶持集体、个人依法充分利用稻田、河流、山塘、水库发展渔业。

自治州人民政府加强渔政管理，保护水产资源，严禁毒鱼、炸鱼。

第三十八条 自治州人民政府统筹规划，综合开发利用水资源，发展水利和电力建设，加强对水利、电力设施的保护和管理。

自治州加强水利基础设施建设，防治洪涝、干旱等自然灾害。推广节水灌溉，防治水土流失。严格保护集中式饮用水源地，帮助缺水地区解决人畜饮水困难，保证饮用水安全。

自治州鼓励单位和个人投资开发水能资源，兴办水利电力工程，依法保护投资者的合法权益。

自治州实行取水许可制度和水资源有偿使用制度。征收的水资源费，专项用于水资源的保护、管理和开发利用。

第三十九条 自治州以市场为导向，依靠技术进步，利用资源优势加速地方工业发展。引导企业自主创新，加强科学管理，提高竞争能力。坚持资源开发与节约并举，走科技含量高、经济效益好、资源消耗低、环境污染少、人力资源优势得到充分发挥的新型工业化道路。

第四十条 自治州的自治机关根据经济社会发展需要，自主安排基本建设项目。

国家安排在自治州的交通、能源、农业、水利、教育、文化、卫生、体育、广播电视等基础设施建设项目，享受减少配套资金的照顾；国家扶贫重点县和财政困难确实无力负担的县、自治县、市，享受免除配套资金的照顾。

第四十一条 自治州的自治机关加强对外交流与合作，采取特殊政策和措施，扩大招商引资，加强与其他地区的合作，鼓励国内外经济组织和个人到自治州开发资源，兴办企业。依法保护外来投资者的合法权益。

在自治州内开发资源、进行建设，应当照顾自治州的利益，作出有利于自治州经济建设的安排，照顾当地少数民族的生产和生活。

第四十二条 自治州的自治机关依法保护和管理州内矿产资源，对可以由自治州开采的矿产资源，优先合理开发利用。

自治州的自治机关鼓励各种经济组织和个人依法开发矿产资源。开采矿产资源，必须遵守有关法律的规定。

自治州实行矿产资源有偿使用制度，征收的矿产资源补偿费专项用于原产地的矿山治理和保护，并享受上级国家机关加大投入的照顾。

第四十三条 自治州的自治机关支持和引导城乡集体经济发展，鼓励乡镇企业、城镇集体企业按照国家产业政策实行改组改造，加快结构调整。深化集体企业改革，发展多种形式的集体经济。

自治州的自治机关改进对非公有制经济的服务和管理。鼓励社会资本参与自治州的基础设施、公用事业以及其他领域的建设和国有、集体企业改制。

各种所有制企业在投资融资、税收、土地使用和对外贸易等方面享受同等待遇。

第四十四条 自治州的自治机关加强交通基础设施建设，依托国家加快对州内过境公路、铁路、航道和机场的建设改造，加速县、乡、村公路建设，提高公路等级。发展民间运输，促进人流物流畅通。

自治州鼓励邮政、电信、通信等行业加强城乡信息基础设施建设，加快城乡信息网络化进程。

第四十五条 自治州的自治机关推进流通体制改革，加快农产品批发市场、民族工业用品贸易中心和物资集散中心的建设。加强市场监管，规范生产和流通领域秩序，促进商品流通。

自治州内各种所有制的流通企业，在市场准入、金融信贷、税收征管、政策优惠等方面享受同等待遇，平等竞争。

自治州的自治机关扶持民族贸易、少数民族特需品和传统手工业品生产的发展。对民族贸易企业、少数民族特需品和传统手工业品生产的定点企业，在税收、金融、财政政策和特殊原材料供应等方面享受国家规定的照顾。

第四十六条 自治州实行国家宏观调控下市场调节的价格机制，支持公平、公开、合法的市场竞争。

自治州的自治机关维护正常的价格秩序，对价格活动依法管理和监督。

第四十七条 自治州人民政府依照国家规定，开展对外经济贸易活动，经上级国家机关批准，开辟对外贸易口岸，直接经营进出口业务。

第四十八条 自治州的自治机关自主管理州内旅游资源，实行统一规划、合理开发、依法保护，加快旅游基础设施建设。发挥自然风光、名胜古迹、历史文物和民族风情等优势，培育和发展具有民族特色的旅游产业。

自治州的旅游景区实行行政管理与企业经营相分离，鼓励、支持和引导州内外各种经济组织和个人投资开发旅游项目。

第四十九条 自治州的自治机关加强城镇的规划、建设和管理，加快城镇化进程。城镇的规划、建设和改造应当体现地方特点和民族特色，保护具有历史文化特点的重点建筑和标志性建筑。

自治州的各级人民政府对城镇体系规划、总体规划、控制性详细规划的编制和修改，依照法定程序上报批准；未经法定程序审批，任何单位和个人不得随意更改。

第五十条 自治州改进和加强扶贫开发工作，帮助贫困地区和贫困群众逐步改变贫困面貌。

自治州的各级人民政府重点帮助贫困乡、村加强农村基础设施和农田基本建设，帮助贫困群众改善基本生产生活条件，拓宽基本增收门路，提高基本素质。对居住在缺乏基本生存条件地方的贫困群众实施易地搬迁和生态移民；引导贫困地区的群众自力更生、艰苦奋斗，增强自我发展能力。

第五十一条 自治州的自治机关加强生态建设和环境保护，实行统筹规划、保护优先，防治污染和其他公害，实现人口、资源和环境的协调发展。

自治州为国家生态建设和环境保护作出贡献所造成的损失，报请上级国家机关给予补偿。

第五十二条 自治州的自治机关实行严格的安全生产责任制，加强对生产安全的管理和监督，保障人民群众的生命和财产安全。

自治州的自治机关制定各类防灾救灾应急预案，加强灾害的防治和紧急救助工作。

第五十三条 自治州内隶属于上级国家机关的行政、事业和企业单位，应当尊重自治机关的自治权，遵守自治条例和单行条例，接受自治机关的监督。

第六章 财政管理

第五十四条 自治州的财政是国家一级地方财政，是贵州省财政的组成部分。

自治州的自治机关加强财源建设，强化预算管理和监督，增收节支，逐步建立和完善公共财政体系。

自治州和所属县、自治县、市的财政应当设立并安排少数民族发展资金和民族工作经费。资金规模随着经济发展和财政收入的增长逐步增加。

第五十五条 自治州享受上级财政支持自治州财政保证国家机关的正常运转、财政供养人员工资按时足额发放、基础教育正常经费支出的照顾。

自治州享受上级财政通过一般性财政转移支付、专项财政转移支付、民族优惠政策财政转移支付以及其他方式的照顾。

自治州和所属县、自治县、市因严重自然灾害、国家税收减免政策调整而造成财政收入减少的部分，报请上级国家机关给予补助。

第五十六条 自治州完善各级财政管理体制，加大公共财政投入，农业、教育、科技、卫生和社会保障等经费，应当随着财政收入的增长而增加。对三都水族自治县的财政予以照顾。

自治州的自治机关对本地方各项开支标准、定员、定额，根据国家规定的原则，结合本地方的实际情况，需要调整的，可以制定补充规定和具体办法，报省人民政府批准后施行。

第五十七条 上级国家机关下拨的各项专用资金和临时性的补助专款，依照国家规定设立的各项基金和资金，必须专款专用，任何部门或者个人不得扣减、截留、挪用，也不得用以顶替正常的预算收入和支出。

第五十八条 自治州执行国家税法时，对需要从税收上加以照顾和鼓励的项目，报经批准，可以实行减税或者免税。

第五十九条 自治州的自治机关加强预算监督和会计监督，加强预算外资金的管理和监督。自治州人民政府在执行年度财政预算过程中需要对本级预算进行调整的，应当编制预算调整方案，提请本级人民代表大会常务委员会审查批准。

第六十条 自治州的自治机关支持审计机关依法独立行使审计监督权，加强对预算执行和其他财政收支的审计监督。重大事项审计情况及其处理和整改结果，应当向同级人民代表大会常务委员会报告。

第六十一条 自治州的自治机关支持银行、证券、保险事业的发展，依法设立地方商业银行和城乡信用合作组织。鼓励外资金融机构、保险机构在自治州内开办业务。

自治州的自治机关引导金融机构的信贷投向，州内金融机构对于符合国家产业政策和有利于自治州经济社会发展的重点项目，应当予以支持。

第七章　社会事业

第六十二条　自治州的自治机关贯彻执行国家的教育方针，依照法律规定自主决定自治州的教育发展规划、各级各类学校的设置、学制、办学形式、教学内容、教学用语和招生办法。

自治州普及九年义务教育，扫除青壮年文盲，发展高中教育、职业技术教育、学前教育、特殊教育、成人教育和现代远程教育，办好高等教育，鼓励自学成才。

自治州的中小学应当推广普通话和规范汉字。少数民族聚居地方汉语教学有困难的小学低年级，可以实行双语教学。

第六十三条　自治州的自治机关在上级国家机关支持下，设立民族中小学，或者在普通中学开设民族班，在小学开办民族女子班；举办寄宿制、半寄宿制学校（班级）；设立少数民族教育专项补助资金，建立健全资助困难学生的制度。保证就读学生完成义务教育阶段的学业。

自治州内的大中专院校招生时，对少数民族考生适当放宽录取标准，对来自民族乡和贫困乡的农村少数民族考生给予特殊照顾。

自治州内的大专院校，可以把布依文、苗文列为选修课，把少数民族文化和少数民族传统体育运动项目作为教学内容。

第六十四条　自治州的自治机关应当随着经济的发展和财政收入的增长，逐步增加教育经费的投入。教育经费的增长比例应当高于财政经常性预算收入的增长比例。

自治州的各级人民政府应当依法维护正常的教育教学秩序，保证学校的财产不受侵犯。

鼓励、支持社会力量依法办学或者捐资助学，发展民办教育。

第六十五条　自治州的自治机关采取有效措施加强师范教育和师资培训，优化教师队伍结构，提高教师素质；鼓励城镇中小学教师到贫困乡村从事教育工作；维护教师的合法权益，逐步改善教师的生活、工作条件。

第六十六条　自治州的自治机关建立健全科技服务体系和科学普及体系，保证科技经费和科普经费的投入。加强科学基础设施建设，加快科技成果转化，鼓励和扶持民办科技产业发展。

自治州的自治机关鼓励自主创新，保护知识产权。对在科学技术研究、科技知识普及推广和经济社会发展中做出突出贡献的人员给予表彰和奖励。

第六十七条　自治州的自治机关加强文化基础设施建设，发展具有民族特色的文化事业，培育文化产业，引导文学艺术、新闻出版、广播电视和史志、档案等事业在经济社会发展中发挥积极作用。

自治州保护名胜古迹、珍贵文物、地质遗迹、民族文化遗产。鼓励和支持民族民间传统文化之乡、民族文化村寨的保护和建设；发掘优秀民族民间文化资源，培养保护民族民间文化传承人；抢救、搜集、整理、研究、保护和开发民族民间文化珍品。

第六十八条 自治州的自治机关加大对公共卫生体系建设的投入，加强城乡医疗卫生网点建设。逐步建立和完善农村卫生服务体系、新型农村合作医疗制度和医疗救助制度。加强妇幼保健工作和食品药品质量安全监督管理工作。

自治州的自治机关采取有效措施预防控制传染病、地方病，建立健全突发性公共卫生事件的防范和应急处置机制，保障公众生命安全。

自治州开展对民族医药资源的保护和研究，加强对民族医药的开发和利用，发展具有民族特色的医药产业。

第六十九条 自治州的自治机关完善就业培训和服务体系，提高劳动者就业技能，加强劳动合同管理，保障劳动者的合法权益。

自治州的自治机关加快社会保障体系建设，建立和完善养老、失业、医疗、工伤、生育保险、城市居民最低生活保障和社会救助等制度，形成与自治州经济和社会发展水平相适应的社会保障体系。

第七十条 自治州的各级国家机关推行计划生育，有计划地控制人口的增长，提高各民族人口的素质。少数民族的计划生育，执行国家对少数民族计划生育适当放宽的政策。

自治州的自治机关保护妇女、儿童、老人和残疾人的合法权益。

第七十一条 自治州的自治机关重视对民族民间体育项目的发掘、整理和提高，推进体育事业的发展。保护和完善体育基础设施。有重点地发展竞技体育。开展全民健身活动和民族传统体育运动，增强人民体质。

第八章 附 则

第七十二条 每年 8 月 8 日是自治州建州纪念日，全州放假 1 天。

第七十三条 本条例自 1987 年 1 月 1 日起施行。

黔南布依族苗族自治州
惩治生产销售假冒伪劣商品违法行为条例

（1997 年 11 月 27 日黔南布依族苗族自治州第十届人民代表大会第三次会议通过 1998 年 5 月 23 日贵州省第九届人民代表大会常务委员会第二次会议批准 1998 年 7 月 24 日黔南布依族苗族自治州人民代表大会常务委员会公告公布施行）

第一条 为保护用户、消费者及生产者、经营者的合法权益，维护社会经济秩序，根据《中华人民共和国宪法》《中华人民共和国民族区域自治法》和有关法律的规定，结合本自治州的实际情况制定本条例。

第二条 凡在本行政区域内从事商品生产、销售活动以及为商品生产、销售活动提供条件的单位或个人，必须遵守本条例。

第三条 县级以上技术监督部门和工商行政管理部门（以下简称监督检查部门）按照国家规定的职权范围，依法对生产、销售假冒伪劣商品违法行为进行监督检查；法律、法规规定由其他有关部门监督检查的，从其规定。

第四条 任何单位或个人不得生产、销售下列假冒伪劣商品：

（一）掺杂、掺假，以假充真，以次充好，以旧充新或者以不合格产品冒充合格产品的；

（二）存在危及人体健康和人身、财产安全的不合理危险的；

（三）超过安全使用期限或保质期限，失效或者变质的；

（四）国家已明令淘汰的；

（五）标实不符，不具有该商品应有的使用性能而事先未作说明的；

（六）伪造或冒用他人生产厂名、厂址、字号、批准文号、许可证号、代码标识、商品标识，名优标志、认证标志等标识的；

（七）隐匿生产企业名称、地址，隐匿或伪造产品生产日期、安全使用期或有效期的；

（八）无产品质量合格证明或伪造合格证明的。

第五条 任何单位或个人不得支持、包庇、纵容生产、销售假冒伪劣商品。

任何单位或个人不得故意为生产、销售假冒伪劣商品提供下列条件和服务：

（一）场地设备、仓储保管、运输服务；

（二）印制、销售假冒商品标识、名优标志和认证标志；

（三）传授生产假冒伪劣商品方法。

第六条 对举报生产、销售假冒伪劣商品和支持、协助查处生产、销售假冒伪劣商品有功的组织和个人，监督检查部门于结案后，按罚没款总额的百分之五至百分之二十分别情况给予奖励，并为其保密。

第七条 监督检查部门在监督检查时，可依法行使下列职权：

（一）封存、扣押确有假冒伪劣嫌疑的商品；

（二）对涉嫌与生产、销售假冒伪劣商品有关的场所、财物，进行检查、封存、扣押；

（三）按照法定程序询问被检查的生产者、销售者、相关者和利害关系人、证明人，并要求其提供有关的证明材料或其他资料；

（四）查询、复制与假冒伪劣嫌疑商品有关的合同、协议、账册、单据、文件、记录、业务函电和其他材料；

（五）对假冒伪劣嫌疑商品，按规定抽取样品，出具抽样单据、送交法定的检验机构进行检验或鉴定。

封存、扣押确有假冒伪劣嫌疑的商品，应出具县级以上监督检查部门的书面通知书。

第八条 对被封存或扣押的嫌疑商品，一般应在30日内作出检验和鉴定结论。不属于假冒伪劣商品的，应立即解除对该商品及其他相关财物的封存或扣押。

经检验或鉴定确认被封存或扣押的嫌疑商品属于假冒伪劣商品的，可继续封存或扣押该商品和其他相关财物，直至作出处理决定。

第九条 生产、销售本条例第四条第（一）（二）（三）（四）（五）（六）项所列假冒伪劣商品之一的，由监督检查部门根据情节，给予下列行政处罚：

（一）责令停止生产、销售；

（二）没收生产或销售的假冒伪劣商品和违法所得；

（三）没收制作、加工假冒伪劣商品的工具、设备和原材料；

（四）处违法所得一倍以上五倍以下的罚款；

（五）有违法所得，但拒不提供违法商品数量、金额及有关证明材料，致使违法所得难以计算的，处十万元以下罚款；

（六）责令停业整顿。

以上处罚可以单处，也可以并处。违法所得已挪作他用或转移的，可用其他财物抵缴罚没款。

第十条 生产或销售本条例第四条第（七）（八）项所列假冒伪劣商品之一的，由监督检查部门责令公开更正，没收违法所得，可并处违法所得百分之十五至百分之二十的罚款。

第十一条 用户、消费者因购买的商品有本条例第四条所列情形之一，要求销售者退货的，销售者应当负责退货；给用户、消费者造成损失的，销售者应当依法赔偿损失。

销售者未按照前款规定给予退货、赔偿损失的，由监督检查部门责令限期退货、赔偿损失。逾期拒不执行的，由监督检查部门对销售者处以该商品价款一倍以上五倍以下的罚款。前款规定的退货、赔偿损失责任不予免除。

第十二条 任何单位或个人转移、隐匿、销毁、出售被封存的假冒伪劣商品的，由监督检查部门处以被转移、隐匿、销毁、出售的假冒伪劣商品所标货值总额一倍以上三倍以下的罚款。

第十三条 违反本条例第五条规定，为生产，销售假冒伪劣商品提供场地设备、仓储保管、运输服务等条件的，由监督检查部门没收租金、使用费、仓储保管费、运输费及其他费用，可并处三万元以下的罚款。

对承印或销售假冒商品标识、名优标志和认证标志的单位或个人，由监督检查部门没收假冒商品标识、名优标志和认证标志，没收印制工具和原材料，没收违法所得，可并处以违法所得一至五倍罚款。

对传授生产假冒伪劣商品方法的单位或个人，由监督检查部门没收违法所得，可并处三万元以下的罚款。

对支持、包庇、纵容生产、销售假冒伪劣商品的单位或个人，视同生产、销售假冒伪劣商品行为，按本条例第九条、第十条规定处罚。

第十四条 违法行为有下列情形之一的，依照国家的有关法律法规给予从重处罚：

（一）专门生产、销售假冒伪劣商品，专门为生产、销售假冒伪劣商品提供条件的；

（二）明知所销售的商品为假冒伪劣商品，仍继续销售的；

（三）生产、销售假冒伪劣商品，经监督检查部门查处又重犯的；

（四）对举报生产、销售假冒伪劣商品者打击报复的；

（五）以暴力、威胁或贿买等方式干扰、妨碍执法人员执行公务的。

第十五条 违法行为人有下列情形之一的，可酌情从轻、减轻或者免除处罚：

（一）如实提供与所查处案件有关情况的；

（二）检举他人违法行为，有立功表现的；

（三）主动采取措施，有效减轻或防止假冒伪劣商品造成损害的。

第十六条 监督检查部门及其工作人员滥用职权、玩忽职守、徇私舞弊的，对直接责任人视情节给予行政处分；构成犯罪的，由司法机关依法追究刑事责任；给当事人造成经济损失的，应依法赔偿。

第十七条 生产、销售假冒伪劣商品，情节严重，构成犯罪的，移送司法机关追究刑事责任。

第十八条 当事人对监督检查部门作出的处罚决定不服的，可自收到处罚决定书之日起十五日内向作出处罚决定的监督检查部门的上一级主管部门申请复议；当事人也可以在接到处罚决定书之日起十五日内直接向人民法院起诉。

当事人逾期不申请复议，也不向人民法院起诉，又不履行处罚决定的，作出处罚决定的监督检查部门可以依法强制执行或者申请人民法院强制执行。

第十九条 县级监督检查部门依据本条例对违法单位一次性处罚超过二万元、个人的一次性处罚超过一万元的，须报经州级监督检查部门核准。

第二十条 本条例自公布之日起施行。

黔南布依族苗族自治州城市水污染防治条例

（1999年3月27日黔南布依族苗族自治州第十届人民代表大会第五次会议通过 1999年7月27日贵州省第九届人民代表大会常务委员会第十次会议批准 1999年8月22日黔南布依族苗族自治州人民代表大会常务委员会公告公布施行）

第一章 总 则

第一条 为防治州辖区内城市的水污染，保护和改善环境，保障人体健康，促进经济社会发展，根据《中华人民共和国环境保护法》和《中华人民共和国水污染防治法》及有关法律规定，结合本州实际，制定本条例。

第二条 本条例适用于州辖区内县（市）城区地表水、地下水水体的污染防治。

第三条 县级以上人民政府必须将水环境保护工作纳入国民经济和社会发展的规划和计划，采取防治水污染的对策和措施。

第四条 县级以上人民政府环境保护行政主管部门对本辖区水污染防治工作实施统一监督管理，水利、卫生、地质矿产、市政等管理部门、重要河流与水库的水源保护机构，结合各自的职责协同环境保护行政主管部门对水污染防治实施监督管理。

第五条 水污染防治实行谁污染谁治理、谁开发谁保护的原则。

第六条 单位和个人都有责任和义务保护水环境，并有权对污染损害水环境的行为进行监督和检举。

第七条 对水污染防治作出显著成绩的单位和个人，由县级以上人民政府或州环境保护行政主管部门给予表彰和奖励。

第二章 防治地表水污染

第八条 州、县（市）人民政府根据城市水体的主要功能、水质现状及其所处的位置，按照国家地面水环境质量标准和贵州省地面水域水环境功能划类规定，划定地面水环境功能区划类，按照各类水域的水环境质量标准进行管理。

第九条 在国家地面水环境质量标准一类、二类水体流域范围内，不得建设炼硫、电镀、制革、造纸、制浆、炼焦、漂染、有色金属冶炼、化肥等国家明令禁止的对水体有严重污染的项目。

在国家地面水环境质量标准三类水体流域范围内的上述项目，应严格控制，确保水体不受污染，达到功能水质要求。

第十条 新建城区、开发区必须同步健全排污系统，建设相应的污水集中处理设施。旧城改造应当逐步建立健全排污系统和相应的污水集中处理设施。

第十一条 将水污染物排入市政下水道的单位和个人，执行国家污水综合排放标准。

禁止向已建成污水截流沟的河排入污水。

第十二条 禁止向地表水体排放、倾倒工业废渣、生活垃圾、有毒有害废液和其他废弃物。

禁止在地表水体清洗装贮过有毒有害污染物的车辆、容器或包装物等。

禁止在地表水体使用毒物、农药、炸药捕杀鱼类和危害其他水生生物。

第十三条 禁止任何单位和个人利用渗井、渗坑、裂隙和溶洞排放、倾倒含有毒污染物的废水、含病原体的污水和其他废弃物。

第十四条 使用农药应当符合国家《农药安全使用标准》的规定。

运输、存贮农药和处理过期失效农药，必须加强管理，防止造成水污染。

第三章 防治饮用水源污染

第十五条 县（市）人民政府应根据城市规划的要求，按下列标准划分地表水饮用水源保护区：

（一）自取水点起，上游1500米至下游100米的水域，河岸两侧纵深各50米的陆域为禁区；

（二）自取水点起，上游5000米至下游200米的水域，河岸两侧纵深各500米的范围中除去禁区范围的区域为一级保护区；

（三）自一级保护区上游界起上溯8000米的水域，河岸两侧纵深各500米的陆域为二级保护区；

（四）自二级保护区上游界起上溯8000米的水域，河岸两侧纵深各500米的陆域为准保护区。

第十六条 地表水饮用水源各级保护区的水质应当符合下列规定：

（一）禁区、一级保护区的水质不低于国家地面水环境质量标准中的二类标准；

（二）二级保护区的水质不低于国家地面水环境质量标准中的三类标准；

（三）准保护区的水质应当保证二级保护区的水质能满足规定的标准。

第十七条 在地表水饮用水源一级保护区禁止下列行为：

（一）堆置、存放和向水体倾倒工业废渣、垃圾、粪便、油类，排放废水及其他废弃物；

（二）新建、扩建对饮用水水源有污染的建设项目；

（三）设置新的排污口向水体排放污水；

（四）在水域中从事饲养禽畜、网箱养殖、开展水上旅游文娱体育活动以及其他影响饮用水源水质的活动；

（五）设置油库；

（六）破坏水源林、护岸林以及与水源保护相关的植被和其他破坏水生态环境的活动。

第十八条 在地表水饮用水源二级保护区，必须遵守下列规定：

（一）不准新建、扩建有污染的建设项目及排污口，改建项目必须符合排放总量控制目标；

（二）原有的污染源，应进行治理，排放污染物必须限期达到规定的要求；

（三）开展旅游、养殖、水上运动等活动，必须保证水质达到规定的要求；

（四）设置的码头不准装卸垃圾、粪便和有毒有害物品。

第十九条 在地表水饮用水源准保护区内，直接或间接向水体排放废水，不得超过国家、地方规定的污染物排放标准。污染物排放总量不能保证水源保护区规定的水质标准时，必须减少污染物排放量，确保水源保护区水质达标。

在保护区内的国家级、省级风景名胜区需要开展水上旅游活动的，必须经过批准并保证饮用水源水质达到规定的标准。

第二十条 在地表水饮用水源禁区内，除执行第十七条规定外，还应禁止建设与供水设施和保护饮用水水源无关的项目。

第四章　水污染源的监督管理

第二十一条　严格控制新污染源。新建、扩建、改建直接或者间接向水体排放污染物的建设项目和其他水上设施，必须将防治水污染设施与建设项目的主体工程同时设计、同时施工、同时投产使用。建设单位和有关部门必须遵守下列规定：

（一）建设项目的环境影响报告书和防治水污染的设计文件，必须经有审批权的环境保护行政主管部门批准；

（二）防治水污染所需资金、设备、材料等，应当和主体工程统筹安排，纳入计划和工程概算；

（三）建设项目主体工程竣工验收时，防治水污染设施必须经审批环境影响报告书的环境保护行政主管部门验收，验收不合格的，不发给水污染排放许可证，不准投产或使用。

第二十二条　凡排放工业废水、医疗污水、含放射性物质和其他污染物水的单位和个人，必须向所在地的县（市）环境保护行政主管部门申报登记。

排放水污染物的种类、数量、浓度和处理设施有重大改变的，应当及时变更申报。

第二十三条　向水体排放污染物的单位和个人，应依法缴纳排污费。

第二十四条　州、县（市）人民政府按照有关环境保护法律、法规的规定，对造成水体严重污染的单位，报经有决定权限的人民政府批准，责令其限期治理。限期治理的单位和个人必须如期完成限期治理任务；对逾期未完成治理任务的，由作出限期治理决定的人民政府依法责令其关闭、停产或转产。

第二十五条　因发生事故或者其他突发性事件排放污染物超过正常排放量，造成或者可能造成水污染事故的单位和个人，必须立即采取应急措施，及时通报可能受到污染危害的单位和居民，并向当地环境保护行政主管部门及有关部门报告，接受调查处理。

第五章　法律责任

第二十六条　对违反本条例规定的，可根据不同情节，给予警告、责令改正、停产、关闭或者处以罚款：

（一）有本条例第十七条所列行为的，由县级以上人民政府按照国务院规定的权限责令改正、停止或者关闭，并由环境保护行政主管部门处以2000元以上10000元以下罚款；

（二）违反本条例第十八条、第十九条规定，由县级以上环境保护行政主管部门或者有关部门责令改正，并处以1000元以上5000元以下罚款；

（三）违反本条例第二十条规定的，由有关部门责令拆除，并处以3000元以上10000元以下罚款；

（四）违反本条例第二十一条规定，水污染防治设施没有建成而投入生产的，责令停产，可处以10000元以上30000元以下罚款；水污染防治设施没有达到国家有关建设项目环境保护管理规定而投入生产的，限期改正，并处以 5000 元以上 10000 元以下罚款；

（五）违反本条例第二十二条规定，对拒报或谎报有关污染物排放申报登记事项的，处以 300 元以上 1000 元以下罚款；

（六）违反本条例第二十三条规定，不依法缴纳排污费的，除追缴排污费及滞纳金外，可处以 1000 元以上 10000 元以下罚款；

（七）对造成水污染事故的单位和个人，处以 10000 元以上 30000 元以下罚款；

（八）由于水环境污染造成直接经济损失的，按照直接损失的 30% 计算罚款，并不免除造成污染的单位和个人排除危害和赔偿的责任。

第二十七条 罚款 10000 元以下的，由县（市）环境保护行政主管部门决定，罚款 10000 元以上的报州环境保护行政主管部门或县（市）人民政府批准。

第二十八条 违反本条例规定造成水污染的，对责任人由所在单位或者上级主管机关视情节给予行政处分；构成犯罪的，依法追究刑事责任。

第二十九条 当事人对行政处罚不服的，可以依法申请复议或直接提出诉讼，逾期不申请复议或不起诉，又不履行处罚决定的，作出处罚的行政机关可以依法申请人民法院强制执行。

第三十条 水污染防治监督管理人员滥用职权、玩忽职守、徇私舞弊的，由其所在单位或者上级主管机关给予行政处分；构成犯罪的，依法追究刑事责任。

黔南布依族苗族自治州科学技术进步条例

（1999 年 3 月 27 日黔南布依族苗族自治州第十届人民代表大会第五次会议通过 1999 年 7 月 27 日贵州省第九届人民代表大会常务委员会第十次会议批准 1999 年 9 月 23 日黔南布依族苗族自治州人民代表大会常务委员会公告公布施行）

第一章　总　则

第一条 为了促进科学技术进步，实施科教兴州战略，根据《中华人民共和国科学技术进步法》及有关法律规定，结合黔南州实际，制定本条例。

第二条 本条例适用于本州国家机关、企业、事业单位、社会团体及其他组织和公民。

第三条 坚持经济建设和社会发展依靠科学技术，科学技术工作面向经济建设和社会发展的基本方针，发展多种经济成分并存的科学研究、技术开发、科技服务组织，建立和完善科学技术与经济密切结合、互相促进的运行机制，促进社会主义现代化建设的发展。

第四条 各级人民政府制定科学技术发展规划，确定科学技术及与科学技术密切相关的重大项目，保障科学技术进步与经济建设和社会发展相协调。

第五条 科学技术进步工作实行各级人民政府分级负责制。科学技术行政主管部门负责科学技术工作的宏观管理和统筹协调，其他有关部门依照工作职责范围负责相关的科学技术进步工作。

第六条　各级科学技术协会和其他科技社会团体应大力开展科学普及、学术交流、青少年科技活动。

第二章　科学技术网络和科学技术工作者

第七条　州、县（市）人民政府科学技术行政主管部门是科学技术管理机构，负责做好科技推广、科技示范、科技培训及指导工作。

乡（镇）人民政府应有领导分管科学技术工作，并有科技管理工作人员。

第八条　建立健全农业技术推广网络和服务体系，加强县、乡两级农业技术推广机构建设，传授先进适用技术，普及农业科技知识。建立和发展多种形式的农业科学技术经济合作组织和技农工贸一体化经营实体，为农业生产提供产前、产中、产后综合配套技术服务，促进科技成果向现实生产力的转化。

第九条　县（市）人民政府要建立健全县（市）、乡（镇）科学技术培训体系，发展职业技术教育和成人教育，提高劳动者的科学技术水平。

在农村逐步推行绿色证书制度，农业劳动者经考核达到一定专业水平后，可按照有关规定评定农民技术职称。

企业应建立健全技术培训制度和技术工人考试、技术考核晋升定级制度，推行工人技师考评和聘任制度。

第十条　科学技术工作者指具有中专以上学历并有初级以上技术职称且从事专业技术工作的人员。

第十一条　建立健全科学技术工作者继续教育制度，有计划地通过岗位培训、专业进修等，提高科学技术工作者的专业水平和管理水平。

第三章　科学技术管理与服务

第十二条　各级人民政府根据科学技术发展规划，对适应经济社会发展需要、在产业结构和产品结构调整中有成效的重大项目，给予重点扶持。

第十三条　各级人民政府支持和促进企业科学技术进步，协调企业在发展中遇到的人才、技术、资金问题，鼓励企业根据市场需要，建立健全技术开发机构，加强多层次、多渠道的技术交流。

第十四条　开展政府、民间并举的省内、国内、国际的科学技术交流与合作，加强同周边地区、沿海开放地区的区域性科学技术交流与合作，保护合作者的合法权益。

第十五条　加强对科技、经济、社会发展有较大影响的综合性软科学研究，发挥其在国民经济重大项目决策和管理中的作用。

第十六条 鼓励和支持企业采用新技术、新工艺、新材料，开发新产品。企业生产性固定资产折旧基金要优先用于技术改造和技术开发。

鼓励大中型企业、研究开发机构、科研所、各院校和社会团体以各种方式为企业提供技术服务。

第十七条 鼓励和支持国内外组织和个人依法在本州独资或合资合作创办科技企业；鼓励社会力量创办民营科技研究开发机构。

有关部门对社会力量创办的研究开发机构在审批、贷款等方面给予支持；在项目申报、科学成果评审和技术职称评定等方面与国有科研开发机构享有同等待遇，其合法权益不受侵犯。

第十八条 社会事业部门应当把科学技术进步纳入本行业的发展规划并组织实施。逐步完善科技服务体系和知识产权保护体系，为科学技术进步提供社会化服务保障。

建立健全技术市场、人才市场，推进技术开发、技术转让、技术咨询、技术服务，促进技术成果商品化、产业化。

第四章　科学技术经费

第十九条 建立以政府拨款、金融贷款、企业自筹和吸引民间、国外资金的多渠道科学技术投入体系。全州研究开发经费，逐步达到国内生产总值的1.5%。

第二十条 各级人民政府每年用于科技进步经费的增长幅度，应高于同级财政经常性收入的增长幅度。财政每年安排的科技三项费应逐年增加。当年州、县（市）本级财政预算支出中安排科技三项费的比例，应达到省的规定。乡级财政也应适当安排用于科技进步的经费。

科技三项费主要用于新产品试制、中间试验、重大科研项目补助以及相关的科技成果转化、技术服务等科技活动。科技三项费由科学技术行政主管部门掌握使用，根据所支持项目的不同情况，实行无偿和有偿使用相结合的原则。同时接受同级审计、财政部门的监督。

第二十一条 州、县（市）科学技术行政主管部门通过政府拨款、回收科技三项费、筹集社会资金等方式依法设立科技发展基金，用于发展科技事业。

各级人民政府应当引导、鼓励各类企业不断增加科技经费投入，使其逐步成为科技经费投入的主体。

第五章　奖励和优惠待遇

第二十二条 州、县（市）人民政府设立科学技术进步奖，必要时可设立专项科学技术奖。

各级人民政府及其所属部门，对本地区、本部门经济建设、社会发展事业中采用先进科学技术和科学管理方法、推广科学技术成果作出突出贡献的单位和个人，颁发荣誉证书并给予物质奖励。

企业对在群众性合理化建议、开展技术革新、技术协作、技术竞赛中作出贡献的组织和个人，予以表彰，并可从实施科学技术成果新增留利中提取不低于5%的比例进行奖励。

第二十三条 各级人民政府及其相关部门应改善科学技术工作者的工作、学习条件，逐步提高生活待遇。对基层科学技术工作者的待遇，国家和省有规定的，从其规定。没有规定的，实行下列优惠待遇：

（一）对在民族乡和州、县人民政府认定的贫困乡中工作一年以上的科学技术工作者向上浮动一档职务工资，连续工作满八年，年度考核均为合格、称职以上者，浮动的职务工资转为固定工资，转为固定工资后继续享受浮动工资待遇。贫困乡脱贫后，三年内仍可执行本项规定。

（二）对在乡（镇）工作的科学技术工作者，工龄满三十年，在乡（镇）工作累计满二十年的，退休工资提高5%，但不得超过退休前工资的100%。

第二十四条 科学技术行政主管部门、科研所、大中专院校和企业、事业单位要注重选拔、培养中青年学科带头人及青年技术骨干，在工作条件和经费上给予优先扶持。对有突出贡献的科学技术工作者按规定给予政府特殊津贴、破格晋升职称和其他优惠待遇。

第二十五条 鼓励研究开发机构、高等院校、企业、事业单位的科学技术工作者创办、领办乡镇企业、民营科技企业和其他非公有制企业；以个人合法拥有的专有技术、知识产权、资金到乡镇企业和其他企业入股，其合法收入受法律保护。

第六章　法律责任

第二十六条 在科学技术活动中弄虚作假，剽窃他人成果，骗取奖励和荣誉称号的，撤销其奖励和荣誉称号，并视情节轻重给予批评教育直至行政处分。

第二十七条 有下列行为之一的，由所在单位或上级机关按国家有关规定对直接责任人给予行政处分；情节严重的，依法追究法律责任：

（一）滥用职权，压制技术革新和合理化建议的；

（二）侵犯科技研究开发机构和科学技术工作者合法权益的；

（三）干扰、妨害科学技术活动的；

（四）挪用、克扣、挤占、截留科学技术经费的；

（五）玩忽职守对科学技术试验和科学技术成果推广造成经济损失的；

（六）侵占他人科学技术成果和擅自转让单位科学技术成果、职务科技成果的；

（七）利用虚假技术或国家明令禁止技术造成危害社会后果的。

黔南布依族苗族自治州档案管理奖励与处罚办法

（2000 年 3 月 31 日黔南布依族苗族自治州第十届人民代表大会第六次会议通过 2000 年 5 月 27 日贵州省第九届人民代表大会常务委员会第十六次会议批准 2000 年 6 月 22 日黔南布依族苗族自治州人民代表大会常务委员会公告公布施行）

第一条 为加强档案管理，促进档案事业发展，充分发挥档案在经济建设和社会发展中的作用，根据《中华人民共和国档案法》及有关法律规定，结合本州实际，制定本办法。

第二条 本办法适用于本州各级国家机关、社会团体、企业事业单位、其他有关组织和个人。

第三条 单位或者个人有下列事迹之一的，由县级以上人民政府、档案行政管理部门或者本单位给予表彰：

（一）对档案的收集、整理、保护、抢救和提供利用做出显著成绩的；

（二）从事档案工作 5 年以上，成绩突出的；

（三）同违反档案法律、法规的行为作斗争，表现突出的；

（四）档案管理经考核认定，机关达省级最高等级、企业事业单位达省级以上等级的；

（五）档案管理经考核认定，全系统达到省级以上等级的。

第四条 档案工作成绩显著，可分别不同情况给予奖励：

（一）受人事部、国家档案局表彰的单位或者个人，州、县（市）人民政府可以给予单位 1000 元以上 5000 元以下，个人 500 元以上 2000 元以下的奖励；

（二）连续 3 次在省、州档案工作考核中名列前三名的单位或者受表彰的个人，由州、县（市）人民政府授予档案工作先进集体、先进个人荣誉称号，并给予奖励；

（三）连续两次受州级以上人民政府表彰，以及档案目标管理达第三条第（四）项要求，经 3 年一次复查，其管理水平继续保持和提高的单位．对其连续在岗的主管人员、档案员由单位分别给予 200 元以上 1000 元以下的奖励。

第五条 在档案管理部门检查考评中获优秀成绩的，其考评成绩作为评选先进、劳动模范的依据。

第六条 档案科技成果获州级以上科技进步奖、档案学术研究论文获省级三等奖以上的，由州档案管理部门给予奖励。

第七条 提供档案利用，产生直接经济效益 10000 元以上的，由同级人民政府在直接经济效益中按 1—2% 的比例，对提供档案的档案馆、室给予一次性奖励。

提供档案利用，产生社会效益对社会稳定、经济发展、民族团结起重要作用的，由同级人民政府给予奖励。

第八条 向档案馆捐赠下列档案资料的，由同级人民政府或者档案管理部门给予奖励：

（一）反映和记载本州少数民族社会、经济发展的碑文、墓志、器物、服饰、浮雕、画卷、经卷、家谱、族谱、图书、图片、音像等珍贵特色档案和资料；

（二）反映和记载各个革命历史时期，中国共产党及其领导下的军队在黔南活动的革命历史档案和资料；

（三）反映和记载各个历史时期，黔南各族人民为争取民族解放、民族团结、民族进步而英勇斗争的历史档案和资料；

（四）反映和记载党和国家领导人、省部级领导人在黔南活动的档案和资料；

（五）反映和记载本州宗教活动的重要档案和资料；

（六）黔南籍和在黔南活动的著名人物的档案和资料；

（七）其他重要、珍贵的档案和资料。

第九条 有下列行为之一的，由县级以上档案管理部门责令限期改正，可对单位并处500元以上3000元以下罚款；造成损失的，责令赔偿损失。并可视情节由主管部门对直接负责的主管人员和其他直接责任人员给予行政处分：

（一）将公务活动中形成的重要档案材料据为己有的；

（二）未按规定建立健全档案管理制度，档案管理混乱的；

（三）重点建设工程和重大科学技术研究项目的档案材料不整理归档，散失残缺，拒不接受档案管理部门和有关主管部门验收或者验收不合格的；

（四）不按期向本单位档案机构或者档案馆移交档案的；

（五）明知档案面临危险而不采取安全保护措施的；

（六）不按规定向社会开放和提供利用档案的。

第十条 有下列行为之一的，由县级以上人民政府档案管理部门、有关主管部门对直接负责的主管人员或者其他直接责任人员依法给予行政处分；造成损失的，责令赔偿损失：

（一）损毁、丢失属于国家所有的档案的；

（二）擅自提供、抄录、拍照、复印、公布、销毁属于国家所有的档案或者泄露档案秘密的；

（三）涂改、伪造档案的；

（四）擅自出卖或者转让档案的；

（五）倒卖档案牟利或者将档案出售、赠送外国人的；

（六）玩忽职守，造成档案损失的；

（七）抢夺、窃取国家档案的。

在利用档案馆、室的档案中，有前款第（一）项、第（二）项、第（三）项、第（六）项违法行为的，由县级以上人民政府档案管理部门给予警告，并根据档案价值和数量，对单位处10000元以上30000元以下，对个人处500元以上3000元以下罚款。

企业事业组织或者个人有第一款第（四）项、第（五）项违法行为的，由县级以上人民政府档案管理部门给予警告；对单位处10000元以上30000元以下；对个人处500元以上5000元以下罚款；有违法所得的，没收违法所得。

黔南布依族苗族自治州
荔波樟江风景名胜区管理条例

（2001 年 4 月 29 日黔南布依族苗族自治州第十一届人民代表大会第一次会议通过 2001 年 7 月 21 日贵州省第九届人民代表大会常务委员会第二十三次会议批准 2001 年 8 月 24 日黔南布依族苗族自治州人民代表大会常务委员会公告公布施行）

第一条　为加强荔波樟江风景名胜区管理，有效地保护、利用和开发风景名胜资源，促进本州经济社会持续发展，根据《中华人民共和国宪法》《中华人民共和国民族区域自治法》及有关法律、法规的规定，制定本条例。

第二条　在樟江风景名胜区进行保护、建设、旅游和管理等活动的单位和个人，应当遵守本条例。

第三条　樟江风景名胜区是以喀斯特原始森林和水文为特征，集山、水、林、湖、瀑、洞、石为一体的国家重点风景名胜区。由水春河景区、大七孔景区、小七孔景区、樟江风光带组成，总面积 273.1 平方公里。

根据《荔波樟江风景名胜区总体规划》，樟江风景名胜区划定为特级、一级、二级、三级保护区和外围保护区。

第四条　樟江风景名胜区的保护和建设应当坚持严格保护、科学规划、统一管理、合理开发、永续利用的原则，使生态效益、经济效益和社会效益协调发展。

第五条　樟江风景名胜区管理机构，由荔波县人民政府领导，主持风景名胜区管理工作，行使下列职权：

（一）贯彻执行有关法律、法规、规章和本条例；

（二）按照总体规划制定详细规划，报经批准后组织实施；

（三）制定风景名胜区管理制度，对风景名胜区实行统一保护和管理；

（四）会同有关部门对经营活动、交通安全、社会治安等进行管理；

（五）人民政府或者有关行政管理部门委托行使的其他职权。

樟江风景名胜区接受建设行政主管部门和相关行政管理部门的业务指导和监督。

乡（镇）人民政府、村（居）民委员会应当支持、协助做好风景名胜区的管理工作。

第六条　樟江风景名胜区内的所有单位，除各自业务受上级主管部门领导外，应当服从樟江风景名胜区管理机构对风景名胜区的统一规划和管理。

第七条　在樟江风景名胜区内禁止下列行为：

（一）砍伐、损毁古树名木、风景林木花草；

（二）毁林开垦、擅自砍伐林木；

（三）擅自开山、开矿、采石、挖砂、取土；

（四）围填堵塞河流、溪流、湖泊、山泉、瀑布；

（五）堆积、装贮、排放污染环境的废渣、废水和有毒有害气体；

（六）向水体环境倾倒垃圾和其他固体废弃物，在水中洗涤有毒、有污染的物品；

（七）猎、捕、炸、毒或者以其他方式伤害野生动物；

（八）其他危害风景名胜资源的行为。

第八条 在特级和一级保护区内禁止下列行为：

（一）建设宾馆、饭店、娱乐场所等。本条例公布施行前已建成的，应当逐步拆除；

（二）擅自采集动植物标本；

（三）移植风景林木；

（四）建造坟墓。已建而有损自然景观的，应当逐步迁出或者深埋，不留坟头。

第九条 樟江风景名胜区的水质以及樟江支流的水质按国家地表水环境质量Ⅰ至Ⅲ类水标准执行。

第十条 在樟江风景名胜区内已建成的有污染的建设项目应当限期治理，达不到环境质量标准的，由荔波县人民政府责令其关、停、转、迁。

第十一条 禁止侵占、破坏樟江风景名胜区内的河道、河滩、河堤及其设施。

第十二条 禁止违法占用、转让风景名胜资源及景区土地，擅自改变风景名胜资源性质及景区土地使用性质。

第十三条 在樟江风景名胜区内根据规划建设的项目，由樟江风景名胜区管理机构编制计划，经荔波县人民政府同意，报自治州人民政府批准后，方可依法办理报批手续。其建设工程选址意见书、建设用地规划许可证和建设工程规划许可证，由自治州人民政府建设行政主管部门核发。

建设项目的布局、高度、体量、造型和色彩等，应当与周围景观和环境相协调。

第十四条 荔波县人民政府应当做好樟江风景名胜区内的封山育林、植树绿化和25度以上坡地退耕还林还草工作，保护植被和野生动植物繁殖生长、栖息环境。

在樟江风景名胜区内推广沼气等适用技术，采取节柴措施、保护生态。

第十五条 荔波县人民政府应当加强樟江风景名胜区森林病虫害的防治和防洪工作，落实防范措施。

使用农药应当符合国家《农药安全使用标准》的规定。

第十六条 荔波县人民政府应当加强樟江风景名胜区护林防火工作，建立健全护林防火组织和制度，配备相应的防火设施和设备，规定特别防火期，设置禁火标志。

第十七条 鼓励和支持国内外经济组织和个人到樟江风景名胜区投资开发和建设。投资者的合法权益受法律保护。

第十八条 开发建设旅游设施项目，应当符合总体规划，进行科学论证，避免盲目建设。不得兴建有害旅游者身心健康的项目。

第十九条 樟江风景名胜区内民族村寨的规划、建设和改造应当有民族风格和地方特色。

保护和开发民族工艺品、民间艺术和民族文化，发展具有民族特色的旅游项目。

第二十条 进入樟江风景名胜区内的游人和其他人员，应当遵守法律、法规和规章制度，爱护风景名胜资源和公共设施，维护环境卫生和公共秩序。

第二十一条 樟江风景名胜区管理机构应当建立安全管理责任制，在景区内设置安全设施和安全标志。禁止在没有安全保障的区域开展旅游活动。

第二十二条 任何单位和个人符合下列条件之一的，由荔波县人民政府或者樟江风景名胜区管理机构给予表彰和奖励：

（一）在保护、建设、管理、治理工作中成绩显著的；

（二）在科研工作中成绩显著的；

（三）引进资金、技术、人才有贡献的；

（四）维护法律、法规的实施，同破坏风景名胜资源的行为作斗争做出贡献的。

第二十三条 违反本条例规定的，按以下规定给予处罚：

（一）违反第七条第（一）项、第（二）项和第八条第（二）项、第（三）项、第（四）项规定的，责令停止违法行为，限期恢复原状，没收违法所得，可并处100元以上2000元以下罚款。不能恢复原状的。依法赔偿损失，可并处5000元以上30000元以下罚款；

（二）违反第七条第（三）项、第（四）项、第（七）项规定的，责令停止违法行为，限期恢复原状，没收违法所得，可并处20元以上1000元以下罚款。不能恢复原状的，依法赔偿损失，可并处1000元以上30000元以下罚款；

（三）违反第七条第（五）项、第（六）项和第十一条规定的，责令停止违法行为，限期恢复原状，可并处300元以上5000元以下罚款。不能恢复原状的；可并处5000元以上30000元以下罚款；

（四）违反第八条第（一）项规定的，责令停止违法行为，限期拆除违法建筑，恢复原状，按占地面积，可并处每平方米30元以下罚款。不能恢复原状的，经上一级建设行政主管部门批准，可并处每平方米100元以上200元以下罚款，但最高不得超过100000元；

（五）违反第十二条规定的，责令停止违法行为，退出违法占用、转让的风景名胜资源或者恢复风景名胜资源及土地使用性质，没收违法所得，可并处2000元以上30000元以下罚款；

（六）违反第十三条规定，无权批准而批准、越权批准或者违反法定程序批准在樟江风景名胜区内进行建设的，其批准文件无效，对直接负责的主管人员和其他直接责任人员，依法给予行政处分。

第二十四条 本条例第二十三条规定的行政处罚，由荔波县人民政府有关行政管理部门依法委托樟江风景名胜区管理机构按照委托权限实施，或者由有关行政管理部门按照规定权限实施。

第二十五条 本条例未作处罚规定的违法行为，法律、法规规定处罚的，从其规定。

第二十六条 罚款必须使用省财政部门统一制发的罚款收据，全额上缴国库。

第二十七条 国家工作人员在樟江风景名胜区管理工作中玩忽职守、滥用职权、徇私舞弊的，由所在单位或者上级主管部门给予行政处分，造成损失的，依法予以赔偿。

第二十八条 本条例自公布之日起施行。

黔南布依族苗族自治州
个体工商户和私营企业权益保护条例

（1997 年 11 月 27 日黔南布依族苗族自治州第十届人民代表大会第三次会议通过 1998 年 5 月 23 日贵州省第九届人民代表大会常务委员会第二次会议批准 1998 年 7 月 24 日黔南布依族苗族自治州第十届人民代表大会常务委员会公告公布根据 2006 年 2 月 26 日黔南布依族苗族自治州第十一届人民代表大会第七次会议通过 2006 年 9 月 22 日贵州省第十届人民代表大会常务委员会第二十三次会议批准的《黔南布依族苗族自治州人民代表大会关于修改〈黔南布依族苗族自治州个体工商户和私营企业权益保护条例〉的决定》修正）

第一章 总 则

第一条 为保护个体工商户和私营企业的合法权益，促进自治州非公有制经济发展，根据《中华人民共和国宪法》《中华人民共和国民族区域自治法》以及有关法律规定，结合本州实际，制定本条例。

第二条 本条例所称个体工商户是指公民个人或者家庭投资并依法登记注册的生产经营者，包括人民政府决定有必要纳入登记注册管理的农村从事种植业、养殖业以及其他商品生产的专业户。

本条例所称私营企业是指企业资产由私人投资形成，属私人所有并依法核准登记的以营利为目的的经济组织。

第三条 个体工商户和私营企业在参与市场竞争中，与国有、集体企业具有同等地位，任何单位和个人不得歧视、干预，不得侵犯其合法权益。

第四条 县级以上人民政府主管非公有制经济的行政部门负责个体工商户、私营企业的综合管理和服务工作。工商行政管理部门依法对个体工商户、私营企业进行登记注册管理。

各级人民政府及其有关职能部门应当建立和完善服务体系，规范管理职能，为个体工商户和私营企业提供产业政策、发展规划、市场需求等方面的信息服务。

各级工商业联合会依照章程规定，协助同级人民政府引导非公有制经济发展，为维护个体工商户、私营企业的合法权益提供服务。

第五条 个体工商户和私营企业在发展当地经济和社会公益事业等方面作出显著成绩的，各级人民政府应当给予表彰或者奖励。

第二章　权利与义务

第六条　个体工商户和私营企业在国家法律、法规规定的范围内享有下列权利：

（一）自有资产占有、使用、收益、处分权；

（二）核准登记名称专用权和知识产权；

（三）核准经营范围内自主生产、经营权；

（四）依法行使劳动用工权；

（五）国家实行价格监审商品外的商品自主定价权；

（六）在金融机构申请抵押、担保贷款权；

（七）依法取得土地使用权，包括在获准期限内的收益权、继承权、抵押权、租赁权和转让权；

（八）投资兴办合资、合作企业及引进资金、技术、人才权；

（九）依法取得进出口权；

（十）决定利润分配权；

（十一）对法律、法规规定之外的收费、罚款、强行推销商品、摊派的拒绝权；

（十二）法律、法规规定的其他权利。

第七条　个体工商户和私营企业应当履行下列义务：

（一）遵守国家法律、法规，公平竞争，守法经营；

（二）亮照经营，明码标价；

（三）遵守社会公德，信守职业道德，不侵犯消费者合法权益；

（四）依法订立和履行劳动合同、经济合同；

（五）加强劳动保护，保障职工享有休息、休假以及女职工特殊保护等权利；

（六）按照劳动合同约定，按时足额支付职工工资；按照国家规定为职工办理养老、失业、医疗、工伤、生育等社会保险；

（七）禁止使用童工；

（八）保护自然资源，防治环境污染，营造文明经营环境；

（九）依法申报纳税；

（十）法律、法规规定的其他义务。

第三章　发展与保护

第八条　凡自愿从事个体、私营经济并具备相应生产经营条件的人员以及国家允许的其他人员，均可申请从事个体生产经营和开办私营企业。

在组织形式、经营范围及经营方式等方面，除法律、法规禁止的以外，由个体、私营企业申请者自主选择。

第九条 除国家明令禁止的行业和商品外，个体工商户和私营企业均可从事生产经营。

第十条 鼓励个体工商户和私营企业通过并购、控股、参股等多种形式，参与国有企业和集体企业的改组、改制、改造。

第十一条 政府有关职能部门对申请从事个体生产经营和开办私营企业者，应当简化办理证、照程序，提供必要方便。除法律、法规规定外，不得设置前置许可条件。

第十二条 从事高新技术、高附加值、环保产品生产和创名牌产品的企业，所在地有关行政主管部门应当从科研项目的实施、科技成果的评审等方面给予扶持。

第十三条 鼓励个体工商户、私营企业领办扶贫项目。对生产型、扶贫型、科技型、开发型的个体工商户和私营企业，依照国家有关法律、法规和政策的规定给予税费优惠。

第十四条 利用农村荒山、荒地、滩涂从事种植业、养殖业以及其他商品生产的专业户，依照国家税收的有关法律法规给予优惠照顾。

第十五条 县级以上人民政府应当设立非公有制经济发展专项资金，以财政贴息等形式择优扶持个体工商户、私营企业的发展。

第十六条 个体工商户和私营企业申请贷款，金融机构应当按照国家信贷原则和利率政策办理。

鼓励个体工商户、私营企业以股权融资、项目融资等方式筹集资金。支持非公有制经济设立商业性和互助性的信用担保机构。

第十七条 个体工商户和私营企业开发种植业、养殖业及其他商品生产涉及使用土地的，国土管理机关应当从快简化办理审批、报批手续。

第十八条 各级人民政府应当统筹规划，多渠道集资兴建、扩建市场，为个体和私营经济发展创造条件。

第十九条 除法律、法规规定和省级以上人民政府制定的收费项目、收费标准外，任何机关、团体不得以任何理由和形式制定收费项目、收费标准向个体工商户和私营企业收费。

凡依法收费项目中规定有收费幅度的，一般按照低限收取。

第二十条 个体工商户和私营企业主需要出境从事商务活动的，有关部门应当及时办理手续。

第二十一条 个体工商户和私营企业人员的专业技术职称申报及其资格评定与国有企业职工相同。

第二十二条 个体工商户和私营企业可参加行业内外评选先进或者劳动模范。

连续3年以上无违法、违规行为，经营情况良好，商业信誉较高的个体工商户和私营企业，经当事人申请、工商行政管理部门批准，可以实行年审免检。

第二十三条 对州外人员来我州投资兴办私营企业或者从事个体生产经营的，均享受州、县、市人民政府有关发展个体、私营经济的优惠待遇。

外来投资的个体工商户和私营企业主的子女与本地公民子女同等享受义务教育的法定权利。

第二十四条 个体工商户和私营企业的营业执照是其从事生产经营活动的合法凭证，

除登记注册主管机关外，任何单位和个人不得扣留、收缴、吊销。

第二十五条 各级人民政府非公有制经济管理部门，负责受理个体工商户和私营企业的投诉，协调、化解纠纷和争议。

有关行政机关、职能部门应当依法配合制止、查处侵犯个体工商户和私营企业合法权益的行为，工商业联合会、个体劳动者协会、私营企业协会应当协助做好这方面的工作。

第二十六条 个体工商户和私营企业因合法权益受到侵犯提起的投诉、诉讼，有关行政机关和司法机关应当依法受理。

第四章 法律责任

第二十七条 个体工商户和私营企业的经济性质和财产受法律保护，任何机关、团体和个人不得非法改变其经济性质，不得平调和侵占其财产。违者由州、县、市人民政府或者授权的管理部门责令改正、退赔，可并处罚；构成犯罪的，移送司法机关追究刑事责任。

第二十八条 个体工商户和私营企业依法登记的字号、名称、注册商标受法律保护。对盗用、滥用个体工商户和私营企业登记的字号、名称、注册商标等侵权行为，工商行政管理部门、司法机关应当及时追究其责任。

第二十九条 任何单位或者个人向个体工商户和私营企业乱收费、乱摊派、乱罚款以及以各种形式强行推销商品的，由州、县、市人民政府或者授权的管理部门对直接和相关责任人给予处罚、处分，并收缴全部违法所得退还当事人。

第三十条 个体工商户和私营企业应当依照国家法律法规从事生产经营活动。凡制售假冒伪劣商品损害消费者权益，不按照规定验照、验证和年检，抗拒监督检查的，依法追究其法律责任。

第三十一条 监督管理机关及其执法人员应当严格执行国家有关法律、法规，秉公执法。对不依法行政造成个体工商户、私营企业损失和恶劣影响的，应当依法赔偿并给予行政处分。

第五章 附 则

第三十二条 其他非公有制企业合法权益的保护适用本条例。

第三十三条 本条例自公布之日起施行。

黔南布依族苗族自治州城镇建设管理条例

（1999年3月27日黔南布依族苗族自治州第十届人民代表大会第五次会议通过 1999年7月27日贵州省第九届人民代表大会常务委员会第十次会议批准 1999年9月21日黔南

布依族苗族自治州人民代表大会常务委员会公告公布根据2006年2月26日黔南布依族苗族自治州第十一届人民代表大会第七次会议通过2006年9月22日贵州省第十届人民代表大会常务委员会第二十三次会议批准的《黔南布依族苗族自治州人民代表大会关于修改〈黔南布依族苗族自治州城镇建设管理条例〉的决定》修正)

第一章 总 则

第一条 为加强城镇建设管理，增强城镇功能，改善城镇生态环境和居民生活环境，促进经济建设和社会各项事业的发展，根据《中华人民共和国城市规划法》及有关法律规定，结合本州实际，制定本条例。

第二条 在本州行政区域内进行城镇规划、建设和管理，适用本条例。

本条例所称城镇，是指按照国家行政建制设立的市、镇。

第三条 本条例所称城镇建设管理，是指对城镇规划、市政工程、公用事业、园林绿化、市容和环境卫生的建设管理。

第四条 州人民政府建设行政主管部门主管全州城镇建设管理工作；县、市人民政府建设行政主管部门主管本行政区域内的城镇建设管理工作。

县、市人民政府建设行政主管部门委托城建监察机构对城镇建设管理实施监察。

镇人民政府、居民委员会（街道社区）、村民委员会协助做好城镇规划、建设和管理工作。

第五条 县、市人民政府及有关部门应当多渠道、多形式筹措资金，加大城镇建设资金投入。加强对城镇维护建设资金管理。国家规定用于城镇维护建设的资金，实行专款专用，不得挪用和截留。

第六条 鼓励各类经济组织、个体工商户和农村居民到城镇参与市政公用设施建设，推动城镇化进程。

第二章 规划与建设

第七条 城镇规划由县、市人民政府建设行政主管部门集中统一管理。严禁将规划管理权下放到非建设行政主管部门。

第八条 城镇总体规划应当与国土规划、区域规划、江河流域规划、土地利用总体规划相衔接。

自治州人民政府组织编制本行政区域的城镇体系规划；县、市人民政府组织编制本级人民政府所在地和其他建制镇的总体规划。

县、市人民政府在编制和修订城镇控制性详细规划和修建性详细规划时，应当组织专家论证，采取听证会等形式广泛征求意见，报州人民政府批准。

第九条 县、市人民政府向上级人民政府报请审批城镇总体规划前，须经同级人民代表大会常务委员会审查同意。

自治州城镇体系规划和自治州人民政府所在地城市总体规划的制定和修改，由自治州人民政府提请自治州人民代表大会常务委员会审查同意后，报省人民政府批准。

县、市人民政府向上级人民政府报请审批城镇的控制性详细规划前，应当提请同级人民代表大会常务委员会审查同意。

建制镇的控制性详细规划，经镇人民代表大会审查同意后，报请上级人民政府批准。

第十条 经批准实施的城镇规划，任何单位和个人不得擅自修改；确需调整或者作重大变更的，应当按照程序报批。

经批准实施的城镇规划应当向社会公布，接受公众监督。

第十一条 任何单位和个人在城镇规划区进行项目建设，应当依法取得建设项目选址意见书、建设用地规划许可证、建设工程规划许可证。

依法取得建设用地规划许可证后，方可向国土资源行政部门申请建设用地。

取得建设用地规划许可证之日起 2 年内未办理用地手续的，取得的证书自行失效。取得建设工程规划许可证在开工期限内尚未开工的，取得的证书自行失效。确需建设的，应当重新申报。

第十二条 城镇规划区内国有土地使用权出让、转让、划拨前，应当编制控制性详细规划。

凡不符合规划用途的国有土地使用权不得出让。

第十三条 城镇规划、建设、管理应当合理利用土地及空间资源。

城区主干道两侧的建筑应当按照城镇总体规划、详细规划进行设计；建筑物的设计方案，应当由建设行政主管部门审查批准后实施。

市政公用基础设施、环境卫生设施和绿化用地，应当由县、市人民政府建设行政主管部门按照规划要求提出布局和实施方案，报县、市人民政府批准。

第十四条 城镇建设不得占用河道河滩，不得填堵原有河道沟岔。河道岸线的利用和建设，应当服从城镇总体规划、环保规划、河道整治规划、防洪规划和绿化规划。

在城镇规划区内进行经营性开山采石、取土等活动的，须经建设行政部门同意。

第十五条 城镇建设应当结合当地自然条件、历史和文化，在建筑造型、风格、色彩等方面体现民族特色。旧城区改造应当保护具有民族特色、地域特色的历史街区、建筑群、构筑物和国家重要军事设施。

城区干道两侧及沿河道路的建筑物前，不得设置实体围墙，其分界可采用绿篱、花坛、栅栏、透景或者半透景围墙，围栏高度不得超过 1.8 米。

旧城区住宅改造的间距，以南面建筑高度为计算标准，南北向不低于1:0.9；以东面建筑高度为计算标准，东西向不低于1:0.8；山墙对山墙的间距不得小于6 米。新区的住宅间距，按照国家规范执行。

第十六条 新区建设、房地产开发和旧城改造，应当将市政基础设施、公共服务设施、园林绿化等纳入建设和改造计划，统一规划，统筹安排，按照先地下、后地上的施工原则配套建设。

大型公共建筑、商业区和住宅区，应当按照规划建设停车场、垃圾转运站和水冲式公厕，其投资应当纳入项目建设计划。

城镇市政道路和公共场所，应当设置残疾人无障碍设施。

第十七条 县、市人民政府应当推行殡葬改革，搞好公墓的规划和建设。禁止在城镇规划区内乱埋乱葬。

第三章 市政与公用事业

第十八条 城区主要道路不得新建架空管线，对已建架空管线的应当逐步改造。进入各单位内部的管线，不得跨越城区道路上空架设。

单位或者个人在城镇规划区内修建或者改造道路，须经县、市建设行政主管部门批准，并办理有关手续后方可施工。

第十九条 任何单位和个人不得擅自挖掘、占用和损坏城镇道路及附属设施；确需临时占用、挖掘城镇道路或者移动附属设施的，须报经县、市人民政府建设行政主管部门和公安交通管理部门批准，并按照批准期限恢复和归还，不能恢复的应当支付改造更新费用。

第二十条 任何单位和个人不得擅自在城镇规划区内的防洪堤坝、泄洪河道、排水沟渠及其防护地段内挖砂、取石、取土、占河设障、围填水面、开荒、倾倒垃圾填塞排水设施。

第四章 园林绿化和市容环境卫生

第二十一条 城镇园林绿化要因地制宜，充分利用自然山地、江河岸线、道路、广场及可用空地进行绿化，建设园林绿化区以及具有民族风格的城镇公园、园林景点、环境艺术作品和小品建筑。

城镇规划区内新建、改造、扩建的工程项目及新区和各类小区建设，其园林绿化设施应当与建设项目的主体工程同时规划、同时设计、同时施工。

新建工程项目绿化用地应当占建设用地总面积的比例为：新建区不低于30%，旧城改造区不低于20%；规划有特殊要求的，按照规划执行。

第二十二条 任何单位和个人不得擅自改变城镇绿化用地的性质或者占用城镇绿化用地，不得损坏绿化树木花草和园林绿化设施；不得在园林绿化区内开山放炮、采石、取砂、取土、放牧砍柴、砌灶野炊、占地埋坟。

第二十三条 凡在城镇中设置的户外广告、画廊、橱窗、标志牌、霓虹灯等，应当安全美观，符合规划要求；设置前应当经建设行政主管部门和有关部门批准，并按照指定位置设置。

任何单位和个人不得擅自在城镇建筑物上加层盖棚、搭建凉台，不得封闭或者占用公共通道堆放杂物；不得在城镇建筑物、构筑物、树木和其他设施悬挂、张贴、刻画、喷涂经营性招贴物或者有碍市容的字、画。

第二十四条 城镇环境卫生管理机构负责城镇垃圾清运的监督管理工作；城镇生活垃圾由环境卫生作业单位按照规定清运；生产、经营产生的垃圾，由产生垃圾的单位按照指定地点存放和处理；有害垃圾按照有关规定进行无害化处理。清运垃圾的车辆应当采取防护措施，不得沿途洒漏。

在城镇道路两侧施工的单位，必须围场作业，不得将建筑材料和建筑垃圾堆放在围场外。施工场地的出入口应当进行硬化处理。工程竣工，应当将施工场地清理干净。

在城镇居民区内，不得在夜间22时至凌晨6时进行建筑施工。确需施工的，应当报经环境保护部门批准，并采取措施防止噪声污染。

第二十五条 任何单位和个人不得擅自在城镇主要街道摆摊设点、占道经营；禁止将经营性产生的污油、污水、废弃物等倒入公共垃圾箱内。

在城镇设立的洗车站（点）应当设置泥沙过滤设施，禁止将泥沙直接排入城镇排水管沟。

城镇内的单位和个人在生产经营中产生的噪声，不得超标准排放。

第二十六条 城区街道和公共场所应当设置果皮箱，不得随地吐痰、便溺、乱泼乱倒；不得乱扔果皮、纸屑、烟头等废弃物；不得焚烧杂物；不得敞放家禽和牲畜。

禁止在城镇街道和公共场所设置灵堂、抛撒冥纸。

第二十七条 城镇市容市貌和环境卫生实行门前包卫生、包市容、包绿化的制度。

第五章　法律责任

第二十八条 在城镇规划区内，未取得建设用地规划许可证而取得建设用地批准文件占用土地的，批准文件无效，占用的土地由县级以上人民政府责令退回，并追究直接责任人员的行政责任。

第二十九条 违反本条例第十七条、第十八条、第十九条规定的，由县、市人民政府建设行政主管部门责令限期改正，可处以500元以上2万元以下罚款。

第三十条 违反本条例第二十条规定的，由县、市人民政府水行政主管部门责令停止违法行为，采取补救措施，可处以50元以上3000元以下罚款；造成损失的，依法赔偿。

第三十一条 违反本条例第二十二条规定的，责令停止侵害，可处以50元以上3000元以下罚款；造成损失的，依法赔偿。

第三十二条 违反本条例第二十三条、第二十四条第一款、第二款规定的，责令改正，可处以50元以上3000元以下罚款。

第三十三条 违反本条例第二十五条第一款规定的，由执法人员给予教育、警告，责令改正，拒不改正的，可处以20元以上50元以下罚款；违反第二款规定的，责令限期改正，逾期不改正的，可处以500元以上5000元以下罚款。

第三十四条 违反本条例第二十四条第三款、第二十五条第三款规定的，由环境保护部门按照有关规定处罚。

第三十五条 违反本条例第二十六条第一款规定的，由执法人员给予教育、警告，可处以5元以上20元以下罚款；违反第二款规定的，责令改正，可处以500元以上3000元以下罚款。

第三十六条 州、县、市人民政府建设行政主管部门的工作人员玩忽职守、滥用职权、徇私舞弊的，由其所在单位或者上级主管部门给予行政处分。造成损失的，依法赔偿。

第六章 附 则

第三十七条 乡、民族乡人民政府所在地的规划、建设、管理，参照本条例执行。

第三十八条 本条例自公布之日起施行。

黔南布依族苗族自治州岩溶资源保护条例

（2007年2月11日黔南布依族苗族自治州第十二届人民代表大会第一次会议通过 2007年3月30日贵州省第十届人民代表大会常务委员会第二十六次会议批准）

第一条 为加强对岩溶资源的保护，合理开发和利用岩溶资源，根据《中华人民共和国民族区域自治法》和有关法律法规，结合自治州实际，制定本条例。

第二条 自治州境内的岩溶资源保护适用本条例。

第三条 本条例所称岩溶资源，是指可溶性岩石在漫长地质历史时期形成并遗留下来，具有科研、观赏或者开发利用价值的孤峰、峰林、石林、天坑、基岩奇石、岩溶钙华、岩溶洞穴、钟乳石等地表和地下岩溶地质形体的总称。

第四条 自治州、县级人民政府应当加强对本行政区域内岩溶资源保护工作的领导，组织对岩溶资源的调查评估，制定岩溶资源保护规划，并将其纳入国民经济和社会发展规划。

鼓励单位和个人投资或者捐资对岩溶资源进行保护和合理开发。

第五条 单位和个人发现重要岩溶资源，应当及时向当地人民政府报告。

自治州各级人民政府对发现和保护岩溶资源作出显著成绩的单位和个人给予表彰或者奖励。

第六条 自治州、县级人民政府国土资源行政主管部门负责本行政区域内岩溶资源的保护管理工作。

发展改革、环境保护、建设、交通、林业、水利、旅游、公安、工商行政管理等部门按照各自职责做好岩溶资源的保护管理工作。

乡镇人民政府、村（居）民委员会协助做好本行政区域内的岩溶资源保护管理工作。

第七条 对具有重要科研、观赏或者开发利用价值的岩溶资源，集中连片的，由县级人民政府划定保护范围，经自治州人民政府批准后发布公告，竖立界碑进行保护；零星分散的，由县级人民政府明确保护对象，设立标志牌或者采取封闭措施，实行定点保护。

岩溶资源保护范围和保护对象，应当根据岩溶资源分布特点，结合当地经济建设和群众生产、生活的需要，进行综合论证，合理确定。

任何单位和个人不得擅自移动或者损坏岩溶资源保护的设施和标志。

第八条 工程建设可能损害岩溶资源的，由自治州人民政府国土资源行政主管部门组织进行评估，根据评估结果确定保护措施。工程建设单位应当按照确定的保护措施进行建设。

对具有重要科研和观赏价值的岩溶资源，自治州和县级国土资源行政主管部门应当配合建设单位研究制定相应的技术措施，对确需占用的岩溶资源实行保护性采集。

第九条 任何单位和个人不得在岩溶资源保护范围内进行垦荒、堆放废弃物及其他损害岩溶资源的活动；不得修建有损岩溶资源的设施；对已建成并对岩溶资源造成损害或污染的设施，应当限期治理或者拆除。

第十条 村民确因生产生活需要在岩溶资源保护范围内开采石料自用的，应当在当地人民政府国土资源行政主管部门指定的地点进行。

第十一条 除因科学研究和工程建设需要，经批准可以对部分岩溶资源进行保护性采集外，任何单位和个人不得采集岩溶钙华、钟乳石和基岩奇石。

第十二条 禁止将岩溶钙华、钟乳石和基岩奇石进入市场交易。

第十三条 因工程建设需要经批准采集的岩溶钙华、钟乳石、基岩奇石和使用完毕的岩溶科研样品，应当交由当地人民政府用于公共场所景观建设。

禁止将岩溶样品运出自治州境外，确因科研需要外运的，凭批准采集文件办理准运手续。

第十四条 违反本条例有关规定的，按以下规定处罚：

（一）违反本条例第七条第三款规定的，责令其恢复原状；造成损失的，责令赔偿损失，可视情节轻重并处500元以上5000元以下的罚款。

（二）违反本条例第九条规定的，责令其停止违法行为，限期恢复原状或者采取其他补救措施治理；对岩溶资源造成破坏的，处以5000元以上3万元以下的罚款。

（三）违反本条例第十条规定的，责令停止违法行为。情节严重的，可并处500元以上1万元以下的罚款。

（四）违反本条例第十一条规定的，责令停止违法行为，没收违法所得，可并处5000元以上5万元以下的罚款。

（五）违反本条例第十二条、第十三条第一款规定的，责令停止违法行为，没收违法所得，可并处1000元以上2万元以下的罚款。

（六）违反本条例第十三条第二款规定的，没收所运输的岩溶钙华、钟乳石、基岩奇石等，可并处1万元以上5万元以下的罚款。

第十五条 本条例规定的行政处罚，由有关行政主管部门依照法律规定的权限决定。

第十六条 国家工作人员在岩溶资源保护管理工作中，徇私舞弊、滥用职权或者玩忽职守的，依法给予行政处分。

第十七条 国家已将岩溶资源用于军事设施、战略物资储备设施的，不适用本条例。

第十八条 本条例自2007年6月1日起施行。

黔南布依族苗族自治州畜禽防疫条例

（2010年2月27日黔南布依族苗族自治州第十二届人民代表大会第五次会议通过2010年7月28日贵州省第十一届人民代表大会常务委员会第十六次会议批准）

第一条 为了加强自治州的畜禽防疫工作，促进畜牧业发展，保护人体健康，维护公共卫生安全，根据《中华人民共和国民族区域自治法》和《中华人民共和国动物防疫法》等有关法律、法规的规定，结合自治州实际，制定本条例。

第二条 本条例适用于自治州行政区域内的畜禽防疫及其监督管理活动。

第三条 本条例所称的畜禽，是指猪、牛、马、羊、犬、猫、兔、鸡、鸭、鹅等家畜家禽。

本条例所称畜禽产品，是指畜禽的肉、生皮、原毛、绒、脏器、脂、血液、精液、卵、胚胎、骨、蹄、头、角、筋以及奶、蛋等。

本条例所称的畜禽疫病，是指畜禽传染病和寄生虫病。

本条例所称的畜禽防疫，是指对畜禽疫病的预防、控制、扑灭和畜禽及其产品的检疫。

第四条 州、县两级人民政府应当加强对畜禽防疫工作的统一领导，制定畜禽疫病防治规划和应急预案，组织对重大畜禽疫情的应急处置，建立健全畜禽防疫体系，加强乡、村两级防疫队伍建设。

第五条 州、县两级人民政府应当将畜禽疫病预防、控制、扑灭、检疫和监督管理所需经费纳入本级财政预算，并储备重大畜禽疫情应急处理工作所需的防疫物资。

第六条 州、县两级人民政府畜牧兽医行政主管部门负责本行政区域内的畜禽防疫工作，执行强制免疫计划，加强畜禽防疫的宣传教育、咨询服务、科学研究和技术推广工作，提高畜禽疫病防治的科学技术水平。

卫生、公安、工商、交通、环保等有关行政主管部门应当按照各自的职责，协同做好畜禽防疫工作。

第七条 州、县两级人民政府建立的动物卫生监督机构，负责畜禽及其产品的检疫和畜禽防疫的监督管理执法工作。

州、县两级人民政府建立的动物疫病预防控制机构，承担畜禽免疫和疫病监测、检测、诊断、流行病学调查、疫情报告以及其他预防、控制等技术工作。

第八条 乡、镇人民政府、街道办事处应当组织本辖区群众协助做好畜禽疫病预防与控制工作，并组织饲养畜禽的单位和个人做好强制免疫工作。

第九条 乡、镇、街道办事处畜牧兽医站实施本区域畜禽免疫和疫病监测，参与重大畜禽疫情的应急处置，协助动物卫生监督机构开展畜禽及其产品的检疫，指导、检查和考核村防疫员工作。

第十条 县级人民政府畜牧兽医行政主管部门根据当地畜禽防疫工作需要，可以招聘村防疫员。

村防疫员一般应当具备中等专业以上文化程度，经县级人民政府畜牧兽医行政主管部门培训合格，取得村防疫员证后，方可上岗。

村防疫员的劳动报酬按照国家有关规定执行。

第十一条 村防疫员应当履行以下职责：

（一）对本村畜禽的购进、销售、自宰自用和存栏数进行登记、核查，分户建立畜禽流动台账；

（二）按照免疫任务，实施各种疫苗的免疫接种，加施畜禽标识，建立畜禽免疫档案；

（三）负责本村畜禽疫情报告，参与对疫病的控制和扑灭；

（四）协助乡、镇、街道办事处畜牧兽医站开展疫情监测；

（五）对动物防疫法律、法规进行宣传。

第十二条 村防疫员经县级人民政府畜牧兽医行政主管部门登记，可以在本乡、镇从事畜禽诊疗服务。

第十三条 县级人民政府畜牧兽医行政主管部门对实施强制免疫的畜禽建立免疫档案，加施畜禽标识，执行可追溯管理。

第十四条 饲养畜禽的单位和个人应当依法履行畜禽疫病强制免疫义务。

第十五条 对城镇饲养的犬、猫实行强制免疫，饲养人应当定期携犬、猫到当地动物疫病预防控制机构注射兽用狂犬疫苗，领取免疫证明，佩戴免疫标识。

对农村饲养的犬、猫，逐步实行强制免疫。

第十六条 从事畜禽饲养、屠宰、经营、隔离、运输以及畜禽产品生产、经营、加工、贮藏等活动的单位和个人，应当依照国家规定，做好免疫、消毒等畜禽防疫工作。

第十七条 畜禽养殖场、养殖小区应当建立健全畜禽养殖档案，以及疫病预防、免疫、检疫、用药、环境消毒等制度，配备防疫消毒设备和畜禽防疫技术人员。

第十八条 屠宰、销售、运输畜禽或者销售、运输畜禽产品的货主，以及自宰、自用生猪、牛、羊的个人，在屠宰、销售、运输前，应当按照国家规定向当地动物卫生监督机构设立的产地检疫报检点申报检疫，动物卫生监督机构应当及时指派动物检疫员到现场进行检疫。

未经检疫以及检疫不合格的畜禽及其产品不得屠宰、销售、运输。

对染疫、病死或者死因不明的畜禽，以及检疫不合格的畜禽产品，应当在动物卫生监督机构的监督下，按照规定进行无害化处理。

第十九条 屠宰加工场所应当凭检疫证明接收畜禽，并建立健全屠宰档案。

屠宰加工场所屠宰的畜禽，由动物卫生监督机构派驻的动物检疫员实施现场同步检疫；检疫合格的，出具畜禽产品检疫证明，加施检疫标志。

第二十条 任何单位和个人在引进种用、乳用牲畜以及用于繁殖的畜禽前，应当按照规定向输入地动物卫生监督机构提出申请，并在引进的畜禽到达后24小时内向输入地动物卫生监督机构报告。

第二十一条 任何单位和个人发现畜禽染疫或者疑似染疫时，应当立即向当地畜牧兽医行政主管部门、动物卫生监督机构或者动物疫病预防控制机构报告。接到疫情报告的单位，应当立即采取必要的控制处理措施，并按照规定程序上报。

任何单位和个人不得瞒报、谎报、迟报、漏报畜禽疫情，不得授意他人瞒报、谎报、迟报畜禽疫情，不得阻碍他人报告畜禽疫情。

第二十二条 发生人畜共患传染病时，州、县两级人民政府畜牧兽医行政主管部门与同级卫生行政主管部门应当及时相互通报。卫生行政主管部门应当组织对疫区易感染人群进行监测，并采取相应的预防控制措施。

患有人畜共患传染病的人员不得直接从事畜禽诊疗以及易感染畜禽的饲养、屠宰、经营、隔离、运输等活动。

第二十三条 畜禽发生一类动物疫病，或者发生二、三类动物疫病呈暴发性流行时，州、县两级人民政府应当启动应急预案，划定疫点、疫区、受威胁区，发布封锁令，对疫区实行封锁，并通报毗邻地区和有关部门。

第二十四条 划定疫点后，县级人民政府应当立即组织畜牧兽医、卫生、公安、工商、环保等有关行政主管部门采取下列措施：

（一）在疫点出入口设立明显标志，配备消毒设施和药品，并根据扑灭畜禽疫病的需要对出入疫点的人员、运输工具以及其他物品进行消毒；

（二）禁止染疫、疑似染疫以及易感染畜禽及其产品和病死畜禽流出疫点，限制非疫点畜禽进入疫点；

（三）对病死、染疫、疑似染疫以及易感染同群畜禽进行扑杀、销毁或者作无害化处理；

（四）对畜禽排泄物、垫料、受污染物品进行无害化处理，对畜禽运载工具、圈舍、场地进行严格消毒。

第二十五条 划定疫区后，县级人民政府应当立即组织畜牧兽医、卫生、公安、工商、环保等有关行政主管部门采取下列措施：

（一）经批准，在出入疫区的交通要道设立临时动物防疫检查站，检查运输的畜禽及其产品并登记，对运载畜禽及其产品的工具进行消毒；

（二）对疑似染疫的畜禽和死因不明的畜禽尸体进行隔离检查，确诊为染疫或者染疫病死的，由动物卫生监督机构进行销毁或者作无害化处理；

（三）对易感染畜禽进行紧急免疫接种；

（四）对易感染畜禽施行圈养或者指定地点放养，对非易感染的役用牲畜限制在疫区内使用；

（五）禁止易感染的畜禽及其有关物品的出入、交易。

第二十六条 疫区内有关单位和个人，应当遵守州、县两级人民政府及其畜牧兽医行政主管部门依法作出的有关控制、扑灭畜禽疫病的规定。

疫区内最后一例染疫畜禽被扑灭后，经动物疫病预防控制机构对该疫病一个潜伏期以上的检测，未再出现新的染疫畜禽时，由畜牧兽医行政主管部门报请原发布封锁令的人民政府解除疫区封锁，并及时通知毗邻地区有关部门。

第二十七条 受威胁区的畜牧兽医行政主管部门应当密切监视疫情动态，对易感染畜禽进行免疫接种，采取限制、隔离等措施，防止疫病的传入和扩散。

第二十八条 任何单位和个人不得藏匿、转移、盗掘已被依法隔离、封存、处理的畜禽及其产品。

第二十九条 对在畜禽疫病预防和控制、扑灭过程中强制扑杀的畜禽、销毁的畜禽产品和相关物品，以及因强制免疫造成畜禽应激死亡的，州、县两级人民政府应当依照国家规定的标准和办法给予补偿。

第三十条 对在畜禽防疫工作做出成绩和贡献的单位和个人，各级人民政府及其有关部门给予奖励。

第三十一条 州、县两级人民政府及其工作人员未依照本条例履行职责，造成严重后果，尚不构成犯罪的，对直接负责的主管人员和其他直接责任人员依法给予行政处分。

第三十二条 州、县两级人民政府畜牧兽医行政主管部门、动物卫生监督机构、动物疫病预防控制机构及其工作人员，在畜禽防疫工作中，有下列行为之一，尚不构成犯罪的，由其所在单位或者上级主管机关责令改正，对直接负责的主管人员和其他直接责任人员依法给予行政处分：

（一）未按照有关规定实施强制免疫和消毒计划的；

（二）未履行畜禽疫情报告职责的；

（三）未及时采取相应的预防、控制、扑灭措施，致使重大畜禽疫情传播和蔓延的；

（四）未履行畜禽疫病监测、检测职责或者伪造监测、检测结果的；

（五）对未经现场检疫或者检疫不合格的畜禽及其产品出具检疫证明、加施检疫标志，或者对检疫合格的畜禽及其产品拒不出具检疫证明、不加施检疫标志，以及对畜禽及其产品未及时实施检疫或者漏检、误检的；

（六）其他玩忽职守、滥用职权、徇私舞弊的行为。

第三十三条 饲养畜禽的单位和个人不履行强制免疫义务的，由动物卫生监督机构责令改正，给予警告；拒不改正的，由动物卫生监督机构代作处理，所需处理费用由违法行为人承担，并可处以1000元以下罚款。

第三十四条 违反本条例规定，有下列行为之一的，由动物卫生监督机构责令限期改正，并处以1000元以上3000元以下罚款：

（一）不按照规定对染疫、病死、死因不明或者检疫不合格的畜禽、畜禽产品作无害化处理的；

（二）畜禽养殖场、养殖小区未建立畜禽养殖档案，或者未建立疫病预防、免疫、检疫、用药、环境消毒等制度的；

（三）屠宰加工场所未凭产地检疫证明接收畜禽或者未建立屠宰档案的。

第三十五条 违反本条例规定，有下列行为之一的，由动物卫生监督机构责令改正，并处以1000元以上3000元以下罚款；情节严重的，处以3000元以上1万元以下罚款：

（一）瞒报、谎报、迟报、漏报畜禽疫情，或者授意他人瞒报、谎报、迟报畜禽疫情，以及阻碍他人报告畜禽疫情的；

（二）不遵守州、县人民政府及其畜牧兽医行政主管部门依法作出的有关控制、扑灭畜禽疫病规定的；

（三）藏匿、转移、盗掘已被依法隔离、封存、处理的畜禽及其产品的；

（四）屠宰、销售、运输未经检疫或者检疫不合格的畜禽及其产品的。

第三十六条 本条例未规定处罚的其他违法行为，法律、法规有规定的，从其规定。

第三十七条 自治州人民政府可以根据本条例制定实施细则。

第三十八条 本条例自2010年10月1日起施行。

黔南布依族苗族自治州旅游发展条例

（2011年3月2日黔南布依族苗族自治州第十二届人民代表大会第六次会议通过 2011年7月29日贵州省第十一届人民代表大会常务委员会第二十三次会议批准）

第一条 为了保护和合理开发利用旅游资源，促进旅游业持续发展，根据《中华人民共和国民族区域自治法》以及有关法律、法规的规定，结合自治州实际，制定本条例。

第二条 在自治州行政区域内发展旅游业，旅游规划、旅游资源保护、旅游经营和旅游活动以及相关的监督管理，适用本条例。

第三条 发展旅游业应当遵循政府主导、社会参与、多元投资、市场运作的原则，坚持旅游资源开发利用与有效保护相结合，经济效益、社会效益和生态效益相统一，突出地方特点和民族特色。

第四条 州、县两级人民政府应当将旅游业纳入国民经济和社会发展规划和年度计划，作为支柱产业培育发展。

第五条 州、县两级人民政府应当设立旅游发展专项资金，列入财政预算，根据旅游业发展需要逐步增加。

鼓励企业事业单位、社会团体和个人捐资发展旅游业。捐赠资金按有关法律、法规的规定享受税费优惠，并列入旅游发展专项资金进行管理和使用。

旅游发展专项资金设立专户，实行专款专用。

第六条 州、县两级人民政府应当加强对旅游业发展的领导，建立综合协调机制，制定旅游发展政策和措施，督促旅游发展重大事项的执行。

第七条 州、县两级人民政府旅游行政主管部门，负责本行政区域内的旅游管理、监督和服务工作，其主要职责：

（一）负责旅游综合协调具体工作；

（二）组织旅游资源普查，编制旅游发展规划、旅游重点项目规划和旅游线路规划；

（三）组织实施旅游市场开发和宣传促销；

（四）制定和实施旅游人才培训计划；

（五）按照旅游发展规划和旅游重点项目规划，组织实施旅游发展专项资金的使用；

（六）规范旅游企业及从业人员合法经营和服务行为，维护旅游市场秩序，受理旅游者投诉，指导旅游行业诚信体系建设；

（七）监督和检查旅游服务设施和服务质量；

（八）负责旅游安全的综合协调和监督管理，指导应急救援工作；

（九）推进旅游发展信息化建设。

第八条 州、县两级人民政府发改、财政、规划、交通、住房和城乡建设、公安、文化、民族宗教、卫生、农业、林业、水利、国土、环保等有关部门应当按照各自的职责，促进旅游业的可持续发展。

第九条 州、县两级人民政府旅游行政主管部门应当建立旅游信息网络管理系统、假日旅游预报制度和旅游警示信息发布制度，向公众发布相关旅游信息。在机场、车站、码头、广场、景区（点）、旅游集散中心等游客相对集中的场所设置旅游信息多媒体，为旅游者提供咨询服务。

广播、电视、报刊、政府门户网站等公共媒体应当开设旅游栏目，开展旅游公益宣传，为游客提供交通、气象等信息服务。

第十条 旅游发展规划应当坚持旅游资源的保护与合理开发相结合，因地制宜、低碳环保，突出自然遗产、非物质文化遗产和地质景观、绿色生态特点，发挥地方民族文化多样性和自然环境生态优势，整合旅游资源要素，提升旅游品牌档次，明确旅游整体形象和旅游文化宣传推介主题，参与跨区域旅游合作与发展。

城市建设总体规划、土地利用规划、基础设施规划、村镇规划的编制和调整应当与旅游发展规划相互衔接。

第十一条 旅游交通线路及配套的服务功能设施应当纳入城乡交通路网统一规划建设。城镇交通线路和站点的设置应当兼顾沿线的旅游设施和景区（点）的旅游功能。

编制景区（点）外联道路建设规划、旅游客运线路和站点规划，应当听取旅游行政主管部门的意见。

第十二条 州、县两级人民政府有关部门应当加强旅游城镇和旅游资源富集地区的供电、给排水、通信、环保卫生、绿化、消防、水利等旅游服务功能和相关旅游配套基础设施建设。

第十三条　州、县两级人民政府应当根据旅游发展规划，预留旅游项目建设用地指标；重点旅游项目建设用地应当纳入年度用地计划指标优先安排。

第十四条　新建、改建、扩建旅游项目，应当符合旅游发展规划，与当地民族特色、历史风貌和自然环境相协调，并依法进行环境影响评价，制定水土保持和景观保护方案，配套建设必要的污染物处理设施。

第十五条　州、县两级人民政府鼓励利用自然遗产、非物质文化遗产等资源，开发独具特色和具有历史文化内涵的旅游产品。

第十六条　州、县两级人民政府对条件成熟的旅游景区（点），可以经营权、项目特许经营权、收费抵押权等入股、融资，合资、合作开发旅游景区。但法律、法规禁止的除外。

任何单位或者个人在取得旅游景区土地使用权之日起，2 年内无正当理由未进行开发经营的，其土地使用权由原批准机关无条件收回。

鼓励投资开发旅游资源，对建设旅游开发区、重点旅游景区和从事经营活动的单位和个人给予政策优惠和扶持。

第十七条　州、县两级人民政府有关部门对旅游景区、宾馆在用水、用电、用气方面执行一般工业企业的同等价格，在固定电话通信、电视收视等收费上给予优惠。

旅游定点车辆在旅游淡季节期间可以报停，报停期间按照规定减免有关费用。

第十八条　各级人民政府鼓励在遵循旅游规划的前提下，利用民族村寨、名村古镇、田园林园、人文景观等资源，开展具有地方特点和民族特色的乡村旅游。

对农家乐和度假山庄等旅游项目，在土地利用计划指标、基础设施配套等方面给予政策扶持。

农村集体经济组织可以利用农村集体土地、村民可以利用承包土地使用权入股参与旅游经营。

第十九条　州、县两级人民政府旅游行政主管部门应当帮助、引导旅行社、旅游景区（点）、宾馆、饭店、乡村旅舍、农家乐、度假山庄等旅游经营者和旅游从业人员提高服务质量，并对其服务质量进行等级评定和复核。

第二十条　举办节庆、赛事、会展等活动，各级人民政府旅游行政主管部门根据游客住宿需要，鼓励居民、村民利用家庭住房自愿提供住宿服务。

第二十一条　州、县两级人民政府制定优惠政策，鼓励和支持公民、法人和其他组织开发经营具有民族特色、地方特点的旅游商品、特色餐饮、娱乐项目。

第二十二条　旅游景区（点）票价的制定和调整，按照国家和省的有关规定执行，由价格部门核定并向社会公布；票价可以实行淡旺季节差价，对老年人、现役军人、残疾人、学生等特殊人群按照有关规定实行减免。

第二十三条　州、县两级人民政府应当建立旅游人力资源开发管理机制，加强大专院校旅游专业建设，发展旅游职业教育，促进旅游人才的培养和交流。

鼓励州内自然遗产知识和非物质文化遗产知识以及民族文化进校园。

第二十四条 各级人民政府有关部门以及旅游行业协会和旅游经营者应当加强对旅游从业人员的职业培训，提高旅游服务质量。

第二十五条 州、县两级人民政府应当合理安排旅游景区居民的生产生活，引导和扶持景区失地农民从事旅游开发和经营活动，并优先安排在景区就业。

第二十六条 各级人民政府及其有关部门依法保护旅游经营者的自主经营权，按照有关规定给予贴息贷款、规费减免等资金扶持，对违反法律、法规规定的收费、摊派和检查等行为进行查处。

第二十七条 旅游经营者必须严格执行国家有关旅游安全规定，建立健全安全生产制度，制定旅游突发事件应急预案；对旅游活动中可能危及人身、财产安全的情况，应当预先向旅游者做出说明或者明确警示，并采取相应措施防止危害的发生。

组织漂流、探险等有危险的特殊旅游活动，应当按照国家有关规定办理审批手续。

第二十八条 旅游经营者应当公开服务项目、内容和收费标准，明码标价。禁止强行出售联票、套票。

第二十九条 禁止在世界自然遗产地和国家级风景名胜区、自然保护区、森林公园、地质公园等从事矿产资源以及其他污染和破坏生态环境的开发活动。

第三十条 任何单位和个人不得在景区（点）及其服务区擅自摆摊、圈地、搭建建筑物，影响景观和妨碍游览。

不得尾随、纠缠、诱骗、胁迫旅游者购买商品、接受有偿服务。

第三十一条 旅游者应当遵守法律、法规和社会公德，遵守旅游安全和卫生管理规定，尊重民族风俗习惯和宗教信仰，维护旅游资源和生态环境，爱护古迹、文物和旅游设施。

第三十二条 旅游市场监管实行联合执法检查制度，由旅游行政主管部门会同工商、公安、文化、卫生、环保等有关部门，依法查处各种非法活动。

旅游行政主管部门和有关行政执法部门应当建立健全旅游投诉制度，设立并公布投诉电话，及时受理旅游投诉，依法查处旅游经营者和导游人员的违法行为。

第三十三条 各级人民政府应当对促进旅游发展有突出贡献的单位和个人给予表彰和奖励。

第三十四条 违反本条例规定有下列行为之一的，由县级以上旅游及有关行政主管部门给予处罚：

（一）违反第二十七条第一款规定的，责令限期改正；逾期不改正的，责令停业整顿15 日至 30 日，并可处以 3000 元以上 2 万元以下罚款；

（二）违反第二十八条规定的，责令限期改正，没收违法所得，并处违法所得 1 倍以上 5 倍以下的罚款；没有违法所得的，处 2000 元以上 1 万元以下的罚款。

第三十五条 旅游行政主管部门和其他有关部门的工作人员玩忽职守、滥用职权、徇私舞弊，尚不构成犯罪的，由其所在单位或者上级有关部门依法给予行政处分。

第三十六条　违反本条例的其他违法行为，法律、法规有规定的从其规定。

第三十七条　自治州人民政府可以根据本条例的规定制定具体实施细则。

第三十八条　本条例自2011年10月1日起施行。

黔南布依族苗族自治州促进茶产业发展条例

（2014年2月21日黔南布依族苗族自治州第十三届人民代表大会第四次会议通过2014年5月17日贵州省第十二届人民代表大会常务委员会第九次会议批准）

第一章　总　则

第一条　为了保护利用茶产业资源，维护茶叶正常生产经营活动，促进茶产业可持续发展，根据国家有关法律、法规的规定，结合自治州实际，制定本条例。

第二条　在自治州行政区域内进行茶产业相关活动，适用本条例。

本条例所称的茶产业是指茶树品种选育繁育、种植、加工、综合利用、包装、营销、品牌建设以及与茶文化、教学科研相关的活动等。

第三条　自治州、县（市）人民政府应当加强茶产业发展工作的领导，健全与茶产业发展目标任务相适应的工作机构，建立茶产业发展机制。

第四条　自治州人民政府应当制定以都匀毛尖茶为龙头的全州茶产业发展规划，县级人民政府根据全州茶产业发展规划制定本行政区域茶产业发展规划及年度计划。

茶产业发展规划应当与土地利用、林地保护利用、水土保持、生态环境保护、旅游以及自然保护区等规划相衔接。

第五条　自治州、县（市）人民政府农业（茶产业）主管部门负责本行政区域内的茶产业发展工作，其主要职责：

（一）编制茶产业发展规划，制定茶产业政策措施；

（二）制定茶产业项目资金计划，监管项目实施及验收；

（三）茶产业技术指导及服务、调查研究、培训与交流；

（四）茶叶品牌宣传，茶文化的挖掘、保护、传承及推广；

（五）都匀毛尖证明商标、都匀毛尖茶地理标志产品保护的推广应用；

（六）其他相关工作。

第六条　自治州人民政府农业（茶产业）、发展与改革、财政、林业、环保、食品药品监督、国土资源、住房与城乡建设、质量技术监督、工商行政管理、供销、文化、水利、教育、扶贫等有关部门和组织应当按照各自职责，研究制定相应的茶产业发展扶持措施，促进茶产业可持续发展。

第七条　自治州、县（市）人民政府应当支持茶叶行业组织依法开展茶产业相关活动，对在茶产业发展工作中做出突出贡献的单位和个人给予表彰和奖励。

第二章　保护与发展

第八条　自治州人民政府农业（茶产业）主管部门应当会同县级人民政府加大对优良地方茶树种质资源的保护、开发与利用，重点开展都匀毛尖茶本地种、贵定鸟王种等地方品种的提纯复壮、繁育、推广和生产。

鼓励和支持发展其他优良品种。

第九条　自治州人民政府应当依法加强都匀毛尖茶品牌保护和建设，以品牌带动茶产业的健康发展；鼓励和支持其他品牌的发展，扶持系列茶产品开发。

第十条　自治州人民政府农业（茶产业）主管部门及有关职能部门应当加强都匀毛尖茶品牌的统一管理。符合都匀毛尖茶地方标准生产加工的法人、组织及个人，可申请使用都匀毛尖证明商标和都匀毛尖茶地理标志产品保护。鼓励州内茶叶企业生产、销售都匀毛尖茶及其系列茶产品。

未取得都匀毛尖证明商标、都匀毛尖茶地理标志产品保护使用许可，任何法人、组织及个人不得生产加工都匀毛尖茶；未经商标持有人同意，不得以都匀毛尖、都匀毛尖茶名义举行或者参加各类茶叶奖项评选及其他重大茶事活动。

第十一条　自治州人民政府应当加强茶产业标准化建设，实行标准化体系管理。

茶叶生产企业、合作社及个人必须严格按照生产茶类技术标准组织生产、加工、销售。

第十二条　自治州、县（市）人民政府应当鼓励和支持企业、合作社及个人采取租赁、承包、转让土地经营权等方式建设符合茶产业发展规划的茶园基地。

第十三条　在茶园规划区禁止新建、改（扩）建对茶园土壤、水源、空气等产生污染的企业，原有企业产生污染的应当按照国家和自治州人民政府的相关规定治理污染或者搬迁。

第十四条　自治州、县（市）人民政府鼓励和支持在茶园中推广使用生物有机肥，开展测土配方施肥，推广病虫害综合防治技术，实施精细化管理、集约化经营，提高茶叶质量和产量。

禁止使用剧毒、高毒、高残留农药及重金属超标肥料。严禁生产和销售重金属、农药残留超标的茶叶产品。

第十五条　自治州、县（市）人民政府应当建立茶叶质量安全追溯信息服务平台，实行茶叶质量可追溯制度。

茶叶生产企业、合作社及个人应当建立茶叶生产备案制度，做好对所生产茶叶的检验检测，不得伪造茶叶生产记录。

茶叶经营企业应当建立购进、销售茶叶产品的登记制度，如实记录茶叶的名称、等级、规格、数量、供货者、进货日期等内容。

第十六条　自治州、县（市）人民政府相关行政主管部门对符合条件的茶叶企业、合作社以及茶产品手工制作企业和个人申报食品生产许可证的，应当及时办理。

第十七条 自治州内成品茶包装和标识应当符合国家有关规定，减少包装性废物的产生；成品茶包装应当标明产品的名称、引用标准、质量等级、产地、生产者、生产日期、保质期等内容。

第十八条 自治州、县（市）人民政府应当加强茶叶物流基础设施和茶叶交易平台的建设，鼓励和扶持企业、个人建立都匀毛尖茶直销、代销、批发或者电子商务等销售平台。

第十九条 自治州、县（市）人民政府应当加强茶叶科学技术研究机构建设，鼓励和支持教学科研机构、茶叶企业开展茶树优良品种选育繁育、茶叶高产优质栽培、精深加工等技术的研发推广；鼓励和支持茶叶加工企业进行技术改造、技术创新；茶产业科技成果转化项目按照有关规定享受优惠政策。

第二十条 自治州、县（市）人民政府农业（茶产业）主管部门、科技教育部门应当加强茶叶新品种、新技术、新工艺、新产品、新机具、新农药、新肥料的推广应用。

第二十一条 自治州、县（市）人民政府农业（茶产业）主管部门、人力资源、教育等部门应当加强茶叶种植、加工、营销和茶文化等方面的人才培养、引进和使用，开展技能鉴定和职称评定。有条件的大中专院（职）校可以开设茶产业专业，培育茶产业人才，促进茶产业人才队伍建设。

第二十二条 自治州、县（市）人民政府对列入非物质文化遗产保护名录的茶叶传统制作技艺及其传承人给予保护，鼓励和支持其培养手工制作技艺传承人。

第二十三条 自治州人民政府应当定期举办都匀毛尖茶文化节及茶艺大赛等茶事活动，推动茶文化有序健康发展。

自治州、县（市）人民政府鼓励和支持各类茶叶行业组织开展茶文化建设，挖掘整理茶叶历史、民俗、典籍、民族茶艺等，开发茶乡旅游及茶旅产品，支持茶叶行业组织开展茶叶产品评定及各种茶事活动，普及茶叶知识。

第三章 保障措施

第二十四条 自治州、县（市）人民政府设立茶产业发展专项资金，列入财政预算，重点支持都匀毛尖和贵定鸟王茶树种质资源保护、优良品种选育繁育和应用推广、有机茶园建设、茶叶质量检验检测、茶叶品牌提升、茶叶营销渠道及茶文化建设等。

自治州、县（市）两级人民政府农业（茶产业）、发展与改革、工业与信息化、财政、国土资源、住房与城乡建设、交通运输、水利、商务粮食、林业、环保、扶贫等部门应当按照茶产业发展目标任务，安排项目资金支持茶产业发展，其项目资金规模要与目标任务相适应。

第二十五条 县级人民政府应当制定茶产业自然灾害防控预案。

第二十六条 自治州、县（市）茶园规划区内土地开发项目形成的新增耕地适宜种茶的应当用于种植茶叶。

自治州、县（市）人民政府鼓励社会资本投资进行种植茶叶的土地开发，土地开发项目达到新增耕地标准并种植茶叶的，国土资源部门应当予以验收。

茶叶企业、合作社及个人建设茶叶加工厂及配套设施需用土地的，优先安排建设用地指标，用地企业只承担土地征收或者征用费的成本部分，已建成的加工厂厂房及配套用房应依法办理产权证。

第二十七条 茶叶企业、合作社、个人以及国有企业种植、租赁、承包、转让茶园需要办理林权证的，有关行政主管部门应当在60日内办结。

自治州茶叶生产基础设施建设项目需要征收征用林地的，国土资源、林业行政主管部门应当依法优先办理。

自治州、县（市）人民政府鼓励和支持茶园参与政策性森林保险或者农业保险。

第二十八条 自治州、县（市）人民政府应当采取措施，引导和规范茶叶合作社健康发展，鼓励支持茶农以茶园进社入股，提升茶叶合作社组织化程度及服务能力，对符合条件的茶叶合作社应当优先安排财政专项和涉农项目资金支持。

鼓励和支持茶叶合作社整合资源，实行联合或者重组，建立茶叶合作社联合社。

第二十九条 鼓励金融机构开发、创新适合茶产业发展的金融产品和服务，增加对茶产业项目的信贷投入。

鼓励保险机构做好茶产业灾害保险服务。

第三十条 自治州、县（市）人民政府应当制定茶产业招商引资优惠政策，对入驻的规模引资企业在土地、品牌宣传、基础设施建设等方面给予扶持。

第四章　法律责任

第三十一条 违反本条例第十一条第二款规定，生产、销售不符合生产茶类加工技术标准茶叶产品的，由相关职能部门没收不合格茶叶产品；不合格茶叶产品货值金额不足1万元的，并处1万元罚款；货值金额1万元及以上的，并处货值金额2倍以上5倍以下罚款。

第三十二条 违反本条例第十三条规定，属于企业治理污染而未治理的，按照有关法律法规处理；属于应搬迁拒不搬迁的，由自治州、县（市）人民政府责令限期搬迁，费用由责任企业负担。

第三十三条 违反本条例第十四条第二款规定，使用重金属超标肥料或者剧毒、高毒、高残留超标农药的，视其危害情节，由相关职能部门给予警告，并处3000元以上3万元以下罚款；对生产和销售重金属、农残超标的茶叶产品予以没收、销毁处理，并处3000元以上3万元以下罚款；构成犯罪的，依法追究刑事责任。

第三十四条 自治州、县（市）人民政府农业（茶产业）、国土资源、住房与城乡建设、林业等相关部门相关工作人员，在促进茶产业可持续发展工作中玩忽职守、滥用职权、徇私舞弊的，依法给予行政处分；构成犯罪的，依法追究刑事责任。

第三十五条 违反本条例的其他违法行为，法律、法规有规定的，从其规定。

第五章 附 则

第三十六条 自治州人民政府可以根据本条例的规定制定具体实施细则。
第三十七条 本条例自2014年7月1日起施行。

二、重要文件选录

中共贵州省委 贵州省人民政府关于广泛开展学大关活动的决定

（1996年12月23日）

罗甸县大关村位于麻山腹地，地处海拔900多米的高山上，境内乱石林立，水源奇缺，耕地破碎。恶劣的生态环境使大关村连基本的生存条件也不具备。1984年以前，大关村人均口粮仅260斤，人均年收入不到50元。但是，大关人并没有向困难低头。他们决心依靠党的富民政策和自己的双手，改变家乡贫穷落后的面貌，走出一条脱贫致富路。1984年以来，大关村群众在党支部书记何元亮的带领下，发扬当代愚公精神，奋起向贫困宣战，同恶劣的生态环境抗争，避开千古石，抠出万年土，凭着自己勤劳的双手，终于改变了那里的生产和生活条件：在乱石嶙峋的石旮旯中建成高标准稻田918亩，实现人均基本农田0.8亩；建成小水窖、蓄水池255个，不仅解决了人畜饮水问题，还使80%新造稻田旱涝保收；在逐步解决温饱的同时，立足本村山地资源，大力发展经济林和畜牧业，增加了收入，保持了水土，生态环境初步改变，使长期以来吃粮靠返销、花钱靠贷款、穿衣靠救济的极贫村面貌发生了显著变化。1996年，全村人均口粮410公斤、人均纯收入850元，全村农户都住进了砖木结构的新居；村里安装了地面卫星电视接收站，不少家庭添置了电视机。大关村在发展生产的同时，还注意提高村民素质，抓教育，抓计划生育，抓社会治安综合治理。90年代以来，全村无超生户，未发生一起刑事案件。1995年村党支部被省委授予“先进党组织”称号，何元亮先后被先后评为全国劳动模范和全国以工代赈先进个人。在成绩面前，大关人并没有停步不前，而是以高标准严要求、不脱贫不致富不罢休的坚韧不拔精神，继续向稳定脱贫奔小康的目标迈进。大关村的经验，具有典型的示范作用，不仅为我省极贫乡村脱贫致富探索了一条成功的路子，更使我们看到了贵州脱贫致富奔小康的希望。

“大关精神”具有鲜明的时代特点，贫困地区要学大关，全省都要学大关。为使“大关精神”在全省扶贫攻坚中发扬光大，在各行各业中结出丰硕的成果，省委、省人民政府决定，在全省上下、各行各业中，广泛深入开展学大关的活动。

学习大关，就要像大关那样，切实加强以党支部为核心的村级组织建设，选好领导班子和带头人，做到领导班子坚强有力，“班长”有强烈的责任心、事业心、使命感，有改革开放意识和开拓进取精神，带领群众脱贫致富，干出一个新天地。

学习大关，就要像大关那样，发扬人定胜天的当代新愚公精神，敢于同恶劣的生态环境抗争，用自己的双手，改变生产和生活条件；发扬自力更生、艰苦奋斗、苦干实干的精神，变苦熬为苦干，奋起向贫困宣战，依靠自己的力量，改变一穷二白的面貌；发扬高标准严要求、不脱贫不致富不罢休的坚韧不拔精神，成绩面前不停步，奋斗不息。

学习大关，就要像大关那样，以实事求是的科学态度，因地制宜，找准符合本地实际的扶贫开发路子，选好发展经济的支柱产业和优势产品，实行山水田林路综合治理，实现“人口、粮食、生态”协调发展。

学习大关，就要像大关那样，治穷治愚，努力发展教育，提高人员素质，坚持把发展生产与抑制人口过快增长相结合，加强科学技术推广，大力培养科技示范户和科技带头人。

学习和发扬“大关精神”，对于全省扶贫攻坚乃至全省各方面的工作都具有重要的现实意义。只要全省各行各业都能像大关那样发扬自力更生、艰苦奋斗、坚韧不拔、苦干实干的精神，我们就能一定能够大大加快扶贫攻坚的步伐，经济社会各方面的发展就大有希望。

一、学习“大关精神”，领导带头是关键。各级党委和政府、各部门、各单位都要组织广大党员、干部和群众，广泛深入地开展学习大关活动，使“大关精神”在扶贫攻坚中发扬光大，在各项工作中结出丰硕的成果。尤其是领导干部要带头学习“大关精神”，这是保证学习活动取得成效的关键所在。领导干部要带头学，带头干，不能空谈，流于形式，要把学习同勤政务实、转变工作作风、秉公办事、廉洁自律等方面结合起来，身体力行，率先垂范，真正做到“为官一任，苦干一场，造福一方”。

二、联系自身实际，注重学习效果。学习大关，最根本的是要学习大关人自力更生、艰苦奋斗、坚韧不拔、苦干实干的创业精神。因此，各地各部门在学习“大关精神”时，一定要联系自身实际，融“大关精神”于实际工作之中，务求实效。贫困地区的学习，要同扶贫攻坚，围绕解决群众温饱问题结合起来，下最大的决心，花最大的力气，用最有效的措施，苦干、实干加巧干，坚决完成扶贫攻坚任务。非贫困地区的学习，要同加强农村基层组织、农村精神文明建设和农民致富奔小康结合起来，继续按照“五个好”的目标，进一步组织实施好“四个一工程”，引导农民群众苦干实干，加快农村经济社会的全面发展。企业的学习，要同建立现代企业制度和技术改造等实际结合起来，继续深入持久地开展“学邯刚、抓管理、增效益”活动，千方百计，战胜困难，增强活力，提高效益。机关的学习，要同勤政廉政结合起来，进一步增强服务群众、服务基层的意识，转变工作作风，提高工作质量。

三、要大力宣传“大关精神”，努力营造浓厚的社会氛围。各级党委宣传部门，各级报刊、广播、电视、出版等新闻舆论单位，都要把宣传“大关精神”作为一项重要政治任务来抓，认真组织，精心安排，以丰富多彩的形式，加大宣传力度；要深入基层，发现典型，宣传典型，讴歌典型，努力营造浓厚的社会氛围，促进学习活动的深入开展。宣传“大关精神”，要同弘扬“长征精神”和鼓舞、激励人们“热爱贵州、建设贵州”结合起来，引导全省各族人民以更加高昂的姿态、更加饱满的热情、更加务实的作风，投入到我省的两个文明建设之中去。

当前，全省各族人民都在为实现“九五”计划和2010年远景目标而奋斗。各级党委、政府，各部门、各单位以及广大党员、干部和群众，要以邓小平建设有中国特色社会主义理论为指导，紧密团结在以江泽民同志为核心的党中央周围，认真贯彻落实党的十四届五中、六中全会和省委七届四次、一次全会、全省扶贫开发工作会议精神，以大关人的精神面貌和气概，迎难而上，开拓前进，努力开创我省两个文明建设的新局面。

中共黔南州委　黔南州人民政府
关于开展向罗甸县大关村学习的决定

（1996年11月19日）

大关村位于罗甸县云干乡北部一座海拔900多米的山峰上，境内岩石遍地，水源奇缺，耕地破碎，1984年前，人均口粮仅137公斤，人均年纯收不到50元，是远近闻名的“三缺”（即缺粮、缺水缺钱）、“三靠”（用钱靠贷款、穿衣靠救济、吃粮靠返销）特困村。

大关人民面对恶劣的自然环境和贫穷落后的状况，没有低头和屈服，决心依靠党的富民政策和自己的双手改变贫困落后面貌，走出一条脱贫致富路。他们认定“劈石造田、修路种树”是治穷致富之路。1984年底开始，他们在村党支部书记何元亮的带领下，发扬自力更生、愚公移山的精神，一家带着一家干，一家干给一家看，家家户户比着干，经过十年的苦干实干，全村累计投工55万多个，建成高标准稻田912亩，户均3.6亩，人均0.8亩。建起蓄水池225个，总蓄水量达12750立方米，不仅解决了人畜饮水问题，而且使80%的新造田旱涝保收，亩产稳定在450公斤左右。在逐步解决温饱的同时，大关人立足本村自然资源，大力发展经济林木和养殖业，增加了经济收入，保持了水土，生态环境得到初步改变。目前全村已种植杜仲、黄柏、椿树、杉树、油桐、银杏等经济林木202万余株，退耕还林500亩，并已初见效益。他们户户养猪，家家养禽，全村户均养猪5头以上，仅此一顷，年收入就达21.8万元。今年大关村粮食总产量达62万公斤，人均吃粮410公斤，人均纯收入850元，比1984年增长了2.69倍、2倍和20倍。目前，大关人又制定了新的目标，“九五”期间，人均1亩高标准梯田，人均500公斤粮，人均纯收入1200元，户均1台电视机、1栋砖木结构房屋，全面实现计划生育目标。大关村人立足实践，克服“等、靠、要”的思想，发扬自力更生，艰苦创业的精神，充分发挥自己的积极性和创造性，依靠勤劳的双手和坚强的毅力，改天换地，不仅稳定地解决了温饱问题，而且为贫困山区摆脱贫困创造、积累了成功的经验，探索出一条行之有效的尽快解决温饱，走上脱贫致富的好路子。这既是当代大关人的伟大业绩，也是黔南人民的骄傲。1991年12月21日，江泽民总书记亲切接见了何元亮。今年11月1日至2日，国务委员、国务院扶贫开发领导小组组长陈俊生同志亲临大关村看望何元亮和考察扶贫工作，称赞他是“当代愚公，精神可嘉”，指出大关解决温饱，脱贫致富的办法，就是今后全州解决温饱、脱贫致富的方向。陪同考察的吴亦侠代省长也强调：要重新认识大关精神，并加大对大关精神的学习宣传力度。

为了弘扬大关精神，州委、州政府号召全州各行各业、各条战线的广大干部职工和各族人民群众，立即行动起来，学习大关人敢于挑战困难、艰苦奋斗的英雄气概，发扬大关人苦干实干、百折不挠、艰苦创业的大无畏精神，全面推进富民兴州的伟大事业。

州委、州政府希望全州各级各部门、社会各界要学习党的基层组织的好带头人何元亮身先士卒、不畏艰险、义无反顾地带领群众实干苦干的精神，以大关精神为动力，积极参与扶贫攻坚大业，搞好扶贫开发服务，为帮助贫困山区人民群众脱贫致富，想实招，办实事，求实效。各级宣传部门和新闻单位，要充分发挥舆论导向作用，广泛宣传大关精神，宣传全州扶贫攻坚中的先进典型，努力营造一个与全州上下正积极组织落实“八七”扶贫攻坚计划相适应的大环境和大气候，全面加快我州扶贫攻坚进程。

州委、州政府要求全州各级各部门，广大共产党员、干部和群众，要把学习大关精神与当前贯彻落实党的十四届六中全会和省委七届五次全会精神结合起来，与推进全州今年各项计划任务的全面完成结合起来，积极努力，扎实工作，奋力拼搏，为开创全州“两个文明”建设的新局面作出新的贡献。

中共黔南州委　黔南州人民政府
关于《都匀市经济开发试验区实施方案》的批复

（1992年7月16日）

中共都匀市委、市人民政府：

州委、州政府原则同意《都匀市经济开发试验区实施方案》。

建立都匀市经济开发试验区，有利于带动和促进全州经济、社会的发展。希望你们尽快组织强有力的班子，认真抓好方案的实施。在实施过程中，要注意总结经验，不断加以完善。

都匀市经济开发试验区实施方案

第一章　概　述

为适应改革开放和经济建设发展的需要，经黔南州委、州政府批准，建立都匀市经济开发试验区。欢迎省内外全民、集体、个人和港、澳、台同胞、华侨、外商前来投资开发和从事各种生产经营、科技文化交流活动。

一、都匀市概况

都匀市是贵州省的南大门和黔南政治、经济、文化中心。是一个有着六百多年悠久历史的城市。全市辖8个乡、12个镇、3个街道办事处。总面积2274平方公里，总人口42万人。

都匀市交通方便，黔桂铁路及321国道贯穿市区，可直达广州、重庆、柳州、桂林、湛江、南宁、昆明、上海等城市，相距160余公里的贵阳市有航班通往全国各地；地理位置优越，是大西南、大西北与广东、广西、海南岛沿海经济特区和港口城市最短路线的必经之地。

都匀市气候宜人，为中亚热带季风湿润区，年平均温度15.9℃；市区街道洁净，环境优美，清水江源头的剑江碧波荡漾，蜿蜒流经市区长达17公里。市区内有各形状桥百余座，是云贵高原上著名的桥城；旅游资源丰富，方圆百余公里范围内有世界著名的茂兰小七孔喀斯特地形地貌风景区、斗篷山原始森林保护区、龙井珍珠泉等风景名胜以及风格别致的民族建筑和风情浓郁的民族习俗；市内基础设施和城市功能较为齐备，有万门程控电话；水资源和电力充沛；有匀城、龙潭等各种档次的宾馆、饭店、招待所30余处；医疗、教育、文化、体育设施健全，公用事业发达，有博物馆、图书馆、体育场（馆）、水上体育中心和东山公园、西山公园、尧林洞天风景区以及影剧院、歌舞厅等各种活动场所和游憩、娱乐场所。

矿产资源丰富，其中硅石工业储量8800多万吨，平均品位达98.2%，为贵州省第一；锌镉矿工业储量初步探明为50万吨，为国家大型矿床；石灰石储量9600多万吨；煤的储量初步探明为1000多万吨；此外，还有大量的砷、铁以及重晶石、水晶石等矿藏。

电子、机械、化工、轻纺、制革、酿酒、建材等行业初具规模。匀酒系列获1992年日本东京都国际名酒鉴赏会金奖；都匀毛尖茶为中国十大名茶之一，曾获1915年巴拿马万国博览会金奖。

都匀市是一个具有良好发展前景和区位优势明显的城市。

二、试验区概况

1. 试验区建设目标

创造良好的投资环境，积极引进外来资金、先进技术和管理经验，把试验区建成集工商、贸、房地产业以及科、教、文、卫、体事业于一体的新城区。

2. 试验区规划范围

试验区规划为内外开发区，即中心开发区和外围开发区。

中心开发区：开发由匀城宾馆以北，经渡船堡、姬家院、都匀桥梁厂、东方机床厂至陆家寨一带（含沙包堡镇大部分、小围寨镇一部分），西跨黔桂铁路，东靠321国道，总面积9平方公里；该片区紧接市中心，地势平坦、开阔。市人民政府将在此提前进行“五通一平”及其他配套设施建设，为投资者提供良好的投资环境条件。

外围开发区：开发沙包堡镇、小围寨镇其余部分和大坪、洛邦、墨冲、甘塘、杨柳街镇等以及投资者根据生产经营需要选定的其他片区。

3. 试验区产业结构和投资方向

中心开发区：发展高（税利、科技）、新（技术）、低（能耗）、少（投入）、多（产出）、快（见效）为主体的新兴产业，优先进行无污染或污染较少的电子、机械、轻纺、建材、制革、精细化工医疗器械和利用本地资源进行加工的食品系列产品以及市政基础设施，公用设施，商业服务设施、房地产业的开发建设。

外围开发区：发展以开发本地矿产资源为主体的采选、冶项目和污染相应较大的行业。

第二章　试验区投资优惠政策

一、税收政策

1. 对经营期在十年以上的外资企业（港澳台同胞、华侨、外商投资兴办的独资、合资和联营企业），实行“免三减四”政策，即：从开始获利的年度起对企业所得税免征3年减半征收4年。对高科技、新技术和产品出口企业，免征企业所得税5年，其中产品出口企业从第六年起，年度出口实绩能实现企业外汇平衡有余的，可申请免缴企业所得税。

外资企业从获利的年度起免征地方所得税10年；投产后确有困难者，经申请批准可免征工商统一税。

2. 对兴办能源、交通、城市基础设施项目的，外资企业免征地方所得税15年；内资企业免征所得税10年，减半征收产品税、营业税10年。

3. 兴办种植、养殖产业项目的，外资企业免征工商统一税、农林特产税、地方所得税；内资企业免征营业税、所得税、农林特产税。

4. 房产税、土地使用税、车船使用税，外资企业免征10年，内资企业免征6年。

5. 内外资企业均免征或减半征收能源交通基金、预算调节基金、城市建设配套费。

6. 外资企业生产经营所需的水电气及通信设施等免缴水电配套建设费和增容费。

7. 外资企业经营收入既有外币又有人民币的，可用部分直至全部人民币缴纳税款。

8. 外商将其在企业分得的利润汇出境外时，免缴其汇出额所得税。

9. 外商将其从企业分得的利润直接再投入该企业增加注册资本或在试验区再投资兴办、扩建企业，经营期限不少于5年的，经申请核准，可退还其再投资部分已缴纳的企业所得税税款；新增销售额实行“免三减四”政策。

10. 内资独资或集体工业企业，享受乡镇集体企业待遇，从正式投产之日起免缴产品税、增值税、营业税 2~3 年所得税 3~5 年（除 21 种国家规定不能免税的产品外）。

11. 内资联营工业企业，从受益的年度起，新增产值部分减半征收产品税、增值税、营业税 3 年，免征所得税 5 年。

12. 内资企业以新增利润扩大生产规模的，其新增产值部分免征产品税、增值税、营业税 3 年，免征所得税 5 年。

13. 内资企业用贷款进行技术改造，可用新增利润还贷（直至还清贷款）。

14. 党政机关、企事业单位、科研机构、大专院校集体承包、领办、协办和租赁各类企业或进行技术转让、入股、咨询、协作、联营、培训以及进行产品扩散等，当年收入在 30 万元以下的免征所得税，超过部分减半征收。

15. 对投资所形成的固定资产，允许缩短折旧期限。

16. 个别项目，经磋商认定后，除享受上述有关税收优惠政策外，还可根据实际情况给予更为优惠的政策照顾。

17. 对引进外来资金兴办企业的合法中介人，按其实际引进非贷款资金数额（含设备作价）和不同的使用年限，由用资企业给予 3% 以内的一次性佣金，并对中介人获得的佣金免征个人收入调节税。

18. 依法保护所有投资者的一切合法权益，各类工商企业有义务依法缴纳各种税费，同时也有权拒付不合理的摊派。

二、土地政策

试验区中心开发区内的集体土地由市人民政府统一办理征用手续，征地的农转非、就业安置等有关问题由市人民政府统一解决。

试验区实行国有土地有偿使用制度。根据土地所有权和使用权分离的原则，土地使用者可通过有偿划拨或有偿出让的方式获得合法的土地使用权。

1. 有偿划拨：对高税利、高科技、新技术以及其他符合有偿划拨使用土地条件的产业项目，可有偿划拨一定数量的土地。

2. 有偿出让：有偿出让期限最长为 70 年。具体年限按不同行业或建设项目确定。出让期内，土地使用权可以依法转让、出租、抵押。

3. 土地使用权有偿出让采取下列方式：

（1）协议出让；

（2）公开招标；

（3）公开拍卖；

4. 土地出让价：

按土地级差将土地分别划为一等、二等、三等。

一等用地 3 万元/亩；

二等用地 2 万元/亩；

三等用地 1 万元/亩。

5. 采取协议方式出让使用权的国有土地，符合下列条件者分别给予5%—20%的地价优惠：

（1）经市人民政府确认的高科技、高税利、新技术开发项目；

（2）从事市政基础设施、公用基础设施和发展科、教、文、卫、体的非经营性项目；

（3）港澳台同胞、华侨、外商投资兴办的项目；

（4）其他符合地价优惠条件的开发性项目。

6. 土地使用权出让审批权限：

试验区内的国有土地有偿划拨和有偿出让由试验区建设领导小组办公室审定，报市人民政府批准。

7. 试验区内以有偿出让方式获得土地使用权者免缴国有土地使用税（费）；以有偿划拨方式获得土地使用权者免缴国有土地使用税（费）1～3年。

8. 试验区内的国有土地使用手续从简从快办理，也可酌情允许边用边办。

三、项目审批和工商注册登记办法

1. 由试验区建设领导小组统一办理项目审批和工商注册登记等各种有关手续。凡不需要国家安排投资和平衡产供销的，生产性投资3000万元以下、非生产性投资1000万元以下、引进外资项目投资1000万美元以下的报市人民政府审批；集体企业和乡镇企业投资规模不受限制。

2. 放宽办照条件，简化办照手续，除国家明文规定须持有特种许可证者外，其他行业均可先办照后补证；各种工商企业登记注册金额均减半办理。

3. 乡镇企业、集体企业及联办企业名称，经市人民政府批准可直冠“都匀市”名。

4. 企业自产的属国家统购的产品，如统购部门无法收购的，工商部门可批准企业自行组织销售。

5. 企业可一业为主，多种经营；可开设以销售本厂产品为主，兼营其他行业产品的门市部、经营部和服务部；需在外地增设网点的，从简从快办理有关外销手续。

6. 三户以上农民或城市居民（包括离退休干部、职工）组织起来联办企业，可按集体企业核准登记注册。

7. 各类工商企业的营业执照，除发证机关外，任何部门和单位都无权扣押或吊销。

中共黔南州委　黔南州人民政府
关于进一步加快个体、私营经济发展的决定

（1994年11月28日）

个体、私营经济是社会主义市场经济必不可少的组成部分，是促进我州国民经济持续、快速、健康发展的一支重要力量。为了深入贯彻党的十四大和十四届三中全会精神，抓住

机遇，深化改革，进一步加快我州个体、私营经济发展，根据省委、省政府《关于加快个体私营经济发展的意见》的规定，结合我州实际情况，特作如下决定：

一、进一步解放思想，深化认识，把发展个体、私营经济作为我州新的经济增长点和县域经济的主攻方向之一来抓，各级党委、政府和各部门要充分认识个体、私营经济在我州国民经济发展中的重要地位和作用，清除“左”的影响和传统观念的束缚，坚持“三个有利于”的标准和“发展才是硬道理”的指导思想，切实把个体、私营经济纳入地方经济发展规划，每年应有一个增长速度，作为领导经济工作政绩的一项重要内容。要放心放胆放手发展个体、私营经济，及时解决发展中存在的问题和困难，使之真正成为促进我州经济发展的一个战略重点。

二、为了加强对全州个体、私营经济工作的领导，成立“黔南州发展非公有制经济工作领导小组”，做好综合管理、引导、协调和服务工作。州委、州政府负责同志任组长和副组长，成员由州级有关工作部门的负责人组成。下设办公室具体承担日常工作。办公室设在州工商局。各县（市）也要成立相应的组织。

三、从1995年起，州委、州政府每年召开一次全州性的个体、私营经济工作会议或表彰会，交流经验，分析情况，研究措施，提出要求，引导个体、私营经济朝着健康的方向发展。

四、州直有关综合管理、执法、监督部门和金融机构，要认真贯彻有关发展个体、私营经济的方针、政策，制定扶持和促进我州个体、私营经济发展的配套措施，并负责层层加以落实，为个体、私营经济的发展创造公平竞争的良好环境和有利条件。国有、集体企业要在能源、原材料、交通运输等方面为个体、私营企业提供必要的条件。

五、按照“五不限”的原则，加大发展个体、私营经济的力度。即不限比例：县、乡以下地区，能发展到多大比例，就发展到多大比例；不限速度：只要有市场，有效益，能发展多快就发展多快；不限方式：生产开发、前店后厂、批零兼营、长途贩运、代购代销、联购分销、分购联销、代办代运等各种方式，都允许经营；不限规模：允许和支持私营企业发展横向联合，扩大生产经营规模，发展企业集团；不限范围：除国家专营的产品外，第一、二、三产业都允许生产经营，尤其鼓励兴办生产型、开发型、科技型、外向型企业。

六、放宽经营范围和经营方式。凡允许国有、集体企业生产经营的行业、商品，只要个体工商户、私营企业具备条件，都允许生产经营。允许个体工商户“同地一照多摊”。鼓励和支持个体工商户、私营企业参与各种形式的横向经济联合，允许承包、租赁、兼并、购买包括国有和集体企业在内的其他企业。鼓励和支持他们组建及参与跨地区、跨行业、跨所有制的企业集团或股份合作制、股份制企业。对具备条件的个体工商户和私营企业，可批准从事对外贸易和兴办外向型独资或合资企业。

七、放宽经营主体。对从事个体、私营经济的人员不加限制，停薪留职人员、离退休人员、国家机关和企事业单位富余人员，均可从事个体、私营企业。允许国家机关干部、职工向个体、私营企业投资入股。

八、培育和发展城乡市场体系。继续执行有关市场建设的优惠政策，按照谁投资、谁所有、谁受益的原则，鼓励企事业单位、乡镇、村、个人，投资、集资、引资建设市场。多方筹措资金，兴建一些大型综合市场和名、特、优产品批发市场，促进商品大流通，发展地方经济。

九、鼓励个体、私营经济向生产和加工行业发展。对个体工商户、私营企业开办的生产、加工、科技开发型项目，由县（市）政府指定有关部门审批，简化审批程序和手续。如需银行贷款的，由有关专业银行对项目进行评估并给予相应的贷款。对新创办的生产、加工、科技开发型的个体工商户和私营企业，在开办后的两年内，可适当减免地方征收的营业税、农林特产税和所得税。

十、引导个体、私营经济向生产型、开发型、科技型、外向型转移。从 1994 年 7 月起，凡城市个体、私营企业主到农村投资开办“四型”项目者，投资 5 万元以上和生产五年以上者，减免土地征用费，两年内不交农林特产税、所得税和工商管理费；农村从事商品生产的专业户，按产值计算其规模在 3 万元以上者，只登记服务，三年内不收工商管理费，直接从事批量农产品加工贩运者，一年内不收工商管理费。

十一、对在乡村新开办从事为农业生产直接提供产前、产中、产后服务的“四型”企业，发生亏损或盈利微薄造成生产经营困难的，经税务机关批准，两年内给予减税、免税照顾。对特困乡、村，五年内税费减免。有关部门要拿出一定比例的扶贫资金，扶持发展“四型”个体、私营企业。

十二、个体工商户、私营企业需要使用土地兴办企业的，由县（市）政府责成有关部门按法定程序，给予办理土地出让的审批手续。也可采取协议、投标、拍卖的办法，允许个体工商户和不同所有制企业在竞争中取得土地使用权，个体工商户和私营企业在获得土地使用权的期限内，享有收益权、继承权、抵押权、租赁权，还可以改变用途或转让。

十三、对依法经营、照章纳税的个体工商户和私营企业，州、县（市）人民银行及各专业银行在贷款上应与国有、集体企业同等对待。城市信用社还应根据人民银行的有关规定，在贷款上有重点地扶持个体、私营经济，扩大生产规模，提高经济效益，积极支持个体、私营经济的发展。

十四、简化开业登记手续。凡新开办的个体、私营企业，除食品卫生、剧毒易爆品、药品生产、文化娱乐等行业应事先取得有关部门颁发的许可证外，均凭本人身份证和申请报告即可在当地工商行政管理机关办理营业执照或临时营业执照，二日内发照。对新开办的个体、私营企业，根据不同行业，允许试办期为半年至一年。农户进入城镇开办第一、三产业，试办期可延长至两年。试办期只办理申报手续，对临时需要外出开展业务的，可发临时执照。办理具有法人地位的私营企业，只要提交相关的验资证明即领取营业执照，开业后有关行业经营证件，可在开业三个月内凭营业执照补办，有关手续自受理之日起，五日内办理完毕。

十五、建立州、县（市）两级非公有制经济发展基金。资金来源：按每年个体、私营经济上缴税收总额的 1% ~3% 返还，同时采取股份合作制的办法，实行有偿、滚动使用。发展基金由发展非公有制经济工作领导小组办公室掌握，委托国有金融机构负责存贷业务，主要用于与银行向个体工商户和私营企业贷款的拼盘资金，引进省外、国外资金的担保，解决个体工商户和私营企业急需的短期周转资金。积极鼓励干部、职工把消费资金转向生产资金。

十六、允许个协、个体工商户和私营企业的行业性工会建立资金互助会、储金会、担保会等，筹集资金，调剂余缺。

十七、开辟个体、私营经济发展试验小区。州以罗甸县作试验县，其他各县（市）可确定一个乡镇为试验小区。在试验区内给予一定的政策倾斜，实行一证制，且只要经营证，不实行专营。

十八、从我州实际情况出发，对个体工商户、私营企业的税收征管，在贯彻执行国家机关税收法规和确保财政增收的前提下，合理确定纳税定额，实行同行比较，民主评议，有关部门参加审定，张榜公布。

十九、为减轻个体工商户、私营企业的负担，对近年来向个体工商户、私营企业的收费项目进行一次认真清理。州内各部门自定的收费项目一律取消，需要保留的要报州政府批准。对省政府及其以上业务部门规定的行业收费，由工商部门统一单据，统一标准，统一收取，然后按照规定拨付给有关部门，并实行“收费卡”制度。

二十、各部门要各司其职，加强对个体工商户和私营企业优质服务和管理。任何部门或个人无权干预其合法生产经营活动，也不能因个体工商户和私营企业“无主管部门”而不予办理有关手续。不得利用行政权力搞行业垄断经营，不得强行推销任何物品。除工商行政管理机关外，任何单位及个人都无权收缴和吊销营业执照。对向个体工商户、私营企业乱收费、乱摊派、乱罚款以及敲诈勒索、吃喝卡拿的行为，个体工商户和私营企业有权拒绝和向有关部门举报，政府及有关部门要严格依照有关法律、法规的规定，坚决查处。

二十一、外地客商来黔南投资生产或经营的，在办理证照、使用水电、场地、交通、通讯及其他方面，与本地个体和不同所有制经营者享有同等待遇。外地来州内从事个体经营或开办私营企业者，凭县（市）入户证明，其子女入托、入学、招干，与本地的一视同仁。

二十二、在个体、私营经济业主中，选拔推荐拥护党、拥护社会主义的代表人士进入各级人大、政协及相应的群众团体，为他们提供参政议政的条件。

二十三、对具备条件的私营企业，在当地党、团、工会组织的帮助和领导下，可以建立党、团、工会组织。个体、私营企业人员和业主，参加技术、管理职称评定，评选劳模等，与国有、集体企业职工一视同仁。

二十四、加强对个体工商户、私营企业主的思想政治工作。按照“团结、帮助、引导、教育”的方针，向他们宣传党和国家的有关方针政策，帮助他们树立“爱国、敬业、守法”的自觉性。充分发挥商会及个体劳动者协会、私营企业行业工会在发展非公有制经济中的桥梁和纽带作用。支持商会认真做好非公有制经济代表人士的思想政治工作。个体劳动者协会、私营企业行业工会要做好“自我教育、自我管理、自我服务”的工作。要在个体、私营企业中广泛开展“文明个体户”“重合同、守信用”“质量、计量信得过”等活动。

二十五、认真贯彻民族区域自治法，用足、用好中央、省已出台的有关发展个体、私营经济的政策，在调查研究、总结经验的基础上，州、县（市）政府要组织制定关于加强个体、私营经济管理和保护个体、私营经济合法权益的行政规章，以规范和指导我州非公有制经济的健康发展。

本《决定》自公布之日起执行。原有关规定与本《决定》不相符的，按本《决定》执行，并授权州工商行政管理局负责解释。

中共黔南州委　黔南州人民政府
关于实施人才强州战略的决定

（2004年4月21日）

为认真贯彻落实《中共中央、国务院关于进一步加强人才工作的决定》和《中共贵州省委、贵州省人民政府关于实施人才强省战略的决定》，大力实施人才强州战略，结合我州实际，特作如下决定。

一、实施人才强州战略是加快推进富民兴州事业的一项重大而紧迫的任务

1. 人才问题是关系富民兴州事业的关键问题。人才资源是第一资源，人才资源是经济社会发展最重要的决定因素。小康大业，人才为本。要牢牢把握发展的主动权，加快富民兴州步伐，人才是关键。必须把人才工作纳入经济社会发展的总体规划，大力开发人才资源，实施人才强州战略，走人才强州之路。州委、州政府高度重视人才工作，改革开放以来，我州人才队伍建设取得了明显成效，为推动我州经济社会发展发挥了重要作用。但是，随着经济社会发展日益加快，我州人才工作已不能适应形势发展的需要。全州各级党委和政府必须全面贯彻落实“三个代表”重要思想，从战略和全局的高度，深刻认识实施人才强州战略的重要性、必要性和紧迫性，围绕我州“431”经济发展格局和富民兴州的宏伟目标，努力推动我州人才工作迈上新台阶，开创人才辈出、人尽其才的新局面。

2. 实施人才强州战略的总体要求。以邓小平理论和“三个代表”重要思想为指导，全面落实党的十六大、十六届三中全会精神和全国、全省人才工作会议精神，树立科学的人才观，坚持党管人才原则，紧紧抓住培养、吸引、用好人才三个关键环节，以稳定、用好现有人才为重点，着力加强“六支队伍”建设，积极引进紧缺急需人才和智力。大力深化人才工作体制改革，优化人才资源配置，把各类人才聚集到我州经济社会全面发展的各项事业中来，为全面建设小康社会，加快推进富民兴州事业提供人才保证和智力支持。

3. 实施人才强州战略的总体目标。努力培养造就一大批适应我州经济社会发展需要的高素质劳动者、一大批专门人才和一大批拔尖创新人才。经过10年左右的努力，人才队伍建设的基础进一步加强，人才培养体系基本形成；人才资源总量有较大幅度增加，人才队伍的整体素质有较大提高；各级各类人才的比例基本协调，分布趋于合理，人才结构与经济社会发展需要基本相适应；有利于各类人才健康成长和充分发挥才能的机制、环境基本建立，市场对人才资源配置的基础性作用明显增强。

二、以加强人才资源能力建设为核心，努力增加人才总量和提高人才素质

4. 加强人才资源能力建设。树立大教育、大培训观念，在提高全民思想道德素质、科学文化素质和健康素质的基础上，重点培养、提高人才的学习能力、实践能力、创新能力。加大教育培训力度，根据各类人才特点，实行分类培训，坚持学习与实践相结合、培养与使用相结合，强化实践锻炼，促进人才在实践中不断增长知识，提升能力。努力提高人才的政治素质和业务素质，促进各类人才的全面发展。

5. 构建现代国民教育体系，加快人才培养步伐。强化国民教育在人才资源能力建设中的基础地位。大力推进教育改革和创新，提高教育质量和管理水平。进一步加强以“普九”为重点的基础教育工作力度，统筹城乡教育，注重发展农村基础教育，确保我州到2005年基本实现“两基”目标。积极发展高中阶段教育，全面推进素质教育。进一步发展高等教育，充分发挥黔南民族师范学院、黔南民族职业技术学院、黔南民族医学高等专科学校等高校作为人才培养重要基地的作用，以社会需求为导向，提高办学质量。积极与省内外高校、科研院所联系培养高学历人才，鼓励在职人员提升学历教育。大力发展民办教育，努力形成公办教育和民办教育相互促进、共同发展的格局。

6. 构建终身教育体系，促进学习型社会的形成。在全州进一步树立全民学习、终身学习理念。综合运用社会的学习资源、文化资源、教育资源，完善广覆盖、多层次的教育培训网络。积极开展创建“学习型组织”“学习型社区”活动。构建各级各类人才的知识培训体系，充分利用和发挥各级党校、行政学院（校）在党政人才培训方面的主渠道作用，利用和整合广播电视大学、老年大学等其他社会培训资源，加强对各类人才的培训。强化用人单位在人才培训中的主体地位，鼓励在职自学，建立和完善带薪学习、在职进修等多途径多形式的学习培训教育制度。搭建我州远程教育网络平台，逐步建立覆盖全州的教育培训网络，形成终身化、网络化、开放化、自主化的终身教育体系。

三、突出重点，全面加强人才队伍建设

7. 着力抓好六支人才队伍建设，促进我州各级各类人才协调发展。树立“人才资源是第一资源”的观念、人人都可以成才的观念和以人为本的观念，以党政人才、企业经营管理人才、专业技术人才、高技能人才、农村实用人才和青年后备人才为主体，着重培养适应我州改革开放和社会主义建设的高层次人才和高技能人才，带动整个人才队伍建设，努力造就一支门类齐全、梯次合理、素质优良、新老衔接、能够满足我州经济社会发展需要的人才队伍。

*——以加强思想政治建设和执政能力建设为核心，以知识更新为重点，加快培养建设一支高素质、复合型的党政人才队伍。*认真贯彻《党政领导干部选拔任用工作条例》，完

善有关制度，建立以群众公认和工作实绩为主要内容的党政领导干部考核评价体系。按照分级负责的原则，开展大规模干部培训，五年内对现职干部普遍轮训一遍，特别是县级以上党政干部不低于2个月的培训。采取多种形式，依托高校培养一批公共行政管理硕士（MPA）。坚持分类指导、分级培训，推进党政干部培训教育经常化、制度化。按照廉洁、勤政、务实、高效的要求，加强公务员队伍建设，进一步完善机关中层干部竞争上岗和年度考核制度。加大干部的培养和交流力度，各级每年要选派一定数量的干部到基层挂职、任职锻炼，选派一批县级和科级干部到上级机关、发达地区挂职学习，在实践中、在艰苦的环境中培养锻炼干部。通过多种形式的培养锻炼，努力提高各级领导干部科学判断形势的能力、驾驭市场经济的能力、应对复杂局面的能力、依法行政的能力和总揽全局的能力。

——*以提高市场开拓能力和现代化经营管理水平为核心，努力培养造就一支优秀的企业经营管理人才队伍。*按照德才兼备原则，培养一批政治素质强、能够忠实代表和维护国家利益、实现国有资产保值增值的国有企业产权代表。尽快抓紧制定企业经营管理人才培养计划，依托高校培养一批我州紧缺急需的专门人才和一批工商管理硕士（MBA）。选派部分优秀企业经营管理人才到省和国内外进行中长期培训或到知名企业、民营企业和重大工程项目建设部门挂职锻炼，通过多种形式的锻炼，培养一支熟悉市场运作、具有较高管理水平的职业化的企业经营管理人才队伍。建立企业经营管理人才评价推荐中心，积极为包括非公有制经济在内的各类经济组织引进人才、提供人才评估和推荐服务，并建立人才库。抓好企业党建工作，加强企业党务工作者队伍建设。

——*以提高创新能力为核心，加强专业技术人才队伍建设。*进一步落实好《关于进一步发挥知识分子作用的意见》（州发〔2000〕17号）文件精神。继续开展我州“3·18”科技活动日活动。坚持自然科学与社会科学并重，根据我州优势产业、学科、重点项目建设和发展的需要，抓紧重点培养一批紧缺急需的专业技术人才。结合国家和省实施“新世纪百千万工程”，计划培养并组织实施我州“233”人才工程，即在5年左右培养造就20名左右在全省有一定影响的拔尖人才，组成我州核心专家群体；300名左右在我州社会经济发展中起重要作用的高层次人才，组成我州重点专家群体；3000名左右的专业技术骨干人才，组成我州骨干专家群体。继续抓好州管专家的选拔培养工作，并有针对性地选派一批重点学科的专业技术骨干到国内重点高等院校、重点科研院所或出国进行深造，努力建设高素质的专业技术人才队伍。建立领导干部联系专家制度，建立人才（专家）库。

——*制定实施高技能人才培养工程，加强高技能人才队伍建设。*高技能人才包括企业技术工人、下岗再就业职工和非公有制经济中的技术能人。以黔南民族职业技术学院为主体，充分发挥各县（市）各类职业技术学校的作用，整合职业教育和技能培训资源，结合我州支柱产业和重大项目建设、经济结构调整和市场需求，通过学校教育培养、企业岗位培训、个人自学提高等方式，加快高技能人才的培养。建立健全并推行职业资格证书制度、技术工人技术等级考核评价制度，实行培训、考核、使用、待遇相结合，逐步建立统一标准、自主申报、社会考核、企业聘用的高技能人才成长机制，建立一支以中级技工为主体，高级技工、技师为骨干，适应经济发展、技术进步需要的高技能人才队伍。并建立高技能人才档案，加强跟踪服务。

——围绕农业经济结构调整和农村小康社会建设，加快农村实用人才队伍建设。结合省农村乡土人才开发“四个一”工程，组织实施农村实用人才开发工程。到2007年，在种养殖业和农产品加工业的农村实用人才中培养3000名致富状元，其中，州级500名，县（市）2500名。实施新型村组干部培养工程，选拔培养有一技之长的村组干部，充分发挥村组干部在农业产业化、市场化、现代化进程中的引导、示范、辐射作用。实施知识农民培养工程，整合培训资源，有计划地大规模开展农村适用技术培训，在州内院校开办涉农短期培训班、大中专（中技）学历培训班，组织选拔农村优秀青年进行学习培训，并注重改进和完善学校教育课程设置，增设实用技术教学内容，培养有知识、懂技术的实用型农村青年。实施优秀农村实用人才培养工程，切实做好乡土人才认证和农民技术员职称评定、晋升工作，建立农村实用人才库，选拔表彰拔尖农村实用人才。

——大力抓好青年人才队伍建设。培养造就一大批素质优良、勇于创新的青年人才，是实现人才工作可持续发展的迫切需要。建立和完善各类青年人才工作制度，促进优秀青年人才脱颖而出。学校采取既学理论，又学1～2门适用技术的方式，促进青年学生的成长。建立后备人才库，注重青年人才的选拔培养、跟踪考察，大胆使用优秀青年人才，鼓励青年人才在艰苦复杂环境和丰富的社会实践中锻炼成长。以社会需求为导向，切实做好高校毕业生就业指导工作。在抓好“六支队伍”建设中要注重加强少数民族人才、妇女人才和党外人才队伍建设。明确培养重点，制定培养计划，采取有效措施，不断提高他们的综合素质，注重从中选拔培养高层次人才。加强非公有制经济组织和社会组织的人才工作。要把非公有制经济组织和社会组织的各类人才纳入党和政府的工作范围，切实消除体制和政策障碍，在政府奖励、人才培养、职称评定等政策上同等对待，统一安排，在改善创业环境和工作、生活条件上积极提供优质服务。

8. 切实做好引才引智工作。在稳定现有人才，充分发挥现有人才作用的同时，结合我州经济社会发展的需要，重点抓好高新技术、金融、经济、贸易、法律、旅游、管理、现代农业等方面的紧缺急需人才的引进工作。制定我州引进人才的优惠政策，开辟引进人才的“绿色通道”。坚持“不求所有，但求所用”的原则，采取灵活多样的柔性政策，鼓励通过项目合作、兼职及技术承包、技术入股、考察讲学、担任业务（技术）顾问等方式，切实做好智力引进工作。

9. 紧密结合西部大开发和我州新阶段扶贫开发的需要，促进人才资源与经济社会发展相协调。人才资源规划、开发、配置和利用，要同西部大开发、新阶段扶贫开发的实施以及全州各项重大工作紧密结合、相互协调、相互促进，做到人才资源开发为全州经济社会服务。充分发挥市场配置人才资源基础性作用，努力调整人才结构，优化人才配置，促进全州人才在产业、地区、城乡之间的合理分布，逐步实现结构、布局合理和优化，形成人才资源的整体合力，发挥最大效能，促进人才资源与经济社会发展相协调。

四、营造良好环境，充分调动和发挥人才的积极性和创造性

10. 坚持改革创新，建立健全充满生机与活力的人才工作机制。完善人才工作机制，对于实施人才强州战略更具有根本性、全局性、稳定性和长期性。通过建立健全人才工作机制，促进各类人才的培养、评价、选拔、使用、流动、配置和激励的规范化、制度化、法制化，为实施人才强州战略提供制度保证。

——建立健全人才培养机制。建立我州人才培养中、长期规划，有针对性的加强各级各类人才的培养；进一步完善普通教育、职业技术教育、成人教育和高等教育相互衔接的教育体系；完善岗位培训、脱产学习、外出进修和协作交流等继续教育和培养制度。

——建立健全人才评价机制。建立健全以能力和业绩为导向、科学的社会化的评价人才机制。坚持党政人才的评价重在群众认可，企业经营管理人才的评价重在市场和出资人认可，专业技术人才的评价重在社会和业内认可的原则，完善人才评价标准，改革人才评价方式，克服人才评价中重学历、资历，轻能力、业绩的倾向，建立以业绩为依据，由品德、知识、能力等要素构成的人才评价指标体系。积极开发应用现代人才测评技术，努力提高人才评价的科学水平。

——建立健全选人用人机制。继续深化党政干部选拔任用制度改革，全面推行以事业单位人员聘用制为主的各具特色的用人制度。改革和完善企业经营管理人才选拔任用方式，实行契约化管理，逐步建立以公开、平等、竞争、择优为导向，有利于优秀人才脱颖而出、充分施展才能的选人用人机制。

——建立健全人才合理流动机制。进一步打破阻碍人才流动的体制性障碍，疏通各类人才队伍之间、不同所有制单位之间、不同部门之间、不同地区之间的人才流动渠道。建立健全促进人才流动的政策措施和管理办法，促进人才合理、规范流动。

——建立健全人才激励机制。建立健全分配激励机制。坚持完善按劳分配为主体、多种分配方式并存的分配制度，积极探索生产要素按贡献参与分配的实现形式，逐步实现分配形式的多元化。以鼓励劳动和创造为根本目的，建立健全与社会主义市场经济体制相适应、与工作业绩紧密联系，鼓励人才创新创造的分配激励机制。逐步建立综合体现工作职责、能力、业绩、年功等因素，职务与职级相结合的公务员工资制度。进一步扩大事业单位内部分配自主权，制定向优秀人才和关键岗位倾斜的收入分配办法。积极探索和推行科技骨干、企业经营者年薪制、期权股份制、特殊劳动贡献分红等多种要素分配形式。积极探索建立产权激励机制以及人才资本及科技成果有偿转移制度。建立健全表彰奖励机制。坚持精神奖励和物质奖励相结合的原则，建立以政府奖励为导向、用人单位为主体、社会力量为补充的人才奖励体系。继续开展我州“3·18”科技活动日表彰优秀知识分子、科技人才活动，继续开展农村带民增收致富先进典型表彰活动，并开展技术能手表彰等形式多样的各类表彰活动。结合实际，进一步制定各类人才表彰激励政策措施，充分体现和认可劳动的价值、知识的价值、人才的价值和创造的价值，进一步激发各级各类人才的积极性、主动性和创造性。

——建立健全人才保障机制。根据各类人才的特点和需要，完善机关、企事业单位人才流动中的社会保险衔接办法。建立高层次人才医疗保健制度，逐步建立重要人才投保制度，制定吸引高层次人才的医疗待遇政策，鼓励企业和有经营性收入的事业单位对做出突出贡献的各类人才实行补充养老保险和补充医疗保险等。加快福利制度改革，逐步实现福利货币化，不断改善人才福利待遇。

11. 营造人才工作良好社会环境。各级党委、政府要把人才环境建设放在更加突出的位置，把各类人才的积极性和创造性引导好、发挥好，努力营造鼓励人才干事业、支持人才干成事业、帮助人才干好事业的良好社会环境。要营造良好的舆论环境、政策环境、法制环境、工作环境。建立健全宣传体系，通过各种媒体，采取多种形式，加大对人才工作的宣传力度，营造“尊重劳动、尊重知识、尊重人才、尊重创造”的社会环境。通过调查研究，学习外地先进经验，结合实际，认真研究制定整体性人才资源开发的系列配套性政策措施，确保各项人才工作有效开展。实行依法管理，加快推进人才工作的法制化建设，增强人才工作的规范性和有效性。各级党委、政府，各级机关、企事业单位要积极创造条件，满腔热情地为各类人才解决工作中的实际困难，充分调动各类人才的积极性和创造性。

五、建立和完善人才市场体系，促进人才合理流动

12. 建立开放的人才市场体系。根据完善社会主义市场经济体制的要求，消除体制性障碍，全面推进机制健全、运行规范、信息畅通、服务周到、指导监督有力的人才市场体系建设，充分发挥市场在人才资源配置中的基础性作用，不断推进人才市场化配置，促进人才合理流动，实现人才自身价值与满足社会需求相结合，有效解决人才供求矛盾。重点抓好州级人才市场建设，积极培育县级人才市场和各类专业人才市场。整合现有的人才市场和劳动力市场资源，建立资源共享的信息交流平台，逐步建立统一、规范、开放的全州人才市场体系。推进政府部门所属人才服务机构向市场主体转变，积极吸纳社会资本投资人才市场建设和参与创办人才中介服务组织。加强人才市场监管，规范人才市场秩序。建立人才信息库和人才评价推荐中心，建立完善人才信息网和人才市场信息发布制度。

13. 促进人才合理流动。遵循市场经济规律，按照建立健全人才合理流动机制的要求，通过政策倾斜，引导人才向农村、向基层、向企业生产第一线流动。发挥市场在人才资源配置中的基础性作用，促进企事业单位通过市场自主择人、人才进入市场自主择业。大力发展人事代理、人才派遣、人才租赁等服务。重视对人才流动中国家秘密和商业秘密的保护，依法维护用人单位和各类人才的合法权益。

六、坚持党管人才原则，切实加强对人才工作的领导

14. 加强和改进党对人才工作的领导，为开创人才工作新局面提供组织保证。党管人才主要是管宏观、管政策、管协调、管服务。要充分发挥党的思想政治核心优势、组织优势和密切联系群众的优势，发挥党委核心作用，形成党委统一领导，组织部门牵头抓总，有关部门各司其职、密切配合，社会力量广泛参与的人才工作新格局。各级党委、政府要将人才工作列入重要议事日程，要把人才工作纳入国民经济发展的总体规划，结合实际，抓紧制定和完善人才队伍建设规划，建立“定期议才”制度。州人才工作协调领导小组要切实担负起宏观指导、政策制定、组织协调和队伍建设等工作职责。各县（市）都要成立人才工作协调领导小组，明确专门的人才工作机构，配备工作人员。要重视人才工作队伍的自身建设，加强培训，不断提高工作水平。

15. 加大对人才工作的投入。要树立人才投入是效益最大投入的观念，不断加大对人才工作的投入力度。根据中央、省的要求和我州人才工作的需要，各级党政机关和事业单位要把人才资源开发经费列入年度预算。州级财政从2004年起，每年统筹安排500万元作为人才资源开发专项资金，并随着经济的发展每年有所增加。资金由州人才工作协调领导小组统一安排使用，并制定管理办法，专项用于人才资源开发的各项工作。各县（市）要根据自身财力设立人才资源开发专项资金。在重大建设和科研项目经费中，要划出一定份额用于人才资源开发。企业要按照规定提取职工教育培训费，并专项用于职工特别是一线职工的教育培训。要引导和鼓励用人单位、社会及个人以各种形式加大对人才资源开发的投入，为人才资源开发提供资金保障。

16. 强化人才工作责任制，建立健全人才工作考核体系。各级党委、政府要坚持党政一把手抓“第一资源”，制定并完善人才工作目标责任制，建立健全人才工作考核体系。各级党委、政府要结合实际，制定人才资源开发的目标任务，并层层进行分解，每年底对人才资源开发工作情况进行考评，并将考评结果作为考核各级党政领导干部，尤其是作为考核党政一把手工作实绩的重要内容。

黔南州人民政府关于加强全州小城镇建设的决定

（1995年6月28日）

为了进一步推动全州小城镇的建设和发展，根据贵州省委、省人民政府关于加快小城镇建设的决定等文件精神，结合我州实际，特作出如下决定：

一、小城镇是联系城乡之间的重要桥梁和纽带，是农村经济发展和社会进步的重要载体。加快小城镇建设是发展农村社会主义市场经济的迫切需要，也是实现农业现代化、乡村城市化和加快农村稳定脱贫奔小康的战略措施和必由之路；是进一步推进农村经济结构调整，就地转移和消化农村剩余劳动力，促进城乡协调发展的客观要求。中共中央《关于建立社会主义市场经济体制若干问题的决定》明确提出：“要充分利用和改造现有小城镇，建设新的小城镇。”1993年10月和1994年3月，中央召开了两次农村工作会议，都强调要搞好小城镇建设，引导乡镇企业向小城镇适当集中，使小城镇成为区域性的经济中心。我州各级政府必须抓好小城镇的建设和发展。

二、小城镇建设是一项艰巨的工作，战略性、综合性都较强，各级政府要切实加强领导，组织各个工作部门积极配合、协调开展此项工作，并明确一位领导分管小城镇建设，各级建设行政主管部门要主动负责，当好参谋。

三、小城镇建设要正式列为各县（市）、特别是建制镇的政府工作目标，纳入目标管理责任制。乡镇是农村奔小康的前沿阵地，各乡、镇政府要本着促进全州经济发展的总目标来搞好小城镇的建设与管理，使所在地的小城镇建设工作真正落到实处。

四、根据我州以南下通道经济为重点的对外发展构想，即“北向贵阳，南向两广，挤进东南亚，全方位开放”的经济发展战略，我州小城镇建设应以贵新高等级公路、马遵公路和惠罗公路，以及320、321国道、册三公路、荔波铁路等境内水陆通道沿线为突破口，重点向省道、县道沿线展开，形成以公路为骨架，以县城为依托，以广大村寨为节点的、城乡渗透的小城镇网络体系。坚持把小城镇规划与区域经济规划相衔接，促进优势互补和地方资源要素的优化配置，使小城镇建设和经济发展相互促进，相得益彰。

五、从现在起到本世纪末，我州小城镇建设要与农村经济同步发展，力争超前；要坚持全面规划，合理布局，因地制宜，综合开发，配套建设；要发动社会各界投资，逐步建立以集体和个人为主的、多渠道的投资体制；要节约用地，保护耕地，实行土地有偿使用制度，重视生态环境的保护和建设；要与创建工业小区、发展乡镇企业相结合，发挥生产要素的聚集效应；要与基层政权建设相结合，与建立和完善农村社会化服务体系相结合，形成农业服务的合力；要与改革城乡户籍管理制度相结合，吸引农村剩余劳动力进镇务工经商；要与发育市场相结合，形成区域性的商品集散中心。总之，要把小城镇逐步建设成为布局合理、设施配套、交通方便、环境优美、经济繁荣、各具特色、城乡互补的现代化小城镇。

特别对我州初具规模的小城镇，如工业和乡镇企业比较发达的工矿型，交通方便的物质集散型，国家及省级风景名胜区所在地的风景旅游型，少数民族聚居的民族风情型，以及与外省、外地区相邻的边贸型小城镇，要在保留传统特色的基础上，进一步完善和发展，尤其要保持黔南少数民族地区民俗风情的民族特色。

六、大力抓好小城镇建设试点，以点带面，推动全局。我州现已确定30个试点，其中部（省）级4个，州级6个，县（市）级20个（试点名单附后），约占全州小城镇总数的13%。到本世纪末，通过州、县（市）、镇（乡）三级的共同努力，要把这批试点中部、省级和州级的10个小城镇，建设成为标准较高，设施较全，人口容量2万人，建城区面积2平方公里，生态环境优美的新型小城镇；县（市）级的20个小城镇，要求建成基础设施基本配套，面貌较大改观，人口容量万人以上，建城区面积1平方公里以上，生态环境较好的小城镇。

七、小城镇建设必须坚持以规划为龙头，各县（市）要立即加快规划的编制和调整的进度，提高规划水平，以指导建设与管理。规划的编制与调整，必须从实际出发，因地制宜，合理安排，妥善处理近期和长远、生产和生活、需要和可能、经济发展和环境保护等关系；要特别重视并搞好乡镇工业小区的规划，合理安排各项用地，科学规划各项设施，以利于乡镇企业的集中和发展。

八、小城镇规划一经批准，必须严格执行，任何人、任何单位都不得擅自改变规划；确需调整和修改的，要按规划程序报批，切实保证执行规划的连续性和权威性。

九、小城镇建设要依法加强管理，严格执行《中华人民共和国城市规划法》《村庄和集镇规划建设管理条例》和我省的实施办法。凡进镇的建设项目，都必须按规定进行申报、立项、选址、建设，依法管理，坚决制止和查处违法违章建筑的行为。

十、坚持综合开发、配套建设的原则，凡进入小城镇建设的资金，应纳入镇（乡）政府的统一管理，由镇（乡）政府进行统一规划、征地、设计、施工、验收。必须集中力量规划一片、建设一片，管理一片，避免散建、插建、乱建，以提高小城镇建设的质量，加快旧镇改造步伐和节约用地。要通过改进建设方式和服务质量，努力实现经济效益、社会效益和环境效益的统一。

十一、各级小城镇建设管理机构要认真履行职责，其工作经费在新的规定未下达之前，暂由县（市）和镇（乡）二级财政统筹安排。不足部分，应按有关规定在建制镇和集镇规划区内收取建设单位（个人）规划管理费以及收取的城市建设税和开展有偿服务作为补充。

十二、小城镇建设管理要坚持加强和改善基础设施为先导，要特别重视供水、排水、供电、道路、通讯、市场、环卫等设施的建设与完善；同时对文、教、卫、体和广播、电视等精神文明方面和设施进行统筹安排，以增强小城镇的经济容量，创造良好的投资环境，促进招商引资，把发展乡镇企业和二、三产业作为小城镇建设的内在动力和最终目标。

十三、小城镇建设的投资来源，要适应建立社会主义市场经济体制的新形势，逐步形成以集体和个人为主的多渠道、多层次、多形式的投资结构，要在“人民城镇人民建”的方针指导下，各县（市）、镇（乡）可制定具体的优惠政策，吸引和鼓励集体或个人投资兴建各项基础设施，并实行谁投资、谁经营、谁受益。

十四、要大力推行股份合作制，提倡和鼓励农民以资入股投入小城镇建设。镇（乡）政府要在统一规划下，允许单位和个人以内资、外资、合资等形式，兴建供排水、道路、桥梁等基础设施和旅游、娱乐等公共设施。小城镇公用事业在统一管理的前提下放开经营，实行合理计价，允许公平竞争，走自我发展的路子。

十五、各县（市）收取的城市维护费，应适当调剂出30%左右用于小城镇建设；国家规定在小城镇收取的城市维护建设税和经批准收取的公用设施配套费等一定要收足用好，保证主要用于最急需的基础设施项目；规定收取的市场管理费，主要用于小城镇市场的建设与维护。小城镇土地出让、转让收入，要作为专项资金，用于小城镇基础设施建设和土地开发。

十六、各级财政要根据情况，对小城镇建设给予适当补助。建设、水利、卫生、工商、民委、交通、邮电、供电、计划、商业、供销等部门，要从财力、物力和管理上支持和参与小城镇建设，并同时积极向省和国家对口部门争取项目及资金。金融部门要对小城镇经营性事业的发展给予贷款支持，并在贷款规模利率等方面给予优惠。

十七、为了进一步推进小城镇人口聚集，提高城市化水平，各县（市）要切实改革小城镇的户籍管理制度，本着“有利开放、有利发展、当地需要、当地受益、当地负担、当地有效”的原则，以实际职业划分农业人口和非农业人口。凡在小城镇有相对稳定的职业、收入和住所的，都可按户籍管理规定进入小城镇落户，享受城镇居民的同等待遇，并履行同等义务。

十八、凡批准在小城镇落户的原农业人口，可在一定时间内保留原承包地和自留地，可以有偿转让，也可以委托代耕，但不得弃耕丢荒或粗放经营。

十九、小城镇政府各部门要敞开“镇门”，简化审批手续，欢迎农民带资进镇落户务工经商兴办二、三产业。对其经营的对象、范围、方式和规模，只要不违反有关政策法规规定，就不要加以限制，有多少发展多少。

二十、农村剩余劳动力向小城镇转移的总量、构成和布局，各县（市）可根据本地的经济发展情况提出具体办法。积极稳妥地做好户籍改革工作。各有关部门要相互支持、协调和配合。国家有新规定时，按国家规定执行。

黔南州小城镇建设试点名单

县（市）名称	县级建设试点	州级建设试点	省级建设试点	部级建设试点
都匀市	墨冲镇	杨柳街镇		
瓮安县	珠藏镇、天文镇			
福泉县	龙昌镇、牛场镇			
贵定县	新巴镇、盘江镇			
龙里县	猫场镇、洗马镇			草塘镇
惠水县	摆金镇	高镇镇	马场坪镇	
长顺县	威远镇	广顺镇	谷脚镇	
罗甸县	沫阳镇、羊里乡	边阳镇	2个	麻尾镇
平塘县	通州镇	塘边镇		2个
独山县	基长镇、麻万镇			
荔波县	茂兰镇、佳荣乡			
三都县	丰乐乡、都江镇	周覃镇		
合　计	20个	6个		

黔南州人民政府关于印发《黔南州旅游产业发展振兴纲要》的通知

（2004年7月30日）

现将《黔南州旅游产业发展振兴纲要》印发给你们，请认真贯彻执行。

黔南州旅游产业发展振兴纲要

黔南是贵州省南部重点旅游区，现有国家重点风景名胜区2个、国家水利重点风景区1个、国家级喀斯特自然保护区1个、国家级森林公园1个、省级风景名胜区9个、省级森林公园3个，总面积1657.55平方公里，占全州国土面积的6.3%，高于全国和全省平均水平。国家级历史文物1处，省级历史文物31处，县级历史文物196处。旅游资源呈“富集”（资源的多样性）和“密集”（景区相对集中）的特点，品位高，开发潜力巨大。

在各级各部门的共同努力下，旅游业取得了长足发展，但仍存在着管理体制不顺、资金投入不足、基础设施落后、景区知名度不高等问题。为贯彻落实《国务院关于进一步加快旅游业发展的通知》（国发〔2001〕9号）、《中共贵州省委、贵州省人民政府关于加快旅游业发展的意见》（黔党发〔2002〕20号）及省人民政府办公厅《关于确定我省首批优先发展重点旅游区的通知》（黔府办发〔2004〕6号）精神，切实加快我州旅游产业的发展步伐，使之成为我州国民经济支柱产业，带动全州经济社会发展，特制定本纲要。

一、旅游产业发展振兴的指导思想

以邓小平理论和“三个代表”重要思想为指导，全面贯彻党的十六大精神，牢固树立科学的发展观和抢抓争快的发展意识，把旅游产业的发展作为经济建设的一项重要工作来抓，把旅游业培育和发展成为支柱产业。优先发展南部综合旅游区以带动全州旅游业的发展，重点突出自然生态与民族文化相结合、民族特色与民族村寨相结合，点线面相结合，形成北接贵阳、南接两广、西接安顺、东接黔东南的大开放、大发展的黔南旅游态势。制定科学合理的开发规划，理顺管理体制，深化投融资体系改革，加大投资力度，加快基础设施建设步伐，提升服务质量和水平，扩大景区知名度，提高中心城市的服务水平，形成旅游精品，壮大我州旅游产业整体实力，推动黔南经济建设和各项社会事业的全面发展。

二、旅游产业发展振兴目标

旅游产业发展振兴的目标是：通过各级各部门的共同努力，用10年左右的时间，使我州旅游产业基础设施逐步完备、服务设施基本配套、服务水平整体提升、旅游产业实力增强，到2015年实现旅游产业对GDP的贡献率达到或超过8%，初步形成支柱产业。

荔波县要尽快实现创建中国优秀旅游县的目标，到2015年，荔波县旅游产业对GDP的贡献率要达到或超过25%，成为贵州省的旅游强县。都匀市要形成贵州南部旅游中心城市，旅游产业对GDP的贡献率要达到或超过15%以上；独山、平塘、三都要分别建成一批精品景点，形成旅游热线，力争旅游产业对GDP的贡献率达到或超过8%；其余各县（市）要紧紧围绕各自旅游资源，分别推出各自的精品旅游景区、景点，旅游产业对GDP的贡献率要达到3%～8%。

三、旅游产业发展振兴战略

依托我州保存完好的自然生态、奇特迷人的自然景观、古朴浓郁的民族风情、底蕴深厚的历史文化，本着“整体规划、突出重点、整合资源、展现特色”和“优化线路、推出精品、联动全省、融进西南”的原则，以自然生态旅游、民族文化旅游为重点，推出历史文化旅游及红色文化旅游等线路，竭力把荔波、都匀、独山、平塘、三都建设成为贵州首批优先发展重点旅游区。努力实施精品战略，以发展高端旅游为方向，以中、低端旅游为基础，推动全州旅游产业的发展振兴。

四、旅游产业发展格局

旅游产业发展格局简称为“四化三区两带”。即突出四种特色化，建设三个旅游区域，发展两条旅游经济带。四种特色文化是绿色黔南生态文化、喀斯特地质科普文化、民族特色文化、区域历史文化，突出黔南布依族文化的典型性、苗族文化的多样性、水族文化的唯一性、瑶族文化的神秘性。三个旅游区域是贵州南部荔波综合旅游区域（都匀、荔波、独山、平塘、三都），北部综合旅游区域（福泉、瓮安、龙里、贵定），西部综合旅游区（惠水、长顺、罗甸）。两条旅游经济带是贵新高等级公路沿线旅游经济带，惠（水）罗（甸）公路沿线及蒙江红水河流域旅游经济带。

（一）重点建设贵州南部荔波综合旅游区

省政府已明确将荔波综合旅游区列为全省首批优先重点发展的综合旅游区之一，实施“以荔波为龙头、都匀为中心、独山为二传、平塘三都为两翼”的黔南旅游产业发展振兴格局。

1. 荔波县——要发挥龙头作用

荔波县要进一步打造荔波樟江风景名胜区和茂兰喀斯特自然生态保护区风光特色旅游，积极争取将贵州南部岩溶地貌申报为世界自然遗产，积极稳妥地抓好旅游基础设施建设和景区特许经营权转让的捆绑开发建设，大力推进乡村旅游，建设民族婚俗博物馆或民族工艺博物馆，成为贵州省的旅游强县和中国优秀旅游县，发挥全州旅游产业的龙头引领作用。

2. 都匀市——要发展成为贵州南部旅游的中心城市

都匀市作为贵州南部中心城市，要巩固和提升“中国优秀旅游城市”的品牌效应，进一步打造斗篷山——剑江国家重点风景名胜区这一自然生态旅游品牌，建设黔南少数民族文化园，突出自然生态和民族文化特色，确立在黔南旅游产业发展的中心地位；强化会展中心、宾馆饭店等旅游服务设施的配套建设，提高旅游接待能力，成为贵州南部旅游的客流中转中心，充分发挥辐射带动作用。

3. 独山县——要当好荔波综合旅游区的“二传手”

独山县是贵州的南大门，地处西南出海大通道，连接贵州南部荔波综合旅游区的 4 个县（市），要加强旅游基础设施建设和旅游景区景点的开发，着力打造独山的抗战文化、历史文化和奇特的地质地貌景观，推出自然生态和民族文化特色的旅游精品，将独山建设成为贵州南部荔波综合旅游区中的一个重要旅游目的地，充分利用独山的通道优势，承接都匀、荔波、平塘、三都等县（市）的过境游客，实现一日游、二日游，充分发挥“二传”效应。

4. 平塘县、三都县——要发展成为荔波综合旅游区的两翼

平塘县、三都县有国家级森林公园和省级风景名胜区，平塘的地质奇观、毛南族等少数民族文化、三都水族文化的唯一性和独特性都是宝贵的旅游资源，具有较大的挖掘开发利用潜力。两县要在狠抓科学规划的前提下，加快旅游基础设施建设步伐，努力提高旅游服务水平，力争将旅游产业培育成为支柱产业。

（二）推进北部、西部旅游区域的发展

北部旅游区域的4县（市）和西部旅游区域的3个县，其独具特色的省级风景名胜区、历史文化遗址和民族特色风情文化，是推进绿色黔南生态文化旅游产业发展的重要资源。两个旅游区域的各县（市）政府要在狠抓科学规划的前提下，有重点地加快旅游基础设施建设和景区景点开发，把旅游产业培育成为支柱产业，实现旅游强县（市）的目标。

（三）推进两条旅游经济带的发展

1. 贵新高速公路沿线旅游经济带

依托贵新高速公路，形成贵阳—龙里—贵定—福泉—都匀—独山—荔波—广西的旅游经济带。这一经济带上的各县（市）经济社会发展较快，区位优势明确，交通便捷，旅游资源密集，风格各异，可达性强，特别是保存完好的自然生态和民族文化是全州旅游产业发展的主线。

2. 惠罗公路及蒙江红水河流域旅游经济带

惠罗公路沿线及蒙江红水河流域的旅游资源与贵州西线旅游联系紧密，特别是龙滩电站建成后，这里将成为我州又一条经济社会发展和旅游业崛起的经济带。

贵新公路和惠罗公路及蒙江红水河流域是西南出海最近的两条大通道，我州有9个县（市）与之相邻，既是经济带，也是旅游产业带。整合各县（市）旅游资源和其他经济资源，大力发展这两条旅游经济带，可将全州旅游业逐步联动全省、融入西南、面向东南沿海，形成贵州南线旅游的热点效应。

五、旅游区域景区及旅游产品线路布局

（一）突出原始古朴的自然生态旅游

依托南下大通道，将龙里猴子沟（含大草原）、贵定洛北河、都匀斗篷山—剑江、独山深河桥、荔波樟江—茂兰等精品景区景点作为加快发展的重点，建成广西—荔波—独山—都匀—贵定—龙里—贵阳，这条以省会城市贵阳市为核心、以荔波为龙头、都匀为中心、独山为二传、平塘三都为两翼的贵州南部自然生态和民族特色文化旅游热线，树立黔南旅游品牌。

（二）展现奇特的民族文化和人文景观旅游

充分利用奇特自然景观和少数民族文化，开辟以少数民族文化和奇特自然景观为主题的精品旅游线路。这条线路仍然是以南部县（市）作为重点，挖掘和弘扬布依族、苗族、水族、瑶族、毛南族等少数民族独具特色的民族文化，建设都匀少数民族风情园区、水族文化博物馆等。推出贵阳—都匀—独山—荔波—三都—黔东南州的黎从榕这条精品民族文化旅游线路，沿线各自然生态资源景区与民族文化旅游景点互融互通。

（三）推出历史文化和红色文化旅游

努力推出荔波邓恩铭烈士故居和红七军会师遗址、瓮安红军抢渡乌江战斗遗址和猴场会议会址、独山抗战文化、罗甸贵州第一个农村党支部等红色文化资源，福泉古城垣、水

城和葛镜桥，都匀永历皇帝陵、独山影山草堂等历史文化遗迹，精心打造遵义—瓮安—福泉—都匀—平塘—独山—荔波这条历史文化和红色文化精品旅游线路。

（四）构建西部旅游线路

西线旅游区的罗甸、长顺、惠水三县紧靠贵州西部旅游区，待龙滩电站建成后，罗甸红水河镇又将成为贵州南下的另一出口。借助贵州西线旅游的发展，致力打造罗甸大小井景区和典型的岩溶化地质景观、长顺的杜鹃湖—白云山风景区和惠水的燕子洞景区，推出广西—罗甸—平塘—惠水—长顺—安顺这条旅游线路。

六、旅游产业发展的重点和特色

（一）旅游业发展的重点

1. 科学合理地修编旅游发展规划，加快旅游产品的有序开发。

遵循“保护优先，在保护中开发，在开发中保护”的原则，高起点地抓好全州旅游发展总体规划、各县（市）旅游产业发展规划、风景名胜区和森林公园的总体规划，加快旅游景区的开发。2005 年底，要完成荔波综合旅游区各县（市）的旅游发展总体规划。旅游产业发展规划、风景名胜区总体规划要与全州和县（市）的区域发展规划相衔接，并按程序报批。在此基础上，采取招标选择规划编制单位的方式，作好景区的控制性规划和建设性详细规划。旅游星级宾馆建设、旅游综合购物中心建设、旅游景区开发、旅游基础设施等项目的安排应严格按规划实施。

涉旅的各项规划是行政执法的依据，各类规划必须严格按程序报批，并实行公示，接受社会监督。

2. 加强项目申报和项目库建设

旅游项目的申报包括：旅游景区申报和旅游基础设施建设项目的申报立项两个方面。

罗甸大小井要申报成为省级风景名胜区；已是省级风景名胜区或省级森林公园的要积极创造条件，努力申报国家级；一批县级历史文物单位要积极创造条件，努力申报成为省级或国家级文物保护单位。

平塘风景区要积极申报国家重点风景名胜区；独山泥盆纪—石炭纪地质标准剖面要初步申报地质公园，进而申报世界自然遗产；荔波—独山岩溶地貌景观要申报世界自然遗产。

为加快我州旅游基础设施建设步伐，发改、交通、扶贫、农业、水利、林业、民宗、文化、环保等相关部门要加强各种建设项目的申报，努力争取上级的各种资金支持。

3. 加强旅游基础设施建设

切实加强旅游景区景点配套设施、旅游等级道路、会展中心、宾馆饭店、历史文化遗址、民族风情园区、民风民俗博物馆、民族旅游村寨、旅游商品生产基地和旅游商品购物中心的建设。

城镇是发展旅游的载体，旅游涉及的吃、住、行、购、娱、游，有五项是在城镇实现的。因此，各县（市）要把中心城镇的建设放在首位，以改善城镇接待条件为重点，加强城镇基础设施的规划建设，完善城市涉旅的各项公共设施建设。都匀作为贵州南部经济社会发展和旅游的中心城市，必须提高服务质量，扩大接待容量，努力成为贵州南部旅游的依托。城镇旅游基础设施建设必须与景区的特许经营权转让捆绑招商引资开发，可以整个小城镇或整个县城作为一个“大”项目，在搞好规划的前提下进行整体招商，也可进行分项招商、分点实施建设。

——2005年以前，完成都匀至各主要景区和城市的二级公路建设任务。逐步完成国家级、省级风景名胜区、森林公园、自然保护区和重要文物景点的道路硬化工作，到2010年，逐步提高公路等级。

——抓住黔桂铁路改线扩容提速的机遇，提高龙里、都匀、独山客运站等级，力争在景区附近建设站点，积极抓好贵阳—麻尾，贵阳—都匀旅游专列开通的相关工作。

——2006年，力争完成荔波机场的建设任务，积极争取建设独山—荔波、都匀—新寨、惠水—贵阳高等级公路。

——构皮滩电站、龙滩电站建成蓄水后，要建设好红水河镇客运码头和瓮安江界河码头，发展舒适、安全、节能、环保型旅游船舶，开辟瓮安的乌江水道、罗甸红水河水道等水上交通旅游项目。

——支持和鼓励汽车客运企业开辟旅游景区的专线服务，各县（市）要作好景区停车场的规划和建设。

——加快景区的供水、供电、通信、卫生厕所、垃圾处理、污水处理等配套设施建设。

——重点景区和优秀旅游市（县）要建立旅游信息网络查询系统，实现全州旅游景区的信息化联网处理系统和指挥系统。

——到2006年，各县（市）必须建设一个以上三星级宾馆，都匀、福泉、荔波要建一个四星级宾馆，使都匀、荔波星级宾馆的床位分别达到1万张以上。

——都匀、荔波、独山要加快旅游商品开发和旅游购物中心的建设，其余各县（市）

也要积极开发和挖掘具有黔南民族特色的服饰、工艺品、乐器、食品等旅游商品，并逐步形成规模效益。

——各县（市）要依托本地名、特、优产品，规划建设旅游商品生产基地，大力拓展旅游商品市场。

——各县（市）根据县域内的民族特色和自然环境，必须在两年内建设两个以上高品位的民族旅游村寨，努力办好“乡村游”。

4. 确保旅游资源保护和开发利用的和谐统一

各类景区景点建设必须以不破坏环境和景观为前提，实施保护性的开发利用，始终把“绿色黔南”贯穿于整个旅游产品的开发之中。农业项目、扶贫项目、林业项目、移民项目、环保项目必须向旅游景区倾斜，强化旅游景区和旅游公路沿线的环保执法，加大环境保护工作力度，切实有效地保护好我州的各种旅游资源。

5. 加快旅游行业的人才培养

依托本州教育资源，培养各种层次的旅游从业人员；调动一切积极因素，培养我州独具特色的民族文化旅游人才；实施请进来、走出去的人才培养办法，开展多种形式的培训，提高我州旅游人才的层次。

（二）旅游业发展的特色

打造旅游产业的特色是旅游产业大发展的关键，我州良好的自然生态、浓郁的民族文化、深厚的历史文化积淀、奇特的地质景观是旅游产品开发的基础。2005 年前，先建设 10 个民族旅游村寨，致力于打造自然生态、民族风情、历史文化和探险猎奇这四个方面的特色旅游，展现我州旅游的独特性和唯一性、奇特性、民族性、文化性，以提高各个景区和各条线路的知名度。

1. 宣传地质文化旅游资源的独特性

荔波—独山岩溶（喀斯特）地貌是世界岩溶地貌最集中、最完善的表现，岩溶地貌造就的山、水、瀑、洞、林等景观，在贵州南部荔波综合旅游区有极完美的组合；平塘掌布河景区“藏字石”的地质构造给世人留下了千古之谜；独山县境内的泥盆纪—石炭纪地质标准剖面，从 1925 年开始，世界地质界以独山地名命名的地学术语有上万条之多。这些资源作为旅游产品推出，在世界上将有极高的科研价值。

2. 展示旅游资源的民族性

黔南境内的布依、苗、水、瑶、毛南、畲等各少数民族，在漫长的历史长河中创造了自己独特的民族文化。黔南的布依族集布依民族文化之大成，具有典型的代表性；黔南苗族分支较多，既有苗族历史文化的同一性特点，又具地域文化相融的多样性；三都是全国唯一的水族自治县，其水族文化极具唯一性；黔南瑶族保留了该民族的原始性和神秘性。少数民族特有的节庆活动、民族服饰、民族歌舞、风俗习惯及大山深处用石头记载的农耕文化，是发展民族旅游的重要资源。

3. 突出旅游资源的奇特性

黔南的地质生态和民族文化，具有许多独具特色的亮点。特别是黔南地处南亚热气候带，既有生态极为完好的热带雨林风光，又有河谷、峡谷、浅丘、峰丛、洼地等岩溶地貌，森林覆盖率极高。都匀斗篷山小红栲森林群落，是地球同纬度仅存面积最大的常绿阔叶林，是吸引旅游者猎奇的最佳去处。

4. 挖掘民族旅游的文化性

文化是旅游产品的灵魂，历史文化的延续和挖掘是旅游产品的重要内容。黔南的历史文化，可上溯到远古洪荒年代。三都的水书、长顺的新石器时代的遗址、“夜郎文化”的传说、长顺白云山南明建文皇帝的传说、贵定明吴三桂建陪都的史料、都匀南明永历皇帝陵、三都清政府时期“改土归流”的记载等；还有近代的荔波邓恩铭烈士故居、红七军会师遗址、瓮安红军长征时抢渡乌江的旧址和“猴场会议”会址、独山抗战烈士纪念碑等，都是我州历史文化极为珍贵的财富。

七、加快旅游产业发展振兴的政策措施

（一）深化旅游产业投融资体系改革

1. 2004 年起，州及南部五县（市）要积极筹措旅游产业发展基金，包括旅游规划编制

经费、旅游产品开发促销经费、基础设施建设配套经费等，充分发挥政府的推动作用。

2. 加强旅游建设项目申报，多渠道争取国债资金和其他专项资金的支持，加快我州旅游基础设施建设步伐。

3. 完善招商引资各项优惠政策，扩大对外招商，加大引资开发我州旅游产业的力度。放开经营权，允许外商合资、独资经营风景区。

4. 州内民间资本、民营经济、非公经济参与投资旅游业的，比照外来投资者享受各项优惠政策。

5. 鼓励涉旅行业放开经营，发挥市场激励机制，走与国际接轨的道路，各旅行社、宾馆、饭店发挥自主经营的优势，制定吸引旅游团队、散客的优惠政策，搞活经营。

6. 选择条件比较成熟的旅游区，采取经营权转让、特许经营、合资合作、租赁等方式直接融资。涉旅行业在土地使用、税费等方面，按省委、省政府（黔党发〔2002〕20 号）文件执行。

（二）建立旅游投资保障体系

1. 加强投资软环境治理，积极为旅游业投资者创造宽松的投资环境。

2. 按照“除了国家规定不能减免的税费外，有关费用可实行优惠；除了法律规定不能经营的项目外，一律放开经营”的原则，依法保护旅游产业投资者的合法权益。

3. 强化社会治安综合治理，为旅游产业投资和旅游产业发展营造良好的社会治安环境。

4. 全面开展行政效能监察，有效防止各级各部门及其工作人员侵害旅游行业投资者的合法权益。

5. 深入贯彻《贵州省旅游管理条例》，把旅游执法监察纳入综合执法范围，设立旅游投诉电话，完善处理程序。

八、深化旅游产业管理体制改革

根据国家、省有关文件精神，本着“统一规划，分级管理，行业指导，自主经营”的原则，坚持以政府推动、企业主导、市场运作的机制，加快旅游管理体制改革步伐。

（一）改革行政管理体制

各级旅游主管部门要切实转变工作职能，深化管理，强化服务，重点抓好旅游项目的申报；切实抓好涉旅行业的规范经营、星级宾馆评定、涉外宾馆审批、涉旅行业人员培训等工作，从今年起逐步实现全州旅游从业人员持证上岗。

（二）改革市场准入体制

把旅游产品开发、旅游线路组织、旅游商品产销、旅游配套服务交由企业运作，逐步提高企业的市场适应能力，增强竞争力。

（三）改善各旅行社经营运作方式

积极引进科学、先进的经营运作方式，使全州旅游逐步实现景区网络化、结算一体化。

（四）改革人才培养体制

依托本省、本州现有的教育资源和民族文化资源，多种形式培养我州旅游产业发展急需的各类人才。

九、加强旅游产品的宣传促销

（一）以“走出去、引进来”的方式开展全方位的旅游促销

1. 今年内，各县（市）特别是两条旅游经济带和各重点旅游景区，必须在城市（或县城）和繁华路段醒目位置设置固定的巨幅广告牌，在贵新公路两侧设置长期的巨幅广告牌。今后根据发展需要，要在华南、西南主要城市积极开展宣传促销活动。

2. 全国性的有关活动，鼓励州内各旅游景区组团参加旅游宣传推介；全省性的有关活动，各旅游景区必须参加旅游宣传推介。

3. 积极邀请各类媒体到我州各县（市）、各景区进行考察调研、宣传报道。

4. 加强与外地旅行社的交流与合作，利用旅游社团加大宣传促销力度。

5. 鼓励进行曲目、剧目、歌曲、MTV 等艺术创作，推介促销我州旅游产品，提升知名度。

6. 组织各县（市）出版黔南旅游丛书。

（二）继续办好各种节庆和会议活动，加大旅游宣传力度

1. 继续办好“都匀国际摄影博览会”“荔波樟江‘绿宝石之旅’暨少数民族服饰展演活动”“龙里‘苗药’博览会”，努力扩大“惠水好花红艺术节”的宣传效应。

2. 积极争取举办国际性、全国性、全省性会议及涉及旅游主题的展览、文化、体育、经贸活动，采取政府引导、市场运作的方式努力拓展旅游市场。

3. 努力办好“五一”“国庆”和春节黄金周的促销活动，力争每次活动突出一个主题，并持之以恒。

十、切实加强对旅游产业发展工作的组织领导

（一）各级各部门要统一思想，提高认识，把加快发展旅游产业作为调整经济结构、促进对外开放、繁荣地方经济、增加就业机会、推进扶贫开发的大事来抓，促进我州旅游产业快速发展。

（二）州已成立旅游产业发展振兴委员会，协调解决全州旅游业发展中的重大问题；各县（市）也要成立相应机构，专抓本县（市）的旅游业发展振兴工作。

（三）各级各部门要制定出支持旅游业发展的配套措施，在旅游基础设施建设、旅游项目开发、人才培养、技术标准、市场秩序、环境治理、土地利用、建设程序、安全、价格、卫生等各方面，为旅游产业的发展提供政策、信息和技术保证。

三、2015—2018 年政府工作报告摘录

2015 年黔南布依族苗族自治州人民政府工作报告（摘录）

（2015 年 2 月 9 日在州第十三届人民代表大会第五次会议上）

州长　向红琼

过去一年，在省委、省政府和州委的坚强领导下，在州人大、州政协的监督和大力支持下，我们认真贯彻落实习近平总书记系列重要讲话精神，按照省委、省政府和州委的部署，顶住宏观经济下行的巨大压力，积极适应新常态，坚持主基调主战略，守住发展和生态两条底线，大力实施创新型驱动、开放型后发赶超和“一圈两翼”发展三大战略，全州呈现经济结构优化、民生持续改善、社会和谐稳定、文化繁荣发展、民族团结进步的新局面。增比进位综合测评排名全省第三。地区和人均生产总值、城镇化率、进出口总额等 10 项指标提前一年超额完成“十二五”规划目标。

——综合实力再上新台阶。全州地区生产总值完成 801.75 亿元，增长 14.5%，增速全省第三，对全省的贡献率提高 0.61 个百分点。财政总收入 151.11 亿元，增长 23.8%。一般公共预算支出 262.44 亿元，增长 14.4%。工业经济、城镇人口、民营经济、县域经济“四个比重”稳步提高。

——交通运输跨入新时代。贵广高铁如期开通，黔南迈入“高铁时代”。高速公路通车里程突破 600 公里，路网密度排全省第一。环贵州高速公路黔南段开工建设。公路、铁路外联通道增至 7 个。货运周转量达 227 亿吨公里，增长 89%。

——工业强州再获新突破。工业经济运行六项核心指标排全省第一。2000 万元以上规模工业企业突破 500 户，工业企业数量和质量明显提升。

——农业生产取得新成绩。第一产业增加值完成 151.25 亿元，排全省第三。非粮农业增加值占一产增加值比重达 85.5%，排全省第二。粮食总产量达 131.16 万吨。

——改革创新迈出新步伐。率先在全省完成乡镇行政区划调整。“5531”社会管理模式和特殊人群服务管理“六项工程”在全省推广，人民群众安全感连续三年位居全省第

一。科技创新取得新成效，瓮福集团建成国家级企业技术中心，川恒化工获省级科技进步二等奖，全州高新技术企业达14家。发明专利申请量居全省第二，创历史新高。

——人民生活得到新提高。全面小康总体实现程度预计达到88.5%，提升3.15个百分点，7个县市实现程度突破90%。"531"核心指标实现双突破，12个县市城镇居民人均可支配收入突破2万元，全州达21698元；农村常住居民人均可支配收入突破7000元，达7265元，排全省第三，连续7年增速高于城镇居民收入。

一年来，我们紧紧围绕州十三届人大四次会议确定的目标任务，狠抓经济运行精准调度和“双服务”，狠抓投资拉动和多轮驱动，狠抓盘活存量和培育新兴产业，狠抓城镇和美丽乡村建设，狠抓融资和对县域经济的支持，狠抓生态环保和安全生产，狠抓民生事业和社会治理，重点完成了以下工作：

（一）突出扩大投资，发展基础不断夯实。固定资产投资完成1089.75亿元，增长37.9%，增速全省第二。完成公路投资261亿元，项目数和投资额全省第一。新增高速公路通车里程132公里、在建428公里。建设国省道548公里，完成县乡道改造204公里；建成通村沥青（水泥）路2216公里，建制村通畅率达70%以上。开工建设水库8座，治理病险水库24座、中小河流16条。解决农村41.65万人的饮水安全。新增有效灌面19.8万亩。7个县列入中央财政小型农田水利重点县，占全省的35%。电力、信息基础设施投资分别完成7.92亿元和5.75亿元。新建（扩建）35千伏以上变电站20座、通信基站1621个，新增输电线路1984公里、通信光纤9175公里。水电装机达65.5万千瓦，新增风电装机43万千瓦。

（二）突出城镇带动，城乡面貌不断改观。城镇建设完成投资335.66亿元，新增城区面积10.74平方公里，城镇化率提高5个百分点，达45.8%。新增3个县城、9个乡（镇）、18个村为全省文明城市、文明乡（镇）、文明村。编制完成黔南州城镇体系规划。都匀市获全省唯一的县级国家新型城镇化试点，城市形象明显提升。都匀经济开发区路网建设全面铺开，27条道路开工建设。大龙大道、贵龙大道等城市干道基本建成。完成棚户区改造1.49万户。20个城市综合体完成投资62.6亿元。房地产业逆势上扬，完成投资191.37亿元、增长65.5%，销售额110.2亿元、增长83.5%。20个示范小城镇完成投资87.5亿元，瓮安猴场等一批特色小城镇初具规模。“四在农家·美丽乡村”六项行动计划完成投资43.79亿元，福泉江边寨、惠水好花红等村寨成为全省美丽乡村的新亮点。

（三）突出扩张升级，产业规模不断壮大。规模工业完成增加值252.95亿元，增长14.7%。完成工业投资480亿元，贵州金正大等87个重点项目建成投产。14个产业园区完成工业总产值920亿元，新增标准厂房95.5万平方米，入驻率90%以上。省级现代高效农业示范园区由13个增加到24个。茶叶、蔬菜、精品水果和刺梨等特色产业加快发展，粮经作物面积比调整到36：64。新增土地流转面积204万亩，增长200%。新增州级龙头企业51家、农民专业合作社574个。第三产业完成增加值355.61亿元，增长14.7%。旅游总收入完成344.98亿元，增长23.1%。20个重点景区完成投资72.55亿元。成功举办全州第六届旅发大会。社会消费品零售总额175.29亿元，增长12.9%。商贸物流业加快发展，新增限额以上批发零售企业70家、物流企业197户，一批物流园区投入运营。成功举办了中国·贵州首届现代物流高峰论坛暨商贸物流博览会。

（四）突出改革开放，发展活力不断增强。启动州级178项改革任务，出台172个改革方案。州县政府机构改革全面推进。县级职能部门的83项行政许可事项委托乡镇行使。完成“多规融合”改革试点。集体土地、宅基地和集体建设用地确权登记发证率分别达到99.1%、75.3%和69.9%。引进社会资本办医办学取得新成效。8个县市分别纳入珠江－西江经济带和左右江革命老区振兴规划。广州对口帮扶工作顺利推进。贵州双龙临空经济区建设全面启动。独山公用型保税仓库获批建设。金融机构贷款增长24.6%；融资到位资金突破250亿元。引进州外到位资金1120亿元，其中省外到位资金710.33亿元，增长34.4%。外贸进出口总额完成3亿美元、增长123.1%，实际利用外资1.47亿美元。民营经济增加值完成408亿元，占生产总值比重由上年的47%提高到50.9%。全社会民间投资468.1亿元、注册资本551亿元。落实“3个15万元”等政策，扶持微型企业3000户，市场主体达13.4万户。争取到民贸民品企业优惠贷款46.5亿元，位居全省第一。2家民营企业在上海股交所成功挂牌。

（五）突出绿色发展，生态环境不断优化。开展森林保护“六个严禁”和环境保护“六个一律”专项行动。完成贵州南部国家生态补偿示范区建设规划。新增国家湿地公园3个，贵定甘溪森林公园升格为国家级森林公园。黔南成功入选全国生态文明建设示范基地和全国水生态文明城市建设试点。完成营造林57.27万亩，治理石漠化179平方公里、水土流失95平方公里，森林覆盖率提高1.1个百分点。主要污染物总量减排完成年度计划。城镇污水处理率达75.96%；集中式饮用水源地水质达标率、城市环境空气质量达标率、城乡生活垃圾无害化处理率位居全省前列。

（六）突出以人为本，民生福祉不断改善。民生支出195.39亿元，增幅全省第二；全面完成“十件民生实事”，投资97.41亿元。深入实施精准扶贫，减少农村贫困人口21.36万人，平塘县和23个贫困乡镇实现“减贫摘帽”。教育“9＋3”计划和“4＋2”突破工程全面完成任务。新增城镇就业6.33万人；农村富余劳动力转移就业11.43万人。基本养老保险、医疗保险覆盖率分别达到72.1%和91.5%。建成保障房2.5万套；农村危房改造竣工2.8万户。启动实施2.2万人扶贫生态移民。人口计生工作实现“双降”目标。建设卫生项目107个，新增建筑面积14万平方米、床位1012张。新农合参合率达97.83%。完成5.2万套农村直播卫星电视入户安装；新增贵定益肝草制作技艺等国家级非物质文化遗产3个；电影《近距离击杀》获中宣部“五个一工程”奖。成功举办8个国家级体育赛事。扎实推进立体化治安防控体系建设，化解矛盾纠纷成效显著，各类突发事件得到妥善处置。州县两级群众工作中心全面建成。军民融合发展、双拥共建深入推进，部队和国防后备力量建设进一步加强。严格落实安全生产责任制，全年未发生重特大安全生产事故。食品药品安全监管能力稳步提升。

（七）突出自身建设，行政效能不断提升。深入开展党的群众路线教育实践活动，着力整治“四风”。严格执行中央八项规定、国务院“约法三章”、省委十项规定和州委九项规定，做到令行禁止。自觉接受州人大的法律监督、工作监督和州政协的民主监督，办结人大代表和政协委员的建议、提案339件，办复率100%。认真落实党风廉政建设“两个责任”。开展“雷霆行动”七项专项整治，落实首问负责制，切实解决“庸懒慢浮”等突出问题，维护群众利益满意率、干部作风改进认可率均居全省第一。压缩5%的行政经费用于教育事业，州直部门“三公经费”支出下降26.3%，32个单位网上公开预决算。加强审计监督，审减资金16.7亿元。建立州级行政审批事项动态清理机制，审批时限缩短50%。投资环境考评从上年的81分上升到95.3分，排名全省第三，三都等5个县市被评为全省政府服务环境优良十佳县市。

过去的一年，民族宗教、外事侨务、妇女、儿童、老龄、公积金、档案史志、气象、人防、残疾人等事业都取得了新成绩。

各位代表！过去一年，我们在攻坚克难中奋勇前行，在改革创新中谋求突破，在开放合作中赶超跨越。这些成绩的取得，是省委、省政府和州委正确领导的结果，是州人大、州政协监督支持的结果，是全州上下顽强拼搏、团结奋斗的结果。在此，我谨代表州人民政府，向全州各族人民，向人大代表、政协委员，向各民主党派、各人民团体和各界人士，向驻黔南解放军指战员、武警官兵、民兵预备役人员和政法干警，向中央、省驻黔南各单位，向离退休老同志，向关心支持和参与黔南建设的对口支援省市和单位，表示衷心的感谢并致以崇高的敬意！

在肯定成绩的同时，我们也清醒地看到发展中还存在不少困难和问题：一是经济总量小，人均水平低。全州地区生产总值仅占全省的8.67%，人均生产总值与31400元的小康指标相差6766元，做大经济总量的任务艰巨。二是区域发展不平衡，城乡二元结构突出。全州尚有3个国家级贫困县、70多万农村贫困人口，有4个县农村常住居民人均可支配收入低于7000元的小康指标，扶贫攻坚、同步小康任务艰巨。三是支柱型产业项目和航母型企业不多。全州规模工业增加值排全省第五，工业经济占生产总值比重仅为27.8%，低于全国、全省平均水平，工业经济的总量、质量和效益亟待提高。四是民生事业欠账较多。特别是医疗卫生事业发展滞后，每千人拥有床位数仅3.14张，卫生技术人员匮乏，与全面小康要求差距较大，满足人民群众对医疗卫生的需求任重道远。五是迎接“高铁时代”准备不足，面临有通道无经济的风险。新型城镇化发展滞后，旅游景区设施不配套，综合接待能力差；城乡消费网点不健全，购物环境差，受贵阳城市经济圈和高铁4小时经济圈的吸附，导致消费外流。六是自然灾害和安全生产形势依然严峻。地质灾害隐患点多，个别重点行业和领域安全事故仍然多发，一些安全隐患家底不清，治理责任不明确，事故风险不容忽视。七是少数部门和公职人员适应新常态的本领不强，作风建设仍需加强。民之所望，施政所向；病之所在，治之所要。我们将以破釜沉舟的勇气、抓铁有痕的作风，采取强有力的措施切实加以解决。

2016年黔南布依族苗族自治州人民政府工作报告（摘录）

（2016年2月25日在州十三届人民代表大会第六次会议上）

州长　向红琼

“十二五”时期和2015年工作回顾。“十二五”是黔南发展历程中极不平凡的五年。五年来，在省委、省政府和州委的坚强领导下，在州人大及其常委会、州政协的监督和支持下，我们认真贯彻落实习近平总书记系列重要讲话精神，高举发展、团结、奋斗的旗帜，坚守发展和生态两条底线，坚持主基调主战略不动摇，着力实施创新驱动、开放带动和“一圈两翼”三大发展战略，深入推进民族团结进步繁荣发展示范州建设，克服宏观经济下行压力加大、自然灾害频发、多种矛盾交织等困难，众志成城、奋力攻坚，全面完成“十二五”目标任务，增比进位综合测评连续3年稳居全省前三位，创造了黔南新的辉煌。

——“十二五”时期，是发展提速、实力提升卓有成效的五年。我们始终坚持发展第一要务，持续做大经济总量，主要经济指标实现了“两位数增长、五年翻一番”。2015年，全州地区生产总值完成902.91亿元、年均增长15%，人均生产总值27919元，均为2010年的2倍。50万元以上固定资产投资完成1361.1亿元，是2010年的6.2倍，年均增长43.8%。一般公共预算收入突破100亿元大关，是2010年的3.7倍，年均增长29.9%。社会消费品零售总额218.9亿元，是2010年的2倍，年均增长15%。金融机构存、贷款余额分别达1171.3亿元和802.7亿元，是2010年的2.7倍和3.4倍，年均增长22.1%和27.8%。全面小康实现程度预计达90%，都匀、福泉、龙里通过同步小康创建达标认证。

——“十二五”时期，是结构优化、产业升级卓有成效的五年。我们始终坚持调结构、转方式，促进产业协调发展，三次产业结构优化为17.5∶36.3∶46.2。农业产业化进程加快。农业增加值由75亿元增加到158.31亿元，排全省第三位。畜牧业产值占农业总产值比重达41.5%，粮经比为35∶65。“185工程”经验在全省推广，建成50个现代农业园区，形成一批茶叶、刺梨、精品蔬果、烤烟等特色优势产业示范基地、产业带和产业集群。成功举办贵州茶产业发展大会暨都匀毛尖世博名茶百年品牌推介活动；茶园面积发展到131万亩，都匀毛尖品牌价值达181亿元，居茶叶类地理标志产品第二位，被评为中国“最具发展力品牌”。工业支撑发展能力增强。规模工业企业从242户增加到564户，五年翻一番；工业对经济增长的贡献率连续三年超过30%。产业园区承载力和聚集度不断提高，14个产业园区入驻企业1520户，产值达1085亿元。传统产业不断升级壮大，形成瓮福、金正大、芭田等为重点的磷化工产业集群，产值突破200亿元。电力总装机达253万千瓦，五年增长3.3倍，形成了水火互济、风能补充的能源新格局。大数据、大健康医药等新兴产业方兴未艾。第三产业提速发展。2015年增加值达416.73亿元，是2010年的2倍，年均增长15.9%。打造旅游升级版，新增3A级以上景区7家，荔波樟江晋级国家5A级景区；2015年旅游总收入422.59亿元，是2010年的3.1倍，年均增长25.6%。培育商贸物流支柱产业，创办中国·贵州现代物流高峰论坛，培育形成4个省级现代服务业集聚区。

——“十二五”时期，是基础夯实、城乡建设卓有成效的五年。我们始终把打基础、增优势、树形象摆在突出位置，全力以赴抓好城乡各项建设。交通建设突飞猛进。贵广、沪昆高铁建成通车，黔南迈进“高铁时代”；公路里程突破18000公里，其中高速公路新增521公里、里程达818公里，改造国省道658公里，修建通村路6041公里，建制村道路硬化率达89%，实现县县通高速、乡乡通油路、村村通公路，83%的建制村开通客运；水运建设稳步推进，瓮安港、罗甸港前期工作全部完成。管道、机场、轨道交通设施顶层布局日趋完善，黔南成为全省乃至西南综合交通最好的地区之一。水利建设成绩卓著。建设骨干水源工程35座，治理病险水库145座、河道180公里；解决152.7万农村人口饮水安全；农田有效灌溉面积达285万亩，人均面积从0.4亩提高到0.8亩。城乡面貌日新月异。着力推进“城镇建设三年行动计划”，城镇化率从35.82%提高到47.8%，高于全省5.8个百分点，建成一批城市快速干道，建成区面积增加68平方公里。20个城市综合体、20个示范小城镇分别完成投资85.8亿元和190.98亿元；17个镇列入全省100个重点示范小城镇。推动旧城区改造升级，建设棚改安置房3.6万套、412.4万平方米。都匀市列入国家新型城镇化建设试点，“大都匀”建设提速，“一江两城”初具雏形。推进“四在农家·美丽乡村”建设，一批美丽乡村脱颖而出。信息、电网、油气等基础设施日趋完善。

——“十二五”时期，是环境保护、生态建设卓有成效的五年。我们始终秉承绿色发展理念，实施重点生态工程，绿色黔南新优势充分展露，可持续发展能力显著增强。成功获批全国生态保护与建设示范区。荔波列入国家主体功能区建设，都匀荣膺“全球绿色城市”，荔波樟江、三都尧人山入选“中国森林氧吧”，贵定获“全国森林旅游示范县”、罗甸获“中国长寿之乡”称号。累计完成营造林374万亩，森林覆盖率从51.1%提高到56%，高于全省6个百分点。新增国家级森林公园1个、湿地公园7个、湿地自然保护区1个。狠抓森林资源保护“六个严禁”专项执法，启动古树名木保护立法工作。扎实推进水生态文明城市试点，连续举办3届水生态文明黔南论坛。实施最严格的耕地保护制度和水资源管理制度，完成水土流失治理560平方公里、石漠化治理882平方公里。瓮福集团列为首批国家循环经济示范试点；龙里成为全省首个国家循环经济示范创建城市。环境质量稳步提升。单位GDP能耗连续5年降低率在3.2%以上。

——“十二五”时期，是改革开放、创业创新卓有成效的五年。我们始终坚持改革开放，推动创业创新，激活发展新动力。深化改革取得新成效。完成政府机构改革。率先在全省完成乡镇行政区划调整。深化投融资、财税金融、国有企业等经济体制改革，推动7家企业上市融资。推行水务一体化改革。创新社会治理，“5531工程”“阳光工程”经验在全省推广。深化生态文明体制改革。科教、文卫、医疗、扶贫等领域改革加快推进。对外开放开启新局面。搭建开放合作新平台，7个省级经济开发区加速发展，贵广高铁经济带、左右江革命老区等跨区域合作示范区加快建设。全省首家县级公用型保税仓库在独山建成运营。累计引进州外到位资金4554.1亿元，年均增长64.1%。2015年进出口总额3.69亿美元，是2010年的8.4倍，年均增长52.9%。创业创新迈上新台阶。推进大众创业、万众创新，累计发展微型企业7723户。用好用足民贸民品信贷优惠政策，累计支持293家企业114.5亿元，居全省首位。2015年民营经济增加值达496.42亿元，是2010年的3.9倍，占GDP比重从34.8%提高到54.98%，高于全省2个百分点。平塘FAST项目顺利推进。黔南磷煤化工高新技术产业基地、农业科技园区晋升为国家级。国家地理标志保护产品10个。高新技术企业20家，综合科技进步水平指数达43.7%，高于全省3.7个百分点。人才资源总量32.8万人。

——“十二五”时期，是民生发展、社会治理卓有成效的五年。我们始终秉承发展成果全民共享理念，开源节流保民生，九大民生支出累计达858.4亿元，年均增长20.3%。城镇和农村常住居民人均可支配收入分别达23911元和8047元，年均增长13.8%和15.6%。脱贫攻坚成效显著。树立精准扶贫理念，打出政策组合拳，出台支持三都县同步小康和毛南族、仫佬族率先小康政策，减少农村贫困人口78.7万人，贫困发生率降至18.24%；5个扶贫开发重点县、103个贫困乡镇实现“减贫摘帽”。实施扶贫生态移民工程，1.85万户、8.3万人搬出“穷窝”。社会事业加快发展。扎实推进教育“9+3”计划和“4+2”教育突破工程，九年义务教育巩固率达93%，高中阶段毛入学率达86.5%。“学生营养改善计划”惠及近35万名中小学生。学前教育、职业教育、高等教育加快发展。公共卫生服务全面提升，州县乡村四级医疗卫生服务网络日趋完善，创建“三甲”医院3家；新农合参合率达98.25%，财政补助标准从120元提高到380元；实现城乡居民大病保险全覆盖；人口计生工作走在全省前列。公共文化服务体系不断完善，民族文化保护取得实效，新增国家级非物质文化遗产3项、传统村落16个。体育事业蓬勃发展，举办了4届全州运动会，承办国际体育舞蹈锦标赛等14项国家级赛事。就业和社会保障体系日臻完善。城镇新增就业25.6万人，城镇登记失业率控制在4.2%以内；新增农村劳动力转移就业40.5万人。城乡居民、城镇职工养老保险和医疗保险基本覆盖；城乡居民最低生活保障体系、社会救助体系基本完善。实施保障性安居工程13.23万套（户）、农村危房改造14.23万户。社会大局和谐稳定。严格落实安全生产责任制，事故多发频发势头得到根本扭转，事故死亡人数比2010年下降64.7%。食品药品安全监管能力稳步提升。社会治理卓有成效，“六五”普法通过省级验收，信访维稳工作不断加强，人民群众安全感和满意度连续五年稳居全省前列。

——“十二五”时期，是政府建设、效能提升卓有成效的五年。我们始终坚持执政为民理念，深入开展群众路线教育实践活动和“三严三实”专题教育，着力构建法治政府、服务政府、效能政府和廉洁政府。自觉接受人大法律监督和政协民主监督，剑江河保护条例和茶产业发展条例等通过人大审议实施。积极推行政府法律顾问制度，建立依法化解社会矛盾纠纷机制。州直部门行政许可事项由 193 项压缩为 65 项，政务服务水平居全省前列。严格遵守“八项规定”和“约法三章”，切实履行党风廉政“主体责任”和“一岗双责”，用好监察、审计“两把利剑”。深入推进“效能革命”，“说了就干、马上就办”，涌现了“背篼干部”“快递干部”“伙计干部”“新时期活愚公”等时代标杆，铸就了“追赶、领先、跨越”的新时期黔南精神，极大提振了全州干部群众干事创业的精气神。

五年来，民族宗教、外事侨务、台港澳事务、史志档案、工青妇、老龄、人防、军供、气象、残疾人等工作取得新成效，军民融合发展、双拥共建深入推进。

2015 年，我们经受住了宏观经济持续下行的严峻考验，经济社会保持平稳较快发展，增比进位综合测评稳居全省第三位，经济发展群众满意度排全省第一，实现了“十二五”完美收官。过去一年，我们突出稳增长调结构。地区生产总值同比增长 13. 3%，三次产业分别增长 6. 5%、12. 5% 和 16. 4%。规模工业增加值增长 12. 3%。一般公共预算收入、支出分别增长 18. 9% 和 17. 9%；金融机构存、贷款余额分别增长 35% 和 32. 8%。旅游总收入增长 22. 5%。社会消费品零售总额增长 11. 7%。民营经济增加值增长 18. 45%。突出抓项目扩投资。固定资产投资增长 24. 9%。449 个省州重大项目完成投资 860 亿元。交通投资完成 265 亿元，惠罗、独平、贵瓮等高速公路建成通车，建成国省干线公路 374 公里、通村油（水泥）路 2300 公里。水利投资完成 39. 5 亿元，增长 40. 8%。城镇投资完成 388. 4 亿元，增长 27%。引进州外到位资金 1536. 2 亿元，增长 37. 2%。突出绿色发展守底线。实施绿色黔南建设三年行动计划，完成营造林 141 万亩。城乡生活垃圾无害化处理率 83. 3%，城镇污水处理率 91. 8%，环境空气质量达标率 99. 95%，集中式饮用水源地水质达标率 100%。绿色产业发展势头良好，低碳生活成为社会共识。突出抓改革强动力。推进重点领域改革，启动农村土地承包经营权确权登记颁证、乡镇行政区划调整配套改革和户籍制度改革；在全省率先实施扶贫攻坚“1 +9”行动计划；有序推进公车改革。突出惠民生促和谐。减少农村贫困人口 20. 7 万人。完善社会保障体系，帮扶救助一批困难群众。城镇、农村常住居民人均可支配收入增长 10. 2% 和 10. 8%。全面完成“十件民生实事”。2015 北京·黔南建州 60 周年成就展获得广泛赞誉。“幸福黔南”的认同感极大提升！

各位代表，成就的取得，是省委、省政府和州委正确领导的结果，是州人大、州政协和社会各界监督支持的结果，是全州各族干部群众同舟共济、奋力拼搏的结果。在此，我代表州人民政府，向全州各族干部群众，向各民主党派、工商联、无党派人士、人民团体和离退休老同志，向驻黔南解放军指战员、武警消防官兵、民兵预备役人员和政法干警，向中央、省驻黔南各单位，向关心支持和参与黔南建设的对口支援省市及海内外友好人士表示衷心的感谢并致以崇高的敬意！

五年艰辛努力，成绩来之不易。我们深切体会到：必须坚持州委领导，自觉接受人大、政协监督，确保发展方向不偏航；必须坚持守住发展和生态两条底线，发挥黔南生态气候、区位资源、民族文化组合优势，强化顶层统筹，突出黔南特色，走好发展新路；必须坚持主基调主战略，“赶”“转”并重，在全力赶超中加快转型、在加快转型中实现跨越；必须坚持安全稳定第一责任，正确处理改革、发展、稳定的关系，推进经济社会协调发展；必须坚持把改善民生作为根本出发点和落脚点，把脱贫攻坚作为第一民生工程，把公共服务作为政府首要职责，把人民群众的安全感和满意度作为政府根本标尺，不断满足人民群众对美好生活的向往。

各位代表，在看到成绩的同时，我们也清醒地认识到：我州经济总量小，贫困人口多，人均 GDP 仅为全国的 51.7%，68.42 万人仍处在贫困线以下，贫困发生率高于全省 3.9 个百分点，脱贫攻坚、同步小康任务艰巨；基础设施薄弱，公共服务短缺，城镇化水平低于全国 8.3 个百分点，统筹城乡发展任务艰巨；创新水平低，人才支撑不足；适应新常态、引领新常态的能力亟待提升。对于这些问题，我们将通过艰苦细致的工作和坚持不懈的努力，切实加以解决。

2017 年黔南布依族苗族自治州人民政府工作报告（摘录）

（2017 年 2 月 15 日在州十四届人民代表大会第一次会议上）

代理州长　吴胜华

过去五年，在州委的坚强领导和州人大、州政协的监督支持下，我们深入贯彻习近平总书记系列重要讲话精神，以五大新发展理念为引领，以“守底线、走新路、奔小康”为总纲，以“强创新、占高地、作示范”为主题，坚持主基调主战略不动摇，大力实施开放带动、创新驱动和“一圈两翼”三大战略，紧紧依靠全州各族干部群众，励精图治，砥砺前行，经济发展综合测评连续四年位居全省第一方阵，创造了建州 60 年来新的辉煌。

过去五年，是综合实力显著增强的五年。我们始终坚持发展第一要务，经济社会快速健康发展。地区生产总值突破千亿元大关，达到 1023.39 亿元，是 2011 年的 2 倍，年均增长 14.4%。人均地区生产总值达 31469 元。固定资产投资突破千亿元大关，达 1053.58 亿元，是 2011 年的 2.6 倍，年均增长 21.4%；一般公共预算收入达 110.05 亿元，是 2011 年的 2.8 倍，年均增长 22.9%；金融机构存、贷款余额双双破千亿，分别达 1521.44 亿元、1066.21 亿元，是 2011 年的 2.9 倍和 3.6 倍，年均分别增长 23.7%、29.2%；社会消费品零售总额 247.91 亿元，是 2011 年的 1.9 倍，年均增长 13.6%；城镇和农村常住居民人均可支配收入分别达 26063 元和 8844 元，均为 2011 年的 1.8 倍，年均分别增长 12.6%、13%。经济总量在全国 30 个自治州排位从第九位上升到第五位，全面小康实现程度预计达 93.5%。

过去五年，是基础设施极大改善的五年。我们始终坚持基础先行，以项目建设为抓手，着力推进以交通、水利为重点的基础设施建设。黔桂铁路完成改造，贵广高铁、沪昆客专开通，迈进“高铁时代”；公路里程突破 18000 公里，实现了县县通高速、乡乡通油路、村村通沥青（水泥）路，96%的建制村开通客运；机场、港口、航道和轨道交通建设全面加快。现代综合立体交通运输体系初具雏形。累计新建骨干水源工程30座，治理病险库101座、河道88处；解决152.7万农村人口饮水安全问题；建成城镇污水处理工程30处，日处理污水能力11万吨；农田有效灌溉面积累计达315万亩，从人均0.5亩提高到0.86亩。能源、信息等基础设施不断夯实，保障水平明显提高。

过去五年，是城乡面貌焕然一新的五年。我们始终坚持城乡统筹发展，大力实施城镇建设“三年行动计划”，山地特色新型城镇化体系基本形成。城区扩容提质，城市建成区面积从126.4平方公里增加到194平方公里，城镇化率从36.5%提高到49.04%。棚户区改造顺利推进，20个城市综合体、20个示范小城镇初具规模。打造了都匀毛尖小镇、龙里双龙小镇等一批特色小镇。都匀、独山、三都列为国家新型城镇化综合试点，惠水好花红、贵定昌明列为省、部级新型城镇化试点。实施城镇美化、亮化、绿化、净化工程，“五脏五乱”、交通拥堵等“城市病”得到有效治理。继荔波之后，龙里荣获国家卫生县城称号，独山麻尾等13个乡（镇）分获国家卫生乡（镇）、全国文明乡（镇）。深入推进美丽乡村“六个小康”建设，农村生产生活条件得到极大改善，基本解决了农村人畜混居问题，37个村寨分获中国少数民族特色村寨、中国传统村落、全国文明村寨称号。

过去五年，是产业结构优化调整的五年。我们始终坚持产业转型升级，着力改造提升传统产业，培育壮大新兴产业，三次产业结构调整到17.9∶35.1∶47。打造“185工程”升级版，建成省级农业示范园区52个，培育农业龙头企业568家，现代山地特色高效农业领跑全省。突出农村产业融合发展，推进农业“接二连三”。茶园面积达到161万亩，新增95万亩。大力实施茶产业发展条例，成功举办都匀毛尖世博名茶百年品牌推介活动，都匀毛尖品牌价值达211.49亿元；“三品一标”产地认定545个，我州获批全省首个“国家地理标志保护产品示范区”。供销工作跃居全省前列。2016年农业增加值达192.2亿元，增速全省第一。规模工业企业从462户增加到727户，规模工业增加值年均增长14.4%，连续四年居全省前列。磷及磷（煤）化工、建材等支柱产业和医药等新兴产业不断转型升级，建成14个产业园区，成功引进金正大、芭田等1801户企业入园。惠水百鸟河数字小镇初具规模，大数据、互联网营销产业风生水起。成功举办6届州旅发大会，“中国天眼”天文科普首游井喷。建成20个重点旅游景区，荔波获国家5A级景区、全国全域旅游示范县、全国森林旅游示范县。2016年，新增龙里巫山峡谷等2家4A景区和13家3A景区，旅游总收入603亿元，列全国30个自治州首位。成功举办3届物流国际峰会，建成西南最大快递物流园（龙里）、全省首个县级公用保税仓库（独山）、“百亿电商惠黔南3+1+1”平台等。贵州双龙物流商贸城农副产品集散中心投运，贵州（昌明）国际陆港、福泉国际陆港、独山国际物流港开工建设，福泉开通至北部湾集装箱专列。独山、龙里、惠水、荔波成为国家级电子商务示范县。

过去五年，是生态环境明显改善的五年。我们始终牢记习近平总书记“甘溪指示”，坚守发展和生态两条底线，实现了百姓富与生态美的有机统一。“绿色黔南”三年行动计划成效显著，完成造林384万亩，治理水土流失660平方公里，森林覆盖率达59%；建成南沙洲、杉木湖等42个城市公园，新增都匀清水江等8个国家湿地公园（试点）和贵定甘溪国家森林公园；连续举办4届“水生态文明·黔南论坛”；荔波、三都纳入国家重点生态功能区，全州重点生态功能区占国土面积达40%。黔南列入“国家生态保护与建设示范区”“全国水生态文明城市试点”，都匀荣膺“全球绿色城市”，瓮福千亿级园区获批国家循环经济示范基地和国家生态工业示范基地，龙里成为全省首个国家循环经济示范县。大力实施剑江河、樟江流域、古树名木、FAST设施及电磁波宁静区等保护条例，支持法院设立环保法庭，建立了环保约谈制度、环境损害和森林火灾责任追究制度。森林保护“六个严禁”成果全省第一，环保“六个一律”“风暴行动”敢于亮剑，污染物排放总量等得到有效控制，单位GDP能耗降低到9.7%，全面完成节能减排降碳任务。一批环保重点项目启动实施，生活垃圾处理率和城镇污水处理率分别达75.7%和85.8%，县城以上城市环境空气质量优良率达99.4%，均位居全省前列。

过去五年，是改革开放活力迸发的五年。我们始终坚持问题导向和需求导向，抓改革促开放，为加快发展注入新动能。以经济体制改革为引领，以供给侧结构性改革为主线，扎实推进重点领域和关键环节改革，科技教育、卫生计生、文化旅游、社会治理、生态文明等改革同步推进。乡镇行政区划调整领先全省，瓮安“5531”社会治理模式全省推广，福泉中小学人事制度改革得到中央肯定，在全省率先实行工商税务“两证合一”试点。组建了“5+1”集团公司，投融资能力得到极大提升，直接融资突破千亿元大关。都匀城市投融资体制改革得到国家发展改革委肯定。促进全面全域开放，推进与巴基斯坦、泰国等“一带一路”沿线国家城市交流，主动参与粤桂黔高铁经济带、左右江革命老区建设，加强与贵阳、贵安等兄弟市州，以及深圳、广州对口帮扶城市的合作。广州产业园、粤桂黔高铁经济带合作试验区贵州园B区落地建设。建成7个省级经济开发区，双龙航空港经济区进入省级战略。招商引资累计到位资金5908亿元，是上个五年的8.5倍，年均增长36.2%；引进“500强”企业37家。进出口总额11.26亿美元，年均增长25.2%。深入推进大众创业、万众创新，积极支持民营经济发展，扶持发展微型企业9649户。发放民贸民品优惠贷款173.4亿元，居全省首位。新建创业孵化基地8个，新增“四上”企业1300户，新增个体工商户2.8万户。民营经济增加值582亿元，占GDP的比重从34.8%提高到57.8%。

过去五年，是民生福祉全面提升的五年。我们始终坚持民生至上，做到发展为了人民、发展依靠人民、发展成果由人民共享。全面落实“六个精准”“五个一批”，率先在全省实施“1+9”精准扶贫行动计划，累计减少83.8万农村贫困人口，6个贫困县、115个贫困乡（镇）按省定标准“减贫摘帽”，瓮安县按国家标准退出片区县。2012年以来累计实施易地扶贫搬迁（扶贫生态移民）3.3万户14.5万人。惠水易地扶贫搬迁“五个三”模式得到中央和省委肯定并全省推广，长顺“4+N”产业扶贫和罗甸“四带”创业增收模式成为全省典型。都匀、福泉、龙里提前通过省同步小康创建达标验收。累计新增城镇就业34.1万人，转移农村劳动力51.6万人；城乡居民、城镇职工养老保险和医疗保险制度基本覆盖，城乡最低生活保障等社会救助体系日趋完善，打通城乡居民与企业职工养老保险转移衔接通道；实施保障性安居工程14.23万套。扎实推进教育“9+3”计划、学前教育三年行动计划和“4+2”教育突破工程，九年义务教育巩固率、高中阶段毛入学率分别达94%、87%，高考录取率居全省前列。高等教育、民办教育得到发展。实施农村义务教育和公办学前教育营养餐改善计划，惠及174.34万名学生。医疗卫生服务体系不断完善，医疗保障水平不断提高，卫生健康服务的可及性、质量、效率和群众满意度显著提高，全面两孩政策得到有效落实。3家医院晋级三级甲等医院。人体器官、造血干细胞捐献工作取得新突破。2016年，新农合参合率达98.76%，人均预期寿命达到73.8岁。科技进步水平提高到47%，平塘获授国家天文科普示范基地、国家天文科普教育基地，国际天文学会命名“黔南星”“平塘星”，长顺等5县（市）成为国家科技进步县。基本建成州县乡村四级公共文化设施，实现多彩贵州“广电云”村村通；“幸福进万家—文化精品乡村行”成为国家示范项目；建成州博物馆、水族文化博物馆、都匀文体艺术中心，州档案图书馆、州科技馆开工建设；恢复建成了福泉古城、瓮安千年古邑和贵定阳宝山，新建了汉唐、巨升等影视基地，《黔之南》走进央视，《绕家大歌》夺取国际大奖，《星火燎原云雾街》《霍去病》等陆续开拍。建成3个全民健身运动中心，承办了国际国内系列体育赛事，持续打造国际体育舞蹈品牌。文化产业增加值占生产总值比重4.2%、列全省第一。推进道路交通、食药品等领域专项整治，安全生产形势持续稳定向好。推进社会治理“五张网”建设，扎实开展严打整治专项行动，公共安全形势总体平稳，人民群众安全感和满意度连续五年稳居全省前列。民族宗教、国防动员、人防、民兵预备役、军供、双拥、妇女儿童、红十字、养老、地方志、保密、档案等工作协同推进。

过去五年，是自身建设不断加强的五年。我们始终坚持依法行政、从严治政、廉洁从政，树立了良好的政府形象。认真开展群众路线教育实践活动、“三严三实”专题教育和“两学一做”学习教育，“四个意识”明显增强，机关作风明显转变，服务效能明显提升。自觉接受人大法律监督、工作监督和政协民主监督，广泛听取民主党派、工商联、无党派人士和人民团体意见，决策科学化民主化水平明显提高。办理州人大代表建议966件、州政协委员提案921件，答复率100%。12345民心热线共受理群众诉求31355件，办理满意率达99.8%。认真落实中央“八项规定”精神和国务院“约法三章”，切实履行党风廉政建设“主体责任”和“一岗双责”。深入推进“大部制”“放管服”改革，政府部门精简至33个，公布了县级以上政府部门权责清单，全部取消州直机关实施的非行政许可审批项目，州政府向县（市）政府下放行政许可102项。推行“互联网+政务服务”，政府门户网站考评连续两年列全国前十位。电子政务、一站式服务、公共资源交易等工作务实开展，保证了“权力在阳光下运行”。开展“效能革命”，强化行政监察和审计监督，狠抓督查问责，大兴调查研究之风，勤政廉政建设取得新成效。

2016年，我们经受住了宏观经济持续下行的严峻考验，经济发展综合测评稳居全省第三，经济发展群众满意度全省第一，“十三五”开局良好，实现了本届政府的圆满收官。地区生产总值同比增长12.5%；规模工业增加值增长11.8%；固定资产投资增长22%；引进州外到位资金1720.6亿元；一般公共预算收入增长13.3%；金融机构存、贷款余额分别增长 29. 9% 和 32. 8%；社会消费品零售总额增长 13. 2%；居民消费价格指数涨幅控制在 2. 2% 以内；减少农村贫困人口 15. 35 万人；城镇新增就业 7. 17 万人；全面完成“十件民生实事”。2016 年，我们成功举办了建州 60 周年庆典、都匀毛尖（国际）茶人会、中国物流（都匀）国际峰会等影响重大的活动，凝聚了共识，提振了精神。特别值得一提的是，“中国天眼”落成启用，习近平总书记专致贺信，并在新年贺词中高度点赞，让我们倍受鼓舞，极大提升了全州各族人民的荣誉感、幸福感。

在看到成绩的同时，我们还要清醒认识存在的困难和问题：一是经济总量偏小，发展方式粗放，产业层次不高，民营经济发展不足，实体经济实力不强，县域经济实力较弱，加快产业发展的任务十分艰巨；二是基础设施还需进一步完善，市场主体发育不够充分，自主创新能力不强，体制机制障碍有待消除，保持经济持续健康发展的基础还不够牢靠；三是人民群众收入水平偏低，贫困人口仍然较多，城乡发展差距还很大，脱贫攻坚任务十分繁重；四是人口资源环境对经济社会发展的约束加大，经济增长与节能降耗之间的矛盾依然突出；五是创新社会治理的基础比较薄弱，社会事业发展仍然滞后，公共服务水平偏低，就学、就业、就医、住房等关系群众切身利益的突出问题还没有得到根本解决；六是政府职能转变还没有完全到位，行政能力和行政效率亟待提高，“放管服”改革落实不够到位，政风建设还需进一步加强。对此，我们一定以高度负责的态度，认真加以解决。

2018 年黔南布依族苗族自治州人民政府工作报告（摘录）

（2018 年 2 月 5 日在州十四届人民代表大会第三次会议上）

州长　吴胜华

过去一年，是本届政府履新的第一年。一年来，在省委、省政府和州委的坚强领导下，在州人大的法律监督、工作监督和州政协的民主监督下，州政府团结依靠全州各族人民，融入新时代、适应新常态、应对新挑战、化解新矛盾，全力以赴稳增长、促改革、调结构、惠民生、防风险，较好地完成了年初确定的各项目标任务，为打造民族地区创新发展先行示范区，开启实现基本现代化新征程奠定了坚实的基础。

——综合实力实现新提升。全州地区生产总值完成 1160. 59 亿元，比上年增长 12. 1%；一般公共预算收入 119 亿元，增长 13%。主要经济指标位居全省前列。

——脱贫攻坚取得新成效。全年减少农村贫困人口 13. 86 万人，超计划 3. 46 万人，贫困发生率从 12. 79% 降至 9. 87%。全州贫困乡镇全部按省标减贫摘帽。

——三次产业实现新突破。第一产业增加值完成 202. 3 亿元，增长 6. 6%；第二产业增加值完成412.9亿元，增长11.5%，其中规模工业增加值完成402.37亿元，增长11.6%；第三产业增加值完成545.38亿元，增长14.5%。三次产业结构优化为17.4∶35.6∶47。

——发展动力得到新增强。固定资产投资完成1284.8亿元，增长21.9%；社会消费品零售总额完成279.1亿元，增长12.6%；进出口总额完成3.03亿美元，增长26%；实际利用外资完成3.5亿美元，增长15.9%；全州引进州外到位资金2159亿元。

——人民生活又有新改善。城镇和农村常住居民人均可支配收入分别达28565元和9746元，分别增长9.6%和10.2%。全面小康实现程度预计达到94%。经济发展群众满意度位居全省前列。

过去一年，我们凝心聚力、克难奋进，突出抓了以下工作。

一是突出四场硬仗，脱贫攻坚不断推进。坚持把脱贫攻坚作为头等大事和第一民生工程，聚焦深度贫困地区，开展脱贫攻坚春季攻势、夏季大比武和秋季攻势，脱贫攻坚再战再捷。瓮安、龙里有望按国标退出贫困县、22个贫困乡镇按省标全部退出、214个贫困村按国标脱贫出列。重点扶贫产业实现全产业链发展，覆盖贫困户17.8万户63.9万人。新增易地扶贫搬迁安置点31个，搬迁入住3247户1.4万人。农村低保标准稳步提高，资助建档立卡学生4.38万人1.36亿元，农村建档立卡贫困人口因病致贫返贫对象实现参合、救治、救助全覆盖。东西部扶贫协作进一步加强，广州市财政帮扶1.35亿元援建项目。州内外514家民营企业和民间商会参与“百企帮百村”活动，投入12.64亿元，惠及贫困群众14.8万人。全州涌现出贵定“一户一码”电商精准扶贫、龙里精准云帮扶平台等一批脱贫攻坚的经验和亮点。

二是突出产业发展，实体经济不断壮大。坚持以供给侧结构性改革为主线，推动产业发展，做大实体经济。实施“双千工程”，改造提升卡布国际、独山金锰、雪花啤酒等企业404户，新引进省外项目754个。福泉成功开展磷化工产业集群区域品牌建设试点，川恒化工成功上市。加强产业园区建设，全州14个产业园区完成投资430亿元，实现税收90亿元。推进大数据战略行动，规模电子信息制造业产值实现12.4亿元，软件和信息服务业收入5.8亿元，电子商务交易额完成100.45亿元，增长40%。加快山地高效农业发展，农产品“三品一标”产地认定新增131万亩，成功举办“茶人会”，都匀毛尖茶产区成为全省首个获批成立的国家地理标志产品保护示范区，农产品加工率达90%，畜牧业占比达24.9%。加快山地旅游业发展，成功承办第十二届省旅发大会、举办第十一届州旅发大会，荔波樟江5A级景区提质扩容，“中国天眼”景区荣获“中国科技旅游基地”，新增3个国家4A级景区，旅游总收入实现862.35亿元，增长43%。加快现代物流业发展，成功举办第四届中国物流（都匀）国际峰会，福泉（国际）陆港主体建成，贵州（昌明）国际陆港成为全省唯一的国家“多式联运”示范项目，黔南被评为“中国物流最具活力城市”。金融机构存、贷款余额分别达1660.7亿元和1328亿元，分别增长9.2%和24.6%，综合排位居全省第三。文化产业增加值占GDP比重达4.3%，居全省第一。

三是突出项目投资，发展基础不断夯实。坚持把项目建设作为经济工作的“牛鼻子”，实施省州重点项目555个，完成年度投资1280亿元。交通领域完成投资403亿元，高速公路快速推进，新开工都匀至安顺、贵阳至黄平高速公路，实现我州自建高速公路零的突破，建成罗甸至望谟高速公路罗甸至罗苏段，全州高速公路通车里程达858公里。建成红牛快速路，建成普通国省干线433公里、农村公路2543公里、“组组通”公路3245公里、农村公路安防工程2918公里。瓮马铁路、贵南客专顺利推进。水利领域完成投资83亿元，新开工水库20座，完成9个小型农田水利重点县建设，改善60万人农村饮水条件，发展有效灌溉18万亩。电力和信息基础设施投资分别完成5.7亿元和15.5亿元，实现城镇建成区移动网络全覆盖，行政村宽带覆盖率达90%。大力推进城镇建设三年行动计划，实施城建项目439个，完成投资430亿元，建成区面积扩大到200平方公里，承载能力不断提升；大力实施“四在农家·美丽乡村”六项行动计划，农村人居环境不断改善。

四是突出绿色发展，生态环境不断优化。坚持生态优先、绿色发展，大力加强生态文明建设。完成营造林101万亩，森林覆盖率达63%，跃居全省第二。成功申办第四届中国绿化博览会和第二十九届中国兰花博览会。福泉森林公园获批国家森林公园，全州国家森林公园增至7个。“绿色黔南”建设三年行动计划圆满收官，完成绿化美化323.9万亩。成功举办第五届“水生态文明·黔南论坛”。治理水土流失180平方公里、石漠化164平方公里。“河长制”实现全覆盖。狠抓中央环保督察反馈问题的整改落实，有效解决了一批群众反映强烈的环境问题，重安江、瓮安河磷污染治理取得明显成效。大力推动循环经济发展，加快工业废渣资源化利用，工业固废综合利用率达55%，规模工业增加值能耗下降17.6%。启动实施区域废气深度治理三年行动计划，推进城市建筑扬尘治理和油烟污染治理。以农村垃圾、污水治理为重点，1330个村庄环境得到有效改善。全州城乡生活垃圾无害化处理率达83%，城镇污水处理率达86%，集中式饮用水源地水质达标率达100%，县城以上城市环境空气质量优良率达98%。

五是突出改革开放，发展活力不断增强。坚持改革创新、开放搞活，进一步激发创新创业活力。全州实施121项重点改革任务，出台方案21项，谋划推动一批“四梁八柱”的改革事项。“放管服”改革纵深推进，取消行政许可项目15项，减少前置审批事项4项。政务110改革试点取得实效，商事制度、公积金制度、城乡公交一体化、行政综合执法、整合资源推动康养产业发展等改革创新走在全省前列。深化户籍制度改革，引导16万农业转移人口及其他的常住人口落户城镇，城镇化率达50.5%。都匀市与都匀经济开发区管理体制进一步理顺。主动融入“一带一路”、长江经济带，与德国艾尔福特等4个国际城市缔结友好城市。加强与贵阳、贵安区域合作，深度融入黔中城市群建设。贵州双龙航空经济区获批国家级临空经济示范区。成功举办第三届粤桂黔高铁经济带合作联席会，广东（贵州）产业园、粤桂黔高铁经济带合作试验区（贵州园B区）项目落地建设。大众创业、万众创新广泛开展，登记各类市场主体22.23万户，增长32.4%。中航永红、天福等27家企业通过高新技术企业认定，独山轴承制造产业孵化器、贵定领略众创空间等获得国家级认定。科技促进经济社会发展指数达74.8%。落实“3个15万元”政策，兑现财政补助8500万元，扶持发展微型企业1900户；省级认定民贸民品企业505家，新增优惠贷款53亿元，连续五年全省第一。民营经济活力持续增强，完成增加值694亿元，增长16.8%，占地区生产总值比重达59.8%，带动就业60多万人。

六是突出共建共享，民生福祉不断改善。坚持以人民为中心的发展思想，做到发展成果与人民共享。“1+7”民生工程和“十件民生实事”全面完成，全州涉及民生的财政支出279.51亿元，占比达73.87%。实现建制村通硬化路、农村公路安防工程、建制村通客运“3个100%”目标。建成城镇保障性住房5万套，农村危房改造2.66万户，棚户区改造4.8万户。农村、城市低保标准分别提高15%和10%，城镇新增就业8.67万人，农业劳动力转移就业11.05万人，基本社会保险覆盖率达到96%。全面实施农村学前教育儿童营养改善计划，新建公办幼儿园38所，“新两基”攻坚计划扎实推进，全面实现基本普及十五年教育目标，新增5个县（市）义务教育基本均衡通过国家督导检查认定，新增1所“二类”、2所“三类”省级示范性普通高中学校，都匀一中新校区投入使用。县级以上公立医院改革全面推进，异地就医即时结算范围由省内向省外扩展，新型农村合作医疗补助标准不断提高，“百院大战”项目建设扎实推进，医疗卫生服务能力稳步提升。食品药品安全监管不断强化。成功举办黔南州第五届体育运动会和首届山地户外运动会。抓好民族民间文化传承和发展，创作了《木楼古歌》等一批文艺精品，水书申报世界记忆工程正式启动。完成12万户多彩贵州“广电云”户户用安装工程。省级文明城市创建实现全覆盖。全国民族团结进步示范州创建活动通过省级评估验收。创新基层民政服务，社会救助政策得到有效落实，民生保障兜底安全网进一步编密织牢，防灾减灾救灾能力明显增强，军民深度融合发展成效明显。严格落实安全生产责任制，扎实开展安全生产大检查和重点行业领域专项整治，全年未发生重大及以上安全生产事故，事故起数和死亡人数保持“双降”。持续深化“平安黔南”建设，立体化社会治安防控体系进一步完善，刑事发案率下降13.2%，社会治安持续向好，人民群众安全感居全省前列。同时，国防动员、双拥优抚、民兵预备役、司法行政、外事侨务、人民防空、妇女儿童、军供、宗教、科协、红十字、老龄、残疾人、地方志、保密、档案、气象、水文等各项事业取得新进步。

七是突出自身建设，行政效能不断提升。坚持从严治政、依法行政，推动政府工作法制化、规范化和程序化。狠抓制度建设，出台政府规章制定程序、权责清单动态管理等系列规章制度。狠抓督促落实，建立“督考合一”工作机制，获得2017年国务院第四次大督查“免督查”奖励。认真落实民主集中制，自觉接受人大和政协监督，办理人大代表建议246件和政协委员提案307件，答复率和满意率稳步提升。压实党风廉政建设“两个责任”，狠抓“四风”整治，强化重点行业、重点项目和扶贫资金监管，全州政府系统查处违纪违规干部551人，政纪处分230人。严控“三公经费”支出，压缩6%的州级行政经费用于教育扶贫。加强审计监督，挽回（避免）损失7.02亿元，促进增收节支9.48亿元。广泛开展研究问题、破解难题竞赛活动，一批研究成果得到有效转化，政府决策水平稳步提升。

各位代表，过去一年，我们在决战脱贫攻坚、决胜同步全面小康的征程中迈出了新的坚实步伐，提振了全州各族干部群众干事创业、奋力争先的精气神。这些成绩与进步，是党中央、国务院和省委、省政府亲切关怀、倾力关心的结果，是州委统揽全局、坚强领导的结果，是州人大、州政协有效监督、鼎力支持的结果，是全州上下同心同德、奋力拼搏的结果，是社会各界大力支持、倾情关心的结果。在此，我代表州人民政府，向全州各族人民，向州人大代表和政协委员，向各民主党派、各人民团体和社会各界人士，向中央、省驻黔南单位，向驻黔南解放军、武警部队官兵、民兵预备役人员和政法干警，向离退休老同志，向关心支持、参与黔南建设的国家水利部、国家林业局等部委，向对口帮扶的广东省、广州市表示衷心的感谢和崇高的敬意！

在肯定成绩的同时，我们也清醒地看到，新时代全州各族群众对美好生活的需求同不平衡不充分发展的矛盾还比较突出。主要是：产业发展水平不高，民营经济不够活跃，做大经济总量、高质量发展的任务仍然艰巨；脱贫攻坚产业支撑不足，群众自我发展意识和能力不强，精准扶贫、稳定脱贫的任务仍然艰巨；区域发展不平衡，城乡发展不协调，缩小差距、壮大县域经济的任务仍然艰巨；教育、就业、医疗、文化等公共服务不均衡，民生短板还比较突出，解决群众困难、满足人民需求的任务仍然艰巨；政府管理服务水平与发展要求不适应，人才、金融、科技等创新发展要素支撑不足，转变政府职能、实施创新驱动的任务仍然艰巨。我们将坚持问题导向，勇于担当，勤于进取，苦干实干，决不让矛盾累积，决不让困难阻挡，用看得见、摸得着的发展业绩，回报全州各族人民的信任和重托！

四、平塘500米口径球面射电望远镜建设

平塘500米口径球面射电望远镜（英文缩写为FAST）工程是国家“十一五”重大科技基础设施建设项目，中国科学院是建设主管单位，国家天文馆为法人单位，贵州省政府为共建单位。望远镜坐落平塘县克度镇金科村大窝凼洼地，工程于2011年3月25日开工建设，2016年9月25日落成启用。

一、项目工程选址

1993年8月26日，在第24届国际无线电科联（URSI）京都大会上，澳、加、中、法、德、印、荷、俄、英、美10国天文学家提出建造新一代射电“大望远镜”的倡议，希望在电波环境彻底毁坏前回溯原初宇宙，解答天文中众多难题。根据对射电望远镜综合性能发展趋势的预测，联合建议筹建接收面积为1平方千米的大射电望远镜阵（简称LT，1999年易名SKA），并成立了URSI大射电望远镜工作组（LTWG）。

从1994年开始，进行西南地区洼地选址考察，是年4月，启动贵州选址工作，平塘县和普定县列为选址区，从71个300～600米的凹地中择优选出平塘县克度镇大窝凼和普定县尚家冲2个洼地。

从1995年开始，中国天文界以北京天文台为核心，组建LT（SKA）中国推进委员会。是年，中国推进委员会台址评价组组长、中国科学院遥感应用研究所博士聂跃平到平塘进

行选址考察，绘制出峰距在300～600米的峰丛洼地分布图；中国推进委员会主任、博士南仁东，副主任、博士彭勃，推委会台址评价组组长聂跃平博士、国际LT中国代表吴盛殷教授，荷兰天文专家博士理查德先后到平塘对40号、51号、53号、54号四个洼地进行考察和电波干扰情况测量。

1997年，LT（SKA）中国推进委员会提出LT（SKA）中国工程概念先导单元，由中国独立建造一面世界最大单口径球面望远镜（FAST）的创新方案初步设想，得到陈芳允、杨嘉墀、王绶琯、陈建生等中国科学院院士的支持，并联名致信中科院院长路甬祥，路甬祥在批示中认为："FAST可作为中科院'十五'大型国家装置的候选。"是年，中国科学院院士王绶馆、叶淑华、陈建生在彭勃博士、吴盛殷教授陪同下考察平塘66号洼地。

1998年，LT（SKA）召开学术年会，FAST工程概念在会上明确提出，同年FAST项目委员会正式成立，全国20余研究单位组成3项目相关研究组。

1999年3月，FAST预研究作为中科院首批"创新工程重大项目"立项，得到中科院及科技部的支持。

2000年，贵州省成立省、州、县三级项目协调联络组，是年，省电波监测组完成平塘县内五个点的电波干扰监测任务。

2001年，中国科学院国家天文台正式成立，负责FAST的筹备工作。

2002年，FAST被列为中国科学院"重要方向性项目"，启动了对FAST关键技术的优化研究。是年，贵州大学受国家天文台和贵州省科技厅的委托，开始进行FAST在贵州的第二轮台址普查。

2003年，贵州省无线电管理局首次对大窝凼进行无线电波测量。2004年，再次到大窝凼进行无线电波测量；省山地环境气候研究所吴战平等到大窝凼进行气候观测，并向南仁东提供"大射电建设对环境（大窝凼）影响初探"报告。

2005年，省无线电管理局、省山地气象研究所有关人员共58人（次）对大窝凼进行为期65天的天线电波干扰测试。荷兰天文学家和彭勃博士，以及省无线电监测站孙建民等到大窝凼进行为期28天的无线电波干扰测试工作。是年，国家天文台正式成立FAST项目指挥筹备组。

2006年，FAST项目正式决定选址贵州平塘。是年，南仁东、彭勃、聂跃平、殷跃平、朱博勤等一行，对大窝凼地质钻探工作进行考察评估；国家发展改革委员会高技术产业司正式启动FAST项目评估论证，并组织专家组对FAST的建设台址平塘大窝凼洼地进行现场考察。

2007年7月，国家发改委正式批复FAST立项。是年，由国家天文台等单位的31名专家组成考察组，对FAST台址进行实地考察。

二、项目建设

2008年12月26日，500米口径球面射电望远镜（FAST）工程奠基典礼在平塘县克度镇金科村大窝凼举行。2009年9月，平塘县正式启动台址地移民搬迁。是年，中国科学院和省政府联合批复FAST项目初步设计和概算，概算总投资7326万元。

2011年3月25日，FAST工程正式开工建设，一期工程为五年半。2012年12月，台址开挖与边坡治理工程通过验收。是年10月后，FAST圈梁基础、地锚、馈源塔基础等项目正式动工。2013年4月，FAST项目正式安装，8月完工。2015年8月，安装第一块反射面，2016年7月3日结束，FAST工程基本完成。9月25日，FAST在平塘县的喀斯特洼坑中正式落成，开始接收来自宇宙深处的电磁波。2017年10月10日，中国科学院国家天文台发布消息："中国天眼"发现2颗新脉冲星，距离地球分别约4100光年和1.6万光年。这是中国射电望远镜首次发现脉冲星。

三、"天眼"的价值

国家主席习近平在2016年9月25日FAST落成启用的贺信中指出：天文学是孕育重大原创发现的前沿科学，也是推动科技进步和创新的战略制高点。500米口径球面射电望远镜被誉为"中国天眼"，是具有中国自主知识产权、世界最大单口径、最灵敏的射电望远镜。它的落成启用，对中国在科学前沿实现重大原创突破，加快创新驱动发展具有重要意义。中国射电望远镜FAST的建成，使中国形成具有国际先进水平的天文观测与研究平台，为中国开展"暗物质""暗能量"本质、宇宙起源和演化太空生命起源及寻找地球以外文明等研究活动提供重要支持。经过国家验收后，成为世界一流的射电天文望远镜。

中国射电望远镜FAST建成引发全球关注。随着FAST建成，其5公里外一座天文科普小镇也孕育而生，建于小镇中心区的天文科技文化园是开展科学普及的场所。为防止无线电波对于望远镜观测的干扰，望远镜5公里核心区为"静默区"，所有移动信号都会被屏蔽，游客进入大射电观景台前需在游客服务中心寄存手机、数码相机等一切电子产品，并经过两次安检。

2016年9—10月，平塘天文小镇接待游客72万人（次），旅游综合收入4.75亿元。其中，"天眼"景区接待参观游客88926人（次），无门票收入。2017年，平塘天文小镇接待游客791.8万人（次），旅游综合收入51.46亿元。其中，"天眼"景区接待参观游客255450人（次），无门票收入。2018年1—7月，平塘天文小镇接待游客361.91万人（次），旅游综合收入7.88亿元。其中，"天眼"景区接待参观游客27.45万人（次），无门票收入。

四、时代楷模——南仁东

南仁东，中国著名天文学家，中国科学院国家天文台研究员，FAST工程首席科学家、总工程师，中国天眼之父。从1994年起，南仁东开始主持国际大射电望远镜计划的中国推进工作。为在贵州喀斯特地形区找到一个完美的洼地，南仁东拄着竹竿，挽着裤腿，爬上爬下，一爬就是十二年。2007年FAST正式批准立项，2011年开工建设，2016年9月25日FAST竣工启用。南仁东把自己的心血毫无保留地献给了FAST。为了这个工程，他整整奋斗了22年，并献出了宝贵生命。正是因为有南仁东的付出，使得"天眼"工程顺利实施，中国开启了世界最大的望远镜，口径高达500米，能接收137亿光年以外的电磁信号，误差不超过1毫米，观测范围可达宇宙边缘。2017年9月15日，南仁东因病逝世，享年72岁。经总书记习近平批示，授予南仁东"时代楷模"称号。

提供资料单位及个人

一、提供资料长编单位

中共黔南州委办公室
州人大常委会办公室
州人民政府办公室
州政协办公室
州纪律检查委员会（州监察局）
州委组织部
州委宣传部
州委统战部
州委政法委
州委政策研究室
州直机关工委
州离退休干部工作局
州关心下一代工作委员会
州老年大学
州编委办公室
州委党校（州行政学院）
州委讲师团
州台湾事务办公室
州外事接待办
州发展和改革委员会
州农业委员会
州扶贫开发局
州林业局
州水利局
州工业和信息化委员会
州财政局
州资本营运公司
州商务和粮食局
州供销合作社联合社
州食品药品监督管理局
州安全生产监督管理局
州统计局
国家统计调查队
州审计局
州投资促进局
州人口和计划生育委员会
州计划生育协会
州人力资源和社会保障局
州民政局
州民族宗教事务委员会
州信访局
州档案局
州史志办
州交通运输局
成都铁路局都匀车务段
都匀公路管理局
都匀高等级公路管理处
州民航事业管理局
州城乡规划局
州住房和城乡建设局
州住房公积金管理中心
州环境保护局
州水利水电工程移民局
州教育局
州科学技术和知识产权局
州文化和广播电影电视局
州卫生局
州体育局

州旅游局
州公安局
州人民检察院
州中级人民法院
州司法局
都匀军分区
预备役师二团
武警黔南支队
州公安消防支队
州人民防空办公室
州国防教育办公室
民革黔南州委
民建黔南州委
民进黔南州委
九三学社黔南州委
州工商联
州总工会
共青团黔南州委
州妇女联合会
州科学技术协会
州残疾人联合会
州文学艺术界联合会
州归侨侨眷联合会
州社会科学界联合会
州工商行政管理局
州国土资源局
州水文水资源局
州质量技术监督局
州国家税务局
州地方税务局
州邮政局
州气象局
都匀供电局
州烟草专卖局
省盐务黔南分局
中国银监会黔南监管分局

中国人民银行黔南州中心支行
工商银行黔南州中心支行
农业银行黔南州中心支行
农业发展银行黔南州分行
建设银行黔南州中心支行
中国银行都匀分行
邮政储蓄黔南州中心支行
贵阳银行黔南分行
贵州省农村信用社联合社黔南办事处
中国人民财产保险股份有限公司黔南分公司
中国人寿财产保险股份有限公司黔南州中心支公司
中国太平洋财产保险股份有限公司黔南中心支公司
天安财产保险股份有限公司黔南中心支公司
中国大地财产保险股份有限公司黔南中心支公司
安邦财产保险股份有限公司黔南中心支公司
中国鼎和财产保险股份有限公司黔南中心支公司
中国人寿保险股份有限公司黔南分公司
中国人民人寿保险股份有限公司黔南中心支公司
中国平安人寿保险股份有限公司黔南州中心支公司
泰康人寿保险股份有限公司黔南中心支公司
中国太平洋人寿保险股份有限公司黔南中心支公司
新华人寿保险股份有限公司黔南中心支公司
太平人寿保险有限公司黔南中心支公司
中石化黔南石油分公司

中石油黔南分公司
中国电信黔南分公司
中国移动黔南分公司
中国联通黔南州分公司
省无线电管理局黔南分局
都匀市档案史志局
福泉市档案史志局
中共独山县委办公室
平塘县档案史志局
荔波县档案史志局
三都县档案史志局
瓮安县地方志办公室
贵定县档案史志局
龙里县档案史志局
惠水县档案史志局
长顺县档案史志局
罗甸县档案史志局
都匀经济开发区管委会办公室

二、提供图照单位及个人

州纪委州监委
州文化广电和旅游局（州体育局）
州民族宗教事务委员会
州委宣传部
黔南日报社
各县（市）史志部门

丁华松　马成钢　王　斌　王　翔　王立信　王清扬　韦毓祥　文　斌
文　慧　文隽永　尹绩安　邓碧飞　邓碧林　艾　礼　龙绪波　平立豪
卢　桃　卢碧忠　申　军　代传富　包晓闽　邢　刚　华克宝　刘　钢
刘小靖　刘文斌　刘朝富　严峥艳　杨　洪　杨　靖　杨发斌　杨建明
杨俊能　李　宁　李　洪　李双华　李代宏　李庆红　肖　立　吴　冬
吴志龙　吴昌福　吴炎龙　吴建成　吴晓霞　吴静澜　吴儒波　何志星
何茂强　余祖刚　闵应炳　宋光忠　宋翠荣　张　俊　张　铸　张文俊
张启荣　张明勇　张顺发　陈　明　陈　建　陈　俊　陈阳琴　陈宏斌
陈春生　陈昱行　林启源　罗　毅　罗士朝　罗华文　罗华礼　罗时习
罗政勇　周宇航　周锦溪　赵天恒　赵崇友　郝建华　胡绍德　胡智勇
柏时鸣　饶武军　姚雄举　秦　刚　班国亮　班积辉　袁　波　莫晓曦
贾宝良　顾　桥　徐兴国　徐劲松　宾胜洪　黄　欢　龚　芮　龚正栋
龚新华　梁卫民　梁建军　覃长念　程胜祥　谢泽华　蒙家福　赖　青
雷作胜　蔡卫东　谭正刚　熊亚平　樊　敏　黎元龙　潘　虹　潘希来

索　引

说　明

一、本索引采用主题分析法，索引范围包括类目、分目、条目等，图片未制作索引。

二、本索引中数字、字母开头的条目单独列出，作为非音序排序，其余的按照汉语拼音音序排列。

D

E

F

H

J

R

S

T

W

X

Z

非音序

编纂始末

首轮《黔南布依族苗族自治州志》（以下简称《黔南州志》）编纂工作完成后，州史志编纂委员会根据中国地方志指导小组和贵州省地方志办公室关于启动第二轮志书编纂工作的要求，于2002年8月召开全委会议，审议州史志办起草的《黔南州地方志续修方案（草案）》，部署第二轮修志工作。2003年9月，州史志编纂委员会再次召开会议，审议第二轮《黔南州志》编纂方案、承编责任制实施办法、基本篇目等，议定第二轮州志为一卷集成，断限为1978—2006年。是年12月，经州政府同意，州史志编纂委员会印发《关于启动全州续修志书工作的通知》以及《黔南州志（1978—2006）》编纂方案和基本篇目。2004年1月，州政府办印发《黔南州志、县（市）志编纂工作实施细则》。2009年7月，州委办、州政府办以黔南委办字〔2009〕44号文印发第二轮《黔南州志》人物入志原则、范围及标准，征集入志人物资料。

2013年初，州史志办向州委、州政府呈报关于推进第二轮《黔南州志》编纂工作的意见。经州委、州政府审定同意，州委办以黔南委办字〔2013〕22号文件下发《第二轮〈黔南州志〉编纂工作推进方案》，对第二轮《黔南州志》编修工作作出具体安排，将志书断限改为上限1991年，下限2012年12月，明确提供资料的135个单位完成资料长篇稿的时限，并将此项工作纳入州对州直部门和县（市）的年度目标考核内容，由州委办牵头组织考核。5月3日，州委办、州政府办组织召开全州第二轮修志工作推进会暨业务培训会，州政府分管副州长陈有德代表州政府在会上作讲话，州史志办邀请有关修志专家在会上开展修志业务培训。会后，各承编单位成立修志工作领导小组和工作机构，落实编写人员和工作经费，开展资料长编撰写工作。州史志办选配修志工作业务骨干组成4个业务指导组，分别对135个部门（单位）及县（市）的修志业务工作进行指导和督促，共举办培训班21期（次），培训修志人员650余人次。为切实推动州志编纂工作，经州政府分管领导同意，州委督查室、州政府督查室下发黔南委督字〔2013〕97号文件《关于对第二轮州志编纂工作进行督促检查的通知》，由州委办、州政府办督查室牵头组成两个督查组，州人大教科文委、州史志办等部门参加，于2013年12月19日至2014年1月6日对修志工作相对滞后的12个单位进行督查。督查报告得到州委副书记吴胜华和州政府副州长胡忠良的先后批示。通过督查，进一步推进了州志编纂工作进度。

2014年初，经州委、州政府同意，州目标办将第二轮修志工作继续列入2014年度州委、州政府对各县（市）和都匀经济开发区的党政考核目标体系实施考核。2月7日，州长向红琼在听取州史志办主任关于州志编纂的情况汇报后指示："修志经费要给予充分保证，州史志办要克服编写力量不足的困难，加班加点做好修志工作。"州史志办加强资料长编编写业务指导和审稿，对资料长编稿件进行反复审阅、指导，返回原单位补充修改。12月，经州委、州政府同意，州委办以黔南党办〔2014〕44号文件下发《关于延长第二轮〈黔南州志〉编纂下限切实做好编纂工作的通知》，将原定第二轮《黔南州志》下限延长到2014年12月。2015年，大多数单位完成2013年、2014年的资料补充工作，余少数单位至年底仍未能交稿，为此，州政府分管修志工作的副州长刘建民主持召开约谈会，对没有提交资料单位负责人进行约谈督办。2016年4月，州志资料长编收集基本完成，进入初稿撰写阶段。州史志编纂委员会建立黔南州地方志编研专家库，全州入库专家41人，州史志办从专家库中聘请韦武昌、王素琴、张慧玲、舒天洪、张永淑、马志光、陆兴和、郭俊明、杨胜才、冯双全、蓝有富、王枝兰、龚正栋、黎少松、周崇启、白映泉、喻昌富等17人承担志稿编写工作，并明确编写任务，韦武昌：概述、商务、粮油购销与加工；舒天洪：大事记、图片；杨胜才：政区、环境、资源、中共地方组织、民主党派；龚正栋：民族、宗教、人民代表大会、人民政府、人民政协、医药卫生；张永淑：社会团体；马志光：人口、法治；王素琴：军事、人物、附录；陆兴和：经济综合管理与监督；郭俊明：工业、信息产业、城乡建设、环境保护、广电、新闻出版；冯双全：农业农村农民、扶贫开发、林业、水利、供销合作、盐业、石油；张慧玲：旅游业；蓝有富：财政、税务、金融；王枝兰：交通、邮政；周崇启：教育、科学技术；白映泉：文化；喻昌富：体育；黎少松：人力资源管理、社会保险、社会事务。

2017年，为丰富人物、图片资料，州史志办先后在《黔南日报》、州政府网站发布征集州志入志人物和图片的通告，再次征集资料。9月，完成《黔南州志（1991—2014）》初稿编写，分发相关单位审查，呈报州委、州人大常委会、州政府、州政协领导及原州领导罗平义、潘希武、胡品荣、吴秀全、杨启义等审查。10月17日，州政府组织召开审稿会，副州长胡晓剑主持会议，听取各方意见和建议。审稿会后，编纂人员按照州级审查的意见和建议修改补充，于11月上旬报省志办终审。2017年11月22日，省志办召开《黔南州志（1991—2014）》终审会，经省志办领导和专家梁贵钢、范同寿、唐玉芳、周声浩、钟莉、伍启林、陆震、车秀琴等评审，通过省级终审，并提出宝贵的修改意见和建议。根据省志办领导和专家提出的修改意见，州史志办聘请省志办原副主任周声浩对全志进行统稿。经过修改补充完善，《黔南州志（1991—2014）》于2019年5月通过省志办终审验收，同意付印。志书样本送方志出版社审查。

第二轮《黔南州志》编纂从启动到出版，历经 17 个春秋寒暑。在编纂过程中，得到州委、州人大常委会、州政府、州政协历届领导的高度重视，得到州直各单位和中央、省在黔南的单位、驻匀部队以及社会各界的大力支持，得到资料长编供稿人员的鼎力相助，得到省志办领导和专家的关怀和帮助，同时，全体参编人员尽心尽力、辛勤耕耘和付出，在此表示诚挚的谢意。

修志是一个浩繁的文字工程，由于编纂人员的政策、理论、业务水平有限，错漏在所难免，敬请读者指正。

编　者

2019 年 12 月